U0909653

研究刑法立法
促进刑事法治

高铭暄

新中国刑法立法沿革全书

高铭暄　赵秉志　商浩文　编著

中国人民公安大学出版社
·北　京·

Overview of the Historical Development of Criminal Legislation of the People´s Republic of China

Edited by GAO Mingxuan

ZHAO Bingzhi

SHANG Haowen

People´s Public Security University of China Press

· Beijing ·

编著者简介

高铭暄，1928 年生，浙江玉环人。新中国培养的第一代法学家、法学教育家，著名刑法学家。新中国首位刑法学专业博士生导师（1984）。“人民教育家”国家荣誉称号和“最美奋斗者”个人称号获得者。日本早稻田大学荣誉法学博士。国际社会防卫学会授予“切萨雷·贝卡里亚奖”。曾任中国人民大学法律系主任、法学院院务委员会主任、教授、博士生导师。现任北京师范大学京师首席专家、刑事法律科学研究院名誉院长、特聘教授、博士生导师，中国人民大学荣誉一级教授。兼任国际刑法学协会名誉副主席暨中国分会名誉主席，中国刑法学研究会名誉会长。曾自始至终参与新中国第一部刑法典（1979 年刑法典）的起草工作，并且参加了中国现行刑法典（1997 年刑法典）的修订研拟工作以及国家立法机关多年来有关刑法立法的工作。在刑法立法领域的代表性论著有《中华人民共和国刑法的孕育和诞生》（1981）、《中国刑法立法之演进》（合著，2007）和《中华人民共和国刑法的孕育诞生和发展完善》（2012）等。

赵秉志，1956 年生，河南南阳人。新中国首届刑法学博士（1988），著名刑法学者。做出突出贡献的中国博士学位获得者，首届全国十大杰出青年法学家，教育部长江学者特聘教授。曾任中国人民大学法学院副院长、国家人文社科重点研究基地中国人民大学刑事法律科学研究中心主任、教授、博士生导师，北京师范大学刑事法律科学研究院院长暨法学院院长，中国刑法学研究会会长（2001—2021）。现为北京师范大学刑事法律科学研究院教授、博士生导师，兼任国际刑法学协会中国分会主席。曾作为全国人大常委会法制工作委员会刑法修改小组成员全程参与中国现行刑法典（1997 年刑法典）的修订研拟工作，并且参加了国家立法机关多年来有关刑法立法的工作，曾被聘任为全国人大常委会法工委立法专家顾问。在刑法立法领域的代表性论著有《刑法修改研究综述》（主编，1990）、《刑法改革问题研究》（1996）、《刑法完善专题研究》（副主编，1996）、《中国刑法立法之演进》（合著，2007）、《刑法立法研究》（2014）、《刑法最新立法争议问题研究》（合著，2016）等。

商浩文，1988 年生，湖北黄冈人。北京师范大学刑事法律科学研究院暨法学院副教授、法学博士，G20 反腐败追逃追赃研究中心研究员。最高人民法院第四批挂职学者，入选“中国法学会研究会青年人才”，中国廉政法制研究会理事，中国法学会证券法学研究会理事，北京市国际经济法学研究会常务理事。主持国家高端智库、最高人民法院、最高人民检察院、教育部、司法部、中国法学会等省部级课题多项。独著及参加编著专业论著多部，在《法学》《法学评论》《现代法学》等法学核心刊物发表论文多篇。获得中国博士后基金特等资助、一等资助；论文多次获得中央政法委、最高人民法院、中国法学会等主办的论坛奖项。

前 言

刑法是以犯罪、刑事责任和刑罚为基本内容的国家基本法律。由其调整领域的广泛性、保护利益的重要性和违法制裁的严厉性等特点所决定，刑法及其运作在现代社会的法治中地位显要，作用重要。可以说，刑法是刑事法治的基础，刑法也是现代法治社会赖以建立和正常运转所不可或缺的极为重要的法律。

新中国成立之初，政府便致力于社会主义刑法的创制。当时在中央人民政府法制委员会主持下，1950年7月25日拟定《中华人民共和国刑法大纲草案》，1954年9月30日拟定《中华人民共和国刑法指导原则草案（初稿）》，为刑法典的起草进行了积极的准备。1954年9月新中国第一部宪法的通过，标志着当代中国的社会主义法治建设进入了一个新阶段。新中国刑法典的起草工作自1954年10月开始。之后由于国家政治运动等因素的影响，刑法典的起草工作在很长的时间里断断续续，历经风雨和坎坷，至1963年10月9日虽拟定出当时较为成熟的刑法草案第33稿，但最终也未能获得通过和实施。1976年10月粉碎“四人帮”并结束了“文化大革命”，1978年新中国第三部宪法通过，1978年10月下旬，刑法典起草工作重新开始，尔后，在1978年年底召开的中国共产党第十一届三中全会重建和加强社会主义法制之重大决策的指引下加快步伐，新中国第一部刑法典即1979年《中华人民共和国刑法》终于在1979年7月1日的第五届全国人大二次会议上获得通过，同年7月6日公布，并于1980年1月1日起施行。新中国第一部刑法典创制历时近30载，前后易稿38次，实可谓来之不易。这部刑法典虽然不够完备，但其奠定了新中国刑事法治的基础。

在第一部刑法典颁行以后的十多年间，国家立法机关又根据社会发展情况和同犯罪作斗争的需要，制定了二十多部单行刑法，并在百余部非刑事法律中设置了一系列附属性的刑法条款，对1979年刑法典进行了大量的修改补充。这些单行刑法和附属刑法规范适应了当时司法实践治理犯罪的需要，但也带来了法律规范紊乱、缺乏协调性和科学性以及助长了重刑化等法治弊端。

为适应国家改革开放的需要和刑事法治科学进步的要求，我国刑法典的修改也于1988年被提上国家立法工作的日程。经过近十年的研究和反复修改，一部崭新、统一而且比较完备的新刑法典终于在1997年3月14日的第八届全国人大五次会议上获得通过，同日予以公布，并于1997年10月1日起施行。1997年新刑法典颁行以来，为了因应社会发展和治理犯罪的现实需要，国家立法机关不断探索刑法立法完善的科学途径，又陆续通过了1部单行刑法和11个刑法修正案，构建了更加完善合理的当代中国刑法体系。

新中国刑法孕育、诞生、发展和完善的过程，从一个重要的方面反映了新中国法治建设乃至整个国家与社会曲折前进的历程。在新中国刑法创制和发展历程中，产生了丰富的立法文献和资料。了解和研究这些文献、资料，可以透视新中国刑法立法乃至刑事法治前进的轨迹，有助于研究和把握我国现行刑法的立法背景、立法原意及其优势、特色和美中不足之处，对刑法理论研究的丰富和深化、刑事司法实务的完善以及刑法立法工作的继续发展均大有裨益。但是，由于多方面的原因，对新中国刑法立法文献与资料系统整理、全面反映的书籍尚属鲜见，这不能不说是我国刑法研究乃至刑事法治建设方面的一个缺憾。作为本书编者的我们，一位年近期颐，一位年逾花甲，是中国刑法学研究会自 1984 年成立迄今近 40 年间的前后两任会长，都以刑法学教学与研究为己任，对新中国刑事法治事业怀着强烈的使命感。承蒙国家的培养、关怀与器重，高铭暄教授从 1954 年 10 月至 1979 年 7 月自始至终参加了起草拟定新中国第一部刑法典的工作，我们又均参与了 1997 年刑法典的修订及之后 20 余年来历次修订刑法的研拟工作，深感有义务为新中国刑法立法的研究作些贡献，早就希望编辑一本能够比较系统、全面和客观地反映新中国刑法立法文献与资料的书籍。

1997 年刑法典颁行后，我们在多年来积累、占有和了解有关刑法立法文献、资料的基础上，又进行专门的收集整理，经过不懈努力，在各方面的支持和帮助下，编辑《新中国刑法立法文献资料总览》一书，交由中国人民公安大学出版社于 1998 年 2 月公开出版，计 3 卷、241 万字。该书是我国第一部全面、系统、客观反映新中国成立近半个世纪以来刑法立法文献与相关资料的大型文献性、工具性、参考性书籍。该书出版后，受到我国法学界、法律实务界特别是刑法学界的重视与好评，尤其成为刑法研究人员和博士生、硕士生的基础性重要参考书籍。该书除了将 1997 年修订的新刑法典载于书首外，在内容上分为上编、下编和附编三大部分。上编和下编为立法文件与文献性资料，按 1979 年刑法典颁布前后而做了时间阶段上的划分：上编为新中国成立至 1979 年 6 月，收录了这一时期全部的 14 件单行的刑法立法文件及有关资料，并选编了 13 部刑法草案。下编为 1979 年 7 月第一部刑法典颁布至 1997 年 12 月（该书编成之时），一是收录了 1979 年刑法典和这一时期国家立法机关制定的所有单行刑法、附属刑法条款及立法审议通过时的有关说明；二是收录了这一时期国家立法机关修改、修订刑法典的几乎所有的 19 部修改稿或修订稿。附编是关于刑法立法方面的资料，包括三个方面：一是国家立法部门有关刑法立法工作的 22 份资料；二是国家司法领导部门（含最高人民法院、最高人民检察院、公安部和军事法律部门）关于修改刑法的 37 份意见资料；三是刑法学界关于修改刑法的 8 份方案或建议。就内容而言，可以说，该书是新中国成立后近半个世纪刑法立法历程的客观写照，是新中国刑法立法文献与资料的集大成者，是对刑法学研究和整个刑事法治事业都具有重要价值的总结。

时光荏苒。及至 2011 年《刑法修正案（八）》颁行后，考虑到原书在市场上早已售罄，特别是原书出版后十余年来我国刑法立法又有了很大的发展，多件新的刑法立法文件暨相关文献、资料相继问世，为了给读者提供更加全面和现行有效的刑法立法文件暨文献、资料的读本，也为了持续性地收集、整理、充实、保存我国刑法立法的文献、资料而服务于我国刑事法治建设尤其是刑事立法工作，经与原书出版单位中国人民公安大学出版社协商并得到出版社的同意与支持，我们在原书的基础上，经过大量充实和修订调整，又编撰成原书的第二版，仍交由中国人民公安大学出版社并于 2015 年 6 月公开出版。该书第二版仍维持第一版全面、系统、客观地收集、整理、汇编我国刑法立法文件暨相关文献、资料的宗旨，并根据内容合理编排的需要，将第一版的“上编、下编、附编”的结构修改充实为“上编、中编、下编、附编”的体系框架。第二版“上编”前面所收录的中华人民共和国刑法，原书第一版仅为 1997 年刑法典，第二版根据人民出版社 2011 年 3 月出版的由全国人大常委会法制工作委员会审编的《中华人民共和国刑法》（2011 年审编版），将 1997 年刑法典颁行之后通过的 8 个刑法修正案、4 个单行刑法和 9 个刑法立法解释文件的内容分解编入现行刑法典相关条文，从而大大方便了读者的查阅与研析。第二版上、中、下三编为我国刑法立法文件与文献性资料，按 1979 年刑法典颁布前后和 1997 年刑法典颁布后而做三个时间阶段上的划分；“上编”仍为新中国成立至 1979 年 6 月第一部刑法典颁布前，收录内容仍如第一版；“中编”大体为本书第一版的“下编”，时间为 1979 年 7 月我国第一部刑法典颁布至

1997年3月刑法典修订通过，收录内容大体如第一版；“下编”则为新增设的，是第二版修订增补的重要内容所在，时间为1997年3月至2014年12月。“下编”分为五个部分，除第一部分的1997年刑法典在本书第一版已收入外，其余四个部分均为新增内容，包括：第二部分，收录了8个刑法修正案；第三部分，收录了4个单行刑法；[①] 第四部分为附属刑法，收录了211部非刑事法律中的附属性刑法条款；[②] 第五部分收录了13件刑法立法解释文件，并附带收录了全国人大常委会法制工作委员会等关于刑法规范的4件解释性意见，这4件解释性意见虽非刑法立法解释文件，但也是相关国家机关对刑法内容所作的解释并对司法实务有相当影响力。“附编”仍为“刑法立法方面的资料”，分三个部分涵盖了国家立法部门、国家司法机关和刑法学界的相关资料，其中在第二部分“国家司法领导部门关于修改刑法的意见”中，增补了（七）、（八）两份最高人民法院关于《刑法修正案（八）》的修改建议；在第三部分“刑法学界关于修改刑法的方案与建议”中，增加了（九）至（十八）共10份有关刑法修改完善的理论建议。以上所述本书第二版较第一版共增补刑法立法文件暨相关文献、资料计250余件、约170余万字。通过上述增补充实和调整，使得该书在体系结构上更为清晰、合理，在内容上更具全面、系统、丰富和最新适用的价值。

本书第二版出版迄今又过去了六年。其间，2019年欣逢中华人民共和国成立70周年，新中国刑法建设也走过了70年的历程，当此之际，总结和审视新中国刑法立法沿革发展历程具有历史和现实意义。中国人民公安大学出版社因此又邀约我们对本书进行修订更新。考虑到我国刑法立法在此期间也有了新的发展，《刑法修正案（九）》《刑法修正案（十）》《刑法修正案（十一）》等新的刑法立法文件暨有关文献相继问世。而本书是我国刑法立法领域的文献性工具书、资料书，编纂本书是为适应广大刑法理论和刑法实务工作者的专业现实需要，必须保证本书的时效性、权威性和全面性，以给读者提供系统而全面的涵盖历史和现行有效的刑法立法文件暨资料。有鉴于此，我们欣然同意修订本书，在本书第二版的基础上，经过认真修订充实，编纂成本书并更名为《新中国刑法立法沿革全书》，并表达我们向新中国成立70周年和新中国刑法建设70年历程的致敬之意。基于本书的重要学术研究价值，经中国人民公安大学出版社鼎力推荐，本书申请了2020年国家出版基金资助，经由国家出版基金规划管理办公室评审通过，得以成功入选2020年国家出版基金资助书目。我们对此心存感激。随后，我们在维持《新中国刑法立法资料总览》第一版、第二版精选我国刑法立法文件暨相关资料的宗旨和原有体系框架的基础上，又对本书新版进行了较大幅度的修改和补充：（一）在上、中、下编每编之初，我们增写了相关阶段的刑法立法述评部分，主要介绍该阶段我国刑法立法的发展脉络、刑法立法的基本内容以及刑法立法的主要特点，以论述为主，兼顾评论，以有助于读者更好地掌握各个阶段的刑法立法之演进。同时，为了有助于读者更为全面地了解我国刑法立法的发展趋势和方向，我们还在本书最后就我国刑法立法的发展进行了展望性论述。（二）中编和下编增加了全国人大常委会法制工作委员会的解释性意见，共计4件。（三）在下编“一、中华人民共和国刑法”即收录的现行刑法典部分，将1997年刑法典之后的单行刑法和11个刑法修正案的内容分解编入刑法典相关条文，以方便查阅和使用。（四）增加了2015年6月至2020年12月（本书成书定稿时间）这一期间国家立法机关通过的刑法立法规范性文件暨相应的刑法立法资料，包括：（1）《刑法修正案（九）》《刑法修正案

---

① 其中，1998年12月全国人民代表大会常务委员会通过的《关于惩治骗购外汇、逃汇和非法买卖外汇犯罪的决定》为典型的单行刑法并无争议；而对其他3个法律文件，即全国人民代表大会常务委员会1999年10月30日通过的《关于取缔邪教组织、防范和惩治邪教活动的决定》、2000年12月28日通过的《关于维护互联网安全的决定》和2011年10月29日通过的《关于加强反恐怖工作有关问题的决定》是否为真正的或典型的单行刑法则争议较大。为全面反映我国刑法立法情况，本书第二版仍将上述后三个涉及刑法问题的立法文件在“单行刑法”一栏予以收录。

② 其中系1998年后颁行而新收录本书第二版的为201部非刑事法律。

（十）》《刑法修正案（十一）》暨相关立法说明、审议报告、修改报告等立法资料22件；（2）单行刑法部分增加《全国人民代表大会常务委员会关于特赦部分服刑罪犯的决定》（2015年8月29日）、《全国人民代表大会常务委员会关于在中华人民共和国成立七十周年之际对部分服刑罪犯予以特赦的决定》（2019年6月29日）、《全国人民代表大会关于建立健全香港特别行政区维护国家安全的法律制度和执行机制的决定》（2020年5月28日）、《中华人民共和国香港特别行政区维护国家安全法》（2020年6月30日）及其草案说明、审议结果报告等11件。这主要是考虑到这几部法律的内容较多地涉及刑事法律，所以在本书中将其作为单行刑法纳入。（3）在下编附属刑法中，节选2015年4月至2020年12月的附属刑法内容纳入，共涉及102部法律。（四）在附编部分，增补近年来国家立法工作机关在刑法修正案、立法解释等活动中形成的一些立法参考资料48件。（五）附编部分删去原书中刑法学界的相关修改完善刑法的意见材料。这既是为了本书集中于真正的立法文献和具有规范参考性的资料，以提高本书的权威性，也是为了最大限度地节省本书的篇幅。

通过上述增补充实和调整，努力使得本书更具全面性、权威性和最新适用的价值。另外，考虑到本书新版增补和调整的内容很多，工作量很大，我们邀约了北京师范大学刑事法律科学研究院商浩文副教授参与本书的再版编撰工作。商浩文副教授是我们北师大刑科院培养的优秀刑法学博士，具有良好的科研素养和较强的科研能力。他在北师大刑科院攻读博士学位期间，就曾协助我们参与《新中国刑法立法文献资料总览》第二版的资料收集和整理工作。在本书编纂过程中，他不仅参与了相关文献资料的收集整理工作，更是与赵秉志教授合作撰写了本书20余万字的评述内容。本着学术事业薪火相传的精神和希冀，我们邀请这位有学术发展潜力的青年刑法学者加入了本书的编纂者队伍。

编纂这样一部时间跨越70余年，文献资料来自多部门、多渠道的刑法立法文献资料总览性书籍，如果没有国家立法机关和最高司法机关的鼎力支持，那是不能想象的。国家立法机关、最高司法机关的有关领导和专家对我们参与刑法立法修改与相关研究工作给予关心和支持，使我们得以积累、收集了丰富而珍贵的第一手资料，从而为本书的编纂提供了充分的条件。我们对国家立法机关和最高司法机关长期的关心与支持心存感激。我们也衷心感谢中国人民公安大学出版社鼎力支持本书的编辑出版，感谢中国人民公安大学出版社刘悦对本书的大力支持，感谢责任编辑胡慕陶为本书编辑出版付出的辛勤劳动。诚挚希望读者朋友提出宝贵意见，以便我们继续完善本书。

高铭暄　赵秉志

谨识于2021年新春

要　　目

Contents

Volume 1: Founding of the People´s Republic of China to June 1979

Volume 2: July 1979 to March 1997

Volume 3: March 1997 to December 2020

Volume 4: Appendix Materials Related to Criminal Law

目　　录

中编：1979年7月—1997年3月

下编：1997 年 3 月—2020 年 12 月

第四部分　刑法立法解释

第五部分　全国人大法工委的解释性意见

第六部分　附属刑法

附编：刑法立法方面的资料

第一部分　国家立法部门有关刑法立法工作的资料

中华人民共和国刑法

[1979年7月1日第五届全国人民代表大会第二次会议通过 1997年3月14日第八届全国人民代表大会第五次会议修订 根据1998年12月29日《全国人民代表大会常务委员会关于惩治骗购外汇、逃汇和非法买卖外汇犯罪的决定》、1999年12月25日《中华人民共和国刑法修正案》、2001年8月31日《中华人民共和国刑法修正案（二）》、2001年12月29日《中华人民共和国刑法修正案（三）》、2002年12月28日《中华人民共和国刑法修正案（四）》、2005年2月28日《中华人民共和国刑法修正案（五）》、2006年6月29日《中华人民共和国刑法修正案（六）》、2009年2月28日《中华人民共和国刑法修正案（七）》、2009年8月27日《全国人民代表大会常务委员会关于修改部分法律的决定》、2011年2月25日《中华人民共和国刑法修正案（八）》、2015年8月29日《中华人民共和国刑法修正案（九）》、2017年11月4日《中华人民共和国刑法修正案（十）》、2020年12月26日《中华人民共和国刑法修正案（十一）》修正]

目　录

第一编 总　　则

第一章 刑法的任务、基本原则和适用范围

第一条 为了惩罚犯罪，保护人民，根据宪法，结合我国同犯罪作斗争的具体经验及实际情况，制定本法。

第二条 中华人民共和国刑法的任务，是用刑罚同一切犯罪行为作斗争，以保卫国家安全，保卫人民民主专政的政权和社会主义制度，保护国有财产和劳动群众集体所有的财产，保护公民私人所有的财产，保护公民的人身权利、民主权利和其他权利，维护社会秩序、经济秩序，保障社会主义建设事业的顺利进行。

第三条 法律明文规定为犯罪行为的，依照法律定罪处刑；法律没有明文规定为犯罪行为的，不得定罪处刑。

第四条 对任何人犯罪，在适用法律上一律平等。不允许任何人有超越法律的特权。

第五条 刑罚的轻重，应当与犯罪分子所犯罪行和承担的刑事责任相适应。

第六条 凡在中华人民共和国领域内犯罪的，除法律有特别规定的以外，都适用本法。

凡在中华人民共和国船舶或者航空器内犯罪的，也适用本法。

犯罪的行为或者结果有一项发生在中华人民共和国领域内的，就认为是在中华人民共和国领域内犯罪。

第七条 中华人民共和国公民在中华人民共和国领域外犯本法规定之罪的，适用本法，但是按本法规定的最高刑为三年以下有期徒刑的，可以不予追究。

中华人民共和国国家工作人员和军人在中华人民共和国领域外犯本法规定之罪的，适用本法。

第八条 外国人在中华人民共和国领域外对中华人民共和国国家或者公民犯罪，而按本法规定的最低刑为三年以上有期徒刑的，可以适用本法，但是按照犯罪地的法律不受处罚的除外。

第九条 对于中华人民共和国缔结或者参加的国际条约所规定的罪行，中华人民共和国在所承担条约义务的范围内行使刑事管辖权的，适用本法。

第十条 凡在中华人民共和国领域外犯罪，依照本法应当负刑事责任的，虽然经过外国审判，仍然可以依照本法

追究，但是在外国已经受过刑罚处罚的，可以免除或者减轻处罚。

第十一条 享有外交特权和豁免权的外国人的刑事责任，通过外交途径解决。

第十二条 中华人民共和国成立以后本法施行以前的行为，如果当时的法律不认为是犯罪的，适用当时的法律；如果当时的法律认为是犯罪的，依照本法总则第四章第八节的规定应当追诉的，按照当时的法律追究刑事责任，但是如果本法不认为是犯罪或者处刑较轻的，适用本法。

本法施行以前，依照当时的法律已经作出的生效判决，继续有效。

第二章 犯 罪

第一节 犯罪和刑事责任

第十三条 一切危害国家主权、领土完整和安全，分裂国家、颠覆人民民主专政的政权和推翻社会主义制度，破坏社会秩序和经济秩序，侵犯国有财产或者劳动群众集体所有的财产，侵犯公民私人所有的财产，侵犯公民的人身权利、民主权利和其他权利，以及其他危害社会的行为，依照法律应当受刑罚处罚的，都是犯罪，但是情节显著轻微危害不大的，不认为是犯罪。

第十四条 明知自己的行为会发生危害社会的结果，并且希望或者放任这种结果发生，因而构成犯罪的，是故意犯罪。

故意犯罪，应当负刑事责任。

第十五条 应当预见自己的行为可能发生危害社会的结果，因为疏忽大意而没有预见，或者已经预见而轻信能够避免，以致发生这种结果的，是过失犯罪。

过失犯罪，法律有规定的才负刑事责任。

第十六条 行为在客观上虽然造成了损害结果，但是不是出于故意或者过失，而是由于不能抗拒或者不能预见的原因所引起的，不是犯罪。

第十七条① 已满十六周岁的人犯罪，应当负刑事责任。

已满十四周岁不满十六周岁的人，犯故意杀人、故意伤害致人重伤或者死亡、强奸、抢劫、贩卖毒品、放火、爆炸、投放危险物质罪的，应当负刑事责任。

已满十二周岁不满十四周岁的人，犯故意杀人、故意伤害罪，致人死亡或者以特别残忍手段致人重伤造成严重残疾，情节恶劣，经最高人民检察院核准追诉的，应当负刑事责任。

对依照前三款规定追究刑事责任的不满十八周岁的人，应当从轻或者减轻处罚。

因不满十六周岁不予刑事处罚的，责令其父母或者其他监护人加以管教；在必要的时候，依法进行专门矫治教育。

第十七条之一② 已满七十五周岁的人故意犯罪的，可以从轻或者减轻处罚；过失犯罪的，应当从轻或者减轻处罚。

第十八条 精神病人在不能辨认或者不能控制自己行为的时候造成危害结果，经法定程序鉴定确认的，不负刑事责任，但是应当责令他的家属或者监护人严加看管和医疗；在必要的时候，由政府强制医疗。

间歇性的精神病人在精神正常的时候犯罪，应当负刑事责任。

尚未完全丧失辨认或者控制自己行为能力的精神病人犯罪的，应当负刑事责任，但是可以从轻或者减轻处罚。

醉酒的人犯罪，应当负刑事责任。

第十九条 又聋又哑的人或者盲人犯罪，可以从轻、减轻或者免除处罚。

第二十条 为了使国家、公共利益、本人或者他人的人身、财产和其他权利免受正在进行的不法侵害，而采取的制止不法侵害的行为，对不法侵害人造成损害的，属于正当防卫，不负刑事责任。

正当防卫明显超过必要限度造成重大损害的，应当负刑事责任，但是应当减轻或者免除处罚。

对正在进行行凶、杀人、抢劫、强奸、绑架以及其他严重危及人身安全的暴力犯罪，采取防卫行为，造成不法侵害人伤亡的，不属于防卫过当，不负刑事责任。

第二十一条 为了使国家、公共利益、本人或者他人的人身、财产和其他权利免受正在发生的危险，不得已采取的紧急避险行为，造成损害的，不负刑事责任。

---

① 根据 2020 年 12 月 26 日第十三届全国人民代表大会常务委员会第二十四次会议通过的《中华人民共和国刑法修正案（十一）》修正。《刑法》原条文第十七条为：“（第一款）已满十六周岁的人犯罪，应当负刑事责任。（第二款）已满十四周岁不满十六周岁的人，犯故意杀人、故意伤害致人重伤或者死亡、强奸、抢劫、贩卖毒品、放火、爆炸、投毒罪的，应当负刑事责任。（第三款）已满十四周岁不满十八周岁的人犯罪，应当从轻或者减轻处罚。（第四款）因不满十六周岁不予刑事处罚的，责令他的家长或者监护人加以管教；在必要的时候，也可以由政府收容教养。”

② 根据 2011 年 2 月 25 日第十一届全国人民代表大会常务委员会第十九次会议通过的《中华人民共和国刑法修正案（八）》增加，自 2011 年 5 月 1 日起施行。

紧急避险超过必要限度造成不应有的损害的，应当负刑事责任，但是应当减轻或者免除处罚。

第一款中关于避免本人危险的规定，不适用于职务上、业务上负有特定责任的人。

第二节　犯罪的预备、未遂和中止

第二十二条　为了犯罪，准备工具、制造条件的，是犯罪预备。

对于预备犯，可以比照既遂犯从轻、减轻处罚或者免除处罚。

第二十三条　已经着手实行犯罪，由于犯罪分子意志以外的原因而未得逞的，是犯罪未遂。

对于未遂犯，可以比照既遂犯从轻或者减轻处罚。

第二十四条　在犯罪过程中，自动放弃犯罪或者自动有效地防止犯罪结果发生的，是犯罪中止。

对于中止犯，没有造成损害的，应当免除处罚；造成损害的，应当减轻处罚。

第三节　共同犯罪

第二十五条　共同犯罪是指二人以上共同故意犯罪。

二人以上共同过失犯罪，不以共同犯罪论处；应当负刑事责任的，按照他们所犯的罪分别处罚。

第二十六条　组织、领导犯罪集团进行犯罪活动的或者在共同犯罪中起主要作用的，是主犯。

三人以上为共同实施犯罪而组成的较为固定的犯罪组织，是犯罪集团。

对组织、领导犯罪集团的首要分子，按照集团所犯的全部罪行处罚。

对于第三款规定以外的主犯，应当按照其所参与的或者组织、指挥的全部犯罪处罚。

第二十七条　在共同犯罪中起次要或者辅助作用的，是从犯。

对于从犯，应当从轻、减轻处罚或者免除处罚。

第二十八条　对于被胁迫参加犯罪的，应当按照他的犯罪情节减轻处罚或者免除处罚。

第二十九条　教唆他人犯罪的，应当按照他在共同犯罪中所起的作用处罚。教唆不满十八周岁的人犯罪的，应当从重处罚。

如果被教唆的人没有犯被教唆的罪，对于教唆犯，可以从轻或者减轻处罚。

第四节　单位犯罪

第三十条　公司、企业、事业单位、机关、团体实施的危害社会的行为，法律规定为单位犯罪的，应当负刑事责任。

第三十一条　单位犯罪的，对单位判处罚金，并对其直接负责的主管人员和其他直接责任人员判处刑罚。本法分则和其他法律另有规定的，依照规定。

第三章　刑　　罚

第一节　刑罚的种类

第三十二条　刑罚分为主刑和附加刑。

第三十三条　主刑的种类如下：

（一）管制；

（二）拘役；

（三）有期徒刑；

（四）无期徒刑；

（五）死刑。

第三十四条　附加刑的种类如下：

（一）罚金；

（二）剥夺政治权利；

（三）没收财产。

附加刑也可以独立适用。

第三十五条　对于犯罪的外国人，可以独立适用或者附加适用驱逐出境。

第三十六条　由于犯罪行为而使被害人遭受经济损失的，对犯罪分子除依法给予刑事处罚外，并应根据情况判处赔偿经济损失。

承担民事赔偿责任的犯罪分子，同时被判处罚金，其财产不足以全部支付的，或者被判处没收财产的，应当先承担对被害人的民事赔偿责任。

第三十七条　对于犯罪情节轻微不需要判处刑罚的，可以免予刑事处罚，但是可以根据案件的不同情况，予以训诫或者责令具结悔过、赔礼道歉、赔偿损失，或者由主管部门予以行政处罚或者行政处分。

第三十七条之一① 因利用职业便利实施犯罪，或者实施违背职业要求的特定义务的犯罪被判处刑罚的，人民法院可以根据犯罪情况和预防再犯罪的需要，禁止其自刑罚执行完毕之日或者假释之日起从事相关职业，期限为三年至五年。

被禁止从事相关职业的人违反人民法院依照前款规定作出的决定的，由公安机关依法给予处罚；情节严重的，依照本法第三百一十三条的规定定罪处罚。

其他法律、行政法规对其从事相关职业另有禁止或者限制性规定的，从其规定。

第二节 管 制

第三十八条② 管制的期限，为三个月以上二年以下。

判处管制，可以根据犯罪情况，同时禁止犯罪分子在执行期间从事特定活动，进入特定区域、场所，接触特定的人。

对判处管制的犯罪分子，依法实行社区矫正。

违反第二款规定的禁止令的，由公安机关依照《中华人民共和国治安管理处罚法》的规定处罚。

第三十九条 被判处管制的犯罪分子，在执行期间，应当遵守下列规定：

（一）遵守法律、行政法规，服从监督；

（二）未经执行机关批准，不得行使言论、出版、集会、结社、游行、示威自由的权利；

（三）按照执行机关规定报告自己的活动情况；

（四）遵守执行机关关于会客的规定；

（五）离开所居住的市、县或者迁居，应当报经执行机关批准。

对于被判处管制的犯罪分子，在劳动中应当同工同酬。

第四十条 被判处管制的犯罪分子，管制期满，执行机关应即向本人和其所在单位或者居住地的群众宣布解除管制。

第四十一条 管制的刑期，从判决执行之日起计算；判决执行以前先行羁押的，羁押一日折抵刑期二日。

第三节 拘 役

第四十二条 拘役的期限，为一个月以上六个月以下。

第四十三条 被判处拘役的犯罪分子，由公安机关就近执行。

在执行期间，被判处拘役的犯罪分子每月可以回家一天至两天；参加劳动的，可以酌量发给报酬。

第四十四条 拘役的刑期，从判决执行之日起计算；判决执行以前先行羁押的，羁押一日折抵刑期一日。

第四节 有期徒刑、无期徒刑

第四十五条 有期徒刑的期限，除本法第五十条、第六十九条规定外，为六个月以上十五年以下。

第四十六条 被判处有期徒刑、无期徒刑的犯罪分子，在监狱或者其他执行场所执行；凡有劳动能力的，都应当参加劳动，接受教育和改造。

第四十七条 有期徒刑的刑期，从判决执行之日起计算；判决执行以前先行羁押的，羁押一日折抵刑期一日。

第五节 死 刑

第四十八条 死刑只适用于罪行极其严重的犯罪分子。对于应当判处死刑的犯罪分子，如果不是必须立即执行的，可以判处死刑同时宣告缓期二年执行。

死刑除依法由最高人民法院判决的以外，都应当报请最高人民法院核准。死刑缓期执行的，可以由高级人民法院判决或者核准。

第四十九条③ 犯罪的时候不满十八周岁的人和审判的时候怀孕的妇女，不适用死刑。

审判的时候已满七十五周岁的人，不适用死刑，但以特别残忍手段致人死亡的除外。

---

① 根据2015年8月29日第十二届全国人民代表大会常务委员会第十六次会议通过的《中华人民共和国刑法修正案（九）》增加，自2015年11月1日起施行。

② 根据2011年2月25日第十一届全国人民代表大会常务委员会第十九次会议通过的《中华人民共和国刑法修正案（八）》修改，自2011年5月1日起施行。《刑法》原第三十八条为："（第一款）管制的期限，为三个月以上二年以下。（第二款）被判处管制的犯罪分子，由公安机关执行。"

③ 根据2011年2月25日第十一届全国人民代表大会常务委员会第十九次会议通过的《中华人民共和国刑法修正案（八）》修改，自2011年5月1日起施行。《刑法》原第四十九条为："犯罪的时候不满十八周岁的人和审判的时候怀孕的妇女，不适用死刑。"

第五十条① 判处死刑缓期执行的，在死刑缓期执行期间，如果没有故意犯罪，二年期满以后，减为无期徒刑；如果确有重大立功表现，二年期满以后，减为二十五年有期徒刑；如果故意犯罪，情节恶劣的，报请最高人民法院核准后执行死刑；对于故意犯罪未执行死刑的，死刑缓期执行的期间重新计算，并报最高人民法院备案。

对被判处死刑缓期执行的累犯以及因故意杀人、强奸、抢劫、绑架、放火、爆炸、投放危险物质或者有组织的暴力性犯罪被判处死刑缓期执行的犯罪分子，人民法院根据犯罪情节等情况可以同时决定对其限制减刑。

第五十一条 死刑缓期执行的期间，从判决确定之日起计算。死刑缓期执行减为有期徒刑的刑期，从死刑缓期执行期满之日起计算。

第六节 罚 金

第五十二条 判处罚金，应当根据犯罪情节决定罚金数额。

第五十三条② 罚金在判决指定的期限内一次或者分期缴纳。期满不缴纳的，强制缴纳。对于不能全部缴纳罚金的，人民法院在任何时候发现被执行人有可以执行的财产，应当随时追缴。

由于遭遇不能抗拒的灾祸等原因缴纳确实有困难的，经人民法院裁定，可以延期缴纳、酌情减少或者免除。

第七节 剥夺政治权利

第五十四条 剥夺政治权利是剥夺下列权利：

（一）选举权和被选举权；

（二）言论、出版、集会、结社、游行、示威自由的权利；

（三）担任国家机关职务的权利；

（四）担任国有公司、企业、事业单位和人民团体领导职务的权利。

第五十五条 剥夺政治权利的期限，除本法第五十七条规定外，为一年以上五年以下。

判处管制附加剥夺政治权利的，剥夺政治权利的期限与管制的期限相等，同时执行。

第五十六条 对于危害国家安全的犯罪分子应当附加剥夺政治权利；对于故意杀人、强奸、放火、爆炸、投毒、抢劫等严重破坏社会秩序的犯罪分子，可以附加剥夺政治权利。

独立适用剥夺政治权利的，依照本法分则的规定。

第五十七条 对于被判处死刑、无期徒刑的犯罪分子，应当剥夺政治权利终身。

在死刑缓期执行减为有期徒刑或者无期徒刑减为有期徒刑的时候，应当把附加剥夺政治权利的期限改为三年以上十年以下。

第五十八条 附加剥夺政治权利的刑期，从徒刑、拘役执行完毕之日或者从假释之日起计算；剥夺政治权利的效力当然施用于主刑执行期间。

被剥夺政治权利的犯罪分子，在执行期间，应当遵守法律、行政法规和国务院公安部门有关监督管理的规定，服从监督；不得行使本法第五十四条规定的各项权利。

第八节 没收财产

第五十九条 没收财产是没收犯罪分子个人所有财产的一部或者全部。没收全部财产的，应当对犯罪分子个人及其扶养的家属保留必需的生活费用。

在判处没收财产的时候，不得没收属于犯罪分子家属所有或者应有的财产。

第六十条 没收财产以前犯罪分子所负的正当债务，需要以没收的财产偿还的，经债权人请求，应当偿还。

---

① 根据 2015 年 8 月 29 日第十二届全国人民代表大会常务委员会第十六次会议通过的《中华人民共和国刑法修正案（九）》修改，自 2015 年 11 月 1 日起施行。《刑法》原第五十条为："判处死刑缓期执行的，在死刑缓期执行期间，如果没有故意犯罪，二年期满以后，减为无期徒刑；如果确有重大立功表现，二年期满以后，减为十五年以上二十年以下有期徒刑；如果故意犯罪，查证属实的，由最高人民法院核准，执行死刑。"2011 年 2 月 25 日第十一届全国人民代表大会常务委员会第十九次会议通过的《中华人民共和国刑法修正案（八）》修正后的内容为"（第一款）判处死刑缓期执行的，在死刑缓期执行期间，如果没有故意犯罪，二年期满以后，减为无期徒刑；如果确有重大立功表现，二年期满以后，减为二十五年有期徒刑；如果故意犯罪，查证属实的，由最高人民法院核准，执行死刑。（第二款）对被判处死刑缓期执行的累犯以及因故意杀人、强奸、抢劫、绑架、放火、爆炸、投放危险物质或者有组织的暴力性犯罪被判处死刑缓期执行的犯罪分子，人民法院根据犯罪情节等情况可以同时决定对其限制减刑。"

② 根据 2015 年 8 月 29 日第十二届全国人民代表大会常务委员会第十六次会议通过的《中华人民共和国刑法修正案（九）》修改，自 2015 年 11 月 1 日起施行。《刑法》原第五十三条为："罚金在判决指定的期限内一次或者分期缴纳。期满不缴纳的，强制缴纳。对于不能全部缴纳罚金的，人民法院在任何时候发现被执行人有可以执行的财产，应当随时追缴。如果由于遭遇不能抗拒的灾祸缴纳确实有困难的，可以酌情减少或者免除。"

第四章 刑罚的具体运用

第一节 量 刑

第六十一条 对于犯罪分子决定刑罚的时候，应当根据犯罪的事实、犯罪的性质、情节和对于社会的危害程度，依照本法的有关规定判处。

第六十二条 犯罪分子具有本法规定的从重处罚、从轻处罚情节的，应当在法定刑的限度以内判处刑罚。

第六十三条① 犯罪分子具有本法规定的减轻处罚情节的，应当在法定刑以下判处刑罚；本法规定有数个量刑幅度的，应当在法定量刑幅度的下一个量刑幅度内判处刑罚。

犯罪分子虽然不具有本法规定的减轻处罚情节，但是根据案件的特殊情况，经最高人民法院核准，也可以在法定刑以下判处刑罚。

第六十四条 犯罪分子违法所得的一切财物，应当予以追缴或者责令退赔；对被害人的合法财产，应当及时返还；违禁品和供犯罪所用的本人财物，应当予以没收。没收的财物和罚金，一律上缴国库，不得挪用和自行处理。

第二节 累 犯

第六十五条② 被判处有期徒刑以上刑罚的犯罪分子，刑罚执行完毕或者赦免以后，在五年以内再犯应当判处有期徒刑以上刑罚之罪的，是累犯，应当从重处罚，但是过失犯罪和不满十八周岁的人犯罪的除外。

前款规定的期限，对于被假释的犯罪分子，从假释期满之日起计算。

第六十六条③ 危害国家安全犯罪、恐怖活动犯罪、黑社会性质的组织犯罪的犯罪分子，在刑罚执行完毕或者赦免以后，在任何时候再犯上述任一类罪的，都以累犯论处。

第三节 自首和立功

第六十七条④ 犯罪以后自动投案，如实供述自己的罪行的，是自首。对于自首的犯罪分子，可以从轻或者减轻处罚。其中，犯罪较轻的，可以免除处罚。

被采取强制措施的犯罪嫌疑人、被告人和正在服刑的罪犯，如实供述司法机关还未掌握的本人其他罪行的，以自首论。

犯罪嫌疑人虽不具有前两款规定的自首情节，但是如实供述自己罪行的，可以从轻处罚；因其如实供述自己罪行，避免特别严重后果发生的，可以减轻处罚。

第六十八条⑤ 犯罪分子有揭发他人犯罪行为，查证属实的，或者提供重要线索，从而得以侦破其他案件等立功表现的，可以从轻或者减轻处罚；有重大立功表现的，可以减轻或者免除处罚。

---

① 根据2011年2月25日第十一届全国人民代表大会常务委员会第十九次会议通过的《中华人民共和国刑法修正案（八）》修改，自2011年5月1日起施行。《刑法》原第六十三条为：“（第一款）犯罪分子具有本法规定的减轻处罚情节的，应当在法定刑以下判处刑罚。（第二款）犯罪分子虽然不具有本法规定的减轻处罚情节，但是根据案件的特殊情况，经最高人民法院核准，也可以在法定刑以下判处刑罚。”

② 根据2011年2月25日第十一届全国人民代表大会常务委员会第十九次会议通过的《中华人民共和国刑法修正案（八）》修改，自2011年5月1日起施行。《刑法》原第六十五条为：“（第一款）被判处有期徒刑以上刑罚的犯罪分子，刑罚执行完毕或者赦免以后，在五年以内再犯应当判处有期徒刑以上刑罚之罪的，是累犯，应当从重处罚，但是过失犯罪除外。（第二款）前款规定的期限，对于被假释的犯罪分子，从假释期满之日起计算。”

③ 根据2011年2月25日第十一届全国人民代表大会常务委员会第十九次会议通过的《中华人民共和国刑法修正案（八）》修改，自2011年5月1日起施行。《刑法》原第六十六条为：“危害国家安全的犯罪分子在刑罚执行完毕或者赦免以后，在任何时候再犯危害国家安全罪的，都以累犯论处。”

④ 根据2011年2月25日第十一届全国人民代表大会常务委员会第十九次会议通过的《中华人民共和国刑法修正案（八）》修改，自2011年5月1日起施行。《刑法》原第六十七条为：“（第一款）犯罪以后自动投案，如实供述自己的罪行的，是自首。对于自首的犯罪分子，可以从轻或者减轻处罚。其中，犯罪较轻的，可以免除处罚。（第二款）被采取强制措施的犯罪嫌疑人、被告人和正在服刑的罪犯，如实供述司法机关还未掌握的本人其他罪行的，以自首论。”

⑤ 根据2011年2月25日第十一届全国人民代表大会常务委员会第十九次会议通过的《中华人民共和国刑法修正案（八）》修改，自2011年5月1日起施行。《刑法》原第六十八条为：“（第一款）犯罪分子有揭发他人犯罪行为，查证属实的，或者提供重要线索，从而得以侦破其他案件等立功表现的，可以从轻或者减轻处罚；有重大立功表现的，可以减轻或者免除处罚。（第二款）犯罪后自首又有重大立功表现的，应当减轻或者免除处罚。”

第四节 数罪并罚

第六十九条① 判决宣告以前一人犯数罪的，除判处死刑和无期徒刑的以外，应当在总和刑期以下、数刑中最高刑期以上，酌情决定执行的刑期，但是管制最高不能超过三年，拘役最高不能超过一年，有期徒刑总和刑期不满三十五年的，最高不能超过二十年，总和刑期在三十五年以上的，最高不能超过二十五年。

数罪中有判处有期徒刑和拘役的，执行有期徒刑。数罪中有判处有期徒刑和管制，或者拘役和管制的，有期徒刑、拘役执行完毕后，管制仍须执行。

数罪中有判处附加刑的，附加刑仍须执行，其中附加刑种类相同的，合并执行，种类不同的，分别执行。

第七十条 判决宣告以后，刑罚执行完毕以前，发现被判刑的犯罪分子在判决宣告以前还有其他罪没有判决的，应当对新发现的罪作出判决，把前后两个判决所判处的刑罚，依照本法第六十九条的规定，决定执行的刑罚。已经执行的刑期，应当计算在新判决决定的刑期以内。

第七十一条 判决宣告以后，刑罚执行完毕以前，被判刑的犯罪分子又犯罪的，应当对新犯的罪作出判决，把前罪没有执行的刑罚和后罪所判处的刑罚，依照本法第六十九条的规定，决定执行的刑罚。

第五节 缓 刑

第七十二条② 对于被判处拘役、三年以下有期徒刑的犯罪分子，同时符合下列条件的，可以宣告缓刑，对其中不满十八周岁的人、怀孕的妇女和已满七十五周岁的人，应当宣告缓刑：

（一）犯罪情节较轻；

（二）有悔罪表现；

（三）没有再犯罪的危险；

（四）宣告缓刑对所居住社区没有重大不良影响。

宣告缓刑，可以根据犯罪情况，同时禁止犯罪分子在缓刑考验期限内从事特定活动，进入特定区域、场所，接触特定的人。

被宣告缓刑的犯罪分子，如果被判处附加刑，附加刑仍须执行。

第七十三条 拘役的缓刑考验期限为原判刑期以上一年以下，但是不能少于二个月。

有期徒刑的缓刑考验期限为原判刑期以上五年以下，但是不能少于一年。

缓刑考验期限，从判决确定之日起计算。

第七十四条③ 对于累犯和犯罪集团的首要分子，不适用缓刑。

第七十五条 被宣告缓刑的犯罪分子，应当遵守下列规定：

（一）遵守法律、行政法规，服从监督；

（二）按照考察机关的规定报告自己的活动情况；

（三）遵守考察机关关于会客的规定；

（四）离开所居住的市、县或者迁居，应当报经考察机关批准。

第七十六条④ 对宣告缓刑的犯罪分子，在缓刑考验期限内，依法实行社区矫正，如果没有本法第七十七条规定的情形，缓刑考验期满，原判的刑罚就不再执行，并公开予以宣告。

---

① 根据2015年8月29日第十二届全国人民代表大会常务委员会第十六次会议通过的《中华人民共和国刑法修正案（九）》修订，自2015年11月1日起施行。《刑法》原第六十九条为：“（第一款）判决宣告以前一人犯数罪的，除判处死刑和无期徒刑的以外，应当在总和刑期以下、数刑中最高刑期以上，酌情决定执行的刑期，但是管制最高不能超过三年，拘役最高不能超过一年，有期徒刑最高不能超过二十年。（第二款）如果数罪中有判处附加刑的，附加刑仍须执行。”2011年2月25日第十一届全国人民代表大会常务委员会第十九次会议通过的《中华人民共和国刑法修正案（八）》修改为：“（第一款）判决宣告以前一人犯数罪的，除判处死刑和无期徒刑的以外，应当在总和刑期以下、数刑中最高刑期以上，酌情决定执行的刑期，但是管制最高不能超过三年，拘役最高不能超过一年，有期徒刑总和刑期不满三十五年的，最高不能超过二十年，总和刑期在三十五年以上的，最高不能超过二十五年。（第二款）数罪中有判处附加刑的，附加刑仍须执行，其中附加刑种类相同的，合并执行，种类不同的，分别执行。”

② 根据2011年2月25日第十一届全国人民代表大会常务委员会第十九次会议通过的《中华人民共和国刑法修正案（八）》修改，自2011年5月1日起施行。《刑法》原第七十二条为：“（第一款）对于被判处拘役、三年以下有期徒刑的犯罪分子，根据犯罪分子的犯罪情节和悔罪表现，适用缓刑确实不致再危害社会的，可以宣告缓刑。（第二款）被宣告缓刑的犯罪分子，如果被判处附加刑，附加刑仍须执行。”

③ 根据2011年2月25日第十一届全国人民代表大会常务委员会第十九次会议通过的《中华人民共和国刑法修正案（八）》修改，自2011年5月1日起施行。《刑法》原第七十四条为：“对于累犯，不适用缓刑。”

④ 根据2011年2月25日第十一届全国人民代表大会常务委员会第十九次会议通过的《中华人民共和国刑法修正案（八）》修改，自2011年5月1日起施行。《刑法》原第七十六条为：“被宣告缓刑的犯罪分子，在缓刑考验期限内，由公安机关考察，所在单位或者基层组织予以配合，如果没有本法第七十七条规定的情形，缓刑考验期满，原判的刑罚就不再执行，并公开予以宣告。”

第七十七条① 被宣告缓刑的犯罪分子，在缓刑考验期限内犯新罪或者发现判决宣告以前还有其他罪没有判决的，应当撤销缓刑，对新犯的罪或者新发现的罪作出判决，把前罪和后罪所判处的刑罚，依照本法第六十九条的规定，决定执行的刑罚。

被宣告缓刑的犯罪分子，在缓刑考验期限内，违反法律、行政法规或者国务院有关部门关于缓刑的监督管理规定，或者违反人民法院判决中的禁止令，情节严重的，应当撤销缓刑，执行原判刑罚。

第六节 减 刑

第七十八条② 被判处管制、拘役、有期徒刑、无期徒刑的犯罪分子，在执行期间，如果认真遵守监规，接受教育改造，确有悔改表现的，或者有立功表现的，可以减刑；有下列重大立功表现之一的，应当减刑：

（一）阻止他人重大犯罪活动的；

（二）检举监狱内外重大犯罪活动，经查证属实的；

（三）有发明创造或者重大技术革新的；

（四）在日常生产、生活中舍己救人的；

（五）在抗御自然灾害或者排除重大事故中，有突出表现的；

（六）对国家和社会有其他重大贡献的。

减刑以后实际执行的刑期不能少于下列期限：

（一）判处管制、拘役、有期徒刑的，不能少于原判刑期的二分之一；

（二）判处无期徒刑的，不能少于十三年；

（三）人民法院依照本法第五十条第二款规定限制减刑的死刑缓期执行的犯罪分子，缓期执行期满后依法减为无期徒刑的，不能少于二十五年，缓期执行期满后依法减为二十五年有期徒刑的，不能少于二十年。

第七十九条 对于犯罪分子的减刑，由执行机关向中级以上人民法院提出减刑建议书。人民法院应当组成合议庭进行审理，对确有悔改或者立功事实的，裁定予以减刑。非经法定程序不得减刑。

第八十条 无期徒刑减为有期徒刑的刑期，从裁定减刑之日起计算。

第七节 假 释

第八十一条③ 被判处有期徒刑的犯罪分子，执行原判刑期二分之一以上，被判处无期徒刑的犯罪分子，实际执行十三年以上，如果认真遵守监规，接受教育改造，确有悔改表现，没有再犯罪的危险的，可以假释。如果有特殊情况，经最高人民法院核准，可以不受上述执行刑期的限制。

对累犯以及因故意杀人、强奸、抢劫、绑架、放火、爆炸、投放危险物质或者有组织的暴力性犯罪被判处十年以上有期徒刑、无期徒刑的犯罪分子，不得假释。

对犯罪分子决定假释时，应当考虑其假释后对所居住社区的影响。

第八十二条 对于犯罪分子的假释，依照本法第七十九条规定的程序进行。非经法定程序不得假释。

第八十三条 有期徒刑的假释考验期限，为没有执行完毕的刑期；无期徒刑的假释考验期限为十年。

假释考验期限，从假释之日起计算。

第八十四条 被宣告假释的犯罪分子，应当遵守下列规定：

---

① 根据2011年2月25日第十一届全国人民代表大会常务委员会第十九次会议通过的《中华人民共和国刑法修正案（八）》修改，自2011年5月1日起施行。《刑法》原第七十七条为：“（第一款）被宣告缓刑的犯罪分子，在缓刑考验期限内犯新罪或者发现判决宣告以前还有其他罪没有判决的，应当撤销缓刑，对新犯的罪或者新发现的罪作出判决，把前罪和后罪所判处的刑罚，依照本法第六十九条的规定，决定执行的刑罚。（第二款）被宣告缓刑的犯罪分子，在缓刑考验期限内，违反法律、行政法规或者国务院公安部门有关缓刑的监督管理规定，情节严重的，应当撤销缓刑，执行原判刑罚。”

② 根据2011年2月25日第十一届全国人民代表大会常务委员会第十九次会议通过的《中华人民共和国刑法修正案（八）》修改，自2011年5月1日起施行。《刑法》原第七十八条为：“（第一款）被判处管制、拘役、有期徒刑、无期徒刑的犯罪分子，在执行期间，如果认真遵守监规，接受教育改造，确有悔改表现的，或者有立功表现的，可以减刑；有下列重大立功表现之一的，应当减刑：（一）阻止他人重大犯罪活动的；（二）检举监狱内外重大犯罪活动，经查证属实的；（三）有发明创造或者重大技术革新的；（四）在日常生产、生活中舍己救人的；（五）在抗御自然灾害或者排除重大事故中，有突出表现的；（六）对国家和社会有其他重大贡献的。（第二款）减刑以后实际执行的刑期，判处管制、拘役、有期徒刑的，不能少于原判刑期的二分之一；判处无期徒刑的，不能少于十年。”

③ 根据2011年2月25日第十一届全国人民代表大会常务委员会第十九次会议通过的《中华人民共和国刑法修正案（八）》修改，自2011年5月1日起施行。《刑法》原第八十一条为：“（第一款）被判处有期徒刑的犯罪分子，执行原判刑期二分之一以上，被判处无期徒刑的犯罪分子，实际执行十年以上，如果认真遵守监规，接受教育改造，确有悔改表现，假释后不致再危害社会的，可以假释。如果有特殊情况，经最高人民法院核准，可以不受上述执行刑期的限制。（第二款）对累犯以及因杀人、爆炸、抢劫、强奸、绑架等暴力性犯罪被判处十年以上有期徒刑、无期徒刑的犯罪分子，不得假释。”

（一）遵守法律、行政法规，服从监督；

（二）按照监督机关的规定报告自己的活动情况；

（三）遵守监督机关关于会客的规定；

（四）离开所居住的市、县或者迁居，应当报经监督机关批准。

第八十五条① 对假释的犯罪分子，在假释考验期限内，依法实行社区矫正，如果没有本法第八十六条规定的情形，假释考验期满，就认为原判刑罚已经执行完毕，并公开予以宣告。

第八十六条② 被假释的犯罪分子，在假释考验期限内犯新罪，应当撤销假释，依照本法第七十一条的规定实行数罪并罚。

在假释考验期限内，发现被假释的犯罪分子在判决宣告以前还有其他罪没有判决的，应当撤销假释，依照本法第七十条的规定实行数罪并罚。

被假释的犯罪分子，在假释考验期限内，有违反法律、行政法规或者国务院有关部门关于假释的监督管理规定的行为，尚未构成新的犯罪的，应当依照法定程序撤销假释，收监执行未执行完毕的刑罚。

第八节 时 效

第八十七条 犯罪经过下列期限不再追诉：

（一）法定最高刑为不满五年有期徒刑的，经过五年；

（二）法定最高刑为五年以上不满十年有期徒刑的，经过十年；

（三）法定最高刑为十年以上有期徒刑的，经过十五年；

（四）法定最高刑为无期徒刑、死刑的，经过二十年。如果二十年以后认为必须追诉的，须报请最高人民检察院核准。

第八十八条 在人民检察院、公安机关、国家安全机关立案侦查或者在人民法院受理案件以后，逃避侦查或者审判的，不受追诉期限的限制。

被害人在追诉期限内提出控告，人民法院、人民检察院、公安机关应当立案而不予立案的，不受追诉期限的限制。

第八十九条 追诉期限从犯罪之日起计算；犯罪行为有连续或者继续状态的，从犯罪行为终了之日起计算。

在追诉期限以内又犯罪的，前罪追诉的期限从犯后罪之日起计算。

第五章 其他规定

第九十条 民族自治地方不能全部适用本法规定的，可以由自治区或者省的人民代表大会根据当地民族的政治、经济、文化的特点和本法规定的基本原则，制定变通或者补充的规定，报请全国人民代表大会常务委员会批准施行。

第九十一条 本法所称公共财产，是指下列财产：

（一）国有财产；

（二）劳动群众集体所有的财产；

（三）用于扶贫和其他公益事业的社会捐助或者专项基金的财产。

在国家机关、国有公司、企业、集体企业和人民团体管理、使用或者运输中的私人财产，以公共财产论。

第九十二条 本法所称公民私人所有的财产，是指下列财产：

（一）公民的合法收入、储蓄、房屋和其他生活资料；

（二）依法归个人、家庭所有的生产资料；

（三）个体户和私营企业的合法财产；

（四）依法归个人所有的股份、股票、债券和其他财产。

---

① 根据2011年2月25日第十一届全国人民代表大会常务委员会第十九次会议通过的《中华人民共和国刑法修正案（八）》修改，自2011年5月1日起施行。《刑法》原第八十五条为：“被假释的犯罪分子，在假释考验期限内，由公安机关予以监督，如果没有本法第八十六条规定的情形，假释考验期满，就认为原判刑罚已经执行完毕，并公开予以宣告。”

② 根据2011年2月25日第十一届全国人民代表大会常务委员会第十九次会议通过的《中华人民共和国刑法修正案（八）》修改，自2011年5月1日起施行。《刑法》原第八十六条为：“（第一款）被假释的犯罪分子，在假释考验期限内犯新罪，应当撤销假释，依照本法第七十一条的规定实行数罪并罚。（第二款）在假释考验期限内，发现被假释的犯罪分子在判决宣告以前还有其他罪没有判决的，应当撤销假释，依照本法第七十条的规定实行数罪并罚。（第三款）被假释的犯罪分子，在假释考验期限内，有违反法律、行政法规或者国务院公安部门有关假释的监督管理规定的行为，尚未构成新的犯罪的，应当依照法定程序撤销假释，收监执行未执行完毕的刑罚。”

第九十三条① 本法所称国家工作人员，是指国家机关中从事公务的人员。

国有公司、企业、事业单位、人民团体中从事公务的人员和国家机关、国有公司、企业、事业单位委派到非国有公司、企业、事业单位、社会团体从事公务的人员，以及其他依照法律从事公务的人员，以国家工作人员论。

第九十四条 本法所称司法工作人员，是指有侦查、检察、审判、监管职责的工作人员。

第九十五条 本法所称重伤，是指有下列情形之一的伤害：

（一）使人肢体残废或者毁人容貌的；

（二）使人丧失听觉、视觉或者其他器官机能的；

（三）其他对于人身健康有重大伤害的。

第九十六条 本法所称违反国家规定，是指违反全国人民代表大会及其常务委员会制定的法律和决定，国务院制定的行政法规、规定的行政措施、发布的决定和命令。

第九十七条 本法所称首要分子，是指在犯罪集团或者聚众犯罪中起组织、策划、指挥作用的犯罪分子。

第九十八条 本法所称告诉才处理，是指被害人告诉才处理。如果被害人因受强制、威吓无法告诉的，人民检察院和被害人的近亲属也可以告诉。

第九十九条 本法所称以上、以下、以内，包括本数。

第一百条② 依法受过刑事处罚的人，在入伍、就业的时候，应当如实向有关单位报告自己曾受过刑事处罚，不得隐瞒。

犯罪的时候不满十八周岁被判处五年有期徒刑以下刑罚的人，免除前款规定的报告义务。

第一百零一条 本法总则适用于其他有刑罚规定的法律，但是其他法律有特别规定的除外。

第二编 分 则

第一章 危害国家安全罪

第一百零二条 勾结外国，危害中华人民共和国的主权、领土完整和安全的，处无期徒刑或者十年以上有期徒刑。

与境外机构、组织、个人相勾结，犯前款罪的，依照前款的规定处罚。

第一百零三条 组织、策划、实施分裂国家、破坏国家统一的，对首要分子或者罪行重大的，处无期徒刑或者十年以上有期徒刑；对积极参加的，处三年以上十年以下有期徒刑；对其他参加的，处三年以下有期徒刑、拘役、管制或者剥夺政治权利。

煽动分裂国家、破坏国家统一的，处五年以下有期徒刑、拘役、管制或者剥夺政治权利；首要分子或者罪行重大的，处五年以上有期徒刑。

第一百零四条 组织、策划、实施武装叛乱或者武装暴乱的，对首要分子或者罪行重大的，处无期徒刑或者十年以上有期徒刑；对积极参加的，处三年以上十年以下有期徒刑；对其他参加的，处三年以下有期徒刑、拘役、管制或者剥夺政治权利。

---

① 2000年4月29日第九届全国人民代表大会常务委员会第十五次会议通过《全国人民代表常务委员会关于〈中华人民共和国刑法〉第九十三条第二款的解释》。

根据2009年8月27日第十一届全国人民代表大会常务委员会第十次会议通过的《全国人民代表大会常务委员会关于修改部分法律的决定》修改，自2009年8月27日起施行。原解释为："全国人民代表大会常务委员会讨论了村民委员会等村基层组织人员在从事哪些工作时属于刑法第九十三条第二款规定的'其他依照法律从事公务的人员'，解释如下：

村民委员会等村基层组织人员协助人民政府从事下列行政管理工作，属于刑法第九十三条第二款规定的'其他依照法律从事公务的人员'：

（一）救灾、抢险、防汛、优抚、扶贫、移民、救济款物的管理；

（二）社会捐助公益事业款物的管理；

（三）国有土地的经营和管理；

（四）土地征用补偿费用的管理；

（五）代征、代缴税款；

（六）有关计划生育、户籍、征兵工作；

（七）协助人民政府从事的其他行政管理工作。

村民委员会等村基层组织人员从事前款规定的公务，利用职务上的便利，非法占有公共财物、挪用公款、索取他人财物或者非法收受他人财物，构成犯罪的，适用刑法第三百八十二条和第三百八十三条贪污罪、第三百八十四条挪用公款罪、第三百八十五条和第三百八十六条受贿罪的规定。"

② 根据2011年2月25日第十一届全国人民代表大会常务委员会第十九次会议通过的《中华人民共和国刑法修正案（八）》修改，自2011年5月1日起施行。《刑法》原第一百条为："依法受过刑事处罚的人，在入伍、就业的时候，应当如实向有关单位报告自己曾受过刑事处罚，不得隐瞒。"

策动、胁迫、勾引、收买国家机关工作人员、武装部队人员、人民警察、民兵进行武装叛乱或者武装暴乱的，依照前款的规定从重处罚。

第一百零五条　组织、策划、实施颠覆国家政权、推翻社会主义制度的，对首要分子或者罪行重大的，处无期徒刑或者十年以上有期徒刑；对积极参加的，处三年以上十年以下有期徒刑；对其他参加的，处三年以下有期徒刑、拘役、管制或者剥夺政治权利。

以造谣、诽谤或者其他方式煽动颠覆国家政权、推翻社会主义制度的，处五年以下有期徒刑、拘役、管制或者剥夺政治权利；首要分子或者罪行重大的，处五年以上有期徒刑。

第一百零六条　与境外机构、组织、个人相勾结，实施本章第一百零三条、第一百零四条、第一百零五条规定之罪的，依照各该条的规定从重处罚。

第一百零七条①　境内外机构、组织或者个人资助实施本章第一百零二条、第一百零三条、第一百零四条、第一百零五条规定之罪的，对直接责任人员，处五年以下有期徒刑、拘役、管制或者剥夺政治权利；情节严重的，处五年以上有期徒刑。

第一百零八条　投敌叛变的，处三年以上十年以下有期徒刑；情节严重或者带领武装部队人员、人民警察、民兵投敌叛变的，处十年以上有期徒刑或者无期徒刑。

第一百零九条②　国家机关工作人员在履行公务期间，擅离岗位，叛逃境外或者在境外叛逃的，处五年以下有期徒刑、拘役、管制或者剥夺政治权利；情节严重的，处五年以上十年以下有期徒刑。

掌握国家秘密的国家工作人员叛逃境外或者在境外叛逃的，依照前款的规定从重处罚。

第一百一十条　有下列间谍行为之一，危害国家安全的，处十年以上有期徒刑或者无期徒刑；情节较轻的，处三年以上十年以下有期徒刑：

（一）参加间谍组织或者接受间谍组织及其代理人的任务的；

（二）为敌人指示轰击目标的。

第一百一十一条　为境外的机构、组织、人员窃取、刺探、收买、非法提供国家秘密或者情报的，处五年以上十年以下有期徒刑；情节特别严重的，处十年以上有期徒刑或者无期徒刑；情节较轻的，处五年以下有期徒刑、拘役、管制或者剥夺政治权利。

第一百一十二条　战时供给敌人武器装备、军用物资资敌的，处十年以上有期徒刑或者无期徒刑；情节较轻的，处三年以上十年以下有期徒刑。

第一百一十三条　本章上述危害国家安全罪行中，除第一百零三条第二款、第一百零五条、第一百零七条、第一百零九条外，对国家和人民危害特别严重、情节特别恶劣的，可以判处死刑。

犯本章之罪的，可以并处没收财产。

第二章　危害公共安全罪

第一百一十四条③　放火、决水、爆炸以及投放毒害性、放射性、传染病病原体等物质或者以其他危险方法危害公共安全，尚未造成严重后果的，处三年以上十年以下有期徒刑。

第一百一十五条④　放火、决水、爆炸以及投放毒害性、放射性、传染病病原体等物质或者以其他危险方法致人重伤、死亡或者使公私财产遭受重大损失的，处十年以上有期徒刑、无期徒刑或者死刑。

过失犯前款罪的，处三年以上七年以下有期徒刑；情节较轻的，处三年以下有期徒刑或者拘役。

---

①　根据2011年2月25日第十一届全国人民代表大会常务委员会第十九次会议通过的《中华人民共和国刑法修正案（八）》修改，自2011年5月1日起施行。《刑法》原第一百零七条为："境内外机构、组织或者个人资助境内组织或者个人实施本章第一百零二条、第一百零三条、第一百零四条、第一百零五条规定之罪的，对直接责任人员，处五年以下有期徒刑、拘役、管制或者剥夺政治权利；情节严重的，处五年以上有期徒刑。"

②　根据2011年2月25日第十一届全国人民代表大会常务委员会第十九次会议通过的《中华人民共和国刑法修正案（八）》修改，自2011年5月1日起施行。《刑法》原第一百零九条为："（第一款）国家机关工作人员在履行公务期间，擅离岗位，叛逃境外或者在境外叛逃，危害中华人民共和国国家安全的，处五年以下有期徒刑、拘役、管制或者剥夺政治权利；情节严重的，处五年以上十年以下有期徒刑。（第二款）掌握国家秘密的国家工作人员犯前款罪的，依照前款的规定从重处罚。"

③　根据2001年12月29日第九届全国人民代表大会常务委员会第二十五次会议通过的《中华人民共和国刑法修正案（三）》修改，自2001年12月29日起施行。《刑法》原第一百一十四条为："放火、决水、爆炸、投毒或者以其他危险方法破坏工厂、矿场、油田、港口、河流、水源、仓库、住宅、森林、农场、谷场、牧场、重要管道、公共建筑物或者其他公私财产，危害公共安全，尚未造成严重后果的，处三年以上十年以下有期徒刑。"

④　根据2001年12月29日第九届全国人民代表大会常务委员会第二十五次会议通过的《中华人民共和国刑法修正案（三）》修改，自2001年12月29日起施行。《刑法》原第一百一十五条为："（第一款）放火、决水、爆炸、投毒或者以其他危险方法致人重伤、死亡或者使公私财产遭受重大损失的，处十年以上有期徒刑、无期徒刑或者死刑。（第二款）过失犯前款罪的，处三年以上七年以下有期徒刑；情节较轻的，处三年以下有期徒刑或者拘役。"

第一百一十六条　破坏火车、汽车、电车、船只、航空器，足以使火车、汽车、电车、船只、航空器发生倾覆、毁坏危险，尚未造成严重后果的，处三年以上十年以下有期徒刑。

第一百一十七条　破坏轨道、桥梁、隧道、公路、机场、航道、灯塔、标志或者进行其他破坏活动，足以使火车、汽车、电车、船只、航空器发生倾覆、毁坏危险，尚未造成严重后果的，处三年以上十年以下有期徒刑。

第一百一十八条　破坏电力、燃气或者其他易燃易爆设备，危害公共安全，尚未造成严重后果的，处三年以上十年以下有期徒刑。

第一百一十九条　破坏交通工具、交通设施、电力设备、燃气设备、易燃易爆设备，造成严重后果的，处十年以上有期徒刑、无期徒刑或者死刑。

过失犯前款罪的，处三年以上七年以下有期徒刑；情节较轻的，处三年以下有期徒刑或者拘役。

第一百二十条①　组织、领导恐怖活动组织的，处十年以上有期徒刑或者无期徒刑，并处没收财产；积极参加的，处三年以上十年以下有期徒刑，并处罚金；其他参加的，处三年以下有期徒刑、拘役、管制或者剥夺政治权利，可以并处罚金。

犯前款罪并实施杀人、爆炸、绑架等犯罪的，依照数罪并罚的规定处罚。

第一百二十条之一②　资助恐怖活动组织、实施恐怖活动的个人的，或者资助恐怖活动培训的，处五年以下有期徒刑、拘役、管制或者剥夺政治权利，并处罚金；情节严重的，处五年以上有期徒刑，并处罚金或者没收财产。

为恐怖活动组织、实施恐怖活动或者恐怖活动培训招募、运送人员的，依照前款的规定处罚。

单位犯前两款罪的，对单位判处罚金，并对其直接负责的主管人员和其他直接责任人员，依照第一款的规定处罚。

第一百二十条之二③　有下列情形之一的，处五年以下有期徒刑、拘役、管制或者剥夺政治权利，并处罚金；情节严重的，处五年以上有期徒刑，并处罚金或者没收财产：

（一）为实施恐怖活动准备凶器、危险物品或者其他工具的；

（二）组织恐怖活动培训或者积极参加恐怖活动培训的；

（三）为实施恐怖活动与境外恐怖活动组织或者人员联络的；

（四）为实施恐怖活动进行策划或者其他准备的。

有前款行为，同时构成其他犯罪的，依照处罚较重的规定定罪处罚。

第一百二十条之三④　以制作、散发宣扬恐怖主义、极端主义的图书、音频视频资料或者其他物品，或者通过讲授、发布信息等方式宣扬恐怖主义、极端主义的，或者煽动实施恐怖活动的，处五年以下有期徒刑、拘役、管制或者剥夺政治权利，并处罚金；情节严重的，处五年以上有期徒刑，并处罚金或者没收财产。

第一百二十条之四⑤　利用极端主义煽动、胁迫群众破坏国家法律确立的婚姻、司法、教育、社会管理等制度实施的，处三年以下有期徒刑、拘役或者管制，并处罚金；情节严重的，处三年以上七年以下有期徒刑，并处罚金；情节特别严重的，处七年以上有期徒刑，并处罚金或者没收财产。

第一百二十条之五⑥　以暴力、胁迫等方式强制他人在公共场所穿着、佩戴宣扬恐怖主义、极端主义服饰、标志的，处三年以下有期徒刑、拘役或者管制，并处罚金。

---

①　根据 2015 年 8 月 29 日第十二届全国人民代表大会常务委员会第十六次会议通过的《中华人民共和国刑法修正案（九）》修改，自 2015 年 11 月 1 日起施行。《刑法》原第一百二十条为：“（第一款）组织、领导和积极参加恐怖活动组织的，处三年以上十年以下有期徒刑；其他参加的，处三年以下有期徒刑、拘役或者管制。（第二款）犯前款罪并实施杀人、爆炸、绑架等犯罪的，依照数罪并罚的规定处罚。”2001 年 12 月 29 日第九届全国人民代表大会常务委员会第二十五次会议通过的《中华人民共和国刑法修正案（三）》修改为：“（第一款）组织、领导恐怖活动组织的，处十年以上有期徒刑或者无期徒刑；积极参加的，处三年以上十年以下有期徒刑；其他参加的，处三年以下有期徒刑、拘役、管制或者剥夺政治权利。（第二款）犯前款罪并实施杀人、爆炸、绑架等犯罪的，依照数罪并罚的规定处罚。”

②　根据 2015 年 8 月 29 日第十二届全国人民代表大会常务委员会第十六次会议通过的《中华人民共和国刑法修正案（九）》修订，自 2015 年 11 月 1 日起施行。此条系 2001 年 12 月 29 日第九届全国人民代表大会常务委员会第二十五次会议通过的《中华人民共和国刑法修正案（三）》增加，增加内容为：“（第一款）资助恐怖活动组织或者实施恐怖活动的个人的，处五年以下有期徒刑、拘役、管制或者剥夺政治权利，并处罚金；情节严重的，处五年以上有期徒刑，并处罚金或者没收财产。（第二款）单位犯前款罪的，对单位判处罚金，并对其直接负责的主管人员和其他直接责任人员，依照前款的规定处罚。”

③　根据 2015 年 8 月 29 日第十二届全国人民代表大会常务委员会第十六次会议通过的《中华人民共和国刑法修正案（九）》增加，自 2015 年 11 月 1 日起施行。

④　根据 2015 年 8 月 29 日第十二届全国人民代表大会常务委员会第十六次会议通过的《中华人民共和国刑法修正案（九）》增加，自 2015 年 11 月 1 日起施行。

⑤　根据 2015 年 8 月 29 日第十二届全国人民代表大会常务委员会第十六次会议通过的《中华人民共和国刑法修正案（九）》增加，自 2015 年 11 月 1 日起施行。

⑥　根据 2015 年 8 月 29 日第十二届全国人民代表大会常务委员会第十六次会议通过的《中华人民共和国刑法修正案（九）》增加，自 2015 年 11 月 1 日起施行。

第一百二十条之六① 明知是宣扬恐怖主义、极端主义的图书、音频视频资料或者其他物品而非法持有，情节严重的，处三年以下有期徒刑、拘役或者管制，并处或者单处罚金。

第一百二十一条 以暴力、胁迫或者其他方法劫持航空器的，处十年以上有期徒刑或者无期徒刑；致人重伤、死亡或者使航空器遭受严重破坏的，处死刑。

第一百二十二条 以暴力、胁迫或者其他方法劫持船只、汽车的，处五年以上十年以下有期徒刑；造成严重后果的，处十年以上有期徒刑或者无期徒刑。

第一百二十三条 对飞行中的航空器上的人员使用暴力，危及飞行安全，尚未造成严重后果的，处五年以下有期徒刑或者拘役；造成严重后果的，处五年以上有期徒刑。

第一百二十四条 破坏广播电视设施、公用电信设施，危害公共安全的，处三年以上七年以下有期徒刑；造成严重后果的，处七年以上有期徒刑。

过失犯前款罪的，处三年以上七年以下有期徒刑；情节较轻的，处三年以下有期徒刑或者拘役。

第一百二十五条② 非法制造、买卖、运输、邮寄、储存枪支、弹药、爆炸物的，处三年以上十年以下有期徒刑；情节严重的，处十年以上有期徒刑、无期徒刑或者死刑。

非法制造、买卖、运输、储存毒害性、放射性、传染病病原体等物质，危害公共安全的，依照前款的规定处罚。

单位犯前两款罪的，对单位判处罚金，并对其直接负责的主管人员和其他直接责任人员，依照第一款的规定处罚。

第一百二十六条 依法被指定、确定的枪支制造企业、销售企业，违反枪支管理规定，有下列行为之一的，对单位判处罚金，并对其直接负责的主管人员和其他直接责任人员，处五年以下有期徒刑；情节严重的，处五年以上十年以下有期徒刑；情节特别严重的，处十年以上有期徒刑或者无期徒刑：

（一）以非法销售为目的，超过限额或者不按照规定的品种制造、配售枪支的；

（二）以非法销售为目的，制造无号、重号、假号的枪支的；

（三）非法销售枪支或者在境内销售为出口制造的枪支的。

第一百二十七条③ 盗窃、抢夺枪支、弹药、爆炸物的，或者盗窃、抢夺毒害性、放射性、传染病病原体等物质，危害公共安全的，处三年以上十年以下有期徒刑；情节严重的，处十年以上有期徒刑、无期徒刑或者死刑。

抢劫枪支、弹药、爆炸物的，或者抢劫毒害性、放射性、传染病病原体等物质，危害公共安全的，或者盗窃、抢夺国家机关、军警人员、民兵的枪支、弹药、爆炸物的，处十年以上有期徒刑、无期徒刑或者死刑。

第一百二十八条 违反枪支管理规定，非法持有、私藏枪支、弹药的，处三年以下有期徒刑、拘役或者管制；情节严重的，处三年以上七年以下有期徒刑。

依法配备公务用枪的人员，非法出租、出借枪支的，依照前款的规定处罚。

依法配置枪支的人员，非法出租、出借枪支，造成严重后果的，依照第一款的规定处罚。

单位犯第二款、第三款罪的，对单位判处罚金，并对其直接负责的主管人员和其他直接责任人员，依照第一款的规定处罚。

第一百二十九条 依法配备公务用枪的人员，丢失枪支不及时报告，造成严重后果的，处三年以下有期徒刑或者拘役。

第一百三十条 非法携带枪支、弹药、管制刀具或者爆炸性、易燃性、放射性、毒害性、腐蚀性物品，进入公共场所或者公共交通工具，危及公共安全，情节严重的，处三年以下有期徒刑、拘役或者管制。

第一百三十一条 航空人员违反规章制度，致使发生重大飞行事故，造成严重后果的，处三年以下有期徒刑或者拘役；造成飞机坠毁或者人员死亡的，处三年以上七年以下有期徒刑。

第一百三十二条 铁路职工违反规章制度，致使发生铁路运营安全事故，造成严重后果的，处三年以下有期徒刑或者拘役；造成特别严重后果的，处三年以上七年以下有期徒刑。

第一百三十三条 违反交通运输管理法规，因而发生重大事故，致人重伤、死亡或者使公私财产遭受重大损失的，

---

① 根据 2015 年 8 月 29 日第十二届全国人民代表大会常务委员会第十六次会议通过的《中华人民共和国刑法修正案（九）》增加，自 2015 年 11 月 1 日起施行。

② 根据 2001 年 12 月 29 日第九届全国人民代表大会常务委员会第二十五次会议通过的《中华人民共和国刑法修正案（三）》修改，自 2001 年 12 月 29 日起施行。《刑法》原第一百二十五条为：“（第一款）非法制造、买卖、运输、邮寄、储存枪支、弹药、爆炸物的，处三年以上十年以下有期徒刑；情节严重的，处十年以上有期徒刑、无期徒刑或者死刑。（第二款）非法买卖、运输核材料的，依照前款的规定处罚。（第三款）单位犯前两款罪的，对单位判处罚金，并对其直接负责的主管人员和其他直接责任人员，依照第一款的规定处罚。”

③ 根据 2001 年 12 月 29 日第九届全国人民代表大会常务委员会第二十五次会议通过的《中华人民共和国刑法修正案（三）》修改，自 2001 年 12 月 29 日起施行。《刑法》原第一百二十七条为：“（第一款）盗窃、抢夺枪支、弹药、爆炸物的，处三年以上十年以下有期徒刑；情节严重的，处十年以上有期徒刑、无期徒刑或者死刑。（第二款）抢劫枪支、弹药、爆炸物或者盗窃、抢夺国家机关、军警人员、民兵的枪支、弹药、爆炸物的，处十年以上有期徒刑、无期徒刑或者死刑。”

处三年以下有期徒刑或者拘役；交通运输肇事后逃逸或者有其他特别恶劣情节的，处三年以上七年以下有期徒刑；因逃逸致人死亡的，处七年以上有期徒刑。

第一百三十三条之一① 在道路上驾驶机动车，有下列情形之一的，处拘役，并处罚金：

（一）追逐竞驶，情节恶劣的；

（二）醉酒驾驶机动车的；

（三）从事校车业务或者旅客运输，严重超过额定乘员载客，或者严重超过规定时速行驶的；

（四）违反危险化学品安全管理规定运输危险化学品，危及公共安全的。

机动车所有人、管理人对前款第三项、第四项行为负有直接责任的，依照前款的规定处罚。

有前两款行为，同时构成其他犯罪的，依照处罚较重的规定定罪处罚。

第一百三十三条之二② 对行驶中的公共交通工具的驾驶人员使用暴力或者抢控驾驶操纵装置，干扰公共交通工具正常行驶，危及公共安全的，处一年以下有期徒刑、拘役或者管制，并处或者单处罚金。

前款规定的驾驶人员在行驶的公共交通工具上擅离职守，与他人互殴或者殴打他人，危及公共安全的，依照前款的规定处罚。

有前两款行为，同时构成其他犯罪的，依照处罚较重的规定定罪处罚。

第一百三十四条③ 在生产、作业中违反有关安全管理的规定，因而发生重大伤亡事故或者造成其他严重后果的，处三年以下有期徒刑或者拘役；情节特别恶劣的，处三年以上七年以下有期徒刑。

强令他人违章冒险作业，或者明知存在重大事故隐患而不排除，仍冒险组织作业，因而发生重大伤亡事故或者造成其他严重后果的，处五年以下有期徒刑或者拘役；情节特别恶劣的，处五年以上有期徒刑。

第一百三十四条之一④ 在生产、作业中违反有关安全管理的规定，有下列情形之一，具有发生重大伤亡事故或者其他严重后果的现实危险的，处一年以下有期徒刑、拘役或者管制：

（一）关闭、破坏直接关系生产安全的监控、报警、防护、救生设备、设施，或者篡改、隐瞒、销毁其相关数据、信息的；

（二）因存在重大事故隐患被依法责令停产停业、停止施工、停止使用有关设备、设施、场所或者立即采取排除危险的整改措施，而拒不执行的；

（三）涉及安全生产的事项未经依法批准或者许可，擅自从事矿山开采、金属冶炼、建筑施工，以及危险物品生产、经营、储存等高度危险的生产作业活动的。

第一百三十五条⑤ 安全生产设施或者安全生产条件不符合国家规定，因而发生重大伤亡事故或者造成其他严重后果的，对直接负责的主管人员和其他直接责任人员，处三年以下有期徒刑或者拘役；情节特别恶劣的，处三年以上七年以下有期徒刑。

第一百三十五条之一⑥ 举办大型群众性活动违反安全管理规定，因而发生重大伤亡事故或者造成其他严重后果的，对直接负责的主管人员和其他直接责任人员，处三年以下有期徒刑或者拘役；情节特别恶劣的，处三年以上七年以下有期徒刑。

第一百三十六条 违反爆炸性、易燃性、放射性、毒害性、腐蚀性物品的管理规定，在生产、储存、运输、使用

---

① 根据2015年8月29日第十二届全国人民代表大会常务委员会第十六次会议通过的《中华人民共和国刑法修正案（九）》修改，自2015年11月1日起施行。系根据2011年2月25日第十一届全国人民代表大会常务委员会第十九次会议通过的《中华人民共和国刑法修正案（八）》增加，内容为："（第一款）在道路上驾驶机动车追逐竞驶，情节恶劣的，或者在道路上醉酒驾驶机动车的，处拘役，并处罚金。（第二款）有前款行为，同时构成其他犯罪的，依照处罚较重的规定定罪处罚。"

② 根据2020年12月26日第十三届全国人民代表大会常务委员会第二十四次会议通过的《中华人民共和国刑法修正案（十一）》增加，自2021年3月1日起施行。

③ 根据2006年6月29日第十届全国人民代表大会常务委员会第二十二次会议通过的《中华人民共和国刑法修正案（六）》修改，自2006年6月29日起施行。《刑法》原第一百三十四条为："工厂、矿山、林场、建筑企业或者其他企业、事业单位的职工，由于不服管理、违反规章制度，或者强令工人违章冒险作业，因而发生重大伤亡事故或者造成其他严重后果的，处三年以下有期徒刑或者拘役；情节特别恶劣的，处三年以上七年以下有期徒刑。"根据2020年12月26日第十三届全国人民代表大会常务委员会第二十四次会议通过的《中华人民共和国刑法修正案（十一）》对该条第二款进行修正。修正前条文为："强令他人违章冒险作业，因而发生重大伤亡事故或者造成其他严重后果的，处五年以下有期徒刑或者拘役；情节特别恶劣的，处五年以上有期徒刑。"

④ 根据2020年12月26日第十三届全国人民代表大会常务委员会第二十四次会议通过的《中华人民共和国刑法修正案（十一）》增加。

⑤ 根据2006年6月29日第十届全国人民代表大会常务委员会第二十二次会议通过的《中华人民共和国刑法修正案（六）》修改，自2006年6月29日起施行。《刑法》原第一百三十五条为："工厂、矿山、林场、建筑企业或者其他企业、事业单位的劳动安全设施不符合国家规定，经有关部门或者单位职工提出后，对事故隐患仍不采取措施，因而发生重大伤亡事故或者造成其他严重后果的，对直接责任人员，处三年以下有期徒刑或者拘役；情节特别恶劣的，处三年以上七年以下有期徒刑。"

⑥ 根据2006年6月29日第十届全国人民代表大会常务委员会第二十二次会议通过的《中华人民共和国刑法修正案（六）》增加，自2006年6月29日起施行。

中发生重大事故，造成严重后果的，处三年以下有期徒刑或者拘役；后果特别严重的，处三年以上七年以下有期徒刑。

第一百三十七条　建设单位、设计单位、施工单位、工程监理单位违反国家规定，降低工程质量标准，造成重大安全事故的，对直接责任人员，处五年以下有期徒刑或者拘役，并处罚金；后果特别严重的，处五年以上十年以下有期徒刑，并处罚金。

第一百三十八条　明知校舍或者教育教学设施有危险，而不采取措施或者不及时报告，致使发生重大伤亡事故的，对直接责任人员，处三年以下有期徒刑或者拘役；后果特别严重的，处三年以上七年以下有期徒刑。

第一百三十九条　违反消防管理法规，经消防监督机构通知采取改正措施而拒绝执行，造成严重后果的，对直接责任人员，处三年以下有期徒刑或者拘役；后果特别严重的，处三年以上七年以下有期徒刑。

第一百三十九条之一①　在安全事故发生后，负有报告职责的人员不报或者谎报事故情况，贻误事故抢救，情节严重的，处三年以下有期徒刑或者拘役；情节特别严重的，处三年以上七年以下有期徒刑。

第三章　破坏社会主义市场经济秩序罪

第一节　生产、销售伪劣商品罪

第一百四十条　生产者、销售者在产品中掺杂、掺假，以假充真，以次充好或者以不合格产品冒充合格产品，销售金额五万元以上不满二十万元的，处二年以下有期徒刑或者拘役，并处或者单处销售金额百分之五十以上二倍以下罚金；销售金额二十万元以上不满五十万元的，处二年以上七年以下有期徒刑，并处销售金额百分之五十以上二倍以下罚金；销售金额五十万元以上不满二百万元的，处七年以上有期徒刑，并处销售金额百分之五十以上二倍以下罚金；销售金额二百万元以上的，处十五年有期徒刑或者无期徒刑，并处销售金额百分之五十以上二倍以下罚金或者没收财产。

第一百四十一条②　生产、销售假药的，处三年以下有期徒刑或者拘役，并处罚金；对人体健康造成严重危害或者有其他严重情节的，处三年以上十年以下有期徒刑，并处罚金；致人死亡或者有其他特别严重情节的，处十年以上有期徒刑、无期徒刑或者死刑，并处罚金或者没收财产。

药品使用单位的人员明知是假药而提供给他人使用的，依照前款的规定处罚。

第一百四十二条③　生产、销售劣药，对人体健康造成严重危害的，处三年以上十年以下有期徒刑，并处罚金；后果特别严重的，处十年以上有期徒刑或者无期徒刑，并处罚金或者没收财产。

药品使用单位的人员明知是劣药而提供给他人使用的，依照前款的规定处罚。

第一百四十二条之一④　违反药品管理法规，有下列情形之一，足以严重危害人体健康的，处三年以下有期徒刑或者拘役，并处或者单处罚金；对人体健康造成严重危害或者有其他严重情节的，处三年以上七年以下有期徒刑，并处罚金：

（一）生产、销售国务院药品监督管理部门禁止使用的药品的；

（二）未取得药品相关批准证明文件生产、进口药品或者明知是上述药品而销售的；

（三）药品申请注册中提供虚假的证明、数据、资料、样品或者采取其他欺骗手段的；

---

① 根据 2006 年 6 月 29 日第十届全国人民代表大会常务委员会第二十二次会议通过的《中华人民共和国刑法修正案（六）》增加，自 2006 年 6 月 29 日起施行。

② 根据 2020 年 12 月 26 日第十三届全国人民代表大会常务委员会第二十四次会议通过的《中华人民共和国刑法修正案（十一）》修正，自 2021 年 3 月 1 日起施行。《刑法》原第一百四十一条为：“（第一款）生产、销售假药，足以严重危害人体健康的，处三年以下有期徒刑或者拘役，并处或者单处销售金额百分之五十以上二倍以下罚金；对人体健康造成严重危害的，处三年以上十年以下有期徒刑，并处销售金额百分之五十以上二倍以下罚金；致人死亡或者对人体健康造成特别严重危害的，处十年以上有期徒刑、无期徒刑或者死刑，并处销售金额百分之五十以上二倍以下罚金或者没收财产。（第二款）本条所称假药，是指依照《中华人民共和国药品管理法》的规定属于假药和按假药处理的药品、非药品。”2011 年 2 月 25 日第十一届全国人民代表大会常务委员会第十九次会议通过的《中华人民共和国刑法修正案（八）》修改，自 2011 年 5 月 1 日起施行，修改后条文内容为：“（第一款）生产、销售假药的，处三年以下有期徒刑或者拘役，并处罚金；对人体健康造成严重危害或者有其他严重情节的，处三年以上十年以下有期徒刑，并处罚金；致人死亡或者有其他特别严重情节的，处十年以上有期徒刑、无期徒刑或者死刑，并处罚金或者没收财产。（第二款）本条所称假药，是指依照《中华人民共和国药品管理法》的规定属于假药和按假药处理的药品、非药品。”

③ 根据 2020 年 12 月 26 日第十三届全国人民代表大会常务委员会第二十四次会议通过的《中华人民共和国刑法修正案（十一）》修正，自 2021 年 3 月 1 日起施行。《刑法》原第一百四十二条为：“（第一款）生产、销售劣药，对人体健康造成严重危害的，处三年以上十年以下有期徒刑，并处销售金额百分之五十以上二倍以下罚金；后果特别严重的，处十年以上有期徒刑或者无期徒刑，并处销售金额百分之五十以上二倍以下罚金或者没收财产。（第二款）本条所称劣药，是指依照《中华人民共和国药品管理法》的规定属于劣药的药品。”

④ 根据 2020 年 12 月 26 日第十三届全国人民代表大会常务委员会第二十四次会议通过的《中华人民共和国刑法修正案（十一）》增加，自 2021 年 3 月 1 日起施行。

（四）编造生产、检验记录的。

有前款行为，同时又构成本法第一百四十一条、第一百四十二条规定之罪或者其他犯罪的，依照处罚较重的规定定罪处罚。

第一百四十三条[①] 生产、销售不符合食品安全标准的食品，足以造成严重食物中毒事故或者其他严重食源性疾病的，处三年以下有期徒刑或者拘役，并处罚金；对人体健康造成严重危害或者有其他严重情节的，处三年以上七年以下有期徒刑，并处罚金；后果特别严重的，处七年以上有期徒刑或者无期徒刑，并处罚金或者没收财产。

第一百四十四条[②] 在生产、销售的食品中掺入有毒、有害的非食品原料的，或者销售明知掺有有毒、有害的非食品原料的食品的，处五年以下有期徒刑，并处罚金；对人体健康造成严重危害或者有其他严重情节的，处五年以上十年以下有期徒刑，并处罚金；致人死亡或者有其他特别严重情节的，依照本法第一百四十一条的规定处罚。

第一百四十五条[③] 生产不符合保障人体健康的国家标准、行业标准的医疗器械、医用卫生材料，或者销售明知是不符合保障人体健康的国家标准、行业标准的医疗器械、医用卫生材料，足以严重危害人体健康的，处三年以下有期徒刑或者拘役，并处销售金额百分之五十以上二倍以下罚金；对人体健康造成严重危害的，处三年以上十年以下有期徒刑，并处销售金额百分之五十以上二倍以下罚金；后果特别严重的，处十年以上有期徒刑或者无期徒刑，并处销售金额百分之五十以上二倍以下罚金或者没收财产。

第一百四十六条 生产不符合保障人身、财产安全的国家标准、行业标准的电器、压力容器、易燃易爆产品或者其他不符合保障人身、财产安全的国家标准、行业标准的产品，或者销售明知是以上不符合保障人身、财产安全的国家标准、行业标准的产品，造成严重后果的，处五年以下有期徒刑，并处销售金额百分之五十以上二倍以下罚金；后果特别严重的，处五年以上有期徒刑，并处销售金额百分之五十以上二倍以下罚金。

第一百四十七条 生产假农药、假兽药、假化肥，销售明知是假的或者失去使用效能的农药、兽药、化肥、种子，或者生产者、销售者以不合格的农药、兽药、化肥、种子冒充合格的农药、兽药、化肥、种子，使生产遭受较大损失的，处三年以下有期徒刑或者拘役，并处或者单处销售金额百分之五十以上二倍以下罚金；使生产遭受重大损失的，处三年以上七年以下有期徒刑，并处销售金额百分之五十以上二倍以下罚金；使生产遭受特别重大损失的，处七年以上有期徒刑或者无期徒刑，并处销售金额百分之五十以上二倍以下罚金或者没收财产。

第一百四十八条 生产不符合卫生标准的化妆品，或者销售明知是不符合卫生标准的化妆品，造成严重后果的，处三年以下有期徒刑或者拘役，并处或者单处销售金额百分之五十以上二倍以下罚金。

第一百四十九条 生产、销售本节第一百四十一条至第一百四十八条所列产品，不构成各该条规定的犯罪，但是销售金额在五万元以上的，依照本节第一百四十条的规定定罪处罚。

生产、销售本节第一百四十一条至第一百四十八条所列产品，构成各该条规定的犯罪，同时又构成本节第一百四十条规定之罪的，依照处罚较重的规定定罪处罚。

第一百五十条 单位犯本节第一百四十条至第一百四十八条规定之罪的，对单位判处罚金，并对其直接负责的主管人员和其他直接责任人员，依照各该条的规定处罚。

---

① 根据2011年2月25日第十一届全国人民代表大会常务委员会第十九次会议通过的《中华人民共和国刑法修正案（八）》修改，自2011年5月1日起施行。《刑法》原第一百四十三条为："生产、销售不符合卫生标准的食品，足以造成严重食物中毒事故或者其他严重食源性疾患的，处三年以下有期徒刑或者拘役，并处或者单处销售金额百分之五十以上二倍以下罚金；对人体健康造成严重危害的，处三年以上七年以下有期徒刑，并处销售金额百分之五十以上二倍以下罚金；后果特别严重的，处七年以上有期徒刑或者无期徒刑，并处销售金额百分之五十以上二倍以下罚金或者没收财产。"

② 根据2011年2月25日第十一届全国人民代表大会常务委员会第十九次会议通过的《中华人民共和国刑法修正案（八）》修改，自2011年5月1日起施行。《刑法》原第一百四十四条为："在生产、销售的食品中掺入有毒、有害的非食品原料的，或者销售明知掺有有毒、有害的非食品原料的食品的，处五年以下有期徒刑或者拘役，并处或者单处销售金额百分之五十以上二倍以下罚金；造成严重食物中毒事故或者其他严重食源性疾患，对人体健康造成严重危害的，处五年以上十年以下有期徒刑，并处销售金额百分之五十以上二倍以下罚金；致人死亡或者对人体健康造成特别严重危害的，依照本法第一百四十一条的规定处罚。"

③ 根据2002年12月28日第九届全国人民代表大会常务委员会第三十一次会议通过的《中华人民共和国刑法修正案（四）》修改，自2002年12月28日起施行。《刑法》原第一百四十五条为："生产不符合保障人体健康的国家标准、行业标准的医疗器械、医用卫生材料，或者销售明知是不符合保障人体健康的国家标准、行业标准的医疗器械、医用卫生材料，对人体健康造成严重危害的，处五以下有期徒刑，并处销售金额百分之五十以上二倍以下罚金；后果特别严重的，处五年以上十年以下有期徒刑，并处销售金额百分之五十以上二倍以下罚金，其中情节特别恶劣的，处十年以上有期徒刑或者无期徒刑，并处销售金额百分之五十以上二倍以下罚金或者没收财产。"

第二节 走私罪

第一百五十一条[①] 走私武器、弹药、核材料或者伪造的货币的，处七年以上有期徒刑，并处罚金或者没收财产；情节特别严重的，处无期徒刑，并处没收财产；情节较轻的，处三年以上七年以下有期徒刑，并处罚金。

走私国家禁止出口的文物[②]、黄金、白银和其他贵重金属或者国家禁止进出口的珍贵动物及其制品的，处五年以上十年以下有期徒刑，并处罚金；情节特别严重的，处十年以上有期徒刑或者无期徒刑，并处没收财产；情节较轻的，处五年以下有期徒刑，并处罚金。

走私珍稀植物及其制品等国家禁止进出口的其他货物、物品的，处五年以下有期徒刑或者拘役，并处或者单处罚金；情节严重的，处五年以上有期徒刑，并处罚金。

单位犯本条规定之罪的，对单位判处罚金，并对其直接负责的主管人员和其他直接责任人员，依照本条各款的规定处罚。

第一百五十二条[③] 以牟利或者传播为目的，走私淫秽的影片、录像带、录音带、图片、书刊或者其他淫秽物品的，处三年以上十年以下有期徒刑，并处罚金；情节严重的，处十年以上有期徒刑或者无期徒刑，并处罚金或者没收财产；情节较轻的，处三年以下有期徒刑、拘役或者管制，并处罚金。

逃避海关监管将境外固体废物、液态废物和气态废物运输进境，情节严重的，处五年以下有期徒刑，并处或者单处罚金；情节特别严重的，处五年以上有期徒刑，并处罚金。

单位犯前两款罪的，对单位判处罚金，并对其直接负责的主管人员和其他直接责任人员，依照前两款的规定处罚。

第一百五十三条[④] 走私本法第一百五十一条、第一百五十二条、第三百四十七条规定以外的货物、物品的，根据情节轻重，分别依照下列规定处罚：

（一）走私货物、物品偷逃应缴税额较大或者一年内曾因走私被给予二次行政处罚后又走私的，处三年以下有期徒刑或者拘役，并处偷逃应缴税额一倍以上五倍以下罚金。

（二）走私货物、物品偷逃应缴税额巨大或者有其他严重情节的，处三年以上十年以下有期徒刑，并处偷逃应缴税额一倍以上五倍以下罚金。

（三）走私货物、物品偷逃应缴税额特别巨大或者有其他特别严重情节的，处十年以上有期徒刑或者无期徒刑，并处偷逃应缴税额一倍以上五倍以下罚金或者没收财产。

---

① 根据2015年8月29日第十二届全国人民代表大会常务委员会第十六次会议通过的《中华人民共和国刑法修正案（九）》修订，自2015年11月1日起施行。《刑法》原第一百五十一条第一款为："走私武器、弹药、核材料或者伪造的货币的，处七年以上有期徒刑，并处罚金或者没收财产；情节较轻的，处三年以上七年以下有期徒刑，并处罚金。"经全国人民代表大会常务委员会两次修改。2009年2月28日第十一届全国人民代表大会常务委员会第七次会议通过的《中华人民共和国刑法修正案（七）》第一次修改，将刑法第一百五十一条第三款修改为："走私珍稀植物及其制品等国家禁止进出口的其他货物、物品的，处五年以下有期徒刑或者拘役，并处或者单处罚金；情节严重的，处五年以上有期徒刑，并处罚金。"2011年2月25日第十一届全国人民代表大会常务委员会第十九次会议通过的《中华人民共和国刑法修正案（八）》修改为："走私武器、弹药、核材料或者伪造的货币的，处七年以上有期徒刑，并处罚金或者没收财产；情节特别严重的，处无期徒刑或者死刑，并处没收财产；情节较轻的，处三年以上七年以下有期徒刑，并处罚金。"

② 2005年12月29日第十届全国人民代表常务委员会第十九次会议通过《全国人民代表大会常务委员会关于〈中华人民共和国刑法〉有关文物的规定适用于具有科学价值的古脊椎动物化石、古人类化石的解释》：全国人民代表大会常务委员会根据司法实践中遇到的情况，讨论了关于走私、盗窃、损毁、倒卖或者非法转让具有科学价值的古脊椎动物化石、古人类化石的行为适用刑法有关规定的问题，解释如下：刑法有关文物的规定，适用于具有科学价值的古脊椎动物化石、古人类化石。

③ 根据2002年12月28日第九届全国人民代表大会常务委员会第三十一次会议通过的《中华人民共和国刑法修正案（四）》修改，自2002年12月28日起施行。《刑法》原第一百五十二条为："（第一款）以牟利或者传播为目的，走私淫秽的影片、录像带、录音带、图片、书刊或者其他淫秽物品的，处三年以上十年以下有期徒刑，并处罚金；情节严重的，处十年以上有期徒刑或者无期徒刑，并处罚金或者没收财产；情节较轻的，处三年以下有期徒刑、拘役或者管制，并处罚金。（第二款）单位犯前款罪的，对单位判处罚金，并对其直接负责的主管人员和其他直接责任人员，依照前款的规定处罚。"

④ 根据2011年2月25日第十一届全国人民代表大会常务委员会第十九次会议通过的《中华人民共和国刑法修正案（八）》修改，自2011年5月1日起施行。《刑法》原第一百五十三条为："（第一款）走私本法第一百五十一条、第一百五十二条、第三百四十七条规定以外的货物、物品的，根据情节轻重，分别依照下列规定处罚：（一）走私货物、物品偷逃应缴税额在五十万元以上的，处十年以上有期徒刑或者无期徒刑，并处偷逃应缴税额一倍以上五倍以下罚金或者没收财产；情节特别严重的，依照本法第一百五十一条第四款的规定处罚。（二）走私货物、物品偷逃应缴税额在十五万元以上不满五十万元的，处三年以上十年以下有期徒刑，并处偷逃应缴税额一倍以上五倍以下罚金；情节特别严重的，处十年以上有期徒刑或者无期徒刑，并处偷逃应缴税额一倍以上五倍以下罚金或者没收财产。（三）走私货物、物品偷逃应缴税额在五万元以上不满十五万元的，处三年以下有期徒刑或者拘役，并处偷逃应缴税额一倍以上五倍以下罚金。（第二款）单位犯前款罪的，对单位判处罚金，并对其直接负责的主管人员和其他直接责任人员，处三年以下有期徒刑或者拘役；情节严重的，处三年以上十年以下有期徒刑；情节特别严重的，处十年以上有期徒刑。（第三款）对多次走私未经处理的，按照累计走私货物、物品的偷逃应缴税额处罚。"

单位犯前款罪的，对单位判处罚金，并对其直接负责的主管人员和其他直接责任人员，处三年以下有期徒刑或者拘役；情节严重的，处三年以上十年以下有期徒刑；情节特别严重的，处十年以上有期徒刑。

对多次走私未经处理的，按照累计走私货物、物品的偷逃应缴税额处罚。

第一百五十四条 下列走私行为，根据本节规定构成犯罪的，依照本法第一百五十三条的规定定罪处罚：

（一）未经海关许可并且未补缴应缴税额，擅自将批准进口的来料加工、来件装配、补偿贸易的原材料、零件、制成品、设备等保税货物，在境内销售牟利的；

（二）未经海关许可并且未补缴应缴税额，擅自将特定减税、免税进口的货物、物品，在境内销售牟利的。

第一百五十五条① 下列行为，以走私罪论处，依照本节的有关规定处罚：

（一）直接向走私人非法收购国家禁止进口物品的，或者直接向走私人非法收购走私进口的其他货物、物品，数额较大的；

（二）在内海、领海、界河、界湖运输、收购、贩卖国家禁止进出口物品的，或者运输、收购、贩卖国家限制进出口货物、物品，数额较大，没有合法证明的；

第一百五十六条 与走私罪犯通谋，为其提供贷款、资金、帐号、发票、证明，或者为其提供运输、保管、邮寄或者其他方便的，以走私罪的共犯论处。

第一百五十七条② 武装掩护走私的，依照本法第一百五十一条第一款的规定从重处罚。

以暴力、威胁方法抗拒缉私的，以走私罪和本法第二百七十七条规定的阻碍国家机关工作人员依法执行职务罪，依照数罪并罚的规定处罚。

第三节 妨害对公司、企业的管理秩序罪

第一百五十八条 申请公司登记使用虚假证明文件或者采取其他欺诈手段虚报注册资本，欺骗公司登记主管部门，取得公司登记，虚报注册资本数额巨大、后果严重或者有其他严重情节的，处三年以下有期徒刑或者拘役，并处或者单处虚报注册资本金额百分之一以上百分之五以下罚金。

单位犯前款罪的，对单位判处罚金，并对其直接负责的主管人员和其他直接责任人员，处三年以下有期徒刑或者拘役。

第一百五十九条 公司发起人、股东违反公司法的规定未交付货币、实物或者未转移财产权，虚假出资，或者在公司成立后又抽逃其出资，数额巨大、后果严重或者有其他严重情节的，处五年以下有期徒刑或者拘役，并处或者单处虚假出资金额或者抽逃出资金额百分之二以上百分之十以下罚金。

单位犯前款罪的，对单位判处罚金，并对其直接负责的主管人员和其他直接责任人员，处五年以下有期徒刑或者拘役。

第一百六十条③ 在招股说明书、认股书、公司、企业债券募集办法等发行文件中隐瞒重要事实或者编造重大虚假内容，发行股票或者公司、企业债券、存托凭证或者国务院依法认定的其他证券，数额巨大、后果严重或者有其他严重情节的，处五年以下有期徒刑或者拘役，并处或者单处罚金；数额特别巨大、后果特别严重或者有其他特别严重情节的，处五年以上有期徒刑，并处罚金。

控股股东、实际控制人组织、指使实施前款行为的，处五年以下有期徒刑或者拘役，并处或者单处非法募集资金金额百分之二十以上一倍以下罚金；数额特别巨大、后果特别严重或者有其他特别严重情节的，处五年以上有期徒刑，并处非法募集资金金额百分之二十以上一倍以下罚金。

单位犯前两款罪的，对单位判处非法募集资金金额百分之二十以上一倍以下罚金，并对其直接负责的主管人员和其他直接责任人员，依照第一款的规定处罚。

---

① 根据2002年12月28日第九届全国人民代表大会常务委员会第三十一次会议通过的《中华人民共和国刑法修正案（四）》修改，自2002年12月28日起施行。《刑法》原第一百五十五条为："下列行为，以走私罪论处，依照本节的有关规定处罚：（一）直接向走私人非法收购国家禁止进口物品的，或者直接向走私人非法收购走私进口的其他货物、物品，数额较大的；（二）在内海、领海运输、收购、贩卖国家禁止进出口物品的，或者运输、收购、贩卖国家限制进出口货物、物品，数额较大，没有合法证明的；（三）逃避海关监管将境外固体废物运输进境的。"

② 根据2011年2月25日第十一届全国人民代表大会常务委员会第十九次会议通过的《中华人民共和国刑法修正案（八）》修改，自2011年5月1日起施行。《刑法》原第一百五十七条为："（第一款）武装掩护走私的，依照本法第一百五十一条第一款、第四款的规定从重处罚。（第二款）以暴力、威胁方法抗拒缉私的，以走私罪和本法第二百七十七条规定的阻碍国家机关工作人员依法执行职务罪，依照数罪并罚的规定处罚。"

③ 根据2020年12月26日第十三届全国人民代表大会常务委员会第二十四次会议通过的《中华人民共和国刑法修正案（十一）》修正，自2021年3月1日起施行。《刑法》原第一百六十条为："（第一款）在招股说明书、认股书、公司、企业债券募集办法中隐瞒重要事实或者编造重大虚假内容，发行股票或者公司、企业债券，数额巨大、后果严重或者有其他严重情节的，处五年以下有期徒刑或者拘役，并处或者单处非法募集资金金额百分之一以上百分之五以下罚金。（第二款）单位犯前款罪的，对单位判处罚金，并对其直接负责的主管人员和其他直接责任人员，处五年以下有期徒刑或者拘役。"

第一百六十一条[①] 依法负有信息披露义务的公司、企业向股东和社会公众提供虚假的或者隐瞒重要事实的财务会计报告，或者对依法应当披露的其他重要信息不按照规定披露，严重损害股东或者其他人利益，或者有其他严重情节的，对其直接负责的主管人员和其他直接责任人员，处五年以下有期徒刑或者拘役，并处或者单处罚金；情节特别严重的，处五年以上十年以下有期徒刑，并处罚金。

前款规定的公司、企业的控股股东、实际控制人实施或者组织、指使实施前款行为的，或者隐瞒相关事项导致前款规定的情形发生的，依照前款的规定处罚。

犯前款罪的控股股东、实际控制人是单位的，对单位判处罚金，并对其直接负责的主管人员和其他直接责任人员，依照第一款的规定处罚。

第一百六十二条 公司、企业进行清算时，隐匿财产，对资产负债表或者财产清单作虚伪记载或者在未清偿债务前分配公司、企业财产，严重损害债权人或者其他人利益的，对其直接负责的主管人员和其他直接责任人员，处五年以下有期徒刑或者拘役，并处或者单处二万元以上二十万元以下罚金。

第一百六十二条之一[②] 隐匿或者故意销毁依法应当保存的会计凭证、会计账簿、财务会计报告，情节严重的，处五年以下有期徒刑或者拘役，并处或者单处二万元以上二十万元以下罚金。

单位犯前款罪的，对单位判处罚金，并对其直接负责的主管人员和其他直接责任人员，依照前款的规定处罚。

第一百六十二条之二[③] 公司、企业通过隐匿财产、承担虚构的债务或者以其他方法转移、处分财产，实施虚假破产，严重损害债权人或者其他人利益的，对其直接负责的主管人员和其他直接责任人员，处五年以下有期徒刑或者拘役，并处或者单处二万元以上二十万元以下罚金。

第一百六十三条[④] 公司、企业或者其他单位的工作人员，利用职务上的便利，索取他人财物或者非法收受他人财物，为他人谋取利益，数额较大的，处三年以下有期徒刑或者拘役，并处罚金；数额巨大或者有其他严重情节的，处三年以上十年以下有期徒刑，并处罚金；数额特别巨大或者有其他特别严重情节的，处十年以上有期徒刑或者无期徒刑，并处罚金。

公司、企业或者其他单位的工作人员在经济往来中，利用职务上的便利，违反国家规定，收受各种名义的回扣、手续费，归个人所有的，依照前款的规定处罚。

国有公司、企业或者其他国有单位中从事公务的人员和国有公司、企业或者其他国有单位委派到非国有公司、企业以及其他单位从事公务的人员有前两款行为的，依照本法第三百八十五条、第三百八十六条的规定定罪处罚。

---

① 根据2020年12月26日第十三届全国人民代表大会常务委员会第二十四次会议通过的《中华人民共和国刑法修正案（十一）》修正，自2021年3月1日起施行。《刑法》原第一百六十一条为："公司向股东和社会公众提供虚假的或者隐瞒重要事实的财务会计报告，严重损害股东或者其他人利益的，对其直接负责的主管人员和其他直接责任人员，处三年以下有期徒刑或者拘役，并处或者单处二万元以上二十万元以下罚金。"2006年6月29日第十届全国人民代表大会常务委员会第二十二次会议通过的《中华人民共和国刑法修正案（六）》修正，自2006年6月29日起施行，修正后的内容为："依法负有信息披露义务的公司、企业向股东和社会公众提供虚假的或者隐瞒重要事实的财务会计报告，或者对依法应当披露的其他重要信息不按照规定披露，严重损害股东或者其他人利益，或者有其他严重情节的，对其直接负责的主管人员和其他直接责任人员，处三年以下有期徒刑或者拘役，并处或者单处二万元以上二十万元以下罚金。"

② 根据1999年12月25日第九届全国人民代表大会常务委员会第十三次会议通过的《中华人民共和国刑法修正案》增加，自1999年12月25日起施行。

③ 根据2006年6月29日第十届全国人民代表大会常务委员会第二十二次会议通过的《中华人民共和国刑法修正案（六）》增加，自2006年6月29日起施行。

④ 根据2020年12月26日第十三届全国人民代表大会常务委员会第二十四次会议通过的《中华人民共和国刑法修正案（十一）》修正，自2021年3月1日起施行。《刑法》原第一百六十三条为："（第一款）公司、企业的工作人员利用职务上的便利，索取他人财物或者非法收受他人财物，为他人谋取利益，数额较大的，处五年以下有期徒刑或者拘役；数额巨大的，处五年以上有期徒刑，可以并处没收财产。（第二款）公司、企业的工作人员在经济往来中，违反国家规定，收受各种名义的回扣、手续费，归个人所有的，依照前款的规定处罚。（第三款）国有公司、企业中从事公务的人员和国有公司、企业委派到非国有公司、企业从事公务的人员有前两款行为的，依照本法第三百八十五条、第三百八十六条的规定定罪处罚。"2006年6月29日第十届全国人民代表大会常务委员会第二十二次会议通过的《中华人民共和国刑法修正案（六）》修正，自2006年6月29日起施行，修改后的条文为："（第一款）公司、企业或者其他单位的工作人员利用职务上的便利，索取他人财物或者非法收受他人财物，为他人谋取利益，数额较大的，处五年以下有期徒刑或者拘役；数额巨大的，处五年以上有期徒刑，可以并处没收财产。（第二款）公司、企业或者其他单位的工作人员在经济往来中，利用职务上的便利，违反国家规定，收受各种名义的回扣、手续费，归个人所有的，依照前款的规定处罚。（第三款）国有公司、企业或者其他国有单位中从事公务的人员和国有公司、企业或者其他国有单位委派到非国有公司、企业以及其他单位从事公务的人员有前两款行为的，依照本法第三百八十五条、第三百八十六条的规定定罪处罚。"

第一百六十四条[①] 为谋取不正当利益，给予公司、企业或者其他单位的工作人员以财物，数额较大的，处三年以下有期徒刑或者拘役，并处罚金；数额巨大的，处三年以上十年以下有期徒刑，并处罚金。

为谋取不正当商业利益，给予外国公职人员或者国际公共组织官员以财物的，依照前款的规定处罚。

单位犯前款罪的，对单位判处罚金，并对其直接负责的主管人员和其他直接责任人员，依照前款的规定处罚。

行贿人在被追诉前主动交待行贿行为的，可以减轻处罚或者免除处罚。

第一百六十五条 国有公司、企业的董事、经理利用职务便利，自己经营或者为他人经营与其所任职公司、企业同类的营业，获取非法利益，数额巨大的，处三年以下有期徒刑或者拘役，并处或者单处罚金；数额特别巨大的，处三年以上七年以下有期徒刑，并处罚金。

第一百六十六条 国有公司、企业、事业单位的工作人员，利用职务便利，有下列情形之一，使国家利益遭受重大损失的，处三年以下有期徒刑或者拘役，并处或者单处罚金；致使国家利益遭受特别重大损失的，处三年以上七年以下有期徒刑，并处罚金：

（一）将本单位的盈利业务交由自己的亲友进行经营的；

（二）以明显高于市场的价格向自己的亲友经营管理的单位采购商品或者以明显低于市场的价格向自己的亲友经营管理的单位销售商品的；

（三）向自己的亲友经营管理的单位采购不合格商品的。

第一百六十七条[②] 国有公司、企业、事业单位直接负责的主管人员，在签订、履行合同过程中，因严重不负责任被诈骗，致使国家利益遭受重大损失的，处三年以下有期徒刑或者拘役；致使国家利益遭受特别重大损失的，处三年以上七年以下有期徒刑。

第一百六十八条[③] 国有公司、企业的工作人员，由于严重不负责任或者滥用职权，造成国有公司、企业破产或者严重损失，致使国家利益遭受重大损失的，处三年以下有期徒刑或者拘役；致使国家利益遭受特别重大损失的，处三年以上七年以下有期徒刑。

国有事业单位的工作人员有前款行为，致使国家利益遭受重大损失的，依照前款的规定处罚。

国有公司、企业、事业单位的工作人员，徇私舞弊，犯前两款罪的，依照第一款的规定从重处罚。

第一百六十九条 国有公司、企业或者其上级主管部门直接负责的主管人员，徇私舞弊，将国有资产低价折股或者低价出售，致使国家利益遭受重大损失的，处三年以下有期徒刑或者拘役；致使国家利益遭受特别重大损失的，处三年以上七年以下有期徒刑。

第一百六十九条之一[④] 上市公司的董事、监事、高级管理人员违背对公司的忠实义务，利用职务便利，操纵上市公司从事下列行为之一，致使上市公司利益遭受重大损失的，处三年以下有期徒刑或者拘役，并处或者单处罚金；致使上市公司利益遭受特别重大损失的，处三年以上七年以下有期徒刑，并处罚金：

（一）无偿向其他单位或者个人提供资金、商品、服务或者其他资产的；

（二）以明显不公平的条件，提供或者接受资金、商品、服务或者其他资产的；

（三）向明显不具有清偿能力的单位或者个人提供资金、商品、服务或者其他资产的；

---

① 根据2015年8月29日第十二届全国人民代表大会常务委员会第十六次会议通过的《中华人民共和国刑法修正案（九）》修正，自2015年11月1日起施行。《刑法》原第一百六十四条为：“（第一款）为谋取不正当利益，给予公司、企业的工作人员以财物，数额较大的，处三年以下有期徒刑或者拘役；数额巨大的，处三年以上十年以下有期徒刑，并处罚金。（第二款）单位犯前款罪的，对单位判处罚金，并对其直接负责的主管人员和其他直接责任人员，依照前款的规定处罚。（第三款）行贿人在被追诉前主动交待行贿行为的，可以减轻处罚或者免除处罚。”2006年6月29日第十届全国人民代表大会常务委员会第二十二次会议通过的《中华人民共和国刑法修正案（六）》修改后的条文为：“（第一款）为谋取不正当利益，给予公司、企业或者其他单位的工作人员以财物，数额较大的，处三年以下有期徒刑或者拘役；数额巨大的，处三年以上十年以下有期徒刑，并处罚金。（第二款）单位犯前款罪的，对单位判处罚金，并对其直接负责的主管人员和其他直接责任人员，依照前款的规定处罚。（第三款）行贿人在被追诉前主动交待行贿行为的，可以减轻处罚或者免除处罚。”2011年2月25日第十一届全国人民代表大会常务委员会第十九次会议通过的《中华人民共和国刑法修正案（八）》修改后的条文为：“（第一款）为谋取不正当利益，给予公司、企业或者其他单位的工作人员以财物，数额较大的，处三年以下有期徒刑或者拘役；数额巨大的，处三年以上十年以下有期徒刑，并处罚金。（第二款）为谋取不正当商业利益，给予外国公职人员或者国际公共组织官员以财物的，依照前款的规定处罚。（第三款）单位犯前款罪的，对单位判处罚金，并对其直接负责的主管人员和其他直接责任人员，依照第一款的规定处罚。（第四款）行贿人在被追诉前主动交待行贿行为的，可以减轻处罚或者免除处罚。”

② 1998年12月29日第九届全国人民代表大会常务委员会第六次会议通过《全国人民代表大会常务委员会关于惩治骗购外汇、逃汇和非法买卖外汇犯罪的决定》，自1998年12月29日起施行。“……七、金融机构、从事对外贸易经营活动的公司、企业的工作人员严重不负责任，造成大量外汇被骗购或者逃汇，致使国家利益遭受重大损失的，依照刑法第一百六十七条的规定定罪处罚……”

③ 根据1999年12月25日第九届全国人民代表大会常务委员会第十三次会议通过的《中华人民共和国刑法修正案》修改，自1999年12月25日起施行。《刑法》原第一百六十八条为：“国有公司、企业直接负责的主管人员，徇私舞弊，造成国有公司、企业破产或者严重亏损，致使国家利益遭受重大损失的，处三年以下有期徒刑或者拘役。”

④ 根据2006年6月29日第十届全国人民代表大会常务委员会第二十二次会议通过的《中华人民共和国刑法修正案（六）》增加，自2006年6月29日起施行。

（四）为明显不具有清偿能力的单位或者个人提供担保，或者无正当理由为其他单位或者个人提供担保的；

（五）无正当理由放弃债权、承担债务的；

（六）采用其他方式损害上市公司利益的。

上市公司的控股股东或者实际控制人，指使上市公司董事、监事、高级管理人员实施前款行为的，依照前款的规定处罚。

犯前款罪的上市公司的控股股东或者实际控制人是单位的，对单位判处罚金，并对其直接负责的主管人员和其他直接责任人员，依照第一款的规定处罚。

第四节　破坏金融管理秩序罪

第一百七十条[①]　伪造货币的，处三年以上十年以下有期徒刑，并处罚金；有下列情形之一的，处十年以上有期徒刑或者无期徒刑，并处罚金或者没收财产：

（一）伪造货币集团的首要分子；

（二）伪造货币数额特别巨大的；

（三）有其他特别严重情节的。

第一百七十一条　出售、购买伪造的货币或者明知是伪造的货币而运输，数额较大的，处三年以下有期徒刑或者拘役，并处二万元以上二十万元以下罚金；数额巨大的，处三年以上十年以下有期徒刑，并处五万元以上五十万元以下罚金；数额特别巨大的，处十年以上有期徒刑或者无期徒刑，并处五万元以上五十万元以下罚金或者没收财产。

银行或者其他金融机构的工作人员购买伪造的货币或者利用职务上的便利，以伪造的货币换取货币的，处三年以上十年以下有期徒刑，并处二万元以上二十万元以下罚金；数额巨大或者有其他严重情节的，处十年以上有期徒刑或者无期徒刑，并处二万元以上二十万元以下罚金或者没收财产；情节较轻的，处三年以下有期徒刑或者拘役，并处或者单处一万元以上十万元以下罚金。

伪造货币并出售或者运输伪造的货币的，依照本法第一百七十条的规定定罪从重处罚。

第一百七十二条　明知是伪造的货币而持有、使用，数额较大的，处三年以下有期徒刑或者拘役，并处或者单处一万元以上十万元以下罚金；数额巨大的，处三年以上十年以下有期徒刑，并处二万元以上二十万元以下罚金；数额特别巨大的，处十年以上有期徒刑，并处五万元以上五十万元以下罚金或者没收财产。

第一百七十三条　变造货币，数额较大的，处三年以下有期徒刑或者拘役，并处或者单处一万元以上十万元以下罚金；数额巨大的，处三年以上十年以下有期徒刑，并处二万元以上二十万元以下罚金。

第一百七十四条[②]　未经国家有关主管部门批准，擅自设立商业银行、证券交易所、期货交易所、证券公司、期货经纪公司、保险公司或者其他金融机构的，处三年以下有期徒刑或者拘役，并处或者单处二万元以上二十万元以下罚金；情节严重的，处三年以上十年以下有期徒刑，并处五万元以上五十万元以下罚金。

伪造、变造、转让商业银行、证券交易所、期货交易所、证券公司、期货经纪公司、保险公司或者其他金融机构的经营许可证或者批准文件的，依照前款的规定处罚。

单位犯前两款罪的，对单位判处罚金，并对其直接负责的主管人员和其他直接责任人员，依照第一款的规定处罚。

第一百七十五条　以转贷牟利为目的，套取金融机构信贷资金高利转贷他人，违法所得数额较大的，处三年以下有期徒刑或者拘役，并处违法所得一倍以上五倍以下罚金；数额巨大的，处三年以上七年以下有期徒刑，并处违法所得一倍以上五倍以下罚金。

单位犯前款罪的，对单位判处罚金，并对其直接负责的主管人员和其他直接责任人员，处三年以下有期徒刑或者拘役。

---

① 根据2015年8月29日第十二届全国人民代表大会常务委员会第十六次会议通过的《中华人民共和国刑法修正案（九）》修订，自2015年11月1日起施行。《刑法》原第一百七十条为："伪造货币的，处三年以上十年以下有期徒刑，并处五万元以上五十万元以下罚金；有下列情形之一的，处十年以上有期徒刑、无期徒刑或者死刑，并处五万元以上五十万元以下罚金或者没收财产：（一）伪造货币集团的首要分子；（二）伪造货币数额特别巨大的；（三）有其他特别严重情节的。"

② 根据1999年12月25日第九届全国人民代表大会常务委员会第十三次会议通过的《中华人民共和国刑法修正案》修改，自1999年12月25日起施行。《刑法》原第一百七十四条为："（第一款）未经中国人民银行批准，擅自设立商业银行或者其他金融机构的，处三年以下有期徒刑或者拘役，并处或者单处二万元以上二十万元以下罚金；情节严重的，处三年以上十年以下有期徒刑，并处五万元以上五十万元以下罚金。（第二款）伪造、变造、转让商业银行或者其他金融机构的经营许可证的，依照前款的规定处罚。（第三款）单位犯前两款罪的，对单位判处罚金，并对其直接负责的主管人员和其他直接责任人员，依照第一款的规定处罚。"

第一百七十五条之一① 以欺骗手段取得银行或者其他金融机构贷款、票据承兑、信用证、保函等，给银行或者其他金融机构造成重大损失的，处三年以下有期徒刑或者拘役，并处或者单处罚金；给银行或者其他金融机构造成特别重大损失或者有其他特别严重情节的，处三年以上七年以下有期徒刑，并处罚金。

单位犯前款罪的，对单位判处罚金，并对其直接负责的主管人员和其他直接责任人员，依照前款的规定处罚。

第一百七十六条② 非法吸收公众存款或者变相吸收公众存款，扰乱金融秩序的，处三年以下有期徒刑或者拘役，并处或者单处罚金；数额巨大或者有其他严重情节的，处三年以上十年以下有期徒刑，并处罚金；数额特别巨大或者有其他特别严重情节的，处十年以上有期徒刑，并处罚金。

单位犯前款罪的，对单位判处罚金，并对其直接负责的主管人员和其他直接责任人员，依照前款的规定处罚。

有前两款行为，在提起公诉前积极退赃退赔，减少损害结果发生的，可以从轻或者减轻处罚。

第一百七十七条③ 有下列情形之一，伪造、变造金融票证的，处五年以下有期徒刑或者拘役，并处或者单处二万元以上二十万元以下罚金；情节严重的，处五年以上十年以下有期徒刑，并处五万元以上五十万元以下罚金；情节特别严重的，处十年以上有期徒刑或者无期徒刑，并处五万元以上五十万元以下罚金或者没收财产：

（一）伪造、变造汇票、本票、支票的；

（二）伪造、变造委托收款凭证、汇款凭证、银行存单等其他银行结算凭证的；

（三）伪造、变造信用证或者附随的单据、文件的；

（四）伪造信用卡的。

单位犯前款罪的，对单位判处罚金，并对其直接负责的主管人员和其他直接责任人员，依照前款的规定处罚。

第一百七十七条之一④⑤ 有下列情形之一，妨害信用卡管理的，处三年以下有期徒刑或者拘役，并处或者单处一万元以上十万元以下罚金；数量巨大或者有其他严重情节的，处三年以上十年以下有期徒刑，并处二万元以上二十万元以下罚金：

（一）明知是伪造的信用卡而持有、运输的，或者明知是伪造的空白信用卡而持有、运输，数量较大的；

（二）非法持有他人信用卡，数量较大的；

（三）使用虚假的身份证明骗领信用卡的；

（四）出售、购买、为他人提供伪造的信用卡或者以虚假的身份证明骗领的信用卡的。

窃取、收买或者非法提供他人信用卡信息资料的，依照前款规定处罚。

银行或者其他金融机构的工作人员利用职务上的便利，犯第二款罪的，从重处罚。

第一百七十八条 伪造、变造国库券或者国家发行的其他有价证券，数额较大的，处三年以下有期徒刑或者拘役，并处或者单处二万元以上二十万元以下罚金；数额巨大的，处三年以上十年以下有期徒刑，并处五万元以上五十万元以下罚金；数额特别巨大的，处十年以上有期徒刑或者无期徒刑，并处五万元以上五十万元以下罚金或者没收财产。

伪造、变造股票或者公司、企业债券，数额较大的，处三年以下有期徒刑或者拘役，并处或者单处一万元以上十

---

① 根据2020年12月26日第十三届全国人民代表大会常务委员会第二十四次会议通过的《中华人民共和国刑法修正案（十一）》修正，自2021年3月1日起施行。该条系2006年6月29日第十届全国人民代表大会常务委员会第二十二次会议通过的《中华人民共和国刑法修正案（六）》增加，自2006年6月29日起施行。增加的内容为：“（第一款）以欺骗手段取得银行或者其他金融机构贷款、票据承兑、信用证、保函等，给银行或者其他金融机构造成重大损失或者有其他严重情节的，处三年以下有期徒刑或者拘役，并处或者单处罚金；给银行或者其他金融机构造成特别重大损失或者有其他特别严重情节的，处三年以上七年以下有期徒刑，并处罚金。（第二款）单位犯前款罪的，对单位判处罚金，并对其直接负责的主管人员和其他直接责任人员，依照前款的规定处罚。”

② 根据2020年12月26日第十三届全国人民代表大会常务委员会第二十四次会议通过的《中华人民共和国刑法修正案（十一）》修正，自2021年3月1日起施行。《刑法》原第一百七十六条为：“（第一款）非法吸收公众存款或者变相吸收公众存款，扰乱金融秩序的，处三年以下有期徒刑或者拘役，并处或者单处二万元以上二十万元以下罚金；数额巨大或者有其他严重情节的，处三年以上十年以下有期徒刑，并处五万元以上五十万元以下罚金。（第二款）单位犯前款罪的，对单位判处罚金，并对其直接负责的主管人员和其他直接责任人员，依照前款的规定处罚。”

③ 2004年12月29日第十届全国人民代表大会常务委员会第十三次会议通过《全国人民代表大会常务委员会关于〈中华人民共和国刑法〉有关信用卡规定的解释》。全国人民代表大会常务委员会根据司法实践中遇到的情况，讨论了刑法规定的“信用卡”的含义问题，解释如下：

刑法规定的“信用卡”，是指由商业银行或者其他金融机构发行的具有消费支付、信用贷款、转账结算、存取现金等全部功能或者部分功能的电子支付卡。

④ 根据2005年2月28日第十届全国人民代表大会常务委员会第十四次会议通过的《中华人民共和国刑法修正案（五）》增加，自2005年2月28日起施行。

⑤ 2004年12月29日第十届全国人民代表大会常务委员会第十三次会议通过《全国人民代表大会常务委员会关于〈中华人民共和国刑法〉有关信用卡规定的解释》。全国人民代表大会常务委员会根据司法实践中遇到的情况，讨论了刑法规定的“信用卡”的含义问题，解释如下：

刑法规定的“信用卡”，是指由商业银行或者其他金融机构发行的具有消费支付、信用贷款、转账结算、存取现金等全部功能或者部分功能的电子支付卡。

万元以下罚金；数额巨大的，处三年以上十年以下有期徒刑，并处二万元以上二十万元以下罚金。

单位犯前两款罪的，对单位判处罚金，并对其直接负责的主管人员和其他直接责任人员，依照前两款的规定处罚。

第一百七十九条 未经国家有关主管部门批准，擅自发行股票或者公司、企业债券，数额巨大、后果严重或者有其他严重情节的，处五年以下有期徒刑或者拘役，并处或者单处非法募集资金金额百分之一以上百分之五以下罚金。

单位犯前款罪的，对单位判处罚金，并对其直接负责的主管人员和其他直接责任人员，处五年以下有期徒刑或者拘役。

第一百八十条① 证券、期货交易内幕信息的知情人员或者非法获取证券、期货交易内幕信息的人员，在涉及证券的发行，证券、期货交易或者其他对证券、期货交易价格有重大影响的信息尚未公开前，买入或者卖出该证券，或者从事与该内幕信息有关的期货交易，或者泄露该信息，或者明示、暗示他人从事上述交易活动，情节严重的，处五年以下有期徒刑或者拘役，并处或者单处违法所得一倍以上五倍以下罚金；情节特别严重的，处五年以上十年以下有期徒刑，并处违法所得一倍以上五倍以下罚金。

单位犯前款罪的，对单位判处罚金，并对其直接负责的主管人员和其他直接责任人员，处五年以下有期徒刑或者拘役。

内幕信息、知情人员的范围，依照法律、行政法规的规定确定。

证券交易所、期货交易所、证券公司、期货经纪公司、基金管理公司、商业银行、保险公司等金融机构的从业人员以及有关监管部门或者行业协会的工作人员，利用因职务便利获取的内幕信息以外的其他未公开的信息，违反规定，从事与该信息相关的证券、期货交易活动，或者明示、暗示他人从事相关交易活动，情节严重的，依照第一款的规定处罚。

第一百八十一条② 编造并且传播影响证券、期货交易的虚假信息，扰乱证券、期货交易市场，造成严重后果的，处五年以下有期徒刑或者拘役，并处或者单处一万元以上十万元以下罚金。

证券交易所、期货交易所、证券公司、期货经纪公司的从业人员，证券业协会、期货业协会或者证券期货监督管理部门的工作人员，故意提供虚假信息或者伪造、变造、销毁交易记录，诱骗投资者买卖证券、期货合约，造成严重后果的，处五年以下有期徒刑或者拘役，并处或者单处一万元以上十万元以下罚金；情节特别恶劣的，处五年以上十年以下有期徒刑，并处二万元以上二十万元以下罚金。

单位犯前两款罪的，对单位判处罚金，并对其直接负责的主管人员和其他直接责任人员，处五年以下有期徒刑或者拘役。

---

① 根据2009年2月28日第十一届全国人民代表大会常务委员会第七次会议通过的《中华人民共和国刑法修正案（七）》第二次修改，自2009年2月28日起施行。《刑法》原第一百八十条为："（第一款）证券交易内幕信息的知情人员或者非法获取证券交易内幕信息的人员，在涉及证券的发行、交易或者其他对证券的价格有重大影响的信息尚未公开前，买入或者卖出该证券，或者泄露该信息，情节严重的，处五年以下有期徒刑或者拘役，并处或者单处违法所得一倍以上五倍以下罚金；情节特别严重的，处五年以上十年以下有期徒刑，并处违法所得一倍以上五倍以下罚金。（第二款）单位犯前款罪的，对单位判处罚金，并对其直接负责的主管人员和其他直接责任人员，处五年以下有期徒刑或者拘役。（第三款）内幕信息的范围，依照法律、行政法规的规定确定。（第四款）知情人员的范围，依照法律、行政法规的规定确定。"根据1999年12月25日第九届全国人民代表大会常务委员会第十三次会议通过的《中华人民共和国刑法修正案》第一次修改，自1999年12月25日起施行。修正后的第一百八十条为："（第一款）证券、期货交易内幕信息的知情人员或者非法获取证券、期货交易内幕信息的人员，在涉及证券的发行，证券、期货交易或者其他对证券、期货交易价格有重大影响的信息尚未公开前，买入或者卖出该证券，或者从事与该内幕信息有关的期货交易，或者泄露该信息，情节严重的，处五年以下有期徒刑或者拘役，并处或者单处违法所得一倍以上五倍以下罚金；情节特别严重的，处五年以上十年以下有期徒刑，并处违法所得一倍以上五倍以下罚金。（第二款）单位犯前款罪的，对单位判处罚金，并对其直接负责的主管人员和其他直接责任人员，处五年以下有期徒刑或者拘役。（第三款）内幕信息、知情人员的范围，依照法律、行政法规的规定确定。"

② 根据1999年12月25日第九届全国人民代表大会常务委员会第十三次会议通过的《中华人民共和国刑法修正案》修改，自1999年12月25日起施行。《刑法》原第一百八十一条为："（第一款）编造并且传播影响证券交易的虚假信息，扰乱证券交易市场，造成严重后果的，处五年以下有期徒刑或者拘役，并处或者单处一万元以上十万元以下罚金。（第二款）证券交易所、证券公司的从业人员，证券业协会或者证券管理部门的工作人员，故意提供虚假信息或者伪造、变造、销毁交易记录，诱骗投资者买卖证券，造成严重后果的，处五年以下有期徒刑或者拘役，并处或者单处一万元以上十万元以下罚金；情节特别恶劣的，处五年以上十年以下有期徒刑，并处二万元以上二十万元以下罚金。（第三款）单位犯前两款罪的，对单位判处罚金，并对其直接负责的主管人员和其他直接责任人员，处五年以下有期徒刑或者拘役。"

第一百八十二条① 有下列情形之一，操纵证券、期货市场，影响证券、期货交易价格或者证券、期货交易量，情节严重的，处五年以下有期徒刑或者拘役，并处或者单处罚金；情节特别严重的，处五年以上十年以下有期徒刑，并处罚金：

（一）单独或者合谋，集中资金优势、持股或者持仓优势或者利用信息优势联合或者连续买卖的；

（二）与他人串通，以事先约定的时间、价格和方式相互进行证券、期货交易的；

（三）在自己实际控制的帐户之间进行证券交易，或者以自己为交易对象，自买自卖期货合约的；

（四）不以成交为目的，频繁或者大量申报买入、卖出证券、期货合约并撤销申报的；

（五）利用虚假或者不确定的重大信息，诱导投资者进行证券、期货交易的；

（六）对证券、证券发行人、期货交易标的公开作出评价、预测或者投资建议，同时进行反向证券交易或者相关期货交易的；

（七）以其他方法操纵证券、期货市场的。

单位犯前款罪的，对单位判处罚金，并对其直接负责的主管人员和其他直接责任人员，依照前款的规定处罚。

第一百八十三条 保险公司的工作人员利用职务上的便利，故意编造未曾发生的保险事故进行虚假理赔，骗取保险金归自己所有的，依照本法第二百七十一条的规定定罪处罚。

国有保险公司工作人员和国有保险公司委派到非国有保险公司从事公务的人员有前款行为的，依照本法第三百八十二条、第三百八十三条的规定定罪处罚。

第一百八十四条 银行或者其他金融机构的工作人员在金融业务活动中索取他人财物或者非法收受他人财物，为他人谋取利益的，或者违反国家规定，收受各种名义的回扣、手续费，归个人所有的，依照本法第一百六十三条的规定定罪处罚。

国有金融机构工作人员和国有金融机构委派到非国有金融机构从事公务的人员有前款行为的，依照本法第三百八十五条、第三百八十六条的规定定罪处罚。

第一百八十五条② 商业银行、证券交易所、期货交易所、证券公司、期货经纪公司、保险公司或者其他金融机构的工作人员利用职务上的便利，挪用本单位或者客户资金的，依照本法第二百七十二条的规定定罪处罚。

国有商业银行、证券交易所、期货交易所、证券公司、期货经纪公司、保险公司或者其他国有金融机构的工作人员和国有商业银行、证券交易所、期货交易所、证券公司、期货经纪公司、保险公司或者其他国有金融机构委派到前款规定中的非国有机构从事公务的人员有前款行为的，依照本法第三百八十四条的规定定罪处罚。

---

① 根据2020年12月26日第十三届全国人民代表大会常务委员会第二十四次会议通过的《中华人民共和国刑法修正案（十一）》修正，自2021年3月1日起施行。《刑法》原第一百八十二条为：（第一款）“有下列情形之一，操纵证券交易价格，获取不正当利益或者转嫁风险，情节严重的，处五年以下有期徒刑或者拘役，并处或者单处违法所得一倍以上五倍以下罚金。（一）单独或者合谋，集中资金优势、持股优势或者利用信息优势联合或者连续买卖，操纵证券交易价格的；（二）与他人串通，以事先约定的时间、价格和方式相互进行证券交易或者相互买卖并不持有的证券，影响证券交易价格或者证券交易量的；（三）以自己为交易对象，进行不转移证券所有权的自买自卖，影响证券交易价格或者证券交易量的；（四）以其他方法操纵证券交易价格的。（第二款）单位犯前款罪的，对单位判处罚金，并对其直接负责的主管人员和其他直接责任人员，处五年以下有期徒刑或者拘役。”根据1999年12月25日第九届全国人民代表大会常务委员会第十三次会议通过的《中华人民共和国刑法修正案》第一次修改，自1999年12月25日起施行。修改后的第一百八十二条为：“（第一款）有下列情形之一，操纵证券、期货交易价格，获取不正当利益或者转嫁风险，情节严重的，处五年以下有期徒刑或者拘役，并处或者单处违法所得一倍以上五倍以下罚金：（一）单独或者合谋，集中资金优势、持股或者持仓优势或者利用信息优势联合或者连续买卖，操纵证券、期货交易价格的；（二）与他人串通，以事先约定的时间、价格和方式相互进行证券、期货交易，或者相互买卖并不持有的证券，影响证券、期货交易价格或者证券、期货交易量的；（三）以自己为交易对象，进行不转移证券所有权的自买自卖，或者以自己为交易对象，自买自卖期货合约，影响证券、期货交易价格或者证券、期货交易量的；（四）以其他方法操纵证券、期货交易价格的。（第二款）单位犯前款罪的，对单位判处罚金，并对其直接负责的主管人员和其他直接责任人员，处五年以下有期徒刑或者拘役。”根据2006年6月29日第十届全国人民代表大会常务委员会第二十二次会议通过的《中华人民共和国刑法修正案（六）》第二次修改，自2006年6月29日起施行。修正后的第一百八十二条为：“（第一款）有下列情形之一，操纵证券、期货市场，情节严重的，处五年以下有期徒刑或者拘役，并处或者单处罚金；情节特别严重的，处五年以上十年以下有期徒刑，并处罚金：（一）单独或者合谋，集中资金优势、持股或者持仓优势或者利用信息优势联合或者连续买卖，操纵证券、期货交易价格或者证券、期货交易量的；（二）与他人串通，以事先约定的时间、价格和方式相互进行证券、期货交易，影响证券、期货交易价格或者证券、期货交易量的；（三）在自己实际控制的帐户之间进行证券交易，或者以自己为交易对象，自买自卖期货合约，影响证券、期货交易价格或者证券、期货交易量的；（四）以其他方法操纵证券、期货市场的。（第二款）单位犯前两款罪的，对单位判处罚金，并对其直接负责的主管人员和其他直接责任人员，依照前款的规定处罚。”

② 根据1999年12月25日第九届全国人民代表大会常务委员会第十三次会议通过的《中华人民共和国刑法修正案》修改，自1999年12月25日起施行。《刑法》原第一百八十五条为：“（第一款）银行或者其他金融机构的工作人员利用职务上的便利，挪用本单位或者客户资金的，依照本法第二百七十二条的规定定罪处罚。（第二款）国有金融机构工作人员和国有金融机构委派到非国有金融机构从事公务的人员有前款行为的，依照本法第三百八十四条的规定定罪处罚。”

第一百八十五条之一[①] 商业银行、证券交易所、期货交易所、证券公司、期货经纪公司、保险公司或者其他金融机构，违背受托义务，擅自运用客户资金或者其他委托、信托的财产，情节严重的，对单位判处罚金，并对其直接负责的主管人员和其他直接责任人员，处三年以下有期徒刑或者拘役，并处三万元以上三十万元以下罚金；情节特别严重的，处三年以上十年以下有期徒刑，并处五万元以上五十万元以下罚金。

社会保障基金管理机构、住房公积金管理机构等公众资金管理机构，以及保险公司、保险资产管理公司、证券投资基金管理公司，违反国家规定运用资金的，对其直接负责的主管人员和其他直接责任人员，依照前款的规定处罚。

第一百八十六条[②] 银行或者其他金融机构的工作人员违反国家规定发放贷款，数额巨大或者造成重大损失的，处五年以下有期徒刑或者拘役，并处一万元以上十万元以下罚金；数额特别巨大或者造成特别重大损失的，处五年以上有期徒刑，并处二万元以上二十万元以下罚金。

银行或者其他金融机构的工作人员违反国家规定，向关系人发放贷款的，依照前款的规定从重处罚。

单位犯前两款罪的，对单位判处罚金，并对其直接负责的主管人员和其他直接责任人员，依照前两款的规定处罚。

关系人的范围，依照《中华人民共和国商业银行法》和有关金融法规确定。

第一百八十七条[③] 银行或者其他金融机构的工作人员吸收客户资金不入帐，数额巨大或者造成重大损失的，处五年以下有期徒刑或者拘役，并处二万元以上二十万元以下罚金；数额特别巨大或者造成特别重大损失的，处五年以上有期徒刑，并处五万元以上五十万元以下罚金。

单位犯前款罪的，对单位判处罚金，并对其直接负责的主管人员和其他直接责任人员，依照前款的规定处罚。

第一百八十八条[④] 银行或者其他金融机构的工作人员违反规定，为他人出具信用证或者其他保函、票据、存单、资信证明，情节严重的，处五年以下有期徒刑或者拘役；情节特别严重的，处五年以上有期徒刑。

单位犯前款罪的，对单位判处罚金，并对其直接负责的主管人员和其他直接责任人员，依照前款的规定处罚。

第一百八十九条 银行或者其他金融机构的工作人员在票据业务中，对违反票据法规定的票据予以承兑、付款或者保证，造成重大损失的，处五年以下有期徒刑或者拘役；造成特别重大损失的，处五年以上有期徒刑。

单位犯前款罪的，对单位判处罚金，并对其直接负责的主管人员和其他直接责任人员，依照前款的规定处罚。

第一百九十条[⑤] 公司、企业或者其他单位，违反国家规定，擅自将外汇存放境外，或者将境内的外汇非法转移到境外，数额较大的，对单位判处逃汇数额百分之五以上百分之三十以下罚金，并对其直接负责的主管人员和其他直接责任人员处五年以下有期徒刑或者拘役；数额巨大或者有其他严重情节的，对单位判处逃汇数额百分之五以上百分之三十以下罚金，并对其直接负责的主管人员和其他直接责任人员处五年以上有期徒刑。

---

① 根据2006年6月29日第十届全国人民代表大会常务委员会第二十二次会议通过的《中华人民共和国刑法修正案（六）》增加，自2006年6月29日起施行。

② 根据2006年6月29日第十届全国人民代表大会常务委员会第二十二次会议通过的《中华人民共和国刑法修正案（六）》修改，自2006年6月29日起施行。《刑法》原第一百八十六条为："（第一款）银行或者其他金融机构的工作人员违反法律、行政法规规定，向关系人发放信用贷款或者发放担保贷款的条件优于其他借款人同类贷款的条件，造成较大损失的，处五年以下有期徒刑或者拘役，并处一万元以上十万元以下罚金；造成重大损失的，处五年以上有期徒刑，并处二万元以上二十万元以下罚金。（第二款）银行或者其他金融机构的工作人员违反法律、行政法规规定，向关系人以外的其他人发放贷款，造成重大损失的，处五年以下有期徒刑或者拘役，并处一万元以上十万元以下罚金；造成特别重大损失的，处五年以上有期徒刑，并处二万元以上二十万元以下罚金。（第三款）单位犯前两款罪的，对单位判处罚金，并对其直接负责的主管人员和其他直接责任人员，依照前两款的规定处罚。（第四款）关系人的范围，依照《中华人民共和国商业银行法》和有关金融法规确定。"

③ 根据2006年6月29日第十届全国人民代表大会常务委员会第二十二次会议通过的《中华人民共和国刑法修正案（六）》修改，自2006年6月29日起施行。《刑法》原第一百八十七条为："（第一款）银行或者其他金融机构的工作人员以牟利为目的，采取吸收客户资金不入帐的方式，将资金用于非法拆借、发放贷款，造成重大损失的，处五年以下有期徒刑或者拘役，并处二万元以上二十万元以下罚金；造成特别重大损失的，处五年以上有期徒刑，并处五万元以上五十万元以下罚金。（第二款）单位犯前款罪的，对单位判处罚金，并对其直接负责的主管人员和其他直接责任人员，依照前款的规定处罚。"

④ 根据2006年6月29日第十届全国人民代表大会常务委员会第二十二次会议通过的《中华人民共和国刑法修正案（六）》修改，自2006年6月29日起施行。《刑法》原第一百八十八条为："（第一款）银行或者其他金融机构的工作人员违反规定，为他人出具信用证或者其他保函、票据、存单、资信证明，造成较大损失的，处五年以下有期徒刑或者拘役；造成重大损失的，处五年以上有期徒刑。（第二款）单位犯前款罪的，对单位判处罚金，并对其直接负责的主管人员和其他直接责任人员，依照前款的规定处罚。"

⑤ 根据1998年12月29日第九届全国人民代表大会常务委员会第六次会议通过的《全国人民代表大会常务委会关于惩治骗购外汇、逃汇和非法买卖外汇犯罪的决定》修改，自1998年12月29日起施行。《刑法》原第一百九十条为："国有公司、企业或者其他国有单位，违反国家规定，擅自将外汇存放境外，或者将境内的外汇非法转移到境外，情节严重的，对单位判处罚金，并对其直接负责的主管人员和其他直接责任人员，处五年以下有期徒刑或者拘役。"

第一百九十一条①② 为掩饰、隐瞒毒品犯罪、黑社会性质的组织犯罪、恐怖活动犯罪、走私犯罪、贪污贿赂犯罪、破坏金融管理秩序犯罪、金融诈骗犯罪的所得及其产生的收益的来源和性质，有下列行为之一的，没收实施以上犯罪的所得及其产生的收益，处五年以下有期徒刑或者拘役，并处或者单处罚金；情节严重的，处五年以上十年以下有期徒刑，并处罚金：

（一）提供资金帐户的；

（二）将财产转换为现金、金融票据、有价证券的；

（三）通过转帐或者其他支付结算方式转移资金的；

（四）跨境转移资产的；

（五）以其他方法掩饰、隐瞒犯罪所得及其收益的来源和性质的。

单位犯前款罪的，对单位判处罚金，并对其直接负责的主管人员和其他直接责任人员，依照前款的规定处罚。

---

① 根据 2020 年 12 月 26 日第十三届全国人民代表大会常务委员会第二十四次会议通过的《中华人民共和国刑法修正案（十一）》修正，自 2021 年 3 月 1 日起施行。《刑法》原第一百九十一条为：“（第一款）明知是毒品犯罪、黑社会性质的组织犯罪、走私犯罪的违法所得及其产生的收益，为掩饰、隐瞒其来源和性质，有下列行为之一的，没收实施以上犯罪的违法所得及其产生的收益，处五年以下有期徒刑或者拘役，并处或者单处洗钱数额百分之五以上百分之二十以下罚金；情节严重的，处五年以上十年以下有期徒刑，并处洗钱数额百分之五以上百分之二十以下罚金：（一）提供资金账户的；（二）协助将财产转换为现金或者金融票据的；（三）通过转账或者其他结算方式协助资金转移的；（四）协助将资金汇往境外的；（五）以其他方法掩饰、隐瞒犯罪的违法所得及其收益的性质和来源的。（第二款）单位犯前款罪的，对单位判处罚金，并对其直接负责的主管人员和其他直接责任人员，处五年以下有期徒刑或者拘役。”根据 2001 年 12 月 29 日第九届全国人民代表大会常务委员会第二十五次会议通过的《中华人民共和国刑法修正案（三）》第一次修改，自 2001 年 12 月 29 日起施行，修改后的条文为：“（第一款）明知是毒品犯罪、黑社会性质的组织犯罪、恐怖活动犯罪、走私犯罪的违法所得及其产生的收益，为掩饰、隐瞒其来源和性质，有下列行为之一的，没收实施以上犯罪的违法所得及其产生的收益，处五年以下有期徒刑或者拘役，并处或者单处洗钱数额百分之五以上百分之二十以下罚金；情节严重的，处五年以上十年以下有期徒刑，并处洗钱数额百分之五以上百分之二十以下罚金：（一）提供资金帐户的；（二）协助将财产转换为现金或者金融票据的；（三）通过转帐或者其他结算方式协助资金转移的；（四）协助将资金汇往境外的；（五）以其他方法掩饰、隐瞒犯罪的违法所得及其收益的来源和性质的。（第二款）单位犯前款罪的，对单位判处罚金，并对其直接负责的主管人员和其他直接责任人员，处五年以下有期徒刑或者拘役；情节严重的，处五年以上十年以下有期徒刑。”根据 2006 年 6 月 29 日第十届全国人民代表大会常务委员会第二十二次会议通过的《中华人民共和国刑法修正案（六）》第二次修改，自 2006 年 6 月 29 日起施行。修改后的第一百九十一条为：“（第一款）明知是毒品犯罪、黑社会性质的组织犯罪、恐怖活动犯罪、走私犯罪、贪污贿赂犯罪、破坏金融管理秩序犯罪、金融诈骗犯罪的所得及其产生的收益，为掩饰、隐瞒其来源和性质，有下列行为之一的，没收实施以上犯罪的所得及其产生的收益，处五年以下有期徒刑或者拘役，并处或者单处洗钱数额百分之五以上百分之二十以下罚金；情节严重的，处五年以上十年以下有期徒刑，并处洗钱数额百分之五以上百分之二十以下罚金：（一）提供资金账户的；（二）协助将财产转换为现金、金融票据、有价证券的；（三）通过转账或者其他结算方式协助资金转移的；（四）协助将资金汇往境外的；（五）以其他方法掩饰、隐瞒犯罪所得及其收益的来源和性质的。（第二款）单位犯前款罪的，对单位判处罚金，并对其直接负责的主管人员和其他直接责任人员，处五年以下有期徒刑或者拘役；情节严重的，处五年以上十年以下有期徒刑。”

② 1998 年 12 月 29 日第九届全国人民代表大会常务委员会第六次会议通过《全国人民代表大会常务委员会关于惩治骗购外汇、逃汇和非法买卖外汇犯罪的决定》，自 1998 年 12 月 29 日起施行。“一、有下列情形之一，骗购外汇，数额较大的，处五年以下有期徒刑或者拘役，并处骗购外汇数额百分之五以上百分之三十以下罚金；数额巨大或者有其他严重情节的，处五年以上十年以下有期徒刑，并处骗购外汇数额百分之五以上百分之三十以下罚金；数额特别巨大或者有其他特别严重情节的，处十年以上有期徒刑或者无期徒刑，并处骗购外汇数额百分之五以上百分之三十以下罚金或者没收财产：

（一）使用伪造、变造的海关签发的报关单、进口证明、外汇管理部门核准件等凭证和单据的；

（二）重复使用海关签发的报关单、进口证明、外汇管理部门核准件等凭证和单据的；

（三）以其他方式骗购外汇的。

伪造、变造海关签发的报关单、进口证明、外汇管理部门核准件等凭证和单据，并用于骗购外汇的，依照前款的规定从重处罚。

明知用于骗购外汇而提供人民币资金的，以共犯论处。

单位犯前三款罪的，对单位依照第一款的规定判处罚金，并对其直接负责的主管人员和其他直接责任人员，处五年以下有期徒刑或者拘役；数额巨大或者有其他严重情节的，处五年以上十年以下有期徒刑；数额特别巨大或者有其他特别严重情节的，处十年以上有期徒刑或者无期徒刑。

……

五、海关、外汇管理部门以及金融机构、从事对外贸易经营活动的公司、企业或者其他单位的工作人员与骗购外汇或者逃汇的行为人通谋，为其提供购买外汇的有关凭证或者其他便利的，或者明知是伪造、变造的凭证和单据而售汇、付汇的，以共犯论，依照本决定从重处罚。

……

八、犯本决定规定之罪，依法被追缴、没收的财物和罚金，一律上缴国库。

……”

第五节 金融诈骗罪

第一百九十二条 以非法占有为目的，使用诈骗方法非法集资，数额较大的，处三年以上七年以下有期徒刑，并处罚金；数额巨大或者有其他严重情节的，处七年以上有期徒刑或者无期徒刑，并处罚金或者没收财产。

单位犯前款罪的，对单位判处罚金，并对其直接负责的主管人员和其他直接责任人员，依照前款的规定处罚。

第一百九十三条 有下列情形之一，以非法占有为目的，诈骗银行或者其他金融机构的贷款，数额较大的，处五年以下有期徒刑或者拘役，并处二万元以上二十万元以下罚金；数额巨大或者有其他严重情节的，处五年以上十年以下有期徒刑，并处五万元以上五十万元以下罚金；数额特别巨大或者有其他特别严重情节的，处十年以上有期徒刑或者无期徒刑，并处五万元以上五十万元以下罚金或者没收财产：

（一）编造引进资金、项目等虚假理由的；

（二）使用虚假的经济合同的；

（三）使用虚假的证明文件的；

（四）使用虚假的产权证明作担保或者超出抵押物价值重复担保的；

（五）以其他方法诈骗贷款的。

第一百九十四条 有下列情形之一，进行金融票据诈骗活动，数额较大的，处五年以下有期徒刑或者拘役，并处二万元以上二十万元以下罚金；数额巨大或者有其他严重情节的，处五年以上十年以下有期徒刑，并处五万元以上五十万元以下罚金；数额特别巨大或者有其他特别严重情节的，处十年以上有期徒刑或者无期徒刑，并处五万元以上五十万元以下罚金或者没收财产：

（一）明知是伪造、变造的汇票、本票、支票而使用的；

（二）明知是作废的汇票、本票、支票而使用的；

（三）冒用他人的汇票、本票、支票的；

（四）签发空头支票或者与其预留印鉴不符的支票，骗取财物的；

（五）汇票、本票的出票人签发无资金保证的汇票、本票或者在出票时作虚假记载，骗取财物的。

使用伪造、变造的委托收款凭证、汇款凭证、银行存单等其他银行结算凭证的，依照前款的规定处罚。

第一百九十五条 有下列情形之一，进行信用证诈骗活动的，处五年以下有期徒刑或者拘役，并处二万元以上二十万元以下罚金；数额巨大或者有其他严重情节的，处五年以上十年以下有期徒刑，并处五万元以上五十万元以下罚金；数额特别巨大或者有其他特别严重情节的，处十年以上有期徒刑或者无期徒刑，并处五万元以上五十万元以下罚金或者没收财产：

（一）使用伪造、变造的信用证或者附随的单据、文件的；

（二）使用作废的信用证的；

（三）骗取信用证的；

（四）以其他方法进行信用证诈骗活动的。

第一百九十六条①② 有下列情形之一，进行信用卡诈骗活动，数额较大的，处五年以下有期徒刑或者拘役，并处二万元以上二十万元以下罚金；数额巨大或者有其他严重情节的，处五年以上十年以下有期徒刑，并处五万元以上五十万元以下罚金；数额特别巨大或者有其他特别严重情节的，处十年以上有期徒刑或者无期徒刑，并处五万元以上五十万元以下罚金或者没收财产：

（一）使用伪造的信用卡，或者使用以虚假的身份证明骗领的信用卡的；

（二）使用作废的信用卡的；

（三）冒用他人信用卡的；

（四）恶意透支的。

---

① 根据2005年2月28日第十届全国人民代表大会常务委员会第十四次会议通过的《中华人民共和国刑法修正案（五）》修改，自2005年2月28日起施行。《刑法》原第一百九十六条为："（第一款）有下列情形之一，进行信用卡诈骗活动，数额较大的，处五年以下有期徒刑或者拘役，并处二万元以上二十万元以下罚金；数额巨大或者有其他严重情节的，处五年以上十年以下有期徒刑，并处五万元以上五十万元以下罚金；数额特别巨大或者有其他特别严重情节的，处十年以上有期徒刑或者无期徒刑，并处五万元以上五十万元以下罚金或者没收财产：（一）使用伪造的信用卡的；（二）使用作废的信用卡的；（三）冒用他人信用卡的；（四）恶意透支的。（第二款）前款所称恶意透支，是指持卡人以非法占有为目的，超过规定限额或者规定期限透支，并且经发卡银行催收后仍不归还的行为。（第三款）盗窃信用卡并使用的，依照本法第二百六十四条的规定定罪处罚。"

② 2004年12月29日第十届全国人民代表大会常务委员会第十三次会议通过《全国人民代表大会常务委员会关于〈中华人民共和国刑法〉有关信用卡规定的解释》。"全国人民代表大会常务委员会根据司法实践中遇到的情况，讨论了刑法规定的'信用卡'的含义问题，解释如下：

刑法规定的'信用卡'，是指由商业银行或者其他金融机构发行的具有消费支付、信用贷款、转账结算、存取现金等全部功能或者部分功能的电子支付卡。"

前款所称恶意透支，是指持卡人以非法占有为目的，超过规定限额或者规定期限透支，并且经发卡银行催收后仍不归还的行为。

盗窃信用卡并使用的，依照本法第二百六十四条的规定定罪处罚。

第一百九十七条 使用伪造、变造的国库券或者国家发行的其他有价证券，进行诈骗活动，数额较大的，处五年以下有期徒刑或者拘役，并处二万元以上二十万元以下罚金；数额巨大或者有其他严重情节的，处五年以上十年以下有期徒刑，并处五万元以上五十万元以下罚金；数额特别巨大或者有其他特别严重情节的，处十年以上有期徒刑或者无期徒刑，并处五万元以上五十万元以下罚金或者没收财产。

第一百九十八条 有下列情形之一，进行保险诈骗活动，数额较大的，处五年以下有期徒刑或者拘役，并处一万元以上十万元以下罚金；数额巨大或者有其他严重情节的，处五年以上十年以下有期徒刑，并处二万元以上二十万元以下罚金；数额特别巨大或者有其他特别严重情节的，处十年以上有期徒刑，并处二万元以上二十万元以下罚金或者没收财产：

（一）投保人故意虚构保险标的，骗取保险金的；

（二）投保人、被保险人或者受益人对发生的保险事故编造虚假的原因或者夸大损失的程度，骗取保险金的；

（三）投保人、被保险人或者受益人编造未曾发生的保险事故，骗取保险金的；

（四）投保人、被保险人故意造成财产损失的保险事故，骗取保险金的；

（五）投保人、受益人故意造成被保险人死亡、伤残或者疾病，骗取保险金的。

有前款第四项、第五项所列行为，同时构成其他犯罪的，依照数罪并罚的规定处罚。

单位犯第一款罪的，对单位判处罚金，并对其直接负责的主管人员和其他直接责任人员，处五年以下有期徒刑或者拘役；数额巨大或者有其他严重情节的，处五年以上十年以下有期徒刑；数额特别巨大或者有其他特别严重情节的，处十年以上有期徒刑。

保险事故的鉴定人、证明人、财产评估人故意提供虚假的证明文件，为他人诈骗提供条件的，以保险诈骗的共犯论处。

第一百九十九条① （根据《中华人民共和国刑法修正案（九）》删去本条内容）

第二百条② 单位犯本节第一百九十四条、第一百九十五条规定之罪的，对单位判处罚金，并对其直接负责的主管人员和其他直接责任人员，处五年以下有期徒刑或者拘役，可以并处罚金；数额巨大或者有其他严重情节的，处五年以上十年以下有期徒刑，并处罚金；数额特别巨大或者有其他特别严重情节的，处十年以上有期徒刑或者无期徒刑，并处罚金。

第六节 危害税收征管罪

第二百零一条③ 纳税人采取欺骗、隐瞒手段进行虚假纳税申报或者不申报，逃避缴纳税款数额较大并且占应纳税额百分之十以上的，处三年以下有期徒刑或者拘役，并处罚金；数额巨大并且占应纳税额百分之三十以上的，处三年

---

① 根据2015年8月29日第十二届全国人民代表大会常务委员会第十六次会议通过的《中华人民共和国刑法修正案（九）》修订，自2015年11月1日起施行。《刑法》原第一百九十九条为："犯本节第一百九十二条、第一百九十四条、第一百九十五条规定之罪，数额特别巨大并且给国家和人民利益造成特别重大损失的，处无期徒刑或者死刑，并处没收财产。"2011年2月25日第十一届全国人民代表大会常务委员会第十九次会议通过的《中华人民共和国刑法修正案（八）》修改后的条文为："犯本节第一百九十二条规定之罪，数额特别巨大并且给国家和人民利益造成特别重大损失的，处无期徒刑或者死刑，并处没收财产。"

② 根据2020年12月26日第十三届全国人民代表大会常务委员会第二十四次会议通过的《中华人民共和国刑法修正案（十一）》修正，自2021年3月1日起施行。《刑法》原第二百条为："单位犯本节第一百九十二条、第一百九十四条、第一百九十五条规定之罪的，对单位判处罚金，并对其直接负责的主管人员和其他直接责任人员，处五年以下有期徒刑或者拘役；数额巨大或者有其他严重情节的，处五年以上十年以下有期徒刑；数额特别巨大或者有其他特别严重情节的，处十年以上有期徒刑或者无期徒刑。"根据2011年2月25日第十一届全国人民代表大会常务委员会第十九次会议通过的《中华人民共和国刑法修正案（八）》修改，自2011年5月1日起施行。刑法修正案（八）修改后的条文为："单位犯本节第一百九十二条、第一百九十四条、第一百九十五条规定之罪的，对单位判处罚金，并对其直接负责的主管人员和其他直接责任人员，处五年以下有期徒刑或者拘役，可以并处罚金；数额巨大或者有其他严重情节的，处五年以上十年以下有期徒刑，并处罚金；数额特别巨大或者有其他特别严重情节的，处十年以上有期徒刑或者无期徒刑，并处罚金。"

③ 根据2009年2月28日第十一届全国人民代表大会常务委员会第七次会议通过的《中华人民共和国刑法修正案（七）》修改，自2009年2月28日起施行。《刑法》原第二百零一条为："（第一款）纳税人采取伪造、变造、隐匿、擅自销毁帐簿、记帐凭证，在帐簿上多列支出或者不列、少列收入，经税务机关通知申报而拒不申报或者进行虚假的纳税申报的手段，不缴或者少缴应纳税款，偷税数额占应纳税额的百分之十以上不满百分之三十并且偷税数额在一万元以上不满十万元的，或者因偷税被税务机关给予二次行政处罚又偷税的，处三年以下有期徒刑或者拘役，并处偷税数额一倍以上五倍以下罚金；偷税数额占应纳税额的百分之三十以上并且偷税数额在十万元以上的，处三年以上七年以下有期徒刑，并处偷税数额一倍以上五倍以下罚金。（第二款）扣缴义务人采取前款所列手段，不缴或者少缴已扣、已收税款，数额占应缴税额的百分之十以上并且数额在一万元以上的，依照前款的规定处罚。（第三款）对多次犯有前两款行为，未经处理的，按照累计数额计算。"

以上七年以下有期徒刑，并处罚金。

扣缴义务人采取前款所列手段，不缴或者少缴已扣、已收税款，数额较大的，依照前款的规定处罚。

对多次实施前两款行为，未经处理的，按照累计数额计算。

有第一款行为，经税务机关依法下达追缴通知后，补缴应纳税款，缴纳滞纳金，已受行政处罚的，不予追究刑事责任；但是，五年内因逃避缴纳税款受过刑事处罚或者被税务机关给予二次以上行政处罚的除外。

第二百零二条　以暴力、威胁方法拒不缴纳税款的，处三年以下有期徒刑或者拘役，并处拒缴税款一倍以上五倍以下罚金；情节严重的，处三年以上七年以下有期徒刑，并处拒缴税款一倍以上五倍以下罚金。

第二百零三条　纳税人欠缴应纳税款，采取转移或者隐匿财产的手段，致使税务机关无法追缴欠缴的税款，数额在一万元以上不满十万元的，处三年以下有期徒刑或者拘役，并处或者单处欠缴税款一倍以上五倍以下罚金；数额在十万元以上的，处三年以上七年以下有期徒刑，并处欠缴税款一倍以上五倍以下罚金。

第二百零四条　以假报出口或者其他欺骗手段，骗取国家出口退税款，数额较大的，处五年以下有期徒刑或者拘役，并处骗取税款一倍以上五倍以下罚金；数额巨大或者有其他严重情节的，处五年以上十年以下有期徒刑，并处骗取税款一倍以上五倍以下罚金；数额特别巨大或者有其他特别严重情节的，处十年以上有期徒刑或者无期徒刑，并处骗取税款一倍以上五倍以下罚金或者没收财产。

纳税人缴纳税款后，采取前款规定的欺骗方法，骗取所缴纳的税款的，依照本法第二百零一条的规定定罪处罚；骗取税款超过所缴纳的税款部分，依照前款的规定处罚。

第二百零五条①②　虚开增值税专用发票或者虚开用于骗取出口退税、抵扣税款的其他发票的，处三年以下有期徒刑或者拘役，并处二万元以上二十万元以下罚金；虚开的税款数额较大或者有其他严重情节的，处三年以上十年以下有期徒刑，并处五万元以上五十万元以下罚金；虚开的税款数额巨大或者有其他特别严重情节的，处十年以上有期徒刑或者无期徒刑，并处五万元以上五十万元以下罚金或者没收财产。

单位犯本条规定之罪的，对单位判处罚金，并对其直接负责的主管人员和其他直接责任人员，处三年以下有期徒刑或者拘役；虚开的税款数额较大或者有其他严重情节的，处三年以上十年以下有期徒刑；虚开的税款数额巨大或者有其他特别严重情节的，处十年以上有期徒刑或者无期徒刑。

虚开增值税专用发票或者虚开用于骗取出口退税、抵扣税款的其他发票，是指有为他人虚开、为自己虚开、让他人为自己虚开、介绍他人虚开行为之一的。

第二百零五条之一③　虚开本法第二百零五条规定以外的其他发票，情节严重的，处二年以下有期徒刑、拘役或者管制，并处罚金；情节特别严重的，处二年以上七年以下有期徒刑，并处罚金。

单位犯前款罪的，对单位判处罚金，并对其直接负责的主管人员和其他直接责任人员，依照前款的规定处罚。

---

① 根据 2011 年 2 月 25 日第十一届全国人民代表大会常务委员会第十九次会议通过的《中华人民共和国刑法修正案（八）》修改，自 2011 年 5 月 1 日起施行。《刑法》原第二百零五条为："（第一款）虚开增值税专用发票或者虚开用于骗取出口退税、抵扣税款的其他发票的，处三年以下有期徒刑或者拘役，并处二万元以上二十万元以下罚金；虚开的税款数额较大或者有其他严重情节的，处三年以上十年以下有期徒刑，并处五万元以上五十万元以下罚金；虚开的税款数额巨大或者有其他特别严重情节的，处十年以上有期徒刑或者无期徒刑，并处五万元以上五十万元以下罚金或者没收财产。（第二款）有前款行为骗取国家税款，数额特别巨大，情节特别严重，给国家利益造成特别重大损失的，处无期徒刑或者死刑，并处没收财产。（第三款）单位犯本条规定之罪的，对单位判处罚金，并对其直接负责的主管人员和其他直接责任人员，处三年以下有期徒刑或者拘役；虚开的税款数额较大或者有其他严重情节的，处三年以上十年以下有期徒刑；虚开的税款数额巨大或者有其他特别严重情节的，处十年以上有期徒刑或者无期徒刑。（第四款）虚开增值税专用发票或者虚开用于骗取出口退税、抵扣税款的其他发票，是指有为他人虚开、为自己虚开、让他人为自己虚开、介绍他人虚开行为之一的。"

② 2005 年 12 月 29 日第十届全国人民代表大会常务委员会第十九次会议通过《全国人民代表大会常务委员会关于〈中华人民共和国刑法〉有关出口退税、抵扣税款的其他发票规定的解释》：全国人民代表大会常务委员会根据司法实践中遇到的情况，讨论了刑法规定的"出口退税、抵扣税款的其他发票"的含义问题，解释如下：

刑法规定的"出口退税、抵扣税款的其他发票"，是指除增值税专用发票以外的，具有出口退税、抵扣税款功能的收付款凭证或者完税凭证。

③ 根据 2011 年 2 月 25 日第十一届全国人民代表大会常务委员会第十九次会议通过的《中华人民共和国刑法修正案（八）》增加，自 2011 年 5 月 1 日起施行。

第二百零六条[①] 伪造或者出售伪造的增值税专用发票的，处三年以下有期徒刑、拘役或者管制，并处二万元以上二十万元以下罚金；数量较大或者有其他严重情节的，处三年以上十年以下有期徒刑，并处五万元以上五十万元以下罚金；数量巨大或者有其他特别严重情节的，处十年以上有期徒刑或者无期徒刑，并处五万元以上五十万元以下罚金或者没收财产。

单位犯本条规定之罪的，对单位判处罚金，并对其直接负责的主管人员和其他直接责任人员，处三年以下有期徒刑、拘役或者管制；数量较大或者有其他严重情节的，处三年以上十年以下有期徒刑；数量巨大或者有其他特别严重情节的，处十年以上有期徒刑或者无期徒刑。

第二百零七条 非法出售增值税专用发票的，处三年以下有期徒刑、拘役或者管制，并处二万元以上二十万元以下罚金；数量较大的，处三年以上十年以下有期徒刑，并处五万元以上五十万元以下罚金；数量巨大的，处十年以上有期徒刑或者无期徒刑，并处五万元以上五十万元以下罚金或者没收财产。

第二百零八条 非法购买增值税专用发票或者购买伪造的增值税专用发票的，处五年以下有期徒刑或者拘役，并处或者单处二万元以上二十万元以下罚金。

非法购买增值税专用发票或者购买伪造的增值税专用发票又虚开或者出售的，分别依照本法第二百零五条、第二百零六条、第二百零七条的规定定罪处罚。

第二百零九条[②] 伪造、擅自制造或者出售伪造、擅自制造的可以用于骗取出口退税、抵扣税款的其他发票的，处三年以下有期徒刑、拘役或者管制，并处二万元以上二十万元以下罚金；数量巨大的，处三年以上七年以下有期徒刑，并处五万元以上五十万元以下罚金；数量特别巨大的，处七年以上有期徒刑，并处五万元以上五十万元以下罚金或者没收财产。

伪造、擅自制造或者出售伪造、擅自制造的前款规定以外的其他发票的，处二年以下有期徒刑、拘役或者管制，并处或者单处一万元以上五万元以下罚金；情节严重的，处二年以上七年以下有期徒刑，并处五万元以上五十万元以下罚金。

非法出售可以用于骗取出口退税、抵扣税款的其他发票的，依照第一款的规定处罚。

非法出售第三款规定以外的其他发票的，依照第二款的规定处罚。

第二百一十条[③] 盗窃增值税专用发票或者可以用于骗取出口退税、抵扣税款的其他发票的，依照本法第二百六十四条的规定定罪处罚。

使用欺骗手段骗取增值税专用发票或者可以用于骗取出口退税、抵扣税款的其他发票的，依照本法第二百六十六条的规定定罪处罚。

第二百一十条之一[④] 明知是伪造的发票而持有，数量较大的，处二年以下有期徒刑、拘役或者管制，并处罚金；数量巨大的，处二年以上七年以下有期徒刑，并处罚金。

单位犯前款罪的，对单位判处罚金，并对其直接负责的主管人员和其他直接责任人员，依照前款的规定处罚。

第二百一十一条 单位犯本节第二百零一条、第二百零三条、第二百零四条、第二百零七条、第二百零八条、第二百零九条规定之罪的，对单位判处罚金，并对其直接负责的主管人员和其他直接责任人员，依照各该条的规定处罚。

---

① 根据2011年2月25日第十一届全国人民代表大会常务委员会第十九次会议通过的《中华人民共和国刑法修正案（八）》修改，自2011年5月1日起施行。《刑法》原第二百零六条为：“（第一款）伪造或者出售伪造的增值税专用发票的，处三年以下有期徒刑、拘役或者管制，并处二万元以上二十万元以下罚金；数量较大或者有其他严重情节的，处三年以上十年以下有期徒刑，并处五万元以上五十万元以下罚金；数量巨大或者有其他特别严重情节的，处十年以上有期徒刑或者无期徒刑，并处五万元以上五十万元以下罚金或者没收财产。（第二款）伪造并出售伪造的增值税专用发票，数量特别巨大，情节特别严重，严重破坏经济秩序的，处无期徒刑或者死刑，并处没收财产。（第三款）单位犯本条规定之罪的，对单位判处罚金，并对其直接负责的主管人员和其他直接责任人员，处三年以下有期徒刑、拘役或者管制；数量较大或者有其他严重情节的，处三年以上十年以下有期徒刑；数量巨大或者有其他特别严重情节的，处十年以上有期徒刑或者无期徒刑。”

② 2005年12月29日第十届全国人民代表大会常务委员会第十九次会议通过《全国人民代表大会常务委员会关于〈中华人民共和国刑法〉有关出口退税、抵扣税款的其他发票规定的解释》：全国人民代表大会常务委员会根据司法实践中遇到的情况，讨论了刑法规定的“出口退税、抵扣税款的其他发票”的含义问题，解释如下：

刑法规定的“出口退税、抵扣税款的其他发票”，是指除增值税专用发票以外的，具有出口退税、抵扣税款功能的收付款凭证或者完税凭证。

③ 2005年12月29日第十届全国人民代表大会常务委员会第十九次会议通过《全国人民代表大会常务委员会关于〈中华人民共和国刑法〉有关出口退税、抵扣税款的其他发票规定的解释》：全国人民代表大会常务委员会根据司法实践中遇到的情况，讨论了刑法规定的“出口退税、抵扣税款的其他发票”的含义问题，解释如下：

刑法规定的“出口退税、抵扣税款的其他发票”，是指除增值税专用发票以外的，具有出口退税、抵扣税款功能的收付款凭证或者完税凭证。

④ 根据2011年2月25日第十一届全国人民代表大会常务委员会第十九次会议通过的《中华人民共和国刑法修正案（八）》增加，自2011年5月1日起施行。

第二百一十二条 犯本节第二百零一条至第二百零五条规定之罪，被判处罚金、没收财产的，在执行前，应当先由税务机关追缴税款和所骗取的出口退税款。

第七节 侵犯知识产权罪

第二百一十三条① 未经注册商标所有人许可，在同一种商品、服务上使用与其注册商标相同的商标，情节严重的，处三年以下有期徒刑，并处或者单处罚金；情节特别严重的，处三年以上十年以下有期徒刑，并处罚金。

第二百一十四条② 销售明知是假冒注册商标的商品，违法所得数额较大或者有其他严重情节的，处三年以下有期徒刑，并处或者单处罚金；违法所得数额巨大或者有其他特别严重情节的，处三年以上十年以下有期徒刑，并处罚金。

第二百一十五条③ 伪造、擅自制造他人注册商标标识或者销售伪造、擅自制造的注册商标标识，情节严重的，处三年以下有期徒刑，并处或者单处罚金；情节特别严重的，处三年以上十年以下有期徒刑，并处罚金。

第二百一十六条 假冒他人专利，情节严重的，处三年以下有期徒刑或者拘役，并处或者单处罚金。

第二百一十七条④ 以营利为目的，有下列侵犯著作权或者与著作权有关的权利的情形之一，违法所得数额较大或者有其他严重情节的，处三年以下有期徒刑，并处或者单处罚金；违法所得数额巨大或者有其他特别严重情节的，处三年以上十年以下有期徒刑，并处罚金：

（一）未经著作权人许可，复制发行、通过信息网络向公众传播其文字作品、音乐、美术、视听作品、计算机软件及法律、行政法规规定的其他作品的；

（二）出版他人享有专有出版权的图书的；

（三）未经录音录像制作者许可，复制发行、通过信息网络向公众传播其制作的录音录像的；

（四）未经表演者许可，复制发行录有其表演的录音录像制品，或者通过信息网络向公众传播其表演的；

（五）制作、出售假冒他人署名的美术作品的；

（六）未经著作权人或者与著作权有关的权利人许可，故意避开或者破坏权利人为其作品、录音录像制品等采取的保护著作权或者与著作权有关的权利的技术措施的。

第二百一十八条⑤ 以营利为目的，销售明知是本法第二百一十七条规定的侵权复制品，违法所得数额巨大或者有其他严重情节的，处五年以下有期徒刑，并处或者单处罚金。

第二百一十九条⑥ 有下列侵犯商业秘密行为之一，情节严重的，处三年以下有期徒刑，并处或者单处罚金；情节

---

① 根据2020年12月26日第十三届全国人民代表大会常务委员会第二十四次会议通过的《中华人民共和国刑法修正案（十一）》修正，自2021年3月1日起施行。《刑法》原第二百一十三条为："未经注册商标所有人许可，在同一种商品上使用与其注册商标相同的商标，情节严重的，处三年以下有期徒刑或者拘役，并处或者单处罚金；情节特别严重的，处三年以上七年以下有期徒刑，并处罚金。"

② 根据2020年12月26日第十三届全国人民代表大会常务委员会第二十四次会议通过的《中华人民共和国刑法修正案（十一）》修正，自2021年3月1日起施行。《刑法》原第二百一十四条为："销售明知是假冒注册商标的商品，销售金额数额较大的，处三年以下有期徒刑或者拘役，并处或者单处罚金；销售金额数额巨大的，处三年以上七年以下有期徒刑，并处罚金。"

③ 根据2020年12月26日第十三届全国人民代表大会常务委员会第二十四次会议通过的《中华人民共和国刑法修正案（十一）》修正，自2021年3月1日起施行。《刑法》原第二百一十五条为："伪造、擅自制造他人注册商标标识或者销售伪造、擅自制造的注册商标标识，情节严重的，处三年以下有期徒刑、拘役或者管制，并处或者单处罚金；情节特别严重的，处三年以上七年以下有期徒刑，并处罚金。"

④ 根据2020年12月26日第十三届全国人民代表大会常务委员会第二十四次会议通过的《中华人民共和国刑法修正案（十一）》修正，自2021年3月1日起施行。《刑法》原第二百一十七条为："以营利为目的，有下列侵犯著作权情形之一，违法所得数额较大或者有其他严重情节的，处三年以下有期徒刑或者拘役，并处或者单处罚金；违法所得数额巨大或者有其他特别严重情节的，处三年以上七年以下有期徒刑，并处罚金：（一）未经著作权人许可，复制发行其文字作品、音乐、电影、电视、录像作品、计算机软件及其他作品的；（二）出版他人享有专有出版权的图书的；（三）未经录音录像制作者许可，复制发行其制作的录音录像的；（四）制作、出售假冒他人署名的美术作品的。"

⑤ 根据2020年12月26日第十三届全国人民代表大会常务委员会第二十四次会议通过的《中华人民共和国刑法修正案（十一）》修订，自2021年3月1日起施行。《刑法》原第二百一十八条为："以营利为目的，销售明知是本法第二百一十七条规定的侵权复制品，违法所得数额巨大的，处三年以下有期徒刑或者拘役，并处或者单处罚金。"

⑥ 根据2020年12月26日第十三届全国人民代表大会常务委员会第二十四次会议通过的《中华人民共和国刑法修正案（十一）》修订，自2021年3月1日起施行。《刑法》原第二百一十九条为："（第一款）有下列侵犯商业秘密行为之一，给商业秘密的权利人造成重大损失的，处三年以下有期徒刑或者拘役，并处或者单处罚金；造成特别严重后果的，处三年以上七年以下有期徒刑，并处罚金：（一）以盗窃、利诱、胁迫或者其他不正当手段获取权利人的商业秘密的；（二）披露、使用或者允许他人使用以前项手段获取的权利人的商业秘密的；（三）违反约定或者违反权利人有关保守商业秘密的要求，披露、使用或者允许他人使用其所掌握的商业秘密的。（第二款）明知或者应知前款所列行为，获取、使用或者披露他人的商业秘密的，以侵犯商业秘密论。（第三款）本条所称商业秘密，是指不为公众所知悉，能为权利人带来经济利益，具有实用性并经权利人采取保密措施的技术信息和经营信息。（第四款）本条所称权利人，是指商业秘密的所有人和经商业秘密所有人许可的商业秘密使用人。"

特别严重的，处三年以上十年以下有期徒刑，并处罚金：

（一）以盗窃、贿赂、欺诈、胁迫、电子侵入或者其他不正当手段获取权利人的商业秘密的；

（二）披露、使用或者允许他人使用以前项手段获取的权利人的商业秘密的；

（三）违反保密义务或者违反权利人有关保守商业秘密的要求，披露、使用或者允许他人使用其所掌握的商业秘密的。

明知前款所列行为，获取、披露、使用或者允许他人使用该商业秘密的，以侵犯商业秘密论。

本条所称权利人，是指商业秘密的所有人和经商业秘密所有人许可的商业秘密使用人。

第二百一十九条之一① 为境外的机构、组织、人员窃取、刺探、收买、非法提供商业秘密的，处五年以下有期徒刑，并处或者单处罚金；情节严重的，处五年以上有期徒刑，并处罚金。

第二百二十条② 单位犯本节第二百一十三条至第二百一十九条之一规定之罪的，对单位判处罚金，并对其直接负责的主管人员和其他直接责任人员，依照本节各该条的规定处罚。

第八节 扰乱市场秩序罪

第二百二十一条 捏造并散布虚伪事实，损害他人的商业信誉、商品声誉，给他人造成重大损失或者有其他严重情节的，处二年以下有期徒刑或者拘役，并处或者单处罚金。

第二百二十二条 广告主、广告经营者、广告发布者违反国家规定，利用广告对商品或者服务作虚假宣传，情节严重的，处二年以下有期徒刑或者拘役，并处或者单处罚金。

第二百二十三条 投标人相互串通投标报价，损害招标人或者其他投标人利益，情节严重的，处三年以下有期徒刑或者拘役，并处或者单处罚金。

投标人与招标人串通投标，损害国家、集体、公民的合法利益的，依照前款的规定处罚。

第二百二十四条 有下列情形之一，以非法占有为目的，在签订、履行合同过程中，骗取对方当事人财物，数额较大的，处三年以下有期徒刑或者拘役，并处或者单处罚金；数额巨大或者有其他严重情节的，处三年以上十年以下有期徒刑，并处罚金；数额特别巨大或者有其他特别严重情节的，处十年以上有期徒刑或者无期徒刑，并处罚金或者没收财产：

（一）以虚构的单位或者冒用他人名义签订合同的；

（二）以伪造、变造、作废的票据或者其他虚假的产权证明作担保的；

（三）没有实际履行能力，以先履行小额合同或者部分履行合同的方法，诱骗对方当事人继续签订和履行合同的；

（四）收受对方当事人给付的货物、货款、预付款或者担保财产后逃匿的；

（五）以其他方法骗取对方当事人财物的。

第二百二十四条之一③ 组织、领导以推销商品、提供服务等经营活动为名，要求参加者以缴纳费用或者购买商品、服务等方式获得加入资格，并按照一定顺序组成层级，直接或者间接以发展人员的数量作为计酬或者返利依据，引诱、胁迫参加者继续发展他人参加，骗取财物，扰乱经济社会秩序的传销活动的，处五年以下有期徒刑或者拘役，并处罚金；情节严重的，处五年以上有期徒刑，并处罚金。

---

① 根据2020年12月26日第十三届全国人民代表大会常务委员会第二十四次会议通过的《中华人民共和国刑法修正案（十一）》修订，自2021年3月1日起施行。

② 根据2020年12月26日第十三届全国人民代表大会常务委员会第二十四次会议通过的《中华人民共和国刑法修正案（十一）》修订，自2021年3月1日起施行。《刑法》原第二百二十条为："单位犯本节第二百一十三条至第二百一十九条规定之罪的，对单位判处罚金，并对其直接负责的主管人员和其他直接责任人员，依照本节各该条的规定处罚。"

③ 根据2009年2月28日第十一届全国人民代表大会常务委员会第七次会议通过的《中华人民共和国刑法修正案（七）》增加，自2009年2月28日起施行。

第二百二十五条[①][②] 违反国家规定，有下列非法经营行为之一，扰乱市场秩序，情节严重的，处五年以下有期徒刑或者拘役，并处或者单处违法所得一倍以上五倍以下罚金；情节特别严重的，处五年以上有期徒刑，并处违法所得一倍以上五倍以下罚金或者没收财产：

（一）未经许可经营法律、行政法规规定的专营、专卖物品或者其他限制买卖的物品的；

（二）买卖进出口许可证、进出口原产地证明以及其他法律、行政法规规定的经营许可证或者批准文件的；

（三）未经国家有关主管部门批准非法经营证券、期货、保险业务的，或者非法从事资金支付结算业务的；

（四）其他严重扰乱市场秩序的非法经营行为。

第二百二十六条[③] 以暴力、威胁手段，实施下列行为之一，情节严重的，处三年以下有期徒刑或者拘役，并处或者单处罚金；情节特别严重的，处三年以上七年以下有期徒刑，并处罚金：

（一）强买强卖商品的；

（二）强迫他人提供或者接受服务的；

（三）强迫他人参与或者退出投标、拍卖的；

（四）强迫他人转让或者收购公司、企业的股份、债券或者其他资产的；

（五）强迫他人参与或者退出特定的经营活动的。

第二百二十七条 伪造或者倒卖伪造的车票、船票、邮票或者其他有价票证，数额较大的，处二年以下有期徒刑、拘役或者管制，并处或者单处票证价额一倍以上五倍以下罚金；数额巨大的，处二年以上七年以下有期徒刑，并处票证价额一倍以上五倍以下罚金。

倒卖车票、船票，情节严重的，处三年以下有期徒刑、拘役或者管制，并处或者单处票证价额一倍以上五倍以下罚金。

第二百二十八条[④] 以牟利为目的，违反土地管理法规，非法转让、倒卖土地使用权，情节严重的，处三年以下有期徒刑或者拘役，并处或者单处非法转让、倒卖土地使用权价额百分之五以上百分之二十以下罚金；情节特别严重的，处三年以上七年以下有期徒刑，并处非法转让、倒卖土地使用权价额百分之五以上百分之二十以下罚金。

---

① 根据2009年2月28日第十一届全国人民代表大会常务委员会第七次会议通过的《中华人民共和国刑法修正案（七）》第二次修改，自2009年2月28日起施行。《刑法》原第二百二十五条为：“违反国家规定，有下列非法经营行为之一，扰乱市场秩序，情节严重的，处五年以下有期徒刑或者拘役，并处或者单处违法所得一倍以上五倍以下罚金；情节特别严重的，处五年以上有期徒刑，并处违法所得一倍以上五倍以下罚金或者没收财产：（一）未经许可经营法律、行政法规规定的专营、专卖物品或者其他限制买卖的物品的；（二）买卖进出口许可证、进出口原产地证明以及其他法律、行政法规规定的经营许可证或者批准文件的；（三）其他严重扰乱市场秩序的非法经营行为。”1999年12月25日第九届全国人民代表大会常务委员会第十三次会议通过的《中华人民共和国刑法修正案》第一次修改，自1999年12月25日起施行。修改后的第二百二十五条为：“违反国家规定，有下列非法经营行为之一，扰乱市场秩序，情节严重的，处五年以下有期徒刑或者拘役，并处或者单处违法所得一倍以上五倍以下罚金；情节特别严重的，处五年以上有期徒刑，并处违法所得一倍以上五倍以下罚金或者没收财产：（一）未经许可经营法律、行政法规规定的专营、专卖物品或者其他限制买卖的物品的；（二）买卖进出口许可证、进出口原产地证明以及其他法律、行政法规规定的经营许可证或者批准文件的；（三）未经国家有关主管部门批准，非法经营证券、期货或者保险业务的；（四）其他严重扰乱市场秩序的非法经营行为。

② 1998年12月29日第九届全国人民代表大会常务委员会第六次会议通过《全国人民代表大会常务委会关于惩治骗购外汇、逃汇和非法买卖外汇犯罪的决定》，自1998年12月29日起施行。“……

四、在国家规定的交易场所以外非法买卖外汇，扰乱市场秩序，情节严重的，依照刑法第二百二十五条的规定定罪处罚。

……”

③ 根据2011年2月25日第十一届全国人民代表大会常务委员会第十九次会议通过的《中华人民共和国刑法修正案（八）》修改，自2011年5月1日起施行。《刑法》原第二百二十六条为：“以暴力、威胁手段强买强卖商品、强迫他人提供服务或者强迫他人接受服务，情节严重的，处三年以下有期徒刑或者拘役，并处或者单处罚金。”

④ 2001年8月31日第九届全国人民代表大会常务委员会第二十三次会议通过《全国人民代表大会常务委员会关于《中华人民共和国刑法》第二百二十八条、第三百四十二条、第四百一十条的解释》。

根据2009年8月27日第十一届全国人民代表大会常务委员会第十次会议通过的《全国人民代表大会常务委员会关于修改部分法律的决定》修改，自2009年8月27日施行。原解释为：“全国人民代表大会常务委员会讨论了刑法第二百二十八条、第三百四十二条、第四百一十条规定的‘违反土地管理法规’和第四百一十条规定的‘非法批准征用、占用土地’的含义问题，解释如下：

刑法第二百二十八条、第三百四十二条、第四百一十条规定的“违反土地管理法规”，是指违反土地管理法、森林法、草原法等法律以及有关行政法规中关于土地管理的规定。

……”

第二百二十九条① 承担资产评估、验资、验证、会计、审计、法律服务、保荐、安全评价、环境影响评价、环境监测等职责的中介组织的人员故意提供虚假证明文件，情节严重的，处五年以下有期徒刑或者拘役，并处罚金；有下列情形之一的，处五年以上十年以下有期徒刑，并处罚金：

（一）提供与证券发行相关的虚假的资产评估、会计、审计、法律服务、保荐等证明文件，情节特别严重的；

（二）提供与重大资产交易相关的虚假的资产评估、会计、审计等证明文件，情节特别严重的；

（三）在涉及公共安全的重大工程、项目中提供虚假的安全评价、环境影响评价等证明文件，致使公共财产、国家和人民利益遭受特别重大损失的。

有前款行为，同时索取他人财物或者非法收受他人财物构成犯罪的，依照处罚较重的规定定罪处罚。

第一款规定的人员，严重不负责任，出具的证明文件有重大失实，造成严重后果的，处三年以下有期徒刑或者拘役，并处或者单处罚金。

第二百三十条 违反进出口商品检验法的规定，逃避商品检验，将必须经商检机构检验的进口商品未报经检验而擅自销售、使用，或者将必须经商检机构检验的出口商品未报经检验合格而擅自出口，情节严重的，处三年以下有期徒刑或者拘役，并处或者单处罚金。

第二百三十一条② 单位犯本节第二百二十一条至第二百三十条规定之罪的，对单位判处罚金，并对其直接负责的主管人员和其他直接责任人员，依照本节各该条的规定处罚。

第四章 侵犯公民人身权利、民主权利罪

第二百三十二条 故意杀人的，处死刑、无期徒刑或者十年以上有期徒刑；情节较轻的，处三年以上十年以下有期徒刑。

第二百三十三条 过失致人死亡的，处三年以上七年以下有期徒刑；情节较轻的，处三年以下有期徒刑。本法另有规定的，依照规定。

第二百三十四条 故意伤害他人身体的，处三年以下有期徒刑、拘役或者管制。

犯前款罪，致人重伤的，处三年以上十年以下有期徒刑；致人死亡或者以特别残忍手段致人重伤造成严重残疾的，处十年以上有期徒刑、无期徒刑或者死刑。本法另有规定的，依照规定。

第二百三十四条之一③ 组织他人出卖人体器官的，处五年以下有期徒刑，并处罚金；情节严重的，处五年以上有期徒刑，并处罚金或者没收财产。

未经本人同意摘取其器官，或者摘取不满十八周岁的人的器官，或者强迫、欺骗他人捐献器官的，依照本法第二百三十四条、第二百三十二条的规定定罪处罚。

违背本人生前意愿摘取其尸体器官，或者本人生前未表示同意，违反国家规定，违背其近亲属意愿摘取其尸体器官的，依照本法第三百零二条的规定定罪处罚。

第二百三十五条 过失伤害他人致人重伤的，处三年以下有期徒刑或者拘役。本法另有规定的，依照规定。

第二百三十六条④ 以暴力、胁迫或者其他手段强奸妇女的，处三年以上十年以下有期徒刑。

奸淫不满十四周岁的幼女的，以强奸论，从重处罚。

强奸妇女、奸淫幼女，有下列情形之一的，处十年以上有期徒刑、无期徒刑或者死刑：

（一）强奸妇女、奸淫幼女情节恶劣的；

---

① 根据2020年12月26日第十三届全国人民代表大会常务委员会第二十四次会议通过的《中华人民共和国刑法修正案（十一）》修正，自2021年3月1日起施行。《刑法》原第二百二十九条为："（第一款）承担资产评估、验资、验证、会计、审计、法律服务等职责的中介组织的人员故意提供虚假证明文件，情节严重的，处五年以下有期徒刑或者拘役，并处罚金。（第二款）前款规定的人员，索取他人财物或者非法收受他人财物，犯前款罪的，处五年以上十年以下有期徒刑，并处罚金。（第三款）第一款规定的人员，严重不负责任，出具的证明文件有重大失实，造成严重后果的，处三年以下有期徒刑或者拘役，并处或者单处罚金。"

② 1998年12月29日第九届全国人民代表大会常务委员会第六次会议通过《全国人民代表大会常务委员会关于惩治骗购外汇、逃汇和非法买卖外汇犯罪的决定》，自1998年12月29日起施行。"……

四、……

单位犯前款罪的，依照刑法第二百三十一条的规定处罚。

……"

③ 根据2011年2月25日第十一届全国人民代表大会常务委员会第十九次会议通过的《中华人民共和国刑法修正案（八）》增加，自2011年5月1日起施行。

④ 根据2020年12月26日第十三届全国人民代表大会常务委员会第二十四次会议通过的《中华人民共和国刑法修正案（十一）》修正，自2021年3月1日起施行。《刑法》原第二百三十六条为："（第一款）以暴力、胁迫或者其他手段强奸妇女的，处三年以上十年以下有期徒刑。（第二款）奸淫不满十四周岁的幼女的，以强奸论，从重处罚。（第三款）强奸妇女、奸淫幼女，有下列情形之一的，处十年以上有期徒刑、无期徒刑或者死刑：（一）强奸妇女、奸淫幼女情节恶劣的；（二）强奸妇女、奸淫幼女多人的；（三）在公共场所当众强奸妇女的；（四）二人以上轮奸的；（五）致使被害人重伤、死亡或者造成其他严重后果的。"

（二）强奸妇女、奸淫幼女多人的；

（三）在公共场所当众强奸妇女、奸淫幼女的；

（四）二人以上轮奸的；

（五）奸淫不满十周岁的幼女或者造成幼女伤害的；

（六）致使被害人重伤、死亡或者造成其他严重后果的。

第二百三十六条之一① 对已满十四周岁不满十六周岁的未成年女性负有监护、收养、看护、教育、医疗等特殊职责的人员，与该未成年女性发生性关系的，处三年以下有期徒刑；情节恶劣的，处三年以上十年以下有期徒刑。

有前款行为，同时又构成本法第二百三十六条规定之罪的，依照处罚较重的规定定罪处罚。

第二百三十七条② 以暴力、胁迫或者其他方法强制猥亵他人或者侮辱妇女的，处五年以下有期徒刑或者拘役。

聚众或者在公共场所当众犯前款罪的，或者有其他恶劣情节的，处五年以上有期徒刑。

猥亵儿童的，处五年以下有期徒刑；有下列情形之一的，处五年以上有期徒刑：

（一）猥亵儿童多人或者多次的；

（二）聚众猥亵儿童的，或者在公共场所当众猥亵儿童，情节恶劣的；

（三）造成儿童伤害或者其他严重后果的；

（四）猥亵手段恶劣或者有其他恶劣情节的。

第二百三十八条 非法拘禁他人或者以其他方法非法剥夺他人人身自由的，处三年以下有期徒刑、拘役、管制或者剥夺政治权利。具有殴打、侮辱情节的，从重处罚。

犯前款罪，致人重伤的，处三年以上十年以下有期徒刑；致人死亡的，处十年以上有期徒刑。使用暴力致人伤残、死亡的，依照本法第二百三十四条、第二百三十二条的规定定罪处罚。

为索取债务非法扣押、拘禁他人的，依照前两款的规定处罚。

国家机关工作人员利用职权犯前三款罪的，依照前三款的规定从重处罚。

第二百三十九条③ 以勒索财物为目的绑架他人的，或者绑架他人作为人质的，处十年以上有期徒刑或者无期徒刑，并处罚金或者没收财产；情节较轻的，处五年以上十年以下有期徒刑，并处罚金。

犯前款罪，杀害被绑架人的，或者故意伤害被绑架人，致人重伤、死亡的，处无期徒刑或者死刑，并处没收财产。

以勒索财物为目的偷盗婴幼儿的，依照前两款的规定处罚。

第二百四十条 拐卖妇女、儿童的，处五年以上十年以下有期徒刑，并处罚金；有下列情形之一的，处十年以上有期徒刑或者无期徒刑，并处罚金或者没收财产；情节特别严重的，处死刑，并处没收财产：

（一）拐卖妇女、儿童集团的首要分子；

（二）拐卖妇女、儿童三人以上的；

（三）奸淫被拐卖的妇女的；

（四）诱骗、强迫被拐卖的妇女卖淫或者将被拐卖的妇女卖给他人迫使其卖淫的；

（五）以出卖为目的，使用暴力、胁迫或者麻醉方法绑架妇女、儿童的；

（六）以出卖为目的，偷盗婴幼儿的；

（七）造成被拐卖的妇女、儿童或者其亲属重伤、死亡或者其他严重后果的；

（八）将妇女、儿童卖往境外的。

拐卖妇女、儿童是指以出卖为目的，有拐骗、绑架、收买、贩卖、接送、中转妇女、儿童的行为之一的。

---

① 2020年12月26日第十三届全国人民代表大会常务委员会第二十四次会议通过的《中华人民共和国刑法修正案（十一）》增加，自2021年3月1日起施行。

② 根据2020年12月26日第十三届全国人民代表大会常务委员会第二十四次会议通过的《中华人民共和国刑法修正案（十一）》修改，自2021年3月1日起施行。《刑法》原第二百三十七条为：“（第一款）以暴力、胁迫或者其他方法强制猥亵妇女或者侮辱妇女的，处五年以下有期徒刑或者拘役。（第二款）聚众或者在公共场所当众犯前款罪的，处五年以上有期徒刑。（第三款）猥亵儿童的，依照前两款的规定从重处罚。”根据2015年8月29日第十二届全国人民代表大会常务委员会第十六次会议通过的《中华人民共和国刑法修正案（九）》修订，自2015年11月1日起施行。修订后的条文内容为：“（第一款）以暴力、胁迫或者其他方法强制猥亵他人或者侮辱妇女的，处五年以下有期徒刑或者拘役。（第二款）聚众或者在公共场所当众犯前款罪的，或者有其他恶劣情节的，处五年以上有期徒刑。（第三款）猥亵儿童的，依照前两款的规定从重处罚。”

③ 根据2015年8月29日第十二届全国人民代表大会常务委员会第十六次会议通过的《中华人民共和国刑法修正案（九）》修订，自2015年11月1日起施行。《刑法》原第二百三十九条为：“（第一款）以勒索财物为目的绑架他人的，或者绑架他人作为人质的，处十年以上有期徒刑或者无期徒刑，并处罚金或者没收财产；致使被绑架人死亡或者杀害被绑架人的，处死刑，并处没收财产。（第二款）以勒索财物为目的偷盗婴幼儿的，依照前款的规定处罚。”2009年2月28日第十一届全国人民代表大会常务委员会第七次会议通过的《中华人民共和国刑法修正案（七）》将其第二款修改为：“犯前款罪，致使被绑架人死亡或者杀害被绑架人的，处死刑，并处没收财产。”

第二百四十一条[①] 收买被拐卖的妇女、儿童的，处三年以下有期徒刑、拘役或者管制。

收买被拐卖的妇女，强行与其发生性关系的，依照本法第二百三十六条的规定定罪处罚。

收买被拐卖的妇女、儿童，非法剥夺、限制其人身自由或者有伤害、侮辱等犯罪行为的，依照本法的有关规定定罪处罚。

收买被拐卖的妇女、儿童，并有第二款、第三款规定的犯罪行为的，依照数罪并罚的规定处罚。

收买被拐卖的妇女、儿童又出卖的，依照本法第二百四十条的规定定罪处罚。

收买被拐卖的妇女、儿童，对被买儿童没有虐待行为，不阻碍对其进行解救的，可以从轻处罚；按照被买妇女的意愿，不阻碍其返回原居住地的，可以从轻或者减轻处罚。

第二百四十二条 以暴力、威胁方法阻碍国家机关工作人员解救被收买的妇女、儿童的，依照本法第二百七十七条的规定定罪处罚。

聚众阻碍国家机关工作人员解救被收买的妇女、儿童的首要分子，处五年以下有期徒刑或者拘役；其他参与者使用暴力、威胁方法的，依照前款的规定处罚。

第二百四十三条 捏造事实诬告陷害他人，意图使他人受刑事追究，情节严重的，处三年以下有期徒刑、拘役或者管制；造成严重后果的，处三年以上十年以下有期徒刑。

国家机关工作人员犯前款罪的，从重处罚。

不是有意诬陷，而是错告，或者检举失实的，不适用前两款的规定。

第二百四十四条[②] 以暴力、威胁或者限制人身自由的方法强迫他人劳动的，处三年以下有期徒刑或者拘役，并处罚金；情节严重的，处三年以上十年以下有期徒刑，并处罚金。

明知他人实施前款行为，为其招募、运送人员或者有其他协助强迫他人劳动行为的，依照前款的规定处罚。

单位犯前两款罪的，对单位判处罚金，并对其直接负责的主管人员和其他直接责任人员，依照第一款的规定处罚。

第二百四十四条之一[③] 违反劳动管理法规，雇用未满十六周岁的未成年人从事超强度体力劳动的，或者从事高空、井下作业的，或者在爆炸性、易燃性、放射性、毒害性等危险环境下从事劳动，情节严重的，对直接责任人员，处三年以下有期徒刑或者拘役，并处罚金；情节特别严重的，处三年以上七年以下有期徒刑，并处罚金。

有前款行为，造成事故，又构成其他犯罪的，依照数罪并罚的规定处罚。

第二百四十五条 非法搜查他人身体、住宅，或者非法侵入他人住宅的，处三年以下有期徒刑或者拘役。

司法工作人员滥用职权，犯前款罪的，从重处罚。

第二百四十六条[④] 以暴力或者其他方法公然侮辱他人或者捏造事实诽谤他人，情节严重的，处三年以下有期徒刑、拘役、管制或者剥夺政治权利。

前款罪，告诉的才处理，但是严重危害社会秩序和国家利益的除外。

通过信息网络实施第一款规定的行为，被害人向人民法院告诉，但提供证据确有困难的，人民法院可以要求公安机关提供协助。

第二百四十七条 司法工作人员对犯罪嫌疑人、被告人实行刑讯逼供或者使用暴力逼取证人证言的，处三年以下有期徒刑或者拘役。致人伤残、死亡的，依照本法第二百三十四条、第二百三十二条的规定定罪从重处罚。

第二百四十八条 监狱、拘留所、看守所等监管机构的监管人员对被监管人进行殴打或者体罚虐待，情节严重的，处三年以下有期徒刑或者拘役；情节特别严重的，处三年以上十年以下有期徒刑。致人伤残、死亡的，依照本法第二百三十四条、第二百三十二条的规定定罪从重处罚。

监管人员指使被监管人殴打或者体罚虐待其他被监管人的，依照前款的规定处罚。

第二百四十九条 煽动民族仇恨、民族歧视，情节严重的，处三年以下有期徒刑、拘役、管制或者剥夺政治权利；情节特别严重的，处三年以上十年以下有期徒刑。

第二百五十条 在出版物中刊载歧视、侮辱少数民族的内容，情节恶劣，造成严重后果的，对直接责任人员，处三年以下有期徒刑、拘役或者管制。

---

① 根据2015年8月29日第十二届全国人民代表大会常务委员会第十六次会议通过的《中华人民共和国刑法修正案（九）》修订，自2015年11月1日起施行。《刑法》原第二百四十一条第六款为："收买被拐卖的妇女、儿童，按照被买妇女的意愿，不阻碍其返回原居住地的，对被买儿童没有虐待行为，不阻碍对其进行解救的，可以不追究刑事责任。"

② 根据2011年2月25日第十一届全国人民代表大会常务委员会第十九次会议通过的《中华人民共和国刑法修正案（八）》修改，自2011年5月1日起施行。《刑法》原第二百四十四条为："用人单位违反劳动管理法规，以限制人身自由方法强迫职工劳动，情节严重的，对直接责任人员，处三年以下有期徒刑或者拘役，并处或者单处罚金。"

③ 根据2002年12月28日第九届全国人民代表大会常务委员会第三十一次会议通过的《中华人民共和国刑法修正案（四）》增加，自2002年12月28日起施行。

④ 根据2015年8月29日第十二届全国人民代表大会常务委员会第十六次会议通过的《中华人民共和国刑法修正案（九）》增加，自2015年11月1日起施行，在刑法第二百四十六条中增加一款作为第三款。

第二百五十一条　国家机关工作人员非法剥夺公民的宗教信仰自由和侵犯少数民族风俗习惯，情节严重的，处二年以下有期徒刑或者拘役。

第二百五十二条　隐匿、毁弃或者非法开拆他人信件，侵犯公民通信自由权利，情节严重的，处一年以下有期徒刑或者拘役。

第二百五十三条　邮政工作人员私自开拆或者隐匿、毁弃邮件、电报的，处二年以下有期徒刑或者拘役。

犯前款罪而窃取财物的，依照本法第二百六十四条的规定定罪从重处罚。

第二百五十三条之一①　违反国家有关规定，向他人出售或者提供公民个人信息，情节严重的，处三年以下有期徒刑或者拘役，并处或者单处罚金；情节特别严重的，处三年以上七年以下有期徒刑，并处罚金。

违反国家有关规定，将在履行职责或者提供服务过程中获得的公民个人信息，出售或者提供给他人的，依照前款的规定从重处罚。

窃取或者以其他方法非法获取公民个人信息的，依照第一款的规定处罚。

单位犯前三款罪的，对单位判处罚金，并对其直接负责的主管人员和其他直接责任人员，依照各该款的规定处罚。

第二百五十四条　国家机关工作人员滥用职权、假公济私，对控告人、申诉人、批评人、举报人实行报复陷害的，处二年以下有期徒刑或者拘役；情节严重的，处二年以上七年以下有期徒刑。

第二百五十五条　公司、企业、事业单位、机关、团体的领导人，对依法履行职责、抵制违反会计法、统计法行为的会计、统计人员实行打击报复，情节恶劣的，处三年以下有期徒刑或者拘役。

第二百五十六条　在选举各级人民代表大会代表和国家机关领导人员时，以暴力、威胁、欺骗、贿赂、伪造选举文件、虚报选举票数等手段破坏选举或者妨害选民和代表自由行使选举权和被选举权，情节严重的，处三年以下有期徒刑、拘役或者剥夺政治权利。

第二百五十七条　以暴力干涉他人婚姻自由的，处二年以下有期徒刑或者拘役。

犯前款罪，致使被害人死亡的，处二年以上七年以下有期徒刑。

第一款罪，告诉的才处理。

第二百五十八条　有配偶而重婚的，或者明知他人有配偶而与之结婚的，处二年以下有期徒刑或者拘役。

第二百五十九条　明知是现役军人的配偶而与之同居或者结婚的，处三年以下有期徒刑或者拘役。

利用职权、从属关系，以胁迫手段奸淫现役军人的妻子的，依照本法第二百三十六条的规定定罪处罚。

第二百六十条②　虐待家庭成员，情节恶劣的，处二年以下有期徒刑、拘役或者管制。

犯前款罪，致使被害人重伤、死亡的，处二年以上七年以下有期徒刑。

第一款罪，告诉的才处理，但被害人没有能力告诉，或者因受到强制、威吓无法告诉的除外。

第二百六十条之一③　对未成年人、老年人、患病的人、残疾人等负有监护、看护职责的人虐待被监护、看护的人，情节恶劣的，处三年以下有期徒刑或者拘役。

单位犯前款罪的，对单位判处罚金，并对其直接负责的主管人员和其他直接责任人员，依照前款的规定处罚。

有第一款行为，同时构成其他犯罪的，依照处罚较重的规定定罪处罚。

第二百六十一条　对于年老、年幼、患病或者其他没有独立生活能力的人，负有扶养义务而拒绝扶养，情节恶劣的，处五年以下有期徒刑、拘役或者管制。

第二百六十二条　拐骗不满十四周岁的未成年人，脱离家庭或者监护人的，处五年以下有期徒刑或者拘役。

第二百六十二条之一④　以暴力、胁迫手段组织残疾人或者不满十四周岁的未成年人乞讨的，处三年以下有期徒刑或者拘役，并处罚金；情节严重的，处三年以上七年以下有期徒刑，并处罚金。

第二百六十二条之二⑤　组织未成年人进行盗窃、诈骗、抢夺、敲诈勒索等违反治安管理活动的，处三年以下有期

---

① 根据2015年8月29日第十二届全国人民代表大会常务委员会第十六次会议通过的《中华人民共和国刑法修正案（九）》修订，自2015年11月1日起施行。原法条根据2009年2月28日第十一届全国人民代表大会常务委员会第七次会议通过的《中华人民共和国刑法修正案（七）》修正，内容为："（第一款）国家机关或者金融、电信、交通、教育、医疗等单位的工作人员，违反国家规定，将本单位在履行职责或者提供服务过程中获得的公民个人信息，出售或者非法提供给他人，情节严重的，处三年以下有期徒刑或者拘役，并处或者单处罚金。（第二款）窃取或者以其他方法非法获取上述信息，情节严重的，依照前款的规定处罚。（第三款）单位犯前两款罪的，对单位判处罚金，并对其直接负责的主管人员和其他直接责任人员，依照各该款的规定处罚。"

② 第3款根据2015年8月29日第十二届全国人民代表大会常务委员会第十六次会议通过的《中华人民共和国刑法修正案（九）》修订，自2015年11月1日起施行。原法条内容为："第一款罪，告诉的才处理。"

③ 根据2015年8月29日第十二届全国人民代表大会常务委员会第十六次会议通过的《中华人民共和国刑法修正案（九）》修订，自2015年11月1日起施行。

④ 根据2006年6月29日第十届全国人民代表大会常务委员会第二十二次会议通过的《中华人民共和国刑法修正案（六）》增加，自2006年6月29日起施行。

⑤ 根据2009年2月28日第十一届全国人民代表大会常务委员会第七次会议通过的《中华人民共和国刑法修正案（七）》增加，自2009年2月28日起施行。

徒刑或者拘役，并处罚金；情节严重的，处三年以上七年以下有期徒刑，并处罚金。

第五章　侵犯财产罪

第二百六十三条　以暴力、胁迫或者其他方法抢劫公私财物的，处三年以上十年以下有期徒刑，并处罚金；有下列情形之一的，处十年以上有期徒刑、无期徒刑或者死刑，并处罚金或者没收财产：

（一）入户抢劫的；

（二）在公共交通工具上抢劫的；

（三）抢劫银行或者其他金融机构的；

（四）多次抢劫或者抢劫数额巨大的；

（五）抢劫致人重伤、死亡的；

（六）冒充军警人员抢劫的；

（七）持枪抢劫的；

（八）抢劫军用物资或者抢险、救灾、救济物资的。

第二百六十四条①　盗窃公私财物，数额较大的，或者多次盗窃、入户盗窃、携带凶器盗窃、扒窃的，处三年以下有期徒刑、拘役或者管制，并处或者单处罚金；数额巨大或者有其他严重情节的，处三年以上十年以下有期徒刑，并处罚金；数额特别巨大或者有其他特别严重情节的，处十年以上有期徒刑或者无期徒刑，并处罚金或者没收财产。

第二百六十五条　以牟利为目的，盗接他人通信线路、复制他人电信码号或者明知是盗接、复制的电信设备、设施而使用的，依照本法第二百六十四条的规定定罪处罚。

第二百六十六条　诈骗公私财物，数额较大的，处三年以下有期徒刑、拘役或者管制，并处或者单处罚金；数额巨大或者有其他严重情节的，处三年以上十年以下有期徒刑，并处罚金；数额特别巨大或者有其他特别严重情节的，处十年以上有期徒刑或者无期徒刑，并处罚金或者没收财产。本法另有规定的，依照规定。

第二百六十七条②　抢夺公私财物，数额较大的，或者多次抢夺的，处三年以下有期徒刑、拘役或者管制，并处或者单处罚金；数额巨大或者有其他严重情节的，处三年以上十年以下有期徒刑，并处罚金；数额特别巨大或者有其他特别严重情节的，处十年以上有期徒刑或者无期徒刑，并处罚金或者没收财产。

携带凶器抢夺的，依照本法第二百六十三条的规定定罪处罚。

第二百六十八条　聚众哄抢公私财物，数额较大或者有其他严重情节的，对首要分子和积极参加的，处三年以下有期徒刑、拘役或者管制，并处罚金；数额巨大或者有其他特别严重情节的，处三年以上十年以下有期徒刑，并处罚金。

第二百六十九条　犯盗窃、诈骗、抢夺罪，为窝藏赃物、抗拒抓捕或者毁灭罪证而当场使用暴力或者以暴力相威胁的，依照本法第二百六十三条的规定定罪处罚。

第二百七十条　将代为保管的他人财物非法占为己有，数额较大，拒不退还的，处二年以下有期徒刑、拘役或者罚金；数额巨大或者有其他严重情节的，处二年以上五年以下有期徒刑，并处罚金。

将他人的遗忘物或者埋藏物非法占为己有，数额较大，拒不交出的，依照前款的规定处罚。

本条罪，告诉的才处理。

第二百七十一条③　公司、企业或者其他单位的工作人员，利用职务上的便利，将本单位财物非法占为己有，数额较大的，处三年以下有期徒刑或者拘役，并处罚金；数额巨大的，处三年以上十年以下有期徒刑，并处罚金；数额特别巨大的，处十年以上有期徒刑或者无期徒刑，并处罚金。

国有公司、企业或者其他国有单位中从事公务的人员和国有公司、企业或者其他国有单位委派到非国有公司、企业以及其他单位从事公务的人员有前款行为的，依照本法第三百八十二条、第三百八十三条的规定定罪处罚。

---

① 根据2011年2月25日第十一届全国人民代表大会常务委员会第十九次会议通过的《中华人民共和国刑法修正案（八）》修订，自2011年5月1日起施行。《刑法》原第二百六十四条为："盗窃公私财物，数额较大或者多次盗窃的，处三年以下有期徒刑、拘役或者管制，并处或者单处罚金；数额巨大或者有其他严重情节的，处三年以上十年以下有期徒刑，并处罚金；数额特别巨大或者有其他特别严重情节的，处十年以上有期徒刑或者无期徒刑，并处罚金或者没收财产；有下列情形之一的，处无期徒刑或者死刑，并处没收财产：（一）盗窃金融机构，数额特别巨大的；（二）盗窃珍贵文物，情节严重的。"

② 第1款根据2015年8月29日第十二届全国人民代表大会常务委员会第十六次会议通过的《中华人民共和国刑法修正案（九）》修订，自2015年11月1日起施行。《刑法》原第二百六十七条第一款为："抢夺公私财物，数额较大的，处三年以下有期徒刑、拘役或者管制，并处或者单处罚金；数额巨大或者有其他严重情节的，处三年以上十年以下有期徒刑，并处罚金；数额特别巨大或者有其他特别严重情节的，处十年以上有期徒刑或者无期徒刑，并处罚金或者没收财产。"

③ 第1款根据2020年12月26日第十三届全国人民代表大会常务委员会第二十四次会议通过的《中华人民共和国刑法修正案（十一）》修订，自2021年3月1日起施行。《刑法》原第二百七十一条第一款为："公司、企业或者其他单位的人员，利用职务上的便利，将本单位财物非法占为己有，数额较大的，处五年以下有期徒刑或者拘役；数额巨大的，处五年以上有期徒刑，可以并处没收财产。"

第二百七十二条① 公司、企业或者其他单位的工作人员，利用职务上的便利，挪用本单位资金归个人使用或者借贷给他人，数额较大、超过三个月未还的，或者虽未超过三个月，但数额较大、进行营利活动的，或者进行非法活动的，处三年以下有期徒刑或者拘役；挪用本单位资金数额巨大的，处三年以上七年以下有期徒刑；数额特别巨大的，处七年以上有期徒刑。

国有公司、企业或者其他国有单位中从事公务的人员和国有公司、企业或者其他国有单位委派到非国有公司、企业以及其他单位从事公务的人员有前款行为的，依照本法第三百八十四条的规定定罪处罚。

有第一款行为，在提起公诉前将挪用的资金退还的，可以从轻或者减轻处罚。其中，犯罪较轻的，可以减轻或者免除处罚。

第二百七十三条 挪用用于救灾、抢险、防汛、优抚、扶贫、移民、救济款物，情节严重，致使国家和人民群众利益遭受重大损害的，对直接责任人员，处三年以下有期徒刑或者拘役；情节特别严重的，处三年以上七年以下有期徒刑。

第二百七十四条② 敲诈勒索公私财物，数额较大或者多次敲诈勒索的，处三年以下有期徒刑、拘役或者管制，并处或者单处罚金；数额巨大或者有其他严重情节的，处三年以上十年以下有期徒刑，并处罚金；数额特别巨大或者有其他特别严重情节的，处十年以上有期徒刑，并处罚金。

第二百七十五条 故意毁坏公私财物，数额较大或者有其他严重情节的，处三年以下有期徒刑、拘役或者罚金；数额巨大或者有其他特别严重情节的，处三年以上七年以下有期徒刑。

第二百七十六条 由于泄愤报复或者其他个人目的，毁坏机器设备、残害耕畜或者以其他方法破坏生产经营的，处三年以下有期徒刑、拘役或者管制；情节严重的，处三年以上七年以下有期徒刑。

第二百七十六条之一③ 以转移财产、逃匿等方法逃避支付劳动者的劳动报酬或者有能力支付而不支付劳动者的劳动报酬，数额较大，经政府有关部门责令支付仍不支付的，处三年以下有期徒刑或者拘役，并处或者单处罚金；造成严重后果的，处三年以上七年以下有期徒刑，并处罚金。

单位犯前款罪的，对单位判处罚金，并对其直接负责的主管人员和其他直接责任人员，依照前款的规定处罚。

有前两款行为，尚未造成严重后果，在提起公诉前支付劳动者的劳动报酬，并依法承担相应赔偿责任的，可以减轻或者免除处罚。

第六章 妨害社会管理秩序罪

第一节 扰乱公共秩序罪

第二百七十七条④ 以暴力、威胁方法阻碍国家机关工作人员依法执行职务的，处三年以下有期徒刑、拘役、管制或者罚金。

以暴力、威胁方法阻碍全国人民代表大会和地方各级人民代表大会代表依法执行代表职务的，依照前款的规定处罚。

在自然灾害和突发事件中，以暴力、威胁方法阻碍红十字会工作人员依法履行职责的，依照第一款的规定处罚。

故意阻碍国家安全机关、公安机关依法执行国家安全工作任务，未使用暴力、威胁方法，造成严重后果的，依照第一款的规定处罚。

暴力袭击正在依法执行职务的人民警察的，处三年以下有期徒刑、拘役或者管制；使用枪支、管制刀具，或者以驾驶机动车撞击等手段，严重危及其人身安全的，处三年以上七年以下有期徒刑。

---

① 根据2020年12月26日第十三届全国人民代表大会常务委员会第二十四次会议通过的《中华人民共和国刑法修正案（十一）》修订，自2021年3月1日起施行。《刑法》原第二百七十二条为："（第一款）公司、企业或者其他单位的工作人员，利用职务上的便利，挪用本单位资金归个人使用或者借贷给他人，数额较大、超过三个月未还的，或者虽未超过三个月，但数额较大、进行营利活动的，或者进行非法活动的，处三年以下有期徒刑或者拘役；挪用本单位资金数额巨大的，或者数额较大不退还的，处三年以上十年以下有期徒刑。（第二款）国有公司、企业或者其他国有单位中从事公务的人员和国有公司、企业或者其他国有单位委派到非国有公司、企业以及其他单位从事公务的人员有前款行为的，依照本法第三百八十四条的规定定罪处罚。"

② 根据2011年2月25日第十一届全国人民代表大会常务委员会第十九次会议通过的《中华人民共和国刑法修正案（八）》修订，自2011年5月1日起施行。《刑法》原第二百七十四条为："敲诈勒索公私财物，数额较大的，处三年以下有期徒刑、拘役或者管制；数额巨大或者有其他严重情节的，处三年以上十年以下有期徒刑。"

③ 根据2011年2月25日第十一届全国人民代表大会常务委员会第十九次会议通过的《中华人民共和国刑法修正案（八）》增加，自2011年5月1日起施行。

④ 第5款根据2020年12月26日第十三届全国人民代表大会常务委员会第二十四次会议通过的《中华人民共和国刑法修正案（十一）》修订，自2021年3月1日起施行。原第5款根据2015年8月29日第十二届全国人民代表大会常务委员会第十六次会议通过的《中华人民共和国刑法修正案（九）》增加，自2015年11月1日起施行。修订后的条文为："暴力袭击正在依法执行职务的人民警察的，依照第一款的规定从重处罚。"

第二百七十八条　煽动群众暴力抗拒国家法律、行政法规实施的，处三年以下有期徒刑、拘役、管制或者剥夺政治权利；造成严重后果的，处三年以上七年以下有期徒刑。

第二百七十九条　冒充国家机关工作人员招摇撞骗的，处三年以下有期徒刑、拘役、管制或者剥夺政治权利；情节严重的，处三年以上十年以下有期徒刑。

冒充人民警察招摇撞骗的，依照前款的规定从重处罚。

第二百八十条①②　伪造、变造、买卖或者盗窃、抢夺、毁灭国家机关的公文、证件、印章的，处三年以下有期徒刑、拘役、管制或者剥夺政治权利，并处罚金；情节严重的，处三年以上十年以下有期徒刑，并处罚金。

伪造公司、企业、事业单位、人民团体的印章的，处三年以下有期徒刑、拘役、管制或者剥夺政治权利，并处罚金。

伪造、变造、买卖居民身份证、护照、社会保障卡、驾驶证等依法可以用于证明身份的证件的，处三年以下有期徒刑、拘役、管制或者剥夺政治权利，并处罚金；情节严重的，处三年以上七年以下有期徒刑，并处罚金。

第二百八十条之一③　在依照国家规定应当提供身份证明的活动中，使用伪造、变造的或者盗用他人的居民身份证、护照、社会保障卡、驾驶证等依法可以用于证明身份的证件，情节严重的，处拘役或者管制，并处或者单处罚金。

有前款行为，同时构成其他犯罪的，依照处罚较重的规定定罪处罚。

第二百八十条之二④　盗用、冒用他人身份，顶替他人取得的高等学历教育入学资格、公务员录用资格、就业安置待遇的，处三年以下有期徒刑、拘役或者管制，并处罚金。

组织、指使他人实施前款行为的，依照前款的规定从重处罚。

国家工作人员有前两款行为，又构成其他犯罪的，依照数罪并罚的规定处罚。

第二百八十一条　非法生产、买卖人民警察制式服装、车辆号牌等专用标志、警械，情节严重的，处三年以下有期徒刑、拘役或者管制，并处或者单处罚金。

单位犯前款罪的，对单位判处罚金，并对其直接负责的主管人员和其他直接责任人员，依照前款的规定处罚。

第二百八十二条　以窃取、刺探、收买方法，非法获取国家秘密的，处三年以下有期徒刑、拘役、管制或者剥夺政治权利；情节严重的，处三年以上七年以下有期徒刑。

非法持有属于国家绝密、机密的文件、资料或者其他物品，拒不说明来源与用途的，处三年以下有期徒刑、拘役或者管制。

第二百八十三条⑤　非法生产、销售专用间谍器材或者窃听、窃照专用器材的，处三年以下有期徒刑、拘役或者管制，并处或者单处罚金；情节严重的，处三年以上七年以下有期徒刑，并处罚金。

单位犯前款罪的，对单位判处罚金，并对其直接负责的主管人员和其他直接责任人员，依照前款的规定处罚。

第二百八十四条　非法使用窃听、窃照专用器材，造成严重后果的，处二年以下有期徒刑、拘役或者管制。

第二百八十四条之一⑥　在法律规定的国家考试中，组织作弊的，处三年以下有期徒刑或者拘役，并处或者单处罚金；情节严重的，处三年以上七年以下有期徒刑，并处罚金。

为他人实施前款犯罪提供作弊器材或者其他帮助的，依照前款的规定处罚。

为实施考试作弊行为，向他人非法出售或者提供第一款规定的考试的试题、答案的，依照第一款的规定处罚。

---

① 根据2015年8月29日第十二届全国人民代表大会常务委员会第十六次会议通过的《中华人民共和国刑法修正案（九）》修订，自2015年11月1日起施行。《刑法》原第二百八十条为："（第一款）伪造、变造、买卖或者盗窃、抢夺、毁灭国家机关的公文、证件、印章的，处三年以下有期徒刑、拘役、管制或者剥夺政治权利；情节严重的，处三年以上十年以下有期徒刑。（第二款）伪造公司、企业、事业单位、人民团体的印章的，处三年以下有期徒刑、拘役、管制或者剥夺政治权利。（第三款）伪造、变造居民身份证的，处三年以下有期徒刑、拘役、管制或者剥夺政治权利；情节严重的，处三年以上七年以下有期徒刑。"

② 1998年12月29日第九届全国人民代表大会常务委员会第六次会议通过《全国人民代表大会常务委员会关于惩治骗购外汇、逃汇和非法买卖外汇犯罪的决定》，自1998年12月29日起施行。"……

二、买卖伪造、变造的海关签发的报关单、进口证明、外汇管理部门核准件等凭证和单据或者国家机关的其他公文、证件、印章的，依照刑法第二百八十条的规定定罪处罚。

……"

③ 根据2015年8月29日第十二届全国人民代表大会常务委员会第十六次会议通过的《中华人民共和国刑法修正案（九）》修订，自2015年11月1日起施行。

④ 根据2020年12月26日第十三届全国人民代表大会常务委员会第二十四次会议通过的《中华人民共和国刑法修正案（十一）》增加，自2021年3月1日起施行。

⑤ 根据2015年8月29日第十二届全国人民代表大会常务委员会第十六次会议通过的《中华人民共和国刑法修正案（九）》修订，自2015年11月1日起开始施行。《刑法》原第二百八十三条为："非法生产、销售窃听、窃照等专用间谍器材的，处三年以下有期徒刑、拘役或者管制。"

⑥ 根据2015年8月29日第十二届全国人民代表大会常务委员会第十六次会议通过的《中华人民共和国刑法修正案（九）》增加，自2015年11月1日起施行。

代替他人或者让他人代替自己参加第一款规定的考试的，处拘役或者管制，并处或者单处罚金。

第二百八十五条① 违反国家规定，侵入国家事务、国防建设、尖端科学技术领域的计算机信息系统的，处三年以下有期徒刑或者拘役。

违反国家规定，侵入前款规定以外的计算机信息系统或者采用其他技术手段，获取该计算机信息系统中存储、处理或者传输的数据，或者对该计算机信息系统实施非法控制，情节严重的，处三年以下有期徒刑或者拘役，并处或者单处罚金；情节特别严重的，处三年以上七年以下有期徒刑，并处罚金。

提供专门用于侵入、非法控制计算机信息系统的程序、工具，或者明知他人实施侵入、非法控制计算机信息系统的违法犯罪行为而为其提供程序、工具，情节严重的，依照前款的规定处罚。

单位犯前三款罪的，对单位判处罚金，并对其直接负责的主管人员和其他直接责任人员，依照各该款的规定处罚。

第二百八十六条② 违反国家规定，对计算机信息系统功能进行删除、修改、增加、干扰，造成计算机信息系统不能正常运行，后果严重的，处五年以下有期徒刑或者拘役；后果特别严重的，处五年以上有期徒刑。

违反国家规定，对计算机信息系统中存储、处理或者传输的数据和应用程序进行删除、修改、增加的操作，后果严重的，依照前款的规定处罚。

故意制作、传播计算机病毒等破坏性程序，影响计算机系统正常运行，后果严重的，依照第一款的规定处罚。

单位犯前三款罪的，对单位判处罚金，并对其直接负责的主管人员和其他直接责任人员，依照第一款的规定处罚。

第二百八十六条之一③ 网络服务提供者不履行法律、行政法规规定的信息网络安全管理义务，经监管部门责令采取改正措施而拒不改正，有下列情形之一的，处三年以下有期徒刑、拘役或者管制，并处或者单处罚金：

（一）致使违法信息大量传播的；

（二）致使用户信息泄露，造成严重后果的；

（三）致使刑事案件证据灭失，情节严重的；

（四）有其他严重情节的。

单位犯前款罪的，对单位判处罚金，并对其直接负责的主管人员和其他直接责任人员，依照前款的规定处罚。

有前两款行为，同时构成其他犯罪的，依照处罚较重的规定定罪处罚。

第二百八十七条 利用计算机实施金融诈骗、盗窃、贪污、挪用公款、窃取国家秘密或者其他犯罪的，依照本法有关规定定罪处罚。

第二百八十七条之一④ 利用信息网络实施下列行为之一，情节严重的，处三年以下有期徒刑或者拘役，并处或者单处罚金：

（一）设立用于实施诈骗、传授犯罪方法、制作或者销售违禁物品、管制物品等违法犯罪活动的网站、通讯群组的；

（二）发布有关制作或者销售毒品、枪支、淫秽物品等违禁物品、管制物品或者其他违法犯罪信息的；

（三）为实施诈骗等违法犯罪活动发布信息的。

单位犯前款罪的，对单位判处罚金，并对其直接负责的主管人员和其他直接责任人员，依照第一款的规定处罚。

有前两款行为，同时构成其他犯罪的，依照处罚较重的规定定罪处罚。

第二百八十七条之二⑤ 明知他人利用信息网络实施犯罪，为其犯罪提供互联网接入、服务器托管、网络存储、通讯传输等技术支持，或者提供广告推广、支付结算等帮助，情节严重的，处三年以下有期徒刑或者拘役，并处或者单处罚金。

单位犯前款罪的，对单位判处罚金，并对其直接负责的主管人员和其他直接责任人员，依照第一款的规定处罚。

有前两款行为，同时构成其他犯罪的，依照处罚较重的规定定罪处罚。

---

① 第4款根据2015年8月29日第十二届全国人民代表大会常务委员会第十六次会议通过的《中华人民共和国刑法修正案（九）》增加，自2015年11月1日起施行。《刑法》原第二百八十五条为："违反国家规定，侵入国家事务、国防建设、尖端科学技术领域的计算机信息系统的，处三年以下有期徒刑或者拘役。"2009年2月28日第十一届全国人民代表大会常务委员会第七次会议通过的《中华人民共和国刑法修正案（七）》修改，自2009年2月28日起施行。

② 第4款根据2015年8月29日第十二届全国人民代表大会常务委员会第十六次会议通过的《中华人民共和国刑法修正案（九）》增加，自2015年11月1日起施行。

③ 根据2015年8月29日第十二届全国人民代表大会常务委员会第十六次会议通过的《中华人民共和国刑法修正案（九）》增加，自2015年11月1日起施行。

④ 根据2015年8月29日第十二届全国人民代表大会常务委员会第十六次会议通过的《中华人民共和国刑法修正案（九）》增加，自2015年11月1日起施行。

⑤ 根据2015年8月29日第十二届全国人民代表大会常务委员会第十六次会议通过的《中华人民共和国刑法修正案（九）》增加，自2015年11月1日起施行。

第二百八十八条① 违反国家规定，擅自设置、使用无线电台（站），或者擅自使用无线电频率，干扰无线电通讯秩序，情节严重的，处三年以下有期徒刑、拘役或者管制，并处或者单处罚金；情节特别严重的，处三年以上七年以下有期徒刑，并处罚金。

单位犯前款罪的，对单位判处罚金，并对其直接负责的主管人员和其他直接责任人员，依照前款的规定处罚。

第二百八十九条 聚众“打砸抢”，致人伤残、死亡的，依照本法第二百三十四条、第二百三十二条的规定定罪处罚。毁坏或者抢走公私财物的，除判令退赔外，对首要分子，依照本法第二百六十三条的规定定罪处罚。

第二百九十条② 聚众扰乱社会秩序，情节严重，致使工作、生产、营业和教学、科研、医疗无法进行，造成严重损失的，对首要分子，处三年以上七年以下有期徒刑；对其他积极参加的，处三年以下有期徒刑、拘役、管制或者剥夺政治权利。

聚众冲击国家机关，致使国家机关工作无法进行，造成严重损失的，对首要分子，处五年以上十年以下有期徒刑；对其他积极参加的，处五年以下有期徒刑、拘役、管制或者剥夺政治权利。

多次扰乱国家机关工作秩序，经行政处罚后仍不改正，造成严重后果的，处三年以下有期徒刑、拘役或者管制。

多次组织、资助他人非法聚集，扰乱社会秩序，情节严重的，依照前款的规定处罚。

第二百九十一条 聚众扰乱车站、码头、民用航空站、商场、公园、影剧院、展览会、运动场或者其他公共场所秩序，聚众堵塞交通或者破坏交通秩序，抗拒、阻碍国家治安管理工作人员依法执行职务，情节严重的，对首要分子，处五年以下有期徒刑、拘役或者管制。

第二百九十一条之一③ 投放虚假的爆炸性、毒害性、放射性、传染病病原体等物质，或者编造爆炸威胁、生化威胁、放射威胁等恐怖信息，或者明知是编造的恐怖信息而故意传播，严重扰乱社会秩序的，处五年以下有期徒刑、拘役或者管制；造成严重后果的，处五年以上有期徒刑。

编造虚假的险情、疫情、灾情、警情，在信息网络或者其他媒体上传播，或者明知是上述虚假信息，故意在信息网络或者其他媒体上传播，严重扰乱社会秩序的，处三年以下有期徒刑、拘役或者管制；造成严重后果的，处三年以上七年以下有期徒刑。

第二百九十一条之二④ 从建筑物或者其他高空抛掷物品，情节严重的，处一年以下有期徒刑、拘役或者管制，并处或者单处罚金。

有前款行为，同时构成其他犯罪的，依照处罚较重的规定定罪处罚。

第二百九十二条 聚众斗殴的，对首要分子和其他积极参加的，处三年以下有期徒刑、拘役或者管制；有下列情形之一的，对首要分子和其他积极参加的，处三年以上十年以下有期徒刑：

（一）多次聚众斗殴的；

（二）聚众斗殴人数多，规模大，社会影响恶劣的；

（三）在公共场所或者交通要道聚众斗殴，造成社会秩序严重混乱的；

（四）持械聚众斗殴的。

聚众斗殴，致人重伤、死亡的，依照本法第二百三十四条、第二百三十二条的规定定罪处罚。

第二百九十三条⑤ 有下列寻衅滋事行为之一，破坏社会秩序的，处五年以下有期徒刑、拘役或者管制：

（一）随意殴打他人，情节恶劣的；

---

① 第1款根据2015年8月29日第十二届全国人民代表大会常务委员会第十六次会议通过的《中华人民共和国刑法修正案（九）》修订，自2015年11月1日起施行。《刑法》原第二百八十八条为：“违反国家规定，擅自设置、使用无线电台（站），或者擅自占用频率，经责令停止使用后拒不停止使用，干扰无线电通讯正常进行，造成严重后果的，处三年以下有期徒刑、拘役或者管制，并处或者单处罚金。”

② 根据2015年8月29日第十二届全国人民代表大会常务委员会第十六次会议通过的《中华人民共和国刑法修正案（九）》修订，自2015年11月1日起施行。《刑法》原第二百九十条为：“（第一款）聚众扰乱社会秩序，情节严重，致使工作、生产、营业和教学、科研无法进行，造成严重损失的，对首要分子，处三年以上七年以下有期徒刑；对其他积极参加的，处三年以下有期徒刑、拘役、管制或者剥夺政治权利。（第二款）聚众冲击国家机关，致使国家机关工作无法进行，造成严重损失的，对首要分子，处五年以上十年以下有期徒刑；对其他积极参加的，处五年以下有期徒刑、拘役、管制或者剥夺政治权利。”

③ 第1款根据2001年12月29日第九届全国人民代表大会常务委员会第二十五次会议通过的《中华人民共和国刑法修正案（三）》增加，自2001年12月29日起施行。第2款根据2015年8月29日第十二届全国人民代表大会常务委员会第十六次会议通过的《中华人民共和国刑法修正案（九）》增加，自2015年11月1日起施行。

④ 根据2020年12月26日第十三届全国人民代表大会常务委员会第二十四次会议通过的《中华人民共和国刑法修正案（十一）》增加，自2021年3月1日起施行。

⑤ 根据2011年2月25日第十一届全国人民代表大会常务委员会第十九次会议通过的《中华人民共和国刑法修正案（八）》修改，自2011年5月1日起施行。《刑法》原第二百九十三条为：“有下列寻衅滋事行为之一，破坏社会秩序的，处五年以下有期徒刑、拘役或者管制：（一）随意殴打他人，情节恶劣的；（二）追逐、拦截、辱骂他人，情节恶劣的；（三）强拿硬要或者任意损毁、占用公私财物，情节严重的；（四）在公共场所起哄闹事，造成公共场所秩序严重混乱的。”

（二）追逐、拦截、辱骂、恐吓他人，情节恶劣的；

（三）强拿硬要或者任意损毁、占用公私财物，情节严重的；

（四）在公共场所起哄闹事，造成公共场所秩序严重混乱的。

纠集他人多次实施前款行为，严重破坏社会秩序的，处五年以上十年以下有期徒刑，可以并处罚金。

第二百九十三条之一① 有下列情形之一，催收高利放贷等产生的非法债务，情节严重的，处三年以下有期徒刑、拘役或者管制，并处或者单处罚金：

（一）使用暴力、胁迫方法的；

（二）限制他人人身自由或者侵入他人住宅的；

（三）恐吓、跟踪、骚扰他人的。

第二百九十四条②③ 组织、领导黑社会性质的组织的，处七年以上有期徒刑，并处没收财产；积极参加的，处三年以上七年以下有期徒刑，可以并处罚金或者没收财产；其他参加的，处三年以下有期徒刑、拘役、管制或者剥夺政治权利，可以并处罚金。

境外的黑社会组织的人员到中华人民共和国境内发展组织成员的，处三年以上十年以下有期徒刑。

国家机关工作人员包庇黑社会性质的组织，或者纵容黑社会性质的组织进行违法犯罪活动的，处五年以下有期徒刑；情节严重的，处五年以上有期徒刑。

犯前三款罪又有其他犯罪行为的，依照数罪并罚的规定处罚。

黑社会性质的组织应当同时具备以下特征：

（一）形成较稳定的犯罪组织，人数较多，有明确的组织者、领导者，骨干成员基本固定；

（二）有组织地通过违法犯罪活动或者其他手段获取经济利益，具有一定的经济实力，以支持该组织的活动；

（三）以暴力、威胁或者其他手段，有组织地多次进行违法犯罪活动，为非作恶，欺压、残害群众；

（四）通过实施违法犯罪活动，或者利用国家工作人员的包庇或者纵容，称霸一方，在一定区域或者行业内，形成非法控制或者重大影响，严重破坏经济、社会生活秩序。

第二百九十五条④ 传授犯罪方法的，处五年以下有期徒刑、拘役或者管制；情节严重的，处五年以上十年以下有期徒刑；情节特别严重的，处十年以上有期徒刑或者无期徒刑。

第二百九十六条 举行集会、游行、示威，未依照法律规定申请或者申请未获许可，或者未按照主管机关许可的起止时间、地点、路线进行，又拒不服从解散命令，严重破坏社会秩序的，对集会、游行、示威的负责人和直接责任人员，处五年以下有期徒刑、拘役、管制或者剥夺政治权利。

第二百九十七条 违反法律规定，携带武器、管制刀具或者爆炸物参加集会、游行、示威的，处三年以下有期徒刑、拘役、管制或者剥夺政治权利。

第二百九十八条 扰乱、冲击或者以其他方法破坏依法举行的集会、游行、示威，造成公共秩序混乱的，处五年以下有期徒刑、拘役、管制或者剥夺政治权利。

---

① 根据2020年12月26日第十三届全国人民代表大会常务委员会第二十四次会议通过的《中华人民共和国刑法修正案（十一）》增加，自2021年3月1日起施行。

② 根据2011年2月25日第十一届全国人民代表大会常务委员会第十九次会议通过的《中华人民共和国刑法修正案（八）》修改，自2011年5月1日起施行。《刑法》原第二百九十四条为："（第一款）组织、领导和积极参加以暴力、威胁或者其他手段，有组织地进行违法犯罪活动，称霸一方，为非作恶，欺压、残害群众，严重破坏经济、社会生活秩序的黑社会性质的组织的，处三年以上十年以下有期徒刑；其他参加的，处三年以下有期徒刑、拘役、管制或者剥夺政治权利。（第二款）境外的黑社会组织的人员到中华人民共和国境内发展组织成员的，处三年以上十年以下有期徒刑。（第三款）犯前两款罪又有其他犯罪行为的，依照数罪并罚的规定处罚。（第四款）国家机关工作人员包庇黑社会性质的组织，或者纵容黑社会性质的组织进行违法犯罪活动的，处三年以下有期徒刑、拘役或者剥夺政治权利；情节严重的，处三年以上十年以下有期徒刑。"

③ 2002年4月28日第九届全国人民代表常务委员会第二十七次会议通过《全国人民代表大会常务委员会关于〈中华人民共和国刑法〉第二百九十四条第一款的解释》：全国人民代表大会常务委员会讨论了刑法第二百九十四条第一款规定的"黑社会性质的组织"的含义问题，解释如下：

刑法第二百九十四条第一款规定的"黑社会性质的组织"应当同时具备以下特征：

（一）形成较稳定的犯罪组织，人数较多，有明确的组织者、领导者，骨干成员基本固定；

（二）有组织地通过违法犯罪活动或者其他手段获取经济利益，具有一定的经济实力，以支持该组织的活动；

（三）以暴力、威胁或者其他手段，有组织地多次进行违法犯罪活动，为非作恶，欺压、残害群众；

（四）通过实施违法犯罪活动，或者利用国家工作人员的包庇或者纵容，称霸一方，在一定区域或者行业内，形成非法控制或者重大影响，严重破坏经济、社会生活秩序。

④ 根据2011年2月25日第十一届全国人民代表大会常务委员会第十九次会议通过的《中华人民共和国刑法修正案（八）》修改，自2011年5月1日起施行。《刑法》原第二百九十五条为："传授犯罪方法的，处五年以下有期徒刑、拘役或者管制；情节严重的，处五年以上有期徒刑；情节特别严重的，处无期徒刑或者死刑。"

第二百九十九条① 在公共场合，故意以焚烧、毁损、涂划、玷污、践踏等方式侮辱中华人民共和国国旗、国徽的，处三年以下有期徒刑、拘役、管制或者剥夺政治权利。

在公共场合，故意篡改中华人民共和国国歌歌词、曲谱，以歪曲、贬损方式奏唱国歌，或者以其他方式侮辱国歌，情节严重的，依照前款的规定处罚。

第二百九十九条之一② 侮辱、诽谤或者以其他方式侵害英雄烈士的名誉、荣誉，损害社会公共利益，情节严重的，处三年以下有期徒刑、拘役、管制或者剥夺政治权利。

第三百条③ 组织、利用会道门、邪教组织或者利用迷信破坏国家法律、行政法规实施的，处三年以上七年以下有期徒刑，并处罚金；情节特别严重的，处七年以上有期徒刑或者无期徒刑，并处罚金或者没收财产；情节较轻的，处三年以下有期徒刑、拘役、管制或者剥夺政治权利，并处或者单处罚金。

组织、利用会道门、邪教组织或者利用迷信蒙骗他人，致人重伤、死亡的，依照前款的规定处罚。

犯第一款罪又有奸淫妇女、诈骗财物等犯罪行为的，依照数罪并罚的规定处罚。

第三百零一条 聚众进行淫乱活动的，对首要分子或者多次参加的，处五年以下有期徒刑、拘役或者管制。

引诱未成年人参加聚众淫乱活动的，依照前款的规定从重处罚。

第三百零二条④ 盗窃、侮辱、故意毁坏尸体、尸骨、骨灰的，处三年以下有期徒刑、拘役或者管制。

第三百零三条⑤ 以营利为目的，聚众赌博或者以赌博为业的，处三年以下有期徒刑、拘役或者管制，并处罚金。

开设赌场的，处五年以下有期徒刑、拘役或者管制，并处罚金；情节严重的，处五年以上十年以下有期徒刑，并处罚金。

组织中华人民共和国公民参与国（境）外赌博，数额巨大或者有其他严重情节的，依照前款的规定处罚。

第三百零四条 邮政工作人员严重不负责任，故意延误投递邮件，致使公共财产、国家和人民利益遭受重大损失的，处二年以下有期徒刑或者拘役。

第二节 妨害司法罪

第三百零五条 在刑事诉讼中，证人、鉴定人、记录人、翻译人对与案件有重要关系的情节，故意作虚假证明、鉴定、记录、翻译，意图陷害他人或者隐匿罪证的，处三年以下有期徒刑或者拘役；情节严重的，处三年以上七年以下有期徒刑。

第三百零六条 在刑事诉讼中，辩护人、诉讼代理人毁灭、伪造证据，帮助当事人毁灭、伪造证据，威胁、引诱证人违背事实改变证言或者作伪证的，处三年以下有期徒刑或者拘役；情节严重的，处三年以上七年以下有期徒刑。

辩护人、诉讼代理人提供、出示、引用的证人证言或者其他证据失实，不是有意伪造的，不属于伪造证据。

第三百零七条 以暴力、威胁、贿买等方法阻止证人作证或者指使他人作伪证的，处三年以下有期徒刑或者拘役；情节严重的，处三年以上七年以下有期徒刑。

帮助当事人毁灭、伪造证据，情节严重的，处三年以下有期徒刑或者拘役。

司法工作人员犯前两款罪的，从重处罚。

---

① 根据2017年11月4日第十二届全国人民代表大会常务委员会第三十次会议通过的《中华人民共和国刑法修正案（十）》修订，并自公布之日起施行。《刑法》原第二百九十九条为："在公众场合故意以焚烧、毁损、涂划、玷污、践踏等方式侮辱中华人民共和国国旗、国徽的，处三年以下有期徒刑、拘役、管制或者剥夺政治权利。"

② 根据2020年12月26日第十三届全国人民代表大会常务委员会第二十四次会议通过的《中华人民共和国刑法修正案（十一）》增加，自2021年3月1日起施行。

③ 根据2015年8月29日第十二届全国人民代表大会常务委员会第十六次会议通过的《中华人民共和国刑法修正案（九）》修订，自2015年11月1日起施行。《刑法》原第三百条为："（第一款）组织和利用会道门、邪教组织或者利用迷信破坏国家法律、行政法规实施的，处三年以上七年以下有期徒刑；情节特别严重的，处七年以上有期徒刑。（第二款）组织和利用会道门、邪教组织或者利用迷信蒙骗他人，致人死亡的，依照前款的规定处罚。（第三款）组织和利用会道门、邪教组织或者利用迷信奸淫妇女、诈骗财物的，分别依照本法第二百三十六条、第二百六十六条的规定定罪处罚。"

④ 根据2015年8月29日第十二届全国人民代表大会常务委员会第十六次会议通过的《中华人民共和国刑法修正案（九）》修订，自2015年11月1日起施行。《刑法》原第三百零二条为："盗窃、侮辱尸体的，处三年以下有期徒刑、拘役或者管制。"

⑤ 根据2020年12月26日第十三届全国人民代表大会常务委员会第二十四次会议通过的《中华人民共和国刑法修正案（十一）》修改，自2021年3月1日起施行。《刑法》原第三百零三条为："以营利为目的，聚众赌博、开设赌场或者以赌博为业的，处三年以下有期徒刑、拘役或者管制，并处罚金。"根据2006年6月29日第十届全国人民代表大会常务委员会第二十二次会议通过的《中华人民共和国刑法修正案（六）》修改，自2006年6月29日起施行。修改后的条文为："（第一款）以营利为目的，聚众赌博或者以赌博为业的，处三年以下有期徒刑、拘役或者管制，并处罚金。（第二款）开设赌场的，处三年以下有期徒刑、拘役或者管制，并处罚金；情节严重的，处三年以上十年以下有期徒刑，并处罚金。"

第三百零七条之一[①] 以捏造的事实提起民事诉讼，妨害司法秩序或者严重侵害他人合法权益的，处三年以下有期徒刑、拘役或者管制，并处或者单处罚金；情节严重的，处三年以上七年以下有期徒刑，并处罚金。

单位犯前款罪的，对单位判处罚金，并对其直接负责的主管人员和其他直接责任人员，依照前款的规定处罚。

有第一款行为，非法占有他人财产或者逃避合法债务，又构成其他犯罪的，依照处罚较重的规定定罪从重处罚。

司法工作人员利用职权，与他人共同实施前三款行为的，从重处罚；同时构成其他犯罪的，依照处罚较重的规定定罪从重处罚。

第三百零八条 对证人进行打击报复的，处三年以下有期徒刑或者拘役；情节严重的，处三年以上七年以下有期徒刑。

第三百零八条之一[②] 司法工作人员、辩护人、诉讼代理人或者其他诉讼参与人，泄露依法不公开审理的案件中不应当公开的信息，造成信息公开传播或者其他严重后果的，处三年以下有期徒刑、拘役或者管制，并处或者单处罚金。

有前款行为，泄露国家秘密的，依照本法第三百九十八条的规定定罪处罚。

公开披露、报道第一款规定的案件信息，情节严重的，依照第一款的规定处罚。

单位犯前款罪的，对单位判处罚金，并对其直接负责的主管人员和其他直接责任人员，依照第一款的规定处罚。

第三百零九条[③] 有下列扰乱法庭秩序情形之一的，处三年以下有期徒刑、拘役、管制或者罚金：

（一）聚众哄闹、冲击法庭的；

（二）殴打司法工作人员或者诉讼参与人的；

（三）侮辱、诽谤、威胁司法工作人员或者诉讼参与人，不听法庭制止，严重扰乱法庭秩序的；

（四）有毁坏法庭设施，抢夺、损毁诉讼文书、证据等扰乱法庭秩序行为，情节严重的。

第三百一十条 明知是犯罪的人而为其提供隐藏处所、财物，帮助其逃匿或者作假证明包庇的，处三年以下有期徒刑、拘役或者管制；情节严重的，处三年以上十年以下有期徒刑。

犯前款罪，事前通谋的，以共同犯罪论处。

第三百一十一条[④] 明知他人有间谍犯罪或者恐怖主义、极端主义犯罪行为，在司法机关向其调查有关情况、收集有关证据时，拒绝提供，情节严重的，处三年以下有期徒刑、拘役或者管制。

第三百一十二条[⑤] 明知是犯罪所得及其产生的收益而予以窝藏、转移、收购、代为销售或者以其他方法掩饰、隐瞒的，处三年以下有期徒刑、拘役或者管制，并处或者单处罚金；情节严重的，处三年以上七年以下有期徒刑，并处罚金。

单位犯前款罪的，对单位判处罚金，并对其直接负责的主管人员和其他直接责任人员，依照前款的规定处罚。

---

① 根据2015年8月29日第十二届全国人民代表大会常务委员会第十六次会议通过的《中华人民共和国刑法修正案（九）》增加，自2015年11月1日起施行。

② 根据2015年8月29日第十二届全国人民代表大会常务委员会第十六次会议通过的《中华人民共和国刑法修正案（九）》增加，自2015年11月1日起施行。

③ 根据2015年8月29日第十二届全国人民代表大会常务委员会第十六次会议通过的《中华人民共和国刑法修正案（九）》修订，自2015年11月1日起施行。《刑法》原第三百零九条为："聚众哄闹、冲击法庭，或者殴打司法工作人员，严重扰乱法庭秩序的，处三年以下有期徒刑、拘役、管制或者罚金。"

④ 根据2015年8月29日第十二届全国人民代表大会常务委员会第十六次会议通过的《中华人民共和国刑法修正案（九）》修订，自2015年11月1日起施行。《刑法》原第三百一十一条为："明知他人有间谍犯罪行为，在国家安全机关向其调查有关情况、收集有关证据时，拒绝提供，情节严重的，处三年以下有期徒刑、拘役或者管制。"

⑤ 根据2009年2月28日第十一届全国人民代表大会常务委员会第七次会议通过的《中华人民共和国刑法修正案（七）》第二次修改，自2009年2月28日起施行。《刑法》原第三百一十二条为："明知是犯罪所得的赃物而予以窝藏、转移、收购或者代为销售的，处三年以下有期徒刑、拘役或者管制，并处或者单处罚金。"根据2006年6月29日第十届全国人民代表大会常务委员会第二十二次会议通过的《中华人民共和国刑法修正案（六）》第一次修改，自2006年6月29日起施行。修改后的第三百一十二条为："明知是犯罪所得及其产生的收益而予以窝藏、转移、收购、代为销售或者以其他方法掩饰、隐瞒的，处三年以下有期徒刑、拘役或者管制，并处或者单处罚金；情节严重的，处三年以上七年以下有期徒刑，并处罚金。"

第三百一十三条①② 对人民法院的判决、裁定有能力执行而拒不执行，情节严重的，处三年以下有期徒刑、拘役或者罚金；情节特别严重的，处三年以上七年以下有期徒刑，并处罚金。

单位犯前款罪的，对单位判处罚金，并对其直接负责的主管人员和其他直接责任人员，依照前款的规定处罚。

第三百一十四条 隐藏、转移、变卖、故意毁损已被司法机关查封、扣押、冻结的财产，情节严重的，处三年以下有期徒刑、拘役或者罚金。

第三百一十五条 依法被关押的罪犯，有下列破坏监管秩序行为之一，情节严重的，处三年以下有期徒刑：

（一）殴打监管人员的；

（二）组织其他被监管人破坏监管秩序的；

（三）聚众闹事，扰乱正常监管秩序的；

（四）殴打、体罚或者指使他人殴打、体罚其他被监管人的。

第三百一十六条 依法被关押的罪犯、被告人、犯罪嫌疑人脱逃的，处五年以下有期徒刑或者拘役。

劫夺押解途中的罪犯、被告人、犯罪嫌疑人的，处三年以上七年以下有期徒刑；情节严重的，处七年以上有期徒刑。

第三百一十七条 组织越狱的首要分子和积极参加的，处五年以上有期徒刑；其他参加的，处五年以下有期徒刑或者拘役。

暴动越狱或者聚众持械劫狱的首要分子和积极参加的，处十年以上有期徒刑或者无期徒刑；情节特别严重的，处死刑；其他参加的，处三年以上十年以下有期徒刑。

第三节 妨害国（边）境管理罪

第三百一十八条 组织他人偷越国（边）境的，处二年以上七年以下有期徒刑，并处罚金；有下列情形之一的，处七年以上有期徒刑或者无期徒刑，并处罚金或者没收财产：

（一）组织他人偷越国（边）境集团的首要分子；

（二）多次组织他人偷越国（边）境或者组织他人偷越国（边）境人数众多的；

（三）造成被组织人重伤、死亡的；

（四）剥夺或者限制被组织人人身自由的；

（五）以暴力、威胁方法抗拒检查的；

（六）违法所得数额巨大的；

（七）有其他特别严重情节的。

犯前款罪，对被组织人有杀害、伤害、强奸、拐卖等犯罪行为，或者对检查人员有杀害、伤害等犯罪行为的，依照数罪并罚的规定处罚。

第三百一十九条 以劳务输出、经贸往来或者其他名义，弄虚作假，骗取护照、签证等出境证件，为组织他人偷越国（边）境使用的，处三年以下有期徒刑，并处罚金；情节严重的，处三年以上十年以下有期徒刑，并处罚金。

单位犯前款罪的，对单位判处罚金，并对其直接负责的主管人员和其他直接责任人员，依照前款的规定处罚。

第三百二十条 为他人提供伪造、变造的护照、签证等出入境证件，或者出售护照、签证等出入境证件的，处五年以下有期徒刑，并处罚金；情节严重的，处五年以上有期徒刑，并处罚金。

---

① 根据2015年8月29日第十二届全国人民代表大会常务委员会第十六次会议通过的《中华人民共和国刑法修正案（九）》修订，自2015年11月1日起施行。《刑法》原第三百一十三条为：“对人民法院的判决、裁定有能力执行而拒不执行，情节严重的，处三年以下有期徒刑、拘役或者罚金。”

② 2002年8月29日第九届全国人民代表大会常务委员会第二十九次会议通过《全国人民代表大会常务委员会关于〈中华人民共和国刑法〉第三百一十三条的解释》：全国人民代表大会常务委员会讨论了刑法第三百一十三条规定的“对人民法院的判决、裁定有能力执行而拒不执行，情节严重”的含义问题，解释如下：

刑法第三百一十三条规定的“人民法院的判决、裁定”，是指人民法院依法作出的具有执行内容并已发生法律效力的判决、裁定。人民法院为依法执行支付令、生效的调解书、仲裁裁决、公证债权文书等所作的裁定属于该条规定的裁定。

下列情形属于刑法第三百一十三条规定的“有能力执行而拒不执行，情节严重”的情形：

（一）被执行人隐藏、转移、故意毁损财产或者无偿转让财产、以明显不合理的低价转让财产，致使判决、裁定无法执行的；

（二）担保人或者被执行人隐藏、转移、故意毁损或者转让已向人民法院提供担保的财产，致使判决、裁定无法执行的；

（三）协助执行义务人接到人民法院协助执行通知书后，拒不协助执行，致使判决、裁定无法执行的；

（四）被执行人、担保人、协助执行义务人与国家机关工作人员通谋，利用国家机关工作人员的职权妨害执行，致使判决、裁定无法执行的；

（五）其他有能力执行而拒不执行，情节严重的情形。

国家机关工作人员有上述第四项行为的，以拒不执行判决、裁定罪的共犯追究刑事责任。国家机关工作人员收受贿赂或者滥用职权，有上述第四项行为的，同时又构成刑法第三百八十五条、第三百九十七条规定之罪的，依照处罚较重的规定定罪处罚。

第三百二十一条 运送他人偷越国（边）境的，处五年以下有期徒刑、拘役或者管制，并处罚金；有下列情形之一的，处五年以上十年以下有期徒刑，并处罚金：

（一）多次实施运送行为或者运送人数众多的；

（二）所使用的船只、车辆等交通工具不具备必要的安全条件，足以造成严重后果的；

（三）违法所得数额巨大的；

（四）有其他特别严重情节的。

在运送他人偷越国（边）境中造成被运送人重伤、死亡，或者以暴力、威胁方法抗拒检查的，处七年以上有期徒刑，并处罚金。

犯前两款罪，对被运送人有杀害、伤害、强奸、拐卖等犯罪行为，或者对检查人员有杀害、伤害等犯罪行为的，依照数罪并罚的规定处罚。

第三百二十二条① 违反国（边）境管理法规，偷越国（边）境，情节严重的，处一年以下有期徒刑、拘役或者管制，并处罚金；为参加恐怖活动组织、接受恐怖活动培训或者实施恐怖活动，偷越国（边）境的，处一年以上三年以下有期徒刑，并处罚金。

第三百二十三条 故意破坏国家边境的界碑、界桩或者永久性测量标志的，处三年以下有期徒刑或者拘役。

第四节 妨害文物管理罪

第三百二十四条 故意损毁国家保护的珍贵文物或者被确定为全国重点文物保护单位、省级文物保护单位的文物的，处三年以下有期徒刑或者拘役，并处或者单处罚金；情节严重的，处三年以上十年以下有期徒刑，并处罚金。

故意损毁国家保护的名胜古迹，情节严重的，处五年以下有期徒刑或者拘役，并处或者单处罚金。

过失损毁国家保护的珍贵文物或者被确定为全国重点文物保护单位、省级文物保护单位的文物，造成严重后果的，处三年以下有期徒刑或者拘役。

第三百二十五条 违反文物保护法规，将收藏的国家禁止出口的珍贵文物私自出售或者私自赠送给外国人的，处五年以下有期徒刑或者拘役，可以并处罚金。

单位犯前款罪的，对单位判处罚金，并对其直接负责的主管人员和其他直接责任人员，依照前款的规定处罚。

第三百二十六条 以牟利为目的，倒卖国家禁止经营的文物，情节严重的，处五年以下有期徒刑或者拘役，并处罚金；情节特别严重的，处五年以上十年以下有期徒刑，并处罚金。

单位犯前款罪的，对单位判处罚金，并对其直接负责的主管人员和其他直接责任人员，依照前款的规定处罚。

第三百二十七条 违反文物保护法规，国有博物馆、图书馆等单位将国家保护的文物藏品出售或者私自送给非国有单位或者个人的，对单位判处罚金，并对其直接负责的主管人员和其他直接责任人员，处三年以下有期徒刑或者拘役。

第三百二十八条②③ 盗掘具有历史、艺术、科学价值的古文化遗址、古墓葬的，处三年以上十年以下有期徒刑，并处罚金；情节较轻的，处三年以下有期徒刑、拘役或者管制，并处罚金；有下列情形之一的，处十年以上有期徒刑或者无期徒刑，并处罚金或者没收财产：

（一）盗掘确定为全国重点文物保护单位和省级文物保护单位的古文化遗址、古墓葬的；

（二）盗掘古文化遗址、古墓葬集团的首要分子；

（三）多次盗掘古文化遗址、古墓葬的；

（四）盗掘古文化遗址、古墓葬，并盗窃珍贵文物或者造成珍贵文物严重破坏的。

---

① 根据 2015 年 8 月 29 日第十二届全国人民代表大会常务委员会第十六次会议通过的《中华人民共和国刑法修正案（九）》修订，自 2015 年 11 月 1 日起施行。《刑法》原第三百二十二条为："违反国（边）境管理法规，偷越国（边）境，情节严重的，处一年以下有期徒刑、拘役或者管制，并处罚金。"

② 根据 2011 年 2 月 25 日第十一届全国人民代表大会常务委员会第十九次会议通过的《中华人民共和国刑法修正案（八）》修改，自 2011 年 5 月 1 日起施行。《刑法》原第三百二十八条为："（第一款）盗掘具有历史、艺术、科学价值的古文化遗址、古墓葬的，处三年以上十年以下有期徒刑，并处罚金；情节较轻的，处三年以下有期徒刑、拘役或者管制，并处罚金；有下列情形之一的，处十年以上有期徒刑、无期徒刑或者死刑，并处罚金或者没收财产：（一）盗掘确定为全国重点文物保护单位和省级文物保护单位的古文化遗址、古墓葬的；（二）盗掘古文化遗址、古墓葬集团的首要分子；（三）多次盗掘古文化遗址、古墓葬的；（四）盗掘古文化遗址、古墓葬，并盗窃珍贵文物或者造成珍贵文物严重破坏的。（第二款）盗掘国家保护的具有科学价值的古人类化石和古脊椎动物化石的，依照前款的规定处罚。"

③ 2005 年 12 月 29 日第十届全国人民代表大会常务委员会第十九次会议通过《全国人民代表大会常务委员会关于〈中华人民共和国刑法〉有关文物的规定适用于具有科学价值的古脊椎动物化石、古人类化石的解释》：全国人民代表大会常务委员会根据司法实践中遇到的情况，讨论了关于走私、盗窃、损毁、倒卖或者非法转让具有科学价值的古脊椎动物化石、古人类化石的行为适用刑法有关规定的问题，解释如下：

刑法有关文物的规定，适用于具有科学价值的古脊椎动物化石、古人类化石。

盗掘国家保护的具有科学价值的古人类化石和古脊椎动物化石的，依照前款的规定处罚。

第三百二十九条 抢夺、窃取国家所有的档案的，处五年以下有期徒刑或者拘役。

违反档案法的规定，擅自出卖、转让国家所有的档案，情节严重的，处三年以下有期徒刑或者拘役。

有前两款行为，同时又构成本法规定的其他犯罪的，依照处罚较重的规定定罪处罚。

第五节 危害公共卫生罪

第三百三十条① 违反传染病防治法的规定，有下列情形之一，引起甲类传染病以及依法确定采取甲类传染病预防、控制措施的传染病传播或者有传播严重危险的，处三年以下有期徒刑或者拘役；后果特别严重的，处三年以上七年以下有期徒刑：

（一）供水单位供应的饮用水不符合国家规定的卫生标准的；

（二）拒绝按照疾病预防控制机构提出的卫生要求，对传染病病原体污染的污水、污物、场所和物品进行消毒处理的；

（三）准许或者纵容传染病病人、病原携带者和疑似传染病病人从事国务院卫生行政部门规定禁止从事的易使该传染病扩散的工作的；

（四）出售、运输疫区中被传染病病原体污染或者可能被传染病病原体污染的物品，未进行消毒处理的；

（五）拒绝执行县级以上人民政府、疾病预防控制机构依照传染病防治法提出的预防、控制措施的。

单位犯前款罪的，对单位判处罚金，并对其直接负责的主管人员和其他直接责任人员，依照前款的规定处罚。

甲类传染病的范围，依照《中华人民共和国传染病防治法》和国务院有关规定确定。

第三百三十一条 从事实验、保藏、携带、运输传染病菌种、毒种的人员，违反国务院卫生行政部门的有关规定，造成传染病菌种、毒种扩散，后果严重的，处三年以下有期徒刑或者拘役；后果特别严重的，处三年以上七年以下有期徒刑。

第三百三十二条 违反国境卫生检疫规定，引起检疫传染病传播或者有传播严重危险的，处三年以下有期徒刑或者拘役，并处或者单处罚金。

单位犯前款罪的，对单位判处罚金，并对其直接负责的主管人员和其他直接责任人员，依照前款的规定处罚。

第三百三十三条 非法组织他人出卖血液的，处五年以下有期徒刑，并处罚金；以暴力、威胁方法强迫他人出卖血液的，处五年以上十年以下有期徒刑，并处罚金。

有前款行为，对他人造成伤害的，依照本法第二百三十四条的规定定罪处罚。

第三百三十四条 非法采集、供应血液或者制作、供应血液制品，不符合国家规定的标准，足以危害人体健康的，处五年以下有期徒刑或者拘役，并处罚金；对人体健康造成严重危害的，处五年以上十年以下有期徒刑，并处罚金；造成特别严重后果的，处十年以上有期徒刑或者无期徒刑，并处罚金或者没收财产。

经国家主管部门批准采集、供应血液或者制作、供应血液制品的部门，不依照规定进行检测或者违背其他操作规定，造成危害他人身体健康后果的，对单位判处罚金，并对其直接负责的主管人员和其他直接责任人员，处五年以下有期徒刑或者拘役。

第三百三十四条之一② 违反国家有关规定，非法采集我国人类遗传资源或者非法运送、邮寄、携带我国人类遗传资源材料出境，危害公众健康或者社会公共利益，情节严重的，处三年以下有期徒刑、拘役或者管制，并处或者单处罚金；情节特别严重的，处三年以上七年以下有期徒刑，并处罚金。

第三百三十五条 医务人员由于严重不负责任，造成就诊人死亡或者严重损害就诊人身体健康的，处三年以下有期徒刑或者拘役。

第三百三十六条 未取得医生执业资格的人非法行医，情节严重的，处三年以下有期徒刑、拘役或者管制，并处或者单处罚金；严重损害就诊人身体健康的，处三年以上十年以下有期徒刑，并处罚金；造成就诊人死亡的，处十年以上有期徒刑，并处罚金。

未取得医生执业资格的人擅自为他人进行节育复通手术、假节育手术、终止妊娠手术或者摘取宫内节育器，情节严重的，处三年以下有期徒刑、拘役或者管制，并处或者单处罚金；严重损害就诊人身体健康的，处三年以上十年以

---

① 根据2020年12月26日第十三届全国人民代表大会常务委员会第二十四次会议通过的《中华人民共和国刑法修正案（十一）》修改，自2021年3月1日起施行。《刑法》原第三百三十条第一款为："违反传染病防治法的规定，有下列情形之一，引起甲类传染病传播或者有传播严重危险的，处三年以下有期徒刑或者拘役；后果特别严重的，处三年以上七年以下有期徒刑：（一）供水单位供应的饮用水不符合国家规定的卫生标准的；（二）拒绝按照卫生防疫机构提出的卫生要求，对传染病病原体污染的污水、污物、粪便进行消毒处理的；（三）准许或者纵容传染病病人、病原携带者和疑似传染病病人从事国务院卫生行政部门规定禁止从事的易使该传染病扩散的工作的；（四）拒绝执行卫生防疫机构依照传染病防治法提出的预防、控制措施的。"

② 根据2020年12月26日第十三届全国人民代表大会常务委员会第二十四次会议通过的《中华人民共和国刑法修正案（十一）》增加，自2021年3月1日起施行。

下有期徒刑，并处罚金；造成就诊人死亡的，处十年以上有期徒刑，并处罚金。

第三百三十六条之一[①] 将基因编辑、克隆的人类胚胎植入人体或者动物体内，或者将基因编辑、克隆的动物胚胎植入人体内，情节严重的，处三年以下有期徒刑或者拘役，并处罚金；情节特别严重的，处三年以上七年以下有期徒刑，并处罚金。

第三百三十七条[②] 违反有关动植物防疫、检疫的国家规定，引起重大动植物疫情的，或者有引起重大动植物疫情危险，情节严重的，处三年以下有期徒刑或者拘役，并处或者单处罚金。

单位犯前款罪的，对单位判处罚金，并对其直接负责的主管人员和其他直接责任人员，依照前款的规定处罚。

第六节 破坏环境资源保护罪

第三百三十八条[③] 违反国家规定，排放、倾倒或者处置有放射性的废物、含传染病病原体的废物、有毒物质或者其他有害物质，严重污染环境的，处三年以下有期徒刑或者拘役，并处或者单处罚金；情节严重的，处三年以上七年以下有期徒刑，并处罚金；有下列情形之一的，处七年以上有期徒刑，并处罚金：

（一）在饮用水水源保护区、自然保护地核心保护区等依法确定的重点保护区域排放、倾倒、处置有放射性的废物、含传染病病原体的废物、有毒物质，情节特别严重的；

（二）向国家确定的重要江河、湖泊水域排放、倾倒、处置有放射性的废物、含传染病病原体的废物、有毒物质，情节特别严重的；

（三）致使大量永久基本农田基本功能丧失或者遭受永久性破坏的；

（四）致使多人重伤、严重疾病，或者致人严重残疾、死亡的。

有前款行为，同时构成其他犯罪的，依照处罚较重的规定定罪处罚。

第三百三十九条[④] 违反国家规定，将境外的固体废物进境倾倒、堆放、处置的，处五年以下有期徒刑或者拘役，并处罚金；造成重大环境污染事故，致使公私财产遭受重大损失或者严重危害人体健康的，处五年以上十年以下有期徒刑，并处罚金；后果特别严重的，处十年以上有期徒刑，并处罚金。

未经国务院有关主管部门许可，擅自进口固体废物用作原料，造成重大环境污染事故，致使公私财产遭受重大损失或者严重危害人体健康的，处五年以下有期徒刑或者拘役，并处罚金；后果特别严重的，处五年以上十年以下有期徒刑，并处罚金。

以原料利用为名，进口不能用作原料的固体废物、液态废物和气态废物的，依照本法第一百五十二条第二款、第三款的规定定罪处罚。

第三百四十条 违反保护水产资源法规，在禁渔区、禁渔期或者使用禁用的工具、方法捕捞水产品，情节严重的，处三年以下有期徒刑、拘役、管制或者罚金。

第三百四十一条[⑤] 非法猎捕、杀害国家重点保护的珍贵、濒危野生动物的，或者非法收购、运输、出售国家重点

---

① 根据2020年12月26日第十三届全国人民代表大会常务委员会第二十四次会议通过的《中华人民共和国刑法修正案（十一）》增加，自2021年3月1日起施行。

② 根据2009年2月28日第十一届全国人民代表大会常务委员会第七次会议通过的《中华人民共和国刑法修正案（七）》修改，自2009年2月28日起施行。《刑法》原第三百三十七条为："（第一款）违反进出境动植物检疫法的规定，逃避动植物检疫，引起重大动植物疫情的，处三年以下有期徒刑或者拘役，并处或者单处罚金。（第二款）单位犯前款罪的，对单位判处罚金，并对其直接负责的主管人员和其他直接责任人员，依照前款的规定处罚。"

③ 根据2020年12月26日第十三届全国人民代表大会常务委员会第二十四次会议通过的《中华人民共和国刑法修正案（十一）》修改，自2021年3月1日起施行。《刑法》原第三百三十八条为："违反国家规定，向土地、水体、大气排放、倾倒或者处置有放射性的废物、含传染病病原体的废物、有毒物质或者其他危险废物，造成重大环境污染事故，致使公私财产遭受重大损失或者人身伤亡的严重后果的，处三年以下有期徒刑或者拘役，并处或者单处罚金；后果特别严重的，处三年以上七年以下有期徒刑，并处罚金。"2011年2月25日第十一届全国人民代表大会常务委员会第十九次会议通过的《中华人民共和国刑法修正案（八）》修改，自2011年5月1日起施行，修改后的条文为："违反国家规定，排放、倾倒或者处置有放射性的废物、含传染病病原体的废物、有毒物质或者其他有害物质，严重污染环境的，处三年以下有期徒刑或者拘役，并处或者单处罚金；后果特别严重的，处三年以上七年以下有期徒刑，并处罚金。"

④ 根据2002年12月28日第九届全国人民代表大会常务委员会第三十一次会议通过的《中华人民共和国刑法修正案（四）》修改，自2002年12月28日起施行。《刑法》原第三百三十九条为："（第一款）违反国家规定，将境外的固体废物进境倾倒、堆放、处置的，处五年以下有期徒刑或者拘役，并处罚金；造成重大环境污染事故，致使公私财产遭受重大损失或者严重危害人体健康的，处五年以上十年以下有期徒刑，并处罚金；后果特别严重的，处十年以上有期徒刑，并处罚金。（第二款）未经国务院有关主管部门许可，擅自进口固体废物用作原料，造成重大环境污染事故，致使公私财产遭受重大损失或者严重危害人体健康的，处五年以下有期徒刑或者拘役，并处罚金；后果特别严重的，处五年以上十年以下有期徒刑，并处罚金。（第三款）以原料利用为名，进口不能用作原料的固体废物的，依照本法第一百五十五条的规定定罪处罚。"

⑤ 第3款根据2020年12月26日第十三届全国人民代表大会常务委员会第二十四次会议通过的《中华人民共和国刑法修正案（十一）》增加，自2021年3月1日起施行。

保护的珍贵、濒危野生动物及其制品的，处五年以下有期徒刑或者拘役，并处罚金；情节严重的，处五年以上十年以下有期徒刑，并处罚金；情节特别严重的，处十年以上有期徒刑，并处罚金或者没收财产。

违反狩猎法规，在禁猎区、禁猎期或者使用禁用的工具、方法进行狩猎，破坏野生动物资源，情节严重的，处三年以下有期徒刑、拘役、管制或者罚金。

违反野生动物保护管理法规，以食用为目的非法猎捕、收购、运输、出售第一款规定以外的在野外环境自然生长繁殖的陆生野生动物，情节严重的，依照前款的规定处罚。

第三百四十二条①② 违反土地管理法规，非法占用耕地、林地等农用地，改变被占用土地用途，数量较大，造成耕地、林地等农用地大量毁坏的，处五年以下有期徒刑或者拘役，并处或者单处罚金。

第三百四十二条之一③ 违反自然保护地管理法规，在国家公园、国家级自然保护区进行开垦、开发活动或者修建建筑物，造成严重后果或者有其他恶劣情节的，处五年以下有期徒刑或者拘役，并处或者单处罚金。

有前款行为，同时构成其他犯罪的，依照处罚较重的规定定罪处罚。

第三百四十三条④ 违反矿产资源法的规定，未取得采矿许可证擅自采矿，擅自进入国家规划矿区、对国民经济具有重要价值的矿区和他人矿区范围采矿，或者擅自开采国家规定实行保护性开采的特定矿种，情节严重的，处三年以下有期徒刑、拘役或者管制，并处或者单处罚金；情节特别严重的，处三年以上七年以下有期徒刑，并处罚金。

违反矿产资源法的规定，采取破坏性的开采方法开采矿产资源，造成矿产资源严重破坏的，处五年以下有期徒刑或者拘役，并处罚金。

第三百四十四条⑤ 违反国家规定，非法采伐、毁坏珍贵树木或者国家重点保护的其他植物的，或者非法收购、运输、加工、出售珍贵树木或者国家重点保护的其他植物及其制品的，处三年以下有期徒刑、拘役或者管制，并处罚金；情节严重的，处三年以上七年以下有期徒刑，并处罚金。

第三百四十四条之一⑥ 违反国家规定，非法引进、释放或者丢弃外来入侵物种，情节严重的，处三年以下有期徒刑或者拘役，并处或者单处罚金。

第三百四十五条⑦ 盗伐森林或者其他林木，数量较大的，处三年以下有期徒刑、拘役或者管制，并处或者单处罚金；数量巨大的，处三年以上七年以下有期徒刑，并处罚金；数量特别巨大的，处七年以上有期徒刑，并处罚金。

违反森林法的规定，滥伐森林或者其他林木，数量较大的，处三年以下有期徒刑、拘役或者管制，并处或者单处

---

① 根据2001年8月31日第九届全国人民代表大会常务委员会第二十三次会议通过的《中华人民共和国刑法修正案（二）》修改，自2001年8月31日起施行。《刑法》原第三百四十二条为："违反土地管理法规，非法占用耕地改作他用，数量较大，造成耕地大量毁坏的，处五年以下有期徒刑或者拘役，并处或者单处罚金。"

② 2001年8月31日第九届全国人民代表大会常务委员会第二十三次会议通过《全国人民代表大会常务委员会关于〈中华人民共和国刑法〉第二百二十八条、第三百四十二条、第四百一十条的解释》。根据2009年8月27日第十一届全国人民代表大会常务委员会第十次会议通过的《全国人民代表大会常务委员会关于修改部分法律的决定》修改，自2009年8月27日施行。原解释为：全国人民代表大会常务委员会讨论了刑法第二百二十八条、第三百四十二条、第四百一十条规定的"违反土地管理法规"和第四百一十条规定的"非法批准征用、占用土地"的含义问题，解释如下：刑法第二百二十八条、第三百四十二条、第四百一十条规定的"违反土地管理法规"，是指违反土地管理法、森林法、草原法等法律以及有关行政法规中关于土地管理的规定。刑法第四百一十条规定的"非法批准征用、占用土地"，是指非法批准征用、占用耕地、林地等农用地以及其他土地。

③ 根据2020年12月26日第十三届全国人民代表大会常务委员会第二十四次会议通过的《中华人民共和国刑法修正案（十一）》增加，自2021年3月1日起施行。

④ 根据2011年2月25日第十一届全国人民代表大会常务委员会第十九次会议通过的《中华人民共和国刑法修正案（八）》修改，自2011年5月1日起施行。《刑法》原第三百四十三条为："（第一款）违反矿产资源法的规定，未取得采矿许可证擅自采矿的，擅自进入国家规划矿区、对国民经济具有重要价值的矿区和他人矿区范围采矿的，擅自开采国家规定实行保护性开采的特定矿种，经责令停止开采后拒不停止开采，造成矿产资源破坏的，处三年以下有期徒刑、拘役或者管制，并处或者单处罚金；造成矿产资源严重破坏的，处三年以上七年以下有期徒刑，并处罚金。（第二款）违反矿产资源法的规定，采取破坏性的开采方法开采矿产资源，造成矿产资源严重破坏的，处五年以下有期徒刑或者拘役，并处罚金。"

⑤ 根据2002年12月28日第九届全国人民代表大会常务委员会第三十一次会议通过的《中华人民共和国刑法修正案（四）》修改，自2002年12月28日起施行。《刑法》原第三百四十四条为："违反森林法的规定，非法采伐、毁坏珍贵树木的，处三年以下有期徒刑、拘役或者管制，并处罚金；情节严重的，处三年以上七年以下有期徒刑，并处罚金。"

⑥ 根据2020年12月26日第十三届全国人民代表大会常务委员会第二十四次会议通过的《中华人民共和国刑法修正案（十一）》增加，自2021年3月1日起施行。

⑦ 根据2002年12月28日第九届全国人民代表大会常务委员会第三十一次会议通过的《中华人民共和国刑法修正案（四）》修改，自2002年12月28日起施行。《刑法》原第三百四十五条为："（第一款）盗伐森林或者其他林木，数量较大的，处三年以下有期徒刑、拘役或者管制，并处或者单处罚金；数量巨大的，处三年以上七年以下有期徒刑，并处罚金；数量特别巨大的，处七年以上有期徒刑，并处罚金。（第二款）违反森林法的规定，滥伐森林或者其他林木，数量较大的，处三年以下有期徒刑、拘役或者管制，并处或者单处罚金；数量巨大的，处三年以上七年以下有期徒刑，并处罚金。（第三款）以牟利为目的，在林区非法收购明知是盗伐、滥伐的林木，情节严重的，处三年以下有期徒刑、拘役或者管制，并处或者单处罚金；情节特别严重的，处三年以上七年以下有期徒刑，并处罚金。（第四款）盗伐、滥伐国家级自然保护区内的森林或者其他林木的，从重处罚。"

罚金；数量巨大的，处三年以上七年以下有期徒刑，并处罚金。

非法收购、运输明知是盗伐、滥伐的林木，情节严重的，处三年以下有期徒刑、拘役或者管制，并处或者单处罚金；情节特别严重的，处三年以上七年以下有期徒刑，并处罚金。

盗伐、滥伐国家级自然保护区内的森林或者其他林木的，从重处罚。

第三百四十六条　单位犯本节第三百三十八条至第三百四十五条规定之罪的，对单位判处罚金，并对其直接负责的主管人员和其他直接责任人员，依照本节各该条的规定处罚。

第七节　走私、贩卖、运输、制造毒品罪

第三百四十七条　走私、贩卖、运输、制造毒品，无论数量多少，都应当追究刑事责任，予以刑事处罚。

走私、贩卖、运输、制造毒品，有下列情形之一的，处十五年有期徒刑、无期徒刑或者死刑，并处没收财产：

（一）走私、贩卖、运输、制造鸦片一千克以上、海洛因或者甲基苯丙胺五十克以上或者其他毒品数量大的；

（二）走私、贩卖、运输、制造毒品集团的首要分子；

（三）武装掩护走私、贩卖、运输、制造毒品的；

（四）以暴力抗拒检查、拘留、逮捕，情节严重的；

（五）参与有组织的国际贩毒活动的。

走私、贩卖、运输、制造鸦片二百克以上不满一千克、海洛因或者甲基苯丙胺十克以上不满五十克或者其他毒品数量较大的，处七年以上有期徒刑，并处罚金。

走私、贩卖、运输、制造鸦片不满二百克、海洛因或者甲基苯丙胺不满十克或者其他少量毒品的，处三年以下有期徒刑、拘役或者管制，并处罚金；情节严重的，处三年以上七年以下有期徒刑，并处罚金。

单位犯第二款、第三款、第四款罪的，对单位判处罚金，并对其直接负责的主管人员和其他直接责任人员，依照各该款的规定处罚。

利用、教唆未成年人走私、贩卖、运输、制造毒品，或者向未成年人出售毒品的，从重处罚。

对多次走私、贩卖、运输、制造毒品，未经处理的，毒品数量累计计算。

第三百四十八条　非法持有鸦片一千克以上、海洛因或者甲基苯丙胺五十克以上或者其他毒品数量大的，处七年以上有期徒刑或者无期徒刑，并处罚金；非法持有鸦片二百克以上不满一千克、海洛因或者甲基苯丙胺十克以上不满五十克或者其他毒品数量较大的，处三年以下有期徒刑、拘役或者管制，并处罚金；情节严重的，处三年以上七年以下有期徒刑，并处罚金。

第三百四十九条　包庇走私、贩卖、运输、制造毒品的犯罪分子的，为犯罪分子窝藏、转移、隐瞒毒品或者犯罪所得的财物的，处三年以下有期徒刑、拘役或者管制；情节严重的，处三年以上十年以下有期徒刑。

缉毒人员或者其他国家机关工作人员掩护、包庇走私、贩卖、运输、制造毒品的犯罪分子的，依照前款的规定从重处罚。

犯前两款罪，事先通谋的，以走私、贩卖、运输、制造毒品罪的共犯论处。

第三百五十条①　违反国家规定，非法生产、买卖、运输醋酸酐、乙醚、三氯甲烷或者其他用于制造毒品的原料、配剂，或者携带上述物品进出境，情节较重的，处三年以下有期徒刑、拘役或者管制，并处罚金；情节严重的，处三年以上七年以下有期徒刑，并处罚金；情节特别严重的，处七年以上有期徒刑，并处罚金或者没收财产。

明知他人制造毒品而为其生产、买卖、运输前款规定的物品的，以制造毒品罪的共犯论处。

单位犯前两款罪的，对单位判处罚金，并对其直接负责的主管人员和其他直接责任人员，依照前两款的规定处罚。

第三百五十一条　非法种植罂粟、大麻等毒品原植物的，一律强制铲除。有下列情形之一的，处五年以下有期徒刑、拘役或者管制，并处罚金：

（一）种植罂粟五百株以上不满三千株或者其他毒品原植物数量较大的；

（二）经公安机关处理后又种植的；

（三）抗拒铲除的。

非法种植罂粟三千株以上或者其他毒品原植物数量大的，处五年以上有期徒刑，并处罚金或者没收财产。

非法种植罂粟或者其他毒品原植物，在收获前自动铲除的，可以免除处罚。

第三百五十二条　非法买卖、运输、携带、持有未经灭活的罂粟等毒品原植物种子或者幼苗，数量较大的，处三年以下有期徒刑、拘役或者管制，并处或者单处罚金。

---

① 第1款、第2款根据2015年8月29日第十二届全国人民代表大会常务委员会第十六次会议通过的《中华人民共和国刑法修正案（九）》修订，自2015年11月1日起施行。《刑法》原第三百五十条第一款、第二款为：“（第一款）违反国家规定，非法运输、携带醋酸酐、乙醚、三氯甲烷或者其他用于制造毒品的原料或者配剂进出境的，或者违反国家规定，在境内非法买卖上述物品的，处三年以下有期徒刑、拘役或者管制，并处罚金；数量大的，处三年以上十年以下有期徒刑，并处罚金。（第二款）明知他人制造毒品而为其提供前款规定的物品的，以制造毒品罪的共犯论处。”

第三百五十三条　引诱、教唆、欺骗他人吸食、注射毒品的，处三年以下有期徒刑、拘役或者管制，并处罚金；情节严重的，处三年以上七年以下有期徒刑，并处罚金。

强迫他人吸食、注射毒品的，处三年以上十年以下有期徒刑，并处罚金。

引诱、教唆、欺骗或者强迫未成年人吸食、注射毒品的，从重处罚。

第三百五十四条　容留他人吸食、注射毒品的，处三年以下有期徒刑、拘役或者管制，并处罚金。

第三百五十五条　依法从事生产、运输、管理、使用国家管制的麻醉药品、精神药品的人员，违反国家规定，向吸食、注射毒品的人提供国家规定管制的能够使人形成瘾癖的麻醉药品、精神药品的，处三年以下有期徒刑或者拘役，并处罚金；情节严重的，处三年以上七年以下有期徒刑，并处罚金。向走私、贩卖毒品的犯罪分子或者以牟利为目的，向吸食、注射毒品的人提供国家规定管制的能够使人形成瘾癖的麻醉药品、精神药品的，依照本法第三百四十七条的规定定罪处罚。

单位犯前款罪的，对单位判处罚金，并对其直接负责的主管人员和其他直接责任人员，依照前款的规定处罚。

第三百五十五条之一①　引诱、教唆、欺骗运动员使用兴奋剂参加国内、国际重大体育竞赛，或者明知运动员参加上述竞赛而向其提供兴奋剂，情节严重的，处三年以下有期徒刑或者拘役，并处罚金。

组织、强迫运动员使用兴奋剂参加国内、国际重大体育竞赛的，依照前款的规定从重处罚。

第三百五十六条　因走私、贩卖、运输、制造、非法持有毒品罪被判过刑，又犯本节规定之罪的，从重处罚。

第三百五十七条　本法所称的毒品，是指鸦片、海洛因、甲基苯丙胺（冰毒）、吗啡、大麻、可卡因以及国家规定管制的其他能够使人形成瘾癖的麻醉药品和精神药品。

毒品的数量以查证属实的走私、贩卖、运输、制造、非法持有毒品的数量计算，不以纯度折算。

第八节　组织、强迫、引诱、容留、介绍卖淫罪

第三百五十八条②　组织、强迫他人卖淫的，处五年以上十年以下有期徒刑，并处罚金；情节严重的，处十年以上有期徒刑或者无期徒刑，并处罚金或者没收财产。

组织、强迫未成年人卖淫的，依照前款的规定从重处罚。

犯前两款罪，并有杀害、伤害、强奸、绑架等犯罪行为的，依照数罪并罚的规定处罚。

为组织卖淫的人招募、运送人员或者有其他协助组织他人卖淫行为的，处五年以下有期徒刑，并处罚金；情节严重的，处五年以上十年以下有期徒刑，并处罚金。

第三百五十九条　引诱、容留、介绍他人卖淫的，处五年以下有期徒刑、拘役或者管制，并处罚金；情节严重的，处五年以上有期徒刑，并处罚金。

引诱不满十四周岁的幼女卖淫的，处五年以上有期徒刑，并处罚金。

第三百六十条③　明知自己患有梅毒、淋病等严重性病卖淫、嫖娼的，处五年以下有期徒刑、拘役或者管制，并处罚金。

第三百六十一条　旅馆业、饮食服务业、文化娱乐业、出租汽车业等单位的人员，利用本单位的条件，组织、强迫、引诱、容留、介绍他人卖淫的，依照本法第三百五十八条、第三百五十九条的规定定罪处罚。

前款所列单位的主要负责人，犯前款罪的，从重处罚。

第三百六十二条　旅馆业、饮食服务业、文化娱乐业、出租汽车业等单位的人员，在公安机关查处卖淫、嫖娼活

---

① 根据 2020 年 12 月 26 日第十三届全国人民代表大会常务委员会第二十四次会议通过的《中华人民共和国刑法修正案（十一）》增加，自 2021 年 3 月 1 日起施行。

② 根据 2015 年 8 月 29 日第十二届全国人民代表大会常务委员会第十六次会议通过的《中华人民共和国刑法修正案（九）》修订，自 2015 年 11 月 1 日起施行。2011 年 2 月 25 日第十一届全国人民代表大会常务委员会第十九次会议通过的《中华人民共和国刑法修正案（八）》自 2011 年 5 月 1 日起施行，修改后的内容为：“（第一款）组织他人卖淫或者强迫他人卖淫的，处五年以上十年以下有期徒刑，并处罚金；有下列情形之一的，处十年以上有期徒刑或者无期徒刑，并处罚金或者没收财产：（一）组织他人卖淫，情节严重的；（二）强迫不满十四周岁的幼女卖淫的；（三）强迫多人卖淫或者多次强迫他人卖淫的；（四）强奸后迫使卖淫的；（五）造成被强迫卖淫的人重伤、死亡或者其他严重后果的。（第二款）有前款所列情形之一，情节特别严重的，处无期徒刑或者死刑，并处没收财产。（第三款）为组织卖淫的人招募、运送人员或者有其他协助组织他人卖淫行为的，处五年以下有期徒刑，并处罚金；情节严重的，处五年以上十年以下有期徒刑，并处罚金。”。《刑法》原第三百五十八条为：“（第一款）组织他人卖淫或者强迫他人卖淫的，处五年以上十年以下有期徒刑，并处罚金；有下列情形之一的，处十年以上有期徒刑或者无期徒刑，并处罚金或者没收财产：（一）组织他人卖淫，情节严重的；（二）强迫不满十四周岁的幼女卖淫的；（三）强迫多人卖淫或者多次强迫他人卖淫的；（四）强奸后迫使卖淫的；（五）造成被强迫卖淫的人重伤、死亡或者其他严重后果的。（第二款）有前款所列情形之一，情节特别严重的，处无期徒刑或者死刑，并处没收财产。（第三款）协助组织他人卖淫的，处五年以下有期徒刑，并处罚金；情节严重的，处五年以上十年以下有期徒刑，并处罚金。”

③ 第 2 款根据 2015 年 8 月 29 日第十二届全国人民代表大会常务委员会第十六次会议通过的《中华人民共和国刑法修正案（九）》删除。删除内容为：“嫖宿不满十四周岁的幼女的，处五年以上有期徒刑，并处罚金。”

动时，为违法犯罪分子通风报信，情节严重的，依照本法第三百一十条的规定定罪处罚。

第九节 制作、贩卖、传播淫秽物品罪

第三百六十三条 以牟利为目的，制作、复制、出版、贩卖、传播淫秽物品的，处三年以下有期徒刑、拘役或者管制，并处罚金；情节严重的，处三年以上十年以下有期徒刑，并处罚金；情节特别严重的，处十年以上有期徒刑或者无期徒刑，并处罚金或者没收财产。

为他人提供书号，出版淫秽书刊的，处三年以下有期徒刑、拘役或者管制，并处或者单处罚金；明知他人用于出版淫秽书刊而提供书号的，依照前款的规定处罚。

第三百六十四条 传播淫秽的书刊、影片、音像、图片或者其他淫秽物品，情节严重的，处二年以下有期徒刑、拘役或者管制。

组织播放淫秽的电影、录像等音像制品的，处三年以下有期徒刑、拘役或者管制，并处罚金；情节严重的，处三年以上十年以下有期徒刑，并处罚金。

制作、复制淫秽的电影、录像等音像制品组织播放的，依照第二款的规定从重处罚。

向不满十八周岁的未成年人传播淫秽物品的，从重处罚。

第三百六十五条 组织进行淫秽表演的，处三年以下有期徒刑、拘役或者管制，并处罚金；情节严重的，处三年以上十年以下有期徒刑，并处罚金。

第三百六十六条 单位犯本节第三百六十三条、第三百六十四条、第三百六十五条规定之罪的，对单位判处罚金，并对其直接负责的主管人员和其他直接责任人员，依照各该条的规定处罚。

第三百六十七条 本法所称淫秽物品，是指具体描绘性行为或者露骨宣扬色情的诲淫性的书刊、影片、录像带、录音带、图片及其他淫秽物品。

有关人体生理、医学知识的科学著作不是淫秽物品。

包含有色情内容的有艺术价值的文学、艺术作品不视为淫秽物品。

第七章 危害国防利益罪

第三百六十八条 以暴力、威胁方法阻碍军人依法执行职务的，处三年以下有期徒刑、拘役、管制或者罚金。

故意阻碍武装部队军事行动，造成严重后果的，处五年以下有期徒刑或者拘役。

第三百六十九条① 破坏武器装备、军事设施、军事通信的，处三年以下有期徒刑、拘役或者管制；破坏重要武器装备、军事设施、军事通信的，处三年以上十年以下有期徒刑；情节特别严重的，处十年以上有期徒刑、无期徒刑或者死刑。

过失犯前款罪，造成严重后果的，处三年以下有期徒刑或者拘役；造成特别严重后果的，处三年以上七年以下有期徒刑。

战时犯前两款罪的，从重处罚。

第三百七十条 明知是不合格的武器装备、军事设施而提供给武装部队的，处五年以下有期徒刑或者拘役；情节严重的，处五年以上十年以下有期徒刑；情节特别严重的，处十年以上有期徒刑、无期徒刑或者死刑。

过失犯前款罪，造成严重后果的，处三年以下有期徒刑或者拘役；造成特别严重后果的，处三年以上七年以下有期徒刑。

单位犯第一款罪的，对单位判处罚金，并对其直接负责的主管人员和其他直接责任人员，依照第一款的规定处罚。

第三百七十一条 聚众冲击军事禁区，严重扰乱军事禁区秩序的，对首要分子，处五年以上十年以下有期徒刑；对其他积极参加的，处五年以下有期徒刑、拘役、管制或者剥夺政治权利。

聚众扰乱军事管理区秩序，情节严重，致使军事管理区工作无法进行，造成严重损失的，对首要分子，处三年以上七年以下有期徒刑；对其他积极参加的，处三年以下有期徒刑、拘役、管制或者剥夺政治权利。

第三百七十二条 冒充军人招摇撞骗的，处三年以下有期徒刑、拘役、管制或者剥夺政治权利；情节严重的，处三年以上十年以下有期徒刑。

第三百七十三条 煽动军人逃离部队或者明知是逃离部队的军人而雇用，情节严重的，处三年以下有期徒刑、拘役或者管制。

第三百七十四条 在征兵工作中徇私舞弊，接送不合格兵员，情节严重的，处三年以下有期徒刑或者拘役；造成特别严重后果的，处三年以上七年以下有期徒刑。

---

① 根据2005年2月28日第十届全国人民代表大会常务委员会第十四次会议通过的《中华人民共和国刑法修正案（五）》修改，自2005年2月28日起施行。《刑法》原第三百六十九条为："破坏武器装备、军事设施、军事通信的，处三年以下有期徒刑、拘役或者管制；破坏重要武器装备、军事设施、军事通信的，处三年以上十年以下有期徒刑；情节特别严重的，处十年以上有期徒刑、无期徒刑或者死刑。战时从重处罚。"

第三百七十五条[①] 伪造、变造、买卖或者盗窃、抢夺武装部队公文、证件、印章的，处三年以下有期徒刑、拘役、管制或者剥夺政治权利；情节严重的，处三年以上十年以下有期徒刑。

非法生产、买卖武装部队制式服装，情节严重的，处三年以下有期徒刑、拘役或者管制，并处或者单处罚金。

伪造、盗窃、买卖或者非法提供、使用武装部队车辆号牌等专用标志，情节严重的，处三年以下有期徒刑、拘役或者管制，并处或者单处罚金；情节特别严重的，处三年以上七年以下有期徒刑，并处罚金。

单位犯第二款、第三款罪的，对单位判处罚金，并对其直接负责的主管人员和其他直接责任人员，依照各该款的规定处罚。

第三百七十六条 预备役人员战时拒绝、逃避征召或者军事训练，情节严重的，处三年以下有期徒刑或者拘役。

公民战时拒绝、逃避服役，情节严重的，处二年以下有期徒刑或者拘役。

第三百七十七条 战时故意向武装部队提供虚假敌情，造成严重后果的，处三年以上十年以下有期徒刑；造成特别严重后果的，处十年以上有期徒刑或者无期徒刑。

第三百七十八条 战时造谣惑众，扰乱军心的，处三年以下有期徒刑、拘役或者管制；情节严重的，处三年以上十年以下有期徒刑。

第三百七十九条 战时明知是逃离部队的军人而为其提供隐蔽处所、财物，情节严重的，处三年以下有期徒刑或者拘役。

第三百八十条 战时拒绝或者故意延误军事订货，情节严重的，对单位判处罚金，并对其直接负责的主管人员和其他直接责任人员，处五年以下有期徒刑或者拘役；造成严重后果的，处五年以上有期徒刑。

第三百八十一条[②] 战时拒绝军事征收、征用，情节严重的，处三年以下有期徒刑或者拘役。

第八章 贪污贿赂罪

第三百八十二条 国家工作人员利用职务上的便利，侵吞、窃取、骗取或者以其他手段非法占有公共财物的，是贪污罪。

受国家机关、国有公司、企业、事业单位、人民团体委托管理、经营国有财产的人员，利用职务上的便利，侵吞、窃取、骗取或者以其他手段非法占有国有财物的，以贪污论。

与前两款所列人员勾结，伙同贪污的，以共犯论处。

第三百八十三条[③] 对犯贪污罪的，根据情节轻重，分别依照下列规定处罚：

（一）贪污数额较大或者有其他较重情节的，处三年以下有期徒刑或者拘役，并处罚金。

（二）贪污数额巨大或者有其他严重情节的，处三年以上十年以下有期徒刑，并处罚金或者没收财产。

（三）贪污数额特别巨大或者有其他特别严重情节的，处十年以上有期徒刑或者无期徒刑，并处罚金或者没收财产；数额特别巨大，并使国家和人民利益遭受特别重大损失的，处无期徒刑或者死刑，并处没收财产。

对多次贪污未经处理的，按照累计贪污数额处罚。

犯第一款罪，在提起公诉前如实供述自己罪行、真诚悔罪、积极退赃，避免、减少损害结果的发生，有第一项规定情形的，可以从轻、减轻或者免除处罚；有第二项、第三项规定情形的，可以从轻处罚。

犯第一款罪，有第三项规定情形被判处死刑缓期执行的，人民法院根据犯罪情节等情况可以同时决定在其死刑缓期执行二年期满依法减为无期徒刑后，终身监禁，不得减刑、假释。

---

① 根据2009年2月28日第十一届全国人民代表大会常务委员会第七次会议通过的《中华人民共和国刑法修正案（七）》修改，自2009年2月28日起施行。《刑法》原第三百七十五条为："（第一款）伪造、变造、买卖或者盗窃、抢夺武装部队公文、证件、印章的，处三年以下有期徒刑、拘役、管制或者剥夺政治权利；情节严重的，处三年以上十年以下有期徒刑。（第二款）非法生产、买卖武装部队制式服装、车辆号牌等专用标志，情节严重的，处三年以下有期徒刑、拘役或者管制，并处或者单处罚金。（第三款）单位犯第二款罪的，对单位判处罚金，并对其直接负责的主管人员和其他直接责任人员，依照该款的规定处罚。"

② 根据2009年8月27日第十一届全国人民代表大会常务委员会第十次会议通过的《全国人民代表大会常务委员会关于修改部分法律的决定》修改，自2009年8月27日起施行。《刑法》原第三百八十一条为："战时拒绝军事征用，情节严重的，处三年以下有期徒刑或者拘役。"

③ 根据2015年8月29日第十二届全国人民代表大会常务委员会第十六次会议通过的《中华人民共和国刑法修正案（九）》修订，自2015年11月1日起施行。《刑法》原第三百八十三条为："（第一款）对犯贪污罪的，根据情节轻重，分别依照下列规定处罚：（一）个人贪污数额在十万元以上的，处十年以上有期徒刑或者无期徒刑，可以并处没收财产；情节特别严重的，处死刑，并处没收财产。（二）个人贪污数额在五万元以上不满十万元的，处五年以上有期徒刑，可以并处没收财产；情节特别严重的，处无期徒刑，并处没收财产。（三）个人贪污数额在五千元以上不满五万元的，处一年以上七年以下有期徒刑；情节严重的，处七年以上十年以下有期徒刑。个人贪污数额在五千元以上不满一万元，犯罪后有悔改表现、积极退赃的，可以减轻处罚或者免予刑事处罚，由其所在单位或者上级主管机关给予行政处分。（四）个人贪污数额不满五千元，情节较重的，处二年以下有期徒刑或者拘役；情节较轻的，由其所在单位或者上级主管机关酌情给予行政处分。（第二款）对多次贪污未经处理的，按照累计贪污数额处罚。"

第三百八十四条[①]　国家工作人员利用职务上的便利，挪用公款归个人使用，进行非法活动的，或者挪用公款数额较大、进行营利活动的，或者挪用公款数额较大、超过三个月未还的，是挪用公款罪，处五年以下有期徒刑或者拘役；情节严重的，处五年以上有期徒刑。挪用公款数额巨大不退还的，处十年以上有期徒刑或者无期徒刑。

挪用用于救灾、抢险、防汛、优抚、扶贫、移民、救济款物归个人使用的，从重处罚。

第三百八十五条　国家工作人员利用职务上的便利，索取他人财物的，或者非法收受他人财物，为他人谋取利益的，是受贿罪。

国家工作人员在经济往来中，违反国家规定，收受各种名义的回扣、手续费，归个人所有的，以受贿论处。

第三百八十六条　对犯受贿罪的，根据受贿所得数额及情节，依照本法第三百八十三条的规定处罚。索贿的从重处罚。

第三百八十七条　国家机关、国有公司、企业、事业单位、人民团体，索取、非法收受他人财物，为他人谋取利益，情节严重的，对单位判处罚金，并对其直接负责的主管人员和其他直接责任人员，处五年以下有期徒刑或者拘役。

前款所列单位，在经济往来中，在帐外暗中收受各种名义的回扣、手续费的，以受贿论，依照前款的规定处罚。

第三百八十八条　国家工作人员利用本人职权或者地位形成的便利条件，通过其他国家工作人员职务上的行为，为请托人谋取不正当利益，索取请托人财物或者收受请托人财物的，以受贿论处。

第三百八十八条之一[②]　国家工作人员的近亲属或者其他与该国家工作人员关系密切的人，通过该国家工作人员职务上的行为，或者利用该国家工作人员职权或者地位形成的便利条件，通过其他国家工作人员职务上的行为，为请托人谋取不正当利益，索取请托人财物或者收受请托人财物，数额较大或者有其他较重情节的，处三年以下有期徒刑或者拘役，并处罚金；数额巨大或者有其他严重情节的，处三年以上七年以下有期徒刑，并处罚金；数额特别巨大或者有其他特别严重情节的，处七年以上有期徒刑，并处罚金或者没收财产。

离职的国家工作人员或者其近亲属以及其他与其关系密切的人，利用该离职的国家工作人员原职权或者地位形成的便利条件实施前款行为的，依照前款的规定定罪处罚。

第三百八十九条　为谋取不正当利益，给予国家工作人员以财物的，是行贿罪。

在经济往来中，违反国家规定，给予国家工作人员以财物，数额较大的，或者违反国家规定，给予国家工作人员以各种名义的回扣、手续费的，以行贿论处。

因被勒索给予国家工作人员以财物，没有获得不正当利益的，不是行贿。

第三百九十条[③]　对犯行贿罪的，处五年以下有期徒刑或者拘役，并处罚金；因行贿谋取不正当利益，情节严重的，或者使国家利益遭受重大损失的，处五年以上十年以下有期徒刑，并处罚金；情节特别严重的，或者使国家利益遭受特别重大损失的，处十年以上有期徒刑或者无期徒刑，并处罚金或者没收财产。

行贿人在被追诉前主动交待行贿行为的，可以从轻或者减轻处罚。其中，犯罪较轻的，对侦破重大案件起关键作用的，或者有重大立功表现的，可以减轻或者免除处罚。

第三百九十条之一[④]　为谋取不正当利益，向国家工作人员的近亲属或者其他与该国家工作人员关系密切的人，或者向离职的国家工作人员或者其近亲属以及其他与其关系密切的人行贿的，处三年以下有期徒刑或者拘役，并处罚金；情节严重的，或者使国家利益遭受重大损失的，处三年以上七年以下有期徒刑，并处罚金；情节特别严重的，或者使国家利益遭受特别重大损失的，处七年以上十年以下有期徒刑，并处罚金。

单位犯前款罪的，对单位判处罚金，并对其直接负责的主管人员和其他直接责任人员，处三年以下有期徒刑或者拘役，并处罚金。

---

① 2002年4月28日第九届全国人民代表常务委员会第二十七次会议通过《全国人民代表大会常务委员会关于〈中华人民共和国刑法〉第三百八十四条第一款的解释》：全国人民代表大会常务委员会讨论了刑法第三百八十四条第一款规定的国家工作人员利用职务上的便利，挪用公款“归个人使用”的含义问题，解释如下：

有下列情形之一的，属于挪用公款“归个人使用”：

（一）将公款供本人、亲友或者其他自然人使用的；

（二）以个人名义将公款供其他单位使用的；

（三）个人决定以单位名义将公款供其他单位使用，谋取个人利益的。

② 根据2009年2月28日第十一届全国人民代表大会常务委员会第七次会议通过的《中华人民共和国刑法修正案（七）》增加，自2009年2月28日起施行。

③ 根据2015年8月29日第十二届全国人民代表大会常务委员会第十六次会议通过的《中华人民共和国刑法修正案（九）》修订，自2015年11月1日起施行。《刑法》原第三百九十条为：“（第一款）对犯行贿罪的，处五年以下有期徒刑或者拘役；因行贿谋取不正当利益，情节严重的，或者使国家利益遭受重大损失的，处五年以上十年以下有期徒刑；情节特别严重的，处十年以上有期徒刑或者无期徒刑，可以并处没收财产。（第二款）行贿人在被追诉前主动交待行贿行为的，可以减轻处罚或者免除处罚。”

④ 根据2015年8月29日第十二届全国人民代表大会常务委员会第十六次会议通过的《中华人民共和国刑法修正案（九）》增加，自2015年11月1日起施行。

第三百九十一条① 为谋取不正当利益，给予国家机关、国有公司、企业、事业单位、人民团体以财物的，或者在经济往来中，违反国家规定，给予各种名义的回扣、手续费的，处三年以下有期徒刑或者拘役，并处罚金。

单位犯前款罪的，对单位判处罚金，并对其直接负责的主管人员和其他直接责任人员，依照前款的规定处罚。

第三百九十二条② 向国家工作人员介绍贿赂，情节严重的，处三年以下有期徒刑或者拘役，并处罚金。

介绍贿赂人在被追诉前主动交待介绍贿赂行为的，可以减轻处罚或者免除处罚。

第三百九十三条③ 单位为谋取不正当利益而行贿，或者违反国家规定，给予国家工作人员以回扣、手续费，情节严重的，对单位判处罚金，并对其直接负责的主管人员和其他直接责任人员，处五年以下有期徒刑或者拘役，并处罚金。因行贿取得的违法所得归个人所有的，依照本法第三百八十九条、第三百九十条的规定定罪处罚。

第三百九十四条 国家工作人员在国内公务活动或者对外交往中接受礼物，依照国家规定应当交公而不交公，数额较大的，依照本法第三百八十二条、第三百八十三条的规定定罪处罚。

第三百九十五条④ 国家工作人员的财产、支出明显超过合法收入，差额巨大的，可以责令该国家工作人员说明来源，不能说明来源的，差额部分以非法所得论，处五年以下有期徒刑或者拘役；差额特别巨大的，处五年以上十年以下有期徒刑。财产的差额部分予以追缴。

国家工作人员在境外的存款，应当依照国家规定申报。数额较大、隐瞒不报的，处二年以下有期徒刑或者拘役；情节较轻的，由其所在单位或者上级主管机关酌情给予行政处分。

第三百九十六条 国家机关、国有公司、企业、事业单位、人民团体，违反国家规定，以单位名义将国有资产集体私分给个人，数额较大的，对其直接负责的主管人员和其他直接责任人员，处三年以下有期徒刑或者拘役，并处或者单处罚金；数额巨大的，处三年以上七年以下有期徒刑，并处罚金。

司法机关、行政执法机关违反国家规定，将应当上缴国家的罚没财物，以单位名义集体私分给个人的，依照前款的规定处罚。

第九章 渎职罪

第三百九十七条⑤ 国家机关工作人员滥用职权或者玩忽职守，致使公共财产、国家和人民利益遭受重大损失的，处三年以下有期徒刑或者拘役；情节特别严重的，处三年以上七年以下有期徒刑。本法另有规定的，依照规定。

国家机关工作人员徇私舞弊，犯前款罪的，处五年以下有期徒刑或者拘役；情节特别严重的，处五年以上十年以下有期徒刑。本法另有规定的，依照规定。

第三百九十八条 国家机关工作人员违反保守国家秘密法的规定，故意或者过失泄露国家秘密，情节严重的，处三年以下有期徒刑或者拘役；情节特别严重的，处三年以上七年以下有期徒刑。

非国家机关工作人员犯前款罪的，依照前款的规定酌情处罚。

---

① 第1款根据2015年8月29日第十二届全国人民代表大会常务委员会第十六次会议通过的《中华人民共和国刑法修正案（九）》修订，自2015年11月1日起施行。《刑法》原第三百九十一条为："为谋取不正当利益，给予国家机关、国有公司、企业、事业单位、人民团体以财物的，或者在经济往来中，违反国家规定，给予各种名义的回扣、手续费的，处三年以下有期徒刑或者拘役。"

② 第1款根据2015年8月29日第十二届全国人民代表大会常务委员会第十六次会议通过的《中华人民共和国刑法修正案（九）》修订，自2015年11月1日起施行。《刑法》原第三百九十二条为："向国家工作人员介绍贿赂，情节严重的，处三年以下有期徒刑或者拘役。"

③ 根据2015年8月29日第十二届全国人民代表大会常务委员会第十六次会议通过的《中华人民共和国刑法修正案（九）》修订，自2015年11月1日起施行。《刑法》原第三百九十三条为："单位为谋取不正当利益而行贿，或者违反国家规定，给予国家工作人员以回扣、手续费，情节严重的，对单位判处罚金，并对其直接负责的主管人员和其他直接责任人员，处五年以下有期徒刑或者拘役。因行贿取得的违法所得归个人所有的，依照本法第三百八十九条、第三百九十条的规定定罪处罚。"

④ 根据2009年2月28日第十一届全国人民代表大会常务委员会第七次会议通过的《中华人民共和国刑法修正案（七）》修改，自2009年2月28日起施行。《刑法》原第三百九十五条为："（第一款）国家工作人员的财产或者支出明显超过合法收入，差额巨大的，可以责令说明来源。本人不能说明其来源是合法的，差额部分以非法所得论，处五年以下有期徒刑或者拘役，财产的差额部分予以追缴。（第二款）国家工作人员在境外的存款，应当依照国家规定申报。数额较大、隐瞒不报的，处二年以下有期徒刑或者拘役；情节较轻的，由其所在单位或者上级主管机关酌情给予行政处分。"

⑤ 1998年12月29日第九届全国人民代表大会常务委员会第六次会议通过《全国人民代表大会常务委员会关于惩治骗购外汇、逃汇和非法买卖外汇犯罪的决定》，自1998年12月29日起施行。"……

六、海关、外汇管理部门的工作人员严重不负责任，造成大量外汇被骗购或者逃汇，致使国家利益遭受重大损失的，依照刑法第三百九十七条的规定定罪处罚。

……"

第三百九十九条① 司法工作人员徇私枉法、徇情枉法，对明知是无罪的人而使他受追诉、对明知是有罪的人而故意包庇不使他受追诉，或者在刑事审判活动中故意违背事实和法律作枉法裁判的，处五年以下有期徒刑或者拘役；情节严重的，处五年以上十年以下有期徒刑；情节特别严重的，处十年以上有期徒刑。

在民事、行政审判活动中故意违背事实和法律作枉法裁判，情节严重的，处五年以下有期徒刑或者拘役；情节特别严重的，处五年以上十年以下有期徒刑。

在执行判决、裁定活动中，严重不负责任或者滥用职权，不依法采取诉讼保全措施、不履行法定执行职责，或者违法采取诉讼保全措施、强制执行措施，致使当事人或者其他人的利益遭受重大损失的，处五年以下有期徒刑或者拘役；致使当事人或者其他人的利益遭受特别重大损失的，处五年以上十年以下有期徒刑。

司法工作人员收受贿赂，有前三款行为的，同时又构成本法第三百八十五条规定之罪的，依照处罚较重的规定定罪处罚。

第三百九十九条之一② 依法承担仲裁职责的人员，在仲裁活动中故意违背事实和法律作枉法裁决，情节严重的，处三年以下有期徒刑或者拘役；情节特别严重的，处三年以上七年以下有期徒刑。

第四百条 司法工作人员私放在押的犯罪嫌疑人、被告人或者罪犯的，处五年以下有期徒刑或者拘役；情节严重的，处五年以上十年以下有期徒刑；情节特别严重的，处十年以上有期徒刑。

司法工作人员由于严重不负责任，致使在押的犯罪嫌疑人、被告人或者罪犯脱逃，造成严重后果的，处三年以下有期徒刑或者拘役；造成特别严重后果的，处三年以上十年以下有期徒刑。

第四百零一条 司法工作人员徇私舞弊，对不符合减刑、假释、暂予监外执行条件的罪犯，予以减刑、假释或者暂予监外执行的，处三年以下有期徒刑或者拘役；情节严重的，处三年以上七年以下有期徒刑。

第四百零二条 行政执法人员徇私舞弊，对依法应当移交司法机关追究刑事责任的不移交，情节严重的，处三年以下有期徒刑或者拘役；造成严重后果的，处三年以上七年以下有期徒刑。

第四百零三条 国家有关主管部门的国家机关工作人员，徇私舞弊，滥用职权，对不符合法律规定条件的公司设立、登记申请或者股票、债券发行、上市申请，予以批准或者登记，致使公共财产、国家和人民利益遭受重大损失的，处五年以下有期徒刑或者拘役。

上级部门强令登记机关及其工作人员实施前款行为的，对其直接负责的主管人员，依照前款的规定处罚。

第四百零四条 税务机关的工作人员徇私舞弊，不征或者少征应征税款，致使国家税收遭受重大损失的，处五年以下有期徒刑或者拘役；造成特别重大损失的，处五年以上有期徒刑。

第四百零五条 税务机关的工作人员违反法律、行政法规的规定，在办理发售发票、抵扣税款、出口退税工作中，徇私舞弊，致使国家利益遭受重大损失的，处五年以下有期徒刑或者拘役；致使国家利益遭受特别重大损失的，处五年以上有期徒刑。

其他国家机关工作人员违反国家规定，在提供出口货物报关单、出口收汇核销单等出口退税凭证的工作中，徇私舞弊，致使国家利益遭受重大损失的，依照前款的规定处罚。

第四百零六条 国家机关工作人员在签订、履行合同过程中，因严重不负责任被诈骗，致使国家利益遭受重大损失的，处三年以下有期徒刑或者拘役；致使国家利益遭受特别重大损失的，处三年以上七年以下有期徒刑。

第四百零七条 林业主管部门的工作人员违反森林法的规定，超过批准的年采伐限额发放林木采伐许可证或者违反规定滥发林木采伐许可证，情节严重，致使森林遭受严重破坏的，处三年以下有期徒刑或者拘役。

第四百零八条 负有环境保护监督管理职责的国家机关工作人员严重不负责任，导致发生重大环境污染事故，致使公私财产遭受重大损失或者造成人身伤亡的严重后果的，处三年以下有期徒刑或者拘役。

第四百零八条之一③ 负有食品药品安全监督管理职责的国家机关工作人员，滥用职权或者玩忽职守，有下列情形

---

① 根据2002年12月28日第九届全国人民代表大会常务委员会第三十一次会议通过的《中华人民共和国刑法修正案（四）》修改，自2002年12月28日起施行。《刑法》原第三百九十九条为："（第一款）司法工作人员徇私枉法、徇情枉法，对明知是无罪的人而使他受追诉、对明知是有罪的人而故意包庇不使他受追诉，或者在刑事审判活动中故意违背事实和法律作枉法裁判的，处五年以下有期徒刑或者拘役；情节严重的，处五年以上十年以下有期徒刑；情节特别严重的，处十年以上有期徒刑。（第二款）在民事、行政审判活动中故意违背事实和法律作枉法裁判，情节严重的，处五年以下有期徒刑或者拘役；情节特别严重的，处五年以上十年以下有期徒刑。（第三款）司法工作人员贪赃枉法，有前两款行为的，同时又构成本法第三百八十五条规定之罪的，依照处罚较重的规定定罪处罚。"

② 根据2006年6月29日第十届全国人民代表大会常务委员会第二十二次会议通过的《中华人民共和国刑法修正案（六）》增加，自2006年6月29日起施行。

③ 第1款根据2020年12月26日第十三届全国人民代表大会常务委员会第二十四次会议通过的《中华人民共和国刑法修正案（十一）》修改，自2021年3月1日起施行。原条文根据2011年2月25日第十一届全国人民代表大会常务委员会第十九次会议通过的《中华人民共和国刑法修正案（八）》增加，自2011年5月1日起施行。《刑法》第四百零八条之一第一款原条文内容为："负有食品安全监督管理职责的国家机关工作人员，滥用职权或者玩忽职守，导致发生重大食品安全事故或者造成其他严重后果的，处五年以下有期徒刑或者拘役；造成特别严重后果的，处五年以上十年以下有期徒刑。"

之一，造成严重后果或者有其他严重情节的，处五年以下有期徒刑或者拘役；造成特别严重后果或者有其他特别严重情节的，处五年以上十年以下有期徒刑：

（一）瞒报、谎报食品安全事故、药品安全事件的；

（二）对发现的严重食品药品安全违法行为未按规定查处的；

（三）在药品和特殊食品审批审评过程中，对不符合条件的申请准予许可的；

（四）依法应当移交司法机关追究刑事责任不移交的；

（五）有其他滥用职权或者玩忽职守行为的。

徇私舞弊犯前款罪的，从重处罚。

第四百零九条　从事传染病防治的政府卫生行政部门的工作人员严重不负责任，导致传染病传播或者流行，情节严重的，处三年以下有期徒刑或者拘役。

第四百一十条①② 国家机关工作人员徇私舞弊，违反土地管理法规，滥用职权，非法批准征收、征用、占用土地，或者非法低价出让国有土地使用权，情节严重的，处三年以下有期徒刑或者拘役；致使国家或者集体利益遭受特别重大损失的，处三年以上七年以下有期徒刑。

第四百一十一条　海关工作人员徇私舞弊，放纵走私，情节严重的，处五年以下有期徒刑或者拘役；情节特别严重的，处五年以上有期徒刑。

第四百一十二条　国家商检部门、商检机构的工作人员徇私舞弊，伪造检验结果的，处五年以下有期徒刑或者拘役；造成严重后果的，处五年以上十年以下有期徒刑。

前款所列人员严重不负责任，对应当检验的物品不检验，或者延误检验出证、错误出证，致使国家利益遭受重大损失的，处三年以下有期徒刑或者拘役。

第四百一十三条　动植物检疫机关的检疫人员徇私舞弊，伪造检疫结果的，处五年以下有期徒刑或者拘役；造成严重后果的，处五年以上十年以下有期徒刑。

前款所列人员严重不负责任，对应当检疫的检疫物不检疫，或者延误检疫出证、错误出证，致使国家利益遭受重大损失的，处三年以下有期徒刑或者拘役。

第四百一十四条　对生产、销售伪劣商品犯罪行为负有追究责任的国家机关工作人员，徇私舞弊，不履行法律规定的追究职责，情节严重的，处五年以下有期徒刑或者拘役。

第四百一十五条　负责办理护照、签证以及其他出入境证件的国家机关工作人员，对明知是企图偷越国（边）境的人员，予以办理出入境证件的，或者边防、海关等国家机关工作人员，对明知是偷越国（边）境的人员，予以放行的，处三年以下有期徒刑或者拘役；情节严重的，处三年以上七年以下有期徒刑。

第四百一十六条　对被拐卖、绑架的妇女、儿童负有解救职责的国家机关工作人员，接到被拐卖、绑架的妇女、儿童及其家属的解救要求或者接到其他人的举报，而对被拐卖、绑架的妇女、儿童不进行解救，造成严重后果的，处五年以下有期徒刑或者拘役。

负有解救职责的国家机关工作人员利用职务阻碍解救的，处二年以上七年以下有期徒刑；情节较轻的，处二年以下有期徒刑或者拘役。

第四百一十七条　有查禁犯罪活动职责的国家机关工作人员，向犯罪分子通风报信、提供便利，帮助犯罪分子逃避处罚的，处三年以下有期徒刑或者拘役；情节严重的，处三年以上十年以下有期徒刑。

第四百一十八条　国家机关工作人员在招收公务员、学生工作中徇私舞弊，情节严重的，处三年以下有期徒刑或者拘役。

---

① 根据2009年8月27日第十一届全国人民代表大会常务委员会第十次会议通过的《全国人民代表大会常务委员会关于修改部分法律的决定》修改，自2009年8月27日起施行。《刑法》原第四百一十条为："国家机关工作人员徇私舞弊，违反土地管理法规，滥用职权，非法批准征用、占用土地，或者非法低价出让国有土地使用权，情节严重的，处三年以下有期徒刑或者拘役；致使国家或者集体利益遭受特别重大损失的，处三年以上七年以下有期徒刑。"

② 2001年8月31日第九届全国人民代表大会常务委员会第二十三次会议通过《全国人民代表大会常务委员会关于〈中华人民共和国刑法〉第二百二十八条、第三百四十二条、第四百一十条的解释》。

根据2009年8月27日第十一届全国人民代表大会常务委员会第十次会议通过的《全国人民代表大会常务委员会关于修改部分法律的决定》修改，自2009年8月27日施行。原解释为：全国人民代表大会常务委员会讨论了刑法第二百二十八条、第三百四十二条、第四百一十条规定的"违反土地管理法规"和第四百一十条规定的"非法批准征用、占用土地"的含义问题，解释如下：刑法第二百二十八条、第三百四十二条、第四百一十条规定的"违反土地管理法规"，是指违反土地管理法、森林法、草原法等法律以及有关行政法规中关于土地管理的规定。

刑法第四百一十条规定的"非法批准征用、占用土地"，是指非法批准征用、占用耕地、林地等农用地以及其他土地。

第四百一十九条[①][②] 国家机关工作人员严重不负责任，造成珍贵文物损毁或者流失，后果严重的，处三年以下有期徒刑或者拘役。

第十章 军人违反职责罪

第四百二十条 军人违反职责，危害国家军事利益，依照法律应当受刑罚处罚的行为，是军人违反职责罪。

第四百二十一条 战时违抗命令，对作战造成危害的，处三年以上十年以下有期徒刑；致使战斗、战役遭受重大损失的，处十年以上有期徒刑、无期徒刑或者死刑。

第四百二十二条 故意隐瞒、谎报军情或者拒传、假传军令，对作战造成危害的，处三年以上十年以下有期徒刑；致使战斗、战役遭受重大损失的，处十年以上有期徒刑、无期徒刑或者死刑。

第四百二十三条 在战场上贪生怕死，自动放下武器投降敌人的，处三年以上十年以下有期徒刑；情节严重的，处十年以上有期徒刑或者无期徒刑。

投降后为敌人效劳的，处十年以上有期徒刑、无期徒刑或者死刑。

第四百二十四条 战时临阵脱逃的，处三年以下有期徒刑；情节严重的，处三年以上十年以下有期徒刑；致使战斗、战役遭受重大损失的，处十年以上有期徒刑、无期徒刑或者死刑。

第四百二十五条 指挥人员和值班、值勤人员擅离职守或者玩忽职守，造成严重后果的，处三年以下有期徒刑或者拘役；造成特别严重后果的，处三年以上七年以下有期徒刑。

战时犯前款罪的，处五年以上有期徒刑。

第四百二十六条[③] 以暴力、威胁方法，阻碍指挥人员或者值班、值勤人员执行职务的，处五年以下有期徒刑或者拘役；情节严重的，处五年以上十年以下有期徒刑；情节特别严重的，处十年以上有期徒刑或者无期徒刑。战时从重处罚。

第四百二十七条 滥用职权，指使部属进行违反职责的活动，造成严重后果的，处五年以下有期徒刑或者拘役；情节特别严重的，处五年以上十年以下有期徒刑。

第四百二十八条 指挥人员违抗命令，临阵畏缩，作战消极，造成严重后果的，处五年以下有期徒刑；致使战斗、战役遭受重大损失或者有其他特别严重情节的，处五年以上有期徒刑。

第四百二十九条 在战场上明知友邻部队处境危急请求救援，能救援而不救援，致使友邻部队遭受重大损失的，对指挥人员，处五年以下有期徒刑。

第四百三十条 在履行公务期间，擅离岗位，叛逃境外或者在境外叛逃，危害国家军事利益的，处五年以下有期徒刑或者拘役；情节严重的，处五年以上有期徒刑。

驾驶航空器、舰船叛逃的，或者有其他特别严重情节的，处十年以上有期徒刑、无期徒刑或者死刑。

第四百三十一条[④] 以窃取、刺探、收买方法，非法获取军事秘密的，处五年以下有期徒刑；情节严重的，处五年以上十年以下有期徒刑；情节特别严重的，处十年以上有期徒刑。

为境外的机构、组织、人员窃取、刺探、收买、非法提供军事秘密的，处五年以上十年以下有期徒刑；情节严重的，处十年以上有期徒刑、无期徒刑或者死刑。

第四百三十二条 违反保守国家秘密法规，故意或者过失泄露军事秘密，情节严重的，处五年以下有期徒刑或者

---

① 2005年12月29日第十届全国人民代表大会常务委员会第十九次会议通过《全国人民代表大会常务委员会关于〈中华人民共和国刑法〉有关文物的规定适用于具有科学价值的古脊椎动物化石、古人类化石的解释》：全国人民代表大会常务委员会根据司法实践中遇到的情况，讨论了关于走私、盗窃、损毁、倒卖或者非法转让具有科学价值的古脊椎动物化石、古人类化石的行为适用刑法有关规定的问题，解释如下：

刑法有关文物的规定，适用于具有科学价值的古脊椎动物化石、古人类化石。

② 2002年12月28日第九届全国人民代表大会常务委员会第三十一次会议通过《全国人民代表大会常务委员会关于〈中华人民共和国刑法〉第九章渎职罪主体适用问题的解释》：全国人大常委会根据司法实践中遇到的情况，讨论了刑法第九章渎职罪主体的适用问题，解释如下：

在依照法律、法规规定行使国家行政管理职权的组织中从事公务的人员，或者在受国家机关委托代表国家机关行使职权的组织中从事公务的人员，或者虽未列入国家机关人员编制但在国家机关中从事公务的人员，在代表国家机关行使职权时，有渎职行为，构成犯罪的，依照刑法关于渎职罪的规定追究刑事责任。

③ 根据2015年8月29日第十二届全国人民代表大会常务委员会第十六次会议通过的《中华人民共和国刑法修正案（九）》修订，自2015年11月1日起施行。《刑法》原第四百二十六条为："以暴力、威胁方法，阻碍指挥人员或者值班、值勤人员执行职务的，处五年以下有期徒刑或者拘役；情节严重的，处五年以上有期徒刑；致人重伤、死亡的，或者有其他特别严重情节的，处无期徒刑或者死刑。战时从重处罚。"

④ 第2款根据2020年12月26日第十三届全国人民代表大会常务委员会第二十四次会议通过的《中华人民共和国刑法修正案（十一）》修改，自2021年3月1日起施行。《刑法》原第四百三十一条第二款为："为境外的机构、组织、人员窃取、刺探、收买、非法提供军事秘密的，处十年以上有期徒刑、无期徒刑或者死刑。"

拘役；情节特别严重的，处五年以上十年以下有期徒刑。

战时犯前款罪的，处五年以上十年以下有期徒刑；情节特别严重的，处十年以上有期徒刑或者无期徒刑。

第四百三十三条[①] 战时造谣惑众，动摇军心的，处三年以下有期徒刑；情节严重的，处三年以上十年以下有期徒刑；情节特别严重的，处十年以上有期徒刑或者无期徒刑。

第四百三十四条 战时自伤身体，逃避军事义务的，处三年以下有期徒刑；情节严重的，处三年以上七年以下有期徒刑。

第四百三十五条 违反兵役法规，逃离部队，情节严重的，处三年以下有期徒刑或者拘役。

战时犯前款罪的，处三年以上七年以下有期徒刑。

第四百三十六条 违反武器装备使用规定，情节严重，因而发生责任事故，致人重伤、死亡或者造成其他严重后果的，处三年以下有期徒刑或者拘役；后果特别严重的，处三年以上七年以下有期徒刑。

第四百三十七条 违反武器装备管理规定，擅自改变武器装备的编配用途，造成严重后果的，处三年以下有期徒刑或者拘役；造成特别严重后果的，处三年以上七年以下有期徒刑。

第四百三十八条 盗窃、抢夺武器装备或者军用物资的，处五年以下有期徒刑或者拘役；情节严重的，处五年以上十年以下有期徒刑；情节特别严重的，处十年以上有期徒刑、无期徒刑或者死刑。

盗窃、抢夺枪支、弹药、爆炸物的，依照本法第一百二十七条的规定处罚。

第四百三十九条 非法出卖、转让军队武器装备的，处三年以上十年以下有期徒刑；出卖、转让大量武器装备或者有其他特别严重情节的，处十年以上有期徒刑、无期徒刑或者死刑。

第四百四十条 违抗命令，遗弃武器装备的，处五年以下有期徒刑或者拘役；遗弃重要或者大量武器装备的，或者有其他严重情节的，处五年以上有期徒刑。

第四百四十一条 遗失武器装备，不及时报告或者有其他严重情节的，处三年以下有期徒刑或者拘役。

第四百四十二条 违反规定，擅自出卖、转让军队房地产，情节严重的，对直接责任人员，处三年以下有期徒刑或者拘役；情节特别严重的，处三年以上十年以下有期徒刑。

第四百四十三条 滥用职权，虐待部属，情节恶劣，致人重伤或者造成其他严重后果的，处五年以下有期徒刑或者拘役；致人死亡的，处五年以上有期徒刑。

第四百四十四条 在战场上故意遗弃伤病军人，情节恶劣的，对直接责任人员，处五年以下有期徒刑。

第四百四十五条 战时在救护治疗职位上，有条件救治而拒不救治危重伤病军人的，处五年以下有期徒刑或者拘役；造成伤病军人重残、死亡或者有其他严重情节的，处五年以上十年以下有期徒刑。

第四百四十六条 战时在军事行动地区，残害无辜居民或者掠夺无辜居民财物的，处五年以下有期徒刑；情节严重的，处五年以上十年以下有期徒刑；情节特别严重的，处十年以上有期徒刑、无期徒刑或者死刑。

第四百四十七条 私放俘虏的，处五年以下有期徒刑；私放重要俘虏、私放俘虏多人或者有其他严重情节的，处五年以上有期徒刑。

第四百四十八条 虐待俘虏，情节恶劣的，处三年以下有期徒刑。

第四百四十九条 在战时，对被判处三年以下有期徒刑没有现实危险宣告缓刑的犯罪军人，允许其戴罪立功，确有立功表现时，可以撤销原判刑罚，不以犯罪论处。

第四百五十条[②] 本章适用于中国人民解放军的现役军官、文职干部、士兵及具有军籍的学员和中国人民武装警察部队的现役警官、文职干部、士兵及具有军籍的学员以及文职人员、执行军事任务的预备役人员和其他人员。

第四百五十一条 本章所称战时，是指国家宣布进入战争状态、部队受领作战任务或者遭敌突然袭击时。

部队执行戒严任务或者处置突发性暴力事件时，以战时论。

---

① 根据2015年8月29日第十二届全国人民代表大会常务委员会第十六次会议通过的《中华人民共和国刑法修正案（九）》修订，自2015年11月1日起施行。《刑法》原第四百三十三条为："（第一款）战时造谣惑众，动摇军心的，处三年以下有期徒刑；情节严重的，处三年以上十年以下有期徒刑。（第二款）勾结敌人造谣惑众，动摇军心的，处十年以上有期徒刑或者无期徒刑；情节特别严重的，可以判处死刑。"

② 根据2020年12月26日第十三届全国人民代表大会常务委员会第二十四次会议通过的《中华人民共和国刑法修正案（十一）》修改，自2021年3月1日起施行。《刑法》原第四百五十条为："本章适用于中国人民解放军的现役军官、文职干部、士兵及具有军籍的学员和中国人民武装警察部队的现役警官、文职干部、士兵及具有军籍的学员以及执行军事任务的预备役人员和其他人员。"

附　则

第四百五十二条　本法自1997年10月1日起施行。

列于本法附件一的全国人民代表大会常务委员会制定的条例、补充规定和决定，已纳入本法或者已不适用，自本法施行之日起，予以废止。

列于本法附件二的全国人民代表大会常务委员会制定的补充规定和决定予以保留。其中，有关行政处罚和行政措施的规定继续有效；有关刑事责任的规定已纳入本法，自本法施行之日起，适用本法规定。

附件一

全国人民代表大会常务委员会制定的下列条例、补充规定和决定，已纳入本法或者已不适用，自本法施行之日起，予以废止：

1. 中华人民共和国惩治军人违反职责罪暂行条例
2. 关于严惩严重破坏经济的罪犯的决定
3. 关于严惩严重危害社会治安的犯罪分子的决定
4. 关于惩治走私罪的补充规定
5. 关于惩治贪污罪贿赂罪的补充规定
6. 关于惩治泄露国家秘密犯罪的补充规定
7. 关于惩治捕杀国家重点保护的珍贵、濒危野生动物犯罪的补充规定
8. 关于惩治侮辱中华人民共和国国旗国徽罪的决定
9. 关于惩治盗掘古文化遗址古墓葬犯罪的补充规定
10. 关于惩治劫持航空器犯罪分子的决定
11. 关于惩治假冒注册商标犯罪的补充规定
12. 关于惩治生产、销售伪劣商品犯罪的决定
13. 关于惩治侵犯著作权的犯罪的决定
14. 关于惩治违反公司法的犯罪的决定
15. 关于处理逃跑或者重新犯罪的劳改犯和劳教人员的决定

附件二

全国人民代表大会常务委员会制定的下列补充规定和决定予以保留，其中，有关行政处罚和行政措施的规定继续有效；有关刑事责任的规定已纳入本法，自本法施行之日起，适用本法规定

1. 关于禁毒的决定①
2. 关于惩治走私、制作、贩卖、传播淫秽物品的犯罪分子的决定
3. 关于严惩拐卖、绑架妇女、儿童的犯罪分子的决定
4. 关于严禁卖淫嫖娼的决定
5. 关于惩治偷税、抗税犯罪的补充规定②
6. 关于严惩组织、运送他人偷越国（边）境犯罪的补充规定③
7. 关于惩治破坏金融秩序犯罪的决定
8. 关于惩治虚开、伪造和非法出售增值税专用发票犯罪的决定

---

① 根据2007年12月29日第十届全国人民代表大会常务委员会第三十一次会议通过的《中华人民共和国禁毒法》废止。

② 根据2009年6月27日第十一届全国人民代表大会常务委员会第九次会议通过的《全国人民代表大会常务委员会关于废止部分法律的决定》废止。

③ 根据2009年6月27日第十一届全国人民代表大会常务委员会第九次会议通过的《全国人民代表大会常务委员会关于废止部分法律的决定》废止。

上编：

新中国成立—1979年6月

新中国刑法孕育和初创时期

刑法立法的发展绝不是一个孤立的事件，而是国家总体发展的一部分，要受到各种相关因素的影响和制约。[①] 中华人民共和国成立后，受国内国外两方面形势的影响，尤其是我国新生的社会主义政权需要健全和进一步巩固，社会各行各业百废待兴，经济建设亟待开展。新中国的刑法立法正是在这种背景下起步的。

结合新中国成立后前30年（1949年10月至1979年6月第一部刑法典颁行前）社会曲折发展的时代背景，我们大体可以从刑法立法规范和刑法立法起草工作两个方面，考察我国刑法立法的演进历程、基本内容和主要特点。我国刑法立法在这两个方面的演进，都打上了该时期我国社会的时代烙印。

一、刑法立法的演进

(一) 刑法立法规范的沿革

新中国成立后前30年制定的刑法立法规范，在不同的历史阶段表现出不同的情形。大体上可以从新中国成立初期的前8年（1949年10月至1957年中期）和之后的22年（1957年中期至1979年刑法典颁行前）两个阶段进行考察。

1. 第一阶段：新中国成立初期前8年刑法立法规范的沿革

这一阶段始于新中国成立，止于1957年中期。之所以止于1957年中期，是因为1957年中期相继开展的“反右派”等政治运动，导致包括刑法立法在内的法制建设进程进入低潮。

1949年10月1日，中华人民共和国宣布成立，标志着中国的政权建设和法制建设进入了一个新的历史时期。新中国成立初期，由于面临着镇压反革命、巩固新生的人民政权和恢复经济建设的重大任务，国家缺乏建设法制尤其是创制法典的经验，因而当时不可能也没有条件在较短的时间内制定出一部统一的全面系统的刑法典。时任中央人民政府政务院政治法律委员会副主任的彭真于1951年在《关于政法工作的情况和目前任务》一文中，明确阐述了当时国家的立法考虑：“在立法方面，目前还不宜追求制定一些既不成熟又非急需的完备、细密的成套的法规，以致闭门造车；应该按照当前的中心任务和人民急需解决的问题，根据可能与必要，把成熟的经验定型化，由通报典型经验并综合各地经验逐渐形成制度和法律条文，逐步地由简而繁，由通则而细则，由单行法规而形成整套的刑法、民法。”[②] 可以说，新中国成立初期我国刑法立法就是在这样的立法思想的指导下进行的，即根据当时国家中心任务和社会形势的需要，陆续制定出一些单行刑事法律和其他形式的刑法规范。

(1) 土地改革运动中的主要刑法立法。中华人民共和国成立时，在全国只有大约1.45亿农业人口的地区完成了土地改革，尚有2.64亿农业人口的地区没有进行土地改革。因此，在开展“镇压反革命”运动的同时，土地改革运动也在紧锣密鼓地进行中。为了在全国范围内顺利完成土地改革的任务，中央人民政府于1950年6月30日公布了《土地改革法》，有关刑事法规的主要内容有：在土地改革完成以前，严禁一切非法的宰杀耕畜、砍伐树木，并严禁荒废土地，破坏农具水利、建筑物、农作物或其他物品，违者应受人民法庭的审判及处分。为了在土地改革中防止不法地主的破坏活动，为惩治不法地主的犯罪活动提供量刑的规格和标准，实行土地改革的各大行政区的军政委员会先后颁发了惩治不法地主犯罪的单行条例，如1950年9月19日颁布的《华东惩治不法地主暂行条例》、同年11月15日颁布的《西北军政委员会惩治不法地主暂行条例》、同年11月16日颁布的《中南区惩治不法地主暂行条例》、同年12月13日颁布的《西南区惩治不法地主暂行条例》。总括而言，到1952年9月，全国除部分少数民族聚居地区外，普遍实行了土地改革。各地人民法庭依照上述规定，审理了一批破坏土

---

① 参见赵秉志：《改革开放40年我国刑法立法的发展及其完善》，载《法学评论》2019年第2期。

② 参见《追寻新中国法制建设的脚步》，载《法制日报》2004年9月2日。

地改革的不法地主案件，保障了土地改革的顺利实施。

（2）镇压反革命运动中的主要刑法立法。镇压反革命运动，是继武装革命斗争之后进行对敌斗争的一种主要形式，也是新中国成立初期面临的一项十分紧迫的政治任务。当时，各种反革命分子的破坏活动十分猖獗，但在许多地方却出现惩办不力甚至"宽大无边"的现象。为此，中央人民政府政务院、最高人民法院于1950年7月23日联合发布了《关于镇压反革命活动的指示》，对镇压反革命的基本方针、反革命犯罪及其处罚作出了规定。① 这是新中国成立初期处理反革命案件的主要法律文件依据。

1951年春，"镇压反革命运动"达到高潮，全国各地揭发出大批反革命分子，运动转入处理阶段。为了规范对反革命罪犯的定罪量刑活动，在总结前期处理反革命犯罪实践经验的基础上，中央人民政府委员会第十一次会议于1951年2月20日通过了《中华人民共和国惩治反革命条例》。该条例共有21条，确定了反革命罪的基本概念、区分了反革命罪与一般刑事犯罪的主观目的、规定了11种具体的反革命犯罪；并根据罪刑相适应原则的要求，依照罪行的轻重，对反革命犯罪规定了适用的刑种和量刑情节；确立了数罪并罚、溯及既往原则以及类推制度。②

镇压反革命运动后期的主要任务是集中精力清理积案，组织罪犯进行劳动改造，因此，建立各种制度保证案件的妥善处理就非常必要。为适应这一需要，先后有以下规范性法律文件出台：中央人民政府政务院于1951年2月4日颁布的《关于没收战犯、汉奸、官僚资本家及反革命分子财产的指示》、1951年6月1日颁布的《保守国家机密暂行条例》、1951年6月22日颁布的《关于没收反革命罪犯财产的规定》，中央人民政府政务院于1952年6月27日批准的《公安部管制反革命分子暂行办法》，以及中央人民政府政务院于1954年8月26日颁布的《劳动改造罪犯刑满释放及安置就业暂行处理办法》等。这些规范性文件与《中华人民共和国惩治反革命条例》相互配套，是新中国成立初期镇压反革命犯罪的有力武器。③ 另外，为了配合"镇压反革命运动"、维护国家货币稳定，中央人民政府政务院于1951年4月出台了《妨害国家货币治罪暂行条例》，其中对以反革命为目的伪造国家货币和以营利为目的伪造国家货币等行为及其惩罚作出了专门规定。

社会主义改造工作基本完成以后，为了进一步孤立和肃清残余的反革命分子并给他们悔过自新的机会，全国人大常委会第五十一次会议于1956年11月16日通过了《关于宽大处理和安置城市残余反革命分子的决定》。同日，全国人大常委会第五十一次会议还通过了《关于对反革命分子的管制一律由人民法院判决的决定》，该决定对管制的判决和执行作了统一规定。另外，为了规范死刑的适用，第一届全国人民代表大会第四次会议于1957年7月15日通过了《关于死刑案件由最高人民法院判决或者核准的决议》，全国人民代表大会常务委员会于1957年9月26日向最高人民法院作出了《关于死刑案件由最高人民法院判决或者核准的决议如何执行问题》的批复。

（3）"三反""五反"运动中的主要刑法立法。中华人民共和国成立后的最初几年，由于忙于抗美援朝、土地改革和镇压反革命残余势力，忙于经济和文化事业的恢复与各项建设事业的发展，对于旧中国时期的资产阶级污毒还没有来得及加以系统地扫除，资产阶级中的不法分子便与国家工作人员中的贪污分子相互勾结，肆意进行各种违法犯罪活动。1951年10月，在全国工业战线开展的爱国增产运动中，也揭发出大量的贪污浪费和官僚主义问题。在这样的社会背景下，1951年10月1日，中共中央作出《关于实行精兵简政、增产节约、反对贪污、反对浪费和反对官僚主义的决定》，接着又在12月8日作出《关于反贪污斗争必须大张旗鼓地进行的指示》，人民政协全国委员会也于同年12月29日作出《关于增产节约运动与反贪污、反浪费、反官僚主义斗争的指示》，从而开始了全国规模的以"反贪污、反浪费、反官僚主义"为内容的"三反"运动。

为了配合当时的"三反"运动，为惩治贪污分子提供法律依据，中央人民政府委员会于1952年4月21日公布施行了《中华人民共和国惩治贪污条例》。该条例规定了贪污罪的概念和犯罪行为表现，确定了惩治贪污犯罪的政策原则，规定了多样化的刑罚以及若干法定情节等。④ 随着"三反"运动的

① 详见中共中央文献研究室编：《建国以来重要文献选编（第1册）》，中央文献出版社1992年版，第358-360页。
② 详见高铭暄、赵秉志编：《新中国刑法立法文献资料总览》（第2版），中国人民公安大学出版社2015年版，第59-60页。
③ 参见高铭暄：《刑法肄言》，法律出版社2004年版，第113页。
④ 详见高铭暄、赵秉志编：《新中国刑法立法文献资料总览》（第2版），中国人民公安大学出版社2015年版，第62-63页。

进行，暴露出了大量的行贿、偷税漏税、盗骗国家财产、偷工减料、盗窃国家经济情报的“五毒”行为，这些行为与贪污盗窃犯罪行为密切关联，所以要彻底铲除“三害”，就必须反掉“五毒”。为此，中共中央于 1952 年 1 月 26 日作出了《关于在城市中限期展开大规模的坚决彻底的“五反”斗争的指示》，要求向违法资本家开展一场大规模的“五反”运动。在“五反”运动深入处理阶段，北京市人民政府于 1952 年 3 月制定了《在五反运动中关于工商业户分类处理的标准和办法》，报请政务院批准。该办法于同年 3 月 11 日由政务院以命令的形式公布，要求全国各地遵照试行。① 从 1953 年起，新中国进入了有计划的社会主义经济建设时期。依据党的过渡时期的总路线，开始对农业、手工业和资本主义工商业进行社会主义改造。为适应这一时期的政治、经济发展的需要，新中国相继制定并颁布了一些刑事法律规范。为了惩治干扰社会主义经济秩序的犯罪行为，政务院于 1953 年 10 月和 1954 年 9 月分别发布了《关于实行粮食计划收购和计划供应的命令》和《关于棉布统购统销的命令》。这些命令规定了对投机倒把和对统购统销政策进行造谣破坏的分子予以严惩的内容。为保障人民的选举权利，《中华人民共和国全国人民代表大会及地方各级人民代表大会选举法》于 1953 年 3 月颁布，对破坏选举的犯罪行为规定了罪状和法定刑。②

2. 第二阶段：1957—1979 年新中国刑法立法规范的状况

这一阶段始于 1957 年中期，止于 1979 年 7 月我国第一部刑法典颁行前。

由于我国社会主义建设经验不多，对经济发展规律和中国经济基本情况认识不足，把社会主义社会中一定范围内存在的阶级斗争扩大化，后来又发生了“文化大革命”等一系列运动，打断了中华人民共和国成立后法制建设发展的正常历程。

1957 年中期以后长达 20 余年的时间里，新中国的刑法立法工作受到显著的削弱并几近中断，竟没有再颁布任何单行刑法，只在 1957 年下半年颁布的一些非刑事法律中设置了一些附属刑法规范，如《消防监督条例》《爆炸物品管理规则》和《中华人民共和国国境卫生检疫条例》等。这些附属刑法规范有的比较完整，有的相当简略。在当时法律很不完备的情形下，这些附属刑法规范与相关的刑事法律法规相互配合，成为当时刑事审判工作的重要法律依据。

应当指出，自 1957 年后期至 1979 年中期这一阶段，虽然单行刑法立法和附属刑法规范的出台基本处于停滞状态，但在惩办与宽大相结合刑事政策的指导下，新中国启用特赦制度数次宽大处理战争罪犯、反革命罪犯和普通刑事罪犯的举措令人瞩目。这些关于特赦的法律决定和特赦令，也成为这一阶段国家刑法立法规范的主要表现形态。下面对这一阶段我国的特赦法治予以梳理。

新中国成立后，国民党政府对日本战犯的审判工作已经结束，但尚未对被解放军俘虏的 140 名日本战犯进行审判。而且，1950 年新中国政府又从苏联接收了 969 名犯有侵华罪行的日本战犯。中央人民政府抽调了一批政治素质过硬的干部到战犯管理所任职，对在押战犯进行思想教育和改造。在长时间耐心、细致的思想教育工作后，1954 年 3 月，根据中央人民政府的指示，最高人民检察院派出了东北工作团赴抚顺战犯管理所，并从东北工作团中抽调 10 人组成了太原工作组赴太原战犯管理所，对在押战犯进行罪行调查和审讯，开始了审判前的准备工作。在被押战犯的罪行基本调查完毕后，鉴于日本投降后 10 年来情况的变化和当时的处境，考虑到中日两国人民友好关系的发展，以及这些战争犯罪分子在关押期间绝大多数已有不同程度的悔罪表现，新中国决定对这些战争犯罪分子按照宽大政策分别予以处理。③ 1956 年 4 月 25 日，全国人大常委会第三十四次会议通过了《关于处理在押日本侵略中国战争中战争犯罪分子的决定》。

另外，在抗日战争、解放战争中和新中国成立初期，人民解放军俘虏并逮捕了许多战犯和其他敌对分子。随着新中国成立后我国经济建设的顺利开展和加强统一战线工作的需要，如何处理相关罪犯就成为我国面临的一个重大问题。

特赦是国际通行的在遇有重要历史节点时国家对特定罪犯赦免余刑的人道主义制度。中国自唐代起就形成了“盛世赦罪”的历史传统。新中国成立后，我国宪法及法律中对特赦制度一直都有明确规定。1949 年 9 月颁布的《中华人民共和国中央人民政府组织法》第 7 条规定，中央人民政府委员会行

① 参见中共中央文献研究室编：《建国以来重要文献选编（第 3 册）》，中央文献出版社 1992 年版，第 98-106 页。

② 参见高铭暄、王俊平：《中国共产党与新中国刑法立法》，载《法学评论》2002 年第 1 期。

③ 参见宋志勇：《严正不失宽大：中国审判日本战犯的创举》，载《人民法院报》2015 年 9 月 3 日。

使颁布国家的大赦令和特赦令的职权。1954 年宪法规定，将大赦和特赦的决定权分别赋予全国人大和全国人大常委会。其第 27 条第 12 项规定，全国人民代表大会行使大赦职权；其第 31 条第 15 项规定，全国人民代表大会常务委员会行使特赦职权。同时，1954 年宪法第 40 条规定，中华人民共和国主席根据全国人民代表大会的决定和全国人民代表大会常务委员会的决定，发布大赦令和特赦令。

1956 年 1 月 30 日，周恩来总理在中宣部部长陆定一起草的《为配合周恩来同志在政协所作的政治报告向台湾展开相应的宣传工作问题给中央的报告》中做了“政协会后，可放十几个战犯看看”的批示。中央政治局专门就周恩来总理的建议进行了讨论，认为释放一批战犯的条件已经具备，且具有重大的政治意义。当时，国内生产资料私有制的社会主义改造已经基本实现，“一五”计划提前完成，政治经济稳定。从战犯本身的情况来看，他们虽然有过重大罪行，但经过几年的改造，其中的多数已有了不同程度的悔过表现。在这种情况下，如果释放一批战犯，不仅有利于孤立、动摇、瓦解境内外的敌人，并且有助于安定社会上和统一战线内部对我们抱有疑惧的人的思想，使人民民主统一战线获得进一步的巩固和扩大。另外，根据周恩来总理阐明的对台方针和中央的部署，中央人民政府宣布了对国民党去台人员凡返回祖国大陆者则既往不咎的政策。在这个时候释放一批战犯，有利于改善大陆与台湾的关系。1956 年 3 月 14 日，全国政协二届十九次会议专门讨论了周恩来总理关于释放战犯的提议。周恩来总理根据毛泽东主席提出的“一个不杀”原则做了发言，阐明了释放战犯政策的积极建议。同年 4 月 25 日，毛泽东主席在中共中央政治局扩大会议上做了名为《论十大关系》的报告，进一步就宽大战犯的政策问题进行了说明。①

1959 年 9 月 14 日，毛泽东主席代表中共中央致信全国人民代表大会常务委员会，就战犯释放问题正式向全国人大常委会提出建议：在庆祝中华人民共和国成立 10 周年的时候，特赦一批确实已经改恶从善的战争罪犯、反革命罪犯和部分普通刑事罪犯。同年 9 月 17 日，第二届全国人民代表大会常务委员会第九次会议根据毛泽东的建议，通过了关于特赦改恶从善的罪犯的决定。同日，中华人民共和国主席刘少奇正式发布了特赦令。② 新中国成立后，自 1959 年至 1975 年，对战争罪犯、反革命罪犯和部分普通刑事罪犯进行过 7 次特赦，这些特赦对于发展爱国统一战线，化消极因素为积极因素，团结一切可以团结的人，推动国家社会主义建设的发展，发挥了重要的作用。③ 这 7 次特赦分别为：

（1）1959 年 9 月 17 日，第二届全国人大常委会第九次会议通过了《全国人民代表大会常务委员会关于特赦确实改恶从善的罪犯的决定》。为庆祝新中国成立 10 周年，决定对于经过一定期间的劳动改造，确实改恶从善的蒋介石集团和伪满洲国的战争罪犯、反革命罪犯和普通刑事罪犯实行特赦。首次特赦共释放反革命罪犯和刑事罪犯 12082 名、战犯 33 名。④

（2）1960 年 11 月 19 日，第二届全国人大常委会第三十二次会议通过了《全国人民代表大会常务委员会关于特赦确实改恶从善的蒋介石集团和伪满洲国的战争罪犯的决定》，决定对于经过一定期间的改造、确实改恶从善的蒋介石集团和伪满洲国的战争罪犯实行特赦。这次特赦共释放 50 名“确实改恶从善的战争罪犯”。⑤

（3）1961 年 12 月 16 日，第二届全国人大常委会第四十七次会议通过了《全国人民代表大会常务委员会关于特赦确实改恶从善的蒋介石集团和伪满洲国的战争罪犯的决定》，决定对于经过一定期间的改造、确实改恶从善的蒋介石集团和伪满洲国的战争罪犯实行特赦。这次特赦共释放 68 名“确实改恶从善的战争罪犯”，包括原属蒋介石集团的战犯 61 名、原属伪满洲国的战犯 7 名。⑥

（4）1963 年 3 月 30 日，第二届全国人大常委会第九十一次会议通过了《全国人民代表大会常务委员会关于特赦确实改恶从善的蒋介石集团、伪满洲国和伪蒙疆自治政府的战争罪犯的决定》，决定对于经过一定期间的改造，确实改恶从善的蒋介石集团、伪满洲国和伪蒙疆自治政府的战争罪犯实行特赦。这次特赦共释放 35 名“战争罪犯”，包括原属蒋介石集团的战犯 30 名、原属伪满洲国的战犯 4

---

① 参见尤国珍、刘昌海：《新中国成立后特赦战犯始末》，载《党员文摘》2019 年第 12 期。

② 参见高铭暄、赵秉志编：《新中国刑法立法文献资料总览》（第 2 版），中国人民公安大学出版社 2015 年版，第 68-69 页。

③ 参见尤国珍、刘昌海：《新中国成立后特赦战犯始末》，载《党员文摘》2019 年第 12 期。

④ 参见徐德瑞：《新中国七次特赦战犯》，载《炎黄春秋》2019 年第 11 期。

⑤ 参见何晚：《揭秘新中国历史上的七次特赦》，载《党的建设》2015 年第 10 期。

⑥ 参见《新中国历史上的七次特赦》，载《党课》2015 年第 19 期。

名、原属伪蒙疆自治政府的战犯1名。[①]

（5）1964年12月12日，第二届全国人大常委会第一百三十五次会议通过了《全国人民代表大会常务委员会关于特赦确实改恶从善的蒋介石集团、伪满洲国和伪蒙疆自治政府的战争罪犯的决定》，决定对于经过一定期间的改造，确实改恶从善的蒋介石集团、伪满洲国和伪蒙疆自治政府的战争罪犯实行特赦。这次特赦共释放53名“已经确实改恶从善的战争罪犯”，包括原属蒋介石集团的战犯45名、原属伪满洲国的战犯7名、原属伪蒙疆自治政府的战犯1名。[②]

（6）1966年3月29日，第三届全国人大常委会第二十九次会议通过了《全国人民代表大会常务委员会关于特赦确实改恶从善的蒋介石集团、伪满洲国和伪蒙疆自治政府的战争罪犯的决定》，决定对于经过一定期间的改造，确实改恶从善的蒋介石集团、伪满洲国和伪蒙疆自治政府的战争罪犯实行特赦。这次特赦共释放57名“已经确实改恶从善的战争罪犯”，包括原属蒋介石集团的战犯52名、原属伪满洲国的战犯4名、原属伪蒙疆自治政府的战犯1名。[③]

（7）1975年3月17日，第四届全国人大常委会第二次会议通过了《全国人民代表大会常务委员会关于特赦释放全部在押战争罪犯的决定》，决定对全部在押战争罪犯实行特赦释放，并予以公民权。这次特赦是针对在押的战争罪犯而没有任何其他前提条件的一次赦免。[④]

1957年中期至1966年5月“文化大革命”开始，除了依照第一届全国人民代表大会第一次会议《关于中华人民共和国现行法律法令继续有效的决议》执行已有的法律法规外，为了正确指导同反革命罪犯的斗争，中共中央和有关部门根据形势发展的需要，发布了一些关于处理反革命案件方针政策的指示或决定，及一些包含刑法法规和与刑事有关的行政法规。司法机关以及有关部门针对审判实践中提出的问题进行了批复解答，其中部分涉及定罪与刑罚问题。这些杂乱而不成体系的刑事法律规范以及与刑法有关的行政法规和司法解释，在1979年第一部刑法典颁布之前，在司法实务工作中发挥了一定的作用。例如，为了指导司法工作人员进行刑事司法活动，划清案件处理的政策界限，纠正案件审判中敌我不分、轻重倒置、犯罪与非犯罪混淆的错误，最高人民法院曾分别于1956年和1962年下发了《1955年肃清反革命分子斗争审判工作经验初步总结》和《关于人民法院工作若干问题的规定》，对选编案例、指导刑事审判工作提出了要求。[⑤]

1966年至1976年间，“文化大革命”的疾风骤雨，使中国的法制建设包括刑事法治遭到了破坏。一时间，原本就薄弱的刑法规范不被遵守，非法拘禁、私刑泛滥，制造了大量的冤假错案。尚未健全的社会主义法制建设在“文化大革命”时期遭到了毁灭性的破坏。“文化大革命”结束以后的一段时间里国家立法机关也没有再颁布单行刑法。

1978年12月召开的中国共产党第十一届三中全会，标志着中国各项事业步入正常的轨道。虽然当时应兴应革的事项头绪繁杂，但毕竟当时的中国已经确立了正确的发展方向，从此，新中国的法制建设逐步得到了恢复、振兴和繁荣。

综上所述，1949年新中国成立至1979年刑法典颁行以前的30年间，新中国的刑法立法历经坎坷和曲折：一方面，新中国成立之初的主要任务是稳定政权、发展经济，法制建设没有被及时提上议事日程；另一方面，10年“文化大革命”对新中国法制的破坏严重，也影响了刑法立法。因此，这30年间的中国刑法立法十分缺乏，只有少量的单行刑法和附属刑法，而且不够规范。由于立法的零乱和不完备，刑法立法还不成系统，刑法规范很不健全，刑事司法更多的是依靠刑事政策文件和司法文件。不过，这一时期新中国的刑法立法也有一个优点，即立法的针对性非常强，任务很明确。这对于保证新中国成立初期我国社会主义改造和建设的顺利进行起到了积极的作用，同时也为1979年刑法典的制定打下了一定的基础。

（二）1979年刑法典的孕育过程

如上所述，自新中国成立初期开始，国家就先后制定并颁布了一些单行刑事法规，并在非刑事法

---

① 参见《盘点新中国成立后的八次特赦》，载《党员干部之友》2015年第10期。

② 参见《建国以来的七次特赦》，载《南方工报》2015年8月27日。

③ 参见徐德瑞：《新中国七次特赦战犯》，载《炎黄春秋》2019年第11期。

④ 参见《盘点新中国成立后的八次特赦》，载《党员干部之友》2015年第10期。

⑤ 参见卢乐云：《新中国刑法的演变》，载《中国刑事法杂志》2009年第5期。

律中设置附属刑法条款。在缺乏刑法典的背景下，这些不完备的刑法规范在司法实务中也发挥了一定的作用。尤其是在同危害国家安全、贪污、伪造国家货币等方面犯罪的斗争中，起到了极具针对性的作用。与此同时，国家也逐步开始了刑法典的起草准备工作。

1979 年刑法典最初的起草准备工作，是在中央人民政府政务院政治法律委员会的主持下进行的。[①] 1949 年 6 月，中共中央法律委员会、华北人民政府和司法部召开了一次法律座谈会。在会议上，与会人员列出了包括刑法在内的国家所需要的一系列法律。[②] 1950 年，在中央人民政府政务院政治法律委员会的主持下，一批刑法专家（包括陈瑾昆、蔡枢衡、李祖荫、李光灿等）被邀请组成起草班子，开始了刑法起草工作。他们在几年的时间里先后起草了 2 个刑法稿本：一是 1950 年 7 月 25 日的《中华人民共和国刑法大纲草案》，共 12 章 157 条；二是 1954 年 9 月 30 日的《中华人民共和国刑法指导原则草案（初稿）》，除序言外，包括 3 章 76 条。这两个稿本都没有拿出去向社会征求意见，也没有进入立法程序，[③] 就停留在政治法律委员会范围内，只作为两份关于刑法立法的书面材料保存下来。这两个刑法立法稿本体现了起草专家们的智慧和贡献，同时从形式到内容都有着鲜明的苏联刑法的影响。苏联刑法立法在刑法典之外，就另有“刑法大纲”和“刑法指导原则”的立法文本。

1954 年 9 月 15 日至 28 日召开的第一届全国人民代表大会第一次会议，通过了新中国第一部宪法《中华人民共和国宪法》和《中华人民共和国全国人民代表大会组织法》《中华人民共和国国务院组织法》《中华人民共和国人民法院组织法》《中华人民共和国人民检察院组织法》《中华人民共和国地方各级人民代表大会和地方各级人民委员会组织法》5 部组织法，标志着新中国的国家制度建设和法制建设进入了一个新阶段，也极大地推动了刑法典的起草工作。自此，刑法典的起草工作改由全国人大常委会办公厅法律室负责。1954 年 10 月至 1956 年 11 月，全国人大常委会办公厅法律室共主持写出 13 个刑法草案稿本。在中国共产党第八次全国代表大会召开后，刑法典的起草工作得以加紧进行，至 1957 年 6 月 28 日，国家立法机关已先后写出 22 个稿本，第 22 稿含总则、分则 2 编，共 215 条。这个稿本是当时比较成熟的一个稿本，经过中共中央法律委员会、中央书记处审查修改，再经过全国人大法案委员会审议，发给参加第一届全国人大第四次会议的全体代表征求意见。这次会议曾作出决议：授权全国人大常委会根据人大代表和其他各方所提的意见，将刑法草案第 22 稿进行修改后，作为刑法草案公布试行。但是，随着 1957 年“反右派”斗争的开始和法律虚无主义思潮的抬头，刑法草案并没有公布。而在此后的 4 年多时间内，刑法起草工作完全陷于停滞状态。[④]

从 1961 年 10 月起，国家立法机关又开始对刑法草案进行座谈研究。1962 年 1 月 30 日，毛泽东主席在中央于北京召开的七千人大会上作了一次重要讲话，其中指出“工、农、商、学、兵、政、党这七个方面的工作，都应当好好地总结经验，制定一整套的方针、政策和办法”“应当制定一些条例”。[⑤] 特别是 1962 年 3 月 22 日，毛泽东主席就法律工作明确指出：“不仅刑法要，民法也需要，现在是无法无天。没有法律不行，刑法、民法一定要搞。不仅要制定法律，还要编案例。”[⑥] 这个指示在当时对国家立法机关的刑法典起草工作无疑是个很大的鼓舞。从 1962 年 5 月开始，全国人大常委会办公厅法律室在有关部门的协同下，对刑法草案第 22 稿进行了全面修改。经过多次重大修改和征求意见，到 1963 年 10 月 9 日写出了在当时比较成熟的刑法草案第 33 稿。[⑦] 刑法草案第 33 稿包含总则和分则 2 编，共 13 章 206 条。这个稿本经中共中央政治局常委和毛泽东主席审查后，中央曾考虑公布，但因随后开始

---

① 长期以来，诸多论著都认为，新中国成立初期刑法典起草的准备工作是在当时的中央人民政府法制委员会的主持下进行的，笔者过去也如此认为。现经考证，这个机构应为中央人民政府政务院政治法律委员会（当时的中央人民政府并没有一个名为“法制委员会”的机构）。政务院政治法律委员会于 1949 年 9 月根据《中华人民共和国中央人民政府组织法》而设立，于 1954 年 9 月第一届全国人大一次会议决定成立国务院后，根据国务院《关于设立、调整中央和地方国家机关及有关事项的通知》而撤销。

② 参见王作富：《新中国刑法立法的进程》，载《法学家》2009 年第 5 期。

③ 参见高铭暄：《中华人民共和国刑法的孕育诞生和发展完善》，北京大学出版社 2012 年版，前言，第 1 页；高铭暄、赵秉志编：《新中国刑法立法文献资料总览》（第 2 版），中国人民公安大学出版社 2015 年版，第 74-94 页。

④ 参见高铭暄：《中华人民共和国刑法的孕育诞生和发展完善》，北京大学出版社 2012 年版，前言，第 1-2 页；赵秉志：《中国刑法的百年变革》，载《政法论坛》2012 年第 1 期。

⑤ 毛泽东：《在扩大的中央工作会议上的讲话》，人民出版社 1978 年版，第 24 页。

⑥ 转引自《人民日报》1978 年 10 月 29 日。

⑦ 参见高铭暄、赵秉志编：《新中国刑法立法文献资料总览》（第 2 版），中国人民公安大学出版社 2015 年版，第 151-162 页。

的“四清”“文化大革命”等政治运动的冲击，最终没能实现。①

1976年10月粉碎“四人帮”并结束10年的“文化大革命”之后，在1978年2月的第五届全国人大第一次会议上，全国人大常委会委员长叶剑英在这次会议上所作的《关于修改宪法的报告》中指出：“我们还要依据新宪法，修改和制定各种法律、法令和各方面的工作条例、规章制度。”② 五届人大一次会议之后，谈民主、谈法制的空气逐渐浓厚起来了。特别是邓小平同志在1978年10月的一次谈话（该谈话在国家立法机关的刑法起草班子上作了传达）中，对民主与法制的问题作了透彻的阐述。他说：“法制问题也就是民主问题。这个问题要在报纸刊物、政治生活中展开讨论。”“非常需要搞社会主义法制，没有法，就乱搞一气。过去和现在，都是这么一种情况：领导人说了话就叫法；不赞成领导人说的话，就是违法、犯法。这种情况不能继续。”他还说：“过去‘文化大革命’前，曾经搞过刑法草案，经过多次修改，准备公布。‘四清’一来，事情就放下了。”现在“很需要搞个机构，集中些人，着手研究这方面的问题，起草有关法律”。③ 就在这次谈话后不久，中央政法小组召开了法制建设问题座谈会，提出“组织各方面通力协作”来搞法制建设，并由中央政法小组牵头组成刑法草案的修订班子，由陶希晋同志（当时是中央政法小组成员，后任全国人大常委会法制委员会副主任）主持，对刑法草案第33稿进行修改工作，先后写出了两个稿本。④ 经过前期大量的准备，1978年10月底，陶希晋召集修订组全体人员到北京军区招待所集中开会。会议提出，将在《中华人民共和国刑法（草案）》第33稿的基础上修改制定《中华人民共和国刑法》。大家各自按照分派的任务，对社会形势的变化和随之出现的情况进行分析研究，重新仔细阅读古今中外的刑法资料。经过反复的讨论和研究，在不到两个月的时间内，刑法草案修订组完成了《中华人民共和国刑法（草案）》讨论稿。稿子送到中央和北京市有关部门进行调查征询，收回一大摞的意见，然后再据此形成了《中华人民共和国刑法草案（修订一稿）》。陶希晋认为必须进一步征求意见，修订组的成员又分编成3人一组，形成10个小组，赶在春节前后，分赴14个省市，遍邀基层司法干部进行座谈讨论。带着从基层收集而来的意见，修订组再次进行有针对性的修改。在十一届三中全会思想的指导下，修订组成员对新修订的《中华人民共和国刑法草案（修订一稿）》逐条讨论和修改，形成了《中华人民共和国刑法草案（修订二稿）》。陶希晋把《中华人民共和国刑法草案（修订二稿）》呈送中央政法领导小组，请求审议。1979年2月，彭真担任全国人大常委会法制委员会主任，重新接手了立法的相关工作。中央政法领导小组副组长黄火青拿到《中华人民共和国刑法草案（修订二稿）》，首先呈报给彭真，再由他来决定是否向上提交。经过一个月的忐忑等待，1979年3月9日，全国人大常委会法制委员会召开了第一次立法会议。彭真主持会议，武新宇也重新回到法制委员会参加了这次会议。陶希晋作为法制委员会副主任和《中华人民共和国刑法草案（修订二稿）》的负责人，被彭真邀到会议室的前排就座。当时参会人员有的拿着《中华人民共和国刑法草案（修订二稿）》，有的捧着第33稿反复斟酌。对于到底讨论哪一个稿子，大家各执一词，最后彭真认为第33稿经过中央政治局审查，已经有了基础，而《中华人民共和国刑法草案（修订二稿）》还没经过正式开会讨论，因此只能对第33稿进行审议。但是《中华人民共和国刑法草案（修订二稿）》中有很多第33稿未涵盖的内容，尤其是关于“文化大革命”以来出现的新情况以及近十多年来的司法工作新经验，这些都必须作为第33稿的重要参考。不可否认，这次会议没有肯定《中华人民共和国刑法草案（修订二稿）》，但其对《中华人民共和国刑法》的出台，有着无法抹杀的贡献。从资料回溯去看，《中华人民共和国刑法草案（修订二稿）》与原第33稿相比，新增条文61条，新增章节主要有“侵犯公民民主权利罪”“诬告陷害罪”和“贪污罪”三章。这些都被吸收到1979年《中华人民共和国刑法》之中。与《中华人民共和国刑法（草案）》第33稿相比，这次修改带来的变化，大部分内容是可喜的。

在这一轮的修订工作中，大的修改有5次，也就是产生了5个稿子。其中第4稿在中央政治局相

---

① 参见高铭暄：《中华人民共和国刑法的孕育诞生和发展完善》，北京大学出版社2012年版，前言，第2页；赵秉志主编：《新中国刑法70年》，法律出版社2019年版，第18页。

② 《中华人民共和国第五届全国人民代表大会第一次会议文件》，人民出版社1978年版，第132页。

③ 参见高铭暄编著：《中华人民共和国刑法的孕育和诞生》，法律出版社1981年版，第4页。

④ 即1978年12月的第34稿，1979年2月的第35稿。参见高铭暄、赵秉志编：《新中国刑法立法文献资料总览》（第2版），中国人民公安大学出版社2015年版，第162-187页。

关会议上得到了原则性通过，并对其中部分细节提出修改的要求，形成了第5稿。中央政治局拿到第5稿进行审阅后，同意提交全国人大常委会法制委员会全体会议和第五届全国人大常委会第八次会议进行审议。两个会议对第5稿审议后，根据审议中提出的相关意见作进一步修改，随即提交第五届全国人大二次会议审议，审议中又作了个别修改。久经辗转的《中华人民共和国刑法（草案）》，终于提交到1979年7月1日召开的第五届全国人民代表大会第二次会议（1979年6月18日至7月1日在北京召开）上进行表决，并于7月1日16时05分获得一致通过。1979年7月6日，全国人民代表大会常务委员会委员长令第五号公布，《中华人民共和国刑法》自1980年1月1日起施行。至此，从1954年到1979年，前后历时25个春秋，总共经历38个稿本，一路风风雨雨走来，历经曲折与坎坷，雨过天晴见彩虹，新中国第一部刑法典终于诞生。

二、刑法立法的基本内容

1949年新中国成立至1979年刑法典通过之前的这30年，新中国的刑法立法历经坎坷和曲折。新中国成立之初的主要任务是稳定政权、发展经济，法制建设没有被及时提上议事日程；而且，10年“文化大革命”对新中国法制的毒害至深，也影响了刑法立法的进程。因此，这30年，中国的刑法立法十分缺乏，只有少量的单行刑法和附属刑法。其内容主要涉及4个方面：一是为适应惩治反革命犯罪形势发展的需要，中央人民政府委员会于1951年2月20日通过了《中华人民共和国惩治反革命条例》；二是为配合土地改革运动，实行土地改革的各大行政区军政委员会颁发了惩治不法地主的单行条例，如1950年9月19日的《华东惩治不法地主暂行条例》、同年11月15日的《西北军政委员会惩治不法地主暂行条例》等；三是为配合“三反”“五反”运动，中央人民政府委员会于1952年4月21日公布施行了《中华人民共和国惩治贪污条例》，政务院于1952年3月11日公布了《在五反运动中关于商业户分类处理的标准和办法》等；四是为宽大处理战争罪犯和一部分反革命罪犯、普通刑事罪犯，国家立法机关通过的若干关于特赦制度的法律规范。除此之外，这一时期的刑法立法还有一些包含刑事罚则的非刑事法律，如《消防监督条例》《爆炸物品管理规则》和《中华人民共和国国境卫生检疫条例》等。另外，在这一时期，新中国刑法典的起草也先后产生了38个稿本，为1979年刑法典的诞生奠定了基础。广义而言，刑法典草案的成果也属于这一时期我国刑法立法领域的成就。下面择要介绍。

（一）惩治反革命犯罪的规范

1949年10月1日中华人民共和国成立后，新生的社会主义政权面临着巩固革命成果的紧迫需求，要从军事、经济、法统等方面作全面努力。国家废除民国政府的“六法全书”，把“旧法”人员清除出司法系统。1951年春，镇压反革命运动达到高潮，全国各地揭发出大批反革命分子，运动转入处理阶段。为了规范对反革命罪犯的定罪量刑活动，在总结前期处理反革命犯罪实践经验的基础上，中央人民政府委员会于1951年2月20日通过了《中华人民共和国惩治反革命条例》。该条例共有21条，其主要内容是：

第一，确定了反革命罪的基本概念。第2条规定：“凡以推翻人民民主政权，破坏人民民主事业为目的之各种反革命罪犯，皆依本条例治罪。”这里特别强调“以推翻人民民主政权，破坏人民民主事业为目的”，将其作为区分反革命犯罪与一般刑事犯罪的基本标志。

第二，自第3条至第13条，规定了11项反革命犯罪，即背叛祖国罪、叛变或策动叛变罪、持械聚众叛乱罪、间谍或资敌罪、组织或参加特务组织继续进行反革命活动罪、利用封建会道门进行反革命活动罪、反革命杀人破坏罪、反革命煽惑挑拨罪、反革命偷越国境罪、聚众劫狱或暴动越狱罪、窝藏包庇反革命犯罪等。

第三，根据罪刑相适应原则的要求，依照罪行的轻重，条例对反革命犯罪规定了死刑、无期徒刑、有期徒刑（3年以上10年以下）的主刑。同时，还规定了剥夺政治权利、没收财产之全部或一部分的财产刑。

第四，规定了若干从宽处理的情节，即对于自动向人民政府真诚自首悔过者，被揭发检举前或以后真诚悔过立功赎罪者，被反革命分子胁迫、欺骗确非自愿者，解放前反革命罪行并不重大而解放后又确已悔改并与反革命组织断绝联系者，从轻、减轻或免予处刑。

第五，规定了数罪并罚的原则，即凡犯多种罪者，除判处死刑和无期徒刑者外，应在总和刑以下、多种刑中的最高刑以上酌情定刑。

第六，规定了溯及既往原则以及类推制度。条例规定："本条例施行以前的反革命罪犯，亦适用本条例之规定。""以反革命为目的之其他罪犯未经本条例规定者，得比照本条例类似之罪处刑。"①

毋庸讳言，《中华人民共和国惩治反革命条例》以今天的眼光审视可谓相当粗略，但在当时的立法背景下却是一部较为成熟的单行刑法。这部单行刑法所贯彻的刑事政策思想及其罪刑规范，对当时惩治反革命犯罪的司法实务提供了法律规则，在一定程度上起到了积极的规范和制约作用。同时，该条例关于反革命罪的犯罪目的、犯罪种类及刑罚制度等的规定，对后来我国刑法典草案和1979年刑法典界定反革命罪的立法，都产生了相当积极重要的影响。

（二）惩治不法地主犯罪的规范

中华人民共和国成立后，为了在全国范围内完成土地改革的任务，防止不法地主的破坏活动，给惩治不法地主的犯罪活动提供量刑的规格和标准，实行土地改革的各大行政区的军政委员会先后颁布了惩治不法地主的单行条例，如1950年9月19日的《华东惩治不法地主暂行条例》、同年11月15日的《西北军政委员会惩治不法地主暂行条例》、同年11月16日的《中南区惩治不法地主暂行条例》、同年12月13日的《西南区惩治不法地主暂行条例》。总括而言，这些条例规定的主要内容如下：

第一，凡违抗或破坏土地改革而有以下行为之一查有实据者，视其情节轻重，处以当众悔过（或当众警告）、劳役，或处以1年以下徒刑（中南区规定为1年以上5年以下徒刑）：以出卖、出典、赠与、假卖、假典、假分家等方式，分散转移隐瞒土地财产者；在减租期间，以不法手段夺佃、抽房，致使农民遭受损失者（西南区规定为：非法索取依法应废除的解放前的欠租欠债者，以恐吓利诱等手段胁迫农民明减租而实不减者，向农民预收或抢收地租者，隐瞒或否认已收之押金或故意拖延不退押金者）；拆卖房屋者；砍伐森林者；杀害或故意饿死耕畜者；破坏农具或农作物者；故意荒废土地者（中南区规定为：故意破坏水利、荒废土地或破坏耕地土质者）。

第二，凡违抗或破坏土地改革而有下列行为之一查有实据者，视情节轻重，处以1年以上5年以下徒刑（中南区规定为3年以上5年以下徒刑）：造谣惑众，挑拨农民与人民政府之间的关系，致发生严重影响者；以不法行为，组织假农会或假借农会组织，径行减租退押及分配土地，或篡夺操纵乡村政权者；挑拨离间，制造农民内部纠纷，引起宗派斗争，致人民财产损失或身体伤害者；以金钱财物或其他不正当方法，贿赂引诱他人，包庇其不法行为者；以威胁利诱欺骗等手段，侵夺农民已获得之减租退押利益及分得之土地财产者。

第三，凡企图违抗或破坏土地改革而有下列行为之一查有实据者，中南区规定处死刑、无期徒刑或10年以上徒刑，华东区规定处死刑或10年以上徒刑，西北区规定处死刑或5年以上徒刑：为首组织土匪武装或勾结匪特武装，反抗人民政府，杀害农民或其他重大危害农民利益者；为首组织或利用封建迷信团体，实行暴动，杀害农民或其他重大危害农民利益者；狙击或暗杀农民及工作人员，因而致重伤或死亡者；以爆破放火等手段，烧毁房屋粮食，破坏山林或水利建设，因而造成人民生命财产之重大损失者；为首聚众，以强暴胁迫手段，干涉农民运动，而致人于死亡或有重大破坏行为者。华东、西南、中南各区规定：犯本条各款罪行之次要分子，处1年以上10年以下徒刑；被胁迫或被欺骗而犯本条之罪行者，得按情节轻重及悔悟程度，处1年以下之徒刑，或施以劳动教育。此外，这些条例还规定了若干减免或加重处刑的法定情节。②

到1952年9月，全国除部分少数民族聚居地区外，普遍实行了土地改革。各地人民法庭依照上述规定，审理了一批破坏土地改革的不法地主犯罪案件，有力地保障了土地改革的顺利实施。

上述惩处不法地主犯罪的刑法规范，以地方法规之形式规定多种罪刑规范，不仅内容较为粗略，以现代刑事法治理念视之当然颇有不当，但这种情形就是新中国成立之初法制初创的真实写照，也是当时的实际需要。

（三）惩治贪污贿赂犯罪的规范

新中国成立初期，为了保卫新生的人民政权，迅速恢复和发展国民经济，从而为实现从新民主主义到社会主义的转变创造条件，先后开展了"镇反""三反"和"五反"等群众性运动，当时有关犯

① 详见高铭暄、赵秉志编：《新中国刑法立法文献资料总览》（第2版），中国人民公安大学出版社2015年版，第59-60页。

② 参见高铭暄主编：《刑法学原理（第1卷）》，中国人民大学出版社1993年版，第58页。

罪与刑罚的立法和政策性文件的制定主要是围绕着这些运动展开的。为了配合当时的“三反”运动，为惩治贪污分子提供法律依据，中央人民政府委员会于 1952 年 4 月 18 日公布施行了《中华人民共和国惩治贪污条例》。其基本内容是：

第一，规定了贪污罪的概念。第 2 条规定：“一切国家机关、企业、学校及其附属机构的工作人员，凡侵吞、盗窃、骗取、套取国家财物，强索他人财物，收受贿赂以及其他假公济私违法取利之行为，均为贪污罪。”可见，该条例将受贿犯罪行为纳入贪污罪的范畴予以规制，这在当时方便和简化了对相关案件的定罪处罚。当然，从今天的法理观念看，显然会受到定性有失科学的质疑。

第二，确定了惩治贪污犯罪的政策原则，即要贯彻执行过去从宽、今后从严，多数从宽、少数从严，坦白从宽、抗拒从严，对国家工作人员从严、对非国家工作人员（除一小部分罪大恶极者外）从宽的政策原则。可见，这一政策原则的核心，是区别不同的犯罪情况和情节予以对待。这一政策原则对当时惩治贪污贿赂犯罪的司法实务起到了积极的指导作用，并成为我国今后治理腐败犯罪乃至其他刑事犯罪的刑事政策的基础。

第三，规定了多样化的刑罚，便于灵活掌握。刑种有死刑、无期徒刑、有期徒刑、劳役、管制，以及罚金、没收财产和剥夺政治权利等。该条例以赃计刑，对贪污罪的处罚分为 4 个等级：一为判处 10 年以上有期徒刑或无期徒刑，情节特别严重者判处死刑；二为判处 5 年以上 10 年以下有期徒刑；三为判处 1 年以上 5 年以下有期徒刑，或 1 年至 4 年的劳役，或 1 年至 2 年的管制；四为判处 1 年以下有期徒刑、劳役或管制，或免除刑罚给予行政处分。该条例对贪污罪的处罚模式，对后来直至今天我国刑法中关于贪腐犯罪的处罚模式产生了长期的重要影响。在今天看来，这种模式有利有弊。

第四，规定了若干法定宽严处罚的情节。例如，该条例规定，犯贪污罪有下列情形之一者，得从重或加重处刑：对国家和社会事业及人民安全有严重危害者；出卖或坐探国家经济情报者；贪赃枉法者；敲诈勒索者；集体贪污的组织者；屡犯不改者；拒不坦白或阻止他人坦白者；为消灭罪迹而损坏公共财物者；为掩饰贪污罪行嫁祸于人者；坦白不彻底，判处后又被人检举出严重犯罪情节者；犯罪行为有其他特殊恶劣情节者。犯贪污罪而有下列情形之一者，得从轻或减轻处刑，或缓刑，或免刑予以行政处分：未被发觉前自动坦白者；被发觉后彻底坦白、真诚悔过并自动地尽可能缴出所贪污财物者；检举他人犯本条例之罪而立功者；年岁较轻或一向廉洁，偶犯贪污罪又愿真诚悔改者；等等。① 这些宽严处罚情节的规定，体现了罪责刑相适应和刑罚个别化的刑罚思想。

（四）惩治经济犯罪的规范

在“三反”运动中，暴露出大量的行贿、偷税漏税、盗骗国家财产、偷工减料、盗窃国家经济情报的“五毒”行为，这些行为与贪污盗窃犯罪行为密切关联，所以要彻底铲除“三害”，就必须反掉“五毒”。为此，1952 年 1 月 26 日，中共中央发布了《关于在城市中限期展开大规模的坚决彻底的“五反”斗争的指示》，要求向违法资本家开展一场大规模的“五反”运动。在“五反”运动深入处理阶段，北京市人民政府于 1952 年 3 月制定了《在五反运动中关于工商业户分类处理的标准和办法》，报请政务院批准。该文件于同年 3 月 11 日由政务院以命令的形式公布，要求全国各地遵照试行。其主要内容是：

第一，关于处理“五反”问题的基本方针，即过去从宽，今后从严；多数从宽，少数从严；坦白从宽，抗拒从严；工业从宽，商业从严；普通商业从宽，投机商业从严。

第二，关于私人工商户的分类。依照有无违法行为，违法行为的轻重大小，违法性质的恶劣程度和在“五反”运动中的态度如何，将私人工商户分为以下 5 类，即守法户、基本守法户、半守法半违法户、严重违法户以及完全违法户（极严重违法户）。

第三，打击的重点是“严重违法户”和“极严重违法户”，约占私人工商户的 5%。主要处理办法是除退回违法所得外，按情节酌处罚金或没收财产的一部分或全部。只对完全违法而又拒不坦白者才判处徒刑。②

上述关于治理经济违法犯罪的规范在当时起到了积极的作用，但其主要属于行政法规的范畴，其中的刑法规范比较粗略。

---

① 详见高铭暄、赵秉志编：《新中国刑法立法文献资料总览》（第 2 版），中国人民公安大学出版社 2015 年版，第 62-63 页。

② 参见中共中央文献研究室编：《建国以来重要文献选编（第 3 册）》，中央文献出版社 1992 年版，第 98-106 页。

（五）惩治货币犯罪的规范

在与国民党的伪钞战中，中华人民共和国政府为了更好地保护国民经济的恢复发展，保卫新生的政权，在总结反伪钞实务经验的基础上颁布了专门的规范。1951年4月19日，中央人民政府政务院公布施行《妨害国家货币治罪暂行条例》（以下简称《暂行条例》），这是新中国成立后第一部由政府制定并实施的专门惩治货币犯罪的单行刑事法规，也是1979年刑法典出台之前我国对货币犯罪治罪的唯一法律根据。[①] 该条例在立法时正处于我国打击伪钞犯罪的第一个高峰期，因而受限于立法技术和立法理念，时代局限性也表现得比较明显。该条例的主要内容为：

第一，关于立法目的和保护对象。《暂行条例》第1条强调了制定本条例的目的，即“保护国家货币，巩固国家金融”。第2条规定，“本条例所称国家货币，指中国人民银行发行之货币。”新中国已经成立，“国家货币”是政府发行的货币，即人民币，这就明示了条例的保护对象是中国人民银行发行的人民币。

第二，规定了伪造货币罪。《暂行条例》第3条第1款规定：“以反革命为目的伪造国家货币者，其首要分子或情节严重者处死刑，情节较轻者处无期徒刑或十五年以下七年以上徒刑，并没收其财产之全部或一部。”第4条第1款规定：“意图营利而伪造国家货币者，其首要分子或情节严重者，处死刑或无期徒刑，其情节较轻者处十五年以下三年以上徒刑，均得没收其财产之全部或一部。”可见，在该条例中，伪造货币罪依照伪造货币行为目的的不同分为两种：一种是以反革命为目的伪造货币，另一种是以营利为目的伪造货币。虽然主观目的不同，但它们都是以伪造货币为手段，在客观上起到了破坏人民币管理秩序、扰乱国家货币政策、危害国家金融的作用，实质上皆为伪造货币罪。但是当时的主要任务是清除敌对分子的破坏活动，保卫新生的政权，兼之当时敌对分子以货币为工具进行反革命活动的情况确实很多，而且很猖獗，因此以反革命为目的之伪造货币罪自然成为打击的重点。[②]

第三，确立了变造货币罪和贩运、行使伪造、变造的国家货币罪的定罪量刑。与伪造货币罪相类似，变造货币罪也分为以反革命为目的变造货币和以营利为目的变造货币，且在量刑上，以反革命为目的的变造货币罪的刑罚也较以营利为目的的变造货币罪的刑罚重。《暂行条例》第3条第2款规定：“以反革命为目的变造国家货币，或贩运、行使伪造、变造国家货币者，其首要分子或情节严重者，处死刑或无期徒刑，情节较轻者，处十五年以下五年以上徒刑，并得没收其财产之全部或一部。”第4条第2款规定：“意图营利而变造国家货币，或贩运、行使伪造、变造国家货币者，其首要分子或情节严重者，处无期徒刑或十五年以下七年以上徒刑，并得没收其财产之全部或一部；其情节轻者，处十年以下一年以上徒刑并酌处罚金；情节轻微者处一年以下劳役或酌处罚金。”

第四，规定了破坏国家货币信用罪。货币信用稳定是国家政治经济稳定的一个重要组成部分，为此，《暂行条例》专门规定了破坏国家货币信用罪，以保护国家货币的信用。《暂行条例》第5条规定：“散布流言或用其他方法破坏国家货币信用者，处五年以下徒刑或罚金。以反革命为目的犯前项之罪者，处十五年以下五年以上徒刑，其首要分子或情节严重者处死刑或无期徒刑，并得没收其财产之全部或一部。”

第五，规定了持有、使用假币罪。《暂行条例》第6条规定：“凡误收伪造、变造货币，在收受后察觉为伪造、变造者，应即报告所在地中国人民银行或公安机关，其明知不报而仍继续行使者，视其情节轻重，处一年以下劳役，或酌处罚金，或予以教育。”构成此罪在主观上应是故意，即明知是假币而持有。本罪有一个前提就是在非故意且不知情的情况下得到了假币，此行为无罪，只有在发现是假币以后不按规定处理，继续使用才构成犯罪。

第六，关于犯罪停止形态和想象竞合犯的规定。《暂行条例》中已经按照犯罪形态的分类，规定了犯罪预备、犯罪未遂等形态，并且规定在量刑上可以从轻处罚。该条例第7条规定：“凡犯本条例所规定各罪之预备犯、未遂犯，得视其情节从轻处罚；但以反革命为目的者，按照上列有关各条之规定，酌情处罚。”另外，该条例也规定了想象竞合犯的定罪量刑。《暂行条例》中的想象竞合犯主要是货币犯罪与反革命罪的竞合，其中第3条规定了伪造货币罪与反革命罪的竞合和变造货币罪与反革命罪的竞合，第5条第2款规定了破坏国家货币信用罪与反革命罪的竞合。构成《暂行条例》规定之罪与反革命罪竞合时，按照《暂行条例》的规定处罚，以货币犯罪加重处罚，而且在立法中规定了具体的加重标准。

---

① 参见柯葛壮主编：《新中国刑事法60年》，上海社会科学院出版社2009年版，第286页。

② 参见柯葛壮主编：《新中国刑事法60年》，上海社会科学院出版社2009年版，第287页。

第七，在刑罚方面规定了从宽处罚情节和刑罚适用。《暂行条例》规定了自首、立功等从宽处罚情节。第 8 条规定："凡犯本条例所规定各罪自首悔过者，得减轻或免除处罚；自首悔过后并协助破案者，免除处罚。"第 9 条规定了对犯罪工具等的处置："凡伪造、变造之货币，均没收之。供本条例犯罪所用之机器、原料及其他物件均应没收；但属于第三人所有而不知其供犯罪之用者，不在此限。"另外，还规定除了持有、使用假币罪以外的其他货币犯罪都可以酌情附加剥夺政治权利的刑罚。但对剥夺政治权利的年限，并未作具体规定。第 10 条规定："凡犯本条例所规定各罪者，得视其情节轻重，附带宣告剥夺政治权；但犯第六条之罪者不在此限。"

《暂行条例》是在新中国成立后，国民经济恢复期遭遇大规模伪钞袭击时制定颁布的，成为新中国成立后数十年间唯一一部具有刑法性质的反伪钞法，使得新中国在打击伪钞破坏活动时有了明确而具体的法律依据。《暂行条例》在中国实施了将近 30 年，直到 1979 年刑法典颁布才停止适用。但它的内容并未被废除，而是在制定刑法典时被吸收、改进，成为刑法典的重要组成部分。

（六）处理战争罪犯的特赦制度规范

全国人民代表大会常务委员会第三十四次会议于 1956 年 4 月 25 日通过的《关于处理在押日本侵略中国战争中战争犯罪分子的决定》规定，对于这类战争犯罪分子按照宽大政策分别予以处理。其主要内容为："……（一）对于次要的或者悔罪表现较好的日本战争犯罪分子，可以从宽处理，免予起诉。对于罪行严重的日本战争犯罪分子，按照各犯罪分子所犯的罪行和在关押期间的表现分别从宽处刑。在日本投降后又在中国领土内犯有其他罪行的日本战争犯罪分子，对于他们所犯的罪行，合并论处。（二）对于日本战争犯罪分子的审判，由最高人民法院组织特别军事法庭进行。（三）特别军事法庭使用的语言和文件，应该用被告人所了解的语言文字进行翻译。（四）被告人可以自行辩护，或者聘请中华人民共和国司法机关登记的律师为他辩护。特别军事法庭认为有必要的时候，也可以指定辩护人为他辩护。（五）特别军事法庭的判决是终审判决。（六）处刑的罪犯在服刑期间如果表现良好，可以提前释放。"这个决定成为后来我国多次发布关于特赦战争罪犯等的法律法令的先声。

此后，即 1959 年至 1975 年间，全国人大常委会主要针对战争罪犯先后 7 次颁行决定，并在设国家主席时由国家主席发布特赦令，对战争罪犯和部分反革命罪犯、普通刑事罪犯实行了 7 次特赦。总而言之，这 7 次特赦决定和相应的特赦令包含的主要内容为：

（1）特赦的对象是成批的罪犯并且主要是战争罪犯。7 次特赦都是针对成批的罪犯进行的。例如，第一次特赦的罪犯包括：第一，关押已满 10 年，确有改恶从善表现的蒋介石集团和伪满洲国的战争罪犯；第二，判处徒刑 5 年以下（包括判处徒刑 5 年）、服刑时间已经过 1/2 以上、确有改恶从善表现，或者判处徒刑 5 年以上、服刑时间经过 2/3 以上、确有改恶从善表现的反革命罪犯；第三，判处徒刑 5 年以下（包括判处徒刑 5 年）、服刑时间经过 1/3 以上、确有改恶从善表现，或者判处徒刑 5 年以上、服刑时间经过 1/2 以上、确有改恶从善表现的普通刑事犯；第四，判处死刑缓期 2 年执行的罪犯，缓刑时间已满 1 年、确有改恶从善表现的，可以减为无期徒刑或者 15 年以上有期徒刑；第五，判处无期徒刑的罪犯，服刑时间已经 7 年、确有改恶从善表现的，可以减为 10 年以上有期徒刑。其他几次特赦也是针对成批的罪犯进行的。7 次特赦中，除第一次包括部分反革命罪犯和普通刑事罪犯以外，其余各次均是战争罪犯。

（2）特赦的条件是必须关押和改造一定的时间且在服刑的过程中确有改恶从善的表现。这表明，虽被宣告判处刑罚但尚没有执行的罪犯不在特赦之列；同时，虽然执行了一定的刑期但没有改恶从善表现的，也不在特赦之列。

（3）对符合特赦条件的罪犯，并非一律释放，而是根据其罪行的轻重和悔改表现予以区别对待：罪行较轻因而所判刑罚轻的，予以释放；罪行重因而所判刑罚重的，只予以减轻处罚。

（4）特赦具有严格的程序。每次特赦都是由全国人大常委会根据中共中央或者国务院的建议作出决定，并由最高人民法院和高级人民法院负责执行；在设有国家主席期间，均由国家主席再根据全国人大常委会的决定颁布特赦令。

（5）特赦的效力只及于刑而不及于罪，即特赦的效力只是免除执行剩余的刑罚或者减轻原判刑罚，而不是宣布其罪归于消灭。

上述关于特赦的法律、法令的颁行及实施，收获了良好的政治影响和社会影响，也获得了积极的法治效果，并为 40 年后我国特赦制度的再放异彩埋下了伏笔。

（七）刑法典起草方面的成果

如前所述，新中国第一部刑法典的准备和起草工作历时近30年，前后撰写近40稿，走过了一条充满曲折与坎坷但仍然坚韧不拔的前行道路。下面试简要地勾勒我国第一部刑法典问世前在刑法典起草方面的主要成果。笔者认为，这也是新中国成立后前30年间我国刑法立法方面的组成部分。

作为刑法典起草的准备和前奏，1950年到1954年，在中央人民政府政务院政治法律委员会的主持下，一批刑法专家起草了两个刑法稿本。其一为1950年的《中华人民共和国刑法大纲草案》，该大纲草案包含总则和分则两大部分，计12章157条，其体系结构为：第一部分总则——罪刑指导原则，包含3章：第一章通则，第二章犯罪，第三章刑罚；第二部分分则——具体犯罪与具体处罚，包含9章，依次为：反革命罪、妨害国家统治秩序罪、侵害国有或公有资产罪、职务上的犯罪、经济上的犯罪、妨害公共秩序与公共卫生罪、侵害生命健康与自由人格罪、侵害私有资产罪、妨害婚姻与家庭罪。[①] 其二为1954年的《中华人民共和国刑法指导原则草案（初稿）》，该原则草案除序言外包括3章、76条，其体系结构为：序言（内容为刑法的宗旨、任务和适用范围）；第一章犯罪；第二章刑罚；第三章几类犯罪量刑的规定，依次包括7节，即反革命罪，破坏公共财产的犯罪，破坏公共秩序的犯罪，侵犯人身权利的犯罪，经济上的犯罪，侵犯公民财产的犯罪，职务上的犯罪。[②] 笔者认为，这两个刑法稿本虽然还不属于刑法典草案的范畴，也没有向社会公布并进入立法程序，甚至还不是国家立法机关主持制定的，但是，它们作为当时负责此方面工作的政务院政治法律委员会主持下起草的刑法文本，反映的当然不是参与起草工作的专家们的个人学术见解，而是国家相关负责机关的刑法立法主张。进而言之，仅从这两个刑法稿本的体系结构中，也可以了解到立法者的诸多刑法理念和罪刑规范主张。这两个刑法稿本，为后来刑法典的起草作了基础性的准备，并在新中国刑法立法史上具有首开先河的历史地位和贡献。

在1954年9月，因一届全国人大一次会议通过新中国第一部宪法和5个组织法而掀开新中国国家制度建设及法制建设新篇章之后，在国家立法工作机关的主持下，自1954年10月起，刑法典的起草工作时断时续地推进。在1978年12月，党的十一届三中全会作出重启建设社会主义法制的决定之前的近1/4世纪时间里，总共起草了33个刑法典草案稿本，其中最有代表性的是1957年的第22稿和1963年的第33稿。下面对这两个稿本的体系结构作些介述。

第一，1957年6月28日的《中华人民共和国刑法草案（初稿）》（第22稿）。这个稿本当时经过中央审改并向全国人大代表征求意见，曾准备再行修改后作为刑法草案公布试行，后因1957年下半年开始接踵而至的政治运动的冲击而夭折。该稿本包括2编，共15章215条，其体系结构为：第一编总则，包含5章：第一章刑法的任务和适用范围，第二章犯罪（包含3节：刑事责任，犯罪的预备、未遂和中止，共同犯罪），第三章刑罚（包含8节：刑罚的种类，管制，拘役，有期徒刑、无期徒刑，死刑，罚金，剥夺政治权利，没收财产），第四章刑罚的具体运用（包含8节：量刑、累犯、自首、数罪并罚、缓刑、减刑、假释、时效），第五章附则。第二编分则，包括8章，依次为：反革命罪，危害公共安全罪，妨害社会经济秩序罪，侵犯人身权利罪，侵犯财产罪，妨害婚姻、家庭罪，妨害其他管理秩序罪，渎职罪。[③] 这个稿本在体系结构上已比较成熟，条文数量在当时也臻于丰富，条文设计的立法技术也达到一定的水平。

第二，1963年10月9日的《中华人民共和国刑法草案（修正稿）》（第33稿）。这个稿本经中共中央政治局常委和毛泽东主席审查，中央曾考虑公布，但因随后开始的“四清”“文化大革命”等政治运动的冲击，最终仍未能公布。刑法草案第33稿包含总则和分则两编，共13章206条。其体系结构和章节设置基本沿用了第22稿的规定，仅有两处改动：一是第33稿将第22稿总则第三章“第二节管制”与“第三节拘役”调换了位置；二是第33稿将第22稿分则第七章中的“妨害其他管理秩序罪”删去“其他”二字，改为“妨害管理秩序罪”。[④] 可以说，第33稿在体系结构上的这两处改动，主要是立法技术方面的调整。当然，在条文设计与内容表述上，第33稿较之前的稿本（包括第22稿）有了进一步的提高。

---

① 参见高铭暄、赵秉志编：《新中国刑法立法文献资料总览》（第2版），中国人民公安大学出版社2015年版，第74-86页。

② 参见高铭暄、赵秉志编：《新中国刑法立法文献资料总览》（第2版），中国人民公安大学出版社2015年版，第86-94页。

③ 参见高铭暄、赵秉志编：《新中国刑法立法文献资料总览》（第2版），中国人民公安大学出版社2015年版，第119-130页。

④ 参见高铭暄、赵秉志编：《新中国刑法立法文献资料总览》（第2版），中国人民公安大学出版社2015年版，第151-162页。

上述两个代表性稿本因为经过中央审查且在一定范围内征求意见并曾打算公开乃至公布试行，所以在相当程度上可以视为1979年刑法典之前我国刑法典立法理念与规范设计的代表性文本。这两个稿本尤其是第33稿，也成为16年后我国1979年刑法典创制时所依据的主要蓝本。这两个稿本因此也得到我国刑法学界在研究刑法立法沿革问题时的重视。

三、刑法立法的主要特点

由上述历程可见，自1949年至1979年，新中国的刑法立法表现为以下两个方面：一方面，为了配合我国由新民主主义社会向社会主义社会的转变，在总结实践经验的基础上，根据现实需要与可能先后制定了一批单行刑法，并且在若干非刑事法律中设置了一些附属刑法规范。[①] 这些刑法立法规范总体上数量不多、布局零散，内容也不完备，使得当时的刑事司法更多是依靠不断变化的刑事政策和或公开或内部的刑事司法文件。不过，这一时期出台的刑法立法规范的针对性较强，任务很明确，尤其是对于新中国成立初期社会主义改造和建设的顺利进行起到了积极保障的作用，同时也为1979年刑法典的制定打下了一定的基础。[②] 另一方面，新中国成立前，中国共产党领导人民进行革命斗争；新中国成立后，中国共产党成为执政党，但尚缺乏领导国家建设包括法制建设工作的经验。而且，当时的刑法立法亦受到"以苏联为师"观念的过度影响。后来，10年"文化大革命"对我国的社会主义法制建设造成了重大摧残，并导致刑法立法活动完全停滞。因此，新中国在成立后前30年这一阶段始终未能成功地制定出刑法典，刑法典的创制脚步走走停停，甚至是"走"少"停"多，处于一种缓慢而曲折的孕育初创阶段。在新中国成立后的近30年没有颁布作为国家基本法律的刑法典，亦没有建立比较完备的刑法立法规范，这样的历史真实，值得我们认真研究、深刻反思和吸取教训。下面，我们大体梳理出新中国成立后前30年这一时期刑法立法所具有的几个主要特点：

（一）立法主体：逐步走向规范

从立法主体上看，这一阶段的刑法立法逐步走向规范化。在新中国成立初期的过渡阶段，由于国家的组织结构尚不够健全和完善，当时的刑法立法文件是由中央人民政府委员会批准、由中央人民政府公布。1949年10月1日，新中国成立。在天安门城楼上，毛泽东主席庄严地宣读了《中华人民共和国中央人民政府公告》，宣告中华人民共和国中央人民政府成立。周恩来被任命为中央人民政府政务院总理。政务院各机构的组建工作也由此展开。1949年10月19日，中华人民共和国中央人民政府委员会召开第三次会议，一致通过任命了政务院及所属机构的负责人，并通过了人民革命军事委员会、最高人民法院、最高人民检察署、中央人民政府办公厅等机构负责人员的任命。由此，中央人民政府的主要组织机构得以建立。1949年10月21日，中央人民政府政务院宣布成立，任命董必武、陈云、郭沫若、黄炎培为政务院副总理，谭平山等15人为政务院政务委员，李维汉为政务院秘书长。政务院下设4个委员会，董必武为政治法律委员会主任，陈云为财政经济委员会主任，郭沫若为文化教育委员会主任，谭平山为人民监察委员会主任。此外，还设立外交、内政等30个部、委、院、署、行。1949年9月27日中国人民政治协商会议第一届全体会议通过的《中华人民共和国中央人民政府组织法》第二章第7条规定："中央人民政府委员会，依据中国人民政治协商会议全体会议制定的共同纲领，行使下列职权：一、制定并解释国家的法律，颁布法令，并监督其执行。二、规定国家的施政方针。三、废除或修改政务院与国家的法律、法令相抵触的决议和命令。四、批准或废除或修改中华人民共和国与外国订立的条约和协定。五、处理战争及和平问题。六、批准或修改国家的预算和决算。七、颁布国家的大赦令和特赦令……"第三章规定，政务院对中央人民政府委员会负责，并报告工作。在中央人民政府委员会休会期间，对中央人民政府的主席负责，并报告工作。政务院根据并为执行中国人民政治协商会议共同纲领、国家的法律、法令和中央人民政府委员会规定的施政方针，行使下列职权："一、颁发决议和命令，并审查其执行。二、废除或修改各委、部、会、院、署、行和各级政府与国家的法律、法令和政务院的决议、命令相抵触的决议和命令。三、向中央人民政府委员会提出议案……"从当时的国家组织结构来看，刑法立法由中央人民政府委员会批准、中央人民政府公布的情况，在新中国成立之初这一特定的历史时期具有一定的合理性和必然性。这一阶段的《中华人民共和

① 参见高铭暄、赵秉志：《中国刑法立法之演进》，法律出版社2007年版，第31页。

② 参见赵秉志：《中国刑法的百年变革——纪念辛亥革命一百周年》，载《政法论坛》2012年第1期。

国惩治反革命条例》《中华人民共和国惩治贪污条例》等单行刑法立法文件，均是由中央人民政府委员会批准并由中央人民政府公布的。新中国刑法典的起草准备工作始于1950年，当时也是由中央人民政府法制委员会负责的。

1954年，新中国的政治生活发生了引人瞩目的大事，第一届全国人大通过的《中华人民共和国宪法》和《中华人民共和国全国人民代表大会组织法》《中华人民共和国国务院组织法》《中华人民共和国人民法院组织法》《中华人民共和国人民检察院组织法》《中华人民共和国地方各级人民代表大会和地方各级人民委员会组织法》5部组织法对国家的政治体制、国家结构等进行了重大调整和明确规定。宪法和5部组织法的通过与实施，标志着新中国的法制建设进入了一个崭新的发展阶段，这对刑法立法工作的规范化也是一个很大的促进。依据宪法和全国人大、国务院的组织法，我国的政治体制发生了重大变化。宪法明确规定，中华人民共和国全国人民代表大会是最高国家权力机关，全国人民代表大会是行使国家立法权的唯一机关，并且明确了全国人大及其常委会的立法职权。至此，新中国的刑法立法工作逐步走向规范化，立法主体开始转为全国人大及其常委会。因此，刑法的起草工作也改由立法工作机关性质的全国人大常委会办公厅法律室负责。自1954年冬天起，全国人大常委会办公厅法律室开始着手刑法典的起草工作。1955年6月，拟出了《中华人民共和国刑法草案》并广泛征求意见。

（二）立法理念：注重维护社会秩序

1949年2月，中共中央发布了《关于废除国民党的六法全书与确定解放区的司法原则的指示》，宣布彻底抛弃国民党统治时期的“旧法统”，这意味着新中国决定另起炉灶，重新建立社会主义性质的法律制度。从社会背景上看，新中国在成立伊始进行了巩固政权、恢复发展经济的斗争并完成了“三大改造”，建立起社会主义基本的政治经济制度，完成了由新民主主义社会向社会主义初级阶段的过渡。在这样的社会背景下，如何把新民主主义革命的胜利成果用法律的形式固定下来，以团结全国各族人民把革命和建设事业继续推向前进，便成为党和国家面临的迫切任务。正是基于这样的政治需求，新中国的立法工作拉开序幕。[①] 总体而言，1979年刑法典之前的刑法立法在数量上极为缺乏，在立法内容上也具有时代局限性。这一时期的刑法立法在理念上表现为注重对统治秩序的维护，运用刑法的力量继续完成新民主主义革命任务，巩固中华人民共和国这一新生政权，以及在政治运动中对有关政治路线和主张发挥贯彻和维护的作用。

在彻底摧毁旧法统的基础上，新中国的法制仿照苏联早期的法制模式，在疾风骤雨般的阶级斗争和轰轰烈烈的群众运动中开始逐步建立。刑法立法的主要目的是配合当时的阶级斗争与政治运动、维护社会秩序。例如，中央人民政府委员会于1951年通过的《中华人民共和国惩治反革命条例》，是为了配合新中国成立初期在全国范围内开展的清查和镇压反革命分子的政治运动制定的。开展镇压反革命运动，是为了打击土匪、特务、恶霸、反动会道头子和国民党反动派的残余势力，巩固和加强新政权的统治秩序。又如，前述的当时各大行政区的军政委员会于1950年颁行的惩治不法地主犯罪方面的一系列单行条例（属于地方刑法法规性质），是为了配合完成全国范围的土地改革运动，击垮不法地主的反抗与破坏活动。而新中国成立初期实行的土改运动，是为了彻底完成新民主主义革命的遗留任务，进一步巩固新中国各级政权，并为社会主义革命和建设创造条件。再如，1951年中央人民政府政务院公布施行的《妨害国家货币治罪暂行条例》，是为了维护和巩固新生共和国的货币和金融制度，稳定国家经济秩序和统治秩序。而中央人民政府委员会于1952年公布施行的《中华人民共和国惩治贪污条例》，是为了配合新中国成立初期“三反”“五反”运动的开展。该条例作为当时惩治贪污腐败分子的法律依据，有力推动了“三反”“五反”运动的深入进行，打退了资产阶级对新政权的猖狂进攻，为实现对资本主义工商业的社会主义改造打下了坚实的基础，也维护了国家机关的权威和国家工作人员的廉洁，维护了社会经济秩序。

1956年年底“三大改造”完成之后，我国开始进入社会主义初级阶段，在政治上开始实行社会主义制度，在经济上确立了社会主义计划经济体制。在计划经济体制下，法治阙如的时期相当漫长，这一阶段主要是以政策作为治理国家的手段，司法活动也以政策为导向。刑法的功能仍主要体现为维护社会秩序。

“文化大革命”开始以后，政治治理直接代替了政策治理，社会处在一种“无法无天”的状态下。

① 参见赵秉志、阴建峰：《论新中国刑法立法的客观影响因素》，载《南开学报（哲学社会科学版）》2010年第4期。

政策虽然也具有一定的规范特征，但它与政治的关联性更加密切，而与法律存在相当程度的疏离与背反。① 基于政治斗争的需要，决策者和执行者超越法律定罪处刑的案例在当时并不鲜见。②

至于1959年至1975年国家通过发布特赦决定和主席令对战争罪犯和部分反革命罪犯、普通刑事罪犯实行的7次特赦，当然是惩办与宽大相结合的刑事政策思想和刑法谦抑主义的体现和影响，但不可否认的是，其同时也出自党和国家领导人更好地维护社会秩序的考虑。③

由上可见，1979年刑法典颁行之前，我国的刑法立法在理念上主要表现为服务于政权巩固，而缺乏现代刑事法治的内在价值和独立意义。在这种立法理念的指导下，刑法的功能严重地政治化和工具化；而且，刑法的确立和变更具有了不确定性和随意性。④ 从实际情况看，通过刑法的治理是一种相对稳定的程序性形式，它可以为政权提供一种形式上的合法性，这与革命时期的武装斗争已然大相径庭。然而，尽管缺乏现代法治理念的刑法规定在短期内可以发挥维护秩序的作用，但也存在偏离和模糊应然的现代法治效果的极大风险。

（三）立法模式：单行刑法与附属刑法并存

新中国成立后至1979年刑法典颁行前的30年，是我国刑法立法呈现分散立法模式的第一阶段，具体表现为国家尚未制定出一部统一的全面系统的刑法典，少量而零乱的单行刑法和附属刑法是该阶段刑法立法的主要表现形式。从社会背景上看，新中国在成立初期面临着镇压反革命、巩固新生的人民政权和恢复经济建设两大任务，国家当时开展专门、系统、深入的立法准备工作的条件尚不具备。另外，基于当时的社会背景，我国立法机关在立法思想上表现出解决现实问题的立场。例如，当时担任政务院政治法律委员会副主任的彭真同志在1951年所作的题为《关于政法工作的情况和目前任务》的报告中曾明确指出，应该按照当前的中心任务和人民急需解决的问题，根据可能与必要，把成熟的经验定型化，由通报典型经验并综合各地经验逐渐形成制度和法律条文，逐步地由简而繁，由通则而细则，由单行法规而形成整套的刑法、民法。⑤

因此，在上述社会背景和立法思想的影响下，新中国在成立初期根据形势和建设的需要，陆续制定出一些单行刑法，如《中华人民共和国惩治反革命条例》《中华人民共和国惩治贪污条例》等，这些单行刑法都是为了配合推进当时开展的各项政治运动而专门制定的。此外，《保守国家机密暂行条例》《全国人民代表大会及地方各级人民代表大会选举办法》等非刑事法律和法规还对有关的犯罪行为直接规定了具体而完整的附属刑法条款。由于当时没有制定统一的刑法典，对于刑事责任、犯罪构成、刑事责任年龄、刑罚种类、量刑原则等涉及刑法总则的内容，有关中央国家机关通过批复、指示、解释等方式作出了规定，弥补了立法的不足，但是缺乏统一性和系统性。以上刑法立法模式表明了新中国刑法立法在此阶段的零乱和不完备性。另外，此阶段这些单行刑事法律、附属刑法条款和有关司法解释、批复等，都是当时司法机关办案的依据，而在刑事法制极其匮乏的情况下发挥了一定的积极作用，同时也为1979年制定统一的刑法典打下了一定的基础。⑥

（四）法典起草：曲折前行

新中国成立后至1979年刑法典颁行前30年的刑法立法建设，大体是以两条脉络演进的：一条是制定单行刑法和附属刑法条款等刑法立法规范的脉络，其坎坷道路、获得成果和主要特点已如上所述；另一条就是起草刑法典的脉络，这条道路也因屡受此起彼伏的政治运动的不断冲击而数次中断，但在曲折中坚韧前行，最终得以为1979年刑法典奠定基础。

---

① 参见陈兴良：《回顾与展望：中国刑法立法四十年》，载《法学》2018年第6期。

② 参见孙丽娟：《我们是如何逐步实现"罪刑法定"的——建国以来法学界重大事件研究（六）》，载《法学》1997年第11期。

③ 例如，1959年9月14日，由毛泽东主席签发的中共中央关于在新中国成立10周年时实行特赦给全国人大常委会的建议中指出："党和人民政府对反革命分子和其他罪犯实行的惩办和宽大相结合、劳动改造和思想教育相结合的政策，已经获得伟大的成绩。在押各种罪犯中的多数已经得到不同程度的改造，有不少人确实已经改恶从善。根据这种情况，中国共产党中央委员会认为，在庆祝伟大的中华人民共和国成立十周年的时候，对于一批确实已经改恶从善的战争罪犯、反革命罪犯和普通刑事罪犯，宣布实行特赦是适宜的。采取这个措施，将更有利于化消极因素为积极因素，对于这些罪犯和其他在押罪犯的继续改造，都有重大的教育作用。这将使他们感到在我们伟大的社会主义制度下，只要改恶从善，都有自己的前途。"参见高铭暄、赵秉志编：《新中国刑法立法文献资料总览》（第2版），中国人民公安大学出版社2015年版，第69页。

④ 参见陈晓枫主编：《中国法律文化研究》，河南人民出版社1993年版，第315-316页。

⑤ 参见《追寻新中国法制建设的脚步》，载《法制日报》2004年9月2日。

⑥ 参见李淳：《略论新中国刑法50年的发展与完善》，载《法学家》2000年第2期。

一方面，刑法典的起草工作历经坎坷。除去新中国成立初期1950年至1954年为刑法典起草所做准备工作而起草的《中华人民共和国刑法大纲草案》和《中华人民共和国刑法指导原则（初稿）》这两个刑法文本的时间，在国家立法工作机关的主持下，自1954年10月刑法典起草上马起算，至1979年6月第一部刑法典通过前夕，大致有25年的时光。其中刑法典起草工作真正进行的时间：自1954年10月至1957年6月拟出第22稿用时不到3年，之后因“反右派”等政治运动的冲击而中断；自1961年10月又开始座谈研究刑法典起草工作至1963年10月拟出第33稿用时2年，之后刑法草案又因接踵而至的“四清”运动和10年“文化大革命”的冲击而束之高阁；之后是1978年10月至1979年6月，又用8个多月拟出5个稿本。总计而言，在长达25年的时间里，真正用于刑法典起草工作的时间大约是5年半，因多受政治运动的冲击，刑法典起草工作被迫中断与搁浅。

另一方面，刑法典的起草工作虽历经坎坷，但仍在曲折中奋力前行，最终完成了历史使命。刑法典的起草工作虽然几度被政治运动打断，但国家立法机关怀着法治的梦想和信念，从未真正停止追求制定刑法典的步伐。几起几落，历经坎坷，初心不改，只要形势好转，就因势利导，努力推进刑法典的起草工作。终于，乘着党的十一届三中全会建设社会主义法制的东风，于1979年上半年使刑法典的起草工作进入立法程序并取得决定性的进展。至此，新中国第一部刑法典经过长达30年漫长的准备和孕育过程，又在最后经历仅仅半年多的冲刺阶段，终于到了瓜熟蒂落、呼之欲出的出台前夕。回首第一部刑法典起草的曲折历程，我们深感新中国刑法法典化道路的艰辛和成果的来之不易。

第一部分　刑法立法文件

1. 中华人民共和国惩治反革命条例

（1951年2月20日中央人民政府委员会第十一次会议批准　1951年2月20日中央人民政府公布）

第一条　根据中国人民政治协商会议共同纲领第七条的规定，为惩治反革命罪犯，镇压反革命活动，巩固人民民主专政，特定本条例。

第二条　凡以推翻人民民主政权，破坏人民民主事业为目的之各种反革命罪犯，皆依本条例治罪。

第三条　勾结帝国主义背叛祖国者，处死刑或无期徒刑。

第四条　策动、勾引、收买公职人员、武装部队或民兵进行反变，其首要分子或率队叛变者，处死刑或无期徒刑。

其他参与策动、勾引、收买或叛变者，处十年以下徒刑；其情节重大者，加重处刑。

第五条　持械聚众叛乱的主谋者、指挥者及其他罪恶重大者处死刑；其他积极参加者处五年以上徒刑。

第六条　进行下列间谍或资敌行为之一者，处死刑或无期徒刑；其情节较轻者处五年以上徒刑：

一、为国内外敌人窃取、刺探国家机密或供给情报者；

二、为敌机、敌舰指示袭击目标者；

三、为国内外敌人供给武器军火或其他军用物资者。

第七条　参加反革命特务或间谍组织，有下列情节之一者，处死刑或无期徒刑；其情节较轻者处五年以上徒刑：

一、受国内外敌人派遣潜伏活动者；

二、解放后组织或参加反革命特务或间谍组织者；

三、解放前组织或领导反革命特务或间谍组织，及其他罪恶重大，解放后无立功赎罪表现者；

四、解放前参加反革命特务或间谍组织、解放后继续参加反革命活动者；

五、向人民政府登记、自首后继续参加反革命活动者；

六、经人民政府教育释放仍继续与反革命特务、间谍联系或进行反革命活动者。

第八条　利用封建会门，进行反革命活动者，处死刑或无期徒刑；其情节较轻者处三年以上徒刑。

第九条　以反革命为目的，策谋或执行下列破坏、杀害行为之一者，处死刑或无期徒刑；其情节较轻者处五年以上徒刑：

一、抢劫、破坏军事设施、工厂、矿场、森林、农场、堤坝、交通、银行、仓库、防险设备或其他重要公私财物者；

二、投放毒物、散播病菌或以其他方法，引起人、畜或农作物之重大灾害者；

三、受国内外敌人指使扰乱市场或破坏金融者；

四、袭击或杀、伤公职人员或人民者；

五、假借军政机关、民主党派、人民团体名义，伪造公文证件，从事反革命活动者。

第十条　以反革命为目的，有下列挑拨、煽惑行为之一者，处三年以上徒刑；其情节重大者处死刑或无期徒刑：

一、煽动群众抗拒、破坏人民政府征粮、征税、公役、兵役或其他政令之实施者；

二、挑拨离间各民族、各民主阶级、各民主党派、各人民团体或人民与政府间的团结者；

三、进行反革命宣传鼓动、制造和散布谣言者。

第十一条　以反革命为目的偷越国境者，处五年以上徒刑、无期徒刑或死刑。

第十二条　聚众劫狱或暴动越狱，其组织者、主谋者处死刑或无期徒刑；其他积极参加者处三年以上徒刑。

第十三条　窝藏、包庇反革命罪犯者，处十年以下徒刑；其情节重大者，处十年以上徒刑、无期徒刑或死刑。

第十四条　凡犯本条例之罪而有下列情形之一者，得酌情从轻、减轻或免予处刑：

一、自动向人民政府真诚自首悔过者；

二、在揭发、检举前或以后真诚悔过立功赎罪者；

三、被反革命分子胁迫、欺骗，确非自愿者；

四、解放前反革命罪行并不重大，解放后又确已悔改并与反革命组织断绝联系者。

第十五条　凡犯多种罪者，除判处死刑和无期徒刑者外，应在总和刑以下，多种刑中的最高刑以上酌情定刑。

第十六条　以反革命为目的之其他罪犯未经本条例规定者，得比照本条例类似之罪处刑。

第十七条　犯本条例之罪者，得剥夺其政治权利，并得没收其财产之全部或一部。

第十八条　本条例施行以前的反革命罪犯，亦适用本条例之规定。

第十九条　对反革命罪犯，任何人均有向人民政府揭发、密告之权，但不得挟嫌诬告。

第二十条　犯本条例之罪者，在军事管制时期内由各地军区司令部、军事管制委员会或剿匪指挥机关所组织之军事法庭依照本条例审判之。

第二十一条　本条例自中央人民政府委员会批准公布之日施行。

附：关于镇压反革命活动和惩治反革命条例问题的报告

——1951年2月20日在中央人民政府委员会第十一次会议上

（中央人民政府政务院政治法律委员会副主任　彭　真）

主席、副主席、各位委员：

镇压反革命活动问题，是现在全国人民极关心的一个问题。在过去一个时期内，因为我们还没有切实贯彻共同纲领第七条镇压与宽大相结合的方针，很多地方发生了过分宽大的偏向，曾经引起各阶层人民对人民政府的不满。

人民责备我们“宽大无边”，“有天无法”，说“天不怕地不怕，就怕共产党讲宽大”，说“人民政府什么都好，就是对坏人这样客气，看着坏人残害老百姓，不给老百姓作主，不好。”有的工人义愤填膺地质问干部说：“看！我们竞赛几个月，特务放一把火就完蛋了；再不镇压，说什么我们也不竞赛了”。有的说：“政府睡着了”，“连敌我都不分”。有的人说政府“姑息养奸，贻害人民”，“简直不像个人民政府的样子”。

人民群众是公道的，聪明的。人民称赞抗美援朝做得好，土地改革做得好，物价金融稳定得好，城市管理和民主设施都很好，只是认为对于反革命分子过于宽大。的确，在这个问题上，我们过去还没有做得很好，并且有一个时期，有些地方做得很不好。特别是美国帝国主义者发动侵朝战争之后，问题表现得更清楚了。

那时，美蒋特务匪徒们及其他残余的反革命势力，以为他们梦想的“三次大战，反攻大陆”的时机到了，美蒋就要回来复辟了。他们狂妄地撕破了平日“伪装悔改”的假面具，从地下的隐蔽活动，伸出头了，进行各种露骨的破坏活动，明目张胆地向人民进攻。特务匪徒阴谋破坏铁路桥梁，破坏工厂矿山，烧毁仓库资财，公开抢劫，刺杀干部，骚扰暴乱的事件，在很多地方发生了。凡是没有遭受严厉清剿、镇压的政治土匪，都越加活跃了。有些早已表示悔改、愿意服从管制的反动党特分子，也以各种形式拒绝或逃避管制，甚至又与反动组织勾结，进行破坏活动了。这时，不但反动道门帮会以各种方式造谣破坏，进行反对人民政府的活动，不但在新解放的地区，有些地主以“蒋介石来了要杀头”来威胁农民，破坏土地改革，筹备欢迎蒋介石，甚至在已经实行土地改革的半老区，有些“威风”没有完全被打掉的地主，也起来向农民实行倒算，威胁农民退还土地、粮食、牲口、农具，赶农民搬家。有些地方，组织了反革命的地下军，准备进行暴动。有些地方，村干部全家被杀。农会干部一次被杀十余人者有之，一村的农会会员被杀四十余人者有之；为人民解放军运输军需粮草的民夫，整队被杀者有之。仅广西一省，人民政府的干部被杀害者，即有三千余人。而那里的土匪在过去一个时期内曾经越剿越多，因为我们不杀或很少杀掉匪首和惯匪。至于生产、建设和各种物质资财被反革命分子破坏的，更是难以数字计算。特务匪徒的猖狂，真是达到难以容忍的程度了。

从这里可以证明，帝国主义的走狗国民党反动派及其帮凶们，决不因为他们的统治已被打倒，即甘心死亡，而是无时无刻不在利用一切可能，穷凶极恶地向人民和人民政府进攻。

这证明，宽大无边是错误的。一切怙恶不悛的反革命首要分子和其他在解放后继续进行反革命活动的分子，决不能宽大，必须予以严厉的镇压。该杀者杀，该关者关，该管制者予以管制，决不能优柔寡断，姑息养奸。这是共同纲领所明白规定的，也是毛主席所屡屡指示过我们的。

毛主席和中央人民政府既有这样坚定明确的方针，为什么又会发生宽大无边的偏向呢？这是因为在干部中存在着许多混乱的思想。

首先，是在胜利后骄傲轻敌，麻木不仁，以为那样多的蒋介石匪帮的军队已被消灭，国民党反动统治已被打倒，残余的反革命分子还有什么了不起，因而就丧失了警惕，放松了镇压。

其次，是有些同志，把人民民主统一战线的巩固与扩大，和对敌斗争中坚决肃清反革命残余的问题相混淆了。他们不了解：反革命残余肃清的越彻底，挑拨离间、破坏统一战线的因素就越少，因而统一战线就越加巩固。同时，统一战线越巩固、越广泛，敌人就越加孤立，反革命残余就越容易被肃清。

又有的人，惧怕坚决镇压反革命，会“引起震动和恐慌”。他们没有分清什么人震动，什么人恐慌。特务匪徒震动恐慌吗？镇压的目的，正是要消灭他们，他们应该震动，应该恐慌。这难道不好吗？这有什么可怕？人民震动恐慌吗？人民政府镇压反革命，只要不引起乱打乱杀，既“稳”又“准”，人民只有拍手称快，决不会恐慌！他们恐慌的倒是政府宽大无边，优柔寡断，姑息养奸，纵容特务匪徒残害人民，而不替人民作主。

有人认为，人民已经胜利了，应该仁慈宽大。说这样话的人不了解，不坚决消灭人民的敌人，就没有人民的胜利；不坚决地将残余的美蒋匪帮这一群豺狼镇压下去，就没有人民的安全和人民胜利的巩固，对于他们的仁慈宽大就是对于人民的残酷，就是把伟大的人民革命事业当儿戏，就是对于人民不忠诚。对于罪犯判刑的轻重，应根据其罪恶的大小，如果其罪该杀，即应坚决处死，如果罪不该杀，即应不杀。对于介乎可杀可不杀之间者，也不要杀，只杀那些该杀和必须杀的人，有确实证据的重要反革命分子。

宽大无边偏向的发生，虽然是由于上述各种混乱思想，但是正如毛主席所说，决定的关键，还是在于领导。

自从去年秋季，中央人民政府连续颁发指示和抓紧领导以后，各地很快即根据镇压与宽大相结合的总方针，纠正宽大无边的偏向，对于罪大恶极怙恶不悛的匪首、惯匪、恶霸、特务和反动会道门头子开始进行坚决的镇压。于是情况迅速改变了。原来向农民倒算的地主、恶霸，纷纷向农民低头认罪了；原来到处进行破坏，猖狂活动的特务，或被枪决，或被监禁了；原来许多成股的政治土匪，迅速被消灭，或土崩瓦解、缴械投降了；连原来匪势最猖狂的福建、湘西、广西、广东、四川、贵州、云南等地，革命秩序也渐趋巩固了。总之，邪气下降，正气上升了。当各地坚决镇压反革命活动，枪毙重要匪首、惯匪、恶霸、特务及反动会道门头子的时候，群众所表现的不是恐慌和震动，而是掌声如雷，欢呼万岁，或者放鞭炮来庆祝。凡是贯彻了中央人民政府正确方针的地方，群众再不责备我们“有天无法”，而是称赞“人民政府有天有法”，“为民作主”，称赞“人民政府方针对，办法好”，“真像个人民政府的样子”了。但目前仍有些地方对反革命活动的镇压不够坚决，优柔寡断，软弱无能，继续纵容特务匪徒逍遥法外，因而招致人民群众的不满。我们认为这些地方必须迅速根据中央人民政府的方针，彻底纠正这种偏向，坚决镇压一切反革命活动。

现在，为了给予干部和群众以镇压反革命活动的法律武器，为了给予审判反革命罪犯的人员以量刑的标准，为了在坚决镇压反革命活动中克服或防止右的偏向和左的偏向，需要有一个惩治反革命的条例。各地也普遍要求中央人民政府迅速颁布这样的条例。因此，政务院政法委员会根据共同纲领第七条的原则，草拟了“中华人民共和国惩治反革命条例草案”，已经政务院第七十一次政务会议通过，现在提请中央人民政府委员会审查批准。

这个条例是根据镇压与宽大相结合，即“首恶者必办，胁从者不问，立功者受奖”的政策而制定的。对于各种反革命的首要分子，对于解放后怙恶不悛，继续进行反革命活动的特务间谍分子，是采取从重处理的原则；对于被反革命分子胁迫、欺骗而参加反革命活动的胁从分子，对于解放前虽曾参加反革命活动，但罪行并不重大，解放后又确已悔改的分子，特别是已为人民立功的分子，则采取了从宽处理的原则。

为了使干部容易掌握这个条例，我们在起草的时候，力求既能解决问题，又力避庞杂、烦琐，因此写得比较简要概括。

是否有当，请予核定。

2. 妨害国家货币治罪暂行条例

（1951年4月19日中央人民政府政务院公布施行）

第一条 为保护国家货币，巩固国家金融，特制定本条例。

第二条 本条例所称国家货币，指中国人民银行发行之货币。

第三条 以反革命为目的伪造国家货币者，其首要分子或情节严重者处死刑，情节较轻者处无期徒刑或十五年以下七年以上徒刑，并没收其财产之全部或一部。

以反革命为目的变造国家货币，或贩运、行使伪造、变造国家货币者，其首要分子或情节严重者，处死刑或无期徒刑，情节较轻者，处十五年以下五年以上徒刑，并得没收其财产之全部或一部。

第四条 意图营利而伪造国家货币者，其首要分子或情节严重者，处死刑或无期徒刑，其情节较轻者处十五年以下三年以上徒刑，均得没收其财产之全部或一部。

意图营利而变造国家货币，或贩运、行使伪造、变造国家货币者，其首要分子或情节严重者，处无期徒刑或十五年以下七年以上徒刑，并得没收其财产之全部或一部，其情节较轻者，处十年以下一年以上徒刑并酌处罚金，情节轻微者处一年以下劳役或酌处罚金。

第五条 散布流言或用其他方法破坏国家货币信用者，处五年以下徒刑或罚金。

以反革命为目的犯前项之罪者，处十五年以下五年以上徒刑，其首要分子或情节严重者处死刑或无期徒刑，并得没收其财产之全部或一部。

第六条 凡误收伪造、变造货币，在收受后查觉为伪造、变造者，应即报告所在地中国人民银行或公安机关，其明知不报而仍继续行使者，视其情节轻重，处一年以下劳役，或酌处罚金，或予以教育。

第七条 凡犯本条例所规定各罪之预备犯、未遂犯，得视其情节从轻处罚，但以反革命为目的者，按照上列有关各条之规定酌情处罚。

第八条 凡犯本条例所规定各罪自首悔过者，得减轻或免除处罚，自首悔过后并协助破案者，免除处罚。

第九条 凡伪造、变造之货币，均没收之。供本条例犯罪所用之机器、原料及其他物件均应没收，但属于第三人所有而不知其供犯罪之用者，不在此限。

第十条 凡犯本条例所规定各罪者，得视其情节轻重，附带宣告剥夺政治权。但犯第六条之罪者不在此限。

第十一条 本条例自公布之日施行。

3. 中华人民共和国惩治贪污条例[①]

（1952 年 4 月 18 日中央人民政府委员会第十四次会议批准　1952 年 4 月 21 日中央人民政府公布）

第一条 根据中国人民政治协商会议共同纲领第十八条严惩贪污的规定，特制定本条例。

第二条 一切国家机关、企业、学校及其附属机构的工作人员，凡侵吞、盗窃、骗取、套取国家财物，强索他人财物，收受贿赂以及其他假公济私违法取利之行为，均为贪污罪。

第三条 犯贪污罪者，依其情节轻重，按下列规定，分别惩治：

一、个人贪污的数额，在人民币一亿元以上者，判处十年以上有期徒刑或无期徒刑；其情节特别严重者判处死刑。

二、个人贪污的数额，在人民币五千万元以上不满一亿元者，判处五年以上十年以下徒刑。

三、个人贪污的数额，在人民币一千万元以上不满五千万元者，判处一年以上五年以下徒刑，或一年至四年的劳役，或一年至二年的管制。

四、个人贪污的数额，不满人民币一千万元者，判处一年以下的徒刑、劳役或管制；或免刑予以开除、撤职、降职、降级、记过或警告的行政处分。

集体贪污，按各人所得数额及其情节，分别惩治。

贪污所得财物，应予追缴；其罪行特别严重者，并得没收其财产之一部或全部。

第四条 犯贪污罪而有下列情形之一者，得从重或加重处刑：

一、对国家和社会事业及人民安全有严重危害者；

二、出卖或坐探国家经济情报者；

三、贪赃枉法者；

四、敲诈勒索者；

五、集体贪污的组织者；

六、屡犯不改者；

七、拒不坦白或阻止他人坦白者；

八、为消灭罪迹而损坏公共财物者；

九、为掩饰贪污罪行嫁祸于人者；

十、坦白不彻底，判处后又被人检举出严重情节者；

十一、犯罪行为有其他特殊恶劣情节者。

因贪污而兼犯他种罪者，合并处刑。

第五条 犯贪污罪而有下列情形之一者，得从轻或减轻处刑，或缓刑，或免刑予以行政处分：

一、未被发觉前自动坦白者；

二、被发觉后彻底坦白、真诚悔过并自动地尽可能缴出所贪污财物者；

三、检举他人犯本条例之罪而立功者；

四、年岁较轻或一向廉洁，偶犯贪污罪又愿真诚悔改者。

第六条 一切向国家工作人员行使贿赂、介绍贿赂者，应按其情节轻重参酌本条例第三条的规定处刑；其情节特别严重者，并得没收其财产之一部或全部；其彻底坦白并对受贿人实行检举者，得判处罚金，免予其他刑事处分。

凡为偷税而行贿者，除依法补税、罚款外，其行贿罪，依本条例的规定予以惩治。

---

① 此条例规定的人民币金额是旧币金额，旧币一万元折合新币一元。——编者注

凡胁迫或诱惑他人收受贿赂者，应从重或加重处刑。

凡因被勒索而给予国家工作人员以财物并无违法所得者，不以行贿论；其被勒索的财物，应追还原主。

第七条 在本条例公布前，曾因袭旧社会恶习在公平交易中给国家工作人员以小额回扣者，不以行贿论。但在本条例公布后，如在与国家工作人员交易中仍有送收小额回扣情事，不论送者、收者，均分别以行贿、受贿治罪。

第八条 非国家工作人员侵吞、盗窃、骗取或套取国家财物者，应追缴其违法所得财物，并得按其违法所得的多寡，参酌本条例第四、五两条的规定衡量其情节，酌处罚金或判令赔偿因其罪行所造成的国家其他损失；其情节特别严重者，并得参酌本条例第三条之规定，予以刑事处分，或并没收其财产之一部或全部；其彻底坦白、情节轻微者免予处罚。

第九条 凡收买、盗取国家经济情报以谋取私利者，应按其违法所得的多寡和情节轻重，参酌本条例第三、四、五、八各条治罪。

第十条 凡应追缴的贪污财物或其他违法所得，如无法追缴时，得由审判机关或议处机关商同主管行政机关酌情予以其他适当的处置。

第十一条 犯本条例之罪者，依其犯罪情节，得剥夺其政治权利之一部或全部。

第十二条 非国家工作人员勾结国家工作人员伙同贪污者，应参照本条例第三、四、五、十、十一各条的规定予以惩治。

第十三条 一切国家机关、企业、学校及其附属机构的领导人员，凡发觉其所属工作人员贪污而故意包庇或不予举发者，应依其情节轻重，予以刑事处分或行政处分。

第十四条 对犯本条例之罪者，任何人均有向该主管行政部门、人民监察机关、人民公安机关、人民检察机关、人民法院及检举人认为适当的其他机关或首长实行检举之权。

凡对检举人施行打击、报复者，应依其情节轻重，予以刑事处分或行政处分。

第十五条 社会团体的工作人员犯贪污罪者，适用本条例的规定。

第十六条 现役革命军人犯贪污罪者，适用本条例的规定。

第十七条 在本条例公布后，仍犯或再犯本条例之罪者，应从重或加重惩治。

第十八条 本条例由中央人民政府委员会批准公布之。

附：关于中华人民共和国惩治贪污条例草案的说明

——1952 年 4 月 18 日在中央人民政府委员会第十四次会议上的报告

（中央人民政府政务院政治法律委员会副主任 彭 真）

主席、各位委员、各位同志：

中华人民共和国惩治贪污条例草案，经过多次征求各方面的意见并作了修改，已由中央人民政府政务院第一三〇次政务会议通过。现在我把制定这个条例的根据和这个条例本身作如下的报告，提请中央人民政府委员会审查批准。

这个条例，是根据中国人民政治协商会议共同纲领第十八条严惩贪污的规定和“三反”、“五反”运动中所揭露的事实和所蓄积的经验而制定的。

“三反”和“五反”运动，是依靠广大人民群众，在毛主席、中央人民政府和工人阶级领导下，为着清洗旧社会遗留下来的污毒的一次伟大的群众运动。最近这一时期，全国广大人民群众为了制止贪污分子的违法乱纪，制止来自不法资产阶级分子的猖狂进攻，捍卫和贯彻执行共同纲领的路线，进行了激烈的斗争，得到了伟大的胜利。除了对于国家工作人员中一部分完全违法乱纪的大贪污犯和工商界中一部分完全违法的大盗窃犯以外，这种斗争仍是人民民主统一战线内部，采取群众运动和批评自我批评的方式，用共同纲领的原则改造社会上和国家工作人员中的坏作风的斗争；是拥护共同纲领的广大群众对于违反共同纲领的不法行为的斗争；是广大国家工作人员的廉洁的、朴素的、为人民服务的革命工作作风对于一部分堕落腐化的贪污、浪费、官僚主义分子的恶劣作风的斗争；是按照共同纲领和国家法令进行合法的私人工商业经营道路对于行贿、偷税漏税、盗骗国家资财、偷工减料和盗窃国家经济情报的违法经营道路的斗争。简单讲，除了对大贪污犯和大盗窃犯的斗争以外，这是人民民主统一战线内部两种作风和两条路线之间的斗争。这是我们的国家在抗美援朝、土地改革和镇压反革命的三大运动之后，又一次具有伟大历史意义的群众性的社会改革运动。

在这次运动中，人们把贪污、浪费和官僚主义现象简称为“三害”；把行贿、偷税漏税、盗骗国家资财、偷工减料和盗窃国家经济情报等违法行为简称为“五毒”。五毒是不法资产阶级分子目前向国家和人民举行猖狂进攻的主要形式，而三害在目前则主要是由于不法资产阶级分子猖狂进攻所引起的结果。

当然，三害也还有其他的历史来源，就是说它还是旧社会一切剥削者和反动统治者遗留下来的污毒，而不法资产阶级分子则是目前承袭并且支持这些污毒的主要的社会阶级基础。

由于我们三年来忙于镇压和消灭美蒋匪帮的残余势力，忙于抗美援朝和土地改革，忙于经济、文化事业的恢复和各项建设事业的发展，对于这些污毒还没有来得及加以系统的扫除，而资产阶级中的盗窃分子和国家工作人员中的贪污分子则恰是利用了我们这一个空隙，互相勾结，狼狈为奸，放肆地发展了他们的犯法行为。

但这并不是说，资产阶级中的一切人都在毫无差别地犯了法。在过去这一时期，就各大城市的情况来看，小资产阶级（这里指的是一般不雇工人店员的独立手工业户和家庭商业户，不包括摊贩）和资产阶级的总数中，守法的约占百分之十左右；基本守法但有轻微违法行为的约占百分之六十左右；半守法半违法的约占百分之二十五左右；严重违法的和完全违法的，约占百分之五左右，他们是带有很大投机性的或完全投机的资本家；而其投机性最猖狂最恶劣的，约占工商户总数百分之一左右，数目还不算很大。这最后一部分人就是所谓大盗窃分子，已经不是我们的朋友，而是罪犯，因此，除坦白悔改并有立功表现者外，必须予以法律制裁。上述比例数中，守法户和基本守法户占工商界总数的百分之七十左右，其中的大多数是小资产阶级分子，但也有不少资产阶级分子，并且有一些大工商业者。

在不法资产阶级分子的猖狂进攻之下，在旧社会遗留下来的污毒的侵蚀之下，就产生了国家工作人员中的许多贪污分子。其中最严重、最恶劣的大贪污分子也是少数。这些大贪污分子也已经不是我们的同志，而是盗窃国家和人民财富的罪犯，因此，除坦白悔改并有立功表现者外，必须从我们的队伍中清除出去，并予以法律制裁。

当“三反”和“五反”运动尚未开始的时候，在国家工作人员中所存在的贪污现象和工商界中所存在的盗窃现象是很严重的。但是，由于我们的国家有共产党和工人阶级的领导，有毛主席所教导的久经锻炼的坚强的领导骨干，有广大人民群众的热烈支持，所以毛主席和中央人民政府一声号令之后，“三反”和“五反”运动就立即在全国展开，广大劳动人民、革命知识分子，和广大积极工作干部迅速团结在一起，响应国家的号召，最后还有洗了手的工作人员和工商业者也和我们团结起来，组成了“三反”和“五反”的伟大的统一战线，这样就使国家机关中的大贪污分子和社会上的大盗窃分子完全陷于孤立，受到严厉的打击和制裁；不法资产阶级分子与国家人民背道而驰的倾向，得到了有效的制止和纠正。同时，资产阶级自身，因为有工人阶级的领导和监督，有自己内部守法的、进步的、积极的部分，对于违法的、落后的、消极的部分所开展的斗争，因而得到了一次普遍的教育。经过“三反”和“五反”运动，我们已经完全可以看出，我国的人民民主统一战线和人民民主专政是极大地巩固了，财政和经济两方面的情况是极大地改善了，知识分子的不利于人民事业的旧思想也获得改造了，或者正在改造中。

现在为了对贪污分子和盗窃分子分别予以惩治，为了巩固“三反”和“五反”运动已得的胜利，并继续和一切贪污与盗窃行为进行坚持不懈的斗争，制定一个法律就是完全必要的了，这就是今天要讨论的中华人民共和国惩治贪污条例。

以下我就本条例草案来作若干说明。

首先是这个条例所采取的一些基本原则。

为了把惩办与教育相结合、把镇压与宽大相结合以达到惩前毖后和除恶务尽的目的，我们在处理贪污、盗窃案件时，必须贯彻执行毛主席所指示的过去从宽、今后从严，多数从宽、少数从严，坦白从宽、抗拒从严和对国家工作人员从严、对非国家工作人员（除一小部分罪大恶极者外）从宽的原则。这几条原则，是毛主席从我们伟大的“三反”和“五反”运动的实践中所集中起来的。只有按照这样的原则，才能妥善地解决在运动中所暴露出来的许多复杂问题，因此，本条例的许多条文就不能不带着很大的伸缩性。

所谓很大的伸缩性，就是说，一方面，对于少数罪行严重、情节恶劣的分子，抗拒运动死不悔改的分子和在这次“三反”、“五反”运动后仍有或再犯贪污、盗窃罪行的分子从重或加重惩治；另一方面，对于贪污、盗窃分子中，那些在未被发觉或未被检举前即自动坦白的分子，被发觉后彻底坦白悔改并自动地尽可能缴出赃款赃物的分子，以及情节轻微偶尔失足的分子，或情节虽较严重但已悔改立功的分子，采取宽大处理和教育改造的方针。实践上，我们现在是用两种方法来消灭贪污分子和盗窃分子：一种方法是把他们捉起来，判处监禁，强迫改造，对于极少数罪大恶极分子则判处死刑；另一种方法是不捉不关，或判处劳役、管制，或判处罚金，或仅予行政处分，实行教育改造。用第一种方法处理的是少数，用第二种方法处理的是多数。改造了一个贪污分子或盗窃分子，使他不再贪污、不再盗窃，就等于消灭了一个贪污分子或盗窃分子。贪污、盗窃分子犯罪的情节和犯罪后的态度，既各有不同，处理自当有宽、严、轻、重的区别。只有这样处理，才既是严肃的，又是谨慎的。至于为什么对于国家工作人员一般地要严些，理由是很简单的。国家工作人员是受了人民的委托的，是人民的领导者和勤务员，国家和人民对于他们的要求应该从严，也必须从严，不然就不可能把我们国家的各项事业真正办好。

其次，我再就条例中的若干具体问题加以解释。

一、这个条例是以惩治贪污为主。但因为贪污分子的罪行多半与工商界盗窃分子的行贿或盗窃行为有关，因此，对于后者就不得不连带地统一地加以处理，同时也应该统一的加以处理。至于贪污、盗窃的方式，当然各有不同。在贪污分子方面：有的是在经手公款、公物时，以各种方式直接侵吞或盗窃国家的财物；有的是以假公济私的方式，骗取或套取国家的财物；或者强索他人财物；或者收受不法资本家的贿赂；或者用其他假公济私的手段违法取利，例如利用职务上的便利，走私，偷税，贩运毒品，或贩运其他违禁品。在工商界的盗窃分子方面：有的是侵吞隐匿敌伪财产或公产；有的是向国家工作人员行使贿赂，介绍贿赂，或盗窃国家经济情报，谋取私利；有的是在和国家从事经济往来时，从中侵吞、盗窃、骗取国家财物；有的是偷漏国税；有的是投机取巧，损公利己，牟取非法利益，例如倒卖金银，逃汇套汇，扰乱物价金融等。但不论国家工作人员中的贪污分子或工商界的盗窃分子，他们所贪污、盗窃的通通是国家和人民的财物，同样都给了国家和人民以严重的危害，都应该依照本条例，予以惩治。只不过在具体处理时，除一小部分罪大恶极者外，对于非国家工作人员一般地应该惩治得轻一些。

二、这个条例，对于过去犯本条例之罪的，是要加以追究的。追究的时限，应自中华人民共和国成立之日，即一九四九年十月一日算起。但对其中贪污或盗窃情节严重恶劣或民愤甚大者，可追查到各地大城市和省城解放之日。在中华人民共和国成立以后解放的地方，应自解放之日算起。隐匿侵吞敌伪财产，应自日本投降之日算起，其中数量不大，并对国家无严重危害作用者，可以不予追究。

三、这个条例在处分的种类方面，在刑事处分中，规定了劳役和管制的处分。这两种处分对于那些可以不判徒刑，但须剥夺一定时期的一部或全部政治权利并加以改造的罪犯，是适合的。这也是过去在老解放区久已实行有效的办法，现在我们用条文把它固定了起来。

对于死刑、无期徒刑和有期徒刑，均得酌情予以缓刑。缓刑主要是适用于坦白悔改或有立功表现的犯人。死刑缓刑和无期徒刑缓刑均须实行监禁，在监禁和强制劳动中加以考察，并根据其在缓刑期间的表现，决定执行原判或于缓刑期满时予以减刑改判。有期徒刑的缓刑，可以酌情在缓刑期内不予监禁，而在管制中加以考察。

我们把开除、撤职、降职、降级、记过和警告等行政处分，也写在条例中。因为有些贪污分子在免予刑事处分时，需要酌情予以行政处分；对于情节轻微而又彻底坦白的行贿分子，在“五反”中也须免刑而予以警告处分。在“三反”和“五反”运动中，这是大量普遍采用的办法，因此应该把它写在条例中。

四、我们量刑的标准，虽然规定以个人贪污所得的数额为根据，但这是相对的。对于犯罪的情节和恶劣程度以及犯人在犯罪后的态度，在本条例中，是给予了足够重视的。例如，个人贪污所得的数额虽然相同，但因其犯罪行为对于国家和社会事业及人民安全的危害程度不同，即所起破坏作用不同，因之判刑也就有轻重之别。又例如，一个是犯了一般的贪污罪或盗窃罪，另一个则是在执法时犯了贪赃枉法罪；一个是犯了一般的受贿罪，另一个则是犯了敲诈勒索罪；一个犯罪者既坦白又立功，另一个犯罪者则死不坦白，抗拒运动；对于这些后者，当然应该从重或加重处刑。因此，在条文中，也就不能不有从轻从重和减轻加重的规定。

这些规定，在实际进行审判时怎样运用呢？

首先应该是这样。例如，在第三条第三款中，有三种不同的处罚：最轻的是管制，较重的是劳役，最重的是徒刑。而在每一刑种中，又各有刑期长短之不同，轻的是一年至二年的管制、劳役或徒刑，重的可以判三年至四年的劳役或三年至五年的徒刑。根据对过去从宽、对多数从宽的原则，在这次“三反”、“五反”运动中，我们对于犯了本款罪的人，会较多地判以管制或劳役，在将来则会较多地判以劳役或徒刑；对于过去犯罪的人，会判刑较短，将来则应该判刑较长。

其次应该是这样。仍以本条例第三条第三款为例。如减轻一级，即应按照第三条第四款的规定去处罚；如加重一级，即应按照第三条第二款的规定去处罚。其余准此类推。如果有两条以上从轻处分的理由，可以从轻又从轻，以至减轻一级或几级处理。例如：本来情节轻微，又系年岁较轻、偶尔失足，又系自动坦白悔改，又系检举立功者，就可以一再从轻，并被减轻一级或几级论处。反之，有本条例第四条几款以上从重处罚的理由者，就会由一再从重，变为加重一级或几级论处。

五、本条例中对于非国家工作人员的犯罪行为的处理，也做了规定。因为向国家工作人员行使贿赂或介绍贿赂，是一种恶劣的犯罪行为，应按其情节轻重参酌本条例第三条的规定去处刑。情节特别严重者，并得没收其财产的一部或全部。但是根据坦白从宽、抗拒从严的原则，其彻底坦白并对受贿人实行检举者，得判处罚金，免予其他刑事处分。又根据过去从宽、今后从严的原则，对于在本条例公布前，曾在公平交易中给予国家工作人员以小额回扣者可不以行贿论；对于行贿情节轻微者，也可免处罚金和判刑，而只给以警告处分；以后再犯则从重处理。

在处理违法工商户时，不仅要对过去从宽、今后从严，多数从宽、少数从严，坦白从宽、抗拒从严，而且要对工业从宽、商业从严，普通商业从宽、投机商业从严。又因为过去在他们中间还没有开展过像现在这样有系统的“五反”斗争，而我们的目的是要惩前毖后，所以在这次“五反”运动中，对于他们的绝大多数在过去的违法行为，采取了特别从宽处理的原则，仅仅处罚严重违法户和完全违法户两类，他们约占全体工商户百分之五左右。其中又依情节再加以区别，实际上只对于完全违法而又拒不坦白的工商户，才会参照本条例第三条的规定酌予刑事处分。如果经过了“五反”运动和这样的宽大处理之后，再有犯本条例之罪的，那就应该从重惩治了。

六、所有贪污财物或其他违法所得，应予以没收或追缴。但在“三反”、“五反”运动中根据过去从宽、多数从宽的原则，对于贪污在百万元以下而又情节轻微、自动坦白者，对于基本守法户违法所得在二百万元以下的部分，均免予追缴。此外，则均应尽可能予以没收或追缴。如无法没收或追缴时，得由审判机关或议处机关商同主管机关酌情予以其他的适当处置。对于有益国计民生的工业，应按工业从宽的原则，给以适当照顾。但是无论是工业或商业，凡力能补退缴纳而拒不补退缴纳者，均应从重惩治。

至于没收财产的范围，应限于犯罪者本身直接和间接经营的或所有的财产。其经营的企业，如系合股公司，应按其情节和其他股东对犯罪行为与闻的程度，处理其他股东在该合股公司的财产。如犯罪者家属无其他生活来源，应在执行没收时，留给其家属以能够维持生活的财产。

七、为了保证广大人民群众能够充分发挥其监督的作用，在本条例中，不但保证了他们对贪污、盗窃分子有充分的检举权利，并且规定：凡对检举人施行打击、报复的人，以及对于所属工作人员的贪污行为故意包庇或不予举发的国家工作人员，按其情节轻重，酌予刑事处分或行政处分。

八、对于过去犯本条例之罪的人，应按本条例各条的一般规定论处。对于在本条例公布后仍犯或再犯本条例之罪的人，一般应按本条例各条规定，从重或加重惩治（第十七条）；过去犯本条例之罪，在此次“三反”、“五反”运动中隐瞒不交代者，以后被发觉时，以本条例公布后犯罪论。

我的报告就是这样。是否有当，请予审查。

4. 全国人民代表大会常务委员会
关于处理在押日本侵略中国战争中战争犯罪分子的决定

（1956 年 4 月 25 日全国人民代表大会常务委员会第三十四次会议通过）

现在在我国关押的日本战争犯罪分子，在日本帝国主义侵略我国的战争期间，公然违背国际法准则和人道原则，对我国人民犯了各种罪行，使我国人民遭受了极其严重的损害。按照他们所犯的罪行本应该予以严惩，但是，鉴于日本投降后十年来情况的变化和现在的处境，鉴于近年来中日两国人民友好关系的发展，鉴于这些战争犯罪分子在关押期间绝大多数已有不同程度的悔罪表现，因此，决定对于这些战争犯罪分子按照宽大政策分别予以处理。现在将处理在押日本战争犯罪分子的原则和有关事项规定如下：

（一）对于次要的或者悔罪表现较好的日本战争犯罪分子，可以从宽处理，免予起诉。

对于罪行严重的日本战争犯罪分子，按照各犯罪分子所犯的罪行和在关押期间的表现分别从宽处刑。

在日本投降后又在中国领土内犯有其他罪行的日本战争犯罪分子，对于他们所犯的罪行，合并论处。

（二）对于日本战争犯罪分子的审判，由最高人民法院组织特别军事法庭进行。

（三）特别军事法庭使用的语言和文件，应该用被告人所了解的语言文字进行翻译。

（四）被告人可以自行辩护，或者聘请中华人民共和国司法机关登记的律师为他辩护。特别军事法庭认为有必要的时候，也可以指定辩护人为他辩护。

（五）特别军事法庭的判决是终审判决。

（六）处刑的罪犯在服刑期间如果表现良好，可以提前释放。

附：中华人民共和国主席令

（1956 年 4 月 25 日）

中华人民共和国第一届全国人民代表大会常务委员会于 1956 年 4 月 25 日第三十四次会议通过了关于处理在押日本侵略中国战争中战争犯罪分子的决定，现予公布。

中华人民共和国主席　毛泽东

1956 年 4 月 25 日

5. 全国人民代表大会常务委员会
关于宽大处理和安置城市残余反革命分子的决定

（1956 年 11 月 16 日全国人民代表大会常务委员会第五十一次会议通过）

现在我国镇压反革命的斗争，已经取得了决定性的胜利，极少数残余的反革命分子已经日益孤立和分化。国家为了给予残余的反革命分子悔罪自新的机会，进一步孤立和肃清残余的反革命分子，动员一切可能动员的力量参加国家的社会主义建设，现在对城市残余反革命分子的宽大处理和安置办法作如下决定：

一、对于解放前只有一般罪行，解放后没有进行破坏活动，民愤不大的反革命分子，或者解放后虽然曾经有过罪行，而现在已经停止活动的一般反革命分子，只要彻底坦白认罪，一概不咎既往。

二、对于尚未归案法办的在解放前有严重罪行民愤很大的反革命分子，或者在解放后曾经有过严重破坏活动的反革命分子，应当号召他们迅速向人民政府坦白认罪。这些反革命分子中彻底坦白认罪的，可以从宽处理；罪当处死的，一律免处死刑；罪当判处徒刑的，从轻判刑或者免刑；立功的可以折罪，立大功的给予奖励。

三、逃入城市的反革命分子，无论就地或者回原地彻底坦白认罪，都按坦白从宽的原则处理。坦白后不愿回原地处理的，应当就地作适当处理，不要强迫送回原地。

四、凡是不予追究的分子、免予刑事处分的分子、刑满释放的分子和被管制的分子，已经有固定职业的，应当随着各项社会主义改造，按行业予以安置。没有职业或者没有固定职业、又没有生活依靠的，由市人民委员会按照下列办法有计划有步骤地进行统筹安排：在城市没有职业，没有生活依靠，在农村有生产条件或者有生活依靠的，应当动员他们回乡参加生产；在城市没有职业，没有生活依靠，在农村也没有生产条件，没有生活依靠，但有劳动能力的，应当组织移民生产或者在当地劳动就业；已丧失劳动能力而生活又无依靠的，应当予以收容教养。对于这类分子中的知识分子和有一定的专门技术的人，应当根据他们的能力和特长，适当安排他们的工作。

五、凡是不予追究的分子、免予刑事处分的分子、刑满释放的分子和解除管制的分子，在对他们实行宽大处理以后，或者在刑满释放和解除管制以后，应当取消他们的反革命分子的身份。在取消他们的反革命分子身份的时候，应当经过有关的人民群众讨论通过和区或者不设区的市人民委员会同意，宣布今后不再以反革命分子看待，并且依照他们的工作或职业，可以相应地称为工人、职员、店员、社员、教员或国家机关工作人员等。上述各类分子，应当依法保障他们的公民权利。但是在一定时期内，都不得担任工厂、企业、机关、团体、学校等任何重要职务。

六、反动组织中的一般成员，以及仅有反动职位而确实没有反革命罪行的人，不应当算作反革命分子。

在革命战争中起义的人员，纵然历史上曾经参加过反革命组织，或者有过反革命罪行，只要在起义后没有反革命活动，就不应当算作反革命分子。

旧军政人员曾经参加人民解放军而复员转业资遣回家的更不应当以反革命分子看待。

以上三类人员，应当和人民群众有同样劳动就业的机会，不得歧视。

七、对于已经就业的免予刑事处分的分子和尚在被管制中的分子，应当实行同工同酬的原则，给他们以应得的工资。

八、反革命分子的家属凡是没有参与反革命活动的，应当和人民群众有同样的就业、就学的机会，不得歧视。

九、对于进行各种破坏活动的现行反革命分子，应当依法惩办。对于在解放前有严重罪行民愤很大的反革命分子，对于在解放后曾经有过严重破坏活动的反革命分子，凡是过去尚未归案法办而又拒不坦白认罪的，经过查证确实，应当依法惩办。对于一切经过宽大处理后仍然继续进行破坏活动的反革命分子，应当依法从严惩办。

6. 全国人民代表大会常务委员会关于对反革命分子的管制一律由人民法院判决的决定

（1956年11月16日全国人民代表大会常务委员会第五十一次会议通过）

全国人民代表大会常务委员会于1956年11月16日第五十一次会议决定：

今后对反革命分子和其他犯罪分子的管制，一律由人民法院依法判决，交由公安机关执行。

在管制期间的被管制分子，如果被发现有新的犯罪行为，需要延长管制期限，或者因为表现良好，立有功绩，需要缩短管制期限或者提前撤销管制，也须经人民法院依法判决或者裁定。

7. 关于死刑案件由最高人民法院判决或者核准的决议

（1957年7月15日第一届全国人民代表大会第四次会议通过）

第一届全国人民代表大会第四次会议决议：今后一切死刑案件，都由最高人民法院判决或者核准。

附：全国人民代表大会常务委员会关于死刑案件由最高人民法院判决或者核准的决议如何执行问题给最高人民法院的批复

（1957 年 9 月 26 日）

最高人民法院：

1957 年 7 月 26 日关于如何执行“第一届全国人民代表大会第四次会议关于死刑案件由最高人民法院判决或者核准的决议”的报告收悉。常务委员会认为：按照法院组织法由高级人民法院负责核准或者终审判决的死刑案件，仍由高级人民法院判决或者负责审核。高级人民法院认为应当判处死刑的案件，应当报请最高人民法院核准后执行。高级人民法院认为不应当判处死刑的案件，即由高级人民法院按照法律的规定发回下级人民法院再审或者提审。此复。

委员长　刘少奇
秘书长　彭　真

8. 全国人民代表大会常务委员会关于特赦确实改恶从善的罪犯的决定

（1959 年 9 月 17 日第二届全国人民代表大会常务委员会第九次会议通过）

第二届全国人民代表大会常务委员会第九次会议，讨论了毛泽东主席所提出的中国共产党中央委员会关于特赦确实已经改恶从善的战争罪犯、反革命罪犯和普通刑事罪犯的建议。会议一致同意这个建议。根据中华人民共和国宪法第三十一条第十五项的规定，决定：在庆祝伟大的中华人民共和国成立十周年的时候，对于经过一定期间的劳动改造、确实改恶从善的蒋介石集团和伪满洲国的战争罪犯、反革命罪犯和普通刑事罪犯，实行特赦。

附一：中华人民共和国主席特赦令

（1959 年 9 月 17 日）

在中国共产党、中央人民政府和我国各族人民的伟大领袖毛泽东主席的英明领导下，经过十年的英勇奋斗，我国的社会主义革命和社会主义建设已经取得了伟大胜利。我们的祖国欣欣向荣，生产建设蓬勃发展，人民生活日益改善。人民民主专政的政权空前巩固和强大。全国人民的政治觉悟和组织程度空前提高。国家的政治经济情况极为良好。中国共产党和人民政府对反革命分子和其他罪犯实行的惩办和宽大相结合、劳动改造和思想教育相结合的政策，已经获得伟大的成绩。在押各种罪犯中的多数已经得到不同程度的改造，有不少人确实已经改恶从善。为了庆祝伟大的中华人民共和国成立十周年，庆祝中国共产党的社会主义建设总路线的胜利，庆祝大跃进和人民公社运动的辉煌成就，根据第二届全国人民代表大会常务委员会第九次会议的决定，对于确实改恶从善的蒋介石集团和伪满洲国的战争罪犯、反革命罪犯和普通刑事罪犯，实行特赦。

一、蒋介石集团和伪满洲国的战争罪犯，关押已满十年，确实改恶从善的，予以释放。

二、反革命罪犯，判处徒刑 5 年以下（包括判处徒刑 5 年）、服刑时间已经达到刑期二分之一以上、确实改恶从善的，判处徒刑 5 年以上、服刑时间已经达到刑期三分之二以上、确实改恶从善的，予以释放。

三、普通刑事罪犯，判处徒刑 5 年以下（包括判处徒刑 5 年）、服刑时间已经达到刑期三分之一以上、确实改恶从善的，判处徒刑 5 年以上、服刑时间已经达到刑期二分之一以上、确实改恶从善的，予以释放。

四、判处死刑、缓刑 2 年执行的罪犯，缓刑时间已满一年、确实有改恶从善表现的，可以减为无期徒刑或 15 年以上有期徒刑。

五、判处无期徒刑的罪犯，服刑时间已满 7 年、确实有改恶从善表现的，或以减为 10 年以上有期徒刑。

这个命令，由最高人民法院和高级人民法院执行。

中华人民共和国主席　刘少奇
1959 年 9 月 17 日

附二：中共中央建议

（1959 年 9 月 14 日）

中国共产党中央委员会的建议

全国人民代表大会常务委员会：

中国共产党中央委员会向全国人民代表大会常务委员会建议：在庆祝伟大的中华人民共和国成立十周年的时候，特赦一批确实已经改恶从善的战争罪犯、反革命罪犯和普通刑事罪犯。

我国的社会主义革命和社会主义建设已经取得了伟大胜利。我们的祖国欣欣向荣，生产建设蓬勃发展，人民生活日益改善。人民民主专政的政权空前巩固和强大。全国人民的政治觉悟和组织程序空前提高。国家的政治经济情况极为良好。党和人民政府对反革命分子和其他罪犯实行的惩办和宽大结合、劳动改造和思想教育相结合的政策，已经获得伟大的成绩。在押各种罪犯中的多数已经得到不同程度的改造，有不少人确实已经改恶从善。根据这种情况，中国共产党中央委员会认为，在庆祝伟大的中华人民共和国成立十周年的时候，对于一批确实已经改恶从善的战争罪犯、反革命罪犯和普通刑事罪犯，宣布实行特赦是适宜的。采取这个措施，将更有利于化消极因素为积极因素，对于这些罪犯和其他在押罪犯的继续改造，都有重大的教育作用。这将使他们感到在我们伟大的社会主义制度下，只要改恶从善，都有自己的前途。

中国共产党中央委员会提请全国人民代表大会常务委员会考虑上述建议，并且作出相应的决议。

中国共产党中央委员会主席　毛泽东

1959 年 9 月 14 日

9. 全国人民代表大会常务委员会关于特赦确实改恶从善的蒋介石集团和伪满洲国的战争罪犯的决定

（1960 年 11 月 19 日通过）

第二届全国人民代表大会常务委员会第三十二次会议，讨论了国务院关于特赦确实已经改恶从善的蒋介石集团和伪满洲国的战争罪犯的建议，决定：对于经过一定期间的改造、确实改恶从善的蒋介石集团和伪满洲国的战争罪犯，实行特赦。

附一：中华人民共和国主席特赦令

（1960 年 11 月 19 日）

根据第二届全国人民代表大会常务委员会第三十二次会议的决定，对于确实改恶从善的蒋介石集团和伪满洲国的战争罪犯，实行特赦。

一、蒋介石集团和伪满洲国的战争罪犯，关押已满十年，确实改恶从善的，予以释放。

二、判处死刑、缓期二年执行的蒋介石集团和伪满洲国的战争罪犯，缓刑时间已满一年、确实有改恶从善表现的，可以减为无期徒刑或十五年以上有期徒刑。

三、判处无期徒刑的蒋介石集团和伪满洲国的战争罪犯，服刑时间已满七年、确实有改恶从善表现的，可以减为十年以上有期徒刑。

这个命令，由最高人民法院和高级人民法院执行。

中华人民共和国主席　刘少奇

1960 年 11 月 19 日

附二：国务院关于特赦确实已经改恶从善的蒋介石集团和伪满洲国的战争罪犯的建议

（1960年11月17日）

全国人民代表大会常务委员会：

自去年九月十七日中华人民共和国主席特赦令公布后，先后释放了蒋介石集团和伪满洲国的战争罪犯33名。经过一年来的考察，已被释放的战争罪犯，一般都能够接受群众监督，服从管理，积极劳动，努力学习，继续改造自己，思想认识有所提高。在特赦令公布后，尚在关押的多数战争罪犯，也能够进一步认识党的惩办和宽大相结合、劳动改造和思想教育相结合的政策的伟大意义，加紧劳动和学习，要求加速对于自己的改造。最近公安部对在押的战争罪犯进行了全面审查，其中表现好的较前增多，并且有些人确实已经有改恶从善的表现。为此，国务院认为，按照去年中华人民共和国主席特赦令的规定，再特赦一批确实改恶从善的蒋介石集团和伪满洲国的战争犯罪是适宜的。以上建议，提请人大常委会审议决定。

国务院总理　周恩来

1960年11月17日

10. 全国人民代表大会常务委员会关于特赦确实改恶从善的蒋介石集团和伪满洲国的战争罪犯的决定

（1961年12月16日通过）

第二届全国人民代表大会常务委员会第四十七次会议，讨论通过了国务院关于特赦确实已经改恶从善的蒋介石集团和伪满洲国的战争罪犯的建议，决定：对于经过一定期间的改造、确实改恶从善的蒋介石集团和伪满洲国的战争罪犯，实行特赦。

附一：中华人民共和国主席特赦令

（1961年12月16日）

根据第二届全国人民代表大会常务委员会第四十七次会议的决定，对于确实改恶从善的蒋介石集团和伪满洲国的战争罪犯，实行特赦。

一、蒋介石集团和伪满洲国的战争罪犯，关押已满十年，确实改恶从善，予以释放。

二、判处死刑、缓期二年执行的蒋介石集团和伪满洲国的战争罪犯，缓刑时间已满一年、确实有改恶从善表现的，可以减为无期徒刑或十五年以上有期徒刑。

三、判处无期徒刑的蒋介石集团和伪满洲国的战争罪犯，服刑时间已满七年、确实有改恶从善表现的，可以减为十年以上有期徒刑。

这个命令，由最高人民法院和高级人民法院执行。

中华人民共和国主席　刘少奇

1961年12月16日

附二：国务院关于特赦确实已经改恶从善的蒋介石集团和伪满洲国的战争罪犯的建议

（1961 年 12 月 15 日）

全国人民代表大会常务委员会：

1959 年和 1960 年，根据中华人民共和国主席的特赦令，已先后特赦了两批蒋介石集团和伪满洲国的战争罪犯。经过各方面的考察，已被释放的战争罪犯，一般都能够接受群众监督，积极劳动，努力学习和工作，继续改造自己。最近公安部对在押的战争罪犯进行了全面审查，认为其中又有一些人确实已经有了改恶从善的表现。为此，国务院建议现在再特赦一批确实改恶从善的蒋介石集团和伪满洲国的战争罪犯。请审议决定。

国务院总理　周恩来
1961 年 12 月 15 日

11. 全国人民代表大会常务委员会关于特赦确实改恶从善的蒋介石集团、伪满洲国和伪蒙疆自治政府的战争罪犯的决定

（1963 年 3 月 30 日）

第二届全国人民代表大会常务委员会第九十一次会议，讨论了国务院关于特赦确实改恶从善的蒋介石集团、伪满洲国和伪蒙疆自治政府的战争罪犯的建议，决定：对于经过一定期间的改造、确实改恶从善的蒋介石集团、伪满洲国和伪蒙疆自治政府的战争罪犯，实行特赦。

附：中华人民共和国主席特赦令

（1963 年 3 月 30 日）

根据第二届全国人民代表大会常务委员会第九十一次会议的决定，对于确实改恶从善的蒋介石集团、伪满洲国和伪蒙疆自治政府的战争罪犯，实行特赦。

一、蒋介石集团、伪满洲国和伪蒙疆自治政府的战争罪犯，关押已满十年，确实改恶从善的，予以释放。

二、判处死刑、缓期二年执行的战争罪犯，缓刑时间已满一年、确实有改恶从善表现的可以减为无期徒刑或十五年以上有期徒刑。

三、判处无期徒刑的战争罪犯，服刑时间已满七年、确实有改恶从善表现的可以减为十年以上有期徒刑。

这个命令，由最高人民法院和高级人民法院执行。

中华人民共和国主席　刘少奇
1963 年 3 月 30 日

12. 全国人民代表大会常务委员会关于特赦确实改恶从善的蒋介石集团、伪满洲国和伪蒙疆自治政府的战争罪犯的决定

（1964 年 12 月 12 日）

第二届全国人民代表大会常务委员会第一百三十五次会议，讨论了国务院关于特赦确实改恶从善的蒋介石集团、

伪满洲国和伪蒙疆自治政府的战争罪犯的建议，决定：对于经过一定期间的改造、确实改恶从善的蒋介石集团、伪满洲国和伪蒙疆自治政府的战争罪犯，实行特赦。

附：中华人民共和国主席特赦令

（1964年12月12日）

根据第二届全国人民代表大会常务委员会第一百三十五次会议的决定，对于确实改恶从善的蒋介石集团、伪满洲国和伪蒙疆自治政府的战争罪犯，实行特赦。

一、蒋介石集团、伪满洲国和伪蒙疆自治政府的战争罪犯，关押已满十年，确实改恶从善的，予以释放。

二、判处死刑、缓期二年执行的战争犯罪，缓刑时间已满一年、确实有改恶从善表现的，可以减为无期徒刑或十五年以上有期徒刑。

三、判处无期徒刑的战争罪犯，服刑时间已满七年、确实有改恶从善表现的，可以减为十年以上有期徒刑。

这个命令，由最高人民法院和高级人民法院执行。

中华人民共和国主席　刘少奇

1964年12月12日

13. 全国人民代表大会常务委员会关于特赦确实改恶从善的蒋介石集团、伪满洲国和伪蒙疆自治政府的战争罪犯的决定

（1966年3月29日）

第三届全国人民代表大会常务委员会第二十九次会议，讨论了国务院关于特赦确实改恶从善的蒋介石集团、伪满洲国和伪蒙疆自治政府的战争罪犯的建议，决定：对于经过一定期间的改造、确实改恶从善的蒋介石集团、伪满洲国和伪蒙疆自治政府的战争罪犯，实行特赦。

附：中华人民共和国主席特赦令

（1966年3月29日）

根据第三届全国人民代表大会常务委员会第二十九次会议的决定，对于确实改恶从善的蒋介石集团、伪满洲国和伪蒙疆自治政府的战争罪犯，实行特赦。

一、蒋介石集团、伪满洲国和伪蒙疆自治政府的战争罪犯，关押已满十年，确实改恶从善的，予以释放。

二、判处死刑、缓期二年执行的战争罪犯，缓刑时间已满一年、确实有改恶从善表现的，可以减为无期徒刑或十五年以上有期徒刑。

三、判处无期徒刑的战争罪犯，服刑时间已满七年、确实有改恶从善表现的，可以减为十年以上有期徒刑。

这个命令，由最高人民法院和高级人民法院执行。

中华人民共和国主席　刘少奇

1966年3月29日

14. 全国人民代表大会常务委员会关于特赦释放全部在押战争罪犯的决定

（1975 年 3 月 17 日）

第四届全国人民代表大会常务委员会第二次会议，讨论了国务院根据毛主席、党中央的指示提出的关于特赦释放全部在押战争罪犯的建议，决定：对全部在押战争罪犯，实行特赦释放，并予以公民权。

这个决定，由最高人民法院执行。

第二部分　刑法草案选

1. 中华人民共和国刑法大纲草案

（中央人民政府法制委员会　1950 年 7 月 25 日）

这个刑法大纲草案是法制委员会刑法大纲起草委员会的初稿，还未经过法制委员会会议讨论。且因时间关系，即在起草委员会本身，亦未能经过详细讨论，其中定有许多疏漏和不成熟的地方。对某些个别问题（如关于无期监禁和劳役问题）也还没有一致的和肯定的意见，均有待于进一步的研究和讨论。现为征求参加司法会议各同志的意见，特即印发，请各同志多加考虑，提出修正增减意见。

目　　录

第一部分　总则——罪刑指导原则

第一章　通　　则

（刑事立法的目的）

第一条　中华人民共和国刑事立法的目的为保卫人民民主主义的国家，人民的人身和其他权利及人民民主主义的法律秩序，防止犯罪的侵害，对于实施侵害之人适用本大纲所规定的刑罚或其他处分。

（法律的时间效力）

第二条　本大纲对于施行后，解放后，及解放前的犯罪行为均适用之。但解放前的犯罪，仅以对于国家或人民权益造成严重损害，法院认为有处罚之必要者为限。

本大纲施行前的犯罪行为，法院判决尚未确定，或执行未完毕，而本大纲不处罚或其处罚轻于原判决者，依照本大纲，更为判决。

（法律的地与人之效力）

第三条　本大纲对于在中国领域内犯罪的中国人及外国人，均适用之。

对于在中国领域外，对中国国家或中国人民犯罪的中国人或外国人（不问已否经过外国的裁判和执行）亦同，但对于中国人民的犯罪以重大者为限。

关于享有治外法权的外国人之刑事责任，以外交方法解决之。

（法律的类推适用于根据人民民主主义政策判罪）

第四条 犯罪行为，无明文规定者，依其性质，比照本大纲最相类似之条文处罚之；如无最相类似之条文可资比照时，由法院根据人民民主主义的政策处罚之。

类推适用法律，或根据人民民主主义的政策判罪时，仅以其行为有重大社会危险性或已有严重结果者为限，并须向直接上级法院请示后，判决之。

（法令或社会政治情况变更的处理）

第五条 在侦查或审判中，因刑事法律、法令或社会政治情况之变更，犯罪行为已无社会危险性或依法院的意见，认为行为人已无社会危险性者，从轻或免除处罚。

（轻微犯罪得免处罚）

第六条 凡关于轻微伤害以及侵害自由、财产、名誉、信用及秘密等私人利益之罪，于国家社会无重大影响者，如被害人不愿追究，得免除处罚。

第二章 犯 罪

（犯罪的定义）

第七条 凡反对人民政权及其所建立的人民民主主义的法律秩序的一切危害社会行为，均为犯罪。

法律上负有防止义务之人，而不防止或因自己行为将发生一定危害结果，有防止义务而不防止（不作为）者，亦为犯罪。

（故意和过失）

第八条 犯罪行为，有下列情形之一者，始得处罚：

一、故意的犯罪行为，系指犯罪人明知自己行为之危害社会的结果，而希望或放任其发生者；

二、过失的犯罪行为，系指犯罪人并无故意，但应预见自己行为之结果，而竟未预见或轻信可避免结果之发生者。

过失犯罪之处罚，以本大纲分则有明文规定者为限。

（不成为犯罪）

第九条 下列行为，不成为犯罪：

一、因防卫国家政权、国家财产、或自己、他人正当权利的现在不法侵害，而未超过必要限度者；

二、因避免国家政权、国家财产、或自己、他人的生命、健康、自由、财产当前危难的紧急行为，而依当时情况，不能用其他方法避免，又未超过必要限度，且其所造成之损害，较危难所能发生之损害为轻者；

前款关于避免自己危难之规定，在公务上或业务上有特别义务者，不适用之；

三、执行上级首长职务上之命令者，但明知其命令违法者，不在此限；

四、执行法律法令，或执行业务上之正当行为者。

（防卫过当与避难过当）

第十条 因防卫行为过当或避难行为过当而成为犯罪者，从轻处罚。

（未成年人的刑事责任）

第十一条 犯罪人未满十四岁者，不处罚；十四岁以上未满十八岁者，得从轻处罚；但均应施以教育，并得对其父母或监护人作严厉警告。

（精神病人的刑事责任）

第十二条 犯罪人为精神病人，或系一时的心神丧失少，或因在其他病态中，于犯罪时不能认识或控制自己的行为者，不处罚；但应施以监护。

犯罪人精神耗弱者，从轻处罚。

酗酒犯罪者，不适用第一项之规定。

（预备犯）

第十三条 于着手实施犯罪前，准备工具，打听路线，调查对象，或用其他方法为自己着手实施犯罪之准备行为者，为预备犯，其处罚以本大纲分则有明文规定者为限。

（未遂犯中止犯）

第十四条 已着手实施犯罪，而因与犯罪人无关之事由，致未完成行为，或未发生结果者，为未遂犯，未遂犯之处罚，以本大纲分则有明文规定者为限。

犯罪未完成，系因己意中止行为或防止结果之发生者，为中止犯，免除处罚。

（共犯组织犯教唆犯帮助犯）

第十五条 二人以上共同犯罪，而有下列情形之一者，皆为正犯。各按其社会危险性之轻重处罚之：

一、事前同谋，临事共同实施犯罪行为者；

二、事前同谋，临事未共同实施犯罪行为，而同意共谋人实施犯罪行为者；

三、事前主谋，临事未共同实施犯罪行为，而仅雇佣或派遣他人，实施犯罪行为者；

四、事前无预谋，临事同情，共同或分担实施犯罪行为者。

建立犯罪组织，指导犯罪组织，制定实施犯罪计划或指导执行计划者，皆为组织犯。

按其所组织的犯罪及犯人的社会危险性之重轻处罚之。

教唆他人犯罪者为教唆犯，按其所教唆之罪处罚。

提示方法供给工具，以及用其他方法便利他人遂行其犯罪者，为帮助犯，得从轻处罚，决定从轻与否，及从轻程度，应审查帮助行为对于犯罪所生之作用及犯罪人之社会危险性。

第三章 刑　　罚

（刑罚的目的）

第十六条 刑罚之目的如下：

一、惩罚犯罪人，尤其对于一切反革命活动、一切勾结帝国主义背叛祖国、反对人民民主事业的国民党反革命战争罪犯，和其他怙恶不悛的反革命首要分子；

二、改造犯罪人，使其对于国家企求政治、经济与文化发展的秩序，养成尊重的精神；

三、警戒社会上其他不稳和不良分子。

（刑罚的种类）

第十七条 刑罚的种类如下：

一、死刑：用枪决；

二、监禁：一年以上，十五年以下，加重时、得加至二十五年，但以有明文规定者为限；

三、劳役：一年未满，分拘束自由与不拘束自由两种；（有人主张把［劳役］取消）

四、没收；

五、罚金；

六、褫夺政治权；

七、褫夺亲权；

八、禁止从事一定业务或职务；

九、公开批评教育；

十、赔偿损害；

十一、认错道歉。

（刑罚的独立适用与附加适用）

第十八条 前条第一款至第三款及第九款与第十一款的刑罚，独立适用；其余的刑罚，附加适用，但必要时，亦得独立适用。

（罚金的易科）

第十九条 判处罚金时，应考虑犯人的经济情况，如犯人无力缴纳时，法院得决定以若干元罚金折算一日易科劳役。

（羁押日数的抵算）

第二十条 未判决确定前之羁押日数以一日抵监禁或劳役一日，算入刑期之内。

（没收的范围）

第二十一条 没收的范围如下：

一、构成犯罪之物；

二、供犯罪所用之物，以犯罪人所有者为限。但别有规定者，从其规定；

三、因犯罪所得之物或利益，以犯罪人所有者为限。但别有规定者，从其规定；

四、不属于前三款的犯人所有的财产全部或一部，但以有明文规定者为限。并应酌留被告及其家属必需生活费用，及日常必需家庭用具与职业上必须之工具。

（褫夺政治权）

第二十二条 褫夺政治权者，褫夺下列权利：

一、选举权与被选举权；

二、担任国家公职之权；

三、被选举担任公共团体职务之权；

四、受国家的勋章、奖章及荣誉称号之权。

褫夺政治权，得褫夺上列权利的一部或全部。

判处二年以上之监禁者，法院始得考虑犯罪之性质及犯罪人之品质，以决定褫夺政治权之一部或全部为附加刑。

褫夺政治权的期间为二年以上，五年以下，但反革命罪得延长至十年，自执行完毕之日起算。但单独宣告褫夺政治权者，自判决确定之日起算。

（量刑应审查犯罪及犯罪人的社会危险性及第二十四条的重轻情节）

第二十三条 法院于法定刑范围内，处罚各种犯罪时，除应审查犯罪及犯罪人社会危险性的程度外，并应注意第二十四条所列重的犯罪情节与轻的犯罪情节。

（重的犯罪情节与轻的犯罪情节）

第二十四条 下列各款为重的犯罪情节：

一、犯罪的实施，系以恢复反动的国民党政权，或恢复本国与外国帝国主义旧日的政治或经济的从属关系为目的者；

二、恶霸地主及其他反动分子实施反动报复之行为者；

三、犯罪对于国家或人民有特别重大的危害结果者；

四、结伙或聚众实施犯罪者；

五、犯罪的实施，系为再犯、惯犯、或组织犯者；

六、犯罪的实施，具有特别残酷性，或利用被害人的从属地位或无援助状态者；

七、实施犯罪的手段，不仅危害被害人的生命与健康，且危害及于他人的生命与健康者。

下列各款为轻的犯罪情节：

一、犯罪的实施，系由于无知识、不明理、或偶发事态者；

二、犯罪的实施，系受他人的强暴、胁迫、或由于职务上或经济上的从属关系者；

三、犯罪的实施，系由于义愤或其他强烈精神刺激者；

四、犯罪的实施，系由于自己或家庭贫困所迫者；

五、犯罪人在犯罪发觉前，向该管理机关或被害人诚实自首；或于侦查或审判中，诚实自首，而深知悔悟者。

（数罪处罚的方法）

第二十五条 一人犯数罪，或一行为而构成犯数罪者，分别宣告其处罚。宣告多数死刑、徒刑、劳役或罚金者，择其中最重的执行之；宣告褫夺政治权、褫夺亲权或没收为附加刑者，一并执行；宣告多数褫夺政治权者，内容不同的，一并执行，内容相同的，执行其中期间之最长者。

（刑罚重轻的次序及从重从轻的释明）

第二十六条 刑罚之重轻，依第十七条所列刑罚之次序定之。

称从重处罚者，如法定刑为一种以上，就其中次重或最重之刑处罚；如只为一种监禁或劳役者，则从刑之高度处罚之。

称从轻处罚者，如法定刑为一种以上，就其中次轻或最轻之刑处罚；如只为一种监禁或劳役者，则从刑之低度处罚之。

称高度低度者，指法定刑二分之一以上为高度，二分之一以下为低度。

（法定刑范围外减轻处罚）

第二十七条 犯罪人社会危险性不大，或因其他特殊情形，法院认为依法从重或从轻处罚，嫌其过重者，得于法定刑范围外减轻处罚之，但必须于判决书中说明减轻之理由。

（缓刑）

第二十八条 判处五年以下刑罚，法院认为以暂缓执行为适当者，得宣告二年至五年的缓刑。其期间自裁判确定日起算。

在期间内，未再犯与原判犯罪相等或更重罪者，原判刑罚，不予执行。

在期间内，如再犯与原判决犯罪相等或更重之罪者，原判之刑罚与后判之刑罚，合并执行之；但所判之刑罚，如为监禁或劳役者合并执行时不得超过法定监禁或劳役的最高度。

（对于军人的缓刑）

第二十九条 战时法院对于判处刑罚的军役人员，得宣告暂缓执行。

服务军役在前线作战期间，表现其为忠诚英勇的斗士者，原判刑罚不予执行。

（假释）

第三十条 受监禁或劳役执行之期间，表现其改造确有成绩者，原判决法院依执行机关的呈请与证明，得宣告假释。

在假释期内，未再犯与前判犯罪相等或更重之罪者，所余刑期，不再执行。

在假释期内，如再犯与前判犯罪相等或更重之罪者，准用第二十八条第三项关于合并执行之规定。

（追诉权的时效）

第三十一条 犯罪自犯罪成立之日起；其犯罪行为有连续情形或犯罪结果在继续状态者，自犯罪终了之日起；经下列期间未侦查审判者，追诉权之消灭时效完成，不得追诉：

一、犯反革命之罪、十五年；

二、犯死刑之罪、十年；

三、犯监禁之罪、五年；

四、犯其他之罪、三年。

前项时效期间，于有不能开始或继续侦查可审判之原因时，停止其进行。自原因消灭时起继续进行，连同前所经过之期间，合并计算时效期间。

（行刑权的时效）

第三十二条 行刑权之时效及其期间，适用前条之规定，但其期间自处刑判决确定之日起算。

（大赦权、特赦权）

第三十三条 犯罪的追诉权或行刑权，得依中央人民政府委员会颁发的大赦令或特赦令，消灭其全部或一部。

中央人民政府委员会得授权各大行政区或省及直辖市人民政府，颁发特赦令。

第二部分 分则——具体犯罪与具体处罚

第四章 反革命罪

（反革命罪的概念）

第三十四条 以推翻、破坏或削弱人民民主政权及其政治的、经济的、文化的革命成果为目的之一切严重的危害国家人民利益的行为，为反革命罪。

基于各人民民主国家国际利益的一致性，以推翻、破坏或削弱中国以外人民民主国家政权为目的之一切行为，亦认为反革命罪。

（反革命战争罪犯）

第三十五条 勾结帝国主义，发动反人民战争，破坏国家领土主权之完整者，处死刑，并没收其全部财产。

（军人叛国）

第三十六条 军事首长以协助敌人为目的，将防地防线、武装部队、军事设备或作战物资交付敌人者，处死刑，并没收其全部财产。

（背叛祖国）

第三十七条 企图破坏国家领土主权之完整，背叛祖国，而协助敌人，或投奔敌方者，处死刑，并没收其财产之全部。情节较轻者，处终身监禁，或十年以上十五年以下监禁，并可没收其财产之全部或一部。

（武装叛乱）

第三十八条 以夺取政权，占据土地，恢复反动制度为目的，而阴谋或实行武装叛乱者，首要分子处死刑，并没收其全部财产。积极参加者，处终身监禁或五年以上十五年以下监禁，并可没收其财产之全部或一部。

（反革命匪帮）

第三十九条 以反革命为目的，组织或参加武装匪帮而烧杀抢掠，袭击机关村镇，或为其他严重扰乱治安行为者，其首要分子或作恶多端者，处死刑，并没收其全部财产。积极参加者，处终身监禁或五年以上十五年以下监禁，并可没收其财产之全部或一部。

利用、操纵、收买武装土匪、封建会门、或迷信团体而使之犯前项之罪者，处死刑，或终身监禁，并没收其全部财产。

前项土匪、会门、团体的首要分子或积极参加者，明知为反革命行为而听从之者，比照第一项规定处罚。

（破坏行为）

第四十条 以反革命为目的，用爆炸、放火或其他方法，破坏铁路、工厂、矿山、仓库、森林、电信或其他军事交通生产公用等设备，或企图引起重大灾害而破坏防险设备者，处死刑，终身监禁，或十年以上十五年以下监禁，并没收其财产之全部或一部。未引起重大灾害者，处三年以上十年以下监禁。

（恐怖行为）

第四十一条 以反革命为目的，袭击机关、部队、团体，或对于国家工作人员、民主爱国人士、或各种民主事业中的英雄模范、积极分子及其家属实施杀害，或为其他强暴恐怖行为者，处死刑，终身监禁，或七年以上十五年以下监禁，并没收其财产之全部或一部。情节轻微者，处五年以下监禁。

（间谍行为）

第四十二条 以反革命为目的，充当间谍，窃取、收集、刺探、收买、或传递有关国家军事、外交、财政、经济等方面之重大机密消息者，处死刑，终身监禁，或十年以上十五年以下监禁，并没收其财产之全部或一部。

犯前项之罪，不致引起重大的危害者，处二年以上十年以下监禁。

（煽动行为）

第四十三条 以反革命为目的，煽动军队叛变，煽惑群众暴动，或煽惑群众反抗政令者，处死刑，终身监禁，或五年以上十五年以下监禁，并可没收其财产之全部或一部。

（反革命扰乱金融）

第四十四条 以反革命为目的，印制伪钞，运输行使或以其他方法扰乱金融者，处死刑，终身监禁，或五年以上十五年以下监禁，并可没收其财产之全部或一部。

（暗害行为）

第四十五条 以反革命为目的，在政府机关、工厂、学校、国营公营企业、革命党派、人民团体中，利用其身份为掩护，积极地或消极地破坏、或妨碍其工作、活动之正常进行者，处死刑，终身监禁，或五年以上十五年以下监禁，并可没收其财产之全部或一部。情节轻微者，处三年以下监禁。

（消极破坏行为）

第四十六条 以反革命为目的，不执行或不正常执行国家机关所责成之义务，引起或足以引起重大损害者，处死刑，终身监禁，或七年以上十五年以下监禁。情节轻微者，处五年以下监禁。

（破坏统一战线）

第四十七条 以反革命为目的，用挑拨、离间、煽惑或其他方法，破坏各民主党派间、各民主阶级间、各民族间之团结者，处死刑，终身监禁，或三年以上十五年以下监禁，并可没收其财产之全部或一部。

（投放毒物病菌）

第四十八条 以反革命为目的，投放毒物，散播病菌，或以其他方法，引起或足以引起人口、牲畜或农作物之重大灾害者，处死刑，终身监禁，或十年以上十五年以下监禁，并没收其财产之全部或一部。

犯前项之罪，情节较轻者，处三年以上十五年以下监禁。

（建立或发展反动组织）

第四十九条 以反革命为目的，在国内国外建立或发展反动组织者，首要分子处死刑，终身监禁，或十年以上监禁。积极参加者，处五年以上十五年以下监禁，并可没收其财产之全部或一部。

（利敌资敌行为）

第五十条 以军用物资或专门技术供给敌人（帝国主义或反动分子）或为其他利敌资敌行为，足以发生重大危害者，处死刑，终身监禁，或五年以上十五年以下监禁，并可没收其财产之全部或一部。

（反动宣传）

第五十一条 以反革命为目的，用口头、文字、图画或其他方法，而进行造谣、污蔑，或故意歪曲事实，曲解政策法令等反动宣传者，处三年以上七年以下监禁。情节轻微者，处二年以下监禁。

（帮助行为）

第五十二条 对于犯本章各罪之人，纵容包庇，窝藏掩护者，以帮助犯论罪。对于正在预备或着手实施犯罪而知情不举者，得比照帮助犯从轻处罚。

（未遂及预备行为）

第五十三条 本章之未遂犯，应予处罚。

预备犯本章各条之罪者，比照各该条规定，减轻处罚。

（胁从受骗行为）

第五十四条 犯本章各条之罪，如经查明确系胁从分子、盲从分子、上当分子而无重大罪恶者，本宽大精神，得予批评教育。

（悔过立功行为）

第五十五条 犯本章各条之罪，如能真诚悔过，自动立功者，本宽大精神，减轻或不予处罚。

（抗日战争时期的汉奸行为）

第五十六条 在抗日战争时期，充当汉奸，其首要分子或作恶多端者，比照本章各条之规定处罚。

（剥夺政治权的规定）

第五十七条 犯本章各条之罪者，根据犯罪的轻重，并可剥夺其政治权三年至十年。

第五章 妨害国家统治秩序罪

（武装股匪）

第五十八条 执持枪械，结合大帮，烧杀抢掠，绑架勒赎或为其他扰乱治安之行为者，为股匪，处五年以上十五年以下监禁，其首要分子或作恶多端者，处死刑或终身监禁，情节轻微者处三年以下监禁。

（封建会道门扰乱治安）

第五十九条 组织领导封建会道门，造谣惑众，扰乱治安者处一年以上五年以下监禁。

组织领导或利用封建会道门聚众暴动者，其首要分子处七年以上十五年以下监禁，情节严重者处死刑或终身监禁，并没收其全部财产。

（破坏或毁损交通军事设备）

第六十条 破坏或毁损（包括窃盗）火车、轮船、飞机、铁道、电讯、军事器材或其他交通军事设备者，处三年以上十年以下监禁，情节轻微者处二年以下监禁。

犯前项之罪致发生重大灾害者，处死刑或终身监禁。

过失犯前二项之罪者，比照前二项之规定，减轻处罚。

（放火决水破坏防险设备）

第六十一条 放火、决水或破坏其他公共防险设备者，比照前条规定处罚。

（破坏民族团结）

第六十二条 企图破坏各民族间之团结，挑拨离间、造谣煽动，或以其他方法引起或足以引起民族间之仇恨与冲突者，处一年以上五年以下监禁。

（伪造货币）

第六十三条 伪造货币或贩运伪造之货币者，处五年以上十五年以下监禁，并可没收其财产之全部或一部。情节特别严重者，处死刑或终身监禁，并没收其财产之全部。

行使伪造之货币者，处五年以下监禁或酌处罚金。

（走私漏税）

第六十四条 非法运输货物进口出口，或偷漏关税者，处三年以下监禁或酌处罚金。

以走私为常业或武装走私者，处五年以上十年以下监禁。情节特别严重者，处死刑或终身监禁。

（破坏金融）

第六十五条 违反金融管制法令，买卖外汇外币金银，或以其他方法，进行金融投机，破坏国家金融事业者，处三年以下监禁，并酌处罚金。情节特别严重者，处五年以上十年以下监禁，并可没收其财产之全部或一部。

（制贩军火）

第六十六条 非法制造、贩卖、运输或藏匿军火者，处六月以上五年以下监禁。情节特别严重者，处五年以上十五年以下监禁，并可没收其财产之全部或一部。

（制贩烟火）

第六十七条 栽种、制造、运输或买卖鸦片毒品者，处一年以上五年以下监禁。特别严重者，处死刑，终身监禁或七年以上十五年以下监禁，并可没收其财产之全部或一部。

（妨害执行公务）

第六十八条 妨害国家机关执行职务或当场侮辱执行职务之工作人员者，处一年以下监禁，或批评教育，有聚众滋扰情事者，其首要分子处六月以上三年以下监禁。

（妨害正确处理公务）

第六十九条 以妨害公务之正确处理为目的，而窃取、隐匿、涂改、或毁损公私文书，或为其他不正行为者，处三年以下监禁或批评教育。

（拒捕或脱逃）

第七十条 受合法逮捕拘禁之人，拒捕或脱逃者，处二年以下监禁。

武装拒捕或聚众脱逃者，处二年以上五年以下监禁。

（诬告）

第七十一条 企图陷害或捏造事实而诬告他人者，处二年以下监禁。

诬告他人犯重罪或致他人受重大之损害者，处三年以上七年以下监禁。

（虚伪证明、鉴定或翻译）

第七十二条 以国家机关，故意为虚伪之证明、鉴定或翻译者，比照前条之规定处罚。

（本章之未遂犯）

第七十三条 本章第五十八条至第六十三条及第七十条之未遂犯，应予处罚。

第六章 侵害国有或公有财产罪

（国有公有财产之概念）

第七十四条 凡国家机关、国营公营企业之财产，及依法设立之合作社之财产，为国有及公有财产。

在国家机关或国营公营企业保管或运输中之财产，亦认为国有及公有财产。

（抢劫国有公有财产）

第七十五条 抢劫公粮、仓库或其他国有公有财产者，处一年以上七年以下监禁，首要分子处三年以上十五年以下监禁，情节特别严重者，处死刑或终身监禁。

（破坏或毁损国有公有财产）

第七十六条 破坏或毁损国有或公有财产者，处三年以下监禁。

破坏或毁损工厂、矿山、农场、渔场、盐厂、或其他场所之生产设备者，处六月以上五年以下监禁。

犯前二项之罪情节特别严重者，处死刑，终身监禁或十年以上十五年以下监禁。

过失犯本条之罪者，减轻处罚。

（破坏森林）

第七十七条 砍伐国有或公有森林者，处二年以下监禁。

组织领导多人犯前项之罪，或因砍伐、烧山等致森林失火者，处三年以上十年以下监禁。情节特别严重者，处终身监禁。

（窃盗国有公有财产）

第七十八条 窃盗国有或公有财产者，处六月以上三年以下监禁。

侵入工厂、仓库、矿山、火车、轮船而窃盗者，处六月以上五年以下监禁。

犯本条之罪而有第一百三十九条各项情形者，比照该条规定，加重处罚。

（不忠实履行合同）

第七十九条 与国家机关、国营或公营企业订立合同，有下列情形之一，致国有或公有财产受重大损害者，处三年以下监禁，并可酌处罚金。

一、盗卖、侵占或掉换国有或公有财产；

二、掺杂或偷工减料之方法损害财物品质；

三、故意拖延交货或不按时完成任务；

四、其他不忠实履行合同之行为。

犯前项之罪情节特别严重者，处二年以上七年以下监禁，并可没收其财产之全部或一部。

（骗取窃占国有公有财产）

第八十条 骗取、侵占、或窃占国有公有财产者，处六月以上五年以下监禁，并可酌处罚金。情节特别严重者，并可没收其财产之全部或一部。

（隐匿应归国有公有之财产）

第八十一条 对于应归国有公有之财产，窃占、隐匿、冒领、或以其他方法使归己有或从中取利者，处六月以上三年以下监禁，并可酌处罚金。情节特别严重者，并可没收其财产之全部或一部。

（未遂犯及预备犯之处罚）

第八十二条 本章第七十五条至第七十八条之未遂犯，应予处罚。

预备犯本章第七十五条、第七十六条之罪者，依各该条之规定，减轻处罚。

第七章 职务上的犯罪

（国家工作人员之概念）

第八十三条 凡在村级以上国家机关、企业、学校内经常的或临时的工作人员，为国家工作人员。

凡依法登记之社会团体工作人员犯职务上之罪者，以国家工作人员犯罪论。

（怠忽职务）

第八十四条 国家工作人员对于职务上之工作，因循敷衍，不负责任，致发生恶劣结果者，处三年以下监禁。

（违背职务）

第八十五条 国家工作人员于发现工作上之偏差或事故后，仍不检查纠正，或对上级指示阳奉阴违，徇私包庇，或为不真实之报告，致发生重大损害者，处五年以下监禁。情节严重者，处七年以上十五年以下监禁。

（利用职位侵犯人权）

第八十六条 国家工作人员，利用职权地位，非法逮捕、拘禁、处罚或拷打、虐待、侮辱他人者，处四年以下监禁。

犯前项之罪因而致人于死或重伤者，处五年以上十五年以下监禁。因而致人自杀者，处一年以上五年以下监禁。

（贪污）

第八十七条 国家工作人员就主管事务，图谋私利，有下列情形之一者，处一年以上十年以下监禁。

一、克扣或截留应行发给或解交之财物；

二、盗卖、窃取、侵占、掉换、或挪用公款公物；

三、勾结商人索取回扣，或有其他不利于公家之行为；

四、其他营私舞弊之行为。

犯前项之罪情节特别严重者，处死刑或终身监禁，并可没收其财产之全部或一部。

（非工作人员协同贪污）

第八十八条 非国家工作人员引诱、帮助国家工作人员犯前条之罪者，处三年以下监禁，并可酌处罚金。

非国家工作人员与工作人员共同计划或实施犯前条之罪者，比照前条之规定处罚。

（贿赂）

第八十九条 国家工作人员，就主管事务，要求或收受贿赂者，处一年以上十年以下监禁。情节特别严重者，处死刑或终身监禁，并可没收其财产之全部或一部。

（行贿或介绍贿赂）

第九十条 向国家工作人员行贿或介绍贿赂者，处三年以下监禁或批评教育。

被迫行贿或于行贿后自首者，不予处罚。

（利用职位敲诈财物）

第九十一条 国家工作人员利用职权地位，敲诈、强借、侵占他人财物或取得其他不正当利益者，处五年以下监禁。

（违法增加人员负担）

第九十二条 国家工作人员违背法令，擅自派粮、派款、派差、派捐、征税或以其他方法，增加人民负担者，处三年以下监禁。

（出卖国家机密）

第九十三条 国家工作人员出卖国家机密材料或机密消息者，处三年以上十五年以下监禁。情节特别严重者，处死刑或终身监禁，并可没收其财产之全部或一部。

预备犯前项之罪者，比照前条规定减轻处罚。

（利用国家机密图利）

第九十四条 国家工作人员利用国家机密投机图利者，处十年以下监禁，并可没收其财产之全部或一部。

非国家工作人员犯前项之罪者，依前项规定处罚。

（泄露国家机密）

第九十五条 国家工作人员因疏忽而泄露国家机密或遗失国家机密材料者，处五年以下监禁。

（泄露职务上之秘密）

第九十六条 国家工作人员因疏忽泄露职务上应保守之秘密或遗失秘密材料者，处二年以下监禁。

（利用职权犯其他罪）

第九十七条 国家工作人员利用职权地位犯本章以外之罪者，比照各该条规定，从重处罚。

（本章之未遂犯）

第九十八条 本章第八十七条、第八十九条、第九十一条、第九十三条、第九十四条之未遂犯，应予处罚。

第八章 经济上的犯罪

（扰乱市场）

第九十九条 投机倒把或囤积居奇，致市场紊乱者，处一年以上五年以下监禁，并酌处罚金。情节特别严重者，处五年以上十年以下监禁，并没收其财产之全部或一部。

（违反委托购销规定）

第一百条 受国家机关、国营公营企业委托，收购或代销物品，不依规定之品质或价格，致使国家或人民利益遭受损害者，处二年以下监禁，并可酌处罚金，或责令公开承认错误。

（伪造邮票税票）

第一百零一条 伪造或变造邮票、税票者，处三年以下监禁，或酌处罚金，或批评教育。

（伪造车船票）

第一百零二条 伪造或变造车票、船票等交通券者，处二年以下监禁，或酌处罚金，或批评教育。

（伪造有价证券）

第一百零三条 伪造或变造公债券、粮票、公私企业股票、或其他有价证券，处三年以下监禁或酌处罚金。情节特别严重者，处五年以上十年以下监禁，并可没收其财产之全部或一部。

前项之未遂犯，应予处罚。

（伪造商标牌号）

第一百零四条 伪造或冒用已登记之公私营企业商标牌号者，处六月以下监禁，并可酌处罚金，或责令公开道歉。

（制造使用不合格规定之度量衡）

第一百零五条 制造或贩卖不合规定之度量衡器，或使用不合规定之度量衡器欺骗顾客者，处一年以下监禁或酌处罚金，或责令公开承认错误。

（空头支票）

第一百零六条 开发空头支票者，处六月以下监禁，或酌处罚金。

第九章 妨害公共秩序与公共卫生罪

（妨害选举）

第一百零七条 妨害或扰乱依法令举行之选举者，处二年以下监禁或批评教育。

（伪造文书印文）

第一百零八条　伪造国家机关、民主党派、公共团体之公文、印信、徽章、符号、或其他证件，足以损害公众或他人者，处三年以下监禁，或批评教育。

（冒充工作人员）

第一百零九条　冒充军人或政府工作人员，足以损害公众或他人者，处六月以下监禁，或批评教育。

（破坏古物）

第一百一十条　破坏、盗卖有关历史、文化之古迹、古物、或未经政府允许擅自发掘古墓或其他埋藏古物之处所者，处三年以下监禁。

组织领导多人犯前项之罪者，处一年以上五年以下监禁。

前项之未遂犯，应予处罚。

（失火）

第一百一十一条　因失火引起公共危险者，处一年以下监禁，或酌处罚金，或批评教育。

（挖掘坟墓）

第一百一十二条　挖掘他人坟墓或毁损尸体者，处二年以下监禁。

（赌博）

第一百一十三条　赌博财物者，处一年以下监禁，并可酌处罚金，或批评教育。开设赌场，聚众抽头，或经常赌博财物者，处三年以下监禁，并可酌处罚金。

（赃物）

第一百一十四条　明知为赃物而故意买卖或收藏者，处六月以下监禁，并可酌处罚金，或批评教育。

以犯前项之罪为常业者，处三年以下监禁，并可酌处罚金。

（包揽诉讼）

第一百一十五条　以图利或其他不正之目的，挑唆或包揽诉讼者，处二年以下监禁，或酌处罚金。

以犯前项之罪为常业者，加重处罚。

（无赖行为）

第一百一十六条　在公共场所，对他人为无耻、下流、野蛮、无赖之行为者，处一年以下监禁，或批评教育。

（违反扑灭传染病之法令）

第一百一十七条　违反以扑灭传染病为目的之法令或紧急措施者，处一年以下监禁。

（制贩假药）

第一百一十八条　制造或贩卖不合标准之药品，或以假药冒充真药，足以危害他人健康者，处二年以下监禁，或酌处罚金。

（吸食烟毒）

第一百一十九条　吸食或非法持有、施用鸦片毒品者，处一年以下监禁。

（诲淫行为）

第一百二十条　制作、出版、贩卖、出租淫书、淫画或其他诲淫物品者，处五年以下监禁，并可酌处罚金。为其他淫诲行为者，处二年以下监禁，并可酌处罚金或批评教育。

第十章　侵害生命健康与自由人格罪

（故意杀人）

第一百二十一条　故意杀人者，处死刑，终身监禁，或五年以上十五年以下监禁。

犯前项之罪有下列情形之一者，从重处罚：

一、出于反动报复者；

二、挑唆或组织领导他人杀人者；

三、犯罪动机特别卑污者；

四、使用特别残酷或对多数人之生命具有危险性的方法杀人者；

五、犯罪结果戕害多数人之生命者。

（义愤杀人）

第一百二十二条　当场激于义愤而杀人者，处五年以下监禁。

（过失杀人）

第一百二十三条　过失杀人者，处三年以下监禁。

业务上过失杀人或因不遵守政府所颁布之预防法规而过失杀人者，处六年以下监禁。

情节特别严重者，处十年以上十五年以下监禁。

（溺婴）

第一百二十四条 母于生产后杀其子女者（包括私生子女），处二年以下监禁。

（为他人堕胎）

第一百二十五条 无正当理由，为他人堕胎者，处六月以上三年以下监禁。

以营利为目的，犯前项之罪者，处一年以上五年以下监禁，并可没收其财产之全部或一部。

犯前二项之罪致孕妇于死或重伤者，处二年以上十年以下监禁，并可没收其财产之全部或一部。

（孕妇堕胎）

第一百二十六条 孕妇无正当理由而堕胎者（包括私生子女），处六月以下监禁，或批评教育。

（虐待）

第一百二十七条 虐待立于自己从属地位之人者，处三年以下监禁。

虐待致人自杀者，处五年以下监禁。

虐待致人于死或重伤者，处四年以上十五年以下监禁。情节特别严重者，处死刑或终身监禁。

（故意伤害）

第一百二十八条 故意伤害他人之身体或健康者，处二年以下监禁，或批评教育。

犯前项之罪有下列情形之一者，为重伤者，处三年以上十年以下监禁。

一、使人肢体残废或使劳动力遭受不能恢复之重大损害者；

二、使人丧失听觉、视觉、或其他器官之机能者；

三、毁人容颜者。

伤害他人致死者，处终身监禁或五年以上十五年以下监禁。

（过失伤害）

第一百二十九条 过失伤害他人之身体或健康者，处一年以下监禁，或批评教育。因业务上之过失或因不遵守政府所颁布之预防法规而致他人之身体或健康受伤害者，处三年以下监禁，或责令公开道歉。

（殴打）

第一百三十条 殴打他人未成伤者，处三月以下监禁，或责令公开道歉，或批评教育。

（奸淫幼女幼童）

第一百三十一条 奸淫十四岁以下之幼女或鸡奸十四岁以下之幼童者，处三年以上十五年以下监禁。情节特别严重者，处死刑或终身监禁。

（强奸轮奸）

第一百三十二条 以强暴、胁迫或其他方法，使人不能抗拒而奸淫之者（包括鸡奸），为强奸，处三年以上七年以下监禁。

强奸致被害人自杀或轮奸者，处五年以上十五年以下监禁。

强奸、轮奸致人于死或重伤者，处死刑、终身监禁或五年以上十五年以下监禁。

（欺骗奸淫）

第一百三十三条 用欺骗方法奸淫妇女，或利用权势地位，以恐吓要挟之方法，奸淫立于自己从属地位之人者（包括鸡奸），处三年以下监禁。

（遗弃）

第一百三十四条 对于有养育或特别照顾义务而无自救力之人，有履行义务之可能而遗弃之者，处三年以下监禁。

犯前项之罪致人于死者，处四年以上十五年以下监禁。

（妨害自由）

第一百三十五条 以暴力或其他方法非法剥夺他人自由者，处三年以下监禁。

犯前项之罪致人于死或重伤者，处四年以上十五年以下监禁。

（妨害秘密）

第一百三十六条 无故开拆或隐匿他人之信件或其他封缄之文书者，处三年以下监禁，或酌处罚金，或批评教育。

泄露业务上应守之秘密者，处六月以下监禁，或酌处罚金，或批评教育。

（侮辱）

第一百三十七条 以言语、文字或其他方法侮辱他人者，处六月以下监禁，或责令公开道歉，或批评教育。

（本章之未遂犯）

第一百三十八条 本章第一百二十一条，第一百二十二条，第一百二十五条，第一百二十八条第二项，第一百三十一条，第一百三十二条之未遂犯，应予处罚。

第十一章　侵害私有财产罪

（窃盗）

第一百三十九条 窃盗，处二年以下监禁，或批评教育。

侵入私营工厂、矿山、仓库、作坊而窃盗者，或窃盗生产工具、耕畜、或乘他人重大灾害之际而窃盗者，处六月以上三年以下监禁。

以窃盗为常业或共同窃盗中之主要分子，处二年以上五年以下监禁。

组织领导多人实施窃盗，或传授他人窃盗技术者，处五年以上十五年以下监禁。

（抢夺）

第一百四十条 乘人不备，公然夺取他人财物者，为抢夺，处二年以下监禁，或批评教育。

犯前项之罪合于前第二项至第四项之情形者，比照各该项规定处罚。

犯前二项之罪致人于死或重伤者，处终身监禁或三年以上十五年以下监禁。

（强盗）

第一百四十一条 以强暴、胁迫方法，强取他人财物者，为强盗，处五年以下监禁。

以强盗为常业者，或共同强盗中之主要分子，处二年以上十五年以下监禁。情节特别严重者，处死刑或终身监禁。

预备犯前二项之罪者，比照各该项规定减轻处罚。

（诈欺）

第一百四十二条 以诈欺方法骗取他人财物者，为诈欺，处三年以下监禁，或批评教育。

以诈欺为常业者，或共同诈欺中之主要分子，处二年以上五年以下监禁。

（侵占）

第一百四十三条 侵占自己持有他人之财物者，为侵占，处三年以下监禁，或批评教育。

侵占业务上持有他人之财物者，处六月以上五年以下监禁。

就自己持有他人之物，以品质较差之物掉换者，以侵占论罪。

（恐吓）

第一百四十四条 以威胁方法使人恐惧而取得他人财物者，为恐吓，处四年以下监禁。

（毁损）

第一百四十五条 毁坏或毁损他人财物者为毁损，处二年以下监禁，或批评教育。

破坏或毁损他人生产工具、生产设备、原料成品、牲畜、种籽或农作物者，处三年以下监禁。

犯前二项之罪致人于死或重伤，或生其他重大灾害者，处十年以下监禁。情节特别严重者，处终身监禁，或七年以上十五年以下监禁。

第一百四十六条 本章各条之未遂犯，应予处罚。

第十二章　妨害婚姻与家庭罪

（包办婚姻）

第一百四十七条 父母或其他亲属违反男女自由意志，包办婚姻者，处三月以下监禁，或批评教育。

（强迫结婚）

第一百四十八条 强迫妇女与自己或第三人结婚者，处三年以下监禁。情节特别严重者，处二年以上五年以下监禁。致人于死或重伤者，处四年以上十五年以下监禁。致人自杀者，处五年以下监禁。

国家工作人员利用职权地位犯前项之罪者，加重处罚。

（干涉婚姻自由）

第一百四十九条 非法干涉妇女结婚、离婚自由者，处二年以下监禁，或责令公开承认错误，或批评教育。

企图获利而犯前项之罪者，处二年以上五年以下监禁。

犯前二项之罪而杀人、伤害、虐待、妨害自由者，比照各该条规定，从重处罚。

（蓄婢纳妾）

第一百五十条 蓄婢纳妾者，处五年以下监禁。

（重婚）

第一百五十一条 重婚者，处三年以下监禁，或批评教育。

（买卖妇女或强迫卖淫）

第一百五十二条 买卖妇女或强迫、介绍、容留妇女卖淫，从中获利者，处三年以下监禁。

（使妻女与人奸淫）

第一百五十三条 企图获利，使自己妻女与人奸淫者，处二年以下监禁，或批评教育。

（藉婚姻关系索取财物）

第一百五十四条 藉婚姻关系索取财物者，处三月以下监禁，或批评教育。

（诱拐男女脱离家庭）

第一百五十五条 企图奸淫或获利，诱拐十八岁以下之男女脱离家庭者，处五年以下监禁。

企图奸淫或获利，诱拐有配偶之人脱离家庭者，处二年以下监禁。

（有配偶通奸）

第一百五十六条　明知他人有配偶而与之通奸者，处六月以下监禁，或批评教育。有配偶而与人通奸者，依前项之规定处罚。

与革命军人家属通奸者，加重处罚。

犯本条之罪者，非配偶不得告诉。

（本章之未遂犯）

第一百五十七条　本章第一百四十八条，第一百四十九条第二项，第一百五十二条，第一百五十五条之未遂犯，应予处罚。

2. 中华人民共和国刑法指导原则草案（初稿）

（中央人民政府法制委员会　1954年9月30日）

（可以考虑改名为中华人民共和国刑法草案）

目　录

序　言

中华人民共和国建立以来，中央人民政府曾先后制定了各种单行的刑事法律，在维护革命秩序、保障人民革命的成果、保护公民的人身和权利、开展各项社会改革运动和经济建设工作中，都起了很大的作用。

现在中华人民共和国宪法已经公布，为了加强革命法制，同一切卖国贼、反革命分子和其他犯罪分子作斗争，进一步保卫人民民主制度，保护公民的人身和权利，保障国家的社会主义建设和社会主义改造事业的顺利进行，根据中华人民共和国宪法和实际情况的需要，总结已有的经验，制定本刑法指导原则。

对于中华人民共和国公民在中国领域内和领域外的犯罪，居住在中国领域内的或者引渡到中国的外国人和无国籍人的犯罪，一律适用本刑法指导原则。

另一写法，不用序言，改写为以下增添的一章：

第一章　刑法的任务和适用范围

第一条　刑法的任务

刑法的任务是为了加强同一切卖国贼、反革命分子和其他犯罪分子作斗争，以进一步保卫人民民主制度，保护公民的人身和权利，保障国家的社会主义建设和社会主义改造事业的顺利进行。

第二条　刑法的适用范围

对于中华人民共和国公民在中国领域内和领域外的犯罪，居住在中国领域内的或者引渡到中国的外国人和无国籍人的犯罪，一律适用本刑法指导原则。

第一章　犯　罪

第一条　什么是犯罪

一切背叛祖国、危害人民民主制度、侵犯公民的人身和权利、破坏过渡时期的法律秩序，对于社会有危险性的在法律上应当受到刑事惩罚的行为（行为包括作为和不作为），都认为是犯罪。

情节显然轻微并且缺乏危害结果，因而不能认为对社会有危险性的行为，不认为犯罪。

第二条　犯罪必须出于故意或者过失

犯罪的故意有两种：（一）明知自己的行为会发生某种危害结果，并且希望这种结果发生。（二）明知自己的行为可能发生某种危害结果，并且有意识地放任这种结果发生。

犯罪的过失有两种：（一）已经预料到自己的行为可能发生危害结果，却轻率地相信能够避免，以致发生了危害结果。（二）按照具体情况，应当预料到并且能够预料到自己的行为可能发生危害结果，但是竟然没有预料到，以致发生危害结果。

同样的犯罪结果，过失的犯罪比较故意的犯罪，应当负较轻的刑事责任。轻微的过失犯罪，可以免予处罚。

另一写法，把第一条、第二条合并改写为以下的一个条文：

第一条　犯罪行为

一切对国家利益、公共秩序和公民权利造成危害的或者有显著危害性的故意行为，都是犯罪行为，应当依照本刑法指导原则和其他法律、法令的规定追究刑事责任。

对国家利益、公共秩序和公民权利造成了重大的危害结果，如果是出于自己有责任应当注意而不注意、可能避免而没有设法避免的过失行为，也认为是犯罪行为，应当按照具体情节追究刑事责任。

第三条　负担刑事责任的年龄

已满十五岁的人，不论犯任何罪，都应当负刑事责任。

已满十二岁不满十五岁的人，犯反革命、杀人、放火和严重破坏交通罪，应当负刑事责任；犯其他罪，不负刑事责任，但是应当责令他的父母或者其他监护人，加以管教。

不满十二岁的人，不论犯任何罪，不负刑事责任；但是应当责令他的父母或者其他监护人，加以管教。

已满十二岁不满十八岁的人犯罪，应当减轻处罚。

第四条　精神病人犯罪的刑事责任

精神病人在不能辨认或者不能控制自己行为的时候，不论犯任何罪，不负刑事责任；但是应当责令他的家属或者监护人，对他严加看管和医疗。间歇性的精神病人在精神正常的时候的犯罪，应当负刑事责任。

第五条　正当防卫和紧急避难

为了防卫公共利益或者个人的人身和权利免受正在进行中的犯罪侵害，不得已而对犯罪人实行的正当防卫行为，不认为犯罪。但是防卫行为显然超过必要限度，应当认为犯罪，根据具体情况可以减轻或者免予处罚。

在紧急情况下，为了避免公共利益或者个人的人身和权利的损害，因为没有其他方法，不得已而采取的损害较轻的紧急避难行为，不认为犯罪。但是避难行为超过必要限度，应当认为犯罪，根据具体情况可以减轻或者免予处罚。

第六条　故意犯罪的预备、未遂和中止

对于为了实行犯罪而准备犯罪工具、制造犯罪条件的预备犯，一般不予处罚；但是对于杀人、放火、抢劫、破坏公共财产的预备犯，应当根据犯罪的预备程度和对于社会的危害程度追究刑事责任。

对于已经着手实行犯罪因为客观原因没有发生预计结果的未遂犯，一般应当比既遂犯减轻或者从轻处罚；轻微犯罪的未遂，可以免予处罚。

对于反革命罪不论预备、未遂，都应当根据犯罪的具体情况，予以应得的处罚。

不论什么犯罪，在实行犯罪的过程中，自动中止犯罪行为的继续进行和有效地阻止了犯罪结果发生的，可以免予处罚。

第七条　共同犯罪的刑事责任

二人以上共同故意犯罪，应当根据他们在共同犯罪中所起的作用和对社会的危害性，分别担负刑事责任：

（一）组织犯　组织、计划或者指挥实行犯罪的人，叫做组织犯。组织犯是共同犯罪中的首恶分子。对于组织犯，应当比其他共犯从重处罚。

（二）实行犯　共同犯罪中直接实行犯罪的人，叫做实行犯。实行犯中罪恶重大的，应当从重处罚；罪行轻微的，可以从轻或者减轻处罚。

（三）教唆犯　教唆别人实行犯罪的人，叫做教唆犯。对于教唆犯，应当按照他所教唆的犯罪处罚。如果被教唆的人，没有实行他所教唆的犯罪，可以减轻或者免予处罚。

（四）帮助犯　不直接实行犯罪，而用提供犯罪方法、供给犯罪工具、排除犯罪障碍，或者以其他方法帮助别人实行犯罪的人，叫做帮助犯。对于帮助犯，应当比实行犯从轻、减轻或者免予处罚。

对于确实是被胁迫或者盲目附和而参加犯罪的人，不适用共犯的规定。

另一写法：

第七条　共同犯罪的刑事责任

二人以上共同故意犯罪，应当根据他们在共同犯罪中的具体情节分别处理：

（一）组织、计划、指挥犯罪的人和实行犯罪的主要分子是主犯，对主犯应当比其他参加共同犯罪的罪犯从重处罚。

（二）帮助犯罪和其他参加实行犯罪的人是从犯，对从犯应当比主犯从轻或者减轻处罚。

（三）对确实是被欺骗或者被胁迫参加共同犯罪的人，应当按照情节给予适当处罚或免予处罚。

第二章 刑 罚

第八条 刑罚的目的

刑罚的目的，是惩罚和改造一切犯罪分子、使他们不再犯罪；同时通过对罪犯的惩罚和改造，教育公民，预防犯罪。

禁止对于罪犯使用肉刑。

第九条 刑罚的种类：

（一）死刑；

（二）无期徒刑；

（三）有期徒刑；

（四）劳役；

（五）管制；

（六）逐出国境；

（七）流放；

（八）剥夺政治权利；

（九）没收财产；

（十）罚金。

死刑、无期徒刑、有期徒刑、劳役、管制，是主刑。逐出国境、流放、剥夺政治权利、没收财产、罚金，可以附加适用，也可以单独适用。

对于不必要判处刑罚的轻微的犯罪，可以适用训诫、责令悔过道歉或者一个月以下拘役的行政处罚。

第十条 死刑

对于罪行严重的卖国贼、间谍、反革命罪犯和罪行特别严重的其他罪犯，可以判处死刑。

对于判处死刑的罪犯，如果不是必须立即执行的，可以宣告缓期二年执行，在监管中强迫劳动改造，以观后效。缓刑期间如果真诚悔改，经人民法院裁定，可以减为无期徒刑或者十年至十五年的有期徒刑；缓刑期间，如果拒绝改造，或者发现新的重大罪证，经人民法院裁定报请核准后，应当执行死刑。

孕妇和不满十八周岁的未成年人犯罪，不适用死刑。

判处死刑的罪犯，如果曾经享有勋章或者荣誉称号，人民法院应当在判处死刑的时候，同时宣告剥夺。

第十一条 无期徒刑

对于不必要判处死刑而应当永久剥夺自由的罪犯，判处无期徒刑。

不满十八岁的未成年人犯罪，不适用无期徒刑。

第十二条 有期徒刑

有期徒刑的期限，为一年以上十五年以下。

判处五年以下有期徒刑的罪犯，如果对于社会的危害性不大，并且具有下列情形之一的，可以宣告缓刑：

（一）在家庭中是唯一劳动力的；

（二）有严重疾病的；

（三）孕妇、哺乳自己婴儿的妇女；

（四）因为其他具体情况不宜立即执行的。

对于判处五年以下有期徒刑的反革命罪犯宣告缓刑的时候，应当在管制中加以考察。

缓刑期限，一般与所判的刑期相等。

被宣告缓刑的罪犯，在缓刑期中，如果没有再犯应当判处有期徒刑以上的新罪，缓刑期满，原判徒刑即不执行；如果再犯应当判处有期徒刑以上的新罪，法院应当撤销缓刑，将前罪和新罪合并处罚。

宣告缓刑的时候，所判处的附加刑仍须执行。

第十三条 劳役

劳役的期限，为一个月以上一年以下。

判处劳役的时期，应当根据罪犯的具体情况，分别剥夺自由或者不剥夺自由。剥夺自由的劳役，交由当地劳动改造机关执行；不剥夺自由的劳役，交由基层行政机关或者其他有关机关、团体执行。

第十四条 管制

对于罪行较轻的反革命罪犯，可以判处管制。

管制的期限，为六个月以上三年以下，在执行中，经执行机关提出，人民法院批准，可以缩短或者延长；但是延长期限不能超过二年。

对于判处管制的罪犯，必须同时剥夺本刑法指导原则第十七条列举的政治权利的全部或者一部。

第十五条　逐出国境

对于在中华人民共和国境内进行间谍活动的外国帝国主义分子和犯其他罪行的外国人，可以判处逐出国境。

第十六条　流放

对于反革命罪犯和骗子、流氓、惯盗、惯窃等罪犯，可以判处流放。

流放的期限，为五年以上十年以下。作为有期徒刑的附加刑的时候，在有期徒刑执行完毕后开始执行。

对于判处流放的罪犯，由执行机关移送指定地区进行劳动改造，并且可以允许他们在流放地区安家立业。

第十七条　剥夺政治权利

对于卖国贼、反革命罪犯和其他严重危害公共利益的罪犯，可以判处剥夺下列政治权利的一部或者全部：

（一）选举权和被选举权；

（二）担任国家机关行政职务：

（三）参加人民武装；

（四）言论、出版、集会、结社、游行、示威的自由；

（五）享受勋章和荣誉称号。

剥夺政治权利的期限为一年以上五年以下。

剥夺政治权利，在单独适用的时候，自判决执行之日开始；作为有期徒刑的附加刑的时候，自有期徒刑执行完毕，或者宣告缓刑、假释之日开始；作为流放的附加刑的时候，和流放的执行同时开始。

人民法院对罪犯宣告剥夺政治权利的时候，必须在判决书中注明剥夺全部或者某种政治权利。

第十八条　没收财产

对于卖国贼、间谍、反革命罪犯和其他严重危害公共利益的罪犯，可以判处没收财产的一部或者全部。

人民法院对罪犯宣告没收财产的时候，必须在判决书中注明没收全部或者某种财产。

没收财产的时候，应当给罪犯的家属留下必需的生产资料和生活资料。罪犯的家属的个人所有的财产，不能没收。

没收的财产中，如果有被罪犯侵吞、霸占、抢劫、偷窃的财物，并且原物仍在，经原主请求，查明属实以后，应当发还。

对于财产查封前罪犯所负的正当债务，需要由没收的财产来偿还的时候，经债权人请求，可以适当偿还。

第十九条　罚金

对于投机、盗骗公共财产和其他扰乱社会经济秩序的犯罪，可以根据罪犯的犯罪情节和财产情况，判处罚金。

第二十条　量刑

人民法院对于罪犯在法定刑的范围内决定刑罚的时候，应当具体考虑犯罪行为的危害程度、犯罪行为在当时当地的情况下对于社会的影响、罪犯平日行为所充分证明的对于社会的危害性，依照下列从重、从轻情节的规定，适当判刑。

从重的情节：

（一）屡犯不改的；

（二）犯罪手段残酷、犯罪后果严重或者犯罪动机特别恶劣的；

（三）教唆、引诱未成年人犯罪的。

从轻的情节：

（一）真诚自首、投案的；

（二）真诚坦白、缴出罪证或者有立功表现的；

（三）犯罪后立即自动消灭或者减轻危害后果的；

（四）一贯勤劳守法或者二十岁左右的人偶尔犯罪的。

第二十一条　法律的比照适用

犯罪行为在本刑法指导原则或者其他法律、法令没有明文规定的时候，应当比照本刑法指导原则或者其他法律、法令最相类似的规定处理。

第二十二条　数罪合并处罚

一个人犯两种以上罪行的时候，应当分别论罪分别量刑。如果对两种以上的罪行同时判处有期徒刑，应当在各罪的合并刑期以下、各罪中的最高刑期以上，酌量判刑；但是最多不能超过二十年。

判处死刑、无期徒刑或者有期徒刑同时又判处剥夺政治权利、没收财产或者罚金的附加刑的时候，附加刑仍须执行。

判处有期徒刑同时又判处劳役，以劳役折算徒刑执行。剥夺自由的劳役应当以一日折算徒刑一日，不剥夺自由的劳役以二日折算徒刑一日。

第二十三条　刑期计算

判处有期徒刑、劳役和管制的罪犯的刑期计算，应当从执行之日开始；执行判决前的羁押期间，以一日折算刑期一日。

判处死刑缓期执行的罪犯和判处无期徒刑的罪犯被减为有期徒刑的时候，刑期计算应当从执行有期徒刑之日开始；判处死刑缓期执行前或者判处无期徒刑前的羁押期间，死刑缓期执行或者无期徒刑已经执行的期间，都以一日折算一日。

第二十四条　假释

判处五年以上有期徒刑的罪犯执行刑期二分之一，判处无期徒刑的罪犯执行刑期十年，如果执行机关认为他确已获得改造，不致再危害社会，经人民法院批准，可以假释。

从假释之日起，没有执行完毕的刑期为假释期间，无期徒刑的假释期间为十年。

在假释期间，如果没有再犯应当判处有期徒刑以上的新罪，即作为刑期执行完毕；如果再犯应当判处有期徒刑以上的新罪，应当撤销假释，并且就新罪所处之刑与前罪没有执行完毕的刑期，合并执行。

第二十五条　减刑

对于判处无期徒刑和有期徒刑的罪犯，在执行刑期中，如果有立功表现，经执行机关提出，人民法院批准，可以减刑。但是经过一次或者几次减刑以后的执行刑期，判处无期徒刑的，不能少于十年；判处有期徒刑的，不能少于原判刑期的二分之一。

第二十六条　对犯罪的追诉期限

中华人民共和国成立以前的犯罪，一般不予追诉。但是对于杀人罪，自犯罪的时候起到检举的时候止在十年以内的，可以追诉。

中华人民共和国成立后的犯罪，自犯罪的时候起，经过下列期限不再追诉：

（一）可能判处死刑、无期徒刑的，经过二十年；

（二）可能判处十年以上有期徒刑的，经过十五年；

（三）可能判处十年以下五年以上有期徒刑的，经过八年；

（四）可能判处五年以下有期徒刑的，经过三年；

（五）可能判处劳役或者罚金的，经过一年。

反革命罪，不受追诉期限的限制。

第三章　几类犯罪量刑的规定

第一节　反革命罪

第二十七条　什么是反革命罪

一切以推翻人民民主政权、破坏人民民主制度为目的的犯罪，都是反革命罪。

第二十八条　背叛祖国

勾结帝国主义背叛祖国的罪犯，判处死刑或者无期徒刑。

第二十九条　间谍、特务

犯下列罪行之一的，判处死刑、无期徒刑或者五年以上有期徒刑：

（一）受国内外敌人派遣潜伏活动的；

（二）建立或者参加间谍、特务组织的；

（三）策动武装部队叛变的；

（四）为国内外敌人窃取、刺探国家机密或者供给情报的；

（五）为敌机、敌舰指示袭击目标的；

（六）为国内外敌人供给武器军火、通讯器材或者其他军用物资的。

第三十条　聚众叛乱

持械聚众叛乱的主谋者、指挥者或者其他罪恶重大的罪犯，判处死刑或者无期徒刑；其他积极参加的，判处五年以上有期徒刑。

第三十一条　破坏、暗害

以反革命为目的，犯下列罪行之一的，判处死刑、无期徒刑或者五年以上有期徒刑：

（一）抢劫、放火、爆炸或者用其他方法破坏国防设备、公共财产或者其他国家建设事业的；

（二）杀害、伤害公职人员或者公民的；

（三）投放毒物、散播病菌或者用其他方法进行暗害活动的；

（四）受国内外敌人指使，扰乱社会经济秩序、破坏国家经济计划的；

（五）假借军政机关、民主党派、人民团体的名义，伪造公文证件，从事反革命活动的。

第三十二条　组织封建会道门

组织封建会道门进行反革命活动的罪犯，判处死刑、无期徒刑或者十年以上有期徒刑；积极参加活动的骨干分子，判处三年以上有期徒刑；其他积极参加活动或者屡犯不改的，判处三年以下有期徒刑、劳役、管制或者予以行政处罚。

第三十三条 挑拨、煽动

以反革命为目的，犯下列罪行之一的，判处三年以上有期徒刑；情节重大的，判处无期徒刑或者死刑。

（一）煽动群众抗拒、破坏政府征粮、征税、征购、征用、收归国有、统购、统销、公役、兵役或者其他法律、法令的实施的；

（二）挑拨各民族、各民主阶级、各民主党派、各人民团体或者群众和政府间的团结的；

（三）挑拨我国同苏维埃社会主义共和国联盟、同各人民民主国家的友好合作的；

（四）进行反革命宣传煽动，制造和散布谣言的。

第三十四条 偷越国境

以反革命为目的偷越国境的，判处五年以上有期徒刑、无期徒刑或者死刑。

第三十五条 聚众劫狱、暴动越狱

聚众劫狱、暴动越狱的，判处死刑或者无期徒刑；其他积极参加的，判处三年以上有期徒刑。

第三十六条 窝藏、包庇

窝藏、包庇反革命罪犯的，判处十年以下有期徒刑。

第二节 破坏公共财产的犯罪

第三十七条 公共财产的范围

破坏下列公共财产的，都应当按照本节的规定处罚：

（一）国家所有的财产；

（二）合作社所有的财产，包括劳动群众集体所有或者部分集体所有的财产；

（三）公私合营企业的财产；

（四）人民团体所有的财产；

（五）在国家管理、使用或者运输中的财产。

第三十八条 故意破坏

放火、决水、爆炸或者用其他危险方法破坏公共财产的，判处五年以上有期徒刑、无期徒刑或者死刑；情节较轻的，判处五年以下有期徒刑。

第三十九条 过失破坏、违反安全纪律

过失引起失火、决口、爆炸或者发生其他危险使公共财产遭受严重破坏的，判处五年以下有期徒刑、劳役或者予以行政处罚。

在容易引起失火、决口、爆炸或者容易发生其他危险的场所，故意违反安全纪律，虽然没有引起公共财产的破坏，也应当予以行政处罚或者判处劳役。

第四十条 抢劫、偷窃、诈骗公共财产

抢劫、偷窃、诈骗公共财产的，分别按照本刑法指导原则第六十四条、第六十六条、第六十七条的规定从重处罚。

第三节 破坏公共秩序的犯罪

第四十一条 聚众骚乱

违抗法律、法令不服从政府劝阻而聚众骚乱的组织人、领导人，判处五年以下有期徒刑。聚众骚乱而引起抢劫、杀人、放火或者严重妨害公共秩序的组织人、领导人和其他罪恶重大的罪犯，判处五年以上有期徒刑、无期徒刑或者死刑。

第四十二条 破坏交通

故意采用放火、决水、爆炸或者其他危险方法，破坏铁路、航空、邮电、车辆、船舰或者其他交通建设的，判处二年以上十年以下有期徒刑；情节特别严重的，判处十年以上有期徒刑、无期徒刑或者死刑。

因为过失行为使交通建设遭受破坏的，判处三年以下有期徒刑、劳役或者予以行政处罚。

第四十三条 破坏选举

用暴力、威胁、欺诈、贿赂等非法手段，破坏选举或者阻碍选民自由行使选举权和被选举权的，判处二年以下有期徒刑或者劳役。

伪造选举文件、虚报选举票数或者在选举中故意隐瞒蒙混的，判处三年以下有期徒刑或者劳役。

第四十四条 阻碍公务

用暴力、威胁等非法手段，严重阻碍国家机关或者人民代表大会代表行使职权的，判处二年以下有期徒刑或者劳役。

第四十五条 破坏兵役

煽动群众抗拒、破坏国家兵役制度的，判处五年以下有期徒刑、劳役或者予以行政处罚。

故意抗拒、逃避应当服兵役的光荣义务，并且经过说服不改的，判处劳役或者予以行政处罚；情节严重的，判处二年以下有期徒刑。

第四十六条　冒充、伪造

冒充国家机关工作人员进行招摇撞骗的，判处三年以下有期徒刑、劳役或者予以行政处罚。

伪造或者盗用国家机关的公文、印信、证件的，判处三年以下有期徒刑、劳役或者予以行政处罚。

第四十七条　诬告、伪证

完全假造事实故意诬告陷害他人的，判处三年以下有期徒刑、劳役或者予以行政处罚。

证人、鉴定人在侦查、审判中，完全颠倒黑白作虚假证明，故意包庇、陷害的，判处二年以下有期徒刑、劳役或者予以行政处罚。

第四十八条　制造、贩运毒品

制造鸦片、吗啡、白面或者其他毒品的，判处流放或者三年以上十年以下有期徒刑；贩运或者售卖毒品的，判处流放或者七年以下有期徒刑。

一贯制造、贩运或者售卖毒品的，判处流放或者七年以上有期徒刑；情节特别严重的，判处无期徒刑或者死刑。

对于制造、贩运或者售卖毒品的罪犯，可以并处罚金或者没收财产的一部或全部。

第四十九条　流氓行为

对于一贯不务正业聚赌抽头、买卖人口、污辱妇女、腐蚀青年和其他扰乱公共秩序的流氓分子，判处五年以下有期徒刑或者流放；情节特别严重的，判处五年以上有期徒刑直至无期徒刑或者死刑。

第五十条　收买、窝藏赃物

明知是赃物而收买、窝藏的，判处二年以下有期徒刑、劳役或者予以行政处罚。明知赃物为公共财物而收买、窝藏和其他情节严重的，判处五年以下有期徒刑。

第四节　侵犯人身权利的犯罪

第五十一条　杀人

故意杀人，判处十年以上有期徒刑、无期徒刑或者死刑；有下列情形之一的，从重处罚：

（一）因为敌视他人的揭发、检举或者其他正义行为而杀人的；

（二）使用放火、放毒或者其他能够杀死多数人的危险方法而杀人的；

（三）杀害二人以上的；

（四）对被害人一贯虐待又加以杀害的；

（五）为了消灭犯罪证据而杀人的；

（六）为了嫁祸于人而杀人或者杀人后嫁祸于人的；

（七）杀人动机特别恶劣或者手段特别残酷的。

过失杀人，判处五年以下有期徒刑或者劳役；如果造成二人以上死亡，判处八年以下有期徒刑。

第五十二条　伤害

故意伤害他人身体造成重伤，使人丧失或者严重影响劳动能力，判处三年以上十年以下有期徒刑；如果因为伤害造成死亡，或者伤害犯罪动机特别恶劣、犯罪手段特别残酷，判处五年以上有期徒刑或者无期徒刑。

故意伤害他人身体造成轻伤，判处二年以下有期徒刑、劳役或者予以行政处罚；情节特别恶劣的，判处五年以下有期徒刑。

过失造成他人身体重伤，判处二年以下有期徒刑、劳役或者予以行政处罚；如果造成二人以上重伤，判处五年以下有期徒刑或者予以行政处罚。

第五十三条　强奸

用暴力、威胁、麻醉方法或者利用妇女处于其他不能抵抗的状态而强奸的，判处二年以上七年以下有期徒刑。

轮奸妇女、一贯强奸妇女或者因为强奸造成被害人自杀、死亡、生殖机能破坏、传染恶性疾病、患精神病或者其他严重结果的，判处五年以上有期徒刑；情节特别恶劣的，判处无期徒刑或者死刑。

强奸十四岁以上十八岁以下的女子，应当从重处刑。

无论用何种方法奸淫不满十四岁的幼女的，判处二年以上十年以下有期徒刑；如果情节特别恶劣或者一贯奸淫幼女的，判处七年以上有期徒刑、无期徒刑或者死刑。

第五十四条　虐待

用打骂、冻饿、禁闭或者用其他手段虐待家庭成员的行为，如果屡犯不改，可以判处劳役或者予以行政处罚。

因为虐待引起被害人自杀，判处五年以下有期徒刑；情节特别恶劣的，判处五年以上有期徒刑或者无期徒刑。

第五十五条　干涉婚姻自由

用暴力威胁干涉他人的婚姻自由的，判处劳役或者予以行政处罚。

因为干涉婚姻自由引起被干涉人自杀，判处五年以下有期徒刑；情节特别恶劣的，判处五年以上有期徒刑或者无期徒刑。

近亲属犯本条之罪，如果平日对被干涉人感情和好，并且没有恶劣动机，可以从轻、减轻或者免予处罚。

第五节　经济上的犯罪

第五十六条　投机

用囤积居奇、抢购套购、抬价压价、买空卖空或者其他一切非法手段，进行投机活动而引起或者可能引起当地某种物价波动或者某种物品供应困难的，判处二年以上八年以下有期徒刑，或者并处罚金。

犯前款的罪行有下列情节之一的，判处八年以上有期徒刑、无期徒刑或者死刑，并且都可以没收财产的一部或者全部。

（一）有组织地对抗政府拒绝国营经济领导；

（二）投机集团的主谋犯、组织犯；

（三）屡犯不改的。

第五十七条　盗骗公共财产

利用加工订货、代购、代销等公私关系，偷工偷料、套取订金、盗卖成品或者用其他非法手段，侵吞、盗骗公共财产的，判处五年以下有期徒刑、劳役，或者并处罚金，或者单处罚金；情节特别严重的，判处五年以上有期徒刑直至无期徒刑或者死刑，并且可以没收财产的一部或者全部。

第五十八条　破坏生产

抗拒国家行政机关的管理和国家经济计划的实施，故意破坏重要生产资料和生产成品，因而危害公共利益的，判处十年以下有期徒刑，或者并处罚金，或者并处没收财产的一部或者全部。

第五十九条　发行违反规定标准的食品、医药用品

故意发行违反政府规定标准的食品、医药用品，严重危害或者可能严重危害人民生命健康的，判处三年以上十年以下有期徒刑；情节特别严重的，判处十年以上有期徒刑直至无期徒刑或者死刑。

另一写法：

第五十九条　发行违反标准的重要物品器材

故意发行违反国家规定标准的重要物品器材，严重危害国家建设或者人民生命健康的，判处十年以下有期徒刑；情节特别严重的，判处十年以上有期徒刑直至无期徒刑或者死刑。

第六十条　走私

违反海关法令，经常进行进出口走私，伪造国家机关证件掩护走私、勾结国家机关工作人员走私或者有其他严重情节的，判处五年以下有期徒刑、劳役，或者并处罚金。

进行走私活动有下列情节之一的，判处三年以上有期徒刑；情节特别严重的，判处无期徒刑或者死刑，并且都可以没收财产的一部或者全部。

（一）走私集团的组织人；

（二）武装走私的；

（三）以暴力抗拒检查或者抗拒扣留走私物品的；

（四）私运军火武器、毒品或者其他违禁品的。

第六十一条　逃税、抗税

一贯逃税屡犯不改的，或者显然有缴纳税款能力屡经催促而拒不缴纳的，判处二年以下有期徒刑、劳役，或者并处罚金，或者单处罚金；情节严重的，判处五年以下有期徒刑、劳役，或者并处罚金，或者单处罚金。

第六十二条　伪造货币

伪造国家货币的首要罪犯或者情节严重的罪犯，判处死刑或者无期徒刑；情节较轻的，判处三年以上有期徒刑；并且都可以没收财产的一部或者全部。

变造国家货币或者贩运伪造、变造的国家货币的首要罪犯和情节严重的罪犯，判处无期徒刑或者七年以上有期徒刑，并且可以没收财产的一部或者全部；情节较轻的，判处十年以下有期徒刑、劳役，或者并处罚金，或者单处罚金。

散布谣言或者用其他方法破坏国家货币信用的，判处五年以下有期徒刑、劳役或者罚金。

第六节　侵犯公民财产的犯罪

第六十三条　破坏他人财产

放火、决水、爆炸或者用其他危险方法破坏他人财产的，判处五年以下有期徒刑；因而造成人身伤亡或者引起公共灾害的，判处五年以上有期徒刑、无期徒刑或者死刑。

因为过失行为引起失火、决口、爆炸或者发生其他危险，使他人财产遭受严重破坏的，判处三年以下有期徒刑、劳役或者予以行政处罚。

第六十四条　抢劫

抢劫他人财物的，判处三年以下有期徒刑。持械、屡犯或者其他情节严重的，判处三年以上有期徒刑；情节特别严重的，判处无期徒刑或者死刑。

第六十五条　侵吞霸占

侵吞霸占他人财产的，判处三年以下有期徒刑、劳役或者予以行政处罚。

第六十六条　偷窃

偷窃他人财物的，判处二年以下有期徒刑、劳役或者予以行政处罚。惯窃和偷窃集团的组织犯，按照本刑法指导原则第四十九条的规定处罚。

第六十七条　诈骗

诈骗他人财物的，判处二年以下有期徒刑、劳役或者予以行政处罚。屡犯和组织犯，按照本刑法指导原则第四十九条的规定处罚。

第六十八条　敲诈勒索

敲诈勒索他人财物的，判处三年以下有期徒刑、劳役或者予以行政处罚；情节严重的，判处流放或者五年以下有期徒刑。

第七节　职务上的犯罪

第六十九条　泄漏国家机密

国家机关工作人员故意泄漏国家机密应当追究刑事责任的，判处二年以下有期徒刑、劳役或者予以行政处罚；因而发生严重后果的，判处二年以上有期徒刑。

国家机关工作人员过失泄漏、遗失国家机密，隐瞒不报并且不积极设法挽救而应当追究刑事责任的，判处劳役或者予以行政处罚。如果屡犯不改，或者发生严重后果的，判处七年以下有期徒刑。

第七十条　非法逮捕、私放罪犯

国家机关工作人员出于陷害、报复、贪污或者其他个人目的，利用职权地位非法逮捕、拘留公民或者私放罪犯的，判处三年以下有期徒刑或者劳役；因而造成严重后果的，判处三年以上有期徒刑。

第七十一条　颠倒黑白处理案件

司法人员出于陷害、报复、贪污或者其他个人目的，故意颠倒黑白处理案件的，判处五年以下有期徒刑或者劳役；因而造成严重后果的，判处五年以上有期徒刑。

第七十二条　压制民主报复陷害

国家机关工作人员自己违法失职，反而故意压制民主并且对控告人、批评人实行报复陷害的，判处劳役或者予以行政处罚；因而造成严重后果的，判处五年以下有期徒刑。

第七十三条　徇私舞弊

国家机关工作人员代表国家机关同私人进行经济往来的时候，从中徇私舞弊，故意订立不利于国家的契约或者故意损害公共利益的，判处三年以下有期徒刑、劳役或者予以行政处罚；情节特别严重的，判处三年以上有期徒刑。

第七十四条　贪污、受贿

国家机关工作人员贪污、受贿的，按照下列规定分别处罚：

（一）数额在一千万元以下的，判处四年以下有期徒刑、劳役或者予以行政处罚；

（二）数额在一千万元以上不满五千万元的，判处三年以上八年以下有期徒刑；

（三）数额在五千万元以上不满一亿元的，判处七年以上有期徒刑；

（四）数额在一亿元以上的，判处十年以上有期徒刑、无期徒刑或者死刑；

贪污、受贿使国家利益或者人民安全遭受严重危害，或者有其他严重情节的，可以从重或者加重处罚。

行贿或者介绍行贿的人和受贿的人同罪。如果行贿是由于被勒索，可以免予处罚。行贿后、介绍行贿后或者受贿后立即自首，真诚悔过，交出赃物的，可以免予处罚。

第七十五条　职务上的诈欺

国家机关工作人员出于个人目的，故意捏造事实作假报告、假记录，实行职务上的诈欺，使国家或者人民的利益遭受损失的，判处劳役或者予以行政处罚；情节严重的，判处三年以下有期徒刑。

第七十六条　玩忽职守

国家机关工作人员玩忽职守、不负责任具有下列情形之一，使公共财产、人民利益遭受严重损害的，判处三年以下有期徒刑、劳役或者予以行政处罚；情节严重的，判处三年以上有期徒刑。

（一）违反法律、法令、安全纪律、操作规程或者其他规定的；

（二）明知有遭受严重损害的可能或者已经发现有遭受严重损害的象征，可能防止而不积极防止的；

（三）对于及时防止遭受严重损害的正确建议，置之不理的。

3. 中华人民共和国刑法草案（草稿）（第13次稿）

（全国人民代表大会常务委员会办公厅法律室 1956年11月12日）

目 录

第一编 总 则

第一章 刑法的效力

第一条 中华人民共和国公民和外国人在中华人民共和国领域内犯罪，适用本法。

在中华人民共和国领域外的中华人民共和国船舰或者航空机内犯罪的，按在中华人民共和国领域内犯罪论。

犯罪的行为或者结果有一在中华人民共和国领域内的，为在中华人民共和国领域内犯罪。

第二条 中华人民共和国公民在中华人民共和国领域外犯下列各罪，适用本法：

（一）反革命罪；

（二）第一百一十六条、第一百一十七条的海盗罪；

（三）第一百五十一条的侵犯公共财产罪；

（四）第一百五十九条的伪造国家货币罪、第一百六十三条的伪造有价证券罪；

（五）渎职罪；

（六）第二百一十二条的鸦片、毒品罪。

第三条 中华人民共和国公民在中华人民共和国领域外犯前条以外的罪，而本法规定的最轻刑罚为三年以上有期徒刑的，也适用本法；但是有下列情形之一的除外：

（一）被害人不告诉的；

（二）按照行为地的法律不应当受处罚的。

第四条 外国人在中华人民共和国领域外实行的危害中华人民共和国国家或者公民的犯罪，在中华人民共和国领域内被逮捕的或者由外国引渡过来的，适用本法。

第五条 中华人民共和国公民和外国人在中华人民共和国领域外犯罪，依照本法应当负刑事责任的，如果外国已经审判，仍可以依照本法处理；但是在外国已经受过刑罚执行的，可以免除处罚。

第六条 享有外交特权的外国人的刑事责任，应当依照外交方法解决。

第七条 本法施行以前的犯罪分子，没有经过审判或者判决还没有确定的，都适用本法。

中华人民共和国成立以后本法施行以前的行为，如果当时的法律、法令不认为是犯罪或者比本法处罚较轻的，应当适用当时的法律、法令。

第二章　犯罪和刑事责任

第一节　犯罪和不犯罪

第八条 一切危害人民民主制度，破坏法律秩序，对于社会有危害性的，依照法律应当受刑罚处罚的行为（包括作为和不作为），都是犯罪。

行为在形式上虽然符合本法分则条文的规定，但是情节显著轻微并且缺乏社会危害性的，不认为是犯罪。

第九条 行为不是出于故意或者过失的，不负刑事责任。对于过失行为，有特别规定的才处罚。

第十条 预见自己的行为会发生社会危害结果，并且希望社会危害结果发生的，是故意。

预见自己的行为可能发生社会危害结果，并且有意放任社会危害结果发生的，也是故意。

第十一条 已经预见自己的行为可能发生社会危害结果，但是轻信能够避免，以致发生社会危害结果的，是过失。

应当预见并且能够预见自己的行为可能发生社会危害结果，因为疏忽大意没有预见，以致发生社会危害结果的，也是过失。

第十二条 已满十五岁的人犯罪，应当负刑事责任。

已满十三岁不满十五岁的人，犯杀人、重伤、放火、严重偷窃罪或者严重破坏交通罪，应当负刑事责任。

已满十三岁不满十八岁的人犯罪，应当从轻或者减轻处罚。

因不满十五岁不处罚的，应当责令他的家属或者监护人加以管教。

第十三条 已满七十岁的人犯罪，可以从轻或者减轻处罚。

第十四条 精神病人在不能辨认或者不能控制自己行为时候的行为，不负刑事责任；但是应当责令他的家属或者监护人严加看管和医疗，或者安置在医疗机关强制医疗。

间歇性的精神病人，在精神正常的时候犯罪，应当负刑事责任。

醉酒的人犯罪，应当负刑事责任。

第十五条 瘖哑人犯罪，可以从轻或者减轻处罚。

第十六条 依照法律、法令的行为，不负刑事责任。

依照所属上级命令的职务上的行为，不负刑事责任；但是明知命令违法的除外。

第十七条 业务上的正当行为，不负刑事责任。

第十八条 不能因不知法律而免除刑事责任；但是根据情节，可以从轻或者减轻处罚。

第十九条 为了使公共利益、本人或者他人的人身和权利免受正在进行的不法侵害，而采取的正当防卫行为，不负刑事责任。

正当防卫超过必要限度，应当负刑事责任；但是可以减轻或者免除处罚。

第二十条 为了避免公共利益、本人或者他人的人身和权利遭受损害，不得已而采取紧急避难行为，如果引起的损害比所避免的损害较轻的时候，不负刑事责任。

紧急避难超过必要限度，应当负刑事责任；但是可以减轻或者免除处罚。

关于避免本人紧急危难的规定，不适用在职务上、业务上负有特定义务的人。

第二节　预备、未遂和中止

第二十一条　为了犯罪，准备工具、制造条件的，是犯罪预备。对于预备犯，有特别规定的才处罚。

第二十二条　已经着手实行犯罪，由于犯罪分子意志以外的原因而不遂的，是犯罪未遂。

对于未遂犯，有特别规定的才处罚。

未遂犯一般应当比照既遂犯从轻或者减轻处罚。

第二十三条　在犯罪过程中，自动中止犯罪或者自动防止犯罪结果发生的，是犯罪中止。

对于中止犯，应当免除或者减轻处罚。

第三节　共　　犯

第二十四条　二人以上共同故意犯罪的，是共犯。

第二十五条　直接实行犯罪的，是实行犯。

对于实行犯，应当根据他在犯罪中所起的作用处刑。

第二十六条　教唆他人犯罪的，是教唆犯。

对于教唆犯，应当根据他所教唆的罪处罚；如果被教唆的人，没有实行被教唆的罪，对于教唆犯可以减轻或者免除处罚。

教唆未成年人犯罪的，从重处罚。

第二十七条　用供给工具或者用其他方法帮助他人犯罪的，是帮助犯。

事前通谋藏匿犯罪分子或者为犯罪分子湮灭、隐匿犯罪证据的，也是帮助犯。

对于帮助犯，应当比实行犯从轻或者减轻处罚。

第二十八条　组织、领导犯罪集团进行犯罪活动的，是组织犯。

对于组织犯，应当从重处罚。

第二十九条　对于确实被胁迫、被欺骗参加犯罪的，不以共犯论处；应当减轻或者免除处罚。

第三章　刑　　罚

第一节　刑罚的种类

第三十条　刑罚分为主刑和附加刑。

第三十一条　主刑的种类和轻重次序如下：

（一）训诫；

（二）管制；

（三）拘役；

（四）徒刑；

（五）死刑。

第三十二条　附加刑的种类如下：

（一）罚金；

（二）剥夺政治权利；

（三）没收财产；

（四）没收犯罪物品。

罚金也可以独立适用。

第三十三条　对于犯罪的外国人，可以独立适用或者附加适用逐出国境。

第二节　训　　诫

第三十四条　训诫是对犯罪分子的公开谴责。

对于被判处训诫的犯罪分子，人民法院应当把判决在他的居住地或者犯罪地向群众公布。

第三节　管　　制

第三十五条　管制的期限，为一个月以上一年以下。

第三十六条　被判处管制的犯罪分子，由人民法院委托原居住地乡人民委员会、公安派出所或者原工作部门执行。

第三十七条　被判处管制的犯罪分子，在执行期间，必须遵守下列规定：

（一）向有监督权的乡人民委员会、公安派出所或者原工作部门报告自己的活动情形，每月一次；

（二）离开原居住地的时候，报经有监督权的乡人民委员会、公安派出所或者原工作部门批准。

第三十八条　被判处管制的犯罪分子违反前条规定之一的，人民法院根据情节可以把没有执行的刑期改处拘役或者有期徒刑，刑期的计算办法，以管制二日折抵拘役、有期徒刑一日。

第三十九条　管制的刑期，自判决执行之日起计算；判决执行以前的羁押期间，以一日折抵管制二日。

第四节　拘役、徒刑

第四十条　拘役的期限，为五日以上不满六个月。

第四十一条　徒刑分为有期徒刑和无期徒刑。

有期徒刑的期限，为六个月以上十五年以下。

犯罪的时候不满十八岁的人，不适用无期徒刑。

第四十二条　被判处拘役或者徒刑的犯罪分子，应当实行劳动改造。

现役军人犯罪被判处拘役或者一年以下有期徒刑的，可以在纪律管训营中执行。

第四十三条　在战争的时候，对于被判处拘役、徒刑而没有剥夺政治权利的现役军人，由原判人民法院裁定，在军事行动终结以前可以暂缓执行，允许他戴罪立功。在暂缓执行期间，如果他作战有功，或者对战争有重大贡献，经原判人民法院或者上级人民法院裁定，可以将原判处的刑罚撤销，或者改为较轻的刑罚。

第四十四条　拘役、有期徒刑的刑期，从判决执行之日起计算；判决执行以前的羁押期间，以一日折抵刑期一日。

第五节　死　　刑

第四十五条　死刑是一种临时性的特殊刑罚，只适用于极少数罪大恶极、造成人民公愤、不能不判处死刑的犯罪分子。

对于需要判处死刑的案件，应当一律由最高人民法院判决或者核准。

第四十六条　怀孕妇女和犯罪的时候不满十八岁的人，不适用死刑。

第四十七条　死刑用枪决的方法执行。

第四十八条　对于应当判处死刑的犯罪分子，如果不是必须立即执行的，可以判处死刑同时宣告缓期二年执行，在监管中强迫劳动，以观后效。在缓期执行期间，如果真诚悔改，经最高人民法院裁定，可以减为无期徒刑或者十五年以上二十年以下有期徒刑；如果拒绝改造，经最高人民法院裁定，应当执行死刑。

第四十九条　死刑缓期执行的期间，从判决确定之日起计算。死刑缓期执行减为有期徒刑的刑期，从减刑裁定确定之日起计算。

第六节　罚　　金

第五十条　判处罚金，应当根据犯罪情节和犯罪分子的财产状况，决定罚金数额。

罚金的数额，为一元以上。

第五十一条　罚金应当在判决指定的期限内一次或者数次缴纳。期满不缴纳的，应当强制缴纳。如果由于发生不能抗拒的灾祸确定缴纳不起的，可以斟酌情形减轻或者免除。

第七节　剥夺政治权利

第五十二条　剥夺政治权利是剥夺下列权利的一部或者全部：

（一）选举权和被选举权；

（二）担任国家机关领导职务的权利；

（三）担任人民团体领导职务的权利；

（四）享有国家勋章、奖章、军衔、荣誉称号的权利。

剥夺政治权利的期限，为一年以上五年以下。

第五十三条　被判处剥夺前条第一款第（二）、（三）项政治权利的犯罪分子，如果他现在在国家机关或者人民团体担任领导职务，在判决的时候，应当同时宣告解除。

被判处剥夺前条第一款第（四）项政治权利的犯罪分子，如果已经享有国家的勋章、奖章、军衔、荣誉称号，在判决的时候，应当同时宣告剥夺。

第五十四条　对于反革命分子，应当剥夺政治权利；对于其他判处五年以上有期徒刑的犯罪分子，在必要的时候，也可以剥夺政治权利。

第五十五条　剥夺政治权利的刑期，从主刑执行完毕之日或者从假释之日起计算；但是主刑为管制的，应当和管制同时执行。

第五十六条　被判处拘役、徒刑的犯罪分子，在执行期间，停止行使全部政治权利。

第八节　没收财产、没收犯罪物品

第五十七条　没收财产是没收犯罪分子个人所有财产的一部或者全部。

在判处没收财产的时候，应当给犯罪分子的家属留下必需的生产资料和生活资料。

第五十八条　对于查封财产以前犯罪分子所负的正当债务，需要以没收的财产偿还的时候，经债权人请求，可以依照法定顺序适当偿还。

第五十九条　没收犯罪物品是没收下列物品：

（一）违禁物品；

（二）犯罪所用的物品和为犯罪预备的物品；

（三）因犯罪所得的财物。

前款第（一）项的物品，不问是不是犯罪分子的，都应当没收。

第一款第（二）项、第（三）项的物品，属于犯罪分子本人的才能没收。

第六十条　对于免除刑罚的犯罪分子，可以单独判处没收犯罪物品。

第四章　刑罚的适用

第一节　量　　刑

第六十一条　对于犯罪分子决定刑罚的时候，应当根据犯罪的性质、情节和对社会的危害程度，参照犯罪分子的个人情况，依照本法总则和分则的有关规定，适当判刑。

第六十二条　犯罪分子具有本法条文规定的从重、从轻情节的，应当在法定刑的限度以内重判或者轻判。

第六十三条　犯罪分子具有本法条文规定的减轻情节的，应当依照下列规定，在法定刑以下判刑，但是犯罪分子同时具有免刑情节的，不受此限：

（一）法定最低刑为无期徒刑的，可以减为十年以上有期徒刑；

（二）法定最低刑为十年有期徒刑的，可以减为七年有期徒刑；

（三）法定最低刑为七年有期徒刑的，可以减为五年有期徒刑；

（四）法定最低刑为五年有期徒刑的，可以减为三年有期徒刑；

（五）法定最低刑为三年有期徒刑的，可以减为一年有期徒刑；

（六）法定最低刑为一年有期徒刑的，可以减为六个月有期徒刑或者拘役；

（七）法定最低刑为六个月有期徒刑的，可以减为管制或者训诫；

（八）法定最低刑为拘役或者管制的，可以减为训诫或者免除处罚。

依照前款规定减轻以后仍嫌过重的时候，可以依照前款顺序再予减轻。

第六十四条　根据案件的特殊情节，对于犯罪分子从轻判处法定刑的最低限度仍嫌过重的时候，可以减轻或者免除处罚，但是应当在判决书中说明理由。

第二节　累犯和自首

第六十五条　被判处有期徒刑的犯罪分子，刑期执行完毕或者赦免以后，被判处无期徒刑的犯罪分子，赦免以后，在下列期限以内再犯应当判处有期徒刑以上罪的，是累犯，从重处罚；

（一）不满五年有期徒刑的，三年；

（二）五年以上不满十年有期徒刑的，五年；

（三）十年以上有期徒刑的，七年；

（四）无期徒刑的，十年。

前款规定的期限，对于被缓刑或者被假释的犯罪分子，从缓刑期满或者假释期满之日起计算。

第六十六条　犯罪没有被发觉或者犯罪以后已经逃避而投案自首的，可以从轻或者减轻处罚；投案自首并且有立功表现的，可以免除或者减轻处罚。

对于自首，本法分则另有规定的，依照规定。

第三节　数罪并罚

第六十七条　判决宣告以前一人犯数罪的，应当分别量刑，依照下列规定，决定执行的刑罚：

（一）判处两个以上管制的，合并执行，判处管制又判处有期徒刑、拘役的，管制在有期徒刑、拘役执行完以后执行；

（二）判处两个以上拘役的，应当在总和刑期以下多数刑中最高刑期以上，决定执行的刑期，但是最高不能超过一年；

（三）判处两个以上有期徒刑的，应当比照第（二）项的规定，决定执行的刑期，但是最高不能超过二十年；

（四）判处有期徒刑又判处拘役的，执行有期徒刑，应当以拘役一日折合有期徒刑一日，比照第（二）、（三）项的规定，决定执行的刑期；

（五）判处最重刑为无期徒刑或者判处两个以上无期徒刑的，执行无期徒刑；

（六）判处最重刑为死刑或者判处两个以上死刑的，执行死刑；

（七）判处拘役、徒刑又判处罚金的，罚金仍须执行；

（八）判处两个以上罚金的，应当在总和数额以下多数罚金中最高数额以上，决定罚金的数额；

（九）判处剥夺政治权利、没收财产、没收犯罪物品作为附加刑的，附加刑仍须执行。

第六十八条 判决确定以后，刑罚还没有执行完以前，发觉被判刑的犯罪分子在判决确定以前还有其他罪没有经过判决的，应当对新发觉的罪作出判决，把前后两个判决所判处的刑罚，依照本法第六十七条的规定，决定执行的刑罚。

第六十九条 判决确定以后，刑罚还没有执行完以前，被判刑的犯罪分子又犯罪的，应当对新犯的罪作出判决，把前罪没有执行的刑罚和后罪所判处的刑罚，依照本法第六十七条的规定，决定执行的刑罚。

第七十条 数罪并罚，判决确定以后，如果各罪中有受赦免的，其余的罪仍依照本法第六十七条的规定，决定执行的刑罚；只余一个罪的，依照原判处的刑罚执行。

第七十一条 一个行为触犯两个以上罪名或者犯一个罪而犯罪的方法、结果触犯其他罪名的，应当就最重的一个罪处罚。

第七十二条 连续几个行为犯一个罪名的，按照一个罪论处，但是可以从重处罚。

第四节 缓 刑

第七十三条 被判处拘役、三年以下有期徒刑的犯罪分子，根据犯罪分子的特殊情况，认为以暂不执行为适当的时候，可以宣告原判刑期以上五年以下的缓刑，但是缓刑期限不能少于六个月。

第七十四条 缓刑的期限，从判决确定之日起计算。

宣告缓刑的时候，附加刑仍须执行。

第七十五条 被宣告缓刑的犯罪分子，在缓刑期限以内，如果没有再犯应当判处拘役以上的罪，缓刑期满，原判的刑罚就不再执行；如果再犯应当判处拘役以上的罪，应当撤销缓刑，把前罪和后罪所判处的刑罚，依照本法第六十七条的规定，决定执行的刑罚。

因过失犯罪的，可以不撤销缓刑。

第五节 减 刑

第七十六条 被判处徒刑的犯罪分子，在执行期间，如果有悔改和立功的表现，经劳动改造机关提出，所在地的高级人民法院裁定，可以减刑。但是经过一次或者几次减刑以后实际执行的刑期，判处有期徒刑的，不能少于原刑期的二分之一；判处无期徒刑的，不能少于十年。

无期徒刑第一次减为有期徒刑的刑期，不能少于十五年，也不能多于二十年。

第七十七条 无期徒刑减为有期徒刑的刑期，从批准减刑之日起计算，无期徒刑已经执行的刑期，应当计算在减为有期徒刑的刑期以内。

第六节 假 释

第七十八条 被判处有期徒刑的犯罪分子，执行刑期二分之一以上，被判处无期徒刑的犯罪分子，执行刑期十年以上，如果确有悔改表现，不致再危害社会，劳动改造机关可以报请所在地的高级人民法院批准，实行假释。

第七十九条 有期徒刑的假释期限，为没有执行完的刑期，无期徒刑的假释期限，为十年。

被判处徒刑的犯罪分子，如果经过减刑以后假释的，假释期限按照减刑以后的刑期计算。

假释的期限，从假释之日起计算。

第八十条 被假释的犯罪分子，在假释期限以内，如果没有再犯应当判处有期徒刑以上的罪，就认为原判刑罚已经执行完毕；如果再犯应当判处有期徒刑以上的罪，应当撤销假释，把前罪没有执行的刑罚和后罪所判处的刑罚，依照本法第六十七条的规定，决定执行的刑罚。

因过失犯罪的，可以不撤销假释。

第七节 时 效

第八十一条 中华人民共和国成立以前的犯罪，一般不再追诉，但是对于杀人罪，从犯罪的时候起，在十五年以内的，可以追诉。

第八十二条 中华人民共和国成立以后的犯罪，从犯罪的时候起，经过下列期限不再追诉：

（一）拘役以下的，二年；
（二）不满五年有期徒刑的，五年；
（三）五年以上不满十年有期徒刑的，十年；
（四）十年以上有期徒刑、无期徒刑的，十五年；
（五）死刑的，二十年。
追诉期限依照法定刑的最高刑计算。

第八十三条 追诉期限从犯罪之日起计算；如果犯罪行为有连续或者继续状态的，从犯罪行为终了之日起计算。

在追诉期限以内另犯罪的，前罪追诉的期限从犯后罪之日起计算。

第八十四条 在人民法院、人民检察院采取强制处分以后，逃避侦查或者审判的，追诉期限延长一倍，但是不能超过二十五年。

第八十五条 对于犯有严重罪行民愤大的反革命分子，不论在中华人民共和国成立以前或者以后，都不受追诉时效的限制。

第八十六条 对于犯罪分子所判处的刑罚，从判决确定之日起，经过下列期限没有执行的，不再执行：
（一）拘役以下的，五年；
（二）不满五年有期徒刑的，十年；
（三）五年以上不满十年有期徒刑的，十五年；
（四）十年以上有期徒刑、无期徒刑的，二十年；
（五）死刑的，二十五年。

第八十七条 犯罪以后，一贯勤劳守法，已经过了时效期限二分之一以上的，可以从轻或者减轻处罚。

第五章 附 则

第八十八条 本法分则没有明文规定的犯罪，可以比照本法分则最相类似的条文定罪判刑，但是应当经过最高人民法院核准。

第八十九条 本法所说的公共财产是指下列财产：
（一）国家所有的财产；
（二）合作社所有的财产；
（三）社会团体的财产。
在国家、合作社、公私合营企业管理、使用或者运输中的私人财产，以公共财产论。

第九十条 本法所说的国家工作人员是指一切国家机关、民主党派、企业、学校和它们的附属机构依照法律从事公务的人员。

依法登记的合作社、社会团体的工作人员犯渎职罪的，以国家工作人员犯罪论。

第九十一条 本法所说的首要分子，是指犯罪集团中的组织犯和结伙犯中的主要分子。

第九十二条 本法所说的重伤是指有下列情形之一的伤害：
（一）使人肢体残废的；
（二）使人丧失听觉、视觉或者其他器官机能的；
（三）其他对于人身健康有重大不治伤害的。

第九十三条 本法所说的以上、以下、以内，都连本数在内。

第九十四条 本法总则适用于其他有刑罚规定的法律、法令；但是其他法律、法令有特别规定的除外。

第二编 分 则

第一章 反革命罪

第九十五条 凡以推翻人民民主政权、破坏人民民主制度为目的的行为，都是反革命罪。

第九十六条 勾结帝国主义危害祖国的主权、领土完整和安全的，处死刑或者无期徒刑。

前款罪的未遂犯，应当处罚。

第一款罪的预备犯，处三年以上十年以下有期徒刑。

第九十七条 阴谋颠覆政府分裂国家的，处死刑或者无期徒刑。

第九十八条 率领武装部队投敌或者将防地、防线、军事机密交付敌人的，处死刑、无期徒刑或者十年以上有期徒刑。

前款罪的未遂犯，应当处罚。

第一款罪的预备犯，处一年以上七年以下有期徒刑。

第九十九条 策动、勾引、收买国家工作人员、武装部队进行叛变的，处十年以上有期徒刑或者无期徒刑。

第一百条 国家工作人员投敌叛变的，处七年以上有期徒刑或者无期徒刑。

前款罪的未遂犯，应当处罚。

第一款罪的预备犯，处五年以下有期徒刑。

第一百零一条 以反革命为目的，持械聚众叛乱的，处五年以上有期徒刑；首要分子处死刑或者无期徒刑。

前款罪的未遂犯，应当处罚。

第一款罪的预备犯，处一年以上七年以下有期徒刑。

第一百零二条 为敌机、敌舰指示袭击目标的，处十年以上有期徒刑、无期徒刑或者死刑。

前款罪的未遂犯，应当处罚。

第一款罪的预备犯，处一年以上七年以下有期徒刑。

第一百零三条 为敌人窃取、刺探国家机密或者供给情报的，处十年以上有期徒刑或者无期徒刑。

前款罪的未遂犯，应当处罚。

第一款罪的预备犯，处一年以上七年以下有期徒刑。

第一百零四条 以反革命为目的，将武器、军火或者其他物资供给敌人的，处七年以上有期徒刑或者无期徒刑。

前款罪的未遂犯，应当处罚。

第一款罪的预备犯，处五年以下有期徒刑。

第一百零五条 参加反革命特务、间谍组织进行潜伏活动的，处三年以上十年以下有期徒刑。

组织或者领导反革命特务、间谍组织进行潜伏活动的，处十年以上有期徒刑或者无期徒刑。

第一百零六条 利用封建会道门进行反革命活动的，处三年以上十年以下有期徒刑；首要分子处七年以上有期徒刑或者无期徒刑。

第一百零七条 以反革命为目的，爆炸、放火、决水、利用技术或者以其他方法破坏军事设备、建筑工程、工厂、矿场、森林、农场、堤坝、交通、仓库、防险设备或者其他公共建设的，处十年以上有期徒刑、无期徒刑或者死刑。

前款罪的未遂犯，应当处罚。

第一款罪的预备犯，处一年以上七年以下有期徒刑。

第一百零八条 以反革命为目的，投放毒物、散播病菌的，处五年以上有期徒刑。

前款罪的未遂犯，应当处罚。

第一款罪的预备犯，处三年以下有期徒刑。

第一百零九条 以反革命为目的杀人的，处死刑或者无期徒刑。

前款罪的未遂犯，应当处罚。

第一款罪的预备犯，处三年以上十年以下有期徒刑。

第一百一十条 以反革命为目的，煽动群众抗拒、破坏政府征粮、征税、统购、统销、公役、兵役或者其他政令实行的，处三年以上十年以下有期徒刑。

第一百一十一条 以反革命为目的，挑拨离间各民族、各民主阶级、各民主党派、各人民团体或者人民与政府间的团结的，处三年以上十年以下有期徒刑。

第一百一十二条 以反革命为目的，进行宣传鼓动、制造和散布谣言的，处一年以上七年以下有期徒刑。

第一百一十三条 以反革命为目的，聚众劫狱或者暴动越狱的，处七年以上有期徒刑；首要分子处无期徒刑或者死刑。

前款罪的未遂犯，应当处罚。

第一款罪的预备犯，处一年以上七年以下有期徒刑。

第一百一十四条 犯本章之罪的，可以没收一部或者全部财产。

第二章 妨害公共安全罪

第一百一十五条 使用暴力或者以暴力相威胁进行抢劫的行为，是强盗罪，处三年以上十年以下有期徒刑；首要分子处十年以上有期徒刑。

前款罪的未遂犯，应当处罚。

第一款罪的预备犯，处一年以下有期徒刑、拘役或者管制。

第一百一十六条 驾驶船只在公海上或者在中华人民共和国领海上，使用暴力或者以暴力相威胁进行抢劫的行为，是海盗罪，处五年以上有期徒刑。

船员或者乘客意图进行抢劫，使用暴力或者以暴力相威胁其他船员或者乘客而驾驶或者指挥船只的，以海盗罪论。

第一百一十七条 犯强盗、海盗罪，有下列行为之一的，处死刑或者无期徒刑：

（一）故意杀人的；

（二）放火的；

（三）强奸的；

（四）绑架勒赎的。

犯强盗、海盗罪，因而致人死亡的，处死刑或者无期徒刑；致人重伤的，处无期徒刑或者十年以上有期徒刑。

第一百一十八条　犯强盗、海盗罪判处十年以上有期徒刑、无期徒刑或者死刑的，可以没收一部或者全部财产。

第一百一十九条　聚众劫狱或者暴动越狱的，处五年以上有期徒刑；首要分子处十年以上有期徒刑或者无期徒刑。前款罪的未遂犯，应当处罚。

第一款罪的预备犯，处三年以下有期徒刑。

第一百二十条　倾覆或者破坏有人乘坐的供公众运输的车辆、船只、航空机的，处五年以上有期徒刑。

前款罪的未遂犯，应当处罚。

第一百二十一条　过失犯前条第一款罪的，处二年以下有期徒刑、拘役或者管制。

第一百二十二条　破坏轨道、灯塔、标识或者以其他方法足以使供公众运输的车辆、船只、航空机往来发生危险的，处一年以上七年以下有期徒刑。

犯前款罪，因而引起车辆、船只、航空机倾覆或者破坏的，处五年以上有期徒刑。

第一款罪的未遂犯，应当处罚。

第一百二十三条　过失犯前条第一款罪的，处一年以下有期徒刑、拘役或者管制。

第一百二十四条　从事交通运输的人员，违反劳动纪律或者交通规则，致人重伤、死亡或者使国家财产遭受重大损失的，处五年以下有期徒刑、拘役或者管制。

第一百二十五条　工厂、矿山或者其他企业的主管人员，违反劳动保护法规，不按规定设置安全设备，致人重伤、死亡或者使国家财产遭受重大损失的，处五年以下有期徒刑、拘役或者管制。

第一百二十六条　工厂、矿山或者其他企业的职工，违反安全生产规则、操作规程，致人重伤、死亡或者使国家财产遭受重大损失的，处五年以下有期徒刑、拘役或者管制。

第一百二十七条　故意损毁供公共用的水、电、煤气设备足以危害公共安全的，处三年以下有期徒刑、拘役或者管制。

第一百二十八条　故意损毁电报、电话或者其他通讯设备足以危害公共安全的，处五年以下有期徒刑或者拘役。

第一百二十九条　放火烧毁工厂、矿坑、仓库、住宅、公共建筑物、森林、牧场的，处三年以上十年以下有期徒刑。

犯前款罪，因而致人重伤、死亡或者使公私财产遭受重大损失的，处十年以上有期徒刑或者无期徒刑。

第一款罪的未遂犯，应当处罚。

第一款罪的预备犯，处二年以下有期徒刑、拘役或者管制。

第一百三十条　放火烧毁前条以外的个人所有物或者非个人所有物足以危害公共安全的，处五年以下有期徒刑。

第一百三十一条　失火烧毁工厂、矿坑、仓库、住宅、公共建筑物、森林、牧场的，处三年以下有期徒刑、拘役或者五百元以下罚金。

第一百三十二条　失火烧毁前条以外的个人所有物或者非个人所有物足以危害公共安全的，处拘役或者一百元以下罚金。

第一百三十三条　决水侵害工厂、矿坑、仓库、住宅或者公共建筑物的，处三年以上十年以下有期徒刑。

犯前款罪，因而致人重伤、死亡或者使公私财产遭受重大损失的，处十年以上有期徒刑或者无期徒刑。

第一款罪的未遂犯，应当处罚。

第一百三十四条　过失犯前条第一款罪的，处一年以下有期徒刑、拘役或者三百元以下罚金。

第一百三十五条　决水侵害前条以外的个人所有物或者非个人所有物足以危害公共安全的，处三年以下有期徒刑、拘役或者管制。

第一百三十六条　决溃堤防、损坏水闸足以危害公共安全的，处五年以下有期徒刑。

前款罪的未遂犯，应当处罚。

第一百三十七条　过失犯前条第一款罪的，处拘役或者一百元以下罚金。

第一百三十八条　在发生火灾、水灾的时候，隐匿或者损坏防御工具，或者以其他方法妨害救火、防水的，处拘役或者训诫。

第一百三十九条　非法制造、买卖、运输枪支、弹药的，处一年以上七年以下有期徒刑。

前款罪的未遂犯，应当处罚。

第一百四十条　私藏枪支、弹药的，处二年以下有期徒刑、拘役或者管制。

第一百四十一条　偷窃国家机关或者军警人员的枪支、弹药的，处五年以下有期徒刑。

抢夺国家机关或者军警人员的枪支、弹药的，处三年以上十年以下有期徒刑。

前两款罪的未遂犯，应当处罚。

第三章　侵犯公共财产罪

第一百四十二条　偷窃公共财物的，处五年以下有期徒刑、拘役或者管制。

前款罪的未遂犯，应当处罚。

第一百四十三条　以偷窃为常业的，处三年以上十年以下有期徒刑。

第一百四十四条　抢夺公共财物的，处五年以下有期徒刑。

前款罪的未遂犯，应当处罚。

第一百四十五条　犯偷窃、抢夺罪，为防护赃物、抗拒逮捕或者湮灭罪证而当场使用暴力或者以暴力相威胁的，按强盗罪论处。

第一百四十六条　诈骗公共财物的，处五年以下有期徒刑、拘役或者管制。

前款罪的未遂犯，应当处罚。

第一百四十七条　意图为自己或者第三人不法所有，侵占自己合法管理或者使用的公共财产的，处五年以下有期徒刑、拘役或者管制。

前款罪的未遂犯，应当处罚。

第一百四十八条　窃用电力的，处训诫或者一百元以下罚金。

第一百四十九条　侵占遗失的公共财物或者公民财物的，处训诫或者一百元以下罚金。

第一百五十条　意图为自己或者第三人不法所有，用欺骗手段隐匿应当没收归公的财产的，处三年以下有期徒刑或者拘役，可以并处或者单处一千元以下罚金。

第一百五十一条　国家工作人员利用职务上的便利，偷窃、侵占、诈骗公共财产的，处七年以下有期徒刑；数额在人民币五千元以上的，处七年以上有期徒刑。

前款罪的未遂犯，应当处罚。

第一百五十二条　故意毁弃、损坏公共财产的，处五年以下有期徒刑、拘役或者五百元以下罚金。

第四章　妨害社会经济秩序罪

第一百五十三条　以获取非法利润为目的，进行投机活动，破坏国家统购统销法令或者国家价格政策的，处三年以下有期徒刑或者拘役，可以并处或者单处三千元以下罚金。

第一百五十四条　违反海关法令的重大走私行为，处一年以上七年以下有期徒刑，可以并处或者单处一万元以下罚金。

走私集团的首要分子处七年以上有期徒刑，可以没收一部或者全部财产。

第一百五十五条　违反对外贸易管理法令，情节严重的，处三年以下有期徒刑或者拘役，可以并处或者单处五千元以下罚金。

第一百五十六条　违反金融管理法令，买卖外汇、外币、金银或者以其他方法进行金融投机的，处五年以下有期徒刑或者拘役，可以并处或者单处一万元以下罚金。

第一百五十七条　违反税收法令，情节严重的偷税、抗税行为，处三年以下有期徒刑或者拘役，可以并处或者单处三千元以下罚金。

第一百五十八条　滥发空头支票的，处一年以下有期徒刑或者拘役，可以并处或者单处一千元以下罚金。

第一百五十九条　意图行使而伪造国家货币的，处三年以上十年以下有期徒刑，可以并处五千元以下罚金；首要分子处七年以上有期徒刑或者无期徒刑，可以没收一部或者全部财产。

前款罪的未遂犯，应当处罚。

第一款罪的预备犯，处二年以下有期徒刑、拘役或者管制。

第一百六十条　意图营利而贩运、行使伪造的国家货币的，处一年以上七年以下有期徒刑，可以并处三千元以下罚金。

前款罪的未遂犯，应当处罚。

第一百六十一条　意图行使而变造国家货币的，处三年以下有期徒刑或者拘役，可以并处或者单处三百元以下罚金。

第一百六十二条　误收伪造或者变造的国家货币以后，发现为伪造或者变造而仍然行使的，处训诫或者一百元以下罚金。

第一百六十三条　意图行使而伪造公债券、股票或者其他有价证券的，处五年以下有期徒刑或者拘役，可以并处一千元以下罚金。

前款罪的未遂犯，应当处罚。

第一百六十四条　意图行使而变造公债券、股票或者其他有价证券的，处二年以下有期徒刑或者拘役，可以并处或者单处五百元以下罚金。

前款罪的未遂犯，应当处罚。

第一百六十五条 意图行使而伪造或者变造船票、火车票或者其他交通客票的，处拘役或者一百元以下罚金。

第一百六十六条 意图营利而伪造、变造邮票或者印花税票的，处一年以下有期徒刑、拘役或者三百元以下罚金。

第一百六十七条 工业企业以不合规格的产品冒充合规格的产品而故意发行的，对主管人员处一年以下有期徒刑、拘役或者管制。

第一百六十八条 商业企业以假品冒充真品、以次品冒充好品而故意出售的，对主管人员处一年以下有期徒刑、拘役或者五百元以下罚金。

第一百六十九条 商业经销、代销人员，以假品冒充真品、以次品冒充好品或者掺杂、掺假欺骗顾客的，处拘役或者三百元以下罚金。

第一百七十条 工商企业的主管人员，冒用其他企业的商标的，处拘役或者五百元以下罚金。

第一百七十一条 以营利为目的，私自宰杀耕畜的，处拘役、管制或者一百元以下罚金。

一贯或者大量私自宰杀耕畜的，处三年以下有期徒刑，可以并处五百元以下罚金。

第一百七十二条 意图营利，制造或者贩卖不合国家规定的度量衡的，处一年以下有期徒刑、拘役或者三百元以下罚金。

第一百七十三条 使用不合国家规定的度量衡进行欺骗的，处拘役、训诫或者一百元以下罚金。

第五章 渎职罪

第一百七十四条 国家工作人员滥用职权，侵犯公民人身权利或者造成公、私财产重大损失的，处七年以下有期徒刑。

第一百七十五条 国家工作人员逾越职权，侵犯公民人身权利或者造成公、私财产重大损失的，处七年以下有期徒刑。

第一百七十六条 国家工作人员玩忽职守或者擅离职守，因而造成人身重伤、死亡或者公、私财产重大损失的，处五年以下有期徒刑或者拘役。

第一百七十七条 国家工作人员利用职权地位，压制民主，对控告人、批评人实行打击报复造成严重后果的，处五年以下有期徒刑或者拘役。

第一百七十八条 国家工作人员出于贪图名利的个人目的，作假报告、假记录或者隐瞒事实，欺骗组织，致使国家或者人民利益遭受严重损失的，处三年以下有期徒刑、拘役或者管制。

第一百七十九条 国家工作人员对于职务上的行为，收受贿赂或者要求其他不正当利益的，处五年以下有期徒刑、拘役或者管制。

第一百八十条 国家工作人员对于违背职务上的行为，收受贿赂或者要求其他不正当利益的，处一年以下有期徒刑。

犯前款罪，因而使国家或者公民利益遭受严重损失的，处七年以上有期徒刑，可以并处一千元以下罚金。

第一百八十一条 向国家工作人员行贿或者介绍贿赂的，分别依照第一百七十九条、第一百八十条的规定处罚。

胁迫或者诱惑国家工作人员收受贿赂的，从重处罚。行贿以后即行自首的，可以免除处罚。

第一百八十二条 有追诉职务的人员，对明知是无罪的人而使他受追诉或者对明知是有罪的人而不使他受追诉的，处五年以下有期徒刑。

第一百八十三条 有审判职务的人员，故意作枉法裁判的，处一年以上七年以下有期徒刑。

第一百八十四条 有逮捕、拘留人犯职务的人员或者其他国家工作人员私自逮捕、拘留无罪的公民的，处三年以下有期徒刑。

犯前款罪，出于报复、陷害目的的，处一年以上七年以下有期徒刑。

第一百八十五条 有审讯职务的人员在审讯中刑讯逼供的，处三年以下有期徒刑或者拘役。

犯前款罪，出于报复、陷害目的的，处一年以上七年以下有期徒刑。

第一百八十六条 有逮捕、拘留、解送、监管人犯职务的人员，私放人犯或者便利人犯脱逃的，处三年以下有期徒刑。

第一百八十七条 有解送、监管人犯职务的人员，对人犯施行凌辱虐待的，处三年以下有期徒刑或者拘役。

第一百八十八条 犯第一百八十二条、第一百八十三条、第一百八十四条、第一百八十五条、第一百八十七条之罪，因而致人重伤的，处三年以上十年以下有期徒刑；致人死亡的，处十年以上有期徒刑或者无期徒刑。出于报复、陷害目的的，从重处罚。

第一百八十九条 国家工作人员故意泄漏国家机密的，处五年以下有期徒刑、拘役或者管制。

第一百九十条 邮电工作人员，开拆或者隐匿投递的信函、电报的，处一年以下有期徒刑、拘役或者管制。

第六章 妨害管理秩序罪

第一百九十一条 以暴力、威胁、欺骗、贿赂或者其他方法，破坏选举或者妨害选民自由行使选举权和被选举权的，处二年以下有期徒刑、拘役或者管制。

第一百九十二条 伪造选举证件蒙混参加选举的，处拘役、管制或者训诫。

第一百九十三条 虚报选举票数或者使用其他方法使投票发生不正确结果的，处三年以下有期徒刑、拘役或者管制。

第一百九十四条 逃避兵役征集的，处拘役或者训诫。

以毁伤身体逃避兵役征集的，处一年以下有期徒刑或者拘役。

第一百九十五条 以暴力、威胁方法，阻碍国家工作人员依法执行职务或者强迫国家工作人员实行违法行为的，处二年以下有期徒刑、拘役或者管制。

第一百九十六条 公然聚众犯前条罪的，处五年以下有期徒刑。

第一百九十七条 依法被逮捕、关押的人脱逃的，处二年以下有期徒刑或者拘役。

以暴力、威胁方法犯前款罪的，处五年以下有期徒刑。

前两款罪的未遂犯，应当处罚。

第一百九十八条 意图使他人受刑事处分而诬告他人的，处五年以下有期徒刑。

第一百九十九条 意图使他人受刑事处分而伪造、变造证据或者使用伪造、变造证据的，处五年以下有期徒刑。

第二百条 在侦查、审判中，证人、鉴定人、翻译人对案件有重要关系的情节，故意作虚伪证明、鉴定、翻译的，处三年以下有期徒刑或者拘役。

第二百零一条 犯第一百九十八条、第一百九十九条、第二百条之罪，在所诬告、伪证的案件确定以前自首的，应当免除或者减轻处罚。

第二百零二条 对于明知案件情节的人，经侦查、审判机关依法传唤，故意拒绝作证的，处训诫。

第二百零三条 意图渔利，挑拨是非包揽诉讼的，处一年以下有期徒刑、拘役或者管制。

第二百零四条 事前没有通谋，事后藏匿、包庇犯罪分子或者为犯罪分子毁灭、隐匿罪证的，处三年以下有期徒刑、拘役或者管制。

第二百零五条 意图营利，制造、贩卖假药，危害人民健康的，处一年以下有期徒刑或者拘役，可以并处或者单处五百元以下罚金。

第二百零六条 冒充国家工作人员招摇撞骗的，处五年以下有期徒刑。

第二百零七条 伪造、变造、盗用国家机关、人民团体的印章、公文、证件的，处三年以下有期徒刑、拘役或者管制。

第二百零八条 伪造、变造、盗用私人图章、文书，足以损害公共利益或者他人利益的，处一年以下有期徒刑、拘役或者管制。

第二百零九条 意图营利，聚众赌博或者供给赌博场所的，处三年以下有期徒刑或者拘役，可以并处或者单处五百元以下罚金。

第二百一十条 以赌博为常业的，处二年以下有期徒刑、拘役或者管制。

第二百一十一条 意图营利，引诱、容留妇女卖淫的，处三年以下有期徒刑、拘役或者管制。

第二百一十二条 制造、贩卖、运输鸦片、海洛英、吗啡或者其他化合配制的毒品的，处七年以下有期徒刑，可以并处三千元以下罚金。

一贯或者大量制造、贩卖、运输前款毒品的，处七年以上有期徒刑，可以没收一部或者全部财产。

第一款罪的未遂犯，应当处罚。

第二百一十三条 意图供制造鸦片或者其他毒品之用而种植罂粟的，处三年以下有期徒刑或者拘役，可以并处或者单处三百元以下罚金。

第二百一十四条 吸食或者注射毒品的，处一年以下有期徒刑、拘役或者管制。

第二百一十五条 明知是犯罪所得的赃物而收买的，处三年以下有期徒刑或者拘役，可以并处或者单处五百元以下罚金。

第二百一十六条 盗掘坟墓的，处一年以下有期徒刑、拘役或者管制。

第二百一十七条 私自发掘古代陵墓、破坏名胜古迹的，处五年以下有期徒刑。

第二百一十八条 盗运珍贵历史文物出口的，处七年以下有期徒刑，可以并处三千元以下罚金。

第二百一十九条 侵犯他人发明权的，处一年以下有期徒刑、拘役或者一千元以下罚金。

第二百二十条 用自己的名义发表他人的文学、音乐或者其他艺术、科学作品的，处拘役或者一千元以下罚金。

非法翻印他人的文学、音乐或者其他艺术、科学作品的，依照前款规定处罚。

第二百二十一条 揭除或者损毁国家机关为保管物品或者房屋所加的封印的，处拘役或者训诫。

第二百二十二条 国家机关、企业、事业单位的主管人员，以妇女怀孕或者哺乳婴儿为理由，拒绝接受她参加工作或者解雇、降低工资的，处拘役或者训诫。

第二百二十三条 违反邮政法规，蒙混交寄有爆炸性、易燃性的物品或者其他浸蚀性的物品的，处拘役或者一百元以下罚金。

第七章 侵犯公民人身权利罪

第二百二十四条 故意杀人的，处死刑、无期徒刑或者十年以上有期徒刑。

前款罪的未遂犯，应当处罚。

第一款罪的预备犯，处二年以下有期徒刑。

第二百二十五条 溺婴的，处二年以下有期徒刑或者拘役。

第二百二十六条 过失致人死亡的，处五年以下有期徒刑。

第二百二十七条 故意伤害他人身体，造成重伤的，处三年以上十年以下有期徒刑。

犯前款罪，致人死亡的，处七年以上有期徒刑。

第一款罪的未遂犯，应当处罚。

第二百二十八条 故意伤害他人身体，造成轻伤的，处三年以下有期徒刑、拘役或者管制。

第二百二十九条 过失致人重伤的，处二年以下有期徒刑、拘役或者管制。

第二百三十条 有花柳病、麻疯病的人，故意隐瞒而同他人性交，致使他人受传染的，处一年以下有期徒刑或者拘役。

第二百三十一条 强迫孕妇实行堕胎的，处二年以下有期徒刑或者拘役。

犯前款罪，致人重伤的，处五年以下有期徒刑；致人死亡的，处五年以上十年以下有期徒刑。

第二百三十二条 以营利为目的，一贯非法为孕妇堕胎的，处二年以下有期徒刑、拘役或者管制。

以营利为目的，非法为孕妇堕胎，因而致人重伤的，处五年以下有期徒刑；致人死亡的，处五年以上十年以下有期徒刑。

第二百三十三条 以暴力、胁迫或者以其他方法致使妇女不能抗拒，或者利用妇女处于不能抗拒状态而奸淫的，是强奸罪，处一年以上七年以下有期徒刑。

前款罪的未遂犯，应当处罚。

第二百三十四条 二人以上犯强奸罪而共同轮奸的，处三年以上十年以下有期徒刑。

第二百三十五条 不论用任何方法，奸淫不满十四岁幼女的，处三年以上十年以下有期徒刑。

前款罪的未遂犯，应当处罚。

第二百三十六条 犯第二百三十三条、第二百三十四条、第二百三十五条之罪，致人重伤的，处七年以上有期徒刑；致人死亡的，处无期徒刑或者十年以上有期徒刑。

第二百三十七条 对于男、女以暴力、胁迫方法实行猥亵的，处三年以下有期徒刑或者拘役。

对于不满十四岁的男、女实行猥亵的，处五年以下有期徒刑或者拘役。

第二百三十八条 利用教养关系或者职务上的从属关系，犯第二百三十三条、第二百三十五条、第二百三十七条之罪的，分别依照所列各条的规定从重处罚。

第二百三十九条 强迫妇女卖淫的，处三年以下有期徒刑、拘役或者管制。

第二百四十条 拐卖人口的，处一年以上七年以下有期徒刑。

前款罪的未遂犯，应当处罚。

第二百四十一条 私行拘禁，或者用其他方法私行剥夺他人行动自由的，处二年以下有期徒刑或者拘役。

犯前款罪，致人重伤的，处五年以下有期徒刑；致人死亡的，处五年以上十年以下有期徒刑。

第二百四十二条 非法搜索他人身体、住宅、船只、车辆的，处拘役或者一百元以下罚金。

第二百四十三条 以破坏名誉、信用为目的，散布虚伪事实诽谤他人的，处一年以下有期徒刑、拘役或者三百元以下罚金。

第二百四十四条 公然侮辱他人的，处拘役、一百元以下罚金或者训诫。

以暴力、胁迫方法犯前款罪的，处一年以下有期徒刑、拘役或者三百元以下罚金。

第二百四十五条 无故开拆、隐匿或者毁弃他人封缄信件或者其他文书的，处拘役、训诫或者一百元以下罚金。

第二百四十六条 船长在航行中，对于行将溺死于水中的人，可能援救而不援救的，处一年以下有期徒刑、拘役或者三百元以下罚金。

第二百四十七条 医务人员明知对于病人不给治疗就会发生危险结果，没有正当理由而拒绝医疗的，处一年以下有期徒刑、拘役或者三百元以下罚金。

第二百四十八条 第二百二十八条、第二百二十九条、第二百三十条、第二百三十三条、第二百三十五条、第二百三十七条、第二百四十三条、第二百四十四条、第二百四十五条之罪，告诉的才处理。

第八章 侵犯公民财产罪

第二百四十九条 偷窃他人财物的，处三年以下有期徒刑、拘役或者管制。

前款罪的未遂犯，应当处罚。

第二百五十条 以偷窃为常业的，依照第一百四十三条的规定处罚。

第二百五十一条 抢夺他人财物的，处三年以下有期徒刑。

前款罪的未遂犯，应当处罚。

第二百五十二条 敲诈勒索他人财物的，处五年以下有期徒刑、拘役或者管制。

前款罪的未遂犯，应当处罚。

第二百五十三条 诈骗他人财物的，处三年以下有期徒刑、拘役或者管制。

前款罪的未遂犯，应当处罚。

第二百五十四条 意图为自己或者第三人不法所有，侵占自己合法管理或者使用的他人财产的，处三年以下有期徒刑、拘役或者管制。

前款罪的未遂犯，应当处罚。

第二百五十五条 故意毁弃、损坏他人财产的，处二年以下有期徒刑、拘役或者三百元以下罚金。

第九章 妨害婚姻、家庭罪

第二百五十六条 以暴力、威胁或者以其他方法干涉他人婚姻自由的，处三年以下有期徒刑、拘役或者管制。

犯前款罪，因而引起被害人自杀的，处三年以上十年以下有期徒刑。

第二百五十七条 借婚姻关系索取财物而妨害他人婚姻自由的，处一年以下有期徒刑、拘役或者一百元以下罚金。

前款罪，告诉的才处理。

第二百五十八条 有配偶而重婚的，或者明知他人有配偶而与之结婚的，处二年以下有期徒刑或者拘役。

第二百五十九条 虐待家庭成员的，处一年以下有期徒刑、拘役或者管制。

犯前款罪，因而致被害人重伤的，处一年以上七年以下有期徒刑；致被害人死亡的，处七年以上有期徒刑。

第二百六十条 对于年老、年幼、疾病或者其他没有自救能力的人，负有扶养义务而遗弃的，处三年以下有期徒刑、拘役或者管制。

犯前款罪，因而致被害人死亡的，处三年以上十年以下有期徒刑。

第二百六十一条 拐骗不满十八岁的男、女，脱离家庭或者其他监护人的，处五年以下有期徒刑。

犯前款罪，出于营利目的的，处三年以上十年以下有期徒刑。

前两款罪的未遂犯，应当处罚。

4. 中华人民共和国刑法草案（草稿）（第 21 次稿）

（全国人民代表大会常务委员会法律室 1957 年 6 月 27 日）

目 录

第一编 总 则

第一章 刑法的任务和适用范围

第一条 中华人民共和国刑法的任务，是用刑罚同一切反革命分子和其他犯罪分子作斗争，以保卫工人阶级领导的人民民主专政制度，维护社会秩序，保护公共财产，保护公民的人身和权利，保障国家的社会主义改造和社会主义建设事业的顺利进行。

第二条 凡在中华人民共和国领域内犯罪的，除有特别规定的以外，都适用本法。

犯罪的行为或者结果有一项在中华人民共和国领域内的，就认为是在中华人民共和国领域内犯罪。

第三条 中华人民共和国公民在中华人民共和国领域外犯下列各罪的，适用本法：

（一）反革命罪；

（二）第一百一十四条、第一百一十五条的海盗罪；

（三）第一百三十九条的伪造货币罪、第一百四十二条的伪造有价证券罪；

（四）侵犯公共财产罪；

（五）第一百九十三条的冒充国家工作人员招摇撞骗罪，第一百九十四条的伪造、变造、盗用国家机关、人民团体的印章、公文、证件罪。

第四条 中华人民共和国公民在中华人民共和国领域外犯前条以外的罪，而本法规定的最轻刑罚为三年以上有期徒刑的，也适用本法；但是按照犯罪地的法律不受处罚的除外。

第五条 中华人民共和国的国家工作人员，在中华人民共和国领域外的一切犯罪，都适用本法。

第六条 外国人在中华人民共和国领域外对中华人民共和国国家或者公民的犯罪，适用本法第三条、第四条的规定。

第七条 凡在中华人民共和国领域外犯罪、依照本法应当负刑事责任的，虽然经过外国审判，仍然可以依照本法处理；但是在外国已经受过刑罚处罚的，可以免除或者减轻处罚。

第八条 享有外交特权的外国人的刑事责任问题，通过外交途径解决。

第九条 本法施行以前的犯罪，依照本法总则第四章第八节的规定应当追诉而没有经过审判或者判决的，都适用本法；但是中华人民共和国成立以后本法施行以前的行为，如果当时的政策、法律、法令不认为是犯罪的，适用当时的政策、法律、法令。

第二章　犯　　罪

第一节　刑事责任

第十条　一切危害工人阶级领导的人民民主专政制度、破坏社会秩序、对于社会有危害的、依照法律应当受刑罚处罚的行为，都是犯罪；但是情节显著轻微危害不大的，不以犯罪论处。

第十一条　故意犯罪或者过失犯罪应当负刑事责任。

对于过失犯罪，有特别规定的才处罚。

行为在客观上虽然造成了损害结果，但是如果不是出于故意和过失，而是由于预料不到的或者不能抗拒的原因所引起的，不认为是犯罪。

第十二条　明知自己的行为会发生危害社会的结果，并且希望或者放任这种结果发生的，是故意犯罪。

第十三条　应当预见自己的行为可能发生危害社会的结果，因为疏忽大意没有预见，或者已经预见但是轻信能够避免，以致发生这种结果的，是过失犯罪。

第十四条　已满十五岁的人犯罪，应当负刑事责任。

已满十三岁不满十五岁的人，犯杀人、重伤、放火、严重偷窃罪或者严重破坏交通罪，应当负刑事责任。

已满十三岁不满十八岁的人犯罪，从轻或者减轻处罚。

因不满十五岁不处罚的，责令他的家属或者监护人加以管教。

第十五条　精神病人在不能辨认或者不能控制自己行为的时候造成危害结果的，不负刑事责任；但是应当责令他的家属或者监护人严加看管和医疗。

间歇性的精神病人，在精神正常的时候犯罪，应当负刑事责任。

醉酒的人犯罪，应当负刑事责任。

第十六条　又聋又哑的人犯罪，可以从轻或者减轻处罚。

第十七条　对于不知法律而犯罪的，不能免除刑事责任；但是根据情节，可以从轻或者减轻处罚。

第十八条　为了使公共利益、本人或者他人的人身和权利免受正在进行的不法侵害而采取的正当防卫行为，不负刑事责任。

正当防卫超过必要限度，应当负刑事责任；但是可以减轻或者免除处罚。

第十九条　为了避免公共利益、本人或者他人的人身和权利遭受损害，再没有其他方法不得已而采取的紧急避难行为，如果引起的损害比所避免的损害较轻，不负刑事责任。

紧急避难超过必要限度，应当负刑事责任；但是可以减轻或者免除处罚。

第一款中关于避免本人紧急危难的规定，不适用在职务上、业务上负有特定义务的人。

第二节　犯罪的预备、未遂和中止

第二十条　为了犯罪，准备工具、制造条件的，是犯罪预备。对于预备犯，可以比照既遂犯从轻或者减轻处罚。

第二十一条　已经着手实行犯罪，由于犯罪分子意志以外的原因而未遂的，是犯罪未遂。

对于未遂犯，可以比照既遂犯从轻或者减轻处罚。

第二十二条　在犯罪过程中，自动中止犯罪或者自动有效地防止犯罪结果发生的，是犯罪中止。

对于中止犯，应当免除或者减轻处罚。

第三节　共同犯罪

第二十三条　共同犯罪是指二人以上共同故意犯罪。

二人以上共同过失犯罪，不以共同犯罪论处；应当负刑事责任的，按照他们所犯的罪处罚。

第二十四条　共同犯罪的，包括正犯、教唆犯和帮助犯。

第二十五条　直接实行犯罪的，是正犯。

对于正犯，根据他在犯罪中所起的作用处罚。

第二十六条　教唆他人犯罪的，是教唆犯。

对于教唆犯，根据他所教唆的罪处罚；如果被教唆的人，没有犯被教唆的罪，对于教唆犯可以减轻或者免除处罚。

教唆不满十八岁的人犯罪的，从重处罚。

第二十七条　用供给工具或者用其他方法帮助他人犯罪的，是帮助犯。

事前通谋隐藏犯罪分子或者为犯罪分子毁灭、隐藏犯罪证据的，也是帮助犯。

对于帮助犯，应当比正犯从轻或者减轻处罚。

第二十八条　对于被胁迫、被欺骗参加犯罪的，应当按照他的犯罪情节，减轻或者免除处罚。

第三章 刑 罚

第一节 刑罚的种类

第二十九条 刑罚分为主刑和附加刑。

第三十条 主刑的种类如下：

（一）管制；

（二）拘役；

（三）有期徒刑；

（四）无期徒刑；

（五）死刑。

第三十一条 附加刑的种类如下：

（一）罚金；

（二）剥夺政治权利；

（三）没收财产。

罚金也可以独立适用。

第三十二条 对于犯罪的外国人，可以独立适用或者附加适用逐出国境。

第三十三条 对于情节轻微的犯罪分子，不需要判处刑罚的，可以予以训诫。

第二节 管 制

第三十四条 管制的期限，为六个月以上三年以下；但是在数罪并罚的时候，可以提高到五年。

第三十五条 被判处管制的犯罪分子，由人民法院委托公安机关或者乡人民委员会监督执行。

第三十六条 对于被判处管制的犯罪分子，应当剥夺政治权利。

第三十七条 被判处管制的犯罪分子，在执行期间，必须遵守下列规定：

（一）遵守法律、法令，积极劳动生产，服从群众监督；

（二）向监督执行机关每月报告一次自己的活动情况；

（三）迁居或者外出在五天以上的，报经监督执行机关批准。

第三十八条 被判处管制的犯罪分子违反前条规定之一，情节严重的，人民法院可以延长管制期限，但是延长的期限不能超过原判刑期的二分之一。

第三十九条 被判处管制的犯罪分子有下列情形之一的，人民法院可以缩短管制期限或者提前撤销管制：

（一）认真遵守第三十七条的规定，行动上确有良好表现的；

（二）有立功赎罪表现的。

第四十条 管制的刑期，自判决执行之日起计算；判决执行以前的羁押期间，以一日折抵刑期三日。

第三节 拘 役

第四十一条 拘役的期限，为三日以上不满六个月；但是在数罪并罚的时候，可以提高到一年。

第四十二条 被判处拘役的犯罪分子，就地实行劳动改造。

第四十三条 拘役的刑期，从判决执行之日起计算；判决执行以前的羁押期间，以一日折抵刑期一日。

第四节 有期徒刑、无期徒刑

第四十四条 有期徒刑的期限，为六个月以上十五年以下；但是在数罪并罚的时候，可以提高到二十年。

第四十五条 被判处有期徒刑、无期徒刑的犯罪分子，在劳动改造机关指定的地区或者场所实行劳动改造。

第四十六条 有期徒刑的刑期，从判决执行之日起计算；判决执行以前的羁押期间，以一日折抵刑期一日。

第四十七条 犯罪的时候不满十八岁的人，不适用无期徒刑。

第五节 死 刑

第四十八条 死刑只适用于罪大恶极、民愤很大、必须判处死刑的犯罪分子。

死刑案件由最高人民法院判决或者报请最高人民法院核准。

第四十九条 犯罪的时候不满十八岁的人和审判的时候怀孕的妇女，不适用死刑。

第五十条 死刑用枪决的方法执行。

第五十一条 对于应当判处死刑的犯罪分子，如果不是必须立即执行的，可以判处死刑同时宣告缓期二年执行，在监管中强迫劳动，以观后效。在缓期执行期间，如果真诚悔改，由高级人民法院裁定，可以减为无期徒刑或者十五年有期徒刑；如果拒绝改造，由最高人民法院裁定，执行死刑。

第五十二条　死刑缓期执行的期间，从判决确定之日起计算。死刑缓期执行减为有期徒刑的刑期，从裁定减刑之日起计算。

第六节　罚　　金

第五十三条　判处罚金，应当根据犯罪情节和犯罪分子的财产状况，决定罚金数额。

第五十四条　罚金在判决指定的期限内一次或者分期缴纳。期满不缴纳的，强制缴纳。如果由于遭遇不能抗拒的灾祸确实缴纳不起的，可以斟酌情形减少或者免除。

第七节　剥夺政治权利

第五十五条　剥夺政治权利是剥夺下列权利的一部或者全部：

（一）选举权和被选举权；

（二）担任国家机关行政职务的权利；

（三）担任审判员、陪审员、检察员、律师的权利；

（四）担任人民团体领导职务的权利。

剥夺政治权利的期限，为一年以上五年以下。

第五十六条　对于反革命分子，应当剥夺政治权利；对于其他被判处五年以上有期徒刑的犯罪分子，在必要的时候，也可以剥夺政治权利。

第五十七条　对于被判处死刑缓期执行、无期徒刑的犯罪分子，在减为有期徒刑的时候，应当剥夺政治权利。

第五十八条　剥夺政治权利的刑期，从主刑执行完毕之日或者从假释之日起计算；但是主刑为管制的，和管制同时执行。

第五十九条　被判处拘役、有期徒刑、无期徒刑、死刑缓期执行的犯罪分子，在执行期间，停止行使全部政治权利。

第八节　没收财产

第六十条　没收财产是没收犯罪分子个人所有财产的一部或者全部。

在判处没收财产的时候，应当给犯罪分子的家属留下必需的生产资料和生活资料。

第六十一条　对于查封财产以前犯罪分子所负的正当债务，需要以没收的财产偿还的时候，经债权人请求，可以依照法定顺序适当偿还。

第四章　刑罚的具体运用

第一节　量　　刑

第六十二条　对于犯罪分子决定刑罚的时候，应当根据犯罪的性质、情节和对社会的危害程度，参照犯罪分子的个人情况，依照本法的有关规定判处。

犯罪分子如果有违法所得的财物，在判处刑罚的时候，应当予以追缴。

第六十三条　犯罪分子具有本法规定的从重、从轻情节的，应当在法定刑的限度以内判处较重或者较轻的刑罚。

第六十四条　犯罪分子具有本法规定的减轻情节的，应当依照下列规定，在法定刑以下判处刑罚：

（一）最低刑为无期徒刑的，可以减到十年以上有期徒刑；

（二）最低刑为十年有期徒刑的，可以减到七年有期徒刑；

（三）最低刑为七年有期徒刑的，可以减到五年有期徒刑；

（四）最低刑为五年有期徒刑的，可以减到三年有期徒刑；

（五）最低刑为三年有期徒刑的，可以减到一年有期徒刑；

（六）最低刑为一年有期徒刑的，可以减到拘役；

（七）最低刑为六个月有期徒刑、拘役、管制或者罚金的，可以免除处罚。

第六十五条　根据案件的特殊情节，对于犯罪分子从轻判处法定刑的最低限度还是过重的时候，可以减轻或者免除处罚，但是应当在判决书中说明理由。

第二节　累　　犯

第六十六条　刑罚执行完毕或者赦免以后，在下列期限以内再犯同类性质罪的，是累犯：

（一）原判管制、拘役、不满五年有期徒刑，在三年内又犯罪的；

（二）原判五年以上不满十年有期徒刑，在五年内又犯罪的；

（三）原判十年以上有期徒刑、无期徒刑，在七年内又犯罪的。

前款规定的期限，对于被缓刑或者被假释的犯罪分子，从缓刑期满或者假释期满之日起计算。

第六十七条 对于累犯，从重处罚。

第三节 自 首

第六十八条 犯罪没有被发觉而自首的，可以从轻处罚；自首并且有立功表现的，可以减轻或者免除处罚。

第四节 数罪并罚

第六十九条 判决宣告以前一人犯数罪的，分别判刑，依照下列规定，决定执行的刑罚：

（一）判处两个以上管制、拘役、有期徒刑的，在总和刑期以下多数刑中最高刑期以上，决定执行的刑期，但是管制最高不能超过五年，拘役最高不能超过一年，有期徒刑最高不能超过二十年；

（二）判处拘役又判处管制的，执行拘役，以管制三日折合拘役一日，依照第（一）项的规定，决定执行的刑期；

（三）判处有期徒刑又判处管制的，执行有期徒刑，以管制三日折合有期徒刑一日，依照第（一）项的规定，决定执行的刑期；

（四）判处有期徒刑又判处拘役的，执行有期徒刑，以拘役一日折合有期徒刑一日，依照第（一）项的规定，决定执行的刑期；

（五）判处最重刑为无期徒刑或者判处两个以上无期徒刑的，执行无期徒刑；

（六）判处两个以上罚金的，在总和罚金数额以下多数罚金中最高数额以上，决定罚金的数额；

（七）判处附加刑的，附加刑仍须执行。

第七十条 判决宣告以后，刑罚还没有执行完毕以前，发觉被判刑的犯罪分子在判决宣告以前还有其他罪没有经过判决的，应当对新发觉的罪作出判决，把前后两个判决所判处的刑罚依照本法第六十九条的规定，决定执行的刑罚。

第七十一条 判决宣告以后，刑罚还没有执行完毕以前，被判刑的犯罪分子又犯罪的，应当对新犯的罪作出判决，把前罪没有执行的刑罚和后罪所判处的刑罚，依照本法第六十九条的规定，决定执行的刑罚。

第七十二条 数罪并罚，判决确定以后，如果数罪中有受赦免的，其余没有赦免的罪，如果是两个以上的，仍然依照本法第六十八条的规定，决定执行的刑罚；如果是一个罪的，依照原判处的刑罚执行。

第七十三条 一个行为触犯两个以上罪名或者犯一个罪而犯罪的方法、结果触犯其他罪名的，应当就最重的一个罪处罚。

第七十四条 连续几个行为犯一个罪名的，按照一个罪论处；但是可以从重处罚。

第五节 缓 刑

第七十五条 对于被判处拘役、三年以下有期徒刑的犯罪分子，根据犯罪分子的特殊情况，认为暂不执行也不致危害社会的时候，可以宣告原判刑期以上五年以下的缓刑，但是缓刑期限不能少于六个月。

宣告缓刑的时候，附加刑仍须执行。

第七十六条 有下列情形之一的，不适用缓刑：

（一）反革命现行犯；

（二）累犯；

（三）宣告缓刑会引起群众不满的。

第七十七条 缓刑的期限，从判决确定之日起计算。

第七十八条 被宣告缓刑的犯罪分子，在缓刑期限内，由居住地的公安机关、乡人民委员会或者原工作单位予以监管，如果没有再犯新罪，缓刑期满，原判的刑罚就不再执行；如果再犯新罪，撤销缓刑，把前罪和后罪所判处的刑罚，依照本法第六十九条的规定，决定执行的刑罚。

第六节 减 刑

第七十九条 被判处拘役、有期徒刑、无期徒刑的犯罪分子，在执行期间，如果有悔改和立功表现，可以减刑。但是经过一次或者几次减刑以后实际执行的刑期，判处拘役、有期徒刑的，不能少于原刑期的二分之一；判处无期徒刑的，不能少于十年。

第八十条 无期徒刑减为有期徒刑的刑期，从裁定减刑之日起计算，无期徒刑已经执行的刑期，计算在减为有期徒刑的刑期以内。

第七节 假 释

第八十一条 被判处有期徒刑的犯罪分子，执行刑期二分之一以上，被判处无期徒刑的犯罪分子，执行刑期十年以上，如果确有悔改表现，不致再危害社会，可以假释。

第八十二条　有期徒刑的假释期限，为没有执行完毕的刑期，无期徒刑的假释期限，为十年。

被判处有期徒刑、无期徒刑的犯罪分子，如果是经过减刑以后假释的，假释的期限按照减刑以后的刑期计算。

假释的期限，从假释之日起计算。

第八十三条　被假释的犯罪分子，在假释期限内，由居住地的公安机关或者乡人民委员会予以监管，如果没有再犯应当判处有期徒刑以上的罪，就认为原判刑罚已经执行完毕；如果再犯应当判处有期徒刑以上的罪，撤销假释，把前罪没有执行的刑罚和后罪所判处的刑罚，依照本法第六十九条的规定，决定执行的刑罚。

因过失犯罪的，可以不撤销假释。

第八节　时　　效

第八十四条　中华人民共和国成立以前的犯罪，除下列罪犯外，都不再追诉：

（一）犯有严重罪行民愤很大的反革命分子；

（二）杀人犯，从犯罪的时候起到提起刑事案件的时候止，不满十五年的。

第八十五条　中华人民共和国成立以前进行反革命活动，中华人民共和国成立以后，经过宽大处理没有判处刑罚，又犯反革命罪或者隐藏反革命分子的，不论过去罪行轻重，都应当追诉。

第八十六条　中华人民共和国成立以后的犯罪，经过下列期限不再追诉：

（一）罚金、拘役的，二年；

（二）不满五年有期徒刑的，五年；

（三）五年以上不满十年有期徒刑的，十年；

（四）十年以上有期徒刑、无期徒刑的，十五年；

（五）死刑的，二十年。

追诉期限依照法定刑的最高刑计算。

第八十七条　追诉期限从犯罪之日起计算；犯罪行为有连续或者继续状态的，从犯罪行为终了之日起计算。

在追诉期限以内又犯罪的，前罪追诉的期限从犯后罪之日起计算。

第八十八条　在人民检察院、人民法院采取强制处分以后，逃避侦查或者审判的，追诉期限延长一倍，但是不能超过二十五年。

第八十九条　对于犯罪分子所判处的刑罚，从判决确定之日起，经过下列期限没有执行的，不再执行：

（一）罚金、管制、拘役、不满五年有期徒刑的，五年；

（二）五年以上不满十年有期徒刑的，十年；

（二）十年以上有期徒刑、无期徒刑、死刑的，二十年。

第九十条　犯罪以后，一贯勤劳守法，已经过了时效期限二分之一以上的，可以从轻或者减轻处罚。

第五章　附　　则

第九十一条　本法分则没有明文规定的犯罪，可以比照本法分则最相类似的条文定罪判刑。

第九十二条　民族自治地方，不能全部适用本法规定的，可以由自治机关，根据当地民族的政治、经济、文化的特点和本法规定的基本原则，制定变通或者补充的规定，报请全国人民代表大会常务委员会批准施行。

第九十三条　本法所说的公共财产是指下列财产：

（一）国家所有的财产；

（二）合作社所有的财产；

（三）社会团体的财产。

在国家、合作社、公私合营企业管理、使用或者运输中的私人财产，以公共财产论。

第九十四条　本法所说的国家工作人员是指一切国家机关、国家的企业、事业单位、学校和它们的附属机构依照法律从事公务的人员。

第九十五条　本法所说的重伤是指有下列情形之一的伤害：

（一）使人肢体残废或者毁人容貌的；

（二）使人丧失听觉、视觉或者其他器官机能的；

（三）其他对于人身健康有重大伤害的。

第九十六条　本法所说的以上、以下、以内，都连本数在内。

第九十七条　本法总则适用于其他有刑罚规定的法律、法令，但是其他法律、法令有特别规定的除外。

第二编 分 则

第一章 反革命罪

第九十八条 以推翻工人阶级领导的人民民主政权、破坏人民民主制度、破坏社会主义改造和社会主义建设为目的的行为，是反革命罪。

第九十九条 勾结外国，意图危害祖国的主权、领土完整和安全的，处死刑或者无期徒刑。

第一百条 阴谋颠覆政府分裂国家而着手实行的，处死刑或者无期徒刑。

第一百零一条 率领武装部队叛变或者将防地、防线、军事机密交付敌人的，处死刑、无期徒刑或者十年以上有期徒刑。

第一百零二条 策动、勾引、收买国家工作人员、武装部队进行叛变的，处十年以上有期徒刑、无期徒刑或者死刑。

第一百零三条 国家工作人员叛变的，处七年以上有期徒刑或者无期徒刑。

第一百零四条 以反革命为目的，持械聚众叛乱的，处五年以上有期徒刑；首要分子处死刑或者无期徒刑。

第一百零五条 进行下列间谍或者资敌行为之一的，处死刑、无期徒刑或者十年以上有期徒刑；情节较轻的，处五年以上十年以下有期徒刑：

（一）为敌人窃取、刺探国家机密或者供给情报的；

（二）为敌机、敌舰指示轰击目标的；

（三）为敌人供给武器军火或者其他军用物资的。

第一百零六条 参加反革命特务、间谍组织进行潜伏活动的，处五年以上有期徒刑。

组织或者领导反革命特务、间谍组织进行潜伏活动的，处十年以上有期徒刑、无期徒刑或者死刑。

第一百零七条 利用封建会道门进行反革命活动的，处三年以上十年以下有期徒刑；首要分子处十年以上有期徒刑、无期徒刑或者死刑。

第一百零八条 以反革命为目的，进行下列破坏、杀害行为之一的，处死刑、无期徒刑或者十年以上有期徒刑；情节较轻的，处五年以上十年以下有期徒刑：

（一）爆炸、放火、决水、利用技术或者以其他方法破坏军事设备、建筑工程、工厂、矿场、森林、农场、堤坝、交通、仓库、防险设备或者其他公共建设的；

（二）投放毒物、散播病菌或者以其他方法，引起人、畜或者农作物的重大灾害的；

（三）袭击或者杀、伤国家工作人员或者公民的。

第一百零九条 以反革命为目的，煽动群众抗拒、破坏政府征粮、征税、统购、统销、公役、兵役或者其他政令实行的，处五年以上有期徒刑；首要分子处十年以上有期徒刑、无期徒刑或者死刑。

第一百一十条 以反革命为目的，进行宣传鼓动或者制造和散布谣言的，处三年以上十年以下有期徒刑。

第一百一十一条 犯本章之罪的，可以没收一部或者全部财产。

第一百一十二条 犯本章之罪，情节轻微的，可以判处管制。

第二章 危害公共安全罪

第一百一十三条 武装盗匪，处七年以上有期徒刑或者无期徒刑。

第一百一十四条 驾驶船只在海上意图使用暴力或者以暴力相威胁进行抢劫的，是海盗，处十年以上有期徒刑、无期徒刑或者死刑。

船员或者乘客意图进行抢劫，对其他船员或者乘客使用暴力或者以暴力相威胁而驾驶或者指挥船只的，以海盗论。

第一百一十五条 犯武装盗匪罪、海盗罪，有下列行为之一的，处死刑或者无期徒刑：

（一）故意杀人或者致人死亡的；

（二）放火的；

（三）强奸的；

（四）绑架勒赎的。

犯武装盗匪罪、海盗罪，故意重伤他人或者致人重伤的，处十年以上有期徒刑、无期徒刑或者死刑。

第一百一十六条 犯武装盗匪罪、海盗罪判处十年以上有期徒刑、无期徒刑或者死刑的，可以没收一部或者全部财产。

第一百一十七条 聚众劫狱或者暴动越狱的，处十年以上有期徒刑、无期徒刑或者死刑。

第一百一十八条 倾覆、破坏有人乘坐的火车、汽车、船只、航空机的，处十年以上有期徒刑、无期徒刑或者死刑。

过失犯前款罪的，处五年以下有期徒刑或者拘役。

第一百一十九条　破坏轨道、桥梁、灯塔、标识或者以其他方法足以使火车、汽车、船只、航空机往来发生危险的，处一年以上七年以下有期徒刑。

犯前款罪，引起火车、汽车、船只、航空机倾覆或者破坏的，处七年以上有期徒刑或者无期徒刑。

过失犯第一款罪的，处二年以下有期徒刑或者拘役。

第一百二十条　从事交通运输的人员，由于业务上的过失，致人重伤、死亡或者使公私财产遭受重大损失的，处五年以下有期徒刑。

第一百二十一条　损毁供公共用的电力、煤气设备足以危害公共安全的，处一年以上七年以下有期徒刑。

犯前款罪，致人重伤、死亡或者使公私财产遭受重大损失的，处七年以上有期徒刑或者无期徒刑。

过失犯第一款罪的，处二年以下有期徒刑或者拘役。

第一百二十二条　故意损毁电报、电话或者其他通讯设备足以危害公共安全的，处五年以下有期徒刑或者拘役。

第一百二十三条　放火烧毁工厂、矿坑、仓库、住宅、森林、牧场、公共建筑物或者其他公共建设的，处三年以上十年以下有期徒刑。

犯前款罪，致人重伤、死亡或者使公私财产遭受重大损失的，处十年以上有期徒刑、无期徒刑或者死刑。

第一百二十四条　放火烧毁前条以外的公私财产足以危害公共安全的，处五年以下有期徒刑。

第一百二十五条　失火烧毁工厂、矿坑、仓库、住宅、森林、牧场、公共建筑物或者其他公共建设的，处五年以下有期徒刑。

第一百二十六条　失火烧毁前条以外的公私财产足以危害公共安全的，处一年以下有期徒刑或者拘役。

第一百二十七条　决水浸害工厂、矿坑、仓库、住宅、公共建筑物或者其他公共建设的，处三年以上十年以下有期徒刑。

犯前款罪，致人重伤、死亡或者使公私财产遭受重大损失的，处十年以上有期徒刑、无期徒刑或者死刑。

过失犯第一款罪的，处五年以下有期徒刑。

第一百二十八条　决水浸害前条以外的公私财产足以危害公共安全的，处五年以下有期徒刑。

第一百二十九条　决溃堤防、损坏水闸足以危害公共安全的，处五年以下有期徒刑。

犯前款罪，致人重伤、死亡或者使公私财产遭受重大损失的，处十年以上有期徒刑、无期徒刑或者死刑。

过失犯第一款罪的，处一年以下有期徒刑或者拘役。

第一百三十条　非法制造、买卖、运输枪支、弹药的，处三年以上十年以下有期徒刑。

第一百三十一条　私藏枪支、弹药的，处二年以下有期徒刑或者拘役。

第一百三十二条　偷窃国家机关或者军警人员的枪支、弹药的，处五年以下有期徒刑。

第一百三十三条　抢夺国家机关或者军警人员的枪支、弹药的，处三年以上十年以下有期徒刑。

第三章　妨害社会经济秩序罪

第一百三十四条　违反海关法规，进行走私，情节严重的，除按照海关法规没收走私物品并且可以处罚金外，处一年以上七年以下有期徒刑。

走私集团的首要分子处七年以上有期徒刑，可以没收一部或者全部财产。

第一百三十五条　违反对外贸易管理法规，情节严重的，处五年以下有期徒刑或者拘役，可以并处或者单处一万元以下罚金。

第一百三十六条　违反金融、外汇管理法规，进行投机活动的，处五年以下有期徒刑或者拘役，可以并处或者单处一万元以下罚金。

第一百三十七条　以获取非法利润为目的，进行投机活动，扰乱市场，情节严重的，处五年以下有期徒刑或者拘役，可以并处或者单处一万元以下罚金。

第一百三十八条　违反税收法规，偷税、漏税，情节严重的，处三年以下有期徒刑或者拘役，可以并处或者单处五千元以下罚金。

第一百三十九条　伪造国家货币或者贩运伪造的国家货币的，处三年以上十年以下有期徒刑，可以并处一万元以下罚金；首要分子处十年以上有期徒刑、无期徒刑或者死刑，可以没收一部或者全部财产。

第一百四十条　意图营利，行使伪造的国家货币的，处五年以下有期徒刑，可以并处五千元以下罚金。

第一百四十一条　误收伪造的国家货币以后，发现为伪造而仍然行使的，处三百元以下罚金。

第一百四十二条　伪造公债券、股票或者其他有价证券的，处一年以上七年以下有期徒刑，可以并处五千元以下罚金。

第一百四十三条　伪造或者变造船票、火车票或者其他交通客票的，处一年以下有期徒刑、拘役或者五百元以下罚金。

第一百四十四条　意图营利，伪造邮票或者印花税票的，处一年以下有期徒刑、拘役或者五百元以下罚金。

第一百四十五条　商业经销、代销人员，以假品冒充真品、以次品冒充好品或者掺杂、掺假欺骗顾客的，处五百元以下罚金。

第一百四十六条　工商企业假冒其他企业已注册的商标的，对主管人员处拘役或者五百元以下罚金。

第一百四十七条　意图营利，私自宰杀耕畜的，处二年以下有期徒刑、拘役或者三百元以下罚金。

一贯或者大量私自宰杀耕畜的，处一年以上七年以下有期徒刑，可以并处一千元以下罚金。

第一百四十八条　意图营利，制造或者贩卖不合国家规定的度量衡的，处一年以下有期徒刑、拘役或者五百元以下罚金。

第四章　侵犯人身权利罪

第一百四十九条　故意杀人的，处死刑、无期徒刑或者十年以上有期徒刑。本法另有规定的，依照规定。

为了国家和人民的利益，当场激于义愤杀人的，可以减轻或者免除处罚。

第一百五十条　过失致人死亡的，处五年以下有期徒刑。本法另有规定的，依照规定。

第一百五十一条　故意伤害他人身体造成重伤的，处三年以上十年以下有期徒刑。本法另有规定的，依照规定。

第一百五十二条　故意伤害他人身体造成轻伤的，处三年以下有期徒刑或者拘役。

第一百五十三条　过失致人重伤的，处二年以下有期徒刑或者拘役。本法另有规定的，依照规定。

第一百五十四条　有花柳病的人，故意隐瞒而同他人性交，致使他人受传染的，处一年以下有期徒刑或者拘役。

第一百五十五条　强迫孕妇实行堕胎的，处一年以下有期徒刑或者拘役。

犯前款罪，致人重伤的，处三年以下有期徒刑；致人死亡的，处三年以上十年以下有期徒刑。

第一百五十六条　以暴力、胁迫或者以其他方法致使妇女不能抗拒，或者利用妇女处于不能抗拒状态而强奸的，处五年以上有期徒刑。

犯前款罪，致人重伤、死亡的，处十年以上有期徒刑、无期徒刑或者死刑。

第一百五十七条　二人以上犯强奸罪而共同轮奸的，处七年以上有期徒刑或者无期徒刑。

犯前款罪，致人重伤、死亡的，处十年以上有期徒刑、无期徒刑或者死刑。

第一百五十八条　奸淫不满十四岁幼女的，处七年以上有期徒刑或者无期徒刑。

犯前款罪，致人重伤、死亡的，处无期徒刑或者死刑。

第一百五十九条　对于男、女以暴力、胁迫方法实行猥亵的，处三年以下有期徒刑或者拘役。

对于不满十四岁的男、女实行猥亵的，处五年以下有期徒刑或者拘役。

第一百六十条　强迫妇女卖淫的，处五年以上有期徒刑。

第一百六十一条　拐卖人口的，处七年以上有期徒刑。

第一百六十二条　私行拘禁，或者用其他方法私行剥夺他人行动自由的，处二年以下有期徒刑或者拘役。

犯前款罪，致人重伤的，处一年以上七年以下有期徒刑；致人死亡的，处七年以上有期徒刑或者无期徒刑。

第一百六十三条　非法搜索他人身体、住宅、船只、车辆的，处拘役。

第一百六十四条　隐藏、毁弃或者非法开拆他人信件的，处拘役。但是侦查机关、审判机关对于反革命分子和反革命嫌疑分子信件的检查除外。

第一百六十五条　船长在航行中，对于在海上或者其他水域中遭遇生命危险的人，可能援救而不援救的，处一年以下有期徒刑或者拘役。

第一百六十六条　医务人员明知对于病人不给治疗就会发生危险的结果，没有正当理由而拒绝医疗的，处一年以下有期徒刑、拘役或者三百元以下罚金。

第一百六十七条　第一百五十二条、第一百五十三条、第一百五十四条、第一百六十四条之罪，告诉的才处理。

第五章　侵犯财产罪

第一百六十八条　以暴力、胁迫或者以其他方法，使他人不能抗拒而抢劫公私财物的，处三年以上十年以下有期徒刑。

犯前款罪，致人重伤的，处七年以上有期徒刑；致人死亡的，处死刑或者无期徒刑。

第一百六十九条　偷窃公私财物的，处五年以下有期徒刑、拘役或者管制。

第一百七十条　抢夺公私财物的，处七年以下有期徒刑或者管制。

第一百七十一条　犯偷窃、抢夺罪，为防护赃物、抗拒逮捕或者毁灭罪证而当场使用暴力或者以暴力相威胁的，依照第一百六十八条罪处罚。

第一百七十二条　诈骗公私财物的，处五年以下有期徒刑、拘役或者管制。

第一百七十三条　以偷窃、诈骗为常业的惯窃、惯骗，处七年以上有期徒刑。

第一百七十四条　敲诈勒索他人财物的，处五年以下有期徒刑、拘役或者管制。

第一百七十五条　侵占公私财物的，处五年以下有期徒刑或者拘役。

第一百七十六条　国家工作人员利用职务上的便利，偷窃、侵占、诈骗公共财物的，处七年以下有期徒刑；数额在人民币五千元以上的，处七年以上有期徒刑。

第一百七十七条　故意毁弃、损坏公私财物的，处五年以下有期徒刑或者拘役。

第六章　妨害婚姻、家庭罪

第一百七十八条　以暴力、威胁或者以其他方法干涉他人婚姻自由的，处一年以下有期徒刑或者拘役。

犯前款罪，引起被害人自杀的，处一年以上七年以下有期徒刑。

第一百七十九条　借婚姻关系索取财物而妨害他人婚姻自由，情节恶劣的，处拘役或者一百元以下罚金。

前款罪，本人告诉的才处理。

第一百八十条　有配偶而重婚的，或者明知他人有配偶而与之结婚的，处二年以下有期徒刑或者拘役。

前款罪，本人告诉的才处理。

第一百八十一条　虐待家庭成员，情节恶劣的，处二年以下有期徒刑或者拘役。

犯前款罪，致被害人重伤的，处五年以下有期徒刑；致被害人死亡的，处五年以上有期徒刑。

第一款罪，告诉的才处理。

第一百八十二条　对于年老、年幼、疾病或者其他没有独立生活能力的人，负有扶养义务而拒付赡养费、扶养费的，处三年以下有期徒刑或者拘役。

犯前款罪，致被害人死亡的，处三年以上十年以下有期徒刑。

第一百八十三条　拐骗不满十八岁的男、女，脱离家庭或者监护人的，处五年以上有期徒刑。

第七章　妨害其他管理秩序罪

第一百八十四条　以暴力、威胁、欺骗、贿赂或者其他方法，破坏选举或者妨害选民自由行使选举权和被选举权的，处二年以下有期徒刑或者拘役。

第一百八十五条　虚报选举票数或者使用其他方法使投票发生不正确结果的，处三年以下有期徒刑或者拘役。

第一百八十六条　以暴力阻碍国家工作人员依法执行职务的，处二年以下有期徒刑或者拘役。

第一百八十七条　依法被逮捕、关押的人脱逃的，处三年以下有期徒刑或者拘役。

以暴力、威胁方法犯前款罪的，处七年以下有期徒刑。

第一百八十八条　意图使他人受刑事处分而诬告他人的，处五年以下有期徒刑；造成严重后果的，按照他所诬告的罪处罚。但是误告的，不适用本条的规定。

意图使他人受刑事处分而伪造、变造证据或者使用伪造、变造证据的，按照诬告罪论处。

第一百八十九条　在侦查、审判中，证人、鉴定人、翻译人对案件有重要关系的情节，故意作虚伪证明、鉴定、翻译的，处三年以下有期徒刑或者拘役；情节严重的，处三年以上十年以下有期徒刑。

第一百九十条　意图渔利，挑拨是非包揽诉讼的，处二年以下有期徒刑、拘役或者三百元以下罚金。

第一百九十一条　事前没有通谋，事后隐藏犯罪分子或者为犯罪分子毁灭、隐藏罪证的，处三年以下有期徒刑或者拘役，事后隐藏反革命分子或者为反革命分子毁灭、隐藏罪证的，处三年以上十年以下有期徒刑。

国家工作人员犯前款罪的，从重处罚。

直系亲属、配偶或者在一个家庭过共同生活的亲属，犯第一款罪的，可以减轻或者免除处罚。

第一百九十二条　意图营利，制造、贩卖假药、造成严重后果的，处三年以下有期徒刑或者拘役，可以并处或者单处一千元以下罚金。

第一百九十三条　冒充国家工作人员招摇撞骗的，处五年以下有期徒刑、拘役或者管制；情节严重的，处五年以上有期徒刑。

第一百九十四条　伪造、变造、盗用国家机关、人民团体的印章、公文、证件的，处三年以下有期徒刑或者拘役。

第一百九十五条　伪造、变造、盗用私人图章、文书，足以损害公共利益或者他人利益的，处一年以下有期徒刑或者拘役。

第一百九十六条　意图营利，开赌、窝赌的，处五年以下有期徒刑、拘役或者管制，可以并处或者单处五百元以下罚金。

第一百九十七条　以赌博为常业的，处三年以下有期徒刑、拘役或者管制。

第一百九十八条　聚众斗殴，寻衅滋事，侮辱妇女，破坏公共秩序屡教不改的，处五年以下有期徒刑、拘役或者管制。

第一百九十九条　意图营利，引诱、容留妇女卖淫的，处七年以下有期徒刑或者管制。

第二百条　制造、贩卖、运输鸦片、海洛因、吗啡或者其他毒品的，处七年以下有期徒刑或者管制，可以并处一万元以下罚金。

一贯或者大量制造、贩卖、运输前款毒品的，处七年以上有期徒刑，可以没收一部或者全部财产。

第二百零一条　吸食或者注射毒品的，处一年以下有期徒刑、拘役或者管制。

第二百零二条　明知是犯罪所得的赃物而收买的，处三年以下有期徒刑或者拘役，可以并处或者单处一千元以下罚金。

第二百零三条　盗运珍贵历史文物出口的，处七年以下有期徒刑，可以并处一万元以下罚金。

第二百零四条　偷窃或者破坏国家的永久性测量标志的，处三年以下有期徒刑或者拘役。

第二百零五条　违反邮政法规、交通运输法规，蒙混寄运或者秘密携带有爆炸性、易燃性、侵蚀性的物品的，处一年以下有期徒刑、拘役或者三百元以下罚金；造成严重后果的，处一年以上七年以下有期徒刑。

第八章　渎职罪

第二百零六条　国家工作人员收受贿赂或者要求其他不正当利益而没有枉法的，处三年以下有期徒刑或者拘役。

第二百零七条　国家工作人员收受贿赂或者要求其他不正当利益而枉法的，处七年以下有期徒刑。

犯前款罪，致使国家或者公民利益遭受严重损失的，处七年以上有期徒刑。

第二百零八条　向国家工作人员行贿或者介绍贿赂的，分别依照第二百零六条、第二百零七条的规定从轻处罚。

胁迫国家工作人员收受贿赂的，从重处罚。

行贿以后即行自首的，可以免除或者减轻处罚。

第二百零九条　有追诉职务的人员，对明知是无罪的人而使他受追诉或者对明知是有罪的人而不使他受追诉的，处五年以下有期徒刑。

第二百一十条　有审判职务的人员，故意做枉法裁判的，处一年以上七年以下有期徒刑；情节特别严重的，处七年以上有期徒刑或者无期徒刑。

第二百一十一条　有侦讯、审判职务的人员在侦讯、审判中使用肉刑的，处五年以下有期徒刑或者拘役。

第二百一十二条　有逮捕、拘留、解送、监管人犯职务的人员，私放人犯或者便利人犯脱逃的，处七年以下有期徒刑；私放反革命犯或者其他重要罪犯的，处七年以上有期徒刑或者无期徒刑。

第二百一十三条　有逮捕、解送、监管人犯职务的人员，对人犯施行虐待的，处五年以下有期徒刑或者拘役。

第二百一十四条　国家工作人员出卖国家机密的，处五年以上有期徒刑；泄漏国家重要机密的，处五年以下有期徒刑或者拘役。为敌人窃取、刺探或者供给情报的，依照本法第一百零五条的规定处罚。

非国家工作人员犯前款罪的，依照前款的规定处罚。

第二百一十五条　邮电工作人员开拆或者隐匿寄递的信函、电报的，处拘役或者三百元以下罚金。

第二百一十六条　国家工作人员犯本章之罪，情节轻微的，可以移交所属机关斟酌情形予以行政处分。

5. 中华人民共和国刑法草案（初稿）（第22次稿）

（全国人民代表大会常务委员会办公厅印　1957年6月28日）

中华人民共和国刑法草案（初稿）是常务委员会法律室草拟的，已由法律委员会审议修正。现在发给各位代表征求意见，请于八月十五日以前签注意见退交全国人民代表大会常务委员会办公厅。

目　录

第一编 总 则

第一章 刑法的任务和适用范围

第一条 中华人民共和国刑法的任务，是用刑罚同一切反革命分子和其他犯罪分子作斗争，以保卫工人阶级领导的人民民主专政制度，维护社会秩序，保护公共财产，保护公民的人身和权利，保障国家的社会主义改造和社会主义建设事业的顺利进行。

第二条 凡在中华人民共和国领域内犯罪的，除有特别规定的以外，都适用本法。

犯罪的行为或者结果有一项在中华人民共和国领域内的，就认为是在中华人民共和国领域内犯罪。

第三条 中华人民共和国公民在中华人民共和国领域外犯下列各罪的，适用本法：

（一）反革命罪；

（二）第一一三条、第一一四条的海盗罪；

（三）第一三八条的伪造货币罪、第一四一条的伪造有价证券罪；

（四）侵犯公共财产罪；

（五）第一九二条的冒充国家工作人员招摇撞骗罪，第一九三条的伪造、变造、盗用国家机关、人民团体的印章、公文、证件罪。

第四条 中华人民共和国公民在中华人民共和国领域外犯前条以外的罪，而本法规定的最轻刑罚为五年以上有期徒刑的，也适用本法；但是按照犯罪地的法律不受处罚的除外。

第五条 外国人在中华人民共和国领域外对中华人民共和国国家或者公民的犯罪，适用本法第三条、第四条的规定。

第六条 凡在中华人民共和国领域外犯罪、依照本法应当负刑事责任的，虽然经过外国审判，仍然可以依照本法处理；但是在外国已经受过刑罚处罚的，可以免除或者减轻处罚。

第七条 享有外交特权的外国人的刑事责任问题，通过外交途径解决。

第八条 本法施行以前的犯罪，依照本法总则第四章第八节的规定应当追诉而没有经过审判或者判决的，都适用本法；但是中华人民共和国成立以后本法施行以前的行为，如果当时的政策、法律、法令不认为是犯罪的，适用当时的政策、法律、法令。

第二章　犯　　罪

第一节　刑事责任

第九条　一切危害工人阶级领导的人民民主专政制度、破坏社会秩序、对于社会有危害的、依照法律应当受刑罚处罚的行为，都是犯罪；但是情节显著轻微危害不大的，不以犯罪论处。

第十条　故意犯罪或者过失犯罪应当负刑事责任。

对于过失犯罪，有特别规定的才处罚。

行为在客观上虽然造成了损害结果，但是如果不是出于故意和过失，而是由于预料不到的或者不能抗拒的原因所引起的，不认为是犯罪。

第十一条　明知自己的行为会发生危害社会的结果，并且希望或者放任这种结果发生的，是故意犯罪。

第十二条　应当预见自己的行为可能发生危害社会的结果，因为疏忽大意没有预见，或者已经预见但是轻信能够避免，以致发生这种结果的，是过失犯罪。

第十三条　已满十五岁的人犯罪，应当负刑事责任。

已满十三岁不满十五岁的人，犯杀人、重伤、放火、严重偷窃罪或者严重破坏交通罪，应当负刑事责任。

已满十三岁不满十八岁的人犯罪，从轻或者减轻处罚。

因不满十五岁不处罚的，责令他的家属或者监护人加以管教。

第十四条　精神病人在不能辨认或者不能控制自己行为的时候造成危害结果的，不负刑事责任；但是应当责令他的家属或者监护人严加看管和医疗。

间歇性的精神病人，在精神正常的时候犯罪，应当负刑事责任。

醉酒的人犯罪，应当负刑事责任。

第十五条　又聋又哑的人犯罪，可以从轻或者减轻处罚。

第十六条　对于不知法律而犯罪的，不能免除刑事责任；但是根据情节，可以从轻或者减轻处罚。

第十七条　为了使公共利益、本人或者他人的人身和权利免受正在进行的不法侵害而采取的正当防卫行为，不负刑事责任。

正当防卫超过必要限度，应当负刑事责任；但是可以减轻或者免除处罚。

第十八条　为了避免公共利益、本人或者他人的人身和权利遭受损害，再没有其他方法不得已而采取的紧急避难行为，如果引起的损害比所避免的损害较轻，不负刑事责任。

紧急避难超过必要限度，应当负刑事责任；但是可以减轻或者免除处罚。

第一款中关于避免本人紧急危难的规定，不适用在职务上、业务上负有特定义务的人。

第二节　犯罪的预备、未遂和中止

第十九条　为了犯罪，准备工具、制造条件的，是犯罪预备。对于预备犯，可以比照既遂犯从轻或者减轻处罚。

第二十条　已经着手实行犯罪，由于犯罪分子意志以外的原因而未遂的，是犯罪未遂。

对于未遂犯，可以比照既遂犯从轻或者减轻处罚。

第二十一条　在犯罪过程中，自动中止犯罪或者自动有效地防止犯罪结果发生的，是犯罪中止。

对于中止犯，应当免除或者减轻处罚。

第三节　共同犯罪

第二十二条　共同犯罪是指二人以上共同故意犯罪。

二人以上共同过失犯罪，不以共同犯罪论处；应当负刑事责任的，按照他们所犯的罪处罚。

第二十三条　共同犯罪的，包括正犯、教唆犯和帮助犯。

第二十四条　直接实行犯罪的，是正犯。

对于正犯，根据他在犯罪中所起的作用处罚。

第二十五条　教唆他人犯罪的，是教唆犯。

对于教唆犯，根据他所教唆的罪处罚；如果被教唆的人，没有犯被教唆的罪，对于教唆犯可以减轻或者免除处罚。

教唆不满十八岁的人犯罪的，从重处罚。

第二十六条　用供给工具或者用其他方法帮助他人犯罪的，是帮助犯。

事前通谋隐藏犯罪分子或者为犯罪分子毁灭、隐藏犯罪证据的，也是帮助犯。

对于帮助犯，应当比正犯从轻或者减轻处罚。

第二十七条　对于被胁迫、被欺骗参加犯罪的，应当按照他的犯罪情节，减轻或者免除处罚。

第三章 刑 罚

第一节 刑罚的种类

第二十八条 刑罚分为主刑和附加刑。

第二十九条 主刑的种类如下：

（一）管制；

（二）拘役；

（三）有期徒刑；

（四）无期徒刑；

（五）死刑。

第三十条 附加刑的种类如下：

（一）罚金；

（二）剥夺政治权利；

（三）没收财产。

罚金也可以独立适用。

第三十一条 对于犯罪的外国人，可以独立适用或者附加适用逐出国境。

第三十二条 对于情节轻微的犯罪分子，不需要判处刑罚的，可以予以训诫。

第二节 管 制

第三十三条 管制的期限，为六个月以上三年以下；但是在数罪并罚的时候，可以提高到五年。

第三十四条 被判处管制的犯罪分子，由人民法院委托公安机关或者乡人民委员会监督执行。

第三十五条 对于被判处管制的犯罪分子，应当剥夺政治权利。

第三十六条 被判处管制的犯罪分子，在执行期间，必须遵守下列规定：

（一）遵守法律、法令，积极劳动生产，服从群众监督；

（二）向监督执行机关每月报告一次自己的活动情况；

（三）迁居或者外出在五天以上的，报经监督执行机关批准。

第三十七条 被判处管制的犯罪分子违反前条规定之一，情节严重的，人民法院可以延长管制期限，但是延长的期限不能超过原判刑期的二分之一。

第三十八条 被判处管制的犯罪分子有下列情形之一的，人民法院可以缩短管制期限或者提前撤销管制：

（一）认真遵守第三十六条的规定，行动上确有良好表现的；

（二）有立功赎罪表现的。

第三十九条 管制的刑期，自判决执行之日起计算；判决执行以前的羁押期间，以一日折抵刑期三日。

第三节 拘 役

第四十条 拘役的期限，为三日以上不满六个月；但是在数罪并罚的时候，可以提高到一年。

第四十一条 被判处拘役的犯罪分子，就地实行劳动改造。

第四十二条 拘役的刑期，从判决执行之日起计算；判决执行以前的羁押期间，以一日折抵刑期一日。

第四节 有期徒刑、无期徒刑

第四十三条 有期徒刑的期限，为六个月以上十五年以下；但是在数罪并罚的时候，可以提高到二十年。

第四十四条 被判处有期徒刑、无期徒刑的犯罪分子，在劳动改造机关指定的地区或者场所实行劳动改造。

第四十五条 有期徒刑的刑期，从判决之日起计算；判决执行以前的羁押期间，以一日折抵刑期一日。

第四十六条 犯罪的时候不满十八岁的人，不适用无期徒刑。

第五节 死 刑

第四十七条 死刑只适用于罪大恶极、民愤很大、必须判处死刑的犯罪分子。

死刑案件由最高人民法院判决或者报请最高人民法院核准。

第四十八条 犯罪的时候不满十八岁的人和审判的时候怀孕的妇女，不适用死刑。

第四十九条 死刑用枪决的方法执行。

第五十条 对于应当判处死刑的犯罪分子，如果不是必须立即执行的，可以判处死刑同时宣告缓期二年执行，在监管中强迫劳动，以观后效。在缓刑执行期间，如果真诚悔改，由高级人民法院裁定，可以减为无期徒刑或者十五年有期徒刑；如果拒绝改造，由最高人民法院裁定，执行死刑。

第五十一条 死刑缓期执行的期间，从判决确定之日起计算。死刑缓期执行减为有期徒刑的刑期，从裁定减刑之日起计算。

第六节 罚 金

第五十二条 判处罚金，应当根据犯罪情节和犯罪分子的财产状况，决定罚金数额。

第五十三条 罚金在判决指定的期限内一次或者分期缴纳。期满不缴纳的，强制缴纳。如果由于遭遇不能抗拒的灾祸确实缴纳不起的，可以斟酌情形减少或者免除。

第七节 剥夺政治权利

第五十四条 剥夺政治权利是剥夺下列权利：

（一）选举权和被选举权；

（二）担任国家机关行政职务的权利；

（三）担任审判员、陪审员、检察员、律师的权利；

（四）担任人民团体领导职务的权利。

剥夺政治权利的期限，为一年以上五年以下。

第五十五条 对于反革命分子，应当剥夺政治权利；对于其他被判处五年以上有期徒刑的犯罪分子，在必要的时候，也可以剥夺政治权利。

第五十六条 对于被判处死刑缓期执行、无期徒刑的犯罪分子，在减为有期徒刑的时候，应当剥夺政治权利。

第五十七条 剥夺政治权利的刑期，从主刑执行完毕之日或者从假释之日起计算；但是主刑为管制的，和管制同时执行。

第五十八条 被判处拘役、有期徒刑、无期徒刑、死刑缓期执行的犯罪分子，在执行期间，停止行使政治权利。

第八节 没收财产

第五十九条 没收财产是没收犯罪分子个人所有财产的一部或者全部。

在判处没收财产的时候，应当给犯罪分子的家属留下必需的生产资料和生活资料。

第六十条 对于查封财产以前犯罪分子所负的正当债务，需要以没收的财产偿还的时候，经债权人请求，可以依照法定顺序适当偿还。

第四章 刑罚的具体运用

第一节 量 刑

第六十一条 对于犯罪分子决定刑罚的时候，应当根据犯罪的性质、情节和对社会的危害程度，参照犯罪分子的个人情况，依照本法的有关规定判处。

犯罪分子如果有违法所得的财物，在判处刑罚的时候，应当予以追缴。

第六十二条 犯罪分子具有本法规定的从重、从轻情节的，应当在法定刑的限度以内判处较重或者较轻的刑罚。

第六十三条 犯罪分子具有本法规定的减轻情节的，应当依照下列规定，在法定刑以下判处刑罚：

（一）最低刑为无期徒刑的，可以减到十年以上有期徒刑；

（二）最低刑为十年有期徒刑的，可以减到七年有期徒刑；

（三）最低刑为七年有期徒刑的，可以减到五年有期徒刑；

（四）最低刑为五年有期徒刑的，可以减到三年有期徒刑；

（五）最低刑为三年有期徒刑的，可以减到一年有期徒刑；

（六）最低刑为一年有期徒刑的，可以减到拘役；

（七）最低刑为六个月有期徒刑、拘役、管制或者罚金的，可以免除处罚。

第六十四条 根据案件的特殊情节，对于犯罪分子从轻判处法定刑的最低限度还是过重的时候，可以减轻或者免除处罚，但是应当在判决书中说明理由。

第二节 累 犯

第六十五条 刑罚执行完毕或者赦免以后，在下列期限以内再犯同类性质罪的，是累犯：

（一）原判管制、拘役、不满五年有期徒刑，在三年内又犯罪的；

（二）原判五年以上不满十年有期徒刑，在五年内又犯罪的；

（三）原判十年以上有期徒刑、无期徒刑，在七年内又犯罪的。

前款规定的期限，对于被缓刑或者被假释的犯罪分子，从缓刑期满或者假释期满之日起计算。

第六十六条　对于累犯，从重处罚。

第三节　自　　首

第六十七条　犯罪没有被发觉而自首的，可以从轻处罚；自首并且有立功表现的，可以减轻或者免除处罚。

第四节　数罪并罚

第六十八条　判决宣告以前一人犯数罪的，分别判刑，依照下列规定，决定执行的刑罚：

（一）判处两个以上管制、拘役、有期徒刑的，在总和刑期以下多数刑中最高刑期以上，决定执行的刑期，但是管制最高不能超过五年，拘役最高不能超过一年，有期徒刑最高不能超过二十年；

（二）判处拘役又判处管制的，执行拘役，以管制三日折合拘役一日，依照第（一）项的规定，决定执行的刑期；

（三）判处有期徒刑又判处管制的，执行有期徒刑，以管制三日折合有期徒刑一日，依照第（一）项的规定，决定执行的刑期；

（四）判处有期徒刑又判处拘役的，执行有期徒刑，以拘役日折合有期徒刑一日，依照第（一）项的规定，决定执行的刑期；

（五）判处最重刑为无期徒刑或者判处两个以上无期徒刑的，执行无期徒刑；

（六）判处两个以上罚金的，在总和罚金数额以下多数罚金中最高数额以上，决定罚金的数额；

（七）判处附加刑的，附加刑仍须执行。

第六十九条　判决宣告以后，刑罚还没有执行完毕以前，发觉被判刑的犯罪分子在判决宣告以前还有其他罪没有经过判决的，应当对新发觉的罪作出判决，把前后两个判决所判处的刑罚，依照本法第六十八条的规定，决定执行的刑罚。

第七十条　判决宣告以后，刑罚还没有执行完毕以前，被判刑的犯罪分子又犯罪的，应当对新犯的罪作出判决，把前罪没有执行的刑罚和后罪所判处的刑罚，依照本法第六十八条的规定，决定执行的刑罚。

第七十一条　数罪并罚，判决确定以后，如果数罪中有受赦免的，其余没有赦免的罪，如果是两个以上的，仍然依照本法第六十八条的规定，决定执行的刑罚；如果是一个罪的，依照原判处的刑罚执行。

第七十二条　一个行为触犯两个以上罪名或者犯一个罪而犯罪的方法、结果触犯其他罪名的，应当就最重的一个罪处罚。

第七十三条　连续几个行为犯一个罪名的，按照一个罪论处；但是可以从重处罚。

第五节　缓　　刑

第七十四条　对于被判处拘役、三年以下有期徒刑的犯罪分子，根据犯罪分子的特殊情况，认为暂不执行也不致危害社会的时候，可以宣告原判刑期以上五年以下的缓刑，但是缓刑期限不能少于六个月。

宣告缓刑的时候，附加刑仍须执行。

第七十五条　有下列情形之一的，不适用缓刑：

（一）反革命现行犯；

（二）累犯；

（三）宣告缓刑会引起群众不满的。

第七十六条　缓刑的期限，从判决确定之日起计算。

第七十七条　被宣告缓刑的犯罪分子，在缓刑期限内，由居住地的公安机关、乡人民委员会或者原工作单位予以监管，如果没有再犯新罪，缓刑期满，原判的刑罚就不再执行；如果再犯新罪，撤销缓刑，把前罪和后罪所判处的刑罚，依照本法第六十八条的规定，决定执行的刑罚。

第六节　减　　刑

第七十八条　被判处拘役、有期徒刑、无期徒刑的犯罪分子，在执行期间，如果有悔改和立功表现，可以减刑。但是经过一次或者几次减刑以后实际执行的刑期，判处拘役、有期徒刑的，不能少于原刑期的二分之一；判处无期徒刑的，不能少于十年。

第七十九条　无期徒刑减为有期徒刑的刑期，从裁定减刑之日起计算，无期徒刑已经执行的刑期，计算在减为有期徒刑的刑期以内。

第七节　假　　释

第八十条　被判处有期徒刑的犯罪分子，执行刑期二分之一以上，被判处无期徒刑的犯罪分子，执行刑期十年以上，如果确有悔改表现，不致再危害社会，可以假释。

第八十一条　有期徒刑的假释期限，为没有执行完毕的刑期，无期徒刑的假释期限，为十年。

被判处有期徒刑、无期徒刑的犯罪分子，如果是经过减刑以后假释的，假释的期限按照减刑以后的刑期计算。

假释的期限，从假释之日起计算。

第八十二条　被假释的犯罪分子，在假释期限内，由居住地的公安机关或者乡人民委员会予以监管，如果没有再犯应当判处有期徒刑以上的罪，就认为原判刑罚已经执行完毕；如果再犯应当判处有期徒刑以上的罪，撤销假释，把前罪没有执行的刑罚和后罪所判处的刑罚，依照本法第六十八条的规定，决定执行的刑罚。

因过失犯罪的，可以不撤销假释。

第八节　时　　效

第八十三条　中华人民共和国成立以前的犯罪，除下列罪犯外，都不再追诉：

（一）犯有严重罪行民愤很大的反革命分子；

（二）杀人犯，从犯罪的时候起到提起刑事案件的时候止，不满十五年的。

第八十四条　中华人民共和国成立以前进行反革命活动，中华人民共和国成立以后，经过宽大处理没有判处刑罚，又犯反革命罪或者隐藏反革命分子的，不论过去罪行轻重，都应当追诉。

第八十五条　中华人民共和国成立以后的犯罪，经过下列期限不再追诉：

（一）罚金、拘役的，二年；

（二）不满五年有期徒刑的，五年；

（三）五年以上不满十年有期徒刑的，十年；

（四）十年以上有期徒刑、无期徒刑的，十五年；

（五）死刑的，二十年。

追诉期限依照法定刑的最高刑计算。

第八十六条　追诉期限从犯罪之日起计算；犯罪行为有连续或者继续状态的，从犯罪行为终了之日起计算。

在追诉期限以内又犯罪的，前罪追诉的期限从犯后罪之日起计算。

第八十七条　在人民检察院、人民法院采取强制处分以后，逃避侦查或者审判的，追诉期限延长一倍，但是不能超过二十五年。

第八十八条　对于犯罪分子所判处的刑罚，从判决确定之日起，经过下列期限没有执行的，不再执行：

（一）罚金、管制、拘役、不满五年有期徒刑的，五年；

（二）五年以上不满十年有期徒刑的，十年；

（三）十年以上有期徒刑、无期徒刑、死刑的，二十年。

第八十九条　犯罪以后，一贯勤劳守法，已经过了时效期限二分之一以上的，可以从轻或者减轻处罚。

第五章　附　　则

第九十条　本法分则没有明文规定的犯罪，可以比照本法分则最相类似的条文定罪判刑。

第九十一条　民族自治地方，不能全部适用本法规定的，可以由自治机关，根据当地民族的政治、经济、文化的特点和本法规定的基本原则，制定变通或者补充的规定，报请全国人民代表大会常务委员会批准施行。

第九十二条　本法所说的公共财产是指下列财产：

（一）国家所有的财产；

（二）合作社所有的财产；

（三）社会团体的财产。

在国家、合作社、公私合营企业管理、使用或者运输中的私人财产，以公共财产论。

第九十三条　本法所说的国家工作人员是指一切国家机关、国家的企业、事业单位、学校和它们的附属机构依照法律从事公务的人员。

第九十四条　本法所说的重伤是指有下列情形之一的伤害：

（一）使人肢体残废或者毁人容貌的；

（二）使人丧失听觉、视觉或者其他器官功能的；

（三）其他对于人身健康有重大伤害的。

第九十五条　本法所说的以上、以下、以内，都连本数在内。

第九十六条　本法总则适用于其他有刑罚规定的法律、法令，但是其他法律、法令有特别规定的除外。

第二编　分　　则

第一章　反革命罪

第九十七条　以推翻工人阶级领导的人民民主政权、破坏人民民主制度、破坏社会主义改造和社会主义建设为目的的行为，是反革命罪。

第九十八条　勾结外国，意图危害祖国的主权、领土完整和安全的，处死刑或者无期徒刑。

第九十九条　阴谋颠覆政府分裂国家的，处死刑或者无期徒刑。

第一百条　率领武装部队叛变或者将防地、防线、军事机密交付敌人的，处死刑、无期徒刑或者十年以上有期徒刑。

第一百零一条　策动、勾引、收买国家工作人员、武装部队进行叛变的，处十年以上有期徒刑、无期徒刑或者死刑。

第一百零二条　国家工作人员叛变的，处七年以上有期徒刑或者无期徒刑。

第一百零三条　以反革命为目的，持械聚众叛乱的，处五年以上有期徒刑；首要分子处死刑或者无期徒刑。

第一百零四条　进行下列间谍或者资敌行为之一的，处死刑、无期徒刑或者十年以上有期徒刑；情节较轻的，处五年以上十年以下有期徒刑：

（一）为敌人窃取、刺探国家机密或者供给情报的；

（二）为敌机、敌舰指示袭击目标的；

（三）为敌人供给武器军火或者其他军用物资的。

第一百零五条　参加反革命特务、间谍组织进行潜伏活动的，处五年以上有期徒刑。

组织或者领导反革命特务、间谍组织进行潜伏活动的，处十年以上有期徒刑、无期徒刑或者死刑。

第一百零六条　利用封建会道门进行反革命活动的，处三年以上十年以下有期徒刑；首要分子处十年以上有期徒刑、无期徒刑或者死刑。

第一百零七条　以反革命为目的，进行下列破坏、杀害行为之一的，处死刑、无期徒刑或者十年以上有期徒刑；情节较轻的，处五年以上十年以下有期徒刑：

（一）爆炸、放火、决水、利用技术或者以其他方法破坏军事设备、建筑工程、工厂、矿场、森林、农场、堤坝、交通、仓库、防险设备或者其他公共建设的；

（二）投放毒物、散播病菌或者以其他方法，引起人、畜或者农作物的重大灾害的；

（三）袭击或者杀、伤国家工作人员或者公民的。

第一百零八条　以反革命为目的，煽动群众抗拒、破坏政府征粮、征税、统购、统销、公役、兵役或者其他政令实行的，处五年以上有期徒刑；首要分子处十年以上有期徒刑、无期徒刑或者死刑。

第一百零九条　以反革命为目的，进行宣传鼓动或者制造和散布谣言的，处三年以上十年以下有期徒刑。

第一百一十条　犯本章之罪的，可以没收一部或者全部财产。

第一百一十一条　犯本章之罪，情节轻微的，可以判处管制。

第二章　危害公共安全罪

第一百一十二条　武装盗匪，处七年以上有期徒刑或者无期徒刑。

犯前款罪，重伤他人或者致人重伤的，处十年以上有期徒刑、无期徒刑或者死刑。

第一百一十三条　驾驶船只在海上意图使用暴力或者以暴力相威胁进行抢劫的，是海盗，处十年以上有期徒刑、无期徒刑或者死刑。

船员或者乘客意图进行抢劫，对其他船员或者乘客使用暴力或者以暴力相威胁而驾驶或者指挥船只的，以海盗论。

第一百一十四条　犯武装盗匪罪、海盗罪，有下列行为之一的，处死刑或者无期徒刑：

（一）故意杀人或者致人死亡的；

（二）放火的；

（三）强奸的；

（四）绑架勒赎的。

第一百一十五条　犯武装盗匪罪、海盗罪判处十年以上有期徒刑、无期徒刑或者死刑的，可以没收一部或者全部财产。

第一百一十六条　聚众劫狱或者暴动越狱的，处十年以上有期徒刑、无期徒刑或者死刑。

第一百一十七条　倾覆、破坏有人乘坐的火车、汽车、船只、航空机的，处十年以上有期徒刑、无期徒刑或者死刑。

过失犯前款罪的，处五年以下有期徒刑或者拘役。

第一百一十八条　破坏轨道、桥梁、灯塔、标识或者以其他方法足以使火车、汽车、船只、航空机往来发生危险的，处一年以上七年以下有期徒刑。

犯前款罪，引起火车、汽车、船只、航空机倾覆或者破坏的，处七年以上有期徒刑或者无期徒刑。

过失犯第一款罪的，处二年以下有期徒刑或者拘役。

第一百一十九条　从事交通运输的人员，由于业务上的过失，致人重伤、死亡或者使公私财产遭受重大损失的，处五年以下有期徒刑。

第一百二十条　损毁供公共用的电力、煤气设备足以危害公共安全的，处一年以上七年以下有期徒刑。

犯前款罪，致人重伤、死亡或者使公私财产遭受重大损失的，处七年以上有期徒刑或者无期徒刑。

过失犯第一款罪的，处二年以下有期徒刑或者拘役。

第一百二十一条　故意损毁电报、电话或者其他通讯设备足以危害公共安全的，处五年以下有期徒刑或者拘役。

第一百二十二条　放火烧毁工厂、矿坑、仓库、住宅、森林、牧场、公共建筑物或者其他公共建设的，处三年以上十年以下有期徒刑。

犯前款罪，致人重伤、死亡或者使公私财产遭受重大损失的，处十年以上有期徒刑、无期徒刑或者死刑。

第一百二十三条　放火烧毁前条以外的公私财产足以危害公共安全的，处五年以下有期徒刑。

第一百二十四条　失火烧毁工厂、矿坑、仓库、住宅、森林、牧场、公共建筑物或者其他公共建设的，处五年以下有期徒刑。

第一百二十五条　失火烧毁前条以外的公私财产足以危害公共安全的，处一年以下有期徒刑或者拘役。

第一百二十六条　决水浸害工厂、矿坑、仓库、住宅、公共建筑物或者其他公共建设的，处三年以上十年以下有期徒刑。

犯前款罪，致人重伤、死亡或者使公私财产遭受重大损失的，处十年以上有期徒刑、无期徒刑或者死刑。

过失犯第一款罪的，处五年以下有期徒刑。

第一百二十七条　决水浸害前条以外的公私财产足以危害公共安全的，处五年以下有期徒刑。

第一百二十八条　决溃堤防、损坏水闸足以危害公共安全的，处五年以下有期徒刑。

犯前款罪，致人重伤、死亡或者使公私财产遭受重大损失的，处十年以上有期徒刑、无期徒刑或者死刑。

过失犯第一款罪的，处一年以下有期徒刑或者拘役。

第一百二十九条　非法制造、买卖、运输枪支、弹药的，处三年以上十年以下有期徒刑。

第一百三十条　私藏枪支、弹药的，处二年以下有期徒刑或者拘役。

第一百三十一条　偷窃国家机关或者军警人员的枪支、弹药的，处五年以下有期徒刑。

第一百三十二条　抢夺国家机关或者军警人员的枪支、弹药的，处三年以上十年以下有期徒刑。

第三章　妨害社会经济秩序罪

第一百三十三条　违反海关法规，进行走私，情节严重的，除按照海关法规没收走私物品并且可以处罚金外，处一年以上七年以下有期徒刑。

走私集团的首要分子处七年以上有期徒刑，可以没收一部或者全部财产。

第一百三十四条　违反对外贸易管理法规，情节严重的，处五年以下有期徒刑或者拘役，可以并处或者单处一万元以下罚金。

第一百三十五条　违反金融、外汇管理法规，进行投机活动的，处五年以下有期徒刑或者拘役，可以并处或者单处一万元以下罚金。

第一百三十六条　以获取非法利润为目的，进行投机活动，扰乱市场，情节严重的，处五年以下有期徒刑或者拘役，可以并处或者单处一万元以下罚金。

第一百三十七条　违反税收法规，偷税、漏税，情节严重的，处三年以下有期徒刑或者拘役，可以并处或者单处五千元以下罚金。

第一百三十八条　伪造国家货币或者贩运伪造的国家货币的，处三年以上十年以下有期徒刑，可以并处一万元以下罚金；首要分子处十年以上有期徒刑、无期徒刑或者死刑，可以没收一部或者全部财产。

第一百三十九条　意图营利，行使伪造的国家货币的，处五年以下有期徒刑，可以并处五千元以下罚金。

第一百四十条　误收伪造的国家货币以后，发现为伪造而仍然行使的，处三百元以下罚金。

第一百四十一条　伪造公债券、股票或者其他有价证券的，处一年以上七年以下有期徒刑，可以并处五千元以下罚金。

第一百四十二条　伪造或者变造船票、火车票或者其他交通客票的，处一年以下有期徒刑、拘役或者五百元以下罚金。

第一百四十三条　意图营利，伪造邮票或者印花税票的，处一年以下有期徒刑、拘役或者五百元以下罚金。

第一百四十四条　商业经销、代销人员，以假品冒充真品、以次品冒充好品或者掺杂、掺假欺骗顾客的，处五百元以下罚金。

第一百四十五条　工商企业假冒其他企业已注册的商标的，对主管人员处拘役或者五百元以下罚金。

第一百四十六条　意图营利，私自宰杀耕畜的，处二年以下有期徒刑、拘役或者三百元以下罚金。

一贯或者大量私自宰杀耕畜的，处一年以上七年以下有期徒刑，可以并处一千元以下罚金。

第一百四十七条　意图营利，制造或者贩卖不合国家规定的度量衡的，处一年以下有期徒刑、拘役或者五百元以下罚金。

第四章　侵犯人身权利罪

第一百四十八条　故意杀人的，处死刑、无期徒刑或者十年以上有期徒刑。本法另有规定的，依照规定。

为了国家和人民的利益，当场激于义愤杀人的，可以减轻或者免除处罚。

第一百四十九条　过失致人死亡的，处五年以下有期徒刑。本法另有规定的，依照规定。

第一百五十条　故意伤害他人身体造成重伤的，处三年以上十年以下有期徒刑。本法另有规定的，依照规定。

第一百五十一条　故意伤害他人身体造成轻伤的，处三年以下有期徒刑或者拘役。

第一百五十二条　过失致人重伤的，处二年以下有期徒刑或者拘役。本法另有规定的，依照规定。

第一百五十三条　有花柳病的人，故意隐瞒而同他人性交，致使他人受传染的，处一年以下有期徒刑或者拘役。

第一百五十四条　强迫孕妇实行堕胎的，处一年以下有期徒刑或者拘役。

犯前款罪，致人重伤的，处三年以下有期徒刑；致人死亡的，处三年以上十年以下有期徒刑。

第一百五十五条　强奸妇女的，处五年以上有期徒刑。

犯前款罪，致人重伤、死亡的，处十年以上有期徒刑、无期徒刑或者死刑。

第一百五十六条　二人以上犯强奸罪而共同轮奸的，处七年以上有期徒刑或者无期徒刑。

犯前款罪，致人重伤、死亡的，处十年以上有期徒刑、无期徒刑或者死刑。

第一百五十七条　奸淫不满十四岁幼女的，处七年以上有期徒刑或者无期徒刑。

犯前款罪，致人重伤、死亡的，处无期徒刑或者死刑。

第一百五十八条　对于男、女以暴力、胁迫方法实行猥亵的，处三年以下有期徒刑或者拘役。

对于不满十四岁的男、女实行猥亵的，处五年以下有期徒刑或者拘役。

第一百五十九条　强迫妇女卖淫的，处五年以上有期徒刑。

第一百六十条　拐卖人口的，处七年以上有期徒刑。

第一百六十一条　私行拘禁，或者用其他方法私行剥夺他人行动自由的，处二年以下有期徒刑或者拘役。

犯前款罪，致人重伤的，处一年以上七年以下有期徒刑；致人死亡的，处七年以上有期徒刑或者无期徒刑。

第一百六十二条　非法搜索他人身体、住宅、船只、车辆的，处拘役。

第一百六十三条　隐藏、毁弃或者非法开拆他人信件的，处拘役。但是侦查机关、审判机关对于反革命分子和反革命嫌疑分子信件的检查除外。

第一百六十四条　船长在航行中，对于在海上或者其他水域中遭遇生命危险的人，可能援救而不援救的，处一年以下有期徒刑或者拘役。

第一百六十五条　医务人员明知对于病人不给治疗就会发生危险的结果，没有正当理由而拒绝医疗的，处一年以下有期徒刑、拘役或者三百元以下罚金。

第一百六十六条　第一百五十一条、第一百五十二条、第一百五十三条、第一百六十三条之罪，告诉的才处理。

第五章　侵犯财产罪

第一百六十七条　以暴力、胁迫或者以其他方法，使他人不能抗拒而抢劫公私财物的，处三年以上十年以下有期徒刑。

犯前款罪，致人重伤的，处七年以上有期徒刑；致人死亡的，处死刑或者无期徒刑。

第一百六十八条　偷窃公私财物的，处五年以下有期徒刑、拘役或者管制。

第一百六十九条　抢夺公私财物的，处七年以下有期徒刑或者管制。

第一百七十条　犯偷窃、抢夺罪，为防护赃物、抗拒逮捕或者毁灭罪证而当场使用暴力或者以暴力相威胁的，依照第一六七条罪处罚。

第一百七十一条　诈骗公私财物的，处五年以下有期徒刑、拘役或者管制。

第一百七十二条　以偷窃、诈骗为常业的惯窃、惯骗，处七年以上有期徒刑。

第一百七十三条　敲诈勒索他人财物的，处五年以下有期徒刑、拘役或者管制。

第一百七十四条　侵占公私财物的，处五年以下有期徒刑或者拘役。

第一百七十五条　国家工作人员利用职务上的便利，偷窃、侵占、诈骗公共财物的，处七年以下有期徒刑；数额在人民币五千元以上的，处七年以上有期徒刑。

第一百七十六条　故意毁弃、损坏公私财物的，处五年以下有期徒刑或者拘役。

第六章　妨害婚姻、家庭罪

第一百七十七条　以暴力干涉他人婚姻自由的，处一年以下有期徒刑或者拘役。

犯前款罪，引起被害人自杀的，处一年以上七年以下有期徒刑。

第一百七十八条　借婚姻关系索取财物而妨害他人婚姻自由，情节恶劣的，处拘役或者一百元以下罚金。

前款罪，本人告诉的才处理。

第一百七十九条　有配偶而重婚的，或者明知他人有配偶而与之结婚的，处二年以下有期徒刑或者拘役。

前款罪，本人告诉的才处理。

第一百八十条　虐待家庭成员，情节恶劣的，处二年以下有期徒刑或者拘役。

犯前款罪，致被害人重伤的，处五年以下有期徒刑；致被害人死亡的，处五年以上有期徒刑。

第一款罪，告诉的才处理。

第一百八十一条　对于年老、年幼、疾病或者其他没有独立生活能力的人，负有扶养义务而拒付赡养费、扶养费的，处三年以下有期徒刑或者拘役。

犯前款罪，致被害人死亡的，处三年以上十年以下有期徒刑。

第一百八十二条　拐骗不满十八岁的男、女，脱离家庭或者监护人的，处五年以上有期徒刑。

第七章　妨害其他管理秩序罪

第一百八十三条　以暴力、威胁、欺骗、贿赂或者其他方法，破坏选举或者妨害选民自由行使选举权和被选举权的，处二年以下有期徒刑或者拘役。

第一百八十四条　虚报选举票数或者使用其他方法使投票发生不正确结果的，处三年以下有期徒刑或者拘役。

第一百八十五条　以暴力阻碍国家工作人员依法执行职务的，处二年以下有期徒刑或者拘役。

第一百八十六条　依法被逮捕、关押的人脱逃的，处三年以下有期徒刑或者拘役。

以暴力、威胁方法犯前款罪的，处七年以下有期徒刑。

第一百八十七条　意图使他人受刑事处分而诬告他人的，处五年以下有期徒刑；造成严重后果的，按照他所诬告的罪处罚。但是误告的，不适用本条的规定。

意图使他人受刑事处分而伪造、变造证据或者使用伪造、变造证据的，按照诬告罪论处。

第一百八十八条　在侦查、审判中，证人、鉴定人、翻译人对案件有重要关系的情节，故意作虚伪证明、鉴定、翻译的，处三年以下有期徒刑或者拘役；情节严重的，处三年以上十年以下有期徒刑。

第一百八十九条　意图渔利，挑拨是非包揽诉讼的，处二年以下有期徒刑、拘役或者三百元以下罚金。

第一百九十条　事前没有通谋，事后隐藏犯罪分子或者为犯罪分子毁灭、隐藏罪证的，处三年以下有期徒刑或者拘役；事后隐藏反革命分子或者为反革命分子毁灭、隐藏罪证的，处三年以上十年以下有期徒刑。

国家工作人员犯前款罪的，从重处罚。

直系亲属、配偶或者在一个家庭过共同生活的亲属，犯第一款罪的，可以减轻或者免除处罚。

第一百九十一条　意图营利，制造、贩卖假药，造成严重后果的，处三年以下有期徒刑或者拘役，可以并处或者单处一千元以下罚金。

第一百九十二条　冒充国家工作人员招摇撞骗的，处五年以下有期徒刑、拘役或者管制；情节严重的，处五年以上有期徒刑。

第一百九十三条　伪造、变造、盗用国家机关、人民团体的印章、公文、证件的，处三年以下有期徒刑或者拘役。

第一百九十四条　伪造、变造、盗用私人图章、文书，足以损害公共利益或者他人利益的，处一年以下有期徒刑或者拘役。

第一百九十五条　意图营利，开赌、窝赌的，处五年以下有期徒刑、拘役或者管制，可以并处或者单处五百元以下罚金。

第一百九十六条　以赌博为常业的，处三年以下有期徒刑、拘役或者管制。

第一百九十七条　聚众斗殴，寻衅滋事，侮辱妇女，破坏公共秩序屡教不改的，处五年以下有期徒刑、拘役或者管制。

第一百九十八条　意图营利，引诱、容留妇女卖淫的，处七年以下有期徒刑或者管制。

第一百九十九条　制造、贩卖、运输鸦片、海洛英、吗啡或者其他毒品的，处七年以下有期徒刑或者管制，可以并处一万元以下罚金。

一贯或者大量制造、贩卖、运输前款毒品的，处七年以上有期徒刑，可以没收一部或者全部财产。

第二百条　吸食或者注射毒品的，处一年以下有期徒刑、拘役或者管制。

第二百零一条　明知是犯罪所得的赃物而收买的，处三年以下有期徒刑或者拘役，可以并处或者单处一千元以下罚金。

第二百零二条　盗运珍贵历史文物出口的，处七年以下有期徒刑，可以并处一万元以下罚金。

第二百零三条　偷窃或者破坏国家的永久性测量标志的，处三年以下有期徒刑或者拘役。

第二百零四条　违反邮政法规、交通运输法规，蒙混寄运或者秘密携带有爆炸性、易燃性、浸蚀性的物品的，处一年以下有期徒刑、拘役或者三百元以下罚金；造成严重后果的，处一年以上七年以下有期徒刑。

第八章　渎职罪

第二百零五条　国家工作人员收受贿赂或者要求其他不正当利益而没有枉法的，处三年以下有期徒刑或者拘役。

第二百零六条　国家工作人员收受贿赂或者要求其他不正当利益而枉法的，处七年以下有期徒刑。

犯前款罪，致使国家或者公民利益遭受严重损失的，处七年以上有期徒刑。

第二百零七条　向国家工作人员行贿或者介绍贿赂的，分别依照第二百零五条、第二百零六条的规定从轻处罚。

胁迫国家工作人员收受贿赂的，从重处罚。

行贿以后即行自首的，可以免除或者减轻处罚。

第二百零八条　有追诉职务的人员，对明知是无罪的人而使他受追诉或者对明知是有罪的人而不使他受追诉的，处五年以下有期徒刑。

第二百零九条　有审判职务的人员，故意做枉法裁判的，处一年以上七年以下有期徒刑；情节特别严重的，处七年以上有期徒刑或者无期徒刑。

第二百一十条　有侦讯、审判职务的人员在侦讯、审判中使用肉刑的，处五年以下有期徒刑或者拘役。

第二百一十一条　有逮捕、拘留、解送、监管人犯职务的人员，私放人犯或者便利人犯脱逃的，处七年以下有期徒刑；私放反革命犯或者其他重要罪犯的，应当比照脱逃罪犯的罪论处。

第二百一十二条　有逮捕、解送、监管人犯职务的人员，对人犯施行虐待的，处五年以下有期徒刑或者拘役。

第二百一十三条　国家工作人员出卖国家机密的，处五年以上有期徒刑；泄漏国家重要机密的，处五年以下有期徒刑或者拘役。为敌人窃取、刺探或者供给情报的，依照本法第一百零四条的规定处罚。

非国家工作人员犯前款罪的，依照前款的规定处罚。

第二百一十四条　邮电工作人员开拆或者隐匿寄递的信函、电报的，处拘役或者三百元以下罚金。

第二百一十五条　国家工作人员犯本章之罪，情节轻微的，可以移交所属机关斟酌情形予以行政处分。

6. 中华人民共和国刑法草案（初稿）（第27次稿）

（全国人民代表大会常务委员会办公厅印　1962年12月修改稿）

目　录

第一编　总　　则

第一章　刑法的任务和适用范围

第一条　中华人民共和国刑法，是以宪法为根据，依照惩办与宽大相结合的政策和严格区分敌我矛盾性质的犯罪和人民内部矛盾性质的犯罪的原则制定的。它的任务是用刑罚同一切反革命分子和其他犯罪分子作斗争，以保卫工人阶级领导的、工农联盟为基础的人民民主专政制度，维护社会秩序，保护公共财产，保护公民的人身和其他权利，保障国家的社会主义革命和社会主义建设事业的顺利进行。

第二条　凡在中华人民共和国领域内犯罪的，除有特别规定的以外，都适用本法。

犯罪的行为或者结果有一项在中华人民共和国领域内的，就认为是在中华人民共和国领域内犯罪。

第三条　中华人民共和国公民在中华人民共和国领域外犯下列各罪的，适用本法：

（一）反革命罪；

（二）伪造国家货币罪（第一百二十六条）、伪造有价证券罪（第一百二十九条）；

（三）侵犯公共财产罪；

（四）冒充国家工作人员招摇撞骗罪（第一百七十七条），伪造、变造或者盗窃、毁灭国家机关、企业、人民团体的公文、证件、印章罪（第一百七十八条）。

第四条　中华人民共和国公民在中华人民共和国领域外犯前条以外的罪，而本法规定的最轻刑罚为三年以上有期徒刑的，也适用本法；但是按照犯罪地的法律不受处罚的除外。

第五条　外国人在中华人民共和国领域外对中华人民共和国国家或者公民的犯罪，适用本法第三条、第四条的规定。

第六条　凡在中华人民共和国领域外犯罪、依照本法应当负刑事责任的，虽然经过外国审判，仍然可以依照本法处理；但是在外国已经受过刑罚处罚的，可以免除或者减轻处罚。

第七条　享有外交特权的外国人的刑事责任问题，通过外交途径解决。

第八条　本法施行以前的犯罪，依照本法总则第四章第八节的规定应当追诉而没有经过审判或者判决还没有确定的，都适用本法；但是中华人民共和国成立以后本法施行以前的行为，如果当时的政策、法律、法令不认为是犯罪的，适用当时的政策、法律、法令。

第二章　犯　　罪

第一节　刑事责任

第九条　一切危害工人阶级领导的、工农联盟为基础的人民民主专政制度、破坏社会主义革命和社会主义建设、破坏社会秩序、侵犯公共财产、侵犯公民的人身和其他权利，以及其他危害社会的行为，依照法律应当受刑罚处罚的，都是犯罪；但是情节轻微危害不大的，不以犯罪论处。

第十条　明知自己的行为会发生危害社会的结果，并且希望或者放任这种结果发生的，是故意犯罪。

故意犯罪，应当负刑事责任。

第十一条　应当预见自己的行为可能发生危害社会的结果，因为疏忽大意没有预见，或者已经预见但是轻信能够避免，以致发生这种结果的，是过失犯罪。

过失犯罪，有规定的才负刑事责任。

第十二条　行为在客观上虽然造成了损害结果，但是如果不是出于故意或者过失，而是由于不能预见的或者不能抗拒的原因所引起的，不认为是犯罪。

第十三条　已满十六岁的人犯罪，应当负刑事责任。

已满十四岁不满十六岁的人，犯杀人、重伤、放火、严重偷窃罪或者严重破坏交通罪，应当负刑事责任。

已满十四岁不满十八岁的人犯罪，应当从轻或者减轻处罚。

因不满十六岁不处罚的，责令他的家属或者监护人加以管教；必要的时候，也可以由政府收容教养。

第十四条　精神病人在不能辨认或者不能控制自己行为的时候造成危害结果的，不负刑事责任；但是应当责令他的家属或者监护人严加看管和医疗。

间歇性的精神病人，在精神正常的时候犯罪，应当负刑事责任。

醉酒的人犯罪，应当负刑事责任。

第十五条　又聋又哑的人犯罪，可以从轻或者减轻处罚。

第十六条　为了使公共利益、本人或者他人的人身和其他权利免受正在进行的不法侵害，采取的正当防卫行为，不负刑事责任。

正当防卫超过必要限度造成不应有的危害的，应当负刑事责任；但是可以减轻或者免除处罚。

第十七条　为了使公共利益、本人或者他人的人身和其他权利免受正在发生的危险，不得已采取的紧急避险行动，不负刑事责任。

紧急避险超过必要限度造成不应有的危害的，应当负刑事责任；但是可以减轻或者免除处罚。

第一款中关于避免本人危险的规定，不适用于职务上、业务上负有特定义务的人。

第二节　犯罪的预备、未遂和中止

第十八条　为了犯罪，准备工具、制造条件的，是犯罪预备。

对于预备犯，可以比照既遂犯从轻、减轻处罚，或者免除处罚。

第十九条　已经着手实行犯罪，由于犯罪分子意志以外的原因而未遂的，是犯罪未遂。

对于未遂犯，可以比照既遂犯从轻或者减轻处罚。

第二十条　在犯罪过程中，自动中止犯罪或者自动有效地防止犯罪结果发生的，是犯罪中止。

对于中止犯，应当免除或者减轻处罚。

第三节　共同犯罪

第二十一条　共同犯罪是指二人以上共同故意犯罪。

二人以上共同过失犯罪，不以共同犯罪论处；应当负刑事责任的，按照他们所犯的罪处罚。

第二十二条　组织、领导犯罪集团进行犯罪活动的或者在共同犯罪中起主要作用的，是主犯。

对于主犯，除本法分则已有规定的以外，应当从重处罚。

第二十三条　在共同犯罪中起次要或者辅助作用的，是从犯。

对于从犯，应当比主犯从轻或者减轻处罚。

第二十四条　对于被胁迫、被诱骗参加犯罪的，应当按照他的犯罪情节，减轻或者免除处罚。

第二十五条　教唆他人犯罪的，应当按照他在共同犯罪中所起的作用处罚。教唆不满十八岁的人犯罪的，应当从重处罚。

如果被教唆的人，没有犯被教唆的罪，对于教唆犯，可以从轻、减轻或者免除处罚。

第三章　刑　　罚

第一节　刑罚的种类

第二十六条　刑罚分为主刑和附加刑。

第二十七条　主刑的种类如下：

（一）拘役；

（二）管制；

（三）有期徒刑；

（四）无期徒刑；

（五）死刑。

第二十八条　附加刑的种类如下：

（一）罚金；

（二）剥夺政治权利；

（三）没收财产。

罚金也可以独立适用。

第二十九条　对于犯罪的外国人，可以独立适用或者附加适用逐出国境。

第三十条　对于情节轻微的犯罪分子，不需要判处刑罚的，可以根据案件的不同情况，予以训诫或者责令具结悔过、取保、赔礼道歉、赔偿损失。

第二节　拘　　役

第三十一条　拘役的期限，为三日以上六个月以下；但是在数罪并罚的时候，可以到一年。

第三十二条　被判处拘役的犯罪分子，由公安机关执行。

第三十三条　拘役的刑期，从判决执行之日起计算；判决执行以前的羁押期间，以一日折抵刑期一日。

第三节　管　　制

第三十四条　管制适用于罪恶程度还不需要判处有期徒刑以上刑罚的反革命分子和其他坚持反动立场的犯罪分子。

第三十五条　管制的期限，为六个月以上三年以下；但是在数罪并罚的时候，可以到五年。

第三十六条　对于被判处管制的犯罪分子，在执行期间，应当剥夺政治权利，但是在劳动中应当同工同酬。

第三十七条　被判处管制的犯罪分子，由公安机关或者人民公社管理委员会（乡人民委员会）监督执行。

第三十八条　被判处管制的犯罪分子，在执行期间，必须遵守下列规定：

（一）遵守法律、法令，积极劳动生产，服从群众监督；

（二）向监督执行机关定期报告自己的活动情况；

（三）迁居或者离乡外出的，报经监督执行机关批准。

第三十九条　被判处管制的犯罪分子违反前条规定，人民法院可以延长管制期限。

第四十条　被判处管制的犯罪分子，如果确有悔改或者立功表现，人民法院可以缩短管制期限或者提前解除管制。

第四十一条　管制的刑期，自判决执行之日起计算；判决执行以前的羁押期间，以一日折抵刑期二日。

第四节　有期徒刑、无期徒刑

第四十二条　有期徒刑的期限，为六个月以上十五年以下；但是在数罪并罚或者无期徒刑减为有期徒刑的时候，可以到二十年。

第四十三条　被判处有期徒刑、无期徒刑的犯罪分子，在监狱或者其他劳动改造场所实行劳动改造。

第四十四条　有期徒刑的刑期，从判决执行之日起计算；判决执行以前的羁押期间，以一日折抵刑期一日。

第四十五条　犯罪的时候不满十八岁的人，不适用无期徒刑。

第五节　死　　刑

第四十六条　死刑只适用于罪大恶极、民愤很大、必须判处死刑的犯罪分子。

死刑案件由最高人民法院判决或者报请最高人民法院核准。

第四十七条　犯罪的时候不满十八岁的人和审判的时候怀孕的妇女，不适用死刑。

第四十八条　死刑用枪决的方法执行。

第四十九条　对于应当判处死刑的犯罪分子，如果不是必须立即执行的，可以判处死刑同时宣告缓期二年执行，强迫劳动，以观后效。在死刑缓期执行期间，如果真诚悔改，二年期满以后，减为无期徒刑；如果确有立功表现，二年期满以后，减为十五年以上二十年以下有期徒刑；如果拒绝改造，由最高人民法院裁定或者核准，执行死刑。

第五十条　死刑缓期执行的期间，从判决确定之日起计算。死刑缓期执行减为有期徒刑的刑期，从裁定减刑之日起计算。

第六节　罚　　金

第五十一条　判处罚金，应当根据犯罪情节和犯罪分子的财产状况，决定罚金数额。

第五十二条　罚金在判决指定的期限内一次或者分期缴纳。期满不缴纳的，强制缴纳。如果由于遭遇不能抗拒的灾祸缴纳确实有困难的，可以斟酌情形减少或者免除。

第七节 剥夺政治权利

第五十三条 剥夺政治权利是剥夺下列权利：

（一）选举权和被选举权；

（二）担任国家机关行政职务的权利；

（三）担任审判员、陪审员、检察员、律师的权利；

（四）担任人民团体领导职务的权利。

第五十四条 剥夺政治权利的期限，为一年以上十年以下。

第五十五条 对于反革命分子和其他坚持反动立场的犯罪分子，应当剥夺政治权利；对于严重破坏社会秩序被判处五年以上有期徒刑的其他犯罪分子，在必要的时候，也可以剥夺政治权利。

第五十六条 对于被判处死刑、无期徒刑的犯罪分子，应当剥夺政治权利终身；但是在死刑缓期执行和无期徒刑减为有期徒刑的时候，应当把剥夺政治权利的期限改为三年以上十年以下。

第五十七条 剥夺政治权利的刑期，从主刑执行完毕之日或者从假释之日起计算；但是剥夺政治权利的效力及于主刑执行期间。

第五十八条 对于被判处拘役、有期徒刑没有附加剥夺政治权利的犯罪分子，在执行期间，应当停止行使政治权利。

第八节 没收财产

第五十九条 没收财产是没收犯罪分子个人所有财产的一部或者全部。

在判处没收财产的时候，应当给犯罪分子的家属留下必需的生产资料和生活资料。

第六十条 对于查封财产以前犯罪分子所负的正当债务，需要以没收的财产偿还的，经债权人请求，可以依照法定顺序适当偿还。

第四章 刑罚的具体运用

第一节 量　　刑

第六十一条 对于犯罪分子决定刑罚的时候，应当根据犯罪的事实，犯罪的性质、情节和对于社会的危害程度，参照犯罪分子的个人情况和认罪态度，依照本法的有关规定判处。

第六十二条 犯罪分子具有本法规定的从重处罚、从轻处罚情节的，应当在法定刑的限度以内判处刑罚。

第六十三条 犯罪分子具有本法规定的减轻处罚情节的，应当在法定刑以下判处刑罚。

犯罪分子虽然不具有本法规定的减轻处罚情节，但是根据案件的特殊情况，判处法定刑的最低刑还是过重的，经过上级人民法院核准，也可以在法定刑以下判处刑罚。

第六十四条 对于个别特殊案件的犯罪分子，判处法定刑的最高刑还是过轻的，经过最高人民法院核准，可以在法定刑以上判处刑罚。

第六十五条 犯罪分子违法所得的财物，应当予以追缴。

第二节 累　　犯

第六十六条 被判处有期徒刑以上刑罚的犯罪分子，刑罚执行完毕或者赦免以后，在五年以内再犯应当判处有期徒刑以上刑罚之罪的，是累犯，应当从重处罚；但是过失犯罪除外。

前款规定的期限，对于被假释的犯罪分子，从假释期满之日起计算。

第六十七条 刑罚执行完毕或者赦免以后的反革命分子，在任何时候再犯反革命罪的，都以累犯论处。

第三节 自　　首

第六十八条 犯罪以后自首的，可以从轻处罚；自首并且有立功表现的，可以减轻或者免除处罚；立大功的，可以给予适当奖励。

第四节 数罪并罚

第六十九条 判决宣告以前一人犯数罪的，除判处死刑和无期徒刑的以外，应当在总和刑期以下多数刑中最高刑期以上，酌情决定执行的刑期，但是拘役最高不能超过一年，管制最高不能超过五年，有期徒刑最高不能超过二十年。

如果数罪中有判处附加刑的，附加刑仍须执行。

第七十条 判决宣告以后，刑罚还没有执行完毕以前，发觉被判刑的犯罪分子在判决宣告以前还有其他罪没有经过判决的，应当对新发觉的罪作出判决，把前后两个判决所判处的刑罚，依照本法第六十九条的规定，决定执行的刑罚。已经执行的刑期，应当计算在新判决决定的刑期以内。

第七十一条 判决宣告以后，刑罚还没有执行完毕以前，被判刑的犯罪分子又犯罪的，应当对新犯的罪作出判决，把前罪没有执行的刑罚和后罪所判处的刑罚，依照本法第六十九条的规定，决定执行的刑罚。

第五节 缓 刑

第七十二条 对于被判处拘役、三年以下有期徒刑的犯罪分子，根据犯罪分子的实际情况，认为不执行也不致危害社会的时候，可以宣告缓刑。

被宣告缓刑的犯罪分子，如果被判处附加刑，附加刑仍须执行。

第七十三条 拘役的缓刑考验期限为原判刑期以上一年以下，但是不能少于一个月。

有期徒刑的缓刑考验期限为原判刑期以上五年以下，但是不能少于一年。

缓刑考验期限，从判决确定之日起计算。

第七十四条 对于反革命犯和累犯，不适用缓刑。

第七十五条 被宣告缓刑的犯罪分子，在缓刑考验期限内，由人民法院交所在单位或者基层组织予以监督，如果没有再犯新罪，缓刑考验期满，原判的刑罚就不再执行；如果再犯新罪，撤销缓刑，把前罪和后罪所判处的刑罚，依照本法第六十九条的规定，决定执行的刑罚。

在缓刑考验期限内，过失犯罪的，可以不撤销缓刑。

第六节 减 刑

第七十六条 被判处拘役、有期徒刑、无期徒刑的犯罪分子，在执行期间，如果确有悔改或者立功表现，可以减刑。但是经过一次或者几次减刑以后实际执行的刑期，判处拘役、有期徒刑的，不能少于原判刑期的二分之一；判处无期徒刑的，不能少于十年。

第七十七条 无期徒刑减为有期徒刑的刑期，从裁定减刑之日起计算。

第七节 假 释

第七十八条 被判处有期徒刑的犯罪分子，执行原判刑期二分之一以上，被判处无期徒刑的犯罪分子，实际执行十年以上，如果确有悔改表现，不致再危害社会，可以假释。如果有特殊情节，可以不受上述执行刑期的限制。

第七十九条 有期徒刑的假释考验期限，为没有执行完毕的刑期；如果是经过减刑以后假释的，假释考验期限为减刑以后没有执行完毕的刑期。

无期徒刑的假释考验期限，为十年；如果是经过减刑以后假释的，假释考验期限为减刑以后没有执行完毕的刑期，但是不能超过十年。

假释考验期限，从假释之日起计算。

第八十条 被假释的犯罪分子，在假释考验期限内，由公安机关或者人民公社管理委员会（乡人民委员会）予以监督，如果没有再犯应当判处有期徒刑以上的罪，就认为原判刑罚已经执行完毕；如果再犯应当判处有期徒刑以上的罪，撤销假释，把前罪没有执行的刑罚和后罪所判处的刑罚，依照本法第六十九条的规定，决定执行的刑罚。

在假释考验期限内，过失犯罪的，可以不撤销假释。

第八节 时 效

第八十一条 中华人民共和国成立以前的犯罪，除下列罪犯外，都不再追诉：

（一）罪行严重的反革命分子；

（二）杀人犯，从犯罪的时候起到提起刑事案件的时候止，不满二十年的。

第八十二条 中华人民共和国成立以前进行反革命活动，中华人民共和国成立以后，经过宽大处理没有判处刑罚，又犯反革命罪或者窝藏反革命分子的，不论过去罪行轻重，都应当追诉。

第八十三条 中华人民共和国成立以后的犯罪，经过下列期限不再追诉：

（一）法定刑的最高刑为拘役的，一年；

（二）法定刑的最高刑为不满五年有期徒刑的，五年；

（三）法定刑的最高刑为五年以上不满十年有期徒刑的，十年；

（四）法定刑的最高刑为十年以上有期徒刑、无期徒刑的，十五年；

（五）法定刑的最高刑为死刑的，二十年。

犯反革命罪的，不受前款追诉期限的限制。

第八十四条 追诉期限从犯罪之日起计算；犯罪行为有连续或者继续状态的，从犯罪行为终了之日起计算。

在追诉期限以内又犯罪的，前罪追诉的期限从犯后罪之日起计算。

第八十五条 在人民检察院、人民法院、公安机关采取强制处分以后，逃避侦查或者审判的，不受追诉期限的限制。

第五章 附 则

第八十六条 本法分则没有明文规定的犯罪，可以比照本法分则最相类似的条文定罪判刑；但是应当报请上级人民法院核准。

第八十七条 民族自治地方，不能全部适用本法规定的，可以由自治机关根据当地民族的政治、经济、文化的特点和本法规定的基本原则，制定变通或者补充的规定，报请全国人民代表大会常务委员会批准施行。

第八十八条 本法所说的公共财产是指下列财产：

（一）国家所有的财产；

（二）集体所有的财产。

在国家、人民公社、合作社、公私合营企业和人民团体管理、使用或者运输中的私人财产，以公共财产论。

第八十九条 本法所说的国家工作人员是指一切国家机关、企业、事业单位、人民团体和它们的附属机构依照法律从事公务的人员。

第九十条 本法所说的司法工作人员是指有侦讯、追诉、审判、监管人犯职务的人员。

第九十一条 本法所说的重伤是指有下列情形之一的伤害：

（一）使人肢体残废或者毁人容貌的；

（二）使人丧失听觉、视觉或者其他器官机能的；

（三）其他对于人身健康有重大伤害的。

第九十二条 本法所说的首要分子是指在犯罪集团中起组织、策划、指挥作用的犯罪分子。

第九十三条 本法所说的以上、以下、以内，都连本数在内。

第九十四条 本法总则适用于其他有刑罚规定的法律、法令，但是其他法律、法令有特别规定的除外。

第二编 分 则

第一章 反革命罪

第九十五条 以推翻工人阶级领导的人民民主政权、破坏人民民主制度、破坏社会主义革命和社会主义建设为目的的行为，是反革命罪。

第九十六条 勾结外国，阴谋危害祖国的主权、领土完整和安全的，处死刑、无期徒刑或者十年以上有期徒刑。

第九十七条 阴谋颠覆政府、分裂国家的，处死刑、无期徒刑或者十年以上有期徒刑。

第九十八条 策动、勾引、收买国家工作人员、武装部队、民兵进行叛变的，处死刑、无期徒刑或者十年以上有期徒刑。

第九十九条 国家工作人员叛变的，处七年以上有期徒刑、无期徒刑或者死刑；率队叛变的，从重处罚。

非国家工作人员叛变的，处五年以上有期徒刑。

第一百条 持械聚众叛乱的，首要分子或者其他罪恶重大的，处死刑、无期徒刑或者十年以上有期徒刑；其他积极参加的，处三年以上十年以下有期徒刑。

第一百零一条 聚众劫狱或者暴动越狱的，首要分子或者其他罪恶重大的，处死刑、无期徒刑或者十年以上有期徒刑；其他积极参加的，处三年以上十年以下有期徒刑。

第一百零二条 进行下列间谍或者资敌行为之一的，处死刑、无期徒刑或者十年以上有期徒刑；情节较轻的，处三年以上十年以下有期徒刑：

（一）里通外国，为外国人送情报的；

（二）为敌人窃取、刺探、提供情报的；

（三）为敌人指示轰击目标的；

（四）为敌人供给武器军火或者其他军用物资的。

第一百零三条 组织领导特务、间谍组织或者其他反革命组织的，或者特务、间谍组织的重要分子，处十年以上有期徒刑、无期徒刑或者死刑；参加特务、间谍组织或者其他反革命组织的，处三年以上十年以下有期徒刑。

第一百零四条 组织、利用封建会道门进行反革命活动的，处十年以上有期徒刑、无期徒刑或者死刑；情节较轻的，处三年以上十年以下有期徒刑。

第一百零五条 以反革命为目的，进行下列破坏、杀害行为之一的，处死刑、无期徒刑或者十年以上有期徒刑；情节较轻的，处三年以上十年以下有期徒刑：

（一）爆炸、放火、决水、利用技术或者以其他方法破坏军事设备、建筑工程、工厂、矿场、森林、农场、堤坝、交通、仓库、防险设备或者其他公共建设、公共财物的；

（二）抢劫工矿企业、银行、商店、仓库或者其他公共财物的；

（三）劫持船舰、飞机、车辆的；

（四）投放毒物、散播病菌或者以其他方法毒害人、畜或者农作物的；

（五）制造、抢夺、偷窃枪支、弹药的；

（六）袭击或者杀人、伤人的；

（七）扰乱市场或者破坏金融的。

第一百零六条　以反革命为目的，进行下列挑拨、煽惑行为之一的，处三年以上十年以下有期徒刑；首要分子或者其他罪恶重大的，处十年以上有期徒刑、无期徒刑或者死刑：

（一）煽动群众抗拒、破坏政府政令实施的；

（二）挑拨离间各民族、各民主阶级、各民主党派、各人民团体或者人民与政府之间的团结的；

（三）书写、张贴、散发反革命标语、传单，制造、散布谣言，或者以其他方法进行反革命宣传、恐吓的。

第一百零七条　以反革命为目的，偷越国境的，处三年以上十年以下有期徒刑；情节严重的，处十年以上有期徒刑、无期徒刑或者死刑。

第一百零八条　犯本章之罪的，可以没收一部或者全部财产。

第二章　危害公共安全罪

第一百零九条　武装盗匪，首要分子或者其他罪恶重大的，处十年以上有期徒刑、无期徒刑或者死刑，可以没收一部或者全部财产；情节较轻的，处三年以上十年以下有期徒刑。

第一百一十条　放火烧毁工厂、矿坑、仓库、住宅、森林、农场、谷场、牧场、公共建筑物或者其他公共建设的，处三年以上十年以下有期徒刑；致人重伤、死亡或者使公私财产遭受重大损失的，处十年以上有期徒刑、无期徒刑或者死刑。

放火烧毁其他公私财产足以危害公共安全的，处七年以下有期徒刑。

失火造成第一款结果的，处五年以下有期徒刑或者拘役。

第一百一十一条　决水浸害工厂、矿坑、仓库、住宅、农作物、公共建筑物或者其他公共建设的，处三年以上十年以下有期徒刑；致人重伤、死亡或者使公私财产遭受重大损失的，处十年以上有期徒刑、无期徒刑或者死刑。

决水浸害其他公私财产足以危害公共安全的，处七年以下有期徒刑。

过失犯第一款罪的，处五年以下有期徒刑或者拘役。

第一百一十二条　破坏火车、汽车、电车、船只、飞机足以使火车、汽车、电车、船只、飞机发生倾覆或者毁坏危险的，处三年以上十年以下有期徒刑。

犯前款罪，引起严重后果的，处七年以上有期徒刑或者无期徒刑。

过失犯第一款罪而发生第二款结果的，处五年以下有期徒刑或者拘役。

第一百一十三条　破坏轨道、桥梁、灯塔、标识或者进行其他破坏活动足以使火车、汽车、船只、飞机发生倾覆或者毁坏危险的，处一年以上七年以下有期徒刑。

犯前款罪，引起严重后果的，处七年以上有期徒刑或者无期徒刑。

过失犯第一款罪而发生第二款结果的，处五年以下有期徒刑或者拘役。

第一百一十四条　破坏电力、煤气设备足以危害公共安全的，处一年以上七年以下有期徒刑。

犯前款罪，引起严重后果的，处七年以上有期徒刑或者无期徒刑。

过失犯第一款罪而发生第二款结果的，处五年以下有期徒刑或者拘役。

第一百一十五条　故意破坏广播电台、电报、电话或者其他通讯设备足以危害公共安全的，处五年以下有期徒刑或者拘役；情节严重的，处五年以上有期徒刑。

第一百一十六条　非法制造、买卖、运输枪支、弹药的，处五年以上有期徒刑。

第一百一十七条　抢夺国家机关、军警人员或者民兵的枪支、弹药的，处五年以上有期徒刑。

第一百一十八条　偷窃国家机关、军警人员或者民兵的枪支、弹药的，处一年以上七年以下有期徒刑。

第一百一十九条　从事交通运输的人员，由于业务上的过失，致人重伤、死亡或者使公私财产遭受重大损失的，处五年以下有期徒刑或者拘役；情节特别恶劣的，处五年以上有期徒刑。

第一百二十条　工厂、矿山、林场、建筑企业或者其他企业的职工，由于严重不负责任，违反规章制度因而发生重大事故、造成严重后果的，处七年以下有期徒刑或者拘役。

第一百二十一条　违反邮政法规、交通运输法规，蒙混寄运或者秘密携带有爆炸性、易燃性、毒害性、腐蚀性的物品，造成严重后果的，处七年以下有期徒刑或者拘役。

第三章　妨害社会经济秩序罪

第一百二十二条　违反海关法规，进行走私，情节严重的，除按照海关法规没收走私物品并且可以处罚金外，处一年以上七年以下有期徒刑。

走私集团的首要分子或者走私数额巨大的，处七年以上有期徒刑或者无期徒刑，可以没收一部或者全部财产。

第一百二十三条　违反金融、外汇、金银管理法规，进行投机活动的，处五年以下有期徒刑或者拘役，可以并处或者单处罚金。

投机集团的首要分子或者投机数额巨大的，处五年以上有期徒刑或者无期徒刑，可以没收一部或者全部财产。

第一百二十四条　违反市场管理法规，以获取非法利润为目的，进行投机活动，扰乱市场，情节严重的，处五年以下有期徒刑或者拘役，可以并处或者单处罚金。

投机集团的首要分子或者投机数额巨大的，处五年以上有期徒刑或者无期徒刑，可以没收一部或者全部财产。

第一百二十五条　违反税收法规，偷税、漏税、抗税，情节严重的，除按照税收法规补税并且可以处罚金外，处二年以下有期徒刑或者拘役。

第一百二十六条　伪造国家货币或者贩运伪造的国家货币的，处三年以上十年以下有期徒刑，可以并处罚金；首要分子处十年以上有期徒刑、无期徒刑或者死刑，可以没收一部或者全部财产。

第一百二十七条　变造国家货币的，处一年以下有期徒刑、拘役或者罚金。

第一百二十八条　意图营利，行使伪造的国家货币的，处五年以下有期徒刑或者拘役，可以并处罚金。

第一百二十九条　伪造公债券、支票、股票或者其他有价证券的，处一年以上七年以下有期徒刑，可以并处罚金。

第一百三十条　意图营利，伪造或者变造车票、船票、邮票、税票或者其他票证的，处一年以下有期徒刑、拘役或者罚金；情节严重的，处一年以上七年以下有期徒刑，可以并处罚金。

第一百三十一条　商业人员，故意造假，欺骗顾客，情节严重的，处三年以下有期徒刑或者拘役，可以并处或者单处罚金。

第一百三十二条　工商企业假冒其他企业已经注册的商标的，对主管人员处拘役或者罚金。

第一百三十三条　由于泄愤报复、自私自利或者其他个人目的，毁坏机器设备、残害耕畜或者以其他方法破坏生产的，处五年以下有期徒刑或者拘役；情节严重的，处五年以上有期徒刑。

第一百三十四条　违反政府保护耕畜规定，私自宰杀耕畜的，处五年以下有期徒刑或者拘役，可以并处或者单处罚金。

第一百三十五条　意图营利，制造或者贩卖不合国家规定的度量衡的，处一年以下有期徒刑、拘役或者罚金。

第四章　侵犯人身权利罪

第一百三十六条　故意杀人的，处死刑、无期徒刑或者十年以上有期徒刑。

第一百三十七条　过失致人死亡的，处五年以下有期徒刑。本法另有规定的，依照规定。

第一百三十八条　故意伤害他人身体的，处三年以下有期徒刑或者拘役。

犯前款罪，致人重伤的，处三年以上十年以下有期徒刑；致人死亡的，处五年以上有期徒刑。本法另有规定的，依照规定。

第一百三十九条　过失致人重伤的，处二年以下有期徒刑或者拘役。本法另有规定的，依照规定。

第一百四十条　强奸妇女的，处一年以上七年以下有期徒刑。

犯前款罪，情节特别严重的或者致人重伤、死亡的，处七年以上有期徒刑、无期徒刑或者死刑。

二人以上犯强奸罪而共同轮奸的，从重处罚。

第一百四十一条　奸淫不满十四岁幼女的，处三年以上十年以下有期徒刑。

犯前款罪，情节特别严重的或者致人重伤、死亡的，处十年以上有期徒刑、无期徒刑或者死刑。

第一百四十二条　对于不满十四岁的男、女实行猥亵的，处五年以下有期徒刑或者拘役。

第一百四十三条　强迫妇女卖淫的，处一年以上七年以下有期徒刑。

第一百四十四条　拐卖人口的，处五年以上有期徒刑。

第一百四十五条　有花柳病的人，故意隐瞒而同他人结婚，致使他人受传染的，处一年以下有期徒刑或者拘役。

前款罪，告诉的才处理。

第一百四十六条　强迫孕妇实行堕胎，致人重伤的，处三年以下有期徒刑；致人死亡的，处三年以上十年以下有期徒刑。

第一百四十七条　私行拘禁他人，或者以其他方法私行剥夺他人行动自由的，处二年以下有期徒刑或者拘役。

犯前款罪，致人重伤的，处一年以上七年以下有期徒刑；致人死亡的，处五年以上有期徒刑。

第一百四十八条　非法搜索他人身体、住宅的，处拘役。

第一百四十九条　隐匿、毁弃或者非法开拆他人信件的，处拘役。

第一百五十条　船长在航行中，对于在海上或者其他水域中遭遇生命危险的人，可能援救而不援救的，处一年以下有期徒刑或者拘役。

第一百五十一条　医务人员明知对于病人不给治疗就会发生危险结果，没有正当理由而拒绝治疗的，处一年以下有期徒刑或者拘役。

第五章 侵犯财产罪

第一百五十二条 以暴力、胁迫或者其他方法抢劫公私财物的，处三年以上十年以下有期徒刑。

犯前款罪，情节严重的或者致人重伤、死亡的，处十年以上有期徒刑、无期徒刑或者死刑。

第一百五十三条 偷窃公私财物的，处五年以下有期徒刑或者拘役。

第一百五十四条 抢夺公私财物的，处五年以下有期徒刑或者拘役。

第一百五十五条 诈骗公私财物的，处五年以下有期徒刑或者拘役。

第一百五十六条 以偷窃、诈骗为常业的惯窃、惯骗或者偷窃、诈骗、抢夺数额巨大的，处五年以上十年以下有期徒刑；情节特别严重的，处十年以上有期徒刑、无期徒刑或者死刑。

第一百五十七条 犯偷窃、抢夺、诈骗罪，为防护赃物、抗拒逮捕或者毁灭罪证而当场使用暴力或者以暴力相威胁的，依照第一百五十二条罪处罚。

第一百五十八条 敲诈勒索公私财物的，处五年以下有期徒刑或者拘役。

第一百五十九条 侵占公私财物的，处三年以下有期徒刑或者拘役。

第一百六十条 国家工作人员利用职务上的便利，偷窃、侵占、诈骗或者以其他方法贪污公共财物的，处五年以下有期徒刑或者拘役；数额巨大、情节恶劣的，处五年以上十年以下有期徒刑；情节特别严重的，处十年以上有期徒刑、无期徒刑或者死刑。

受国家机关、企业、事业单位、人民团体委托从事公务的人员犯前款罪的，依照前款的规定处罚。

第一百六十一条 故意毁坏公私财物的，处三年以下有期徒刑或者拘役。

第六章 妨害婚姻、家庭罪

第一百六十二条 以暴力干涉他人婚姻自由的，处一年以下有期徒刑或者拘役。

犯前款罪，引起被害人自杀的，处一年以上七年以下有期徒刑。

第一百六十三条 借婚姻关系索取财物而妨害他人婚姻自由，情节恶劣的，处拘役。

前款罪，本人告诉的才处理。

第一百六十四条 有配偶而重婚的，或者明知他人有配偶而与之结婚的，处二年以下有期徒刑或者拘役。

第一百六十五条 破坏他人婚姻家庭，情节恶劣，造成严重后果的，处二年以下有期徒刑或者拘役。破坏军人婚姻家庭的，从重处罚。

前款罪，本人告诉的才处理。

第一百六十六条 虐待家庭成员，情节恶劣的，处二年以下有期徒刑或者拘役。

犯前款罪，致被害人重伤的，处五年以下有期徒刑；致被害人死亡的，处三年以上十年以下有期徒刑。

第一款罪，告诉的才处理。

第一百六十七条 对于年老、年幼、疾病或者其他没有独立生活能力的人，负有扶养义务而拒绝扶养的，处三年以下有期徒刑或者拘役。

犯前款罪，致被害人死亡的，处三年以上十年以下有期徒刑。

第一百六十八条 拐骗不满十六岁的男、女，脱离家庭或者监护人的，处三年以上十年以下有期徒刑。

第七章 妨害管理秩序罪

第一百六十九条 违反选举法的规定，以暴力、威胁、欺骗、贿赂或者其他方法，破坏选举或者妨害选民自由行使选举权和被选举权的，处二年以下有期徒刑或者拘役。

第一百七十条 虚报选举票数或者以其他方法使投票发生不正确结果的，处三年以下有期徒刑或者拘役。

第一百七十一条 以暴力、威胁方法阻碍国家工作人员依法执行职务的，处二年以下有期徒刑或者拘役。

第一百七十二条 依法被逮捕、关押的犯罪分子脱逃的，处三年以下有期徒刑或者拘役。

以暴力、威胁方法犯前款罪的，处七年以下有期徒刑。

第一百七十三条 意图陷害他人受刑事处分而诬告的，处三年以下有期徒刑；情节严重的，处三年以上十年以下有期徒刑。但是错告的，不适用本条的规定。

第一百七十四条 在侦查、审判中，证人、鉴定人、翻译人意图陷害他人或者包庇犯罪分子，对案件有重要关系的情节，故意作虚伪证明、鉴定、翻译的，处七年以下有期徒刑。

第一百七十五条 窝藏反革命分子或者为反革命分子消灭、隐匿犯罪证据的，处一年以上七年以下有期徒刑；情节严重的，处七年以上有期徒刑。

窝藏其他犯罪分子或者为其他犯罪分子消灭、隐匿犯罪证据的，处七年以下有期徒刑或者拘役。

犯前两款罪，事前通谋的，以共犯论处。

第一百七十六条 意图营利，制造、贩卖假药的，处一年以下有期徒刑或者拘役，可以并处或者单处罚金；造成严重后果的，处一年以上七年以下有期徒刑，可以并处罚金。

第一百七十七条 冒充国家工作人员招摇撞骗的，处五年以下有期徒刑或者拘役；情节严重的，处五年以上有期徒刑。

第一百七十八条 伪造、变造或者盗窃、毁灭国家机关、企业、人民团体的公文、证件、印章的，处五年以下有期徒刑或者拘役。

第一百七十九条 伪造、变造或者盗窃、毁灭私人图章、文书，足以损害公共利益或者他人利益的，处一年以下有期徒刑或者拘役。

第一百八十条 意图营利，供给赌博场所或者以赌博为常业的，处三年以下有期徒刑或者拘役，可以并处罚金。

第一百八十一条 聚众斗殴，寻衅滋事，侮辱妇女或者进行其他流氓行为，破坏公共秩序，情节恶劣的，处五年以下有期徒刑或者拘役。

流氓集团的首要分子，处五年以上有期徒刑。

第一百八十二条 意图营利，引诱、容留妇女卖淫的，处五年以下有期徒刑或者拘役。

第一百八十三条 意图营利，制造、贩卖、运输鸦片、海洛英、吗啡或者其他毒品的，处七年以下有期徒刑，可以并处罚金。

一贯或者大量制造、贩卖、运输前款毒品的，处七年以上有期徒刑，可以没收一部或者全部财产。

第一百八十四条 吸食或者注射鸦片毒品的，处一年以下有期徒刑或者拘役。

第一百八十五条 意图营利，明知是犯罪所得的赃物而收买或者代为销售的，处三年以下有期徒刑或者拘役，可以并处或者单处罚金。

第一百八十六条 盗运珍贵历史文物出口的，处一年以上七年以下有期徒刑，可以并处罚金；情节严重的，处七年以上有期徒刑或者无期徒刑，可以没收一部或者全部财产。

第一百八十七条 故意破坏国家保护的珍贵历史文物的，处七年以下有期徒刑或者拘役。

第一百八十八条 盗窃或者故意破坏国家的永久性测量标志的，处三年以下有期徒刑或者拘役。

第一百八十九条 违反保护珍禽、珍兽管理规定，进行狩猎，情节严重的，处二年以下有期徒刑或者拘役。

第一百九十条 违反出入国境管理规定，偷越国境的，处一年以下有期徒刑或者拘役。

第一百九十一条 意图营利，组织、运送偷越国境的，处七年以下有期徒刑。

第八章 渎职罪

第一百九十二条 国家工作人员收受贿赂的，处五年以下有期徒刑或者拘役。

犯前款罪，致使国家或者公民利益遭受严重损失的，处五年以上有期徒刑。

向国家工作人员行贿或者介绍贿赂的，依照前两款的规定处罚。

第一百九十三条 国家工作人员利用职权、假公济私，对控告人、批评人实行报复陷害，情节严重的，处七年以下有期徒刑。

第一百九十四条 国家工作人员泄露国家重要机密的，处五年以下有期徒刑或者拘役。

非国家工作人员犯前款罪的，依照前款的规定处罚。

第一百九十五条 国家工作人员由于玩忽职守、严重不负责任，致使公共财产遭受重大损失的，处五年以下有期徒刑或者拘役。

第一百九十六条 司法工作人员对明知是无罪的人而使他受追诉、对明知是有罪的人而故意包庇不使他受追诉，或者故意颠倒黑白做枉法裁判的，处七年以下有期徒刑。

第一百九十七条 司法工作人员对人犯刑讯逼供的，处五年以下有期徒刑或者拘役。

第一百九十八条 司法工作人员私放罪犯的，处七年以下有期徒刑。

第一百九十九条 邮电工作人员私自开拆或者隐匿、毁弃邮件、电报的，处一年以下有期徒刑或者拘役。

犯前款罪而窃取财物的，依照第一百六十条的规定处罚。

第二百条 国家工作人员犯本章之罪，情节轻微的，可以由所属机关斟酌情形予以行政处分。

7. 中华人民共和国刑法草案（初稿）（第30次稿）

（全国人民代表大会常务委员会办公厅印　1963年2月27日修改稿）

目　录

第一编　总　则

第一章　刑法的任务和适用范围

第一条　中华人民共和国刑法，以宪法为根据，依照严格区分敌我矛盾性质的犯罪和人民内部矛盾性质的犯罪的原则和惩办与宽大相结合的政策制定。

第二条　中华人民共和国刑法的任务，是用刑罚同一切反革命分子和其他犯罪分子作斗争，以保卫工人阶级领导的、工农联盟为基础的人民民主专政制度，维护社会秩序，保护国家所有的和集体所有的公共财产，保护公民所有的合法财产，保护公民的人身和其他权利，保障国家的社会主义革命和社会主义建设事业的顺利进行。

第三条　凡在中华人民共和国领域内犯罪的，除有特别规定的以外，都适用本法。

犯罪的行为或者结果有一项在中华人民共和国领域内的，就认为是在中华人民共和国领域内犯罪。

第四条　中华人民共和国公民在中华人民共和国领域外犯下列各罪的，适用本法：

（一）反革命罪；

（二）伪造国家货币罪（第一百三十一条），伪造有价证券罪（第一百三十三条）；

（三）侵犯国家所有的和集体所有的公共财产罪；

（四）侵犯公民所有的合法财产罪；

（五）侵犯人身权利罪；

（六）冒充国家工作人员招摇撞骗罪（第一百八十条），伪造公文、证件、印章罪（第一百八十一条）。

第五条　中华人民共和国公民在中华人民共和国领域外犯前条以外的罪，而本法规定的最轻刑罚为三年以上有期徒刑的，也适用本法；但是按照犯罪地的法律不受处罚的除外。

第六条　外国人在中华人民共和国领域外对中华人民共和国国家或者公民的犯罪，适用本法第四条、第五条的规定。

第七条　凡在中华人民共和国领域外犯罪、依照本法应当负刑事责任的，虽然经过外国审判，仍然可以依照本法处理；但是在外国已经受过刑罚处罚的，可以免除或者减轻处罚。

第八条　享有外交特权的外国人的刑事责任问题，通过外交途径解决。

第九条　本法施行以前的犯罪，依照本法总则第四章第八节的规定应当追诉而没有经过审判或者判决还没有确定的，都适用本法；但是中华人民共和国成立以后本法施行以前的行为，如果当时的政策、法律、法令不认为是犯罪的，适用当时的政策、法律、法令。

第二章　犯　　罪

第一节　刑事责任

第十条　一切危害工人阶级领导的、工农联盟为基础的人民民主专政制度、破坏社会主义革命和社会主义建设、破坏社会秩序、侵犯国家所有的和集体所有的公共财产、侵犯公民所有的合法财产、侵犯公民的人身和其他权利，以及其他危害社会的行为，依照法律应当受刑罚处罚的，都是犯罪；但是情节轻微危害不大又系偶犯的，不以犯罪论处。

第十一条　明知自己的行为会发生危害社会的结果，并且希望或者放任这种结果发生的，是故意犯罪。

故意犯罪，应当负刑事责任。

第十二条　应当预见自己的行为可能发生危害社会的结果，因为疏忽大意没有预见，或者已经预见但是轻信能够避免，以致发生这种结果的，是过失犯罪。

过失犯罪，有规定的才负刑事责任。

第十三条　行为在客观上虽然造成了损害结果，但是如果不是出于故意或者过失，而是由于不能预见的或者不能抗拒的原因所引起的，不认为是犯罪。

第十四条　已满十六岁的人犯罪，应当负刑事责任。

已满十四岁不满十六岁的人，犯杀人、重伤、放火、严重偷窃罪或者严重破坏交通罪，应当负刑事责任。

已满十四岁不满十八岁的人犯罪，应当从轻或者减轻处罚。

因不满十六岁不处罚的，责令他的家属或者监护人加以管教；必要的时候，也可以由政府收容教养。

第十五条　精神病人在不能辨认或者不能控制自己行为的时候造成危害结果的，不负刑事责任；但是应当责令他的家属或者监护人严加看管和医疗。

间歇性的精神病人，在精神正常的时候犯罪，应当负刑事责任。

醉酒的人犯罪，应当负刑事责任。

第十六条　又聋又哑的人犯罪，可以从轻或者减轻处罚。

第十七条　为了使公共利益、本人或者他人的人身和其他权利免受正在进行的不法侵害，采取的正当防卫行为，不负刑事责任。

正当防卫超过必要限度造成不应有的危害的，应当负刑事责任；但是可以减轻或者免除处罚。

第十八条　为了使公共利益、本人或者他人的人身和其他权利免受正在发生的危险，不得已采取的紧急避险行为，不负刑事责任。

紧急避险超过必要限度造成不应有的危害的，应当负刑事责任；但是可以减轻或者免除处罚。

第一款中关于避免本人危险的规定，不适用于职务上、业务上负有特定义务的人。

第二节　犯罪的预备、未遂和中止

第十九条　为了犯罪，准备工具、制造条件的，是犯罪预备。

对于预备犯，可以比照既遂犯从轻、减轻处罚，或者免除处罚。

第二十条　已经着手实行犯罪，由于犯罪分子意志以外的原因而未遂的，是犯罪未遂。

对于未遂犯，可以比照既遂犯从轻或者减轻处罚。

第二十一条　在犯罪过程中，自动中止犯罪或者自动有效地防止犯罪结果发生的，是犯罪中止。

对于中止犯，应当免除或者减轻处罚。

第三节　共同犯罪

第二十二条　共同犯罪是指二人以上共同故意犯罪。

二人以上共同过失犯罪，不以共同犯罪论处；应当负刑事责任的，按照他们所犯的罪处罚。

第二十三条　组织、领导犯罪集团进行犯罪活动的或者在共同犯罪中起主要作用的，是主犯。

对于主犯，除本法分则已有规定的以外，应当从重处罚。

第二十四条　在共同犯罪中起次要或者辅助作用的，是从犯。

对于从犯，应当比主犯从轻或者减轻处罚。

第二十五条　对于被胁迫、被诱骗参加犯罪的，应当按照他的犯罪情节，比从犯减轻处罚或者免除处罚。

第二十六条　教唆他人犯罪的，应当按照他在共同犯罪中所起的作用处罚。教唆不满十八岁的人犯罪的，应当从重处罚。

如果被教唆的人，没有犯被教唆的罪，对于教唆犯，可以从轻、减轻或者免除处罚。

第三章　刑　　罚

第一节　刑罚的种类

第二十七条　刑罚分为主刑和附加刑。

第二十八条　主刑的种类如下：

（一）拘役；

（二）管制；

（三）有期徒刑；

（四）无期徒刑；

（五）死刑。

第二十九条　附加刑的种类如下：

（一）罚金；

（二）剥夺政治权利；

（三）没收财产。

罚金、没收部分财产也可以独立适用。

第三十条　对于犯罪的外国人，可以独立适用或者附加适用逐出国境。

第三十一条　对于情节轻微的犯罪分子，不需要判处刑罚的，可以根据案件的不同情况，予以训诫或者责令具结悔过、取保、赔礼道歉、赔偿损失。

第二节　拘　　役

第三十二条　拘役的期限，为三日以上六个月以下；但是在数罪并罚的时候，可以到一年。

第三十三条　被判处拘役的犯罪分子，由公安机关执行。

第三十四条　拘役的刑期，从判决执行之日起计算。

第三节　管　　制

第三十五条　管制适用于罪恶程度还不需要判处有期徒刑以上刑罚的反革命分子和其他犯罪分子。

第三十六条　管制的期限，为六个月以上三年以下；但是在数罪并罚的时候，可以到五年。

第三十七条　对于被判处管制的犯罪分子，在执行期间，应当剥夺政治权利，但是在劳动中应当同工同酬。

第三十八条　被判处管制的犯罪分子，由公安机关监督执行或者由受司法机关委托的人民公社管理委员会（乡人民委员会）监督执行。

第三十九条　被判处管制的犯罪分子，在执行期间，必须遵守下列规定：

（一）遵守法律、法令，服从群众监督，积极劳动生产；

（二）向监督执行机关定期报告自己的活动情况；

（三）迁居或者离乡外出的，报经监督执行机关批准。

第四十条　被判处管制的犯罪分子违反前条规定，人民法院可以延长管制期限。

第四十一条　被判处管制的犯罪分子，如果确有悔改或者立功表现，人民法院可以缩短管制期限或者提前解除管制。

第四十二条　管制的刑期，从判决执行之日起计算；判决执行以前先行羁押的，羁押一日折抵刑期二日。

第四节　有期徒刑、无期徒刑

第四十三条　有期徒刑的期限，为六个月以上十五年以下；但是在数罪并罚或者无期徒刑减为有期徒刑的时候，可以到二十年。

第四十四条　被判处有期徒刑、无期徒刑的犯罪分子，凡有劳动能力的，在监狱或者其他劳动改造场所实行劳动改造。

第四十五条　有期徒刑的刑期，从判决执行之日起计算；判决执行以前先行羁押的，羁押一日折抵刑期一日。

第四十六条　犯罪的时候不满十八岁的人，不适用无期徒刑。

第五节　死　　刑

第四十七条　死刑只适用于罪大恶极、民愤很大、必须判处死刑的犯罪分子。

死刑案件由最高人民法院判决或者报请最高人民法院核准。

第四十八条　犯罪的时候不满十八岁的人和审判的时候怀孕的妇女，不适用死刑。

第四十九条　死刑用枪决的方法执行。

第五十条　对于应当判处死刑的犯罪分子，如果不是必须立即执行的，可以判处死刑同时宣告缓期二年执行，强迫劳动，以观后效。在死刑缓期执行期间，如果真诚悔改，二年期满以后，减为无期徒刑；如果真诚悔改并有立功表现，二年期满以后，减为十五年以上二十年以下有期徒刑；如果拒绝改造，由最高人民法院裁定或者核准，执行死刑。

第五十一条　死刑缓期执行的期间，从判决确定之日起计算。

死刑缓期执行减为有期徒刑的刑期，从裁定减刑之日起计算。

第六节　罚　　金

第五十二条　判处罚金，应当根据犯罪情节和犯罪分子的财产状况，决定罚金数额。

第五十三条　罚金在判决指定的期限内一次或者分期缴纳。期满不缴纳的，强制缴纳。如果由于遭遇不能抗拒的灾祸缴纳确实有困难的，可以斟酌情形减少或者免除。

第七节　剥夺政治权利

第五十四条　剥夺政治权利是剥夺下列权利：

（一）选举权和被选举权；

（二）担任国家机关、企业、事业单位行政职务的权利；

（三）担任审判员、陪审员、检察员、律师的权利；

（四）担任人民团体领导职务的权利；

（五）担任学校教师和行政职务的权利。

第五十五条　剥夺政治权利的刑期，为一年以上十年以下。

第五十六条　对于反革命分子和其他坚持反动立场的犯罪分子，应当剥夺政治权利；对于严重破坏社会秩序的其他犯罪分子，在必要的时候，也可以剥夺政治权利。

第五十七条　对于被判处死刑、无期徒刑的犯罪分子，应当剥夺政治权利终身；对于被判处十五年以上有期徒刑的反革命分子，在必要的时候，也可以剥夺政治权利终身。

在死刑缓期执行和无期徒刑减为有期徒刑的时候，可以仍旧剥夺政治权利终身，也可以把剥夺政治权利的期限改为三年以上十五年以下。

第五十八条　剥夺政治权利的刑期，从主刑执行完毕之日或者从假释之日起计算；但是剥夺政治权利的效力当然施用到主刑执行期间。

第八节　没收财产

第五十九条　没收财产是没收犯罪分子个人所有财产的一部或者全部。

在判处没收财产的时候，应当给犯罪分子的家属留下必需的生产资料和生活资料。

第六十条　对于查封财产以前犯罪分子所负的正当债务，需要以没收的财产偿还的，经债权人请求，可以依照法定顺序适当偿还。

第四章　刑罚的具体运用

第一节　量　　刑

第六十一条　对于犯罪分子决定刑罚的时候，应当根据犯罪的事实、犯罪的性质、情节和对于社会的危害程度，参照犯罪分子的个人情况、认罪的老实程度和对犯罪的悔改态度，依照本法的有关规定判处。

第六十二条　犯罪分子具有本法规定的从重处罚、从轻处罚情节的，应当在法定刑的限度以内判处刑罚。

第六十三条　犯罪分子具有本法规定的减轻处罚情节的，应当在法定刑以下判处刑罚。

犯罪分子虽然不具有本法规定的减轻处罚情节，如果根据案件的特殊情况，判处法定刑的最低刑还是过重的，经过上级人民法院核准，也可以在法定刑以下判处刑罚。

第六十四条　对于个别特殊案件的犯罪分子，如果判处法定刑的最高刑还是过轻的，经过最高人民法院核准，可以在法定刑以上判处刑罚。

第六十五条　犯罪分子违法所得的一切财物，应当予以追缴；供犯罪所用的一切财物，应当予以没收。

第二节　累　　犯

第六十六条　被判处有期徒刑以上刑罚的犯罪分子，刑罚执行完毕或者赦免以后，在五年以内再犯应当判处有期徒刑以上刑罚之罪的，是累犯，应当从重处罚；但是过失犯罪除外。

前款规定的期限，对于被假释的犯罪分子，从假释期满之日起计算。

第六十七条　刑罚执行完毕或者赦免以后的反革命分子，在任何时候再犯反革命罪的，都以累犯论处。

第三节　自　　首

第六十八条　犯罪以后自首的，可以从轻处罚；自首并且有立功表现的，可以减轻或者免除处罚；立大功的，可以给予适当奖励。

第四节　数罪并罚

第六十九条　判决宣告以前一人犯数罪的，除判处死刑和无期徒刑的以外，应当在总和刑期以下多数刑中最高刑期以上，酌情决定执行的刑期，但是拘役最高不能超过一年，管制最高不能超过五年，有期徒刑最高不能超过二十年。如果数罪中有判处附加刑的，附加刑仍须执行。

第七十条　判决宣告以后，刑罚还没有执行完毕以前，发觉被判刑的犯罪分子在判决宣告以前还有其他罪没有经过判决的，应当对新发觉的罪作出判决，把前后两个判决所判处的刑罚，依照本法第六十九条的规定，决定执行的刑罚。已经执行的刑期，应当计算在新判决决定的刑期以内。

第七十一条　判决宣告以后，刑罚还没有执行完毕以前，被判刑的犯罪分子又犯罪的，应当对新犯的罪作出判决，把前罪没有执行的刑罚和后罪所判处的刑罚，依照本法第六十九条的规定，决定执行的刑罚。

第五节　缓　　刑

第七十二条　对于被判处拘役、三年以下有期徒刑的犯罪分子，根据犯罪分子的犯罪情节和悔罪表现，认为适用缓刑确实不致再危害社会和引起群众不满的，可以在责令犯罪分子具结悔罪以后，经过上一级人民法院核准，宣告缓刑。被宣告缓刑的犯罪分子，如果被判处附加刑，附加刑仍须执行。

第七十三条　拘役的缓刑考验期限为原判刑期以上一年以下，但是不能少于一个月。

有期徒刑的缓刑考验期限为原判刑期以上五年以下，但是不能少于一年。

缓刑考验期限，从判决确定之日起计算。

第七十四条　对于反革命犯和累犯，不适用缓刑。

第七十五条　被宣告缓刑的犯罪分子，在缓刑考验期限内，由公安机关交所在单位或者基层组织予以监督，如果没有再犯新罪，缓刑考验期满，原判的刑罚就不再执行；如果再犯新罪，撤销缓刑，把前罪和后罪所判处的刑罚，依照本法第六十九条的规定，决定执行的刑罚。

第六节　减　　刑

第七十六条　被判处拘役、有期徒刑、无期徒刑的犯罪分子，在执行期间，如果确有悔改或者立功表现，可以减刑。但是经过一次或者几次减刑以后实际执行的刑期，判处拘役、有期徒刑的，不能少于原判刑期的二分之一；判处无期徒刑的，不能少于十年。

第七十七条　无期徒刑减为有期徒刑的刑期，从裁定减刑之日起计算。

第七节　假　　释

第七十八条　被判处有期徒刑的犯罪分子，执行原判刑期二分之一以上，被判处无期徒刑的犯罪分子，实际执行十年以上，如果确有悔改表现，不致再危害社会，可以假释。如果有特殊情节，可以不受上述执行刑期的限制。

第七十九条　有期徒刑的假释考验期限，为没有执行完毕的刑期；无期徒刑的假释考验期限，为十五年。

假释考验期限，从假释之日起计算。

第八十条　被假释的犯罪分子，在假释考验期限内，由公安机关或者人民公社管理委员会（乡人民委员会）予以监督，如果没有再犯应当判处有期徒刑以上的罪，就认为原判刑罚已经执行完毕；如果再犯应当判处有期徒刑以上的罪，撤销假释，把前罪没有执行的刑罚和后罪所判处的刑罚，依照本法第六十九条的规定，决定执行的刑罚。

第八节　时　　效

第八十一条　中华人民共和国成立以前的犯罪，除下列罪犯外，都不再追诉：

（一）罪行严重的反革命分子；

（二）杀人犯，从犯罪的时候起到提起刑事案件时候止，不满二十年的。

第八十二条　中华人民共和国成立以前进行反革命活动，中华人民共和国成立以后，经过宽大处理没有判处刑罚，又犯反革命罪或者窝藏反革命分子的，不论过去罪行轻重，都应当追诉。

第八十三条　中华人民共和国成立以后的犯罪，经过下列期限不再追诉：

（一）法定刑的最高刑为拘役的，经过一年；

（二）法定刑的最高刑为不满五年有期徒刑的，经过五年；

（三）法定刑的最高刑为五年以上不满十年有期徒刑的，经过十年；

（四）法定刑的最高刑为十年以上有期徒刑、无期徒刑的，经过十五年；

（五）法定刑的最高刑为死刑的，经过二十年。

犯反革命罪的，不受前款追诉期限的限制。

第八十四条　追诉期限从犯罪之日起计算；犯罪行为有连续或者继续状态的，从犯罪行为终了之日起计算。

在追诉期限以内又犯罪的，前罪追诉的期限从犯后罪之日起计算。

第八十五条　在人民检察院、人民法院、公安机关采取强制处分以后，逃避侦查或者审判的，不受追诉期限的限制。

第五章　附　　则

第八十六条　本法分则没有明文规定的犯罪，可以比照本法分则最相类似的条文定罪判刑，但是应当报请上级人民法院核准。

第八十七条　民族自治地方，不能全部适用本法规定的，可以由自治区的最高权力机关根据当地民族的政治、经济、文化的特点和本法规定的基本原则，制定变通或者补充的规定，报请全国人民代表大会常务委员会批准施行。

第八十八条　本法所说的公共财产是指下列财产：

（一）国家所有的财产；

（二）集体所有的财产。

在国家、人民公社、合作社、公私合营企业和人民团体管理、使用或者运输中的私人财产，以公共财产论。

第八十九条　本法所说的公民所有的合法财产是指下列财产：

（一）公民个人或者家庭所有的生活资料；

（二）依法归个人或者家庭所有的生产资料。

第九十条　本法所说的国家工作人员是指一切国家机关、企业、事业单位、人民团体和它们的附属机构依照法律从事公务的人员。

第九十一条　本法所说的司法工作人员是指有侦讯、追诉、审判、监管人犯职务的人员。

第九十二条　本法所说的重伤是指有下列情形之一的伤害：

（一）使人肢体残废或者毁人容貌的；

（二）使人丧失听觉、视觉或者其他器官机能的；

（三）其他对于人身健康有重大伤害的。

第九十三条　本法所说的首要分子是指在犯罪集团中起组织、策划、指挥作用的犯罪分子。

第九十四条　本法所说的以上、以下、以内，都连本数在内。

第九十五条　本法总则适用于其他有刑罚规定的法律、法令，但是其他法律、法令有特别规定的除外。

第二编　分　　则

第一章　反革命罪

第九十六条　解放以前，镇压革命或者危害人民群众的罪行；解放以后，以推翻工人阶级领导的人民民主政权、破坏人民民主制度、破坏社会主义革命和社会主义建设为目的的行为，都是反革命罪。

第九十七条　勾结外国，阴谋危害祖国的主权、领土完整和安全的，处死刑、无期徒刑或者十年以上有期徒刑。

第九十八条　阴谋颠覆政府、分裂国家的，处死刑、无期徒刑或者十年以上有期徒刑。

第九十九条　策动、勾引、收买国家工作人员、武装部队、民兵进行叛变的，处死刑、无期徒刑或者十年以上有期徒刑。

第一百条　国家工作人员叛变的，处七年以上有期徒刑、无期徒刑或者死刑；率队叛变的，从重处罚。

非国家工作人员叛变的，处五年以上有期徒刑或者无期徒刑。

第一百零一条　持械聚众叛乱的，首要分子或者其他罪恶重大的，处死刑、无期徒刑或者十年以上有期徒刑；其他积极参加的，处三年以上十年以下有期徒刑。

第一百零二条　聚众劫狱或者暴动越狱的，首要分子或者其他罪恶重大的，处死刑、无期徒刑或者十年以上有期徒刑；其他积极参加的，处三年以上十年以下有期徒刑。

第一百零三条　进行下列间谍或者资敌行为之一的，处死刑、无期徒刑或者十年以上有期徒刑；情节较轻的，处三年以上十年以下有期徒刑：

（一）里通外国，为外国人送情报的；

（二）为敌人窃取、刺探、提供情报的；

（三）为敌人指示轰击目标的；

（四）为敌人供给武器军火或者其他军用物资的。

第一百零四条　组织领导特务、间谍组织或者其他反革命组织的，或者特务、间谍组织的重要分子，处十年以上有期徒刑、无期徒刑或者死刑；参加特务、间谍组织或者其他反革命组织的，处三年以上十年以下有期徒刑。

第一百零五条　组织、利用封建会道门进行反革命活动的，处十年以上有期徒刑、无期徒刑或者死刑；情节较轻的，处三年以上十年以下有期徒刑。

第一百零六条　以反革命为目的，进行下列破坏、杀害行为之一的，处死刑、无期徒刑或者十年以上有期徒刑；情节较轻的，处三年以上十年以下有期徒刑：

（一）爆炸、放火、决水、利用技术或者以其他方法破坏军事设备、建筑工程、工厂、矿场、森林、农场、堤坝、交通、仓库、防险设备或者其他公共建设、公共财物的；

（二）抢劫工矿企业、银行、商店、仓库或者其他公共财物的；

（三）劫持船舰、飞机、车辆的；

（四）投放毒物、散播病菌或者以其他方法毒害人、畜或者农作物的；

（五）制造、抢夺、偷窃枪支、弹药的；

（六）袭击或者杀人、伤人的；

（七）扰乱市场或者破坏金融的。

第一百零七条　以反革命为目的，进行下列挑拨、煽惑行为之一的，处三年以上十年以下有期徒刑；首要分子或者其他罪恶重大的，处十年以上有期徒刑、无期徒刑或者死刑：

（一）煽动群众抗拒、破坏政府政令实施的；

（二）挑拨离间各民族、各民主阶级、各民主党派、各人民团体或者人民与政府之间的团结的；

（三）书写、张贴、散发反革命标语、传单，制造、散布谣言，或者以其他方法进行反革命宣传、恐吓的。

第一百零八条　以反革命为目的，偷越国境的，处三年以上十年以下有期徒刑；情节严重的，处十年以上有期徒刑、无期徒刑或者死刑。

第一百零九条　犯本章之罪的，可以并处没收财产。

第二章　危害公共安全罪

第一百一十条　武装盗匪，首要分子或者其他罪恶重大的，处十年以上有期徒刑、无期徒刑或者死刑，可以并处没收财产；情节较轻的，处三年以上十年以下有期徒刑。

第一百一十一条　放火烧毁工厂、矿坑、仓库、住宅、森林、农场、谷场、牧场、公共建筑物或者其他公共建设的，处三年以上十年以下有期徒刑。

放火烧毁其他公私财产足以危害公共安全的，处七年以下有期徒刑。

第一百一十二条　决水浸害工厂、矿坑、仓库、住宅、农作物、公共建筑物或者其他公共建设的，处三年以上十年以下有期徒刑。

决水浸害其他公私财产足以危害公共安全的，处七年以下有期徒刑。

第一百一十三条 放火、决水致人重伤、死亡或者使公私财产遭受重大损失的，处十年以上有期徒刑、无期徒刑或者死刑。

失火、过失决水引起前款后果的，处七年以下有期徒刑或者拘役。

第一百一十四条 破坏火车、汽车、电车、船只、飞机足以使火车、汽车、电车、船只、飞机发生倾覆或者毁坏危险的，处三年以上十年以下有期徒刑。

第一百一十五条 破坏轨道、桥梁、灯塔、标识或者进行其他破坏活动足以使火车、汽车、船只、飞机发生倾覆或者毁坏危险的，处一年以上七年以下有期徒刑。

第一百一十六条 破坏电力、煤气设备足以危害公共安全的，处一年以上七年以下有期徒刑。

第一百一十七条 破坏广播电台、电报、电话或者其他通讯设备足以危害公共安全的，处七年以下有期徒刑或者拘役。

第一百一十八条 破坏交通工具、交通设备、电力煤气设备、广播电台或者其他通讯设备的首要分子或者引起严重后果的，处七年以上有期徒刑、无期徒刑或者死刑。

过失毁坏交通工具、交通设备、电力煤气设备、广播电台或者其他通讯设备引起前款后果的，处七年以下有期徒刑或者拘役。

第一百一十九条 非法制造、买卖、运输枪支、弹药的，或者偷窃、抢夺国家机关、军警人员、民兵的枪支、弹药的，处三年以上十年以下有期徒刑；情节严重的，处十年以上有期徒刑、无期徒刑或者死刑。

第一百二十条 从事交通运输的人员，由于业务上的过失，致人重伤、死亡或者使公共财产遭受重大损失的，处五年以下有期徒刑或者拘役；情节特别恶劣的，处五年以上有期徒刑。

第一百二十一条 工厂、矿山、林场、建筑企业或者其他企业的职工，由于严重不负责任，违反规章制度因而发生重大事故、造成严重后果的，处五年以下有期徒刑或者拘役；情节特别恶劣的，处五年以上有期徒刑。

第一百二十二条 违反邮政法规、交通运输法规，蒙混寄运或者秘密携带有爆炸性、易燃性、毒害性、腐蚀性的物品，造成严重后果的，处七年以下有期徒刑或者拘役。

以反革命为目的者，按反革命罪处罚。

第三章 破坏社会经济秩序罪

第一百二十三条 违反海关法规，进行走私，情节严重的，除按照海关法规没收走私物品并且可以处罚金外，处一年以上七年以下有期徒刑，可以并处没收财产。

第一百二十四条 违反金融、外汇、金银管理法规，投机倒把的，处七年以下有期徒刑或者拘役，可以并处或者单处罚金或者没收财产。

第一百二十五条 违反市场管理法规，以获取非法利润为目的，投机倒把，扰乱市场，情节严重的，处七年以下有期徒刑或者拘役，可以并处或者单处罚金或者没收财产。

第一百二十六条 违反工商管理法规，私设工厂，投机倒把，谋取非法利润，情节严重的，处七年以下有期徒刑或者拘役，可以并处或者单处罚金或者没收财产。

第一百二十七条 以走私、投机倒把为常业的，走私、投机倒把数额巨大的或者走私、投机倒把集团的首要分子，处七年以上有期徒刑、无期徒刑或者死刑，可以并处没收财产。

第一百二十八条 伪造或者贩卖计划供应票证的，处七年以下有期徒刑或者拘役，可以并处或者单处罚金或者没收财产。

犯前款罪的首要分子或者情节特别严重的，处七年以上有期徒刑、无期徒刑或者死刑，可以并处没收财产。

第一百二十九条 国家工作人员利用职务上的便利，犯本章上述各条罪的，应当从重处罚。

第一百三十条 违反税收法规，偷税、漏税、抗税，情节严重的，除按照税收法规补税并且可以处罚金外，处七年以下有期徒刑或者拘役，可以并处或者单处没收财产。

犯前款罪的首要分子或者情节特别严重的，处七年以上有期徒刑，可以并处没收财产。

第一百三十一条 伪造国家货币或者贩运、行使伪造的国家货币的，处三年以上十年以下有期徒刑，可以并处罚金或者没收财产。

犯前款罪的首要分子或者情节特别严重的，处十年以上有期徒刑、无期徒刑或者死刑，可以并处没收财产。

第一百三十二条 变造国家货币的，处三年以下有期徒刑、拘役或者罚金。

第一百三十三条 伪造公债券、支票、股票或者其他有价证券的，处三年以上十年以下有期徒刑，可以并处罚金或者没收财产。

第一百三十四条 意图营利，伪造或者变造车票、船票、邮票、税票的，处三年以下有期徒刑、拘役或者罚金；情节严重的，处三年以上十年以下有期徒刑，可以并处罚金或者没收财产。

第一百三十五条 商业人员，故意造假，欺骗顾客，情节严重的，处五年以下有期徒刑或者拘役，可以并处或者单处罚金；情节特别严重的，处五年以上有期徒刑，可以并处没收财产。

第一百三十六条 工商企业假冒其他企业已经注册的商标的，对主管人员处三年以下有期徒刑、拘役或者罚金。

第一百三十七条 由于泄愤报复、自私自利或者其他个人目的，毁坏机器设备、残害耕畜或者以其他方法破坏生产的，处七年以下有期徒刑或者拘役；情节严重的，处七年以上有期徒刑或者无期徒刑。

第一百三十八条 违反保护耕畜规定，宰杀耕畜的，处七年以下有期徒刑或者拘役，可以并处或者单处罚金。

第一百三十九条 违反保护森林法规，盗伐、滥伐森林，情节严重的，处七年以下有期徒刑或者拘役，可以并处或者单处罚金。

第一百四十条 意图营利，制造或者贩卖不合国家规定的度量衡的，处三年以下有期徒刑、拘役或者罚金。

第四章 侵犯人身权利罪

第一百四十一条 故意杀人的，处死刑、无期徒刑或者十年以上有期徒刑。

第一百四十二条 过失致人死亡的，处五年以下有期徒刑；情节恶劣的，处五年以上有期徒刑。本法另有规定的，依照规定。

第一百四十三条 故意伤害他人身体的，处三年以下有期徒刑或者拘役。

犯前款罪，致人重伤的，处三年以上十年以下有期徒刑；致人死亡的，处五年以上有期徒刑或者无期徒刑。本法另有规定的，依照规定。

第一百四十四条 过失致人重伤的，处三年以下有期徒刑或者拘役；情节恶劣的，处三年以上十年以下有期徒刑。本法另有规定的，依照规定。

第一百四十五条 强奸妇女的，处三年以上十年以下有期徒刑。奸淫不满十四岁幼女的，以强奸论。

犯前款罪，情节特别严重的或者致人重伤、死亡的，处十年以上有期徒刑、无期徒刑或者死刑。

二人以上犯强奸罪而共同轮奸的，从重处罚。

第一百四十六条 对于不满十四岁的男、女实行猥亵的，处五年以下有期徒刑或者拘役。

第一百四十七条 强迫妇女卖淫的，处三年以上十年以下有期徒刑。

第一百四十八条 拐卖人口的，处五年以上有期徒刑或者无期徒刑。

第一百四十九条 有花柳病的人，故意隐瞒而同他人结婚，致使人受传染的，处一年以下有期徒刑或者拘役。

前款罪，告诉的才处理。

第一百五十条 私行拘禁他人，或者以其他方法私行剥夺他人行动自由的，处三年以下有期徒刑或者拘役。

犯前款罪，致人重伤的，处三年以上十年以下有期徒刑；致人死亡的，处七年以上有期徒刑、无期徒刑或者死刑。

第一百五十一条 非法搜索他人身体、住宅的，处拘役；情节严重的，处三年以下有期徒刑。

第一百五十二条 隐匿、毁弃或者非法开拆他人信件的，处拘役。

第一百五十三条 船长在航行中，对于在海上或者其他水域中遭遇生命危险的人，可能援救而不援救的，处三年以下有期徒刑或者拘役。

第一百五十四条 医务人员明知对于病人不给治疗就会发生危险结果，没有正当理由而拒绝治疗的，处三年以下有期徒刑或者拘役。

第五章 侵犯财产罪

第一百五十五条 以暴力、胁迫或者其他方法抢劫公私财物的，处三年以上十年以下有期徒刑。

犯前款罪，情节严重的或者致人重伤、死亡的，处十年以上有期徒刑、无期徒刑或者死刑，可以并处没收财产。

第一百五十六条 偷窃公私财物的，处五年以下有期徒刑或者拘役。

第一百五十七条 抢夺公私财物的，处五年以下有期徒刑或者拘役。

第一百五十八条 诈骗公私财物的，处五年以下有期徒刑或者拘役。

第一百五十九条 以偷窃、诈骗为常业的惯窃、惯骗或者偷窃、诈骗、抢夺数额巨大的，处五年以上十年以下有期徒刑；情节特别严重的，处十年以上有期徒刑、无期徒刑或者死刑，可以并处没收财产。

第一百六十条 犯偷窃、抢夺、诈骗罪，为防护赃物、抗拒逮捕或者毁灭罪证而当场使用暴力或者以暴力相威胁的，依照第一五五条抢劫罪处罚。

第一百六十一条 敲诈勒索公私财物的，处五年以下有期徒刑或者拘役；情节严重的，处五年以上有期徒刑或者无期徒刑。

第一百六十二条 侵占公私财物的，处三年以下有期徒刑或者拘役。

第一百六十三条 国家工作人员利用职务上的便利，偷窃、侵占、诈骗或者以其他方法贪污公共财物的，处五年以下有期徒刑或者拘役；数额巨大、情节恶劣的，处五年以上十年以下有期徒刑；情节特别严重的，处十年以上有期徒刑、无期徒刑或者死刑，可以并处没收财产。

受国家机关、企业、事业单位、人民团体委托从事公务的人员犯前款罪的，依照前款的规定处罚。

第一百六十四条　故意毁坏公私财物的，处三年以下有期徒刑或者拘役。

第六章　妨害婚姻、家庭罪

第一百六十五条　以暴力干涉他人婚姻自由的，处三年以下有期徒刑或者拘役。

犯前款罪，引起被害人自杀的，处三年以上十年以下有期徒刑。

第一百六十六条　借婚姻关系索取财物而妨害他人婚姻自由，情节恶劣的，处拘役。

前款罪，本人告诉的才处理。

第一百六十七条　有配偶而重婚的，或者明知他人有配偶而与之结婚的，处二年以下有期徒刑或者拘役。

第一百六十八条　破坏他人婚姻家庭，情节恶劣，造成严重后果的，处五年以下有期徒刑或者拘役。

破坏军人婚姻家庭的，处三年以上十年以下有期徒刑。

第一款罪，本人告诉的才处理。

第一百六十九条　虐待家庭成员，情节恶劣的，处二年以下有期徒刑或者拘役。

犯前款罪，致被害人重伤的，处五年以下有期徒刑；致被害人死亡的，处三年以上十年以下有期徒刑。

第一款罪，告诉的才处理。

第一百七十条　对于年老、年幼、疾病或者其他没有独立生活能力的人，负有扶养义务而拒绝扶养的，处七年以下有期徒刑或者拘役。

犯前款罪，致被害人死亡的，处五年以上有期徒刑。

第一百七十一条　拐骗不满十六岁的男、女，脱离家庭或者监护人的，处五年以上有期徒刑。

第七章　妨害管理秩序罪

第一百七十二条　违反选举法的规定，以暴力、威胁、欺骗、贿赂或者其他方法，破坏选举或者妨害选民自由行使选举权和被选举权的，处三年以下有期徒刑或者拘役。

第一百七十三条　虚报选举票数或者以其他方法使投票发生不正确结果的，处三年以下有期徒刑或者拘役。

第一百七十四条　以暴力、威胁方法阻碍国家工作人员依法执行职务的，处七年以下有期徒刑。

第一百七十五条　依法被逮捕、关押的犯罪分子脱逃的，处三年以下有期徒刑。

以暴力、威胁方法犯前款罪的，处三年以上十年以下有期徒刑。

第一百七十六条　意图陷害他人受刑事处分而诬告的，处三年以下有期徒刑；情节严重的，处三年以上十年以下有期徒刑。但是错告的，不适用本条的规定。

第一百七十七条　在侦查、审判中，证人、鉴定人、翻译人意图陷害他人或者包庇犯罪分子，对案件有重要关系的情节，故意作虚伪证明、鉴定、翻译的，处三年以上十年以下有期徒刑。

第一百七十八条　窝藏反革命分子或者为反革命分子消灭、隐匿犯罪证据的，处一年以上七年以下有期徒刑；情节严重的，比照其窝藏的反革命分子或者为其消灭、隐匿犯罪证据的反革命分子的罪刑，酌情处罚。

窝藏其他犯罪分子或者为其他犯罪分子消灭、隐匿犯罪证据的，处五年以下有期徒刑或者拘役；情节严重的，比照其窝藏的犯罪分子或者为其消灭、隐匿犯罪证据的犯罪分子的罪刑，酌情处罚。

犯前两款罪，事前通谋的，以共犯论处。

第一百七十九条　意图营利，制造、贩卖假药的，处三年以下有期徒刑或者拘役，可以并处或者单处罚金；造成严重后果的，处三年以上十年以下有期徒刑，可以并处罚金。

第一百八十条　冒充国家工作人员招摇撞骗的，处五年以下有期徒刑或者拘役；情节严重的，处五年以上有期徒刑或者无期徒刑。

第一百八十一条　伪造、变造或者盗窃、毁灭国家机关、企业、人民团体的公文、证件、印章的，处五年以下有期徒刑或者拘役；情节严重的，处五年以上有期徒刑。

第一百八十二条　伪造、变造或者盗窃、毁灭私人图章、文书，足以损害公共利益或者他人利益的，处五年以下有期徒刑或者拘役。

第一百八十三条　意图营利，供给赌博场所或者以赌博为常业的，处七年以下有期徒刑或者拘役，可以并处罚金。

第一百八十四条　聚众斗殴，寻衅滋事，侮辱妇女或者进行其他流氓行为，破坏公共秩序，情节恶劣的，处七年以下有期徒刑或者拘役。

流氓集团的首要分子，处七年以上有期徒刑或者无期徒刑。

第一百八十五条　引诱、容留妇女卖淫的，处七年以下有期徒刑或者拘役，可以并处罚金或者没收财产。

第一百八十六条　制造、贩卖、运输鸦片、海洛因、吗啡或者其他毒品的，处七年以下有期徒刑，可以并处罚金。

一贯或者大量制造、贩卖、运输前款毒品的，处七年以上有期徒刑、无期徒刑或者死刑，可以并处没收财产。

第一百八十七条　吸食或者注射鸦片、海洛因、吗啡或者其他毒品的，处三年以下有期徒刑或者拘役。

第一百八十八条　意图营利，明知是犯罪所得的赃物而收买或者代为销售的，处七年以下有期徒刑或者拘役，可以并处或者单处罚金或者没收财产。

第一百八十九条　盗运珍贵历史文物出口的，处三年以上十年以下有期徒刑，可以并处罚金；情节严重的，处十年以上有期徒刑或者无期徒刑，可以并处没收财产。

第一百九十条　故意破坏国家保护的珍贵历史文物的，处三年以上十年以下有期徒刑或者拘役。

以反革命为目的者，按反革命罪论处。

第一百九十一条　盗窃或者故意破坏国家的永久性测量标志的，处五年以下有期徒刑或者拘役。

第一百九十二条　违反保护珍禽、珍兽管理规定，进行狩猎，情节严重的，处二年以下有期徒刑或者拘役。

第一百九十三条　违反出入国境管理规定，偷越国境的，处二年以下有期徒刑或者拘役。

第一百九十四条　意图营利，组织、运送偷越国境的，处七年以下有期徒刑；情节严重的，处七年以上有期徒刑。

第一百九十五条　违反国境卫生检疫规定，引起检疫传染病的传播，或者有引起检疫传染病传播严重危险的，处三年以下有期徒刑或者拘役，可以并处或者单处罚金。

第八章　渎职罪

第一百九十六条　国家工作人员利用职务上的便利，收受贿赂的，处七年以下有期徒刑或者拘役。

犯前款罪，致使国家或者公民利益遭受严重损失的，处七年以上有期徒刑、无期徒刑或者死刑。

向国家工作人员行贿或者介绍贿赂的，依照前两款的规定处罚。

第一百九十七条　国家工作人员利用职权、假公济私，对控告人、批评人实行报复陷害的，处七年以下有期徒刑；情节严重的，处七年以上有期徒刑。

第一百九十八条　国家工作人员泄露国家重要机密的，处七年以下有期徒刑或者拘役。

非国家工作人员犯前款罪的，依照前款的规定处罚。

第一百九十九条　国家工作人员由于玩忽职守、严重不负责任，致使公共财产遭受重大损失的，处七年以下有期徒刑或者拘役。

第二百条　司法工作人员对明知是无罪的人而使他受追诉、对明知是有罪的人而故意包庇不使他受追诉，或者故意颠倒黑白做枉法裁判的，处三年以上十年以下有期徒刑。

第二百零一条　司法工作人员对人犯刑讯逼供的，处五年以下有期徒刑或者拘役。

第二百零二条　司法工作人员私放罪犯的，比照所放罪犯应当受的刑罚，从重处罚。

第二百零三条　邮电工作人员私自开拆或者隐匿、毁弃邮件、电报的，处一年以下有期徒刑或者拘役。

犯前款罪而窃取财物的，依照第一百六十三条贪污罪处罚。

第二百零四条　国家工作人员犯本章之罪，情节轻微的，可以由所属机关斟酌情形予以行政处分。

8. 中华人民共和国刑法草案（修正稿）（第33次稿）

（全国人民代表大会常务委员会办公厅　1963年10月9日印）

目　录

第一编 总 则

第一章 刑法的任务和适用范围

第一条 中华人民共和国刑法，以宪法为根据，依照严格区分敌我矛盾性质的犯罪和人民内部矛盾性质的犯罪的原则和惩办与宽大相结合的政策制定。

第二条 中华人民共和国刑法的任务，是用刑罚同一切反革命分子和其他犯罪分子作斗争，以保卫工人阶级领导的、工农联盟为基础的人民民主专政制度，维护社会秩序，保护国家所有的和集体所有的公共财产，保护公民所有的合法财产，保护公民的人身和其他权利，保障国家的社会主义革命和社会主义建设事业的顺利进行。

第三条 凡在中华人民共和国领域内犯罪的，除有特别规定的以外，都适用本法。

犯罪的行为或者结果有一项在中华人民共和国领域内的，就认为是在中华人民共和国领域内犯罪。

第四条 中华人民共和国公民在中华人民共和国领域外犯下列各罪的，适用本法：

（一）反革命罪；

（二）伪造国家货币罪（第一百三十一条），伪造有价证券罪（第一百三十三条）；

（三）侵犯国家所有的和集体所有的公共财产罪；

（四）侵犯公民所有的合法财产罪；

（五）侵犯人身权利罪；

（六）冒充国家工作人员招摇撞骗罪（第一百八十二条），伪造公文、证件、印章罪（第一百八十三条）。

第五条 中华人民共和国公民在中华人民共和国领域外犯前条以外的罪，而本法规定的最低刑为三年以上有期徒刑的，也适用本法；但是按照犯罪地的法律不受处罚的除外。

第六条 外国人在中华人民共和国领域外对中华人民共和国国家或者公民的犯罪，适用本法第四条、第五条的规定。

第七条 凡在中华人民共和国领域外犯罪、依照本法应当负刑事责任的，虽然经过外国审判，仍然可以依照本法处理；但是在外国已经受过刑罚处罚的，可以免除或者减轻处罚。

第八条 享有外交特权的外国人的刑事责任问题，通过外交途径解决。

第九条 本法施行以前的犯罪，依照本法总则第四章第八节的规定应当追诉而没有经过审判或者判决还没有确定的，都适用本法；但是中华人民共和国成立以后本法施行以前的行为，如果当时的政策、法律、法令不认为是犯罪的，适用当时的政策、法律、法令。

第二章　犯　　罪

第一节　刑事责任

第十条　一切危害工人阶级领导的、工农联盟为基础的人民民主专政制度、破坏社会主义革命和社会主义建设、破坏社会秩序、侵犯国家所有的和集体所有的公共财产、侵犯公民所有的合法财产、侵犯公民的人身和其他权利，以及其他危害社会的行为，依照法律应当受刑罚处罚的，都是犯罪；但是情节轻微危害不大的，不以犯罪论处。

第十一条　明知自己的行为会发生危害社会的结果，并且希望或者放任这种结果发生的，是故意犯罪。

故意犯罪，应当负刑事责任。

第十二条　应当预见自己的行为可能发生危害社会的结果，因为疏忽大意没有预见，或者已经预见但是轻信能够避免，以致发生这种结果的，是过失犯罪。

过失犯罪，有规定的才负刑事责任。

第十三条　行为在客观上虽然造成了损害结果，但是如果不是出于故意或者过失，而是由于不能预见的或者不能抗拒的原因所引起的，不认为是犯罪。

第十四条　已满十六岁的人犯罪，应当负刑事责任。

已满十四岁不满十六岁的人，犯杀人、重伤、放火、严重偷窃罪或者严重破坏交通罪，应当负刑事责任。

已满十四岁不满十八岁的人犯罪，应当从轻或者减轻处罚。

因不满十六岁不处罚的，责令他的家属或者监护人加以管教；在必要的时候，也可以由政府收容教养。

第十五条　精神病人在不能辨认或者不能控制自己行为的时候造成危害结果的，不负刑事责任；但是应当责令他的家属或者监护人严加看管和医疗。

间歇性的精神病人，在精神正常的时候犯罪，应当负刑事责任。

醉酒的人犯罪，应当负刑事责任。

第十六条　又聋又哑的人犯罪，可以从轻或者减轻处罚。

第十七条　为了使公共利益、本人或者他人的人身和其他权利免受正在进行的不法侵害，采取的正当防卫行为，不负刑事责任。

正当防卫超过必要限度造成不应有的危害的，应当负刑事责任；但是可以减轻或者免除处罚。

第十八条　为了使公共利益、本人或者他人的人身和其他权利免受正在发生的危险，不得已采取的紧急避险行为，不负刑事责任。

紧急避险超过必要限度造成不应有的危害的，应当负刑事责任；但是可以减轻或者免除处罚。

第一款中关于避免本人危险的规定，不适用于职务上、业务上负有特定义务的人。

第二节　犯罪的预备、未遂和中止

第十九条　为了犯罪，准备工具、制造条件的，是犯罪预备。

对于预备犯，可以比照既遂犯从轻、减轻处罚，或者免除处罚。

第二十条　已经着手实行犯罪，由于犯罪分子意志以外的原因而未遂的，是犯罪未遂。

对于未遂犯，可以比照既遂犯从轻或者减轻处罚。

第二十一条　在犯罪过程中，自动中止犯罪或者自动有效地防止犯罪结果发生的，是犯罪中止。

对于中止犯，应当免除或者减轻处罚。

第三节　共同犯罪

第二十二条　共同犯罪是指二人以上共同故意犯罪。

二人以上共同过失犯罪，不以共同犯罪论处；应当负刑事责任的，按照他们所犯的罪分别处罚。

第二十三条　组织、领导犯罪集团进行犯罪活动的或者在共同犯罪中起主要作用的，是主犯。

对于主犯，除本法分则已有规定的以外，应当从重处罚。

第二十四条　在共同犯罪中起次要或者辅助作用的，是从犯。

对于从犯，应当比照主犯从轻或者减轻处罚。

第二十五条　对于被胁迫、被诱骗参加犯罪的，应当按照他的犯罪情节，比照从犯减轻处罚或者免除处罚。

第二十六条　教唆他人犯罪的，应当按照他在共同犯罪中所起的作用处罚。教唆不满十八岁的人犯罪的，应当从重处罚。

如果被教唆的人，没有犯被教唆的罪，对于教唆犯，可以从轻、减轻或者得免除处罚。

第三章 刑　　罚

第一节 刑罚的种类

第二十七条 刑罚分为主刑和附加刑。

第二十八条 主刑的种类如下：

（一）拘役；

（二）管制；

（三）有期徒刑；

（四）无期徒刑；

（五）死刑。

第二十九条 附加刑的种类如下：

（一）罚金；

（二）剥夺政治权利；

（三）没收财产。

罚金、没收部分财产也可以独立适用。

第三十条 对于犯罪的外国人，可以独立适用或者附加适用逐出国境。

第三十一条 对于情节轻微的犯罪分子，不需要判处刑罚的，可以根据案件的不同情况，予以训诫或者责令具结悔过、取保、赔礼道歉、赔偿损失。

第二节 拘　　役

第三十二条 拘役的期限，为三日以上六个月以下；但是在数罪并罚的时候，可以到一年。

第三十三条 被判处拘役的犯罪分子，由公安机关执行。

第三十四条 拘役的刑期，从判决执行之日起计算；判决以前先行羁押的，羁押一日折抵刑期一日。

第三节 管　　制

第三十五条 管制适用于罪恶程度还不需要判处有期徒刑以上刑罚的反革命分子和其他犯罪分子。

第三十六条 管制的期限，为六个月以上三年以下；但是在数罪并罚的时候，可以到五年。

第三十七条 对于被判处管制的犯罪分子，在执行期间，应当剥夺政治权利，但是在劳动中应当同工同酬。

第三十八条 被判处管制的犯罪分子，由公安机关监督执行。

第三十九条 被判处管制的犯罪分子，在执行期间，必须遵守下列规定：

（一）遵守法律、法令，服从群众监督，积极劳动生产；

（二）向监督执行机关定期报告自己的活动情况；

（三）迁居或者离乡外出的，报经监督执行机关批准。

第四十条 被判处管制的犯罪分子违反前条规定，人民法院可以延长管制期限。

第四十一条 被判处管制的犯罪分子，如果确有悔改或者立功表现，人民法院可以缩短管制期限或者提前解除管制。

第四十二条 管制的刑期，从判决执行之日起计算；判决执行以前先行羁押的，羁押一日折抵刑期二日。

第四节 有期徒刑、无期徒刑

第四十三条 有期徒刑的期限，为六个月以上十五年以下；但是在数罪并罚或者无期徒刑减为有期徒刑的时候，可以到二十年。

第四十四条 被判处有期徒刑、无期徒刑的犯罪分子，在监狱或者其他劳动改造场所执行；凡有劳动能力的，实行劳动改造。

第四十五条 有期徒刑的刑期，从判决执行之日起计算；判决执行以前先行羁押的，羁押一日折抵刑期一日。

第四十六条 犯罪的时候不满十八岁的人，不适用无期徒刑。

第五节 死　　刑

第四十七条 死刑只适用于罪大恶极、民愤很大、必须判处死刑的犯罪分子。

死刑案件由最高人民法院判决或者报请最高人民法院核准。

第四十八条 犯罪的时候不满十八岁的人和审判的时候怀孕的妇女，不适用死刑。

第四十九条 死刑用枪决的方法执行。

第五十条 对于应当判处死行的犯罪分子，如果不是必须立即执行的，可以判处死刑同时宣告缓期二年执行，强迫劳动，以观后效。在死刑缓期执行期间，如果真诚悔改，二年期满以后，减为无期徒刑；如果真诚悔改并有立功表现，二年期满以后，减为十五年以上二十年以下有期徒刑；如果拒绝改造，由最高人民法院裁定或者核准，执行死刑。

第五十一条 死刑缓期执行期间，从判决确定之日起计算。死刑缓期执行减为有期徒刑的刑期，从裁定减刑之日起计算。

第六节 罚 金

第五十二条 判处罚金，应当根据犯罪情节和犯罪分子的财产状况，决定罚金数额。

第五十三条 罚金在判决指定的期限内一次或者分期缴纳。期满不缴纳的，强制缴纳。如果由于遭遇不能抗拒的灾祸缴纳确实有困难的，可以酌情减少或者免除。

第七节 剥夺政治权利

第五十四条 剥夺政治权利是剥夺下列权利：

（一）选举权和被选举权；

（二）担任国家机关、企业、事业单位行政职务的权利；

（三）担任审判员、陪审员、检察员、律师的权利；

（四）担任人民团体领导职务的权利；

（五）担任学校教师和行政职务的权利。

第五十五条 剥夺政治权利的期限，为一年以上十年以下。

第五十六条 对于反革命分子和其他坚持反动立场的犯罪分子，应当剥夺政治权利；对于严重破坏社会秩序的其他犯罪分子，在必要的时候，也可以剥夺政治权利。

第五十七条 对于被判处死刑、无期徒刑的犯罪分子，应当剥夺政治权利终身；对于被判处十五年以上有期徒刑的反革命分子，在必要的时候，也可以剥夺政治权利终身。

在死刑缓期执行和无期徒刑减为有期徒刑的时候，可以仍旧剥夺政治权利终身，也可以把剥夺政治权利的期限改为三年以上十五年以下。

第五十八条 剥夺政治权利的刑期，从主刑执行完毕之日或者从假释之日起计算；但是剥夺政治权利的效力当然施用到主刑执行期间。

第八节 没收财产

第五十九条 没收财产是没收犯罪分子个人所有财产的一部或者全部。

在判处没收财产的时候，应当给犯罪分子的家属留下必需的生产资料和生活资料。

第六十条 对于查封财产以前犯罪分子所负的正当债务，需要以没收的财产偿还的，经债权人请求，可以依照法定顺序适当偿还。

第四章 刑罚的具体运用

第一节 量 刑

第六十一条 对于犯罪分子决定刑罚的时候，应当根据犯罪的事实、犯罪的性质、情节和对于社会的危害程度，参照犯罪分子的个人情况、认罪的老实程度和对犯罪的悔改态度，依照本法的有关规定判处。

第六十二条 犯罪分子具有本法规定的从重处罚、从轻处罚情节的，应当在法定刑的限度以内判处刑罚。

第六十三条 犯罪分子具有本法规定的减轻处罚情节的，应当在法定刑以下判处刑罚。

犯罪分子虽然不具有本法规定的减轻处罚情节，如果根据案件的特殊情况，判处法定刑的最低刑还是过重的，经过上一级人民法院核准，也可以在法定刑以下判处刑罚。

第六十四条 对于个别罪行严重、情节恶劣、怙恶不悛的犯罪分子，如果判处法定刑的最高刑还是过轻的，经过最高人民法院核准，可以在法定刑以上判处刑罚。

第六十五条 犯罪分子违法所得的一切财物，应当予以追缴或者责令退赔；供犯罪所用的一切财物，应当予以没收。

第二节 累 犯

第六十六条 被判处有期徒刑以上刑罚的犯罪分子，刑罚执行完毕或者赦免以后，在五年以内再犯应当判处有期徒刑以上刑罚之罪的，是累犯，应当从重处罚；但是过失犯罪除外。

前款规定的期限，对于被假释的犯罪分子，从假释期满之日起计算。

第六十七条　刑罚执行完毕或者赦免以后的反革命分子，在任何时候再犯反革命罪的，都以累犯论处。

第三节　自　　首

第六十八条　犯罪以后自首的，可以从轻处罚；自首并且有立功表现的，可以减轻或者免除处罚；立大功的，可以给予适当奖励。

第四节　数罪并罚

第六十九条　判决宣告以前一人犯数罪的，除判处死刑和无期徒刑的以外，应当在总和刑期以下多数刑中最高刑期以上，酌情决定执行的刑期，但是拘役最高不能超过一年，管制最高不能超过五年，有期徒刑最高不能超过二十年。

如果数罪中有判处附加刑的，附加刑仍须执行。

第七十条　判决宣告以后，刑罚还没有执行完毕以前，发觉被判刑的犯罪分子在判决宣告以前还有其他罪没有经过判决的，应当对新发觉的罪作出判决，把前后两个判决所判处的刑罚，依照本法第六十九条的规定，决定执行的刑罚。已经执行的刑期，应当计算在新判决决定的刑期以内。

第七十一条　判决宣告以后，刑罚还没有执行完毕以前，被判刑的犯罪分子又犯罪的，应当对新犯的罪作出判决，把前罪没有执行的刑罚和后罪所判处的刑罚，依照本法第六十九条的规定，决定执行的刑罚。

第五节　缓　　刑

第七十二条　对于被判处拘役、三年以下有期徒刑的犯罪分子，根据犯罪分子的犯罪情节和悔罪表现，认为适用缓刑确实不致再危害社会和引起群众不满的，可以在责令犯罪分子具结悔罪以后，经过上一级人民法院核准，宣告缓刑。

被宣告缓刑的犯罪分子，如果被判处附加刑，附加刑仍须执行。

第七十三条　拘役的缓刑考验期限为原判刑期以上一年以下，但是不能少于一个月。

有期徒刑的缓刑考验期限为原判刑期以上五年以下，但是不能少于一年。

缓刑考验期限，从判决确定之日起计算。

第七十四条　对于反革命犯和累犯，不适用缓刑。

第七十五条　被宣告缓刑的犯罪分子，在缓刑考验期限内，由公安机关交所在单位或者基层组织予以监督，如果没有再犯新罪，缓刑考验期满，原判的刑罚就不再执行；如果再犯新罪，撤销缓刑，把前罪和后罪所判处的刑罚，依照本法第六十九条的规定，决定执行的刑罚。

第六节　减　　刑

第七十六条　被判处拘役、有期徒刑、无期徒刑的犯罪分子，在执行期间，如果确有悔改或者立功表现，可以减刑。但是经过一次或者几次减刑以后实际执行的刑期，判处拘役、有期徒刑的，不能少于原判刑期的二分之一；判处无期徒刑的，不能少于十年。

第七十七条　无期徒刑减为有期徒刑的刑期，从裁定减刑之日起计算。

第七节　假　　释

第七十八条　被判处有期徒刑的犯罪分子，执行原判刑期二分之一以上，被判处无期徒刑的犯罪分子，实际执行十年以上，如果确有悔改表现，不致再危害社会，可以假释。如果有特殊情节，可以不受上述执行刑期的限制。

第七十九条　有期徒刑的假释考验期限，为没有执行完毕的刑期；无期徒刑的假释考验期限，为十五年。

假释考验期限，从假释之日起计算。

第八十条　被假释的犯罪分子，在假释考验期限内，由公安机关或者人民公社管理委员会（乡人民委员会）予以监督，如果没有再犯应当判处有期徒刑以上的罪，就认为原判刑罚已经执行完毕；如果再犯应当判处有期徒刑以上的罪，撤销假释，把前罪没有执行的刑罚和后罪所判处的刑罚，依照本法第六十九条的规定，决定执行的刑罚。

第八节　时　　效

第八十一条　中华人民共和国成立以前的犯罪，除下列罪犯外，都不再追诉：

（一）罪行严重的反革命分子；

（二）杀人犯，从犯罪的时候起到提起刑事案件的时候止，不满二十年的。

第八十二条　中华人民共和国成立以前进行反革命活动，中华人民共和国成立以后，经过宽大处理没有判处刑罚，又犯反革命罪或者窝藏反革命分子的，不论过去罪行轻重，都应当追诉。

第八十三条　中华人民共和国成立以后的犯罪，经过下列期限不再追诉：

（一）法定刑的最高刑为拘役的，经过一年；

（二）法定刑的最高刑为不满五年有期徒刑的，经过五年；
（三）法定刑的最高刑为五年以上不满十年有期徒刑的，经过十年；
（四）法定刑的最高刑为十年以上有期徒刑、无期徒刑的，经过十五年；
（五）法定刑的最高刑为死刑的，经过二十年。
犯反革命罪的，不受前款追诉期限的限制。

第八十四条 追诉期限从犯罪之日计算；犯罪行为有连续或者继续状态的，从犯罪行为终了之日起计算。

在追诉期限以内又犯罪的，前罪追诉的期限从犯后罪之日起计算。

第八十五条 在人民检察院、人民法院、公安机关采取强制处分以后，逃避侦查或者审判的，不受追诉期的限制。

第五章 附 则

第八十六条 本法分则没有明文规定的犯罪，可以比照本法分则最相类似的条文定罪判刑，但是应当报请高级人民法院或者最高人民法院核准。

第八十七条 民族自治地方，不能全部适用本法规定的，可以由自治区或者省的国家权力机关根据当地民族的政治、经济、文化的特点和本法规定的基本原则，制定变通或者补充的规定，报请全国人民代表大会常务委员会批准施行。

第八十八条 本法所说的公共财产是指下列财产：
（一）国家所有的财产；
（二）集体所有的财产。
在国家、人民公社、合作社、公私合营企业和人民团体管理、使用或者运输中的私人财产，以公共财产论。

第八十九条 本法所说的公民所有的合法财产是指下列财产：
（一）公民个人或者家庭所有的生活资料；
（二）依法归个人或者家庭所有的生产资料。

第九十条 本法所说的国家工作人员是指一切国家机关、企业、事业单位、人民团体和它们的附属机构依照法律从事公务的人员。

第九十一条 本法所说的司法工作人员是指有侦讯、追诉、审判、监管人犯职务的人员。

第九十二条 本法所说的重伤是指有下列情形之一的伤害：
（一）使人肢体残废或者毁人容貌的；
（二）使人丧失听觉、视觉或者其他器官机能的；
（三）其他对于人身健康有重大伤害的。

第九十三条 本法所说的首要分子是指在犯罪集团中起组织、策划、指挥作用的犯罪分子。

第九十四条 本法所说的以上、以下、以内，都连本数在内。

第九十五条 本法总则适用于其他有刑罚规定的法律、法令，但是其他法律、法令有特别规定的除外。

第二编 分 则

第一章 反革命罪

第九十六条 解放以前，镇压革命或者破坏革命事业的行为；解放以后，以推翻工人阶级领导的人民民主政权、破坏人民民主制度、破坏社会主义革命和社会主义建设为目的的行为，都是反革命罪。

第九十七条 勾结外国，阴谋危害祖国的主权、领土完整和安全的，处死刑、无期徒刑或者十年以上有期徒刑。

第九十八条 阴谋颠覆政府、分裂国家的，处死刑、无期徒刑或者十年以上有期徒刑。

第九十九条 策动、勾引、收买国家工作人员、武装部队、民兵进行叛变的，处死刑、无期徒刑或者十年以上有期徒刑。

第一百条 国家工作人员叛变的，处七年以上有期徒刑、无期徒刑或者死刑；率队叛变的，从重处罚。

非国家工作人员叛变的，处五年以上有期徒刑或者无期徒刑。

第一百零一条 持械聚众叛乱的，首要分子或者其他罪恶重大的，处死刑、无期徒刑或者十年以上有期徒刑；其他积极参加的，处三年以上十年以下有期徒刑。

第一百零二条 聚众劫狱或者暴动越狱的，首要分子或者其他罪恶重大的，处死刑、无期徒刑或者十年以上有期徒刑；其他积极参加的，处三年以上十年以下有期徒刑。

第一百零三条 进行下列间谍或者资敌行为之一的，处十年以上有期徒刑或者无期徒刑；情节较轻的，处三年以上十年以下有期徒刑：
（一）里通外国，为外国人送情报的；
（二）为敌人窃取、刺探、提供情报的；
（三）为敌人供给武器军火或者其他军用物资的；

（四）与敌人联系，要求布置任务的。

第一百零四条　组织领导特务、间谍组织或者其他反革命组织的，或者特务、间谍组织的重要分子，处十年以上有期徒刑、无期徒刑或者死刑；参加特务、间谍组织或者其他反革命组织的，处三年以上十年以下有期徒刑。

第一百零五条　组织、利用封建会道门进行反革命活动的，处十年以上有期徒刑、无期徒刑或者死刑；情节较轻的，处三年以上十年以下有期徒刑。

第一百零六条　以反革命为目的，进行下列破坏、杀害行为之一的，处死刑、无期徒刑或者十年以上有期徒刑；情节较轻的，处三年以上十年以下有期徒刑：

（一）爆炸、放火、决水、利用技术或者以其他方法破坏军事设备、建筑工程、工厂、矿场、森林、农场、堤坝、交通、仓库、防险设备或者其他公共建设、公共财物的；

（二）抢劫工矿企业、银行、商店、仓库或者其他公共财物的；

（三）劫持船舰、飞机、车辆的；

（四）为敌人指示袭击目标的；

（五）投放毒物、散播病菌或者以其他方法毒害人、畜或者农作物的；

（六）制造、抢夺、偷窃枪支、弹药的；

（七）袭击或者杀人、伤人的；

（八）扰乱市场或者破坏金融的。

第一百零七条　以反革命为目的，进行下列挑拨、煽惑行为之一的，处三年以上十年以下有期徒刑；首要分子或者其他罪恶重大的，处十年以上有期徒刑、无期徒刑或者死刑：

（一）煽动群众抗拒、破坏政府政令实施的；

（二）挑拨离间各民族、各民主阶级、各民主党派、各人民团体或者人民与政府之间的团结的；

（三）书写、张贴、散发反革命标语、传单，制造、散布谣言，或者以其他方法进行反革命宣传、恐吓的。

第一百零八条　地主、富农分子或者其他反动分子，进行反攻倒算或者其他复辟活动的，处一年以上七年以下有期徒刑；情节严重的，处七年以上有期徒刑。

第一百零九条　以反革命为目的，偷越国境的，处三年以上十年以下有期徒刑；情节严重的，处十年以上有期徒刑或者无期徒刑。

第一百一十条　犯本章之罪的，可以并处没收财产。

第二章　危害公共安全罪

第一百一十一条　放火烧毁工厂、矿坑、仓库、住宅、森林、农场、谷场、牧场、公共建筑物或者其他公共建设的，处三年以上十年以下有期徒刑。

放火烧毁其他公私财产足以危害公共安全的，处七年以下有期徒刑。

第一百一十二条　决水浸害工厂、矿坑、仓库、住宅、农作物、公共建筑物或者其他公共建设的，处三年以上十年以下有期徒刑。

决水浸害其他公私财产足以危害公共安全的，处七年以下有期徒刑。

第一百一十三条　放火、决水致人重伤、死亡或者使公私财产遭受重大损失的，处十年以上有期徒刑、无期徒刑或者死刑。

失火、过失决水引起前款后果的，处七年以下有期徒刑或者拘役。

第一百一十四条　破坏火车、汽车、电车、船只、飞机足以使火车、汽车、电车、船只、飞机发生倾覆或者毁坏危险的，处三年以上十年以下有期徒刑。

第一百一十五条　破坏轨道、桥梁、灯塔、标识或者进行其他破坏活动足以使火车、汽车、船只、飞机发生倾覆或者毁坏危险的，处一年以上七年以下有期徒刑。

第一百一十六条　破坏电力、煤气设备足以危害公共安全的，处一年以上七年以下有期徒刑。

第一百一十七条　破坏广播电台、电报、电话或者其他通讯设备足以危害公共安全的，处七年以下有期徒刑或者拘役。

第一百一十八条　破坏交通工具、交通设备、电力煤气设备、广播电台或者其他通讯设备的首要分子或者引起严重后果的，处七年以上有期徒刑或者无期徒刑。

过失毁坏交通工具、交通设备、电力煤气设备、广播电台或者其他通讯设备引起前款后果的，处七年以下有期徒刑或者拘役。

第一百一十九条　非法制造、买卖、运输枪支、弹药的，或者偷窃、抢夺国家机关、军警人员、民兵的枪支、弹药的，处三年以上十年以下有期徒刑；情节严重的，处十年以上有期徒刑或者无期徒刑。

第一百二十条　从事交通运输的人员，由于业务上的过失，致人重伤、死亡或者使公私财产遭受重大损失的，处五年以下有期徒刑或者拘役；情节特别恶劣的，处五年以上有期徒刑。

第一百二十一条　工厂、矿山、林场、建筑企业或者其他企业的职工，由于严重不负责任，违反规章制度因而发生重大事故、造成严重后果的，处五年以下有期徒刑或者拘役；情节特别恶劣的，处五年以上有期徒刑。

第一百二十二条　违反邮政法规、交通运输法规，蒙混寄运或者秘密携带有爆炸性、易燃性、毒害性、腐蚀性的物品，造成严重后果的，处七年以下有期徒刑或者拘役。

以反革命为目的者，按照反革命罪处罚。

第三章　破坏社会经济秩序罪

第一百二十三条　违反海关法规，进行走私，情节严重的，除按照海关法规没收走私物品并且可以处罚金外，处一年以上七年以下有期徒刑，可以并处没收财产。

第一百二十四条　违反金融、外汇、金银管理法规，投机倒把的，处七年以下有期徒刑或者拘役，可以并处或者单处罚金或者没收财产。

第一百二十五条　违反市场管理法规，以获取非法利润为目的，投机倒把，扰乱市场，情节严重的，处七年以下有期徒刑或者拘役，可以并处或者单处罚金或者没收财产。

第一百二十六条　违反工商管理法规，私设工厂，投机倒把，谋取非法利润，情节严重的，处七年以下有期徒刑或者拘役，可以并处或者单处罚金或者没收财产。

第一百二十七条　以走私、投机倒把为常业的，走私、投机倒把数额巨大的或者走私、投机倒把集团的首要分子，处七年以上有期徒刑或者无期徒刑，可以并处没收财产。

第一百二十八条　伪造或者贩卖计划供应票证的，处七年以下有期徒刑或者拘役，可以并处或者单处罚金或者没收财产。

犯前款罪的首要分子或者情节特别严重的，处七年以上有期徒刑或者无期徒刑，可以并处没收财产。

第一百二十九条　国家工作人员利用职务上的便利，犯本章上述各条罪的，从重处罚。

第一百三十条　违反税收法规，偷税、漏税、抗税，情节严重的，除按照税收法规补税并且可以处罚金外，处七年以下有期徒刑或者拘役，可以并处或者单处没收财产。

犯前款罪的首要分子或者情节特别严重的，处七年以上有期徒刑，可以并处没收财产。

第一百三十一条　伪造国家货币或者贩运、行使伪造的国家货币的，处三年以上十年以下有期徒刑，可以并处罚金或者没收财产。

犯前款罪的首要分子或者情节特别严重的，处十年以上有期徒刑、无期徒刑或者死刑，可以并处没收财产。

第一百三十二条　变造国家货币的，处三年以下有期徒刑、拘役或者罚金。

第一百三十三条　伪造公债券、支票、股票或者其他有价证券的，处三年以上十年以下有期徒刑，可以并处罚金或者没收财产。

第一百三十四条　意图营利，伪造或者变造车票、船票、邮票、税票的，处三年以下有期徒刑、拘役或者罚金；情节严重的，处三年以上十年以下有期徒刑，可以并处罚金。

第一百三十五条　商业人员故意造假，欺骗顾客，情节严重的，处五年以下有期徒刑或者拘役，可以并处或者单处罚金；情节特别严重的，处五年以上有期徒刑，可以并处罚金。

第一百三十六条　工商企业假冒其他企业已经注册的商标的，对主管人员处三年以下有期徒刑、拘役或者罚金。

第一百三十七条　由于泄愤报复、自私自利或者其他个人目的，毁坏机器设备、残害耕畜或者以其他方法破坏生产的，处七年以下有期徒刑或者拘役；情节严重的，处七年以上有期徒刑。

第一百三十八条　违反保护耕畜规定，宰杀耕畜的，处七年以下有期徒刑或者拘役，可以并处或者单处罚金。

第一百三十九条　违反保护森林法规，盗伐、滥伐森林，情节严重的，处七年以下有期徒刑或者拘役，可以并处或者单处罚金。

第一百四十条　违反保护水产资源规定，在禁渔区、禁渔期或者使用禁用的工具、方法捕捞水产品，情节严重的，处二年以下有期徒刑、拘役或者罚金。

第一百四十一条　意图营利，制造或者贩卖不合国家规定的度量衡的，处三年以下有期徒刑、拘役或者罚金。

第四章　侵犯人身权利罪

第一百四十二条　故意杀人的，处死刑、无期徒刑或者十年以上有期徒刑。

第一百四十三条　过失致人死亡的，处五年以下有期徒刑；情节恶劣的，处五年以上有期徒刑。本法另有规定的，依照规定。

第一百四十四条　故意伤害他人身体的，处三年以下有期徒刑或者拘役。

犯前款罪，致人重伤的，处三年以上十年以下有期徒刑；致人死亡的，处五年以上有期徒刑或者无期徒刑。本法另有规定的，依照规定。

第一百四十五条　过失致人重伤的，处三年以下有期徒刑或者拘役；情节恶劣的，处三年以上十年以下有期徒刑。

本法另有规定的，依照规定。

第一百四十六条 强奸妇女的，处三年以上十年以下有期徒刑。奸淫不满十四岁幼女的，以强奸论，可以从重处罚。

犯前款罪，情节特别严重的或者致人重伤、死亡的，处十年以上有期徒刑、无期徒刑或者死刑。

二人以上犯强奸罪而共同轮奸的，从重处罚。

第一百四十七条 对于不满十四岁的男、女实行猥亵的，处五年以下有期徒刑或者拘役。

第一百四十八条 强迫妇女卖淫的，处三年以上十年以下有期徒刑。

第一百四十九条 拐卖人口的，处五年以上有期徒刑。

第一百五十条 有花柳病的人，故意隐瞒而同他人结婚，致使他人受传染的，处一年以下有期徒刑或者拘役。

前款罪，告诉的才处理。

第一百五十一条 私行拘禁他人，或者以其他方法私行剥夺他人行动自由的，处三年以下有期徒刑或者拘役。

犯前款罪，致人重伤的，处三年以上十年以下有期徒刑；致人死亡的，处七年以上有期徒刑。

第一百五十二条 非法搜索他人身体、住宅的，处拘役；情节严重的，处三年以下有期徒刑。

第一百五十三条 隐匿、毁弃或者非法开拆他人信件的，处拘役。

第一百五十四条 船长在航行中，对于在海上或者其他水域中遭遇生命危险的人，可能援救而不援救的，处三年以下有期徒刑或者拘役。

第一百五十五条 医务人员由于严重不负责任，违反规章制度因而发生重大事故，致人重伤、死亡的或者明知对于病人不给治疗就会发生危险结果，没有正当理由而拒绝治疗，致人死亡的，处五年以下有期徒刑或者拘役。

第五章 侵犯财产罪

第一百五十六条 以暴力、胁迫或者其他方法抢劫公私财物的，处三年以上十年以下有期徒刑。

犯前款罪，情节严重的或者致人重伤、死亡的，处十年以上有期徒刑、无期徒刑或者死刑，可以并处没收财产。

第一百五十七条 偷窃公私财物的，处五年以下有期徒刑或者拘役。

第一百五十八条 抢夺公私财物的，处五年以下有期徒刑或者拘役。

第一百五十九条 诈骗公私财物的，处五年以下有期徒刑或者拘役。

第一百六十条 惯窃、惯骗或者偷窃、诈骗、抢夺数额巨大的，处五年以上十年以下有期徒刑；情节特别严重的，处十年以上有期徒刑、无期徒刑或者死刑，可以并处没收财产。

第一百六十一条 犯偷窃、抢夺、诈骗罪，为防护赃物、抗拒逮捕或者毁灭罪证而当场使用暴力或者以暴力相威胁的，依照第一五六条抢劫罪处罚。

第一百六十二条 敲诈勒索公私财物的，处五年以下有期徒刑或者拘役；情节严重的，处五年以上有期徒刑。

第一百六十三条 侵占公私财物的，处三年以下有期徒刑或者拘役。

第一百六十四条 国家工作人员利用职务上的便利，偷窃、侵占、诈骗或者以其他方法贪污公共财物的，处五年以下有期徒刑或者拘役；数额巨大、情节严重的，处五年以上有期徒刑或者无期徒刑，可以并处没收财产。

受国家机关、企业、事业单位、人民团体委托从事公务的人员犯前款罪的，依照前款的规定处罚。

第一百六十五条 故意毁坏公私财物的，处三年以下有期徒刑或者拘役。

第六章 妨害婚姻、家庭罪

第一百六十六条 以暴力干涉他人婚姻自由的，处三年以下有期徒刑或者拘役。

犯前款罪，引起被害人自杀的，处三年以上十年以下有期徒刑。

第一百六十七条 借婚姻关系索取财物而妨害他人婚姻自由，情节恶劣的，处拘役。

前款罪，本人告诉的才处理。

第一百六十八条 有配偶而重婚的，或者明知他人有配偶而与之结婚的，处三年以下有期徒刑或者拘役。

第一百六十九条 破坏他人婚姻家庭，情节严重的，处五年以下有期徒刑或者拘役。

破坏军人婚姻家庭的，处三年以上十年以下有期徒刑。

前一款罪，本人告诉的才处理。

第一百七十条 虐待家庭成员，情节恶劣的，处二年以下有期徒刑或者拘役。

犯前款罪，致被害人重伤的，处五年以下有期徒刑；致被害人死亡的，处三年以上十年以下有期徒刑。

第一款罪，告诉的才处理。

第一百七十一条 对于年老、年幼、疾病或者其他没有独立生活能力的人，负有扶养义务而拒绝扶养的，处七年以下有期徒刑或者拘役。

犯前款罪，致被害人死亡的，处五年以上有期徒刑。

第一百七十二条 拐骗不满十六岁的男、女，脱离家庭或者监护人的，处五年以上有期徒刑。

第七章 妨害管理秩序罪

第一百七十三条 违反选举法的规定，以暴力、威胁、欺骗、贿赂或者其他方法，破坏选举或者妨害选民自由行使选举权和被选举权的，处三年以下有期徒刑或者拘役。

第一百七十四条 虚报选举票数或者以其他方法使投票发生不正确结果的，处三年以下有期徒刑或者拘役。

第一百七十五条 以暴力、威胁方法阻碍国家工作人员依法执行职务的，处七年以下有期徒刑。

第一百七十六条 依法被逮捕、关押的犯罪分子脱逃的，处三年以下有期徒刑。

以暴力、威胁方法犯前款罪的，处三年以上十年以下有期徒刑。

第一百七十七条 意图陷害他人受刑事处分而诬告的，处三年以下有期徒刑；情节严重的，处三年以上十年以下有期徒刑。但是错告的，不适用本条的规定。

第一百七十八条 在侦查、审判中，证人、鉴定人、翻译人意图陷害他人或者包庇犯罪分子，对案件有重要关系的情节，故意作虚伪证明、鉴定、翻译的，处一年以上七年以下有期徒刑。

第一百七十九条 窝藏、包庇反革命分子的，处一年以上七年以下有期徒刑；情节严重的，比照其窝藏、包庇的反革命分子的罪刑，酌情处罚。

窝藏、包庇其他犯罪分子的，处五年以下有期徒刑或者拘役；情节严重的，比照其窝藏、包庇的犯罪分子的罪刑，酌情处罚。

犯前两款罪，事前通谋的，以共同犯罪论处。

第一百八十条 意图营利，制造、贩卖假药的，处三年以下有期徒刑或者拘役，可以并处或者单处罚金；造成严重后果的，处三年以上十年以下有期徒刑，可以并处罚金。

第一百八十一条 神汉、巫婆进行诈骗活动的，处三年以下有期徒刑或者拘役；情节严重的，处三年以上十年以下有期徒刑。

第一百八十二条 冒充国家工作人员招摇撞骗的，处五年以下有期徒刑或者拘役；情节严重的，处五年以上有期徒刑或者无期徒刑。

第一百八十三条 伪造、变造或者盗窃、毁灭国家机关、企业、人民团体的公文、证件、印章的，处五年以下有期徒刑或拘役；情节严重的，处五年以上有期徒刑。

第一百八十四条 伪造、变造或者盗窃、毁灭私人图章、文书，足以损害公共利益或者他人利益的，处五年以下有期徒刑或者拘役。

第一百八十五条 意图营利，聚众赌博的，处三年以下有期徒刑或者拘役，可以并处罚金。

第一百八十六条 聚众斗殴，寻衅滋事，侮辱妇女或者进行其他流氓行为，破坏公共秩序，情节恶劣的，处七年以下有期徒刑或者拘役。

流氓集团的首要分子，处七年以上有期徒刑或者无期徒刑。

第一百八十七条 引诱、容留妇女卖淫的，处七年以下有期徒刑或者拘役，可以并处罚金或者没收财产。

第一百八十八条 制造、贩卖、运输鸦片、海洛因、吗啡或者其他毒品的，处七年以下有期徒刑，可以并处罚金。

一贯或者大量制造、贩卖、运输前款毒品的，处七年以上有期徒刑或者无期徒刑，可以并处没收财产。

第一百八十九条 吸食或者注射鸦片、海洛因、吗啡或者其他毒品的，处三年以下有期徒刑或者拘役。

第一百九十条 意图营利，明知是犯罪所得的赃物而收买的，或者代为销售的，处七年以下有期徒刑或者拘役，可以并处或者单处罚金或者没收财产。

第一百九十一条 盗运珍贵历史文物出口的，处三年以上十年以下有期徒刑，可以并处罚金；情节严重的，处十年以上有期徒刑或者无期徒刑，可以并处没收财产。

第一百九十二条 故意破坏国家保护的珍贵历史文物的，处三年以上十年以下有期徒刑。

以反革命为目的者，按照反革命罪处罚。

第一百九十三条 盗窃或者故意破坏国家的永久性测量标志的，处五年以下有期徒刑或者拘役。

第一百九十四条 违反保护珍禽、珍兽规定，进行狩猎，情节严重的，处二年以下有期徒刑、拘役或者罚金。

第一百九十五条 违反出入国境管理规定，偷越国境的，处二年以下有期徒刑或者拘役。

第一百九十六条 意图营利，组织、运送偷越国境的，处七年以下有期徒刑；情节严重的，处七年以上有期徒刑。

第一百九十七条 违反国境卫生检疫规定，引起检疫传染病的传播，或者有引起检疫传染病传播严重危险的，处三年以下有期徒刑或者拘役，可以并处或者单处罚金。

第八章 渎职罪

第一百九十八条 国家工作人员利用职务上的便利，收受贿赂的，处七年以下有期徒刑或者拘役。

犯前款罪，致使国家或者公民利益遭受严重损失的，处七年以上有期徒刑或者无期徒刑。

向国家工作人员行贿或者介绍贿赂的，依照前两款的规定处罚。

第一百九十九条　国家工作人员利用职权、假公济私，对控告人、批评人实行报复陷害的，处七年以下有期徒刑；情节严重的，处七年以上有期徒刑。

第二百条　国家工作人员泄露国家重要机密的，处七年以下有期徒刑或者拘役。

非国家工作人员犯前款罪的，依照前款的规定处罚。

第二百零一条　国家工作人员由于玩忽职守、严重不负责任，致使公共财产遭受重大损失的，处七年以下有期徒刑或者拘役。

第二百零二条　司法工作人员对明知是无罪的人而使他受追诉、对明知是有罪的人而故意包庇不使他受追诉，或者是故意颠倒黑白做枉法裁判的，处三年以上十年以下有期徒刑。

第二百零三条　司法工作人员对人犯刑讯逼供的，处五年以下有期徒刑或者拘役。

第二百零四条　司法工作人员私放罪犯的，比照所放罪犯的罪刑处罚。

第二百零五条　邮电工作人员私自开拆或者隐匿、毁弃邮件、电报的，处一年以下有期徒刑或者拘役。

犯前款罪而窃取财物的，依照第一百六十四条贪污罪处罚。

第二百零六条　国家工作人员犯本章之罪，情节轻微的，可以由所属机关酌情予以行政处分。

9. 中华人民共和国刑法草案（修订稿）（第34次稿）

（《中华人民共和国刑法草案》联合修订组　1978年12月）

《中华人民共和国刑法草案》联合修订组由中央政法小组组织下列单位派员组成：人大常委会办公厅；最高人民法院；最高人民检察院；公安部；中国社会科学院法学研究所；北京大学法律系；中国人民大学法律系；中央政法干部学校；北京政法学院；中共北京市委政法部；北京市高级人民法院；北京市人民检察院；北京市公安局；天津市高级人民法院。

目　录

总　　则

第一章　刑法的任务和适用范围

第一条　中华人民共和国刑法的任务，是用刑罚同一切卖国贼、反革命分子和其他犯罪分子作斗争，以保卫无产阶级专政的社会主义国家，维护社会秩序，保护全民所有的和集体所有的公共财产，保护公民的人身权利和其他权利，保护公民所有的合法财产，保障社会主义革命和社会主义建设新时期总任务的顺利实现。

第二条　凡在中华人民共和国领域内犯罪的，除有特别规定的以外，都适用本法。

犯罪的行为或者结果有一项在中华人民共和国领域内的，就认为是在中华人民共和国领域内犯罪。

第三条　中华人民共和国公民在中华人民共和国领域外犯本法规定各罪的，除有特别规定的以外，适用本法。

第四条　外国人在中华人民共和国领域外对中华人民共和国国家或者公民的犯罪，适用本法的规定。

第五条　凡在中华人民共和国领域外犯罪、依照本法应当负刑事责任的，虽然经过外国审判，仍然可以依照本法处理；但是在外国已经受过刑罚处罚的，可以免除或者减轻处罚。

第六条　享有外交特权的外国人的刑事责任问题，通过外交途径解决。

第七条　本法施行以前的犯罪，依照本法总则第四章第八节的规定应当追诉而没有经过审判或者判决还没有确定的，都适用本法；但是当时的法律、法令不认为是犯罪的，适用当时的法律、法令。

第二章　犯　　罪

第一节　犯罪和刑事责任

第八条　一切危害无产阶级专政的社会主义国家、破坏社会主义革命和社会主义建设、破坏社会秩序、侵犯全民所有的和集体所有的公共财产、侵犯公民的人身权利和其他权利、侵犯公民所有的合法财产，以及其他危害社会的行为，依照法律应当受刑罚处罚的，都是犯罪。

行为在形式上虽然符合本法分则条文的规定，但是情节显著轻微并且缺乏社会危害性的，不认为是犯罪。

第九条　明知自己的行为会发生危害社会的结果，并且希望或者放任这种结果发生而构成犯罪的，是故意犯罪。

故意犯罪，应当负刑事责任。

第十条　应当预见自己的行为可能发生危害社会的结果，因为疏忽大意没有预见，或者已经预见但是轻信能够避免，以致发生这种结果的，是过失犯罪。

过失犯罪，法律有规定的才负刑事责任。

第十一条　行为在客观上虽然造成了损害结果，但是如果不是出于故意或者过失，而是由于不能预见的或者不能抗拒的原因所引起的，不认为是犯罪。

第十二条　已满十六岁的人犯罪，应当负刑事责任。

已满十四岁不满十六岁的人，犯杀人、放火、抢劫、严重盗窃罪或者严重破坏社会秩序罪，应当负刑事责任。

已满十四岁不满十八岁的人犯罪，应当从轻或者减轻处罚。

因不满十六岁不处罚的，责令家属或者监护人严加管教；必要时，也可以由收容单位收容教养。

第十三条　精神病人在不能辨认或者不能控制自己行为的时候造成危害结果的，不负刑事责任；但是应当责令家属或者监护人严加看管和医疗。

间歇性的精神病人，在精神正常的时候犯罪，应当负刑事责任。

醉酒的人犯罪，应当负刑事责任。

第十四条　为了使公共利益、本人或者他人的人身安全和其他权利免受正在进行的不法侵害，所采取的正当防卫行为，不负刑事责任。

正当防卫超过必要限度造成不应有的损害的，应当负刑事责任；但是可以减轻或者免除处罚。

第十五条 为了使公共利益、本人或者他人的人身安全和其他权利免受正在发生的危险，不得已采取的紧急避险行为，不负刑事责任。

紧急避险超过必要限度造成不应有的损害的，应当负刑事责任；但是可以减轻或者得免除处罚。

第一款中关于避免本人危险的规定，不适用于职务上、业务上负有特定义务的人。

第二节 犯罪的预备、未遂和中止

第十六条 为犯罪准备工具、制造条件的，是犯罪预备。

对于预备犯，可以从轻、减轻处罚，或者免除处罚。

第十七条 已经着手实行犯罪，由于犯罪分子意志以外的原因而未得逞的，是犯罪未遂。

对于未遂犯，可以从轻或者减轻处罚。

第十八条 在犯罪过程中，自动中止犯罪或者自动有效地防止犯罪结果发生的，是犯罪中止。

对于中止犯，应当免除或者减轻处罚。

第三节 共同犯罪

第十九条 共同犯罪是指二人以上共同故意犯罪。

二人以上犯同一过失罪，不以共同犯罪论处；应当负刑事责任的，按照他们所犯的罪分别处罚。

第二十条 组织、领导犯罪集团进行犯罪活动的首要分子和在共同犯罪中起主要作用的，都是主犯。

对于主犯，除本法分则已有规定的以外，应当从重处罚。

第二十一条 在共同犯罪中起次要作用的，或者用提供条件、排除障碍、窝藏包庇、消灭罪迹等方法帮助实行犯罪的，都是从犯。

对于从犯比照主犯从轻或者减轻处罚；但罪恶重大的，应当比照主犯论处。

第二十二条 对于被胁迫、被诱骗参加犯罪的，应当按照他的犯罪情节，比照从犯减轻处罚或者免除处罚。

第二十三条 教唆他人犯罪的，应当按照他在共同犯罪中所起的作用处罚。教唆不满十八岁的人犯罪的，应当从重处罚。

如果被教唆的人，没有犯被教唆的罪，对于教唆犯，可以从轻、减轻或者免除处罚。

第三章 刑　罚

第一节 刑罚的种类

第二十四条 刑罚分为主刑和附加刑。

主刑的种类如下：

（一）拘役；

（二）管制；

（三）有期徒刑；

（四）无期徒刑；

（五）死刑。

附加刑的种类如下：

（一）罚金；

（二）剥夺政治权利；

（三）没收财产。

罚金、没收部分财产也可以独立适用。

第二十五条 对于犯罪的外国人，可以独立适用或者附加适用逐出国境。

第二十六条 对于情节轻微的犯罪分子，不需要判处刑罚的，可以根据不同情况，责令具结悔过、赔礼道歉、赔偿损失。

第二节 拘　役

第二十七条 拘役的期限，为十日以上六个月以下。

第二十八条 被判处拘役的犯罪分子，由公安机关执行。在执行期间的生产劳动，应当给予部分报酬。

第二十九条 拘役的刑期，从判决执行之日起计算；判决以前先行羁押的，羁押一日折抵刑期一日。

第三节 管 制

第三十条 管制适用于罪恶程度还不需要判处有期徒刑以上刑罚的反革命分子和其他需要放在群众中监督改造的犯罪分子。

第三十一条 管制的期限，为六个月以上三年以下。

第三十二条 被判处管制的犯罪分子，在执行期间，必须遵守下列规定：

（一）遵守法律、法令，服从群众监督，积极劳动生产；

（二）向监督执行机关定期报告自己的活动情况；

（三）迁居或者离乡外出的，报经监督执行机关批准。

第三十三条 被判处管制的犯罪分子违反前条规定，情节严重的，人民法院可以判决延长管制期限，但延长期限不得超过二年。

被判处管制的犯罪分子，如果确有悔改或者立功表现，人民法院可以裁定缩短管制期限或者提前解除管制。

第三十四条 对于被判处管制的犯罪分子，在执行期间的劳动，应当同工同酬。

第三十五条 被判处管制的犯罪分子，由公安机关监督执行。执行期满，应当由公安机关公开宣布解除管制。

第三十六条 管制的刑期，从判决执行之日起计算；判决执行以前先行羁押的，羁押一日折抵刑期二日。

第四节 有期徒刑、无期徒刑

第三十七条 有期徒刑的期限，为六个月以上十五年以下。

第三十八条 被判处有期徒刑、无期徒刑的犯罪分子，在监狱或者其他劳动改造场所执行；在劳动改造中应当实行劳动生产与政治教育相结合并以教育为主的方针。

第三十九条 有期徒刑的刑期，从判决执行之日起计算；判决执行以前先行羁押的，羁押一日折抵刑期一日。

第五节 死 刑

第四十条 死刑只适用于罪大恶极、民愤很大、必须判处死刑的犯罪分子。

死刑案件由最高人民法院判决或者报请最高人民法院核准。

第四十一条 犯罪的时候不满十八岁的人和审判的时候怀孕的妇女，不适用死刑。

第四十二条 死刑用枪决的方法执行。

第四十三条 对于应当判处死刑的犯罪分子，如果不是必须立即执行的，可以判处死刑同时宣告缓期二年执行，强迫劳动，以观后效。在死刑缓期执行期间，如果确有悔改，二年期满以后，减为无期徒刑；如果确有悔改并有立功表现，二年期满以后，减为十五年以上二十年以下有期徒刑；如果抗拒改造，由最高人民法院裁定或者核准，执行死刑。

第四十四条 死刑缓期执行的期间，从判决确定之日起计算。死刑缓期执行减为有期徒刑的刑期，从裁定减刑之日起计算。

第六节 罚 金

第四十五条 判处罚金，应当根据犯罪情节和犯罪分子的财产状况，决定罚金数额。

第四十六条 罚金在判决指定的期限内一次或者分期缴纳。期满不缴纳的，强制缴纳。如果由于遭遇不能抗拒的灾祸缴纳确实有困难的，可以酌情减少或者免除。

第七节 剥夺政治权利

第四十七条 剥夺政治权利是剥夺下列权利：

（一）选举权和被选举权；

（二）担任国家机关、企业、事业单位领导职务的权利；

（三）担任审判员、陪审员、检察员、律师的权利；

（四）担任人民团体领导职务的权利；

（五）享受荣誉称号的权利。

第四十八条 剥夺政治权利的期限，为一年以上五年以下。

第四十九条 对于反革命分子应当剥夺政治权利；对于严重破坏社会秩序的其他犯罪分子，必要时，也可以剥夺政治权利。

第五十条 对于被判处死刑、无期徒刑的犯罪分子，应当剥夺政治权利终身。

在死刑缓期执行和无期徒刑减为有期徒刑的时候，剥夺政治权利的期限改为三年以上五年以下。

第五十一条 剥夺政治权利的刑期，从主刑执行完毕之日或者从假释之日起计算；但是剥夺政治权利的效力当然施用到主刑执行期间。

第八节 没收财产

第五十二条 没收财产是没收犯罪分子个人所有财产的一部或者全部。

在判处没收财产的时候，应当给犯罪分子的家属留下维持生活所必需的财产。

第五十三条 对于查封财产以前犯罪分子所负的正当债务，需要以没收的财产偿还的，经债权人请求，由人民法院酌情裁定。

第四章 刑罚的具体运用

第一节 量 刑

第五十四条 对于犯罪分子决定刑罚的时候，应当根据犯罪事实、犯罪性质，并且应当具体分析犯罪的动机、手段、犯罪时的环境和对社会的危害程度等情节，参照犯罪分子的个人情况、认罪态度和悔改表现，依照本法的有关规定判处。

第五十五条 犯罪分子具有本法规定的从重处罚、从轻处罚情节的，应当在法定刑的限度以内判处刑罚。

第五十六条 犯罪分子具有本法规定的减轻处罚情节的，应当在法定刑以下判处刑罚。

犯罪分子虽然不具有本法规定的减轻处罚情节，如果根据案件的特殊情况，判处法定最低刑还是过重的，也可以在法定最低刑以下判处刑罚，但须经上一级人民法院核准。

第五十七条 犯罪分子违法所得的一切财物，应当予以追缴或者责令退赔；供犯罪所用的一切财物应当予以没收。

第二节 累 犯

第五十八条 被判处有期徒刑以上刑罚的犯罪分子，刑罚执行完毕或者赦免以后，在五年以内再犯应当判处有期徒刑以上刑罚之罪的，是累犯，应当从重处罚；但是过失犯罪除外。

前款规定的期限，对于被假释的犯罪分子，从假释期满之日起计算。

第五十九条 刑罚执行完毕或者赦免以后的反革命分子，在任何时候再犯反革命罪的，都以累犯论处。

第三节 自首、坦白

第六十条 犯罪未被发觉前投案自首，主动坦白交待自己罪行的，可以从轻或者减轻处罚；自首并揭发他人重大罪行属实的或者有其他立功表现的，可以减轻或者免除处罚；立大功的，可以给予适当奖励。

犯罪被发觉后，坦白交待罪行的，可以参照前款规定，酌情处理。

第四节 数罪并罚

第六十一条 判决宣告以前一人犯数罪的，除判处死刑和无期徒刑的以外，应当在总和刑期以下多数刑中最高刑期以上，酌情决定执行的刑期，但是拘役最高不能超过一年，管制最高不能超过五年，有期徒刑最高不能超过二十年。

如果数罪中有判处附加刑的，附加刑仍须执行。

第六十二条 判决宣告以后，刑罚还没有执行完毕以前，发觉被判刑的犯罪分子在判决宣告以前还有其他罪没有判决的，应当对新发觉的罪作出判决，把前后两个判决所判处的刑罚，依照本法第六十一条的规定，决定执行的刑罚。已经执行的刑期，应当计算在新判决决定的刑期以内。

第六十三条 判决宣告以后，刑罚还没有执行完毕以前，被判刑的犯罪分子又犯罪的，应当对新犯的罪作出判决，把前罪没有执行的刑罚和后罪所判处的刑罚，依照本法第六十一条的规定，决定执行的刑罚。

第五节 缓 刑

第六十四条 对于被判处拘役、三年以下有期徒刑的犯罪分子，根据犯罪分子的犯罪情节和悔罪表现，认为适用缓刑不致再危害社会和引起群众不满的，可以在责令犯罪分子具结悔罪以后，宣告缓刑。

被宣告缓刑的犯罪分子，如果被判处附加刑，附加刑仍须执行。

第六十五条 拘役的缓刑考验期限为原判刑期以上一年以下，但是不能少于一个月。

有期徒刑的缓刑考验期限为原判刑期以上五年以下，但是不能少于一年。

缓刑考验期限，从判决确定之日起计算。

第六十六条 对于反革命犯和累犯，不适用缓刑。

第六十七条 被宣告缓刑的犯罪分子，在缓刑考验期限内，由人民法院或者公安机关交所在单位或者基层组织予以监督，如果没有再犯新罪，缓刑考验期满，原判的刑罚就不再执行；如果再犯新罪，撤销缓刑，把前罪和后罪所判处的刑罚，依照本法第六十一条的规定，决定执行的刑罚。

第六节　减　　刑

第六十八条　被判处拘役、有期徒刑、无期徒刑的犯罪分子，在执行期间，如果确有悔改或者立功表现，可以减刑。但是经过一次或者几次减刑以后实际执行的刑期，判处拘役、有期徒刑的，不能少于原判刑期的二分之一；判处无期徒刑的，不能少于十年。

第六十九条　无期徒刑减为有期徒刑的刑期，从裁定减刑之日起计算。

第七节　假　　释

第七十条　被判处有期徒刑的犯罪分子，执行原判刑期二分之一以上，被判处无期徒刑的犯罪分子，实际执行十年以上，如果确有悔改表现，不致再危害社会，可以假释。如果有特殊情节，可以不受上述执行刑期的限制。

第七十一条　有期徒刑的假释考验期限，为没有执行完毕的刑期；无期徒刑的假释考验期限，为十年。假释考验期限，从假释之日起计算。

第七十二条　被假释的犯罪分子，在假释考验期限内，由公安机关或者人民公社革命委员会予以监督，如果没有再犯应当判处有期徒刑以上的罪，就认为原判刑罚已经执行完毕；如果再犯应当判处有期徒刑以上的罪，撤销假释，把前罪没有执行的刑罚和后罪所判处的刑罚，依照本法第六十一条的规定，决定执行的刑罚。

第八节　时　　效

第七十三条　犯罪经过下列期限不再追诉：

（一）法定最高刑为拘役的，经过一年；

（二）法定最高刑为不满五年有期徒刑的，经过五年；

（三）法定最高刑为五年以上不满十年有期徒刑的，经过十年；

（四）法定最高刑为十年以上有期徒刑、无期徒刑的，经过十五年；

（五）法定最高刑为死刑的，经过二十年。

罪行严重的反革命分子，不受前款追诉期限的限制。

第七十四条　在人民法院、人民检察院、公安机关采取强制措施以后，逃避侦查或者审判的，不受追诉期限的限制。

第七十五条　追诉期限从犯罪之日起计算；犯罪行为有连续或者继续状态的，从犯罪行为终了之日起计算。

在追诉期限以内又犯罪的，前罪追诉的期限从犯后罪之日起计算。

分　　则

第一章　反革命罪

第七十六条　以推翻中国共产党领导的无产阶级专政的政权、破坏社会主义制度、破坏社会主义革命和社会主义建设为目的的行为，是反革命罪。

第七十七条　勾结外国，阴谋危害祖国的主权、领土完整和安全的，处死刑、无期徒刑或者十年以上有期徒刑。

第七十八条　阴谋颠覆政府、分裂国家的，处死刑、无期徒刑或者十年以上有期徒刑。

第七十九条　策动、勾引、收买国家工作人员、武装部队、民兵进行叛变的，首要分子或者其他罪恶重大的，处死刑、无期徒刑或者十年以上有期徒刑；其他参与的，处三年以上十年以下有期徒刑。

第八十条　国家工作人员背叛祖国、叛变投敌的，处七年以上有期徒刑或者无期徒刑；率队叛变的，从重处罚。

非国家工作人员叛变的，处三年以上十年以下有期徒刑。

第八十一条　持械聚众叛乱的，首要分子或者其他罪恶重大的，处死刑、无期徒刑或者十年以上有期徒刑；其他积极参加的，处三年以上十年以下有期徒刑。

第八十二条　聚众劫狱或者暴动越狱的，首要分子或者其他罪恶重大的，处死刑、无期徒刑或者十年以上有期徒刑；其他积极参加的，处三年以上十年以下有期徒刑。

第八十三条　进行下列间谍或者资敌行为之一的，处十年以上有期徒刑或者无期徒刑；情节较轻的，处三年以上十年以下有期徒刑：

（一）里通外国，为外国人传送机密情报的；

（二）为敌人窃取、刺探、提供国家机密的；

（三）为敌人供给武器军火或者其他军用物资的；

（四）与敌人建立联系，要求布置任务的。

第八十四条　组织领导特务、间谍组织的，或者特务、间谍组织的重要分子，处十年以上有期徒刑、无期徒刑或者死刑；参加特务、间谍组织的，处三年以上十年以下有期徒刑。

第八十五条 组织、利用封建会道门进行反革命活动的，处五年以上有期徒刑或者无期徒刑；情节较轻的，处五年以下有期徒刑或者管制。

第八十六条 组织领导反革命集团的，或者反革命集团的重要分子，处五年以上有期徒刑或者无期徒刑；其他积极参加反革命集团的，处五年以下有期徒刑或者管制。

第八十七条 以反革命为目的，进行下列破坏行为之一的，处死刑、无期徒刑或者十年以上有期徒刑；情节较轻的，处三年以上十年以下有期徒刑：

（一）爆炸、放火、决水、利用技术或者以其他方法破坏军事设备、生产设施、通讯交通设备、建筑工程或者其他公共建设、公共财物以及自然资源的；

（二）抢劫国家档案、军事物资或者其他公共财物的；

（三）劫持船舰、飞机、车辆的；

（四）制造、抢夺或者盗窃枪支、弹药的；

（五）扰乱市场或者破坏金融的。

第八十八条 以反革命为目的，投放毒物，散布细菌或者以其他方法杀人的，处死刑、无期徒刑或者十年以上有期徒刑。

第八十九条 以反革命为目的，进行下列挑拨、煽动行为之一的，处五年以下有期徒刑或者管制；首要分子或者其他罪恶重大的，处五年以上有期徒刑或者无期徒刑：

（一）煽动群众抗拒、破坏国家法律、法令实施的；

（二）挑拨离间各民族之间、人民与政府之间的团结的；

（三）挑拨离间群众之间的团结，策划、指挥武斗，制造流血事件的；

（四）进行其他反革命煽动，情节严重的。

第九十条 地主、富农分子、坏分子或者其他反动分子，以反革命为目的，进行阶级报复，政治诬陷或者残酷迫害的，处五年以下有期徒刑或者管制；情节特别严重的，处五年以上有期徒刑或者无期徒刑。

第九十一条 犯本章之罪的，必要时可以并处没收财产。

第二章 危害公共安全罪

第九十二条 放火破坏工厂、矿坑、油田、仓库、住宅、山林、农场、谷场、牧场、公共建筑物或者其他公共建设的，处三年以上十年以下有期徒刑。

放火破坏其他公私财产足以危害公共安全的，处七年以下有期徒刑。

第九十三条 决水破坏工厂、矿坑、仓库、住宅、农作物、公共建筑物或者其他公共建设的，处三年以上十年以下有期徒刑。

决水破坏其他公私财产足以危害公共安全的，处七年以下有期徒刑。

第九十四条 放火、决水致人死亡、重伤或者使公私财产遭受重大损失的，处十年以上有期徒刑或者无期徒刑；情节特别严重的，处死刑。

失火、过失决水引起前款后果的，处十年以下有期徒刑或者拘役。

第九十五条 破坏火车、汽车、电车、船只、飞机足以使其发生倾覆或者毁坏危险的，处三年以上十年以下有期徒刑。

第九十六条 破坏轨道、桥梁、隧道、灯塔、标识或者进行其他破坏活动足以使火车、电车、汽车、船只、飞机发生倾覆或者毁坏危险的，处一年以上七年以下有期徒刑。

第九十七条 破坏电力、煤气或者其他易燃设备足以危害公共安全的，处一年以上七年以下有期徒刑。

第九十八条 破坏广播电台、电报、电话或者其他通讯设备足以危害公共安全的，处七年以下有期徒刑或者拘役。

第九十九条 犯第九十五条、第九十六条、第九十七条、第九十八条罪，引起严重后果的，处七年以上有期徒刑或者无期徒刑；情节特别严重的，处死刑。

因过失引起前款严重后果的，处十年以下有期徒刑。

第一百条 非法制造、买卖、运输枪支、弹药的，或者盗窃、抢夺国家机关、军警人员、民兵的枪支、弹药的，处七年以下有期徒刑；情节严重的，处七年以上有期徒刑或者无期徒刑。

第一百零一条 从事交通运输的人员，违反规章制度，因而发生重大事故，致人重伤、死亡或者使公私财产遭受重大损失的，处七年以下有期徒刑；情节特别恶劣，后果特别严重的，处七年以上有期徒刑。

第一百零二条 工厂、矿山、建筑企业或者其他企业的主管人员，不按照劳动保护法规规定设置安全设备，或者预见危险不采取必要和可能的安全措施，因而发生重大事故，造成严重后果的，处七年以下有期徒刑；情节特别恶劣，后果特别严重的，处七年以上有期徒刑。

第一百零三条 工厂、矿山、建筑企业或者其他企业的职工，违反安全生产规则、操作规程，因而发生重大事故，造成严重后果的，处七年以下有期徒刑；情节特别恶劣，后果特别严重的，处七年以上有期徒刑。

第一百零四条 违反邮政规定、交通运输规定，蒙混寄运或者秘密携带有爆炸性、易燃性、毒害性、腐蚀性的物品，因而发生重大事故，造成严重后果的，处七年以下有期徒刑；情节特别恶劣，后果特别严重的，处七年以上有期徒刑。

第一百零五条 违反爆炸性、易燃性、毒害性、腐蚀性物品的管理规定，在生产、储存、运输、使用中发生重大事故，造成严重后果的，处七年以下有期徒刑；情节特别恶劣，后果特别严重的，处七年以上有期徒刑。

第一百零六条 工厂、企业、事业单位违反环境保护规定，任意排放超过国家规定标准的有害物质，严重污染环境，危害人民健康，破坏自然资源，在规定的期限内能治理而又不治理的，对主管人员，处五年以下有期徒刑、拘役或者罚金。

第一百零七条 污染饮用水水源或者自来水管道，情节严重的，对肇事人员，处三年以下有期徒刑、拘役或者罚金。

第一百零八条 制造、销售有毒的或者严重变质的食品，造成严重后果的，对主管人员和肇事人员，处三年以下有期徒刑、拘役或者罚金。

第一百零九条 违反群众集会和公共场所的安全管理规定，严重不负责任，因而发生重大事故，造成严重后果的，对直接责任人员，处五年以下有期徒刑或者拘役。

第一百一十条 违反国境卫生检疫规定，逃避检疫，引起检疫传染病的传播，或者有引起检疫传染病传播严重危险的，处三年以下有期徒刑、拘役或者罚金。

第三章　破坏社会主义经济罪

第一百一十一条 国家工作人员在制订或者执行国民经济计划中谎报数字，弄虚作假，伪造情况，欺上瞒下，致国家和人民生命财产遭受严重损害的，处三年以下有期徒刑或者拘役；情节特别严重的，处三年以上十年以下有期徒刑。

第一百一十二条 国家工作人员严重不负责任，致本单位有条件完成的国民经济年度计划未完成并且造成严重后果的，处一年以下有期徒刑或者拘役；情节特别严重的，处一年以上五年以下有期徒刑。

第一百一十三条 明知违反国家计划规定，擅自进行计划外生产，造成国家物资大量积压和浪费的，对主管人员处三年以下有期徒刑或者拘役。

第一百一十四条 国家工作人员严重不负责任，造成国家物资大量损坏或者浪费的，处五年以下有期徒刑或者拘役。

第一百一十五条 违反基本建设管理的规定，挪用专款、专料，或者挪用计划内基建投资、材料、设备，进行计划外工程和非法工程，造成国家重大损失的，对主管人员，处一年以下有期徒刑或者拘役；情节特别严重的，处一年以上五年以下有期徒刑。

第一百一十六条 国家工作人员违反国家农村经济政策，滥用职权，强迫命令，非法征调，破坏人民公社的社、队生产和收益分配，致集体经济和社员利益遭受严重损害的，处三年以下有期徒刑或者拘役。

第一百一十七条 违反国家建设土地征用法规，非法占用土地，严重损害群众生产、生活的，处二年以下有期徒刑或者拘役。

第一百一十八条 对经济合同的基本条款有条件执行而任意不执行，致对方遭受严重损失，破坏国家计划的，处一年以下有期徒刑或者拘役；情节特别严重的，处一年以上三年以下有期徒刑。

第一百一十九条 违反财经法规，滥用职权，巧立名目，大肆挥霍，铺张浪费，致公共财产遭受严重损失的，处二年以下有期徒刑或者拘役；情节特别严重的，处二年以上七年以下有期徒刑。

第一百二十条 挪用国家救灾、优抚、救济款物，致国家和人民利益遭受重大损害的，处二年以下有期徒刑或者拘役；情节特别严重的，处二年以上七年以下有期徒刑。

第一百二十一条 挪用国家贷款，对工农业生产造成严重损害的，处二年以下有期徒刑或者拘役。

第一百二十二条 违反国家进出口贸易管理的规定，不经国家主管机关的批准，擅自进行进出口贸易的，对主管人员，处三年以下有期徒刑或者拘役；情节严重的，处三年以上七年以下有期徒刑。

第一百二十三条 非法运输、携带、邮寄货物、金银、货币、票据、有价证券或者其他物品进出国（边）境，逃避海关监管的走私行为，情节严重的，除按照海关法规没收走私物品并且可以罚款外，处五年以下有期徒刑，可以并处没收财产。

第一百二十四条 违反物资管理规定，套购国家重要物资，转手倒卖，致国家经济计划遭受损害的，处二年以上五年以下有期徒刑。

第一百二十五条 非法买卖、套取金银、外汇，投机倒把，扰乱金融的，处五年以下有期徒刑或者拘役，可以并处、单处罚金或者没收财产。

第一百二十六条 以获取非法利润为目的，投机倒把，扰乱市场，情节严重的，处三年以下有期徒刑或者拘役，可以并处、单处罚金或者没收财产。

第一百二十七条 以获取非法利润为目的，私设工厂、运输队、包工队，投机倒把，情节严重的，处三年以下有期徒刑或者拘役，可以并处、单处罚金或者没收财产。

第一百二十八条 以走私、投机倒把为常业的，走私、投机倒把数额巨大的，或者走私、投机倒把集团的首要分子，处五年以上有期徒刑，可以并处没收财产。

第一百二十九条 伪造或者贩卖计划供应票证的，处三年以下有期徒刑或者拘役，可以并处、单处罚金或者没收财产。

犯前款罪的首要分子或者情节特别严重的，处三年以上七年以下有期徒刑，可以并处没收财产。

冒领计划供应票证，数额巨大，情节严重的，处二年以下有期徒刑或者拘役，可以并处罚金。

第一百三十条 偷税、漏税、抗（拖）税，情节严重的，除按照税收法规补税并且可以罚款外，处三年以下有期徒刑或者拘役。

第一百三十一条 伪造国家货币或者发行、贩运伪造的国家货币的，处三年以上七年以下有期徒刑，可以并处罚金或者没收财产；首要分子或者情节特别严重的，处七年以上有期徒刑或者无期徒刑，可以并处没收财产。

明知是伪造的国家货币而使用的或者变造国家货币的，处一年以下有期徒刑或者拘役。

第一百三十二条 伪造、涂改支票或者其他有价证券的，处三年以下有期徒刑或者拘役，可以并处罚金；情节严重的，处三年以上有期徒刑，可以并处罚金或者没收财产。

第一百三十三条 意图营利，伪造或者变造车票、船票、邮票、税票的，处一年以下有期徒刑、拘役或者罚金；情节严重的，处一年以上五年以下有期徒刑，可以并处罚金。

第一百三十四条 企业、事业单位明知是劣质品、废品而冒充合格产品发行，情节严重的，对主管人员，处二年以下有期徒刑或者拘役；情节特别严重的，处二年以上五年以下有期徒刑。

第一百三十五条 商业单位为了谋取非法利润，出售商品时，以假冒真，以坏充好，欺骗顾客，情节严重的，对主管人员，处二年以下有期徒刑或者拘役；情节特别严重的，处二年以上五年以下有期徒刑。

第一百三十六条 商业人员违反国家物价管理规定，任意抬高销售价格或者压低收购价格，扰乱市场秩序，情节严重的，处二年以下有期徒刑或者拘役，可以并处或者单处罚金。

第一百三十七条 假冒、伪造、仿造其他企业已经注册的商标的，未经注册的商标冒称已经注册的，或者用欺骗方法取得商标注册的，对主管人员，处二年以下有期徒刑、拘役或者罚金。

第一百三十八条 由于泄愤报复或者其他个人目的，以毁坏机器设备或者其他手段破坏生产的，处五年以下有期徒刑或者拘役；情节严重的，处五年以上十年以下有期徒刑。

第一百三十九条 违反国家保护矿产资源的规定，不经国家主管机关批准，擅自开矿，致国家矿产资源遭受破坏的，对主管人员，处三年以下有期徒刑、拘役或者罚金；情节特别严重的，处三年以上七年以下有期徒刑，可以并处罚金。

第一百四十条 违反国家保护森林的规定，盗伐、滥伐森林、山林、防护林或者其他林木的，处三年以下有期徒刑或者拘役，可以并处或者单处罚金；情节严重的，处三年以上十年以下有期徒刑，可以并处罚金。

第一百四十一条 违反国家水土保持的规定，滥垦荒地、滥伐林木、毁坏草地、破坏堰坝，致水土大量流失，严重损害农业生产的，对主管人员，处三年以下有期徒刑或者拘役。

第一百四十二条 对国家保护的草原，乱烧、滥垦、破坏水源，致草原遭受破坏，严重损害畜牧业生产的，对主管人员，处三年以下有期徒刑或者拘役。

第一百四十三条 违反国家保护水产资源的规定，在禁渔区、禁渔期或者使用禁用的工具、方法捕捞水产品，情节严重的，处二年以下有期徒刑、拘役或者罚金。

第一百四十四条 违反国家关于狩猎的规定，在禁猎区、禁猎期或者使用禁用的工具、方法捕杀鸟兽，破坏野生动物资源，情节严重的，处二年以下有期徒刑、拘役或者罚金。

第四章　侵犯人身权利罪

第一百四十五条 故意杀人，有下列情形之一的，处死刑或者无期徒刑：

（一）抢劫、盗窃杀人的；

（二）强奸杀人的；

（三）为毁灭罪证杀人灭口的；

（四）因自己的罪行被揭发而杀害检举人的；

（五）其他犯罪情节恶劣，民愤极大的。

第一百四十六条 故意杀人，不具备前条所列情形的，处十年以上有期徒刑或者无期徒刑。

第一百四十七条 因受压迫或者严重侮辱，出于激愤杀人的，或者具有其他减轻处罚情节的，处十年以下有期徒刑。

第一百四十八条 过失致人死亡的，处五年以下有期徒刑；情节严重的，处五年以上十年以下有期徒刑。本法另有规定的，依照规定。

第一百四十九条 故意伤害他人身体的，处二年以下有期徒刑或者拘役。

犯前款罪，致人重伤的，处二年以上十年以下有期徒刑；致人死亡的，处五年以上有期徒刑或者无期徒刑。本法另有规定的，依照规定。

第一百五十条 过失致人重伤的，处二年以下有期徒刑或者拘役；情节恶劣的，处二年以上七年以下有期徒刑。本法另有规定的，依照规定。

第一百五十一条 以暴力、威胁、麻醉或者其他手段强奸妇女的，处三年以上七年以下有期徒刑。

犯前款罪，情节严重的或者致人重伤、死亡的，处七年以上有期徒刑或者无期徒刑。

二人以上轮流强奸妇女的，处七年以上有期徒刑；情节特别严重的，处无期徒刑或者死刑。

第一百五十二条 奸淫不满十四岁幼女的，处三年以上十年以下有期徒刑。

犯前款罪，情节严重的或者致幼女重伤、死亡的，处十年以上有期徒刑、无期徒刑或者死刑。

第一百五十三条 利用被害人的从属地位，以挟持、诱骗手段奸淫妇女的，处二年以下有期徒刑或者拘役；情节恶劣的，处二年以上五年以下有期徒刑。

第一百五十四条 对于不满十四岁的男、女儿童实行猥亵的，或者使用强暴、胁迫手段对十四岁以上的男、女青少年实行猥亵的，处三年以下有期徒刑或者拘役。

第一百五十五条 强迫妇女卖淫的，处二年以上七年以下有期徒刑。

第一百五十六条 拐卖人口的，处五年以下有期徒刑；情节严重的，处五年以上有期徒刑。

第一百五十七条 非法拘禁他人，或者以其他方法私行剥夺他人人身自由的，处三年以下有期徒刑或者拘役。

犯前款罪，具有非刑拷打、肉体摧残情节的，处三年以上十年以下有期徒刑；致人死亡的，处十年以上有期徒刑或者无期徒刑。

第一百五十八条 船长在航行中，对于在海上或者其他水域中遭遇生命危险的人，可能援救而不援救的，处三年以下有期徒刑或者拘役。

第一百五十九条 医务人员由于严重不负责任，违反规章制度因而发生重大事故，致人重伤、死亡的，或者明知对于病人不给治疗就会发生危险结果，没有正当理由而不给治疗，致人死亡的，处五年以下有期徒刑或者拘役。

第五章　侵犯公民民主权利罪

第一百六十条 以暴力、威胁、欺骗、贿赂或者其他方法，破坏国家和集体组织规定的民主选举或者妨害选民自由行使选举权和被选举权的，处三年以下有期徒刑或者拘役。

虚报选举票数或者以其他方法，使投票发生不正确结果的，对舞弊人，处三年以下有期徒刑或者拘役。

第一百六十一条 国家工作人员或者集体组织中的工作人员利用职权压制民主，对控告人、检举人、批评人实行打击报复，情节严重的，处三年以下有期徒刑或者拘役；造成严重后果的，处三年以上十年以下有期徒刑。

第一百六十二条 国家工作人员或者集体组织中的工作人员明知是冤案、假案、错案而利用职权压制控告人申诉的，处三年以下有期徒刑。

第一百六十三条 公然侮辱他人，或者捏造事实诽谤他人，情节严重的，处一年以下有期徒刑或者拘役。

第一百六十四条 非法搜索他人身体、住宅的，处拘役；情节严重的，处三年以下有期徒刑。

第一百六十五条 隐匿、毁弃或者非法开拆他人信函、电报，侵犯公民通讯自由权利的，处一年以下有期徒刑或者拘役。

第一百六十六条 国家工作人员或者集体组织中的工作人员利用职权任意剥夺他人劳动权利，克扣口粮，情节严重的，处三年以下有期徒刑或者拘役。

第一百六十七条 侵犯他人发明权的，处一年以下有期徒刑、拘役或者罚金。

第一百六十八条 用自己的名义发表他人的科学、文化、艺术作品的，处拘役或者罚金。

第六章　诬告陷害罪

第一百六十九条 出于卑鄙的个人动机，故意捏造事实，伪造证据作虚假告发，陷害他人的，是诬告罪，处三年以下有期徒刑或者拘役。

不是故意陷害他人而错告、错证的，不是诬告罪。

第一百七十条 犯诬告罪，有下列情形之一的，处三年以上十年以下有期徒刑：

（一）对他人进行政治陷害的；

（二）为逃避罪责，嫁祸于人的；

（三）伪造罪证，栽赃诬告的；

（四）因诬告引起严重后果的。

第一百七十一条 篡改、偷换、伪造档案材料，捏造罪证材料或者伪造犯罪现场陷害他人的，处三年以下有期徒刑或者拘役；情节严重的，处三年以上十年以下有期徒刑。

第一百七十二条 在侦查、审判中，证人、鉴定人、记录人、翻译人意图陷害他人或者包庇犯罪分子，对案件的重要情节，故意作虚假证明、鉴定、记录、翻译的，处三年以下有期徒刑或者拘役；情节严重的，处三年以上十年以下有期徒刑。

第一百七十三条 主使、胁迫或者贿买他人进行诬告、伪证的，处五年以下有期徒刑；情节严重的，处五年以上有期徒刑。

第七章 侵犯财产罪

第一百七十四条 以暴力、胁迫或者其他方法抢劫公私财物的，处三年以上十年以下有期徒刑。

犯前款罪，情节严重的或者致人重伤、死亡的，处十年以上有期徒刑、无期徒刑或者死刑，可以并处没收财产。

第一百七十五条 盗窃公私财物的，处五年以下有期徒刑、管制或者拘役。

第一百七十六条 抢夺公私财物的，处五年以下有期徒刑、管制或者拘役。

聚众哄抢公共财物的首要分子，处三年以上十年以下有期徒刑。

第一百七十七条 诈骗公私财物的，处五年以下有期徒刑、管制或者拘役。

第一百七十八条 盗窃、诈骗集团的首要分子，惯窃、惯骗分子或者盗窃、诈骗、抢夺数额巨大的，处五年以上十年以下有期徒刑；情节特别严重的，处十年以上有期徒刑或者无期徒刑，可以并处没收财产。

第一百七十九条 犯盗窃、抢夺、诈骗罪，为抗拒缴赃、逮捕或者毁灭罪证而当场使用暴力或者以暴力相威胁的，依照第一百七十四条抢劫罪处罚。

第一百八十条 敲诈勒索公私财物的，处三年以下有期徒刑、管制或者拘役；情节严重的，处三年以上七年以下有期徒刑。

第一百八十一条 侵占公私财物，情节严重的，处三年以下有期徒刑或者拘役。

第一百八十二条 故意毁坏公私财物，情节严重的，处三年以下有期徒刑、拘役或者罚金。

第八章 贪污罪

第一百八十三条 国家工作人员或者集体组织中的工作人员利用职务上的便利，侵吞、盗窃、骗取、套取国家或者集体财物，强索他人财物，收受贿赂以及其他假公济私违法取利的行为，都是贪污罪。

第一百八十四条 犯贪污罪的，依其情节轻重，按下列规定，分别处罚：

（一）个人贪污财物的数额，在人民币一万元以上的，处十年以上有期徒刑或者无期徒刑，可以并处没收财产。

（二）个人贪污财物的数额，在人民币五千元以上不满一万元的，处五年以上有期徒刑，可以并处没收财产。

（三）个人贪污财物的数额，在人民币一千元以上不满五千元的，处二年以上七年以下有期徒刑。

（四）个人贪污财物的数额，不满人民币一千元的，处二年以下有期徒刑或者拘役。

集体贪污，按各人所得数额及其情节，分别处罚。

第一百八十五条 犯贪污罪而有下列情形之一的，可以从重或者加重处罚：

（一）对国家、集体事业和人民安全有严重危害的；

（二）泄露国家经济情报的；

（三）贪赃枉法的；

（四）敲诈勒索的；

（五）集体贪污的首要分子；

（六）为消灭罪迹而毁坏公共财物的；

（七）为掩饰贪污罪行而嫁祸于人的；

（八）屡教不改的；

（九）其他特殊恶劣情节的。

具有前款规定的情节，需要加重处罚的，应当报请上一级人民法院核准。

第一百八十六条 犯贪污罪而有下列情形之一的，可以从轻或者减轻处罚：

（一）未被发觉前主动坦白的；

（二）被发觉后彻底坦白，真诚悔过并积极退赃的；

（三）检举他人犯本章罪而立功的；

（四）偶犯贪污罪又愿真诚悔改的。

第一百八十七条 贪污计划供应票证的，处二年以下有期徒刑或者拘役；情节严重或者数额巨大的，处二年以上七年以下有期徒刑。

第一百八十八条 国家工作人员或者集体组织中的工作人员利用职权大量挥霍公共财物，用以个人享受的，以贪污论，比照第一百八十四条的规定处罚。

第一百八十九条 国家工作人员利用职权，擅自把工农业产品低价自销或者削价私分，给国家或者集体造成严重损失的，对主管人员以贪污论，处三年以下有期徒刑或者拘役；情节严重的，处三年以上七年以下有期徒刑。

第一百九十条 国家工作人员或者集体组织中的工作人员利用职权，把公共财产归私人占有的，以贪污论，比照第一百八十四条的规定处罚。

第一百九十一条 向国家工作人员或者集体组织中的工作人员行使贿赂或者介绍贿赂的，应按其情节轻重，参照第一百八十四条的规定酌情处罚。

因被勒索而给予国家工作人员或者集体组织中的工作人员以财物的，不以行贿论，其被勒索的财物应追还原主。

第九章 妨害婚姻、家庭罪

第一百九十二条 以暴力、威胁或者其他强制方法干涉他人婚姻自由的，处一年以下有期徒刑或者拘役。

犯前款罪，引起被害人自杀或者其他严重后果的，处一年以上七年以下有期徒刑。

第一百九十三条 借婚姻关系索取财物而妨害他人婚姻自由，情节恶劣的，处一年以下有期徒刑或者拘役。

前款罪，本人告诉的才处理。

第一百九十四条 有配偶而重婚的，或者明知他人有配偶而与之结婚的，处二年以下有期徒刑或者拘役。

第一百九十五条 破坏他人婚姻家庭，情节严重的，处三年以下有期徒刑或者拘役。

前款罪，本人告诉的才处理。

第一百九十六条 明知是现役军人的配偶而与之同居或者结婚的，处五年以下有期徒刑。

第一百九十七条 虐待家庭成员，情节恶劣的，处二年以下有期徒刑或者拘役。

犯前款罪，致被害人重伤的，处二年以上五年以下有期徒刑；致被害人死亡的，处三年以上十年以下有期徒刑。

第一款罪，告诉的才处理。

第一百九十八条 对于年老、年幼、病残或者其他没有独立生活能力的人，负有扶养义务而拒绝扶养的，处三年以下有期徒刑或者拘役。

犯前款罪，致被害人死亡的，处三年以上十年以下有期徒刑。

第一百九十九条 拐骗不满十四岁的儿童，脱离家庭或者监护人的，处三年以上十年以下有期徒刑。

第十章 妨害管理秩序罪

第二百条 以暴力、威胁方法阻碍国家工作人员依法执行职务的，处五年以下有期徒刑。

第二百零一条 依法被逮捕、关押的犯罪分子脱逃的，处二年以下有期徒刑。

以暴力、威胁方法犯前款罪的，处二年以上五年以下有期徒刑。

第二百零二条 窝藏、包庇犯罪分子的，处三年以下有期徒刑或者拘役；情节严重的；处三年以上七年以下有期徒刑。

犯前款罪，事前通谋的，以共同犯罪论处。

第二百零三条 以营利为目的，制造、贩卖假药，危害人民健康的，处二年以下有期徒刑、拘役或者罚金；造成严重后果的，处二年以上七年以下有期徒刑，可以并处罚金。

第二百零四条 神汉、巫婆进行诈骗活动的，处二年以下有期徒刑、管制或者拘役；造成严重后果的，处二年以上五年以下有期徒刑。

第二百零五条 冒充国家工作人员招摇撞骗的，处五年以下有期徒刑、管制或者拘役，情节严重的，处五年以上有期徒刑或者无期徒刑。

第二百零六条 伪造、变造或者盗窃、毁灭国家机关、企业、人民团体的公文、证件、印章的，处五年以下有期徒刑或者拘役。

第二百零七条 意图营利，聚众赌博或者一贯赌博的，处三年以下有期徒刑、管制或者拘役，可以并处罚金。

第二百零八条 聚众斗殴，寻衅滋事，侮辱妇女或者进行其他流氓行为，破坏公共秩序，情节恶劣的，处七年以下有期徒刑、管制或者拘役。

流氓集团的首要分子，或者其他在流氓集团中起重要作用的，处七年以上有期徒刑或者无期徒刑。

第二百零九条 引诱、容留妇女卖淫的，处七年以下有期徒刑、管制或者拘役，可以并处罚金或者没收财产。

第二百一十条 制造、贩卖、运输鸦片、海洛因、吗啡或者其他毒品的，处七年以下有期徒刑或者管制，可以并处罚金。

一贯或者大量制造、贩卖、运输前款毒品的，处七年以上有期徒刑或者无期徒刑，可以并处没收财产。

第二百一十一条 意图营利，为制造鸦片或者其他毒品而种植罂粟的，处五年以下有期徒刑、拘役或者罚金。

第二百一十二条 吸食或者注射鸦片、海洛因、吗啡或者其他毒品的，处三年以下有期徒刑、管制或者拘役。

第二百一十三条 意图营利，明知是犯罪所得的赃物而窝藏、收买或者代为销售的，处五年以下有期徒刑、管制或者拘役，可以并处、单处罚金或者没收财产。

第二百一十四条　盗运珍贵历史文物出口的，处三年以上十年以下有期徒刑，可以并处罚金；情节严重的，处十年以上有期徒刑或者无期徒刑，可以并处没收财产。

第二百一十五条　故意破坏国家保护的珍贵历史文物的，处三年以上十年以下有期徒刑。

第二百一十六条　故意破坏国家的边疆标志或者永久性测量标志的，处五年以下有期徒刑或者拘役。

第二百一十七条　违反保护珍禽、珍兽的规定，非法狩猎，情节严重的，处二年以下有期徒刑、拘役或者罚金。

第二百一十八条　违反国家出入国（边）境管理的规定，偷越国（边）境的，处二年以下有期徒刑或者拘役。

第二百一十九条　意图营利，组织、运送他人偷越国（边）境的，处七年以下有期徒刑，可以并处罚金。

第二百二十条　编绘、制作或者贩卖淫秽书画，败坏社会主义道德的，处五年以下有期徒刑、管制或者拘役；情节特别恶劣的，处五年以上有期徒刑。

第十一章　渎职罪

第二百二十一条　国家工作人员或者集体组织中的工作人员滥用职权、逾越职权，违法乱纪，致国家和公民利益遭受重大损失的，处五年以下有期徒刑或者拘役；情节特别严重的，处五年以上有期徒刑。

第二百二十二条　国家工作人员或者集体组织中的工作人员玩忽职守，严重不负责任，致人重伤、死亡或者公共财产遭受重大损失的，处五年以下有期徒刑或者拘役。

第二百二十三条　国家工作人员或者集体组织中的工作人员出于贪图名利的个人目的，捏造事实或者隐瞒真相，作假报告，欺骗组织，使国家或者公民利益遭受严重损失的，处三年以下有期徒刑或者拘役；情节特别严重的，处三年以上十年以下有期徒刑。

第二百二十四条　国家工作人员或者集体组织中的工作人员滥用职权，故意制造冤案、假案、错案的，处五年以下有期徒刑。

第二百二十五条　国家工作人员或者集体组织中的工作人员滥用职权，篡改他人阶级成分，故意颠倒敌我关系，情节严重的，处五年以下有期徒刑或者拘役。

第二百二十六条　国家工作人员泄露国家重要机密的，处七年以下有期徒刑或者拘役。

第二百二十七条　司法工作人员对明知是无罪的人而使他受追诉，对明知是有罪的人而故意包庇不使他受追诉，或者故意颠倒黑白做枉法裁判的，处五年以下有期徒刑；情节特别严重的，处五年以上十年以下有期徒刑。

第二百二十八条　司法工作人员对人犯刑讯逼供的，处五年以下有期徒刑或者拘役。

第二百二十九条　司法工作人员违反监管规定，对被监管人实行凌辱、虐待的，处二年以下有期徒刑或者拘役。

第二百三十条　司法工作人员私放罪犯的，处五年以下有期徒刑；情节严重的，处五年以上十年以下有期徒刑。

第二百三十一条　邮电工作人员私自开拆或者隐匿、毁弃邮件、电报的，处一年以下有期徒刑或者拘役。

犯前款罪而窃取财物的，按照贪污罪处罚。

第二百三十二条　国家工作人员犯渎职罪，本章没有规定的，依照本法其他有关章条的规定处罚。

附　　则

第二百三十三条　本法分则没有明文规定的犯罪，可以比照本法分则最相类似的条文定罪判刑，但是应当报请高级人民法院或者最高人民法院核准。

第二百三十四条　民族自治地方，不能全部适用本法规定的，可以由自治区或者省的国家权力机关根据当地民族的政治、经济、文化的特点和本法规定的基本原则，制定变通或者补充的规定，报请全国人民代表大会常务委员会批准施行。

第二百三十五条　本法适用于军人的犯罪，但军事法令另有规定的除外。

第二百三十六条　本法所说的国家工作人员是指在国家机关、企业、事业单位、人民团体和它们的附属机构从事公务的人员。

本法所说的集体组织中的工作人员是指在城乡基层政权所属的生产、企业、事业单位从事公务的人员。

第二百三十七条　本法所说的司法工作人员是指有侦讯、追诉、审判、监管人犯职务的人员。

第二百三十八条　本法所说的重伤是指有下列情形之一的伤害：

（一）使人肢体残废或者毁人容貌的；

（二）使人丧失听觉、视觉或者其他器官机能的；

（三）其他对于人身健康有重大伤害的。

第二百三十九条　本法所说的以上、以下、以内，都连本数在内。

第二百四十条　本法总则适用于其他有刑罚规定的法律、法令，但是其他法律、法令有特别规定的除外。

第二百四十一条　本法公布施行后，其他法规中有关刑事的规定凡与本法有抵触的，一律适用本法。

10. 中华人民共和国刑法草案（修订二稿）（第 35 次稿）

（《中华人民共和国刑法草案》修订组 1979 年 2 月）

说　明

1.《中华人民共和国刑法草案》修订组由中央政法小组组织有关单位派员组成，参加的单位有：人大常委会办公厅、最高人民法院、最高人民检察院、公安部、中国社会科学院法学研究所、中央政法干部学校、北京大学法律系、中国人民大学法律系、北京政法学院、中共北京市委政法部、北京市高级人民法院、北京市人民检察院、北京市公安局、天津市高级人民法院。

2. 本草案《修订一稿》是在原中央人民政府法制委员会、人大常委会办公厅法律室从 1953 年到 1963 年历时十多年先后修订的三十多次刑法草案稿的基础上，根据当前的实际情况重新修订的。在修订过程中，曾征求了国家计划委员会、国家经济委员会、国家基本建设委员会、农林部、第一机械工业部、财政部、商业部、卫生部、对外贸易部及其所属海关管理局、中国人民银行、全国供销合作总社、国家物资总局、国家文物管理局、国务院环境保护领导小组办公室等单位和北京市有关工交、财贸部门的意见。

3. 本草案《修订二稿》是根据十个调查组的汇报，综合了北京、天津、河北、山西、辽宁、陕西、上海、江苏、山东、安徽、江西、湖北、四川、云南等省、市各有关部门和部分政法院校对本草案《修订一稿》讨论所提出的意见，又进行修订的。

目　录

总　　则

第一章　刑法的任务和适用范围

第一条　中华人民共和国刑法的任务，是用刑罚同一切反革命分子和其他犯罪分子作斗争，以保卫无产阶级专政的社会主义国家，维护社会秩序，保护公共财产，保护公民的人身权利、民主权利和其他权利，保护公民所有的合法财产，保障社会主义革命和社会主义建设事业的顺利进行。

第二条　凡在中华人民共和国领域内犯罪的，除法律有特别规定的以外，都适用本法。

犯罪的行为或者犯罪的结果，有一项发生在中华人民共和国领域内的，就认为是在中华人民共和国领域内犯罪。

第三条　中华人民共和国公民在中华人民共和国领域外犯本法规定各罪的，除法律有特别规定的以外，适用本法。

第四条　外国人在中华人民共和国领域外对中华人民共和国国家或者公民的犯罪，适用本法的规定。

第五条　凡在中华人民共和国领域外犯罪、依照本法应当负刑事责任的，虽然经过外国审判，仍然可以依照本法处理；但是在外国已经受过刑罚处罚的，可以免除或者减轻处罚。

第六条　享有外交特权的外国人的刑事责任问题，通过外交途径解决。

第七条　本法施行以前的犯罪，依照本法总则第四章第九节的规定应当追诉而没有经过审判或者判决还没有确定的，都适用本法；但是当时的法律、法令不认为是犯罪的，适用当时的法律、法令。

第二章　犯　　罪

第一节　犯罪和刑事责任

第八条　一切危害无产阶级专政，破坏社会主义革命和社会主义建设、破坏社会秩序、侵犯公共财产、侵犯公民的人身权利、民主权利和其他权利，侵犯公民的合法财产以及其他危害社会的行为，确有事实证据，依照法律应当受刑罚处罚的，都是犯罪。

行为虽然符合本法分则条文的规定，但是情节显著轻微对社会危害不大的，不认为是犯罪。

第九条　明知自己的行为会发生危害社会的结果，并且希望这种结果发生或者放任这种结果发生，因而构成犯罪的，是故意犯罪。

故意犯罪，应当负刑事责任。

第十条　应当预见自己的行为可能发生危害社会的结果，因为疏忽大意没有预见或者已经预见但是轻信能够避免，以致发生这种结果的，是过失犯罪。

过失犯罪，法律有规定的才负刑事责任。

第十一条　行为在客观上虽然造成了损害结果，但是不是出于故意或者过失，而是由于不能预见的或者不能抗拒的原因所引起的，不认为是犯罪。

第十二条　已满十六岁的人犯罪，应当负刑事责任。

已满十四岁不满十六岁的人，犯杀人、放火、抢劫、严重盗窃罪或者严重破坏社会秩序的罪，应当负刑事责任。

已满十四岁不满十八岁的人犯罪，应当从轻或者减轻处罚。

因不满十六岁不处罚的，责令其家长或者监护人严加管教；必要时，也可以由教养单位收容教养。

第十三条　精神病人在不能辨认或者不能控制自己行为的时候造成危害结果的，不负刑事责任。

间歇性的精神病人，在精神正常的时候犯罪，应当负刑事责任。

醉酒的人犯罪，应当负刑事责任。

第十四条　又聋又哑的人犯罪，可以从轻或者减轻处罚。

第十五条　为了使公共利益、本人或者他人的人身安全和其他权利免受正在进行的不法侵害，所采取的正当防卫行为，不负刑事责任。

正当防卫超过必要限度造成不应有的损害的，应当负刑事责任；但是可以减轻或者免除处罚。

第十六条 为了使公共利益、本人或者他人的人身安全和其他权利免受正在发生的危险，不得已采取的紧急避险行为，不负刑事责任。

紧急避险超过必要限度造成不应有的损害的，应当负刑事责任；但是可以减轻或者免除处罚。

第一款中关于避免本人危险的规定，不适用于职务上、业务上负有特定义务的人。

第二节 犯罪的预备、未遂和中止

第十七条 为犯罪准备工具、制造条件的，是犯罪预备。

对于预备犯，可以从轻、减轻处罚或者免除处罚。

第十八条 已经着手实行犯罪，由于犯罪分子意志以外的原因而未得逞的，是犯罪未遂。

对于未遂犯，可以从轻或者减轻处罚。

第十九条 在犯罪过程中，自动停止犯罪或者自动有效地防止犯罪结果发生的，是犯罪中止。

对于中止犯，应当免除或者减轻处罚。

第三节 共同犯罪

第二十条 共同犯罪是指二人以上共同故意犯罪。

二人以上犯同一过失罪，不以共同犯罪论处；应当负刑事责任的，按照他们所犯的罪分别处罚。

第二十一条 组织、领导犯罪集团进行犯罪活动的首要分子和在共同犯罪中起主要作用的，都是主犯。

对于主犯，应当从重处罚，但是本法分则已有规定的除外。

第二十二条 在共同犯罪中起次要作用的，或者用提供条件、排除障碍、窝藏包庇、消灭罪迹等方法帮助实行犯罪的，都是从犯。

对于从犯，比照主犯从轻或者减轻处罚。

第二十三条 对于被胁迫、被诱骗参加犯罪的，应当按照他的犯罪情节，比照从犯减轻处罚或者免除处罚。

第二十四条 用诱骗、授意、怂恿等方法，有意指使他人实行犯罪的，都是教唆犯。

对于教唆他人犯罪的，应当按照他在共同犯罪中所起的作用处罚。教唆不满十八岁的人犯罪的，应当从重处罚。

如果被教唆的人，没有犯被教唆的罪，对于教唆犯，可以从轻、减轻或者免除处罚。

第三章 刑　　罚

第一节 刑罚的种类

第二十五条 刑罚分为主刑和附加刑。

主刑的种类如下：

（一）劳役；

（二）有期徒刑；

（三）无期徒刑；

（四）死刑。

附加刑的种类如下：

（一）剥夺政治权利；

（二）罚金；

（三）没收财产。

附加刑也可以独立适用。

第二十六条 对于犯罪的外国人，可以独立适用或者附加适用逐出国境。

第二十七条 对于犯罪情节轻微不需要判处刑罚的，可以根据不同情况，责令具结悔过、赔礼道歉、赔偿损失。

第二节 劳　　役

第二十八条 劳役是在群众监督下的劳动改造。

劳役的期限，为一个月以上一年以下。

第二十九条 对于判处劳役的犯罪分子，由人民法院交所在单位或者基层组织监督执行。

第三十条 对于判劳役的犯罪分子，在执行劳役期间，不计算工龄并且扣除百分之二十至百分之五十的工资、工分，分别归入国库或者集体组织的公积金。

被判处劳役的犯罪分子，在执行劳役期间，迁居或者外出的，须报经监督执行单位批准。

第三十一条 劳役的刑期，从判决执行之日起计算；判决执行以前先行羁押的，羁押一日折抵刑期二日。

第三节　有期徒刑、无期徒刑

第三十二条　有期徒刑的期限，为三个月以上十五年以下。

第三十三条　被判处有期徒刑、无期徒刑的犯罪分子，在监狱或者其他劳动改造场所执行；在劳动改造中应当实行劳动生产与政治教育相结合并以教育改造为主的方针。

第三十四条　有期徒刑的刑期，从判决执行之日起计算；判决执行以前先行羁押的，羁押一日折抵刑期一日。

第四节　死　　刑

第三十五条　死刑只适用于罪大恶极必须判处死刑的犯罪分子。

死刑案件由最高人民法院判决或者报请最高人民法院核准。

第三十六条　犯罪的时候不满十八岁的人和审判的时候怀孕的妇女，不适用死刑。

第三十七条　死刑用枪决的方法执行。

第三十八条　对于应当判处死刑的犯罪分子，如果不是必须立即执行的，可以判处死刑同时宣告缓期二年执行，强迫劳动，以观后效。在死刑缓期执行期间，如果确有悔改，二年期满以后，减为无期徒刑；如果确有悔改并有立功表现，二年期满以后，减为十五年以上二十年以下有期徒刑；如果抗拒改造，由最高人民法院裁定或者核准，执行死刑。

第三十九条　死刑缓期执行的期间，从判决确定之日起计算。死刑缓期执行减为有期徒刑的刑期，从裁定减刑之日起计算。

第五节　剥夺政治权利

第四十条　剥夺政治权利是剥夺下列权利：

（一）选举权和被选举权；

（二）担任国家机关、企业、事业单位和人民团体领导职务的权利；

（三）担任审判员、陪审员、检察员、律师的权利；

（四）享受荣誉称号的权利。

第四十一条　对于反革命分子应当附加剥夺政治权利；对于其他犯罪分子，必要时，也可以附加剥夺政治权利。

剥夺政治权利独立适用的时候，依照本法分则的规定。

第四十二条　剥夺政治权利，在独立适用的时候，刑期为一年以上五年以下，从判决执行之日起计算。

在判处有期徒刑附加剥夺政治权利的时候，剥夺政治权利的刑期，从判决执行之日起到主刑执行完毕之日止。

第四十三条　对于被判处死刑、无期徒刑的犯罪分子，应当剥夺政治权利终身。

在死刑缓期执行和无期徒刑减为有期徒刑的时候，剥夺政治权利的刑期，应当同有期徒刑的刑期相等，从减为有期徒刑之日起计算。

第四十四条　被判处有期徒刑不附加剥夺政治权利的犯罪分子，在刑罚执行期间，仍然享有本法第四十条规定的能够行使的权利。

第六节　罚　　金

第四十五条　判处罚金，应当根据犯罪情节和犯罪分子的财产状况，决定罚金数额。

第四十六条　罚金在判决指定的期限内一次或者分期缴纳。期满不缴纳的，强制缴纳。如果由于遭遇不能抗拒的灾祸缴纳确实有困难的，可以酌情减少或者免除。

第七节　没收财产

第四十七条　没收财产是没收犯罪分子个人所有财产的一部或者全部。

在判处没收财产的时候，应当给犯罪分子的家属留下维持生活所必需的财产。

第四十八条　对于查封财产以前犯罪分子所负的正当债务，需要以没收的财产偿还的，经债权人请求，由人民法院酌情裁定。

第四章　刑罚的具体运用

第一节　量刑的一般原则

第四十九条　对于犯罪分子决定刑罚的时候，应当根据犯罪事实、犯罪性质，实事求是地分析犯罪的原因、目的、动机、手段、犯罪时的环境和危害程度等情节，参照犯罪分子的个人情况、认罪态度和悔改表现，依照本法的有关规定判处。

第五十条　犯罪分子具有本法规定的从重处罚、从轻处罚情节的，应当在法定刑的限度以内判处刑罚。

第五十一条　犯罪分子具有本法规定的减轻处罚情节的，应当在法定最低刑以下判处刑罚。

犯罪分子虽然不具有本法规定的减轻处罚情节，如果根据案件的特殊情况，判处法定最低刑还是过重的，也可以在法定最低刑以下判处刑罚，但须经上一级人民法院核准。

第五十二条　犯罪分子违法所得的一切财物，应当予以追缴或者责令退赔；违禁品和供犯罪所用的本人财物应当予以没收。

第二节　累　　犯

第五十三条　被判处有期徒刑以上刑罚的犯罪分子，刑罚执行完毕或者赦免以后，在五年以内再犯应当判处有期徒刑以上刑罚之罪的，是累犯，应当从重处罚；但是过失犯罪除外。

前款规定的期限，对于被假释的犯罪分子，从假释期满之日起计算。

第五十四条　刑罚执行完毕或者赦免以后的反革命分子，在任何时候再犯反革命罪的，都以累犯论处。

第三节　自首、坦白

第五十五条　犯罪被发觉前投案自首，主动坦白交待自己罪行的，可以从轻或者减轻处罚；自首并揭发他人重大罪行属实的或者有其他立功表现的，可以减轻或者免除处罚；立大功的，可以给予适当奖励。

犯罪被发觉后，投案或者坦白交待罪行的，可以参照前款规定，酌情处理。

第四节　数罪并罚

第五十六条　判决宣告以前一人犯数罪的，除判处死刑和无期徒刑的以外，应当在总和刑期以下多数刑中最高刑期以上，酌情决定执行的刑期，但是劳役最高不能超过一年六个月，有期徒刑最高不能超过二十年。

如果数罪中有判处附加刑的，附加刑仍须执行。

第五十七条　判决宣告以后，刑罚还没有执行完毕以前，发觉被判刑的犯罪分子在判决宣告以前还有其他罪没有判决的，应当对新发觉的罪作出判决，把前后两个判决所判处的刑罚，依照本法第五十六条的规定，决定执行的刑罚。已经执行的刑期，应当计算在新判决决定的刑期以内。

第五十八条　判决宣告以后，刑罚还没有执行完毕以前，被判刑的犯罪分子又犯罪的，应当对新犯的罪作出判决，把前罪没有执行的刑罚和后罪所判处的刑罚，依照本法第五十六条的规定，决定执行的刑罚。

第五节　缓　　刑

第五十九条　对于被判处三年以下有期徒刑的犯罪分子，根据犯罪分子的犯罪情节和悔罪表现，认为适用缓刑不致再危害社会的，可以宣告缓刑。

被宣告缓刑的犯罪分子，如果被判处附加刑，附加刑仍须执行。

第六十条　有期徒刑的缓刑考验期限为原判刑期以上五年以下，但是不能少于一年。

缓刑考验期限，从判决确定之日起计算。

第六十一条　对于反革命犯和累犯，不适用缓刑。

第六十二条　被宣告缓刑的犯罪分子，在缓刑考验期限内，由人民法院交所在单位或者基层组织予以考察，如果没有再犯新罪，缓刑考验期满，原判的刑罚就不再执行；如果再犯新罪，撤销缓刑，把前罪和后罪所判处的刑罚，依照本法第五十六条的规定，决定执行的刑罚。

第六节　减　　刑

第六十三条　被判处劳役、有期徒刑、无期徒刑的犯罪分子，在执行期间，如果确有悔改或者立功表现，可以减刑。但是经过一次或者几次减刑以后实际执行的刑期，判处劳役的、有期徒刑的，不能少于原判刑期的二分之一；判处无期徒刑的，不能少于十年。

第六十四条　无期徒刑减为有期徒刑的刑期，从裁定减刑之日起计算。

第七节　假　　释

第六十五条　被判处有期徒刑的犯罪分子，执行原判刑期二分之一以上，被判处无期徒刑的犯罪分子，实际执行十年以上，如果确有悔改表现，不致再危害社会，可以假释。如果有特殊情节，可以不受上述执行刑期的限制。

第六十六条　有期徒刑的假释考验期限，为没有执行完毕的刑期；无期徒刑的假释考验期限，为十年。

假释考验期限，从假释之日起计算。

第六十七条　被假释的犯罪分子，在假释考验期限内，由公安机关予以监督，如果没有再犯应当判处有期徒刑以上的罪，就认为原判刑罚已经执行完毕；如果再犯不需要判处有期徒刑以上的罪，按新罪处罚；如果再犯应当判处有期徒刑以上的罪，撤销假释，把前罪没有执行的刑罚和后罪所判处的刑罚，依照本法第五十六条的规定，决定执行的刑罚。

第八节　刑　　满

第六十八条　对一切判处刑罚的犯罪分子，执行期满后。在政治上和生活上都应当给予出路，不得歧视。

第六十九条　对判处劳役的犯罪分子，执行期满，应当由监督执行单位公开向群众宣布解除劳役。

第七十条　对判处剥夺政治权利的犯罪分子，执行期满，应当由所在单位或者基层组织公开向群众宣布恢复政治权利。

第七十一条　对判处有期徒刑的犯罪分子或者判处无期徒刑、死刑缓期执行减为有期徒刑的犯罪分子，执行期满，应当由原所在单位予以安置；原单位已撤销的，由人事部门或者劳动部门予以安置。

对假释的犯罪分子，适用前款的规定。

第九节　时　　效

第七十二条　犯罪经过下列期限不再追诉：

（一）法定最高刑为劳役的，经过二年；

（二）法定最高刑为不满五年有期徒刑的，经过五年；

（三）法定最高刑为五年以上不满十年有期徒刑的，经过十年；

（四）法定最高刑为十年以上有期徒刑、无期徒刑的，经过十五年；

（五）法定最高刑为死刑的，经过二十年。如果二十年以后认为必须追诉的，须报请最高人民检察院核准。

第七十三条　在人民法院、人民检察院、公安机关采取强制措施以后，逃避侦查或者审判的，不受追诉期限的限制。

第七十四条　追诉期限从犯罪之日起计算；犯罪行为有连续或者继续状态的，从犯罪行为终了之日起计算。

在追诉期限以内又犯罪的，前罪追诉的期限从犯后罪之日起计算。

分　　则

第一章　反革命罪

第七十五条　以推翻中国共产党领导的无产阶级专政的国家政权、破坏社会主义制度为目的的行为，是反革命罪。

第七十六条　勾结外国，阴谋危害祖国的主权、领土完整和安全的，处死刑、无期徒刑或者十年以上有期徒刑。

第七十七条　阴谋颠覆政府、分裂国家的，处死刑、无期徒刑或者十年以上有期徒刑。

第七十八条　策动、勾引、收买国家工作人员、武装部队、民兵进行叛变的，首要分子或者其他罪恶重大的，处死刑、无期徒刑或者十年以上有期徒刑；其他参与的，处三年以上十年以下有期徒刑。

第七十九条　叛变投敌的，处三年以上十年以下有期徒刑；情节严重的或者率众叛变投敌的，处七年以上有期徒刑或者无期徒刑。

率领武装部队、民兵叛变投敌的，处死刑、无期徒刑或者十年以上有期徒刑。

第八十条　持械聚众叛乱的，首要分子或者其他罪恶重大的，处死刑、无期徒刑或者十年以上有期徒刑；其他积极参加的，处三年以上十年以下有期徒刑。

第八十一条　聚众劫狱或者暴动越狱的，首要分子或者其他罪恶重大的，处死刑、无期徒刑或者十年以上有期徒刑；其他积极参加的，处三年以上十年以下有期徒刑。

第八十二条　进行下列间谍或者资敌行为之一的，处十年以上有期徒刑或者无期徒刑；情节较轻的，处三年以上十年以下有期徒刑：

（一）为外国人传送机密情报的；

（二）为敌人窃取、刺探、提供国家机密的；

（三）为敌人供给武器军火或者其他军用物资的；

（四）接受敌人布置的任务与敌人建立联系的。

第八十三条　组织领导特务、间谍组织的，或者特务、间谍组织的重要分子，处十年以上有期徒刑、无期徒刑或者死刑；参加特务、间谍组织的，处三年以上十年以下有期徒刑。

第八十四条　组织、利用封建会道门进行反革命活动的，处五年以上有期徒刑或者无期徒刑；情节较轻的，处五年以下有期徒刑或者剥夺政治权利。

第八十五条　组织领导反革命集团的，或者反革命集团的重要分子，处五年以上有期徒刑或者无期徒刑；其他积极参加反革命集团的，处五年以下有期徒刑或者剥夺政治权利。

第八十六条　以反革命为目的，进行下列破坏行为之一的，处死刑、无期徒刑或者十年以上有期徒刑；情节较轻的，处三年以上十年以下有期徒刑：

（一）爆炸、放火、决水、利用技术或者以其他方法破坏军事设备、生产设施、通讯交通设备、建筑工程或者其他公共建设、公共财物以及自然资源的；

（二）抢劫国家档案、军事物资或者其他公共财物的；

（三）劫持船舰、飞机、火车、电车、汽车的；

（四）制造、抢夺或者盗窃枪支、弹药的；

（五）扰乱市场或者破坏金融的。

第八十七条　以反革命为目的，投放毒物，散布细菌或者以其他方法杀人的，处死刑、无期徒刑或者十年以上有期徒刑。

第八十八条　以反革命为目的，挑拨离间民族之间、群众之间的团结，策划、指挥武斗，制造流血事件的，对首要分子或者其他罪恶重大的，处五年以上有期徒刑或者无期徒刑。

第八十九条　以反革命为目的，煽动群众抗拒、破坏国家法律、法令实施的，处五年以下有期徒刑或者剥夺政治权利。

第九十条　犯本章之罪的，必要时可以并处没收财产。

第二章　危害公共安全罪

第九十一条　放火破坏工厂、矿坑、油田、仓库、住宅、山林、农场、谷场、牧场、公共建筑物或者其他公私财物的，处三年以上十年以下有期徒刑；情节较轻的，处三年以下有期徒刑。

第九十二条　决水破坏工厂、矿坑、仓库、住宅、农作物、公共建筑物或者其他公共财物的，处三年以上十年以下有期徒刑；情节较轻的，处三年以下有期徒刑。

第九十三条　以爆炸或者其他危险方法破坏工厂、矿坑、油田、仓库、住宅、公共建筑物或者其他公私财物的，处三年以上十年以下有期徒刑；情节较轻的，处三年以下有期徒刑。

第九十四条　犯第九十一条、第九十二条、第九十三条罪，致人死亡、重伤或者使公私财物遭受重大损失的，处十年以上有期徒刑、无期徒刑或者死刑。

因过失引起前款后果的，处十年以下有期徒刑。

第九十五条　破坏火车、电车、汽车、船只、飞机，足以使其发生倾覆或者毁坏危险的，处三年以上十年以下有期徒刑。

第九十六条　破坏轨道、桥梁、隧道、公路、灯塔、标识或者进行其他破坏活动，足以使火车、电车、汽车、船只、飞机发生倾覆或者毁坏危险的，处一年以上七年以下有期徒刑。

第九十七条　破坏电力、煤气或者其他易燃、易爆设备，足以危害公共安全的，处一年以上七年以下有期徒刑。

第九十八条　破坏广播电台、电报、电话或者其他通讯设施，足以危害公共安全的，处七年以下有期徒刑。

第九十九条　犯第九十五条、第九十六条、第九十七条、第九十八条罪，引起严重后果的，处七年以上有期徒刑、无期徒刑或者死刑。

因过失引起前款严重后果的，处十年以下有期徒刑。

第一百条　劫持船舰、飞机、火车、电车、汽车，危害公共安全的，处三年以上十年以下有期徒刑；后果特别严重的，处十年以上有期徒刑、无期徒刑或者死刑。

第一百零一条　聚众闹事，实行打、砸、抢、抄、抓或者以其他方法严重破坏交通秩序，危害公共安全的，对首要分子或者罪恶重大的，处七年以下有期徒刑。

第一百零二条　非法制造、买卖、运输枪支、弹药的，或者盗窃、抢夺国家机关、军警人员、民兵的枪支、弹药的，处七年以下有期徒刑；情节严重的，处七年以上有期徒刑或者无期徒刑。

第一百零三条　从事交通运输的人员，违反规章制度，因而发生重大事故，致人重伤、死亡或者使公私财产遭受重大损失的，处七年以下有期徒刑或者劳役；情节特别严重的，处七年以上有期徒刑。

非交通运输人员，犯前款罪的，比照前款规定从重处罚。

第一百零四条　工厂、矿山、建筑、科研或者其他企业、事业单位的主管人员，不按照劳动保护法规规定设置安全设备，或者预见危险不采取必要和可能的安全措施，或者强令职工违章冒险作业，因而发生重大事故，造成严重后果的，处七年以下有期徒刑或者劳役；情节特别严重的，处七年以上有期徒刑。

第一百零五条　工厂、矿山、建筑、科研或者其他企业、事业单位的职工，违反安全生产规则、操作规程，因而发生重大事故，造成严重后果的，处七年以下有期徒刑或者劳役；情节特别严重的，处七年以上有期徒刑。

第一百零六条　违反邮政、交通运输规定，蒙混寄运或者秘密携带有爆炸性、易燃性、放射性、毒害性、腐蚀性的物品，因而发生重大事故，造成严重后果的，处七年以下有期徒刑或者劳役；情节特别严重的，处七年以上有期徒刑。

第一百零七条　违反爆炸性、易燃性、放射性、毒害性、腐蚀性物品的管理规定，在生产、储存、运输、使用中发生重大事故，造成严重后果的，处七年以下有期徒刑或者劳役；情节特别严重的，处七年以上有期徒刑。

第一百零八条　工厂、科研或者其他企业、事业单位违反环境保护规定，任意排放超过国家规定标准的有害物质，严重污染环境，危害人民健康，破坏自然资源，在规定的期限内能治理而又不治理的，对主管人员，处三年以下有期徒刑、劳役或者罚金。

第一百零九条　污染饮用水的水源或者自来水的管道网，危害人民健康，情节严重的，对主管人员或者直接责任人员，处三年以下有期徒刑、劳役或者罚金。

第一百一十条　制作、销售明知有毒害性的或者严重变质的食品，危害人民健康，情节严重的，对主管人员和直接责任人员，处三年以下有期徒刑、劳役或者罚金。

第一百一十一条　违反群众集会和公共场所的安全管理规定，严重不负责任，因而发生重大事故，造成严重后果的，对直接责任人员，处五年以下有期徒刑或者劳役。

第一百一十二条　违反国境卫生检疫规定，逃避检疫，引起检疫传染病的传播，或者有引起检疫传染病传播严重危险的，处三年以下有期徒刑、劳役或者罚金。

第三章　破坏社会主义经济罪

第一百一十三条　国家工作人员在制订、批准经济计划中，严重不负责任，瞎指挥，破坏计划的综合平衡或者对执行计划所必需的财力、物力，有条件保证而不保证，致计划不能完成，造成生产建设严重后果的，处二年以下有期徒刑或者劳役。

第一百一十四条　国家工作人员严重不负责任，致使本单位、本部门有条件完成的经济计划连续三年未完成，造成严重后果的，处二年以下有期徒刑或者劳役。

第一百一十五条　违反国家计划规定，不顾社会需要，擅自进行计划外生产，造成国家物资大量积压和浪费的，对主管人员，处二年以下有期徒刑或者劳役。

第一百一十六条　交通、储运部门或者其他物资保管部门，严重不负责任，违反物资装卸、保管、运输的规定，造成物资大量损失的，对主管人员或者直接责任人员，处二年以下有期徒刑或者劳役。

第一百一十七条　违反基本建设管理的规定，挪用专款、专料，或者挪用计划内基建投资、材料、设备，擅自进行计划外工程和非法工程，造成国家和人民重大损失的，对主管人员，处一年以下有期徒刑或者劳役；情节特别严重的，处一年以上五年以下有期徒刑。

第一百一十八条　违反基本建设的勘察、设计和施工规程，不顾质量，盲目施工，粗制滥造，严重不负责任，因而发生工程质量事故，造成国家和人民重大损失的，对主管人员或者直接责任人员，处五年以下有期徒刑或者劳役。

第一百一十九条　国家工作人员或者集体组织中的工作人员，滥用职权，强迫命令，非法征调，破坏人民公社各级的所有权和基本核算单位的自主权，致集体经济和社员利益遭受严重损害的，处二年以下有期徒刑或者劳役。

第一百二十条　国家机关、企业、事业单位或者集体组织，非法无偿占用土地，严重损害群众生产、生活的，对主管人员，处二年以下有期徒刑或者劳役。

第一百二十一条　对经济合同的基本条款有条件执行而拒不执行，致对方遭受严重损失，破坏国家计划的，除按照合同规定赔偿损失外，情节特别严重的，对主管人员，处二年以下有期徒刑或者罚金。

第一百二十二条　滥用职权，巧立名目，铺张浪费，破坏财经制度，致公共财产遭受严重损失的，处二年以下有期徒刑或者劳役；情节特别严重的，处二年以上七年以下有期徒刑。

第一百二十三条　挪用国家救灾、优抚、救济款物，致国家和人民利益遭受重大损害的，处二年以下有期徒刑或者劳役；情节特别严重的，处二年以上七年以下有期徒刑。

第一百二十四条　非法运输、携带、邮寄货物、金银、货币、票据、有价证券或者其他物品进出国（边）境，逃避海关监管的走私行为，情节严重的，除按照海关法规没收走私物品并且可以罚款外，处五年以下有期徒刑，可以并处没收财产。

第一百二十五条　套购国家重要物资，转手倒卖，致国家经济计划遭受损害的，处五年以下有期徒刑或者罚金。

第一百二十六条　徇私舞弊，任意处理计划供应物资，破坏市场计划供应，情节严重的，对主管人员或者直接责任人员，处三年以下有期徒刑或者劳役。

第一百二十七条　非法买卖、套取金银、外汇，或者大量逃汇，扰乱金融的，处五年以下有期徒刑或者劳役，可以并处、单处罚金或者没收财产。

第一百二十八条　以获取非法利润为目的，投机倒把，扰乱市场，情节严重的。处五年以下有期徒刑或者劳役，可以并处、单处罚金或者没收财产。

第一百二十九条　以获取非法利润为目的，私设工厂、运输队、包工队，投机倒把，情节严重的，处五年以下有期徒刑或者劳役，可以并处、单处罚金或者没收财产。

第一百三十条　以走私、投机倒把为常业的，走私、投机倒把数额巨大的，或者走私、投机倒把集团的首要分子，处五年以上有期徒刑或者无期徒刑，可以并处没收财产。

第一百三十一条　偷税、抗税、情节严重的，除按照税收法规补税并且可以罚款外，处二年以下有期徒刑或者劳役。

第一百三十二条　伪造国家货币或者发行、贩运伪造的国家货币的，处三年以上七年以下有期徒刑，可以并处罚金或者没收财产；首要分子或者情节特别严重的，处七年以上有期徒刑或者无期徒刑，可以并处没收财产。

明知是伪造的国家货币而使用的或者变造国家货币的，处一年以下有期徒刑或者劳役。

第一百三十三条　伪造、涂改支票或者其他有价证券的，处二年以下有期徒刑或者劳役，可以并处罚金；情节严重的，处二年以上七年以下有期徒刑，可以并处罚金或者没收财产。

第一百三十四条　意图营利，伪造或者变造车票、船票、邮票、税票的，处一年以下有期徒刑、劳役或者罚金；情节严重的，处一年以上五年以下有期徒刑，可以并处罚金。

第一百三十五条　伪造或者倒卖计划供应票证的，处三年以下有期徒刑或者劳役，可以并处或者单处罚金；首要分子或者情节特别严重的，处三年以上七年以下有期徒刑，可以并处没收财产。

冒领计划供应票证，数额巨大，情节严重的，处二年以下有期徒刑或者劳役，可以并处罚金。

第一百三十六条　企业、事业单位明知是劣质品、废品而冒充合格产品发售，情节严重的，对主管人员，处二年以下有期徒刑或者劳役；情节特别严重的，处二年以上五年以下有期徒刑。

第一百三十七条　商业单位为了谋取非法利润，出售商品时，以假冒真，以坏充好，以少充多，欺骗顾客，情节严重的，对主管人员或者直接责任人员，处二年以下有期徒刑或者劳役；情节特别严重的，处二年以上五年以下有期徒刑。

第一百三十八条　商业人员违反国家物价管理规定，任意抬高、压低购销价格，或者泄露调价情报。扰乱市场秩序，情节严重的，处二年以下有期徒刑或者劳役，可以并处或者单处罚金。

第一百三十九条　假冒、伪造、仿造其他企业已经注册的商标的，未经注册的商标冒称已经注册的，或者用欺骗方法取得商标注册的，对主管人员，处二年以下有期徒刑、劳役或者罚金。

第一百四十条　由于泄愤报复或者其他个人目的，以毁坏机器设备或者其他手段破坏工农业生产的，处五年以下有期徒刑或者劳役；情节严重的，处五年以上十年以下有期徒刑。

第一百四十一条　违反国家保护矿产资源的规定，不经国家主管机关批准，擅自开矿，致国家矿产资源遭受破坏的，对主管人员，处二年以下有期徒刑、劳役或者罚金。

第一百四十二条　违反国家保护森林的规定，盗伐、滥伐森林、山林、防护林或者其他林木的，处三年以下有期徒刑或者劳役，可以并处或者单处罚金；情节严重的，处三年以上十年以下有期徒刑，可以并处罚金。

第一百四十三条　违反国家水土保持的规定，滥垦荒地、滥伐林木、毁坏草地、破坏堰坝，致水土大量流失，严重损害农业生产的，对主管人员，处三年以下有期徒刑或者劳役。

第一百四十四条　对国家保护的草原，乱烧、滥垦、破坏水源，致草原遭受破坏，严重损害畜牧业生产的，对主管人员，处三年以下有期徒刑或者劳役。

第一百四十五条　违反国家保护水产资源的规定，在禁渔区、禁渔期或者使用禁用的工具、方法捕捞水产品，情节严重的，处二年以下有期徒刑、劳役或者罚金。

第一百四十六条　违反国家关于狩猎的规定，在禁猎区、禁猎期或者使用禁用的工具、方法捕杀鸟兽，破坏野生动物资源，情节严重的，处二年以下有期徒刑、劳役或者罚金。

第四章　侵犯人身权利罪

第一百四十七条　故意杀人的，处十年以上有期徒刑、无期徒刑或者死刑。具有下列情形之一的，从重处罚：

(一) 抢劫、盗窃杀人的；

(二) 强奸杀人的；

(三) 为毁灭罪证杀人灭口的；

(四) 因自己的罪行被揭发而杀害检举人的；

(五) 其他犯罪情节恶劣，后果严重的。

第一百四十八条　因受压迫或者严重侮辱，出于激愤杀人的，或者具有其他减轻处罚情节的，处十年以下有期徒刑。

第一百四十九条　过失致人死亡的，处五年以下有期徒刑；情节严重的，处五年以上十年以下有期徒刑。本法另有规定的，依照规定。

第一百五十条　故意伤害他人身体的，处二年以下有期徒刑或者劳役。

犯前款罪，致人重伤的，处二年以上十年以下有期徒刑；致人死亡的，处五年以上有期徒刑或者无期徒刑。本法另有规定的，依照规定。

第一百五十一条　过失致人重伤的，处二年以下有期徒刑或者劳役；情节恶劣的，处二年以上七年以下有期徒刑。本法另有规定的，依照规定。

第一百五十二条　违背妇女意志，以暴力、威胁、麻醉或者其他手段强奸妇女与其实行性行为的，是强奸罪，犯强奸罪的，处三年以上七年以下有期徒刑。

犯前款罪，情节特别严重的或者致人重伤、死亡的，处七年以上有期徒刑、无期徒刑或者死刑。

二人以上轮流强奸妇女的，分别依照前两款的规定从重处罚。

第一百五十三条　奸淫不满十四岁幼女的，处三年以上十年以下有期徒刑。

犯前款罪，情节特别严重的或者致幼女重伤、死亡的，处十年以上有期徒刑、无期徒刑或者死刑。

第一百五十四条　利用职权或者监护、教养关系，以诱骗手段奸淫妇女的，处三年以下有期徒刑或者劳役；情节恶劣的，处三年以上七年以下有期徒刑。

第一百五十五条　对于不满十四岁的男、女儿童实行猥亵的，或者使用强暴、胁迫手段对十四岁以上的男、女青少年实行猥亵的，处三年以下有期徒刑或者劳役。

第一百五十六条　强迫妇女卖淫的，处二年以上七年以下有期徒刑。

第一百五十七条　拐卖人口的，处五年以下有期徒刑；情节严重的，处五年以上有期徒刑。

第一百五十八条　非法拘禁他人，或者以其他方法私行剥夺他人人身自由的，处三年以下有期徒刑或者劳役。

犯前款罪，具有严刑拷打、肉体摧残情节的，处三年以上十年以下有期徒刑。

第一百五十九条　船长在航行中，对于在海上或者其他水域中遭遇生命危险的人，可能援救而不援救的，处三年以下有期徒刑或者劳役。

第一百六十条　医务人员由于严重不负责任，违反规章制度，因而发生重大事故，致人重伤、死亡的，或者明知对于病人不给治疗就会发生危险结果，没有正当理由而不给治疗，致人死亡的，处五年以下有期徒刑或者劳役。

第五章　侵犯公民民主权利罪

第一百六十一条　以暴力、威胁、欺骗、贿赂或者其他方法，破坏国家和集体组织规定的民主选举或者妨害选民自由行使选举权和被选举权的，处三年以下有期徒刑、劳役或者剥夺政治权利。

虚报选举票数或者以其他方法，有意使投票发生不正确结果的，对舞弊人，处三年以下有期徒刑、劳役或者剥夺政治权利。

第一百六十二条　国家工作人员或者集体组织中的工作人员，利用职权压制民主，对控告人、申诉人、检举人、批评人实行打击报复，情节严重的，处三年以下有期徒刑、劳役或者剥夺政治权利；造成严重后果的，处三年以上十年以下有期徒刑。

第一百六十三条　公然侮辱他人，或者捏造事实诽谤他人，情节严重的，处二年以下有期徒刑、劳役或者剥夺政治权利。

第一百六十四条　非法搜索他人身体、住宅的，处劳役或者剥夺政治权利；情节严重的，处三年以下有期徒刑。

第一百六十五条　隐匿、毁弃或者非法开拆他人信函、电报，侵犯公民通讯自由权利，情节严重的，处二年以下有期徒刑或者劳役。

第一百六十六条　国家工作人员或者集体组织中的工作人员，利用职权，非法剥夺他人劳动权利或者无理克扣他人工资、工分、口粮，情节严重的，处三年以下有期徒刑、劳役或者剥夺政治权利。

第一百六十七条　侵犯他人发明权的，处一年以下有期徒刑、劳役或者罚金。

第一百六十八条　用自己的名义发表他人的科学、文学、艺术作品的，处劳役或者罚金。

第六章　诬告陷害罪

第一百六十九条　故意捏造事实，伪造证据，作虚假告发，陷害他人的，是诬告陷害罪。

不是故意陷害他人而错告、错证的，不是诬告陷害罪。

第一百七十条　犯诬告陷害罪的，处三年以下有期徒刑、劳役或者剥夺政治权利。

第一百七十一条　犯诬告陷害罪，有下列情形之一的，处三年以上十年以下有期徒刑：

（一）对他人进行政治陷害的；

（二）为逃避罪责，嫁祸于人的；

（三）栽赃诬告的；

（四）因诬告陷害引起严重后果的。

第一百七十二条　篡改、偷换、伪造、非法销毁档案材料，捏造罪证材料或者伪造犯罪现场陷害他人的，处三年以下有期徒刑、劳役或者剥夺政治权利；情节严重的，处三年以上十年以下有期徒刑。

第一百七十三条　在侦查、审判中，证人、鉴定人、记录人、翻译人对案件的重要情节，故意作虚假证明、鉴定、记录、翻译陷害他人的，处三年以下有期徒刑、劳役或者剥夺政治权利；情节严重的，处三年以上十年以下有期徒刑。

第一百七十四条　主使、胁迫或者贿买他人进行诬告陷害的，处五年以下有期徒刑；情节严重的，处五年以上有期徒刑。

第七章　侵犯财产罪

第一百七十五条　以暴力、胁迫手段抢劫公私财物的，处三年以上十年以下有期徒刑。

犯前款罪，情节特别严重的或者致人重伤、死亡的，处十年以上有期徒刑、无期徒刑或者死刑，可以并处没收财产。

第一百七十六条　盗窃公私财物的，处三年以下有期徒刑、劳役或者剥夺政治权利。

第一百七十七条　抢夺公私财物的，处三年以下有期徒刑、劳役或者剥夺政治权利。

聚众哄抢公共财物的首要分子，处三年以上十年以下有期徒刑。

第一百七十八条　诈骗公私财物的，处三年以下有期徒刑、劳役或者剥夺政治权利。

第一百七十九条　盗窃、诈骗集团的首要分子，惯窃、惯骗分子或者盗窃、诈骗、抢夺财物数额巨大的，处三年以上十年以下有期徒刑；情节特别严重的，处十年以上有期徒刑或者无期徒刑，可以并处没收财产。

第一百八十条　犯盗窃、抢夺、诈骗罪，为抗拒缴赃、逮捕或者毁灭罪证而当场使用暴力或者以暴力相威胁的，依照第一百七十五条抢劫罪处罚。

第一百八十一条　敲诈勒索公私财物的，处三年以下有期徒刑、劳役或者剥夺政治权利；情节严重的，处三年以上七年以下有期徒刑。

第一百八十二条　侵占公私财物，情节严重的，处三年以下有期徒刑、劳役或者剥夺政治权利。

第一百八十三条　故意毁坏公私财物，情节严重的，处三年以下有期徒刑、劳役或者罚金。

第八章　贪污罪

第一百八十四条　国家工作人员或者集体组织中的工作人员，利用职务上的便利，侵吞、盗窃、骗取、套取国家或者集体财物，强索他人财物，收受贿赂以及其他假公济私违法取利的行为，都是贪污罪。

第一百八十五条　犯贪污罪的，依其情节轻重，按下列规定，分别处罚：

（一）个人贪污财物的数额，在人民币一万元以上的，处十年以上有期徒刑、无期徒刑或者死刑，可以并处没收财产。

（二）个人贪污财物的数额，在人民币五千元以上不满一万元的；处五年以上有期徒刑，可以并处没收财产。

（三）个人贪污财物的数额，在人民币一千元以上不满五千元的，处二年以上七年以下有期徒刑。

（四）个人贪污财物的数额，不满人民币一千元的，处三年以下有期徒刑、劳役或者剥夺政治权利。

集体贪污，按各人所得数额及其情节，分别处罚。

第一百八十六条　犯贪污罪而有下列情形之一的，可以从重处罚：

（一）对国家、集体事业和人民安全有严重危害的；

（二）泄露国家经济情报的；

（三）贪赃枉法的；

（四）敲诈勒索的；

（五）集体贪污的首要分子；

（六）为逃避罪责而销毁罪证的；

（七）为消灭罪迹而毁坏公共财物的；

（八）为掩饰贪污罪行而嫁祸于人的；

（九）屡教不改的；

（十）其他特殊恶劣情节的。

第一百八十七条　贪污计划供应票证的，处二年以下有期徒刑、劳役或者剥夺政治权利；情节严重或者数额巨大的，处二年以上七年以下有期徒刑。

第一百八十八条　利用职权，大量挥霍公共财物，用于私人享受的，以贪污论，比照第一百八十五条的规定处罚。

第一百八十九条　利用职权，擅自把工农业产品低价自销或者削价私分，给国家或者集体造成严重损失的，对主管人员以贪污论，处二年以下有期徒刑、劳役或者剥夺政治权利；情节严重的，处二年以上七年以下有期徒刑。

第一百九十条　向国家工作人员或者集体组织中的工作人员，行使贿赂或者介绍贿赂的，应按其情节轻重，参照第一百八十五条的规定酌情处罚。

因被勒索而给予国家工作人员或者集体组织中的工作人员以财物的，不以行贿论。被勒索的财物应追还原主。

第九章　妨害婚姻、家庭罪

第一百九十一条　以暴力、威胁或者其他强制方法干涉他人婚姻自由的，处一年以下有期徒刑或者劳役。

犯前款罪，引起被害人自杀或者其他严重后果的，处一年以上七年以下有期徒刑。

第一百九十二条　借婚姻关系索取财物而妨害他人婚姻自由，情节恶劣的，处一年以下有期徒刑或者劳役。

前款罪，本人告诉的才处理。

第一百九十三条　有配偶而重婚的，或者明知他人有配偶而与之结婚的，处一年以下有期徒刑或者劳役。

第一百九十四条　破坏他人婚姻家庭，情节严重的，处二年以下有期徒刑或者劳役。

前款罪，本人告诉的才处理。

第一百九十五条　明知是现役军人的配偶而与之同居或者结婚的，处三年以下有期徒刑。

第一百九十六条　虐待家庭成员，情节恶劣的，处二年以下有期徒刑或者劳役。

犯前款罪，致被害人重伤的，处二年以上五年以下有期徒刑；致被害人死亡的，处三年以上十年以下有期徒刑。

第一款罪，告诉的才处理。

第一百九十七条　对于年老、年幼、病残或者其他没有独立生活能力的人，负有扶养义务而拒绝扶养，情节严重的，处三年以下有期徒刑或者劳役。

犯前款罪，致被害人死亡的，处三年以上十年以下有期徒刑。

第一百九十八条　拐骗不满十四岁的儿童脱离家庭或者监护人的，处二年以上七年以下有期徒刑。

第十章　妨害管理秩序罪

第一百九十九条　以暴力、威胁方法阻碍国家工作人员依法执行职务的，或者无理取闹，拒不执行人民法院判决、裁定的，处三年以下有期徒刑或者劳役。

第二百条　依法被逮捕、关押的犯罪分子脱逃的，处二年以下有期徒刑。

以暴力、威胁方法犯前款罪的，处二年以上五年以下有期徒刑。

第二百零一条　窝藏、包庇犯罪分子的，处三年以下有期徒刑、劳役或者剥夺政治权利；情节严重的，处三年以上七年以下有期徒刑。

犯前款罪，事前通谋的，以共同犯罪论处。

第二百零二条　违反枪支管理规定，隐匿枪支、弹药，经动员教育仍拒不交出的，处三年以下有期徒刑或者劳役。

第二百零三条　以营利为目的，制造、贩卖假药，危害人民健康的，处二年以下有期徒刑、劳役或者罚金；造成严重后果的，处二年以上七年以下有期徒刑，可以并处罚金。

第二百零四条　神汉、巫婆进行诈骗活动的，处三年以下有期徒刑、劳役或者剥夺政治权利；造成严重后果的，处三年以上十年以下有期徒刑。

第二百零五条　冒充国家工作人员招摇撞骗的，处五年以下有期徒刑、劳役或者剥夺政治权利，情节严重的，处五年以上有期徒刑。

第二百零六条　伪造、变造或者盗窃、毁灭国家机关、企业、人民团体的公文、证件、印章的，处五年以下有期徒刑、劳役或者剥夺政治权利。

第二百零七条　开设赌场聚众赌博或者一贯赌博的，处三年以下有期徒刑、劳役或者剥夺政治权利，可以并处罚金。

第二百零八条　聚众斗殴，寻衅滋事，侮辱妇女或者进行其他流氓活动，破坏公共秩序，情节严重的，处七年以下有期徒刑。

流氓集团的首要分子，或者在流氓集团中起重要作用的，处七年以上有期徒刑或者无期徒刑。

第二百零九条　引诱、容留妇女卖淫的，处五年以下有期徒刑或者劳役，可以并处罚金或者没收财产。

第二百一十条　制造、贩卖、运输鸦片、海洛因、吗啡或者其他毒品的，处五年以下有期徒刑，可以并处罚金。

一贯或者大量制造、贩卖、运输前款毒品的，处五年以上有期徒刑或者无期徒刑，可以并处没收财产。

第二百一十一条　意图营利，为制造鸦片或者其他毒品而种植罂粟的，处三年以下有期徒刑、劳役或者罚金。

第二百一十二条　吸食或者注射鸦片、海洛因、吗啡或者其他毒品的，处三年以下有期徒刑或者劳役。

第二百一十三条　明知是犯罪所得的赃物而窝藏或者代为销售的，处三年以下有期徒刑、劳役或者剥夺政治权利，可以并处或者单处罚金。

第二百一十四条　盗运国家保护的珍贵文物出口的，处三年以上十年以下有期徒刑，可以并处罚金；情节严重的，处十年以上有期徒刑或者无期徒刑，可以并处没收财产。

第二百一十五条　故意破坏国家保护的珍贵文物或者故意毁坏名胜古迹的，处二年以上七年以下有期徒刑。

第二百一十六条　故意破坏国家的边境的界碑、界桩等标志或者永久性测量标志的，处五年以下有期徒刑或者劳役。

第二百一十七条　非法狩猎国家保护的珍禽、珍兽的，处三年以下有期徒刑、劳役或者罚金。

第二百一十八条　违反国家出入国（边）境管理的规定，偷越国（边）境的，处二年以下有期徒刑或者劳役。

第二百一十九条　意图营利，组织、运送他人偷越国（边）境的，处七年以下有期徒刑，可以并处罚金。

第二百二十条　有意败坏社会主义道德而编绘、制作或者贩卖淫秽书画的，处三年以下有期徒刑、劳役或者剥夺政治权利；情节特别严重的，处三年以上十年以下有期徒刑。

第十一章 渎职罪

第二百二十一条 国家工作人员或者集体组织中的工作人员，滥用职权，违法乱纪，或者玩忽职守，严重不负责任，致国家和公民利益遭受重大损失的，是渎职罪。

第二百二十二条 国家工作人员或者集体组织中的工作人员，出于贪图名利的个人目的，捏造事实或者隐瞒真相，作假报告，欺骗组织，使国家或者公民利益遭受重大损害的，处三年以下有期徒刑、劳役或者剥夺政治权利；情节特别严重的，处三年以上十年以下有期徒刑。

第二百二十三条 国家工作人员或者集体组织中的工作人员，滥用职权，故意制造冤案、假案、错案的，处三年以下有期徒刑或者剥夺政治权利；情节特别严重的，处三年以上十年以下有期徒刑。

第二百二十四条 国家工作人员或者集体组织中的工作人员，滥用职权，故意篡改他人阶级成份，颠倒敌我关系，情节严重的，处五年以下有期徒刑、劳役或者剥夺政治权利。

第二百二十五条 国家工作人员或者集体组织中的工作人员，玩忽职守，严重不负责任，致人重伤、死亡或者公共财产遭受重大损失的，处五年以下有期徒刑或者劳役。

第二百二十六条 国家工作人员泄露国家重要机密的，处五年以下有期徒刑或者劳役。

第二百二十七条 司法工作人员对明知是无罪的人而使他受追诉，对明知是有罪的人而故意包庇不使他受追诉，或者故意颠倒黑白做枉法裁判的，处五年以下有期徒刑或者剥夺政治权利；情节特别严重的，处五年以上有期徒刑。

第二百二十八条 司法工作人员对人犯刑讯逼供的，处三年以下有期徒刑、劳役或者剥夺政治权利；情节特别严重的，处三年以上十年以下有期徒刑。

第二百二十九条 司法工作人员违反监管规定，对被监管人实行凌辱、虐待的，处三年以下有期徒刑、劳役或者剥夺政治权利；情节特别严重的，处三年以上十年以下有期徒刑。

第二百三十条 司法工作人员私放罪犯的，处五年以下有期徒刑或者剥夺政治权利；情节严重的，处五年以上有期徒刑。

第二百三十一条 邮电工作人员私自开拆或者隐匿、毁弃邮件、电报的，处二年以下有期徒刑或者劳役。

犯前款罪而窃取财物的，按照贪污罪从重处罚。

第二百三十二条 国家工作人员或者集体组织中的工作人员，犯渎职罪，本法其他章条另有规定的，依照有关章条的规定处罚。

附 则

第二百三十三条 本法分则没有明文规定的危害社会的行为，人民法院认为应当追究刑事责任的，可以比照本法分则最相类似的条文定罪判刑，但是应当报请最高人民法院核准。

第二百三十四条 民族自治地方，不能全部适用本法规定的，可以由自治区或者省的国家权力机关根据当地民族的政治、经济、文化的特点和本法规定的基本原则，制定变通或者补充的规定，报请全国人民代表大会常务委员会批准施行。

第二百三十五条 本法适用于现役军人的犯罪，但军事法律、法令另有规定的除外。

第二百三十六条 本法所说的国家工作人员，是指在国家机关、企业、事业单位、人民团体和它们的附属机构从事公务的人员。

本法所说的集体组织中的工作人员，是指在城乡集体所有制的生产、企业、事业单位从事公务的人员。

第二百三十七条 本法所说的司法工作人员，是指有侦讯、追诉、审判、监管人犯职务的人员。

第二百三十八条 本法所说的重伤，是指有下列情形之一的伤害：

（一）使人肢体残废或者毁人容貌的；

（二）使人丧失听觉、视觉或者其他器官机能的；

（三）其他对于人身健康有重大伤害的。

第二百三十九条 本法所说的以上、以下、以内，都连本数在内。

第二百四十条 本法总则适用于其他有刑罚规定的法律、法令，但是其他法律、法令有特别规定的除外。

第二百四十一条 本法公布施行后，过去制定的法规中有关刑事的规定，凡与本法有抵触的，一律适用本法。

11. 中华人民共和国刑法草案(法制委员会修正第一稿)(第36次稿)

(全国人大常委会法制委员会办公室印 1979年3月31日)

目 录

第一编 总 则

第一章 刑法的任务和适用范围

第一条 中华人民共和国刑法，以宪法为根据，结合全国各族人民在实行以工人阶级为领导的、工农联盟为基础的人民民主专政即无产阶级专政和进行社会主义革命、社会主义建设的具体经验和实际需要制定。

第二条 中华人民共和国刑法的任务，是用刑罚同一切反革命分子、坏分子和其他公民的犯罪行为作斗争，以保卫人民民主专政制度，保护社会主义的国家所有即全民所有的财产和集体所有的财产，保护公民私有的合法财产，保护公民的人身权利、民主权利和其他权利，维护社会秩序、生产秩序、工作秩序、教学科研秩序和人民群众生活秩序，保障社会主义革命和社会主义建设事业的顺利进行。

第三条 凡在中华人民共和国领域内犯罪的，除法律有特别规定的以外，都适用本法。

犯罪的行为或者结果有一项在中华人民共和国领域内的，就认为是在中华人民共和国领域内犯罪。

第四条 中华人民共和国公民在中华人民共和国领域外犯下列各罪的，适用本法：

（一）反革命罪；

（二）伪造国家货币罪（第一百二十六条），伪造有价证券罪（第一百二十八条）；

（三）国家工作人员贪污罪（第一百六十二条），受贿罪（第一百九十二条），泄露国家机密罪（第一百九十三条）；

（四）冒充国家工作人员招摇撞骗罪（第一百七十三条），伪造公文、证件、印章罪（第一百七十四条）。

第五条 中华人民共和国公民在中华人民共和国领域外犯前条以外的罪，而本法规定的最低刑为三年以上有期徒刑的，也适用本法；但是按照犯罪地的法律不受处罚的除外。

第六条 凡在中华人民共和国领域外犯罪、依照本法应当负刑事责任的，虽然经过外国审判，仍然可以依照本法处理；但是在外国已经受过刑罚处罚的，可以免除或者减轻处罚。

第七条 享有外交特权的外国人的刑事责任问题，通过外交途径解决。

第八条 本法施行以前的犯罪，依照本法总则第四章第八节的规定应当追诉而没有经过审判或者判决还没有确定的，都适用本法；但是中华人民共和国成立以后本法施行以前的行为，如果当时党和政府的政策、法律、法令不认为是犯罪的，适用当时的政策、法律、法令。

第二章 犯 罪

第一节 刑事责任

第九条 一切危害无产阶级专政制度，破坏社会主义革命和社会主义建设，破坏社会秩序，侵犯国家所有的财产或者集体所有的财产，侵犯公民私有的合法财产，侵犯公民的人身权利、民主权利和其他权利，以及其他危害社会的行为，依照法律应当受刑罚处罚的，都是犯罪；但是情节轻微危害不大的，可不以犯罪论处。

第十条 明知自己的行为会发生危害社会的结果，并且希望或者放任这种结果发生，因而构成犯罪的，是故意犯罪。

故意犯罪，应当负刑事责任。

第十一条 应当预见自己的行为可能发生危害社会的结果，因为疏忽大意没有预见，或者已经预见但是轻信能够避免，以致发生这种结果的，是过失犯罪。

过失犯罪，法律有规定的才负刑事责任。

第十二条 行为在客观上虽然造成了损害结果，但是不是出于故意或者过失，而是由于不能抗拒或者不能预见的原因所引起的，不认为是犯罪。

第十三条 已满十六岁的人犯罪，应当负刑事责任。但是已满十四岁不满十六岁的人，犯杀人、重伤、抢劫、放火、惯窃罪或者严重破坏交通罪，也应当负刑事责任。

已满十四岁不满十八岁的人犯罪，应当从轻或者减轻处罚。

因不满十六岁犯罪不处罚的，责令他的家长或者监护人和所在单位的领导和群众加以管教；在必要的时候，也可以由政府收容教养。

第十四条 精神病人在不能辨认或者不能控制自己行为的时候造成危害结果的，不负刑事责任；但是应当责令他的家属或者监护人严加看管和医疗。

间歇性的精神病人，在精神正常的时候犯罪，应当负刑事责任。

醉酒的人犯罪，应当负刑事责任。

第十五条 又聋又哑的人或者盲人犯罪，可以从轻、减轻或者免除处罚。

第十六条 为了使公共利益、本人或者他人的人身和其他权利免受正在进行的不法侵害，采取的正当防卫行为，不负刑事责任。

正当防卫超过必要限度造成不应有的危害的，应当负刑事责任；但是应当酌情减轻或者免除处罚。

第十七条 为了使公共利益、本人或者他人的人身和其他权利免受正在发生的危险，不得已采取的紧急避险行为，不负刑事责任。

紧急避险超过必要限度造成不应有的危害的，应当负刑事责任；但是应当酌情减轻或者免除处罚。

第一款中关于避免本人危险的规定，不适用于职务上、业务上负有特定义务的人。

第二节 犯罪的预备、未遂和中止

第十八条 为了犯罪，准备工具、制造条件的，是犯罪预备。

对于预备犯，可以比照既遂犯从轻、减轻或者免除处罚。

第十九条 已经着手实行犯罪，由于犯罪分子意志以外的原因而未遂的，是犯罪未遂。

对于未遂犯，可以比照既遂犯从轻或者减轻处罚。

第二十条 在犯罪过程中，自动中止犯罪或者自动有效地防止犯罪结果发生的，是犯罪中止。

对于中止犯，应当免除或者减轻处罚。

第三节 共同犯罪

第二十一条 共同犯罪是指二人以上共同故意犯罪。

二人以上共同过失犯罪，不以共同犯罪论处；应当负刑事责任的，按照他们所犯的罪分别处罚。

第二十二条 组织、领导犯罪集团进行犯罪活动的或者在共同犯罪中起主要作用的，是主犯。

对于主犯，除本法分则已有规定的以外，应当从重处罚。

第二十三条 在共同犯罪中起次要或者辅助作用的，是从犯。

对于从犯，应当比照主犯从轻或者减轻处罚。

第二十四条 对于被胁迫、被诱骗参加犯罪的，应当按照他的犯罪情节，比照从犯减轻处罚或者免除处罚。

第二十五条 教唆他人犯罪的，应当按照他在共同犯罪中所起的作用处罚。教唆不满十八岁的人犯罪的，应当从重处罚。

如果被教唆的人，没有犯被教唆的罪，对于教唆犯，可以从轻、减轻或者免除处罚。

第三章 刑　　罚

第一节 刑罚的种类

第二十六条 刑罚分为主刑和附加刑。

第二十七条 主刑的种类如下：

（一）管制；

（二）拘役；

（三）有期徒刑；

（四）无期徒刑；

（五）死刑。

第二十八条 附加刑的种类如下：

（一）罚金；

（二）剥夺政治权利；

（三）没收财产。

罚金、没收部分财产也可以独立适用。

第二十九条 对于犯罪的外国人，可以独立适用或者附加适用逐出国境。

第三十条 对于犯罪情节轻微不需要判处刑罚的，可以根据案件的不同情况，予以训诫或者责令具结悔过、取保、赔礼道歉、赔偿损失，或者由主管部门予以行政处分。

第二节 管　　制

第三十一条 管制适用于罪恶程度还不需要判处拘役、有期徒刑以上刑罚的反革命分子和其他犯罪分子。

第三十二条 管制的期限，为六个月以上三年以下。由人民法院判决。

第三十三条 被判处管制的犯罪分子，在执行期间，必须遵守下列规定：

（一）遵守法律、法令，服从群众监督，积极参加集体劳动生产；

（二）向监督执行机关定期报告自己的活动情况；

（三）迁居或者离乡外出的，报经监督执行机关批准。

对于被判处管制的犯罪分子，在劳动中应当同工同酬。

第三十四条 被判处管制的犯罪分子，由公安机关监督执行，执行期满，应当向群众宣布解除管制。

第三十五条 被判处管制的犯罪分子，如果确有悔改或者立功表现，人民法院可以缩短管制期限或者提前解除管制。

第三十六条 管制的刑期，从判决执行之日起计算；判决执行以前先行羁押的，羁押一日折抵刑期二日。

第三十七条 非经人民法院判决，任何机关都不得对公民实行管制，违者应受行政处分或者法律处分。

第三节 拘 役

第三十八条 拘役的期限，为十日以上六个月以下；但是在数罪并罚的时候，可以到一年。

第三十九条 被判处拘役的犯罪分子，由公安机关执行。

第四十条 拘役的刑期，从判决执行之日起计算；判决以前先行羁押的，羁押一日折抵刑期一日。

第四节 有期徒刑、无期徒刑

第四十一条 有期徒刑的期限，为六个月以上十五年以下；但是在数罪并罚或者无期徒刑减为有期徒刑的时候，可以到二十年。

第四十二条 被判处有期徒刑、无期徒刑的犯罪分子，在监狱或者其他劳动改造场所执行；凡有劳动能力的，实行劳动改造。

第四十三条 有期徒刑的刑期，从判决执行之日起计算；判决执行以前先行羁押的，羁押一日折抵刑期一日。

第五节 死 刑

第四十四条 死刑只适用于罪大恶极、民愤极大、必须判处死刑的犯罪分子。

死刑案件由最高人民法院判决或者报请最高人民法院核准。

第四十五条 犯罪的时候不满十八岁的人和审判的时候怀孕的妇女，不适用死刑。

第四十六条 死刑用枪决的方法执行。

第四十七条 对于应当判处死刑的犯罪分子，如果不是必须立即执行的，可以判处死刑同时宣告缓期二年执行，强迫劳动，以观后效。在死刑缓期执行期间，如果确有悔改，二年期满以后，减为无期徒刑；如果确有悔改并有立功表现，二年期满以后，减为十五年以上二十年以下有期徒刑；如果抗拒改造，由最高人民法院裁定或者核准，执行死刑。

第四十八条 死刑缓期执行的期间，从判决确定之日起计算。死刑缓期执行减为有期徒刑的刑期，从裁定减刑之日起计算。

第六节 罚 金

第四十九条 判处罚金，应当根据犯罪情节和犯罪分子的财产状况，决定罚金数额。

第五十条 罚金在判决指定的期限内一次或者分期缴纳。期满不缴纳的，强制缴纳。如果由于遭遇不能抗拒的灾祸缴纳确实有困难的，可以酌情减少或者免除。

第七节 剥夺政治权利

第五十一条 剥夺政治权利是剥夺下列权利：

（一）选举权和被选举权；

（二）宪法第四十五条规定的各种权利；

（三）担任国家机关行政职务的权利；

（四）担任审判员、陪审员、检察员、律师的权利；

（五）担任人民团体领导职务的权利。

第五十二条 剥夺政治权利的期限，为一年以上五年以下。

第五十三条 对于反革命分子应当剥夺政治权利；对于严重破坏社会秩序的其他犯罪分子，在必要的时候，也可以剥夺政治权利。

第五十四条 对于被判处死刑、无期徒刑的犯罪分子，应当剥夺政治权利终身。

在死刑缓期执行和无期徒刑减为有期徒刑的时候，应当把剥夺政治权利的期限改为三年以上十年以下。

第五十五条 剥夺政治权利的刑期，从主刑执行完毕之日或者从假释之日起计算；剥夺政治权利的效力当然施用到主刑执行期间。

第八节 没收财产

第五十六条 没收财产是没收犯罪分子个人所有财产的一部或者全部。

在判处没收财产的时候，不得株连犯罪分子的家属应有的财物，并须留给家属必需的生产资料和生活资料。

第五十七条 对于查封财产以前犯罪分子所负的正当债务，需要以没收的财产偿还的，经债权人请求，可以依照法定顺序适当偿还。

第四章 刑罚的具体运用

第一节 量 刑

第五十八条 对于犯罪分子决定刑罚的时候，应当根据犯罪的事实、犯罪的性质、情节和对于社会的危害程度，参照犯罪分子的个人情况，依照本法的有关规定判处。

第五十九条 犯罪分子具有本法规定的从重处罚、从轻处罚情节的，应当在法定刑的限度以内判处刑罚。

第六十条 犯罪分子具有本法规定的减轻处罚情节的，应当在法定刑以下判处刑罚。

犯罪分子虽然不具有本法规定的减轻处罚情节，如果根据案件的具体情况，判处法定刑的最低刑还是过重的，也可以在法定刑以下判处刑罚。

第六十一条 犯罪分子违法所得的一切财物，应当予以追缴或者责令退赔；违禁品和供犯罪所用的本人财物，应当予以没收。

第二节 累 犯

第六十二条 被判处有期徒刑以上刑罚的犯罪分子，刑罚执行完毕或者赦免以后，在三年以内再犯应当判处有期徒刑以上刑罚之罪的，是累犯，应当从重处罚；但是过失犯罪除外。

前款规定的期限，对于被假释的犯罪分子，从假释期满之日起计算。

第六十三条 刑罚执行完毕或者赦免以后的反革命分子，在任何时候再犯反革命罪的，都以累犯论处。

第三节 自 首

第六十四条 犯罪以后自首的，可以从轻处罚；犯罪较轻的，可以免除处罚。自首并且有立功表现的，包括犯罪较重的，也可以减轻或者免除处罚；立大功的，可以给予适当奖励。

第四节 数罪并罚

第六十五条 判决宣告以前一人犯数罪的，除判处死刑和无期徒刑的以外，应当在总和刑期以下多数刑中最高刑期以上，酌情决定执行的刑期，但是拘役最高不能超过一年，有期徒刑最高不能超过二十年。

如果数罪中有判处附加刑的，附加刑仍须执行。

第六十六条 判决宣告以后，刑罚还没有执行完毕以前，发觉被判刑的犯罪分子在判决宣告以前还有其他罪没有判决的，应当对新发觉的罪作出判决，把前后两个判决所判处的刑罚，依照本法第六十五条的规定，决定执行的刑罚。已经执行的刑期，应当计算在新判决决定的刑期以内。

第六十七条 判决宣告以后，刑罚还没有执行完毕以前，被判刑的犯罪分子又犯罪的，应当对新犯的罪作出判决，把前罪没有执行的刑罚和后罪所判处的刑罚，依照本法第六十五条的规定，决定执行的刑罚。

第五节 缓 刑

第六十八条 对于被判处拘役、三年以下有期徒刑的犯罪分子，根据犯罪分子的犯罪情节和悔罪表现，认为适用缓刑确实不致再危害社会和引起群众不满的，可以宣告缓刑。

被宣告缓刑的犯罪分子，如果被判处附加刑，附加刑仍须执行。

第六十九条 拘役的缓刑考验期限为原判刑期以上一年以下，但是不能少于一个月。

有期徒刑的缓刑考验期限为原判刑期以上五年以下，但是不能少于一年。

缓刑考验期限，从判决确定之日起计算。

第七十条 对于反革命犯和累犯，不适用缓刑。

第七十一条 被宣告缓刑的犯罪分子，在缓刑考验期限内，由人民法院交所在单位或者基层组织予以考察，如果没有再犯新罪，缓刑考验期满，原判的刑罚就不再执行；如果再犯新罪，撤销缓刑，把前罪和后罪所判处的刑罚，依照本法第六十五条的规定，决定执行的刑罚。

第六节 减 刑

第七十二条 被判处拘役、有期徒刑、无期徒刑的犯罪分子，在执行期间，如果确有悔改或者立功表现，可以减刑。但是经过一次或者几次减刑以后实际执行的刑期，判处拘役、有期徒刑的，不能少于原判刑期的二分之一；判处无期徒刑的，不能少于十年。

第七十三条 无期徒刑减为有期徒刑的刑期，从裁定减刑之日起计算。

第七节 假 释

第七十四条 被判处有期徒刑的犯罪分子，执行原判刑期二分之一以上，被判处无期徒刑的犯罪分子，实际执行十年以上，如果确有悔改表现，不致再危害社会，可以假释。如果有特殊情节，可以不受上述执行刑期的限制。

第七十五条 有期徒刑的假释考验期限，为没有执行完毕的刑期；无期徒刑的假释考验期限，为十年。

假释考验期限，从假释之日起计算。

第七十六条 被假释的犯罪分子，在假释考验期限内，由公安机关予以监督，如果没有再犯新罪，就认为原判刑罚已经执行完毕；如果再犯新罪，撤销假释，把前罪没有执行的刑罚和后罪所判处的刑罚，依照本法第六十五条的规定，决定执行的刑罚。

第八节 时 效

第七十七条 犯罪经过下列期限不再追诉：

（一）法定刑的最高刑为拘役的，经过一年；

（二）法定刑的最高刑为不满五年有期徒刑的，经过五年；

（三）法定刑的最高刑为五年以上不满十年有期徒刑的，经过十年；

（四）法定刑的最高刑为十年以上有期徒刑的，经过十五年；

（五）法定刑的最高刑为无期徒刑、死刑的，经过二十年。如果二十年以后认为必须追诉的，须报请最高人民检察院核准。

第七十八条 在人民法院、人民检察院、公安机关采取强制措施以后，逃避侦查或者审判的，不受追诉期限的限制。

第七十九条 追诉期限从犯罪之日起计算；犯罪行为有连续或者继续状态的，从犯罪行为终了之日起计算。

在追诉期限以内又犯罪的，前罪追诉的期限从犯后罪之日起计算。

第五章 附 则

第八十条 本法分则没有明文规定的犯罪，可以比照本法分则最相类似的条文定罪判刑，但是应当报请最高人民法院核准。

第八十一条 民族自治地方，不能全部适用本法规定的，可以由自治区或者省的国家权力机关根据当地民族的政治、经济、文化的特点和本法规定的基本原则，制定变通或者补充的规定，报请全国人民代表大会常务委员会批准施行。

第八十二条 本法所说的公共财产是指下列财产：

（一）国家所有的财产；

（二）集体所有的财产。

在国家、人民公社、合作社、公私合营企业和人民团体管理、使用或者运输中的私人财产，以公共财产论。

第八十三条 本法所说的公民私有的合法财产是指下列财产：

（一）公民的合法收入、储蓄、房屋和其他生活资料；

（二）依法归个人或者家庭所有的生产资料。

第八十四条 本法所说的国家工作人员是指一切国家机关、企业、事业单位、人民团体和它们的附属机构依照法律从事公务的人员。

第八十五条 本法所说的司法工作人员是指有侦讯、追诉、审判、监管人犯职务的人员。

第八十六条 本法所说的重伤是指有下列情形之一的伤害：

（一）使人肢体残废或者毁人容貌的；

（二）使人丧失听觉、视觉或者其他器官机能的；

（三）其他对于人身健康有重大伤害的。

第八十七条 本法所说的首要分子是指在犯罪集团中起组织、策划、指挥作用的犯罪分子。

第八十八条 本法所说的以上、以下、以内，都连本数在内。

第八十九条 本法总则适用于其他有刑罚规定的法律、法令，但是其他法律有特别规定的除外。

第二编 分 则

第一章 反革命罪

第九十条 以推翻工人阶级领导的、工农联盟为基础的无产阶级专政的政权和社会主义制度为目的的行为，都是反革命罪。

第九十一条 勾结外国，阴谋危害祖国的主权、领土完整和安全的，处无期徒刑或者十年以上有期徒刑。

第九十二条 阴谋篡夺国家最高权力颠覆政府、分裂国家的，处无期徒刑或者十年以上有期徒刑。

第九十三条 策动、勾引、收买国家工作人员、武装部队、民兵投敌叛变或者叛乱的，处无期徒刑或者十年以上有期徒刑。

第九十四条 投敌叛变的，处三年以上十年以下有期徒刑；情节严重的或者率众投敌叛变的，处七年以上有期徒刑或者无期徒刑。

率领武装部队、民兵投敌叛变的，处无期徒刑或者十年以上有期徒刑。

第九十五条 持械聚众叛乱的首要分子或者其他罪恶重大的，处无期徒刑或者十年以上有期徒刑；其他积极参加的，处三年以上十年以下有期徒刑。

第九十六条 聚众劫狱或者暴动越狱的首要分子或者其他罪恶重大的，处无期徒刑或者十年以上有期徒刑；其他积极参加的，处三年以上十年以下有期徒刑。

第九十七条 进行下列间谍或者资敌行为之一的，处十年以上有期徒刑或者无期徒刑；情节较轻的，处三年以上十年以下有期徒刑：

（一）为敌人窃取、刺探、提供情报的；

（二）为敌人供给武器军火或者其他军用物资的；

（三）接受敌人布置的任务与敌人建立联系的。

第九十八条 组织领导特务、间谍组织的或者特务、间谍组织的重要分子，处十年以上有期徒刑或者无期徒刑；参加特务、间谍组织的，处三年以上十年以下有期徒刑。

第九十九条 组织领导反革命集团的或者反革命集团的首要分子，处五年以上有期徒刑或者无期徒刑；其他积极参加反革命集团的，处五年以下有期徒刑或者管制。

第一百条 组织、利用封建会道门进行反革命活动的，处五年以上有期徒刑或者无期徒刑；情节较轻的，处五年以下有期徒刑或者管制。

第一百零一条 以反革命为目的，进行下列破坏行为之一的，处无期徒刑或者十年以上有期徒刑；情节较轻的，处三年以上十年以下有期徒刑：

（一）爆炸、放火、决水、利用技术或者以其他方法破坏军事设备、生产设施、通讯交通设备、建筑工程、防险设备或者其他公共建设、公共财物的；

（二）抢劫国家档案、军事物资、工矿企业、银行、商店、仓库或者其他公共财物的；

（三）劫持船舰、飞机、火车、电车、汽车的；

（四）为敌人指示袭击目标的；

（五）制造、抢夺、盗窃枪支、弹药的；

（六）严重扰乱市场或者破坏金融的。

第一百零二条 以反革命为目的，投放毒物、散布病菌或者以其他方法杀人、伤人的，处无期徒刑或者十年以上有期徒刑；情节较轻的，处三年以上十年以下有期徒刑。

第一百零三条 以反革命为目的，进行下列挑拨、煽动行为之一的，处七年以下有期徒刑或者管制；首要分子或者其他罪恶重大的，处七年以上有期徒刑或者无期徒刑：

（一）煽动群众抗拒、破坏国家法律、法令实施的；

（二）挑拨离间各民族或者人民与政府之间的团结的；

（三）以反革命标语、传单或者其他方法进行反革命宣传煽动的。

第一百零四条 本章上述各条应处无期徒刑的反革命罪中，情节特别恶劣、对国家和人民危害特别严重、不杀不足以平民愤的，经最高人民法院判决或者核准，可处死刑。

第一百零五条 犯本章之罪的，可以并处没收财产。

第二章 危害公共安全罪

第一百零六条 放火、决水、爆炸或者以其他危险方法破坏工厂、矿场、油田、港口、仓库、住宅、森林、农场、谷场、牧场、公共建筑物或者其他公共建设的，处三年以上十年以下有期徒刑。

放火、决水、爆炸或者以其他危险方法破坏其他公私财产足以危害公共安全的，处七年以下有期徒刑。

第一百零七条 放火、决水、爆炸或者以其他危险方法致人重伤、死亡或者使公私财产遭受重大损失的，处十年以上有期徒刑、无期徒刑或者死刑。

过失犯前款罪的，处七年以下有期徒刑或者拘役。

第一百零八条 破坏火车、汽车、电车、船只、飞机足以使火车、汽车、电车、船只、飞机发生倾覆或者毁坏危险的，处三年以上十年以下有期徒刑。

第一百零九条 破坏轨道、桥梁、隧道、公路、机场、航道、灯塔、标识或者进行其他破坏活动足以使火车、汽车、电车、船只、飞机发生倾覆或者毁坏危险的，处一年以上七年以下有期徒刑。

第一百一十条 破坏电力、煤气或者其他易燃易爆设备足以危害公共安全的，处一年以上七年以下有期徒刑。

第一百一十一条 破坏广播电台、电报、电话或者其他通讯设备足以危害公共安全的，处七年以下有期徒刑或者拘役。

第一百一十二条 破坏交通工具、交通设备、电力煤气设备、易燃易爆设备、广播电台或者其他通讯设备的首要分子或者引起严重后果的，处七年以上有期徒刑或者无期徒刑。

过失犯前款罪的，处七年以下有期徒刑或者拘役。

第一百一十三条 非法制造、买卖、运输枪支、弹药的，或者盗窃、抢夺国家机关、军警人员、民兵的枪支、弹药的，处七年以下有期徒刑；情节严重的，处七年以上有期徒刑或者无期徒刑。

第一百一十四条 从事交通运输的人员，违反规章制度，因而发生重大事故，致人重伤、死亡或者使公私财产遭受重大损失的，处五年以下有期徒刑或者拘役；情节特别恶劣的，处五年以上有期徒刑。

非交通运输人员，犯前款罪的，依照前款规定处罚。

第一百一十五条 工厂、矿山、林场、建筑企业或者其他企业的职工，由于违反规章制度，或者强令工人违章冒险作业，因而发生重大事故，造成严重后果的，处五年以下有期徒刑或者拘役；情节特别恶劣的，处五年以上有期徒刑。

第一百一十六条 违反邮政法规、交通运输法规，蒙混寄运或者秘密携带有爆炸性、易燃性、放射性、毒害性、腐蚀性的物品，造成严重后果的，处五年以下有期徒刑或者拘役；后果特别严重的，处五年以上有期徒刑。

第一百一十七条 违反群众集会和公共场所的安全管理规定，因而发生重大伤亡事故的，对直接责任人员，处五年以下有期徒刑或者拘役。

第三章　破坏社会主义经济秩序罪

第一百一十八条 违反海关法规，进行走私，情节严重的，除按照海关法规没收走私物品并且可以处罚款外，处五年以下有期徒刑或者拘役，可以并处没收财产。

第一百一十九条 违反金融、外汇、金银管理法规，投机倒把的，处五年以下有期徒刑或者拘役，可以并处、单处罚金或者没收财产。

第一百二十条 违反市场管理法规，以获取非法利润为目的，投机倒把，扰乱市场，情节严重的，处五年以下有期徒刑或者拘役，可以并处、单处罚金或者没收财产。

第一百二十一条 违反工商管理法规，私人开设工厂，谋取非法利润，情节严重的，处五年以下有期徒刑或者拘役，可以并处、单处罚金或者没收财产。

第一百二十二条 以走私、投机倒把为常业的，走私、投机倒把数额巨大的或者走私、投机倒把集团的首要分子，处五年以上有期徒刑，可以并处没收财产。

第一百二十三条 伪造或者倒卖计划供应票证营利的，处五年以下有期徒刑或者拘役，可以并处、单处罚金或者没收财产。

犯前款罪的首要分子或者情节特别严重的，处五年以上有期徒刑，可以并处没收财产。

第一百二十四条 国家工作人员利用职务上的便利，犯本章上述各条罪的，从重处罚。

第一百二十五条 违反税收法规，偷税、抗税，情节严重的，除按照税收法规补税并且可以处罚款外，对直接责任人员，处三年以下有期徒刑或者拘役。

第一百二十六条 伪造国家货币或者贩运伪造的国家货币的，处三年以上七年以下有期徒刑，可以并处罚金或者没收财产。

犯前款罪的首要分子或者情节特别严重的，处七年以上有期徒刑或者无期徒刑，可以并处没收财产。

第一百二十七条 明知是伪造的国家货币而大量使用的或者变造国家货币的，处一年以下有期徒刑、拘役或者罚金。

第一百二十八条 伪造、涂改支票、股票或者其他有价证券的，处七年以下有期徒刑，可以并处罚金。

第一百二十九条 意图营利，伪造或者变造车票、船票、邮票、税票、货票的，处一年以下有期徒刑、拘役或者罚金；情节严重的，处一年以上七年以下有期徒刑，可以并处罚金。

第一百三十条 由于泄愤报复、自私自利或者其他个人目的，毁坏机器设备、残害耕畜或者以其他方法破坏集体生产的，处二年以下有期徒刑或者拘役；情节严重的，处二年以上七年以下有期徒刑。

第一百三十一条 挪用国家救灾、抢险、防汛、优抚、救济款物，非法修建楼、堂、馆、所等，致使国家和人民群众利益遭受重大损害的，对直接责任人员，处三年以下有期徒刑、拘役或者行政处分；情节特别严重的，处三年以上十年以下有期徒刑。

第一百三十二条 违反商标管理法规，假冒其他企业已经注册的商标的，对直接责任人员处三年以下有期徒刑、拘役或者罚金。

第一百三十三条 违反保护森林法规，大量盗伐、滥伐森林或者其他林木，情节严重的，处五年以下有期徒刑或者拘役，可以并处或者单处罚金。

第一百三十四条 违反保护水产资源法规，在禁渔区、禁渔期或者使用禁用的工具、方法捕捞水产品，情节严重的，处二年以下有期徒刑、拘役或者罚金。

第一百三十五条　违反狩猎法规，在禁猎区、禁猎期或者使用禁用的工具、方法进行狩猎，破坏珍禽、珍兽或者其他野生动物资源，情节严重的，处二年以下有期徒刑、拘役或者罚金。

第四章　侵犯公民人身权利、民主权利罪

第一百三十六条　保护公民的人身权利、民主权利和其他权利，不受任何人、任何机关非法侵犯。违法侵犯的，按其情节轻重，分别予以行政处分或者刑事处分。

第一百三十七条　故意杀人的，处死刑、无期徒刑或者十年以上有期徒刑；情节较轻的，处三年以上十年以下有期徒刑。

第一百三十八条　过失致人死亡的，处五年以下有期徒刑；情节特别恶劣的，处五年以上有期徒刑。本法另有规定的，依照规定。

第一百三十九条　故意伤害他人身体的，处三年以下有期徒刑或者拘役。

犯前款罪，致人重伤的，处三年以上十年以下有期徒刑；致人死亡的，处五年以上有期徒刑或者无期徒刑。本法另有规定的，依照规定。

第一百四十条　过失致人重伤的，处三年以下有期徒刑或者拘役；情节特别恶劣的，处三年以上十年以下有期徒刑。本法另有规定的，依照规定。

第一百四十一条　严禁刑讯逼供。司法工作人员对人犯实行刑讯逼供的，处三年以下有期徒刑、拘役或者行政处分。以肉刑致人伤残的，以伤害罪论处。

第一百四十二条　严禁聚众“打砸抢”。因“打砸抢”致人伤残、死亡的，其首要分子，以伤害罪、杀人罪论处。损毁或者抢走他人财物的，其首要分子以抢劫罪论处。

第一百四十三条　严禁诬陷迫害干部、群众。凡捏造事实、伪造证据，凭空诬陷他人（包括犯人）的，依反坐原则论处。司法工作人员犯诬陷罪的，从重处罚。

第一百四十四条　强奸妇女的，处三年以上十年以下有期徒刑。

奸淫不满十四岁幼女的，以强奸论，可以从重处罚。

犯前两款罪，情节特别严重的或者致人重伤、死亡的，处十年以上有期徒刑、无期徒刑或者死刑。

二人以上犯强奸罪而共同轮奸的，从重处罚。

第一百四十五条　强迫妇女卖淫的，处三年以上十年以下有期徒刑。

第一百四十六条　拐卖人口的，处五年以下有期徒刑；情节严重的，处五年以上有期徒刑。

第一百四十七条　违反选举法的规定，以暴力、威胁、欺骗、贿赂或者其他方法，破坏选举或者妨害选民自由行使选举权和被选举权的，处三年以下有期徒刑或者拘役。

虚报选举票数或者以其他方法使投票发生不正确结果的，处三年以下有期徒刑或者拘役。

第一百四十八条　非法拘禁他人，或者以其他方法非法剥夺他人人身自由的，处三年以下有期徒刑或者拘役。具有殴打、侮辱情节的，从重处罚。

犯前款罪，致人重伤的，处三年以上十年以下有期徒刑；致人死亡的，处七年以上有期徒刑。

第一百四十九条　非法搜索他人身体、住宅的、处拘役；情节严重的，处三年以下有期徒刑。

第一百五十条　以暴力或者其他方法公然侮辱他人，或者捏造事实诽谤他人，情节严重的，处三年以下有期徒刑或者拘役。

第一百五十一条　国家工作人员利用职权、假公济私，对控告人、申诉人、批评人实行报复陷害的，处二年以下有期徒刑或者拘役；情节严重的，处二年以上七年以下有期徒刑。

第一百五十二条　在侦查、审判中，证人、鉴定人、翻译人意图陷害他人，对案件有重要关系的情节，故意作虚伪证明、鉴定、翻译的，处二年以下有期徒刑或者拘役；情节严重的，处二年以上七年以下有期徒刑。

第一百五十三条　隐匿、毁弃或者非法开拆他人信件，侵犯公民通信自由权利，情节严重的，处一年以下有期徒刑或者拘役。

第一百五十四条　船长在航行中，对于在海上或者其他水域中遭遇生命危险的人，可能援救而不援救的，处三年以下有期徒刑或者拘役。

第五章　侵犯财产罪

第一百五十五条　以暴力、胁迫或者其他恶劣方法抢劫公私财物的，处三年以上十年以下有期徒刑。

犯前款罪，情节严重的或者致人重伤、死亡的，处十年以上有期徒刑、无期徒刑或者死刑，可以并处没收财产。

第一百五十六条　盗窃、诈骗公私财物数额较大的；处三年以下有期徒刑或者拘役。

第一百五十七条　抢夺公私财物的，处五年以下有期徒刑或者拘役。

聚众哄抢公共财物的首要分子，处五年以上十年以下有期徒刑。

第一百五十八条　惯窃、惯骗或者盗窃、诈骗、抢夺公私财物数额巨大的，处三年以上十年以下有期徒刑；情节特别严重的，处十年以上有期徒刑，可以并处没收财产。

第一百五十九条　犯盗窃、抢夺、诈骗罪，为窝藏赃物、抗拒逮捕或者毁灭罪证而当场使用暴力或者以暴力相威胁的，依照第一百五十五条抢劫罪处罚。

第一百六十条　敲诈勒索公私财物的，处三年以下有期徒刑或者拘役；情节严重的，处三年以上十年以下有期徒刑。

第一百六十一条　侵占公私财物，情节严重的，处三年以下有期徒刑、拘役或者退赔并可处罚金。

第一百六十二条　国家工作人员利用职务上的便利，盗窃、侵占、诈骗或者以其他方法贪污公共财物的，处五年以下有期徒刑或者拘役和退赔；数额巨大、情节严重的，处五年以上有期徒刑和退赔，可以并处没收财产。

受国家机关、企业、事业单位、人民团体委托从事公务的人员犯前款罪的，依照前款的规定处罚。

第一百六十三条　故意毁坏公私财物，情节严重的，处三年以下有期徒刑、拘役或者罚金。

第六章　妨害管理秩序罪

第一百六十四条　以暴力、威胁方法阻碍国家工作人员依法执行职务的，或者无理取闹，拒不执行人民法院已经发生法律效力的判决、裁定的，处三年以下有期徒刑或者拘役。

第一百六十五条　聚众围困或者聚众强行进入国家机关、工厂、企业、学校，不服从国家治安管理工作人员的命令和劝告，严重破坏社会秩序，致使工作、生产、营业和教学、科研无法进行的，对首要分子处五年以下有期徒刑或者拘役。

第一百六十六条　聚众扰乱车站、码头、民用航空站、商场、公园、影剧院、展览会、运动场或者其他公共场所秩序，聚众堵塞交通或者破坏交通秩序，抗拒、阻碍国家治安管理工作人员依法执行职务，情节严重的，对首要分子处五年以下有期徒刑或者拘役。

第一百六十七条　聚众斗殴，寻衅滋事，侮辱妇女或者进行其他流氓活动，破坏公共秩序，情节恶劣的，处七年以下有期徒刑或者拘役。

流氓集团的首要分子，处七年以上有期徒刑或者无期徒刑。

第一百六十八条　依法被逮捕、关押的犯罪分子脱逃的，处三年以下有期徒刑。

以暴力、威胁方法犯前款罪的，处二年以上七年以下有期徒刑。

第一百六十九条　窝藏或者作假证明包庇反革命分子的，处五年以下有期徒刑或者管制；情节严重的，处五年以上有期徒刑。

窝藏或者作假证明包庇其他犯罪分子的，处三年以下有期徒刑、拘役或者管制；情节严重的，处三年以上十年以下有期徒刑。

犯前两款罪，事前通谋的，以共同犯罪论处。

第一百七十条　违反枪支管理规定，私藏枪支、弹药，经动员拒不交出的，处三年以下有期徒刑或者拘役。

第一百七十一条　意图营利，制造、贩卖假药危害人民健康的，处二年以下有期徒刑或者拘役，可以并处或者单处罚金；造成严重后果的，处二年以上七年以下有期徒刑，可以并处罚金。

第一百七十二条　神汉、巫婆进行诈骗活动的，处三年以下有期徒刑、拘役或者管制；情节严重的，处三年以上十年以下有期徒刑。

第一百七十三条　冒充国家工作人员招摇撞骗的，处五年以下有期徒刑、拘役或者管制；情节严重的，处五年以上有期徒刑。

第一百七十四条　伪造、变造或者盗窃、抢夺、毁灭国家机关、企业、人民团体的公文、证件、印章的，处五年以下有期徒刑、拘役或者管制；情节严重的，处五年以上有期徒刑。

第一百七十五条　意图营利，聚众赌博或者以赌博为业的，处三年以下有期徒刑或者拘役，可以并处罚金。

第一百七十六条　意图营利，引诱、容留妇女卖淫的，处七年以下有期徒刑或者拘役，可以并处罚金或者没收财产。

第一百七十七条　制造、贩卖、运输鸦片、海洛英、吗啡或者其他毒品的，处五年以下有期徒刑，可以并处罚金。

一贯或者大量制造、贩卖、运输前款毒品的，处五年以上有期徒刑或者无期徒刑，可以并处没收财产。

第一百七十八条　吸食或者注射鸦片、海洛英、吗啡或者其他毒品的，处二年以下有期徒刑或者拘役。

第一百七十九条　明知是犯罪所得的赃物而窝藏或者代为销售的，处三年以下有期徒刑或者拘役，可以并处或者单处罚金。

第一百八十条　违反保护文物法规，盗运珍贵历史文物出口的，处三年以上十年以下有期徒刑，可以并处罚金；情节严重的，处十年以上有期徒刑或者无期徒刑，可以并处没收财产。

第一百八十一条　故意破坏国家保护的珍贵历史文物或者名胜古迹的，处二年以上七年以下有期徒刑。

第一百八十二条　故意破坏国家边境的界碑、界桩或者永久性测量标志的，处三年以下有期徒刑或者拘役。

以叛国为目的者，按照反革命罪处罚。

第一百八十三条　违反出入国境管理法规，偷越国境的，处二年以下有期徒刑或者拘役。

第一百八十四条　意图营利，组织、运送他人偷越国境的，处五年以下有期徒刑或者管制，可以并处罚金。

第一百八十五条　违反国境卫生检疫规定，引起检疫传染病的传播，或者有引起检疫传染病传播严重危险的，处三年以下有期徒刑或者拘役，可以并处或者单处罚金。

第七章　妨害婚姻、家庭罪

第一百八十六条　以暴力干涉他人婚姻自由的，处一年以下有期徒刑或者拘役。

犯前款罪，引起被害人死亡的，处一年以上七年以下有期徒刑。

第一百八十七条　有配偶而重婚的，或者明知他人有配偶而与之结婚的，处二年以下有期徒刑或者拘役。

第一百八十八条　明知是现役军人的配偶而与之同居或者结婚的，处三年以下有期徒刑。

第一百八十九条　虐待家庭成员，情节恶劣的，处二年以下有期徒刑或者拘役。

犯前款罪，致被害人重伤、死亡的，处二年以上七年以下有期徒刑。

第一款罪，告诉的才处理。

第一百九十条　对于年老、年幼、疾病或者其他没有独立生活能力的人，负有扶养义务而拒绝扶养，致被害人重伤、死亡的，处七年以下有期徒刑。

第一百九十一条　拐骗不满十四岁的男、女，脱离家庭或者监护人的，处五年以下有期徒刑或者拘役。

第八章　渎职罪

第一百九十二条　国家工作人员利用职务上的便利，收受贿赂的，处五年以下有期徒刑或者拘役。

犯前款罪，致使国家或者公民利益遭受严重损失的，处五年以上有期徒刑。

向国家工作人员行贿或者介绍贿赂的，处三年以下有期徒刑或者拘役。

第一百九十三条　国家工作人员违反国家保密法规，泄露国家重要机密，情节严重的，处七年以下有期徒刑、拘役或者行政处分。

非国家工作人员犯前款罪的，依照前款的规定酌情处罚。

第一百九十四条　国家工作人员由于玩忽职守，致使公共财产遭受重大损失的，处三年以下有期徒刑或者拘役。

第一百九十五条　司法工作人员徇私舞弊，对明知是无罪的人而使他受追诉、对明知是有罪的人而故意包庇不使他受追诉，或者故意颠倒黑白做枉法裁判的，处五年以下有期徒刑；情节特别严重的，处五年以上有期徒刑。

第一百九十六条　司法工作人员违反监管法规，对被监管人实行体罚虐待，情节严重的，处三年以下有期徒刑或者拘役；情节特别严重的，处三年以上十年以下有期徒刑。

第一百九十七条　司法工作人员私放罪犯的，处五年以下有期徒刑或者拘役；情节严重的，处五年以上十年以下有期徒刑。

第一百九十八条　邮电工作人员私自开拆或者隐匿、毁弃邮件、电报的，处二年以下有期徒刑或者拘役。

犯前款罪而窃取财物的，依照第一百六十二条贪污罪从重处罚。

第一百九十九条　国家工作人员犯本章之罪，情节轻微的，可以由主管部门酌情予以行政处分。

12. 中华人民共和国刑法草案（法制委员会修正第二稿）（第37次稿）

（全国人大常委会法制委员会办公室印　1979年5月12日）

目　录

第一编　总　　则

第一章　刑法的指导思想、任务和适用范围

第一条　中华人民共和国刑法，以马克思列宁主义毛泽东思想为指针，以宪法为根据，依照严格区分敌我矛盾和人民内部矛盾的原则，惩办与宽大相结合的政策，结合我国各族人民实行无产阶级领导的、工农联盟为基础的人民民主专政即无产阶级专政和进行社会主义革命、社会主义建设的具体经验和实际情况制定。

第二条　中华人民共和国刑法的任务，是用刑罚同一切反革命和其他刑事犯罪行为作斗争，以保卫无产阶级专政制度，保护社会主义的全民所有的财产和劳动群众集体所有的财产，保护公民私人所有的合法财产，保护公民的人身权利、民主权利和其他权利，维护社会秩序、生产秩序、工作秩序、教学科研秩序和人民群众生活秩序，保障社会主义革命和社会主义建设事业的顺利进行。

第三条　凡在中华人民共和国领域内犯罪的，除法律有特别规定的以外，都适用本法。

凡在中华人民共和国船舶或者飞机内犯罪的，也适用本法。

犯罪的行为或者结果有一项发生在中华人民共和国领域内的，就认为是在中华人民共和国领域内犯罪。

第四条　中华人民共和国公民在中华人民共和国领域外犯下列各罪的，适用本法：

（一）反革命罪；

（二）伪造国家货币罪（第一百二十条），伪造有价证券罪（第一百二十一条）；

（三）贪污罪（第一百五十三条），受贿罪（第一百八十三条），泄露国家机密罪（第一百八十四条）；

（四）冒充国家工作人员招摇撞骗罪（第一百六十四条），伪造公文、证件、印章罪（第一百六十五条）。

第五条　中华人民共和国公民在中华人民共和国领域外犯前条以外的罪，而本法规定的最低刑为三年以上有期徒刑的，也适用本法；但是按照犯罪地的法律不受处罚的除外。

第六条　外国人在中华人民共和国领域外对中华人民共和国国家或者公民犯罪，而本法规定的最低刑为三年以上有期徒刑的，可以适用本法；但是按照犯罪地的法律不受处罚的除外。

第七条　凡在中华人民共和国领域外犯罪、依照本法应当负刑事责任的，虽然经过外国审判，仍然可以依照本法处理；但是在外国已经受过刑罚处罚的，可以免除或者减轻处罚。

第八条　享有外交特权或者豁免权的外国人的刑事责任问题，通过外交途径解决。

第九条　本法自颁布施行之日起生效。中华人民共和国成立以后本法施行以前的行为，如果当时的政策、法律、法令不认为是犯罪的，适用当时的政策、法律、法令。如果当时的政策、法律、法令认为是犯罪的，依照本法第四章第八节的规定应当追诉的，按照当时的政策、法律、法令追究刑事责任。

第二章　犯　罪

第一节　犯罪和刑事责任

第十条　一切危害国家主权和领土完整，危害无产阶级专政制度，破坏社会主义革命和社会主义建设，破坏社会秩序、生产秩序、工作秩序，侵犯全民所有的财产或者劳动群众集体所有的财产，侵犯公民私人所有的合法财产，侵犯公民的人身权利、民主权利和其他权利，以及其他危害社会的行为，依照法律应当受刑罚处罚的，都是犯罪；但是情节显著轻微危害不大的，不认为是犯罪。

第十一条　明知自己的行为会发生危害社会的结果，并且希望或者放任这种结果发生，因而构成犯罪的，是故意犯罪。

故意犯罪，应当负刑事责任。

第十二条　应当预见自己的行为可能发生危害社会的结果，因为疏忽大意没有预见，或者已经预见但是轻信能够避免，以致发生这种结果的，是过失犯罪。

过失犯罪，法律有规定的才负刑事责任。

第十三条　行为在客观上虽然造成了损害结果，但是不是出于故意或者过失，而是由于不能抗拒或者不能预见的原因所引起的，不认为是犯罪。

第十四条　已满十六岁的人犯罪，应当负刑事责任。

已满十四岁不满十六岁的人，犯杀人、重伤、抢劫、放火、惯窃罪或者其他严重破坏社会秩序罪，应当负刑事责任。

已满十四岁不满十八岁的人犯罪，应当从轻或者减轻处罚。

因不满十六岁不处罚的，责令他的家长或者监护人加以管教；在必要的时候，也可以由政府收容教养。

第十五条　精神病人在不能辨认或者不能控制自己行为的时候造成危害结果的，不负刑事责任；但是应当责令他的家属或者监护人严加看管和医疗。

间歇性的精神病人，在精神正常的时候犯罪，应当负刑事责任。

醉酒的人犯罪，应当负刑事责任。

第十六条　又聋又哑的人或者盲人犯罪，可以从轻、减轻或者免除处罚。

第十七条　为了使公共利益、本人或者他人的人身和其他权利免受正在进行的不法侵害，采取的正当防卫行为，不负刑事责任。

正当防卫超过必要限度造成不应有的危害的，应当负刑事责任；但是应当酌情减轻或者免除处罚。

第十八条　为了使公共利益、本人或者他人的人身和其他权利免受正在发生的危险，不得已采取的紧急避险行为，不负刑事责任。

紧急避险超过必要限度造成不应有的危害的，应当负刑事责任；但是应当酌情减轻或者免除处罚。

第一款中关于避免本人危险的规定，不适用于职务上、业务上负有特定责任的人。

第二节　犯罪的预备、未遂和中止

第十九条　为了犯罪，准备工具、制造条件的，是犯罪预备。

对于预备犯，可以比照既遂犯从轻、减轻或者免除处罚。

第二十条　已经着手实行犯罪，由于犯罪分子意志以外的原因而未得逞的，是犯罪未遂。

对于未遂犯，可以比照既遂犯从轻或者减轻处罚。

第二十一条　在犯罪过程中，自动中止犯罪或者自动有效地防止犯罪结果发生的，是犯罪中止。

对于中止犯，应当免除或者减轻处罚。

第三节　共同犯罪

第二十二条　共同犯罪是指二人以上共同故意犯罪。

二人以上共同过失犯罪，不以共同犯罪论处；应当负刑事责任的，按照他们所犯的罪分别处罚。

第二十三条　组织、领导犯罪集团进行犯罪活动的或者在共同犯罪中起主要作用的，是主犯。

对于主犯，除本法分则已有规定的以外，应当从重处罚。

第二十四条 在共同犯罪中起次要或者辅助作用的，是从犯。对于从犯，应当比照主犯从轻、减轻或者免除处罚。

第二十五条 对于被胁迫、被诱骗参加犯罪的，应当按照他的犯罪情节，比照从犯减轻处罚或者免除处罚。

第二十六条 教唆他人犯罪的，应当按照他在共同犯罪中所起的作用处罚。教唆不满十八岁的人犯罪的，应当从重处罚。

如果被教唆的人，没有犯被教唆的罪，对于教唆犯，可以从轻或者减轻处罚。

第三章 刑 罚

第一节 刑罚的种类

第二十七条 刑罚分为主刑和附加刑。

第二十八条 主刑的种类如下：

（一）管制；

（二）拘役；

（三）有期徒刑；

（四）无期徒刑；

（五）死刑。

第二十九条 附加刑的种类如下：

（一）罚金；

（二）剥夺政治权利；

（三）没收财产。

罚金、剥夺政治权利、没收财产也可以独立适用。

第三十条 对于犯罪的外国人，可以独立适用或者附加适用驱逐出境。

第三十一条 对于犯罪情节轻微不需要判处刑罚的，可以免刑事处分，但可以根据案件的不同情况，予以训诫或者责令具结悔过、赔礼道歉、赔偿损失，或者交由主管部门予以行政处分。

第二节 管 制

第三十二条 管制的期限，为三个月以上二年以下。由人民院判决。由公安机关执行。

第三十三条 被判处管制的犯罪分子，在执行期间，必须遵守下列规定：

（一）遵守法律、法令，服从群众监督，积极参加集体劳动生产或者工作；

（二）向执行机关定期报告自己的活动情况；

（三）迁居或者外出的，报经执行机关批准。

对于被判处管制的犯罪分子，在劳动中应当同工同酬。

第三十四条 被判处管制的犯罪分子，管制期满，执行机关应即向本人和有关的群众宣布解除管制。

第三十五条 管制的刑期，从判决执行之日起计算；判决执行以前先行羁押的，羁押一日折抵刑期二日。

第三节 拘 役

第三十六条 拘役的期限，为十五日以上六个月以下。

第三十七条 由人民法院判处拘役的犯罪分子，由公安机关就近执行。

在执行期间，被判处拘役的犯罪分子参加劳动的，可以酌量发给报酬，每月可以回家一天至两天。

第三十八条 拘役的刑期，从判决执行之日起计算；判决以前先行羁押的，羁押一日折抵刑期一日。

第四节 有期徒刑、无期徒刑

第三十九条 有期徒刑的期限，为六个月以上十五年以下。

第四十条 被判处有期徒刑、无期徒刑的犯罪分子，在监狱或者其他劳动改造场所执行；凡有劳动能力的，实行劳动改造。

第四十一条 有期徒刑的刑期，从判决执行之日起计算；判决执行以前先行羁押的，羁押一日折抵刑期一日。

第五节 死 刑

第四十二条 死刑只适用于罪大恶极、民愤极大、必须判处死刑的犯罪分子。

死刑除依法由最高人民法院判决的以外，都应当报请最高人民法院核准。

第四十三条 犯罪的时候不满十八岁的人和审判的时候怀孕的妇女，不适用死刑。

第四十四条　死刑用枪决的方法执行。

第四十五条　对于应当判处死刑的犯罪分子，如果不是必须执行的，可以判处死刑同时宣告缓期二年执行，实行劳动改造，以观后效。在死刑缓期执行期间，如果确有悔改，二年期满以后，减为无期徒刑；如果确有悔改并有立功表现，二年期满以后，减为十五年以上二十年以下有期徒刑；如果抗拒改造并且情节特别恶劣的，由最高人民法院裁定或者核准，执行死刑。

第四十六条　死刑缓期执行的期间，从判决确定之日起计算。死刑缓期执行减为有期徒刑的刑期，从裁定减刑之日起计算。

第六节　罚　　金

第四十七条　判处罚金，应当根据犯罪情节决定罚金数额。

第四十八条　罚金在判决指定的期限内一次或者分期缴纳，期满不缴纳的，强制缴纳。如果由于遭遇不能抗拒的灾祸缴纳确实有困难的，可以酌情减少或者免除。

第七节　剥夺政治权利

第四十九条　剥夺政治权利是剥夺下列权利：

（一）选举权和被选举权；

（二）宪法第四十五条规定的各种权利；

（三）担任国家机关职务的权利；

（四）担任企业、事业单位和人民团体领导职务的权利。

第五十条　剥夺政治权利的期限，除本法第五十二条规定外，为一年以上五年以下。

判处管制附加剥夺政治权利的，剥夺政治权利的期限与管制相等，同时执行。

第五十一条　对于反革命分子应当剥夺政治权利；对于严重破坏社会秩序的犯罪分子，在必要的时候，也可以剥夺政治权利。

第五十二条　对于被判处死刑、无期徒刑的犯罪分子，应当剥夺政治权利终身。

在死刑缓期执行和无期徒刑减为有期徒刑的时候，应当把剥夺政治权利的期限改为三年以上十年以下。

第五十三条　附加剥夺政治权利的刑期，从徒刑执行完毕之日或者从假释之日起计算；剥夺政治权利的效力当然施用于主刑执行期间。

第八节　没收财产

第五十四条　没收财产是没收犯罪分子个人所有财产的一部或者全部。

在判处没收财产的时候，不得没收犯罪分子的家属应有的财产。

第五十五条　对于查封财产以前犯罪分子所负的正当债务，需要以没收的财产偿还的，经债权人请求，可以依照法定顺序适当偿还。

第四章　刑罚的具体运用

第一节　量　　刑

第五十六条　对于犯罪分子决定刑罚的时候，应当根据犯罪的事实、犯罪的性质、情节和对于社会的危害程度，依照本法的有关规定判处。

第五十七条　犯罪分子具有本法规定的从重处罚、从轻处罚情节的，应当在法定刑的限度以内判处刑罚。

第五十八条　犯罪分子具有本法规定的减轻处罚情节的，应当在法定刑以下判处刑罚。

犯罪分子虽然不具有本法规定的减轻处罚情节，如果根据案件的具体情况，判处法定刑的最低刑还是过重的，经人民法院审判委员会决定，也可以在法定刑以下判处刑罚。

第五十九条　犯罪分子违法所得的一切财物，应当予以追缴或者责令退赔；违禁品和供犯罪所用的本人财物，应予以没收。

第二节　累　犯

第六十条　被判处有期徒刑以上刑罚的犯罪分子，刑罚执行完毕或者赦免以后，在三年以内再犯应当判处有期徒刑以上刑罚之罪的，是累犯，应当从重处罚；但是过失犯罪除外。

前款规定的期限，对于被假释的犯罪分子，从假释期满之日起计算。

第六十一条　刑罚执行完毕或者赦免以后的反革命分子，在任何时候再犯反革命罪的，都以累犯论处。

第三节　自　　首

第六十二条　犯罪以后自首的，可以从轻处罚；其中犯罪较轻的，可以减轻或者免除处罚。自首并且有立功表现的，包括犯罪较重的，也可以减轻或者免除处罚；立大功的，还可以给予适当奖励。

第四节　数罪并罚

第六十三条　判决宣告以前一人犯数罪的，除判处死刑和无期徒刑的以外，应当在总和刑期以下多数刑中最高刑期以上，酌情决定执行的刑期，但是管制最高不能超过三年，拘役最高不能超过一年，有期徒刑最高不能超过二十年。

如果数罪中有判处附加刑的，附加刑仍须执行。

第六十四条　判决宣告以后，刑罚还没有执行完毕以前，发现被判刑的犯罪分子在判决宣告以前还有其他罪没有判决的，应当对新发现的罪作出判决，把前后两个判决所判处的刑罚，依照本法第六十三条的规定，决定执行的刑罚。已经执行的刑期，应当计算在新判决决定的刑期以内。

第六十五条　判决宣告以后，刑罚还没有执行完毕以前，被判刑的犯罪分子又犯罪的，应当对新犯的罪作出判决，把前罪没有执行的刑罚和后罪所判处的刑罚，依照本法第六十三条的规定，决定执行的刑罚。

第五节　缓　　刑

第六十六条　对于被判处拘役、三年以下有期徒刑的犯罪分子，根据犯罪分子的犯罪情节和悔罪表现，认为适用缓刑确实不致再危害社会和引起群众不满的，可以宣告缓刑。

被宣告缓刑的犯罪分子，如果被判处附加刑，附加刑仍须执行。

第六十七条　拘役的缓刑考验期限为原判刑期以上一年以下，但是不能少于一个月。

有期徒刑的缓刑考验期限为原判刑期以上五年以下，但是不能少于一年。

缓刑考验期限，从判决确定之日起计算。

第六十八条　对于反革命犯和累犯，不适用缓刑。但死刑缓刑除外。

第六十九条　被宣告缓刑的犯罪分子，在缓刑考验期限内，由公安机关交所在单位或者基层组织予以考察，如果没有再犯新罪，缓刑考验期满，原判的刑罚就不再执行；如果再犯新罪，撤销缓刑，把前罪和后罪所判处的刑罚，依照本法第六十三条的规定，决定执行的刑罚。

第六节　减　　刑

第七十条　被判处管制、拘役、有期徒刑、无期徒刑的犯罪分子，在执行期间，如果确有悔改或者立功表现，可以减刑。但是经过一次或者几次减刑以后实际执行的刑期，判处管制、拘役、有期徒刑的，不能少于原判刑期的二分之一；判处无期徒刑的，不能少于十年。

第七十一条　无期徒刑减为有期徒刑的刑期，从裁定减刑之日起计算。

第七节　假　　释

第七十二条　被判处有期徒刑的犯罪分子，执行原判刑期二分之一以上，被判处无期徒刑的犯罪分子，实际执行十年以上，如果确有悔改表现，不致再危害社会，可以假释。如果有特殊情节，可以不受上述执行刑期的限制。

第七十三条　有期徒刑的假释考验期限，为没有执行完毕的刑期；无期徒刑的假释考验期限，为十年。

假释考验期限，从假释之日起计算。

第七十四条　被假释的犯罪分子，在假释考验期限内，由公安机关予以监督，如果没有再犯新罪，就认为原判刑罚已经执行完毕；如果再犯新罪，撤销假释，把前罪没有执行的刑罚和后罪所判处的刑罚，依照本法第六十三条的规定，决定执行的刑罚。

第八节　时　　效

第七十五条　犯罪经过下列期限不再追诉：

（一）法定最高刑为拘役的，经过一年；

（二）法定最高刑为不满五年有期徒刑的，经过五年；

（三）法定最高刑为五年以上不满十年有期徒刑的，经过十年；

（四）法定最高刑为十年以上有期徒刑的，经过十五年；

（五）法定最高刑为无期徒刑、死刑的，经过二十年。如果二十年以后认为必须追诉的，须报请最高人民检察院核准。

第七十六条　在人民法院、人民检察院、公安机关采取强制措施以后，逃避侦查或者审判的，不受追诉期限的限制。

第七十七条　追诉期限从犯罪之日起计算；犯罪行为有连续或者继续状态的，从犯罪行为终了之日起计算。

在追诉期限以内又犯罪的，前罪追诉的期限从犯后罪之日起计算。

第五章　其他规定

第七十八条　本法分则没有明文规定的犯罪，可以比照本法分则最相类似的条文定罪判刑，但是应当报请最高人民法院核准。

第七十九条　民族自治地方，不能全部适用本法规定的，可以由自治区或者省的国家权力机关根据当地民族的政治、经济、文化的特点和本法规定的基本原则，制定变通或者补充的规定，请全国人民代表大会常务委员会批准施行。

第八十条　本法所说的公共财产是指下列财产：

（一）全民所有的财产；

（二）劳动群众集体所有的财产。

在国家、人民公社、合作社、合营企业和人民团体管理、使用或者运输中的私人财产，以公共财产论。

第八十一条　本法所说的公民私人所有的合法财产是指下列财产：

（一）公民的合法收入、储蓄、房屋和其他生活资料；

（二）依法归个人或者家庭所有或使用的自留地、自留畜、自留树等生产资料。

第八十二条　本法所说的国家工作人员是指一切国家机关、企业、事业单位和其他依照法律从事公务的人员。

第八十三条　本法所说的司法工作人员是指有侦讯、追诉、审判、监管人犯职务的人员。

第八十四条　本法所说的重伤是指有下列情形之一的伤害：

（一）使人肢体残废或者毁人容貌的；

（二）使人丧失听觉、视觉或者其他器官机能的；

（三）其他对于人身健康有重大伤害的。

第八十五条　本法所说的首要分子是指在犯罪集团中起组织、策划、指挥作用的犯罪分子。

第八十六条　本法所说的以上、以下、以内，都连本数在内。

第八十七条　本法总则适用于其他有刑罚规定的法律、法令，但是其他法律有特别规定的除外。

第二编　分　　则

第一章　反革命罪

第八十八条　以推翻无产阶级专政的政权和社会主义制度为目的的行为，都是反革命罪。

第八十九条　勾结外国，阴谋危害祖国的主权、领土完整和安全的，处无期徒刑或者十年以上有期徒刑。

第九十条　阴谋颠覆政府、分裂国家的，处无期徒刑或者十年以上有期徒刑。

第九十一条　策动、勾引、收买国家工作人员、武装部队、人民警察、民兵投敌叛变或者叛乱的，处无期徒刑或者十年以上有期徒刑。

第九十二条　投敌叛变的，处三年以上十年以下有期徒刑；情节严重的或者率众投敌叛变的，处七年以上有期徒刑或者无期徒刑。

率领武装部队、人民警察、民兵投敌叛变的，处无期徒刑或者十年以上有期徒刑。

第九十三条　持械聚众叛乱的首要分子或者其他罪恶重大的，处无期徒刑或者十年以上有期徒刑；其他积极参加的，处三年以上十年以下有期徒刑。

第九十四条　聚众劫狱或者组织越狱的首要分子或者其他罪恶重大的，处无期徒刑或者十年以上有期徒刑；其他积极参加的，处三年以上十年以下有期徒刑。

第九十五条　进行下列间谍或者资敌行为之一的，处十年以上有期徒刑或者无期徒刑；情节较轻的，处三年以上十年以下有期徒刑：

（一）为敌人窃取、刺探、提供情报的；

（二）供给敌人武器军火或者其他军用物资的；

（三）参加特务、间谍组织，接受敌人派遣任务的。

第九十六条　组织、领导反革命集团的或者反革命集团的首要分子，处五年以上有期徒刑；其他积极参加反革命集团的，处五年以下有期徒刑、拘役或者管制。

第九十七条　组织、利用封建会道门进行反革命活动的，处三年以上有期徒刑；情节较轻的，处三年以下有期徒刑、拘役或者管制。

第九十八条　以反革命为目的，进行下列破坏行为之一的，处无期徒刑或者十年以上有期徒刑；情节较轻的，处三年以上十年以下有期徒刑：

（一）爆炸、放火、决水、利用技术或者以其他方法破坏军事设备、生产设施、通讯交通设备、建筑工程、防险设备或者其他公共建设、公共财物的；

（二）抢劫国家档案、军事物资、工矿企业、银行、商店、仓库或者其他公共财物的；

（三）劫持船舰、飞机、火车、电车、汽车的；

（四）为敌人指示轰击目标的；

（五）制造、抢夺、盗窃枪支、弹药的。

第九十九条 以反革命为目的，投放毒物、散布病菌或者以其他方法杀人、伤人的，处无期徒刑或者十年以上有期徒刑；情节较轻的，处三年以上十年以下有期徒刑。

第一百条 以反革命为目的，进行下列行为之一的，处五年以下有期徒刑、拘役或者管制；首要分子或者其他罪恶重大的，处五年以上有期徒刑：

（一）煽动群众抗拒、破坏国家法律、法令实施的；

（二）以反革命标语、传单或者其他方法宣传煽动推翻无产阶级专政和社会主义制度的。

第一百零一条 本章上述反革命罪行中，除第九十六条、第九十七条、第一百条外，对国家和人民危害特别严重、情节特别恶劣的，经最高人民法院判决或者核准，可处死刑。

第一百零二条 犯本章之罪的，可以并处没收财产。

第二章　危害公共安全罪

第一百零三条 放火、决水、爆炸或者以其他危险方法破坏工厂、矿场、油田、港口、仓库、住宅、森林、农场、谷场、牧场、公共建筑物或者其他公共建设的，处三年以上十年以下有期徒刑。

放火、决水、爆炸或者以其他危险方法破坏其他公私财产、危害公共安全的，处七年以下有期徒刑。

第一百零四条 放火、决水、爆炸、投毒或者以其他危险方法致人重伤、死亡或者使公私财产遭受重大损失的，处十年以上有期徒刑、无期徒刑或者死刑。

过失犯前款罪的，处七年以下有期徒刑或者拘役。

第一百零五条 破坏火车、汽车、电车、船只、飞机，足以使火车、汽车、电车、船只、飞机发生倾覆、毁坏危险的，处三年以上七年以下有期徒刑。

第一百零六条 破坏轨道、桥梁、隧道、公路、机场、航道、灯塔、标志或者进行其他破坏活动，足以使火车、汽车、电车、船只、飞机发生倾覆、毁坏危险的，处一年以上七年以下有期徒刑。

第一百零七条 破坏电力、煤气或者其他易燃易爆设备，危害公共安全的，处一年以上七年以下有期徒刑。

第一百零八条 破坏广播电台、电报、电话或者其他通讯设备，危害公共安全的，处七年以下有期徒刑或者拘役。

第一百零九条 破坏交通工具、交通设备、电力煤气设备、易燃易爆设备、广播电台或者其他通讯设备的首要分子或者引起严重后果的，处七年以上有期徒刑或者无期徒刑。

过失犯前款罪的，处七年以下有期徒刑或者拘役。

第一百一十条 非法制造、买卖、运输枪支、弹药的，或者盗窃、抢夺国家机关、军警人员、民兵的枪支、弹药的，处七年以下有期徒刑；情节严重的，处七年以上有期徒刑或者无期徒刑。

第一百一十一条 从事交通运输的人员违反规章制度，因而发生重大事故，致人重伤、死亡或者使公私财产遭受重大损失的，处三年以下有期徒刑或者拘役；情节特别恶劣的，处三年以上七年以下有期徒刑。

非交通运输人员犯前款罪的，依照前款规定处罚。

第一百一十二条 工厂、矿山、林场、建筑企业或者其他企业、事业单位的职工，由于违反规章制度，或者强令工人违章冒险作业，因而发生重大伤亡事故，造成严重后果的，处三年以下有期徒刑或者拘役；情节特别恶劣的，处三年以上七年以下有期徒刑。

第一百一十三条 违反爆炸性、易燃性、放射性、毒害性、腐蚀性物品的管理规定，在生产、储存、运输、使用中发生重大事故，造成严重后果的，处三年以下有期徒刑或者拘役；后果特别严重的，处三年以上七年以下有期徒刑。

第三章　破坏社会主义经济秩序罪

第一百一十四条 违反海关法规，进行走私，情节严重的，除按照海关法规没收走私物品并且可以罚款外，处三年以下有期徒刑或者拘役，可以并处没收财产。

第一百一十五条 违反金融、外汇、金银、工商管理法规，投机倒把，情节严重的，处三年以下有期徒刑或者拘役，可以并处、单处罚金或者没收财产。

第一百一十六条 以走私、投机倒把为常业的，走私、投机倒把数额巨大的或者走私、投机倒把集团的首要分子，处三年以上七年以下有期徒刑，可以并处没收财产。

第一百一十七条 国家工作人员利用职务上的便利，犯走私、投机倒把罪的，从重处罚。

第一百一十八条 以营利为目的，伪造或者倒卖计划供应票证，情节严重的，处三年以下有期徒刑或者拘役，可以并处、单处罚金或者没收财产。

犯前款罪的首要分子或者情节特别严重的，处三年以上七年以下有期徒刑，可以并处没收财产。

第一百一十九条 违反税收法规，偷税、抗税，情节严重的，除按照税收法规补税并且可以处罚款外，对直接责任人员，处三年以下有期徒刑或者拘役。

第一百二十条 伪造国家货币或者贩运伪造的国家货币的，处三年以上七年以下有期徒刑，可以并处罚金或者没收财产。

犯前款罪的首要分子或者情节特别严重的，处七年以上有期徒刑或者无期徒刑，可以并处没收财产。

第一百二十一条 伪造支票、股票或者其他有价证券的，处七年以下有期徒刑，可以并处罚金。

第一百二十二条 以营利为目的，伪造或者变造车票、船票、邮票、税票、货票的，处一年以下有期徒刑、拘役或者罚金；情节严重的，处一年以上七年以下有期徒刑，可以并处罚金。

第一百二十三条 由于泄愤报复或者其他个人目的，毁坏机器设备、残害耕畜或者以其他方法破坏集体生产的，处二年以下有期徒刑或者拘役；情节严重的，处二年以上七年以下有期徒刑。

第一百二十四条 挪用国家救灾、抢险、防汛、优抚、救济款物，非法修建楼、堂、馆、所等，情节严重，致使国家和人民群众利益遭受重大损害的，对直接责任人员，处三年以下有期徒刑或者拘役；情节特别严重的，处三年以上七年以下有期徒刑。

第一百二十五条 违反商标管理法规，工商企业假冒其他企业已经注册的商标的，对直接责任人员，处三年以下有期徒刑、拘役或者罚金。

第一百二十六条 违反保护森林法规，盗伐、滥伐森林或者其他林木，情节严重的，处三年以下有期徒刑或者拘役，可以并处或者单处罚金。

第一百二十七条 违反保护水产资源法规，在禁渔区、禁渔期或者使用禁用的工具、方法捕捞水产品，情节严重的，处二年以下有期徒刑、拘役或者罚金。

第一百二十八条 违反狩猎法规，在禁猎区、禁猎期或者使用禁用的工具、方法进行狩猎，破坏珍禽、珍兽或者其他野生动物资源，情节严重的，处二年以下有期徒刑、拘役或者罚金。

第四章 侵犯公民人身权利、民主权利罪

第一百二十九条 保护公民的人身权利、民主权利和其他权利，不受任何人、任何机关非法侵犯，违法侵犯情节严重的，对直接责任人员予以刑事处分。

第一百三十条 故意杀人的，处死刑、无期徒刑或者十年以上有期徒刑；情节较轻的，处三年以上十年以下有期徒刑。

第一百三十一条 过失杀人的，处五年以下有期徒刑；情节特别恶劣的，处五年以上有期徒刑。本法另有规定的，依照规定。

第一百三十二条 故意伤害他人身体的，处三年以下有期徒刑或者拘役。

犯前款罪，致人重伤的，处三年以上七年以下有期徒刑；致人死亡的，处七年以上有期徒刑或者无期徒刑。本法另有规定的，依照规定。

第一百三十三条 过失伤害他人致人重伤的，处二年以下有期徒刑或者拘役；情节特别恶劣的，处二年以上七年以下有期徒刑。本法另有规定的，依照规定。

第一百三十四条 严禁刑讯逼供。国家工作人员对人犯实行刑讯逼供的，处三年以下有期徒刑、拘役或者行政处分。以肉刑致人伤残的，以伤害罪论处。

第一百三十五条 严禁聚众“打砸抢”。因“打砸抢”致人伤残、死亡的首要分子，以伤害罪、杀人罪论处。毁坏或者抢走公私财物的，除判令退赔外，首要分子以抢劫罪论处。

第一百三十六条 严禁用任何方法、手段诬陷迫害干部、群众。凡捏造事实诬陷他人（包括犯人）的，依反坐原则论处。国家工作人员犯诬陷罪的，从重处罚。

第一百三十七条 以暴力、胁迫或者其他手段强奸妇女的，处三年以上十年以下有期徒刑。

奸淫不满十四岁幼女的，以强奸论，从重处罚。

犯前两款罪，情节特别严重的或者致人重伤、死亡的，处十年以上有期徒刑、无期徒刑或者死刑。

二人以上犯强奸罪而共同轮奸的，从重处罚。

第一百三十八条 强迫妇女卖淫的，处三年以上十年以下有期徒刑。

第一百三十九条 拐卖人口的，处五年以下有期徒刑；情节严重的，处五年以上有期徒刑。

第一百四十条 违反选举法的规定，以暴力、威胁、欺骗、贿赂或者其他方法，破坏选举或者妨害选民自由行使选举权和被选举权的，处三年以下有期徒刑或者拘役。

第一百四十一条 严禁非法拘禁他人，或者以其他方法非法剥夺他人人身自由，违者处三年以下有期徒刑或者拘役。具有殴打、侮辱情节的，从重处罚。

犯前款罪，致人重伤的，处三年以上十年以下有期徒刑；致人死亡的，处七年以上有期徒刑。

第一百四十二条 非法管制他人，或者非法搜查他人身体、住宅的，处拘役；情节严重的，处三年以下有期徒刑。

第一百四十三条 以暴力或者其他方法，包括用“大字报”、“小字报”，侮辱他人或者捏造事实诽谤他人，情节严重的，处三年以下有期徒刑或者拘役。

第一百四十四条 国家工作人员利用职权、假公济私，对控告人、申诉人、批评人实行报复陷害的，处二年以下有期徒刑或者拘役；情节严重的，处二年以上七年以下有期徒刑。

第一百四十五条 在侦查、审判中，证人、鉴定人、记录人、翻译人意图陷害他人，对案件有重要关系的情节，故意作虚假证明、鉴定、记录、翻译的，处二年以下有期徒刑或者拘役；情节严重的，处二年以上七年以下有期徒刑。

第一百四十六条 隐匿、毁弃或者非法开拆他人信件，侵犯公民通信自由权利，情节严重的，处一年以下有期徒刑或者拘役。

第五章　侵犯财产罪

第一百四十七条 以暴力、胁迫或者其他方法抢劫公私财物的，处三年以上十年以下有期徒刑。

犯前款罪，情节严重的或者致人重伤、死亡的，处十年以上有期徒刑、无期徒刑或者死刑，可以并处没收财产。

第一百四十八条 盗窃、诈骗公私财物数额较大的，处三年以下有期徒刑、拘役或者管制。

第一百四十九条 抢夺公私财物的，处五年以下有期徒刑或者拘役。

聚众抢夺公共财物的首要分子，处五年以上十年以下有期徒刑。

第一百五十条 惯窃、惯骗或者盗窃、诈骗、抢夺公私财物数额巨大的，处三年以上十年以下有期徒刑；情节特别严重的，处十年以上有期徒刑，可以并处没收财产。

第一百五十一条 犯盗窃、抢夺、诈骗罪，为窝藏赃物、抗拒逮捕或者毁灭罪证而当场使用暴力或者以暴力相威胁的，依照本法第一百四十七条抢劫罪处罚。

第一百五十二条 敲诈勒索公私财物的，处三年以下有期徒刑或者拘役；情节严重的，处三年以上七年以下有期徒刑。

第一百五十三条 国家工作人员利用职务上的便利，贪污公共财物的，处五年以下有期徒刑或者拘役；数额巨大、情节严重的，处五年以上有期徒刑；情节特别严重的，处无期徒刑或者死刑。犯本条罪的，并处没收财产，或者判令退赔。

受国家机关、企业、事业单位、人民团体委托从事公务的人员犯前款罪的，依照前款的规定处罚。

第一百五十四条 故意毁坏公私财物，情节严重的，处三年以下有期徒刑、拘役或者罚金。

第六章　妨害社会管理秩序罪

第一百五十五条 以暴力、威胁方法阻碍国家工作人员依法执行职务的，或者拒不执行人民法院已经发生法律效力的判决、裁定的，处三年以下有期徒刑或者拘役。

第一百五十六条 禁止任何人利用任何手段扰乱社会秩序。扰乱社会秩序情节严重，致使工作、生产、营业和教学、科研无法进行的，对首要分子处五年以下有期徒刑、拘役或者管制。

第一百五十七条 聚众扰乱车站、码头、民用航空站、商场、公园、影剧院、展览会、运动场或者其他公共场所秩序，聚众堵塞交通或者破坏交通秩序，抗拒、阻碍国家治安管理工作人员依法执行职务，情节严重的，对首要分子处五年以下有期徒刑、拘役或者管制。

第一百五十八条 聚众斗殴、寻衅滋事，侮辱妇女或者进行其他流氓活动，破坏公共秩序，情节恶劣的，处七年以下有期徒刑、拘役或者管制。

流氓集团的首要分子，处七年以上有期徒刑。

第一百五十九条 依法被逮捕、关押的犯罪分子脱逃的，除按其原犯罪行判处外，加处五年以下有期徒刑或者拘役。

以暴力、威胁方法犯前款罪的，处二年以上七年以下有期徒刑。

第一百六十条 窝藏或者作假证明包庇反革命分子的，处三年以下有期徒刑或者管制；情节严重的，处三年以上十年以下有期徒刑。

窝藏或者作假证明包庇其他犯罪分子的，处二年以下有期徒刑、拘役或者管制；情节严重的，处二年以上七年以下有期徒刑。

犯前两款罪，事前通谋的，以共同犯罪论处。

第一百六十一条 违反枪支管理规定，私藏枪支、弹药，拒不交出的，处二年以下有期徒刑或者拘役。

第一百六十二条 以营利为目的，制造、贩卖假药危害人民健康的，处二年以下有期徒刑或者管制，可以并处或者单处罚金；造成严重后果的，处二年以上七年以下有期徒刑，可以并处罚金。

第一百六十三条 神汉、巫婆藉迷信进行诈骗财物活动的，处二年以下有期徒刑、拘役或者管制；情节严重的，处二年以上七年以下有期徒刑。

第一百六十四条 冒充国家工作人员招摇撞骗的，处三年以下有期徒刑、拘役或者管制；情节严重的，处三年以上十年以下有期徒刑。

第一百六十五条 伪造、变造或者盗窃、抢夺、毁灭国家机关、企业、人民团体的公文、证件、印章的，处三年以下有期徒刑、拘役或者管制；情节严重的，处三年以上十年以下有期徒刑。

第一百六十六条 以营利为目的，聚众赌博或者以赌博为业的，处三年以下有期徒刑、拘役或者管制，可以并处罚金。

第一百六十七条 以营利为目的，引诱、容留妇女卖淫的，处五年以下有期徒刑、拘役或者管制，情节严重的，处五年以上有期徒刑，可以并处罚金或者没收财产。

第一百六十八条 以营利为目的，制作、贩卖淫书、淫画的，处三年以下有期徒刑、拘役或者管制，可以并处罚金。

第一百六十九条 制造、贩卖、运输鸦片、海洛因、吗啡或者其他毒品的，处五年以下有期徒刑，可以并处罚金。

一贯或者大量制造、贩卖、运输前款毒品的，处五年以上有期徒刑，可以并处没收财产。

第一百七十条 明知是犯罪所得的赃物而窝藏或者代为销售的，处三年以下有期徒刑、拘役或者管制，可以并处或者单处罚金。

第一百七十一条 违反保护文物法规，盗运珍贵文物出口的，处三年以上十年以下有期徒刑，可以并处罚金；情节严重的，处十年以上有期徒刑或者无期徒刑，可以并处没收财产。

第一百七十二条 故意破坏国家保护的珍贵文物或者名胜古迹的，处一年以上七年以下有期徒刑。

第一百七十三条 故意破坏国家边境的界碑、界桩或者永久性测量标志的，处三年以下有期徒刑或者拘役。

以叛国为目的者，按照反革命罪处罚。

第一百七十四条 违反出入国境管理法规，偷越国（边）境情节严重的，处一年以下有期徒刑、拘役或者管制。

第一百七十五条 以营利为目的，组织、运送他人偷越国（边）境的，处五年以下有期徒刑或者管制，可以并处罚金。

第一百七十六条 违反国境卫生检疫规定，引起检疫传染病的传播，或者有引起检疫传染病传播严重危险的，处三年以下有期徒刑或者拘役，可以并处或者单处罚金。

第七章 妨害婚姻、家庭罪

第一百七十七条 以暴力干涉他人婚姻自由的，处一年以下有期徒刑或者拘役。

犯前款罪，引起被害人死亡的，处一年以上七年以下有期徒刑。

第一百七十八条 有配偶而重婚的，或者明知他人有配偶而与之结婚的，处二年以下有期徒刑或者拘役。

第一百七十九条 明知是现役军人的配偶而与之同居或者结婚的，处三年以下有期徒刑。

第一百八十条 虐待家庭成员，情节恶劣的，处二年以下有期徒刑或者拘役。

犯前款罪，致被害人重伤、死亡的，处二年以上七年以下有期徒刑。

第一款罪，告诉的才处理。

第一百八十一条 对于年老、年幼、患病或者其他没有独立生活能力的人，负有扶养义务而拒绝扶养，情节恶劣的，处五年以下有期徒刑或者拘役。

第一百八十二条 拐骗不满十四岁的男、女，脱离家庭或者监护人的，处五年以下有期徒刑或者拘役。

第八章 渎职罪

第一百八十三条 国家工作人员利用职务上的便利，收受贿赂的，处五年以下有期徒刑或者拘役。赃款、赃物没收，公款、公物追还。

犯前款罪，致使国家或者公民利益遭受严重损失的，处五年以上有期徒刑。

向国家工作人员行贿或者介绍贿赂的，处三年以下有期徒刑或者拘役。

第一百八十四条 国家工作人员违反国家保密法规，泄露国家重要机密，情节严重的，处七年以下有期徒刑或者拘役。

非国家工作人员犯前款罪的，依照前款的规定酌情处罚。

第一百八十五条 国家工作人员由于玩忽职守，致使公共财产遭受重大损失的，处五年以下有期徒刑或者拘役。

第一百八十六条 司法工作人员徇私舞弊，对明知是无罪的人而使他受追诉、对明知是有罪的人而故意包庇不使他受追诉，或者故意颠倒黑白做枉法裁判的，处五年以下有期徒刑；情节特别严重的，处五年以上有期徒刑。

第一百八十七条 司法工作人员违反监管法规，对被监管人实行体罚虐待，情节严重的，处三年以下有期徒刑或者拘役；情节特别严重的，处三年以上十年以下有期徒刑。

第一百八十八条 司法工作人员私放罪犯的，处五年以下有期徒刑或者拘役；情节严重的，处五年以上十年以下有期徒刑。

第一百八十九条 邮电工作人员私自开拆或者隐匿、毁弃邮件、电报的，处二年以下有期徒刑或者拘役。

犯前款罪而窃取财物的，依照第一百五十三条贪污罪从重处罚。

第一百九十条 国家工作人员犯本章之罪，情节轻微的，可以交主管部门酌情予以行政处分。

附：关于刑法（草案）刑事诉讼法（草案）的说明（节录）

——1979 年 6 月 7 日在第五届全国人大常委会第八次会议上

（全国人大常委会副委员长 彭 真）

我们根据公检法和中央其他有关部门以及法制委员会委员所提的意见，对 1963 年的刑法草案（三十三稿），做了两次较大的修改，现将主要问题汇报如下：

一、第一条规定了刑法的制定“以马克思列宁主义毛泽东思想为指针”。因为刑法的制定，实施必须以此为思想指导，不能以修正主义、资本主义或者别的什么“主义”为指导；同时现在有些人认为毛泽东思想似乎“不灵了”，有些人说我们在搞“非毛化”。而在中国否定毛泽东思想就是否定马列主义，因为毛泽东思想是马列主义普遍真理和中国革命具体实践的结合。因此需要这样明确地确定。这对于立法、司法工作者和一般干部、群众都是需要的。

这一条还确定刑法是结合我国实行无产阶级领导的、工农联盟为基础的人民民主专政即无产阶级专政的具体经验制定（宪法的制定也是根据过去的经验，所以这里标明“具体经验”）。在讨论中，有的主张不要提人民民主专政，有的主张连工农联盟为基础也不要提，只提无产阶级专政。我们认为还是这样明确地指出为好。因为多年来，林彪、“四人帮”歪曲无产阶级专政，只讲“无产阶级专政”“全面专政”，不讲或很少讲人民民主、工农联盟，造成很大的思想政治混乱。毛泽东同志则反复地明确地指出，“在人民内部实行民主，对人民的敌人实行专政，这两个方面是分不开的，把这两个方面结合起来，就是无产阶级专政，或者叫人民民主专政”。接着他说，“我们的口号是：无产阶级领导的，以工农联盟为基础的人民民主专政。”在我们的国家农民占百分之八十以上，在国民经济中，农民群众的集体所有制经济占有很重要的地位，在刑法中明确提工农联盟和人民民主专政即无产阶级专政，是有必要、有好处、没有坏处的。

二、刑法的重要任务之一是保护社会主义的经济基础（第二条）。草案规定：

第一，要保护全民所有的财产。

第二，要保护劳动群众集体所有的财产。草案提劳动群众集体所有，是为了与资本家的集体所有（有限公司、无限公司）相区别。

第三，要保护公民私人所有的合法财产，包括公民的合法收入、储蓄、房屋等生活资料，以及依法归个人或者家庭所有、使用的自留地、自留畜、自留树等生产资料（第八十一条）。有的同志不赞成或不喜欢在刑法中写保护“私有”、“私人所有”，总想把“私”字去掉。我们认为现在必须明确保护私人所有的“合法财产”，包括生活资料和生产资料，这是我们现在的社会主义经济发展和广大人民群众生活所必需的，是普遍大量存在的事实，是党的方针、政策所明确规定的。但是前些年，由于林彪、“四人帮”反革命政治势力的干扰，有些人总想割私有制的尾巴，侵犯公民私人所有的合法财产，情况十分严重，不仅强收社员自留地，乱砍社员房前房后的树木、果木，而且蛮横地侵犯、干扰他们的各种合法财产和家庭副业等，这是不利于社会主义经济的发展，不利于安定团结，不利于改善人民生活的。

三、刑法是解决刑事犯罪问题，是处理法纪问题的，而且在法纪中还有刑法与民法之分。决不能把应该属于党纪、政纪和民法处理的问题，列入刑法，追究刑事责任。尤其不能企图用刑法解决一切问题。有一个“刑法修订稿”，把一些应由党纪、政纪处理的问题，也列入了刑法，要追究刑事责任，那样势必会使打击面过宽，并且有把刑法打击锋芒引向人民内部的危险。所以这次修改没有采用这些规定。

四、刑法打击锋芒是针对反革命和其它刑事犯罪行为的。同时现在又必须特别防止扩大化。因为多年来，林彪、“四人帮”颠倒敌我，滥用反革命罪陷害好人，制造了大量冤案、错案、假案。现在有些人还心有余悸，痛恨异常。因此，这次明确规定，“以推翻无产阶级专政的政权和社会主义制度为目的的行为”是反革命（第八十八条），以防止扩大化。

这次在刑法中，将反革命罪中的一“解放前镇压革命或者破坏革命事业的罪行”和“里通外国”字样去掉了。我们考虑，这样对争取台湾解放可能有利（台湾当局中很多人有上述这类罪行）。同时全国解放已经三十年，大陆上的历史反革命已经处理得差不多了。而且，对于各种现行反革命罪行，在条文中有具体规定，仍可以依法追究，而不致使他们逍遥法外。

五、刑法增加规定“保护公民的人身权利、民主权利和其它权利，不受任何人、任何机关非法侵犯”（第一百二十九条）。还规定了，严禁刑讯逼供（第一百三十四条），严禁聚众“打、砸、抢”（第一百三十五条），严禁非法拘禁（第一百四十一条），严禁诬陷迫害，凡捏造事实诬陷他人（包括犯人）的，依反坐原则论处（第一百三十六条）。这是吸取了“文化大革命”的经验教训，用法律的形式，保护人民的人身权利、民主权利和其它权利。是很多干部、群众所迫切要求的。

有些人不同意写“严禁刑讯逼供”等，理由是刑法所有规定都是要严禁的。但因刑讯逼供是几千年封建社会遗留下来的恶习，流毒很广、很深、很顽固。虽然早在中央苏区时代毛泽东同志就再三指出，要严禁逼、供、信，但是问题一直没有彻底解决，特别在“文化大革命”中，林彪、“四人帮”大搞刑讯逼供，造成了极为严重的后果。在刑法中提出“严禁”是符合群众愿望的，是必要的。还有，为了防止前些年发生的那样随便捏造事实诬陷他人，许多人要求对诬陷严禁，也有些人不同意诬告反坐的原则。我们认为，刑法规定对诬陷者按照反坐原则治罪，可以给广大群众以法律斗争武器，是必要的。

六、有些人利用大字报诬陷和诽谤好人，甚至有的敌人利用大字报进行反革命宣传，干部群众对此极为不满，强烈要求制止。我们考虑，在反革命罪、诬告罪和诽谤罪三条中，都可以加上禁止利用“大字报”进行诬陷、诽谤和反革命宣传。但是考虑到宪法规定公民有“四大”权利，为避免发生不必要的误解，只在诽谤罪一条中规定：“以暴力或者其它方法，包括用‘大字报’、‘小字报’侮辱他人或者捏造事实诽谤他人，情节严重的，处三年以下有期徒刑或者拘役”（第一百四十三条）。当然在人民内部，我们必须继续坚持“三不主义”，在检查总结工作中的批评、自我批评，讨论问题时的不同意见和反驳，以及对领导、对工作提出的批评建议，必须同诽谤、侮辱、诬陷严格加以区别。

七、刑法既要充分保护人民行使民主权利，又要充分维护社会秩序、生产秩序、工作秩序、教学科研秩序和人民群众生活秩序。因此，刑法草案规定“禁止任何人利用任何手段扰乱社会秩序。”（第一百五十六条）

八、法律必须严格遵守。刑法只能解决成熟的问题，对那些不成熟的、没有把握的不能保证执行的问题，没有写进刑法。有的同志认为现在不能做到，将来要争取做到的也要规定进去，我们没有采纳。还有的同志建议对医疗事故、环境污染等问题，刑法也要规定追究刑事责任。因为这类问题比较复杂，现在很难用刑法解决，有关部门可以先制定单行法规，待问题成熟后可以补入刑法。

九、关于刑种。管制是我国长期行之有效的办法，敌人是害怕的。对于不必关起来的犯罪分子，采取管制的办法，是有好处的。可以少捕，放在群众中监督，在原单位劳动或工作，既可以发挥群众监督的威力，又可以不致影响他们家庭的生活。草案规定，对反革命集团的一般成员和罪行较轻的，以及对扰乱社会秩序、盗窃、诈骗、流氓（包括那些与外国人乱搞的女流氓）、神汉、巫婆、偷越国（边）境的，都可以采取管制的办法。

有些同志主张不要管制，主要是由于过去在管制方面发生了不少严重问题。现在针对过去发生的问题，作了一些新的规定：一是，管制由人民法院判决，由公安机关执行。其它机关、团体、单位和个人都无权决定。二是，管制的期限规定为三个月以上二年以下，数罪并罚时不得超过三年。取消了管制可以延长的规定。三是，改变了管制必然剥夺政治权利的规定（但要限制一部分自由）。四是，明确管制期满，执行机关应即向本人和有关群众宣布解除管制。防止再发生“管制无期”的现象。

过去，拘役与徒刑除了期限长短不同外，在执行中没有多大区别。这次规定，被判处拘役参加劳动的，可以酌情发给劳动报酬，每月可以回家一天至两天，以示区别对待。

十、关于死刑。我们现在还不能废除。苏联曾宣布废除死刑，后来又恢复，政治上很被动。但是，对于死刑应当尽量减少。1966年以前，毛泽东同志一再提出要尽量减少死刑；实际上当时社会秩序比较安定，判处死刑的已日益减少。现在建国已三十年，林彪、“四人帮”破坏所造成的暂时的社会秩序混乱现象，已经好转，估计在整个形势日益安定团结的情况下，会进一步好转。因此，从实际需要或者从国际影响考虑，我们将判处死刑的条文大大减少了。1963年修订的刑法草案有死刑条款二十七条。这次修改剩下六条。其中反革命罪一章去掉十二条死刑条文后，总的规定一条：“本章上述反革命罪行中，除第九十六条、第九十七条、第一百条外，对国家和人民危害特别严重、情节特别恶劣的，经最高人民法院判决或者核准，可处死刑。”这样可以使判处死刑的实际大为减少。其余五条是：杀人；强奸；抢劫；放火、决水、投毒以及贪污数额巨大，情节特别恶劣，民愤极大的。

为了贯彻少杀的方针，恢复“文化大革命”前死刑一律由最高人民法院判决或者审核批准。同时还保留了我国独创的死刑缓刑的规定，对于判处死刑，如果不是必须执行的，可以判处死刑同时宣布缓刑二年执行，实行劳动改造，以观后效。对死刑缓刑的判决，一般由高级人民法院核准，不必再报最高人民法院核准，以减少最高人民法院的工作量。

十一、估计刑法草案公布后，有些人可能要求用它来处理“文化大革命”中的某些严重问题。我们意见，“文化大革命”中的问题，原则上应在揭、批、查运动和落实政策中解决和结束。不按现在制定的刑法追究刑事责任。因此，草案规定本法自公布施行之日起生效。公布施行以前的问题，是否认为犯罪，以及如何量刑，按当时的政策、法律、法令来处理（第九条）。

十二、刑法公布施行后，必须坚决做到有法必依、执法必严、违法必究。公民在适用法律上人人平等，不允许有任何特权。为此，必须在干部和群众中广泛进行宣传教育，公检法人员也更要很好地组织学习，和进行各种准备工作。因此，在刑法公布之后，要有一段准备施行的时间。各国刑法公布后，除蒙古是公布后立即施行外，其它很多国家是在公布后经过一段时间再施行。最长的六年半（荷兰），短的一两个月至半年、一年（苏、罗、波、意、瑞典等）。我们建议，刑法草案由这次全国人民代表大会通过后公布，明年1月1日正式施行。

13. 中华人民共和国刑法草案（第 38 次稿）

（五届全国人大二次会议秘书处 1979 年 6 月 30 日印）

目 录

第一编 总 则

第一章 刑法的指导思想、任务和适用范围

第一条 中华人民共和国刑法，以马克思列宁主义毛泽东思想为指针，以宪法为根据，依照惩办与宽大相结合的政策，结合我国各族人民实行无产阶级领导的、工农联盟为基础的人民民主专政即无产阶级专政和进行社会主义革命、社会主义建设的具体经验及实际情况制定。

第二条 中华人民共和国刑法的任务，是用刑罚同一切反革命和其他刑事犯罪行为作斗争，以保卫无产阶级专政

制度，保护社会主义的全民所有的财产和劳动群众集体所有的财产，保护公民私人所有的合法财产，保护公民的人身权利、民主权利和其他权利，维护社会秩序、生产秩序、工作秩序、教学科研秩序和人民群众生活秩序，保障社会主义革命和社会主义建设事业的顺利进行。

第三条 凡在中华人民共和国领域内犯罪的，除法律有特别规定的以外，都适用本法。

凡在中华人民共和国船舶或者飞机内犯罪的，也适用本法。

犯罪的行为或者结果有一项发生在中华人民共和国领域内的，就认为是在中华人民共和国领域内犯罪。

第四条 中华人民共和国公民在中华人民共和国领域外犯下列各罪的，适用本法：

（一）反革命罪；

（二）伪造国家货币罪（第一百二十二条），伪造有价证券罪（第一百二十三条）；

（三）贪污罪（第一百五十五条），受贿罪（第一百八十五条），泄露国家机密罪（第一百八十六条）；

（四）冒充国家工作人员招摇撞骗罪（第一百六十六条），伪造公文、证件、印章罪（第一百六十七条）。

第五条 中华人民共和国公民在中华人民共和国领域外犯前条以外的罪，而按本法规定的最低刑为三年以上有期徒刑的，也适用本法；但是按照犯罪地的法律不受处罚的除外。

第六条 外国人在中华人民共和国领域外对中华人民共和国国家或者公民犯罪，而按本法规定的最低刑为三年以上有期徒刑的，可以适用本法；但是按照犯罪地的法律不受处罚的除外。

第七条 凡在中华人民共和国领域外犯罪、依照本法应当负刑事责任的，虽然经过外国审判，仍然可以依照本法处理；但是在外国已经受过刑罚处罚的，可以免除或者减轻处罚。

第八条 享有外交特权和豁免权的外国人的刑事责任问题，通过外交途径解决。

第九条 本法自一九八〇年一月一日起生效。中华人民共和国成立以后本法施行以前的行为，如果当时的法律、法令、政策不认为是犯罪的，适用当时的法律、法令、政策。如果当时的法律、法令、政策认为是犯罪的，依照本法总则第四章第八节的规定应当追诉的，按照当时的法律、法令、政策追究刑事责任。但是，如果本法不认为是犯罪或者处刑较轻的，适用本法。

第二章 犯 罪

第一节 犯罪和刑事责任

第十条 一切危害国家主权和领土完整，危害无产阶级专政制度，破坏社会主义革命和社会主义建设，破坏社会秩序，侵犯全民所有的财产或者劳动群众集体所有的财产，侵犯公民私人所有的合法财产，侵犯公民的人身权利、民主权利和其他权利，以及其他危害社会的行为，依照法律应当受刑罚处罚的，都是犯罪；但是情节显著轻微危害不大的，不认为是犯罪。

第十一条 明知自己的行为会发生危害社会的结果，并且希望或者放任这种结果发生，因而构成犯罪的，是故意犯罪。

故意犯罪，应当负刑事责任。

第十二条 应当预见自己的行为可能发生危害社会的结果，因为疏忽大意而没有预见，或者已经预见而轻信能够避免，以致发生这种结果的，是过失犯罪。

过失犯罪，法律有规定的才负刑事责任。

第十三条 行为在客观上虽然造成了损害结果，但是不是出于故意或者过失，而是由于不能抗拒或者不能预见的原因所引起的，不认为是犯罪。

第十四条 已满十六岁的人犯罪，应当负刑事责任。

已满十四岁不满十六岁的人，犯杀人、重伤、抢劫、放火、惯窃罪或者其他严重破坏社会秩序罪，应当负刑事责任。

已满十四岁不满十八岁的人犯罪，应当从轻或者减轻处罚。

因不满十六岁不处罚的，责令他的家长或者监护人加以管教；在必要的时候，也可以由政府收容教养。

第十五条 精神病人在不能辨认或者不能控制自己行为的时候造成危害结果的，不负刑事责任；但是应当责令他的家属或者监护人严加看管和医疗。

间歇性的精神病人在精神正常的时候犯罪，应当负刑事责任。

醉酒的人犯罪，应当负刑事责任。

第十六条 又聋又哑的人或者盲人犯罪，可以从轻、减轻或者免除处罚。

第十七条 为了使公共利益、本人或者他人的人身和其他权利免受正在进行的不法侵害，而采取的正当防卫行为，不负刑事责任。

正当防卫超过必要限度造成不应有的危害的，应当负刑事责任；但是应当酌情减轻或者免除处罚。

第十八条 为了使公共利益、本人或者他人的人身和其他权利免受正在发生的危险，不得已采取的紧急避险行为，不负刑事责任。

紧急避险超过必要限度造成不应有的危害的，应当负刑事责任；但是应当酌情减轻或者免除处罚。

第一款中关于避免本人危险的规定，不适用于职务上、业务上负有特定责任的人。

第二节 犯罪的预备、未遂和中止

第十九条 为了犯罪，准备工具、制造条件的，是犯罪预备。

对于预备犯，可以比照既遂犯从轻、减轻处罚或者免除处罚。

第二十条 已经着手实行犯罪，由于犯罪分子意志以外的原因而未得逞的，是犯罪未遂。

对于未遂犯，可以比照既遂犯从轻或者减轻处罚。

第二十一条 在犯罪过程中，自动中止犯罪或者自动有效地防止犯罪结果发生的，是犯罪中止。

对于中止犯，应当免除或者减轻处罚。

第三节 共同犯罪

第二十二条 共同犯罪是指二人以上共同故意犯罪。

二人以上共同过失犯罪，不以共同犯罪论处；应当负刑事责任的，按照他们所犯的罪分别处罚。

第二十三条 组织、领导犯罪集团进行犯罪活动的或者在共同犯罪中起主要作用的，是主犯。

对于主犯，除本法分则已有规定的以外，应当从重处罚。

第二十四条 在共同犯罪中起次要或者辅助作用的，是从犯。

对于从犯，应当比照主犯从轻、减轻处罚或者免除处罚。

第二十五条 对于被胁迫、被诱骗参加犯罪的，应当按照他的犯罪情节，比照从犯减轻处罚或者免除处罚。

第二十六条 教唆他人犯罪的，应当按照他在共同犯罪中所起的作用处罚。教唆不满十八岁的人犯罪的，应当从重处罚。

如果被教唆的人没有犯被教唆的罪，对于教唆犯，可以从轻或者减轻处罚。

第三章 刑 罚

第一节 刑罚的种类

第二十七条 刑罚分为主刑和附加刑。

第二十八条 主刑的种类如下：

（一）管制；

（二）拘役；

（三）有期徒刑；

（四）无期徒刑；

（五）死刑。

第二十九条 附加刑的种类如下：

（一）罚金；

（二）剥夺政治权利；

（三）没收财产。

附加刑也可以独立适用。

第三十条 对于犯罪的外国人，可以独立适用或者附加适用驱逐出境。

第三十一条 由于犯罪行为而使被害人遭受经济损失的，对犯罪分子除依法给予刑事处分外，并应根据情况判处赔偿经济损失。

第三十二条 对于犯罪情节轻微不需要判处刑罚的，可以免予刑事处分，但可以根据案件的不同情况，予以训诫或者责令具结悔过、赔礼道歉、赔偿损失，或者由主管部门予以行政处分。

第二节 管 制

第三十三条 管制的期限，为三个月以上二年以下。

管制由人民法院判决，由公安机关执行。

第三十四条 被判处管制的犯罪分子，在执行期间，必须遵守下列规定：

（一）遵守法律、法令，服从群众监督，积极参加集体劳动生产或者工作；

（二）向执行机关定期报告自己的活动情况；

（三）迁居或者外出必须报经执行机关批准。

对于被判处管制的犯罪分子，在劳动中应当同工同酬。

第三十五条 被判处管制的犯罪分子，管制期满，执行机关应即向本人和有关的群众宣布解除管制。

第三十六条 管制的刑期，从判决执行之日起计算；判决执行以前先行羁押的，羁押一日折抵刑期二日。

第三节 拘　　役

第三十七条 拘役的期限，为十五日以上六个月以下。

第三十八条 被判处拘役的犯罪分子，由公安机关就近执行。

在执行期间，被判处拘役的犯罪分子每月可以回家一天至两天；参加劳动的，可以酌量发给报酬。

第三十九条 拘役的刑期，从判决执行之日起计算；判决以前先行羁押的，羁押一日折抵刑期一日。

第四节 有期徒刑、无期徒刑

第四十条 有期徒刑的期限，为六个月以上十五年以下。

第四十一条 被判处有期徒刑、无期徒刑的犯罪分子，在监狱或者其他劳动改造场所执行；凡有劳动能力的，实行劳动改造。

第四十二条 有期徒刑的刑期，从判决执行之日起计算；判决执行以前先行羁押的，羁押一日折抵刑期一日。

第五节 死　　刑

第四十三条 死刑只适用于罪大恶极的犯罪分子。对于应当判处死刑的犯罪分子，如果不是必须立即执行的，可以判处死刑同时宣告缓期二年执行，实行劳动改造，以观后效。

死刑除依法由最高人民法院判决的以外，都应当报请最高人民法院核准。死刑缓期执行的，可以由高级人民法院判决或者核准。

第四十四条 犯罪的时候不满十八岁的人和审判的时候怀孕的妇女，不适用死刑。已满十六岁不满十八岁的，如果所犯罪行特别严重，可以判处死刑缓期二年执行。

第四十五条 死刑用枪决的方法执行。

第四十六条 判处死刑缓期执行的，在死刑缓期执行期间，如果确有悔改，二年期满以后，减为无期徒刑；如果确有悔改并有立功表现，二年期满以后，减为十五年以上二十年以下有期徒刑；如果抗拒改造情节恶劣、查证属实的，由最高人民法院裁定或者核准，执行死刑。

第四十七条 死刑缓期执行的期间，从判决确定之日起计算。死刑缓期执行减为有期徒刑的刑期，从裁定减刑之日起计算。

第六节 罚　　金

第四十八条 判处罚金，应当根据犯罪情节决定罚金数额。

第四十九条 罚金在判决指定的期限内一次或者分期缴纳。期满不缴纳的，强制缴纳。如果由于遭遇不能抗拒的灾祸缴纳确实有困难的，可以酌情减少或者免除。

第七节 剥夺政治权利

第五十条 剥夺政治权利是剥夺下列权利：

（一）选举权和被选举权；

（二）宪法第四十五条规定的各种权利；

（三）担任国家机关职务的权利；

（四）担任企业、事业单位和人民团体领导职务的权利。

第五十一条 剥夺政治权利的期限，除本法第五十三条规定外，为一年以上五年以下。

判处管制附加剥夺政治权利的，剥夺政治权利的期限与管制的期限相等，同时执行。

第五十二条 对于反革命分子应当附加剥夺政治权利；对于严重破坏社会秩序的犯罪分子，也可以附加剥夺政治权利。

第五十三条 对于被判处死刑、无期徒刑的犯罪分子，应当剥夺政治权利终身。

在死刑缓期执行减为有期徒刑或者无期徒刑减为有期徒刑的时候，应当把附加剥夺政治权利的期限改为三年以上十年以下。

第五十四条 附加剥夺政治权利的刑期，从徒刑、拘役执行完毕之日或者从假释之日起计算；剥夺政治权利的效力当然施用于主刑执行期间。

第八节　没收财产

第五十五条　没收财产是没收犯罪分子个人所有财产的一部或者全部。

在判处没收财产的时候，不得没收属于犯罪分子家属所有或者应有的财产。

第五十六条　查封财产以前犯罪分子所负的正当债务，需要以没收的财产偿还的，经债权人请求，由人民法院裁定。

第四章　刑罚的具体运用

第一节　量　　刑

第五十七条　对于犯罪分子决定刑罚的时候，应当根据犯罪的事实、犯罪的性质、情节和对于社会的危害程度，依照本法的有关规定判处。

第五十八条　犯罪分子具有本法规定的从重处罚、从轻处罚情节的，应当在法定刑的限度以内判处刑罚。

第五十九条　犯罪分子具有本法规定的减轻处罚情节的，应当在法定刑以下判处刑罚。

犯罪分子虽然不具有本法规定的减轻处罚情节，如果根据案件的具体情况，判处法定刑的最低刑还是过重的，经人民法院审判委员会决定，也可以在法定刑以下判处刑罚。

第六十条　犯罪分子违法所得的一切财物，应当予以追缴或者责令退赔；违禁品和供犯罪所用的本人财物，应当予以没收。

第二节　累　　犯

第六十一条　被判处有期徒刑以上刑罚的犯罪分子，刑罚执行完毕或者赦免以后，在三年以内再犯应当判处有期徒刑以上刑罚之罪的，是累犯，应当从重处罚；但是过失犯罪除外。

前款规定的期限，对于被假释的犯罪分子，从假释期满之日起计算。

第六十二条　刑罚执行完毕或者赦免以后的反革命分子，在任何时候再犯反革命罪的，都以累犯论处。

第三节　自　　首

第六十三条　犯罪以后自首的，可以从轻处罚。其中，犯罪较轻的，可以减轻或者免除处罚；犯罪较重的，如果有立功表现，也可以减轻或者免除处罚。

第四节　数罪并罚

第六十四条　判决宣告以前一人犯数罪的，除判处死刑和无期徒刑的以外，应当在总和刑期以下、数刑中最高刑期以上，酌情决定执行的刑期；但是管制最高不能超过三年，拘役最高不能超过一年，有期徒刑最高不能超过二十年。

如果数罪中有判处附加刑的，附加刑仍须执行。

第六十五条　判决宣告以后，刑罚还没有执行完毕以前，发现被判刑的犯罪分子在判决宣告以前还有其他罪没有判决的，应当对新发现的罪作出判决，把前后两个判决所判处的刑罚，依照本法第六十四条的规定，决定执行的刑罚。已经执行的刑期，应当计算在新判决决定的刑期以内。

第六十六条　判决宣告以后，刑罚还没有执行完毕以前，被判刑的犯罪分子又犯罪的，应当对新犯的罪作出判决，把前罪没有执行的刑罚和后罪所判处的刑罚，依照本法第六十四条的规定，决定执行的刑罚。

第五节　缓　　刑

第六十七条　对于被判处拘役、三年以下有期徒刑的犯罪分子，根据犯罪分子的犯罪情节和悔罪表现，认为适用缓刑确实不致再危害社会的，可以宣告缓刑。

被宣告缓刑的犯罪分子，如果被判处附加刑，附加刑仍须执行。

第六十八条　拘役的缓刑考验期限为原判刑期以上一年以下，但是不能少于一个月。

有期徒刑的缓刑考验期限为原判刑期以上五年以下，但是不能少于一年。

缓刑考验期限，从判决确定之日起计算。

第六十九条　对于反革命犯和累犯，不适用缓刑。

第七十条　被宣告缓刑的犯罪分子，在缓刑考验期限内，由公安机关交所在单位或者基层组织予以考察，如果没有再犯新罪，缓刑考验期满，原判的刑罚就不再执行；如果再犯新罪，撤销缓刑，把前罪和后罪所判处的刑罚，依照本法第六十四条的规定，决定执行的刑罚。

第六节　减　　刑

第七十一条　被判处管制、拘役、有期徒刑、无期徒刑的犯罪分子，在执行期间，如果确有悔改或者立功表现，可以减刑。但是经过一次或者几次减刑以后实际执行的刑期，判处管制、拘役、有期徒刑的，不能少于原判刑期的二分之一；判处无期徒刑的，不能少于十年。

第七十二条　无期徒刑减为有期徒刑的刑期，从裁定减刑之日起计算。

第七节　假　　释

第七十三条　被判处有期徒刑的犯罪分子，执行原判刑期二分之一以上，被判处无期徒刑的犯罪分子，实际执行十年以上，如果确有悔改表现，不致再危害社会，可以假释。如果有特殊情节，可以不受上述执行刑期的限制。

第七十四条　有期徒刑的假释考验期限，为没有执行完毕的刑期；无期徒刑的假释考验期限，为十年。

假释考验期限，从假释之日起计算。

第七十五条　被假释的犯罪分子，在假释考验期限内，由公安机关予以监督，如果没有再犯新罪，就认为原判刑罚已经执行完毕；如果再犯新罪，撤销假释，把前罪没有执行的刑罚和后罪所判处的刑罚，依照本法第六十四条的规定，决定执行的刑罚。

第八节　时　　效

第七十六条　犯罪经过下列期限不再追诉：

（一）法定最高刑为不满五年有期徒刑的，经过五年；

（二）法定最高刑为五年以上不满十年有期徒刑的，经过十年；

（三）法定最高刑为十年以上有期徒刑的，经过十五年；

（四）法定最高刑为无期徒刑、死刑的，经过二十年。如果二十年以后认为必须追诉的，须报请最高人民检察院核准。

第七十七条　在人民法院、人民检察院、公安机关采取强制措施以后，逃避侦查或者审判的，不受追诉期限的限制。

第七十八条　追诉期限从犯罪之日起计算；犯罪行为有连续或者继续状态的，从犯罪行为终了之日起计算。

在追诉期限以内又犯罪的，前罪追诉的期限从犯后罪之日起计算。

第五章　其他规定

第七十九条　本法分则没有明文规定的犯罪，可以比照本法分则最相类似的条文定罪判刑，但是应当报请最高人民法院核准。

第八十条　民族自治地方不能全部适用本法规定的，可以由自治区或者省的国家权力机关根据当地民族的政治、经济、文化的特点和本法规定的基本原则，制定变通或者补充的规定，报请全国人民代表大会常务委员会批准施行。

第八十一条　本法所说的公共财产是指下列财产：

（一）全民所有的财产；

（二）劳动群众集体所有的财产。

在国家、人民公社、合作社、合营企业和人民团体管理、使用或者运输中的私人财产，以公共财产论。

第八十二条　本法所说的公民私人所有的合法财产是指下列财产：

（一）公民的合法收入、储蓄、房屋和其他生活资料；

（二）依法归个人、家庭所有或者使用的自留地、自留畜、自留树等生产资料。

第八十三条　本法所说的国家工作人员是指一切国家机关、企业、事业单位和其他依照法律从事公务的人员。

第八十四条　本法所说的司法工作人员是指有侦讯、检察、审判、监管人犯职务的人员。

第八十五条　本法所说的重伤是指有下列情形之一的伤害：

（一）使人肢体残废或者毁人容貌的；

（二）使人丧失听觉、视觉或者其他器官机能的；

（三）其他对于人身健康有重大伤害的。

第八十六条　本法所说的首要分子是指在犯罪集团或者聚众犯罪中起组织、策划、指挥作用的犯罪分子。

第八十七条　本法所说的告诉才处理，是指被害人告诉才处理。如果被害人因受强制、威吓无法告诉的，人民检察院和被害人的近亲属也可以告诉。

第八十八条　本法所说的以上、以下、以内，都连本数在内。

第八十九条　本法总则适用于其他有刑罚规定的法律、法令，但是其他法律有特别规定的除外。

第二编　分　则

第一章　反革命罪

第九十条　以推翻无产阶级专政的政权和社会主义制度为目的的、危害中华人民共和国的行为，都是反革命罪。

第九十一条　勾结外国，阴谋危害祖国的主权、领土完整和安全的，处无期徒刑或者十年以上有期徒刑。

第九十二条　阴谋颠覆政府、分裂国家的，处无期徒刑或者十年以上有期徒刑。

第九十三条　策动、勾引、收买国家工作人员、武装部队、人民警察、民兵投敌叛变或者叛乱的，处无期徒刑或者十年以上有期徒刑。

第九十四条　投敌叛变的，处三年以上十年以下有期徒刑；情节严重的或者率众投敌叛变的，处十年以上有期徒刑或者无期徒刑。

率领武装部队、人民警察、民兵投敌叛变的，处无期徒刑或者十年以上有期徒刑。

第九十五条　持械聚众叛乱的首要分子或者其他罪恶重大的，处无期徒刑或者十年以上有期徒刑；其他积极参加的，处三年以上十年以下有期徒刑。

第九十六条　聚众劫狱或者组织越狱的首要分子或者其他罪恶重大的，处无期徒刑或者十年以上有期徒刑；其他积极参加的，处三年以上十年以下有期徒刑。

第九十七条　进行下列间谍或者资敌行为之一的，处十年以上有期徒刑或者无期徒刑；情节较轻的，处三年以上十年以下有期徒刑：

（一）为敌人窃取、刺探、提供情报的；

（二）供给敌人武器军火或者其他军用物资的；

（三）参加特务、间谍组织或者接受敌人派遣任务的。

第九十八条　组织、领导反革命集团的，处五年以上有期徒刑；其他积极参加反革命集团的，处五年以下有期徒刑、拘役、管制或者剥夺政治权利。

第九十九条　组织、利用封建迷信、会道门进行反革命活动的，处五年以上有期徒刑；情节较轻的，处五年以下有期徒刑、拘役、管制或者剥夺政治权利。

第一百条　以反革命为目的，进行下列破坏行为之一的，处无期徒刑或者十年以上有期徒刑；情节较轻的，处三年以上十年以下有期徒刑：

（一）爆炸、放火、决水、利用技术或者以其他方法破坏军事设备、生产设施、通讯交通设备、建筑工程、防险设备或者其他公共建设、公共财物的；

（二）抢劫国家档案、军事物资、工矿企业、银行、商店、仓库或者其他公共财物的；

（三）劫持船舰、飞机、火车、电车、汽车的；

（四）为敌人指示袭击目标的；

（五）制造、抢夺、盗窃枪支、弹药的。

第一百零一条　以反革命为目的，投放毒物、散布病菌或者以其他方法杀人、伤人的，处无期徒刑或者十年以上有期徒刑；情节较轻的，处三年以上十年以下有期徒刑。

第一百零二条　以反革命为目的，进行下列行为之一的，处五年以下有期徒刑、拘役、管制或者剥夺政治权利；首要分子或者其他罪恶重大的，处五年以上有期徒刑：

（一）煽动群众抗拒、破坏国家法律、法令实施的；

（二）以反革命标语、传单或者其他方法宣传煽动推翻无产阶级专政的政权和社会主义制度的。

第一百零三条　本章上述反革命罪行中，除第九十八条、第九十九条、第一百零二条外，对国家和人民危害特别严重、情节特别恶劣的，可以判处死刑。

第一百零四条　犯本章之罪的，可以并处没收财产。

第二章　危害公共安全罪

第一百零五条　放火、决水、爆炸或者以其他危险方法破坏工厂、矿场、油田、港口、河流、水源、仓库、住宅、森林、农场、谷场、牧场、重要管道、公共建筑物或者其他公私财产，危害公共安全，尚未造成严重后果的，处三年以上十年以下有期徒刑。

第一百零六条　放火、决水、爆炸、投毒或者以其他危险方法致人重伤、死亡或者使公私财产遭受重大损失的，处十年以上有期徒刑、无期徒刑或者死刑。

过失犯前款罪的，处七年以下有期徒刑或者拘役。

第一百零七条　破坏火车、汽车、电车、船只、飞机，足以使火车、汽车、电车、船只、飞机发生倾覆、毁坏危险，尚未造成严重后果的，处三年以上十年以下有期徒刑。

第一百零八条　破坏轨道、桥梁、隧道、公路、机场、航道、灯塔、标志或者进行其他破坏活动，足以使火车、汽车、电车、船只、飞机发生倾覆、毁坏危险，尚未造成严重后果的，处三年以上十年以下有期徒刑。

第一百零九条　破坏电力、煤气或者其他易燃易爆设备，危害公共安全，尚未造成严重后果的，处三年以上十年以下有期徒刑。

第一百一十条　破坏交通工具、交通设备、电力煤气设备、易燃易爆设备造成严重后果的，处十年以上有期徒刑、无期徒刑或者死刑。

过失犯前款罪的，处七年以下有期徒刑或者拘役。

第一百一十一条　破坏广播电台、电报、电话或者其他通讯设备，危害公共安全的，处七年以下有期徒刑或者拘役；造成严重后果的，处七年以上有期徒刑。

过失犯前款罪的，处七年以下有期徒刑或者拘役。

第一百一十二条　非法制造、买卖、运输枪支、弹药的，或者盗窃、抢夺国家机关、军警人员、民兵的枪支、弹药的，处七年以下有期徒刑；情节严重的，处七年以上有期徒刑或者无期徒刑。

第一百一十三条　从事交通运输的人员违反规章制度，因而发生重大事故，致人重伤、死亡或者使公私财产遭受重大损失的，处三年以下有期徒刑或者拘役；情节特别恶劣的，处三年以上七年以下有期徒刑。

非交通运输人员犯前款罪的，依照前款规定处罚。

第一百一十四条　工厂、矿山、林场、建筑企业或者其他企业、事业单位的职工，由于不服管理、违反规章制度，或者强令工人违章冒险作业，因而发生重大伤亡事故，造成严重后果的，处三年以下有期徒刑或者拘役；情节特别恶劣的，处三年以上七年以下有期徒刑。

第一百一十五条　违反爆炸性、易燃性、放射性、毒害性、腐蚀性物品的管理规定，在生产、储存、运输、使用中发生重大事故，造成严重后果的，处三年以下有期徒刑或者拘役；后果特别严重的，处三年以上七年以下有期徒刑。

第三章　破坏社会主义经济秩序罪

第一百一十六条　违反海关法规，进行走私，情节严重的，除按照海关法规没收走私物品并且可以罚款外，处三年以下有期徒刑或者拘役，可以并处没收财产。

第一百一十七条　违反金融、外汇、金银、工商管理法规，投机倒把，情节严重的，处三年以下有期徒刑或者拘役，可以并处、单处罚金或者没收财产。

第一百一十八条　以走私、投机倒把为常业的，走私、投机倒把数额巨大的或者走私、投机倒把集团的首要分子，处三年以上十年以下有期徒刑，可以并处没收财产。

第一百一十九条　国家工作人员利用职务上的便利，犯走私、投机倒把罪的，从重处罚。

第一百二十条　以营利为目的，伪造或者倒卖计划供应票证，情节严重的，处三年以下有期徒刑或者拘役，可以并处、单处罚金或者没收财产。

犯前款罪的首要分子或者情节特别严重的，处三年以上七年以下有期徒刑，可以并处没收财产。

第一百二十一条　违反税收法规，偷税、抗税，情节严重的，除按照税收法规补税并且可以罚款外，对直接责任人员，处三年以下有期徒刑或者拘役。

第一百二十二条　伪造国家货币或者贩运伪造的国家货币的，处三年以上七年以下有期徒刑，可以并处罚金或者没收财产。

犯前款罪的首要分子或者情节特别严重的，处七年以上有期徒刑或者无期徒刑，可以并处没收财产。

第一百二十三条　伪造支票、股票或者其他有价证券的，处七年以下有期徒刑，可以并处罚金。

第一百二十四条　以营利为目的，伪造车票、船票、邮票、税票、货票的，处二年以下有期徒刑、拘役或者罚金；情节严重的，处二年以上七年以下有期徒刑，可以并处罚金。

第一百二十五条　由于泄愤报复或者其他个人目的，毁坏机器设备、残害耕畜或者以其他方法破坏集体生产的，处二年以下有期徒刑或者拘役；情节严重的，处二年以上七年以下有期徒刑。

第一百二十六条　挪用国家救灾、抢险、防汛、优抚、救济款物，情节严重，致使国家和人民群众利益遭受重大损害的，对直接责任人员，处三年以下有期徒刑或者拘役；情节特别严重的，处三年以上七年以下有期徒刑。

第一百二十七条　违反商标管理法规，工商企业假冒其他企业已经注册的商标的，对直接责任人员，处三年以下有期徒刑、拘役或者罚金。

第一百二十八条　违反保护森林法规，盗伐、滥伐森林或者其他林木，情节严重的，处三年以下有期徒刑或者拘役，可以并处或者单处罚金。

第一百二十九条　违反保护水产资源法规，在禁渔区、禁渔期或者使用禁用的工具、方法捕捞水产品，情节严重的，处二年以下有期徒刑、拘役或者罚金。

第一百三十条　违反狩猎法规，在禁猎区、禁猎期或者使用禁用的工具、方法进行狩猎，破坏珍禽、珍兽或者其他野生动物资源，情节严重的，处二年以下有期徒刑、拘役或者罚金。

第四章　侵犯公民人身权利、民主权利罪

第一百三十一条　保护公民的人身权利、民主权利和其他权利，不受任何人、任何机关非法侵犯。违法侵犯情节严重的，对直接责任人员予以刑事处分。

第一百三十二条　故意杀人的，处死刑、无期徒刑或者十年以上有期徒刑；情节较轻的，处三年以上十年以下有期徒刑。

第一百三十三条　过失杀人的，处五年以下有期徒刑；情节特别恶劣的，处五年以上有期徒刑。本法另有规定的，依照规定。

第一百三十四条　故意伤害他人身体的，处三年以下有期徒刑或者拘役。

犯前款罪，致人重伤的，处三年以上七年以下有期徒刑；致人死亡的，处七年以上有期徒刑或者无期徒刑。本法另有规定的，依照规定。

第一百三十五条　过失伤害他人致人重伤的，处二年以下有期徒刑或者拘役；情节特别恶劣的，处二年以上七年以下有期徒刑。本法另有规定的，依照规定。

第一百三十六条　严禁刑讯逼供。国家工作人员对人犯实行刑讯逼供的，处三年以下有期徒刑或者拘役。以肉刑致人伤残的，以伤害罪从重论处。

第一百三十七条　严禁聚众“打砸抢”。因“打砸抢”致人伤残、死亡的，以伤害罪、杀人罪论处。毁坏或者抢走公私财物的，除判令退赔外，首要分子以抢劫罪论处。

犯前款罪，可以单独判处剥夺政治权利。

第一百三十八条　严禁用任何方法、手段诬告陷害干部、群众。凡捏造事实诬告陷害他人（包括犯人）的，参照所诬陷的罪行的性质、情节、后果和量刑标准给予刑事处分。国家工作人员犯诬陷罪的，从重处罚。

不是有意诬陷，而是错告，或者检举失实的，不适用前款规定。

第一百三十九条　以暴力、胁迫或者其他手段强奸妇女的，处三年以上十年以下有期徒刑。

奸淫不满十四岁幼女的，以强奸论，从重处罚。

犯前两款罪，情节特别严重的或者致人重伤、死亡的，处十年以上有期徒刑、无期徒刑或者死刑。

二人以上犯强奸罪而共同轮奸的，从重处罚。

第一百四十条　强迫妇女卖淫的，处三年以上十年以下有期徒刑。

第一百四十一条　拐卖人口的，处五年以下有期徒刑；情节严重的，处五年以上有期徒刑。

第一百四十二条　违反选举法的规定，以暴力、威胁、欺骗、贿赂等非法手段破坏选举或者妨害选民自由行使选举权和被选举权的，处三年以下有期徒刑或者拘役。

第一百四十三条　严禁非法拘禁他人，或者以其他方法非法剥夺他人人身自由。违者处三年以下有期徒刑、拘役或者剥夺政治权利。具有殴打、侮辱情节的，从重处罚。

犯前款罪，致人重伤的，处三年以上十年以下有期徒刑；致人死亡的，处七年以上有期徒刑。

第一百四十四条　非法管制他人，或者非法搜查他人身体、住宅，或者非法侵入他人住宅的，处三年以下有期徒刑或者拘役。

第一百四十五条　以暴力或者其他方法，包括用“大字报”、“小字报”，公然侮辱他人或者捏造事实诽谤他人，情节严重的，处三年以下有期徒刑、拘役或者剥夺政治权利。

前款罪，告诉的才处理。但是严重危害社会秩序和国家利益的除外。

第一百四十六条　国家工作人员滥用职权、假公济私，对控告人、申诉人、批评人实行报复陷害的，处二年以下有期徒刑或者拘役；情节严重的，处二年以上七年以下有期徒刑。

第一百四十七条　国家工作人员非法剥夺公民的正当的宗教信仰自由和侵犯少数民族风俗习惯，情节严重的，处二年以下有期徒刑或者拘役。

第一百四十八条　在侦查、审判中，证人、鉴定人、记录人、翻译人对与案件有重要关系的情节，故意作虚假证明、鉴定、记录、翻译意图陷害他人，或者隐匿罪证的，处二年以下有期徒刑或者拘役；情节严重的，处二年以上七年以下有期徒刑。

第一百四十九条　隐匿、毁弃或者非法开拆他人信件，侵犯公民通信自由权利，情节严重的，处一年以下有期徒刑或者拘役。

第五章　侵犯财产罪

第一百五十条　以暴力、胁迫或者其他方法抢劫公私财物的，处三年以上十年以下有期徒刑。

犯前款罪，情节严重的或者致人重伤、死亡的，处十年以上有期徒刑、无期徒刑或者死刑，可以并处没收财产。

第一百五十一条　盗窃、诈骗、抢夺公私财物数额较大的，处五年以下有期徒刑、拘役或者管制。

第一百五十二条　惯窃、惯骗或者盗窃、诈骗、抢夺公私财物数额巨大的，处五年以上十年以下有期徒刑；情节

特别严重的，处十年以上有期徒刑或者无期徒刑，可以并处没收财产。

第一百五十三条　犯盗窃、诈骗、抢夺罪，为窝藏赃物、抗拒逮捕或者毁灭罪证而当场使用暴力或者以暴力相威胁的，依照本法第一百五十条抢劫罪处罚。

第一百五十四条　敲诈勒索公私财物的，处三年以下有期徒刑或者拘役；情节严重的，处三年以上七年以下有期徒刑。

第一百五十五条　国家工作人员利用职务上的便利，贪污公共财物的，处五年以下有期徒刑或者拘役；数额巨大、情节严重的，处五年以上有期徒刑；情节特别严重的，处无期徒刑或者死刑。

犯前款罪的，并处没收财产，或者判令退赔。

受国家机关、企业、事业单位、人民团体委托从事公务的人员犯第一款罪的，依照前两款的规定处罚。

第一百五十六条　故意毁坏公私财物，情节严重的，处三年以下有期徒刑、拘役或者罚金。

第六章　妨害社会管理秩序罪

第一百五十七条　以暴力、威胁方法阻碍国家工作人员依法执行职务的，或者拒不执行人民法院已经发生法律效力的判决、裁定的，处三年以下有期徒刑、拘役、罚金或者剥夺政治权利。

第一百五十八条　禁止任何人利用任何手段扰乱社会秩序。扰乱社会秩序情节严重，致使工作、生产、营业和教学、科研无法进行，国家和社会遭受严重损失的，对首要分子处五年以下有期徒刑、拘役、管制或者剥夺政治权利。

第一百五十九条　聚众扰乱车站、码头、民用航空站、商场、公园、影剧院、展览会、运动场或者其他公共场所秩序，聚众堵塞交通或者破坏交通秩序，抗拒、阻碍国家治安管理工作人员依法执行职务，情节严重的，对首要分子处五年以下有期徒刑、拘役、管制或者剥夺政治权利。

第一百六十条　聚众斗殴，寻衅滋事，侮辱妇女或者进行其他流氓活动，破坏公共秩序，情节恶劣的，处七年以下有期徒刑、拘役或者管制。

流氓集团的首要分子，处七年以上有期徒刑。

第一百六十一条　依法被逮捕、关押的犯罪分子脱逃的，除按其原犯罪行判处或者按其原判刑期执行外，加处五年以下有期徒刑或者拘役。

以暴力、威胁方法犯前款罪的，处二年以上七年以下有期徒刑。

第一百六十二条　窝藏或者作假证明包庇反革命分子的，处三年以下有期徒刑、拘役或者管制；情节严重的，处三年以上十年以下有期徒刑。

窝藏或者作假证明包庇其他犯罪分子的，处二年以下有期徒刑、拘役或者管制；情节严重的，处二年以上七年以下有期徒刑。

犯前两款罪，事前通谋的，以共同犯罪论处。

第一百六十三条　违反枪支管理规定，私藏枪支、弹药，拒不交出的，处二年以下有期徒刑或者拘役。

第一百六十四条　以营利为目的，制造、贩卖假药危害人民健康的，处二年以下有期徒刑、拘役或者管制，可以并处或者单处罚金；造成严重后果的，处二年以上七年以下有期徒刑，可以并处罚金。

第一百六十五条　神汉、巫婆藉迷信进行造谣、诈骗财物活动的，处二年以下有期徒刑、拘役或者管制；情节严重的，处二年以上七年以下有期徒刑。

第一百六十六条　冒充国家工作人员招摇撞骗的，处三年以下有期徒刑、拘役、管制或者剥夺政治权利；情节严重的，处三年以上十年以下有期徒刑。

第一百六十七条　伪造、变造或者盗窃、抢夺、毁灭国家机关、企业、事业单位、人民团体的公文、证件、印章的，处三年以下有期徒刑、拘役、管制或者剥夺政治权利；情节严重的，处三年以上十年以下有期徒刑。

第一百六十八条　以营利为目的，聚众赌博或者以赌博为业的，处三年以下有期徒刑、拘役或者管制，可以并处罚金。

第一百六十九条　以营利为目的，引诱、容留妇女卖淫的，处五年以下有期徒刑、拘役或者管制；情节严重的，处五年以上有期徒刑，可以并处罚金或者没收财产。

第一百七十条　以营利为目的，制作、贩卖淫书、淫画的，处三年以下有期徒刑、拘役或者管制，可以并处罚金。

第一百七十一条　制造、贩卖、运输鸦片、海洛英、吗啡或者其他毒品的，处五年以下有期徒刑或者拘役，可以并处罚金。

一贯或者大量制造、贩卖、运输前款毒品的，处五年以上有期徒刑，可以并处没收财产。

第一百七十二条　明知是犯罪所得的赃物而予以窝藏或者代为销售的，处三年以下有期徒刑、拘役或者管制，可以并处或者单处罚金。

第一百七十三条　违反保护文物法规，盗运珍贵文物出口的，处三年以上十年以下有期徒刑，可以并处罚金；情节严重的，处十年以上有期徒刑或者无期徒刑，可以并处没收财产。

第一百七十四条　故意破坏国家保护的珍贵文物、名胜古迹的，处七年以下有期徒刑或者拘役。

第一百七十五条　故意破坏国家边境的界碑、界桩或者永久性测量标志的，处三年以下有期徒刑或者拘役。

以叛国为目的的，按照反革命罪处罚。

第一百七十六条　违反出入国境管理法规，偷越国（边）境，情节严重的，处一年以下有期徒刑、拘役或者管制。

第一百七十七条　以营利为目的，组织、运送他人偷越国（边）境的，处五年以下有期徒刑、拘役或者管制，可以并处罚金。

第一百七十八条　违反国境卫生检疫规定，引起检疫传染病的传播，或者有引起检疫传染病传播严重危险的，处三年以下有期徒刑或者拘役，可以并处或者单处罚金。

第七章　妨害婚姻、家庭罪

第一百七十九条　以暴力干涉他人婚姻自由的，处二年以下有期徒刑或者拘役。

犯前款罪，引起被害人死亡的，处二年以上七年以下有期徒刑。

第一款罪，告诉的才处理。

第一百八十条　有配偶而重婚的，或者明知他人有配偶而与之结婚的，处二年以下有期徒刑或者拘役。

第一百八十一条　明知是现役军人的配偶而与之同居或者结婚的，处三年以下有期徒刑。

第一百八十二条　虐待家庭成员，情节恶劣的，处二年以下有期徒刑、拘役或者管制。

犯前款罪，引起被害人重伤、死亡的，处二年以上七年以下有期徒刑。

第一款罪，告诉的才处理。

第二百八十三条　对于年老、年幼、患病或者其他没有独立生活能力的人，负有扶养义务而拒绝扶养，情节恶劣的，处五年以下有期徒刑、拘役或者管制。

第一百八十四条　拐骗不满十四岁的男、女，脱离家庭或者监护人的，处五年以下有期徒刑或者拘役。

第八章　渎职罪

第一百八十五条　国家工作人员利用职务上的便利，收受贿赂的，处五年以下有期徒刑或者拘役。赃款、赃物没收，公款、公物追还。

犯前款罪，致使国家或者公民利益遭受严重损失的，处五年以上有期徒刑。

向国家工作人员行贿或者介绍贿赂的，处三年以下有期徒刑或者拘役。

第一百八十六条　国家工作人员违反国家保密法规，泄露国家重要机密，情节严重的，处七年以下有期徒刑、拘役或者剥夺政治权利。

非国家工作人员犯前款罪的，依照前款的规定酌情处罚。

第一百八十七条　国家工作人员由于玩忽职守，致使公共财产、国家和人民利益遭受重大损失的，处五年以下有期徒刑或者拘役。

第一百八十八条　司法工作人员徇私舞弊，对明知是无罪的人而使他受追诉、对明知是有罪的人而故意包庇不使他受追诉，或者故意颠倒黑白做枉法裁判的，处五年以下有期徒刑、拘役或者剥夺政治权利；情节特别严重的，处五年以上有期徒刑。

第一百八十九条　司法工作人员违反监管法规，对被监管人实行体罚虐待，情节严重的，处三年以下有期徒刑或者拘役；情节特别严重的，处三年以上十年以下有期徒刑。

第一百九十条　司法工作人员私放罪犯的，处五年以下有期徒刑或者拘役；情节严重的，处五年以上十年以下有期徒刑。

第一百九十一条　邮电工作人员私自开拆或者隐匿、毁弃邮件、电报的，处二年以下有期徒刑或者拘役。

犯前款罪而窃取财物的，依照第一百五十五条贪污罪从重处罚。

第一百九十二条　国家工作人员犯本章之罪，情节轻微的，可以由主管部门酌情予以行政处分。

新中国刑法立法沿革全书

OVERVIEW OF THE HISTORICAL DEVELOPMENT OF CRIMINAL LEGISLATION OF THE PEOPLE'S REPUBLIC OF CHINA

中编：

1979年7月—1997年3月

1979 年刑法典的制定和发展时期

1979 年刑法典的颁布，结束了新中国成立后近 30 年来没有刑法典的历史。它与 1979 年刑事诉讼法典的同期颁布，标志着我国刑事法治的基本具备，从而成为我国在建立健全社会主义法制方面迈出的非常重要的一步。①

1979 年刑法典颁行后至 1997 年刑法典颁行之前这个时期，是我国刑法立法的扩张阶段。这一阶段刑法立法之扩张主要体现在两个方面：一是刑法立法形式上的扩张。这一阶段，我国在 1979 年刑法典的立法形式的基础上，又制定了大量的单行刑法和附属刑法，三种刑法立法形式并存。具体而言，自 1981 年《惩治军人违反职责罪暂行条例》颁行后至 1997 年刑法典颁行之前，全国人大常委会先后通过了 25 部单行刑法，并在 107 部非刑事法律中设置了附属刑法规范。② 二是刑法立法内容上的扩张。1979 年刑法典共有 192 个条文，即便加上 1979 年刑法典制定时即已决定另行立法的 1981 年颁布的《惩治军人违反职责罪暂行条例》规定的 22 个条文，刑法立法条文的总数也只有 214 个。在此之后至 1997 年刑法典颁行之前，我国因应新情况、新需要而另行制定的除《惩治军人违反职责罪暂行条例》以外的其他 24 部单行刑法，条文总数是 161 条；107 部非刑事法律中的附属刑法条文总数是 367 条。③ 两者合计 528 条，已超过 1979 年刑法典和 1981 年《惩治军人违反职责罪暂行条例》条文数量的 2 倍。这些条文内容涉及我国刑法的空间效力、溯及力、犯罪主体、共同犯罪、罪数、刑罚种类、死刑案件的核准、罚金适用、量刑制度、法条适用以及分则的罪名、罪状和法定刑等众多内容。因此，无论是在刑法立法的形式上还是在刑法立法的内容上，我国这一阶段的刑法立法都呈现明显的扩张态势。

一、刑法立法的演进

（一）刑法立法规范的沿革

1979 年刑法典的颁布与实施，对于我国保护人民、打击敌人、惩罚犯罪、保障社会主义各项事业的顺利进行，发挥了重大的作用。有关理论研究和司法实践经验都说明，1979 年刑法典的体系和结构是较为科学合理的，它所确立的一些基本原则和基本内容是正确的。这表明，我们党和国家是以务实的态度制定刑法的。然而，从任何法律都是其所处的特定历史阶段经济关系的反映这一原理出发来审视，应该说，1979 年刑法典也不免带有受其制定当时的经济体制影响的痕迹。因而，随着改革开放和现代化建设形势的发展变化，随着社会主义市场经济体制的逐步确立与完善，我国立法机关也注意慎重适时地修改刑法以使其适应社会的发展要求。

1. 1979 年刑法典的颁布

在 1979 年 7 月 1 日的第五届全国人大第二次会议上，我国通过了新中国第一部刑法典，并于 7 月 6 日正式公布，1980 年 1 月 1 日起施行。至此，1979 年刑法典宣告诞生，中华人民共和国成立近 30 年终于第一次有了刑法典。

1979 年刑法典分为 2 编共 192 个条文。第一编是总则，计有 89 条，规定了犯罪与刑罚的基本原理原则和共性制度，分为 5 章：（1）刑法的指导思想、任务和适用范围；（2）犯罪；（3）刑罚；（4）刑罚的具体运用；（5）其他规定。第二编是分则，计有 103 条，规定了各种具体犯罪及其法定刑，分为 8 章：（1）反革命罪；（2）危害公共安全罪；（3）破坏社会主义经济秩序罪；（4）侵犯公民人身权利、民主权利罪；（5）侵犯财产罪；（6）妨害社会管理秩序罪；（7）妨害婚姻、家庭罪；（8）渎职罪。

1979 年刑法典的颁布实施有着重大的意义：其一，它使新中国刑法规范第一次得以体系化。换句

---

① 参见赵秉志、王俊平：《改革开放三十年的我国刑法立法》，载《河北法学》2008 年第 11 期。

② 参见高铭暄、赵秉志：《中国刑法立法之演进》，法律出版社 2007 年版，第 43-44 页。

③ 参见高铭暄、赵秉志编：《新中国刑法立法文献资料总览》（第 2 版），中国人民公安大学出版社 2015 年版，第 237-331 页。

话说，它奠定了我国刑法体系的基础。其二，它使我国刑事司法实务工作步入了有法可依的轨道。过去的办案主要依靠相关刑事政策和司法文件，只有少量犯罪可以找到法律依据。此后就不同了，基本上能做到罪刑法定，办理每个刑事案件都有罪刑规范可依照。其三，它颁行之后的刑事司法文书（包括起诉意见书、起诉书、判决书、裁定书等）都要引用法律条文，不引用法律条文的刑事司法文书年代一去不复返了。其四，它带动了我国刑法学教学研究从停滞状态走向复苏乃至逐步繁荣。刑法典的颁布实施，无论对注释刑法学、比较刑法学还是沿革刑法学等，都提供了丰富的思想源泉和现实的规范依据。①

从内容上看，1979 年刑法典具有两个显著特点：一是较多地参考借鉴了苏联的刑法立法。这是由当时的社会背景所决定的。新中国成立之初，与其他法律领域一样，刑法彻底抛弃了民国时期形成的大陆法系的刑法模式，再加上中苏两国阶级斗争环境相同、我国创建国家和法制时的紧迫政治形势、中苏两国关系友好等方面的因素，因此，新中国成立之初的刑法立法“以苏俄为师”具有历史的必然性。而党的十一届三中全会之后，由于立法筹备时间较短，1979 年刑法典主要是以 1963 年的刑法典草案第 33 稿为基础制定的，较多地借鉴了苏联的刑法，如强调刑法任务、刑法目的和犯罪概念的阶级性，反对罪刑法定主义而肯定类推制度，突出反革命罪等。② 这既源于一种历史的局限性，同时也是在当时立法经验不足、司法实践匮乏的情况下所作的较为现实的选择。二是紧密结合了当时中国社会的新情况、中国刑法立法的新经验和中国亟需解决的新问题，在很多方面保留了中国特色，如管制与死缓的创立、区分两类不同性质的犯罪等。这既是对共产党领导的根据地时期和新中国成立之初刑法立法经验的总结，也充分考虑了当时我国社会主义现代化建设的需要。

2. 对 1979 年刑法典的局部修改补充

如上所述，从整体上说，1979 年刑法典确是一部保护人民、惩罚犯罪、维护社会秩序、保障改革开放和现代化建设的法律武器。但是，由于受当时历史条件和立法经验的限制，这部刑法典不论在体系结构、规范内容还是在立法技术上，都还存在一些缺陷。为此，自 1981 年至 1997 年新刑法典通过前，全国人大常委会先后通过了 25 部单行刑法，它们是：1981 年 6 月 10 日的《中华人民共和国惩治军人违反职责罪暂行条例》《关于处理逃跑或者重新犯罪的劳改犯和劳教人员的决定》和《关于死刑案件核准问题的决定》，1982 年 3 月 8 日的《关于严惩严重破坏经济的罪犯的决定》《关于宽大释放全部在押的原国民党县团以下党政军特人员的决定》，1983 年 9 月 2 日的《关于严惩严重危害社会治安的犯罪分子的决定》，1987 年 6 月 23 日的《关于对中华人民共和国缔结或者参加的国际条约所规定的罪行行使刑事管辖权的决定》，1988 年 1 月 21 日的《关于惩治走私罪的补充规定》和《关于惩治贪污罪贿赂罪的补充规定》，1988 年 9 月 5 日的《关于惩治泄露国家秘密犯罪的补充规定》，1988 年 11 月 8 日的《关于惩治捕杀国家重点保护的珍贵、濒危野生动物犯罪的补充规定》，1990 年 6 月 28 日的《关于惩治侮辱中华人民共和国国旗国徽罪的决定》，1990 年 12 月 28 日的《关于禁毒的决定》《关于惩治走私、制作、贩卖、传播淫秽物品的犯罪分子的决定》，1991 年 6 月 29 日的《关于惩治盗掘古文化遗址古墓葬犯罪的补充规定》，1991 年 9 月 4 日的《关于严禁卖淫嫖娼的决定》，1991 年 9 月 4 日的《关于严惩拐卖、绑架妇女、儿童的犯罪分子的决定》《关于惩治偷税、抗税犯罪的补充规定》，1992 年 12 月 18 日的《关于惩治劫持航空器犯罪分子的决定》，1993 年 2 月 22 日的《关于惩治假冒注册商标犯罪的补充规定》，1993 年 7 月 2 日的《关于惩治生产、销售伪劣商品犯罪的决定》，1994 年 3 月 5 日的《关于严惩组织、运送他人偷越国（边）境犯罪的补充规定》，1994 年 7 月 5 日的《关于惩治侵犯著作权的犯罪的决定》，1995 年 2 月 28 日的《关于惩治违反公司法的犯罪的决定》，1995 年 6 月 30 日的《关于惩治破坏金融秩序犯罪的决定》，1995 年 10 月 30 日的《关于惩治虚开、伪造和非法出售增值税专用发票犯罪的决定》。除此之外，还在 107 部非刑事法律中设置了为数众多的附属刑法规范。这些单行刑法以及非刑事法律中的附属刑法规范，对 1979 年刑法典作了一系列的补充和修改。

1979 年刑法典实施以后，我国最高立法机关以单行刑法和附属刑法的形式对刑法总则和分则规范作了一系列的补充和修改，这些补充和修改为我国 1997 年刑法典的诞生奠定了基础。因此，如果说当

① 参见高铭暄：《新中国刑法立法的变迁与完善——庆祝中华人民共和国成立 70 周年》，载赵秉志、贾宇、张旭主编：《新中国 70 年刑法的变迁与发展》，中国人民公安大学出版社 2019 年版，第 2 页。

② 参见李秀清：《新中国刑事立法移植苏联模式考》，载《法学评论》2002 年第 6 期。

时的刑法立法格局是以刑法典为主干，以单行刑法和附属刑法规范为两翼，那么我国刑法修订的过程，实际上也是刑事司法实践不断深入和刑法立法活动不断开展从而使刑法渐趋完善的过程。

（二）1997 年刑法典的孕育

1979 年刑法典篇幅简短，基本体系、结构相对科学，基本符合当时我国的社会实际情况和建立刑事法制的需要。然而，由于 1979 年刑法典主要是以 1963 年刑法草案第 33 稿为蓝本略加调整和修改即仓促而成的，[①] 并且 1963 年还处在一个高度计划经济的年代，刑法草案第 33 稿也远未达到完备的程度，因而 1979 年刑法典粗疏、滞后的缺点也是十分明显的。1979 年刑法典受到当时历史条件和立法经验的限制，在体系结构、规范内容和立法技术上都难免存在一些缺陷。尤其是在社会、经济迅速发展和犯罪日趋复杂化的形势下，由于 1979 年刑法典起草时对有些犯罪行为研究得不够而导致规定得不具体，不便执行，甚至 1979 年刑法典中规定的有些犯罪已不复存在，且随着社会经济发展而导致的犯罪新情况、新问题和新型犯罪的层出不穷，使得刑事规范在应对改革开放后的新型犯罪和经济犯罪方面显得越来越力不从心、捉襟见肘。

如前所述，为了弥补 1979 年刑法典的缺陷和不足，1981—1996 年，国家最高立法机关先后通过了 25 个单行刑法，并在 107 部非刑事法律中设置了附属刑法规范，对 1979 年刑法典实质上作出了一系列的补充和修改，丰富和发展了刑法立法，对刑事司法实践起到了一定的指导和规范作用。但是，由于在刑法典之外存在如此众多的单行刑法和附属刑法，罪名已由 1979 年刑法典的 130 个增加到 263 个，缺乏一个体系上的归纳，显得有些凌乱。而且有的单行刑法出台以后，刑法典原有条文规定是否废除也不甚明确。此外，考虑到随着我国社会主义市场经济体制的建立，在犯罪现象上出现了新情况、新特点和新问题，所以确有必要对 1979 年刑法典作一次全面系统的修订。有鉴于此，国家立法机关决定对刑法典进行较大幅度的修订。

从国家立法机关于 1982 年开始酝酿和准备修改刑法典起，至 1997 年修订的刑法典颁行，前后历时 15 年。[②] 这 15 年大体上经历了如下 5 个阶段：[③]

1. 酝酿准备阶段

1979 年刑法典颁行以后，国家立法机关本着实事求是的态度，一方面，根据需要与可能对 1979 年刑法典进行补充和修改；另一方面，在 1982 年研拟《关于严惩严重破坏经济的罪犯的决定》这部单行刑法时，就提出来要研究刑法典的修改问题，并开始了相关的研究和准备工作。中央决策领导层也同意了国家立法机关研究修改刑法典的决定。1982 年至 1987 年，刑法典的修改工作处于立法机关的酝酿准备之中。这一时期，国家立法机关开始注意对刑法的完善意见进行收集和整理，并将其中一些刊载在其工作研究简报上。特别是法工委刑法室于 1983 年 9 月整理的《对刑法的修改意见》，收集归纳了关于修改完善刑法典的 70 余条意见。最高司法机关也根据司法实践经验，针对其适用刑法过程中出现的问题及时地进行总结，进而提出本系统关于刑法立法完善的意见。例如，1987 年，最高人民检察院和最高人民法院分别在全国范围内向本系统征集了对刑法的修改补充意见；中国法学会刑法研究会 1986 年和 1987 年的年度学术研讨会，也较多地讨论了刑法的修改完善问题。国家立法机关和法律界、法学界的这些工作，为后来七届全国人大常委会修改刑法典的决策提供了重要的依据和资料。[④]

2. 初步修改阶段

1988 年 3 月，七届全国人大一次会议召开，刑法修改问题开始在立法机关之中酝酿。1988 年 7 月 1 日，七届全国人大常委会二次会议通过的《七届全国人大常委会工作要点》明确指出，抓好立法工作是七届人大常委会任期 5 年的首要任务，根据新情况、新经验对法律及时作出修改是立法工作的一个重要方面。同时，还特别提出把刑法的修改工作正式列入立法规划，这标志着刑法修改工作已经正

---

① 参见赵秉志：《中国刑法的百年变革——纪念辛亥革命一百周年》，载《政法论坛》2012 年第 1 期。

② 王汉斌副委员长在《关于〈中华人民共和国刑法（修订草案）〉的说明》（1997 年 3 月 6 日在第八届全国人民代表大会第五次会议上）中指出："1982 年决定研究修改刑法，1988 年提出了初步修改方案，到现在修订工作研究搞了 15 年。"参见高铭暄、赵秉志编：《新中国刑法立法文献资料总览》（第 2 版），中国人民公安大学出版社 2015 年版，第 773 页。

③ 关于这 5 个阶段的划分，参见赵秉志主编：《新刑法全书》，中国人民公安大学出版社 1997 年版，第 69-99 页；高铭暄、赵秉志：《中国刑法立法之演进》，法律出版社 2007 年版，第 54-58 页。

④ 参见赵秉志主编：《新刑法全书》，中国人民公安大学出版社 1997 年版，第 70 页；赵秉志：《刑法改革问题研究》，中国法制出版社 1996 年版，第 43 页。

式列入议事日程。①

不久，根据刑法学界和司法部门针对完善刑法所提的建议，全国人大常委会法工委刑法室整理出了《关于修改刑法的初步设想（初稿）》。1988 年 9 月，全国人大常委会法工委邀请中央和北京市政法机关、政法院校和科研单位的几十位专家学者，就刑法的修改问题进行了专门的讨论，并拟出了第一个刑法修改草案稿本。1988 年 10 月上旬，主持刑法修改工作的全国人大常委会法工委原副主任高西江在于郑州召开的全国刑法学研究会年会上，作了名为《进一步完善我国刑法的初步设想》的专题报告，把立法机关修改 1979 年刑法典的打算晓于全国刑法学界。此后，法工委及其刑法室又数次邀请专家学者进行座谈讨论，邀约数位中青年专家参加刑法的具体修改工作，并于 1988 年 11 月和 12 月先后拟定出 2 个刑法修改草案稿本。在上述 3 个刑法修改稿中，1988 年 9 月和 12 月的 2 个修改稿曾先后印发各省、自治区、直辖市人大常委会、中央有关部门以及法律院校、法学研究机构征求意见。后又召开了中央和省、市、县四级公检法机关，中央有关部门、地方人大和刑法专家参加的座谈会，对修订刑法典的草案逐条讨论、研究修改。

为有效推进刑法的修订工作，法工委于 1988 年 12 月成立了由法工委及其刑法室部分同志和几位学者组成的刑法修改小组。② 该小组前后活动约半年，参与了 1988 年 12 月刑法修改稿的研拟和刑法修改中其他一些资料整理与研讨的工作。1989 年 6 月，刑法修改工作停止该小组也停止了活动。

这一时期，最高司法机关也为刑法的修订做了大量的工作。1989 年，最高人民检察院向全国省级和部分省辖市检察院发出《刑法修改调查提纲》，广泛征求意见，并整理出了数万言的《修改刑法研究报告》。最高人民法院在全国法院系统展开调研，广泛收集刑法修改建议，拟出了《关于刑法总则修改的若干问题（草案）》和《关于刑法分则修改的若干问题（草案）》。这些材料都及时报送国家立法机关，从而为刑法的修改提供了司法实践方面的参考资料。③

与此同时，刑法学界对刑法理论的研究和刑法修改的学术活动也很活跃，相继出版和发表了一些有关刑法改革与完善的专著和论文。这些建言为刑法的修订提供了较为充分的理论支持。

1989 年 5 月，全国人大常委会主持立法工作的王汉斌副委员长召集法工委领导和法工委刑法室、经济法室、办公室的有关同志举行了 1 周的会议，对法工委于 1988 年 12 月 25 日拟出的《刑法修改稿》逐条进行了研讨。

后来，到 1989 年 6 月，由于受到春夏之交的政治风波的影响，进行了不到 1 年的刑法典修改工作停了下来。④

3. 重点修改阶段

刑法修改工作自 1989 年 6 月因政治形势的影响而停止。鉴于初步修改阶段已达成共识的将反革命罪更名为危害国家安全罪的问题在 1989 年春夏之交的政治风波之后引起了较大的争议，中央决策领导层经过研究，表示肯定和支持立法机关之前更改反革命罪罪名的打算，并在 1991 年 1 月向立法机关提出了先行修改反革命罪的任务，要求尽快进行。之后，全国人大常委会法制工作委员会又启动刑法修改工作，并将修改重点放在了反革命罪上。在广泛调查研究的基础上，法工委起草了关于修改反革命罪的决定草案，并邀请中央政法委员会、最高人民法院、最高人民检察院、公安部、国家安全部的负责同志和部分专家进行研究修改，准备提请当年 3 月召开的七届全国人大四次会议审议。然而，由于在有些问题上存在不同意见，最终决定暂不提交。后来，苏联解体和东欧剧变使国际形势发生了急剧变化，受到国际局势的影响，这次针对反革命罪的刑法修订工作又暂时停了下来。⑤

---

① 参见赵秉志主编：《新旧刑法比较与统一罪名理解与适用》，中国经济出版社 1998 年版，第 9 页以下。

② 该小组由全国人大常委会法工委原副主任高西江主持，由法工委刑法室的几位领导和业务骨干（刑法室李福成副主任、李淳副主任、郎胜处长、王尚新处长和黄太云、滕炜同志）以及刑法学界的 3 位中青年学者（中国社会科学院法学所崔庆森副研究员、中国人民大学法律系赵秉志副教授和中国政法大学薛瑞麟讲师）组成。参见赵秉志：《积极促进刑法立法的改革与完善——纪念 1997 年刑法典颁行十周年感言》，载《法学》2007 年第 9 期。

③ 参见赵秉志：《刑法改革问题研究》，中国法制出版社 1996 年版，第 44-45 页。

④ 参见赵秉志主编：《新刑法全书》，中国人民公安大学出版社 1997 年版，第 70-77 页。

⑤ 参见赵秉志主编：《新刑法全书》，中国人民公安大学出版社 1997 年版，第 77-79 页。

4. 全面修改阶段

1992 年 10 月中国共产党第十四次代表大会的召开，标志着中国的经济体制实现了由有计划的商品经济向社会主义市场经济的转变。国家决策机构和立法机关认识到，市场经济就是法制经济，因此，为了保障市场经济的健康稳步发展，需要完善的法律包括刑法来保驾护航。自此以后，我国刑法典的修改工作进入了全面展开阶段。

1993 年，八届全国人大常委会将修改刑法典和刑事诉讼法典的工作一并再次提上日程。全国人大常委会法工委在当时主要致力于刑事诉讼法典修改工作的情况下，于 1993 年抽调部分力量并邀请数位刑法学者再度组成了刑法修改小组。① 此外，最高人民法院、最高人民检察院、公安部等中央政法机关也成立了自己的刑法修改研究机构。刑法学界也通过各种形式积极参与国家立法机关暨政法部门关于修订刑法典的研讨工作。同时，为了在刑法修改中充分发挥刑法学界的优势，1993 年 12 月，全国人大常委会法工委委托中国人民大学法学院刑法专业的数位刑法学者帮助起草刑法典总则部分。人大法学院这个起草小组集中精力进行研究和起草工作，在 1993 年 12 月至 1994 年 9 月先后拟出了刑法典总则的 1 个大纲和 4 个稿本。② 几家中央政法机关的刑法修改研究机构也陆续提出了各自的刑法修改方案和意见。在此基础上，全国人大常委会法工委经过研究，于 1995 年 8 月拟成了《刑法总则修改草案》。在刑法典分则方面，法工委早在 1994 年 3 月就拟定了作为刑法典分则修改稿基础的《刑法分则条文汇集》。后又经刑法修改小组反复研讨，于 1995 年 8 月拟定了更加成熟的《刑法分则条文汇集》。③

1996 年 3 月，刑事诉讼法修改稿在八届全国人大四次会议上通过。从 1996 年 4 月起，全国人大常委会法工委迅速将主要精力转入刑法典的全面修改工作，加快了刑法修订的研拟步伐。同年 6 月，在以往准备和广泛征求中央政法机关以及有关专家意见的基础上，法工委拟出了修订草案的草稿。同年 7 月，主持刑法修改工作的全国人大常委会副委员长王汉斌召集全国人大有关专门委员会的负责人，对刑法典修订稿草稿进行了讨论。然后，国家立法机关根据讨论意见对草稿进行修改，并多次召开座谈会，听取政法机关和专家学者的意见，并集中时间邀请一些专家学者与立法机关的同志一起，认真推敲刑法修改中的各种问题。其中比较重要的一次会议，是 1996 年 8 月 12 日至 16 日全国人大常委会法工委在京邀请 6 位全国著名的资深刑法学者参加的连续召开 5 天的“刑法修改座谈会”，这次会议对刑法典修订草案进行了系统的研讨。④ 在此基础上，全国人大常委会法工委于 1996 年 8 月 31 日推出《刑法总则修改稿》和《刑法分则修改草案》。同年 9 月，王汉斌副委员长再次主持召集有关方面的负责人，对刑法修改草稿进行逐条讨论，修改出 1996 年 10 月 10 日的《中华人民共和国刑法修订草案（征求意见稿）》，并于同年 10 月印发给有关机关和一些法律院校征求意见。同年 11 月，全国人大常委会法工委主任顾昂然、副主任胡康生参加了在四川省乐山市召开的中国刑法学研究会的年度学术研讨会，就《中华人民共和国刑法修订草案（征求意见稿）》广泛听取来自全国刑法理论界、实务界专家学者们的意见。之后，全国人大常委会法工委又于同年 11 月 11 日至 22 日在北京召开了历时 10 余天的大型座谈会，中央各政法机关的有关领导和全国法律实务界、刑法学界的专家学者共计 150 余人与会，主持刑法典修订工作的全国人大常委会副委员长王汉斌到会听取了与会专家学者的修法意见和建议。经过国家立法机关、司法部门和专家学者的共同努力，终于拟定出了一部较为成熟的刑法典修

① 该小组由全国人大常委会法工委原副主任高西江主持，由法工委刑法室副主任李淳协助主持，刑法室徐霞、宋海波同志参加；应邀参加刑法修改小组的刑法学者有 7 位，分别是：北大法律系储槐植教授、王世洲副教授，人大法律系赵秉志教授，社科院法学所陈宝树研究员、陈泽宪副研究员，公安大学李文燕教授，政法大学侯国云副教授。该小组的活动时间大体为 1993 年 9 月至 1996 年 4 月，其研究重点为刑法典分则部分，先后整理出 4 份具有草案性质的《刑法分则条文汇集》。参见赵秉志：《积极促进刑法立法的改革与完善——纪念 1997 年刑法典颁行十周年感言》，载《法学》2007 年第 9 期。

② 人大法学院刑法专业接受全国人大常委会法工委委托后，成立了由高铭暄教授和王作富教授主持、由赵秉志教授协助主持的刑法典总则修改小组，其他成员为陈兴良教授、姜伟教授、黄京平副教授、鲍遂献副教授和博士生赫兴旺、颜茂昆。参见高铭暄、赵秉志编：《新中国刑法立法文献资料总览》（第 2 版），中国人民公安大学出版社 2015 年版，第 1340-1373 页。

③ 参见赵秉志：《刑法改革问题研究》，中国法制出版社 1996 年版，第 110 页以下。

④ 参加这次座谈会的 6 位学者为：人大法学院的高铭暄教授和王作富教授、武大法学院的马克昌教授、北大法学院的储槐植教授、政法大学的曹子丹教授、最高人民法院高级法官培训中心的单长宗教授。参见高铭暄：《中华人民共和国刑法的孕育诞生和发展完善》，北京大学出版社 2012 年版，第 168-169 页。

订草案，并于同年12月提交八届全国人大常委会进行审议。①

5. 立法审议通过阶段

自1996年12月起，刑法典的全面修订工作进入了国家立法机关的最后审议和通过阶段。

在八届全国人大五次会议最后通过之前，八届全国人大常委会对刑法修订草案审议了2次。第一次是在1996年12月24日至30日召开的八届全国人大常委会第23次会议上。12月26日，会议分组审议了刑法典修订草案，并提出了一些修改意见。之后的1997年1月，全国人大常委会副委员长王汉斌，中央政法委员会书记、最高人民法院院长任建新和中央政法委员会副书记罗干主持了由国家立法机关和中央政法机关负责人参加的会议，对刑法修订草案中重大的、有争议的问题共同讨论研究修改。对总则部分原则未改动，分则部分因增加了“危害国防利益罪”一章而增至11章，草案总条文达到450条。此后，全国人大常委会法工委根据上述两次会议的意见，对刑法典修订草案进行了认真的修改，并多次召开会议听取各方面的意见，从而形成了更加成熟的刑法典修订草案。1997年1月13日至24日，法律委员会、内务司法委员会还召开联席会议，根据全国人大常委会委员和各方面的意见，对刑法修订草案逐条进行审议、修改，又将分则改为10章，去掉了“妨害婚姻、家庭罪”一章，将其内容并入“侵犯公民人身权利、民主权利罪”一章中。这次修订稿基本确定了1997年刑法草案的框架并作为1997年2月17日八届全国人大常委会第24次会议文件印发。

第八届全国人大常委会第24次会议于1997年2月19日至23日在京召开。2月19日，会议对刑法典修订草案又进行了审议并作了一些修改，之后于1997年3月1日将其作为全国人大第五次会议文件印发给各位代表。

1997年3月1日至14日，八届全国人大五次会议在北京召开。审议通过刑法修订草案是这次会议最重要的议程之一。刑法典修订草案于1997年3月6日提交八届全国人大五次会议审议，全国人大常委会副委员长王汉斌作了关于《中华人民共和国刑法（修订草案）》的说明，各代表团于3月6日、7日、8日进行审议。代表们认为，修订刑法是健全社会主义法制、完善我国刑事法律的重要步骤，刑法修订草案基本符合我国实际情况，有利于打击犯罪、保护人民，保障社会主义改革开放和现代化建设事业的顺利进行，同时也提出了一些修改意见。全国人大法律委员会于1997年3月8日、10日、11日召开会议，根据各代表团审议意见，对修订刑法草案进行了审议，提出了修改意见。全国人大法律委员会主任委员薛驹于1997年3月13日将修订草案提交八届全国人大五次会议主席团三次会议审议并通过。主席团会议遂决定将刑法典修订草案提交大会审议。1997年3月14日，第八届全国人民代表大会第五次会议表决通过了修订后的《中华人民共和国刑法》，于同日以第83号国家主席令予以公布，并规定这部新的刑法典于1997年10月1日起施行。②

至此，历经15年的研究、修订、补充，一部崭新的、统一的、比较完备的、具有时代气息和多方面显著进展的《中华人民共和国刑法》即1997年修订的刑法典，正式诞生了。这也是新中国现行的刑法典。这部新刑法典的诞生，标志着我国的刑事立法进入了一个新的历史阶段。

二、刑法立法的基本内容

1979年刑法典是新中国成立以后第一部正式的刑法典，对我国刑法立法体系的形成与完善具有重要的基础和奠基意义。但是，由于受当时历史条件和立法经验的限制，这部刑法典不论在体系结构、规范内容还是在立法技术上，都还存在一些缺陷。为此，自1981年至1997年新刑法典通过前，全国人大常委会先后通过了25部单行刑法对其相关内容进行补充和完善。

（一）1979年刑法典

总体上看，虽然该部刑法典只有192个条文且条文大多很简短，是一部粗放型的刑法典，但它在新中国历史上第一次系统地规定了犯罪、刑罚的基本原理原则、共性制度以及各种具体犯罪及其法定刑，标志着当代中国刑法体系的初步形成，是一部初具中国特色的社会主义刑法典。对其内容择其要

① 参见赵秉志主编：《新刑法全书》，中国人民公安大学出版社1997年版，第79-93页；赵秉志：《积极促进刑法立法的改革与完善——纪念1997年刑法典颁行十周年感言》，载《法学》2007年第9期。

② 参见赵秉志主编：《新刑法全书》，中国人民公安大学出版社1997年版，第93-99页；参见高铭暄、赵秉志：《中国刑法立法之演进》，法律出版社2007年版，第57-58页。

者列举如下：

1. 关于刑法的指导思想和任务

1963 年刑法草案第 33 稿第一章的章名为“刑法的任务和适用范围”，其中第 1 条规定：“中华人民共和国刑法，以宪法为根据。依照严格区分敌我矛盾性质的犯罪和人民内部矛盾性质的犯罪的原则和惩办与宽大相结合的政策制定。”1979 年刑法典第一章的章名确定为“刑法的指导思想、任务和适用范围”，增加了刑法指导思想的内容，体现在第 1 条中，表述为“以马克思列宁主义毛泽东思想为指针”，并删去了区分两类不同性质的犯罪的内容。这种将政治指导思想写入刑法的做法前所未见，在我国其他部门法中也极为罕见，有学者认为这是基于政治正确的思维定式的反映。①

1979 年刑法典第 2 条规定了刑法的任务，承认刑法和犯罪的阶级本质，规定“中华人民共和国刑法的任务，是用刑罚同一切反革命和其他刑事犯罪行为作斗争，以保卫无产阶级专政制度，保护社会主义的全民所有的财产和劳动群众集体所有的财产，保护公民私人所有的合法财产，保护公民的人身权利、民主权利和其他权利，维护社会秩序、生产秩序、工作秩序、教学科研秩序和人民群众生活秩序，保障社会主义革命和社会主义建设事业的顺利进行。”其中，保护社会主义社会的公共财产和公民个人的合法财产，以及保护公民的基本权利，是刑法两个方面的重要任务。全国人大常委会副委员长彭真在关于 1979 年刑法典的立法说明中对此特别予以强调。②

2. 关于刑法的适用范围

刑法的适用范围取决于刑法所确立的管辖权，这是刑法的基本规定，对刑法的实施至关重要。1979 年刑法典第 3 条至第 8 条规定了刑法的属地管辖、属人管辖和保护管辖的刑法适用原则，其中需要注意的是规定了有限的属人原则。第 4 条规定，中华人民共和国公民在中华人民共和国领域外犯反革命罪、伪造国家货币罪、伪造有价证券罪、贪污罪、受贿罪、泄露国家机密罪、冒充国家工作人员招摇撞骗罪以及伪造公文、证件、印章罪的，适用本法。第 5 条规定，中华人民共和国公民在中华人民共和国领域外犯前条以外的罪，而按本法规定的最低刑为 3 年以上有期徒刑的，也适用本法；但是按照犯罪地的法律不受处罚的除外。当时尚没有规定普遍管辖原则。

3. 确立刑法从旧兼从轻的溯及力原则

1979 年刑法典第 9 条规定：“……中华人民共和国成立以后本法施行以前的行为，如果当时的法律、法令、政策不认为是犯罪的，适用当时的法律、法令、政策。如果当时的法律、法令、政策认为是犯罪的，依照本法总则第四章第八节的规定应当追诉的，按照当时的法律、法令、政策追究刑事责任。但是，如果本法不认为是犯罪或者处刑较轻的，适用本法。”这种从旧兼从轻的溯及力原则也是各国刑法的通例。

4. 明确规定了犯罪概念以及但书规范

1979 年刑法典第 10 条规定：“一切危害国家主权和领土完整，危害无产阶级专政制度，破坏社会主义革命和社会主义建设，破坏社会秩序，侵犯全民所有的财产或者劳动群众集体所有的财产，侵犯公民私人所有的合法财产，侵犯公民的人身权利、民主权利和其他权利，以及其他危害社会的行为，依照法律应当受刑罚处罚的，都是犯罪；但是情节显著轻微危害不大的，不认为是犯罪。”这一规定确立了犯罪行为较为严重的社会危害性、刑事违法性和应受刑罚处罚性的基本特征，确立了中国刑法中危害社会性质与危害社会程度结合和统一的犯罪概念范式，从而成为中国刑法的重要特色。

5. 确立了故意犯罪和过失犯罪的基本概念和刑事责任原则

1979 年刑法典第 11 条规定：“明知自己的行为会发生危害社会的结果，并且希望或者放任这种结果发生，因而构成犯罪的，是故意犯罪。故意犯罪，应当负刑事责任。”由此确立了故意犯罪的基本特征及其认识因素、意志因素的特点，明确了故意犯罪必须负刑事责任的原则。

第 12 条规定：“应当预见自己的行为可能发生危害社会的结果，因为疏忽大意而没有预见，或者已经预见而轻信能够避免，以致发生这种结果的，是过失犯罪。过失犯罪，法律有规定的才负刑事责任。”由此确立了两种过失犯罪的特征，明确了过失危害行为必须是刑法分则规范有明文规定的才追究

---

① 参见陈兴良：《回顾与展望：中国刑法立法四十年》，载《法学》2018 年第 6 期。

② 参见全国人大常委会副委员长彭真：《关于七个法律草案的说明——1979 年 6 月 26 日在第五届全国人民代表大会第二次会议上》，载高铭暄、赵秉志编：《新中国刑法立法文献资料总览》（第 2 版），中国人民公安大学出版社 2015 年版，第 236 页。

刑事责任的原则。

第13条规定："行为在客观上虽然造成了损害结果，但是不是出于故意或者过失，而是由于不能抗拒或者不能预见的原因所引起的，不认为是犯罪。"由此确立了缺乏犯罪故意或犯罪过失的不可抗力事件和意外事件不构成犯罪的制度。

6. 规定了刑事责任年龄和刑事责任能力制度

关于刑事责任年龄，1979年刑法典第14条规定："已满十六岁的人犯罪，应当负刑事责任。已满十四岁不满十六岁的人，犯杀人、重伤、抢劫、放火、惯窃罪或者其他严重破坏社会秩序罪，应当负刑事责任。已满十四岁不满十八岁的人犯罪，应当从轻或者减轻处罚。因不满十六岁不处罚的，责令他的家长或者监护人加以管教；在必要的时候，也可以由政府收容教养。"由此确立了不满14周岁的人不负刑事责任、已满14周岁不满16周岁的人仅对部分严重犯罪负刑事责任、已满16周岁的人对所有犯罪负刑事责任以及已满14周岁不满18周岁的人犯罪应当从宽处罚的刑事责任年龄制度。

关于刑事责任能力，第15条规定："精神病人在不能辨认或者不能控制自己行为的时候造成危害结果的，不负刑事责任；但是应当责令他的家属或者监护人严加看管和医疗。间歇性的精神病人在精神正常的时候犯罪，应当负刑事责任。醉酒的人犯罪，应当负刑事责任。"第16条规定："又聋又哑的人或者盲人犯罪，可以从轻、减轻或者免除处罚。"由此确立了精神状况影响刑事责任能力的制度：(1) 丧失辨认或者控制能力的精神障碍人不负刑事责任，阵发性精神障碍人在精神正常时犯罪应负刑事责任；(2) 醉酒的人犯罪应负刑事责任；(3) 聋哑人或者盲人犯罪可以从宽或免除处罚。

7. 确立了正当防卫和紧急避险制度

1979年刑法典第17条规定："为了使公共利益、本人或者他人的人身和其他权利免受正在进行的不法侵害，而采取的正当防卫行为，不负刑事责任。正当防卫超过必要限度造成不应有的危害的，应当负刑事责任；但是应当酌情减轻或者免除处罚。"由此确定了正当防卫不负刑事责任和防卫过当减免处罚的制度。

第18条规定："为了使公共利益、本人或者他人的人身和其他权利免受正在发生的危险，不得已采取的紧急避险行为，不负刑事责任。紧急避险超过必要限度造成不应有的危害的，应当负刑事责任；但是应当酌情减轻或者免除处罚。第一款中关于避免本人危险的规定，不适用于职务上、业务上负有特定责任的人。"由此确定了紧急避险不负刑事责任和避险过当减免处罚的制度。

8. 规定了故意犯罪未完成形态

1979年刑法典第19条规定："为了犯罪，准备工具、制造条件的，是犯罪预备。对于预备犯，可以比照既遂犯从轻、减轻处罚或者免除处罚。"此即犯罪预备行为的规定和预备犯处罚原则的规定。

第20条规定："已经着手实行犯罪，由于犯罪分子意志以外的原因而未得逞的，是犯罪未遂。对于未遂犯，可以比照既遂犯从轻或者减轻处罚。"由此界定了犯罪未遂形态的特征及对未遂犯的处罚原则。

第21条规定："在犯罪过程中，自动中止犯罪或者自动有效地防止犯罪结果发生的，是犯罪中止。对于中止犯，应当免除或者减轻处罚。"由此界定了犯罪中止形态的特征及对中止犯减免处罚的原则。

9. 确立了共同犯罪制度

1979年刑法典第22条规定："共同犯罪是指二人以上共同故意犯罪。二人以上共同过失犯罪，不以共同犯罪论处；应当负刑事责任的，按照他们所犯的罪分别处罚。"由此确定了共同犯罪的概念及其处罚原则。

第23条规定："组织、领导犯罪集团进行犯罪活动的或者在共同犯罪中起主要作用的，是主犯。对于主犯，除本法分则已有规定的以外，应当从重处罚。"第24条规定："在共同犯罪中起次要或者辅助作用的，是从犯。对于从犯，应当比照主犯从轻、减轻处罚或者免除处罚。"第25条规定："对于被胁迫、被诱骗参加犯罪的，应当按照他的犯罪情节，比照从犯减轻处罚或者免除处罚。"由此确定了对共同犯罪人按照其在共同犯罪中的作用区分为主犯、从犯、胁从犯三种类型及其处罚原则的制度。

第26条规定："教唆他人犯罪的，应当按照他在共同犯罪中所起的作用处罚。教唆不满十八岁的人犯罪的，应当从重处罚。如果被教唆的人没有犯被教唆的罪，对于教唆犯，可以从轻或者减轻处罚。"由此确立了教唆犯的处罚原则。

10. 规定了刑罚的体系和种类

1979 年刑法典第 27 条至第 55 条确立了刑罚的体系和种类，以及各种刑罚的内容。将刑罚分为主刑和附加刑两类：主刑的种类包括管制、拘役、有期徒刑、无期徒刑、死刑；附加刑的种类包括罚金、剥夺政治权利、没收财产。对于犯罪的外国人，还可以独立适用或者附加适用驱逐出境。此外，还规定了非刑罚处理措施（第 31、32 条）。其中，作为主刑之一的管制是一种限制自由而非完全剥夺自由的半开放性的刑罚种类，是中国刑法独创的刑罚方法。

11. 死刑制度及其罪名

关于死刑制度，1979 年刑法典第 43 条规定，死刑只适用于罪大恶极的犯罪分子。对于应当判处死刑的犯罪分子，如果不是必须立即执行的，可以判处死刑同时宣告缓期 2 年执行，实行劳动改造。在程序上，死刑除依法由最高人民法院判决的以外，都应当报请最高人民法院核准。死刑缓期执行的，可以由高级人民法院判决或者核准。同时，第 44 条确立了对犯罪的时候不满 18 岁的人和审判的时候怀孕的妇女，不适用死刑的原则。已满 16 岁不满 18 岁的，如果所犯罪行特别严重，可以判处死刑缓期 2 年执行。第 45 条规定了死刑用枪决的方法执行。1979 年刑法典中确立的死缓制度是中国刑法独创的制度，这一制度在限制和减少死刑实际执行方面具有重要的作用。1979 年刑法典关于未成年人和孕妇不适用死刑的制度，也是在保留死刑的国度中限制死刑的人道主义举措。

关于死刑罪名。相对于刑法典草案第 33 稿的规定，1979 年刑法典减少了死刑罪名。对此，时任全国人大常委会副委员长的彭真在对《关于〈中华人民共和国刑法〉（草案）》的说明中指出："我国现在还不能也不应废除死刑，但应尽量减少使用。早在 1951 年，中共中央和毛泽东同志就再三提出要尽量减少死刑。现在，新中国成立将近三十年，特别在粉碎'四人帮'以后，全国形势日益安定，因此刑法（草案）减少了判处死刑罪的条款。"① 1979 年刑法典规定了 27 个死刑罪名，相对来说是比较少的。

12. 确立了刑罚的裁量原则和具体制度

1979 年刑法典第 57 条规定："对于犯罪分子决定刑罚的时候，应当根据犯罪的事实、犯罪的性质、情节和对于社会的危害程度，依照本法的有关规定判处。"由此确立了以犯罪事实为根据、以刑法规定为准绳的量刑原则。

第 59 条还规定，犯罪分子具有本法规定的减轻处罚情节的，应当在法定刑以下判处刑罚。犯罪分子虽然不具有本法规定的减轻处罚情节，如果根据案件的具体情况，判处法定刑的最低刑还是过重的，经人民法院审判委员会决定，也可以在法定刑以下判处刑罚。由此确定了法定减轻处罚和酌定减轻处罚制度。

第 61、62 条规定了累犯从重处罚的制度，第 63 条规定了自首处罚从宽的制度，第 64 至 66 条规定了数罪并罚制度，第 67 至 70 条规定了缓刑制度。

13. 确立了刑罚执行制度和刑法时效制度

1979 年刑法典第 71、72 条规定了刑罚执行中的减刑制度，这种制度是中国刑法的一个创举；第 73 至 75 条规定了刑法执行中的假释制度。

第 76 至 78 条规定了对犯罪的追诉时效制度。第 76 条规定："犯罪经过下列期限不再追诉：（一）法定最高刑为不满五年有期徒刑的，经过五年；（二）法定最高刑为五年以上不满十年有期徒刑的，经过十年；（三）法定最高刑为十年以上有期徒刑的，经过十五年；（四）法定最高刑为无期徒刑、死刑的，经过二十年。如果二十年以后认为必须追诉的，须报请最高人民检察院核准。"第 77 条规定的是不受追诉期限限制的情形，第 78 条规定的是追诉期限的计算问题。1979 年刑法典没有规定行刑时效制度。

14. 规定了有罪类推制度

1979 年刑法典第 79 条规定："本法分则没有明文规定的犯罪，可以比照本法分则最相类似的条文定罪判刑，但是应当报请最高人民法院核准。"由此规定了有罪类推制度。其立法动因是，在罪刑规范不够完备的条件下，维护刑法的相对稳定性。立法原意是把严格限制下的类推作为罪刑法定原则的一

① 参见全国人大常委会副委员长彭真：《关于七个法律草案的说明——1979 年 6 月 26 日在第五届全国人民代表大会第二次会议上》，载高铭暄、赵秉志编：《新中国刑法立法文献资料总览》（第 2 版），中国人民公安大学出版社 2015 年版，第 236 页。

种补充。[①] 应当指出，由于类推适用要经过最高人民法院核准，司法机关在运用这一制度时也相当谨慎。从 1979 年刑法典实施到 1997 年刑法典颁布，近 20 年间最高人民法院依法核准的类推案件总数没有超过 120 件，其中 70%左右是侵占他人遗忘物案件；另一类较多的案件涉及妨害婚姻家庭罪。[②] 但不可否认，类推制度是违背罪刑法定原则的、有悖于现代刑法理念的具有根本缺陷的制度，因此在 1997 年刑法典中被废止。

15. 关于刑法典分则体系结构的安排

现代刑法典分则是在刑法典总则的基础上关于各种犯罪罪刑规范的安排。1979 年刑法典分则根据形形色色的犯罪所侵犯的不同客体，把 100 多种罪名归纳为 8 类即 8 个方面的同类客体，设置为 8 章犯罪，分别为：第一章反革命罪（15 条），其同类客体为国家安全；第二章危害公共安全罪（11 条），其同类客体为公共安全；第三章破坏社会主义经济秩序罪（15 条），其同类客体为我国社会主义社会的经济秩序；第四章侵犯公民人身权利、民主权利罪（19 条），其同类客体为公民的人身权利和民主权利；第五章侵犯财产罪（7 条），其同类客体为公私财产权利；第六章妨害社会管理秩序罪（22 条），其同类客体为我国社会管理方面的正常秩序；第七章妨害婚姻、家庭罪（6 条），其同类客体为我国社会正常的婚姻、家庭关系；第八章渎职罪（8 条），其同类客体为国家机关的正常管理活动和公职的廉洁性。这 8 章大体上按照犯罪社会危害程度的大小进行排列，各章即各类犯罪中的各种具体犯罪，也是大体上根据社会危害程度的大小，并适当考虑犯罪之间的性质是否具有近似性，基本上按由重到轻依次进行排列的。1979 年刑法典关于分则体系机构的这一安排及其背后的法理理念支撑，奠定了我国刑法分则规范的科学基础。

16. 关于反革命罪的界定

基于当时的立法理念，反革命罪作为危害国家安全和国家根本利益的犯罪种类被置于分则首章而备受重视。但是，基于历次政治运动尤其是刚结束不久的 10 年“文化大革命”中“反革命”及“反革命罪”被随意罗织的惨痛教训，为了防止“反革命罪”的滥用，1979 年刑法典专门规定了反革命罪的概念，严格限定了反革命罪的主客观特征，即第 90 条规定：“以推翻无产阶级专政的政权和社会主义制度为目的的、危害中华人民共和国的行为，都是反革命罪。”据此规定，若要构成反革命罪，在主观方面行为人必须具有反革命的目的，在客观方面行为人必须具有危害我国国家的行为。关于反革命罪主客观特征的这一规定，在当时的社会和法治条件下，对于正确认定反革命犯罪、准确区分反革命罪与一般刑事犯罪及非罪行为的界限，发挥了积极的作用。

1979 年刑法典作为新中国成立以来的第一部刑法典，它的颁布施行是我国政治生活中的一件值得庆贺的大事。它结束了新中国成立近 30 年没有颁行刑法典的历史，它与同期颁布的 1979 年刑事诉讼法典结合起来，标志着我国刑事法治的基本具备，从而成为我国在加强社会主义法制方面迈出的非常重要的一步。[③] 尽管此次刑法典立法由于时代的局限还存在不少缺陷，然而纵观此后我国刑法立法发展的历程，可以说，这部刑法典基本上确立了我国刑法立法演进的框架，为以后我国刑法的进一步发展完善奠定了基础。从刑法总则看，我国 1997 年刑法典总则共分 5 章，除了第一章的章名略有改变、第二章第四节单位犯罪和第四章第三节立功为新增之外，其余的章节与 1979 年刑法典的总则没有太大区别。从刑法典分则看，1979 年刑法典所采用的同类客体分类法和大章制为 1997 年刑法典所采纳。而且对照两部刑法典的分则体系不难发现，1997 年刑法典分则的体系基本上是在 1979 年刑法典的基础上，通过进一步细化某类犯罪同类客体的方式建构起来的。从立法的内部观察，1997 年刑法典中规定的许多犯罪均直接来源于 1979 年刑法典，如危害公共安全罪章、侵犯人身权利和民主权利罪章、侵犯财产罪章中的许多犯罪。也有一些犯罪是在 1979 年刑法典的基础上修改而来的，如危害国家安全罪章中的一些犯罪等。可见，无论是从刑法典体系上看，还是从微观上考察，1979 年刑法典都是我国现行刑法典的立法基础。

（二）单行刑法对刑法典的修改补充

1979 年刑法典颁布时，我国的社会经济还处于计划经济状态。随着经济体制改革的启动和深化，

---

① 参见高铭暄：《中华人民共和国刑法的孕育诞生和发展完善》，北京大学出版社 2012 年版，第 78-79 页。

② 参见陈兴良：《回顾与展望：中国刑法立法四十年》，载《法学》2018 年第 6 期。

③ 参见赵秉志、王俊平：《改革开放三十年的我国刑法立法》，载《河北法学》2008 年第 11 期。

刑事犯罪出现很多新情况、新特点，使 1979 年刑法典逐渐显得不适应。主要表现在：

其一，犯罪社会危害性的变化。1979 年刑法典制定时，在经济领域计划经济居主导地位，在政治领域以阶级斗争为纲的影响依然存在，对行为社会危害性的评价注重社会政治影响，忽视社会经济价值，强调计划与统一。改革开放以后，随着经济和社会的发展，对行为社会危害性的评价也在不断发生变化，这就要求对刑法的内容作出相应的调整。另外，一些新的消极因素和新的违法犯罪现象逐步出现，如假冒专利、污染环境等行为。

其二，犯罪主体范围的变化。经济体制改革导致多种经济成分的出现，单位犯罪成为不可否认的客观事实。还有一些犯罪的主体应该有所扩大，如中外合资企业、私人企业中的工作人员利用职务便利侵吞雇主财产、情节严重的行为，要给予刑罚处罚。但 1979 年刑法典对这些情况无明文规定。

其三，刑法保护的对象亟待扩大。计划经济时代，不允许私人企业的发展，保护个人财产也只局限在消费资料方面。党的十一届三中全会以后，随着国家改革开放事业的开启和进展，城乡私营企业和个体工商户得到迅速发展，公民个人的合法财产也超出了消费资料而迅速扩大。这就要求对刑法作出相应修改，扩大刑法对公私财产的保护范围。

其四，刑罚制度需要调整。一方面，一些犯罪的社会危害性发生变化，刑法中对这些罪的法定刑规定偏低，需要调整。表现突出的是经济犯罪和危害社会治安的犯罪。另一方面，对刑罚的经济惩罚功能与特殊预防功能关注不够，有必要作出相应的调整，如罚金刑应该发挥更大的作用等。[①]

这一阶段，我国在维护 1979 年刑法典的基础上，又根据社会发展情况和惩治犯罪的实际需要，陆续制定了大量的单行刑法和附属刑法规范，从而使得 3 种刑法立法形式并存。而且刑法立法内容也在不断扩张，1997 年刑法典颁行之前制定的除 1981 年《惩治军人违反职责罪暂行条例》外的 24 部单行刑法（161 条）和 107 部非刑事法律中的附属刑法条款（367 条）条文数量（总计 528 条）已超过 1979 年刑法典和《惩治军人违反职责罪暂行条例》条文数量（214 条）的 2 倍。这些条文内容涉及我国刑法的空间效力、溯及力、犯罪主体、共同犯罪、罪数、刑罚种类、死刑案件的核准、罚金适用、量刑制度以及法条适用、分则罪名、罪状、法定刑等众多内容。因此，无论是在刑法立法的形式上还是在刑法立法的内容上，我国这一阶段的刑法立法都呈现出明显的扩张态势。

概而言之，一系列单行刑法对 1979 年刑法典的补充和修改大体涉及以下诸方面：[②]

第一，在刑法的空间效力上，增设了普遍管辖权原则。所谓普遍管辖权，是指对于危害国际社会安全与重大利益的犯罪，无论犯罪发生于何处，也无论犯罪人、被害人具有何国国籍，各有关义务国均须对其行使刑事管辖权，以惩治国际罪行的一种管辖制度。中国在改革开放以前很长一个时期内都对这一原则持否定态度，认为它是霸权主义的产物。随着改革开放进程的加快与深入，中国在国际事务中的地位和作用日显重要，并先后加入了惩治劫机、反对劫持人质、惩治侵害受国际保护人员行为、惩治贩毒等国际罪行的国际公约。根据这些国际公约的规定，缔约国应采取必要的措施，对相关的国际罪行行使刑事管辖权，而不论犯罪人是否为本国人、犯罪行为是否发生于其国内。为将这一国际义务同国内刑法相衔接，第六届全国人大常委会于 1987 年 6 月 23 日通过了《关于对中华人民共和国缔结或者参加的国际条约所规定的罪行行使刑事管辖权的决定》，规定：对于中华人民共和国缔结或者参加的国际条约所规定的罪行，中华人民共和国在所承担条约义务的范围内，行使刑事管辖权。据此，中国刑法对国际犯罪行使刑事管辖权的条件为：必须是中国缔结或者参加的国际条约所规定的罪行；追究该犯罪必须是在中国承担的条约义务范围之内；适用普遍管辖，应当是中国刑法所规定的其他管辖原则所不能适用的情况，如果依照属地、属人或者保护原则能够行使刑事管辖权的，就不必再适用普遍管辖原则。因此，普遍管辖在中国刑法中只能是一个辅助性原则，其他管辖原则具有优于该原则适用的特性。

第二，在溯及力问题上，有个别单行刑法采取了与 1979 年刑法典规定的从旧兼从轻原则不同的原则。例如，全国人大常委会 1982 年 3 月 8 日通过的《关于严惩严重破坏经济的罪犯的决定》第 2 条规定："本决定自一九八二年四月一日起施行。凡在本决定施行之日以前犯罪，而在一九八二年五月一日以前投案自首，或者已被逮捕而如实地坦白承认全部罪行，并如实地检举其他犯罪人员的犯罪事实的，

① 参见卢乐云：《新中国刑法的演变》，载《中国刑事法杂志》2009 年第 5 期。

② 参见高铭暄、赵秉志：《中国刑法立法之演进》，法律出版社 2007 年版，第 45-53 页。

一律按本决定施行以前的有关法律规定处理。凡在一九八二年五月一日以前对所犯的罪行继续隐瞒拒不投案自首，或者拒不坦白承认本人的全部罪行，亦不检举其他犯罪人员的犯罪事实的，作为继续犯罪，一律按本决定处理。”可以看出，这条规定采取的是有条件的从新原则，也就是以犯罪分子是否在限期内投案自首或坦白检举，作为解决该决定有无溯及力问题的根据。再如，1983 年 9 月 2 日全国人大常委会通过的《关于严惩严重危害社会治安的犯罪分子的决定》第 3 条规定：“本决定公布后审理上述犯罪案件，适用本决定。”依照最高人民法院 1983 年 9 月 20 日颁布的《关于人民法院审判严重刑事犯罪案件中具体应用法律的若干问题的答复》的精神，在这个决定公布后，对于决定所列的犯罪案件，人民法院进行第一审、第二审时，都适用这个决定；对于判决已经发生法律效力的案件，如果发现犯罪分子有漏罪需要进行审判时，也适用这个决定，并依照 1979 年刑法典第 65 条关于数罪并罚的规定作出判决。但在这个决定公布前，已经发生法律效力的判决，如果发现确有错误，需要依照审判监督程序进行改判的，不适用这个决定，仍应适用刑法以及在这个决定之前通过的对刑法的补充和修改的规定。可见，这个决定在溯及力问题上采取的是从新原则。

第三，在犯罪主体问题上，增加了某些罪的单位犯罪的规定。在 1979 年刑法典中，并没有将单位作为犯罪主体加以规定。然而，随着社会的发展，出现了一些以企事业单位、社会团体等名义实施犯罪的现象，由此在刑法学界引发了单位能否实施犯罪以及应否作为犯罪主体在刑法中加以规定的争论。在对这个问题的争论中，肯定论者与否定论者各抒己见、见仁见智。正当这一讨论深入之际，全国人大常委会于 1987 年 1 月 22 日通过了《中华人民共和国海关法》。该法第 47 条第 4 款规定：“企业事业单位、国家机关、社会团体犯走私罪的，由司法机关对其主管人员和直接责任人员依法追究刑事责任；对该单位判处罚金，判处没收走私货物、物品、走私运输工具和违法所得。”《中华人民共和国海关法》的这一规定，拉开了中国立法承认单位犯罪主体的序幕。自 1988 年 1 月以后，全国人大常委会通过的一系列单行刑法中，除了再次明确单位可以成为走私罪的主体外，又进一步规定企业事业单位、机关、团体可以成为逃套外汇罪、非法倒卖外汇牟利的投机倒把罪、受贿罪、行贿罪、偷税罪、淫秽物品犯罪、商标犯罪、伪劣商品犯罪等的犯罪主体。

第四，在共同犯罪定罪和处罚原则上作了一定的补充。例如，1988 年 1 月 21 日全国人大常委会通过的《关于惩治贪污罪贿赂罪的补充规定》第 1 条第 2 款规定：“与国家工作人员、集体经济组织工作人员或者其他经手、管理公共财物的人员勾结，伙同贪污的，以共犯论处。”这一规定表明，身份犯与非身份犯共同犯罪时，按身份犯的犯罪性质定罪。再如，1988 年 1 月 21 日全国人大常委会通过的《关于惩治走私罪的补充规定》第 4 条第 2 款规定：“二人以上共同走私的，按照个人走私货物、物品的价额及其在犯罪中的作用，分别处罚。对走私集团的首要分子，按照集团走私货物、物品的总价额处罚；对其他共同走私犯罪中的主犯，情节严重的，按照共同走私货物、物品的总价额处罚。”《关于惩治贪污罪贿赂罪的补充规定》第 2 条第 2 款规定：“二人以上共同贪污的，按照个人所得数额及其在犯罪中的作用，分别处罚。对贪污集团的首要分子，按照集团贪污的总数额处罚；对其他共同贪污犯罪中的主犯，情节严重的，按照共同贪污的总数额处罚。”由此，确立了在经济性、财产性犯罪中，对犯罪的总数额负责的，不仅是犯罪集团的首要分子，还有其他情节严重的主犯的制度。

第五，在刑罚种类上，除了 1979 年刑法典规定的 9 个刑种外，还增设了新的刑罚种类。例如，1981 年《中华人民共和国惩治军人违反职责罪暂行条例》第 24 条规定：“对于危害重大的犯罪军人，可以附加剥夺勋章、奖章和荣誉称号。”全国人大常委会 1988 年 7 月 1 日通过、1994 年 5 月 12 日修正的《中国人民解放军军官军衔条例》第 28 条第 1 款规定：“军官犯罪，被依法判处剥夺政治权利或者三年以上有期徒刑的，由法院判决剥夺其军衔。”第 2 款规定：“退役军官犯罪的，依照前款规定剥夺其军衔。”该规定增设了剥夺勋章、奖章、荣誉称号和军衔的附加刑。①

第六，关于死刑案件的核准问题。1979 年刑法典第 43 条第 2 款规定：“死刑除依法由最高人民法院判决的以外，都应当报请最高人民法院核准……”据此规定，死刑判决的核准权由最高人民法院统一行使。然而到了 1981 年，为了适应同犯罪作斗争的需要，全国人大常委会作出的《关于死刑案件核准问题的决定》下放了部分死罪的核准权。该决定规定：“在一九八一年至一九八三年内，对犯有杀人、抢劫、强奸、爆炸、放火、投毒、决水和破坏交通、电力等设备的罪行，由省、自治区、直辖市

① 应当注意的是，后来的 1997 年刑法典并没有将剥夺勋章、奖章、荣誉称号和军衔规定为附加刑。

高级人民法院终审判决死刑的，或者中级人民法院一审判决死刑，被告人不上诉，经高级人民法院核准的，以及高级人民法院一审判决死刑，被告人不上诉的，都不必报最高人民法院核准。”①

第七，在量刑制度上，除了1979年刑法典规定的从重处罚、从轻处罚、减轻处罚、免除处罚情节外，对个别情节增加了加重处罚的规定。例如，全国人大常委会1981年6月10日通过的《关于处理逃跑或者重新犯罪的劳改犯和劳教人员的决定》第2条第2款前段规定：“劳改犯逃跑后又犯罪的，从重或者加重处罚……”其第3条规定：“劳教人员、劳改罪犯对检举人、被害人和有关的司法工作人员以及制止违法犯罪行为的干部、群众行凶报复的，按照其所犯罪行的法律规定，从重或者加重处罚。”所谓加重处罚，并不是无限制地加重，而是罪加一等，即在所犯罪行的法定最高刑以上一格判处。除此之外，还增加了不少从重处罚的情节和个别从轻、减轻或者免除处罚的情节。例如，《关于惩治走私罪的补充规定》第10条第1款规定：“武装掩护走私的，依照本规定第一条的规定从重处罚。”《关于惩治贪污罪贿赂罪的补充规定》第3条第2款规定：“挪用救灾、抢险、防汛、优抚、救济款物归个人使用的，从重处罚。”第5条第1款规定：“……索贿的从重处罚。”《关于惩治走私、制作、贩卖、传播淫秽物品的犯罪分子的决定》第3条第4款规定：“向不满十八岁的未成年人传播淫秽物品的，从重处罚。”《关于禁毒的决定》第2条第4款规定：“利用、教唆未成年人走私、贩卖、运输、制造毒品的，从重处罚。”第7条第3款规定：“引诱、教唆、欺骗或者强迫未成年人吸食、注射毒品的，从重处罚。”第11条规定：“国家工作人员犯本决定规定之罪的，从重处罚。”《关于严禁卖淫嫖娼的决定》第6条第2款规定：“前款所列单位②的主要负责人，有前款规定的行为的③，从重处罚。”《关于惩治虚开、伪造和非法出售增值税专用发票犯罪的决定》第2条第3款规定：“伪造、出售伪造的增值税专用发票的犯罪集团的首要分子，分别依照前两款的规定从重处罚。”第8条规定：“税务机关或者其他国家机关的工作人员有下列情形之一的，依照本决定有关规定从重处罚：（一）与犯罪分子相勾结，实施本决定规定的犯罪的；（二）明知是虚开的发票，予以退税或者抵扣税款的；（三）明知犯罪分子实施本决定规定的犯罪，而提供其他帮助的。”

第八，在罪数问题上，有些单行刑法明确规定某些情况要依照数罪并罚的规定处罚，从而排除了按牵连犯、吸收犯处理的可能。例如，《关于惩治走私罪的补充规定》第10条第2款规定：“以暴力、威胁方法抗拒缉私的，以走私罪和刑法（注：此处为1979年刑法典）第一百五十七条规定的阻碍国家工作人员依法执行职务罪，依照数罪并罚的规定处罚。”《关于惩治贪污罪贿赂罪的补充规定》第3条第3款规定：“挪用公款进行非法活动构成其他罪的，依照数罪并罚的规定处罚。”第8条第3款规定：“因行贿而进行违法活动构成其他罪的，依照数罪并罚的规定处罚。”对于有的牵连犯罪，单行刑法没有规定要实行数罪并罚，而是主张按其中的重罪从重处罚，有时还同时规定适用轻罪的附加刑——罚金。例如，《关于禁毒的决定》第2条第1款规定，走私、贩卖、运输、制造毒品，以暴力抗拒检查、拘留、逮捕，情节严重的，处15年有期徒刑、无期徒刑或者死刑，并处没收财产。《关于惩治偷税、抗税犯罪的补充规定》第6条第2款规定：“以暴力方法抗税，致人重伤或者死亡的，按照伤害罪、杀人罪从重处罚，并依照前款规定④处以罚金。”《关于惩治破坏金融秩序犯罪的决定》第2条第3款规定：“伪造货币并出售或者运输伪造的货币的，依照第一条⑤的规定从重处罚。”

第九，增设了新的缓刑制度。例如，《中华人民共和国惩治军人违反职责罪暂行条例》第22条规定：“在战时，对被判处三年以下有期徒刑没有现实危险宣告缓刑的犯罪军人，允许其戴罪立功，确有立功表现时，可以撤销原判刑罚，不以犯罪论处。”对于这一规定，刑法学界称之为“战时缓刑”。

---

① 从这个决定的内容来看，将死刑核准权下放给高级人民法院行使，似乎只是一种临时性的权宜之计，是在非常时期的一种非常举措。但是，后来的形势发展超出了原来的设想。1983年9月2日，全国人大常委会通过的《关于修改〈中华人民共和国人民法院组织法〉的决定》规定，死刑案件除由最高人民法院判决的以外，应当报请最高人民法院核准。杀人、强奸、抢劫、爆炸以及其他严重危害公共安全和社会治安判处死刑的案件的核准权，最高人民法院在必要的时候，得授权省、自治区、直辖市的高级人民法院行使。自此，作为临时性权宜之计的死刑核准权的部分下放之规定演变成了“常法”。

② 根据《关于严禁卖淫嫖娼的决定》之规定，这里的单位包括旅馆业、饮食服务业、文化娱乐业、出租汽车业等。

③ 根据《关于严禁卖淫嫖娼的决定》之规定，所谓前款规定的行为，是指利用本单位的条件，组织、强迫、引诱、容留、介绍他人卖淫。

④ 即抗税罪的规定。

⑤ 即伪造货币罪的规定。

第十，在分则罪名上，1979 年刑法典只有 130 个罪名，经过单行刑法和附属刑法的不断补充，至 1997 年修订的刑法通过之前，已增加到了 263 个罪名。①

第十一，在罪状（具体犯罪构成）上，对某些罪补充规定了概念、特征，使这些犯罪的构成要件更加明确、具体。例如，《关于惩治贪污罪贿赂罪的补充规定》规定了贪污罪、受贿罪、行贿罪的概念、特征。《关于惩治偷税、抗税犯罪的补充规定》规定了偷税罪、抗税罪的概念、特征。有些单行刑法根据犯罪的情节、数额档次，细化了某些犯罪的法定刑档次，从而便于司法的操作。例如，1979 年刑法典对贪污罪规定的法定刑为 3 个档次：一般贪污的，处 5 年以下有期徒刑或者拘役；数额巨大、情节严重的，处 5 年以上有期徒刑；情节特别严重的，处无期徒刑或者死刑。而《关于惩治贪污罪贿赂罪的补充规定》则将贪污罪的法定刑细密化，即根据情节轻重，分别依照下列规定处罚：（1）个人贪污数额在 5 万元以上的，处 10 年以上有期徒刑或者无期徒刑，可以并处没收财产；情节特别严重的，处死刑，并处没收财产。（2）个人贪污数额在 1 万元以上不满 5 万元的，处 5 年以上有期徒刑，可以并处没收财产；情节特别严重的，处无期徒刑，并处没收财产。（3）个人贪污数额在 2000 元以上不满 1 万元的，处 1 年以上 7 年以下有期徒刑；情节严重的，处 7 年以上 10 年以下有期徒刑。个人贪污数额在 2000 元以上不满 5000 元，犯罪后自首、立功或者有悔改表现、积极退赃的，可以减轻处罚，或者免予刑事处罚，由其所在单位或者上级主管机关给予行政处分。（4）个人贪污数额不满 2000 元，情节较重的，处 2 年以下有期徒刑或者拘役；情节较轻的，由其所在单位或者上级主管机关酌情给予行政处分。与 1979 年刑法典的规定相比，这一规定更有助于司法的操作。

第十二，在法定刑上，提高了不少罪的法定刑，其中有的犯罪增设了死刑。1979 年刑法典规定可处死刑的罪名为 27 个，后来经过单行刑法的修改补充增加了 44 个，共有 71 个犯罪可处死刑。② 当然，其中有许多犯罪的死刑是虚置的，并没有实际适用。

第十三，在罚金适用上，对某些犯罪开始规定罚金的数额，③ 如 5000 元以上、1 万元以上 10 万元以下、2 万元以上 20 万元以下、5 万元以上 50 万元以下、偷税数额 5 倍以下、欠缴数额 5 倍以下、骗取税款 5 倍以下、抗缴税款 5 倍以下、违法所得 5 倍以下、违法所得 1 倍以上 5 倍以下、虚报注册资本金额 10%以下、虚假出资金额或者抽逃出资金额 10%以下、非法募集资金金额 5%以下等。

第十四，在法条适用上，通过“比照”的立法方式，扩张了 1979 年刑法典分则某些条文所规定的犯罪构成要件。例如，《关于严惩严重破坏经济的罪犯的决定》第 1 条第（三）项规定：“国家工作人员，无论是否司法人员，利用职务包庇、窝藏本条（一）、（二）规定的犯罪分子，隐瞒、掩饰他们的犯罪事实的，都按刑法（注：此处为 1979 年刑法典）第一百八十八条徇私舞弊罪的规定处罚。”全国人大常委会 1984 年 3 月 12 日通过、1992 年 9 月 4 日修正的《中华人民共和国专利法》第 66 条规定：“专利局工作人员及有关国家工作人员徇私舞弊的，由专利局或者有关主管机关给予行政处分；情节严重的，比照刑法（注：此处为 1979 年刑法典）第一百八十八条的规定追究刑事责任。”依据上述 2 个条款的规定，原本适用于司法工作人员徇私舞弊犯罪的 1979 年刑法典第 188 条，也可适用于非司法工作人员的其他国家工作人员的徇私舞弊犯罪行为，这实际上是扩大了 1979 年刑法典第 188 条的适用范围。又如，全国人大常委会 1984 年 9 月 20 日通过的《中华人民共和国森林法》第 35 条规定：“违反本法规定，超过批准的年采伐限额发放林木采伐许可证或者超越职权发放林木采伐许可证的，对直接责任人员给予行政处分；情节严重，致使森林遭受严重破坏的，对直接责任人员依照刑法（注：此处为 1979 年刑法典）第一百八十七条的规定追究刑事责任。”依据此条规定，原本适用于国家工作人员

① 参见高铭暄主编：《刑法专论》，高等教育出版社 2002 年版，第 49 页。

② 参见高铭暄：《刑法肄言》，法律出版社 2004 年版，第 479-481 页。

③ 如拐卖妇女、儿童罪，绑架妇女、儿童罪，组织卖淫罪，协助组织卖淫罪，强迫卖淫罪，引诱、容留、介绍卖淫罪，偷税罪，逃避追缴欠税罪，骗取出口退税罪，抗税罪，生产、销售伪劣商品犯罪，虚报注册资本罪，虚假出资、抽逃出资罪，欺诈发行股票、债券罪，提供虚假财会报告罪，妨害清算罪，中介组织人员提供虚假证明文件罪，擅自发行股票、公司债券罪，伪造货币罪，出售、购买、运输假币罪，金融工作人员购买假币、以假币换取货币罪，持有、使用假币罪，变造货币罪，擅自设立金融机构罪，伪造、变造、转让金融机构经营许可证罪，非法吸收公众存款罪，集资诈骗罪，违法向关系人发放贷款罪，违法发放贷款罪，贷款诈骗罪，伪造、变造金融票证罪，票据诈骗罪，金融凭证诈骗罪，信用证诈骗罪，信用卡诈骗罪，保险诈骗罪，虚开增值税专用发票、购买伪造的增值税专用发票罪，虚开用于骗取出口退税、抵扣税款发票罪，非法制造、出售非法制造的用于骗取出口退税、抵扣税款发票罪，非法出售用于骗取出口退税、抵扣税款发票罪。

玩忽职守犯罪（属于过失犯罪）的1979年刑法典第187条，也可适用于国家工作人员滥用职权犯罪（属于故意犯罪）的情况，这也就扩大了1979年刑法典第187条的适用范围。

当然，我国这一阶段刑法立法的扩张有其必然性。一方面，1979年刑法典的立法探索性决定了其立法带有明显的过渡性和不完备性，需要进一步的补充修正；另一方面，随着改革开放政策的深入实施，我国社会发展和犯罪形势都发生了很大的变化，原有犯罪的新情况、新问题层出不穷，大量新型犯罪也不断涌现，需要刑法立法及时加以应对。客观地看，这一阶段的刑法立法扩张及时填补了我国1979年刑法典立法的不足，在一定程度上解决了当时司法实务之急需，但同时也带来了3个方面的明显问题：一是刑法立法极度分散。在这一阶段，我国不仅有刑法典，而且还有独立于刑法典而存在的大量单行刑法和附属刑法规范。特别是在附属刑法这一立法形式之下，大量刑法规范分散在民事、经济、行政等非刑事法律之中，给人们认识、运用刑法规范造成了极大的不便。二是刑法立法内容不统一。这一阶段的刑法立法主要是为了应对不断涌现的新型犯罪和原有犯罪的新情况、新问题，同时为了维护社会治安，加大了对严重危害社会治安、经济秩序和社会秩序的犯罪的惩治，刑法立法具有明显的即时性。这不可避免地导致了刑法立法内容的不统一。例如，对于单位犯罪的规定，就只存在于少数单行刑法规定的某些具体犯罪之中，缺乏统一性。三是刑法立法的重刑化倾向。这一阶段的刑法立法除了注重不断扩张其犯罪圈，还有着较为明显的重刑化倾向，这也直接导致了重刑较为广泛使用的司法，并对重刑化的刑事法治理念与民意有推波助澜之效应。

由于在刑法典之外，还有众多单行刑法和附属刑法，缺乏一个体系上的归纳，显得颇为零乱，不便于全面掌握。再者，由于单行刑法一个接一个地补充和归纳，彼此缺乏照应，在法条之间常有交叉现象，在法定刑上难免轻重失衡。特别是决定实行有中国特色的社会主义市场经济体制以来，各方面都发生了许多深刻变化，在犯罪现象上也出现了许多新情况、新问题。对市场经济中出现的不轨行为，哪些应规定为犯罪，罪与非罪的界限如何划分，如何对社会上出现的各式各样的犯罪进一步加以科学的归纳和分类，这些都要作通盘的考虑，而不是通过几个单行刑法修修补补就能够解决的。因此，为了更加有效地发挥刑法的社会调整功能，更好地保护社会和保障人权，全面系统地修订出一部崭新的刑法典，实乃势在必行。

（三）刑法典起草方面的成果

1988年7月，七届全国人大常委会将对1979年刑法典的修订提上国家立法机关的立法工作日程。此后，自1988年9月全国人大常委会法制工作委员会拟出第一份刑法修改稿，至1997年3月八届全国人大五次会议通过修订后的刑法草案，9年间国家立法机关先后拟出了19个刑法修订稿本，其中包括11个完整的刑法修订稿、3个刑法总则修改稿、4个刑法分则条文汇集稿和1个刑法分则修改草稿。[①] 这些刑法典修订草案，是国家立法机关和有关方面在一定时期为探索我国刑法典完善的立法主张，从一定意义上也可以说是关于我国刑法完善方面的研究成果。对这些刑法修订稿本进行研究，有助于对我国刑法立法的深入了解和把握。限于篇幅，笔者在此仅选取3个有代表性的稿本和1份重要资料予以简述。

1. 1988年12月的《中华人民共和国刑法（修改稿）》

在1988年7月至1989年6月的刑法典初步修改阶段，全国人大常委会法制工作委员会主持研拟出了1988年9月、11月、12月共3个刑法修改稿。其中，1988年12月25日的《中华人民共和国刑法（修改稿）》吸纳和发展了9月与11月2个草案所取得的进展，还参考研究了1988年全国刑法学术年会的相关意见及当时其他的理论与实务建议。可以说，1988年12月的刑法修改稿是1988年至1989年这一阶段刑法修改工作所取得的具有代表性的成果，它基本反映了当时各方面的刑法修改意见和修法水平。[②]

1988年12月的《中华人民共和国刑法（修改稿）》包括总则和分则，共15章218条。下面分述其总则和分则的主要修改情况。

该修改稿的总则编包括5章94条。这5章的章名及体系结构与1979年刑法典完全相同。该修改稿在总则中“节”这一层级的体系结构上有2个引人注目的调整：一是将1979年刑法典总则第二章犯

① 参见高铭暄、赵秉志编：《新中国刑法立法文献资料总览》（第2版），中国人民公安大学出版社2015年版，第331-735页。

② 参见赵秉志主编：《新刑法全书》，中国人民公安大学出版社1997年版，第72-73页。

罪第一节“犯罪和刑事责任”的内容分为3节，分别为第一节犯罪、第二节刑事责任年龄和责任能力、第三节正当防卫和紧急避险，其立法调整意图是使相关立法的逻辑更加清晰和合理。二是将1979年刑法典总则第四章刑罚的具体运用第三节“自首”增补修正为“自首、坦白和立功”，意在增补坦白和立功的条文。该修改稿总则所增设的5个条文都关涉重要问题：（1）在第一章刑法的适用范围部分增设了普遍管辖权原则的条文，其根据是1987年全国人大常委会通过的《关于对中华人民共和国缔结或者参加的国际条约所规定的罪行行使刑事管辖权的决定》；（2）在第二章第二节刑事责任年龄和责任能力部分，增设了“智力发育不全的人犯罪，可以从轻、减轻或者免除处罚”的条文；（3）在第四章第三节自首、坦白和立功下增设了坦白及其可以从轻处罚的条文；（4）在第四章第三节增设了立功及其可以从宽处罚的条文；（5）在第五章其他规定中，增设了法人犯罪（限于为谋取非法利益的情形）及对其实行双罚制的条文，其法律根据和背景是1987年1月颁布的《海关法》和1988年1月颁布的《关于惩治走私罪的补充规定》《关于惩治贪污罪贿赂罪的补充规定》对于单位可以构成走私罪、行贿罪、受贿罪及对之实行双罚制的规定。把法人犯罪条文置于刑法总则中意在将法人犯罪设立为总则制度，而将该条文置于“其他规定”一章似乎又表明立法者不愿贸然抬高法人犯罪的一般制度的考虑。还有一个应注意的问题，即虽然当时在学界已经形成了刑法修改时要废除类推制度并规定罪刑法定原则的较高的呼声，但该修订稿（也包括之前的2个稿本）仍维持了1979年刑法典的规定，既没有废除类推制度，也没有确立罪刑法定原则，这表明国家立法机关对废除类推制度和确立罪刑法定原则还没有认同。

该修订稿的分则编包括10章124条。分则10章的犯罪与1979年刑法典的分则一样仍按同类客体进行犯罪的分类，在体系结构上与1979年刑法典分则相比有4点修正：（1）将第一章“反革命罪”更改为“危害国家安全罪”；（2）增加了一章“破坏自然资源罪”，置于“破坏社会主义经济秩序罪”一章之后；（3）增加了一章“妨害公务罪”，置于“妨害社会管理秩序罪”一章之后；（4）将“侵犯公民人身权利、民主权利罪”一章和“渎职罪”一章的位置往前调整为第三章和第四章，位于第二章“危害公共安全罪”之后及第五章“破坏社会主义经济秩序罪”之前，表明了公民基本权利和国家机关正常活动都重于经济秩序的客体理念。以上几点修正，意在充实和完善犯罪类型，并使分则的体系结构更加科学、合理。在该修订稿分则各章犯罪中关于具体犯罪还有多方面、一系列的调整和修改、增删，包括调整条文位置、增设新罪名、修改原有罪名的罪状或法定刑、删除罪名等。①

由上可见，1988年12月的刑法修改稿较之前的1979年刑法典有了多方面的改进，但与1997年刑法典还有相当大的差距，这是当时国家立法机关立法水平和相关认识、相关立法条件的反映。

2. 1995年8月的《刑法分则条文汇集》

1993年10月至1995年8月，全国人大常委会法工委刑法修改小组先后于1993年10月、11月及1994年3月、1995年8月研拟整理出了4份《刑法分则条文汇集》，其用途是作为刑法典修改稿分则编的基础。《刑法分则条文汇集》进行了犯罪分类“小章制”的探索。下面选择其中形成时间较晚的1995年8月8日的《刑法分则条文汇集》（以下简称《分则汇集》）予以简述。

1995年8月的《分则汇集》将1979年刑法典分则的103个条文增加至274条，将分则的犯罪分为26章，依次为：（1）危害国家安全罪；（2）危害公共安全罪；（3）侵犯公民人身权利罪；（4）侵犯公民民主权利和其他权利罪；（5）侵犯财产罪；（6）国家工作人员贪污贿赂罪；（7）渎职罪和违反职业义务罪；（8）走私罪；（9）生产、销售伪劣商品罪；（10）侵犯知识产权罪；（11）危害金融罪；（12）危害证券、票证管理罪；（13）妨害公司、企业管理罪；（14）妨害公平竞争罪；（15）扰乱市场秩序罪；（16）危害税收罪；（17）危害环境和自然资源罪；（18）危害公共卫生罪；（19）妨害司法罪；（20）扰乱社会管理秩序罪；（21）妨害国（边）境管理罪；（22）妨害文物管理罪；（23）制造、贩卖鸦片毒品罪；（24）制造、贩卖淫秽物品罪；（25）组织、强迫、引诱、容留他人卖淫罪；（26）妨害婚姻、家庭罪。

法工委刑法修改小组关于该《分则汇集》的说明，主要包括以下几点：

其一，《分则汇集》的内容包括3部分：（1）1979年刑法典分则的原有条文，其中修改较大的有反革命罪、贪污罪、贿赂罪、流氓罪、盗窃罪、诈骗罪、投机倒把罪等；（2）1979年刑法典颁行后国

① 参见高铭暄、赵秉志编：《新中国刑法立法文献资料总览》（第2版），中国人民公安大学出版社2015年版，第359-372页。

家立法机关在单行刑法和附属刑法规范中补充的条文，但《惩治军人违反职责罪暂行条例》暂未编入；(3) 根据需要新增补的条文，主要罪名有海盗罪、破坏监管秩序罪、扰乱法庭秩序罪、破坏计划生育罪、哄抢公私财物罪、侵犯公民劳动权利罪、国家工作人员滥用职权罪等。

其二，《分则汇集》的修改调整是根据我国社会发展情况和司法实践的需要作出的，并参考了有关部门起草的相关法律草案，也参考了外国立法的有关规定。

其三，《分则汇集》的体系结构仍沿用 1979 年刑法典分则以同类客体为标准的犯罪分类方法，并基于条文大大增多的情况，又增加和分解了一些章，包括：将 1979 年刑法典分则第三章“破坏社会主义经济秩序罪”和第六章“妨害社会管理秩序罪”分解为若干章，将 1979 年刑法典分则第四章“侵犯公民人身权利、民主权利罪”分为 2 章，将贪污贿赂罪从原第五章、第八章中抽出设为独立的一章；并对章的排列顺序也作了一些调整，形成现在的 26 章犯罪的格局。①

下面对《分则汇集》中最引人注目的“小章制”犯罪分类问题作些评析。

1979 年刑法典以犯罪同类客体为依据对犯罪进行分类，再以各类犯罪的危害性质和危害程度轻重为序并适当考虑一些特殊情况而对各类犯罪进行排列，从而形成了 1979 年刑法典分则 8 章犯罪的体系与结构。这种对犯罪分类排列的依据和标准大体是科学合理的，但随着社会的变迁和法制的发展也暴露出明显的问题：在犯罪分类上过于粗略，且在各类犯罪排列上未能完全贯彻科学的排列标准。② 有鉴于此，特别是面对这次刑法典修改必然要大量增加犯罪种类的实际需要，在刑法典修改中如何妥善地解决分则的体系结构（主要是犯罪分类体制）问题，就成为一个非常重要的宏观性立法技术问题，并关系到立法内容能否得以科学容纳，因而受到国家立法机关和有关方面的关注。在刑法典修订的过程中，关于分则的体系结构问题，大体进行了 3 种模式的立法探索和研究：

其一，维持 1979 年刑法典分则的“大章制”。前述的法工委 1988 年 12 月完成的刑法修改稿即采取这种模式。该修改稿的分则编分为 10 章犯罪，较 1979 年刑法典增加了“破坏自然资源罪”和“妨害公务罪”2 章。③ 这种维持 1979 年刑法典分则“大章制”不变的立法模式和思路难以适应刑法典分则条文大发展的新情况，也没有解决“大章制”原有的问题。

其二，“小章制”。在坚持按同类客体为依据对犯罪进行分类的基础上，对犯罪进行更为科学合理和较为细致的分类，尤其是要将内容庞杂、条文过多的犯罪类型（主要是经济犯罪和妨害社会管理秩序犯罪）进一步划分为若干类型，分则形成章数较多（可达数十章）、章下不设节、各章条文数量不过多的局面。经过比较，当时的国家立法工作机关和刑法学界都曾倾向于采取“小章制”的分则犯罪分类模式。④ 而法工委刑法修改小组于 1995 年 8 月形成的《分则汇集》，以及该修法小组此前的 3 份《刑法分则条文汇集》，⑤ 都是采取分则犯罪分类“小章制”的立法探索。

其三，“大章制”基础上的“章节制”。对分则的犯罪分类先采取“大章制”分为若干章，再将其中内容庞杂、条文过多的犯罪类型（主要是经济犯罪和妨害社会管理秩序犯罪 2 章）进一步划分为若干类型而设立为节的层次，从而形成了“大章制”基础上的部分章的“章节制”犯罪分类体制。确切地说，这是一种“大章制”基础上的“部分章节制”犯罪分类体制。当时的研究认为，这种犯罪分类体制存在体例不统一和某些类型内容庞杂、不便于适用等弊端。⑥

后来，经过研究和权衡，国家立法机关高层决定选择“大章制基础上的部分章节制”的犯罪分类模式来构建刑法典分则的体系结构，并体现于 1996 年 8 月以后的刑法典修改稿中，直至 1997 年刑法典的通过。对于 1997 年刑法典分则第三章和第六章下设的 8 节和 9 节犯罪，我国刑法学理论称其在该章犯罪的同类客体之下，各节犯罪又有其“次层次”的同类客体。⑦ 应该指出，“小章制”的修法方案

---

① 参见高铭暄、赵秉志编：《新中国刑法立法文献资料总览》（第 2 版），中国人民公安大学出版社 2015 年版，第 422-443 页。

② 参见赵秉志：《关于完善刑法典分则体系结构的新思考》，载《法律科学》1996 年第 1 期。

③ 参见高铭暄、赵秉志编：《新中国刑法立法文献资料总览》（第 2 版），中国人民公安大学出版社 2015 年版，第 359 页。

④ 参见赵秉志：《关于完善刑法典分则体系结构的新思考》，载《法律科学》1996 年第 1 期。

⑤ 法工委刑法修改小组 1993 年 10 月拟定的《刑法分则条文汇集》（体系、结构）包括 28 章犯罪；1993 年 11 月拟定的《刑法分则条文汇集》包括 27 章犯罪；1994 年 3 月拟定的《刑法分则条文汇集》包括 28 章犯罪。参见高铭暄、赵秉志编：《新中国刑法立法文献资料总览》（第 2 版），中国人民公安大学出版社 2015 年版，第 373、380-381、398-399 页。

⑥ 参见赵秉志：《关于完善刑法典分则体系结构的新思考》，载《法律科学》1996 年第 1 期。

⑦ 参见高铭暄、马克昌主编：《刑法学》（第 9 版），北京大学出版社、高等教育出版社 2019 年版，第 53 页。

虽然后来没有为1997年刑法典所采纳，但可以说其立法探索为1997年刑法典分则采取的“大章制基础上的部分章节制”打下了基础。1997年刑法典分则第三章和第六章之下的各节，基本上就是“小章制”的相关各章犯罪。此外，笔者认为，在今后进一步完善刑法典分则体系结构的道路上，“小章制”仍有其研究和探索的价值。

3. 法工委关于刑法修改的十大问题及中央政法机关的相关主张

在全国人大常委会法工委于1996年4月30日召开的刑法修改座谈会上，法工委原副主任高西江提出了国家立法机关认为此次刑法典修改中需要重点研究的十大问题。针对法工委提出的刑法修改中应着重研究的十大问题，在法工委后来召开的刑法修改座谈会上，中央各政法机关和法学界的与会专家学者进行了热烈的研讨，中央政法机关（包括最高人民法院、最高人民检察院、公安部）还专门就这十个修法重点问题于1996年5月下旬向法工委提交了书面意见。下面将法工委提出的十大修法问题和中央政法机关的反馈意见予以简述。

（1）关于罪刑法定原则的立法化及相关问题。

法工委的问题：要不要在刑法中规定罪刑法定原则并废除类推制度，以及要不要同时再规定其他一些原则？

中央政法机关的意见：一致赞同在刑法典中确立罪刑法定原则并废止类推制度。在此基础上，公安部建议应尽力不遗漏罪种；最高人民检察院建议罪刑规范要明确具体，罪名最好做到一罪一条。最高人民检察院主张除罪刑法定原则应规定为首要原则外，还应规定刑罚公正原则、主客观相统一的刑事责任原则、刑罚个别化原则、惩罚与教育相结合原则等。

（2）关于中国公民在境外犯罪的刑法适用范围问题。

法工委的问题：应否扩大以及如何扩大我国公民在境外犯罪适用我国刑法的范围？

中央政法机关的意见：均主张应适当扩大我国公民在境外犯罪适用我国刑法的范围。最高人民法院还主张，对公务员、军人的域外犯罪应一律适用我国刑法，对一般公民的域外犯罪适用我国刑法要有限制。

（3）关于强化正当防卫权利的保护问题。

法工委的问题：应如何强化对公民正当防卫权利的保护？

中央政法机关的意见：均主张应强化对公民正当防卫权利的保护，并建议要进一步明确正当防卫的保护范围、增强正当防卫的手段、严格规定防卫过当的条件等。公安部认为不宜规定无限度防卫；最高人民法院、最高人民检察院（以下简称两高）建议把警察等执法人员履行职务的行为与正当防卫行为严格区别开来。

（4）关于刑罚种类的调整完善问题。

法工委的问题：主要涉及管制刑的存废问题；应否增加规定资格刑；罚金刑应否上升为主刑及其适用的完善问题；有期徒刑的期限可否适当提高；剥夺政治权利的完善与适用范围问题；对单位犯罪除罚金外应否增加其他手段；等等。

中央政法机关的意见：第一，关于管制刑的存废。最高人民法院倾向于取消管制刑，最高人民检察院建议取消管制刑或者调整其内容，公安部建议保留管制刑并予以完善。第二，关于应否增设资格刑。均主张增设资格刑。第三，关于罚金刑。均不赞成将罚金刑上升为主刑，并就完善罚金刑提出了诸多建议。第四，关于有期徒刑和无期徒刑。均主张将有期徒刑最高刑期提高到20年，两高主张数罪并罚时不超过30年；最高人民检察院还主张扩大无期徒刑的适用范围，以减少死刑的适用范围。第五，关于对单位犯罪的处罚手段。均主张除罚金刑外，可再增加其他处罚措施，如限制或禁止业务活动范围、强制解散、没收财产、剥夺荣誉称号等。第六，关于其他刑种的增设。最高人民法院建议增设劳役刑作为主刑之一；最高人民检察院建议增设不剥夺自由的刑罚，如无偿进行社区公益劳动等。

（5）关于强化对累犯的打击问题。

法工委的问题：应否对累犯规定加重处罚的原则？加重处罚的范围如何掌握？

中央政法机关的意见：均主张刑法应强化对累犯的打击。关于应否对累犯规定加重处罚，最高人民法院、公安部赞成规定；最高人民检察院主张不规定。关于累犯的构成期限，最高人民法院主张将3年改为5年；最高人民检察院主张根据原判刑罚的不同，设置3年、5年、7年3个档次的期限。

（6）关于应否增设保安处分专章及劳动教养的归属问题。

法工委的问题：应否在刑法中规定保安处分专章？劳动教养应否纳入保安处分专章？

中央政法机关的意见：关于应否在刑法中规定保安处分专章，两高均持赞成主张，公安部不赞成。关于劳动教养应否纳入刑法，两高赞成纳入刑法，公安部不赞成纳入刑法。

（7）关于单位犯罪问题。

法工委的问题：单位犯罪主要涉及哪些罪名？单位犯罪的处罚手段如何规定？

中央政法机关的意见：关于称谓，最高人民法院建议称为“法人或者其他组织犯罪”；最高人民检察院建议称为“法人及非法人组织犯罪”。关于法人或者其他组织犯罪的主体是否应包括国家机关，最高人民法院持否定主张。关于法人犯罪的处罚，均主张采取双罚制，并建议除对犯罪法人处罚金外，还应当增加规定限制或禁止业务活动范围、强制解散、没收财产、剥夺荣誉称号等刑罚手段。

（8）关于增设新罪名的问题。

法工委的问题：应该增设哪些新罪名？

中央政法机关的意见：一致认为增设新罪名是修改刑法的一项重要任务。最高人民检察院建议增设 10 种新罪名：私分国有财产罪、挥霍公款罪、国家工作人员非法图利罪、滥用职权罪、行政执法人员徇私舞弊罪、拒证罪、重大医疗事故罪、非法组织或者强迫他人卖血罪、合同诈欺罪、劫机罪。

（9）关于刑法分则条文具体化的问题。

法工委的问题：主要涉及投机倒把罪、流氓罪、玩忽职守罪这 3 个“口袋罪”的分解问题，区别罪与非罪、重罪与轻罪界限的数额标准问题。

中央政法机关的意见：第一，关于投机倒把罪。最高人民法院、公安部主张废除原罪名并分解为新罪名；最高人民检察院建议保留该罪名并缩小其范围，同时分离出扰乱市场秩序罪等罪名。第二，关于流氓罪。最高人民法院建议保留流氓罪，同时再分解出一个妨害风化罪；最高人民检察院建议将流氓罪分解为聚众斗殴罪、猥亵罪、聚众淫乱罪、妨害社会风化罪；公安部建议将流氓罪分解为聚众斗殴罪，寻衅滋事罪，强制猥亵罪，聚众淫乱罪，故意实施淫秽、猥亵行为罪，驾驶车船横行罪，欺压他人罪，鸡奸罪。第三，关于玩忽职守罪。最高人民法院建议保留该罪名，再分解出非公职人员违反职责罪，并增设滥用职权罪；最高人民检察院建议保留该罪名并缩小其内涵，分离出滥用职权罪和放弃职守罪，并将一些常见频发的玩忽职守行为独立成罪，如违法发放贷款罪、购销活动失职罪等。第四，关于犯罪数额标准。最高人民法院主张除毒品犯罪外，其他犯罪不宜以数额标准作为区分罪与非罪、重罪与轻罪的界限；最高人民检察院建议在刑法分则相关条款中明确规定主要的经济和财产犯罪的数额标准；公安部主张对重罪与轻罪的区分可以从数额和情节两个方面规定，但数额可由司法解释规定。

（10）关于死刑的适用范围问题。

法工委的问题：如何掌握死刑的适用范围？

中央政法机关的意见：均主张应适当限制、减少死刑的适用范围，并对应适用死刑和可不适用死刑的犯罪类型提出了建议。关于从犯罪主体年龄上限制死刑，最高人民检察院主张刑法应明确规定不满 18 岁的人不适用死刑和死缓，公安部主张对已满 18 岁不满 20 岁的人也可以不适用死刑。

高西江同志在提出十大修法问题后还指出，这十大问题中有些问题是重中之重，如罪刑法定原则的立法化问题、刑罚种类的调整与完善问题、单位犯罪问题、分则条文的具体化问题、死刑的适用范围问题。除这十大问题外，还有一些重要问题应当进一步着重研究，包括反革命罪的修改、贪污贿赂罪、渎职罪、刑法分则的体系结构问题等。①

法工委提出的这十大修法问题，在刑法典全面修改阶段聚焦了刑法修改的重要问题；中央政法机关的相关意见，为立法机关修改刑法提供了实务方面的重要参考。国家立法机关和中央政法机关就这些修法问题的提出与意见反馈，对此后刑法典修改的走向和重大修法问题的立法抉择产生了极其重要的影响。

4. 1996 年 10 月的《中华人民共和国刑法（修订草案）》（征求意见稿）

全国人大常委会法工委于 1996 年 10 月 10 日拟定的《中华人民共和国刑法（修订草案）》（征求

① 参见赵秉志主编：《新刑法全书》，中国人民公安大学出版社 1997 年版，第 85-88 页。

意见稿）（以下简称《96草案》），在形成前经过了1996年8月12日至16日由法工委邀请的6位全国著名的资深刑法学者①参加的连续5天的“刑法修改座谈会”的系统研讨，以及主持刑法修改工作的全国人大常委会王汉斌副委员长于1996年9月召集的有关方面的负责人对刑法修改草稿进行的逐条讨论；草案形成后于10月印发给国家有关机关和一些法律院校征求意见，11月在全国刑法学术年会上征求意见。全国人大常委会法工委又于11月中下旬召开了10余天的大型座谈会，邀约全国法律实务界、法学界的150余位专家学者对该草案进行研讨，并在此基础上拟定出了于1996年12月提交给八届全国人大常委会进行审议的刑法典修订草案。基于以上情况，可以说《96草案》在刑法典修订过程中具有广泛影响，也是刑法典全面修订阶段具有承前启后地位和代表性的修订稿本，值得介述和研究。

《96草案》包括总则和分则2编，共14章403条。

《96草案》的总则编包括5章、98条。在体系结构上，《96草案》五章与1979年刑法典大体相同，修改之处有三：其一，第一章将1979年刑法典的“刑法的指导思想、任务和适用范围”改为“刑法的任务和适用范围”，删去了“指导思想”这种不适宜规定于刑法典中的政治性内容；其二，在第二章犯罪章中增设了“第四节单位犯罪”，以适应惩治单位犯罪的实际需要，并与我国已有的多个单行刑法和非刑事法律规定有单位犯罪的立法情况相协调；其三，将1979年刑法典第四章刑罚的具体运用之“第三节自首”修改补充为“第三节自首和立功”，补充了“立功”制度。在总则内容上，《96草案》还有对于1979年刑法典的一系列修正，其要者有：（1）在第一章增设了普遍管辖原则（第6条）；（2）废除了1979年刑法典第79条规定的类推制度，并在第二章犯罪的概念条文后规定了罪刑法定原则的内容（第12条）；（3）在精神病人责任能力的条文中增补了限制责任能力的内容（第16条第3款）；（4）强化了正当防卫制度，增设了特殊防卫的规定（第18条）；（5）修正了中止犯的处罚规定（第22条第2款）；（6）在共同犯罪制度中删除了“被诱骗参加犯罪”的规定（第26条）；（7）修正了累犯制度（第65条）。

《96草案》的分则编包括9章305条。其体系结构与1979年刑法典相比，有5点改变：其一，第一章反革命罪的更名势在必行，但在《96草案》中注明“待研究修改”。其二，第三章破坏社会主义市场经济秩序罪修改为8节犯罪，依次为：（1）生产、销售伪劣商品罪；（2）走私罪；（3）妨害对公司、企业的管理秩序罪；（4）破坏金融管理秩序罪；（5）金融诈骗罪；（6）危害税收征管罪；（7）侵犯知识产权罪；（8）扰乱市场秩序罪。其三，第六章妨害社会管理秩序罪修改为9节犯罪，依次为：（1）扰乱公共秩序罪；（2）妨害司法罪；（3）妨害国（边）境管理罪；（4）妨害文物管理罪；（5）危害公共卫生罪；（6）破坏环境和生态环境罪；（7）走私、贩卖、运输、制造毒品罪；（8）组织、强迫、引诱、容留、介绍卖淫罪；（9）制造、贩卖、传播淫秽物品罪。其四，增补了第七章贪污贿赂罪。其五，增补了第九章军人违反职责罪。《96草案》分则各章犯罪中还有一系列涉及多种具体犯罪的修改补充。

综观《96草案》，虽然其与后来通过的1997年刑法典相比还有一些差距，如罪刑法定原则规定在第二章犯罪中而不是统领法典全局的第一章中，没有规定刑法的其他基本原则，正当防卫制度、单位犯罪制度、未成年人免死制度等的规定都还不尽完善等，但不可否认的是，《96草案》已经接近成熟，为未来我国制定出一部统一的、比较完备的刑法典在相当程度上打下了基础。

三、刑法立法的主要特点

1979年刑法典颁行后至1997年刑法典颁行前，以1979年刑法典为基础，我国刑法进行了多方面的立法修正，刑法立法的数量和水平都得到了一定程度的提升，在立法理念、立法模式、立法内容、立法技术等方面表现出其特点。

（一）立法理念：注重维护社会秩序

10年“文化大革命”的惨痛经历，让人们普遍认识到稳定的政治环境和建设法制社会的极端重要性。1978年12月党的十一届三中全会的召开，实现了新中国成立以来党的历史的伟大转折，为晚近40余年的中国社会带来了全面、深远的影响。这次全会决定停止使用“以阶级斗争为纲”的口号，作

① 这6位资深刑法学者为：高铭暄教授、王作富教授、马克昌教授、储槐植教授、曹子丹教授、单长宗教授。

出把党和国家的工作重心转移到经济建设上来，实行改革开放的伟大决策，而且郑重提出了健全社会主义法制的伟大任务，确立了“有法可依，有法必依，执法必严，违法必究”的社会主义法制建设“16字方针”，为社会主义法制建设开启了崭新征程。在此背景下，我国刑法典在历经坎坷之后终于在1979年7月成功制定，并于1980年1月1日全面施行。它宣告了国家政治决策与刑法变革的良性互动关系开始恢复和重新确立。因此，这不仅是新中国刑法史的里程碑，同样也是新中国国家政治决策与刑法变革关系史的里程碑。① 自此，我国的刑法立法工作逐步走上正轨，刑法在理念上由对政治统治秩序的关注和调节，转向注重对因社会形势变化和经济发展水平带来的社会秩序问题作出反应。

长期以来，刑法在人们的印象中就是“刀把子”的形象，就是执行阶级专政职能、镇压阶级敌人反抗、惩罚严重刑事犯罪分子的工具，因而“以暴力镇压为主要功能的刑法，就成了历代刑事立法的共同特征，并构造了中国刑法的主体形象”②。受苏联刑法的影响，1979年刑法典的内容在相当程度上体现出保卫社会的思想，主要包括：（1）在第1条规定的“惩办与宽大相结合的政策”中，将“惩办”置于优先位置。（2）在第2条指出刑法任务在于“用刑罚同一切反革命和其他刑事犯罪行为作斗争”，并明确规定了刑法需要维护的5种社会秩序。（3）在第79条规定了类推制度，旨在保证刑法在惩治犯罪过程中避免出现遗漏。这一规定彰显了刑法立法工具主义的理念。在作为现代刑法之根基的罪刑法定原则缺失的背景下，立法者规定的有罪类推制度赋予了司法机关追究几乎所有严重违法行为的可能性，使得刑法的入罪功能极度扩张，而出罪功能限缩。刑法着重服务于为保卫社会而不遗余力惩治犯罪的目的，疏于贯彻现代刑法保障人权的基本精神和制度要求。（4）在分则中设置了反革命罪、投机倒把罪、流氓罪、玩忽职守罪等构成要件缺乏明确性的罪名，以确保刑法能够更充分地实现维护社会秩序的效果等。

实行改革开放之后，我国经济、政治、文化各个领域逐渐发生重大变化，1979年刑法典在很短的时间内便显露出与社会现实生活的诸多不适应。而且，伴随着社会转轨、经济转型而来的，是各种严重危害社会治安的犯罪和严重破坏经济的犯罪的日益猖獗，犯罪状况趋于恶化。面对这种情势，党和国家适时提出了整顿社会治安和依法从重从快惩治严重犯罪的方针，我国刑事政策随之再作重大调整，惩办与宽大相结合政策中“惩办”的一面被突出强调，“严打”成为刑事政策的主基调，标志就是1983年8月25日中共中央作出的《关于严厉打击刑事犯罪活动的决定》。据此，“严打”斗争正式开始。与此同时，全国人大常委会于1983年9月2日通过的《关于严惩严重危害社会治安的犯罪分子的决定》和《关于迅速审判严重危害社会治安的犯罪分子的程序的决定》，对1979年刑法典和刑事诉讼法典的有关规定作了补充和修改，用法律的形式肯定了从重从快惩处犯罪的方针，使“严打”政策具有了法律依据。之后，体现“严打”精神的单行刑法和附属刑法规范陆续出台。③ 这些单行刑法和附属刑法规范大大扩张了我国的犯罪圈（尤其是危害社会治安的犯罪和经济犯罪），而且体现出明显的重刑化特征，其中死刑罪名由1979年刑法典规定的28种猛增至70余种。这一时期的刑法立法理念延续了对刑法“刀把子”定位的认识，但政治环境的趋于稳定和经济建设的全面展开，使得这种认识关注的重点由先前的统治秩序转向了社会秩序。这种认识表明，立法机关对刑法的功能仍然寄予过高的期望，即认为依靠严刑峻法就可以较为圆满地解决社会中的犯罪问题。“刑法万能论”的观念仍然相当流行，而谦抑性的刑法思维尚未得到全面认同和接受。

由上可见，这一时期受苏联刑法和“严打”政策影响的刑法立法，在理念上充分体现出对维护社会秩序的注重。从实践情况来看，1979年刑法典及其之后的一系列单行刑法和附属刑法规范在保卫社会方面确实发挥了有力作用，不仅充分发挥了刑罚的震慑功能，打击了严重犯罪的嚣张气焰，而且鼓舞了广大人民群众同犯罪分子作斗争的勇气和士气，扭转了社会治安恶化的局面。④ 然而，犯罪发生的原因复杂多样，刑法及其制裁手段的作用是有限的。单纯依靠刑法的力量去严厉惩治犯罪，仅能在一定时期内暂时实现威慑犯罪和维护治安的效果，而其后可能也会带来不当干涉公民个人生活、侵犯

---

① 参见高铭暄、孙晓：《国家政治决策与刑法的变革》，载郎胜、刘宪权、李希慧主编：《改革开放30年刑事法治研究》（上卷），中国人民公安大学出版社2008年版，第3-4页。

② 参见陈晓枫主编：《中国法律文化研究》，河南人民出版社1993年版，第315-316页。

③ 参见卢建平、刘春花：《我国刑事政策的演进及其立法影响》，载《人民检察》2011年第9期。

④ 参见赵秉志：《对“严打”中几个法律关系问题的思考》，载《人民检察》2011年第9期。

基本人权、过度浪费国家司法资源以及犯罪数量报复性反弹等现象。所以，这一时期的刑法立法理念及其立法、司法实践，也引起了更多的人对我国刑法进行客观、理性的反思，也为1997年刑法典的制定和实施提供了宝贵的经验。

（二）立法模式：刑法典、单行刑法与附属刑法并存

1979年刑法典的颁行，结束了新中国成立近30年没有系统刑法立法的历史。1979年刑法典虽然粗略，但在立法形式上不失为统一的法典模式，但是我国的刑法立法并未由此迈向统一立法模式。在1979年刑法典颁行后至1997年刑法典颁行前，我国刑法立法采取的仍然是分散立法模式，具体表现为1979年刑法典与大量的单行刑法、附属刑法并存。从社会背景上看，“文化大革命”结束以后我国的法制建设亟待重新启动，1979年刑法典的内容主要是按照先前的立法经验和社会情况来制定的，不可能考虑改革开放对中国社会方方面面带来的急剧、深刻的变化；从立法思想上看，1979年刑法典制定时采取的是“宜粗不宜细”和“宁疏勿密”的立法指导思想，这部刑法典的分则条文只有103条，有些严重危害社会的行为必须追究，但法律又没有明文规定，因而同时规定了有条件的类推制度。[①] 这实际上是前一阶段实用主义立法观的延续，因为粗疏的刑法典更便于打击犯罪，以保护国家和社会的利益。因此，在上述社会背景和立法思想的影响下，1979年刑法典才得以较为迅速地制定和颁行，从而在形式上暂时实现了单一刑法典的立法模式。

如前所述，1979年刑法典的颁行是中国刑法法典化进程中取得的重大成就，但这并不意味着我国刑法由此开启了统一立法模式。一方面，《惩治军人违反职责罪暂行条例》的立法不是临时动议的应急性立法，而是在1979年刑法典制定之前就已经确定好的。“1979年制定刑法典时就曾考虑过要否在刑法典中规定军职罪，但后来考虑到来不及研究清楚，决定另行起草军职罪暂行条例。”[②] 也就是说，我国最高立法机关在制定1979年刑法典之前就已经决定另行制定与之相配套的《惩治军人违反职责罪暂行条例》，该条例与1979年刑法典相结合才构成了我国当时相对完整的刑法立法体系。因此，1979年刑法典颁布实施后不久，国家立法机关即开始着手刑法典的补充、完善工作，并很快于1981年6月10日通过了《惩治军人违反职责罪暂行条例》，前后不过一年多的时间。

另一方面，随着社会形势的迅速变化，为了发挥刑法立法对刑事司法的指导和规范作用，我国刑法又补充制定了相当数量的单行刑法和附属刑法。这一时期的单行刑法为1979年刑法典补充了一些新罪名，修改了某些犯罪的构成要件，并且使一些较为抽象的犯罪构成更趋明确、具体，从而进一步协调了刑法中的罪刑关系。另外，散见于各种非刑事法律中的附属刑法规范也起到了修改、补充和解释刑法典的作用，同时还兼具照应的功能，以使刑法与非刑事法律协调起来。[③] 可以说，这些单行刑法和附属刑法规范在很大程度上缓解了1979年刑法典不能及时回应社会现实的尴尬处境。然而，由于诸多单行刑法和附属刑法游离在1979年刑法典之外，缺乏一个体系上的归纳，显得有些零乱，不便于全面掌握。而且，单行刑法一个接一个地补充和归纳，彼此缺乏照应，在法条之间常有交叉现象，在法定刑上也难免轻重失衡。特别是我国决定实行有中国特色的社会主义市场经济体制之后，为了实现经济体制的转轨，各方面都发生了许多深刻变化，仅靠单行刑法和附属刑法对1979年刑法典进行修修补补难以做到通盘考虑。[④] 直至1997年刑法典颁行前，我国先后制定了共计25部单行刑法，并且在107部非刑事法律中规定有附属刑法规范，刑法立法的分散性几乎发挥到了极致。[⑤] 由此可见，这一阶段的立法实践在客观上充分表明了全面修订刑法典的必要性，社会各界在主观上亦由此形成了亟须全面修订刑法典的高度共识。

（三）立法内容：逐步充实与完善

从整体上说，1979年刑法典确是一部保护人民、惩罚犯罪、维护社会秩序、保障改革开放和现代化建设的有力法律武器。但是，由于受当时历史条件和立法经验的限制，这部刑法典在体系结构和制度安排上，都还存在一些缺陷。这主要体现在：一是刑法总则的制度建设存在欠缺。一方面，1979年

---

① 参见刘艳红：《以科学立法促进刑法话语体系发展》，载《学术月刊》2019年第4期。
② 参见赵秉志主编：《中国特别刑法研究》，中国人民公安大学出版社1997年版，第749页。
③ 参见赵秉志、张智辉、王勇：《中国刑法的运用与完善》，法律出版社1989年版，第190-191页。
④ 参见高铭暄、赵秉志：《中国刑法立法之演进》，法律出版社2007年版，第53页。
⑤ 参见赵秉志：《改革开放40年我国刑法立法的发展及其完善》，载《法学评论》2019年第2期。

刑法典的已有制度存在较多不完备的问题，如未成年人犯罪从宽的刑法制度不够彻底，有精神障碍的人刑事责任制度不完备，死刑适用范围过宽，累犯、数罪并罚等刑罚制度不够完备，等等；另一方面，总则规范存在多种制度的缺失，如普遍管辖原则的缺失、老年人犯罪从宽制度的缺失、保安处分制度的缺失等。二是刑法典分则的罪名体系不够完备。不仅体现为这期间已有的多种犯罪的规定不够科学，归类不尽合理，犯罪的成立条件和处罚不够适当，而且还体现为多种类新型犯罪的刑法立法缺失，如缺乏金融犯罪、知识产权犯罪、妨害公司企业管理犯罪、环境犯罪、黑社会性质犯罪、恐怖主义犯罪、国际犯罪等。

有鉴于此，在这一阶段，国家立法机关通过制定一系列单行刑法和附属刑法规范，对 1979 年刑法典作了一系列的补充和修改，力图使刑法规范得到合理的充实和完善。但总的来看，在刑法总则方面的进展相对较小，主要包括在空间效力上增设了普遍管辖权原则，在特定领域增加了某些罪的单位犯罪的规定；在刑法分则方面的进展较大，主要体现为增设了多种新型犯罪，这些犯罪涉及国家安全、公共安全、经济秩序、公民基本权利、公私财产权利、社会管理秩序、国家机关正常活动、国家军事利益等现代刑法调控的几乎所有领域。这些立法修改补充，在这一阶段直接促进了我国刑法规范的完备性发展，促进了刑法有力地发挥其应有的作用，同时也为 1997 年刑法典的全面系统修订打下了一定的基础。

（四）立法技术：粗疏立法

在 1997 年刑法典颁行之前，我国刑法立法的重点是应对当时不断涌现的新型违法犯罪行为，大量增设新的犯罪，并普遍提高原有犯罪的法定刑。受立法重点的影响，同时由于当时立法缺乏统一性，刑法立法对技术的关注较少。除了不同刑法条文之间的关照较少、相互之间存在许多不统一甚至矛盾之外，刑法用语过于概括、刑法含义不甚明确也是这一阶段我国刑法立法技术粗疏的重要体现。主要体现在以下三个方面：

其一，刑法立法的确定性不够。在一般情况下，法条规定的内容越明确，对司法机关就越具有指导性，因而越具有较大的可操作性，对于贯彻刑事法治原则和加强刑法保障功能具有重要意义。现代罪刑法定原则意味着，对国家、社会和公民来说，定罪处刑都是很严肃的事情，国家必须事先通过法律明示，以使公民对自己行为的刑事责任具有可预测性，这是现代刑法应有的基本品质。但是，1979 年刑法典由于立法经验不足，根据实际情况规定了否定罪刑法定原则的有罪类推制度，所以从理论上说，1979 年刑法典框架下的我国刑法规范还不是真正的或完全的罪刑法定，至多只能说是倾向于罪刑法定原则。另外，1979 年刑法典对适用甚广的经济秩序犯罪领域的投机倒把罪、社会管理秩序犯罪领域的流氓罪和职务犯罪领域的玩忽职守罪的规定比较原则，在实践中称为三大“口袋罪”。“口袋罪”的特征是采取了空白罪状或者兜底式条款的规定方式，使其行为和其他构成要件要素处于一种开放的状态。“口袋罪”在实务中表现为什么都可以往里装。改革开放前，为保持经济稳定，老百姓异地运输、买卖商品赚差价，就被说成投机倒把，这对搞活经济是一个束缚，不符合改革开放的需要。[①] 总之，1979 年刑法典中存在的投机倒把罪、流氓罪和玩忽职守罪 3 个“口袋罪”，是典型的立法粗疏的表现，[②] 大大影响了刑法立法的确定性，不利于一般公民对于刑法的预知和对公民合法权利的保障。

其二，刑法立法语言的准确性和规范性不够。刑法立法用语是否准确，在一定意义上能反映出刑法立法技术水平的高低。1979 年刑法典关于反革命罪的规定，对于维护国家安全曾经起了很大作用。但是随着国家政治、经济和社会情况的发展，反革命罪名的适用遇到一些新情况、新问题。有些反革命罪，按照“以反革命为目的”的法律要求在实践中有时很难确定，而且“反革命”一词亦非严格意义上的法律用语。另外，反革命罪的条款中有一些行为属于普通刑事犯罪的性质，如“聚众劫狱或者组织越狱”“制造、抢夺、盗窃枪支、弹药”行为等。1979 年刑法典总则关于刑法指导思想的规定，以及分则第四章侵犯公民人身权利、民主权利罪中抽象保护公民权利条文的规定（第 131 条）和 4 个“严禁”的规定（涉及第 136 条刑讯逼供罪、第 137 条打砸抢罪、第 138 条诬告陷害罪、第 143 条非法拘禁罪），都不符合现代刑法条款规范化的要求。

此外，这一阶段刑法立法的民主性也有所欠缺。立法民主性问题虽然不属于立法技术问题，但与

---

① 参见胡康生：《1997 年修改刑法：废止类推罪刑法定》，载《光明日报》2018 年 12 月 17 日。

② 参见陈兴良：《回顾与展望：中国刑法立法四十年》，载《中国法学》2018 年第 6 期。

立法技术问题有关，立法民主性无疑会提高立法的技术水准。所谓立法民主，一般体现为立法过程的民主，是指立法的整个过程，包括立法议案的提出、审议、表决通过、公布等各个环节都应该体现民意，参与者可以充分表达意见，参与讨论、交流和表决等，最终形成符合多数人意见和声音的权威性法律。① 综观1979年刑法典至1997年刑法典颁行之前的刑法立法，其过程的民主性并未得到充分的体现，在很大程度上体现为立法机关的部门立法，社会公众的参与度不高。在1979年刑法典的制定，主要是在中央机关内部进行讨论，虽然也曾吸纳少数专家进入刑法修改班子，如高铭暄教授曾参与由全国人大常委会办公厅法律室负责组建的起草班子，参与草拟条文、收集资料等工作，② 但是主要也是为立法部门的刑法立法工作提供相关的智力支持，是作为立法部门的工作人员参与工作的，所以此时的刑法立法工作主要还是体现为中央立法机关的部门立法。

综上所述，1979年刑法典颁行后至1997年刑法典通过前的这个时期，我国刑法立法在立法形式上呈现出刑法典与单行刑法和附属刑法多元化并存的格局。1979年刑法典奠定了我国刑法的基础和基本框架，但其过于粗疏、滞后；一系列单行刑法和为数众多的附属刑法条款及时弥补了刑法典的不足，适应了社会发展情况下遏制犯罪的新需要，但也带来了立法的零乱和司法的困惑。而在1979年刑法典颁行的背景下，刑法立法推进的同时孕育全面、系统修改刑法典的一系列刑法典修订草案，则为新刑法典的出台做好了准备。中国新刑法典的时代即将到来。

---

① 参见熊永明：《论我国刑法立法民主性的贯彻与提升》，载《南昌大学学报（人文社会科学版）》2018年第2期。

② 参见张雪、张伟：《新中国刑法铭刻他的心迹　访刑法学家高铭暄》，载《检察风云》2009年第13期。

第一部分　刑法立法文件

一、中华人民共和国刑法

（1979 年 7 月 1 日第五届全国人民代表大会第二次会议通过　1979 年 7 月 6 日全国人民代表大会常务委员会委员长令第 5 号公布　自 1980 年 1 月 1 日起施行）

目　录

第一编 总 则

第一章 刑法的指导思想、任务和适用范围

第一条 中华人民共和国刑法，以马克思列宁主义毛泽东思想为指针，以宪法为根据，依照惩办与宽大相结合的政策，结合我国各族人民实行无产阶级领导的、工农联盟为基础的人民民主专政即无产阶级专政和进行社会主义革命、社会主义建设的具体经验及实际情况制定。

第二条 中华人民共和国刑法的任务，是用刑罚同一切反革命和其他刑事犯罪行为作斗争，以保卫无产阶级专政制度，保护社会主义的全民所有的财产和劳动群众集体所有的财产，保护公民私人所有的合法财产，保护公民的人身权利、民主权利和其他权利，维护社会秩序、生产秩序、工作秩序、教学科研秩序和人民群众生活秩序，保障社会主义革命和社会主义建设事业的顺利进行。

第三条 凡在中华人民共和国领域内犯罪的，除法律有特别规定的以外，都适用本法。

凡在中华人民共和国船舶或者飞机内犯罪的，也适用本法。

犯罪的行为或者结果有一项发生在中华人民共和国领域内的，就认为是在中华人民共和国领域内犯罪。

第四条 中华人民共和国公民在中华人民共和国领域外犯下列各罪的，适用本法：

（一）反革命罪；

（二）伪造国家货币罪（第一百二十二条），伪造有价证券罪（第一百二十三条）；

（三）贪污罪（第一百五十五条），受贿罪（第一百八十五条），泄露国家机密罪（第一百八十六条）；

（四）冒充国家工作人员招摇撞骗罪（第一百六十六条），伪造公文、证件、印章罪（第一百六十七条）。

第五条 中华人民共和国公民在中华人民共和国领域外犯前条以外的罪，而按本法规定的最低刑为三年以上有期徒刑的，也适用本法；但是按照犯罪地的法律不受处罚的除外。

第六条 外国人在中华人民共和国领域外对中华人民共和国国家或者公民犯罪，而按本法规定的最低刑为三年以上有期徒刑的，可以适用本法；但是按照犯罪地的法律不受处罚的除外。

第七条 凡在中华人民共和国领域外犯罪、依照本法应当负刑事责任的，虽然经过外国审判，仍然可以依照本法处理；但是在外国已经受过刑罚处罚的，可以免除或者减轻处罚。

第八条 享有外交特权和豁免权的外国人的刑事责任问题，通过外交途径解决。

第九条 本法自一九八〇年一月一日起生效。中华人民共和国成立以后本法施行以前的行为，如果当时的法律、法令、政策不认为是犯罪的，适用当时的法律、法令、政策。如果当时的法律、法令、政策认为是犯罪的，依照本法总则第四章第八节的规定应当追诉的，按照当时的法律、法令、政策追究刑事责任。但是，如果本法不认为是犯罪或者处刑较轻的，适用本法。

第二章 犯 罪

第一节 犯罪和刑事责任

第十条 一切危害国家主权和领土完整，危害无产阶级专政制度，破坏社会主义革命和社会主义建设，破坏社会秩序，侵犯全民所有的财产或者劳动群众集体所有的财产，侵犯公民私人所有的合法财产，侵犯公民的人身权利、民主权利和其他权利，以及其他危害社会的行为，依照法律应当受刑罚处罚的，都是犯罪；但是情节显著轻微危害不大的，不认为是犯罪。

第十一条 明知自己的行为会发生危害社会的结果，并且希望或者放任这种结果发生，因而构成犯罪的，是故意犯罪。

故意犯罪，应当负刑事责任。

第十二条 应当预见自己的行为可能发生危害社会的结果，因为疏忽大意而没有预见，或者已经预见而轻信能够避免，以致发生这种结果的，是过失犯罪。

过失犯罪，法律有规定的才负刑事责任。

第十三条 行为在客观上虽然造成了损害结果，但是不是出于故意或者过失，而是由于不能抗拒或者不能预见的原因所引起的，不认为是犯罪。

第十四条 已满十六岁的人犯罪，应当负刑事责任。

已满十四岁不满十六岁的人，犯杀人、重伤、抢劫、放火、惯窃罪或者其他严重破坏社会秩序罪，应当负刑事责任。

已满十四岁不满十八岁的人犯罪，应当从轻或者减轻处罚。

因不满十六岁不处罚的，责令他的家长或者监护人加以管教；在必要的时候，也可以由政府收容教养。

第十五条 精神病人在不能辨认或者不能控制自己行为的时候造成危害结果的，不负刑事责任；但是应当责令他

的家属或者监护人严加看管和医疗。

间歇性的精神病人在精神正常的时候犯罪，应当负刑事责任。

醉酒的人犯罪，应当负刑事责任。

第十六条　又聋又哑的人或者盲人犯罪，可以从轻、减轻或者免除处罚。

第十七条　为了使公共利益、本人或者他人的人身和其他权利免受正在进行的不法侵害，而采取的正当防卫行为，不负刑事责任。

正当防卫超过必要限度造成不应有的危害的，应当负刑事责任；但是应当酌情减轻或者免除处罚。

第十八条　为了使公共利益、本人或者他人的人身和其他权利免受正在发生的危险，不得已采取的紧急避险行为，不负刑事责任。

紧急避险超过必要限度造成不应有的危害的，应当负刑事责任；但是应当酌情减轻或者免除处罚。

第一款中关于避免本人危险的规定，不适用于职务上、业务上负有特定责任的人。

第二节　犯罪的预备、未遂和中止

第十九条　为了犯罪，准备工具、制造条件的，是犯罪预备。

对于预备犯，可以比照既遂犯从轻、减轻处罚或者免除处罚。

第二十条　已经着手实行犯罪，由于犯罪分子意志以外的原因而未得逞的，是犯罪未遂。

对于未遂犯，可以比照既遂犯从轻或者减轻处罚。

第二十一条　在犯罪过程中，自动中止犯罪或者自动有效地防止犯罪结果发生的，是犯罪中止。

对于中止犯，应当免除或者减轻处罚。

第三节　共同犯罪

第二十二条　共同犯罪是指二人以上共同故意犯罪。

二人以上共同过失犯罪，不以共同犯罪论处；应当负刑事责任的，按照他们所犯的罪分别处罚。

第二十三条　组织、领导犯罪集团进行犯罪活动的或者在共同犯罪中起主要作用的，是主犯。

对于主犯，除本法分则已有规定的以外，应当从重处罚。

第二十四条　在共同犯罪中起次要或者辅助作用的，是从犯。

对于从犯，应当比照主犯从轻、减轻处罚或者免除处罚。

第二十五条　对于被胁迫、被诱骗参加犯罪的，应当按照他的犯罪情节，比照从犯减轻处罚或者免除处罚。

第二十六条　教唆他人犯罪的，应当按照他在共同犯罪中所起的作用处罚。教唆不满十八岁的人犯罪的，应当从重处罚。

如果被教唆的人没有犯被教唆的罪，对于教唆犯，可以从轻或者减轻处罚。

第三章　刑　　罚

第一节　刑罚的种类

第二十七条　刑罚分为主刑和附加刑。

第二十八条　主刑的种类如下：

（一）管制；

（二）拘役；

（三）有期徒刑；

（四）无期徒刑；

（五）死刑。

第二十九条　附加刑的种类如下：

（一）罚金；

（二）剥夺政治权利；

（三）没收财产。

附加刑也可以独立适用。

第三十条　对于犯罪的外国人，可以独立适用或者附加适用驱逐出境。

第三十一条　由于犯罪行为而使被害人遭受经济损失的，对犯罪分子除依法给予刑事处分外，并应根据情况判处赔偿经济损失。

第三十二条　对于犯罪情节轻微不需要判处刑罚的，可以免予刑事处分，但可以根据案件的不同情况，予以训诫或者责令具结悔过、赔礼道歉、赔偿损失，或者由主管部门予以行政处分。

第二节 管 制

第三十三条 管制的期限，为三个月以上二年以下。

管制由人民法院判决，由公安机关执行。

第三十四条 被判处管制的犯罪分子，在执行期间，必须遵守下列规定：

（一）遵守法律、法令，服从群众监督，积极参加集体劳动生产或者工作；

（二）向执行机关定期报告自己的活动情况；

（三）迁居或者外出必须报经执行机关批准。

对于被判处管制的犯罪分子，在劳动中应当同工同酬。

第三十五条 被判处管制的犯罪分子，管制期满，执行机关应即向本人和有关的群众宣布解除管制。

第三十六条 管制的刑期，从判决执行之日起计算；判决执行以前先行羁押的，羁押一日折抵刑期二日。

第三节 拘 役

第三十七条 拘役的期限，为十五日以上六个月以下。

第三十八条 被判处拘役的犯罪分子，由公安机关就近执行。

在执行期间，被判处拘役的犯罪分子每月可以回家一天至两天；参加劳动的，可以酌量发给报酬。

第三十九条 拘役的刑期，从判决执行之日起计算；判决以前先行羁押的，羁押一日折抵刑期一日。

第四节 有期徒刑、无期徒刑

第四十条 有期徒刑的期限，为六个月以上十五年以下。

第四十一条 被判处有期徒刑、无期徒刑的犯罪分子，在监狱或者其他劳动改造场所执行；凡有劳动能力的，实行劳动改造。

第四十二条 有期徒刑的刑期，从判决执行之日起计算；判决执行以前先行羁押的，羁押一日折抵刑期一日。

第五节 死 刑

第四十三条 死刑只适用于罪大恶极的犯罪分子。对于应当判处死刑的犯罪分子，如果不是必须立即执行的，可以判处死刑同时宣告缓期二年执行，实行劳动改造，以观后效。

死刑除依法由最高人民法院判决的以外，都应当报请最高人民法院核准。死刑缓期执行的，可以由高级人民法院判决或者核准。

第四十四条 犯罪的时候不满十八岁的人和审判的时候怀孕的妇女，不适用死刑。已满十六岁不满十八岁的，如果所犯罪行特别严重，可以判处死刑缓期二年执行。

第四十五条 死刑用枪决的方法执行。

第四十六条 判处死刑缓期执行的，在死刑缓期执行期间，如果确有悔改，二年期满以后，减为无期徒刑；如果确有悔改并有立功表现，二年期满以后，减为十五年以上二十年以下有期徒刑；如果抗拒改造情节恶劣、查证属实的，由最高人民法院裁定或者核准，执行死刑。

第四十七条 死刑缓期执行的期间，从判决确定之日起计算。死刑缓期执行减为有期徒刑的刑期，从裁定减刑之日起计算。

第六节 罚 金

第四十八条 判处罚金，应当根据犯罪情节决定罚金数额。

第四十九条 罚金在判决指定的期限内一次或者分期缴纳。期满不缴纳的，强制缴纳。如果由于遭遇不能抗拒的灾祸缴纳确实有困难的，可以酌情减少或者免除。

第七节 剥夺政治权利

第五十条 剥夺政治权利是剥夺下列权利：

（一）选举权和被选举权；

（二）宪法第四十五条规定的各种权利；

（三）担任国家机关职务的权利；

（四）担任企业、事业单位和人民团体领导职务的权利。

第五十一条 剥夺政治权利的期限，除本法第五十三条规定外，为一年以上五年以下。

判处管制附加剥夺政治权利的，剥夺政治权利的期限与管制的期限相等，同时执行。

第五十二条 对于反革命分子应当附加剥夺政治权利；对于严重破坏社会秩序的犯罪分子，在必要的时候，也可以附加剥夺政治权利。

第五十三条　对于被判处死刑、无期徒刑的犯罪分子，应当剥夺政治权利终身。

在死刑缓期执行减为有期徒刑或者无期徒刑减为有期徒刑的时候，应当把附加剥夺政治权利的期限改为三年以上十年以下。

第五十四条　附加剥夺政治权利的刑期，从徒刑、拘役执行完毕之日或者从假释之日起计算；剥夺政治权利的效力当然施用于主刑执行期间。

第八节　没收财产

第五十五条　没收财产是没收犯罪分子个人所有财产的一部或者全部。

在判处没收财产的时候，不得没收属于犯罪分子家属所有或者应有的财产。

第五十六条　查封财产以前犯罪分子所负的正当债务，需要以没收的财产偿还的，经债权人请求，由人民法院裁定。

第四章　刑罚的具体运用

第一节　量　　刑

第五十七条　对于犯罪分子决定刑罚的时候，应当根据犯罪的事实、犯罪的性质、情节和对于社会的危害程度，依照本法的有关规定判处。

第五十八条　犯罪分子具有本法规定的从重处罚、从轻处罚情节的，应当在法定刑的限度以内判处刑罚。

第五十九条　犯罪分子具有本法规定的减轻处罚情节的，应当在法定刑以下判处刑罚。

犯罪分子虽然不具有本法规定的减轻处罚情节，如果根据案件的具体情况，判处法定刑的最低刑还是过重的，经人民法院审判委员会决定，也可以在法定刑以下判处刑罚。

第六十条　犯罪分子违法所得的一切财物，应当予以追缴或者责令退赔；违禁品和供犯罪所用的本人财物，应当予以没收。

第二节　累　　犯

第六十一条　被判处有期徒刑以上刑罚的犯罪分子，刑罚执行完毕或者赦免以后，在三年以内再犯应当判处有期徒刑以上刑罚之罪的，是累犯，应当从重处罚；但是过失犯罪除外。

前款规定的期限，对于被假释的犯罪分子，从假释期满之日起计算。

第六十二条　刑罚执行完毕或者赦免以后的反革命分子，在任何时候再犯反革命罪的，都以累犯论处。

第三节　自　　首

第六十三条　犯罪以后自首的，可以从轻处罚。其中，犯罪较轻的，可以减轻或者免除处罚；犯罪较重的，如果有立功表现，也可以减轻或者免除处罚。

第四节　数罪并罚

第六十四条　判决宣告以前一人犯数罪的，除判处死刑和无期徒刑的以外，应当在总和刑期以下、数刑中最高刑期以上，酌情决定执行的刑期；但是管制最高不能超过三年，拘役最高不能超过一年，有期徒刑最高不能超过二十年。

如果数罪中有判处附加刑的，附加刑仍须执行。

第六十五条　判决宣告以后，刑罚还没有执行完毕以前，发现被判刑的犯罪分子在判决宣告以前还有其他罪没有判决的，应当对新发现的罪作出判决，把前后两个判决所判处的刑罚，依照本法第六十四条的规定，决定执行的刑罚。已经执行的刑期，应当计算在新判决决定的刑期以内。

第六十六条　判决宣告以后，刑罚还没有执行完毕以前，被判刑的犯罪分子又犯罪的，应当对新犯的罪作出判决，把前罪没有执行的刑罚和后罪所判处的刑罚，依照本法第六十四条的规定，决定执行的刑罚。

第五节　缓　　刑

第六十七条　对于被判处拘役、三年以下有期徒刑的犯罪分子，根据犯罪分子的犯罪情节和悔罪表现，认为适用缓刑确实不致再危害社会的，可以宣告缓刑。

被宣告缓刑的犯罪分子，如果被判处附加刑，附加刑仍须执行。

第六十八条　拘役的缓刑考验期限为原判刑期以上一年以下，但是不能少于一个月。

有期徒刑的缓刑考验期限为原判刑期以上五年以下，但是不能少于一年。

缓刑考验期限，从判决确定之日起计算。

第六十九条　对于反革命犯和累犯，不适用缓刑。

第七十条　被宣告缓刑的犯罪分子，在缓刑考验期限内，由公安机关交所在单位或者基层组织予以考察，如果没有再犯新罪，缓刑考验期满，原判的刑罚就不再执行；如果再犯新罪，撤销缓刑，把前罪和后罪所判处的刑罚，依照本法第六十四条的规定，决定执行的刑罚。

第六节　减　　刑

第七十一条　被判处管制、拘役、有期徒刑、无期徒刑的犯罪分子，在执行期间，如果确有悔改或者立功表现，可以减刑。但是经过一次或者几次减刑以后实际执行的刑期，判处管制、拘役、有期徒刑的，不能少于原判刑期的二分之一；判处无期徒刑的，不能少于十年。

第七十二条　无期徒刑减为有期徒刑的刑期，从裁定减刑之日起计算。

第七节　假　　释

第七十三条　被判处有期徒刑的犯罪分子，执行原判刑期二分之一以上，被判处无期徒刑的犯罪分子，实际执行十年以上，如果确有悔改表现，不致再危害社会，可以假释。如果有特殊情节，可以不受上述执行刑期的限制。

第七十四条　有期徒刑的假释考验期限，为没有执行完毕的刑期；无期徒刑的假释考验期限，为十年。

假释考验期限，从假释之日起计算。

第七十五条　被假释的犯罪分子，在假释考验期限内，由公安机关予以监督，如果没有再犯新罪，就认为原判刑罚已经执行完毕；如果再犯新罪，撤销假释，把前罪没有执行的刑罚和后罪所判处的刑罚，依照本法第六十四条的规定，决定执行的刑罚。

第八节　时　　效

第七十六条　犯罪经过下列期限不再追诉：

（一）法定最高刑为不满五年有期徒刑的，经过五年；

（二）法定最高刑为五年以上不满十年有期徒刑的，经过十年；

（三）法定最高刑为十年以上有期徒刑的，经过十五年；

（四）法定最高刑为无期徒刑、死刑的，经过二十年。如果二十年以后认为必须追诉的，须报请最高人民检察院核准。

第七十七条　在人民法院、人民检察院、公安机关采取强制措施以后，逃避侦查或者审判的，不受追诉期限的限制。

第七十八条　追诉期限从犯罪之日起计算；犯罪行为有连续或者继续状态的，从犯罪行为终了之日起计算。

在追诉期限以内又犯罪的，前罪追诉的期限从犯后罪之日起计算。

第五章　其他规定

第七十九条　本法分则没有明文规定的犯罪，可以比照本法分则最相类似的条文定罪判刑，但是应当报请最高人民法院核准。

第八十条　民族自治地方不能全部适用本法规定的，可以由自治区或者省的国家权力机关根据当地民族的政治、经济、文化的特点和本法规定的基本原则，制定变通或者补充的规定，报请全国人民代表大会常务委员会批准施行。

第八十一条　本法所说的公共财产是指下列财产：

（一）全民所有的财产；

（二）劳动群众集体所有的财产。

在国家、人民公社、合作社、合营企业和人民团体管理、使用或者运输中的私人财产，以公共财产论。

第八十二条　本法所说的公民私人所有的合法财产是指下列财产：

（一）公民的合法收入、储蓄、房屋和其他生活资料；

（二）依法归个人、家庭所有或者使用的自留地、自留畜、自留树等生产资料。

第八十三条　本法所说的国家工作人员是指一切国家机关、企业、事业单位和其他依照法律从事公务的人员。

第八十四条　本法所说的司法工作人员是指有侦讯、检察、审判、监管人犯职务的人员。

第八十五条　本法所说的重伤是指有下列情形之一的伤害：

（一）使人肢体残废或者毁人容貌的；

（二）使人丧失听觉、视觉或者其他器官机能的；

（三）其他对于人身健康有重大伤害的。

第八十六条　本法所说的首要分子是指在犯罪集团或者聚众犯罪中起组织、策划、指挥作用的犯罪分子。

第八十七条　本法所说的告诉才处理，是指被害人告诉才处理。如果被害人因受强制、威吓无法告诉的，人民检察院和被害人的近亲属也可以告诉。

第八十八条　本法所说的以上、以下、以内，都连本数在内。

第八十九条　本法总则适用于其他有刑罚规定的法律、法令，但是其他法律有特别规定的除外。

第二编　分　　则

第一章　反革命罪

第九十条　以推翻无产阶级专政的政权和社会主义制度为目的的、危害中华人民共和国的行为，都是反革命罪。

第九十一条　勾结外国，阴谋危害祖国的主权、领土完整和安全的，处无期徒刑或者十年以上有期徒刑。

第九十二条　阴谋颠覆政府、分裂国家的，处无期徒刑或者十年以上有期徒刑。

第九十三条　策动、勾引、收买国家工作人员、武装部队、人民警察、民兵投敌叛变或者叛乱的，处无期徒刑或者十年以上有期徒刑。

第九十四条　投敌叛变的，处三年以上十年以下有期徒刑；情节严重的或者率众投敌叛变的，处十年以上有期徒刑或者无期徒刑。

率领武装部队、人民警察、民兵投敌叛变的，处无期徒刑或者十年以上有期徒刑。

第九十五条　持械聚众叛乱的首要分子或者其他罪恶重大的，处无期徒刑或者十年以上有期徒刑；其他积极参加的，处三年以上十年以下有期徒刑。

第九十六条　聚众劫狱或者组织越狱的首要分子或者其他罪恶重大的，处无期徒刑或者十年以上有期徒刑；其他积极参加的，处三年以上十年以下有期徒刑。

第九十七条　进行下列间谍或者资敌行为之一的，处十年以上有期徒刑或者无期徒刑；情节较轻的，处三年以上十年以下有期徒刑；

（一）为敌人窃取、刺探、提供情报的；

（二）供给敌人武器军火或者其他军用物资的；

（三）参加特务、间谍组织或者接受敌人派遣任务的。

第九十八条　组织、领导反革命集团的，处五年以上有期徒刑；其他积极参加反革命集团的，处五年以下有期徒刑、拘役、管制或者剥夺政治权利。

第九十九条　组织、利用封建迷信、会道门进行反革命活动的，处五年以上有期徒刑；情节较轻的，处五年以下有期徒刑、拘役、管制或者剥夺政治权利。

第一百条　以反革命为目的，进行下列破坏行为之一的，处无期徒刑或者十年以上有期徒刑；情节较轻的，处三年以上十年以下有期徒刑：

（一）爆炸、放火、决水、利用技术或者以其他方法破坏军事设备、生产设施、通讯交通设备、建筑工程、防险设备或者其他公共建设、公共财物的；

（二）抢劫国家档案、军事物资、工矿企业、银行、商店、仓库或者其他公共财物的；

（三）劫持船舰、飞机、火车、电车、汽车的；

（四）为敌人指示轰击目标的；

（五）制造、抢夺、盗窃枪支、弹药的。

第一百零一条　以反革命为目的，投放毒物、散布病菌或者以其他方法杀人、伤人的，处无期徒刑或者十年以上有期徒刑；情节较轻的，处三年以上十年以下有期徒刑。

第一百零二条　以反革命为目的，进行下列行为之一的，处五年以下有期徒刑、拘役、管制或者剥夺政治权利；首要分子或者其他罪恶重大的，处五年以上有期徒刑：

（一）煽动群众抗拒、破坏国家法律、法令实施的；

（二）以反革命标语、传单或者其他方法宣传煽动推翻无产阶级专政的政权和社会主义制度的。

第一百零三条　本章上述反革命罪行中，除第九十八条、第九十九条、第一百零二条外，对国家和人民危害特别严重、情节特别恶劣的，可以判处死刑。

第一百零四条　犯本章之罪的，可以并处没收财产。

第二章　危害公共安全罪

第一百零五条　放火、决水、爆炸或者以其他危险方法破坏工厂、矿场、油田、港口、河流、水源、仓库、住宅、森林、农场、谷场、牧场、重要管道、公共建筑物或者其他公私财产，危害公共安全，尚未造成严重后果的，处三年以上十年以下有期徒刑。

第一百零六条　放火、决水、爆炸、投毒或者以其他危险方法致人重伤、死亡或者使公私财产遭受重大损失的，处十年以上有期徒刑、无期徒刑或者死刑。

过失犯前款罪的，处七年以下有期徒刑或者拘役。

第一百零七条　破坏火车、汽车、电车、船只、飞机，足以使火车、汽车、电车、船只、飞机发生倾覆、毁坏危险，尚未造成严重后果的，处三年以上十年以下有期徒刑。

第一百零八条　破坏轨道、桥梁、隧道、公路、机场、航道、灯塔、标志或者进行其他破坏活动，足以使火车、汽车、电车、船只、飞机发生倾覆、毁坏危险，尚未造成严重后果的，处三年以上十年以下有期徒刑。

第一百零九条　破坏电力、煤气或者其他易燃易爆设备，危害公共安全，尚未造成严重后果的，处三年以上十年以下有期徒刑。

第一百一十条　破坏交通工具、交通设备、电力煤气设备、易燃易爆设备造成严重后果的，处十年以上有期徒刑、无期徒刑或者死刑。

过失犯前款罪的，处七年以下有期徒刑或者拘役。

第一百一十一条　破坏广播电台、电报、电话或者其他通讯设备，危害公共安全的，处七年以下有期徒刑或者拘役；造成严重后果的，处七年以上有期徒刑。

过失犯前款罪的，处七年以下有期徒刑或者拘役。

第一百一十二条　非法制造、买卖、运输枪支、弹药的，或者盗窃、抢夺国家机关、军警人员、民兵的枪支、弹药的，处七年以下有期徒刑；情节严重的，处七年以上有期徒刑或者无期徒刑。

第一百一十三条　从事交通运输的人员违反规章制度，因而发生重大事故，致人重伤、死亡或者使公私财产遭受重大损失的，处三年以下有期徒刑或者拘役；情节特别恶劣的，处三年以上七年以下有期徒刑。

非交通运输人员犯前款罪的，依照前款规定处罚。

第一百一十四条　工厂、矿山、林场、建筑企业或者其他企业、事业单位的职工，由于不服管理、违反规章制度，或者强令工人违章冒险作业，因而发生重大伤亡事故，造成严重后果的，处三年以下有期徒刑或者拘役；情节特别恶劣的，处三年以上七年以下有期徒刑。

第一百一十五条　违反爆炸性、易燃性、放射性、毒害性、腐蚀性物品的管理规定，在生产、储存、运输、使用中发生重大事故，造成严重后果的，处三年以下有期徒刑或者拘役；后果特别严重的，处三年以上七年以下有期徒刑。

第三章　破坏社会主义经济秩序罪

第一百一十六条　违反海关法规，进行走私，情节严重的，除按照海关法规没收走私物品并且可以罚款外，处三年以下有期徒刑或者拘役，可以并处没收财产。

第一百一十七条　违反金融、外汇、金银、工商管理法规，投机倒把，情节严重的，处三年以下有期徒刑或者拘役，可以并处、单处罚金或者没收财产。

第一百一十八条　以走私、投机倒把为常业的，走私、投机倒把数额巨大的或者走私、投机倒把集团的首要分子，处三年以上十年以下有期徒刑，可以并处没收财产。

第一百一十九条　国家工作人员利用职务上的便利，犯走私、投机倒把罪的，从重处罚。

第一百二十条　以营利为目的，伪造或者倒卖计划供应票证，情节严重的，处三年以下有期徒刑或者拘役，可以并处、单处罚金或者没收财产。

犯前款罪的首要分子或者情节特别严重的，处三年以上七年以下有期徒刑，可以并处没收财产。

第一百二十一条　违反税收法规，偷税、抗税，情节严重的，除按照税收法规补税并且可以罚款外，对直接责任人员，处三年以下有期徒刑或者拘役。

第一百二十二条　伪造国家货币或者贩运伪造的国家货币的，处三年以上七年以下有期徒刑，可以并处罚金或者没收财产。

犯前款罪的首要分子或者情节特别严重的，处七年以上有期徒刑或者无期徒刑，可以并处没收财产。

第一百二十三条　伪造支票、股票或者其他有价证券的，处七年以下有期徒刑，可以并处罚金。

第一百二十四条　以营利为目的，伪造车票、船票、邮票、税票、货票的，处二年以下有期徒刑、拘役或者罚金；情节严重的，处二年以上七年以下有期徒刑，可以并处罚金。

第一百二十五条　由于泄愤报复或者其他个人目的，毁坏机器设备、残害耕畜或者以其他方法破坏集体生产的，处二年以下有期徒刑或者拘役；情节严重的，处二年以上七年以下有期徒刑。

第一百二十六条　挪用国家救灾、抢险、防汛、优抚、救济款物，情节严重，致使国家和人民群众利益遭受重大损害的，对直接责任人员，处三年以下有期徒刑或者拘役；情节特别严重的，处三年以上七年以下有期徒刑。

第一百二十七条　违反商标管理法规，工商企业假冒其他企业已经注册的商标的，对直接责任人员，处三年以下有期徒刑、拘役或者罚金。

第一百二十八条　违反保护森林法规，盗伐、滥伐森林或者其他林木，情节严重的，处三年以下有期徒刑或者拘役，可以并处或者单处罚金。

第一百二十九条　违反保护水产资源法规，在禁渔区、禁渔期或者使用禁用的工具、方法捕捞水产品，情节严重的，处二年以下有期徒刑、拘役或者罚金。

第一百三十条 违反狩猎法规，在禁猎区、禁猎期或者使用禁用的工具、方法进行狩猎，破坏珍禽、珍兽或者其他野生动物资源，情节严重的，处二年以下有期徒刑、拘役或者罚金。

第四章 侵犯公民人身权利、民主权利罪

第一百三十一条 保护公民的人身权利、民主权利和其他权利，不受任何人、任何机关非法侵犯。违法侵犯情节严重的，对直接责任人员予以刑事处分。

第一百三十二条 故意杀人的，处死刑、无期徒刑或者十年以上有期徒刑；情节较轻的，处三年以上十年以下有期徒刑。

第一百三十三条 过失杀人的，处五年以下有期徒刑；情节特别恶劣的，处五年以上有期徒刑。本法另有规定的，依照规定。

第一百三十四条 故意伤害他人身体的，处三年以下有期徒刑或者拘役。

犯前款罪，致人重伤的，处三年以上七年以下有期徒刑；致人死亡的，处七年以上有期徒刑或者无期徒刑。本法另有规定的，依照规定。

第一百三十五条 过失伤害他人致人重伤的，处二年以下有期徒刑或者拘役；情节特别恶劣的，处二年以上七年以下有期徒刑。本法另有规定的，依照规定。

第一百三十六条 严禁刑讯逼供。国家工作人员对人犯实行刑讯逼供的，处三年以下有期徒刑或者拘役。以肉刑致人伤残的，以伤害罪从重论处。

中编

第一百三十七条 严禁聚众"打砸抢"。因"打砸抢"致人伤残、死亡的，以伤害罪、杀人罪论处。毁坏或者抢走公私财物的，除判令退赔外，首要分子以抢劫罪论处。

犯前款罪，可以单独判处剥夺政治权利。

第一百三十八条 严禁用任何方法、手段诬告陷害干部、群众。凡捏造事实诬告陷害他人（包括犯人）的，参照所诬陷的罪行的性质、情节、后果和量刑标准给予刑事处分。国家工作人员犯诬陷罪的，从重处罚。

不是有意诬陷，而是错告，或者检举失实的，不适用前款规定。

第一百三十九条 以暴力、胁迫或者其他手段强奸妇女的，处三年以上十年以下有期徒刑。

奸淫不满十四岁幼女的，以强奸论，从重处罚。

犯前两款罪，情节特别严重的或者致人重伤、死亡的，处十年以上有期徒刑、无期徒刑或者死刑。

二人以上犯强奸罪而共同轮奸的，从重处罚。

第一百四十条 强迫妇女卖淫的，处三年以上十年以下有期徒刑。

第一百四十一条 拐卖人口的，处五年以下有期徒刑；情节严重的，处五年以上有期徒刑。

第一百四十二条 违反选举法的规定，以暴力、威胁、欺骗、贿赂等非法手段破坏选举或者妨害选民自由行使选举权和被选举权的，处三年以下有期徒刑或者拘役。

第一百四十三条 严禁非法拘禁他人，或者以其他方法非法剥夺他人人身自由。违者处三年以下有期徒刑、拘役或者剥夺政治权利。具有殴打、侮辱情节的，从重处罚。

犯前款罪，致人重伤的，处三年以上十年以下有期徒刑；致人死亡的，处七年以上有期徒刑。

第一百四十四条 非法管制他人，或者非法搜查他人身体、住宅，或者非法侵入他人住宅的，处三年以下有期徒刑或者拘役。

第一百四十五条 以暴力或者其他方法，包括用"大字报"、"小字报"，公然侮辱他人或者捏造事实诽谤他人，情节严重的，处三年以下有期徒刑、拘役或者剥夺政治权利。

前款罪，告诉的才处理。但是严重危害社会秩序和国家利益的除外。

第一百四十六条 国家工作人员滥用职权、假公济私，对控告人、申诉人、批评人实行报复陷害的，处二年以下有期徒刑或者拘役；情节严重的，处二年以上七年以下有期徒刑。

第一百四十七条 国家工作人员非法剥夺公民的正当的宗教信仰自由和侵犯少数民族风俗习惯，情节严重的，处二年以下有期徒刑或者拘役。

第一百四十八条 在侦查、审判中，证人、鉴定人、记录人、翻译人对与案件有重要关系的情节，故意作虚假证明、鉴定、记录、翻译，意图陷害他人或者隐匿罪证的，处二年以下有期徒刑或者拘役；情节严重的，处二年以上七年以下有期徒刑。

第一百四十九条 隐匿、毁弃或者非法开拆他人信件，侵犯公民通信自由权利，情节严重的，处一年以下有期徒刑或者拘役。

第五章 侵犯财产罪

第一百五十条 以暴力、胁迫或者其他方法抢劫公私财物的，处三年以上十年以下有期徒刑。

犯前款罪，情节严重的或者致人重伤、死亡的，处十年以上有期徒刑、无期徒刑或者死刑，可以并处没收财产。

第一百五十一条　盗窃、诈骗、抢夺公私财物数额较大的，处五年以下有期徒刑、拘役或者管制。

第一百五十二条　惯窃、惯骗或者盗窃、诈骗、抢夺公私财物数额巨大的，处五年以上十年以下有期徒刑；情节特别严重的，处十年以上有期徒刑或者无期徒刑，可以并处没收财产。

第一百五十三条　犯盗窃、诈骗、抢夺罪，为窝藏赃物、抗拒逮捕或者毁灭罪证而当场使用暴力或者以暴力相威胁的，依照本法第一百五十条抢劫罪处罚。

第一百五十四条　敲诈勒索公私财物的，处三年以下有期徒刑或者拘役；情节严重的，处三年以上七年以下有期徒刑。

第一百五十五条　国家工作人员利用职务上的便利，贪污公共财物的，处五年以下有期徒刑或者拘役；数额巨大、情节严重的，处五年以上有期徒刑；情节特别严重的，处无期徒刑或者死刑。

犯前款罪的，并处没收财产，或者判令退赔。

受国家机关、企业、事业单位、人民团体委托从事公务的人员犯第一款罪的，依照前两款的规定处罚。

第一百五十六条　故意毁坏公私财物，情节严重的，处三年以下有期徒刑、拘役或者罚金。

第六章　妨害社会管理秩序罪

第一百五十七条　以暴力、威胁方法阻碍国家工作人员依法执行职务的，或者拒不执行人民法院已经发生法律效力的判决、裁定的，处三年以下有期徒刑、拘役、罚金或者剥夺政法权利。

第一百五十八条　禁止任何人利用任何手段扰乱社会秩序。扰乱社会秩序情节严重，致使工作、生产、营业和教学、科研无法进行，国家和社会遭受严重损失的，对首要分子处五年以下有期徒刑、拘役、管制或者剥夺政治权利。

第一百五十九条　聚众扰乱车站、码头、民用航空站、商场、公园、影剧院、展览会、运动场或者其他公共场所秩序，聚众堵塞交通或者破坏交通秩序，抗拒、阻碍国家治安管理工作人员依法执行职务，情节严重的，对首要分子处五年以下有期徒刑、拘役、管制或者剥夺政治权利。

第一百六十条　聚众斗殴，寻衅滋事，侮辱妇女或者进行其他流氓活动，破坏公共秩序，情节恶劣的，处七年以下有期徒刑、拘役或者管制。

流氓集团的首要分子，处七年以上有期徒刑。

第一百六十一条　依法被逮捕、关押的犯罪分子脱逃的，除按其原犯罪行判处或者按其原判刑期执行外，加处五年以下有期徒刑或者拘役。

以暴力、威胁方法犯前款罪的，处二年以上七年以下有期徒刑。

第一百六十二条　窝藏或者作假证明包庇反革命分子的，处三年以下有期徒刑、拘役或者管制；情节严重的，处三年以上十年以下有期徒刑。

窝藏或者作假证明包庇其他犯罪分子的，处二年以下有期徒刑、拘役或者管制；情节严重的，处二年以上七年以下有期徒刑。

犯前两款罪，事前通谋的，以共同犯罪论处。

第一百六十三条　违反枪支管理规定，私藏枪支、弹药，拒不交出的，处二年以下有期徒刑或者拘役。

第一百六十四条　以营利为目的，制造、贩卖假药危害人民健康的，处二年以下有期徒刑、拘役或者管制，可以并处或者单处罚金；造成严重后果的，处二年以上七年以下有期徒刑，可以并处罚金。

第一百六十五条　神汉、巫婆藉迷信进行造谣、诈骗财物活动的，处二年以下有期徒刑、拘役或者管制；情节严重的，处二年以上七年以下有期徒刑。

第一百六十六条　冒充国家工作人员招摇撞骗的，处三年以下有期徒刑、拘役、管制或者剥夺政治权利；情节严重的，处三年以上十年以下有期徒刑。

第一百六十七条　伪造、变造或者盗窃、抢夺、毁灭国家机关、企业、事业单位、人民团体的公文、证件、印章的，处三年以下有期徒刑、拘役、管制或者剥夺政治权利；情节严重的，处三年以上十年以下有期徒刑。

第一百六十八条　以营利为目的，聚众赌博或者以赌博为业的，处三年以下有期徒刑、拘役或者管制，可以并处罚金。

第一百六十九条　以营利为目的，引诱、容留妇女卖淫的，处五年以下有期徒刑、拘役或者管制；情节严重的，处五年以上有期徒刑，可以并处罚金或者没收财产。

第一百七十条　以营利为目的，制作、贩卖淫书、淫画的，处三年以下有期徒刑、拘役或者管制，可以并处罚金。

第一百七十一条　制造、贩卖、运输鸦片、海洛因、吗啡或者其他毒品的，处五年以下有期徒刑或者拘役，可以并处罚金。

一贯或者大量制造、贩卖、运输前款毒品的，处五年以上有期徒刑，可以并处没收财产。

第一百七十二条　明知是犯罪所得的赃物而予以窝藏或者代为销售的，处三年以下有期徒刑、拘役或者管制，可以并处或者单处罚金。

第一百七十三条　违反保护文物法规，盗运珍贵文物出口的，处三年以上十年以下有期徒刑，可以并处罚金；情节严重的，处十年以上有期徒刑或者无期徒刑，可以并处没收财产。

第一百七十四条　故意破坏国家保护的珍贵文物、名胜古迹的，处七年以下有期徒刑或者拘役。

第一百七十五条　故意破坏国家边境的界碑、界桩或者永久性测量标志的，处三年以下有期徒刑或者拘役。

以叛国为目的的，按照反革命罪处罚。

第一百七十六条　违反出入国境管理法规，偷越国（边）境，情节严重的，处一年以下有期徒刑、拘役或者管制。

第一百七十七条　以营利为目的，组织、运送他人偷越国（边）境的，处五年以下有期徒刑、拘役或者管制，可以并处罚金。

第一百七十八条　违反国境卫生检疫规定，引起检疫传染病的传播，或者有引起检疫传染病传播严重危险的，处三年以下有期徒刑或者拘役，可以并处或者单处罚金。

第七章　妨害婚姻、家庭罪

第一百七十九条　以暴力干涉他人婚姻自由的，处二年以下有期徒刑或者拘役。

犯前款罪，引起被害人死亡的，处二年以上七年以下有期徒刑。

第一款罪，告诉的才处理。

第一百八十条　有配偶而重婚的，或者明知他人有配偶而与之结婚的，处二年以下有期徒刑或者拘役。

第一百八十一条　明知是现役军人的配偶而与之同居或者结婚的，处三年以下有期徒刑。

第一百八十二条　虐待家庭成员，情节恶劣的，处二年以下有期徒刑、拘役或者管制。

犯前款罪，引起被害人重伤、死亡的，处二年以上七年以下有期徒刑。

第一款罪，告诉的才处理。

第一百八十三条　对于年老、年幼、患病或者其他没有独立生活能力的人，负有扶养义务而拒绝扶养，情节恶劣的，处五年以下有期徒刑、拘役或者管制。

第一百八十四条　拐骗不满十四岁的男、女，脱离家庭或者监护人的，处五年以下有期徒刑或者拘役。

第八章　渎职罪

第一百八十五条　国家工作人员利用职务上的便利，收受贿赂的，处五年以下有期徒刑或者拘役。赃款、赃物没收，公款、公物追还。

犯前款罪，致使国家或者公民利益遭受严重损失的，处五年以上有期徒刑。

向国家工作人员行贿或者介绍贿赂的，处三年以下有期徒刑或者拘役。

第一百八十六条　国家工作人员违反国家保密法规，泄露国家重要机密，情节严重的，处七年以下有期徒刑、拘役或者剥夺政治权利。

非国家工作人员犯前款罪的，依照前款的规定酌情处罚。

第一百八十七条　国家工作人员由于玩忽职守，致使公共财产、国家和人民利益遭受重大损失的，处五年以下有期徒刑或者拘役。

第一百八十八条　司法工作人员徇私舞弊，对明知是无罪的人而使他受追诉、对明知是有罪的人而故意包庇不使他受追诉，或者故意颠倒黑白做枉法裁判的，处五年以下有期徒刑、拘役或者剥夺政治权利；情节特别严重的，处五年以上有期徒刑。

第一百八十九条　司法工作人员违反监管法规，对被监管人实行体罚虐待，情节严重的，处三年以下有期徒刑或者拘役；情节特别严重的，处三年以上十年以下有期徒刑。

第一百九十条　司法工作人员私放罪犯的，处五年以下有期徒刑或者拘役；情节严重的，处五年以上十年以下有期徒刑。

第一百九十一条　邮电工作人员私自开拆或者隐匿、毁弃邮件、电报的，处二年以下有期徒刑或者拘役。

犯前款罪而窃取财物的，依照第一百五十五条贪污罪从重处罚。

第一百九十二条　国家工作人员犯本章之罪，情节轻微的，可以由主管部门酌情予以行政处分。

附一：关于七个法律草案的说明（节录）

——1979 年 6 月 26 日在第五届全国人民代表大会第二次会议上

（全国人大常委会副委员长　彭　真）

各位代表：

从今年开始，全国工作的着重点转移到社会主义现代化建设方面来。随着这个历史性的转变，我国必须认真地加强社会主义民主和社会主义法制。没有健全的社会主义法制，就很难实现健全的社会主义民主。华国锋同志在政府工作报告中指出："我国封建主义的历史很长，经济文化比较落后。""四人帮"的流毒也还没有肃清。在这种情况下，专制主义、官僚主义、特权思想、家长作风以及小资产阶级个人主义、自由主义、无政府主义，很容易滋长。现在有些地方和单位，人民的积极性和创造性还受到压抑，人民的人身权利、民主权利和其他权利有时还得不到可靠的保障。这一切表明，要充分实现社会主义民主，必须逐步健全社会主义法制，使九亿人民办事有章可循，坏人干坏事有个约束和制裁。因此，"人心思法"，全国人民都迫切要求有健全的法制。正如叶剑英同志在开幕词中所说："广大人民群众要求加强和完善我国的社会主义法制。有了完善的法制，就能使宪法所规定的人民的民主权利得到有效的保障，就能不断地发展安定团结、生动活泼的政治局面，以利于社会主义建设的进行。"

这次提交大会审议的七个法律草案，是由人大常委会法制委员会分别和有关部门共同研究修订的。大多数法律草案的原稿经过了长时间的酝酿准备。几个组织法和选举法草案是分别由最高人民法院、最高人民检察院、人大常委会办公厅和民政部的同志经过长期调查研究和总结过去经验，修订提出的。刑法草案在"文化大革命"以前已有三十几稿。1957 年的第二十二稿曾提交一届四次人大会议征求代表意见并授权人大常委会审议修改。1963 年的第三十三稿，曾经中共中央政治局常委和毛泽东同志原则审查过。这次提出的草案是以第三十三稿为基础，根据十几年来的经验和新的情况、新的问题，由法制委员会会同各有关部门共同做了补充和修改。刑事诉讼法草案也是在"文化大革命"前的多次修正稿的基础上修订的。中外合资经营企业法草案是国家计委主管这方面工作的同志主持，和各有关部门的同志研究起草的。当然，这些草案都还难免有这样那样的考虑不周的地方，请各位代表审议修正。

现在把这次提出的七个法律草案的主要精神报告一下：

一、关于《中华人民共和国地方各级人民代表大会和地方各级人民政府组织法（草案）》和《中华人民共和国全国人民代表大会和地方各级人民代表大会选举法（草案）》（略）

二、关于《中华人民共和国刑法（草案）》

刑法是国家的基本法之一。刑法（草案）是以马列主义毛泽东思想为指针，结合我国实行无产阶级领导的工农联盟为基础的人民民主专政即无产阶级专政的具体经验制订的。它的任务是"用刑罚同一切反革命和其他刑事犯罪行为作斗争"，以利于保护人民和国家的利益，巩固和发展安定团结、生动活泼的政治局面，保证社会主义现代化建设的顺利进行。

第一，刑法的重要任务之一是保护社会主义社会的公共财产和个人合法财产。草案规定：要保护全民所有的财产和劳动群众集体所有的财产，同时也要保护私人所有的一切合法财产，包括公民的合法收入、储蓄、房屋和其他生活资料，以及依法归个人、家庭所有或使用的自留地、自留畜、自留树等生产资料。

第二，刑法（草案）明确规定"保护公民的人身权利、民主权利和其它权利，不受任何人、任何机关非法侵犯"。规定严禁刑讯逼供，严禁聚众"打、砸、抢"，严禁非法拘禁，严禁诬告陷害。凡捏造事实诬告陷害他人（包括犯人）的，参照他所诬陷的罪行的性质、情节、后果和量刑标准给以刑事处分。在"文化大革命"中，由于林彪、"四人帮"大搞刑讯逼供、打砸抢，非法拘禁和诬陷、迫害，造成了大批冤案、假案、错案，后果极为严重。因此，在刑法中规定"严禁"这些罪行是符合群众愿望的，也是完全必要的。

刑法（草案）规定，"以暴力或者其他办法，包括用'大字报'、'小字报'，公然侮辱他人或者捏造事实诽谤他人，情节严重的，处三年以下有期徒刑或者拘役"。当然，我们必须继续坚持不抓辫子、不扣帽子、不打棍子的"三不主义"，保护工作中的批评和反批评，讨论问题时不同意见的相互反驳，以及对领导、对工作提出的批评建议的权利，这些必须同诽谤、侮辱严格加以区别。国家既不允许以刑法（草案）的这个规定为借口压制批评、压制民主，也不允许以民主为借口对他人进行侮辱诽谤。

第三，刑法的打击锋芒是针对反革命和其他犯罪行为的。刑法（草案）对于现行的重大的反革命罪和那些情节恶劣、危害社会后果严重、群众痛恨的刑事犯罪，规定了较重的刑罚。对于反革命罪中情节特别恶劣、对国家和人民危害特别严重的，以及对于杀人、抢劫、放火、决水、爆炸、投毒等后果严重的，规定了可以判处死刑。

为了防止罪名的滥用，关于反革命罪，刑法（草案）明确规定限于"以推翻无产阶级专政的政权和社会主义制度为目的危害中华人民共和国的行为"，对其他各种刑事犯罪也作了比较明确的规定。对没有明文规定的犯罪，严格限制了类推的应用，规定类推的使用应一律报请最高人民法院核准。

第四，我国现在还不能也不应废除死刑，但应尽量减少使用。早在 1951 年，中共中央和毛泽东同志就再三提出要尽量减少死刑。现在，建国将近三十年，特别在粉碎"四人帮"以后，全国形势日益安定，因此刑法（草案）减少了判处死刑罪的条款。

为了贯彻少杀的方针和力求避免发生不可挽救的冤案、假案、错案，这次恢复了死刑一律由最高人民法院判决或者核准的规定。同时，还保留了我国特有的死刑也可以缓刑的规定。

第五，刑法既要充分保护人民行使民主权利，又要切实维护社会秩序、生产秩序、工作秩序、教学科研秩序和人民群众生活秩序。因此，草案规定"禁止任何人利用任何手段扰乱社会秩序"。我们绝不应给任何反革命分子、敌特间谍分子和人民的其它敌人以任何危害人民、破坏社会主义事业的自由和权利。

第六，刑法的任务限于处理刑事犯罪问题。不能把应按党纪、政纪和民法、行政法、经济法处理的并不触犯刑法的问题，列入刑法，追究刑事责任。因此，这类问题都不列入刑法。

第七，刑法（草案）规定，本法自颁布施行之日（1980 年 1 月 1 日）起生效。颁布实行以前历史上遗留的问题和案件，按照党和国家过去一贯的方针、政策、法律、法令处理。

三、关于《中华人民共和国刑事诉讼法（草案）》（略）

四、关于《中华人民共和国人民法院组织法（草案）》和《中华人民共和国人民检察院组织法（草案）》（略）

五、关于《中华人民共和国中外合资经营企业法（草案）》（略）

附二：中华人民共和国全国人民代表大会常务委员会委员长令第五号

（1979 年 7 月 6 日）

中华人民共和国第五届全国人民代表大会第二次会议于 1979 年 7 月 1 日通过了《中华人民共和国刑法》，现予公布，自 1980 年 1 月 1 日起施行。

中华人民共和国全国人民代表大会常务委员会

委员长　叶剑英

二、单行刑法

1. 中华人民共和国惩治军人违反职责罪暂行条例

（1981 年 6 月 10 日第五届全国人民代表大会常务委员会第十九次会议通过
1981 年 6 月 10 日公布　自 1982 年 1 月 1 日起施行）

第一条　根据《中华人民共和国刑法》的指导思想和基本原则，为惩治军人违反职责的犯罪行为，教育军人认真履行职责，巩固部队战斗力，特制定本条例。

第二条　中国人民解放军的现役军人，违反军人职责，危害国家军事利益，依照法律应当受刑罚处罚的行为，是军人违反职责罪。但是情节显著轻微、危害不大的，不认为是犯罪，按军纪处理。

第三条　违反武器装备使用规定，情节严重，因而发生重大责任事故，致人重伤、死亡或者造成其他严重后果的，处三年以下有期徒刑或者拘役；后果特别严重的，处三年以上七年以下有期徒刑。

第四条　违反保守国家军事机密法规，泄露或者遗失国家重要军事机密，情节严重的，处七年以下有期徒刑或者拘役。

战时犯前款罪的，处三年以上十年以下有期徒刑；情节特别严重的，处十年以上有期徒刑或者无期徒刑。

为敌人或者外国人窃取、刺探、提供军事机密的，处十年以上有期徒刑、无期徒刑或者死刑。

第五条　指挥人员和值班、值勤人员擅离职守或者玩忽职守，因而造成严重后果的，处七年以下有期徒刑或者拘役。

战时犯前款罪的，处五年以上有期徒刑。

第六条　违反兵役法规，逃离部队，情节严重的，处三年以下有期徒刑或者拘役。

战时犯前款罪的，处三年以上七年以下有期徒刑。

第七条　偷越国（边）境外逃的，处三年以下有期徒刑或者拘役；情节严重的，处三年以上十年以下有期徒刑。战时从重处罚。

第八条　边防海防线的值勤人员，徇私舞弊，私放他人偷越国（边）境的，处五年以下有期徒刑或者拘役；情节严重的，处五年以上有期徒刑。战时从重处罚。

第九条　滥用职权，虐待、迫害部属，情节恶劣，因而致人重伤或者造成其他严重后果的，处五年以下有期徒刑或者拘役；致人死亡的，处五年以上有期徒刑。

第十条　以暴力、威胁方法，阻碍指挥人员或者值班、值勤人员执行职务的，处五年以下有期徒刑或者拘役；情节严重的，处五年以上有期徒刑；情节特别严重的或者致人重伤、死亡的，处无期徒刑或者死刑。战时从重处罚。

第十一条　盗窃武器装备或者军用物资的，处五年以下有期徒刑或者拘役；情节严重的，处五年以上十年以下有期徒刑；情节特别严重的，处十年以上有期徒刑或者无期徒刑。战时从重处罚，情节特别严重的，可以判处死刑。

第十二条　破坏武器装备或者军事设施的，处三年以下有期徒刑或者拘役；破坏重要武器装备或者重要军事设施的，处三年以上十年以下有期徒刑；情节特别严重的，处十年以上有期徒刑、无期徒刑或者死刑。战时从重处罚。

第十三条　战时自伤身体，逃避军事义务的，处三年以下有期徒刑；情节严重的，处三年以上七年以下有期徒刑。

第十四条　战时造谣惑众，动摇军心的，处三年以下有期徒刑；情节严重的，处三年以上十年以下有期徒刑。

勾结敌人造谣惑众，动摇军心的，处十年以上有期徒刑或者无期徒刑；情节特别严重的，可以判处死刑。

第十五条　在战场上故意遗弃伤员，情节恶劣的，对直接责任人员，处三年以下有期徒刑。

第十六条　畏惧战斗，临阵脱逃的，处三年以下有期徒刑；情节严重的，处三年以上十年以下有期徒刑；致使战斗、战役遭受重大损失的，处十年以上有期徒刑、无期徒刑或者死刑。

第十七条　在战斗中违抗命令，对作战造成危害的，处三年以上十年以下有期徒刑；致使战斗、战役遭受重大损失的，处十年以上有期徒刑、无期徒刑或者死刑。

第十八条　故意谎报军情或者假传军令，对作战造成危害的，处三年以上十年以下有期徒刑；致使战斗、战役遭受重大损失的，处十年以上有期徒刑、无期徒刑或者死刑。

第十九条　在战场上贪生怕死，自动放下武器投降敌人的，处三年以上十年以下有期徒刑；情节严重的，处十年以上有期徒刑或者无期徒刑。

投降后为敌人效劳的，处十年以上有期徒刑、无期徒刑或者死刑。

第二十条　在军事行动地区，掠夺、残害无辜居民的，处七年以下有期徒刑；情节严重的，处七年以上有期徒刑；情节特别严重的，处无期徒刑或者死刑。

第二十一条　虐待俘虏，情节恶劣的，处三年以下有期徒刑。

第二十二条　在战时，对被判处三年以下有期徒刑没有现实危险宣告缓刑的犯罪军人，允许其戴罪立功，确有立功表现时，可以撤销原判刑罚，不以犯罪论处。

第二十三条　现役军人犯本条例以外之罪的，依照《中华人民共和国刑法》有关条款的规定处罚。

第二十四条　对于危害重大的犯罪军人，可以附加剥夺勋章、奖章和荣誉称号。

第二十五条　军内在编职工犯本条例之罪的，适用本条例。

第二十六条　本条例自1982年1月1日起施行。

附：关于《中华人民共和国惩治军人违反职责罪暂行条例（草案）》的说明

（中国人民解放军总政治部副主任　史进前）

委员长、各位副委员长、各位委员：

根据党的十一届三中全会关于加强社会主义法制的决定，为了加强军队的法制建设，正确惩罚军人违反职责的犯罪行为，教育广大指战员严格遵守国家法律，认真履行军人职责，巩固与提高部队战斗力，制定一个适合军队实际情况的“惩治军人违反职责罪暂行条例”，是很必要的。

这个条例，是由法制委员会和总政治部共同起草的。一九七九年八月写出草案初稿后，广泛征求了军内外各有关方面的意见，并发动全军军以上单位，组织有实战经验的同志进行了认真讨论，先后作了十四次修改。现业经中央军委办公会议和法制委员会全体会议审查同意，特提请全国人大常委会审议。

现将起草中的几个有关问题，说明如下：

一、关于指导思想

这个条例草案，是以马列主义、毛泽东思想为指针，依照刑法确定的各项基本原则，根据我军的性质、宗旨和任务制定的。在草拟过程中，认真研究了我军在战争年代和社会主义建设时期以及对越自卫还击作战中同各种犯罪行为作斗争的经验，分析研究了上千份案例，力求使所定条款，能比较切合我军的实际情况，适应建设现代化革命军队和反侵略战争的需要，以保障军队各项任务的顺利完成。

二、关于本条例的任务和范围

惩治军人违反职责罪暂行条例的任务，是用刑罚的方法，同一切违反军人职责，危害国家军事利益的犯罪行为作斗争，以维护安定团结的政治局面，巩固提高部队战斗力，保障作战胜利和现代化革命军队建设的顺利进行。

本条例是刑法的补充和续编，它所涉及的范围，仅限于刑法分则中没有列入的军人违反职责罪的定罪处刑问题。凡不属于违反军人职责的犯罪、如杀人、放火、强奸、重婚等都未列入；有的虽与军人职责有关，但刑法分则中已有规定的犯罪，如交通肇事、贪污、走私等也未列入。对这些未列入的犯罪，条例草案中专门写了一条“现役军人犯本条例以外之罪的，依照《中华人民共和国刑法》有关条款的规定处罚”（第二十三条）。这样，可使本条例较好地体现出军人违反职责罪的特点，并避免与刑法重复。

三、关于正确执行惩办与宽大相结合的政策

我军担负着保卫祖国、保卫四化建设的历史使命，一切工作都要立足于随时准备打仗。为了保证这一基本任务的完成，条例草案依照惩办与宽大相结合的政策，把惩办的重点放在对国防能力和军事利益危害重大的犯罪行为上。比如对窃取刺探军事机密的，盗窃武器装备和军用物资的，破坏武器装备和军事设施的，以暴力阻碍指挥人员执行职务的，造谣惑众动摇军心的，畏惧战斗临阵脱逃的，在战斗中违抗命令对作战造成危害的，故意假传军令和谎报军情的，贪生怕死投降敌人的，掠夺残害战区无辜居民的等，都规定了较重的刑罚，并且规定这十种犯罪行为情节特别严重的，都可以判处死刑。同时，还根据军人违反职责罪的特点，在有些条款中规定了军人在战时犯罪的，处罚要严于平时；军人与其他公民犯同一类罪的，处罚要严于其他公民。这是由于军人担负着保卫祖国的职责，其因违反职责构成的犯罪，在特定情况下，危害要严重得多。这样规定，体现了罪罚相当的原则，是巩固部队、保障战争胜利的需要。

我军是有高度觉悟的人民军队，有坚强的政治思想工作，对少数犯罪分子的惩办，只是治军的一种辅助手段。为了缩小惩罚面，教育改造大多数，条例草案除体现了从严惩办的一面，还充分体现了宽大的一面。对不属于危害重大的犯罪，都规定了较轻的刑罚；对在战时判处三年以下有期徒刑又没有现实危险的犯罪军人，还在第二十二条规定了战时缓刑的办法，允许其戴罪立功，以利于化消极因素为积极因素。

四、关于严格区分犯罪与违纪的界限

军人违反职责的犯罪行为与违反军纪的行为，往往相互关联，容易混淆。在草拟条例中，我们十分注意区分两者的界限。凡属违反军队纪律，不应受刑罚处罚的行为，一律不列入本条例。如对武器装备肇事行为，条例草案规定只追究那些严重违反武器装备使用规定，因而发生重大责任事故的人员，对一般责任事故或者入伍不久的战士由于没有熟练掌握武器性能而发生的事故，则不追究肇事者的刑事责任；对阻碍执行职务行为，条例草案规定只追究以暴力威胁方法，阻碍指挥人员和值班值勤人员执行职务的犯罪分子，对一般顶撞领导，不服从管理教育的，则视为违纪行为，不追究刑事责任；对自伤身体行为，条例草案只规定发生在战时的才予惩处，平时则作为违纪行为，也不追究刑事责任；对违抗作战命令行为，条例草案规定只追究那些因违抗命令对作战造成危害的犯罪分子，对作战尚未造成危害的，则不作为犯罪追究，由主管部门按照《中国人民解放军纪律条令》的规定处理。另外，条例草案还对情节显著轻微、危害不大的违反职责的行为，明确规定了“不认为是犯罪，按军纪处理”（第二条）。这样，就把军人违反职责的犯罪行为，同一般违反军队纪律的行为区别开来，明确了罪与非罪的界限，防止扩大化。

五、关于刑种

刑法规定的主刑有五种（死刑、无期徒刑、有期徒刑、拘役和管制），本条例草案只用了四种，没有使用管制。这是因为管制是不予关押、分散在各单位执行的，而军队是执行政治任务的武装集团，组织严密，机动性、机密性大，必须保持高度纯洁。如果将判处管制的犯罪分子，留在军内执行，势必影响部队的纯洁与安全，执行起来困难很多。我们认为，以不使用为好。

在刑法的附加刑中，没有剥夺政治荣誉的规定，本条例草案第二十四条规定了“对于危害重大的犯罪军人，在必要的时候，可以附加剥夺勋章、奖章和荣誉称号”。这是因为军人的勋章、奖章和荣誉称号，是国家授予的政治荣誉，那些犯有严重罪行的犯罪军人，已不配继续享有这种荣誉。为了维护国家的尊严和人民军队的声誉，在本条例中规定这一附加刑是必要的。

根据国家刑法制定的经验，条例草案对一些不成熟的，没有把握不能保证执行的问题，没有写进去，如：不遵守命令，轻举妄动，引起国际争端的；在协同作战中，不及时下达命令和联络信号，贻误战机或误伤自己部队的；对处于危难情况下的部队，可能援救而不援救的；在战场上丢弃武器的等。因这些问题比较复杂，尤其在战斗中，情况千变万化，责任不易分清，罪与非罪的界限不易区分，各方面的认识也不尽一致，故未作具体规定。

本条例草案和说明，是否妥当，请审议。

2. 全国人民代表大会常务委员会关于死刑案件核准问题的决定

（1981 年 6 月 10 日第五届全国人民代表大会常务委员会第十九次会议通过）

为了及时打击现行的杀人、抢劫、强奸、爆炸、放火等严重破坏社会治安的犯罪分子，现对死刑案件核准问题，作如下决定：

一、在一九八一年至一九八三年内，对犯有杀人、抢劫、强奸、爆炸、放火、投毒、决水和破坏交通、电力等设备的罪行，由省、自治区、直辖市高级人民法院终审判决死刑的，或者中级人民法院一审判决死刑，被告人不上诉，经高级人民法院核准的，以及高级人民法院一审判决死刑，被告人不上诉的，都不必报最高人民法院核准。

二、对反革命犯和贪污犯等判处死刑，仍然按照“刑事诉讼法”关于“死刑复核程序”的规定，由最高人民法院核准。

3. 全国人民代表大会常务委员会关于处理逃跑或者重新犯罪的劳改犯和劳教人员的决定

（1981 年 6 月 10 日第五届全国人民代表大会常务委员会第十九次会议通过
自 1981 年 7 月 10 日起施行）

目前严重危害社会治安的犯罪分子中，有相当一批是从劳动改造、劳动教养场所逃跑或者期满释放后继续犯罪，屡教不改的。为了维护社会治安，加强对劳改犯和劳教人员的教育改造，特作如下决定：

一、劳教人员逃跑的，延长劳教期限。

劳教人员解除教养后三年内犯罪、逃跑后五年内犯罪的，从重处罚，并且注销本人城市户口，期满后除确实改造好的以外，一律留场就业，不得回原大中城市。其中情节轻微、不够刑事处分的，重新劳动教养或者延长劳动教养期限，并且可以注销本人城市户口，期满后一般留场就业，不得回原大中城市。

二、劳动犯逃跑的，除按原判刑期执行外，加处五年以下有期徒刑；以暴力、威胁方法逃跑的，加处二年以上七年以下有期徒刑。

劳改犯逃跑后又犯罪的，从重或者加重处罚；刑满释放后又犯罪的，从重处罚。刑满后一律留场就业，不得回原大中城市。

劳改期满释放后，有轻微犯罪行为、不够刑事处分的，给予劳动教养处分。期满后一般留场就业，不得回原大中城市。

没有改造好的劳改罪犯，劳改期满后留场就业。

三、劳教人员、劳改罪犯对检举人、被害人和有关的司法工作人员以及制止违法犯罪行为的干部、群众行凶报复的，按照其所犯罪行的法律规定，从重或者加重处罚。

四、本决定自 1981 年 7 月 10 日起施行。

附：关于加强法律解释工作等三个决定（草案）的说明（节录）

（全国人大常委会法制委员会副主任　王汉斌）

委员长、各位副委员长、各位委员：

这次提请全国人大常委会审议的“关于加强法律解释工作的决议（草案）”、“关于死刑案件核准问题的决定（草案）”和“关于处理逃跑或者重新犯罪的劳改犯和劳教人员的决定（草案）”，是根据各地在打击刑事犯罪、整顿社会治安工作中提出的问题和意见起草的，并在最近中共中央政法委员会主持召开的北京、天津、上海、广州、武汉五市治安座谈会上进行了讨论修改。现对这三个决定（草案）说明如下：

一、关于死刑案件核准问题的决定（草案）

1979 年制定“刑法”和“刑事诉讼法”时，为了贯彻少杀的方针和避免发生“文革”中曾经发生的那些不可挽回的冤案、假案、错案，规定死刑一律由最高人民法院核准。但是，1979 年秋以来，全国大中城市不断发生杀人、强奸、抢劫、爆炸、放火等严重危害社会治安的恶性案件，社会治安问题很严重，人民群众很不满意。1979 年 11 月全国人大常委会第十三次会议讨论了社会治安问题，并决定在 1980 年内，对杀人、强奸、抢劫、放火等严重危害社会治安的现行刑事犯罪分子判处死刑案件的核准权，由最高人民法院授权给省、自治区、直辖市高级人民法院。实践证明，这样做对于及时打击现行刑事犯罪分子，震慑罪犯，教育人民，维护社会治安，起了积极的作用。在当前社会治安的严重情况还没有根本好转的情况下，不少省、自治区、直辖市建议，在最近几年内，对上述几种严重危害社会治安的现行刑事案件判处死刑的，仍然由省、自治区、直辖市高级人民法院核准。我们考虑，这些严重危害社会治安的现行刑事案件，一般案情清楚，证据确凿，不容易搞错。同时在目前情况下，如果都由最高人民法院核准，很难及时批复，不利于迅速、及时打击严重的、现行的刑事犯罪活动，人民群众很有意见。因此，建议全国人大常委会通过决定，在 1981 年至 1983 年内，对犯有杀人、抢劫、强奸、爆炸、放火、投毒、决水和破坏交通、电力等设备的罪行需要判处死刑的，仍由省、自治区、直辖市高级人民法院判决或者核准。至于反革命犯、贪污犯等判处死刑的案件，仍须报最高人民法院核准。省、自治区、直辖市高级人民法院一审判处死刑的案件，被告提出上诉的，也仍按法定程序由最高人民法院终审判决。

二、关于处理逃跑或者重新犯罪的劳改犯和劳教人员的决定（草案）

劳改犯和劳教人员逃跑或者期满释放后，又进行犯罪活动，是当前严重危害社会治安的一个突出问题。北京市今年第一季度处理的案犯中，从劳改、劳教场所逃跑或期满释放又重新犯罪的，占百分之四十二。特别是那些重大恶性案件，很多是这些人干的。如北京北海公园在光天化日之下发生的将划船的 3 名女学生强行带走，并将其中两人强奸的恶性案件，11 名犯罪分子中，就有 9 人是从劳教场所逃跑出来的或者是解除劳教、强劳的人员，有的还是“六进宫”、“七进宫”的。这些人作案手段残酷，对社会危害极大。其中不少还毒害、教唆青少年犯罪，组织或操纵所谓“团伙”为非作歹。广大人民群众强烈要求从严惩办这些屡教不改的违法犯罪分子。因此决定（草案）规定，对于劳改犯刑满释放后又犯罪的、劳教人员解除教养后 3 年内或者逃跑后 5 年内又犯罪的，应予从重判处；劳改犯逃跑后又犯罪的，从重或加重判处（以上所讲的重新犯罪，都不包括过失犯罪）。对其中家在城市的，还应当注销本人城市户口，送他们至不易进行违法犯罪活动的地方进行劳教或劳改，期满后留场就业，不得回原大中城市。这样做，不仅对维护城市治安是必要的，同时也可以使这些人较难于重新犯罪，有利于对这些人的教育改造。

目前有些违法犯罪分子，猖狂地对检举人、被害人以及办案的公、检、法人员和制止他们进行违法犯罪活动的干部、群众行凶报复，使一些人民群众不敢同犯罪活动进行斗争，甚至有“好人怕坏人”的极不正常的现象。为了打击邪气，扶植正气，支持人民群众和公检法人员同犯罪分子进行斗争，决定（草案）规定，对行凶报复的劳教人员和犯罪分子，应当依法从重或加重判处。

这里需要说明：加重判刑是“刑法”没有规定的，是对“刑法”的补充规定。这个规定只适用于决定（草案）所列举的两种特定的犯罪分子：一种是劳改犯逃跑后又犯罪的；另一种是劳改犯和劳教人员对检举人、被害人和有关的司法工作人员以及制止他们进行违法犯罪行为的干部、群众行凶报复的。对其他犯罪分子，则不能加重判刑。对上述两种罪犯也不是都要加重判刑，而是要根据不同的犯罪情节，有的加重判刑，有的从重判刑。至于如何加重判刑，不是可以无限制地加重，而是罪加一等，即在法定最高刑以上一格判处。如法定最高刑为 10 年有期徒刑的，可以判处 10 年以上至 15 年的有期徒刑；法定最高刑为 15 年有期徒刑的，可以判处无期徒刑；法定最高刑为无期徒刑的，可以判处死刑（包括死刑缓期两年执行）。

这三个决定（草案）和说明，是否妥当，请审议。

4. 全国人民代表大会常务委员会关于严惩严重破坏经济的罪犯的决定

（1982 年 3 月 8 日第五届全国人民代表大会常务委员会第二十二次会议通过
自 1982 年 4 月 1 日起施行）

鉴于当前走私、套汇、投机倒把牟取暴利、盗窃公共财物、盗卖珍贵文物和索贿受贿等经济犯罪活动猖獗，对国家社会主义建设事业和人民利益危害严重，为了坚决打击这些犯罪活动，严厉惩处这些犯罪分子和参与、包庇或者纵容这些犯罪活动的国家工作人员，有必要对《中华人民共和国刑法》的一些有关条款作相应的补充和修改。现决定如下：

一、对刑法有关条款作下列补充和修改：

（一）对刑法第一百一十八条走私、套汇、投机倒把牟取暴利罪，第一百五十二条盗窃罪，第一百七十一条贩毒罪，第一百七十三条盗运珍贵文物出口罪，其处刑分别补充或者修改为：情节特别严重的，处十年以上有期徒刑、无期徒刑或者死刑，可以并处没收财产。

国家工作人员利用职务犯前款所列罪行，情节特别严重的，按前款规定从重处罚。本决定所称国家工作人员，包括在国家各级权力机关、各级行政机关、各级司法机关、军队、国营企业、国家事业机构中工作的人员，以及其他各种依照法律从事公务的人员。

（二）对刑法第一百八十五条第一款和第二款受贿罪修改规定为：国家工作人员索取、收受贿赂的，比照刑法第一百五十五条贪污罪论处；情节特别严重的，处无期徒刑或者死刑。

（三）国家工作人员，无论是否司法人员，利用职务包庇、窝藏本条（一）、（二）规定的犯罪分子，隐瞒、掩饰他们的犯罪事实的，都按刑法第一百八十八条徇私舞弊罪的规定处罚；

国家工作人员的亲属或者已离职的国家工作人员，犯上述罪行的，按刑法第一百六十二条第二款包庇罪的规定处罚；

为上述犯罪分子销毁罪证或者制造伪证的，按刑法第一百四十八条伪证罪的规定处罚；

对执法人员和揭发检举作证人员进行阻挠、威胁、打击报复的，按刑法第一百五十七条妨害社会管理秩序罪或者第一百四十六条报复陷害罪的规定处罚。

犯前四款罪，事前与本条（一）、（二）所列举的罪犯通谋的，以共同犯罪论处。

（四）对于本条（一）、（二）、（三）所列的犯罪人员，有追究责任的国家工作人员不依法处理，或者因受阻挠而不履行法律所规定的追究职责的；对犯罪人员和犯罪事实知情的直接主管人员或者仅有的知情的工作人员不依法报案和不如实作证的，分别比照刑法第一百八十七条、第一百八十八条、第一百九十条所规定的渎职罪处罚。

二、本决定自 1982 年 4 月 1 日起施行。

凡在本决定施行之日以前犯罪，而在 1982 年 5 月 1 日以前投案自首，或者已被逮捕而如实地坦白承认全部罪行，并如实地检举其他犯罪人员的犯罪事实的，一律按本决定施行以前的有关法律规定处理。凡在 1982 年 5 月 1 日以前对所犯的罪行继续隐瞒拒不投案自首，或者拒不坦白承认本人的全部罪行，亦不检举其他犯罪人员的犯罪事实的，作为继续犯罪，一律按本决定处理。

三、本决定对国家和全体人民利益关系重大，所有国家机关、军队、企业、事业机构、农村社队、政党组织、人民团体、学校、报纸、电台和其他宣传单位，自本决定公布之日起，都有义务采取一切有效方法，对全体工作人员、指战员、职工、学生和城乡居民，反复进行通俗的宣传解释，做到家喻户晓，人人皆知。

5. 全国人民代表大会常务委员会关于宽大释放全部在押的原国民党县团以下党政军特人员的决定

（1982 年 3 月 8 日第五届全国人民代表大会常务委员会第二十二次会议通过）

第五届全国人民代表大会常务委员会第二十二次会议，审议了国务院提出的关于宽大释放全部在押的原国民党县团以下党政军特人员的建议，决定：对在押的原国民党县团以下党政军特人员，全部予以宽大释放，并给予政治权利。

6. 全国人民代表大会常务委员会关于严惩严重危害社会治安的犯罪分子的决定

（1983 年 9 月 2 日第六届全国人民代表大会常务委员会第二次会议通过　同日公布施行）

为了维护社会治安，保护人民生命、财产的安全，保障社会主义建设的顺利进行，对严重危害社会治安的犯罪分子必须予以严惩。为此决定：

一、对下列严重危害社会治安的犯罪分子，可以在刑法规定的最高刑以上处刑，直至判处死刑：

1. 流氓犯罪集团的首要分子或者携带凶器进行流氓犯罪活动，情节严重的，或者进行流氓犯罪活动危害特别严重的；

2. 故意伤害他人身体，致人重伤或者死亡，情节恶劣的，或者对检举、揭发、拘捕犯罪分子和制止犯罪行为的国家工作人员和公民行凶伤害的；

3. 拐卖人口集团的首要分子，或者拐卖人口情节特别严重的；

4. 非法制造、买卖、运输或者盗窃、抢夺枪支、弹药、爆炸物，情节特别严重的，或者造成严重后果的；

5. 组织反动会道门，利用封建迷信，进行反革命活动，严重危害社会治安的；

6. 引诱、容留、强迫妇女卖淫，情节特别严重的。

二、传授犯罪方法，情节较轻的，处五年以下有期徒刑；情节严重的，处五年以上有期徒刑；情节特别严重的，处无期徒刑或者死刑。

三、本决定公布后审判上述犯罪案件，适用本决定。

附："关于严惩严重危害社会治安的犯罪分子的决定"等几个法律案的说明（节录）

（全国人大常委会秘书长、法制委员会副主任　王汉斌）

关于严惩严重危害社会治安的犯罪分子的决定草案

几年来，社会治安情况一直很严重。各级政府和公安、司法机关做了很多工作，采取了许多措施，虽然有所好转，但总的说没有解决问题，目前许多地方社会治安情况仍然很不好。从主观上来说，主要原因是，对严重危害社会治安的犯罪分子打击不力，不坚持，对一些犯罪分子该捕不捕，该判不判，或者该重判的没有重判。

对杀人、强奸、抢劫、爆炸和其他一些严重危害公共安全的犯罪案件，"刑法"都规定了可以判处死刑。对这些严重犯罪分子，应当依法从重惩处。同时，这几年出现了一些严重犯罪的情况，性质恶劣，危害严重，民愤极大，应当判处死刑，但是按照"刑法"的有关规定不能判处死刑，需要修改、补充。主要是：第一，流氓犯罪集团的首要分子或者携带凶器进行流氓犯罪活动，情节严重的；或者进行流氓犯罪活动性质恶劣、危害特别严重的，如上海控江路流氓分子聚众在光天化日之下污辱残害妇女那样的恶性案件。第二，采取残忍的手段，故意伤害致人重伤或者死亡的；或者对检举、揭发、拘捕犯罪分子和制止犯罪行为的国家工作人员和公民行凶伤害的。第三，拐卖人口的犯罪分子往往兼犯有强奸罪行，按照数罪并罚的规定，是可以依法判处死刑的。对于虽然没有兼犯强奸罪的拐卖人口集团的首要分子或者拐卖人口情节特别严重的，因为危害很大，也可以判处死刑。第四，非法制造、买卖、运输或者盗窃、抢夺枪支、弹药、爆炸物，情节特别严重的，或者造成严重后果的。这些犯罪活动与当前发生的一些危害很大的恶性案件关系很大，严惩这些罪犯，对于预防枪杀、爆炸等恶性犯罪活动，是十分必要的。第五，组织反动会道门，利用封建迷信，进行反革命活动和骗奸妇女、害死人命、扰乱社会秩序等严重危害社会治安的。第六、引诱、容留、强迫妇女卖淫，情节特别严重的，应当可以判处极刑。第七，有一些老流氓、惯犯、教唆犯猖狂地传授犯罪方法，教唆青少年犯罪，对社会危害极大。更为恶劣的是，他们在劳动教养或者在服刑劳改期间也进行这类犯罪活动，以致一些劳教、劳改场所成了"犯罪技术传习所"。对这种犯罪不严厉惩处，是不可能搞好社会治安的。根据上述情况，法制委员会经与最高人民法院、最高人民检察院、公安部等有关部门研究，并征求了各省、自治区、直辖市政法各部门的意见，起草了决定草案，规定对上述前六种罪犯，可以在"刑法"规定的最高刑以上处刑，直至判处死刑；并对传授犯罪方法的处刑作了具体规定。"刑法"公布已经四年多，实践中发现有的规定不够完善，有的规定由于情况的发展变化，已经不能适应或者不能完全适应，需要修改、补充。去年全国人大常委会已经通过了关于严惩严重破坏经济的罪犯的决定，这次主要对当前需要严惩的几种严重危害社会治安的罪犯做出修改补充决定。今后还需要进一步研究修改补充。

决定草案对这些严重危害社会治安的犯罪分子规定可以判处最严厉的刑罚，是符合广大人民的愿望的，是会大得人心的。我们决不能容许那种社会治安失控、人民群众没有安全感、妇女夜间不敢单独上班走路的严重现象的存在。对严重危害社会治安的犯罪分子，只有坚决予以打击，才能震慑犯罪分子，打击犯罪分子的嚣张气焰；才能保护广大人民生命、财产的安全；才能教育、挽救那些轻微违法犯罪分子，使他们能够悬崖勒马，改恶从善；才能争取社会治安较快地根本好转，保障四化建设的顺利进行。

中编

7. 全国人民代表大会常务委员会关于对中华人民共和国缔结或者参加的国际条约所规定的罪行行使刑事管辖权的决定

（1987 年 6 月 23 日第六届全国人民代表大会常务委员会第二十一次会议通过　同日公布施行）

第六届全国人民代表大会常务委员会第二十一次会议决定：对于中华人民共和国缔结或者参加的国际条约所规定的罪行，中华人民共和国在所承担条约义务的范围内，行使刑事管辖权。

附一：国务院关于提请作出《中华人民共和国对于其缔结或者参加的国际条约所规定的罪行行使刑事管辖权的决定》的议案

（1987 年 6 月 6 日）

全国人民代表大会常务委员会：

近年来，我国已相继加入或批准了一些旨在加强国际合作，有效地防止和惩处恐怖主义行为的国际条约，如 1970 年的《关于制止非法劫持航空器的公约》，1971 年的《关于制止危害民用航空安全的非法行为的公约》等。现在，国务院又提请全国人大常委会审议决定加入《关于防止和惩处侵害应受国际保护人员包括外交代表的罪行的公约》。这类条约规定，各缔约国应将非法劫持航空器、危害民用航空安全、侵害应受国际保护人员等行为定为国内法上的罪行，予以惩处；有关缔约国应采取必要措施，对任何这类罪行确立管辖权，而不论罪犯是否其本国人、罪行是否发生于其国内。这一旨在对危害人类生命财产安全、损害国际关系的国际性犯罪行为，确立普遍管辖权的条款，已成为有关国际条约的基本内容。

我国已经加入或批准的这类条约，要求我们承担上述管辖义务；将要加入或批准的这类条约，也将要求我们承担相应管辖义务。特别是，对于在我境外针对其他国家应受条约保护的对象，犯有条约所规定的罪行之后，进入我境内的外国人，有义务行使刑事管辖权。

据此，为使我国因加入或批准这类条约而承担的国际义务同国内法的规定有机地衔接起来，在我国现行刑法关于适用范围的有关规定未作调整之前，国务院认为，有必要提请全国人大常委会作出决定：中华人民共和国对于其缔结或者参加的国际条约所规定的犯罪行为，将视为国内法上的犯罪，在其承担条约义务的范围内，对上述犯罪行为行使刑事管辖权。

请审议决定。

附二：关于提请作出《中华人民共和国对于其缔结或者参加的国际条约所规定的罪行行使刑事管辖权的决定》的说明

——1987 年 6 月 18 日在第六届全国人民代表大会常务委员会第二十一次会议上

（国务院法制局局长　孙琬钟）

委员长、各位副委员长、各位委员：

我受国务院委托，现就提请全国人大常委会作出《中华人民共和国对于其缔结或者加入的国际条约所规定的罪行行使刑事管辖权的决定》的议案，作如下说明：

一、关于决定所要解决的主要问题

六十年代以来，国际恐怖主义活动不断加剧，受到国际社会的严重关注。在有关国际组织的主持下，国际上先后制订了一系列旨在加强国际合作，有效地防止和惩处恐怖主义行为的国际条约。这些条约有：1970 年的《关于制止非法劫持航空器的公约》（简称《海牙公约》）、1971 年的《关于制止危害民用航空安全的非法行为的公约》（简称《蒙特利尔公约》）、1973 年的《关于防止和惩处侵害应受国际保护人员包括外交代表的罪行的公约》和 1979 年的《反对劫持人质国际公约》等。

我国已于 1980 年加入了《海牙公约》和《蒙特利尔公约》。现在，国务院又提请全国人大常委会审议决定加入《关于防止和惩处侵害应受国际保护人员包括外交代表的罪行的公约》。这些条约均规定，各缔约国应将非法劫持航空器、危害国际民用航空安全、侵害应受国际保护人员等行为定为国内法上的罪行，予以惩处；有关缔约国应采取必要措施，对任何这类罪行行使管辖权，而不论罪犯是否其本国人、罪行是否发生于其国内。这一旨在对危害人类生命财产安全、损害国际关系的罪行确立普遍管辖权的条款，已成为各类反恐怖主义国际条约的基本内容。我国批准或加入这类条约后，便承担了对犯有条约规定的罪行的罪犯实施管辖的义务。特别是，对于在我境外针对其他国家应受条约保护的对象，犯有条约所规定的罪行之后，进入我境内的外国人，有义务行使刑事管辖权。但是，根据我国刑法第一章有关条款的规定，我国刑法的适用范围是：（1）在我国境内、我国船舶或飞机内的犯罪行为；（2）犯罪结果发生在我境内的犯罪行为；（3）中国公民在我境外的犯罪行为；（4）外国人在我境外针对我国国家或者公民的犯罪行为。这样就出现了我国承担的国际义务同我国刑法规定的适用范围不相衔接的问题。因此，需要通过立法措施加以处理。

二、关于建议作出决定的主要理由

为了解决上述问题，国务院认为有必要提请全国人大常委会作出决定：中华人民共和国对于其缔结或者加入的国际条约所规定的犯罪行为，将视为国内法上的犯罪，在其承担条约义务的范围内，对上述犯罪行为行使刑事管辖权。

这主要是考虑到：国际恐怖主义已遭到国际社会的一致谴责，联合国大会曾多次通过决议，呼吁各国加入各有关反恐怖主义的国际条约。我国是联合国安理会常任理事国，一贯反对各种形式的恐怖主义活动，对缔结和加入有关反恐怖主义的国际条约持积极、慎重的态度。与缔结或加入这类公约相联系，采取必要措施，在未修改我国现行刑法的前提下，由全国人大常委会以立法形式作出决定，明确我国对这类条约规定的罪行的管辖权，将表明我国在反对恐怖主义等方面切实履行国际义务的严肃立场；从国际法同国内法的关系看，由全国人大常委会作出这一决定，既能避免今后审批这类条约时在刑事管辖范围方面一事一决的繁复，又可以解决我国承担的国际义务同国内法的有关规定不相衔接的问题，有益于完善我国的社会主义法制。决定既经作出，在刑事管辖方面，就可以适用于今后全国人大常委会逐个批准的这类国际条约。

我的说明完了，请审议。

附三：几个公约的有关条款

一、《关于防止和惩处侵害应受国际保护人员包括外交代表的罪行的公约》

第三条第二款："每一缔约国应同样采取必要措施，于嫌疑犯在本国领土内，而本国不依第八条规定将该犯引渡至本条第一款所指明的国家时，对这些罪行确定其管辖权。"

第七条："缔约国于嫌疑犯在其领土内时，如不予以引渡，则应毫无例外，并不得不当稽延，将案件交付主管当局，以便依照本国法律规定的程序提起刑事诉讼。"

二、《海牙公约》

第四条第二款："当被指称的罪犯在缔约国领土内，而该国未按第八条的规定将此人引渡给本条第一款所指的任一国家时，该缔约国应同样采取必要措施，对这种罪行实施管辖权。"

第七条："在其境内发现被指称的罪犯的缔约国，如不将此人引渡，则不论罪行是否在其境内发生，应无例外地将此案件提交其主管当局以便起诉。该当局按照本国法律以对待任何严重性质的普通罪行案件的同样方式作出决定。"

三、《蒙特利尔公约》

第五条第二款："当被指称的罪犯在缔约国领土内，而该国未按第八条的规定将此人引渡给本条第一款所指的任一国家时，该缔约国应同样采取必要措施，对第一条第一款（甲）、（乙）和（丙）项所指的罪行，以及对第一条第二款所列与这些款项有关的罪行实施管辖权。"

第七条与《海牙公约》第七条相同。

四、《核材料实体保护公约》

第八条第二款："每一缔约国应同样采取必要措施，以便在被控犯人在该国领土内未按第十一条规定将其引渡给第一款所述任何国家时，对这些罪行确立其管辖权。"

五、《反对劫持人质国际公约》

第五条第二款："每一缔约国于嫌疑犯在本国领土内，而不将该嫌疑犯引渡至本条第一款所指国家时，也应采取必要措施，对第一条所称的罪行确立其管辖权。"

第八条第一款："领土内发现嫌疑犯的缔约国，如不将该人引渡，应毫无例外地而且不论罪行是否在其领土内发生，通过该国法律规定的程序，将案件送交该国主管机关，以便提起公诉。此等机关应按该国法律处理任何普通严重罪行案件的方式作出判决。"

8. 全国人民代表大会常务委员会关于惩治贪污罪贿赂罪的补充规定

（1988 年 1 月 21 日第六届全国人民代表大会常务委员会第二十四次会议通过　同日公布施行）

根据《中华人民共和国刑法》和全国人民代表大会常务委员会《关于严惩严重破坏经济的罪犯的决定》中关于惩治贪污罪贿赂罪的规定，作如下补充规定：

一、国家工作人员、集体经济组织工作人员或者其他经手、管理公共财物的人员，利用职务上的便利，侵吞、盗窃、骗取或者以其他手段非法占有公共财物的，是贪污罪。

与国家工作人员、集体经济组织工作人员或者其他经手、管理公共财物的人员勾结，伙同贪污的，以共犯论处。

二、对犯贪污罪的，根据情节轻重，分别依照下列规定处罚：

（1）个人贪污数额在 50000 元以上的，处十年以上有期徒刑或者无期徒刑，可以并处没收财产；情节特别严重的，处死刑，并处没收财产。

（2）个人贪污数额在10000元以上不满50000元的，处五年以上有期徒刑，可以并处没收财产；情节特别严重的，处无期徒刑，并处没收财产。

（3）个人贪污数额在2000元以上不满10000元的，处一年以上七年以下有期徒刑；情节严重的，处七年以上十年以下有期徒刑。个人贪污数额在2000元以上不满5000元，犯罪后自首、立功或者有悔改表现、积极退赃的，可以减轻处罚，或者免予刑事处罚，由其所在单位或者上级主管机关给予行政处分。

（4）个人贪污数额不满2000元，情节较重的，处二年以下有期徒刑或者拘役；情节较轻的，由其所在单位或者上级主管机关酌情给予行政处分。

二人以上共同贪污的，按照个人所得数额及其在犯罪中的作用，分别处罚。对贪污集团的首要分子，按照集团贪污的总数额处罚；对其他共同贪污犯罪中的主犯，情节严重的，按照共同贪污的总数额处罚。

对多次贪污未经处理的，按照累计贪污数额处罚。

三、国家工作人员、集体经济组织工作人员或者其他经手、管理公共财物的人员，利用职务上的便利，挪用公款归个人使用，进行非法活动的，或者挪用公款数额较大、进行营利活动的，或者挪用公款数额较大、超过3个月未还的，是挪用公款罪，处五年以下有期徒刑或者拘役；情节严重的，处五年以上有期徒刑。挪用公款数额较大不退还的，以贪污论处。

挪用救灾、抢险、防汛、优抚、救济款物归个人使用的，从重处罚。

挪用公款进行非法活动构成其他罪的，依照数罪并罚的规定处罚。

四、国家工作人员、集体经济组织工作人员或者其他从事公务的人员，利用职务上的便利，索取他人财物的，或者非法收受他人财物为他人谋取利益的，是受贿罪。

与国家工作人员、集体经济组织工作人员或者其他从事公务的人员勾结，伙同受贿的，以共犯论处。

国家工作人员、集体经济组织工作人员或者其他从事公务的人员，在经济往来中，违反国家规定收受各种名义的回扣、手续费，归个人所有的，以受贿论处。

五、对犯受贿罪的，根据受贿所得数额及情节，依照本规定第二条的规定处罚；受贿数额不满10000元，使国家利益或者集体利益遭受重大损失的，处十年以上有期徒刑；受贿数额在10000元以上，使国家利益或者集体利益遭受重大损失的，处无期徒刑或者死刑，并处没收财产。索贿的从重处罚。

因受贿而进行违法活动构成其他罪的，依照数罪并罚的规定处罚。

六、全民所有制企业事业单位、机关、团体，索取、收受他人财物，为他人谋取利益，情节严重的，判处罚金，并对其直接负责的主管人员和其他直接责任人员，处五年以下有期徒刑或者拘役。

七、为谋取不正当利益，给予国家工作人员、集体经济组织工作人员或者其他从事公务的人员以财物的，是行贿罪。

在经济往来中，违反国家规定，给予国家工作人员、集体经济组织工作人员或者其他从事公务的人员以财物，数额较大的，或者违反国家规定，给予国家工作人员、集体经济组织工作人员或者其他从事公务的人员以回扣、手续费的，以行贿论处。

因被勒索给予国家工作人员、集体经济组织工作人员或者其他从事公务的人员以财物，没有获得不正当利益的，不是行贿。

八、对犯行贿罪的，处五年以下有期徒刑或者拘役；因行贿谋取不正当利益，情节严重的，或者使国家利益、集体利益遭受重大损失的，处五年以上有期徒刑；情节特别严重的，处无期徒刑，并处没收财产。

行贿人在被追诉前，主动交代行贿行为的，可以减轻处罚，或者免予刑事处罚。

因行贿而进行违法活动构成其他罪的，依照数罪并罚的规定处罚。

九、企业事业单位、机关、团体为谋取不正当利益而行贿，或者违反国家规定，给予国家工作人员、集体经济组织工作人员或者其他从事公务的人员以回扣、手续费，情节严重的，判处罚金，并对其直接负责的主管人员和其他直接责任人员，处五年以下有期徒刑或者拘役。因行贿取得的违法所得归私人所有的，依照本规定第八条的规定处罚。

十、国家工作人员在对外交往中接受礼物，依照国家规定应当交公而不交公，数额较大的，以贪污罪论处。

十一、国家工作人员的财产或者支出明显超过合法收入，差额巨大的，可以责令说明来源。本人不能说明其来源是合法的，差额部分以非法所得论，处五年以下有期徒刑或者拘役，并处或者单处没收其财产的差额部分。

国家工作人员在境外的存款，应当依照国家规定申报。数额较大、隐瞒不报的，处二年以下有期徒刑或者拘役；情节较轻的，由其所在单位或者上级主管机关酌情给予行政处分。

十二、贪污、挪用的公共财物一律追缴；赃赂财物及其他违法所得一律没收。

追缴的贪污、挪用财物，退回原单位；依法不应退回原单位的，上缴国库。没收的财物收入，一律上缴国库。

十三、本规定自公布之日起施行。

9. 全国人民代表大会常务委员会关于惩治走私罪的补充规定

（1988 年 1 月 21 日第六届全国人民代表大会常务委员会第二十四次会议通过　同日公布施行）

根据《中华人民共和国刑法》和全国人民代表大会常务委员会《关于严惩严重破坏经济的罪犯的决定》中关于惩治走私罪的规定，作如下补充规定：

一、走私鸦片等毒品、武器、弹药或者伪造的货币的，处七年以上有期徒刑，并处罚金或者没收财产；情节特别严重的，处无期徒刑或者死刑，并处没收财产；情节较轻的，处七年以下有期徒刑，并处罚金。

二、走私国家禁止出口的文物、珍贵动物及其制品、黄金、白银或者其他贵重金属的，处五年以上有期徒刑，并处罚金或者没收财产；情节特别严重的，处无期徒刑或者死刑，并处没收财产；情节较轻的，处五年以下有期徒刑，并处罚金。

三、以牟利或者传播为目的，走私淫秽的影片、录像带、录音带、图片、书刊或者其他淫秽物品的，处三年以上十年以下有期徒刑，并处罚金；情节严重的，处十年以上有期徒刑或者无期徒刑，并处罚金或者没收财产；情节较轻的，处 3 年以下有期徒刑或者拘役，并处罚金。

四、走私本规定第一条至第三条规定以外的货物、物品的，根据情节轻重，分别依照下列规定处罚：

（1）走私货物、物品价额在 50 万元以上的，处十年以上有期徒刑或者无期徒刑，并处罚金或者没收财产；情节特别严重的，处死刑，并处没收财产。

（2）走私货物、物品价额在 15 万元以上不满 50 万元的，处七年以上有期徒刑，并处罚金或者没收财产；情节特别严重的，处无期徒刑，并处没收财产。

（3）走私货物、物品价额在 50000 元以上不满 15 万元的，处三年以上十年以下有期徒刑，并处罚金。

（4）走私货物、物品价额在 20000 元以上不满 50000 元的，处三年以下有期徒刑或者拘役，并处罚金；情节较轻的，或者价额不满 20000 元的，由海关没收走私货物、物品和违法所得，可以并处罚款。

二人以上共同走私的，按照个人走私货物、物品的价额及其在犯罪中的作用，分别处罚。对走私集团的首要分子，按照集团走私货物、物品的总价额处罚；对其他共同走私犯罪中的主犯，情节严重的，按照共同走私货物、物品的总价额处罚。

对多次走私未经处理的，按照累计走私货物、物品的价额处罚。

五、企业事业单位、机关、团体走私本规定第一条至第三条规定的货物、物品的，判处罚金，并对其直接负责的主管人员和其他直接责任人员，依照本规定对个人犯走私罪的规定处罚。

企业事业单位、机关、团体走私本规定第一条至第三条规定以外的货物、物品，价额在 30 万元以上的，判处罚金，并对其直接负责的主管人员和其它直接责任人员，处五年以下有期徒刑或者拘役；情节特别严重，使国家利益遭受重大损失的，处五年以上十年以下有期徒刑；价额不满 30 万元的，由海关没收走私货物、物品和违法所得，可以并处罚款，对其直接负责的主管人员和其他直接责任人员，由其所在单位或者上级主管机关酌情给予行政处分。

企业事业单位、机关、团体走私，违法所得归私人所有的，或者以企业事业单位、机关、团体的名义进行走私，共同分取违法所得，依照本规定对个人犯走私罪的规定处罚。

六、下列走私行为，根据本规定构成犯罪的，依照第四条、第五条的规定处罚：

（1）未经海关许可并且未补缴关税，擅自将批准进口的来料加工、来件装配、补偿贸易的原材料、零件、制成品、设备等保税货物，在境内销售牟利的。

（2）假借捐赠名义进口货物、物品的，或者未经海关许可并且未补缴关税，擅自将捐赠进口的货物、物品或者其他特定减税、免税进口的货物、物品，在境内销售牟利的。

前款所列走私行为，走私数额较小，不构成犯罪的，由海关没收走私货物、物品和违法所得，可以并处罚款。

七、下列行为，以走私罪论处，依照本规定的有关规定处罚：

（1）直接向走私人非法收购国家禁止进口物品的，或者直接向走私人非法收购走私进口的其他货物、物品，数额较大的。

（2）在内海、领海运输、收购、贩卖国家禁止进出口物品的，或者运输、收购、贩卖国家限制进出口货物、物品，数额较大，没有合法证明的。

前款所列走私行为，走私数额较小，不构成犯罪的，由海关没收走私货物、物品和违法所得，可以并处罚款。

八、与走私罪犯通谋，为其提供贷款、资金、帐号、发票、证明，或者为其提供运输、保管、邮寄或者其他方便的，以走私罪的共犯论处。

九、全民所有制、集体所有制企业事业单位、机关、团体违反外汇管理法规，在境外取得的外汇，应该调回境内而不调回，或者不存入国家指定的银行，或者把境内的外汇非法转移到境外，或者把国家拨给的外汇非法出售牟利的，由外汇管理机关依照外汇管理法规强制收兑外汇、没收违法所得，可以并处罚款，并对其直接负责的主管人员和其他直接责任人员，由其所在单位或者上级主管机关酌情给予行政处分；情节严重的，除依照外汇管理法规强制收兑外汇、没收违法所得外，判处罚金，并对其直接负责的主管人员和其他直接责任人员，处五年以下有期徒刑或者拘役。

企业事业单位、机关、团体或者个人非法倒买倒卖外汇牟利，情节严重的，按照投机倒把罪处罚。

十、武装掩护走私的，依照本规定第一条的规定从重处罚。

以暴力、威胁方法抗拒缉私的，以走私罪和刑法第一百五十七条规定的阻碍国家工作人员依法执行职务罪，依照数罪并罚的规定处罚。

十一、国家工作人员利用职务上的便利犯走私罪的，从重处罚。

十二、对犯走私罪的，依法判处没收走私货物、物品、违法所得和属于本单位或者本人所有的走私运输工具。

十三、处理走私案件没收的财物和罚金、罚款收入，全部上缴国库，不得提成，不得私自处理。私分没收的财物和罚金、罚款收入的，以贪污论处。

十四、依法追究刑事责任的走私案件，查获机关应当将案卷和走私货物、物品的清单、照片等证据一并移送司法机关；走私货物、物品除不易长期保存的可以依照规定处理外，应当就地封存，妥善保管，司法机关可以随时查核。

十五、本规定所称走私货物、物品价额，按照犯罪查获时当地的国营商业零售价格计算。价格无法计算的，由有关主管部门估定。

十六、本规定自公布之日起施行。

附一：关于惩治走私罪和惩治贪污罪贿赂罪两个补充规定（草案）的说明

——1987年11月17日在第六届全国人民代表大会常务委员会第二十三次会议上

（全国人大常委会秘书长、法制工作委员会主任　王汉斌）

委员长、副委员长、各位委员：

1982年3月全国人大常委会通过的《关于严惩严重破坏经济的罪犯的决定》，对于打击严重破坏经济的犯罪活动，保障改革、开放和社会主义四化建设的顺利进行，起了很大作用。为了更好地执行刑法和《决定》，按照一手抓改革、开放、搞活，一手抓打击经济犯罪的精神，1982年，法制委员会对经济体制改革和对外开放过程中在经济犯罪方面出现的新情况、新问题进行了调查研究，在总结审判实践经验的基础上，起草了《关于惩治走私罪的补充规定（草案）》和《关于惩治贪污罪贿赂罪的补充规定（草案）》，1986年以来，法制工作委员会又多次征求各省、自治区、直辖市和中央有关部门的意见，并进一步作了调查研究，进行修改。许多地方和有关部门认为这两个补充规定草案基本符合实际需要，对打击走私罪、贪污罪、贿赂罪很有必要，希望早日提请全国人大常委会审议。现将草案的几个主要问题说明如下：

一、关于惩治走私罪的补充规定（草案）

（一）“关于严惩严重破坏经济的罪犯的决定”已规定，对走私犯罪情节特别严重的，最高刑罚可以判处死刑。草案具体规定对以下几种情节特别严重的走私犯罪判处死刑：（1）走私毒品、武器、弹药、伪造的货币、黄金、白银等贵重金属、珍贵文物、珍贵动物及其制品的；（2）走私其他货物、物品价额在五十万元以上的；（3）武装掩护走私的。

（二）关于走私淫秽物品问题。根据《海关法》，草案将是否“以牟利或者传播为目的”作为区别罪与非罪的界限。走私淫秽物品对社会危害很大，各方面强烈要求予以严厉打击，因此草案规定，走私淫秽物品情节严重的，最高刑罚可以判处无期徒刑。这与世界各国的有关规定相比，是比较重的刑罚。

（三）关于走私货物、物品数额多少应当判刑问题。根据我国实际情况，草案规定，走私本规定第一条至第三条所列严禁出入境的物品的，原则上都要判刑。其中数额很小不需要判刑的，可以依照刑法第十条关于“情节显著轻微危害不大的，不认为是犯罪”的规定，不予判刑，而由海关依照《海关法》处理。对走私本规定第一条至第三条规定以外的货物、物品的，草案规定，走私货物、物品价额在二万元以上的，原则上应当判刑。考虑到走私案件的情况有很大不同，地区之间的差别也很大，为适应这些不同的情况，草案又规定，走私货物、物品价额在二万元以上不满五万元、情节较轻的，或者价额不满二万元的，可以不判刑，由海关依照《海关法》处理。

（四）关于单位走私。近几年有的企业事业单位和机关、团体走私数额很大，危害严重，需要追究刑事责任。但这些案件往往是领导“点头”的或者单位领导集体决定的，又打着“为公不为私”的招牌，往往难以追究刑事责任，各地普遍要求明确规定刑罚，同时考虑到单位走私与个人走私也有所不同。因此，草案规定，企业事业单位、机关、团体，走私本规定第一条至第三条规定以外的货物、物品价额在三十万元以上的，除没收其走私货物、物品和违法所得外，应判处罚金，并对直接负责的主管人员和其他责任人员，处五年以下有期徒刑或者拘役；价额不满三十万元的，由海关没收货物、物品和违法所得，可以并处罚款；对直接负责的主管人员和其他责任人员，可由主管机关酌情予以行政处分。

由于走私毒品、武器等物品的危害较大，草案规定，单位走私这些物品的，对直接负责的主管人员和其他责任人员，依照对个人犯走私罪的处罚规定处罚。

近几年，有些犯罪分子以本单位的名义为掩护进行走私，然后共同分取违法所得，不能按单位走私处罚。因此，草案规定：企业事业单位、机关、团体走私，违法所得归个人所有的，或者以企业事业单位、机关、团体的名义进行走私，共同分取违法所得的，对其直接负责的主管人员和其他责任人员，按照对个人犯走私罪的处罚规定处罚。

（五）关于走私集团和共犯。走私共犯特别是走私集团，危害性很大，过去对主犯往往只按照他个人走私货物、物品的价额处刑，显然处刑轻了。因此，草案规定：对走私集团和其他共同走私犯中的主犯，按照共同走私货物、物品的总价额处罚。

（六）关于贩私。近几年来，贩私活动比较严重。贩私虽然和直接走私不完全相同，但有密切联系，危害性也很大。实践中，对于贩私有的按投机倒把处理，有的按走私处理。为了明确界限，草案根据《海关法》，规定下列两种行为按走私罪论处：（1）直接向走私人非法收购国家禁止进口物品的，或者直接向走私人非法收购走私进口的其他货物、物品，数额较大的。（2）在内海、领海运输、收购、贩卖国家禁止进口物品的，或者运输、收购、贩卖国家限制进出口的货物、物品，数额较大，没有合法证明的。

（七）几年来，单位和个人违反外汇管理法规进行犯罪活动的情况比较严重，这种犯罪活动有时又和走私犯罪有关，各地要求规定刑罚，以便审判时有所遵循。因此，草案规定：全民所有制企业事业单位、机关、团体违反外汇管理法规，在境外把出口货物取得的外汇或者以其他方式取得的外汇，未经国家批准在境外开立外汇存款帐户，或者不按照国家规定调回国内，或者把国家拨给的外汇擅自出售牟利的，由外汇管理机关依照外汇管理法规强制收兑外汇、没收违法所得，可以并处罚款，并由主管部门给予行政处分；情节严重的，除判处罚金外，并对直接负责的主管人员和其他责任人员处五年以下有期徒刑或者拘役。

为了打击倒买倒卖外汇牟利的投机倒把犯罪行为，草案还规定：企业事业单位、机关、团体或者个人倒卖外汇牟利，情节严重的，按照投机倒把罪处罚。至于依照国家规定，通过合法途径，调剂外汇余缺的，是正常的经济活动，不是投机倒把。

（八）为了防止和纠正处理罚没收入中的混乱现象，草案规定：处理走私案件没收的财物和罚金收入，全部上缴国库，不得提成，不得私自处理。私分没收的财物和罚金收入的，以贪污论处。

二、关于惩治贪污罪贿赂罪的补充规定（草案）

（一）关于贪污。《刑法》对贪污罪的量刑标准，没有具体数额规定，各地感到不好掌握。根据几年来的审判实践经验，草案按照贪污的不同数额分别规定了四种不同的量刑标准。关于判处死刑的界限，草案规定，个人贪污数额在五万元以上，情节特别严重的，判处死刑，并处没收财产。关于追究刑事责任的数额界限，草案规定，贪污两千元以上的，一般应当判刑。但贪污数额在两千元以上不满五千元，犯罪后自首、立功或者有悔改表现积极退赃的，可以减轻或者免予刑事处罚。贪污数额不满两千元、情节较重的，可以判刑；情节较轻的，可以不判刑，由主管部门酌情给予行政处分。

（二）关于挪用公款。目前，有些个人长期挪用公款或者挪用公款进行非法活动、营利活动，情况比较严重，各地要求明确规定刑罚。因此，草案规定：国家工作人员、集体经济组织工作人员或者其他经手、管理公共财物的人员，利用职权或者工作便利，挪用公款归私人使用，数额较大，超过六个月的，或者挪用公款进行非法活动、营利活动的，以贪污论处。

（三）关于受贿。草案规定：国家工作人员、集体经济组织工作人员或者其他从事公务的人员，利用职权或者工作便利，索取他人财物的，或者非法收受他人财物为他人谋取利益，是受贿罪。这里规定“索取他人财物”、“非法收受他人财物为他人谋取利益”，构成受贿罪，以区别不正之风与受贿犯罪的界限。

考虑到受贿后果往往较贪污严重，索贿比受贿情节更恶劣，因此，草案规定：受贿数额在一万元以上，使国家利益遭受重大损失的，处无期徒刑或者死刑，并处没收财产；对索贿的从重处罚。

（四）关于行贿。近几年，行贿问题比较严重，有的不法分子通过行贿谋取大量非法利益，使国家或者集体利益遭受重大损失。刑法对行贿罪规定处三年以下有期徒刑或者拘役，已远远不能适应这种情况．因此，草案规定：为谋取非法利益，向国家工作人员、集体经济组织工作人员或者其他从事公务的人员行贿的，处五年以下有期徒刑或者拘役，或者由主管部门酌情予以行政处分；行贿和谋取非法利益数额较大，使国家利益或者集体利益遭受重大损失的，处五年以上有期徒刑；情节特别严重的，处无期徒刑，并处没收财产。

（五）关于回扣、手续费。近几年，有些走私、诈骗、投机倒把罪犯甚至有些企业单位，常常采取给经办人员回扣、手续费等手段，谋取非法利益，使国家遭受严重经济损失。这实质上也是行贿。对此，草案规定：在经济往来中，违反国家规定，给予国家工作人员、集体经济组织工作人员或者其他从事公务的人员回扣、手续费的，以行贿论处；国家工作人员、集体经济组织工作人员或者其他从事公务的人员，在经济往来中，违反国家规定收受各种名义的回扣、手续费，归个人所有的，以受贿论处。至于本单位对采购、推销人员按规定给予一定报酬和奖金的，如果有问题，属于滥发奖金问题，同对方给个人回扣的性质不同，不适用这一规定。

（六）关于单位行贿、受贿。近几年，不少企业事业单位通过行贿进行投机倒把、套购倒卖甚至诈骗活动，推销劣货、次货、假货，严重破坏社会主义经济秩序，损害国家和人民的利益。这些犯罪活动往往是经过单位领导同意或集体决定的，由于没有法律规定，司法机关感到难以追究法律责任。因此，草案规定：全民所有制企业事业单位、机关、团体为谋取非法利益而行贿或者给予国家工作人员、集体经济组织工作人员和其他从事公务的人员回扣、手续费，或者非法索取、收受他人财物为他人谋取利益，情节严重的，对直接负责的主管人员和其他责任人员，处五年以下有期徒刑或者拘役；情节较轻的，由主管部门酌情予以行政处分。其他企业事业单位为谋取非法利益而行贿或者给予国家工作人员、集体经济组织工作人员和其他从事公务的人员回扣、手续费的，对直接负责的主管人员和其他责任人员，参照本规定第八条的规定处罚。

（七）近几年，国家工作人员中出现了个别财产来源不明的“暴发户”，或者支出明显超过合法收入，差额巨大，不是几千元，而是几万元、十几万元，甚至更多，本人又不能说明财产的合法来源，显然是来自非法途径。对这种情况，首先应当查清是贪污、受贿、走私、投机倒把或者其他犯罪所得，依照刑法有关规定处罚。但有的很难查清具体犯罪事实，因为没有法律规定，不好处理，使罪犯逍遥法外。事实上，国家工作人员财产超过合法收入差额巨大而不能说明来源的，就是一种犯罪事实，一些国家和地区的法律规定这种情况属于犯罪。因此，草案规定：国家工作人员的财产或者支出明显超过合法收入，差额巨大的，可以责令说明来源。本人不能说明其来源是合法的，差额部分以非法所得论，处五年以下有期徒刑或者拘役，并处没收其财产的差额部分。应当说明，一些国家规定公务员应当申报财产收入，我国对国家工作人员是否建立申报财产制度问题，需在其他有关法律中研究解决，本规定只是对其财产或者支出明显超过其合法收入，差额巨大的，才要求说明来源。本人所在单位、上级主管机关、国家监察机关和检察机关都可以责令其说明来源，但如果要依照本规定处理，必须由检察机关依法起诉，由人民法院依法判决。

（八）关于追缴和没收赃款赃物。近年来，有些地方不注意追缴和没收赃款赃物，致使有些犯罪分子虽然被判刑，释放后仍能享有非法所得，“痛苦一阵子，享受一辈子”，甚至利用非法所得继续进行犯罪活动，群众很有意见。为防止和纠正这种情况，草案规定：贪污、挪用的公共财物一律追缴；贿赂财物及其非法所得一律没收。追缴的贪污、挪用财物，退回原单位；依法不应退回原单位的，上缴国库。没收的财物的收入，一律上缴国库。

以上说明和两个补充规定草案，请审议。

（注：这个说明与通过的条文不一致的，以通过的条文为准。）

附二：全国人大法律委员会对惩治贪污罪贿赂罪和惩治走私罪两个补充规定（草案）审议结果的报告

——1988年1月11日在第六届全国人民代表大会常务委员会第二十四次会议上

（全国人大法律委员会副主任委员　项淳一）

全国人民代表大会常务委员会：

全国人大法律委员会于1988年1月4日、5日、7日召开会议，根据全国人大常委会委员的审议意见和最高人民法院、最高人民检察院、中央有关部门及省、自治区、直辖市的意见，对《关于惩治贪污罪贿赂罪的补充规定（草案）》和《关于惩治走私罪的补充规定（草案）》进行了审议。法律委员会认为，为了保障改革、开放和社会主义现代化建设的顺利进行，严惩严重经济犯罪，制定这两个补充规定很有必要，草案规定基本是可行的。同时，提出以下主要修改意见：

一、关于惩治贪污罪贿赂罪的补充规定（草案）

（一）根据有的委员和最高人民检察院的意见，建议在草案第二条第一款第二项“个人贪污数额在一万元以上不满五万元的，处五年以上有期徒刑，可以并处没收部分财产”的后面，增加“情节特别严重的，处无期徒刑，可以并处没收财产”。（修改稿第二条）

（二）草案第二条第二款规定：“二人以上共同贪污的，按照个人所得数额及其在犯罪中的作用，分别处罚。对共同犯罪的主犯，按照共同贪污的总数额处罚。”最高人民法院提出，对共同犯罪中的主犯应区别对待，其中情节严重的，可以按照共同贪污的总数额处罚。因此，建议将这一款修改为：“二人以上共同贪污的，按照个人所得数额及其在犯罪中的作用，分别处罚。对贪污集团的首要分子，按照集团贪污的总数额处罚；对其他共同犯罪中的主犯，情节严重的，可以按照共同贪污的总数额处罚。”（修改稿第二条）

（三）草案第三条规定：“国家工作人员、集体经济组织工作人员或者其他经手、管理公共财物的人员，利用职权或者工作便利，挪用公款归个人使用，数额较大，超过六个月的，或者挪用公款进行非法活动、营利活动的，以贪污论处。”有的委员和最高人民法院、最高人民检察院以及有的地方提出，挪用公款与贪污性质不同，应另定罪名以及刑罚。因此，建议将这一条修改为：“国家工作人员、集体经济组织工作人员或者其他经手、管理公共财物的人员，利用职务上的便利，挪用公款归个人使用，进行非法活动的，或者挪用公款，数额较大，进行营利活动的，或者挪用公款，数额较大，超过六个月的，是挪用公款罪，处五年以下有期徒刑或者拘役；情节严重的，处五年以上有期徒刑；挪用的公款不能退还的，从重处罚。”（修改稿第三条）

（四）草案第六条规定：“对犯受贿罪的，根据受贿所得数额及情节，依照本规定第二条的规定处罚；受贿数额在一万元以上，使国家利益遭受重大损失的，可以处无期徒刑或者死刑，并处没收财产；索贿的从重处罚。”有的地方和最高人民法院、最高人民检察院提出，受贿数额虽然不满一万元，使国家利益遭受重大损失的，也应加重处刑。因此建议将这一条修改为：“对犯受贿罪的，根据受贿所得数额及情节，依照本规定第二条的规定处罚；受贿数额不满一万元，使国家利益或者集体利益遭受重大损失的，处十年以上有期徒刑；受贿数额在一万元以上，使国家利益或者集体利益遭受重大损失的，处无期徒刑或者死刑，并处没收财产。索贿的从重处罚。”（修改稿第五条）

（五）草案第九条规定：“全民所有制企业事业单位、机关、团体为谋取非法利益而行贿或者给予国家工作人员、集体经济组织工作人员和其他从事公务的人员回扣、手续费，或者非法索取、收受他人财物为他人谋取非法利益，情节严重的，对直接负责的主管人员和其他责任人员，处五年以下有期徒刑或者拘役；情节较轻的，由主管部门酌情予以行政处分。”“其他企业事业单位为谋取非法利益而行贿或者给予国家工作人员、集体经济组织工作人员和其他从事公务的人员回扣、手续费的，对直接负责的主管人员和其他责任人员，参照本规定第八条的规定处罚。”有的委员和最高人民法院、最高人民检察院以及有的地方提出，集体所有制企业或者其他企业犯行贿罪的，在处刑上应与全民所有制企业相同；同时，对行贿罪与受贿罪的处罚以分别规定为好。因此，建议将这一条修改为两条：“企业事业单位、机关、团体为谋取非法利益而行贿或者违反国家规定，给予国家工作人员，集体经济组织工作人员和其他经手、管理公共财物的人员回扣、手续费，情节严重的，对该单位判处罚金，并对其直接负责的主管人员和其他直接责任人员，处五年以下有期徒刑或者拘役。因行贿取得的违法所得归私人所有的，对其直接负责的主管人员和其他直接责任人员，按照本规定第八条的规定处罚。”（修改稿第九条）“全民所有制企业事业单位、机关、团体，索取、收受他人财物，为他人谋取利益，情节严重的，对该单位判处罚金，并对其直接负责的主管人员和其他直接责任人员，处五年以下有期徒刑或者拘役。”（修改稿第六条）

（六）根据有关部门的意见，建议将草案第十条第二款“国家工作人员在境外的存款，应当依照国家规定申报。数额较大、隐瞒不报的，适用前款规定”中的“适用前款规定”修改为“处二年以下有期徒刑或者拘役；情节较轻的，由主管部门酌情给予行政处分。”（修改稿第十一条）

二、关于惩治走私罪的补充规定（草案）

（一）草案第四条第二款规定：“二人以上共同走私的，按照个人走私货物、物品的价额及其在犯罪中的作用，分别处罚。对走私集团和其他共同走私犯罪中的主犯，按照共同走私货物、物品的总价额处罚。”根据最高人民法院的意见，建议修改为：“二人以上共同走私的，按照个人走私货物、物品的价额及其在犯罪中的作用，分别处罚。对走私集团的首要分子，按照共同走私货物、物品的总价额处罚；对其他共同走私犯罪中的主犯，情节严重的，可以按照共同走私货物、物品的总价额处罚。”（修改稿第四条）

（二）草案第五条关于单位犯走私罪的对主管人员和直接责任人员的处刑，根据最高人民法院的意见，建议在“对其直接负责的主管人员和其他直接责任人员，处五年以下有期徒刑或者拘役”后面，增加“情节特别严重，给国家利益或者集体利益造成重大损失的，处五年以上十年以下有期徒刑”。（修改稿第五条）

（三）根据最高人民检察院、海关总署、国家外汇管理总局等部门的意见，建议将草案第九条第一款修改为：“全民所有制、集体所有制企业事业单位、机关、团体违反外汇管理法规，在境外取得的外汇，应该调回境内而不调回，或者不存入国家指定的银行，或者把境内的外汇非法转移到境外，或者把国家拨给的外汇非法出售牟利的，由外汇管理机关依照外汇管理法规强制收兑外汇、没收违法所得，可以并处罚款，并由主管部门酌情予以行政处分；情节严重的，除依照外汇管理法规强制收兑外汇、没收违法所得外，对该单位判处罚金，并对其直接负责的主管人员和其他直接责任人员，处五年以下有期徒刑或者拘役。”（修改稿第九条）

此外，法律委员会还对这两个草案作了个别文字修改。

草案修改稿已按上述意见作了修改，法律委员会建议全国人大常委会审议通过。

修改稿和以上意见是否妥当，请审议。

全国人大法律委员会
1988 年 1 月 7 日

附三：关于惩治贪污罪贿赂罪和惩治走私罪两个补充规定（草案）修改稿几点修改意见的汇报

——1988 年 1 月 19 日在第六届全国人民代表大会常务委员会第二十四次会议联组会上

（全国人大法律委员会副主任委员　项淳一）

这次常委会分组会议对惩治贪污罪贿赂罪和惩治走私罪两个补充规定（草案）修改稿进行了审议。委员们认为，修改稿基本上可行。同时，提出了一些很好的意见。法律委员会于 1 月 18 日开会，根据常委委员和省、自治区、直辖市人大常委会负责同志的意见，建议作以下修改：

一、惩治贪污罪贿赂罪的补充规定（草案）修改稿第二条中规定，“个人贪污数额在一万元以上不满五万元的，处五年以上有期徒刑，可以并处没收部分财产；情节特别严重的，处无期徒刑，可以并处没收财产”。建议将其中“没收部分财产”修改为“没收财产”；将“可以并处没收财产”修改为“并处没收财产”。

二、惩治贪污罪贿赂罪的补充规定（草案）修改稿第二条中规定“个人贪污数额在二千元以上不满一万元的，处一年以上七年以下有期徒刑；情节严重的，处五年以上十年以下有期徒刑”。有的委员和最高法院提出，在一个档次中，量刑不要交叉。因此建议，将这一条中的“处五年以上十年以下有期徒刑”修改为“处七年以上十年以下有期徒刑”。

三、关于共犯的处刑，两个补充规定（草案）修改稿规定，对其他共同犯罪中的主犯，情节严重的，“可以按照共同贪污的总数额处罚”和“可以按照共同走私货物、物品的总价额处罚”。建议将这两处的“可以”两字删去。

四、关于受贿罪的主体，惩治贪污罪贿赂罪的补充规定（草案）修改稿第四条中规定为“国家工作人员、集体经济组织工作人员或者其他经手、管理公共财物的人员”。根据有的委员的意见，建议将其中“经手、管理公共财物的人员”修改为“从事公务的人员”。

五、惩治走私罪的补充规定（草案）修改稿第六条规定：“未经海关许可并补缴关税，擅自将来料加工、补偿贸易进口的原材料、制成品或者其他保税货物，在境内销售牟利的”。根据有关部门的意见，建议修改为“未经海关许可并且未补缴关税，擅自将批准进口的来料加工、来件装配、补偿贸易的原材料、零件、制成品、设备等保税货物，在境内销售牟利的”。

此外，还对两个补充规定草案修改稿作了个别文字修改。

有两个问题，需要汇报说明：

（一）有的委员建议：对有的罪的刑罚再加重一些。草案修改稿对贪污罪、贿赂罪、走私罪，是根据从严打击严重经济犯罪的精神规定的，对严重的贪污、贿赂、走私犯罪，规定了严厉的刑罚。具体的量刑标准，是根据 1982 年以来司法审判实践经验规定的，比刑法的规定一般要严，如果再加重，会造成与其他犯罪的量刑不平衡。有的委员主张对有的犯罪还要增加死刑。我们现在法律规定可以判死刑的已经不少了。主要是叛国罪、武装叛乱罪以及杀人、抢劫、放火、决水、爆炸、贪污等特别严重罪行。1982 年人大常委会《关于严惩严重破坏经济的罪犯的决定》又增加了一些死刑。再增加死刑，需要慎重考虑。因此，我们意见，对两个补充规定的量刑标准，除已对个别地方做了修改外，其余的可否不动了。

（二）关于对单位走私的处罚问题。单位走私往往数额较大，危害严重，应当追究刑事责任。但是，对单位走私刑法没有明确规定为犯罪。实际工作中很少追究刑事责任。这次明确规定，单位走私，数额较大的，对单位直接负责的主管人员和其他直接责任人员，都应当追究刑事责任。这里讲的直接负责的主管人员包括批准走私的单位领导人在内。有些委员主张，对单位犯走私罪的处刑要再加重。我们考虑：第一，草案规定，单位走私毒品、武器、伪造的货币、文物、黄金、白银、淫秽物品的，对单位直接负责的主管人员和其他直接责任人员，按照对个人犯走私罪的规定处罚。第二，草案修改稿关于单位走私其他货物、物品的规定是指违法所得归单位的。草案修改稿已经根据委员意见加重了处刑，规定情节特别严重的，对单位直接负责的主管人员和其他责任人员可以判处五年以上十年以下的徒刑。这比过去的审判实践（最高刑五年）也加重了刑罚。第三，单位走私其他货物、物品，违法所得归私人所有，或者共同分取违法所得的，草案修改稿规定与个人走私一样，按照对个人犯走私罪的规定处罚。因此，是否可以不再作加重刑罚的修改。

以上意见，请审议。

10. 全国人民代表大会常务委员会关于惩治泄露国家秘密犯罪的补充规定

（1988 年 9 月 5 日第七届全国人民代表大会常务委员会第三次会议通过　同日公布施行）

第七届全国人民代表大会常务委员会第三次会议决定对刑法补充规定：为境外的机构、组织、人员窃取、刺探、收买、非法提供国家秘密的，处五年以上十年以下有期徒刑；情节较轻的，处五年以下有期徒刑、拘役或者剥夺政治权利；情节特别严重的，处十年以上有期徒刑、无期徒刑或者死刑，并处剥夺政治权利。

附一：关于《中华人民共和国保守国家秘密法（草案）》的说明（节录）

——1988 年 1 月 11 日在第六届全国人民代表大会常务委员会第二十四次会议上

（国务院副秘书长　张文寿）

关于泄露国家重要机密罪问题

《刑法》第一百八十六条规定，“违反国家保密法规，泄露国家重要机密，情节严重的”构成泄露国家重要机密罪。此罪的最低刑为拘役，最高刑为有期徒刑七年。根据保密工作和司法实践的需要，《保密法（草案）》对《刑法》第一百八十六条作了以下三项重要补充：

1. “泄露绝密级国家秘密的”即视为“情节严重”。“绝密”是最重要的国家秘密，其数量是很小的，只要是违反国家保密法规泄露“绝密”的，不论其他情节如何，即应视为“情节严重”而追究行为人的刑事责任。这样规定，就从刑罚的角度要求一切有关人员必须严格执行国家保密法规，全力确保“绝密”的安全。

2. 构成泄露国家重要机密罪并有故意向境外人员泄密情节的，按《刑法》第一百八十六条从重量刑。将国家秘密泄露于境外人员的危害一般均比较大，所以，以较重的刑罚来惩处。

3. 构成泄露国家重要机密罪，故意向境外人员泄密且情节特别严重的，依照《刑法》第九十七条处罚。《刑法》第九十七条规定，“为敌人窃取、刺探、提供情报的”构成间谍资敌罪，此罪的最低刑为有期徒刑三年，最高刑为死刑。故意向敌人泄露国家秘密者可构成此罪。由于间谍资敌罪属反革命犯罪，行为人须具有“反革命目的”且“为敌人服务”才能构成此罪。在实践中时有遇到的情况是：对我非法进行情报活动的人员一般都具有合法身份，其政治背景往往无法查清，其所在组织或国家（或地区）不能视为“敌人”；中国公民故意向他们泄露国家秘密，往往是以获取私利为目的，并非以反革命为目的。因此，即使这类犯罪给国家安全和利益造成了特别重大的危害，也难以按《刑法》第九十七条（只能按第一百八十六条）追究行为人的责任，这就束缚了我司法机关对这种具有特别严重社会危害性的泄密犯罪的严惩。因此，《保密法（草案）》规定，对不能按《刑法》第九十七条定罪的、故意向境外人员泄露国家秘密且情节特别严重的犯罪行为，仍按第一百八十六条定罪，但可依照第九十七条量刑。

附二：全国人大法律委员会对《中华人民共和国保守国家秘密法（草案）》审议结果的报告（节录）

——1988 年 8 月 29 日在第七届全国人民代表大会常务委员会第三次会议上

（全国人大法律委员会副主任委员　宋汝棼）

五、草案第三十四条第二款规定：“故意向境外人员泄露国家秘密的，从重处罚，情节特别严重的，依照《中华人民共和国刑法》第九十七条处罚。”最高人民法院、最高人民检察院、国家安全部等部门提出，向境外人员泄露国家秘密，与刑法第九十七条规定的“为敌人窃取、刺探、非法提供情报”不同，以另行规定刑罚为好。因此，建议由全国人大常委会通过“关于惩治泄露国家秘密犯罪的补充规定”：“为境外的机构、组织、人员窃取、刺探、收买、非法提供国家秘密的，处五年以上十年以下有期徒刑；情节较轻的，处五年以下有期徒刑、拘役或者剥夺政治权利；情节特别严重的，处十年以上有期徒刑、无期徒刑或者死刑，并处剥夺政治权利。”在本法中规定：“为境外的机构、组织、人员窃取、刺探、收买、非法提供国家秘密的，依法追究刑事责任。”（修改稿第三十二条）

六、草案第三十三条规定：“以盗窃、抢夺、收买、骗取等手段非法获取国家秘密的，比照《中华人民共和国刑法》第一百六十七条的规定追究刑事责任。”草案第三十五条规定：“为敌人窃取、刺探、提供国家秘密的，依照《中华人民共和国刑法》第九十七条规定追究刑事责任。”考虑到盗窃、抢夺、收买、骗取国家秘密，可以依照刑法第一百六十七条等规定追究刑事责任；为敌人窃取、刺探、提供国家秘密的，刑法已规定刑罚，本法可不再规定，建议将这两条删去。

此外，还对草案作了一些文字修改。

草案修改稿已按上述意见作了修改，法律委员会建议全国人大常委会审议通过。

修改稿和以上意见以及《关于惩治泄露国家秘密犯罪的补充规定（草案）》是否妥当，请审议。

全国人大法律委员会
1988年8月23日

11. 全国人民代表大会常务委员会关于惩治捕杀国家重点保护的珍贵、濒危野生动物犯罪的补充规定

（1988年11月8日第七届全国人民代表大会常务委员会第四次会议通过　同日公布施行）

第七届全国人民代表大会常务委员会第四次会议决定，为了加强对国家重点保护的珍贵、濒危野生动物的保护，对刑法补充规定：非法捕杀国家重点保护的珍贵、濒危野生动物的，处七年以下有期徒刑或者拘役，可以并处或者单处罚金；非法出售倒卖、走私的，按投机倒把罪、走私罪处刑。

附一：关于《中华人民共和国野生动物法（草案）》的说明（节录）

——1988年8月29日在第七届全国人民代表大会常务委员会第三次会议上

（林业部部长　高德占）

（七）关于法律责任

鉴于当前违反规定猎捕野生动物的情况非常严重和依现行有关规定打击不力的实际情况，草案对非法猎捕野生动物，非法买卖、加工、运输以及转让国家重点保护野生动物及其产品等违法行为，作出了处罚规定。考虑到《刑法》对破坏野生动物资源的犯罪行为处罚偏轻，起不到震慑犯罪分子的作用，草案规定，破坏野生动物资源情节特别严重的，比照《刑法》第一百五十二条的规定追究刑事责任。提高量刑幅度，突破过去最高只能判处二年有期徒刑的规定，有利于打击这种犯罪行为。

我的说明完了，请予审议。

附二：全国人大法律委员会对《中华人民共和国野生动物法（草案）》审议结果的报告（节录）

——1988年11月2日在第七届全国人民代表大会常务委员会第四次会议上

（全国人大法律委员会副主任委员　林润青）

五、关于法律责任

草案第三十四条规定，非法猎捕国家重点保护野生动物情节严重的，依照刑法第一百三十条关于非法狩猎罪的规定，追究刑事责任；情节特别严重的，比照刑法第一百五十二条关于盗窃罪的规定，追究刑事责任。有些委员、地方、部门和法律专家提出，按照这个规定，对猎捕国家重点保护的野生动物的，一般仍按刑法第一百三十条规定最高处二年有期徒刑，量刑明显偏轻。因此，建议由全国人大常委会通过“关于惩治捕杀国家重点保护的珍贵、濒危野生动物

犯罪的补充规定"："为了加强对国家重点保护的珍贵、濒危野生动物的保护，决定对刑法补充规定：非法捕杀国家重点保护的珍贵、濒危野生动物的，处七年以下有期徒刑或者拘役，可以并处或者单处罚金；非法出售、倒卖、走私的，按投机倒把罪、走私罪处刑。"至于违反法律规定，猎捕非国家重点保护的其他野生动物，情节严重、构成犯罪的，仍然可以适用刑法第一百三十条的规定，处二年以下有期徒刑、拘役或者罚金。

此外，还对草案作了一些文字修改。

草案修改稿已按上述意见作了修改，法律委员会建议全国人大常委会审议通过。

修改稿和以上意见以及《关于惩治捕杀国家重点保护的珍贵、濒危野生动物犯罪的补充规定（草案）》是否妥当，请审议。

全国人大法律委员会
1988年10月28日

12. 全国人民代表大会常务委员会关于惩治侮辱中华人民共和国国旗国徽罪的决定

（1990年6月28日第七届全国人民代表大会常务委员会第十四次会议通过 同日公布施行）

第七届全国人民代表大会常务委员会第十四次会议决定对刑法补充规定：在公众场合故意以焚烧、毁损、涂划、玷污、践踏等方式侮辱中华人民共和国国旗、国徽的，处三年以下有期徒刑、拘役、管制或者剥夺政治权利。

附：全国人大法律委员会对《中华人民共和国国旗法（草案）》审议结果的报告（节录）

——1990年6月20日在第七届全国人民代表大会常务委员会第十四次会议上

（全国人大法律委员会副主任委员 项淳一）

五、草案第十一条规定："对于故意毁损、玷污、践踏和以其他方式侮辱国旗的，公安机关可以处以警告或者十五日以下拘留；情节严重构成犯罪的，由司法机关处三年以下有期徒刑或者拘役。"有些法律专家、部门和地方提出，刑法没有规定侮辱国旗罪，如果规定这个罪名，最好采取对刑法作补充规定的方式。有的法律专家还建议对侮辱国徽罪一并作出规定。因此，建议将这一条修改为："在公众场合故意以焚烧、毁损、涂划、玷污、践踏等方式侮辱中华人民共和国国旗的，依法追究刑事责任；情节较轻的，参照治安管理处罚条例的处罚规定，由公安机关处以十五日以下拘留。"（修改稿第二十条）同时，建议由全国人大常委会作出《关于惩治侮辱中华人民共和国国旗国徽罪的决定》："在公众场合故意以焚烧、毁损、涂划、玷污、践踏等方式侮辱中华人民共和国国旗、国徽的，处三年以下有期徒刑、拘役、管制或者剥夺政治权利。"至于以侮辱国旗的方法宣传煽动推翻人民民主专政的政权、危害国家的，则应依照刑法第一百零二条的规定追究刑事责任。

13. 全国人民代表大会常务委员会关于惩治走私、制作、贩卖、传播淫秽物品的犯罪分子的决定

（1990年12月28日第七届全国人民代表大会常务委员会第十七次会议通过 同日公布施行）

为了惩治走私、制作、贩卖、传播淫秽的书刊、影片、录像带、录音带、图片或者其他淫秽物品的犯罪分子，维护社会治安秩序，加强社会主义精神文明建设，抵制资产阶级腐朽思想的侵蚀，特作如下决定：

一、以牟利或者传播为目的，走私淫秽物品的，依照关于惩治走私罪的补充规定处罚。不是为了牟利、传播、携

带、邮寄少量淫秽物品进出境的，依照海关法的有关规定处罚。

二、以牟利为目的，制作、复制、出版、贩卖、传播淫秽物品的，处三年以下有期徒刑或者拘役，并处罚金；情节严重的，处三年以上十年以下有期徒刑，并处罚金；情节特别严重的，处十年以上有期徒刑或者无期徒刑，并处罚金或者没收财产。情节较轻的，由公安机关依照治安管理处罚条例的有关规定处罚。

为他人提供书号，出版淫秽书刊的，处三年以下有期徒刑或者拘役，并处或者单处罚金；明知他人用于出版淫秽书刊而提供书号的，依照前款的规定处罚。

三、在社会上传播淫秽的书刊、影片、录像带、录音带、图片或者其他淫秽物品，情节严重的，处二年以下有期徒刑或者拘役。情节较轻的，由公安机关依照治安管理处罚条例的有关规定处罚。

组织播放淫秽的电影、录像等音像制品的，处三年以下有期徒刑或者拘役，可以并处罚金；情节严重的，处三年以上十年以下有期徒刑，并处罚金。情节较轻的，由公安机关依照治安管理处罚条例的有关规定处罚。

制作、复制淫秽的电影、录像等音像制品组织播放的，依照第二款的规定从重处罚。

向不满十八岁的未成年人传播淫秽物品的，从重处罚。

不满十六岁的未成年人传抄、传看淫秽的图片、书刊或者其他淫秽物品的，家长、学校应当加强管教。

四、利用淫秽物品进行流氓犯罪的，依照刑法第一百六十条的规定处罚；流氓犯罪集团的首要分子，或者进行流氓犯罪活动危害特别严重的，依照关于严惩严重危害社会治安的犯罪分子的决定第一条的规定，可以在刑法规定的最高刑以上处刑，直至判处死刑。

利用淫秽物品传授犯罪方法的，依照关于严惩严重危害社会治安的犯罪分子的决定第二条的规定处罚，情节特别严重的，处无期徒刑或者死刑。

五、单位有本决定第一条、第二条、第三条规定的违法犯罪行为的，对其直接负责的主管人员和其他直接责任人员，依照各该条的规定处罚，对单位判处罚金或者予以罚款，行政主管部门并可以责令停业整顿或者吊销执照。

六、有下列情节之一的，依照本决定有关规定从重处罚：

（一）犯罪集团的首要分子；

（二）国家工作人员利用工作职务便利，走私、制作、复制、出版、贩卖、传播淫秽物品的；

（三）管理录像、照像、复印等设备的人员，利用所管理的设备，犯有本决定第二条、第三条、第四条规定的违法犯罪行为的；

（四）成年人教唆不满十八岁的未成年人走私、制作、复制、贩卖、传播淫秽物品的。

七、淫秽物品和走私、制作、复制、出版、贩卖、传播淫秽物品的违法所得以及属于本人所有的犯罪工具，予以没收。没收的淫秽物品，按照国家规定销毁。罚没收入一律上缴国库。

八、本决定所称淫秽物品，是指具体描绘性行为或者露骨宣扬色情的诲淫性的书刊、影片、录像带、录音带、图片及其他淫秽物品。

有关人体生理、医学知识的科学著作不是淫秽物品。包含有色情内容的有艺术价值的文学、艺术作品不视为淫秽物品。

淫秽物品的种类和目录，由国务院有关主管部门规定。

九、本决定自公布之日起施行。

附：关于惩治走私、制作、贩卖、传播淫秽物品的犯罪分子的决定（草案）的说明

——1990年10月25日在第七届全国人民代表大会常务委员会第十六次会议上

（全国人大常委会法制工作委员会副主任　顾昂然）

委员长、副委员长、各位委员：

近几年来，走私、制作、贩卖、传播淫秽的书刊、影片、录像带、录音带、图片等淫秽物品的违法犯罪情况很严重。这些违法犯罪活动，严重毒化社会风气，腐蚀人们的思想，危害社会治安。为了加强社会主义精神文明建设，抵制资产阶级腐朽思想的侵蚀，维护社会治安，一年多以来对书刊和音像制品市场进行了清理整顿，对走私、制作、贩卖、传播淫秽物品的犯罪活动进行严厉打击。为了适应严禁淫秽物品的需要，受委员长会议的委托，法制工作委员会根据实践中提出的有关法律问题，起草了“关于惩治走私、制作、贩卖、传播淫秽物品的犯罪分子的决定（草案）”，对刑法、治安管理处罚条例的有关规定，作了补充、修改。在起草过程中，征求了公安、检察、法院、教育、出版、广播、电视、宣传等有关部门和一些法律专家的意见，并于今年5月印发全国各地广泛征求意见。现将草案的几个主要问题说明如下：

一、决定草案规定的打击重点是：第一，以牟利或者传播为目的，走私淫秽物品的；第二，以牟利为目的，制作、

复制、出版、贩卖、传播淫秽物品的；第三，利用淫秽物品进行流氓犯罪活动或者传授犯罪方法的。对这三种危害最严重的犯罪行为，规定处以重刑。其中，对前两种犯罪行为规定最高刑为无期徒刑，对第三种犯罪行为中情节特别严重的，还规定可以判处死刑。

二、播放或者传播淫秽物品，不是为牟利，也没有其他犯罪活动的，情况比较复杂，在处理时必须严格区分罪与非罪的界限，防止扩大打击面。决定草案对组织播放淫秽的电影、录像或者其他音像制品的，在社会上传播淫秽的图片、书刊或者其他淫秽物品、情节严重的，规定为犯罪，追究刑事责任。对观看者和一般参加者，以及在私人之间偶尔传播、情节较轻的，不作为犯罪，可以根据情况，给以批评教育或者纪律处分，也可以依照治安管理处罚条例处罚，对屡教不改的实行劳动教养。

中学、甚至小学生中传抄、传看淫书的，主要是教育问题，以不定为犯罪为宜。决定草案规定：“不满十六岁的未成年人传抄、传看淫秽的图片、书刊或者其他淫秽物品的，家长、学校应当加强管教。”必要时，学校可以给以纪律处分，但对于中、小学生中传抄的淫秽书刊，同样必须认真收缴，对向他们传播淫秽物品的成年人，应当从严惩治，以保护青少年不受毒害。

三、当前，一些出版社、印刷厂印刷出版淫秽书刊的违法犯罪情况比较严重，危害极大，各地要求予以严厉打击。决定草案规定，对于单位以牟利为目的，制作、复制、出版、贩卖、传播淫秽物品的，除对单位判处罚金外，对其直接负责的主管人员和其他直接责任人员，依照个人犯制作、复制、出版、贩卖、传播淫秽物品罪的规定处罚。单位走私淫秽物品的，依照全国人大常委会关于惩治走私罪的补充规定处罚。此外，还规定为他人出版淫秽书刊提供书号的，处三年以下有期徒刑、拘役或者罚金；明知他人用于出版淫秽书刊提供书号的，以出版淫秽书刊的共犯论处。

四、为了防止混淆罪和非罪的界限，对什么是淫秽的书刊、影片、录像带、录音带、图片等，需要有明确的界限。决定草案规定，淫秽物品是指具体描绘性行为或者露骨宣扬色情的诲淫性的书刊、影片、录像带、录音带、图片等物品。有关人体生理、医学知识的科学著作和夹杂淫秽内容的有艺术价值的文学、艺术作品不是本决定所称的淫秽物品。这样就把那些宣传人体生理卫生知识的科学作品，一般裸体图画、雕塑艺术作品和一些有色情描写但从整体看有艺术价值的文学艺术作品，防止被作为淫秽物品对待。这是总的原则规定，具体执行时总有些界限不很清楚的，有争议的书刊、图片不好确定，因此草案同时规定，淫秽物品的具体范围，由国务院有关主管部门确定，以便于具体施行。

对黄色的、不健康的书刊、影片、录像带、录音带和图片的处理，应与淫秽物品加以区别，决定草案对此未做规定，可以由国务院另行规定行政管理办法。

五、决定草案规定，“本决定自公布之日起施行”，不追溯既往。这是按照刑法总则的原则规定的。对于在本决定公布施行前走私淫秽物品进行牟利或者传播的，利用淫秽物品进行流氓犯罪活动或者传授犯罪方法的，以及贩卖淫书、淫画的，可以仍然按照刑法、关于惩治走私罪的补充规定和关于严惩严重危害社会治安的犯罪分子的决定予以惩处。

决定草案和以上说明是否妥当，请审议。

14. 全国人民代表大会常务委员会关于禁毒的决定

（1990 年 12 月 28 日第七届全国人民代表大会常务委员会第十七次会议通过　同日公布施行）

为了严惩走私、贩卖、运输、制造毒品和非法种植毒品原植物等犯罪活动，严禁吸食、注射毒品，保护公民身心健康，维护社会治安秩序，保障社会主义现代化建设的顺利进行，特作如下决定：

一、本决定所称的毒品是指鸦片、海洛因、吗啡、大麻、可卡因以及国务院规定管制的其他能够使人形成瘾癖的麻醉药品和精神药品。

二、走私、贩卖、运输、制造毒品，有下列情形之一的，处十五年有期徒刑、无期徒刑或者死刑，并处没收财产：

（一）走私、贩卖、运输、制造鸦片 1000 克以上、海洛因 50 克以上或者其他毒品数量大的；

（二）走私、贩卖、运输、制造毒品集团的首要分子；

（三）武装掩护走私、贩卖、运输、制造毒品的；

（四）以暴力抗拒检查、拘留、逮捕，情节严重的；

（五）参与有组织的国际贩毒活动的。

走私、贩卖、运输、制造鸦片 200 克以上不满 1000 克、海洛因 10 克以上不满 50 克或者其他毒品数量较大的，处七年以上有期徒刑，并处罚金。

走私、贩卖、运输、制造鸦片不满 200 克、海洛因不满 10 克或者其他少量毒品的，处七年以下有期徒刑、拘役或者管制，并处罚金。

利用、教唆未成年人走私、贩卖、运输、制造毒品的，从重处罚。

对多次走私、贩卖、运输、制造毒品，未经处理的，毒品数量累计计算。

三、禁止任何人非法持有毒品。非法持有鸦片1000克以上、海洛因50克以上或者其他毒品数量大的，处七年以上有期徒刑或者无期徒刑，并处罚金；非法持有鸦片200克以上不满1000克、海洛因10克以上不满50克或者其他毒品数量较大的，处七年以下有期徒刑、拘役或者管制，可以并处罚金；非法持有鸦片不满200克、海洛因不满10克或者其他少量毒品的，依照第八条第一款的规定处罚。

四、包庇走私、贩卖、运输、制造毒品的犯罪分子的，为犯罪分子窝藏、转移、隐瞒毒品或者犯罪所得的财物的，掩饰、隐瞒出售毒品获得财物的非法性质和来源的，处七年以下有期徒刑、拘役或者管制，可以并处罚金。

犯前款罪事先通谋的，以走私、贩卖、运输、制造毒品罪的共犯论处。

五、对醋酸酐、乙醚、三氯甲烷或者其他经常用于制造麻醉药品和精神药品的物品，应当依照国家有关规定严格管理，严禁非法运输、携带进出境。非法运输、携带上述物品进出境的，处三年以下有期徒刑、拘役或者管制，并处罚金；数量大的，处三年以上十年以下有期徒刑，并处罚金；数量较小的，依照海关法的有关规定处罚。

明知他人制造毒品而为其提供前款规定的物品的，以制造毒品罪的共犯论处。

单位有前两款规定的违法犯罪行为的，对其直接负责的主管人员和其他直接责任人员，依照前两款的规定处罚，并对单位判处罚金或者予以罚款。

六、非法种植罂粟、大麻等毒品原植物的，一律强制铲除。有下列情形之一的，处五年以下有期徒刑、拘役或者管制，并处罚金：

（一）种植罂粟500株以上不满3000株或者其他毒品原植物数量较大的；

（二）经公安机关处理后又种植的；

（三）抗拒铲除的。

非法种植罂粟3000株以上或者其他毒品原植物数量大的，处五年以上有期徒刑，并处罚金或者没收财产。

非法种植罂粟不满500株或者其他毒品原植物数量较小的，由公安机关处15日以下拘留，可以并处3000元以下罚款。

非法种植罂粟或者其他毒品原植物，在收获前自动铲除的，可以免除处罚。

七、引诱、教唆、欺骗他人吸食、注射毒品的，处七年以下有期徒刑、拘役或者管制，并处罚金。

强迫他人吸食、注射毒品的，处三年以上十年以下有期徒刑，并处罚金。

引诱、教唆、欺骗或者强迫未成年人吸食、注射毒品的，从重处罚。

八、吸食、注射毒品的，由公安机关处15日以下拘留，可以单处或者并处2000元以下罚款，并没收毒品和吸食、注射器具。

吸食、注射毒品成瘾的，除依照前款规定处罚外，予以强制戒除，进行治疗、教育。强制戒除后又吸食、注射毒品的，可以实行劳动教养，并在劳动教养中强制戒除。

九、容留他人吸食、注射毒品并出售毒品的，依照第二条的规定处罚。

十、根据医疗、教学、科研的需要，国家卫生行政主管部门依照法律、行政法规的规定，可以指定特定的地方和制药厂，种植、生产限定数量的毒品原植物和麻醉药品、精神药品。依法从事生产、运输、管理、使用国家管制的麻醉药品、精神药品的单位和人员，必须严格遵守国家关于麻醉药品、精神药品的管理规定。

依法从事生产、运输、管理、使用国家管制的麻醉药品、精神药品的人员违反国家规定，向吸食、注射毒品的人提供国家管制的麻醉药品、精神药品的，处七年以下有期徒刑或者拘役，可以并处罚金。向走私、贩卖毒品的犯罪分子或者以牟利为目的，向吸食、注射毒品的人提供国家管制的麻醉药品、精神药品的，依照第二条的规定处罚。

单位有第二款规定的违法犯罪行为的，对其直接负责的主管人员和其他直接责任人员，依照第二款的规定处罚，并对单位判处罚金。

十一、国家工作人员犯本决定规定之罪的，从重处罚。

因走私、贩卖、运输、制造、非法持有毒品罪被判过刑，又犯本决定规定之罪的，从重处罚。

十二、对查获的毒品、毒品犯罪的非法所得以及由非法所得所获得的收益、供犯罪使用的财物，一律没收。没收的毒品和吸食、注射毒品的器具，依照国家规定销毁或者作其他处理。罚没收入一律上缴国库。

十三、中华人民共和国公民在中华人民共和国领域外犯走私、贩卖、运输、制造毒品罪的，适用本决定。

外国人在中华人民共和国领域外犯前款罪进入我国领域的，我国司法机关有管辖权，除依照我国参加、缔结的国际公约或者双边条约实行引渡的以外，适用本决定。

十四、犯本决定规定之罪，有检举、揭发其他毒品犯罪立功表现的，可以从轻、减轻处罚或者免除处罚。

十五、公民对本决定所规定的违法犯罪行为有检举、揭发的义务。国家对检举、揭发走私、贩卖、运输、制造毒品等犯罪活动的人员以及在禁毒工作中有功的人员，给予奖励。

十六、本决定自公布之日起施行。

附一：关于禁毒的决定（草案）的说明

——1990 年 10 月 25 日在第七届全国人民代表大会常务委员会第十六次会议上

（全国人大常委会法制工作委员会副主任 顾昂然）

委员长、副委员长、各位委员：

我国人民在历史上深受鸦片的毒害，新中国成立后，我们在短时间内消除了烟毒的危害。近几年来，国际毒品犯罪向我国渗透日益严重，国内又出现了走私、贩卖、运输、制造毒品、非法种植罂粟等毒品原植物和吸食毒品的情况，各地强烈要求严厉打击毒品犯罪活动。法制工作委员会受委员长会议的委托，根据实践中提出的法律问题，参照《联合国禁止非法贩运麻醉药品和精神药物公约》（我国参加了这个公约，以下简称“国际公约”）的规定，经过调查研究，并征求公安、法院、检察、海关、医药卫生等有关部门的意见，起草了“关于禁毒的决定（草案）”，对刑法的有关规定作了补充和修改。今年 8 月将草案印发全国各地征求意见，又作了修改。现将决定草案中的几个主要问题说明如下：

一、刑法和有关法律规定，走私、贩卖、运输、制造毒品，情节特别严重的，判处无期徒刑或者死刑。决定草案进一步具体规定，犯下列罪行的判处无期徒刑或者死刑：1. 走私、贩卖、运输、制造鸦片 1500 克以上，海洛因 100 克以上的；2. 走私、贩卖、运输、制造毒品集团的首要分子；3. 武装掩护走私、贩卖、运输毒品的；4. 以暴力抗拒检查、拘留、逮捕，情节严重的；5. 与国际贩毒集团相勾结的。

走私、贩卖、运输、制造鸦片 1500 克以上，海洛因 100 克以上，判处无期徒刑或者死刑，比现在各地实际掌握判处死刑的标准要严。毒品危害比较严重的一些地方都表示赞成，理由是：第一，当前打击毒品犯罪必须从严。第二，从国际上考虑，有些国家规定判死刑的数量标准比上述规定低，我们如果规定再宽了，不利于防范境外的毒品内流。第三，决定草案规定是可以判处无期徒刑或者死刑，并不是都要判处死刑，各地可以根据实际情况判处。

二、关于对小额走私、贩卖毒品的处刑。一些地方提出，有些走私、贩卖、运输毒品数额很小，如都判刑，处刑面过大，建议规定处刑数额标准，数额较少的可以不判刑，而给予治安管理处罚。对这个问题，在制定刑法和关于惩治走私罪的补充规定时曾反复考虑过。我们认为，走私、贩卖毒品虽然是小额，但诱发吸毒和复吸，危害严重，原则上应当判刑，但考虑到有的边境地区有小额贩毒行为的较多，因而又规定情节较轻的，可以判处拘役或者管制。按照刑法，管制是一种不关押的刑罚，判处管制后还可以参加劳动，不影响家属生活。

三、关于非法持有毒品。在查缉毒品犯罪中，发现有些犯罪分子持有大量毒品，但又没有确凿证据证明查获的毒品是否属于走私、贩卖、制造或运输，定罪处刑有困难。为此，参照国际上的做法，决定草案规定：禁止任何人非法持有毒品。非法持有毒品数量较大的，处七年以下有期徒刑、拘役或者管制，可以单处或者并处罚金；数量大的，处七年以上有期徒刑，并处罚金。

四、关于走私用于制造毒品的特殊化学物品。醋酸酐、乙醚、三氯甲烷等化学物品，既是化工生产和医药用的原料，又是制造海洛因等毒品必不可少的配剂，必须严防走私出境。1988 年我国卫生部、外贸部、公安部、海关总署发布了《关于对三种特殊化学品实行出口准许证管理的通知》，规定必须持有卫生部批准的特殊化学品出口准许证，才能出境。“国际公约”将明知用于制造毒品的特殊化学物品提供给制毒分子的行为，规定为犯罪。因此，决定草案规定：非法运输、携带醋酸酐、乙醚、三氯甲烷或者其他经常用于制造麻醉药品和精神药品的物品出境的，除没收该物品和非法所得外，处三年以下有期徒刑、拘役或者管制，可以单处或者并处罚金；数量大的，处三年以上十年以下有期徒刑，并处罚金。尚不构成犯罪的，依照海关法的有关规定处罚。对于明知他人（包括境内、境外）制造毒品而为其提供这些物品的，以制造毒品罪的共犯论处。

五、关于非法种植罂粟等毒品原植物。近年来，有些地方非法种植罂粟等毒品原植物的情况日益严重。治安管理处罚条例规定，违反政府规定种植罂粟等毒品原植物的，给予治安管理处罚，构成犯罪的，依法追究刑事责任。但什么情况构成犯罪，规定不明确。经征求公安、法院等有关部门意见，决定草案规定：非法种植罂粟、大麻等毒品原植物数量较大的（如 500 株以上），经公安机关处理后又种植的，或者抗拒铲除的，可以判处五年以下有期徒刑、拘役或者管制，可以并处罚金。非法种植罂粟或者其他毒品原植物，数量大的，处五年以上十年以下有期徒刑，并处罚金。同时，为了根据不同情况区别对待，有利于禁毒的贯彻执行，决定草案又规定，非法种植罂粟或者其他毒品原植物在收获前自动铲除的，可以免除刑事处罚。

六、关于戒毒。近几年来，一些地区吸食、注射毒品人数逐年增加，严重危害人体健康，危害社会治安。不少地方已根据国务院规定，建立了戒毒所，强制戒毒。因此，决定草案规定：吸食、注射毒品成瘾的，除给予治安管理处罚外，予以强制戒除，进行治疗、教育；强制戒除后再犯的，可以实行劳动教养。

决定草案还对开设地下吸毒场所，容留、引诱他人吸毒的，作了处刑规定。

七、关于对境外毒品犯的管辖。毒品犯罪是一种国际性犯罪。“国际公约”规定，任何一个缔结国对于境外的毒品罪犯，当其进入该国领域内被抓获后，如不引渡给另一缔结国时，就应依照该国法律追究其刑事责任。因此，决定草案规定："中华人民共和国公民在中华人民共和国领域外犯走私、贩卖、运输、制造毒品罪的，适用本决定。""外国人在中华人民共和国领域外犯前款罪进入我国领域的，我国司法机关有管辖权，除依照国际公约或者双边条约实行引渡的以外，适用本决定。"

决定草案和以上说明是否妥当，请审议。

附二：全国人大法律委员会对《关于禁毒的决定（草案）》和《关于惩治走私、制作、贩卖、传播淫秽物品的犯罪分子的决定（草案）》审议结果的报告

——1990 年 12 月 20 日在第七届全国人民代表大会常务委员会第十七次会议上

（全国人大法律委员会副主任委员　项淳一）

全国人民代表大会常务委员会：

七届全国人大常委会第十六次会议对《关于禁毒的决定（草案）》和《关于惩治走私、制作、贩卖、传播淫秽物品的犯罪分子的决定（草案）》进行了初步审议。会后，全国人大法律委员会就草案中的重要问题，征求了中央有关部门和有关省、自治区的意见。全国人大法律委员会于 1990 年 12 月 4 日、5 日、17 日召开会议，根据全国人大常委会委员的审议意见和中央有关部门、省、自治区的意见，对这两个决定草案进行了审议。法律委员会认为：为了严厉禁毒，制止淫秽书刊等淫秽物品的危害，保护人民群众的身心健康，维护社会治安秩序，保障社会主义现代化建设的顺利进行，必须严厉打击毒品犯罪活动和走私、制作、贩卖、传播淫秽物品的犯罪活动。因此，制定这两个决定非常必要。草案基本上是可行的，同时，提出以下修改意见：

一、关于禁毒的决定草案

（一）根据有些委员的意见，建议对下列犯罪行为加重刑罚：

1. 将草案第七条第二款中非法种植毒品原植物数额大的"处五年以上十年以下有期徒刑，并处罚金"的规定，修改为"处五年以上有期徒刑，并处罚金或者没收财产"。（草案修改稿第六条第二款）

2. 将草案第八条中引诱、教唆他人吸食、注射毒品的"处三年以下有期徒刑、拘役或者管制，并处罚金"的规定，修改为"处七年以下有期徒刑、拘役或者管制，并处罚金"。（草案修改稿第七条）

3. 将草案第十一条中向贩卖、吸食、注射毒品的人提供国家管制的麻醉药品或者精神药品的"处五年以下有期徒刑或者拘役，可以并处罚金"的规定，修改为"处七年以下有期徒刑或者拘役，可以并处罚金"。（草案修改稿第十条）

（二）有些委员提出，草案一些条文中"数量较大"、"数量巨大"的规定，应尽可能具体化。因此，建议对草案第二条第二款、第三款走私、贩卖、运输、制造鸦片、海洛因的数额，草案第三条非法持有鸦片、海洛因的数额和草案第七条第二款非法种植罂粟的数额，作出具体规定。（草案修改稿第二条、第三条、第六条）

（三）根据有的委员意见，建议在草案第二条中增加一款："对多次走私、贩卖、运输、制造毒品，未经处理的，毒品数额累计计算。"（草案修改稿第二条第五款）

（四）根据有的委员意见，建议在草案第十一条中增加规定："向走私、贩卖毒品的犯罪分子或者以牟利为目的，向吸食、注射毒品的人提供国家管制的麻醉药品、精神药品的，依照第二条的规定处罚。"（草案修改稿第十条第二款）

（五）有些委员提出，对毒品违法犯罪的处罚，不宜规定单处罚金。因此，建议将草案第三条中的"可以单处或者并处罚金"修改为"可以并处罚金"（草案修改稿第三条）；将草案第七条中的"可以单处或者并处三千元以下罚款"修改为"可以并处三千元以下罚款"。（草案修改稿第六条第三款）

（六）草案第二条规定，走私、贩卖、运输、制造海洛因 100 克以上的，处无期徒刑或死刑。有的委员建议，将海洛因 100 克以上改为 50 克以上。对此，法律委员会专门征求了九个省、自治区和中央公检法等部门的意见。云南等省、自治区和人大民委主张仍规定为海洛因 100 克以上，有的省、自治区和公安部主张改为海洛因 50 克以上。此外，也有的部门主张将走私、贩卖、运输、制造海洛因 100 克以上，处无期徒刑或者死刑改为走私、贩卖、运输、制造海洛因 50 克以上，处十五年有期徒刑、无期徒刑或者死刑。拟再同有关部门研究。

二、关于惩治走私、制作、贩卖、传播淫秽物品的犯罪分子的决定草案

（一）根据有些委员的意见，建议将草案第六条第三项规定"利用工作职务便利，将没收的淫秽物品进行传播的"，修改为"国家工作人员利用工作职务便利，走私、制作、贩卖、传播淫秽物品的"。（草案修改稿第六条第一项）

（二）有些委员和部门提出，应对没收的淫秽物品和罚没收入如何处理作出明确规定。因此，建议在草案第八条中增加规定："没收的淫秽物品，按照国家规定销毁；罚没收入一律上缴国库。"（草案修改稿第七条）

（三）根据有些委员的意见，建议将草案第九条"有关人体生理、医学知识的科学著作和夹杂淫秽内容的有艺术价

值的文学、艺术作品不是本决定所称淫秽物品”，修改为：“有关人体生理、医学知识的科学著作不是淫秽物品。”“包含有色情内容的有艺术价值的文学、艺术作品不视为淫秽物品。”（草案修改稿第八条第二款、第三款）

此外，还对这两个草案作了一些文字修改。

草案修改稿已按上述意见作了修改，法律委员会建议全国人大常委会审议通过。

草案修改稿和以上意见是否妥当，请审议。

全国人大法律委员会
1990 年 12 月 17 日

15. 全国人民代表大会常务委员会关于惩治盗掘古文化遗址古墓葬犯罪的补充规定

（1991 年 6 月 29 日第七届全国人民代表大会常务委员会第二十次会议通过　同日公布施行）

第七届全国人民代表大会常务委员会第二十次会议决定，对刑法补充规定：

盗掘具有历史、艺术、科学价值的古文化遗址、古墓葬的，处三年以上十年以下有期徒刑，可以并处罚金；情节较轻的，处三年以下有期徒刑或者拘役，可以并处罚金；有下列情形之一的，处十年以上有期徒刑、无期徒刑或者死刑，并处罚金或者没收财产：

（一）盗掘确定为全国重点文物保护单位和省级文物保护单位的古文化遗址、古墓葬的；

（二）盗掘古文化遗址、古墓葬集团的首要分子；

（三）多次盗掘古文化遗址、古墓葬的；

（四）盗掘古文化遗址、古墓葬，并盗窃珍贵文物或者造成珍贵文物严重破坏的。

盗掘古文化遗址、古墓葬所盗窃的文物，一律予以追缴。

附：全国人大法律委员会对《中华人民共和国文物保护法修正案（草案）》审议结果的报告（节录）

——1991 年 6 月 21 日在第七届全国人民代表大会常务委员会第二十次会议上

（全国人大法律委员会副主任委员　项淳一）

三、草案对文物保护法第三十一条规定依法追究刑事责任的犯罪行为作了较多的补充，规定对草案所列给予行政处罚的十一种行为中的十种行为，情节严重的，都要追究刑事责任。有些委员和公安部门、法院、检察院的同志提出，文物保护法第三十一条关于依法追究刑事责任的规定，原则上没有问题的，可以不再修改。因此，建议对第三十一条作如下修改补充。

第一，根据有些委员和教科文卫委员会的意见，建议在第三十一条中增加规定：（一）“全民所有制博物馆、图书馆等单位将文物藏品出售或者私自赠送给非全民所有制单位或者个人的，对主管人员和直接责任人员比照刑法第一百八十七条的规定追究刑事责任”；（二）“国家工作人员滥用职权，非法占有国家保护的文物的，以贪污论处；造成珍贵文物损毁的，比照刑法第一百八十七条的规定追究刑事责任”。

第二，根据关于惩治走私罪的规定，建议将第三十一条第一款第二项中的“盗运珍贵文物出口”修改为“走私国家禁止出口的文物”；并将这一条第三款“将私人收藏的珍贵文物私自卖给外国人的，以盗运珍贵文物出口论处”修改为：“任何组织或者个人将收藏的国家禁止出口的文物私自出售或者赠送给外国人的，以走私论处。”

第三，许多委员、地方和部门提出，当前盗掘古文化遗址、古墓葬的犯罪活动十分严重，必须予以严惩。因此，建议对第三十一条第二款关于“私自挖掘古文化遗址、古墓葬的，以盗窃论处”的规定作必要的修改，由常委会作出关于惩治盗掘古文化遗址、古墓葬犯罪的决定，对刑法补充规定：

“盗掘具有历史、艺术、科学价值的古文化遗址、古墓葬的，处三年以上十年以下有期徒刑，可以并处罚金；情节较轻的，处三年以下有期徒刑或者拘役，可以并处罚金；有下列情形之一的，处十年以上有期徒刑、无期徒刑或者死刑，并处罚金或者没收财产：

（一）盗掘确定为全国重点文物保护单位和省级文物保护单位的古文化遗址、古墓葬的；

（二）盗掘古文化遗址、古墓葬集团的首要分子；

（三）多次盗掘古文化遗址、古墓葬的；

（四）盗掘古文化遗址、古墓葬，并盗窃珍贵文物或者造成珍贵文物严重破坏的。

盗掘古文化遗址、古墓葬所盗窃的文物，一律予以追缴。”

法律委员会还建议，文物保护法第三十条、第三十一条根据上述修改意见相应修正，重新公布。

这里需要说明，本决定和文物保护法其他条款中所称“文物”都是指文物保护法第二条规定受国家保护的具有历史、艺术、科学价值的文物。

以上意见和《全国人民代表大会常务委员会关于修改〈中华人民共和国文物保护法〉第三十条第三十一条的决定（草案）》、《全国人民代表大会常务委员会关于惩治盗掘古文化遗址、古墓葬犯罪的补充规定（草案）》是否妥当，请审议。

全国人大法律委员会

1991年6月12日

16. 全国人民代表大会常务委员会关于严惩拐卖、绑架妇女、儿童的犯罪分子的决定

（1991年9月4日第七届全国人民代表大会常务委员会第二十一次会议通过　同日公布施行）

为了严惩拐卖、绑架妇女、儿童的犯罪分子，保护妇女、儿童的人身安全，维护社会治安秩序，对刑法有关规定作如下补充修改：

一、拐卖妇女、儿童的，处五年以上十年以下有期徒刑，并处1万元以下罚金；有下列情形之一的，处十年以上有期徒刑或者无期徒刑，并处1万元以下罚金或者没收财产；情节特别严重的，处死刑，并处没收财产：

（一）拐卖妇女、儿童集团的首要分子；

（二）拐卖妇女、儿童3人以上的；

（三）奸淫被拐卖的妇女的；

（四）诱骗、强迫被拐卖的妇女卖淫或者将被拐卖的妇女卖给他人迫使其卖淫的；

（五）造成被拐卖的妇女、儿童或者其亲属重伤、死亡或者其他严重后果的；

（六）将妇女、儿童卖往境外的。

拐卖妇女、儿童是指以出卖为目的，有拐骗、收买、贩卖、接送、中转妇女、儿童的行为之一的。

二、以出卖为目的，使用暴力、胁迫或者麻醉方法绑架妇女、儿童的，处十年以上有期徒刑或者无期徒刑，并处1万元以下罚金或者没收财产；情节特别严重的，处死刑，并处没收财产。

以出卖或者勒索财物为目的，偷盗婴幼儿的，依照本条第一款的规定处罚。

以勒索财物为目的绑架他人的，依照本条第一款的规定处罚。

三、严禁收买被拐卖、绑架的妇女、儿童。收买被拐卖、绑架的妇女、儿童的，处三年以下有期徒刑、拘役或者管制。

收买被拐卖、绑架的妇女，强行与其发生性关系的，依照刑法关于强奸罪的规定处罚。

收买被拐卖、绑架的妇女、儿童，非法剥夺、限制其人身自由或者有伤害、侮辱、虐待等犯罪行为的，依照刑法的有关规定处罚。

收买被拐卖、绑架的妇女、儿童，并有本条第二款、第三款规定的犯罪行为的，依照刑法关于数罪并罚的规定处罚。

收买被拐卖、绑架的妇女、儿童又出卖的，依照本决定第一条的规定处罚。

收买被拐卖、绑架的妇女、儿童，按照被买妇女的意愿，不阻碍其返回原居住地的，对被买儿童没有虐待行为，不阻碍对其进行解救的，可以不追究刑事责任。

四、任何个人或者组织不得阻碍对被拐卖、绑架的妇女、儿童的解救，并不得向被拐卖、绑架的妇女、儿童及其家属或者解救人索要收买妇女、儿童的费用和生活费用；对已经索取的收买妇女、儿童的费用和生活费用，予以追回。

以暴力、威胁方法阻碍国家工作人员解救被收买的妇女、儿童的，依照刑法第一百五十七条的规定处罚；协助转移、隐藏或者以其他方法阻碍国家工作人员解救被收买的妇女、儿童，未使用暴力、威胁方法的，依照治安管理处罚条例的规定处罚。

聚众阻碍国家工作人员解救被收买的妇女、儿童的首要分子，处五年以下有期徒刑或者拘役；其他参与者，依照本条第二款的规定处罚。

五、各级人民政府对被拐卖、绑架的妇女、儿童负有解救职责，解救工作由公安机关会同有关部门负责执行。负有解救职责的国家工作人员接到被拐卖、绑架的妇女、儿童及其家属的解救要求或者接到其他人的举报，而对被拐卖、绑架的妇女、儿童不进行解救，造成严重后果的，依照刑法第一百八十七条的规定处罚；情节较轻的，予以行政处分。

负有解救职责的国家工作人员利用职务阻碍解救的，处二年以上七年以下有期徒刑；情节较轻的，处二年以下有期徒刑或者拘役。

六、拐卖、绑架妇女、儿童的非法所得予以没收。罚没收入一律上缴国库。

七、本决定自公布之日起施行。

附一：关于严惩拐卖、绑架妇女、儿童的犯罪分子的决定（草案）的说明

——1991 年 6 月 21 日在第七届全国人民代表大会常务委员会第二十次会议上

（全国人大常委会法制工作委员会副主任 顾昂然）

委员长、副委员长、各位委员：

近几年来，有些地方拐卖妇女、儿童的犯罪活动猖狂，严重危害妇女、儿童的人身安全，摧残妇女、儿童身心健康，破坏被害人家庭和社会治安秩序，已经成为严重危害社会安定的一个大问题。刑法和有关法律对拐卖妇女、儿童的犯罪规定了刑罚，直至判处死刑。但是，对收买被拐卖的妇女、儿童的，阻碍对收买的妇女、儿童解救的，负有解救职责的国家工作人员不进行解救的，没有明确规定追究刑事责任或者法律责任，这是拐卖妇女、儿童的犯罪活动之所以不能制止的一个重要原因。为了有效地制止拐卖、绑架妇女、儿童的犯罪活动，法制工作委员会受委员长会议委托，在调查研究和总结实践经验的基础上，起草了《关于严惩拐卖、绑架妇女、儿童的犯罪分子的决定（草案）》，针对上述问题，对刑法作了必要的补充修改。现将决定草案的主要内容和问题说明如下：

一、刑法第一百四十一条规定，拐卖人口的，处五年以下有期徒刑；情节严重的，处五年以上有期徒刑。1983 年全国人大常委会通过的“关于严惩严重危害社会治安的犯罪分子的决定”规定，拐卖人口集团的首要分子，或者拐卖人口情节特别严重的，可以在刑法规定的最高刑以上处刑，直至判处死刑。决定草案进一步具体补充规定：

第一，对拐卖妇女、儿童犯罪分子的处刑，刑法规定处“五年以下有期徒刑”，决定草案修改为处“五年以上十年以下有期徒刑，并处一万元以下罚金”。

第二，过去规定，拐卖人口情节严重的，处五年以上有期徒刑，情节特别严重的可以判处死刑。决定草案进一步具体规定，拐卖妇女、儿童有下列情形之一的，处十年以上有期徒刑、无期徒刑或者死刑，并处没收财产：（一）拐卖妇女、儿童集团的首要分子；（二）拐卖妇女、儿童三人以上的；（三）奸淫被拐卖的妇女的；（四）诱骗或者强迫被拐卖的妇女卖淫的；（五）造成被害人或者被害人亲属重伤、死亡或者其他严重后果的；（六）将妇女、儿童卖往境外的。

二、增加规定绑架妇女、儿童罪。近年来，有的地方出现使用暴力、胁迫或者麻醉方法绑架妇女、儿童出卖或者勒索财物的严重犯罪，因此，决定草案增加规定：“以出卖为目的，使用暴力、胁迫或者麻醉方法绑架妇女、儿童的，处十年以上有期徒刑，并处一万元以下罚金；情节特别严重的，处无期徒刑或者死刑，并处没收财产。”“以勒索财物为目的绑架他人的，依照前款规定处罚。”“以出卖或者勒索财物为目的，偷盗婴幼儿的，以绑架论。”

三、将收买被拐卖、绑架的妇女、儿童的行为，规定为犯罪。婚姻法规定，禁止买卖婚姻。收买被拐卖、绑架的妇女、儿童，是更为严重的违法行为，不仅侵犯妇女、儿童的人身权利，而且直接助长拐卖、绑架妇女、儿童的犯罪活动。对收买被拐卖、绑架妇女、儿童的不追究刑事责任，不能有效地制止拐卖、绑架的犯罪，也不利于对被拐卖、绑架妇女、儿童的解救，司法机关和广大群众强烈要求对收买者予以惩治。因此，决定草案第三条规定：“严禁收买被拐卖、绑架的妇女、儿童。收买被拐卖、绑架的妇女、儿童的，处三年以下有期徒刑、拘役或者管制。”

考虑到收买被拐卖、绑架的妇女、儿童的情况比较复杂，应当区别对待。因此，决定草案第四条规定：“收买被拐卖、绑架的妇女、儿童，有下列情形之一的，不以犯罪论处：（一）尊重被买妇女的意愿，允许其返回原居住地的；（二）没有配偶的被买妇女自愿与收买人合法结婚的；（三）对被买的儿童进行抚养、没有虐待行为，并且不阻碍对其进行解救的。”

在解救被拐卖妇女、儿童时，收买人往往索要收买费用，以此阻碍解救。为此，决定草案规定：任何人或者组织不得向被害人及其家属或者解救人索要收买妇女、儿童的费用和生活费用；对索要的由公安机关予以追回。使收买被拐卖、绑架的妇女、儿童的人人财两空，以便于制止这种犯罪活动。

四、在解救被拐卖、绑架的妇女、儿童的工作中，往往有来自各方面的阻力，有些收买者或者亲友、乡邻甚至基层干部，采取各种方式阻碍解救工作。为保护解救工作的顺利进行，决定草案第五条规定：任何人或者组织不得阻碍对被拐卖、绑架的妇女、儿童的解救。协助转移、隐藏或者以其他方法阻碍国家工作人员解救的，给予治安处罚。以

暴力、威胁方法阻碍解救的，处三年以下有期徒刑、拘役、罚金或者剥夺政治权利。聚众阻碍解救的首要分子，处以刑罚；其他参加者，给予治安处罚。

决定草案和说明是否妥当，请审议。

附二：全国人大法律委员会对《关于严惩拐卖、绑架妇女、儿童的犯罪分子的决定（草案）》审议结果的报告

——1991 年 8 月 29 日在第七届全国人民代表大会常务委员会第二十一次会议上

（全国人大法律委员会副主任委员　林涧青）

全国人民代表大会常务委员会：

七届全国人大常委会第二十次会议对《关于严惩拐卖、绑架妇女、儿童的犯罪分子的决定（草案）》进行了初步审议。会后，法律委员会和法制工作委员会将草案印发各省、自治区、直辖市和中央有关部门征求意见，并邀请公安部、最高人民法院、全国妇联等部门进行了座谈，征求意见。法律委员会于 1991 年 8 月 22 日、23 日召开会议，根据常委会委员的审议意见和各地、各方面的意见，对草案进行了审议。法律委员会认为，为了打击拐卖、绑架妇女、儿童的犯罪活动，维护社会治安秩序，切实保护妇女、儿童的人身安全，制定关于严惩拐卖、绑架妇女、儿童的犯罪分子的决定是必要的，草案基本上是可行的。同时，提出以下修改意见：

一、草案第一条第二款规定："拐卖妇女、儿童，是指以出卖为目的有拐骗、收买、接送、中转妇女、儿童或者贩卖妇女、儿童的行为。"根据有些委员的意见，为了文字表达得更明确，建议修改为："拐卖妇女、儿童是指以出卖为目的，有拐骗、收买、贩卖、接送、中转妇女、儿童的行为之一的。"

二、草案第四条规定："收买被拐卖、绑架的妇女、儿童，有下列情形之一的，不以犯罪论处：（一）尊重被买妇女的意愿，允许其返回原居住地的；（二）没有配偶的被买妇女自愿与收买人合法结婚的；（三）对被买儿童进行抚养、没有虐待行为，并且不阻碍对其进行解救的。"有的委员认为，对收买被拐卖、绑架的妇女、儿童的，今后都应当追究刑事责任，建议将这一条删去。也有的委员认为，收买被拐卖、绑架的妇女、儿童是犯罪行为，但有各种不同情况，应当区别对待，这样有利于减少阻力，有利于解救和保护被拐卖的妇女、儿童，因此这条应当保留，但有的地方可加以修改。因此，建议对这一条作如下修改：

1. 将"不以犯罪论处"修改为"可以不追究刑事责任"。

2. 将第一项中的"允许其返回原居住地的"修改为"协助其返回原居住地的。"

3. 将第二项作为第二款，修改为："没有配偶的被买妇女，经查实确系自愿与收买人依法结婚的，对收买人可以从轻、减轻或者免除刑事处罚。"

三、草案第五条第四款规定，聚众阻碍国家工作人员解救被收买的妇女、儿童的首要分子，处三年以下有期徒刑、拘役、罚金或者剥夺政治权利；其他参与者，处十五日以下拘留、二百元以下罚款或者警告。根据有些委员和部门的意见，建议将这一款修改为："聚众阻碍国家工作人员解救被收买的妇女、儿童的首要分子，处五年以下有期徒刑或者拘役；其他参与者，依照第二款的规定处罚。"

四、草案第六条规定，负有解救职责的人员阻碍解救的，依照刑法第一百八十七条玩忽职守罪的规定处罚。根据有些委员的意见，建议修改为："负有解救职责的国家工作人员利用职务阻碍解救的，处二年以上七年以下有期徒刑；情节较轻的，处二年以下有期徒刑或者拘役。"

此外，还对草案作了一些文字修改。

草案修改稿已按上述意见作了修改，法律委员会建议全国人大常委会审议通过。

草案修改稿和以上意见是否妥当，请审议。

全国人大法律委员会
1991 年 8 月 23 日

17. 全国人民代表大会常务委员会关于严禁卖淫嫖娼的决定

（1991 年 9 月 4 日第七届全国人民代表大会常务委员会第二十一次会议通过　同日公布施行）

为了严禁卖淫、嫖娼，严惩组织、强迫、引诱、容留、介绍他人卖淫的犯罪分子，维护社会治安秩序和良好的社

会风气，对刑法有关规定作如下补充修改：

一、组织他人卖淫的，处十年以上有期徒刑或者无期徒刑，并处 1 万元以下罚金或者没收财产；情节特别严重的，处死刑，并处没收财产。

协助组织他人卖淫的，处三年以上十年以下有期徒刑，并处 1 万元以下罚金；情节严重的，处十年以上有期徒刑，并处 1 万元以下罚金或者没收财产。

二、强迫他人卖淫的，处五年以上十年以下有期徒刑，并处 1 万元以下罚金；有下列情形之一的，处十年以上有期徒刑或者无期徒刑，并处 1 万元以下罚金或者没收财产；情节特别严重的，处死刑，并处没收财产：

（一）强迫不满十四岁的幼女卖淫的；

（二）强迫多人卖淫或者多次强迫他人卖淫的；

（三）强奸后迫使卖淫的；

（四）造成被强迫卖淫的人重伤、死亡或者其他严重后果的。

三、引诱、容留、介绍他人卖淫的，处五年以下有期徒刑或者拘役，并处 5000 元以下罚金；情节严重的，处五年以上有期徒刑，并处 1 万元以下罚金；情节较轻的，依照治安管理处罚条例第三十条的规定处罚。

引诱不满十四岁的幼女卖淫的，依照本决定第二条关于强迫不满十四岁的幼女卖淫的规定处罚。

四、卖淫、嫖娼的，依照治安管理处罚条例第三十条的规定处罚。

对卖淫、嫖娼的，可以由公安机关会同有关部门强制集中进行法律、道德教育和生产劳动，使之改掉恶习。期限为 6 个月至二年。具体办法由国务院规定。

因卖淫、嫖娼被公安机关处理后又卖淫、嫖娼的，实行劳动教养，并由公安机关处 5000 元以下罚款。

对卖淫、嫖娼的，一律强制进行性病检查。对患有性病的，进行强制治疗。

五、明知自己患有梅毒、淋病等严重性病卖淫、嫖娼的，处五年以下有期徒刑、拘役或者管制，并处 5000 元以下罚金。

嫖宿不满十四岁的幼女的，依照刑法关于强奸罪的规定处罚。

六、旅馆业、饮食服务业，文化娱乐业，出租汽车业等单位的人员，利用本单位的条件，组织、强迫、引诱、容留、介绍他人卖淫的，依照本决定第一条、第二条、第三条的规定处罚。

前款所列单位的主要负责人，有前款规定的行为的，从重处罚。

七、旅馆业、饮食服务业、文化娱乐业、出租汽车业等单位，对发生在本单位的卖淫、嫖娼活动，放任不管、不采取措施制止的，由公安机关处 1 万元以上 10 万元以下罚款，并可以责令其限期整顿、停业整顿，经整顿仍不改正的，由工商行政主管部门吊销营业执照；对直接负责的主管人员和其他直接责任人员，由本单位或者上级主管部门予以行政处分，由公安机关处 1000 元以下罚款。

八、旅馆业、饮食服务业、文化娱乐业、出租汽车业等单位的负责人和职工，在公安机关查处卖淫、嫖娼活动时，隐瞒情况或者为违法犯罪分子通风报信的，依照刑法第一百六十二条的规定处罚。

九、有查禁卖淫、嫖娼活动职责的国家工作人员，为使违法犯罪分子逃避处罚，向其通风报信、提供便利的，依照刑法第一百八十八条的规定处罚。

犯前款罪，事前与犯罪分子通谋的，以共同犯罪论处。

十、组织、强迫、引诱、容留、介绍他人卖淫以及卖淫的非法所得予以没收。

罚没收入一律上缴国库。

十一、本决定自公布之日起施行。

附一：关于严禁卖淫嫖娼的决定（草案）的说明

——1991 年 6 月 21 日在第七届全国人民代表大会常务委员会第二十次会议上

（全国人大常委会法制工作委员会副主任　顾昂然）

委员长、副委员长、各位委员：

新中国成立以后，我们在很短的时间内就根除了旧社会遗留下来的丑恶的娼妓制度。但是近年来，在一些地方，卖淫嫖娼活动又蔓延起来，严重败坏社会风气，使早已根绝的性病死灰复燃，危害社会治安秩序，必须坚决取缔。法制工作委员会受委员长会议的委托，经过调查研究，并征求公安、法院、检察、卫生、旅游以及妇联等有关部门和单位的意见，起草了《关于严禁卖淫嫖娼的决定（草案）》，对刑法和治安管理处罚条例的有关规定作了补充修改。现将决定草案的主要内容和问题说明如下：

一、刑法第一百四十条规定，强迫妇女卖淫的，处三年以上十年以下有期徒刑。第一百六十九条规定，以营利为目的，引诱、容留妇女卖淫的，处五年以下有期徒刑、拘役或者管制；情节严重的，处五年以上有期徒刑，可以并处罚金或者没收财产。1983 年全国人大常委会通过的“关于严惩严重危害社会治安的犯罪分子的决定”规定，引诱、容留、强迫妇女卖淫，情节特别严重的，可以在刑法规定的最高刑以上处刑，直至判处死刑。但是上述规定比较笼统，不够具体，司法机关执行有困难。因此，决定草案进一步具体规定：

第一，严惩组织卖淫的犯罪活动。决定草案规定："组织卖淫的，处三年以上十年以下有期徒刑，并处一万元以下罚金；有下列情形之一的，处十年以上有期徒刑、无期徒刑或者死刑，并处没收财产：（一）组织卖淫的首要分子；（二）使用暴力、胁迫手段组织他人卖淫的；（三）组织卖淫有其他严重情节的。"

第二，对强迫他人卖淫犯罪特别严重的情节，决定草案作了具体规定：强迫他人卖淫，有下列情形之一的，处十年以上有期徒刑、无期徒刑或者死刑，并处没收财产：（一）强迫不满十四岁的幼女卖淫的；（二）强迫多人卖淫的；（三）以强奸或者其他恶劣手段迫使他人卖淫的；（四）强迫他人卖淫，致人重伤死亡的。

第三，对以牟利为目的，引诱、容留、介绍他人卖淫嫖娼的，决定草案规定，处五年以下有期徒刑或者拘役，并处五千元以下罚金；情节严重的，处五年以上有期徒刑，并处一万元以下罚金。由于社会上经常介绍卖淫的"皮条客"日益增加，危害严重，因而增加规定介绍卖淫罪。

二、治安管理处罚条例第三十条规定，严厉禁止卖淫嫖娼，违者处十五日以下拘留、警告、责令具结悔过或者依照规定实行劳动教养，可以并处五千元以下罚款。为了更有效地禁止卖淫嫖娼，决定草案作了以下补充：

第一，具体规定因卖淫嫖娼被公安机关处理后又犯的，实行劳动教养，并处五千元以下罚款。

第二，对卖淫人员，可以由公安机关会同民政等有关部门强制集中进行法律、道德教育和生产劳动，学习生产技术，使他们改掉恶习。期限为三个月至一年。

第三，对卖淫嫖娼人员，一律强制进行性病检查；对患有性病的，进行强制治疗。

第四，对明知自己患有梅毒、淋病卖淫嫖娼的，规定处五年以下有期徒刑、拘役或者管制，并处五千元以下罚金。还规定嫖宿不满十四岁幼女的，以强奸罪论处。

三、一些旅馆、饭店、浴池、咖啡厅、出租汽车公司等服务行业和舞厅、娱乐场所等单位的负责人，明知本单位有卖淫嫖娼活动放任不管，有的甚至直接参与或纵容包庇这类违法活动，使这些单位成为卖淫嫖娼活动场所，决定草案针对上述单位存在的问题，分别不同情况，作了如下规定：

第一，旅馆业、饮食服务业、文化娱乐业、出租汽车业等单位的负责人和职工，利用本单位的便利条件，组织、强迫、引诱、容留、介绍他人卖淫的，依照本决定的有关规定处罚。

第二，上述单位的负责人明知本单位有卖淫嫖娼活动，放任不管、不采取措施制止的，对该单位处以罚款，并可以责令其限期整顿、停业整顿或者吊销营业执照；对单位直接负责的主管人员和其他直接责任人员，给予行政处罚。

第三，上述单位的负责人和职工，对主管机关查处卖淫嫖娼活动进行阻挠、故意隐瞒情况或者为违法犯罪分子通风报信，包庇本决定规定的违法犯罪分子的，依照刑法第一百六十二条包庇罪的规定处罚。

决定草案和说明是否妥当，请审议。

附二：全国人大法律委员会对《关于严禁卖淫嫖娼的决定（草案）》审议结果的报告

——1991年8月29日在第七届全国人民代表大会常务委员会第二十一次会议上

（全国人大法律委员会副主任委员　顾　明）

全国人民代表大会常务委员会：

七届全国人大常委会第二十次会议对《关于严禁卖淫嫖娼的决定（草案）》进行了初步审议。会后，法律委员会和法制工作委员会将草案印发各省、自治区、直辖市和中央有关部门征求意见，并邀请公安部、最高人民法院、全国妇联等有关部门进行了座谈，征求意见。法律委员会于1991年8月22日、23日召开会议，根据常委会委员的审议意见和各方面的意见，对草案进行了审议。法律委员会认为，为了打击组织、强迫、引诱、容留、介绍他人卖淫的违法犯罪活动，维护社会治安秩序和良好的社会风气，制定关于严禁卖淫嫖娼的决定是必要的，草案基本上是可行的。同时，提出以下修改意见：

一、草案第一条规定，组织卖淫的，处三年以上十年以下有期徒刑，并处一万元以下罚金；组织卖淫的首要分子，使用暴力、胁迫手段组织他人卖淫的，组织卖淫有其他严重情节的，处十年以上有期徒刑、无期徒刑或者死刑，并处没收财产。这里讲的组织他人卖淫，指的是有些犯罪分子控制一些妇女，诱骗、迫使她们卖淫、从中牟利，实际上类似旧社会开设妓院的老鸭，必须严厉打击，根据有些委员和部门的意见，建议将这一条修改为："组织他人卖淫的，处十年以上有期徒刑或者无期徒刑，并处一万元以下罚金或者没收财产；情节特别严重的，处死刑，并处没收财产。""协助组织他人卖淫的，处三年以上十年以下有期徒刑，并处一万元以下罚金；情节严重的，处十年以上有期徒刑，并处一万元以下罚金或者没收财产。"

二、草案第三条规定，"以牟利为目的"，引诱、容留、介绍他人卖淫嫖娼的，追究刑事责任，"不以牟利为目的"

的，依照治安管理处罚条例第三十条的规定处罚。有些委员和地方提出，引诱、容留、介绍他人卖淫不要完全以是否“以牟利为目的”作为是否犯罪的界限。因此，建议将草案第三条第一款修改为：“引诱、容留、介绍他人卖淫的，处五年以下有期徒刑或者拘役，并处五千元以下罚金；情节严重的，处五年以上有期徒刑，并处一万元以下罚金；情节较轻的，依照治安管理处罚条例第三十条的规定处罚。”

三、草案第四条第二款规定：“对卖淫人员，可以由公安机关会同民政等有关部门强制集中进行法律、道德教育和生产劳动，学习生产技术，使他们改掉恶习。期限为三个月至一年。”有些委员和公安部、妇联提出，对有些嫖娼人员也要进行强制集中教育。因此，建议将这一款中的“卖淫人员”修改为“卖淫、嫖娼的”，并增加规定，“具体办法由国务院规定”。

四、草案第六条规定：“旅馆业、饮食服务业、文化娱乐业、出租汽车业等单位的负责人和职工，利用本单位的便利条件，组织、强迫、引诱、容留、介绍他人卖淫的，依照本决定的有关规定处罚。”有的委员和地方提出，对单位负责人应从重处罚。因此，建议在这一条中增加一款，作为第二款：“前款所列单位的主要负责人，有前款规定的行为的，从重处罚。”

此外，还对草案作了一些文字修改。

草案修改稿已按上述意见作了修改，法律委员会建议全国人大常委会审议通过。

草案修改稿和以上意见是否妥当，请审议。

全国人大法律委员会
1991 年 8 月 23 日

18. 全国人民代表大会常务委员会关于惩治偷税、抗税犯罪的补充规定

（1992 年 9 月 4 日第七届全国人民代表大会常务委员会第二十七次会议通过
1992 年 9 月 4 日公布　自 1993 年 1 月 1 日起施行）

为了惩治偷税、抗税的犯罪行为，对刑法作如下补充规定：

一、纳税人采取伪造、变造、隐匿、擅自销毁帐簿、记帐凭证，在帐簿上多列支出或者不列、少列收入，或者进行虚假的纳税申报的手段，不缴或者少缴应纳税款的，是偷税。偷税数额占应纳税额的百分之十以上并且偷税数额在一万元以上的，或者因偷税被税务机关给予二次行政处罚又偷税的，处三年以下有期徒刑或者拘役，并处偷税数额五倍以下的罚金；偷税数额占应纳税额的百分之三十以上并且偷税数额在十万元以上的，处三年以上七年以下有期徒刑，并处偷税数额五倍以下的罚金。

扣缴义务人采取前款所列手段，不缴或者少缴已扣、已收税款，数额占应缴税额的百分之十以上并且数额在一万元以上的，依照前款规定处罚。

对多次犯有前两款规定的违法行为未经处罚的，按照累计数额计算。

二、纳税人欠缴应纳税款，采取转移或者隐匿财产的手段，致使税务机关无法追缴欠缴的税款，数额在一万元以上不满十万元的，处三年以下有期徒刑或者拘役，并处欠缴税款五倍以下的罚金；数额在十万元以上的，处三年以上七年以下有期徒刑，并处欠缴税款五倍以下的罚金。

三、企业事业单位犯第一条、第二条罪的，依照第一条、第二条的规定，判处罚金，并对负有直接责任的主管人员和其他直接责任人员，处三年以下有期徒刑或者拘役。

四、纳税人向税务人员行贿，不缴或者少缴应纳税款的，按照行贿罪追究刑事责任，并处不缴或者少缴的税款五倍以下的罚金。

五、企业事业单位采取对所生产或者经营的商品假报出口等欺骗手段，骗取国家出口退税款，数额在一万元以上的，处骗取税款五倍以下的罚金，并对负有直接责任的主管人员和其他直接责任人员，处三年以下有期徒刑或者拘役。

前款规定以外的单位或者个人骗取国家出口退税款的，按照诈骗罪追究刑事责任，并处骗取税款五倍以下的罚金；单位犯本款罪的，除处以罚金外，对负有直接责任的主管人员和其他直接责任人员，按照诈骗罪追究刑事责任。

六、以暴力、威胁方法拒不缴纳税款的，是抗税，处三年以下有期徒刑或者拘役，并处拒缴税款五倍以下的罚金；情节严重的，处三年以上七年以下有期徒刑，并处拒缴税款五倍以下的罚金。

以暴力方法抗税，致人重伤或者死亡的，按照伤害罪、杀人罪从重处罚，并依照前款规定处以罚金。

七、对犯本规定之罪的，由税务机关追缴不缴、少缴、欠缴、拒缴或者骗取的税款。对依法免予刑事处罚的，除由税务机关追缴不缴、少缴、欠缴、拒缴或者骗取的税款外，处不缴、少缴、欠缴、拒缴或者骗取的税款五倍以下的罚款。

八、本规定自一九九三年一月一日起施行。

附：全国人大法律委员会对《中华人民共和国税收征收管理法（草案）》审议结果的报告（节录）

——1992 年 8 月 28 日在第七届全国人民代表大会常务委员会第二十七次会议上

（全国人大法律委员会副主任委员　宋汝棼）

二、草案第四十四条规定，纳税人采取隐瞒、欺骗手段偷税的，纳税人未按照规定期限缴纳税款，经税务机关催缴后，在规定期限内仍未缴纳，拒绝履行纳税义务抗税的，情节严重的，依照刑法第一百二十一条的规定追究其法定代表人和直接责任人员的刑事责任。

根据常务委员和地方、部门的意见，法律委员会向常委会第二十六次会议提出了全国人大常务委员会关于惩治偷税、抗税犯罪的补充规定（草案），在常委会第二十六次会议分组审议中，许多委员同意制定这个补充规定，并提出一些修改意见。会后召开的三委副主任联席会议进一步研究修改，关于罪与非罪的界限，同意补充规定草案中数额加比例的原则，但对单位犯罪的，除处以罚金外，对其负有直接责任的主管人员和其他直接责任人员的刑罚可以规定得轻一些。因此，建议对补充规定（草案）修改为：

1. “纳税人采取伪造、变造、隐匿、擅自销毁帐簿、记帐凭证，在帐簿上多列支出或者不列、少列收入，或者进行虚假的纳税申报的手段，不缴或者少缴应纳税款的，是偷税。偷税数额占应纳税额的百分之十以上并且偷税数额在一万元以上的，或者因偷税被税务机关给予二次行政处罚又偷税的，处三年以下有期徒刑或者拘役，并处偷税数额五倍以下的罚金；偷税数额占应纳税额的百分之三十以上并且偷税数额在十万元以上的，处三年以上七年以下有期徒刑，并处偷税数额五倍以下的罚金。”“扣缴义务人采取前款所列手段，不缴或者少缴已扣、已收税款，数额占应缴税额的百分之十以上并且数额在一万元以上的，依照前款规定处罚。”（补充规定草案修改稿第一条第一款、第二款）

2. “纳税人欠缴应纳税款，采取转移或者隐匿财产的手段，致使税务机关无法追缴欠缴的税款，数额在一万元以上不满十万元的，处三年以下有期徒刑或者拘役，并处欠缴税款五倍以下的罚金；数额在十万元以上的，处三年以上七年以下有期徒刑，并处欠缴税款五倍以下的罚金。”（补充规定草案修改稿第二条）

3. 企业事业单位犯“补充规定”第一条、第二条罪的，依照“补充规定”第一条、第二条的规定，判处罚金，并对负有直接责任的主管人员和其他直接责任人员，处三年以下有期徒刑或者拘役。（补充规定草案修改稿第三条）

4. “企业事业单位采取对所生产或者经营的商品假报出口等欺骗手段，骗取国家出口退税款，数额在一万元以上的，处骗取税款五倍以下的罚金，并对负有直接责任的主管人员和其他直接责任人员，处三年以下有期徒刑或者拘役。”“前款规定以外的单位或者个人骗取国家出口退税款的，按照诈骗罪追究刑事责任，并处骗取税款五倍以下的罚金；单位犯本款罪的，除处以罚金外，对负有直接责任的主管人员和其他直接责任人员，按照诈骗罪追究刑事责任。”（补充规定草案修改稿第四条）

5. “以暴力、威胁方法拒不缴纳税款的，是抗税，处三年以下有期徒刑或者拘役，并处拒缴税款五倍以下的罚金；情节严重的，处三年以上七年以下有期徒刑，并处拒缴税款五倍以下的罚金。”“以暴力方法抗税，致人重伤或者死亡，按照伤害罪、杀人罪从重处罚，并依照前款规定处以罚金。”（补充规定草案修改稿第五条）

19. 全国人民代表大会常务委员会关于惩治劫持航空器犯罪分子的决定

（1992 年 12 月 28 日第七届全国人民代表大会常务委员会第二十九次会议通过　同日公布施行）

为了惩治劫持航空器的犯罪分子，维护旅客和航空器的安全，特作如下决定：以暴力、胁迫或者其他方法劫持航空器的，处十年以上有期徒刑或者无期徒刑；致人重伤、死亡或者使航空器遭受严重破坏或者情节特别严重的，处死刑；情节较轻的，处五年以上十年以下有期徒刑。

附：关于《关于惩治劫持航空器、船舰犯罪的补充规定（草案）》的说明

——1992 年 12 月 22 日在第七届全国人民代表大会常务委员会第二十九次会议上

（公安部部长　陶驷驹）

委员长、各位副委员长、各位委员：

我受国务院的委托，现就《关于惩治劫持航空器、船舰犯罪的补充规定（草案）》作如下说明：

一、基本情况

60 年代初以来，国际上以暴力劫持民航飞机和破坏民航设施的事件频繁发生。为制止这类恐怖活动，保卫国际民航安全，有关国家于 1963 年签订了《关于在航空器内的犯罪和其他某些行为的公约》（简称《东京公约）》，随后又于 1970 年和 1971 年先后签订了《关于制止非法劫持航空器的公约》（简称《海牙公约）》、《关于制止危害民用航空器安全的非法行为公约》（简称《蒙特利尔公约》），这些公约对保障民航飞机和设施的安全具有积极意义。我国已正式加入这三个国际公约，仅对其中个别条款声明保留。

二、制定补充规定的必要性

劫持航空器是一种严重的国际恐怖犯罪活动，对旅客的生命，财产的安全和公共安全危害极大。因此，《海牙公约》要求各缔约国承诺对非法劫持航空器的罪行给予严厉惩罚，并且规定，对非法劫持航空器的罪行，起飞地国家和实际降落地国家都有刑事管辖权，还指出这一罪行应当作为缔约国之间一种可引渡的罪行。如不将劫机犯引渡，应当无例外地将此案提交司法当局起诉。司法当局应当按照本国法律以严重性质的罪行案件交付审判。我国现行刑法虽有对劫机罪的规定，但尚不完善。按照刑法第一百条第三项的规定，劫机行为都是以反革命罪论处的。实践中对有些劫机行为以此定性有问题，尤其是对外国人劫持外国航空器到我国的，或者外国人劫持我国航空器的，在定罪量刑时，难以直接适用刑法。因此，对我国刑法加以补充是完全必要的。

在起草这个规定时，我们研究了有关国际公约，参考了国外关于劫持航空器的处刑规定。鉴于劫持航空器是一种严重危害公共安全的犯罪行为，应当依法严厉惩治，无论劫持者出于何种目的，实际上都将危及航空器和旅客安全，只要实施了这种劫持行为，就应当构成犯罪，而不以其目的如何作为犯罪构成条件。因此，在补充规定中规定“以暴力、胁迫或者其他方法劫持航空器的”即构成犯罪，起刑点为十年，并规定对“致人重伤、死亡或者使航空器遭受严重破坏以及造成其他严重后果的，处以死刑。”另外，考虑到劫持船舰也具有同样的危害性，因此，在第二款中规定：“以暴力、胁迫或者其他方法劫持船舰的，依照前款规定处罚。”

三、关于对飞机与航空器的概念使用问题

我国刑法的有关条款中使用的是“飞机”，没有“航空器”的概念；而国际公约中使用的是“航空器”，二者不尽一致。经查，英语飞机为 AIR PLANE，航空器为 AIRCRAFT；两个概念含义不同，航空器是指在空间航行的多种航空工具，其中包括飞机在内。考虑到这个补充规定与国际公约的衔接和国内立法今后的发展趋势，草案中以使用“航空器”的概念为宜。

我的说明完了，请审议。

20. 全国人民代表大会常务委员会
关于惩治假冒注册商标犯罪的补充规定

（1993 年 2 月 22 日第七届全国人民代表大会常务委员会第三十次会议通过
1993 年 2 月 22 日公布　自 1993 年 7 月 1 日起施行）

为了惩治假冒注册商标的犯罪行为，对刑法作如下补充规定：

一、未经注册商标所有人许可，在同一种商品上使用与其注册商标相同的商标，违法所得数额较大或者有其他严重情节的，处三年以下有期徒刑或者拘役，可以并处或者单处罚金；违法所得数额巨大的，处三年以上七年以下有期徒刑，并处罚金。

销售明知是假冒注册商标的商品，违法所得数额较大的，处三年以下有期徒刑或者拘役，可以并处或者单处罚金；违法所得数额巨大的，处三年以上七年以下有期徒刑，并处罚金。

二、伪造、擅自制造他人注册商标标识或者销售伪造、擅自制造的注册商标标识，违法所得数额较大或者有其他

严重情节的，依照第一条第一款的规定处罚。

三、企业事业单位犯前两条罪的，对单位判处罚金，并对直接负责的主管人员和其他直接责任人员依照前两条的规定追究刑事责任。

四、国家工作人员利用职务，对明知有本规定所列犯罪行为的企业事业单位或者个人故意包庇使其不受追诉的，比照刑法第一百八十八条的规定追究刑事责任。

对本规定所列的犯罪人员负有追究责任的国家工作人员，不履行法律所规定的追究职责的，依照刑法第一百八十七条或者比照刑法第一百八十八条的规定追究刑事责任。

五、本规定自1993年7月1日起施行。

附：关于国家安全法（草案修改稿）、修改商标法的决定（草案）、关于惩治假冒注册商标犯罪的补充规定（草案）、产品质量法（草案修改稿）修改意见的汇报（节录）

——1993年2月22日在第七届全国人民代表大会常务委员会第三十次会议上

（全国人大法律委员会副主任委员　宋汝棼）

三、关于惩治假冒注册商标犯罪的补充规定（草案）

（一）有的委员提出，补充规定草案第一条第一款、第二条中规定对假冒注册商标“违法所得数额较大的”追究刑事责任，是必要的，但是，对于有其他严重情节的，也应追究刑事责任。因此，建议将上述规定中的“违法所得数额较大的”一句修改为“违法所得数额较大或者有其他严重情节的”。（补充规定草案修改稿第一条第一款、第二条）

（二）有些委员提出，修改商标法的决定和关于惩治假冒注册商标犯罪的补充规定的生效日期应当一致起来。经与国务院法制局、国家工商局研究，考虑到修改决定通过后尚需做一定的准备工作，建议将补充规定草案第五条修改为：“本规定自1993年7月1日起施行。”（补充规定草案修改稿第五条）

21. 全国人民代表大会常务委员会关于惩治生产、销售伪劣商品犯罪的决定

（1993年7月2日第八届全国人民代表大会常务委员会第二次会议通过
1993年7月2日公布　自1993年9月1日起施行）

为了惩治生产、销售伪劣商品的犯罪，保障人体健康和人身、财产安全，保护用户、消费者的合法权益，维护社会经济秩序，对刑法作如下补充规定：

一、生产者、销售者在产品中掺杂、掺假，以假充真，以次充好或者以不合格产品冒充合格产品，违法所得数额二万元以上不满十万元的，处二年以下有期徒刑或者拘役，可以并处罚金，情节较轻的，可以给予行政处罚；违法所得数额十万元以上不满三十万元的，处二年以上七年以下有期徒刑，并处罚金；违法所得数额三十万元以上不满一百万元的，处七年以上有期徒刑，并处罚金或者没收财产；违法所得数额一百万元以上的，处十五年有期徒刑或者无期徒刑，并处没收财产。

二、生产、销售假药，足以危害人体健康的，处三年以下有期徒刑或者拘役，并处罚金；对人体健康造成严重危害的，处三年以上十年以下有期徒刑，并处罚金；致人死亡或者对人体健康造成其他特别严重危害的，处十年以上有期徒刑、无期徒刑或者死刑，并处罚金或者没收财产。

生产、销售劣药，对人体健康造成严重危害的，处三年以上十年以下有期徒刑，并处罚金；后果特别严重的，处十年以上有期徒刑或者无期徒刑，并处罚金或者没收财产。

本条所称假药，是指依照《中华人民共和国药品管理法》的规定属于假药和按假药处理的药品、非药品。本条所称劣药，是指依照《中华人民共和国药品管理法》的规定属于劣药的药品。

三、生产、销售不符合卫生标准的食品，造成严重食物中毒事故或者其他严重食源性疾患，对人体健康造成严重危害的，处七年以下有期徒刑，并处罚金；后果特别严重的，处七年以上有期徒刑或者无期徒刑，并处罚金或者没收

财产。

在生产、销售的食品中掺入有毒、有害的非食品原料的，处五年以下有期徒刑或者拘役，可以并或者单处罚金；造成严重食物中毒事故或者其他严重食源性疾患，对人体健康造成严重危害的，处五年以上十年以下有期徒刑，并处罚金；致人死亡或者对人体健康造成其他特别严重危害的，处十年以上有期徒刑、无期徒刑或者死刑，并处罚金或者没收财产。

四、生产不符合保障人体健康的国家标准、行业标准的医疗器械、医用卫生材料，或者销售明知是不符合保障人体健康的国家标准、行业标准的医疗器械、医用卫生材料，对人体健康造成严重危害的，处五年以下有期徒刑，并处罚金；后果特别严重的，处五年以上十年以下有期徒刑，并处罚金，其中情节特别恶劣的，处十年以上有期徒刑或者无期徒刑，并处罚金或者没收财产。

五、生产不符合保障人身、财产安全的国家标准、行业标准的电器、压力容器、易燃易爆产品或者其他不符合保障人身、财产安全的国家标准、行业标准的产品，或者销售明知是以上不符合保障人身、财产安全的国家标准、行业标准的产品，造成严重后果的，处五年以下有期徒刑或者拘役，并处罚金；后果特别严重的，处五年以上有期徒刑，并处罚金。

六、生产假农药、假兽药、假化肥，销售明知是假的或者是失去使用效能的农药、兽药、化肥、种子，或者生产者、销售者以不合格的农药、兽药、化肥、种子冒充合格的农药、兽药、化肥、种子，使生产遭受较大损失的，处三年以下有期徒刑或者拘役，可以并处或者单处罚金；使生产遭受重大损失的，处三年以上七年以下有期徒刑，并处罚金；使生产遭受特别重大损失的，处七年以上有期徒刑或者无期徒刑，并处罚金或者没收财产。

七、生产不符合卫生标准的化妆品，或者销售明知是不符合卫生标准的化妆品，造成严重后果的，处三年以下有期徒刑或者拘役，可以并处或者单处罚金。

八、生产、销售本决定第二条至第七条所列产品，不构成各该条规定的犯罪，但是违法所得数额在二万元以上的，依照本决定第一条的规定处罚。

生产、销售本决定第二条至第七条所列产品，构成各该条规定的犯罪，同时又构成本决定第一条规定的犯罪的，依照处刑较重的规定处罚。

九、企业事业单位犯本决定第二条至第七条罪的，对单位判处罚金，并对直接负责的主管人员和其他直接责任人员依照各该条的规定追究刑事责任。

企业事业单位犯本决定第一条罪的，对单位判处罚金，情节恶劣的，并对直接负责的主管人员和其他直接责任人员依照本决定第一条的规定追究刑事责任。

十、国家工作人员利用职务，对明知是有本决定所列犯罪行为的企业事业单位或者个人故意包庇使其不受追诉的，比照刑法第一百八十八条的规定追究刑事责任。

负有追究责任的国家工作人员对有本决定所列犯罪行为的企业事业单位或者个人，不履行法律规定的追究职责的，根据不同情况依照刑法第一百八十七条或者比照刑法第一百八十八条的规定追究刑事责任。

国家工作人员滥用职权、假公济私，对检举、揭发本决定所列犯罪行为的举报人实行报复陷害的，依照刑法第一百四十六条的规定追究刑事责任。

十一、犯本决定各条罪，属于累犯的，从重处罚。

十二、依照本决定判处罚金的，罚金的数额为违法所得的一倍以上五倍以下。

犯本决定各条罪造成受害人损失的，除依照本决定追究刑事责任外，并应当根据情况依法判处赔偿损失。

犯本决定各条罪的，其违法所得的一切财物予以没收。犯本决定第二条至第七条罪的，对各该条所列违法生产、销售的产品予以没收。

十三、本决定自 1993 年 9 月 1 日起施行。

附：关于科学技术进步法（草案修改稿）、农业技术推广法（草案修改稿）、农业法（草案修改稿）、关于惩治生产、销售伪劣商品犯罪的补充规定（草案修改稿）修改意见的汇报（节录）

——1993 年 6 月 30 日在第八届全国人民代表大会常务委员会第二次会议上

（全国人大法律委员会主任委员　薛　驹）

四、关于惩治生产、销售伪劣商品犯罪的补充规定（草案修改稿）

（一）草案修改稿第一条规定：“生产者、销售者在产品中掺杂、掺假，以假充真，以次充好或者以不合格产品冒

中编

充合格产品，违法所得数额二万元以上不满十万元的，处二年以下有期徒刑或者拘役，可以并处或者单处罚金；违法所得数额十万元以上不满三十万元的，处二年以上七年以下有期徒刑，并处罚金；违法所得数额三十万元以上的，处七年以上有期徒刑，并处罚金或者没收财产。”有些委员和部门提出，对本条规定的犯罪，违法所得数额特别巨大的，处刑应当加重。有的委员和部门提出，对违法所得达到二万元不满十万元，但情节较轻的，不一定都要追究刑事责任，也可以给予行政处罚。因此，建议将这一条修改为：“生产者、销售者在产品中掺杂、掺假，以假充真，以次充好或者以不合格产品冒充合格产品，违法所得数额二万元以上不满十万元的，处二年以下有期徒刑或者拘役，可以并处罚金，情节较轻的，可以给予行政处罚；违法所得数额十万元以上不满三十万元的，处二年以上七年以下有期徒刑，并处罚金；违法所得数额三十万元以上不满一百万元的，处七年以上有期徒刑，并处罚金或者没收财产；违法所得数额一百万元以上的，处十五年有期徒刑或者无期徒刑，并处没收财产。”（新修改稿第一条）

这里需要说明，对在产品中掺杂、掺假，以假充真，以次充好或者以不合格产品冒充合格产品，违法所得在二万元以下的，虽不追究刑事责任，但是依照产品质量法第三十八条的规定，将给予行政处罚。

（二）草案修改稿第四条规定，生产、销售不符合保障人体健康的国家标准、行业标准的医疗器械、医用卫生材料，“后果特别严重的，处五年以上十年以下有期徒刑，并处罚金。”有的委员和部门提出，对这一条规定的犯罪，后果特别严重、情节特别恶劣的，处刑应加重。因此，建议将这一条规定的“后果特别严重的，处五年以上十年以下有期徒刑，并处罚金”，修改为“后果特别严重的，处五年以上十年以下有期徒刑，并处罚金，其中情节特别恶劣的，处十年以上有期徒刑或者无期徒刑，并处罚金或者没收财产。”（新修改稿第四条）

（三）草案修改稿第六条规定，“生产假农药、假兽药、假化肥，销售明知是假的或者是失去使用效能的农药、兽药、化肥、种子，或者生产者、销售者以不合格的农药、兽药、化肥、种子冒充合格的农药、兽药、化肥、种子”，“使生产遭受特别重大损失的，处七年以上有期徒刑，并处罚金或者没收财产。”有些委员和部门提出，对这一条规定的犯罪，使生产遭受特别重大损失的，处刑应当加重。因此建议将这一条规定的“使生产遭受特别重大损失的，处七年以上有期徒刑，并处罚金或者没收财产”，修改为“使生产遭受特别重大损失的，处七年以上有期徒刑或无期徒刑，并处罚金或者没收财产。”（新修改稿第六条）

（四）草案修改稿第二条第一款规定：“生产、销售假药，足以危害人体健康的，处三年以下有期徒刑或者拘役，并处罚金；对人体健康造成严重危害的，处三年以上十年以下有期徒刑，并处罚金；致人死亡的，处十年以上有期徒刑或者无期徒刑，并处罚金或者没收财产；致多人死亡的，处死刑，并处没收财产。”根据有些委员的意见，建议将这一款规定中的“致人死亡的，处十年以上有期徒刑或者无期徒刑，并处罚金或者没收财产；致多人死亡，处死刑，并处没收财产”，修改为“致人死亡或者对人体健康造成其他特别严重危害的，处十年以上有期徒刑、无期徒刑或者死刑，并处罚金或者没收财产。”（新修改稿第二条第一款）

这一条第二款规定“生产、销售劣药，对人体健康造成严重危害的，处七年以下有期徒刑，并处罚金；后果特别严重的，处七年以上有期徒刑或者无期徒刑，并处罚金或者没收财产。”有的委员提出，生产、销售劣药对人体健康造成严重危害的与生产、销售假药对人体健康造成严重危害的，两者后果相同，处刑也应相同。因此，建议将这一款修改为：“生产、销售劣药，对人体健康造成严重危害的，处三年以上十年以下有期徒刑，并处罚金；后果特别严重的，处十年以上有期徒刑或者无期徒刑，并处罚金或者没收财产。”（新修改稿第二条第二款）

（五）草案修改稿第五条规定，生产、销售不符合保障人身、财产安全的国家标准、行业标准的电器、压力容器、易燃易爆产品或者其他不符合保障人身、财产安全的国家标准、行业标准的产品，“造成严重后果的，处三年以下有期徒刑或者拘役，并处罚金；后果特别严重的，处三年以上十年以下有期徒刑，并处罚金。”有的委员和部门提出，对这一条规定的犯罪，处刑应当适当加重。因此，建议将这一条的处刑规定修改为“造成严重后果的，处五年以下有期徒刑或者拘役，并处罚金；后果特别严重的，处五年以上有期徒刑，并处罚金。”（新修改稿第五条）

（六）根据有的委员的意见，建议增加规定：“犯本决定各条罪，属于累犯的，从重处罚。”（新修改稿第十一条）

（七）根据有些委员的意见，建议在草案修改稿第十条中增加一款：“国家工作人员滥用职权、假公济私，对检举、揭发本决定所列犯罪行为的举报人实行报复陷害的，依照刑法第一百四十六条的规定追究刑事责任。”（新修改稿第十条第三款）

（八）根据有的委员的意见，将本规定名称改为“全国人民代表大会常务委员会关于惩治生产、销售伪劣商品犯罪的决定”。

四个法律草案新修改稿已按上述修改意见进行了修改，同时还作了个别文字修改。

以上意见，请审议。

22. 全国人民代表大会常务委员会关于严惩组织、运送他人偷越国（边）境犯罪的补充规定

（1994 年 3 月 5 日第八届全国人民代表大会常务委员会第六次会议通过　同日公布施行）

为了严惩组织、运送他人偷越（偷渡）国（边）境［以下简称偷越国（边）境］的犯罪分子，制止偷越国（边）境的违法犯罪活动，维护出入境管理秩序，对刑法作如下补充规定：

一、组织他人偷越国（边）境的，处二年以上七年以下有期徒刑，并处罚金；有下列情形之一的，处七年以下有期徒刑或者无期徒刑，并处罚金或者没收财产：

（一）组织他人偷越国（边）境集团的首要分子；

（二）多次组织他人偷越国（边）境或者组织他人偷越国（边）境人数众多的；

（三）造成被组织人重伤、死亡的；

（四）剥夺或者限制被组织人人身自由的；

（五）以暴力、威胁方法抗拒检查的；

（六）违法所得数额巨大的；

（七）有其他特别严重情节的。

对被组织人有杀害、伤害、强奸、拐卖等犯罪行为，或者对检查人员有杀害、伤害等犯罪行为的，可以依照法律规定判处死刑。

二、以劳务输出、经贸往来或者其他名义，弄虚作假，骗取护照、签证等出境证件，为组织他人偷越国（边）境使用的，依照本规定第一条的规定处罚。

单位有前款规定的犯罪行为的，对单位判处罚金，并对直接负责的主管人员和其他直接责任人员，依照本规定第一条的规定处罚。

三、为他人提供伪造、变造的护照、签证等出入境证件，或者倒卖护照、签证等出入境证件的，处五年以下有期徒刑，并处罚金；情节严重的，处五年以上有期徒刑，并处罚金。

四、运送他人偷越国（边）境的，处五年以下有期徒刑、拘役或者管制，并处罚金；有下列情形之一的，处五年以上十年以下有期徒刑，并处罚金：

（一）多次实施运送行为或者运送人数众多的；

（二）所使用的船只、车辆等交通工具不具备必要的安全条件，足以造成严重后果的；

（三）违法所得数额巨大的；

（四）有其他特别严重情节的。

在运送他人偷越国（边）境中造成被运送人重伤、死亡，或者以暴力、威胁方法抗拒检查的，处七年以上有期徒刑，并处罚金。

对被运送人有杀害、伤害、强奸、拐卖等犯罪行为，或者对检查人员有杀害、伤害等犯罪行为的，可以依照法律规定判处死刑。

运送他人偷越国（边）境，情节轻微不需要判处刑罚的，由公安机关处十五日以下拘留，并处五千元以上五万元以下罚款。

五、偷越国（边）境的，公安机关可以处十五日以下拘留，单处或者并处一千元以上五千元以下罚款；情节严重的，处二年以下有期徒刑或者拘役，并处罚金。

六、负责办理护照、签证以及其他出入境证件的国家工作人员，对明知是企图偷越国（边）境的人员予以办理出入境证件的；边防、海关等国家工作人员，对明知是偷越国（边）境的人员，予以放行的，处三年以下有期徒刑、拘役或者管制；情节严重的，处三年以上十年以下有期徒刑。

与组织、运送他人偷越国（边）境的犯罪分子相勾结，实施前款规定的行为的，依照本规定第一条、第四条的规定处罚。

七、犯本规定之罪的违法所得和供犯罪使用的犯罪分子所有的或者明知他人为犯罪使用而提供其本人所有的运输、通讯工具或者其他财物，一律予以没收。

八、本规定自公布之日起施行。

附一：关于《严惩组织、运送他人偷越国（边）境犯罪的补充规定（草案）》的说明

——1993 年 12 月 20 日在第八届全国人民代表大会常务委员会第五次会议上

（全国人大常委会法制工作委员会主任　顾昂然）

委员长、各位副委员长、各位委员：

我受委员长会议委托，作关于《严惩组织、运送他人偷越国（边）境犯罪的补充规定（草案）》的说明。

近年来，福建、浙江、广东等沿海沿边地区偷越（偷渡）国（边）境［以下简称偷越国（边）境］的违法犯罪活动比较严重，严重破坏了进出境管理秩序，给一些地方的社会安定带来严重问题，损害了我国的国际声誉和对外形象，并危及一些有关国家的华侨的正当权益。

为了严禁偷越国（边）境的违法犯罪活动，法制工作委员会对当前偷越国（边）境的新情况进行了调查研究，在总结反偷渡斗争的实践经验基础上，经征求中政委、法院、检察院、公安、外交、华侨、民政等有关部门和一些地方及法律专家的意见，起草了《关于严惩组织、运送他人偷越国（边）境犯罪的补充规定（草案）》，对刑法有关规定作了补充修改。现将草案的主要内容和问题说明如下：

一、对组织他人偷越国（边）境犯罪的处罚。根据调查，偷越国（边）境的违法犯罪活动之所以屡禁不止，主要是因为境内外有些犯罪分子猖狂地违法组织他人偷越国（边）境。因此，对组织他人偷越国（边）境的犯罪分子应作为打击的重点，从严惩处。草案加重了对组织他人偷越国（边）境罪的处罚，将最高刑从五年有期徒刑提高为无期徒刑，并区别不同情况具体规定：“组织他人偷越国（边）境的，处二年以上七年以下有期徒刑，并处罚金；有下列情形之一的，处七年以上有期徒刑或者无期徒刑，并处罚金或者没收财产：（一）组织他人偷越国（边）境集团的首要分子；（二）多次组织他人偷越国（边）境或者组织他人偷越国（边）境人数众多的；（三）违法所得数额巨大的；（四）造成被组织人重伤、死亡的；（五）剥夺或者限制被组织人人身自由的；（六）以暴力方法抗拒检查的；（七）有其他特别严重的情节的。”同时规定：“对被组织人有杀害、伤害、强奸等犯罪行为，或者以暴力方法抗拒检查，杀害、伤害检查人员的，依照刑法数罪并罚的规定处罚。”依照数罪并罚的规定，对这类犯罪分子可以依法判处死刑。

二、近年来，出现以劳务输出、经贸往来、旅游或者其他名义，骗取主管部门批准，取得护照、签证等出境证件，组织他人从边境口岸非法出境的严重情况。这是当前组织他人偷越国（边）境犯罪出现的一种新情况、为了惩处这种犯罪行为，草案规定：“以劳务输出、经贸往来或者其他名义，弄虚作假，骗取护照、签证等出境证件，为他人偷越国（边）境使用的，依照本规定第一条的规定处罚。”“单位有前款规定的犯罪行为的，对单位判处罚金；对直接负责的主管人员和其他直接责任人员，依照本规定第一条的规定处罚。”

三、有些犯罪分子为牟取非法利益，专门伪造、变造、倒卖出境证件，供他人非法出境使用。这种犯罪活动社会危害性大，适用刑法第一百六十七条关于伪造证件罪的规定处刑过轻，需要加重刑罚。为此，草案提高了对这种犯罪的处刑，规定：“向他人提供伪造、变造的护照、签证等出入境证件，或者倒卖护照、签证等出入境证件的，处五年以下有期徒刑，并处罚金；情节严重的，处五年以上有期徒刑，并处罚金。”

四、草案对运送他人偷越国（边）境犯罪处罚单独作了规定，将这种犯罪的最高刑从五年有期徒刑提高为十五年，根据运送者的不同犯罪情节分别规定：“运送他人偷越国（边）境的，处五年以下有期徒刑、拘役或者管制，并处罚金；有下列情形之一的，处五年以上十年以下有期徒刑，并处罚金：（一）多次实施运送行为或者运送人数众多的；（二）违法所得数额巨大的；（三）所使用的船只、车辆等交通工具不具备必要的安全条件，足以造成严重后果的。”“在运送他人偷越国（边）境中造成被运送人重伤、死亡，或者以暴力方法抗拒检查的，处七年以上有期徒刑，并处罚金。”“对被运送人有杀害、伤害、强奸等犯罪行为，或者以暴力方法抗拒检查，杀害、伤害检查人员的，依照刑法数罪并罚的规定处罚。”“运送他人偷越国（边）境，情节轻微的，由公安机关处十五日拘留，并处五千元以上五万元以下罚款。”对直接参与组织他人偷越国（边）境而负责运送的，应当依照本规定关于组织他人偷越国（边）境罪的规定处罚。

五、关于对偷越国（边）境人员的处理。偷越国（边）境是违法行为，考虑到偷越国（边）境的情况比较复杂，不少人是想到国外发财，受偷渡组织者的欺骗、引诱，上当受骗。许多人既是违法者又是受害者。对他们的违法行为应当予以处罚，但一般可不追究刑事责任。因此，草案规定：“偷越国（边）境的，由公安机关处十五日以下拘留，并处一千元以上五千元以下罚款；情节严重的，依照刑法第一百七十六条的规定处罚。”

六、有些负责办理出入境证件的人员和边防、海关等执法机关工作人员，违背职责，为偷越国（边）境的违法犯罪分子办理出入境证件或者放行。根据这种情况，草案规定：“负责办理护照、签证以及其他出入境证件的人员，违背职责，对明知是非法出国（边）境人员办理出境证件的；边防、海关等执法机关工作人员，对明知是非法出境的人员，予以放行的，处三年以下有期徒刑、拘役或者管制；情节严重的，处三年以上七年以下有期徒刑。”与组织他人偷越国

（边）境的犯罪分子相勾结，实施上述行为的，应当依照组织他人偷越国（边）境罪的规定处罚。

补充规定草案和说明是否妥当，请审议。

附二：全国人大法律委员会关于《严惩组织、运送他人偷越国（边）境犯罪的补充规定（草案）》审议结果的报告

——1994 年 3 月 2 日在第八届全国人民代表大会常务委员会第六次会议上

（全国人大法律委员会副主任委员　项淳一）

全国人民代表大会常务委员会：

八届全国人大常委会第五次会议对《关于严惩组织、运送他人偷越国（边）境犯罪的补充规定（草案）》进行了初步审议。会后，法律委员会和法制工作委员会将草案印发到有关的省、自治区和中央有关部门，并邀请中央有关部门和法律专家座谈，进一步征求意见。法律委员会于 1 月 24 日、2 月 19 日召开会议，根据常委会委员、有关专门委员会的审议意见和地方、部门及专家的意见，对草案进行了审议。法律委员会认为，为了适应反偷渡斗争的需要，重点打击组织、运送他人偷越国（边）境的违法犯罪活动，维护出入境管理秩序，制定这个补充规定十分必要。草案基本上是可行的，同时，提出以下修改意见：

一、草案第一条第二款规定："对被组织人有杀害、伤害、强奸等犯罪行为，或者以暴力方法抗拒检查，杀害、伤害检查人员的，依照刑法数罪并罚的规定处罚"。有些委员和地方提出，为了严惩组织、运送他人偷越国（边）境的犯罪分子，对组织他人偷越国（边）境，同时犯有其他严重罪行的犯罪分子应当明确规定可以判处死刑。因此，建议将草案第一条第二款修改为："对被组织人有杀害、伤害、强奸等犯罪行为，或者对检查人员有杀害、伤害等犯罪行为的，可以依照法律规定判处死刑"（修改稿第一条第二款）。同时，对第四条第三款关于运送他人偷越国（边）境犯罪的处罚规定，也作了同样的修改。（修改稿第四条第三款）

二、草案第五条规定："偷越国（边）境的，由公安机关处十五日以下拘留，并处一千元以上五千元以下罚款；情节严重的，依照刑法第一百七十六条的规定处罚。"有的委员提出，刑法第一百七十六条规定的最高刑为一年有期徒刑，不利于惩治情节严重的偷渡犯罪分子，应当适当提高处罚的刑期并增加规定罚金。因此，建议将本条的处刑规定修改为"情节严重的，处二年以下有期徒刑或者拘役，并处罚金。"（修改稿第五条）

三、草案第六条第一款规定："负责办理护照、签证以及其他出入境证件的人员，违背职责，对明知是非法出国（边）境人员办理出境证件的；边防、海关等执法机关工作人员，对明知是非法出境的人员，予以放行的，处三年以下有期徒刑、拘役或者管制；情节严重的，处三年以上七年以下有期徒刑"。有的委员提出，对国家工作人员违反本条规定构成犯罪的，处罚应当再重一些。因此，建议将本款修改为："负责办理护照、签证以及其他出入境证件的国家工作人员，对明知是偷越国（边）境的人员予以办理出入境证件的；边防、海关等执法机关工作人员，对明知是偷越国（边）境的人员，予以放行的，处三年以下有期徒刑、拘役或者管制；情节严重的，处三年以上十年以下有期徒刑。"（修改稿第六条第一款）

草案第六条第二款规定："中国人民解放军现役军人中的边防、海防值勤人员，徇私舞弊，私放他人偷越国（边）境的，依照惩治军人违反职责罪暂行条例第八条的规定处罚。"根据公安部及有关部门的意见，对于这些人员徇私舞弊，私放他人偷越国（边）境的，惩治军人违反职责罪暂行条例和司法解释已有明确规定，可不再重复规定。因此，建议删去草案第六条第二款。

四、草案第七条规定："犯本规定规定之罪的违法所得和供犯罪使用的运输、通讯工具或者其他财物，一律予以没收。"有的委员和地方、部门提出，没收供犯罪使用的工具和财物应限于犯罪分子本人所有的或者他人主动为犯罪分子提供的，不应不加区别地规定一律没收。因此，建议将此条修改为："犯本规定规定之罪的违法所得和供犯罪使用的犯罪分子所有的或者明知他人为犯罪使用而提供其本人所有的运输、通讯工具或者其他财物，一律予以没收。"（修改稿第七条）

此外，还对草案作了一些文字修改。

草案修改稿已按上述意见作了修改，法律委员会建议全国人大常委会审议通过。

草案修改稿和以上意见是否妥当，请审议。

附三：关于对严惩组织、运送他人偷越国（边）境犯罪的补充规定（草案修改稿）和台湾同胞投资保护法（草案修改稿）修改意见的汇报（节录）

（全国人大法律委员会主任委员　薛　驹）

本次会议于3月2日下午、3日上午对严惩组织、运送他人偷越国（边）境犯罪的补充规定（草案修改稿）和台湾同胞投资保护法（草案修改稿）分组进行了审议，委员们认为这两个草案吸收了常委会委员和地方、部门、专家的意见，基本是成熟的，建议本次常委会通过。同时，也提出了一些修改意见。法律委员会于3月3日下午召开会议，逐条研究了委员们的意见，建议作如下修改：

一、关于严惩组织、运送他人偷越国（边）境犯罪的补充规定（草案修改稿）

（一）草案修改稿第一条第一款第三项规定："未采取必要的保障人身安全措施，造成被组织人重伤、死亡的；"处七年以上有期徒刑或者无期徒刑，并处罚金或者没收财产。有的委员提出可以删去其中的"未采取必要的保障人身安全措施"。因此，建议将本项修改为"造成被组织人重伤、死亡的"。（草案新修改稿第一条第一款第三项）

（二）有的委员提出，草案修改稿第四条第一款对运送他人偷越国（边）境处五年以上十年以下有期徒刑，并处罚金的犯罪行为，仅列举三项，不能包括其他一些情节严重的犯罪行为。因此，建议增加规定"有其他特别严重情节的"，作为第四项。（草案新修改稿第四条第一款第四项）

草案修改稿第四条第四款规定："运送他人偷越国（边）境，情节轻微的，由公安机关处十五日以下拘留，并处五千元以上五万元以下罚款。"有的委员提出，对运送他人偷越国（边）境的，都应规定为犯罪，建议删去这一款。考虑到运送他人偷越国（边）境的情况比较复杂，公安部、福建等地提出，对有些情节轻微不需要判处刑罚的，应当给予行政处罚。因此建议将本款修改为"运送他人偷越国（边）境，情节轻微不需要判处刑罚的，由公安机关处十五日以下拘留，并处五千元以上五万元以下罚款。"（草案新修改稿第四条第四款）

另外，有的委员提出，刑法第一百七十六条已对偷越国（边）境的刑事处罚作了规定，这次补充规定应当突出严惩组织、运送他人偷越国（边）境的犯罪，建议删去草案修改稿第五条。鉴于有些委员和一些部门、地方提出，目前偷渡问题比较严重，应当适当提高对偷越国（边）境的刑事处罚，因此，建议保留草案修改稿第五条，不作修改。

有的委员提出，草案修改稿第五条规定，对偷越国（边）境的处一千元以上五千元以下罚款，数额太少，建议提高罚款数额。考虑到有些偷渡者既是违法者，又是受害者，有的甚至负债累累、家破人亡，规定太高罚款数额也难以执行。因此，建议对罚款数额不作修改。

此外，还作了个别文字修改。

23. 全国人民代表大会常务委员会关于惩治侵犯著作权的犯罪的决定

（1994年7月5日第八届全国人民代表大会常务委员会第八次会议通过　同日公布施行）

为了惩治侵犯著作权和与著作权有关的权益的犯罪，对刑法作如下补充规定：

一、以营利为目的，有下列侵犯著作权情形之一，违法所得数额较大或者有其他严重情节的，处三年以下有期徒刑、拘役，单处或者并处罚金；违法所得数额巨大或者有其他特别严重情节的，处三年以上七年以下有期徒刑，并处罚金：

（一）未经著作权人许可，复制发行其文字作品、音乐、电影、电视、录像作品、计算机软件及其他作品的；

（二）出版他人享有专有出版权的图书的；

（三）未经录音录像制作者许可，复制发行其制作的录音录像的；

（四）制作、出售假冒他人署名的美术作品的。

二、以营利为目的，销售明知是第一条规定的侵权复制品，违法所得数额较大的，处二年以下有期徒刑、拘役，单处或者并处罚金；违法所得数额巨大的，处二年以上五年以下有期徒刑，并处罚金。

三、单位有本决定规定的犯罪行为的，对单位判处罚金，并对其直接负责的主管人员和其他直接责任人员，依照本决定的规定处罚。

四、查获的侵权复制品、违法所得和属本单位或者本人所有的主要用于侵犯著作权犯罪的材料、工具、设备或者其他财物，一律予以没收。

五、犯本决定规定之罪，造成被侵权人损失的，除依照本决定追究刑事责任外，并应当根据情况依法判处赔偿损失。

六、本决定自公布之日起施行。

附一：关于《惩治侵犯著作权的犯罪的决定（草案）》的说明

——1994 年 5 月 5 日在第八届全国人民代表大会常务委员会第七次会议上

（全国人大常委会法制工作委员会主任　顾昂然）

委员长、各位副委员长、秘书长、各位委员：

我受委员长会议的委托，作关于《惩治侵犯著作权的犯罪的决定（草案）》的说明。

1990 年制定著作权法以来，对于保护作者的著作权以及与著作权有关的权益，促进社会主义文化和科学事业的发展，促进社会主义精神文明和物质文明建设，发挥了重要的作用。但是，一些不法分子为了牟取暴利，对图书、录音录像、计算机软件等作品、制品的盗版活动十分猖獗，不仅严重损害了作者和有关权利人的民事权益，也扰乱了社会主义文化市场和经济活动的正常秩序，影响了我国的对外经济贸易和对外文化科学的交流与合作，必须对这些严重侵犯著作权的行为给予刑事处罚。关贸总协定也要求对侵犯知识产权的犯罪行为在国内法中规定刑事制裁。因此，法制工作委员会与国务院法制局、国家版权局研究，并征求了最高人民法院、最高人民检察院和文化部、广播电影电视部、机电部等有关部门以及法律专家的意见，起草了《惩治侵犯著作权的犯罪的决定（草案）》（以下简称“草案”）。现将草案的主要内容和问题说明如下：

一、关于侵犯著作权犯罪行为的规定。著作权法规定，侵犯著作权的应当承担民事责任，有些并可以给予没收非法所得、罚款等行政处罚。草案对以下严重侵犯著作权的行为规定为犯罪：一是，以营利为目的，有下列侵犯著作权的情形之一，违法所得数额较大或者有其他严重情节的：（一）未经著作权人许可，复制发行其作品的；（二）出版他人享有专有出版权的图书的；（三）未经录音录像制作者许可，复制发行其制作的录音录像的。二是，以营利为目的，销售明知是上述侵权复制品，违法所得数额较大的。包括以营利为目的，出口、进口销售明知是上述侵权复制品，违法所得数额较大的。

二、关于对侵犯著作权犯罪的处刑。侵犯著作权的犯罪主要是为了获取经济上的非法利益，对他们除规定必要的剥夺人身自由的刑罚外，必须在经济上给予严厉的处罚。参照我国对侵犯工业产权犯罪的处刑，借鉴外国对侵犯著作权犯罪的刑事制裁，草案规定对侵犯著作权的犯罪根据违法所得的数额和不同情节，处五年以下有期徒刑、拘役，单处或者并处罚金；同时规定，对查获的侵权复制品、违法所得和属本单位或者本人所有的主要用于侵犯著作权犯罪的材料、工具、设备或者其他财物，一律予以没收。单位犯罪的，对单位判处罚金，并对其直接负责的主管人员和其他直接责任人员，依照上述有关规定处罚。

《惩治侵犯著作权的犯罪的决定（草案）》和以上说明是否妥当，请审议。

附二：全国人大法律委员会关于《惩治侵犯著作权的犯罪的决定（草案）》审议结果的报告

——1994 年 6 月 28 日在第八届全国人民代表大会常务委员会第八次会议上

（全国人大法律委员会副主任委员　王叔文）

全国人民代表大会常务委员会：

八届全国人大常委会第七次会议对《惩治侵犯著作权的犯罪的决定（草案）》进行了初步审议。会后，法制工作委员会将草案发给一些地方，并邀请中央有关部门座谈，征求意见。法律委员会于 6 月 15 日、23 日召开会议，根据常委会委员和部分地方、有关部门以及法律专家的意见，对草案进行了审议。法律委员会认为，为了更好地保护作者以及与著作权有关的权利人的合法权益，加强对文化市场的管理，惩治盗版等严重侵犯著作权的犯罪行为，制定这个决定十分必要，草案基本上是可行的。同时，提出以下修改意见：

一、草案第一条对侵犯著作权的犯罪规定：“违法所得数额较大或者有其他严重情节的，处二年以下有期徒刑、拘役，单处或者并处罚金；违法所得数额巨大或者有其他特别严重情节的，处二年以上五年以下有期徒刑，并处罚金。”一些委员和有关部门提出，本条规定的处罚偏轻，最好与侵犯商标、专利权的犯罪的处罚一致。因此，建议将草案第一条的处刑修改为：“违法所得数额较大或者有其他严重情节的，处三年以下有期徒刑、拘役，单处或者并处罚金；违法所得数额巨大或者有其他特别严重情节的，处三年以上七年以下有期徒刑，并处罚金。”（草案修改稿第一条）

二、草案第一条第一项规定的犯罪行为是：“（一）未经著作权人许可，复制发行其作品的”。有的委员和部门提出，这类犯罪当前主要表现为对书刊、电影、录像、计算机软件的盗版活动，要求在草案中明确规定。因此，建议将本项修改为：“未经著作权人许可，复制发行其文字作品、电影、电视、录像作品、计算机软件及其他作品的。”［草案修改稿第一条第（一）项］

三、有的委员和部门提出，当前制作、贩卖假画的侵权活动比较突出，对其中情节严重的，也应作为犯罪处理。因此，建议在草案第一条列举的犯罪行为中增加一项规定，作为第四项：“制作、出售假冒他人署名的美术作品的”。［草案修改稿第一条第（四）项］

草案修改稿已按上述意见作了修改，法律委员会建议全国人大常委会审议通过。

草案修改稿和以上意见是否妥当，请审议。

附三：关于劳动法（草案修改稿）、城市房地产管理法（草案修改稿）和惩治侵犯著作权的犯罪的决定（草案修改稿）修改意见的汇报（节录）

——1994年7月4日在第八届全国人民代表大会常务委员会第八次会议上

（全国人大法律委员会主任委员 薛 驹）

本次会议于6月28日、29日、30日对劳动法（草案修改稿）、城市房地产管理法（草案修改稿）和惩治侵犯著作权的犯罪的决定（草案修改稿）分组进行了审议。委员们认为，三个草案修改稿吸收了常委委员和地方、部门、专家的意见，比较成熟，建议本次常委会通过。同时，也提出了一些修改意见。法律委员会于7月1日召开会议，逐条研究了委员们的意见，提出以下修改意见：

三、关于惩治侵犯著作权的犯罪的决定（草案修改稿）

（一）有的委员提出，应当对严重侵犯音乐作品著作权的行为明确规定为犯罪。因此，建议将第一条第一项修改为：“未经著作权人许可，复制发行其文字作品、音乐、电影、电视、录像作品、计算机软件及其他作品的”。（新修改稿第一条第一项）

（二）有的委员提出，对侵犯著作权的犯罪分子除依法追究刑事责任外，还应规定由其赔偿被侵权人的经济损失。因此，建议增加一条规定：“犯本决定规定之罪，造成被侵权人损失的，除依照本决定追究刑事责任外，并应当根据情况依法判处赔偿损失。”（新修改稿第五条）

还有的委员提出，对以营利为目的，未经著作权人许可，擅自以表演、传播等形式侵犯他人著作权的，也应追究刑事责任。法律委员会认为，对这类侵权行为中出现的新情况、新问题应当认真研究，需要区别不同情况规定相应的民事责任、行政处罚和刑事处罚。因此，建议在修改著作权法时考虑，现可暂不规定。

此外，还对三个草案修改稿作了个别文字修改。以上修改意见，请审议。

24. 全国人民代表大会常务委员会关于惩治违反公司法的犯罪的决定

（1995年2月28日第八届全国人民代表大会常务委员会第十二次会议通过 同日公布施行）

为了维护社会经济秩序，保护公司的合法权益，惩治违反公司法的犯罪行为，对刑法作如下补充规定：

一、申请公司登记的人使用虚假证明文件或者采取其他欺诈手段虚报注册资本，欺骗公司登记主管部门，取得公司登记，虚报注册资本数额巨大、后果严重或者有其他严重情节的，处三年以下有期徒刑或者拘役，可以并处虚报注册资本金额百分之十以下罚金。

申请公司登记的单位犯前款罪的，对单位判处虚报注册资本金额百分之十以下罚金，并对直接负责的主管人员和其他直接责任人员，依照前款的规定，处三年以下有期徒刑或者拘役。

二、公司发起人、股东违反公司法的规定未交付货币、实物或者未转移财产权，虚假出资，或者在公司成立后又抽逃其出资，数额巨大、后果严重或者有其他严重情节的，处五年以下有期徒刑或者拘役，可以并处虚假出资金额或者抽逃出资金额百分之十以下罚金。

单位犯前款罪的，对单位判处虚假出资金额或者抽逃出资金额百分之十以下罚金，并对直接负责的主管人员和其他直接责任人员，依照前款的规定，处五年以下有期徒刑或者拘役。

三、制作虚假的招股说明书、认股书、公司债券募集办法发行股票或者公司债券，数额巨大、后果严重或者有其他严重情节的，处五年以下有期徒刑或者拘役，可以并处非法募集资金金额百分之五以下罚金。

单位犯前款罪的，对单位判处非法募集资金金额百分之五以下罚金，并对直接负责的主管人员和其他直接责任人员，依照前款的规定，处五年以下有期徒刑或者拘役。

四、公司向股东和社会公众提供虚假的或者隐瞒重要事实的财务会计报告，严重损害股东或者其他人利益的，对直接负责的主管人员和其他直接责任人员，处三年以下有期徒刑或者拘役，可以并处二十万元以下罚金。

五、公司进行清算时，隐匿财产，对资产负债表或者财产清单作虚伪记载或者在未清偿债务前分配公司财产，严重损害债权人或者其他人利益的，对直接负责的主管人员和其他直接责任人员，处五年以下有期徒刑或者拘役，可以并处二十万元以下罚金。

六、承担资产评估、验资、验证、审计职责的人员故意提供虚假证明文件，情节严重的，处五年以下有期徒刑或者拘役，可以并处二十万元以下罚金。

单位犯前款罪的，对单位判处违法所得五倍以下罚金，并对直接负责的主管人员和其他直接责任人员，依照前款的规定，处五年以下有期徒刑或者拘役。

七、未经公司法规定的有关主管部门批准，擅自发行股票、公司债券，数额巨大、后果严重或者有其他严重情节的，处五年以下有期徒刑或者拘役，可以并处非法募集资金金额百分之五以下罚金。

单位犯前款罪的，对单位判处非法募集资金金额百分之五以下罚金，并对直接负责的主管人员，依照前款的规定，处五年以下有期徒刑或者拘役。

八、国家有关主管部门的国家工作人员，对不符合法律规定条件的公司设立、登记申请或者股票、债券发行、上市申请，予以批准或者登记，致使公共财产、国家和人民利益遭受重大损失的，依照刑法第一百八十七条的规定处罚。

上级部门强令登记机关及其工作人员实施前款行为的，对直接负责的主管人员依照前款规定处罚。

九、公司董事、监事或者职工利用职务上的便利，索取或者收受贿赂，数额较大的，处五年以下有期徒刑或者拘役；数额巨大的，处五年以上有期徒刑，可以并处没收财产。

十、公司董事、监事或者职工利用职务或者工作上的便利，侵占本公司财物，数额较大的，处五年以下有期徒刑或者拘役；数额巨大的，处五年以上有期徒刑，可以并处没收财产。

十一、公司董事、监事或者职工利用职务上的便利，挪用本单位资金归个人使用或者借贷给他人，数额较大、超过三个月未还的，或者虽未超过三个月，但数额较大、进行营利活动的，或者进行非法活动的，处三年以下有期徒刑或者拘役。挪用本单位资金数额较大不退还的，依照本决定第十条规定的侵占罪论处。

十二、国家工作人员犯本决定第九条、第十条、第十一条规定之罪的，依照《关于惩治贪污罪贿赂罪的补充规定》的规定处罚。

十三、犯本决定规定之罪有违法所得的，应当予以没收。

犯本决定规定之罪，被没收违法所得，判处罚金、没收财产，承担民事赔偿责任的，其财产不足以支付时，先承担民事赔偿责任。

十四、有限责任公司、股份有限公司以外的企业职工有本决定第九条、第十条、第十一条规定的犯罪行为的，适用本决定。

十五、本决定自公布之日起施行。

附一：关于对《中华人民共和国公司法（草案）》的意见的汇报（节录）

——1993 年 6 月 22 日在第八届全国人民代表大会常务委员会第二次会议上

（全国人大常委会法制工作委员会副主任　卞耀武）

十、关于法律责任

草案第五章对发起人、董事、经理、监事等公司负责人以及公司违法行为的法律责任作了规定。许多部门、地方、企业和专家提出，草案第五章中有十一个条款对违法行为原则规定“构成犯罪的，依法追究直接责任人员的刑事责任”，这是不够的，一是犯罪主体的范围还比较窄，除直接责任人员外，有些需要追究公司及其主管负责人的刑事责任；二是缺乏相应的罪名，目前刑法中找不到相应的处罚依据；三是没有规定量刑幅度，不便执行。建议作出具体规定。对这一问题，有些同志认为，随着社会主义市场经济的发展，商事活动日益频繁，商事犯罪逐渐增多，建议在制定公司法的同时，制定刑法关于惩治公司犯罪的补充规定。

法制工作委员会正在根据以上意见对公司法草案进行研究修改，并准备在修改后再次邀请有关部门、专家和地方的同志对修改后的草案逐条研究修改，请常委会委员们对公司法草案进一步提出审议意见，以便一并修改。

以上汇报，请审议。

附二：全国人大法律委员会关于《全国人民代表大会常务委员会关于惩治违反公司法的犯罪的决定（草案）》修改意见的汇报

——1995 年 2 月 21 日在第八届全国人民代表大会常务委员会第十二次会议上

（全国人大法律委员会副主任委员　厉以宁）

全国人民代表大会常务委员会：

1993 年 12 月，八届全国人大常委会第五次会议审议了全国人大常委会法制工作委员会提出的《关于惩治违反公司、企业管理的犯罪行为的决定（草案）》。4 月，八届全国人大常委会第七次会议进一步审议了该决定草案，有些委员认为，公司法尚未施行，草案可暂缓通过。法律委员会在向第七次会议作的关于这个决定草案的汇报中建议第七次会议暂不通过决定草案。6 月，八届全国人大常委会第八次会议在审议《证券法（草案）》时，法律委员会考虑到违反公司法的犯罪和违反证券法的犯罪有密切联系和共同的地方，因此一并提出了《关于惩治违反公司、证券管理的犯罪行为的决定（草案）》。以后，《证券法（草案）》经过几次修改，还没有审议通过。公司法已于 1994 年 7 月 1 日起施行，对严重违反公司法，破坏社会主义市场经济秩序的犯罪行为，急需作出刑事处罚的规定，以更好地保障公司法的实施。为此，建议将《关于惩治违反公司、证券管理的犯罪行为的决定（草案）》中，有关违反公司法的犯罪行为先作规定。法律委员会于 1995 年 2 月 9 日、15 日召开会议，根据常委委员的意见，针对实践中出现的问题，审议了决定（草案），认为当前经济活动中，公司发起人、股东虚假出资，制作虚假的招股说明书、公司债券募集办法、发行股票或者公司债券，公司进行清算时隐匿财产，以及验资、验证等中介机构故意提供虚假的证明文件等问题比较突出，危害较大，因此，建议将原草案规定的这类犯罪的最高刑，从三年有期徒刑提高到五年有期徒刑。同时，删去了单处罚金，对并处罚金规定了具体的罚金数额。法律委员会建议本次常委会对《关于惩治违反公司法的犯罪的决定（草案）》（修改稿）进一步审议后，予以通过。

草案修改稿和以上汇报，请审议。

25. 全国人民代表大会常务委员会关于惩治破坏金融秩序犯罪的决定

（1995 年 6 月 30 日第八届全国人民代表大会常务委员会第十四次会议通过　同日公布施行）

为了惩治伪造货币和金融票据诈骗、信用证诈骗、非法集资诈骗等破坏金融秩序的犯罪，特作如下决定：

一、伪造货币的，处三年以上十年以下有期徒刑，并处五万元以上五十万元以下罚金。有下列情形之一的，处十年以上有期徒刑、无期徒刑或者死刑，并处没收财产：

（一）伪造货币集团的首要分子；

（二）伪造货币数额特别巨大的；

（三）有其他特别严重情节的。

二、出售、购买伪造的货币或者明知是伪造的货币而运输，数额较大的，处三年以下有期徒刑或者拘役，并处二万元以上二十万元以下罚金；数额巨大的，处三年以上十年以下有期徒刑，并处五万元以上五十万元以下罚金；数额特别巨大的，处十年以上有期徒刑或者无期徒刑，并处没收财产。

银行或者其他金融机构的工作人员购买伪造的货币或者利用职务上的便利，以伪造的货币换取货币的，处三年以上十年以下有期徒刑，并处二万元以上二十万元以下罚金；数额巨大或者有其他严重情节的，处十年以上有期徒刑或者无期徒刑，并处没收财产；情节较轻的，处三年以下有期徒刑或者拘役，并处或者单处一万元以上十万元以下罚金。

伪造货币并出售或者运输伪造的货币的，依照第一条的规定从重处罚。

三、走私伪造的货币的，依照全国人民代表大会常务委员会《关于惩治走私罪的补充规定》的有关规定处罚。

四、明知是伪造的货币而持有、使用，数额较大的，处三年以下有期徒刑或者拘役，并处一万元以上十万元以下罚金；数额巨大的，处三年以上十年以下有期徒刑，并处二万元以上二十万元以下罚金；数额特别巨大的，处十年以上有期徒刑，并处五万元以上五十万元以下罚金或者没收财产。

五、变造货币，数额较大的，处三年以下有期徒刑或者拘役，并处一万元以上十万元以下罚金；数额巨大的，处三年以上十年以下有期徒刑，并处二万元以上二十万元以下罚金。

六、未经中国人民银行批准，擅自设立商业银行或者其他金融机构的，处三年以下有期徒刑或者拘役，并处或者单处二万元以上二十万元以下罚金；情节严重的，处三年以上十年以下有期徒刑，并处五万元以上五十万元以下罚金。

伪造、变造、转让商业银行或者其他金融机构经营许可证的，依照前款的规定处罚。

单位犯前两款罪的，对单位判处罚金，并对直接负责的主管人员和其他直接责任人员，依照第一款的规定处罚。

七、非法吸收公众存款或者变相吸收公众存款，扰乱金融秩序的，处三年以下有期徒刑或者拘役，并处或者单处二万元以上二十万元以下罚金；数额巨大或者有其他严重情节的，处三年以上十年以下有期徒刑，并处五万元以上五十万元以下罚金。

单位犯前款罪的，对单位判处罚金，并对直接负责的主管人员和其他直接责任人员，依照前款的规定处罚。

八、以非法占有为目的，使用诈骗方法非法集资的，处三年以下有期徒刑或者拘役，并处二万元以上二十万元以下罚金；数额巨大或者有其他严重情节的，处三年以上十年以下有期徒刑，并处五万元以上五十万元以下罚金；数额特别巨大或者有其他特别严重情节的，处十年以上有期徒刑、无期徒刑或者死刑，并处没收财产。

单位犯前款罪的，对单位判处罚金，并对直接负责的主管人员和其他直接责任人员，依照前款的规定处罚。

九、银行或者其他金融机构的工作人员违反法律、行政法规规定，向关系人发放信用贷款或者发放担保贷款的条件优于其他借款人同类贷款的条件，造成较大损失的，处五年以下有期徒刑或者拘役，并处一万元以上十万元以下罚金；造成重大损失的，处五年以上有期徒刑，并处二万元以上二十万元以下罚金。

银行或者其他金融机构的工作人员违反法律、行政法规规定，玩忽职守或者滥用职权，向关系人以外的其他人发放贷款，造成重大损失的，处五年以下有期徒刑或者拘役，并处一万元以上十万元以下罚金；造成特别重大损失的，处五年以上有期徒刑，并处二万元以上二十万元以下罚金。

单位犯前两款罪的，对单位判处罚金，并对直接负责的主管人员和其他直接责任人员，依照前两款的规定处罚。

十、有下列情形之一，以非法占有为目的，诈骗银行或者其他金融机构的贷款，数额较大的，处五年以下有期徒刑或者拘役，并处二万元以上二十万元以下罚金；数额巨大或者有其他严重情节的，处五年以上十年以下有期徒刑，并处五万元以上五十万元以下罚金；数额特别巨大或者有其他特别严重情节的，处十年以上有期徒刑或者无期徒刑，并处没收财产：

（一）编造引进资金、项目等虚假理由的；

（二）使用虚假的经济合同的；

（三）使用虚假的证明文件的；

（四）使用虚假的产权证明作担保的；

（五）以其他方法诈骗贷款的。

十一、有下列情形之一，伪造、变造金融票证的，处五年以下有期徒刑或者拘役，并处二万元以上二十万元以下罚金；情节严重的，处五年以上十年以下有期徒刑，并处五万元以上五十万元以下罚金；情节特别严重的，处十年以上有期徒刑或者无期徒刑，并处没收财产：

（一）伪造、变造汇票、本票、支票的；

（二）伪造、变造委托收款凭证、汇款凭证、银行存单等其他银行结算凭证的；

（三）伪造、变造信用证或者附随的单据、文件的；

（四）伪造信用卡的。

单位犯前款罪的，对单位判处罚金，并对直接负责的主管人员和其他责任人员，依照前款的规定处罚。

十二、有下列情形之一，进行金融票据诈骗活动，数额较大的，处五年以下有期徒刑或者拘役，并处二万元以上二十万元以下罚金，数额巨大或者有其他严重情节的，处五年以上十年以下有期徒刑，并处五万元以上五十万元以下罚金；数额特别巨大或者有其他特别严重情节的，处十年以上有期徒刑、无期徒刑或者死刑，并处没收财产：

（一）明知是伪造、变造的汇票、本票、支票而使用的；

（二）明知是作废的汇票、本票、支票而使用的；

（三）冒用他人的汇票、本票、支票的；

（四）签发空头支票或者与其预留印鉴不符的支票，骗取财物的；

（五）汇票、本票的出票人签发无资金保证的汇票、本票或者在出票时作虚假记载，骗取财物的。

使用伪造、变造的委托收款凭证、汇款凭证、银行存单等其他银行结算凭证的，依照前款的规定处罚。

单位犯前两款的，对单位判处罚金，并对直接负责的主管人员和其他直接责任人员，依照第一款的规定处罚。

十三、有下列情形之一，进行信用证诈骗活动的，处五年以下有期徒刑或者拘役，并处二万元以上二十万元以下罚金；数额巨大或者有其他严重情节的，处五年以上十年以下有期徒刑，并处五万元以上五十万元以下罚金；数额特别巨大或者有其他特别严重情节的，处十年以上有期徒刑、无期徒刑或者死刑，并处没收财产：

（一）使用伪造、变造的信用证或者附随的单据、文件的；

（二）使用作废的信用证的；

（三）骗取信用证的；

（四）以其他方法进行信用证诈骗活动的。

单位犯前款罪的，对单位判处罚金，并对直接负责的主管人员和其他直接责任人员，依照前款的规定处罚。

十四、有下列情形之一，进行信用卡诈骗活动，数额较大的，处五年以下有期徒刑或者拘役，并处二万元以上二十万元以下罚金；数额巨大或者有其他严重情节的，处五年以上十年以下有期徒刑，并处五万元以上五十万元以下罚金；数额特别巨大或者有其他特别严重情节的，处十年以上有期徒刑或者无期徒刑，并处没收财产：

（一）使用伪造的信用卡的；

（二）使用作废的信用卡的；

（三）冒用他人信用卡的；

（四）恶意透支的。

盗窃信用卡并使用的，依照刑法关于盗窃罪的规定处罚。

十五、银行或者其他金融机构的工作人员违反规定为他人出具信用证或者其他保函、票据、资信证明，造成较大损失的，处五年以下有期徒刑或者拘役；造成重大损失的，处五年以上有期徒刑。

单位犯前款罪的，对单位判处罚金，并对直接负责的主管人员和其他直接负责人员，依照前款的规定处罚。

十六、有下列情形之一，进行保险诈骗活动，数额较大的，处五年以下有期徒刑或者拘役，并处一万元以上十万元以下罚金；数额巨大或者有其他严重情节的，处五年以上十年以下有期徒刑，并处二万元以上二十万元以下罚金；数额特别巨大或者有其他特别严重情节的，处十年以上有期徒刑，并处没收财产：

（一）投保人故意虚构保险标的，骗取保险金的；

（二）投保人、被保险人或者受益人对发生的保险事故编造虚假的原因或者夸大损失的程度，骗取保险金的；

（三）投保人、被保险人或者受益人编造未曾发生的保险事故，骗取保险金的；

（四）投保人、被保险人故意造成财产损失的保险事故，骗取保险金的；

（五）投保人、受益人故意造成被保险人死亡、伤残或者疾病，骗取保险金的。

有前款第（四）项、第（五）项所列行为，同时构成其他犯罪的，依照刑法数罪并罚的规定处罚。

保险事故的鉴定人、证明人、财产评估人故意提供虚假的证明文件，为他人诈骗提供条件的，以保险诈骗的共犯论处。

单位犯第一款罪的，对单位判处罚金，并对直接负责的主管人员和其他直接责任人员，依照第一款的规定处罚。

十七、保险公司的工作人员利用职务上的便利，故意编造未曾发生的保险事故进行虚假理赔，骗取保险金的，分别依照全国人民代表大会常务委员会《关于惩治贪污罪贿赂罪的补充规定》和《关于惩治违反公司法的犯罪的决定》的有关规定处罚。

十八、银行或者其他金融机构的工作人员在金融业务活动中索取、收受贿赂，或者违反国家规定收受各种名义的回扣、手续费的，分别依照全国人民代表大会常务委员会《关于惩治贪污罪贿赂罪的补充规定》和《关于惩治违反公司法的犯罪的决定》的有关规定处罚。

十九、银行或者其他金融机构的工作人员利用职务上的便利，挪用单位或者客户资金的，分别依照全国人民代表大会常务委员会《关于惩治贪污罪贿赂罪的补充规定》和《关于惩治违反公司法的犯罪的决定》的有关规定处罚。

二十、银行或者其他金融机构的工作人员，与本决定规定的进行金融诈骗活动的犯罪分子串通，为其诈骗活动提供帮助的，以共犯论处。

二十一、有本决定第二条、第四条、第五条、第十一条、第十二条、第十四条、第十六条规定的行为，情节轻微不构成犯罪的，可以由公安机关处十五日以下拘留、五千元以下罚款。

二十二、犯本决定规定之罪的违法所得应当予以追缴或者责令退赔被害人；供犯罪使用的财物一律没收。

伪造、变造的货币，伪造、变造、作废的票据、信用证、信用卡或者其他银行结算凭证一律收缴，上交中国人民银行统一销毁。

收缴伪造、变造的货币的具体办法由中国人民银行制定。

二十三、本决定所称的货币是指人民币和外币。

二十四、本决定自公布之日起施行。

附一：关于惩治破坏金融秩序的犯罪分子的决定（草案）的说明

——1995年5月5日在第八届全国人民代表大会常务委员会第十三次会议上

（全国人大常委会法制工作委员会主任　顾昂然）

委员长、副委员长、秘书长、各位委员：

我受委员长会议的委托，作关于惩治破坏金融秩序的犯罪分子的决定（草案）的说明。

随着我国深化改革、扩大开放，向社会主义市场经济体制转轨，经济领域中不断出现一些新的犯罪行为，需要对刑法有关经济犯罪的规定，加以补充和修改。几年来，全国人大常委会已陆续制定了《关于惩治偷税、抗税犯罪的补充规定》、《关于惩治假冒注册商标的犯罪的决定》、《关于惩治生产、销售伪劣商品的犯罪的决定》和《关于惩治违反公司法的犯罪的决定》等。

目前，金融领域的犯罪活动比较突出，伪造货币和伪造票据、信用证、信用卡等金融诈骗犯罪明显增加，诈骗数额越来越大，危害十分严重。为了维护金融秩序，保障改革开放和社会主义现代化建设的顺利进行，全国人大常委会法制工作委员会与国务院法制局、中国人民银行就金融领域中的犯罪情况，共同进行了调查研究，听取了上海、广东等地有关部门的意见，并征求了法院、检察院、公安等有关部门、一些专业银行、保险公司、信托投资公司等金融机构和法律专家的意见，结合中国人民银行法以及商业银行法、票据法、保险法等法律草案的有关规定，起草了《关于惩治破坏金融秩序的犯罪分子的决定（草案）》（以下简称“决定”），对刑法关于伪造国家货币或者贩运伪造的国家货币罪、伪造支票罪、违反金融法规投机倒把罪和诈骗罪的规定，作了补充和修改。

一、“决定”草案着重打击金融诈骗犯罪，依照中国人民银行法以及正在审议的商业银行法、票据法、保险法等法律草案中规定的应当依法追究刑事责任的犯罪行为，作了具体规定，包括：（一）伪造货币罪，以及走私、出售、购买、运输、持有、使用伪造货币的犯罪；（二）未经批准擅自设立商业银行或者其他金融机构，以及非法吸收或者变相吸收公众存款的犯罪；（三）诈骗银行或者其他金融机构贷款的犯罪；（四）进行金融票据诈骗的犯罪；（五）伪造信用证，使用伪造、作废的信用证或者骗取信用证，进行诈骗的犯罪；（六）以伪造、冒用或者恶意透支等手段，进行信用卡诈骗的犯罪；（七）在保险方面进行诈骗的犯罪。

二、目前，有些银行工作人员违反国家有关规定，搞人情、关系贷款，收受贿赂和各种名义的好处费，有的甚至与犯罪分子内外勾结进行金融诈骗。“决定”草案对银行工作人员利用职务进行犯罪的行为，作了明确规定，包括：（一）与社会上的犯罪分子串通进行金融诈骗的犯罪；（二）违反国家信贷管理规定向关系人或者其他人提供贷款的犯罪；（三）违反国家规定为他人出具信用证的犯罪；（四）索取、收受贿赂或者违反国家规定收受各种名义的回扣、手续费的犯罪；（五）挪用银行或者客户资金的犯罪。

三、根据司法实践，“决定”草案针对各种金融犯罪的不同情况，对犯罪的界限作了规定。有的只要实施了诈骗行为就构成犯罪，例如伪造信用证。有的行为人在主观上必须是明知的才构成犯罪，例如使用、持有伪造的货币，“决定”草案规定，行为人在主观上必须是明知的，并且达到一定数额，才给予刑事处罚，至于有些人在领取报酬或者购物找钱时，因误收而持有、使用了少量伪造的货币，他们也是受害者，不作为犯罪追究刑事责任。有的诈骗行为要看数额大小，例如变造货币，数额较大的，应当给予刑事处罚，如果变造几张人民币，数额较小，应当给予行政处罚，可以不给予刑事处罚。由于金融诈骗犯罪的具体案件情况非常复杂，现在难以对各种诈骗犯罪的数额作出具体规定，在审判实践中，可以根据实际情况作出司法解释。

四、关于刑罚，“决定”草案针对当前金融领域犯罪突出、危害严重的情况，对金融诈骗犯罪的最高法定刑，规定为十五年有期徒刑、无期徒刑，对其中严重危害国家和人民利益的伪造货币等犯罪，将刑法规定的最高法定刑无期徒刑提高到死刑，同时还规定并处罚金或者没收财产等财产刑，在经济上予以重罚，使罪犯不能得到好处。对单位犯罪的，除对单位处罚金外，同时规定，对直接负责的主管人员和其他直接责任人员追究刑事责任。

决定（草案）和以上说明，妥否，请审议。

附二：全国人大法律委员会关于《全国人民代表大会常务委员会关于惩治破坏金融秩序的犯罪分子的决定（草案）》审议结果的报告

——1995 年 6 月 23 日在第八届全国人民代表大会常务委员会第十四次会议上

（全国人大法律委员会副主任委员　王叔文）

全国人民代表大会常务委员会：

八届全国人大常委会第十三次会议对《关于惩治破坏金融秩序的犯罪分子的决定（草案）》进行了初步审议。会后，法制工作委员会将草案印发各省、自治区、直辖市和中央有关部门，并邀请最高人民法院、最高人民检察院、公安部以及中国人民银行和部分金融机构座谈，进一步征求意见。法律委员会于 6 月 9 日、16 日召开会议，根据全国人大常委会的审议意见和地方、部门及专家的意见，对草案进行了审议。法律委员会认为，为了惩治严重破坏金融秩序的犯罪活动，维护金融秩序，保障改革开放的顺利进行，制定这个决定十分必要，草案基本上是可行的。同时，提出以下修改意见：

一、有的委员、部门和地方提出，明知是伪造的货币而运输的行为，其社会危害比非法持有、使用伪造的货币严重，对这种犯罪行为的处罚，应当与第二条规定的出售、购买伪造的货币罪的处罚一致。最高人民法院提出，对既伪造货币又出售、运输伪造的货币的，应当规定按照伪造货币罪从重处罚。因此，建议将草案第二条修改为：“出售、购买伪造的货币或者明知是伪造的货币而运输，数额较大的，处三年以下有期徒刑或者拘役，并处或者单处二万元以上二十万元以下罚金；数额巨大的，处三年以上十年以下有期徒刑，并处五万元以上五十万元以下罚金；数额特别巨大的，处十年以上有期徒刑或者无期徒刑，并处没收财产。”“伪造货币并出售或者运输伪造的货币的，依照第一条的规定从重处罚。”（草案修改稿第二条）

二、有的委员、地方和单位提出，当前一些犯罪分子以集资为名，在社会上进行诈骗，并将骗得的巨款卷逃、挥霍的犯罪情况比较突出，这类犯罪活动严重破坏金融秩序和人民群众的正常生活秩序，影响社会稳定，应当区别于草案第六条第二款规定的情形，作出明确、严厉的规定。因此，建议增加规定“以诈骗方法非法集资的，处三年以下有期徒刑或者拘役，并处或者单处二万元以上二十万元以下罚金；数额巨大或者有其他严重情节的，处三年以上十年以下有期徒刑，并处五万元以上五十万元以下罚金；数额特别巨大或者有其他特别严重情节的，处十年以上有期徒刑、无期徒刑或者死刑，并处没收财产。”（草案修改稿第八条）

三、有些委员、地方和单位提出，当前金融领域中的诈骗犯罪活动相当猖獗，有些犯罪的社会危害特别严重，对一些严重破坏金融秩序的行为应当增加规定死刑。因此，建议将草案第十一条规定的金融票据诈骗罪，第十二条规定的信用证诈骗罪的法定最高刑从无期徒刑提高到死刑，规定犯上述罪行，“数额特别巨大或者有其他特别严重情节的，处十年以上有期徒刑、无期徒刑或者死刑，并处没收财产。”（草案修改稿第十一条、第十二条）

四、草案第十一条、第十二条、第十三条分别在第（一）项规定了伪造、变造汇票、本票、支票罪，伪造信用证罪和伪造信用卡罪。最高人民法院提出，伪造、变造金融票证的犯罪与使用这些票证进行金融诈骗的犯罪特征有所不同，应将伪造变造金融票证的行为单独规定一条。因此，建议增加规定：“有下列情形之一，伪造、变造金融票证的；处五年以下有期徒刑或者拘役，并处二万元以上二十万元以下罚金；情节严重的，处五年以上十年以下有期徒刑，并处五万元以上五十万元以下罚金；情节特别严重的，处十年以上有期徒刑或者无期徒刑，并处没收财产：（一）伪造、变造汇票、本票、支票的；（二）伪造、变造委托收款凭证、汇款凭证、银行存单等其他银行结算凭证的；（三）伪造、变造信用证的；（四）伪造、变造必须附随信用证的单据、文件的；（五）伪造信用卡的。”（草案修改稿第十四条）

五、草案第十四条规定：“银行或者其他金融机构的工作人员违反规定为他人出具信用证，造成损失的，处五年以下有期徒刑或者拘役；造成重大损失的，处五年以上有期徒刑或者无期徒刑。”有些委员、部门提出，对银行等金融机构工作人员违反国家规定为他人出具其他担保文件、票据、资信证明等造成严重损失的，也应有所规定。因此，建议将本条修改为：“银行或者其他金融机构的工作人员违反规定为他人出具信用证或者其他保函、票据、资信证明，造成损失的，处五年以下有期徒刑或者拘役；造成重大损失的，处五年以上有期徒刑。”（草案修改稿第十五条）

六、有些金融机构提出，草案关于保险诈骗的规定，只对投保人、被保险人和受益人的诈骗行为作了规定，对保险公司的工作人员弄虚作假，编造未曾发生的保险事故搞假理赔，侵吞保险金的也应有所规定。因此，建议增加规定：“保险公司的工作人员利用职务上的便利，故意编造未曾发生的保险事故进行虚假理赔，骗取保险金的，分别依照全国人民代表大会常务委员会《关于惩治贪污罪贿赂罪的补充规定》和《关于惩治违反公司法的犯罪的决定》的有关规定处罚。”（草案修改稿第十七条）

七、根据有些委员和部门的意见，建议将罚金数额根据不同情形，分别规定为一万元以上十万元以下；二万元以上二十万元以下；五万元以上五十万元以下三个档次。

此外，还对草案作了一些文字修改。

草案修改稿已按上述意见作了修改，法律委员会建议全国人大常委会审议通过。

草案修改稿和以上意见是否妥当，请审议。

附三：关于担保法（草案修改稿）、保险法（草案修改稿）和惩治破坏金融秩序犯罪的决定（草案修改稿）修改意见的汇报（节录）

——1995年6月29日在第八届全国人民代表大会常务委员会第十四次会议上

（全国人大法律委员会主任委员　薛　驹）

本次会议于6月23日、24日、26日对担保法（草案修改稿）、保险法（草案修改稿）、关于惩治破坏金融秩序犯罪的决定（草案修改稿）分组进行了审议。委员们认为，三个草案修改稿吸收了常委委员和地方、部门、专家的意见，比较成熟，建议本次常委会通过。同时，也提出了一些修改意见。法律委员会于6月26日、27日召开会议，逐条研究了委员们的意见，提出以下修改意见：

三、关于惩治破坏金融秩序犯罪的决定（草案修改稿）

（一）草案修改稿第八条规定：“以诈骗方法非法集资的，处三年以下有期徒刑或者拘役，并处或者单处二万元以上二十万元以下罚金；数额巨大或者有其他严重情节的，处三年以上十年以下有期徒刑，并处五万元以上五十万元以下罚金；数额特别巨大或者有其他特别严重情节的，处十年以上有期徒刑、无期徒刑或者死刑，并处没收财产。”有些委员和最高人民法院提出：本条规定应明确这类犯罪的性质是行为人意图通过诈骗方式将非法募集资金据为己有，以划清与其他扰乱金融秩序行为的界限。因此，建议修改为：“以非法占有为目的，使用诈骗方法非法集资的，处三年以下有期徒刑或者拘役，并处二万元以上二十万元以下罚金；数额巨大或者有其他严重情节的，处三年以上十年以下有期徒刑，并处五万元以上五十万元以下罚金；数额特别巨大或者有其他特别严重情节的，处十年以上有期徒刑、无期徒刑或者死刑，并处没收财产。”（草案新修改稿第八条）

（二）草案修改稿第九条第一款规定：“商业银行或者其他金融机构的工作人员违反国家信贷管理规定，向关系人发放信用贷款或者发放担保贷款的条件优于其他借款人同类贷款的条件，数额巨大或者造成损失的，处五年以下有期徒刑或者拘役，并处或者单处一万元以上十万元以下罚金；造成重大损失的，处五年以上有期徒刑，并处二万元以上二十万元以下罚金。”中国人民银行提出，为避免将“违反国家信贷管理规定”误解为包括人民银行内部的一些程序性管理规定，扩大刑事处罚范围，建议将“违反国家信贷管理规定”修改为“违反法律、行政法规规定”。最高人民法院和中国人民银行还提出，对向关系人贷款的刑事处罚，应以造成较大损失作为构成犯罪的条件，对未造成实际损失的，可予以行政处分不作为犯罪处理。因此，建议将本款修改为：“银行或者其他金融机构的工作人员违反法律、行政法规规定，向关系人发放信用贷款或者发放担保贷款的条件优于其他借款人同类贷款的条件，造成较大损失的，处五年以下有期徒刑或者拘役，并处一万元以上十万元以下罚金；造成重大损失的，处五年以上有期徒刑，并处二万元以上二十万元以下罚金。”同时将第二款中的“违反国家信贷管理规定”相应修改为“违反法律、行政法规规定”。（草案新修改稿第九条）

（三）有些委员提出，草案修改稿在有些条文中规定可以单处罚金，不利于从严惩治犯罪分子。因此建议删去草案修改稿第二条第一款、第四条、第五条、第八条、第九条、第十条、第十二条、第十三条、第十六条中单处罚金的规定。

此外，还对三个草案修改稿作了个别文字修改，请审议。

26. 全国人民代表大会常务委员会
关于惩治虚开、伪造和非法出售增值税专用发票犯罪的决定

（1995 年 10 月 30 日第八届全国人民代表大会常务委员会第十六次会议通过　同日公布施行）

为了惩治虚开、伪造和非法出售增值税专用发票和其他发票进行偷税、骗税等犯罪活动，保障国家税收，特作如下决定：

一、虚开增值税专用发票的，处三年以下有期徒刑或者拘役，并处二万元以上二十万元以下罚金；虚开的税款数额较大或者有其他严重情节的，处三年以上十年以下有期徒刑，并处五万元以上五十万元以下罚金；虚开的税款数额巨大或者有其他特别严重情节的，处十年以上有期徒刑或者无期徒刑，并处没收财产。

有前款行为骗取国家税款，数额特别巨大、情节特别严重、给国家利益造成特别重大损失的，处无期徒刑或者死刑，并处没收财产。

虚开增值税专用发票的犯罪集团的首要分子，分别依照前两款的规定从重处罚。

虚开增值税专用发票是指有为他人虚开、为自己虚开、让他人为自己虚开、介绍他人虚开增值税专用发票行为之一的。

二、伪造或者出售伪造的增值税专用发票的，处三年以下有期徒刑或者拘役，并处二万元以上二十万元以下罚金；数量较大或者有其他严重情节的，处三年以上十年以下有期徒刑，并处五万元以上五十万元以下罚金；数量巨大或者有其他特别严重情节的，处十年以上有期徒刑或者无期徒刑，并处没收财产。

伪造并出售伪造的增值税专用发票，数量特别巨大、情节特别严重、严重破坏经济秩序的，处无期徒刑或者死刑，并处没收财产。

伪造、出售伪造的增值税专用发票的犯罪集团的首要分子，分别依照前两款的规定从重处罚。

三、非法出售增值税专用发票的，处三年以下有期徒刑或者拘役，并处二万元以上二十万元以下罚金；数量较大的，处三年以上十年以下有期徒刑，并处五万元以上五十万元以下罚金；数量巨大的，处十年以上有期徒刑或者无期徒刑，并处没收财产。

四、非法购买增值税专用发票或者购买伪造的增值税专用发票的，处五年以下有期徒刑、拘役，并处或者单处二万元以上二十万元以下罚金。

非法购买增值税专用发票或者购买伪造的增值税专用发票又虚开或者出售的，分别依照第一条、第二条、第三条的规定处罚。

五、虚开用于骗取出口退税、抵扣税款的其他发票的，依照本决定第一条的规定处罚。

虚开用于骗取出口退税、抵扣税款的其他发票是指有为他人虚开、为自己虚开、让他人为自己虚开、介绍他人虚

开用于骗取出口退税、抵扣税款的其他发票行为之一的。

六、伪造、擅自制造或者出售伪造、擅自制造的可以用于骗取出口退税、抵扣税款的其他发票的，处三年以下有期徒刑或者拘役，并处二万元以上二十万元以下罚金；数量巨大的，处三年以上七年以下有期徒刑，并处五万元以上五十万元以下罚金；数量特别巨大的，处七年以上有期徒刑，并处没收财产。

伪造、擅自制造或者出售伪造、擅自制造的前款规定以外的其他发票的，比照刑法第一百二十四条的规定处罚。

非法出售可以用于骗取出口退税、抵扣税款的其他发票的，依照第一款的规定处罚。

非法出售前款规定以外的其他发票的，比照刑法第一百二十四条的规定处罚。

七、盗窃增值税专用发票或者其他发票的，依照刑法关于盗窃罪的规定处罚。

使用欺骗手段骗取增值税专用发票或者其他发票的，依照刑法关于诈骗罪的规定处罚。

八、税务机关或者其他国家机关的工作人员有下列情形之一的，依照本决定的有关规定从重处罚：

（一）与犯罪分子相勾结，实施本决定规定的犯罪的；

（二）明知是虚开的发票，予以退税或者抵扣税款的；

（三）明知犯罪分子实施本决定规定的犯罪，而提供其他帮助的。

九、税务机关的工作人员违反法律、行政法规的规定，在发售发票、抵扣税款、出口退税工作中玩忽职守，致使国家利益遭受重大损失的，处五年以下有期徒刑或者拘役；致使国家利益遭受特别重大损失的，处五年以上有期徒刑。

十、单位犯本决定第一条、第二条、第三条、第四条、第五条、第六条、第七条第二款规定之罪的，对单位判处罚金，并对直接负责的主管人员和其他直接责任人员依照各该条的规定追究刑事责任。

十一、有本决定第二条、第三条、第四条第一款、第六条规定的行为，情节显著轻微，尚不构成犯罪的，由公安机关处十五日以下拘留、五千元以下罚款。

十二、对追缴犯本决定规定之罪的犯罪分子的非法抵扣和骗取的税款，由税务机关上交国库，其他的违法所得和供犯罪使用的财物一律没收。

供本决定规定的犯罪所使用的发票和伪造的发票一律没收。

十三、本决定自公布之日起施行。

附一：关于惩治伪造、虚开代开增值税专用发票犯罪的决定（草案）的说明

——1995年8月23日在第八届全国人民代表大会常务委员会第十五次会议上

（全国人大常委会法制工作委员会主任　顾昂然）

委员长、各位副委员长、秘书长、各位委员：

我受委员长会议的委托，作《关于惩治伪造、虚开代开增值税专用发票犯罪的决定（草案）》的说明。1994年，我国改革税制，实行增值税，一些不法分子采用伪造、虚开代开增值税专用发票等手段，进行偷税或者诈骗国家财产等犯罪活动，严重破坏国家税收，危害税制改革，给国家造成了巨大损失。为了维护国家税收秩序、保障税制改革的顺利进行，全国人大常委会法制工作委员会与国家税务总局对当前利用增值税专用发票进行犯罪的一些新情况，进行了调查研究，听取了税务、法院、检察院、公安等有关部门和法律专家的意见，并征求了各省、自治区、直辖市的意见，拟订了《关于惩治伪造、虚开代开增值税专用发票犯罪的决定（草案）》，现将草案的主要内容和主要问题说明如下：

一、草案将惩治伪造、虚开代开增值税专用发票方面的严重犯罪，作为打击重点，对有关的犯罪行为作了具体规定，包括：（一）为他人虚开代开增值税专用发票的犯罪；（二）组织、介绍他人虚开代开增值税专用发票的犯罪；（三）伪造增值税专用发票的犯罪；（四）非法出售增值税专用发票或者出售伪造的增值税专用发票的犯罪；（五）非法购买增值税专用发票或者购买伪造的增值税专用发票的犯罪。同时，草案对伪造、虚开代开其他发票等犯罪行为也相应作了规定。

二、关于处罚，草案对这类犯罪，根据不同情节、后果，分别规定了刑罚，其中，对伪造、虚开代开增值税专用发票，诈骗国家财产，数额特别巨大、情节特别恶劣、给国家利益造成特别重大损失的，规定可以判处无期徒刑或者死刑。同时，除规定剥夺自由刑外，还规定处罚金或者没收财产，在经济上予以重罚。对单位犯罪的，规定既要对单位处罚金，同时要对直接负责的主管人员和其他直接责任人员追究刑事责任。

三、有些税务机关工作人员玩忽职守、滥用职权、营私舞弊，甚至与犯罪分子相勾结，非法提供增值税专用发票，致使国家利益遭受重大损失。为此，草案将税务机关工作人员玩忽职守、滥用职权、营私舞弊，明知他人不符合法定条件而发放增值税专用发票，致使国家利益造成特别重大损失的最高法定刑，由刑法规定的五年有期徒刑提高到十五年有期徒刑；对税务机关工作人员与犯罪分子互相勾结，进行虚开代开增值税专用发票等犯罪活动的，以共犯论处。

决定（草案）和以上说明是否妥当，请审议。

附二：全国人大法律委员会关于《全国人民代表大会常务委员会关于惩治伪造、虚开代开增值税专用发票犯罪的决定（草案）》审议结果的报告

——1995 年 10 月 23 日在第八届全国人民代表大会常务委员会第十六次会议上

（全国人大法律委员会主任委员　薛　驹）

全国人民代表大会常务委员会：

八届全国人大常委会第十五次会议对《关于惩治伪造、虚开代开增值税专用发票犯罪的决定（草案）》进行了初步审议。会后，法制工作委员会将草案发给有关部门，并邀请国家税务总局、最高人民法院、最高人民检察院、公安部和有关法律专家进行座谈，进一步征求意见。法律委员会于 10 月 10 日、17 日召开会议，根据全国人大常委会的审议意见和有关部门的意见，对草案进行了审议。法律委员会认为，为了惩治虚开、伪造和非法出售增值税专用发票和其他发票的犯罪活动，保障税制改革的顺利进行，保障国家税收，制定这个决定是必要的，草案基本上是可行的。同时，提出以下修改意见：

一、有些委员和部门提出，草案对非法出售增值税专用发票的犯罪作了规定，这类犯罪危害严重，建议在决定的名称中加上“非法出售”四字。有些委员提出，草案中规定的“虚开代开”增值税专用发票及其他发票中“代开”一词含义不清楚，在实践中，“代开”行为有合法代开和非法代开两种情况，对合法代开不能作为犯罪处理，而非法代开实际上已包含于虚开发票之中，应当删去本决定中的“代开”一词。因此，建议将决定草案的名称修改为“关于惩治虚开、伪造和非法出售增值税专用发票犯罪的决定”，并相应删去有关条文中“代开”一词。

二、草案第一条规定：“为他人虚开代开增值税专用发票，数额较大的，处三年以下有期徒刑或者拘役，并处二万元以上二十万元以下罚金；数额巨大或者有其他严重情节的，处三年以上十年以下有期徒刑，并处五万元以上五十万元以下罚金；有下列情形之一的，处十年以上有期徒刑或者无期徒刑，并处没收财产：（一）犯罪集团的首要分子；（二）无商品交易，多次为他人虚开代开的；（三）为他人虚开代开数额特别巨大的。”“利用虚开代开增值税专用发票诈骗国家财产，数额特别巨大、情节特别恶劣、给国家利益造成特别重大损失的，可以处无期徒刑或者死刑，并处没收财产。”有些委员和部门、专家提出，对犯罪集团的首要分子应当规定从重处罚；对为自己虚开或者让他人为自己虚开增值税专用发票的犯罪分子，也应当严惩。有些部门提出，“无商品交易，多次为他人虚开代开的”一项应当删去，这类犯罪应当以虚开数额作为衡量情节轻重的主要标准。因此，建议将草案第一条修改为：“虚开增值税专用发票的，处三年以下有期徒刑或者拘役，并处二万元以上二十万元以下罚金；虚开的税款数额巨大或者有其他严重情节的，处三年以上十年以下有期徒刑，并处五万元以上五十万元以下罚金；虚开的税款数额特别巨大或者有其他特别严重情节的，处十年以上有期徒刑或者无期徒刑，并处没收财产。”“有前款行为诈骗国家税款，数额特别巨大、情节特别严重、给国家利益造成特别重大损失的，处无期徒刑或者死刑，并处没收财产。”“虚开增值税专用发票的犯罪集团的首要分子，分别依照前两款的规定从重处罚。”“虚开增值税专用发票是指有为他人虚开、为自己虚开、让他人为自己虚开、介绍他人虚开增值税专用发票行为之一的。”（草案修改稿第一条）

三、有些委员和部门提出，虚开用于骗取出口退税、抵扣税款的其他发票，其危害后果与利用增值税专用发票进行这类犯罪活动是一样的，处刑应当与虚开增值税专用发票的犯罪行为一致。因此，建议将草案第五条修改为：“虚开用于骗取出口退税、抵扣税款的其他发票的，依照本决定第一条的规定处罚。”（草案修改稿第五条）

四、草案修改稿第七条第三款规定：有盗窃、骗取增值税专用发票或者其他发票的犯罪行为，并以非法取得的增值税专用发票或者其他发票进行其他犯罪活动的，依照刑法关于数罪并罚的规定处罚。有些委员和部门认为，对盗窃或者骗取增值税专用发票和其他发票又进行其他犯罪活动的如何处罚，刑法有原则规定，实际执行起来也没有问题，本决定可不作规定。因此，建议删去第七条第三款的规定。

五、草案第八条规定：“税务机关的工作人员与犯罪分子串通，为其实施本决定规定的犯罪活动提供帮助的，以共犯论处”。有些委员和部门提出，除税务机关的工作人员与犯罪分子串通，为犯罪活动提供帮助的以外，其他国家机关工作人员也有这类犯罪活动，对此应当作出规定，并规定从重处罚。因此，建议将草案第八条修改为：“税务机关或者其他国家机关的工作人员有下列情形之一的，依照本决定的有关规定从重处罚：（一）与犯罪分子相勾结，实施本决定规定的犯罪的；（二）明知是虚开的发票，予以退税或者抵扣税款的；（三）明知犯罪分子实施本决定规定的犯罪，而提供其他帮助的。”（草案修改稿第八条）

六、草案第十二条第一款规定：“对犯本决定规定之罪的违法所得、供犯罪使用的财物一律没收。”有些委员和部门提出，为了保障国家的税收，应当明确规定追缴犯罪分子非法抵扣和骗取的税款，交由税务机关依法上交国库。因此，建议将草案第十二条修改为：“对追缴犯本决定之罪的犯罪分子的非法抵扣和骗取的税款，由税务机关上交国库，

其他的违法所得和供犯罪使用的财物一律没收。”（草案修改稿第十二条第一款）

此外，还对草案作了一些文字修改。

草案修改稿已按上述意见作了修改，法律委员会建议全国人大常委会审议通过。

草案修改稿和以上意见是否妥当，请审议。

附三：关于民用航空法（草案修改稿）、惩治虚开、伪造和非法出售增值税专用发票犯罪的决定（草案修改稿）、固体废物污染环境防治法（草案修改稿）和食品卫生法（草案修改稿）修改意见的汇报（节录）

——1995 年 10 月 30 日在第八届全国人民代表大会常务委员会第十六次会议上

（全国人大法律委员会主任委员　薛　驹）

二、关于惩治虚开、伪造和非法出售增值税专用发票犯罪的决定（草案修改稿）

（一）有些委员和部门提出，草案修改稿第六条对出售伪造的其他发票的犯罪作了规定，目前非法出售真的其他发票的情况也很严重，应当作出相应规定。因此，建议在第六条增加二款规定：“非法出售可以用于骗取出口退税、抵扣税款的其他发票的，依照第一款的规定处罚。”“非法出售前款规定以外的其他发票的，比照刑法第一百二十四条的规定处罚。”（新修改稿第六条第三款、第四款）

（二）有些委员提出，一些单位也存在草案修改稿第七条第二款规定的用欺骗手段骗取增值税专用发票的行为，应当规定单位犯罪的刑事责任。因此，建议在草案修改稿第十条中增加规定：单位犯本决定第七条第二款规定之罪的，对单位判处罚金，并对直接负责的主管人员和其他直接责任人员依照第七条的规定追究刑事责任。（新修改稿第十条）

此外，许多常委委员在审议中提出，税务机关应进一步加强对增值税专用发票和其他发票的管理，健全规章制度，保障国家税收。司法机关应当严格按照本决定的规定，依法惩治虚开、伪造和非法出售增值税专用发票的犯罪分子。应当对公民和单位进行宣传教育，鼓励他们同本决定规定的犯罪行为作斗争。法律委员会认为，这些意见很重要，有关部门应当加强这方面的工作。

三、全国人大常委会法工委的解释性意见

1. 关于正在服刑的罪犯和被羁押的人的选举权问题的联合通知

（1984 年 3 月 24 日　法工委联字〔84〕1 号）

各省、自治区、直辖市高级法院、检察院，公安、司法、民政厅（局）：

全国县、乡两级人民代表大会代表的选举工作，正在逐步展开。在当前严厉打击严重危害社会治安的刑事犯罪活动的情况下，对于过去已判刑、但没有附加剥夺政治权利的严重刑事罪犯和被羁押正在受侦查、起诉、审判的人是否准许行使选举权问题，有些地方提出一些问题和意见，经研究后，现做如下通知，望遵照执行：

一、1983 年 3 月全国人大常委会通过的《关于县级以下人民代表大会代表直接选举的若干规定》，对于已被判刑的罪犯和被羁押正在受侦查、起诉、审判的人的选举权问题已经作了规定。这一规定是根据宪法关于公民的选举权、被选举权的规定的原则确定的，是适当的，在这次县、乡直接选举工作中，仍应贯彻执行。

二、对这次严厉打击严重危害社会治安的刑事犯罪活动中因反革命案或者严重破坏社会秩序案被羁押正在侦查、起诉、审判的人，应当依照法律规定经人民检察院或者人民法院决定，在被羁押期间停止行使选举权利；其他未经人民检察院或者人民法院决定停止行使选举权利的，应准予行使选举权利。

三、对正在服刑的反革命罪犯和被判处死刑、无期徒刑的其他罪犯，凡是没有附加剥夺政治权利的，应当由人民法院依照审判监督程序，判处附加剥夺政治权利；被判处有期徒刑（包括原判死缓、无期徒刑后减为有期徒刑的）、现正在服刑的故意杀人、强奸、放火、爆炸、投毒、抢劫、流氓、盗窃（重大）等严重破坏社会秩序的罪犯，凡是需要剥夺选举权利的，也可由人民法院依照审判监督程序，判处附加剥夺政治权利。如果原来是第一审生效的案件，应当

由上一级人民法院提审；如果原来是第二审生效的案件，应当由第二审人民法院再审。根据刑事诉讼法第一百五十条的规定，依照上述程序所做的判决、裁定，是终审的判决、裁定，不得上诉。

四、今后对于反革命罪犯和判处死刑、无期徒刑的其他罪犯，各级人民法院在审判时，应当依照刑法第五十二条、第五十三条的规定，一律同时判处附加剥夺政治权利；对于严重破坏社会秩序的罪犯，需要剥夺政治权利的，也应依照刑法第五十二条的规定，同时判处附加剥夺政治权利。

五、对准予行使选举权利的被羁押的人和正在服刑的罪犯，经选举委员会和执行羁押、监禁的机关共同决定，可以在原户口所在地参加选举，也可以在劳改场所参加选举；可以在流动票箱投票，也可以委托有选举权的亲属或者其他选民代为投票。

2. 关于劳教工作干警适用刑法关于司法工作人员规定的通知

（1986 年 7 月 10 日　法工委发文〔1986〕32 号）

各省、自治区、直辖市高级人民法院、人民检察院、司法厅（局）：

近几年，有些司法机关在处理劳教工作干警体罚虐待劳教人员的犯罪案件时，对劳教工作干警是否适用刑法关于司法工作人员的规定有不同认识，影响对案件的处理。根据实际情况和需要，经研究认为：劳教工作干警担负着对劳教人员的管理、教育、改造工作，可适用刑法关于司法工作人员的规定。劳教工作干警违反监管法规，体罚虐待劳教人员，情节严重的，依照《刑法》第一百八十九条的规定处理。

过去对这类案件已经过处理，与本通知规定不符的，不再变更。

四、附属刑法

1. 中华人民共和国个人所得税法（节录）（1980. 9. 10）

（1980 年 9 月 10 日第五届全国人民代表大会第三次会议通过　1980 年 9 月 10 日全国人民代表大会常务委员会委员长令第 11 号公布　1980 年 9 月 10 日起施行）

第十二条　扣缴义务人和自行申报纳税人，违反本法第九条规定的，税务机关可以酌情处以罚金。

匿报所得额，偷税、抗税的，税务机关除追缴税款外，可以根据情节轻重，处以应补税款五倍以下的罚金；情节严重的，由当地人民法院依法处理。

2. 中华人民共和国外国企业所得税法（节录）（1981. 12. 13）

（1981 年 12 月 13 日第五届全国人民代表大会第四次会议通过　1981 年 12 月 13 日全国人民代表大会常务委员会委员长令第 13 号公布　自 1982 年 1 月 1 日起施行）

第十五条　外国企业违反本法第八条、第九条、第十条、第十二条规定的，税务机关可以酌情处以罚金。

扣缴义务人违反本法第十一条规定的，税务机关除限期追缴应扣未扣税款外，可以酌情处以应扣未扣税款的一倍以下的罚金。

外国企业偷税、抗税的，税务机关除追缴税款外，可以根据情节轻重，处以应补税款五倍以下的罚金。情节严重的，由当地人民法院依法处理。

3. 国家建设征用土地条例（节录）（1982. 5. 14）

（1982 年 5 月 4 日全国人民代表大会常务委员会第二十三次会议原则批准
1982 年 5 月 14 日国务院公布 1982 年 5 月 14 日起施行）

第二十五条 对违反本条例的，分别情况给予经济制裁、行政处分，直至追究刑事责任。

一、采取非法手段骗取批准征用土地的，超越审批权限批准征用土地的，征地协议无效；情节严重的，对主管人员和直接责任人员给予行政处分，可以并处罚款。

二、侵占集体土地的，占用临时用地期满不归还的，责令退还土地，并赔偿所造成的经济损失；情节严重的，对主管人员和直接责任人员给予行政处分，可以并处罚款。

三、买卖、租赁或变相买卖、租赁土地的，违法转让土地的，没收其非法所得，在非法占用的土地上建造的建筑物予以没收或拆除；情节严重的，对主管人员和直接责任人员处以罚款，并可以给予行政处分。

四、对批准征用的土地，一方当事人坚持无理要求，拒不签订征地协议的，由土地管理机关裁决。当事人任何一方不执行征地协议，致使对方遭受经济损失的，责令赔偿；情节严重的，对主管人员和直接责任人员处以罚款。

五、挪用或占用补偿费和安置补助费的，责令退赔；情节严重的，对主管人员和直接责任人员给予行政处分，可以并处罚款。侵占招工、转户指标的，招工、转户无效；情节严重的，对主管人员和直接责任人员给予行政处分，可以并处罚款。

上列各项，行政处分由土地管理机关提出意见，报请县级以上人民政府批准，责令所在单位或其上级主管机关决定和执行。经济制裁由土地管理机关决定并限期执行；当事人不服的，可以在期满前向人民法院起诉；期满不起诉又不履行的，由土地管理机关提请人民法院依照民事诉讼程序强制执行。

在征地过程中，煽动群众闹事，阻挠国家建设，贪污、盗窃国家和集体财物，行贿、受贿，敲诈勒索，以及其他违法犯罪行为，构成犯罪的，由司法机关依法追究刑事责任；情节轻微、不构成犯罪的，分别给以治安管理处罚或经济制裁、行政处分。

4. 中华人民共和国海洋环境保护法（节录）（1982. 8. 23）

（1982 年 8 月 23 日第五届全国人民代表大会常务委员会第二十四次会议通过）

第四十四条 凡违反本法，污染损害海洋环境，造成公私财产重大损失或者致人伤亡的，对直接责任人员可以由司法机关依法追究刑事责任。

5. 中华人民共和国海上交通安全法（节录）（1983. 9. 2）

（1983 年 9 月 2 日第六届全国人民代表大会常务委员会第二次会议通过）

第四十七条 对违反本法构成犯罪的人员，由司法机关依法追究刑事责任。

6. 中华人民共和国人民法院组织法（节录）（1983.9.2）

（1979 年 7 月 1 日第五届全国人民代表大会第二次会议通过　根据 1983 年 9 月 2 日第六届全国人民代表大会常务委员会第二次会议通过的《关于修改〈中华人民共和国人民法院组织法〉的决定》修订）

第十三条　死刑案件除由最高人民法院判决的以外，应当报请最高人民法院核准。杀人、强奸、抢劫、爆炸以及其他严重危害公共安全和社会治安判处死刑的案件的核准权，最高人民法院在必要的时候，得授权省、自治区、直辖市的高级人民法院行使。

附：全国人民代表大会常务委员会关于修改《中华人民共和国人民法院组织法》的决定

（1983 年 9 月 2 日第六届全国人民代表大会常务委员会第二次会议通过）

四、第十三条“死刑案件由最高人民法院判决或者核准。死刑案件的复核程序按照中华人民共和国刑事诉讼法第三编第四章的规定办理。”修改为：“死刑案件除由最高人民法院判决的以外，应当报请最高人民法院核准。杀人、强奸、抢劫、爆炸以及其他严重危害公共安全和社会治安判处死刑的案件的核准权，最高人民法院在必要的时候，得授权省、自治区、直辖市的高级人民法院行使。”

7. 中华人民共和国中外合资经营企业所得税法（节录）（1983.9.2）

（1980 年 9 月 10 日第五届全国人民代表大会第三次会议通过　根据 1983 年 9 月 2 日第六届全国人民代表大会常务委员会第二次会议《关于修改〈中华人民共和国中外合资经营企业所得税法〉的决定》修订）

第十四条　合营企业违反本法第九条、第十一条、第十二条规定的，税务机关可以酌情处以罚金。

合营企业偷税、抗税的，税务机关除追缴税款外，可以根据情节轻重，处以应补税款五倍以下的罚金。情节严重的，由当地人民法院依法处理。

8. 中华人民共和国消防条例（节录）（1984.5.11）

（1984 年 5 月 11 日第六届全国人民代表大会常务委员会第五次会议批准）

第三十条　违反本条例规定，经消防监督机构通知采取改正措施而拒绝执行，情节严重的，对有关责任人员由公安机关依照《治安管理处罚条例》给予处罚，或者由其主管机关给予行政处分。

违反本条例规定，造成火灾的，对有关责任人员依法追究刑事责任；情节较轻的，由公安机关依照《治安管理处罚条例》给予处罚，或者由其主管机关给予行政处分。

9. 中华人民共和国兵役法（节录）（1984.5.31）

（1984年5月31日第六届全国人民代表大会第二次会议通过）

第六十一条　按照本法规定，有服兵役义务的公民拒绝、逃避兵役登记的，应征公民拒绝、逃避征集的，预备役人员拒绝、逃避军事训练的，经教育不改，基层人民政府应当强制其履行兵役义务。

在战时，预备役人员拒绝、逃避征召或者拒绝、逃避军事训练，情节严重的，比照《中华人民共和国惩治军人违反职责罪暂行条例》第六条第一款的规定处罚。

第六十二条　国家工作人员办理兵役工作时，收受贿赂、营私舞弊的，或者玩忽职守，致使兵役工作遭受严重损失的，分别依照《中华人民共和国刑法》第一百八十五条、第一百八十七条的规定处罚。情节较轻的，可以给予行政处分。

10. 中华人民共和国药品管理法（节录）（1984.9.20）

（1984年9月20日第六届全国人民代表大会常务委员会第七次会议通过）

第五十条　生产、销售假药的，没收假药和违法所得，处以罚款，并可以责令该单位停产、停业整顿或者吊销《药品生产企业许可证》、《药品经营企业许可证》、《制剂许可证》。

对生产、销售假药，危害人民健康的个人或者单位直接责任人员，依照刑法第一百六十四条的规定追究刑事责任。

第五十一条　生产、销售劣药的，没收劣药和违法所得，可以并处罚款；情节严重的，并责令该单位停产、停业整顿或者吊销《药品生产企业许可证》、《药品经营企业许可证》、《制剂许可证》。

对生产、销售劣药，危害人民健康，造成严重后果的个人或者单位直接责任人员，比照刑法第一百六十四条的规定追究刑事责任。

11. 中华人民共和国森林法（节录）（1984.9.20）

（1984年9月20日第六届全国人民代表大会常务委员会第七次会议通过）

第三十四条　盗伐森林或者其他林木，情节轻微的，由林业主管部门责令赔偿损失，补种盗伐株数十倍的树木，并处以违法所得三至十倍的罚款。滥伐森林或者其他林木，情节轻微的，由林业主管部门责令补种滥伐株数五倍的树木，并处以违法所得二至五倍的罚款。

盗伐、滥伐森林或者其他林木，情节严重的，依照《刑法》第一百二十八条的规定追究刑事责任。

盗伐林木据为己有，数额巨大的，依照《刑法》第一百五十二条的规定追究刑事责任。

第三十五条　违反本法规定，超过批准的年采伐限额发放林木采伐许可证或者超越职权发放林木采伐许可证的，对直接责任人员给予行政处分；情节严重，致使森林遭受严重破坏的，对直接责任人员依照《刑法》第一百八十七条的规定追究刑事责任。

第三十六条　伪造或者倒卖林木采伐许可证的，由林业主管部门没收违法所得，处以罚款；情节严重的，比照《刑法》第一百二十条的规定追究刑事责任。

12. 中华人民共和国居民身份证条例（节录）（1985.9.6）

（1985年9月6日第六届全国人民代表大会常务委员会第十二次会议通过）

第十六条　伪造、变造居民身份证的或者窃取居民身份证情节严重的，依照《中华人民共和国刑法》第一百六十七条的规定处罚。

第十七条 公安机关工作人员在执行本条例时，徇私舞弊、侵害公民合法权利和利益的，应当给予行政纪律处分，情节严重构成犯罪的，应当依法追究刑事责任。

13. 中华人民共和国计量法（节录）（1985. 9. 6）

（1985 年 9 月 6 日第六届全国人民代表大会常务委员会第十二次会议通过）

第二十八条 制造、销售、使用以欺骗消费者为目的的计量器具的，没收计量器具和违法所得，处以罚款；情节严重的，并对个人或者单位直接责任人员按诈骗罪或者投机倒把罪追究刑事责任。

第二十九条 违反本法规定，制造、修理、销售的计量器具不合格，造成人身伤亡或者重大财产损失的，比照《刑法》第一百八十七条的规定，对个人或者单位直接责任人员追究刑事责任。

第三十条 计量监督人员违法失职，情节严重的，依照《刑法》有关规定追究刑事责任；情节轻微的，给予行政处分。

14. 中华人民共和国外国人入境出境管理法（节录）（1985. 11. 22）

（1985 年 11 月 22 日第六届全国人民代表大会常务委员会第十三次会议通过）

第二十九条 对违反本法规定，非法入境、出境的，在中国境内非法居留或者停留的，未持有效旅行证件前往不对外国人开放的地区旅行的，伪造、涂改、冒用、转让入境、出境证件的，县级以上公安机关可以处以警告、罚款或者十日以下的拘留处罚；情节严重，构成犯罪的，依法追究刑事责任。

受公安机关罚款或者拘留处罚的外国人，对处罚不服的，在接到通知之日起十五日内，可以向上一级公安机关提出申诉，由上一级公安机关作出最后的裁决，也可以直接向当地人民法院提起诉讼。

15. 中华人民共和国公民出境入境管理法（节录）（1985. 11. 22）

（1985 年 11 月 22 日第六届全国人民代表大会常务委员会第十三次会议通过）

第十四条 对违反本法规定，非法出境、入境，伪造、涂改、冒用、转让出境、入境证件的，公安机关可以处以警告或者十日以下的拘留处罚；情节严重，构成犯罪的，依法追究刑事责任。

第十六条 执行本法的国家工作人员，利用职权索取、收受贿赂的，依照《中华人民共和国刑法》和全国人民代表大会常务委员会《关于严惩严重破坏经济的罪犯的决定》处罚；有其他违法失职行为，情节严重，构成犯罪的，依照《中华人民共和国刑法》有关规定追究刑事责任。

16. 中华人民共和国渔业法（节录）（1986. 1. 20）

（1986 年 1 月 20 日第六届全国人民代表大会常务委员会第十四次会议通过）

第二十八条 炸鱼、毒鱼的，违反关于禁渔区、禁渔期的规定进行捕捞的，使用禁用的渔具、捕捞方法进行捕捞的，擅自捕捞国家规定禁止捕捞的珍贵水生动物的，没收渔获物和违法所得，处以罚款，并可以没收渔具，吊销捕捞许可证；情节严重的，依照《刑法》第一百二十九条的规定对个人或者单位直接责任人员追究刑事责任。

第二十九条 偷捕、抢夺他人养殖的水产品的，破坏他人养殖水体、养殖设施的，由渔业行政主管部门或者其所属的渔政监督管理机构责令赔偿损失，并处罚款；数额较大，情节严重的，依照《刑法》第一百五十一条或者第一百五十六条的规定对个人或者单位直接责任人员追究刑事责任。

17. 中华人民共和国民法通则（节录）（1986. 4. 12）

（1986年4月12日第六届全国人民代表大会第四次会议通过）

第四十九条　企业法人有下列情形之一的，除法人承担责任外，对法定代表人可以给予行政处分、罚款，构成犯罪的，依法追究刑事责任：

（一）超出登记机关核准登记的经营范围从事非法经营的；

（二）向登记机关、税务机关隐瞒真实情况、弄虚作假的；

（三）抽逃资金、隐匿财产逃避债务的；

（四）解散、被撤销、被宣告破产后，擅自处理财产的；

（五）变更、终止时不及时申请办理登记和公告，使利害关系人遭受重大损失的；

（六）从事法律禁止的其他活动，损害国家利益或者社会公共利益的。

第一百一十条　对承担民事责任的公民、法人需要追究行政责任的，应当追究行政责任；构成犯罪的，对公民、法人的法定代表人应当依法追究刑事责任。

18. 中华人民共和国义务教育法（节录）（1986. 4. 12）

（1986年4月12日第六届全国人民代表大会第四次会议通过）

第十六条　任何组织或者个人不得侵占、克扣、挪用义务教育经费，不得扰乱教学秩序。不得侵占、破坏学校的场地、房屋和设备。

禁止侮辱、殴打教师，禁止体罚学生。

不得利用宗教进行妨碍义务教育实施的活动。

对违反第一款、第二款规定的，根据不同情况，分别给予行政处分，行政处罚；造成损失的，责令赔偿损失；情节严重构成犯罪的，依法追究刑事责任。

19. 中华人民共和国外交特权与豁免条例（节录）（1986. 9. 5）

（1986年9月5日第六届全国人民代表大会常务委员会第十七次会议通过）

第十二条　外交代表人身不受侵犯，不受逮捕或者拘留。中国有关机关应当采取适当措施，防止外交代表的人身自由和尊严受到侵犯。

第十三条　外交代表的寓所不受侵犯，并受保护。

外交代表的文书和信件不受侵犯，外交代表的财产不受侵犯，但第十四条另有规定的除外。

第十四条　外交代表享有刑事管辖豁免。

外交代表享有民事管辖豁免和行政管辖豁免，但下列各项除外：

（一）外交代表以私人身份进行的遗产继承的诉讼；

（二）外交代表违反第二十五条第三项规定在中国境内从事公务范围以外的职业或者商业活动的诉讼。

外交代表免受强制执行，但对前款所列情况，强制执行对其人身和寓所不构成侵犯的，不在此限。

外交代表没有以证人身份作证的义务。

20. 中华人民共和国企业破产法（试行）（节录）（1986. 12. 2）

（1986 年 12 月 2 日第六届全国人民代表大会常务委员会第十八次会议通过）

第三十五条　人民法院受理破产案件前六个月至破产宣告之日的期间内，破产企业的下列行为无效：

（一）隐匿、私分或者无偿转让财产；

（二）非正常压价出售财产；

（三）对原来没有财产担保的债务提供财产担保；

（四）对未到期的债务提前清偿；

（五）放弃自己的债权。

破产企业有前款所列行为的，清算组有权向人民法院申请追回财产。追回的财产并入破产财产。

第四十一条　破产企业有本法第三十五条所列行为之一的，对破产企业的法定代表人和直接责任人员给予行政处分；破产企业的法定代表人和直接责任人员的行为构成犯罪的，依法追究刑事责任。

第四十二条　企业被宣告破产后，由政府监察部门和审计部门负责查明企业破产的责任。

破产企业的法定代表人对企业破产负有主要责任的，给予行政处分。

破产企业的上级主管部门对企业破产负有主要责任的，对该上级主管部门的领导人，给予行政处分。

破产企业的法定代表人和破产企业的上级主管部门的领导人，因玩忽职守造成企业破产，致使国家财产遭受重大损失的，依照《中华人民共和国刑法》第一百八十七条的规定追究刑事责任。

21. 中华人民共和国邮政法（节录）（1986. 12. 2）

（1986 年 12 月 2 日第六届全国人民代表大会常务委员会第十八次会议通过）

第三十六条　隐匿、毁弃或者非法开拆他人信件，侵犯公民通信自由权利，情节严重的，依照《中华人民共和国刑法》第一百四十九条的规定追究刑事责任；尚不够刑事处罚的，依照《中华人民共和国治安管理处罚条例》第二十二条的规定处罚。

第三十七条　邮政工作人员私自开拆或者隐匿、毁弃邮件的，依照《中华人民共和国刑法》第一百九十一条第一款的规定追究刑事责任。

犯前款罪而窃取财物的，依照《中华人民共和国刑法》第一百九十一条第二款的规定，按贪污罪从重处罚。

第三十八条　故意损毁邮筒等邮政公用设施，尚不够刑事处罚的，依照《中华人民共和国治安管理处罚条例》第二十五条的规定处罚；情节严重的，依照《中华人民共和国刑法》第一百五十六条的规定追究刑事责任。

第三十九条　邮政工作人员拒不办理依法应当办理的邮政业务的，故意延误投递邮件的，给予行政处分。邮政工作人员玩忽职守，致使公共财产、国家和人民利益遭受重大损失的，依照《中华人民共和国刑法》第一百八十七条的规定追究刑事责任。

22. 中华人民共和国国境卫生检疫法（节录）（1986. 12. 2）

（1986 年 12 月 2 日第六届全国人民代表大会常务委员会第十八次会议通过）

第二十二条　违反本法规定，引起检疫传染病传播或者有引起检疫传染病传播严重危险的，依照《中华人民共和国刑法》第一百七十八条的规定追究刑事责任。

第二十三条　国境卫生检疫机关工作人员，应当秉公执法，忠于职守，对入境、出境的交通工具和人员，及时进行检疫；违法失职的，给予行政处分，情节严重构成犯罪的，依法追究刑事责任。

23. 中华人民共和国海关法（节录）（1987.1.22）

（1987年1月22日第六届全国人民代表大会常务委员会第十九次会议通过）

第四十七条　逃避海关监管，有下列行为之一的，是走私罪：

（一）运输、携带、邮寄国家禁止进出口的毒品、武器、伪造货币进出境的，以牟利、传播为目的运输、携带、邮寄淫秽物品进出境的，或者运输、携带、邮寄国家禁止出口的文物出境的；

（二）以牟利为目的，运输、携带、邮寄除前项所列物品外的国家禁止进出口的其他物品、国家限制进出口或者依法应当缴纳关税的货物、物品进出境，数额较大的；

（三）未经海关许可并补缴关税，擅自出售特准进口的保税货物、特定减税或者免税的货物，数额较大的。

以武装掩护走私的，以暴力抗拒检查走私货物、物品的，不论数额大小，都是走私罪。

犯走私罪的，由人民法院依法判处刑事处罚包括判处罚金，判处没收走私货物、物品、走私运输工具和违法所得。

企业事业单位、国家机关、社会团体犯走私罪的，由司法机关对其主管人员和直接责任人员依法追究刑事责任；对该单位判处罚金，判处没收走私货物、物品、走私运输工具和违法所得。

第四十九条　有下列行为之一的，按走私罪论处，依照本法第四十七条的规定处罚：

（一）直接向走私人非法收购国家禁止进口的物品的，或者直接向走私人非法收购走私进口的其他货物、物品，数额较大的；

（二）在内海、领海运输、收购、贩卖国家禁止进出口的物品的，或者运输、收购、贩卖国家限制进出口的货物、物品，数额较大，没有合法证明的。

有前款所列行为之一，尚不构成走私罪的，依照本法第四十八条的规定处罚。

第五十二条　人民法院判处没收的走私货物、物品、违法所得、走私运输工具和罚金，海关决定没收的走私货物、物品、违法所得和罚款，全部上缴国库。法院判处没收的和海关决定没收的走私货物、物品、走私运输工具，由海关依照国务院的规定处理，上缴国库。

第五十五条　海关工作人员私分没收的走私货物、物品的，依照刑法第一百五十五条的规定追究刑事责任。

海关工作人员不得购买没收的走私货物、物品；购买没收的走私货物、物品的，责令退还，并可以给予行政处分。

第五十六条　海关工作人员滥用职权，故意刁难、拖延监管、查验的，给予行政处分；徇私舞弊、玩忽职守或者放纵走私的，根据情节轻重，给予行政处分或者依法追究刑事责任。

24. 中华人民共和国技术合同法（节录）（1987.6.23）

（1987年6月23日第六届全国人民代表大会常务委员会第二十一次会议通过）

第二十二条　订立违反法律、法规或者损害国家利益、社会公共利益的技术合同，进行违法活动的，依法追究行政责任或者刑事责任。

25. 中华人民共和国水法（节录）（1988.1.21）

（1988年1月21日第六届全国人民代表大会常务委员会第二十四次会议通过）

第四十六条　违反本法规定，有下列行为之一的，由县级以上地方人民政府水行政主管部门或者有关主管部门责令其停止违法行为，采取补救措施，可以并处罚款；对有关责任人员可以由其所在单位或者上级主管机关给予行政处分；构成犯罪的，依照刑法规定追究刑事责任：

（一）擅自修建水工程或者整治河道、航道的；

（二）违反本法第四十二条的规定，擅自向下游增大排泄洪涝流量或者阻碍上游洪涝下泄的。

第四十七条　违反本法规定，有下列行为之一的，由县级以上地方人民政府水行政主管部门或者有关主管部门责令其停止违法行为，赔偿损失，采取补救措施，可以并处罚款；应当给予治安管理处罚的，依照治安管理处罚条例的规定处罚；构成犯罪的，依照刑法规定追究刑事责任：

（一）毁坏水工程及堤防、护岸等有关设施，毁坏防汛设施、水文监测设施、水文地质监测设施和导航、助航设施的；

（二）在水工程保护范围内进行爆破、打井、采石、取土等危害水工程安全的活动。

第四十九条　盗窃或者抢夺防汛物资、水工程器材的，贪污或者挪用国家救灾、抢险、防汛、移民安置款物的，依照刑法规定追究刑事责任。

第五十条　水行政主管部门或者其他主管部门以及水工程管理单位的工作人员玩忽职守、滥用职权、徇私舞弊的，由其所在单位或者上级主管机关给予行政处分；对公共财产、国家和人民利益造成重大损失的，依照刑法规定追究刑事责任。

26. 中华人民共和国全民所有制工业企业法（节录）（1988.4.13）

（1988 年 4 月 13 日第七届全国人民代表大会第一次会议通过）

第六十条　企业因生产、销售质量不合格的产品，给用户和消费者造成财产、人身损害的，应当承担赔偿责任；构成犯罪的，对直接责任人员依法追究刑事责任。

第六十二条　企业领导干部滥用职权，侵犯职工合法权益，情节严重的，由政府主管部门给予行政处分；滥用职权、假公济私，对职工实行报复陷害的，依照《中华人民共和国刑法》第一百四十六条的规定追究刑事责任。

第六十三条　企业和政府有关部门的领导干部，因工作过失给企业和国家造成较大损失的，由政府主管部门或者有关上级机关给予行政处分。

企业和政府有关部门的领导干部玩忽职守，致使企业财产、国家和人民利益遭受重大损失的，依照《中华人民共和国刑法》第一百八十七条的规定追究刑事责任。

第六十四条　阻碍企业领导干部依法执行职务，未使用暴力、威胁方法的，由企业所在地公安机关依照《中华人民共和国治安管理处罚条例》第十九条的规定处罚；以暴力、威胁方法阻碍企业领导干部依法执行职务的，依照《中华人民共和国刑法》第一百五十七条的规定追究刑事责任。

扰乱企业的秩序，致使生产、营业、工作不能正常进行，尚未造成严重损失的，由企业所在地公安机关依照《中华人民共和国治安管理处罚条例》第十九条的规定处罚；情节严重，致使生产、营业、工作无法进行，造成严重损失的，依照《中华人民共和国刑法》第一百五十八条的规定追究刑事责任。

27. 中华人民共和国保守国家秘密法（节录）（1988.9.5）

（1988 年 9 月 5 日第七届全国人民代表大会常务委员会第三次会议通过）

第三十一条　违反本法规定，故意或者过失泄露国家秘密，情节严重的，依照刑法第一百八十六条的规定追究刑事责任。

违反本法规定，泄露国家秘密，不够刑事处罚的，可以酌情给予行政处分。

第三十二条　为境外的机构、组织、人员窃取、刺探、收买、非法提供国家秘密的，依法追究刑事责任。

28. 中华人民共和国野生动物保护法（节录）（1988.11.8）

（1988 年 11 月 8 日第七届全国人民代表大会常务委员会第四次会议通过）

第三十一条　非法捕杀国家重点保护野生动物的，依照关于惩治捕杀国家重点保护的珍贵、濒危野生动物犯罪的补充规定追究刑事责任。

第三十二条　违反本法规定，在禁猎区、禁猎期或者使用禁用的工具、方法猎捕野生动物的，由野生动物行政主管部门没收猎获物、猎捕工具和违法所得，处以罚款；情节严重、构成犯罪的，依照《刑法》第一百三十条的规定追究刑事责任。

第三十五条　违反本法规定，出售、收购、运输、携带国家或者地方重点保护野生动物或者其制品的，由工商行政管理部门没收实物和违法所得，可以并处罚款。

违反本法规定，出售、收购国家重点保护野生动物或者其产品，情节严重、构成投机倒把罪、走私罪的，依照刑法有关规定追究刑事责任。

没收的实物，由野生动物行政主管部门或者其授权的单位按照规定处理。

第三十六条　非法进出口野生动物或者其产品的，由海关依照海关法处罚；情节严重、构成犯罪的，依照《刑法》关于走私罪的规定追究刑事责任。

第三十七条　伪造、倒卖、转让特许猎捕证、狩猎证、驯养繁殖许可证或者允许进出口证明书的，由野生动物行政主管部门或者工商行政管理部门吊销证件，没收违法所得，可以并处罚款。

伪造、倒卖特许猎捕证或者允许进出口证明书，情节严重、构成犯罪的，比照《刑法》第一百六十七条的规定追究刑事责任。

第三十八条　野生动物行政主管部门的工作人员玩忽职守、滥用职权、徇私舞弊的，由其所在单位或者上级主管机关给予行政处分；情节严重、构成犯罪的，依法追究刑事责任。

29. 中华人民共和国土地管理法（节录）（1988. 12. 29）

（1986 年 6 月 25 日第六届全国人民代表大会常务委员会第十六次会议通过
根据 1988 年 12 月 29 日第七届全国人民代表大会常务委员会第五次会议
《关于修改〈中华人民共和国土地管理法〉的决定》修正）

第四十八条　无权批准征用、使用土地的单位或者个人非法批准占用土地的，超越批准权限非法批准占用土地的，批准文件无效，对非法批准占用土地的单位主管人员或者个人由其所在单位或者上级机关给予行政处分；收受贿赂的，依照《刑法》有关规定追究刑事责任。非法批准占用的土地按照非法占用土地处理。

第四十九条　上级单位或者其他单位非法占用被征地单位的补偿费和安置补助费的，责令退赔，可以并处罚款，对主管人员由其所在单位或者上级机关给予行政处分；个人非法占用的，以贪污论处。

第五十四条　在变更土地的所有权、使用权和解决土地所有权、使用权争议的过程中，行贿、受贿，敲诈勒索，贪污、盗窃国家的和集体的财物，或者煽动群众闹事、阻挠国家建设，构成犯罪的，依照《刑法》有关规定追究刑事责任。

30. 中华人民共和国标准化法（节录）（1988. 12. 29）

（1988 年 12 月 29 日第七届全国人民代表大会常务委员会第五次会议通过）

第二十条　生产、销售、进口不符合强制性标准的产品的，由法律、行政法规规定的行政主管部门依法处理。法律、行政法规未作规定的，由工商行政管理部门没收产品和违法所得，并处罚款；造成严重后果构成犯罪的，对直接责任人员依法追究刑事责任。

第二十四条　标准化工作的监督、检验、管理人员违法失职、徇私舞弊的，给予行政处分；构成犯罪的，依法追究刑事责任。

31. 中华人民共和国进出口商品检验法（节录）（1989. 2. 21）

（1989 年 2 月 21 日第七届全国人民代表大会常务委员会第六次会议通过）

第二十六条 违反本法规定，对列入《种类表》的和其他法律、行政法规规定必须经商检机构检验的进口商品未报经检验而擅自销售或者使用的，对列入《种类表》的和其他法律、行政法规规定必须经商检机构检验的出口商品未报经检验合格而擅自出口的，由商检机构处以罚款；情节严重，造成重大经济损失的，对直接责任人员比照刑法第一百八十七条的规定追究刑事责任。

违反本法第十七条的规定，对经商检机构抽查检验不合格的出口商品擅自出口的，依照前款的规定处罚。

第二十七条 伪造、变造商检单证、印章、标志、封识、质量认证标志，构成犯罪的，对直接责任人员比照刑法第一百六十七条的规定追究刑事责任；情节轻微的，由商检机构处以罚款。

第二十九条 国家商检部门、商检机构的工作人员和国家商检部门、商检机构指定的检验机构的检验人员，滥用职权，徇私舞弊，伪造检验结果的，或者玩忽职守，延误检验出证的，根据情节轻重，给予行政处分或者依法追究刑事责任。

第十七条 商检机构对本法规定必须经商检机构检验的进出口商品以外的进出口商品，可以抽查检验。出口商品经抽查检验不合格的，不准出口。

32. 中华人民共和国传染病防治法（节录）（1989. 2. 21）

（1989 年 2 月 21 日第七届全国人民代表大会常务委员会第六次会议通过）

第三十五条 违反本法规定，有下列行为之一的，由县级以上政府卫生行政部门责令限期改正，可以处以罚款；有造成传染病流行危险的，由卫生行政部门报请同级政府采取强制措施：

（一）供水单位供应的饮用水不符合国家规定的卫生标准的；

（二）拒绝按照卫生防疫机构提出的卫生要求，对传染病病原体污染的污水、污物、粪便进行消毒处理的；

（三）准许或者纵容传染病病人、病原携带者和疑似传染病病人从事国务院卫生行政部门规定禁止从事的易使该传染病扩散的工作的；

（四）拒绝执行卫生防疫机构依照本法提出的其他预防控制措施的。

第三十七条 有本法第三十五条所列行为之一，引起甲类传染病传播或者有传播严重危险的，比照刑法第一百七十八条的规定追究刑事责任。

第三十八条 从事实验、保藏、携带、运输传染病菌种、毒种的人员，违反国务院卫生行政部门的有关规定，造成传染病菌种、毒种扩散，后果严重的，依照刑法第一百一十五条的规定追究刑事责任；情节轻微的，给予行政处分。

第三十九条 从事传染病的医疗保健、卫生防疫、监督管理的人员和政府有关主管人员玩忽职守，造成传染病传播或者流行的，给予行政处分；情节严重、构成犯罪的，依照刑法第一百八十七条的规定追究刑事责任。

33. 中华人民共和国行政诉讼法（节录）（1989. 4. 4）

（1989 年 4 月 4 日第七届全国人民代表大会第二次会议通过）

第四十九条 诉讼参与人或者其他人有下列行为之一的，人民法院可以根据情节轻重，予以训诫、责令具结悔过或者处一千元以下的罚款、十五日以下的拘留；构成犯罪的，依法追究刑事责任：

（一）有义务协助执行的人，对人民法院的协助执行通知书，无故推脱、拒绝或者妨碍执行的；

（二）伪造、隐藏、毁灭证据的；

（三）指使、贿买、胁迫他人作伪证或者威胁、阻止证人作证的；

（四）隐藏、转移、变卖、毁损已被查封、扣押、冻结的财产的；

（五）以暴力、威胁或者其他方法阻碍人民法院工作人员执行职务或者扰乱人民法院工作秩序的；

（六）对人民法院工作人员、诉讼参与人、协助执行人侮辱、诽谤、诬陷、殴打或者打击报复的。

罚款、拘留须经人民法院院长批准。当事人不服的，可以申请复议。

第六十五条　当事人必须履行人民法院发生法律效力的判决、裁定。

公民、法人或者其他组织拒绝履行判决、裁定的，行政机关可以向第一审人民法院申请强制执行，或者依法强制执行。

行政机关拒绝履行判决、裁定的，第一审人民法院可以采取以下措施：

（一）对应当归还的罚款或者应当给付的赔偿金，通知银行从该行政机关的帐户内划拨；

（二）在规定期限内不履行的，从期满之日起，对该行政机关按日处五十元至一百元的罚款；

（三）向该行政机关的上一级行政机关或者监察、人事机关提出司法建议。接受司法建议的机关，根据有关规定进行处理，并将处理情况告知人民法院；

（四）拒不履行判决、裁定，情节严重构成犯罪的，依法追究主管人员和直接责任人员的刑事责任。

34. 中华人民共和国集会游行示威法（节录）（1989.10.31）

（1989年10月31日第七届全国人民代表大会常务委员会第十次会议通过）

第二十九条　举行集会、游行、示威，有犯罪行为的，依照刑法有关规定追究刑事责任。

携带武器、管制刀具或者爆炸物的，比照刑法第一百六十三条的规定追究刑事责任。

未依照本法规定申请或者申请未获许可，或者未按照主管机关许可的起止时间、地点、路线进行，又拒不服从解散命令，严重破坏社会秩序的，对集会、游行、示威的负责人和直接责任人员依照刑法第一百五十八条的规定追究刑事责任。

包围、冲击国家机关，致使国家机关的公务活动或者国事活动不能正常进行的，对集会、游行、示威的负责人和直接责任人员依照刑法第一百五十八条的规定追究刑事责任。

占领公共场所、拦截车辆行人或者聚众堵塞交通，严重破坏公共场所秩序、交通秩序的，对集会、游行、示威的负责人和直接责任人员依照刑法第一百五十九条的规定追究刑事责任。

第三十条　扰乱、冲击或者以其他方法破坏依法举行的集会、游行、示威的，公安机关可以处以警告或者十五日以下拘留；情节严重，构成犯罪的，依照刑法有关规定追究刑事责任。

第三十二条　在举行集会、游行、示威过程中，破坏公私财物或者侵害他人身体造成伤亡的，除依照刑法或者治安管理处罚条例的有关规定可以予以处罚外，还应当依法承担赔偿责任。

35. 中华人民共和国环境保护法（节录）（1989.12.26）

（1989年12月26日第七届全国人民代表大会常务委员会第十一次会议通过）

第四十三条　违反本法规定，造成重大环境污染事故，导致公私财产重大损失或者人身伤亡的严重后果的，对直接责任人员依法追究刑事责任。

第四十四条　违反本法规定，造成土地、森林、草原、水、矿产、渔业、野生动植物等资源的破坏的，依照有关法律的规定承担法律责任。

第四十五条　环境保护监督管理人员滥用职权、玩忽职守、徇私舞弊的，由其所在单位或者上级主管机关给予行政处分；构成犯罪的，依法追究刑事责任。

36. 中华人民共和国城市规划法（节录）（1989. 12. 26）

（1989 年 12 月 26 日第七届全国人民代表大会常务委员会第十一次会议通过）

第四十三条　城市规划行政主管部门工作人员玩忽职守、滥用职权、徇私舞弊的，由其所在单位或者上级主管机关给予行政处分；构成犯罪的，依法追究刑事责任。

37. 中华人民共和国军事设施保护法（节录）（1990. 2. 23）

（1990 年 2 月 23 日第七届全国人民代表大会常务委员会第十二次会议通过）

第三十一条　在下列行为之一的，依照刑法有关规定追究刑事责任：

（一）破坏军事设施的；

（二）盗窃、抢夺、抢劫军事设施的装备、物资、器材的；

（三）泄露军事设施秘密的，或者为境外的机构、组织、人员窃取、刺探、收买、非法提供军事设施秘密的。

第三十三条　扰乱军事禁区、军事管理区的管理秩序，情节严重的，对首要分子和直接责任人员比照刑法第一百五十八条的规定追究刑事责任；情节轻微，尚不够刑事处罚的，比照《治安管理处罚条例》第十九条的规定处罚。

第三十四条　在军事禁区非法进行摄影、摄像、录音、勘察、测量、描绘和记述，不听制止的，比照《治安管理处罚条例》第十九条的规定处罚或者没收所使用的器材、工具；情节严重的，比照刑法第一百五十八条的规定追究刑事责任。

第三十五条　现役军人、军内的编职工有下列行为之一的，依照惩治军人违反职责罪暂行条例的有关规定追究刑事责任；情节轻微，尚不够刑事处罚的，给予军纪处分：

（一）破坏军事设施的；

（二）盗窃军事设施的装备、物资、器材的；

（三）泄露军事设施秘密的；

（四）擅离职守或者玩忽职守，致使军事设施遭受破坏或者造成其他后果的。

38. 中华人民共和国国旗法（节录）（1990. 6. 28）

（1990 年 6 月 28 日第七届全国人民代表大会常务委员会第十四次会议通过）

第十九条　在公众场合故意以焚烧、毁损、涂划、玷污、践踏等方式侮辱中华人民共和国国旗的，依法追究刑事责任；情节较轻的，参照《治安管理处罚条例》的处罚规定，由公安机关处以十五日以下拘留。

39. 中华人民共和国铁路法（节录）（1990. 9. 7）

（1990 年 9 月 7 日第七届全国人民代表大会常务委员会第十五次会议通过）

第六十条　违反本法规定，携带危险品进站上车或者以非危险品品名托运危险品，导致发生重大事故的，依照刑法第一百一十五条的规定追究刑事责任。企业事业单位、国家机关、社会团体犯本款罪的，处以罚金，对其主管人员和直接责任人员依法追究刑事责任。

携带炸药、雷管或者非法携带枪支子弹、管制刀具进站上车的，比照刑法第一百六十三条的规定追究刑事责任。

第六十一条 故意损毁、移动铁路行车信号装置或者在铁路线路上旋转足以使列车倾覆的障碍物，尚未造成严重后果的，依照刑法第一百零八条的规定追究刑事责任；造成严重后果的，依照刑法第一百一十条的规定追究刑事责任。

第六十二条 盗窃铁路线路上行车设施的零件、部件或者铁路线路上的器材，危及行车安全，尚未造成严重后果的，依照刑法第一百零八条破坏交通设施罪的规定追究刑事责任；造成严重后果的，依照刑法第一百一十条破坏交通设施罪的规定追究刑事责任。

第六十三条 聚众拦截列车不听制止的，对首要分子和骨干分子依照刑法第一百五十九条的规定追究刑事责任。

聚众冲击铁路行车调度机构不听制止的，对首要分子和骨干分子依照刑法第一百五十八条的规定追究刑事责任。

第六十四条 聚众哄抢铁路运输物资的，对首要分子和骨干分子依照刑法第一百五十一条或者第一百五十二条的规定追究刑事责任。

铁路职工与其他人员勾结犯前款罪的，从重处罚。

第六十五条 在列车内，抢劫旅客财物，伤害旅客的，依照刑法有关规定从重处罚。

在列车内寻衅滋事，侮辱妇女，情节恶劣的，依照刑法第一百六十条的规定追究刑事责任；敲诈勒索旅客财物的，依照刑法第一百五十四条的规定追究刑事责任。

第六十六条 倒卖旅客车票数额较大的，依照刑法第一百一十七条的规定追究刑事责任。以倒卖旅客车票为常业的，倒卖数额巨大的或者倒卖集团的首要分子，依照刑法第一百一十八条的规定追究刑事责任。铁路职工倒卖旅客车票或者与其他人员勾结倒卖旅客车票的，依照刑法第一百一十九条的规定追究刑事责任。

第六十九条 铁路运输企业违反本法规定，多收运费、票款或者旅客、货物运输杂费的，必须将多收的费用退还付款人，无法退还的上缴国库。将多收的费用据为已有或者侵吞私分的，依照关于惩治贪污罪、贿赂罪的补充规定第一条、第二条的规定追究刑事责任。

第七十条 铁路职工利用职务之便走私、投机倒把的，或者与其他人员勾结走私、投机倒把的，依照刑法第一百一十九条的规定追究刑事责任。

第七十一条 铁路职工玩忽职守、违反规章制度造成铁路运营事故的，滥用职权、利用办理运输业务之便谋取私利的，给予行政处分；情节严重、构成犯罪的，依照刑法有关规定追究刑事责任。

40. 中华人民共和国残疾人保障法（节录）（1990.12.28）

（1990年12月28日第七届全国人民代表大会常务委员会第十七次会议通过）

第五十二条 利用残疾人的残疾，侵犯其人身权利或者其他合法权利，构成犯罪的，依照刑法有关规定从重处罚。

以暴力或者其他方法公然侮辱残疾人，情节严重的，依照刑法第一百四十五条的规定追究刑事责任；情节较轻的，依照《治安管理处罚条例》第二十二条的规定处罚。

虐待残疾人的，依照《治安管理处罚条例》第二十二条的规定处罚；情节恶劣的，依照刑法第一百八十二条的规定追究刑事责任。

对没有独立生活能力的残疾人负有扶养义务而拒绝抚养、情节恶劣的，或者遗弃没有独立生活能力的残疾人的，依照刑法第一百八十三条的规定追究刑事责任。

奸淫因智力残疾或者精神残疾不能辨认自己行为的残疾人的，以强奸论，依照刑法第一百三十九条的规定追究刑事责任。

41. 中华人民共和国国徽法（节录）（1991.3.2）

（1991年3月2日第七届全国人民代表大会常务委员会第十八次会议通过）

第十三条 在公众场合故意以焚烧、毁损、涂划、玷污、践踏等方式侮辱中华人民共和国国徽的，依法追究刑事责任；情节较轻的，参照《治安管理处罚条例》的处罚规定，由公安机关处以十五日以下拘留。

42. 中华人民共和国民事诉讼法（节录）（1991. 4. 9）

（1991 年 4 月 9 日第七届全国人民代表大会第四次会议通过）

第一百零一条　诉讼参与人和其他人应当遵守法庭规则。

人民法院对违反法庭规则的人，可以予以训诫，责令退出法庭或者予以罚款、拘留。

人民法院对哄闹、冲击法庭、侮辱、诽谤、威胁、殴打审判人员，严重扰乱法庭秩序的人，依法追究刑事责任；情节较轻的，予以罚款、拘留。

第一百零二条　诉讼参与人或者其他人有下列行为之一的，人民法院可以根据情节轻重予以罚款、拘留；构成犯罪的，依法追究刑事责任：

（一）伪造、毁灭重要证据，妨碍人民法院审理案件的；

（二）以暴力、威胁、贿买方法阻止证人作证或者指使、贿买、胁迫他人作伪证的；

（三）隐藏、转移、变卖、毁损已被查封、扣押的财产，或者已被清点并责令其保管的财产，转移已被冻结的财产的；

（四）对司法工作人员、诉讼参加人、证人、翻译人员、鉴定人、勘验人、协助执行的人，进行侮辱、诽谤、诬陷、殴打或者打击报复的；

（五）以暴力、威胁或者其他方法阻碍司法工作人员执行职务的；

（六）拒不履行人民法院已经发生法律效力的判决、裁定的。

人民法院对有前款规定的行为之一的单位，可以对其主要负责人或者直接责任人员予以罚款、拘留；构成犯罪的，依法追究刑事责任。

43. 中华人民共和国外商投资企业和外国企业所得税法（节录）（1991. 4. 9）

（1991 年 4 月 9 日第七届全国人民代表大会第四次会议通过）

第二十三条　未按规定期限向税务机关办理税务登记或者变更、注销登记的，未按规定期限向税务机关报送所得税申报表、会计决算报表或者扣缴所得税报告表的，或者未将本单位的财务、会计制度报送税务机关备查的，由税务机关责令限期登记或者报送，可以处以五千元以下的罚款。

经税务机关责令限期登记或者报送，逾期仍不向税务机关办理税务登记或者变更登记，或者仍不向税务机关报送所得税申报表、会计决算报表或者扣缴所得税报告表的，由税务机关处以一万元以下的罚款；情节严重的，比照刑法第一百二十一条的规定追究其法定代表人和直接责任人员的刑事责任。

第二十四条　扣缴义务人不履行本法规定的扣缴义务，不扣或者少扣应扣税款的，由税务机关限期追缴应扣未扣税款，可以处以应扣未扣税款一倍以下的罚款。

扣缴义务人未按规定的期限将已扣税款缴入国库的，由税务机关责令限期缴纳，可以处以五千元以下的罚款；逾期仍不缴纳的，由税务机关依法追缴，并处以一万元以下的罚款；情节严重的，比照刑法第一百二十一条的规定追究其法定代表人和直接责任人员的刑事责任。

第二十五条　采取隐瞒、欺骗手段偷税的，或者未按本法规定的期限缴纳税款，经税务机关催缴，在规定的期限内仍不缴纳的，由税务机关追缴其应缴纳税款，并处以应补税款五倍以下的罚款；情节严重的，依照刑法第一百二十一条的规定追究其法定代表人和直接责任人员的刑事责任。

44. 中华人民共和国水土保持法（节录）（1991.6.29）

（1991年6月29日第七届全国人民代表大会常务委员会第二十次会议通过）

第三十七条　以暴力、威胁方法阻碍水土保持监督人员依法执行职务的，依法追究刑事责任；拒绝、阻碍水土保持监督人员执行职务未使用暴力、威胁方法的，由公安机关依照《治安管理处罚条例》的规定处罚。

45. 中华人民共和国文物保护法（节录）（1991.6.29）

（1982年11月19日第五届全国人民代表大会常务委员会第二十五次会议通过
根据1991年6月29日第七届全国人民代表大会常务委员会第二十次会议
《关于修改〈中华人民共和国文物保护法〉第三十条第三十一条的决定》修正）

第三十一条　有下列行为之一的，依法追究刑事责任：

（一）贪污或者盗窃国家文物的；

（二）走私国家禁止出口的文物或者进行文物投机倒把活动情节严重的；

（三）故意破坏国家保护的珍贵文物或者名胜古迹的；

（四）盗掘古文化遗址、古墓葬的；

（五）国家工作人员玩忽职守，造成珍贵文物损毁或者流失的。

全民所有制博物馆、图书馆等单位将文物藏品出售或者私自赠送给非全民所有制单位或者个人的，对主管人员和直接责任人员比照刑法第一百八十七条的规定追究刑事责任。

国家工作人员滥用职权，非法占有国家保护的文物的，以贪污论处；造成珍贵文物损毁的，比照刑法第一百八十七条的规定追究刑事责任。

任何组织或者个人将收藏的国家禁止出口的珍贵文物私自出售或者私自赠送给外国人的，以走私论处。

文物工作人员对所管理的文物监守自盗的，依法从重处罚。

46. 中华人民共和国烟草专卖法（节录）（1991.6.29）

（1991年6月29日第七届全国人民代表大会常务委员会第二十次会议通过）

第三十六条　生产、销售没有注册商标的卷烟、雪茄烟、有包装的烟丝的，由工商行政管理部门责令停止生产、销售，并处罚款。

生产、销售假冒他人注册商标的烟草制品的，由工商行政管理部门责令停止侵权行为，赔偿被侵权人的损失，可以并处罚款；构成犯罪的，依法追究刑事责任。

第三十八条　倒卖烟草专卖品，构成投机倒把罪的，依法追究刑事责任；情节轻微，不构成犯罪的，由工商行政管理部门没收倒卖的烟草专卖品和违法所得，可以并处罚款。

烟草专卖行政主管部门和烟草公司工作人员利用职务上的便利犯前款罪的，依法从重处罚。

第三十九条　伪造、变造本法规定的烟草专卖生产企业许可证、烟草专卖经营许可证等许可证件和准运证的，依法追究刑事责任。

买卖本法规定的烟草专卖生产企业许可证、烟草专卖经营许可证等许可证件和准运证的，比照刑法第一百一十七条的规定追究刑事责任。

烟草专卖行政主管部门和烟草公司工作人员利用职务上的便利犯前两款罪的，依法从重处罚。

第四十条　走私烟草专卖品，构成走私罪的，依照关于惩治走私罪的补充规定追究刑事责任；走私烟草专卖品，数额不大，不构成走私罪的，由海关没收走私货物、物品和违法所得，可以并处罚款。

烟草专卖行政主管部门和烟草公司工作人员利用职务上的便利犯前款罪的，依法从重处罚。

第四十一条　烟草专卖行政主管部门有权对本法实施情况进行检查。以暴力、威胁方法阻碍烟草专卖检查人员依法执行职务的，依法追究刑事责任；拒绝、阻碍烟草专卖检查人员依法执行职务未使用暴力、威胁方法的，由公安机关依照《治安管理处罚条例》的规定处罚。

第四十二条　人民法院和处理违法案件的有关部门的工作人员私分没收的烟草制品，依照关于惩治贪污罪贿赂罪的补充规定第一条、第二条的规定追究刑事责任。

人民法院和处理违法案件的有关部门的工作人员购买没收的烟草制品的，责令退还，可以给予行政处分。

第四十三条　烟草专卖行政主管部门和烟草公司的工作人员滥用职权、徇私舞弊或者玩忽职守的，给予行政处分；情节严重，构成犯罪的，依法追究刑事责任。

47. 中华人民共和国未成年人保护法（节录）（1991. 9. 4）

（1991 年 9 月 4 日第七届全国人民代表大会常务委员会第二十一次会议通过）

第三十八条　对违法犯罪的未成年人，实行教育、感化、挽救的方针，坚持教育为主、惩罚为辅的原则。

第三十九条　已满十四周岁的未成年人犯罪，因不满十六周岁不予刑事处罚的，责令其家长或者其他监护人加以管教；必要时，也可以由政府收容教养。

第五十一条　向未成年人出售、出租或者以其他方式传播淫秽的图书、报刊、音像制品等出版物的，依法从重处罚。

第五十二条　侵犯未成年人的人身权利或者其他合法权利，构成犯罪的，依法追究刑事责任。

虐待未成年的家庭成员，情节恶劣的，依照刑法第一百八十二条的规定追究刑事责任。

司法工作人员违反监管法规，对被监管的未成年人实行体罚虐待的，依照刑法第一百八十九条的规定追究刑事责任。

对未成年人负有抚养义务而拒绝抚养，情节恶劣的，依照刑法第一百八十三条的规定追究刑事责任。

溺婴的，依照刑法第一百三十二条的规定追究刑事责任。

明知校舍有倒塌的危险而不采取措施，致使校舍倒塌，造成伤亡的，依照刑法第一百八十七条的规定追究刑事责任。

第五十三条　教唆未成年人违法犯罪的，依法从重处罚。

引诱、教唆或者强迫未成年人吸食、注射毒品或者卖淫的，依法从重处罚。

48. 中华人民共和国进出境动植物检疫法（节录）（1991. 10. 30）

（1991 年 10 月 30 日第七届全国人民代表大会常务委员会第二十二次会议通过）

第四十二条　违反本法规定，引起重大动植物疫情的，比照刑法第一百七十八条的规定追究刑事责任。

第四十三条　伪造、变造检疫单证、印章、标志、封识，依照刑法第一百六十七条的规定追究刑事责任。

第四十五条　动植物检疫机关检疫人员滥用职权，徇私舞弊，伪造检疫结果，或者玩忽职守，延误检疫出证，构成犯罪的，依法追究刑事责任；不构成犯罪的，给予行政处分。

49. 中华人民共和国收养法（节录）（1991. 12. 29）

（1991 年 12 月 29 日第七届全国人民代表大会常务委员会第二十三次会议通过）

第三十条　借收养名义拐卖儿童的，依照《全国人民代表大会常务委员会关于严惩拐卖、绑架妇女、儿童的犯罪分子的决定》追究刑事责任。

遗弃婴儿的，由公安部门处一千元以下罚款；情节恶劣构成犯罪的，依照《中华人民共和国刑法》第一百八十三条追究刑事责任。

出卖亲生子女的，依照本条第二款规定处罚。

50. 中华人民共和国妇女权益保障法（节录）（1992.4.3）

（1992年4月3日第七届全国人民代表大会第五次会议通过）

第五十条　对侵害妇女权益的行为提出申诉、控告、检举的人进行打击报复的，由其所在单位或者上级机关责令改正或者给予行政处分；国家工作人员进行打击报复构成犯罪的，依照刑法第一百四十六条的规定追究刑事责任。

第五十一条　雇用、容留妇女与他人进行猥亵活动的，比照《治安管理处罚条例》第十九条的规定处罚，情节严重，构成犯罪的，比照刑法第一百六十条的规定追究刑事责任。

第五十四条　本法自1992年10月1日起施行。

51. 中华人民共和国全国人民代表大会和地方各级人民代表大会代表法（节录）（1992.4.3）

（1992年4月3日第七届全国人民代表大会第五次会议通过）

第三十条　县级以上的各级人民代表大会代表，非经本级人民代表大会主席团许可，在本级人民代表大会闭会期间，非经本级人民代表大会常务委员会许可，不受逮捕或者刑事审判。如果因为是现行犯被拘留，执行拘留的机关应当立即向该级人民代表大会主席团或者人民代表大会常务委员会报告。

对县级以上的各级人民代表大会代表，如果采取法律规定的其他限制人身自由的措施，应当经该级人民代表大会主席团或者人民代表大会常务委员会许可。

乡、民族乡、镇的人民代表大会代表，如果被逮捕、受刑事审判，或者被采取法律规定的其他限制人身自由的措施，执行机关应当立即报告乡、民族乡、镇的人民代表大会。

第三十九条　阻碍代表依法执行代表职务的，根据情节，由所在单位或者上级机关给予行政处分，或者适用《治安管理处罚法》第十九条的处罚规定；以暴力、威胁方法阻碍代表依法执行代表职务的，依照刑法第一百五十七条的规定追究刑事责任。

对代表依法执行代表职务进行打击报复的，由所在单位或者上级机关责令改正或者给予行政处分；国家工作人员进行打击报复构成犯罪的，依照刑法第一百四十六条的规定追究刑事责任。

52. 中华人民共和国专利法（节录）（1992.9.4）

（1984年3月12日第六届全国人民代表大会常务委员会第四次会议通过　根据1992年9月4日第七届全国人民代表大会常务委员会第二十七次会议《关于修改〈中华人民共和国专利法〉的决定》修正）

第六十三条　假冒他人专利的，依照本法第六十条的规定处理；情节严重的，对直接责任人员比照刑法第一百二十七条的规定追究刑事责任。

将非专利产品冒充专利产品的或者将非专利方法冒充专利方法的，由专利管理机关责令停止冒充行为，公开更正，并处以罚款。

第六十四条　违反本法第二十条规定，擅自向外国申请专利，泄露国家重要机密的，由所在单位或者上级主管机关给予行政处分；情节严重的，依法追究刑事责任。

第六十六条　专利局工作人员及有关国家工作人员徇私舞弊的，由专利局或者有关主管机关给予行政处分；情节严重的，比照刑法第一百八十八条的规定追究刑事责任。

53. 中华人民共和国矿山安全法（节录）（1992. 11. 7）

（1992 年 11 月 7 日第七届全国人民代表大会常务委员会第二十八次会议通过）

第四十六条　矿山企业主管人员违章指挥、强令工人冒险作业，因而发生重大伤亡事故的，依照刑法第一百一十四条的规定追究刑事责任。

第四十七条　矿山企业主管人员对矿山事故隐患不采取措施，因而发生重大伤亡事故的，比照刑法第一百八十七条的规定追究刑事责任。

第四十八条　矿山安全监督人员和安全管理人员滥用职权、玩忽职守、徇私舞弊，构成犯罪的，依法追究刑事责任；不构成犯罪的，给予行政处分。

54. 中华人民共和国国家安全法（节录）（1993. 2. 22）

（1993 年 2 月 22 日第七届全国人民代表大会常务委员会第三十次会议通过）

第四章　法律责任

第二十三条　境外机构、组织、个人实施或者指使、资助他人实施，或者境内组织、个人与境外机构、组织、个人相勾结实施危害中华人民共和国国家安全的行为，构成犯罪的，依法追究刑事责任。

第二十四条　犯间谍罪自首或者有立功表现的，可以从轻、减轻或者免除处罚；有重大立功表现的，给予奖励。

第二十五条　在境外受胁迫或者受诱骗参加敌对组织，从事危害中华人民共和国国家安全的活动，及时向中华人民共和国驻外机构如实说明情况的，或者入境后直接或者通过所在组织及时向国家安全机关或者公安机关如实说明情况的，不予追究。

第二十六条　明知他人有间谍犯罪行为，在国家安全机关向其调查有关情况、收集有关证据时，拒绝提供的，由其所在单位或者上级主管部门予以行政处分，或者由国家安全机关处十五日以下拘留；情节严重的，比照刑法第一百六十二条规定处罚。

第二十七条　以暴力、威胁方法阻碍国家安全机关依法执行国家安全工作任务的，依照刑法第一百五十七条的规定处罚。

故意阻碍国家安全机关依法执行国家安全工作任务，未使用暴力、威胁方法，造成严重后果的，比照刑法第一百五十七条的规定处罚；情节较轻的，由国家安全机关处十五日以下拘留。

第二十八条　故意或者过失泄露有关国家安全工作的国家秘密的，由国家安全机关处十五日以下拘留；构成犯罪的，依法追究刑事责任。

第二十九条　对非法持有属于国家秘密的文件、资料和其他物品的，以及非法持有、使用专用间谍器材的，国家安全机关可以依法对其人身、物品、住处和其他有关的地方进行搜查；对其非法持有的属于国家秘密的文件、资料和其他物品，以及非法持有、使用的专用间谍器材予以没收。

非法持有属于国家秘密的文件、资料和其他物品，构成泄露国家秘密罪的，依法追究刑事责任。

第三十条　境外人员违反本法的，可以限期离境或者驱逐出境。

第三十一条　当事人对拘留决定不服的，可以自接到处罚决定书之日起十五日内，向作出处罚决定的上一级机关申请复议；对复议决定不服的，可以自接到复议决定书之日起十五日内向人民法院提起诉讼。

55. 中华人民共和国产品质量法（节录）（1993. 2. 22）

（1993 年 2 月 22 日第七届全国人民代表大会常务委员会第三十次会议通过）

第五章　罚　　则

第三十七条　生产不符合保障人体健康，人身、财产安全的国家标准、行业标准的产品的，责令停止生产，没收违法生产的产品和违法所得，并处违法所得一倍以上五倍以下的罚款，可以吊销营业执照；构成犯罪的，依法追究刑事责任。

销售不符合保障人体健康，人身、财产安全的国家标准、行业标准的产品的，责令停止销售。销售明知是不符合保障人体健康，人身、财产安全的国家标准、行业标准的产品的，没收违法销售的产品和违法所得，并处违法所得一倍以上五倍以下的罚款，可以吊销营业执照；构成犯罪的，依法追究刑事责任。

第三十八条　生产者、销售者在产品中掺杂、掺假，以假充真，以次充好，或者以不合格产品冒充合格产品的，责令停止生产、销售，没收违法所得，并处违法所得一倍以上五倍以下的罚款，可以吊销营业执照；构成犯罪的，依法追究刑事责任。

第三十九条　生产国家明令淘汰的产品的，责令停止生产，没收违法生产的产品和违法所得，并处违法所得一倍以上五倍以下的罚款，可以吊销营业执照。

第四十条　销售失效、变质产品的，责令停止销售，没收违法销售的产品和违法所得，并处违法所得一倍以上五倍以下的罚款，可以吊销营业执照；构成犯罪的，依法追究刑事责任。

第四十一条　生产者、销售者伪造产品的，伪造或者冒用他人的厂名、厂址的，伪造或者冒用认证标志、名优标志等质量标志的，责令公开更正，没收违法所得，可以并处罚款。

第四十二条　以行贿、受贿或者其他非法手段推销、采购本法第三十七条至第四十条所列产品，构成犯罪的，依法追究刑事责任。

第四十三条　产品标识不符合本法第十五条规定的，责令改正；有包装的产品标识不符合本法第十五条第（四）项、第（五）项规定，情节严重的，可以责令停止生产、销售，并可以处以违法所得百分之十五至百分之二十的罚款。

第四十四条　伪造检验数据或者伪造检验结论的，责令更正，可以处以所收检验费一倍以上三倍以下的罚款；情节严重的，吊销营业执照；构成犯罪的，对直接责任人员比照刑法第一百六十七条的规定追究刑事责任。

第四十七条　从事产品质量监督管理的国家工作人员滥用职权、玩忽职守、徇私舞弊，构成犯罪的，依法追究刑事责任；不构成犯罪的，给予行政处分。

第四十八条　国家工作人员利用职务，对明知有违反本法规定构成犯罪的行为的企业事业单位或者个人故意包庇使其不受追诉的，依法追究刑事责任。

第四十九条　以暴力、威胁方法阻碍从事产品质量监督管理的国家工作人员依法执行职务的，依照刑法第一百五十七条的规定追究刑事责任；拒绝、阻碍从事产品质量监督管理的国家工作人员依法执行职务未使用暴力、威胁方法的，由公安机关依照《治安管理处罚条例》的规定处罚。

56. 中华人民共和国商标法（节录）（1993. 2. 22）

（1982 年 8 月 23 日第五届全国人民代表大会常务委员会第二十四次会议通过
根据 1993 年 2 月 22 日第七届全国人民代表大会常务委员会第三十次会议
《关于修改〈中华人民共和国商标法〉的决定》修正）

第四十条　假冒他人注册商标，构成犯罪的，除赔偿被侵权人的损失外，依法追究刑事责任。

伪造、擅自制造他人注册商标标识或者销售伪造、擅自制造的注册商标标识，构成犯罪的，除赔偿被侵权人的损失外，依法追究刑事责任。

销售明知是假冒注册商标的商品，构成犯罪的，除赔偿被侵权人的损失外，依法追究刑事责任。

57. 中华人民共和国农业法（节录）（1993. 7. 2）

（1993 年 7 月 2 日第八届全国人民代表大会常务委员会第二次会议通过）

第六十二条 违反本法第三十四条第二款的规定，生产假农药、假兽药、假化肥的，销售明知是假的或者是失去使用效能的农药、兽药、化肥、种子，或者生产者、销售者以不合格的农药、兽药、化肥、种子冒充合格的农药、兽药、化肥、种子的，责令停止生产、销售，没收违法生产、销售的产品和违法所得，并处违法所得一倍以上五倍以下的罚款，可以吊销营业执照。构成犯罪的，依法追究刑事责任。

前款规定的行政处罚由法律、行政法规规定的机关决定。

第六十五条 违反本法规定，依照法律应当追究刑事责任的，依照有关法律的规定追究刑事责任。

58. 中华人民共和国经济合同法（节录）（1993. 9. 2）

（1981 年 12 月 13 日第五届全国人民代表大会第四次会议通过 根据 1993 年 9 月 2 日第八届全国人民代表大会常务委员会第三次会议《关于修改〈中华人民共和国经济合同法〉的决定》修正）

第二十九条 由于当事人一方的过错，造成经济合同不能履行或者不能完全履行，由有过错的一方承担违约责任；如属双方的过错，根据实际情况，由双方分别承担各自应负的违约责任。

对由于失职、渎职或其他违法行为造成重大事故或严重损失的直接责任者个人，应追究经济、行政责任直至刑事责任。

第四十五条 对利用经济合同危害国家利益、社会公共利益的违法行为，由县级以上各级人民政府工商行政管理部门和其他有关主管部门依据法律、行政法规规定的职责负责处理；构成犯罪的，依法追究刑事责任。

59. 中华人民共和国反不正当竞争法（节录）（1993. 9. 2）

（1993 年 9 月 2 日第八届全国人民代表大会常务委员会第三次会议通过）

第二十一条 经营者假冒他人的注册商标，擅自使用他人的企业名称或者姓名，伪造或者冒用认证标志、名优标志等质量标志，伪造产地，对商品质量作引人误解的虚假表示的，依照《中华人民共和国商标法》、《中华人民共和国产品质量法》的规定处罚。

经营者擅自使用知名商品特有的名称、包装、装潢，或者使用与知名商品近似的名称、包装、装潢，造成和他人的知名商品相混淆，使购买者误认为是该知名商品的，监督检查部门应当责令停止违法行为，没收违法所得，可以根据情节处以违法所得一倍以上三倍以下的罚款；情节严重的，可以吊销营业执照；销售伪劣商品，构成犯罪的，依法追究刑事责任。

第二十二条 经营者采用财物或者其他手段进行贿赂以销售或者购买商品，构成犯罪的，依法追究刑事责任；不构成犯罪的，监督检查部门可以根据情节处以一万元以上二十万元以下的罚款，有违法所得的，予以没收。

第三十一条 监督检查不正当竞争行为的国家机关工作人员滥用职权、玩忽职守，构成犯罪的，依法追究刑事责任；不构成犯罪的，给予行政处分。

第三十二条 监督检查不正当竞争行为的国家机关工作人员徇私舞弊，对明知有违反本法规定构成犯罪的经营者故意包庇不使他受追诉的，依法追究刑事责任。

60. 中华人民共和国消费者权益保护法（节录）（1993.10.31）

（1993年10月31日第八届全国人民代表大会常务委员会第四次会议通过）

第四十一条 经营者提供商品或者服务，造成消费者或者其他受害人人身伤害的，应当支付医疗费、治疗期间的护理费、因误工减少的收入等费用，造成残疾的，还应当支付残疾者生活自助具费、生活补助费、残疾赔偿金以及由其扶养的人所必需的生活费等费用；构成犯罪的，依法追究刑事责任。

第四十二条 经营者提供商品或者服务，造成消费者或者其他受害人死亡的，应当支付丧葬费、死亡赔偿金以及由死者生前扶养的人所必需的生活费等费用；构成犯罪的，依法追究刑事责任。

第五十二条 以暴力、威胁等方法阻碍有关行政部门工作人员依法执行职务的，依法追究刑事责任；拒绝、阻碍有关行政部门工作人员依法执行职务，未使用暴力、威胁方法的，由公安机关依照《中华人民共和国治安管理处罚条例》的规定处罚。

第五十三条 国家机关工作人员玩忽职守或者包庇经营者侵害消费者合法权益的行为的，由其所在单位或者上级机关给予行政处分；情节严重，构成犯罪的，依法追究刑事责任。

61. 中华人民共和国红十字会法（节录）（1993.10.31）

（1993年10月31日第八届全国人民代表大会常务委员会第四次会议通过
1993年10月31日中华人民共和国主席令第十四号公布 自公布之日起施行）

第十五条 任何组织和个人不得拒绝、阻碍红十字会工作人员依法履行职责。

在自然灾害和突发事件中，以暴力、威胁方法阻碍红十字会工作人员依法履行职责的，比照刑法第一百五十七条的规定追究刑事责任；阻碍红十字会工作人员依法履行职责未使用暴力、威胁方法的，比照治安管理处罚条例第十九条的规定处罚。

62. 中华人民共和国教师法（节录）（1993.10.31）

（1993年10月31日第八届全国人民代表大会常务委员会第四次会议通过）

第三十五条 侮辱、殴打教师的，根据不同情况，分别给予行政处分或者行政处罚；造成损害的，责令赔偿损失；情节严重，构成犯罪的，依法追究刑事责任。

第三十六条 对依法提出申诉、控告、检举的教师进行打击报复的，由其所在单位或者上级机关责令改正；情节严重的，可以根据具体情况给予行政处分。

国家工作人员对教师打击报复构成犯罪的，依照刑法第一百四十六条的规定追究刑事责任。

第三十七条 教师有下列情形之一的，由所在学校、其他教育机构或者教育行政部门给予行政处分或者解聘：

（一）故意不完成教育教学任务给教育教学工作造成损失的；

（二）体罚学生，经教育不改的；

（三）品行不良、侮辱学生，影响恶劣的。

教师有前款第（二）项、第（三）项所列情形之一，情节严重，构成犯罪的，依法追究刑事责任。

第三十八条 地方人民政府对违反本法规定，拖欠教师工资或者侵犯教师其他合法权益的，应当责令其限期改正。

违反国家财政制度、财务制度，挪用国家财政用于教育的经费，严重妨碍教育教学工作，拖欠教师工资，损害教师合法权益的，由上级机关责令限期归还被挪用的经费，并对直接责任人员给予行政处分；情节严重，构成犯罪的，依法追究刑事责任。

63. 中华人民共和国注册会计师法（节录）（1993. 10. 31）

（1993 年 10 月 31 日第八届全国人民代表大会常务委员会第四次会议通过）

第二十条　注册会计师执行审计业务，遇有下列情形之一的，应当拒绝出具有关报告：

（一）委托人示意其作不实或者不当证明的；

（二）委托人故意不提供有关会计资料和文件的；

（三）因委托人有其他不合理要求，致使注册会计师出具的报告不能对财务会计的重要事项作出正确表述的。

第二十一条　注册会计师执行审计业务，必须按照执业准则、规则确定的工作程序出具报告。

注册会计师执行审计业务出具报告时，不得有下列行为：

（一）明知委托人对重要事项的财务会计处理与国家有关规定相抵触，而不予指明；

（二）明知委托人的财务会计处理会直接损害报告使用人或者其他利害关系人的利益，而予以隐瞒或者作不实的报告；

（三）明知委托人的财务会计处理会导致报告使用人或者其他利害关系人产生重大误解，而不予指明；

（四）明知委托人的会计报表的重要事项有其他不实的内容，而不予指明。

对委托人有前款所列行为，注册会计师按照执业准则、规则应当知道的，适用前款规定。

第三十九条　（第三款）

会计师事务所、注册会计师违反本法第二十条、第二十一条的规定，故意出具虚假的审计报告、验资报告，构成犯罪的，依法追究刑事责任。

64. 中华人民共和国公司法（节录）（1993. 12. 29）

（1993 年 12 月 29 日第八届全国人民代表大会常务委员会第五次会议通过）

第二百零六条　违反本法规定，办理公司登记时虚报注册资本、提交虚假证明文件或者采取其他欺诈手段隐瞒重要事实取得公司登记的，责令改正，对虚报注册资本的公司，处以虚报注册资本金额百分之五以上百分之十以下的罚款；对提交虚假证明文件或者采取其他欺诈手段隐瞒重要事实的公司，处以一万元以上十万元以下的罚款；情节严重的，撤销公司登记。构成犯罪的，依法追究刑事责任。

第二百零七条　制作虚假的招股说明书、认股书、公司债券募集办法发行股票或者公司债券的，责令停止发行，退还所募资金及其利息，处以非法募集资金金额百分之一以上百分之五以下的罚款。构成犯罪的，依法追究刑事责任。

第二百零八条　公司的发起人、股东未交付货币、实物或者未转移财产权，虚假出资，欺骗债权人和社会公众的，责令改正，处以虚假出资金额百分之五以上百分之十以下的罚款。构成犯罪的，依法追究刑事责任。

第二百零九条　公司的发起人、股东在公司成立后，抽逃其出资的，责令改正，处以所抽逃出资金额百分之五以上百分之十以下的罚款。构成犯罪的，依法追究刑事责任。

第二百一十条　未经本法规定的有关主管部门的批准，擅自发行股票或者公司债券的，责令停止发行，退还所募资金及其利息，处以非法所募资金金额百分之一以上百分之五以下的罚款。构成犯罪的，依法追究刑事责任。

第二百一十一条　公司违反本法规定，在法定的会计帐册以外另立会计帐册的，责令改正，处以一万元以上十万元以下的罚款。构成犯罪的，依法追究刑事责任。

将公司资产以任何个人名义开立帐户存储的，没收违法所得，并处以违法所得一倍以上五倍以下的罚款。构成犯罪的，依法追究刑事责任。

第二百一十二条　公司向股东和社会公众提供虚假的或者隐瞒重要事实的财务会计报告的，对直接负责的主管人员和其他直接责任人员处以一万元以上十万元以下的罚款。构成犯罪的，依法追究刑事责任。

第二百一十三条　违反本法规定，将国有资产低价折股、低价出售或者无偿分给个人的，对直接负责的主管人员和其他直接责任人员依法给予行政处分。构成犯罪的，依法追究刑事责任。

第二百一十四条　董事、监事、经理利用职权收受贿赂、其他非法收入或者侵占公司财产的，没收违法所得，责令退还公司财产，由公司给予处分。构成犯罪的，依法追究刑事责任。

董事、经理挪用公司资金或者将公司资金借贷给他人的，责令退还公司的资金，由公司给予处分，将其所得收入归公司所有。构成犯罪的，依法追究刑事责任。

董事、经理违反本法规定，以公司资产为本公司的股东或者其他个人债务提供担保的，责令取消担保，并依法承担赔偿责任，将违法提供担保取得的收入归公司所有。情节严重的，由公司给予处分。

第二百一十七条　公司在合并、分立，减少注册资本或者进行清算时，不按照本法规定通知或者公告债权人的，责令改正，对公司处以一万元以上十万元以下的罚款。

公司在进行清算时，隐匿财产，对资产负债表或者财产清单作虚伪记载或者未清偿债务前分配公司财产的，责令改正，对公司处以隐匿财产或者未清偿债务前分配公司财产金额百分之一以上百分之五以下的罚款。对直接负责的主管人员和其他直接责任人员处以一万元以上十万元以下的罚款。构成犯罪的，依法追究刑事责任。

第二百一十八条　清算组不按照本法规定向公司登记机关报送清算报告，或者报送清算报告隐瞒重要事实或者有重大遗漏的，责令改正。

清算组成员利用职权徇私舞弊、谋取非法收入或者侵占公司财产的，责令退还公司财产，没收违法所得，并可处以违法所得一倍以上五倍以下的罚款。构成犯罪的，依法追究刑事责任。

第二百一十九条　承担资产评估、验资或者验证的机构提供虚假证明文件的，没收违法所得，处以违法所得一倍以上五倍以下的罚款，并可以由有关主管部门依法责令该机构停业，吊销直接责任人员的资格证书。构成犯罪的，依法追究刑事责任。

承担资产评估、验资或者验证的机构因过失提供有重大遗漏的报告的，责令改正，情节较重的，处以所得收入一倍以上三倍以下的罚款，并可由有关主管部门依法责令该机构停业，吊销直接责任人员的资格证书。

第二百二十条　国务院授权的有关主管部门，对不符合本法规定条件的设立公司的申请予以批准，或者对不符合本法规定条件的股份发行的申请予以批准，情节严重的，对直接负责的主管人员和其他直接责任人员，依法给予行政处分。构成犯罪的，依法追究刑事责任。

第二百二十一条　国务院证券管理部门对不符合本法规定的募集股份、股票上市和债券发行的申请予以批准，情节严重的，对直接负责的主管人员和其他直接责任人员，依法给予行政处分。构成犯罪的，依法追究刑事责任。

第二百二十二条　公司登记机关对不符合本法规定条件的登记申请予以登记，情节严重的，对直接负责的主管人员和其他直接责任人员，依法给予行政处分。构成犯罪的，依法追究刑事责任。

第二百二十三条　公司登记机关的上级部门强令公司登记机关对不符合本法规定条件的登记申请予以登记的，或者对违法登记进行包庇的，对直接负责的主管人员和其他直接责任人员依法给予行政处分。构成犯罪的，依法追究刑事责任。

第二百二十四条　未依法登记为有限责任公司或者股份有限公司，而冒用有限责任公司或者股份有限公司名义的，责令改正或者予以取缔，并可处以一万元以上十万元以下的罚款。构成犯罪的，依法追究刑事责任。

65. 中华人民共和国会计法（节录）（1993. 12. 29）

（1985 年 1 月 21 日第六届全国人民代表大会常务委员会第九次会议通过　根据 1993 年 12 月 29 日第八届全国人民代表大会常务委员会第五次会议《关于修改〈中华人民共和国会计法〉的决定》修正）

第二十六条　单位领导人、会计人员和其他人员伪造、变造、故意毁灭会计凭证、会计帐簿、会计报表和其他会计资料的，或者利用虚假的会计凭证、会计帐簿、会计报表和其他会计资料偷税或者损害国家利益、社会公众利益的，由财政、审计、税务机关或者其他有关主管部门依据法律、行政法规规定的职责负责处理，追究责任；构成犯罪的，依法追究刑事责任。

第二十七条　会计人员对不真实、不合法的原始凭证予以受理，或者对违法的收支不向单位领导人提出书面意见，或者对严重违法损害国家和社会公众利益的收支不向主管单位或者财政、审计、税务机关报告，情节严重的，给予行政处分；给公私财产造成重大损失，构成犯罪的，依法追究刑事责任。

第二十八条　单位领导人接到会计人员按照本法第十九条第二款规定提出的书面意见，对违法的收支决定予以办理或者无正当理由逾期不作出处理决定，造成严重后果的，给予行政处分；给公私财产造成重大损失，构成犯罪的，依法追究刑事责任。

第二十九条　单位领导人和其他人员对依照本法履行职责的会计人员进行打击报复的，给予行政处分；构成犯罪的，依法追究刑事责任。

66. 中华人民共和国对外贸易法（节录）（1994. 5. 12）

（1994 年 5 月 12 日第八届全国人民代表大会常务委员会第七次会议通过）

第三十八条　走私禁止进出口或者限制进出口的货物，构成犯罪的，依照惩治走私罪的补充规定追究刑事责任；不构成犯罪的，依照海关法的规定处罚。国务院对外经济贸易主管部门并可以撤销其对外贸易经营许可证。

第三十九条　伪造、变造进出口原产地证明、进出口许可证，依照刑法第一百六十七条的规定追究刑事责任；买卖进出口原产地证明、进出口许可证或者买卖伪造、变造的进出口原产地证明、进出口许可证，比照刑法第一百六十七条的规定追究刑事责任。

单位犯前款罪的，判处罚金，并对单位直接负责的主管人员和其他直接责任人员依照或者比照刑法第一百六十七条的规定追究刑事责任。国务院对外经济贸易主管部门并可以撤销其对外贸易经营许可。

明知是伪造、变造的进出口许可证而用以进口或者出口货物，依照本法第三十八条的规定处罚。

第四十条　违反本法规定，进口或者出口禁止进出口或者限制进出口的技术，构成犯罪的，比照惩治走私罪的补充规定追究刑事责任。

第四十一条　国家对外贸易工作人员玩忽职守、徇私舞弊或者滥用职权，构成犯罪的，依法追究刑事责任；不构成犯罪的，给予行政处分。

国家对外贸易工作人员利用职务上的便利，索取他人财物，或者非法收受他人财物为他人谋取利益，构成犯罪的，依照惩治贪污罪贿赂罪的补充规定追究刑事责任；不构成犯罪的，给予行政处分。

中编

67. 中华人民共和国国家赔偿法（节录）（1994. 5. 12）

（1994 年 5 月 12 日第八届全国人民代表大会常务委员会第七次会议通过）

第十四条　赔偿义务机关赔偿损失后，应当责令有故意或者重大过失的工作人员或者受委托的组织或者个人承担部分或者全部赔偿费用。

对有故意或者重大过失的责任人员，有关机关应当依法给予行政处分；构成犯罪的，应当依法追究刑事责任。

第二十四条　赔偿义务机关赔偿损失后，应当向有下列情形之一的工作人员追偿部分或者全部赔偿费用：

（一）有本法第十五条第（四）、（五）项规定情形的；

（二）在处理案件中有贪污受贿，徇私舞弊，枉法裁判行为的。

对有前款（一）、（二）项规定情形的责任人员，有关机关应当依法给予行政处分；构成犯罪的，应当依法追究刑事责任。

68. 中华人民共和国治安管理处罚条例（节录）（1994. 5. 12）

（1986 年 9 月 5 日第六届全国人民代表大会常务委员会第十七次会议通过
根据 1994 年 5 月 12 日第八届全国人民代表大会常务委员会第七次会议
《关于修改〈中华人民共和国治安管理处罚条例〉的决定》修正）

第三十条　严厉禁止卖淫、嫖宿暗娼以及介绍或者容留卖淫、嫖宿暗娼，违者处十五日以下拘留、警告、责令具结悔过或者依照规定实行劳动教养，可以并处五千元以下罚款；构成犯罪的，依法追究刑事责任。

嫖宿不满十四岁幼女的，依照刑法第一百三十九条的规定，以强奸罪论处。

第三十一条　严厉禁止违反政府规定种植罂粟等毒品原植物，违者除铲除其所种罂粟等毒品原植物以外，处十五日以下拘留，可以单处或者并处三千元以下罚款；构成犯罪的，依法追究刑事责任。

非法运输、买卖、存放、使用罂粟壳的，收缴其非法运输、买卖、存放、使用的罂粟壳，处十五日以下拘留，可以单处或者并处三千元以下罚款；构成犯罪的，依法追究刑事责任。

第三十二条　严厉禁止下列行为：

（一）赌博或者为赌博提供条件的；

（二）制作、复制、出售、出租或者传播淫书、淫画、淫秽录像或者其他淫秽物品的。

有上述行为之一的，处十五日以下拘留，可以单处或者并处三千元以下罚款；或者依照规定实行劳动教养；构成犯罪的，依法追究刑事责任。

第四十一条　公安人员在执行本条例时，应当严格遵守法纪，秉公执法，不得徇私舞弊。禁止对违反治安管理的人打骂、虐待或者侮辱。违反的给予行政处分；构成犯罪的，依法追究刑事责任。

69. 中国人民解放军现役军官服役条例（节录）（1994. 5. 12）

（1988 年 9 月 5 日第七届全国人民代表大会常务委员会第三次会议通过
根据 1994 年 5 月 12 日第八届全国人民代表大会常务委员会第七次会议
《关于修改〈中国人民解放军现役军官服役条例〉的决定》修正）

第二十八条　军官违法乱纪、构成犯罪的，依法追究刑事责任。

70. 中国人民解放军军官军衔条例（节录）（1994. 5. 12）

（1988 年 7 月 1 日第七届全国人民代表大会常务委员会第二次会议通过
根据 1994 年 5 月 12 日第八届全国人民代表大会常务委员会第七次会议
《关于修改〈中国人民解放军军官军衔条例〉的决定》修正）

第二十八条　军官犯罪，被依法判处剥夺政治权利或者三年以上有期徒刑的，由法院判决剥夺其军衔。

退役军官犯罪的，依照前款规定剥夺其军衔。

军官犯罪被剥夺军衔，在服刑期满后，需要在军队中服役并授予军官军衔的，依照本条例第十六条的规定办理。

71. 中华人民共和国劳动法（节录）（1994. 7. 5）

（1994 年 7 月 5 日第八届全国人民代表大会常务委员会第八次会议通过）

第九十二条　用人单位的劳动安全设施和劳动卫生条件不符合国家规定或者未向劳动者提供必要的劳动防护用品和劳动保护设施的，由劳动行政部门或者有关部门责令改正，可以处以罚款；情节严重的，提请县级以上人民政府决定责令停产整顿；对事故隐患不采取措施，致使发生重大事故，造成劳动者生命和财产损失的，对责任人员依照刑法第一百八十七条的规定追究刑事责任。

第九十三条　用人单位强令劳动者违章冒险作业，发生重大伤亡事故，造成严重后果的，对责任人员依法追究刑事责任。

第九十六条　用人单位有下列行为之一，由公安机关对责任人员处以十五日以下拘留、罚款或者警告；构成犯罪的，对责任人员依法追究刑事责任：

（一）以暴力、威胁或者非法限制人身自由的手段强迫劳动的；

（二）侮辱、体罚、殴打、非法搜查和拘禁劳动者的。

第一百零一条　用人单位无理阻挠劳动行政部门、有关部门及其工作人员行使监督检查权，打击报复举报人员的，由劳动行政部门或者有关部门处以罚款；构成犯罪的，对责任人员依法追究刑事责任。

第一百零二条　劳动者违反本法规定的条件解除劳动合同或者违反劳动合同中约定的保密事项，对用人单位造成经济损失的，应当依法承担赔偿责任。

第一百零三条　劳动行政部门或者有关部门的工作人员滥用职权、玩忽职守、徇私舞弊，构成犯罪的，依法追究刑事责任；不构成犯罪的，给予行政处分。

第一百零四条　国家工作人员和社会保险基金经办机构的工作人员挪用社会保险基金，构成犯罪的，依法追究刑事责任。

72. 中华人民共和国城市房地产管理法（节录）（1994.7.5）

（1994 年 7 月 5 日第八届全国人民代表大会常务委员会第八次会议通过）

第七十条　房产管理部门、土地管理部门工作人员玩忽职守、滥用职权，构成犯罪的，依法追究刑事责任；不构成犯罪的，给予行政处分。

房产管理部门、土地管理部门工作人员利用职务上的便利，索取他人财物，或者非法收受他人财物为他人谋取利益，构成犯罪的，依照惩治贪污罪贿赂罪的补充规定追究刑事责任；不构成犯罪的，给予行政处分。

73. 中华人民共和国审计法（节录）（1994.8.31）

（1994 年 8 月 31 日第八届全国人民代表大会常务委员会第九次会议通过）

第四十一条　被审计单位违反本法规定，拒绝或者拖延提供与审计事项有关的资料的，或者拒绝、阻碍检查的，审计机关责令改正，可以通报批评，给予警告；拒不改正的，依法追究责任。

第四十二条　审计机关发现被审计单位违反本法规定，转移、隐匿、篡改、毁弃会计凭证、会计帐簿、会计报表以及其他与财政收支或者财务收支有关的资料的，有权予以制止。

被审计单位有前款所列行为，审计机关认为对负有直接责任的主管人员和其他直接责任人员依法应当给予行政处分的，应当提出给予行政处分的建议，被审计单位或者其上级机关、监察机关应当依法及时作出决定；构成犯罪的，由司法机关依法追究刑事责任。

第四十三条　被审计单位违反本法规定，转移、隐匿违法取得的资产的，审计机关、人民政府或者有关主管部门在法定职权范围内有权予以制止，或者申请法院采取保全措施。

被审计单位有前款所列行为，审计机关认为对负有直接责任的主管人员和其他直接责任人员依法应当给予行政处分的，应当提出给予行政处分的建议，被审计单位或者其上级机关、监察机关应当依法及时作出决定；构成犯罪的，由司法机关依法追究刑事责任。

第四十七条　被审计单位的财政收支、财务收支违反法律、行政法规的规定，构成犯罪的，依法追究刑事责任。

第四十八条　报复陷害审计人员，构成犯罪的，依法追究刑事责任；不构成犯罪的，给予行政处分。

第四十九条　审计人员滥用职权、徇私舞弊、玩忽职守，构成犯罪的，依法追究刑事责任；不构成犯罪的，给予行政处分。

74. 中华人民共和国广告法（节录）（1994.10.27）

（1994 年 10 月 27 日第八届全国人民代表大会常务委员会第十次会议通过）

第三十七条　违反本法规定，利用广告对商品或者服务作虚假宣传的，由广告监督管理机关责令广告主停止发布、并以等额广告费用在相应范围内公开更正消除影响，并处广告费用一倍以上五倍以下的罚款；对负有责任的广告经营者、广告发布者没收广告费用，并处广告费用一倍以上五倍以下的罚款；情节严重的，依法停止其广告业务。构成犯罪的，依法追究刑事责任。

第三十八条　违反本法规定，发布虚假广告，欺骗和误导消费者，使购买商品或者接受服务的消费者的合法权益受到损害的，由广告主依法承担民事责任；广告经营者、广告发布者明知或者应知广告虚假仍设计、制作、发布的，应当依法承担连带责任。

广告经营者、广告发布者不能提供广告主的真实名称、地址的，应当承担全部民事责任。

社会团体或者其他组织，在虚假广告中向消费者推荐商品或者服务，使消费者的合法权益受到损害的，应当依法承担连带责任。

第三十九条 发布广告违反本法第七条第二款规定的，由广告监督管理机关责令负有责任的广告主、广告经营者、广告发布者停止发布、公开更正，没收广告费用，并处广告费用一倍以上五倍以下的罚款；情节严重的，依法停止其广告业务。构成犯罪的，依法追究刑事责任。

第四十四条 广告主提供虚假证明文件的，由广告监督管理机关处以一万元以上十万元以下的罚款。

伪造、变造或者转让广告审查决定文件的，由广告监督管理机关没收违法所得，并处一万元以上十万元以下的罚款。构成犯罪的，依法追究刑事责任。

第四十六条 广告监督管理机关和广告审查机关的工作人员玩忽职守、滥用职权、徇私舞弊的，给予行政处分。构成犯罪的，依法追究刑事责任。

75. 中华人民共和国母婴保健法（节录）（1994. 10. 27）

（1994 年 10 月 27 日第八届全国人民代表大会常务委员会第十次会议通过）

第三十六条 未取得国家颁发的有关合格证书，施行终止妊娠手术或者采取其他方法终止妊娠，致人死亡、残疾、丧失或者基本丧失劳动能力的，依照刑法第一百三十四条、第一百三十五条的规定追究刑事责任。

76. 中华人民共和国监狱法（节录）（1994. 12. 29）

（1994 年 12 月 29 日第八届全国人民代表大会常务委员会第十一次会议通过）

第十四条 监狱的人民警察不得有下列行为：

（一）索要、收受、侵占罪犯及其亲属的财物；

（二）私放罪犯或者玩忽职守造成犯罪脱逃；

（三）刑讯逼供或者体罚、虐待罪犯；

（四）侮辱罪犯的人格；

（五）殴打或者纵容他人殴打罪犯；

（六）为谋取私利，利用罪犯提供劳务；

（七）违反规定，私自为罪犯传递信件或者物品；

（八）非法将监管罪犯的职权交予他人行使；

（九）其他违法行为。

监狱的人民警察有前款所列行为，构成犯罪的，依法追究刑事责任；尚未构成犯罪的，应当予以行政处分。

第二十九条 被判处无期徒刑、有期徒刑的罪犯，在服刑期间确有悔改或者立功表现的，根据监狱考核的结果，可以减刑，有下列重大立功表现之一的，应当减刑：

（一）阻止他人重大犯罪活动的；

（二）检举监狱内外重大犯罪活动，经查证属实的；

（三）有发明创造或者重大技术革新的；

（四）在日常生产、生活中舍己救人的；

（五）在抗御自然灾害或者排除重大事故中，有突出表现的；

（六）对国家和社会有其他重大贡献的。

第三十条 减刑建议由监狱向人民法院提出，人民法院应当自收到减刑建议书之日起一个月内予以审核裁定；案情复杂或者情况特殊的，可以延长一个月，减刑裁定的副本应当抄送人民检察院。

第三十一条 被判处死刑缓期二年执行的罪犯，在死刑缓期执行期间，符合法律规定的减为无期徒刑、有期徒刑条件的，二年期满时，所在监狱应当及时提出减刑建议，报经省、自治区、直辖市监狱管理机关审核后，提请高级人民法院裁定。

第三十二条　被判处无期徒刑、有期徒刑的罪犯，符合法律规定的假释条件的，由监狱根据考核结果向人民法院提出假释建议，人民法院应当自收到假释建议书之日起一个月内予以审核裁定；案情复杂或者情况特殊的，可以延长一个月。假释裁定的副本应当抄送人民检察院。

第三十三条　人民法院裁定假释的，监狱应当按期假释并发给假释证明书。

被假释的罪犯由公安机关予以监督。被假释的罪犯，在假释期间有违反法律、行政法规和国务院公安部门有关假释的监督管理规定的行为，尚未构成新的犯罪的，公安机关可以向人民法院提出撤销假释的建议，人民法院应当自收到撤销假释建议书之日起一个月内予以审核裁定。人民法院裁定撤销假释的，由公安机关将罪犯送交监狱收监。

第三十四条　对不符合法律规定的减刑、假释条件的罪犯，不得以任何理由将其减刑、假释。

人民检察院认为人民法院减刑、假释的裁定不当，应当依照刑事诉讼法规定的期间提出抗诉，对于人民检察院抗诉的案件，人民法院应当重新审理。

77. 中华人民共和国法官法（节录）（1995.2.28）

（1995年2月28日第八届全国人民代表大会常务委员会第十二次会议通过）

第十一章　惩　　戒

第三十三条　法官不得有下列行为：

（一）散布有损国家声誉的言论，参加非法组织，参加旨在反对国家的集会、游行、示威等活动，参加罢工；

（二）贪污受贿；

（三）徇私枉法；

（四）刑讯逼供；

（五）隐瞒证据或者伪造证据；

（六）泄露国家秘密或者审判工作秘密；

（七）滥用职权，侵犯公民、法人或者其他组织的合法权益；

（八）玩忽职守，造成错案或者给当事人造成严重损失；

（九）故意拖延办案，贻误工作；

（十）利用职权为自己或者他人谋取私利；

（十一）从事营利性的经营活动；

（十二）私自会见当事人及其代理人，接受当人及其代理人的请客送礼；

（十三）其他违法乱纪的行为。

第三十一条　法官有本法第三十条所列行为之一的，应当给予处分；构成犯罪的，依法追究刑事责任。

78. 中华人民共和国检察官法（节录）（1995.2.28）

（1995年2月28日第八届全国人民代表大会常务委员会第十二次会议通过）

第十一章　惩　　戒

第三十三条　检察官不得有下列行为：

（一）散布有损国家声誉的言论，参加非法组织，参加旨在反对国家的集会、游行、示威等活动，参加罢工；

（二）贪污受贿；

（三）徇私枉法；

（四）刑讯逼供；

（五）隐瞒证据或者伪造证据；

（六）泄露国家秘密或者检察工作秘密；

（七）滥用职权，侵犯公民、法人或者其他组织的合法权益；
（八）玩忽职守，造成错案或者给当事人造成严重损失；
（九）故意拖延办案，贻误工作；
（十）利用职权为自己或者他人谋取私利；
（十一）从事营利性的经营活动；
（十二）私自会见当事人及其代理人，接受当事人及其代理人的请客送礼；
（十三）其他违法乱纪的行为。

第三十四条 检察官有本法第三十三条所列行为之一的，应当给予处分；构成犯罪的，依法追究刑事责任。

79. 中华人民共和国人民警察法（节录）（1995. 2. 28）

（1995年2月28日第八届全国人民代表大会常务委员会第十二次会议通过）

第二十二条 人民警察不得有下列行为：
（一）散布有损国家声誉的言论，参加非法组织，参加旨在反对国家的集会、游行、示威等活动，参加罢工；
（二）泄露国家秘密、警务工作秘密；
（三）弄虚作假，隐瞒案情，包庇、纵容违法犯罪活动；
（四）刑讯逼供或者体罚、虐待人犯；
（五）非法剥夺、限制他人人身自由，非法搜查他人的身体、物品、住所或者场所；
（六）敲诈勒索或者索取、收受贿赂；
（七）殴打他人或者唆使他人打人；
（八）违法实施处罚或者收取费用；
（九）接受当事人及其代理人的请客送礼；
（十）从事营利性的经营活动或者受雇于任何个人或者组织；
（十一）玩忽职守，不履行法定义务；
（十二）其他违法乱纪的行为。

第四十八条 人民警察有本法第二十二条所列行为之一的，应当给予行政处分；构成犯罪的，依法追究刑事责任。

行政处分分为：警告、记过、记大过、降级、撤职、开除。对受行政处分的人民警察，按照国家有关规定，可以降低警衔、取消警衔。

对违反纪律的人民警察，必要时可以对其采取停止执行职务、禁闭的措施。

第四十九条 人民警察违反规定使用武器、警械，构成犯罪的，依法追究刑事责任；尚未构成犯罪的，应当依法给予行政处分。

80. 中华人民共和国税收征收管理法（节录）（1995. 2. 28）

（1992年9月4日第七届全国人民代表大会常务委员会第二十七次会议通过
根据1995年2月28日第八届全国人民代表大会常务委员会第十二次会议
《关于修改〈中华人民共和国税收征收管理法〉的决定》修正）

第四十条 纳税人采取伪造、变造、隐匿、擅自销毁帐簿、记账凭证，在帐簿上多列支出或者不列、少列收入，或者进行虚假的纳税申报的手段，不缴或者少缴应纳税款的，是偷税。偷税数额占应纳税额的百分之十以上并且偷税数额在一万元以上的，或者因偷税被税务机关给予二次行政处罚又偷税的，除由税务机关追缴其偷税款外，依照关于惩治偷税、抗税犯罪的补充规定第一条的规定处罚；偷税数额不满一万元或者偷税数额占应纳税额不到百分之十的，由税务机关追缴其偷税款，处以偷税数额五倍以下的罚款。

扣缴义务人采取前款所列手段，不缴或者少缴已扣、已收税款，数额占应缴税额的百分之十以上并且数额在一万元以上的，依照关于惩治偷税、抗税犯罪的补充规定第一条的规定处罚；数额不满一万元或者数额占应缴税额不到百分之十的，由税务机关追缴其不缴或者少缴的税款，处以不缴或者少缴的税款五倍以下的罚款。

第四十一条　纳税人欠缴应纳税款，采取转移或者隐匿财产的手段，致使税务机关无法追缴欠缴的税款，数额在一万元以上的，除由税务机关追缴欠缴的税款外，依照关于惩治偷税、抗税犯罪的补充规定第二条的规定处罚；数额不满一万元的，由税务机关追缴欠缴的税款，处以欠缴税款五倍以下的罚款。

第四十二条　企业事业单位犯有第四十条、第四十一条规定的违法行为，构成犯罪的，依照关于惩治偷税、抗税犯罪的补充规定第三条的规定处罚；未构成犯罪的，由税务机关追缴其不缴或者少缴的税款，处以不缴或者不缴的税款五倍以下的罚款。

第四十三条　纳税人向税务人员行贿，不缴或者少缴应纳税款的，依照关于惩治偷税、抗税犯罪的补充规定第四条的规定处罚。

第四十四条　企业事业单位采取对所生产或者经营的商品假报出口等欺骗手段，骗取国家出口退税款，数额在一万元以上的，除由税务机关追缴其骗取的退税款外，依照关于惩治偷税、抗税犯罪的补充规定第五条第一款的规定处罚；骗取的国家出口退税数额不满一万元的，由税务机关追缴其骗取的退税款，处以骗取税款五倍以下的罚款。

前款规定以外的单位或者个人骗取国家出口退税款的，除由税务机关追缴其骗取的退税款外，依照关于惩治偷税、抗税犯罪的补充规定第五条第二款的规定处罚；数额较小，未构成犯罪的，由税务机关追缴其骗取的退税款，处以骗取税款五倍以下的罚款。

第四十五条　以暴力、威胁方法拒不缴纳税款的，是抗税，除由税务机关追缴其拒缴的税款外，依照关于惩治偷税、抗税犯罪的补充规定第六条第一款的规定处罚；情节轻微，未构成犯罪的，由税务机关追缴其拒缴的税款，处以拒缴税款五倍以下的罚款。

以暴力方法抗税，致人重伤或者死亡的，按照伤害罪、杀人罪从重处罚，并依照关于惩治偷税、抗税犯罪的补充规定第六条第二款的规定处以罚金。

第五十条　以暴力、威胁方法阻碍税务人员依法执行职务的，依照刑法第一百五十七条的规定追究刑事责任；拒绝、阻碍税务人员依法执行职务未使用暴力、威胁方法的，由公安机关依照《治安管理处罚条例》的规定处罚。

第五十二条　税务人员与纳税人、扣缴义务人勾结，唆使或者协助纳税人、扣缴义务人犯本法第四十条、第四十一条、第四十二条、第四十四条罪的，按照刑法关于共同犯罪的规定处罚；未构成犯罪的，给予行政处分。

第五十三条　税务人员利用职务上的便利，收受或者索取纳税人、扣缴义务人财物，构成犯罪的，按照受贿罪追究刑事责任；未构成犯罪的，给予行政处分。

第五十四条　税务人员玩忽职守，不征或者少征应征税款，致使国家税收遭受重大损失的，依照刑法第一百八十七条的规定追究刑事责任；未构成犯罪的，给予行政处分。

81. 中华人民共和国全国人民代表大会和地方各级人民代表大会选举法（节录）（1995. 2. 28）

（1979年7月1日第五届全国人民代表大会第二次会议通过　根据1995年2月28日第八届全国人民代表大会常务委员会第十二次会议《关于修改〈中华人民共和国全国人民代表大会和地方各级人民代表大会选举法〉的决定》第三次修正）

第五十二条　为保障选民和代表自由行使选举权和被选举权，有下列违法行为的，应当依法给予行政处分或者刑事处分：

（一）用暴力、威胁、欺骗、贿赂等非法手段破坏选举或者妨害选民和代表自由行使选举权和被选举权的；

（二）伪造选举文件、虚报选举票数或者有其他违法行为的；

（三）对于控告、检举选举中违法行为的人，或者对于提出要求罢免代表的人进行压制、报复的。

82. 中华人民共和国中国人民银行法（节录）（1995. 3. 18）

（1995 年 3 月 18 日第八届全国人民代表大会第三次会议通过）

第四十一条 伪造人民币，出售伪造的人民币或者明知是伪造的人民币而运输，依法追究刑事责任。

变造人民币、出售变造的人民币或者明知是变造的人民币而运输，构成犯罪的，依法追究刑事责任；情节轻微的，由公安机关处十五日以下拘留，五千元以下罚款。

第四十二条 购买伪造、变造的人民币或者明知是伪造、变造的人民币而持有、使用，构成犯罪的，依法追究刑事责任；情节轻微的，由公安机关处十五日以下拘留、五千元元以下罚款。

第四十五条 违反法律、行政法规有关金融监督管理规定的，中国人民银行应当责令停止违法行为，并依法给予行政处罚；构成犯罪的，依法追究刑事责任。

第四十七条 中国人民银行有下列行为之一的，对负有直接责任的主管人员和其他直接责任人员，依法给予行政处分；构成犯罪的，依法追究刑事责任：

（一）违反本法第二十九条第一款的规定提供贷款的；

（二）对单位和个人提供担保的；

（三）擅自动用发行基金的。

有前款所列行为之一，造成损失的，负有直接责任的主管人员和其他直接责任人员应当承担部分或者全部赔偿责任。

第四十八条 地方政府、各级政府部门、社会团体和个人强令中国人民银行及其工作人员违反本法第二十九条的规定提供贷款或者担保的，对负有直接责任的主管人员和其他直接责任人员，依法给予行政处分；构成犯罪的，依法追究刑事责任；造成损失的，应当承担部分或者全部赔偿责任。

第四十九条 中国人民银行的工作人员泄露国家秘密，构成犯罪的，依法追究刑事责任；尚不构成犯罪的，依法给予行政处分。

第五十条 中国人民银行的工作人员贪污受贿、徇私舞弊、滥用职权、玩忽职守，构成犯罪的，依法追究刑事责任；情节轻微的，依法给予行政处分。

83. 中华人民共和国教育法（节录）（1995. 3. 18）

（1995 年 3 月 18 日第八届全国人民代表大会第三次会议通过）

第七十一条 违反国家有关规定，不按照预算核拨教育经费的，由同级人民政府限期核拨；情节严重的，对直接负责的主管人员和其他直接责任人员，依法给予行政处分。

违反国家财政制度、财务制度，挪用、克扣教育经费的，由上级机关责令限期归还被挪用、克扣的经费，并对直接负责的主管人员和其他直接责任人员，依法给予行政处分；构成犯罪的，依法追究刑事责任。

第七十二条 结伙斗殴、寻衅滋事，扰乱学校及其他教育机构教育教学秩序或者破坏校舍、场地及其他财产的，由公安机关给予治安管理处罚；构成犯罪的，依法追究刑事责任。

侵占学校及其他教育机构的校舍、场地及其他财产的，依法承担民事责任。

第七十三条 明知校舍或者教育教学设施有危险，而不采取措施，造成人员伤亡或者重大财产损失的，对直接负责的主管人员和其他直接责任人员，依法追究刑事责任。

第七十七条 在招收学生工作中徇私舞弊的，由教育行政部门责令退回招收的人员；对直接负责的主管人员和其他直接责任人员，依法给予行政处分；构成犯罪的，依法追究刑事责任。

84. 中华人民共和国票据法（节录）（1995. 5. 10）

（1995 年 5 月 10 日第八届全国人民代表大会常务委员会第十三次会议通过）

第一百零三条　有下列票据欺诈行为之一的，依法追究刑事责任：

（一）伪造、变造票据的；

（二）故意使用伪造、变造的票据的；

（三）签发空头支票或者故意签发与其预留的本名签名式样或者印鉴不符的支票，骗取财物的；

（四）签发无可靠资金来源的汇票、本票，骗取资金的；

（五）汇票、本票的出票人在出票时作虚假记载，骗取财物的；

（六）冒用他人的票据，或者故意使用过期或者作废的票据，骗取财物的；

（七）付款人同出票人、持票人恶意串通，实施前六项所列行为之一的。

第一百零四条　有前条所列行为之一，情节轻微，不构成犯罪的，依照国家有关规定给予行政处罚。

第一百零五条　金融机构工作人员在票据业务中玩忽职守，对违反本法规定的票据予以承兑、付款或者保证的，给予处分；造成重大损失，构成犯罪的，依法追究刑事责任。

85. 中华人民共和国商业银行法（节录）（1995. 5. 10）

（1995 年 5 月 10 日第八届全国人民代表大会常务委员会第十三次会议通过）

第七十三条　商业银行有下列情形之一，对存款人或者其他客户造成财产损害的，应当承担支付迟延履行的利息以及其他民事责任：

（一）无故拖延、拒绝支付存款本金和利息的；

（二）违反票据承兑等结算业务规定，不予兑现，不予收付入帐，压单、压票或者违反规定退票的；

（三）非法查询、冻结、扣划个人储蓄存款或者单位存款的；

（四）违反本法规定对存款人或者其他客户造成损害的其他行为。

第七十四条　商业银行有下列情形之一，由中国人民银行责令改正，有违法所得的，没收违法所得，并处以违法所得一倍以上五倍以下罚款，没有违法所得的，处以十万元以上五十万元以下罚款；情节特别严重或者逾期不改正的，中国人民银行可以责令停业整顿或者吊销其经营许可证；构成犯罪的，依法追究刑事责任：

（一）未经批准发行金融债券或者到境外借款的；

（二）未经批准买卖政府债券或者买卖、代理买卖外汇的；

（三）在境内从事信托投资和股票业务或者投资于非自用不动产的；

（四）向境内非银行金融机构和企业投资的；

（五）向关系人发放信用贷款或者发放担保贷款的条件优于其他借款人同类贷款的条件的；

（六）提供虚假的或者隐瞒重要事实的财务会计报表的；

（七）拒绝中国人民银行稽核、检查监督的；

（八）出租、出借经营许可证的。

第七十五条　商业银行有本法第七十三条规定的情形之一或者有下列情形之一，由中国人民银行责令改正，有违法所得的，没收违法所得，并处以违法所得一倍以上三倍以下罚款，没有违法所得的，处以五万元以上三十万元以下罚款：

（一）未按照中国人民银行规定的比例交存存款准备金的；

（二）未遵守资本充足率、存贷比例、资产流动性比例、同一借款人贷款比例和中国人民银行有关资产负债比例管理的其他规定的；

（三）未经批准设立分支机构的；

（四）未经批准分立、合并的；

（五）同业拆借超过规定的期限或者利用拆入资金发放固定资产贷款的；

（六）违反规定提高或者降低利率以及采用其他不正当手段，吸收存款，发放贷款的。

第七十六条　商业银行有本法第七十三条至第七十五条规定的情形的，对直接负责的主管人员和其他直接责任人员，应当给予纪律处分；构成犯罪的，依法追究刑事责任。

第七十九条　未经中国人民银行批准，擅自设立商业银行，或者非法吸收公众存款、变相吸收公众存款的，依法追究刑事责任；并由中国人民银行予以取缔。

伪造、变造、转让商业银行经营许可证的，依法追究刑事责任。

第八十条　借款人采取欺诈手段骗取贷款，构成犯罪的，依法追究刑事责任。

第八十一条　商业银行工作人员利用职务上的便利，索取、收受贿赂或者违反国家规定收受各种名义的回扣、手续费的，依法追究刑事责任。

有前款行为，发放贷款或者提供担保造成损失的，应当承担全部或者部分赔偿责任。

第八十二条　商业银行工作人员利用职务上的便利，贪污、挪用、侵占本行或者客户资金，构成犯罪的，依法追究刑事责任；未构成犯罪的，应当给予纪律处分。

第八十三条　商业银行工作人员违反本法规定玩忽职守造成损失的，应当给予纪律处分；构成犯罪的，依法追究刑事责任。

违反规定徇私向亲属、朋友发放贷款或者提供担保造成损失的，应当承担全部或者部分赔偿责任。

第八十四条　商业银行工作人员泄露在任职期间知悉的国家秘密、商业秘密的，应当给予纪律处分；构成犯罪的，依法追究刑事责任。

86. 中华人民共和国预备役军官法（节录）（1995. 5. 10）

（1995 年 5 月 10 日第八届全国人民代表大会常务委员会第十三次会议通过）

第五十二条　预备役军官参加军事训练、执行军事勤务期间，违反纪律的，依照中央军事委员会的有关规定给予行政处分；构成犯罪的，依法追究刑事责任。

第五十三条　预备役军官拒绝或者逃避登记、军事训练，经教育拒不改正的，由当地人民政府强制其履行兵役义务。

在战时，预备役军官拒绝、逃避征召或者军事训练，情节严重的，依法追究刑事责任。

第五十四条　在预备役军官管理工作中，收受贿赂、营私舞弊，或者玩忽职守致使预备役工作遭受严重损失，构成犯罪的，依法追究刑事责任；未构成犯罪的，依法给予行政处分。

87. 中华人民共和国保险法（节录）（1995. 6. 30）

（1995 年 6 月 30 日第八届全国人民代表大会常务委员会第十四次会议通过）

第一百三十一条　投保人、被保险人或者受益人有下列行为之一，进行保险欺诈活动，构成犯罪的，依法追究刑事责任：

（一）投保人故意虚构保险标的，骗取保险金的；

（二）未发生保险事故而谎称发生保险事故，骗取保险金的；

（三）故意造成财产损失的保险事故，骗取保险金的；

（四）故意造成被保险人死亡、伤残或者疾病等人身保险事故，骗取保险金的；

（五）伪造、变造与保险事故有关的证明、资料和其他证据，或者指使、唆使、收买他人提供虚假证明、资料或者其他证据，编造虚假的事故原因或者夸大损失程度，骗取保险金的。

有前款所列行为之一，情节轻微，不构成犯罪的，依照国家有关规定给予行政处罚。

第一百三十二条　保险公司及其工作人员在保险业务中隐瞒与保险合同有关的重要情况，欺骗投保人、被保险人或者受益人，或者拒不履行保险合同约定的赔偿或者给付保险金的义务，构成犯罪的，依法追究刑事责任；不构成犯罪的，由金融监督管理部门对保险公司处以一万元以上五万元以下的罚款；对有违法行为的工作人员，给予处分，并处以一万元以下的罚款。

保险公司及其工作人员阻碍投保人履行如实告知义务，或者诱导其不履行如实告知义务的，或者承诺向投保人、被保险人或者受益人给予非法的保险费回扣或者其他利益的，由金融监督管理部门责令改正，对保险公司处以一万元以上五万元以下的罚款；对有违法行为的工作人员，给予处分，并处以一万元以下的罚款。

第一百三十三条　保险代理人或者保险经纪人在其业务中欺骗投保人、被保险人或者受益人的，由金融监督管理部门责令改正，并处以一万元以上五万元以下的罚款；情节严重的，吊销经营保险代理业务许可证或者经纪业务许可证。构成犯罪的，依法追究刑事责任。

第一百三十四条　保险公司的工作人员利用职务上的便利，故意编造未曾发生的保险事故进行虚假理赔，骗取保险金的，依法追究刑事责任。

第一百三十五条　违反本法规定，擅自设立保险公司或者非法从事商业保险业务活动的，依法追究刑事责任，并由金融监督管理部门予以取缔。情节轻微，不构成犯罪的，给予行政处罚。

第一百四十二条　违反本法规定，未取得经营保险代理业务许可证或者经纪业务许可证，非法从事保险代理业务或者经纪业务活动的，由金融监督管理部门予以取缔，没收违法所得，处以违法所得五倍以上十倍以下的罚款。构成犯罪的，依法追究刑事责任。

第一百四十三条　对违反本法规定尚未构成犯罪的行为负有直接责任的保险公司高级管理人员和其他直接责任人员，金融监督管理部门可以区别不同情况予以警告，责令予以撤换，处以五千元以上三万元以下的罚款。

第一百四十四条　违反本法规定，给他人造成损害的，应当依法承担民事责任。

第一百四十五条　对不符合本法规定条件的设立保险公司的申请予以批准的，或者对不符合保险代理人、保险经纪人条件的申请予以批准的，给予行政处分；情节严重，构成犯罪的，依法追究刑事责任。

第一百四十六条　金融监督管理部门工作人员在对保险业的监督管理工作中滥用职权、徇私舞弊、玩忽职守，构成犯罪的，依法追究刑事责任；不构成犯罪的，给予行政处分。

88. 中华人民共和国大气污染防治法（节录）（1995. 8. 29）

（1987 年 9 月 5 日第六届全国人民代表大会常务委员会第二十二次会议通过
根据 1995 年 8 月 29 日第八届全国人民代表大会常务委员会第十五次会议
《关于修改〈中华人民共和国大气污染防治法〉的决定》修正）

第四十七条　造成重大大气污染事故，导致公私财产重大损失或者人身伤亡的严重后果的，对有关责任人员可以比照《中华人民共和国刑法》第一百一十五条或者第一百八十七条的规定，追究刑事责任。

第四十八条　环境保护监督管理人员滥用职权、玩忽职守的，给予行政处分；构成犯罪的，依法追究刑事责任。

89. 中华人民共和国体育法（节录）（1995. 8. 29）

（1995 年 8 月 29 日第八届全国人民代表大会常务委员会第十五次会议通过）

第五十一条　利用竞技体育从事赌博活动的，由体育行政部门协助公安机关责令停止违法活动，并由公安机关依照《治安管理处罚条例》的有关规定给予处罚。

在竞技体育活动中，有贿赂、诈骗、组织赌博行为，构成犯罪的，依法追究刑事责任。

第五十二条　侵占、破坏公共体育设施的，由体育行政部门责令限期改正，并依法承担民事责任。

有前款所列行为，违反治安管理的，由公安机关依照《治安管理处罚条例》的有关规定给予处罚；构成犯罪的，依法追究刑事责任。

第五十三条　在体育活动中，寻衅滋事、扰乱公共秩序的，给予批评、教育并予以制止；违反治安管理的，由公安机关依照《治安管理处罚条例》的规定给予处罚；构成犯罪的，依法追究刑事责任。

第五十四条　违反国家财政制度、财务制度，挪用、克扣体育资金的，由上级机关责令限期归还被挪用、克扣的资金，并对直接负责的主管人员和其他直接责任人员，依法给予行政处分；构成犯罪的，依法追究刑事责任。

90. 中华人民共和国民用航空法（节录）（1995. 10. 30）

（1995 年 10 月 30 日第八届全国人民代表大会常务委员会第十六次会议通过
1995 年 10 月 30 日中华人民共和国主席令第五十六号公布　自 1996 年 3 月 1 日起施行）

第一百九十一条　以暴力、胁迫或者其他方法劫持航空器的，依照关于惩治劫持航空器犯罪分子的决定追究刑事责任。

第一百九十二条　对飞行中的民用航空器上的人员使用暴力，危及飞行安全，尚未造成严重后果的，依照刑法第一百零五条的规定追究刑事责任；造成严重后果的，依照刑法第一百零六条的规定追究刑事责任。

第一百九十三条　违反本法规定，隐匿携带炸药、雷管或者其他危险品乘坐民用航空器，或者以非危险品品名托运危险品，尚未造成严重后果的，比照刑法第一百六十三条的规定追究刑事责任；造成严重后果的，依照刑法第一百一十条的规定追究刑事责任。

企业事业单位犯前款罪的，判处罚金，并对直接负责的主管人员和其他直接责任人员依照前款规定追究刑事责任。

隐匿携带枪支子弹、管制刀具乘坐民用航空器的，比照刑法第一百六十三条的规定追究刑事责任。

第一百九十四条　公共航空运输企业违反本法第一百零一条的规定运输危险品的，由国务院民用航空主管部门没收违法所得，可以并处违法所得一倍以下的罚款。

公共航空运输企业有前款行为，导致发生重大事故的，没收违法所得，判处罚金；并对直接负责的主管人员和其他直接责任人员依照刑法第一百一十五条的规定追究刑事责任。

第一百九十五条　故意在使用中的民用航空器上放置危险品或者唆使他人放置危险品，足以毁坏该民用航空器，危及飞行安全，尚未造成严重后果的，依照刑法第一百零七条的规定追究刑事责任；造成严重后果的，依照刑法第一百一十条的规定追究刑事责任。

第一百九十六条　故意传递虚假情报，扰乱正常飞行秩序，使公私财产遭受重大损失的，依照刑法第一百五十八条的规定追究刑事责任。

第一百九十七条　盗窃或者故意损毁、移动使用中的航行设施，危及飞行安全，足以使民用航空器发生坠落、毁坏危险，尚未造成严重后果的，依照刑法第一百零八条的规定追究刑事责任；造成严重后果的，依照刑法第一百一十条的规定追究刑事责任。

第一百九十八条　聚众扰乱民用机场秩序的，依照刑法第一百五十九条的规定追究刑事责任。

第一百九十九条　航空人员玩忽职守，或者违反规章制度，导致发生重大飞行事故，造成严重后果的，分别依照、比照刑法第一百八十七条或者第一百一十四条的规定追究刑事责任。

第二百一十二条　国务院民用航空主管部门和地区民用航空管理机构的工作人员，玩忽职守、滥用职权、徇私舞弊，构成犯罪的，依法追究刑事责任；尚不构成犯罪的，依法给予行政处分。

91. 中华人民共和国固体废物污染环境防治法（节录）（1995. 10. 30）

（1995 年 10 月 30 日第八届全国人民代表大会常务委员会第十六次会议通过
1995 年 10 月 30 日中华人民共和国主席令第五十八号公布　自 1996 年 4 月 1 日起施行）

第六十六条　违反本法规定，将中国境外的固体废物进境倾倒、堆放、处置，或者未经国务院有关主管部门许可擅自进口固体废物用作原料的，由海关责令退运该固体废物，可以并处十万元以上一百万元以下的罚款。逃避海关监管，构成走私罪的，依法追究刑事责任。

以原料利用为名，进口不能用作原料的固体废物的，依照前款规定处罚。

第七十二条　违反本法规定，收集、贮存、处置危险废物，造成重大环境污染事故，导致公私财产重大损失或者人身伤亡的严重后果的，比照刑法第一百一十五条或者第一百八十七条的规定追究刑事责任。

单位犯本条罪的，处以罚金，并对直接负责的主管人员和其他直接责任人员依照前款规定追究刑事责任。

第七十三条　固体废物污染环境防治监督管理人员滥用职权、玩忽职守、徇私舞弊，构成犯罪的，依法追究刑事责任；尚不构成犯罪的，依法给予行政处分。

92. 中华人民共和国食品卫生法（节录）（1995. 10. 30）

（1995 年 10 月 30 日第八届全国人民代表大会常务委员会第十六次会议通过
1995 年 10 月 30 日中华人民共和国主席令第五十九号公布　自公布之日起施行）

第三十九条　违反本法规定，生产经营不符合卫生标准的食品，造成食物中毒事故或者其他食源性疾患的，责令停止生产经营，销毁导致食物中毒或者其他食源性疾患的食品，没收违法所得，并处以违法所得一倍以上五倍以下的罚款；没有违法所得的，处以一千元以上五万元以下的罚款。

违反本法规定，生产经营不符合卫生标准的食品，造成严重食物中毒事故或者其他严重食源性疾患，对人体健康造成严重危害的，或者在生产经营的食品中掺入有毒、有害的非食品原料的，依法追究刑事责任。

有本条所列行为之一的，吊销卫生许可证。

第五十一条　卫生行政部门违反本法规定，对不符合条件的生产经营者发放卫生许可证的，对直接责任人员给予行政处分；收受贿赂，构成犯罪的，依法追究刑事责任。

第五十二条　食品卫生监督管理人员滥用职权、玩忽职守、营私舞弊，造成重大事故，构成犯罪的，依法追究刑事责任；不构成犯罪的，依法给予行政处分。

第五十三条　以暴力、威胁方法阻碍食品卫生监督管理人员依法执行职务的，依法追究刑事责任；拒绝、阻碍食品卫生监督管理人员依法执行职务未使用暴力、威胁方法的，由公安机关依照《治安管理处罚条例》的规定处罚。

中编

93. 中华人民共和国电力法（节录）（1995. 12. 28）

（1995 年 12 月 28 日第八届全国人民代表大会常务委员会第十七次会议通过
1995 年 12 月 28 日中华人民共和国主席令第六十号公布　自 1996 年 4 月 1 日起施行）

第七十条　有下列行为之一，应当给予治安管理处罚的，由公安机关依照《治安管理处罚条例》的有关规定予以处罚；构成犯罪的，依法追究刑事责任：

（一）阻碍电力建设或者电力设施抢修，致使电力建设或者电力设施抢修不能正常进行的；

（二）扰乱电力生产企业、变电所、电力调度机构和供电企业的秩序，致使生产、工作和营业不能正常进行的；

（三）殴打、公然侮辱履行职务的查电人员或者抄表收费人员的；

（四）拒绝、阻碍电力监督检查人员依法执行职务的。

第七十一条　盗窃电能的，由电力管理部门责令停止违法行为，追缴电费并处应交电费五倍以下的罚款；构成犯罪的，依照刑法第一百五十一条或者第一百五十二条的规定追究刑事责任。

第七十二条　盗窃电力设施或者以其他方法破坏电力设施，危害公共安全的，依照刑法第一百零九条或者第一百一十条的规定追究刑事责任。

第七十三条　电力管理部门的工作人员滥用职权、玩忽职守、徇私舞弊，构成犯罪的，依法追究刑事责任；尚不构成犯罪的，依法给予行政处分。

第七十四条　电力企业职工违反规章制度、违章调度或者不服从调度指令，造成重大事故的，比照刑法第一百一十四条的规定追究刑事责任。

电力企业职工故意延误电力设施抢修或者抢险救灾供电，造成严重后果的，比照刑法第一百一十四条的规定追究刑事责任。

电力企业的管理人员和查电人员、抄表收费人员勒索用户、以电谋私，构成犯罪的，依法追究刑事责任；尚不构成犯罪的，依法给予行政处分。

94. 中华人民共和国戒严法（节录）（1996. 3. 1）

（1996 年 3 月 1 日第八届全国人民代表大会常务委员会第十八次会议通过
1996 年 3 月 1 日中华人民共和国主席令第六十一号公布　自公布之日起施行）

第三十条　戒严执勤人员依法执行任务的行为受法律保护。

戒严执勤人员违反本法规定，滥用职权，侵犯和损害公民合法权益的，依法追究法律责任。

95. 中华人民共和国行政处罚法（节录）（1996. 3. 17）

（1996 年 3 月 17 日第八届全国人民代表大会第四次会议通过）

第五十八条　行政机关将罚款、没收的违法所得或者财物截留、私分或者变相私分的，由财政部门或者有关部门予以追缴，对直接负责的主管人员和其他直接责任人员依法给予行政处分；情节严重构成犯罪的，依法追究刑事责任。

执法人员利用职务上的便利，索取或者收受他人财物、收缴罚款据为己有，构成犯罪的，依法追究刑事责任；情节轻微不构成犯罪的，依法给予行政处分。

第六十条　行政机关违法实行检查措施或者执行措施，给公民人身或者财产造成损害、给法人或者其他组织造成损失的，应当依法予以赔偿，对直接负责的主管人员和其他直接责任人员依法给予行政处分；情节严重构成犯罪的，依法追究刑事责任。

第六十一条　行政机关为牟取本单位私利，对应当依法移交司法机关追究刑事责任的不移交，以行政处罚代替刑罚，由上级行政机关或者有关部门责令纠正；拒不纠正的，对直接负责的主管人员给予行政处分；徇私舞弊、包庇纵容违法行为的，比照刑法第一百八十八条的规定追究刑事责任。

第六十二条　执法人员玩忽职守，对应当予以制止和处罚的违法行为不予制止、处罚，致使公民、法人或者其他组织的合法权益、公共利益和社会秩序遭受损害的，对直接负责的主管人员和其他直接责任人员依法给予行政处分；情节严重构成犯罪的，依法追究刑事责任。

96. 中华人民共和国水污染防治法（节录）（1996. 5. 15）

（1984 年 5 月 11 日第六届全国人民代表大会常务委员会第五次会议通过
根据 1996 年 5 月 15 日第八届全国人民代表大会常务委员会第十九次会议
《关于修改〈中华人民共和国水污染防治法〉的决定》修正）

第五十七条　违反本法规定，造成重大水污染事故，导致公私财产重大损失或者人身伤亡的严重后果的，对有关责任人员可以比照刑法第一百一十五条或者第一百八十七条的规定，追究刑事责任。

第五十八条　环境保护监督管理人员和其他有关国家工作人员滥用职权、玩忽职守、徇私舞弊的，由其所在单位或者上级主管机关给予行政处分；构成犯罪的，依法追究刑事责任。

97. 中华人民共和国统计法（节录）（1996. 5. 15）

（1983 年 12 月 8 日第六届全国人民代表大会常务委员会第三次会议通过
根据 1996 年 5 月 15 日第八届全国人民代表大会常务委员会第十九次会议
《关于修改〈中华人民共和国统计法〉的决定》修正）

第二十六条　地方、部门、单位的领导人自行修改统计资料、编造虚假数据或者强令、授意统计机构、统计人员篡改统计资料或者编造虚假数据的，依法给予行政处分，并由县级以上人民政府统计机构予以通报批评。

地方、部门、单位的领导人对拒绝、抵制篡改统计资料或者对拒绝、抵制编造虚假数据行为的统计人员进行打击报复的，依法给予行政处分；构成犯罪的，依法追究刑事责任。

统计人员参与篡改统计资料、编造虚假数据的，由县级以上人民政府统计机构予以通报批评，依法给予行政处分或者建议有关部门依法给予行政处分。

第二十九条　利用统计调查窃取国家秘密或者违反本法有关保密规定的，依照有关法律规定处罚。

利用统计调查损害社会公共利益或者进行欺诈活动的，由县级以上人民政府统计机构责令改正，没收违法所得，可以处以罚款；构成犯罪的，依法追究刑事责任。

98. 中华人民共和国律师法（节录）（1996. 5. 15）

（1996 年 5 月 15 日第八届全国人民代表大会常务委员会第十九次会议通过）

第四十五条　律师有下列行为之一的，由省、自治区、直辖市人民政府司法行政部门吊销律师执业证书；构成犯罪的，依法追究刑事责任：

（一）泄露国家秘密的；

（二）向法官、检察官、仲裁员以及其他有关工作人员行贿或者指使、诱导当事人行贿的；

（三）提供虚假证据，隐瞒重要事实或者威胁、利诱他人提供虚假证据，隐瞒重要事实的。

律师因故意犯罪受刑事处罚的，应当吊销其律师执业证书。

99. 中华人民共和国促进科技成果转化法（节录）（1996. 5. 15）

（1996 年 5 月 15 日第八届全国人民代表大会常务委员会第十九次会议通过）

第三十一条　违反本法规定，在科技成果转化活动中弄虚作假，采取欺骗手段，骗取奖励和荣誉称号、诈骗钱财、非法牟利的，责令改正，取消该奖励和荣誉称号，没收违法所得，并处以罚款。给他人造成经济损失的，依法承担民事赔偿责任。构成犯罪的，依法追究刑事责任。

第三十三条　各级人民政府科学技术行政部门和其他有关部门工作人员在科技成果转化中玩忽职守、徇私舞弊的，给予行政处分；构成犯罪的，依法追究刑事责任。

第三十四条　违反本法规定，以唆使窃取、利诱胁迫等手段侵占他人的科技成果，侵犯他人合法权益的，依法承担民事赔偿责任，可以处以罚款；构成犯罪的，依法追究刑事责任。

第三十五条　违反本法规定，职工未经单位允许，泄露本单位的技术秘密，或者擅自转让、变相转让职务科技成果的，参加科技成果转化的有关人员违反与本单位的协议，在离职、离休、退休后约定的期限内从事与原单位相同的科技成果转化活动的，依照有关规定承担法律责任。

第三十六条　在技术交易中从事代理或者居间服务的中介机构和从事经纪业务的人员，欺骗委托人的，或者与当事人一方串通欺骗另一方当事人的，责令改正，予以警告，除依法承担民事赔偿责任外，没收违法所得，并处以罚款；情节严重的，依法吊销营业执照和资格证书；构成犯罪的，依法追究刑事责任。

100. 中华人民共和国枪支管理法（节录）（1996.7.5）

（1996年7月5日第八届全国人民代表大会常务委员会第二十次会议通过）

第三十九条　违反本法规定，未经许可制造、买卖或者运输枪支的，依照刑法第一百一十二条和《全国人民代表大会常务委员会关于严惩严重危害社会治安的犯罪分子的决定》的规定追究刑事责任。

单位有前款行为的，对单位判处罚金，并对其直接负责的主管人员和其他直接责任人员依照刑法第一百一十二条的规定追究刑事责任。

第四十条　依法被指定、确定的枪支制造企业、销售企业，违反本法规定，有下列行为之一的，对单位判处罚金，并对其直接负责的主管人员和其他直接责任人员依照刑法第一百一十二条的规定追究刑事责任；公安机关可以责令其停业整顿或者吊销其枪支制造许可证件、枪支配售许可证件：

（一）超过限额或者不按照规定的品种制造、配售枪支的；

（二）制造无号、重号、假号的枪支的；

（三）私自销售枪支或者在境内销售为出口制造的枪支的。

第四十一条　违反本法规定，非法持有、私藏枪支的，依照刑法第一百六十三条的规定追究刑事责任。

非法运输、携带枪支入境、出境的，依照《全国人民代表大会常务委员会关于惩治走私罪的补充规定》追究刑事责任。

第四十二条　违反本法规定，运输枪支未使用安全可靠的运输设备、不设专人押运、枪支弹药未分开运输或者运输途中停留住宿不报告公安机关，情节严重的，比照刑法第一百八十七条的规定追究刑事责任；未构成犯罪的，由公安机关对直接责任人员处十五日以下拘留。

第四十三条　违反枪支管理规定，出租、出借公务用枪的，比照刑法第一百八十七条的规定处罚。

单位有前款行为的，对其直接负责的主管人员和其他直接责任人员依照前款规定处罚。

配置民用枪支的单位，违反枪支管理规定，出租、出借枪支，造成严重后果或者有其他严重情节的，对其直接负责的主管人员和其他直接责任人员比照刑法第一百八十七条的规定处罚。

配置民用枪支的个人，违反枪支管理规定，出租、出借枪支，造成严重后果的，比照刑法第一百六十三条的规定处罚。

违反枪支管理规定，出租、出借枪支，情节轻微未构成犯罪的，由公安机关对个人或者单位负有直接责任的主管人员和其他直接责任人员处十五日以下拘留，可以并处五千元以下罚款；对出租、出借的枪支，应当予以没收。

第四十四条　违反本法规定，有下列行为之一的，由公安机关对个人或者单位负有直接责任的主管人员和其他直接责任人员处警告或者十五日以下拘留；构成犯罪的，依法追究刑事责任：

（一）未按照规定的技术标准制造民用枪支的；

（二）在禁止携带枪支的区域、场所携带枪支的；

（三）不上缴报废枪支的；

（四）枪支被盗、被抢或者丢失，不及时报告的；

（五）制造、销售仿真枪的。

有前款第（一）项至第（三）项所列行为的，没收其枪支，可以并处五千元以下罚款；有前款第（五）项所列行为的，由公安机关、工商行政管理部门按照各自职责范围没收其仿真枪，可以并处制造、销售金额五倍以下的罚款，情节严重的，由工商行政管理部门吊销营业执照。

第四十五条　公安机关工作人员有下列行为之一的，依法追究刑事责任；未构成犯罪的，依法给予行政处分：

（一）向本法第五条、第六条规定以外的单位和个人配备、配置枪支的；

（二）违法发给枪支管理证件的；

（三）将没收的枪支据为己有的；

（四）不履行枪支管理职责，造成后果的。

101. 中华人民共和国矿产资源法（节录）（1996. 8. 29）

（1986 年 3 月 19 日第六届全国人民代表大会常务委员会第十五次会议通过
根据 1996 年 8 月 29 日第八届全国人民代表大会常务委员会第二十一次会议
《关于修改〈中华人民共和国矿产资源法〉的决定》修正）

第三十九条 违反本法规定，未取得采矿许可证擅自采矿的，擅自进入国家规划矿区、对国民经济具有重要价值的矿区范围采矿的，擅自开采国家规定实行保护性开采的特定矿种的，责令停止开采、赔偿损失，没收采出的矿产品和违法所得，可以并处罚款；拒不停止开采，造成矿产资源破坏的，依照《刑法》第一百五十六条的规定对直接责任人员追究刑事责任。

单位和个人进入他人依法设立的国有矿山企业和其他矿山企业矿区范围内采矿的，依照前款规定处罚。

第四十条 超越批准的矿区范围采矿的，责令退回本矿区范围内开采、赔偿损失，没收越界开采的矿产品和违法所得，可以并处罚款；拒不退回本矿区范围内开采，造成矿产资源破坏的，吊销采矿许可证，依照《刑法》第一百五十六条的规定对直接责任人员追究刑事责任。

第四十一条 盗窃、抢夺矿山企业和勘查单位的矿产品和其他财物的，破坏采矿、勘查设施的，扰乱矿区和勘查作业区的生产秩序、工作秩序的，分别依照《刑法》有关规定追究刑事责任；情节显著轻微的，依照《治安管理处罚条例》有关规定予以处罚。

第四十三条 违反本法规定收购和销售国家统一收购的矿产品的，没收矿产品和违法所得，可以并处罚款；情节严重的，依照《刑法》第一百一十七条、第一百一十八条的规定，追究刑事责任。

第四十七条 负责矿产资源勘查、开采监督管理工作的国家工作人员和其他有关国家工作人员徇私舞弊、滥用职权或者玩忽职守，违反本法规定批准勘查、开采矿产资源和颁发勘查许可证、采矿许可证，或者对违法采矿行为不依法予以制止、处罚，构成犯罪的，依法追究刑事责任；不构成犯罪的，给予行政处分。违法颁发的勘查许可证、采矿许可证，上级人民政府地质矿产主管部门有权予以撤销。

第四十八条 以暴力、威胁方法阻碍从事矿产资源勘查、开采监督管理工作的国家工作人员依法执行职务的，依照《刑法》第一百五十七条的规定追究刑事责任；拒绝、阻碍从事矿产资源勘查、开采监督管理工作的国家工作人员依法执行职务未使用暴力、威胁方法的，由公安机关依照《治安管理处罚条例》的规定处罚。

102. 中华人民共和国老年人权益保障法（节录）（1996. 8. 29）

（1996 年 8 月 29 日第八届全国人民代表大会常务委员会第二十一次会议通过）

第四十四条 不履行保护老年人合法权益职责的部门或者组织，其上级主管部门应当给予批语教育，责令改正。

国家工作人员违法失职，致使老年人合法权益受到损害的，由其所在组织或者上级机关责令改正，或者给予行政处分；构成犯罪的，依法追究刑事责任。

第四十七条 暴力干涉老年人婚姻自由或者对老年人负有赡养义务、扶养义务而拒绝赡养、扶养，情节严重构成犯罪的，依法追究刑事责任。

第四十八条 家庭成员有盗窃、诈骗、抢夺、勒索、故意毁坏老年人财物，情节较轻的，依《治安管理处罚条例》的有关规定处罚；构成犯罪的，依法追究刑事责任。

103. 中华人民共和国煤炭法（节录）（1996. 8. 29）

（1996 年 8 月 29 日第八届全国人民代表大会常务委员会第二十一次会议通过）

第七十条 违反本法第三十一条的规定，擅自开采保安煤柱或者采用危及相邻煤矿生产安全的危险方法进行采矿作业的，由劳动行政主管部门会同煤炭管理部门责令停止作业；由煤炭管理部门没收违法所得，并处违法所得一倍以上五倍以下的罚款，吊销其煤炭生产许可证；构成犯罪的，由司法机关依法追究刑事责任；造成损失的，依法承担赔偿责任。

第七十二条　违反本法第五十三条的规定，在煤炭产品中掺杂、掺假，以次充好的，责令停止销售，没收违法所得，并处违法所得一倍以上五倍以下的罚款，可以依法吊销煤炭生产许可证或者取消煤炭经营资格；构成犯罪的，由司法机关依法追究刑事责任。

第七十六条　有下列行为之一的，由公安机关依照《治安管理处罚条例》的有关规定处罚；构成犯罪的，由司法机关依法追究刑事责任：

（一）阻碍煤矿建设，致使煤矿建设不能正常进行的；

（二）故意损坏煤矿矿区的电力、通讯、水源、交通及其他生产设施的；

（三）扰乱煤矿矿区秩序，致使生产、工作不能正常进行的；

（四）拒绝、阻碍监督检查人员依法执行职务的。

第七十七条　对不符合本法规定条件的煤矿企业颁发煤炭生产许可证或者对不符合本法规定条件设立煤炭经营企业予以批准的，由其上级主管机关或者监察机关责令改正，并给予直接负责的主管人员和其他直接责任人员行政处分；构成犯罪的，由司法机关依法追究刑事责任。

第七十八条　煤矿企业的管理人员违章指挥、强令职工冒险作业，发生重大伤亡事故的，依照刑法第一百一十四条的规定追究刑事责任。

第七十九条　煤矿企业的管理人员对煤矿事故隐患不采取措施予以消除，发生重大伤亡事故的，比照刑法第一百八十七条的规定追究刑事责任。

第八十条　煤炭管理部门和有关部门的工作人员玩忽职守、徇私舞弊、滥用职权的，依法给予行政处分；构成犯罪的，由司法机关依法追究刑事责任。

104. 中华人民共和国环境噪声污染防治法（节录）（1996. 10. 29）

（1996 年 10 月 29 日第八届全国人民代表大会常务委员会第二十二次会议通过）

第六十二条　环境噪声污染防治监督管理人员滥用职权、玩忽职守、徇私舞弊的，由其所在单位或者上级主管机关给予行政处分；构成犯罪的，依法追究刑事责任。

105. 中华人民共和国人民防空法（节录）（1996. 10. 29）

（1996 年 10 月 29 日第八届全国人民代表大会常务委员会第二十二次会议通过）

第五十条　违反本法规定，故意损坏人民防空设施或者在人民防空工程内生产、储存爆炸、剧毒、易燃、放射性等危险品，尚不构成犯罪的，依照《治安管理处罚条例》的有关规定处罚；构成犯罪的，依法追究刑事责任。

第五十一条　人民防空主管部门的工作人员玩忽职守、滥用职权、徇私舞弊或者有其他违法、失职行为构成犯罪的，依法追究刑事责任；尚不构成犯罪的，依法给予行政处分。

106. 中华人民共和国香港特别行政区驻军法（节录）（1996. 12. 30）

（1996 年 12 月 30 日第八届全国人民代表大会常务委员会第二十三次会议通过）

第十九条　香港驻军人员违反全国性的法律和香港特别行政区的法律的，依法追究法律责任。

第二十条　香港驻军人员犯罪的案件由军事司法机关管辖；但是，香港驻军人员非执行职务的行为，侵犯香港居民、香港驻军以外的其他人的人身权、财产权以及其他违反香港特别行政区法律构成犯罪的案件，由香港特别行政区法院以及有关的执法机关管辖。

军事司法机关和香港特别行政区法院以及有关的执法机关对各自管辖的香港驻军人员犯罪的案件，如果认为由对方管辖更为适宜，经双方协商一致后，可以移交对方管辖。

军事司法机关管辖的香港驻军人员犯罪的案件中，涉及的被告人中的香港居民、香港驻军人员以外的其他人，由香港特别行政区法院审判。

第二十一条　香港特别行政区执法人员依法拘捕的涉嫌犯罪的人员，查明是香港驻军人员的，应当移交香港驻军羁押。被羁押的人员所涉及的案件，依照本法第二十条的规定确定管辖。

第二十二条　香港驻军人员被香港特别行政区法院判处剥夺或者限制人身自由的刑罚的，依照香港特别行政区的法律规定送交执行；但是，香港特别行政区有关执法机关与军事司法机关对执行的地点另行协商确定的除外。

107. 中华人民共和国合伙企业法（节录）（1997. 2. 23）

（1997 年 2 月 23 日第八届全国人民代表大会常务委员会第二十四次会议通过
1997 年 2 月 23 日中华人民共和国主席令第八十二号公布　自 1997 年 8 月 1 日起施行）

第六十八条　合伙人执行合伙企业事务中，将应当归合伙企业的利益据为己有的，或者采取其他手段侵占合伙企业财产的，责令将该利益和财产退还合伙企业；给合伙企业或者其他合伙人造成损失的，依法承担赔偿责任；构成犯罪的，依法追究刑事责任。

第七十二条　合伙企业招用的职工利用职务上的便利，将合伙企业财物非法占为己有或者挪用合伙企业资金归个人使用的，依法承担民事责任；构成犯罪的，依法追究刑事责任。

第七十四条　合伙人担任清算人在执行清算事务时，谋取非法收入或者侵占合伙企业财产的，责令将该收入和侵占的财产退还合伙企业；构成犯罪的，依法追究刑事责任。

合伙人委托的清算人有前款行为的，责令将该收入和侵占的财产退还合伙企业，并依法承担赔偿责任，构成犯罪的，依法追究刑事责任。

第七十五条　清算人违反本法规定，隐匿、转移合伙企业财产，对资产负债表或者财产清单位作虚伪记载，或者在未清偿债务前分配企业财产的，责令改正；损害债权人利益的，依法承担赔偿责任；构成犯罪的，依法追究刑事责任。

第七十七条　有关行政管理机关及其工作人员违反本法规定，滥用职权、徇私舞弊、收受贿赂、侵害合伙企业合法权益的，依法给予行政处分；构成犯罪的，依法追究刑事责任。

第二部分　刑法典历次修改、修订草案

1. 中华人民共和国刑法（修改稿）

（全国人大常委会法制工作委员会　1988年9月）

目　录

第九章　渎职罪

第一编　总　　则

第一章　刑法的指导思想、任务和适用范围

第一条　中华人民共和国刑法，以马克思列宁主义毛泽东思想为指针，以宪法为根据，从社会主义初级阶段的实际情况出发，总结我国同犯罪作斗争的具体经验而制定。

（另有一种意见：删去第一条。）

第二条　中华人民共和国刑法的任务，是用刑罚同一切犯罪行为作斗争，以保卫人民民主专政制度，保护社会主义的全民所有的财产和劳动群众集体所有的财产，保护公民私人所有的合法财产，保护公民的人身权利、民主权利和其他权利，维护社会秩序，保障社会主义现代化建设事业的顺利进行。

第三条　凡在中华人民共和国领域内犯罪的，除法律有特别规定的以外，都适用本法。

凡在中华人民共和国船舶或者航空器内犯罪的，也适用本法。

犯罪的行为或者结果有一项发生在中华人民共和国领域内的，就认为是在中华人民共和国领域内犯罪。

第　条　中华人民共和国缔结或者参加的国际条约所规定的犯罪，适用本法。

第四条　中华人民共和国公民在中华人民共和国领域外犯下列各罪的，适用本法：

（一）反革命罪；

（二）伪造国家货币罪（第一百二十二条），伪造有价证券罪（第一百二十三条）；

（三）贪污罪（第一百五十五条），受贿罪（第一百八十五条），泄露国家机密罪（第一百八十六条）；

（四）冒充国家工作人员招摇撞骗罪（第一百六十六条），伪造公文、证件、印章罪（第一百六十七条）。

第五条　中华人民共和国公民在中华人民共和国领域外犯前条以外的罪，而按本法规定的最低刑为三年以上有期徒刑的，也适用本法；但是按照犯罪地的法律不受处罚的除外。

第六条　外国人在中华人民共和国领域外对中华人民共和国国家或者公民犯罪，而按本法规定的最低刑为三年以上有期徒刑的，可以适用本法；但是按照犯罪地的法律不受处罚的除外。

第七条　凡在中华人民共和国领域外犯罪、依照本法应当负刑事责任的，虽然经过外国审判，仍然可以依照本法处理；但是在外国已经受过刑罚处罚的，可以免除或者减轻处罚。

第八条　享有外交特权和豁免权的外国人的刑事责任问题，通过外交途径解决。

第九条　中华人民共和国成立以后本法施行以前的行为，如果当时的法律、法令、政策不认为是犯罪的，适用当时的法律、法令、政策。如果当时的法律、法令、政策认为是犯罪的，依照本法总则第四章第八节的规定应当追诉的，按照当时的法律、法令、政策追究刑事责任。但是，如果本法不认为是犯罪或者处刑较轻的，适用本法。

第二章　犯　　罪

第一节　犯罪和刑事责任

第十条　一切危害国家主权和领土完整，危害人民民主专政制度，破坏社会主义现代化建设，破坏社会秩序，侵犯全民所有的财产或者劳动群众集体所有的财产，侵犯公民私人所有的合法财产，侵犯公民的人身权利、民主权利和其他权利，以及其他危害社会的行为，依照法律应当受刑罚处罚的，都是犯罪；但是情节显著轻微危害不大的，不是犯罪。

第十一条　明知自己的行为会发生危害社会的结果，并且希望或者放任这种结果发生，因而构成犯罪的，是故意犯罪。

故意犯罪，应当负刑事责任。

第十二条　应当预见自己的行为可能发生危害社会的结果，因为疏忽大意而没有预见，或者已经预见而轻信能够避免，以致发生这种结果，因而构成犯罪的，是过失犯罪。

过失行为，法律有规定的才负刑事责任。

第十三条　行为在客观上虽然造成了损害结果，但是不是出于故意或者过失，而是由于不能抗拒或者不能预见的原因所引起的，不认为是犯罪。

第十四条　已满十六岁的人犯罪，应当负刑事责任。

已满十四岁不满十六岁的人，犯杀人、重伤、抢劫、放火、爆炸罪或者其他严重破坏社会秩序罪，应当负刑事责任，但是过失行为除外。

已满十四岁不满十八岁的人犯罪，应当从轻或者减轻处罚。

因不满十六岁不处罚的，责令他的家长或者监护人加以管教；在必要的时候，也可以由政府收容教养。

第十五条　患有精神病或者其他精神病态的人在不能辨认或者不能控制自己行为的时候造成危害结果的，不负刑事责任；但是应当责令他的家属或者监护人严加看管和医疗。必要时可以由政府强制医疗。

间歇性的精神病人在精神正常的时候犯罪，应当负刑事责任。

醉酒的人犯罪，应当负刑事责任。但是病理性醉酒除外。

第十六条　又聋又哑的人或者盲人犯罪，可以从轻、减轻或者免除处罚。

第十七条　为了使公共利益、本人或者他人的人身和其他权利免受正在进行的不法侵害，而采取的正当防卫行为，不负刑事责任。

防卫行为超过必要限度造成不应有的危害的，应当负刑事责任；但是应当酌情减轻或者免除处罚。

第十八条　为了使公共利益、本人或者他人的人身和其他权利免受正在发生的危险，不得已采取的紧急避险行为，不负刑事责任。

避险行为超过必要限度造成不应有的危害的，应当负刑事责任；但是应当酌情减轻或者免除处罚。

第二节　犯罪的预备、未遂和中止

第十九条　为了犯罪，准备工具、制造条件，由于犯罪分子意志以外的原因而尚未着手实行犯罪的，是犯罪预备。

对于预备犯，可以比照既遂犯从轻、减轻处罚或者免除处罚。

第二十条　已经着手实行犯罪，由于犯罪分子意志以外的原因而未得逞的，是犯罪未遂。

对于未遂犯，可以比照既遂犯从轻或者减轻处罚。

第二十一条　在犯罪过程中，自动放弃继续犯罪或者自动有效地防止犯罪结果发生的，是犯罪中止。

对于中止犯，应当免除或者减轻处罚。

第三节　共同犯罪

第二十二条　共同犯罪是指二人以上共同故意犯罪。

二人以上共同过失犯罪，不以共同犯罪论处；应当负刑事责任的，按照他们所犯的罪分别处罚。

第二十三条　在犯罪集团或者聚众犯罪中起组织、领导、策划、指挥作用的首要分子，以及其他在共同犯罪中起主要作用的犯罪分子，是主犯。

对于主犯，除本法分则已有规定的以外，应当从重处罚。

第二十四条　在共同犯罪中起次要或者辅助作用的，是从犯。

对于从犯，应当比照主犯从轻、减轻处罚或者免除处罚。

第二十五条　对于被胁迫参加犯罪的，应当按照他的犯罪情节，比照从犯减轻处罚或者免除处罚。

第二十六条　教唆他人犯罪的，应当按照他在共同犯罪中所起的作用处罚。教唆不满十八岁的人犯罪的，应当从重处罚。

如果被教唆的人没有犯被教唆的罪，对于教唆犯，可以从轻或者减轻处罚。

第四节　法人犯罪

第　条　法人故意违反法律，严重危害国家利益、公共利益或者公民个人的合法权益，构成犯罪的，是法人犯罪。

法人犯罪应当负刑事责任。

第　条　对犯罪法人，只适用罚金。

第　条　对犯罪法人的直接负责的主管人员和其他直接责任人员，依法从轻或者减轻处罚。

第　条　非法人团体犯罪的，以法人犯罪论。

第三章　刑　　罚

第一节　刑罚的种类

第二十七条　刑罚分为主刑和附加刑。

第二十八条　主刑的种类如下：

（一）罚金；

（二）拘役；

（三）有期徒刑；

（四）无期徒刑；

（五）死刑。

罚金也可以附加适用。

第二十九条　附加刑的种类如下：

（一）剥夺政治权利；

（二）没收财产。

附加刑也可以独立适用。

第三十条 对于犯罪的外国人，可以独立适用或者附加适用驱逐出境。

第三十一条[①] 由于犯罪行为而使被害人遭受经济损失的，对犯罪分子除依法给予刑事处分外，并应根据情况判处赔偿经济损失。

（第三十一条是否保留，有不同意见。）

第二节 罚 金[②]

第 条 判处罚金，应当根据犯罪情节和犯罪人的经济状况决定罚金数额，但是对于以贪利为目的的，罚金数额应当在经营总额等值以下或者非法获利数额的一倍以上或者两倍以上酌情判处。

第 条 罚金在判决指定的期限内一次或者分期缴纳。期满不缴纳的，强制缴纳。如果由于遭遇不能抗拒的灾祸缴纳确实有困难的，可以酌情减少或者免除。

第三节 管 制

第三十三条 管制的期限，为三个月以上二年以下。

管制由人民法院判决，由公安机关执行。

第三十四条 被判处管制的犯罪分子，在执行期间，必须遵守下列规定：

（一）遵守法律、法令，服从群众监督，积极参加劳动生产或者工作；

（二）向执行机关定期报告自己的活动情况；

（三）迁居或者外出必须报经执行机关批准。

对于被判处管制的犯罪分子，在劳动中应当同工同酬。

第三十五条 被判处管制的犯罪分子，管制期满，执行机关应即向本人和有关的群众宣布解除管制。

第三十六条 管制的刑期，从判决生效之日起计算，判决执行以前先行羁押的，羁押一日折抵刑期二日。

第四节 拘 役

第三十七条 拘役的期限，为十五日以上六个月以下。

（一种意见将 15 日改为一个月。）

第三十八条 被判处拘役的犯罪分子，由公安机关就近执行。

在执行期间，被判处拘役的犯罪分子每月可以回家一天至两天；参加劳动的，可以酌量发给报酬。

第三十九条 拘役的刑期，从判决生效之日起计算；判决以前先行羁押的，羁押一日折抵刑期一日。

第五节 有期徒刑、无期徒刑

第四十条 有期徒刑的期限，为六个月以上十五年以下。

第四十一条 被判处有期徒刑、无期徒刑的犯罪分子，在监狱或者其他劳动改造场所执行，凡有劳动能力的，实行劳动改造。

第四十二条 有期徒刑的刑期，从判决生效之日起计算；判决执行以前先行羁押的，羁押一日折抵刑期一日。

（有一种意见：对于事实清楚、证据确凿仍顽固抗拒抵赖的犯罪分子，可以少折抵或者不折抵。）

第六节 死 刑

第四十三条 死刑只适用于罪大恶极的犯罪分子。对于应当判处死刑的犯罪分子，如果不是必须立即执行的，可以判处死刑同时宣告缓期二年执行，实行劳动改造，以观后效。

死刑除依法由最高人民法院判决的以外，都应当报请最高人民法院核准。死刑缓期执行的，可以由高级人民法院判决或者核准。

（有的主张此款属于刑事诉讼法的问题，刑法中不必规定。）

第四十四条 犯罪的时候不满十八岁的人和审判的时候怀孕的妇女，不适用死刑。

（有的主张第四十四条修改为："不满十八岁的人不得判处死刑立即执行；已满十六岁不满十八岁的，如果所犯罪行特别严重，可以判处死刑缓期二年执行。审判的时候怀孕的妇女，不适用死刑。"）

---

① 第三十二条移至第五十七条之后——编者注。

② 原第四十八条、第四十九条移此——编者注。

第四十五条　死刑用枪决的方法执行。

（对于第四十五条，有的主张改为“死刑用枪决或者电刑的方法执行”。也有的主张改为“死刑用电刑的方法执行”。）

第四十六条　判处死刑缓期执行的，在死刑缓期执行期间，如果没有抗拒改造的恶劣表现，二年期满以后，减为无期徒刑；如果确有悔改并有立功表现，二年期满以后，减为十五年以上二十年以下有期徒刑；如果抗拒改造情节恶劣、查证属实的，由最高人民法院裁定或者核准，执行死刑。

第四十七条　死刑缓期执行的期间，从判决生效之日起计算。死刑缓期执行减为有期徒刑的刑期，从裁定减刑之日起计算。

第七节　剥夺政治权利

第五十条　剥夺政治权利是剥夺下列权利的一部或全部：

（一）选举权和被选举权；

（二）言论、出版、集会、结社、游行、示威的权利；

（三）担任国家机关职务的权利；

（四）担任国营、集体企业、事业单位和人民团体领导职务的权利。

（五）军衔、警衔、勋章、奖章和荣誉称号。

第五十一条　剥夺政治权利的期限，除本法第五十三条规定外，为一年以上五年以下。

判处附加剥夺政治权利的，剥夺政治权利的期限与管制的期限相等，同时执行。

第五十二条　对于危害国家安全的犯罪分子应当附加剥夺政治权利；对于被判处五年以上（有的主张十年以上）有期徒刑严重破坏社会秩序的犯罪分子，可以附加剥夺政治权利。

第五十三条　对于被判处死刑、无期徒刑的犯罪分子，应当剥夺政治权利终身。

在死刑缓期执行减为有期徒刑或者无期徒刑减为有期徒刑的时候，应当把附加剥夺政治权利的期限改为三年以上十年以下。

第五十四条　附加剥夺政治权利的刑期，从徒刑、拘役执行完毕之日或者从假释之日起计算；剥夺政治权利的效力当然施用于主刑执行期间。

第八节　没收财产

第五十五条　没收财产是没收犯罪分子个人所有财产的一部或者全部。

在判处没收财产的时候，不得没收属于犯罪分子家属所有或者应有的财产。

第五十六条　查封财产以前犯罪分子所负的正当债务，需要以没收的财产偿还的，经债权人请求，由人民法院裁定。

第四章　刑罚的具体运用

第一节　量　　刑

第五十七条　对于犯罪分子决定刑罚的时候，应当根据犯罪的事实、犯罪的性质、情节和对于社会的危害程度，参照犯罪分子的悔罪态度及一贯表现，依照本法的有关规定判处。

第　条　对于犯罪情节轻微不需要判处刑罚的，可以免予刑事处分。但可以根据案件的不同情况，予以训诫或者责令具结悔过，赔礼道歉、赔偿损失，或者由主管部门予以行政处分。

（注：将原第三十二条移此）

第五十八条　犯罪分子具有从重处罚、从轻处罚情节的，应当在法定刑的限度以内判处刑罚。

第五十九条　犯罪分子具有本法规定的减轻处罚情节的，应当低于法定刑判处刑罚。

犯罪分子虽然不具有本法规定的减轻处罚情节，如果根据案件的具体情况，判处法定刑的最低刑还是过重的，经人民法院审判委员会决定，也可以低于法定刑判处刑罚。

第六十条　犯罪分子违法所得的一切财物；应当予以追缴或者责令退赔；违禁品和供犯罪所用的本人财物，应当予以没收。

第　条　一行为而触犯数罪名，或者为了实施某一犯罪，其手段行为或者结果行为触犯其他罪名的，按照其中最重的罪定罪判刑。

第二节　累　　犯

第六十一条　被判处有期徒刑以上刑罚的犯罪分子，刑罚执行完毕或者赦免以后，在五年以内再犯应当判处有期徒刑以上刑罚之罪的，是累犯，应当从重处罚；但是过失犯罪除外。

第六十一条方案二：具有下列情形之一的，是累犯：

（1）被判处有期徒刑以上刑罚的犯罪分子，刑罚执行完毕或者赦免以后，在五年以内再犯应当判处有期徒刑以上刑罚之罪的；但是过失犯罪除外；前款规定的期限，对于被假释的犯罪分子，从假释期满之日起计算。

（2）犯危害国家安全罪的犯罪分子，刑罚执行完毕或者赦免以后，在任何时候再犯危害国家安全罪的；

（3）被判处有期徒刑以上刑罚的犯罪分子，在劳动改造期间越狱逃跑后又犯应当判处有期徒刑以上刑罚之罪的；但是过失犯罪者除外。

前款规定的期限，对于被假释的犯罪分子，从假释期满之日起计算。

第六十二条 犯危害国家安全罪的犯罪分子，刑罚执行完毕或者赦免以后，在任何时候再犯危害国家安全罪的，或者被判处有期徒刑以上刑罚的犯罪分子，在劳动改造期间越狱逃跑后再犯应当判处有期徒刑以上之罪的（过失犯罪除外）都以累犯论处。

第　条 对于累犯应当从重处罚，或者加重本刑至二分之一，但是有期徒刑最高不能超过二十年。

第三节　自首、坦白和立功

第六十三条 犯罪分子作案以后，主动向公安、检察、审判机关或者所在单位、城乡基层组织投案，如实交代自己的罪行，接受国家的审查和裁判的，是自首。在关押期间主动交代司法机关尚未掌握的其他罪行的，也以自首论。对于自首的，可以从轻处罚。其中，犯罪较轻的，可以减轻或者免除处罚；犯罪较重的，如果有立功表现，也可以减轻或者免除处罚。

第　条 犯罪分子揭发检举其他犯罪分子的重大罪行经查证属实的，或者提供重要线索、证据，从而得以侦破其他重大案件的，或者协助司法机关将其他罪犯缉拿归案的，是立功。检举揭发其他犯罪分子较多的一般罪行或者犯罪线索，经查证属实的，也视为立功表现。

对于犯罪后虽未自首，但有立功表现的，可以根据具体情节从轻或者减轻处罚。

第　条 犯罪行为已被有关组织或者司法机关发觉、怀疑，而对犯罪分子进行询问、传讯，或者采取强制措施以后，犯罪分子如实交代这些罪行的，是坦白。对于坦白交代自己罪行的，可以视其坦白程度，酌情从轻处罚。

第四节　数罪并罚

第六十四条 判决宣告以前一人犯数种罪的，除判处死刑和无期徒刑的以外，应当在总和刑期以下、数刑中最高刑期以上，酌情决定执行的刑期；但是管制最高不能超过三年，拘役最高不能超过一年，有期徒刑最高不能超过二十年。

如果数罪中有判处附加刑的，附加刑仍须执行。但是，有数罪被判处附加剥夺政治权利刑的，应就其中最长的刑期执行之。

对于有数罪被单处或者并处罚金刑的，应当在总和数额以下，数刑中最高数额以上，酌情决定应执行的数额。

第六十五条 判决宣告以后，刑罚执行完毕以前，发现被判刑的犯罪分子在判决宣告以前还有其他罪没有判决的，应当对新发现的罪作出判决，把前后两个判决所判处的刑罚，依照本法第六十四条的规定. 决定执行的刑罚。已经执行的刑期，应当计算在新判决决定的刑期以内。

第六十六条 判决宣告以后，刑罚执行完毕以前，被判刑的犯罪分子又犯罪的，应当对新犯的罪作出判决，把前罪没有执行的刑罚和后罪所判处的刑罚，依照本法第六十四条的规定，决定执行的刑罚。

第五节　缓　　刑

第六十七条 对于被判处拘役、三年以下有期徒刑的犯罪分子，根据犯罪分子的犯罪情节和悔罪表现，认为适用缓刑确实不致再危害社会的，可以宣告缓刑。

被宣告缓刑的犯罪分子，如果被判处附加刑，附加刑仍须执行。

第六十八条 拘役的缓刑考验期限为原判刑期以上一年以下，但是不能少于一个月。

有期徒刑的缓刑考验期限为原判刑期以上五年以下，但是不能少于一年。

缓刑考验期限，从判决生效之日起计算。

第六十九条 对于危害国家安全的罪犯和累犯，不适用缓刑。

第七十条 被宣告缓刑的犯罪分子，在缓刑考验期限内，由公安机关交所在单位或者基层组织予以考察，如果没有再犯新罪或者进行其他违法活动，缓刑考验期满，原判的刑罚就不再执行；如果再犯新罪或者进行其他违法活动，情节严重的，撤销缓刑；其再犯新罪者，应把前罪和后罪所判处的刑罚，依照本法第六十四条的规定，决定执行的刑罚。如果在考验期限内确有悔改或者立功表现，可以酌情缩短其考验期限。

第六节　减　　刑

第七十一条 被判处管制、拘役、有期徒刑、无期徒刑的犯罪分子，在执行期间，如果确有悔改或者立功表现，可以减刑。但是经过一次或者几次减刑以后实际执行的刑期，判处管制、拘役、有期徒刑的，不能少于原判刑期的二分之一；判处无期徒刑的，不能少于十年。如果有特殊情节，可以不受上述执行刑期的限制。

对于被判处剥夺政治权利刑的，在本刑执行期间，如果确有悔改或者立功表现，可以参照前款规定，予以减刑。

第七十二条　无期徒刑减为有期徒刑的刑期，从裁定减刑之日起计算。

第七节　假　　释

第七十三条　被判处有期徒刑的犯罪分子，执行原判刑期二分之一以上，被判处无期徒刑的犯罪分子，实际执行十年以上，如果确有悔改表现，不致再危害社会，可以假释。如果有特殊情节，可以不受上述执行刑期的限制。

第七十四条　有期徒刑的假释考验期限，为没有执行完毕的刑期，无期徒刑的假释考验期限，为十年。

假释考验期限，从假释之日起计算。

第七十五条　被假释的犯罪分子，在假释考验期限内，由公安机关予以监督，如果没有再犯新罪，或者进行其他违法活动，就认为原判刑罚已经执行完毕；如果再犯新罪或者进行其他违法活动，情节严重，撤销假释；如果又犯新罪，应当把前罪没有执行的刑罚和后罪所判处的刑罚，依照本法第六十四条的规定，决定执行的刑罚。

第八节　时　　效

第七十六条　犯罪经过下列期限不再追诉：

（一）法定最高刑为不满五年有期徒刑的，经过五年；

（二）法定最高刑为五年以上不满十年有期徒刑的，经过十年；

（三）法定最高刑为十年以上有期徒刑的，经过十五年；

（四）法定最高刑为无期徒刑、死刑的，经过二十年。如果二十年以后认为必须追诉的，须报请最高人民检察院核准。

第七十七条　在人民法院、人民检察院、公安机关采取强制措施以后，逃避侦查或者审判的，不受追诉期限的限制。

第七十八条　追诉期限从犯罪之日起计算；犯罪行为有连续或者继续状态的，从犯罪行为终了之日起计算。

在追诉期限以内又犯罪的，前罪追诉的期限从犯后罪之日起计算。

第五章　其他规定

第七十九条　本法分则没有明文规定的犯罪，可以比照本法分则最相类似的条文定罪判刑，但是应当报请最高人民法院核准。

第八十条　民族自治地方不能全部适用本法规定的，可以由自治区或者省的人民代表大会根据当地民族的政治、经济、文化的特点和本法规定的基本原则，制定变通或者补充的规定，报请全国人民代表大会常务委员会批准施行。

第八十一条　本法所说的公共财产是指下列财产：

（一）全民所有的财产；

（二）劳动群众集体所有的财产。

在国家机关、全民所有制、集体所有制企业事业单位、合营企业和人民团体管理、使用或者运输中的私人财产，以公共财产论。

第八十二条　本法所说的公民私人所有的合法财产是指下列财产：

（一）公民的合法收入、储蓄、房屋和其他生活资料；

（二）依法归个人、家庭、私营经济单位所有的牲畜、林木以及厂房、机器、设备等生产资料。

第八十三条　本法所说的国家工作人员，是指在各级权力机关、各级行政机关、各级司法机关、军队、国营企业、国家事业机构、人民团体中从事公务的人员。

受前款所列单位委托从事公务的人，以国家工作人员论。

第　条　本法所说的集体经济组织工作人员是指在集体所有制的经济组织中从事公务的人员。

受集体经济组织委托从事公务的人员，以集体经济组织工作人员论。

第八十四条　本法所说的司法工作人员是指有侦讯、检察、审判、监管人犯职务的工作人员和劳动教养工作人员。

第八十五条①　本法所说的重伤是指有下列情形之一的伤害：

（一）使人肢体残废或者毁人容貌的；

（二）使人丧失听觉、视觉或者其他器官功能的；

（三）其他对于人身健康有重大伤害的。

第八十七条　本法所说的告诉才处理，是指被害人告诉才处理。如果被害人因受强制、威吓或者其他原因愿意告

---

①　原条文第八十六条删掉——编者注。

诉而无法告诉的，人民检察院和被害人的近亲属也可以告诉。

第八十八条　本法所说的以上、以下、以内，都连本数在内。

第八十九条①　本法总则适用于其他有刑罚规定的法律，但是其他法律有特别规定的除外。

第二编　分　　则

第一章　危害国家安全罪

第九十一条　勾结外国，阴谋危害祖国的主权、领土完整和安全的。处无期徒刑或者十年以上有期徒刑；情节特别严重的，处死刑。

第九十二条②　阴谋颠覆政府、分裂国家的，处无期徒刑或者十年以上有期徒刑；情节特别严重的，处死刑。

第九十四条　投靠外国、境外地区，从事危害国家的叛变活动，处三年以上十年以下有期徒刑，情节严重的，处十年以上有期徒刑或者无期徒刑。

第九十五条③　持械聚众暴乱的首要分子或者其他罪恶重大的，处死刑、无期徒刑或者十年以上有期徒刑；其他积极参加的，处三年以上十年以下有期徒刑。

第九十七条　具有下列间谍、特务行为之一的，处十年以上有期徒刑或者无期徒刑；情节特别严重的，处死刑；情节较轻的，处三年以上十年以下有期徒刑：

（一）参加间谍、特务组织的；

（二）胁迫、策动、勾引、收买他人从事间谍特务活动的；

（三）为间谍、特务组织窃取、刺探、收买、提供情报的；

（四）从事暗杀、爆炸或者其他间谍、特务活动的。

第九十八条④　组织、领导以危害国家政权为目的的集团或者封建会道门的，处五年以上有期徒刑；其他参加发展集团的，处五年以下有期徒刑、拘役、管制或者剥夺政治权利。

第一百条⑤　故意破坏国防重要装备、设施的，处五年以上有期徒刑；情节特别严重的，处无期徒刑或者死刑。

第一百零二条　以标语、传单或者其他方法煽动推翻国家政权的，处五年以下有期徒刑、拘役、管制或者剥夺政治权利；情节严重的，处五年以上有期徒刑。

第　条（新增条款）　以引起国际纠纷为目的，杀害、伤害、劫持外国元首、外国代表或者其他应受国际保护人员的，处死刑、无期徒刑或者十年以上有期徒刑；威胁应受国际保护人员，情节恶劣的，处三年以下有期徒刑、拘役或者管制；侵袭、破坏驻华外交机构的，处三年以上十年以下有期徒刑。

第　条⑥（新增条款）　为境外的机构、组织人员窃取、刺探、收买、提供国家秘密危害国家安全的，处五年以上十年以下有期徒刑；情节较轻的，处五年以下有期徒刑、拘役、管制或者剥夺政治权利；情节特别严重的；处十年以上有期徒刑或者无期徒刑。

第一百零四条　犯本章之罪的，可以并处没收财产。

第二章　危害公共安全罪

第　条　放火危害公共安全，尚未造成严重后果的，处二年以上七年以下有期徒刑。

第　条　决水危害公共安全，尚未造成严重后果的，处二年以上七年以下有期徒刑。

第　条　爆炸危害公共安全，尚未造成严重后果的，处二年以上七年以下有期徒刑。

第　条　投毒危害公共安全，尚未造成严重后果的，处二年以上七年以下有期徒刑。

第　条　利用技术手段危害公共安全，尚未造成严重后果的，处二年以上七年以下有期徒刑。

第　条　放火、决水、爆炸、投毒或者利用技术手段致人重伤、死亡或者使公私财产遭受重大损失的，处七年以上有期徒刑、无期徒刑或者死刑。

过失犯前款罪的，处七年以下有期徒刑或者拘役。

第　条　劫持航空器、船舰的，处七年以上有期徒刑；情节特别严重的，处无期徒刑或者死刑。

劫持火车、汽车、电车，危害公共安全，尚未造成严重后果的，处二年以上七年以下有期徒刑；造成严重后果的，处七年以上有期徒刑、无期徒刑或者死刑。

---

① 原条文第九十条删掉——编者注。

② 原条文第九十三条删掉——编者注。

③ 原条文第九十六条删掉——编者注。

④ 原条文第九十九条删掉——编者注。

⑤ 原条文第一零一条删掉——编者注。

⑥ 原条文第一零三条删掉——编者注。

中编

第一百零七条　破坏火车、汽车、电车、船只、航空器，足以使其发生倾覆、毁坏危险，尚未造成严重后果的，处二年以上七年以下有期徒刑。

第一百零八条　破坏轨道、桥梁、隧道、公路、机场、航道、灯塔、标志或者进行其他破坏活动，足以使火车、汽车、电车、船只、飞机发生倾覆、毁坏危险，尚未造成严重后果的，处二年以上七年以下有期徒刑。

第　条　破坏电力设备，危害公共安全，尚未造成严重后果的，处二年以上七年以下有期徒刑。

第　条　破坏易燃易爆设备，危害公共安全，尚未造成严重后果的，处二年以上七年以下有期徒刑。

第一百一十条　破坏交通工具、交通设备、电力设备，易燃易爆设备造成严重后果的，处七年以上有期徒刑、无期徒刑或者死刑。

过失犯前款罪的，处七年以下有期徒刑或者拘役。

第一百一十一条　破坏广播电台、电报、电话或者其他通讯设备，危害公共安全的，处七年以下有期徒刑或者拘役；造成严重后果的，处七年以上有期徒刑。

过失犯前款罪，造成严重后果的，处七年以下有期徒刑或者拘役。

第　条　违反枪支管理规定，私藏枪支、弹药，拒不交出的，处二年以下有期徒刑或者拘役。

第　条　非法制造、买卖、运输枪支、弹药的，处五年以下有期徒刑；情节严重的，处五年以上有期徒刑或者无期徒刑。

第　条　盗窃、抢夺、抢劫枪支、弹药的，处七年以下有期徒刑；情节严重的，处七年以上有期徒刑或者无期徒刑；情节特别严重的，处死刑。

第　条　故意制造、贩卖假药危害公众健康的，处五年以下有期徒刑、拘役或者单处罚金；造成严重后果的，处五年以上有期徒刑，并处罚金，可以没收财产。

第　条　违反食品卫生管理法规，生产、贩卖含毒、腐败或者其他有害食品，危害健康，尚未造成严重后果的，处五年以下有期徒刑或者拘役，并处罚金；致人重伤、死亡引起严重疾病传播的，处五年以上有期徒刑或者无期徒刑，并处罚金，可以没收财产。

第　条　违反环境保护法规，造成严重污染环境，能够治理而拒不治理，因而致人重伤、死亡或者造成公私财产重大损失的，处五年以下有期徒刑或者拘役，并处罚金。

第一百一十三条　从事交通运输的人员违反规章制度，因而发生重大事故，致人重伤、死亡或者使公私财产遭受重大损失的，处三年以下有期徒刑或者拘役；情节特别恶劣的，处三年以上有期徒刑。

非交通运输人员犯前款罪的，依照前款规定从重处罚。

第一百一十四条　工厂、矿山、林场、建筑企业或者其他企业、事业单位的职工，由于不服管理、违反规章制度，或者强令工人违章冒险作业，因而发生重大伤亡事故或者造成其他严重后果的，处三年以下有期徒刑或者拘役；情节特别恶劣的，处三年以上七年以下有期徒刑。

第一百一十五条　违反爆炸性、易燃性、放射性、毒害性、腐蚀性物品的管理规定，在生产、储存、运输、使用中发生重大事故，造成严重后果的，处三年以下有期徒刑或者拘役；后果特别严重的，处三年以上七年以下有期徒刑。

第三章　破坏社会主义经济秩序罪

第一百一十六条　违反海关法规，走私物品，数额较大的，处三年以下有期徒刑或者拘役；数额巨大的，处三年以上十年以下有期徒刑；数额特别巨大的，处十年以上有期徒刑、无期徒刑或者死刑。

走私淫秽的影片、录像带、书刊或其他淫秽物品的，处三年以下有期徒刑或者拘役；情节严重的，处三年以上十年以下有期徒刑；情节特别严重的，处十年以上有期徒刑或者无期徒刑。

走私毒品、武器、弹药、伪造的货币，走私国家禁止出口的文物、珍贵动物及其制品，走私黄金、白银或者其他贵重金属的，处五年以下有期徒刑；情节严重的，处五年以上有期徒刑；情节特别严重的，处无期徒刑或者死刑。

直接向走私人非法收购国家禁止进口物品的，或者直接向走私人非法收购走私进口的其他物品数额较大的，以及在内海、领海运输、收购、贩卖国家禁止进出口物品的，或者运输、收购、贩卖国家限制进出口物品数额较大的，以走私罪论，依照第一、二、三款的规定处罚。

上列走私行为，可以并处没收财产或罚金。

第　条　违反金融、外汇、工商或者其他管理法规，倒卖外汇、金银、金银制品、文物或者其他国家禁止、限制自由买卖的物资、物品及其指标、合同、凭证，情节严重的，处五年以下有期徒刑，并处、单处罚金或者没收财产；数额巨大的，处五年以上十年以下有期徒刑，并处没收财产；情节特别严重的，处十年以上有期徒刑、无期徒刑或者死刑，并处没收财产。

第　条　违反工商管理法规，制造、销售伪劣商品，损害消费者利益，情节严重的，处五年以下有期徒刑，并处、单处罚金或者没收财产；数额巨大的，处五年以上十年以下有期徒刑，并处没收财产；情节特别严重的，处十年以上有期徒刑、无期徒刑或者死刑，并处没收财产。

第　条　违反工商管理法规，哄抬物价、强买强卖或者以其他方法操纵、垄断市场、扰乱市场秩序，情节严重的，处五年以下有期徒刑，并处罚金或者没收财产。

第　条　为非法经营活动提供货源、支票、现金、银行帐户或者代出证明、发票、代订合同以及提供其他方便条件，从中牟利，情节严重的，处五年以下有期徒刑，并处罚金。

与犯罪分子通谋而提供上述方便条件的，以共同犯罪论处。

第一百二十条　伪造或者倒卖国家计划供应票证，情节严重的，处三年以下有期徒刑或者拘役，可以并处、单处罚金或者没收财产；情节特别严重的，处三年以上七年以下有期徒刑，可以并处没收财产。

第一百二十条　另一方案

伪造国家计划供应票证，情节严重的，处三年以下有期徒刑或者拘役，可以并处、单处罚金或者没收财产；情节特别严重的，处三年以上七年以下有期徒刑，可以并处没收财产。

第一百二十一条　违反税收法规，偷税、抗税，情节严重的，处三年以下有期徒刑或者拘役，可以并处、单处罚金；情节特别严重的，处三年以上七年以下有期徒刑，可以并处、单处罚金。

第一百二十二条　伪造国家货币或者贩运伪造的国家货币的，处三年以上七年以下有期徒刑，可以并处罚金或者没收财产。

犯前款罪的首要分子或者情节特别严重的，处七年以上有期徒刑或者无期徒刑，可以并处没收财产。

伪造外币的，适用前二款规定。

第　条　变造国家货币或者明知是伪造货币而使用，情节严重的，处三年以下有期徒刑，可以并处罚金。

第一百二十三条　伪造、变造支票、股票或者其他有价证券的，处七年以下有期徒刑，可以并处罚金。

第一百二十四条　以营利为目的，伪造、变造飞机票、车票、船票、邮票、税票、货票的，处二年以下有期徒刑、拘役或者罚金；情节严重的，处二年以上七年以下有期徒刑，可以并处罚金。

第一百二十五条　毁坏生产、科研设备、设施或者以其他方法破坏生产的，处三年以下有期徒刑或者拘役，可以单处或者并处罚金；情节严重的，处三年以上十年以下有期徒刑。

第一百二十六条　挪用国家救灾、抢险、防汛、优抚、救济款物，情节严重，致使国家和人民群众利益遭受重大损害的，对直接责任人员，处三年以下有期徒刑或者拘役；情节特别严重的，处三年以上七年以下有期徒刑。

挪用以上款物，归个人使用的，按照本法第　条挪用公款罪处罚。

第一百二十七条　违反商标管理法规，假冒他人注册商标、非法制造或者销售他人注册商标标识，情节严重的，处三年以下有期徒刑、拘役或者罚金。

制造、销售冒牌产品造成严重后果的，依照本法第　条制造、销售伪劣商品罪处罚。

第一百二十八条　违反森林管理法规，未经批准或者不按照批准的规定砍伐森林或者其他林木，情节严重的，处三年以下有期徒刑或者拘役，可以并处或者单处罚金；情节特别严重的，处三年以上七年以下有期徒刑，并处罚金。

第一百二十九条　违反保护水产资源法规，在禁渔区、禁渔期或者使用禁用的工具、方法捕捞水产品，情节严重的，处三年以下有期徒刑、拘役或者罚金；情节特别严重的，处三年以上七年以下有期徒刑，可以并处罚金。

第一百三十条　违反狩猎法规，在禁猎区、禁猎期或者使用禁用的工具、方法进行狩猎，破坏珍禽、珍兽或者其他野生动物资源，情节严重的，处三年以下有期徒刑、拘役或者罚金；情节特别严重的，处三年以上十年以下有期徒刑，可以并处罚金。

第　条　违反土地管理法规，造成土地资源破坏，情节严重的，处三年以下有期徒刑、拘役或者罚金；情节特别严重的，处三年以上七年以下有期徒刑，可以并处罚金。

第　条　违反矿产资源保护法规，未经批准、超越批准的范围或者采取破坏性方法开采矿藏，造成矿产资源破坏，情节严重的，处三年以下有期徒刑、拘役或者罚金；情节特别严重的，处三年以上七年以下有期徒刑，可以并处罚金。

第　条　违反草原保护法规，造成草原资源破坏，情节严重的，处三年以下有期徒刑、拘役或者罚金；情节特别严重的，处三年以上七年以下有期徒刑，可以并处罚金。

第　条　违反水资源保护法规，造成水资源的破坏，情节严重的，处三年以下有期徒刑、拘役或者罚金；情节特别严重的，处三年以上七年以下有期徒刑，可以并处罚金。

第　条　违反广告管理法规，通过报刊、广播、电视、电影、印刷品等媒介或者形式，刊播不实广告，情节严重的，处三年以下有期徒刑、拘役或者罚金。

第　条　违反专利管理法规，假冒他人专利，情节严重的，处三年以下有期徒刑、拘役或者罚金。

第　条　违反计量法规，制造、销售、使用不合格计量器具，情节严重的，处三年以下有期徒刑、拘役，可以单处或者并处罚金。

第　条　故意泄露企业、事业单位的秘密，致使企业、事业单位遭受重大损失的，处三年以下有期徒刑、拘役，可以单处或者并处罚金。

窃取、刺探、收买或者以其他手段非法获取企业、事业单位秘密，情节严重的，处五年以下有期徒刑、拘役，可以单处或者并处罚金。

第　条　以隐匿、私分、无偿转让财产、非正常压价出售财产，或者以其他方法进行破产欺诈，严重损害债权人利益的，处三年以下有期徒刑、拘役，可以并处罚金；情节特别严重的，处三年以上七年以下有期徒刑，并处罚金。

第　条　违反保险法规，以欺诈方法获取保险赔偿的，处三年以下有期徒刑，可以并处罚金；情节严重的处三年以上七年以下有期徒刑，并处罚金。

第　条　违反统计法规，虚报、瞒报、伪造或篡改统计资料，造成严重后果的，处二年以下有期徒刑或者拘役；情节严重的，处二年以上五年以下有期徒刑。

第　条　利用经济合同欺诈财物，给合同对方造成重大经济损失的，处三年以下有期徒刑，可以并处罚金；情节严重的，处三年以上十年以下有期徒刑，可以并处罚金；情节特别严重的，处十年以上有期徒刑、无期徒刑，并处没收财产。

第四章　侵犯公民人身权利、民主权利罪*

第一条　故意杀人的，处死刑、无期徒刑或者十年以上有期徒刑；情节较轻的，处三年以上十年以下有期徒刑。

第二条　过失致人重伤的，处二年以下有期徒刑或者拘役；情节特别恶劣的，处二年以上七年以下有期徒刑；过失致人死亡的，处五年以下有期徒刑；情节特别恶劣的，处五年以上有期徒刑。本法另有规定的，依照规定。

第三条　故意伤害他人身体的，处三年以下有期徒刑或者拘役。

犯前款罪，致人重伤的，处三年以上七年以下有期徒刑，致人死亡或者致人重伤情节特别恶劣的，处七年以上有期徒刑、无期徒刑或者死刑。本法另有规定的，依照规定。

第四条　以暴力、胁迫或者其他手段绑架他人的，处七年以下有期徒刑；致人重伤、死亡的，依照数罪并罚的规定处罚。

第四条　国家工作人员对人犯实行刑讯逼供的，处三年以下有期徒刑或者拘役。以肉刑致人伤残或者死亡的，以重伤罪从重论处。

第五条　以暴力、恐吓或者其他手段威胁人身安全，情节恶劣的，处三年以下有期徒刑或者拘役。

第六条　捏造犯罪事实诬告陷害他人（包括犯人）的，处三年以下有期徒刑、拘役或者罚金；情节恶劣的，处三年以上七年以下有期徒刑。

国家工作人员犯诬陷罪的，从重处罚。

不是有意诬陷，而是错告，或者检举失实的，不适用前款规定。

第七条　以暴力、胁迫或者其他手段强奸妇女的，处三年以上十年以下有期徒刑。

奸淫不满十四岁幼女的，以强奸论，从重处罚。

犯前两款罪，情节特别严重的或者致人重伤、死亡的，处十年以上有期徒刑、无期徒刑或者死刑。

二人以上犯强奸罪而共同轮奸的，从重处罚。

第八条　强迫妇女卖淫的，处三年以上十年以下有期徒刑；情节严重的，处十年以上有期徒刑或者无期徒刑。

第九条　贩卖人口的，处五年以下有期徒刑；情节严重的，处五年以上有期徒刑；集团的首要分子或者情节特别严重的，处无期徒刑或者死刑。

第十条　违反选举法的规定，以暴力、威胁、欺骗、贿赂等非法手段破坏选举或者妨害选民自由行使选举权和被选举权的，处三年以下有期徒刑或者拘役。

第十一条　非法拘禁他人，或者以其他方法非法剥夺他人人身自由的，处三年以下有期徒刑、拘役或者剥夺政治权利；具有殴打、侮辱情节的，从重处罚。

犯前款罪，致人重伤的，处三年以上十年以下有期徒刑；致人死亡的，处七年以上有期徒刑或者无期徒刑。

第十二条　胁迫、诱骗不满十八岁的人表演恐怖、残忍或者淫秽节目，摧残身心健康，构成犯罪的，处三年以下有期徒刑或者拘役；情节严重的，处三年以上七年以下有期徒刑。

第十三条　拐骗人口，情节恶劣的，处三年以下有期徒刑或者拘役；造成严重后果的，处三年以上十年以下有期徒刑。

第十四条　非法搜查他人身体、住宅，或者非法侵入他人住宅的，处三年以下有期徒刑或者拘役。

第十五条　以暴力或者其他方法，公然侮辱他人或者捏造事实诽谤他人，情节严重的，处三年以下有期徒刑、拘役或者剥夺政治权利。

前款罪，告诉的才处理。但是严重危害社会秩序和国家利益的除外。

第十六条　国家工作人员滥用职权、假公济私，对控告人、检举人、申诉人、批评人、证人实行报复陷害的，处二年以下有期徒刑或者拘役；情节严重的，处二年以上七年以下有期徒刑。

第十七条　国家工作人员非法剥夺公民的正当的宗教信仰自由和侵犯少数民族风俗习惯，情节严重的，处二年以下有期徒刑或者拘役。

---

* 本章条文系修改稿中单独排列，故未与1979年刑法典中的原条文序号保持一致和连贯，本章原有条文已包含在内——编者注。

第十八条　在侦查、起诉、审判中，证人、鉴定人、记录人、翻译人对与案件有重要关系的情节，故意作虚假证明、鉴定、记录、翻译，意图陷害他人或者隐匿罪证的，处二年以下有期徒刑或者拘役；情节严重的，处二年以上七年以下有期徒刑。

第十九条　隐匿、毁弃或者非法开拆他人信件，情节严重的，处一年以下有期徒刑或者拘役。

第二十条　非法剥夺自己婴儿生命的，处三年以下有期徒刑，情节严重的处三年以上十年以下有期徒刑。(另一种意见：此条不要。)

第五章　侵犯财产罪

第一百五十条　以暴力、胁迫或者其他方法抢劫公私财物的，处三年以上十年以下有期徒刑。

犯前款罪，情节严重的或者致人重伤、死亡的，处十年以上有期徒刑、无期徒刑或者死刑，可以并处没收财产。

第　条　盗窃公私财物、电力、煤气、科技成果，数额较大或者情节严重的，处五年以下有期徒刑、拘役，可以并处罚金；惯窃、盗窃金库、银行、珍贵文物或者盗窃数额巨大的，处五年以上十年以下有期徒刑；数额特别巨大或者情节特别严重的，处十年以上有期徒刑、无期徒刑或者死刑，并处没收财产。

第　条　骗取公私财物，数额较大的，处五年以下有期徒刑；惯骗或者骗取财物数额巨大的，处五年以上十年以下有期徒刑；数额特别巨大或者情节特别严重的，处十年以上有期徒刑、无期徒刑，并处没收财产。

第　条　抢夺公私财物数额较大的，处五年以下有期徒刑；数额巨大的，处五年以上十年以下有期徒刑；数额特别巨大或者情节特别严重的，处十年以上有期徒刑或者无期徒刑，并处没收财产。

第一百五十三条　实施盗窃、诈骗、抢夺行为，为隐匿赃物、抗拒扭送、拘留、逮捕或者毁灭罪证而当场使用暴力或者以暴力相威胁的，依照本法第一百五十条抢劫罪处罚。

第一百五十四条　敲诈勒索公私财物的，处三年以下有期徒刑或者拘役；情节严重的，处三年以上七年以下有期徒刑。

第一百五十五条　国家工作人员、集体经济组织工作人员利用职务上的便利，侵吞、盗窃、骗取或者以其他手段非法占有公共财物的，处五年以下有期徒刑或者拘役；数额巨大、情节严重的，处五年以上有期徒刑；数额特别巨大或者情节特别严重的，处无期徒刑或者死刑。

犯前款罪的，并处没收财产，或者判令退赔。

受国家机关、企业、事业单位、人民团体委托从事公务的人员犯第一款罪的，依照前两款的规定处罚。

第　条　侵占自己经手、管理的他人财物或者遗失物、漂流物的，处五年以下有期徒刑或者拘役；数额巨大、情节严重的，处五年以上有期徒刑；情节特别严重的，处无期徒刑或者死刑。

犯前款罪的，并处没收财产或者判令退赔。

第一百五十五条　第二方案：以侵占罪取代贪污罪，条文如下：

以侵吞、盗窃、骗取或者其他手段非法侵占自己经手、管理的他人财产或者遗失物、漂流物的，处五年以下有期徒刑或者拘役；数额巨大、情节严重的，处五年以上有期徒刑；数额特别巨大或者情节特别严重的，处无期徒刑或者死刑。

犯前款罪的，并处没收财产或者责令退赔。

第一百五十六条　故意毁坏公、私财物，情节严重的，处三年以下有期徒刑、拘役或者罚金；情节特别严重的，处三年以上七年以下有期徒刑，可以并处罚金。

第一百五十六条　另一方案：将“故意毁坏公私财物”改为“故意毁坏他人财物”，其他内容与前方案相同。

第　条　实施非法暴力，袭击或者抢劫公海上行驶的船只的，处七年以上有期徒刑。

犯前款罪，情节严重或者致人重伤、死亡的，处无期徒刑或者死刑。

第　条　意图掳人勒赎的，处五年以上有期徒刑。

犯前款罪，致人重伤或死亡的，处十五年以上有期徒刑、无期徒刑或者死刑。

犯前二款罪，未经取赎而释放被害人的，比照第一、二款规定从轻或者减轻处罚。

第　条　公然哄抢公私财物的，对首要分子处五年以下有期徒刑或者拘役；情节严重的，处五年以上有期徒刑，可以并处罚金或者没收财产。

第　条　在计划、管理、使用或者保护公共财物过程中，故意浪费公共财物，情节严重的，处五年以下有期徒刑、拘役，可以并处罚金；情节特别严重的，处五年以上有期徒刑，可以并处罚金或者剥夺政治权利。

(另一种意见，不单独规定浪费罪。)

第　条　国家工作人员、集体经济组织工作人员或者其他经手、管理公共财物的人员，利用职务上的便利，挪用公款归个人使用，进行非法活动的，或者挪用公款数额较大、进行营利活动的，或者挪用公款数额较大、超过三个月未还的，处五年以下有期徒刑或者拘役；情节严重的，处五年以上有期徒刑。挪用公款数额较大不退还的，以贪污罪(或侵占罪)论处。

挪用救灾、抢险、防汛、优抚、救济款物归个人使用的，从重处罚。

中编

第　条　违反外汇管理法规，逃汇、套汇，情节严重的，处三年以下有期徒刑、拘役，可以单处或者并处罚金或者没收财产；数额巨大或者情节特别严重的，处三年以上十年以下有期徒刑，可以并处没收财产。

第六章　妨害公务罪*

第一条　以暴力、威胁方法阻碍国家工作人员依法执行职务的，处三年以下有期徒刑、拘役、罚金或者剥夺政治权利；情节严重的，处三年以上七年以下有期徒刑。

第二条　故意隐匿、毁灭罪证或者作假证明包庇犯罪分子的，处一年以下有期徒刑、拘役或者管制；情节严重的，处一年以上七年以下有期徒刑。

犯前款罪，事前通谋的，以共同犯罪论处。

第三条　资助或者提供场所窝藏犯罪分子的，处三年以下有期徒刑；情节严重的，处三年以上七年以下有期徒刑，可以并处罚金。

第四条　拒不执行人民法院已经发生法律效力的判决、裁定的，处三年以下有期徒刑、拘役、罚金或者剥夺政治权利。

第五条　依法被逮捕、关押的犯罪分子脱逃的，除按其原犯罪行判处或者按其原判刑期执行外，处五年以下有期徒刑或者拘役。

以暴力、威胁方法犯前款罪的，处五年以上十年以下有期徒刑。

第六条　明知是犯罪所得的赃物而予以窝藏、收买或者代为销售的，处三年以下有期徒刑、拘役，可以并处或者单处罚金。

犯前款罪，事先通谋的，以共同犯罪论处。

第七条　伪造、变造或者盗窃、抢夺、毁灭国家机关、企业、事业单位、人民团体的公文、证件、印章的，处三年以下有期徒刑、拘役、罚金或者剥夺政治权利；情节严重的，处三年以上十年以下有期徒刑。

第八条　冒充国家工作人员招摇撞骗的，处三年以下有期徒刑、拘役、管制或者剥夺政治权利，情节严重的，处三年以上十年以下有期徒刑。

第九条　违反监管法规、破坏监管秩序，情节严重的，处五年以下有期徒刑或者剥夺政治权利；

第十条　对公务、司法、管理人员以及其他从事公务的人员进行阻挠、威胁或者报复陷害的，处二年以下有期徒刑；情节严重的，处二年以上七年以下有期徒刑，可以并处罚金。

第七章　妨害社会管理秩序罪

第一条　扰乱社会秩序情节严重，致使工作、生产、营业和教学、科研无法进行，国家和社会遭受严重损失的，处三年以下有期徒刑、拘役、罚金或者剥夺政治权利；首要分子或者情节严重的，处三年以上五年以下有期徒刑。

第二条　聚众扰乱车站、码头、民用航空站、商场、公园、影剧院、展览会、运动场或者其他公共场所秩序，聚众堵塞交通或者破坏交通秩序，处二年以下有期徒刑、拘役或者罚金；情节严重的或者首要分子，处五年以下有期徒刑、拘役、或者剥夺政治权利，可以并处罚金。

第三条　聚众斗殴，寻衅滋事，侮辱妇女或者进行其他流氓活动，破坏公共秩序，情节恶劣的，处七年以下有期徒刑、拘役或者管制。

流氓集团的首要分子，或者携带凶器进行流氓活动情节严重的，处七年以上有期徒刑；情节或者危害特别严重的，处无期徒刑或者死刑。

第四条　借迷信手段破坏社会秩序或者骗取财物的，处二年以下有期徒刑、拘役或者罚金；情节严重的，处二年以上七年以下有期徒刑。

第五条　赌博或者为赌博提供条件，情节严重的，处三年以下有期徒刑、拘役或者罚金；情节特别严重的，处三年以上有期徒刑，可以并处罚金。

第六条　以营利为目的，引诱、容留妇女卖淫的，处五年以下有期徒刑或者拘役；情节严重的，处五年以上有期徒刑，可以并处罚金或者没收财产。

第七条　制作、贩卖或者传播淫秽影片、录像带、录音带、图片、书刊、淫画或者其他淫秽物品，情节严重的，处五年以下有期徒刑、拘役或者罚金；情节特别严重的，处五年以上有期徒刑，可以并处罚金或者没收财产。

第八条　制造、贩卖、运输鸦片、海洛因、吗啡或者其他毒品的，处五年以下有期徒刑或者拘役，可以并处罚金。

一贯或者大量制造、贩卖、运输前款毒品的，处五年以上有期徒刑，可以并处罚金；情节严重的，处无期徒刑或者死刑，可以并处没收财产。

---

* 本章条文系修改稿中单独排列，未与1979年刑法典中的原条文序号相连贯，原有关条文已包含在内。本稿第六、七、八、九章均采此体例。

第九条　故意破坏国家保护的珍贵文物、名胜古迹的，处七年以下有期徒刑或者拘役；情节严重的，处七年以上有期徒刑。

第十条　故意破坏国家边境的界碑、界桩或者永久性测量标志的，处三年以下有期徒刑或者拘役。

以叛国为目的的，按照危害国家安全罪处罚。

第十一条　违反出入国境管理法规，偷越国（边）境，情节严重的，处一年以下有期徒刑、拘役或者罚金。

第十二条　以营利为目的，组织、运送他人偷越国（边）境的，处五年以下有期徒刑、拘役或者罚金。

第十三条　违反国境卫生检疫规定，引起检疫传染病的传播，或者有引起检疫传染病传播严重危险的，处三年以下有期徒刑或者拘役，可以并处或者单处罚金。

第十四条　盗挖坟墓，情节严重的，处三年以下有期徒刑、拘役或者罚金；情节特别严重的，处三年以上十年以下有期徒刑，可以并处罚金或者没收财产。

第十五条　非法出版、印刷、销售图书、刊物、音像制品，情节严重的，处五年以下有期徒刑或者罚金；情节特别严重的，处五年以上有期徒刑或者无期徒刑，可以并处罚金或者没收财产。

第十六条　以营利为目的，破坏计划生育，情节严重的，处二年以下有期徒刑、拘役或者罚金。（对此条有不同意见；如写，文字上要推敲。）

第八章　妨害婚姻、家庭罪

第一条　以暴力干涉他人婚姻自由的，处二年以下有期徒刑或者拘役。

犯前款罪，引起被害人死亡的，处二年以上七年以下有期徒刑。

第一款罪，告诉的才处理。

第二条　有配偶而重婚的，或者明知他人有配偶而与之结婚的，处二年以下有期徒刑或者拘役。

第三条　明知是现役军人的配偶而与之同居或者结婚的，处三年以下有期徒刑。

第四条　虐待家庭成员，情节恶劣的，处二年以下有期徒刑、拘役或者管制。

犯前款罪，引起被害人重伤、死亡的，处二年以上七年以下有期徒刑。

第一款罪，告诉的才处理，本人不能告诉的除外。

第五条　对于年老、年幼、患病或者其他没有独立生活能力的人，负有扶养义务而拒绝扶养，情节恶劣的，处五年以下有期徒刑、拘役或者管制。

第六条　故意破坏他人婚姻家庭关系，引起严重后果的，处二年以下有期徒刑或者拘役。（有的同志主张不增加此条。）

第七条　偷换或者偷抢他人婴儿的，处三年以下有期徒刑或者拘役；造成严重后果的，按数罪并罚的规定处罚。

第八条　拐骗不满十四岁男、女脱离家庭或者监护人的，处五年以下有期徒刑或者拘役；情节严重的，处五年以上十年以下有期徒刑；以营利为目的犯前款罪的，依照贩卖人口罪处罚。

第九章　渎职罪

第一条　国家工作人员、集体经济组织工作人员或者其他从事公务的人员，利用职务上的便利，索取他人财物的，或者收受他人财物的，处七年以下有期徒刑或者拘役。赃款、赃物没收，公款、公物追还。

犯前款罪，致使国家或者公民利益遭受严重损失的，处七年以上有期徒刑、无期徒刑或者死刑，可以并处没收财产。

第二条　为谋取不正当利益向国家工作人员行贿的，处五年以下有期徒刑或者拘役；情节严重的，处五年以上十五年以下有期徒刑。

第三条　国家工作人员由于玩忽职守，致使公共财产、国家和人民利益遭受重大损失的，处七年以下有期徒刑或者拘役；情节严重的，处七年以上有期徒刑。

第四条　国家工作人员滥用职权，致使国家、集体或者个人财产受到重大损失的，处七年以下有期徒刑；情节严重的，处七年以上有期徒刑。

第五条　医务人员违反规章制度和护理常规，造成重大医疗事故的，处二年以下有期徒刑或者拘役；致人重伤、残废或者死亡的，处二年以上七年以下有期徒刑。（有人主张此条放在危害公共安全一章内）

第六条　国家工作人员因工作不负责任，造成国家、集体财产重大浪费的，处三年以下有期徒刑。

第七条　司法工作人员徇私舞弊，对明知是无罪的人而使他受追诉、对明知是有罪的人而故意包庇不使他受追诉，或者故意颠倒黑白做枉法裁判的，处五年以下有期徒刑、拘役或者剥夺政治权利；情节特别严重的，处五年以上有期徒刑。

第八条　劳改、劳教和监管工作人员违反监管法规，对被监管人实行体罚虐待，情节严重的，处三年以下有期徒刑或者拘役，情节特别严重的，处三年以上十年以下有期徒刑。

第九条　司法工作人员私放人犯或者向罪犯通风报信，泄露诉讼秘密的，处五年以下有期徒刑或者拘役；情节严重的，处五年以上十年以下有期徒刑。

第十条　邮电工作人员利用职务之便私自开拆或者隐匿、毁弃邮件、电报的，处二年以下有期徒刑或者拘役。

犯前款罪而窃取财物的，以盗窃罪从重处罚。

第十一条　工商行政、税务、海关以及其他执法部门工作人员故意作枉法裁决的，处三年以下有期徒刑或者拘役。

2. 中华人民共和国刑法（修改稿）

（全国人大常委会法制工作委员会　1988 年 11 月 16 日）

目　录

第一编　总　　则

第一章　刑法的任务和适用范围

第一条　中华人民共和国刑法，以马克思列宁主义毛泽东思想为指针，以宪法为根据，依照惩办与宽大相结合的政策，结合我国同刑事犯罪作斗争的具体经验及实际情况制定。

第二条　中华人民共和国刑法的任务，是用刑罚同犯罪作斗争，以保卫人民民主专政制度，保护社会主义公共财产和私人所有的合法财产，保护公民的人身权利、民主权利和其他权利，维护社会秩序，保障社会主义建设事业的顺利进行。

第三条　凡在中华人民共和国领域内犯罪的，除法律有特别规定的以外，都适用本法。

凡在中华人民共和国船舶或者航空器内犯罪的，也适用本法。

犯罪的行为或者结果有一项发生在中华人民共和国领域内的，就认为是在中华人民共和国领域内犯罪。

第四条　中华人民共和国公民在中华人民共和国领域外犯下列各罪的，适用本法：

（一）危害国家安全罪；

（二）伪造国家货币罪（第一百二十二条），伪造有价证券罪（第一百二十三条）；

（三）贪污罪（第一百五十五条），受贿罪（第一百八十五条），泄露国家机密罪（第一百八十六条）；

（四）冒充国家工作人员招摇撞骗罪（第一百六十六条），伪造公文、证件、印章罪（第一百六十七条）。

第五条　中华人民共和国公民在中华人民共和国领域外犯前条以外的罪，而按本法规定的最低刑为三年以上有期徒刑的，也适用本法，但是按照犯罪地的法律不受处罚的除外。

第六条　中华人民共和国国家工作人员在中华人民共和国领域外犯罪的，都适用本法。

第七条　外国人在中华人民共和国领域外对中华人民共和国国家或者公民犯罪，而按本法规定的最低刑为三年以上有期徒刑的，可以适用本法；但是按照犯罪地的法律不受处罚的除外。

第八条　凡在中华人民共和国领域外犯罪、依照本法应当负刑事责任的，虽然经过外国审判，仍然可以依照本法处理；但是在外国已经受过刑罚处罚的，可以免除或者减轻处罚。

第九条　对中华人民共和国缔结或者参加的国际公约所规定的犯罪，在所承担条约义务的范围内适用本法。

第十条　享有外交特权和豁免权的外国人的刑事责任问题，通过外交途径解决。

第十一条　本法自1980年1月1日起生效。中华人民共和国成立以后本法施行以前的行为，如果当时的法律、法令、政策不认为是犯罪的，适用当时的法律、法令、政策。如果当时的法律、法令、政策认为是犯罪的，依照本法总则第四章第八节的规定应当追诉的，按照当时的法律、法令、政策追究刑事责任。但是，如果本法不认为是犯罪或者处刑较轻的，适用本法。

第二章　犯罪和刑事责任

第一节　犯　　罪

第十二条　一切危害国家主权和领土完整，危害人民民主专政制度，破坏社会主义建设，破坏社会秩序，侵犯社会主义公共财产和私人所有的合法财产，侵犯公民的人身权利、民主权利和其他权利，以及其他危害社会的行为（包括作为和不作为），依照法律应当负刑事责任的，都是犯罪；但是情节显著轻微危害不大的，不认为是犯罪。

第十三条　明知自己的行为会发生危害社会的结果，并且希望或者放任这种结果发生，因而构成犯罪的，是故意犯罪。

第十四条　应当预见自己的行为可能发生危害社会的结果，因为疏忽大意而没有预见，或者已经预见而轻信能够避免，以致发生这种结果，因而构成犯罪的，是过失犯罪。

第十五条　行为在客观上虽然造成了损害结果，但是不是出于故意或者过失，而是由于不能抗拒或者不能预见的原因所引起的，不认为是犯罪。

第二节　刑事责任年龄和责任能力

第十六条　已满十六岁的人犯罪，应当负刑事责任。

已满十三岁不满十六岁的人，犯杀人、重伤、抢劫、放火、惯窃、爆炸、投毒、强奸罪或者其他严重破坏社会秩序罪，应当负刑事责任，但是过失犯罪除外。

已满十三岁不满十八岁的人犯罪，应当从轻或者减轻处罚。

因不满十六岁不处罚的，责令他的家长或者监护人加以管教；在必要的时候，也可以由政府收容教养。

第十七条　精神病人、痴呆人在不能辨认或者不能控制自己行为的时候造成危害结果的，不负刑事责任；但是应当责令他的家属或者监护人严加看管和医疗；必要时可以由政府强制医疗。

间歇性的精神病人在精神正常的时候犯罪，应当负刑事责任。

醉酒的人犯罪，应当负刑事责任。

第十八条　又聋又哑的人或者盲人犯罪，可以从轻、减轻或者免除处罚。

第三节　正当防卫和紧急避险

第十九条　为了使公共利益、本人或者他人的人身和其他权利免受正在进行的不法侵害，采取正当防卫行为对不法侵害造成一定危害的，不负刑事责任。

防卫行为超过必要限度造成不应有的危害的，应当负刑事责任；但是应当酌情减轻或者免除处罚。

第二十条　为了使公共利益、本人或者他人的人身和其他权利免受正在发生的危险，不得已采取的紧急避险行为，不负刑事责任。

避险行为超过必要限度造成不应有的危害的，应当负刑事责任；但是应当酌情减轻或者免除处罚。

第一款中关于避免本人危险的规定，不适用于职务上、业务上负有特定责任的人。

第四节　犯罪的预备、未遂和中止

第二十一条　为了犯罪，准备工具、制造条件的，是犯罪预备。

对于预备犯，可以比照既遂犯从轻、减轻处罚或者免除处罚。

第二十二条　已经着手实行犯罪，由于犯罪分子意志以外的原因而未得逞的，是犯罪未遂。

对于未遂犯，可以比照既遂犯从轻或者减轻处罚。

第二十三条　在犯罪过程中，自动放弃继续犯罪或者自动有效地防止犯罪结果发生的，是犯罪中止。

对于中止犯，应当免除或者减轻处罚。

第五节　共同犯罪

第二十四条　共同犯罪是指二人以上共同故意犯罪。

二人以上共同过失犯罪，不以共同犯罪论处；应当负刑事责任的，按照他们所犯的罪分别处罚。

第二十五条　组织、领导犯罪集团进行犯罪活动的或者在共同犯罪中起主要作用的，是主犯。

对于主犯，除本法分则已有规定的以外，应当从重处罚。

第二十六条　在共同犯罪中起次要或者辅助作用的，是从犯。

对于从犯，应当比照主犯从轻、减轻处罚或者免除处罚。

第二十七条　对于被胁迫、被诱骗参加犯罪的，应当按照他的犯罪情节，比照从犯减轻处罚或者免除处罚。

第二十八条　教唆他人犯罪的，应当按照他在共同犯罪中所起的作用处罚。教唆不满十八岁的人犯罪的，应当从重处罚。

如果被教唆的人没有犯被教唆的罪，对于教唆犯，可以从轻或者减轻处罚。

第三章　刑　　罚

第一节　刑罚的种类

第二十九条　刑罚分为主刑和附加刑。

第三十条　主刑的种类如下：

（一）管制；

（二）拘役；

（三）有期徒刑；

（四）无期徒刑；

（五）死刑。

第三十一条　附加刑的种类如下：

（一）罚金；

（二）剥夺政治权利；

（三）没收财产。

附加刑也可以独立适用。

第三十二条　对于犯罪的外国人，可以独立适用或者附加适用驱逐出境。

第二节　管　　制

第三十三条　管制的期限，为三个月以上二年以下。

管制由人民法院判决，由公安机关执行。

第三十四条 被判处管制的犯罪分子，在执行期间，必须遵守下列规定：

（一）遵守法律，服从群众监督，积极参加劳动生产或者工作；

（二）向执行机关定期报告自己的活动情况；

（三）迁居或者外出必须报经执行机关批准。

对于被判处管制的犯罪分子，在劳动中应当同工同酬。

第三十五条 被判处管制的犯罪分子，管制期满，执行机关应即向本人和有关的群众宣布解除管制。

第三十六条 管制的刑期，从判决执行之日起计算；判决执行以前先行羁押的，羁押一日折抵刑期二日。

第三节 拘　　役

第三十七条 拘役的期限，为十五日以上六个月以下。

第三十八条 被判处拘役的犯罪分子，由公安机关就近执行。

在执行期间，被判处拘役的犯罪分子参加劳动的，可以酌量发给报酬。

第三十九条 拘役的刑期，从判决执行之日起计算；判决以前先行羁押的，羁押一日折抵刑期一日。

第四节 有期徒刑、无期徒刑

第四十条 有期徒刑的期限，为六个月以上十五年以下。

第四十一条 被判处有期徒刑、无期徒刑的犯罪分子，在监狱或者其他劳动改造场所执行，凡有劳动能力的，实行劳动改造。

第四十二条 有期徒刑的刑期，从判决执行之日起计算；判决执行以前先行羁押的，羁押一日折抵刑期一日。

第五节 死　　刑

第四十三条 死刑只适用于罪大恶极的犯罪分子。对于应当判处死刑的犯罪分子，如果不是必须立即执行的，可以判处死刑同时宣告缓期二年执行，实行劳动改造，以观后效。

死刑除依法由最高人民法院判决的以外，都应当报请最高人民法院核准。死刑缓期执行的，可以由高级人民法院判决或者核准。

（对第四十三条第二款有两种意见：一种意见认为按法院组织法改写；另一种意见认为可删去，以后在刑诉法中规定。）

第四十四条 犯罪的时候不满十八岁的人不得判处死刑立即执行。已满十六岁不满十八岁的，如果所犯罪行特别严重，可以判处死刑同时宣告缓期二年执行。

审判的时候怀孕的妇女，不适用死刑。

第四十五条 死刑用枪决的方法执行。

（对第四十五条有两种意见：一种认为可改写成“死刑用枪决或电刑的方法执行”。另一种意见认为可删去，在刑诉法中规定。）

第四十六条 判处死刑缓期执行的，在死刑缓期执行期间，如果服从监管，无抗拒改造表现，二年期满以后，减为无期徒刑；如果确有悔改并有立功表现，二年期满以后，减为十五年以上二十年以下有期徒刑，如果抗拒改造、查证属实的，由最高人民法院裁定或者核准，执行死刑。

第四十七条 死刑缓期执行的期间，从判决确定之日起计算。死刑缓期执行减为有期徒刑的刑期，从裁定减刑之日起计算。

第六节 罚　　金

第四十八条 判处罚金，应当根据犯罪情节决定罚金数额。

第四十九条 罚金在判决指定的期限内一次或者分期缴纳。期满不缴纳的，强制缴纳。如果由于遭遇不能抗拒的灾祸缴纳确实有困难的，可以酌情减少或者免除。

第七节 剥夺政治权利

第五十条 剥夺政治权利是指剥夺下列权利的一部或者全部：

（一）选举权和被选举权；

（二）言论、出版、集会、结社游行、示威的权利；

（三）担任国家机关职务的权利；

（四）担任国营、集体企业、事业单位和人民团体领导职务的权利；

（五）承受军衔、警衔、勋章、奖章和荣誉称号的权利。

第五十一条　对于危害国家安全的犯罪分子和判处五年以上有期徒刑的犯罪分子，应当附加剥夺全部政治权利；对于判处五年以下有期徒刑、拘役、管制并需要附加剥夺政治权利以及单处剥夺政治权利的犯罪分子，可以剥夺一部或者全部政治权利。

第五十二条　剥夺政治权利的期限，除本法第五十三条规定外，为一年以上五年以下。

判处管制附加剥夺政治权利的，剥夺政治权利的期限与管制的期限相等，同时执行。

第五十三条　对于被判处死刑、无期徒刑的犯罪分子，应当剥夺政治权利终身。

在死刑缓期执行减为有期徒刑或者无期徒刑减为有期徒刑的时候，应当把附加剥夺政治权利的期限改为三年以上十年以下。

第五十四条　附加剥夺政治权利的刑期，从徒刑、拘役执行完毕之日或者从假释之日起计算；剥夺政治权利的效力当然施用于主刑执行期间。

第八节　没收财产

第五十五条　没收财产是没收犯罪分子个人所有财产的一部或者全部。

在判处没收财产的时候，不得没收属于犯罪分子家属所有或者应有的财产。

第五十六条　查封财产以前犯罪分子所负的正当债务，需要以没收的财产偿还的，经债权人请求，由人民法院裁定。

第四章　刑罚的具体运用

第一节　量　　刑

第五十七条　对于犯罪分子决定刑罚的时候，应当根据犯罪的事实、犯罪的性质、情节和对于社会的危害程度，依照本法的有关规定判处。

第五十八条　犯罪分子具有本法规定的从重处罚、从轻处罚情节的，应当在法定刑的限度以内判处刑罚。

第五十九条　犯罪分子具有本法规定的减轻处罚情节的，应当低于法定刑判处刑罚。

犯罪分子虽然不具有本法规定的减轻处罚情节，如果根据案件的具体情况，判处法定刑的最低刑还是过重的，经人民法院审判委员会决定，也可以低于法定刑判处刑罚。

第六十条　犯罪分子违法所得的一切财物，应当予以追缴或者责令退赔；违禁品和供犯罪所用的本人财物，应当予以没收；因犯罪行为而使被害者遭受经济损失的，应根据情况判处赔偿经济损失。

第六十一条　对于犯罪情节轻微不需要判处刑罚的，可以免予刑事处分，但仍应适用本法前条的规定，并可以根据案件的不同情况，予以训诫或者责令具结悔过、赔礼道歉，或者由主管部门予以行政处分。

第二节　累　　犯

第六十二条　被判处拘役、有期徒刑、无期徒刑的犯罪分子，有下列情形之一的，是累犯：

（一）在刑罚执行期间又故意犯罪的；

（二）在缓刑、假释期间又故意犯罪的；

（三）刑罚执行完毕或者赦免以后，在五年内又故意犯罪的。

第一款第（三）项规定的期限，对于被缓刑、假释的犯罪分子，从缓刑、假释期满之日起计算。

第六十三条　对于累犯应当从重处罚，情节特别严重的，可以在法定最高刑以上处罚。

第六十四条　犯危害国家安全罪的犯罪分子，刑罚执行完毕或者赦免以后，在任何时候再犯危害国家安全罪的，以累犯论处。

第三节　自　　首

第六十五条　犯罪分子主动向公安、检察、审判机关或者所在单位投案，如实供述罪行并接受审查和裁判的，是自首。在追查犯罪期间主动供述其他罪行的，对新供述的罪行，以自首论。

对自首的犯罪分子，可以从轻或者减轻处罚。

第六十六条　犯罪行为已被追诉，犯罪分子如实供认自己罪行的，是坦白。

对于坦白自己罪行的犯罪分子，可以从轻处罚。

第六十七条　自首、坦白的犯罪分子揭发其他犯罪分子的重大罪行查证属实的，或者有其他立功表现的，可以减轻处罚或者免除处罚。

第四节　数罪并罚

第六十八条　判决宣告以前一人犯数罪的，除判处死刑和无期徒刑的应当决定执行最重刑罚的以外，应当在总和刑期以下、数刑中最高刑期以上，酌情决定执行的刑期；但是管制最高不能超过三年，拘役最高不能超过一年，有期徒刑最高不能超过二十年。

如果数罪中有判处附加刑的，附加刑仍须执行。

第六十九条　判决宣告以后，刑罚执行完毕以前，发现被判刑的犯罪分子在判决宣告以前还有其他罪没有判决的，应当对新发现的罪作出判决，把前后两个判决所判处的刑罚，依照本法第六十八条的规定，决定执行的刑罚。已经执行的刑期，应当计算在新判决决定的刑期以内。

第七十条　判决宣告以后，刑罚执行完毕以前，被判刑的犯罪分子又犯罪的，应当对新犯的罪作出判决，把前罪没有执行的刑罚和后罪所判处的刑罚，依照本法第六十八条的规定，决定执行的刑罚。

第七十一条　连续数个行为触犯同一个罪名的，按照一个罪名从重处罚；以实施某一犯罪为目的，而其犯罪方法或者结果又触犯其他罪名的，按照其中一个最重的罪处罚。

第五节　缓　　刑

第七十二条　对于被判处拘役、三年以下有期徒刑的犯罪分子，根据犯罪分子的犯罪情节和悔罪表现，认为适用缓刑确实不致再危害社会的，可以宣告缓刑。

被宣告缓刑的犯罪分子，如果被判处附加刑，附加刑仍须执行。

第七十三条　拘役的缓刑考验期限为原判刑期以上一年以下，但是不能少于一个月。

有期徒刑的缓刑考验期限为原判刑期以上五年以下，但是不能少于一年。

缓刑考验期限，从判决确定之日起计算。

第七十四条　对于危害国家安全犯和累犯，不适用缓刑。

第七十五条　被宣告缓刑的犯罪分子，在缓刑考验期限内，由公安机关交所在单位或者基层组织予以考察，如果没有再犯新罪或者没有其他严重的违法活动，缓刑考验期满，原判的刑罚就不再执行；如果再犯新罪或者有严重的违法活动，撤销缓刑；对再犯新罪的，应当把前罪和后罪所判处的刑罚，依照本法第六十八条的规定，决定执行的刑罚；对有严重违法活动的，执行原判刑罚。

第六节　减　　刑

第七十六条　被判处管制、拘役、有期徒刑、无期徒刑的犯罪分子，在执行期间，如果确有悔改或者立功表现，可以减刑。但是经过一次或者几次减刑以后实际执行的刑期，判处管制、拘役、有期徒刑的，不能少于原判刑期的二分之一；判处无期徒刑的，不能少于十年。

第七十七条　无期徒刑减为有期徒刑的刑期，从裁定减刑之日起计算。

第七节　假　　释

第七十八条　被判处有期徒刑的犯罪分子，执行原判刑期二分之一以上，被判处无期徒刑的犯罪分子，实际执行十年以上，如果确有悔改表现，不致再危害社会，可以假释。如果有特殊情节，可以不受上述执行刑期的限制。

第七十九条　有期徒刑的假释考验期限，为没有执行完毕的刑期；无期徒刑的假释考验期限，为十年。

假释考验期限，从假释之日起计算。

第八十条　被假释的犯罪分子，在假释考验期限内，由公安机关予以监督，如果没有再犯新罪或者没有其他严重的违法活动，就认为原判刑罚已经执行完毕；如果再犯新罪或者有严重违法活动，撤销假释；对再犯新罪的，应当把前罪没有执行的刑罚和后罪所判处的刑罚，依照本法第六十八条的规定，决定执行的刑罚；对有严重违法活动的，继续执行没有执行完毕的刑罚。

第八节　时　　效

第八十一条　犯罪经过下列期限不再追诉：

（一）法定最高刑为不满五年有期徒刑的，经过五年；

（二）法定最高刑为五年以上不满十年有期徒刑的，经过十年；

（三）法定最高刑为十年以上有期徒刑的，经过十五年；

（四）法定最高刑为无期徒刑、死刑的，经过二十年。如果二十年以后认为必须追诉的，须报请最高人民检察院核准。

第八十二条　在人民法院、人民检察院、公安机关采取强制措施以后，逃避侦查或者审判的，不受追诉期限的限制。

第八十三条　追诉期限从犯罪之日起计算；犯罪行为有连续或者继续状态的，从犯罪行为终了之日起计算。

在追诉期限以内又犯罪的，前罪追诉的期限从犯后罪之日起计算。

第五章 其他规定

第八十四条 本法规定适用于法人、非法人团体的犯罪。法人、非法人团体犯罪的，对其直接负责的主管人员和其他直接责任人员，参照本法对个人犯罪的规定处罚；对法人、非法人团体，判处罚金，并适用本法第六十条、第六十一条的规定。

第八十五条 本法分则没有明文规定的犯罪，可以比照本法分则最相类似的条文定罪判刑，但是应当报请最高人民法院核准。经最高人民法院核准的类推案例，由最高人民法院审判委员会颁布的，地方各级人民法院可以比照适用。

第八十六条 民族自治地方不能全部适用本法规定的，可以由自治区或者省的人民代表大会根据当地民族的政治、经济、文化的特点和本法规定的基本原则，制定变通或者补充的规定，报请全国人民代表大会常务委员会批准施行。

(另一方案：删去此条，按宪法规定。)

第八十七条 本法所说的国家工作人员是指在国家权力机关、行政机关、司法机关、军队、政党、全民所有制企业事业单位、人民团体中从事公务的人员。

第八十八条 本法所说的司法工作人员是指有侦讯、检察、审判、监管人犯职务的人员和劳动教养单位的管教人员。

第八十九条 本法所说的重伤是指有下列情形之一的伤害：

（一）使人肢体残废或者毁人容貌的；

（二）使人丧失听觉、视觉或者其他器官机能的；

（三）其他对于人身健康有重大伤害的。

第九十条 本法所说的首要分子是指在犯罪集团或者聚众犯罪中起组织、策划、指挥作用的犯罪分子。

第九十一条 本法所说的告诉才处理，是指被害人告诉才处理。如果被害人因受强制、威吓或者其他原因无法告诉的，人民检察院和被害人的近亲属也可以告诉。

第九十二条 本法所说的以上、以下、以内，都连本数在内。

第九十三条 本法总则适用于其他有刑罚规定的法律，但是其他法律有特别规定的除外。

第二编 分 则

第一章 危害国家安全罪

修改说明：1. 将章名“反革命罪”改为“危害国家安全罪”，并删去了反革命定义（第90条）和各条中关于“以反革命为目的”的规定。2. 因这类犯罪已经很少，因此将一些条文作了简化、归并和改写。3. 将劫持飞机、船舰、车辆罪移入危害公共安全罪一章。4. 删去了聚众劫狱、组织越狱罪（第96条），如发生这类情况，可按聚众叛乱罪和妨害公务罪中的暴力脱逃罪处罚。5. 删去了第103条、第104条，将死刑、没收财产的规定都写在各条中。本章原来规定可判死刑的10条，修改后为7条。

第九十四条 阴谋颠覆人民民主专政的政权、分裂国家的，或者与外国、境外地区的敌对势力相勾结，阴谋危害国家的主权、安全的，处七年以上有期徒刑或者无期徒刑，可以并处没收财产；情节特别严重的，处死刑，并处没收财产。

第九十五条 持械聚众叛乱的首要分子或者其他罪恶重大的，处七年以上有期徒刑或者无期徒刑，可以并处没收财产；情节特别严重的，处死刑，并处没收财产；其他积极参加的，处一年以上七年以下有期徒刑。

第九十六条 投靠外国或者境外地区的机构、组织，进行危害国家安全和利益的活动的，处三年以上十年以下有期徒刑；对首要分子或者其他罪恶重大的，处十年以上有期徒刑或者无期徒刑，可以并处没收财产；情节特别严重的，处死刑，并处没收财产。

策动、勾引、收买国家工作人员、武装部队、人民警察、民兵实施前款行为的，依照前款的规定处罚。

第九十七条 以危害国家安全或者引起国际纠纷、制造政治事端为目的，进行绑架、杀害或者其他恐怖活动的，处十年以上有期徒刑或者无期徒刑，可以并处没收财产；情节特别严重的，处死刑，并处没收财产；情节较轻的，处三年以上十年以下有期徒刑。

第九十八条 破坏国防设施、军事设备或者其他公共建设，危害国家安全的，处五年以上有期刑徒；情节特别严重的，处无期徒刑或者死刑，并处没收财产；情节较轻的，处五年以下有期徒刑、拘役或者管制。

第九十九条 为境内外敌对势力提供武器军火或者其他帮助的，处五年以下有期徒刑、拘役或者管制；情节严重的，处五年以上有期徒刑，可以并处没收财产；情节特别严重的，处无期徒刑或者死刑，并处没收财产。

第一百条 为外国或者境外地区的机构、组织、人员窃取、刺探、收买、提供国家秘密的，处五年以下有期徒刑、拘役或者管制；情节严重的，处五年以上有期徒刑；情节特别严重的，处无期徒刑或者死刑，并处没收财产。

第一百零一条 参加外国或者境外地区的间谍、特务、恐怖组织的，处一年以上七年以下有期徒刑。参加间谍、特务、恐怖组织，并犯有本章其他罪行的，分别依照各该条规定从重处罚。

策动、勾引、收买他人参加间谍、特务、恐怖组织或者从事间谍、特务、恐怖活动的，依照前款规定处罚。

第一百零二条　组织、领导以危害人民民主专政政权为目的的集团或者会道门的，处三年以上七年以下有期徒刑；其他积极参加的，处五年以下有期徒刑、拘役、管制或者剥夺政治权利。犯有本章其他罪行的，分别依照各该条规定从重处罚。

第一百零三条　以标语、传单或者其他方法煽动推翻人民民主专政政权或者分裂国家的，处五年以下有期徒刑、拘役或者管制；情节严重的，处五年以上有期徒刑。

第二章　危害公共安全罪

修改说明：1. 增加 4 条，其中从第一章反革命罪中移来劫持飞机、船舶、车辆罪；从第六章妨害社会管理秩序罪中移来制造贩卖假药罪；新加制作贩卖有毒食品罪和严重污染环境罪。2. 原第 107 条至第 111 条规定的破坏交通工具、交通设备、电力煤气设备、通讯设备等罪，因发案很少，故合并改写为一条。3. 本章原有死刑条文 2 条（原第 105 条、第 110 条），1983 年《决定》增加 1 条（原第 102 条），共 3 条。这次修改从反革命罪中移来的 1 条原来都规定有死刑。现在本章共有 4 条死刑。

第一百零四条　放火、决水、爆炸、投毒或者以其他危险方法危害公共安全的，处三年以上十年以下有期徒刑；致人重伤、死亡或者使公私财产遭受重大损失的，处十年以上有期徒刑、无期徒刑或者死刑，并处没收财产。

过失犯前款罪，致人重伤、死亡或者使公私财产遭受重大损失的，处七年以下有期徒刑或者拘役。

第一百零五条　破坏交通工具，交通设备，电力煤气设备，易燃易爆设备、通讯设备，危害公共安全的，处三年以上十年以下有期徒刑；造成严重后果的，处十年以上有期徒刑、无期徒刑或者死刑，并处没收财产。

过失犯前款罪，造成严重后果的，处七年以下有期徒刑或者拘役。

第一百零六条　劫持航空器、船舶、车辆的，处五年以上有期徒刑；情节特别严重的，处无期徒刑或者死刑，并处没收财产；情节较轻的，处五年以下有期徒刑、拘役或者管制。

第一百零七条　非法制造、买卖、运输枪支、弹药的，或者抢劫、盗窃、抢夺枪支、弹药的，处七年以下有期徒刑；情节严重的，处七年以上有期徒刑或者无期徒刑；情节特别严重的，处死刑，并处没收财产。

第一百零八条　从事交通运输的人员违反规章制度，因而发生重大事故，致人重伤、死亡或者使公私财产遭受重大损失的，处三年以下有期徒刑或者拘役；情节特别恶劣的，处三年以上十年以下有期徒刑。

非交通运输人员犯前款罪的，依照前款规定从重处罚。

第一百零九条　工厂、矿山、林场、建筑企业或者其他企业、事业单位的职工，由于不服管理、违反规章制度，或者强令工人违章冒险作业，因而发生重大伤亡事故，造成严重后果的，处三年以下有期徒刑或者拘役；情节特别恶劣的，处三年以上七年以下有期徒刑。

第一百一十条　违反爆炸性、易燃性、放射性、毒害性、腐蚀性物品的管理规定，在生产、储存、携带、运输、使用中发生重大事故，造成严重后果的，处三年以下有期徒刑或者拘役；后果特别严重的，处三年以上七年以下有期徒刑。

第一百一十一条　违反药品管理法规，制造、贩卖假药危害公众健康的，处五年以下有期徒刑、拘役或者管制，可以单处或者并处罚金；造成严重后果的，处五年以上有期徒刑，并处罚金。

第一百一十二条　违反食品卫生管理法规，制作、贩卖含毒、腐败或者其他有害食品，造成严重食物中毒事故或者其他严重食源性疾患的，处五年以下有期徒刑、拘役或者管制，可以单处或者并处罚金；情节特别严重的，处五年以上有期徒刑，并处罚金。

第一百一十三条　违反环境保护法规，严重污染环境，有条件治理而拒不治理，致人重伤、死亡或者造成公私财产重大损失的，处五年以下有期徒刑、拘役或者管制，可以单处或者并处罚金。

第三章　侵犯公民人身权利、民主权利罪

修改说明：1. 删去未规定罪状和刑罚的条文 2 条（第 131 条、第 137 条）；移至其他章的 4 条，其中刑讯逼供罪、报复陷害罪移至渎职罪一章，诬告陷害罪、伪证罪移至妨害公务罪一章；增加恐吓罪和胁迫、诱骗未成年人表演恐怖、残忍节目罪 2 条（见第 122 条、第 123 条）。2. 对杀人罪的处刑作了较为具体的规定。3. 去掉了强迫妇女卖淫罪的死刑。4. 有的同志建议将本章分为侵犯公民人身权利罪和侵犯公民民主权利罪两章，需进一步研究。

第一百一十四条　故意杀人的，处死刑、无期徒刑或者十年以上有期徒刑；有下列情形之一的，从重处罚：

（一）抢劫、盗窃杀人的；

（二）强奸杀人的；

（三）为毁灭罪证杀人灭口的；

（四）因罪行被揭发而报复杀人的；

（五）杀人手段特别残酷或者后果特别严重的；

（六）有其他严重情节的。

第一百一十五条　因受欺压或者严重侮辱，出于激愤杀人的，处三年以上十年以下有期徒刑；情节严重的，依照前条规定处罚。

第一百一十六条　过失致人死亡的，处五年以下有期徒刑；情节特别恶劣的，处五年以上有期徒刑。本法另有规定的，依照规定。

第一百一十七条　故意伤害他人身体造成轻伤的，处三年以下有期徒刑或者拘役；造成重伤的，处三年以上十年以下有期徒刑；情节特别恶劣或者致人死亡的，处十年以上有期徒刑、无期徒刑或者死刑。

第一百一十八条　过失致人重伤的，处二年以下有期徒刑或者拘役；情节特别恶劣的，处二年以上七年以下有期徒刑。本法另有规定的，依照规定。

第一百一十九条　以暴力、胁迫或者其他手段强奸妇女的，处三年以上十年以下有期徒刑。

奸淫不满十四岁幼女的，以强奸论，从重处罚。

犯前两款罪，情节特别严重的或者致人重伤、死亡的，处十年以上有期徒刑、无期徒刑或者死刑。

二人以上犯强奸罪而共同轮奸的，从重处罚。

第一百二十条　强迫妇女卖淫的，处三年以上十年以下有期徒刑；情节严重的，处十年以上有期徒刑或者无期徒刑，并处没收财产。

第一百二十一条　拐卖人口的，处五年以下有期徒刑；情节严重的，处五年以上有期徒刑；情节特别严重的，处无期徒刑或者死刑，并处没收财产。

第一百二十二条　以暴力、威胁、欺骗、贿赂等非法手段破坏国家权力机关的选举或者妨害选民自由行使选举权和被选举权的，处三年以下有期徒刑、拘役或者剥夺政治权利。

第一百二十三条　非法拘禁他人，或者以其他方法非法剥夺他人人身自由的，处五年以下有期徒刑、拘役或者剥夺政治权利。

第一百二十四条　非法搜查他人身体、住宅，或者非法侵入他人住宅的，处三年以下有期徒刑或者拘役。

第一百二十五条　以暴力或者其他方法，公然侮辱他人或者捏造事实诽谤他人，情节严重的，处三年以下有期徒刑、拘役或者剥夺政治权利。

前款罪，告诉的才处理。但是严重危害社会秩序和国家利益的除外。

第一百二十六条　写恐吓信或者以其他方法威胁他人安全，干扰他人正常生活的，处二年以下有期徒刑或者拘役。

第一百二十七条　胁迫、诱骗不满十八岁的人表演恐怖、残忍或者淫秽节目，摧残其身心健康，情节严重的，处三年以下有期徒刑或者拘役，可以单处或者并处罚金。

第一百二十八条　国家工作人员非法剥夺公民的正当的宗教信仰自由和侵犯少数民族风俗习惯，情节严重的，处二年以下有期徒刑或者拘役。（有些同志建议删去此条。）

第一百二十九条　隐匿、毁弃或者非法开拆他人信件，侵犯公民通信自由权利，情节严重的，处一年以下有期徒刑或者拘役。

第四章　破坏社会主义经济秩序罪

修改说明：1. 增加了下列罪名：逃套外汇罪，生产劣质产品罪，销售伪劣产品罪，扰乱市场秩序罪，假冒他人专利罪，虚假广告罪，制造、销售使用不合格计量器具罪，为他人非法提供支票、发票等从中牟利罪，破产欺骗罪，泄露企业事业单位秘密罪（见修改稿第 133 条至第 142 条和第 145 条）。2. 修改后本章条文较多，破坏自然资源的犯罪抽出来另立为一章。3. 根据《惩治走私罪的补充规定》，对走私罪区别不同情节作了具体规定。对投机倒把罪根据不同情况，分别作了规定。4. 对一些罪的处刑作了适当调整。对伪造国家货币罪增加了死刑。

第一百三十条　违反海关法规，逃避海关监管，运输、携带、邮寄禁止、限制进出口的货物、物品或者依法应缴纳关税的货物、物品进出境，情节严重的，是走私罪，处五年以下有期徒刑或者拘役，可以单处或者并处罚金；数额巨大的，处五年以上有期徒刑或者无期徒刑，并处罚金或者没收财产；有下列情形之一的，处死刑，并处没收财产：

（一）走私毒品、武器、弹药、伪造的货币，走私国家禁止出口的文物、珍贵动物及其制品，走私黄金、白银或者其他贵重金属，情节特别严重的；

（二）走私第一项以外的其他货物、物品，数额特别巨大的；

（三）武装掩护走私，情节特别严重的；

（四）犯罪集团的首要分子或者惯犯，情节特别严重的。

第一百三十一条　违反金融、外汇、工商管理法规，倒卖国家禁止、限制自由买卖的物资，情节严重的，是投机倒把罪，处五年以下有期徒刑或者拘役，可以单处或者并处罚金；数额巨大的，处五年以上有期徒刑，并处罚金或者没收财产；有下列行为之一的，处无期徒刑或者死刑，并处没收财产：

（一）倒卖外汇、金银、文物、专营专卖物资、有价证券、计划供应票证，情节特别严重的；

（二）倒卖第一项以外的国家禁止、限制自由买卖的其他物资，数额特别巨大，情节特别严重的；

（三）犯罪集团的首要分子或者惯犯，情节特别严重的。

倒卖伪造的有价证券、计划供应票证的，依照前款规定从重处罚。

第一百三十二条　伪造国家货币、贩运或者大量使用伪造的国家货币的，处三年以上十年以下有期徒刑，并处罚金；伪造国家货币、贩运、使用伪造的国家货币，数额特别巨大的，处十年以上有期徒刑、无期徒刑或者死刑，并处罚金或者没收财产。

伪造外国货币或者贩运、使用伪造的外国货币的，依照前款规定处罚。

第一百三十三条　伪造支票、股票、信用支付凭证或者其他有价证券的，处二年以下有期徒刑或者拘役，可以单处或者并处罚金；情节严重的，处二年以上七年以下有期徒刑，并处罚金。

第一百三十四条　伪造飞机票、车票、船票、邮票、税票、货票的，处二年以下有期徒刑或者拘役，可以单处或者并处罚金；情节严重的，处二年以上七年以下有期徒刑，并处罚金。

第一百三十五条　伪造计划供应票证，情节严重的，处三年以下有期徒刑或者拘役，可以单处或者并处罚金；情节特别严重的，处三年以上七年以下有期徒刑，并处罚金。

第一百三十六条　违反税收法规，偷税、抗税，情节严重的，处三年以下有期徒刑或者拘役，可以单处或者并处罚金；情节特别严重的，处三年以上七年以下有期徒刑，并处罚金。

第一百三十七条　违反外汇管理法规，逃汇、套汇，数额较大或者情节严重的，处三年以下有期徒刑或者拘役，可以单处或者并处罚金；数额巨大或者情节特别严重的，处三年以上十年以下有期徒刑，并处罚金。

第一百三十八条　违反标准化管理法规，生产、进口不符合国家规定的强制性标准的产品，造成严重后果的，处五年以下有期徒刑或者拘役，可以单处或者并处罚金；情节特别严重的，处五年以上十年以下有期徒刑，并处罚金。

第一百三十九条　违反工商管理法规，在销售商品中以假充真、以次充好，致使消费者利益遭受重大损害的，处五年以下有期徒刑或者拘役，可以单处或者并处罚金；情节严重的，处五年以上十年以下有期徒刑，并处罚金。

第一百四十条　违反工商管理法规，哄抬物价、强买强卖、非法垄断或者以其他手段扰乱市场秩序，情节严重的，处三年以下有期徒刑或者拘役，可以单处或者并处罚金；情节特别严重的，处三年以上十年以下有期徒刑，并处罚金。

第一百四十一条　违反商标管理法规，假冒他人注册商标，非法制造或者销售他人注册商标标识，情节严重的，处三年以下有期徒刑或者拘役，可以单处或者并处罚金；情节特别严重的，处三年以上七年以下有期徒刑，并处罚金。

第一百四十二条　违反专利管理法规，假冒他人专利，情节严重的，处三年以下有期徒刑或者拘役，可以单处或者并处罚金；情节特别严重的，处三年以上七年以下有期徒刑，并处罚金。

第一百四十三条　违反广告管理法规，在广告中弄虚作假，情节严重的，处三年以下有期徒刑或者拘役，可以单处或者并处罚金。

第一百四十四条　违反计量管理法规，制造、销售不符合国家标准的计量器具，情节严重的，处三年以下有期徒刑或者拘役，可以单处或者并处罚金。

第一百四十五条　违反破产法规，在依法宣告破产前的法定期间内或者在宣告破产以后，隐匿、私分、无偿转让财产，严重损害债权人利益的，处二年以下有期徒刑或者拘役，可以单处或者并处罚金；情节特别严重的，处二年以上五年以下有期徒刑，并处罚金。

第一百四十六条　为他人非法提供支票、发票、证明、银行帐户或者其他经营条件，从中牟利，情节严重的，处五年以下有期徒刑或者拘役，可以单处或者并处罚金。

与犯罪分子通谋而提供上述方便条件的，以共同犯罪论处。

第一百四十七条　挪用国家救灾、抢险、防汛、优抚、救济款物，情节严重，致使国家和人民群众利益遭受重大损害的，对直接责任人员，处三年以下有期徒刑或者拘役；情节特别严重的，处三年以上七年以下有期徒刑。

挪用国家救灾、抢险、防汛、优抚、救济款物归个人使用的，依照个人挪用公款罪的规定论处。

第一百四十八条　毁坏生产、科研设备、设施或者以其他方法破坏生产的，处三年以下有期徒刑或者拘役，可以单处或者并处罚金；情节严重的，处三年以上十年以下有期徒刑，并处罚金；情节特别严重的，处十年以上有期徒刑，并处罚金。

第一百四十九条　故意泄露企业事业单位的名、特产品技术诀窍、招标标底、保密专利、重要的商业秘密或者其他重要秘密，足以使企业事业单位利益遭受重大损失的，处二年以下有期徒刑或者拘役，可以单处或者并处罚金；情节特别严重的，处二年以上七年以下有期徒刑，并处罚金。

第五章　破坏自然资源罪

修改说明：本章是新增加的，共八条，其中盗伐、滥伐森林罪，非法捕捞水产品罪，非法狩猎罪是从破坏社会主义经济秩序罪一章中移过来的；破坏矿产资源罪，破坏土地资源罪，破坏草原资源罪，破坏水资源罪，破坏珍贵动、植物资源罪是新加的。

第一百五十条　违反矿产资源保护法规，非法开采矿藏，造成矿产资源破坏，情节严重的，处三年以下有期徒刑或者拘役，可以单处或者并处罚金；情节特别严重的，处三年以上十年以下有期徒刑，并处罚金。

第一百五十一条　违反森林管理法规，盗伐、滥伐森林或者其他林木，情节严重的，处三年以下有期徒刑或者拘役，可以单处或者并处罚金；情节特别严重的，处三年以上十年以下有期徒刑，并处罚金。

盗伐、滥伐林木，据为己有的，处五年以下有期徒刑或者拘役，可以单处或者并处罚金；情节严重的，处五年以上有期徒刑，并处罚金。

第一百五十二条　违反土地管理法规，破坏耕地或有造成土地沙化、盐渍化、水土流失，情节严重的，处三年以下有期徒刑或者拘役，可以单处或者并处罚金；情节特别严重的，处三年以上七年以下有期徒刑，并处罚金。

第一百五十三条　违反草原管理法规，破坏草原植被，造成草原沙化、退化、水土流失，情节严重的，处三年以下有期徒刑或者拘役，可以单处或者并处罚金。

第一百五十四条　违反水资源保护法规，非法改变河流、湖泊的水流状态或者以其他方法破坏水资源，情节严重的，处三年以下有期徒刑或者拘役，可以单处或者并处罚金；情节特别严重的，处三年以上十年以下有期徒刑，并处罚金。

第一百五十五条　违反水产资源保护法规，在禁渔区、禁渔期或者使用禁用的工具、方法捕捞水产品，情节严重的，处三年以下有期徒刑或者拘役，可以单处或者并处罚金。

第一百五十六条　违反狩猎法规，在禁猎区、禁猎期或者使用禁用的工具、方法进行狩猎，情节严重的，处三年以下有期徒刑或者拘役，可以单处或者并处罚金。

第一百五十七条　违反野生动植物保护法规，破坏国家重点保护的珍贵动、植物资源的，处七年以下有期徒刑或者拘役，可以单处或者并处罚金。

第六章　侵犯财产罪

修改说明：1. 增加了海盗罪、哄抢罪、侵占罪、挪用公款罪。2. 对盗窃罪、诈骗罪区别不同情节，作了具体规定。3. 有些同志建议取消贪污罪，将其并入侵占罪，需进一步研究。

第一百五十八条　以暴力、胁迫或者其他方法抢劫公私财物的，处三年以上十年以下有期徒刑，并处罚金或者没收财产；有下列情形之一的，处十年以上有期徒刑、无期徒刑或者死刑，并处没收财产：

（一）抢劫银行、金库、珍贵文物，情节特别严重的；

（二）致人重伤或者死亡的；

（三）犯罪集团的首要分子；

（四）多次抢劫或者抢劫公私财物数额特别巨大的；

（五）有其他特别严重情节的。

掳人勒赎的，依照前款规定从重处罚。

第一百五十九条　在公海上以暴力、胁迫或者其他方法进行抢劫的，是海盗罪，依照抢劫罪的规定从重处罚。

第一百六十条　盗窃公私财物的，处三年以下有期徒刑或者拘役，可以单处或者并处罚金；数额巨大或者情节严重的，处三年以上二十年以下有期徒刑，并处罚金；有下列情形之一，情节特别严重的，处十年以上有期徒刑、无期徒刑或者死刑，并处罚金或者没收财产：

（一）盗窃银行、金库、珍贵文物的；

（二）携带凶器盗窃的；

（三）盗窃数额特别巨大的；

（四）惯窃；

（五）犯罪集团的首要分子；

（六）有其他特别严重的情节的。

盗窃电力、煤气、智力成果的，依照前款规定处罚。

第一百六十一条　诈骗公私财物的，处五年以下有期徒刑或者拘役，可以单处或者并处罚金；数额巨大的，处五年以上十年以下有期徒刑，并处罚金；有下列情形之一，情节特别严重的，处十年以上有期徒刑或者无期徒刑，并处没收财产：

（一）诈骗公私财物数额特别巨大的；
（二）惯骗；
（三）诈骗集团的首要分子；
（四）有其他特别严重情节的。

第一百六十二条 抢夺公私财物的，处五年以下有期徒刑或者拘役，可以单处或者并处罚金；数额巨大的，处五年以上十年以下有期徒刑，并处罚金；数额特别巨大或者情节特别严重的，处十年以上有期徒刑或者无期徒刑，并处没收财产。

第一百六十三条 实施盗窃、诈骗、抢夺行为，为防护赃物、抗拒抓捕或者毁灭罪证而当场使用暴力或者以暴力相威胁的，依照抢劫罪的规定论处。

第一百六十四条 哄抢公私财物，情节严重的，处五年以下有期徒刑或者拘役，可以单处或者并处罚金；情节特别严重的，处五年以上有期徒刑，并处罚金。

第一百六十五条 敲诈勒索公私财物的，处三年以下有期徒刑或者拘役，可以单处或者并处罚金；情节严重的，处三年以上七年以下有期徒刑，并处罚金。

第一百六十六条 侵占公共财物或者他人财物，数额较大的，处五年以下有期徒刑或者拘役，可以单处或者并处罚金；数额巨大或者情节严重的，处五年以上有期徒刑，并处罚金；数额特别巨大或者情节特别严重的，处无期徒刑，并处没收财产。

第一百六十七条 国家工作人员、集体经济组织工作人员或者其他经手、管理公共财物的人员，利用职务上的便利，侵吞公共财物的，是贪污罪，处五年以下有期徒刑或者拘役，可以单处或者并处罚金；数额巨大、情节严重的，处五年以上有期徒刑，并处罚金；数额特别巨大或者情节特别严重的，处无期徒刑或者死刑，并处没收财产。

中编

第一百六十八条 国家工作人员、集体经济组织工作人员或者其他经手、管理公共财物的人员，利用职务上的便利，挪用公款归个人使用，进行非法活动的，或者挪用公款数额较大，进行营利活动的，或者挪用公款数额较大，超过三个月未还的，处五年以下有期徒刑或者拘役，可以单处或者并处罚金；情节严重的，处五年以上有期徒刑，并处罚金。

挪用公款，数额较大不退还的，依照贪污罪的规定论处。

挪用救灾、抢险、防汛、优抚、救济款物归个人使用的，从重处罚。

第一百六十九条 故意毁坏公私财物，情节严重的，处三年以下有期徒刑或者拘役，可以单处或者并处罚金；情节特别严重的，处三年以上十年以下有期徒刑、并处罚金。

第七章 妨害社会管理秩序罪

修改说明：1. 增加了挖坟盗墓罪、非法出版罪、破坏计划生育罪、传授犯罪方法罪。有些地方还提出增加卖淫、吸毒等罪，可继续研究。2. 提高了流氓罪、赌博罪、制作贩卖淫书淫画罪、贩毒罪、破坏珍贵文物罪的刑罚。3. 删去了“盗运珍贵文物出口罪”，因为在走私罪中已包括。4. 本章条文较多，内容繁杂，不便适用，因此将一部分条文分出，另立一章“妨害公务罪”。

第一百七十条 扰乱社会秩序，致使工作、生产、营业和教学、科研无法进行，国家和社会遭受严重损失的，处五年以下有期徒刑、拘役、管制或者剥夺政治权利。

第一百七十一条 扰乱车站、码头、民用航空站、商场、公园、影剧院、展览会、运动场或者其他公共场所秩序，聚众堵塞交通或者破坏交通秩序，情节严重的，处五年以下有期徒刑、拘役、管制或者剥夺政治权利。

第一百七十二条 聚众斗殴，寻衅滋事，侮辱妇女或者进行其他流氓活动，破坏公共秩序，情节恶劣的，处七年以下有期徒刑、拘役或者管制。有下列情形之一的，处七年以上有期徒刑；情节特别严重的，处无期徒刑或者死刑：

（一）犯罪集团的首要分子；
（二）携带凶器进行流氓活动，屡教不改的；
（三）多次进行流氓活动，屡教不改的；
（四）造成严重后果的。

第一百七十三条 违反枪支管理规定，私藏枪支、弹药，拒不交出的，处二年以下有期徒刑或者拘役。

第一百七十四条 以迷信方法扰乱社会秩序或者诈骗财物的，处二年以下有期徒刑、拘役或者管制；情节严重的，处二年以上七年以下有期徒刑。

第一百七十五条 挖坟盗墓，情节恶劣的，处三年以下有期徒刑、拘役、管制或者罚金；情节特别恶劣的，处三年以上七年以下有期徒刑，可以并处罚金。

第一百七十六条 聚众赌博或者多次赌博屡教不改的，处五年以下有期徒刑、拘役或者管制，可以并处罚金。

第一百七十七条 引诱、容留妇女卖淫的，处五年以下有期徒刑、拘役或者管制；情节严重的，处五年以上有期徒刑，可以并处罚金或者没收财产。

第一百七十八条　制作、贩卖、传播淫书、淫画或者其他淫秽物品，情节严重的，处五年以下有期徒刑、拘役或者管制，可以并处罚金；情节特别严重的，处五年以上有期徒刑或者无期徒刑，并处罚金。

第一百七十九条　非法出版、销售图书、报刊、音像制品，情节严重的，处二年以下有期徒刑、拘役或者罚金；情节特别严重的，处二年以上七年以下有期徒刑，可以并处罚金。

非法出版、销售淫书、淫画或者其他淫秽物品的，依照第一百七十四条规定处罚。

第一百八十条　制造、贩卖、运输鸦片、海洛因、吗啡或者其他毒品的，处五年以下有期徒刑或者拘役，可以并处罚金。

一贯或者大量制造、贩卖、运输前款毒品的，处五年以上有期徒刑，可以并处没收财产；情节特别严重的，处无期徒刑或者死刑，并处没收财产。

第一百八十一条　传授犯罪方法的，处二年以下有期徒刑或者拘役；情节严重的，处二年以上七年以下有期徒刑。(有些同志主张不要这一条。)

第一百八十二条　故意破坏国家保护的珍贵文物、名胜古迹的，处七年以下有期徒刑或者拘役，可以并处罚金；情节严重的，处七年以上有期徒刑，并处罚金。

第一百八十三条　故意破坏国家边境的界碑、界桩或者永久性测量标志的，处三年以下有期徒刑或者拘役。

第一百八十四条　违反出入国境管理法规，偷越国（边）境，情节严重的，处一年以下有期徒刑、拘役或者管制。

第一百八十五条　以营利为目的，组织、运送他人偷越国（边）境的，处五年以下有期徒刑、拘役或者管制，可以并处罚金。

第一百八十六条　违反卫生检疫规定，引起检疫传染病的传播，或者有引起检疫传染病传播严重危险的，处一年以下有期徒刑或者拘役，可以单处或者并处罚金。

第一百八十七条　以营利为目的，非法为妇女摘取节育环、出具假出生证明或者以其他方法破坏计划生育，情节严重的，处三年以下有期徒刑、拘役、管制或者罚金。

第八章　妨害公务罪

修改说明：本章是新增加的，共11条，其中阻碍执行职务罪，拒不执行判决裁定罪，招摇撞骗罪，伪造公文、证件、印章罪，窝藏、包庇罪，脱逃罪，窝赃、销赃罪7条是从第六章妨害社会管理秩序罪移入的；诬告陷害罪、伪证罪2条是从第四章侵犯公民人身权利民主权利罪移入的；抗拒改造罪、对执法人员打击报复罪2条是新加的。

第一百八十八条　以暴力、威胁方法阻碍国家工作人员依法执行职务的，处五年以下有期徒刑、拘役、罚金或者剥夺政治权利。

第一百八十九条　冒充国家工作人员招摇撞骗的，处三年以下有期徒刑、拘役、管制或者剥夺政治权利；情节严重的，处三年以上十年以下有期徒刑。

第一百九十条　伪造或者盗窃、抢夺、毁灭国家机关、企业、事业单位、人民团体的公文、证件、印章的，处三年以下有期徒刑、拘役、管制、罚金或者剥夺政治权利；情节严重的，处三年以上十年以下有期徒刑。

第一百九十一条　捏造犯罪事实诬告陷害他人（包括犯人）的，处三年以下有期徒刑、拘役或者罚金；情节恶劣的，处三年以上七年以下有期徒刑，可以并处罚金。国家工作人员犯诬陷罪的，从重处罚。

不是有意诬陷，而是错告，或者检举失实的，不适用前款规定。

第一百九十二条　在侦查、起诉、审判中，证人、鉴定人、记录人、翻译人对与案件有重要关系的情节，故意作虚假证明、鉴定、记录、翻译，意图陷害他人或者隐匿罪证的，处二年以下有期徒刑或者拘役；情节严重的，处二年以上七年以下有期徒刑。

第一百九十三条　资助或者窝藏犯罪分子的，故意隐匿、毁灭罪证或者作假证明包庇犯罪分子的，处三年以下有期徒刑、拘役或者管制；情节严重的，处三年以上十年以下有期徒刑。

犯前两款罪，事前通谋的，以共同犯罪论处。

第一百九十四条　以暴力、威胁方法拒不执行人民法院已经发生法律效力的判决、裁定的，处五年以下有期徒刑、拘役、罚金或者剥夺政治权利。

第一百九十五条　被关押的犯罪分子，违反监管法规，欺压同监犯人或者以其他方法抗拒改造，情节恶劣的，处五年以下有期徒刑。

第一百九十六条　依法被逮捕、关押的犯罪分子脱逃的，处五年以下有期徒刑或者拘役；实施暴力、威胁方法的，处三年以上十年以下有期徒刑。

第一百九十七条　明知是犯罪所得的赃物而予以窝藏、代为销售或者收买，情节严重的，处三年以下有期徒刑、拘役或者管制，可以单处或者并处罚金。

第一百九十八条　对执法人员、控告人、检举人或证人，进行打击报复的，处二年以下有期徒刑；情节严重的，

处二年以上七年以下有期徒刑，可以并处罚金。（有些同志主张不要这一条）

第九章　妨害婚姻、家庭罪

修改说明：1. 本章原有 6 条，增加 1 条破坏婚姻家庭罪，共 7 条。2. 对拐骗儿童罪，增加了“以收养为目的”的限制条件，并增加了偷取他人婴儿的内容。

第一百九十九条　以暴力干涉他人婚姻自由的，处二年以下有期徒刑或者拘役。

犯前款罪，引起被害人死亡的，处二年以上七年以下有期徒刑。

第一款罪，告诉的才处理。

第二百条　有配偶而重婚的，或者明知他人有配偶而与之结婚的，处二年以下有期徒刑或者拘役。

第二百零一条　明知是现役军人的配偶而与之同居或者结婚的，处三年以下有期徒刑。

第二百零二条　虐待家庭成员，情节恶劣的，处二年以下有期徒刑、拘役或者管制。

犯前款罪引起被害人重伤、死亡的，处二年以上七年以下有期徒刑。

第一款罪，告诉的才处理。

第二百零三条　对于年老、年幼、患病或者其他没有独立生活能力的人，负有扶养义务而拒绝扶养，情节恶劣的，处五年以下有期徒刑、拘役或者管制。

第二百零四条　以收养为目的，拐骗不满十四岁的男、女，脱离家庭或者监护人的，或者偷取他人婴儿的，处五年以下有期徒刑或者拘役。

第二百零五条　破坏他人婚姻家庭，致人死亡的，处二年以下有期徒刑或者拘役。（有些同志主张不要这一条。）

第十章　渎职罪

修改说明：从侵犯公民人身权利民主权利罪一章移入刑讯逼供罪、报复陷害罪 2 条，增加执法人员徇私舞弊罪、重大医疗事故罪（第 211 条、第 213 条）。

第二百零六条　国家工作人员利用职务上的便利，索取他人财物的，或者非法收受他人财物，为他人谋取利益的，处七年以下有期徒刑或者拘役，可以并处没收财产；致使国家或者公民利益遭受严重损失的，处七年以上有期徒刑、无期徒刑或者死刑，并处没收财产。

向国家工作人员行贿或者介绍贿赂的，处五年以下有期徒刑或者拘役。

第二百零七条　国家工作人员违反国家保密法规，泄露国家秘密，情节严重的，处七年以下有期徒刑、拘役或者剥夺政治权利。

非国家工作人员犯前款罪的，比照前款的规定处罚。

第二百零八条　国家工作人员滥用职权、假公济私，对控告人、检举人、申诉人、批评人或者证人实行报复陷害的，处二年以下有期徒刑或者拘役；情节严重的，处二年以上七年以下有期徒刑。

第二百零九条　国家工作人员对人犯实行刑讯逼供的，处三年以下有期徒刑或者拘役。以肉刑致人伤残的，以伤害罪从重处罚。

第二百一十条　国家工作人员滥用职权或者玩忽职守，致使公共财产、国家和人民利益遭受重大损失的，处七年以下有期徒刑或者拘役。

第二百一十一条　国家工作人员滥用职权，大肆挥霍或者浪费公共财物的，处二年以下有期徒刑或者拘役，可以单处或者并处罚金；情节严重的，处二年以上七年以下有期徒刑，可以并处罚金。

第二百一十二条　司法工作人员徇私舞弊，对明知是无罪的人而使他受追诉、对明知是有罪的人而故意包庇不使他受追诉，或者故意做枉法裁判的，处五年以下有期徒刑、拘役或者剥夺政治权利；情节特别严重的，处五年以上有期徒刑。

第二百一十三条　司法工作人员违反监管法规，对被监管人实行体罚虐待，情节严重的，处三年以下有期徒刑或者拘役；情节特别严重的，处三年以上十年以下有期徒刑。

第二百一十四条　司法工作人员私放人犯的，处五年以下有期徒刑或者拘役；情节严重的，处五年以上十年以下有期徒刑。

第二百一十五条　海关、工商管理、税务或者其他执法部门工作人员徇私舞弊，故意做枉法决定或者裁决，情节严重的，处三年以下有期徒刑或者拘役。

第二百一十六条　邮电工作人员私自开拆或者隐匿、毁弃邮件、电报的，处二年以下有期徒刑或者拘役。

犯前款罪而窃取财物的，依照第一百六十三条贪污罪从重处罚。

第二百一十七条　医务人员由于严重不负责任，致使病员死亡，情节恶劣的，处二年以下有期徒刑或者拘役；情节特别恶劣的，处二年以上七年以下有期徒刑。

第二百一十八条　集体经济组织工作人员或者其他从事公务的人员，犯第二百零二条、第二百零六条、第二百零七条罪的，分别依照该条的规定处罚。

3. 中华人民共和国刑法（修改稿）

（全国人大常委会法制工作委员会　1988 年 12 月 25 日）

目　录

第一编　总　　则

第一章　刑法的指导思想、任务和适用范围

第一条　中华人民共和国刑法，以马克思列宁主义毛泽东思想为指针，以宪法为根据，依照惩办与宽大相结合的政策，结合我国各族人民实行无产阶级领导的、工农联盟为基础的人民民主专政即无产阶级专政和进行社会主义建设的具体经验及实际情况制定。

第二条　中华人民共和国刑法的任务，是用刑罚同犯罪作斗争，以保卫人民民主专政制度，保护公民的人身权利、民主权利和其他权利，保护公共财产和私人的合法财产，维护社会秩序、经济秩序，保障社会主义建设事业的顺利进行。

第三条　凡在中华人民共和国领域内犯罪的，除法律有特别规定的以外，都适用本法。

凡在中华人民共和国船舶或者航空器内犯罪的，也适用本法。

犯罪的行为或者结果有一项发生在中华人民共和国领域内的，就认为是在中华人民共和国领域内犯罪。

第五条　中华人民共和国公民在中华人民共和国领域外犯本法分则第一章危害国家安全罪的，适用本法；犯其他罪，本法规定最低刑为三年以上有期徒刑的，也可以适用本法，但是按照犯罪地的法律不受处罚的除外。

中华人民共和国国家工作人员，在中华人民共和国领域外犯罪的，都适用本法。

第六条　外国人在中华人民共和国领域外对中华人民共和国国家或者公民犯罪，而按本法规定的最低刑为三年以上有期徒刑的，可以适用本法，但是按照犯罪地的法律不受处罚的除外。

第七条　凡在中华人民共和国领域外犯罪、依照本法应当负刑事责任的，虽然经过外国审判，仍然可以依照本法处理，但是在外国已经受过刑罚处罚的，可以免除或者减轻处罚。

第　条　对中华人民共和国缔结或者参加的国际条约所规定的犯罪，在所承担条约义务的范围内，适用本法。

第八条　享有外交特权和豁免权的外国人的刑事责任问题，通过外交途径解决。

第九条　本法自 1980 年 1 月 1 日起生效。中华人民共和国成立以后本法施行以前的行为，如果当时的法律、法令、政策不认为是犯罪的，适用当时的法律、法令、政策。如果当时的法律、法令、政策认为是犯罪的，依照本法总则第四章第八节的规定应当追诉的，按照当时的法律、法令、政策追究刑事责任。但是，如果本法不认为是犯罪或者处刑较轻的，适用本法。

第二章　犯罪和刑事责任

第一节　犯　　罪

第十条　一切危害国家主权和领土完整，危害人民民主专政制度，破坏社会主义建设，破坏社会秩序，侵犯公民的人身权利、民主权利和其他权利，侵犯公共财产和私人的合法财产，以及其他危害社会的行为（包括作为和不作为），依照法律应当负刑事责任的，都是犯罪；但是情节显著轻微危害不大的，不认为是犯罪。

第十一条　明知自己的行为会发生危害社会的结果，并且希望或者放任这种结果发生，因而构成犯罪的，是故意犯罪。

故意犯罪，应当负刑事责任。

第十二条　应当预见自己的行为可能发生危害社会的结果，因为疏忽大意而没有预见，或者已经预见而轻信能够避免，以致发生这种结果，因而构成犯罪的，是过失犯罪。

过失行为，法律规定为犯罪的才负刑事责任。

第十三条　行为在客观上虽然造成了损害结果，但是不是出于故意或者过失，而是由于不能抗拒或者不能预见的原因所引起的，不认为是犯罪。

第二节　刑事责任年龄和责任能力

第十四条　已满十六岁的人犯罪，应当负刑事责任。

已满十三岁不满十六岁的人，犯杀人、放火、抢劫、惯窃、爆炸、投毒、强奸、故意重伤罪，应当负刑事责任。

已满十三岁不满十八岁的人犯罪，应当从轻或者减轻处罚。

因不满十六岁不处罚的，责令他的家长或者监护人加以管教，在必要的时候，也可以由政府收容教养。

第十五条　精神病人在不能辨认或者不能控制自己行为的时候造成危害结果的，不负刑事责任，但是应当责令他的家属或者监护人严加看管和医疗；必要的时候，由政府强制医疗。

间歇性的精神病人在精神正常的时候犯罪，应当负刑事责任。

醉酒的人犯罪，应当负刑事责任。

第　条　智力发育不全的人犯罪，可以从轻、减轻或者免除处罚。

第十六条　又聋又哑的人或者盲人犯罪，可以从轻、减轻或者免除处罚。

第三节　正当防卫和紧急避险

第十七条　为了使公共利益、本人或者他人的人身和其他权利免受正在进行的不法侵害，采取正当防卫行为对不法侵害者造成一定损害的，不负刑事责任。

防卫行为超过必要限度造成不应有的损害的，应当负刑事责任，但是应当酌情减轻或者免除处罚。

第十八条　为了使公共利益、本人或者他人的人身和其他权利免受正在发生的危险，不得已采取的紧急避险行为，不负刑事责任。

避险行为超过必要限度造成不应有的损害的，应当负刑事责任，但是应当酌情减轻或者免除处罚。

第一款中关于避免本人危险的规定，不适用于职务上、业务上负有特定责任的人。

第四节　犯罪的预备、未遂和中止

第十九条　为了犯罪，准备工具、制造条件的，是犯罪预备。

对于预备犯，可以比照既遂犯从轻、减轻处罚或者免除处罚。

第二十条　已经着手实行犯罪，由于犯罪分子意志以外的原因而未得逞的，是犯罪未遂。

对于未遂犯，可以比照既遂犯从轻或者减轻处罚。

第二十一条　在犯罪过程中，自动放弃继续犯罪或者自动有效地防止犯罪结果发生的，是犯罪中止。

对于中止犯，应当免除或者减轻处罚。

第五节　共同犯罪

第二十二条　共同犯罪是指二人以上共同故意犯罪。

二人以上共同过失犯罪，不以共同犯罪论处，应当负刑事责任的，按照他们所犯的罪分别处罚。

第二十三条　组织、领导犯罪集团进行犯罪活动的或者在共同犯罪中起主要作用的，是主犯。

对于主犯，除本法分则已有规定的以外，应当从重处罚。

第二十四条　在共同犯罪中起次要或者辅助作用的，是从犯。

对于从犯，应当比照主犯从轻、减轻处罚或者免除处罚。

第二十五条　对于被胁迫、被诱骗参加犯罪的，应当按照他的犯罪情节，比照从犯减轻处罚或者免除处罚。

第二十六条　教唆他人犯罪的，应当按照他在共同犯罪中所起的作用处罚。教唆不满十八岁的人犯罪的，应当从重处罚。

如果被教唆的人没有犯被教唆的罪，对于教唆犯，可以从轻或者减轻处罚。

第三章　刑　　罚

第一节　刑罚的种类

第二十七条　刑罚分为主刑和附加刑。

第二十八条　主刑的种类如下：

（一）管制；

（二）拘役；

（三）有期徒刑；

（四）无期徒刑；

（五）死刑。

第二十九条　附加刑的种类如下：

（一）罚金；

（二）剥夺政治权利；

（三）没收财产。

附加刑也可以独立适用。

第三十条　对于犯罪的外国人，可以独立适用或者附加适用驱逐出境。

第二节　管　　制

第三十三条　管制的期限，为三个月以上二年以下。

管制由人民法院判决，由公安机关执行。

第三十四条　被判处管制的犯罪分子，在执行期间，必须遵守下列规定：

（一）遵守法律，服从群众监督；
（二）向执行机关定期报告自己的活动情况；
（三）迁居或者外出必须报经执行机关批准。

对于被判处管制的犯罪分子，在劳动中应当同工同酬。

第三十五条　被判处管制的犯罪分子，管制期满，执行机关应即向本人和有关的群众宣布解除管制。

第三十六条　管制的刑期，从判决执行之日起计算，判决执行以前先行羁押的，羁押一日折抵刑期二日。

第三节　拘　　役

第三十七条　拘役的期限，为十五日以上六个月以下。

第三十八条　被判处拘役的犯罪分子，由公安机关就近执行。

在执行期间，被判处拘役的犯罪分子每月可以回家一天至两天；参加劳动的，可以酌量发给报酬。

第三十九条　拘役的刑期，从判决执行之日起计算；判决以前先行羁押的，羁押一日折抵刑期一日。

第四节　有期徒刑、无期徒刑

第四十条　有期徒刑的期限，为六个月以上十五年以下。

第四十一条　被判处有期徒刑、无期徒刑的犯罪分子，在监狱或者其他劳动改造场所执行，凡有劳动能力的，实行劳动改造。

第四十二条　有期徒刑的刑期，从判决执行之日起计算；判决执行以前先行羁押的，羁押一日折抵刑期一日。

第五节　死　　刑

第四十三条　死刑只适用于罪大恶极的犯罪分子。对于应当判处死刑的犯罪分子，如果不是必须立即执行的，可以判处死刑同时宣告缓期二年执行，实行劳动改造，以观后效。

第四十四条　犯罪的时候不满十八岁的人不得判处死刑立即执行。已满十六岁不满十八岁的，如果所犯罪行特别严重，可以判处死刑同时宣告缓期二年执行。

审判的时候怀孕的妇女，不适用死刑。

第四十六条　判处死刑缓期执行的，在死刑缓期执行期间，如果确有悔改或者服从监管、无抗拒改造表现，二年期满以后，减为无期徒刑，如果确有悔改并有立功表现，二年期满以后，减为十五年以上二十年以下有期徒刑；如果抗拒改造、查证属实的，由最高人民法院裁定或者核准，执行死刑。

第四十七条　死刑缓期执行的期间，从判决确定之日起计算。死刑缓期执行减为有期徒刑的刑期，从二年期满之日起计算。

第六节　罚　　金

第四十八条　判处罚金，应当根据犯罪情节和犯罪分子的经济状况，决定罚金数额；对于以贪利为目的的犯罪，罚金数额一般不得低于犯罪的违法所得数额或者法律规定的罚款数额。

第四十九条　罚金在判决指定的期限内一次或者分期缴纳。期满不缴纳的，强制缴纳。如果由于遭遇不能抗拒的灾祸缴纳确实有困难的，可以酌情减少或者免除。

第七节　剥夺政治权利

第五十条　剥夺政治权利是剥夺下列权利的一部或者全部：
（一）选举权和被选举权；
（二）言论、出版、集会、结社、游行、示威的权利；
（三）担任国家机关职务的权利；
（四）担任国营、集体企业、事业单位和人民团体领导职务的权利。

对于被剥夺政治权利的犯罪分子，如果拥有军衔、警衔、勋章、奖章和荣誉称号，可以一并宣告剥夺。

第　条　对于危害国家安全的犯罪分子，应当附加剥夺全部政治权利；对于其他犯罪分子，在必要的时候，可以附加剥夺全部或者一部政治权利。

法律规定可以单独适用剥夺政治权利的，应当酌情剥夺全部或者一部政治权利。

第五十一条　剥夺政治权利的期限，除本法第五十一条规定外，为一年以上五年以下。

判处管制附加剥夺政治权利的，剥夺政治权利的期限与管制的期限相等，同时执行。

第五十三条　对于被判处死刑、无期徒刑的犯罪分子，应当剥夺政治权利终身。

在死刑缓期执行减为有期徒刑或者无期徒刑减为有期徒刑的时候，应当把附加剥夺政治权利的期限改为三年以上十年以下。

第五十四条　附加剥夺政治权利的刑期，从徒刑、拘役执行完毕之日或者从假释之日起计算，剥夺政治权利的效力当然施用于主刑执行期间。

第八节　没收财产

第五十五条　没收财产是没收犯罪分子个人所得财产的一部或者全部。

在判处没收财产的时候，不得没收属于犯罪分子家属所有或者应有的财产。

第五十六条　查封财产以前犯罪分子所负的正当债务，需要以没收的财产偿还的，经债权人请求，由人民法院裁定。

第四章　刑罚的具体运用

第一节　量　　刑

第五十七条　对于犯罪分子决定刑罚的时候，应当根据犯罪的事实、性质、情节和犯罪分子的悔罪程度，依照本法的有关规定判处。

第五十八条　犯罪分子具有本法规定的从重处罚、从轻处罚情节的，应当在法定刑的限度以内判处刑罚。

第五十九条　犯罪分子具有本法规定的减轻处罚情节的，应当低于法定刑判处刑罚。

犯罪分子虽然不具有本法规定的减轻处罚情节，如果根据案件的具体情况，判处法定刑的最低刑还是过重的，经人民法院审判委员会决定，也可以低于法定刑判处刑罚。

第六十条　犯罪分子违法所得的一切财物，应当予以追缴或者责令退赔；违禁品和供犯罪所用的本人财物，应当予以没收；因犯罪行为而使被害者遭受损失的，应当根据情况判处赔偿损失。

第　条　对于犯罪情节轻微不需要判处刑罚的，可以免予刑事处分，但仍应适用本法前条的规定，并可以根据案件的不同情况，予以训诫或者责令具结悔过、赔礼道歉，或者由主管部门予以行政处分。

第二节　累　　犯

第六十一条　被判处拘役、有期徒刑、无期徒刑的犯罪分子，在刑罚执行期间又故意犯罪的，或者刑罚执行完毕、赦免以后在五年以内又故意犯罪的，是累犯。

第　条　对于累犯，应当从重处罚；具有下列情节之一的，可以在法定最高刑以上判处刑罚：

（一）刑罚执行期间逃跑以后又犯罪的；

（二）所犯后罪情节特别严重的。

第六十二条　犯危害国家安全罪的犯罪分子，刑罚执行完毕或者赦免以后，在任何时候再犯危害国家安全罪的，都以累犯论处。

第三节　自首、坦白和立功

第六十三条　犯罪分子尚未被发觉，主动向公安、安全、检察、审判机关或者所在单位投案，如实供述罪行并接受审查和审判的，是自首；在犯罪分子被追诉或者被关押期间主动供述其他罪行的，对所供述的罪行，以自首论。

对自首的犯罪分子，可以从轻或者减轻处罚；犯罪较轻的，可以免除处罚。

第　条　犯罪分子已被公安、安全、检察、审判机关或在所在单位发觉，而如实供认自己罪行的，是坦白。

对于坦白的犯罪分子，可以从轻处罚。

第　条　犯罪分子揭发他人的犯罪行为，查证属实的，或者有其他立功表现的，可以从轻或者减轻处罚；有重大立功表现的，可以免除处罚。

第四节　数罪并罚

第六十四条　判决宣告以前一人犯数罪的，除判处死刑和无期徒刑的应当决定执行最重的刑罚以外，应当在总和刑期以下、数刑中最高刑期以上，酌情决定执行的刑期，但是管制最高不能超过三年，拘役最高不能超过一年，有期徒刑最高不能超过二十年。

如果数罪中有判处附加刑的，附加刑仍须执行。判处二个以上剥夺政治权利的，应当执行最长的刑期；判处二个以上罚金的，合并执行。

第六十五条　判决宣告以后，刑罚执行完毕以前，发现被判刑的犯罪分子在判决宣告以前还有其他罪没有判决的，应当对新发现的罪作出判决，把前后两个判决所判处的刑罚，依照本法第六十六条的规定，决定执行的刑罚。已经执行的刑期，应当计算在新判决决定的刑期以内。

第六十六条　判决宣告以后，刑罚执行完毕以前，被判刑的犯罪分子又犯罪的，应当对新犯的罪作出判决，把前罪没有执行的刑罚和后罪所判处的刑罚，依照本法第六十六条的规定，决定执行的刑罚。

第　条　一个行为触犯二个以上罪名的；或者犯罪的手段、结果触犯其他罪名的，按照其中处罚最重的一个罪量刑。

第五节　缓　　刑

第六十七条　对于被判处拘役、三年以下有期徒刑的犯罪分子，根据犯罪分子的犯罪情节和悔罪表现，认为适用缓刑确实不致再危害社会的，可以宣告缓刑。

被宣告缓刑的犯罪分子，如果被判处附加刑，附加刑仍须执行。

第六十八条　拘役的缓刑考验期限为原判刑期以上一年以下，但是不能少于一个月。

有期徒刑的缓刑考验期限为原判刑期以上五年以下，但是不能少于一年。

缓刑考验期限，从判决确定之日起计算。

第六十九条　对于危害国家安全的犯罪分子和累犯，不适用缓刑。

第七十条　被宣告缓刑的犯罪分子，在缓刑考验期限内，由公安机关交所在单位或者基层组织予以考察，如果没有再犯新罪或者没有其他严重违法活动，缓刑考验期满，就认为原判刑罚已经执行完毕；如果再犯新罪或者有严重违法活动，撤销缓刑；对再犯新罪的，应当把前罪和后罪所判处的刑罚，依照本法第六十六条的规定，决定执行的刑罚；对有严重违法活动的，执行原判刑罚。

第六节　减　　刑

第七十一条　被判处管制、拘役、有期徒刑、无期徒刑的犯罪分子，在执行期间，如果确有悔改或者立功表现，可以减刑。但是经过一次或者几次减刑以后实际执行的刑期，判处管制、拘役、有期徒刑的，不能少于原判刑期的二分之一；判处无期徒刑的，不能少于十年。

第七十二条　无期徒刑减为有期徒刑的刑期，从裁定减刑之日起计算。

第七节　假　　释

第七十三条　被判处有期徒刑的犯罪分子，执行原判刑期二分之一以上，被判处无期徒刑的犯罪分子，实际执行十年以上，如果确有悔改表现，不致再危害社会，可以假释。如果有特殊情节，可以不受上述执行刑期的限制。

第七十四条　有期徒刑的假释考验期限，为没有执行完毕的刑期，无期徒刑的假释考验期限，为十年。

假释考验期限，从假释之日起计算。

第七十五条　被假释的犯罪分子，在假释考验期限内，由公安机关予以监督，如果没有再犯新罪或者没有严重违法活动，就认为原判刑罚已经执行完毕；如果再犯新罪或者有严重违法活动，撤销假释；对再犯新罪的，应当把前罪没有执行的刑罚和后罪所判处的刑罚，依照本法第六十六条的规定，决定执行的刑罚；对有严重违法活动的，继续执行没有执行完毕的刑罚。

第八节　时　　效

第七十六条　犯罪经过下列期限不再追诉：

（一）法定最高刑为不满五年有期徒刑的，经过五年；

（二）法定最高刑为五年以上不满十年有期徒刑的，经过十年；

（三）法定最高刑为十年以上有期徒刑的，经过十五年；

（四）法定最高刑为无期徒刑、死刑的，经过二十年。如果二十年以后认为必须追诉的，须报请最高人民检察院核准。

第七十七条　在人民法院、人民检察院、公安机关、安全机关采取强制措施以后，逃避侦查或者审判的，不受追诉期限的限制。

第七十八条　追诉期限从犯罪之日起计算；犯罪行为有连续或者继续状态的，从犯罪行为终了之日起计算。

在追诉期限以内又犯罪的，前罪追诉的期限从犯后罪之日起计算。

第五章　其他规定

第　条　法人为谋取非法利益，由法定代理人或者其他受委托人员以法人名义实施犯罪的，是法人犯罪。

法人犯罪的，对法人判处罚金，并适用本法第五十八条、第五十九条的规定；对其直接负责的主管人员和其他直接责任人员，参照本法对个人犯罪的规定处罚。

第七十九条　本法分则没有明文规定的犯罪，可以比照本法分则最相类似的条文定罪判刑，但是应当报请最高人民法院核准。

第八十条　民族自治地方不能全部适用本法规定的，可以由自治区或者省的人民代表大会根据当地民族的政治、经济、文化的特点和本法规定的基本原则，制定变通或者补充的规定，报请全国人民代表大会常务委员会批准施行。

第八十三条 本法所说的国家工作人员是指在国家权力机关、行政机关、司法机关、军队、政党、全民所有制企业事业单位、人民团体中从事公务的人员。

第八十四条 本法所说的司法工作人员是指有侦讯、检察、审判、监管人犯职务的人员和劳动教养单位的管教人员。

第八十五条 本法所说的重伤是指有下列情形之一的伤害：

（一）使人肢体残废或者毁人容貌的；

（二）使人丧失听觉、视觉或者其他器官机能的；

（三）其他对于人身健康有重大伤害的。

第八十六条 本法所说的首要分子是指在犯罪集团或者聚众犯罪中起组织、策划、指挥作用的犯罪分子。

第八十七条 本法所说的告诉才处理，是指被害人告诉才处理。如果被害人因受强制、威吓或者其他原因无法告诉的，人民检察院和被害人的近亲属也可以告诉。

第八十八条 本法所说的以上、以下、以内，都连本数在内。

第八十九条 本法总则适用于其他有刑罚规定的法律、法令，但是其他法律有特别规定的除外。

第二编 分 则

第一章 危害国家安全罪

修改说明：1. 将章名“反革命罪”改为“危害国家安全罪”，并删去了反革命罪的定义（原第 90 条）和各条中关于“以反革命为目的”的规定。2. 对发案很少的犯罪，将条文作了简化、归并，随着对外交往的增多，有的罪发案较多，因此将条文改得具体了一些。3. 将劫持飞机、船舰、车辆罪移入危害公共安全罪一章。4. 删去了聚众劫狱、组织越狱罪（原第 96 条），如发生这类案件，可按聚众叛乱罪和犯妨害公务罪中的暴力脱逃罪处罚。5. 删去了原第 103 条、第 104 条，将死刑、没收财产的规定都写在各条中。

第九十四条 勾结外国，阴谋危害祖国的主权、领土完整和安全的，处七年以上有期徒刑或者无期徒刑，可以并处没收财产；情节特别严重的，处死刑，并处没收财产。

第九十五条 阴谋颠覆国家政权、分裂国家的，处七年以上有期徒刑或者无期徒刑，可以并处没收财产；情节特别严重的，处死刑，并处没收财产。

第九十六条 聚众叛乱的首要分子或者其他罪恶重大的，处七年以上有期徒刑或者无期徒刑，可以并处没收财产；情节特别严重的，处死刑，并处没收财产；其他积极参加的，处一年以上七年以下有期徒刑。

第九十七条 投靠外国或者境外地区的机构、组织，危害国家安全和利益的，处三年以上十年以下有期徒刑；对首要分子或者其他罪恶重大的，处十年以上有期徒刑或者无期徒刑，可以并处没收财产，情节特别严重的，处死刑，并处没收财产。

策动、勾引、收买国家工作人员、武装部队、人民警察、民兵实施前款行为的，依照前款的规定处罚。

第九十八条 以危害国家安全或者引起国际纠纷、制造政治事端为目的，进行绑架、杀害或者其他恐怖活动的，处十年以上有期徒刑或者无期徒刑，可以并处没收财产；情节特别严重的，处死刑，并处没收财产；情节较轻的，处三年以上十年以下有期徒刑。

第九十九条 破坏国防设施、设备或者其他重要公共设施、设备，危害国家安全的，处五年以上有期徒刑；情节特别严重的，处无期徒刑或者死刑，并处没收财产；情节较轻的，处五年以下有期徒刑。

第一百条 为敌对势力提供武器军火或者其他帮助的，处五年以下有期徒刑、拘役或者管制，情节严重的，处五年以上有期徒刑，可以并处没收财产；情节特别严重的，处无期徒刑或者死刑，并处没收财产。

第一百零一条 为外国或者境外地区的机构、组织、人员窃取、刺探、收买、非法提供国家秘密的，处五年以下有期徒刑、拘役或者管制；情节严重的，处五年以上有期徒刑；情节特别严重的，处无期徒刑或者死刑，并处没收财产。

第一百零二条 参加间谍、特务、恐怖组织的，处一年以上七年以下有期徒刑。参加间谍、特务、恐怖组织，并犯有本章其他罪行的，依照各该条的规定从重处罚。

策动、勾引、收买他人参加间谍、特务、恐怖组织或者从事间谍、特务、恐怖活动的，依照前款的规定处罚。

第一百零三条 组织、领导以危害国家政权为目的的集团或者会道门的，处三年以上七年以下有期徒刑，其他积极参加的，处五年以下有期徒刑、拘役或者管制。犯有本章其他罪行的，依照各该条的规定从重处罚。

第一百零四条 以标语、传单或者其他方法煽动颠覆国家政权或者煽动分裂国家的，处五年以下有期徒刑、拘役或者管制；情节严重的，处五年以上有期徒刑。

第二章 危害公共安全罪

修改说明：1. 增加 5 条，其中从第一章反革命罪中移来劫持飞机、船舶、车辆罪；从第六章妨害社会管理秩序罪中移来制造贩卖假药罪；新加了海盗罪、制作贩卖有毒食品罪和严重污染环境罪。2. 原第 107 条至第 111 条规定的破坏交通工具、交通设备、电力煤气设备、通讯设备等罪，因发案很少，合并改写为一条。

第一百零五条 放火、决水、爆炸、投毒或者以其他危险方法危害公共安全的，处三年以上十年以下有期徒刑；致人重伤、死亡或者使公私财产遭受重大损失的，处十年以上有期徒刑、无期徒刑或者死刑，并处没收财产。

过失犯前款罪，致人重伤、死亡或者使公私财产遭受重大损失的，处五年以下有期徒刑或者拘役；情节特别严重的，处五年以上十年以下有期徒刑。

第一百零六条 破坏交通工具、交通设备，电力煤气设备、易燃易爆设备或者通讯设备，危害公共安全的，处三年以上十年以下有期徒刑；造成严重后果的，处十年以上有期徒刑、无期徒刑或者死刑，并处没收财产。

过失犯前款罪，造成严重后果的，处五年以下有期徒刑或者拘役；情节特别严重的，处五年以上十年以下有期徒刑。

第一百零七条 劫持航空器、船舶、火车、电车、汽车的，处五年以上有期徒刑；情节特别严重的，处无期徒刑或者死刑，并处没收财产；情节较轻的，处五年以下有期徒刑、拘役或者管制。

第一百零八条 在公海上对其他船只非法实施暴力，胁迫、危害公共安全的，处五年以上十年以下有期徒刑；情节特别严重的，处十年以上有期徒刑、无期徒刑或者死刑。

第一百零九条 非法制造、买卖、运输枪支、弹药的，或者抢劫、盗窃、抢夺枪支、弹药的，处七年以下有期徒刑；情节严重的，处七年以上有期徒刑；情节特别严重的，处无期徒刑或者死刑，并处没收财产。

第一百一十条 从事交通运输的人员违反规章制度，因而发生重大事故，致人重伤、死亡或者使公私财产遭受重大损失的，处三年以下有期徒刑或者拘役，情节特别严重的，处三年以上十年以下有期徒刑。

非交通运输人员犯前款罪的，依照前款的规定处罚。

第一百一十一条 工厂、矿山、林场、建筑企业或者其他企业、事业单位的职工，由于不服管理、违反规章制度，或者强令工人违章冒险作业，因而发生重大事故，致人伤亡或者使公私财产遭受重大损失的，处三年以下有期徒刑或者拘役；情节特别严重的，处三年以上十年以下有期徒刑。

第一百一十二条 违反爆炸性、易燃性、放射性、毒害性、腐蚀性物品的管理规定，在生产、储存、携带、运输、使用中发生重大事故，造成严重后果的，处三年以下有期徒刑或者拘役；后果特别严重的，处三年以上十年以下有期徒刑。

非法携带爆炸性、易燃性、放射性、毒害性、腐蚀性物品进入公共场所或者乘坐公共交通工具，情节严重的，处一年以下有期徒刑、拘役或者罚金，造成前款规定后果的，依照前款的规定处罚。

第一百一十三条 违反药品管理法规，制造、贩卖假药，危害公众健康的，处五年以下有期徒刑、拘役或者管制，可以单处或者并处罚金；造成严重后果的，处五年以上有期徒刑，并处罚金。

第一百一十四条 违反食品卫生管理法规，制作、贩卖含毒、腐败或者其他有害食品，造成严重食物中毒事故或者其他严重食源性疾患的，处五年以下有期徒刑、拘役或者管制，可以单处或者并处罚金；情节特别严重的，处五年以上有期徒刑，并处罚金。

第一百一十五条 违反环境保护法规，严重污染环境，有条件治理而不治理，致人重伤、死亡或者造成公私财产重大损失的，处五年以下有期徒刑、拘役或者管制，可以单处或者并处罚金。

第三章 侵犯公民人身权利、民主权利罪

修改说明：1. 删去未规定罪状和刑罚的条文 2 条（原第 131 条、第 137 条）；移至其他章的 4 条，其中刑讯逼供罪、报复陷害罪移至渎职罪一章，诬告陷害罪、伪证罪移至妨害公务罪一章；增加恐吓罪、重大医疗事故罪和胁迫、诱骗未成年人表演恐怖、残忍节目罪 3 条（见第 120，124，129 条）。2. 对杀人罪的处刑作了较为具体的规定。3. 去掉了强迫妇女卖淫罪、拐卖人口罪的死刑。

第一百一十六条 故意杀人的，处死刑、无期徒刑或者十年以上有期徒刑，有下列情形之一的，从重处罚：

（一）杀害二人以上的；

（二）为毁灭罪证杀人灭口的；

（三）因罪行被揭发而报复杀人的；

（四）杀人手段特别残酷的；

（五）有其他严重情节的。

故意杀人，情节较轻的，处三年以上十年以下有期徒刑。

第一百一十七条　过失致人死亡的，处五年以下有期徒刑；情节特别恶劣的，处五年以上十年以下有期徒刑。本法另有规定的，依照规定。

第一百一十八条　故意伤害他人身体的，处三年以下有期徒刑或者拘役；致人重伤的，处三年以上七年以下有期徒刑；情节特别恶劣的，处七年以上有期徒刑、无期徒刑或者死刑。本法另有规定的，依照规定。

第一百一十九条　过失致人重伤的，处二年以下有期徒刑或者拘役；情节特别恶劣的，处二年以上七年以下有期徒刑。本法另有规定的，依照规定。

第一百二十条　医务人员由于严重不负责任，致使病员重伤、死亡，情节恶劣的，处二年以下有期徒刑或者拘役；情节特别恶劣的，处二年以上七年以下有期徒刑。

第一百二十一条　以暴力、胁迫或者其他手段强奸妇女的，处三年以上十年以下有期徒刑。

奸淫不满十三岁幼女的，依照前款的规定从重处罚。

犯前两款罪，情节特别严重的或者致人重伤、死亡的，处十年以上有期徒刑、无期徒刑或者死刑。

二人以上犯强奸妇女罪、奸淫幼女罪而共同轮奸的，从重处罚。

第一百二十二条　强迫妇女卖淫的，处三年以上十年以下有期徒刑，情节严重的，处十年以上有期徒刑或者无期徒刑，并处没收财产。

第一百二十三条　拐卖人口的，处五年以下有期徒刑；情节严重的，处五年以上十年以下有期徒刑，并处罚金；情节特别严重的，处十年以上有期徒刑或者无期徒刑，并处没收财产。

第一百二十四条　胁迫、诱骗不满十八岁的人表演恐怖、残忍或者淫秽节目，摧残其身心健康，情节严重的，处三年以下有期徒刑或者拘役，可以单处或者并处罚金。

第一百二十五条　以暴力、威胁、欺骗、贿赂等非法手段破坏国家权力机关的选举或者妨碍选民自由行使选举权和被选举权的，处三年以下有期徒刑、拘役或者剥夺政治权利。

第一百二十六条　非法拘禁他人，或者以其他方法非法剥夺他人人身自由的，处三年以下有期徒刑、拘役或者剥夺政治权利。

犯前款罪，致人重伤的，处三年以上十年以下有期徒刑，致人死亡的，处七年以上有期徒刑。

第一百二十七条　非法搜查他人身体、住宅或者非法侵入他人住宅，情节严重的，处三年以下有期徒刑或者拘役。

第一百二十八条　以暴力或者其他方法，公然侮辱他人或者捏造事实诽谤他人，情节严重的，处三年以下有期徒刑、拘役或者剥夺政治权利。

前款罪，告诉的才处理。但是严重危害社会秩序和国家利益的除外。

第一百二十九条　写恐吓信或者以其他恐吓方法威胁他人安全，严重干扰他人正常生活的，处二年以下有期徒刑或者拘役。

第一百三十条　国家工作人员非法剥夺公民的正当的宗教信仰自由或者侵犯少数民族风俗习惯，情节严重的，处二年以下有期徒刑或者拘役。

第一百三十一条　隐匿、毁弃或者非法开拆他人信件，侵犯公民通信自由权利，情节严重的，处一年以下有期徒刑或者拘役。

第四章　渎职罪

修改说明：从侵犯公民人身权利民主权利罪一章移入刑讯逼供罪、报复陷害罪，从侵犯财产罪一章移入贪污罪，从破坏社会主义经济秩序罪一章移入挪用特定款物罪，增加了挪用公共款物罪、执法人员徇私舞弊罪和浪费罪。

第一百三十二条　国家工作人员利用职务上的便利，索取他人财物的，或者非法收受他人财物，为他人谋取利益的，处七年以下有期徒刑或者拘役，可以并处没收财产；致使国家或者公民利益遭受严重损失的，处七年以上有期徒刑、无期徒刑或者死刑，并处没收财产。

向国家工作人员行贿或者介绍贿赂的，处五年以下有期徒刑或者拘役；情节严重的，处五年以上有期徒刑。

第一百三十三条　国家工作人员利用职务上的便利，侵吞公共财物的，是贪污罪，处五年以下有期徒刑或者拘役，可以单处或者并处罚金；数额巨大、情节严重的，处五年以上有期徒刑，并处罚金；数额特别巨大或者情节特别严重的，处无期徒刑或者死刑，并处没收财产。

第一百三十四条　国家工作人员利用职务上的便利，挪用公共款物归个人使用，有下列情形之一的，处五年以下有期徒刑或者拘役，可以单处或者并处罚金；情节严重的，处五年以上有期徒刑，并处罚金：

（一）进行非法活动的；

（二）挪用数额较大，进行营利活动的；

（三）挪用数额较大，超过六个月的。

挪用公款，数额较大不退还的，依照贪污罪的规定论处。

第一百三十五条 国家工作人员挪用救灾、抢险、防汛、优抚、救济款物，情节严重，致使国家和人民群众利益遭受重大损害的，处三年以下有期徒刑或者拘役，情节特别严重的，处三年以上七年以下有期徒刑。

国家工作人员挪用前款规定的款物归个人使用的，依照第一百三十四条的规定从重处罚。

第一百三十六条 国家工作人员违反国家保密法规，故意或者过失泄露国家秘密，情节严重的，处七年以下有期徒刑、拘役或者剥夺政治权利。

非国家工作人员犯前款罪的，比照前款的规定处罚。

第一百三十七条 国家工作人员滥用职权、假公济私，对控告人、检举人、申诉人、批评人或者证人实行报复陷害的，处二年以下有期徒刑或者拘役；情节严重的，处二年以上七年以下有期徒刑。

第一百三十八条 国家工作人员对人犯实行刑讯逼供的，处二年以下有期徒刑或者拘役；情节严重的，处二年以上七年以下有期徒刑。

第一百三十九条 国家工作人员滥用职权或者玩忽职守，致使公共财产、国家和人民利益遭受重大损失的，处七年以下有期徒刑或者拘役。

第一百四十条 国家工作人员挥霍或者浪费公共财物，致使国家或者集体利益遭受重大损失的，处二年以下有期徒刑或者拘役，可以单处或者并处罚金；情节严重的，处二年以上七年以下有期徒刑，可以并处罚金。

第一百四十一条 司法工作人员徇私舞弊，对明知是无罪的人而使他受追诉，对明知是有罪的人而故意包庇不使他受追诉，或者故意做枉法裁判的，处五年以下有期徒刑、拘役或者剥夺政治权利；情节特别严重的，处五年以上有期徒刑。

第一百四十二条 司法工作人员违反监管法规，对被监管人实行体罚虐待，情节严重的，处三年以下有期徒刑或者拘役；情节特别严重的，处三年以上十年以下有期徒刑。

第一百四十三条 司法工作人员私放人犯的，处五年以下有期徒刑或者拘役；情节严重的，处五年以上十年以下有期徒刑。

第一百四十四条 海关、工商管理、税务或者其他执法部门工作人员徇私舞弊，故意做枉法决定或者裁决，情节严重的，处三年以下有期徒刑或者拘役。

第一百四十五条 邮电工作人员私自开拆或者隐匿、毁弃邮件、电报的，处二年以下有期徒刑或者拘役。

犯前款罪而窃取财物的，依照第一百三十三条贪污罪的规定从重处罚。

第一百四十六条 集体经济组织工作人员或者其他从事公务的人员，犯第一百三十二条、第一百三十三条、第一百三十四条、第一百三十五条、第一百三十九条、第一百四十条罪的，分别依照该条的规定处罚。

第五章 破坏社会主义经济秩序罪

修改说明：1. 增加了逃套外汇罪，生产、进口劣质产品罪，销售伪劣产品罪，假冒他人专利罪，泄露企业事业单位秘密罪等 10 个新罪名（见修改稿第 154 至 157 条、第 159 至 163 条和第 165 条）。2. 将挪用特定款物罪移到渎职罪一章中。3. 修改后本章条文较多，故将破坏自然资源的犯罪抽出来另立为一章。4. 根据《惩治走私罪的补充规定》，对走私罪区别不同情节作了具体规定，对投机倒把罪根据不同情况，分别作了规定。5. 对一些罪的处刑作了适当调整。对伪造国家货币罪增加了死刑。

第一百四十七条 违反海关法规，逃避海关监管，运输、携带、邮寄禁止、限制进出口的货物、物品或者依法应缴纳关税的货物、物品进出境，情节严重的，是走私罪，处五年以下有期徒刑或者拘役，可以单处或者并处罚金；数额巨大的，处五年以上有期徒刑，并处罚金或者没收财产；有下列情形之一的，处无期徒刑或者死刑，并处没收财产：

（一）走私毒品、武器、弹药、伪造的货币，走私国家禁止出口的文物、珍贵动物及其制品，走私金、银或者其他贵重金属，情节特别严重的；

（二）走私第一项以外的其他货物、物品，数额特别巨大的；

（三）武装掩护走私，情节特别严重的；

（四）走私集团的首要分子或者惯犯，情节特别严重的。

第一百四十八条 违反金融、外汇、工商管理法规，倒卖国家禁止、限制自由买卖的物资、物品，情节严重的，是投机倒把罪，处五年以下有期徒刑或者拘役，可以单处或者并处罚金；数额巨大的，处五年以上有期徒刑，并处罚金或者没收财产，有下列行为之一的，处无期徒刑，并处没收财产：

（一）倒卖外汇、金银、文物、专营专卖物资、证券、票证，情节特别严重的；

（二）倒卖第一项以外的国家禁止、限制自由买卖的其他物资，数额特别巨大，情节特别严重的；

（三）投机倒把集团的首要分子或者惯犯，情节特别严重的。

倒卖伪造的有价证券、票证或者计划供应票证的，依照前款的规定从重处罚。

第一百四十九条 伪造国家货币或者贩运伪造的国家货币的，处三年以上十年以下有期徒刑，并处罚金；伪造国家货币、贩运伪造的国家货币，数额特别巨大的，处十年以上有期徒刑、无期徒刑或者死刑，并处罚金或者没收财产。

伪造我国特别行政区货币、外国货币或者贩运伪造的我国特别行政区货币、外国货币的，依照前款的规定处罚。

明知是伪造的货币而使用，情节严重的，处二年以下有期徒刑、拘役或者罚金；大量使用的，处二年以上七年以下有期徒刑，并处罚金。

第一百五十条 伪造支票、股票、信用支付凭证或者其他有价证券的，处二年以下有期徒刑或者拘役，可以单处或者并处罚金；情节严重的，处二年以上七年以下有期徒刑，并处罚金。

第一百五十一条 伪造飞机票、车票、船票、邮票、税票、货票的，处二年以下有期徒刑或者拘役，可以单处或者并处罚金；情节严重的，处二年以上七年以下有期徒刑，并处罚金。

第一百五十二条 伪造计划供应票证，情节严重的，处二年以下有期徒刑或者拘役，可以单处或者并处罚金；情节特别严重的，处二年以上七年以下有期徒刑，并处罚金。

第一百五十三条 违反税收法规，偷税、抗税，情节严重的，处三年以下有期徒刑或者拘役，可以单处或者并处罚金；情节特别严重的，处三年以上七年以下有期徒刑，并处罚金。

第一百五十四条 违反外汇管理法规，逃汇、套汇，数额较大或者情节严重的，处三年以下有期徒刑或者拘役，可以单处或者并处罚金；数额巨大或者情节特别严重的，处三年以上十年以下有期徒刑，并处罚金。

第一百五十五条 违反标准化管理法规，生产、进口不符合国家规定的强制性标准的产品，造成严重后果的，处五年以下有期徒刑或者拘役，可以单处或者并处罚金；情节特别严重的，处五年以上十年以下有期徒刑，并处罚金。

第一百五十六条 违反工商管理法规，在销售商品中以假充真、以次充好，致使消费者利益遭受重大损害的，处五年以下有期徒刑或者拘役，可以单处或者并处罚金；情节严重的，处五年以上十年以下有期徒刑，并处罚金。

第一百五十七条 违反工商管理法规，哄抬物价、强买强卖、非法垄断或者以其他手段扰乱市场秩序，情节严重的，处三年以下有期徒刑或者拘役，可以单处或者并处罚金；情节特别严重的，处三年以上十年以下有期徒刑，并处罚金。

第一百五十八条 违反商标管理法规，假冒他人注册商标，非法制造或者销售他人注册商标标识，情节严重的，处三年以下有期徒刑或者拘役，可以单处或者并处罚金；情节特别严重的，处三年以上七年以下有期徒刑，并处罚金。

第一百五十九条 违反专利管理法规，假冒他人专利，情节严重的，处三年以下有期徒刑或者拘役，可以单处或者并处罚金；情节特别严重的，处三年以上七年以下有期徒刑，并处罚金。

第一百六十条 违反广告管理法规，在广告中弄虚作假，情节严重的，处三年以下有期徒刑或者拘役，可以单处或者并处罚金。

第一百六十一条 违反计量管理法规，制造、销售不符合国家标准的计量器具，情节严重的，处三年以下有期徒刑或者拘役，可以单处或者并处罚金。

第一百六十二条 违反破产法规，在依法宣告破产前的法定期间内或者在宣告破产以后，隐匿、无偿转让财产或者以其他方法损害债权人利益，情节严重的，处二年以下有期徒刑或者拘役，可以单处或者并处罚金；情节特别严重的，处二年以上五年以下有期徒刑，并处罚金。

第一百六十三条 为他人非法提供支票、发票、证明、银行帐户或者其他经营条件，从中牟利，情节严重的，处五年以下有期徒刑或者拘役，可以单处或者并处罚金。

与犯罪分子通谋而提供上述方便条件的，以共同犯罪论处。

第一百六十四条 破坏生产、科研设备、设施或者以其他方法破坏生产的，处三年以下有期徒刑或者拘役，可以单处或者并处罚金；情节严重的，处三年以上十年以下有期徒刑，并处罚金；情节特别严重的，处十年以上有期徒刑，并处罚金。

第一百六十五条 故意泄露企业事业单位的名、特产品技术诀窍、招标标底、保密专利、重要的商业秘密或者其他重要秘密，使企业事业单位利益遭受重大损失的，处二年以下有期徒刑或者拘役，可以单处或者并处罚金；情节特别严重的，处二年以上七年以下有期徒刑，并处罚金。

第六章　破坏自然资源罪

修改说明：本章是新增加的，共六条，其中盗伐、滥伐森林罪、非法捕捞水产品罪、非法狩猎罪是从破坏社会主义经济秩序罪一章中移过来的；破坏矿产资源罪，非法转让、买卖、侵占耕地罪，破坏珍贵动物资源罪是新加的。

第一百六十六条 违反矿产资源保护法规，非法开采矿藏，造成矿产资源破坏，情节严重的，处三年以下有期徒刑或者拘役，可以单处或者并处罚金；情节特别严重的，处三年以上十年以下有期徒刑，并处罚金。

第一百六十七条 违反森林管理法规，盗伐、滥伐森林或者其他林木，情节严重的，处三年以下有期徒刑或者拘役，可以单处或者并处罚金；情节特别严重的，处三年以上十年以下有期徒刑，并处罚金。

盗伐林木，据为己有的，处五年以下有期徒刑或者拘役，可以单处或者并处罚金；情节严重的，处五年以上有期徒刑，并处罚金。

第一百六十八条 违反土地管理法规，非法转让、买卖或者侵占耕地，情节严重的，处三年以下有期徒刑或者拘役，可以单处或者并处罚金；情节特别严重的，处三年以上七年以下有期徒刑，并处罚金。

第一百六十九条　违反水产资源保护法规，在禁渔区、禁渔期或者使用禁用的工具、方法捕捞水产品，情节严重的，处三年以下有期徒刑或者拘役，可以单处或者并处罚金。

第一百七十条　违反狩猎法规，在禁猎区、禁猎期或者使用禁用的工具、方法进行狩猎，情节严重的，处三年以下有期徒刑或者拘役，可以单处或者并处罚金。

第一百七十一条　违反野生动物保护法规，非法捕杀国家重点保护的珍贵、濒危野生动物的，处七年以下有期徒刑或者拘役，可以单处或者并处罚金。

第七章　侵犯财产罪

修改说明：1. 增加了哄抢罪、侵占罪。2. 将贪污罪移入渎职罪一章。3. 对盗窃罪、诈骗罪区别不同情节，作了具体规定。

第一百七十二条　以暴力、胁迫或者其他方法抢劫公私财物的，处三年以上十年以下有期徒刑，并处罚金或者没收财产，下列情形之一的，处十年以上有期徒刑、无期徒刑或者死刑，处没收财产：

（一）抢劫银行、珍贵文物的；

（二）致人重伤或者死亡的；

（三）抢劫集团的首要分子；

（四）多次抢劫或者抢劫公私财物数额特别巨大的；

（五）有其他特别严重情节的。

绑架勒赎的，依照前款的规定从重处罚。

第一百七十三条　盗窃公私财物数额较大或者具有多次盗窃、结伙盗窃、入室盗窃、携带凶器盗窃情节的，处三年以下有期徒刑或者拘役，可以单处或者并处罚金；数额巨大或者情节严重的，处三年以上十年以下有期徒刑，并处罚金；有下列情形之一，情节特别严重的，处十年以上有期徒刑、无期徒刑或者死刑，并处罚金或者没收财产：

（一）盗窃银行、珍贵文物的；

（二）盗窃数额特别巨大的；

（三）惯窃；

（四）盗窃集团的首要分子；

（五）有其他特别严重情节的。

第一百七十四条　盗窃电力、煤气、智力成果，情节严重的，处三年以下有期徒刑或者拘役，可以单处或者并处罚金。

第一百七十五条　诈骗公私财物，数额较大的，处三年以下有期徒刑或者拘役，可以单处或者并处罚金；数额巨大的，处三年以上十年以下有期徒刑，并处罚金；有下列情形之一，情节特别严重的，处十年以上有期徒刑或者无期徒刑，并处没收财产：

（一）诈骗数额特别巨大的；

（二）惯骗；

（三）诈骗集团的首要分子；

（四）有其他特别严重情节的。

第一百七十六条　抢夺公私财物，数额较大的，处三年以下有期徒刑或者拘役，可以单处或者并处罚金；数额巨大的，处三年以上十年以下有期徒刑，并处罚金；数额特别巨大或者情节特别严重的，处十年以上有期徒刑或者无期徒刑，并处没收财产。

第一百七十七条　实施盗窃、诈骗、抢夺行为，为防护赃物、抗拒抓捕或者毁灭罪证而当场使用暴力或者以暴力相威胁的，依照抢劫罪的规定论处。

第一百七十八条　哄抢公私财物，情节严重的，处三年以下有期徒刑或者拘役，可以单处或者并处罚金；情节特别严重的，处三年以上十年以下有期徒刑，并处罚金。

第一百七十九条　敲诈勒索公私财物的，处三年以下有期徒刑或者拘役，可以单处或者并处罚金；情节严重的，处三年以上七年以下有期徒刑，并处罚金。

第一百八十条　侵占公私财物，数额较大或者情节严重的，处三年以下有期徒刑或者拘役，可以单处或者并处罚金；数额巨大的，处三年以上十年以下有期徒刑，并处罚金；数额特别巨大或者情节特别严重的，处十年以上有期徒刑，并处罚金或者没收财产。

第一百八十一条　故意毁坏公私财物，情节严重的，处三年以下有期徒刑或者拘役，可以单处或者并处罚金；情节特别严重的，处三年以上十年以下有期徒刑，并处罚金。

第八章　妨害社会管理秩序罪

修改说明：1. 增加了聚众骚乱罪、挖坟盗墓罪、非法出版罪、破坏计划生育罪、传授犯罪方法罪。有些地方还提出增加卖淫、吸毒等罪，可以继续研究。2. 提高了流氓罪、赌博罪、制作贩卖淫书淫画罪、制作、贩卖、运输毒品罪、破坏珍贵文物罪的刑罚。3. 删去了“盗运珍贵文物出口罪”，因为在走私罪中已包括。4. 本章条文较多，内容繁杂，不便适用，因此将一部分条文分出，另立一章“妨害公务罪”。

第一百八十二条　聚众骚乱，破坏社会秩序的，对首要分子或者积极参加的，处五年以下有期徒刑、拘役、管制或者剥夺政治权利；情节严重的，处五年以上有期徒刑。

第一百八十三条　扰乱机关、企业事业单位秩序，致使工作、生产、营业和教学、科研无法进行的，处五年以下有期徒刑、拘役、管制或者剥夺政治权利。

第一百八十四条　扰乱车站、码头、民用航空站、商场、公园、影剧院、展览会、运动场或者其他公共场所秩序或者破坏交通秩序，情节严重的，处五年以下有期徒刑、拘役、管制或者剥夺政治权利。

第一百八十五条　聚众斗殴，寻衅滋事，侮辱妇女或者进行其他流氓活动，破坏公共秩序，情节恶劣的，处五年以下有期徒刑、拘役或者管制；有下列情形之一的，处五年以上十年以下有期徒刑；情节特别严重的，处十年以上有期徒刑、无期徒刑或者死刑：

（一）流氓集团的首要分子；

（二）携带凶器进行流氓活动的；

（三）多次进行流氓活动，屡教不改的；

（四）造成严重后果的。

第一百八十六条　违反枪支管理规定，私藏枪支、弹药，拒不交出的，处二年以下有期徒刑或者拘役。

第一百八十七条　以迷信方法扰乱社会秩序或者诈骗财物的，处二年以下有期徒刑、拘役或者管制；情节严重的，处二年以上七年以下有期徒刑。

第一百八十八条　挖坟盗墓，情节恶劣的，处三年以下有期徒刑、拘役、管制或者罚金；情节特别恶劣的，处三年以上七年以下有期徒刑，可以并处罚金。

挖掘破坏古墓的，依照第一百九十五条破坏珍贵文物罪的规定处罚；挖掘古墓，盗窃珍贵文物的，依照第一百七十三条盗窃罪的规定处罚。

第一百八十九条　聚众赌博或者多次赌博屡教不改的，处五年以下有期徒刑、拘役或者管制，可以并处罚金。

第一百九十条　引诱、容留妇女卖淫的，处五年以下有期徒刑、拘役或者管制；情节严重的，处五年以上有期徒刑，可以并处罚金或者没收财产。

第一百九十一条　制作、贩卖、传播淫书、淫画或者其他淫秽物品，情节严重的，处五年以下有期徒刑、拘役或者管制，可以并处罚金；情节特别严重的，处五年以上有期徒刑或者无期徒刑，并处罚金。

第一百九十二条　非法出版、销售图书、报刊、音像制品，情节严重的，处二年以下有期徒刑、拘役或者罚金；情节特别严重的，处二年以上七年以下有期徒刑，可以并处罚金。

非法出版、销售淫秽图书、报刊、音像制品的，依照第一百九十一条制作、贩卖淫秽物品罪的规定处罚。

第一百九十三条　制造、贩卖、运输鸦片、海洛因、吗啡或者其他毒品的，处五年以下有期徒刑或者拘役，可以并处罚金。

一贯或者大量制造、贩卖、运输前款毒品的，处五年以上有期徒刑，可以并处没收财产；情节特别严重的，处无期徒刑或者死刑，并处没收财产。

非法种植罂粟等毒品原植物，情节严重的，依照第一款的规定处罚。

第一百九十四条　传授犯罪方法的，处二年以下有期徒刑或者拘役；情节严重的，处二年以上七年以下有期徒刑。

第一百九十五条　故意破坏国家保护的珍贵文物、名胜古迹的，处七年以下有期徒刑或者拘役，可以并处罚金；情节严重的，处七年以上有期徒刑，并处罚金。

第一百九十六条　故意破坏国（边）境的界碑、界桩或者其他永久性测量标志的，处三年以下有期徒刑或者拘役。

以叛国为目的的，依照第九十九条破坏国防或者其他重要公共设施、设备罪的规定处罚。

第一百九十七条　违反出入国境管理法规，偷越国（边）境，情节严重的，处一年以下有期徒刑、拘役或者管制。

第一百九十八条　以营利为目的，组织、运送他人偷越国（边）境的，处五年以下有期徒刑、拘役或者管制，可以并处罚金。

第一百九十九条　违反卫生检疫规定，引起检疫传染病的传播，或者有引起检疫传染病传播严重危险的，处三年以下有期徒刑或者拘役，可以单处或者并处罚金。

第二百条　以营利为目的，非法为妇女摘取节育环、出具假出生证明或者以其他方法破坏计划生育，情节严重的，处三年以下有期徒刑、拘役、管制或者罚金。

第九章　妨害公务罪

修改说明：本章是新增加的，共10条，其中阻碍国家工作人员依法执行职务罪，拒不执行判决裁定罪，招摇撞骗罪，伪造公文、证件、印章罪，窝藏、包庇罪，脱逃罪，窝赃、销赃罪7条是从第六章妨害社会管理秩序罪移入的；诬告陷害罪、伪证罪2条是从第四章侵犯公民人身权利民主权利罪移入的；扰乱监管秩序罪是新加的。

第二百零一条　以暴力、威胁方法阻碍国家工作人员依法执行职务的，处五年以下有期徒刑、拘役、罚金或者剥夺政治权利。

第二百零二条　冒充国家工作人员招摇撞骗的，处三年以下有期徒刑、拘役、管制或者剥夺政治权利；情节严重的，处三年以上十年以下有期徒刑。

第二百零三条　伪造或者盗窃、抢夺、毁灭国家机关、企业、事业单位、人民团体的公文、证件、印章的，处三年以下有期徒刑、拘役、管制、罚金或者剥夺政治权利；情节严重的，处三年以上十年以下有期徒刑。

第二百零四条　捏造犯罪事实诬告陷害他人的，处三年以下有期徒刑、拘役或者罚金；情节恶劣的，处三年以上七年以下有期徒刑，可以并处罚金。国家工作人员犯诬陷罪的，从重处罚。

不是有意诬陷，而是错告，或者检举失实的，不适用前款规定。

第二百零五条　在侦查、起诉、审判中，证人、鉴定人、记录人、翻译人对与案件有重要关系的情节，故意作虚假证明、鉴定、记录、翻译，意图陷害他人或者隐匿罪证的，处二年以下有期徒刑或者拘役；情节严重的，处二年以上七年以下有期徒刑。

第二百零六条　资助或者窝藏犯罪分子的，故意隐匿、毁灭罪证或者作假证明包庇犯罪分子的，处三年以下有期徒刑、拘役或者管制；情节严重的，处三年以上十年以下有期徒刑。

犯前款罪，事前通谋的，以共同犯罪论处。

第二百零七条　以暴力、威胁方法拒不执行人民法院已经发生法律效力的判决、裁定的，处五年以下有期徒刑、拘役、罚金或者剥夺政治权利。

第二百零八条　被关押的犯罪分子，违反监管法规，扰乱监管秩序，情节恶劣的，处五年以下有期徒刑。

第二百零九条　依法被逮捕、关押的犯罪分子脱逃的，处五年以下有期徒刑或者拘役；聚众脱逃的首要分子或者实施暴力、威胁方法脱逃的，处三年以上十年以下有期徒刑。

第二百一十条　明知是犯罪所得的赃物而予以窝藏、收买或者代为销售，情节严重的，处三年以下有期徒刑、拘役或者管制，可以单处或者并处罚金。

第十章　妨害婚姻、家庭罪

修改说明：1. 本章原有6条，增加1条破坏婚姻家庭罪，共7条。2. 对拐骗儿童罪，增加了“以收养为目的”的限制条件，并增加了偷取他人婴儿的内容。

第二百一十一条　以暴力干涉他人婚姻自由的，处二年以下有期徒刑或者拘役。

犯前款罪，引起被害人死亡的，处二年以上七年以下有期徒刑。

第一款罪，告诉的才处理。

第二百一十二条　有配偶而重婚的，或者明知他人有配偶而与之结婚的，处二年以下有期徒刑或者拘役。

第二百一十三条　明知是现役军人的配偶而与之同居或者结婚的，处三年以下有期徒刑。

第二百一十四条　虐待家庭成员，情节恶劣的，处二年以下有期徒刑、拘役或者管制。

犯前款罪，引起被害人重伤、死亡的，处二年以上七年以下有期徒刑。

第一款罪，告诉的才处理。

第二百一十五条　对于年老、年幼、患病或者其他没有独立生活能力的人，负有扶养义务而拒绝扶养，情节恶劣的，处五年以下有期徒刑、拘役或者管制。

第二百一十六条　以收养为目的，拐骗不满十三岁的儿童，脱离家庭或者监护人的，或者偷取他人婴儿的，处五年以下有期徒刑或者拘役。

第二百一十七条　破坏他人婚姻家庭，致人死亡的，处二年以下有期徒刑或者拘役。

4. 刑法分则条文汇集（体系、结构）

（全国人大常委会法制工作委员会刑法修改小组　1993 年 10 月 19 日）

这本汇集包括刑法分则的原有条文、刑法颁布实行后立法机关补充规定中的条文和根据斗争需要新拟的补充条文。刑法分则原有条文，凡是已有修改方案的，编入修改方案；原条文已被立法机关补充规定取代的，不再编入原条文。立法机关的补充规定，除“军人违反职责罪暂行条例”未编入外，其余的有关规定均按原文编入，个别条文与其他规定不协调的，作了一点调整。新拟的补充条文，有些是 1988 年、1989 年草拟的，有些是最近草拟的，尚不够成熟，须进一步研究。

刑法分则原有 8 章、103 条，本汇集调整补充为 28 章、292 条。情况如下：

第一章　危害国家安全罪（19 条）；
第二章　危害公共安全罪（17 条）；
第三章　侵犯公民人身、权利罪（14 条）；
第四章　侵犯财产罪（10 条）；
第五章　贪污贿赂罪（13 条）；*
第六章　渎职罪（10 条）；
第七章　走私罪（14 条）；
第八章　生产、销售伪劣商品罪（12 条）；
第九章　假冒商标、专利罪（10 条）；
第十章　危害金融罪（11 条）；
第十一章　危害证券、票证管理罪（9 条）；
第十二章　危害企业管理罪（9 条）；
第十三章　危害公平竞争罪（9 条）；
第十四章　经济诈欺罪（7 条）；
第十五章　非法经营罪（7 条）；
第十六章　危害税收罪（8 条）；
第十七章　危害环境和公共卫生罪（9 条）；
第十八章　危害自然资源罪（10 条）；
第十九章　妨害司法罪（13 条）；
第二十章　妨害公务罪（5 条）；
第二十一章　妨害国边境管理罪（9 条）；
第二十二章　妨害文物管理罪（5 条）；
第二十三章　扰乱公共秩序罪（13 条）；
第二十四章　制造、贩卖鸦片毒品罪（16 条）；
第二十五章　制造、贩卖淫秽物品罪（9 条）；
第二十六章　组织妇女卖淫罪（11 条）；
第二十七章　拐卖妇女、儿童罪（7 条）；
第二十八章　妨害婚姻、家庭罪（6 条）。

第一章　危害国家安全罪

第一条　勾结外国，阴谋危害祖国主权、领土完整和安全罪

第二条　阴谋颠覆政府、分裂国家罪

第三条　策动、勾引、收买国家工作人员、武装部队、人民警察、民兵投敌叛乱或者暴乱罪

第四条　投敌叛变罪

---

* 以下有数章章名后的条文数量多于后面该章内的条文数量，原稿如此，估计是草拟中打算有的一并用两个以上的条文规定——编者注。

第五条　聚众暴乱罪

第六条　间谍或者资敌罪

第七条　为境外的机构、组织、人员窃取、刺探、收买、非法提供国家秘密罪（《关于惩治泄露国家秘密犯罪的补充规定》）

第八条　泄密罪

第九条　组织、领导图谋颠覆政府、推翻社会主义制度集团罪

第十条　组织、利用封建迷信、会道门进行颠覆政府、推翻社会主义制度活动罪

第十一条　破坏国防和军事装备罪

*第十二条　对国家领导人或者外国使者进行绑架、杀害或者其他恐怖活动罪

第十三条　煽动罪

第十四条　犯间谍罪自首或者有立功表现的从轻处罚的规定（国家安全法）

第十五条　在境外参加敌对组织，从事危害国家安全活动，及时向国家安全机关或者公安机关说明情况，不予追究的规定（国家安全法）

第十六条　明知他人有间谍行为拒绝提供证据罪（国家安全法）

第十七条　判处死刑

第十八条　剥夺政治权利

第十九条　没收财产

第二章　危害公共安全罪

第一条　劫机罪（《关于惩治劫持航空器犯罪的补充规定》）

*第二条　海盗罪

第三条　放火、决水、爆炸、投毒或者以其他危险方法破坏罪

第四条　破坏火车、汽车、电车、船只、飞机等交通工具罪、交通设备罪

第五条　破坏电力、煤气或者其他易燃易爆设备罪

第六条　破坏广播电台、电报、电话或者其他通讯设备罪

第七条　聚众劫狱、暴动越狱罪

第八条　非法制造、买卖、运输或者盗窃枪支、弹药、爆炸物罪

第九条　私藏枪弹罪

第十条　失火罪

第十一条　过失造成水灾罪

第十二条　过失破坏通讯设备、易燃易爆设备罪

第十三条　违反爆炸性、易燃性、放射性、毒害性、腐蚀性物品的管理规定造成重大事故罪

第十四条　非法携带易燃易爆物品罪

第十五条　工厂、矿山、林场、建筑企业或者其他企业、事业单位重大责任事故罪

第十六条　交通肇事罪

第十七条　剥夺政治权利

第三章　侵犯公民人身、权利罪

第一条　故意杀人罪

第二条　过失致人死亡罪

第三条　故意伤害罪

第四条　过失伤害罪

第五条　强奸罪

第六条　拐卖人口罪

第七条　绑架勒索财物罪

第八条　非法拘禁罪

第九条　非法搜查罪

第十条　破坏选举罪

第十一条　侮辱、诽谤罪

---

* 有此符号者为新增罪名——编者注。

第十二条　恐吓他人罪
第十三条　隐匿、毁弃或者非法开拆他人信件罪（与第 191 条合并）
第十四条　剥夺政治权利

第四章　侵犯财产罪

第一条　抢劫罪
第二条　盗窃罪
第三条　诈骗罪
第四条　抢夺罪
第五条　准抢劫罪
*第六条　侵占罪
*第七条　哄抢公私财物罪
第八条　敲诈勒索罪
第九条　故意毁坏公私财物罪、破坏生产罪
第十条　剥夺政治权利

第五章　贪污贿赂罪①

第一条　贪污罪
第二条　挪用公款归个人使用罪
第三条　受贿罪
第四条　单位受贿罪
第五条　行贿罪
第六条　单位行贿罪
第七条　接受礼物不交公罪
第八条　巨额财产来源不明罪
第九条　隐瞒境外存款不申报罪
第十条　剥夺政治权利

第六章　渎职罪

第一条　滥用职权或者玩忽职守罪
第二条　司法工作人员徇私舞弊罪
第三条　司法工作人员私放被监管人罪
*第四条　行政部门工作人员徇私舞弊罪
第五条　挪用救灾、抢险、防汛、救济款物罪
*第六条　医疗事故罪
第七条　报复陷害罪
第八条　刑讯逼供罪
第九条　司法工作人员体罚虐待人犯罪
第十条　非法剥夺公民正当宗教信仰自由罪

第七章　走私罪

第一条　走私毒品、武器、弹药、伪造货币罪（补充规定第 1 条）
第二条　走私文物、珍贵动物、贵重金属罪（补充规定第 2 条）
第三条　走私淫秽物品罪（补充规定第 3 条）
第四条　走私其他物品罪（补充规定第 4 条）
第五条　单位走私罪（补充规定第 5 条）
第六条　擅自销售保税、免税货物罪（补充规定第 6 条）
第七条　贩卖走私物品罪（补充规定第 7 条）
第八条　武装走私罪（补充规定第 10 条）

① 有数章，章下条文数量少于章名后所列的条文数，原稿如此，估计是打算有的罪名用两个以上条文规定——编者注。

第八章　生产、销售伪劣商品罪

第一条　生产、销售以假充真、以次充好不合格产品罪（决定第 1 条）
第二条　生产、销售假药罪（决定第 2 条）
第三条　生产、销售劣药罪（决定第 2 条）
第四条　生产、销售不符合卫生标准的食品罪（决定第 3 条）
第五条　在食品中掺入有毒、有害的非食品原料罪（决定第 3 条）
第六条　生产、销售不符合国家、行业标准的医疗器械、医用卫生材料罪（决定第 4 条）
第七条　生产、销售不符合国家标准、行业标准的电器、压力容器、易燃易爆产品罪（决定第 5 条）
第八条　生产、销售假农药、假兽药、假化肥、假种子罪（决定第 6 条）
第九条　生产、销售不符合卫生标准的化妆品罪（决定第 7 条）
第十条　单位生产、销售伪劣商品罪（决定第 9 条）

第九章　假冒商标、专利罪

第一条　擅自使用他人注册商标罪（补充规定第 1 条）
第二条　销售明知是假冒注册商标的商品罪（补充规定第 1 条）
第三条　伪造、擅自制造他人注册商标标识或者销售伪造、擅自制造的注册商标标识罪（补充规定第 2 条）
第四条　单位假冒他人注册商标犯罪（补充规定第 3 条）
第五条　假冒他人专利罪（专利法第 63 条）
*第六条　故意销售冒充他人专利的产品罪
第七条　伪造、擅自制造专利标识或者销售伪造、擅自制造的专利标识罪
*第八条　单位假冒他人专利罪
第九条　擅自使用他人企业名称、知名商品的名称、包装装璜、伪造产地罪（不正当竞争法第 21 条）
*第十条　主管部门

中编

第十章　危害金融罪

第一条　伪造货币、贩运伪造的货币罪（原 122 条）
*第二条　伪造、变造在中国境内可兑换的货币或者买卖、运输伪造、变造的在中国境内可兑换的货币罪（新加）
*第三条　使用伪造货币罪（新加）
第四条　伪造、变造国库券、支票、汇票、信用卡或者其他金融支付凭证罪（原 123 条）
*第五条　逃套外汇罪（新加）
*第六条　非法买卖外汇罪（新加）
*第七条　非法成立金融机构或非法经营金融业务罪（新加）
*第八条　滥贷款、拆借、利用职务便利挪用银行资金或存款从事房地产买卖
*第九条　玩忽职守、贷款后追不回，给国家造成损失的

第十一章　危害证券、票证管理罪

*第一条　伪造、变造股票、债券或者倒卖伪造、变造的股票、债券（新加）
第二条　证券经营机构违背职责罪（规定第 7 条）
第三条　证券经营、管理机构人员滥用职权牟取非法利益罪（规定第 8 条）
第四条　操纵、扰乱股票、证券市场秩序罪（规定第 9 条）
第五条　擅自发行或者以欺骗方法获取发行股票、债券罪（规定第 11 条）
第六条　非法将定向募集的个人股、法人股上市罪（规定第 13 条）
第七条　专业人员提供虚假证明罪（规定第 10 条）
第八条　伪造、变造车票、船票、飞机票、邮票、税票、提货票或者倒卖伪造、变造的车票、船票、飞机票、油票、税票、提货票罪（原 124 条）
*第九条　倒卖车票、船票等有价证券罪（新加）

第十二章　危害企业管理罪

*第一条　擅自成立公司企业罪（新加）
第二条　以欺骗方法获取登记注册罪（规定第 1 条）
第三条　伪造、变造许可证、营业执照罪（新加）

第四条　发行股份、企业债券提供虚假报告、文件罪（规定第 2 条）
第五条　公司、企业变更、减少注册资金或清算时不依法通知或者公告债权人罪（规定第 5 条）
第六条　公司、企业工作人员利用职务或者工作便利侵占公司、企业财物罪（规定第 19 条）
第七条　登记机关工作人员滥用职权、玩忽职守罪

第十三章　危害公平竞争罪

第一条　商业贿赂罪（补充规定第 1 条）
第二条　行贿
第三条　刺探、窃取、泄露技术秘密、商业秘密罪（补充规定第 3 条）
第四条　诋毁他人营业信誉罪（反不正当竞争法第 14 条）
第五条　滥用经济、地位优势，排挤他人经营活动罪（反不正当竞争法第 6 条、第 7 条）
*第六条　为招徕顾客提供虚假报销凭证罪（新加）
*第七条　制作、发布虚假广告罪（新加）
第八条　单位犯本章罪
第九条　玩忽职守、滥用职权罪

第十四章　经济诈欺罪

*第一条　合同诈欺罪（新加）
*第二条　破产诈欺罪（新加）
*第三条　保险诈欺罪（新加）
*第四条　集资诈欺罪（新加）
*第五条　投标诈欺罪（新加）
*第六条　剥夺政治权利

第十五章　非法经营罪

*第一条　非法买卖金银及其制品罪（新加）
*第二条　非法买卖专营、专卖物品罪（新加）
*第三条　欺行霸市、强买强卖扰乱市场秩序罪（新加）
*第四条　制造、变造、销售使用不符合标准的计量器具罪（新加）
*第五条　为他人非法提供经营条件罪（新加）
*第六条　非法买卖土地罪
第七条　单位犯本章罪

第十六章　危害税收罪

第一条　偷税罪
第二条　不缴欠缴税款罪
第三条　单位偷税罪、单位不缴欠缴税款罪
第四条　单位不扣缴税款罪
第五条　骗取国家出口退税罪
第六条　抗税罪

第十七章　危害环境和公共卫生罪

第一条　污染耕地、森林、草原罪
*第二条　严重污染水体罪
第三条　污染大气罪
第四条　单位犯 1~3 条罪
第五条　违反传染病防治法引起传染病传播罪
第六条　从事实验、保藏、携带、运输传染病菌种、毒种的人员造成传染病菌种、毒种扩散罪
第七条　从事卫生检疫医疗保健人员玩忽职守罪
第八条　国境卫生检疫
第九条　国境卫生检疫机关动植物检疫

第十八章　危害自然资源罪

第一条　滥伐林木罪
*第二条　严重毁坏林木罪
*第三条　破坏矿产资源罪
第四条　非法捕杀珍贵、濒危野生动物罪（关于惩治国家重点保护的珍贵、濒危野生动物犯罪的补充规定）
第五条　伪造、买卖野生动物特许猎捕证罪
第六条　非法捕捞水产品罪
第七条　非法狩猎罪
*第八条　伪造、买卖林木采伐许可证罪
*第九条　非法占用、转让土地使用权罪
*第十条　林业、矿产、土地主管部门的工作人员滥用职权玩忽职守罪

第十九章　妨害司法罪

第一条　诬告陷害罪（原 138 条）
第二条　伪证罪（原 148 条）
*第三条　伪造、毁灭证据罪
*第四条　阻止证人作证或胁迫他人作伪证罪
第五条　包庇罪（原 162 条）
第六条　窝赃、销赃罪（原 172 条）
*第七条　对司法人员、鉴定人打击报复罪
*第八条　扰乱法庭秩序罪（新加）
第九条　拒不执行人民法院判决罪（原 157 条）
第十条　罪犯逃脱罪
*第十一条　破坏监管秩序罪（新加）
*第十二条　隐藏、转移已被查封、冻结的财产罪
第十三条　剥夺政治权利

第二十章　妨害公务罪

*第一条　扰乱国家机关公务活动罪
第二条　阻碍国家工作人员依法执行职务罪
第三条　冒充国家工作人员招摇撞骗罪
第四条　伪造、变造公文、印章罪
第五条　单处剥夺政治权利

第二十一章　妨害国边境管理罪

第一条　组织他人偷越国边境罪
*第二条　骗取护照组织他人非法出国（边）境罪
*第三条　伪造、倒卖护照罪
第四条　运送他人偷越国边境罪
第五条　偷越国边境罪
*第六条　为非法出国人员提供出入境证件罪
第七条　包庇罪
第八条　破坏界碑、界桩罪
第九条　没收财物

第二十二章　妨害文物管理罪

第一条　盗运珍贵文物出口罪
第二条　破坏珍贵文物、名胜古迹罪
第三条　挖掘古墓葬罪
第四条　国家工作人员利用职权侵占珍贵文物罪
第五条　剥夺政治权利

第二十三章　扰乱公共秩序罪

第一条　扰乱社会秩序罪（原 158 条）
第二条　聚众扰乱公共场所秩序或者破坏交通秩序罪（原 159 条）
*第三条　非法集会、游行、示威罪（新加）
*第四条　扰乱、破坏依法举行的集会、游行、示威罪（新加）
*第五条　破坏戒严罪
第六条　损毁、侮辱国旗国徽罪
第七条　流氓罪
*第八条　制造、散布谣言罪（新加）
第九条　赌博罪（原 168 条）
第十条　传授犯罪方法罪
第十一条　封建迷信活动罪（原 165 条）
*第十二条　破坏计划生育罪
第十三条　单处剥夺政治权利

第二十四章　制造、贩卖毒品罪

第一条　走私、贩卖、运输、制造毒品罪
第二条　非法持有毒品罪
第三条　走私制毒物品罪
第四条　非法种植毒品原植物罪
第五条　引诱、教唆、欺骗、强迫他人吸食、注射毒品罪
第六条　容留他人吸食、注射毒品并出售毒品罪
第七条　非法提供麻醉药品、精神药品罪
第八条　为犯罪分子窝藏、转移、隐瞒毒品罪
第九条　掩饰、隐瞒出售毒品获得财物的非法性质和来源罪
第十条　剥夺政治权利

第二十五章　制造、贩卖淫秽物品罪

第一条　走私淫秽物品罪
第二条　制作、复制、出版、贩卖淫秽物品罪
第三条　为他人提供书号出版淫秽物品罪
第四条　在社会上传播淫秽物品罪
第五条　非法出版罪、倒卖书号罪

第二十六章　组织卖淫罪

第一条　组织他人卖淫罪
第二条　强迫他人卖淫罪
第三条　引诱、容留、介绍他人卖淫罪
第四条　明知自己有性病卖淫、嫖娼罪
第五条　单位组织、强迫、引诱、容留、介绍他人卖淫罪
第六条　雇用、容留妇女与他人进行猥亵活动罪

第二十七章　拐卖妇女、儿童罪

第一条　拐卖妇女、儿童罪
第二条　绑架妇女、儿童罪
第三条　收买被拐卖、绑架的妇女、儿童罪
第四条　聚众阻碍国家工作人员解救被收买的妇女、儿童罪
第五条　国家工作人员利用职务阻碍解救被拐卖、绑架的妇女、儿童罪

第二十八章　妨害婚姻、家庭罪

第一条　暴力干涉他人婚姻自由罪

第二条　重婚罪
第三条　破坏军婚罪
第四条　虐待罪
第五条　遗弃罪
第六条　拐骗儿童罪

5. 刑法分则条文汇集

（全国人大常委会法制工作委员会刑法修改小组　1993 年 11 月 21 日）

为了系统地研究刑法修改问题，我们编辑了这本汇集。

这本汇集包括刑法分则的原有条文、刑法颁布施行后立法机关补充的条文和根据斗争需要新增补的条文。刑法分则原有条文，凡是已有修改方案的，编入修改方案；原条文已被立法机关的补充规定取代的，不再编入原条文。立法机关的补充规定，除"军人违反职责罪暂行条例"未编入外，其余的规定均按原文编入，只对个别条文作了一点修改和调整。新增补的条文，是根据保障社会主义市场经济和社会安定的需要，根据经济法、行政法的规定和司法实践中提出的问题草拟的（包括一些过去草拟的和有关部门草拟的条文），尚不够成熟，须进一步研究。

因系条文汇集，尚不是修订稿，因而有些条文重复、写法不统一、刑度不平衡等问题，多未修改，留待以后研究解决。

犯罪分类，仍沿用原刑法分则的分类方法。但补充修改后条文增多，因此又增加了若干章。主要是：（1）将原第三章"破坏社会主义经济秩序罪"分为十二章（第七章至第十八章）；（2）将原第六章"妨害社会管理秩序罪"分为九章（第十九章至第二十六章）；（3）将贪污贿赂罪从原第四章、第八章分出，独立成一章。章的排列次序也作了一点调整。

刑法分则原有 8 章、103 条，本汇集调整补充为 27 章、290 条。① 情况如下：

第一章　危害国家安全罪（19 条）；
第二章　危害公共安全罪（17 条）；
第三章　侵犯公民人身、权利罪（15 条）；
第四章　侵犯财产罪（10 条）；
第五章　贪污贿赂罪（13 条）；
第六章　渎职罪（10 条）；
第七章　走私罪（14 条）；
第八章　生产、销售伪劣商品罪（10 条）；
第九章　假冒商标、专利罪（10 条）；
第十章　危害金融罪（11 条）；
第十一章　危害证券、票证管理罪（9 条）；
第十二章　危害企业管理罪（8 条）；
第十三章　危害公平竞争罪（9 条）；
第十四章　经济诈欺罪（7 条）；
第十五章　非法经营罪（7 条）；
第十六章　危害税收罪（8 条）；
第十七章　危害环境和公共卫生罪（9 条）；
第十八章　危害自然资源罪（10 条）；
第十九章　妨害司法罪（13 条）；
第二十章　扰乱社会管理秩序罪（18 条）；
第二十一章　妨害国（边）境管理罪（9 条）；
第二十二章　妨害文物管理罪（6 条）；
第二十三章　制造、贩卖鸦片毒品罪（16 条）；
第二十四章　制造、贩卖淫秽物品罪（9 条）；

---

① 原文为 293 条，实为 290 条，故按实际条数予以改正——编者注。

第二十五章　组织卖淫罪（10条）；
第二十六章　拐卖妇女、儿童罪（7条）；
第二十七章　妨害婚姻、家庭罪（6条）。

第一章　危害国家安全罪

本章条文待补，拟作专题研究。

第二章　危害公共安全罪

第一条　以暴力、胁迫或者其他方法劫持航空器的，处十年以上有期徒刑或者无期徒刑；致人重伤或者死亡或者使航空器遭受严重破坏或者情节特别严重的，处死刑；情节较轻的，处五年以上十年以下有期徒刑。

第二条　对海上的船只或者人员实施破坏、杀害、抢劫等海盗行为的，处十年以上有期徒刑或者无期徒刑；海盗集团的首要分子或者罪行特别严重的，处死刑；情节较轻的，处三年以上十年以下有期徒刑。

第三条　放火、决水、爆炸、投毒或者以其他危险方法破坏工厂、矿场、油田、港口、河流、水源、仓库、住宅、森林、农场、谷场、牧场、重要管道、公共建筑物或者其他公私财产、危害公共安全的，处三年以上十年以下有期徒刑；致人重伤、死亡或者使公私财产遭受重大损失的，处十年以上有期徒刑、无期徒刑或者死刑。

第四条　有下列破坏交通工具、交通设备设施行为之一，危害公共安全的，处三年以上十年以下有期徒刑；造成严重后果的，处十年以上有期徒刑、无期徒刑或者死刑：

（一）破坏火车、汽车、电车、船只、飞机的；

（二）劫持车辆、船只的；

（三）破坏轨道、桥梁、隧道、公路、机场、航道、灯塔、标志的。

第五条　破坏电力、煤气或者其他易燃易爆设备，危害公共安全的，处三年以上十年以下有期徒刑；造成严重后果的，处十年以上有期徒刑、无期徒刑或者死刑。

第六条　破坏广播电台、电报、电话或者其他通讯设备，危害公共安全的，处七年以下有期徒刑；造成严重后果的，处七年以上有期徒刑。

第七条　聚众劫狱或者暴动越狱的首要分子或者其他罪恶重大的，处死刑、无期徒刑或者十年以上有期徒刑；其他积极参加的，处三年以上十年以下有期徒刑。

第八条　非法制造、买卖、运输或者盗窃、抢夺枪支、弹药、爆炸物的，处三年以上十年以下有期徒刑；情节严重的，处十年以上有期徒刑、无期徒刑或者死刑。

第九条　违反枪支管理规定，私藏枪支、弹药，拒不交出的，处二年以下有期徒刑或者拘役。

第十条　违反国家规定，有下列行为之一，因而发生重大火灾，造成严重后果的，处五年以下有期徒刑或者拘役；后果特别严重的，处五年以上十年以下有期徒刑：

（一）在基本建设中不执行法定防火规范，经消防监督机关指出，仍不改正的；

（二）不根据消防需要配置消防器材、设备、设施，经消防监督机关指出，仍不纠正的；

（三）发现火灾隐患，经消防监督机关指出，仍不采取防范措施的；

（四）在森林、草原违法用火，并不采取防范措施的；

（五）其他因过失造成火灾的。

在发生火灾的情况下，负有灭火责任的领导人员，严重不负责任，贻误灭火工作或者错误指挥，以致造成严重损失的，依照前款的规定处罚。

第十一条　违反国家规定，有下列行为之一。因而发生重大水灾，造成严重后果的，处五年以下有期徒刑；后果严重的，处五年以上十年以下有期徒刑：

（一）擅自修建水工程或者擅自整治河道、航道的；

（二）擅自向下游增大排泄洪涝流量或者阻碍上游洪涝下泄的；

（三）其他因过失损毁水利设备、设施、堤坝等造成水灾的。

在发生水灾的情况下，负有救灾责任的领导人员，严重不负责任，贻误救灾工作或者错误指挥，以致造成严重损失的，依照前款的规定处罚。

第十二条　违反国家规定，有下列行为之一，因而发生重大事故，造成严重后果的，处五年以下有期徒刑或者拘役；后果特别严重的，处五年以上十年以下有期徒刑：

（一）过失损毁电力、煤气或者其他易燃易爆设备、设施的；

（二）过失损毁广播电台、电报、电话或者其他通讯设备、设施的。

第十三条　违反爆炸性，易燃性、放射性、毒害性，腐蚀性物品的管理规定，在生产、储存、运输、使用中发生重大事故，造成严重后果的，处三年以下有期徒刑或者拘役；后果特别严重的，处三年以上十年以下有期徒刑。

第十四条　非法携带爆炸性、易燃性、放射性、毒害性、腐蚀性物品进入公共场所或者乘坐交通工具，使公私财产造成严重损失的，处二年以下有期徒刑、拘役或者罚金；后果特别严重的，处三年以上十年以下有期徒刑。

第十五条　工厂、矿山、林场、建筑企业或者其他企业、事业单位的人员，由于不服管理、违反规章制度，或者强令工人违章冒险作业，因而发生重大伤亡事故，造成严重后果的，处三年以下有期徒刑；情节特别恶劣的，处三年以上十年以下有期徒刑。

第十六条　从事交通运输的人员违反规章制度，因而发生重大事故，致人重伤、死亡或者使公私财产遭受重大损失的，处三年以下有期徒刑或者拘役；情节特别恶劣的，处三年以上十年以下有期徒刑。

非交通运输人员犯前款罪的，依照前款的规定处罚。

第十七条　犯本章第一条至第八条规定之罪，情节严重的，应当附加剥夺政治权利。

第三章　侵犯公民人身、权利罪

第一条　故意杀人的，处死刑或者无期徒刑；情节较轻的，处五年以上有期徒刑。

第二条　生母溺害初生婴儿的，处三年以上十年以下有期徒刑。

第三条　过失致人死亡的，处五年以下有期徒刑；情节特别严重的，处五年以上有期徒刑。本法另有规定，依照规定。

第四条　故意伤害他人身体的，处三年以下有期徒刑或者拘役。

犯前款罪，致人重伤的，处三年以上七年以下有期徒刑；情节特别恶劣或者致人死亡的，处七年以上有期徒刑、无期徒刑或者死刑。本法另有规定的，依照规定。

中编

第五条　过失致人重伤的，处二年以下有期徒刑或者拘役；情节特别恶劣的，处二年以上十年以下有期徒刑。本法另有规定的，依照规定。

第六条　以暴力、胁迫或者其他手段强奸妇女的，处三年以上十年以下有期徒刑。

奸淫不满十四岁幼女的，以强奸论，从重处罚。

犯前两款罪，情节特别严重的或者致人重伤、死亡的，处十年以上有期徒刑、无期徒刑或者死刑。

二人以上犯强奸罪而共同轮奸的，从重处罚。

第七条　拐卖人口的，处五年以下有期徒刑；情节严重的，处五年以上有期徒刑。

拐卖妇女、儿童的，依照第二十六章的规定处罚。

第八条　绑架他人勒索财物的，处五年以上有期徒刑或者无期徒刑；情节特别严重的，处死刑。

以出卖为目的绑架妇女、儿童的，依照第二十六章的规定处罚。

第九条　非法拘禁他人或者以其他方法非法剥夺他人人身自由的，处三年以下有期徒刑、拘役或者剥夺政治权利。具有殴打、侮辱情节的，从重处罚。

犯前款罪，致人重伤的，处三年以上十年以下有期徒刑；致人死亡的，处七年以上有期徒刑。

第十条　非法搜查他人身体、住宅，或者非法侵入他人住宅的，处三年以下有期徒刑或者拘役。

第十一条　以暴力、威胁，欺骗、贿赂等非法手段破坏选举或者妨害选民自由行使选举权和被选举权的，处三年以下有期徒刑、拘役或者剥夺政治权利。

第十二条　以暴力或者其他方法，包括用“大字报”、“小字报”，公然侮辱他人或者捏造事实诽谤他人，情节严重的，处三年以下有期徒刑、拘役或者剥夺政治权利。

前款罪，告诉的才处理。但是严重危害社会秩序和国家利益的除外。

第十三条　写恐吓信或者以其他恐吓方法，威胁他人人身、财产安全，严重危害他人生产、生活的，处三年以下有期徒刑或者拘役。

第十四条　隐匿、毁弃或者非法开拆他人信件，侵犯公民通信自由权利，情节严重的，处一年以下有期徒刑或者拘役。

邮电工作人员利用职务上的便利犯前款罪的，处三年以下有期徒刑或者拘役。从中窃取财物的，依照第五章的规定处罚。

第十五条　犯本章第一条、第三条、第五条、第六条、第七条之罪，情节严重的，应当附加剥夺政治权利。

第四章　侵犯财产罪

第一条　以暴力、胁迫或者其他方法抢劫公私财物的，处三年以上十年以下有期徒刑，并处罚金或者没收财产，有下列情形之一的，处十年以上有期徒刑、无期徒刑或者死刑，并处没收财产：

（一）抢劫银行、珍贵文物的；

（二）致人重伤、死亡的；

（三）抢劫集团的首要分子；

（四）多次抢劫或者抢劫数额巨大的；

（五）有其他特别严重情节的。

第二条 盗窃公私财物数额较大或者多次盗窃、结伙盗窃、入室盗窃、携带凶器盗窃的，处三年以下有期徒刑或者拘役，可以单处或者并处罚金；盗窃数额巨大或者情节严重的，处三年以上十年以下有期徒刑，并处罚金；有下列情形之一的，处十年以上有期徒刑、无期徒刑或者死刑，并处没收财产：

（一）盗窃银行、金库、珍贵文物的；

（二）盗窃数额特别巨大的；

（三）盗窃集团的首要分子；

（四）有其他特别严重情节的。

第三条 诈骗公私财物数额较大或者多次行骗的，处三年以下有期徒刑或者拘役，可以单处或者并处罚金；诈骗数额巨大的，处三年以上十年以下有期徒刑，并处罚金；有下列情形之一的，处十年以上有期徒刑或者无期徒刑，并处没收财产：

（一）诈骗数额特别巨大的；

（二）诈骗集团的首要分子；

（三）有其他特别严重情节的。

第四条 抢夺公私财物数额较大的，处三年以下有期徒刑或者拘役，可以单处或者并处罚金；抢夺数额巨大的，处三年以上十年以下有期徒刑，并处罚金；抢夺数额特别巨大或者情节特别严重的，处十年以上有期徒刑或者无期徒刑，并处没收财产。

携带凶器抢夺的，从重处罚。

第五条 犯盗窃、诈骗、抢夺罪，为窝藏赃物、抗拒抓捕或者毁灭证据而当场使用暴力或者以暴力相威胁的，依照第一条的规定处罚。

第六条 私营企业、外商投资企业、在中国境内的外国企业和其他非全民所有制、集体所有制经济组织的人员，利用主管、经管财物的便利，非法占有本单位财物的，处三年以下有期徒刑或者拘役，可以单处或者并处罚金；数额巨大的，处三年以上十年以下有期徒刑，并处罚金。

侵占埋藏物、漂流物或者遗失物的，依照前款的规定处罚。

国家工作人员利用职务上的便利侵占公私财物的，依照第五章的规定处罚。

第七条 哄抢公私财物，情节严重的，对首要分子和其他积极参加的，处三年以下有期徒刑或者拘役，可以单处或者并处罚金；情节特别严重的，处三年以上十年以下有期徒刑，并处罚金。

第八条 敲诈勒索公私财物数额较大的，处三年以下有期徒刑或者拘役；情节严重的，处三年以上十年以下有期徒刑。

第九条 故意毁坏公私财物，情节严重的，处三年以下有期徒刑、拘役或者罚金；情节特别严重的，处三年以上十年以下有期徒刑。

由于泄愤报复或者其他个人目的，毁坏机器设备、残害耕畜或者以其他方法破坏生产的，依照前款规定处罚。

第十条 犯本章第一条至第五条之罪，情节严重的，应当附加剥夺政治权利。

第五章 贪污贿赂罪

第一条 国家工作人员、集体经济组织工作人员或者其他经手、管理公共财物的人员，利用职务上的便利，侵吞、盗窃、骗取或者以其他手段非法占有公共财物的，是贪污罪。

与国家工作人员、集体经济组织工作人员或者其他经手、管理公共财物的人员勾结，伙同贪污的，以共犯论处。

第二条 对犯贪污罪的，根据情节轻重，分别依照下列规定处罚：

（一）个人贪污数额在五万元以上的，处十年以上有期徒刑或者无期徒刑，可以并处没收财产；情节特别严重的，处死刑，并处没收财产。

（二）个人贪污数额在一万元以上不满五万元的，处五年以上有期徒刑，可以并处没收财产；情节特别严重的，处无期徒刑，并处没收财产。

（三）个人贪污数额在二千元以上不满一万元的，处一年以上七年以下有期徒刑；情节严重的，处七年以上十年以下有期徒刑。个人贪污数额在二千元以上不满五千元，犯罪后自首、立功或者有悔改表现、积极退赃的，可以减轻处罚，或者免予刑事处罚，由其所在单位或者上级主管机关给予行政处分。

（四）个人贪污数额不满二千元。情节较重的，处二年以下有期徒刑或者拘役；情节较轻的，由其所在单位或者上级主管机关酌情给予行政处分。

二人以上共同贪污的，按照个人所得数额及其在犯罪中的作用，分别处罚。对贪污集团的首要分子，按照集团贪污的总数额处罚；对其他共同贪污犯罪中的主犯，情节严重的，按照共同贪污的总数额处罚。

对多次贪污未经处理的，按照累计贪污数额处罚。

第三条 国家工作人员、集体经济组织工作人员或者其他经手、管理公共财物的人员，利用职务上的便利，挪用公款归个人使用，进行非法活动的，或者挪用公款数额较大、进行营利活动的，或者挪用公款数额较大、超过三个月未还的，是挪用公款罪，处五年以下有期徒刑或者拘役；情节严重的，处五年以上有期徒刑。挪用公款数额较大不退还的，以贪污论处。

挪用救灾、抢险、防汛、优抚、救济款物归个人使用的，从重处罚。

挪用公款进行非法活动构成其他罪的，依照数罪并罚的规定处罚。

第四条　国家工作人员、集体经济组织工作人员或者其他从事公务的人员，利用职务上的便利，索取他人财物的，或者非法收受他人财物为他人谋取利益的，是受贿罪。

与国家工作人员、集体经济组织工作人员或者其他从事公务的人员勾结，伙同受贿的，以共犯论处。

国家工作人员、集体经济组织工作人员或者其他从事公务的人员，在经济往来中，违反国家规定收受各种名义的回扣、手续费，归个人所有的，以受贿论处。

第五条　对犯受贿罪的，根据受贿所得数额及情节，依照本规定第二条的规定处罚；受贿数额不满一万元，使国家利益或者集体利益遭受重大损失的，处十年以上有期徒刑；受贿数额在一万元以上，使国家利益或者集体利益遭受重大损失的，处无期徒刑或者死刑，并处没收财产。索贿的从重处罚。

因受贿而进行违法活动构成其他罪的，依照数罪并罚的规定处罚。

第六条　全民所有制企业事业单位、机关、团体索取、收受他人财物，为他人谋取利益，情节严重的，判处罚金，并对其直接负责的主管人员和其他直接责任人员，处五年以下有期徒刑或者拘役。

第七条　为谋取不正当利益，给予国家工作人员、集体经济组织工作人员或者其他从事公务的人员以财物的，是行贿罪。

在经济往来中，违反国家规定，给予国家工作人员、集体经济组织工作人员或者其他从事公务的人员以财物，数额较大的，或者违反国家规定，给予国家工作人员、集体经济组织工作人员或者其他从事公务的人员以回扣、手续费的，以行贿论处。

因被勒索给予国家工作人员、集体经济组织工作人员或者其他从事公务的人员以财物，没有获得不正当利益的，不是行贿。

第八条　对犯行贿罪的，处五年以下有期徒刑或者拘役；因行贿谋取不正当利益，情节严重的，或者使国家利益、集体利益遭受重大损失的，处五年以上有期徒刑；情节特别严重的，处无期徒刑，并处没收财产。

行贿人在被追诉前，主动交代行贿行为的，可以减轻处罚，或者免予刑事处罚。

因行贿而进行违法活动构成其他罪的，依照数罪并罚的规定处罚。

第九条　企业事业单位、机关、团体为谋取不正当利益而行贿，或者违反国家规定，给予国家工作人员、集体经济组织工作人员或者其他从事公务的人员以回扣、手续费，情节严重的，判处罚金，并对其直接负责的主管人员和其他直接责任人员，处五年以下有期徒刑或者拘役。因行贿取得的违法所得归私人所有的，依照本规定第八条的规定处罚。

第十条　国家工作人员在对外交往中接受礼物，依照国家规定应当交公而不交公，数额较大的，以贪污罪论处。

第十一条　国家工作人员的财产或者支出明显超过合法收入，差额巨大的，可以责令说明来源。本人不能说明其来源是合法的，差额部分以非法所得论，处五年以下有期徒刑或者拘役，并处或者单处没收其财产的差额部分。

国家工作人员在境外的存款，应当依照国家规定申报。数额较大、隐瞒不报的，处二年以下有期徒刑或者拘役；情节较轻的，由其所在单位或者上级主管机关酌情给予行政处分。

第十二条　贪污、挪用的公共财物一律追缴；赃赂财物及其他违法所得一律没收。

追缴的贪污、挪用财物，退回原单位；依法不应退回原单位的，上缴国库。没收的财物收入，一律上缴国库。

第十三条　犯本章第二条、第三条、第五条、第八条规定之罪，情节严重的，应当附加剥夺政治权利。

第六章　渎职罪

本章条文待补，拟作专题研究。

第七章　走私罪

第一条　走私鸦片等毒品、武器、弹药或者伪造的货币的，处七年以上有期徒刑，并处罚金或者没收财产；情节特别严重的，处无期徒刑或者死刑，并处没收财产；情节较轻的，处七年以下有期徒刑，并处罚金。

第二条　走私国家禁止出口的文物、珍贵动物及其制品、黄金、白银或者其他贵重金属的，处五年以上有期徒刑，并处罚金或者没收财产；情节特别严重的，处无期徒刑或者死刑，并处没收财产；情节较轻的，处五年以下有期徒刑，并处罚金。

第三条　以牟利或者传播为目的，走私淫秽的影片、录像带、录音带、图片、书刊或者其他淫秽物品的，处三年以上十年以下有期徒刑，并处罚金；情节严重的，处十年以上有期徒刑或者无期徒刑，并处罚金或者没收财产；情节较轻的，处三年以下有期徒刑或者拘役，并处罚金。

第四条　走私第一条至第三条规定以外的货物、物品的，根据情节轻重，分别依照下列规定处罚：

（1）走私货物、物品价额在五十万元以上的，处十年以上有期徒刑或者无期徒刑，并处罚金或者没收财产；情节特别严重的，处死刑，并处没收财产。

（2）走私货物、物品价额在十五万元以上不满五十万元的，处七年以上有期徒刑，并处罚金或者没收财产；情节特别严重的，处无期徒刑，并处没收财产。

（3）走私货物、物品价额在五万元以上不满十五万元的，处三年以上十年以下有期徒刑，并处罚金。

（4）走私货物、物品价额在二万元以上不满五万元的，处三年以下有期徒刑或者拘役，并处罚金；情节较轻的，或者价额不满二万元的，由海关没收走私货物、物品和违法所得，可以并处罚款。

二人以上共同走私的，按照个人走私货物、物品的价额及其在犯罪中的作用，分别处罚。对走私集团的首要分子，按照集团走私货物、物品的总价额处罚；对其他共同走私犯罪中的主犯，情节严重的，按照共同走私货物、物品的总价额处罚。

对多次走私未经处理的，按累计走私货物、物品的价额处罚。

第五条　企业事业单位、机关、团体走私第一条至第三条规定的货物、物品的，判处罚金，并对其直接负责的主管人员和其他直接责任人员，分别依照各该条对个人犯走私罪的规定处罚。

企业事业单位、机关、团体走私第一条至第三条规定以外的货物、物品，价额在三十万元以上的，判处罚金，并对其直接负责的主管人员和其他直接责任人员，处五年以下有期徒刑或者拘役；情节特别严重，使国家利益遭受重大损失的，处五年以上十年以下有期徒刑；价额不满三十万元的，由海关没收走私货物、物品和违法所得，可以并处罚款，对其直接负责的主管人员和其他直接责任人员，由其所在单位或者上级主管机关酌情给予行政处分。

企业事业单位、机关、团体走私，违法所得归私人所有的，或者以企业事业单位、机关、团体的名义进行走私，共同分取违法所得，依照对个人犯走私罪的规定处罚。

第六条　下列走私行为，根据规定构成犯罪的，依照第四条、第五条的规定处罚：

（1）未经海关许可并且未补缴关税，擅自将批准进口的来料加工、来件装配、补偿贸易的原材料、零件、制成品、设备等保税货物，在境内销售谋利的。

（2）假借捐赠名义进口货物、物品的，或者未经海关许可并且未补缴关税，擅自将捐赠进口的货物、物品或者其他特定减免、免税进口的货物、物品在境内销售谋利的。

前款所列走私行为，走私数额较小，不构成犯罪的，由海关没收走私货物、物品和违法所得，可以并处罚款。

第七条　下列行为，以走私罪论处，依照本章的有关规定处罚：

（1）直接向走私人非法收购国家禁止进口物品的，或者直接向走私人非法收购走私进口的其他货物、物品，数额较大的。

（2）在内海、领海运输、收购、贩卖国家禁止进出口物品的，或者运输、收购、贩卖国家限制进出口货物、物品，数额较大，没有合法证明的。

前款所列走私行为，走私数额较小，不构成犯罪的，由海关没收走私货物、物品和违法所得，可以并处罚款。

第八条　武装掩护走私的，依照第一条的规定从重处罚。

以暴力、威胁方法抗拒缉私的，以走私罪和阻碍国家工作人员依法执行职务罪，依照数罪并罚的规定处罚。

第九条　国家工作人员利用职务上的便利犯走私罪的，从重处罚。

第十条　对犯走私罪的，依法判处没收走私货物、物品、违法所得和属于本单位或者本人所有的走私运输工具。

第十一条　处理走私案件没收的财物和罚金、罚款收入，全部上缴国库，不得提成，不得私自处理。私分没收的财物和罚金、罚款收入的，以贪污论处。

第十二条　依法追究刑事责任的走私案件，查获机关应当将案卷和走私货物、物品的清单、照片等证据一并移送司法机关；走私货物、物品除不易长期保存的可以依照规定处理外，应当就地封存，妥善保管，司法机关可以随时查核。

第十三条　本规定所称走私货物、物品价额，按照犯罪查获时当地的国营商业零售价格计算。价格无法计算的，由有关主管部门估定。

第十四条　犯本章第一条至第四条之罪，情节严重的，应当附加剥夺政治权利。

第八章　生产、销售伪劣商品罪

第一条　生产者、销售者在产品中掺杂、掺假，以假充真，以次充好或者以不合格产品冒充合格产品，违法所得数额二万元以上不满十万元的，处二年以下有期徒刑或者拘役，可以并处罚金，情节较轻的，可以给予行政处罚；违法所得数额十万元以上不满三十万元的，处二年以上七年以下有期徒刑，并处罚金；违法所得数额三十万元以上不满一百万元的，处七年以上有期徒刑，并处罚金或者没收财产；违法所得数额一百万元以上的，处十五年有期徒刑或者无期徒刑，并处没收财产。

第二条　生产、销售假药，足以危害人体健康的，处三年以下有期徒刑或者拘役，并处罚金；对人体健康造成严重危害的，处三年以上十年以下有期徒刑，并处罚金；致人死亡或者对人体健康造成其他特别严重危害的，处十年以上有期徒刑、无期徒刑或者死刑，并处罚金或者没收财产。

生产、销售劣药，对人体健康造成严重危害的，处三年以上十年以下有期徒刑，并处罚金；后果特别严重的，处十年以上有期徒刑或者无期徒刑，并处罚金或者没收财产。

本条所称假药，是指依照《中华人民共和国药品管理法》的规定属于假药和按劣药处理的药品、非药品。本条所称劣药，是指依照《中华人民共和国药品管理法》的规定属于劣药的药品。

第三条 生产、销售不符合卫生标准的食品，造成严重食物中毒事故或者其他严重食源性疾患，对人体健康造成严重危害的，处七年以下有期徒刑，并处罚金；后果特别严重的，处七年以上有期徒刑或者无期徒刑，并处罚金或者没收财产。

在生产、销售的食品中掺入有毒、有害的非食品原料的，处五年以下有期徒刑或者拘役，可以并处或者单处罚金；造成严重食物中毒事故或者其他严重食源性疾患，对人体健康造成严重危害的，处五年以上十年以下有期徒刑，并处罚金；致人死亡或者对人体健康造成其他特别严重危害的，处十年以上有期徒刑、无期徒刑或者死刑，并处罚金或者没收财产。

第四条 生产不符合保障人体健康的国家标准、行业标准的医疗器械、医用卫生材料，或者销售明知是不符合保障人体健康的国家标准、行业标准的医疗器械、医用卫生材料，对人体健康造成严重危害的，处五年以下有期徒刑，并处罚金；后果特别严重的，处五年以上十年以下有期徒刑，并处罚金，其中情节特别恶劣的，处十年以上有期徒刑或者无期徒刑，并处罚金或者没收财产。

第五条 生产不符合保障人身、财产安全的国家标准、行业标准的电器、压力容器、易燃易爆产品或者其他不符合保障人身、财产安全的国家标准、行业标准的产品，或者销售明知是以上不符合保障人身、财产安全的国家标准、行业标准的产品，造成严重后果的，处五年以下有期徒刑或者拘役，并处罚金；后果特别严重的，处五年以上有期徒刑，并处罚金。

第六条 生产假农药、假兽药、假化肥，销售明知是假的或者失去使用效能的农药、兽药、化肥、种子，或者生产者、销售者以不合格的农药、兽药、化肥、种子冒充合格的农药、兽药、化肥、种子，使生产遭受较大损失的，处三年以下有期徒刑或者拘役，可以并处或者单处罚金；使生产遭受重大损失的，处三年以上七年以下有期徒刑，并处罚金；使生产遭受特别重大损失的，处七年以上有期徒刑、并处罚金或者没收财产。

第七条 生产不符合卫生标准的化妆品，或者销售明知是不符合卫生标准的化妆品，造成严重后果的，处三年以下有期徒刑或者拘役，可以并处或者单处罚金。

第八条 生产、销售第二条至第七条所列产品，不构成各该条规定的犯罪，但是违法所得数额在二万元以上的，依照第一条的规定处罚。

生产、销售第二条至第七条所列产品，构成各该条规定的犯罪，同时又构成第一条规定的犯罪的，依照处刑较重的规定处罚。

第九条 企业事业单位犯第二条至第七条罪的，对单位判处罚金，并对直接负责的主管人员和其他直接责任人员依照各该条的规定处罚。

企业事业单位犯第一条罪的，对单位判处罚金，情节恶劣的，并对直接负责的主管人员和其他直接责任人员依照第一条的规定处罚。

第十条 犯本章第一条至第六条之罪，情节严重的，应当附加剥夺政治权利。

第九章　假冒商标、专利罪

第一条 未经注册商标所有人许可，在同一种商品上使用与其注册商标相同的商标，违法所得数额较大或者有其他严重情节的，处三年以下有期徒刑或者拘役，可以并处或者单处罚金；违法所得数额巨大的，处三年以上十年以下有期徒刑，并处罚金。

第二条 销售明知是假冒注册商标的商品，违法所得数额较大的，处三年以下有期徒刑或者拘役，可以并处或者单处罚金；违法所得数额巨大的，处三年以上十年以下有期徒刑，并处罚金。

第三条 伪造、擅自制造他人注册商标标识或者销售伪造、擅自制造的注册商标标识，违法所得数额较大或者有其他严重情节的，依照第一条的规定处罚。

第四条 假冒他人专利，违法所得数额较大或者有其他严重情节的，处三年以下有期徒刑或者拘役，可以并处或者单处罚金；违法所得数额巨大的，处三年以上十年以下有期徒刑，并处罚金。

第五条 以非专利产品冒充专利产品、以非专利方法制造的产品冒充专利产品，违法所得数额较大或者有其他严重情节的，处三年以下有期徒刑或者拘役，可以并处或者单处罚金。

第六条 销售明知是冒充专利的产品，违法所得数额较大或者有其他严重情节的，处二年以下有期徒刑或者拘役，可以并处或者单处罚金。

第七条 擅自使用他人的企业名称或者姓名，伪造或者冒用认证标志、名优标志等质量标志，伪造产地，对商品质量作引人误解的虚假表示，或者擅自使用知名商品特有的名称、包装、装璜，或者使用与知名商品近似的名称、包装、装璜，造成和他人的知名商品相混淆，使购买者误认为是该知名商品，情节严重的，处二年以下有期徒刑或者拘役，可以并处或者单处罚金。

第八条　商标、专利行政主管部门的工作人员，徇私舞弊，对商标、专利侵权纠纷，故意作枉法决定或者裁决，情节严重的，处五年以下有期徒刑或者拘役。

第九条　单位犯本章之罪的，对单位判处罚金，并对其直接负责的主管人员和其他直接责任人员依照各该条的规定处罚。

第十条　犯本章第一条至第四条之罪，情节严重的，应当附加剥夺政治权利。

第十章　危害金融罪

第一条　伪造国家货币或者贩卖伪造的国家货币的，处三年以上十年以下有期徒刑，并处罚金或者没收财产。

犯前款罪的首要分子或者情节特别严重的，处十年以上有期徒刑、无期徒刑、或者死刑，并处没收财产。

第二条　伪造外币或者贩卖伪造的外币的，依照第一条的规定处罚。

第三条　明知是伪造的货币而使用，情节严重的，处三年以下有期徒刑或者拘役，可以单处或者并处罚金。

第四条　伪造、变造国库券、本票、支票、汇票、存折、存单、信用卡或者其他金融支付结算凭证的，处七年以下有期徒刑，可以并处罚金；首要分子或者情节特别严重的，处七年以上有期徒刑或者无期徒刑，并处罚金或者没收财产。

第五条　企业事业单位、机关、团体违反外汇管理法规，未经批准，在境内私自保存、使用外汇，将境内外汇转移到境外，或者不调回在境外取得的外汇，情节严重的，判处罚金，对直接负责的主管人员或者其他直接责任人员处五年以下有期徒刑或者拘役。

第六条　违反外汇管理法规，非法买卖或者变相买卖外汇，数额较大的，处五年以下有期徒刑或者拘役，可以单处或者并处罚金；数额巨大或者以非法买卖外汇为常业的，处五年以上十年以下有期徒刑、无期徒刑，可以并处罚金或者没收财产。

第七条　非法成立银行、信用社、证券交易所等金融机构或者非法经营金融业务，严重扰乱国家金融管理秩序的，处三年以下有期徒刑或者拘役，可以单处或者并处罚金。

第八条　以虚假申请或以其他不正当手段骗取银行贷款，致使公私财产遭受严重损失的，处五年以下有期徒刑或者拘役，并处或单处罚金；情节严重的，处五年以上十年以下有期徒刑，并处罚金或者没收财产。

第九条　金融机构的工作人员，违反贷款发放规定，擅自决定或者不认真履行审查手续，发放不应发放的贷款，致使巨额贷款不能收回的，处五年以下有期徒刑或者拘役，可以并处或者单处罚金。

第十条　金融机构工作人员，利用职务便利，挪用公款或者储户存款归个人使用，进行非法活动或者炒股、买卖房地产及其他营利性活动的，依照第五章的规定处罚。

金融机构犯前款罪的，除对单位判处罚金外，对直接负责的主管人员和其他直接责任人员依照前款规定处罚。

第十一条　犯本章第一条、第二条、第四条、第六条、第八条、第十条之罪，情节严重的，应当附加剥夺政治权利。

第十一章　危害证券、票证管理罪

第一条　伪造、变造股票、债券等有价证券，或者买卖伪造、变造的股票、债券等有价证券的，处七年以下有期徒刑，并处罚金；首要分子或者情节严重的，处七年以上有期徒刑或者无期徒刑，并处罚金或者没收财产。

第二条　证券经营机构有下列行为之一，情节严重的，对单位判处罚金；对直接负责的主管人员和其他直接责任人员处三年以下有期徒刑或者拘役，可以并处或者单处罚金：

（一）以客户的名义为本机构买卖股票的；

（二）在代理客户买卖股票活动中，与客户分享股票交易的利润或者分担股票交易的损失，或者向客户提供避免损失或者保证交易收益的保证的；

（三）为股票交易提供融资的；

（四）将自营业务和代理业务混合操作，损害客户利益的；

（五）不在规定时间内向被代理人提供证券买卖书面确认文件的；

（六）证券清算、登记机构不按国家有关规定和本机构业务规则办理清算、交割、过户、登记手续的；

（七）以多获取佣金为目的，诱导顾客进行不必要的证券买卖的。

第三条　证券经营机构、证券管理机构的人员，有下列情形之一，情节严重的，处三年以下有期徒刑或者拘役，可以并处或者单处罚金：

（一）直接或者间接买卖股票的；

（二）利用职务上的便利，为客户认购、抛售股票，非法提供方便条件的；

（三）挪用客户的股票或者保证金的；

（四）利用股市价格波动，为牟取非法利益，故意迟延交割的。

第四条 在股票交易中，有下列情形之一，情节严重的，处五年以下有期徒刑或者拘役，可以并处或者单处罚金。

（一）通过合谋或者集中资金操纵股票市场价格，或者以散布谣言等手段影响股票发行、交易的；

（二）为制造股票的虚假价格与他人串通，不转移股票的所有权或者实际控制. 虚买虚卖的；

（三）出售或者要约出售其并不持有的股票，扰乱股票市场秩序的；

（四）以抬高或者压低某种有价证券价格为目的，连续以高价买入或者以低价卖出该种有价证券的；

（五）利用职务便利人为地压低或者抬高证券价格的；

（六）利用职权或者其他不正当手段，强行买卖股票或者协助他人买卖股票的。

第五条 未经国家有关部门批准，擅自发行股票、债券的，或者以欺骗方法获准发行股票、债券的，对单位判处罚金，对直接负责的主管人员和其他直接责任人员，处五年以下有期徒刑或者拘役，可以并处或者单处罚金。

第六条 非法将法人股出售或者变相出售给个人的，或者将定向募集的个人股、法人股非法上市的，对单位判处罚金，对直接负责的主管人员和其他直接责任人员，处五年以下有期徒刑或者拘役，可以并处或者单处罚金。

第七条 伪造、变造车票、船票、飞机票、税票、邮票等票证或者倒卖伪造、变造的车票、船票、飞机票、税票、邮票等票证的，处二年以下有期徒刑、拘役或者罚金；情节严重的，处二年以上七年以下有期徒刑，可以并处罚金。

第八条 非法倒卖车票、船票、飞机票、税票、邮票等票证，数额较大的，处五年以下有期徒刑或者拘役，可以单处或者并处罚金；数额巨大的，处五年以上有期徒刑，可以并处罚金或者没收财产。

第九条 犯本章第一条、第八条之罪，情节严重的，应当附加剥夺政治权利。

第十二章 危害企业管理罪

第一条 未经注册登记而成立公司、企业或者弄虚作假骗取公司、企业登记，情节严重的，处三年以下有期徒刑或者拘役，可以并处或者单处罚金。

第二条 倒卖、出租、转让国家行政机关签发的许可证、批准文件、执照或者其他证书、文件，情节严重的，处三年以下有期徒刑或者拘役，可以单处或者并处罚金；致使国家、集体利益遭受重大损失的，处三年以上十年以下有期徒刑，并处罚金。

伪造、变造许可证、批准文件、执照或者买卖伪造、变造的许可证、批准文件、执照的，依照前款规定从重处罚。

第三条 单位犯第一条、第二条之罪的，对单位判处罚金；并对直接负责的主管人员和直接责任人员依照各该条的规定处罚。

第四条 在公司、企业合并、分立、减少注册资本或者清算时，不依法通知或者公告债权人，或者制作虚假的资产负债表、财产清单，或者未清偿债务前分配公司、企业财产的，对单位判处罚金，对直接负责的主管人员和其他直接责任人员，处三年以下有期徒刑或者拘役，可以并处或者单处罚金。

第五条 公司、企业人员，利用职务之便，侵占、挪用本公司、企业财物的，依照第四章的规定处罚。

第六条 企业登记主管机关工作人员，对明知是虚假的登记申请，予以登记，或者对能够查明是虚假的登记申请，不审查或不认真审查，予以登记，或者滥用职权，故意刁难申请人，对符合条件的登记不核准登记，情节严重的，处五年以下有期徒刑、拘役或者管制。

第七条 违反商品检验法，逃避商品检验，将依法必须进行商检的进口商品擅自销售、使用，或者将依法必须进行商检的出口商品擅自出口，致使国家、集体遭受重大损失的，处三年以下有期徒刑或者拘役，可以并处或者单处罚金。

对经商检机构抽检不合格的出口商品擅自出口的，依照前款的规定处罚。

单位犯前两款之罪的，对单位判处罚金；并对直接负责的主管人员和其他直接责任人员依照前两款的规定处罚。

第八条 国家商检部门、商检机构的工作人员和国家商检部门、商检机构指定的检验人员，伪造检验结果或者延误检验出证，情节严重的，处三年以下有期徒刑或者拘役。

第十三章 危害公平竞争罪

第一条 为销售商品或者争揽营利性服务而行贿，情节严重的，处二年以下有期徒刑或者拘役，可以并处或者单处罚金；情节特别严重的，处二年以上七年以下有期徒刑，并处罚金。

为销售商品或者争揽营利性服务，在帐外给予对方单位或者个人回扣的，依照前款规定处罚。

给予国家工作人员财物的，依照第五章的规定处罚。

第二条 为单位进行采购或者从事其他营利性业务的人员，收受贿赂或者在帐外暗中收受回扣，数额较大的，处三年以下有期徒刑或者拘役，并处罚金；数额巨大或者给本单位造成重大损失的，处三年以上十年以下有期徒刑，并处罚金。国家工作人员利用职务之便收受贿赂或者违反国家规定收受回扣的，依照第五章的规定处罚。

第三条 以盗窃、利诱、胁迫或者其他不正当手段获取他人的商业秘密，给他人造成严重经济损失或者非法获利数额巨大的，处二年以下有期徒刑或者拘役，可以并处或者单处五千元以上五万元以下罚金；情节特别严重的，处二年以上五年以下有期徒刑，并处一万元以上五万元以下罚金。

因工作关系知悉商业秘密的人员，擅自使用或者向他人泄露、出卖所知悉的本企业的商业秘密，情节严重的，处二年以下有期徒刑或者拘役，可以并处或者单处五千元以上五万元以下罚金；情节特别严重的，处二年以上五年以下有期徒刑，并处一万元以上五万元以下罚金。

第四条　捏造、散布虚假事实，损害竞争对手的商业信誉、商品信誉，情节严重的，处二年以下有期徒刑或者拘役，可以并处或者单处罚金。

第五条　以排挤其他经营者的公平竞争为目的，利用经济或者独占地位，限定他人购买其指定的商品，垄断市场，情节严重的，处二年以下有期徒刑或者拘役，可以并处或者单处罚金。

第六条　以提供虚假报销凭证为手段，招徕顾客，兜售商品，情节严重的，处五年以下有期徒刑或者拘役，可以单处或者并处罚金。

第七条　制作、宣传虚假广告或者向广告制作、宣传单位提供不实资料，欺骗他人，严重损害消费者、用户利益的，处三年以下有期徒刑或者拘役，可以单处或者并处罚金。

第八条　单位犯本章所列之罪的，对单位判处罚金，并对直接负责的主管人员和其他直接责任人员分别依照各该条的规定处罚。

第九条　负有监督检查职责的国家工作人员，对不正当竞争行为应当制止而不制止，或者不监督检查，或者明知经营者有不正当竞争行为而故意包庇，影响正当竞争活动，情节严重的，处五年以下有期徒刑或者拘役，可以并处或者单处罚金。

第十四章　经济诈欺罪

第一条　明知自己没有履行合同的实际能力或者不准备履行合同，而利用合同骗取公私财物，数额较大的，处五年以下有期徒刑或者拘役，并处或单处罚金。

犯前款罪，携款潜逃或者将款项挥霍的，依照第四章的规定处罚。

第二条　破产企业的法定代表人或者直接责任人员，违反破产法的规定，在破产宣告前的法定期间内，有下列欺诈行为之一，情节严重的，处二年以下有期徒刑、拘役或者管制：

（一）隐匿、私分或者无偿转让财产的；

（二）非正常压价出售财产的；

（三）对原来没有财产担保的债务提供财产担保的；

（四）对未到期的债务提前清偿的；

（五）放弃本企业债权的。

第三条　虚构保险事故或者隐瞒事实真相向保险公司骗取保险金，数额较大的，处三年以下有期徒刑或者拘役，可以并处或者单处罚金；数额巨大的，处三年以上七年以下有期徒刑，并处罚金。

第四条　以高利息、高股息、高红利或者对受资人的资信状况作虚假陈述等手段，骗取资金的，处五年以下有期徒刑或者拘役，可以并处或者单处罚金；情节严重的，处五年以上有期徒刑，并处罚金或者没收财产。

第五条　在公共工程、房地产及其他公开招标中，投标人非法串通，协定投标报价，严重损害招标方利益的，处五年以下有期徒刑或者拘役，可以并处或者单处罚金。

招标负责人员与投标人非法串通，损害国家、集体或者公民利益的，按照前款规定从重处罚。

第六条　单位犯本章之罪的，对单位判处罚金；并对直接负责的主管人员和其他直接责任人员依照各该条的规定处罚。

第七条　犯本章第四条之罪，情节严重的，应当附加剥夺政治权利。

第十五章　非法经营罪

第一条　违反国家规定，非法买卖金银以及其他国家禁止买卖的物品，情节严重的，处五年以下有期徒刑或者拘役，可以并处或者单处罚金；情节特别严重的，处五年以上有期徒刑，可以并处罚金或者没收财产。

第二条　违反国家规定，非法买卖烟草等专营、专卖物品，情节严重的，处五年以下有期徒刑或者拘役，可以并处或者单处罚金；情节特别严重的，处五年以上有期徒刑，可以并处罚金或者没收财产。

第三条　在商品交易中，欺行霸市，强买强卖，扰乱市场秩序，情节严重的，处三年以下有期徒刑或者拘役，可以并处或者单处罚金。

第四条　制造、变造、销售用于欺骗他人的不符合标准的计量器具的，处三年以下有期徒刑或者拘役，可以并处或者单处罚金。

第五条　为他人非法提供支票、发票、证明、银行帐户或者其他经营条件，情节严重的，处五年以下有期徒刑或者拘役，可以并处或者单处罚金。

第六条　单位犯本章之罪的，对单位判处罚金，并对直接负责的主管人员和其他直接责任人员，依照本章各该条的规定处罚。

第七条　犯本章第一条、第二条之罪，情节严重的，应当附加剥夺政治权利。

第十六章　危害税收罪

第一条　纳税人采取伪造、变造、隐匿、擅自销毁帐簿、记帐凭证，在帐簿上多列支出或者不列、少列收入，或者进行虚假的纳税申报的手段，不缴或者少缴应纳税款的，是偷税。偷税数额占应纳税额的百分之十以上并且偷税数额在一万元以上的，或者因偷税被税务机关给予二次行政处罚又偷税的，处三年以下有期徒刑或者拘役，并处偷税数额五倍以下的罚金；偷税数额占应纳税额的百分之三十以上并且偷税数额在十万元以上的，处三年以上七年以下有期徒刑，并处偷税数额五倍以下的罚金。

扣缴义务人采取前款所列手段，不缴或者少缴已扣、已收税款，数额占应缴纳税额的百分之十以上并且数额在一万元以上的，依照前款规定处罚。

对多次犯有前两款规定的违法行为未经处罚的，按照累计数额计算。

第二条　纳税人欠缴应纳税款，采取转移或者隐匿财产的手段，致使税务机关无法追缴欠缴税款，数额在一万元以上的不满十万元的，处三年以下有期徒刑或者拘役，并处欠缴税款五倍以下的罚金；数额在十万元以上的，处三年以上七年以下有期徒刑，并处欠缴税款五倍以下的罚金。

第三条　企业事业单位犯第一条、第二条罪的，对单位判处罚金，并对负有直接责任的主管人员和其他直接责任人员，依照第一条、第二条的规定处罚。

第四条　纳税人向税务人员行贿，不缴或者少缴应纳税款的，依照第五章的规定处罚，并处不缴或者少缴的税款五倍以下的罚金。

第五条　企业事业单位采取对所生产或者经营的商品假报出口等欺骗手段，骗取国家出口退税款，数额在一万元以上的，处骗取税款五倍以下的罚金，并对负有直接责任的主管人员和其他直接责任人员处三年以下有期徒刑或者拘役。

前款规定以外的单位或者个人骗取国家出口退税款的，依照诈骗罪的规定处罚，并处骗取税款五倍以下的罚金；单位犯本款罪的，除处以罚金外，对负有直接责任的主管人员和其他直接责任人员，依照诈骗罪的规定处罚。

第六条　以暴力、威胁方法拒不缴纳税款的，是抗税，处三年以下有期徒刑或者拘役，并处拒缴税款五倍以下的罚金；情节严重的，处三年以上七年以下有期徒刑，并处拒缴税款五倍以下的罚金。

以暴力方法抗税，致人重伤或者死亡的，按照伤害罪、杀人罪从重处罚，并依照前款规定处以罚金。

第七条　对犯上述规定之罪的，由税务机关追缴不缴、少缴、欠缴、拒缴或者骗取的税款。对依法免予刑事处罚的，除由税务机关追缴不缴、少缴、欠缴、拒缴或者骗取的税款外，处不缴、少缴、欠缴、拒缴或者骗取的税款五倍以下的罚款。

第八条　税务人员玩忽职守，不征或者少征应征税款，致使国家税收遭受重大损失或者滥用职权，故意刁难纳税人、扣缴义务人，情节严重的，处五年以下有期徒刑或者拘役，可以并处或者单处罚金。

第十七章　危害环境和公共卫生罪

第一条　违反国家规定. 向耕地、森林、草原或者其他陆地排放、倾倒有放射性的污染物、含传染病原体的有毒物质，造成严重污染事故，致人重伤、死亡或者使农、林、牧、副业遭受重大损失的，处三年以下有期徒刑或者拘役，可以并处或者单处罚金；情节特别严重的，处三年以上七年以下有期徒刑，并处罚金。

第二条　违反国家规定，向海洋、江河、湖泊或者其他水体排放、倾倒有放射性的污染物、含传染病原体的污水或者其他有毒物质，造成重大污染事故，致人重伤、死亡或者使公私财产遭受重大损失的，处三年以下有期徒刑或者拘役，可以并处或者单处罚金；情节特别严重的，处三年以上七年以下有期徒刑，并处罚金。

第三条　违反国家规定，向大气排放含有毒物质的废气、粉尘或者含有放射性物质的气体和气溶液，造成重大大气污染事故，致人重伤、死亡或者使公私财产遭受重大损失的，处三年以下有期徒刑或者拘役，可以并处或者单处罚金；情节特别严重的，处三年以上七年以下有期徒刑，并处罚金。

第四条　单位犯第一条至第三条之罪的，对单位判处罚金，并对直接负责的主管人员和其他直接责任人员依照各该条的规定处罚。

第五条　违反传染病防治法的规定，有下列行为之一，引起鼠疫、霍乱等传染病传播或者传播严重危险的，处三年以下有期徒刑或者拘役，可以并处或者单处罚金；

（一）供水单位供应的饮水不符合国家规定的卫生标准的；

（二）拒绝按照卫生防疫机构提出的卫生要求，对传染病病原体污染的污水、污物、粪便进行消毒处理的；

（三）准许或者纵容传染病病人、病原携带者和疑似传染病病人从事国务院卫生行政部门规定禁止从事的易使该传染病扩散的工作的；

（四）拒绝执行卫生防疫机构依照本法提出的其他预防、控制措施的。

单位犯前款之罪的，对单位判处罚金，并对直接负责的主管人员和其他直接责任人员，依照前款的规定处罚。

第六条　从事实验、保藏、携带、运输传染病菌种、毒种的人员，违反国务院卫生行政部门的有关规定，造成传染病菌种、毒种扩散，后果严重的，处三年以下有期徒刑或者拘役；后果特别严重的，处三年以上七年以下有期徒刑。

第七条　从事传染病的医疗保健、卫生检疫、监督管理的人员和政府有关主管人员玩忽职守，造成传染病传播或者流行，情节严重的，处五年以下有期徒刑或者拘役。

第八条　违反国境卫生检疫法、出入境动植物检疫法的规定，引起检疫传染病传播或者有传播严重危险的，或者引起重大动植物疫情的，处三年以下有期徒刑或者拘役，可以并处或者单处罚金。

单位犯前款之罪的，对单位判处罚金；并对直接负责的主管人员和直接责任人员依照前款的规定处罚。

第九条　国境卫生检疫机关、动植物检疫机关的工作人员滥用职权或者玩忽职守，造成严重后果的，处三年以下有期徒刑或者拘役。

第十八章　危害自然资源罪

第一条　未取得林木采伐许可证或者违反林木采伐许可证的规定采伐林木，情节严重的，处三年以下有期徒刑或者拘役，可以并处或者单处罚金；情节特别严重的，处三年以上十年以下有期徒刑，可以并处罚金。

实施前款行为，将国家、集体或者他人所有的林木据为己有的，依照盗窃罪的规定处罚。

第二条　违反保护森林法规，在林区从事生产活动，致使林木严重毁坏的，处三年以下有期徒刑或者拘役，可以单处或者并处罚金。

第三条　未取得采矿许可证或者超越采矿许可证的范围采矿，被责令停止开采而拒不停止的，处三年以下有期徒刑或者拘役，可以单处或者并处罚金。

第四条　非法捕杀国家重点保护的珍贵、濒危野生动物的，处七年以下有期徒刑或者拘役，可以并处或者单处罚金。走私或者非法出售倒卖的，依照第七章、第十五章的规定处罚。

第五条　伪造、买卖野生动物特许猎捕证，情节严重的，处七年以下有期徒刑或者拘役，可以并处或者单处罚金。

第六条　违反保护水产资源法规，在禁渔区、禁渔期或者使用禁用的工具、方法捕捞水产品，情节严重的，处二年以下有期徒刑、拘役或者罚金。

第七条　违反狩猎法规，在禁猎区、禁猎期或者使用禁用的工具、方法非法猎捕野生动物，情节严重的，处二年以下有期徒刑、拘役或者罚金。

第八条　伪造、买卖林木采伐证、采矿许可证、野生动物特许猎捕证，情节严重的，处七年以下有期徒刑或者拘役，可以并处或者单处罚金。

第九条　违反土地管理法规，侵占、买卖土地或者未经人民政府批准擅自转让土地使用权，情节严重的，处三年以下有期徒刑或者拘役，可以单处或者并处罚金；情节特别严重的，处三年以上七年以下有期徒刑，可以并处罚金。

第十条　林业、地质矿产、土地主管机关的工作人员滥用职权，非法发放林木采伐证、采矿许可证、猎捕特许证或者非法批准占用土地，情节严重的，处五年以下有期徒刑或者拘役。

第十九章　妨害司法罪

第一条　捏造事实诬告陷害他人（包括犯人）的，参照所诬陷的罪行的性质、情节、后果和量刑标准处罚。国家工作人员犯诬陷罪的，从重处罚。

不是有意诬陷，而是错告，或者检举失实的，不适用前款规定。

第二条　在侦查、审判中，证人、鉴定人、记录人、翻译人对与案件有重要关系的情节，故意作虚假证明、鉴定、记录、翻译，意图陷害他人或者隐匿罪证的，处二年以下有期徒刑或者拘役；情节严重的，处二年以上七年以下有期徒刑。

第三条　伪造、毁灭重要证据，妨碍侦查、审理案件，情节严重的，处三年以下有期徒刑、拘役或者罚金。

第四条　以暴力、威胁、贿买方法阻止证人作证或者指使、贿买、胁迫他人作伪证，情节严重的，处三年以下有期徒刑、拘役或者罚金。

第五条　窝藏、包庇犯罪分子的，处二年以下有期徒刑、拘役或者管制；情节严重的，处二年以上七年以下有期徒刑。

犯前款罪，事前通谋的，以共同犯罪论处。

第六条　明知是犯罪所得的赃物而予以窝藏或者代为销售的，处三年以下有期徒刑、拘役或者管制，可以并处或者单处罚金。

第七条　对司法工作人员、诉讼参加人、证人、翻译人员、鉴定人、勘验人、协助执行的人进行侮辱、诽谤、诬陷、殴打或者打击报复，情节严重的，处三年以下有期徒刑、拘役或者罚金。

第八条　哄闹、冲击法庭，侮辱、诽谤、威胁、殴打审判人员，扰乱法庭秩序，情节严重的，处三年以下有期徒刑、拘役或者罚金。

第九条　拒不执行人民法院已经发生法律效力的判决、裁定的，处三年以下有期徒刑、拘役或者罚金。

第十条　依法被逮捕、关押的犯罪分子脱逃的，除按其原犯罪行或者按其原判刑期执行外，加处五年以下有期徒刑或者拘役。

以暴力、威胁方法犯前款罪的，处二年以上七年以下有期徒刑。

第十一条　依法被关押的罪犯，有下列破坏监管秩序行为之一的，加处五年以下有期徒刑：

（一）殴打或者暴力威胁他人，情节恶劣的；

（二）组织或者煽动他人抗拒改造的；

（三）制造或者私藏凶器的。

第十二条　隐藏、转移、变卖、毁损已被查封、扣押的财产，或者已被清点并责令其保管的财产，转移已被冻结的财产，情节严重的，处三年以下有期徒刑、拘役或者罚金。

第十三条　犯本章第三条、第四条、第九条、第十二条规定之罪的，可以单处剥夺政治权利。

第二十章　扰乱社会管理秩序罪

第一条　聚众扰乱工作、生产、营业、教学、科研秩序，造成严重危害的，对首要分子和其他积极参加的，处五年以下有期徒刑、拘役或者管制。

第二条　聚众扰乱车站、码头、民用航空站、商场、公园、影剧院、展览会、运动场或者其他公共场所秩序，聚众堵塞交通或者破坏交通秩序，抗拒、阻碍国家治安管理人员依法执行职务，情节严重的，对首要分子和其他积极参加的，处五年以下有期徒刑、拘役或者管制。

第三条　以暴力、威胁方法阻碍公安、工商、税务或者其他国家工作人员依法执行职务的，处三年以下有期徒刑、拘役或者罚金。

第四条　冒充国家工作人员招摇撞骗的，处三年以下有期徒刑、拘役、管制或者剥夺政治权利；情节严重的，处三年以上十年以下有期徒刑。

第五条　伪造、变造或者盗窃、抢夺、毁灭国家机关、企业、事业单位、人民团体的公文、证件、印章的，处三年以下有期徒刑、拘役、管制或者剥夺政治权利；情节严重的，处三年以上十年以下有期徒刑。

第六条　伪造、变造或者盗窃居民身份证，情节严重的，处三年以下有期徒刑、拘役或者管制。

第七条　违反集会、游行、示威法规，有下列情形之一的，对负责人员和直接责任人员，处五年以下有期徒刑或者拘役：

（一）未经申请、许可，或者未按主管机关许可的起止时间、地点、路线，举行集会、游行、示威，拒不服从解散命令，严重破坏社会秩序的；

（二）携带武器、管制刀具或者爆炸物参加集会、游行、示威的。

第八条　扰乱、冲击或者以其他方法破坏依法举行的集会、游行示威，情节严重的，处五年以下有期徒刑或者拘役。

第九条　在戒严期间，有下列破坏戒严令实施行为之一的，对首要分子或者其他罪恶重大的，处三年以上十年以下有期徒刑；情节严重的，处十年以上有期徒刑；其他积极参加的，处五年以下有期徒刑、拘役或者管制：

（一）组织游行、示威、罢工、罢课的；

（二）煽动破坏戒严令实施的；

（三）聚众围困、冲击国家机关、戒严部队的；

（四）聚众围困、冲击电视台、电台的；

（五）破坏交通的。

第十条　在公众场合故意以焚烧、毁损、涂划、玷污、践踏等方式侮辱中华人民共和国国旗、国徽的，处三年以下有期徒刑、拘役或者管制。

第十一条　有下列流氓行为之一，情节严重的，处五年以下有期徒刑、拘役或者管制；危害严重的，处五年以上有期徒刑；流氓集团的首要分子或者其他罪行特别严重的，处无期徒刑或者死刑：

（一）聚众滋事、打架斗殴，破坏社会秩序的；

（二）结为团伙，称霸一方，欺压群众的；

（三）猥亵妇女或者少年儿童的；

（四）聚众淫乱的；

（五）污染他人身体、衣物的；

（六）有其他公然藐视社会公德，伤害社会风化行为的。

第十二条　制造或者故意散布谣言，扰乱社会秩序，情节严重的，处二年以下有期徒刑或者拘役；造成严重后果的，处二年以上七年以下有期徒刑。

第十三条　聚众赌博或者多次赌博赌资较大，屡教不改的，处三年以下有期徒刑、拘役或者管制，可以并处罚金。

第十四条　传授犯罪方法，情节严重的，处五年以下有期徒刑或者拘役；情节特别严重的，处五年以上有期徒刑。

第十五条　进行迷信活动骗取财物，扰乱社会秩序的，处二年以下有期徒刑、拘役或者管制；情节严重的，处二年以上七年以下有期徒刑。

第十六条　胁迫未成年人表演恐怖、残酷或者淫秽节目，情节严重的，处三年以下有期徒刑或者拘役，可以并处或者单处罚金。

第十七条　有下列破坏计划生育行为之一，情节严重的，处二年以下有期徒刑、拘役或者罚金：

（一）伪造或者倒卖出生证明、生育指标的；

（二）为育龄者做假绝育手术的；

（三）私自为绝育者撤除节育措施的。

第十八条　犯本章之罪，情节严重的，应当附加剥夺政治权利。

犯本章第一条至第九条规定之罪的，可以单处剥夺政治权利。

第二十一章　妨害国（边）境管理罪

第一条　组织他人偷越国（边）境的，处二年以上七年以下有期徒刑，并处罚金；有下列情形之一的，处七年以上有期徒刑或者无期徒刑，并处罚金或者没收财产：

（一）组织他人偷越国（边）境集团的首要分子；

（二）多次组织偷越国（边）境或者违法所得数额巨大的；

（三）迫害被组织人造成重伤、死亡的；

（四）非法剥夺或者限制被组织人人身自由的；

（五）武装掩护组织他人偷越国（边）境的或者以暴力方法抗拒检查的；

（六）有其他特别严重的情节的。

第二条　以劳务出口、经贸往来以及进行其他公务活动等虚假理由骗取护照、签证等出入境证件，组织他人非法出入国（边）境的，依照第一条的规定处罚。

单位有前款规定的犯罪行为的，对单位判处罚金；对其直接负责的主管人员和其他直接责任人员，依照前款规定处罚。

第三条　伪造、变造、倒卖护照、签证等出入境证件，向他人提供的，处五年以下有期徒刑、拘役或者管制，并处罚金；情节严重的，处五年以上有期徒刑，并处罚金。

第四条　以牟利为目的，运送他人偷越国（边）境的，处三年以下有期徒刑、拘役或者管制，并处罚金；有下列情形之一的，处三年以上十年以下有期徒刑，并处罚金：

（一）运送人数众多或者违法所得数额巨大的；

（二）多次实施运送行为的；

（三）明知所使用的车辆、船只等交通工具不具备必要的安全条件，而运送他人出入国（边）境，足以造成严重后果的。

在运送他人偷越国（边）境中，迫害被运送人造成重伤、死亡的，或者武装掩护运送或者以暴力方法抗拒检查的，处五年以上有期徒刑，并处罚金。

运送他人偷越国（边）境，情节轻微的，由公安机关处十五日以下拘留，并处五千元以下罚款。

第五条　偷越国（边）境的，由公安机关处十日以下拘留或者五百元以下罚款；多次偷越国（边）境的，依照规定实行劳动教养；情节严重的，处一年以下有期徒刑、拘役或者管制。

第六条　负责办理护照、签证以及其他出入境证件的人员，违背职责，故意为非法出入国（边）境人员提供出入境证件的；边防、海关等执法机关工作人员，对明知是非法出入境的人员，予以放行的，依照第一条的规定处罚。

第七条　国家工作人员利用职务之便，包庇犯罪人员的，处二年以下有期徒刑或者拘役；情节严重的，处二年以上七年以下有期徒刑。

有查禁偷越国（边）境行为职责的国家工作人员，为使违法犯罪分子逃避处罚，向其通风报信、提供便利的，依照前款规定处罚。

第八条　组织、运送他人偷越国（边）境的违法所得和组织、运送他人偷越国（边）境使用的属于本人所有的或者其他人故意提供的运输、通讯工具或者其他财物，一律予以没收。

第九条　故意破坏国家边境的界碑、界桩或者永久性测量标志的，处三年以下有期徒刑或者拘役。

以叛国为目的的，按照危害国家安全罪处罚。

第二十二章　妨害文物管理罪

第一条　盗掘具有历史、艺术、科学价值的古文化遗址、古墓葬的，处三年以上十年以下有期徒刑，可以并处罚金；情节较轻的，处三年以下有期徒刑或者拘役，可以并处罚金；有下列情形之一的，处十年以上有期徒刑、无期徒刑或者死刑，并处罚金或者没收财产：

（一）盗掘确定为全国重点文物保护单位和省级文物保护单位的古文化遗址、古墓葬的；

（二）盗掘古文化遗址、古墓葬集团的首要分子；

（三）多次盗掘古文化遗址、古墓葬的；

（四）盗掘古文化遗址、古墓葬，并盗窃珍贵文物或者造成珍贵文物严重破坏的。

盗掘古文化遗址、古墓葬所盗窃的文物，一律予以追缴。

第二条 故意破坏国家保护的珍贵文物、名胜古迹的，依照第一条的规定处罚。

第三条 过失损毁国家保护的珍贵文物、名胜古迹，情节严重的，处七年以下有期徒刑、拘役或者罚金。

第四条 盗运珍贵文物出口或者将收藏的国家禁止出口的珍贵文物私自出售、赠送给外国人的，依照走私罪的规定处罚。

第五条 国家工作人员滥用职权，非法占有国家保护的文物的，以贪污论处；造成珍贵文物损毁的，依照玩忽职守罪处罚。

第六条 犯本章第一条、第二条和第四条规定之罪，情节严重的，应当附加剥夺政治权利。

第二十三章　制造、贩卖鸦片毒品罪

第一条 本章所称的毒品是指鸦片、海洛因、吗啡、大麻、可卡因以及国务院规定管制的其他能够使人形成瘾癖的麻醉品和精神药品。

第二条 走私、贩卖、运输、制造毒品，有下列情形之一的，处十五年有期徒刑、无期徒刑或者死刑，并处没收财产：

（一）走私、贩卖、运输、制造鸦片一千克以上、海洛因五十克以上或者其他毒品数量大的；

（二）走私、贩卖、运输、制造毒品集团的首要分子；

（三）武装掩护走私、贩卖、运输、制造毒品的；

（四）以暴力抗拒检查、拘留、逮捕，情节严重的；

（五）参与有组织的国际贩毒活动的。

走私、贩卖、运输、制造鸦片二百克以上不满一千克、海洛因十克以上不满五十克或者其他毒品数量较大的，处七年以上有期徒刑，并处罚金。

走私、贩卖、运输、制造鸦片不满二百克、海洛因不满十克或者其他少量毒品的，处七年以下有期徒刑、拘役或者管制，并处罚金。

利用、教唆未成年人走私、贩卖、运输、制造毒品的，从重处罚。

对多次走私、贩卖、运输、制造毒品，未经处理的，毒品数量累计计算。

第三条 禁止任何人非法持有毒品。非法持有鸦片一千克以上、海洛因五十克以上或者其他毒品数量大的，处七年以上有期徒刑或者无期徒刑，并处罚金；非法持有鸦片二百克以上不满一千克、海洛因十克以上不满五十克或者其他毒品数量较大的，处七年以下有期徒刑、拘役或者管制，可以并处罚金；非法持有鸦片不满二百克、海洛因不满十克或者其他少量毒品的，依照第八条第一款的规定处罚。

第四条 包庇走私、贩卖、运输、制造毒品的犯罪分子的，为犯罪分子窝藏、转移、隐瞒毒品或者犯罪所得的财物的，掩饰、隐瞒出售毒品获得财物的非法性质和来源的，处七年以下有期徒刑、拘役或者管制，可以并处罚金。

犯前款罪事先通谋的，以走私、贩卖、运输、制造毒品罪的共犯论处。

第五条 对醋酸酐、乙醚、三氯甲烷或者其他经常用于制造麻醉药品和精神药品的物品，应当依照国家有关规定严格管理，严禁非法运输、携带进出境。非法运输、携带上述物品进出境的，处三年以下有期徒刑、拘役或者管制，并处罚金；数量大的，处三年以上十年以下有期徒刑，并处罚金；数量较小的，依照海关法的有关规定处罚。

明知他人制造毒品而为其提供前款规定的物品的，以制造毒品罪的共犯论处。

单位有前两款规定的违法犯罪行为的，对其直接负责的主管人员和其他直接责任人员，依照前两款的规定处罚，并对单位判处罚金或者予以罚款。

第六条 非法种植罂粟、大麻等毒品原植物的，一律强制铲除。有下列情形之一的，处五年以下有期徒刑、拘役或者管制，并处罚金：

（一）种植罂粟五百株以上不满三千株或者其他毒品原植物数量较大的；

（二）经公安机关处理后又种植的；

（三）抗拒铲除的。

非法种植罂粟三千株以上或者其他毒品原植物数量大的，处五年以上有期徒刑，并处罚金或者没收财产。

非法种植罂粟不满五百株或者其他毒品原植物数量较小的，由公安机关处十五日以下拘留，可以并处三千元以下罚款。

非法种植罂粟或者其他毒品原植物，在收获前自动铲除的，可以免除处罚。

第七条　引诱、教唆、欺骗他人吸食、注射毒品的，处七年以下有期徒刑、拘役或者管制，并处罚金。

强迫他人吸食、注射毒品的，处三年以上十年以下有期徒刑，并处罚金。

引诱、教唆、欺骗或者强迫未成年人吸食、注射毒品的，从重处罚。

第八条　吸食、注射毒品的，由公安机关处十五日以下拘留，可以单处或者并处二千元以下罚款，并没收毒品和吸食、注射器具。

吸食、注射毒品成瘾的，除依照前款规定处罚外，予以强制戒除，进行治疗、教育。强制戒除后又吸食、注射毒品的，可以实行劳动教养，并在劳动教养中强制戒除。

第九条　容留他人吸食、注射毒品并出售毒品的，依照第二条的规定处罚。

第十条　根据医疗、教学、科研的需要，国家卫生行政主管部门依照法律、行政法规的规定，可以指定特定的地方和制药厂，种植、生产限定数量的毒品原植物和麻醉药品、精神药品。依法从事生产、运输、管理、使用国家管制的麻醉药品、精神药品的单位和人员，必须严格遵守国家关于麻醉药品、精神药品的管理规定。

依法从事生产、运输、管理、使用国家管制的麻醉药品、精神药品的人员违反国家规定，向吸食、注射毒品的人提供国家管制的麻醉药品、精神药品的，处七年以下有期徒刑或者拘役，可以并处罚金。向走私、贩卖毒品的犯罪分子或者以牟利为目的，向吸食、注射毒品的人提供国家管制的麻醉药品、精神药品的，依照第二条的规定处罚。

单位有第二款规定的违法犯罪行为的，对其直接负责的主管人员和其他直接责任人员，依照第二款的规定处罚，并对单位判处罚金。

第十一条　国家工作人员犯本决定规定之罪的，从重处罚。

因走私、贩卖、运输、制造、非法持有毒品罪被判过刑，又犯本决定规定之罪的，从重处罚。

第十二条　对查获的毒品、毒品犯罪的非法所得以及由非法所得所获得的收益、供犯罪使用的财物，一律没收。没收的毒品和吸食、注射毒品的器具，依照国家规定销毁或者作其他处理。罚没收入一律上缴国库。

第十三条　中华人民共和国公民在中华人民共和国领域外犯走私、贩卖、运输、制造毒品罪的，适用本决定。

外国人在中华人民共和国领域外犯前款罪进入我国领域的，我国司法机关有管辖权，除依照我国参加、缔结的国际公约或者双边条约实行引渡的以外，适用本决定。

第十四条　犯本决定规定之罪，有检举、揭发其他毒品犯罪立功表现的，可以从轻、减轻处罚或者免除处罚。

第十五条　公民对本决定所规定的违法犯罪行为有检举、揭发的义务。国家对检举、揭发走私、贩卖、运输、制造毒品等犯罪活动的人员以及在禁毒工作中有功的人员，给予奖励。

第十六条　犯本章第二条、第三条规定之罪的，应当附加剥夺政治权利。

犯本章第四条至第九条之罪的，在必要时可以附加剥夺政治权利。

第二十四章　制造、贩卖淫秽物品罪

第一条　以牟利或者传播为目的，走私淫秽物品的，依照关于惩治走私罪的补充规定处罚。不是为了牟利，传播、携带、邮寄少量淫秽物品进出境的，依照海关法的有关规定处罚。

第二条　以牟利为目的，制作、复制、出版、贩卖、传播淫秽物品的，处三年以下有期徒刑或者拘役，并处罚金；情节严重的，处三年以上十年以下有期徒刑，并处罚金；情节特别严重的，处十年以上有期徒刑或者无期徒刑，并处罚金或者没收财产。情节较轻的，由公安机关依照治安管理处罚条例的有关规定处罚。

为他人提供书号，出版淫秽书刊的，处三年以下有期徒刑或者拘役，并处或者单处罚金；明知他人用于出版淫秽书刊而提供书号的，依照前款的规定处罚。

第三条　在社会上传播淫秽的书刊、影片、录像带、录音带、图片或者其他淫秽物品，情节严重的，处二年以下有期徒刑或者拘役。情节较轻的，由公安机关依照治安管理处罚条例的有关规定处罚。

组织播放淫秽的电影、录像等音像制品的，处三年以下有期徒刑或者拘役，可以并处罚金；情节严重的，处三年以上十年以下有期徒刑，并处罚金。情节较轻的，由公安机关依照治安管理处罚条例的有关规定处罚。

制作、复制淫秽的电影、录像等音像制品组织播放的，依照第二款的规定从重处罚。

向不满十八岁的未成年人传播淫秽物品的，从重处罚。

不满十六岁的未成年人传抄、传看淫秽的图片、书刊或者其他淫秽物品的，家长、学校应当加强管教。

第四条　利用淫秽物品进行流氓犯罪或者传授犯罪方法的，依照本法第二十章的规定处罚。

第五条　单位有本决定第一条、第二条、第三条规定的违法犯罪行为的，对其直接负责的主管人员和其他直接责任人员，依照各该条的规定处罚，对单位判处罚金或者予以罚款，行政主管部门并可以责令停业整顿或者吊销执照。

第六条　有下列情节之一的，依照本决定有关规定从重处罚：

（一）犯罪集团的首要分子；

（二）国家工作人员利用工作职务便利，走私、制作、复制、出版、贩卖、传播淫秽物品的；

（三）管理录像、照像、复印等设备的人员，利用所管理的设备，犯有本决定第二条、第三条、第四条规定的违法犯罪行为的；

（四）成年人教唆不满十八岁的未成年人走私、制作、复制、出版、贩卖、传播淫秽物品的。

第七条 淫秽物品和走私、制作、复制、出版、贩卖、传播淫秽物品的违法所得以及属于本人所有的犯罪工具，予以没收。没收的淫秽物品，按照国家规定销毁。罚没收入一律上缴国库。

第八条 本章所称淫秽物品，是指具体描绘性行为或者露骨宣扬色情的诲淫性的书刊、影片、录像带、录音带、图片及其他淫秽物品。

有关人体生理、医学知识的科学著作不是淫秽物品。

包含有色情内容的有艺术价值的文学、艺术作品不视为淫秽物品。

淫秽物品的种类和目录，由国务院有关主管部门规定。

第九条 犯本章第一条至第三条规定之罪，情节严重的，应当附加剥夺政治权利。

第二十五章 组织卖淫罪

第一条 组织他人卖淫的，处十年以上有期徒刑或者无期徒刑，并处一万元以下罚金或者没收财产；情节特别严重的，处死刑，并处没收财产。

协助组织他人卖淫的，处三年以上十年以下有期徒刑，并处一万元以下罚金；情节严重的，处十年以上有期徒刑，并处一万元以下罚金或者没收财产。

第二条 强迫他人卖淫的，处五年以上十年以下有期徒刑，并处一万元以下罚金；有下列情形之一的，处十年以上有期徒刑或者无期徒刑，并处一万元以下罚金或者没收财产；情节特别严重的，处死刑，并处没收财产：

（一）强迫不满十四岁的幼女卖淫的；

（二）强迫多人卖淫或者多次强迫他人卖淫的；

（三）强奸后迫使卖淫的；

（四）造成被强迫卖淫的人重伤、死亡或者其他严重后果的。

第三条 引诱、容留、介绍他人卖淫的，处五年以下有期徒刑或者拘役，并处五千元以下罚金；情节严重的，处五年以上有期徒刑，并处一万元以下罚金；情节较轻的，依照治安管理处罚条例第三十条的规定处罚。

引诱不满十四岁的幼女卖淫的，依照本决定第二条关于强迫不满十四岁的幼女卖淫的规定处罚。

第四条 卖淫、嫖娼的，依照治安管理处罚条例第三十条的规定处罚。

对卖淫、嫖娼的，可以由公安机关会同有关部门强制集中进行法律、道德教育和生产劳动，使之改掉恶习。期限为六个月至二年。具体办法由国务院规定。

因卖淫、嫖娼被公安机关处理后又卖淫、嫖娼的，实行劳动教养，并由公安机关处五千元以下罚款。

对卖淫、嫖娼的，一律强制进行性病检查。对患有性病的，进行强制治疗。

第五条 明知自己患有梅毒、淋病等严重性病卖淫、嫖娼的，处五年以下有期徒刑、拘役或者管制，并处五千元以下罚款。

嫖宿不满十四岁的幼女的，依照刑法关于强奸罪的规定处罚。

第六条 旅馆业、饮食服务业、文化娱乐业、出租汽车业等单位的人员，利用本单位的条件，组织、强迫、引诱、容留、介绍他人卖淫的，依照本决定第一条、第二条、第三条的规定处罚。

前款所列单位的主要负责人，有前款规定的行为的，从重处罚。

第七条 旅馆业、饮食服务业、文化娱乐业、出租汽车业等单位，对发生在本单位的卖淫、嫖娼活动，放任不管、不采取措施制止的，由公安机关处一万元以上十万元以下罚款，并可以责令其限期整顿、停业整顿，经整顿仍不改正的，由工商行政主管部门吊销营业执照；对直接负责的主管人员和其他直接责任人员，由本单位或者上级主管部门予以行政处分，由公安机关处一千元以下罚款。

旅馆业、饮食服务业、文化娱乐业等单位，雇佣、容留妇女表演淫秽节目或者与顾客进行淫秽活动，情节严重的，适用前款规定。

第八条 旅馆业、饮食服务业、文化娱乐业、出租汽车业等单位的负责人和职工，在公安机关查处卖淫、嫖娼活动时，隐瞒情况或者为违法犯罪分子通风报信的，处二年以下有期徒刑、拘役或者管制；情节严重的，处二年以上七年以下有期徒刑。

第九条 有查禁卖淫、嫖娼活动职责的国家工作人员，为使违法犯罪分子逃避处罚，向其通风报信、提供便利的，处五年以下有期徒刑或者拘役；情节严重的，处五年以上有期徒刑。

犯前款罪，事前与犯罪分子通谋的，以共同犯罪论处。

第十条 组织、强迫、引诱、容留、介绍他人卖淫以及卖淫的非法所得予以没收。

罚没收入一律上缴国库。

第二十六章 拐卖妇女、儿童罪

第一条 拐卖妇女、儿童的，处五年以上十年以下有期徒刑，并处一万元以下罚金；有下列情形之一的，处十年以上有期徒刑或者无期徒刑，并处一万元以下罚金或者没收财产；情节特别严重的，处死刑，并处没收财产：

（一）拐卖妇女、儿童集团的首要分子；

（二）拐卖妇女、儿童三人以上的；

（三）奸淫被拐卖的妇女的；

（四）诱骗、强迫被拐卖的妇女卖淫或者将被拐卖的妇女卖给他人迫使其卖淫的；

（五）造成被拐卖的妇女、儿童或者其亲属重伤、死亡或者其他严重后果的；

（六）将妇女、儿童卖往境外的。

拐卖妇女、儿童是指以出卖为目的，有拐骗、收买、贩卖、接送、中转妇女、儿童的行为之一的。

第二条 以出卖为目的，使用暴力、胁迫或者麻醉方法绑架妇女、儿童的，处十年以上有期徒刑或者无期徒刑，并处一万元以下罚金或者没收财产；情节特别严重的，处死刑，并处没收财产。

以出卖或者勒索财物为目的，偷盗婴幼儿的，依照本条第一款的规定处罚。

第三条 严禁收买被拐卖、绑架的妇女、儿童。收买被拐卖、绑架的妇女、儿童的，处三年以下有期徒刑、拘役或者管制。

收买被拐卖、绑架的妇女，强行与其发生性关系的，依照刑法关于强奸罪的规定处罚。

收买被拐卖、绑架的妇女、儿童，非法剥夺、限制其人身自由或者有伤害、侮辱、虐待等犯罪行为的，依照刑法的有关规定处罚。

收买被拐卖、绑架的妇女、儿童，并有本条第二款、第三款规定的犯罪行为的，依照刑法关于数罪并罚的规定处罚。

收买被拐卖、绑架的妇女、儿童又出卖的，依照本决定第一条的规定处罚。

收买被拐卖、绑架的妇女、儿童，按照被买妇女的意愿，不阻碍其返回原居住地的，对被买儿童没有虐待行为，不阻碍对其进行解救的，可以不追究刑事责任。

第四条 任何个人或者组织不得阻碍对被拐卖、绑架的妇女、儿童的解救，并不得向被拐卖、绑架的妇女、儿童及其家属或者解救人索要收买妇女、儿童的费用和生活费用；对已经索取的收买妇女、儿童的费用和生活费用，予以追回。

以暴力、威胁方法阻碍国家工作人员解救被收买的妇女、儿童的，依照刑法第一百五十七条的规定处罚；协助转移、隐藏或者以其他方法阻碍国家工作人员解救被收买的妇女、儿童，未使用暴力、威胁方法的，依照治安管理处罚条例的规定处罚。

聚众阻碍国家工作人员解救被收买的妇女、儿童的首要分子，处五年以下有期徒刑或者拘役；其他参与者，依照本条第二款的规定处罚。

第五条 各级人民政府对被拐卖、绑架的妇女、儿童负有解救职责，解救工作由公安机关会同有关部门负责执行。负有解救职责的国家工作人员接到被拐卖、绑架的妇女、儿童及其家属的解救要求或者接到其他人的举报，而对被拐卖、绑架的妇女、儿童不进行解救，造成严重后果的，处五年以下有期徒刑或者拘役；情节较轻的，予以行政处分。

负有解救职责的国家工作人员利用职务阻碍解救的，处二年以上七年以下有期徒刑；情节较轻的，处二年以下有期徒刑或者拘役。

第六条 拐卖、绑架妇女、儿童的非法所得予以没收。

第七条 犯本章第一条、第二条规定之罪的，应当附加剥夺政治权利。

第二十七章 妨害婚姻、家庭罪

第一条 以暴力干涉他人婚姻自由的，处二年以下有期徒刑或者拘役。

犯前款罪，引起被害人死亡的，处二年以上七年以下有期徒刑。

第一款罪，告诉的才处理。

第二条 有配偶而重婚的，或者明知他人有配偶而与之结婚的，处二年以下有期徒刑或者拘役。

第三条 明知是现役军人的配偶而与之结婚或者与之通奸，情节严重的，处三年以下有期徒刑。

第四条 虐待家庭成员，情节恶劣的，处二年以下有期徒刑、拘役或者管制。

犯前款罪，引起被害人重伤、死亡的，处二年以上七年以下有期徒刑。

第一款罪，告诉的才处理。

第五条 对于年老、年幼、患病或者其他没有独立生活能力的人，负有扶养义务而拒绝扶养，情节恶劣的，处五年以下有期徒刑、拘役或者管制。

第六条 拐骗不满十四岁的男、女，脱离家庭或者监护人的，处五年以下有期徒刑或者拘役。

以出卖为目的，实施前款行为的，依照第二十六章的规定处罚。

6. 刑法分则条文汇集

（全国人大常委会法制工作委员会刑法修改小组　1994年3月3日）

这本汇集包括刑法分则的原有条文、刑法颁布施行后立法机关补充的条文和拟增补的条文。刑法分则原有条文，凡是已有修改方案的，编入修改方案；原条文已被立法机关的补充规定取代的，不再编入原条文。立法机关的补充规定，除“惩治军人违反职责罪暂行条例”未编入外，其他规定均按原文编入，但删去了一些重复的规定和行政处罚的规定。重复的规定包括与总则重复和分则条文互相重复的规定，如违法所得一律没收等，与总则规定重复，删去了；走私毒品、淫秽物品、伪造的国家货币以及滥用职权、玩忽职守等规定，有的有两处或多处规定，因此做了一些技术性的处理。行政处罚的规定包括行政罚款和治安处罚。前者，在行政法、经济法中已有规定，后者治安处罚条例中已有规定。少数治安条例中没有规定的，可留待修改该条例时解决。拟新增补的条文，是根据保障社会主义市场经济和社会安定的需要，根据经济法、行政法的规定和司法实践中提出的问题草拟的（包括一些过去草拟的和有关部门草拟的条文），有的并参考了有关部门起草的法律草案和外国的有关规定。拟新增补的条文和这次修改的条文，都很不成熟，须进一步研究。

这本汇集只是为研究修改刑法分则提供基本资料和框架。将其上升为刑法分则的修订稿，尚须做许多修改和补充。

犯罪分类，仍沿用原刑法分则基本上按犯罪侵犯的客体分类的方法。但补充修改后条文增多，因此又增加了若干章。主要是：(1) 将原第三章“破坏社会主义经济秩序罪”分为十二章（第八章至第十九章）；(2) 将原第六章“妨害社会管理秩序罪”分为八章（第二十章至第二十七章）；(3) 将原第四章“侵犯公民人身权利、民主权利罪”分为两章（第三、四章）；(4) 将贪污贿赂罪从原第五章、第八章分出，独立成一章。章的排列次序也作了一点调整。

刑法分则原有8章、103条，本汇集调整补充为28章、273条。① 情况如下：

第一章　危害国家安全罪（19条）；
第二章　危害公共安全罪（13条）；
第三章　侵犯公民人身权利罪（9条）；
第四章　侵犯公民民主权利和其他权利罪（8条）；
第五章　侵犯财产罪（11条）；
第六章　贪污贿赂罪（11条）；
第七章　渎职罪和违反职业义务罪（15条）；
第八章　走私罪（11条）；
第九章　生产、销售伪劣商品罪（9条）；
第十章　假冒商标、专利及剽窃他人著作罪（10条）；
第十一章　危害金融罪（10条）；
第十二章　危害证券、票证管理罪（8条）；
第十三章　危害企业管理罪（13条）；
第十四章　危害公平竞争罪（9条）；
第十五章　经济诈欺罪（6条）；
第十六章　扰乱市场秩序罪（6条）；
第十七章　危害税收罪（7条）；
第十八章　危害环境和自然资源罪（13条）；
第十九章　危害公共卫生罪（5条）；
第二十章　妨害司法罪（13条）；
第二十一章　扰乱社会管理秩序罪（17条）；
第二十二章　组织、运送他人偷越国（边）境罪（6条）；
第二十三章　妨害文物管理罪（8条）；
第二十四章　制造、贩卖鸦片毒品罪（11条）；
第二十五章　制造、贩卖淫秽物品罪（7条）；
第二十六章　拐卖妇女、儿童罪（5条）；

① 原文为272条，实为273条。故按实际条数予以改正——编者注。

第二十七章　组织卖淫罪（7 条）；

第二十八章　妨害婚姻、家庭罪（6 条）。

第一章　危害国家安全罪

本章条文待补，拟作专题研究。

第二章　危害公共安全罪

第一条　以暴力、胁迫或者其他方法劫持航空器的，处十年以上有期徒刑或者无期徒刑；致人重伤、死亡或者使航空器遭受严重破坏或者情节特别严重的，处死刑；情节较轻的，处五年以上十年以下有期徒刑。

第二条　以暴力、胁迫或者其他方法对在海上航行的船只实施抢劫、破坏等海盗行为的，处十年以上有期徒刑或者无期徒刑；海盗集团的首要分子或者罪行特别严重的，处死刑；情节较轻的，处三年以上十年以下有期徒刑。

第三条　放火、决水、爆炸、投毒或者以其他危险方法危害公共安全的，处三年以上十年以下有期徒刑；致人重伤、死亡或者使公私财产遭受重大损失的，处十年以上有期徒刑、无期徒刑或者死刑。

过失犯前款罪，造成严重后果的，处五年以下有期徒刑或者拘役；后果特别严重的，处五年以上十年以下有期徒刑。

第四条　有下列破坏交通工具、交通设备设施行为之一，危害公共安全的，处三年以上十年以下有期徒刑；致人重伤、死亡或者使公私财产遭受重大损失的，处十年以上有期徒刑、无期徒刑或者死刑：

（一）破坏火车、汽车、电车、船只、飞机的；

（二）破坏轨道、桥梁、隧道、公路、机场、航道、灯塔、标志的。

过失犯前款罪，造成严重后果的，处五年以下有期徒刑或者拘役；后果特别严重的，处五年以上十年以下有期徒刑。

劫持车辆、船只的，依照第一款的规定处罚。

第五条　破坏电力、煤气或者其他易燃易爆设备，危害公共安全的，处三年以上十年以下有期徒刑；致人重伤、死亡或者使公私财产遭受重大损失的，处十年以上有期徒刑、无期徒刑或者死刑。

过失犯前款罪，造成严重后果的，处五年以下有期徒刑或者拘役；后果特别严重的，处五年以上十年以下有期徒刑。

第六条　破坏广播电台、电报、电话或者其他通讯设备，危害公共安全的，处七年以下有期徒刑；造成严重后果的，处七年以上有期徒刑。

过失犯前款罪，造成严重后果的，处五年以下有期徒刑或者拘役；后果特别严重的，处五年以上十年以下有期徒刑。

第七条　聚众劫狱或者暴动越狱的首要分子或者其他罪恶重大的，处死刑、无期徒刑或者十年以上有期徒刑；其他积极参加的，处三年以上十年以下有期徒刑。

第八条　非法制造、买卖、运输或者盗窃、抢夺枪支、弹药、爆炸物的，处三年以上十年以下有期徒刑；情节严重的，处十年以上有期徒刑、无期徒刑或者死刑。

抢劫枪支、弹药、爆炸物的，依照前款规定从重处罚。

第九条　违反枪支管理规定，私藏枪支、弹药，拒不交出的，处二年以下有期徒刑或者拘役。

第十条　违反爆炸性、易燃性、放射性、毒害性、腐蚀性物品的管理规定，在生产、储存、运输、使用中发生重大事故，造成严重后果的，处三年以下有期徒刑或者拘役；后果特别严重的，处三年以上十年以下有期徒刑。

第十一条　非法携带爆炸性、易燃性、放射性、毒害性、腐蚀性物品进入公共场所或者乘坐交通工具，发生重大事故，造成严重后果的，处三年以下有期徒刑、拘役或者罚金；后果特别严重的，处三年以上十年以下有期徒刑。

第十二条　工厂、矿山、林场、建筑企业或者其他企业、事业单位的人员，由于不服管理、违反规章制度，或者强令工人违章冒险作业，因而发生重大伤亡事故，造成严重后果的，处三年以下有期徒刑；情节特别恶劣的，处三年以上十年以下有期徒刑。

第十三条　交通运输人员违反规章制度，发生重大事故，致人重伤、死亡或者使公私财产遭受重大损失的，处三年以下有期徒刑或者拘役；情节特别恶劣的，处三年以上十年以下有期徒刑。

第三章　侵犯公民人身权利罪

第一条　故意杀人的，处死刑或者无期徒刑；情节较轻的，处五年以上有期徒刑。

第二条　生母溺害初生婴儿的，处三年以上十年以下有期徒刑。

第三条　过失致人死亡的，处五年以下有期徒刑；情节特别严重的，处五年以上有期徒刑。本法另有规定的，依照规定。

第四条　故意伤害他人身体的，处三年以下有期徒刑或者拘役。

犯前款罪，致人重伤的，处三年以上七年以下有期徒刑；情节特别恶劣或者致人死亡的，处七年以上有期徒刑、无期徒刑或者死刑。本法另有规定的，依照规定。

第五条　过失致人重伤的，处二年以下有期徒刑或者拘役；情节特别恶劣的，处二年以上十年以下有期徒刑。本法另有规定的，依照规定。

第六条　以暴力、胁迫或者其他手段强奸妇女的，处三年以上十年以下有期徒刑。

奸淫不满十四岁幼女的，以强奸论，从重处罚。

犯前两款罪，情节特别严重的或者致人重伤、死亡的，处十年以上有期徒刑、无期徒刑或者死刑。

二人以上犯强奸罪而共同轮奸的，从重处罚。

第七条　拐卖人口的，处五年以下有期徒刑；情节严重的，处五年以上有期徒刑。

拐卖妇女、儿童的，依照第二十六章的规定处罚。

第八条　绑架他人勒索财物的，处五年以上有期徒刑或者无期徒刑；情节特别严重的，处死刑。

以出卖为目的绑架妇女、儿童的，依照第二十六章的规定处罚。

第九条　非法拘禁他人或者以其他方法非法剥夺他人人身自由的，处三年以下有期徒刑、拘役或者剥夺政治权利。具有殴打、侮辱情节的，从重处罚。

犯前款罪，致人重伤的，处三年以上十年以下有期徒刑；致人死亡的，处七年以上有期徒刑。

第四章　侵犯公民民主权利和其他权利罪

第一条　非法搜查他人身体、住宅，或者非法侵入他人住宅的，处三年以下有期徒刑或者拘役。

第二条　破坏选举，有下列情形之一的，处三年以下有期徒刑或者拘役，可以单处或者并处剥夺政治权利：

（一）以暴力、威胁、欺骗、贿赂等手段，妨害公民自由行使选举权和被选举权的；

（二）伪造选举证件、文件、资料的；

（三）伪造、更改选举结果的。

第三条　以暴力或者其他方法，包括用“大字报”、“小字报”，公然侮辱他人或者捏造事实诽谤他人，情节严重的，处三年以下有期徒刑、拘役或者剥夺政治权利。

前款罪，告诉的才处理。但是严重危害社会秩序和国家利益的除外。

第四条　写恐吓信或者以其他恐吓方法，威胁他人人身、财产安全，严重危害他人生产、工作、生活的，处三年以下有期徒刑或者拘役。

第五条　隐匿、毁弃或者非法开拆他人信件，侵犯公民通信自由权利，情节严重的，处一年以下有期徒刑或者拘役。

邮电工作人员利用职务上的便利犯前款罪的，处三年以下有期徒刑或者拘役。从中窃取财物的，依照第五章的规定处罚。

第六条　违反国家劳动保护法规，使劳动者在不符合国家规定的劳动安全卫生标准的环境中劳动，严重危害劳动者身心健康的，处二年以下有期徒刑或者拘役，可以并处罚金；造成重大伤亡事故的，处二年以上七年以下有期徒刑，并处罚金。

第七条　违反劳动法的规定，以暴力、胁迫等方法强迫他人劳动，情节严重的，处三年以下有期徒刑或者拘役，可以并处罚金。

第八条　违反劳动法和未成年人保护法的规定，招收、使用未满十六岁的童工，情节严重的，处二年以下有期徒刑或者拘役，可以并处或者单处罚金。

第五章　侵犯财产罪

第一条　以暴力、胁迫或者其他方法抢劫公私财物的，处三年以上十年以下有期徒刑，并处罚金或者没收财产；有下列情形之一的，处十年以上有期徒刑、无期徒刑或者死刑，并处没收财产：

（一）抢劫银行、金库、珍贵文物的；

（二）致人重伤、死亡的；

（三）抢劫集团的首要分子；

（四）多次抢劫或者抢劫数额巨大的；

（五）有其他特别严重情节的。

第二条　盗窃公私财物数额较大或者多次盗窃、结伙盗窃、入室盗窃、携带凶器盗窃的，处三年以下有期徒刑或者拘役，可以单处或者并处罚金；盗窃数额巨大或者情节严重的，处三年以上十年以下有期徒刑，并处罚金；有下列情形之一的，处十年以上有期徒刑、无期徒刑或者死刑，并处没收财产：

（一）盗窃银行、金库、珍贵文物的；

（二）盗窃数额特别巨大的；

（三）盗窃集团的首要分子；

（四）有其他特别严重情节的。

第三条 诈骗公私财物数额较大或者多次行骗的，处三年以下有期徒刑或者拘役，可以单处或者并处罚金；诈骗数额巨大的，处三年以上十年以下有期徒刑，并处罚金；有下列情形之一的，处十年以上有期徒刑或者无期徒刑，并处没收财产：

（一）诈骗数额特别巨大的；

（二）诈骗集团的首要分子；

（三）有其他特别严重情节的。

第四条 抢夺公私财物数额较大的，处三年以下有期徒刑或者拘役，可以单处或者并处罚金；抢夺数额巨大的，处三年以上十年以下有期徒刑，并处罚金；抢夺数额特别巨大或者情节特别严重的，处十年以上有期徒刑或者无期徒刑，并处没收财产。

携带凶器抢夺的，从重处罚。

第五条 盗窃、诈骗、抢夺公私财物，为窝藏赃物、抗拒抓捕或者毁灭证据而当场使用暴力或者以暴力相威胁的，依照本章第一条的规定处罚。

第六条 侵占自己所持有或者保管的公私财物，数额较大的，处三年以下有期徒刑或者拘役；数额巨大的，处三年以上十年以下有期徒刑；数额特别巨大或者情节特别严重的，处无期徒刑，并处没收财产。

侵占埋藏物、漂流物或者遗失物的，依照前款的规定处罚。

国家工作人员利用职务上的便利侵占公共财物的，依照第六章的规定处罚。

第七条 哄抢公共财物，情节严重的，对首要分子和其他积极参加的，处三年以下有期徒刑或者拘役，可以单处或者并处罚金；情节特别严重的，处三年以上十年以下有期徒刑，并处罚金。

第八条 敲诈勒索公私财物数额较大的，处三年以下有期徒刑或者拘役；情节严重的，处三年以上十年以下有期徒刑。

第九条 故意毁坏公私财物，情节严重的，处三年以下有期徒刑、拘役或者罚金；情节特别严重的. 处三年以上十年以下有期徒刑。

第十条 由于泄愤报复或者其他个人目的，毁坏机器设备、残害耕畜或者以其他方法破坏生产的，处三年以下有期徒刑、拘役或者罚金；情节特别严重的，处三年以上十年以下有期徒刑。

第十一条 挪用国家救灾、抢险、防汛、优抚、救济款物，情节严重，致使国家和人民群众利益遭受重大损害的，对直接责任人员，处三年以下有期徒刑或者拘役；情节特别严重的，处三年以上七年以下有期徒刑。

第六章　贪污贿赂罪

第一条 国家工作人员、集体经济组织工作人员或者其他经手、管理公共财物的人员，利用职务上的便利，侵吞、盗窃、骗取或者以其他手段非法占有公共财物的，是贪污罪。

与国家工作人员、集体经济组织工作人员或者其他经手、管理公共财物的人员勾结，伙同贪污的，以共犯论处。

第二条 对犯贪污罪的，根据情节轻重，分别依照下列规定处罚：

（一）个人贪污数额在五万元以上的，处十年以上有期徒刑或者无期徒刑，可以并处没收财产；情节特别严重的，处死刑，并处没收财产。

（二）个人贪污数额在一万元以上不满五万元的，处五年以上有期徒刑，可以并处没收财产；情节特别严重的，处无期徒刑，并处没收财产。

（三）个人贪污数额在二千元以上不满一万元的，处一年以上七年以下有期徒刑；情节严重的，处七年以上十年以下有期徒刑。个人贪污数额在二千元以上不满五千元，犯罪后自首、立功或者有悔改表现、积极退赃的，可以减轻处罚，或者免予刑事处罚。

（四）个人贪污数额不满二千元，情节较重的，处二年以下有期徒刑或者拘役；情节较轻的，由其所在单位或者上级主管机关酌情给予行政处分。

二人以上共同贪污的，按照个人所得数额及其在犯罪中的作用，分别处罚。对贪污集团的首要分子，按照集团贪污的总数额处罚；对其他共同贪污犯罪中的主犯，情节严重的，按照共同贪污的总数额处罚。

对多次贪污未经处理的，按照累计贪污数额处罚。

第三条 国家工作人员、集体经济组织工作人员或者其他经手、管理公共财物的人员，利用职务上的便利，挪用公款归个人使用，进行非法活动的，或者挪用公款数额较大、进行营利活动的，或者挪用公款数额较大、超过三个月未还的，是挪用公款罪，处五年以下有期徒刑或者拘役；情节严重的，处五年以上有期徒刑。挪用公款数额较大不退还的，以贪污论处。

挪用救灾、抢险、防汛、优抚、救济款物归个人使用的，从重处罚。

挪用公款进行非法活动构成其他罪的，依照数罪并罚的规定处罚。

第四条 国家工作人员、集体经济组织工作人员或者其他从事公务的人员，利用职务上的便利，索取他人财物的，或者非法收受他人财物，为他人谋取利益的，是受贿罪。

与国家工作人员、集体经济组织工作人员或者其他从事公务的人员勾结，伙同受贿的，以共犯论处。

国家工作人员、集体经济组织工作人员或者其他从事公务的人员，在经济往来中，违反国家规定收受各种名义的回扣、手续费，归个人所有的，以受贿论处。

第五条 对犯受贿罪的，根据受贿所得数额及情节，依照本章第二条的规定处罚；受贿数额不满一万元，使国家利益或者集体利益遭受重大损失的，处十年以上有期徒刑；受贿数额在一万元以上，使国家利益或者集体利益遭受重大损失的，处无期徒刑或者死刑，并处没收财产。索贿的从重处罚。

因受贿而进行违法活动构成其他罪的，依照数罪并罚的规定处罚。

第六条 单位索取或者非法收受他人财物，为他人谋取利益，情节严重的，判处罚金，并对直接负责的主管人员和其他直接责任人员，处五年以下有期徒刑或者拘役。

第七条 为谋取不正当利益，给予国家工作人员、集体经济组织工作人员或者其他从事公务的人员以财物的，是行贿罪。

在经济往来中，违反国家规定，给予国家工作人员、集体经济组织工作人员或者其他从事公务的人员以财物，数额较大的，或者违反国家规定，给予国家工作人员、集体经济组织工作人员或者其他从事公务的人员以回扣、手续费的，以行贿论处。

因被勒索给予国家工作人员、集体经济组织工作人员或者其他从事公务的人员以财物，没有获得不正当利益的，不是行贿。

第八条 对犯行贿罪的，处五年以下有期徒刑或者拘役；因行贿谋取不正当利益，情节严重的，或者使国家利益、集体利益遭受重大损失的，处五年以上有期徒刑；情节特别严重的，处无期徒刑，并处没收财产。

行贿人在被追诉前，主动交代行贿行为的，可以减轻处罚，或者免予刑事处罚。

因行贿而进行违法活动构成其他罪的，依照数罪并罚的规定处罚。

第九条 单位为谋取不正当利益而行贿，或者违反国家规定，给予国家工作人员、集体经济组织工作人员或者其他从事公务的人员以回扣、手续费，情节严重的，判处罚金，并对直接负责的主管人员和其他直接责任人员，处五年以下有期徒刑或者拘役。因行贿取得的违法所得归私人所有的，依照本章第八条的规定处罚。

第十条 国家工作人员在对外交往中接受礼物，依照国家规定应当交公而不交公，数额较大的，以贪污罪论处。

第十一条 国家工作人员的财产或者支出明显超过合法收入，差额巨大的，可以责令说明来源。本人不能说明其来源是合法的，差额部分以非法所得论，处五年以下有期徒刑或者拘役，并处或者单处没收其财产的差额部分。

国家工作人员在境外的存款，应当依照国家规定申报。数额较大、隐瞒不报的，处二年以下有期徒刑或者拘役。

第七章 渎职罪和违反职业义务罪

第一条 国家工作人员滥用职权或者玩忽职守，造成下列严重后果的，处五年以下有期徒刑或者拘役；情节特别严重的，处五年以上有期徒刑：

（一）造成重大灾害事故的；

（二）致使本单位发生重大贪污、盗窃、诈骗等犯罪案件的；

（三）造成其他严重后果的。

受委托从事公务的人员和企业、事业单位的工作人员犯前款罪的，依照前款的规定处罚。

第二条 国家工作人员滥用职权、假公济私，对控告人、申诉人、批评人实行报复陷害的，处二年以下有期徒刑或者拘役；情节严重的，处二年以上七年以下有期徒刑。

第三条 侦查、检察、审判工作人员徇私舞弊，对明知是无罪的人而使他受追诉、对明知是有罪的人而故意包庇不使他受追诉，或者在刑事、民事、经济和行政审判中故意颠倒黑白做枉法裁判的，处五年以下有期徒刑、拘役或者剥夺政治权利；情节特别严重的，处五年以上有期徒刑。

第四条 国家工作人员对人犯实行刑讯逼供的，处三年以下有期徒刑或者拘役。致人伤残的，以伤害罪从重处罚。

第五条 押解、监管人犯的工作人员私放被监管人的，处五年以下有期徒刑或者拘役；情节严重的，处五年以上十年以下有期徒刑。

第六条 监管人犯的工作人员违反监管法规，对被监管人实行体罚虐待，情节严重的，处三年以下有期徒刑或者拘役；情节特别严重的，处三年以上十年以下有期徒刑。致人伤残的，以伤害罪从重处罚。

第七条 公安、海关、工商、税务、交通、卫生防疫或者其他行政执法部门工作人员徇私舞弊，故意违背事实和法律，做枉法决定或者裁决，情节严重的，处三年以下有期徒刑或者拘役；情节特别严重的，处三年以上七年以下有期徒刑。

第八条 国家商检部门、商检机构的工作人员和国家商检部门、商检机构指定的检验机构的检验人员，滥用职权，徇私舞弊，伪造检查结果或者玩忽职守，延误检验出证，情节严重的，处五年以下有期徒刑或者拘役。

第九条 审计人员对审计中发现的重大问题隐瞒不报或者弄虚作假，情节严重的，处五年以下有期徒刑或者拘役。

第十条 统计工作人员违背职责，虚报、瞒报或者伪造、篡改统计资料，情节严重的，处五年以下有期徒刑或者拘役。

第十一条 会计人员对不真实、不合法的原始凭证予以受理，或者对违法的收支不向单位领导人提出书面意见，或者对严重违法损害国家和公众利益的收支不向主管单位或者财政、审计、税务机关报告，使公私财产遭受重大损失的，处五年以下有期徒刑、拘役或者管制。

第十二条 注册会计师提供伪造的审计、验证报告，或者对明知是虚假的财务报表、财务文件，出具隐瞒事实的审计、验证报告，情节严重的，处五年以下有期徒刑或者拘役。

第十三条 医务人员由于严重不负责任，致使病员重伤、死亡的，处二年以下有期徒刑或者拘役；情节特别恶劣的，处二年以上七年以下有期徒刑。

第十四条 国家工作人员非法剥夺公民的正当的宗教信仰自由，情节严重的，处二年以下有期徒刑或者拘役。

第十五条 国家工作人员非法侵犯少数民族风俗习惯，情节严重的，处二年以下有期徒刑或者拘役。

第八章 走私罪

（有些同志主张将章名改为“妨害对外贸易管理罪”，内容也作一些调整）

第一条 走私武器、弹药或者伪造的货币的，处七年以上有期徒刑，并处罚金或者没收财产；情节特别严重的，处无期徒刑或者死刑，并处没收财产；情节较轻的，处七年以下有期徒刑，并处罚金。走私毒品的，依照第二十四章的规定处罚。

第二条 走私国家禁止出口的文物、珍贵动物及其制品、黄金、白银或者其他贵重金属的，处五年以上有期徒刑，并处罚金或者没收财产；情节特别严重的，处无期徒刑或者死刑，并处没收财产；情节较轻的，处五年以下有期徒刑，并处罚金。

第三条 以牟利或者传播为目的，走私淫秽的影片、录像带、录音带、图片、书刊或者其他淫秽物品的，处三年以上十年以下有期徒刑，并处罚金；情节严重的，处十年以上有期徒刑或者无期徒刑，并处罚金或者没收财产；情节较轻的，处三年以下有期徒刑或者拘役，并处罚金。

第四条 走私第一条至第三条规定以外的货物、物品的，根据情节轻重，分别依照下列规定处罚：

（1）走私货物、物品价额在五十万元以上的，处十年以上有期徒刑或者无期徒刑，并处罚金或者没收财产；情节特别严重的，处死刑，并处没收财产。

（2）走私货物、物品价额在十五万元以上不满五十万元的，处七年以上有期徒刑，并处罚金或者没收财产；情节特别严重的，处无期徒刑，并处没收财产。

（3）走私货物、物品价额在五万元以上不满十五万元的，处三年以上十年以下有期徒刑，并处罚金。

（4）走私货物、物品价额在二万元以上不满五万元的，处三年以下有期徒刑或者拘役，并处罚金；情节较轻的，或者价额不满二万元的，由海关没收走私货物、物品和违法所得，可以并处罚款。

二人以上共同走私的，按照个人走私货物、物品的价额及其在犯罪中的作用，分别处罚。对走私集团的首要分子，按照集团走私货物、物品的总价额处罚；对其他共同走私犯罪中的主犯，情节严重的，按照共同走私货物、物品的总价额处罚。

对多次走私未经处理的，按累计走私货物、物品的价额处罚。

（另一方案：将“货物、物品价额”改为“偷逃关税数额”。）

第五条 单位走私第一条至第三条规定的货物、物品的，判处罚金，并对其直接负责的主管人员和其他直接责任人员，分别依照各该条对个人犯走私罪的规定处罚。

单位走私第一条至第三条规定以外的货物、物品，价额在三十万元以上的，判处罚金，并对其直接负责的主管人员和其他直接责任人员，处五年以下有期徒刑或者拘役；情节特别严重，使国家利益遭受重大损失的，处五年以上十年以下有期徒刑；价额不满三十万元的，由海关没收走私货物、物品和违法所得，可以并处罚款，对其直接负责的主管人员和其他直接责任人员，由其所在单位或者上级主管机关酌情给予行政处分。

单位走私，违法所得归私人所有的，或者以单位的名义进行走私，共同分取违法所得，依照对个人犯走私罪的规定处罚。

第六条 下列走私行为，根据规定构成犯罪的，依照第四条、第五条的规定处罚：

（1）未经海关许可并且未补缴关税，擅自将批准进口的来料加工、来件装配、补偿贸易的原材料、零件、制成品、设备等保税货物，在境内销售牟利的。

（2）假借捐赠名义进口货物、物品的，或者未经海关许可并且未补缴关税，擅自将捐赠进口的货物、物品或者其他特定减免、免税进口的货物、物品在境内销售牟利的。

第七条 下列行为，以走私罪论处，依照本章的有关规定处罚：

（1）直接向走私人非法收购国家禁止进口物品的，或者直接向走私人非法收购走私进口的其他货物、物品，数额较大的。

（2）在内海、领海运输、收购、贩卖国家禁止进出口物品的，或者运输、收购、贩卖国家限制进出口货物、物品，数额较大，没有合法证明的。

第八条　武装掩护走私的，依照第一条的规定从重处罚。

以暴力、威胁方法抗拒缉私的，以走私罪和阻碍国家工作人员依法执行职务罪，依照数罪并罚的规定处罚。

第九条　国家工作人员利用职务上的便利犯走私罪的，从重处罚。

第十条　处理走私案件没收的财物和罚金、罚款收入，全部上缴国库，不得提成，不得私自处理。私分没收的财物和罚金、罚款收入的，以贪污论处。

第十一条　走私货物、物品的价额，按照犯罪查获时当地的国营商业零售价格计算。价格无法计算的，由有关主管部门估定。

第九章　生产、销售伪劣商品罪

第一条　生产者、销售者在产品中掺杂、掺假，以假充真，以次充好或者以不合格产品冒充合格产品，违法所得数额二万元以上不满十万元的，处二年以下有期徒刑或者拘役，可以并处罚金，情节较轻的，可以给予行政处罚；违法所得数额十万元以上不满三十万元的，处二年以上七年以下有期徒刑，并处罚金；违法所得数额三十万元以上不满一百万元的，处七年以上有期徒刑，并处罚金或者没收财产；违法所得数额一百万元以上的，处十五年有期徒刑或者无期徒刑，并处没收财产。

第二条　生产、销售假药，足以危害人体健康的，处三年以下有期徒刑或者拘役，并处罚金；对人体健康造成严重危害的，处三年以上十年以下有期徒刑，并处罚金；致人死亡或者对人体健康造成其他特别严重危害的，处十年以上有期徒刑、无期徒刑或者死刑，并处罚金或者没收财产。

生产、销售劣药，对人体健康造成严重危害的，处三年以上十年以下有期徒刑，并处罚金；后果特别严重的，处十年以上有期徒刑或者无期徒刑，并处罚金或者没收财产。

本条所称假药，是指依照《中华人民共和国药品管理法》的规定属于假药和按假药处理的药品、非药品。本条所称劣药，是指依照《中华人民共和国药品管理法》的规定属于劣药的药品。

第三条　生产、销售不符合卫生标准的食品，造成严重食物中毒事故或者其他严重食源性疾患，对人体健康造成严重危害的，处七年以下有期徒刑，并处罚金；后果特别严重的，处七年以上有期徒刑或者无期徒刑，并处罚金或者没收财产。

在生产、销售的食品中掺入有毒、有害的非食品原料的，处五年以下有期徒刑或者拘役，可以并处或者单处罚金；造成严重食物中毒事故或者其他严重食源性疾患，对人体健康造成严重危害的，处五年以上十年以下有期徒刑，并处罚金；致人死亡或者对人体健康造成其他特别严重危害的，处十年以上有期徒刑、无期徒刑或者死刑，并处罚金或者没收财产。

第四条　生产不符合保障人体健康的国家标准、行业标准的医疗器械、医用卫生材料，或者销售明知是不符合保障人体健康的国家标准、行业标准的医疗器械、医用卫生材料，对人体健康造成严重危害的，处五年以下有期徒刑，并处罚金；后果特别严重的，处五年以上十年以下有期徒刑，并处罚金，其中情节特别恶劣的，处十年以上有期徒刑或者无期徒刑，并处罚金或者没收财产。

第五条　生产不符合保障人身、财产安全的国家标准、行业标准的电器、压力容器、易燃易爆产品或者其他不符合保障人身、财产安全的国家标准、行业标准的产品，或者销售明知是以上不符合保障人身、财产安全的国家标准、行业标准的产品，造成严重后果的，处五年以下有期徒刑或者拘役，并处罚金；后果特别严重的，处五年以上有期徒刑，并处罚金。

第六条　生产假农药、假兽药、假化肥，销售明知是假的或者失去使用效能的农药、兽药、化肥、种子，或者生产者、销售者以不合格的农药、兽药、化肥、种子冒充合格的农药、兽药、化肥、种子，使生产遭受较大损失的，处三年以下有期徒刑或者拘役，可以并处或者单处罚金；使生产遭受重大损失的，处三年以上七年以下有期徒刑，并处罚金；使生产遭受特别重大损失的，处七年以上有期徒刑，并处罚金或者没收财产。

第七条　生产不符合卫生标准的化妆品，或者销售明知是不符合卫生标准的化妆品，造成严重后果的，处三年以下有期徒刑或者拘役，可以并处或者单处罚金。

第八条　生产、销售第二条至第七条所列产品，不构成各该条规定的犯罪，但是违法所得数额在二万元以上的，依照第一条的规定处罚。

生产、销售第二条至第七条所列产品，构成各该条规定的犯罪，同时又构成第一条规定的犯罪的，依照处刑较重的规定处罚。

第九条　单位犯第二条至第八条罪的，对单位判处罚金，并对直接负责的主管人员和其他直接责任人员，依照各该条的规定处罚。

单位犯第一条罪的，对单位判处罚金，情节恶劣的，并对直接负责的主管人员和其他直接责任人员，依照第一条的规定处罚。

第十章　假冒商标、专利及剽窃他人著作罪

（有的主张改为“侵犯知识产权罪”，移至侵犯财产罪之后。）

第一条　未经注册商标所有人许可，在同一种商品上使用与其注册商标相同的商标，违法所得数额较大或者有其他严重情节的，处三年以下有期徒刑或者拘役，可以并处或者单处罚金；违法所得数额巨大或者有其他特别严重情节的，处三年以上十年以下有期徒刑，并处罚金。

第二条　销售明知是假冒注册商标的商品，违法所得数额较大或者有其他严重情节的，处三年以下有期徒刑或者拘役，可以并处或者单处罚金；违法所得数额巨大或者有其他特别严重情节的，处三年以上十年以下有期徒刑，并处罚金。

第三条　伪造、擅自制造他人注册商标标识或者销售伪造、擅自制造的注册商标标识，违法所得数额较大或者有其他严重情节的，依照第一条的规定处罚。

第四条　假冒他人专利，违法所得数额较大或者有其他严重情节的，处三年以下有期徒刑或者拘役，可以并处或者单处罚金；违法所得数额巨大或者有其他特别严重情节的，处三年以上十年以下有期徒刑，并处罚金。

第五条　销售明知是冒充专利的产品，违法所得数额较大或者有其他严重情节的，处二年以下有期徒刑或者拘役，可以并处或者单处罚金。

第六条　以牟利为目的，违反著作权法的规定，有下列行为之一，情节严重的，处三年以下有期徒刑或者拘役，可以并处或者单处罚金；情节特别严重的，处三年以上七年以下有期徒刑，并处罚金：

（一）未经著作权人或者与著作权有关的权利人的许可，复制其作品或者制品的；

（二）明知是侵权复制品，而出售、出租的；

（三）明知是侵权复制品，而进口或者出口的。

制作假冒他人署名的作品或者明知是假冒他人署名的作品，仍然复制、出售、出租、进口或者出口的，依照前款的规定处罚。

单位犯前两款罪的，对单位判处罚金，并对直接负责的主管人员和其他责任人员，依照第一款的规定处罚。

第七条　擅自使用他人的企业名称或者姓名，伪造或者冒用认证标志、名优标志等质量标志，伪造产地，对商品质量作引人误解的虚假表示，或者擅自使用知名商品特有的名称、包装、装璜，或者使用与知名商品近似的名称、包装、装璜，造成和他人的知名商品相混淆，使购买者误认为是该知名商品，情节严重的，处二年以下有期徒刑或者拘役，可以并处或者单处罚金。

第八条　犯本章第一条、第二条、第四条、第五条、第六条之罪，同时构成生产、销售伪劣商品罪的，依照处刑较重的规定处罚。

第九条　商标、专利行政主管部门的工作人员，徇私舞弊，对商标、专利侵权纠纷，故意作枉法决定或者裁决，情节严重的，处五年以下有期徒刑或者拘役。

第十条　单位犯本章之罪的，对单位判处罚金，并对直接负责的主管人员和其他直接责任人员，依照各该条的规定处罚。

第十一章　危害金融罪

第一条　伪造国家货币或者贩卖伪造的国家货币的，处三年以上十年以下有期徒刑，并处罚金或者没收财产。

犯前款罪的首要分子或者情节特别严重的，处十年以上有期徒刑、无期徒刑或者死刑，并处没收财产。

第二条　伪造外币或者贩卖伪造的外币的，依照第一条的规定处罚。

第三条　明知是伪造的货币而使用，情节严重的，处三年以下有期徒刑或者拘役，可以单处或者并处罚金。

第四条　伪造、变造国库券、本票、支票、汇票、存折、存单、信用卡或者其他金融支付结算凭证的，处七年以下有期徒刑，可以并处罚金；首要分子或者情节特别严重的，处七年以上有期徒刑或者无期徒刑，并处罚金或者没收财产。

第五条　单位违反外汇管理法规，未经批准，在境内私自保存、使用外汇，将境内外汇转移到境外，或者不调回在境外取得的外汇，情节严重的，判处罚金，并对直接负责的主管人员或者其他直接责任人员，处五年以下有期徒刑或者拘役。

第六条　违反外汇管理法规，非法买卖或者变相买卖外汇，数额较大的，处五年以下有期徒刑或者拘役，可以单处或者并处罚金；数额巨大或者以非法买卖外汇为常业的，处五年以上十年以下有期徒刑，并处罚金或者没收财产。

单位犯前款罪的，对单位判处罚金，并对直接负责的主管人员或者其他直接责任人员，依照前款的规定处罚。

第七条　非法成立银行、信用社、证券交易所等金融机构或者非法经营金融业务，扰乱国家金融管理秩序的，处五年以下有期徒刑或者拘役，可以单处或者并处罚金。

第八条 以虚假申请或以其他不正当手段骗取银行贷款，致使国家财产遭受损失的，处五年以下有期徒刑或者拘役，可以并处或单处罚金；致使国家财产遭受重大损失的，处五年以上十年以下有期徒刑，并处罚金或者没收财产。

第九条 金融机构的工作人员，违反贷款发放规定，擅自决定或者不认真履行审查手续，发放不应发放的贷款，致使巨额贷款不能收回的，处五年以下有期徒刑或者拘役，可以并处或者单处罚金。

第十条 金融机构工作人员，利用职务便利，挪用公款或者储户存款归个人使用，进行非法活动或者炒股、买卖房地产及其他营利性活动的，依照第六章的规定处罚。

单位犯前款罪的，对单位判处罚金，并对直接负责的主管人员和其他直接责任人员，依照第六章的规定处罚。

第十二章　危害证券、票证管理罪

第一条 伪造、变造股票、债券等有价证券，或者买卖伪造、变造的股票、债券等有价证券的，处七年以下有期徒刑，并处罚金；首要分子或者情节严重的，处七年以上有期徒刑或者无期徒刑，并处罚金或者没收财产。

第二条 证券经营、管理机构有下列行为之一，情节严重的，对单位判处罚金，并对直接负责的主管人员和其他直接责任人员，处三年以下有期徒刑或者拘役，可以并处或者单处罚金：

（一）以客户的名义为本机构买卖证券的；

（二）在代理客户买卖证券活动中，与客户分享证券交易的利润或者分担证券交易的损失，或者向客户提供避免损失或者保证交易收益的保证的；

（三）为证券交易提供融资的；

（四）不在规定时间向被代理人提供证券买卖书面确认文件的；

（五）不按国家有关规定办理清算、交割、过户、登记手续的；

（六）以多获取佣金为目的，诱导客户进行不必要的证券买卖，损害客户利益的；

（七）故意作出内容虚假或者其他误导性陈述的。

第三条 证券经营、管理机构的人员，有下列情形之一，情节严重的，处三年以下有期徒刑或者拘役，可以并处或者单处罚金：

（一）违反国家规定持有、买卖证券的；

（二）挪用客户的证券或者保证金的；

（三）利用证券价格波动，为牟取非法利益，故意迟延交割的；

（四）利用职务便利，人为地压低或者抬高证券价格的；

（五）利用职权强行买卖证券或者以不正当手段协助他人买卖证券的。

第四条 在证券交易过程中，有下列操纵市场情形之一，情节严重的，处五年以下有期徒刑或者拘役，可以并处或者单处罚金：

（一）以散布谣言等手段影响证券发行、交易的。

（二）为制造证券的虚假价格，与他人串通，不转移证券的所有权或者实际控制，虚买虚卖的；

（三）出售或者要约出售其并不持有的证券，扰乱证券市场秩序的；

（四）以抬高或者压低某种有价证券价格为目的，连续以高价买入或者以低价卖出该种有价证券或者与他人串通以约定价格买卖该种证券的。

第五条 内幕人员或者以不正当手段获取内幕信息的其他人员，根据内幕信息买卖证券、泄露与证券有关的内幕信息或者向他人提出买卖证券的建议，情节严重的，处五年以下有期徒刑或者拘役，可以并处或者单处罚金。

第六条 未经批准，擅自设立证券经营机构，或者擅自从事证券经营机构业务的，对单位判处罚金；对直接负责的主管人员和其他直接责任人员，处三年以下有期徒刑或者拘役，可以并处或者单处罚金。

第七条 伪造、变造车票、船票、飞机票、税票、邮票等票证或者倒卖伪造、变造的车票、船票、飞机票、税票、邮票等票证的，处三年以下有期徒刑、拘役或者罚金；情节严重的，处三年以上十年以下有期徒刑，并处罚金。

第八条 非法倒买车票、船票、飞机票、税票、邮票等票证，数额较大的，处五年以下有期徒刑或者拘役，可以单处或者并处罚金；数额巨大的，处五年以上有期徒刑，并处罚金或者没收财产。

第十三章　危害企业管理罪

第一条 公司发起人使用虚假的出资证明文件，欺骗公司登记主管部门，取得公司登记，情节严重的，处三年以下有期徒刑或者拘役，可以并处罚金。

单位有前款行为的，对单位判处罚金，并对直接负责的主管人员和其他直接责任人员，依照前款的规定处罚。

第二条 公司发起人、股东未足额交付货币或者未转移财产权，虚假出资，或者在公司成立后又抽回出资，情节严重的，处三年以下有期徒刑或者拘役，可以并处罚金。

第三条 公司发起人制作有虚假内容的招股说明书、认股书、公司债券募集办法发行股票、债券，情节严重的，处五年以下有期徒刑，可以并处罚金。

单位有前款行为的，对单位判处罚金，并对直接负责的主管人员和其他直接责任人员，依照前款的规定处罚。

第四条　未经国家有关主管部门批准，擅自发行股票、债券的，处五年以下有期徒刑或者拘役，可以并处罚金。

单位有前款行为的，对单位判处罚金，并对直接负责的主管人员和其他直接责任人员，依照前款规定处罚。

第五条　公司向股东、社会公众提供虚假的或者隐瞒重要事实的财务会计报告，情节严重的，对直接负责的主管人员和其他直接责任人员，处三年以下有期徒刑或者拘役，可以并处罚金。

第六条　公司减少注册资本或者进行清算，对资产负债表或者财产清算单作虚假记载、抽逃资金、隐匿财产或者未清偿债务前分配公司财产，严重损害债权人或者其他人利益的，对直接负责的主管人员和其他直接责任人员，处三年以下有期徒刑或者拘役，可以并处罚金。

公司破产时，有企业破产法第三十五条规定行为之一，情节严重的，对直接负责的主管人员和其他直接责任人员，依照第一款的规定处罚。

第七条　依法履行资产评估、验资、验证职责的人员，故意提供内容虚假的或者隐瞒重要事实的证明文件、报告，情节严重的，处五年以下有期徒刑或者拘役，可以并处罚金。

单位有前款行为的，对单位判处罚金，并对直接负责的主管人员和其他直接责任人员，依照前款的规定处罚。

第八条　国家有关主管部门的工作人员，对不符合法律规定条件的公司设立、登记申请或者股票、债券发行、上市申请，予以批准或者登记，致使公共财产、国家和人民利益遭受重大损失的，处五年以下有期徒刑或者拘役。

上级机关负责人强令批准、登记机关及其工作人员实施前款规定行为的，依照前款规定处罚。

第九条　公司工作人员利用职务或者工作上的便利，侵占本公司财物，数额较大的，处五年以下有期徒刑或者拘役；数额巨大的，处五年以上有期徒刑，可以并处没收财产。构成贪污罪的，依照第六章的规定处罚。

第十条　公司董事、经理或者其他经手、管理公司财物的人员，挪用本单位资金归个人使用，数额较大、超过三个月未还的，或者虽未超过三个月，但数额较大、进行营利活动的，处三年以下有期徒刑或者拘役。挪用本单位资金数额较大不退还的，以侵占罪论处。构成挪用公款罪的，依照第六章的规定处罚。

第十一条　倒卖、出租、转让国家行政机关签发的许可证、批准文件、执照或者其他证书、文件，情节严重的，处三年以下有期徒刑或者拘役，可以单处或者并处罚金；致使国家、集体利益遭受重大损失的，处三年以上十年以下有期徒刑，并处罚金。

伪造、变造许可证、批准文件、执照或者买卖伪造、变造的许可证、批准文件、执照的，依照前款规定从重处罚。

单位犯前两款罪的，对单位判处罚金，并对直接负责的主管人员和其他责任人员，依照前两款的规定处罚。

第十二条　企业及其有关工作人员有本章规定的犯罪行为的，依照本章各该条的规定处罚。

第十三条　违反进出口商品检验法的规定，逃避商品检验，将必须依法进行商检的进口商品，未经检验，擅自销售、使用，或者将必须依法进行商检的出口商品，未经检验或者经检验不合格，擅自出口，致使国家、集体遭受重大损失的，处三年以下有期徒刑或者拘役，可以并处或者单处罚金。

单位犯前款罪的，对单位判处罚金，并对直接负责的主管人员和其他直接责任人员，依照前款的规定处罚。

第十四章　危害公平竞争罪

第一条　为销售商品或者争揽营利性服务而行贿，情节严重的，处二年以下有期徒刑或者拘役，可以并处或者单处罚金；情节特别严重的，处二年以上七年以下有期徒刑，并处罚金。

为销售商品或者争揽营利性服务，在帐外给予对方单位或者个人回扣的，依照前款的规定处罚。

为谋取不正当利益，向国家工作人员行贿，或者违反国家规定，给予国家工作人员以回扣、手续费的，依照第六章的规定处罚。

第二条　为单位进行采购或者从事其他营利性业务的人员，收受贿赂或者在帐外暗中收受回扣，数额较大的，处三年以下有期徒刑或者拘役，并处罚金；数额巨大或者给本单位造成重大损失的，处三年以上十年以下有期徒刑，并处罚金。

国家工作人员利用职务上的便利，收受贿赂或者违反国家规定收受回扣的，依照第六章的规定处罚。

第三条　以盗窃、利诱、胁迫或者其他不正当手段获取他人的商业秘密，给他人造成严重经济损失或者非法获利数额巨大的，处二年以下有期徒刑或者拘役，可以并处或者单处罚金；情节特别严重的，处二年以上五年以下有期徒刑，并处罚金。

因工作关系知悉商业秘密的人员，擅自使用或者向他人泄露、出卖所知悉的商业秘密，情节严重的，处二年以下有期徒刑或者拘役，可以并处或者单处罚金；情节特别严重的，处二年以上五年以下有期徒刑，并处罚金。

第四条　捏造、散布虚假事实，损害竞争对手的商业信誉、商品信誉，情节严重的，处二年以下有期徒刑或者拘役，可以并处或者单处罚金。

第五条　以排挤其他经营者为目的，利用经济或者独占地位，限定他人购买其指定的商品，垄断市场，情节严重的，处二年以下有期徒刑或者拘役，可以并处或者单处罚金。

第六条　以提供虚假报销凭证为手段，招徕顾客，兜售商品，情节严重的，处二年以下有期徒刑或者拘役，可以单处或者并处罚金。

第七条　制作、宣传虚假广告或者向广告制作、宣传单位提供不实资料，欺骗他人，严重损害消费者、用户利益的，处三年以下有期徒刑或者拘役，可以单处或者并处罚金。

第八条　单位犯本章之罪的，对单位判处罚金，并对直接负责的主管人员和其他直接责任人员，依照本章各该条的规定处罚。

第九条　负有监督检查职责的工作人员，对不正当竞争行为应当制止而不制止，或者不监督检查，或者明知经营者有不正当竞争行为而故意包庇，影响正当竞争活动，情节严重的，处五年以下有期徒刑或者拘役，可以并处或者单处罚金。

第十五章　经济诈欺罪

第一条　没有履行合同的能力或者不准备履行合同，而与其他单位或者个人签订合同骗取财物，数额较大的，处五年以下有期徒刑或者拘役，可以并处或单处罚金。

犯前款罪，携款潜逃或者将款项挥霍的，依照第五章的规定处罚。

第二条　破产企业的法定代表人或者直接责任人员，违反破产法的规定，在破产宣告前的法定期间内，有下列欺诈行为之一，情节严重的，处二年以下有期徒刑、拘役或者管制：

（一）隐匿、私分或者无偿转让财产的；

（二）非正常压价出售财产的；

（三）对原来没有财产担保的债务提供财产担保的；

（四）对未到期的债务提前清偿的；

（五）放弃本企业债权的。

第三条　虚构保险事故或者隐瞒事实真相骗取保险金，数额较大的，处三年以下有期徒刑或者拘役，可以并处或者单处罚金；数额巨大的，处三年以上七年以下有期徒刑，并处罚金。

第四条　以高利息、高股息、高红利或者对集资人的资信状况作虚假陈述等手段，骗取资金的，处五年以下有期徒刑或者拘役，可以并处或者单处罚金；情节严重的，处五年以上有期徒刑，并处罚金或者没收财产。

第五条　在公共工程、房地产或者其他公开招标中，投标人串通，协定投标报价，损害招标方利益，情节严重的，处五年以下有期徒刑或者拘役，可以并处或者单处罚金。

投标人与招标人串通投标，损害国家、集体或者公民利益的，依照前款规定从重处罚。

第六条　单位犯本章之罪的，对单位判处罚金，并对直接负责的主管人员和其他直接责任人员，依照本章各该条的规定处罚。

第十六章　扰乱市场秩序罪

第一条　违反国家规定，非法买卖金银以及其他国家禁止买卖的物品，情节严重的，处五年以下有期徒刑或者拘役，可以并处或者单处罚金；情节特别严重的，处五年以上有期徒刑，并处罚金或者没收财产。

第二条　违反国家规定，非法买卖烟草等专营、专卖物品，情节严重的，处五年以下有期徒刑或者拘役，可以并处或者单处罚金；情节特别严重的，处五年以上有期徒刑，并处罚金或者没收财产。

第三条　在商品交易中，欺行霸市，强买强卖，扰乱市场秩序，情节严重的，处三年以下有期徒刑或者拘役，可以并处或者单处罚金。

第四条　制造、销售、使用以欺骗消费者为目的的计量器具，情节严重的，处三年以下有期徒刑或者拘役，可以并处或者单处罚金。

第五条　为他人非法提供支票、发票、证明、银行帐户或者其他经营条件，情节严重的，处五年以下有期徒刑或者拘役，可以并处或者单处罚金。

第六条　单位犯本章之罪的，对单位判处罚金，并对直接负责的主管人员和其他直接责任人员，依照本章各该条的规定处罚。

第十七章　危害税收罪

第一条　纳税人采取伪造、变造、隐匿、擅自销毁帐簿、记帐凭证，在帐簿上多列支出或者不列、少列收入，或者进行虚假的纳税申报的手段，不缴或者少缴应纳税款的，是偷税。偷税数额占应纳税额的百分之十以上并且偷税数额在一万元以上的，或者因偷税被税务机关给予二次行政处罚又偷税的，处三年以下有期徒刑或者拘役，并处偷税数额五倍以下的罚金；偷税数额占应纳税额的百分之三十以上并且偷税数额在十万元以上的，处三年以上七年以下有期徒刑，并处偷税数额五倍以下的罚金。

扣缴义务人采取前款所列手段，不缴或者少缴已扣、已收税款，数额占应缴纳税额的百分之十以上并且数额在一万以上的，依照前款规定处罚。

对多次犯有前两款规定的违法行为未经处罚的，按照累计数额计算。

第二条 纳税人欠缴应纳税款，采取转移或者隐匿财产的手段，致使税务机关无法追缴欠缴税款，数额在一万元以上不满十万元的，处三年以下有期徒刑或者拘役，并处欠缴税款五倍以下的罚金；数额在十万元以上的，处三年以上七年以下有期徒刑，并处欠缴税款五倍以下的罚金。

第三条 单位犯第一条、第二条之罪的，对单位判处罚金，并对负有直接责任的主管人员和其他直接责任人员，依照第一条、第二条的规定处罚。

第四条 纳税人向税务人员行贿，不缴或者少缴应纳税款的，依照第五章的规定处罚，并处不缴或者少缴的税款五倍以下的罚金。

第五条 单位采取对所生产或者经营的商品假报出口等欺骗手段，骗取国家出口退税款，数额在一万元以上的，处骗取税款五倍以下的罚金，并对负有直接责任的主管人员和其他直接责任人员，处三年以下有期徒刑或者拘役。

前款规定以外的单位或者个人骗取国家出口退税款的，依照诈骗罪的规定处罚，并处骗取税款五倍以下的罚金；单位犯本款罪的，对单位处罚金，并对负有直接责任的主管人员和其他直接责任人员，依照诈骗罪的规定处罚。

第六条 以暴力、威胁方法拒不缴纳税款的，是抗税，处三年以下有期徒刑或者拘役，并处拒缴税款五倍以下的罚金；情节严重的，处三年以上七年以下有期徒刑，并处拒缴税款五倍以下的罚金。

以暴力方法抗税，致人重伤或者死亡的，按照伤害罪、杀人罪从重处罚，并依照前款规定处以罚金。

第七条 税务人员玩忽职守，不征或者少征应征税款，致使国家税收遭受重大损失或者滥用职权，故意刁难纳税人、扣缴义务人，情节严重的，处五年以下有期徒刑或者拘役，可以并处或者单处罚金。

第十八章　危害环境和自然资源罪

第一条 违反国家规定，向耕地、森林、草原或者其他陆地排放、倾倒有放射性的污染物、含传染病原体的有毒物质，造成重大污染事故，致人重伤、死亡或者使农、林、牧、副业遭受重大损失的，处三年以下有期徒刑或者拘役，可以并处或者单处罚金；情节特别严重的，处三年以上七年以下有期徒刑，并处罚金。

第二条 违反国家规定，向海洋、江河、湖泊或者其他水体排放、倾倒有放射性的污染物、含传染病原体的污水或者其他有毒物质，造成重大污染事故，致人重伤、死亡或者使公私财产遭受重大损失的，处三年以下有期徒刑或者拘役，可以并处或者单处罚金；情节特别严重的，处三年以上七年以下有期徒刑，并处罚金。

第三条 违反国家规定，向大气排放含有毒物质的废气、粉尘或者含有放射性物质的气体和气溶液，造成重大污染事故，致人重伤、死亡或者使公私财产遭受重大损失的，处三年以下有期徒刑或者拘役，可以并处或者单处罚金；情节特别严重的，处三年以上七年以下有期徒刑，并处罚金。

第四条 单位犯第一条至第三条之罪的，对单位判处罚金，并对直接负责的主管人员和其他直接责任人员，依照各该条的规定处罚。

第五条 未取得林木采伐许可证或者超越林木采伐许可证的范围采伐林木，情节严重的，处三年以下有期徒刑或者拘役，可以并处或者单处罚金；情节特别严重的，处三年以上七年以下有期徒刑，并处罚金。

实施前款行为，将采伐的林木据为已有的，依照盗窃罪的规定处罚。

第六条 违反森林法的规定，在林区进行开垦、采石、采砂、采土、采种、采脂、砍柴和其他活动，致使森林资源遭受严重破坏的，处三年以下有期徒刑或者拘役，可以单处或者并处罚金。

第七条 未取得采矿许可证或者超越采矿许可证的范围采矿，被责令停止开采而拒不停止开采，致使矿产资源遭受破坏的，处三年以下有期徒刑或者拘役，可以单处或者并处罚金。

第八条 非法捕杀国家重点保护的珍贵、濒危野生动物的，处七年以下有期徒刑或者拘役，可以并处或者单处罚金。走私或者非法出售倒卖珍贵动物及其制品的，依照第八章、第十六章的规定处罚。

第九条 违反保护水产资源法规，在禁渔区、禁渔期或者使用禁用的工具、方法捕捞水产品，情节严重的，处二年以下有期徒刑、拘役或者罚金。

第十条 违反狩猎法规，在禁猎区、禁猎期或者使用禁用的工具、方法非法猎捕野生动物，情节严重的，处二年以下有期徒刑、拘役或者罚金。

第十一条 伪造、买卖林木采伐证、采矿许可证、野生动物特许猎捕证，情节严重的，处七年以下有期徒刑或者拘役，可以并处或者单处罚金。

第十二条 违反土地管理法的规定，侵占、买卖、出租或者以其他形式非法转让土地使用权，情节严重的，处三年以下有期徒刑或者拘役，可以并处或者单处罚金；情节特别严重的，处三年以上七年以下有期徒刑，并处罚金。

第十三条 林业、地质矿产、土地等主管机关的工作人员滥用职权，擅自发放林木采伐证、采矿许可证、猎捕特许证或者擅自批准占用土地，情节严重的，处五年以下有期徒刑或者拘役。

第十九章　危害公共卫生罪

第一条 违反传染病防治法的规定，有下列行为之一，引起鼠疫、霍乱等传染病传播或者有传播严重危险的，处三年以下有期徒刑或者拘役，可以并处或者单处罚金：

（一）供水单位供应的饮水不符合国家规定的卫生标准的；

（二）拒绝按照卫生防疫机构提出的卫生要求，对传染病病原体污染的污水、污物、粪便进行消毒处理的；

（三）准许或者纵容传染病病人、病原携带者和疑似传染病病人从事国务院卫生行政部门规定禁止从事的易使该传染病扩散的工作的；

（四）拒绝执行卫生防疫机构依法提出的其他预防、控制措施的。

单位犯前款罪的，对单位判处罚金，并对直接负责的主管人员和其他直接责任人员，依照前款的规定处罚。

第二条 从事实验、保藏、携带、运输传染病菌种、毒种的人员，违反国务院卫生行政部门的有关规定，造成传染病菌种、毒种扩散，后果严重的，处三年以下有期徒刑或者拘役；后果特别严重的，处三年以上七年以下有期徒刑。

第三条 从事传染病的医疗保健、卫生防疫、监督管理的人员和政府有关主管人员玩忽职守，造成传染病传播或者流行，情节严重的，处五年以下有期徒刑或者拘役。

第四条 违反国境卫生检疫法、出入境动植物检疫法的规定，引起检疫传染病传播或者有传播严重危险，或者引起重大动植物疫情的，处三年以下有期徒刑或者拘役，可以并处或者单处罚金。

单位犯前款罪的，对单位判处罚金，并对直接负责的主管人员和其他直接责任人员，依照前款的规定处罚。

第五条 国境卫生检疫机关、动植物检疫机关的工作人员，滥用职权，伪造检疫结果或者玩忽职守，造成检疫传染病传播或者重大动植物疫情的，处五年以下有期徒刑或者拘役。

第二十章　妨害司法罪

第一条 捏造事实诬告陷害他人（包括犯人）的，参照所诬陷的罪行的性质、情节、后果和量刑标准处罚。国家工作人员犯诬陷罪的，从重处罚。

不是有意诬陷，而是错告，或者检举失实的，不适用前款规定。

第二条 在侦查、审判中，证人、鉴定人、记录人、翻译人对与案件有重要关系的情节，故意作虚假证明、鉴定、记录、翻译，意图陷害他人或者隐匿罪证的；处二年以下有期徒刑或者拘役；情节严重的，处二年以上七年以下有期徒刑。

第三条 律师在承办案件中，对与案件有重要关系的情节，唆使刑事被告人不如实供认犯罪事实，或者为被告人串通案情，妨碍案件审理，情节严重的，处七年以下有期徒刑或者拘役。

第四条 伪造、毁灭重要证据，妨碍侦查、审理案件，情节严重的，处三年以下有期徒刑、拘役或者罚金。

第五条 以暴力、威胁、贿买方法阻止证人作证或者指使、贿买、胁迫他人作伪证，情节严重的，处三年以下有期徒刑、拘役或者罚金。

第六条 窝藏、包庇犯罪分子的，处二年以下有期徒刑、拘役或者管制；情节严重的，处二年以上七年以下有期徒刑。

犯前款罪，事前通谋的，以共同犯罪论处。

第七条 明知是犯罪所得的赃物而予以窝藏或者代为销售的，处三年以下有期徒刑、拘役或者管制，可以并处或者单处罚金。

第八条 对司法工作人员、诉讼参加人、证人、翻译人员、鉴定人、勘验人、协助执行的人进行侮辱、诽谤、诬陷、殴打或者打击报复，情节严重的，处三年以下有期徒刑、拘役或者罚金。

第九条 哄闹、冲击法庭，侮辱、诽谤、威胁、殴打审判人员，扰乱法庭秩序，情节严重的，处三年以下有期徒刑、拘役或者罚金。

第十条 拒不执行人民法院已经发生法律效力的判决、裁定的，处三年以下有期徒刑、拘役或者罚金。

第十一条 依法被逮捕、关押的犯罪分子脱逃的，除按其原犯罪行或者按其原判刑期执行外，加处五年以下有期徒刑或者拘役。

以暴力、威胁方法犯前款罪的，处二年以上七年以下有期徒刑。

第十二条 依法被关押的罪犯，有下列破坏监管秩序行为之一的，加处五年以下有期徒刑：

（一）殴打或者暴力威胁他人，情节恶劣的；

（二）组织或者煽动他人抗拒改造的；

（三）制造或者私藏凶器的。

第十三条 隐藏、转移、变卖、毁损已被查封、扣押的财产，或者已被清点并责令其保管的财产，转移已被冻结的财产，情节严重的，处三年以下有期徒刑、拘役或者罚金。

第二十一章　扰乱社会管理秩序罪

第一条 聚众扰乱工作、生产、营业、教学、科研秩序，造成严重危害的，对首要分子和其他积极参加的，处五年以下有期徒刑、拘役或者管制。

第二条　聚众扰乱车站、码头、民用航空站、商场、公园、影剧院、展览会、运动场或者其他公共场所秩序，聚众堵塞交通或者破坏交通秩序，抗拒、阻碍国家治安管理人员依法执行职务，情节严重的，对首要分子和其他积极参加的，处五年以下有期徒刑、拘役或者管制。

第三条　以暴力、威胁方法阻碍公安、工商、税务或者其他国家工作人员依法执行职务的，处三年以下有期徒刑、拘役或者罚金。

第四条　冒充国家工作人员招摇撞骗的，处三年以下有期徒刑、拘役、管制或者剥夺政治权利；情节严重的，处三年以上十年以下有期徒刑。

第五条　伪造、变造或者盗窃、抢夺、毁灭国家机关、企业、事业单位、人民团体的公文、证件、印章的，处三年以下有期徒刑、拘役、管制或者剥夺政治权利；情节严重的，处三年以上十年以下有期徒刑。

第六条　伪造、变造或者盗窃居民身份证，情节严重的，处三年以下有期徒刑、拘役或者管制。

第七条　违反集会、游行、示威法规，有下列情形之一的，对负责人员和直接责任人员，处五年以下有期徒刑或者拘役：

（一）未经申请、许可，或者未按主管机关许可的起止时间、地点、路线，举行集会、游行、示威，拒不服从解散命令，严重破坏社会秩序的；

（二）携带武器、管制刀具或者爆炸物参加集会、游行、示威的。

第八条　扰乱、冲击或者以其他方法破坏依法举行的集会、游行示威，情节严重的，处五年以下有期徒刑或者拘役。

第九条　在戒严期间，有下列破坏戒严令实施行为之一的，对首要分子或者其他罪恶重大的，处三年以上十年以下有期徒刑；情节特别严重的，处十年以上有期徒刑；其他积极参加的，处五年以下有期徒刑、拘役或者管制：

（一）组织游行、示威、罢工、罢课的；

（二）煽动破坏戒严令实施的；

（三）聚众围困、冲击国家机关、戒严部队的；

（四）聚众围困、冲击电视台、电台的；

（五）破坏交通的。

第十条　在公众场合故意以焚烧、毁损、涂划、玷污、践踏等方式侮辱中华人民共和国国旗、国徽的，处三年以下有期徒刑、拘役或者管制。

第十一条　有下列流氓行为之一，情节严重的，处五年以下有期徒刑、拘役或者管制；危害严重的，处五年以上有期徒刑；流氓集团的首要分子或者其他罪行特别严重的，处无期徒刑或者死刑：

（一）聚众滋事、打架斗殴，破坏社会秩序的；

（二）结为团伙，称霸一方，欺压群众的；

（三）猥亵妇女或者少年儿童的；

（四）聚众淫乱的；

（五）污染他人身体、衣物的；

（六）有其他公然藐视社会公德，伤害社会风化行为的。

第十二条　制造或者故意散布谣言，扰乱社会秩序，情节严重的，处二年以下有期徒刑或者拘役；造成严重后果的，处二年以上七年以下有期徒刑。

第十三条　聚众赌博或者多次赌博屡教不改的，处三年以下有期徒刑、拘役或者管制，可以并处罚金。

第十四条　传授犯罪方法，情节严重的，处五年以下有期徒刑或者拘役；情节特别严重的，处五年以上有期徒刑。

第十五条　进行迷信活动骗取财物，扰乱社会秩序的，处二年以下有期徒刑、拘役或者管制；情节严重的，处二年以上七年以下有期徒刑。

第十六条　胁迫未成年人表演恐怖、残酷或者淫秽节目，情节严重的，处三年以下有期徒刑或者拘役，可以并处或者单处罚金。

第十七条　破坏计划生育，情节严重的，处二年以下有期徒刑、拘役或者罚金。

第二十二章　组织、运送他人偷越国（边）境罪

第一条　组织他人偷越国（边）境的，处二年以上七年以下有期徒刑，并处罚金；有下列情形之一的，处七年以上有期徒刑或者无期徒刑，并处罚金或者没收财产：

（一）组织他人偷越国（边）境集团的首要分子；

（二）多次组织他人偷越国（边）境或者组织他人偷越国（边）境人数众多的；

（三）造成被组织人重伤、死亡的；

（四）剥夺或者限制被组织人人身自由的；

（五）以暴力、威胁方法抗拒检查的；

（六）违法所得数额巨大的；

（七）有其他特别严重情节的。

对被组织人有杀害、伤害、强奸、拐卖等犯罪行为，或者对检查人员有杀害、伤害等犯罪行为的，可以依照法律规定判处死刑。

第二条　以劳务输出、经贸往来或者其他名义，弄虚作假，骗取护照、签证等出境证件，为组织他人偷越国（边）境使用的，依照本章第一条的规定处罚。

单位有前款规定的犯罪行为的，对单位判处罚金，并对直接负责的主管人员和其他直接责任人员，依照本章第一条的规定处罚。

第三条　为他人提供伪造、变造的护照、签证等出入境证件，或者倒卖护照、签证等出入境证件的，处五年以下有期徒刑，并处罚金；情节严重的，处五年以上有期徒刑，并处罚金。

第四条　运送他人偷越国（边）境的，处五年以下有期徒刑、拘役或者管制，并处罚金；有下列情形之一的，处五年以上十年以下有期徒刑，并处罚金：

（一）多次实施运送行为或者运送人数众多的；

（二）所使用的船只、车辆等交通工具不具备必要的安全条件，足以造成严重后果的；

（三）违法所得数额巨大的；

（四）有其他特别严重情节的。

在运送他人偷越国（边）境中造成被运送人重伤、死亡，或者以暴力、威胁方法抗拒检查的，处七年以上有期徒刑，并处罚金。

对被运送人有杀害、伤害、强奸、拐卖等犯罪行为，或者对检查人员有杀害、伤害等犯罪行为的，可以依照法律规定判处死刑。

第五条　偷越国（边）境的，公安机关可以处十五日以下拘留，单处或者并处一千元以上五千元以下罚款；情节严重的，处二年以下有期徒刑或者拘役，并处罚金。

第六条　负责办理护照、签证以及其他出入境证件的国家工作人员，对明知是企图偷越国（边）境的人员予以办理出入境证件的；边防、海关等国家工作人员，对明知是偷越国（边）境的人员，予以放行的，处三年以下有期徒刑、拘役或者管制；情节严重的，处三年以上十年以下有期徒刑。

与组织、运送他人偷越国（边）境的犯罪分子相勾结，实施前款规定的行为的，依照本章第一条、第四条的规定处罚。

第二十三章　妨害文物管理罪

第一条　盗掘具有历史、艺术、科学价值的古文化遗址、古墓葬的，处三年以上十年以下有期徒刑，可以并处罚金；情节较轻的，处三年以下有期徒刑或者拘役，可以并处罚金；有下列情形之一的，处十年以上有期徒刑、无期徒刑或者死刑，并处罚金或者没收财产：

（一）盗掘确定为全国重点文物保护单位和省级文物保护单位的古文化遗址、古墓葬的；

（二）盗掘古文化遗址、古墓葬集团的首要分子；

（三）多次盗掘古文化遗址、古墓葬的；

（四）盗掘古文化遗址、古墓葬，并盗窃珍贵文物或者造成珍贵文物严重破坏的。

第二条　故意破坏国家保护的珍贵文物、名胜古迹，依照第一条的规定处罚。

第三条　过失损毁国家保护的珍贵文物、名胜古迹，情节严重的，处七年以下有期徒刑、拘役或者罚金。

第四条　走私国家禁止出口的文物或者将收藏的国家禁止出口的珍贵文物私自出售、赠送给外国人的，依照本法第八章的规定处罚。

第五条　全民所有制博物馆、图书馆等单位将文物藏品出售或者私自赠送给非全民所有制单位或者个人的，对单位判处罚金，并对直接负责的主管人员和其他直接责任人员，处五年以下有期徒刑或者拘役，可以并处或者单处罚金。

第六条　非法倒卖国家禁止买卖的文物，情节严重的，处五年以下有期徒刑或者拘役，并处罚金；情节特别严重的，处五年以上有期徒刑，并处罚金或者没收财产。

第七条　国家工作人员玩忽职守，造成珍贵文物损毁或者流失的，处五年以下有期徒刑或者拘役。

第八条　国家工作人员滥用职权，非法占有国家保护的文物的，以贪污论处。

第二十四章　制造、贩卖鸦片毒品罪

第一条　本章所称的毒品是指鸦片、海洛因、吗啡、大麻、可卡因以及国务院规定管制的其他能够使人形成瘾癖的麻醉药品和精神药品。

第二条　走私、贩卖、运输、制造毒品，有下列情形之一的，处十五年有期徒刑、无期徒刑或者死刑，并处没收财产：

中编

（一）走私、贩卖、运输、制造鸦片一千克以上、海洛因五十克以上或者其他毒品数量大的；

（二）走私、贩卖、运输、制造毒品集团的首要分子；

（三）武装掩护走私、贩卖、运输、制造毒品的；

（四）以暴力抗拒检查、拘留、逮捕，情节严重的；

（五）参与有组织的国际贩毒活动的。

走私、贩卖、运输、制造鸦片二百克以上不满一千克、海洛因十克以上不满五十克或者其他毒品数量较大的，处七年以上有期徒刑，并处罚金。

走私、贩卖、运输、制造鸦片不满二百克、海洛因不满十克或者其他少量毒品的，处七年以下有期徒刑、拘役或者管制，并处罚金。

利用、教唆未成年人走私、贩卖、运输、制造毒品的，从重处罚。

对多次走私、贩卖、运输、制造毒品，未经处理的，毒品数量累计计算。

第三条　禁止任何人非法持有毒品。非法持有鸦片一千克以上、海洛因五十克以上或者其他毒品数量大的，处七年以上有期徒刑或者无期徒刑，并处罚金；非法持有鸦片二百克以上不满一千克、海洛因十克以上不满五十克或者其他毒品数量较大的，处七年以下有期徒刑、拘役或者管制，可以并处罚金；非法持有鸦片不满二百克、海洛因不满十克或者其他少量毒品的，依照第八条第一款的规定处罚。

第四条　包庇走私、贩卖、运输、制造毒品的犯罪分子的，为犯罪分子窝藏、转移、隐瞒毒品或者犯罪所得的财物的，掩饰、隐瞒出售毒品获得财物的非法性质和来源的，处七年以下有期徒刑、拘役或者管制，可以并处罚金。

犯前款罪事先通谋的，以走私、贩卖、运输、制造毒品罪的共犯论处。

第五条　对醋酸酐、乙醚、三氯甲烷或者其他经常用于制造麻醉药品和精神药品的物品，应当依照国家有关规定严格管理，严禁非法运输、携带进出境。非法运输、携带上述物品进出境的，处三年以下有期徒刑、拘役或者管制，并处罚金；数量大的，处三年以上十年以下有期徒刑，并处罚金；数量较小的，依照海关法的有关规定处罚。

明知他人制造毒品而为其提供前款规定的物品的，以制造毒品罪的共犯论处。

单位有前两款规定的违法犯罪行为的，对其直接负责的主管人员和其他直接责任人员，依照前两款的规定处罚，并对单位判处罚金或者予以罚款。

第六条　非法种植罂粟、大麻等毒品原植物的，一律强制铲除。有下列情形之一的，处五年以下有期徒刑、拘役或者管制，并处罚金：

（一）种植罂粟五百株以上不满三千株或者其他毒品原植物数量较大的；

（二）经公安机关处理后又种植的；

（三）抗拒铲除的。

非法种植罂粟三千株以上或者其他毒品原植物数量大的，处五年以上有期徒刑，并处罚金或者没收财产。

非法种植罂粟或者其他毒品原植物，在收获前自动铲除的，可以免除处罚。

第七条　引诱、教唆、欺骗他人吸食、注射毒品的，处七年以下有期徒刑、拘役或者管制，并处罚金。

强迫他人吸食、注射毒品的，处三年以上十年以下有期徒刑，并处罚金。

引诱、教唆、欺骗或者强迫未成年人吸食、注射毒品的，从重处罚。

第八条　吸食、注射毒品的，由公安机关处十五日以下拘留，可以单处或者并处二千元以下罚款，并没收毒品和吸食、注射器具。

吸食、注射毒品成瘾的，除依照前款规定处罚外，予以强制戒除，进行治疗、教育。强制戒除后又吸食、注射毒品的，可以实行劳动教养，并在劳动教养中强制戒除。

第九条　容留他人吸食、注射毒品并出售毒品的，依照第二条的规定处罚。

第十条　根据医疗、教学、科研的需要，国家卫生行政主管部门依照法律、行政法规的规定，可以指定特定的地方和制药厂，种植、生产限定数量的毒品原植物和麻醉药品、精神药品。依法从事生产、运输、管理、使用国家管制的麻醉药品、精神药品的单位和人员，必须严格遵守国家关于麻醉药品、精神药品的管理规定。

依法从事生产、运输、管理、使用国家管制的麻醉药品、精神药品的人员违反国家规定，向吸食、注射毒品的人提供国家管制的麻醉药品、精神药品的，处七年以下有期徒刑或者拘役，可以并处罚金。向走私、贩卖毒品的犯罪分子或者以牟利为目的，向吸食、注射毒品的人提供国家管制的麻醉药品、精神药品的，依照第二条的规定处罚。

单位有第二款规定的违法犯罪行为的，对其直接负责的主管人员和其他直接责任人员，依照第二款的规定处罚，并对单位判处罚金。

第十一条　国家工作人员犯本章规定之罪的，从重处罚。

因走私、贩卖、运输、制造、非法持有毒品罪被判过刑，又犯本章规定之罪的，从重处罚。

第二十五章　制造、贩卖淫秽物品罪

第一条　以牟利或者传播为目的，走私淫秽物品的，依照本法第八章的规定处罚。

第二条　以牟利为目的，制作、复制、出版、贩卖、传播淫秽物品的，处三年以下有期徒刑或者拘役，并处罚金；情节严重的，处三年以上十年以下有期徒刑，并处罚金；情节特别严重的，处十年以上有期徒刑或者无期徒刑，并处罚金或者没收财产。

为他人提供书号，出版淫秽书刊的，处三年以下有期徒刑或者拘役，可以并处或者单处罚金；明知他人用于出版淫秽书刊而提供书号的，依照前款的规定处罚。

第三条　在社会上传播淫秽的书刊、影片、录像带、录音带、图片或者其他淫秽物品，情节严重的，处二年以下有期徒刑或者拘役。

组织播放淫秽的电影、录像等音像制品的，处三年以下有期徒刑或者拘役，可以并处罚金；情节严重的，处三年以上十年以下有期徒刑，并处罚金。

制作、复制淫秽的电影、录像等音像制品组织播放的，依照第二款的规定从重处罚。

向不满十八岁的未成年人传播淫秽物品的，从重处罚。

第四条　利用淫秽物品进行流氓犯罪或者传授犯罪方法的，依照本法第二十一章的规定处罚。

第五条　单位有本章第一条、第二条、第三条规定的犯罪行为的，对其直接负责的主管人员和其他直接责任人员，依照各该条的规定处罚，对单位判处罚金。

第六条　有下列情节之一的，依照本章有关规定从重处罚：

（一）犯罪集团的首要分子；

（二）国家工作人员利用工作职务便利，走私、制作、复制、出版、贩卖、传播淫秽物品的；

（三）管理录像、照像、复印等设备的人员，利用所管理的设备，犯有本章第二条、第三条、第四条规定的犯罪行为的；

（四）成年人教唆不满十八岁的未成年人走私、制作、复制、贩卖、传播淫秽物品的。

第七条　本章所称淫秽物品，是指具体描绘性行为或者露骨宣扬色情的诲淫性的书刊、影片、录像带、录音带、图片及其他淫秽物品。

有关人体生理、医学知识的科学著作不是淫秽物品。

包含有色情内容的有艺术价值的文学、艺术作品不视为淫秽物品。

第二十六章　拐卖妇女、儿童罪

第一条　拐卖妇女、儿童的，处五年以上十年以下有期徒刑，并处一万元以下罚金；有下列情形之一的，处十年以上有期徒刑或者无期徒刑，并处一万元以下罚金或者没收财产；情节特别严重的，处死刑，并处没收财产：

（一）拐卖妇女、儿童集团的首要分子；

（二）拐卖妇女、儿童三人以上的；

（三）奸淫被拐卖的妇女的；

（四）诱骗、强迫被拐卖的妇女卖淫或者将被拐卖的妇女卖给他人迫使其卖淫的；

（五）造成被拐卖的妇女、儿童或者其亲属重伤、死亡或者其他严重后果的；

（六）将妇女、儿童卖往境外的。

拐卖妇女、儿童是指以出卖为目的，有拐骗、收买、贩卖、接送、中转妇女、儿童的行为之一的。

第二条　以出卖为目的，使用暴力、胁迫或者麻醉方法绑架妇女、儿童的，处十年以上有期徒刑或者无期徒刑，并处一万元以下罚金或者没收财产；情节特别严重的，处死刑，并处没收财产。

以出卖或者勒索财物为目的，偷盗婴幼儿的，依照前款的规定处罚。

第三条　收买被拐卖、绑架的妇女、儿童的，处三年以下有期徒刑、拘役或者管制。

收买被拐卖、绑架的妇女，强行与其发生性关系的，依照本法关于强奸罪的规定处罚。

收买被拐卖、绑架的妇女、儿童，非法剥夺、限制其人身自由或者有伤害、侮辱、虐待等犯罪行为的，依照本法的有关规定处罚。

收买被拐卖、绑架的妇女、儿童，并有本条第二款、第三款规定的犯罪行为的，依照数罪并罚的规定处罚。

收买被拐卖、绑架的妇女、儿童又出卖的，依照本章第一条的规定处罚。

收买被拐卖、绑架的妇女、儿童，按照被买妇女的意愿，不阻碍其返回原居住地的，对被买儿童没有虐待行为，不阻碍对其进行解救的，可以不追究刑事责任。

第四条　以暴力、威胁方法阻碍国家工作人员解救被收买的妇女、儿童的，依照本法的有关规定处罚。

聚众阻碍国家工作人员解救被收买的妇女、儿童的首要分子，处五年以下有期徒刑或者拘役；其他参与者，依照前款的规定处罚。

第五条　负有解救职责的国家工作人员接到被拐卖、绑架的妇女、儿童及其家属的解救要求或者接到其他人的举报，而对被拐卖、绑架的妇女、儿童不进行解救，造成严重后果的，处五年以下有期徒刑或者拘役。

负有解救职责的国家工作人员利用职务阻碍解救的，处二年以上七年以下有期徒刑；情节较轻的，处二年以上有期徒刑或者拘役。

（有些同志主张将本章第一、二、三条并入第三章侵犯人身权利罪，将第四、五条删去。）

第二十七章　组织卖淫罪

第一条　组织他人卖淫的，处十年以上有期徒刑或者无期徒刑，并处一万元以下罚金或者没收财产；情节特别严重的，处死刑，并处没收财产。

协助组织他人卖淫的，处三年以上十年以下有期徒刑，并处一万元以下罚金；情节严重的，处十年以上有期徒刑，并处一万元以下罚金或者没收财产。

第二条　强迫他人卖淫的，处五年以上十年以下有期徒刑，并处一万元以下罚金；有下列情形之一，处十年以上有期徒刑或者无期徒刑，并处一万元以下罚金或者没收财产；情节特别严重的，处死刑，并处没收财产：

（一）强迫不满十四岁的幼女卖淫的；

（二）强迫多人卖淫或者多次强迫他人卖淫的；

（三）强奸后迫使卖淫的；

（四）造成被强迫卖淫的人重伤、死亡或者其他严重后果的。

第三条　引诱、容留、介绍他人卖淫的，处五年以下有期徒刑或者拘役，并处五千元以下罚金；情节严重的，处五年以上有期徒刑，并处一万元以下罚金。

引诱不满十四岁的幼女卖淫的，依照本章第二条关于强迫不满十四岁的幼女卖淫的规定处罚。

第四条　明知自己患有梅毒、淋病等严重性病卖淫、嫖娼的，处五年以下有期徒刑、拘役或者管制，并处五千元以下罚金。

嫖宿不满十四岁的幼女的，依照本法关于强奸罪的规定处罚。

第五条　旅馆业、饮食服务业、文化娱乐业、出租汽车业等单位的人员，利用本单位的条件，组织、强迫、引诱、容留、介绍他人卖淫的，依照本章第一条、第二条、第三条的规定处罚。

前款所列单位的主要负责人，有前款规定的行为的，从重处罚。

第六条　旅馆业、饮食服务业、文化娱乐业、出租汽车业等单位的负责人和职工，在公安机关查处卖淫、嫖娼活动时，隐瞒情况或者为违法犯罪分子通风报信的，处二年以下有期徒刑、拘役或者管制；情节严重的，处二年以上七年以下有期徒刑。

第七条　有查禁卖淫、嫖娼活动职责的国家工作人员，为使违法犯罪分子逃避处罚，向其通风报信、提供便利的，处五年以下有期徒刑或者拘役；情节严重的，处五年以上有期徒刑。

犯前款罪，事前与犯罪分子通谋的，以共同犯罪论处。

第二十八章　妨害婚姻、家庭罪

第一条　以暴力干涉他人婚姻自由的，处二年以下有期徒刑或者拘役。

犯前款罪，引起被害人死亡的，处二年以上七年以下有期徒刑。

第一款罪，告诉的才处理。

第二条　有配偶而重婚的，或者明知他人有配偶而与之结婚的，处二年以下有期徒刑或者拘役。

第三条　明知是现役军人的配偶而与之结婚或者与之通奸，情节严重的，处三年以下有期徒刑。

第四条　虐待家庭成员，情节恶劣的，处二年以下有期徒刑、拘役或者管制。

犯前款罪，引起被害人重伤、死亡的，处二年以上七年以下有期徒刑。

第一款罪，告诉的才处理。

第五条　对于年老、年幼、患病或者其他没有独立生活能力的人，负有扶养义务而拒绝扶养，情节恶劣的，处五年以下有期徒刑、拘役或者管制。

第六条　拐骗不满十四岁的男、女，脱离家庭或者监护人的，处五年以下有期徒刑或者拘役。

以出卖为目的，实施前款行为的，依照本法第二十六章的有关规定处罚。

7. 中华人民共和国刑法（总则修改稿）

（全国人大常委会法制工作委员会刑法修改小组 1995 年 8 月 8 日）

目 录

第一章 刑法的任务和基本原则

第一条 中华人民共和国刑法，以马克思列宁主义毛泽东思想为指针，以宪法为根据，依照惩办与宽大相结合的政策，结合我国同犯罪作斗争的具体经验及实际情况制定。

第二条 中华人民共和国刑法的任务，是用刑罚同犯罪作斗争，以保卫人民民主专政制度，保护公民的人身权利、民主权利和其他权利，保护公共财产和私人的合法财产，维护社会秩序、经济秩序，保障社会主义建设事业的顺利进行。

第三条 对于行为时法律没有明文规定为犯罪的，不得定罪处罚。

第二章 刑法的适用范围

第四条 凡在中华人民共和国领域内犯罪的，除法律有特别规定的以外，都适用本法。

凡在中华人民共和国船舶或者航空器内犯罪的，也适用本法。

犯罪的行为或者结果有一项发生在中华人民共和国领域内的，就认为是在中华人民共和国领域内犯罪。

第五条 中华人民共和国公民在中华人民共和国领域外犯罪，在中华人民共和国领域内被逮捕或者被引渡的，适用本法；但是对本法规定的最高刑为三年以下有期徒刑的，或者按照犯罪地的法律不受处罚的，可以不予追究。

第六条 外国人在中华人民共和国领域外对中华人民共和国国家或者公民犯罪，而按本法规定的最低刑为三年以上有期徒刑的，可以适用本法；但是按照犯罪地的法律不受处罚的除外。

第七条　对于中华人民共和国缔结或者参加的国际条约所规定的犯罪，在所承担条约义务的范围内，适用本法。

第八条　凡在中华人民共和国领域外犯罪、依照本法应当负刑事责任的，虽然经过外国审判，仍然可以依照本法处理，但是在外国已经受过刑罚处罚的，可以免除或者减轻处罚。

第九条　享有外交特权和豁免权的外国人的刑事责任问题，通过外交途径解决。

第十条　本法自　　起生效。本法施行以前的行为，如果当时的法律不认为是犯罪的，适用当时的法律。如果当时的法律认为是犯罪的，依照本法总则第五章第八节的规定应当追诉的，按照当时的法律追究刑事责任。但是，如果本法不认为是犯罪或者处刑较轻的，适用本法。

第三章　犯　　罪

第一节　犯罪和刑事责任

第十一条　一切危害国家主权、领土完整、分裂国家，危害人民民主专政制度，侵犯公民的人身权利、民主权利和其他权利，侵犯公共财产和私人的合法财产，破坏社会秩序、经济秩序，破坏社会主义经济建设，以及其他危害社会的行为，依照法律应当受刑罚处罚的，都是犯罪；但是情节显著轻微危害不大的，不认为是犯罪。

第十二条　故意犯罪和过失犯罪，应当负刑事责任。

明知自己的行为会发生危害社会的结果，并且希望或者放任这种结果发生，因而构成犯罪的，是故意犯罪。

应当预见自己的行为可能发生危害社会的结果，因为疏忽大意而没有预见，或者已经预见而轻信能够避免，以致发生这种结果，构成犯罪的，是过失犯罪。

第十三条　行为在客观上虽然造成了损害结果，但是不是出于故意或者过失，而是由于不能抗拒或者不能预见的原因所引起的，不认为是犯罪。

第十四条　已满十六岁的人犯罪，应当负刑事责任。

已满十四岁不满十六岁的人，犯故意杀人、故意重伤、抢劫、放火、投毒、爆炸、强奸、惯窃罪，应当负刑事责任。

已满十四岁不满十八岁的人犯罪，应当从轻或者减轻处罚。

因不满十六岁不予刑事处罚的，责令他的家长或者监护人加以管教；在必要的时候，也可以由政府收容教养。

第十五条　精神病人在不能辨认或者不能控制自己行为的时候造成危害结果的，不负刑事责任；但是应当责令他的家属或者监护人严加看管和医疗。必要的时候，由政府强制医疗。

间歇性的精神病人在精神正常的时候犯罪，应当负刑事责任。

醉酒的人犯罪，应当负刑事责任。

第十六条　又聋又哑的人或者盲人犯罪，可以从轻、减轻或者免除处罚。

第十七条　为了使公共利益、本人或者他人的人身和其他权利免受正在进行的不法侵害，采取正当防卫行为，造成损害的，不负刑事责任。对见义勇为作出重大贡献的，国家予以奖励。

防卫行为显然超过必要限度，造成不应有的重大损害的，应当负刑事责任；但是应当酌情减轻或者免除处罚。

第十八条　为了使公共利益、本人或者他人的人身和其他权利免受正在发生的危险，不得已采取的紧急避险行为，不负刑事责任。

紧急避险超过必要限度造成不应有的危害的，应当负刑事责任；但是应当酌情减轻或者免除处罚。

第一款中关于避免本人危险的规定，不适用于职务上、业务上负有特定责任的人。

第二节　犯罪的预备、未遂和中止

第十九条　为实施犯罪，准备工具或者创造其他便利条件的，是犯罪预备。

对于预备犯，应当比照既遂犯从轻、减轻处罚或者免除处罚。

第二十条　已经着手实行犯罪，由于犯罪分子意志以外的原因而未得逞的，是犯罪未遂。

对于未遂犯，可以比照既遂犯从轻或者减轻处罚。

第二十一条　在犯罪过程中，自动中止犯罪或者自动有效地防止犯罪结果发生的，是犯罪中止。

对于中止犯，应当免除或者减轻处罚。

第三节　共同犯罪

第二十二条　共同犯罪是指二人以上共同故意犯罪。

二人以上共同过失犯罪，不以共同犯罪论处，应当负刑事责任的，按照他们所犯的罪分别处罚。

第二十三条　组织、领导犯罪集团进行犯罪活动的或者在共同犯罪中起主要作用的，是主犯。

对于主犯，除本法分则已有规定的以外，应当从重处罚。

第二十四条　在共同犯罪中起次要或者辅助作用的，是从犯。

对于从犯，应当比照主犯从轻、减轻处罚或者免除处罚。

第二十五条　对于被胁迫、被诱骗参加犯罪的，应当按照他的犯罪情节，比照从犯减轻处罚或者免除处罚。

第二十六条　教唆他人犯罪的，应当按照他在共同犯罪中所起的作用处罚。教唆不满十八岁的人犯罪的，应当从重处罚。

如果被教唆的人没有犯被教唆的罪，对于教唆犯，可以从轻或者减轻处罚。

第四节　单位犯罪

第二十七条　企业、事业单位、机关、团体，为本单位谋取利益，经单位的决策机构或者人员决定，实施犯罪的，是单位犯罪。

单位犯罪的，对单位判处罚金，并适用刑法①第三十一条、第三十二条和第六十条的规定；对直接负责的主管人员和其他直接责任人员，依照分则的处罚规定处罚。

（另一方案：第　条　单位实施犯罪的，依照分则的规定处罚。）

第四章　刑　　罚

第一节　刑罚的种类

第二十八条　刑罚分为主刑和附加刑。

第二十九条　主刑的种类如下：

（一）管制；

（二）拘役；

（三）有期徒刑；

（四）无期徒刑；

（五）死刑。

第三十条　附加刑的种类如下：

（一）罚金；

（二）剥夺政治权利；

（三）剥夺从事特定职业资格；

（四）没收财产。

附加刑也可以独立适用。

第三十一条　对于犯罪的外国人，可以独立适用或者附加适用驱逐出境。

第三十二条　由于犯罪行为而使被害人遭受经济损失的，对犯罪分子除依法给予刑事处分外，并应根据情况判处赔偿经济损失。

第三十三条　对于犯罪情节轻微不需要判处刑罚的，可以免予刑事处分，但可以根据案件的不同情况，予以训诫或者责令具结悔过、赔礼道歉、赔偿损失，或者由主管部门予以行政处分。

第二节　管　　制

第三十四条　管制的期限，为三个月以上二年以下。

管制由人民法院判决，由公安机关执行。

第三十五条　被判处管制的犯罪分子，在执行期间，必须遵守下列规定：

（一）遵守法律，服从群众监督；

（二）向执行机关定期报告自己的活动情况；

（三）迁居或者外出必须报经执行机关批准。

对于被判处管制的犯罪分子，在劳动中应当同工同酬。

第三十六条　被判处管制的犯罪分子，管制期满，执行机关应即向本人和所在单位或者居住地的群众宣布解除管制。

第三十七条　管制的刑期，从判决执行之日起计算；判决执行以前先行羁押的，羁押一日折抵刑期二日。

第三节　拘　　役

第三十八条　拘役的期限，为十五日以上六个月以下。

① 应指 1979 年刑法典——编者注。

第三十九条　被判处拘役的犯罪分子，由公安机关就近执行。

在执行期间，被判处拘役的犯罪分子每月可以回家一天至两天；参加劳动的，可以酌量发给报酬。

第四十条　拘役的刑期，从判决执行之日起计算；判决以前先行羁押的，羁押一日折抵刑期一日。

第四节　有期徒刑、无期徒刑

第四十一条　有期徒刑的期限，为六个月以上十五年以下。

第四十二条　被判处有期徒刑、无期徒刑的犯罪分子，在监狱或者其他劳动改造场所执行，凡有劳动能力的，实行劳动改造。

第四十三条　有期徒刑的刑期，从判决执行之日起计算，判决执行以前先行羁押的，羁押一日折抵刑期一日。

第五节　死　　刑

第四十四条　死刑只适用于罪大恶极的犯罪分子。对于应当判处死刑的犯罪分子，如果不是必须立即执行的，可以判处死刑同时宣告缓期二年执行，实行劳动改造，以观后效。

第四十五条　犯罪的时候不满十八岁的人和审判的时候怀孕的妇女，不适用死刑。已满十六岁不满十八岁的，如果所犯罪行特别严重，可以判处死刑缓期二年执行。

第四十六条　判处死刑缓期执行的，在死刑缓期执行期间，如果没有抗拒改造的恶劣表现，二年期满以后，减为无期徒刑；如果确有悔改或者有立功表现，二年期满以后，减为十五年以上二十年以下有期徒刑；如果抗拒改造情节恶劣、查证属实的，由最高人民法院裁定或者核准，执行死刑。

第四十七条　死刑缓期执行的期间，从判决确定之日起计算。死刑缓期执行减为有期徒刑的刑期，从死刑缓刑期满之日起计算。

第六节　罚　　金

第四十八条　判处罚金，应当根据犯罪情节决定罚金数额。

第四十九条　罚金在判决指定的期限内一次或者分期缴纳。期满不缴纳的，强制缴纳，或者责令具以劳动代替。劳动的期限由人民法院决定，最长不得超过二年。如果由于遭遇不能抗拒的灾祸缴纳确实有困难的，可以酌情减少或者免除。

第七节　剥夺政治权利

第五十条　剥夺政治权利是剥夺下列权利的全部或者一部：

（一）选举权和被选举权；

（二）集会、结社、游行、示威的自由；

（三）担任国家机关职务的权利；

（四）担任企业、事业单位和人民团体领导职务的权利。

罪行严重，应当依法剥夺前款政治权利的犯罪分子，如果拥有军衔、警衔、勋章、国家授予的奖章和荣誉称号，在剥夺权利时，应当一并判处剥夺。

第五十一条　剥夺政治权利的期限，除本法第五十三条规定外，为一年以上五年以下。

判处管制附加剥夺政治权利的，剥夺政治权利的期限与管制的期限相等，同时执行。

第五十二条　对于犯危害国家安全罪的犯罪分子和犯其他罪被判处十年以上有期徒刑的犯罪分子，应当附加剥夺政治权利；对于因破坏社会秩序、利用职务或者业务上的便利实施犯罪，被判处十年以下有期徒刑、拘役、管制的犯罪分子，根据其犯罪情况，可以判处剥夺政治权利的一部。

独立适用剥夺政治权利，可以剥夺第五十条规定的权利的全部或者一部。

独立适用剥夺政治权利的适用范围，依照分则的规定。

第五十三条　对于被判处死刑、无期徒刑的犯罪分子，应当剥夺政治权利终身。

在死刑缓期执行减为有期徒刑或者无期徒刑减为有期徒刑的时候，应当把附加剥夺政治权利的期限改为三年以上十年以下。

第五十四条　附加剥夺政治权利的刑期，从徒刑、拘役执行完毕之日或者从假释之日起计算；剥夺政治权利的效力当然施用于主刑执行期间。

第八节　剥夺从事特定职业资格

第五十五条　对于利用所从事的职业进行犯罪，情节严重，并有继续利用其职业进行犯罪可能的，可以独立适用或者附加适用剥夺从事该项职业的资格。

第五十六条　剥夺从事特定职业资格的期限为一年以上五年以下。

剥夺从事特定职业资格的刑期，从判决发生法律效力之日起计算；附加适用的，从主刑执行完毕之日或者从假释之日起计算。

第九节　没收财产

第五十七条　没收财产是没收犯罪分子个人所有财产的一部或者全部。

在判处没收财产的时候，不得没收属于犯罪分子家属所有或者应有的财产。

第五十八条　查封财产以前犯罪分子所负的正当债务，需要以没收的财产偿还的，经债权人请求，由人民法院裁定。

第五章　刑罚的具体运用

第一节　量　　刑

第五十九条　对于犯罪分子决定刑罚的时候，应当根据犯罪的事实、犯罪的性质、情节和对于社会的危害程度，依照本法的有关规定判处。

第六十条　犯罪分子具有本法规定的从重处罚、从轻处罚情节的，应当在法定刑的限度以内判处刑罚。

第六十一条　犯罪分子具有本法规定的减轻处罚情节的，应当在法定刑以下判处刑罚。

犯罪分子虽然不具有本法规定的减轻处罚情节，如果根据案件的具体情况，判处法定刑的最低刑还是过重的，经人民法院审判委员会决定，也可以在法定刑以下判处刑罚。

第六十二条　犯罪分子违法所得的一切财物，应当予以追缴或者责令退赔；违禁品和供犯罪所用的本人财物，应当予以没收。

第二节　累　　犯

第六十三条　被判处有期徒刑以上刑罚的犯罪分子，在刑罚执行完毕以前再犯罪的，或者在刑罚执行完毕、赦免以后，在五年以内再犯罪的，是累犯；但是过失犯罪除外。

犯危害国家安全罪的犯罪分子，在任何时候再犯危害国家安全罪的，都是累犯。

第六十四条　对于累犯应当从重处罚；有下列情形之一的，可以加重处罚，但是不得超过法定最高刑的二分之一：

（一）刑罚执行期间逃跑后又犯罪的；

（二）对检举人、被害人和有关司法工作人员以及制止其违法犯罪的人行凶报复的；

（三）犯罪情节特别严重的。

第三节　自　　首

第六十五条　犯罪以后未被采取强制措施以前，向公安、司法机关或者所在单位投案，如实供述自己的罪行的，是自首。对于自首的犯罪分子，可以从轻处罚。其中，犯罪较轻的，可以减轻或者免除处罚。

被采取强制措施以后，或者正在服刑的犯罪分子，供述还未被公安、司法机关掌握的其他罪行的，以自首论。

第六十六条　犯罪分子揭发他人的犯罪行为，查证属实的，或者有其他立功表现的，可以从轻或者减轻处罚；有重大立功表现的，可以减轻或者免除处罚。

第四节　数罪并罚

第六十七条　判决宣告以前一人犯数罪的，除判处死刑和无期徒刑的以外，应当在总和刑期以下、数刑中最高刑期以上，酌情决定执行的刑期；但是管制最高不能超过三年，拘役最高不能超过一年，有期徒刑最高不能超过二十年。

如果数罪中有判处附加刑的，附加刑仍须执行。

第六十八条　判决宣告以后，刑罚执行完毕以前，发现被判刑的犯罪分子在判决宣告以前还有其他罪没有判决的，应当对新发现的罪作出判决，把前后两个判决所判处的刑罚，依照本法第六十七条的规定，决定执行的刑罚。已经执行的刑期，应当计算在新判决决定的刑期以内。

第六十九条　判决宣告以后，刑罚执行完毕以前，被判刑的犯罪分子又犯罪的，应当对新犯的罪作出判决，把前罪没有执行的刑罚和后罪所判处的刑罚，依照本法第六十七条的规定，决定执行的刑罚。

第五节　缓　　刑

第七十条　对于被判处拘役、三年以下有期徒刑的犯罪分子，根据犯罪分子的犯罪情节和悔罪表现，认为适用缓刑确实不致再危害社会的，可以宣告缓刑。

被宣告缓刑的犯罪分子，如果被判处附加刑，附加刑仍须执行。

第七十一条　拘役的缓刑考验期限为原判刑期以上一年以下，但是不能少于一个月。

有期徒刑的缓刑考验期限为原判刑期以上五年以下，但是不能少于一年。

缓刑考验期限，从判决确定之日起计算。

第七十二条　对于反革命犯和累犯，不适用缓刑。

第七十三条　被宣告缓刑的犯罪分子，在缓刑考验期间内，由公安机关或者基层组织予以考察，如果没有第七十四条规定的情形，缓刑考验期满，原判的刑罚就不再执行。

第七十四条　被宣告缓刑的犯罪分子，在缓刑考验期间，有下列情形之一的，撤销缓刑：

（一）再犯新罪的；

（二）发现判决宣告以前还有其他罪没有判决的；

（三）有违反法律、行政法规或者公安机关有关缓刑监督管理规定行为，情节较重的；

（四）不执行人民法院关于赔偿的判决或者裁定的。

第六节　减　　刑

第七十五条　被判处管制、拘役、有期徒刑、无期徒刑的犯罪分子，在执行期间，如果确有悔改或者立功表现，可以减刑。但是经过一次或者几次减刑以后实际执行的刑期，判处管制、拘役、有期徒刑的，不能少于原判刑期的二分之一；判处无期徒刑的，不能少于十年。

第七十六条　无期徒刑减为有期徒刑的刑期，从裁定减刑之日起计算。

第七节　假　　释

第七十七条　被判处有期徒刑的犯罪分子，执行原判刑期二分之一以上，被判处无期徒刑的犯罪分子，实际执行十年以上，如果确有悔改表现，不致再危害社会，可以假释。如果有特殊情节，可以不受上述执行刑期的限制。

第七十八条　有期徒刑的假释考验期限，为没有执行完毕的刑期；无期徒刑的假释考验期限，为十年。

假释考验期限，从假释之日起计算。

第七十九条　被假释的犯罪分子，在假释考验期间，由公安机关予以监督，如果没有第八十条规定的情形，假释考验期满，就认为原判刑罚已经执行完毕。

第八十条　被假释的犯罪分子，在假释考验期间，有下列情形之一的，撤销假释：

（一）再犯新罪的；

（二）发现判决宣告以前还有其他罪没有判决的；

（三）有违反法律、行政法规或者公安机关有关假释的监督管理规定行为，情节较重的；

（四）不执行人民法院关于赔偿的判决或者裁定的。

第八节　时　　效

第八十一条　犯罪经过下列期限不再追诉：

（一）法定最高刑为不满五年有期徒刑的，经过五年；

（二）法定最高刑为五年以上不满十年有期徒刑的，经过十年；

（三）法定最高刑为十年以上有期徒刑的，经过十五年；

（四）法定最高刑为无期徒刑、死刑的，经过二十年。

如果二十年以后认为必须追诉的，须报请最高人民检察院核准。

第八十二条　在人民法院、人民检察院、公安机关采取强制措施以后，逃避侦查或者审判的，不受追诉期限的限制。

第八十三条　追诉期限从犯罪之日起计算；犯罪行为有连续或者继续状态的，从犯罪行为终了之日起计算。

在追诉期限以内又犯罪的，前罪追诉的期限从犯后罪之日起计算。

第六章　其他规定

第八十四条　民族自治地方不能全部适用本法规定的，可以由自治区或者省的人民代表大会根据当地民族的政治、经济、文化的特点和本法规定的基本原则，制定变通或者补充的规定，报请全国人民代表大会常务委员会批准施行。

第八十五条　本法所说的公共财产是指下列财产：

（一）全民所有的财产；

（二）劳动群众集体所有的财产。

在国家机关、全民所有制、集体所有制企业和人民团体管理、使用或者运输中的私人财产，以公共财产论。

第八十六条　本法所说的公民私人所有的合法财产是指下列财产：

（一）公民的合法收入、储蓄、房屋和其他生活资料；

（二）依法归个人、私人经济单位所有的牲畜、林木，以及厂房、机器、设备等生产资料。

第八十七条　本法所说的国家工作人员是指在国家权力机关、行政机关、司法机关、军队、政党中从事公务的人员。

第八十八条　本法所说的司法工作人员是指有侦讯、检察、审判、监管人犯职责的人员。

第八十九条　本法所说的重伤是指有下列情形之一的伤害：

（一）使人肢体残废或者毁人容貌的；

（二）使人丧失听觉、视觉或者其他器官机能的；

（三）其他对于人身健康有重大伤害的。

第九十条　本法所说的首要分子是指在犯罪集团或者聚众犯罪中起组织、策划、指挥作用的犯罪分子。

第九十一条　本法所说的告诉才处理，是指被害人告诉才处理。如果被害人因受强制、威吓或者其他原因无法告诉的，人民检察院和被害人的近亲属也可以告诉。

第九十二条　本法所说的以上、以下、以内，都连本数在内。

第九十三条　本法总则适用于其他有刑罚规定的法律，但是其他法律有特别规定的除外。

8. 刑法分则条文汇集

（全国人大常委会法制工作委员会刑法修改小组　1995 年 8 月 8 日）

这本汇集包括：刑法分则的原有条文、刑法颁布施行后立法机关补充的条文和新增补的条文。刑法分则原有条文，有些根据立法机关的修改决定和新的情况进行了修改。修改较大的有：反革命罪、贪污罪、贿赂罪、渎职罪以及流氓罪、盗窃罪、诈骗罪、投机倒把罪等。立法机关的补充规定，除“惩治军人违反职责罪暂行条例”，暂未编入外，其他 22 个补充修改决定均按原文编入，但删去了重复的规定和行政处罚的规定，并对一些条文作了必要的修改。行政处罚的规定，有的在行政法、经济法中已有规定；有的可在修改《治安管理处罚条例》和关于劳动教养问题的决定时解决。拟新增补的条文，是根据保障社会主义市场经济和社会安定的需要，根据经济法、行政法的规定和司法实践中提出的问题草拟的，有的并参考了有关部门起草的法律草案和外国的有关规定。新增补的罪名主要有：海盗罪、破坏监管秩序罪、扰乱法庭秩序罪、破坏计划生育罪、哄抢公私财物罪、侵犯公民劳动权利罪、国家工作人员滥用职权罪等。拟新增补的条文和这次修改的条文，将在各章中加以说明。

犯罪分类，仍沿用原刑法分则的分类方法。但补充修改后条文增加很多（由原来的 103 条增至 270 多条），因此又增加了若干章。主要是：（1）将原第三章“破坏社会主义经济秩序罪”分为若干章；（2）将原第六章“妨害社会管理秩序罪”分为若干章；（3）将原第四章“侵犯公民人身权利、民主权利罪”分为两章；（4）将贪污贿赂罪从原第四章、第八章分出，独立成一章。章的排列次序也作了一些调整。调整后的情况如下：

第一章　危害国家安全罪（17 条）；

第二章　危害公共安全罪（14 条）；

第三章　侵犯公民人身权利罪（11 条）；

第四章　侵犯公民民主权利和其他权利罪（8 条）；

第五章　侵犯财产罪（10 条）；

第六章　国家工作人员贪污贿赂罪（8 条）；

第七章　渎职罪和违反职业义务罪（18 条）；

第八章　走私罪（9 条）；

第九章　生产、销售伪劣商品罪（12 条）；

第十章　侵犯知识产权罪（9 条）；

第十一章　危害金融罪（20 条）；

第十二章　危害证券、票证管理罪（8 条）；

第十三章　妨害公司、企业管理罪（14 条）；

第十四章　妨害公平竞争罪（11 条）；

第十五章　扰乱市场秩序罪（7 条）；

第十六章　危害税收罪（7 条）；

第十七章　危害环境和自然资源罪（13 条）；

第十八章　危害公共卫生罪（5 条）；

第十九章　妨害司法罪（13 条）；

第二十章　扰乱社会管理秩序罪（17 条）；

第二十一章　妨害国（边）境管理罪（7条）；
第二十二章　妨害文物管理罪（8条）；
第二十三章　制造、贩卖鸦片毒品罪（10条）；
第二十四章　制造、贩卖淫秽物品罪（6条）；
第二十五章　组织、强迫、引诱、容留他人卖淫罪（7条）；
第二十六章　妨害婚姻、家庭罪（7条）。

第一章　危害国家安全罪

（本章条文待补，另作专题研究。）

第二章　危害公共安全罪

本章主要是刑法分则第二章的规定，并作了以下补充：

1. 将关于惩治劫持航空器犯罪分子的决定编入本章（第一条）。

2. 根据我国参加的国际公约，增设了海盗罪（第三条）。

3. 根据铁路法关于携带炸药、雷管或者非法携带枪支子弹、管制刀具进站上车应当追究刑事责任的规定，增设了携带易燃、易爆等危险品进入公共场所罪（第十二条）。

4. 将反革命罪中的"聚众劫狱和组织越狱罪"移至本章（第八条）。

另外，鉴于有些过失犯罪造成的后果特别严重，刑法原规定的最高刑为有期徒刑七年偏轻，因此提高到十年。

第一条　以暴力、胁迫或者其他方法劫持航空器的，处十年以上有期徒刑或者无期徒刑；致人重伤、死亡或者使航空器遭受严重破坏或者情节特别严重的，处死刑；情节较轻的，处五年以上十年以下有期徒刑。

第二条　以暴力、胁迫或者其他方法劫持车辆、船只的，处三年以上十年以下有期徒刑；致人重伤、死亡或者使公私财产遭受重大损失的，处十年以上有期徒刑、无期徒刑或者死刑。

第三条　以暴力、胁迫或者其他方法对在海上航行的船只实施抢劫、破坏等海盗行为的，处十年以上有期徒刑或者无期徒刑；罪行特别严重的，处死刑；情节较轻的，处三年以上十年以下有期徒刑。

第四条　放火、决水、爆炸、投毒或者以其他危险方法危害公共安全的，处三年以上十年以下有期徒刑；致人重伤、死亡或者使公私财产遭受重大损失的，处十年以上有期徒刑、无期徒刑或者死刑。

过失犯前款罪，造成严重后果的，处五年以下有期徒刑或者拘役；后果特别严重的，处五年以上十年以下有期徒刑。

第五条　有下列破坏交通工具、交通设备设施行为之一，危害公共安全的，处三年以上十年以下有期徒刑；致人重伤、死亡或者使公私财产遭受重大损失的，处十年以上有期徒刑、无期徒刑或者死刑：

（一）破坏火车、汽车、电车、船只、航空器的；

（二）破坏轨道、桥梁、隧道、公路、机场、航道、灯塔、标志的；

（三）破坏其他交通工具、交通设备的。

过失犯前款罪，造成严重后果的，处五年以下有期徒刑或者拘役；后果特别严重的，处五年以上十年以下有期徒刑。

第六条　破坏电力、煤气或者其他易燃易爆设备，危害公共安全的，处三年以上十年以下有期徒刑；致人重伤、死亡或者使公私财产遭受重大损失的，处十年以上有期徒刑、无期徒刑或者死刑。

过失犯前款罪，造成严重后果的，处五年以下有期徒刑或者拘役；后果特别严重的，处五年以上十年以下有期徒刑。

第七条　破坏广播电台、电报、电话或者其他通讯设备，危害公共安全的，处七年以下有期徒刑或者拘役；造成严重后果的，处七年以上有期徒刑。

过失犯前款罪，造成严重后果的，处五年以下有期徒刑或者拘役；后果特别严重的，处五年以上十年以下有期徒刑。

第八条　聚众劫狱或者暴动越狱的首要分子或者其他罪恶重大的，处十年以上有期徒刑、无期徒刑或者死刑；其他积极参加的，处三年以上十年以下有期徒刑。

第九条　非法制造、买卖、运输或者盗窃、抢夺枪支、弹药、爆炸物的，处三年以上十年以下有期徒刑；情节严重的，处十年以上有期徒刑、无期徒刑或者死刑。

抢劫枪支、弹药、爆炸物的，依照前款规定从重处罚。

第十条　违反枪支管理规定，私藏枪支、弹药，拒不交出的，处二年以下有期徒刑或者拘役。

第十一条 违反爆炸性、易燃性、放射性、毒害性、腐蚀性物品的管理规定，在生产、储存、运输、使用中发生重大事故，造成严重后果的，处三年以下有期徒刑或者拘役；后果特别严重的，处三年以上七年以下有期徒刑。

第十二条 非法携带爆炸性、易燃性、放射性、毒害性、腐蚀性物品或者枪支弹药、管制刀具进入公共场所或者乘坐公共交通工具的，处三年以下有期徒刑、拘役或者罚金；造成严重后果的，处三年以上十年以下有期徒刑。

第十三条 工厂、矿山、林场、建筑企业或者其他企业、事业单位和个体组织的人员，由于不服管理、违反规章制度，或者强令工人违章冒险作业，因而发生重大伤亡事故，造成严重后果的，处三年以下有期徒刑或者拘役；情节特别恶劣的，处三年以上七年以下有期徒刑。

第十四条 交通运输人员违反规章制度，发生重大事故，致人重伤、死亡或者使公私财产遭受重大损失的，处三年以下有期徒刑或者拘役；情节特别恶劣的，处三年以上七年以下有期徒刑。

第三章 侵犯公民人身权利罪

本章是从刑法分则第四章“侵犯公民人身权利、民主权利罪”分立出来的，其内容一是刑法中原有的有关侵犯公民人身权利的规定；二是关于《严惩拐卖、绑架妇女、儿童的犯罪分子的决定》第一条至第四条的规定。

第一条 故意杀人的，处死刑、无期徒刑或者五年以上有期徒刑；有下列情形之一的，从重处罚：

（一）抢劫、盗窃杀人的；

（二）强奸杀人的；

（三）为毁灭罪证杀人灭口的；

（四）因罪行被揭发而报复杀人的；

（五）杀人手段特别残酷或者后果特别严重的；

（六）有其他严重情节的。

第二条 故意杀人，有下列情形之一的，处三年以上十年以下有期徒刑：

（一）因受欺压或者严重侮辱，当场出于义愤而杀人的；

（二）生母在分娩时或者分娩后将其亲生婴儿杀害的；

（三）有其他较轻情节的。

第三条 过失致人死亡的，处五年以下有期徒刑；情节特别严重的，处五年以上有期徒刑。本法另有规定的，依照规定。

第四条 故意伤害他人身体的，处三年以下有期徒刑或者拘役。

犯前款罪，致人重伤的，处三年以上七年以下有期徒刑；情节特别恶劣或者致人死亡的，处七年以上有期徒刑、无期徒刑或者死刑。本法另有规定的，依照规定。

第五条 过失致人重伤的，处二年以下有期徒刑或者拘役；情节特别恶劣的，处二年以上七年以下有期徒刑。本法另有规定的，依照规定。

第六条 以暴力、胁迫或者其他手段强奸妇女的，处三年以上十年以下有期徒刑。

奸淫不满十四岁幼女的，以强奸论，从重处罚。

犯前两款罪，情节特别严重的或者致人重伤、死亡的，处十年以上有期徒刑、无期徒刑或者死刑。

二人以上犯强奸罪而共同轮奸的，从重处罚。

第七条 拐卖妇女、儿童的，处五年以上十年以下有期徒刑，并处一万元以下罚金；有下列情形之一的，处十年以上有期徒刑或者无期徒刑，并处一万元以下罚金或者没收财产；情节特别严重的，处死刑，并处没收财产：

（一）拐卖妇女、儿童集团的首要分子；

（二）拐卖妇女、儿童三人以上的；

（三）奸淫被拐卖的妇女的；

（四）诱骗、强迫被拐卖的妇女卖淫或者将被拐卖的妇女卖给他人迫使其卖淫的；

（五）造成被拐卖的妇女、儿童或者其亲属重伤、死亡或者其他严重后果的；

（六）将妇女、儿童卖往境外的。

拐卖妇女、儿童是指以出卖为目的，有拐骗、收买、贩卖、接送、中转妇女、儿童的行为之一的。

拐卖妇女、儿童以外的其他人的，依照第一款的规定处罚。

第八条 以出卖为目的，使用暴力、胁迫或者麻醉方法绑架妇女、儿童的，处十年以上有期徒刑或者无期徒刑，并处一万元以下罚金或者没收财产；情节特别严重的，处死刑，并处没收财产。

以出卖或者勒索财物为目的，偷盗婴幼儿的，依照前款的规定处罚。

第九条 收买被拐卖、绑架的妇女、儿童的，处三年以下有期徒刑、拘役或者管制。

收买被拐卖、绑架的妇女，强行与其发生性关系的，依照本法关于强奸罪的规定处罚。

收买被拐卖、绑架的妇女、儿童，非法剥夺、限制其人身自由或者有伤害、侮辱、虐待等犯罪行为的，依照刑法的有关规定处罚。

收买被拐卖、绑架的妇女、儿童，并有本条第二款、第三款规定的犯罪行为的，依照刑法关于数罪并罚的规定处罚。

收买被拐卖、绑架的妇女、儿童又出卖的，依照本章第七条的规定处罚。

收买被拐卖、绑架的妇女、儿童，按照被买妇女的意愿，不阻碍其返回原居住地的，对被买儿童没有虐待行为，不阻碍对其进行解救的，可以不追究刑事责任。

第十条　绑架他人勒索财物的，处五年以上有期徒刑或者无期徒刑；情节特别严重的，处死刑。

第十一条　非法拘禁他人或者以其他方法非法剥夺他人人身自由的，处三年以下有期徒刑、拘役或者剥夺政治权利。具有殴打、侮辱情节的，从重处罚。

犯前款罪，致人重伤的，处三年以上十年以下有期徒刑；致人死亡的，处七年以上有期徒刑。

第四章　侵犯公民民主权利和其他权利罪

本章主要是刑法分则第四章有关侵犯公民民主权利和其他权利的内容，将其中的第136条（刑讯逼供罪）、第146条（报复陷害罪）、第147条（非法剥夺宗教信仰自由和侵犯少数民族风俗习惯罪）移至第七章。同时根据《全国人民代表大会和地方各级人民代表大会选举法》和《劳动法》的有关规定增补了一些新条文。

第一条　破坏选举，有下列情形之一的，处三年以下有期徒刑或者拘役，可以单处或者并处剥夺政治权利：

（一）以暴力、威胁、欺骗、贿赂等手段，妨害公民自由行使选举权和被选举权的；

（二）伪造选举证件、文件、资料的；

（三）伪造、更改选举结果的。

第二条　以暴力或者其他方法，公然侮辱他人或者捏造事实诽谤他人，情节严重的，处三年以下有期徒刑、拘役或者剥夺政治权利。

前款罪，告诉的才处理。但是严重危害社会秩序和国家利益的除外。

第三条　写恐吓信或者以其他恐吓方法，威胁他人人身、财产安全，严重危害他人生产、工作、生活的，处三年以下有期徒刑或者拘役。

第四条　非法搜查他人身体、住宅，或者非法侵入他人住宅的，处三年以下有期徒刑或者拘役。

第五条　隐匿、毁弃或者非法开拆他人信件，侵犯公民通信自由权利，情节严重的，处一年以下有期徒刑或者拘役。

第六条　违反国家劳动保护法律、法规，使劳动者在不符合国家规定的劳动安全卫生标准的环境中劳动，严重危害劳动者身心健康的，处二年以下有期徒刑或者拘役，可以并处罚金；造成重大伤亡事故的，处二年以上七年以下有期徒刑，并处罚金。

第七条　违反劳动法的规定，以暴力、胁迫等方法强迫他人劳动，情节严重的，处三年以下有期徒刑或者拘役，可以并处罚金。

第八条　违反劳动法和未成年人保护法的规定，招收、使用未满十六岁的童工，情节严重的，处二年以下有期徒刑或者拘役，可以并处或者单处罚金。

第五章　侵犯财产罪

本章主要是刑法分则第五章侵犯财产罪的内容，并作了以下修改：

1. 对抢劫罪、盗窃罪、诈骗罪区别不同情节，作了具体规定。
2. 增加了侵占罪、哄抢罪。
3. 将刑法分则第三章破坏社会主义经济秩序罪中的破坏生产罪移至本章，并作了修改。
4. 将挪用救灾、抢险、防汛等款物罪移至渎职罪一章。

第一条　以暴力、胁迫或者其他方法抢劫公私财物的，处三年以上十年以下有期徒刑，并处罚金或者没收财产；有下列情形之一的，处十年以上有期徒刑、无期徒刑或者死刑，并处没收财产：

（一）抢劫银行、金库、珍贵文物的；

（二）致人重伤、死亡的；

（三）抢劫集团的首要分子；

（四）多次抢劫或者抢劫数额巨大的；

（五）有其他特别严重情节的。

第二条　盗窃公私财物，数额较大或者多次盗窃、结伙盗窃、入室盗窃、携带凶器盗窃的，处三年以下有期徒刑或者拘役，可以单处或者并处罚金；数额巨大或者情节严重的，处三年以上十年以下有期徒刑，并处罚金；有下列情形之一的，处十年以上有期徒刑、无期徒刑或者死刑，并处没收财产：

（一）盗窃银行、金库、珍贵文物的；

（二）盗窃数额特别巨大的；

（三）盗窃集团的首要分子；

（四）有其他特别严重情节的。

第三条 诈骗公私财物，数额较大或者多次行骗的，处三年以下有期徒刑或者拘役，可以单处或者并处罚金；诈骗数额巨大的，处三年以上十年以下有期徒刑，并处罚金；有下列情形之一的，处十年以上有期徒刑或者无期徒刑，并处没收财产：

（一）诈骗数额特别巨大的；

（二）诈骗集团的首要分子；

（三）有其他特别严重情节的。

第四条 抢夺公私财物，数额较大的，处三年以下有期徒刑或者拘役，可以单处或者并处罚金；抢夺数额巨大的，处三年以上十年以下有期徒刑，并处罚金；抢夺数额特别巨大或者情节特别严重的，处十年以上有期徒刑或者无期徒刑，并处没收财产。

第五条 哄抢公私财物，情节严重的，对首要分子或者其他积极参加的，处三年以下有期徒刑或者拘役，可以单处或者并处罚金；情节特别严重的，处三年以上十年以下有期徒刑，并处罚金。

第六条 盗窃、诈骗、抢夺、哄抢公私财物，为窝藏赃物、抗拒抓捕或者毁灭证据而当场使用暴力或者以暴力相威胁的，依照抢劫罪的规定处罚。

第七条 侵占自己所持有或者保管的公私财物，数额较大的，处三年以下有期徒刑或者拘役；数额巨大的，处三年以上十年以下有期徒刑；数额特别巨大的或者情节特别严重的，处无期徒刑，并处没收财产。

侵占埋藏物、漂流物或者遗失物，数额较大的，依照前款的规定处罚。

国家工作人员利用职务上的便利，侵占公私财物的，依照贪污罪的规定处罚。

第八条 敲诈勒索公私财物，数额较大的，处三年以下有期徒刑或者拘役；情节严重的，处三年以上十年以下有期徒刑。

第九条 故意毁坏公私财物，情节严重的，处三年以下有期徒刑、拘役或者罚金；情节特别严重的，处三年以上十年以下有期徒刑。

第十条 由于泄愤报复或者其他个人目的，毁坏机器设备、残害耕畜或者以其他方法破坏生产的，处三年以下有期徒刑、拘役或者罚金；情节特别严重的，处三年以上十年以下有期徒刑。

第六章　国家工作人员贪污受贿罪

本章主要是《关于惩治贪污罪贿赂罪的补充规定》的内容，并作了如下修改：

1. 由于在侵犯财产罪中规定了侵占罪，在妨害公司、企业管理罪中规定了侵占、商业贿赂罪，因而将贪污罪、受贿罪的主体均改为“国家工作人员”。

2. 删去受贿犯罪构成条件“为他人谋取利益的”；将受贿对象的“收受财物”改为“收受财物或者其他财产性利益”。

第一条 国家工作人员利用职务上的便利，侵吞、盗窃、骗取或者以其他手段非法占有公共财物的，分别依照下列规定处罚：

（一）个人贪污数额在五万元以上的，处十年以上有期徒刑或者无期徒刑，可以并处没收财产；情节特别严重的，处死刑，并处没收财产。

（二）个人贪污数额在一万元以上不满五万元的，处五年以上有期徒刑，可以并处没收财产；情节特别严重的，处无期徒刑，并处没收财产。

（三）个人贪污数额在二千元以上不满一万元的，处一年以上七年以下有期徒刑；情节严重的，处七年以上十年以下有期徒刑。个人贪污数额在二千元以上不满五千元，犯罪后自首、立功或者有悔改表现、积极退赃的，可以减轻处罚，或者免予刑事处罚。

（四）个人贪污数额不满二千元，情节较重的，处二年以下有期徒刑或者拘役；情节较轻的，由其所在单位或者上级主管机关酌情给予行政处分。

二人以上共同贪污的，按照个人所得数额及其在犯罪中的作用，分别处罚。对贪污集团的首要分子，按照集团贪污的总数额处罚；对其他共同贪污犯罪中的主犯，情节严重的，按照共同贪污的总数额处罚。

对多次贪污未经处理的，按照累计贪污数额处罚。

私分没收的财物、罚金或者罚款收入的，以贪污论处。

（另一方案：将贪污的具体数额改为笼统的写法）

第二条　国家工作人员利用职务上的便利，挪用公款归个人使用，进行非法活动的，或者挪用公款数额较大、进行营利活动的，或者挪用公款数额较大、超过三个月未还的，处五年以下有期徒刑或者拘役；情节严重的，处五年以上有期徒刑。挪用公款数额较大不退还的，以贪污论处。

挪用救灾、抢险、防汛、优抚、救济款物归个人使用的，从重处罚。

第三条　国家工作人员利用职务上的便利，索取或者非法收受他人财物或者其他财产性利益的，根据受贿所得数额及情节，依照本章第一条的规定处罚；受贿数额不满一万元，使国家利益或者集体利益遭受重大损失的，处十年以上有期徒刑；受贿数额在一万元以上，使国家利益或者集体利益遭受重大损失的，处无期徒刑或者死刑，并处没收财产。索贿的从重处罚。

国家工作人员违反国家规定收受各种名义的回扣、手续费，归个人所有的，以受贿论处。

已离、退休的国家工作人员，利用本人原有职权或者地位形成的便利条件，通过在职的国家工作人员职务上的行为，为请托人谋取利益，从中向请托人索取或者非法收受财物或者其他财产性利益的，以受贿论处。

第四条　单位索取或者非法收受他人财物，为他人谋取利益，情节严重的，判处罚金，并对其直接负责的主管人员和其他直接责任人员，处五年以下有期徒刑或者拘役。（有的主张删去此条）

第五条　为谋取不正当利益，给予国家工作人员财物或者其他财产性利益的，处五年以下有期徒刑或者拘役，可以并处罚金；因行贿谋取不正当利益，情节严重的，或者使国家利益、集体利益遭受重大损失的，处五年以上有期徒刑，并处罚金或者没收财产；情节特别严重的，处无期徒刑，并处没收财产。

违反国家规定，给予国家工作人员回扣、手续费的，以行贿论处。

行贿人在被追诉前，主动交代行贿行为的，可以减轻或者免予刑事处罚。

第六条　单位为谋取不正当利益而行贿，或者违反国家规定，给予国家工作人员回扣、手续费，情节严重的，判处罚金，并对直接负责的主管人员和其他直接责任人员，处五年以下有期徒刑或者拘役，可以并处罚金。

第七条　国家工作人员在公务活动中接受礼物，依照国家规定应当交公而不交公，数额较大的，以贪污罪论处。

第八条　国家工作人员的财产或者支出明显超过合法收入，差额巨大的，可以责令说明来源。本人不能说明其来源是合法的，差额部分以非法所得论，处五年以下有期徒刑或者拘役，并处或者单处没收其财产的差额部分。

第七章　渎职罪和违反职业义务罪

本章的内容包括以下三个方面：

1. 刑法分则第八章渎职罪中的有关条文（第一条、第三条、第五条、第六条），并作了一些修改、补充。

2. 将刑法第 126 条（挪用救灾、抢险等特定款物罪）、第 136 条（刑讯逼供罪）、第 146 条（报复陷害罪）、第 147 条（非法剥夺宗教信仰、侵犯少数民族风俗习惯罪）从第三章破坏社会主义经济秩序罪和第四章侵犯公民人身权利、民主权利罪中移至本章。

3. 根据商检法、审计法、统计法、会计法、注册会计师法等法律的有关规定，增补了一些新的条文。

第一条　国家工作人员玩忽职守，不履行或者不认真履行应尽职责，造成下列后果之一的，处三年以下有期徒刑或者拘役；后果特别严重的，处三年以上七年以下有期徒刑：

（一）致使所在单位发生贪污、盗窃、诈骗等重大犯罪案件，造成严重后果的；

（二）发生火灾、水灾、爆炸等重大灾害事故，造成严重后果的；

（三）负有救灾、抢险、拯救危难群众等特定职责的人员，擅离职守，情节严重的；

（四）其他因玩忽职守行为致使公私财产、国家和人民利益遭受严重损失的。

受国家机关委托从事公务的人员和企业、事业单位的人员，有前款行为的，依照前款的规定处罚。

第二条　国家工作人员有下列超越职权、滥用职权情形之一的，处五年以下有期徒刑或者拘役；后果严重的，处五年以上十年以下有期徒刑：

（一）超越权限，任意决定无权决定的事项，危害国家和人民利益，情节严重的；

（二）滥用职权，违法处理公务，危害国家和人民利益，情节严重的；

（三）违法罚款、收费、没收财物，或者作出其他违法决定，侵犯公民或者单位利益，情节严重的。

受国家机关委托从事公务的人员和企业、事业单位的领导人员，有前款行为的，依照前款的规定处罚。

第三条　国家工作人员对控告人、申诉人、批评人实行报复陷害的，处二年以下有期徒刑或者拘役；情节严重的，处二年以上七年以下有期徒刑。

第四条　挪用国家救灾、抢险、防汛、优抚、救济款物，情节严重，致使国家和人民群众利益遭受重大损害的，对直接责任人员，处三年以下有期徒刑或者拘役；情节特别严重的，处三年以上七年以下有期徒刑。

第五条　侦查、检察、审判工作人员徇私舞弊，对明知是无罪的人追诉、对明知是有罪的人而故意包庇，或者在刑事、民事、经济和行政审判中故意颠倒黑白做枉法裁判的，处五年以下有期徒刑、拘役或者剥夺政治权利；情节特别严重的，处五年以上有期徒刑。

第六条 国家工作人员对人犯实行刑讯逼供的，处三年以下有期徒刑或者拘役。致人伤残的，以伤害罪从重处罚。

第七条 押解监管人犯的工作人员私放被监管人的，处五年以下有期徒刑或者拘役；情节严重的，处五年以上十年以下有期徒刑。

第八条 监管人犯的工作人员违反监管法规，对被监管人实行体罚虐待，情节严重的，处三年以下有期徒刑或者拘役；情节特别严重的，处三年以上十年以下有期徒刑。致人伤残的，以伤害罪从重处罚。

第九条 公安、海关、工商、税务、交通、卫生防疫或者其他行政执法部门工作人员徇私舞弊，故意违背事实和法律，做枉法决定或者裁决，情节严重的，处三年以下有期徒刑或者拘役；情节特别严重的，处三年以上七年以下有期徒刑。

第十条 国家商检部门、商检机构的工作人员和国家商检部门、商检机构指定的检验机构的检验人员，滥用职权，徇私舞弊，伪造检验结果或者玩忽职守，延误检验出证，情节严重的，处五年以下有期徒刑或者拘役。

第十一条 审计人员对审计中发现的重大问题隐瞒不报或者弄虚作假，情节严重的，处五年以下有期徒刑或者拘役。

第十二条 统计工作人员违背职责，虚报、瞒报或者伪造、篡改统计资料，情节严重的，处五年以下有期徒刑或者拘役。

第十三条 会计人员对不真实、不合法的原始凭证予以受理，或者对违法的收支不向单位领导人提出书面意见，或者对严重违法损害国家和公众利益的收支不向主管单位或者财政、审计、税务机关报告，使公私财产遭受重大损失的，处五年以下有期徒刑或者拘役。

第十四条 注册会计师提供伪造的审计、验证报告，或者对明知是虚假的财务报表、财务文件，出具隐瞒事实的审计、验证报告，情节严重的，处五年以下有期徒刑或者拘役。

第十五条 医务人员由于严重不负责任，致使病员重伤、死亡的，处五年以下有期徒刑或者拘役；情节特别恶劣的，处五年以上有期徒刑。

第十六条 邮电工作人员私自开拆或者隐匿、毁弃邮件、电报的，处三年以下有期徒刑或者拘役；情节严重的，处三年以上七年以下有期徒刑。

犯前款罪而窃取财物的，以贪污罪从重处罚。

第十七条 国家工作人员非法剥夺公民的正当的宗教信仰自由，情节严重的，处二年以下有期徒刑或者拘役。

第十八条 国家工作人员非法侵犯少数民族风俗习惯，情节严重的，处二年以下有期徒刑或者拘役。

第八章 走私罪

（有些同志主张将章名改为“妨害对外贸易管理罪”，内容也作一些调整）

本章基本上是原《关于惩治走私罪的补充规定》的内容，并作了以下修改：

1. 鉴于有关毒品、淫秽物品等犯罪已单独设章，因此将第一条中的走私毒品罪、第二条中的走私文物罪、第三条中走私淫秽物品罪分别移至第二十三章制造、贩卖鸦片毒品罪、第二十二章妨害文物管理罪、第二十四章制造、贩卖淫秽物品罪中。

2. 将原第九条关于在境外取得的外汇不调回国内或者不存入指定银行和单位倒卖外汇的规定移到第十一章危害金融罪中。

3. 删去第八条、第十二条、第十四条和第六条第二款、第七条第二款关于共犯、没收违法所得、赃款、赃物随案移送和行政处罚的规定。

第一条 走私武器、弹药或者其他禁止进出口的物品的，走私国家禁止出口的黄金、白银或者其他贵重金属、珍贵动物及其制品或者其他禁止出口的物品的，处七年以上有期徒刑，并处罚金或者没收财产；情节特别严重的，处无期徒刑或者死刑，并处没收财产；情节较轻的，处七年以下有期徒刑，并处罚金。

走私伪造的货币、毒品、淫秽物品、国家禁止出口的文物的，分别依照本法第十一章、第二十三章、第二十四章、第二十二章的有关规定处罚。

第二条 走私国家限制进出口的货物、物品的，根据情节轻重，分别依照下列规定处罚：

（1）走私货物、物品价额在五十万元以上的，处十年以上有期徒刑或者无期徒刑，并处罚金或者没收财产；情节特别严重的，处死刑，并处没收财产。

（2）走私货物、物品价额在十五万元以上不满五十万元的，处七年以上有期徒刑，并处罚金或者没收财产；情节特别严重的，处无期徒刑，并处没收财产。

（3）走私货物、物品价额在五万元以上不满十五万元的，处三年以上十年以下有期徒刑，并处罚金。

（4）走私货物、物品价额在二万元以上不满五万元的，处三年以下有期徒刑或者拘役，并处罚金。

二人以上共同走私的，按照个人走私货物、物品的价额及其在犯罪中的作用，分别处罚。对走私集团的首要分子，按照集团走私货物、物品的总价额处罚；对其他共同走私犯罪中的主犯，情节严重的，按照共同走私货物、物品的总价额处罚。

对多次走私未经处理的，按累计走私货物、物品的价额处罚。

（另一方案：将“货物、物品价额”改为“偷逃关税数额”。）

第三条　单位走私第一条规定的物品的，判处罚金，并对其直接负责的主管人员和其他直接责任人员，依照该条对个人犯走私罪的规定处罚。

单位走私第二条规定的货物、物品，价额在三十万元以上的，判处罚金，并对其直接负责的主管人员和其他直接责任人员，处五年以下有期徒刑或者拘役；情节特别严重，使国家利益遭受重大损失的，处五年以上十年以下有期徒刑。

单位走私，违法所得归私人所有的，或者以单位的名义进行走私，共同分取违法所得的，依照对个人犯走私罪的规定处罚。

第四条　下列走私行为，根据规定构成犯罪的，依照第二条、第三条的规定处罚：

（1）未经海关许可并且未补缴关税，擅自将批准进口的来料加工、来件装配、补偿贸易的原材料、零件、制成品、设备等保税货物，在境内销售牟利的。

（2）假借捐赠名义进口货物、物品的，或者未经海关许可并且未补缴关税，擅自将捐赠进口的货物、物品或者其他特定减免、免税进口的货物、物品在境内销售牟利的。

第五条　下列行为，以走私罪论处，依照本章的有关规定处罚：

（1）直接向走私人非法收购国家禁止进口物品的，或者直接向走私人非法收购走私进口的其他货物、物品，数额较大的。

（2）在内海、领海运输、收购、贩卖国家禁止进出口物品的，或者运输、收购、贩卖国家限制进出口货物、物品，数额较大，没有合法证明的。

第六条　武装掩护走私的，依照本章第一条的规定从重处罚。

第七条　国家工作人员利用职务上的便利犯走私罪的，从重处罚。

第八条　处理走私案件没收的财物和罚金、罚款收入，全部上缴国库，不得提成，不得私自处理。私分没收的财物和罚金、罚款收入的，以贪污论处。

第九条　本规定所称走私货物、物品价额，按照犯罪查获时当地的国营商业零售价格计算。价格无法计算的，由有关主管部门估定。

第九章　生产、销售伪劣商品罪

本章基本上是《关于惩治生产、销售伪劣商品犯罪的决定》的内容，并作了以下修改：

1. 删去第十条、第十一条关于国家工作人员徇私枉法、报复陷害、累犯和第十二条中关于没收违法所得、赔偿损失等规定，以及第一条中关于行政处罚部分。

2. 将原第二条第二款、第三条第二款独立出来，分别单设条文（第三条、第五条）。

3. 对原第四、五条作了一些文字修改（第六、七条）。

第一条　生产者、销售者在产品中掺杂、掺假，以假充真，以次充好或者以不合格产品冒充合格产品，违法所得数额二万元以上不满十万元的，处二年以下有期徒刑或者拘役，可以并处罚金；违法所得数额十万元以上不满三十万元的，处二年以上七年以下有期徒刑，并处罚金；违法所得数额三十万元以上不满一百万元的，处七年以上有期徒刑，并处罚金或者没收财产；违法所得数额一百万元以上的，处十五年有期徒刑或者无期徒刑，并处没收财产。

第二条　生产、销售假药，足以危害人体健康的，处三年以下有期徒刑或者拘役，并处罚金；对人体健康造成严重危害的，处三年以上十年以下有期徒刑，并处罚金；致人死亡或者对人体健康造成其他特别严重危害的，处十年以上有期徒刑、无期徒刑或者死刑，并处罚金或者没收财产。

本条所称假药，是指依照《中华人民共和国药品管理法》的规定属于假药和按假药处理的药品、非药品。

第三条　生产、销售劣药，对人体健康造成严重危害的，处三年以上十年以下有期徒刑，并处罚金；后果特别严重的，处十年以上有期徒刑或者无期徒刑，并处罚金或者没收财产。

本条所称劣药，是指依照《中华人民共和国药品管理法》的规定属于劣药的药品。

第四条　生产、销售不符合卫生标准的食品，造成严重食物中毒事故或者其他严重食源性疾患，对人体健康造成严重危害的，处七年以下有期徒刑，并处罚金；后果特别严重的，处七年以上有期徒刑或者无期徒刑，并处罚金或者没收财产。

第五条　在生产、销售的食品中掺入有毒、有害的非食品原料的，处五年以下有期徒刑或者拘役，可以并处或者单处罚金；造成严重食物中毒事故或者其他严重食源性疾患，对人体健康造成严重危害的，处五年以上十年以下有期徒刑，并处罚金；致人死亡或者对人体健康造成其他特别严重危害的，处十年以上有期徒刑、无期徒刑或者死刑，并处罚金或者没收财产。

第六条 生产不符合保障人体健康的国家标准、行业标准的医疗器械、医用卫生材料，或者销售明知是不符合上述标准的医疗器械、医用卫生材料，对人体健康造成严重危害的，处五年以下有期徒刑，并处罚金；后果特别严重的，处五年以上十年以下有期徒刑，并处罚金，其中情节特别恶劣的，处十年以上有期徒刑或者无期徒刑，并处罚金或者没收财产。

第七条 生产不符合保障人身、财产安全的国家标准、行业标准的电器、压力容器、易燃易爆产品或者其他产品，或者销售明知是以上不符合保障人身、财产安全的国家标准、行业标准的产品，造成严重后果的，处五年以下有期徒刑或者拘役，并处罚金；后果特别严重的，处五年以上有期徒刑，并处罚金。

第八条 生产假农药、假兽药、假化肥，销售明知是假的或者失去使用效能的农药、兽药、化肥、种子，或者生产者、销售者以不合格的农药、兽药、化肥、种子冒充合格的农药、兽药、化肥、种子，使生产遭受较大损失的，处三年以下有期徒刑或者拘役，可以并处或者单处罚金；使生产遭受重大损失的，处三年以上七年以下有期徒刑，并处罚金；使生产遭受特别重大损失的，处七年以上有期徒刑，并处罚金或者没收财产。

第九条 生产不符合卫生标准的化妆品，或者销售明知是不符合卫生标准的化妆品，造成严重后果的，处三年以下有期徒刑或者拘役，可以并处或者单处罚金。

第十条 生产、销售第二条至第九条所列产品，不构成各该条规定的犯罪，但是违法所得数额在二万元以上的，依照第一条的规定处罚。

生产、销售第二条至第九条所列产品，构成各该条规定的犯罪，同时又构成第一条规定的犯罪的，依照处刑较重的规定处罚。

第十一条 单位犯第二条至第十条罪的，对单位判处罚金，并对直接负责的主管人员和其他直接责任人员，依照各该条的规定处罚。

单位犯第一条罪的，对单位判处罚金，情节恶劣的，并对直接负责的主管人员和其他直接责任人员，依照第一条的规定处罚。

第十二条 依照本章规定判处罚金的，罚金数额为违法所得一倍以上五倍以下。

第十章 侵犯知识产权罪

本章是新增设的，其内容主要是《关于惩治假冒注册商标犯罪的补充规定》、《关于惩治侵犯著作权的犯罪的决定》中的规定和根据专利法、反不正当竞争法中有关规定增补的新条文。删去两个决定中有关没收违法所得、赔偿损失、徇私舞弊、玩忽职守等规定。

第一条 未经注册商标所有人许可，在同一种商品上使用与其注册商标相同的商标，违法所得数额较大或者有其他严重情节的，处三年以下有期徒刑或者拘役，可以并处或者单处罚金；违法所得数额巨大或者有其他特别严重情节的，处三年以上七年以下有期徒刑，并处罚金。

第二条 销售明知是假冒注册商标的商品，违法所得数额较大或者有其他严重情节的，处三年以下有期徒刑或者拘役，可以并处或者单处罚金；违法所得数额巨大或者有其他特别严重情节的，处三年以上七年以下有期徒刑，并处罚金。

第三条 伪造、擅自制造他人注册商标标识或者销售伪造、擅自制造的注册商标标识的，依照第一条的规定处罚。

第四条 假冒他人专利，违法所得数额较大或者有其他严重情节的，处三年以下有期徒刑或者拘役，可以并处或者单处罚金；违法所得数额巨大或者有其他特别严重情节的，处三年以上七年以下有期徒刑，并处罚金。

第五条 销售明知是冒充专利的产品，违法所得数额较大或者有其他严重情节的，处二年以下有期徒刑或者拘役，可以并处或者单处罚金；违法所得数额巨大或者有其他特别严重情节的，处二年以上七年以下有期徒刑，并处罚金。

第六条 以营利为目的，有下列侵犯著作权情形之一，违法所得数额较大或者有其他严重情节的，处三年以下有期徒刑或者拘役，单处或者并处罚金；违法所得数额特别巨大或者有其他特别严重情节的，处三年以上七年以下有期徒刑，并处罚金：

（一）未经著作权人许可，复制发行其文字作品、音乐、电影、电视录像作品、计算机软件及其他作品的；

（二）出版他人享有专有出版权的图书的；

（三）未经录音录像制作者许可，复制发行其制作的录音录像的；

（四）制作、出售假冒他人署名的美术作品的。

第七条 以营利为目的，销售、出租明知是第六条规定的侵权复制品，违法所得数额较大的，处二年以下有期徒刑或者拘役，单处或者并处罚金；违法所得数额巨大的，处二年以上五年以下有期徒刑，并处罚金。

第八条 犯本章第一条、第二条、第四条、第五条、第六条之罪，同时构成生产、销售伪劣商品罪的，依照处刑较重的规定处罚。

第九条 单位犯本章之罪的，对单位判处罚金，并对直接负责的主管人员和其他直接责任人员，依照各该条的规定处罚。

第十一章　危害金融罪

本章基本是《关于惩治破坏金融秩序犯罪的决定》的内容，删去有关行政处罚规定（第十九条）与总则重复的规定（第二十条）。其中对于单位在境外私存外汇和单位、个人非法买卖外汇的犯罪是否规定到本章，以及如何规定，还需进一步研究。

第一条　伪造货币的，处三年以上十年以下有期徒刑，并处五万元以上五十万元以下罚金；有下列情形之一的，处十年以上有期徒刑、无期徒刑或者死刑，并处没收财产：

（一）伪造货币集团的首要分子；

（二）伪造货币数额特别巨大的；

（三）有其他特别严重情节的。

第二条　出售、购买伪造的货币或者明知是伪造的货币而运输，数额较大的，处三年以下有期徒刑或者拘役，并处二万元以上二十万元以下罚金；数额巨大的，处三年以上十年以下有期徒刑，并处五万元以上五十万元以下罚金；数额特别巨大的，处十年以上有期徒刑或者无期徒刑，并处没收财产。

银行或者其他金融机构的工作人员购买伪造的货币或者利用职务上的便利，以伪造的货币换取货币的，处三年以上十年以下有期徒刑，并处二万元以上二十万元以下罚金；数额巨大或者有其他严重情节的，处十年以上有期徒刑或者无期徒刑，并处没收财产；情节较轻的，处三年以下有期徒刑或者拘役，并处或者单处一万元以上十万元以下罚金。

伪造货币并出售或者运输伪造的货币的，依照第一条的规定从重处罚。

第三条　走私伪造的货币的，处七年以上有期徒刑，并处罚金或者没收财产；情节特别严重的，处无期徒刑或者死刑，并处没收财产；情节较轻的，处七年以下有期徒刑，并处罚金。

第四条　明知是伪造的货币而持有、使用，数额较大的，处三年以下有期徒刑或者拘役，并处一万元以上十万元以下罚金；数额巨大的，处三年以上十年以下有期徒刑，并处二万元以上二十万元以下罚金；数额特别巨大的，处十年以上有期徒刑，并处五万元以上五十万元以下罚金或者没收财产。

第五条　变造货币数额较大的，处三年以下有期徒刑或者拘役，并处一万元以上十万元以下罚金；数额巨大的，处三年以上十年以下有期徒刑，并处二万元以上二十万元以下罚金。

第六条　未经中国人民银行批准，擅自设立商业银行或者其他金融机构的，处三年以下有期徒刑或者拘役，并处或者单处二万元以上二十万元以下罚金；情节严重的，处三年以上十年以下有期徒刑，并处五万元以上五十万元以下罚金。

伪造、变造、转让商业银行或者其他金融机构经营许可证的，依照前款的规定处罚。

单位犯前两款罪的，对单位判处罚金，并对直接负责的主管人员和其他直接责任人员，依照第一款的规定处罚。

第七条　非法吸收公众存款或者变相吸收公众存款，扰乱金融秩序的，处三年以下有期徒刑或者拘役，并处或者单处二万元以上二十万元以下罚金；数额巨大或者有其他严重情节的，处三年以上十年以下有期徒刑，并处五万元以上五十万元以下罚金。

单位犯前款罪的，对单位判处罚金，并对直接负责的主管人员和其他直接责任人员，依照前款的规定处罚。

第八条　以非法占有为目的，使用诈骗方法非法集资的，处三年以下有期徒刑或者拘役，并处二万元以上二十万元以下罚金；数额巨大或者有其他严重情节的，处三年以上十年以下有期徒刑，并处五万元以上五十万元以下罚金；数额特别巨大或者有其他特别严重情节的，处十年以上有期徒刑、无期徒刑或者死刑，并处没收财产。

单位犯前款罪的，对单位判处罚金，并对直接负责的主管人员和其他直接责任人员，依照前款的规定处罚。

第九条　银行或者其他金融机构的工作人员违反法律、行政法规规定，向关系人发放信用贷款或者发放担保贷款的条件优于其他借款人同类贷款的条件，造成较大损失的，处五年以下有期徒刑或者拘役，并处一万元以上十万元以下罚金；造成重大损失的，处五年以上有期徒刑，并处二万元以上二十万元以下罚金。

银行或者其他金融机构的工作人员违反法律、行政法规规定，玩忽职守或者滥用职权，向关系人以外的其他人发放贷款，造成重大损失的，处五年以下有期徒刑或者拘役，并处一万元以上十万元以下罚金；造成特别重大损失的，处五年以上有期徒刑，并处二万元以上二十万元以下罚金。

单位犯前两款罪的，对单位判处罚金，并对直接负责的主管人员和其他直接责任人员，依照前两款的规定处罚。

第十条　有下列情形之一，以非法占有为目的，诈骗银行或者其他金融机构的贷款，数额较大的，处五年以下有期徒刑或者拘役，并处二万元以上二十万元以下罚金；数额巨大或者有其他严重情节的，处五年以上十年以下有期徒刑，并处五万元以上五十万元以下罚金；数额特别巨大或者有其他特别严重情节的，处十年以上有期徒刑或者无期徒刑，并处没收财产：

（一）编造引进资金、项目等虚假理由的；

（二）使用虚假的经济合同的；

（三）使用虚假的证明文件的；

（四）使用虚假的产权证明作担保的；

（五）以其他方法诈骗贷款的。

第十一条 有下列情形之一，伪造、变造金融票证的，处五年以下有期徒刑或者拘役，并处二万元以上二十万元以下罚金；情节严重的，处五年以上十年以下有期徒刑，并处五万元以上五十万元以下罚金；情节特别严重的，处十年以上有期徒刑或者无期徒刑，并处没收财产：

（一）伪造、变造汇票、本票、支票的；

（二）伪造、变造委托收款凭证、汇款凭证、银行存单等其他银行结算凭证的；

（三）伪造、变造信用证或者附随的单据、文件的；

（四）伪造信用卡的。

单位犯前款罪的，对单位判处罚金，并对直接负责的主管人员和其他直接责任人员，依照前款的规定处罚。

第十二条 有下列情形之一，进行金融票据诈骗活动，数额较大的，处五年以下有期徒刑或者拘役，并处二万元以上二十万元以下罚金；数额巨大或者有其他严重情节的，处五年以上十年以下有期徒刑，并处五万元以上五十万元以下罚金；数额特别巨大或者有其他特别严重情节的，处十年以上有期徒刑、无期徒刑或者死刑，并处没收财产：

（一）明知是伪造、变造的汇票、本票、支票而使用的；

（二）明知是作废的汇票、本票、支票而使用的；

（三）冒用他人的汇票、本票、支票的；

（四）签发空头支票或者与其预留印鉴不符的支票，骗取财物的；

（五）汇票、本票的出票人签发无资金保证的汇票、本票或者在出票时作虚假记载，骗取财物的。

使用伪造、变造的委托收款凭证、汇款凭证、银行存单等其他银行结算凭证的，依照前款的规定处罚。

单位犯前两款罪的，对单位判处罚金，并对直接负责的主管人员和其他直接责任人员，依照第一款的规定处罚。

第十三条 有下列情形之一，进行信用证诈骗活动的，处五年以下有期徒刑或者拘役，并处二万元以上二十万元以下罚金；数额巨大或者有其他严重情节的，处五年以上十年以下有期徒刑，并处五万元以上五十万元以下罚金；数额特别巨大或者有其他特别严重情节的，处十年以上有期徒刑、无期徒刑或者死刑，并处没收财产：

（一）使用伪造、变造的信用证或者附随的单据、文件的；

（二）使用作废的信用证的；

（三）骗取信用证的；

（四）以其他方法进行信用证诈骗活动的。

单位犯前款罪的，对单位判处罚金，并对直接负责的主管人员和其他直接责任人员，依照前款的规定处罚。

第十四条 有下列情形之一，进行信用卡诈骗活动，数额较大的，处五年以下有期徒刑或者拘役，并处二万元以上二十万元以下罚金；数额巨大或者有其他严重情节的，处五年以上十年以下有期徒刑，并处五万元以上五十万元以下罚金；数额特别巨大或者有其他特别严重情节的，处十年以上有期徒刑或者无期徒刑，并处没收财产：

（一）使用伪造的信用卡的；

（二）使用作废的信用卡的；

（三）冒用他人信用卡的；

（四）恶意透支的。

盗窃信用卡并使用的，依照刑法关于盗窃罪的规定处罚。

第十五条 银行或者其他金融机构的工作人员违反规定为他人出具信用证或者其他保函、票据、资信证明，造成较大损失的，处五年以下有期徒刑或者拘役；造成重大损失的，处五年以上有期徒刑。

单位犯前款罪的，对单位判处罚金，并对直接负责的主管人员和其他直接责任人员，依照前款的规定处罚。

第十六条 有下列情形之一，进行保险诈骗活动，数额较大的，处五年以下有期徒刑或者拘役，并处一万元以上十万元以下罚金；数额巨大或者有其他严重情节的，处五年以上十年以下有期徒刑，并处二万元以上二十万元以下罚金；数额特别巨大或者有其他特别严重情节的，处十年以上有期徒刑，并处没收财产：

（一）投保人故意虚构保险标的，骗取保险金的；

（二）投保人、被保险人或者受益人对发生的保险事故编造虚假的原因或者夸大损失的程度，骗取保险金的；

（三）投保人、被保险人或者受益人编造未曾发生的保险事故，骗取保险金的；

（四）投保人、被保险人故意造成财产损失的保险事故，骗取保险金的；

（五）投保人、受益人故意造成被保险人死亡、伤残或者疾病，骗取保险金的。

有前款第（四）项、第（五）项所列行为，同时构成其他犯罪的，依照刑法数罪并罚的规定处罚。

保险事故的鉴定人、证明人、财产评估人故意提供虚假的证明文件，为他人诈骗提供条件的，以保险诈骗的共犯论处。

单位犯第一款罪的，对单位判处罚金，并对直接负责的主管人员和其他直接责任人员，依照第一款的规定处罚。

第十七条 保险公司的工作人员利用职务上的便利，故意编造未曾发生的保险事故进行虚假理赔，骗取保险金的，分别按本法第六章、第十三章的有关规定处罚。

第十八条　银行或者其他金融机构的工作人员在金融业务活动中索取、收受贿赂，或者违反国家规定收受各种名义的回扣、手续费的，分别依照本法第六章、第十三章的有关规定处罚。

第十九条　银行或者其他金融机构的工作人员利用职务上的便利，挪用单位或者客户资金的，分别依照本法第六章、第十三章的有关规定处罚。

第二十条　本章所称的货币是指人民币和外币。

第十二章　危害证券、票证管理罪

本章是新增设的，其内容除刑法第一百二十三条的规定外，主要是根据证券法（草案）和实践中处理伪造、倒卖车、船票等有价票证的司法解释，增补的新条文。证券法草案通过以后，对有关条文还需作相应修改。

第一条　伪造、变造股票、债券等有价证券，或者买卖伪造、变造的股票、债券等有价证券的，处七年以下有期徒刑，并处罚金；首要分子或者情节严重的，处七年以上有期徒刑或者无期徒刑，并处罚金或者没收财产。

第二条　证券经营、管理机构有下列行为之一，情节严重的，对单位判处罚金，并对直接负责的主管人员和其他直接责任人员，处三年以下有期徒刑或者拘役，可以并处或者单处罚金：

（一）以客户的名义为本机构买卖证券的；

（二）在代理客户买卖证券活动中，与客户分享证券交易的利润或者分担证券交易的损失，或者向客户提供避免损失或者保证交易收益的保证的；

（三）为证券交易提供融资的；

（四）不在规定时间向被代理人提供证券买卖书面确认文件的；

（五）不按国家有关规定办理清算、交割、过户、登记手续的；

（六）以多获取佣金为目的，诱导客户进行不必要的证券买卖，损害客户利益的；

（七）故意作出内容虚假或者其他误导性陈述的。

第三条　证券经营、管理机构的人员，有下列情形之一，情节严重的，处三年以下有期徒刑或者拘役，可以并处或者单处罚金：

（一）违反国家规定持有、买卖证券的；

（二）挪用客户的证券或者保证金的；

（三）利用证券价格波动，为牟取非法利益，故意迟延交割的；

（四）利用职务便利，人为地压低或者抬高证券价格的；

（五）利用职权强行买卖证券或者以不正当手段协助他人买卖证券的。

第四条　在证券交易过程中，有下列操纵市场情形之一，情节严重的，处五年以下有期徒刑或者拘役，可以并处或者单处罚金：

（一）以散布谣言等手段影响证券发行、交易的；

（二）为制造证券的虚假价格，与他人串通，不转移证券的所有权或者实际控制，虚买虚卖的；

（三）出售或者要约出售其并不持有的证券，扰乱证券市场秩序的；

（四）以抬高或者压低某种有价证券价格为目的，连续以高价买入或者以低价卖出该种有价证券或者与他人串通以约定价格买卖该种证券的。

第五条　内幕人员或者以不正当手段获取内幕信息的其他人员，根据内幕信息买卖证券、泄露与证券有关的内幕信息或者向他人提出买卖证券的建议，情节严重的，处五年以下有期徒刑或者拘役，可以并处或者单处罚金。

第六条　未经批准，擅自设立证券经营机构，或者擅自从事证券经营机构业务的，对单位判处罚金；对直接负责的主管人员和其他直接责任人员，处三年以下有期徒刑或者拘役，可以并处或者单处罚金。

第七条　伪造、变造车票、船票、飞机票、税票、邮票等票证或者倒卖伪造、变造的车票、船票、飞机票、税票、邮票等票证的，处三年以下有期徒刑、拘役或者罚金；情节严重的，处三年以上十年以下有期徒刑，并处罚金。

第八条　非法倒卖车票、船票、飞机票、税票、邮票等票证，数额较大的，处五年以下有期徒刑或者拘役，可以单处或者并处罚金；数额巨大的，处五年以上有期徒刑，并处罚金或者没收财产。

第十三章　妨害公司、企业管理罪

本章基本上是《关于惩治违反公司法的犯罪的决定》的内容，并作了以下修改：

1. 删去了与刑法总则、分则重复的规定，即原决定第十二条、第十三条、第十五条。

2. 根据商检法的规定和处理投机倒把行为的需要，新增设了两个条文（第九条、第十一条）。

第一条　申请公司登记的人使用虚假证明文件或者采取其他欺诈手段虚报注册资本，欺骗公司登记主管部门，取得公司登记，虚报注册资本数额巨大、后果严重或者有其他严重情节的，处三年以下有期徒刑或者拘役，可以并处虚报注册资本金额百分之十以下罚金。

申请公司登记的单位犯前款罪的，对单位判处虚报注册资本金额百分之十以下罚金，并对直接负责的主管人员和其他直接责任人员，处三年以下有期徒刑或者拘役。

第二条 公司发起人、股东违反公司法的规定未交付货币、实物或者未转移财产权，虚假出资，或者在公司成立后又抽逃其出资，数额巨大、后果严重或者有其他严重情节的，处五年以下有期徒刑或者拘役，可以并处虚假出资金额或者抽逃出资金额百分之十以下罚金。

单位犯前款罪的，对单位判处虚假出资金额或者抽逃出资金额百分之十以下罚金，并对直接负责的主管人员和其他直接责任人员，处五年以下有期徒刑或者拘役。

第三条 制作虚假的招股说明书、认股书、公司债券募集办法发行股票或者公司债券，数额巨大、后果严重或者有其他严重情节的，处五年以下有期徒刑或者拘役，可以并处非法募集资金金额百分之五以下罚金。

单位犯前款罪的，对单位判处非法募集资金金额百分之五以下罚金，并对直接负责的主管人员和其他直接责任人员，处五年以下有期徒刑或者拘役。

第四条 公司向股东和社会公众提供虚假的或者隐瞒重要事实的财务会计报告，严重损害股东或者其他人利益的，对直接负责的主管人员和其他直接责任人员，处三年以下有期徒刑或者拘役，可以并处二十万元以下罚金。

第五条 公司进行清算时，隐匿财产，对资产负债表或者财产清单作虚伪记载或者在未清偿债务前分配公司财产，严重损害债权人或者其他人利益的，对直接负责的主管人员和其他直接责任人员，处五年以下有期徒刑或者拘役，可以并处二十万元以下罚金。

第六条 承担资产评估、验资、验证、审计职责的人员故意提供虚假证明文件，情节严重的，处五年以下有期徒刑或者拘役，可以并处二十万元以下罚金。

单位犯前款罪的，对单位判处违法所得五倍以下罚金，并对直接负责的主管人员和其他直接责任人员，处五年以下有期徒刑或者拘役。

第七条 未经公司法规定的有关主管部门批准，擅自发行股票、公司债券，数额巨大、后果严重或者有其他严重情节的，处五年以下有期徒刑或者拘役，可以并处非法募集资金金额百分之五以下罚金。

单位犯前款罪的，对单位判处非法募集资金金额百分之五以下罚金，并对直接负责的主管人员，处五年以下有期徒刑或者拘役。

第八条 国家有关主管部门的国家工作人员，对不符合法律规定条件的公司设立、登记申请或者股票、债券发行、上市申请，予以批准或者登记，致使公共财产、国家和人民利益遭受重大损失的，以玩忽职守罪论处。

上级部门强令登记机关及其工作人员实施前款行为的，对直接负责的主管人员，依照前款规定处罚。

第九条 公司董事、监事或者职工利用职务上的便利，索取或者收受贿赂，数额较大的，处五年以下有期徒刑或者拘役；数额巨大的，处五年以上有期徒刑，可以并处没收财产。

第十条 公司董事、监事或者职工利用职务或者工作上的便利，侵占本公司财物，数额较大的，处五年以下有期徒刑或者拘役；数额巨大的，处五年以上有期徒刑，可以并处没收财产。

第十一条 公司董事、监事或者职工利用职务上的便利，挪用本单位资金归个人使用或者借贷给他人，数额较大、超过三个月未还的，或者虽未超过三个月，但数额较大、进行营利活动的，或者进行非法活动的，处三年以下有期徒刑或者拘役。

挪用本单位资金数额较大不退还的，依照本章第十条规定的侵占罪论处。

第十二条 倒卖、出租、转让国家行政机关签发的许可证、批准文件、执照或者其他证书、文件，情节严重的，处三年以下有期徒刑或者拘役，可以单处或者并处罚金；致使国家、集体利益遭受重大损失的，处三年以上十年以下有期徒刑，并处罚金。

伪造、变造许可证、批准文件、执照或者买卖伪造、变造的许可证、批准文件、执照的，依照前款规定从重处罚。

单位犯前两款罪的，对单位判处罚金，并对直接负责的主管人员和其他直接责任人员，依照前两款的规定处罚。

第十三条 违反进出口商品检验法的规定，逃避商品检验，将必须依法进行商检的进口商品，未经检验，擅自销售、使用，或者将必须依法进行商检的出口商品，未经检验或者经检验不合格，擅自出口，致使国家、集体遭受重大损失的，处三年以下有期徒刑或者拘役，可以并处或者单处罚金。

单位犯前款罪的，对单位判处罚金，并对直接负责的主管人员和其他直接责任人员，依照前款的规定处罚。

第十四条 有限责任公司、股份有限公司以外的企业及其有关工作人员有本章规定的犯罪行为的，依照本章各该条的规定处罚。

第十四章 危害公平竞争罪

本章是新增设的，其内容是根据反不正当竞争法的有关规定增补的条文，共计 11 条。

第一条 为销售商品或者争揽营利性服务而行贿，情节严重的，处二年以下有期徒刑或者拘役，可以并处或者单处罚金；情节特别严重的，处二年以上七年以下有期徒刑，可以并处或者单处罚金。

为销售商品或者争揽营利性服务，在帐外给予对方单位或者个人回扣的，依照前款的规定处罚。

第二条 为单位进行采购或者从事其他营利性业务的人员，收受贿赂或者在帐外暗中收受回扣，数额较大的，处三年以下有期徒刑或者拘役，可以并处或者单处罚金；数额巨大或者给本单位造成重大损失的，处三年以上十年以下有期徒刑，可以并处或者单处罚金。

第三条 以盗窃、利诱、胁迫或者其他不正当手段获取他人的商业秘密，给他人造成严重经济损失或者非法获利数额巨大的，处二年以下有期徒刑或者拘役，可以并处或者单处罚金；情节特别严重的，处二年以上五年以下有期徒刑，可以并处或者单处罚金。

因工作关系知悉商业秘密的人员，擅自使用或者向他人泄露、出卖所知悉的商业秘密，情节严重的，处二年以下有期徒刑或者拘役，可以并处或者单处罚金；情节特别严重的，处二年以上五年以下有期徒刑，可以并处或者单处罚金。

第四条 捏造、散布虚假事实，损害竞争对手的商业信誉、商品信誉、情节严重的，处二年以下有期徒刑或者拘役，可以并处或者单处罚金。

第五条 以排挤其他经营者为目的，利用经济或者独占地位，限定他人购买其指定的商品，垄断市场，情节严重的，处二年以下有期徒刑或者拘役，可以并处或者单处罚金。

第六条 以提供虚假报销凭证为手段，招徕顾客，兜售商品，情节严重的，处二年以下有期徒刑或者拘役，可以单处或者并处罚金。

第七条 制作、宣传虚假广告或者向广告制作、宣传单位提供不实资料，欺骗他人，严重损害消费者、用户利益的，处三年以下有期徒刑或者拘役，可以单处或者并处罚金。

第八条 擅自使用他人的企业名称或者姓名，伪造或者冒用认证标志、名优标志等质量标志，伪造商品产地，擅自使用知名商品特有的或者与知名商品近似的名称、包装、装璜，使购买者误认为是该知名商品，情节严重的，处二年以下有期徒刑或者拘役，可以并处或者单处罚金。

第九条 在公共工程、房地产或者其他公开招标中，投标人串通，协定投标报价，损害招标方利益，情节严重的，处五年以下有期徒刑或者拘役，可以并处或者单处罚金。

投标人与招标人串通投标，损害国家、集体或者公民利益的，依照前款规定从重处罚。

第十条 单位犯本章之罪的，对单位判处罚金，并对直接负责的主管人员和其他直接责任人员，依照本章各该条的规定处罚。

第十一条 负有监督检查职责的工作人员，对不正当竞争行为应当制止而不制止，或者不监督检查，或者明知经营者有不正当竞争行为而故意包庇，影响正当竞争活动，情节严重的，处五年以下有期徒刑或者拘役，可以并处或者单处罚金。

第十五章 扰乱市场秩序罪

本章是新增设的，其内容是根据刑法第一百一十七条投机倒把罪的规定，新增补的有关扰乱市场秩序的条文。投机倒把的其他行为，如生产、销售假冒、伪劣商品、非法买卖外汇、非法倒卖车票、飞机票、税票、邮票等票证，已分别在有关章中作了规定。投机倒把罪被分解为若干罪名后，可不再保留这个罪名（有的同志主张保留这一罪名）。

第一条 违反国家规定，非法买卖金银以及其他国家禁止买卖的物品，情节严重的，处五年以下有期徒刑或者拘役，可以并处或者单处罚金；情节特别严重的，处五年以上有期徒刑，并处罚金或者没收财产。

第二条 违反国家规定，非法买卖烟草等专营、专卖物品，情节严重的，处五年以下有期徒刑或者拘役，可以并处或者单处罚金；情节特别严重的，处五年以上有期徒刑，并处罚金或者没收财产。

第三条 非法垄断市场、囤积居奇、扰乱市场秩序，情节严重的，处三年以下有期徒刑或者拘役，可以并处或者单处罚金。

第四条 在商品交易中，欺行霸市，强买强卖，欺骗、勒索消费者，情节严重的，处三年以下有期徒刑或者拘役，可以并处或者单处罚金。

第五条 违反国家物价管理法规，哄抬物价，牟取暴利，情节严重的，处三年以下有期徒刑或者拘役，可以并处或者单处罚金。

第六条　为他人非法提供支票、发票、证明、银行帐户或者其他经营条件，情节严重的，处五年以下有期徒刑或者拘役，可以并处或者单处罚金。

第七条　单位犯本章之罪的，对单位判处罚金，并对直接负责的主管人员和其他直接责任人员，依照本章各该条的规定处罚。

第十六章　危害税收罪

本章基本上是《关于惩治偷税、抗税犯罪的补充规定》的内容，并作了以下修改：

1. 删去原第七条（如何追缴偷税、抗税的税款），对其他条文作了文字修改。

2. 增加了税务人员玩忽职守和滥用职权罪。

第一条　纳税人采取伪造、变造、隐匿、擅自销毁帐簿、记帐凭证，在帐簿上多列支出或者不列、少列收入，或者进行虚假的纳税申报的手段，不缴或者少缴应纳税款，偷税数额占应纳税额的百分之十以上并且偷税数额在一万元以上的，或者因偷税被税务机关给予二次行政处罚又偷税的，处三年以下有期徒刑或者拘役，并处偷税数额五倍以下的罚金；偷税数额占应纳税额的百分之三十以上并且偷税数额在十万元以上的，处三年以上七年以下有期徒刑，并处偷税数额五倍以下的罚金。

扣缴义务人采取前款所列手段，不缴或者少缴已扣、已收税款，数额占应缴纳税额的百分之十以上并且数额在一万元以上的，依照前款规定处罚。

对多次犯有前两款规定的违法行为未经处罚的，按照累计数额计算。

第二条　纳税人欠缴应纳税款，采取转移或者隐匿财产的手段，致使税务机关无法追缴欠缴税款，数额在一万元以上不满十万元的，处三年以下有期徒刑或者拘役，并处欠缴税款五倍以下的罚金；数额在十万元以上的，处三年以上七年以下有期徒刑，并处欠缴税款五倍以下的罚金。

第三条　单位犯第一条、第二条之罪的，对单位判处罚金，并对直接负责的主管人员和其他直接责任人员，依照第一条、第二条的规定处罚。

第四条　纳税人向税务人员行贿，不缴或者少缴应纳税款的，依照本法第六章的规定处罚，并处不缴或者少缴的税款五倍以下的罚金。

第五条　单位采取对所生产或者经营的商品假报出口等欺骗手段，骗取国家出口退税款，数额在一万元以上的，处骗取税款五倍以下的罚金，并对直接负责的主管人员和其他直接责任人员，处三年以下有期徒刑或者拘役。

第六条　以暴力、威胁方法拒不缴纳税款的，处三年以下有期徒刑或者拘役，并处拒缴税款五倍以下的罚金；情节严重的，处三年以上七年以下有期徒刑，并处拒缴税款五倍以下的罚金。

第七条　税务人员玩忽职守，不征或者少征应征税款，致使国家税收遭受重大损失或者滥用职权，故意刁难纳税人、扣缴义务人，情节严重的，处五年以下有期徒刑或者拘役，可以并处或者单处罚金。

第十七章　危害环境和自然资源罪

本章是新增设的，其内容一是从刑法分则其他章中移来的条文（第五条、第八条、第九条、第十条），并作了一些修改；二是根据环境保护法、海洋环境保护法、水污染防治法、大气污染防治法、矿产资源法、土地管理法、草原法、森林法、渔业法、野生动物保护法等法律中的有关规定，增补的新条文（第一条至第四条、第六条、第七条、第十一条至第十三条）。

第一条　违反国家规定，向耕地、森林、草原或者其他陆地排放、倾倒有放射性的污染物、含传染病原体的有毒物质，造成重大污染事故，致人重伤、死亡或者使农、林、牧、副业遭受重大损失的，处三年以下有期徒刑或者拘役，可以并处或者单处罚金；情节特别严重的，处三年以上七年以下有期徒刑，并处罚金。

第二条　违反国家规定，向海洋、江河、湖泊或者其他水体排放、倾倒有放射性的污染物、含传染病原体的污水或者其他有毒物质，造成重大污染事故，致人重伤、死亡或者使公私财产遭受重大损失的，处三年以下有期徒刑或者拘役，可以并处或者单处罚金；情节特别严重的，处三年以上七年以下有期徒刑，并处罚金。

第三条　违反国家规定，向大气排放含有毒物质的废气、粉尘或者含有放射性物质的气体和气溶液，造成重大污染事故，致人重伤、死亡或者使公私财产遭受重大损失的，处三年以下有期徒刑或者拘役，可以并处或者单处罚金；情节特别严重的，处三年以上七年以下有期徒刑，并处罚金。

第四条　单位犯第一条至第三条之罪的，对单位判处罚金，并对直接负责的主管人员和其他直接责任人员，依照各该条的规定处罚。

第五条　未取得林木采伐许可证或者超越林木采伐许可证的范围采伐林木，情节严重的，处三年以下有期徒刑或者拘役，可以并处或者单处罚金；情节特别严重的，处三年以上七年以下有期徒刑，并处罚金。

实施前款行为，将采伐的林木据为已有的，依照盗窃罪的规定处罚。

第六条 违反森林法的规定，在林区进行开垦、采石、采砂、采土、采种、采脂、砍柴和其他活动，致使森林资源遭受严重破坏的，处三年以下有期徒刑或者拘役，可以单处或者并处罚金。

第七条 未取得采矿许可证或者超越采矿许可证的范围采矿，被责令停止开采而拒不停止开采，致使矿产资源遭受破坏的，处三年以下有期徒刑或者拘役，可以单处或者并处罚金。

第八条 非法捕杀国家重点保护的珍贵、濒危野生动物的，处七年以下有期徒刑或者拘役，可以并处或者单处罚金。

第九条 违反保护水产资源法规，在禁渔区、禁渔期或者使用禁用的工具、方法捕捞水产品，情节严重的，处二年以下有期徒刑、拘役或者罚金。

第十条 违反狩猎法规，在禁猎区、禁猎期或者使用禁用的工具、方法猎捕野生动物，情节严重的，处二年以下有期徒刑、拘役或者罚金。

第十一条 伪造、买卖林木采伐证、采矿许可证、野生动物特许猎捕证，情节严重的，处七年以下有期徒刑或者拘役，可以并处或者单处罚金。

第十二条 违反土地管理法的规定，侵占、买卖、出租或者以其他形式非法转让土地使用权，情节严重的，处三年以下有期徒刑或者拘役，可以并处或者单处罚金；情节特别严重的，处三年以上七年以下有期徒刑，并处罚金。

第十三条 林业、地质矿产、土地等主管机关的工作人员滥用职权，擅自发放林木采伐证、采矿许可证、猎捕特许证或者擅自批准占用土地，情节严重的，处五年以下有期徒刑或者拘役。

第十八章　危害公共卫生罪

本章是新增设的，其内容除第4条是根据刑法第178条改写的以外，其余4条是根据传染病防治法、进出境动植物检疫法和卫生检疫法中有关规定增补的新条文。

第一条 违反传染病防治法的规定，有下列情形之一，引起鼠疫、霍乱等传染病传播或者有传播严重危险的，处三年以下有期徒刑或者拘役，可以并处或者单处罚金；后果特别严重的，处三年以上十年以下有期徒刑，并处罚金：

（一）供水单位供应的饮水不符合国家规定的卫生标准的；

（二）拒绝按照卫生防疫机构提出的卫生要求，对传染病病原体污染的污水、污物、粪便进行消毒处理的；

（三）准许或者纵容传染病病人、病原携带者和疑似传染病病人从事国务院卫生行政部门规定禁止从事的易使该传染病扩散的工作的；

（四）拒绝执行卫生防疫机构依法提出的其他预防、控制措施的。

单位犯前款罪的，对单位判处罚金，并对直接负责的主管人员和其他直接责任人员，依照前款的规定处罚。

第二条 从事实验、保藏、携带、运输传染病菌种、毒种的人员，违反国务院卫生行政部门的有关规定，造成传染病菌种、毒种扩散，后果严重的，处三年以下有期徒刑或者拘役；后果特别严重的，处三年以上七年以下有期徒刑。

第三条 从事传染病的医疗保健、卫生防疫、监督管理的人员和政府有关主管人员玩忽职守，造成传染病传播或者流行的，处五年以下有期徒刑或者拘役；后果特别严重的，处五年以上十年以下有期徒刑。

第四条 违反国境卫生检疫法、出入境动植物检疫法的规定，引起检疫传染病传播或者有传播严重危险，或者引起重大动植物疫情的，处三年以下有期徒刑或者拘役，可以并处或者单处罚金；后果特别严重的，处三年以上七年以下有期徒刑，并处罚金。

单位犯前款罪的，对单位判处罚金，并对直接负责的主管人员和其他直接责任人员，依照前款的规定处罚。

第五条 国境卫生检疫机关、动植物检疫机关的工作人员，滥用职权伪造检疫结果或者玩忽职守，造成检疫传染病传播或者重大动植物疫情的，处五年以下有期徒刑或者拘役；后果特别严重的，处五年以上十年以下有期徒刑。

第十九章　妨害司法罪

本章是新增设的，其内容，一是从刑法分则第四章侵犯公民人身权利、民主权利罪和第六章妨害社会管理秩序罪中移来的条文（第一条、第二条、第六条、第七条、第十条、第十一条），并作了一些修改；二是根据民事诉讼法和监狱法的有关规定，增补的新条文（第三条、第四条、第五条、第八条、第九条、第十二条、第十三条）。

第一条 捏造事实诬告陷害他人（包括犯人）的，参照所诬陷的罪行的性质、情节、后果和量刑标准处罚。国家工作人员犯诬陷罪的，从重处罚。

不是有意诬陷，而是错告，或者检举失实的，不适用前款规定。

(有的同志主张该条规定具体的量刑幅度)

第二条 在侦查、审判中，证人、鉴定人、记录人、翻译人对与案件有重要关系的情节，故意作虚假证明、鉴定、记录、翻译的，处二年以下有期徒刑或者拘役；情节严重的，处二年以上七年以下有期徒刑。

第三条　律师在承办案件中，对与案件有重要关系的情节，唆使刑事被告人不如实供认犯罪事实，或者为被告人串通案情，妨碍案件审理，情节严重的，处七年以下有期徒刑或者拘役。

第四条　伪造、隐匿或者毁灭重要证据，妨碍侦查、审理案件，情节严重的，处三年以下有期徒刑、拘役或者罚金。

第五条　以暴力、威胁、贿买方法阻止证人作证或者指使、贿买、胁迫他人作伪证，情节严重的，处三年以下有期徒刑、拘役或者罚金。

第六条　明知是犯罪分子而为其提供隐藏处所或者提供金钱、物质帮助其逃匿的，处二年以下有期徒刑、拘役或者管制；情节严重的，处二年以上七年以下有期徒刑。

犯前款罪，事前通谋的，以共同犯罪论处。

第七条　明知是犯罪所得的赃物而予以窝藏、收购或者代为销售的，处三年以下有期徒刑、拘役或者管制，可以并处或者单处罚金。

第八条　对司法工作人员、诉讼参与人、证人、翻译人员、鉴定人、勘验人、协助执行的人进行侮辱、诽谤、诬陷、殴打或者打击报复，情节严重的，处三年以下有期徒刑、拘役或者罚金。

第九条　哄闹、冲击法庭，侮辱、诽谤、威胁、殴打审判人员，扰乱法庭秩序，情节严重的，处三年以下有期徒刑、拘役或者罚金。

第十条　拒不执行人民法院已经发生法律效力的判决、裁定的，处三年以下有期徒刑、拘役或者罚金。

第十一条　依法被逮捕、关押的犯罪分子脱逃的，除按其原犯罪行或者按其原判刑期执行外，加处五年以下有期徒刑或者拘役。

以暴力、威胁方法犯前款罪的，处二年以上七年以下有期徒刑。

第十二条　依法被关押的罪犯，有下列破坏监管秩序行为之一的，加处五年以下有期徒刑：

（一）殴打或者暴力威胁监狱人民警察，情节恶劣的；

（二）组织或者煽动其他犯人抗拒改造的；

（三）制造或者私藏凶器的；

（四）聚众哄闹监狱，扰乱正常秩序的；

（五）充当牢头狱霸，殴打、体罚其他犯人的；

（六）以吞食异物、自伤、自残手段抗拒改造的；

（七）其他破坏监管秩序的行为。

第十三条　隐藏、转移、变卖、毁损已被查封、扣押、冻结的财产，或者已被清点并责令其保管的财产，情节严重的，处三年以下有期徒刑、拘役或者罚金。

第二十章　扰乱社会管理秩序罪

本章基本上是刑法分则第六章妨害社会管理秩序罪的内容，并作了一些修改。同时根据集会游行示威法、国旗法、国徽法、未成年人保护法、关于惩治侮辱国旗国徽罪的决定等法律的有关规定增补了一些新条文。

第一条　聚众扰乱工作、生产、营业、教学、科研秩序，造成严重危害的，对首要分子和其他积极参加的，处五年以下有期徒刑、拘役或者管制。

第二条　聚众扰乱车站、码头、民用航空站、商场、公园、影剧院、展览会、运动场或者其他公共场所秩序，聚众堵塞交通或者破坏交通秩序，抗拒、阻碍国家治安管理人员依法执行职务，情节严重的，对首要分子和其他积极参加的，处五年以下有期徒刑、拘役或者管制。

第三条　以暴力、威胁方法阻碍国家工作人员依法执行职务的，处三年以下有期徒刑、拘役或者罚金。

第四条　冒充国家工作人员招摇撞骗的，处三年以下有期徒刑、拘役、管制或者剥夺政治权利；情节严重的，处三年以上十年以下有期徒刑。

第五条　伪造、变造或者盗窃、抢夺、毁灭国家机关、企业、事业单位、人民团体的公文、证件、印章的，处三年以下有期徒刑、拘役、管制或者剥夺政治权利；情节严重的，处三年以上十年以下有期徒刑。

第六条　伪造、变造或者盗窃居民身份证，情节严重的，处三年以下有期徒刑、拘役或者管制。

第七条　违反集会、游行、示威法的规定，有下列情形之一的，对负责人和直接责任人员，处五年以下有期徒刑或者拘役：

（一）未经申请、许可，或者未按主管机关许可的起止时间、地点、路线，举行集会、游行、示威，拒不服从解散命令，严重破坏社会秩序的；

（二）携带武器、管制刀具或者爆炸物参加集会、游行、示威的。

第八条　扰乱、冲击或者以其他方法破坏依法举行的集会、游行、示威，情节严重的，处五年以下有期徒刑或者拘役。

第九条　在戒严期间，有下列破坏戒严令实施行为之一的，对首要分子和其他罪恶重大的，处三年以上十年以下有期徒刑；情节特别严重的，处十年以上有期徒刑；其他积极参加的，处五年以下有期徒刑、拘役或者管制：

（一）组织游行、示威、罢工、罢课的；

（二）煽动破坏戒严令实施的；

（三）聚众围困、冲击国家机关、戒严部队的；

（四）聚众围困、冲击电视台、电台的；

（五）破坏交通的。

第十条　在公众场合故意焚烧、毁损、涂划、玷污、践踏等方式侮辱中华人民共和国国旗、国徽的，处三年以下有期徒刑、拘役或者管制。

侮辱外国国旗、国徽，情节严重的，依照前款规定处罚。

第十一条　有下列流氓行为之一，情节恶劣的，处五年以下有期徒刑、拘役或者管制；危害严重的，处五年以上十年以下有期徒刑：

（一）聚众斗殴，寻衅滋事，破坏社会秩序的；

（二）称霸一方，欺压、殴打、凌辱他人或者强拿、强要、破坏他人财物的；

（三）追逐、堵截、猥亵调戏妇女、儿童的；

（四）以欺骗、引诱方法奸污妇女多人的；

（五）聚众进行淫乱活动的；

（六）故意污染、污损他人人身、衣物或者公共设施的；

（七）实施其他公然藐视社会公德，伤害社会风化行为的。

携带、使用凶器进行前款活动的，依照前款规定从重处罚。

流氓集团的首要分子和其他罪行严重的，处十年以上有期徒刑、无期徒刑或者死刑。

第十二条　制造或者故意散布谣言，扰乱社会秩序，情节严重的，处二年以下有期徒刑或者拘役；造成严重后果的，处二年以上七年以下有期徒刑。

第十三条　聚众赌博或者多次赌博屡教不改的，处三年以下有期徒刑、拘役或者管制，可以并处罚金。

第十四条　传授犯罪方法，情节严重的，处五年以下有期徒刑或者拘役；情节特别严重的，处五年以上有期徒刑。

第十五条　进行迷信活动骗取财物，扰乱社会秩序的，处二年以下有期徒刑、拘役或者管制；情节严重的，处二年以上七年以下有期徒刑。

第十六条　胁迫未成年人表演恐怖、残酷或者淫秽节目，情节严重的，处三年以下有期徒刑或者拘役，可以并处或者单处罚金。

第十七条　破坏计划生育，情节严重的，处二年以下有期徒刑、拘役或者罚金。

第二十一章　妨害国（边）境管理罪

本章是新增设的，基本是《关于严惩组织、运送他人偷越国（边）境犯罪的补充规定》的内容，并作了以下修改和补充：

1. 删去“补充规定”第七条、第八条和第一条、第四条中有关“对被组织人、被运送人有杀害、伤害、强奸、拐卖等犯罪或者对检查人员有杀害、伤害等犯罪行为的，可以依照法律判处死刑”的规定。

2. 将刑法原第一百七十五条（故意破坏界碑、界桩罪）从刑法第六章破坏社会管理秩序罪中移至本章。

第一条　组织他人偷越国（边）境的，处二年以上七年以下有期徒刑，并处罚金；有下列情形之一的，处七年以上有期徒刑或者无期徒刑，并处罚金或者没收财产：

（一）组织他人偷越国（边）境集团的首要分子；

（二）多次组织他人偷越国（边）境或者组织他人偷越国（边）境人数众多的；

（三）造成被组织人重伤、死亡的；

（四）剥夺或者限制被组织人人身自由的；

（五）以暴力、威胁方法抗拒检查的；

（六）违法所得数额巨大的；

（七）有其他特别严重情节的。

第二条　以劳务输出、经贸往来或者其他名义，弄虚作假，骗取护照、签证等出境证件，为组织他人偷越国（边）境使用的，依照本章第一条的规定处罚。

单位有前款规定的犯罪行为的，对单位判处罚金，并对直接负责的主管人员和其他直接责任人员，依照本章第一条的规定处罚。

第三条　为他人提供伪造、变造的护照、签证等出入境证件，或者倒卖护照、签证等出入境证件的，处五年以下有期徒刑，并处罚金；情节严重的，处五年以上有期徒刑，并处罚金。

第四条 运送他人偷越国（边）境的，处五年以下有期徒刑、拘役或者管制，并处罚金；有下列情形之一的，处五年以上十年以下有期徒刑，并处罚金：

（一）多次实施运送行为或者运送人数众多的；

（二）所使用的船只、车辆等交通工具不具备必要的安全条件，足以造成严重后果的；

（三）违法所得数额巨大的；

（四）有其他特别严重情节的。

在运送他人偷越国（边）境中造成被运送人重伤、死亡，或者以暴力、威胁方法抗拒检查的，处七年以上有期徒刑，并处罚金。

第五条 偷越国（边）境，情节严重的，处二年以下有期徒刑或者拘役，并处罚金。

第六条 负责办理护照、签证以及其他出入境证件的国家工作人员，对明知是企图偷越国（边）境的人员予以办理出入境证件的；边防、海关等国家工作人员，对明知是偷越国（边）境的人员，予以放行的，处三年以下有期徒刑、拘役或者管制；情节严重的，处三年以上十年以下有期徒刑。

与组织、运送他人偷越国（边）境的犯罪分子相勾结，实施前款规定的行为的，依照本章第一条、第四条的规定处罚。

第七条 故意破坏国家边境的界碑、界桩或者永久性测量标志的，处三年以下有期徒刑或者拘役。

第二十二章 妨害文物管理罪

中编

本章是新增设的，其主要内容包括：1. 刑法第 174 条，并将最高法定刑由 7 年有期徒刑提高到死刑（第二条）；2.《关于惩治盗掘古文化遗址古墓葬犯罪的补充规定》的内容（第一条）；3. 根据文物保护法的有关规定增补的新条文（第三条至第八条）。

第一条 盗掘具有历史、艺术、科学价值的古文化遗址、古墓葬的，处三年以上十年以下有期徒刑，可以并处罚金；情节较轻的，处三年以下有期徒刑或者拘役，可以并处罚金；有下列情形之一的，处十年以上有期徒刑、无期徒刑或者死刑，并处罚金或者没收财产：

（一）盗掘确定为全国重点文物保护单位和省级文物保护单位的古文化遗址、古墓葬的；

（二）盗掘古文化遗址、古墓葬集团的首要分子；

（三）多次盗掘古文化遗址、古墓葬的；

（四）盗掘古文化遗址、古墓葬，并盗窃珍贵文物或者造成珍贵文物严重破坏的。

第二条 故意破坏国家保护的珍贵文物、名胜古迹的，依照第一条的规定处罚。

第三条 过失损毁国家保护的珍贵文物、名胜古迹，情节严重的，处七年以下有期徒刑、拘役或者罚金。

第四条 走私国家禁止出口的文物的，处五年以上有期徒刑，并处罚金或者没收财产；情节特别严重的，处无期徒刑或者死刑，并处没收财产；情节较轻的，处五年以下有期徒刑，并处罚金。

将收藏的国家禁止出口的珍贵文物私自出售、赠送给外国人的，以走私论处。

第五条 全民所有制博物馆、图书馆等单位将文物藏品出售或者私自赠送给非全民所有制单位或者个人的，对单位判处罚金，并对直接负责的主管人员和其他直接责任人员，处五年以下有期徒刑或者拘役，可以并处或者单处罚金。

第六条 非法倒卖国家禁止买卖的文物，情节严重的，处五年以下有期徒刑或者拘役，并处罚金；情节特别严重的，处五年以上有期徒刑，并处罚金或者没收财产。

第七条 国家工作人员玩忽职守，造成珍贵文物损毁或者流失的，处七年以下有期徒刑或者拘役。

第八条 国家工作人员滥用职权，非法占有国家保护的文物的，以贪污论处。

第二十三章 制造、贩卖鸦片毒品罪

本章基本上是原《关于禁毒的决定》的内容，并作了以下修改：删去了原第八条（吸食、注射毒品的）、第十二条（罚没收入的处理）、第十三条（在我国领域外的毒品犯罪如何适用本决定问题）、第十四条（有立功表现的从轻、减轻、免除处罚）、第十五条（对检举、揭发和禁毒有功人员的奖励）；对其他有些条文进行了修改。

第一条 本章所称的毒品是指鸦片、海洛因、吗啡、大麻、可卡因以及国务院规定管制的其他能够使人形成瘾癖的麻醉药品和精神药品。

第二条 走私、贩卖、运输、制造毒品，有下列情形之一的，处十五年有期徒刑、无期徒刑或者死刑，并处没收财产：

（一）走私、贩卖、运输、制造鸦片一千克以上、海洛因五十克以上或者其他毒品数量大的；

（二）走私、贩卖、运输、制造毒品集团的首要分子；
（三）武装掩护走私、贩卖、运输、制造毒品的；
（四）以暴力抗拒检查、拘留、逮捕，情节严重的；
（五）参与有组织的国际贩毒活动的。

走私、贩卖、运输、制造鸦片二百克以上不满一千克、海洛因十克以上不满五十克或者其他毒品数量较大的，处七年以上有期徒刑，并处罚金。

走私、贩卖、运输、制造鸦片不满二百克、海洛因不满十克或者其他少量毒品的，处七年以下有期徒刑、拘役或者管制，并处罚金。

利用、教唆未成年人走私、贩卖、运输、制造毒品的，从重处罚。

对多次走私、贩卖、运输、制造毒品，未经处理的，毒品数量累计计算。

第三条 非法持有鸦片一千克以上、海洛因五十克以上或者其他毒品数量大的，处七年以上有期徒刑或者无期徒刑，并处罚金；非法持有鸦片二百克以上不满一千克、海洛因十克以上不满五十克或者其他毒品数量较大的，处七年以下有期徒刑、拘役或者管制，可以并处罚金。

第四条 为犯罪分子窝藏、转移、隐瞒毒品或者犯罪所得的财物的，掩饰、隐瞒出售毒品获得财物的非法性质和来源的，处七年以下有期徒刑、拘役或者管制，可以并处罚金。

第五条 非法运输、携带醋酸酐、乙醚、三氯甲烷或者其他经常用于制造麻醉药品和精神药品的物品进出境的，处三年以下有期徒刑、拘役或者管制，并处罚金；数量大的，处三年以上十年以下有期徒刑，并处罚金。

明知他人制造毒品而为其提供前款规定的物品的，以制造毒品罪的共犯论处。

单位有前两款规定的犯罪行为的，对其直接负责的主管人员和其他直接责任人员，依照前两款的规定处罚，并对单位判处罚金。

第六条 非法种植罂粟、大麻等毒品原植物的，一律强制铲除。有下列情形之一的，处五年以下有期徒刑、拘役或者管制，并处罚金：
（一）种植罂粟五百株以上不满三千株或者其他毒品原植物数量较大的；
（二）经公安机关处理后又种植的；
（三）抗拒铲除的。

非法种植罂粟三千株以上或者其他毒品原植物数量大的，处五年以上有期徒刑，并处罚金或者没收财产。

非法种植罂粟或者其他毒品原植物，在收获前自动铲除的，可以免除处罚。

第七条 引诱、教唆、欺骗他人吸食、注射毒品的，处七年以下有期徒刑、拘役或者管制，并处罚金。

强迫他人吸食、注射毒品的，处三年以上十年以下有期徒刑，并处罚金。

引诱、教唆、欺骗或者强迫未成年人吸食、注射毒品的，从重处罚。

第八条 容留他人吸食、注射毒品并出售毒品的，依照本章第二条的规定处罚。

第九条 依法从事生产、运输、管理、使用国家管制的麻醉药品、精神药品的人员违反国家规定，向吸食、注射毒品的人提供国家管制的麻醉药品、精神药品的，处七年以下有期徒刑或者拘役，可以并处罚金。向走私、贩卖毒品的犯罪分子或者以牟利为目的，向吸食、注射毒品的人提供国家管制的麻醉药品、精神药品的，依照本章第二条的规定处罚。

单位有前款规定的犯罪行为的，对其直接负责的主管人员和其他直接责任人员，依照前款的规定处罚，并对单位判处罚金。

第十条 国家工作人员犯本章规定之罪的，从重处罚。

因走私、贩卖、运输、制造、非法持有毒品罪被判过刑，又犯本章规定之罪的，从重处罚。

第二十四章 制造、贩卖淫秽物品罪

本章基本上是《关于惩治走私、制作、贩卖、传播淫秽物品的犯罪分子的决定》的内容，并作了以下修改：

1. 鉴于利用淫秽物品进行流氓犯罪或者传授犯罪方法的，有关章中已有规定，因此删去原第四条。

2. 删去了条文中的有关治安处罚、停业整顿、吊销执照等行政处罚的规定以及有关罚没收入的处理的规定。

第一条 以牟利或者传播为目的，走私淫秽的影片、录像带、录音带、图片、书刊或者其他淫秽物品的，处三年以上十年以下有期徒刑，并处罚金；情节严重的，处十年以上有期徒刑或者无期徒刑，并处罚金或者没收财产；情节较轻的，处三年以下有期徒刑或者拘役，并处罚金。

第二条 以牟利为目的，制作、复制、出版、贩卖、传播淫秽物品的，处三年以下有期徒刑或者拘役，并处罚金；情节严重的，处三年以上十年以下有期徒刑，并处罚金；情节特别严重的，处十年以上有期徒刑或者无期徒刑，并处罚金或者没收财产。

为他人提供书号，出版淫秽书刊的，处三年以下有期徒刑或者拘役，可以并处或者单处罚金；明知他人用于出版淫秽书刊而提供书号的，依照前款的规定处罚。

第三条 在社会上传播淫秽的书刊、影片、录像带、录音带、图片或者其他淫秽物品，情节严重的，处二年以下有期徒刑或者拘役。

组织播放淫秽的电影、录像等音像制品的，处三年以下有期徒刑或者拘役，可以并处罚金；情节严重的，处三年以上十年以下有期徒刑，并处罚金。

第四条 单位有本章第一条、第二条规定的犯罪行为的，对其直接负责的主管人员和其他直接责任人员，依照各该条的规定处罚，对单位判处罚金。

第五条 有下列情节之一的，依照本章有关规定从重处罚：

（一）犯罪集团的首要分子；

（二）国家工作人员利用工作职务便利，制作、复制、出版、贩卖、传播淫秽物品的；

（三）向不满十八岁的未成年人传播淫秽物品的；

（四）管理录像、照像、复印等设备的人员，利用所管理的设备，犯有本章第一条、第二条、第三条规定的犯罪行为的；

（五）成年人教唆不满十八岁的未成年人走私、制作、复制、贩卖、传播淫秽物品的。

第六条 本章所称淫秽物品，是指具体描绘性行为或者露骨宣扬色情的诲淫性的书刊、影片、录像带、录音带、图片及其他淫秽物品。

有关人体生理、医学知识的科学著作不是淫秽物品。

包含有色情内容的有艺术价值的文学、艺术作品不视为淫秽物品。

第二十五章 组织、强迫、引诱、容留他人卖淫罪

本章基本上是《关于严禁卖淫嫖娼的决定》的内容，并作了以下修改：

1. 删去了原第4条（卖淫嫖娼的行政处理）、第十条（对罚没收入的处理）和其他条文中的行政处罚规定。

2. 对原第一条作了修改。

第一条 组织他人卖淫的，处十年以上有期徒刑或者无期徒刑，并处一万元以下罚金或者没收财产；情节特别严重的，处死刑，并处没收财产；情节较轻的，处三年以上十年以下有期徒刑，并处一万元以下罚金。

第二条 强迫他人卖淫的，处五年以上十年以下有期徒刑，并处一万元以下罚金；有下列情形之一的，处十年以上有期徒刑或者无期徒刑，并处一万元以下罚金或者没收财产；情节特别严重的，处死刑，并处没收财产：

（一）强迫不满十四岁的幼女卖淫的；

（二）强迫多人卖淫或者多次强迫他人卖淫的；

（三）强奸后迫使卖淫的；

（四）造成被强迫卖淫的人重伤、死亡或者其他严重后果的。

第三条 引诱、容留、介绍他人卖淫的，处五年以下有期徒刑或者拘役，并处五千元以下罚金；情节严重的，处五年以上有期徒刑，并处一万元以下罚金。

引诱不满十四岁的幼女卖淫的，依照本章第二条关于强迫不满十四岁的幼女卖淫的规定处罚。

第四条 明知自己患有梅毒、淋病等严重性病卖淫、嫖娼的，处五年以下有期徒刑、拘役或者管制，并处五千元以下罚金。

嫖宿不满十四岁的幼女的，依照本法关于强奸罪的规定处罚。

第五条 旅馆业、饮食服务业、文化娱乐业、出租汽车业等单位的人员，利用本单位的条件，组织、强迫、引诱、容留、介绍他人卖淫的，依照本章第一条、第二条、第三条的规定处罚。

前款所列单位的主要负责人，有前款规定的犯罪行为的，从重处罚。

第六条 旅馆业、饮食服务业、文化娱乐业、出租汽车业等单位的负责人和职工，在公安机关查处卖淫、嫖娼活动时，隐瞒情况或者为违法犯罪分子通风报信的，处二年以下有期徒刑、拘役或者管制；情节严重的，处二年以上七年以下有期徒刑。

第七条 有查禁卖淫、嫖娼活动职责的国家工作人员，为使违法犯罪分子逃避处罚，向其通风报信、提供便利的，处五年以下有期徒刑或者拘役；情节严重的，处五年以上有期徒刑。

第二十六章 妨害婚姻、家庭罪

本章基本上是刑法分则原第七章的内容，主要作了以下修改：

1. 对原第一百八十条（重婚罪）、第一百八十一条（破坏军婚罪）、第一百八十三条（遗弃罪）、第一百八十四条（拐卖不满十四岁男女脱离家庭罪）增加了一档关于“造成严重后果的”处刑规定。

2. 新增加了一条破坏他人婚姻家庭罪。

第一条 以暴力干涉他人婚姻自由的，处二年以下有期徒刑或者拘役。

犯前款罪，引起被害人死亡的，处二年以上七年以下有期徒刑。

第一款罪，告诉的才处理。

第二条 有配偶而重婚的，或者明知他人有配偶而与之结婚的，处二年以下有期徒刑或者拘役；造成严重后果的，处二年以上七年以下有期徒刑。

第三条 明知是现役军人的配偶而与之同居或者与之结婚的，处三年以下有期徒刑；造成严重后果的，处三年以上七年以下有期徒刑。

第四条 虐待家庭成员，情节恶劣的，处二年以下有期徒刑、拘役或者管制。

犯前款罪，引起被害人重伤、死亡的，处二年以上七年以下有期徒刑。

第一款罪，告诉的才处理。

第五条 破坏他人婚姻家庭，情节恶劣的，处二年以下有期徒刑或者拘役；造成他人死亡或者其他严重后果的，处二年以上七年以下有期徒刑。

前款罪，告诉的才处理。

第六条 对于年老、年幼、患病或者其他没有独立生活能力的人，负有扶养义务而拒绝扶养，情节恶劣的，处五年以下有期徒刑、拘役或者管制；造成严重后果的，处五年以上十年以下有期徒刑。

第七条 以收养为目的，拐骗不满十四岁的男、女，脱离家庭或者监护人的，或者偷取他人婴儿的，处五年以下有期徒刑或者拘役；造成严重后果的，处五年以上有期徒刑或者无期徒刑。

9. 中华人民共和国刑法（总则修改稿）

（全国人大常委会法制工作委员会 1996 年 6 月 24 日）

第一章 刑法的指导思想、任务和基本原则

第一条 中华人民共和国刑法，以宪法为根据，依照惩办与宽大相结合的政策，结合我国同犯罪作斗争的具体经验和实际情况制定。

第二条 中华人民共和国刑法的任务，是用刑罚同一切犯罪作斗争，以保卫人民民主专政制度，保护公民的人身权利、民主权利和其他权利，保护公私财产，维护社会秩序、经济秩序，保障社会主义建设事业的顺利进行。

第三条 对于行为时法律没有规定为犯罪的，不得定罪处罚。

第二章 刑法的适用范围

第四条 凡在中华人民共和国领域内犯罪的，除法律有特别规定的以外，都适用本法。

凡在中华人民共和国船舶或者航空器内犯罪的，也适用本法。

犯罪的行为或者结果有一项发生在中华人民共和国领域内的，就认为是在中华人民共和国领域内犯罪。

第五条 中华人民共和国国家工作人员和军人在中华人民共和国领域外犯罪的，适用本法。

中华人民共和国公民在中华人民共和国领域外犯罪的，适用本法；但是对本法规定的最高刑为三年以下有期徒刑的，或者按照犯罪地的法律不受处罚的，可以不予追究。

第六条 外国人在中华人民共和国领域外对中华人民共和国国家或者公民犯罪，而按本法规定的最低刑为三年以上有期徒刑的，可以适用本法；但是按照犯罪地的法律不受处罚的除外。

第七条 对于中华人民共和国缔结或者参加的国际条约所规定的犯罪，在所承担条约义务的范围内，适用本法。

第八条 凡在中华人民共和国领域外犯罪、依照本法应当负刑事责任的，虽然经过外国审判，仍然可以依照本法处理，但是在外国已经受过刑罚处罚的，可以免除或者减轻处罚。

第九条 享有外交特权和豁免权的外国人的刑事责任问题，通过外交途径解决。

第十条　本法自　　起生效。中华人民共和国成立以后本法施行以前的行为，当时的法律不认为是犯罪的，适用当时的法律。当时的法律认为是犯罪，依照本法总则第五章第八节的规定应当追诉的，按照当时的法律追究刑事责任；但是，本法不认为是犯罪或者处刑较轻的，适用本法。

第三章　犯　　罪

第一节　犯罪和刑事责任

第十一条　一切危害国家主权、领土完整，危害人民民主专政制度，侵犯公民的人身权利、民主权利和其他权利，侵犯公私财产，破坏社会秩序、经济秩序，以及其他危害社会的行为，依照法律应当受刑罚处罚的，都是犯罪；但是情节显著轻微危害不大的，不认为是犯罪。

第十二条　故意犯罪和过失犯罪，应当负刑事责任。

明知自己的行为会发生危害社会的结果，并且希望或者放任这种结果发生，因而构成犯罪的，是故意犯罪。

应当预见自己的行为可能发生危害社会的结果，因为疏忽大意而没有预见，或者已经预见而轻信能够避免，以致发生这种结果，构成犯罪的，是过失犯罪。

第十三条　行为在客观上虽然造成了损害结果，但是不是出于故意或者过失，而是由于不能抗拒或者不能预见的原因所引起的，不认为是犯罪。

第十四条　已满十六岁的人犯罪，应当负刑事责任。已满十四岁不满十六岁的人，犯故意杀人、故意重伤、抢劫、放火、投毒、爆炸、强奸、惯窃罪，应当负刑事责任。

已满十四岁不满十八岁的人犯罪，应当从轻或者减轻处罚。

因不满十六岁不予刑事处罚的，责令他的家长或者监护人加以管教；在必要的时候，也可以由政府收容教养。

第十五条　精神病人在不能辨认或者不能控制自己行为的时候造成危害结果的，不负刑事责任；但是应当责令他的家属或者监护人严加看管和医疗。必要的时候，由政府强制医疗。

间歇性的精神病人在精神正常的时候犯罪，应当负刑事责任。

尚未完全丧失辨认或者控制自己行为能力的精神病人造成危害结果的，应当负刑事责任；但是可以从轻、减轻或者免除处罚。

醉酒的人犯罪，应当负刑事责任。

第十六条　又聋又哑的人或者盲人犯罪，可以从轻、减轻或者免除处罚。

第十七条　为了使公共利益、本人或者他人的人身和其他权利免受正在进行的不法侵害，采取正当防卫行为，造成损害的，不负刑事责任。对见义勇为作出重大贡献的，国家予以奖励。(有的主张删去此句)

防卫行为超过必要限度，造成不应有的重大损害的，应当负刑事责任，但是应当酌情减轻或者免除处罚。

第十八条　为了使公共利益、本人或者他人的人身和其他权利免受正在发生的危险，不得已采取的紧急避险行为，造成损害的，不负刑事责任。

避险行为超过必要限度造成不应有的损害的，应当负刑事责任；但是应当酌情减轻或者免除处罚。

第一款中关于避免本人危险的规定，不适用于职务上、业务上负有特定责任的人。

第二节　犯罪的预备、未遂和中止

第十九条　为实施犯罪，准备工具或者创造其他条件的，是犯罪预备。

对于预备犯，应当比照既遂犯从轻、减轻处罚或者免除处罚。

第二十条　已经着手实行犯罪，由于犯罪分子意志以外的原因而未得逞的，是犯罪未遂。

对于未遂犯，可以比照既遂犯从轻或者减轻处罚。

第二十一条　在犯罪过程中，自动放弃犯罪或者自动有效地防止犯罪结果发生的，是犯罪中止。

对于中止犯，应当免除或者减轻处罚。

第三节　共同犯罪

第二十二条　共同犯罪是指二人以上共同故意犯罪。

第二十三条　组织、领导犯罪集团进行犯罪活动的或者在共同犯罪中起主要作用的，是主犯。

对于主犯，除本法分则已有规定的以外，应当从重处罚。

第二十四条　在共同犯罪中起次要或者辅助作用的，是从犯。

对于从犯，应当比照主犯从轻、减轻处罚或者免除处罚。

第二十五条　对于被胁迫、被诱骗参加犯罪的，应当按照他的犯罪情节，比照从犯减轻处罚或者免除处罚。

第二十六条　教唆他人犯罪的，应当按照共同犯罪中的主犯处罚。教唆不满十八岁的人犯罪的，应当从重处罚。

如果被教唆的人没有犯被教唆的罪，对于教唆犯，可以从轻或者减轻处罚。

第四节　单位犯罪

第二十七条　企业、事业单位、机关、团体，为本单位谋取非法利益，经单位的决策机构或者负责人员决定，实施犯罪的，是单位犯罪。

单位犯罪的，对单位判处罚金，并适用刑法第三十二条、第三十三条和第六十二条的规定；对直接负责的主管人员和其他直接责任人员，依照分则的处罚规定处罚。

（有的主张除罚金外，应规定可以并处停业整顿、限制经营范围、没收财产或者解散）

第四章　刑　　罚

第一节　刑罚的种类

第二十八条　刑罚分为主刑和附加刑。

第二十九条　主刑的种类如下：

（一）管制；

（二）拘役；

（三）有期徒刑；

（四）无期徒刑；

（五）死刑。

第三十条　附加刑的种类如下：

（一）罚金；

（二）剥夺政治权利；

（三）剥夺从事特定职业资格；

（四）没收财产。

附加刑也可以独立适用。

第三十一条　对于犯罪的外国人，可以独立适用或者附加适用驱逐出境。

第三十二条　由于犯罪行为而使被害人遭受经济损失的，对犯罪分子除依法给予刑事处罚外，并应根据情况判处赔偿经济损失。

第三十三条　对于犯罪情节轻微不需要判处刑罚的，可以免予刑事处罚，但可以根据案件的不同情况，予以训诫或者责令具结悔过、赔礼道歉、赔偿损失，或者由主管部门予以行政处分。

在监狱或者其他劳动改造场所执行，凡有劳动能力的，实行劳动改造。

第二节　管　　制

第三十四条　管制的期限，为三个月以上二年以下。

管制由人民法院判决，由公安机关执行。

第三十五条　被判处管制的犯罪分子，在执行期间，必须遵守下列规定：

（一）遵守法律、法规，服从群众监督；

（二）向执行机关定期报告自己的活动情况；

（三）迁居或者外出必须报经执行机关批准。

对于被判处管制的犯罪分子，在劳动中应当同工同酬。

第三十六条　被判处管制的犯罪分子，管制期满，执行机关应即向本人和所在单位或者居住地的群众宣布解除管制。

第三十七条　管制的刑期，从判决执行之日起计算；判决执行以前先行羁押的，羁押一日折抵刑期二日。

第三节　拘　　役

第三十八条　拘役的期限，为十五日以上六个月以下。

第三十九条　被判处拘役的犯罪分子，由公安机关就近执行。

在执行期间，被判处拘役的犯罪分子每月可以回家一天至两天；参加劳动的，可以酌量发给报酬。

第四十条　拘役的刑期，从判决执行之日起计算；判决以前先行羁押的，羁押一日折抵刑期一日。

第四节　有期徒刑、无期徒刑

第四十一条　有期徒刑的期限，为六个月以上二十年以下。

第四十二条　被判处有期徒刑、无期徒刑的犯罪分子。

第四十三条　有期徒刑的刑期，从判决执行之日起计算，判决执行以前先行羁押的，羁押一日折抵刑期一日。

第五节　死　　刑

第四十四条　死刑只适用于罪大恶极的犯罪分子。对于应当判处死刑的犯罪分子，如果不是必须立即执行的，可以判处死刑同时宣告缓期二年执行，实行劳动改造，以观后效。

第四十五条　犯罪的时候不满十八岁的人和审判的时候怀孕的妇女，不适用死刑。

第四十六条　判处死刑缓期执行的，在死刑缓期执行期间，如果没有故意犯罪，二年期满以后，减为无期徒刑；如果确有悔改或者有立功表现，二年期满以后，减为二十年以上二十五年以下有期徒刑；如果故意犯罪查证属实的，执行死刑。

第四十七条　死刑缓期执行的期间，从判决确定之日起计算。死刑缓期执行减为有期徒刑的刑期，从死刑缓刑期满之日起计算。

第六节　罚　　金

第四十八条　判处罚金，应当根据犯罪情节决定罚金数额。

第四十九条　罚金在判决指定的期限内一次或者分期缴纳。期满不缴纳的，强制缴纳，或者责令其到指定的劳动场所，以劳动代替。劳动的期限由人民法院决定，最长不得超过二年。如果由于遭遇不能抗拒的灾祸缴纳确实有困难的，可以酌情减少或者免除。

第七节　剥夺政治权利

第五十条　剥夺政治权利是剥夺下列权利的全部或者一部：

（一）选举权和被选举权；

（二）言论、出版、集会、结社、游行、示威的自由；

（三）担任国家机关职务的权利；

（四）担任企业、事业单位和人民团体领导职务的权利。

罪行严重，应当依法剥夺前款政治权利的犯罪分子，如果拥有军衔、警衔、勋章、国家授予的奖章和荣誉称号，在剥夺权利时，应当一并判处剥夺。

第五十一条　剥夺政治权利的期限，除本法第五十三条规定外，为一年以上五年以下。

判处管制附加剥夺政治权利的，剥夺政治权利的期限与管制的期限相等，同时执行。

第五十二条　对于犯危害国家安全罪的犯罪分子和犯其他罪被判处十年以上有期徒刑的犯罪分子，应当附加剥夺政治权利；对于其他因杀人、放火、强奸、爆炸、投毒、抢劫、流氓、盗窃、诈骗等严重破坏社会秩序的犯罪分子，以及利用职务实施犯罪的分子，在必要的时候，也可以附加剥夺政治权利。

独立适用剥夺政治权利的适用范围，依照分则的规定。

第五十三条　对于被判处死刑、无期徒刑的犯罪分子，应当剥夺政治权利终身。

在死刑缓期执行减为有期徒刑或者无期徒刑减为有期徒刑的时候，应当把附加剥夺政治权利的期限改为三年以上十年以下。

第五十四条　附加剥夺政治权利的刑期，从徒刑、拘役执行完毕之日或者从假释之日起计算，剥夺政治权利的效力当然施用于主刑执行期间。

第八节　剥夺从事特定职业资格

第五十五条　对于利用所从事的职业进行犯罪，情节严重的，可以独立适用或者附加适用剥夺从事该项职业的资格。

（建议在第六章“其他规定”中，对特定职业予以界定。）

第五十六条　剥夺从事特定职业资格的期限为一年以上五年以下。

剥夺从事特定职业资格的刑期，从判决发生法律效力之日起计算；附加适用的，从主刑执行完毕之日或者从假释之日起计算。

第九节　没收财产

第五十七条　没收财产是没收犯罪分子个人所有财产的一部或者全部。

在判处没收财产的时候，不得没收属于犯罪分子家属所有或者应有的财产。

第五十八条　查封财产以前犯罪分子所负的正当债务，需要以没收的财产偿还的，经债权人请求，由人民法院裁定。

第五章 刑罚的具体运用

第一节 量 刑

第五十九条 对于犯罪分子决定刑罚的时候，应当根据犯罪的事实、犯罪的性质、情节和对于社会的危害程度，依照本法的有关规定判处。

(有的主张增加规定犯罪分子的个人情况)

第六十条 犯罪分子具有本法规定的从重处罚、从轻处罚情节的，应当在法定刑的限度以内判处刑罚。

第六十一条 犯罪分子具有本法规定的减轻处罚情节的，应当低于法定刑判处。

犯罪分子虽然不具有本法规定的减轻处罚情节，如果根据案件的具体情况，判处法定刑的最低刑还是过重的，经人民法院审判委员会决定，也可以低于法定刑判处。

(另一方案：删去第二款)

第六十二条 犯罪分子违法所得的一切财物，应当予以追缴或者责令退赔；违禁品和供犯罪所用的本人财物，应当予以没收。

第二节 累 犯

第六十三条 被判处有期徒刑以上刑罚的犯罪分子，在刑罚执行完毕以前再犯罪的，或者在刑罚执行完毕、赦免以后，在五年以内再犯罪的，是累犯；但是过失犯罪除外。

犯危害国家安全罪的犯罪分子，在任何时候再犯危害国家安全罪的，都是累犯。

第六十四条 对于累犯应当从重处罚；有下列情形之一的，可以加重处罚：

(一) 刑罚执行期间逃跑后又犯罪的；

(二) 对检举人、被害人和有关司法工作人员以及制止其违法犯罪的人行凶报复的；

(三) 犯罪情节特别严重的。

加重处罚的刑期，不得超过法定最高刑的二分之一；也不得超过第六十七条对管制、拘役、有期徒刑规定的最高期限。

第三节 自首和立功

第六十五条 犯罪以后主动投案，如供述自己的罪行，接受审判的，是自首。对于自首的犯罪分子，可以从轻处罚。其中，犯罪较轻的，可以减轻或者免除处罚。

被采取强制措施以后或者正在服刑的犯罪分子，供述其他罪行的，以自首论。

第六十六条 犯罪分子揭发他人的犯罪行为，查证属实的，或者有其他立功表现的，可以从轻或者减轻处罚；有重大立功表现的，可以减轻或者免除处罚。

第四节 数罪并罚

第六十七条 判决宣告以前一人犯数罪的，除判处死刑和无期徒刑的以外，应当在总和刑期以下、数刑中最高刑期以上，酌情决定执行的刑期；但是管制最高不能超过三年，拘役最高不能超过一年，有期徒刑最高不能超过二十五年。

如果数罪中有判处附加刑的，附加刑仍须执行。

第六十八条 判决宣告以后，刑罚执行完毕以前，发现被判刑的犯罪分子在判决宣告以前还有其他罪没有判决的，应当对新发现的罪作出判决，把前后两个判决所判处的刑罚，依照本法第六十七条的规定，决定执行的刑罚。已经执行的刑期，应当计算在新判决决定的刑期以内。

第六十九条 判决宣告以后，刑罚执行完毕以前，被判刑的犯罪分子又犯罪的，应当对新犯的罪作出判决，把前罪没有执行的刑罚和后罪所判处的刑罚，依照本法第六十七条的规定，决定执行的刑罚。

第五节 缓 刑

第七十条 对于被判处拘役、三年以下有期徒刑的犯罪分子，根据犯罪分子的犯罪情节和悔罪表现，认为适用缓刑确实不致再危害社会的，可以宣告缓刑。

被宣告缓刑的犯罪分子，如果被判处附加刑，附加刑仍须执行。

第七十一条 拘役的缓刑考验期限为原判刑期以上一年以下，但是不能少于一个月。

有期徒刑的缓刑考验期限为原判刑期以上五年以下，但是不能少于一年。

缓刑考验期限，从判决确定之日起计算。

第七十二条 对于犯危害国家安全罪的犯罪分子和累犯，不适用缓刑。

第七十三条 被宣告缓刑的犯罪分子，在缓刑考验期间内，由公安机关或者基层组织予以考察，如果没有第七十四条规定的情形，缓刑考验期满，原判的刑罚就不再执行。

第七十四条 被宣告缓刑的犯罪分子，在缓刑考验期间，有下列情形之一的，撤销缓刑：

（一）再犯新罪的；

（二）发现判决宣告以前还有其他罪没有判决的；

（三）有违反法律、行政法规或者国务院公安部门有关缓刑的监督管理规定的行为，情节较重的；

（四）不执行人民法院关于赔偿的判决或者裁定的。

有前款第（一）项或者第（二）项情形的，撤销缓刑后，把未判决的罪和已经判决的罪，实行数罪并罚，决定执行的刑罚；有前款第（三）项或者第（四）项情形的，撤销缓刑后执行原判刑罚。

第六节 减 刑

第七十五条 被判处管制、拘役、有期徒刑、无期徒刑的犯罪分子，在执行期间，如果确有悔改或者立功表现，可以减刑。但是经过一次或者几次减刑以后实际执行的刑期，判处管制、拘役、有期徒刑的，不能少于原判刑期的二分之一；判处无期徒刑的，不能少于十年。

第七十六条 无期徒刑减为有期徒刑的刑期，从裁定减刑之日起计算。

第七节 假 释

第七十七条 被判处有期徒刑的犯罪分子，执行原判刑期二分之一以上，被判处无期徒刑的犯罪分子，实际执行十年以上，如果确有悔改表现，不致再危害社会，可以假释。

第七十八条 有期徒刑的假释考验期限，为没有执行完毕的刑期；无期徒刑的假释考验期限，为十年。

假释考验期限，从假释之日起计算。

第七十九条 被假释的犯罪分子，在假释考验期间，由公安机关予以监督，如果没有第八十条规定的情形，假释考验期满，就认为原判刑罚已经执行完毕。

第八十条 被假释的犯罪分子，在假释考验期间，有下列情形之一的，撤销假释：

（一）再犯新罪的；

（二）发现判决宣告以前还有其他罪没有判决的；

（三）有违反法律、行政法规或者国务院公安部门有关假释的监督管理规定的行为，情节较重的；

（四）不执行人民法院关于赔偿的判决或者裁定的。

有前款第（一）项或者第（二）项情形的，撤销假释后，把未判决的罪和已判决的罪实行数罪并罚，决定执行的刑罚；有前款第（三）项或者第（四）项情形的，撤销假释后收监执行原判刑罚。

第八节 时 效

第八十一条 犯罪经过下列期限不再追诉：

（一）法定最高刑为不满五年有期徒刑的，经过五年；

（二）法定最高刑为五年以上不满十年有期徒刑的，经过十年；

（三）法定最高刑为十年以上有期徒刑的，经过二十年；

（四）法定最高刑为无期徒刑、死刑的，经过二十五年。

如果二十五年以后认为必须追诉的，须报请最高人民检察院核准。

第八十二条 在人民法院、人民检察院、公安机关采取强制措施以后，逃避侦查或者审判的，不受追诉期限的限制。

第八十三条 追诉期限从犯罪之日起计算，犯罪行为有连续或者继续状态的，从犯罪行为终了之日起计算。

在追诉期限以内又犯罪的，前罪追诉的期限从犯后罪之日起计算。

第六章 其他规定

第八十四条 民族自治地方不能全部适用本法规定的，可以由自治区或者省的人民代表大会根据当地民族的政治、经济、文化的特点和本法规定的基本原则，制定变通或者补充的规定，报请全国人民代表大会常务委员会批准施行。

第八十五条 本法所说的公共财产是指下列财产：

（一）全民所有的财产；

（二）劳动群众集体所有的财产。

在国家机关、全民所有制、集体所有制企业和人民团体管理、使用或者运输中的私人财产，以公共财产论。

第八十六条 本法所说的公民私人所有的合法财产是指下列财产：

（一）公民的合法收入、储蓄、房屋和其他生活资料；

（二）依法归个人、私人经济单位所有的牲畜、林木，以及厂房、机器、设备等生产资料。

第八十七条　本法所说的国家工作人员是指在国家权力机关、行政机关、司法机关、军队、人民团体中依照法律从事公务的人员。

第八十八条　本法所说的司法工作人员是指有侦讯、检察、审判、监管人犯职责的人员。

第八十九条　本法所说的重伤是指有下列情形之一的伤害：

（一）使人肢体残废或者毁人容貌的；

（二）使人丧失听觉、视觉或者其他器官机能的；

（三）其他对于人身健康有重大伤害的。

第九十条　本法所说的首要分子是指在犯罪集团或者聚众犯罪中起组织、策划、指挥作用的犯罪分子。

第九十一条　本法所说的告诉才处理，是指被害人告诉才处理。如果被害人因受强制、威吓或者其他原因无法告诉的，人民检察院或者被害人的近亲属也可以告诉。

第九十二条　本法所说的以上、以下、以内，都连本数在内。

第九十三条　本法总则适用于其他有刑罚规定的法律，但是其他法律有特别规定的除外。

10. 中华人民共和国刑法（总则修改稿）

（全国人大常委会法制工作委员会　1996 年 8 月 8 日）

第一章　刑法的任务和基本原则

第一条　中华人民共和国刑法，以宪法为根据，依照惩办与教育改造相结合的原则，结合我国同犯罪作斗争的具体经验及实际情况制定。

第二条　中华人民共和国刑法的任务是惩罚犯罪，保护人民。是用刑罚方法同一切犯罪作斗争，以保卫人民民主专政和社会主义制度，保护公民的人身权利、民主权利和其他权利，保护公共财产，保护公民私人的合法财产，维护社会秩序、经济秩序，保障社会主义建设事业的顺利进行。

第三条　法律没有规定为犯罪的，不得定罪。定罪处罚应当以行为时的法律和本法第十条的规定为依据。

第二章　刑法的适用范围

第四条　凡在中华人民共和国领域内犯罪的，除法律有特别规定的以外，都适用本法。

凡在中华人民共和国船舶或者航空器内犯罪的，也适用本法。

犯罪的行为或者结果有一项发生在中华人民共和国领域内的，就认为是在中华人民共和国领域内犯罪。

第五条　中华人民共和国国家工作人员和军人在中华人民共和国领域外犯罪的，适用本法。

中华人民共和国其他公民在中华人民共和国领域外犯罪的，适用本法。但是对本法规定的法定最高刑为三年以下有期徒刑的，或者按照犯罪地的法律不受处罚的，可以不予追究。

第六条　外国人在中华人民共和国领域外对中华人民共和国国家或者公民犯罪，而按本法规定的最低刑为三年以上有期徒刑的，可以适用本法；但是按照犯罪地的法律，不受处罚的除外。

第七条　对于中华人民共和国缔结或者参加的国际条约所规定的犯罪，在所承担条约义务的范围内行使刑事管辖权的，适用本法。

第八条　凡在中华人民共和国领域外犯罪、依照本法应当负刑事责任的，虽然经过外国审判，仍然可以依照本法处理，但是在外国已经受过刑罚处罚的，可以免除或者减轻处罚。

第九条　享有外交特权和豁免权的外国人的刑事责任问题，通过外交途径解决。

第十条　本法自　　起生效。中华人民共和国成立以后本法施行以前的行为，如果当时的法律不认为是犯罪的，适用当时的法律。如果当时的法律认为是犯罪的，依照本法总则第五章第八节的规定应当追诉的，按照当时的法律追究刑事责任。但是，如果本法不认为是犯罪或者处刑较轻的，适用本法。

第三章　犯　罪

第一节　犯罪和刑事责任

第十一条　一切危害国家主权和领土完整，颠覆人民民主专政和社会主义制度，侵犯公民的人身权利、民主权利和其他权利，侵犯公共财产和公民私人的合法财产，破坏社会秩序、经济秩序，以及其他危害社会的行为，依照法律应当受刑罚处罚的，都是犯罪；但是情节显著轻微危害不大的，不认为是犯罪。

第十二条　故意犯罪和过失犯罪，应当负刑事责任。

明知自己的行为会发生危害社会的结果，并且希望或者放任这种结果发生，因而构成犯罪的，是故意犯罪。

应当预见自己的行为可能发生危害社会的结果，因为疏忽大意而没有预见，或者已经预见而轻信能够避免，以致发生这种结果，构成犯罪的，是过失犯罪。

第十三条　行为在客观上虽然造成了损害结果，但是不是出于故意或者过失，而是由于不能抗拒或者不能预见的原因所引起的，不认为是犯罪。

第十四条　已满十六岁的人犯罪，应当负刑事责任。

已满十四岁不满十六岁的人，犯杀人、重伤、抢劫、放火、投毒、爆炸、强奸、惯窃罪或者其他严重破坏社会秩序的犯罪，应当负刑事责任。

已满十四岁不满十八岁的人犯罪，应当从轻或者减轻处罚。

因不满十六岁不予刑事处罚的，责令他的家长或者监护人加以管教；在必要的时候，也可以由政府收容教养。

第十五条　精神病人在不能辨认或者不能控制自己行为的时候造成危害结果的，不负刑事责任；但是应当责令他的家属或者监护人严加看管和医疗。必要的时候，由政府强制医疗。

间歇性的精神病人在精神正常的时候犯罪，应当负刑事责任。

尚未完全丧失辨认或者控制自己行为能力的精神病人造成危害结果的，应当负刑事责任；但是可以减轻处罚。

醉酒的人犯罪，应当负刑事责任。

第十六条　又聋又哑的人或者盲人犯罪，可以从轻、减轻或者免除处罚。

第二节　正当防卫和紧急避险

第十七条　为了使公共利益、本人或者他人的人身、财产等合法权利免受正在进行的不法侵害，而采取的制止不法侵害所必需的行为，是正当防卫行为。

正当防卫的行为对不法侵害人造成损害的，不负刑事责任。

防卫行为明显超过必要限度造成不应有的重大损害的，应当负刑事责任；但是应当酌情减轻或者免除处罚。

第十八条　夜间以破门撬锁、暴力或者以秘密等方法非法侵入他人住宅、银行、仓库等重要场所的，不论其是否实施其他侵害行为，都可以实施必要的防卫。

第十九条　对以暴力、威胁等方法实施杀害、抢劫、强奸、绑架等严重侵害本人或他人生命安全或者人身权利的犯罪行为，实施正当防卫行为，造成不法侵害人伤亡后果的，不负刑事责任。

（另一方案：建议不要此条）

第二十条　公民实施正当防卫行为，已使不法侵害人丧失了侵害能力，有效地制止了不法侵害以后，又对不法侵害人实施侵害的，属于不法侵害行为。这种不法侵害行为构成犯罪的：应当负刑事责任。

第二十一条　为了使公共利益、本人或者他人的人身和其他权利免受正在发生的危险，不得已采取的紧急避险行为，造成损害的，不负刑事责任。

避险行为超过必要限度造成不应有的损害的，应当负刑事责任；但是应当酌情减轻或者免除处罚。

第一款中关于避免本人危险的规定，不适用于职务上、业务上负有特定责任的人。

第三节　犯罪的预备、未遂和中止

第二十二条　为了犯罪，准备工具、制造条件的，是犯罪预备。

对于预备犯，可以比照既遂犯从轻处罚；情节较轻的，可以免除处罚。

第二十三条　已经着手实行犯罪，由于犯罪分子意志以外的原因而未得逞的，是犯罪未遂。

对于未遂犯，可以比照既遂犯从轻或者减轻处罚。

第二十四条　在犯罪过程中，自动放弃犯罪或者自动有效地防止犯罪结果发生的，是犯罪中止。

对于中止犯，可以免除处罚。

第四节　共同犯罪

第二十五条　共同犯罪是指二人以上共同故意犯罪。

第二十六条　组织、领导犯罪集团进行犯罪活动的首要分子或者在共同犯罪中起主要作用的，是主犯。

对犯罪集团的首要分子，按照集团所犯的全部罪行处罚。对于其他主犯，除本法分则已有规定的以外，应当从重处罚。

第二十七条　在共同犯罪中起次要或者辅助作用的，是从犯。

对于从犯，应当比照主犯从轻，减轻处罚；情节较轻的，可以免除处罚。

第二十八条　对于被胁迫、被诱骗参加犯罪的，应当按照他的犯罪情节，比照从犯减轻处罚；情节较轻的，可以免除处罚。

第二十九条 教唆他人犯罪的，应当按照共同犯罪中的主犯处罚。教唆不满十八岁的人犯罪的，应当从重处罚。

如果被教唆的人没有犯被教唆的罪，对于教唆犯，可以从轻或者减轻处罚。

第五节 单位犯罪

第三十条 企业、事业单位、机关、团体，为本单位牟取非法利益，经单位集体研究决定或者由负责人员决定，实施犯罪的，是单位犯罪。

单位犯罪的，对单位判处罚金，并适用本法第三十五条、第三十六条和第六十四条的规定；对直接负责的主管人员和其他直接责任人员，依照刑法分则的处罚规定处罚。

第四章 刑 罚

第一节 刑罚的种类

第三十一条 刑罚分为主刑和附加刑。

第三十二条 主刑的种类如下：

（一）管制；

（二）拘役；

（三）有期徒刑；

（四）无期徒刑；

（五）死刑。

第三十三条 附加刑的种类如下：

（一）罚金；

（二）剥夺政治权利；

（三）没收财产。

附加刑也可以独立适用。

第三十四条 对于犯罪的外国人，可以独立适用或者附加适用驱逐出境。

第三十五条 由于犯罪行为而使被害人遭受经济损失的，对犯罪分子除依法给予刑事处罚外，并应根据情况判处赔偿经济损失。

第三十六条 对于犯罪情节轻微不需要判处刑罚的，可以免予刑事处罚，但可以根据案件的不同情况，予以训诫或者责令具结悔过、赔礼道歉、赔偿损失，或者由主管部门予以行政处分。

第二节 管 制

第三十七条 管制的期限，为三个月以上二年以下。

管制由人民法院判决，由公安机关执行。

第三十八条 被判处管制的犯罪分子，在执行期间，必须遵守下列规定：

（一）遵守法律、法规，服从群众监督；

（二）不得参加集会、结社、游行、示威等政治性活动；

（三）向执行机关定期报告自己的活动情况；

（四）迁居或者暂时离开居住区域必须报经执行机关批准。

对于被判处管制的犯罪分子，在劳动中应当同工同酬。

第三十九条 被判处管制的犯罪分子，在被管制期间，违反第三十八条规定的，经人民法院决定可以延长原判管制期限的二分之一，延长后的管制期限不受第三十七条规定的最高期限的限制。又犯新罪的，对新的罪行从重作出判决，与前罪判处的管制刑合并执行。管制二日折抵徒刑一日。管制期满，执行机关应即向本人和所在单位或者居住地的群众宣布解除管制。

第四十条 管制的刑期，从判决执行之日起计算，判决执行以前先行羁押的，羁押一日折抵刑期二日。

第三节 拘 役

第四十一条 拘役的期限，为十五日以上六个月以下。

第四十二条 被判处拘役的犯罪分子，由公安机关就近执行。

在执行期间，被判处拘役的犯罪分子每月可以回家一天至两天；参加劳动的，可以酌量发给报酬。

第四十三条 拘役的刑期，从判决执行之日起计算；判决以前先行羁押的，羁押一日折抵刑期一日。

第四节　有期徒刑、无期徒刑

第四十四条　有期徒刑的期限，为六个月以上十五年以下。

第四十五条　被判处有期徒刑、无期徒刑的犯罪分子，在监狱执行；凡有劳动能力的，实行劳动改造。

第四十六条　有期徒刑的刑期，从判决执行之日起计算；判决执行以前先行羁押的，羁押一日折抵刑期一日。

第五节　死　　刑

第四十七条　死刑只适用于罪大恶极的犯罪分子。对于应当判处死刑的犯罪分子，如果不是必须立即执行的，可以判处死刑同时宣告缓期二年执行，实行劳动改造，以观后效。

死刑除依法由最高人民法院判决的以外，都应当报请最高人民法院核准。死刑缓期执行的，可以由高级人民法院判决或者核准。

第四十八条　犯罪的时候不满十八岁的人和审判的时候怀孕的妇女，不适用死刑。已满十六岁不满十八岁的，如果所犯罪行特别严重，可以判处死刑缓期二年执行。

第四十九条　死刑用枪决或者注射等方法执行。

第五十条　判处死刑缓期执行的，在死刑缓期执行期间，如果没有故意犯罪，二年期满以后，减为无期徒刑；如果有立功表现，二年期满以后，减为十五年以上二十年以下有期徒刑；如果故意犯罪查证属实的，由最高人民法院核准，执行死刑。

第五十一条　死刑缓期执行的期间，从判决确定之日起计算。死刑缓期执行减为有期徒刑的刑期，从死刑缓刑期满之日起计算。

中编

第六节　罚　　金

第五十二条　判处罚金，应当根据犯罪情节决定罚金数额。

第五十三条　罚金在判决指定的期限内一次或者分期缴纳。期满不缴纳的，强制缴纳，不缴纳或者少缴纳的，责令其到指定的劳动场所，以劳动代替。劳动的期限由人民法院决定，最长不得超过五年。如果由于遭遇不能抗拒的灾祸缴纳确实有困难的，可以酌情减少或者免除。

第七节　剥夺政治权利

第五十四条　剥夺政治权利是剥夺下列权利：

（一）选举权和被选举权；

（二）言论、出版、集会、结社、游行、示威的自由权利；

（三）担任国家机关职务的权利。

罪行严重，应当依法剥夺前款规定的政治权利的犯罪分子，如果拥有军衔、警衔、勋章、国家授予的奖章和荣誉称号，在剥夺政治权利时，应当一并判处剥夺。

对于依法剥夺政治权利的犯罪分子，如果担任企业、事业单位和人民团体领导职务的，应当一并判处剥夺。

第五十五条　剥夺政治权利的期限，除本法第五十三条规定外，为一年以上五年以下。

判处管制附加剥夺政治权利的，剥夺政治权利的期限与管制的期限相等，同时执行。

第五十六条　对于危害国家安全的犯罪分子应当附加剥夺政治权利；对于故意杀人、强奸、放火、爆炸、投毒、抢劫、流氓、盗窃、诈骗等严重破坏社会秩序的犯罪分子，需要剥夺政治权利的，也可以附加剥夺政治权利。

独立适用剥夺政治权利的犯罪的范围，依照分则的规定。

第五十七条　对于被判处死刑、无期徒刑的犯罪分子，应当剥夺政治权利终身。

在死刑缓期执行减为有期徒刑或者无期徒刑减为有期徒刑的时候，应当把附加剥夺政治权利的期限改为三年以上十年以下。

第五十八条　附加剥夺政治权利的刑期，从徒刑、拘役执行完毕之日或者从假释之日起计算；剥夺政治权利的效力当然施用于主刑执行期间。

第八节　没收财产

第五十九条　没收财产是没收犯罪分子个人所有财产的一部或者全部。

在判处没收财产的时候，不得没收属于犯罪分子家属所有或者应有的财产。

第六十条　查封财产以前犯罪分子所负的正当债务，需要以没收的财产偿还的，经债权人请求，应当偿还。

第五章　刑罚的具体运用

第一节　量　　刑

第六十一条　对于犯罪分子决定刑罚的时候，应当根据犯罪的事实、犯罪的性质、情节和对于社会的危害程度，依照本法的有关规定判处。

第六十二条　犯罪分子具有本法规定的从重处罚、从轻处罚情节的，应当在法定刑的限度以内判处刑罚。

第六十三条　犯罪分子具有本法规定的减轻处罚情节的，应当低于法定刑判处。

第六十四条　犯罪分子违法所得的一切财物，应当予以追缴或者责令退赔；违禁品和供犯罪所用的本人财物，应当予以没收。

第二节　累　　犯

第六十五条　被判处有期徒刑以上刑罚的犯罪分子，刑罚执行完毕以后，在五年以内再犯罪的，是累犯；但是过失犯罪除外。

前款规定的期限，对于被假释的犯罪分子，从假释期满之日起计算。

危害国家安全的犯罪分子和毒品犯罪分子在刑罚执行完毕以后，任何时候再犯危害国家安全罪和毒品罪的，都是累犯。

对于累犯，应当从重处罚。

第三节　自首和立功

第六十六条　犯罪以后主动投案，如实供述自己的罪行，接受审判的，是自首。对于自首的犯罪分子，可以从轻处罚。情节较轻的，可以免除处罚。

被采取强制措施以后或者正在服刑的犯罪分子，供述其他罪行的，以自首论。

第六十七条　犯罪分子揭发他人的犯罪行为，查证属实的，或者有其他立功表现的，可以从轻或者减轻处罚；有重大立功表现的，可以减轻或者免除处罚。

第四节　数罪并罚

第六十八条　判决宣告以前一人犯数罪的，除判处死刑和无期徒刑的以外，应当在总和刑期以下、数刑中最高刑期以上，酌情决定执行的刑期；但是管制最高不能超过三年，拘役最高不能超过一年，有期徒刑最高不能超过二十年。

如果数罪中有判处附加刑的，附加刑仍须执行。

第六十九条　判决宣告以后，刑罚执行完毕以前，发现被判刑的犯罪分子在判决宣告以前还有其他罪没有判决的，应当对新发现的罪作出判决，把前后两个判决所判处的刑罚，依照本法第六十八条的规定，决定执行的刑罚。已经执行的刑期，应当计算在新判决决定的刑期以内。

第七十条　判决宣告以后，刑罚还没有执行完毕以前，被判刑的犯罪分子又犯罪的，应当对新犯的罪从重作出判决，把前罪没有执行的刑罚和后罪所判处的刑罚合并执行。实际执行的刑期不受本法第六十八条规定的最高刑期的限制。

第五节　缓　　刑

第七十一条　对于被判处拘役、三年以下有期徒刑的犯罪分子，根据犯罪分子的犯罪情节和悔罪表现，适用缓刑确实不致再危害社会治安的，可以宣告缓刑。

被宣告缓刑的犯罪分子，如果被判处附加刑，附加刑仍须执行。

第七十二条　拘役的缓刑考验期限为原判刑期以上一年以下，但是不能少于一个月。

有期徒刑的缓刑考验期限为原判刑期以上五年以下，但是不能少于一年。

缓刑考验期限，从判决确定之日起计算。

第七十三条　对于危害国家安全的犯罪分子、严重危害社会治安的犯罪分子和累犯，不适用缓刑。

第七十四条　被宣告缓刑的犯罪分子，必须遵守下列规定：

（一）遵守法律、法规、服从群众监督；

（二）向执行机关定期报告自己的活动情况；

（三）迁居或者暂时离开居住区域，应当报经执行机关批准。

被宣告缓刑的犯罪分子，在缓刑考验期间，由公安机关或者基层组织予以考察，如果没有第七十五条规定的情形，缓刑考验期满，原判的刑罚就不再执行。

第七十五条　被宣告缓刑的犯罪分子，在缓刑考验期内，有下列情形之一的，撤销缓刑：

（一）再犯新罪的；
（二）发现判决宣告以前还有其他罪没有判决的；
（三）有违反法律、行政法规和国务院公安部门有关缓刑的监督管理规定的行为，情节较重的；
（四）不执行人民法院关于赔偿的判决或者裁定的。

有前款第（一）项规定情形的，对新的罪行从重作出判决，同前罪所判处的刑罚合并执行；有前款第（二）项情形的，把未判决的罪和已判决的罪实行数罪并罚，决定执行的刑罚；有前款第（三）项或者第（四）情形的，撤销缓刑后执行原判刑罚。

第六节 减　刑

第七十六条　被判处管制、拘役、有期徒刑、无期徒刑的犯罪分子，在执行期间，如果确有悔改或者立功表现，可以减刑。有重大立功表现的，应当予以减刑。但是经过减刑以后实际执行的刑期，判处管制、拘役、有期徒刑的，不能少于原判刑期的二分之一；判处无期徒刑的，不能少于十五年。

对同一犯罪分子只能减刑一次并应当依照法定程序进行减刑。

第七十七条　无期徒刑减为有期徒刑的刑期，从裁定减刑之日起计算。

第七节 假　释

第七十八条　被判处有期徒刑的犯罪分子，或者由无期徒刑减为有期徒刑的犯罪分子执行原判刑期二分之一以上，如果确有悔改表现，不致再危害社会治安秩序，可以假释。但是严重危害社会治安的犯罪分子，不适用假释。

第七十九条　有期徒刑的假释考验期限，为没有执行完毕的刑期，无期徒刑的假释考验期限，为十年。

假释考验期限，从假释之日起计算。

第八十条　被宣告假释的犯罪分子，必须遵守下列规定：

（一）遵守法律、法规、服从群众监督；
（二）向监狱和公安机关定期报告自己的活动情况；
（三）迁居或者暂时离开居住区域，应报经公安机关批准。

被假释的犯罪分子，在假释考验期限内，由公安机关予以监督，如果没有第八十一条规定的情形，假释考验期满，就认为原判刑罚已经执行完毕，予以宣告释放。

第八十一条　被假释的犯罪分子，在假释考验期间，有下列情形之一的，撤销假释：

（一）再犯新罪的；
（二）发现判决宣告以前还有其他罪没有判决的；
（三）有违反法律、行政法规或者国务院公安部门有关假释的监督管理规定的行为，情节较重的。

有前款第（一）项规定情形的，应对新的犯罪从重作出判决，同前罪未执行完毕的刑罚合并执行；有前款第（二）项情形的，把未判决的罪和已判决的罪实行数罪并罚，决定执行的刑罚；有前款第（三）项情形的，撤销假释后，收监执行原判刑罚。

第八节 时　效

第八十二条　犯罪经过下列期限不再追诉：

（一）法定最高刑为不满五年有期徒刑的，经过五年；
（二）法定最高刑为五年以上不满十年有期徒刑的，经过十年；
（三）法定最高刑为十年以上有期徒刑的，经过十五年；
（四）法定最高刑为无期徒刑、死刑的，经过二十年。如果二十年以后认为必须追诉的，须报请最高人民检察院核准。

第八十三条　在人民法院、人民检察院、公安机关采取强制措施以后，逃避侦查或者审判的，不受追诉期限的限制。

第八十四条　追诉期限从犯罪之日起计算；犯罪行为有连续或者继续状态的，从犯罪行为终了之日起计算。

在追诉期限以内又犯罪的，前罪追诉的期限从犯后罪之日起计算。

第六章　其他规定

第八十五条　民族自治地方不能全部适用本法规定的，可以由自治区或者省的人民代表大会根据当地民族的政治、经济、文化的特点和本法规定的基本原则，制定变通或者补充的规定，报请全国人民代表大会常务委员会批准施行。

第八十六条　本法所说的公共财产是指下列财产：

（一）全民所有的财产；
（二）劳动群众集体所有的财产。

在国家机关、全民所有制、集体所有制企业和人民团体管理、使用或者运输中的私人财产，以公共财产论。

第八十七条 本法所说的公民私人合法财产是指下列财产：

（一）公民的合法收入、储蓄、房屋和其他生活资料；

（二）依法归个人、私人经济单位所有用的牲畜、林木以及厂房、机器、设备等生产资料。

第八十八条 本法所说的国家工作人员是指国家行政机关的公务员和在国家权力机关、司法机关、军队、人民团体中依照法律从事公务的人员。

受国家机关委托，在企业、事业单位从事公务的人员，或者参照公务员系列的，以国家工作人员论。

第八十九条 本法所说的司法工作人员是指有侦讯、检察、审判、监管人犯职责的人员。

第九十条 本法所说的重伤是指有下列情形之一的伤害：

（一）使人肢体残废或者毁人容貌的；

（二）使人丧失听觉、视觉或者其他器官机能的；

（三）其他对于人身健康有重大伤害的。

第九十一条 本法所说的首要分子是指在犯罪集团或者聚众犯罪中起组织、策划、指挥作用的犯罪分子。

第九十二条 本法所说的告诉才处理，是指被害人告诉才处理。如果被害人因受强制、威吓无法告诉的，人民检察院和被害人的近亲属也可以告诉。

第九十三条 本法所说的以上、以下、以内，都连本数在内。

第九十四条 本法总则适用于其他有刑罚规定的法律，但是其他法律有特别规定的除外。

11. 刑法分则修改草稿

（全国人大常委会法制工作委员会 1996年8月8日）

目 录

第九章　贪污罪贿赂罪
第十章　军人违反职责罪

第一章　危害国家安全罪

（11 条　暂缺）

第二章　危害公共安全罪

第一条　放火、决水、爆炸或者以其他危险方法破坏工厂、矿场、油田、港口、河流、水源、仓库、住宅、森林、农场、谷场、牧场、重要管道、公共建筑物或者其他公私财产，危害公共安全，尚未造成严重后果的，处三年以上十年以下有期徒刑。

（刑法第一百零五条）

第二条　放火、决水、爆炸、投毒或者以其他危险方法致人重伤、死亡或者使公私财产遭受重大损失的，处十年以上有期徒刑，无期徒刑或者死刑。

（根据刑法第一百零六条修改）

第三条　破坏火车、汽车、电车、船只、航空器，足以使火车、汽车、电车、船只、航空器发生倾覆、毁坏危险，尚未造成严重后果的，处三年以上十年以下有期徒刑。

（根据刑法第一百零七条修改）

第四条　破坏轨道、桥梁、隧道、公路、机场、航道、灯塔、标志或者进行其他破坏活动，足以使火车、汽车、电车、船只、航空器发生倾覆、毁坏危险，尚未造成严重后果的，处三年以上十年以下有期徒刑。

（根据刑法第一百零八条修改）

第五条　破坏电力、煤气或者其他易燃易爆设备，危害公共安全，尚未造成严重后果的，处三年以上十年以下有期徒刑。

（刑法第一百零九条）

第六条　破坏交通工具、交通设备、电力煤气设备、易燃易爆设备造成严重后果的，处十年以上有期徒刑、无期徒刑或者死刑。

（根据刑法第一百一十条修改）

第七条　以暴力、胁迫或者其他方法劫持航空器的，处十年以上有期徒刑或者无期徒刑；致人重伤、死亡或者使航空器遭受严重破坏或者情节特别严重的，处无期徒刑或者死刑；情节较轻的，处五年以上十年以下有期徒刑。

（根据《关于惩治劫持航空器犯罪分子的决定》）

第八条　破坏广播电台、电视台、电报、电话或者其他通讯设施，危害公共安全的，处七年以下有期徒刑或者拘役；造成严重后果的，处七年以上有期徒刑。

（根据刑法第一百一十一条修改）

第九条　非法制造、买卖、运输枪支、弹药、爆炸物的，处三年以上十年以下有期徒刑；情节严重的，处十年以上有期徒刑、无期徒刑或者死刑。

单位有前款行为的，对单位判处罚金，并对其直接负责的主管人员和其他直接责任人员依照前款规定处罚。

依法被指定、确定的制造企业、销售企业，超过限额或者不按照规定的品种制造、配售枪支，制造无号、重号、假号的枪支，私自销售枪支或者在境内销售为出口制造的枪支的，依照前两款规定处罚。

（根据刑法第一百一十二条和枪支管理法修改）

第十条　盗窃、抢夺枪支、弹药、爆炸物的，处三年以上十年以下有期徒刑；情节严重的，处十年以上有期徒刑、无期徒刑或者死刑。

以暴力、威胁或者其他方法抢劫枪支、弹药、爆炸物的，处十年以上有期徒刑、无期徒刑或者死刑。

（根据刑法第一百一十二条修改）

第十一条　违反枪支管理规定，非法持有、私藏枪支、弹药的，处三年以下有期徒刑或者拘役；情节严重的，处三年以上七年以下有期徒刑。

依法配备公务用枪的人员，非法出借、出租枪支的，依照前款的规定处罚。

依法配置枪支的人员，非法出借、出租枪支，造成严重后果的，依照第一款的规定处罚。

单位有第二、三款行为的，对直接负责的主管人员和其他直接责任人员，依照第一款的规定处罚。

（根据刑法第一百六十三条、枪支管理法修改）

第十二条　违反枪支、爆炸物品、管制刀具管理规定，非法携带枪支、弹药、爆炸物、管制刀具进入公共场所或者乘坐公共交通工具的，处三年以下有期徒刑、拘役或者罚金。

（根据铁路法第六十条修改）

第十三条　在火灾、水灾等灾害发生时，隐匿、毁损抢险救灾物资、设备，阻碍交通，扰乱通讯，妨害抢险救灾的，处三年以下有期徒刑或者拘役；情节恶劣或者造成严重后果的，处三年以上十年以下有期徒刑。

（新增加）

第十四条　违反爆炸性、易燃性、放射性、毒害性、腐蚀性物品的管理规定，在生产、储存、运输、使用中发生重大事故，造成严重后果的，处七年以下有期徒刑或者拘役；后果特别严重的，处七年以上有期徒刑。

（根据刑法第一百一十五条修改）

第三章　破坏社会主义经济秩序罪

第一节　扰乱市场秩序罪

第一条　违反国家规定，倒卖国家禁止自由买卖的重要物资，情节严重的，处五年以下有期徒刑或者拘役，可以并处或者单处罚金；情节特别严重的，处五年以上有期徒刑，并处违法所得一倍以上五倍以下罚金或者没收财产。

（新增加）

第二条　伪造、变造、买卖、转让国家有关主管机关签发的许可证、批准文件，情节严重的，处三年以下有期徒刑或者拘役，可以单处或者并处罚金；情节特别严重的，处三年以上十年以下有期徒刑，并处违法所得一倍以上五倍以下罚金。

（新增加）

第三条　违反国家有关规定，非法买卖烟草等专营、专卖物品，情节严重的，处三年以下有期徒刑或者拘役，可以并处或者单处罚金；情节特别严重的，处三年以上七年以下有期徒刑，并处违法所得一倍以上五倍以下罚金。

（新增加）

第四条　非法倒卖车票、船票、飞机票等有价票证，数额较大的，处二年以下有期徒刑或者拘役，可以单处或者并处违法所得一倍以上五倍以下罚金。

（新增加）

第五条　伪造、变造或者倒卖伪造、变造的车票、船票、飞机票等有价票证，数额较大的，处三年以下有期徒刑，可以单处或者并处违法所得一倍以上五倍以下罚金；数额巨大的，处三年以上七年以下有期徒刑，并处违法所得一倍以上五倍以下罚金。

（新增加）

第六条　非法囤积人民生活所必需的商品，拒不出售的，或者哄抬物价，牟取暴利，情节严重的，处三年以下有期徒刑或者拘役，可以单处或者并处罚金。

（新增加）

第七条　在商品市场上，欺行霸市，以暴力、威胁手段强买强卖，情节严重的，处三年以下有期徒刑或者拘役，可以单处或者并处罚金。

（新增加）

第八条　单位犯本节之罪的，对单位判处罚金，并对直接负责的主管人员和其他直接责任人员，依照本节各该条的规定处罚。

（新增加）

[倒卖珍贵动物及其制品从中牟利的，归入破坏资源罪；非法倒卖国家禁止买卖的文物的，归入扰乱社会管理秩序罪；为从事非法倒卖活动的人提供证明信、发票、合同书、银行帐户、支票、现金或者其他方便条件，从中牟利的，分别归入妨害金融管理秩序罪、危害税收罪中；从事非法出版物的出版、印刷、发行、销售，从中牟利的，归入侵犯知识产权罪中；倒卖外汇的，没有作为犯罪规定。

另一方案，将本节的条文分解到扰乱社会管理秩序罪、危害金融罪、危害公平竞争罪、妨害公司、企业管理罪等各节中去。]

第二节　危害公平竞争罪

第一条　因工作关系知悉他人商业秘密的人员或者非法获取他人商业秘密的人员，擅自使用、泄露、出卖所知悉的商业秘密，情节严重的，处二年以下有期徒刑或者拘役，可以并处或者单处罚金；情节特别严重的，处二年以上五年以下有期徒刑，可以并处或者单处罚金。

（新增加）

第二条　捏造、散布虚伪事实，损害竞争对手的商业信誉，情节严重的，处二年以下有期徒刑或者拘役，可以并处或者单处罚金。

（新增加）

第三条　广告主、广告经营者、广告发布者利用广告对商品或者服务作虚假宣传，或者故意制作、发布虚假广告，欺骗和误导消费者，严重损害消费者利益的，处三年以下有期徒刑或者拘役，可以并处或者单处罚金。

（根据广告法第三十七条增加）

第四条 投标人相互串通投标报价，损害招标方利益，情节严重的，处五年以下有期徒刑或者拘役，可以并处或者单处罚金。

投标人与招标人串通投标，损害国家、集体或者公民利益的，依照前款规定从重处罚。

（新增加）

第五条 经营者采用财物或者其他手段进行贿赂以销售或者购买商品，数额较大的，处五年以下有期徒刑或者拘役；数额巨大的，处五年以上有期徒刑，可以并处没收财产。

（反不正当竞争法第二十二条）

第六条 单位犯本节之罪的，对单位判处罚金，并对直接负责的主管人员和其他直接责任人员，依照本章各该条的规定处罚。

（新增加）

第三节　生产、销售伪劣商品罪

第一条 生产者、销售者在产品中掺杂、掺假，以假充真，以次充好或者以不合格产品冒充合格产品，违法所得数额二万元以上不满十万元的，处二年以下有期徒刑或者拘役，可以并处违法所得一倍以上五倍以下罚金，情节较轻的，可以给予行政处罚；违法所得数额十万元以上不满三十万元的，处二年以上七年以下有期徒刑，并处违法所得一倍以上五倍以下罚金；违法所得数额三十万元以上不满一百万元的，处七年以上有期徒刑，并处违法所得一倍以上五倍以下罚金或者没收财产；违法所得数额一百万元以上的，处十五年有期徒刑或者无期徒刑，并处没收财产。

（根据《关于惩治生产、销售伪劣商品犯罪的决定》第一条修改）

第二条 生产、销售假药，足以危害人体健康的，处三年以下有期徒刑或者拘役，并处违法所得一倍以上五倍以下罚金；对人体健康造成严重危害的，处三年以上十年以下有期徒刑，并处罚金；致人死亡或者对人体健康造成其他特别严重危害的，处十年以上有期徒刑、无期徒刑或者死刑，并处违法所得一倍以上五倍以下罚金或者没收财产。

（根据《关于惩治生产、销售伪劣商品犯罪的决定》第二条第一款修改）

第三条 生产、销售劣药，对人体健康造成严重危害的，处三年以上十年以下有期徒刑，并处违法所得一倍以上五倍以下罚金；后果特别严重的，处十年以上有期徒刑或者无期徒刑，并处违法所得一倍以上五倍以下罚金或者没收财产。

（根据《关于惩治生产、销售伪劣商品犯罪的决定》第二条第二款修改）

第四条 生产、销售不符合卫生标准的食品，造成严重食物中毒事故或者其他严重食源性疾患，对人体健康造成严重危害的，处七年以下有期徒刑，并处违法所得一倍以上五倍以下罚金；后果特别严重的，处七年以上有期徒刑或者无期徒刑，并处违法所得一倍以上五倍以下罚金或者没收财产。

（根据《关于惩治生产、销售伪劣商品犯罪的决定》第三条第一款修改）

第五条 在食品中掺入有毒、有害的非食品原料的，处五年以下有期徒刑或者拘役，可以并处或者单处违法所得一倍以上五倍以下罚金；造成严重食物中毒事故或者其他严重食源性疾患，对人体健康造成严重危害的，处五年以上十年以下有期徒刑，并处违法所得一倍以上五倍以下罚金；致人死亡或者对人体健康造成其他特别严重危害的，处十年以上有期徒刑、无期徒刑或者死刑，并处违法所得一倍以上五倍以下罚金或者没收财产。

（根据《关于惩治生产、销售伪劣商品犯罪的决定》第三条第二款修改）

第六条 生产不符合保障人体健康的国家标准、行业标准的医疗器械、医用卫生材料，或者销售明知是不符合保障人体健康的国家标准、行业标准的医疗器械、医用卫生材料，对人体健康造成严重危害的，处五年以下有期徒刑，并处违法所得一倍以上五倍以下罚金；后果特别严重的，处五年以上十年以下有期徒刑，并处违法所得一倍以上五倍以下罚金，其中情节特别恶劣的，处十年以上有期徒刑或者无期徒刑，并处罚金或者没收财产。

（根据《关于惩治生产、销售伪劣商品犯罪的决定》第四条修改）

第七条 生产不符合保障人身、财产安全的国家标准、行业标准的电器、压力容器、易燃易爆产品或者其他不符合保障人身、财产安全的国家标准、行业标准的产品，或者销售明知是以上不符合保障人身、财产安全的国家标准、行业标准的产品，造成严重后果的，处五年以下有期徒刑或者拘役，并处违法所得一倍以上五倍以下罚金；后果特别严重的，处五年以上有期徒刑，并处违法所得一倍以上五倍以下罚金。

（根据关于《惩治生产、销售伪劣商品犯罪的决定》第五条修改）

第八条 生产假农药、假兽药、假化肥，销售明知是假的或者的失去使用效能的农药、兽药、化肥、种子，或者生产者、销售者以不合格的农药、兽药、化肥、种子冒充合格的农药、兽药、化肥、种子，使生产遭受较大损失的，处三年以下有期徒刑或者拘役，可以并处或者单处违法所得一倍以上五倍以下罚金；使生产遭受重大损失的，处三年以上七年以下有期徒刑，并处违法所得一倍以上五倍以下罚金；使生产遭受特别重大损失的，处七年以上有期徒刑或者无期徒刑，并处违法所得一倍以上五倍以下罚金或者没收财产。

（关于《惩治生产、销售伪劣商品犯罪的决定》第六条）

第九条 生产不符合卫生标准的化妆品，或者销售明知是不符合卫生标准的化妆品，造成严重后果的，处三年以下有期徒刑或者拘役，可以并处或者单处违法所得一倍以上五倍以下罚金。

（根据《关于惩治生产、销售伪劣商品犯罪的决定》第七条修改）

第四节 妨害公司、企业管理秩序罪

第一条 申请公司登记的人使用虚假证明文件或者采取其他欺诈手段虚报注册资本，欺骗公司登记主管部门，取得公司登记，虚报注册资本数额巨大、后果严重或者有其他严重情节的，处三年以下有期徒刑或者拘役，可以并处虚报注册资本金额百分之十以下罚金。

申请公司登记的单位犯前款罪的，对单位判处虚报注册资本金额百分之十以下罚金，并对直接负责的主管人员和其他直接责任人员，处三年以下有期徒刑或者拘役。

（《关于惩治违反公司法的犯罪的决定》第一条）

第二条 公司发起人、股东违反公司法的规定未交付货币、实物或者未转移财产权，虚假出资，或者在公司成立后又抽逃其出资，数额巨大、后果严重或者有其他严重情节的，处五年以下有期徒刑或者拘役，可以并处虚假出资金额或者抽逃出资金额百分之十以下罚金。

单位犯前款罪的，对单位判处虚假出资金额或者抽逃出资金额百分之十以下罚金，并对直接负责的主管人员和其他直接责任人员，处五年以下有期徒刑或者拘役。

（《关于惩治违反公司法的犯罪的决定》第二条）

第三条 制作虚假的招股说明书、认股书、公司债券募集办法，发行股票或者公司债券，数额巨大、后果严重或者有其他严重情节的，处五年以下有期徒刑或者拘役，可以并处非法募集资金金额百分之五以下罚金。

单位犯前款罪的，对单位判处非法募集资金金额百分之五以下罚金，并对直接负责的主管人员和其他直接责任人员，处五年以下有期徒刑或者拘役。

（《关于惩治违反公司法的犯罪的决定》第三条）

第四条 公司向股东和社会公众提供虚假的或者隐瞒重要事实的财务会计报告等，严重损害股东或者其他人利益的，对直接负责的主管人员和其他直接责任人员，处三年以下有期徒刑或者拘役，可以并处二十万元以下罚金。

（《关于惩治违反公司法的犯罪的决定》第四条）

第五条 公司进行清算时，隐匿财产，对资产负债表或者财产清单作虚伪记载或者在未清偿债务前分配公司财产，严重损害债权人或者其他人利益的，对直接负责的主管人员和其他直接责任人员，处五年以下有期徒刑或者拘役，可以并处二十万元以下罚金。

（《关于惩治违反公司法的犯罪的决定》第五条）

［《关于惩治违反公司法的犯罪的决定》第六条、第八条移至玩忽职守罪；第七条移至危害金融罪；第九条移至危害公平竞争罪、第十条、第十一条移至侵犯财产罪］

第五节 破坏金融管理秩序罪

第一条 伪造货币的，处三年以上十年以下有期徒刑，并处五万元以上五十万元以下罚金；有下列情形之一的，处十年以上有期徒刑、无期徒刑或者死刑，并处没收财产：

（一）伪造货币集团的首要分子；

（二）伪造货币数额特别巨大的；

（三）有其他特别严重情节的。

伪造货币并出售、运输的，依照前款规定从重处罚。

（《关于惩治破坏金融秩序犯罪的决定》第一条和第二条第三款合并）

第二条 出售、购买伪造的货币或者明知是伪造的货币而运输，数额较大的，处三年以下有期徒刑或者拘役，并处二万元以上二十万元以下罚金；数额巨大的，处三年以上十年以下有期徒刑，并处五万元以上五十万元以下罚金；数额特别巨大的，处十年以上有期徒刑或者无期徒刑，并处没收财产。

银行或者其他金融机构的工作人员购买伪造的货币或者利用职务上的便利，以伪造的货币换取货币的，处三年以上十年以下有期徒刑，并处二万元以上二十万元以下罚金；数额巨大或者有其他严重情节的，处十年以上有期徒刑或者无期徒刑，并处没收财产；情节较轻的，处三年以下有期徒刑或者拘役，并处或者单处一万元以上十万元以下罚金。

（《关于惩治破坏金融秩序犯罪的决定》第二条第一款、第二款）

第三条 明知是伪造的货币而持有、使用，数额较大的，处三年以下有期徒刑或者拘役，并处一万元以上十万元以下罚金；数额巨大的，处三年以上十年以下有期徒刑，并处二万元以上二十万元以下罚金；数额特别巨大的，处十年以上有期徒刑，并处五万元以上五十万元以下罚金或者没收财产。

（《关于惩治破坏金融秩序犯罪的决定》第四条）

第四条 变造货币，数额较大的，处三年以下有期徒刑或者拘役，并处一万元以上十万元以下罚金；数额巨大的，处三年以上十年以下有期徒刑，并处二万元以上二十万元以下罚金。

（《关于惩治破坏金融秩序犯罪的决定》第五条）

第五条 未经中国人民银行批准，擅自设立商业银行或者其他金融机构的，处三年以下有期徒刑或者拘役，并处或者单处二万元以上二十万元以下罚金；情节严重的，处三年以上十年以下有期徒刑，并处五万元以上五十万元以下罚金。

伪造、变造、转让商业银行或者其他金融机构经营许可证的，依照前款的规定处罚。

单位犯前两款罪的，对单位判处罚金，并对直接负责的主管人员和其他直接责任人员，依照第一款的规定处罚。

（《关于惩治破坏金融秩序犯罪的决定》第六条）

第六条 非法吸收公众存款或者变相吸收公众存款，扰乱金融秩序的，处三年以下有期徒刑或者拘役，并处或者单处二万元以上二十万元以下罚金；数额巨大或者有其他严重情节的，处三年以上十年以下有期徒刑，并处五万元以上五十万元以下罚金。

单位犯前款罪的，对单位判处罚金，并对直接负责的主管人员和其他直接责任人员，依照前款的规定处罚。

（《关于惩治破坏金融秩序犯罪的决定》第七条）

第七条 以非法占有为目的，使用诈骗方法非法集资的，处三年以下有期徒刑或者拘役，并处二万元以上二十万元以下罚金；数额巨大或者有其他严重情节的，处三年以上十年以下有期徒刑，并处五万元以上五十万元以下罚金；数额特别巨大或者有其他特别严重情节的，处十年以上有期徒刑、无期徒刑或者死刑，并处没收财产。

单位犯前款罪的，对单位判处罚金，并对直接负责的主管人员和其他直接责任人员，依照前款的规定处罚。

（《关于惩治破坏金融秩序犯罪的决定》第八条）

第八条 有下列情形之一，以非法占有为目的，诈骗银行或者其他金融机构的贷款，数额较大的，处五年以下有期徒刑或者拘役，并处二万元以上二十万元以下罚金；数额巨大或者有其他严重情节的，处五年以上十年以下有期徒刑，并处五万元以上五十万元以下罚金；数额特别巨大或者有其他特别严重情节的，处十年以上有期徒刑或者无期徒刑，并处没收财产：

（一）编造引进资金、项目等虚假理由的；

（二）使用虚假的经济合同的；

（三）使用虚假的证明文件的；

（四）使用虚假的产权证明作担保的；

（五）以其他方法诈骗贷款的。

（《关于惩治破坏金融秩序犯罪的决定》第十条）

第九条 有下列情形之一，伪造、变造金融票证的，处五年以下有期徒刑或者拘役，并处二万元以上二十万元以下罚金；情节严重的，处五年以上十年以下有期徒刑，并处五万元以上五十万元以下罚金；情节特别严重的，处十年以上有期徒刑或者无期徒刑，并处没收财产：

（一）伪造、变造汇票、本票、支票的；

（二）伪造、变造委托收款凭证、汇票凭证、银行存单等其他银行结算凭证的；

（三）伪造、变造信用证或者附随的单据、文件的；

（四）伪造信用卡的。

单位犯前款罪的，对单位判处罚金，并对直接负责的主管人员和其他直接责任人员，依照前款的规定处罚。

（《关于惩治破坏金融秩序犯罪的决定》第十一条）

第十条 有下列情形之一，进行金融票据诈骗活动，数额较大的，处五年以下有期徒刑或者拘役，并处二万元以上二十万元以下罚金；数额巨大或者有其他严重情节的，处五年以上十年以下有期徒刑，并处五万元以上五十万元以下罚金；数额特别巨大或者有其他特别严重情节的，处十年以上有期徒刑、无期徒刑或者死刑，并处没收财产：

（一）明知是伪造、变造的汇票、本票、支票而使用的；

（二）明知是作废的汇票、本票、支票而使用的；

（三）冒用他人的汇票、本票、支票的；

（四）签发空头支票或者与其预留印鉴不符的支票，骗取财物的；

（五）汇票、本票的出票人签发无资金保证的汇票、本票或者在出票时作虚假记载，骗取财物的。

使用伪造、变造的委托收款凭证、汇款凭证、银行存单等其他银行结算凭证的，依照前款的规定处罚。

单位犯前两款罪的，对单位判处罚金，并对直接负责的主管人员和其他直接责任人员，依照第一款的规定处罚。

（《关于惩治破坏金融秩序犯罪的决定》第十二条）

第十一条 未经国家有关主管部门批准，擅自发行股票、公司债券或者其他证券，数额巨大、后果严重或者有其他严重情节的，处五年以下有期徒刑或者拘役，可以并处非法募集资金金额百分之五以下罚金。

单位犯前款罪的，依照前款的规定对单位判处罚金，并对直接负责的主管人员和其他直接责任人员，处五年以下有期徒刑或者拘役。

(《关于惩治违反公司法的犯罪的决定》第七条)

第十二条 编造并且传播影响证券交易的虚假信息，扰乱证券交易市场，造成严重后果的，处三年以下有期徒刑或者拘役，并处或者单处一万元以上十万元以下罚金。

证券交易所、证券公司的从业人员，证券业协会或者证券管理部门的工作人员，故意提供虚假信息，伪造、变造或者销毁交易记录，诱骗投资者买卖证券，处五年以下有期徒刑或者拘役，并处或者单处一万元以上十万元以下罚金。情节恶劣的，处五年以上十年以下有期徒刑，并处一万元以上十万元以下罚金。

单位犯前两款罪的，对单位判处十万元以上五十万元以下罚金，并对直接负责的主管人员和其他直接责任人员处五年以下有期徒刑或者拘役。

(新增加)

第十三条 证券交易内幕信息的知情人员或者非法获取证券交易内幕信息的人员，在涉及证券的发行、交易或者其他对证券的价格有重大影响的信息尚未公开前，买入或者卖出该证券，或者泄露该信息，或者建议他人买卖该证券，处五年以下有期徒刑或者拘役，并处或者单处违法所得一倍以上五倍以下罚金。情节严重的，处五年以上十年以下有期徒刑，并处违法所得一倍以上五倍以下罚金。

单位犯前款罪的，对单位判处违法所得一倍以上五倍以下罚金，并对直接负责的主管人员和其他直接责任人员，处五年以下有期徒刑或者拘役。

(新增加)

第十四条 有下列操纵证券交易价格行为之一，获取不正当利益或者转嫁风险，情节严重的，处五年以下有期徒刑或者拘役，并处或者单处违法所得一倍以上五倍以下罚金：

(一) 通过合谋，集中资金优势，联合或者连续买卖，操纵证券交易价格的；

(二) 与他人串通，进行不转移证券所有权的虚买虚卖，制造证券交易的虚假价格的；

(三) 以自己为交易对象，进行证券的自买自卖，制造证券交易的虚假价格的；

(四) 利用职务便利抬高或者压低证券交易价格的；

(五) 以其他方法操纵证券交易价格的。

单位犯前款罪的，对单位判处违法所得一倍以上五倍以下罚金，并对直接负责的主管人员和其他直接责任人员，处五年以下有期徒刑或者拘役。

(新增加)

第十五条 证券交易当事人出售其并不持有的证券或者买入明知交易对方并不持有的证券，数额较大的，处五年以下有期徒刑或者拘役，并处或者单处非法买卖证券等值的罚金。

证券公司从业人员违反法律规定，为客户卖出其帐户上未实有的证券，数额较大的，处五年以下有期徒刑或者拘役，并处或者单处非法买卖证券等值的罚金。

单位犯前两款罪的，对单位判处非法买卖证券等值的罚金，并对直接负责的主管人员和其他直接责任人员，处五年以下有期徒刑或者拘役。

(新增加)

第十六条 有下列情形之一，进行信用证诈骗活动的，处五年以下有期徒刑或者拘役，并处二万元以上二十万元以下罚金；数额巨大或者有其他严重情节的，处五年以上十年以下有期徒刑，并处五万元以上五十万元以下罚金；数额特别巨大或者有其他特别严重情节的，处十年以上有期徒刑、无期徒刑或者死刑，并处没收财产：

(一) 使用伪造、变造的信用证或者附随的单据、文件的；

(二) 使用作废的信用证的；

(三) 骗取信用证的；

(四) 以其他方法进行信用证诈骗活动的。

单位犯前款罪的，对单位判处罚金，并对直接负责的主管人员和其他直接责任人员，依照前款的规定处罚。

(《关于惩治破坏金融秩序犯罪的决定》第十三条)

第十七条 有下列情形之一，进行信用卡诈骗活动，数额较大的，处五年以下有期徒刑或者拘役，并处二万元以上二十万元以下罚金；数额巨大或者有其他严重情节的，处五年以上十年以下有期徒刑，并处五万元以上五十万元以下罚金；数额特别巨大或者有其他特别严重情节的，处十年以上有期徒刑或者无期徒刑，并处没收财产：

(一) 使用伪造的信用卡的；

(二) 使用作废的信用卡的；

(三) 冒用他人信用卡的；

(四) 恶意透支的。

盗窃信用卡并使用的，依照盗窃罪的规定处罚。

(《关于惩治破坏金融秩序犯罪的决定》第十四条)

第十八条 有下列情形之一，进行保险诈骗活动，数额较大的，处五年以下有期徒刑或者拘役，并处一万元以上十万元以下罚金；数额巨大或者有其他严重情节的，处五年以上十年以下有期徒刑，并处二万元以上二十万元以下罚金；数额特别巨大或者有其他特别严重情节的，处十年以上有期徒刑，并处没收财产：

（一）投保人故意虚构保险标的，骗取保险金的；

（二）投保人、被保险人或者受益人对发生的保险事故编造虚假的原因或者夸大损失的程度，骗取保险金的；

（三）投保人、被保险人或者受益人编造未曾发生的保险事故，骗取保险金的；

（四）投保人、被保险人故意造成财产损失的保险事故，骗取保险金的；

（五）投保人、受益人故意造成被保险人死亡、伤残或者疾病，骗取保险金的。

有前款第（四）项、第（五）项所列行为，同时构成其他犯罪的，依照数罪并罚的规定处罚。

保险事故的鉴定人、证明人、财产评估人故意提供虚假的证明文件，为他人诈骗提供条件的，以保险诈骗的共犯论处。

单位犯第一款罪的，对单位判处罚金，并对直接负责的主管人员和其他直接责任人员，依照第一款的规定处罚。

（《关于惩治破坏金融秩序犯罪的决定》第十六条）

[金融犯罪决定第三条移入走私罪；第九条、第十五条移入玩忽职守罪；第十七条、第十八条、第十九条移入贪污贿赂、侵占罪。]

第六节　侵犯知识产权罪

第一条 未经注册商标所有人许可，在同一种商品上使用与其注册商标相同的商标，违法所得数额较大或者有其他严重情节的，处三年以下有期徒刑或者拘役，可以并处或者单处罚金；违法所得数额巨大的，处三年以上七年以下有期徒刑，并处罚金。

（《关于惩治假冒注册商标犯罪的补充规定》第一条第一款）

第二条 销售明知是假冒注册商标的商品，违法所得数额较大的，处三年以下有期徒刑或者拘役，可以并处或者单处罚金；违法所得数额巨大的，处三年以上七年以下有期徒刑，并处罚金。

（《关于惩治假冒注册商标犯罪的补充规定》第一条第二款）

第三条 伪造、擅自制造他人注册商标标识或者销售伪造、擅自制造的注册商标标识，违法所得数额较大或者有其他严重情节的，处三年以下有期徒刑或者拘役，可以并处或者单处罚金；违法所得数额特别巨大的，处三年以上七年以下有期徒刑，并处罚金。

（根据《关于惩治假冒注册商标犯罪的补充规定》第二条修改）

第四条 假冒他人专利，情节严重的，处三年以上七年以下有期徒刑或者拘役，可以并处或者单处罚金。

（根据专利法第六十三条增加）

第五条 以营利为目的，有下列侵犯著作权情形之一，违法所得数额较大或者有其他严重情节的，处三年以下有期徒刑、拘役，单处或者并处罚金；违法所得数额巨大或者有其他特别严重情节的，处三年以上七年以下有期徒刑，并处罚金：

（一）未经著作权人许可，复制发行其文字作品、音乐、电影、电视、录像作品、计算机软件及其他作品的；

（二）出版他人享有专有出版权的图书的；

（三）未经录音录像制作者许可，复制发行其制作的录音录像的；

（四）制作、出售假冒他人署名的美术作品的。

（《关于惩治侵犯著作权的犯罪的决定》第一条）

第六条 以营利为目的，销售明知是第五条规定的侵权复制品，违法所得数额较大的，处二年以下有期徒刑、拘役，单处或者并处罚金；违法所得数额巨大的，处二年以上五年以下有期徒刑，并处罚金。

（《关于惩治侵犯著作权的犯罪的决定》第二条）

第七节　危害税收罪

第一条 纳税人采取伪造、变造、隐匿、擅自销毁帐簿、记帐凭证，在帐簿上多列支出或者不列、少列收入，或者进行虚假的纳税申报的手段，不缴或者少缴应纳税款，偷税数额占应纳税额的百分之十以上百分之三十以下并且偷税数额在一万元以上十万元以下的，或者因偷税被税务机关给予二次行政处罚又偷税的，处三年以下有期徒刑或者拘役，并处偷税数额五倍以下的罚金；偷税数额占应纳税额的百分之三十以上并且偷税数额在十万元以上的，处三年以上七年以下有期徒刑，并处偷税数额五倍以下的罚金。

扣缴义务人采取前款所列手段，不缴或者少缴已扣、已收税款的，依照前款规定处罚。

对多次犯有前两款规定的违法行为未经处罚的，按照累计数额计算。

（根据《关于惩治偷税、抗税犯罪的补充规定》第一条修改）

第二条 以暴力、威胁方法拒不缴纳税款的，处三年以下有期徒刑或者拘役，并处拒缴税款五倍以下的罚金；情节严重的，处三年以上七年以下有期徒刑，并处拒缴税款五倍以下的罚金。

以暴力方法抗税，致人重伤或者死亡的，按照伤害罪、杀人罪从重处罚，并依照前款规定处以罚金。

（《关于惩治偷税、抗税犯罪的补充规定》第六条）

第三条 纳税人欠缴应纳税款，采取转移或者隐匿财产的手段，致使税务机关无法追缴欠缴税款，数额在一万元以上不满十万元的，处三年以下有期徒刑或者拘役，并处欠缴税款五倍以下的罚金；数额在十万元以上的，处三年以上七年以下有期徒刑，并处欠缴税款五倍以下的罚金。

（《关于惩治偷税、抗税犯罪的补充规定》第二条）

第四条 企业事业单位采取对所生产或者经营的商品假报出口等欺骗手段，骗取国家出口退税款，数额在一万元以上的，处骗取税款五倍以下的罚金，并对负有直接责任的主管人员和其他直接责任人员，处三年以下有期徒刑或者拘役。

前款规定以外的单位或者个人骗取国家出口退税款的，按照诈骗罪追究刑事责任，并处骗取税款五倍以下的罚金；单位犯本款罪的，除处以罚金外，对负有直接责任的主管人员和其他直接责任人员，按照诈骗罪追究刑事责任。

（《关于惩治偷税、抗税犯罪的补充规定》第五条）

第五条 虚开增值税专用发票或者虚开用于骗取出口退税、抵扣税款的其他发票的，处三年以下有期徒刑或者拘役，并处二万元以上二十万元以下罚金；虚开的税款数额较大或者有其他严重情节的，处三年以上十年以下有期徒刑，并处五万元以上五十万元以下罚金；虚开的税款数额巨大或者有其他特别严重情节的，处十年以上有期徒刑或者无期徒刑，并处没收财产。

有前款行为骗取国家税款，数额特别巨大、情节特别严重，给国家利益造成特别重大损失的，处无期徒刑或者死刑，并处没收财产。

（《关于惩治虚开、伪造和非法出售增值税专用发票犯罪的决定》第一条、第五条）

第六条 伪造或者出售伪造的增值税专用发票的，处三年以下有期徒刑或者拘役，并处二万元以上二十万元以下罚金；数量较大或者有其他严重情节的，处三年以上十年以下有期徒刑，并处五万元以上五十万元以下罚金；数量巨大或者有其他特别严重情节的，处十年以上有期徒刑或者无期徒刑，并处没收财产。

伪造并出售伪造的增值税专用发票，数量特别巨大，情节特别严重，严重破坏经济秩序的，处无期徒刑或者死刑，并处没收财产。

（《关于惩治虚开、伪造和非法出售增值税专用发票犯罪的决定》第二条）

第七条 非法出售增值税专用发票的，处三年以下有期徒刑或者拘役，并处二万元以上二十万元以下罚金；数量较大的，处三年以上十年以下有期徒刑，并处五万元以上五十万元以下罚金；数量巨大的，处十年以上有期徒刑或者无期徒刑，并处没收财产。

（《关于惩治虚开、伪造和非法出售增值税专用发票犯罪的决定》第三条）

第八条 非法购买增值税专用发票或者购买伪造的增值税专用发票的，处五年以下有期徒刑或者拘役，并处或者单处二万元以上二十万元以下罚金。

非法购买增值税专用发票或者购买伪造的增值税专用发票又虚开或者出售的，分别依照第四条、第五条、第六条的规定处罚。

（《关于惩治虚开、伪造和非法出售增值税专用发票犯罪的决定》第四条）

第九条 伪造、擅自制造或者出售伪造、擅自制造的可以用于骗取出口退税、抵扣税款的其他发票的，处三年以下有期徒刑或者拘役，并处二万元以上二十万元以下罚金；数量巨大的，处三年以上七年以下有期徒刑，并处五万元以上五十万元以下罚金；数量特别巨大的，处七年以上有期徒刑，并处没收财产。

伪造、擅自制造或者出售伪造、擅自制造的前款规定以外的其他发票的，依照刑法第　条的规定处罚。

非法出售可以用于骗取出口退税、抵扣税款的其他发票的，依照第一款的规定处罚。

非法出售前款规定以外的其他发票的，依照刑法第　条的规定处罚。

（《关于惩治虚开、伪造和非法出售增值税专用发票犯罪的决定》第六条）

第十条 盗窃增值税专用发票或者其他发票的，依照盗窃罪的规定处罚。

使用欺骗手段骗取增值税专用发票或者其他发票的，依照诈骗罪的规定处罚。

（《关于惩治虚开、伪造和非法出售增值税专用发票犯罪的决定》第七条）

第十一条 单位犯第一条、第二条、第三条、第四条、第五条、第六条、第七条、第八条之罪的，对单位判处罚金，并对直接负责的主管人员和其他直接责任人员，依照各该条的规定处罚。

（新增加）

第八节 妨害进出口管理罪

第一条 走私鸦片等毒品、武器、弹药或者伪造的货币的，处七年以上有期徒刑，并处罚金或者没收财产；情节特别严重的，处无期徒刑或者死刑，并处没收财产；情节较轻的，处七年以下有期徒刑，并处罚金。

（《关于惩治走私罪的补充规定》第一条）

武装掩护走私的，依照前款的规定从重处罚。

（根据《关于惩治走私罪的补充规定》第十条第一款修改）

第二条 走私国家禁止出口的文物、珍贵动物、珍稀植物及其制品、黄金、白银或者其他贵重金属的，处五年以上有期徒刑，并处罚金或者没收财产；情节特别严重的，处无期徒刑或者死刑，并处没收财产；情节较轻的，处五年以下有期徒刑，并处罚金。

（根据《关于惩治走私罪的补充规定》第二条修改）

第三条 进口不能用作原料的固体废弃物的，处五年以上有期徒刑，并处罚金或者没收财产；情节特别严重的，处无期徒刑或者死刑。并处没收财产；情节较轻的，处五年以下有期徒刑，并处罚金。

（根据《固体废弃物污染防治法》第二十五条、第六十六条的规定新增加）

第四条 以牟利或者传播为目的，走私淫秽的影片、录像带、录音带、图片、书刊或者其他淫秽物品的，处三年以上十年以下有期徒刑。并处罚金；情节严重的，处十年以上有期徒刑或者无期徒刑，并处罚金或者没收财产；情节较轻的，处三年以下有期徒刑或者拘役，并处罚金。

（《关于惩治走私罪的补充规定》第三条）

第五条 走私第一条至第四条规定以外的货物、物品的，根据情节轻重，分别依照下列规定处罚：

（1）走私货物、物品价额在五十万元以上的，处十年以上有期徒刑或者无期徒刑，并处走私货物、物品价额的一至五倍的罚金或者没收财产；情节特别严重的，处死刑，并处没收财产。

（2）走私货物、物品价额在十五万元以上不满五十万元的，处七年以上有期徒刑，并处走私货物、物品价额的一至五倍的罚金或者没收财产；情节特别严重的，处无期徒刑，并处没收财产。

（3）走私货物、物品价额在五万元以上不满十五万元的，处三年以上十年以下有期徒刑，并处走私货物、物品价额的一至五倍的罚金。

（4）走私货物、物品价额在二万元以上不满五万元的，处三年以下有期徒刑或者拘役，并处走私货物、物品价额的一至五倍的罚金；情节较轻的，或者价额不满二万元的，由海关没收走私货物、物品和违法所得，可以并处罚款。

二人以上共同走私的，按照个人走私货物、物品的价额及其在犯罪中的作用，分别处罚。对走私集团的首要分子，按照集团走私货物、物品的总价额处罚；对其他共同走私犯罪中的主犯，情节严重的，按照共同走私货物、物品的总价额处罚。

对多次走私未经处理的，按照累计走私货物、物品的价额处罚。

（《关于惩治走私罪的补充规定》第四条）

第六条 下列走私行为，构成犯罪的，依照第　条的规定处罚：

（1）未经海关许可并且未补缴关税，擅自将批准进口的来料加工、来件装配、补偿贸易的原材料、零件、制成品、设备等保税货物，在境内销售牟利的。

（2）假借捐赠名义进口货物、物品的，或者未经海关许可并且未补缴关税，擅自将捐赠进口的货物、物品或者其他特定减税、免税进口的货物、物品，在境内销售牟利的。

（《关于惩治走私罪的补充规定》第六条）

第七条 下列行为，以走私罪论处，依照第　条的规定处罚：

（1）直接向走私人非法收购国家禁止进口物品的，或者直接向走私人非法收购走私进口的其他货物、物品，数额较大的。

（2）在内海、领海运输、收购、贩卖国家禁止进出口物品的，或者运输、收购、贩卖国家限制进出口货物、物品，数额较大，没有合法证明的。

（《关于惩治走私罪的补充规定》第七条）

第八条 企业事业单位、机关、团体走私第一条至第五条规定的货物、物品的，判处罚金，并对其直接负责的主管人员和其他直接责任人员，依照对个人犯走私罪的规定处罚。

企业事业单位、机关、团体走私第一条至第五条规定以外的货物、物品，价额在三十万元以上的，判处罚金，并对其直接负责的主管人员和其他直接责任人员，处五年以下有期徒刑或者拘役；情节特别严重，使国家利益遭受重大损失的，处五年以上十年以下有期徒刑；价额不满三十万元的，由海关没收走私货物、物品和违法所得，可以并处罚款，对其直接负责的主管人员和其他直接责任人员，由其所在单位或者上级主管机关酌情给予行政处分。

企业事业单位、机关、团体走私，违法所得归私人所有的，或者以企业事业单位、机关、团体的名义进行走私，共同分取违法所得的，依照对个人犯走私罪的规定处罚。

（《关于惩治走私罪的补充规定》第五条）

第九条 违反进出口商品检验法的规定，逃避商品检验，将必须依法进行商检的进口商品，未经检验，擅自销售、使用，或者将必须依法进行商检的出口商品，未经检验或者经检验不合格，擅自出口，致使国家、集体遭受重大损失的，处三年以下有期徒刑或者拘役，可以并处或者单处罚金。

（根据《进出口商品检验法》第二十六条增加）

第九节　破坏环境和自然资源罪

第一条　违反国家规定，收集、贮存、运输、处置或者向耕地、森林、草原或者其他陆地排放、倾倒有放射性的污染物、含传染病原体的有毒物质或者其他危险废物，处三年以下有期徒刑或者拘役，可以并处或者单处罚金；后果特别严重的，处三年以上七年以下有期徒刑，并处罚金。

（根据《固体废物污染环境防治法》第七十二条修改）

第二条　违反国家规定，向海洋、江河、湖泊或者其他水体排放、倾倒有放射性的污染物、含传染病原体的污水或者其他有毒物质，导致公私财产重大损失或者人身伤亡的严重后果的，处三年以下有期徒刑或者拘役，可以并处或者单处罚金；后果特别严重的，处三年以上七年以下有期徒刑，并处罚金。

（新增加）

第三条　违反国家规定，向大气排放含有毒物质的废气和粉尘，足以严重污染环境的，处三年以下有期徒刑或者拘役，可以并处或者单处罚金；对环境造成严重污染或者有其他特别严重情节的，处三年以上七年以下有期徒刑，并处罚金。

（新增加）

第四条　违反保护森林法规，盗伐、滥伐森林或者其他林木，情节严重的，处三年以下有期徒刑或者拘役，可以并处或者单处罚金。

实施前款行为，采伐他人林木据为己有的，依照盗窃罪的规定处罚。

（根据《刑法》第一百二十八条和森林法第三十四条修改）

违反森林法的规定，在林区进行开垦、采石、采砂、采土、采种、采脂、砍柴和其他活动，致使森林资源遭受严重破坏的，处三年以下有期徒刑或者拘役，可以并处或者单处罚金。

（新增加）

第五条　未取得采矿许可证或者超越采矿许可证的范围采矿，被责令停止开采而拒不停止开采，致使矿产资源遭受严重破坏的，处三年以下有期徒刑或者拘役，可以并处或者单处罚金。

（新增加）

第六条　违反狩猎法规，在禁猎区、禁猎期或者使用禁用的工具、方法捕杀野生动物，情节严重的，处二年以下有期徒刑或者拘役，可以并处或者单处罚金。

非法捕杀国家重点保护的珍稀、濒危野生动物的，处七年以下有期徒刑或者拘役，可以并处罚金。情节严重的，处七年以上有期徒刑，并处罚金。

（根据《刑法》第一百三十条和《关于惩治捕杀国家重点保护的珍贵、濒危野生动物犯罪的补充规定》修改）

第七条　倒卖国家重点保护的珍稀、濒危野生动物及其制品的，处五年以下有期徒刑或者拘役，并处罚金；情节严重的，处五年以上有期徒刑，并处罚金或者没收财产。

（新增加）

第八条　违反保护水产资源法规，在禁渔区、禁渔期或者使用禁用的工具、方法捕捞水产品，情节严重的，处三年以下有期徒刑或者拘役，可以并处或者单处罚金。

（根据《刑法》第一百二十九条修改）

第九条　单位犯第一条至第三条之罪的，对单位判处罚金，并对直接负责的主管人员和其他直接责任人员，依照各该条的规定处罚。

（新增加）

第四章　侵犯公民人身权利、民主权利罪

第一条　保护公民的人身权利、民主权利和其他权利，不受任何人、任何机关非法侵犯。违法侵犯情节严重的，对直接责任人员予以刑事处分。

第二条　故意杀人的，处死刑、无期徒刑或者十年以上有期徒刑。

生母溺婴或者故意杀人有其他较轻情节的，处三年以上十年以下有期徒刑。

（根据《刑法》第一百三十二条修改）

第三条　过失致人死亡的，处五年以下有期徒刑；情节特别恶劣的，处五年以上有期徒刑。本法另有规定的，依照规定。

（根据《刑法》第一百三十三条修改）

第四条　故意伤害他人身体，处三年以下有期徒刑或者拘役。

犯前款罪，致人重伤的，处三年以上十年以下有期徒刑；致人死亡或者情节特别恶劣的，处十年以上有期徒刑、无期徒刑或者死刑。本法另有规定的，依照规定。

（根据《刑法》第一百三十四条修改）

第五条 过失伤害他人致人重伤的，处二年以下有期徒刑或者拘役；情节特别恶劣的，处二年以上七年以下有期徒刑。本法另有规定的，依照规定。

（《刑法》第一百三十五条）

第六条 非法拘禁他人或者以其他方法非法剥夺他人人身自由的，处三年以下有期徒刑、拘役或者剥夺政治权利。具有殴打、侮辱情节的，从重处罚。

犯前款罪，致人重伤的，处三年以上十年以下有期徒刑；致人死亡的，处七年以上有期徒刑。

国家机关工作人员利用职权非法拘禁他人的，依照前两款的规定从重处罚。

（根据《刑法》第一百四十三条修改）

第七条 绑架他人的，处十年以上有期徒刑、无期徒刑，并处罚金或者没收财产；致使被绑架人死亡或者杀害被绑架人的，处无期徒刑或者死刑，并处没收财产。

（根据《关于严惩拐卖、绑架妇女、儿童的犯罪分子的决定》第二条修改）

第八条 拐卖妇女、儿童，有拐骗、收买、贩卖、接送、中转被拐卖人的行为之一的，处五年以上十年以下有期徒刑，并处罚金；有下列情形之一的，处十年以上有期徒刑、无期徒刑或者死刑，并处罚金或者没收财产：

（一）拐卖集团的首要分子；

（二）拐卖三人以上的；

（三）奸淫被拐卖的妇女的；

（四）诱骗、强迫被拐卖的妇女卖淫或者将被拐卖的妇女卖给他人迫使其卖淫的；

（五）造成被拐卖的妇女、儿童或者其亲属重伤、死亡或者其他严重后果的；

（六）将妇女、儿童卖往境外的。

（根据《关于严惩拐卖、绑架妇女、儿童的犯罪分子的决定》第一条修改）

第九条 收买被拐卖、绑架的妇女、儿童的，处三年以下有期徒刑、拘役或者管制。

收买被拐卖、绑架的妇女，强行与其发生性关系的，依照本法关于强奸罪的规定处罚。

收买被拐卖、绑架的妇女、儿童又出卖的，依照本法第　条的规定处罚。

收买被拐卖、绑架的妇女、儿童，按照被买妇女的意愿，不阻碍其返回居住地的，对被买儿童没有虐待行为，不阻碍对其进行解救的，可以不追究刑事责任。

（根据《关于严惩拐卖、绑架妇女、儿童的犯罪分子的决定》第三条修改）

第十条 以暴力、威胁方法阻碍国家工作人员解救被收买的妇女、儿童的，处三年以下有期徒刑、拘役、罚金或者剥夺政治权利。

聚众阻碍国家工作人员解救被收买的妇女、儿童的首要分子，处五年以下有期徒刑或者拘役；其他参与者，依照前款的规定处罚。

（根据《关于严惩拐卖、绑架妇女、儿童的犯罪分子的决定》第四条修改）

第十一条 以暴力、胁迫手段强奸妇女的，处五年以上十年以下有期徒刑；以其他手段强奸妇女的，处三年以上十年以下有期徒刑。

奸淫不满十四岁幼女的，以强奸论，从重处罚。

轮奸妇女的，从重处罚。

强奸妇女的，有下列情节之一的，处十年以上有期徒刑、无期徒刑或者死刑：

（一）强奸妇女、奸淫幼女手段残酷的；

（二）强奸妇女、奸淫幼女多人的；

（三）轮奸妇女、幼女的首要分子；

（四）致使被害人死亡、重伤或者造成被害人自杀、精神失常或者其他严重后果的；

（五）具有其他特别严重情节的。

（根据《刑法》第一百三十九条修改）

第十二条 以暴力、胁迫或者其他方法强制猥亵妇女的，处五年以下有期徒刑或者拘役。

聚众或者在公众聚集场所犯前款罪，社会影响恶劣的或者造成严重后果的，处五年以上十年以下有期徒刑。

（根据《刑法》第一百六十条修改）

第十三条 写恐吓信或者以其他恐吓方法，威胁他人人身、财产安全，严重危害他人生产、工作、生活的，处三年以下有期徒刑或者拘役。

（新增加）

第十四条 以暴力、威胁方法强迫他人出卖自己的身体器官的，处五年以下有期徒刑，可以并处罚金；情节严重或者造成严重后果的，处五年以上有期徒刑，并处罚金或者没收财产。

（新增加）

第十五条　非法组织他人出卖血液的，处五年以下有期徒刑，可以并处罚金；以暴力、威胁方法强迫他人出卖血液的，处五年以上十年以下有期徒刑，并处罚金或者没收财产。

（新增加）

第十六条　违反劳动法的规定，以非法限制人身自由方法强迫他人劳动，情节严重的，处三年以下有期徒刑或者拘役，可以并处罚金。

（新增加）

第十七条　非法管制他人的，或者非法搜查他人身体、住宅，情节恶劣的，处三年以下有期徒刑或者拘役。

（分解《刑法》第一百四十四条）

第十八条　非法侵入他人住宅，经合法居住人明示要求离开而强行滞留的，处三年以下有期徒刑或者拘役。

（分解《刑法》第一百四十四条）

第十九条　以暴力或者其他方法，包括用“大字报”、“小字报”，公然侮辱他人或者捏造事实诽谤他人，情节严重的，处三年以下有期徒刑、拘役或者剥夺政治权利。

前款罪，告诉的才处理。但是严重危害社会秩序和国家利益的除外。

（《刑法》第一百四十五条）

第二十条　国家工作人员滥用职权、假公济私，对控告人、申诉人、批评人、举报人实行报复陷害的，处二年以下有期徒刑或者拘役；情节严重的，处二年以上七年以下有期徒刑。

（根据《刑法》第一百四十六条修改）

第二十一条　违反选举法的规定，破坏选举，有下列情形之一的，处三年以下有期徒刑、拘役或者剥夺政治权利：

（一）以暴力、威胁、欺骗、行贿等手段，妨害公民自由行使选举权和被选举权的；

（二）伪造选举证件、文件、资料的；

（三）伪造、更改选举结果的。

（根据《刑法》第一百四十二条修改）

第二十二条　国家工作人员非法剥夺公民的正当的宗教信仰自由和侵犯少数民族风俗习惯，情节严重的，处二年以下有期徒刑或者拘役。

（《刑法》第一百四十七条）

第二十三条　隐匿、毁弃或者非法开拆他人邮件，侵犯公民通信自由权利，情节严重的，处一年以下有期徒刑或者拘役。

（根据《刑法》第一百四十九条修改）

第五章　侵犯财产罪

第一条　以暴力、胁迫或者其他方法抢劫公私财物的，处三年以上十年以下有期徒刑，并处罚金或者没收财产；有下列情形之一的，处十年以上有期徒刑、无期徒刑或者死刑，并处没收财产：

（一）抢劫银行或者其他金融机构的；

（二）入室抢劫的；

（三）抢劫集团的首要分子；

（四）多次抢劫或者抢劫数额巨大的；

（五）有其他特别严重情节的。

盗窃、诈骗、抢夺或者聚众哄抢公私财物，为窝藏赃物、抗拒抓捕或者毁灭证据而当场使用暴力或者以暴力相威胁的，依照抢劫罪追究刑事责任。

（根据《刑法》第一百五十条、第一百五十三条修改）

第二条　盗窃公私财物，数额较大或者多次盗窃、入室盗窃的，处三年以下有期徒刑或者拘役，可以并处或者单处罚金；数额巨大或者情节严重的，处三年以上十年以下有期徒刑，并处罚金；有下列情节之一的，处十年以上有期徒刑、无期徒刑或者死刑，并处没收财产：

（一）盗窃银行或者其他金融机构的；

（二）盗窃数额特别巨大的；

（三）盗窃集团的首要分子；

（四）有其他特别严重情节的。

（根据《刑法》第一百五十一条、第一百五十二条修改）

第三条　诈骗公私财物数额较大的，处三年以下有期徒刑或者拘役，可以单处或者并处罚金；诈骗数额巨大或者情节严重的，处三年以上十年以下有期徒刑，并处罚金；有下列情形之一的，处十年以上有期徒刑或者无期徒刑，并处没收财产；

（一）诈骗数额特别巨大的；

（二）诈骗集团的首要分子；

（三）有其他特别严重情节的。

（根据《刑法》第一百五十一条、第一百五十二条修改）

第四条 抢夺公私财物，数额较大的，处三年以下有期徒刑或者拘役，可以单处或者并处罚金，抢夺数额巨大或者情节严重的，处三年以上十年以下有期徒刑，并处罚金；抢夺数额特别巨大或者情节特别严重的，处十年以上有期徒刑或者无期徒刑，并处没收财产。

（根据《刑法》第一百五十一条、第一百五十二条修改）

第五条 聚众哄抢公私财物数额较大或者情节严重的，对首要分子或者其他积极参加的，处三年以下有期徒刑或者拘役，可以单处或者并处罚金；数额特别巨大或者情节特别严重的，处三年以上十年以下有期徒刑，并处罚金。

（新增加）

第六条 将自己代为收管的他人财物非法占为已有，数额较大的，处二年以下有期徒刑或者拘役，或者单处罚金；数额巨大或者情节严重的，处五年以下有期徒刑，并处没收财产。

将他人的埋藏物或者遗失物非法占有，数额较大，拒不交出的，依照前款的规定处罚。

（新增加）

第七条 公司、企业单位的管理人员或者其他工作人员，利用职务或者工作上的便利，采取侵吞、盗窃、骗取等非法手段侵占本单位财物，数额较大的，处五年以下有期徒刑或者拘役；数额巨大的，处五年以上有期徒刑，可以并处没收财产；数额特别巨大的，或者数额巨大，情节特别严重的，处无期徒刑。

（根据《关于惩治违反公司法的犯罪的决定》第十条、第十四条修改）

第八条 公司、企业单位的管理人员或者其他工作人员，利用职务或者工作上的便利，挪用本单位资金归个人使用或者借贷给他人，数额较大、超过三个月未还的，或者虽未超过三个月，但数额较大、进行营利活动的，或者进行非法活动的，处三年以下有期徒刑或者拘役。挪用本单位资金数额较大不退还的，依照本法第六条规定的侵占罪论处。

（根据《关于惩治违反公司法的犯罪的决定》第十一条修改）

第九条 敲诈勒索公私财物的，处五年以下有期徒刑或者拘役；情节严重的，处五年以上有期徒刑。

（根据《刑法》第一百五十四条修改）

第十条 故意毁坏公私财物，数额较大或者情节严重的，处三年以下有期徒刑、拘役或者罚金；数额巨大或者情节特别严重的，处三年以上十年以下有期徒刑，并处罚金。

（根据《刑法》第一百五十六条修改）

第六章 妨害社会管理秩序罪

第一节 扰乱公共秩序罪

第一条 以暴力、威胁方法阻碍国家工作人员依法执行职务的，处五年以下有期徒刑、拘役或者罚金。

犯前款罪，杀害、伤害国家工作人员的，依照本法有关规定从重处罚。

故意阻碍国家安全机关依法执行国家安全工作任务，未使用暴力、威胁方法，造成严重后果的，依照第一款规定处罚。

（根据《刑法》第一百五十七条和国家安全法第二十七条修改）

第二条 组织犯罪集团，以非法手段控制社会经济组织或者试图控制国家机关的司法、行政活动的，对组织者、领导者或者罪恶重大的，处七年以上有期徒刑，并处剥夺政治权利、罚金；情节特别严重的，处无期徒刑或者死刑，并处剥夺政治权利、没收财产。

犯前款罪，有杀人、重伤等犯罪行为的，依照本法有关规定从重处罚。

犯本条规定之罪，与境外黑社会组织相勾结的，从重处罚。

第三条 在公共场合故意以焚烧、毁损、涂划、玷污、践踏等方法侮辱中华人民共和国国旗、国徽的，处三年以下有期徒刑、拘役、管制或者剥夺政治权利。

（根据《关于惩治侮辱中华人民共和国国旗国徽罪的决定》）

第四条 举行集会、游行、示威，未依照法律规定申请，或者未获许可，或者未按照主管机关许可的起止时间、地点、路线进行，又拒不服从解散命令，严重破坏社会秩序的，对集会、游行、示威的负责人和直接责任人员，处五年以下有期徒刑、拘役、管制或者剥夺政治权利。

（新增加 根据《集会游行示威法》）

第五条 携带武器、管制刀具或者爆炸物参加集会、游行、示威的，处三年以下有期徒刑或者拘役。

（新增加 根据《集会游行示威法》）

第六条 扰乱、冲击，或者以其他方法破坏依法举行的集会、游行、示威，情节严重，造成公共秩序混乱的，处五年以下有期徒刑、拘役、管制或者剥夺政治权利。

（新增加　根据《集会游行示威法》）

第七条　禁止任何人利用任何手段扰乱社会秩序。扰乱社会秩序情节严重，致使工作、生产、营业和教学、科研无法进行，国家和社会遭受严重损失的，对首要分子处五年以下有期徒刑、拘役、管制或者剥夺政治权利。

（《刑法》第一百五十八条）

第八条　聚众扰乱车站、码头、民用航空站、商场、公园、影剧院、展览会、运动场或者其他公共场所秩序，聚众堵塞交通或者破坏交通秩序，抗拒、阻碍国家治安管理工作人员依法执行职务，情节严重的，对首要分子处五年以下有期徒刑、拘役、管制或者剥夺政治权利。

（《刑法》第一百五十九条）

第九条　严禁聚众"打砸抢"。因"打砸抢"致人伤残、死亡的，以伤害罪、杀人罪论处。毁坏或者抢走公私财物的，除判令退赔外，首要分子以抢劫罪论处。

犯前款罪，可以单独判处剥夺政治权利。

（《刑法》第一百三十七条）

第十条　妨害公文、证件、印章管理，有下列行为之一的，处三年以下有期徒刑、拘役、管制或者剥夺政治权利；造成严重后果的，处三年以上十年以下有期徒刑：

（一）伪造、变造或者盗窃、抢夺、毁灭国家机关的公文、证件、印章的；

（二）刻字业违反管理规定承制国家机关、企业、事业单位、人民团体的印章，造成严重后果的；

（三）伪造、变造居民身份证，情节严重的。

（根据《刑法》第一百六十七条修改）

第十一条　冒充国家工作人员招摇撞骗的，处三年以下有期徒刑、拘役、管制或者剥夺政治权利；情节严重的，处三年以上十年以下有期徒刑。

冒充国家工作人员亲属招摇撞骗，情节严重的，处三年以下有期徒刑、拘役、管制或者剥夺政治权利。

（根据《刑法》第一百六十六条修改）

第十二条　聚众斗殴的，对首要分子和其他积极参加的，处三年以下有期徒刑；有下列情形之一的，对首要分子和其他积极参加的，处三年以上十年以下有期徒刑：

（一）多次聚众斗殴的；

（二）聚众斗殴人数多，规模大，社会影响恶劣的；

（三）在公共场所或者交通要道聚众斗殴，造成社会秩序严重混乱的；

（四）持械聚众斗殴的。

犯前款罪，致人重伤、死亡或者造成其他特别严重后果的，对首要分子和罪恶重大的，处十年以上有期徒刑、无期徒刑或者死刑。

（根据《刑法》第一百六十条修改）

第十三条　聚众淫乱的，对首要分子或者屡教不改的，处七年以下有期徒刑或者拘役。

（根据《刑法》第一百六十条修改）

第十四条　以营利为目的，聚众赌博或者以赌博为业的，处三年以下有期徒刑、拘役或者管制，可以并处罚金。

单位犯前款罪，对单位处以罚金；对直接负责的主管人员和其他直接责任人员依照前款规定处罚。

（根据《刑法》第一百六十八条修改）

第二节　妨害司法罪

第一条　捏造事实诬告陷害他人的，处三年以下有期徒刑或者拘役；造成严重后果的，处三年以上十年以下有期徒刑。

国家工作人员犯诬陷罪的，从重处罚。

不是有意诬陷，而是错告，或者检举失实的，不适用前款规定。

（根据《刑法》第一百三十八条修改）

第二条　在侦查、审判中，证人、鉴定人、记录人、翻译人对与案件有重要关系的情节，故意作虚假证明、鉴定、记录、翻译，意图陷害他人或者隐匿罪证的，处二年以下有期徒刑或者拘役；情节严重的，处二年以上七年以下有期徒刑。

（《刑法》第一百四十八条）

第三条　以暴力、威胁、贿买等方法阻止证人作证或者指使、贿买、胁迫他人作伪证的，处三年以下有期徒刑或者拘役；情节严重的，处三年以上七年以下有期徒刑。

教唆、帮助犯罪嫌疑人伪造、隐匿或者毁灭重要证据，妨碍侦查、审理案件，情节严重的，处三年以下有期徒刑或者拘役。

（新增加）

第四条　聚众哄闹、冲击法庭，侮辱、诽谤、诬陷、殴打司法工作人员或者诉讼参与人，严重扰乱法庭秩序的，处三年以下有期徒刑、拘役或者罚金。

（新增加）

第五条　明知是犯罪分子而为其提供隐藏处所、金钱、物质帮助其逃匿或者作假证明包庇的，处三年以下有期徒刑、拘役或者管制；情节严重的，处二年以上七年以下有期徒刑。

明知是危害国家安全的犯罪分子而为其提供隐藏处所、金钱、物质帮助其逃匿或者作假证明包庇的，处三年以下有期徒刑、拘役或者管制；情节严重的，处三年以上十年以下有期徒刑。

犯前两款罪，事前通谋的，以共同犯罪论处。

明知他人有间谍犯罪行为，在国家安全机关向其调查有关情况、收集有关证据时，拒绝提供，情节严重的，依照第二款规定处罚。

（根据《刑法》第一百六十二条和国家安全法第二十六条修改）

第六条　明知是犯罪所得的赃物而予以窝藏、收购或者代为销售的，处三年以下有期徒刑、拘役或者管制，可以并处或者单处罚金。

（根据《刑法》第一百七十二条修改）

第七条　劫夺在押的罪犯、犯罪嫌疑人的，处三年以上十年以下有期徒刑。

聚众犯前款罪，对首要分子或者罪恶重大的，处十年以上有期徒刑；情节特别严重的，处无期徒刑或者死刑；对其他参加的，处三年以上十年以下有期徒刑。

（根据《刑法》第九十六条修改）

第八条　依法被关押的罪犯、犯罪嫌疑人、被告人脱逃的，处五年以下有期徒刑或者拘役。以暴力方法脱逃的，加处五年以上十年以下有期徒刑。

组织越狱的，对首要分子或者罪恶重大的，处十年以上有期徒刑；组织越狱使用暴力或者情节特别严重的，处无期徒刑或者死刑；对其他参加的，处三年以上十年以下有期徒刑。

（根据《刑法》第一百六十一条、第九十六条修改）

第九条　以隐瞒、欺骗、转移财产等方法抗拒人民法院对已经发生法律效力的判决、裁定的执行的，处三年以下有期徒刑、拘役、剥夺政治权利或者罚金。

犯前款罪使用暴力、威胁方法的，依照本法关于阻碍公务罪的规定从重处罚。

（根据《刑法》第一百五十七条修改）

第十条　隐藏、转移、变卖、毁损已被司法机关查封、扣押、冻结的财产，情节严重的，处三年以下有期徒刑、拘役或者罚金。

（新增加）

第十一条　依法被关押的罪犯，有下列破坏监管秩序行为之一，情节严重的，加处三年以下有期徒刑：

（一）殴打监管人员的；

（二）组织或者煽动其他被监管人破坏监管秩序的；

（三）制造或者私藏凶器的；

（四）聚众闹事，扰乱正常监管秩序的；

（五）殴打、体罚或者指使他人殴打、体罚其他被监管人的。

（根据《监狱法》第五十八条规定）

第三节　妨害国（边）境管理罪

第一条　组织他人偷越国（边）境的，处二年以上七年以下有期徒刑，并处罚金；有下列情形之一的，处七年以上有期徒刑或者无期徒刑，并处罚金或者没收财产：

（一）组织他人偷越国（边）境集团的首要分子；

（二）多次组织他人偷越国（边）境或者组织他人偷越国（边）境人数众多的；

（三）造成被组织人重伤、死亡的；

（四）剥夺或者限制被组织人人身自由的；

（五）以暴力、威胁方法抗拒检查的；

（六）违法所得数额巨大的；

（七）有其他特别严重情节的。

对被组织人有杀害、伤害、强奸、拐卖等犯罪行为，或者对检查人员有杀害、伤害等犯罪行为的，可以依照法律规定判处死刑。

［《关于严惩组织、运送他人偷越国（边）境犯罪的补充规定》第一条］

第二条　以劳务输出、经贸往来或者其他名义，弄虚作假，骗取护照、签证等出境证件，为组织他人偷越国（边）

境使用的，依照第一条的规定处罚。

单位有前款规定的犯罪行为的，对单位判处罚金，并对直接负责的主管人员和其他直接责任人员，依照第一条的规定处罚。

[《关于严惩组织、运送他人偷越国（边）境犯罪的补充规定》第二条]

第三条 为他人提供伪造、变造的护照、签证等出入境证件，或者倒卖护照、签证等出入境证件的，处五年以下有期徒刑，并处罚金；情节严重的，处五年以上有期徒刑，并处罚金。

[《关于严惩组织、运送他人偷越国（边）境犯罪的补充规定》第三条]

第四条 运送他人偷越国（边）境的，处五年以下有期徒刑、拘役或者管制，并处罚金；有下列情形之一的，处五年以上十年以下有期徒刑，并处罚金：

（一）多次实施运送行为或者运送人数众多的；

（二）所使用的船只、车辆等交通工具不具备必要的安全条件，足以造成严重后果的；

（三）违法所得数额巨大的；

（四）有其他特别严重情节的。

在运送他人偷越国（边）境中造成被运送人重伤、死亡，或者以暴力、威胁方法抗拒检查的，处七年以上有期徒刑，并处罚金。

对被运送人有杀害、伤害、强奸、拐卖等犯罪行为，或者对检查人员有杀害、伤害等犯罪行为的，依照本法有关规定处罚。

[根据《关于严惩组织、运送他人偷越国（边）境犯罪的补充规定》第四条修改]

第五条 违反出入国（边）境管理法律、法规，偷越国（边）境，情节严重的，处二年以下有期徒刑或者拘役，并处罚金。

（《刑法》第一百七十六条）

第六条 负责办理护照、签证以及其他出入境证件的国家工作人员，对明知是企图偷越国（边）境的人员予以办理出入境证件的；边防、海关等国家工作人员，对明知是偷越国（边）境的人员，予以放行的，处三年以下有期徒刑、拘役或者管制；情节严重的，处三年以上十年以下有期徒刑。

与组织、运送他人偷越国（边）境的犯罪分子相勾结，实施前款规定的行为的，依照本章第一条、第四条的规定处罚。

[根据《关于严惩组织、运送他人偷越国（边）境犯罪的补充规定》第六条修改]

第七条 故意破坏国家边境的界碑、界桩或者永久性测量标志的，处三年以下有期徒刑或者拘役。

以叛国为目的的，按照危害国家安全罪的有关规定处罚。

（根据《刑法》第一百七十五条修改）

第四节 妨害文物管理罪

第一条 盗掘具有历史、艺术、科学价值的古文化遗址、古墓葬的，处三年以上十年以下有期徒刑，可以并处罚金；情节较轻的，处三年以下有期徒刑或者拘役，可以并处罚金；有下列情形之一的，处十年以上有期徒刑、无期徒刑或者死刑，并处罚金或者没收财产：

（一）盗掘确定为全国重点文物保护单位和省级文物保护单位的古文化遗址、古墓葬的；

（二）盗掘古文化遗址、古墓葬集团的首要分子；

（三）多次盗掘古文化遗址、古墓葬的；

（四）盗掘古文化遗址、古墓葬，并盗窃珍贵文物或者造成珍贵文物严重破坏的。

盗窃国家保护的珍贵文物的，依照前款规定处罚。

（根据《关于惩治盗掘古文化遗址古墓葬犯罪的补充规定》修改）

第二条 故意损毁国家保护的珍贵文物的，或者故意损毁国家保护的名胜古迹，情节严重的，处七年以下有期徒刑、拘役或者罚金。

过失损毁国家保护的珍贵文物，情节严重的，处三年以下有期徒刑、拘役或者罚金。

（根据《刑法》第一百七十四条修改）

第三条 将私人收藏的珍贵文物私自出售、赠送给外国人的，依照本法关于走私文物罪的规定处罚。

（根据《刑法》第一百七十三条和《文物保护法》第三十一条修改）

第四条 倒卖国家禁止买卖的文物，情节严重的，处五年以下有期徒刑或者拘役，并处罚金；情节特别严重的，处五年以上十年以下有期徒刑，并处罚金。

（新增加 根据《文物保护法》第三十一条规定）

第五条 全民所有的博物馆、图书馆等单位将国家保护的文物藏品出售或者私自送给非全民所有的单位或者个人的，对单位判处罚金，并对直接负责的主管人员和其他直接责任人员，处三年以下有期徒刑或者拘役，可以并处或者单处罚金。

（新增加　根据《文物保护法》第三十一条规定）

第五节　危害公共卫生罪

第一条　以采集、供应不洁血液、投放传染病菌种、毒种或者其他方法故意传播、扩散传染病，情节严重的，处七年以下有期徒刑或者拘役；造成传染病流行或者致人死亡、重伤或者情节特别严重的，处七年以上有期徒刑、无期徒刑或者死刑。

过失犯前款罪，造成传染病流行或者致人死亡、重伤的，处五年以下有期徒刑或者拘役；后果特别严重的，处五年以上十年以下有期徒刑。

（新增加）

第二条　违反传染病防治法的规定，引起甲类传染病传播或者有传播严重危险的，处三年以下有期徒刑或者拘役，可以并处或者单处罚金。

单位犯前款罪的，对单位判处罚金，并对直接负责的主管人员和其他直接责任人员，依照前款的规定处罚。

（新增加　根据《传染病防治法》）

第三条　从事实验、保藏、携带、运输传染病菌种、毒种的人员，违反国务院卫生行政部门的有关规定，造成传染病菌种、毒种扩散，后果严重的，处三年以下有期徒刑或者拘役。

（新增加　根据《传染病防治法》）

第四条　违反国境卫生检疫法的规定，逃避国境卫生检疫，引起检疫传染病传播或者有严重传播危险的，处三年以下有期徒刑或者拘役，可以并处或者单处罚金。

单位犯前款罪的，对单位判处罚金，并对直接负责的主管人员和其他直接责任人员，依照前款的规定处罚。

国境卫生检疫工作人员玩忽职守，引起检疫传染病传播或者有严重传播危险的，处五年以下有期徒刑或者拘役。

（根据《刑法》第一百七十八条、第一百八十七条修改）

第五条　违反进出境动植物检疫法的规定，逃避进出境动植物检疫，引起重大动植物疫情的，处三年以下有期徒刑或者拘役，可以并处或者单处罚金。

单位犯前款罪的，对单位判处罚金，并对直接负责的主管人员和其他直接责任人员，依照前款的规定处罚。

进出境动植物检疫工作人员玩忽职守，引起检疫传染病传播或者有严重传播危险的，处五年以下有期徒刑或者拘役。

（新增加　根据《进出境动植物检疫法》、《刑法》第一百八十七条）

第六节　走私、贩卖、运输、制造毒品罪

（本节根据《关于禁毒的决定》修改）

第一条　走私、贩卖、运输、制造毒品，有下列情形之一的，处十五年有期徒刑、无期徒刑或者死刑，并处没收财产：

（一）走私、贩卖、运输、制造鸦片一千克以上、海洛因五十克以上或者其他毒品数量大的；

（二）走私、贩卖、运输、制造毒品集团的首要分子；

（三）武装掩护走私、贩卖、运输、制造毒品的；

（四）以暴力抗拒检查、拘留、逮捕，情节严重的；

（五）参与有组织的国际贩毒活动的。

走私、贩卖、运输、制造鸦片二百克以上不满一千克、海洛因十克以上不满五十克或者其他毒品数量较大的，处七年以上有期徒刑，并处罚金。

走私、贩卖、运输、制造鸦片不满二百克、海洛因不满十克或者其他少量毒品的，处七年以下有期徒刑、拘役或者管制，并处罚金。

利用、教唆未成年人走私、贩卖、运输、制造毒品的，从重处罚。

对多次走私、贩卖、运输、制造毒品，未经处理的，毒品数量累计计算。

第二条　非法持有鸦片一千克以上、海洛因五十克以上或者其他毒品数量大的，处七年以上有期徒刑或者无期徒刑，并处罚金；非法持有鸦片二百克以上不满一千克、海洛因十克以上不满五十克或者其他毒品数量较大的，处七年以下有期徒刑、拘役或者管制，可以并处罚金。

第三条　包庇走私、贩卖、运输、制造毒品的犯罪分子的，为犯罪分子窝藏、转移、隐瞒毒品或者犯罪所得的财物的，掩饰、隐瞒出售毒品获得财物的非法性质和来源的，处七年以下有期徒刑、拘役或者管制，可以并处罚金或者没收财产。

犯前款罪事先通谋的，以走私、贩卖、运输、制造毒品罪的共犯论处。

第四条 违反国家规定非法运输、携带醋酸酐、乙醚、三氯甲烷或者其他经常用于制造麻醉药品和精神药品的物品进出境的，处三年以下有期徒刑、拘役或者管制，并处罚金；数量大的，处三年以上十年以下有期徒刑，并处罚金。

明知他人制造毒品而为其提供前款规定的物品的，以制造毒品罪的共犯论处。

单位有前两款规定的犯罪行为的，对其直接负责的主管人员和其他直接责任人员，依照前两款的规定处罚，并对单位判处罚金。

第五条 非法种植罂粟、大麻等毒品原植物的，一律强制铲除。有下列情形之一的，处五年以下有期徒刑、拘役或者管制，并处罚金：

（一）种植罂粟五百株以上不满三千株或者其他毒品原植物数量较大的；

（二）经公安机关处理后又种植的；

（三）抗拒铲除的。

非法种植罂粟三千株以上或者其他毒品原植物数量大的，处五年以上有期徒刑，并处罚金或者没收财产。

非法种植罂粟或者其他毒品原植物，在收获前自动铲除的，可以免除处罚。

第六条 引诱、教唆、欺骗他人吸食、注射毒品的，处七年以下有期徒刑、拘役或者管制，并处罚金。

强迫他人吸食、注射毒品的，处三年以上十年以下有期徒刑，并处罚金。

引诱、教唆、欺骗或者强迫未成年人吸食、注射毒品的，从重处罚。

第七条 容留他人吸食、注射毒品并出售毒品的，依照本节第一条的规定处罚。

第八条 依法从事生产、运输、管理、使用国家管制的麻醉药品、精神药品的人员违反国家规定，向吸食、注射毒品的人提供国家管制的麻醉药品、精神药品的，处七年以下有期徒刑或者拘役，可以并处罚金。向走私、贩卖毒品的犯罪分子或者以牟利为目的，向吸食、注射毒品的人提供国家管制的麻醉药品、精神药品的，依照本节第一条的规定处罚。

单位有前款规定的犯罪行为的，对其直接负责的主管人员和其他直接责任人员，依照前款的规定处罚，并对单位判处罚金。

第九条 国家工作人员犯本节规定之罪的，从重处罚。

因走私、贩卖、运输、制造、非法持有毒品罪被判过刑，又犯本节规定之罪的，从重处罚。

第十条 犯本节规定之罪，有检举、揭发其他毒品犯罪立功表现的，可以从轻、减轻处罚或者免除处罚。

第七节 组织、强迫、引诱、容留、介绍卖淫罪

第一条 组织他人卖淫的，处十年以上有期徒刑或者无期徒刑，并处一万元以下罚金或者没收财产；情节特别严重的，处死刑，并处没收财产。

协助组织他人卖淫的，处三年以上十年以下有期徒刑，并处一万元以下罚金；情节严重的，处十年以上有期徒刑，并处一万元以下罚金或者没收财产。

（《关于严禁卖淫嫖娼的决定》第一条）

第二条 强迫他人卖淫的，处五年以上十年以下有期徒刑，并处一万元以下罚金；有下列情形之一的，处十年以上有期徒刑或者无期徒刑，并处一万元以下罚金或者没收财产；情节特别严重的，处死刑，并处没收财产：

（一）强迫不满十四岁的幼女卖淫的；

（二）强迫多人卖淫或者多次强迫他人卖淫的；

（三）强奸后迫使卖淫的；

（四）造成被强迫卖淫的人重伤、死亡或者其他严重后果的。

（《关于严禁卖淫嫖娼的决定》第二条）

第三条 引诱、容留、介绍他人卖淫的，处五年以下有期徒刑或者拘役，并处五千元以下罚金；情节严重的，处五年以上有期徒刑，并处一万元以下罚金。

引诱不满十四岁的幼女卖淫的，依照本节第二条关于强迫不满十四岁的幼女卖淫的规定处罚。

（《关于严禁卖淫嫖娼的决定》第三条）

第四条 明知自己患有梅毒、淋病等严重性病卖淫、嫖娼的，处五年以下有期徒刑、拘役或者管制，并处五千元以下罚金。

嫖宿不满十四岁的幼女的，依照本法关于强奸罪的规定处罚。

（《关于严禁卖淫嫖娼的决定》第五条）

第五条 旅馆业、饮食服务业、文化娱乐业、出租汽车业等单位的人员，利用本单位的条件，组织、强迫、引诱、容留、介绍他人卖淫的，依照本节第一条、第二条、第三条的规定从重处罚。

前款所列单位的主要负责人，有前款规定行为的，从重处罚。

（根据《严禁卖淫嫖娼的决定》第六条修改）

第六条 旅馆业、饮食服务业、出租汽车业等单位的负责人和职工，在公安机关查处卖淫、嫖娼活动时，隐瞒情

况或者为违法犯罪分子通风报信的，依照本法关于包庇罪规定处罚。

（《严禁卖淫嫖娼的决定》第八条）

第七条 有查禁卖淫、嫖娼活动职责的国家工作人员，为使违法犯罪分子逃避处罚，向其通风报信、提供便利的，依照本法关于徇私舞弊罪的规定处罚。

（《严禁卖淫嫖娼的决定》第九条）

第八节 制造、贩卖、传播淫秽物品罪

（本节根据《关于惩治走私、制作、贩卖、传播淫秽物品的犯罪分子的决定》修改）

第一条 以牟利为目的，制作、复制、出版、贩卖、传播淫秽物品的，处三年以下有期徒刑或者拘役，并处罚金；情节严重的，处三年以上十年以下有期徒刑，并处罚金；情节特别严重的，处十年以上有期徒刑或者无期徒刑，并处罚金或者没收财产。

为他人提供书号，出版淫秽书刊的，处三年以下有期徒刑或者拘役，可以并处或者单处罚金；明知他人用于出版淫秽书刊而提供书号的，依照前款的规定处罚。

单位犯前两款罪的，对单位判处罚金，并对直接负责的主管人员和其他直接责任人员分别依照前两款的规定处罚。

第二条 在社会上传播淫秽的书刊、影片、录像带、录音带、图片或者其他淫秽物品，情节严重的，处二年以下有期徒刑或者拘役。

组织播放淫秽的电影、录像等音像制品的，处三年以下有期徒刑或者拘役，可以并处罚金；情节严重的，处三年以上十年以下有期徒刑，并处罚金。

制作、复制淫秽的电影、录像等音像制品组织播放的，依照第二款的规定从重处罚。

向不满十八岁的未成年人传播淫秽物品的，从重处罚。

单位犯本条之罪的，对单位判处罚金，并对直接负责的主管人员和其他直接责任人员依照本条的规定处罚。

第三条 犯第一条、第二条规定之罪，有下列情形之一的，从重处罚：

（一）犯罪集团的首要分子；

（二）国家工作人员利用工作职务便利，制作、复制、出版、贩卖、传播淫秽物品的；

（三）管理录像、照像、复印等设备的人员，利用所管理的设备，犯有本节第一条、第二条规定的犯罪行为的；

（四）成年人教唆不满十八岁的未成年人制作、复制、贩卖、传播淫秽物品的。

第九节 重大责任事故罪

第一条 过失行为，引起火灾、决水、爆炸、毒害等重大事故，致人重伤、死亡或者使公私财产造成重大损失的，处七年以下有期徒刑或者拘役。

（根据《刑法》第一百零六条第二款修改）

第二条 过失行为，致使交通工具、交通设备、通讯设备、电力煤气设备、易燃易爆设备遭受破坏，造成他人重伤、死亡或者使公私财产遭受重大损失的，处七年以下有期徒刑或者拘役。

（根据《刑法》第一百一十条第二款、第一百一十一条第二款修改）

第三条 从事交通运输的人员违反规章制度，因而发生重大事故，致人重伤、死亡或者使公私财产遭受重大损失的，处三年以下有期徒刑或者拘役；情节特别恶劣的，处三年以上七年以下有期徒刑。

非交通运输人员犯前款罪的，依照前款规定处罚。

犯前两款罪造成他人重伤不予救助而逃逸，致使被害人因迟于救助而死亡的，处七年以上有期徒刑。

（根据《刑法》第一百一十三条修改）

第四条 工厂、矿山、林场、建筑企业或者其他企业、事业单位的职工，由于不服管理、违反规章制度，或者强令工人违章冒险作业，因而发生重大伤亡事故，造成严重后果的，处三年以下有期徒刑或者拘役；情节特别恶劣的，处三年以上七年以下有期徒刑。

（《刑法》第一百一十四条）

第五条 违反国家劳动保护法律、法规，使劳动者在不符合国家规定的劳动安全卫生标准的环境中劳动，严重危害劳动者身心健康，造成严重后果的，处五年以下有期徒刑或者拘役，可以并处罚金。

（新增加）

第七章 妨害婚姻、家庭罪

第一条 以暴力干涉他人婚姻自由的，处二年以下有期徒刑或者拘役。

犯前款罪，引起被害人死亡的，处二年以上七年以下有期徒刑。

第一款罪，告诉的才处理。

第二条 有配偶而重婚的，或者明知他人有配偶而与之结婚的，处二年以下有期徒刑或者拘役。

第三条 明知是现役军人的配偶而与之同居或者结婚的，处三年以下有期徒刑。

第四条 虐待家庭成员，情节恶劣的，处二年以下有期徒刑、拘役或者管制。

犯前款罪，引起被害人重伤、死亡的，处二年以上七年以下有期徒刑。

第一款罪，告诉的才处理。

第五条 对于年老、年幼、患病或者其他没有独立生活能力的人，负有扶养义务而拒绝扶养，情节恶劣的，处五年以下有期徒刑、拘役或者管制。

第八章 渎职罪

第一条 国家工作人员不履行或者不正确履行应尽的职责，玩忽职守，致使公共财产、国家和人民利益遭受重大损失的，处五年以下有期徒刑或者拘役。

第二条 国家工作人员违反国家保密法规，故意或者过失泄露国家秘密，情节严重的，处七年以下有期徒刑、拘役或者剥夺政治权利。

非国家工作人员犯前款罪的，依照前款的规定酌情处罚。

第三条 司法工作人员徇私舞弊，对明知是无罪的人而使他受追诉、对明知是有罪的人而故意包庇不使他受追诉，或者故意颠倒黑白做枉法裁判的，处五年以下有期徒刑、拘役或者剥夺政治权利；情节特别严重的，处五年以上有期徒刑。

仲裁人员徇私舞弊，在仲裁过程中违背事实、法律和仲裁规则，枉法仲裁，情节严重的，依照前款规定处罚。

第四条 司法工作人员违反监管法规，对被监管人实行体罚虐待，情节严重的，处三年以下有期徒刑或者拘役；情节特别严重的，处三年以上十年以下有期徒刑。

第五条 司法工作人员私放犯罪嫌疑人或者罪犯的，处五年以下有期徒刑或者拘役；情节严重的，处五年以上十年以下有期徒刑。

司法工作人员违反规定，对不符合减刑、假释、保外就医条件的罪犯，予以减刑、假释或者保外就医，情节严重的，处五年以下有期徒刑。

第六条 行政执法人员徇私舞弊，故意违背事实和法律做枉法决定，情节严重的，处五年以下有期徒刑或者拘役。

第七条 律师在办理案件过程中，帮助犯罪嫌疑人隐匿、毁灭、伪造证据或者串供，威胁、引诱证人改变证言或者作伪证以及进行其他干扰司法机关诉讼活动行为的，处五年以下有期徒刑。

第八条 医务人员由于严重失职，造成病员死亡，或者严重损害病员身体健康的，处三年以下有期徒刑或者拘役。

第九条 邮电工作人员私自开拆或者隐匿、毁弃邮件、电报的，处二年以下有期徒刑或者拘役。

犯前款罪而窃取财物的，以贪污罪论处。

第九章 贪污罪贿赂罪

第一条 国家工作人员或者经手、管理国家财物的人员，利用职务上的便利，侵吞、盗窃、骗取或者以其他手段非法占有公共财物的，是贪污罪。

与国家工作人员或者其他经手、管理国家财物的人员勾结，伙同贪污的，以共犯论处。

第二条 对犯贪污罪的，根据情节轻重，分别依照下列规定处罚：

（1）个人贪污数额在十万元以上的，处十年以上有期徒刑或者无期徒刑，可以并处没收财产；情节特别严重的，处死刑，并处没收财产。

（2）个人贪污数额在五万元以上不满十万元的，处五年以上有期徒刑，可以并处没收财产；情节特别严重的，处无期徒刑，并处没收财产。

（3）个人贪污数额在五千元以上不满五万元的，处一年以上七年以下有期徒刑；情节严重的，处七年以上十年以下有期徒刑。个人贪污数额在五千元以上不满一万元，犯罪后自首、立功或者有悔改表现、积极退赃的，可以减轻处罚，或者免予刑事处罚，由其所在单位或者上级主管机关给予行政处分。

（4）个人贪污数额不满五千元，情节较重的，处二年以下有期徒刑或者拘役；情节较轻的，由其所在单位或者上级主管机关酌情给予行政处分。

二人以上共同贪污的，按照个人所得数额及其在犯罪中的作用，分别处罚。对贪污集团的首要分子，按照集团贪污的总数额处罚；对其他共同贪污犯罪中的主犯，情节严重的，按照共同贪污的总数额处罚。

对多次贪污未经处理的，按照累计贪污数额处罚。

第三条 国家工作人员或者经手、管理国家财物的人员，利用职务上的便利，挪用公款归个人使用，进行非法活动的，或者挪用公款数额较大、进行营利活动的，或者挪用公款数额较大、超过三个月未还的，是挪用公款罪，处五年以下有期徒刑或者拘役；情节严重的，处五年以上有期徒刑。挪用公款数额较大不退还的，以贪污论处。

挪用救灾、抢险、防汛、优抚、救济款物归个人使用的，从重处罚。

挪用公款进行非法活动构成其他罪的，依照数罪并罚的规定处罚。

第四条　国家工作人员或者其他从事公务的人员，利用职务上的便利，索取他人财物的，或者非法收受他人财物为他人谋取利益的，是受贿罪。

与国家工作人员或者其他从事公务的人员勾结，伙同受贿的，以共犯论处。

国家工作人员或者其他从事公务的人员，在经济往来中，违反国家规定收受各种名义的回扣、手续费，归个人所有的，以受贿论处。

第五条　对犯受贿罪的，根据受贿所得数额及情节，依照本章第二条的规定处罚；受贿数额不满五万元，使国家利益或者集体利益遭受重大损失的，处十年以上有期徒刑；受贿数额在五万元以上，使国家利益或者集体利益遭受重大损失的，处无期徒刑或者死刑，并处没收财产。索贿的从重处罚。

因受贿而进行违法活动构成其他罪的，依照数罪并罚的规定处罚。

第六条　全民所有制企业事业单位、机关、团体，索取、收受他人财物，为他人谋取利益，情节严重的，判处罚金，并对其直接负责的主管人员和其他直接责任人员，处五年以下有期徒刑或者拘役。

第七条　为谋取不正当利益，给予国家工作人员或者其他从事公务的人员以财物的，是行贿罪。

在经济往来中，违反国家规定，给予国家工作人员或者其他从事公务的人员以财物，数额较大的，或者违反国家规定，给予国家工作人员或者其他从事公务的人员以回扣、手续费的，以行贿论处。

因被勒索给予国家工作人员或者其他从事公务的人员以财物，没有获得不正当利益的，不是行贿。

第八条　对犯行贿罪的，处五年以下有期徒刑或者拘役；因行贿谋取不正当利益，情节严重的，或者使国家利益、集体利益遭受重大损失的，处五年以上有期徒刑；情节特别严重的，处无期徒刑，并处没收财产。

行贿人在被追诉前，主动交代行贿行为的，可以减轻处罚，或者免予刑事处罚。

因行贿而进行违法活动构成其他罪的，依照数罪并罚的规定处罚。

第九条　企业事业单位、机关、团体为谋取不正当利益而行贿，或者违反国家规定，给予国家工作人员或者其他从事公务的人员以回扣、手续费，情节严重的，判处罚金，并对其直接负责的主管人员和其他直接责任人员，处五年以下有期徒刑或者拘役。因行贿取得的违法所得归私人所有的，依照本章第八条的规定处罚。

第十条　国家工作人员在对外交往中接受礼物，依照国家规定应当交公而不交公，数额较大的，以贪污罪论处。

第十一条　国家工作人员的财产或者支出明显超过合法收入，差额巨大的，可以责令说明来源。本人不能说明其来源是合法的，差额部分以非法所得论，处五年以下有期徒刑或者拘役，并处或者单处没收其财产的差额部分。

国家工作人员在境外的存款，应当依照国家规定申报。数额较大、隐瞒不报的，处二年以下有期徒刑或者拘役；情节较轻的，由其所在单位或者上级主管机关酌情给予行政处分。

第十二条　贪污、挪用的公共财物一律追缴；贿赂财物及其他违法所得一律没收。

追缴的贪污、挪用财物，退回原单位；依法不应退回原单位的，上缴国库。没收的财物收入，一律上缴国库。

第十章　军人违反职责罪

（暂缺）

12. 中华人民共和国刑法（修改草稿）

（全国人大常委会法制工作委员会　1996 年 8 月 31 日）

目　录

第四章　刑罚

第一节　刑罚的种类

第二节　管制

第三节　拘役

第四节　有期徒刑、无期徒刑

第五节　死刑

第六节　罚金

第七节　剥夺政治权利

第八节　没收财产

第五章　刑罚的具体运用

第一节　量刑

第二节　累犯

第三节　自首和立功

第四节　数罪并罚

第五节　缓刑

第六节　减刑

第七节　假释

第八节　时效

第六章　其他规定

第二编　分则

第一章　危害国家安全罪（暂缺）

第二章　危害公共安全罪

第三章　破坏社会主义经济秩序罪

第一节　生产、销售伪劣商品罪

第二节　妨害公司、企业管理秩序罪

第三节　破坏金融管理秩序罪

第四节　侵犯知识产权罪

第五节　危害税收管理秩序罪

第六节　妨害进出口管理秩序罪

第七节　破坏环境和自然资源罪

第八节　妨害公平竞争罪

第九节　扰乱市场管理秩序罪

第四章　侵犯公民人身权利、民主权利罪

第五章　侵犯财产罪

第六章　妨害社会管理秩序罪

第一节　扰乱公共秩序罪

第二节　妨害司法罪

第三节　妨害国（边）境管理罪

第四节　妨害文物管理罪

第五节　危害公共卫生罪

第六节　走私、贩卖、运输、制造毒品罪

第七节　组织、强迫、引诱、容留、介绍卖淫罪

第八节　制造、贩卖、传播淫秽物品罪

第七章　妨害婚姻、家庭罪

第八章　渎职罪

第九章　贪污贿赂罪

第十章　军人违反职责罪

第一编　总　　则

第一章　刑法的任务和基本原则

第一条　中华人民共和国刑法，以宪法为根据，依照惩办与宽大相结合的政策，结合我国同犯罪作斗争的具体经验及实际情况制定。

第二条　中华人民共和国刑法的任务是惩罚犯罪、保护人民。是用刑罚方法同一切犯罪作斗争，以保卫人民民主专政的政权和社会主义制度，保护公民的人身权利、财产权利、民主权利和其他权利，保护公共财产，维护社会秩序、经济秩序，保障社会主义建设事业的顺利进行。

第三条　对于行为时法律没有规定为犯罪的，不得定罪处罚。

第二章　刑法的适用范围

第四条　凡在中华人民共和国领域内犯罪的，除法律有特别规定的以外，都适用本法。

凡在中华人民共和国船舶或者航空器内犯罪的，也适用本法。

犯罪的行为或者结果有一项发生在中华人民共和国领域内的，就认为是在中华人民共和国领域内犯罪。

第五条　中华人民共和国国家工作人员和军人在中华人民共和国领域外犯本法规定之罪的，适用本法。

中华人民共和国其他公民在中华人民共和国领域外犯罪的，适用本法。但是对本法规定的该罪法定最高刑为三年以下有期徒刑的，或者按照犯罪地的法律不受处罚的，可以不予追究。

第六条　外国人在中华人民共和国领域外对中华人民共和国国家或者公民犯罪，而按本法规定的该罪法定最低刑为三年以上有期徒刑的，可以适用本法，但是按照犯罪地的法律，不受处罚的除外。

第七条　对于中华人民共和国缔结或者参加的国际条约所规定的犯罪，在所承担条约义务的范围内行使刑事管辖权的，适用本法。

第八条　凡在中华人民共和国领域外犯罪，依照本法应当负刑事责任的，虽然经过外国审判，仍然可以依照本法处理，但是在外国已经受过刑罚处罚的，可以免除或者减轻处罚。

第九条　享有外交特权和豁免权的外国人的刑事责任问题，通过外交途径解决。

第十条　本法自　　起生效。中华人民共和国成立以后本法施行以前的行为，如果当时的法律不认为是犯罪的，适用当时的法律。如果当时的法律认为是犯罪的，依照本法总则第五章第八节的规定应当追诉的，按照当时的法律追究刑事责任。但是，如果本法不认为是犯罪或者处刑较轻的，适用本法。

第三章　犯　　罪

第一节　犯罪和刑事责任

第十一条　一切危害国家主权和领土完整，颠覆人民民主专政的政权和社会主义制度，侵犯公民的人身权利、财产权利、民主权利和其他权利，侵犯公共财产，破坏社会秩序、经济秩序，以及其他危害社会的行为，依照法律应当受刑罚处罚的，都是犯罪，但是情节显著轻微危害不大的，不认为是犯罪。

第十二条　明知自己的行为会发生危害社会的结果，并且希望或者放任这种结果发生，因而构成犯罪的，是故意犯罪。

故意犯罪，应当负刑事责任。

第十三条　应当预见自己的行为可能发生危害社会的结果，因为疏忽大意而没有预见，或者已经预见而轻信能够避免，以致发生这种结果的，是过失犯罪。

过失犯罪，法律有规定的才负刑事责任。

第十四条　行为在客观上虽然造成了损害结果，但是不是出于故意或者过失，而是由于不能抗拒或者不能预见的原因所引起的，不认为是犯罪。

第十五条　已满十六岁的人犯罪，应当负刑事责任。

已满十四岁不满十六岁的人，犯杀人、重伤、抢劫、放火、投毒罪或者其他严重破坏社会秩序的犯罪，应当负刑事责任。

已满十四岁不满十八岁的人犯罪，应当从轻或者减轻处罚。

因不满十六岁不予刑事处罚的，责令他的家长或者监护人加以管教，在必要的时候，也可以由政府收容教养。

第十六条　精神病人在不能辨认或者不能控制自己行为的时候造成危害结果的，不负刑事责任，但是应当责令他的家属或者监护人严加看管和医疗。必要的时候，由政府强制医疗。

间歇性的精神病人在精神正常的时候犯罪，应当负刑事责任。

尚未完全丧失辨认或者控制自己行为能力的精神病人造成危害结果的，应当负刑事责任；但是可以从轻或者减轻处罚。

醉酒的人犯罪，应当负刑事责任。

第十七条　又聋又哑的人或者盲人犯罪，可以从轻、减轻或者免除处罚。

第二节　正当防卫和紧急避险

第十八条　为了使公共利益、本人或者他人的人身、财产和其他权利免受正在进行的不法侵害，而采取的制止不法侵害所必需的行为，是正当防卫行为。

正当防卫的行为对不法侵害人造成损害的，不负刑事责任。

正当防卫行为明显超过必要限度造成不应有的重大损害的，应当负刑事责任，但是应当减轻或者免除处罚。

第十九条　对以暴力、威胁等方法实施杀害、抢劫、强奸、绑架的犯罪行为，实施正当防卫行为，造成不法侵害人伤亡后果的，不负刑事责任。

第二十条　夜间以破门撬锁、使用暴力方法侵入他人住宅的，不论其是否实施其他侵害行为，都可以实施正当防卫。

第二十一条　为了使公共利益、本人或者他人的人身、财产和其他权利免受正在发生的危险，不得已采取的紧急避险行为，造成损害的，不负刑事责任。

紧急避险超过必要限度造成不应有的损害的，应当负刑事责任，但是应当酌情减轻或者免除处罚。

第一款中关于避免本人危险的规定，不适用于职务上、业务上负有特定责任的人。

第三节　犯罪的预备、未遂和中止

第二十二条　为了犯罪，准备工具、制造条件的，是犯罪预备。

对于预备犯，可以比照既遂犯从轻、减轻处罚或者免除处罚。

第二十三条　已经着手实行犯罪，由于犯罪分子意志以外的原因而未得逞的，是犯罪未遂。

对于未遂犯，可以比照既遂犯从轻或者减轻处罚。

第二十四条　在犯罪过程中，自动放弃犯罪或者自动有效地防止犯罪结果发生的，是犯罪中止。

对于中止犯，应当免除或者减轻处罚。

第四节　共同犯罪

第二十五条　共同犯罪是指二人以上共同故意犯罪。

二人以上共同过失犯罪，不以共同犯罪论处，应当负刑事责任的，按照他们所犯的罪分别处罚。

第二十六条　组织、领导犯罪集团进行犯罪活动的首要分子或者在共同犯罪中起主要作用的，是主犯。

对于主犯，应当按照其所参与的全部犯罪从重处罚。

对犯罪集团的首要分子，按照集团所犯的全部罪行处罚。

第二十七条　在共同犯罪中起次要或者辅助作用的，是从犯。

对于从犯，应当比照主犯从轻、减轻处罚或者免除处罚。

第二十八条　对于被胁迫、被诱骗参加犯罪的，应当按照他的犯罪情节，比照从犯减轻处罚或者免除处罚。

第二十九条　教唆他人犯罪的，应当按照他在共同犯罪中所起的作用处罚。教唆不满十八岁的人犯罪的，应当从重处罚。

如果被教唆的人没有犯被教唆的罪，对于教唆犯，可以从轻或者减轻处罚。

第五节　单位犯罪

第三十条　企业、事业单位、机关、团体，为本单位牟取非法利益，经单位集体研究决定或者由负责人员决定，实施犯罪的，是单位犯罪。

单位犯罪的，对单位判处罚金；对直接负责的主管人员和其他直接责任人员，依照刑法分则的处罚规定处罚。

单位犯罪，法律有规定的，才处罚。

第四章　刑　　罚

第一节　刑罚的种类

第三十一条　刑罚分为主刑和附加刑。

第三十二条　主刑的种类如下：

（一）管制；

（二）拘役；

（三）有期徒刑；
（四）无期徒刑；
（五）死刑。
第三十三条　附加刑的种类如下：
（一）罚金；
（二）剥夺政治权利；
（三）没收财产。
附加刑也可以独立适用。
第三十四条　对于犯罪的外国人，可以独立适用或者附加适用驱逐出境。
第三十五条　由于犯罪行为而使被害人遭受经济损失的，对犯罪分子除依法给予刑事处罚外，并应根据情况判处赔偿经济损失。
被没收违法所得、判处罚金、没收财产，承担民事赔偿责任的犯罪分子其财产不足以支付时，先承担民事赔偿责任。
第三十六条　对于犯罪情节轻微不需要判处刑罚的，可以免予刑事处罚，但可以根据案件的不同情况，予以训诫或者责令具结悔过、赔礼道歉、赔偿损失，或者由主管部门予以行政处分。

第二节　管　　制

第三十七条　管制的期限，为三个月以上二年以下。
管制由人民法院判决，由公安机关执行。
第三十八条　被判处管制的犯罪分子，在执行期间，必须遵守下列规定：
（一）遵守法律、法规，服从执行机关监督；
（二）不得参加集会、结社、游行、示威活动；
（三）向执行机关定期报告自己的活动情况；
（四）迁居或者暂时离开居住区域必须报经执行机关批准。
对于被判处管制的犯罪分子，在劳动中应当同工同酬。
第三十九条　被判处管制的犯罪分子，管制期满，执行机关应即向本人和所在单位或者居住地的群众宣布解除管制。
第四十条　管制的刑期，从判决执行之日起计算，判决执行以前先行羁押的，羁押一日折抵刑期二日。

第三节　拘　　役

第四十一条　拘役的期限，为十五日以上六个月以下。
第四十二条　被判处拘役的犯罪分子，由公安机关就近执行。
在执行期间，被判处拘役的犯罪分子每月可以回家一天至两天，参加劳动的，可以酌量发给报酬。
第四十三条　拘役的刑期，从判决执行之日起计算，判决以前先行羁押的，羁押一日折抵刑期一日。

第四节　有期徒刑、无期徒刑

第四十四条　有期徒刑的期限，为六个月以上十五年以下。
第四十五条　被判处有期徒刑、无期徒刑的犯罪分子，在监狱或者其他执行机关执行，凡有劳动能力的，实行劳动改造。
第四十六条　有期徒刑的刑期，从判决执行之日起计算，判决执行以前先行羁押的，羁押一日折抵刑期一日。

第五节　死　　刑

第四十七条　死刑只适用于罪大恶极的犯罪分子。对于应当判处死刑的犯罪分子，如果不是必须立即执行的，可以判处死刑同时宣告缓期二年执行，实行劳动改造，以观后效。
死刑除依法由最高人民法院判决的以外，都应当报请最高人民法院核准。死刑缓期执行的，可以由高级人民法院判决或者核准。
第四十八条　犯罪的时候不满十八岁的人和审判的时候怀孕的妇女，不适用死刑。
第四十九条　死刑采用枪决或者注射等方法执行。
第五十条　判处死刑缓期执行的，在死刑缓期执行期间，如果没有故意犯罪，二年期满以后，减为无期徒刑，如果有立功表现，二年期满以后，减为十五年以上二十年以下有期徒刑，如果故意犯罪，查证属实的，由最高人民法院核准，执行死刑。
第五十一条　死刑缓期执行的期间，从判决确定之日起计算。死刑缓期执行减为有期徒刑的刑期，从死刑缓期执行二年期满之日起计算。

第六节　罚　　金

第五十二条　判处罚金，应当根据犯罪情节决定罚金数额。

第五十三条　罚金在判决指定的期限内一次或者分期缴纳。期满不缴纳的，强制缴纳。如果由于遭遇不能抗拒的灾祸缴纳确实有困难的，可以酌情减少或者免除。

经强制缴纳后，仍不能全部缴纳罚金的，责令其到指定的劳动场所，以劳动代替。劳动的期限由人民法院决定，最长不得超过二年。

第七节　剥夺政治权利

第五十四条　剥夺政治权利是剥夺下列权利：

（一）选举权和被选举权；

（二）言论、出版、集会、结社、游行、示威的自由权利；

（三）担任国家机关职务的权利。

对犯罪分子判处剥夺政治权利时，犯罪分子如果拥有军衔、警衔、勋章、国家授予的奖章和荣誉称号，应当一并判处剥夺。其他判处三年以上有期徒刑的犯罪分子，虽未判处剥夺政治权利，上述资格也应予剥夺。

判处剥夺政治权利的犯罪分子，如果担任国有企业、事业单位和人民团体领导职务的，应当一并判处剥夺。

第五十五条　剥夺政治权利的期限，除本法第五十七条规定外，为一年以上五年以下。

判处管制附加剥夺政治权利的，剥夺政治权利的期限与管制的期限相等，同时执行。

第五十六条　对于危害国家安全的犯罪分子应当附加剥夺政治权利，对于故意杀人、强奸、放火、爆炸、投毒、抢劫等严重破坏社会秩序的犯罪分子，在必要的时候，也可以附加剥夺政治权利。

独立适用剥夺政治权利的，依照刑法分则的规定。

第五十七条　对于被判处死刑、无期徒刑的犯罪分子，应当剥夺政治权利终身。

在死刑缓期执行减为有期徒刑或者无期徒刑减为有期徒刑的时候，应当把附加剥夺政治权利的期限改为三年以上十年以下。

第五十八条　附加剥夺政治权利的刑期，从徒刑、拘役执行完毕之日或者从假释之日起计算，剥夺政治权利的效力当然施用于主刑执行期间。

第八节　没收财产

第五十九条　没收财产是没收犯罪分子个人所有财产的一部或者全部。

在判处没收财产的时候，不得没收属于犯罪分子家属所有或者应有的财产。

第六十条　查封财产以前犯罪分子所负的正当债务，需要以没收的财产偿还的，经债权人请求，应当偿还。

第五章　刑罚的具体运用

第一节　量　　刑

第六十一条　对于犯罪分子决定刑罚的时候，应当贯彻罪刑相当的原则，根据犯罪的事实、犯罪的性质、情节和对于社会的危害程度，依照本法的有关规定判处。

第六十二条　犯罪分子具有本法规定的从重处罚、从轻处罚情节的，应当在法定刑的限度以内判处刑罚。

第六十三条　犯罪分子具有本法规定的减轻处罚情节的，应当在法定刑以下判处刑罚。

第六十四条　犯罪分子违法所得的一切财物，应当予以追缴或者责令退赔；违禁品和供犯罪所用的本人财物，应当予以没收。没收的财物和罚金收入，一律上缴国库，不得提成和私自处理。

第二节　累　　犯

第六十五条　被判处有期徒刑以上刑罚的犯罪分子，刑罚执行完毕或者赦免以后，在五年以内再犯罪的，是累犯，但是过失犯罪除外。

前款规定的期限，对于被假释的犯罪分子，从假释期满之日起计算。

危害国家安全的犯罪分子、毒品犯罪分子在刑罚执行完毕以后，任何时候再犯危害国家安全罪和再犯毒品罪的，都是累犯。

对于累犯，应当从重处罚。

第三节　自首和立功

第六十六条　犯罪以后自动投案，如实供述自己的罪行，接受审判的，是自首。对于自首的犯罪分子，可以从轻处罚。其中，犯罪较轻的，可以减轻或者免除处罚。犯罪较重的，如果有立功表现，也可以减轻或者免除处罚。

被采取强制措施以后或者正在服刑的犯罪分子，供述司法机关尚未掌握的其他罪行的，以自首论。

第六十七条　犯罪分子揭发他人的犯罪行为，查证属实的，或者有其他立功表现的，可以从轻、减轻或者免除处罚。

第四节　数罪并罚

第六十八条　判决宣告以前一人犯数罪的，除判处死刑和无期徒刑的以外，应当在总和刑期以下、数刑中最高刑期以上，酌情决定执行的刑期，但是管制最高不能超过三年，拘役最高不能超过一年，有期徒刑最高不能超过二十年。

如果数罪中有判处附加刑的，附加刑仍须执行。

第六十九条　判决宣告以后，刑罚执行完毕以前，发现被判刑的犯罪分子在判决宣告以前还有其他罪没有判决的，应当对新发现的罪作出判决，把前后两个判决所判处的刑罚，依照本法第六十八条的规定，决定执行的刑罚。已经执行的刑期，应当计算在新判决决定的刑期以内。

第七十条　判决宣告以后，刑罚执行完毕以前，被判刑的犯罪分子又犯罪的，应当对新犯的罪作出判决，把前罪没有执行的刑罚和后罪所判处的刑罚合并执行。实际执行的刑期不受本法第六十八条规定的最高刑期的限制。

第五节　缓　　刑

第七十一条　对于被判处拘役、三年以下有期徒刑的犯罪分子，根据犯罪分子的犯罪情节和悔罪表现，适用缓刑确实不致再危害社会的，可以宣告缓刑。

被宣告缓刑的犯罪分子，如果被判处附加刑，附加刑仍须执行。

第七十二条　拘役的缓刑考验期限为原判刑期以上一年以下，但是不能少于一个月。

有期徒刑的缓刑考验期限为原判刑期以上五年以下，但是不能少于一年。

缓刑考验期限，从判决确定之日起计算。

第七十三条　对于危害国家安全的犯罪分子、危害社会治安的犯罪分子和累犯，不适用缓刑。

第七十四条　被宣告缓刑的犯罪分子，必须遵守下列规定：

（一）遵守法律、法规，服从监督；

（二）向执行缓刑判决的考察机关定期报告自己的活动情况；

（三）迁居或者暂时离开居住区域，应当报经考察机关批准。

被宣告缓刑的犯罪分子，在缓刑考验期间，由公安机关交所在单位或者基层组织予以考察，如果没有第七十五条规定的情形，缓刑考验期满，原判的刑罚就不再执行。

第七十五条　被宣告缓刑的犯罪分子，在缓刑考验期内，有下列情形之一的，撤销缓刑：

（一）再犯新罪的；

（二）发现判决宣告以前还有其他罪没有判决的；

（三）有违反法律、行政法规和国务院、公安部门有关缓刑的监督管理规定的行为，情节严重的。

有前款第（一）项规定情形的，依照本法第七十条规定的处罚原则处罚；有前款第（二）项情形的，依照本法第六十九条规定的处罚原则处罚；有前款第（三）项情形的，撤销缓刑，执行原判的刑罚。

第六节　减　　刑

第七十六条　被判处管制、拘役、有期徒刑、无期徒刑的犯罪分子，在执行期间，如果确有悔改或者立功表现，可以减刑。有重大立功表现的，应当予以减刑。但是经过减刑以后实际执行的刑期，判处管制、拘役、有期徒刑的，不能少于原判刑期的二分之一，判处无期徒刑的，不能少于十五年。

对同一犯罪分子只能减刑一次并应当依照法定程序进行减刑。

第七十七条　无期徒刑减为有期徒刑的刑期，从裁定减刑之日起计算。

第七节　假　　释

第七十八条　被判处有期徒刑的犯罪分子，执行原判刑期二分之一以上，如果确有悔改表现，不致再危害社会，可以假释。但是，严重危害社会治安的犯罪分子，不适用假释。

第七十九条　有期徒刑的假释考验期限，为没有执行完毕的刑期。

假释考验期限，从假释之日起计算。

第八十条　被宣告假释的犯罪分子，必须遵守下列规定：

（一）遵守法律、法规，服从监督；

（二）向公安机关定期报告自己的活动情况；

（三）迁居或者暂时离开居住区域，应报经公安机关批准。

被假释的犯罪分子，在假释考验期限内，由公安机关予以监督，如果没有第七十九条规定的情形，假释考验期满，就认为原判刑罚已经执行完毕，并公开予以宣告。

第八十一条　被假释的犯罪分子，在假释考验期间，有下列情形之一的，撤销假释：

（一）再犯新罪的；

（二）发现判决宣告以前还有其他罪没有判决的；

（三）有违反法律、行政法规或者国务院、公安部门有关假释的监督管理规定的行为，情节较重的。

有前款第（一）项规定情形的，应按照本法第七十条规定的处罚原则处罚；有前款第（二）项规定情形的，应按照本法第六十九条规定的处罚原则处罚；有前款第（三）项规定情形的，撤销假释后，收监执行原判刑罚。

第八节　时　　效

第八十二条　犯罪经过下列期限不再追诉：

（一）法定最高刑为不满五年有期徒刑的，经过五年；

（二）法定最高刑为五年以上不满十年有期徒刑的，经过十年；

（三）法定最高刑为十年以上有期徒刑的，经过十五年；

（四）法定最高刑为无期徒刑、死刑的，经过二十年。如果二十年以后认为必须追诉的，须报请最高人民检察院核准。

第八十三条　在人民法院、人民检察院、公安机关、国家安全机关采取强制措施以后，逃避侦查或者审判的，不受追诉期限的限制。

第八十四条　追诉期限从犯罪之日起计算，犯罪行为有连续或者继续状态的，从犯罪行为终了之日起计算。

在追诉期限以内又犯罪的，前罪追诉的期限从犯后罪之日起计算。

第六章　其他规定

第八十五条　民族自治地方不能全部适用本法规定的，可以由自治区或者省的人民代表大会根据当地民族的政治、经济、文化的特点和本法规定的基本原则，制定变通或者补充的规定，报请全国人民代表大会常务委员会批准施行。

第八十六条　本法所说的公共财产是指下列财产：

（一）国有财产；

（二）劳动群众集体所有的财产。

在国家机关、国有企业、集体企业和人民团体管理、使用或者运输中的私人财产，以公共财产论。

第八十七条　本法所说的公民私人合法财产是指下列财产：

（一）公民的合法收入、储蓄、房屋和其他生活资料；

（二）依法归个人、私人经济单位所有的牲畜、林木以及厂房、机器、设备等生产资料。

第八十八条　本法所说的国家工作人员是指国家行政机关的公务员和在国家权力机关、司法机关、军队、人民团体中从事公务的人员；在国有企业事业单位中从事公务的人员和国家机关、国有企业事业单位委派到其他企业事业单位、社会团体中从事公务的人员。

第八十九条　本法所说的司法工作人员是指有侦讯、检察、审判、监管人犯职责的人员。

第九十条　本法所说的重伤是指有下列情形之一的伤害：

（一）使人肢体残废或者毁人容貌的；

（二）使人丧失听觉、视觉或者其他器官机能的；

（三）其他对于人身健康有重大伤害的。

第九十一条　本法所说的首要分子是指在犯罪集团或者聚众犯罪中起组织、策划、指挥作用的犯罪分子。

第九十二条　本法所说的告诉才处理，是指被害人告诉才处理。如果被害人因受强制、威吓无法告诉的，人民检察院和被害人的近亲属也可以告诉。

第九十三条　本法所说的以上、以下、以内，都连本数在内。

第九十四条　本法总则适用于其他有刑罚规定的法律，但是其他法律有特别规定的除外。

第二编　分　　则

第一章　危害国家安全罪

（暂缺）

第二章　危害公共安全罪

第一条　放火、决水、爆炸、投毒或者以其他危险方法危害公共安全，尚未造成严重后果的，处三年以上十年以下有期徒刑；致人重伤、死亡或者使公私财产遭受重大损失的，处十年以上有期徒刑、无期徒刑或者死刑。

过失犯前款罪，致人重伤、死亡或者使公私财产遭受重大损失的，处七年以下有期徒刑或者拘役。

第二条　破坏火车、汽车、电车、船只、航空器，足以使火车、汽车、电车、船只、航空器发生倾覆、毁坏危险，尚未造成严重后果的，处三年以上十年以下有期徒刑。

第三条　破坏轨道、桥梁、隧道、公路、机场、航道、灯塔、标志或者进行其他破坏活动，足以使火车、汽车、电车、船只、航空器发生倾覆、毁坏危险，尚未造成严重后果的，处三年以上十年以下有期徒刑。

第四条　破坏电力、煤气或者其他易燃易爆设备，危害公共安全，尚未造成严重后果的，处三年以上十年以下有期徒刑。

第五条　破坏交通工具、交通设备、电力煤气设备、易燃易爆设备造成严重后果的，处十年以上有期徒刑、无期徒刑或死刑。

过失犯前款罪的，处七年以下有期徒刑或者拘役。

第六条　以暴力、胁迫或者其他方法劫持航空器的，处十年以上有期徒刑或者无期徒刑；致人重伤、死亡或者使航空器遭受严重破坏或者情节特别严重的，处无期徒刑或者死刑；情节较轻的，处五年以上十年以下有期徒刑。

（《关于惩治劫持航空器犯罪分子的决定》）

第七条　破坏广播电台、电视台、电报、电话、电子通讯网络或者其他公用通讯设备，危害公共安全的，处七年以下有期徒刑或者拘役；造成严重后果的，处七年以上有期徒刑。

过失犯前款罪的，处七年以下有期徒刑或者拘役。

第八条　暴动越狱的首要分子或者其他罪恶重大的，处无期徒刑或者十年以上有期徒刑；其他积极参加的，处三年以上十年以下有期徒刑。

第九条　非法制造、买卖、运输枪支、弹药、爆炸物的，处三年以上十年以下有期徒刑；情节严重的，处十年以上有期徒刑、无期徒刑或者死刑。

非法买卖、运输核材料的，依照前款规定处罚。（新增加）

单位有前两款行为的，对单位判处罚金，并对其直接负责的主管人员和其他直接责任人员处七年以下有期徒刑；情节严重的，处七年以上有期徒刑或者无期徒刑。

（《枪支管理法》第三十九条第二款）

依法被指定、确定的枪支制造企业、销售企业，有下列行为之一的，对单位判处罚金，并对其直接负责的主管人员和其他直接责任人员依照第三款的规定处罚。

（一）超过限额或者不按照规定的品种制造、配售枪支的；

（二）制造无号、重号、假号的枪支的；

（三）私自销售枪支或者在境内销售为出口制造的枪支的。

（《枪支管理法》第四十条）

第十条　抢劫、盗窃、抢夺枪支、弹药、爆炸物的，处三年以上十年以下有期徒刑；情节严重的，处十年以上有期徒刑、无期徒刑或者死刑。

第十一条　在火灾、水灾等灾害发生时，以隐匿、毁损抢险救灾物资、设备，阻碍交通，干扰通讯的方法妨害抢险救灾的，处三年以下有期徒刑或者拘役；情节恶劣或者造成严重后果的，处三年以上十年以下有期徒刑。

（新增加）

第十二条　从事交通运输的人员违反交通管理法规，因而发生重大事故，致人重伤、死亡或者使公私财产遭受重大损失的，处三年以下有期徒刑或者拘役；情节特别恶劣的，处三年以上十年以下有期徒刑。

非交通运输人员犯前款罪的，依照前款规定处罚。

犯前两款罪造成他人重伤不予救助而逃逸，致使被害人因迟于救助而死亡的，处七年以上有期徒刑。

（另一方案：第三款增加无期徒刑）。

第十三条　工厂、矿山、林场、建筑企业或者其他企业、事业单位的职工，由于不服管理、违反规章制度，或者强令工人违章冒险作业，因而发生重大伤亡事故，造成严重后果的，处三年以下有期徒刑或者拘役；情节特别恶劣的，处三年以上七年以下有期徒刑。

第十四条　违反爆炸性、易燃性、放射性、毒害性、腐蚀性物品的管理规定，在生产、储存、运输、使用中发生重大事故，造成严重后果的，处七年以下有期徒刑或者拘役；后果特别严重的，处七年以上有期徒刑。

第三章　破坏社会主义经济秩序罪

第一节　生产、销售伪劣商品罪

第一条　生产者、销售者在产品中掺杂、掺假，以假充真，以次充好或者以不合格产品冒充合格产品，违法所得数额二万元以上不满十万元的，处二年以下有期徒刑或者拘役，可以并处违法所得一倍以上五倍以下罚金；违法所得数额十万元以上不满三十万元的，处二年以上七年以下有期徒刑，并处违法所得一倍以上五倍以下罚金；违法所得数额三十万元以上不满一百万元的，处七年以上有期徒刑，并处违法所得一倍以上五倍以下罚金或者没收财产；违法所得数额一百万元以上的，处十五年有期徒刑或者无期徒刑，并处没收财产。

第二条　生产、销售假药，足以危害人体健康的，处三年以下有期徒刑或者拘役，并处违法所得一倍以上五倍以下罚金；对人体健康造成严重危害的，处三年以上十年以下有期徒刑，并处违法所得一倍以上五倍以下罚金；致人死亡或者对人体健康造成其他特别严重危害的，处十年以上有期徒刑、无期徒刑或者死刑，并处违法所得一倍以上五倍以下罚金或者没收财产。

第三条　生产、销售假药，对人体健康造成严重危害的，处三年以上十年以下有期徒刑，并处违法所得一倍以上五倍以下罚金；后果特别严重的，处十年以上有期徒刑或者无期徒刑，并处违法所得一倍以上五倍以下罚金或者没收财产。

第四条　生产、销售不符合卫生标准的食品，造成严重食物中毒事故或者其他严重食源性疾患，对人体健康造成严重危害的，处七年以下有期徒刑，并处违法所得一倍以上五倍以下罚金；后果特别严重的，处七年以上有期徒刑或者无期徒刑，并处违法所得一倍以上五倍以下罚金或者没收财产。

第五条　在生产、销售的食品中掺入有毒、有害的非食品原料的，处五年以下有期徒刑或者拘役，可以并处或者单处违法所得一倍以上五倍以下罚金；造成严重食物中毒事故或者其他严重食源性疾患，对人体健康造成严重危害的，处五年以上十年以下有期徒刑，并处违法所得一倍以上五倍以下罚金；致人死亡或者对人体健康造成其他特别严重危害的，处十年以上有期徒刑、无期徒刑或者死刑，并处违法所得一倍以上五倍以下罚金或者没收财产。

第六条　生产不符合保障人体健康的国家标准、行业标准的医疗器械、医用卫生材料，或者销售明知是不符合保障人体健康的国家标准、行业标准的医疗器械、医用卫生材料，对人体健康造成严重危害的，处五年以下有期徒刑，并处违法所得一倍以上五倍以下罚金；后果特别严重的，处五年以上十年以下有期徒刑，并处违法所得一倍以上五倍以下罚金，其中情节特别恶劣的，处十年以上有期徒刑或者无期徒刑，并处违法所得一倍以上五倍以下罚金或者没收财产。

第七条　生产不符合保障人身、财产安全的国家标准、行业标准的电器、压力容器、易燃易爆产品或者其他不符合保障人身、财产安全的国家标准、行业标准的产品，或者销售明知是以上不符合保障人身、财产安全的国家标准、行业标准的产品，造成严重后果的，处五年以下有期徒刑或者拘役，并处违法所得一倍以上五倍以下罚金，后果特别严重的，处五年以上有期徒刑，并处违法所得一倍以上五倍以下罚金。

第八条　生产假农药、假兽药、假化肥，销售明知是假的或者是失去使用效能的农药、兽药、化肥、种子，或者生产者、销售者以不合格的农药、兽药、化肥、种子冒充合格的农药、兽药、化肥、种子，使生产遭受较大损失的，处三年以下有期徒刑或者拘役，可以并处或者单处违法所得一倍以上五倍以下罚金；使生产遭受重大损失的，处三年以上七年以下有期徒刑，并处违法所得一倍以上五倍以下罚金；使生产遭受特别重大损失的，处七年以上有期徒刑或者无期徒刑，并处违法所得一倍以上五倍以下罚金或者没收财产。

第九条　生产不符合卫生标准的化妆品，或者销售明知是不符合卫生标准的化妆品，造成严重后果的，处三年以下有期徒刑或者拘役，可以并处或者单处违法所得一倍以上五倍以下罚金。

第十条　生产、销售本节第二条至第九条所列产品，不构成各该条规定的犯罪，但是违法所得数额在二万元以上的，依照本节第一条的规定处罚。

生产、销售本节第二条至第九条所列产品，构成各该条规定的犯罪，同时又构成本节第一条规定的犯罪的，依照处刑较重的规定处罚。

第十一条　企业事业单位犯本节第二条至第九条罪的，对单位判处罚金，并对直接负责的主管人员和其他直接责任人员依照各该条的规定追究刑事责任。

企业事业单位犯本节第一条罪的，对单位判处罚金，情节恶劣的，并对直接负责的主管人员和其他直接责任人员依照本节第一条的规定追究刑事责任。

第二节　妨害公司、企业管理秩序罪

第一条　申请公司、企业登记的人使用虚假证明文件或者采取其他欺诈手段虚报注册资本，欺骗公司、企业登记主管部门，取得公司、企业登记，虚报注册资本数额巨大、后果严重或者有其他严重情节的，处三年以下有期徒刑或者拘役，可以并处虚报注册资本金额百分之十以下罚金。

申请公司、企业登记的单位犯前款罪的，对单位判处虚报注册资本金额百分之十以下罚金，并对直接负责的主管人员和其他直接责任人员，依照前款的规定，处三年以下有期徒刑或者拘役。

第二条　公司发起人、股东违反公司法的规定未交付货币、实物或者未转移财产权，虚假出资，或者在公司成立后又抽逃其出资，数额巨大、后果严重或者有其他严重情节的，处五年以下有期徒刑或者拘役，可以并处虚假出资金额或者抽逃出资金额百分之十以下罚金。

单位犯前款罪的，对单位判处虚假出资金额或者抽逃出资金额百分之十以下罚金，并对直接负责的主管人员和其

他直接责任人员，依照前款的规定，处五年以下有期徒刑或者拘役。

第三条 制作虚假的招股说明书、认股书、公司、企业债券募集办法发行股票或者公司、企业债券，数额巨大、后果严重或者有其他严重情节的，处五年以下有期徒刑或者拘役，可以并处非法募集资金金额百分之五以下罚金。

单位犯前款罪的，对单位判处非法募集资金金额百分之五以下罚金，并对直接负责的主管人员和其他直接责任人员，依照前款的规定，处五年以下有期徒刑或者拘役。

第四条 公司向股东和社会公众提供虚假的或者隐瞒重要事实的财务会计报告，严重损害股东或者其他人利益的，对直接负责的主管人员和其他直接责任人员，处三年以下有期徒刑或者拘役，可以并处二十万元以下罚金。

第五条 公司、企业进行清算时，隐匿财产，对资产负债表或者财产清单作虚伪记载或者在未清偿债务前分配公司、企业财产，严重损害债权人或者其他人利益的，对直接负责的主管人员和其他直接责任人员，处五年以下有期徒刑或者拘役，可以并处二十万元以下罚金。

第六条 承担资产评估、验资、验证、审计职责的人员故意提供虚假证明文件，情节严重的，处五年以下有期徒刑或者拘役，可以并处二十万元以下罚金。

单位犯前款罪的，对单位判处违法所得五倍以下罚金，并对直接负责的主管人员和其他直接责任人员，依照前款的规定，处五年以下有期徒刑或者拘役。

（另一种意见将本条移至渎职罪一章）

第七条 国家有关主管部门的国家工作人员，对不符合法律规定条件的公司设立、登记申请或者股票、债券发行、上市申请，予以批准或者登记，致使公共财产、国家和人民利益遭受重大损失的，依照刑法第一百八十七条的规定处罚。①

上级部门强令登记机关及其工作人员实施前款行为的，对直接负责的主管人员依照前款规定处罚。

（另一种意见将本条移至渎职罪一章）

第八条 公司、企业的工作人员利用职务上的便利，索取或者收受贿赂，数额较大的，处五年以下有期徒刑或者拘役；数额巨大的，处五年以上有期徒刑，可以并处没收财产。

第九条 国家工作人员犯本节第八条规定之罪的，依照本法第　条的规定处罚。

第三节　破坏金融管理秩序罪

第一条 伪造货币的，处三年以上十年以下有期徒刑，并处五万元以上五十万元以下罚金。有下列情形之一的，处十年以上有期徒刑、无期徒刑或者死刑，并处没收财产：

（一）伪造货币集团的首要分子；

（二）伪造货币数额特别巨大的；

（三）有其他特别严重情节的。

第二条 出售、购买伪造的货币或者明知是伪造的货币而运输，数额较大的，处三年以下有期徒刑或者拘役，并处二万元以上二十万元以下罚金；数额巨大的，处三年以上十年以下有期徒刑，并处五万元以上五十万元以下罚金；数额特别巨大的，处十年以上有期徒刑或者无期徒刑，并处没收财产。

银行或者其他金融机构的工作人员购买伪造的货币或者利用职务上的便利，以伪造的货币换取货币的，处三年以上十年以下有期徒刑，并处二万元以上二十万元以下罚金；数额巨大或者有其他严重情节的，处十年以上有期徒刑或者无期徒刑，并处没收财产；情节较轻的，处三年以下有期徒刑或者拘役，并处或者单处一万元以上十万元以下罚金。

伪造货币并出售或者运输伪造的货币的，依照第一条的规定从重处罚。

第三条 明知是伪造的货币而持有、使用，数额较大的，处三年以下有期徒刑或者拘役，并处一万元以上十万元以下罚金；数额巨大的，处三年以上十年以下有期徒刑，并处二万元以上二十万元以下罚金；数额特别巨大的，处十年以上有期徒刑，并处五万元以上五十万元以下罚金或者没收财产。

第四条 变造货币，数额较大的，处三年以下有期徒刑或者拘役，并处一万元以上十万元以下罚金；数额巨大的，处三年以上十年以下有期徒刑，并处二万元以上二十万元以下罚金。

第五条 未经中国人民银行批准，擅自设立商业银行或者其他金融机构的，处三年以下有期徒刑或者拘役，并处或者单处二万元以上二十万元以下罚金；情节严重的，处三年以上十年以下有期徒刑，并处五万元以上五十万元以下罚金。

伪造、变造、转让商业银行或者其他金融机构经营许可证的，依照前款的规定处罚。

单位犯前两款罪的，对单位判处罚金，并对直接负责的主管人员和其他直接责任人员，依照第一款的规定处罚。

第六条 非法吸收公众存款或者变相吸收公众存款，扰乱金融秩序的，处三年以下有期徒刑或者拘役，并处或者单处二万元以上二十万元以下罚金；数额巨大或者有其他严重情节的，处三年以上十年以下有期徒刑，并处五万元以

① 原文如此，意即依照 1979 年刑法典第 187 条规定的玩忽职守罪处罚——编者注。

上五十万元以下罚金。

单位犯前款罪的，对单位判处罚金，并对直接负责的主管人员和其他直接责任人员，依照前款的规定处罚。

第七条 以非法占有为目的，使用诈骗方法非法集资的，处三年以下有期徒刑或者拘役，并处二万元以上二十万元以下罚金；数额巨大或者有其他严重情节的，处三年以上十年以下有期徒刑，并处五万元以上五十万元以下罚金；数额特别巨大或者有其他特别严重情节的，处十年以上有期徒刑、无期徒刑或者死刑，并处没收财产。

单位犯前款罪的，对单位判处罚金，并对直接负责的主管人员和其他直接责任人员，依照前款的规定处罚。

第八条 银行或者其他金融机构的工作人员违反法律、行政法规规定，向关系人发放信用贷款或者发放担保贷款的条件优于其他借款人同类贷款的条件，造成较大损失的，处五年以下有期徒刑或者拘役，并处一万元以上十万元以下罚金；造成重大损失的，处五年以上有期徒刑，并处二万元以上二十万元以下罚金。

银行或者其他金融机构的工作人员违反法律、行政法规规定，玩忽职守或者滥用职权，向关系人以外的其他人发放贷款，造成重大损失的，处五年以下有期徒刑或者拘役，并处一万元以上十万元以下罚金；造成特别重大损失的，处五年以上有期徒刑，并处二万元以上二十万元以下罚金。

单位犯前两款罪的，对单位判处罚金，并对直接负责的主管人员和其他直接责任人员，依照前两款的规定处罚。

（另一方案：移至渎职罪一章）

第九条 有下列情形之一，以非法占有为目的，诈骗银行或者其他金融机构的贷款，数额较大的，处五年以下有期徒刑或者拘役，并处二万元以上二十万元以下罚金；数额巨大或者有其他严重情节的，处五年以上十年以下有期徒刑，并处五万元以上五十万元以下罚金；数额特别巨大或者有其他特别严重情节的，处十年以上有期徒刑或者无期徒刑，并处没收财产：

（一）编造引进资金、项目等虚假理由的；

（二）使用虚假的经济合同的；

（三）使用虚假的证明文件的；

（四）使用虚假的产权证明作担保的；

（五）以其他方法诈骗贷款的。

第十条 有下列情形之一，伪造、变造金融票证的，处五年以下有期徒刑或者拘役，并处二万元以上二十万元以下罚金；情节严重的，处五年以上十年以下有期徒刑，并处五万元以上五十万元以下罚金；情节特别严重的，处十年以上有期徒刑或者无期徒刑，并处没收财产：

（一）伪造、变造汇票、本票、支票的；

（二）伪造、变造委托收款凭证、汇款凭证、银行存单等其他银行结算凭证的；

（三）伪造、变造信用证或者附随的单据、文件的；

（四）伪造信用卡的。

单位犯前款罪的，对单位判处罚金，并对直接负责的主管人员和其他责任人员，依照前款的规定处罚。

第十一条 有下列情形之一，进行金融票据诈骗活动，数额较大的，处五年以下有期徒刑或者拘役，并处二万元以上二十万元以下罚金；数额巨大或者有其他严重情节的，处五年以上十年以下有期徒刑，并处五万元以上五十万元以下罚金；数额特别巨大或者有其他特别严重情节的，处十年以上有期徒刑、无期徒刑或者死刑，并处没收财产：

（一）明知是伪造、变造的汇票、本票、支票而使用的；

（二）明知是作废的汇票、本票、支票而使用的；

（三）冒用他人的汇票、本票、支票的；

（四）签发空头支票或者与其预留印鉴不符的支票，骗取财物的；

（五）汇票、本票的出票人签发无资金保证的汇票、本票或者在出票时作虚假记载，骗取财物的。

使用伪造、变造的委托收款凭证、汇款凭证、银行存单等其他银行结算凭证的，依照前款的规定处罚。

单位犯前两款罪的，对单位判处罚金，并对直接负责的主管人员和其他直接责任人员，依照第一款的规定处罚。

第十二条 有下列情形之一，进行信用证诈骗活动的，处五年以下有期徒刑或者拘役，并处二万元以上二十万元以下罚金；数额巨大或者有其他严重情节的，处五年以上十年以下有期徒刑，并处五万元以上五十万元以下罚金；数额特别巨大或者有其他特别严重情节的，处十年以上有期徒刑、无期徒刑或者死刑，并处没收财产：

（一）使用伪造、变造的信用证或者附随的单据、文件的；

（二）使用作废的信用证的；

（三）骗取信用证的；

（四）以其他方法进行信用证诈骗活动的。

单位犯前款罪的，对单位判处罚金，并对直接负责的主管人员和其他直接责任人员，依照前款的规定处罚。

第十三条 有下列情形之一，进行信用卡诈骗活动，数额较大的，处五年以下有期徒刑或者拘役，并处二万元以上二十万元以下罚金；数额巨大或者有其他严重情节的，处五年以上十年以下有期徒刑，并处五万元以上五十万元以下罚金；数额特别巨大或者有其他特别严重情节的，处十年以上有期徒刑或者无期徒刑，并处没收财产：

（一）使用伪造的信用卡的；

（二）使用作废的信用卡的；

（三）冒用他人信用卡的；

（四）恶意透支的。

盗窃信用卡并使用的，依照刑法关于盗窃罪的规定处罚。

第十四条 银行或者其他金融机构的工作人员违反规定为他人出具信用证或者其他保函、票据、资信证明，造成较大损失的，处五年以下有期徒刑或者拘役；造成重大损失的，处五年以上有期徒刑。

单位犯前款罪的，对单位判处罚金，并对直接负责的主管人员和其他直接负责人员，依照前款的规定处罚。

（另一方案：本条移至渎职罪一章中）

第十五条 有下列情形之一，进行保险诈骗活动，数额较大的，处五年以下有期徒刑或者拘役，并处一万元以上十万元以下罚金；数额巨大或者有其他严重情节的，处五年以上十年以下有期徒刑，并处二万元以上二十万元以下罚金；数额特别巨大或者有其他特别严重情节的，处十年以上有期徒刑，并处没收财产：

（一）投保人故意虚构保险标的，骗取保险金的；

（二）投保人、被保险人或者受益人对发生的保险事故编造虚假的原因或者夸大损失的程度，骗取保险金的；

（三）投保人、被保险人或者受益人编造未曾发生的保险事故，骗取保险金的；

（四）投保人、被保险人故意造成财产损失的保险事故，骗取保险金的；

（五）投保人、受益人故意造成被保险人死亡、伤残或者疾病，骗取保险金的。

有前款第（四）项、第（五）项所列行为，同时构成其他犯罪的，依照刑法数罪并罚的规定处罚。

保险事故的鉴定人、证明人、财产评估人故意提供虚假的证明文件，为他人诈骗提供条件的，以保险诈骗的共犯论处。

单位犯第一款罪的，对单位判处罚金，并对直接负责的主管人员和其他直接责任人员，依照第一款的规定处罚。

第十六条 未经公司法规定的有关主管部门批准，擅自发行股票、公司债券，数额巨大、后果严重或者有其他严重情节的，处五年以下有期徒刑或者拘役，可以并处非法募集资金金额百分之五以下罚金。

单位犯前款罪的，对单位判处非法募集资金金额百分之五以下罚金，并对直接负责的主管人员，依照前款的规定，处五年以下有期徒刑或者拘役。

（《关于惩治违反公司法的犯罪的决定》）

第十七条 编造并且传播影响证券交易的虚假信息，扰乱证券交易市场，造成严重后果的，处三年以下有期徒刑或者拘役，并处或者单处一万元以上十万元以下罚金。

证券交易所、证券公司的从业人员，证券业协会或者证券管理部门的工作人员，故意提供虚假信息，伪造、变造或者销毁交易记录，诱骗投资者买卖证券。处五年以下有期徒刑或者拘役，并处或者单处一万元以上十万元以下罚金。情节恶劣的，处五年以上十年以下有期徒刑，并处一万元以上十万元以下罚金。

单位犯前两款罪的，对单位判处十万元以上五十万元以下罚金，并对直接负责的主管人员和其他直接责任人员处五年以下有期徒刑或者拘役。

（新增加）

第十八条 证券交易内幕信息的知情人员或者非法获取证券交易内幕信息的人员，在涉及证券的发行、交易或者其他对证券的价格有重大影响的信息尚未公开前，买入或者卖出该证券，或者泄露该信息，或者建议他人买卖该证券，处五年以下有期徒刑或者拘役，并处或者单处违法所得一倍以上五倍以下罚金。情节严重的，处五年以上十年以下有期徒刑，并处违法所得一倍以上五倍以下罚金。

单位犯前款罪的，对单位判处违法所得一倍以上五倍以下罚金，并对直接负责的主管人员和其他直接责任人员，处五年以下有期徒刑或者拘役。

（新增加）

第十九条 有下列操纵证券交易价格行为之一，获取不正当利益或者转嫁风险，情节严重的，处五年以下有期徒刑或者拘役并处或者单处违法所得一倍以上五倍以下罚金：

（一）通过合谋，集中资金优势，联合或者连续买卖，操纵证券交易价格的；

（二）与他人串通，进行不转移证券所有权的虚买虚卖，制造证券交易的虚假价格的；

（三）以自己为交易对象，进行证券的自买自卖，制造证券交易的虚假价格的；

（四）利用职务便利抬高或者压低证券交易价格的；

（五）以其他方法操纵证券交易价格的。

单位犯前款罪的，对单位判处违法所得一倍以上五倍以下罚金，并对直接负责的主管人员和其他直接责任人员，处五年以下有期徒刑或者拘役。

（新增加）

第二十条 证券交易当事人出售其并不持有的证券或者买入明知交易对方并不持有的证券，数额较大的，处五年以下有期徒刑或者拘役，并处或者单处非法买卖证券等值的罚金。

证券公司从业人员违反法律规定，为客户卖出其帐户上未实有的证券，数额较大的，处五年以下有期徒刑或者拘役，并处或者单处非法买卖证券等值的罚金。

单位犯前两款罪的，对单位判处非法买卖证券等值的罚金，并对直接负责的主管人员和其他直接责任人员，处五年以下有期徒刑或者拘役。

（新增加）

第四节 侵犯知识产权罪

第一条 未经注册商标所有人许可，在同一种商品上使用与其注册商标相同的商标，违法所得数额较大或者有其他严重情节的，处三年以下有期徒刑或者拘役，可以并处或者单处罚金；违法所得数额巨大或者有其他特别严重情节的，处三年以上七年以下有期徒刑，并处罚金。

第二条 销售明知是假冒注册商标的商品，违法所得数额较大的，处三年以下有期徒刑或者拘役，可以并处或者单处罚金；违法所得数额巨大的，处三年以上七年以下有期徒刑，并处罚金。

第三条 伪造、擅自制造他人注册商标标识或者销售伪造、擅自制造的注册商标标识，违法所得数额较大或者有其他严重情节的，处三年以下有期徒刑或者拘役，可以并处或者单处罚金；违法所得数额巨大或者有其他特别严重情节的，处三年以上七年以下有期徒刑，并处罚金。

第四条 未经专利权人许可，使用其专利，违法所得数额较大或者有其他严重情节的，处三年以下有期徒刑或者拘役，可以并处或者单处罚金；违法所得数额巨大或者有其他特别严重情节的，处三年以上七年以下有期徒刑，并处罚金。

（《专利法》）

第五条 以营利为目的，有下列侵犯著作权情形之一，违法所得数额较大或者有其他严重情节的，处三年以下有期徒刑、拘役，单处或者并处罚金；违法所得数额巨大或者有其他特别严重情节的，处三年以上七年以下有期徒刑，并处罚金：

（一）未经著作权人许可，复制发行其文字作品、音乐、电影、电视、录像作品、计算机软件及其他作品的；

（二）出版他人享有专有出版权的图书的；

（三）未经录音录像制作者许可，复制发行其制作的录音录像的；

（四）制作、出售假冒他人署名的美术作品的。

第六条 以营利为目的，销售明知是第五条规定的侵权复制品，违法所得数额较大的，处二年以下有期徒刑、拘役，单处或者并处罚金；违法所得数额巨大的，处二年以上五年以下有期徒刑，并处罚金。

第七条 单位有本节规定的犯罪行为的，对单位判处罚金，并对其直接负责的主管人员和其他直接责任人员，依照本节的规定处罚。

第五节 危害税收管理秩序罪

第一条 纳税人采取伪造、变造、隐匿、擅自销毁帐簿、记帐凭证，在帐簿上多列支出或者不列、少列收入，或者进行虚假的纳税申报的手段，不缴或者少缴应纳税款的，是偷税。偷税数额占应纳税额的百分之十以上不满百分之三十并且偷税数额在一万元以上不满十万元的，或者因偷税被税务机关给予二次行政处罚又偷税的，处三年以下有期徒刑或者拘役，并处偷税数额五倍以下的罚金；偷税数额占应纳税额的百分之三十以上并且偷税数额在十万元以上的，处三年以上七年以下有期徒刑，并处偷税数额五倍以下的罚金。

扣缴义务人采取前款所列手段，不缴或者少缴已扣、已收税款，数额占应缴税额的百分之十以上并且数额在一万元以上的，依照前款规定处罚。

对多次犯有前两款规定的违法行为未经处罚的，按照累计数额计算。

第二条 以暴力、威胁方法拒不缴纳税款的，处三年以下有期徒刑或者拘役，并处拒缴税款五倍以下的罚金；情节严重的，处三年以上七年以下有期徒刑，并处拒缴税款五倍以下的罚金。

以暴力方法抗税，致人重伤或者死亡的，按照伤害罪、杀人罪从重处罚，并依照前款规定处以罚金。

第三条 纳税人欠缴应纳税款，采取转移或者隐匿财产的手段，致使税务机关无法追缴欠缴的税款，数额在一万元以上不满十万元的，处三年以下有期徒刑或者拘役，并处欠缴税款五倍以下的罚金；数额在十万元以上的，处三年以上七年以下有期徒刑，并处欠缴税款五倍以下的罚金。

第四条 虚开增值税专用发票或者虚开用于骗取出口退税、抵扣税款的其他发票的，处三年以下有期徒刑或者拘役，并处二万元以上二十万元以下罚金；虚开的税款数额较大或者有其他严重情节的，处三年以上十年以下有期徒刑，并处五万元以上五十万元以下罚金；虚开的税款数额巨大或者有其他特别严重情节的，处十年以上有期徒刑或者无期徒刑，并处没收财产。

有前款行为骗取国家税款，数额特别巨大、情节特别严重、给国家利益造成特别重大损失的，处无期徒刑或者死刑，并处没收财产。

第五条 伪造或者出售伪造的增值税专用发票的，处三年以下有期徒刑或者拘役，并处二万元以上二十万元以下罚金；数量较大或者有其他严重情节的，处三年以上十年以下有期徒刑，并处五万元以上五十万元以下罚金；数量巨大或者有其他特别严重情节的，处十年以上有期徒刑或者无期徒刑，并处没收财产。

伪造并出售伪造的增值税专用发票，数量特别巨大、情节特别严重、严重破坏经济秩序的，处无期徒刑或者死刑，并处没收财产。

第六条 非法出售增值税专用发票的，处三年以下有期徒刑或者拘役，并处二万元以上二十万元以下罚金；数量较大的，处三年以上十年以下有期徒刑，并处五万元以上五十万元以下罚金；数量巨大的，处十年以上有期徒刑或者无期徒刑，并处没收财产。

第七条 非法购买增值税专用发票或者购买伪造的增值税专用发票的，处五年以下有期徒刑、拘役，并处或者单处二万元以上二十万元以下罚金。

非法购买增值税专用发票或者购买伪造的增值税专用发票又虚开或者出售的，分别依照本节第四条、第五条的规定处罚。

第八条 伪造、擅自制造或者出售伪造、擅自制造的可以用于骗取出口退税、抵扣税款的其他发票的，处三年以下有期徒刑或者拘役，并处二万元以上二十万元以下罚金；数量巨大的，处三年以上七年以下有期徒刑，并处五万元以上五十万元以下罚金；数量特别巨大的，处七年以上有期徒刑，并处没收财产。

伪造、擅自制造或者出售伪造、擅自制造的前款规定以外的其他发票的，比照刑法第一百二十四条的规定处罚①。

非法出售可以用于骗取出口退税、抵扣税款的其他发票的，依照第一款的规定处罚。

非法出售前款规定以外的其他发票的，比照刑法第一百二十四条的规定处罚②。

第九条 盗窃增值税专用发票或者其他发票的，依照刑法关于盗窃罪的规定处罚。

使用欺骗手段骗取增值税专用发票或者其他发票的，依照刑法关于诈骗罪的规定处罚。

第十条 单位犯第一条、第三条、第四条、第五条、第六条、第七条、第八条之罪的，对单位判处罚金，并对直接负责的主管人员和其他直接责任人员依照各该条的规定处罚。

第六节 妨害进出口管理秩序罪

第一条 走私武器、弹药、核材料或者伪造的货币的，处七年以上有期徒刑，并处罚金或者没收财产；情节特别严重的，处无期徒刑或者死刑，并处没收财产；情节较轻的，处七年以下有期徒刑，并处罚金。

走私不能用作原料的固体废弃物的，依照前款规定处罚。

第二条 走私国家禁止出口的文物、珍贵动物及其制品、珍稀植物及其制品、黄金、白银或者其他贵重金属的，处五年以上有期徒刑，并处罚金或者没收财产；情节特别严重的，处无期徒刑或者死刑，并处没收财产；情节较轻的，处五年以下有期徒刑，并处罚金。

第三条 以牟利或者传播为目的，走私淫秽的影片、录像带、录音带、图片、书刊或者其他淫秽物品的，处三年以上十年以下有期徒刑，并处罚金；情节严重的，处十年以上有期徒刑或者无期徒刑，并处罚金或者没收财产；情节较轻的，处三年以下有期徒刑或者拘役，并处罚金。

第四条 走私本节第一条至第三条规定以外的货物、物品的，根据情节轻重，分别依照下列规定处罚：

（1）走私货物、物品偷逃关税税额在五十万元以上的，处十年以上有期徒刑或者无期徒刑，并处偷逃关税税额一倍以上五倍以下罚金或者没收财产；情节特别严重的，处死刑，并处没收财产。

（2）走私货物、物品偷逃关税税额在十五万元以上不满五十万元的，处五年以上十年以下有期徒刑，并处偷逃关税税额一倍以上五倍以下罚金或者没收财产。

（3）走私货物、物品偷逃关税税额在五万元以上不满十五万元的，处五年以上十年以下有期徒刑，并处偷逃关税税额一倍以上五倍以下罚金。

二人以上共同走私的，按照个人走私货物、物品的偷逃关税税额及其在犯罪中的作用，分别处罚。对走私集团的首要分子，按照集团走私货物、物品的偷逃关税总税额处罚；对其他共同走私犯罪中的主犯，情节严重的，按照共同走私货物、物品的偷逃关税总税额处罚。

对多次走私未经处理的，按照累计走私货物、物品的偷逃关税税额处罚。

第五条 企业事业单位、团体走私本节第一条至第三条规定的货物、物品的，判处罚金，并对其直接负责的主管人员和其他直接责任人员，依照本节对个人犯走私罪的规定处罚。

企业事业单位、团体走私本节第一条至第三条规定以外的货物、物品，价额在三十万元以上的，判处罚金，并对

① 原文如此，意即依照 1979 年刑法典第 124 条规定的伪造有价票证罪处罚——编者注。

② 原文如此，意即依照 1979 年刑法典第 124 条规定的伪造有价票证罪处罚——编者注。

其直接负责的主管人员和其他直接责任人员，处五年以下有期徒刑或者拘役；情节特别严重，使国家利益遭受重大损失的，处五年以上十年以下有期徒刑；价额不满三十万元的，由海关没收走私货物、物品和违法所得，可以并处罚款，对其直接负责的主管人员和其他直接责任人员，由其所在单位或者上级主管机关酌情给予行政处分。

企业事业单位、团体走私，违法所得归私人所有的，或者以企业事业单位、机关、团体的名义进行走私，共同分取违法所得的，依照本节对个人犯走私罪的规定处罚。

第六条　下列走私行为，根据本节构成犯罪的，依照第四条、第五条的规定处罚：

（1）未经海关许可并且未补缴关税，擅自将批准进口的来料加工，来件装配、补偿贸易的原材料、零件、制成品、设备等保税货物，在境内销售牟利的。

（2）假借捐赠名义进口货物、物品的，或者未经海关许可并且未补缴关税，擅自将捐赠进口的货物、物品或者其他特定减税、免税进口的货物、物品，在境内销售牟利的。

第七条　下列行为，以走私罪论处，依照本节的有关规定处罚；

（1）直接向走私人非法收购国家禁止进口物品的，或者直接向私人非法收购走私进口的其他货物、物品，数额较大的。

（2）在内海、领海运输、收购、贩卖国家禁止进出口物品的，或者运输、收购、贩卖国家限制进出口货物、物品，数额较大，没有合法证明的。

第八条　武装掩护走私的，依照本节第一条的规定从重处罚。

第九条　违反进出口商品检验法的规定，逃避商品检验，将必须经商检机构检验的进口商品未报经检验而擅自销售、使用或者将必须经商检机构检验的出口商品未报经检验合格而擅自出口，致使国家、集体，遭受重大损失的，处三年以下有期徒刑或者拘役，可以并处或者单处罚金。

（《进出口商品检验法》）

第七节　破坏环境和自然资源罪

第一条　违反国家规定，收集、贮存、运输、处置或者向耕地、森林、草原或者其他陆地排放、倾倒有放射性的污染物、含传染病原体的有毒物质或者其他危险废物，造成重大环境污染事故，导致公私财产重大损失或者人身伤亡的严重后果的，处三年以下有期徒刑或者拘役，可以并处或者单处罚金，后果特别严重的，处三年以上七年以下有期徒刑，并处罚金。

（《固体废物污染环境防治法》）

第二条　违反国家规定，向海洋、江河、湖泊或者其他水体排放、倾倒有放射性的污染物、含传染病原体的污水或者其他有毒物质，造成重大水污染事故，导致公私财产重大损失或者人身伤亡的严重后果的，处三年以下有期徒刑或者拘役，可以并处或者单处罚金，后果特别严重的，处三年以上七年以下有期徒刑，并处罚金。

（《水污染防治法》）

第三条　违反国家规定，向大气排放含有毒物质的废气和粉尘，造成重大大气污染事故，导致公私财产重大损失或者人身伤亡的严重后果的，处三年以下有期徒刑或者拘役，可以并处或者单处罚金；对环境造成严重污染或者有其他特别严重情节的，处三年以上七年以下有期徒刑，并处罚金。

（《大气污染防治法》）

第四条　违反保护水产资源法规，在禁渔区、禁渔期或者使用禁用的工具、方法捕捞水产品，情节严重的，处二年以下有期徒刑、拘役或者罚金。

第五条　违反狩猎法规，在禁猎区、禁猎期或者使用禁用的工具、方法进行狩猎，情节严重的，处二年以下有期徒刑、拘役或者罚金。

第六条　非法捕杀国家重点保护的珍贵、濒危野生动物的，或者非法收购、运输、加工、出售国家重点保护的珍贵、濒危野生动物、珍稀植物及其制品的，处七年以下有期徒刑或者拘役，可以并处罚金；情节严重的，处七年以上有期徒刑，并处罚金或者没收财产。

第七条　违反保护森林法规，盗伐、滥伐森林或者其他林木，情节严重的，处三年以下有期徒刑或者拘役，可以并处或者单处罚金。

盗伐林木据为己有，数额巨大的，依照盗窃罪的规定追究刑事责任。

（根据《刑法》第一百二十八条和《森林法》第三十四条修改）

第八条　违反保护矿产资源法规，未取得采矿许可证擅自采矿的，擅自进入国家规划矿区、对国民经济具有重要价值的矿区和他人矿区范围采矿的，擅自开采国家规定实行保护性开采的特定矿种，经责令停止开采后拒不停止开采，造成矿产资源破坏的，处三年以下有期徒刑或者拘役，可以并处或者单处罚金。

（根据《矿产资源法》第四十条增加）

第九条　单位犯本节规定之罪的，对单位判处罚金，并对直接负责的主管人员和其他直接责任人员，依照各该条的规定处罚。

（新增加）

第八节 妨害公平竞争罪

第一条 经营者有下列行为之一，造成严重后果的，处二年以下有期徒刑或者拘役，可以并处或者单处罚金；造成特别严重后果的，处二年以上五年以下有期徒刑，可以并处或者单处罚金：

（一）以盗窃、利诱、胁迫或者其他不正当手段获取权利人的商业秘密；

（二）披露、使用或者允许他人使用以前项手段获取的权利人的商业秘密；

（三）违反约定或者违反权利人有关保守商业秘密的要求，披露、使用或者允许他人使用其所掌握的商业秘密。

第三人明知或者应知前款所列行为，获取、使用或者披露他人的商业秘密，以侵犯商业秘密论。

（《反不正当竞争法》）

第二条 经营者捏造并散布虚伪事实，损害竞争对手的商业信誉、商品声誉情节严重的，处二年以下有期徒刑或者拘役，可以并处或者单处罚金。

（《反不正当竞争法》）

第三条 违反法律规定，利用广告对商品或者服务作虚假宣传，妨害公平竞争，情节严重的，处二年以下有期徒刑或者拘役，可以并处或者单处罚金。

第四条 投标人相互串通投标报价或者投标人与招标人串通投标，妨害公平竞争，情节严重的，处三年以下有期徒刑或者拘役，可以并处或者单处罚金。

（新增加）

第五条 在经济往来中，以财物进行贿赂或者违反国家规定，给予对方回扣、手续费，数额较大的，处三年以下有期徒刑或者拘役，可以并处或者单处罚金；数额巨大的，处三年以上七年以下有期徒刑，并处罚金。

第六条 单位犯本节规定之罪的，对单位判处罚金，并对直接负责的主管人员和其他直接责任人员，依照本节各该条的规定处罚。

（新增加）

第九节 扰乱市场管理秩序罪

第一条 倒卖走私的物品、国家特许减征或者免征关税的物品以及专营、专卖物品，情节严重的，处五年以下有期徒刑或者拘役，可以并处或者单处罚金；情节特别严重的，处五年以上有期徒刑，并处违法所得一倍以上五倍以下罚金或者没收财产。

（新增加）

第二条 倒卖国家主管机关依照法律、行政法规的规定签发的生产、经营许可证、批准文件，情节严重的，处三年以下有期徒刑或者拘役，可以单处或者并处罚金；情节特别严重，处三年以上十年以下有期徒刑，并处违法所得一倍以上五倍以下罚金。

（新增加）

第三条 倒卖车票、船票、飞机票等有价票证，数额较大的，处二年以下有期徒刑或者拘役，可以单处或者并处票证价额一倍以上五倍以下罚金。

（新增加）

第四条 伪造、变造或者倒卖伪造、变造的车票、船票、飞机票等有价票证，数额较大的，处三年以下有期徒刑、拘役或者罚金；情节严重的，处三年以上七年以下有期徒刑，可以并处票证价额一倍以上五倍以下罚金。

第五条 在商品交易中，以暴力、威胁手段强买强卖，情节严重的，处三年以下有期徒刑或者拘役，可以单处或者并处罚金。

（新增加）

第六条 单位犯本节规定之罪的，对单位判处罚金，并对直接负责的主管人员和其他直接责任人员，依照本节各该条的规定处罚。

（新增加）

第四章 侵犯公民人身权利、民主权利罪

第一条 保护公民的人身权利、民主权利和其他权利，不受任何人、任何机关非法侵犯。违法侵犯情节严重的，对直接责任人员予以刑事处分。

（另一方案：删去本条）

第二条 故意杀人的，处死刑、无期徒刑或者十年以上有期徒刑；情节较轻的，处三年以上十年以下有期徒刑。

生母溺婴的，处三年以上七年以下有期徒刑。

（另一方案：不增加第二款）

第三条 过失致人死亡的，处五年以下有期徒刑；情节特别恶劣的，处五年以上有期徒刑。本法另有规定的，依照规定。

第四条 故意伤害他人身体的，处三年以下有期徒刑或者拘役。

犯前款罪，致人重伤的，处三年以上十年以下有期徒刑，致人死亡或者情节特别恶劣的，处十年以上有期徒刑、无期徒刑或者死刑。本法另有规定的，依照规定。

（另一方案：去掉死刑）

第五条 过失伤害他人致人重伤的，处二年以下有期徒刑或者拘役；情节特别恶劣的，处二年以上七年以下有期徒刑。本法另有规定的，依照规定。

第六条 非法拘禁他人或者以其他方法非法剥夺他人人身自由的，处三年以下有期徒刑、拘役或者剥夺政治权利。具有殴打、侮辱情节的，从重处罚。

犯前款罪，致人重伤的，处三年以上十年以下有期徒刑；致人死亡的，处七年以上有期徒刑。

国家机关工作人员利用职权非法拘禁他人的，依照前两款的规定从重处罚。

第七条 拐卖妇女、儿童的，处五年以上十年以下有期徒刑，并处一万元以下罚金；有下列情形之一的，处十年以上有期徒刑或者无期徒刑，并处一万元以下罚金或者没收财产；情节特别严重的，处死刑，并处没收财产：

（一）拐卖妇女、儿童集团的首要分子；

（二）拐卖妇女、儿童三人以上的；

（三）奸淫被拐卖的妇女的；

（四）诱骗、强迫被拐卖的妇女卖淫或者将被拐卖的妇女卖给他人迫使其卖淫的；

（另一方案：将“拐卖妇女、儿童”改为“拐卖人口”）

（五）造成被拐卖的妇女、儿童或者其亲属重伤、死亡或者其他严重后果的；

（六）将妇女、儿童卖往境外的。

拐卖妇女、儿童是指以出卖为目的，有拐骗、收买、贩卖、接送、中转妇女、儿童的行为之一的。

第八条 绑架他人的，处十年以上有期徒刑或者无期徒刑，并处罚金或者没收财产；致使被绑架人死亡或者杀害被绑架人的，处无期徒刑或者死刑，并处没收财产；情节较轻的，处三年以上十年以下有期徒刑。

第九条 收买被拐卖、绑架的妇女、儿童的，处三年以下有期徒刑、拘役或者管制。

收买被拐卖、绑架的妇女，强行与其发生性关系的，依照本法关于强奸罪的规定处罚。

收买被拐卖、绑架的妇女、儿童又出卖的，依照本章第七条的规定处罚。

收买被拐卖、绑架的妇女、儿童，按照被买妇女的意愿，不阻碍其返回原居住地的，对被买儿童没有虐待行为，不阻碍对其进行解救的，可以不追究刑事责任。

第十条 以暴力、胁迫或者其他手段强奸妇女的，处三年以上十年以下有期徒刑。

奸淫不满十四岁幼女的，以强奸论，从重处罚。

强奸妇女，有下列情节之一的，处十年以上有期徒刑、无期徒刑或者死刑：

（一）强奸妇女、奸淫幼女手段残酷的；

（二）强奸妇女、奸淫幼女多人的；

（三）致使被害人死亡、重伤或者引起被害人自杀或者其他严重后果的；

（四）有其他严重情节的。

二人以上犯强奸罪而共同轮奸的，从重处罚。

（注：移到第六章“妨害社会管理秩序罪”）

第十一条 以暴力、胁迫或者其他方法强制猥亵妇女的，处五年以下有期徒刑或者拘役。

聚众或者当众犯前款罪，社会影响恶劣或者造成严重后果的，处五年以上十年以下有期徒刑。

猥亵儿童的，依照前两款的规定从重处罚。

（根据《刑法》第一百六十条“流氓罪”的规定新增加）

第十二条 写恐吓信或者以其他恐吓方法，威胁他人人身、财产安全，严重危害他人生产、工作、生活的，处三年以下有期徒刑或者拘役。

（新增加）

第十三条 以暴力、威胁方法强迫他人出卖自己的身体器官的，处五年以下有期徒刑，可以并处罚金；情节严重或者造成严重后果的，处五年以上有期徒刑，并处罚金或者没收财产。

（新增加）

第十四条 非法组织他人出卖血液的，处五年以下有期徒刑，可以并处罚金；以暴力、威胁方法强迫他人出卖血液的，处五年以上十年以下有期徒刑，并处罚金或者没收财产。

（新增加）

第十五条 违反劳动管理法，以非法限制人身自由方法强迫他人劳动，情节严重的，处三年以下有期徒刑或者拘役，可以并处罚金。

（新增加）

第十六条　非法搜查他人身体、住宅，情节恶劣的，处三年以下有期徒刑或者拘役。

第十七条　非法侵入他人住宅，经合法居住人明示要求离开而强行滞留的，处一年以下有期徒刑或者拘役。

前款罪，告诉的才处理。

（注：从《刑法》第一百四十四条分解）

第十八条　以暴力或者其他方法，公然侮辱他人或者捏造事实诽谤他人，情节严重的，处三年以下有期徒刑、拘役或者剥夺政治权利。

前款罪，告诉的才处理。但是严重危害社会秩序和国家利益的除外。

第十九条　国家工作人员滥用职权、假公济私，对控告人、申诉人、批评人、举报人实行报复陷害的，处二年以下有期徒刑或者拘役；情节严重的，处二年以上七年以下有期徒刑。

第二十条　国家工作人员对犯罪嫌疑人、被告人实行刑讯逼供或者使用暴力逼取证人证言的，处三年以下有期徒刑或者拘役。致人伤残的，以伤害罪从重处罚。

第二十一条　司法工作人员体罚虐待被监管人，情节严重的，处三年以下有期徒刑或者拘役；情节特别严重的，处三年以上十年以下有期徒刑。

第二十二条　违反选举法的规定，破坏选举，有下列情形之一的，处三年以下有期徒刑、拘役或者剥夺政治权利：

（一）以暴力、威胁、欺骗、贿赂等手段，妨害公民自由行使选举权和被选举权的；

（二）伪造选举证件、文件、资料的；

（三）伪造、更改选举结果的。

第二十三条　国家工作人员非法剥夺公民的正当的宗教信仰自由和侵犯少数民族风俗习惯，情节严重的，处二年以下有期徒刑或者拘役。

（另一方案：移到第六章“妨害社会管理秩序罪”）

第二十四条　隐匿、毁弃或者非法开拆他人信件，侵犯公民通信自由权利，情节严重的，处一年以下有期徒刑或者拘役。

邮电工作人员私自开拆或者隐匿、毁弃邮件、电报的，处二年以下有期徒刑或者拘役。

犯第二款罪而窃取财物的，依照侵占罪的规定从重处罚。

第五章　侵犯财产罪

第一条　以暴力、胁迫或者其他方法抢劫公私财物的，处三年以上十年以下有期徒刑，并处罚金或者没收财产；有下列情形之一的，处十年以上有期徒刑、无期徒刑或者死刑，并处没收财产：

（一）抢劫银行或者其他金融机构的；

（二）入户抢劫的；

（三）在公共交通工具上抢劫的；

（四）抢劫集团的首要分子；

（五）多次抢劫或者抢劫数额巨大的；

（六）抢劫致人重伤、死亡的；

（七）对在海上航行的船只实施抢劫、破坏等海盗行为的；

（八）有其他特别严重情节的。

第二条　盗窃公私财物，数额较大或者多次盗窃，入户盗窃的，处三年以下有期徒刑或者拘役，可以并处或者单处罚金；数额巨大或者情节严重的，处三年以上十年以下有期徒刑，并处罚金；有下列情形之一的，处十年以上有期徒刑、无期徒刑或者死刑，并处没收财产：

（一）盗窃银行或者其他金融机构的；

（二）盗窃数额特别巨大的；

（三）盗窃集团的首要分子。

第三条　诈骗公私财物数额较大的，处五年以下有期徒刑或者拘役，可以并处或者单处罚金；诈骗数额巨大或者情节严重的，处五年以上十年以下有期徒刑，并处罚金；诈骗数额特别巨大或者情节特别严重的，处十年以上有期徒刑或者无期徒刑，并处没收财产。

第四条　抢夺公私财物，数额较大的，处三年以下有期徒刑或者拘役，可以单处或者并处罚金；抢夺数额巨大或者情节严重的，处三年以上十年以下有期徒刑，并处罚金；抢夺数额特别巨大或者情节特别严重的，处十年以上有期徒刑、无期徒刑，并处没收财产。

第五条　聚众哄抢公私财物数额较大或者情节严重的，对首要分子处五年以下有期徒刑或者拘役，可以并处罚金；数额特别巨大或者情节特别严重的，处五年以上有期徒刑、无期徒刑，并处罚金或者没收财产。

积极参加聚众哄抢的，比照首要分子从轻或者减轻处罚。

（新增加）

第六条　盗窃、诈骗、抢夺或者聚众哄抢公私财物，为窝藏赃物、抗拒逮捕或者毁灭罪证而当场使用暴力或者以暴力相威胁的，依照抢劫罪追究刑事责任。

第七条　将自己代为收管的他人财物非法占为己有，数额较大的，处二年以下有期徒刑或者拘役，或者单处罚金；数额巨大或者情节严重的，处二年以上五年以下有期徒刑，并处罚金。

将他人的埋藏物或者遗忘物非法占有，数额较大，拒不交出的，依照前款规定处罚。

犯本条罪，告诉的才处理。

（新增加）

第八条　公司、企业或者其他单位的工作人员，利用职务或者工作上的便利，侵占本单位财物，数额较大的，处五年以下有期徒刑或者拘役；数额巨大的，处五年以上有期徒刑或者无期徒刑，可以并处没收财产。

国家工作人员有前款行为的，依照贪污罪的规定处罚。

第九条　公司、企业或者其他单位的人员，利用职务上的便利，挪用本单位资金归个人使用或者借贷给他人，数额较大、超过三个月未还的，或者虽未超过三个月，但数额较大、进行营利活动的，或者进行非法活动的，处五年以下有期徒刑或者拘役；情节严重的，处五年以上有期徒刑。

国家工作人员有前款行为的，依照本法有关挪用公款罪的规定处罚。

第十条　敲诈勒索公私财物的，处五年以下有期徒刑或者拘役；情节严重的，处五年以上有期徒刑。

第十一条　故意毁坏公私财物，数额较大或者情节严重的，处三年以下有期徒刑、拘役，单处或者并处罚金；数额巨大或者情节特别严重的，处三年以上十年以下有期徒刑，并处罚金。

第十二条　挪用国家救灾、抢险、防汛、优抚、救济款物，情节严重，致使国家和人民群众利益遭受重大损害的，对直接责任人员，处三年以下有期徒刑或者拘役；情节特别严重的，处三年以上七年以下有期徒刑。

第六章　妨害社会管理秩序罪

第一节　扰乱公共秩序罪

第一条　以暴力、威胁方法阻碍国家工作人员依法执行职务的，处三年以下有期徒刑、拘役、罚金或者剥夺政治权利。

犯前款罪，致人重伤、死亡的，依照本法关于伤害罪的规定处罚；杀害国家工作人员的，依照本法有关规定从重处罚。

第二条　煽动群众暴力抗拒国家法律实施的，处三年以下有期徒刑、拘役或者管制，可以并处或者单处剥夺政治权利。

（新增加）

第三条　三人或者三人以上为了长期共同犯罪而结为稳定的组织，多次实施犯罪活动，具备下列行为之一的，对组织的策划、组织、指挥者处五年以上有期徒刑，可以并处剥夺政治权利或者没收财产；其他积极参加的，处五年以下有期徒刑、拘役、管制或者剥夺政治权利：

（一）管理、控制经济活动或者非法从事经济活动的；

（二）为了实施犯罪或者为使其犯罪行为不受追究而贿赂国家工作人员的；

（三）为了给自己或者他人争取选票而操纵、破坏选举的；

（四）垄断或者企图垄断某一行业或者其一区域经济或者非法活动的。

犯本条规定之罪，与境外黑社会组织相勾结的，从重处罚。

（根据公安部方案增加，多数专家建议不规定此条）

第四条　在公众场合故意以焚烧、毁损、涂划、玷污、践踏等方式侮辱中华人民共和国国旗、国徽的，处三年以下有期徒刑、拘役、管制或者剥夺政治权利。

（《关于惩治侮辱中华人民共和国国旗国徽的决定》）

第五条　举行集会、游行、示威，未依照法律规定申请或者申请未获许可，或者未按照主管机关许可的起止时间、地点、路线进行，又拒不服从解散命令，严重破坏社会秩序的，对集会、游行、示威的负责人和直接责任人员，处五年以下有期徒刑、拘役、管制或者剥夺政治权利。

（《集会游行示威法》第二十九条）

第六条　违反法律规定，携带武器、管制刀具或者爆炸物参加集会、游行、示威的，处三年以下有期徒刑或者拘役。

第七条　扰乱、冲击或者以其他方法破坏依法举行的集会、游行、示威，情节严重，造成公共秩序混乱的，处五年以下有期徒刑、拘役、管制或者剥夺政治权利。

(《集会游行示威法》第三十条)

第八条　煽动民族、宗教歧视、仇视、敌视，情节严重的，处三年以下有期徒刑、拘役或者管制，可以并处或者单处剥夺政治权利。

(新增加　根据《公民权利和政治权利国际公约》)

第九条　违反枪支管理规定，非法持有、私藏枪支、弹药的，处三年以下有期徒刑或者拘役；情节严重的，处三年以上七年以下有期徒刑。

依法配备公务用枪的人员，非法出借、出租枪支的，依照前款规定处罚。

依法配置枪支的人员，非法出借、出租枪支，造成严重后果的，依照第一款的规定处罚。

单位有第二、三款行为的，对直接负责的主管人员和其他直接责任人员，依照第一款的规定处罚。

第十条　冒充国家工作人员招摇撞骗的，处三年以下有期徒刑、拘役、管制或剥夺政治权利；情节严重的，处三年以上十年以下有期徒刑。

冒充现役军人、人民警察招摇撞骗的，从重处罚。

冒充国家工作人员亲属招摇撞骗，情节严重的，处三年以下有期徒刑、拘役、管制或者剥夺政治权利。

(注：专家建议删去此款)

第十一条　妨害公文、证件、印章管理，有下列行为之一的，处三年以下有期徒刑、拘役、管制或者剥夺政治权利；造成严重后果的，处三年以上十年以下有期徒刑：

(一) 伪造、变造或者盗窃、抢夺、毁灭国家机关的公文、证件、印章的；

(二) 伪造企业、事业单位、人民团体的印章的；

(三) 伪造、变造居民身份证，情节严重的。

第十二条　禁止任何人利用任何手段扰乱社会秩序。扰乱社会秩序情节严重，致使工作、生产、营业和教学、科研无法进行，国家和社会遭受严重损失的，对首要分子处五年以下有期徒刑、拘役、管制或者剥夺政治权利。

(注：专家建议删去第一句禁止性规定)

第十三条　聚众扰乱车站、码头、民用航空站、商场、公园、影剧院、展览会、运动场或者其他公共场所秩序，聚众堵塞交通或者破坏交通秩序，抗拒、阻碍国家治安管理工作人员依法执行职务，情节严重的，对首要分子处五年以下有期徒刑、拘役、管制或者剥夺政治权利。

第十四条　严禁聚众"打砸抢"。因"打砸抢"致人伤残、死亡的，以伤害罪、杀人罪论处。毁坏或者抢走公私财物的，除判令退赔外，首要分子以抢劫罪论处。

犯前款罪，可以单独判处剥夺政治权利。

(注：专家建议删去此条)

第十五条　出于私仇、争霸，聚众斗殴的，对首要分子和其他积极参加的，处三年以下有期徒刑；有下列情形之一的，对首要分子和其他积极参加的，处三年以上十年以下有期徒刑：

(一) 多次聚众斗殴的；

(二) 聚众斗殴人数多，规模大，社会影响恶劣的；

(三) 在公共场所或者交通要道聚众斗殴，造成社会秩序严重混乱的；

(四) 持械聚众斗殴的。

犯前款罪，致人重伤、死亡或者造成其他特别严重后果的，对首要分子和罪恶重大的，处十年以上有期徒刑、无期徒刑或者死刑。

(分解修改《刑法》第一百六十条　根据公安部方案)

第十六条　有下列寻衅滋事行为之一，破坏社会秩序的，处七年以下有期徒刑、拘役或者管制，可以并处罚金：

(一) 以打人取乐，随意殴打人，情节恶劣的；

(二) 多次向人身、车辆、住宅抛投石块、污物的；

(三) 强拿硬要或者任意损毁公私财物，情节严重的；

(四) 耍赖打横，占领公共场所，或者污损公共设施，情节严重的；

(五) 追逐、拦截他人或者车辆，情节恶劣的；

(六) 在公共场所起哄闹事，造成公共场所秩序严重混乱的。

(分解修改《刑法》第一百六十条　根据公安部方案)

第十七条　公然藐视法律，横行乡里、称霸一方，以凶残、下流的手段破坏公共场所秩序或者社会公共生活秩序的，处七年以上有期徒刑、拘役或者管制。

(分解修改《刑法》第一百六十条　根据公安部方案)

第十八条　聚众淫乱的，对首要分子或者多次参加者，处五年以下有期徒刑或者拘役。

(分解修改《刑法》第一百六十条　专家建议规定妨害风化罪，内容包括淫乱、性表演、鸡奸、侮辱尸体等)

第十九条　以营利为目的，聚众赌博或者以赌博为业的，处三年以下有期徒刑、拘役或者管制，可以并处罚金。

第二节　妨害司法罪

第一条　捏造事实诬告陷害他人意图使他人受到刑事追究的，处三年以下有期徒刑或者拘役；造成严重后果的，处三年以上十年以下有期徒刑。

国家工作人员犯诬陷罪的，从重处罚。

不是有意诬陷，而是错告，或者检举失实的，不适用前款规定。

第二条　在刑事诉讼中，证人、鉴定人、记录人、翻译人对与案件有重要关系的情节，故意作虚假证明、鉴定、记录、翻译，意图陷害他人或者隐匿罪证的，处二年以下有期徒刑或者拘役；情节严重的，处二年以上七年以下有期徒刑。

第三条　律师在办理案件过程，帮助犯罪嫌疑人、被告人隐匿、毁灭、伪造证据或者串供，威胁、引诱证人改变证言或者作伪证以及进行其他干扰司法机关诉讼活动行为的，处五年以下有期徒刑。

（新增加）

第四条　以暴力、威胁、贿买等方法阻止证人作证或者指使、贿买、胁迫他人作伪证的，处三年以下有期徒刑或者拘役；情节严重的，处三年以上七年以下有期徒刑。

教唆、帮助犯罪嫌疑人、被告人伪造、隐匿或者毁灭重要证据，情节严重的，处三年以下有期徒刑或者拘役。

（新增加）

第五条　聚众哄闹、冲击法庭，或者侮辱、诽谤、威胁、殴打司法工作人员或者诉讼参与人，严重扰乱法庭秩序的，处三年以下有期徒刑、拘役或者罚金。

（新增加）

第六条　明知是犯罪分子而为其提供隐藏处所，提供金钱、物质帮助其逃匿或者作假证明包庇，情节严重的，处二年以下有期徒刑、拘役或者管制；造成严重后果的，处二年以上七年以下有期徒刑。

明知是危害国家安全或者严重危害社会治安的犯罪分子而为其提供隐藏处所、提供金钱、物质帮助其逃匿或者作假证明包庇的，处三年以下有期徒刑、拘役或者管制；情节严重的，处三年以上十年以下有期徒刑。

犯前两款罪，事前通谋的，以共同犯罪论处。

第七条　明知他人有间谍犯罪行为，在国家安全机关向其调查有关情况、收集有关证据时，拒绝提供，情节严重的，处三年以下有期徒刑、拘役或者管制；造成严重后果的，处三年以上十年以下有期徒刑。

（《国家安全法》第二十六条）

第八条　明知是犯罪所得的赃物而予以窝藏、收购或者代为销售的，处三年以下有期徒刑、拘役或者管制，可以并处或者单处罚金。

第九条　劫夺在押的罪犯、犯罪嫌疑人、被告人的，处三年以上十年以下有期徒刑。

聚众犯前款罪，对首要分子或者罪恶重大的，处十年以上有期徒刑；情节特别严重的，处无期徒刑或者死刑；对其他参加的，处三年以上十年以下有期徒刑。

第十条　依法被关押的罪犯、犯罪嫌疑人、被告人脱逃的，处五年以下有期徒刑或者拘役。以暴力方法脱逃的，处五年以上十年以下有期徒刑。

第十一条　以隐瞒、转移财产方法拒不执行人民法院已经发生法律效力的判决、裁定，情节严重的，处三年以下有期徒刑、拘役、罚金或者剥夺政治权利。

犯前款罪使用暴力、威胁方法的，依照前款的规定从重处罚。

第十二条　故意阻碍国家安全机关依法执行国家安全工作任务，未使用暴力、威胁方法，造成严重后果的，处三年以下有期徒刑、拘役、罚金或者剥夺政治权利。

（《国家安全法》第二十七条）

第十三条　隐藏、转移、变卖、故意毁损已被司法机关查封、扣押、冻结的财产，情节严重的，处三年以下有期徒刑、拘役或者罚金。

（新增加）

第十四条　依法被关押的罪犯，有下列破坏监管秩序行为之一，情节严重的，处三年以下有期徒刑：

（一）殴打监管人员的；

（二）组织其他被监管人破坏监管秩序的；

（三）聚众闹事，扰乱正常监管秩序的；

（四）殴打、体罚或者指使他人殴打、体罚其他被监管人的。

（根据《监狱法》第五十八条规定）

第三节　妨害国（边）境管理罪

第一条　组织他人偷越国（边）境的，处二年以上七年以下有期徒刑，并处罚金；有下列情形之一的，处七年以上有期徒刑或者无期徒刑，并处罚金或者没收财产：

（一）组织他人偷越国（边）境集团的首要分子；

（二）多次组织他人偷越国（边）境或者组织他人偷越国（边）境人数众多的；

（三）造成被组织人重伤、死亡的；

（四）剥夺或者限制被组织人人身自由的；

（五）以暴力、威胁方法抗拒检查的；

（六）违法所得数额巨大的；

（七）有其他特别严重情节的。

对被组织人有杀害、伤害、强奸、拐卖等犯罪行为，或者对检查人员有杀害、伤害等犯罪行为的，依照本法有关规定处罚。

第二条 以劳务输出、经贸往来或者其他名义，弄虚作假，骗取护照、签证等出境证件，为组织他人偷越国（边）境使用的，依照本节第一条的规定处罚。

单位有前款规定的犯罪行为的，对单位判处罚金，并对直接负责的主管人员和其他直接责任人员，依照本节第一条的规定处罚。

第三条 为他人提供伪造、变造的护照、签证等出入境证件，或者倒卖护照、签证等出入境证件的，处五年以下有期徒刑，并处罚金；情节严重的，处五年以上有期徒刑，并处罚金。

第四条 运送他人偷越国（边）境的，处五年以下有期徒刑、拘役或者管制，并处罚金；有下列情形之一的，处五年以上十年以下有期徒刑，并处罚金：

（一）多次实施运送行为或者运送人数众多的；

（二）所使用的船只、车辆等交通工具不具备必要的安全条件，足以造成严重后果的；

（三）违法所得数额巨大的；

（四）有其他特别严重情节的。

在运送他人偷越国（边）境中造成被运送人重伤、死亡，或者以暴力、威胁方法抗拒检查的，处七年以上有期徒刑，并处罚金。

对被运送人有杀害、伤害、强奸、拐卖等犯罪行为，或者对检查人员有杀害、伤害等犯罪行为的，依照本规定①判处死刑。

第五条 违反出入境管理法规，偷越国（边）境，情节严重的，处二年以下有期徒刑或者拘役，并处罚金。

第六条 负责办理护照、签证以及其他出入境证件的国家工作人员，对明知企图偷越国（边）境的人员予以办理出入境证件的；边防、海关等国家工作人员，对明知是偷越国（边）境的人员，予以放行的，处三年以下有期徒刑、拘役或者管制；情节严重的，处三年以上十年以下有期徒刑。

与组织、运送他人偷越国（边）境的犯罪分子相勾结，实施前款规定的行为的，依照本节第一条、第四条的规定处罚。

第七条 故意破坏国家边境的界碑、界桩或者永久性测量标志的，处三年以下有期徒刑或者拘役。

第四节　妨害文物管理罪

第一条 盗掘具有历史、艺术、科学价值的古文化遗址、古墓葬的，处三年以上十年以下有期徒刑，可以并处罚金；情节较轻的，处三年以下有期徒刑或者拘役，可以并处罚金；有下列情形之一的，处十年以上有期徒刑、无期徒刑或者死刑，并处罚金或者没收财产：

（一）盗掘确定为全国重点文物保护单位和省级文物保护单位的古文化遗址、古墓葬的；

（二）盗掘古文化遗址、古墓葬集团的首要分子；

（三）多次盗掘古文化遗址、古墓葬；

（四）盗掘古文化遗址、古墓葬，并盗窃珍贵文物或者造成珍贵文物严重破坏的。

（《关于惩治盗掘古文化遗址古墓葬犯罪的补充规定》）

第二条 故意损毁国家保护的珍贵文物的，或者故意损毁国家保护的名胜古迹，情节严重的，处七年以下有期徒刑、拘役或者罚金。

过失损毁国家保护的珍贵文物，造成严重后果的，处三年以下有期徒刑、拘役或者罚金。

第三条 违反文物保护法规，将私人收藏的珍贵文物私自出售、赠送给外国人的，依照本法关于走私罪的规定处罚。

（新增加　根据《文物保护法》第三十一条规定）

---

① 系指全国人大常委会《关于严惩组织、运送他人偷越国（边）境犯罪的补充规定》——编者注。

第四条 倒卖国家保护的文物，情节严重的，处五年以下有期徒刑或者拘役，并处罚金；情节特别严重的，处五年以上十年以下有期徒刑，并处罚金。

（新增加 根据《文物保护法》第三十一条规定）

第五条 违反文物保护法规，国有博物馆、图书馆等单位将国家保护的文物藏品出售或者私自送给非国有单位或者个人的，对单位判处罚金，并对直接负责的主管人员和其他直接责任人员，处三年以下有期徒刑或者拘役，可以并处或者单处罚金。

（新增加 根据《文物保护法》第三十一条规定）

第五节 危害公共卫生罪

第一条 采集、供应不洁血液，危害人体健康，情节严重的，处七年以下有期徒刑；情节特别严重的，处七年以上有期徒刑或者无期徒刑。

（新增加）

第二条 违反传染病防治法的规定，引起甲类传染病传播或者有传播严重危险的，处七年以下有期徒刑或者拘役，可以并处或者单处罚金。

单位犯前款罪的，对单位判处罚金，并对直接负责的主管人员和其他直接责任人员，依照前款的规定处罚。

（新增加 根据《传染病防治法》规定）

第三条 从事实验、保藏、携带、运输传染病菌种、毒种的人员，违反国务院卫生行政部门的有关规定，造成传染病菌种、毒种扩散，后果严重的，处七年以下有期徒刑或者拘役。

（新增加 根据《传染病防治法》规定）

第四条 违反国境卫生检疫规定，引起检疫传染病的传播，或者有引起检疫传染病传播严重危险的，处五年以下有期徒刑或者拘役，可以并处或者单处罚金。

单位犯前款罪的，对单位判处罚金，并对直接负责的主管人员和其他直接责任人员，依照前款的规定处罚。

第五条 违反进出境动植物检疫法的规定，引起重大动植物疫情的，处三年以下有期徒刑或者拘役，可以并处或者单处罚金。

单位犯前款罪的，对单位判处罚金，并对直接负责的主管人员和其他直接责任人员，依照前款的规定处罚。

（新增加 根据《进出境动植物检疫法》规定）

第六节 走私、贩卖、运输、制造毒品罪

第一条 走私、贩卖、运输、制造毒品，有下列情形之一的，处十五年有期徒刑、无期徒刑或者死刑，并处没收财产：

（一）走私、贩卖、运输、制造鸦片一千克以上、海洛因五十克以上或者其他毒品数量大的；

（二）走私、贩卖、运输、制造毒品集团的首要分子；

（三）武装掩护走私、贩卖、运输、制造毒品的；

（四）以暴力抗拒检查、拘留、逮捕，情节严重的；

（五）参与有组织的国际贩毒活动的。

走私、贩卖、运输、制造鸦片二百克以上不满一千克、海洛因十克以上不满五十克或者其他毒品数量较大的，处七年以上有期徒刑，并处罚金。

走私、贩卖、运输、制造鸦片不满二百克、海洛因不满十克或者其他少量毒品的，处七年以下有期徒刑、拘役或者管制，并处罚金。

利用、教唆未成年人走私、贩卖、运输、制造毒品的，从重处罚。

第二条 非法持有鸦片一千克以上、海洛因五十克以上或者其他毒品数量大的，处七年以上有期徒刑或者无期徒刑，并处罚金；非法持有鸦片二百克以上不满一千克、海洛因十克以上不满五十克或者其他毒品数量较大的，处七年以下有期徒刑、拘役或者管制，可以并处罚金。

第三条 包庇走私、贩卖、运输、制造毒品的犯罪分子的（专家建议删去此句），为犯罪分子窝藏、转移、隐瞒毒品或者犯罪所得的财物的，掩饰、隐瞒出售毒品获得财物的非法性质和来源的，处七年以下有期徒刑、拘役或者管制，可以并处罚金或者没收财产。

犯前款罪事先通谋的，以走私、贩卖、运输、制造毒品罪的共犯论处。

第四条 违反国家规定，非法运输、携带醋酸酐、乙醚、三氯甲烷或者其他经常用于制造麻醉药品和精神药品的物品进出境的，处三年以下有期徒刑、拘役或者管制，并处罚金；数量大的，处三年以上十年以下有期徒刑，并处罚金。

明知他人制造毒品而为其提供前款规定的物品的，以制造毒品罪的共犯论处。

单位有前款规定的犯罪行为的，对其直接负责的主管人员和其他直接责任人员，依照前两款的规定处罚，并对单

位判处罚金。

第五条 非法种植罂粟、大麻等毒品原植物的，一律强制铲除。有下列情形之一的，处五年以下有期徒刑、拘役或者管制，并处罚金：

（一）种植罂粟五百株以上不满三千株或者其他毒品原植物数量较大的；

（二）经公安机关处理后又种植的；

（三）抗拒铲除的。

非法种植罂粟三千株以上或者其他毒品原植物数量大的，处五年以上有期徒刑，并处罚金或者没收财产。

非法种植罂粟或者其他毒品原植物，在收获前自动铲除的，可以免除处罚。

第六条 非法贩卖、运输、持有未经灭活的毒品原植物种子、幼苗，数量较大的，处三年以下有期徒刑、拘役或者管制，可以并处或者单处罚金。

第七条 引诱、教唆、欺骗他人吸食、注射毒品的，处七年以下有期徒刑、拘役或者管制，并处罚金。

强迫他人吸食、注射毒品的，处三年以上十年以下有期徒刑，并处罚金。

引诱、教唆、欺骗或者强迫未成年人吸食、注射毒品的，从重处罚。

第八条 容留他人吸食、注射毒品并出售毒品的，依照本节第一条的规定处罚。

第九条 依法从事生产、运输、管理、使用国家管制的麻醉药品、精神药品的人员违反国家规定，向吸食、注射毒品的人提供国家管制的麻醉药品、精神药品的，处七年以下有期徒刑或者拘役，可以并处罚金。向走私、贩卖毒品的犯罪分子或者以牟利为目的，向吸食、注射毒品的人提供国家管制的麻醉药品、精神药品的，依照本节第一条的规定处罚。

单位有前款规定的违法犯罪行为的，对其直接负责的主管人员和其他直接责任人员，依照前款的规定处罚，并对单位判处罚金。

第七节　组织、强迫、引诱、容留、介绍卖淫罪

第一条 组织他人卖淫的，处十年以上有期徒刑或者无期徒刑，并处一万元以下罚金或者没收财产；情节特别严重的，处死刑，并处没收财产。（专家认为起刑太高，并建议去掉死刑）

协助组织他人卖淫的，处三年以上十年以下有期徒刑，并处一万元以下罚金；情节严重的，处十年以上有期徒刑，并处一万元以下罚金或者没收财产。（专家认为可按共犯处理）

第二条 强迫他人卖淫的，处五年以上十年以下有期徒刑，并处一万元以下罚金；有下列情形之一的，处十年以上有期徒刑或者无期徒刑，并处一万元以下罚金或者没收财产；情节特别严重的，处死刑，并处没收财产：

（一）强迫不满十四岁的幼女卖淫的；

（二）强迫多人卖淫或者多次强迫他人卖淫的；

（三）强奸后迫使卖淫的；

（四）造成被强迫卖淫的人重伤、死亡或者其他严重后果的。

第三条 引诱、容留、介绍他人卖淫的，处五年以下有期徒刑或者拘役，并处五千元以下罚金；情节严重的，处五年以上有期徒刑，并处一万元以下罚金。

引诱不满十四岁的幼女卖淫的，依照本节第二条关于强迫不满十四岁的幼女卖淫的规定处罚。

第四条 明知自己患有梅毒、淋病等严重性病卖淫、嫖娼的，处五年以下有期徒刑、拘役或者管制，并处五千元以下罚金。

嫖宿不满十四岁的幼女的，依照本法关于强奸罪的规定处罚。

第八节　制造、贩卖、传播淫秽物品罪

第一条 以牟利为目的，制作、复制、出版、贩卖、传播淫秽物品的，处三年以下有期徒刑或者拘役，并处罚金；情节严重的，处三年以上十年以下有期徒刑，并处罚金；情节特别严重的，处十年以上有期徒刑或者无期徒刑，并处罚金或者没收财产。

为他人提供书号出版淫秽书刊的，处三年以下有期徒刑或者拘役，并处或者单处罚金；明知他人用于出版淫秽书刊而提供书号的，依照前款的规定处罚。

第二条 在社会上传播淫秽的书刊、影片、录像带、录音带、图片或者其他淫秽物品，情节严重的，处二年以下有期徒刑或者拘役。

组织播放淫秽的电影、录像等音像制品的，处三年以下有期徒刑或者拘役，可以并处罚金；情节严重的，处三年以上十年以下有期徒刑，并处罚金。

制作、复制淫秽的电影、录像等音像制品组织播放的，依照第二款的规定从重处罚。

向不满十八岁的未成年人传播淫秽物品的，从重处罚。

第七章 妨害婚姻、家庭罪

第一条 以暴力干涉他人婚姻自由的，处二年以下有期徒刑或者拘役。

犯前款罪，引起被害人死亡的，处二年以上七年以下有期徒刑。

第一款罪，告诉的才处理。

(另一方案：增加一款，作为第三款："因通奸破坏他人婚姻家庭，引起受害人死亡的，处二年以下有期徒刑。")

第二条 有配偶而重婚的，或者明知他人有配偶而与之结婚的，处二年以下有期徒刑或者拘役。

第三条 明知是现役军人的配偶而与之同居或者结婚的，处三年以下有期徒刑。

第四条 虐待家庭成员，情节恶劣的，处二年以下有期徒刑、拘役或者管制。

犯前款罪，引起被害人重伤、死亡的，处二年以上七年以下有期徒刑。

第一款罪，告诉的才处理。

第五条 对于年老、老幼、患病或者其他没有独立生活能力的人，负有扶养义务而拒绝扶养，情节恶劣的，处五年以下有期徒刑、拘役或者管制。

第六条 拐骗不满十四岁的男、女，脱离家庭或者监护人的，处五年以下有期徒刑或者拘役。

第八章 渎职罪

(另一方案：章名改为"渎职罪、违反职业义务罪")

第一条 国家工作人员不履行或者不认真履行应尽的职责，玩忽职守，致使公共财产、国家和人民利益遭受重大损失的，处五年以下有期徒刑或者拘役；情节特别严重的，处五年以上十年以下有期徒刑。

第二条 国家工作人员不正确履行应尽的职责或者违背职责，滥用职权，致使公共财产、国家和人民利益遭受重大损失的，处七年以下有期徒刑或者拘役；情节特别严重的，处七年以上有期徒刑。

第三条 国家工作人员违反国家保密法规，泄露国家重要机密，情节严重的，处七年以下有期徒刑、拘役或者剥夺政治权利。

非国家工作人员犯前款罪的，依照前款的规定酌情处罚。

第四条 司法工作人员徇私舞弊，具有下列情形之一的，处五年以下有期徒刑、拘役或者剥夺政治权利；情节特别严重的，处五年以上有期徒刑：

（一）对明知是无罪的人而使他受追诉、对明知是有罪的人而故意包庇不使他受追诉的；

（二）在审判活动中故意做枉法裁判的；

（三）对不符合减刑、假释、保外就医条件的罪犯，予以减刑、假释或者保外就医的。

仲裁人员徇私舞弊，在仲裁过程中违背事实和法律，枉法裁决，情节严重的，依照前款规定处罚。

第五条 行政执法人员徇私舞弊，故意违背事实和法律做枉法处罚决定，对应当依法移交司法机关追究刑事责任的不移交，以行政处罚代替刑罚或者有其他包庇纵容违法行为，情节严重的，处五年以下有期徒刑或者拘役。

第六条 司法工作人员私放犯罪嫌疑人、被告人或者罪犯的，处五年以下有期徒刑或者拘役；情节严重的，处五年以上十年以下有期徒刑。

第七条 医务人员由于严重失职，造成病员死亡，或者严重损害病员身体健康的，处三年以下有期徒刑或者拘役。

第八条 承担资产评估、验资职责的人员，故意提供虚假证明文件，情节严重的，处五年以下有期徒刑或者拘役。

[另一方案：在此章中单设一节"违反职业义务罪"，将原刑法一百九十一条（邮电人员）、本章第四条第二款（仲裁人员）、第七条（医务人员）、第八条（资产评估、验资人员）以及银行或其他金融机构工作人员、商贸活动中的工作人员、审计人员、统计人员、注册会计师、律师等违反职业义务，没有履行或不正当履行职业义务要求的职责，构成犯罪的，统一归为一节。]

第九章 贪污贿赂罪

(另一方案：专家及高法、公安部提出此章并入渎职罪一章作为一节)

第一条 国家工作人员或者经手、管理国家财物的人员，利用职务上的便利，侵吞、盗窃、骗取或者以其他手段非法占有公共财物的，是贪污罪。

与国家工作人员或者其他经手、管理国家财物的人员勾结，伙同贪污的，以共犯论处。

第二条 对犯贪污罪的，根据情节严重，分别依照下列规定处罚：

(1) 个人贪污数额在十万元以上的，处十年以上有期徒刑或者无期徒刑，可以并处没收财产；情节特别严重的，处死刑，并处没收财产。

(2) 个人贪污数额在五万元以上不满十万元的，处五年以上有期徒刑，可以并处没收财产；情节特别严重的，处无期徒刑，并处没收财产。

(3) 个人贪污数额在五千元以上不满五万元的，处一年以上七年以下有期徒刑；情节严重的，处七年以上十年以下有期徒刑。个人贪污数额在五千元以上不满一万元，犯罪后自首、立功或者有悔改表现、积极退赃的，可以减轻处罚，或者免予刑事处罚，由其所在单位或者上级主管机关给予行政处分。

（4）个人贪污数额不满五千元，情节较重的，处二年以下有期徒刑或者拘役；情节较轻的，由其所在单位或者上级主管机关酌情给予行政处分。

第三条　国家工作人员或者经手、管理国家财物的人员，利用职务上的便利，挪用公款归个人使用，进行非法活动的，或者挪用公款数额较大、进行营利活动的，或者挪用公款数额较大、超过三个月未还的，是挪用公款罪，处五年以下有期徒刑或者拘役；情节严重的，处五年以上有期徒刑。挪用公款数额较大不退还的，以贪污论处。

挪用救灾、抢险、防汛、优抚、救济款物归个人使用的，从重处罚。

第四条　国家工作人员或者其他从事公务的人员，利用职务上的便利，索取他人财物（专家建议加“财产性利益”）的，或者非法收受他人财物为他人谋利益的，是受贿罪。

国家工作人员或者其他从事公务的人员，在经济往来中，违反国家规定收受各种名义的回扣、手续费，归个人所有的，以受贿论处。

第五条　对犯受贿罪的，根据受贿所得数额及情节，依照本章第二条的规定处罚；受贿数额不满五万元，使国家利益或者集体利益遭受重大损失的，处十年以上有期徒刑；受贿数额在五万元以上的，使国家利益或者集体利益遭受重大损失的，处无期徒刑或者死刑，并处没收财产。索贿的从重处罚。

第六条　企业事业单位、社会团体，索取、收受他人财物，为他人谋取利益，情节严重的，判处罚金，并对其直接负责的主管人员和其他直接责任人员，处五年以下有期徒刑或者拘役。

第七条　为谋取不正当利益，给予国家工作人员或者其他从事公务的人员以财物的，是行贿罪。

因被勒索给予国家工作人员或者其他从事公务的人员以财物，没有获得不正当利益的，不是行贿。

第八条　对犯行贿罪的，处五年以下有期徒刑或者拘役；因行贿谋取不正当利益，情节严重的，或者使国家利益、集体利益遭受重大损失的，处五年以上有期徒刑；情节特别严重的，处无期徒刑，并处没收财产。

第九条　介绍他人进行贿赂犯罪的，处三年以下有期徒刑或者拘役；情节严重的，处三年以上七年以下有期徒刑。（原《刑法》第一百八十五条第三款）

第十条　企业事业单位、社会团体为谋取不正当利益而行贿，或者违反国家规定，给予国家工作人员或者其他从事公务的人员以回扣、手续费，情节严重的，判处罚金，并对其直接负责的主管人员和其他直接责任人员，处五年以下有期徒刑或者拘役。因行贿取得的违法所得归私人所有的，依照本章第八条的规定处罚。

第十一条　国家工作人员在对外交往中接受礼物，依照国家规定应当交公而不交公，数额较大的，以贪污罪论处。

第十二条　国家工作人员的财产或者支出明显超过合法收入，差额巨大的，可以责令说明来源。本人不能说明其来源是合法的，差额部分以非法所得论，予以追缴，处五年以下有期徒刑或者拘役。

国家工作人员在境外的存款，应当依照国家规定申报。数额较大、隐瞒不报的，处二年以下有期徒刑或者拘役；情节较轻的，由其所在单位或者上级主管机关酌情给予行政处分。

第十三条　国家机关、国有企业事业单位、社会团体，违反国家规定，将应当上交国家的罚没财物，或者将国家拨款、补贴、贷款、生产性资金、固定资产或者其他国有资产，以单位名义分给个人，情节严重的，对直接负责的主管人员和其他直接责任人员处三年以下有期徒刑；情节特别严重的，处三年以上七年以下有期徒刑，可以并处罚金。（私分国有财产罪）

第十四条　国家工作人员利用本人职权或者地位形成的便利条件，通过其他国家工作人员职务上的便利，为请托人谋取利益，从中向请托人索取或者非法收受财物（或者其他财产性利益）的，以受贿论处。（斡旋受贿罪）

第十章　军人违反职责罪

第一条　违反武器装备使用规定，情节严重，因而发生重大责任事故，致人重伤、死亡或者造成其他严重后果的，处三年以下有期徒刑或者拘役；后果特别严重的，处三年以上七年以下有期徒刑。

第二条　违反武器装备使用规定，擅自动用武器装备或者改变武器装备的编配用途，情节严重的，处三年以下有期徒刑或者拘役；情节特别严重的，处三年以上七年以下有期徒刑。

使用武器装备进行其他犯罪活动的，依照其所构成的较重的罪从重处罚。

第三条　违反武器装备管理规定，出租、出借武器装备，情节严重的，处三年以下有期徒刑或者拘役。

第四条　出卖军队编配的武器装备的，处三年以上七年以下有期徒刑；情节严重的，处七年以上有期徒刑；情节特别严重的，处十年以上有期徒刑、无期徒刑或者死刑。

第五条　盗窃武器装备或者军用物资的，处五年以下有期徒刑或者拘役；情节严重的，处五年以上十年以下有期徒刑；情节特别严重的，处十年以上有期徒刑、无期徒刑或者死刑。战时从重处罚。

第六条　破坏武器装备或者军事设施的，处三年以下有期徒刑或者拘役；破坏重要武器装备或者重要军事设施的，处三年以上十年以下有期徒刑；情节特别严重的，处十年以上有期徒刑、无期徒刑或者死刑。战时从重处罚。

第七条　故意将不合格的武器装备、军事设施、军用物资提供给部队的，处五年以下有期徒刑或者拘役；情节严重的，处五年以上十年以下有期徒刑；情节特别严重的，处十年以上有期徒刑、无期徒刑或者死刑。

过失犯前款罪，造成严重后果的，处五年以下有期徒刑或者拘役；情节特别严重的，处五年以上十年以下有期徒刑。

战时犯前两款罪的，从重处罚。

第八条　违反保守国家军事机密法规，泄露或者遗失国家军事秘密，情节严重的，处七年以下有期徒刑或者拘役。

战时犯前款罪的，处三年以上十年以下有期徒刑；情节特别严重的，处十年以上有期徒刑或者无期徒刑。

为境外的机构、组织、人员窃取、刺探、收买、非法提供军事秘密的，处十年以上有期徒刑、无期徒刑或者死刑。

第九条　指挥人员和值班、值勤人员擅离职守或者玩忽职守，因而造成严重后果的，处七年以下有期徒刑或者拘役。

战时犯前款罪的，处五年以上有期徒刑。

第十条　叛逃境外或者在境外叛逃的，处五年以下有期徒刑或者拘役；情节严重的，处五年以上有期徒刑。

驾驶航空器、舰船或者携带武器装备叛逃的，或者有其他特别严重情节的，处十年以上有期徒刑、无期徒刑或者死刑。

第十一条　边防海防线的值勤人员，徇私舞弊，私放他人偷越国（边）境的，处五年以下有期徒刑或者拘役；情节严重的，处五年以上有期徒刑。战时从重处罚。

第十二条　滥用职权，虐待部属，情节恶劣，因而致人重伤或者造成其他严重后果的，处五年以下有期徒刑或者拘役；致人死亡的，处五年以上有期徒刑。

第十三条　滥用职权，指使部队进行违反职责的活动，造成严重后果的，处五年以下有期徒刑或者拘役；情节特别严重的，处五年以上十年以下有期徒刑。

第十四条　以暴力、威胁方法，阻碍指挥人员或者值班、值勤人员执行职务的，处五年以下有期徒刑或者拘役；情节严重的，处五年以上有期徒刑；情节特别严重的或者致人重伤、死亡的，处无期徒刑或者死刑。战时从重处罚。

第十五条　违反兵役法规，逃离部队，情节严重的，处三年以下有期徒刑或者拘役。

战时犯前款罪的，处五年以上有期徒刑。

第十六条　预备役人员战时拒绝、逃避征召或者拒绝、逃避军事训练，情节严重的，处三年以下有期徒刑。

第十七条　战时自伤身体，逃避军事义务的，处三年以下有期徒刑；情节严重的，处三年以上七年以下有期徒刑。

第十八条　战时造谣惑众，动摇军心的，处三年以下有期徒刑；情节严重的，处三年以上十年以下有期徒刑。

勾结敌人造谣惑众，动摇军心的，处十年以上有期徒刑或者无期徒刑；情节特别严重的，可以判处死刑。

第十九条　在战场上故意遗弃伤员，情节恶劣的，对直接责任人员，处三年以下有期徒刑。

第二十条　战时临阵脱逃的，处三年以下有期徒刑；情节严重的，处三年以上十年以下有期徒刑；致使战斗、战役遭受重大损失的，处十年以上有期徒刑、无期徒刑或者死刑。

第二十一条　战时违抗命令，对作战造成危害的，处三年以上十年以下有期徒刑；致使战斗、战役遭受重大损失的，处十年以上有期徒刑、无期徒刑或者死刑。

第二十二条　故意隐瞒谎报军情或者拒传、假传军令，对作战造成危害的，处三年以上十年以下有期徒刑；致使战斗、战役遭受重大损失的，处十年以上有期徒刑、无期徒刑或者死刑。

第二十三条　在战场上贪生怕死，自动放下武器投降敌人的，处三年以上十年以下有期徒刑；情节严重的，处十年以上有期徒刑或者无期徒刑。

投降后为敌人效劳的，处十年以上有期徒刑、无期徒刑或者死刑。

第二十四条　在军事行动地区，掠夺、残害无辜居民的，处七年以下有期徒刑；情节严重的，处七年以上有期徒刑；情节特别严重的，处无期徒刑或者死刑。

第二十五条　私放俘虏的，处三年以下有期徒刑；私放重要俘虏、私放俘虏多人或者有其他严重情节的，处三年以上十年以下有期徒刑。

第二十六条　虐待俘虏，情节恶劣的，处三年以下有期徒刑。

第二十七条　在战时，对被判处三年以下有期徒刑没有现实危险宣告缓刑的犯罪军人，允许其戴罪立功，确有立功表现时，可以撤销原判刑罚，不以犯罪论处。

第二十八条　现役军人犯本章以外之罪的，依照本法其他章有关条款的规定处罚。

第二十九条　本章适用于中国人民解放军的现役军官、文职干部、士兵及具有军籍的学员和中国人民武装警察部队的现役警官、文职干部、士兵及具有军籍的学员以及执行军事任务的预备役人员和其他人员。

第三十条　本章所称战时，是指国家宣布进入战争状态、部队受领作战任务或者遭敌突然袭击时。

军人执行戒严任务或者处置突发性暴力事件时，以战时论。

13. 中华人民共和国刑法（修订草案）（征求意见稿）

（全国人大常委会法制工作委员会　1996 年 10 月 10 日）

目　录

第一编 总 则

第一章 刑法的任务和适用范围

第一条 中华人民共和国刑法，以宪法为根据，依照惩办与宽大相结合的原则，结合我国同犯罪作斗争的具体经验及实际情况制定。

第二条 中华人民共和国刑法的任务，是用刑罚同一切犯罪行为作斗争，以保卫人民民主专政的政权和社会主义制度，保护社会主义的全民所有的财产和劳动群众集体所有的财产，保护公民私人所有的财产，保护公民的人身权利、民主权利和其他权利，维护社会秩序、经济秩序、工作秩序、教学科研秩序和人民群众生活秩序，保障社会主义建设事业的顺利进行。

第三条 凡在中华人民共和国领域内犯罪的，除法律有特别规定的以外，都适用本法。

凡在中华人民共和国船舶或者航空器内犯罪的，也适用本法。

犯罪的行为或者结果有一项发生在中华人民共和国领域内的，就认为是在中华人民共和国领域内犯罪。

第四条 中华人民共和国公民在中华人民共和国领域外犯本法规定之罪的，适用本法，但是按本法规定的最高刑为三年以下有期徒刑的，可以不予追究。

中华人民共和国国家工作人员和军人在中华人民共和国领域外犯本法规定之罪的，适用本法。

第五条 外国人在中华人民共和国领域外对中华人民共和国国家或者公民犯罪，而按本法规定的最低刑为三年以上有期徒刑的，可以适用本法，但是按照犯罪地的法律不受处罚的除外。

第六条 对于中华人民共和国缔结或者参加的国际条约所规定的罪行，中华人民共和国在所承担条约义务的范围内行使刑事管辖权的，适用本法。

第七条 凡在中华人民共和国领域外犯罪，依照本法应当负刑事责任的，虽然经过外国审判，仍然可以依照本法追究，但是在外国已经受过刑罚处罚的，可以免除或者减轻处罚。

第八条 享有外交特权和豁免权的外国人的刑事责任，通过外交途径解决。

第九条 中华人民共和国成立以后本法施行以前的行为，如果当时的法律不认为是犯罪的，适用当时的法律；如果当时的法律认为是犯罪的，依照本法总则第四章第八节的规定应当追诉的，按照当时的法律追究刑事责任，但是如果本法不认为是犯罪或者处刑较轻的，适用本法。

对于本法施行以前发生的行为、本法施行以后尚未处理或者正在处理的案件，依照前款规定办理。

本法施行以前，依照当时的法律定罪判刑的，继续有效。

第二章 犯 罪

第一节 犯罪和刑事责任

第十条 一切危害国家主权和领土完整，分裂国家、危害国家安全利益、颠覆人民民主专政的政权和推翻社会主义制度，破坏社会秩序和经济秩序，侵犯全民所有的财产或者劳动群众集体所有的财产，侵犯公民私人所有的财产，侵犯公民的人身权利、民主权利和其他权利，以及其他危害社会的行为，依照法律应当受刑罚处罚的，都是犯罪，但是情节显著轻微危害不大的，不认为是犯罪。

第十一条 法律明文规定为犯罪行为的，依照法律定罪处刑；法律没有明文规定为犯罪行为的，不得定罪处刑。

第十二条 明知自己的行为会发生危害社会的结果，并且希望或者放任这种结果发生，因而构成犯罪的，是故意犯罪。

故意犯罪，应当负刑事责任。

第十三条　应当预见自己的行为可能发生危害社会的结果，因为疏忽大意而没有预见，或者已经预见而轻信能够避免，以致发生这种结果的，是过失犯罪。

过失犯罪，法律有规定的才负刑事责任。

第十四条　行为在客观上虽然造成了损害结果，但是不是出于故意或者过失，而是由于不能抗拒或者不能预见的原因所引起的，不认为是犯罪。

第十五条　已满十六岁的人犯罪，应当负刑事责任。

已满十四岁不满十六岁的人，犯杀人、重伤、抢劫、放火、惯窃罪或者其他严重破坏社会治安秩序的犯罪，应当负刑事责任。

已满十四岁不满十八岁的人犯罪，应当从轻或者减轻处罚。

因不满十六岁不予刑事处罚的，责令他的家长或者监护人加以管教；在必要的时候，也可以由政府收容教养。

第十六条　精神病人在不能辨认或者不能控制自己行为的时候造成危害结果的，不负刑事责任，但是应当责令他的家属或者监护人严加看管和医疗；必要的时候，由政府强制医疗。

间歇性的精神病人在精神正常的时候犯罪，应当负刑事责任。

尚未完全丧失辨认或者控制自己行为能力的精神病人造成危害结果的，应当负刑事责任，但是可以从轻或者减轻处罚。

对精神病的医学鉴定，由省级人民政府指定的医院进行。

醉酒的人犯罪，应当负刑事责任。

第十七条　又聋又哑的人或者盲人犯罪，可以从轻、减轻或者免除处罚。

第十八条　为了使国家、公共利益、本人或者他人的人身、财产和其他权利免受正在进行的不法侵害，而采取的制止不法侵害的行为，是正当防卫行为。

正当防卫的行为对不法侵害人造成损害的，不负刑事责任。

正当防卫的行为人明知或者应当知道防卫行为明显超过必要限度造成重大损害的，应当负刑事责任，但是应当酌情减轻或者免除处罚。

对以暴力方法实施杀人、抢劫、强奸、绑架以及严重危害国家、公共利益的犯罪行为，采取防卫行为，造成不法侵害人伤亡后果的，不负刑事责任。

对以破门撬锁或者使用暴力方法非法侵入他人住宅的，采取防卫行为，适用第四款规定。

第十九条　为了使国家、公共利益、本人或者他人的人身、财产和其他权利免受正在发生的危险，不得已采取的紧急避险行为，造成损害的，不负刑事责任。

紧急避险超过必要限度造成不应有的损害的，应当负刑事责任，但是应当酌情减轻或者免除处罚。

第一款中关于避免本人危险的规定，不适用于职务上、业务上负有特定责任的人。

第二节　犯罪的预备、未遂和中止

第二十条　为了犯罪，准备工具、制造条件的，是犯罪预备。

对于预备犯，可以比照既遂犯从轻、减轻处罚或者免除处罚。

第二十一条　已经着手实行犯罪，由于犯罪分子意志以外的原因而未得逞的，是犯罪未遂。

对于未遂犯，可以比照既遂犯从轻或者减轻处罚。

第二十二条　在犯罪过程中，自动放弃犯罪或者自动有效地防止犯罪结果发生的，是犯罪中止。

对于中止犯，没有造成损害的，应当免除处罚；造成损害的，应当减轻处罚。

第三节　共同犯罪

第二十三条　共同犯罪是指二人以上共同故意犯罪。

二人以上共同过失犯罪，不以共同犯罪论处；应当负刑事责任的，按照他们所犯的罪分别处罚。

第二十四条　组织、领导犯罪集团进行犯罪活动的或者在共同犯罪中起主要作用的，是主犯。

对组织、领导犯罪集团的首要分子，按照集团所犯的全部罪行处罚。

对于主犯，应当按照其所参与的全部犯罪处罚。

第二十五条　在共同犯罪中起次要或者辅助作用的，是从犯。对于从犯，应当从轻、减轻处罚或者免除处罚。

第二十六条　对于被胁迫参加犯罪的，应当按照他的犯罪情节减轻处罚或者免除处罚。

第二十七条　教唆他人犯罪的，应当按照共同犯罪中的主犯处罚。教唆不满十八岁的人犯罪的，应当从重处罚。

如果被教唆的人没有犯被教唆的罪，对于教唆犯，可以从轻或者减轻处罚。

第四节　单位犯罪

第二十八条　企业、事业单位、机关、团体为本单位谋取非法利益，经单位集体研究决定或者由负责人员决定实施犯罪的，是单位犯罪。

单位犯罪，法律有规定的才处罚。

第三章 刑 罚

第一节 刑罚的种类

第二十九条 刑罚分为主刑和附加刑。

第三十条 主刑的种类如下：

（一）管制；

（二）拘役；

（三）有期徒刑；

（四）无期徒刑；

（五）死刑。

第三十一条 附加刑的种类如下：

（一）罚金；

（二）剥夺政治权利；

（三）没收财产。

罚金和剥夺政治权利也可以独立适用。

第三十二条 被判处三年以上有期徒刑的犯罪分子和被判处剥夺政治权利的犯罪分子，如果有军衔、警衔或者勋章的，应当一并判处剥夺。

第三十三条 对于犯罪的外国人，可以独立适用或者附加适用驱逐出境。

第三十四条 由于犯罪行为而使被害人遭受经济损失的，对犯罪分子除依法给予刑事处罚外，并应根据情况判处赔偿经济损失。

承担民事赔偿责任的犯罪分子，同时被判处罚金的，其财产不足以全部支付的时候，应当先承担民事赔偿责任。

第三十五条 对于犯罪情节轻微不需要判处刑罚的，可以免予刑事处罚，但可以根据案件的不同情况，予以训诫或者责令具结悔过、赔礼道歉、赔偿损失，或者由主管部门予以行政处罚或者行政处分。

第二节 管 制

第三十六条 管制的期限，为三个月以上二年以下。

管制由人民法院判决，由公安机关执行。

第三十七条 被判处管制的犯罪分子，在执行期间，必须遵守下列规定：

（一）遵守法律、法规，服从监督；

（二）停止行使言论、出版、集会、结社、游行、示威自由的权利；

（三）按执行机关规定报告自己的活动情况；

（四）遵守执行机关关于会客的规定；

（五）离开所居住的市、县或者设区的市的市辖区或者迁居，应当报经执行机关批准。

对于被判处管制的犯罪分子，在劳动中应当同工同酬。

第三十八条 被判处管制的犯罪分子，管制期满，执行机关应即向本人和其所在单位或者居住地的群众宣布解除管制。

第三十九条 管制的刑期，从判决执行之日起计算；判决执行以前先行羁押的，羁押一日折抵刑期二日。

第三节 拘 役

第四十条 拘役的期限，为十五日以上六个月以下。

第四十一条 被判处拘役的犯罪分子，由公安机关就近执行。

在执行期间，被判处拘役的犯罪分子每月可以回家一天至两天；参加劳动的，可以酌量发给报酬。

第四十二条 拘役的刑期，从判决执行之日起计算；判决以前先行羁押的，羁押一日折抵刑期一日。

第四节 有期徒刑、无期徒刑

第四十三条 有期徒刑的期限，为六个月以上十五年以下。

第四十四条 被判处有期徒刑、无期徒刑的犯罪分子，在监狱或者其他执行机关执行；凡有劳动能力的，都应当参加劳动，接受教育和改造。

第四十五条 有期徒刑的刑期，从判决执行之日起计算；判决执行以前先行羁押的，羁押一日折抵刑期一日。

第五节　死　　刑

第四十六条　死刑只适用于罪大恶极的犯罪分子。对于应当判处死刑的犯罪分子，如果不是必须立即执行的，可以判处死刑同时宣告缓期二年执行。

死刑除依法由最高人民法院判决的以外，都应当报请最高人民法院核准。死刑缓期执行的，可以由高级人民法院判决或者核准。

第四十七条　犯罪的时候不满十八岁的人和审判的时候怀孕的妇女，不适用死刑。已满十六岁不满十八岁的，如果所犯罪行特别严重，可以判处死刑缓期二年执行。

第四十八条　死刑采用枪决或者注射等方法执行。

第四十九条　判处死刑缓期执行的，在死刑缓期执行期间，如果没有故意犯罪，二年期满以后，减为无期徒刑；如果确有立功表现，二年期满以后，减为十五年以上二十年以下有期徒刑；如果故意犯罪、查证属实的，由最高人民法院核准，执行死刑。

第五十条　死刑缓期执行的期间，从判决确定之日起计算。死刑缓期执行减为有期徒刑的刑期，从死刑缓期执行期满之日起计算。

第六节　罚　　金

第五十一条　判处罚金，应当根据犯罪情节决定罚金数额。

第五十二条　罚金在判决指定的期限内一次或者分期缴纳。期满不缴纳的，强制缴纳。对于不能全部缴纳罚金的，人民法院在任何时候发现被执行人有可以执行的财产，应当随时追缴。如果由于遭遇不能抗拒的灾祸缴纳确实有困难的，可以酌情减少或者免除。

第七节　剥夺政治权利

第五十三条　剥夺政治权利是剥夺下列权利：

（一）选举权和被选举权；

（二）言论、出版、集会、结社、游行、示威自由的权利；

（三）担任国家机关职务的权利；

（四）担任国有企业、事业单位和人民团体领导职务的权利。

第五十四条　剥夺政治权利的期限，除本法第五十六条规定外，为一年以上五年以下。

第五十五条　对于危害国家安全的犯罪分子应当附加剥夺政治权利；对于故意杀人、强奸、放火、爆炸、投毒、抢劫等严重破坏社会治安秩序的犯罪分子，在必要的时候，也可以附加剥夺政治权利。

独立适用剥夺政治权利的，依照本法分则的规定。

第五十六条　对于被判处死刑、无期徒刑的犯罪分子，应当剥夺政治权利终身。

在死刑缓期执行减为有期徒刑或者无期徒刑减为有期徒刑的时候，应当把附加剥夺政治权利的期限改为三年以上十年以下。

第五十七条　附加剥夺政治权利的刑期，从徒刑、拘役执行完毕之日或者从假释之日起计算；剥夺政治权利的效力当然施用于主刑执行期间。

独立适用剥夺政治权利或者徒刑、拘役执行完毕附加剥夺政治权利的犯罪分子，在执行剥夺政治权利期间，必须遵守下列规定：

（一）遵守法律、法规，服从监督；

（二）执行机关规定报告自己的活动情况；

（三）遵守执行机关关于会客的规定；

（四）离开所居住的市、县或者设区的市的市辖区或者迁居，应当报经执行机关批准。

第八节　没收财产

第五十八条　没收财产是没收犯罪分子个人所有财产的一部或者全部。

在判处没收财产的时候，不得没收属于犯罪分子家属所有或者应有的财产。

第五十九条　没收财产以前犯罪分子所负的正当债务，需要以没收的财产偿还的，经债权人请求，应当偿还。

第四章　刑罚的具体运用

第一节　量　　刑

第六十条　对任何人犯罪，在适用法律上一律平等，在法律面前，不允许有任何特权。

对犯罪分子判处的刑罚轻重，应当与其所犯罪行和承担的刑事责任相适应。

第六十一条 对于犯罪分子决定刑罚的时候，应当根据犯罪的事实、犯罪的性质、情节和对于社会的危害程度，依照本法的有关规定判处。

第六十二条 犯罪分子具有本法规定的从重处罚、从轻处罚情节的，应当在法定刑的限度以内判处刑罚。

第六十三条 犯罪分子具有本法规定的减轻处罚情节的，应当在法定刑以下判处刑罚。

（另一方案：保留原刑法第五十九条第二款，但程序严格规定，具体修改为：

犯罪分子虽然不具有本法规定的减轻处罚情节，如果根据案件的具体情况，判处法定刑的最低刑还是过重的，经高级人民法院或者最高人民法院审判委员会决定，也可以在法定刑以下判处刑罚。）

第六十四条 犯罪分子违法所得的一切财物，应当予以追缴；对被害人的合法财产，应当及时返还；违禁品和供犯罪所用的本人财物，应当予以没收。没收的财物收入和罚金，一律上缴国库，不得挪用和自行处理。

第二节 累　　犯

第六十五条 被判处有期徒刑以上刑罚的犯罪分子，刑罚执行完毕或者赦免以后，在五年以内再犯应当判处有期徒刑以上刑罚之罪的，是累犯，应当从重处罚，但是过失犯罪除外。

前款规定的期限，对于被假释的犯罪分子，从假释期满之日起计算。

第三节 自首和立功

第六十六条 犯罪以后自动投案，如实供述自己的罪行，接受审判的，是自首。对于自首的犯罪分子，可以从轻或者减轻处罚。其中，犯罪较轻的，可以免除处罚；犯罪较重的，如果有立功表现，也可以减轻或者免除处罚。

被采取强制措施的犯罪嫌疑人和正在服刑的罪犯，供述司法机关还未掌握的本人其他罪行的，以自首论。

第六十七条 犯罪分子有揭发他人犯罪行为，查证属实的或者提供重要线索，从而得以侦破其他案件等立功表现的，可以从轻或者减轻处罚。有重大立功表现的，可以免除处罚。

第四节 数罪并罚

第六十八条 判决宣告以前一人犯数罪的，除判处死刑和无期徒刑的以外，应当在总和刑期以下、数刑中最高刑期以上，酌情决定执行的刑期；但是管制最高不能超过三年，拘役最高不能超过一年，有期徒刑最高不能超过二十年。

如果数罪中有判处附加刑的，附加刑仍须执行。

第六十九条 判决宣告以后，刑罚执行完毕以前，发现被判刑的犯罪分子在判决宣告以前还有其他罪没有判决的，应当对新发现的罪作出判决，把前后两个判决所判处的刑罚，依照本法第六十八条的规定，决定执行的刑罚。已经执行的刑期，应当计算在新判决决定的刑期以内。

第七十条 判决宣告以后，刑罚执行完毕以前，被判刑的犯罪分子又犯罪的，应当对新犯的罪作出判决，把前罪没有执行的刑罚和后罪所判处的刑罚，依照本法第六十八条的规定，决定执行的刑罚。

第五节 缓　　刑

第七十一条 对于被判处拘役、三年以下有期徒刑的犯罪分子，根据犯罪分子的犯罪情节和悔罪表现，适用缓刑确实不致再危害社会的，可以宣告缓刑。

被宣告缓刑的犯罪分子，如果被判处附加刑，附加刑仍须执行。

第七十二条 拘役的缓刑考验期限为原判刑期以上一年以下，但是不能少于一个月。

有期徒刑的缓刑考验期限为原判刑期以上五年以下，但是不能少于一年。

缓刑考验期限，从判决确定之日起计算。

第七十三条 对于累犯，不适用缓刑。

第七十四条 被宣告缓刑的犯罪分子，必须遵守下列规定：

（一）遵守法律、法规，服从监督；

（二）按执行缓刑判决的考察机关的规定报告自己的活动情况；

（三）遵守考察机关关于会客的规定；

（四）离开所居住的市、县或者设区的市的市辖区或者迁居，应当报经考察机关批准。

第七十五条 被宣告缓刑的犯罪分子，在缓刑考验期限内，由公安机关考察，所在单位或者基层组织予以配合，如果没有第七十六条规定的情形，缓刑考验期满，原判的刑罚就不再执行。

第七十六条 被宣告缓刑的犯罪分子，在缓刑考验期限内，再犯新罪或者发现判决宣告前还有其他罪没有判决的，应当撤销缓刑，对新的犯罪或者新发现的犯罪作出判决，把前罪和后罪判处的刑罚，依照本法第六十八条的规定，决定执行的刑罚。

被宣告缓刑的犯罪分子，在缓刑考验期限内，违反法律、行政法规和国务院公安部门有关缓刑的监督管理规定，情节严重的，应当撤销缓刑，收监执行原判刑罚。

第六节　减　　刑

第七十七条　被判处有期徒刑、无期徒刑的犯罪分子，在执行期间，如果有立功表现，可以减刑；有下列重大立功表现之一的，应当减刑：

（一）阻止他人重大犯罪活动的；

（二）检举监狱内外重大犯罪活动，经查证属实的；

（三）有发明创造或者重大技术革新的；

（四）在日常生产、生活中舍己救人的；

（五）在抗御自然灾害或者排除重大事故中，有突出表现的；

（六）对国家和社会有其他重大贡献的。

减刑以后实际执行的刑期，判处有期徒刑的，不能少于原判刑期的三分之二；判处无期徒刑的，不能少于十五年。

对于罪行严重的危害国家安全的犯罪分子、犯罪集团的首要分子、累犯，不得减刑。

对同一犯罪分子只能减刑一次。减刑应当依照法定程序进行。

第七十八条　无期徒刑减为有期徒刑的刑期，从裁定减刑之日起计算。

第七节　假　　释

第七十九条　被判处有期徒刑的犯罪分子，执行原判刑期二分之一以上，如果遵守监规，接受教育改造，假释后不致再危害社会的，可以假释，但是对累犯不得假释。

第八十条　有期徒刑的假释考验期限，为没有执行完毕的刑期。

假释考验期限，从假释之日起计算。

第八十一条　被宣告假释的犯罪分子，必须遵守下列规定：

（一）遵守法律、法规，服从监督；

（二）根据公安机关的要求，报告自己的活动情况；

（三）遵守公安机关关于会客的规定；

（四）离开所居住的市、县或者设区的市的市辖区或者迁居，应当报经公安机关批准。

第八十二条　被假释的犯罪分子，在假释考验期限内，由公安机关予以监督，如果没有第八十三条规定的情形，假释考验期满，就认为原判刑罚已经执行完毕，并公开予以宣告。

第八十三条　被假释的犯罪分子，在假释考验期限内，再犯新罪，应当撤销假释，依照本法第七十条的规定实行数罪并罚。

被假释的犯罪分子，在假释考验期限内，发现在判决宣告前还有其他罪没有判决的，应当撤销假释，依照本法第六十九条的规定实行数罪并罚。

被假释的犯罪分子，在假释考验期限内，违反法律、行政法规或者国务院公安部门有关假释的监督管理规定，情节严重的，应当撤销假释，收监执行未执行完毕的刑罚。

第八节　时　　效

第八十四条　犯罪经过下列期限不再追诉：

（一）依法应当判处不满五年有期徒刑的，经过五年；

（二）依法应当判处五年以上不满十年有期徒刑的，经过十年。

依法应当判处十年以上有期徒刑、无期徒刑、死刑的，不受追诉时效的限制。

第八十五条　在人民法院、人民检察院、公安机关、国家安全机关采取强制措施以后，逃避侦查或者审判的，不受追诉期限的限制。

被害人在追诉期限内提出控告，人民法院、人民检察院、公安机关应当立案而不予立案的，不受追诉期限的限制。

第八十六条　追诉期限从犯罪之日起计算；犯罪行为有连续或者继续状态的，从犯罪行为终了之日起计算。

在追诉期限以内又犯罪的，前罪追诉的期限从犯后罪之日起计算。

第五章　其他规定

第八十七条　民族自治地方不能全部适用本法规定的，可以由自治区或者省的人民代表大会根据当地民族的政治、经济、文化的特点和本法规定的基本原则，制定变通或者补充的规定，报请全国人民代表大会常务委员会批准施行。

第八十八条　本法所说的公共财产是指下列财产：

（一）国有财产；

（二）劳动群众集体所有的财产。

在国家机关、国有企业、集体企业和人民团体管理、使用或者运输中的私人财产，以公共财产论。

第八十九条 本法所说的公民私人所有的财产是指下列财产：

（一）公民的合法收入、储蓄、房屋和其他生活资料；

（二）依法归个人、家庭所有的生产资料；

（三）个体户和私营企业的财产；

（四）个人所有的股份和股票、债券。

第九十条 本法所说的国家工作人员是指在国家机关、国有企业、事业单位、人民团体中从事公务的人员和国家机关、国有企业、事业单位委派到非国有企业、事业单位、社会团体从事公务的人员。

受国家机关、国有企业、事业单位委托从事公务的人员，以国家工作人员论。

第九十一条 本法所说的司法工作人员是指有侦查、检察、审判、监管人犯职责的人员。

第九十二条 本法所说的重伤是指有下列情形之一的伤害：

（一）使人肢体残废或者毁人容貌的；

（二）使人丧失听觉、视觉或者其他器官机能的；

（三）其他对于人身健康有重大伤害的。

第九十三条 本法所说的违反国家规定是指违反全国人民代表大会及其常务委员会制定的法律和决定，国务院制定的行政法规和行政措施、发布的决定和命令。

第九十四条 本法所说的违法所得是指因犯罪所得的一切财物。其中，破坏社会主义市场经济秩序罪中的违法所得按非法的销售收入扣除成本计算；成本按原料和劳务费计算；没有成本或者成本无法计算的，按非法的实际收入计算。

第九十五条 本法所说的首要分子是指在犯罪集团或者聚众犯罪中起组织、策划、指挥作用的犯罪分子。

第九十六条 本法所说的告诉才处理，是指被害人告诉才处理。如果被害人因受强制、威吓无法告诉的，人民检察院和被害人的近亲属也可以告诉。

第九十七条 本法所说的以上、以下、以内，包括本数。

第九十八条 本法总则适用于其他有刑罚规定的法律，但是其他法律有特别规定的除外。

第二编 分 则

第一章

（待研究修改）①

第二章 危害公共安全罪

第一百零九条 放火、决水、爆炸或者以其他危险方法破坏工厂、矿场、油田、港口、河流、水源、仓库、住宅、森林、农场、谷场、牧场、重要管道、公共建筑物或者其他公私财产、危害公共安全，尚未造成严重后果的，处三年以上十年以下有期徒刑。

第一百一十条 放火、决水、爆炸、投毒或者以其他危险方法致人重伤、死亡或者使公私财产遭受重大损失的，处十年以上有期徒刑、无期徒刑或者死刑。

过失犯前款罪的，处七年以下有期徒刑或者拘役。

第一百一十一条 破坏火车、汽车、电车、船只、航空器，足以使火车、汽车、电车、船只、航空器发生倾覆、毁坏危险，尚未造成严重后果的，处三年以上十年以下有期徒刑。

第一百一十二条 破坏轨道、桥梁、隧道、公路、机场、航道、灯塔、标志或者进行其他破坏活动，足以使火车、汽车、电车、船只、航空器发生倾覆、毁坏危险，尚未造成严重后果的，处三年以上十年以下有期徒刑。

第一百一十三条 破坏电力、煤气或者其他易燃易爆设备，危害公共安全，尚未造成严重后果的，处三年以上十年以下有期徒刑。

第一百一十四条 破坏交通工具、交通设备、电力煤气设备、易燃易爆设备造成严重后果的，处十年以上有期徒刑、无期徒刑或者死刑。

过失犯前款罪的，处七年以下有期徒刑或者拘役。

第一百一十五条 以暴力、胁迫或者其他方法劫持航空器的，处十年以上有期徒刑或者无期徒刑；致人重伤、死亡或者使航空器遭受严重破坏的，处死刑；情节较轻的，处五年以上十年以下有期徒刑。

第一百一十六条 破坏广播电台、电视台、公用通讯设施，危害公共安全的，处七年以下有期徒刑或者拘役；造

---

① 从上下条文序号看，给第一章留了10个条文——编者注。

成严重后果的，处七年以上有期徒刑。

过失犯前款罪的，处七年以下有期徒刑或者拘役。

第一百一十七条 非法制造、买卖、运输枪支、弹药、爆炸物的，处三年以上十年以下有期徒刑；情节严重的，处十年以上有期徒刑、无期徒刑或者死刑。

非法买卖、运输核材料的，依照前款规定处罚。

单位有前两款行为的，对单位判处罚金，并对其直接负责的主管人员和其他直接责任人员，依照第一款规定处罚。

依法被指定、确定的枪支制造企业、销售企业，违反枪支管理规定，有下列行为之一的，对单位判处罚金，并对其直接负责的主管人员和其他直接责任人员，处七年以下有期徒刑；造成严重后果的，处七年以上有期徒刑或者无期徒刑：

（一）以非法销售为目的超过限额或者不按照规定的品种制造、配售枪支的；

（二）以非法销售为目的，制造无号、重号、假号的枪支的；

（三）非法销售枪支或者在境内销售为出口制造的枪支的。

第一百一十八条 盗窃、抢夺枪支、弹药、爆炸物的，处三年以上十年以下有期徒刑；情节严重的，处十年以上有期徒刑、无期徒刑或者死刑。

抢劫枪支、弹药、爆炸物或者盗窃、抢夺国家机关、军警人员、民兵的枪支、弹药、爆炸物的，处十年以上有期徒刑、无期徒刑或者死刑。

第一百一十九条 违反枪支管理规定，非法持有、私藏枪支、弹药的，处三年以下有期徒刑或者拘役；情节严重的，处三年以上七年以下有期徒刑。

依法配备公务用枪的人员，非法出租、出借枪支的，依照前款规定处罚。

依法配置枪支的人员，非法出租、出借枪支，造成严重后果的，依照第一款的规定处罚。

单位有第二、三款行为的，对其直接负责的主管人员和其他直接责任人员，依照第一款的规定处罚。

第一百二十条 依法配备公务用枪的人员，丢失枪支未及时报告，造成严重后果的，处三年以下有期徒刑或者拘役。

第一百二十一条 违反交通管理法规，因而发生重大事故，致人重伤、死亡或者使公私财产遭受重大损失的，处三年以下有期徒刑或者拘役；情节特别恶劣的，处三年以上七年以下有期徒刑；因逃逸致人死亡的，处七年以上有期徒刑。

第一百二十二条 工厂、矿山、林场、建筑企业或者其他企业、事业单位的职工，由于不服管理、违反规章制度，或者强令工人违章冒险作业，因而发生重大伤亡事故，造成严重后果的，处三年以下有期徒刑或者拘役；情节特别恶劣的，处三年以上七年以下有期徒刑。

第一百二十三条 违反爆炸性、易燃性、放射性、毒害性、腐蚀性物品的管理规定，在生产、储存、运输、使用中发生重大事故，造成严重后果的，处三年以下有期徒刑或者拘役；后果特别严重的，处三年以上七年以下有期徒刑。

第三章 破坏社会主义市场经济秩序罪

第一节 生产、销售伪劣商品罪

第一百二十四条 生产者、销售者在产品中掺杂、掺假，以假充真，以次充好或者以不合格产品冒充合格产品，违法所得数额二万元以上不满十万元的，处二年以下有期徒刑或者拘役，可以并处违法所得一倍以上五倍以下罚金；违法所得数额十万元以上不满三十万元的，处二年以上七年以下有期徒刑，并处违法所得一倍以上五倍以下罚金；违法所得数额三十万元以上不满一百万元的，处七年以上有期徒刑，并处违法所得一倍以上五倍以下罚金或没收财产；违法所得数额一百万元以上的，处十五年有期徒刑或者无期徒刑，并处没收财产。

第一百二十五条 生产、销售假药，足以危害人体健康的，处三年以下有期徒刑或者拘役，并处违法所得一倍以上五倍以下罚金；对人体健康造成严重危害的，处三年以上十年以下有期徒刑，并处违法所得一倍以上五倍以下罚金；致人死亡或者对人体健康造成其他特别严重危害的，处十年以上有期徒刑、无期徒刑或者死刑，并处违法所得一倍以上五倍以下罚金或者没收财产。

本条所称假药，是指依照《中华人民共和国药品管理法》的规定属于假药和按假药处理的药品、非药品。

第一百二十六条 生产、销售劣药，对人体健康造成严重危害的，处三年以上十年以下有期徒刑，并处违法所得一倍以上五倍以下罚金；后果特别严重的，处十年以上有期徒刑或者无期徒刑，并处违法所得一倍以上五倍以下罚金或者没收财产。

本条所称劣药，是指依照《中华人民共和国药品管理法》的规定属于劣药的药品。

第一百二十七条 生产、销售不符合卫生标准的食品，造成严重食物中毒事故或者其他严重食源性疾患，对人体健康造成严重危害的，处七年以下有期徒刑，并处违法所得一倍以上五倍以下罚金；后果特别严重的，处七年以上有期徒刑或者无期徒刑，并处违法所得一倍以上五倍以下罚金或者没收财产。

第一百二十八条　在生产、销售的食品中掺入有毒、有害的非食品原料的，处五年以下有期徒刑或者拘役，可以并处或者单处违法所得一倍以上五倍以下罚金；造成严重食物中毒事故或者其他严重食源性疾患，对人体健康造成严重危害的，处五年以上十年以下有期徒刑，并处违法所得一倍以上五倍以下罚金；致人死亡或者对人体健康造成其他特别严重危害的，处十年以上有期徒刑、无期徒刑或者死刑，并处违法所得一倍以上五倍以下罚金或者没收财产。

第一百二十九条　生产不符合保障人体健康的国家标准、行业标准的医疗器械、医用卫生材料，或者销售明知是不符合保障人体健康的国家标准、行业标准的医疗器械、医用卫生材料，对人体健康造成严重危害的，处五年以下有期徒刑，并处违法所得一倍以上五倍以下罚金；后果特别严重的，处五年以上十年以下有期徒刑，并处违法所得一倍以上五倍以下罚金，其中情节特别恶劣的，处十年以上有期徒刑或者无期徒刑，并处违法所得一倍以上五倍以下罚金或者没收财产。

第一百三十条　生产不符合保障人身、财产安全的国家标准、行业标准的电器、压力容器、易燃易爆产品或者其他不符合保障人身、财产安全的国家标准、行业标准的产品，或者销售明知是以上不符合保障人身、财产安全的国家标准、行业标准的产品，造成严重后果的，处五年以下有期徒刑或者拘役，并处违法所得一倍以上五倍以下罚金；后果特别严重的，处五年以上有期徒刑，并处违法所得一倍以上五倍以下罚金。

第一百三十一条　生产假农药、假兽药、假化肥，销售明知是假的或者失去使用效能的农药、兽药、化肥、种子，或者生产者、销售者以不合格的农药、兽药、化肥、种子冒充合格的农药、兽药、化肥、种子，使生产遭受较大损失的，处三年以下有期徒刑或者拘役，可以并处或者单处违法所得一倍以上五倍以下罚金；使生产遭受重大损失的，处三年以上七年以下有期徒刑，并处违法所得一倍以上五倍以下罚金；使生产遭受特别重大损失的，处七年以上有期徒刑或者无期徒刑，并处违法所得一倍以上五倍以下罚金或者没收财产。

第一百三十二条　生产不符合卫生标准的化妆品，或者销售明知是不符合卫生标准的化妆品，造成严重后果的，处三年以下有期徒刑或者拘役，可以并处或者单处违法所得一倍以上五倍以下罚金。

第一百三十三条　生产、销售本法第一百二十五条至第一百三十二条所列产品，不构成各该条规定的犯罪，但是违法所得数额在二万元以上的，依照本法第一百二十四条的规定处罚。

第一百三十四条　单位犯本法第一百二十五条至第一百三十二条规定之罪的，对单位判处罚金，并对其直接负责的主管人员和其他直接责任人员，依照各该条的规定处罚。

单位犯本法第一百二十四条规定之罪的，对单位判处罚金，情节恶劣的，并对其直接负责的主管人员和其他直接责任人员，依照本法第一百二十四条的规定处罚。

第二节　走私罪

第一百三十五条　走私武器、弹药、核材料或者伪造的货币的，处七年以上有期徒刑，并处罚金或者没收财产；情节特别严重的，处无期徒刑或者死刑，并处没收财产；情节较轻的，处七年以下有期徒刑，并处罚金。

第一百三十六条　走私国家禁止出口的文物、珍贵动物及其制品、黄金、白银或者其他贵重金属的，处五年以上有期徒刑，并处罚金或者没收财产；情节特别严重的，处无期徒刑或者死刑，并处没收财产；情节较轻的，处五年以下有期徒刑，并处罚金。

走私国家禁止出口的珍稀植物及其制品的，处五年以下有期徒刑，并处或者单处罚金，情节严重的，处五年以上有期徒刑，并处罚金。

第一百三十七条　以牟利或者传播为目的，走私淫秽的影片、录像带、录音带、图片、书刊或者其他淫秽物品的，处三年以上十年以下有期徒刑，并处罚金；情节严重的，处十年以上有期徒刑或者无期徒刑，并处罚金或者没收财产；情节较轻的，处三年以下有期徒刑或者拘役，并处罚金。

第一百三十八条　走私本法第一百三十五条至第一百三十七条规定以外的货物、物品的，根据情节轻重，分别依照下列规定处罚：

（一）走私货物、物品偷逃应缴税额在五十万元以上的，处十年以上有期徒刑或者无期徒刑，并处偷逃应缴税额一倍以上五倍以下罚金或者没收财产；

（二）走私货物、物品偷逃应缴税额在十五万元以上不满五十万元的，处五年以上十年以下有期徒刑，并处偷逃应缴税额一倍以上五倍以下罚金或者没收财产；

（三）走私货物、物品偷逃应缴税额在五万元以上不满十五万元的，处五年以下有期徒刑或者拘役，并处偷逃应缴税额一倍以上五倍以下罚金。

对多次走私未经处理的，按照累计走私货物、物品的偷逃应缴税额处罚。

第一百三十九条　单位走私本法第一百三十五条至第一百三十七条规定的货物、物品的，对单位判处罚金，并对其直接负责的主管人员和其他直接责任人员，依照本节对个人犯走私罪的规定处罚。

单位走私本法第一百三十五条至第一百三十七条规定以外的货物、物品，偷逃应缴税额在三十万元以上的，对单位判处罚金，并对其直接负责的主管人员和其他直接责任人员，处五年以下有期徒刑或者拘役；情节特别严重，使国家利益遭受重大损失的，处五年以上十年以下有期徒刑。

单位走私，违法所得归私人所有的，或者以单位的名义进行走私，共同分取违法所得的，依照本节对个人犯走私罪的规定处罚。

第一百四十条 下列走私行为，根据本节规定构成犯罪的，依照本法第一百三十八条、第一百三十九条的规定处罚：

（一）未经海关许可并且未补缴应缴税额，擅自将批准进口的来料加工、来件装配、补偿贸易的原材料、零件、制成品、设备等保税货物，在境内销售牟利的；

（二）假借捐赠名义进口货物、物品的，或者未经海关许可并且未补缴应缴税额，擅自将捐赠进口的货物、物品或者其他特定减税、免税进口的货物、物品，在境内销售牟利的。

第一百四十一条 下列行为，以走私罪论处，依照本节的有关规定处罚：

（一）直接向走私人非法收购国家禁止进口物品的，或者直接向走私人非法收购走私进口的其他货物、物品，数额较大的；

（二）在内海、领海运输、收购、贩卖国家禁止进出口物品的，或者运输、收购、贩卖国家限制进出口货物、物品，数额较大，没有合法证明的。

第一百四十二条 与走私罪犯通谋，为其提供贷款、资金、帐号、发票、证明，或者为其提供运输、保管、邮寄或者其他方便的，以走私罪的共犯论处。

第一百四十三条 武装掩护走私的，依照本法第一百三十五条的规定从重处罚。

以暴力、威胁方法抗拒缉私的，以走私罪和本法第二百五十条规定的阻碍国家工作人员依法执行职务罪，依照数罪并罚的规定处罚。

第三节 妨害对公司、企业的管理秩序罪

第一百四十四条 申请公司登记使用虚假证明文件或者采取其他欺诈手段虚报注册资本，欺骗公司登记主管部门，取得公司登记，虚报注册资本数额巨大、后果严重或者有其他严重情节的，处三年以下有期徒刑或者拘役，可以并处虚报注册资本金额百分之十以下罚金。

申请公司登记的单位犯前款罪的，对单位判处虚报注册资本金额百分之十以下罚金，并对其直接负责的主管人员和其他直接责任人员，处三年以下有期徒刑或者拘役。

第一百四十五条 公司发起人、股东违反公司法的规定未交付货币、实物或者未转移财产权，虚假出资，或者在公司成立后又抽逃其出资，数额巨大、后果严重或者有其他严重情节的，处五年以下有期徒刑或者拘役，可以并处虚假出资金额或者抽逃出资金额百分之十以下罚金。

单位犯前款罪的，对单位判处虚假出资金额或者抽逃出资金额百分之十以下罚金，并对其直接负责的主管人员和其他直接责任人员，处五年以下有期徒刑或者拘役。

第一百四十六条 制作虚假的招股说明书、认股书、公司债券募集办法发行股票或者公司债券，数额巨大、后果严重或者有其他严重情节的，处五年以下有期徒刑或者拘役，可以并处非法募集资金金额百分之五以下罚金。

单位犯前款罪的，对单位判处非法募集资金金额百分之五以下罚金，并对其直接负责的主管人员和其他直接责任人员，处五年以下有期徒刑或者拘役。

第一百四十七条 公司向股东和社会公众提供虚假的或者隐瞒重要事实的财务会计报告，严重损害股东或者其他人利益的，对其直接负责的主管人员和其他责任人员，处三年以下有期徒刑或者拘役，可以并处二十万元以下罚金。

第一百四十八条 公司进行清算时，隐匿财产，对资产负债表或者财产清单作虚伪记载或者在未清偿债务前分配公司财产，严重损害债权人或者其他人利益的，对其直接负责的主管人员和其他直接责任人员，处五年以下有期徒刑或者拘役，可以并处二十万元以下罚金。

第一百四十九条 公司的工作人员利用职务上的便利，索取或者收受贿赂，数额较大的，处五年以下有期徒刑或者拘役；数额巨大的，处五年以上有期徒刑，可以并处没收财产。

公司的工作人员在经济往来中，违反国家规定收受各种名义的回扣、手续费，归个人所有的，依照前款规定处罚。

有限责任公司、股份有限公司以外的企业的职工有第一款、第二款规定的犯罪行为的，依照第一款、第二款的规定处罚。

国家工作人员有前三款规定的犯罪行为的，依照本法第三百三十四条规定的受贿罪处罚。

第一百五十条 有限责任公司、股份有限公司以外的企业法人犯本法第一百四十四条、第一百四十五条、第一百四十六条、第一百四十八条规定之罪的，依照各该条的规定处罚。

第四节 破坏金融管理秩序罪

第一百五十一条 伪造货币的，处三年以上十年以下有期徒刑，并处五万元以上五十万元以下罚金。有下列情形之一的，处十年以上有期徒刑、无期徒刑或者死刑，并处没收财产：

（一）伪造货币集团的首要分子；

（二）伪造货币数额特别巨大的；

（三）有其他特别严重情节的。

第一百五十二条 出售、购买伪造的货币或者明知是伪造的货币而运输，数额较大的，处三年以下有期徒刑或者拘役，并处二万元以上二十万元以下罚金；数额巨大的，处三年以上十年以下有期徒刑，并处五万元以上五十万元以下罚金；数额特别巨大的，处十年以上有期徒刑或者无期徒刑，并处没收财产。

银行或者其他金融机构的工作人员购买伪造的货币或者利用职务上的便利，以伪造的货币换取货币的，处三年以上十年以下有期徒刑，并处二万元以上二十万元以下罚金；数额巨大或者有其他严重情节的，处十年以上有期徒刑或者无期徒刑，并处没收财产；情节较轻的，处三年以下有期徒刑或者拘役，并处或者单处一万元以上十万元以下罚金。

伪造货币并出售或者运输伪造的货币的，依照第一百五十一条的规定从重处罚。

第一百五十三条 明知是伪造的货币而持有、使用，数额较大的，处三年以下有期徒刑或者拘役，并处一万元以上十万元以下罚金；数额巨大的，处三年以上十年以下有期徒刑，并处二万元以上二十万元以下罚金；数额特别巨大的，处十年以上有期徒刑，并处五万元以上五十万元以下罚金或者没收财产。

第一百五十四条 变造货币，数额较大的，处三年以下有期徒刑或者拘役，并处一万元以上十万元以下罚金；数额巨大的，处三年以上十年以下有期徒刑，并处二万元以上二十万元以下罚金。

第一百五十五条 未经中国人民银行批准，擅自设立商业银行或者其他金融机构的，处三年以下有期徒刑或者拘役，并处或者单处二万元以上二十万元以下罚金；情节严重的，处三年以上十年以下有期徒刑，并处五万元以上五十万元以下罚金。

伪造、变造、转让商业银行或者其他金融机构经营许可证的，依照前款的规定处罚。

单位犯前两款罪的，对单位判处罚金，并对其直接负责的主管人员和其他直接责任人员，依照第一款的规定处罚。

第一百五十六条 非法吸收公众存款或者变相吸收公众存款，扰乱金融秩序的，处三年以下有期徒刑或者拘役，并处或者单处二万元以上二十万元以下罚金；数额巨大或者有其他严重情节的，处三年以上十年以下有期徒刑，并处五万元以上五十万元以下罚金。

单位犯前款罪的，对单位判处罚金，并对其直接负责的主管人员和其他直接责任人员，依照前款的规定处罚。

第一百五十七条 有下列情形之一，伪造、变造金融票证的，处五年以下有期徒刑或者拘役，并处二万元以上二十万元以下罚金；情节严重的，处五年以上十年以下有期徒刑，并处五万元以上五十万元以下罚金；情节特别严重的，处十年以上有期徒刑或者无期徒刑，并处没收财产：

（一）伪造、变造汇票、本票、支票的；

（二）伪造、变造委托收款凭证、汇款凭证、银行存单等其他银行结算凭证的；

（三）伪造、变造信用证或者附随的单据、文件的；

（四）伪造信用卡的。

单位犯前款罪的，对单位判处罚金，并对其直接负责的主管人员和其他直接责任人员，依照前款的规定处罚。

第一百五十八条 未经公司法规定的有关主管部门批准，擅自发行股票、公司债券，数额巨大、后果严重或者有其他严重情节的，处五年以下有期徒刑或者拘役，可以并处非法募集资金金额百分之五以下罚金。

单位犯前款罪的，对单位判处非法募集资金金额百分之五以下罚金，并对其直接负责的主管人员，处五年以下有期徒刑或者拘役。

第一百五十九条 证券交易内幕信息的知情人员或者非法获取证券交易内幕信息的人员，在涉及证券的发行、交易或者其他对证券的价格有重大影响的信息尚未公开前，买入或者卖出该证券，或者泄露该信息的，处五年以下有期徒刑或者拘役，并处或者单处违法所得一倍以上五倍以下罚金；情节严重的，处五年以上十年以下有期徒刑，并处违法所得一倍以上五倍以下罚金。

单位犯前款罪的，对单位判处违法所得一倍以上五倍以下罚金，并对其直接负责的主管人员和其他直接责任人员，处五年以下有期徒刑或者拘役。

第一百六十条 证券交易当事人出售其并不持有的证券或者买入明知交易对方并不持有的证券，数额较大的，处五年以下有期徒刑或者拘役，并处或者单处非法买卖证券等值的罚金。

证券公司从业人员违反法律规定，为客户卖出其帐户上未实有的证券，数额较大的，处五年以下有期徒刑或者拘役，并处或者单处非法买卖证券等值的罚金。

单位犯前两款罪的，对单位判处非法买卖证券等值的罚金，并对其直接负责的主管人员和其他直接责任人员，处五年以下有期徒刑或者拘役。

第一百六十一条 编造并且传播影响证券交易的虚假信息，扰乱证券交易市场，造成严重后果的，处三年以下有期徒刑或者拘役，并处或者单处一万元以上十万元以下罚金。

证券交易所、证券公司的从业人员，证券业协会或者证券管理部门的工作人员，故意提供虚假信息，伪造、变造或者销毁交易记录，诱骗投资者买卖证券，处五年以下有期徒刑或者拘役，并处或者单处一万元以上十万元以下罚金；情节恶劣的，处五年以上十年以下有期徒刑，并处一万元以上十万元以下罚金。

单位犯前两款罪的，对单位判处十万元以上五十万元以下罚金，并对其直接负责的主管人员和其他直接责任人员，处五年以下有期徒刑或者拘役。

第一百六十二条　有下列操纵证券交易价格行为之一，获取不正当利益或者转嫁风险，情节严重的，处五年以下有期徒刑或者拘役，并处或者单处违法所得一倍以上五倍以下罚金：

（一）通过合谋，集中资金优势，联合或者连续买卖，操纵证券交易价格的；

（二）与他人串通，进行不转移证券所有权的虚买虚卖，制造证券交易的虚假价格的；

（三）以自己为交易对象，进行证券的自买自卖，制造证券交易的虚假价格的；

（四）利用职务便利抬高或者压低证券交易价格的；

（五）以其他方法操纵证券交易价格的。

单位犯前款罪的，对单位判处违法所得一倍以上五倍以下罚金，并对其直接负责的主管人员和其他直接责任人员，处五年以下有期徒刑或者拘役。

第一百六十三条　保险公司的工作人员利用职务上的便利，故意编造未曾发生的保险事故进行虚假理赔，骗取保险金归自己所有的，依照侵占罪的规定处罚。

国家工作人员有前款行为的，依照贪污罪的规定处罚。

第一百六十四条　银行或者其他金融机构的工作人员在金融业务中索取、收受贿赂，或者违反国家规定收受各种名义的回扣、手续费的，依照本法第一百四十九条的规定处罚。

国家工作人员有前款行为的，依照本法第三百三十四条受贿罪的规定处罚。

第一百六十五条　银行或者其他金融机构的工作人员利用职务上的便利，挪用单位或者客户资金的，依照本法第二百四十五条的规定处罚。

国家工作人员有前款行为的，依照本法第三百三十二条挪用公款罪的规定处罚。

第一百六十六条　银行或者其他金融机构的工作人员违反法律、行政法规规定，向关系人发放信用贷款或者发放担保贷款的条件优于其他借款人同类贷款的条件，造成较大损失的，处五年以下有期徒刑或者拘役，并处一万元以上十万元以下罚金；造成重大损失的，处五年以上有期徒刑，并处二万元以上二十万元以下罚金。

银行或者其他金融机构的工作人员违反法律、行政法规规定，向关系人以外的其他人发放贷款，造成重大损失的，处五年以下有期徒刑或者拘役，并处一万元以上十万元以下罚金；造成特别重大损失的，处五年以上有期徒刑，并处二万元以上二十万元以下罚金。

单位犯前两款罪的，对单位判处罚金，并对其直接负责的主管人员和其他直接责任人员，依照前两款的规定处罚。

第一百六十七条　银行或者其他金融机构的工作人员违反规定，为他人出具信用证或者其他保函、票据、资信证明，造成较大损失的，处五年以下有期徒刑或者拘役；造成重大损失的，处五年以上有期徒刑。

单位犯前款罪的，对单位判处罚金，并对其直接负责的主管人员和其他直接责任人员，依照前款的规定处罚。

第一百六十八条　金融机构工作人员在票据业务中，对违反票据法规定的票据予以承兑、付款或者保证，造成重大损失的，处五年以下有期徒刑或者拘役；造成特别重大损失的，处五年以上有期徒刑。

单位犯前款罪的，对单位判处罚金，并对其直接负责的主管人员和其他直接责任人员，依照前款规定处罚。

第五节　金融诈骗罪

第一百六十九条　以非法占有为目的，使用诈骗方法非法集资的，处三年以下有期徒刑或者拘役，并处二万元以上二十万元以下罚金；数额巨大或者有其他严重情节的，处三年以上十年以下有期徒刑，并处五万元以上五十万元以下罚金；数额特别巨大或者有其他特别严重情节的，处十年以上有期徒刑、无期徒刑或者死刑，并处没收财产。

单位犯前款罪的，对单位判处罚金，并对其直接负责的主管人员和其他直接责任人员，依照前款的规定处罚。

第一百七十条　有下列情形之一，以非法占有为目的，诈骗银行或者其他金融机构的贷款，数额较大的，处五年以下有期徒刑或者拘役，并处二万元以上二十万元以下罚金；数额巨大或者有其他严重情节的，处五年以上十年以下有期徒刑，并处五万元以上五十万元以下罚金；数额特别巨大或者有其他特别严重情节的，处十年以上有期徒刑或者无期徒刑，并处没收财产：

（一）编造引进资金、项目等虚假理由的；

（二）使用虚假的经济合同的；

（三）使用虚假的证明文件的；

（四）使用虚假的产权证明作担保的；

（五）以其他方法诈骗贷款的。

第一百七十一条　有下列情形之一，进行金融票据诈骗活动，数额较大的，处五年以下有期徒刑或者拘役，并处二万元以上二十万元以下罚金；数额巨大或者有其他严重情节的，处五年以上十年以下有期徒刑，并处五万元以上五十万元以下罚金；数额特别巨大或者有其他特别严重情节的，处十年以上有期徒刑、无期徒刑或者死刑，并处没收财产：

（一）明知是伪造、变造的汇票、本票、支票而使用的；

（二）明知是作废的汇票、本票、支票而使用的；

（三）冒用他人的汇票、本票、支票的；

（四）签发空头支票或者与其预留印鉴不符的支票，骗取财物的；

（五）汇票、本票的出票人签发无资金保证的汇票、本票或者在出票时作虚假记载，骗取财物的。

使用伪造、变造的委托收款凭证、汇款凭证、银行存单等其他银行结算凭证的，依照前款的规定处罚。

单位犯前两款罪的，对单位判处罚金，并对其直接负责的主管人员和其他直接责任人员，依照第一款的规定处罚。

第一百七十二条 有下列情形之一，进行信用证诈骗活动，处五年以下有期徒刑或者拘役，并处二万元以上二十万元以下罚金；数额巨大或者有其他严重情节的，处五年以上十年以下有期徒刑，并处五万元以上五十万元以下罚金；数额特别巨大或者有其他特别严重情节的，处十年以上有期徒刑、无期徒刑或者死刑，并处没收财产：

（一）使用伪造、变造的信用证或者附随的单据、文件的；

（二）使用作废的信用证的；

（三）骗取信用证的；

（四）以其他方法进行信用证诈骗活动的。

单位犯前款罪的，对单位判处罚金，并对其直接负责的主管人员和其他直接责任人员，依照前款的规定处罚。

第一百七十三条 有下列情形之一，进行信用卡诈骗活动，数额较大的，处五年以下有期徒刑或者拘役，并处二万元以上二十万元以下罚金；数额巨大或者有其他严重情节的，处五年以上十年以下有期徒刑，并处五万元以上五十万元以下罚金；数额特别巨大或者有其他特别严重情节的，处十年以上有期徒刑或者无期徒刑，并处没收财产：

（一）使用伪造的信用卡的；

（二）使用作废的信用卡的；

（三）冒用他人信用卡的；

（四）恶意透支的。

盗窃信用卡并使用的，依照盗窃罪的规定处罚。

第一百七十四条 有下列情形之一，进行保险诈骗活动，数额较大的，处五年以下有期徒刑或者拘役，并处一万元以上十万元以下罚金；数额巨大或者有其他严重情节的，处五年以上十年以下有期徒刑，并处二万元以上二十万元以下罚金；数额特别巨大或者有其他特别严重情节的，处十年以上有期徒刑，并处没收财产：

（一）投保人故意虚构保险标的，骗取保险金的；

（二）投保人、被保险人或者受益人对发生的保险事故编造虚假的原因或者夸大损失的程度，骗取保险金的；

（三）投保人、被保险人或者受益人编造未曾发生的保险事故，骗取保险金的；

（四）投保人、被保险人故意造成财产损失的保险事故，骗取保险金的；

（五）投保人、受益人故意造成被保险人死亡、伤残或者疾病，骗取保险金的。

单位犯前款罪的，对单位判处罚金，并对其直接负责的主管人员和其他直接责任人员，依照第一款的规定处罚。

第六节 危害税收征管罪

第一百七十五条 纳税人采取伪造、变造、隐匿、擅自销毁帐簿、记帐凭证，在帐簿上多列支出或者不列、少列收入，或者进行虚假的纳税申报的手段，不缴或者少缴应纳税款，偷税数额占应纳税额的百分之十以上不满百分之三十并且偷税数额在一万元以上不满十万元的，或者因偷税被税务机关给予二次行政处罚又偷税的，处三年以下有期徒刑或者拘役，并处偷税数额一倍以上五倍以下的罚金；偷税数额占应纳税额的百分之三十以上并且偷税数额在十万元以上的，处三年以上七年以下有期徒刑，并处偷税数额一倍以上五倍以下的罚金。

扣缴义务人采取前款所列手段，不缴或者少缴已扣、已收税款，数额占应缴税额的百分之十以上并且数额在一万元以上的，依照前款规定处罚。

对多次犯有前两款规定的违法行为未经处罚的，按照累计数额计算。

第一百七十六条 以暴力、威胁方法拒不缴纳税款的，处三年以下有期徒刑或者拘役，并处拒缴税款一倍以上五倍以下的罚金；情节严重的，处三年以上七年以下有期徒刑，并处拒缴税款一倍以上五倍以下罚金。

以暴力方法抗税，致人重伤或者死亡，按照伤害罪、杀人罪从重处罚，并依照前款规定处以罚金。

第一百七十七条 纳税人欠缴应纳税款，采取转移或者隐匿财产的手段，致使税务机关无法追缴欠缴的税款，数额在一万元以上不满十万元的，处三年以下有期徒刑或者拘役，并处欠缴税款一倍以上五倍以下的罚金；数额在十万元以上的，处三年以上七年以下有期徒刑，并处欠缴税款一倍以上五倍以下的罚金。

第一百七十八条 纳税人交纳税款后，采取对所生产或者经营的商品假报出口等欺骗手段，骗取国家出口退税款，数额在一万元以上的，处骗取税款一倍以上五倍以下的罚金，并对其直接负责的主管人员和其他直接责任人员，处三年以下有期徒刑或者拘役。

未交纳税款，骗取国家出口退税款的，依照本法第二百三十九条的规定处罚，并处骗取税款一倍以上五倍以下的罚金。

第一百七十九条 虚开增值税专用发票或者虚开用于骗取出口退税、抵扣税款的其他发票的，处三年以下有期徒刑或者拘役，并处二万元以上二十万元以下罚金；虚开的税款额较大或者有其他严重情节的，处三年以上十年以下有期徒刑，并处五万元以上五十万元以下罚金；虚开的税款数额巨大或者有其他特别严重情节的，处十年以上有期徒刑或者无期徒刑，并处没收财产。

有前款行为骗取国家税款，数额特别巨大、情节特别严重、给国家利益造成特别重大损失的，处无期徒刑或者死刑，并处没收财产。

虚开增值税专用发票或者虚开用于骗取出口退税、抵扣税款的其他发票是指有为他人虚开、为自己虚开、让他人为自己虚开、介绍他人虚开行为之一的。

第一百八十条 伪造或者出售伪造的增值税专用发票的，处三年以下有期徒刑或者拘役，并处二万元以上二十万元以下罚金；数量较大或者有其他严重情节的，处三年以上十年以下有期徒刑，并处五万元以上五十万元以下罚金；数量巨大或者有其他特别严重情节的，处十年以上有期徒刑或者无期徒刑，并处没收财产。

伪造并出售伪造的增值税专用发票，数量特别巨大，情节特别严重、严重破坏经济秩序的，处无期徒刑或者死刑，并处没收财产。

伪造、出售伪造的增值税专用发票的犯罪集团的首要分子，分别依照前两款的规定从重处罚。

第一百八十一条 非法出售增值税专用发票的，处三年以下有期徒刑或者拘役，并处二万元以上二十万元以下罚金；数量较大的，处三年以上十年以下有期徒刑，并处五万元以上五十万元以下罚金；数量巨大的，处十年以上有期徒刑或者无期徒刑，并处没收财产。

第一百八十二条 非法购买增值税专用发票或者购买伪造的增值税专用发票的，处五年以下有期徒刑、拘役，并处或者单处二万元以上二十万元以下罚金。

非法购买增值税专用发票或者购买伪造的增值税专用发票又虚开或者出售的，分别依照本法第一百七十九条、第一百八十条、第一百八十一条的规定处罚。

第一百八十三条 伪造、擅自制造或者出售伪造、擅自制造的可以用于骗取出口退税、抵扣税款的其他发票的，处三年以下有期徒刑或者拘役，并处二万元以上二十万元以下罚金；数量巨大的，处三年以上七年以下有期徒刑，并处五万元以上五十万元以下罚金，数额特别巨大的，处七年以上有期徒刑，并处没收财产。

伪造、擅自制造或者出售伪造、擅自制造的前款规定以外的其他发票的，处二年以下有期徒刑或者拘役，并处或者单处一万元以上五万元以下罚金；情节严重的，处二年以上七年以下有期徒刑，并处五万元以上五十万元以下罚金。

非法出售可以用于骗取出口退税、抵扣税款的其他发票的，依照第一款的规定处罚。

非法出售前款规定以外的其他发票的，依照第二款的规定处罚。

第一百八十四条 单位犯本节规定之罪的，对单位判罚金，并对其直接负责的主管人员和其他直接责任人员，依照各该条的规定处罚。

第七节 侵犯知识产权罪

第一百八十五条 未经注册商标所有人许可，在同一种商品上使用与其注册商标相同的商标，违法所得数额较大或者有其他严重情节的，处三年以下有期徒刑或者拘役，可以并处或者单处罚金；违法所得数额巨大的，处三年以上七年以下有期徒刑，并处罚金。

第一百八十六条 销售明知是假冒注册商标的商品，违法所得数额较大的，处三年以下有期徒刑或者拘役，可以并处或者单处罚金；违法所得数额巨大的，处三年以上七年以下有期徒刑，并处罚金。

第一百八十七条 伪造、擅自制造他人注册商标标识或者销售伪造、擅自制造的注册商标标识，违法所得数额较大或者有其他严重情节的，处三年以下有期徒刑或者拘役，可以并处或者单处罚金；违法所得数额巨大的，处三年以上七年以下有期徒刑，并处罚金。

第一百八十八条 未经专利权人许可，使用其专利，违法所得数额较大或者有其他严重情节的，处三年以下有期徒刑或者拘役，可以并处或者单处罚金；违法所得数额巨大的，处三年以上七年以下有期徒刑，并处罚金。

第一百八十九条 以营利为目的，有下列侵犯著作权情形之一，违法所得数额较大或者有其他严重情节的，处三年以下有期徒刑或者拘役，可以并处或者单处罚金；违法所得数额巨大或者有其他特别严重情节的，处三年以上七年以下有期徒刑，并处罚金：

（一）未经著作权人许可，复制发行其文字作品、音乐、电影、电视、录像作品、计算机软件及其他作品的；

（二）出版他人享有专有出版权的图书的；

（三）未经录音录像制作者许可，复制发行其制作的录音录像的；

（四）制作、出售假冒他人署名的美术作品的。

第一百九十条 以营利为目的，销售明知是第一百八十九条规定的侵权复制品，违法所得数额较大的，处二年以下有期徒刑或者拘役，可以并处或者单处罚金；违法所得数额巨大的，处二年以上五年以下有期徒刑，并处罚金。

第一百九十一条　单位犯本节规定之罪的，对单位判处罚金，并对其直接负责的主管人员和其他直接责任人员，依照本节各该条的规定处罚。

第八节　扰乱市场秩序罪

第一百九十二条　经营者有下列行为之一，给商业秘密的权利人造成重大损失的，处三年以下有期徒刑或者拘役，可以并处或者单处罚金；造成特别严重后果的，处三年以上七年以下有期徒刑，可以并处或者单处罚金：

（一）以盗窃、利诱、胁迫或者其他不正当手段获取权利人的商业秘密；

（二）披露、使用或者允许他人使用以前项手段获取的权利人的商业秘密；

（三）违反约定或者违反权利人有关保守商业秘密的要求，披露、使用或者允许他人使用其所掌握的商业秘密。

第三人明知或者应知前款所列行为，获取、使用或者披露他人的商业秘密，以侵犯商业秘密论。

本条所称的商业秘密，是指不为公众所知悉、能为权利人带来经济利益、具有实用性并经权利人采取保密措施的技术信息和经营信息。

本条所称的权利人，是指商业秘密的所有人和经商业秘密所有人许可的商业秘密使用人。

第一百九十三条　经营者捏造并散布虚伪事实或者指使他人捏造并散布虚伪事实，损害竞争对手的商业信誉、商品声誉，给对方造成重大损失的，处二年以下有期徒刑或者拘役，可以并处或者单处罚金。

第一百九十四条　违反法律规定，利用广告对商品或者服务作虚假宣传，情节严重的，处二年以下有期徒刑或者拘役，可以并处或者单处罚金。

第一百九十五条　投标人相互串通投标报价，损害招标人或者其他投标人利益，情节严重的，处三年以下有期徒刑或者拘役，可以并处或者单处罚金。

投标人与招标人串通投标，损害国家、集体、公民的合法利益的，依照前款的规定处罚。

第一百九十六条　有下列情形之一，以非法占有为目的，在签订、履行合同过程中，骗取对方当事人财物，数额较大的，处三年以下有期徒刑或者拘役，可以并处或者单处罚金；数额巨大或者情节严重的，处三年以上十年以下有期徒刑，并处罚金；数额特别巨大或者情节特别严重的，处十年以上有期徒刑或者无期徒刑，并处没收财产：

（一）以虚构的单位或者冒用他人名义签订合同的；

（二）以伪造、变造、作废的票据或者其他虚假的产权证明作担保的；

（三）没有实际履行能力，以先履行小额合同或者部分履行合同的方法，诱骗对方当事人继续签订和履行合同的；

（四）收受对方当事人给付的货物、货款、预付款或者担保财产后逃匿的；

（五）以其他方法骗取对方当事人财物的。

第一百九十七条　违反国家规定、经营法律、行政法规规定的专营、专卖物品，情节严重的，处五年以下有期徒刑或者拘役，可以并处或者单处违法所得一倍以上五倍以下罚金；情节特别严重的，处五年以上有期徒刑，并处违法所得一倍以上五倍以下罚金或者没收财产。

第一百九十八条　买卖进出口配额许可证，情节严重的，处三年以下有期徒刑或者拘役，可以并处或者单处违法所得一倍以上五倍以下罚金；情节特别严重的，处三年以上十年以下有期徒刑，并处违法所得一倍以上五倍以下罚金。

第一百九十九条　在商品交易中，以暴力、威胁手段强买强卖，情节严重的，处三年以下有期徒刑或者拘役，可以单处或者并处罚金。

第二百条　伪造或者倒卖伪造的车票、船票，数额较大的，处二年以下有期徒刑或者拘役，可以并处或者单处票证价额一倍以上五倍以下罚金；数额巨大的，处二年以上七年以下有期徒刑，可以并处票证价额一倍以上五倍以下罚金。

第二百零一条　承担资产评估、验资、验证、审计职责的人员故意提供虚假证明文件，情节严重的，处五年以下有期徒刑或者拘役，可以并处二十万元以下罚金。

单位犯前款罪的，对单位判处违法所得一倍以上五倍以下罚金，并对其直接负责的主管人员和其他直接责任人员，处五年以下有期徒刑或者拘役。

第二百零二条　违反矿产资源保护法的规定，未取得采矿许可证擅自采矿的，擅自进入国家规划矿区、对国民经济具有重要价值的矿区和他人矿区范围采矿的，擅自开采国家规定实行保护性开采的特定矿种，经责令停止开采后拒不停止开采，造成矿产资源破坏的，处三年以下有期徒刑或者拘役，可以并处或者单处罚金。

第二百零三条　违反进出口商品检验法的规定，逃避商品检验，将必须经商检机构检验的进口商品未报经检验而擅自销售、使用，或者将必须经商检机构检验的出口商品未报经检验合格而擅自出口，致使国家、集体遭受重大损失的，处三年以下有期徒刑或者拘役，可以并处或者单处罚金。

第二百零四条　单位犯本节规定之罪的，对单位判处罚金，并对其直接负责的主管人员和其他直接责任人员，依照本节各该条的规定处罚。

第四章 侵犯公民人身权利、民主权利罪

第二百零五条 保护公民的人身权利、民主权利和其他权利，不受任何人、任何机关非法侵犯。违法侵犯情节严重的，对直接责任人员予以刑事处分。

第二百零六条 故意杀人的，处死刑、无期徒刑或者十年以上有期徒刑。

第二百零七条 生母溺婴的，处五年以下有期徒刑。

第二百零八条 过失致人死亡的，处七年以下有期徒刑。本法另有规定的，依照规定。

第二百零九条 故意伤害他人身体的，处三年以下有期徒刑或者拘役。

犯前款罪，致人重伤的，处三年以上十年以下有期徒刑；致人死亡或者情节特别恶劣的，处十年以上有期徒刑或者无期徒刑。本法另有规定的，依照规定。

第二百一十条 过失伤害他人致人重伤的，处三年以下有期徒刑或者拘役。本法另有规定的，依照规定。

第二百一十一条 以暴力、胁迫或者其他手段强奸妇女的，处五年以上十年以下有期徒刑。

奸淫不满十四岁的幼女的，以强奸论，从重处罚。

强奸妇女、奸淫幼女，有下列情节之一的，处十年以上有期徒刑、无期徒刑或者死刑：

（一）强奸妇女、奸淫幼女情节恶劣的；

（二）强奸妇女、奸淫幼女多人的；

（三）在公共场所当众强奸妇女的；

（四）二人以上轮奸的；

（五）致使被害人死亡、重伤或者引起被害人自杀或者其他严重后果的。

第二百一十二条 以暴力、胁迫或者其他方法强制猥亵妇女的，处五年以下有期徒刑或者拘役。

聚众或者在公共场所当众犯前款罪，社会影响恶劣或者造成严重后果的，处五年以上十年以下有期徒刑。

猥亵儿童的，依照前两款的规定从重处罚。

第二百一十三条 非法拘禁他人或者以其他方法非法剥夺他人人身自由的，处三年以下有期徒刑、拘役或者剥夺政治权利。具有殴打、侮辱情节的，从重处罚。

犯前款罪，致人重伤的，处三年以上十年以下有期徒刑；致人死亡的，处七年以上有期徒刑。

国家机关工作人员利用职权犯前两款罪的，依照前两款的规定从重处罚。

非法拘禁他人索取债务的，依照第一款、第二款的规定处罚。司法工作人员利用职权实施上述行为的，从重处罚。

第二百一十四条 以勒索财物为目的绑架他人的，处十年以上有期徒刑或者无期徒刑，并处罚金或者没收财产；致使被绑架人死亡或者杀害被绑架人的，处死刑，并处没收财产。

以勒索财物为目的偷盗婴幼儿的，依照前款规定处罚。

第二百一十五条 以出卖为目的，使用暴力、胁迫或者麻醉方法绑架妇女、儿童的，处十年以上有期徒刑或者无期徒刑，并处一万元以下罚金或者没收财产；情节特别严重的，处死刑，并处没收财产。

以出卖为目的偷盗婴幼儿的，依照前款规定处罚。

第二百一十六条 拐卖妇女、儿童的，处五年以上十年以下有期徒刑，并处一万元以下罚金；有下列情形之一的，处十年以上有期徒刑或者无期徒刑，并处一万元以下罚金或者没收财产；情节特别严重的，处死刑，并处没收财产：

（一）拐卖妇女、儿童集团的首要分子；

（二）拐卖妇女、儿童三人以上的；

（三）奸淫被拐卖的妇女的；

（四）诱骗、强迫被拐卖的妇女卖淫或者将被拐卖的妇女卖给他人迫使其卖淫的；

（五）造成被拐卖的妇女、儿童或者其亲属重伤、死亡或者其他严重后果的；

（六）将妇女、儿童卖往境外的。

拐卖妇女、儿童是指以出卖为目的，有拐骗、收买、贩卖、接送、中转妇女、儿童的行为之一的。

第二百一十七条 收买被拐卖、绑架的妇女、儿童的，处三年以下有期徒刑、拘役或者管制。

收买被拐卖、绑架的妇女，强行与其发生性关系的，依照本法关于强奸罪的规定处罚。

收买被拐卖、绑架的妇女、儿童，非法剥夺、限制其人身自由或者有伤害、侮辱、虐待等犯罪行为的，依照本法的有关规定处罚。

收买被拐卖、绑架的妇女、儿童，并有第二款、第三款规定的犯罪行为的，依照数罪并罚的规定处罚。

收买被拐卖、绑架的妇女、儿童又出卖的，依照本法第二百一十六条的规定处罚。

收买被拐卖、绑架的妇女、儿童，按照被买妇女的意愿，不阻碍其返回原居住地的，对被买儿童没有虐待行为，不阻碍对其进行解救的，可以不追究刑事责任。

第二百一十八条 以暴力、威胁方法阻碍国家工作人员解救被收买的妇女、儿童的，依照本法第二百五十条的规定处罚。

聚众阻碍国家工作人员解救被收买的妇女、儿童的首要分子，处五年以下有期徒刑或者拘役；其他参与者，依照前款的规定处罚。

第二百一十九条　捏造事实诬告陷害他人，情节严重的，处三年以下有期徒刑或者拘役；造成严重后果的，处三年以上十年以下有期徒刑。

国家工作人员犯诬陷罪的，从重处罚。

不是有意诬陷，而是错告，或者检举失实的，不适用前两款规定。

第二百二十条　写恐吓信或者以其他恐吓方法，威胁他人人身、财产安全，严重危害他人身心健康，影响生产、工作、生活正常进行的，处三年以下有期徒刑或者拘役。

第二百二十一条　违反劳动管理法规，以限制人身自由方法强迫他人劳动的，处三年以下有期徒刑或者拘役，可以并处罚金。

第二百二十二条　非法搜查他人身体、住宅，或者非法侵入他人住宅的，处三年以下有期徒刑或者拘役。

第二百二十三条　以暴力或者其他方法，包括用"大字报"、"小字报"，公然侮辱他人或者捏造事实诽谤他人，情节严重的，处三年以下有期徒刑、拘役或者剥夺政治权利。

前款罪，告诉的才处理。但是严重危害社会秩序和国家利益的除外。

第二百二十四条　国家工作人员滥用职权、假公济私，对控告人、申诉人、批评人、举报人实行报复陷害的，处二年以下有期徒刑或者拘役；情节严重的，处二年以上七年以下有期徒刑。

第二百二十五条　国家工作人员对犯罪嫌疑人实行刑讯逼供或者使用暴力逼取证人证言的，处三年以下有期徒刑或者拘役。以肉刑致人伤残的，依照伤害罪的规定从重处罚。

第二百二十六条　监狱、拘留所、看守所等监管机构的监管人员对被监管人进行殴打或者体罚虐待，情节严重的，处三年以下有期徒刑或者拘役；情节特别严重的，处三年以上十年以下有期徒刑。

监管人员指使、纵容被监管人殴打或者体罚虐待其他被监管人的，依照前款规定处罚。

第二百二十七条　违反选举法的规定，破坏选举，有下列情形之一，情节严重的，处三年以下有期徒刑、拘役或者剥夺政治权利：

（一）以暴力、威胁、欺骗、贿赂等手段破坏选举或者妨害选民和代表自由行使选举权和被选举权的；

（二）伪造选举文件、虚报选举票数或者有其他违法行为的；

（三）对于控告、检举选举中违法行为的人，或者对于提出要求罢免代表的人进行压制、报复的。

第二百二十八条　国家工作人员非法剥夺公民的宗教信仰自由和侵犯少数民族风俗习惯，情节严重的，处二年以下有期徒刑或者拘役。

第二百二十九条　隐匿、毁弃或者非法开拆他人信件，侵犯公民通信自由权利，情节严重的，处一年以下有期徒刑或者拘役。

第二百三十条　邮电工作人员私自开拆或者隐匿、毁弃邮件、电报的，处二年以下有期徒刑或者拘役。

犯前款罪而窃取财物的，依照盗窃罪的规定从重处罚。

第二百三十一条　以暴力干涉他人婚姻自由的，处二年以下有期徒刑或者拘役。

犯前款罪，引起被害人死亡的，处二年以上七年以下有期徒刑。

第一款罪，告诉的才处理。

第二百三十二条　有配偶而重婚的，或者明知他人有配偶而与之结婚的，处二年以下有期徒刑或者拘役。

第二百三十三条　明知是现役军人的配偶而与之同居或者结婚的，处三年以下有期徒刑。

第二百三十四条　虐待家庭成员，情节恶劣的，处二年以下有期徒刑、拘役或者管制。

犯前款罪，引起被害人重伤、死亡的，处二年以上七年以下有期徒刑。

第一款罪，告诉的才处理。

第二百三十五条　对于年老、年幼、患病或者其他没有独立生活能力的人，负有扶养义务而拒绝扶养，情节恶劣的，处五年以下有期徒刑、拘役或者管制。

第二百三十六条　拐骗不满十四岁的男、女，脱离家庭或者监护人的，处五年以下有期徒刑或者拘役。

第五章　侵犯财产罪

第二百三十七条　以暴力、胁迫或者其他方法抢劫公私财物的，处三年以上十年以下有期徒刑，并处罚金或者没收财产；有下列情形之一的，处十年以上有期徒刑、无期徒刑或者死刑，并处没收财产：

（一）入户抢劫的；

（二）在公共交通工具上抢劫的；

（三）多次抢劫或者抢劫数额巨大的；

（四）抢劫致人重伤、死亡的；

（五）对在海上航行的船只实施抢劫、破坏等海盗行为的；

（六）冒充军警人员抢劫的；
（七）抢劫银行或者其他金融机构的；
（八）抢劫军用物资或者抢险、救灾、救济物资的。

第二百三十八条 盗窃公私财物，数额较大或者多次盗窃、入户盗窃的，处三年以下有期徒刑或者拘役，可以并处或者单处罚金；数额巨大或者情节严重的，处三年以上十年以下有期徒刑，并处罚金；数额特别巨大或者情节特别严重的，处十年以上有期徒刑、无期徒刑，并处没收财产。

携带凶器盗窃的，以抢劫罪论处。

第二百三十九条 诈骗公私财物，数额较大的，处三年以下有期徒刑或者拘役，可以并处或者单处罚金；数额巨大或者情节严重的，处三年以上十年以下有期徒刑，并处罚金；数额特别巨大或者情节特别严重的，处十年以上有期徒刑或者无期徒刑，并处没收财产。本法另有规定的，依照规定。

第二百四十条 抢夺公私财物，数额较大的，处三年以下有期徒刑或者拘役，可以并处或者单处罚金；数额巨大或者情节严重的，处三年以上十年以下有期徒刑，并处罚金；数额特别巨大或者情节特别严重的，处十年以上有期徒刑或者无期徒刑，并处没收财产。

携带凶器抢夺的，以抢劫罪论处。

第二百四十一条 聚众哄抢公私财物，数额较大或者情节严重的，对首要分子和积极参加的，处三年以下有期徒刑或者拘役，可以并处罚金；数额特别巨大或者情节特别严重的，处三年以上有期徒刑，并处罚金或者没收财产。

第二百四十二条 犯盗窃、抢夺罪，为窝藏赃物、抗拒逮捕或者毁灭罪证而当场使用暴力或者以暴力相威胁的，依照抢劫罪的规定处罚。

第二百四十三条 将自己代为收管的他人财物非法占为已有，数额较大，拒不退还的，处二年以下有期徒刑、拘役或者罚金；数额巨大或者情节严重的，处二年以上五年以下有期徒刑，并处罚金。

将他人的遗忘物或者埋藏物非法占为已有，数额较大，拒不交出的，依照前款规定处罚。

本条罪，告诉的才处理。

第二百四十四条 公司、企业或者其他单位的人员，利用职务或者工作上的便利，将本单位财物非法占为已有，数额较大的，处五年以下有期徒刑或者拘役；数额巨大的，处五年以上有期徒刑或者无期徒刑，可以并处没收财产。

非法将用于扶贫和其他公益事业的社会捐助或者专项基金的财物占为己有的，以贪污罪论处。

国家工作人员有前两款行为的，依照本法第三百三十一条的规定处罚。

第二百四十五条 公司、企业或者其他单位的工作人员，利用职务上的便利，挪用本单位资金归个人使用或者借贷给他人，数额较大、超过三个月未还的，或者虽未超过三个月，但数额较大、进行营利活动的，或者进行非法活动的，处三年以下有期徒刑或者拘役；挪用本单位资金数额较大不退还的，依照侵占罪的规定处罚。

国家工作人员有前款行为的，依照本法第三百三十二条的规定处罚。

第二百四十六条 挪用救灾、抢险、防汛、优抚、救济款物，情节严重，致使人民群众利益遭受重大损害的，对直接责任人员，处三年以下有期徒刑或者拘役；情节特别严重的，处三年以上七年以下有期徒刑。

第二百四十七条 以威胁方法敲诈勒索公私财物的，处五年以下有期徒刑或者拘役；情节严重的，处五年以上有期徒刑。

第二百四十八条 故意毁坏公私财物，情节严重的，处三年以下有期徒刑、拘役或者罚金。

第二百四十九条 由于泄愤报复或者其他个人目的，毁坏机器设备、残害耕畜或者以其他方法破坏生产经营的，处二年以下有期徒刑或者拘役；情节严重的，处二年以上七年以下有期徒刑。

第六章　妨害社会管理秩序罪

第一节　扰乱公共秩序罪

第二百五十条 以暴力、威胁方法阻碍国家工作人员依法执行职务的，处三年以下有期徒刑、拘役、罚金或者剥夺政治权利。

故意阻碍国家安全机关依法执行国家安全工作任务，未使用暴力、威胁方法，造成严重后果的，依照前款的规定处罚。

第二百五十一条 煽动群众暴力抗拒国家法律实施，扰乱社会秩序的，处三年以下有期徒刑、拘役或者管制，可以并处或者单处剥夺政治权利；造成严重后果的，处三年以上七年以下有期徒刑，可以并处剥夺政治权利。

第二百五十二条 冒充国家工作人员招摇撞骗的，处三年以下有期徒刑、拘役、管制或者剥夺政治权利；情节严重的，处三年以上十年以下有期徒刑。

第二百五十三条 伪造、变造或者盗窃、抢夺、毁灭国家机关的公文、证件、印章的，处三年以下有期徒刑、拘役、管制或者剥夺政治权利；情节严重的，处三年以上十年以下有期徒刑。

伪造企业、事业单位、人民团体的印章的，处三年以下有期徒刑。

伪造、变造居民身份证，处二年以下有期徒刑或者拘役；情节严重的，处二年以上七年以下有期徒刑。

第二百五十四条　违反规定，侵入国家事务、国防建设、尖端科学技术领域的计算机信息系统的，处三年以下有期徒刑或者拘役，可以单处或者并处罚金。

第二百五十五条　违反规定，对计算机信息系统功能进行删除、修改、增加、干扰，造成计算机信息系统不能正常运行，后果严重的，处五年以下有期徒刑或者拘役，可以并处或者单处罚金。

违反规定，对计算机信息系统中存储、处理或者传输的数据和应用程序进行删除、修改、增加的操作，后果严重的，依照前款规定处罚。

故意制作、传播破坏性程序，影响计算机系统正常运行，后果严重的，依照第一款规定处罚。

第二百五十六条　扰乱社会秩序，情节严重，致使工作、生产、营业和教学、科研无法进行，造成严重损失的，对首要分子处三年以上七年以下有期徒刑；其他积极参加的，处三年以下有期徒刑、拘役、管制或者剥夺政治权利。

冲击国家机关，致使国家机关工作无法进行，造成严重损失的，对首要分子处七年以上有期徒刑；其他积极参加的，处七年以下有期徒刑、拘役、管制或者剥夺政治权利。

第二百五十七条　聚众扰乱车站、码头、民用航空站、商场、公园、影剧院、展览会、运动场或者其他公共场所秩序，聚众堵塞交通或者破坏交通秩序，抗拒、阻碍国家治安管理工作人员依法执行职务，情节严重的，对首要分子处五年以下有期徒刑、拘役、管制或者剥夺政治权利。

第二百五十八条　聚众“打砸抢”的，对首要分子和其他积极参加的，处三年以下有期徒刑、拘役或者管制。因“打砸抢”致人伤残、死亡的，以伤害罪、杀人罪论处。毁坏或者抢走公私财物的，除判令退赔外，首要分子以抢劫罪论处。

犯前款罪，可以单独判处剥夺政治权利。

第二百五十九条　聚众斗殴的，对首要分子和其他积极参加的，处三年以下有期徒刑；有下列情形之一的，对首要分子和其他积极参加的，处三年以上十年以下有期徒刑：

（一）多次聚众斗殴的；

（二）聚众斗殴人数多，规模大，社会影响恶劣的；

（三）在公共场所或者交通要道聚众斗殴，造成社会秩序严重混乱的；

（四）持械聚众斗殴的。

聚众斗殴，致人重伤、死亡的，依照伤害罪、杀人罪的规定处罚。

第二百六十条　有下列寻衅滋事行为之一，破坏社会秩序的，处七年以下有期徒刑、拘役或者管制，可以并处罚金：

（一）随意殴打他人，情节恶劣的；

（二）追逐、拦截、辱骂他人，情节恶劣的；

（三）强拿硬要或者任意损毁公私财物，情节严重的；

（四）在公共场所起哄闹事，造成公共场所秩序严重混乱的。

第二百六十一条　有组织地进行违法犯罪活动，以暴力、威胁或者其他手段为非作恶，称霸一方，欺压群众，对首要分子或者其他罪恶重大的，处五年以上有期徒刑。

第二百六十二条　传授犯罪方法的，处五年以下有期徒刑或者拘役；情节严重的，处五年以上十年以下有期徒刑；情节特别严重的，处十年以上有期徒刑或者无期徒刑。

第二百六十三条　举行集会、游行、示威，未依照法律规定申请或者申请未获许可，或者未按照主管机关许可的起止时间、地点、路线进行，又拒不服从解散命令，严重破坏社会秩序的，对集会、游行、示威的负责人和直接责任人员，处五年以下有期徒刑、拘役、管制或者剥夺政治权利。

第二百六十四条　违反法律规定，携带武器、管制刀具或者爆炸物参加集会、游行、示威的，处三年以下有期徒刑或者拘役。

第二百六十五条　扰乱、冲击或者以其他方法破坏依法举行的集会、游行、示威，造成公共秩序混乱的，处五年以下有期徒刑、拘役、管制或者剥夺政治权利。

第二百六十六条　在公众场合故意以焚烧、毁损、涂划、玷污、践踏等方式侮辱中华人民共和国国旗、国徽的，处三年以下有期徒刑、拘役、管制或者剥夺政治权利。

第二百六十七条　煽动民族、宗教歧视、仇恨，情节严重的，处三年以下有期徒刑、拘役或者管制，可以并处或者单处剥夺政治权利。

第二百六十八条　组织会道门、邪教团体或者利用迷信奸淫妇女、鼓动他人自杀或者破坏国家法律实施的，处三年以上七年以下有期徒刑；情节特别严重的，处七年以上有期徒刑。

以迷信活动诈骗财物的，依照本法第二百三十九条规定的诈骗罪处罚。

第二百六十九条　聚众进行淫乱活动的，对首要分子或者多次参加者，处五年以下有期徒刑或拘役。

引诱未成年人参加聚众淫乱活动的，依照前款规定从重处罚。

第二百七十条 盗窃、侮辱尸体的，处三年以下有期徒刑或者拘役。

第二百七十一条 以营利为目的，聚众赌博或者以赌博为业的，处三年以下有期徒刑、拘役或者管制，可以并处罚金。

第二节 妨害司法罪

第二百七十二条 在刑事诉讼中，证人、鉴定人、记录人、翻译人对与案件有重要关系的情节，故意作虚假证明、鉴定、记录、翻译或者隐匿罪证的，处三年以下有期徒刑或者拘役；情节严重的，处三年以上十年以下有期徒刑。

第二百七十三条 在刑事诉讼中，律师故意提供虚假证据或者隐匿、毁灭证据，帮助当事人隐匿、毁灭、伪造证据或者串供，威胁、引诱证人改变证言或者作伪证的，处三年以下有期徒刑或者拘役；情节严重的，处三年以上十年以下有期徒刑。

第二百七十四条 以暴力、威胁、贿买等方法阻止证人作证或者指使、贿买、胁迫他人作伪证的，处三年以下有期徒刑或者拘役；情节严重的，处三年以上十年以下有期徒刑。

教唆、帮助当事人隐匿、毁灭、伪造证据，情节严重的，处三年以下有期徒刑或者拘役。

第二百七十五条 聚众哄闹、冲击法庭，或者殴打司法工作人员，严重扰乱法庭秩序，致使审判活动无法进行的，处三年以下有期徒刑、拘役或者罚金。

第二百七十六条 明知是犯罪的人而为其提供隐藏处所、财物，帮助其逃匿或者作假证明包庇的，处三年以下有期徒刑、拘役或者管制；情节严重的，处三年以上十年以下有期徒刑。

犯前款罪，事前通谋的，以共同犯罪论处。

第二百七十七条 明知他人有间谍犯罪行为，在国家安全机关向其调查有关情况、收集有关证据时，拒绝提供，情节严重的，处三年以下有期徒刑、拘役或者管制。

第二百七十八条 明知是犯罪所得的赃物而予以窝藏、收购或者代为销售的，处三年以下有期徒刑、拘役或者管制，可以并处或者单处罚金。

第二百七十九条 对人民法院的判决、裁定有能力执行而拒不执行，情节严重的，处三年以下有期徒刑、拘役、管制或者罚金。

第二百八十条 隐藏、转移、变卖、故意毁损已被司法机关查封、扣押、冻结的财产，情节严重的，处三年以下有期徒刑、拘役或者罚金。

第二百八十一条 依法被关押的罪犯，有下列破坏监管秩序行为之一，情节严重的，处三年以下有期徒刑：

（一）殴打监管人员的；

（二）组织其他被监管人破坏监管秩序的；

（三）聚众闹事，扰乱正常监管秩序的；

（四）殴打、体罚或者指使他人殴打、体罚其他被监管人的。

第二百八十二条 依法被关押的罪犯、犯罪嫌疑人脱逃的，处五年以下有期徒刑或者拘役。

劫夺押解途中的罪犯、犯罪嫌疑人的，处三年以上七年以下有期徒刑；情节严重的，处七年以上有期徒刑。

第二百八十三条 组织越狱的首要分子或者其他罪恶重大的，处五年以上有期徒刑；其他积极参加的，处五年以下有期徒刑或者拘役。

暴动越狱或者聚众持械劫狱的首要分子或者其他罪恶重大的，处十年以上有期徒刑或者无期徒刑；情节特别严重的，处死刑；其他积极参加的，处三年以上十年以下有期徒刑。

第三节 妨害国（边）境管理罪

第二百八十四条 组织他人偷越国（边）境的，处二年以上七年以下有期徒刑，并处罚金；有下列情形之一的，处七年以上有期徒刑或者无期徒刑，并处罚金或者没收财产：

（一）组织他人偷越国（边）境集团的首要分子；

（二）多次组织他人偷越国（边）境或者组织他人偷越国（边）境人数众多的；

（三）造成被组织人重伤、死亡的；

（四）剥夺或者限制被组织人人身自由的；

（五）以暴力、威胁方法抗拒检查的；

（六）违法所得数额巨大的；

（七）有其他特别严重情节的。

对被组织人有杀害、伤害、强奸、拐卖等犯罪行为，或者对检查人员有杀害、伤害等犯罪行为的，依照本法有关规定处罚。

第二百八十五条 以劳务输出、经贸往来或者其他名义，弄虚作假，骗取护照、签证等出境证件，为组织他人偷越国（边）境使用的，依照本法第二百八十四条的规定处罚。

单位有前款规定的犯罪行为的，对单位判处罚金，并对其直接负责的主管人员和其他直接责任人员，依照本法第二百八十四条的规定处罚。

第二百八十六条 为他人提供伪造、变造的护照、签证等出入境证件，或者出售护照、签证等出入境证件的，处五年以下有期徒刑，并处罚金；情节严重的，处五年以上有期徒刑，并处罚金。

第二百八十七条 运送他人偷越国（边）境的，处五年以下有期徒刑、拘役或者管制，并处罚金；有下列情形之一的，处五年以上十年以下有期徒刑，并处罚金：

（一）多次实施运送行为或者运送人数众多的；

（二）所使用的船只、车辆等交通工具不具备必要的安全条件，足以造成严重后果的；

（三）违法所得数额巨大的；

（四）有其他特别严重情节的。

在运送他人偷越国（边）境中造成被运送人重伤、死亡，或者以暴力、威胁方法抗拒检查的，处七年以上有期徒刑，并处罚金。

对被运送人有杀害、伤害、强奸、拐卖等犯罪行为，或者对检查人员有杀害、伤害等犯罪行为的，依照本法的有关规定处罚。

第二百八十八条 使用伪造、变造的出入境证件偷越国（边）境的，处一年以下有期徒刑或者拘役，并处罚金。

第二百八十九条 故意破坏国家边境的界碑、界桩或者永久性测量标志的，处三年以下有期徒刑或者拘役。

第四节 妨害文物管理罪

第二百九十条 故意损毁国家保护的珍贵文物的，处三年以下有期徒刑或者拘役，单处或者并处罚金；情节严重的，处三年以上十年以下有期徒刑，并处罚金。

故意损毁国家保护的名胜古迹，情节严重的，处五年以下有期徒刑或者拘役，单处或者并处罚金。

单位犯前两款罪的，对单位判处罚金，并对其直接负责的主管人员和其他直接责任人员，依照前两款的规定处罚。

过失损毁国家保护的珍贵文物，造成严重后果的，处三年以下有期徒刑、拘役或者罚金。

第二百九十一条 违反文物保护法规，将私人收藏的珍贵文物私自出售、赠送给外国人的，处五年以下有期徒刑或者拘役。

第二百九十二条 以牟利为目的，倒卖国家禁止自由买卖的文物，情节严重的，处五年以下有期徒刑或者拘役，并处罚金；情节特别严重的，处五年以上十年以下有期徒刑，并处罚金。

第二百九十三条 违反文物保护法规，国有博物馆、图书馆等单位将国家保护的文物藏品出售或者私自送给非国有单位或者个人的，对单位判处罚金，并对其直接负责的主管人员和其他直接责任人员，处三年以下有期徒刑或者拘役，可以并处或者单处罚金。

第二百九十四条 盗掘具有历史、艺术、科学价值的古文化遗址、古墓葬的，处三年以上十年以下有期徒刑，可以并处罚金；情节较轻的，处三年以下有期徒刑或者拘役，可以并处罚金；有下列情形之一的，处十年以上有期徒刑、无期徒刑或者死刑，并处罚金或者没收财产：

（一）盗掘确定为全国重点文物保护单位和省级文物保护单位的古文化遗址、古墓葬的；

（二）盗掘古文化遗址、古墓葬集团的首要分子；

（三）多次盗掘古文化遗址、古墓葬的；

（四）盗掘古文化遗址、古墓葬，并盗窃珍贵文物或者造成珍贵文物严重破坏的。

盗掘国家保护的具有科学价值的古人类化石和古脊椎动物化石的，依照前款规定处罚。

第五节 危害公共卫生罪

第二百九十五条 违反传染病防治法的规定，有下列情形之一，引起甲类传染病传播或者有传播严重危险的，处三年以下有期徒刑或者拘役；后果特别严重的，处三年以上七年以下有期徒刑；

（一）供水单位供应的饮用水不符合国家规定的卫生标准的；

（二）拒绝按照卫生防疫机构提出的卫生要求，对传染病病原体污染的污水、污物、粪便进行消毒处理的；

（三）准许或者纵容传染病病人、病原携带者和疑似传染病病人从事国务院卫生行政部门规定禁止从事的易使该传染病扩散的工作的；

（四）拒绝执行卫生防疫机构依照本法提出的其他预防、控制措施的。

单位犯前款罪的，对单位判处罚金，并对其直接负责的主管人员和其他直接责任人员，依照前款的规定处罚。

第二百九十六条 从事实验、保藏、携带、运输传染病菌种、毒种的人员，违反国务院卫生行政部门的有关规定，造成传染病菌种、毒种扩散，后果严重的，处三年以下有期徒刑或者拘役；后果特别严重的，处三年以上七年以下有期徒刑。

第二百九十七条 违反国境卫生检疫规定，引起检疫传染病的传播，或者有引起检疫传染病传播严重危险的，处三年以下有期徒刑或者拘役，可以并处或者单处罚金。

单位犯前款罪的，对单位判处罚金，并对其直接负责的主管人员和其他直接责任人员，依照前款的规定处罚。

第二百九十八条　非法组织他人出卖血液的，处五年以下有期徒刑，可以并处罚金；以暴力、威胁方法强迫他人出卖血液的，处五年以上十年以下有期徒刑，并处罚金或者没收财产。

有前款行为，对他人造成伤害的，依照伤害罪的规定处罚。

第二百九十九条　非法采集、供应血液或者制作、供应血液制品，足以危害人体健康的，处五年以下有期徒刑或者拘役。

非法采集、供应血液或者制作、供应血液制品，对人体健康造成严重危害的，处五年以上十年以下有期徒刑；造成特别严重后果的，处十年以上有期徒刑或者无期徒刑。

经国家主管部门批准采集、供应血液或者制作、供应血液制品的部门，不依照规定进行检测或者违背其他操作规定，造成危害人民群众身体健康后果的，对单位判处罚金，对其直接负责的主管人员和其他直接责任人员，处七年以下有期徒刑或者拘役。

第三百条　医务人员由于严重不负责任，造成病人死亡或者严重损害病人身体健康的，处三年以下有期徒刑或者拘役。

第三百零一条　未取得医生资格的人非法行医，情节严重的，处三年以下有期徒刑或者拘役，可以单处或者并处罚金；造成病人死亡或者严重损害病人身体健康的，依照伤害罪的规定处罚。

第三百零二条　违反进出境动植物检疫法的规定，逃避动植物检疫，引起重大动植物疫情的，处三年以下有期徒刑或者拘役，可以并处或者单处罚金。

单位犯前款罪的，对单位判处罚金，并对其直接负责的主管人员和其他直接责任人员，依照前款的规定处罚。

第六节　破坏环境和生态环境罪

第三百零三条　违反国家规定向陆地、水体、大气排放或者倾倒有放射性的污染物、含传染病原体的有毒物质或者其他危险废物，造成重大环境污染事故，致使公私财产遭受重大损失或者人身伤亡的严重后果的，处三年以下有期徒刑或者拘役，可以并处或者单处罚金；后果特别严重的，处三年以上七年以下有期徒刑，并处罚金。

第三百零四条　违反国家规定，将中国境外不能用作原料的固体废物进境倾倒、堆放、处置，足以污染环境的，处五年以下有期徒刑或者拘役，可以并处罚金；造成重大环境污染事故，致使公私财产遭受重大损失或者人身伤亡的严重后果的，处五年以上十年以下有期徒刑，并处罚金；后果特别严重的，处十年以上有期徒刑，并处罚金。

未经国务院有关主管部门许可，擅自进口固体废物用作原料，造成重大环境污染事故，致使公私财产遭受重大损失或者人身伤亡的严重后果的，处五年以下有期徒刑或者拘役，可以并处罚金；后果特别严重的，处五年以上十年以下有期徒刑，并处罚金。

第三百零五条　违反保护水产资源法规，在禁渔区、禁渔期或者使用禁用的工具、方法捕捞水产品，情节严重的，处三年以下有期徒刑、拘役或者罚金。

第三百零六条　非法捕杀国家重点保护的珍贵、濒危野生动物的，或者非法收购、运输、加工、出售国家重点保护的珍贵、濒危野生动物及其制品的，处七年以下有期徒刑或者拘役，可以并处罚金；情节严重的，处七年以上有期徒刑，并处罚金或者没收财产。

违反狩猎法规，在禁猎区、禁猎期或者使用禁用的工具、方法进行狩猎，破坏野生动物资源，情节严重的，处三年以下有期徒刑、拘役或者罚金。

第三百零七条　盗伐森林或者其他林木，数量较大的，处三年以下有期徒刑或者拘役，可以并处或者单处罚金；数量巨大的，处三年以上七年以下有期徒刑，并处罚金；数量特别巨大的，处七年以上有期徒刑，并处罚金。

违反森林法的规定，滥伐森林或者其他林木，数量较大的，处三年以下有期徒刑或者拘役，可以并处或者单处罚金；数量巨大的，处三年以上七年以下有期徒刑，并处罚金。

滥伐他人经营管理的森林或者其他林木的，依照第一款的规定处罚。

在林区非法收购明知是盗伐、滥伐的林木的，依照第一款、第二款的规定处罚。

盗伐、滥伐国家级自然保护区内的森林或者其他林木的，从重处罚。

第三百零八条　违反森林法的规定，非法采伐、毁坏珍贵树木的，处三年以下有期徒刑或者拘役，可以并处罚金；情节严重的，处三年以上七年以下有期徒刑，并处罚金或者没收财产。

第三百零九条　单位犯本节规定之罪的，对单位判处罚金，并对其直接负责的主管人员和其他直接责任人员，依照本节各该条的规定处罚。

第七节　走私、贩卖、运输、制造毒品罪

第三百一十条　走私、贩卖、运输、制造毒品，无论数量多少，都应当追究刑事责任，予以刑事处罚。

走私、贩卖、运输、制造毒品，有下列情形之一的，处十五年有期徒刑、无期徒刑或者死刑，并处没收财产：

（一）走私、贩卖、运输、制造鸦片一千克以上、海洛因五十克以上或者其他毒品数量大的；

（二）走私、贩卖、运输、制造毒品集团的首要分子；

（三）武装掩护走私、贩卖、运输、制造毒品的；

（四）以暴力抗拒检查、拘留、逮捕，情节严重的；

（五）参与有组织的国际贩毒活动的。

走私、贩卖、运输、制造鸦片二百克以上不满一千克、海洛因一克以上不满五十克或者其他毒品数量较大的，处七年以上有期徒刑，并处罚金。

走私、贩卖、运输、制造鸦片不满二百克、海洛因不满十克或者其他少量毒品的，处七年以下有期徒刑、拘役或者管制，并处罚金。

利用、教唆未成年人走私、贩卖、运输、制造毒品的，从重处罚。

第三百一十一条 非法持有鸦片一千克以上、海洛因五十克以上或者其他毒品数量大的，处七年以上有期徒刑或者无期徒刑，并处罚金；非法持有鸦片二百克以上不满一千克、海洛因十克以上不满五十克或者其他毒品数量较大的，处七年以下有期徒刑、拘役或者管制，可以并处罚金。

第三百一十二条 包庇走私、贩卖、运输、制造毒品的犯罪分子的，为犯罪分子窝藏、转移、隐瞒毒品或者犯罪所得的财物的，掩饰、隐瞒出售毒品获得财物的非法性质和来源的，处三年以下有期徒刑、拘役或者管制；情节严重的，处三年以上十年以下有期徒刑。

缉毒人员或者其他国家机关工作人员掩护、包庇走私、贩卖、运输、制造毒品的犯罪分子的，依照前款规定从重处罚。

犯前两款罪事先通谋的，以走私、贩卖、运输、制造毒品罪的共犯论处。

第三百一十三条 违反国家规定，非法运输、携带醋酸酐、乙醚、三氯甲烷或者其他经常用于制造麻醉药品和精神药品的物品进出境的，处三年以下有期徒刑、拘役或者管制，并处罚金；数量大的，处三年以上十年以下有期徒刑，并处罚金。

明知他人制造毒品而为其提供前款规定的物品的，以制造毒品罪的共犯论处。

单位有前两款规定的犯罪行为的，对单位判处罚金，并对其直接负责的主管人员和其他直接责任人员，依照前两款的规定处罚。

第三百一十四条 非法种植罂粟、大麻等毒品原植物的，一律强制铲除。有下列情形之一的，处五年以下有期徒刑、拘役或者管制，并处罚金：

（一）种植罂粟五百株以上不满三千株或者其他毒品原植物数量较大的；

（二）经公安机关处理后又种植的；

（三）抗拒铲除的。

非法种植罂粟三千株以上或者其他毒品原植物数量大的，处五年以上有期徒刑，并处罚金或者没收财产。

非法种植罂粟或者其他毒品原植物，在收获前自动铲除的，可以免除处罚。

第三百一十五条 引诱、教唆、欺骗他人吸食、注射毒品的，处七年以下有期徒刑、拘役或者管制，并处罚金。

强迫他人吸食、注射毒品的，处三年以上十年以下有期徒刑，并处罚金。

引诱、教唆、欺骗或者强迫未成年人吸食、注射毒品的，从重处罚。

第三百一十六条 容留他人吸食、注射毒品并出售毒品的，依照本法第三百一十条的规定处罚。

第三百一十七条 依法从事生产、运输、管理、使用国家管制的麻醉药品、精神药品的人员违反国家规定，向吸食、注射毒品的人提供国家管制的麻醉药品、精神药品的，处七年以下有期徒刑或者拘役，可以并处罚金。向走私、贩卖毒品的犯罪分子或者以牟利为目的，向吸食、注射毒品的人提供国家管制的麻醉药品、精神药品的，依照本法第三百一十条的规定处罚。

单位有前款规定的犯罪行为的，对单位判处罚金，并对其直接负责的主管人员和其他直接责任人员，依照前款的规定处罚。

第三百一十八条 本法所称的毒品是指鸦片、海洛因、吗啡、大麻、可卡因以及国务院规定管制的其他能够使人形成瘾癖的麻醉药品和精神药品。

毒品的数量以查证属实的走私、贩卖、运输、制造、非法持有毒品的数量计算，不以纯度折算。

第八节 组织、强迫、引诱、容留、介绍卖淫罪

第三百一十九条 组织他人卖淫的，处十年以上有期徒刑或者无期徒刑，并处一万元以下罚金或者没收财产；情节特别严重的，处死刑，并处没收财产。

协助组织他人卖淫的，处三年以上十年以下有期徒刑，并处一万元以下罚金；情节严重的，处十年以上有期徒刑，并处一万元以下罚金或者没收财产。

第三百二十条 强迫他人卖淫的，处五年以上十年以下有期徒刑，并处一万元以下罚金；有下列情形之一的，处

十年以上有期徒刑或者无期徒刑，并处一万元以下罚金或者没收财产；情节特别严重的，处死刑，并处没收财产：

（一）强迫不满十四岁的幼女卖淫的；

（二）强迫多人卖淫或多次强迫他人卖淫的；

（三）强奸后迫使卖淫的；

（四）造成被强迫卖淫的人重伤、死亡或者其他严重后果的。

第三百二十一条 引诱、容留、介绍他人卖淫的，处五年以下有期徒刑或者拘役，并处五千元以下罚金；情节严重的，处五年以上有期徒刑，并处一万元以下罚金。

引诱不满十四岁的幼女卖淫的，依照本法第三百二十条关于强迫不满十四岁的幼女卖淫的规定处罚。

第三百二十二条 明知自己患有梅毒、淋病等严重性病卖淫、嫖娼的，处五年以下有期徒刑、拘役或者管制，并处五千元以下罚金。

嫖宿不满十四岁的幼女的，依照强奸罪的规定处罚。

第三百二十三条 旅馆业、饮食服务业、文化娱乐业、出租汽车业等单位的人员，利用本单位的条件，组织、强迫、引诱、容留、介绍他人卖淫的，依照本法第三百一十九条、第三百二十条、第三百二十一条的规定处罚。

前款所列单位的主要负责人，有前款规定的行为的，从重处罚。

第三百二十四条 旅馆业、饮食服务业、文化娱乐业、出租汽车业等单位的负责人和职工，在公安机关查处卖淫、嫖娼活动时，隐瞒情况或者为违法犯罪分子通风报信的，依照包庇罪的规定处罚。

第九节 制造、贩卖、传播淫秽物品罪

第三百二十五条 以牟利为目的，制作、复制、出版、贩卖、传播淫秽物品的，处三年以下有期徒刑或者拘役，并处罚金；情节严重的，处三年以上十年以下有期徒刑，并处罚金；情节特别严重的，处十年以上有期徒刑或者无期徒刑，并处罚金或者没收财产。

为他人提供书号，出版淫秽书刊的，处三年以下有期徒刑或者拘役，并处或者单处罚金；明知他人用于出版淫秽书刊而提供书号的，依照前款的规定处罚。

第三百二十六条 在社会上传播淫秽的书刊、影片、录像带、录音带、图片或者其他淫秽物品，情节严重的，处二年以下有期徒刑或者拘役。

组织播放淫秽的电影、录像等音像制品的，处三年以下有期徒刑或者拘役，可以并处罚金；情节严重的，处三年以上十年以下有期徒刑，并处罚金。

制作、复制淫秽的电影、录像等音像制品组织播放的，依照第二款的规定从重处罚。

向不满十八岁的未成年人传播淫秽物品的，从重处罚。

第三百二十七条 组织进行淫秽表演的，处三年以下有期徒刑或者拘役，并处罚金；情节严重的，处三年以上十年以下有期徒刑，并处罚金。

第三百二十八条 单位有本法第三百二十五条、第三百二十六条、第三百二十七条规定的犯罪行为的，对单位判处罚金，对其直接负责的主管人员和其他直接责任人员，依照各该条的规定处罚。

第三百二十九条 本法所称淫秽物品，是指具体描绘性行为或者露骨宣扬色情的诲淫性的书刊、影片、录像带、录音带、图片及其他淫秽物品。

有关人体生理、医学知识的科学著作不是淫秽物品。

包含有色情内容的有艺术价值的文学、艺术作品不视为淫秽物品。

第七章 贪污贿赂罪

第三百三十条 国家工作人员和经手管理国家财物的人员，利用职务上的便利，侵吞、窃取、骗取或者以其他手段非法占有财物的，是贪污罪。

与国家工作人员和经手管理国家财物的人员勾结，伙同贪污的，以共犯论处。

第三百三十一条 对犯贪污罪的，根据情节轻重，分别依照下列规定处罚：

（一）个人贪污数额在十万元以上的，处十年以上有期徒刑或者无期徒刑，可以并处没收财产；情节特别严重的，处死刑，并处没收财产；

（二）个人贪污数额在五万元以上不满十万元的，处五年以上有期徒刑，可以并处没收财产；情节特别严重的，处无期徒刑，并处没收财产；

（三）个人贪污数额在五千元以上不满五万元的，处一年以上七年以下有期徒刑；情节严重的，处七年以上十年以下有期徒刑。个人贪污数额在五千元以上不满一万元，犯罪后自首、立功或者有悔改表现、积极退赃的，可以减轻处罚，或者免予刑事处罚，由其所在单位或者上级主管机关给予行政处分；

（四）个人贪污数额不满五千元，情节较重的，处二年以下有期徒刑或者拘役；情节较轻的，由其所在单位或者上级主管机关酌情给予行政处分。

二人以上共同贪污的，按照个人所得数额及其在犯罪中的作用，分别处罚。对贪污集团的首要分子，按照集团贪污的总数额处罚；对其他共同贪污犯罪中的主犯，情节严重的，按照共同贪污的总数额处罚。

对多次贪污未经处理的，按照累计贪污数额处罚。

第三百三十二条 国家工作人员和经手管理国家财物的人员，利用职务上的便利，挪用公款归个人使用，进行非法活动的，或者挪用公款数额较大、进行营利活动的，或者挪用公款数额较大、超过三个月未还的，是挪用公款罪，处五年以下有期徒刑或者拘役；情节严重的，处五年以上有期徒刑。挪用公款数额较大不退还的，以贪污论处。

挪用救灾、抢险、防汛、优抚、救济款物归个人使用的，从重处罚。

第三百三十三条 国家工作人员或者其他从事公务的人员，利用职务上的便利，索取他人财物或者非法收受他人财物为他人谋利益的，是受贿罪。

国家工作人员或者其他从事公务的人员，在经济往来中，违反国家规定收受各种名义的回扣、手续费，归个人所有的，以受贿论处。

第三百三十四条 对犯受贿罪的，根据受贿所得数额及情节，依照本法第三百三十一条的规定处罚；受贿数额不满五万元，使国家利益遭受重大损失的，处十年以上有期徒刑；受贿数额在五万元以上，使国家利益遭受特别重大损失的，处无期徒刑或者死刑，并处没收财产。

国家工作人员或者其他从事公务的人员，利用职务上的便利，敲诈勒索他人财物的，依照受贿罪的规定从重处罚。

第三百三十五条 国有企业事业单位、机关、团体，索取、收受他人财物，为他人谋取利益，情节严重的，对单位判处罚金，并对其直接负责的主管人员和其他直接责任人员，处五年以下有期徒刑或者拘役。

第三百三十六条 国家工作人员利用本人职权或者地位形成的便利条件，通过其他国家工作人员职务上的行为，为请托人谋取不正当利益，索取请托人财物或者收受请托人财物的，以受贿论处。

第三百三十七条 为谋取不正当利益，给予国家工作人员或者其他从事公务的人员以财物的，是行贿罪。

在经济往来中，违反国家规定，给予国家工作人员或者其他从事公务的人员以财物，数额较大的，或者违反国家规定，给予国家工作人员或者其他从事公务的人员以回扣、手续费的，以行贿论处。

因被勒索给予国家工作人员或者其他从事公务的人员以财物，没有获得不正当利益的，不是行贿。

第三百三十八条 对犯行贿罪，处五年以下有期徒刑或者拘役；因行贿谋取不正当利益，情节严重的，或者使国家利益遭受重大损失的，处五年以上有期徒刑；情节特别严重的，处无期徒刑，并处没收财产。

行贿人在被追诉前主动交待行贿行为的，可以减轻处罚或者免除处罚。

因行贿而进行违法活动，构成其他罪的，依照数罪并罚的规定处罚。

第三百三十九条 介绍他人进行贿赂犯罪的，处三年以下有期徒刑或者拘役；情节严重的，处三年以上七年以下有期徒刑。

第三百四十条 企业事业单位、机关、团体为谋取不正当利益而行贿，或者违反国家规定，给予国家工作人员或者其他从事公务的人员以回扣、手续费，情节严重的，对单位判处罚金，并对其直接负责的主管人员和其他直接责任人员，处五年以下有期徒刑或者拘役。因行贿取得的违法所得归个人所有的，依照本法第三百三十八条的规定处罚。

第三百四十一条 国家工作人员在国内公务活动或者对外交往中接受礼物，依照国家规定应当交公而不交公，数额较大的，以贪污罪论处。

第三百四十二条 国家工作人员的财产或者支出明显超过合法收入，差额巨大的，可以责令说明来源。本人不能说明其来源是合法的，差额部分以非法所得论，处五年以下有期徒刑或者拘役，并处或者单处没收其财产的差额部分。

国家工作人员在境外的存款，应当依照国家规定申报。数额较大、隐瞒不报的，处二年以下有期徒刑或者拘役；情节较轻的，由其所在单位或者上级主管机关酌情给予行政处分。

第三百四十三条 国家工作人员利用职务便利，自己经营或者为他人经营与其所任职公司、企业同类的营业，或者国家工作人员利用职务便利，为自己的亲友进行经营活动提供便利条件，获取非法利益，致使国家利益遭受重大损失的，处五年以下有期徒刑或者拘役，可以单处或者并处罚金；致使国家利益遭受特别重大损失的，处五年以上有期徒刑，并处罚金。

第三百四十四条 国有企业事业单位、机关、团体，违反国家规定，截留应当上交国家的税金、罚没财物或者其他国有资产，以单位名义集体私分给个人，数额较大的，对其直接负责的主管人员和其他直接责任人员，处三年以下有期徒刑，可以并处或者单处罚金；数额巨大的，处三年以上七年以下有期徒刑，可以并处罚金。

第八章 渎职罪

第三百四十五条 国家工作人员玩忽职守，致使公共财产、国家和人民利益遭受重大损失的，处五年以下有期徒刑或者拘役；情节特别严重的，处五年以上十年以下有期徒刑。本法另有规定的，依照规定。

第三百四十六条 国家工作人员滥用职权，致使公共财产、国家和人民利益遭受重大损失的，处七年以下有期徒刑或者拘役；情节特别严重的，处七年以上有期徒刑。本法另有规定的，依照规定。

第三百四十七条 国家工作人员违反保守国家秘密法的规定，故意或者过失泄露国家秘密，情节严重的，处七年以下有期徒刑、拘役或者剥夺政治权利。

非国家工作人员犯前款罪的，依照前款的规定酌情处罚。

第三百四十八条 司法工作人员徇私枉法，对明知是无罪的人而使他受追诉、对明知是有罪的人而故意包庇不使他受追诉的，或者在审判活动中故意作枉法裁判的，处七年以下有期徒刑、拘役或者剥夺政治权利；情节特别严重的，处七年以下有期徒刑。

第三百四十九条 司法工作人员私放犯罪嫌疑人或者罪犯的，处七年以下有期徒刑或者拘役；情节严重的，处七年以上有期徒刑。

第三百五十条 司法工作人员徇私枉法，对不符合减刑、假释、保外就医条件的罪犯，予以减刑、假释或者保外就医，情节严重的，处七年以下有期徒刑。

第三百五十一条 行政执法人员徇私枉法，故意违背事实和法律作枉法处罚决定，对应当依法移交司法机关追究刑事责任的不移交，情节严重的，处七年以下有期徒刑或者拘役。

第三百五十二条 国家有关主管部门的国家工作人员，玩忽职守，滥用职权，对不符合法律规定条件的公司设立、登记申请或者股票、债券发行、上市申请，予以批准或者登记，致使公共财产、国家和人民利益遭受重大损失的，处五年以下有期徒刑或者拘役；造成特别重大损失的，处五年以上十年以下有期徒刑。

上级部门强令登记机关及其工作人员实施前款行为的，对其直接负责的主管人员，依照前款规定处罚。

第三百五十三条 税务机关的工作人员玩忽职守，不征或者少征应征税款，致使国家税收遭受重大损失的，处五年以下有期徒刑或者拘役；造成特别重大损失的，处五年以上有期徒刑。

第三百五十四条 税务机关的工作人员违反法律、行政法规的规定，在发售发票、抵扣税款、出口退税工作中玩忽职守，致使国家利益遭受重大损失的，处五年以下有期徒刑或者拘役；致使国家利益遭受特别重大损失的，处五年以上有期徒刑。

第三百五十五条 国家工作人员在签订、履行经济贸易合同过程中，因严重不负责任被诈骗，致使国家利益遭受重大损失的，对其直接负责的主管人员和其他直接责任人员，处五年以下有期徒刑或者拘役；致使国家利益遭受特别重大损失的，处五年以上十年以下有期徒刑。

第三百五十六条 国有公司、企业的法定代表人或者其上级主管部门领导人，因玩忽职守造成国有公司、企业破产，致使国家利益遭受重大损失的，处五年以下有期徒刑或者拘役。

第三百五十七条 国有公司、企业违反国家规定，将国有资产低价折股或者低价出售，致使国家利益遭受重大损失的，对其直接负责的主管人员和其他直接责任人员，处五年以下有期徒刑或者拘役。

第三百五十八条 违反森林法的规定，滥用职权，超过批准的年采伐限额发放林木采伐许可证或者滥发林木采伐许可证，情节严重，致使森林遭受严重破坏的，处七年以下有期徒刑或者拘役。

第三百五十九条 环境保护部门的工作人员玩忽职守，造成重大环境污染事故，致使公私财产重大损失或者人身伤亡的严重后果的，处五年以下有期徒刑或者拘役；后果特别严重的，处五年以上十年以下有期徒刑。

第三百六十条 从事传染病的医疗保健、卫生防疫、监督管理的人员和政府有关主管人员玩忽职守，造成传染病传播或者流行，情节严重的，处五年以下有期徒刑或者拘役。

第三百六十一条 海关工作人员徇私舞弊、放纵走私，情节严重的，处七年以下有期徒刑或者拘役；情节特别严重的，处七年以上有期徒刑。

第三百六十二条 国家商检部门、商检机构的工作人员和国家商检部门、商检机构指定的检验机构的检验人员，滥用职权，徇私舞弊，伪造检验结果的，处七年以下有期徒刑或者拘役；造成严重后果的，处七年以上有期徒刑。

前款所列人员玩忽职守，延误检验出证，致使国家利益遭受重大损失的，处五年以下有期徒刑或者拘役；致使国家利益遭受特别重大损失的，处五年以上十年以下有期徒刑。

第三百六十三条 动植物检疫机关检疫人员滥用职权，徇私舞弊，伪造检疫结果的，处七年以下有期徒刑或者拘役；造成严重后果的，处七年以上有期徒刑。

前款所列人员玩忽职守，延误检疫出证，致使国家利益遭受重大损失的，处五年以下有期徒刑或者拘役；致使国家利益遭受特别重大损失的，处五年以上十年以下有期徒刑。

第三百六十四条 国家工作人员利用职务，对明知有生产、销售伪劣商品犯罪行为的企业事业单位或者个人，故意包庇使其不受追诉的；负有追究责任的国家工作人员对有生产、销售伪劣商品犯罪行为的企业事业单位或者个人，不履行法律规定的追究职责的，处七年以下有期徒刑或者拘役；情节特别严重的，处七年以上有期徒刑。

第三百六十五条 负责办理护照、签证以及其他出入境证件的国家工作人员，对明知是企图偷越国（边）境的人员予以办理出入境证件的；边防、海关等国家工作人员，对明知是偷越国（边）境的人员，予以放行的，处五年以下有期徒刑、拘役或者管制；情节严重的，处五年以上十年以下有期徒刑。

第三百六十六条 对被拐卖、绑架的妇女、儿童负有解救职责的国家工作人员接到被拐卖、绑架的妇女、儿童及其家属的解救要求或者接到其他人的举报，而对被拐卖、绑架的妇女、儿童不进行解救，造成严重后果的，处五年以下有期徒刑或者拘役。

负有解救职责的国家工作人员利用职务阻碍解救的，处二年以上七年以下有期徒刑；情节较轻的，处二年以下有期徒刑或者拘役。

第三百六十七条 有查禁卖淫、嫖娼活动职责的国家工作人员，为使违法犯罪分子逃避处罚，向其通风报信、提供便利的，处五年以下有期徒刑或者拘役；情节特别严重的，处五年以上有期徒刑。

第三百六十八条 在招收学生工作中徇私舞弊，情节严重的，除由教育行政部门责令退回招收的人员外，对其直接负责的主管人员和其他直接责任人员，处五年以下有期徒刑或者拘役。

第三百六十九条 国家工作人员玩忽职守，造成珍贵文物损毁或者流失，情节严重的，处五年以下有期徒刑或者拘役。

第三百七十条 邮政工作人员拒不办理依法应当办理的邮政业务或者故意延误投递邮件，致使公共财产、国家和人民利益遭受重大损失的，处五年以下有期徒刑或者拘役。

第三百七十一条 航空人员玩忽职守、违反规章制度，致使发生重大飞行事故，造成严重后果的，处五年以下有期徒刑或者拘役；造成特别严重后果的，处五年以上有期徒刑。

第三百七十二条 铁路职工玩忽职守、违反规章制度，造成铁路运营事故，情节严重的，处五年以下有期徒刑或者拘役；造成特别严重后果的，处五年以上有期徒刑。

第三百七十三条 国有矿山企业主管人员对矿山事故隐患不采取措施，因而发生重大伤亡事故的，处五年以下有期徒刑或者拘役；造成特别严重后果的，处五年以上有期徒刑。

第三百七十四条 明知校舍或者教育教学设施有危险，而不采取措施，造成人员伤亡或者重大财产损失的，对其直接负责的主管人员和其他直接责任人员，处五年以下有期徒刑或者拘役；后果特别严重的，处五年以上十年以下有期徒刑。

第九章 军人违反职责罪

第三百七十五条 战时违抗命令，对作战造成危害的，处三年以上十年以下有期徒刑；致使战斗、战役遭受重大损失的，处十年以上有期徒刑、无期徒刑或者死刑。

第三百七十六条 故意隐瞒、谎报军情或者拒传、假传军令，对作战造成危害的，处三年以上十年以下有期徒刑；致使战斗、战役遭受重大损失的，处十年以上有期徒刑、无期徒刑或者死刑。

第三百七十七条 在战场上贪生怕死，自动放下武器投降敌人的，处三年以上十年以下有期徒刑；情节严重的，处十年以上有期徒刑或者无期徒刑。

投降后为敌人效劳的，处十年以上有期徒刑、无期徒刑或者死刑。

第三百七十八条 战时临阵脱逃的，处三年以下有期徒刑；情节严重的，处三年以上十年以下有期徒刑；致使战斗、战役遭受重大损失的，处十年以上有期徒刑、无期徒刑或者死刑。

第三百七十九条 叛逃境外或者在境外叛逃的，处五年以下有期徒刑或者拘役；情节严重的，处五年以上有期徒刑。

驾驶航空器、舰船或者携带武器装备叛逃的，或者有其他特别严重情节的，处十年以上有期徒刑、无期徒刑或者死刑。

第三百八十条 违反保守国家军事秘密法规，泄露或者遗失国家军事秘密，情节严重的，处七年以下有期徒刑或者拘役。

战时犯前款罪的，处三年以上十年以下有期徒刑；情节特别严重的，处十年以上有期徒刑或者无期徒刑。

为境外的机构、组织、人员窃取、刺探、收买、非法提供军事秘密的，处十年以上有期徒刑、无期徒刑或者死刑。

第三百八十一条 战时造谣惑众，动摇军心的，处三年以下有期徒刑；情节严重的，处三年以上十年以下有期徒刑。

勾结敌人造谣惑众，动摇军心的，处十年以上有期徒刑或者无期徒刑；情节特别严重的，可以判处死刑。

第三百八十二条 战时自伤身体，逃避军事义务的，处三年以下有期徒刑；情节严重的，处三年以上七年以下有期徒刑。

第三百八十三条 违反兵役法规，逃离部队，情节严重的，处三年以下有期徒刑或者拘役。

战时犯前款罪的，处五年以上有期徒刑。

第三百八十四条 预备役人员战时拒绝、逃避征召或者拒绝、逃避军事训练，情节严重的，处三年以下有期徒刑。

第三百八十五条 违反武器装备使用规定，情节严重，因而发生重大责任事故，致人重伤、死亡或者造成其他严重后果的，处三年以下有期徒刑或者拘役；后果特别严重的，处三年以上七年以下有期徒刑。

第三百八十六条 违反武器装备使用规定，擅自动用武器装备或者改变武器装备的编配用途，造成严重后果的，处三年以下有期徒刑或者拘役；造成特别严重后果的，处三年以上七年以下有期徒刑。

第三百八十七条 出卖军队编配的武器装备的，处三年以上七年以下有期徒刑；情节严重的，处七年以上有期徒刑；情节特别严重的，处十年以上有期徒刑、无期徒刑或者死刑。

第三百八十八条 故意将不合格的武器装备、军事设施、军用物资提供给部队的，处五年以下有期徒刑或者拘役；情节严重的，处五年以上十年以下有期徒刑；情节特别严重的，处十年以上有期徒刑、无期徒刑或者死刑。

过失犯前款罪，造成严重后果的，处五年以下有期徒刑或者拘役；情节特别严重的，处五年以上十年以下有期徒刑。

战时犯前两款罪的，从重处罚。

第三百八十九条 破坏武器装备或者军事设施的，处三年以下有期徒刑或者拘役，破坏重要武器装备或者重要军事设施的，处三年以上十年以下有期徒刑；情节特别严重的，处十年以上有期徒刑、无期徒刑或者死刑。战时从重处罚。

第三百九十条 违反武器装备管理规定，出租、出借武器装备的，处三年以下有期徒刑或者拘役；情节严重的，处三年以上七年以下有期徒刑。

第三百九十一条 以暴力、威胁方法，阻碍指挥人员或者值班、值勤人员执行职务的，处五年以下有期徒刑或者拘役；情节严重的，处五年以上有期徒刑；情节特别严重的或者致人重伤、死亡的，处无期徒刑或者死刑。战时从重处罚。

第三百九十二条 指挥人员和值班、值勤人员擅离职守或者玩忽职守，因而造成严重后果的，处七年以下有期徒刑或者拘役。

战时犯前款罪的，处五年以上有期徒刑。

第三百九十三条 边防海防线的值勤人员，徇私舞弊，私放他人偷越国（边）境的，处五年以下有期徒刑或者拘役；情节严重的，处五年以上有期徒刑。战时从重处罚。

第三百九十四条 滥用职权，指使部队进行违反职责的活动，造成严重后果的，处五年以下有期徒刑或者拘役；情节特别严重的，处五年以上十年以下有期徒刑。

第三百九十五条 滥用职权，虐待部属，情节恶劣，因而致人重伤或者造成其他严重后果的，处五年以下有期徒刑或者拘役；致人死亡的，处五年以上有期徒刑。

第三百九十六条 在战场上故意遗弃伤员，情节恶劣的，对直接责任人员，处三年以下有期徒刑。

第三百九十七条 在军事行动地区，掠夺、残害无辜居民的，处七年以下有期徒刑；情节严重的，处七年以上有期徒刑；情节特别严重的，处无期徒刑或者死刑。

第三百九十八条 私放俘虏的，处三年以下有期徒刑；私放重要俘虏、私放俘虏多人或者有其他严重情节的，处三年以上十年以下有期徒刑。

第三百九十九条 虐待俘虏，情节恶劣的，处三年以下有期徒刑。

第四百条 在战时，对被判处三年以下有期徒刑没有现实危险宣告缓刑的犯罪军人，允许其戴罪立功，确有立功表现时，可以撤销原判刑罚，不以犯罪论处。

第四百零一条 现役军人犯本章以外之罪的，依照本法其他有关条款的规定处罚。

第四百零二条 本章适用于中国人民解放军的现役军官、文职干部、士兵及具有军籍的学员和中国人民武装警察部队的现役警官、文职干部、士兵及具有军籍的学员以及执行军事任务的预备役人员和其他人员。

第四百零三条 本章所称战时，是指国家宣布进入战争状态、部队受领作战任务或者遭敌突然袭击时。

军人执行戒严任务或者处置突发性暴力事件时，以战时论。

14. 中华人民共和国刑法（修订草案）

（全国人大常委会法制工作委员会 1996 年 12 月中旬）

目 录

第一编 总　　则

第一章 刑法的任务、基本原则和适用范围

第一条 中华人民共和国刑法，以宪法为根据，依照惩办与宽大相结合的原则，结合我国同犯罪作斗争的具体经验及实际情况制定。

第二条 中华人民共和国刑法的任务，是用刑罚同一切犯罪行为作斗争，以保卫人民民主专政的政权和社会主义制度，保护社会主义的全民所有的财产和劳动群众集体所有的财产，保护公民私人所有的财产，保护公民的人身权利、民主权利和其他权利，维护社会秩序、经济秩序、工作秩序、教学科研秩序和人民群众生活秩序，保障社会主义建设事业的顺利进行。

第三条 法律明文规定为犯罪行为的，依照法律定罪处刑；法律没有明文规定为犯罪行为的，不得定罪处刑。

第四条 对任何人犯罪，在适用法律上一律平等。不允许任何人有超越法律的特权。

第五条 对犯罪分子量刑的轻重，应当与其所犯罪行和承担的刑事责任相适应。

第六条 凡在中华人民共和国领域内犯罪的，除法律有特别规定的以外，都适用本法。

凡在中华人民共和国船舶或者航空器内犯罪的，也适用本法。

犯罪的行为或者结果有一项发生在中华人民共和国领域内的，就认为是在中华人民共和国领域内犯罪。

第七条 中华人民共和国公民在中华人民共和国领域外犯本法规定之罪的，适用本法，但是按本法规定的最高刑为三年以下有期徒刑的，可以不予追究。

中华人民共和国国家工作人员和军人在中华人民共和国领域外犯本法规定之罪的，适用本法。

第八条 外国人在中华人民共和国领域外对中华人民共和国国家或者公民犯罪，而按本法规定的最低刑为三年以上有期徒刑的，可以适用本法，但是按照犯罪地的法律不受处罚的除外。

第九条 对于中华人民共和国缔结或者参加的国际条约所规定的罪行，中华人民共和国在所承担条约义务的范围内行使刑事管辖权的，适用本法。

第十条 凡在中华人民共和国领域外犯罪，依照本法应当负刑事责任的，虽然经过外国审判，仍然可以依照本法追究，但是在外国已经受过刑罚处罚的，可以免除或者减轻处罚。

第十一条 享有外交特权和豁免权的外国人的刑事责任，通过外交途径解决。

第十二条 中华人民共和国成立以后本法施行以前的行为，如果当时的法律不认为是犯罪的，适用当时的法律；如果当时的法律认为是犯罪的，依照本法总则第四章第八节的规定应当追诉的，按照当时的法律追究刑事责任，但是如果本法不认为是犯罪或者处刑较轻的，适用本法。

对于本法施行以前发生的行为、本法施行以后尚未处理或者正在处理的案件，依照前款规定办理。

本法施行以前，依照当时的法律定罪判刑的，继续有效。

第二章 犯　罪

第一节 犯罪和刑事责任

第十三条 一切危害国家主权和领土完整，分裂国家、危害国家安全利益、颠覆人民民主专政的政权和推翻社会主义制度，破坏社会秩序和经济秩序，侵犯全民所有的财产或者劳动群众集体所有的财产，侵犯公民私人所有的财产，侵犯公民的人身权利、民主权利和其他权利，以及其他危害社会的行为，依照法律应当受刑罚处罚的，都是犯罪；但是情节显著轻微危害不大的，不认为是犯罪。

第十四条 明知自己的行为会发生危害社会的结果，并且希望或者放任这种结果发生，因而构成犯罪的，是故意犯罪。

故意犯罪，应当负刑事责任。

第十五条 应当预见自己的行为可能发生危害社会的结果，因为疏忽大意而没有预见，或者已经预见而轻信能够避免，以致发生这种结果的，是过失犯罪。

过失犯罪，法律有规定的才负刑事责任。

第十六条 行为在客观上虽然造成了损害结果，但是不是出于故意或者过失，而是由于不能抗拒或者不能预见的原因所引起的，不认为是犯罪。

第十七条 已满十六岁的人犯罪，应当负刑事责任。

已满十四岁不满十六岁的人，犯故意杀人、故意伤害致人重伤或者死亡、抢劫、放火罪或者其他严重破坏社会治安秩序的犯罪，应当负刑事责任。

已满十四岁不满十八岁的人犯罪，应当从轻或者减轻处罚。

因不满十六岁不予刑事处罚的，责令他的家长或者监护人加以管教；在必要的时候，也可以由政府收容教养。

第十八条 精神病人在不能辨认或者不能控制自己行为的时候造成危害结果的，不负刑事责任；但是应当责令他的家属或者监护人严加看管和医疗；必要的时候，由政府强制医疗。

间歇性的精神病人在精神正常的时候犯罪，应当负刑事责任。

尚未完全丧失辨认或者控制自己行为能力的精神病人造成危害结果的，应当负刑事责任；但是可以从轻或者减轻处罚。

醉酒的人犯罪，应当负刑事责任。

第十九条　又聋又哑的人或者盲人犯罪，可以从轻、减轻或者免除处罚。

第二十条　为了使国家、公共利益、本人或者他人的人身、财产和其他权利免受正在进行的不法侵害，而采取的制止不法侵害的行为，对不法侵害人造成损害的，不负刑事责任。

正当防卫明显超过必要限度造成重大损害的，应当负刑事责任，但是应当减轻或者免除处罚。

受害人受到暴力不法侵害而采取制止暴力侵害的行为，造成不法侵害人伤亡后果的，属于正当防卫，不存在防卫过当。

第二十一条　人民警察在依法执行盘问、拘留、逮捕、追捕逃犯或者制止违法犯罪职务的时候，依法使用武器和警械，造成人员伤亡后果的，不负刑事责任。

人民警察受到暴力侵害而采取制止暴力侵害的行为，造成不法侵害人伤亡后果的，不负刑事责任。

第二十二条　为了使国家、公共利益、本人或者他人的人身、财产和其他权利免受正在发生的危险，不得已采取的紧急避险行为，造成损害的，不负刑事责任。

紧急避险超过必要限度造成不应有的损害的，应当负刑事责任，但是应当减轻或者免除处罚。

第一款中关于避免本人危险的规定，不适用于职务上、业务上负有特定责任的人。

第二节　犯罪的预备、未遂和中止

第二十三条　为了犯罪，准备工具、制造条件的，是犯罪预备。

对于预备犯，可以比照既遂犯从轻、减轻处罚或者免除处罚。

第二十四条　已经着手实行犯罪，由于犯罪分子意志以外的原因而未得逞的，是犯罪未遂。

对于未遂犯，可以比照既遂犯从轻或者减轻处罚。

第二十五条　在犯罪过程中，自动放弃犯罪或者自动有效地防止犯罪结果发生的，是犯罪中止。

对于中止犯，没有造成损害的，应当免除处罚；造成损害的，应当减轻处罚。

第三节　共同犯罪

第二十六条　共同犯罪是指二人以上共同故意犯罪。

二人以上共同过失犯罪，不以共同犯罪论处；应当负刑事责任的，按照他们所犯的罪分别处罚。

第二十七条　三人以上为共同实施犯罪而组成的较为稳定的犯罪组织，是犯罪集团。

组织、领导犯罪集团进行犯罪活动的或者在共同犯罪中起主要作用的，是主犯。

对组织、领导犯罪集团的首要分子，按照集团所犯的全部罪行处罚。

对于第二款规定以外的主犯，应当按照其所参与的或者组织、指挥的全部犯罪处罚。

第二十八条　在共同犯罪中起次要或者辅助作用的，是从犯。

对于从犯，应当从轻、减轻处罚或者免除处罚。

第二十九条　对于被胁迫参加犯罪的，应当按照他的犯罪情节减轻处罚或者免除处罚。

第三十条　教唆他人犯罪的，应当按照共同犯罪中的主犯处罚。教唆不满十八岁的人犯罪的，应当从重处罚。

如果被教唆的人没有犯被教唆的罪，对于教唆犯，可以从轻或者减轻处罚。

第四节　单位犯罪

第三十一条　公司、企业、事业单位、机关、团体为本单位谋取非法利益，经单位集体研究决定或者由负责人员决定实施犯罪的，是单位犯罪。

单位犯罪，法律有规定的才处罚。

第三十二条　对单位犯罪，除对单位判处罚金外，还应当对单位直接负责的主管人员和其他直接责任人员判处刑罚。本法分则和其他法律另有规定的，依照规定。

第三章　刑　　罚

第一节　刑罚的种类

第三十三条　刑罚分为主刑和附加刑。

第三十四条　主刑的种类如下：

（一）管制；

（二）拘役；

（三）有期徒刑；

（四）无期徒刑；

（五）死刑。

第三十五条　附加刑的种类如下：

（一）罚金；

（二）剥夺政治权利；

（三）没收财产。

附加刑也可以独立适用。

第三十六条　被判处三年以上有期徒刑的犯罪分子和被判处剥夺政治权利的犯罪分子，如果有军衔、警衔或者勋章的，应当一并判处剥夺。

第三十七条　对于犯罪的外国人，可以独立适用或者附加适用驱逐出境。

第三十八条　由于犯罪行为而使被害人遭受经济损失的，对犯罪分子除依法给予刑事处罚外，并应根据情况判处赔偿经济损失。

承担民事赔偿责任的犯罪分子，同时被判处罚金的，其财产不足以全部支付的时候，应当先承担民事赔偿责任。

第三十九条　对于犯罪情节轻微不需要判处刑罚的，可以免予刑事处罚，但可以根据案件的不同情况，予以训诫或者责令具结悔过、赔礼道歉、赔偿损失，或者由主管部门予以行政处罚或者行政处分。

第二节　管　　制

第四十条　管制的期限，为三个月以上二年以下。

被判处管制的犯罪分子，由公安机关执行。

第四十一条　被判处管制的犯罪分子，在执行期间，必须遵守下列规定：

（一）遵守法律、法规，服从监督；

（二）停止行使言论、出版、集会、结社、游行、示威自由的权利；

（三）按执行机关规定报告自己的活动情况；

（四）遵守执行机关关于会客的规定；

（五）离开所居住的市、县、设区的市的市辖区或者迁居，应当报经执行机关批准。

对于被判处管制的犯罪分子，在劳动中应当同工同酬。

第四十二条　被判处管制的犯罪分子，管制期满，执行机关应即向本人和其所在单位或者居住地的群众宣布解除管制。

第四十三条　管制的刑期，从判决执行之日起计算；判决执行以前先行羁押的，羁押一日折抵刑期二日。

第三节　拘　　役

第四十四条　拘役的期限，为十五日以上六个月以下。

第四十五条　被判处拘役的犯罪分子，由公安机关就近执行。

在执行期间，被判处拘役的犯罪分子每月可以回家一天至两天；参加劳动的，可以酌量发给报酬。

第四十六条　拘役的刑期，从判决执行之日起计算；判决以前先行羁押的，羁押一日折抵刑期一日。

第四节　有期徒刑、无期徒刑

第四十七条　有期徒刑的期限，为六个月以上十五年以下。

第四十八条　被判处有期徒刑、无期徒刑的犯罪分子，在监狱或者其他执行机关执行；凡有劳动能力的，都应当参加劳动，接受教育和改造。

第四十九条　有期徒刑的刑期，从判决执行之日起计算；判决执行以前先行羁押的，羁押一日折抵刑期一日。

第五节　死　刑

第五十条　死刑只适用于罪大恶极的犯罪分子。对于应当判处死刑的犯罪分子，如果不是必须立即执行的，可以判处死刑同时宣告缓期二年执行。

死刑除依法由最高人民法院判决的以外，都应当报请最高人民法院核准。死刑缓期执行的，可以由高级人民法院判决或者核准。

第五十一条　犯罪的时候不满十八岁的人和审判的时候怀孕的妇女，不适用死刑。

第五十二条　判处死刑缓期执行的，在死刑缓期执行期间，如果没有故意犯罪，二年期满以后，减为无期徒刑；如果确有立功表现，二年期满以后，减为十五年以上二十年以下有期徒刑；如果故意犯罪，查证属实的，由最高人民法院核准，执行死刑。

第五十三条　死刑缓期执行的期间，从判决确定之日起计算。死刑缓期执行减为有期徒刑的刑期，从死刑缓期执行期满之日起计算。

第六节 罚 金

第五十四条 判处罚金，应当根据犯罪情节决定罚金数额。

第五十五条 罚金在判决指定的期限内一次或者分期缴纳。期满不缴纳的，强制缴纳。对于不能全部缴纳罚金的，人民法院在任何时候发现被执行人有可以执行的财产，应当随时追缴。如果由于遭遇不能抗拒的灾祸缴纳确实有困难的，可以酌情减少或者免除。

第七节 剥夺政治权利

第五十六条 剥夺政治权利是剥夺下列权利：

（一）选举权和被选举权；

（二）言论、出版、集会、结社、游行、示威自由的权利；

（三）担任国家机关职务的权利；

（四）担任国有公司、企业、事业单位和人民团体领导职务的权利。

第五十七条 剥夺政治权利的期限，除本法第五十九条规定外，为一年以上五年以下。

第五十八条 对于危害国家安全的犯罪分子应当附加剥夺政治权利；对于故意杀人、强奸、放火、爆炸、投毒、抢劫等严重破坏社会治安秩序的犯罪分子，在必要的时候，也可以附加剥夺政治权利。

独立适用剥夺政治权利的，依照本法分则的规定。

第五十九条 对于被判处死刑、无期徒刑的犯罪分子，应当剥夺政治权利终身。

在死刑缓期执行减为有期徒刑或者无期徒刑减为有期徒刑的时候，应当把附加剥夺政治权利的期限改为三年以上十年以下。

第六十条 附加剥夺政治权利的刑期，从徒刑、拘役执行完毕之日或者从假释之日起计算；剥夺政治权利的效力当然施用于主刑执行期间。

独立适用剥夺政治权利或者徒刑、拘役执行完毕附加剥夺政治权利的犯罪分子，在执行剥夺政治权利期间，必须遵守下列规定：

（一）遵守法律、法规，服从监督；

（二）按公安机关规定报告自己的活动情况；

（三）遵守公安机关关于会客的规定；

（四）离开所居住的市、县、设区的市的市辖区或者迁居，应当报经执行机关批准。

第八节 没收财产

第六十一条 没收财产是没收犯罪分子个人所有财产的一部或者全部。

在判处没收财产的时候，不得没收属于犯罪分子家属所有或者应有的财产。

第六十二条 没收财产以前犯罪分子所负的正当债务，需要以没收的财产偿还的，经债权人请求，应当偿还。

第四章 刑罚的具体运用

第一节 量 刑

第六十三条 对于犯罪分子决定刑罚的时候，应当根据犯罪的事实、犯罪的性质、情节和对于社会的危害程度，依照本法的有关规定判处。

第六十四条 犯罪分子具有本法规定的从重处罚、从轻处罚情节的，应当在法定刑的限度以内判处刑罚。

第六十五条 犯罪分子具有本法规定的减轻处罚情节的，应当在法定刑以下判处刑罚。

犯罪分子虽然不具有本法规定的减轻处罚情节，如果根据案件的具体情况，判处法定刑的最低刑还是过重的，经最高人民法院审判委员会核准，也可以在法定刑以下判处刑罚。

第六十六条 犯罪分子违法所得的一切财物，应当予以追缴或者责令退赔；对被害人的合法财产，应当及时返还；违禁品和供犯罪所用的本人财物，应当予以没收。没收的财物和罚金，一律上缴国库，不得挪用和自行处理。

第二节 累 犯

第六十七条 被判处有期徒刑以上刑罚的犯罪分子，刑罚执行完毕或者赦免以后，在五年以内再犯应当判处有期徒刑以上刑罚之罪的，是累犯，应当从重处罚；但是过失犯罪除外。

前款规定的期限，对于被假释的犯罪分子，从假释期满之日起计算。

第三节 自首和立功

第六十八条 犯罪以后自动投案，如实供述自己的罪行，接受审判的，是自首。对于自首的犯罪分子，可以从轻或者减轻处罚。其中，犯罪较轻的，可以免除处罚。

被采取强制措施的犯罪嫌疑人、被告人和正在服刑的罪犯，供述司法机关还未掌握的本人其他罪行的，以自首论。

第六十九条 犯罪分子有揭发他人犯罪行为，查证属实的，或者提供重要线索，从而得以侦破其他案件等立功表现的，可以从轻或者减轻处罚。有重大立功表现的，可以减轻或者免除处罚。

犯罪后自首又有重大立功表现的，应当减轻或者免除处罚。

第四节 数罪并罚

第七十条 判决宣告以前一人犯数罪的，除判处死刑和无期徒刑的以外，应当在总和刑期以下、数刑中最高刑期以上，酌情决定执行的刑期；但是管制最高不能超过三年，拘役最高不能超过一年，有期徒刑最高不能超过二十年。

如果数罪中有判处附加刑的，附加刑仍须执行。

第七十一条 判决宣告以后，刑罚执行完毕以前，发现被判刑的犯罪分子在判决宣告以前还有其他罪没有判决的，应当对新发现的罪作出判决，把前后两个判决所判处的刑罚，依照本法第七十条的规定，决定执行的刑罚。已经执行的刑期，应当计算在新判决决定的刑期以内。

第七十二条 判决宣告以后，刑罚执行完毕以前，被判刑的犯罪分子又犯罪的，应当对新犯的罪作出判决，把前罪没有执行的刑罚和后罪所判处的刑罚，依照本法第七十条的规定，决定执行的刑罚。

第五节 缓 刑

第七十三条 对于被判处拘役、三年以下有期徒刑的犯罪分子，根据犯罪分子的犯罪情节和悔罪表现，适用缓刑确实不致再危害社会的，可以宣告缓刑。

被宣告缓刑的犯罪分子，如果被判处附加刑，附加刑仍须执行。

第七十四条 拘役的缓刑考验期限为原判刑期以上一年以下，但是不能少于一个月。

有期徒刑的缓刑考验期限为原判刑期以上五年以下，但是不能少于一年。

缓刑考验期限，从判决确定之日起计算。

第七十五条 对于累犯，不适用缓刑。

第七十六条 被宣告缓刑的犯罪分子，必须遵守下列规定：

（一）遵守法律、法规，服从监督；

（二）按执行缓刑判决的考察机关的规定报告自己的活动情况；

（三）遵守考察机关关于会客的规定；

（四）离开所居住的市、县、设区的市的市辖区或者迁居，应当报经考察机关批准。

第七十七条 被宣告缓刑的犯罪分子，在缓刑考验期限内，由公安机关考察，所在单位或者基层组织予以配合，如果没有第七十八条规定的情形，缓刑考验期满，原判的刑罚就不再执行。

第七十八条 被宣告缓刑的犯罪分子，在缓刑考验期限内，再犯新罪或者发现判决宣告前还有其他罪没有判决的，应当撤销缓刑，对新的犯罪或者新发现的犯罪作出判决，把前罪和后罪判处的刑罚，依照本法第七十条的规定，决定执行的刑罚。

被宣告缓刑的犯罪分子，在缓刑考验期限内，违反法律、行政法规或者国务院公安部门有关缓刑的监督管理规定，情节严重的，应当撤销缓刑，收监执行原判刑罚。

第六节 减 刑

第七十九条 被判处管制、拘役、有期徒刑、无期徒刑的犯罪分子，在执行期间，如果认真遵守监规、接受教育改造，确有悔改表现或者有立功表现的，可以减刑；有下列重大立功表现之一的，应当减刑：

（一）阻止他人重大犯罪活动的；

（二）检举监狱内外重大犯罪活动，经查证属实的；

（三）有发明创造或者重大技术革新的；

（四）在日常生产、生活中舍己救人的；

（五）在抗御自然灾害或者排除重大事故中，有突出表现的；

（六）对国家和社会有其他重大贡献的。

减刑以后实际执行的刑期，判处管制、拘役、有期徒刑的，不能少于原判刑期的二分之一；判处无期徒刑的，不能少于十年。

第八十条 对于可以减刑的犯罪分子，由执行机关向中级以上人民法院提出减刑建议书。由人民法院组成合议庭进行审理，对确有悔改或者立功事实的，裁定予以减刑。非经法定程序不得减刑。

第八十一条 无期徒刑减为有期徒刑的刑期，从裁定减刑之日起计算。

第七节 假 释

第八十二条 被判处有期徒刑的犯罪分子，执行原判刑期二分之一以上，被判处无期徒刑的犯罪分子，实际执行十年以上，如果认真遵守监规、接受教育改造，确有悔改表现，假释后不致再危害社会的，可以假释；但是对累犯或者因故意杀人、强奸、绑架、抢劫等暴力性犯罪被判处无期徒刑的犯罪分子，不得假释。

第八十三条 对于可以假释的犯罪分子，依照本法第八十条规定的减刑程序进行。非经法定程序不得假释。

第八十四条 有期徒刑的假释考验期限，为没有执行完毕的刑期；无期徒刑的假释考验期限为十年。

假释考验期限，从假释之日起计算。

第八十五条 被宣告假释的犯罪分子，必须遵守下列规定：

（一）遵守法律、法规，服从监督；

（二）根据公安机关的要求，报告自己的活动情况；

（三）遵守公安机关关于会客的规定；

（四）离开所居住的市、县、设区的市的市辖区或者迁居，应当报经公安机关批准。

第八十六条 被假释的犯罪分子，在假释考验期限内，由公安机关予以监督，如果没有第八十七条规定的情形，假释考验期满，就认为原判刑罚已经执行完毕，并公开予以宣告。

第八十七条 被假释的犯罪分子，在假释考验期限内，再犯新罪，应当撤销假释，依照本法第七十二条的规定实行数罪并罚。

被假释的犯罪分子，在假释考验期限内，发现在判决宣告前还有其他罪没有判决的，应当撤销假释，依照本法第七十一条的规定实行数罪并罚。

被假释的犯罪分子，在假释考验期限内，违反法律、行政法规或者国务院公安部门有关假释的监督管理规定，情节严重的，应当撤销假释，收监执行未执行完毕的刑罚。

第八节 时 效

第八十八条 犯罪经过下列期限不再追诉：

（一）法定最高刑为不满五年有期徒刑的，经过五年；

（二）法定最高刑为五年以上不满十年有期徒刑的，经过十年；

（三）法定最高刑为十年以上有期徒刑的，经过十五年；

（四）法定最高刑为无期徒刑、死刑的，经过二十年。如果二十年以后认为必须追诉的，须报请最高人民检察院核准。

第八十九条 在人民法院、人民检察院、公安机关、国家安全机关采取强制措施以后，逃避侦查或者审判的，不受追诉期限的限制。

被害人在追诉期限内提出控告，人民法院、人民检察院、公安机关应当立案而不予立案的，不受追诉期限的限制。

第九十条 追诉期限从犯罪之日起计算；犯罪行为有连续或者继续状态的，从犯罪行为终了之日起计算。

在追诉期限以内又犯罪的，前罪追诉的期限从犯后罪之日起计算。

第五章 其他规定

第九十一条 民族自治地方不能全部适用本法规定的，可以由自治区或者省的人民代表大会根据当地民族的政治、经济、文化的特点和本法规定的基本原则，制定变通或者补充的规定，报请全国人民代表大会常务委员会批准施行。

第九十二条 本法所说的公共财产是指下列财产：

（一）国有财产；

（二）劳动群众集体所有的财产。

在国家机关、国有公司、企业、集体企业和人民团体管理、使用或者运输中的私人财产，以公共财产论。

第九十三条 本法所说的公民私人所有的财产是指下列财产：

（一）公民的合法收入、储蓄、房屋和其他生活资料；

（二）依法归个人、家庭所有的生产资料；

（三）个体户和私营企业的财产；

（四）个人所有的股份和股票、债券。

第九十四条 本法所说的国家工作人员是指在国家机关、国有公司、企业、事业单位、人民团体中从事公务的人员和国家机关、国有公司、企业、事业单位委派到非国有公司、企业、事业单位、社会团体从事公务的人员。

受国家机关、国有公司、企业、事业单位委托从事公务的人员，以国家工作人员论。

第九十五条　本法所说的司法工作人员是指有侦查、检察、审判、监管人犯职责的工作人员。

第九十六条　本法所说的重伤是指有下列情形之一的伤害：

（一）使人肢体残废或者毁人容貌的；

（二）使人丧失听觉、视觉或者其他器官机能的；

（三）其他对于人身健康有重大伤害的。

第九十七条　本法所说的违反国家规定是指违反全国人民代表大会及其常务委员会制定的法律和决定，国务院制定的行政法规和行政措施、发布的决定和命令。

第九十八条　本法所说的违法所得是指因犯罪所得的一切财物。其中，破坏社会主义市场经济秩序罪中的违法所得按非法的销售收入扣除成本计算；没有成本或者成本无法计算的，按非法的实际收入计算。

第九十九条　本法所说的首要分子是指在犯罪集团或者聚众犯罪中起组织、策划、指挥作用的犯罪分子。

第一百条　本法所说的告诉才处理，是指被害人告诉才处理。如果被害人因受强制、威吓无法告诉的，人民检察院和被害人的近亲属也可以告诉。

第一百零一条　本法所说的以上、以下、以内，包括本数。

第一百零二条　依法受过刑事处罚的人，在入伍、就业的时候，应当如实向有关单位报告自己曾受过刑事处罚，不得隐瞒。

第一百零三条　本法总则适用于其他有刑罚规定的法律，但是其他法律有特别规定的除外。

第二编　分　　则

第一章　危害国家安全罪

第一百零四条　勾结外国，危害中华人民共和国的主权、领土完整和安全的，处无期徒刑或者十年以上有期徒刑。

第一百零五条　组织、策划、实施分裂国家、破坏国家统一活动的，对首要分子或者罪恶重大的，处无期徒刑或者十年以上有期徒刑；对积极参加的，处三年以上十年以下有期徒刑；对其他参加的，处三年以下有期徒刑、拘役、管制或者剥夺政治权利。

煽动分裂国家、破坏国家统一的，处五年以下有期徒刑、拘役、管制或者剥夺政治权利；首要分子或者罪恶重大的，处五年以上有期徒刑。

第一百零六条　组织、策划、实施武装叛乱或者武装暴乱的，对首要分子或者罪恶重大的，处无期徒刑或者十年以上有期徒刑；对积极参加的，处三年以上十年以下有期徒刑；对其他参加的，处三年以下有期徒刑、拘役、管制或者剥夺政治权利。

策动、勾引、收买国家工作人员、武装部队人员、人民警察、民兵进行武装叛乱的，依照前款规定从重处罚。

第一百零七条　组织、策划、实施颠覆国家政权、推翻社会主义制度的，对首要分子或者罪恶重大的，处无期徒刑或者十年以上有期徒刑；对其他积极参加的，处三年以上十年以下有期徒刑。

以造谣、诽谤或者其他方式煽动颠覆国家政权、推翻社会主义制度的，处五年以下有期徒刑、拘役、管制或者剥夺政治权利；对首要分子或者罪恶重大的，处五年以上有期徒刑。

第一百零八条　与境外机构、组织、个人相勾结，实施本章第一百零四条、第一百零五条、第一百零六条、第一百零七条规定的犯罪的，依照各该条的规定从重处罚。

第一百零九条　投敌叛变的，处三年以上十年以下有期徒刑；情节严重或者率领武装部队、人民警察、民兵投敌叛变的，处十年以上有期徒刑或者无期徒刑。

第一百一十条　背叛国家、投靠境外机构、组织，实施危害中华人民共和国国家安全行为的，处三年以上十年以下有期徒刑；情节严重的，处十年以上有期徒刑或者无期徒刑。

掌握国家秘密的国家工作人员，背叛国家、投靠境外机构、组织、危害中华人民共和国国家安全的，依照前款规定从重处罚。

第一百一十一条　进行下列间谍行为之一，危害国家安全的，处十年以上有期徒刑或者无期徒刑；情节较轻的，处三年以上十年以下有期徒刑：

（一）参加间谍组织或者接受间谍组织及其代理人的间谍活动任务的；

（二）为境外的机构、组织、人员窃取、刺探、收买、非法提供国家秘密或者情报的；

（三）为敌人指示轰击目标的。

第一百一十二条　战时供给敌人武器、军火、军事装备或者其他军用物资资敌的，处十年以上有期徒刑或者无期徒刑；情节较轻的，处三年以上十年以下有期徒刑。

第一百一十三条　本章上述危害国家安全罪行中，除第一百零五条第二款、第一百零七条外，对国家和人民危害特别严重、情节特别恶劣的，可以判处死刑。

犯本章之罪的，可以并处没收财产。

第二章 危害公共安全罪

第一百一十四条 放火、决水、爆炸或者以其他危险方法破坏工厂、矿场、油田、港口、河流、水源、仓库、住宅、森林、农场、谷场、牧场、重要管道、公共建筑物或者其他公私财产、危害公共安全，尚未造成严重后果的，处三年以上十年以下有期徒刑。

第一百一十五条 放火、决水、爆炸、投毒或者以其他危险方法致人重伤、死亡或者使公私财产遭受重大损失的，处十年以上有期徒刑、无期徒刑或者死刑。

过失犯前款罪的，处七年以下有期徒刑或者拘役。

第一百一十六条 破坏火车、汽车、电车、船只、航空器，足以使火车、汽车、电车、船只、航空器发生倾覆、毁坏危险，尚未造成严重后果的，处三年以上十年以下有期徒刑。

第一百一十七条 破坏轨道、桥梁、隧道、公路、机场、航道、灯塔、标志或者进行其他破坏活动，足以使火车、汽车、电车、船只、航空器发生倾覆、毁坏危险，尚未造成严重后果的，处三年以上十年以下有期徒刑。

第一百一十八条 破坏电力、燃气或者其他易燃易爆设备，危害公共安全，尚未造成严重后果的，处三年以上十年以下有期徒刑。

第一百一十九条 破坏交通工具、交通设备、电力燃气设备、易燃易爆设备造成严重后果的，处十年以上有期徒刑、无期徒刑或者死刑。

过失犯前款罪的，处七年以下有期徒刑或者拘役。

第一百二十条 以暴力、胁迫或者其他方法劫持航空器的，处十年以上有期徒刑或者无期徒刑；致人重伤、死亡或者使航空器遭受严重破坏的，处死刑；情节较轻的，处五年以上十年以下有期徒刑。

第一百二十一条 破坏广播电台、电视台、公用通讯设施，危害公共安全的，处七年以下有期徒刑或者拘役；造成严重后果的，处七年以上有期徒刑。

过失犯前款罪的，处七年以下有期徒刑或者拘役。

第一百二十二条 非法制造、买卖、运输枪支、弹药、爆炸物的，处三年以上十年以下有期徒刑；情节严重的，处十年以上有期徒刑、无期徒刑或者死刑。

非法买卖、运输核材料的，依照前款规定处罚。

单位有前两款行为的，对单位判处罚金，并对其直接负责的主管人员和其他直接责任人员，依照第一款规定处罚。

第一百二十三条 依法被指定、确定的枪支制造企业、销售企业，违反枪支管理规定，有下列行为之一的，对单位判处罚金，并对其直接负责的主管人员和其他直接责任人员，处七年以下有期徒刑；造成严重后果的，处七年以上有期徒刑或者无期徒刑：

（一）以非法销售为目的超过限额或者不按照规定的品种制造、配售枪支的；

（二）以非法销售为目的，制造无号、重号、假号的枪支的；

（三）非法销售枪支或者在境内销售为出口制造的枪支的。

第一百二十四条 盗窃、抢夺枪支、弹药、爆炸物的，处三年以上十年以下有期徒刑；情节严重的，处十年以上有期徒刑、无期徒刑或者死刑。

抢劫枪支、弹药、爆炸物或者盗窃、抢夺国家机关、军警人员、民兵的枪支、弹药、爆炸物的，处十年以上有期徒刑、无期徒刑或者死刑。

第一百二十五条 违反枪支管理规定，非法持有、私藏枪支、弹药的，处三年以下有期徒刑、拘役或者管制；情节严重的，处三年以上七年以下有期徒刑。

依法配备公务用枪的人员，非法出租、出借枪支的，依照前款规定处罚。

依法配置枪支的人员，非法出租、出借枪支，造成严重后果的，依照第一款的规定处罚。

单位有第二、三款行为的，对其直接负责的主管人员和其他直接责任人员，依照第一款的规定处罚。

第一百二十六条 依法配备公务用枪的人员，丢失枪支未及时报告，造成严重后果的，处三年以下有期徒刑、拘役或者管制。

第一百二十七条 违反交通管理法规，因而发生重大事故，致人重伤、死亡或者使公私财产遭受重大损失的，处三年以下有期徒刑、拘役或者管制；情节特别恶劣的，处三年以上七年以下有期徒刑；因逃逸致人死亡的，处七年以上有期徒刑。

第一百二十八条 工厂、矿山、林场、建筑企业或者其他企业、事业单位的职工，由于不服管理、违反规章制度，或者强令工人违章冒险作业，因而发生重大伤亡事故，造成严重后果的，处三年以下有期徒刑、拘役或者管制；情节特别恶劣的，处三年以上七年以下有期徒刑。

第一百二十九条 违反爆炸性、易燃性、放射性、毒害性、腐蚀性物品的管理规定，在生产、储存、运输、使用中发生重大事故，造成严重后果的，处三年以下有期徒刑、拘役或者管制；后果特别严重的，处三年以上七年以下有期徒刑。

第一百三十条　违反消防管理法规，经消防监督机构通知采取改正措施而拒绝执行，造成严重后果的，处三年以下有期徒刑、拘役或者管制。

第三章　破坏社会主义市场经济秩序罪

第一节　生产、销售伪劣商品罪

第一百三十一条　生产者、销售者在产品中掺杂、掺假，以假充真，以次充好或者以不合格产品冒充合格产品，违法所得数额二万元以上不满十万元的，处二年以下有期徒刑、拘役或者管制，可以并处违法所得一倍以上五倍以下罚金；违法所得数额十万元以上不满三十万元的，处二年以上七年以下有期徒刑，并处违法所得一倍以上五倍以下罚金；违法所得数额三十万元以上不满一百万元的，处七年以上有期徒刑，并处违法所得一倍以上五倍以下罚金或者没收财产；违法所得数额一百万元以上的，处十五年有期徒刑或者无期徒刑，并处没收财产。

第一百三十二条　生产、销售假药，足以危害人体健康的，处三年以下有期徒刑、拘役或者管制，并处违法所得一倍以上五倍以下罚金；对人体健康造成严重危害的，处三年以上十年以下有期徒刑，并处违法所得一倍以上五倍以下罚金；致人死亡或者对人体健康造成其他特别严重危害的，处十年以上有期徒刑、无期徒刑或者死刑，并处违法所得一倍以上五倍以下罚金或者没收财产。

本条所称“假药”，是指依照《中华人民共和国药品管理法》的规定属于假药和按假药处理的药品、非药品。

第一百三十三条　生产、销售劣药，对人体健康造成严重危害的，处三年以上十年以下有期徒刑，并处违法所得一倍以上五倍以下罚金；后果特别严重的，处十年以上有期徒刑或者无期徒刑，并处违法所得一倍以上五倍以下罚金或者没收财产。

本条所称“劣药”，是指依照《中华人民共和国药品管理法》的规定属于劣药的药品。

第一百三十四条　生产、销售不符合卫生标准的食品，足以造成严重食物中毒事故或者其他严重食源性疾患，处三年以下有期徒刑、拘役或者管制，并处违法所得一倍以上五倍以下罚金；对人体健康造成严重危害的，处三年以上七年以下有期徒刑，并处违法所得一倍以上五倍以下罚金；后果特别严重的，处七年以上有期徒刑或者无期徒刑，并处违法所得一倍以上五倍以下罚金或者没收财产。

第一百三十五条　在生产、销售的食品中掺入有毒、有害的非食品原料的，或者销售明知掺有有毒、有害的非食品原料的食品的，处五年以下有期徒刑或者拘役，可以并处或者单处违法所得一倍以上五倍以下罚金；造成严重食物中毒事故或者其他严重食源性疾患，对人体健康造成严重危害的，处五年以上十年以下有期徒刑，并处违法所得一倍以上五倍以下罚金；致人死亡或者对人体健康造成其他特别严重危害的，处十年以上有期徒刑、无期徒刑或者死刑，并处违法所得一倍以上五倍以下罚金或者没收财产。

第一百三十六条　生产不符合保障人体健康的国家标准、行业标准的医疗器械、医用卫生材料，或者销售明知是不符合保障人体健康的国家标准、行业标准的医疗器械、医用卫生材料，对人体健康造成严重危害的，处五年以下有期徒刑，并处违法所得一倍以上五倍以下罚金；后果特别严重的，处五年以上十年以下有期徒刑，并处违法所得一倍以上五倍以下罚金，其中情节特别恶劣的，处十年以上有期徒刑或者无期徒刑，并处违法所得一倍以上五倍以下罚金或者没收财产。

第一百三十七条　生产不符合保障人身、财产安全的国家标准、行业标准的电器、压力容器、易燃易爆产品或者其他不符合保障人身、财产安全的国家标准、行业标准的产品，或者销售明知是以上不符合保障人身、财产安全的国家标准、行业标准的产品，造成严重后果的，处五年以下有期徒刑或者拘役，并处违法所得一倍以上五倍以下罚金；后果特别严重的，处五年以上有期徒刑，并处违法所得一倍以上五倍以下罚金。

第一百三十八条　生产假农药、假兽药、假化肥，销售明知是假的或者失去使用效能的农药、兽药、化肥、种子，或者生产者、销售者以不合格的农药、兽药、化肥、种子冒充合格的农药、兽药、化肥、种子，使生产遭受较大损失的，处三年以下有期徒刑、拘役或者管制，可以并处或者单处违法所得一倍以上五倍以下罚金；使生产遭受重大损失的，处三年以上七年以下有期徒刑，并处违法所得一倍以上五倍以下罚金；使生产遭受特别重大损失的，处七年以上有期徒刑或者无期徒刑，并处违法所得一倍以上五倍以下罚金或者没收财产。

第一百三十九条　生产不符合卫生标准的化妆品，或者销售明知是不符合卫生标准的化妆品，造成严重后果的，处三年以下有期徒刑、拘役或者管制，可以并处或者单处违法所得一倍以上五倍以下罚金。

第一百四十条　生产、销售本法第一百三十二条至第一百三十九条所列产品，不构成各该条规定的犯罪，但是违法所得数额在二万元以上的，依照本法第一百三十一条的规定处罚。

生产、销售本法第一百三十二条至第一百三十九条所列产品，构成各该条规定的犯罪，同时又构成本法第一百三十一条规定的犯罪的，依照处刑较重的规定处罚。

第一百四十一条　建设单位违反规定，要求建筑设计单位或者施工企业降低工程质量，或者提供不合格的建筑材料、建筑构配件和设备强迫施工企业使用，造成重大损失的，对单位判处罚金，对其直接负责的主管人员和其他直接责任人员处三年以下有期徒刑、拘役或者管制；造成特别重大损失的，处三年以上七年以下有期徒刑。

第一百四十二条　建筑设计单位不按建筑工程质量标准进行设计，造成工程质量事故，损失严重的，对单位判处罚金，对其直接负责的主管人员和其他直接责任人员，处三年以下有期徒刑、拘役或者管制；损失特别严重的，处三年以上七年以下有期徒刑。

第一百四十三条　施工单位在施工中偷工减料，使用不合格的建筑材料、建筑构配件和设备，或者不按照设计图纸或者施工技术标准施工，造成重大质量事故，损失严重的，对单位判处罚金，对其直接负责的主管人员和其他直接责任人员，处三年以下有期徒刑、拘役或者管制；损失特别严重的，处三年以上七年以下有期徒刑。

第一百四十四条　单位犯本法第一百三十一条至第一百三十九条罪的，对单位判处罚金，并对其直接负责的主管人员和其他直接责任人员，依照各该条的规定处罚。

第二节　走私罪

第一百四十五条　走私武器、弹药、核材料或者伪造的货币的，处七年以上有期徒刑，并处罚金或者没收财产；情节特别严重的，处无期徒刑或者死刑，并处没收财产；情节较轻的，处七年以下有期徒刑，并处罚金。

第一百四十六条　走私国家禁止出口的文物、珍贵动物及其制品、黄金、白银或者其他贵重金属的，处五年以上有期徒刑，并处罚金或者没收财产；情节特别严重的，处无期徒刑或者死刑，并处没收财产；情节较轻的，处五年以下有期徒刑，并处罚金。

走私国家禁止出口的珍稀植物及其制品的，处五年以下有期徒刑，并处或者单处罚金；情节严重的，处五年以上有期徒刑，并处罚金。

第一百四十七条　以牟利或者传播为目的，走私淫秽的影片、录像带、录音带、图片、书刊或者其他淫秽物品的，处三年以上十年以下有期徒刑，并处罚金；情节严重的，处十年以上有期徒刑或者无期徒刑，并处罚金或者没收财产；情节较轻的，处三年以下有期徒刑、拘役或者管制，并处罚金。

第一百四十八条　走私本法第一百四十五条至第一百四十七条规定以外的货物、物品的，根据情节轻重，分别依照下列规定处罚：

（一）走私货物、物品偷逃应缴税额在五十万元以上的，处十年以上有期徒刑或者无期徒刑，并处偷逃应缴税额一倍以上五倍以下罚金或者没收财产；情节特别严重的，处死刑，并处没收财产。

（二）走私货物、物品偷逃应缴税额在十五万元以上不满五十万元的，处七年以上有期徒刑，并处偷逃应缴税额一倍以上五倍以下罚金或者没收财产；情节特别严重的，处无期徒刑，并处没收财产。

（三）走私货物、物品偷逃应缴税额在五万元以上不满十五万元的，处七年以下有期徒刑或者拘役，并处偷逃应缴税额一倍以上五倍以下罚金。

对多次走私未经处理的，按照累计走私货物、物品的偷逃应缴税额处罚。

第一百四十九条　单位走私本法第一百四十五条至第一百四十七条规定的货物、物品的，对单位判处罚金，并对其直接负责的主管人员和其他直接责任人员，依照本节对个人犯走私罪的规定处罚。

单位走私本法第一百四十五条至第一百四十七条规定以外的货物、物品，偷逃应缴税额在三十万元以上的，对单位判处罚金，并对其直接负责的主管人员和其他直接责任人员，处五年以下有期徒刑或者拘役；情节特别严重，使国家利益遭受重大损失的，处五年以上十年以下有期徒刑。

单位走私，违法所得归私人所有的，或者以单位的名义进行走私，共同分取违法所得的，依照本节对个人犯走私罪的规定处罚。

第一百五十条　下列走私行为，根据本节规定构成犯罪的，依照本法第一百四十八条、第一百四十九条的规定处罚：

（一）未经海关许可并且未补缴应缴税额，擅自将批准进口的来料加工、来件装配、补偿贸易的原材料、零件、制成品、设备等保税货物，在境内销售牟利的；

（二）假借捐赠名义进口货物、物品的，或者未经海关许可并且未补缴应缴税额，擅自将捐赠进口的货物、物品或者其他特定减税、免税进口的货物、物品，在境内销售牟利的。

第一百五十一条　下列行为，以走私罪论处，依照本节的有关规定处罚：

（一）直接向走私人非法收购国家禁止进口物品的，或者直接向走私人非法收购走私进口的其他货物、物品，数额较大的；

（二）在内海、领海运输、收购、贩卖国家禁止进出口物品的，或者运输、收购、贩卖国家限制进出口货物、物品，数额较大，没有合法证明的。

第一百五十二条　与走私罪犯通谋，为其提供贷款、资金、帐号、发票、证明，或者为其提供运输、保管、邮寄或者其他方便的，以走私罪的共犯论处。

第一百五十三条　武装掩护走私的，依照本法第一百四十五条的规定从重处罚。

以暴力、威胁方法抗拒缉私的，以走私罪和本法第二百五十六条规定的阻碍国家工作人员依法执行职务罪，依照数罪并罚的规定处罚。

第三节　妨害对公司、企业的管理秩序罪

第一百五十四条　申请公司登记使用虚假证明文件或者采取其他欺诈手段虚报注册资本，欺骗公司登记主管部门，取得公司登记，虚报注册资本数额巨大、后果严重或者有其他严重情节的，处三年以下有期徒刑、拘役或者管制，可以并处虚报注册资本金额百分之十以下罚金。

申请公司登记的单位犯前款罪的，对单位判处虚报注册资本金额百分之十以下罚金，并对其直接负责的主管人员和其他直接责任人员，处三年以下有期徒刑、拘役或者管制。

第一百五十五条　公司发起人、股东违反公司法的规定未交付货币、实物或者未转移财产权，虚假出资，或者在公司成立后又抽逃其出资，数额巨大、后果严重或者有其他严重情节的，处五年以下有期徒刑或者拘役，可以并处虚假出资金额或者抽逃出资金额百分之十以下罚金。

单位犯前款罪的，对单位判处虚假出资金额或者抽逃出资金额百分之十以下罚金，并对其直接负责的主管人员和其他直接责任人员，处五年以下有期徒刑或者拘役。

第一百五十六条　制作虚假的招股说明书、认股书、公司债券募集办法发行股票或者公司债券，数额巨大、后果严重或者有其他严重情节的，处五年以下有期徒刑或者拘役，可以并处非法募集资金金额百分之五以下罚金。

单位犯前款罪的，对单位判处非法募集资金金额百分之五以下罚金，并对其直接负责的主管人员和其他直接责任人员，处五年以下有期徒刑或者拘役。

第一百五十七条　公司向股东和社会公众提供虚假的或者隐瞒重要事实的财务会计报告，严重损害股东或者其他人利益的，对其直接负责的主管人员和其他直接责任人员，处三年以下有期徒刑、拘役或者管制，可以并处二十万元以下罚金。

第一百五十八条　公司进行清算时，隐匿财产，对资产负债表或者财产清单作虚伪记载或者在未清偿债务前分配公司财产，严重损害债权人或者其他人利益的，对其直接负责的主管人员和其他直接责任人员，处五年以下有期徒刑或者拘役，可以并处二十万元以下罚金。

第一百五十九条　公司、企业的工作人员利用职务上的便利，索取他人财物或者非法收受他人财物为他人谋利益，数额较大的，处五年以下有期徒刑或者拘役；数额巨大的，处五年以上十年以下有期徒刑；数额特别巨大的，处十年以上有期徒刑或者无期徒刑，可以并处没收财产。

公司、企业的工作人员在经济往来中，违反国家规定收受各种名义的回扣、手续费，归个人所有的，依照前款规定处罚。

国家工作人员有前两款规定的犯罪行为的，依照本法第三百四十二条、第三百四十三条的规定定罪处罚。

为谋取不正当利益，给予公司、企业的工作人员以财物，数额较大的，处三年以下有期徒刑、拘役或者管制，因行贿谋取不正当利益，情节严重的，或者使公司、企业利益遭受重大损失的，处三年以上十年以下有期徒刑，并处罚金。

第一百六十条　有限责任公司、股份有限公司以外的企业法人犯本法第一百五十四条、第一百五十五条、第一百五十六条、第一百五十八条规定之罪的，依照各该条的规定处罚。

第四节　破坏金融管理秩序罪

第一百六十一条　伪造货币的，处三年以上十年以下有期徒刑，并处五万元以上五十万元以下罚金。有下列情形之一的，处十年以上有期徒刑、无期徒刑或者死刑，并处没收财产：

（一）伪造货币集团的首要分子；

（二）伪造货币数额特别巨大的；

（三）有其他特别严重情节的。

第一百六十二条　出售、购买伪造的货币或者明知是伪造的货币而运输，数额较大的，处三年以下有期徒刑、拘役或者管制，并处二万元以上二十万元以下罚金；数额巨大的，处三年以上十年以下有期徒刑，并处五万元以上五十万元以下罚金；数额特别巨大的，处十年以上有期徒刑或者无期徒刑，并处没收财产。

银行或者其他金融机构的工作人员购买伪造的货币或者利用职务上的便利，以伪造的货币换取货币的，处三年以上十年以下有期徒刑，并处二万元以上二十万元以下罚金；数额巨大或者有其他严重情节的，处十年以上有期徒刑或者无期徒刑，并处没收财产；情节较轻的，处三年以下有期徒刑、拘役或者管制，并处或者单处一万元以上十万元以下罚金。

伪造货币并出售或者运输伪造的货币的，依照第一百六十一条的规定定罪从重处罚。

第一百六十三条　明知是伪造的货币而持有、使用，数额较大的，处三年以下有期徒刑、拘役或者管制，并处一万元以上十万元以下罚金；数额巨大的，处三年以上十年以下有期徒刑，并处二万元以上二十万元以下罚金；数额特别巨大的，处十年以上有期徒刑，并处五万元以上五十万元以下罚金或者没收财产。

第一百六十四条　变造货币，数额较大的，处三年以下有期徒刑、拘役或者管制，并处一万元以上十万元以下罚

金；数额巨大的，处三年以上十年以下有期徒刑，并处二万元以上二十万元以下罚金。

第一百六十五条 未经中国人民银行批准，擅自设立商业银行或者其他金融机构的，处三年以下有期徒刑、拘役或者管制，并处或者单处二万元以上二十万元以下罚金；情节严重的，处三年以上十年以下有期徒刑，并处五万元以上五十万元以下罚金。

伪造、变造、转让商业银行或者其他金融机构经营许可证的，依照前款的规定处罚。

单位犯前两款罪的，对单位判处罚金，并对其直接负责的主管人员和其他直接责任人员，依照第一款的规定处罚。

第一百六十六条 非法吸收公众存款或者变相吸收公众存款，扰乱金融秩序的，处三年以下有期徒刑、拘役或者管制，并处或者单处二万元以上二十万元以下罚金；数额巨大或者有其他严重情节的，处三年以上十年以下有期徒刑，并处五万元以上五十万元以下罚金。

单位犯前款罪的，对单位判处罚金，并对其直接负责的主管人员和其他直接责任人员，依照前款的规定处罚。

第一百六十七条 有下列情形之一，伪造、变造金融票证的，处五年以下有期徒刑或者拘役，并处二万元以上二十万元以下罚金；情节严重的，处五年以上十年以下有期徒刑，并处五万元以上五十万元以下罚金；情节特别严重的，处十年以上有期徒刑或者无期徒刑，并处没收财产：

（一）伪造、变造汇票、本票、支票的；

（二）伪造、变造委托收款凭证、汇款凭证、银行存单等其他银行结算凭证的；

（三）伪造、变造信用证或者附随的单据、文件的；

（四）伪造信用卡的。

单位犯前款罪的，对单位判处罚金，并对其直接负责的主管人员和其他直接责任人员，依照前款的规定处罚。

第一百六十八条 未经公司法规定的有关主管部门批准，擅自发行股票、公司债券，数额巨大、后果严重或者有其他严重情节的，处五年以下有期徒刑或者拘役，可以并处非法募集资金金额百分之五以下罚金。

单位犯前款罪的，对单位判处非法募集资金金额百分之五以下罚金，并对其直接负责的主管人员，处五年以下有期徒刑或者拘役。

第一百六十九条 证券交易内幕信息的知情人员或者非法获取证券交易内幕信息的人员，在涉及证券的发行、交易或者其他对证券的价格有重大影响的信息尚未公开前，买入或者卖出该证券，或者泄露该信息的，处五年以下有期徒刑或者拘役，并处或者单处违法所得一倍以上五倍以下罚金；情节严重的，处五年以上十年以下有期徒刑，并处违法所得一倍以上五倍以下罚金。

单位犯前款罪的，对单位判处违法所得一倍以上五倍以下罚金，并对其直接负责的主管人员和其他直接责任人员，处五年以下有期徒刑或者拘役。

本条所称“内幕信息”是指：

（一）可能对上市公司股票交易价格产生较大影响，而投资人尚未得知的重大事件；

（二）公司分配股利或者增资的计划；

（三）公司股权结构的重大变化；

（四）公司债务担保的重大变更；

（五）公司营业用主要资产的抵押、出售或者报废一次超过资产的百分之三十；

（六）公司股东会、董事会或者监事会的决定被依法撤销；

（七）公司的董事、监事或者高级管理人员的行为可能依法负有重大损害赔偿责任；

（八）涉及发行人的重大诉讼事项；

（九）上市公司收购的有关方案；

（十）国务院证券管理部门认定的对证券价格有显著影响的其他重要信息。

本条所称“知情人员”是指：

（一）发行股票或者公司债券的公司董事、监事、经理、副经理；

（二）持有该公司股份超过百分之十的股东或者其控股公司的负责人；

（三）由于所任公司职务可以获取公司有关证券交易信息的人员；

（四）由于法定的职责对证券交易进行管理的人员；

（五）由于法定职责而参与证券交易的社会中介机构或者证券交易服务机构的有关人员。

第一百七十条 证券交易当事人出售其并不持有的证券或者买入明知交易对方并不持有的证券，数额较大的，处五年以下有期徒刑或者拘役，并处或者单处非法买卖证券等值的罚金。

证券公司从业人员违反法律规定，为客户卖出其帐户上未实有的证券，数额较大的，处五年以下有期徒刑或者拘役，并处或者单处非法买卖证券等值的罚金。

单位犯前两款罪的，对单位判处非法买卖证券等值的罚金，并对其直接负责的主管人员和其他直接责任人员，处五年以下有期徒刑或者拘役。

第一百七十一条 编造并且传播影响证券交易的虚假信息，扰乱证券交易市场，造成严重后果的，处三年以下有期徒刑、拘役或者管制，并处或者单处一万元以上十万元以下罚金。

证券交易所、证券公司的从业人员，证券业协会或者证券管理部门的工作人员，故意提供虚假信息，伪造、变造或者销毁交易记录，诱骗投资者买卖证券，处五年以下有期徒刑或者拘役，并处或者单处一万元以上十万元以下罚金；情节恶劣的，处五年以上十年以下有期徒刑，并处一万元以上十万元以下罚金。

单位犯前两款罪的，对单位判处十万元以上五十万元以下罚金，并对其直接负责的主管人员和其他直接责任人员，处五年以下有期徒刑或者拘役。

第一百七十二条　有下列操纵证券交易价格行为之一，获取不正当利益或者转嫁风险，情节严重的，处五年以下有期徒刑或者拘役，并处或者单处违法所得一倍以上五倍以下罚金：

（一）通过合谋，集中资金优势，联合或者连续买卖，操纵证券交易价格的；

（二）与他人串通，进行不转移证券所有权的虚买虚卖，制造证券交易的虚假价格的；

（三）以自己为交易对象，进行证券的自买自卖，制造证券交易的虚假价格的；

（四）利用职务便利抬高或者压低证券交易价格的；

（五）以其他方法操纵证券交易价格的。

单位犯前款罪的，对单位判处违法所得一倍以上五倍以下罚金，并对其直接负责的主管人员和其他直接责任人员，处五年以下有期徒刑或者拘役。

第一百七十三条　保险公司的工作人员利用职务上的便利，故意编造未曾发生的保险事故进行虚假理赔，骗取保险金归自己所有的，依照本法第二百五十条的规定定罪处罚。

国家工作人员有前款行为的，依照本法第三百三十八条、第三百三十九条的规定定罪处罚。

第一百七十四条　银行或者其他金融机构的工作人员在金融业务中索取、收受贿赂，或者违反国家规定收受各种名义的回扣、手续费的，依照本法第一百五十九条的规定定罪处罚。

国家工作人员有前款行为的，依照本法第三百四十二条、第三百四十三条的规定定罪处罚。

第一百七十五条　银行或者其他金融机构的工作人员利用职务上的便利，挪用单位或者客户资金的，依照本法第二百五十一条的规定定罪处罚。

国家工作人员有前款行为的，依照本法第三百四十一条的规定定罪处罚。

第一百七十六条　银行或者其他金融机构的工作人员违反法律、行政法规规定，向关系人发放信用贷款或者发放担保贷款的条件优于其他借款人同类贷款的条件，造成较大损失的，处五年以下有期徒刑或者拘役，并处一万元以上十万元以下罚金；造成重大损失的，处五年以上有期徒刑，并处二万元以上二十万元以下罚金。

银行或者其他金融机构的工作人员违反法律、行政法规规定，向关系人以外的其他人发放贷款，造成重大损失的，处五年以下有期徒刑或者拘役，并处一万元以上十万元以下罚金；造成特别重大损失的，处五年以上有期徒刑，并处二万元以上二十万元以下罚金。

单位犯前两款罪的，对单位判处罚金，并对其直接负责的主管人员和其他直接责任人员，依照前两款的规定处罚。

关系人的范围，依照《中华人民共和国商业银行法》和有关金融法规确定。

第一百七十七条　银行或者其他金融机构的工作人员违反规定，为他人出具信用证或者其他保函、票据、存单、资信证明，造成较大损失的，处五年以下有期徒刑或者拘役；造成重大损失的，处五年以上有期徒刑。

单位犯前款罪的，对单位判处罚金，并对其直接负责的主管人员和其他直接责任人员，依照前款的规定处罚。

第一百七十八条　银行或者其他金融机构的工作人员在票据业务中，对违反票据法规定的票据予以承兑、付款或者保证，造成重大损失的，处五年以下有期徒刑或者拘役；造成特别重大损失的，处五年以上有期徒刑。

单位犯前款罪的，对单位判处罚金，并对其直接负责的主管人员和其他直接责任人员，依照前款规定处罚。

第五节　金融诈骗罪

第一百七十九条　以非法占有为目的，使用诈骗方法非法集资的，处三年以下有期徒刑、拘役或者管制，并处二万元以上二十万元以下罚金；数额巨大或者有其他严重情节的，处三年以上十年以下有期徒刑，并处五万元以上五十万元以下罚金；数额特别巨大或者有其他特别严重情节的，处十年以上有期徒刑、无期徒刑或者死刑，并处没收财产。

单位犯前款罪的，对单位判处罚金，并对其直接负责的主管人员和其他直接责任人员，依照前款的规定处罚。

第一百八十条　有下列情形之一，以非法占有为目的，诈骗银行或者其他金融机构的贷款，数额较大的，处五年以下有期徒刑或者拘役，并处二万元以上二十万元以下罚金；数额巨大或者有其他严重情节的，处五年以上十年以下有期徒刑，并处五万元以上五十万元以下罚金；数额特别巨大或者有其他特别严重情节的，处十年以上有期徒刑或者无期徒刑，并处没收财产：

（一）编造引进资金、项目等虚假理由的；

（二）使用虚假的经济合同的；

（三）使用虚假的证明文件的；

（四）使用虚假的产权证明作担保的；

（五）以其他方法诈骗贷款的。

第一百八十一条 有下列情形之一，进行金融票据诈骗活动，数额较大的，处五年以下有期徒刑或者拘役，并处二万元以上二十万元以下罚金；数额巨大或者有其他严重情节的，处五年以上十年以下有期徒刑，并处五万元以上五十万元以下罚金；数额特别巨大或者有其他特别严重情节的，处十年以上有期徒刑、无期徒刑或者死刑，并处没收财产：

（一）明知是伪造、变造的汇票、本票、支票而使用的；

（二）明知是作废的汇票、本票、支票而使用的；

（三）冒用他人的汇票、本票、支票的；

（四）签发空头支票或者与其预留印鉴不符的支票，骗取财物的；

（五）汇票、本票的出票人签发无资金保证的汇票、本票或者在出票时作虚假记载，骗取财物的。

使用伪造、变造的委托收款凭证、汇款凭证、银行存单等其他银行结算凭证的，依照前款的规定处罚。

单位犯前两款罪的，对单位判处罚金，并对其直接负责的主管人员和其他直接责任人员，依照第一款的规定处罚。

第一百八十二条 有下列情形之一，进行信用证诈骗活动，处五年以下有期徒刑或者拘役，并处二万元以上二十万元以下罚金；数额巨大或者有其他严重情节的，处五年以上十年以下有期徒刑，并处五万元以上五十万元以下罚金；数额特别巨大或者有其他特别严重情节的，处十年以上有期徒刑、无期徒刑或者死刑，并处没收财产：

（一）使用伪造、变造的信用证或者附随的单据、文件的；

（二）使用作废的信用证的；

（三）骗取信用证的；

（四）以其他方法进行信用证诈骗活动的。

单位犯前款罪的，对单位判处罚金，并对其直接负责的主管人员和其他直接责任人员，依照前款的规定处罚。

第一百八十三条 有下列情形之一，进行信用卡诈骗活动，数额较大的，处五年以下有期徒刑或者拘役，并处二万元以上二十万元以下罚金；数额巨大或者有其他严重情节的，处五年以上十年以下有期徒刑，并处五万元以上五十万元以下罚金；数额特别巨大或者有其他特别严重情节的，处十年以上有期徒刑或者无期徒刑，并处没收财产：

（一）使用伪造的信用卡的；

（二）使用作废的信用卡的；

（三）冒用他人信用卡的；

（四）恶意透支的。

盗窃信用卡并使用的，依照本法第二百四十四条的规定定罪处罚。

第一百八十四条 有下列情形之一，进行保险诈骗活动，数额较大的，处五年以下有期徒刑或者拘役，并处一万元以上十万元以下罚金；数额巨大或者有其他严重情节的，处五年以上十年以下有期徒刑，并处二万元以上二十万元以下罚金；数额特别巨大或者有其他特别严重情节的，处十年以上有期徒刑，并处没收财产：

（一）投保人故意虚构保险标的，骗取保险金的；

（二）投保人、被保险人或者受益人对发生的保险事故编造虚假的原因或者夸大损失的程度，骗取保险金的；

（三）投保人、被保险人或者受益人编造未曾发生的保险事故，骗取保险金的；

（四）投保人、被保险人故意造成财产损失的保险事故，骗取保险金的；

（五）投保人、受益人故意造成被保险人死亡、伤残或者疾病，骗取保险金的。

有前款第（四）项、第（五）项所列行为，同时构成其他犯罪的，依照数罪并罚的规定处罚。

保险事故的鉴定人、证明人、财产评估人故意提供虚假的证明文件，为他人诈骗提供条件的，以保险诈骗的共犯论处。

单位犯第一款、第三款罪的，对单位判处罚金，并对其直接负责的主管人员和其他直接责任人员，依照各该款的规定处罚。

第六节 危害税收征管罪

第一百八十五条 纳税人采取伪造、变造、隐匿、擅自销毁帐簿、记帐凭证，在帐簿上多列支出或者不列、少列收入，应申报而不申报或者进行虚假的纳税申报的手段，不缴或者少缴应纳税款，偷税数额占应纳税额的百分之十以上不满百分之三十并且偷税数额在一万元以上不满十万元的，或者因偷税被税务机关给予二次行政处罚又偷税的，处三年以下有期徒刑、拘役或者管制，并处偷税数额一倍以上五倍以下罚金；偷税数额占应纳税额的百分之三十以上并且偷税数额在十万元以上的，处三年以上七年以下有期徒刑，并处偷税数额一倍以上五倍以下罚金。

扣缴义务人采取前款所列手段，不缴或者少缴已扣、已收税款，数额占应缴税额的百分之十以上并且数额在一万元以上的，依照前款规定处罚。

对多次犯有前两款规定的违法行为未经处罚的，按照累计数额计算。

第一百八十六条 以暴力、威胁方法拒不缴纳税款的，处三年以下有期徒刑、拘役或者管制，并处拒缴税款一倍以上五倍以下的罚金；情节严重的，处三年以上七年以下有期徒刑，并处拒缴税款一倍以上五倍以下罚金。

以暴力方法抗税，致人重伤或者死亡，依照本法第二百一十五条、第二百一十三条的规定定罪处罚，并依照前款规定处以罚金。

第一百八十七条 纳税人欠缴应纳税款，采取转移或者隐匿财产的手段，致使税务机关无法追缴欠缴的税款，数额在一万元以上不满十万元的，处三年以下有期徒刑、拘役或者管制，并处欠缴税款一倍以上五倍以下罚金；数额在十万元以上的，处三年以上七年以下有期徒刑，并处欠缴税款一倍以上五倍以下罚金。

第一百八十八条 纳税人交纳税款后，采取对所生产或者经营的商品假报出口等欺骗手段，骗取国家出口退税款，数额在一万元以上的，处骗取税款一倍以上五倍以下罚金，并对其直接负责的主管人员和其他直接责任人员，处三年以下有期徒刑、拘役或者管制。

未交纳税款，骗取国家出口退税款的，依照本法第二百四十五条的规定定罪处罚，并处骗取税款一倍以上五倍以下罚金。

第一百八十九条 虚开增值税专用发票或者虚开用于骗取出口退税、抵扣税款的其他发票的，处三年以下有期徒刑、拘役或者管制，并处二万元以上二十万元以下罚金；虚开的税款数额较大或者有其他严重情节的，处三年以上十年以下有期徒刑，并处五万元以上五十万元以下罚金；虚开的税款数额巨大或者有其他特别严重情节的. 处十年以上有期徒刑或者无期徒刑，并处没收财产。

有前款行为骗取国家税款，数额特别巨大、情节特别严重、给国家利益造成特别重大损失的，处无期徒刑或者死刑，并处没收财产。

虚开增值税专用发票或者虚开用于骗取出口退税、抵扣税款的其他发票是指有为他人虚开、为自己虚开、让他人为自己虚开、介绍他人虚开行为之一的。

第一百九十条 伪造或者出售伪造的增值税专用发票的，处三年以下有期徒刑、拘役或者管制，并处二万元以上二十万元以下罚金；数量较大或者有其他严重情节的，处三年以上十年以下有期徒刑，并处五万元以上五十万元以下罚金；数量巨大或者有其他特别严重情节的，处十年以上有期徒刑或者无期徒刑，并处没收财产。

伪造并出售伪造的增值税专用发票，数量特别巨大、情节特别严重、严重破坏经济秩序的，处无期徒刑或者死刑，并处没收财产。

伪造、出售伪造的增值税专用发票的犯罪集团的首要分子，分别依照前两款的规定从重处罚。

第一百九十一条 非法出售增值税专用发票的，处三年以下有期徒刑、拘役或者管制，并处二万元以上二十万元以下罚金；数量较大的，处三年以上十年以下有期徒刑，并处五万元以上五十万元以下罚金；数量巨大的，处十年以上有期徒刑或者无期徒刑，并处没收财产。

第一百九十二条 非法购买增值税专用发票或者购买伪造的增值税专用发票的，处五年以下有期徒刑、拘役，并处或者单处二万元以上二十万元以下罚金。

非法购买增值税专用发票或者购买伪造的增值税专用发票又虚开或者出售的，分别依照本法第一百八十九条、第一百九十条、第一百九十一条的规定定罪处罚。

第一百九十三条 伪造、擅自制造或者出售伪造、擅自制造的可以用于骗取出口退税、抵扣税款的其他发票的，处三年以下有期徒刑、拘役或者管制，并处二万元以上二十万元以下罚金；数量巨大的，处三年以上七年以下有期徒刑，并处五万元以上五十万元以下罚金；数量特别巨大的，处七年以上有期徒刑，并处没收财产。

伪造、擅自制造或者出售伪造、擅自制造的前款规定以外的其他发票的，处二年以下有期徒刑、拘役或者管制，并处或者单处一万元以上五万元以下罚金；情节严重的，处二年以上七年以下有期徒刑，并处五万元以上五十万元以下罚金。

非法出售可以用于骗取出口退税、抵扣税款的其他发票的，依照第一款的规定处罚。

非法出售前款规定以外的其他发票的，依照第二款的规定处罚。

第一百九十四条 单位犯本节规定之罪的，对单位判处罚金，并对其直接负责的主管人员和其他直接责任人员，依照各该条的规定处罚。

第七节　侵犯知识产权罪

第一百九十五条 未经注册商标所有人许可，在同一种商品上使用与其注册商标相同的商标，违法所得数额较大或者有其他严重情节的，处三年以下有期徒刑、拘役或者管制，可以并处或者单处罚金；违法所得数额巨大的，处三年以上七年以下有期徒刑，并处罚金。

第一百九十六条 销售明知是假冒注册商标的商品，违法所得数额较大的，处三年以下有期徒刑、拘役或者管制，可以并处或者单处罚金；违法所得数额巨大的，处三年以上七年以下有期徒刑，并处罚金。

第一百九十七条 伪造、擅自制造他人注册商标标识或者销售伪造、擅自制造的注册商标标识，违法所得数额较大或者有其他严重情节的，处三年以下有期徒刑、拘役或者管制，可以并处或者单处罚金；违法所得数额巨大的，处三年以上七年以下有期徒刑，并处罚金。

第一百九十八条 未经专利权人许可，使用其专利，违法所得数额较大或者有其他严重情节的，处三年以下有期徒刑、拘役或者管制，可以并处或者单处罚金；违法所得数额巨大的，处三年以上七年以下有期徒刑，并处罚金。

第一百九十九条 以营利为目的，有下列侵犯著作权情形之一，违法所得数额较大或者有其他严重情节的，处三年以下有期徒刑、拘役或者管制，可以并处或者单处罚金；违法所得数额巨大或者有其他特别严重情节的，处三年以上七年以下有期徒刑，并处罚金：

（一）未经著作权人许可，复制发行其文字作品、音乐、电影、电视、录像作品、计算机软件及其他作品的；

（二）出版他人享有专有出版权的图书的；

（三）未经录音录像制作者许可，复制发行其制作的录音录像的；

（四）制作、出售假冒他人署名的美术作品的。

第二百条 以营利为目的，销售明知是第一百九十九条规定的侵权复制品，违法所得数额较大的，处二年以下有期徒刑、拘役或者管制，可以并处或者单处罚金；违法所得数额巨大的，处二年以上五年以下有期徒刑，并处罚金。

第二百零一条 单位犯本节规定之罪的，对单位判处罚金，并对其直接负责的主管人员和其他直接责任人员，依照本节各该条的规定处罚。

第八节　扰乱市场秩序罪

第二百零二条 有下列侵犯商业秘密行为之一，给商业秘密的权利人造成重大损失的，处三年以下有期徒刑、拘役或者管制，可以并处或者单处罚金；造成特别严重后果的，处三年以上七年以下有期徒刑，可以并处或者单处罚金：

（一）以盗窃、利诱、胁迫或者其他不正当手段获取权利人的商业秘密；

（二）披露、使用或者允许他人使用以前项手段获取的权利人的商业秘密；

（三）违反约定或者违反权利人有关保守商业秘密的要求，披露、使用或者允许他人使用其所掌握的商业秘密。

明知或者应知前款所列行为，获取、使用或者披露他人的商业秘密，以侵犯商业秘密论。

本条所称的“商业秘密”，是指不为公众所知悉、能为权利人带来经济利益、具有实用性并经权利人采取保密措施的技术信息和经营信息。

本条所称的“权利人”，是指商业秘密的所有人和经商业秘密所有人许可的商业秘密使用人。

第二百零三条 捏造并散布虚伪事实，损害他人的商业信誉、商品声誉，给他人造成重大损失的，处二年以下有期徒刑、拘役或者管制，可以并处或者单处罚金。

第二百零四条 广告主、广告经营者、广告发布者违反法律规定，利用广告对商品或者服务作虚假宣传，情节严重的，处二年以下有期徒刑、拘役或者管制，可以并处或者单处罚金。

第二百零五条 投标人相互串通投标报价，损害招标人或者其他投标人利益，情节严重的，处三年以下有期徒刑、拘役或者管制，可以并处或者单处罚金。

投标人与招标人串通投标，损害国家、集体、公民的合法利益的，依照前款的规定处罚。

第二百零六条 有下列情形之一，以非法占有为目的，在签订、履行合同过程中，骗取对方当事人财物，数额较大的，处三年以下有期徒刑、拘役或者管制，可以并处或者单处罚金；数额巨大或者情节严重的，处三年以上十年以下有期徒刑，并处罚金；数额特别巨大或者情节特别严重的，处十年以上有期徒刑或者无期徒刑，并处没收财产：

（一）以虚构的单位或者冒用他人名义签订合同的；

（二）以伪造、变造、作废的票据或者其他虚假的产权证明作担保的；

（三）没有实际履行能力，以先履行小额合同或者部分履行合同的方法，诱骗对方当事人继续签订和履行合同的；

（四）收受对方当事人给付的货物、货款、预付款或者担保财产后逃匿的；

（五）以其他方法骗取对方当事人财物的。

第二百零七条 违反国家规定，有下列非法经营行为之一，扰乱市场秩序，情节严重的，处五年以下有期徒刑或者拘役，可以并处或者单处违法所得一倍以上五倍以下罚金；情节特别严重的，处五年以上有期徒刑，并处违法所得一倍以上五倍以下罚金或者没收财产。

（一）经营法律、行政法规规定的专营、专卖物品的；

（二）买卖进出口配额许可证、进出口原产地证明的；

（三）销售走私物品、特许减免税物品，无合法证明的；

（四）垄断货源、哄抬物价、扰乱市场的；

（五）其他严重扰乱市场秩序的非法经营行为。

第二百零八条 在商品交易中，以暴力、威胁手段强买强卖、强迫他人提供服务或者强迫他人接受服务，情节严重的，处三年以下有期徒刑、拘役或者管制，可以并处或者单处罚金。

第二百零九条 伪造或者倒卖伪造的车票、船票或者其他有价票证，数额较大的，处二年以下有期徒刑、拘役或者管制，可以并处或者单处票证价额一倍以上五倍以下罚金；数额巨大的，处二年以上七年以下有期徒刑，可以并处票证价额一倍以上五倍以下罚金。

第二百一十条　承担资产评估、验资、验证、审计职责的人员故意提供虚假证明文件，情节严重的，处五年以下有期徒刑或者拘役，可以并处二十万元以下罚金。

第二百一十一条　违反进出口商品检验法的规定，逃避商品检验，将必须经商检机构检验的进口商品未报经检验而擅自销售、使用，或者将必须经商检机构检验的出口商品未报经检验合格而擅自出口，致使国家、集体遭受重大损失的，处三年以下有期徒刑、拘役或者管制，可以并处或者单处罚金。

第二百一十二条　单位犯本节规定之罪的，对单位判处罚金，并对其直接负责的主管人员和其他直接责任人员，依照本节各该条的规定处罚。

第四章　侵犯公民人身权利、民主权利罪

第二百一十三条　故意杀人的，处死刑、无期徒刑或者十年以上有期徒刑；情节较轻的，处三年以上十年以下有期徒刑。

第二百一十四条　过失致人死亡的，处七年以下有期徒刑。本法另有规定的，依照规定。

第二百一十五条　故意伤害他人身体的，处三年以下有期徒刑、拘役或者管制。

犯前款罪，致人重伤的，处三年以上十年以下有期徒刑；致人死亡或者情节特别恶劣的，处十年以上有期徒刑、无期徒刑或者死刑。本法另有规定的，依照规定。

第二百一十六条　过失伤害他人致人重伤的，处三年以下有期徒刑、拘役或者管制。本法另有规定的，依照规定。

第二百一十七条　以暴力、胁迫或者其他手段强奸妇女的，处三年以上十年以下有期徒刑。

奸淫不满十四岁的幼女的，以强奸论，从重处罚。

强奸妇女、奸淫幼女，有下列情节之一的，处十年以上有期徒刑、无期徒刑或者死刑：

（一）强奸妇女、奸淫幼女情节恶劣的；

（二）强奸妇女、奸淫幼女多人的；

（三）在公共场所当众强奸妇女的；

（四）二人以上轮奸的；

（五）致使被害人死亡、重伤或者造成其他严重后果的。

第二百一十八条　以暴力、胁迫或者其他方法强制猥亵妇女、或者侮辱妇女的，处五年以下有期徒刑或者拘役。

聚众或者在公共场所当众犯前款罪，社会影响恶劣或者造成严重后果的，处五年以上有期徒刑。

猥亵儿童的，依照前两款的规定从重处罚。

第二百一十九条　非法拘禁他人或者以其他方法非法剥夺他人人身自由的，处三年以下有期徒刑、拘役、管制或者剥夺政治权利。具有殴打、侮辱情节的，从重处罚。

犯前款罪，致人重伤的，处三年以上十年以下有期徒刑；致人死亡的，处十年以上有期徒刑。使用暴力致人伤残、死亡的，依照本法第二百一十五条、第二百一十三条的规定定罪处罚。

国家机关工作人员利用职权犯前两款罪的，依照前两款的规定从重处罚。

非法拘禁他人索取债务的，依照第一款、第二款的规定处罚。司法工作人员利用职权实施上述行为的，从重处罚。

第二百二十条　以勒索财物为目的绑架他人的，处十年以上有期徒刑或者无期徒刑，并处罚金或者没收财产；致使被绑架人死亡或者杀害被绑架人的，处死刑，并处没收财产。

以勒索财物为目的偷盗婴幼儿的，依照前款规定处罚。

第二百二十一条　以出卖为目的，使用暴力、胁迫或者麻醉方法绑架妇女、儿童的，处十年以上有期徒刑或者无期徒刑，并处罚金或者没收财产；情节特别严重的，处死刑，并处没收财产。

以出卖为目的偷盗婴幼儿的，依照前款规定处罚。

第二百二十二条　拐卖妇女、儿童的，处五年以上十年以下有期徒刑，并处罚金；有下列情形之一的，处十年以上有期徒刑或者无期徒刑，并处罚金或者没收财产；情节特别严重的，处死刑，并处没收财产：

（一）拐卖妇女、儿童集团的首要分子；

（二）拐卖妇女、儿童三人以上的；

（三）奸淫被拐卖的妇女的；

（四）诱骗、强迫被拐卖的妇女卖淫或者将被拐卖的妇女卖给他人迫使其卖淫的；

（五）造成被拐卖的妇女、儿童或者其亲属重伤、死亡或者其他严重后果的；

（六）将妇女、儿童卖往境外的。

拐卖妇女、儿童是指以出卖为目的，有拐骗、收买、贩卖、接送、中转妇女、儿童的行为之一的。

第二百二十三条　收买被拐卖、绑架的妇女、儿童的，处三年以下有期徒刑、拘役或者管制。

收买被拐卖、绑架的妇女，强行与其发生性关系的，依照本法第二百一十七条的规定定罪处罚。

收买被拐卖、绑架的妇女、儿童，非法剥夺、限制其人身自由或者有伤害、侮辱等犯罪行为的，依照本法的有关规定处罚。

收买被拐卖、绑架的妇女、儿童，并有第二款、第三款规定的犯罪行为的，依照数罪并罚的规定处罚。

收买被拐卖、绑架的妇女、儿童又出卖的，依照本法第二百二十二条的规定处罚。

收买被拐卖、绑架的妇女、儿童，按照被买妇女的意愿，不阻碍其返回原居住地的，对被买儿童没有虐待行为，不阻碍对其进行解救的，可以不追究刑事责任。

第二百二十四条　以暴力、威胁方法阻碍国家工作人员解救被收买的妇女、儿童的，依照本法第二百五十六条的规定定罪处罚。

聚众阻碍国家工作人员解救被收买的妇女、儿童的首要分子，处五年以下有期徒刑或者拘役；其他参与者，依照前款的规定处罚。

第二百二十五条　捏造事实诬告陷害他人，情节严重的，处三年以下有期徒刑、拘役或者管制；造成严重后果的，处三年以上十年以下有期徒刑。

国家工作人员犯诬陷罪的，从重处罚。

不是有意诬陷，而是错告，或者检举失实的，不适用前两款规定。

第二百二十六条　写恐吓信或者以其他恐吓方法，威胁他人人身、财产安全，严重危害他人身心健康，影响生产、工作、生活正常进行的，处三年以下有期徒刑、拘役或者管制。

第二百二十七条　违反劳动管理法规，以限制人身自由方法强迫他人劳动的，处三年以下有期徒刑、拘役或者管制，可以并处或者单处罚金。

第二百二十八条　非法搜查他人身体、住宅，或者非法侵入他人住宅的，处三年以下有期徒刑、拘役或者管制。

司法工作人员滥用职权，犯前款罪的，从重处罚。

第二百二十九条　以暴力或者其他方法公然侮辱他人或者捏造事实诽谤他人，情节严重的，处三年以下有期徒刑、拘役、管制或者剥夺政治权利。

前款罪，告诉的才处理。但是严重危害社会秩序和国家利益的除外。

第二百三十条　国家工作人员滥用职权、假公济私，对控告人、申诉人、批评人、举报人实行报复陷害的，处二年以下有期徒刑、拘役或者管制；情节严重的，处二年以上七年以下有期徒刑。

第二百三十一条　司法工作人员对犯罪嫌疑人、被告人实行刑讯逼供或者使用暴力逼取证人证言的，处三年以下有期徒刑、拘役或者管制。致人伤残、死亡的，依照本法第二百一十五条、第二百一十三条的规定定罪从重处罚。

第二百三十二条　监狱、拘留所、看守所等监管机构的监管人员对被监管人进行殴打或者体罚虐待，情节严重的，处三年以下有期徒刑、拘役或者管制；情节特别严重的，处三年以下十年以下有期徒刑。致人伤残、死亡的，依照本法第二百一十五条、第二百一十三条的规定定罪从重处罚。

监管人员指使、纵容被监管人殴打或者体罚虐待其他被监管人的，依照前款规定处罚。

第二百三十三条　违反选举法的规定，破坏选举，有下列情形之一，情节严重的，处三年以下有期徒刑、拘役、管制或者剥夺政治权利：

（一）以暴力、威胁、欺骗、贿赂等手段破坏选举或者妨害选民和代表自由行使选举权和被选举权的；

（二）伪造选举文件、虚报选举票数或者有其他违法行为的；

（三）对于控告、检举选举中违法行为的人，或者对于提出要求罢免代表的人进行压制、报复的。

第二百三十四条　国家工作人员非法剥夺公民的宗教信仰自由和侵犯少数民族风俗习惯，情节严重的，处二年以下有期徒刑、拘役或者管制。

第二百三十五条　隐匿、毁弃或者非法开拆他人信件，侵犯公民通信自由权利，情节严重的，处一年以下有期徒刑、拘役或者管制。

第二百三十六条　邮电工作人员私自开拆或者隐匿、毁弃邮件、电报的，处二年以下有期徒刑、拘役或者管制。

犯前款罪而窃取财物的，依照本法第二百四十四条的规定定罪从重从罚。

第五章　妨害婚姻、家庭罪

第二百三十七条　以暴力干涉他人婚姻自由的，处二年以下有期徒刑、拘役或者管制。

犯前款罪，引起被害人死亡的，处二年以上七年以下有期徒刑。

第一款罪，告诉的才处理。

第二百三十八条　有配偶而重婚的，或者明知他人有配偶而与之结婚的，处二年以下有期徒刑、拘役或者管制。

第二百三十九条　明知是现役军人的配偶而与之同居或者结婚的，处三年以下有期徒刑、拘役或者管制。

第二百四十条　虐待家庭成员，情节恶劣的，处二年以下有期徒刑、拘役或者管制。

犯前款罪，引起被害人重伤、死亡的，处二年以上七年以下有期徒刑。

第一款罪，告诉的才处理。

第二百四十一条　对于年老、年幼、患病或者其他没有独立生活能力的人，负有扶养义务而拒绝扶养，情节恶劣的，处五年以下有期徒刑或者拘役。

第二百四十二条　拐骗不满十四岁的未成年人，脱离家庭或者监护人的，处五年以下有期徒刑或者拘役。

第六章　侵犯财产罪

第二百四十三条　以暴力、胁迫或者其他方法抢劫公私财物的，处三年以上十年以下有期徒刑，并处罚金或者没收财产；有下列情形之一的，处十年以上有期徒刑、无期徒刑或者死刑，并处没收财产：

（一）入户抢劫的；

（二）在公共交通工具上抢劫的；

（三）多次抢劫或者抢劫数额巨大的；

（四）抢劫致人重伤、死亡的；

（五）冒充军警人员抢劫的；

（六）持枪抢劫的；

（七）抢劫军用物资或者抢险、救灾、救济物资的。

第二百四十四条　盗窃公私财物，数额较大或者多次盗窃、入户盗窃的，处三年以下有期徒刑、拘役或者管制，可以并处或者单处罚金；数额巨大或者情节严重的，处三年以上十年以下有期徒刑或者死刑，并处罚金；数额特别巨大或者情节特别严重的，处十年以上有期徒刑、无期徒刑或者死刑，并处没收财产。

第二百四十五条　诈骗公私财物，数额较大的，处三年以下有期徒刑、拘役或者管制，可以并处或者单处罚金；数额巨大或者情节严重的，处三年以上十年以下有期徒刑，并处罚金；数额特别巨大或者情节特别严重的，处十年以上有期徒刑或者无期徒刑，并处没收财产。本法另有规定的，依照规定。

第二百四十六条　抢夺公私财物，数额较大的，处三年以下有期徒刑、拘役或者管制，可以并处或者单处罚金；数额巨大或者情节严重的，处三年以上十年以下有期徒刑，并处罚金；数额特别巨大或者情节特别严重的，处十年以上有期徒刑或者无期徒刑，并处没收财产。

携带凶器抢夺的，依照本法第二百四十三条的规定定罪处罚。

第二百四十七条　聚众哄抢公私财物，数额较大或者情节严重的，对首要分子和积极参加的，处三年以下有期徒刑、拘役或者管制，可以并处罚金；数额特别巨大或者情节特别严重的，处三年以上有期徒刑，并处罚金或者没收财产。

第二百四十八条　犯盗窃、抢夺罪，为窝藏赃物、抗拒抓捕或者毁灭罪证而当场使用暴力或者以暴力相威胁的，依照本法第二百四十三条的规定定罪处罚。

第二百四十九条　将自己代为收管的他人财物非法占为己有，数额较大，拒不退还的，处二年以下有期徒刑、拘役、管制或者罚金；数额巨大或者情节严重的，处二年以上五年以下有期徒刑，并处罚金。

将他人的遗忘物或者埋藏物非法占为己有，数额较大，拒不交出的，依照前款规定处罚。

本条罪，告诉的才处理。

第二百五十条　公司、企业或者其他单位的人员，利用职务或者工作上的便利，将本单位财物非法占为己有，数额较大的，处五年以下有期徒刑或者拘役；数额巨大的，处五年以上有期徒刑或者无期徒刑，可以并处没收财产。

公司、企业或者其他单位的人员，利用职务或工作上的便利非法将用于扶贫和其他公益事业的社会捐助或者专项基金的财物占为己有的，依照本法第三百三十八、第三百三十九条的规定定罪处罚。

国家工作人员有前两款行为的，依照本法第三百三十八条、第三百三十九条的规定定罪处罚。

第二百五十一条　公司、企业或者其他单位的工作人员，利用职务上的便利，挪用本单位资金归个人使用或者借贷给他人，数额较大、超过三个月未还的，或者虽未超过三个月，但数额较大、进行营利活动的，或者进行非法活动的，处三年以下有期徒刑、拘役或者管制；挪用本单位资金数额较大不退还的，依照本法第二百五十条的规定定罪处罚。

国家工作人员有前款行为的，依照本法第三百四十一条的规定定罪处罚。

第二百五十二条　挪用救灾、抢险、防汛、优抚、救济款物，情节严重，致使人民群众利益遭受重大损害的，对直接责任人员，处三年以下有期徒刑、拘役或者管制；情节特别严重的，处三年以上七年以下有期徒刑。

第二百五十三条　敲诈勒索公私财物的，处三年以下有期徒刑、拘役或者管制；情节严重的，处三年以上七年以下有期徒刑。

第二百五十四条　故意毁坏公私财物，数额较大或者情节严重的，处三年以下有期徒刑、拘役、管制或者罚金；数额巨大或者情节特别严重的，处三年以上七年以下有期徒刑。

第二百五十五条　由于泄愤报复或者其他个人目的，毁坏机器设备、残害耕畜或者以其他方法破坏生产经营的，处二年以下有期徒刑、拘役或者管制；情节严重的，处二年以上七年以下有期徒刑。

第七章 妨害社会管理秩序罪

第一节 扰乱公共秩序罪

第二百五十六条 以暴力、威胁方法阻碍国家工作人员依法执行职务的，处三年以下有期徒刑、拘役、管制、罚金或者剥夺政治权利。

故意阻碍国家安全机关、公安机关依法执行国家安全工作任务，未使用暴力、威胁方法，造成严重后果的，依照前款的规定处罚。

以暴力、威胁方法阻碍全国人民代表大会和地方各级人民代表大会代表依法执行代表职务的，依照第一款的规定处罚。

以暴力、威胁方法阻碍红十字会工作人员依法履行职责的，依照第一款的规定处罚。

第二百五十七条 煽动群众暴力抗拒国家法律实施，扰乱社会秩序的，处三年以下有期徒刑、拘役或者管制，可以并处或者单处剥夺政治权利；造成严重后果的，处三年以上七年以下有期徒刑，可以并处剥夺政治权利。

第二百五十八条 冒充国家工作人员招摇撞骗的，处三年以下有期徒刑、拘役、管制或者剥夺政治权利；情节严重的，处三年以上十年以下有期徒刑。

第二百五十九条 伪造、变造或者盗窃、抢夺、毁灭国家机关的公文、证件、印章的，处三年以下有期徒刑、拘役、管制或者剥夺政治权利；情节严重的，处三年以上十年以下有期徒刑。

伪造公司、企业、事业单位、人民团体的印章的，处三年以下有期徒刑、拘役、管制或者剥夺政治权利。

伪造、变造居民身份证，处二年以下有期徒刑、拘役、管制或者剥夺政治权利；情节严重的，处二年以上七年以下有期徒刑。

第二百六十条 违反国家规定，侵入国家事务、国防建设、尖端科学技术领域的计算机信息系统的，处三年以下有期徒刑、拘役或者管制，可以并处或者单处罚金。

第二百六十一条 违反国家规定，对计算机信息系统功能进行删除、修改、增加、干扰，造成计算机信息系统不能正常运行，后果严重的，处五年以下有期徒刑或者拘役，可以并处或者单处罚金。

违反国家规定，对计算机信息系统中存储、处理或者传输的数据和应用程序进行删除、修改、增加的操作，后果严重的，依照前款规定处罚。

故意制作、传播计算机病毒等破坏性程序，影响计算机系统正常运行，后果严重的，依照第一款规定处罚。

第二百六十二条 扰乱社会秩序，情节严重，致使工作、生产、营业和教学、科研无法进行，造成严重损失的，对首要分子处三年以上七年以下有期徒刑；其他积极参加的，处三年以下有期徒刑、拘役、管制或者剥夺政治权利。

冲击国家机关，致使国家机关工作无法进行，造成严重损失的，对首要分子处七年以上有期徒刑；其他积极参加的，处七年以下有期徒刑、拘役、管制或者剥夺政治权利。

第二百六十三条 聚众扰乱车站、码头、民用航空站、商场、公园、影剧院、展览会、运动场或者其他公共场所秩序，聚众堵塞交通或者破坏交通秩序，抗拒、阻碍国家治安管理工作人员依法执行职务，情节严重的，对首要分子处五年以下有期徒刑、拘役、管制或者剥夺政治权利。

第二百六十四条 聚众斗殴的，对首要分子和其他积极参加的，处三年以下有期徒刑、拘役或者管制；有下列情形之一的，对首要分子和其他积极参加的，处三年以上十年以下有期徒刑：

（一）多次聚众斗殴的；

（二）聚众斗殴人数多，规模大，社会影响恶劣的；

（三）在公共场所或者交通要道聚众斗殴，造成社会秩序严重混乱的；

（四）持械聚众斗殴的。

聚众斗殴，致人重伤、死亡的，依照本法第二百一十五条、第二百一十三条的规定定罪处罚。

第二百六十五条 有下列寻衅滋事行为之一，破坏社会秩序的，处七年以下有期徒刑、拘役或者管制，可以并处罚金：

（一）随意殴打他人，情节恶劣的；

（二）追逐、拦截、辱骂他人，情节恶劣的；

（三）强拿硬要或者任意损毁、占用公私财物，情节严重的；

（四）在公共场所起哄闹事，造成公共场所秩序严重混乱的。

第二百六十六条 组织、领导以暴力、威胁或者其他手段，有组织地进行违法犯罪活动，称霸一方，为非作恶，欺压、残害群众，严重破坏经济、社会生活秩序的黑社会性质的组织的，处三年以上十年以下有期徒刑；其他参加进行违法活动的，处三年以下有期徒刑、拘役或者管制。

犯前款罪又有其他犯罪行为的，依照数罪并罚的规定处罚。

境外的黑社会组织到中华人民共和国境内发展组织成员或者进行违法活动的，依照第一款的规定处罚。

第二百六十七条 传授犯罪方法的，处五年以下有期徒刑或者拘役；情节严重的，处五年以上有期徒刑；情节特别严重的，处无期徒刑或者死刑。

第二百六十八条 举行集会、游行、示威，未依照法律规定申请或者申请未获许可，或者未按照主管机关许可的起止时间、地点、路线进行，又拒不服从解散命令，严重破坏社会秩序的，对集会、游行、示威的负责人和直接负责人员，处五年以下有期徒刑、拘役、管制或者剥夺政治权利。

第二百六十九条 违反法律规定，携带武器、管制刀具或者爆炸物参加集会、游行、示威的，处三年以下有期徒刑、拘役或者管制。

第二百七十条 扰乱、冲击或者以其他方法破坏依法举行的集会、游行、示威，造成公共秩序混乱的，处五年以下有期徒刑、拘役、管制或者剥夺政治权利。

第二百七十一条 在公众场合故意以焚烧、毁损、涂划、玷污、践踏等方式侮辱中华人民共和国国旗、国徽的，处三年以下有期徒刑、拘役、管制或者剥夺政治权利。

第二百七十二条 煽动民族、宗教歧视、仇恨，情节严重的，处三年以下有期徒刑、拘役或者管制，可以并处或者单处剥夺政治权利。

第二百七十三条 组织会道门、邪教团体或者利用迷信奸淫妇女、鼓动他人自杀或者破坏国家法律实施的，处三年以上七年以下有期徒刑；情节特别严重的，处七年以上有期徒刑。

以迷信活动诈骗财物的，依照第二百四十五条的规定定罪处罚。

第二百七十四条 聚众进行淫乱活动的，对首要分子或者多次参加者，处五年以下有期徒刑或者拘役。

引诱未成年人参加聚众淫乱活动的，依照前款规定从重处罚。

第二百七十五条 盗窃、侮辱尸体的，处三年以下有期徒刑、拘役或者管制。

第二百七十六条 以营利为目的，聚众赌博、开设赌场或者以赌博为业的，处三年以下有期徒刑、拘役或者管制，可以并处罚金。

第二节 妨害司法罪

第二百七十七条 在刑事诉讼中，证人、鉴定人、记录人、翻译人对与案件有重要关系的情节，故意作虚假证明、鉴定、记录、翻译或者隐匿罪证的，处三年以下有期徒刑、拘役或者管制；情节严重的，处三年以上十年以下有期徒刑。

第二百七十八条 在刑事诉讼中，律师或者其他辩护人隐匿、毁灭、伪造证据，帮助当事人隐匿、毁灭、伪造证据或者串供，威胁、引诱证人改变证言或者作伪证的，处三年以下有期徒刑、拘役或者管制；情节严重的，处三年以上十年以下有期徒刑。

第二百七十九条 以暴力、威胁、贿买等方法阻止证人作证或者指使、贿买、胁迫他人作伪证的，处三年以下有期徒刑、拘役或者管制；情节严重的，处三年以上七年以下有期徒刑。

教唆、帮助当事人隐匿、毁灭、伪造证据，情节严重的，处三年以下有期徒刑、拘役或者管制。

司法人员犯前两款罪的，从重处罚。

第二百八十条 对证人进行打击报复的，处三年以下有期徒刑、拘役或者管制；情节严重的，处三年以上七年以下有期徒刑。

第二百八十一条 聚众哄闹、冲击法庭，或者殴打司法工作人员，严重扰乱法庭秩序，致使审判活动无法进行的，处三年以下有期徒刑、拘役、管制或者罚金。

第二百八十二条 明知是犯罪的人而为其提供隐藏处所、财物，帮助其逃匿或者作假证明包庇的，处三年以下有期徒刑、拘役或者管制；情节严重的，处三年以上十年以下有期徒刑。

犯前款罪，事前通谋的，以共同犯罪论处。

第二百八十三条 明知他人有间谍犯罪行为，在国家安全机关向其调查有关情况、收集有关证据时，拒绝提供，情节严重的，处三年以下有期徒刑、拘役或者管制。

第二百八十四条 明知是犯罪所得的赃物而予以窝藏、收购或者代为销售的，处三年以下有期徒刑、拘役或者管制，可以并处或者单处罚金。

第二百八十五条 对人民法院的判决、裁定有能力执行而拒不执行，情节严重的，处三年以下有期徒刑、拘役、管制或者罚金。

第二百八十六条 隐藏、转移、变卖、故意毁损已被司法机关查封、扣押、冻结的财产，情节严重的，处三年以下有期徒刑、拘役、管制或者罚金。

第二百八十七条 依法被关押的罪犯，有下列破坏监管秩序行为之一，情节严重的，处三年以下有期徒刑：

（一）殴打监管人员的；

（二）组织其他被监管人破坏监管秩序的；

（三）聚众闹事，扰乱正常监管秩序的；

（四）殴打、体罚或者指使他人殴打、体罚其他被监管人的。

第二百八十八条　依法被关押的犯罪分子脱逃的，处五年以下有期徒刑或者拘役。

劫夺押解途中的罪犯、被告人、犯罪嫌疑人的，处三年以上七年以下有期徒刑；情节严重的，处七年以上有期徒刑。

第二百八十九条　组织越狱的首要分子或者其他罪恶重大的，处五年以上有期徒刑；其他积极参加的，处五年以下有期徒刑或者拘役。

暴动越狱或者聚众持械劫狱的首要分子或者其他罪恶重大的，处十年以上有期徒刑或者无期徒刑；情节特别严重的，处死刑；其他积极参加的，处三年以上十年以下有期徒刑。

第三节　妨害国（边）境管理罪

第二百九十条　组织他人偷越国（边）境的，处二年以上七年以下有期徒刑，并处罚金；有下列情形之一的，处七年以上有期徒刑或者无期徒刑，并处罚金或者没收财产：

（一）组织他人偷越国（边）境集团的首要分子；

（二）多次组织他人偷越国（边）境或者组织他人偷越国（边）境人数众多的；

（三）造成被组织人重伤、死亡的；

（四）剥夺或者限制被组织人人身自由的；

（五）以暴力、威胁方法抗拒检查的；

（六）违法所得数额巨大的；

（七）有其他特别严重情节的。

对被组织人有杀害、伤害、强奸、拐卖等犯罪行为，或者对检查人员有杀害、伤害等犯罪行为的，依照本法有关规定处罚。

第二百九十一条　以劳务输出、经贸往来或者其他名义，弄虚作假，骗取护照、签证等出境证件，为组织他人偷越国（边）境使用的，依照本法第二百九十条的规定处罚。

单位有前款规定的犯罪行为的，对单位判处罚金，并对其直接负责的主管人员和其他直接责任人员，依照本法第二百九十条的规定处罚。

第二百九十二条　为他人提供伪造、变造的护照、签证等出入境证件，或者出售护照、签证等出入境证件的，处五年以下有期徒刑，并处罚金；情节严重的，处五年以上有期徒刑，并处罚金。

第二百九十三条　运送他人偷越国（边）境的，处五年以下有期徒刑、拘役或者管制，并处罚金；有下列情形之一的，处五年以上十年以下有期徒刑，并处罚金：

（一）多次实施运送行为或者运送人数众多的；

（二）所使用的船只、车辆等交通工具不具备必要的安全条件，足以造成严重后果的；

（三）违法所得数额巨大的；

（四）有其他特别严重情节的。

在运送他人偷越国（边）境中造成被运送人重伤、死亡，或者以暴力、威胁方法抗拒检查的，处七年以上有期徒刑，并处罚金。

对被运送人有杀害、伤害、强奸、拐卖等犯罪行为，或者对检查人员有杀害、伤害等犯罪行为的，依照本法的有关规定处罚。

第二百九十四条　违反国（边）境管理法规，偷越国（边）境，情节严重的，处一年以下有期徒刑、拘役或者管制，并处罚金。

第二百九十五条　故意破坏国家边境的界碑、界桩或者永久性测量标志的，处三年以下有期徒刑、拘役或者管制。

第四节　妨害文物管理罪

第二百九十六条　故意损毁国家保护的珍贵文物的，处三年以下有期徒刑、拘役或者管制，可以并处或者单处罚金；情节严重的，处三年以上十年以下有期徒刑，并处罚金。

故意损毁国家保护的名胜古迹，情节严重的，处五年以下有期徒刑或者拘役，并处或者单处罚金。

单位犯前两款罪的，对单位判处罚金，并对其直接负责的主管人员和其他直接责任人员，依照前两款的规定处罚。

过失损毁国家保护的珍贵文物，造成严重后果的，处三年以下有期徒刑、拘役、管制或者罚金。

第二百九十七条　违反文物保护法规，将收藏的国家禁止出口的珍贵文物私自出售或者私自赠送给外国人的，处五年以下有期徒刑或者拘役。

单位犯前款罪的，对单位判处罚金，并对其直接负责的主管人员和其他责任人员，依照前款的规定处罚。

第二百九十八条　以牟利为目的，倒卖国家禁止自由买卖的文物，情节严重的，处五年以下有期徒刑或者拘役，并处罚金；情节特别严重的，处五年以上十年以下有期徒刑，并处罚金。

第二百九十九条　违反文物保护法规，国有博物馆、图书馆等单位将国家保护的文物藏品出售或者私自送给非国有单位或者个人的，对单位判处罚金，并对其直接负责的主管人员和其他直接责任人员，处三年以下有期徒刑、拘役或者管制，可以并处或者单处罚金。

第三百条　盗掘具有历史、艺术、科学价值的古文化遗址、古墓葬的，处三年以上十年以下有期徒刑，可以并处罚金；情节较轻的，处三年以下有期徒刑、拘役或者管制，可以并处罚金；有下列情形之一的，处十年以上有期徒刑、无期徒刑或者死刑，并处罚金或者没收财产：

（一）盗掘确定为全国重点文物保护单位和省级文物保护单位的古文化遗址、古墓葬的；

（二）盗掘古文化遗址、古墓葬集团的首要分子；

（三）多次盗掘古文化遗址、古墓葬的；

（四）盗掘古文化遗址、古墓葬，并盗窃珍贵文物或者造成珍贵文物严重破坏的。

盗掘国家保护的具有科学价值的古人类化石和古脊椎动物化石的，依照前款规定处罚。

第五节　危害公共卫生罪

第三百零一条　违反传染病防治法的规定，有下列情形之一，引起甲类传染病传播或者有传播严重危险的，处三年以下有期徒刑、拘役或者管制；后果特别严重的，处三年以上七年以下有期徒刑：

（一）供水单位供应的饮用水不符合国家规定的卫生标准的；

（二）拒绝按照卫生防疫机构提出的卫生要求，对传染病病原体污染的污水、污物、粪便进行消毒处理的；

（三）准许或者纵容传染病病人、病原携带者和疑似传染病病人从事国务院卫生行政部门规定禁止从事的易使该传染病扩散的工作的；

（四）拒绝执行卫生防疫机构依照本法提出的其他预防、控制措施的。

单位犯前款罪的，对单位判处罚金，并对其直接负责的主管人员和其他直接责任人员，依照前款的规定处罚。

第三百零二条　从事实验、保藏、携带、运输传染病菌种、毒种的人员，违反国务院卫生行政部门的有关规定，造成传染病菌种、毒种扩散，后果严重的，处三年以下有期徒刑、拘役或者管制；后果特别严重的，处三年以上七年以下有期徒刑。

第三百零三条　违反国境卫生检疫规定，引起检疫传染病的传播，或者有引起检疫传染病传播严重危险的，处三年以下有期徒刑、拘役或者管制，可以并处或者单处罚金。

单位犯前款罪的，对单位判处罚金，并对其直接负责的主管人员和其他直接责任人员，依照前款的规定处罚。

第三百零四条　非法组织他人出卖血液的，处五年以下有期徒刑，可以并处罚金；以暴力、威胁方法强迫他人出卖血液的，处五年以上十年以下有期徒刑，并处罚金或者没收财产。

有前款行为，对他人造成伤害的，依照本法第二百一十五条的规定定罪处罚。

第三百零五条　非法采集、供应血液或者制作、供应血液制品，足以危害人体健康的，处五年以下有期徒刑或者拘役。

非法采集、供应血液或者制作、供应血液制品，对人体健康造成严重危害的，处五年以上十年以下有期徒刑；造成特别严重后果的，处十年以上有期徒刑或者无期徒刑。

经国家主管部门批准采集、供应血液或者制作、供应血液制品的部门，不依照规定进行检测或者违背其他操作规定，造成危害他人身体健康后果的，对单位判处罚金，对其直接负责的主管人员和其他直接责任人员，处七年以下有期徒刑或者拘役。

第三百零六条　医务人员由于严重不负责任，造成病人死亡或者严重损害病人身体健康的，处三年以下有期徒刑、拘役或者管制。

第三百零七条　未取得医生资格的人非法行医，情节严重的，处三年以下有期徒刑、拘役或者管制，可以并处或者单处罚金；造成病人死亡或者严重损害病人身体健康的，依照本法第二百一十五条的规定处罚。

第三百零八条　违反进出境动植物检疫法的规定，逃避动植物检疫，引起重大动植物疫情的，处三年以下有期徒刑、拘役或者管制，可以并处或者单处罚金。

单位犯前款罪的，对单位判处罚金，并对其直接负责的主管人员和其他直接责任人员，依照前款的规定处罚。

第六节　破坏环境罪

第三百零九条　违反国家规定向土地、水体、大气排放、倾倒或者处置有放射性的废物、含传染病原体的废物、有毒物质或者其他危险废物，造成重大环境污染事故，致使公私财产遭受重大损失或者人身伤亡的严重后果的，处三年以下有期徒刑、拘役或者管制，可以并处或者单处罚金；后果特别严重的，处三年以上七年以下有期徒刑，并处罚金。

第三百一十条　违反国家规定，将中国境外的固体废物进境倾倒、堆放、处置，足以污染环境的，处五年以下有期徒刑或者拘役，可以并处罚金；造成重大环境污染事故，致使公私财产遭受重大损失或者人身伤亡的严重后果的，处五年以上十年以下有期徒刑，并处罚金；后果特别严重的，处十年以上有期徒刑，并处罚金。

未经国务院有关主管部门许可，擅自进口固体废物用作原料，造成重大环境污染事故，致使公私财产遭受重大损失或者人身伤亡的严重后果的，处五年以下有期徒刑或者拘役，可以并处罚金；后果特别严重的，处五年以上十年以下有期徒刑，并处罚金。

第三百一十一条 违反保护水产资源法规，在禁渔区、禁渔期或者使用禁用的工具、方法捕捞水产品，情节严重的，处三年以下有期徒刑、拘役、管制或者罚金。

第三百一十二条 非法捕杀国家重点保护的珍贵、濒危野生动物的，或者非法收购、运输、加工、出售国家重点保护的珍贵、濒危野生动物及其制品的，处七年以下有期徒刑或者拘役，可以并处罚金；情节严重的，处七年以上有期徒刑，并处罚金或者没收财产。

违反狩猎法规，在禁猎区、禁猎期或者使用禁用的工具、方法进行狩猎，破坏野生动物资源，情节严重的，处三年以下有期徒刑、拘役、管制或者罚金。

第三百一十三条 违反矿产资源保护法的规定，未取得采矿许可证擅自采矿的，擅自进入国家规划矿区、对国民经济具有重要价值的矿区和他人矿区范围采矿的，擅自开采国家规定实行保护性开采的特定矿种，经责令停止开采后拒不停止开采，造成矿产资源破坏的，处三年以下有期徒刑、拘役或者管制，可以并处或者单处罚金。

第三百一十四条 盗伐森林或者其他林木，数量较大的，处三年以下有期徒刑、拘役或者管制，可以并处或者单处罚金；数量巨大的，处三年以上七年以下有期徒刑，并处罚金；数量特别巨大的，处七年以上有期徒刑，并处罚金。

违反森林法的规定，滥伐森林或者其他林木，数量较大的，处三年以下有期徒刑、拘役或者管制，可以并处或者单处罚金；数量巨大的，处三年以上七年以下有期徒刑，并处罚金。

滥伐他人经营管理的森林或者其他林木的，依照第一款的规定处罚。

在林区非法收购明知是盗伐、滥伐的林木的，依照第一款、第二款的规定处罚。

盗伐、滥伐国家级自然保护区内的森林或者其他林木的，从重处罚。

第三百一十五条 违反森林法的规定，非法采伐、毁坏珍贵树木的，处三年以下有期徒刑、拘役或者管制，可以并处罚金；情节严重的，处三年以上七年以下有期徒刑，并处罚金或者没收财产。

第三百一十六条 单位犯本节规定之罪的，对单位判处罚金，并对其直接负责的主管人员和其他直接责任人员，依照本节各该条的规定处罚。

第七节 走私、贩卖、运输、制造毒品罪

第三百一十七条 走私、贩卖、运输、制造毒品，无论数量多少，都应当追究刑事责任，予以刑事处罚。

走私、贩卖、运输、制造毒品，有下列情形之一的，处十五年有期徒刑、无期徒刑或者死刑，并处没收财产：

（一）走私、贩卖、运输、制造鸦片一千克以上、海洛因五十克以上或者其他毒品数量大的；

（二）走私、贩卖、运输、制造毒品集团的首要分子；

（三）武装掩护走私、贩卖、运输、制造毒品的；

（四）以暴力抗拒检查、拘留、逮捕，情节严重的；

（五）参与有组织的国际贩毒活动的。

走私、贩卖、运输、制造鸦片二百克以上不满一千克、海洛因十克以上不满五十克或者其他毒品数量较大的，处七年以上有期徒刑，并处罚金。

走私、贩卖、运输、制造鸦片不满二百克、海洛因不满十克或者其他少量毒品的，处七年以下有期徒刑、拘役或者管制，并处罚金。

利用、教唆未成年人走私、贩卖、运输、制造毒品的，从重处罚。

第三百一十八条 非法持有鸦片一千克以上、海洛因五十克以上或者其他毒品数量大的，处七年以上有期徒刑或者无期徒刑，并处罚金；非法持有鸦片二百克以上不满一千克、海洛因十克以上不满五十克或者其他毒品数量较大的，处七年以下有期徒刑、拘役或者管制，可以并处罚金。

第三百一十九条 包庇走私、贩卖、运输、制造毒品的犯罪分子的，为犯罪分子窝藏、转移、隐瞒毒品或者犯罪所得的财物的，掩饰、隐瞒出售毒品获得财物的非法性质和来源的，处三年以下有期徒刑、拘役或者管制；情节严重的，处三年以上十年以下有期徒刑。

缉毒人员或者其他国家机关工作人员掩护、包庇走私、贩卖、运输、制造毒品的犯罪分子的，依照前款规定从重处罚。

犯前两款罪事先通谋的，以走私、贩卖、运输、制造毒品罪的共犯论处。

第三百二十条 违反国家规定，非法运输、携带醋酸酐、乙醚、三氯甲烷或者其他经常用于制造麻醉药品和精神药品的物品进出境，或者违反国家规定，在境内非法买卖上述物品的，处三年以下有期徒刑、拘役或者管制，并处罚金；数量大的，处三年以上十年以下有期徒刑，并处罚金。

明知他人制造毒品而为其提供前款规定的物品的，以制造毒品罪的共犯论处。

单位有前两款规定的犯罪行为的，对单位判处罚金，并对其直接负责的主管人员和其他直接责任人员，依照前两款的规定处罚。

第三百二十一条 非法种植罂粟、大麻等毒品原植物的，一律强制铲除。有下列情形之一的，处五年以下有期徒刑、拘役或者管制，并处罚金：

（一）种植罂粟五百株以上不满三千株或者其他毒品原植物数量较大的；

（二）经公安机关处理后又种植的；

（三）抗拒铲除的。

非法种植罂粟三千株以上或者其他毒品原植物数量大的，处五年以上有期徒刑，并处罚金或者没收财产。

非法种植罂粟或者其他毒品原植物，在收获前自动铲除的，可以免除处罚。

第三百二十二条 非法买卖、运输、携带、持有未经灭活的罂粟等毒品原植物种子或者幼苗，数量较大的，处三年以下有期徒刑、拘役或者管制，可以并处或者单处罚金。

第三百二十三条 引诱、教唆、欺骗他人吸食、注射毒品的，处七年以下有期徒刑、拘役或者管制，并处罚金。

强迫他人吸食、注射毒品的，处三年以上十年以下有期徒刑，并处罚金。

引诱、教唆、欺骗或者强迫未成年人吸食、注射毒品的，从重处罚。

第三百二十四条 容留他人吸食、注射毒品并出售毒品的，依照本法第三百一十七条的规定定罪处罚。

第三百二十五条 依法从事生产、运输、管理、使用国家管制的麻醉药品、精神药品的人员违反国家规定，向吸食、注射毒品的人提供国家管制的麻醉药品、精神药品的，处七年以下有期徒刑或者拘役，可以并处罚金。向走私、贩卖毒品的犯罪分子或者以牟利为目的，向吸食、注射毒品的人提供国家管制的麻醉药品、精神药品的，依照本法第三百一十七条的规定定罪处罚。

单位有前款规定的犯罪行为的，对单位判处罚金，并对其直接负责的主管人员和其他直接责任人员，依照前款的规定处罚。

第三百二十六条 本法所称的毒品是指鸦片、海洛因、甲基苯丙胺（冰毒）、吗啡、大麻、可卡因以及国务院规定管制的其他能够使人形成瘾癖的麻醉药品和精神药品。

毒品的数量以查证属实的走私、贩卖、运输、制造、非法持有毒品的数量计算，不以纯度折算。

第八节 组织、强迫、引诱、容留、介绍卖淫罪

第三百二十七条 组织他人卖淫的，处十年以上有期徒刑或者无期徒刑，并处一万元以下罚金或者没收财产；情节特别严重的，处死刑，并处没收财产。

协助组织他人卖淫的，处三年以上十年以下有期徒刑，并处一万元以下罚金；情节严重的，处十年以上有期徒刑，并处一万元以下罚金或者没收财产。

第三百二十八条 强迫他人卖淫的，处五年以上十年以下有期徒刑，并处一万元以下罚金；有下列情形之一的，处十年以上有期徒刑或者无期徒刑，并处一万元以下罚金或者没收财产；情节特别严重的，处死刑，并处没收财产：

（一）强迫不满十四岁的幼女卖淫的；

（二）强迫多人卖淫或者多次强迫他人卖淫的；

（三）强奸后迫使卖淫的；

（四）造成被强迫卖淫的人重伤、死亡或者其他严重后果的。

第三百二十九条 引诱、容留、介绍他人卖淫的，处五年以下有期徒刑或者拘役，并处五千元以下罚金；情节严重的，处五年以上有期徒刑，并处一万元以下罚金。

引诱不满十四岁的幼女卖淫的，依照本法第三百二十八条的规定定罪处罚。

第三百三十条 明知自己患有梅毒、淋病等严重性病卖淫、嫖娼的，处五年以下有期徒刑、拘役或者管制，并处五千元以下罚金。

嫖宿不满十四岁的幼女的，依照本法第二百一十七条的规定定罪处罚。

第三百三十一条 旅馆业、饮食服务业、文化娱乐业、出租汽车业等单位的人员，利用本单位的条件，组织、强迫、引诱、容留、介绍他人卖淫的，依照本法第三百二十七条、第三百二十八条、第三百二十九条的规定定罪处罚。

前款所列单位的主要负责人，有前款规定的行为的，从重处罚。

第三百三十二条 旅馆业、饮食服务业、文化娱乐业、出租汽车业等单位的负责人和职工，在公安机关查处卖淫、嫖娼活动时，为违法犯罪分子通风报信的，依照本法第二百八十二条的规定定罪处罚。

第九节 制造、贩卖、传播淫秽物品罪

第三百三十三条 以牟利为目的，制作、复制、出版、贩卖、传播淫秽物品的，处三年以下有期徒刑、拘役或者管制，并处罚金；情节严重的，处三年以上十年以下有期徒刑，并处罚金；情节特别严重的，处十年以上有期徒刑或者无期徒刑，并处罚金或者没收财产。

为他人提供书号，出版淫秽书刊的，处三年以下有期徒刑、拘役或者管制，并处或者单处罚金；明知他人用于出版淫秽书刊而提供书号的，依照前款的规定处罚。

第三百三十四条　在社会上传播淫秽的书刊、影片、音像、图片或者其他淫秽物品，情节严重的，处二年以下有期徒刑、拘役或者管制。

组织播放淫秽的电影、录像等音像制品的，处三年以下有期徒刑、拘役或者管制，可以并处罚金；情节严重的，处三年以上十年以下有期徒刑，并处罚金。

制作、复制淫秽的电影、录像等音像制品组织播放的，依照第二款的规定从重处罚。

向不满十八岁的未成年人传播淫秽物品的，从重处罚。

第三百三十五条　组织进行淫秽表演的，处三年以下有期徒刑、拘役或者管制，并处罚金；情节严重的，处三年以上十年以下有期徒刑，并处罚金。

第三百三十六条　单位有本法第三百三十三条、第三百三十四条、第三百三十五条规定的犯罪行为的，对单位判处罚金，对其直接负责的主管人员和其他直接责任人员，依照各该条的规定处罚。

第三百三十七条　本节所称“淫秽物品”，是指具体描绘性行为或者露骨宣扬色情的诲淫性的书刊、影片、录像带、录音带、图片及其他淫秽物品。

有关人体生理、医学知识的科学著作不是淫秽物品。

包含有色情内容的有艺术价值的文学、艺术作品不视为淫秽物品。

第八章　贪污贿赂罪

第三百三十八条　国家工作人员和经手、管理国家财物的人员，利用职务上的便利。侵吞、窃取、骗取或者以其他手段非法占有公共财物的，是贪污罪。

与国家工作人员和经手、管理国家财物的人员勾结，伙同贪污的，以共犯论处。

第三百三十九条　对犯贪污罪的，根据情节轻重，分别依照下列规定处罚：

（一）个人贪污数额在十万元以上的，处十年以上有期徒刑或者无期徒刑，可以并处没收财产；情节特别严重的，处死刑，并处没收财产；

（二）个人贪污数额在五万元以上不满十万元的，处五年以上有期徒刑，可以并处没收财产；情节特别严重的，处无期徒刑，并处没收财产；

（三）个人贪污数额在五千元以上不满五万元的，处一年以上七年以下有期徒刑；情节严重的，处七年以上十年以下有期徒刑。个人贪污数额在五千元以上不满一万元，犯罪后自首、立功或者有悔改表现、积极退赃的，可以减轻处罚，或者免予刑事处罚，由其所在单位或者上级主管机关给予行政处分；

（四）个人贪污数额不满五千元，情节较重的，处二年以下有期徒刑、拘役或者管制；情节较轻的，由其所在单位或者上级主管机关酌情给予行政处分。

二人以上共同贪污的，按照个人所得数额及其在犯罪中的作用，分别处罚。对贪污集团的首要分子，按照集团贪污的总数额处罚。

对多次贪污未经处理的，按照累计贪污数额处罚。

第三百四十条　国有公司、企业的工作人员利用职务上的便利，将国有资产转移到境外化公为私的，以贪污论处。

第三百四十一条　国家工作人员和经手、管理国家财物的人员，利用职务上的便利，挪用公款归个人使用，进行非法活动的，或者挪用公款数额较大、进行营利活动的，或者挪用公款数额较大、超过三个月未还的，是挪用公款罪，处五年以下有期徒刑或者拘役；情节严重的，处五年以上有期徒刑。挪用公款数额较大不退还的，依照本法第三百三十八条、第三百三十九条的规定定罪处罚。

挪用救灾、抢险、防汛、优抚、救济款物归个人使用的，从重处罚。

第三百四十二条　国家工作人员或者其他从事公务的人员，利用职务上的便利，索取他人财物或者非法收受他人财物为他人谋利益的，是受贿罪。

国家工作人员或者其他从事公务的人员，在经济往来中，违反国家规定收受各种名义的回扣、手续费，归个人所有的，以受贿论处。

第三百四十三条　对犯受贿罪的，根据受贿所得数额及情节，依照本法第三百三十九条的规定处罚；受贿数额不满五万元，使国家利益遭受重大损失的，处十年以上有期徒刑；受贿数额在五万元以上，使国家利益遭受特别重大损失的，处无期徒刑或者死刑，并处没收财产。

国家工作人员或者其他从事公务的人员，利用职务上的便利，敲诈勒索他人财物的，依照前款规定从重处罚。

第三百四十四条　国有公司、企业、事业单位、机关、团体，索取、收受他人财物，为他人谋取利益，情节严重的，对单位判处罚金，并对其直接负责的主管人员和其他直接责任人员，处五年以下有期徒刑或者拘役。

第三百四十五条　国家工作人员利用本人职权或者地位形成的便利条件，通过其他国家工作人员职务上的行为，为请托人谋取不正当利益，索取请托人财物或者收受请托人财物的，以受贿论处。

第三百四十六条　为谋取不正当利益，给予国家工作人员或者其他从事公务的人员以财物的，是行贿罪。

在经济往来中，违反国家规定，给予国家工作人员或者其他从事公务的人员以财物，数额较大的，或者违反国家规定，给予国家工作人员或者其他从事公务的人员以回扣、手续费的，以行贿论处。

因被勒索给予国家工作人员或者其他从事公务的人员以财物，没有获得不正当利益的，不是行贿。

第三百四十七条　对犯行贿罪的，处五年以下有期徒刑或者拘役；因行贿谋取不正当利益，情节严重的，或者使国家利益遭受重大损失的，处五年以上有期徒刑；情节特别严重的，处无期徒刑，并处没收财产。

行贿人在被追诉前主动交待行贿行为的，可以减轻处罚或者免除处罚。

因行贿而进行违法活动，构成其他罪的，依照数罪并罚的规定处罚。

第三百四十八条　向国家工作人员介绍贿赂的，处三年以下有期徒刑、拘役或者管制。

介绍贿赂人在被追诉前主动交待介绍贿赂行为的，可以减轻处罚或者免除处罚。

第三百四十九条　公司、企业、事业单位、机关、团体为谋取不正当利益而行贿，或者违反国家规定，给予国家工作人员或者其他从事公务的人员以回扣、手续费，情节严重的，对单位判处罚金，并对其直接负责的主管人员和其他直接责任人员，处五年以下有期徒刑或者拘役。因行贿取得的违法所得归个人所有的，依照本法第三百四十七条的规定定罪处罚。

第三百五十条　国家工作人员在国内公务活动或者对外交往中接受礼物，依照国家规定应当交公而不交公，数额较大的，依照本法第三百三十八条、第三百三十九条的规定定罪处罚。

第三百五十一条　国家工作人员的财产或者支出明显超过合法收入，差额巨大的，可以责令说明来源。本人不能说明其来源是合法的，差额部分以非法所得论，处五年以下有期徒刑或者拘役，并处或者单处没收其财产的差额部分。

国家工作人员在境外的存款，应当依照国家规定申报。数额较大、隐瞒不报的，处二年以下有期徒刑、拘役或者管制；情节较轻的，由其所在单位或者上级主管机关酌情给予行政处分。

第三百五十二条　国家工作人员利用职务便利，自己经营或者为他人经营与其所任职公司、企业同类的营业，获取非法利益，致使国家利益遭受重大损失的，处五年以下有期徒刑或者拘役，可以并处或者单处罚金；致使国家利益遭受特别重大损失的，处五年以上有期徒刑，并处罚金。

国有公司、企业的工作人员，利用职务便利，损公肥私，将本单位的盈利业务交由自己的亲友进行经营，或者为其经营活动提供其他便利，致使国家或者本单位利益遭受重大损失的，依照前款的规定处罚。

第三百五十三条　国有公司、企业、事业单位、机关、团体，违反国家规定，将应当上交国家的税金、罚没财物或者其他国有资产，以单位名义集体私分给个人，数额较大的，对其直接负责的主管人员和其他直接责任人员，处三年以下有期徒刑、拘役或者管制，可以并处或者单处罚金；数额巨大的，处三年以上七年以下有期徒刑，可以并处罚金。

第三百五十四条　国家工作人员利用职务上的便利，假公济私，挥霍公款供个人享用，情节严重的，处三年以下有期徒刑、拘役或者管制。

第九章　渎职罪

第三百五十五条　国家工作人员滥用职权或者玩忽职守，致使公共财产、国家和人民利益遭受重大损失的，处三年以下有期徒刑、拘役或者管制；情节特别严重的，处三年以上七年以下有期徒刑。本法另有规定的，依照规定。

第三百五十六条　国家工作人员违反保守国家秘密法的规定，故意或者过失泄露国家秘密，情节严重的，处七年以下有期徒刑、拘役或者剥夺政治权利。

非国家工作人员犯前款罪的，依照前款的规定酌情处罚。

第三百五十七条　司法工作人员徇私枉法，对明知是无罪的人而使他受追诉、对明知是有罪的人而故意包庇不使他受追诉的，或者在审判活动中故意违背事实和法律作枉法裁判的，处七年以下有期徒刑、拘役或者剥夺政治权利；情节特别严重的，处七年以上有期徒刑。

第三百五十八条　司法工作人员私放犯罪嫌疑人、被告人或者罪犯的，处七年以下有期徒刑或者拘役；情节严重的，处七年以上有期徒刑。

司法工作人员由于严重不负责任，致使犯罪嫌疑人、被告人或者罪犯脱逃，造成严重后果的，处五年以下有期徒刑或者拘役；造成特别严重后果的，处五年以上十年以下有期徒刑。

第三百五十九条　司法工作人员徇私舞弊，对不符合减刑、假释、暂予监外执行条件的罪犯，予以减刑、假释或者暂予监外执行，情节严重的，处七年以下有期徒刑。

第三百六十条　行政执法人员徇私枉法，故意违背事实和法律作枉法处罚决定，或者对应当依法移交司法机关追究刑事责任的不移交，情节严重的，处七年以下有期徒刑或者拘役。

第三百六十一条　银行或者其他金融机构工作人员徇私舞弊，以权谋私，对收储客户的资金不入帐，进行个人经营活动，或者非法拆借、放贷，数额较大的，处五年以下有期徒刑或者拘役；数额巨大或者有其他严重情节的，处五年以上十年以下有期徒刑。

单位犯前款罪的，对单位判处罚金，并对其直接负责的主管人员和其他直接责任人员，依照前款规定处罚。

第三百六十二条 国家有关主管部门的国家工作人员，玩忽职守，滥用职权，对不符合法律规定条件的公司设立、登记申请或者股票、债券发行、上市申请，予以批准或者登记，致使公共财产、国家和人民利益遭受重大损失的，处五年以下有期徒刑或者拘役。

上级部门强令登记机关及其工作人员实施前款行为的，对其直接负责的主管人员，依照前款规定处罚。

第三百六十三条 税务机关的工作人员徇私舞弊，不征或者少征应征税款，致使国家税收遭受重大损失的，处五年以下有期徒刑或者拘役；造成特别重大损失的，处五年以上有期徒刑。

第三百六十四条 税务机关的工作人员违反法律、行政法规的规定，在发售发票、抵扣税款、出口退税工作中徇私舞弊，致使国家利益遭受重大损失的，处五年以下有期徒刑或者拘役；致使国家利益遭受特别重大损失的，处五年以上有期徒刑。

第三百六十五条 国家工作人员在签订、履行经济贸易合同过程中，因严重不负责任被诈骗，致使国家利益遭受重大损失的，对其直接负责的主管人员和其他直接责任人员，处三年以下有期徒刑、拘役或者管制；致使国家利益遭受特别重大损失的，处三年以上七年以下有期徒刑。

第三百六十六条 国有公司、企业的法定代表人或者其上级主管部门领导人，因玩忽职守造成国有公司、企业严重亏损或者破产，致使国家利益遭受重大损失的，处三年以下有期徒刑、拘役或者管制。

前款所列人员，利用职务上的便利损公肥私、化公为私，造成国有公司、企业严重亏损或者破产，致使国家利益遭受重大损失的，处三年以上七年以下有期徒刑。

第三百六十七条 国有公司、企业违反国家规定，将国有资产低价折股或者低价出售，致使国家利益遭受重大损失的，对其直接负责的主管人员和其他直接责任人员，处五年以下有期徒刑或者拘役。

第三百六十八条 国家工作人员严重不负责任，违反国家规定，盲目投资建设、引进设备，致使国家利益遭受重大损失的，处三年以下有期徒刑、拘役或者管制。

第三百六十九条 林业主管部门的工作人员违反森林法的规定，滥用职权，超过批准的年采伐限额发放林木采伐许可证或者违反规定滥发林木采伐许可证，情节严重，致使森林遭受严重破坏的，处五年以下有期徒刑或者拘役。

第三百七十条 环境保护部门的工作人员严重不负责任，造成重大环境污染事故，致使公私财产遭受重大损失或者造成人身伤亡的严重后果的，处五年以下有期徒刑或者拘役；后果特别严重的，处五年以上十年以下有期徒刑。

第三百七十一条 从事传染病的医疗保健、卫生防疫、监督管理的人员和政府有关主管人员严重不负责任，造成传染病传播或者流行，情节严重的，处五年以下有期徒刑或者拘役。

第三百七十二条 海关工作人员徇私舞弊、放纵走私，情节严重的，处五年以下有期徒刑或者拘役；情节特别严重的，处五年以上有期徒刑。

第三百七十三条 国家商检部门、商检机构的工作人员和国家商检部门、商检机构指定的检验机构的检验人员，徇私舞弊，伪造检验结果的，处五年以下有期徒刑或者拘役；造成严重后果的，处五年以上十年以下有期徒刑。

前款所列人员严重不负责任，对应当检验的物品不检验，或者延误检验出证、错误出证，致使国家利益遭受重大损失的，处三年以下有期徒刑、拘役或者管制；致使国家利益遭受特别重大损失的，处三年以上七年以下有期徒刑。

第三百七十四条 动植物检疫机关检疫人员徇私舞弊，伪造检疫结果的，处五年以下有期徒刑或者拘役；造成严重后果的，处五年以上十年以下有期徒刑。

前款所列人员严重不负责任，对应当检疫的物品不检疫，或者延误检疫出证、错误出证，致使国家利益遭受重大损失的，处三年以下有期徒刑、拘役或者管制；致使国家利益遭受特别重大损失的，处三年以上七年以下有期徒刑。

第三百七十五条 国家工作人员利用职务，对明知有生产、销售伪劣商品犯罪行为的企业事业单位或者个人，故意包庇使其不受追诉的；负有追究责任的国家工作人员对有生产、销售伪劣商品犯罪行为的企业事业单位或者个人，不履行法律规定的追究职责的，处三年以下有期徒刑、拘役或者管制；情节特别严重的，处三年以上七年以下有期徒刑。

第三百七十六条 负责办理护照、签证以及其他出入境证件的国家工作人员，对明知是企图偷越国（边）境的人员予以办理出入境证件的；边防、海关等国家工作人员，对明知是偷越国（边）境的人员，予以放行的，处三年以下有期徒刑、拘役或者管制；情节严重的，处三年以上七年以下有期徒刑。

第三百七十七条 对被拐卖、绑架的妇女、儿童负有解救职责的国家工作人员接到被拐卖、绑架的妇女、儿童及其亲属的解救要求或者接到其他人的举报，而对被拐卖、绑架的妇女、儿童不进行解救，造成严重后果的，处五年以下有期徒刑或者拘役。

负有解救职责的国家工作人员利用职务阻碍解救的，处二年以上七年以下有期徒刑；情节较轻的，处二年以下有期徒刑、拘役或者管制。

第三百七十八条 有查禁犯罪活动职责的国家工作人员，为使犯罪分子逃避处罚，向其通风报信、提供便利的，处三年以下有期徒刑、拘役或者管制；情节特别严重的，处三年以上七年以下有期徒刑。

第三百七十九条 在招收公务员、学生或者征兵工作中徇私舞弊，情节严重的，除由有关主管部门责令退回招收的人员外，对其直接负责的主管人员和其他直接责任人员，处三年以下有期徒刑、拘役或者管制。

第三百八十条　国家工作人员严重不负责任，造成珍贵文物损毁或者流失，后果严重的，处三年以下有期徒刑、拘役或者管制。

第三百八十一条　邮政工作人员严重不负责任故意延误投递邮件，致使公共财产、国家和人民利益遭受重大损失的，处三年以下有期徒刑、拘役或者管制。

第三百八十二条　航空人员玩忽职守、违反规章制度，致使发生重大飞行事故，造成严重后果的，处五年以下有期徒刑或者拘役；造成飞机坠毁或者人员死亡的，处五年以上十年以下有期徒刑。

第三百八十三条　铁路职工玩忽职守、违反规章制度，造成铁路运营事故，情节严重的，处五年以下有期徒刑或者拘役；造成特别严重后果的，处五年以上十年以下有期徒刑。

第三百八十四条　用人单位的劳动安全设施和劳动卫生条件不符合国家规定，对事故隐患不采取措施，致使发生重大事故，造成人员伤亡或者国家财产重大损失的，对直接负责的主管人员和其他直接责任人员，处五年以下有期徒刑或者拘役。

第三百八十五条　矿山企业主管人员对矿山事故隐患不采取措施，因而发生重大伤亡事故，处五年以下有期徒刑或者拘役；造成特别严重后果的，处五年以上十年以下有期徒刑。

第三百八十六条　明知校舍或者教育教学设施有危险，而不采取措施，造成房屋倒塌或者人员伤亡的，对其直接负责的主管人员和其他直接责任人员，处五年以下有期徒刑或者拘役；后果特别严重的，处五年以上十年以下有期徒刑。

15. 中华人民共和国刑法（修订草案）

全国人大常委会办公厅秘书局　1996 年 12 月 20 日印

［第八届全国人大常委会第二十三次会议文件（八）］

目　录

第一编 总 则

第一章 刑法的任务、基本原则和适用范围

第一条 中华人民共和国刑法，以宪法为根据，依照惩办与改造和惩办与宽大相结合的原则，结合我国同犯罪作斗争的具体经验及实际情况制定。

第二条 中华人民共和国刑法的任务，是用刑罚同一切犯罪行为作斗争，以保卫人民民主专政的政权和社会主义制度，保护社会主义的全民所有的财产和劳动群众集体所有的财产，保护公民私人所有的财产，保护公民的人身权利、民主权利和其他权利，维护社会秩序、经济秩序、工作秩序、教学科研秩序和人民群众生活秩序，保障社会主义建设事业的顺利进行。

第三条 法律明文规定为犯罪行为的，依照法律定罪处刑；法律没有明文规定为犯罪行为的，不得定罪处刑。

第四条 对任何人犯罪，在适用法律上一律平等。不允许任何人有超越法律的特权。

第五条 对犯罪分子量刑的轻重，应当与其所犯罪行和承担的刑事责任相适应。

第六条 凡在中华人民共和国领域内犯罪的，除法律有特别规定的以外，都适用本法。

凡在中华人民共和国船舶或者航空器内犯罪的，也适用本法。

犯罪的行为或者结果有一项发生在中华人民共和国领域内的，就认为是在中华人民共和国领域内犯罪。

第七条 中华人民共和国公民在中华人民共和国领域外犯本法规定之罪的，适用本法，但是按本法规定的最高刑为三年以下有期徒刑的，可以不予追究。

中华人民共和国国家工作人员和军人在中华人民共和国领域外犯本法规定之罪的，适用本法。

第八条 外国人在中华人民共和国领域外对中华人民共和国国家或者公民犯罪，而按本法规定的最低刑为三年以上有期徒刑的，可以适用本法，但是按照犯罪地的法律不受处罚的除外。

第九条　对于中华人民共和国缔结或者参加的国际条约所规定的罪行，中华人民共和国在所承担条约义务的范围内行使刑事管辖权的，适用本法。

第十条　凡在中华人民共和国领域外犯罪，依照本法应当负刑事责任的，虽然经过外国审判，仍然可以依照本法追究，但是在外国已经受过刑罚处罚的，可以免除或者减轻处罚。

第十一条　享有外交特权和豁免权的外国人的刑事责任，通过外交途径解决。

第十二条　中华人民共和国成立以后本法施行以前的行为，如果当时的法律不认为是犯罪的，适用当时的法律；如果当时的法律认为是犯罪的，依照本法总则第四章第八节的规定应当追诉的，按照当时的法律追究刑事责任，但是如果本法不认为是犯罪或者处刑较轻的，适用本法。

对于本法施行以前发生的行为、本法施行以后尚未处理或者正在处理的案件，依照前款规定办理。

本法施行以前，依照当时的法律定罪判刑的，继续有效。

第二章　犯　　罪

第一节　犯罪和刑事责任

第十三条　一切危害国家主权和领土完整，分裂国家、危害国家安全利益、颠覆人民民主专政的政权和推翻社会主义制度，破坏社会秩序和经济秩序，侵犯全民所有的财产或者劳动群众集体所有的财产，侵犯公民私人所有的财产，侵犯公民的人身权利、民主权利和其他权利，以及其他危害社会的行为，依照法律应当受刑罚处罚的，都是犯罪；但是情节显著轻微危害不大的，不认为是犯罪。

第十四条　明知自己的行为会发生危害社会的结果，并且希望或者放任这种结果发生，因而构成犯罪的，是故意犯罪。

故意犯罪，应当负刑事责任。

第十五条　应当预见自己的行为可能发生危害社会的结果，因为疏忽大意而没有预见，或者已经预见而轻信能够避免，以致发生这种结果的，是过失犯罪。

过失犯罪，法律有规定的才负刑事责任。

第十六条　行为在客观上虽然造成了损害结果，但是不是出于故意或者过失，而是由于不能抗拒或者不能预见的原因所引起的，不认为是犯罪。

第十七条　已满十六岁的人犯罪，应当负刑事责任。

已满十四岁不满十六岁的人，犯故意杀人、故意伤害致人重伤或者死亡、抢劫、放火罪或者其他严重破坏社会治安秩序的犯罪，应当负刑事责任。

已满十四岁不满十八岁的人犯罪，应当从轻或者减轻处罚。

因不满十六岁不予刑事处罚的，责令他的家长或者监护人加以管教；在必要的时候，也可以由政府收容教养。

第十八条　精神病人在不能辨认或者不能控制自己行为的时候造成危害结果的，不负刑事责任；但是应当责令他的家属或者监护人严加看管和医疗；必要的时候，由政府强制医疗。

间歇性的精神病人在精神正常的时候犯罪，应当负刑事责任。

尚未完全丧失辨认或者控制自己行为能力的精神病人造成危害结果的，应当负刑事责任；但是可以从轻或者减轻处罚。

醉酒的人犯罪，应当负刑事责任。

第十九条　又聋又哑的人或者盲人犯罪，可以从轻、减轻或者免除处罚。

第二十条　为了使国家、公共利益、本人或者他人的人身、财产和其他权利免受正在进行的不法侵害，而采取的制止不法侵害的行为，对不法侵害人造成损害的，属于正当防卫，不负刑事责任。

正当防卫明显超过必要限度造成重大损害的，应当负刑事责任，但是应当减轻或者免除处罚。

受害人受到暴力侵害而采取制止暴力侵害的行为，造成不法侵害人伤亡后果的，属于正当防卫，不属于防卫过当。

第二十一条　人民警察在依法执行盘问、拘留、逮捕、追捕逃犯或者制止违法犯罪职务的时候，依法使用警械和武器，造成人员伤亡后果的，不负刑事责任。

人民警察受到暴力侵害而采取制止暴力侵害的行为，造成不法侵害人伤亡后果的，不负刑事责任。

第二十二条　为了使国家、公共利益、本人或者他人的人身、财产和其他权利免受正在发生的危险，不得已采取的紧急避险行为，造成损害的，不负刑事责任。

紧急避险超过必要限度造成不应有的损害的，应当负刑事责任，但是应当减轻或者免除处罚。

第一款中关于避免本人危险的规定，不适用于职务上、业务上负有特定责任的人。

第二节　犯罪的预备、未遂和中止

第二十三条　为了犯罪，准备工具、制造条件的，是犯罪预备。

对于预备犯，可以比照既遂犯从轻、减轻处罚或者免除处罚。

第二十四条 已经着手实行犯罪，由于犯罪分子意志以外的原因而未得逞的，是犯罪未遂。

对于未遂犯，可以比照既遂犯从轻或者减轻处罚。

第二十五条 在犯罪过程中，自动放弃犯罪或者自动有效地防止犯罪结果发生的，是犯罪中止。

对于中止犯，没有造成损害的，应当免除处罚；造成损害的，应当减轻处罚。

第三节 共同犯罪

第二十六条 共同犯罪是指二人以上共同故意犯罪。

二人以上共同过失犯罪，不以共同犯罪论处；应当负刑事责任的，按照他们所犯的罪分别处罚。

第二十七条 三人以上为共同实施犯罪而组成的较为稳定的犯罪组织，是犯罪集团。

组织、领导犯罪集团进行犯罪活动的或者在共同犯罪中起主要作用的，是主犯。

对组织、领导犯罪集团的首要分子，按照集团所犯的全部罪行处罚。

对于第二款规定以外的主犯，应当按照其所参与的或者组织、指挥的全部犯罪处罚。

第二十八条 在共同犯罪中起次要或者辅助作用的，是从犯。

对于从犯，应当从轻、减轻处罚或者免除处罚。

第二十九条 对于被胁迫参加犯罪的，应当按照他的犯罪情节减轻处罚或者免除处罚。

第三十条 教唆他人犯罪的，应当按照共同犯罪中的主犯处罚。教唆不满十八岁的人犯罪的，应当从重处罚。

如果被教唆的人没有犯被教唆的罪，对于教唆犯，可以从轻或者减轻处罚。

第四节 单位犯罪

第三十一条 公司、企业、事业单位、机关、团体为本单位谋取非法利益，经单位集体研究决定或者由负责人员决定实施犯罪的，是单位犯罪。

单位犯罪，法律有规定的才处罚。

第三十二条 对单位犯罪，除对单位判处罚金外，还应当对单位直接负责的主管人员和其他直接责任人员判处刑罚。本法分则和其他法律另有规定的，依照规定。

第三章 刑 罚

第一节 刑罚的种类

第三十三条 刑罚分为主刑和附加刑。

第三十四条 主刑的种类如下：

（一）管制；

（二）拘役；

（三）有期徒刑；

（四）无期徒刑；

（五）死刑。

第三十五条 附加刑的种类如下：

（一）罚金；

（二）剥夺政治权利；

（三）没收财产。

附加刑也可以独立适用。

第三十六条 被判处三年以上有期徒刑的犯罪分子和被判处剥夺政治权利的犯罪分子，如果有军衔、警衔或者勋章的，应当一并判处剥夺。

第三十七条 对于犯罪的外国人，可以独立适用或者附加适用驱逐出境。

第三十八条 由于犯罪行为而使被害人遭受经济损失的，对犯罪分子除依法给予刑事处罚外，并应根据情况判处赔偿经济损失。

承担民事赔偿责任的犯罪分子，同时被判处罚金的，其财产不足以全部支付的时候，应当先承担民事赔偿责任。

第三十九条 对于犯罪情节轻微不需要判处刑罚的，可以免予刑事处罚，但可以根据案件的不同情况，予以训诫或者责令具结悔过、赔礼道歉、赔偿损失，或者由主管部门予以行政处罚或者行政处分。

第二节 管 制

第四十条 管制的期限，为三个月以上二年以下。

被判处管制的犯罪分子，由公安机关执行。

第四十一条　被判处管制的犯罪分子，在执行期间，必须遵守下列规定：

(一) 遵守法律、法规，服从监督；

(二) 停止行使言论、出版、集会、结社、游行、示威自由的权利；

(三) 按执行机关规定报告自己的活动情况；

(四) 遵守执行机关关于会客的规定；

(五) 离开所居住的市、县、设区的市的市辖区或者迁居，应当报经执行机关批准。

对于被判处管制的犯罪分子，在劳动中应当同工同酬。

第四十二条　被判处管制的犯罪分子，管制期满，执行机关应即向本人和其所在单位或者居住地的群众宣布解除管制。

第四十三条　管制的刑期，从判决执行之日起计算；判决执行以前先行羁押的，羁押一日折抵刑期二日。

第三节　拘　　役

第四十四条　拘役的期限，为十五日以上六个月以下。

第四十五条　被判处拘役的犯罪分子，由公安机关就近执行。

在执行期间，被判处拘役的犯罪分子每月可以回家一天至两天；参加劳动的，可以酌量发给报酬。

第四十六条　拘役的刑期，从判决执行之日起计算；判决以前先行羁押的，羁押一日折抵刑期一日。

第四节　有期徒刑、无期徒刑

第四十七条　有期徒刑的期限，为六个月以上十五年以下。

第四十八条　被判处有期徒刑、无期徒刑的犯罪分子，在监狱或者其他执行机关执行；凡有劳动能力的，都应当参加劳动，接受教育和改造。

第四十九条　有期徒刑的刑期，从判决执行之日起计算；判决执行以前先行羁押的，羁押一日折抵刑期一日。

第五节　死　　刑

第五十条　死刑只适用于罪大恶极的犯罪分子。对于应当判处死刑的犯罪分子，如果不是必须立即执行的，可以判处死刑同时宣告缓期二年执行。

死刑除依法由最高人民法院判决的以外，都应当报请最高人民法院核准。死刑缓期执行的，可以由高级人民法院判决或者核准。

第五十一条　犯罪的时候不满十八岁的人和审判的时候怀孕的妇女，不适用死刑。

第五十二条　判处死刑缓期执行的，在死刑缓期执行期间，如果没有故意犯罪，二年期满以后，减为无期徒刑；如果确有立功表现，二年期满以后，减为十五年以上二十年以下有期徒刑；如果故意犯罪，查证属实的，由最高人民法院核准，执行死刑。

第五十三条　死刑缓期执行的期间，从判决确定之日起计算。死刑缓期执行减为有期徒刑的刑期，从死刑缓期执行期满之日起计算。

第六节　罚　　金

第五十四条　判处罚金，应当根据犯罪情节决定罚金数额。

第五十五条　罚金在判决指定的期限内一次或者分期缴纳。期满不缴纳的，强制缴纳。对于不能全部缴纳罚金的，人民法院在任何时候发现被执行人有可以执行的财产，应当随时追缴。如果由于遭遇不能抗拒的灾祸缴纳确实有困难的，可以酌情减少或者免除。

第七节　剥夺政治权利

第五十六条　剥夺政治权利是剥夺下列权利：

(一) 选举权和被选举权；

(二) 言论、出版、集会、结社、游行、示威自由的权利；

(三) 担任国家机关职务的权利；

(四) 担任国有公司、企业、事业单位和人民团体领导职务的权利。

第五十七条　剥夺政治权利的期限，除本法第五十九条规定外，为一年以上五年以下。

第五十八条　对于危害国家安全的犯罪分子应当附加剥夺政治权利；对于故意杀人、强奸、放火、爆炸、投毒、抢劫等严重破坏社会治安秩序的犯罪分子，在必要的时候，也可以附加剥夺政治权利。

独立适用剥夺政治权利的，依照本法分则的规定。

第五十九条　对于被判处死刑、无期徒刑的犯罪分子，应当剥夺政治权利终身。

在死刑缓期执行减为有期徒刑或者无期徒刑减为有期徒刑的时候，应当把附加剥夺政治权利的期限改为三年以上十年以下。

第六十条　附加剥夺政治权利的刑期，从徒刑、拘役执行完毕之日或者从假释之日起计算；剥夺政治权利的效力当然施用于主刑执行期间。

独立适用剥夺政治权利或者徒刑、拘役执行完毕附加剥夺政治权利的犯罪分子，在执行剥夺政治权利期间，必须遵守下列规定：

（一）遵守法律、法规，服从监督；

（二）按公安机关规定报告自己的活动情况；

（三）遵守公安机关关于会客的规定；

（四）离开所居住的市、县、设区的市的市辖区或迁居，应当报经执行机关批准。

第八节　没收财产

第六十一条　没收财产是没收犯罪分子个人所有财产的一部或者全部。

在判处没收财产的时候，不得没收属于犯罪分子家属所有或者应有的财产。

第六十二条　没收财产以前犯罪分子所负的正当债务，需要以没收的财产偿还的，经债权人请求，应当偿还。

第四章　刑罚的具体运用

第一节　量　　刑

第六十三条　对于犯罪分子决定刑罚的时候，应当根据犯罪的事实、犯罪的性质、情节和对于社会的危害程度，依照本法的有关规定判处。

第六十四条　犯罪分子具有本法规定的从重处罚、从轻处罚情节的，应当在法定刑的限度以内判处刑罚。

第六十五条　犯罪分子具有本法规定的减轻处罚情节的，应当在法定刑以下判处刑罚。

犯罪分子虽然不具有本法规定的减轻处罚情节，如果根据案件的具体情况，判处法定刑的最低刑还是过重的，经最高人民法院审判委员会核准，也可以在法定刑以下判处刑罚。

第六十六条　犯罪分子违法所得的一切财物，应当予以追缴或者责令退赔；对被害人的合法财产，应当及时返还；违禁品和供犯罪所用的本人财物，应当予以没收。没收的财物和罚金，一律上缴国库，不得挪用和自行处理。

第二节　累　　犯

第六十七条　被判处有期徒刑以上刑罚的犯罪分子，刑罚执行完毕或者赦免以后，在五年以内再犯应当判处有期徒刑以上刑罚之罪的，是累犯，应当从重处罚；但是过失犯罪除外。

前款规定的期限，对于被假释的犯罪分子，从假释期满之日起计算。

第三节　自首和立功

第六十八条　犯罪以后自动投案，如实供述自己的罪行，接受审判的，是自首。对于自首的犯罪分子，可以从轻或者减轻处罚。其中，犯罪较轻的，可以免除处罚。

被采取强制措施的犯罪嫌疑人、被告人和正在服刑的罪犯，供述司法机关还未掌握的本人其他罪行的，以自首论。

第六十九条　犯罪分子有揭发他人犯罪行为，查证属实的，或者提供重要线索，从而得以侦破其他案件等立功表现的，可以从轻或者减轻处罚。有重大立功表现的，可以减轻或者免除处罚。

犯罪后自首又有重大立功表现的，应当减轻者或者免除处罚。

第四节　数罪并罚

第七十条　判决宣告以前一人犯数罪的，除判处死刑和无期徒刑的以外，应当在总和刑期以下、数刑中最高刑期以上，酌情决定执行的刑期；但是管制最高不能超过三年，拘役最高不能超过一年，有期徒刑最高不能超过二十年。

如果数罪中有判处附加刑的，附加刑仍须执行。

第七十一条　判决宣告以后，刑罚执行完毕以前，发现被判刑的犯罪分子在判决宣告以前还有其他罪没有判决的，应当对新发现的罪作出判决，把前后两个判决所判处的刑罚，依照本法第七十条的规定，决定执行的刑罚。已经执行的刑期，应当计算在新判决决定的刑期以内。

第七十二条　判决宣告以后，刑罚执行完毕以前，被判刑的犯罪分子又犯罪的，应当对新犯的罪作出判决，把前罪没有执行的刑罚和后罪所判处的刑罚，依照本法第七十条的规定，决定执行的刑罚。

第五节 缓 刑

第七十三条 对于被判处拘役、三年以下有期徒刑的犯罪分子，根据犯罪分子的犯罪情节和悔罪表现，适用缓刑确实不致再危害社会的，可以宣告缓刑。

被宣告缓刑的犯罪分子，如果被判处附加刑，附加刑仍须执行。

第七十四条 拘役的缓刑考验期限为原判刑期以上一年以下，但是不能少于一个月。

有期徒刑的缓刑考验期限为原判刑期以上五年以下，但是不能少于一年。

缓刑考验期限，从判决确定之日起计算。

第七十五条 对于累犯，不适用缓刑。

第七十六条 被宣告缓刑的犯罪分子，必须遵守下列规定：

（一）遵守法律、法规，服从监督；

（二）按执行缓刑判决的考察机关的规定报告自己的活动情况；

（三）遵守考察机关关于会客的规定；

（四）离开所居住的市、县、设区的市的市辖区或者迁居，应当报经考察机关批准。

第七十七条 被宣告缓刑的犯罪分子，在缓刑考验期限内，由公安机关考察，所在单位或者基层组织予以配合，如果没有第七十八条规定的情形，缓刑考验期满，原判的刑罚就不再执行。

第七十八条 被宣告缓刑的犯罪分子，在缓刑考验期限内，再犯新罪或者发现判决宣告前还有其他罪没有判决的，应当撤销缓刑，对新的犯罪或者新发现的犯罪作出判决，把前罪和后罪判处的刑罚，依照本法第七十条的规定，决定执行的刑罚。

被宣告缓刑的犯罪分子，在缓刑考验期限内，违反法律、行政法规和国务院公安部门有关缓刑的监督管理规定，情节严重的，应当撤销缓刑，收监执行原判刑罚。

第六节 减 刑

第七十九条 被判处管制、拘役、有期徒刑、无期徒刑的犯罪分子，在执行期间，如果认真遵守监规、接受教育改造，确有悔改表现或者有立功表现的，可以减刑；有下列重大立功表现之一的，应当减刑：

（一）阻止他人重大犯罪活动的；

（二）检举监狱内外重大犯罪活动，经查证属实的；

（三）有发明创造或者重大技术革新的；

（四）在日常生产、生活中舍己救人的；

（五）在抗御自然灾害或者排除重大事故中，有突出表现的；

（六）对国家和社会有其他重大贡献的。

减刑以后实际执行的刑期，判处管制、拘役、有期徒刑的，不能少于原判刑期的二分之一；判处无期徒刑的，不能少于十年。

第八十条 对于可以减刑的犯罪分子，由执行机关向中级以上人民法院提出减刑建议书。由人民法院组成合议庭进行审理，对确有悔改或者立功事实的，裁定予以减刑。非经法定程序不得减刑。

第八十一条 无期徒刑减为有期徒刑的刑期，从裁定减刑之日起计算。

第七节 假 释

第八十二条 被判处有期徒刑的犯罪分子，执行原判刑期二分之一以上，被判处无期徒刑的犯罪分子，实际执行十年以上，如果认真遵守监规、接受教育改造，确有悔改表现，假释后不致再危害社会的，可以假释，但是对累犯以及杀人、爆炸、抢劫、强奸、绑架等暴力性犯罪被判处无期徒刑的犯罪分子，不得假释。

第八十三条 对于可以假释的犯罪分子，依照本法第八十条规定的减刑程序进行。非经法定程序不得假释。

第八十四条 有期徒刑的假释考验期限，为没有执行完毕的刑期；无期徒刑的假释考验期限为十年。

假释考验期限，从假释之日起计算。

第八十五条 被宣告假释的犯罪分子，必须遵守下列规定：

（一）遵守法律、法规，服从监督；

（二）根据公安机关的要求，报告自己的活动情况；

（三）遵守公安机关关于会客的规定；

（四）离开所居住的市、县、设区的市的市辖区或者迁居，应当报经公安机关批准。

第八十六条 被假释的犯罪分子，在假释考验期限内，由公安机关予以监督，如果没有第八十七条规定的情形，假释考验期满，就认为原判刑罚已经执行完毕，并公开予以宣告。

第八十七条 被假释的犯罪分子，在假释考验期限内，再犯新罪，应当撤销假释，依照本法第七十二条的规定实行数罪并罚。

被假释的犯罪分子，在假释考验期限内，发现在判决宣告前还有其他罪没有判决的，应当撤销假释，依照本法第七十一条的规定实行数罪并罚。

被假释的犯罪分子，在假释考验期限内，违反法律、行政法规或者国务院公安部门有关假释的监督管理规定，情节严重的，应当撤销假释，收监执行未执行完毕的刑罚。

第八节 时　　效

第八十八条 犯罪经过下列期限不再追诉：

（一）法定最高刑为不满五年有期徒刑的，经过五年；

（二）法定最高刑为五年以上不满十年有期徒刑的，经过十年；

（三）法定最高刑为十年以上有期徒刑的，经过十五年；

（四）法定最高刑为无期徒刑、死刑的，经过二十年。如果二十年以后认为必须追诉的，须报请最高人民检察院核准。

第八十九条 在人民法院、人民检察院、公安机关、国家安全机关采取强制措施以后，逃避侦查或者审判的，不受追诉期限的限制。

被害人在追诉期限内提出控告，人民法院、人民检察院、公安机关应当立案而不予立案的，不受追诉期限的限制。

第九十条 追诉期限从犯罪之日起计算；犯罪行为有连续或者继续状态的，从犯罪行为终了之日起计算。

在追诉期限以内又犯罪的，前罪追诉的期限从犯后罪之日起计算。

第五章 其他规定

第九十一条 民族自治地方不能全部适用本法规定的，可以由自治区或者省的人民代表大会根据当地民族的政治、经济、文化的特点和本法规定的基本原则，制定变通或者补充的规定，报请全国人民代表大会常务委员会批准施行。

第九十二条 本法所说的公共财产是指下列财产：

（一）国有财产；

（二）劳动群众集体所有的财产。

在国家机关、国有公司、企业、集体企业和人民团体管理、使用或者运输中的私人财产，以公共财产论。

第九十三条 本法所说的公民私人所有的财产是指下列财产：

（一）公民的合法收入、储蓄、房屋和其他生活资料；

（二）依法归个人、家庭所有的生产资料；

（三）个体户和私营企业的财产；

（四）个人所有的股份和股票、债券。

第九十四条 本法所说的国家工作人员是指在国家机关、国有公司、企业、事业单位、人民团体中从事公务的人员和国家机关、国有公司、企业、事业单位委派到非国有公司、企业、事业单位、社会团体从事公务的人员。

受国家机关、国有公司、企业、事业单位委托从事公务的人员，以国家工作人员论。

第九十五条 本法所说的司法工作人员是指有侦查、检察、审判、监管人犯职责的工作人员。

第九十六条 本法所说的重伤是指有下列情形之一的伤害：

（一）使人肢体残废或者毁人容貌的；

（二）使人丧失听觉、视觉或者其他器官机能的；

（三）其他对于人身健康有重大伤害的。

第九十七条 本法所说的违反国家规定是指违反全国人民代表大会及其常务委员会制定的法律和决定，国务院制定的行政法规和行政措施、发布的决定和命令。

第九十八条 本法所说的违法所得是指因犯罪所得的一切财物。其中，破坏社会主义市场经济秩序罪中的违法所得按非法的销售收入扣除成本计算；没有成本或者成本无法计算的，按非法的实际收入计算。

第九十九条 本法所说的首要分子是指在犯罪集团或者聚众犯罪中起组织、策划、指挥作用的犯罪分子。

第一百条 本法所说的告诉才处理，是指被害人告诉才处理。如果被害人因受强制、威吓无法告诉的，人民检察院和被害人的近亲属也可以告诉。

第一百零一条 本法所说的以上、以下、以内，包括本数。

第一百零二条 依法受过刑事处罚的人，在入伍、就业的时候，应当如实向有关单位报告自己曾受过刑事处罚，不得隐瞒。

第一百零三条 本法总则适用于其他有刑罚规定的法律，但是其他法律有特别规定的除外。

第二编　分　　则

第一章　危害国家安全罪

第一百零四条　勾结外国，危害中华人民共和国的主权、领土完整和安全的，处无期徒刑或者十年以上有期徒刑。

第一百零五条　组织、策划、实施分裂国家、破坏国家统一活动的，对首要分子或者罪恶重大的，处无期徒刑或者十年以上有期徒刑；对积极参加的，处三年以上十年以下有期徒刑；对其他参加的，处三年以下有期徒刑、拘役、管制或者剥夺政治权利。

煽动分裂国家、破坏国家统一的，处五年以下有期徒刑、拘役、管制或者剥夺政治权利；首要分子或者罪恶重大的，处五年以上有期徒刑。

第一百零六条　组织、策划、实施武装叛乱或者武装暴乱的，对首要分子或者罪恶重大的，处无期徒刑或者十年以上有期徒刑；对积极参加的，处三年以上十年以下有期徒刑；对其他参加的，处三年以下有期徒刑、拘役、管制或者剥夺政治权利。

策动、勾引、收买国家工作人员、武装部队人员、人民警察、民兵进行武装叛乱的，依照前款规定从重处罚。

第一百零七条　组织、策划、实施颠覆国家政权、推翻社会主义制度的，对首要分子或者罪恶重大的，处无期徒刑或者十年以上有期徒刑；对其他积极参加的，处三年以上十年以下有期徒刑。

以造谣、诽谤或者其他方式煽动颠覆国家政权、推翻社会主义制度的，处五年以下有期徒刑、拘役、管制或者剥夺政治权利；

首要分子或者罪恶重大的，处五年以上有期徒刑。

第一百零八条　与境外机构、组织、个人相勾结，实施本章第一百零四条、第一百零五条、第一百零六条、第一百零七条规定的犯罪的，依照各该条的规定从重处罚。

第一百零九条　投敌叛变的，处三年以上十年以下有期徒刑；情节严重或者率领武装部队、人民警察、民兵投敌叛变的，处十年以上有期徒刑或者无期徒刑。

第一百一十条　背叛国家、投靠境外机构、组织，实施危害中华人民共和国国家安全行为的，处三年以上十年以下有期徒刑；情节严重的，处十年以上有期徒刑或者无期徒刑。

掌握国家秘密的国家工作人员，背叛国家、投靠境外机构、组织，危害中华人民共和国国家安全的，依照前款规定从重处罚。

第一百一十一条　进行下列间谍行为之一，危害国家安全的，处十年以上有期徒刑或者无期徒刑；情节较轻的，处三年以上十年以下有期徒刑：

（一）参加间谍组织或者接受间谍组织及其代理人的间谍活动任务的；

（二）为境外的机构、组织、人员窃取、刺探、收买、非法提供国家秘密或者情报的；

（三）为敌人指示轰击目标的。

第一百一十二条　战时供给敌人武器、军火、军事装备或者其他军用物资资敌的，处十年以上有期徒刑或者无期徒刑；情节较轻的，处三年以上十年以下有期徒刑。

第一百一十三条　本章上述危害国家安全罪行中，除第一百零五条第二款、第一百零七条外，对国家和人民危害特别严重、情节特别恶劣的，可以判处死刑。

犯本章之罪的，可以并处没收财产。

第二章　危害公共安全罪

第一百一十四条　放火、决水、爆炸或者以其他危险方法破坏工厂、矿场、油田、港口、河流、水源、仓库、住宅、森林、农场、谷场、牧场、重要管道、公共建筑物或者其他公私财产、危害公共安全，尚未造成严重后果的，处三年以上十年以下有期徒刑。

第一百一十五条　放火、决水、爆炸、投毒或者以其他危险方法致人重伤、死亡或者使公私财产遭受重大损失的，处十年以上有期徒刑、无期徒刑或者死刑。

过失犯前款罪的，处七年以下有期徒刑或者拘役。

第一百一十六条　破坏火车、汽车、电车、船只、航空器，足以使火车、汽车、电车、船只、航空器发生倾覆、毁坏危险，尚未造成严重后果的，处三年以上十年以下有期徒刑。

第一百一十七条　破坏轨道、桥梁、隧道、公路、机场、航道、灯塔、标志或者进行其他破坏活动，足以使火车、汽车、电车、船只、航空器发生倾覆、毁坏危险，尚未造严重后果的，处三年以上十年以下有期徒刑。

第一百一十八条　破坏电力、燃气或者其他易燃易爆设备，危害公共安全，尚未造成严重后果的，处三年以上十年以下有期徒刑。

第一百一十九条　破坏交通工具、交通设备、电力燃气设备、易燃易爆设备造成严重后果的，处十年以上有期徒刑、无期徒刑或者死刑。

过失犯前款罪的，处七年以下有期徒刑或者拘役。

第一百二十条 以暴力、胁迫或者其他方法劫持航空器的，处十年以上有期徒刑或者无期徒刑；致人重伤、死亡或者使航空器遭受严重破坏的，处死刑；情节较轻的，处五年以上十年以下有期徒刑。

第一百二十一条 破坏广播电台、电视台、公用通讯设施，危害公共安全的，处七年以下有期徒刑或者拘役；造成严重后果的，处七年以上有期徒刑。

过失犯前款罪的，处七年以下有期徒刑或者拘役。

第一百二十二条 非法制造、买卖、运输枪支、弹药、爆炸物的，处三年以上十年以下有期徒刑；情节严重的，处十年以上有期徒刑、无期徒刑或者死刑。

非法买卖、运输核材料的，依照前款规定处罚。

单位有前两款行为的，对单位判处罚金，并对其直接负责的主管人员和其他直接责任人员，依照第一款规定处罚。

第一百二十三条 依法被指定、确定的枪支制造企业、销售企业，违反枪支管理规定，有下列行为之一的，对单位判处罚金，并对其直接负责的主管人员和其他直接责任人员，处七年以下有期徒刑；造成严重后果的，处七年以上有期徒刑或者无期徒刑：

（一）以非法销售为目的超过限额或者不按照规定的品种制造、配售枪支的；

（二）以非法销售为目的，制造无号、重号、假号的枪支的；

（三）非法销售枪支或者在境内销售为出口制造的枪支的。

第一百二十四条 盗窃、抢夺枪支、弹药、爆炸物的，处三年以上十年以下有期徒刑；情节严重的，处十年以上有期徒刑、无期徒刑或者死刑。

抢劫枪支、弹药、爆炸物或者盗窃、抢夺国家机关、军警人员、民兵的枪支、弹药、爆炸物的，处十年以上有期徒刑、无期徒刑或者死刑。

第一百二十五条 违反枪支管理规定，非法持有、私藏枪支、弹药的，处三年以下有期徒刑、拘役或者管制；情节严重的，处三年以上七年以下有期徒刑。

依法配备公务用枪的人员，非法出租、出借枪支的，依照前款规定处罚。

依法配置枪支的人员，非法出租、出借枪支，造成严重后果的，依照第一款的规定处罚。

单位有第二、三款行为的，对其直接负责的主管人员和其他直接责任人员，依照第一款的规定处罚。

第一百二十六条 依法配备公务用枪的人员，丢失枪支未及时报告，造成严重后果的，处三年以下有期徒刑、拘役或者管制。

第一百二十七条 违反交通管理法规，因而发生重大事故，致人重伤、死亡或者使公私财产遭受重大损失的，处三年以下有期徒刑、拘役或者管制；情节特别恶劣的，处三年以上七年以下有期徒刑；因逃逸致人死亡的，处七年以上有期徒刑。

第一百二十八条 工厂、矿山、林场、建筑企业或者其他企业、事业单位的职工，由于不服管理、违反规章制度，或者强令工人违章冒险作业，因而发生重大伤亡事故，造成严重后果的，处三年以下有期徒刑、拘役或者管制；情节特别恶劣的，处三年以上七年以下有期徒刑。

第一百二十九条 违反爆炸性、易燃性、放射性、毒害性、腐蚀性物品的管理规定，在生产、储存、运输、使用中发生重大事故，造成严重后果的，处三年以下有期徒刑、拘役或者管制；后果特别严重的，处三年以上七年以下有期徒刑。

第一百三十条 违反消防管理法规，经消防监督机构通知采取改正措施而拒绝执行，造成严重后果的，处三年以下有期徒刑、拘役或者管制。

第三章 破坏社会主义市场经济秩序罪

第一节 生产、销售伪劣商品罪

第一百三十一条 生产者、销售者在产品中掺杂、掺假，以假充真，以次充好或者以不合格产品冒充合格产品，违法所得数额二万元以上不满十万元的，处二年以下有期徒刑、拘役或者管制，可以并处违法所得一倍以上五倍以下罚金；违法所得数额十万元以上不满三十万元的，处二年以上七年以下有期徒刑，并处违法所得一倍以上五倍以下罚金；违法所得数额三十万元以上不满一百万元的，处七年以上有期徒刑，并处违法所得一倍以上五倍以下罚金或者没收财产；违法所得数额一百万元以上的，处十五年有期徒刑或者无期徒刑，并处没收财产。

第一百三十二条 生产、销售假药，足以危害人体健康的，处三年以下有期徒刑、拘役或者管制，并处违法所得一倍以上五倍以下罚金；对人体健康造成严重危害的，处三年以上十年以下有期徒刑，并处违法所得一倍以上五倍以下罚金；致人死亡或者对人体健康造成其他特别严重危害的，处十年以上有期徒刑、无期徒刑或者死刑，并处违法所得一倍以上五倍以下罚金或者没收财产。

本条所称“假药”，是指依照《中华人民共和国药品管理法》的规定属于假药和按假药处理的药品、非药品。

第一百三十三条 生产、销售劣药，对人体健康造成严重危害的，处三年以上十年以下有期徒刑，并处违法所得一倍以上五倍以下罚金；后果特别严重的，处十年以上有期徒刑或者无期徒刑，并处违法所得一倍以上五倍以下罚金或者没收财产。

本条所称“劣药”，是指依照《中华人民共和国药品管理法》的规定属于劣药的药品。

第一百三十四条 生产、销售不符合卫生标准的食品，足以造成严重食物中毒事故或者其他严重食源性疾患，处三年以下有期徒刑、拘役或者管制，并处违法所得一倍以上五倍以下罚金；对人体健康造成严重危害的，处三年以上七年以下有期徒刑，并处违法所得一倍以上五倍以下罚金；后果特别严重的，处七年以上有期徒刑或者无期徒刑，并处违法所得一倍以上五倍以下罚金或者没收财产。

第一百三十五条 在生产、销售的食品中掺入有毒、有害的非食品原料的，或者销售明知掺有有毒、有害的非食品原料的食品的，处五年以下有期徒刑或者拘役，可以并处或者单处违法所得一倍以上五倍以下罚金；造成严重食物中毒事故或者其他严重食源性疾患，对人体健康造成严重危害的，处五年以上十年以下有期徒刑，并处违法所得一倍以上五倍以下罚金；致人死亡或者对人体健康造成其他特别严重危害的，依照本法第一百三十二条的规定处罚，并处违法所得一倍以上五倍以下罚金或者没收财产。

第一百三十六条 生产不符合保障人体健康的国家标准、行业标准的医疗器械、医用卫生材料，或者销售明知是不符合保障人体健康的国家标准、行业标准的医疗器械、医用卫生材料，对人体健康造成严重危害的，处五年以下有期徒刑，并处违法所得一倍以上五倍以下罚金；后果特别严重的，处五年以上十年以下有期徒刑，并处违法所得一倍以上五倍以下罚金，其中情节特别恶劣的，处十年以上有期徒刑或者无期徒刑，并处违法所得一倍以上五倍以下罚金或者没收财产。

第一百三十七条 生产不符合保障人身、财产安全的国家标准、行业标准的电器、压力容器、易燃易爆产品或者其他不符合保障人身、财产安全的国家标准、行业标准的产品，或者销售明知是以上不符合保障人身、财产安全的国家标准、行业标准的产品，造成严重后果的，处五年以下有期徒刑或者拘役，并处违法所得一倍以上五倍以下罚金；后果特别严重的，处五年以上有期徒刑，并处违法所得一倍以上五倍以下罚金。

第一百三十八条 生产假农药、假兽药、假化肥，销售明知是假的或者失去使用效能的农药、兽药、化肥、种子，或者生产者、销售者以不合格的农药、兽药、化肥、种子冒充合格的农药、兽药、化肥、种子，使生产遭受较大损失的，处三年以下有期徒刑、拘役或者管制，可以并处或者单处违法所得一倍以上五倍以下罚金；使生产遭受重大损失的，处三年以上七年以下有期徒刑，并处违法所得一倍以上五倍以下罚金；使生产遭受特别重大损失的，处七年以上有期徒刑或者无期徒刑，并处违法所得一倍以上五倍以下罚金或者没收财产。

第一百三十九条 生产不符合卫生标准的化妆品，或者销售明知是不符合卫生标准的化妆品，造成严重后果的，处三年以下有期徒刑、拘役或者管制，可以并处或者单处违法所得一倍以上五倍以下罚金。

第一百四十条 生产、销售本法第一百三十二条至第一百三十九条所列产品，不构成各该条规定的犯罪，但是违法所得数额在二万元以上的，依照本法第一百三十一条的规定处罚。

生产、销售本法第一百三十二条至第一百三十九条所列产品，构成各该条规定的犯罪，同时又构成本法第一百三十一条规定的犯罪的，依照处刑较重的规定处罚。

第一百四十一条 建设单位违反规定，要求建筑设计单位或者施工企业降低工程质量，或者提供不合格的建筑材料、建筑构配件和设备强迫施工企业使用，造成重大损失的，对单位判处罚金，对其直接负责的主管人员和其他直接责任人员处三年以下有期徒刑、拘役或者管制；造成特别重大损失的，处三年以上七年以下有期徒刑。

第一百四十二条 建筑设计单位不按建筑工程质量标准进行设计，造成工程质量事故，损失严重的，对单位判处罚金，对其直接负责的主管人员和其他直接责任人员，处三年以下有期徒刑、拘役或者管制；损失特别严重的，处三年以上七年以下有期徒刑。

第一百四十三条 施工单位在施工中偷工减料，使用不合格的建筑材料、建筑构配件和设备，或者不按照设计图纸或者施工技术标准施工，造成重大质量事故，损失严重的，对单位判处罚金，对其直接负责的主管人员和其他直接责任人员，处三年以下有期徒刑、拘役或者管制；损失特别严重的，处三年以上七年以下有期徒刑。

第一百四十四条 单位犯本法第一百三十一条至第一百三十九条罪的，对单位判处罚金，并对其直接负责的主管人员和其他直接责任人员，依照各该条的规定处罚。

第二节 走私罪

第一百四十五条 走私武器、弹药、核材料或者伪造的货币的，处七年以上有期徒刑，并处罚金或者没收财产；情节较轻的，处七年以下有期徒刑，并处罚金。

走私国家禁止出口的文物、珍贵动物及其制品、黄金、白银或者其他贵重金属的，处五年以上有期徒刑，并处罚金或者没收财产；情节较轻的，处五年以下有期徒刑，并处罚金。

走私国家禁止出口的珍稀植物及其制品的，处五年以下有期徒刑，并处或者单处罚金；情节严重的，处五年以上有期徒刑，并处罚金。

犯第一款、第二款罪，情节特别严重的，处无期徒刑或者死刑，并处没收财产。

第一百四十六条 以牟利或者传播为目的，走私淫秽的影片、录像带、录音带、图片、书刊或者其他淫秽物品的，处三年以上十年以下有期徒刑，并处罚金；情节严重的，处十年以上有期徒刑或者无期徒刑，并处罚金或者没收财产；情节较轻的，处三年以下有期徒刑、拘役或者管制，并处罚金。

第一百四十七条 走私本法第一百四十五条、第一百四十六条规定以外的货物、物品的，根据情节轻重，分别依照下列规定处罚：

（一）走私货物、物品偷逃应缴税额在五十万元以上的，处十年以上有期徒刑或者无期徒刑，并处偷逃应缴税额一倍以上五倍以下罚金或者没收财产；情节特别严重的，依照本法第一百四十五条第四款的规定处罚。

（二）走私货物、物品偷逃应缴税额在十五万元以上不满五十万元的，处七年以上有期徒刑，并处偷逃应缴税额一倍以上五倍以下罚金或者没收财产；情节特别严重的，处无期徒刑，并处没收财产。

（三）走私货物、物品偷逃应缴税额在五万元以上不满十五万元的，处七年以下有期徒刑或者拘役，并处偷逃应缴税额一倍以上五倍以下罚金。

对多次走私未经处理的，按照累计走私货物、物品的偷逃应缴税额处罚。

第一百四十八条 单位走私本法第一百四十五条、第一百四十六条规定的货物、物品的，对单位判处罚金，并对其直接负责的主管人员和其他直接责任人员，依照本节对个人犯走私罪的规定处罚。

单位走私本法第一百四十五条、第一百四十六条规定以外的货物、物品，偷逃应缴税额在三十万元以上的，对单位判处罚金，并对其直接负责的主管人员和其他直接责任人员，处五年以下有期徒刑或者拘役；情节特别严重，使国家利益遭受重大损失的，处五年以上十年以下有期徒刑。

单位走私，违法所得归私人所有的，或者以单位的名义进行走私，共同分取违法所得的，依照本节对个人犯走私罪的规定处罚。

第一百四十九条 下列走私行为，根据本节规定构成犯罪的，依照本法第一百四十七条、第一百四十八条的规定定罪处罚：

（一）未经海关许可并且未补缴应缴税额，擅自将批准进口的来料加工、来件装配、补偿贸易的原材料、零件、制成品、设备等保税货物，在境内销售牟利的；

（二）假借捐赠名义进口货物、物品的，或者未经海关许可并且未补缴应缴税额，擅自将捐赠进口的货物、物品或者其他特定减税、免税进口的货物、物品，在境内销售牟利的。

第一百五十条 下列行为，以走私罪论处，依照本节的有关规定处罚：

（一）直接向走私人非法收购国家禁止进口物品的，或者直接向走私人非法收购走私进口的其他货物、物品，数额较大的；

（二）在内海、领海运输、收购、贩卖国家禁止进出口物品的，或者运输、收购、贩卖国家限制进出口货物、物品，数额较大，没有合法证明的。

第一百五十一条 与走私罪犯通谋，为其提供贷款、资金、帐号、发票、证明，或者为其提供运输、保管、邮寄或者其他方便的，以走私罪的共犯论处。

第一百五十二条 武装掩护走私的，依照本法第一百四十五条的规定从重处罚。

以暴力、威胁方法抗拒缉私的，以走私罪和本法第二百五十五条规定的阻碍国家工作人员依法执行职务罪，依照数罪并罚的规定处罚。

第三节 妨害对公司、企业的管理秩序罪

第一百五十三条 申请公司登记使用虚假证明文件或者采取其他欺诈手段虚报注册资本，欺骗公司登记主管部门，取得公司登记，虚报注册资本数额巨大、后果严重或者有其他严重情节的，处三年以下有期徒刑、拘役或者管制，可以并处虚报注册资本金额百分之十以下罚金。

申请公司登记的单位犯前款罪的，对单位判处虚报注册资本金额百分之十以下罚金，并对其直接负责的主管人员和其他直接责任人员，处三年以下有期徒刑、拘役或者管制。

第一百五十四条 公司发起人、股东违反公司法的规定未交付货币、实物或者未转移财产权，虚假出资，或者在公司成立后又抽逃其出资，数额巨大、后果严重或者有其他严重情节的，处五年以下有期徒刑或者拘役，可以并处虚假出资金额或者抽逃出资金额百分之十以下罚金。

单位犯前款罪的，对单位判处虚假出资金额或者抽逃出资金额百分之十以下罚金，并对其直接负责的主管人员和其他直接责任人员，处五年以下有期徒刑或者拘役。

第一百五十五条 制作虚假的招股说明书、认股书、公司债券募集办法发行股票或者公司债券，数额巨大、后果严重或者有其他严重情节的，处五年以下有期徒刑或者拘役，可以并处非法募集资金金额百分之五以下罚金。

单位犯前款罪的，对单位判处非法募集资金金额百分之五以下罚金，并对其直接负责的主管人员和其他直接责任

人员，处五年以下有期徒刑或者拘役。

第一百五十六条　公司向股东和社会公众提供虚假的或者隐瞒重要事实的财务会计报告，严重损害股东或者其他人利益的，对其直接负责的主管人员和其他直接责任人员，处三年以下有期徒刑、拘役或者管制，可以并处二十万元以下罚金。

第一百五十七条　公司进行清算时，隐匿财产，对资产负债表或者财产清单作虚伪记载或者在未清偿债务前分配公司财产，严重损害债权人或者其他人利益的，对其直接负责的主管人员和其他直接责任人员，处五年以下有期徒刑或者拘役，可以并处二十万元以下罚金。

第一百五十八条　公司、企业的工作人员利用职务上的便利，索取他人财物或者非法收受他人财物为他人谋利益，数额较大的，处五年以下有期徒刑或者拘役；数额巨大的，处五年以上十年以下有期徒刑，数额特别巨大的，处十年以上有期徒刑或者无期徒刑，可以并处没收财产。

公司、企业的工作人员在经济往来中，违反国家规定收受各种名义的回扣、手续费，归个人所有的，依照前款规定处罚。

国家工作人员有前两款规定的犯罪行为的，依照本法第三百四十条、第三百四十一条的规定定罪处罚。

为谋取不正当利益，给予公司、企业的工作人员以财物，数额较大的，处三年以下有期徒刑、拘役或者管制，因行贿谋取不正当利益，情节严重的，或者使公司、企业利益遭受重大损失的，处三年以上十年以下有期徒刑，并处罚金。

第一百五十九条　有限责任公司、股份有限公司以外的企业法人犯本法第一百五十三条、第一百五十四条、第一百五十五条、第一百五十七条规定之罪的，依照各该条的规定处罚。

第四节　破坏金融管理秩序罪

第一百六十条　伪造货币的，处三年以上十年以下有期徒刑，并处五万元以上五十万元以下罚金。有下列情形之一的，处十年以上有期徒刑、无期徒刑或者死刑，并处没收财产：

（一）伪造货币集团的首要分子；

（二）伪造货币数额特别巨大的；

（三）有其他特别严重情节的。

第一百六十一条　出售、购买伪造的货币或者明知是伪造的货币而运输，数额较大的，处三年以下有期徒刑、拘役或者管制，并处二万元以上二十万元以下罚金；数额巨大的，处三年以上十年以下有期徒刑，并处五万元以上五十万元以下罚金；数额特别巨大的，处十年以上有期徒刑或者无期徒刑，并处没收财产。

银行或者其他金融机构的工作人员购买伪造的货币或者利用职务上的便利，以伪造的货币换取货币的，处三年以上十年以下有期徒刑，并处二万元以上二十万元以下罚金；数额巨大或者有其他严重情节的，处十年以上有期徒刑或者无期徒刑，并处没收财产；情节较轻的，处三年以下有期徒刑、拘役或者管制，并处或者单处一万元以上十万元以下罚金。

伪造货币并出售或者运输伪造的货币的，依照第一百六十条的规定定罪从重处罚。

第一百六十二条　明知是伪造的货币而持有、使用，数额较大的，处三年以下有期徒刑、拘役或者管制，并处一万元以上十万元以下罚金；数额巨大的，处三年以上十年以下有期徒刑，并处二万元以上二十万元以下罚金；数额特别巨大的，处十年以上有期徒刑，并处五万元以上五十万元以下罚金或者没收财产。

第一百六十三条　变造货币，数额较大的，处三年以下有期徒刑、拘役或者管制，并处一万元以上十万元以下罚金；数额巨大的，处三年以上十年以下有期徒刑，并处二万元以上二十万元以下罚金。

第一百六十四条　未经中国人民银行批准，擅自设立商业银行或者其他金融机构的，处三年以下有期徒刑、拘役或者管制，并处或者单处二万元以上二十万元以下罚金；情节严重的，处三年以上十年以下有期徒刑，并处五万元以上五十万元以下罚金。

伪造、变造、转让商业银行或者其他金融机构经营许可证的，依照前款的规定处罚。

单位犯前两款罪的，对单位判处罚金，并对其直接负责的主管人员和其他直接责任人员，依照第一款的规定处罚。

第一百六十五条　非法吸收公众存款或者变相吸收公众存款，扰乱金融秩序的，处三年以下有期徒刑、拘役或者管制，并处或者单处二万元以上二十万元以下罚金；数额巨大或者有其他严重情节的，处三年以上十年以下有期徒刑，并处五万元以上五十万元以下罚金。

单位犯前款罪的，对单位判处罚金，并对其直接负责的主管人员和其他直接责任人员，依照前款的规定处罚。

第一百六十六条　有下列情形之一，伪造、变造金融票证的，处五年以下有期徒刑或者拘役，并处二万元以上二十万元以下罚金；情节严重的，处五年以上十年以下有期徒刑，并处五万元以上五十万元以下罚金；情节特别严重的，处十年以上有期徒刑或者无期徒刑，并处没收财产：

（一）伪造、变造汇票、本票、支票的；

（二）伪造、变造委托收款凭证、汇款凭证、银行存单等其他银行结算凭证的；

（三）伪造、变造信用证或者附随的单据、文件的；

（四）伪造信用卡的。

单位犯前款罪的，对单位判处罚金，并对其直接负责的主管人员和其他直接责任人员，依照前款的规定处罚。

第一百六十七条 未经公司法规定的有关主管部门批准，擅自发行股票、公司债券，数额巨大、后果严重或者有其他严重情节的，处五年以下有期徒刑或者拘役，可以并处非法募集资金金额百分之五以下罚金。

单位犯前款罪的，对单位判处非法募集资金金额百分之五以下罚金，并对其直接负责的主管人员，处五年以下有期徒刑或者拘役。

第一百六十八条 证券交易内幕信息的知情人员或者非法获取证券交易内幕信息的人员，在涉及证券的发行、交易或者其他对证券的价格有重大影响的信息尚未公开前，买入或者卖出该证券，或者泄露该信息的，处五年以下有期徒刑或者拘役，并处或者单处违法所得一倍以上五倍以下罚金；情节严重的，处五年以上十年以下有期徒刑，并处违法所得一倍以上五倍以下罚金。

单位犯前款罪的，对单位判处违法所得一倍以上五倍以下罚金，并对其直接负责的主管人员和其他直接责任人员，处五年以下有期徒刑或者拘役。

本条所称“内幕信息”是指：

（一）可能对上市公司股票交易价格产生较大影响，而投资人尚未得知的重大事件；

（二）公司分配股利或者增资的计划；

（三）公司股权结构的重大变化；

（四）公司债务担保的重大变更；

（五）公司营业用主要资产的抵押、出售或者报废一次超过资产的百分之三十；

（六）公司股东会、董事会或者监事会的决定被依法撤销；

（七）公司的董事、监事或者高级管理人员的行为可能依法负有重大损害赔偿责任；

（八）涉及发行人的重大诉讼事项；

（九）上市公司收购的有关方案；

（十）国务院证券管理部门认定的对证券价格有显著影响的其他重要信息。

本条所称“知情人员”是指：

（一）发行股票或者公司债券的公司董事、监事、经理、副经理；

（二）持有该公司股份超过百分之十的股东或者其控股公司的负责人；

（三）由于所任公司职务可以获取公司有关证券交易信息的人员；

（四）由于法定的职责对证券交易进行管理的人员；

（五）由于法定职责而参与证券交易的社会中介机构或者证券交易服务机构的有关人员。

第一百六十九条 证券交易当事人出售其并不持有的证券或者买入明知交易对方并不持有的证券，数额较大的，处五年以下有期徒刑或者拘役，并处或者单处非法买卖证券等值的罚金。

证券公司从业人员违反法律规定，为客户卖出其帐户上未实有的证券，数额较大的，处五年以下有期徒刑或者拘役，并处或者单处非法买卖证券等值的罚金。

单位犯前两款罪的，对单位判处非法买卖证券等值的罚金，并对其直接负责的主管人员和其他直接责任人员，处五年以下有期徒刑或者拘役。

第一百七十条 编造并且传播影响证券交易的虚假信息，扰乱证券交易市场，造成严重后果的，处三年以下有期徒刑、拘役或者管制，并处或者单处一万元以上十万元以下罚金。

证券交易所、证券公司的从业人员，证券业协会或者证券管理部门的工作人员，故意提供虚假信息，伪造、变造或者销毁交易记录，诱骗投资者买卖证券，处五年以下有期徒刑或者拘役，并处或者单处一万元以上十万元以下罚金；情节恶劣的，处五年以上十年以下有期徒刑，并处一万元以上十万元以下罚金。

单位犯前两款罪的，对单位判处十万元以上五十万元以下罚金，并对其直接负责的主管人员和其他直接责任人员，处五年以下有期徒刑或者拘役。

第一百七十一条 有下列操纵证券交易价格行为之一，获取不正当利益或者转嫁风险，情节严重的，处五年以下有期徒刑或者拘役，并处或者单处违法所得一倍以上五倍以下罚金：

（一）通过合谋，集中资金优势，联合或者连续买卖，操纵证券交易价格的；

（二）与他人串通，进行不转移证券所有权的虚买虚卖，制造证券交易的虚假价格的；

（三）以自己为交易对象，进行证券的自买自卖，制造证券交易的虚假价格的；

（四）利用职务便利抬高或者压低证券交易价格的；

（五）以其他方法操纵证券交易价格的。

单位犯前款罪的，对单位判处违法所得一倍以上五倍以下罚金，并对其直接负责的主管人员和其他直接责任人员，处五年以下有期徒刑或者拘役。

第一百七十二条 保险公司的工作人员利用职务上的便利，故意编造未曾发生的保险事故进行虚假理赔，骗取保险金归自己所有的，依照本法第二百四十九条的规定定罪处罚。

国家工作人员有前款行为的，依照本法第三百三十六条、第三百三十七条的规定定罪处罚。

第一百七十三条 银行或者其他金融机构的工作人员在金融业务中索取、收受贿赂，或者违反国家规定收受各种名义的回扣、手续费的，依照本法第一百五十八条的规定定罪处罚。

国家工作人员有前款行为的，依照本法第三百四十条、第三百四十一条的规定定罪处罚。

第一百七十四条 银行或者其他金融机构的工作人员利用职务上的便利，挪用单位或者客户资金的，依照本法第二百五十条的规定定罪处罚。

国家工作人员有前款行为的，依照本法第三百三十九条的规定定罪处罚。

第一百七十五条 银行或者其他金融机构的工作人员违反法律、行政法规规定，向关系人发放信用贷款或者发放担保贷款的条件优于其他借款人同类贷款的条件，造成较大损失的，处五年以下有期徒刑或者拘役，并处一万元以上十万元以下罚金；造成重大损失的，处五年以上有期徒刑，并处二万元以上二十万元以下罚金。

银行或者其他金融机构的工作人员违反法律、行政法规规定，向关系人以外的其他人发放贷款，造成重大损失的，处五年以下有期徒刑或者拘役，并处一万元以上十万元以下罚金；造成特别重大损失的，处五年以上有期徒刑，并处二万元以上二十万元以下罚金。

单位犯前两款罪的，对单位判处罚金，并对其直接负责的主管人员和其他直接责任人员，依照前两款的规定处罚。

关系人的范围，依照《中华人民共和国商业银行法》和有关金融法规确定。

第一百七十六条 银行或者其他金融机构的工作人员违反规定，为他人出具信用证或者其他保函、票据、存单、资信证明，造成较大损失的，处五年以下有期徒刑或者拘役；造成重大损失的，处五年以上有期徒刑。

单位犯前款罪的，对单位判处罚金，并对其直接负责的主管人员和其他直接责任人员，依照前款的规定处罚。

第一百七十七条 银行或者其他金融机构工作人员在票据业务中，对违反票据法规定的票据予以承兑、付款或者保证，造成重大损失的，处五年以下有期徒刑或者拘役；造成特别重大损失的，处五年以上有期徒刑。

单位犯前款罪的，对单位判处罚金，并对其直接负责的主管人员和其他直接责任人员，依照前款规定处罚。

第五节　金融诈骗罪

第一百七十八条 以非法占有为目的，使用诈骗方法非法集资的，处三年以下有期徒刑、拘役或者管制，并处二万元以上二十万元以下罚金；数额巨大或者有其他严重情节的，处三年以上十年以下有期徒刑，并处五万元以上五十万元以下罚金；数额特别巨大或者有其他特别严重情节的，处十年以上有期徒刑或者无期徒刑，并处没收财产。

单位犯前款罪的，对单位判处罚金，并对其直接负责的主管人员和其他直接责任人员，依照前款的规定处罚。

第一百七十九条 有下列情形之一，以非法占有为目的，诈骗银行或者其他金融机构的贷款，数额较大的，处五年以下有期徒刑或者拘役，并处二万元以上二十万元以下罚金；数额巨大或者有其他严重情节的，处五年以上十年以下有期徒刑，并处五万元以上五十万元以下罚金；数额特别巨大或者有其他特别严重情节的，处十年以上有期徒刑或者无期徒刑，并处没收财产：

（一）编造引进资金、项目等虚假理由的；

（二）使用虚假的经济合同的；

（三）使用虚假的证明文件的；

（四）使用虚假的产权证明作担保的；

（五）以其他方法诈骗贷款的。

第一百八十条 有下列情形之一，进行金融票据诈骗活动，数额较大的，处五年以下有期徒刑或者拘役，并处二万元以上二十万元以下罚金；数额巨大或者有其他严重情节的，处五年以上十年以下有期徒刑，并处五万元以上五十万元以下罚金；数额特别巨大或者有其他特别严重情节的，处十年以上有期徒刑或者无期徒刑，并处没收财产：

（一）明知是伪造、变造的汇票、本票、支票而使用的；

（二）明知是作废的汇票、本票、支票而使用的；

（三）冒用他人的汇票、本票、支票的；

（四）签发空头支票或者与其预留印鉴不符的支票，骗取财物的；

（五）汇票、本票的出票人签发无资金保证的汇票、本票或者在出票时作虚假记载，骗取财物的。

使用伪造、变造的委托收款凭证、汇款凭证、银行存单等其他银行结算凭证的，依照前款的规定处罚。

单位犯前两款罪的，对单位判处罚金，并对其直接负责的主管人员和其他直接责任人员，依照第一款的规定处罚。

第一百八十一条 有下列情形之一，进行信用证诈骗活动，处五年以下有期徒刑或者拘役，并处二万元以上二十万元以下罚金；数额巨大或者有其他严重情节的，处五年以上十年以下有期徒刑，并处五万元以上五十万元以下罚金；数额特别巨大或者有其他特别严重情节的，处十年以上有期徒刑或者无期徒刑，并处没收财产：

（一）使用伪造、变造的信用证或者附随的单据、文件的；

（二）使用作废的信用证的；

（三）骗取信用证的；

（四）以其他方法进行信用证诈骗活动的。

单位犯前款罪的，对单位判处罚金，并对其直接负责的主管人员和其他直接责任人员，依照前款的规定处罚。

第一百八十二条 有下列情形之一，进行信用卡诈骗活动，数额较大的，处五年以下有期徒刑或者拘役，并处二万元以上二十万元以下罚金；数额巨大或者有其他严重情节的，处五年以上十年以下有期徒刑，并处五万元以上五十万元以下罚金；数额特别巨大或者有其他特别严重情节的，处十年以上有期徒刑或者无期徒刑，并处没收财产：

（一）使用伪造的信用卡的；

（二）使用作废的信用卡的；

（三）冒用他人信用卡的；

（四）恶意透支的。

盗窃信用卡并使用的，依照本法第二百四十三条的规定定罪处罚。

第一百八十三条 有下列情形之一，进行保险诈骗活动，数额较大的，处五年以下有期徒刑或者拘役，并处一万元以上十万元以下罚金；数额巨大或者有其他严重情节的，处五年以上十年以下有期徒刑，并处二万元以上二十万元以下罚金；数额特别巨大或者有其他特别严重情节的，处十年以上有期徒刑，并处没收财产：

（一）投保人故意虚构保险标的，骗取保险金的；

（二）投保人、被保险人或者受益人对发生的保险事故编造虚假的原因或者夸大损失的程度，骗取保险金的；

（三）投保人、被保险人或者受益人编造未曾发生的保险事故，骗取保险金的；

（四）投保人、被保险人故意造成财产损失的保险事故，骗取保险金的；

（五）投保人、受益人故意造成被保险人死亡、伤残或者疾病，骗取保险金的。

有前款第（四）项、第（五）项所列行为，同时构成其他犯罪的，依照数罪并罚的规定处罚。

保险事故的鉴定人、证明人、财产评估人故意提供虚假的证明文件，为他人诈骗提供条件的，以保险诈骗的共犯论处。

单位犯第一款、第三款罪的，对单位判处罚金，并对其直接负责的主管人员和其他直接责任人员，依照各该款的规定处罚。

第一百八十四条 犯本节第一百七十八条、第一百八十条、第一百八十一条罪，数额特别巨大并且给国家和人民利益造成特别重大损失的，处无期徒刑或者死刑，并处没收财产。

第六节　危害税收征管罪

第一百八十五条 纳税人采取伪造、变造、隐匿、擅自销毁帐簿、记帐凭证，在帐簿上多列支出或者不列、少列收入，应申报而不申报或者进行虚假的纳税申报的手段，不缴或者少缴应纳税款，偷税数额占应纳税额的百分之十以上不满百分之三十并且偷税数额在一万元以上不满十万元的，或者因偷税被税务机关给予二次行政处罚又偷税的，处三年以下有期徒刑、拘役或者管制，并处偷税数额一倍以上五倍以下的罚金；偷税数额占应纳税额的百分之三十以上并且偷税数额在十万元以上的，处三年以上七年以下有期徒刑，并处偷税数额一倍以上五倍以下的罚金。

扣缴义务人采取前款所列手段，不缴或者少缴已扣、已收税款，数额占应缴税额的百分之十以上并且数额在一万元以上的，依照前款规定处罚。

对多次犯有前两款规定的违法行为未经处罚的，按照累计数额计算。

第一百八十六条 以暴力、威胁方法拒不缴纳税款的，处三年以下有期徒刑、拘役或者管制，并处拒缴税款一倍以上五倍以下的罚金；情节严重的，处三年以上七年以下有期徒刑，并处拒缴税款一倍以上五倍以下罚金。

以暴力方法抗税，致人重伤或者死亡，依照本法第二百一十五条、第二百一十三条的规定定罪处罚，并依照前款规定处以罚金。

第一百八十七条 纳税人欠缴应纳税款，采取转移或者隐匿财产的手段，致使税务机关无法追缴欠缴的税款，数额在一万元以上不满十万元的，处三年以下有期徒刑、拘役或者管制，并处欠缴税款一倍以上五倍以下的罚金；数额在十万元以上的，处三年以上七年以下有期徒刑，并处欠缴税款一倍以上五倍以下的罚金。

第一百八十八条 纳税人交纳税款后，采取对所生产或者经营的商品假报出口等欺骗手段，骗取国家出口退税款，数额在一万元以上的，处骗取税款一倍以上五倍以下的罚金，并对其直接负责的主管人员和其他直接责任人员，处三年以下有期徒刑、拘役或者管制。

未交纳税款，骗取国家出口退税款的，依照本法第二百四十四条的规定定罪处罚，并处骗取税款一倍以上五倍以下罚金。

第一百八十九条 虚开增值税专用发票或者虚开用于骗取出口退税、抵扣税款的其他发票的，处三年以下有期徒刑、拘役或者管制，并处二万元以上二十万元以下罚金；虚开的税款额较大或者有其他严重情节的，处三年以上十年以下有期徒刑，并处五万元以上五十万元以下罚金；虚开的税款数额巨大或者有其他特别严重情节的，处十年以上有期徒刑或者无期徒刑，并处没收财产。

有前款行为骗取国家税款，数额特别巨大、情节特别严重、给国家利益造成特别重大损失的，处无期徒刑或者死刑，并处没收财产。

虚开增值税专用发票或者虚开用于骗取出口退税、抵扣税款的其他发票是指有为他人虚开、为自己虚开、让他人为自己虚开、介绍他人虚开行为之一的。

第一百九十条　伪造或者出售伪造的增值税专用发票的，处三年以下有期徒刑、拘役或者管制，并处二万元以上二十万元以下罚金；数量较大或者有其他严重情节的，处三年以上十年以下有期徒刑，并处五万元以上五十万元以下罚金；数量巨大或者有其他特别严重情节的，处十年以上有期徒刑或者无期徒刑，并处没收财产。

伪造并出售伪造的增值税专用发票，数量特别巨大、情节特别严重、严重破坏经济秩序的，处无期徒刑或者死刑，并处没收财产。

伪造、出售伪造的增值税专用发票的犯罪集团的首要分子，分别依照前两款的规定从重处罚。

第一百九十一条　非法出售增值税专用发票的，处三年以下有期徒刑、拘役或者管制，并处二万元以上二十万元以下罚金；数量较大的，处三年以上十年以下有期徒刑，并处五万元以上五十万元以下罚金；数量巨大的，处十年以上有期徒刑或者无期徒刑，并处没收财产。

第一百九十二条　非法购买增值税专用发票或者购买伪造的增值税专用发票的，处五年以下有期徒刑、拘役，并处或者单处二万元以上二十万元以下罚金。

非法购买增值税专用发票或者购买伪造的增值税专用发票又虚开或者出售的，分别依照本法第一百八十九条、第一百九十条、第一百九十一条的规定定罪处罚。

第一百九十三条　伪造、擅自制造或者出售伪造、擅自制造的可以用于骗取出口退税、抵扣税款的其他发票的，处三年以下有期徒刑、拘役或者管制，并处二万元以上二十万元以下罚金；数量巨大的，处三年以上七年以下有期徒刑，并处五万元以上五十万元以下罚金；数量特别巨大的，处七年以上有期徒刑，并处没收财产。

伪造、擅自制造或者出售伪造、擅自制造的前款规定以外的其他发票的，处二年以下有期徒刑、拘役或者管制，并处或者单处一万元以上五万元以下罚金；情节严重的，处二年以上七年以下有期徒刑，并处五万元以上五十万元以下罚金。

非法出售可以用于骗取出口退税、抵扣税款的其他发票的，依照第一款的规定处罚。

非法出售前款规定以外的其他发票的，依照第二款的规定处罚。

第一百九十四条　单位犯本节规定之罪的，对单位判处罚金，并对其直接负责的主管人员和其他直接责任人员，依照各该条的规定处罚。

第七节　侵犯知识产权罪

第一百九十五条　未经注册商标所有人许可，在同一种商品上使用与其注册商标相同的商标，违法所得数额较大或者有其他严重情节的，处三年以下有期徒刑、拘役或者管制，可以并处或者单处罚金；违法所得数额巨大的，处三年以上七年以下有期徒刑，并处罚金。

第一百九十六条　销售明知是假冒注册商标的商品，违法所得数额较大的，处三年以下有期徒刑、拘役或者管制，可以并处或者单处罚金；违法所得数额巨大的，处三年以上七年以下有期徒刑，并处罚金。

第一百九十七条　伪造、擅自制造他人注册商标标识或者销售伪造、擅自制造的注册商标标识，违法所得数额较大或者有其他严重情节的，处三年以下有期徒刑、拘役或者管制，可以并处或者单处罚金；违法所得数额巨大的，处三年以上七年以下有期徒刑，并处罚金。

第一百九十八条　未经专利权人许可，使用其专利，违法所得数额较大或者有其他严重情节的，处三年以下有期徒刑、拘役或者管制，可以并处或者单处罚金；违法所得数额巨大的，处三年以上七年以下有期徒刑，并处罚金。

第一百九十九条　以营利为目的，有下列侵犯著作权情形之一，违法所得数额较大或者有其他严重情节的，处三年以下有期徒刑、拘役或者管制，可以并处或者单处罚金；违法所得数额巨大或者有其他特别严重情节的，处三年以上七年以下有期徒刑，并处罚金：

（一）未经著作权人许可，复制发行其文字作品、音乐、电影、电视、录像作品、计算机软件及其他作品的；

（二）出版他人享有专有出版权的图书的；

（三）未经录音录像制作者许可，复制发行其制作的录音录像的；

（四）制作、出售假冒他人署名的美术作品的。

第二百条　以营利为目的，销售明知是第一百九十九条规定的侵权复制品，违法所得数额较大的，处二年以下有期徒刑、拘役或者管制，可以并处或者单处罚金；违法所得数额巨大的，处二年以上五年以下有期徒刑，并处罚金。

第二百零一条　单位犯本节规定之罪的，对单位判处罚金，并对其直接负责的主管人员和其他直接责任人员，依照本节各该条的规定处罚。

第八节 扰乱市场秩序罪

第二百零二条 有下列侵犯商业秘密行为之一，给商业秘密的权利人造成重大损失的，处三年以下有期徒刑、拘役或者管制，可以并处或者单处罚金；造成特别严重后果的，处三年以上七年以下有期徒刑，可以并处罚金：

（一）以盗窃、利诱、胁迫或者其他不正当手段获取权利人的商业秘密；

（二）披露、使用或者允许他人使用以前项手段获取的权利人的商业秘密；

（三）违反约定或者违反权利人有关保守商业秘密的要求，披露、使用或者允许他人使用其所掌握的商业秘密。

明知或者应知前款所列行为，获取、使用或者披露他人的商业秘密，以侵犯商业秘密论。

本条所称的“商业秘密”，是指不为公众所知悉、能为权利人带来经济利益、具有实用性并经权利人采取保密措施的技术信息和经营信息。

本条所称的“权利人”，是指商业秘密的所有人和经商业秘密所有人许可的商业秘密使用人。

第二百零三条 捏造并散布虚伪事实，损害他人的商业信誉、商品声誉，给他人造成重大损失的，处二年以下有期徒刑、拘役或者管制，可以并处或者单处罚金。

第二百零四条 广告主、广告经营者、广告发布者违反法律规定，利用广告对商品或者服务作虚假宣传，情节严重的，处二年以下有期徒刑、拘役或者管制，可以并处或者单处罚金。

第二百零五条 投标人相互串通投标报价，损害招标人或者其他投标人利益，情节严重的，处三年以下有期徒刑、拘役或者管制，可以并处或者单处罚金。

投标人与招标人串通投标，损害国家、集体、公民的合法利益的，依照前款的规定处罚。

第二百零六条 有下列情形之一，以非法占有为目的，在签订、履行合同过程中，骗取对方当事人财物，数额较大的，处三年以下有期徒刑、拘役或者管制，可以并处或者单处罚金；数额巨大或者情节严重的，处三年以上十年以下有期徒刑，并处罚金；数额特别巨大或者情节特别严重的，处十年以上有期徒刑或者无期徒刑，并处没收财产：

（一）以虚构的单位或者冒用他人名义签订合同的；

（二）以伪造、变造、作废的票据或者其他虚假的产权证明作担保的；

（三）没有实际履行能力，以先履行小额合同或者部分履行合同的方法，诱骗对方当事人继续签订和履行合同的；

（四）收受对方当事人给付的货物、货款、预付款或者担保财产后逃匿的；

（五）以其他方法骗取对方当事人财物的。

第二百零七条 违反国家规定，有下列非法经营行为之一，扰乱市场秩序，情节严重的，处五年以下有期徒刑或者拘役，可以并处或者单处违法所得一倍以上五倍以下罚金；情节特别严重的，处五年以上有期徒刑，并处违法所得一倍以上五倍以下罚金或者没收财产。

（一）经营法律、行政法规规定的专营、专卖物品的；

（二）买卖进出口配额许可证、进出口原产地证明的；

（三）销售走私物品、特许减免税物品，无合法证明的；

（四）垄断货源、哄抬物价、扰乱市场的；

（五）其他严重扰乱市场秩序的非法经营行为。

第二百零八条 在商品交易中，以暴力、威胁手段强买强卖、强迫他人提供服务或者强迫他人接受服务的，情节严重的，处三年以下有期徒刑、拘役或者管制，可以并处或者单处罚金。

第二百零九条 伪造或者倒卖伪造的车票、船票或者其他有价票证，数额较大的，处二年以下有期徒刑、拘役或者管制，可以并处或者单处票证价额一倍以上五倍以下罚金；数额巨大的，处二年以上七年以下有期徒刑，可以并处票证价额一倍以上五倍以下罚金。

第二百一十条 承担资产评估、验资、验证、审计职责的人员故意提供虚假证明文件，情节严重的，处五年以下有期徒刑或者拘役，可以并处二十万元以下罚金。

第二百一十一条 违反进出口商品检验法的规定，逃避商品检验，将必须经商检机构检验的进口商品未报经检验而擅自销售、使用，或者将必须经商检机构检验的出口商品未报经检验合格而擅自出口，致使国家、集体遭受重大损失的，处三年以下有期徒刑、拘役或者管制，可以并处或者单处罚金。

第二百一十二条 单位犯本节规定之罪的，对单位判处罚金，并对其直接负责的主管人员和其他直接责任人员，依照本节各该条的规定处罚。

第四章 侵犯公民人身权利、民主权利罪

第二百一十三条 故意杀人的，处死刑、无期徒刑或者十年以上有期徒刑；情节较轻的，处三年以上十年以下有期徒刑。

第二百一十四条 过失致人死亡的，处七年以下有期徒刑。本法另有规定的，依照规定。

第二百一十五条 故意伤害他人身体的，处三年以下有期徒刑、拘役或者管制。

犯前款罪，致人重伤的，处三年以上十年以下有期徒刑；致人死亡或者情节特别恶劣的，处十年以上有期徒刑、无期徒刑或者死刑。本法另有规定的，依照规定。

第二百一十六条 过失伤害他人致人重伤的，处三年以下有期徒刑、拘役或者管制。本法另有规定的，依照规定。

第二百一十七条 以暴力、胁迫或者其他手段强奸妇女的，处三年以上十年以下有期徒刑。

奸淫不满十四岁的幼女的，以强奸论，从重处罚。

强奸妇女、奸淫幼女，有下列情节之一的，处十年以上有期徒刑、无期徒刑或者死刑：

（一）强奸妇女、奸淫幼女情节恶劣的；

（二）强奸妇女、奸淫幼女多人的；

（三）在公共场所当众强奸妇女的；

（四）二人以上轮奸的；

（五）致使被害人死亡、重伤或者造成其他严重后果的。

第二百一十八条 以暴力、胁迫或者其他方法强制猥亵妇女或者侮辱妇女的，处五年以下有期徒刑或者拘役。

聚众或者在公共场所当众犯前款罪，社会影响恶劣或者造成严重后果的，处五年以上有期徒刑。

猥亵儿童的，依照前两款的规定从重处罚。

第二百一十九条 非法拘禁他人或者以其他方法非法剥夺他人人身自由的，处三年以下有期徒刑、拘役、管制或者剥夺政治权利。具有殴打、侮辱情节的，从重处罚。

犯前款罪，致人重伤的，处三年以上十年以下有期徒刑；致人死亡的，处十年以上有期徒刑。使用暴力致人伤残、死亡的，依照本法第二百一十五条、第二百一十三条的规定定罪处罚。

国家机关工作人员利用职权犯前两款罪的，依照前两款的规定从重处罚。

非法拘禁他人索取债务的，依照第一款、第二款的规定处罚。司法工作人员利用职权实施上述行为的，从重处罚。

第二百二十条 以勒索财物为目的绑架他人的，处十年以上有期徒刑或者无期徒刑，并处罚金或者没收财产；致使被绑架人死亡或者杀害被绑架人的，处死刑，并处没收财产。

以勒索财物为目的偷盗婴幼儿的，依照前款规定处罚。

第二百二十一条 拐卖妇女、儿童的，处五年以上十处以下有期徒刑，并处罚金；有下列情形之一的，处十年以上有期徒刑或者无期徒刑，并处罚金或者没收财产；情节特别严重的，处死刑，并处没收财产：

（一）拐卖妇女、儿童集团的首要分子；

（二）拐卖妇女、儿童三人以上的；

（三）奸淫被拐卖的妇女的；

（四）诱骗、强迫被拐卖的妇女卖淫或者将被拐卖的妇女卖给他人迫使其卖淫的；

（五）以出卖为目的，使用暴力、胁迫或者麻醉方法绑架妇女、儿童的；

（六）以出卖为目的，偷盗婴幼儿的；

（七）造成被拐卖的妇女、儿童或者其亲属重伤、死亡或者其他严重后果的；

（八）将妇女、儿童卖往境外的。

拐卖妇女、儿童是指以出卖为目的，有拐骗、收买、贩卖、接送、中转妇女、儿童的行为之一的。

第二百二十二条 收买被拐卖、绑架的妇女、儿童的，处三年以下有期徒刑、拘役或者管制。

收买被拐卖、绑架的妇女，强行与其发生性关系的，依照本法第二百一十七条的规定定罪处罚。

收买被拐卖、绑架的妇女、儿童，非法剥夺、限制其人身自由或者有伤害、侮辱等犯罪行为的，依照本法的有关规定处罚。

收买被拐卖、绑架的妇女、儿童，并有第二款、第三款规定的犯罪行为的，依照数罪并罚的规定处罚。

收买被拐卖、绑架的妇女、儿童又出卖的，依照本法第二百二十一条的规定定罪处罚。

收买被拐卖、绑架的妇女、儿童，按照被买妇女的意愿，不阻碍其返回原居住地的，对被买儿童没有虐待行为，不阻碍对其进行解救的，可以不追究刑事责任。

第二百二十三条 以暴力、威胁方法阻碍国家工作人员解救被收买的妇女、儿童的，依照本法第二百五十五条的规定定罪处罚。

聚众阻碍国家工作人员解救被收买的妇女、儿童的首要分子，处五年以下有期徒刑或者拘役；其他参与者，依照前款的规定处罚。

第二百二十四条 捏造事实诬告陷害他人，情节严重的，处三年以下有期徒刑、拘役或者管制；造成严重后果的，处三年以上十年以下有期徒刑。

国家工作人员犯诬陷罪的，从重处罚。

不是有意诬陷，而是错告，或者检举失实的，不适用前两款规定。

第二百二十五条 写恐吓信或者以其他恐吓方法，威胁他人人身、财产安全，严重危害他人身心健康，影响生产、工作、生活正常进行的，处三年以下有期徒刑、拘役或者管制。

第二百二十六条 违反劳动管理法规，以限制人身自由方法强迫他人劳动的，处三年以下有期徒刑、拘役或者管制，可以并处或者单处罚金。

第二百二十七条 非法搜查他人身体、住宅，或者非法侵入他人住宅的，处三年以下有期徒刑、拘役或者管制。

司法工作人员滥用职权，犯前款罪的，从重处罚。

第二百二十八条 以暴力或者其他方法公然侮辱他人或者捏造事实诽谤他人，情节严重的，处三年以下有期徒刑、拘役、管制或者剥夺政治权利。

前款罪，告诉的才处理。但是严重危害社会秩序和国家利益的除外。

第二百二十九条 国家工作人员滥用职权、假公济私，对控告人、申诉人、批评人、举报人实行报复陷害的，处二年以下有期徒刑、拘役或者管制；情节严重的，处二年以上七年以下有期徒刑。

第二百三十条 司法工作人员对犯罪嫌疑人、被告人实行刑讯逼供或者使用暴力逼取证人证言的，处三年以下有期徒刑、拘役或者管制。致人伤残、死亡的，依照本法第二百一十五条、第二百一十三条的规定定罪从重处罚。

第二百三十一条 监狱、拘留所、看守所等监管机构的监管人员对被监管人进行殴打或者体罚虐待，情节严重的，处三年以下有期徒刑、拘役或者管制；情节特别严重的，处三年以上十年以下有期徒刑。致人伤残、死亡的，依照本法第二百一十五条、第二百一十三条的规定定罪从重处罚。

监管人员指使、纵容被监管人殴打或者体罚虐待其他被监管人的，依照前款规定处罚。

第二百三十二条 违反选举法的规定，破坏选举，有下列情形之一，情节严重的，处三年以下有期徒刑、拘役、管制或者剥夺政治权利：

（一）以暴力、威胁、欺骗、贿赂等手段破坏选举或者妨害选民和代表自由行使选举权和被选举权的；

（二）伪造选举文件、虚报选举票数或者有其他违法行为的；

（三）对于控告、检举选举中违法行为的人，或者对于提出要求罢免代表的人进行压制、报复的。

第二百三十三条 国家工作人员非法剥夺公民的宗教信仰自由和侵犯少数民族风俗习惯，情节严重的，处二年以下有期徒刑、拘役或者管制。

第二百三十四条 隐匿、毁弃或者非法开拆他人信件，侵犯公民通信自由权利，情节严重的，处一年以下有期徒刑、拘役或者管制。

第二百三十五条 邮电工作人员私自开拆或者隐匿、毁弃邮件、电报的，处二年以下有期徒刑、拘役或者管制。

犯前款罪而窃取财物的，依照本法第二百四十三条的规定定罪从重处罚。

第五章 妨害婚姻、家庭罪

第二百三十六条 以暴力干涉他人婚姻自由的，处二年以下有期徒刑、拘役或者管制。

犯前款罪，引起被害人死亡的，处二年以上七年以下有期徒刑。

第一款罪，告诉的才处理。

第二百三十七条 有配偶而重婚的，或者明知他人有配偶而与之结婚的，处二年以下有期徒刑、拘役或者管制。

第二百三十八条 明知是现役军人的配偶而与之同居或者结婚的，处三年以下有期徒刑、拘役或者管制。

第二百三十九条 虐待家庭成员，情节恶劣的，处二年以下有期徒刑、拘役或者管制。

犯前款罪，引起被害人重伤、死亡的，处二年以上七年以下有期徒刑。

第一款罪，告诉的才处理。

第二百四十条 对于年老、年幼、患病或者其他没有独立生活能力的人，负有扶养义务而拒绝扶养，情节恶劣的，处五年以下有期徒刑或者拘役。

第二百四十一条 拐骗不满十四岁的未成年人，脱离家庭或者监护人的，处五年以下有期徒刑或者拘役。

第六章 侵犯财产罪

第二百四十二条 以暴力、胁迫或者其他方法抢劫公私财物的，处三年以上十年以下有期徒刑，并处罚金或者没收财产；有下列情形之一的，处十年以上有期徒刑、无期徒刑或者死刑，并处没收财产：

（一）入户抢劫的；

（二）在公共交通工具上抢劫的；

（三）多次抢劫或者抢劫数额巨大的；

（四）抢劫致人重伤、死亡的；

（五）冒充军警人员抢劫的；

（六）持枪抢劫的；

（七）抢劫军用物资或者抢险、救灾、救济物资的。

第二百四十三条 盗窃公私财物，数额较大或者多次盗窃的，处三年以下有期徒刑、拘役或者管制，可以并处或者单处罚金；数额巨大或者情节严重的，处三年以上十年以下有期徒刑，并处罚金；数额特别巨大或者情节严重的，处十年以上有期徒刑或者无期徒刑，并处没收财产。

破门撬锁入户盗窃或者携带凶器盗窃的，盗窃被发现时使用暴力或者以暴力相威胁的，依照本法第二百四十二条的规定定罪处罚。

第二百四十四条　诈骗公私财物，数额较大的，处三年以下有期徒刑、拘役或者管制，可以并处或者单处罚金；数额巨大或者情节特别严重的，处三年以上十年以下有期徒刑，并处罚金；数额特别巨大或者情节特别严重的，处十年以上有期徒刑或者无期徒刑，并处没收财产。本法另有规定的，依照规定。

第二百四十五条　抢夺公私财物，数额较大的，处三年以下有期徒刑、拘役或者管制，可以并处或者单处罚金；数额巨大或者情节严重的，处三年以上十年以下有期徒刑，并处罚金；数额特别巨大或者情节特别严重的，处十年以上有期徒刑或者无期徒刑，并处没收财产。

携带凶器抢夺的，依照本法第二百四十二条的规定定罪处罚。

第二百四十六条　聚众哄抢公私财物，数额较大或者情节严重的，对首要分子和积极参加的，处三年以下有期徒刑、拘役或者管制，可以并处罚金；数额特别巨大或者情节特别严重的，处三年以上有期徒刑，并处罚金或者没收财产。

第二百四十七条　犯盗窃、抢夺罪，为窝藏赃物、抗拒抓捕或者毁灭罪证而当场使用暴力或者以暴力相威胁的，依照本法第二百四十二条的规定定罪处罚。

第二百四十八条　将自己代为收管的他人财物非法占为己有，数额较大，拒不退还的，处二年以下有期徒刑、拘役、管制或者罚金；数额巨大或者情节严重的，处二年以上五年以下有期徒刑，并处罚金。

将他人的遗忘物或者埋藏物非法占为己有，数额较大，拒不交出的，依照前款规定处罚。

本条罪，告诉的才处理。

第二百四十九条　公司、企业或者其他单位的人员，利用职务或者工作上的便利，将本单位财物非法占为己有，数额较大的，处五年以下有期徒刑或者拘役；数额巨大的，处五年以上有期徒刑或者无期徒刑，可以并处没收财产。

公司、企业或者其他单位的人员，利用职务或工作上的便利非法将用于扶贫和其他公益事业的社会捐助或者专项基金的财物占为己有的，依照本法第三百三十六条、第三百三十七条的规定定罪处罚。

国家工作人员有前两款行为的，依照本法第三百三十六条、第三百三十七条的规定定罪处罚。

第二百五十条　公司、企业或者其他单位的工作人员，利用职务上的便利，挪用本单位资金归个人使用或者借贷给他人，数额较大、超过三个月未还的，或者虽未超过三个月，但数额较大、进行营利活动的，或者进行非法活动的，处三年以下有期徒刑、拘役或者管制；挪用本单位资金数额较大不退还的，依照本法第二百四十九条的规定定罪处罚。

国家工作人员有前款行为的，依照本法第三百三十九条的规定定罪处罚。

第二百五十一条　挪用救灾、抢险、防汛、优抚、救济款物，情节严重，致使人民群众利益遭受重大损害的，对直接责任人员，处三年以下有期徒刑、拘役或者管制；情节特别严重的，处三年以上七年以下有期徒刑。

第二百五十二条　敲诈勒索公私财物的，处三年以下有期徒刑、拘役或者管制；情节严重的，处三年以上七年以下有期徒刑。

第二百五十三条　故意毁坏公私财物，数额较大或者情节严重的，处三年以下有期徒刑、拘役、管制或者罚金；数额巨大或者情节特别严重的，处三年以上七年以下有期徒刑。

第二百五十四条　由于泄愤报复或者其他个人目的，毁坏机器设备、残害耕畜或者以其他方法破坏生产经营的，处二年以下有期徒刑、拘役或者管制；情节严重的，处二年以上七年以下有期徒刑。

第七章　妨害社会管理秩序罪

第一节　扰乱公共秩序罪

第二百五十五条　以暴力、威胁方法阻碍国家工作人员依法执行职务的，处三年以下有期徒刑、拘役、管制、罚金或者剥夺政治权利。

故意阻碍国家安全机关、公安机关依法执行国家安全工作任务，未使用暴力、威胁方法，造成严重后果的，依照前款的规定处罚。

以暴力、威胁方法阻碍全国人民代表大会和地方各级人民代表大会代表依法执行代表职务的，依照第一款的规定处罚。

以暴力、威胁方法阻碍红十字会工作人员依法履行职责的，依照第一款的规定处罚。

第二百五十六条　煽动群众暴力抗拒国家法律实施，扰乱社会秩序的，处三年以下有期徒刑、拘役或者管制，可以并处或者单处剥夺政治权利；造成严重后果的，处三年以上七年以下有期徒刑，可以并处剥夺政治权利。

第二百五十七条　冒充国家工作人员招摇撞骗的，处三年以下有期徒刑、拘役、管制或者剥夺政治权利；情节严重的，处三年以上十年以下有期徒刑。

第二百五十八条　伪造、变造或者盗窃、抢夺、毁灭国家机关的公文、证件、印章的，处三年以下有期徒刑、拘役、管制或者剥夺政治权利；情节严重的，处三年以上十年以下有期徒刑。

伪造公司、企业、事业单位、人民团体的印章的，处三年以下有期徒刑、拘役、管制或者剥夺政治权利。

伪造、变造居民身份证，处二年以下有期徒刑、拘役、管制或者剥夺政治权利；情节严重的，处二年以上七年以下有期徒刑。

第二百五十九条　违反国家规定，侵入国家事务、国防建设、尖端科学技术领域的计算机信息系统的，处三年以下有期徒刑、拘役或者管制，可以并处或者单处罚金。

第二百六十条　违反国家规定，对计算机信息系统功能进行删除、修改、增加、干扰，造成计算机信息系统不能正常运行，后果严重的，处五年以下有期徒刑或者拘役，可以并处或者单处罚金。

违反国家规定，对计算机信息系统中存储、处理或者传输的数据和应用程序进行删除、修改、增加的操作，后果严重的，依照前款规定处罚。

故意制作、传播计算机病毒等破坏性程序，影响计算机系统正常运行，后果严重的，依照第一款规定处罚。

第二百六十一条　扰乱社会秩序，情节严重，致使工作、生产、营业和教学、科研无法进行，造成严重损失的，对首要分子处三年以上七年以下有期徒刑；其他积极参加的，处三年以下有期徒刑、拘役、管制或者剥夺政治权利。

冲击国家机关，致使国家机关工作无法进行，造成严重损失的，对首要分子处七年以上有期徒刑；其他积极参加的，处七年以下有期徒刑、拘役、管制或者剥夺政治权利。

第二百六十二条　聚众扰乱车站、码头、民用航空站、商场、公园、影剧院、展览会、运动场或者其他公共场所秩序，聚众堵塞交通或者破坏交通秩序，抗拒、阻碍国家治安管理工作人员依法执行职务，情节严重的，对首要分子处五年以下有期徒刑、拘役、管制或者剥夺政治权利。

第二百六十三条　聚众斗殴的，对首要分子和其他积极参加的，处三年以下有期徒刑、拘役或者管制；有下列情形之一的，对首要分子和其他积极参加的，处三年以上十年以下有期徒刑：

（一）多次聚众斗殴的；

（二）聚众斗殴人数多，规模大，社会影响恶劣的；

（三）在公共场所或者交通要道聚众斗殴，造成社会秩序严重混乱的；

（四）持械聚众斗殴的。

聚众斗殴，致人重伤、死亡的，依照本法第二百一十五条、第二百一十三条的规定定罪处罚。

第二百六十四条　有下列寻衅滋事行为之一，破坏社会秩序的，处七年以下有期徒刑、拘役或者管制，可以并处罚金：

（一）随意殴打他人，情节恶劣的；

（二）追逐、拦截、辱骂他人，情节恶劣的；

（三）强拿硬要或者任意损毁、占用公私财物，情节严重的；

（四）在公共场所起哄闹事，造成公共场所秩序严重混乱的。

第二百六十五条　组织、领导以暴力、威胁或者其他手段，有组织地进行违法犯罪活动，称霸一方，为非作恶，欺压、残害群众，严重破坏经济、社会生活秩序的黑社会性质的组织的，处三年以上十年以下有期徒刑；其他参加进行违法活动的，处三年以下有期徒刑、拘役或者管制。

犯前款罪又有其他犯罪行为的，依照数罪并罚的规定处罚。

境外的黑社会组织到中华人民共和国境内发展组织成员或者进行违法活动的，依照第一款的规定处罚。

第二百六十六条　传授犯罪方法，处五年以下有期徒刑或者拘役；情节严重的，处五年以上有期徒刑；情节特别严重的，处无期徒刑或者死刑。

第二百六十七条　举行集会、游行、示威，未依照法律规定申请或者申请未获许可，或者未按照主管机关许可的起止时间、地点、路线进行，又拒不服从解散命令，严重破坏社会秩序的，对集会、游行、示威的负责人和直接责任人员，处五年以下有期徒刑、拘役、管制或者剥夺政治权利。

第二百六十八条　违反法律规定，携带武器、管制刀具或者爆炸物参加集会、游行、示威的，处三年以下有期徒刑、拘役或者管制。

第二百六十九条　扰乱、冲击或者以其他方法破坏依法举行的集会、游行、示威，造成公共秩序混乱的，处五年以下有期徒刑、拘役、管制或者剥夺政治权利。

第二百七十条　在公众场合故意以焚烧、毁损、涂划、玷污、践踏等方式侮辱中华人民共和国国旗、国徽的，处三年以下有期徒刑、拘役、管制或者剥夺政治权利。

第二百七十一条　煽动民族、宗教歧视、仇恨，情节严重的，处三年以下有期徒刑、拘役或者管制，可以并处或者单处剥夺政治权利。

第二百七十二条　组织会道门、邪教团体或者利用迷信奸淫妇女、鼓动他人自杀或者破坏国家法律实施的，处三年以上七年以下有期徒刑；情节特别严重的，处七年以上有期徒刑。

以迷信活动诈骗财物的，依照第二百四十四条的规定定罪处罚。

第二百七十三条 聚众进行淫乱活动的，对首要分子或者多次参加者，处五年以下有期徒刑或者拘役。

引诱未成年人参加聚众淫乱活动的，依照前款规定从重处罚。

第二百七十四条 盗窃、侮辱尸体的，处三年以下有期徒刑、拘役或者管制。

第二百七十五条 以营利为目的，聚众赌博、开设赌场或者以赌博为业的，处三年以下有期徒刑、拘役或者管制，可以并处罚金。

第二节 妨害司法罪

第二百七十六条 在刑事诉讼中，证人、鉴定人、记录人、翻译人对与案件有重要关系的情节，故意作虚假证明、鉴定、记录、翻译或者隐匿罪证的，处三年以下有期徒刑、拘役或者管制；情节严重的，处三年以上十年以下有期徒刑。

第二百七十七条 在刑事诉讼中，律师或者其他辩护人隐匿、毁灭、伪造证据，帮助当事人隐匿、毁灭、伪造证据或者串供，威胁、引诱证人改变证言或者作伪证的，处三年以下有期徒刑、拘役或者管制；情节严重的，处三年以上十年以下有期徒刑。

第二百七十八条 以暴力、威胁、贿买等方法阻止证人作证或者指使、贿买、胁迫他人作伪证的，处三年以下有期徒刑、拘役或者管制；情节严重的，处三年以上七年以下有期徒刑。

教唆、帮助当事人隐匿、毁灭、伪造证据，情节严重的，处三年以下有期徒刑、拘役或者管制。

司法人员犯前两款罪的，从重处罚。

第二百七十九条 对证人进行打击报复的，处三年以下有期徒刑、拘役或者管制；情节严重的，处三年以上七年以下有期徒刑。

第二百八十条 聚众哄闹、冲击法庭，或者殴打司法工作人员，严重扰乱法庭秩序，致使审判活动无法进行的，处三年以下有期徒刑、拘役、管制或者罚金。

第二百八十一条 明知是犯罪的人而为其提供隐藏处所、财物，帮助其逃匿或者作假证明包庇的，处三年以下有期徒刑、拘役或者管制；情节严重的，处三年以上十年以下有期徒刑。

犯前款罪，事前通谋的，以共同犯罪论处。

第二百八十二条 明知他人有间谍犯罪行为，在国家安全机关向其调查有关情况、收集有关证据时，拒绝提供，情节严重的，处三年以下有期徒刑、拘役或者管制。

第二百八十三条 明知是犯罪所得的赃物而予以窝藏、收购或者代为销售的，处三年以下有期徒刑、拘役或者管制，可以并处或者单处罚金。

第二百八十四条 对人民法院的判决、裁定有能力执行而拒不执行，情节严重的，处三年以下有期徒刑、拘役、管制或者罚金。

第二百八十五条 隐藏、转移、变卖、故意毁损已被司法机关查封、扣押、冻结的财产，情节严重的，处三年以下有期徒刑、拘役、管制或者罚金。

第二百八十六条 依法被关押的罪犯，有下列破坏监管秩序行为之一，情节严重的，处三年以下有期徒刑：

（一）殴打监管人员；

（二）组织其他被监管人破坏监管秩序的；

（三）聚众闹事，扰乱正常监管秩序的；

（四）殴打、体罚或者指使他人殴打、体罚其他被监管人的。

第二百八十七条 依法被关押的犯罪分子脱逃的，处五年以下有期徒刑或者拘役。

劫夺押解途中的罪犯、被告人、犯罪嫌疑人的，处三年以上七年以下有期徒刑；情节严重的，处七年以上有期徒刑。

第二百八十八条 组织越狱的首要分子或者其他罪恶重大的，处五年以上有期徒刑；其他积极参加的，处五年以下有期徒刑或者拘役。

暴动越狱或者聚众持械劫狱的首要分子或者其他罪恶重大的，处十年以上有期徒刑或者无期徒刑；情节特别严重的，处死刑；其他积极参加的，处三年以上十年以下有期徒刑。

第三节 妨害国（边）境管理罪

第二百八十九条 组织他人偷越国（边）境的，处二年以上七年以下有期徒刑，并处罚金；有下列情形之一的，处七年以上有期徒刑或者无期徒刑，并处罚金或者没收财产：

（一）组织他人偷越国（边）境集团的首要分子；

（二）多次组织他人偷越国（边）境或者组织他人偷越国（边）境人数众多的；

（三）造成被组织人重伤、死亡的；

（四）剥夺或者限制被组织人人身自由的；

（五）以暴力、威胁方法抗拒检查的；

（六）违法所得数额巨大的；

（七）有其他特别严重情节的。

对被组织人有杀害、伤害、强奸、拐卖等犯罪行为，或者对检查人员有杀害、伤害等犯罪行为的，依照本法有关规定处罚。

第二百九十条 以劳务输出、经贸往来或者其他名义，弄虚作假，骗取护照、签证等出境证件，为组织他人偷越国（边）境使用的，依照本法第二百八十九条的规定处罚。

单位有前款规定的犯罪行为的，对单位判处罚金，并对其直接负责的主管人员和其他直接责任人员，依照本法第二百八十九条的规定处罚。

第二百九十一条 为他人提供伪造、变造的护照、签证等出入境证件，或者出售护照、签证等出入境证件的，处五年以下有期徒刑，并处罚金；情节严重的，处五年以上有期徒刑，并处罚金。

第二百九十二条 运送他人偷越国（边）境的，处五年以下有期徒刑、拘役或者管制，并处罚金；有下列情形之一的，处五年以上十年以下有期徒刑，并处罚金：

（一）多次实施运送行为或者运送人数众多的；

（二）所使用的船只、车辆等交通工具不具备必要的安全条件，足以造成严重后果的；

（三）违法所得数额巨大的；

（四）有其他特别严重情节的。

在运送他人偷越国（边）境中造成被运送人重伤、死亡，或者以暴力、威胁方法抗拒检查的，处七年以上有期徒刑，并处罚金。

对被运送人有杀害、伤害、强奸、拐卖等犯罪行为，或者对检查人员有杀害、伤害等犯罪行为的，依照本法的有关规定处罚。

第二百九十三条 违反国（边）境管理法规，偷越国（边）境，情节严重的，处一年以下有期徒刑、拘役或者管制，并处罚金。

第二百九十四条 故意破坏国家边境的界碑、界桩或者永久性测量标志的，处三年以下有期徒刑、拘役或者管制。

第四节 妨害文物管理罪

第二百九十五条 故意损毁国家保护的珍贵文物的，处三年以下有期徒刑、拘役或者管制，可以并处或者单处罚金；情节严重的，处三年以上十年以下有期徒刑，并处罚金。

故意损毁国家保护的名胜古迹，情节严重的，处五年以下有期徒刑或者拘役，并处或者单处罚金。

单位犯前两款罪的，对单位判处罚金，并对其直接负责的主管人员和其他直接责任人员，依照前两款的规定处罚。

过失损毁国家保护的珍贵文物，造成严重后果的，处三年以下有期徒刑、拘役、管制或者罚金。

第二百九十六条 违反文物保护法规，将收藏的国家禁止出口的珍贵文物私自出售或者私自赠送给外国人的，处五年以下有期徒刑或者拘役。

单位犯前款罪的，对单位判处罚金，并对其直接负责的主管人员和其他责任人员，依照前款的规定处罚。

第二百九十七条 以牟利为目的，倒卖国家禁止自由买卖的文物，情节严重的，处五年以下有期徒刑或者拘役，并处罚金；情节特别严重的，处五年以上十年以下有期徒刑，并处罚金。

第二百九十八条 违反文物保护法规，国有博物馆、图书馆等单位将国家保护的文物藏品出售或者私自送给非国有单位或者个人的，对单位判处罚金，并对其直接负责的主管人员和其他直接责任人员，处三年以下有期徒刑、拘役或者管制，可以并处或者单处罚金。

第二百九十九条 盗掘具有历史、艺术、科学价值的古文化遗址、古墓葬的，处三年以上十年以下有期徒刑，可以并处罚金；情节较轻的，处三年以下有期徒刑、拘役或者管制，可以并处罚金；有下列情形之一的，处十年以上有期徒刑、无期徒刑或者死刑，并处罚金或者没收财产：

（一）盗掘确定为全国重点文物保护单位和省级文物保护单位的古文化遗址、古墓葬的；

（二）盗掘古文化遗址、古墓葬集团的首要分子；

（三）多次盗掘古文化遗址、古墓葬的；

（四）盗掘古文化遗址、古墓葬，并盗掘珍贵文物或者造成珍贵文物严重破坏的。

盗掘国家保护的具有科学价值的古人类化石和古脊椎动物化石的，依照前款规定处罚。

第五节 危害公共卫生罪

第三百条 违反传染病防治法的规定，有下列情形之一，引起甲类传染病传播或者有传播严重危险的，处三年以下有期徒刑、拘役或者管制；后果特别严重的，处三年以上七年以下有期徒刑：

（一）供水单位供应的饮用水不符合国家规定的卫生标准的；

（二）拒绝按照卫生防疫机构提出的卫生要求，对传染病病原体污染的污水、污物、粪便进行消毒处理的；

（三）准许或者纵容传染病病人、病原携带者和疑似传染病病人从事国务院卫生行政部门规定禁止从事的易使该传染病扩散的工作的；

（四）拒绝执行卫生防疫机构依照本法提出的其他预防、控制措施的。

单位犯前款罪的，对单位判处罚金，并对其直接负责的主管人员和其他直接责任人员，依照前款的规定处罚。

第三百零一条 从事实验、保藏、携带、运输传染病菌种、毒种的人员，违反国务院卫生行政部门的有关规定，造成传染病菌种、毒种扩散，后果严重的，处三年以下有期徒刑、拘役或者管制；后果特别严重的，处三年以上七年以下有期徒刑。

第三百零二条 违反国境卫生检疫规定，引起检疫传染病的传播，或者有引起检疫传染病传播严重危险的，处三年以下有期徒刑、拘役或者管制，可以并处或者单处罚金。

单位犯前款罪的，对单位判处罚金，并对其直接负责的主管人员和其他直接责任人员，依照前款的规定处罚。

第三百零三条 非法组织他人出卖血液的，处五年以下有期徒刑，可以并处罚金；以暴力、威胁方法强迫他人出卖血液的，处五年以上十年以下有期徒刑，并处罚金或者没收财产。

有前款行为，对他人造成伤害的，依照本法第二百一十五条的规定定罪处罚。

第三百零四条 非法采集、供应血液或者制作、供应血液制品，足以危害人体健康的，处五年以下有期徒刑或者拘役。

非法采集、供应血液或者制作、供应血液制品，对人体健康造成严重危害的，处五年以上十年以下有期徒刑；造成特别严重后果的，处十年以上有期徒刑或者无期徒刑。

经国家主管部门批准采集、供应血液或者制作、供应血液制品的部门，不依照规定进行检测或者违背其他操作规定，造成危害他人身体健康后果的，对单位判处罚金，对其直接负责的主管人员和其他直接责任人员，处七年以下有期徒刑或者拘役。

第三百零五条 医务人员由于严重不负责任，造成病人死亡或者严重损害病人身体健康的，处三年以下有期徒刑、拘役或者管制。

第三百零六条 未取得医生执业资格的人非法行医，情节严重的，处三年以下有期徒刑、拘役或者管制，可以并处或者单处罚金；造成病人死亡或者严重损害病人身体健康的，依照本法第二百一十五条的规定定罪处罚。

第三百零七条 违反进出境动植物检疫法的规定，逃避动植物检疫，引起重大动植物疫情的，处三年以下有期徒刑、拘役或者管制，可以并处或者单处罚金。

单位犯前款罪的，对单位判处罚金，并对其直接负责的主管人员和其他直接责任人员，依照前款的规定处罚。

第六节 破坏环境罪

第三百零八条 违反国家规定向土地、水体、大气排放、倾倒或者处置有放射性的废物、含传染病原体的废物、有毒物质或者其他危险废物，造成重大环境污染事故，致使公私财产遭受重大损失或者人身伤亡的严重后果的，处三年以下有期徒刑、拘役或者管制，可以并处或者单处罚金；后果特别严重的，处三年以上七年以下有期徒刑，并处罚金。

第三百零九条 违反国家规定，将中国境外的固体废物进境倾倒、堆放、处置，足以污染环境，处五年以下有期徒刑或者拘役，可以并处罚金；造成重大环境污染事故，致使公私财产遭受重大损失或者人身伤亡的严重后果的，处五年以上十年以下有期徒刑，并处罚金；后果特别严重的，处十年以上有期徒刑，并处罚金。

未经国务院有关主管部门许可，擅自进口固体废物用作原料，造成重大环境污染事故，致使公私财产遭受重大损失或者人身伤亡的严重后果的，处五年以下有期徒刑或者拘役，可以并处罚金；后果特别严重的，处五年以上十年以下有期徒刑，并处罚金。

第三百一十条 违反保护水产资源法规，在禁渔区、禁渔期或者使用禁用的工具、方法捕捞水产品，情节严重的，处三年以下有期徒刑、拘役、管制或者罚金。

第三百一十一条 非法捕杀国家重点保护的珍贵、濒危野生动物的，或者非法收购、运输、加工、出售国家重点保护的珍贵、濒危野生动物及其制品的，处七年以下有期徒刑或者拘役，可以并处罚金；情节严重的，处七年以上有期徒刑，并处罚金或者没收财产。

违反狩猎法规，在禁猎区、禁猎期或者使用禁用的工具、方法进行狩猎，破坏野生动物资源，情节严重的，处三年以下有期徒刑、拘役、管制或者罚金。

第三百一十二条 违反矿产资源保护法的规定，未取得采矿许可证擅自采矿的，擅自进入国家规划矿区、对国民经济具有重要价值的矿区和他人矿区范围采矿的，擅自开采国家规定实行保护性开采的特定矿种，经责令停止开采后拒不停止开采，造成矿产资源破坏的，处三年以下有期徒刑、拘役或者管制，可以并处或者单处罚金。

第三百一十三条 盗伐森林或者其他林木，数量较大的，处三年以下有期徒刑、拘役或者管制，可以并处或者单处罚金；数量巨大的，处三年以上七年以下有期徒刑，并处罚金；数量特别巨大的，处七年以上有期徒刑，并处罚金。

违反森林法的规定，滥伐森林或者其他林木，数量较大的，处三年以下有期徒刑、拘役或者管制，可以并处或者单处罚金；数量巨大的，处三年以上七年以下有期徒刑，并处罚金。

滥伐他人经营管理的森林或者其他林木的，依照第一款的规定处罚。

在林区非法收购明知是盗伐、滥伐的林木的，依照第一款、第二款的规定处罚。

盗伐、滥伐国家级自然保护区内的森林或者其他林木的，从重处罚。

第三百一十四条 违反森林法的规定，非法采伐、毁坏珍贵树木的，处三年以下有期徒刑、拘役或者管制，可以并处罚金；情节严重的，处三年以上七年以下有期徒刑，并处罚金或者没收财产。

第三百一十五条 单位犯本节规定之罪的，对单位判处罚金，并对其直接负责的主管人员和其他直接责任人员，依照本节各该条的规定处罚。

第七节 走私、贩卖、运输、制造毒品罪

第三百一十六条 走私、贩卖、运输、制造毒品，无论数量多少，都应当追究刑事责任，予以刑事处罚。

走私、贩卖、运输、制造毒品，有下列情形之一的，处十五年有期徒刑、无期徒刑或者死刑，并处没收财产：

（一）走私、贩卖、运输、制造鸦片一千克以上、海洛因五十克以上或者其他毒品数量大的；

（二）走私、贩卖、运输、制造毒品集团的首要分子；

（三）武装掩护走私、贩卖、运输、制造毒品的；

（四）以暴力抗拒检查、拘留、逮捕，情节严重的；

（五）参与有组织的国际贩毒活动的。

走私、贩卖、运输、制造鸦片二百克以上不满一千克、海洛因十克以上不满五十克或者其他毒品数量较大的，处七年以上有期徒刑，并处罚金。

走私、贩卖、运输、制造鸦片不满二百克、海洛因不满十克或者其他少量毒品的，处七年以下有期徒刑、拘役或者管制，并处罚金。

利用、教唆未成年人走私、贩卖、运输、制造毒品的，从重处罚。

第三百一十七条 非法持有鸦片一千克以上、海洛因五十克以上或者其他毒品数量大的，处七年以上有期徒刑或者无期徒刑，并处罚金；非法持有鸦片二百克以上不满一千克、海洛因十克以上不满五十克或者其他毒品数量较大的，处七年以下有期徒刑、拘役或者管制，可以并处罚金。

第三百一十八条 包庇走私、贩卖、运输、制造毒品的犯罪分子的，为犯罪分子窝藏、转移、隐瞒毒品或者犯罪所得的财物的，掩饰、隐瞒出售毒品获得财物的非法性质和来源的，处三年以下有期徒刑、拘役或者管制；情节严重的，处三年以上十年以下有期徒刑。

缉毒人员或者其他国家机关工作人员掩护、包庇走私、贩卖、运输、制造毒品的犯罪分子的，依照前款规定从重处罚。

犯前两款罪事先通谋的，以走私、贩卖、运输、制造毒品罪的共犯论处。

第三百一十九条 违反国家规定，非法运输、携带醋酸酐、乙醚、三氯甲烷或者其他经常用于制造麻醉药品和精神药品的物品进出境，或者违反国家规定，在境内非法买卖上述物品的，处三年以下有期徒刑、拘役或者管制，并处罚金；数量大的，处三年以上十年以下有期徒刑，并处罚金。

明知他人制造毒品而为其提供前款规定的物品的，以制造毒品罪的共犯论处。

单位有前两款规定的犯罪行为的，对单位判处罚金，并对其直接负责的主管人员和其他直接责任人员，依照前两款的规定处罚。

第三百二十条 非法种植罂粟、大麻等毒品原植物的，一律强制铲除。有下列情形之一的，处五年以下有期徒刑、拘役或者管制，并处罚金：

（一）种植罂粟五百株以上不满三千株或者其他毒品原植物数量较大的；

（二）经公安机关处理后又种植的；

（三）抗拒铲除的。

非法种植罂粟三千株以上或者其他毒品原植物数量大的，处五年以上有期徒刑，并处罚金或者没收财产。

非法种植罂粟或者其他毒品原植物，在收获前自动铲除的，可以免除处罚。

第三百二十一条 非法买卖、运输、携带、持有未经灭活的罂粟等毒品原植物种子或者幼苗，数量较大的，处三年以下有期徒刑、拘役或者管制，可以并处或者单处罚金。

第三百二十二条 引诱、教唆、欺骗他人吸食、注射毒品的，处七年以下有期徒刑、拘役或者管制，并处罚金。

强迫他人吸食、注射毒品的，处三年以上十年以下有期徒刑，并处罚金。

引诱、教唆、欺骗或者强迫未成年人吸食、注射毒品的，从重处罚。

第三百二十三条 容留他人吸食、注射毒品并出售毒品的，依照本法第三百一十六条的规定定罪处罚。

第三百二十四条 依法从事生产、运输、管理、使用国家管制的麻醉药品、精神药品的人员违反国家规定，向吸

食、注射毒品的人提供国家管制的麻醉药品、精神药品的，处七年以下有期徒刑或者拘役，可以并处罚金。向走私、贩卖毒品的犯罪分子或以牟利为目的，向吸食、注射毒品的人提供国家管制的麻醉药品、精神药品的，依照本法第三百一十六条的规定定罪处罚。

单位有前款规定的犯罪行为的，对单位判处罚金，并对其直接负责的主管人员和其他直接责任人员，依照前款的规定处罚。

第三百二十五条 本法所称的毒品是指鸦片、海洛因、甲基苯丙胺（冰毒）、吗啡、大麻、可卡因以及国务院规定管制的其他能够使人形成瘾癖的麻醉药品和精神药品。

毒品的数量以查证属实的走私、贩卖、运输、制造、非法持有毒品的数量计算，不以纯度折算。

第八节 组织、强迫、引诱、容留、介绍卖淫罪

第三百二十六条 组织他人卖淫或者强迫他人卖淫的，处五年以上十年以下有期徒刑，并处一万元以下罚金；有下列情形之一的，处十年以上有期徒刑或者无期徒刑，并处一万元以下罚金或者没收财产：

（一）组织他人卖淫，情节严重的；

（二）强迫不满十四岁的幼女卖淫的；

（三）强迫多人卖淫或者多次强迫他人卖淫的；

（四）强奸后迫使卖淫的；

（五）造成被强迫卖淫的人重伤、死亡或者其他严重后果的。

有前款所列情形之一，情节特别严重的，处无期徒刑或者死刑，并处没收财产。

协助组织他人卖淫的，处五年以下有期徒刑，并处一万元以下罚金；情节严重的，处五年以上十年以下有期徒刑，并处一万元以下罚金或者没收财产。

第三百二十七条 引诱、容留、介绍他人卖淫的，处五年以下有期徒刑或者拘役，并处五千元以下罚金；情节严重的，处五年以上有期徒刑，并处一万元以下罚金。

引诱不满十四岁的幼女卖淫，依照本法第三百二十六条的规定定罪处罚。

第三百二十八条 明知自己患有梅毒、淋病等严重性病卖淫、嫖娼的，处五年以下有期徒刑、拘役或者管制，并处五千元以下罚金。

嫖宿不满十四岁的幼女的，依照本法第二百一十七条的规定定罪处罚。

第三百二十九条 旅馆业、饮食服务业、文化娱乐业、出租汽车业等单位的人员，利用本单位的条件，组织、强迫、引诱、容留、介绍他人卖淫的，依照本法第三百二十六条、第三百二十七条的规定定罪处罚。

前款所列单位的主要负责人，有前款规定的行为的，从重处罚。

第三百三十条 旅馆业、饮食服务业、文化娱乐业、出租汽车业等单位的负责人和职工，在公安机关查处卖淫、嫖娼活动时，为违法犯罪分子通风报信的，依照本法第二百八十一条的规定定罪处罚。

第九节 制造、贩卖、传播淫秽物品罪

第三百三十一条 以牟利为目的，制作、复制、出版、贩卖、传播淫秽物品的，处三年以下有期徒刑、拘役或者管制，并处罚金；情节严重的，处三年以上十年以下有期徒刑，并处罚金；情节特别严重的，处十年以上有期徒刑或者无期徒刑，并处罚金或者没收财产。

为他人提供书号，出版淫秽书刊的，处三年以下有期徒刑、拘役或者管制，并处或者单处罚金；明知他人用于出版淫秽书刊而提供书号的，依照前款的规定处罚。

第三百三十二条 在社会上传播淫秽的书刊、影片、音像、图片或者其他淫秽物品，情节严重的，处二年以下有期徒刑、拘役或者管制。

组织播放淫秽的电影、录像等音像制品的，处三年以下有期徒刑、拘役或者管制，可以并处罚金；情节严重的，处三年以上十年以下有期徒刑，并处罚金。

制作、复制淫秽的电影、录像等音像制品组织播放的，依照第二款的规定从重处罚。

向不满十八岁的未成年人传播淫秽物品的，从重处罚。

第三百三十三条 组织进行淫秽表演的，处三年以下有期徒刑、拘役或者管制，并处罚金；情节严重的，处三年以上十年以下有期徒刑，并处罚金。

第三百三十四条 单位有本法第三百三十一条、第三百三十二条、第三百三十三条规定的犯罪行为的，对单位判处罚金，对其直接负责的主管人员和其他直接责任人员，依照各该条的规定处罚。

第三百三十五条 本节所称“淫秽物品”，是指具体描绘性行为或者露骨宣扬色情的诲淫性的书刊、影片、录像带、录音带、图片及其他淫秽物品。

有关人体生理、医学知识的科学著作不是淫秽物品。

包含有色情内容的有艺术价值的文学、艺术作品不视为淫秽物品。

第八章 贪污贿赂罪

第三百三十六条 国家工作人员和经手、管理国家财物的人员，利用职务上的便利，侵吞、窃取、骗取或者以其他手段非法占有公共财物的，是贪污罪。

与国家工作人员和经手、管理国家财物的人员勾结，伙同贪污的，以共犯论处。

第三百三十七条 对犯贪污罪的，根据情节严重，分别依照下列规定处罚：

（一）个人贪污数额在十万元以上的，处十年以上有期徒刑或者无期徒刑，可以并处没收财产；情节特别严重的，处死刑，并处没收财产；

（二）个人贪污数额在五万元以上不满十万元的，处五年以上有期徒刑，可以并处没收财产；情节特别严重的，处无期徒刑，并处没收财产；

（三）个人贪污数额在五千元以上不满五万元的，处一年以上七年以下有期徒刑；情节严重的，处七年以上十年以下有期徒刑。个人贪污数额在五千元以上不满一万元，犯罪后自首、立功或者有悔改表现、积极退赃的，可以减轻处罚，或者免予刑事处罚，由其所在单位或者上级主管机关给予行政处分；

（四）个人贪污数额不满五千元，情节较重的，处二年以下有期徒刑、拘役或者管制；情节较轻的，由其所在单位或者上级主管机关酌情给予行政处分。

二人以上共同贪污，按照个人所得数额及其在犯罪中的作用，分别处罚。对贪污集团的首要分子，按照集团贪污的总数额处罚。

对多次贪污未经处理的，按照累计贪污数额处罚。

第三百三十八条 国有公司、企业的工作人员利用职务上的便利，将国有资产转移到境外化公为私的，以贪污论处。

第三百三十九条 国家工作人员和经手、管理国家财物的人员，利用职务上的便利，挪用公款归个人使用，进行非法活动的，或者挪用公款数额较大、进行营利活动的，或者挪用公款数额较大、超过三个月未还的，是挪用公款罪，处五年以下有期徒刑或者拘役；情节严重的，处五年以上有期徒刑。挪用公款数额较大不退还的，依照本法第三百三十六条、第三百三十七条的规定定罪处罚。

挪用救灾、抢险、防汛、优抚、救济款物归个人使用的，从重处罚。

第三百四十条 国家工作人员或者其他从事公务的人员，利用职务上的便利，索取他人财物或者非法收受他人财物为他人谋利益的，是受贿罪。

国家工作人员或者其他从事公务的人员，在经济往来中，违反国家规定收受各种名义的回扣、手续费，归个人所有的，以受贿论处。

第三百四十一条 对犯受贿罪的，根据受贿所得数额及情节，依照本法第三百三十七条的规定处罚；受贿数额不满五万元，使国家利益遭受重大损失的，处十年以上有期徒刑；受贿数额在五万元以上，使国家利益遭受特别重大损失的，处无期徒刑或者死刑，并处没收财产。

国家工作人员或者其他从事公务人员，利用职务上的便利，敲诈勒索他人财物的，依照前款规定从重处罚。

第三百四十二条 国有公司、企业、事业单位、机关、团体，索取、收受他人财物，为他人谋取利益，情节严重的，对单位判处罚金，并对其直接负责的主管人员和其他直接责任人员，处五年以下有期徒刑或者拘役。

第三百四十三条 国家工作人员利用本人职权或者地位形成的便利条件，通过其他国家工作人员职务上的行为，为请托人谋取不正当利益，索取请托人财物或者收受请托人财物的，以受贿论处。

第三百四十四条 为谋取不正当利益，给予国家工作人员或者其他从事公务的人员以财物的，是行贿罪。

在经济往来中，违反国家规定，给予国家工作人员或者其他从事公务的人员以财物，数额较大的，或者违反国家规定，给予国家工作人员或者其他从事公务的人员以回扣、手续费的，以行贿论处。

因被勒索给予国家工作人员或者其他从事公务的人员以财物，没有获得不正当利益的，不是行贿。

第三百四十五条 对犯行贿罪的，处五年以下有期徒刑或者拘役；因行贿谋取不正当利益，情节严重的，或者使国家利益遭受重大损失的，处五年以上有期徒刑；情节特别严重的，处无期徒刑，并处没收财产。

行贿人在被追诉前主动交待行贿行为的，可以减轻处罚或者免除处罚。

因行贿而进行违法活动，构成其他罪的，依照数罪并罚的规定处罚。

第三百四十六条 向国家工作人员介绍贿赂的，处三年以下有期徒刑、拘役或者管制。

介绍贿赂人在被追诉前主动交待介绍贿赂行为的，可以减轻处罚或者免除处罚。

第三百四十七条 公司、企业、事业单位、机关、团体为谋取不正当利益而行贿，或者违反国家规定，给予国家工作人员或者其他从事公务的人员以回扣、手续费，情节严重的，对单位判处罚金，并对其直接负责的主管人员和其他直接责任人员，处五年以下有期徒刑或者拘役。因行贿取得的违法所得归个人所有的，依照本法第三百四十五条的规定定罪处罚。

第三百四十八条 国家工作人员在国内公务活动或者对外交往中接受礼物，依照国家规定应当交公而不交公，数额较大的，依照本法第三百三十六条、第三百三十七条的规定定罪处罚。

第三百四十九条　国家工作人员的财产或者支出明显超过合法收入，差额巨大的，可以责令说明来源。本人不能说明其来源是合法的，差额部分以非法所得论，处五年以下有期徒刑或者拘役，并处或者单处没收其财产的差额部分。

国家工作人员在境外的存款，应当依照国家规定申报，数额较大、隐瞒不报的，处二年以下有期徒刑、拘役或者管制；情节较轻的，由其所在单位或者上级主管机关酌情给予行政处分。

第三百五十条　国家工作人员利用职务便利，自己经营或者为他人经营与其所任职公司、企业同类的营业，获取非法利益，使国家利益遭受重大损失的，处五年以下有期徒刑或者拘役，可以并处或者单处罚金；致使国家利益遭受特别重大损失的，处五年以上有期徒刑，并处罚金。

国有公司、企业的工作人员，利用职务便利，损公肥私，将本单位的盈利业务交由自己的亲友进行经营，或者为其经营活动提供其他便利，致使国家或者本单位利益遭受重大损失的，依照前款的规定处罚。

第三百五十一条　国有公司、企业、事业单位、机关、团体，违反国家规定，将应当上交国家的税金、罚没财物或者其他国有资产，以单位名义集体私分给个人，数额较大的，对其直接负责的主管人员和其他直接责任人员，处三年以下有期徒刑、拘役或者管制，可以并处或者单处罚金；数额巨大的，处三年以上七年以下有期徒刑，可以并处罚金。

第三百五十二条　国家工作人员利用职务上的便利，假公济私，挥霍公款供个人享用，情节严重的，处三年以下有期徒刑、拘役或者管制。

第九章　渎职罪

第三百五十三条　国家工作人员滥用职权或者玩忽职守，致使公共财产、国家和人民利益遭受重大损失的，处三年以下有期徒刑、拘役或者管制；情节特别严重的，处三年以上七年以下有期徒刑。本法另有规定的，依照规定。

第三百五十四条　国家工作人员违反保守国家秘密法的规定，故意或者过失泄露国家秘密，情节严重的，处七年以下有期徒刑、拘役或者剥夺政治权利。

非国家工作人员犯前款罪的，依照前款的规定酌情处罚。

第三百五十五条　司法工作人员徇私枉法，对明知是无罪的人而使他受追诉、对明知是有罪的人而故意包庇不使他受追诉的，或者在审判活动中故意违背事实和法律作枉法裁判的，处七年以下有期徒刑、拘役或者剥夺政治权利；情节特别严重的，处七年以上有期徒刑。

第三百五十六条　司法工作人员私放犯罪嫌疑人、被告人或者罪犯的，处七年以下有期徒刑或者拘役；情节严重的，处七年以上有期徒刑。

司法工作人员由于严重不负责任，致使犯罪嫌疑人、被告人或者罪犯脱逃，造成严重后果的，处五年以下有期徒刑或者拘役；造成特别严重后果的，处五年以上十年以下有期徒刑。

第三百五十七条　司法工作人员徇私舞弊，对不符合减刑、假释、暂予监外执行条件的罪犯，予以减刑、假释或者暂予监外执行，情节严重的，处七年以下有期徒刑。

第三百五十八条　行政执法人员徇私枉法，故意违背事实和法律作枉法处罚决定，或者对应当依法移交司法机关追究刑事责任的不移交，情节严重的，处七年以下有期徒刑或者拘役。

第三百五十九条　银行或者其他金融机构工作人员徇私舞弊，以权谋私，对收储客户的资金不入帐，进行个人经营活动，或者非法拆借、放贷，数额较大的，处五年以下有期徒刑或者拘役；数额巨大或者有其他严重情节的，处五年以上十年以下有期徒刑。

单位犯前款罪的，对单位判处罚金，并对其直接负责的主管人员和其他直接责任人员，依照前款规定处罚。

第三百六十条　国家有关主管部门的国家工作人员，玩忽职守，滥用职权，对不符合法律规定条件的公司设立、登记申请或者股票、债券发行、上市申请，予以批准或者登记，致使公共财产、国家和人民利益遭受重大损失的，处五年以下有期徒刑或者拘役。

上级部门强令登记机关及其工作人员实施前款行为的，对其直接负责的主管人员，依照前款规定处罚。

第三百六十一条　税务机关的工作人员徇私舞弊，不征或者少征应征税款，致使国家税收遭受重大损失的，处五年以下有期徒刑或者拘役；造成特别重大损失的，处五年以上有期徒刑。

第三百六十二条　税务机关的工作人员违反法律、行政法规的规定，在发售发票、抵扣税款、出口退税工作中徇私舞弊，致使国家利益遭受重大损失的，处五年以下有期徒刑或者拘役；致使国家利益遭受特别重大损失的，处五年以上有期徒刑。

第三百六十三条　国家工作人员在签订、履行经济贸易合同过程中，因严重不负责任被诈骗，致使国家利益遭受重大损失的，对其直接负责的主管人员和其他直接责任人员，处三年以下有期徒刑、拘役或者管制；致使国家利益遭受特别重大损失的，处三年以上七年以下有期徒刑。

第三百六十四条　国有公司、企业的法定代表人或者其上级主管部门领导人，因玩忽职守造成国有公司、企业严重亏损或者破产，致使国家利益遭受重大损失的，处三年以下有期徒刑、拘役或者管制。

前款所列人员，利用职务上的便利损公肥私、化公为私，造成国有公司、企业严重亏损或者破产，致使国家利益遭受重大损失的，处三年以上七年以下有期徒刑。

第三百六十五条 国有公司、企业违反国家规定，将国有资产低价折股或者低价出售，致使国家利益遭受重大损失的，对其直接负责的主管人员和其他直接责任人员，处五年以下有期徒刑或者拘役。

第三百六十六条 国家工作人员严重不负责任，违反国家规定，盲目投资建设、引进设备，致使国家利益遭受重大损失的，处三年以下有期徒刑、拘役或者管制。

第三百六十七条 林业主管部门的工作人员违反森林法的规定，滥用职权，超过批准的年采伐限额发放林木采伐许可证或者违反规定滥发林木采伐许可证，情节严重，致使森林遭受严重破坏的，处五年以下有期徒刑或者拘役。

第三百六十八条 环境保护部门的工作人员严重不负责任，造成重大环境污染事故，致使公私财产遭受重大损失或者造成人身伤亡的严重后果的，处五年以下有期徒刑或者拘役；后果特别严重的，处五年以上十年以下有期徒刑。

第三百六十九条 从事传染病的医疗保健、卫生防疫、监督管理的人员和政府有关主管人员严重不负责任，造成传染病传播或者流行，情节严重的，处五年以下有期徒刑或者拘役。

第三百七十条 海关工作人员徇私舞弊、放纵走私，情节严重的，处五年以下有期徒刑或者拘役；情节特别严重的，处五年以上有期徒刑。

第三百七十一条 国家商检部门、商检机构的工作人员和国家商检部门、商检机构指定的检验机构的检验人员，徇私舞弊，伪造检验结果的，处五年以下有期徒刑或者拘役；造成严重后果的，处五年以上十年以下有期徒刑。

前款所列人员严重不负责任，对应当检验的物品不检验，或者延误检验出证、错误出证，致使国家利益遭受重大损失的，处三年以下有期徒刑、拘役或者管制；致使国家利益遭受特别重大损失的，处三年以上七年以下有期徒刑。

第三百七十二条 动植物检疫机关检疫人员徇私舞弊，伪造检疫结果的，处五年以下有期徒刑或者拘役；造成严重后果的，处五年以上十年以下有期徒刑。

前款所列人员严重不负责任，对应当检疫的物品不检疫，或者延误检疫出证、错误出证，致使国家利益遭受重大损失的，处三年以下有期徒刑、拘役或者管制；致使国家利益遭受特别重大损失的，处三年以上七年以下有期徒刑。

第三百七十三条 国家工作人员利用职务，对明知有生产、销售伪劣商品犯罪行为的企业事业单位或者个人，故意包庇使其不受追诉的；负有追究责任的国家工作人员对有生产、销售伪劣商品犯罪行为的企业事业单位或者个人，不履行法律规定的追究职责的，处三年以下有期徒刑、拘役或者管制；情节特别严重的，处三年以上七年以下有期徒刑。

第三百七十四条 负责办理护照、签证以及其他出入境证件的国家工作人员，对明知是企图偷越国（边）境的人员予以办理出入境证件的；边防、海关等国家工作人员，对明知是偷越国（边）境的人员，予以放行的，处三年以下有期徒刑、拘役或者管制；情节严重的，处三年以上七年以下有期徒刑。

第三百七十五条 对被拐卖、绑架的妇女、儿童负有解救职责的国家工作人员接到被拐卖、绑架的妇女、儿童及其家属的解救要求或者接到其他人的举报，而对被拐卖、绑架的妇女、儿童不进行解救，造成严重后果的，处五年以下有期徒刑或者拘役。

负有解救职责的国家工作人员利用职务阻碍解救的，处二年以上七年以下有期徒刑；情节较轻的，处二年以下有期徒刑、拘役或者管制。

第三百七十六条 有查禁犯罪活动职责的国家工作人员，为使犯罪分子逃避处罚，向其通风报信、提供便利的，处三年以下有期徒刑、拘役或者管制；情节特别严重的，处三年以上七年以下有期徒刑。

第三百七十七条 在招收公务员、学生或者征兵工作中徇私舞弊，情节严重的，除由有关主管部门责令退回招收的人员外，对其直接负责的主管人员和其他直接责任人员，处三年以下有期徒刑、拘役或者管制。

第三百七十八条 国家工作人员严重不负责任，造成珍贵文物损毁或者流失，后果严重的，处三年以下有期徒刑、拘役或者管制。

第三百七十九条 邮政工作人员严重不负责任故意延误投递邮件，致使公共财产、国家和人民利益遭受重大损失的，处三年以下有期徒刑、拘役或者管制。

第三百八十条 航空人员玩忽职守、违反规章制度，致使发生重大飞行事故，造成严重后果的，处五年以下有期徒刑或者拘役；造成飞机坠毁或者人员死亡的，处五年以上十年以下有期徒刑。

第三百八十一条 铁路职工玩忽职守、违反规章制度，造成铁路运营事故，情节严重的，处五年以下有期徒刑或者拘役；造成特别严重后果的，处五年以上十年以下有期徒刑。

第三百八十二条 用人单位的劳动安全设施和劳动卫生条件不符合国家规定，对事故隐患不采取措施，致使发生重大事故，造成人员伤亡或者国家财产重大损失的，对直接负责的主管人员和其他直接责任人员，处五年以下有期徒刑或者拘役。

第三百八十三条 矿山企业主管人员对矿山事故隐患不采取措施，因而发生重大伤亡事故的，处五年以下有期徒刑或者拘役；造成特别严重后果的，处五年以上十年以下有期徒刑。

第三百八十四条 明知校舍或者教育教学设施有危险，而不采取措施，造成房屋倒塌或者人员伤亡的，对其直接负责的主管人员和其他直接责任人员，处五年以下有期徒刑或者拘役；后果特别严重的，处五年以上十年以下有期徒刑。

第十章　军人违反职责罪

（待研究）

附：关于中华人民共和国刑法（修订草案）的说明

（全国人民代表大会常务委员会副委员长　王汉斌　1996年12月24日）

委员长、各位副委员长、秘书长、各位委员：

我受委员长会议委托，作关于《中华人民共和国刑法（修订草案）》的说明。

刑法是国家的基本法律，修订刑法是健全社会主义法制的一件大事，是完善我国的刑事法律的重要步骤。1979年制定的刑法，经过17年的实践，总的看来，刑法规定的任务和基本原则是正确的，许多具体规定是可行的，对于打击犯罪，保护人民，维护国家的统一和安全，维护社会治安秩序，维护人民民主专政的政权和社会主义制度，保障社会主义建设事业的顺利进行，发挥了重要的、积极的作用。同时，也反映出一些问题：一是制定刑法时对有些犯罪行为研究得还不够，规定得不够具体，不好操作，或者执行时随意性较大，如渎职罪、流氓罪、投机倒把罪三个"口袋"规定都比较笼统；二是有些犯罪行为现在已经变得很严重，如走私犯罪和毒品犯罪，需要相应加重刑罚；三是随着十几年来我国政治、经济和社会生活的发展变化，出现了许多新情况、新问题，发生了一些新的犯罪行为，特别是经济犯罪，如金融犯罪、证券犯罪、利用增值税专用发票犯罪，还有黑社会性质的有组织的犯罪、计算机犯罪等。为了适应与犯罪斗争的实际需要，有必要对刑法进行修改完善。

1982年就决定要研究修改刑法，1988年提出了初步修改方案，到现在已经搞了14年。由于来不及也没有条件对刑法进行完整的修改，对需要修改、补充的，全国人大常委会陆续对刑法作出一系列修改补充决定或规定，共制定了22个有关修改刑法的决定和补充规定。另外，在一些民事、经济、行政法律中规定了"依照"、"比照"刑法的有关规定追究刑事责任的有130条。这次修订，在进行调查研究、广泛征求意见的基础上，法制工作委员会和法律委员会、内务司法委员会会同公、检、法、司、国家安全部门、国务院法制局、军委法制局等有关部门和法律专家，认真总结17年来实施刑法的实践经验，研究国外有关刑事法律规定和现代刑事立法的发展趋势，草拟了刑法修订草案。这次修订刑法，主要考虑：第一，要制定一部统一的、比较完备的刑法典。将这些年来作出的决定和补充规定研究修改编入刑法；将一些民事、经济、行政法律中"依照"、"比照"刑法有关条文追究刑事责任的规定，改为刑法的具体条文；将拟制定的反贪污贿赂法的内容，规定到刑法中作为一章；对于新出现的需要追究刑事责任的犯罪行为，经过研究认为比较有把握的，尽量增加规定。第二，注意保持法律的连续性和稳定性。刑法是定罪量刑的依据，不能轻易改变，对刑法的原有规定，包括文字表述和量刑规定，原则上没什么问题的，尽量不作修改。第三，对一些原来比较笼统、原则的规定，尽量把犯罪行为研究清楚，作出具体规定。刑法原来为192条，草案为384条，增加192条，以制定一部统一的、比较完备的刑法典。这是我国社会主义法制建设的重大进展，也是继今年三月全国人大通过修改刑事诉讼法的决定以后，进一步完善我国刑事法律制度和司法制度的重大步骤，对于进一步实行依法治国，建设社会主义法制国家，具有重要意义。

现将草案修订的主要内容和问题说明如下：

一、进一步明确规定刑法的基本原则

第一，进一步明确规定了罪刑法定原则，取消类推的规定。刑法原来基本上也是按照罪刑法定原则的精神制定的，当时考虑到刑法分则只有103条，明文规定需要追究的刑事犯罪行为不够完全，可能有些犯罪行为必须追究，法律又没有明文规定，不得不又规定可以采用类推办法，规定对刑法分则没有明文规定的犯罪，经最高人民法院核准，可以比照刑法分则最相类似的条文定罪判刑。这次修订，刑法分则的条文从原来103条增加到281条，对各种犯罪进一步作了明确、具体的规定。事实上，刑法虽然规定了类推，实际办案中使用的很少。现在已有必要也有条件取消类推的规定。因此，草案明确规定了罪刑法定原则："法律明文规定为犯罪行为的，依照法律定罪处刑；法律没有明文规定为犯罪行为的，不得定罪处刑。"

第二，明确规定了法律面前人人平等原则。这个原则宪法中已有规定，在刑法中再明确规定是有实际意义的。草案明确规定："对任何人犯罪，在适用法律上一律平等。不允许任何人有超越法律的特权。"

第三，明确规定罪刑相当原则。罪刑相当，就是罪重的量刑要重，罪轻的量刑要轻，各个法律条文之间对罪刑要统一平衡，不能罪重的量刑比罪轻的轻，也不能罪轻的量刑比罪重的重。这是刑法的一个重要原则。因此，草案明确规定："对犯罪分子量刑的轻重，应当与其所犯罪行和承担的刑事责任相适应。"

二、关于减刑、假释

刑法第七十一条规定："被判处管制、拘役、有期徒刑、无期徒刑的犯罪分子，在执行期间，如果确有悔改或者立功表现，可以减刑。但是经过一次或者几次减刑以后实际执行的刑期，判处管制、拘役、有期徒刑的，不能少于原判刑期的二分之一；判处无期徒刑的，不能少于十年。”第七十三条规定：“被判处有期徒刑的犯罪分子，执行原判刑期二分之一以上，被判处无期徒刑的犯罪分子，实际执行十年以上，如果确有悔改表现，不致再危害社会，可以假释。如果有特殊情节，可以不受上述执行刑期的限制。”在实际执行中，由于对确有悔改没有明确的界限，较难掌握，随意性比较大，并且没有严格的程序，容易出现流弊，存在问题较多。同时应当维护人民法院判决执行的严肃性，不能随便减刑、假释，特别是对以暴力严重危害社会的犯罪分子及累犯，不宜适用假释。草案针对实践中的问题，将减刑的规定修改为：被判处管制、拘役、有期徒刑、无期徒刑的犯罪分子，在执行期间，如果认真遵守监规、接受教育改造，确有悔改表现或者有立功表现的，可以减刑；有重大立功表现的，应当减刑。将假释的规定修改为：被判处有期徒刑的犯罪分子，执行原判刑期二分之一以上，被判处无期徒刑的犯罪分子，实际执行十年以上，如果认真遵守监规、接受教育改造，确有悔改表现，假释后不致再危害社会的，可以假释，但是对累犯以及杀人、爆炸、抢劫、强奸、绑架等暴力性犯罪被判处无期徒刑的犯罪分子，不得假释。并且明确规定了减刑、假释的程序：对于可以减刑、假释的犯罪分子，由执行机关向中级以上人民法院提出减刑、假释的建议书，由人民法院组成合议庭进行审理。对确有悔改或者立功事实的，裁定予以减刑、假释。非经法定程序，不得减刑、假释。

三、关于在法定刑以下判处刑罚

刑法第五十九条第二款规定：“犯罪分子虽然不具有本法规定的减轻处罚情节，如果根据案件的具体情况，判处法定刑的最低刑还是过重的，经人民法院审判委员会决定，也可以在法定刑以下判处刑罚。”在实际执行中，由于对判处法定最低刑还是过重的情况没有具体标准，各地人民法院掌握界限不统一，随意性较大，存在不少问题，甚至出现一些流弊。因此，适用这一规定必须规定严格的程序，草案将刑法规定的“经人民法院审判委员会决定”，修改为“经最高人民法院审判委员会核准”。

四、关于正当防卫

刑法第十七条规定：“为了使公共利益、本人或者他人的人身和其他权利免受正在进行的不法侵害，而采取的正当防卫行为，不负刑事责任。正当防卫超过必要限度造成不应有的危害的，应当负刑事责任；但是应当酌情减轻或者免除处罚。”对正当防卫超过必要限度的规定太笼统，在实际操作中，由于界限不清，随意性较大，出现了不少问题。比如，受害人在受到不法侵害时把歹徒打了，人民警察在抓捕中开枪把人犯打伤了，不仅得不到保护，反而被以防卫过当追究刑事责任，打击了受害人行使自卫的权利和人民警察执行职务。经过研究认为，受害人和其他公民对于暴力侵害所采取的制止不法侵害行为都应当属于正当防卫，不存在防卫过当问题。只有那些明显的不应采取的行为才属于防卫过当。为了保护被害人的利益，鼓励见义勇为，草案将上述规定修改为：“为了使国家、公共利益、本人或者他人的人身、财产和其他权利免受正在进行的不法侵害，而采取的制止不法侵害的行为，对不法侵害人造成损害的，属于正当防卫，不负刑事责任。正当防卫明显超过必要限度造成重大损害的，应当负刑事责任，但是应当减轻或者免除处罚。受害人受到暴力侵害而采取制止暴力侵害的行为，造成不法侵害人伤亡后果的，属于正当防卫，不属于防卫过当。”

关于人民警察在依法执行职务时，依法使用警械和武器，制止违法犯罪行为，不存在防卫过当问题。为了有利于人民警察敢于执行职务，草案规定：“人民警察在依法执行盘问、拘留、逮捕、追捕逃犯或者制止违法犯罪职务的时候，依法使用警械和武器，造成人员伤亡后果的，不负刑事责任。人民警察受到暴力侵害而采取制止暴力侵害的行为，造成不法侵害人伤亡后果的，不负刑事责任。”如果违反使用警械和武器的规定，使用警械、武器造成他人损害的，可以依照规定处罚。

五、关于自首、立功

刑法第六十三条规定：“犯罪以后自首的，可以从轻处罚。其中，犯罪较轻的，可以减轻或者免除处罚；犯罪较重的，如果有立功表现，也可以减轻或者免除处罚。”为了更好地体现和执行这一刑事政策，鼓励犯罪分子自首、立功，有利于查处犯罪，草案对自首、立功的作了较宽大的处刑规定，把“犯罪以后自首的，可以从轻处罚”，改为“可以从轻或者减轻处罚”，把对“其中，犯罪较轻的，可以减轻或者免除处罚”，改为“可以免除处罚”。并增加规定：“犯罪分子有揭发他人犯罪行为，查证属实的，或者提供重要线索，从而得以侦破其他案件等立功表现的，可以从轻或者减轻处罚。有重大立功表现的，可以减轻或者免除处罚。犯罪后自首又有重大立功表现的，应当减轻或者免除处罚。”同时对自首作了明确的界定，增加规定：“犯罪以后自动投案，如实供述自己的罪行，接受审判的，是自首。”

六、关于反革命罪

刑法关于反革命罪的规定，对于维护国家安全，巩固人民民主专政的政权和保卫社会主义制度，起了很大作用，是必要的。但是随着国家政治、经济和社会情况的发展，反革命罪的罪名的适用遇到一些的新情况、新问题，有些反革命罪，规定“以反革命为目的”，在实践中有时很难确定，如果要求区分是否以反革命为目的，有时反而不好定罪。有的犯罪行为，适用危害国家安全罪，比适用反革命罪更为合适。草案把反革命罪一章改为危害国家安全罪。除保留原有的勾结外国，阴谋危害祖国的主权、领土完整和安全的规定外，对现在危害国家危险性最大的分裂国家、武装叛乱、颠覆国家政权和推翻社会主义制度以及与境外机构、组织、人员相勾结实施这些危害国家安全犯罪的，作了更加明确、具体、强化的规定，因而能够更有力地打击危害国家安全的犯罪活动。根据这个原则，草案对反革命罪的主要修改是：（一）将刑法第九十条“以推翻无产阶级专政的政权和社会主义制度为目的的、危害中华人民共和国的行为，都是反革命罪”，第九十二条“阴谋颠覆政府、分裂国家的”，第九十三条“策动、勾引、收买国家工作人员、武装部队、人民警察、民兵投敌叛变或者叛乱的”，第九十五条“持械聚众叛乱的首要分子或者其他罪恶重大的”，第九十八条“组织、领导反革命集团的”规定，修改为：1. “组织、策划、实施分裂国家、破坏国家统一活动的”；2. “组织、策划、实施颠覆国家政权、推翻社会主义制度的”；3. “组织、策划、实施武装叛乱或者武装暴乱的”；4. “策动、勾引、收买国家工作人员、武装部队人员、人民警察、民兵进行武装叛乱的”。特别是增加规定“与境外机构、组织、个人相勾结”，实施危害国家的主权、领土完整和安全，分裂国家，武装叛乱，颠覆国家政权和推翻社会主义制度的。这是针对现在对国家安全构成最大危险的国内外相勾结进行“西化”、“分化”等颠覆破坏活动的特点所作的极为重要的规定，以利于依法同这类严重犯罪作斗争。（二）将刑法第一百零二条“以反革命标语、传单或者其他方法宣传煽动推翻无产阶级专政的政权和社会主义制度的”修改为煽动分裂国家的和以造谣、诽谤或者其他方式煽动颠覆国家政权和推翻社会主义制度的，不再使用反革命宣传煽动罪的罪名。

这次修改反革命罪，对反革命罪原来的规定，可以适用普通刑事犯罪的，都尽量规定按普通刑事犯罪追究。如“聚众劫狱或者组织越狱的”，“制造、抢夺、盗窃枪支、弹药的”等。反革命罪原有 15 条，修改为危害国家安全罪共有 10 条，反革命罪规定的条文没有列入危害国家安全罪的，均分别编入危害公共安全罪和妨害社会管理秩序罪。

这次对刑法反革命罪的修改，是考虑到我们国家已经从革命时期进入建设时期，从过去大规模的群众性的阶级斗争进入集中力量进行社会主义现代化建设的历史新时期，宪法确定了中国共产党领导国家事务，从国家体制和保卫国家整体利益考虑，从法律角度来看，对危害中华人民共和国的行为，规定适用危害国家安全罪比适用反革命罪更为合适。这也就是为了完善我国的刑事法律制度。过去依照刑法以反革命罪判刑的仍然继续有效，不能改变。

七、关于投机倒把罪

刑法关于投机倒把罪的规定比较笼统，界限不太清楚，造成执行的随意性。这次修改，根据社会主义市场经济发展的要求，对需要规定的犯罪行为，尽量分解作出具体规定。草案根据十几年来按投机倒把罪追究刑事责任的，按具体行为规定刑事责任，有些已在生产、销售伪劣商品罪、破坏金融管理秩序罪中作了规定，这次修订，在扰乱市场秩序罪中增加了对合同诈骗、非法经营专营、专卖物品、买卖进出口配额许可证等犯罪行为的规定。有关部门提出，“投机倒把”的内容已经比较特定，要求保留投机倒把罪。考虑到笼统地规定投机倒把罪，还是界限不很清楚，我们意见还是按过去依照投机倒把追究刑事责任的具体行为作出规定，即按具体犯罪行为定罪，不再笼统规定投机倒把罪，避免执法的随意性。

八、关于流氓罪

刑法第一百六十条规定：“聚众斗殴，寻衅滋事，侮辱妇女或者进行其他流氓活动，破坏公共秩序，情节恶劣的，处七年以下有期徒刑、拘役或者管制。”这一规定比较笼统，实际执行中定为流氓罪的随意性较大。这次修订，将流氓罪分解为四条具体规定：一是侮辱、猥亵妇女的犯罪，二是聚众淫乱的犯罪，三是聚众斗殴的犯罪，四是寻衅滋事的犯罪。

九、关于贪污贿赂罪

这次修订，将 1988 年关于惩治贪污罪贿赂罪的补充规定和最高人民检察院起草的反贪污贿赂法合并编为刑法的一章。草案的主要问题是：（一）关于国家工作人员的范围，有些同志主张只限于国家机关工作人员。考虑到国有企业、公司的管理人员经手管理国家财产，有些人营私舞弊，以权谋私、损公肥私、化公为私，侵吞国家资财。因此，草案原则上保留刑法原来规定的国家工作人员的范围，规定：“国家工作人员是指在国家机关、国有公司、企业、事业单位、人民团体中从事公务的人员和国家机关、国有公司、企业、事业单位委派到非国有公司、企业、事业单位、社会团体从事公务的人员。”“受国家机关、国有公司、企业、事业单位委托从事公务的人员，以国家工作人员论。”（二）根据情况的变化，将原贪污贿赂犯罪法定最低刑的数额二千元以下修改为五千元以下，法定最高刑的数额五万元以上修改为十万元以上。

十、关于渎职罪

刑法对渎职罪的规定过于笼统，有的规定处刑也偏轻，主要是玩忽职守罪。这次修订，主要是把十几年来民事、经济、行政法律中“依照”、“比照”刑法玩忽职守罪、徇私舞弊罪追究刑事责任的条文，改为刑法的具体条款。并针对现实经济生活中出现的国家工作人员滥用职权、严重不负责任，给国家和人民利益造成重大损失的新情况，增加规定了一些具体的渎职犯罪行为，刑法规定的渎职犯罪除贿赂罪外共为 7 条，现在增加为 32 条。

刑法规定玩忽职守罪的法定刑为五年以下，这次修订区分滥用职权、玩忽职守的犯罪行为所造成的不同后果，对法定刑作了修改，一般的为三年以下；严重的为三年以上七年以下；对某些徇私舞弊、徇私枉法、徇情枉法情节特别严重的，法定最高刑规定为十五年。

十一、关于完备刑事法律条文问题

这次修订，力求把法律条文规定得比较完备，对于调查研究和各方面提出需要追究刑事责任的犯罪行为，而原来法律没有规定的，经过研究认为比较有把握的，尽量增加作具体规定。

（一）关于黑社会犯罪。在我国，明显的、典型的黑社会犯罪还没有出现，但带有黑社会性质的犯罪集团已经出现，横行乡里、称霸一方，为非作歹，欺压、残害居民的有组织犯罪时有出现。另外也发现有境外黑社会组织成员入境进行违法活动的，可能会对社会造成严重危害。对于黑社会性质的犯罪，必须坚决打击，一定要消灭在萌芽状态，防止蔓延。只要组织、参加黑社会性质的犯罪组织有违法活动的，不管是否有其他具体犯罪行为都要判刑。因此，草案规定："组织、领导以暴力、威胁或者其他手段，有组织地进行违法犯罪活动，称霸一方，为非作恶，欺压、残害群众，严重破坏经济、社会生活秩序的黑社会性质的组织的，处三年以上十年以下有期徒刑；其他参加进行违法活动的，处三年以下有期徒刑、拘役或者管制。犯前款罪又有其他犯罪行为的，依照数罪并罚的规定处罚。""境外的黑社会组织到中华人民共和国境内发展组织成员或者进行违法活动的，依照第一款的规定处罚。"

（二）针对计算机犯罪日趋严重的情况，增加了对违反国家规定，侵入国家事务、国防建设、尖端科学技术领域的计算机信息系统，故意制作、传播计算机病毒等破坏性程序等犯罪的规定。

（三）为了维护证券交易秩序，打击证券欺诈等犯罪行为，增加了对内幕交易、操纵证券交易价格、编造并传播虚假信息、虚买虚卖并不持有的证券等犯罪的规定。

此外，草案还把侵犯商业秘密，合同诈骗，伪劣建筑，以限制人身自由的方法强迫他人劳动，非法组织他人出卖血液，非法采集、供应血液，对证人打击报复等犯罪行为增加作了具体规定。

十二、关于死刑问题

有些同志认为现行法律规定的死刑多了，主张减少。考虑到目前社会治安的严峻形势和经济犯罪严重情况，还不具备减少死刑的条件。这次修订，对现行法律规定的死刑，原则上不减也不增加，对于个别死刑的规定，可以进一步研究。

十三、现在全国人大常委会正在审议军职罪条例

1979 年制定刑法和 1980 年制定军职罪暂行条例时，都明确说明："在国家刑法的结构中，'军职罪'应属于刑法分则中的一章"，并且说明军职罪暂行条例"经人大常委会审定后，先在军内公布试行。待取得比较成熟的经验，再建议按立法程序修改补入刑法。"这次修订刑法，正是把军职罪修改补入刑法比较合适的时机。如果这样办了，我们就可以制定一部统一的、完备的刑法典。现正同军委法制局进行研究。草案暂未编入军职罪的具体条文。

《中华人民共和国刑法（修订草案）》和以上说明，请审议。

16. 中华人民共和国刑法（修订草案）

（全国人大常委会法制工作委员会　1997 年 1 月 10 日）

（全国人大法律委员会、全国人大内务司法委员会

1997 年 1 月 13 日—24 日讨论此稿）

目　录

第一编　总　　则

第一章　刑法的任务、基本原则和适用范围

第一条　为了惩罚犯罪，保护人民，根据宪法，结合我国同犯罪作斗争的具体经验及实际情况，制定本法。

第二条　中华人民共和国刑法的任务，是用刑罚同一切犯罪行为作斗争，以保卫人民民主专政的政权和社会主义制度，保护国有财产和劳动群众集体所有的财产，保护公民私人所有的财产，保护公民的人身权利、民主权利和其他权利，维护社会秩序、经济秩序，保障社会主义建设事业的顺利进行。

第三条　法律明文规定为犯罪行为的，依照法律定罪处刑；法律没有明文规定为犯罪行为的，不得定罪处刑。

第四条　对任何人犯罪，在适用法律上一律平等。不允许任何人有超越法律的特权。

第五条　对犯罪分子量刑的轻重，应当与其所犯罪行和承担的刑事责任相适应。

第六条　凡在中华人民共和国领域内犯罪的，除法律有特别规定的以外，都适用本法。

凡在中华人民共和国船舶或者航空器内犯罪的，也适用本法。

犯罪的行为或者结果有一项发生在中华人民共和国领域内的，就认为是在中华人民共和国领域内犯罪。

第七条　中华人民共和国公民在中华人民共和国领域外犯本法规定之罪的，适用本法，但是按本法规定的最高刑

为三年以下有期徒刑的，可以不予追究。

中华人民共和国国家工作人员和军人在中华人民共和国领域外犯本法规定之罪的，适用本法。

第八条 外国人在中华人民共和国领域外对中华人民共和国国家或者公民犯罪，而按本法规定的最低刑为三年以上有期徒刑的，可以适用本法，但是按照犯罪地的法律不受处罚的除外。

第九条 对于中华人民共和国缔结或者参加的国际条约所规定的罪行，中华人民共和国在所承担条约义务的范围内行使刑事管辖权的，适用本法。

第十条 凡在中华人民共和国领域外犯罪，依照本法应当负刑事责任的，虽然经过外国审判，仍然可以依照本法追究，但是在外国已经受过刑罚处罚的，可以免除或者减轻处罚。

第十一条 享有外交特权和豁免权的外国人的刑事责任，通过外交途径解决。

第十二条 中华人民共和国成立以后本法施行以前的行为，如果当时的法律不认为是犯罪的，适用当时的法律；如果当时的法律认为是犯罪的，依照本法总则第四章第八节的规定应当追诉的，按照当时的法律追究刑事责任，但是如果本法不认为是犯罪或者处刑较轻的，适用本法。

对于本法施行以前发生的行为、本法施行以后尚未处理或者正在处理的案件，依照前款规定办理。

本法施行以前，依照当时的法律定罪判刑的，继续有效。

第二章 犯　罪

第一节 犯罪和刑事责任

第十三条 一切危害国家主权和领土完整，分裂国家、危害国家安全利益、颠覆人民民主专政的政权和推翻社会主义制度，破坏社会秩序和经济秩序，侵犯国有财产或者劳动群众集体所有的财产，侵犯公民私人所有的财产，侵犯公民的人身权利、民主权利和其他权利，以及其他危害社会的行为，依照法律应当受刑罚处罚的，都是犯罪，但是情节显著轻微危害不大的，不认为是犯罪。

第十四条 明知自己的行为会发生危害社会的结果，并且希望或者放任这种结果发生，因而构成犯罪的，是故意犯罪。

故意犯罪，应当负刑事责任。

第十五条 应当预见自己的行为可能发生危害社会的结果，因为疏忽大意而没有预见，或者已经预见而轻信能够避免，以致发生这种结果的，是过失犯罪。

过失行为，法律规定为犯罪的才负刑事责任。

第十六条 行为在客观上虽然造成了损害结果，但是不是出于故意或者过失，而是由于不能抗拒或者不能预见的原因所引起的，不认为是犯罪。

第十七条 已满十六岁的人犯罪，应当负刑事责任。

已满十四岁不满十六岁的人，犯故意杀人、故意伤害致人重伤或者死亡、强奸、抢劫、放火、爆炸、投毒罪的，应当负刑事责任。

已满十四岁不满十八岁的人犯罪，应当从轻或者减轻处罚。

因不满十六岁不予刑事处罚的，责令他的家长或者监护人加以管教，在必要的时候，也可以由政府收容教养。

第十八条 经法定程序鉴定确认的精神病人在不能辨认或者不能控制自己行为的时候造成危害结果的，不负刑事责任，但是应当责令他的家属或者监护人严加看管和医疗，必要的时候，由政府强制医疗。

间歇性的精神病人在精神正常的时候犯罪，应当负刑事责任。

尚未完全丧失辨认或者控制自己行为能力的精神病人造成危害结果的，应当负刑事责任，但是可以从轻或者减轻处罚。

醉酒的人犯罪，应当负刑事责任。

第十九条 又聋又哑的人或者盲人犯罪，可以从轻、减轻或者免除处罚。

第二十条 为了使国家、公共利益、本人或者他人的人身、财产和其他权利免受正在进行的不法侵害，而采取的制止不法侵害的行为，对不法侵害人造成损害的，属于正当防卫，不负刑事责任。

正当防卫明显超过必要限度造成重大损害的，应当负刑事责任，但是应当减轻或者免除处罚。

对以暴力实施杀人、抢劫、强奸、绑架以及严重危及人身安全的犯罪行为，被害人采取防卫行为，造成不法侵害人伤亡或者财产损失的，属于正当防卫，不属于防卫过当。

第二十一条 为了使国家、公共利益、本人或者他人的人身、财产和其他权利免受正在发生的危险，不得已采取的紧急避险行为，造成损害的，不负刑事责任。

紧急避险超过必要限度造成不应有的损害的，应当负刑事责任，但是应当减轻或者免除处罚。

第一款中关于避免本人危险的规定，不适用于职务上、业务上负有特定责任的人。

第二节　犯罪的预备、未遂和中止

第二十二条　为了犯罪，准备工具、制造条件的，是犯罪预备。

对于预备犯，可以比照既遂犯从轻、减轻处罚或者免除处罚。

第二十三条　已经着手实行犯罪，由于犯罪分子意志以外的原因而未得逞的，是犯罪未遂。

对于未遂犯，可以比照既遂犯从轻或者减轻处罚。

第二十四条　在犯罪过程中，自动放弃犯罪或者自动有效地防止犯罪结果发生的，是犯罪中止。

对于中止犯，没有造成损害的，应当免除处罚；造成损害的，应当减轻处罚。

第三节　共同犯罪

第二十五条　共同犯罪是指二人以上共同故意犯罪。

二人以上共同过失犯罪，不以共同犯罪论处；应当负刑事责任的，按照他们所犯的罪分别处罚。

第二十六条　三人以上为共同实施犯罪而组成的较为稳定的犯罪组织，是犯罪集团。

组织、领导犯罪集团进行犯罪活动的或者在共同犯罪中起主要作用的，是主犯。

对组织、领导犯罪集团的首要分子，按照集团所犯的全部罪行处罚。

对于第二款规定以外的主犯，应当按照其所参与的或者组织、指挥的全部犯罪处罚。

第二十七条　在共同犯罪中起次要或者辅助作用的，是从犯。

对于从犯，应当从轻、减轻处罚或者免除处罚。

第二十八条　对于被胁迫参加犯罪的，应当按照他的犯罪情节减轻处罚或者免除处罚。

第二十九条　教唆他人犯罪的，应当按照共同犯罪中的主犯处罚。教唆不满十八岁的人犯罪的，应当从重处罚。

如果被教唆的人没有犯被教唆的罪，对于教唆犯，可以从轻或者减轻处罚。

第四节　单位犯罪

第三十条　公司、企业、事业单位、机关、团体为本单位谋取非法利益，经单位集体决定或者由负责人员决定实施犯罪的，是单位犯罪。

法律规定为单位犯罪的才处罚。

第三十一条　对单位犯罪，除对单位判处罚金外，还应当对单位直接负责的主管人员和其他直接责任人员判处刑罚。本法分则和其他法律另有规定的，依照规定。

由机关、人民团体实施的单位犯罪，只对其直接负责的主管人员和其他直接责任人员判处刑罚。

第三章　刑　　罚

第一节　刑罚的种类

第三十二条　刑罚分为主刑和附加刑。

第三十三条　主刑的种类如下：

（一）管制；

（二）拘役；

（三）有期徒刑；

（四）无期徒刑；

（五）死刑。

第三十四条　附加刑的种类如下：

（一）罚金；

（二）剥夺政治权利；

（三）没收财产。

罚金和剥夺政治权利也可以独立适用。

第三十五条　被判处三年以上有期徒刑的犯罪分子和被判处剥夺政治权利的犯罪分子，如果有军衔、警衔或者勋章的，应当一并判处剥夺。

第三十六条　对于犯罪的外国人，可以独立适用或者附加适用驱逐出境。

第三十七条　由于犯罪行为而使被害人遭受经济损失的，对犯罪分子除依法给予刑事处罚外，并应根据情况判处赔偿经济损失。

承担民事赔偿责任的犯罪分子，同时被判处罚金的，其财产不足以全部支付的时候，应当先承担民事赔偿责任。

第三十八条　对于犯罪情节轻微不需要判处刑罚的，可以免予刑事处罚，但可以根据案件的不同情况，予以训诫或者责令具结悔过、赔礼道歉、赔偿损失，或者由主管部门予以行政处罚或者行政处分。

第二节　管　　制

第三十九条　管制的期限，为三个月以上二年以下。

被判处管制的犯罪分子，由公安机关执行。

第四十条　被判处管制的犯罪分子，在执行期间，必须遵守下列规定：

（一）遵守法律、法规，服从监督；

（二）停止行使言论、出版、集会、结社、游行、示威自由的权利；

（三）按执行机关规定报告自己的活动情况；

（四）遵守执行机关关于会客的规定；

（五）离开所居住的市、县或者迁居，应当报经执行机关批准。

对于被判处管制的犯罪分子，在劳动中应当同工同酬。

第四十一条　被判处管制的犯罪分子，管制期满，执行机关应即向本人和其所在单位或者居住地的群众宣布解除管制。

第四十二条　管制的刑期，从判决执行之日起计算；判决执行以前先行羁押的，羁押一日折抵刑期二日。

第三节　拘　　役

第四十三条　拘役的期限，为一个月以上六个月以下。

第四十四条　被判处拘役的犯罪分子，由公安机关就近执行。

在执行期间，被判处拘役的犯罪分子每月可以回家一天至两天；参加劳动的，可以酌量发给报酬。

第四十五条　拘役的刑期，从判决执行之日起计算；判决以前先行羁押的，羁押一日折抵刑期一日。

第四节　有期徒刑、无期徒刑

第四十六条　有期徒刑的期限，为六个月以上十五年以下。

第四十七条　被判处有期徒刑、无期徒刑的犯罪分子，在监狱或者其他执行机关执行；凡有劳动能力的，都应当参加劳动，接受教育和改造。

第四十八条　有期徒刑的刑期，从判决执行之日起计算；判决执行以前先行羁押的，羁押一日折抵刑期一日。

第五节　死　　刑

第四十九条　死刑只适用于罪行极其严重的犯罪分子。对于应当判处死刑的犯罪分子，如果不是必须立即执行的，可以判处死刑同时宣告缓期二年执行。

死刑除依法由最高人民法院判决的以外，都应当报请最高人民法院核准。死刑缓期执行的，可以由高级人民法院判决或者核准。

第五十条　犯罪的时候不满十八岁的人和审判的时候怀孕的妇女，不适用死刑。

第五十一条　判处死刑缓期执行的，在死刑缓期执行期间，如果没有故意犯罪，二年期满以后，减为无期徒刑；如果确有立功表现，二年期满以后，减为十五年以上二十年以下有期徒刑；如果故意犯罪，查证属实，必须执行死刑的，由最高人民法院核准，执行死刑。

第五十二条　死刑缓期执行的期间，从判决确定之日起计算。死刑缓期执行减为有期徒刑的刑期，从死刑缓期执行期满之日起计算。

第六节　罚　　金

第五十三条　判处罚金，应当根据犯罪情节决定罚金数额。

第五十四条　罚金在判决指定的期限内一次或者分期缴纳。期满不缴纳的，强制缴纳。对于不能全部缴纳罚金的，人民法院在任何时候发现被执行人有可以执行的财产，应当随时追缴。如果由于遭遇不能抗拒的灾祸缴纳确实有困难的，可以酌情减少或者免除。

第七节　剥夺政治权利

第五十五条　剥夺政治权利是剥夺下列权利：

（一）选举权和被选举权；

（二）言论、出版、集会、结社、游行、示威自由的权利；

（三）担任国家机关职务的权利；

（四）担任国有公司、企业、事业单位和人民团体领导职务的权利。

第五十六条　剥夺政治权利的期限，除本法第五十九条规定外，为一年以上五年以下。

第五十七条　对于危害国家安全的犯罪分子应当附加剥夺政治权利；对犯故意杀人、强奸、放火、爆炸、投毒、抢劫罪以及严重破坏社会治安秩序被判处十年有期徒刑以上刑罚的犯罪分子，可以附加剥夺政治权利。

独立适用剥夺政治权利的，依照本法分则的规定。

第五十八条　对于被判处死刑、无期徒刑的犯罪分子，应当剥夺政治权利终身。

在死刑缓期执行减为有期徒刑或者无期徒刑减为有期徒刑的时候，应当把附加剥夺政治权利的期限改为三年以上十年以下。

第五十九条　附加剥夺政治权利的刑期，从徒刑、拘役执行完毕之日或者从假释之日起计算；剥夺政治权利的效力当然施用于主刑执行期间。

独立适用剥夺政治权利或者徒刑、拘役执行完毕附加剥夺政治权利的犯罪分子，在执行剥夺政治权利期间，必须遵守下列规定：

（一）遵守法律、法规，服从监督；

（二）按公安机关规定报告自己的活动情况；

（三）遵守公安机关关于会客的规定；

（四）离开所居住的市、县或者迁居，应当报经执行机关批准。

第八节　没收财产

第六十条　没收财产是没收犯罪分子个人所有财产的一部或者全部。

在判处没收财产的时候，不得没收属于犯罪分子家属所有或者应有的财产。

第六十一条　没收财产以前犯罪分子所负的正当债务，需要以没收的财产偿还的，经债权人请求，应当偿还。

第四章　刑罚的具体运用

第一节　量　　刑

第六十二条　对于犯罪分子决定刑罚的时候，应当根据犯罪的事实、犯罪的性质、情节和对于社会的危害程度，依照本法的有关规定判处。

第六十三条　犯罪分子具有本法规定的从重处罚、从轻处罚情节的，应当在法定刑的限度以内判处刑罚。

第六十四条　犯罪分子具有本法规定的减轻处罚情节的，应当在法定刑以下判处刑罚。

犯罪分子虽然不具有本法规定的减轻处罚情节，如果根据案件的特殊情况，判处法定刑的最低刑还是过重的，经最高人民法院审判委员会核准，也可以在法定刑以下判处刑罚。

第六十五条　犯罪分子违法所得的一切财物，应当予以追缴或者责令退赔；对被害人的合法财产，应当及时返还；违禁品和供犯罪所用的本人财物，应当予以没收。没收的财物和罚金，一律上缴国库，不得挪用和自行处理。

第二节　累　　犯

第六十六条　被判处有期徒刑以上刑罚的犯罪分子，刑罚执行完毕或者赦免以后，在五年以内再犯应当判处有期徒刑以上刑罚之罪的，是累犯，应当从重处罚，但是过失犯罪除外。

前款规定的期限，对于被假释的犯罪分子，从假释期满之日起计算。

第六十七条　危害国家安全的犯罪分子和毒品犯罪分子，在刑罚执行完毕或者赦免以后，任何时候再犯危害国家安全罪和再犯毒品罪的，都以累犯论处。

第三节　自首和立功

第六十八条　犯罪以后自动投案，如实供述自己的罪行，接受审判的，是自首。对于自首的犯罪分子，可以从轻或者减轻处罚。其中，犯罪较轻的，可以免除处罚。

被采取强制措施的犯罪嫌疑人、被告人和正在服刑的罪犯，供述司法机关还未掌握的本人其他罪行的，以自首论。

第六十九条　犯罪分子有揭发他人犯罪行为，查证属实的，或者提供重要线索，从而得以侦破其他案件等立功表现的，可以从轻或者减轻处罚。有重大立功表现的，可以减轻或者免除处罚。

犯罪后自首又有重大立功表现的，应当减轻或者免除处罚。

第四节　数罪并罚

第七十条　判决宣告以前一人犯数罪的，除判处死刑和无期徒刑的以外，应当在总和刑期以下、数刑中最高刑期以上，酌情决定执行的刑期；但是管制最高不能超过三年，拘役最高不能超过一年，有期徒刑最高不能超过二十年。

如果数罪中有判处附加刑的，附加刑仍须执行。

第七十一条　判决宣告以后，刑罚执行完毕以前，发现被判刑的犯罪分子在判决宣告以前还有其他罪没有判决的，应当对新发现的罪作出判决，把前后两个判决所判处的刑罚，依照本法第七十条的规定，决定执行的刑罚。已经执行的刑期，应当计算在新判决决定的刑期以内。

第七十二条　判决宣告以后，刑罚执行完毕以前，被判刑的犯罪分子又犯罪的，应当对新犯的罪作出判决，把前罪没有执行的刑罚和后罪所判处的刑罚，依照本法第七十条的规定，决定执行的刑罚。

第五节　缓　　刑

第七十三条　对于被判处拘役、三年以下有期徒刑的犯罪分子，根据犯罪分子的犯罪情节和悔罪表现，适用缓刑确实不致再危害社会的，可以宣告缓刑。

被宣告缓刑的犯罪分子，如果被判处附加刑，附加刑仍须执行。

第七十四条　拘役的缓刑考验期限为原判刑期以上一年以下，但是不能少于二个月。

有期徒刑的缓刑考验期限为原判刑期以上五年以下，但是不能少于一年。

缓刑考验期限，从判决确定之日起计算。

第七十五条　对于累犯，不适用缓刑。

第七十六条　被宣告缓刑的犯罪分子，必须遵守下列规定：

（一）遵守法律、法规，服从监督；

（二）按执行缓刑判决的考察机关的规定报告自己的活动情况；

（三）遵守考察机关关于会客的规定；

（四）离开所居住的市、县或者迁居，应当报经考察机关批准。

第七十七条　被宣告缓刑的犯罪分子，在缓刑考验期限内，由公安机关考察，所在单位或者基层组织予以配合，如果没有第七十八条规定的情形，缓刑考验期满，原判的刑罚就不再执行。

第七十八条　被宣告缓刑的犯罪分子，在缓刑考验期限内，再犯新罪或者发现判决宣告前还有其他罪没有判决的，应当撤销缓刑，对新的犯罪或者新发现的犯罪作出判决，把前罪和后罪判处的刑罚，依照本法第七十条的规定，决定执行的刑罚。

被宣告缓刑的犯罪分子，在缓刑考验期限内，违反法律、行政法规或者国务院公安部门有关缓刑的监督管理规定，情节严重的，应当撤销缓刑，收监执行原判刑罚。

第六节　减　　刑

第七十九条　被判处管制、拘役、有期徒刑、无期徒刑的犯罪分子，在执行期间，如果认真遵守监规、接受教育改造，确有悔改表现或者有立功表现的，可以减刑；有下列重大立功表现之一的，应当减刑：

（一）阻止他人重大犯罪活动的；

（二）检举监狱内外重大犯罪活动，经查证属实的；

（三）有发明创造或者重大技术革新的；

（四）在日常生产、生活中舍己救人的；

（五）在抗御自然灾害或者排除重大事故中，有突出表现的；

（六）对国家和社会有其他重大贡献的。

减刑以后实际执行的刑期，判处管制、拘役、有期徒刑的，不能少于原判刑期的二分之一；判处无期徒刑的，不能少于十年。

第八十条　对于可以减刑的犯罪分子，由执行机关向中级以上人民法院提出减刑建议书。由人民法院组成合议庭进行审理，对确有悔改或者立功事实的，裁定予以减刑。非经法定程序不得减刑。

第八十一条　无期徒刑减为有期徒刑的刑期，从裁定减刑之日起计算。

第七节　假　　释

第八十二条　被判处有期徒刑的犯罪分子，执行原判刑期二分之一以上，被判处无期徒刑的犯罪分子，实际执行十年以上，如果认真遵守监规、接受教育改造，确有悔改表现，假释后不致再危害社会的，可以假释，但是对累犯以及杀人、爆炸、抢劫、强奸、绑架等暴力性犯罪被判处无期徒刑的犯罪分子，不得假释。如果有特殊情况，经最高人民法院核准，可以不受上述执行刑期的限制。

第八十三条　对于可以假释的犯罪分子，依照本法第八十条规定的减刑程序进行。非经法定程序不得假释。

第八十四条　有期徒刑的假释考验期限，为没有执行完毕的刑期；无期徒刑的假释考验期限为十年。

假释考验期限，从假释之日起计算。

第八十五条　被宣告假释的犯罪分子，必须遵守下列规定：

（一）遵守法律、法规，服从监督；

（二）根据公安机关的要求，报告自己的活动情况；
（三）遵守公安机关关于会客的规定；
（四）离开所居住的市、县或者迁居，应当报经公安机关批准。

第八十六条　被假释的犯罪分子，在假释考验期限内，由公安机关予以监督，如果没有第八十七条规定的情形，假释考验期满，就认为原判刑罚已经执行完毕，并公开予以宣告。

第八十七条　被假释的犯罪分子，在假释考验期限内，再犯新罪，应当撤销假释，依照本法第七十二条的规定实行数罪并罚。

被假释的犯罪分子，在假释考验期限内，发现在判决宣告前还有其他罪没有判决的，应当撤销假释，依照本法第七十一条的规定实行数罪并罚。

被假释的犯罪分子，在假释考验期限内，违反法律、行政法规或者国务院公安部门有关假释的监督管理规定，情节严重的，应当撤销假释，收监执行未执行完毕的刑罚。

第八节　时　　效

第八十八条　犯罪经过下列期限不再追诉：
（一）法定最高刑为不满五年有期徒刑的，经过五年；
（二）法定最高刑为五年以上不满十年有期徒刑的，经过十年；
（三）法定最高刑为十年以上有期徒刑的，经过十五年；
（四）法定最高刑为无期徒刑、死刑的，经过二十年。如果二十年以后认为必须追诉的，须报请最高人民检察院核准。

第八十九条　在人民法院、人民检察院、公安机关、国家安全机关采取强制措施或者通缉以后，逃避侦查或者审判的，不受追诉期限的限制。

被害人在追诉期限内提出控告，人民法院、人民检察院、公安机关应当立案而不予立案的，不受追诉期限的限制。

第九十条　追诉期限从犯罪之日起计算；犯罪行为有连续或者继续状态的，从犯罪行为终了之日起计算。

在追诉期限以内又犯罪的，前罪追诉的期限从犯后罪之日起计算。

第五章　其他规定

第九十一条　民族自治地方不能全部适用本法规定的，可以由自治区或者省的人民代表大会根据当地民族的政治、经济、文化的特点和本法规定的基本原则，制定变通或者补充的规定，报请全国人民代表大会常务委员会批准施行。

第九十二条　人民警察在依法执行拘留、逮捕、追捕逃犯或者制止违法犯罪职务遇到暴力侵害的时候，依法使用警械和武器，造成人员伤亡或者财产损失的，不属于防卫过当，不负刑事责任。

人民警察执行职务，依法使用警械和武器，造成人员伤亡或者财产损失的，不负刑事责任，但是违法使用警械和武器，造成不应有的人员伤亡或者财产损失，构成犯罪的，应当负刑事责任。

第九十三条　本法所称公共财产，是指下列财产：
（一）国有财产；
（二）劳动群众集体所有的财产。

在国家机关、国有公司、企业、集体企业和人民团体管理、使用或者运输中的私人财产，以公共财产论。

第九十四条　本法所称公民私人所有的财产，是指下列财产：
（一）公民的合法收入、储蓄、房屋和其他生活资料；
（二）依法归个人、家庭所有的生产资料；
（三）个体户和私营企业的财产；
（四）个人所有的股份和股票、债券。

第九十五条　本法所称国家工作人员，是指在国家权力机关、行政机关、司法机关、军事机关和人民团体中从事公务的人员。

第九十六条　本法所称司法工作人员是指有侦查、检察、审判、监管职责的工作人员。

第九十七条　本法所称重伤，是指有下列情形之一的伤害：
（一）使人肢体残废或者毁人容貌的；
（二）使人丧失听觉、视觉或者其他器官机能的；
（三）其他对于人身健康有重大伤害的。

第九十八条　本法所称违反国家规定，是指违反全国人民代表大会及其常务委员会制定的法律和决定，国务院制定的行政法规和行政措施、发布的决定和命令。

第九十九条　本法所称违法所得，是指因犯罪所得的一切财物。

第一百条　本法所称首要分子，是指在犯罪集团或者聚众犯罪中起组织、策划、指挥作用的犯罪分子。

第一百零一条 本法所称告诉才处理，是指被害人告诉才处理。如果被害人因受强制、威吓无法告诉的，人民检察院和被害人的近亲属也可以告诉。

第一百零二条 本法所称以上、以下、以内，包括本数。

第一百零三条 依法受过刑事处罚的人，在入伍、就业的时候，应当如实向有关单位报告自己曾受过刑事处罚，不得隐瞒。

第一百零四条 本法总则适用于其他有刑罚规定的法律，但是其他法律有特别规定的除外。

第二编 分 则

第一章 危害国家安全罪

第一百零五条 勾结外国，危害中华人民共和国的主权、领土完整和安全的，处无期徒刑或者十年以上有期徒刑。

第一百零六条 组织、策划、实施分裂国家、破坏国家统一活动的，对首要分子或者罪行重大的，处无期徒刑或者十年以上有期徒刑；对积极参加的，处三年以上十年以下有期徒刑；对其他参加的，处三年以下有期徒刑、拘役、管制或者剥夺政治权利。

煽动分裂国家、破坏国家统一的，处五年以下有期徒刑、拘役、管制或者剥夺政治权利；首要分子或者罪行重大的，处五年以上有期徒刑。

第一百零七条 组织、策划、实施武装叛乱或者武装暴乱的，对首要分子或者罪行重大的，处无期徒刑或者十年以上有期徒刑；对积极参加的，处三年以上十年以下有期徒刑；对其他参加的，处三年以下有期徒刑、拘役、管制或者剥夺政治权利。

策动、勾引、收买、胁迫国家工作人员、武装部队人员、人民警察、民兵进行武装叛乱的，依照前款规定从重处罚。

第一百零八条 组织、策划、实施颠覆国家政权、推翻社会主义制度的，对首要分子或者罪行重大的，处无期徒刑或者十年以上有期徒刑；对其他积极参加的，处三年以上十年以下有期徒刑；对其他参加的，处三年以下有期徒刑、拘役、管制或者剥夺政治权利。

以造谣、诽谤或者其他方式煽动颠覆国家政权、推翻社会主义制度的，处五年以下有期徒刑、拘役、管制或者剥夺政治权利；首要分子或者罪行重大的，处五年以上有期徒刑。

第一百零九条 与境外机构、组织、个人相勾结，实施本章第一百零五条、第一百零六条、第一百零七条、第一百零八条规定的犯罪的，依照各该条的规定从重处罚。

指使或者资助境内组织或者个人实施本章第一百零五条、第一百零六条、第一百零七条、第一百零八条规定的犯罪的，依照各该条的规定处罚。

第一百一十条 投敌叛变的，处三年以上十年以下有期徒刑；情节严重或者率领武装部队、人民警察、民兵投敌叛变的，处十年以上有期徒刑或者无期徒刑。

第一百一十一条 投靠境外机构、组织，实施危害中华人民共和国国家安全行为，背叛国家的，处三年以上十年以下有期徒刑；情节严重的，处十年以上有期徒刑或者无期徒刑。

掌握国家秘密的国家工作人员犯前款罪的，依照前款规定从重处罚。

第一百一十二条 进行下列间谍行为之一，危害国家安全的，处十年以上有期徒刑或者无期徒刑；情节较轻的，处三年以上十年以下有期徒刑：

（一）参加间谍组织或者接受间谍组织及其代理人的任务的；

（二）为境外的机构、组织、人员窃取、刺探、收买、非法提供国家秘密或者情报的；

（三）为敌人指示轰击目标的。

第一百一十三条 战时供给敌人武器、军火、军事装备或者其他军用物资资敌的，处十年以上有期徒刑或者无期徒刑；情节较轻的，处三年以上十年以下有期徒刑。

第一百一十四条 本章上述危害国家安全罪行中，除第一百零六条第二款、第一百零八条外，对国家和人民危害特别严重、情节特别恶劣的，可以判处死刑。

犯本章之罪的，可以并处没收财产。

第二章 危害公共安全罪

第一百一十五条 放火、决水、爆炸或者以其他危险方法破坏工厂、矿场、油田、港口、河流、水源、仓库、住宅、森林、农场、谷场、牧场、重要管道、公共建筑物或者其他公私财产、危害公共安全，尚未造成严重后果的，处三年以上十年以下有期徒刑。

第一百一十六条 放火、决水、爆炸、投毒或者以其他危险方法致人重伤、死亡或者使公私财产遭受重大损失的，处十年以上有期徒刑、无期徒刑或者死刑。

过失犯前款罪的，处七年以下有期徒刑或者拘役。

第一百一十七条 破坏火车、汽车、电车、船只、航空器，足以使火车、汽车、电车、船只、航空器发生倾覆、毁坏危险，尚未造成严重后果的，处三年以上十年以下有期徒刑。

第一百一十八条 破坏轨道、桥梁、隧道、公路、机场、航道、灯塔、标志，干扰无线电通信、导航，或者进行其他破坏活动，足以使火车、汽车、电车、船只、航空器发生倾覆、毁坏危险，尚未造成严重后果的，处三年以上十年以下有期徒刑。

第一百一十九条 破坏电力、燃气或者其他易燃易爆设备，危害公共安全，尚未造成严重后果的，处三年以上十年以下有期徒刑。

第一百二十条 破坏交通工具、交通设备、电力燃气设备、易燃易爆设备，造成严重后果的，处十年以上有期徒刑、无期徒刑或者死刑。

过失犯前款罪的，处七年以下有期徒刑或者拘役。

第一百二十一条 以暴力、胁迫或者其他方法劫持航空器的，处十年以上有期徒刑或者无期徒刑；致人重伤、死亡或者使航空器遭受严重破坏的，处死刑；情节较轻的，处五年以上十年以下有期徒刑。

第一百二十二条 对飞行中的民用航空器上的人员使用暴力，危及飞行安全，尚未造成严重后果的，处五年以下有期徒刑或者拘役；造成严重后果的，处五年以上有期徒刑。

第一百二十三条 破坏广播电视设施、公用电信设施，危害公共安全的，处七年以下有期徒刑或者拘役；造成严重后果的，处七年以上有期徒刑。

过失犯前款罪的，处七年以下有期徒刑或者拘役。

第一百二十四条 组织恐怖活动组织的，对首要分子处三年以上十年以下有期徒刑；其他参加的，处三年以下有期徒刑、拘役或者管制。

进行杀人、爆炸、绑架等恐怖活动的，依照本法有关规定定罪处罚。

第一百二十五条 非法制造、买卖、运输、邮寄、储存枪支、弹药、爆炸物的，处三年以上十年以下有期徒刑；情节严重的，处十年以上有期徒刑、无期徒刑或者死刑。

非法买卖、运输核材料的，依照前款规定处罚。

单位有前两款行为的，对单位判处罚金，并对其直接负责的主管人员和其他直接责任人员，依照第一款规定处罚。

第一百二十六条 依法被指定、确定的枪支制造企业、销售企业，违反枪支管理规定，有下列行为之一的，对单位判处罚金，并对其直接负责的主管人员和其他直接责任人员，处七年以下有期徒刑；造成严重后果的，处七年以上有期徒刑或者无期徒刑：

（一）以非法销售为目的超过限额或者不按照规定的品种制造、配售枪支的；

（二）以非法销售为目的，制造无号、重号、假号的枪支的；

（三）非法销售枪支或者在境内销售为出口制造的枪支的。

第一百二十七条 盗窃、抢夺枪支、弹药、爆炸物的，处三年以上十年以下有期徒刑；情节严重的，处十年以上有期徒刑、无期徒刑或者死刑。

抢劫枪支、弹药、爆炸物或者盗窃、抢夺国家机关、军警人员、民兵的枪支、弹药、爆炸物的，处十年以上有期徒刑、无期徒刑或者死刑。

第一百二十八条 违反枪支管理规定，非法持有、私藏枪支、弹药的，处三年以下有期徒刑、拘役或者管制；情节严重的，处三年以上七年以下有期徒刑。

依法配备公务用枪的人员，非法出租、出借枪支的，依照前款规定处罚。

依法配置枪支的人员，非法出租、出借枪支，造成严重后果的，依照第一款的规定处罚。

单位有第二、三款行为的，对其直接负责的主管人员和其他直接责任人员，依照第一款的规定处罚。

第一百二十九条 非法携带枪支、弹药、易燃易爆物品、放射性物品、剧毒物品、腐蚀性物品，进入公共场所或者公共交通工具，危及公共安全，情节严重的，处三年以下有期徒刑、拘役或者管制。

第一百三十条 依法配备公务用枪的人员，丢失枪支未及时报告，造成严重后果的，处三年以下有期徒刑、拘役或者管制。

第一百三十一条 违反交通管理法规，因而发生重大事故，致人重伤、死亡或者使公私财产遭受重大损失的，处三年以下有期徒刑、拘役或者管制；情节特别恶劣的，处三年以上七年以下有期徒刑；因逃逸致人死亡的，处七年以上有期徒刑。

第一百三十二条 工厂、矿山、林场、建筑企业或者其他企业、事业单位的职工，由于不服管理、违反规章制度，或者强令工人违章冒险作业，因而发生重大伤亡事故，造成严重后果的，处三年以下有期徒刑、拘役或者管制；情节特别恶劣的，处三年以上七年以下有期徒刑。

第一百三十三条 违反爆炸性、易燃性、放射性、毒害性、腐蚀性物品的管理规定，在生产、储存、运输、使用中发生重大事故，造成严重后果的，处三年以下有期徒刑、拘役或者管制；后果特别严重的，处三上以上七年以下有期徒刑。

第一百三十四条　违反消防管理法规，经消防监督机构通知采取改正措施而拒绝执行，造成严重后果的，处三年以下有期徒刑、拘役或者管制。

第三章　破坏社会主义市场经济秩序罪

第一节　生产、销售伪劣商品罪

第一百三十五条　生产者、销售者在产品中掺杂、掺假，以假充真，以次充好或者以不合格产品冒充合格产品，违法所得数额二万元以上不满十万元的，处二年以下有期徒刑、拘役或者管制，可以并处违法所得一倍以上五倍以下罚金；违法所得数额十万元以上不满三十万元的，处二年以上七年以下有期徒刑，并处违法所得一倍以上五倍以下罚金；违法所得数额三十万元以上不满一百万元的，处七年以上有期徒刑，并处违法所得一倍以上五倍以下罚金或者没收财产；违法所得数额一百万元以上的，处十五年有期徒刑或者无期徒刑，并处没收财产。

第一百三十六条　生产、销售假药，足以危害人体健康的，处三年以下有期徒刑、拘役或者管制，并处违法所得一倍以上五倍以下罚金；对人体健康造成严重危害的，处三年以上十年以下有期徒刑，并处违法所得一倍以上五倍以下罚金；致人死亡或者对人体健康造成其他特别严重危害的，处十年以上有期徒刑、无期徒刑或者死刑，并处违法所得一倍以上五倍以下罚金或者没收财产。

本条所称“假药”，是指依照《中华人民共和国药品管理法》的规定属于假药和按假药处理的药品、非药品。

第一百三十七条　生产、销售劣药，对人体健康造成严重危害的，处三年以上十年以下有期徒刑，并处违法所得一倍以上五倍以下罚金；后果特别严重的，处十年以上有期徒刑或者无期徒刑，并处违法所得一倍以上五倍以下罚金或者没收财产。

本条所称“劣药”，是指依照《中华人民共和国药品管理法》的规定属于劣药的药品。

第一百三十八条　生产、销售不符合卫生标准的食品，足以造成严重食物中毒事故或者其他严重食源性疾患，处三年以下有期徒刑、拘役或者管制，并处违法所得一倍以上五倍以下罚金；对人体健康造成严重危害的，处三年以上七年以下有期徒刑，并处违法所得一倍以上五倍以下罚金；后果特别严重的，处七年以上有期徒刑或者无期徒刑，并处违法所得一倍以上五倍以下罚金或者没收财产。

第一百三十九条　在生产、销售的食品中掺入有毒、有害的非食品原料的，或者销售明知掺有有毒、有害的非食品原料的食品的，处五年以下有期徒刑或者拘役，可以并处或者单处违法所得一倍以上五倍以下罚金；造成严重食物中毒事故或者其他严重食源性疾患，对人体健康造成严重危害的，处五年以上十年以下有期徒刑，并处违法所得一倍以上五倍以下罚金；致人死亡或者对人体健康造成其他特别严重危害的，依照本法第一百三十二条的规定处罚，并处违法所得一倍以上五倍以下罚金或者没收财产。

第一百四十条　生产不符合保障人体健康的国家标准、行业标准的医疗器械、医用卫生材料，或者销售明知是不符合保障人体健康的国家标准、行业标准的医疗器械、医用卫生材料，对人体健康造成严重危害的，处五年以下有期徒刑，并处违法所得一倍以上五倍以下罚金；后果特别严重的，处五年以上十年以下有期徒刑，并处违法所得一倍以上五倍以下罚金，其中情节特别恶劣的，处十年以上有期徒刑或者无期徒刑，并处违法所得一倍以上五倍以下罚金或者没收财产。

第一百四十一条　生产不符合保障人身、财产安全的国家标准、行业标准的电器、压力容器、易燃易爆产品或者其他不符合保障人身、财产安全的国家标准、行业标准的产品，或者销售明知是以上不符合保障人身、财产安全的国家标准、行业标准的产品，造成严重后果的，处五年以下有期徒刑或者拘役，并处违法所得一倍以上五倍以下罚金；后果特别严重的，处五年以上有期徒刑，并处违法所得一倍以上五倍以下罚金。

第一百四十二条　生产假农药、假兽药、假化肥，销售明知是假的或者失去使用效能的农药、兽药、化肥、种子，或者生产者、销售者以不合格的农药、兽药、化肥、种子冒充合格的农药、兽药、化肥、种子，使生产遭受较大损失的，处三年以下有期徒刑、拘役或者管制，可以并处或者单处违法所得一倍以上五倍以下罚金；使生产遭受重大损失的，处三年以上七年以下有期徒刑，并处违法所得一倍以上五倍以下罚金；使生产遭受特别重大损失的，处七年以上有期徒刑或者无期徒刑，并处违法所得一倍以上五倍以下罚金或者没收财产。

第一百四十三条　生产不符合卫生标准的化妆品，或者销售明知是不符合卫生标准的化妆品，造成严重后果的，处三年以下有期徒刑、拘役或者管制，可以并处或者单处违法所得一倍以上五倍以下罚金。

第一百四十四条　生产、销售本法第一百三十二条至第一百三十九条所列产品，不构成各该条规定的犯罪，但是违法所得数额在二万元以上的，依照本法第一百三十一条的规定处罚。

生产、销售本法第一百三十二条至第一百三十九条所列产品，构成各该条规定的犯罪，同时又构成本法第一百三十一条规定的犯罪的，依照处刑较重的规定处罚。

第一百四十五条　在建筑、设计、施工中，违反法律、法规的规定，有下列情形之一，造成工程质量重大事故的，对单位判处罚金，对其直接负责的主管人员和其他直接责任人员处三年以下有期徒刑、拘役或者管制；造成特别重大事故的，处三年以上七年以下有期徒刑：

（一）建设单位要求建筑设计单位或者施工企业降低工程质量，或者提供不合格的建筑材料、建筑构配件和设备强迫施工企业使用的；

（二）建筑设计单位不按建筑工程质量标准进行设计的；

（三）施工单位在施工中偷工减料，使用不合格的建筑材料、建筑构配件和设备，或者不按照设计图纸或者施工技术标准施工的。

第一百四十六条 单位犯本法第一百三十五条至第一百四十三条罪的，对单位判处罚金，并对其直接负责的主管人员和其他直接责任人员，依照各该条的规定处罚。

第一百四十七条 本节所称“违法所得”，是指销售伪劣商品的收入。

第二节 走私罪

第一百四十八条 走私武器、弹药、核材料或者伪造的货币的，处七年以上有期徒刑，并处罚金或者没收财产；情节较轻的，处七年以下有期徒刑，并处罚金。

走私国家禁止出口的文物、珍贵动物及其制品、黄金、白银或者其他贵重金属的，处五年以上有期徒刑，并处罚金或者没收财产；情节较轻的，处五年以下有期徒刑，并处罚金。

走私国家禁止出口的珍稀植物及其制品的，处五年以下有期徒刑，并处或者单处罚金；情节严重的，处五年以上有期徒刑，并处罚金。

犯第一款、第二款罪，情节特别严重的，处无期徒刑或者死刑，并处没收财产。

第一百四十九条 以牟利或者传播为目的，走私淫秽的影片、录像带、录音带、图片、书刊或者其他淫秽物品的，处三年以上十年以下有期徒刑，并处罚金；情节严重的，处十年以上有期徒刑或者无期徒刑，并处罚金或者没收财产；情节较轻的，处三年以下有期徒刑、拘役或者管制，并处罚金。

第一百五十条 走私本法第一百四十八条、第一百四十九条规定以外的货物、物品的，根据情节轻重，分别依照下列规定处罚：

（一）走私货物、物品偷逃应缴税额在五十万元以上的，处十年以上有期徒刑或者无期徒刑，并处偷逃应缴税额一倍以上五倍以下罚金或者没收财产；情节特别严重的，依照本法第一百四十八条第四款的规定处罚。

（二）走私货物、物品偷逃应缴税额在十五万元以上不满五十万元的，处七年以上有期徒刑，并处偷逃应缴税额一倍以上五倍以下罚金或者没收财产；情节特别严重的，处无期徒刑，并处没收财产。

（三）走私货物、物品偷逃应缴税额在五万元以上不满十五万元的，处七年以下有期徒刑或者拘役，并处偷逃应缴税额一倍以上五倍以下罚金。

对多次走私未经处理的，按照累计走私货物、物品的偷逃应缴税额处罚。

第一百五十一条 单位走私本法第一百四十八条、第一百四十九条规定的货物、物品的，对单位判处罚金，并对其直接负责的主管人员和其他直接责任人员，依照本节对个人犯走私罪的规定处罚。

单位走私本法第一百四十八条、第一百四十九条规定以外的货物、物品，偷逃应缴税额三十万元以上的，对单位判处罚金，并对其直接负责的主管人员和其他直接责任人员，处五年以下有期徒刑或者拘役；情节特别严重，使国家利益遭受重大损失的，处五年以上十年以下有期徒刑。

单位走私，违法所得归私人所有的，或者以单位的名义进行走私，共同分取违法所得的，依照本节对个人犯走私罪的规定处罚。

第一百五十二条 下列走私行为，根据本节规定构成犯罪的，依照本法第一百五十条、第一百五十一条的规定定罪处罚：

（一）未经海关许可并且未补缴应缴税额，擅自将批准进口的来料加工、来件装配、补偿贸易的原材料、零件、制成品、设备等保税货物，在境内销售牟利的；

（二）假借捐赠名义进口货物、物品的，或者未经海关许可并且未补缴应缴税额，擅自将捐赠进口的货物、物品或者其他特定减税、免税进口的货物、物品，在境内销售牟利的。

第一百五十三条 下列行为，以走私罪论处，依照本节的有关规定处罚：

（一）直接向走私人非法收购国家禁止进口物品的，或者直接向走私人非法收购走私进口的其他货物、物品，数额较大的；

（二）在内海、领海运输、收购、贩卖国家禁止进出口物品的，或者运输、收购、贩卖国家限制出口货物、物品，数额较大，没有合法证明的。

（三）逃避海关监管进口或者出口侵犯知识产权的货物、物品的；

（四）逃避海关监管将境外固体废弃物运输进境的；

（五）伪造、买卖海关单证及进出口许可证件用于走私的；

（六）进口国家禁止进口的动植物及其产品的。

第一百五十四条 与走私罪犯通谋，为其提供贷款、资金、帐号、发票、证明，或者为其提供运输、保管、邮寄或者其他方便的，以走私罪的共犯论处。

第一百五十五条 武装掩护走私的，依照本法第一百四十八条的规定从重处罚。

以暴力、威胁方法抗拒缉私的，以走私罪和本法第二百五十五条规定的阻碍国家工作人员依法执行职务罪，依照数罪并罚的规定处罚。

第三节 妨害对公司、企业的管理秩序罪

第一百五十六条 申请公司登记使用虚假证明文件或者采取其他欺诈手段虚报注册资本，欺骗公司登记主管部门，取得公司登记，虚报注册资本数额巨大、后果严重或者有其他严重情节的，处三年以下有期徒刑、拘役或者管制，可以并处虚报注册资本金额百分之十以下罚金。

申请公司登记的单位犯前款罪的，对单位判处虚报注册资本金额百分之十以下罚金，并对其直接负责的主管人员和其他直接责任人员，处三年以下有期徒刑、拘役或者管制。

第一百五十七条 公司发起人、股东违反公司法的规定未交付货币、实物或者未转移财产权，虚假出资，或者在公司成立后又抽逃其出资，数额巨大、后果严重或者有其他严重情节的，处五年以下有期徒刑或者拘役，可以并处虚假出资金额或者抽逃出资金额百分之十以下罚金。

单位犯前款罪的，对单位判处虚假出资金额或者抽逃出资金额百分之十以下罚金，并对其直接负责的主管人员和其他直接责任人员，处五年以下有期徒刑或者拘役。

第一百五十八条 制作虚假的招股说明书、认股书、公司债券募集办法发行股票或者公司债券，数额巨大、后果严重或者有其他严重情节的，处五年以下有期徒刑或者拘役，可以并处非法募集资金金额百分之五以下罚金。

单位犯前款罪的，对单位判处非法募集资金金额百分之五以下罚金，并对其直接负责的主管人员和其他直接责任人员，处五年以下有期徒刑或者拘役。

第一百五十九条 公司向股东和社会公众提供虚假的或者隐瞒重要事实的财务会计报告，严重损害股东或者其他人利益的，对其直接负责的主管人员和其他直接责任人员，处三年以下有期徒刑、拘役或者管制，可以并处二十万元以下罚金。

第一百六十条 公司进行清算时，隐匿财产，对资产负债表或者财产清单作虚伪记载或者在未清偿债务前分配公司财产，严重损害债权人或者其他人利益的，对其直接负责的主管人员和其他直接责任人员，处五年以下有期徒刑或者拘役，可以并处二十万元以下罚金。

第一百六十一条 公司、企业的工作人员利用职务上的便利，索取他人财物或者非法收受他人财物为他人谋利益，数额较大的，处五年以下有期徒刑或者拘役；数额巨大的，处五年以上十年以下有期徒刑；数额特别巨大的，处十年以上有期徒刑或者无期徒刑，可以并处没收财产。

公司、企业的工作人员在经济往来中，违反国家规定收受各种名义的回扣、手续费，归个人所有的，依照前款规定处罚。

国有公司、企业的工作人员有前两款规定的犯罪行为的，依照本法第三百四十条、第三百四十一条的规定处罚。

为谋取不正当利益，给予公司、企业的工作人员以财物，数额较大的，处三年以下有期徒刑、拘役或者管制，因行贿谋取不正当利益，情节严重的，或者使公司、企业利益遭受重大损失的，处三年以上十年以下有期徒刑，并处罚金。

第一百六十二条 有限责任公司、股份有限公司以外的企业法人犯本法第一百五十六条、第一百五十七条、第一百五十八条、第一百六十条规定之罪的，依照各该条的规定处罚。

第四节 破坏金融管理秩序罪

第一百六十三条 伪造货币的，处三年以上十年以下有期徒刑，并处五万元以上五十万元以下罚金。有下列情形之一的，处十年以上有期徒刑、无期徒刑或者死刑，并处没收财产：

（一）伪造货币集团的首要分子；

（二）伪造货币数额特别巨大的；

（三）有其他特别严重情节的。

第一百六十四条 出售、购买伪造的货币或者明知是伪造的货币而运输，数额较大的，处三年以下有期徒刑、拘役或者管制，并处二万元以上二十万元以下罚金；数额巨大的，处三年以上十年以下有期徒刑，并处五万元以上五十万元以下罚金；数额特别巨大的，处十年以上有期徒刑或者无期徒刑，并处没收财产。

银行或者其他金融机构的工作人员购买伪造的货币或者利用职务上的便利，以伪造的货币换取货币的，处三年以上十年以下有期徒刑，并处二万元以上二十万元以下罚金；数额巨大或者有其他严重情节的，处十年以上有期徒刑或者无期徒刑，并处没收财产；情节较轻的，处三年以下有期徒刑、拘役或者管制，并处或者单处一万元以上十万元以下罚金。

伪造货币并出售或者运输伪造的货币的，依照第一百六十三条的规定定罪从重处罚。

第一百六十五条　明知是伪造的货币而持有、使用，数额较大的，处三年以下有期徒刑、拘役或者管制，并处一万元以上十万元以下罚金；数额巨大的，处三年以上十年以下有期徒刑，并处二万元以上二十万元以下罚金；数额特别巨大的，处十年以上有期徒刑，并处五万元以上五十万元以下罚金或者没收财产。

第一百六十六条　变造货币，数额较大的，处三年以下有期徒刑、拘役或者管制，并处一万元以上十万元以下罚金；数额巨大的，处三年以上十年以下有期徒刑，并处二万元以上二十万元以下罚金。

第一百六十七条　未经中国人民银行批准，擅自设立商业银行或者其他金融机构的，处三年以下有期徒刑、拘役或者管制，并处或者单处二万元以上二十万元以下罚金；情节严重的，处三年以上十年以下有期徒刑，并处五万元以上五十万元以下罚金。

伪造、变造、转让商业银行或者其他金融机构经营许可证的，依照前款的规定处罚。

单位犯前两款罪的，对单位判处罚金，并对其直接负责的主管人员和其他直接责任人员，依照第一款的规定处罚。

第一百六十八条　非法吸收公众存款或者变相吸收公众存款，扰乱金融秩序的，处三年以下有期徒刑、拘役或者管制，并处或者单处二万元以上二十万元以下罚金；数额巨大或者有其他严重情节的，处三年以上十年以下有期徒刑，并处五万元以上五十万元以下罚金。

单位犯前款罪的，对单位判处罚金，并对其直接负责的主管人员和其他直接责任人员，依照前款的规定处罚。

第一百六十九条　有下列情形之一，伪造、变造金融票证的，处五年以下有期徒刑或者拘役，并处二万元以上二十万元以下罚金；情节严重的，处五年以上十年以下有期徒刑，并处五万元以上五十万元以下罚金；情节特别严重的，处十年以上有期徒刑或者无期徒刑，并处没收财产：

（一）伪造、变造汇票、本票、支票的；

（二）伪造、变造委托收款凭证、汇款凭证、银行存单等其他银行结算凭证的；

（三）伪造、变造信用证或者附随的单据、文件的；

（四）伪造信用卡的。

单位犯前款罪的，对单位判处罚金，并对其直接负责的主管人员和其他直接责任人员，依照前款的规定处罚。

第一百七十条　伪造、变造国库券或者国家发行的其他有价证券，数额较大的，处三年以下有期徒刑、拘役或者管制；数额巨大的，处三年以上十年以下有期徒刑；数额特别巨大的，处十年以上有期徒刑或者无期徒刑。

伪造、变造股票、公司、企业债券，数额较大的，处三年以下有期徒刑、拘役或者管制；数额巨大的，处三年以上十年以下有期徒刑。

第一百七十一条　未经公司法规定的有关主管部门批准，擅自发行股票、公司债券，数额巨大、后果严重或者有其他严重情节的，处五年以下有期徒刑或者拘役，可以并处非法募集资金金额百分之五以下罚金。

单位犯前款罪的，对单位判处非法募集资金金额百分之五以下罚金，并对其直接负责的主管人员，处五年以下有期徒刑或者拘役。

第一百七十二条　证券交易内幕信息的知情人员或者非法获取证券交易内幕信息的人员，在涉及证券的发行、交易或者其他对证券的价格有重大影响的信息尚未公开前，买入或者卖出该证券，或者泄露该信息的，处五年以下有期徒刑或者拘役，并处或者单处违法所得一倍以上五倍以下罚金；情节严重的，处五年以上十年以下有期徒刑，并处违法所得一倍以上五倍以下罚金。

单位犯前款罪的，对单位判处违法所得一倍以上五倍以下罚金，并对其直接负责的主管人员和其他直接责任人员，处五年以下有期徒刑或者拘役。

本条所称“内幕信息”是指：

（一）可能对上市公司股票交易价格产生较大影响，而投资人尚未得知的重大事件；

（二）公司分配股利或者增资的计划；

（三）公司股权结构的重大变化；

（四）公司债务担保的重大变更；

（五）公司营业用主要资产的抵押、出售或者报废一次超过资产的百分之三十；

（六）公司股东会、董事会或者监事会的决定被依法撤销；

（七）公司的董事、监事或者高级管理人员的行为可能依法负有重大损害赔偿责任；

（八）涉及发行人的重大诉讼事项；

（九）上市公司收购的有关方案；

（十）国务院证券管理部门认定的对证券价格有显著影响的其他重要信息。

本条所称“知情人员”是指：

（一）发行股票或者公司债券的公司董事、监事、经理、副经理；

（二）持有该公司股份超过百分之十的股东或者其控股公司的负责人；

（三）由于所任公司职务可以获取公司有关证券交易信息的人员；

（四）由于法定的职责对证券交易进行管理的人员；

（五）由于法定职责而参与证券交易的社会中介机构或者证券交易服务机构的有关人员。

第一百七十三条　证券交易当事人出售其并不持有的证券或者买入明知交易对方并不持有的证券，数额较大的，处五年以下有期徒刑或者拘役，并处或者单处非法买卖证券等值的罚金。

证券公司从业人员违反法律规定，为客户卖出其帐户上未实有的证券，数额较大的，处五年以下有期徒刑或者拘役，并处或者单处非法买卖证券等值的罚金。

单位犯前两款罪的，对单位判处非法买卖证券等值的罚金，并对其直接负责的主管人员和其他直接责任人员，处五年以下有期徒刑或者拘役。

第一百七十四条　编造并且传播影响证券交易的虚假信息，扰乱证券交易市场，造成严重后果的，处三年以下有期徒刑、拘役或者管制，并处或者单处一万元以上十万元以下罚金。

证券交易所、证券公司的从业人员，证券业协会或者证券管理部门的工作人员，故意提供虚假信息，伪造、变造或者销毁交易记录，诱骗投资者买卖证券，处五年以下有期徒刑或者拘役，并处或者单处一万元以上十万元以下罚金；情节恶劣的，处五年以上十年以下有期徒刑，并处一万元以上十万元以下罚金。

单位犯前两款罪的，对单位判处十万元以上五十万元以下罚金，并对其直接负责的主管人员和其他直接责任人员，处五年以下有期徒刑或者拘役。

第一百七十五条　有下列操纵证券交易价格行为之一，获取不正当利益或者转嫁风险，情节严重的，处五年以下有期徒刑或者拘役，并处或者单处违法所得一倍以上五倍以下罚金：

（一）通过合谋，集中资金优势，联合或者连续买卖，操纵证券交易价格的；

（二）与他人串通，进行不转移证券所有权的虚买虚卖，制造证券交易的虚假价格的；

（三）以自己为交易对象，进行证券的自买自卖，制造证券交易的虚假价格的；

（四）利用职务便利抬高或者压低证券交易价格的；

（五）以其他方法操纵证券交易价格的。

单位犯前款罪的，对单位判处违法所得一倍以上五倍以下罚金，并对其直接负责的主管人员和其他直接责任人员，处五年以下有期徒刑或者拘役。

第一百七十六条　保险公司的工作人员利用职务上的便利，故意编造未曾发生的保险事故进行虚假理赔，骗取保险金归自己所有的，依照本法第二百五十八条的规定定罪处罚。

国家工作人员有前款行为的，依照本法第三百四十九条、第三百五十条的规定定罪处罚。

第一百七十七条　银行或者其他金融机构的工作人员在金融业务中索取、收受贿赂，或者违反国家规定收受各种名义的回扣、手续费的，依照本法第一百六十一条的规定定罪处罚。

国家工作人员有前款行为的，依照本法第三百五十三条、第三百五十四条的规定定罪处罚。

第一百七十八条　银行或者其他金融机构的工作人员利用职务上的便利，挪用单位或者客户资金的，依照本法第二百五十九条的规定定罪处罚。

国家工作人员有前款行为的，依照本法第三百五十二条的规定定罪处罚。

第一百七十九条　银行或者其他金融机构的工作人员违反法律、行政法规规定，向关系人发放信用贷款或者发放担保贷款的条件优于其他借款人同类贷款的条件，造成较大损失的，处五年以下有期徒刑或者拘役，并处一万元以上十万元以下罚金；造成重大损失的，处五年以上有期徒刑，并处二万元以上二十万元以下罚金。

银行或者其他金融机构的工作人员违反法律、行政法规规定，向关系人以外的其他人发放贷款，造成重大损失的，处五年以下有期徒刑或者拘役，并处一万元以上十万元以下罚金；造成特别重大损失的，处五年以上有期徒刑，并处二万元以上二十万元以下罚金。

单位犯前两款罪的，对单位判处罚金，并对其直接负责的主管人员和其他直接责任人员，依照前两款的规定处罚。

关系人的范围，依照《中华人民共和国商业银行法》和有关金融法规确定。

第一百八十条　银行或者其他金融机构的工作人员违反规定，为他人出具信用证或者其他保函、票据、存单、资信证明，造成较大损失的，处五年以下有期徒刑或者拘役；造成重大损失的，处五年以上有期徒刑。

单位犯前款罪的，对单位判处罚金，并对其直接负责的主管人员和其他直接责任人员，依照前款的规定处罚。

第一百八十一条　银行或者其他金融机构的工作人员在票据业务中，对违反票据法规定的票据予以承兑、付款或者保证，造成重大损失的，处五年以下有期徒刑或者拘役；造成特别重大损失的，处五年以上有期徒刑。

单位犯前款罪的，对单位判处罚金，并对其直接负责的主管人员和其他直接责任人员，依照前款规定处罚。

第一百八十二条　明知是毒品犯罪、黑社会犯罪、走私犯罪、贪污贿赂犯罪等严重犯罪的违法所得及其产生的收益，为掩盖、隐瞒其来源和性质，有下列行为之一的，没收实施以上犯罪的违法所得及其产生的收益，处三年以下有期徒刑、拘役或者管制，并处或者单处洗钱数额一倍以上五倍以下罚金；情节严重的，处三年以上十年以下有期徒刑，并处洗钱数额一倍以上五倍以下罚金：

（一）提供资金帐户的；

（二）违反规定，协助将财产转换为现金或者金融票据的；
（三）通过转帐承兑等结算方式协助资金转移的；
（四）违反规定，协助将资金汇往境外的；
（五）以其他方法隐瞒、掩饰犯罪违法所得及其收益的性质和来源的。

单位犯前款罪的，对单位判处罚金，并对其直接负责的主管人员和其他直接责任人员，依照前款的规定处罚。

第五节 金融诈骗罪

第一百八十三条 以非法占有为目的，使用诈骗方法非法集资的，处三年以下有期徒刑、拘役或者管制，并处二万元以上二十万元以下罚金；数额巨大或者有其他严重情节的，处三年以上十年以下有期徒刑，并处五万元以上五十万元以下罚金；数额特别巨大或者有其他特别严重情节的，处十年以上有期徒刑或者无期徒刑，并处没收财产。

单位犯前款罪的，对单位判处罚金，并对其直接负责的主管人员和其他直接责任人员，依照前款的规定处罚。

第一百八十四条 有下列情形之一，以非法占有为目的，诈骗银行或者其他金融机构的贷款，数额较大的，处五年以下有期徒刑或者拘役，并处二万元以上二十万元以下罚金；数额巨大或者有其他严重情节的，处五年以上十年以下有期徒刑，并处五万元以上五十万元以下罚金；数额特别巨大或者有其他特别严重情节的，处十年以上有期徒刑或者无期徒刑，并处没收财产：

（一）编造引进资金、项目等虚假理由的；
（二）使用虚假的经济合同的；
（三）使用虚假的证明文件的；
（四）使用虚假的产权证明作担保的；
（五）以其他方法诈骗贷款的。

第一百八十五条 有下列情形之一，进行金融票据诈骗活动，数额较大的，处五年以下有期徒刑或者拘役，并处二万元以上二十万元以下罚金；数额巨大或者有其他严重情节的，处五年以上十年以下有期徒刑，并处五万元以上五十万元以下罚金；数额特别巨大或者有其他特别严重情节的，处十年以上有期徒刑或者无期徒刑，并处没收财产：

（一）明知是伪造、变造的汇票、本票、支票而使用的；
（二）明知是作废的汇票、本票、支票而使用的；
（三）冒用他人的汇票、本票、支票的；
（四）签发空头支票或者与其预留印鉴不符的支票，骗取财物的；
（五）汇票、本票的出票人签发无资金保证的汇票、本票或者在出票时作虚假记载，骗取财物的。

使用伪造、变造的委托收款凭证、汇款凭证、银行存单等其他银行结算凭证的，依照前款的规定处罚。

单位犯前两款罪的，对单位判处罚金，并对其直接负责的主管人员和其他直接责任人员，依照第一款的规定处罚。

第一百八十六条 有下列情形之一，进行信用证诈骗活动，处五年以下有期徒刑或者拘役，并处二万元以上二十万元以下罚金；数额巨大或者有其他严重情节的，处五年以上十年以下有期徒刑，并处五万元以上五十万元以下罚金；数额特别巨大或者有其他特别严重情节的，处十年以上有期徒刑或者无期徒刑，并处没收财产：

（一）使用伪造、变造的信用证或者附随的单据、文件的；
（二）使用作废的信用证的；
（三）骗取信用证的；
（四）以其他方法进行信用证诈骗活动的。

单位犯前款罪的，对单位判处罚金，并对其直接负责的主管人员和其他直接责任人员，依照前款的规定处罚。

第一百八十七条 有下列情形之一，进行信用卡诈骗活动，数额较大的，处五年以下有期徒刑或者拘役，并处二万元以上二十万元以下罚金；数额巨大或者有其他严重情节的，处五年以上十年以下有期徒刑，并处五万元以上五十万元以下罚金；数额特别巨大或者有其他特别严重情节的，处十年以上有期徒刑或者无期徒刑，并处没收财产：

（一）使用伪造的信用卡的；
（二）使用作废的信用卡的；
（三）冒用他人信用卡的；
（四）恶意透支的。

盗窃信用卡并使用的，依照本法第二百五十一条的规定定罪处罚。

第一百八十八条 有下列情形之一，进行保险诈骗活动，数额较大的，处五年以下有期徒刑或者拘役，并处一万元以上十万元以下罚金；数额巨大或者有其他严重情节的，处五年以上十年以下有期徒刑，并处二万元以上二十万元以下罚金；数额特别巨大或者有其他特别严重情节的，处十年以上有期徒刑，并处没收财产：

（一）投保人故意虚构保险标的，骗取保险金的；
（二）投保人、被保险人或者受益人对发生的保险事故编造虚假的原因或者夸大损失的程度，骗取保险金的；
（三）投保人、被保险人或者受益人编造未曾发生的保险事故，骗取保险金的；

（四）投保人、被保险人故意造成财产损失的保险事故，骗取保险金的；

（五）投保人、受益人故意造成被保险人死亡、伤残或者疾病，骗取保险金的。

有前款第（四）项、第（五）项所列行为，同时构成其他犯罪的，依照数罪并罚的规定处罚。

保险事故的鉴定人、证明人、财产评估人故意提供虚假的证明文件，为他人诈骗提供条件的，以保险诈骗的共犯论处。

单位犯第一款、第三款罪的，对单位判处罚金，并对其直接负责的主管人员和其他直接责任人员，依照各该款的规定处罚。

第一百八十九条 犯本节第一百八十三条、第一百八十五条、第一百八十六条罪，数额特别巨大并且给国家和人民利益造成特别重大损失的，处无期徒刑或者死刑，并处没收财产。

第六节 危害税收征管罪

第一百九十条 纳税人采取伪造、变造、隐匿、擅自销毁帐簿、记帐凭证，在帐簿上多列支出或者不列、少列收入，应申报而不申报或者进行虚假的纳税申报的手段，不缴或者少缴应纳税款，偷税数额占应纳税额的百分之十以上不满百分之三十并且偷税数额在一万元以上不满十万元的，或者因偷税被税务机关给予二次行政处罚又偷税的，处三年以下有期徒刑、拘役或者管制，并处偷税数额一倍以上五倍以下罚金；偷税数额占应纳税额的百分之三十以上并且偷税数额在十万元以上的，处三年以上七年以下有期徒刑，并处偷税数额一倍以上五倍以下罚金。

扣缴义务人采取前款所列手段，不缴或者少缴已扣、已收税款，数额占应缴税额的百分之十以上并且数额在一万元以上的，依照前款规定处罚。

对多次犯有前两款规定的违法行为未经处罚的，按照累计数额计算。

第一百九十一条 以暴力、威胁方法拒不缴纳税款的，处三年以下有期徒刑、拘役或者管制，并处拒缴税款一倍以上五倍以下的罚金；情节严重的，处三年以上七年以下有期徒刑，并处拒缴税款一倍以上五倍以下罚金。

以暴力方法抗税，致人重伤或者死亡，依照本法第二百二十三条、第二百二十一条的规定定罪处罚，并依照前款规定处以罚金。

第一百九十二条 纳税人欠缴应纳税款，采取转移或者隐匿财产的手段，致使税务机关无法追缴欠缴的税款，数额在一万元以上不满十万元的，处三年以下有期徒刑、拘役或者管制，并处欠缴税款一倍以上五倍以下罚金；数额在十万元以上的，处三年以上七年以下有期徒刑，并处欠缴税款一倍以上五倍以下罚金。

第一百九十三条 以假报出口或者其他欺骗手段，骗取国家出口退税款的，依照本法第二百五十三条的规定定罪处罚，并处骗取税款一倍以上五倍以下罚金。

纳税人交纳税款后，采取前款规定的欺骗方法，骗取所交纳的税款的，依照本法第一百八十五条的规定定罪处罚；骗取税款超过所交纳的税款部分，依照前款规定处罚。

第一百九十四条 虚开增值税专用发票或者虚开用于骗取出口退税、抵扣税款的其他发票的，处三年以下有期徒刑、拘役或者管制，并处二万元以上二十万元以下罚金；虚开的税款数额较大或者有其他严重情节的，处三年以上十年以下有期徒刑，并处五万元以上五十万元以下罚金；虚开的税款数额巨大或者有其他特别严重情节的，处十年以上有期徒刑或者无期徒刑，并处没收财产。

有前款行为骗取国家税款，数额特别巨大、情节特别严重、给国家利益造成特别重大损失的，处无期徒刑或者死刑，并处没收财产。

虚开增值税专用发票或者虚开用于骗取出口退税、抵扣税款的其他发票是指有为他人虚开、为自己虚开、让他人为自己虚开、介绍他人虚开行为之一的。

第一百九十五条 伪造或者出售伪造的增值税专用发票的，处三年以下有期徒刑、拘役或者管制，并处二万元以上二十万元以下罚金；数量较大或者有其他严重情节的，处三年以上十年以下有期徒刑，并处五万元以上五十万元以下罚金；数量巨大或者有其他特别严重情节的，处十年以上有期徒刑或者无期徒刑，并处没收财产。

伪造并出售伪造的增值税专用发票，数量特别巨大、情节特别严重、严重破坏经济秩序的，处无期徒刑或者死刑，并处没收财产。

伪造、出售伪造的增值税专用发票的犯罪集团的首要分子，分别依照前两款的规定从重处罚。

第一百九十六条 非法出售增值税专用发票的，处三年以下有期徒刑、拘役或者管制，并处二万元以上二十万元以下罚金；数量较大的，处三年以上十年以下有期徒刑，并处五万元以上五十万元以下罚金；数量巨大的，处十年以上有期徒刑或者无期徒刑，并处没收财产。

第一百九十七条 非法购买增值税专用发票或者购买伪造的增值税专用发票的，处五年以下有期徒刑、拘役，并处或者单处二万元以上二十万元以下罚金。

非法购买增值税专用发票或者购买伪造的增值税专用发票又虚开或者出售的，分别依照本法第一百九十四条、第一百九十五条、第一百九十六条的规定定罪处罚。

第一百九十八条 伪造、擅自制造或者出售伪造、擅自制造的可以用于骗取出口退税、抵扣税款的其他发票的，处三年以下有期徒刑、拘役或者管制，并处二万元以上二十万元以下罚金；数量巨大的，处三年以上七年以下有期徒刑，并处五万元以上五十万元以下罚金；数量特别巨大的，处七年以上有期徒刑，并处没收财产。

伪造、擅自制造或者出售伪造、擅自制造的前款规定以外的其他发票的，处二年以下有期徒刑、拘役或者管制，并处或者单处一万元以上五万元以下罚金；情节严重的，处二年以上七年以下有期徒刑，并处五万元以上五十万元以下罚金。

非法出售可以用于骗取出口退税、抵扣税款的其他发票的，依照第一款的规定处罚。

非法出售前款规定以外的其他发票的，依照第二款的规定处罚。

第一百九十九条　盗窃增值税专用发票或者其他发票的，依照本法第二百五十一条的规定定罪处罚。

使用欺骗手段骗取增值税专用发票或者其他发票的，依照本法第二百五十三条的规定定罪处罚。

第二百条　单位犯本节规定之罪的，对单位判处罚金，并对其直接负责的主管人员和其他直接责任人员，依照各该条的规定处罚。

第二百零一条　犯本节第一百九十条、第一百九十一条、第一百九十二条、第一百九十三条、第一百九十四条规定之罪，责令补交税款、退还骗取的出口退税款和被依法罚款，判处罚金、没收财产的，其财产不足以支付时，先支付补交的税款、退还骗取的出口退税款和罚款。

第七节　侵犯知识产权罪

第二百零二条　未经注册商标所有人许可，在同一种商品上使用与其注册商标相同的商标，违法所得数额较大或者有其他严重情节的，处三年以下有期徒刑、拘役或者管制，可以并处或者单处罚金；违法所得数额巨大的，处三年以上七年以下有期徒刑、并处罚金。

第二百零三条　销售明知是假冒注册商标的商品，违法所得数额较大的，处三年以下有期徒刑、拘役或者管制，可以并处或者单处罚金；违法所得数额巨大的，处三年以上七年以下有期徒刑，并处罚金。

第二百零四条　伪造、擅自制造他人注册商标标识或者销售伪造、擅自制造的注册商标标识，违法所得数额较大或者有其他严重情节的，处三年以下有期徒刑、拘役或者管制，可以并处或者单处罚金；违法所得数额巨大的，处三年以上七年以下有期徒刑，并处罚金。

第二百零五条　未经专利权人许可，使用其专利，违法所得数额较大或者有其他严重情节的，处三年以下有期徒刑、拘役或者管制，可以并处或者单处罚金。

第二百零六条　以营利为目的，有下列侵犯著作权情形之一，违法所得数额较大或者有其他严重情节的，处三年以下有期徒刑、拘役或者管制，可以并处或者单处罚金；违法所得数额巨大或者有其他特别严重情节的，处三年以上七年以下有期徒刑，并处罚金：

（一）未经著作权人许可，复制发行其文字作品、音乐、电影、电视、录像作品、计算机软件及其他作品的；

（二）出版他人享有专有出版权的图书的；

（三）未经录音录像制作者许可，复制发行其制作的录音录像的；

（四）制作、出售假冒他人署名的美术作品的。

第二百零七条　以营利为目的，销售明知是第二百零六条规定的侵权复制品，违法所得数额较大的，处二年以下有期徒刑、拘役或者管制，可以并处或者单处罚金；违法所得数额巨大的，处二年以上五年以下有期徒刑，并处罚金。

第二百零八条　单位犯本节规定之罪的，对单位判处罚金，并对其直接负责的主管人员和其他直接责任人员，依照本节各该条的规定处罚。

第八节　扰乱市场秩序罪

第二百零九条　有下列侵犯商业秘密行为之一，给商业秘密的权利人造成重大损失的，处三年以下有期徒刑、拘役或者管制，可以并处或者单处罚金；造成特别严重后果的，处三年以上七年以下有期徒刑，可以并处罚金：

（一）以盗窃、利诱、胁迫或者其他不正当手段获取权利人的商业秘密；

（二）披露、使用或者允许他人使用以前项手段获取的权利人的商业秘密；

（三）违反约定或者违反权利人有关保守商业秘密的要求，披露、使用或者允许他人使用其所掌握的商业秘密。

明知或者应知前款所列行为，获取、使用或者披露他人的商业秘密，以侵犯商业秘密论。

本条所称的“商业秘密”，是指不为公众所知悉、能为权利人带来经济利益、具有实用性并经权利人采取保密措施的技术信息和经营信息。

本条所称的“权利人”，是指商业秘密的所有人和经商业秘密所有人许可的商业秘密使用人。

第二百一十条　捏造并散布虚伪事实，损害他人的商业信誉、商品声誉，给他人造成重大损失的，处二年以下有期徒刑、拘役或者管制，可以并处或者单处罚金。

第二百一十一条　广告主、广告经营者、广告发布者违反法律规定，利用广告对商品或者服务作虚假宣传，情节严重的，处二年以下有期徒刑、拘役或者管制，可以并处或者单处罚金。

第二百一十二条 投标人相互串通投标报价，损害招标人或者其他投标人利益，情节严重的，处三年以下有期徒刑、拘役或者管制，可以并处或者单处罚金。

投标人与招标人串通投标，损害国家、集体、公民的合法利益的，依照前款的规定处罚。

第二百一十三条 有下列情形之一，以非法占有为目的，在签订、履行合同过程中，骗取对方当事人财物，数额较大的，处三年以下有期徒刑、拘役或者管制，可以并处或者单处罚金；数额巨大或者情节严重的，处三年以上十年以下有期徒刑，并处罚金；数额特别巨大或者情节特别严重的，处十年以上有期徒刑或者无期徒刑，并处没收财产：

（一）以虚构的单位或者冒用他人名义签订合同的；

（二）以伪造、变造、作废的票据或者其他虚假的产权证明作担保的；

（三）没有实际履行能力，以先履行小额合同或者部分履行合同的方法，诱骗对方当事人继续签订和履行合同的；

（四）收受对方当事人给付的货物、货款、预付款或者担保财产后逃匿的；

（五）以其他方法骗取对方当事人财物的。

第二百一十四条 违反国家规定，有下列非法经营行为之一，扰乱市场秩序，情节严重的，处五年以下有期徒刑或者拘役，可以并处或者单处违法所得一倍以上五倍以下罚金；情节特别严重的，处五年以上有期徒刑，并处违法所得一倍以上五倍以下罚金或者没收财产。

（一）经营法律、行政法规规定的专营、专卖物品或者其他限制买卖的物品的；

（二）买卖进出口许可证、进出口原产地证明以及其他法律、行政法规规定的经营许可证或者批准文件的；

（三）销售走私物品、特许减免税物品，无合法证明的；

（四）垄断货源、哄抬物价、扰乱市场的；

（五）其他严重扰乱市场秩序的非法经营行为。

第二百一十五条 在商品交易中，以暴力、威胁手段强买强卖、强迫他人提供服务或者强迫他人接受服务，情节严重的，处三年以下有期徒刑、拘役或者管制，可以并处或者单处罚金。

第二百一十六条 伪造或者倒卖伪造的车票、船票、邮票或者其他有价票证，数额较大的，处二年以下有期徒刑、拘役或者管制，可以并处或者单处票证价额一倍以上五倍以下罚金；数额巨大的，处二年以上七年以下有期徒刑，可以并处票证价额一倍以上五倍以下罚金。

第二百一十七条 以牟利为目的，违反法律和行政法规规定，非法转让、倒卖土地使用权，情节严重的，处三年以下有期徒刑、拘役或者管制，可以并处或者单处非法转让、倒卖土地价额一倍以下的罚金；情节特别严重的，处三年以上十年以下有期徒刑，并处非法转让、倒卖土地价额一倍以下的罚金。

第二百一十八条 承担资产评估、验资、验证、审计职责的人员故意提供虚假证明文件，情节严重的，处五年以下有期徒刑或者拘役，可以并处二十万元以下罚金。

第二百一十九条 违反进出口商品检验法的规定，逃避商品检验，将必须经商检机构检验的进口商品未报经检验而擅自销售、使用，或者将必须经商检机构检验的出口商品未报经检验合格而擅自出口，致使国家、集体遭受重大损失的，处三年以下有期徒刑、拘役或者管制，可以并处或者单处罚金。

第二百二十条 单位犯本节规定之罪的，对单位判处罚金，并对其直接负责的主管人员和其他直接责任人员，依照本节各该条的规定处罚。

第四章 侵犯公民人身权利、民主权利罪

第二百二十一条 故意杀人的，处死刑、无期徒刑或者十年以上有期徒刑；情节较轻的，处三年以上十年以下有期徒刑。

第二百二十二条 过失致人死亡的，处七年以下有期徒刑。本法另有规定的，依照规定。

第二百二十三条 故意伤害他人身体的，处三年以下有期徒刑、拘役或者管制。

犯前款罪，致人重伤的，处三年以上十年以下有期徒刑；致人死亡的，处十年以上有期徒刑或者无期徒刑；以特别残忍的手段致人死亡或者致人重伤造成严重残疾的，处死刑。本法另有规定的，依照规定。

第二百二十四条 过失伤害他人致人重伤的，处三年以下有期徒刑、拘役或者管制。本法另有规定的，依照规定。

第二百二十五条 以暴力、胁迫或者其他手段强奸妇女的，处三年以上十年以下有期徒刑。

奸淫不满十四岁的幼女的，以强奸论，从重处罚。

强奸妇女、奸淫幼女，有下列情节之一的，处十年以上有期徒刑、无期徒刑或者死刑：

（一）强奸妇女、奸淫幼女情节恶劣的；

（二）强奸妇女、奸淫幼女多人的；

（三）在公共场所当众强奸妇女的；

（四）二人以上轮奸的；

（五）致使被害人死亡、重伤或者造成其他严重后果的。

第二百二十六条 以暴力、胁迫或者其他方法强制猥亵妇女或者侮辱妇女的，处五年以下有期徒刑或者拘役。

聚众或者在公共场所当众犯前款罪，社会影响恶劣或者造成严重后果的，处五年以上有期徒刑。

猥亵儿童的，依照前两款的规定从重处罚。

第二百二十七条 非法拘禁他人或者以其他方法非法剥夺他人人身自由的，处三年以下有期徒刑、拘役、管制或者剥夺政治权利。具有殴打、侮辱情节的，从重处罚。

犯前款罪，致人重伤的，处三年以上十年以下有期徒刑；致人死亡的，处十年以上有期徒刑。使用暴力致人伤残、死亡的，依照本法第二百二十三条、第二百二十一条的规定定罪处罚。

国家机关工作人员利用职权犯前两款罪的，依照前两款的规定从重处罚。

非法拘禁他人索取债务的，依照第一款、第二款的规定处罚。

第二百二十八条 以暴力、胁迫或者麻醉方法绑架他人的，处十年以上有期徒刑或者无期徒刑，并处罚金或者没收财产；致使被绑架人死亡或者杀害被绑架人的，处死刑，并处没收财产。

以勒索财物为目的偷盗婴幼儿的，依照前款规定处罚。

为索取债务，实施第一款行为的，依照第二百二十七条的规定处罚。

第二百二十九条 拐卖妇女、未成年人的，处五年以上十年以下有期徒刑，并处罚金；有下列情形之一的，处十年以上有期徒刑或者无期徒刑，并处罚金或者没收财产；情节特别严重的，处死刑，并处没收财产：

（一）拐卖妇女、未成年人集团的首要分子；

（二）拐卖妇女、未成年人三人以上的；

（三）奸淫被拐卖的妇女的；

（四）诱骗、强迫被拐卖的妇女卖淫或者将被拐卖的妇女卖给他人迫使其卖淫的；

（五）以出卖为目的，使用暴力、胁迫或者麻醉方法绑架妇女、未成年人的；

（六）以出卖为目的，偷盗婴幼儿的；

（七）造成被拐卖的妇女、未成年人或者其亲属重伤、死亡或者其他严重后果的；

（八）将妇女、未成年人卖往境外的。

拐卖妇女、未成年人是指以出卖为目的，有拐骗、收买、贩卖、接送、中转妇女、未成年人的行为之一的。

第二百三十条 收买被拐卖、绑架的妇女、未成年人的，处三年以下有期徒刑、拘役或者管制。

收买被拐卖、绑架的妇女，强行与其发生性关系的，依照本法第二百二十五条的规定定罪处罚。

收买被拐卖、绑架的妇女、未成年人，非法剥夺、限制其人身自由或者有伤害、侮辱等犯罪行为的，依照本法的有关规定处罚。

收买被拐卖、绑架的妇女、未成年人，并有第二款、第三款规定的犯罪行为的，依照数罪并罚的规定处罚。

收买被拐卖、绑架的妇女、未成年人又出卖的，依照本法第二百二十九条的规定定罪处罚。

收买被拐卖、绑架的妇女、未成年人，按照被买妇女的意愿，不阻碍其返回原居住地的，对被买未成年人没有虐待行为，不阻碍对其进行解救的，可以不追究刑事责任。

第二百三十一条 以暴力、威胁方法阻碍国家工作人员解救被收买的妇女、未成年人的，依照本法第二百六十四条的规定定罪处罚。

聚众阻碍国家工作人员解救被收买的妇女、未成年人的首要分子，处五年以下有期徒刑或者拘役；其他参与者，依照前款的规定处罚。

第二百三十二条 捏造犯罪事实诬告陷害他人，情节严重的，处三年以下有期徒刑、拘役或者管制；造成严重后果的，处三年以上十年以下有期徒刑。

国家工作人员犯诬陷罪的，从重处罚。

不是有意诬陷，而是错告，或者检举失实的，不适用前两款规定。

第二百三十三条 写恐吓信或者以其他恐吓方法，威胁他人人身、财产安全，严重危害他人身心健康，影响生产、工作、生活正常进行的，处三年以下有期徒刑、拘役或者管制。

第二百三十四条 违反劳动管理法规，以限制人身自由方法强迫他人劳动的，处三年以下有期徒刑、拘役或者管制，可以并处或者单处罚金。

第二百三十五条 非法搜查他人身体、住宅，或者非法侵入他人住宅的，处三年以下有期徒刑、拘役或者管制。

司法工作人员滥用职权，犯前款罪的，从重处罚。

第二百三十六条 以暴力或者其他方法公然侮辱他人或者捏造事实诽谤他人，情节严重的，处三年以下有期徒刑、拘役、管制或者剥夺政治权利。

前款罪，告诉的才处理。但是严重危害社会秩序和国家利益的除外。

第二百三十七条 国家工作人员滥用职权、假公济私，对控告人、申诉人、批评人、举报人实行报复陷害的，处二年以下有期徒刑、拘役或者管制；情节严重的，处二年以上七年以下有期徒刑。

第二百三十八条 司法工作人员对犯罪嫌疑人、被告人实行刑讯逼供或者使用暴力逼取证人证言的，处三年以下有期徒刑、拘役或者管制。致人伤残、死亡的，依照本法第二百二十三条、第二百二十一条的规定定罪从重处罚。

第二百三十九条　监狱、拘留所、看守所等监管机构的监管人员对被监管人进行殴打或者体罚虐待，情节严重的，处三年以下有期徒刑、拘役或者管制；情节特别严重的，处三年以上十年以下有期徒刑。致人伤残、死亡的，依照本法第二百二十三条、第二百二十一条的规定定罪从重处罚。

监管人员指使、纵容被监管人殴打或者体罚虐待其他被监管人的，依照前款规定处罚。

第二百四十条　违反选举法的规定，破坏选举，有下列情形之一，情节严重的，处三年以下有期徒刑、拘役、管制或者剥夺政治权利：

（一）以暴力、威胁、欺骗、贿赂等手段破坏选举或者妨害选民和代表自由行使选举权和被选举权的；

（二）伪造选举文件、虚报选举票数或者有其他违法行为的；

（三）对于控告、检举选举中违法行为的人，或者对于提出要求罢免代表的人进行压制、报复的。

第二百四十一条　国家工作人员非法剥夺公民的宗教信仰自由和侵犯少数民族风俗习惯，情节严重的，处二年以下有期徒刑、拘役或者管制。

第二百四十二条　隐匿、毁弃或者非法开拆他人信件，侵犯公民通信自由权利，情节严重的，处一年以下有期徒刑、拘役或者管制。

第二百四十三条　邮电工作人员私自开拆或者隐匿、毁弃邮件、电报的，处二年以下有期徒刑、拘役或者管制。

犯前款罪而窃取财物的，依照本法第二百五十一条的规定定罪从重处罚。

第五章　妨害婚姻、家庭罪

第二百四十四条　以暴力干涉他人婚姻自由的，处二年以下有期徒刑、拘役或者管制。

犯前款罪，引起被害人死亡的，处二年以上七年以下有期徒刑。

第一款罪，告诉的才处理。

第二百四十五条　有配偶而重婚的，或者明知他人有配偶而与之结婚的，处二年以下有期徒刑、拘役或者管制。

第二百四十六条　明知是现役军人的配偶而与之同居或者结婚的，处三年以下有期徒刑、拘役或者管制。

第二百四十七条　虐待家庭成员，情节恶劣的，处二年以下有期徒刑、拘役或者管制。

犯前款罪，引起被害人重伤、死亡的，处二年以上七年以下有期徒刑。

第一款罪，告诉的才处理。

第二百四十八条　对于年老、年幼、患病或者其他没有独立生活能力的人，负有扶养义务而拒绝扶养，情节恶劣的，处五年以下有期徒刑或者拘役。

第二百四十九条　拐骗不满十四岁的未成年人，脱离家庭或者监护人的，处五年以下有期徒刑或者拘役。

第六章　侵犯财产罪

第二百五十条　以暴力、胁迫或者其他方法抢劫公私财物的，处三年以上十年以下有期徒刑，并处罚金或者没收财产；有下列情形之一的，处十年以上有期徒刑、无期徒刑或者死刑，并处没收财产：

（一）入户抢劫的；

（二）在公共交通工具上抢劫的；

（三）抢劫银行或者其他金融机构的；

（四）多次抢劫或者抢劫数额巨大的；

（五）抢劫致人重伤、死亡的；

（六）冒充军警人员抢劫的；

（七）持枪抢劫的；

（八）抢劫军用物资或者抢险、救灾、救济物资的。

第二百五十一条　盗窃公私财物，数额较大或者多次盗窃的，处三年以下有期徒刑、拘役或者管制，可以并处或者单处罚金；数额巨大或者情节严重的，处三年以上十年以下有期徒刑，并处罚金；数额特别巨大或者情节特别严重的，处十年以上有期徒刑或者无期徒刑，并处没收财产，有下列情形之一，判处无期徒刑或者死刑：

（一）多次入室盗窃，数额巨大的；

（二）盗窃金融机构，数额巨大的；

（三）盗窃珍贵文物，情节严重的。

第二百五十二条　以牟利为目的，盗接他人通信线路的，复制他人电信码本或者明知是盗接、盗窃复制的电信设备、设施而使用的，依照本法第二百五十一条的规定定罪处罚。

第二百五十三条　诈骗公私财物，数额较大的，处三年以下有期徒刑、拘役或者管制，可以并处或者单处罚金；数额巨大或者情节严重的，处三年以上十年以下有期徒刑，并处罚金；数额特别巨大或者情节特别严重的，处十年以上有期徒刑或者无期徒刑，并处没收财产。本法另有规定的，依照规定。

第二百五十四条　抢夺公私财物，数额较大的，处三年以下有期徒刑、拘役或者管制，可以并处或者单处罚金；

数额巨大或者情节严重的，处三年以上十年以下有期徒刑，并处罚金；数额特别巨大或者情节特别严重的，处十年以上有期徒刑或者无期徒刑，并处没收财产。

携带凶器抢夺的，依照本法第二百五十条的规定定罪处罚。

第二百五十五条 聚众哄抢公私财物，数额较大或者情节严重的，对首要分子和积极参加的，处三年以下有期徒刑、拘役或者管制，可以并处罚金；数额特别巨大或者情节特别严重的，处三年以上有期徒刑，并处罚金或者没收财产。

第二百五十六条 犯盗窃、抢夺罪，为窝藏赃物、抗拒抓捕或者毁灭罪证而当场使用暴力或者以暴力相威胁的，依照本法第二百五十条的规定定罪处罚。

第二百五十七条 将自己代为收管的他人财物非法占为己有，数额较大，拒不退还的，处二年以下有期徒刑、拘役、管制或者罚金；数额巨大或者情节严重的，处二年以上五年以下有期徒刑，并处罚金。

将他人的遗忘物或者埋藏物非法占为己有，数额较大，拒不交出的，依照前款规定处罚。

本条罪，告诉的才处理。

第二百五十八条 公司、企业或者其他单位的人员，利用职务或者工作上的便利，将本单位财物非法占为己有，数额较大的，处五年以上有期徒刑或者拘役；数额巨大的，处五年以下有期徒刑或者无期徒刑，可以并处没收财产。

公司、企业或者其他单位的人员，利用职务或工作上的便利非法将用于扶贫和其他公益事业的社会捐助或者专项基金的财物占为己有的，依照前款规定从重处罚。

国有公司、企业或者其他单位中从事公务的人员和国家机关、国有公司、企业、事业单位委派到非国有单位从事公务的人员有前两款行为的，依照本法第三百三十六条、第三百三十七条的规定处罚。

第二百五十九条 公司、企业或者其他单位的工作人员，利用职务上的便利，挪用本单位资金归个人使用或者借贷给他人，数额较大、超过三个月未还的，或者虽未超过三个月，但数额较大、进行营利活动的，或者进行非法活动的，处三年以下有期徒刑、拘役或者管制；挪用本单位资金数额较大不退还的，依照本法第二百五十八条的规定定罪处罚。

国有公司、企业或者其他单位中从事公务的人员和国家机关、国有公司、企业、事业单位委派到非国有单位从事公务的人员有前款行为的，依照本法第三百三十九条的规定处罚。

第二百六十条 挪用救灾、抢险、防汛、优抚、救济款物，情节严重，致使人民群众利益遭受重大损害的，对直接责任人员，处三年以下有期徒刑、拘役或者管制；情节特别严重的，处三年以上七年以下有期徒刑。

第二百六十一条 敲诈勒索公私财物的，处三年以下有期徒刑、拘役或者管制；情节严重的，处三年以上七年以下有期徒刑。

第二百六十二条 故意毁坏公私财物，数额较大或者情节严重的，处三年以下有期徒刑、拘役、管制或者罚金；数额巨大或者情节特别严重的，处三年以上七年以下有期徒刑。

第二百六十三条 由于泄愤报复或者其他个人目的，毁坏机器设备、残害耕畜或者以其他方法破坏生产经营的，处二年以下有期徒刑、拘役或者管制；情节严重的，处二年以上七年以下有期徒刑。

第七章　妨害社会管理秩序罪

第一节　扰乱公共秩序罪

第二百六十四条 以暴力、威胁方法阻碍国家工作人员依法执行职务的，处三年以下有期徒刑、拘役、管制、罚金或者剥夺政治权利。

故意阻碍国家安全机关、公安机关依法执行国家安全工作任务、未使用暴力、威胁方法，造成严重后果的，依照前款的规定处罚。

以暴力、威胁方法阻碍全国人民代表大会和地方各级人民代表大会代表依法执行代表职务的，依照第一款的规定处罚。

以暴力、威胁方法阻碍红十字会工作人员依法履行职责的，依照第一款的规定处罚。

第二百六十五条 以捏造事实、散布谣言或者其他方法煽动群众暴力抗拒国家法律实施，扰乱社会秩序的，处三年以下有期徒刑、拘役或者管制，可以并处或者单处剥夺政治权利；造成严重后果的，处三年以上七年以下有期徒刑，可以并处剥夺政治权利。

第二百六十六条 冒充国家工作人员招摇撞骗的，处三年以下有期徒刑、拘役、管制或者剥夺政治权利；情节严重的，处三年以上十年以下有期徒刑。

冒充现役军人、人民警察招摇撞骗的，依照前款规定从重处罚。

第二百六十七条 伪造、变造或者盗窃、抢夺、毁灭国家机关的公文、证件、印章的，处三年以下有期徒刑、拘役、管制或者剥夺政治权利；情节严重的，处三年以上十年以下有期徒刑。

伪造公司、企业、事业单位、人民团体的印章的，处三年以下有期徒刑、拘役、管制或者剥夺政治权利。

伪造、变造居民身份证，处二年以下有期徒刑、拘役、管制或者剥夺政治权利；情节严重的，处二年以上七年以下有期徒刑。

第二百六十八条　非法制造、买卖军警制式服装、专用标志、警械，情节严重的，处三年以下有期徒刑、拘役或者管制，可以并处或者单处罚金。

单位犯前款罪的，对单位判处罚金，并对其直接负责的主管人员和其他直接责任人员，依照前款规定处罚。

第二百六十九条　窃取属于国家秘密的文件、资料或者其他物品的，处七年以下有期徒刑或者拘役。

非法持有属于国家秘密的文件、资料或者其他物品，拒不说明来源与用途的，处三年以下有期徒刑、拘役或者管制。

第二百七十条　非法生产、销售窃听、窃照等间谍专用器材的，处三年以下有期徒刑、拘役或者管制。

第二百七十一条　违反国家规定，侵入国家事务、国防建设、尖端科学技术领域的计算机信息系统的，处三年以下有期徒刑、拘役或者管制，可以并处或者单处罚金。

第二百七十二条　违反国家规定，对计算机信息系统功能进行删除、修改、增加、干扰，造成计算机信息系统不能正常运行，后果严重的，处五年以下有期徒刑或者拘役，可以并处或者单处罚金。

违反国家规定，对计算机信息系统中存储、处理或者传输的数据和应用程序进行删除、修改、增加的操作，后果严重的，依照前款规定处罚。

故意制作、传播计算机病毒等破坏性程序，影响计算机系统正常运行，后果严重的，依照第一款规定处罚。

第二百七十三条　扰乱社会秩序，情节严重，致使工作、生产、营业和教学、科研无法进行，造成严重损失的，对首要分子处三年以上七年以下有期徒刑；其他积极参加的，处三年以下有期徒刑、拘役、管制或者剥夺政治权利。

冲击国家机关，致使国家机关工作无法进行，造成严重损失的，对首要分子处七年以上有期徒刑；其他积极参加的，处七年以下有期徒刑、拘役、管制或者剥夺政治权利。

第二百七十四条　聚众扰乱车站、码头、民用航空站、商场、公园、影剧院、展览会、运动场或者其他公共场所秩序，聚众堵塞交通或者破坏交通秩序，抗拒、阻碍国家治安管理工作人员依法执行职务，情节严重的，对首要分子处五年以下有期徒刑、拘役、管制或者剥夺政治权利。

第二百七十五条　聚众斗殴的，对首要分子和其他积极参加的，处三年以下有期徒刑、拘役或者管制；有下列情形之一的，对首要分子和其他积极参加的，处三年以上十年以下有期徒刑：

（一）多次聚众斗殴的；

（二）聚众斗殴人数多，规模大，社会影响恶劣的；

（三）在公共场所或者交通要道聚众斗殴，造成社会秩序严重混乱的；

（四）持械聚众斗殴的。

聚众斗殴，致人重伤、死亡的，依照本法第二百二十三条、第二百二十一条的规定定罪处罚。

第二百七十六条　有下列寻衅滋事行为之一，破坏社会秩序的，处七年以下有期徒刑、拘役或者管制，可以并处罚金：

（一）随意殴打他人，情节恶劣的；

（二）追逐、拦截、辱骂他人，情节恶劣的；

（三）强拿硬要或者任意损毁、占用公私财物，情节严重的；

（四）在公共场所起哄闹事，造成公共场所秩序严重混乱的。

第二百七十七条　组织、领导以暴力、威胁或者其他手段，有组织地进行违法犯罪活动，称霸一方，为非作恶，欺压、残害群众，严重破坏经济、社会生活秩序的黑社会性质的组织的，处三年以上十年以下有期徒刑；其他参加进行违法活动的，处三年以下有期徒刑、拘役或者管制。

犯前款罪又有其他犯罪行为的，依照数罪并罚的规定处罚。

境外的黑社会组织到中华人民共和国境内发展组织成员或者进行违法活动的，依照第一款的规定处罚。

第二百七十八条　传授犯罪方法的，处五年以下有期徒刑或者拘役；情节严重的，处五年以上有期徒刑；情节特别严重的，处无期徒刑或者死刑。

第二百七十九条　举行集会、游行、示威，未依照法律规定申请或者申请未获许可，或者未按照主管机关许可的起止时间、地点、路线进行，又拒不服从解散命令，严重破坏社会秩序的，对集会、游行、示威的负责人和直接责任人员，处五年以下有期徒刑、拘役、管制或者剥夺政治权利。

第二百八十条　违反法律规定，携带武器、管制刀具或者爆炸物参加集会、游行、示威的，处三年以下有期徒刑、拘役或者管制。

第二百八十一条　扰乱、冲击或者以其他方法破坏依法举行的集会、游行、示威，造成公共秩序混乱的，处五年以下有期徒刑、拘役、管制或者剥夺政治权利。

第二百八十二条　在公众场合故意以焚烧、毁损、涂划、玷污、践踏等方式侮辱中华人民共和国国旗、国徽的，处三年以下有期徒刑、拘役、管制或者剥夺政治权利。

第二百八十三条 煽动民族、宗教歧视、仇恨，情节严重的，处三年以下有期徒刑、拘役或者管制，可以并处或者单处剥夺政治权利。

第二百八十四条 组织会道门、邪教团体或者利用迷信破坏国家法律实施或者鼓动他人自杀的，处三年以上七年以下有期徒刑；情节特别严重的，处七年以上有期徒刑。

组织会道门、邪教团体或者利用迷信奸淫妇女、诈骗财物的，分别依照第二百二十五条、第二百五十三条的规定定罪处罚。

第二百八十五条 聚众进行淫乱活动的，对首要分子或者多次参加者，处五年以下有期徒刑或者拘役。

引诱未成年人参加聚众淫乱活动的，依照前款规定从重处罚。

第二百八十六条 盗窃、侮辱尸体的，处三年以下有期徒刑、拘役或者管制。

第二百八十七条 以营利为目的，聚众赌博、开设赌场或者以赌博为业的，处三年以下有期徒刑、拘役或者管制，可以并处罚金。

第二节 妨害司法罪

第二百八十八条 在刑事诉讼中，证人、鉴定人、记录人、翻译人对与案件有重要关系的情节，故意隐匿罪证或者作虚假证明、鉴定、记录、翻译的，处三年以下有期徒刑、拘役或者管制；情节严重的，处三年以上十年以下有期徒刑。

在民事、行政诉讼中，证人、鉴定人、记录人、翻译人对与案件有重要关系的情节，故意隐匿证据或者作虚假证明、鉴定、记录、翻译，情节严重的，处三年以下有期徒刑、拘役或者管制。

第二百八十九条 在刑事诉讼中，辩护人、诉讼代理人隐匿、毁灭、伪造证据，帮助当事人隐匿、毁灭、伪造证据，威胁、引诱证人违背事实改变证言或者作伪证的，处三年以下有期徒刑、拘役或者管制；情节严重的，处三年以上十年以下有期徒刑。

在民事、行政诉讼中，诉讼代理人有前款行为的，处三年以下有期徒刑、拘役或者管制。

第二百九十条 以暴力、威胁、贿买等方法阻止证人作证或者指使、贿买、胁迫他人作伪证的，处三年以下有期徒刑、拘役或者管制；情节严重的，处三年以上七年以下有期徒刑。

教唆、帮助当事人隐匿、毁灭、伪造证据，情节严重的，处三年以下有期徒刑、拘役或者管制。

司法人员犯前两款罪的，从重处罚。

第二百九十一条 对证人进行打击报复的，处三年以下有期徒刑、拘役或者管制；情节严重的，处三年以上七年以下有期徒刑。

第二百九十二条 聚众哄闹、冲击法庭，或者殴打司法工作人员，严重扰乱法庭秩序，致使审判活动无法进行的，处三年以下有期徒刑、拘役、管制或者罚金。

第二百九十三条 明知是犯罪的人而为其提供隐藏处所、财物，帮助其逃匿或者作假证明包庇的，处三年以下有期徒刑、拘役或者管制；情节严重的，处三年以上十年以下有期徒刑。

犯前款罪，事前通谋的，以共同犯罪论处。

第二百九十四条 明知他人有间谍犯罪行为，在国家安全机关向其调查有关情况、收集有关证据时，拒绝提供，情节严重的，处三年以下有期徒刑、拘役或者管制。

第二百九十五条 明知是犯罪所得的赃物而予以窝藏、收购或者代为销售的，处三年以下有期徒刑、拘役或者管制，可以并处或者单处罚金。

第二百九十六条 对人民法院的判决、裁定有能力执行而拒不执行，情节严重的，处三年以下有期徒刑、拘役、管制或者罚金。

第二百九十七条 隐藏、转移、变卖、故意毁损已被司法机关查封、扣押、冻结的财产，情节严重的，处三年以下有期徒刑、拘役、管制或者罚金。

第二百九十八条 依法被关押的罪犯，有下列破坏监管秩序行为之一，情节严重的，处三年以下有期徒刑：

（一）殴打监管人员的；

（二）组织其他被监管人破坏监管秩序的；

（三）聚众闹事，扰乱正常监管秩序的；

（四）殴打、体罚或者指使他人殴打、体罚其他被监管人的。

第二百九十九条 依法被关押的犯罪分子脱逃的，处五年以下有期徒刑或者拘役。

劫夺押解途中的罪犯、被告人、犯罪嫌疑人的，处三年以上七年以下有期徒刑；情节严重的，处七年以上有期徒刑。

第三百条 组织越狱的首要分子或者其他罪恶重大的，处五年以上有期徒刑；其他积极参加的，处五年以下有期徒刑或者拘役。

暴动越狱或者聚众持械劫狱的首要分子或者其他罪恶重大的，处十年以上有期徒刑或者无期徒刑；情节特别严重的，处死刑；其他积极参加的，处三年以上十年以下有期徒刑。

第三节 妨害国（边）境管理罪

第三百零一条 组织他人偷越国（边）境的，处二年以上七年以下有期徒刑，并处罚金；有下列情形之一的，处七年以上有期徒刑或者无期徒刑，并处罚金或者没收财产：

（一）组织他人偷越国（边）境集团的首要分子；

（二）多次组织他人偷越国（边）境或者组织他人偷越国（边）境人数众多的；

（三）造成被组织人重伤、死亡的；

（四）剥夺或者限制被组织人人身自由的；

（五）以暴力、威胁方法抗拒检查的；

（六）违法所得数额巨大的；

（七）有其他特别严重情节的。

对被组织人有杀害、伤害、强奸、拐卖等犯罪行为，或者对检查人员有杀害、伤害等犯罪行为的，依照本法有关规定处罚。

第三百零二条 以劳务输出、经贸往来或者其他名义，弄虚作假，骗取护照、签证等出境证件，为组织他人偷越国（边）境使用的，依照本法第三百零一条的规定处罚。

单位有前款规定的犯罪行为的，对单位判处罚金，并对其直接负责的主管人员和其他直接责任人员，依照本法第三百零一条的规定处罚。

第三百零三条 为他人提供伪造、变造的护照、签证等出入境证件，或者出售护照、签证等出入境证件的，处五年以下有期徒刑，并处罚金；情节严重的，处五年以上有期徒刑，并处罚金。

第三百零四条 运送他人偷越国（边）境的，处五年以下有期徒刑、拘役或者管制，并处罚金；有下列情形之一的，处五年以上十年以下有期徒刑，并处罚金：

（一）多次实施运送行为或者运送人数众多的；

（二）所使用的船只、车辆等交通工具不具备必要的安全条件，足以造成严重后果的；

（三）违法所得数额巨大的；

（四）有其他特别严重情节的。

在运送他人偷越国（边）境中造成被运送人重伤、死亡，或者以暴力、威胁方法抗拒检查的，处七年以上有期徒刑，并处罚金。

对被运送人有杀害、伤害、强奸、拐卖等犯罪行为，或者对检查人员有杀害、伤害等犯罪行为的，依照本法的有关规定处罚。

第三百零五条 违反国（边）境管理法规，偷越国（边）境，情节严重的，处一年以下有期徒刑、拘役或者管制，并处罚金。

第三百零六条 故意破坏国家边境的界碑、界桩或者永久性测量标志的，处三年以下有期徒刑、拘役或者管制。

第四节 妨害文物管理罪

第三百零七条 故意损毁国家保护的珍贵文物的，处三年以下有期徒刑、拘役或者管制，可以并处或者单处罚金；情节严重的，处三年以上十年以下有期徒刑，并处罚金。

故意损毁国家保护的名胜古迹，情节严重的，处五年以下有期徒刑或者拘役，并处或者单处罚金。

单位犯前两款罪的，对单位判处罚金，并对其直接负责的主管人员和其他直接责任人员，依照前两款的规定处罚。

过失损毁国家保护的珍贵文物，造成严重后果的，处三年以下有期徒刑、拘役、管制或者罚金。

第三百零八条 违反文物保护法规，将收藏的国家禁止出口的珍贵文物私自出售或者私自赠送给外国人的，处五年以下有期徒刑或者拘役。

单位犯前款罪的，对单位判处罚金，并对其直接负责的主管人员和其他责任人员，依照前款的规定处罚。

第三百零九条 以牟利为目的，倒卖国家禁止自由买卖的文物，情节严重的，处五年以下有期徒刑或者拘役，并处罚金；情节特别严重的，处五年以上十年以下有期徒刑，并处罚金。

第三百一十条 违反文物保护法规，国有博物馆、图书馆等单位将国家保护的文物藏品出售或者私自送给非国有单位或者个人的，对单位判处罚金，并对其直接负责的主管人员和其他直接责任人员，处三年以下有期徒刑、拘役或者管制，可以并处或者单处罚金。

第三百一十一条 盗掘具有历史、艺术、科学价值的古文化遗址、古墓葬的，处三年以上十年以下有期徒刑，可以并处罚金；情节较轻的，处三年以下有期徒刑、拘役或者管制，可以并处罚金；有下列情形之一的，处十年以上有期徒刑、无期徒刑或者死刑，并处罚金或者没收财产：

（一）盗掘确定为全国重点文物保护单位和省级文物保护单位的古文化遗址、古墓葬的；

（二）盗掘古文化遗址、古墓葬集团的首要分子；
（三）多次盗掘古文化遗址、古墓葬的；
（四）盗掘古文化遗址、古墓葬，并盗窃珍贵文物或者造成珍贵文物严重破坏的。

盗掘国家保护的具有科学价值的古人类化石和古脊椎动物化石的，依照前款规定处罚。

第五节　危害公共卫生罪

第三百一十二条　违反传染病防治法的规定，有下列情形之一，引起甲类传染病传播或者有传播严重危险的，处三年以下有期徒刑、拘役或者管制；后果特别严重的，处三年以上七年以下有期徒刑：

（一）供水单位供应的饮用水不符合国家规定的卫生标准的；
（二）拒绝按照卫生防疫机构提出的卫生要求，对传染病病原体污染的污水、污物、粪便进行消毒处理的；
（三）准许或者纵容传染病病人、病原携带者和疑似传染病病人从事国务院卫生行政部门规定禁止从事的易使该传染病扩散的工作的；
（四）拒绝执行卫生防疫机构依照本法提出的其他预防、控制措施的。

单位犯前款罪的，对单位判处罚金，并对其直接负责的主管人员和其他直接责任人员，依照前款的规定处罚。

第三百一十三条　从事实验、保藏、携带、运输传染病菌种、毒种的人员，违反国务院卫生行政部门的有关规定，造成传染病菌种、毒种扩散，后果严重的，处三年以下有期徒刑、拘役或者管制；后果特别严重的，处三年以上七年以下有期徒刑。

第三百一十四条　违反国境卫生检疫规定，引起检疫传染病的传播，或者有引起检疫传染病传播严重危险的，处三年以下有期徒刑、拘役或者管制，可以并处或者单处罚金。

单位犯前款罪的，对单位判处罚金，并对其直接负责的主管人员和其他直接责任人员，依照前款的规定处罚。

第三百一十五条　非法组织他人出卖血液的，处五年以下有期徒刑，可以并处罚金；以暴力、威胁方法强迫他人出卖血液的，处五年以上十年以下有期徒刑，并处罚金或者没收财产。

有前款行为，对他人造成伤害的，依照本法第二百二十三条的规定定罪处罚。

第三百一十六条　非法采集、供应血液或者制作、供应血液制品，足以危害人体健康的，处五年以下有期徒刑或者拘役。

非法采集、供应血液或者制作、供应血液制品，对人体健康造成严重危害的，处五年以上十年以下有期徒刑；造成特别严重后果的，处十年以上有期徒刑或者无期徒刑。

经国家主管部门批准采集、供应血液或者制作、供应血液制品的部门，不依照规定进行检测或者违背其他操作规定，造成危害他人身体健康后果的，对单位判处罚金，对其直接负责的主管人员和其他直接责任人员，处七年以下有期徒刑或者拘役。

第三百一十七条　医务人员由于严重不负责任，造成病人死亡或者严重损害病人身体健康的，处三年以下有期徒刑、拘役或者管制。

第三百一十八条　未取得医生执业资格的人非法行医，情节严重的，处三年以下有期徒刑、拘役或者管制，可以并处或者单处罚金；造成病人死亡或者严重损害病人身体健康的，依照本法第二百二十三条的规定定罪处罚。

第三百一十九条　违反进出境动植物检疫法的规定，逃避动植物检疫，引起重大动植物疫情的，处三年以下有期徒刑、拘役或者管制，可以并处或者单处罚金。

单位犯前款罪的，对单位判处罚金，并对其直接负责的主管人员和其他直接责任人员，依照前款的规定处罚。

第六节　破坏环境保护罪

第三百二十条　违反国家规定向土地、水体、大气排放、倾倒或者处置有放射性的废物、含传染病原体的废物、有毒物质或者其他危险废物，造成重大环境污染事故，致使公私财产遭受重大损失或者人身伤亡的严重后果的，处三年以下有期徒刑、拘役或者管制，可以并处或者单处罚金；后果特别严重的，处三年以上七年以下有期徒刑，并处罚金。

第三百二十一条　违反国家规定，将中国境外的固体废物进境倾倒、堆放、处置，足以污染环境的，处五年以下有期徒刑或者拘役，可以并处罚金；造成重大环境污染事故，致使公私财产遭受重大损失或者人身伤亡的严重后果的，处五年以上十年以下有期徒刑，并处罚金，后果特别严重的，处十年以上有期徒刑，并处罚金。

未经国务院有关主管部门许可，擅自进口固体废物用作原料，造成重大环境污染事故，致使公私财产遭受重大损失或者人身伤亡的严重后果的，处五年以下有期徒刑或者拘役，可以并处罚金；后果特别严重的，处五年以上十年以下有期徒刑，并处罚金。

第三百二十二条　违反保护水产资源法规，在禁渔区、禁渔期或者使用禁用的工具、方法捕捞水产品，情节严重的，处三年以下有期徒刑、拘役、管制或者罚金。

第三百二十三条　非法捕杀国家重点保护的珍贵、濒危野生动物的，或者非法收购、运输、加工、出售国家重点保护的珍贵、濒危野生动物及其制品的，处七年以下有期徒刑或者拘役，可以并处罚金；情节严重的，处七年以上有期徒刑，并处罚金或者没收财产。

违反狩猎法规，在禁猎区、禁猎期或者使用禁用的工具、方法进行狩猎，破坏野生动物资源，情节严重的。处三年以下有期徒刑、拘役、管制或者罚金。

第三百二十四条 违反矿产资源保护法的规定，未取得采矿许可证擅自采矿的，擅自进入国家规划矿区、对国民经济具有重要价值的矿区和他人矿区范围采矿的，擅自开采国家规定实行保护性开采的特定矿种，经责令停止开采后拒不停止开采，造成矿产资源破坏的，处三年以下有期徒刑、拘役或者管制，可以并处或者单处罚金。

第三百二十五条 违反国家规定，擅自设置、使用无线电台（站）或者擅自占用频率，经责令停止使用后拒不停止使用，严重干扰无线电通讯的正常运行的，处三年以下有期徒刑、拘役或者管制，可以并处或单处罚金。

单位犯前款罪的，对单位判处罚金，并对其直接负责的主管人员和其他直接责任人员，依照前款规定处罚。

第三百二十六条 盗伐森林或者其他林木，数量较大的，处三年以下有期徒刑、拘役或者管制，可以并处或者单处罚金；数量巨大的，处三年以上七年以下有期徒刑，并处罚金；数量特别巨大的，处七年以上有期徒刑，并处罚金。

违反森林法的规定，滥伐森林或者其他林木，数量较大的，处三年以下有期徒刑、拘役或者管制，可以并处或者单处罚金；数量巨大的，处三年以上七年以下有期徒刑，并处罚金。

滥伐他人经营管理的森林或者其他林木的，依照第一款的规定处罚。

在林区非法收购明知是盗伐、滥伐的林木的，依照第一款、第二款的规定处罚。

盗伐、滥伐国家级自然保护区内的森林或者其他林木的，从重处罚。

第三百二十七条 违反森林法的规定，非法采伐、毁坏珍贵树木的，处三年以下有期徒刑、拘役或者管制，可以并处罚金；情节严重的，处三年以上七年以下有期徒刑，并处罚金或者没收财产。

第三百二十八条 单位犯本节规定之罪的，对单位判处罚金，并对其直接负责的主管人员和其他直接责任人员，依照本节各该条的规定处罚。

第七节 走私、贩卖、运输、制造毒品罪

第三百二十九条 走私、贩卖、运输、制造毒品，无论数量多少，都应当追究刑事责任，予以刑事处罚。

走私、贩卖、运输、制造毒品，有下列情形之一的，处十五年有期徒刑、无期徒刑或者死刑，并处没收财产：

（一）走私、贩卖、运输、制造鸦片一千克以上、海洛因五十克以上或者其他毒品数量大的；

（二）走私、贩卖、运输、制造毒品集团的首要分子；

（三）武装掩护走私、贩卖、运输、制造毒品的；

（四）以暴力抗拒检查、拘留、逮捕，情节严重的；

（五）参与有组织的国际贩毒活动的。

走私、贩卖、运输、制造鸦片二百克以上不满一千克、海洛因十克以上不满五十克或者其他毒品数量较大的，处七年以上有期徒刑，并处罚金。

走私、贩卖、运输、制造鸦片不满二百克、海洛因不满十克或者其他少量毒品的，处七年以下有期徒刑、拘役或者管制，并处罚金。

利用、教唆未成年人走私、贩卖、运输、制造毒品的，从重处罚。

对多次走私、贩卖、运输、制造毒品，未经处理的，毒品数量累计计算。

第三百三十条 非法持有鸦片一千克以上、海洛因五十克以上或者其他毒品数量大的，处七年以上有期徒刑或者无期徒刑，并处罚金；非法持有鸦片二百克以上不满一千克、海洛因十克以上不满五十克或者其他毒品数量较大的，处七年以下有期徒刑、拘役或者管制，可以并处罚金。

第三百三十一条 包庇走私、贩卖、运输、制造毒品的犯罪分子的，为犯罪分子窝藏、转移、隐瞒毒品或者犯罪所得的财物的，掩饰、隐瞒出售毒品获得财物的非法性质和来源的，处三年以下有期徒刑、拘役或者管制；情节严重的，处三年以上十年以下有期徒刑。

缉毒人员或者其他国家机关工作人员掩护、包庇走私、贩卖、运输、制造毒品的犯罪分子的，依照前款规定从重处罚。

犯前两款罪事先通谋的，以走私、贩卖、运输、制造毒品罪的共犯论处。

第三百三十二条 违反国家规定，非法运输、携带醋酸酐、乙醚、三氯甲烷或者其他经常用于制造麻醉药品和精神药品的物品进出境，或者违反国家规定，在境内非法买卖上述物品的，处三年以下有期徒刑、拘役或者管制，并处罚金；数量大的，处三年以上十年以下有期徒刑，并处罚金。

明知他人制造毒品而为其提供前款规定的物品的，以制造毒品罪的共犯论处。

单位有前两款规定的犯罪行为的，对单位判处罚金，并对其直接负责的主管人员和其他直接责任人员，依照前两款的规定处罚。

第三百三十三条 非法种植罂粟、大麻等毒品原植物的，一律强制铲除。有下列情形之一的，处五年以下有期徒

刑、拘役或者管制，并处罚金：

（一）种植罂粟五百株以上不满三千株或者其他毒品原植物数量较大的；

（二）经公安机关处理后又种植的；

（三）抗拒铲除的。

非法种植罂粟三千株以上或者其他毒品原植物数量大的，处五年以上有期徒刑，并处罚金或者没收财产。

非法种植罂粟或者其他毒品原植物，在收获前自动铲除的，可以免除处罚。

第三百三十四条 非法买卖、运输、携带、持有未经灭活的罂粟等毒品原植物种子或者幼苗，数量较大的，处三年以下有期徒刑、拘役或者管制，可以并处或者单处罚金。

第三百三十五条 引诱、教唆、欺骗他人吸食、注射毒品的，处七年以下有期徒刑、拘役或者管制，并处罚金。

强迫他人吸食、注射毒品的，处三年以上十年以下有期徒刑，并处罚金。

引诱、教唆、欺骗或者强迫未成年人吸食，注射毒品的，从重处罚。

第三百三十六条 容留他人吸食、注射毒品的，处三年以下有期徒刑、拘役或者管制。

第三百三十七条 依法从事生产、运输、管理、使用国家管制的麻醉药品、精神药品的人员违反国家规定，向吸食、注射毒品的人提供国家管制的麻醉药品、精神药品的，处七年以下有期徒刑或者拘役，可以并处罚金。向走私、贩卖毒品的犯罪分子或者以牟利为目的，向吸食、注射毒品的人提供国家管制的麻醉药品、精神药品的，依照本法第三百二十九条的规定定罪处罚。

单位有前款规定的犯罪行为的，对单位判处罚金，并对其直接负责的主管人员和其他直接责任人员，依照前款的规定处罚。

第三百三十八条 本法所称的毒品是指鸦片、海洛因、甲基苯丙胺（冰毒）、吗啡、大麻、可卡因以及国务院规定管制的其他能够使人形成瘾癖的麻醉药品和精神药品。

毒品的数量以查证属实的走私、贩卖、运输、制造、非法持有毒品的数量计算，不以纯度折算。

第八节　组织、强迫、引诱、容留、介绍卖淫罪

第三百三十九条 组织他人卖淫或者强迫他人卖淫的，处五年以上十年以下有期徒刑，并处一万元以下罚金；有下列情形之一的，处十年以上有期徒刑或者无期徒刑，并处一万元以下罚金或者没收财产：

（一）组织他人卖淫，情节严重的；

（二）强迫不满十四岁的幼女卖淫的；

（三）强迫多人卖淫或者多次强迫他人卖淫的；

（四）强奸后迫使卖淫的；

（五）造成被强迫卖淫的人重伤、死亡或者其他严重后果的。

有前款所列情形之一，情节特别严重的，处无期徒刑或者死刑，并处没收财产。

协助组织他人卖淫的，处五年以下有期徒刑，并处一万元以下罚金；情节严重的，处五年以上十年以下有期徒刑，并处一万元以下罚金或者没收财产。

第三百四十条 引诱、容留、介绍他人卖淫的，处五年以下有期徒刑或者拘役，并处五千元以下罚金；情节严重的，处五年以上有期徒刑，并处一万元以下罚金。

引诱不满十四岁的幼女卖淫的，依照本法第三百三十九条的规定定罪处罚。

第三百四十一条 明知自己患有梅毒、淋病等严重性病卖淫、嫖娼的，处五年以下有期徒刑、拘役或者管制，并处五千元以下罚金。

嫖宿不满十四岁的幼女的，依照本法第二百二十五条的规定定罪处罚。

第三百四十二条 旅馆业、饮食服务业、文化娱乐业、出租汽车业等单位的人员，利用本单位的条件，组织、强迫、引诱、容留、介绍他人卖淫的，依照本法第三百三十九条、第三百四十条的规定定罪处罚。

前款所列单位的主要负责人，有前款规定的行为的，从重处罚。

第三百四十三条 旅馆业、饮食服务业、文化娱乐业、出租汽车业等单位的负责人和职工，在公安机关查处卖淫、嫖娼活动时，为违法犯罪分子通风报信的，依照本法第二百九十三条的规定定罪处罚。

第九节　制造、贩卖、传播淫秽物品罪

第三百四十四条 以牟利为目的，制作、复制、出版、贩卖、传播淫秽物品的，处三年以下有期徒刑、拘役或者管制，并处罚金；情节严重的，处三年以上十年以下有期徒刑，并处罚金；情节特别严重的，处十年以上有期徒刑或者无期徒刑，并处罚金或者没收财产。

为他人提供书号，出版淫秽书刊的，处三年以下有期徒刑、拘役或者管制，并处或者单处罚金；明知他人用于出版淫秽书刊而提供书号的，依照前款的规定处罚。

第三百四十五条 在社会上传播淫秽的书刊、影片、音像、图片或者其他淫秽物品，情节严重的，处二年以下有

期徒刑、拘役或者管制。

组织播放淫秽的电影、录像等音像制品的，处三年以下有期徒刑、拘役或者管制，可以并处罚金；情节严重的，处三年以上十年以下有期徒刑，并处罚金。

制作、复制淫秽的电影、录像等音像制品组织播放的，依照第二款的规定从重处罚。

向不满十八岁的未成年人传播淫秽物品的，从重处罚。

第三百四十六条 组织进行淫秽表演的，处三年以下有期徒刑、拘役或者管制，并处罚金；情节严重的，处三年以上十年以下有期徒刑，并处罚金。

第三百四十七条 单位有本法第三百四十四条、第三百四十五条、第三百四十六条规定的犯罪行为的，对单位判处罚金，对其直接负责的主管人员和其他直接责任人员，依照各该条的规定处罚。

第三百四十八条 本节所称“淫秽物品”，是指具体描绘性行为或者露骨宣扬色情的诲淫性的书刊、影片、录像带、录音带、图片及其他淫秽物品。

有关人体生理、医学知识的科学著作不是淫秽物品。

包含有色情内容的有艺术价值的文学、艺术作品不视为淫秽物品。

第八章　贪污贿赂罪

第三百四十九条 国家工作人员、国有公司、企业、事业单位或者其他经手、管理国家财物的人员，利用职务上的便利，侵吞、窃取、骗取或者以其他手段非法占有公共财物的，是贪污罪。

与国家工作人员、国有公司、企业、事业单位或者其他经手、管理国家财物的人员勾结，伙同贪污的，以共犯论处。

第三百五十条 对犯贪污罪的，根据情节轻重，分别依照下列规定处罚：

（一）个人贪污数额在十万元以上的，处十年以上有期徒刑或者无期徒刑，可以并处没收财产；情节特别严重的，处死刑，并处没收财产；

（二）个人贪污数额在五万元以上不满十万元的，处五年以上有期徒刑，可以并处没收财产；情节特别严重的，处无期徒刑，并处没收财产；

（三）个人贪污数额在五千元以上不满五万元的，处一年以上七年以下有期徒刑；情节严重的，处七年以上十年以下有期徒刑。个人贪污数额在五千元以上不满一万元，犯罪后自首、立功或者有悔改表现、积极退赃的，可以减轻处罚，或者免予刑事处罚，由其所在单位或者上级主管机关给予行政处分；

（四）个人贪污数额不满五千元，情节较重的，处二年以下有期徒刑、拘役或者管制；情节较轻的，由其所在单位或者上级主管机关酌情给予行政处分。

对多次贪污未经处理的，按照累计贪污数额处罚。

第三百五十一条 国有公司、企业的工作人员利用职务上的便利，将国有资产转移到境外化公为私的，以贪污论处。

第三百五十二条 国家工作人员、国有公司、企业、事业单位或者其他经手、管理国家财物的人员，利用职务上的便利，挪用公款归个人使用，进行非法活动的，或者挪用公款数额较大、进行营利活动的，或者挪用公款数额较大、超过三个月未还的，是挪用公款罪，处五年以下有期徒刑或者拘役；情节严重的，处五年以上有期徒刑。挪用公款数额巨大不退还的，处十年以上有期徒刑或者无期徒刑。

挪用救灾、抢险、防汛、优抚、救济款物归个人使用的，从重处罚。

第三百五十三条 国家工作人员、国有公司、企业、事业单位中从事公务的人员，或者其他从事公务的人员，利用职务上的便利，索取他人财物或者非法收受他人财物为他人谋利益的，是受贿罪。

国家工作人员、国有公司、企业、事业单位中从事公务的人员，或者其他从事公务的人员，在经济往来中，违反国家规定收受各种名义的回扣、手续费，归个人所有的，以受贿论处。

第三百五十四条 对犯受贿罪的，根据受贿所得数额及情节，依照本法第三百五十条的规定处罚；受贿数额不满五万元，使国家利益遭受重大损失的，处十年以上有期徒刑；受贿数额在五万元以上，使国家利益遭受特别重大损失的，处无期徒刑或者死刑，并处没收财产。

国家工作人员、国有公司、企业、事业单位中从事公务的人员，或者其他从事公务的人员，利用职务上的便利，敲诈勒索他人财物的，依照前款规定从重处罚。

第三百五十五条 国有公司、企业、事业单位、团体，索取、收受他人财物，为他人谋取利益，情节严重的，对单位判处罚金，并对其直接负责的主管人员和其他直接责任人员，处五年以下有期徒刑或者拘役。

机关犯前款罪的，对直接负责的主管人员和其他直接责任人员，处五年以下有期徒刑或者拘役。

第三百五十六条 国家工作人员利用本人职权或者地位形成的便利条件，通过其他国家工作人员职务上的行为，为请托人谋取不正当利益，索取请托人财物或者收受请托人财物的，以受贿论处。

第三百五十七条 为谋取不正当利益，给予国家工作人员或者其他从事公务的人员以财物的，是行贿罪。

在经济往来中，违反国家规定，给予国家工作人员或者其他从事公务的人员以财物，数额较大的，或者违反国家规定，给予国家工作人员或者其他从事公务的人员以回扣、手续费的，以行贿论处。

因被勒索给予国家工作人员或者其他从事公务的人员以财物，没有获得不正当利益的，不是行贿。

第三百五十八条　对犯行贿罪的，处五年以下有期徒刑或者拘役；因行贿谋取不正当利益，情节严重的，或者使国家利益遭受重大损失的，处五年以上有期徒刑；情节特别严重的，处无期徒刑，并处没收财产。

行贿人在被追诉前主动交待行贿行为的，可以减轻处罚或者免除处罚。

因行贿而进行违法活动，构成其他罪的，依照数罪并罚的规定处罚。

第三百五十九条　向国家工作人员介绍贿赂的，处三年以下有期徒刑、拘役或者管制。

介绍贿赂人在被追诉前主动交待介绍贿赂行为的，可以减轻处罚或者免除处罚。

第三百六十条　公司、企业、事业单位、团体为谋取不正当利益而行贿，或者违反国家规定，给予国家工作人员或者其他从事公务的人员以回扣、手续费，情节严重的，对单位判处罚金，并对其直接负责的主管人员和其他直接责任人员，处五年以下有期徒刑或者拘役。因行贿取得的违法所得归个人所有的，依照本法第三百五十八条的规定定罪处罚。

机关犯前款罪的，对直接负责的主管人员和其他直接责任人员，处五年以下有期徒刑或者拘役。因行贿取得的违法所得归个人所有的，依照本法第三百五十八条的规定定罪处罚。

第三百六十一条　国家工作人员在国内公务活动或者对外交往中接受礼物，依照国家规定应当交公而不交公，数额较大的，依照本法第三百四十九条、第三百五十条的规定定罪处罚。

第三百六十二条　国家工作人员的财产或者支出明显超过合法收入，差额巨大的，可以责令说明来源。本人不能说明其来源是合法的，差额部分以非法所得论，处五年以下有期徒刑或者拘役，并处或者单处没收其财产的差额部分。

国家工作人员在境外的存款，应当依照国家规定申报。数额较大、隐瞒不报的，处二年以下有期徒刑、拘役或者管制；情节较轻的，由其所在单位或者上级主管机关酌情给予行政处分。

第三百六十三条　国有公司、企业的工作人员利用职务便利，自己经营或者为他人经营与其所任职公司、企业有业务往来的营业，获取非法利益，致使国家或者本单位利益遭受重大损失的，处五年以下有期徒刑或者拘役，可以并处或者单处罚金；致使国家或者本单位利益遭受特别重大损失的，处五年以上有期徒刑，并处罚金。

国有公司、企业的工作人员，利用职务便利，损公肥私，将本单位的盈利业务交由自己的亲友进行经营，或者为其经营活动提供其他便利，致使国家或者本单位利益遭受重大损失的，依照前款的规定处罚。

第三百六十四条　国有公司、企业、事业单位、机关、团体，违反国家规定，将应当上交国家的税金、罚没财物或者其他国有资产，以单位名义集体私分给个人，数额较大的，对其直接负责的主管人员和其他直接责任人员，处三年以下有期徒刑、拘役或者管制，可以并处或者单处罚金；数额巨大的，处三年以上七年以下有期徒刑，可以并处罚金。

第九章　渎职罪

第三百六十五条　国家工作人员滥用职权或者玩忽职守，致使公共财产、国家和人民利益遭受重大损失的，处三年以下有期徒刑、拘役或者管制；情节特别严重的，处三年以上七年以下有期徒刑。本法另有规定的，依照规定。

第三百六十六条　国家工作人员违反保守国家秘密法的规定，故意或者过失泄露国家秘密，情节严重的，处七年以下有期徒刑、拘役或者剥夺政治权利。

非国家工作人员犯前款罪的，依照前款的规定酌情处罚。

第三百六十七条　司法工作人员徇私枉法，对明知是无罪的人而使他受追诉、对明知是有罪的人而故意包庇不使他受追诉的，或者在刑事、民事、行政审判活动中故意违背事实和法律作枉法裁判的，处七年以下有期徒刑、拘役或者剥夺政治权利；情节特别严重的，处七年以上有期徒刑。

第三百六十八条　司法工作人员私放犯罪嫌疑人、被告人或者罪犯的，处七年以下有期徒刑或者拘役；情节严重的，处七年以上有期徒刑。

司法工作人员由于严重不负责任，致使犯罪嫌疑人、被告人或者罪犯脱逃，造成严重后果的，处五年以下有期徒刑或者拘役；造成特别严重后果的，处五年以上十年以下有期徒刑。

第三百六十九条　司法工作人员徇私舞弊，对不符合减刑、假释、暂予监外执行条件的罪犯，予以减刑、假释或者暂予监外执行，情节严重的，处七年以下有期徒刑。

第三百七十条　行政执法人员徇私枉法，故意违背事实和法律作枉法处罚决定，或者对应当依法移交司法机关追究刑事责任的不移交，情节严重的，处七年以下有期徒刑或者拘役。

第三百七十一条　银行或者其他金融机构工作人员徇私舞弊，以权谋私，对收储客户的资金不入帐，进行个人经营活动，或者非法拆借、放贷，数额较大的，处五年以下有期徒刑或者拘役；数额巨大或者有其他严重情节的，处五年以上十年以下有期徒刑。

单位犯前款罪的，对单位判处罚金，并对其直接负责的主管人员和其他直接责任人员，依照前款规定处罚。

第三百七十二条 国家有关主管部门的国家工作人员，玩忽职守，滥用职权，对不符合法律规定条件的公司设立、登记申请或者股票、债券发行、上市申请，予以批准或者登记，致使公共财产、国家和人民利益遭受重大损失的，处五年以下有期徒刑或者拘役。

上级部门强令登记机关及其工作人员实施前款行为的，对其直接负责的主管人员，依照前款规定处罚。

第三百七十三条 税务机关的工作人员徇私舞弊，不征或者少征应征税款，致使国家税收遭受重大损失的，处五年以下有期徒刑或者拘役；造成特别重大损失的，处五年以上有期徒刑。

第三百七十四条 税务机关的工作人员违反国家规定，在发售发票、抵扣税款、出口退税工作中徇私舞弊，致使国家利益遭受重大损失的，处五年以下有期徒刑或者拘役；致使国家利益遭受特别重大损失的，处五年以上有期徒刑。

其他国家机关工作人员违反国家规定，在提供出口货物报关单、出口收汇核销单等出口退税的凭证工作中，徇私舞弊，致使国家利益遭受重大损失的，依照前款规定处罚。

第三百七十五条 国家工作人员、国有企业、事业单位的工作人员在签订、履行经济贸易合同过程中，因严重不负责任被诈骗，致使国家利益遭受重大损失的，处三年以下有期徒刑、拘役或者管制；致使国家利益遭受特别重大损失的，处三年以上七年以下有期徒刑。

第三百七十六条 国有公司、企业或者其上级主管部门直接负责的主管人员，因玩忽职守造成国有公司、企业严重亏损或者破产，致使国家利益遭受重大损失的，处三年以下有期徒刑、拘役或者管制。

前款所列人员，利用职务上的便利损公肥私、化公为私，造成国有公司、企业严重亏损或者破产，致使国家利益遭受重大损失的，处三年以上七年以下有期徒刑。

第三百七十七条 国有公司、企业违反国家规定，将国有资产低价折股或者低价出售，致使国家利益遭受重大损失的，对其直接负责的主管人员和其他直接责任人员，处五年以下有期徒刑或者拘役。

第三百七十八条 国家有关主管部门的国家工作人员严重不负责任，违反国家规定，对盲目投资建设、引进设备的项目予以批准，致使国家利益遭受重大损失的，处三年以下有期徒刑、拘役或者管制。

第三百七十九条 林业主管部门的工作人员违反森林法的规定，滥用职权，超过批准的年采伐限额发放林木采伐许可证或者违反规定滥发林木采伐许可证，情节严重，致使森林遭受严重破坏的，处五年以下有期徒刑或者拘役。

第三百八十条 环境保护部门的工作人员严重不负责任，造成重大环境污染事故，致使公私财产遭受重大损失或者造成人身伤亡的严重后果的，处五年以下有期徒刑或者拘役；后果特别严重的，处五年以上十年以下有期徒刑。

第三百八十一条 从事传染病的医疗保健、卫生防疫、监督管理的人员和政府有关主管人员严重不负责任，造成传染病传播或者流行，情节严重的，处五年以下有期徒刑或者拘役。

第三百八十二条 海关工作人员徇私舞弊、放纵走私，情节严重的，处五年以下有期徒刑或者拘役；情节特别严重的，处五年以上有期徒刑。

第三百八十三条 国家商检部门、商检机构的工作人员和国家商检部门、商检机构指定的检验机构的检验人员，徇私舞弊，伪造检验结果的，处五年以下有期徒刑或者拘役；造成严重后果的，处五年以上十年以下有期徒刑。

前款所列人员严重不负责任，对应当检验的物品不检验，或者延误检验出证、错误出证，致使国家利益遭受重大损失的，处三年以下有期徒刑、拘役或者管制；致使国家利益遭受特别重大损失的，处三年以上七年以下有期徒刑。

第三百八十四条 动植物检疫机关检疫人员徇私舞弊，伪造检疫结果的，处五年以下有期徒刑或者拘役；造成严重后果的，处五年以上十年以下有期徒刑。

前款所列人员严重不负责任，对应当检疫的物品不检疫，或者延误检疫出证、错误出证，致使国家利益遭受重大损失的，处三年以下有期徒刑、拘役或者管制；致使国家利益遭受特别重大损失的，处三年以上七年以下有期徒刑。

第三百八十五条 国家工作人员利用职务，对明知有生产、销售伪劣商品犯罪行为的企业事业单位或者个人，故意包庇使其不受追诉的；负有追究责任的国家工作人员对有生产、销售伪劣商品犯罪行为的企业事业单位或者个人，不履行法律规定的追究职责的，处三年以下有期徒刑、拘役或者管制；情节特别严重的，处三年以上七年以下有期徒刑。

第三百八十六条 负责办理护照、签证以及其他出入境证件的国家工作人员，对明知是企图偷越国（边）境的人员予以办理出入境证件的；边防、海关等国家工作人员，对明知是偷越国（边）境的人员，予以放行的，处三年以下有期徒刑、拘役或者管制；情节严重的，处三年以上七年以下有期徒刑。

第三百八十七条 对被拐卖、绑架的妇女、儿童负有解救职责的国家工作人员接到被拐卖、绑架的妇女、儿童及其家属的解救要求或者接到其他人的举报，而对被拐卖、绑架的妇女、儿童不进行解救，造成严重后果的，处五年以下有期徒刑或者拘役。

负有解救职责的国家工作人员利用职务阻碍解救的，处二年以上七年以下有期徒刑；情节较轻的，处二年以下有期徒刑、拘役或者管制。

第三百八十八条 有查禁犯罪活动职责的国家工作人员，为使犯罪分子逃避处罚，向其通风报信、提供便利的，处三年以下有期徒刑、拘役或者管制；情节特别严重的，处三年以上七年以下有期徒刑。

第三百八十九条 在招收公务员、学生或者征兵工作中徇私舞弊，情节严重的，除由有关主管部门责令退回招收的人员外，对其直接负责的主管人员和其他直接责任人员，处三年以下有期徒刑、拘役或者管制。

第三百九十条 国家工作人员严重不负责任，造成珍贵文物损毁或者流失，后果严重的，处三年以下有期徒刑、拘役或者管制。

第三百九十一条 邮政工作人员严重不负责任，故意延误投递邮件，致使公共财产、国家和人民利益遭受重大损失的，处三年以下有期徒刑、拘役或者管制。

第三百九十二条 航空人员玩忽职守、违反规章制度，致使发生重大飞行事故，造成严重后果的，处五年以下有期徒刑或者拘役；造成飞机坠毁或者人员死亡的，处五年以上十年以下有期徒刑。

第三百九十三条 铁路职工玩忽职守、违反规章制度，造成铁路运营事故，情节严重的，处五年以下有期徒刑或者拘役；造成特别严重后果的，处五年以上十年以下有期徒刑。

第三百九十四条 用人单位的劳动安全设施和劳动卫生条件不符合国家规定，对事故隐患不采取措施，致使发生重大事故，造成人员伤亡或者国家财产重大损失的，对直接负责的主管人员和其他直接责任人员，处五年以下有期徒刑或者拘役。

第三百九十五条 矿山企业主管人员对矿山事故隐患不采取措施，因而发生重大伤亡事故的，处五年以下有期徒刑或者拘役；造成特别严重后果的，处五年以上十年以下有期徒刑。

第三百九十六条 明知校舍或者教育教学设施有危险，而不采取措施，造成房屋倒塌或者人员伤亡的，对其直接负责的主管人员和其他直接责任人员，处五年以下有期徒刑或者拘役；后果特别严重的，处五年以上十年以下有期徒刑。

第十章 军人违反职责罪

第三百九十七条 军人违反职责，危害国家军事利益，依照法律应当受刑罚处罚的行为，是军人违反职责犯罪；但是情节显著轻微危害不大的，不认为是犯罪。

第三百九十八条 对于被判处三年以上有期徒刑或者剥夺政治权利的军人，应当剥夺军衔。

对于罪行严重的军人，可以附加剥夺勋章、奖章和荣誉称号。

前两款也适用于退役军人和预备役人员。

第三百九十九条 战时军人违反本章所列之罪的，从重处罚；但是犯战时才构成的罪除外。

第四百条 战时允许在缓刑考验期限内的军人戴罪立功。对于确有立功表现的，可以撤销原判，不以犯罪论处。

第四百零一条 在战场上贪生怕死，自动放下武器投降敌人的，处三年以上十年以下有期徒刑；情节特别严重的，处十年以上有期徒刑、无期徒刑或者死刑。

第四百零二条 叛逃境外或者在境外叛逃的，处三年以上十年以下有期徒刑；劫持或者驾驶航空器、舰船叛逃的，或者有其他特别严重情节的，处十年以上有期徒刑、无期徒刑或者死刑。

第四百零三条 以窃取、刺探、收买或者其他方法非法获取军事秘密的，处七年以下有期徒刑；情节特别严重的，处七年以上有期徒刑或者无期徒刑。

为敌人或者境外的机构、组织、人员非法获取军事秘密的，或者以抢劫方法获取军事秘密的，处三年以上十年以下有期徒刑；情节特别严重的，处十年以上有期徒刑、无期徒刑或者死刑。

第四百零四条 故意泄露军事秘密，情节严重的，处七年以下有期徒刑；情节特别严重的，处七年以上有期徒刑或者无期徒刑。以营利为目的泄露军事秘密的，将非法获取的军事秘密泄露的，将军事秘密提供给敌人或者非法提供给境外的机构、组织、人员的，处三年以上十年以下有期徒刑；情节特别严重的，处十年以上有期徒刑、无期徒刑或者死刑。

过失犯前款罪，处五年以下有期徒刑或者拘役；情节严重的，处五年以上十年以下有期徒刑。

第四百零五条 故意毁损重要军事秘密载体，情节严重的，处五年以下有期徒刑或者拘役；情节特别严重的，处五年以上有期徒刑。

第四百零六条 战时违抗命令的，处三年以上十年以下有期徒刑；致使战斗、战役遭受重大损失或者有其他特别严重情节的，处十年以上有期徒刑、无期徒刑或者死刑。

第四百零七条 拒传或者假传作战命令的，处三年以上十年以下有期徒刑；致使战斗、战役遭受重大损失或者有其他特别严重情节的，处十年以上有期徒刑、无期徒刑或者死刑。

第四百零八条 隐瞒、谎报重要的军情或者非军事情报的，处三年以上十年以下有期徒刑；致使战斗、战役遭受重大损失或者有其他特别严重情节的，处十年以上有期徒刑、无期徒刑或者死刑。

第四百零九条 战时临阵脱逃的，处五年以下有期徒刑；情节严重的，处五年以上十年以下有期徒刑；情节特别严重的，处十年以上有期徒刑、无期徒刑或者死刑。

第四百一十条 临阵畏缩，作战消极，造成严重后果的，处五年以下有期徒刑；致使战斗、战役遭受重大损失或者有其他特别严重情节的，处五年以上有期徒刑。

第四百一十一条 擅自行动或者故意违反协同规则，造成严重后果的，处五年以下有期徒刑；致使战斗、战役遭受重大损失或者有其他特别严重情节的，处五年以上有期徒刑。

第四百一十二条 战时造谣惑众，动摇军心的，处三年以下有期徒刑；情节严重的，处三年以上十年以下有期徒刑。

勾结敌人犯前款罪的，处三年以上十年以下有期徒刑；情节特别严重的，处十年以上有期徒刑或者无期徒刑。

第四百一十三条 在战场上明知友邻部队处境危急请求救援，能救援而不救援，致使友邻部队遭受重大损失的，对指挥人员处五年以下有期徒刑。

第四百一十四条 私放俘虏的，处五年以下有期徒刑；私放重要俘虏的，私放俘虏多人的，或者有其他严重情节的，处五年以上有期徒刑。

第四百一十五条 虐待俘虏，情节恶劣的，处三年以下有期徒刑。

第四百一十六条 战时在军事行动地区，残害无辜居民或者掠夺无辜居民财物的，处五年以下有期徒刑；情节严重的，处五年以上十年以下有期徒刑；情节特别严重的，处十年以上有期徒刑、无期徒刑或者死刑。

第四百一十七条 战时自伤身体，逃避军事义务的，处三年以下有期徒刑；情节严重的，处三年以上七年以下有期徒刑。

第四百一十八条 在战场上遗弃伤病军人的，处五年以下有期徒刑；遗弃多人的，遗弃后致使伤病军人死亡、被俘、失踪的，或者有其他严重情节的，处五年以上有期徒刑。

第四百一十九条 在救护治疗职位上，拒不救治危重伤病军人的，处五年以下有期徒刑或者拘役；造成伤病军人重残、死亡或者有其他严重情节的，处五年以上有期徒刑。

第四百二十条 盗窃武器装备的，处七年以下有期徒刑；情节严重的，处七年以上有期徒刑；情节特别严重的，处无期徒刑或者死刑。

第四百二十一条 盗窃、骗取、抢夺军用物资，数额较大的，处五年以下有期徒刑或者拘役；数额巨大或者有其他严重情节的，处五年以上十年以下有期徒刑；数额特别巨大或者有其他特别严重情节的，处十年以上有期徒刑、无期徒刑或者死刑。

第四百二十二条 非法出卖、转让武器装备的，处三年以上十年以下有期徒刑；出卖、转让主要或者大量武器装备的，或者有其他特别严重情节的，处十年以上有期徒刑、无期徒刑或者死刑。

第四百二十三条 违反武器装备管理规定，擅自将武器装备挪作他用，情节严重的，处五年以下有期徒刑或者拘役；情节特别严重的，处五年以上十年以下有期徒刑。

第四百二十四条 遗弃武器装备的，处五年以下有期徒刑或者拘役；遗弃主要或者大量武器装备的，或者有其他严重情节的，处五年以上有期徒刑。

第四百二十五条 遗失武器装备，情节严重的，处三年以下有期徒刑或者拘役；遗失主要或者大量武器装备的，或者有其他特别严重情节的，处三年以上七年以下有期徒刑。

第四百二十六条 违反武器装备使用、维护、保养规定，因而发生责任事故，造成严重后果的，处三年以下有期徒刑或者拘役；情节特别严重的，处三年以上七年以下有期徒刑。

第四百二十七条 以暴力、胁迫或者其他方法阻碍其他军人执行职务的，处五年以下有期徒刑或者拘役；情节严重的，处五年以上十年以下有期徒刑；致人重伤、死亡或者有其他特别严重情节的，处十年以上有期徒刑、无期徒刑或者死刑。

第四百二十八条 滥用职权，擅自调动部队或者指使部属进行违反职责的活动，情节严重的，处五年以下有期徒刑或者拘役；情节特别严重的，处五年以上十年以下有期徒刑。

第四百二十九条 擅自出卖、转让军队房地产的，处五年以下有期徒刑或者拘役；情节严重的，处五年以上有期徒刑。

第四百三十条 虐待部属，情节恶劣的，处五年以下有期徒刑或者拘役；致人重伤、死亡或者有其他特别严重情节的，处五年以上有期徒刑。

第四百三十一条 擅离部队或者逾假不归，情节严重的，处三年以下有期徒刑或者拘役；情节特别严重的，处三年以上七年以下有期徒刑。

第四百三十二条 在指挥、管理职位上或者值班、值勤时，擅离职守或者玩忽职守，造成严重后果的，处五年以下有期徒刑或者拘役；情节特别严重的，处五年以上十年以下有期徒刑。

第四百三十三条 本条例所称军人，是指中国人民解放军的现役军官、文职干部、士兵及具有军籍的学员和中国人民武装警察部队的现役警官、文职干部、士兵及具有军籍的学员。

执行军事任务的预备役人员和其他人员，以军人论。

第四百三十四条 本条例所称战时，是指国家宣布进入战争状态、部队受领作战任务或者遭敌突然袭击时。

动员、戒严或者进入等级战备状态，以及处置突发性暴力事件时，以战时论。

第四百三十五条 军人履行职责时，依法使用武器，造成人员伤亡后果的，不负刑事责任。

第四百三十六条 本章施行中的特殊情况，由中央军事委员会依据本法作出规定。

第十一章　危害国防利益罪

第四百三十七条　以暴力、威胁方法阻碍军人依法执行职务的，处三年以下有期徒刑、拘役或者管制。

故意阻碍武装部队军事行动，造成严重后果的，处五年以下有期徒刑或者拘役。

第四百三十八条　破坏军事设施或者武器装备的，处三年以下有期徒刑、拘役或者管制；破坏重要军事设施、武器装备的，处三年以上十年以下有期徒刑；情节特别严重的，处十年以上有期徒刑或者无期徒刑。

第四百三十九条　明知是不合格的武器装备、军事设施而提供给武装部队的，处五年以下有期徒刑或者拘役；情节严重的，处五年以上十年以下有期徒刑；情节特别严重的，处十年以上有期徒刑、无期徒刑或者死刑。

过失犯前款罪，情节严重的，处三年以下有期徒刑、拘役或者管制；情节特别严重的，处三年以上七年以下有期徒刑。

单位犯前两款罪的，对单位判处罚金，并对直接负责的主管人员和其他直接责任人员依照前两款的规定处罚。

第四百四十条　聚众哄闹、冲击军事禁区和军事管理区，严重扰乱军事禁区和军事管理区秩序，致使军事单位无法正常工作的，对首要分子处七年以上有期徒刑；其他积极参加的，处七年以下有期徒刑或者拘役。

第四百四十一条　在军事禁区内非法进行摄影、摄像、录音、勘察、测量、描绘和记述，情节严重的，处三年以下有期徒刑、拘役或者管制。

第四百四十二条　冒充军人招摇撞骗的，处三年以下有期徒刑、拘役、管制或者剥夺政治权利；情节严重的，处三年以上十年以下有期徒刑。

第四百四十三条　煽动军人逃离部队，情节严重的，处三年以下有期徒刑、拘役或者管制。

第四百四十四条　在征兵工作中徇私舞弊，输送不合格兵员，情节严重的，处三年以下有期徒刑、拘役或者管制；造成特别严重后果的，处三年以上七年以下有期徒刑。

第四百四十五条　伪造、变造、买卖或者盗窃、抢夺武装部队证件的，处三年以下有期徒刑、拘役、管制或者剥夺政治权利；情节严重的，处三年以上十年以下有期徒刑。

非法制造、买卖武装部队制式服装、专用标志，情节严重的，处三年以下有期徒刑、拘役或者管制，可以并处或者单处罚金。

单位犯前两款罪的，对单位判处罚金，并对直接负责的主管人员和其他直接责任人员，依照前两款的规定处罚。

第四百四十六条　预备役人员战时拒绝、逃避征召或者军事训练，情节严重的，处三年以下有期徒刑或者拘役。

应征公民战时拒绝、逃避服役，情节严重的，处二年以下有期徒刑或者拘役。

第四百四十七条　战时故意向武装部队提供虚假敌情以及其他与军事行动有关的重要情况，造成严重后果的，处三年以下有期徒刑或者拘役；造成特别严重后果的，处三年以上十年以下有期徒刑。

第四百四十八条　战时造谣惑众，扰乱军心的，处三年以下有期徒刑或者拘役；情节严重的，处三年以上十年以下有期徒刑。

第四百四十九条　战时拒绝或者故意延误军事订货，情节严重的，对单位判处罚金，并对直接负责的主管人员和其他直接责任人员处五年以下有期徒刑或者拘役；造成严重后果的，处五年以上有期徒刑。

第四百五十条　战时拒绝军事征用，情节严重的，处三年以下有期徒刑或者拘役。

17. 中华人民共和国刑法（修订草案）（修改稿）

（全国人大常委会办公厅秘书局　1997年2月17日印）

［第八届全国人大常委会第二十四次会议文件（六）］

目　录

中编

第三章　刑罚
第一节　刑罚的种类
第二节　管制
第三节　拘役
第四节　有期徒刑、无期徒刑
第五节　死刑
第六节　罚金
第七节　剥夺政治权利
第八节　没收财产
第四章　刑罚的具体运用
第一节　量刑
第二节　累犯
第三节　自首和立功
第四节　数罪并罚
第五节　缓刑
第六节　减刑
第七节　假释
第八节　时效
第五章　其他规定
第二编　分则
第一章　危害国家安全罪
第二章　危害公共安全罪
第三章　破坏社会主义市场经济秩序罪
第一节　生产、销售伪劣商品罪
第二节　走私罪
第三节　妨害对公司、企业的管理秩序罪
第四节　破坏金融管理秩序罪
第五节　金融诈骗罪
第六节　危害税收征管罪
第七节　侵犯知识产权罪
第八节　扰乱市场秩序罪
第四章　侵犯公民人身权利、民主权利罪
第五章　侵犯财产罪
第六章　妨害社会管理秩序罪
第一节　扰乱公共秩序罪
第二节　妨害司法罪
第三节　妨害国（边）境管理罪
第四节　妨害文物管理罪
第五节　危害公共卫生罪
第六节　破坏环境保护罪
第七节　走私、贩卖、运输、制造毒品罪
第八节　组织、强迫、引诱、容留、介绍卖淫罪
第九节　制作、贩卖、传播淫秽物品罪
第七章　危害国防利益罪
第八章　贪污贿赂罪
第九章　渎职罪
第十章　军人违反职责罪

第一编　总　　则

第一章　刑法的任务、基本原则和适用范围

第一条　为了惩罚犯罪，保护人民，根据宪法，结合我国同犯罪作斗争的具体经验及实际情况，制定本法。

第二条　中华人民共和国刑法的任务，是用刑罚同一切犯罪行为作斗争，以保卫国家安全，保卫人民民主专政的政权和社会主义制度，保护国有财产和劳动群众集体所有的财产，保护公民私人所有的财产，保护公民的人身权利、民主权利和其他权利，维护社会秩序、经济秩序，保障社会主义建设事业的顺利进行。

第三条　法律明文规定为犯罪行为的，依照法律定罪处刑；法律没有明文规定为犯罪行为的，不得定罪处刑。

第四条　对任何人犯罪，在适用法律上一律平等。不允许任何人有超越法律的特权。

第五条　刑罚的轻重，应当与犯罪分子所犯罪行和承担的刑事责任相适应。

第六条　凡在中华人民共和国领域内犯罪的，除法律有特别规定的以外，都适用本法。

凡在中华人民共和国船舶或者航空器内犯罪的，也适用本法。

犯罪的行为或者结果有一项发生在中华人民共和国领域内的，就认为是在中华人民共和国领域内犯罪。

第七条　中华人民共和国公民在中华人民共和国领域外犯本法规定之罪的，适用本法，但是按本法规定的最高刑为三年以下有期徒刑的，可以不予追究。

中华人民共和国国家工作人员和军人在中华人民共和国领域外犯本法规定之罪的，适用本法。

第八条　外国人在中华人民共和国领域外对中华人民共和国国家或者公民犯罪，而按本法规定的最低刑为三年以上有期徒刑的，可以适用本法，但是按照犯罪地的法律不受处罚的除外。

第九条　对于中华人民共和国缔结或者参加的国际条约所规定的罪行，中华人民共和国在所承担条约义务的范围内行使刑事管辖权的，适用本法。

第十条　凡在中华人民共和国领域外犯罪，依照本法应当负刑事责任的，虽然经过外国审判，仍然可以依照本法追究，但是在外国已经受过刑罚处罚的，可以免除或者减轻处罚。

第十一条　享有外交特权和豁免权的外国人的刑事责任，通过外交途径解决。

第十二条　中华人民共和国成立以后本法施行以前的行为，如果当时的法律不认为是犯罪的，适用当时的法律；如果当时的法律认为是犯罪的，依照本法总则第四章第八节的规定应当追诉的，按照当时的法律追究刑事责任，但是如果本法不认为是犯罪或者处刑较轻的，适用本法。

对于本法施行以前发生的行为，本法施行以后尚未处理或者正在处理的案件，依照前款的规定办理。

本法施行以前，依照当时的法律已经作出的生效判决，继续有效。

第二章　犯　　罪

第一节　犯罪和刑事责任

第十三条　一切危害国家主权、领土完整和安全，分裂国家、颠覆人民民主专政的政权和推翻社会主义制度，破坏社会秩序和经济秩序，侵犯国有财产或者劳动群众集体所有的财产，侵犯公民私人所有的财产，侵犯公民的人身权利、民主权利和其他权利，以及其他危害社会的行为，依照法律应当受刑罚处罚的，都是犯罪，但是情节显著轻微危害不大的，不认为是犯罪。

第十四条　明知自己的行为会发生危害社会的结果，并且希望或者放任这种结果发生，因而构成犯罪的，是故意犯罪。

故意犯罪，应当负刑事责任。

第十五条　应当预见自己的行为可能发生危害社会的结果，因为疏忽大意而没有预见，或者已经预见而轻信能够避免，以致发生这种结果的，是过失犯罪。

法律规定为过失犯罪的，应当负刑事责任。

第十六条　行为在客观上虽然造成了损害结果，但是不是出于故意或者过失，而是由于不能抗拒或者不能预见的原因所引起的，不是犯罪。

第十七条　已满十六周岁的人犯罪，应当负刑事责任。

已满十四周岁不满十六周岁的人，犯故意杀人、故意伤害致人重伤或者死亡、强奸、抢劫、贩卖毒品、放火、爆炸、投毒罪的，应当负刑事责任。

已满十四周岁不满十八周岁的人犯罪，应当从轻或者减轻处罚。

因不满十六周岁不予刑事处罚的，责令他的家长或者监护人加以管教；在必要的时候，也可以由政府收容教养。

第十八条　精神病人在不能辨认或者不能控制自己行为的时候造成危害结果，经法定程序鉴定确认的，不负刑事责任，但是应当责令他的家属或者监护人严加看管和医疗；必要的时候，由政府强制医疗。

间歇性的精神病人在精神正常的时候犯罪，应当负刑事责任。

尚未完全丧失辨认或者控制自己行为能力的精神病人造成危害结果的，应当负刑事责任，但是可以从轻或者减轻处罚。

醉酒的人犯罪，应当负刑事责任。

第十九条 又聋又哑的人或者盲人犯罪，可以从轻、减轻或者免除处罚。

第二十条 为了使国家、公共利益、本人或者他人的人身、财产和其他权利免受正在进行的不法侵害，而采取的制止不法侵害的行为，对不法侵害人造成损害的，属于正当防卫，不负刑事责任。

正当防卫明显超过必要限度造成重大损害的，应当负刑事责任，但是应当减轻或者免除处罚。

对正在进行行凶、杀人、抢劫、强奸、绑架以及其他严重危及人身安全的暴力犯罪，采取防卫行为，造成不法侵害人伤亡和其他后果的，不属于防卫过当，不负刑事责任。

第二十一条 为了使国家、公共利益、本人或者他人的人身、财产和其他权利免受正在发生的危险，不得已采取的紧急避险行为，造成损害的，不负刑事责任。

紧急避险超过必要限度造成不应有的损害的，应当负刑事责任，但是应当减轻或者免除处罚。

第一款中关于避免本人危险的规定，不适用于职务上、业务上负有特定责任的人。

第二节 犯罪的预备、未遂和中止

第二十二条 为了犯罪，准备工具、制造条件的，是犯罪预备。

对于预备犯，可以比照既遂犯从轻、减轻处罚或者免除处罚。

第二十三条 已经着手实行犯罪，由于犯罪分子意志以外的原因而未得逞的，是犯罪未遂。

对于未遂犯，可以比照既遂犯从轻或者减轻处罚。

第二十四条 在犯罪过程中，自动放弃犯罪或者自动有效地防止犯罪结果发生的，是犯罪中止。

对于中止犯，没有造成损害的，应当免除处罚；造成损害的，应当减轻处罚。

第三节 共同犯罪

第二十五条 共同犯罪是指二人以上共同故意犯罪。

二人以上共同过失犯罪，不以共同犯罪论处；应当负刑事责任的，按照他们所犯的罪分别处罚。

第二十六条 组织、领导犯罪集团进行犯罪活动的或者在共同犯罪中起主要作用的，是主犯。

三人以上为共同实施犯罪而组成的较为固定的犯罪组织，是犯罪集团。

对组织、领导犯罪集团的首要分子，按照集团所犯的全部罪行处罚。

对于第三款规定以外的主犯，应当按照其所参与的或者组织、指挥的全部犯罪处罚。

第二十七条 在共同犯罪中起次要或者辅助作用的，是从犯。

对于从犯，应当从轻、减轻处罚或者免除处罚。

第二十八条 对于被胁迫参加犯罪的，应当按照他的犯罪情节减轻处罚或者免除处罚。

第二十九条 教唆他人犯罪的，应当按照他在共同犯罪中所起的作用处罚。教唆不满十八周岁的人犯罪的，应当从重处罚。

如果被教唆的人没有犯被教唆的罪，对于教唆犯，可以从轻或者减轻处罚。

第四节 单位犯罪

第三十条 公司、企业、事业单位、机关、团体为本单位谋取非法利益，经单位集体决定或者由负责人员决定实施的犯罪，是单位犯罪。

法律规定为单位犯罪的，应当负刑事责任。

第三十一条 单位犯罪的，对单位判处罚金，并对其直接负责的主管人员和其他直接责任人员判处刑罚。本法分则和其他法律另有规定的，依照规定。

第三章 刑 罚

第一节 刑罚的种类

第三十二条 刑罚分为主刑和附加刑。

第三十三条 主刑的种类如下：

（一）管制；

（二）拘役；

（三）有期徒刑；

（四）无期徒刑；

（五）死刑；

第三十四条　附加刑的种类如下：

（一）罚金；

（二）剥夺政治权利；

（三）没收财产。

附加刑也可以独立适用。

第三十五条　被判处三年以上有期徒刑的犯罪分子和被判处剥夺政治权利的犯罪分子，如果有军衔、警衔或者勋章的，应当一并判处剥夺。

第三十六条　对于犯罪的外国人，可以独立适用或者附加适用驱逐出境。

第三十七条　由于犯罪行为而使被害人遭受经济损失的，对犯罪分子除依法给予刑事处罚外，并应根据情况判处赔偿经济损失。

承担民事赔偿责任的犯罪分子，同时被判处罚金的，其财产不足以全部支付的时候，应当先承担民事赔偿责任。

第三十八条　对于犯罪情节轻微不需要判处刑罚的，可以免予刑事处罚，但可以根据案件的不同情况，予以训诫或者责令具结悔过、赔礼道歉、赔偿损失，或者由主管部门予以行政处罚或者行政处分。

第二节　管　　制

第三十九条　管制的期限，为三个月以上二年以下。

被判处管制的犯罪分子，由公安机关执行。

第四十条　被判处管制的犯罪分子，在执行期间，应当遵守下列规定：

（一）遵守法律、行政法规，服从监督；

（二）未经执行机关批准，不得行使言论、出版、集会、结社、游行、示威自由的权利；

（三）按执行机关规定报告自己的活动情况；

（四）遵守执行机关关于会客的规定；

（五）离开所居住的市、县或者迁居，应当报经执行机关批准。

对于被判处管制的犯罪分子，在劳动中应当同工同酬。

第四十一条　被判处管制的犯罪分子，管制期满，执行机关应即向本人和其所在单位或者居住地的群众宣布解除管制。

第四十二条　管制的刑限，从判决执行之日起计算；判决执行以前先行羁押的，羁押一日折抵刑期二日。

第三节　拘　　役

第四十三条　拘役的期限，为一个月以上六个月以下。

第四十四条　被判处拘役的犯罪分子，由公安机关就近执行。

在执行期间，被判处拘役的犯罪分子每月可以回家一天至两天；参加劳动的，可以酌量发给报酬。

第四十五条　拘役的刑期，从判决执行之日起计算；判决执行以前先行羁押的，羁押一日折抵刑期一日。

第四节　有期徒刑、无期徒刑

第四十六条　有期徒刑的期限，除本法第五十一条、第七十条外，为六个月以上十五年以下。

第四十七条　被判处有期徒刑、无期徒刑的犯罪分子，在监狱或者其他执行机关；凡有劳动能力的，都应当参加劳动，接受教育和改造。

第四十八条　有期徒刑的期限，从判决执行之日起计算；判决执行以前先行羁押，羁押一日折抵刑期一日。

第五节　死　　刑

第四十九条　死刑只适用于罪行极其严重的犯罪分子。对于应当判处死刑的犯罪分子，如果不是必须立即执行的，可以判处死刑同时宣告缓期二年执行。

死刑除依法由最高人民法院判决的以外，都应当报请最高人民法院核准。死刑缓期执行的，可以由高级人民法院判决或者核准。

第五十条　犯罪的时候不满十八周岁的人和审判的时候怀孕的妇女，不适用死刑。

第五十一条　判处死刑缓期执行的，在死刑缓期执行期间，如果没有故意犯罪，二年期满以后，减为无期徒刑；如果确有立功表现，二年期满以后，减为十五年以上二十年以下有期徒刑；如果故意犯罪，查证属实的，由最高人民法院核准，执行死刑。

第五十二条　死刑缓期执行的期间，从判决确定之日起计算。死刑缓期执行减为有期徒刑的刑期，从死刑缓期执行期满之日起计算。

第六节　罚　　金

第五十三条　判处罚金，应当根据犯罪情节决定罚金数额。

第五十四条　罚金在判决指定的期限内一次或者分期缴纳。期满不缴纳的，强制缴纳。对于不能全部缴纳罚金的，人民法院在任何时候发现被执行人有可以执行的财产，应当随时追缴。如果由于遭遇不能抗拒的灾祸缴纳确实有困难的，可以酌情减少或者免除。

第七节　剥夺政治权利

第五十五条　剥夺政治权利是剥夺下列权利：

（一）选举权和被选举权；

（二）言论、出版、集会、结社、游行、示威自由的权利；

（三）担任国家机关职务的权利；

（四）担任国有公司、企业、事业单位和人民团体领导职务的权利。

第五十六条　剥夺政治权利的期限，除本法第五十八条规定外，为一年以上五年以下。

判处管制附加剥夺政治权利的，剥夺政治权利的期限与管制的期限相等，同时执行。

第五十七条　对于危害国家安全的犯罪分子应当附加剥夺政治权利；对于故意杀人、强奸、放火、爆炸、投毒、抢劫等严重破坏社会秩序的犯罪分子，在必要的时候，可以附加剥夺政治权利。

独立适用剥夺政治权利的，依照本法分则的规定。

第五十八条　对于被判处死刑、无期徒刑的犯罪分子，应当剥夺政治权利终身。

在死刑缓期执行减为有期徒刑或者无期徒刑减为有期徒刑的时候，应当把附加剥夺政治权利的期限改为三年以上十年以下。

第五十九条　附加剥夺政治权利的刑期，从徒刑、拘役执行完毕之日或者从假释之日起计算；剥夺政治权利的效力当然施用于主刑执行期间。

被剥夺政治权利的犯罪分子，在执行期间，应当遵守法律、行政法规和国务院公安部门有关监督管理的规定，服从监督；不得行使本法第五十五条规定的各项权利。

第八节　没收财产

第六十条　没收财产是没收犯罪分子个人所有的财产的一部或者全部。

在判处没收财产的时候，不得没收属于犯罪分子家属所有或者应有的财产。

第六十一条　没收财产以前犯罪分子所负的正当债务，需要以没收的财产偿还的，经债权人请求，应当偿还。

第四章　刑罚的具体运用

第一节　量　　刑

第六十二条　对于犯罪分子决定刑罚的时候，应当根据犯罪的事实、犯罪的性质、情节和对于社会的危害程度，依照本法的有关规定判处。

第六十三条　犯罪分子具有本法规定的从重处罚、从轻处罚情节的，应当在法定刑的限度以内判处刑罚。

第六十四条　犯罪分子具有本法规定的减轻处罚情节的，应当在法定刑以下判处刑罚。

犯罪分子虽然不具有本法规定的减轻处罚情节，如果根据案件的特殊情况，判处法定刑的最低刑还是过重的，经最高人民法院审判委员会核准，也可以在法定刑以下判处刑罚。

第六十五条　犯罪分子违法所得的一切财物，应当予以追缴或者责令退赔；对被害人的合法财产，应当及时返还；违禁品和供犯罪所用的本人财物，应当予以没收。没收的财物和罚金，一律上缴国库，不得挪用和自行处理。

第二节　累　　犯

第六十六条　被判处有期徒刑以上刑罚的犯罪分子，刑罚执行完毕或者赦免以后，在五年以内再犯应当判处有期徒刑以上刑罚之罪的，是累犯，应当从重处罚，但是过失犯罪除外。

前款规定的期限，对于被宣告缓刑的犯罪分子，从缓刑考验期满之日起计算；对于被假释的犯罪分子，从假释期满之日起计算。

第六十七条　危害国家安全的犯罪分子在刑罚执行完毕或者赦免以后，在任何时候再犯危害国家安全罪的，都以累犯论处。

第三节 自首和立功

第六十八条 犯罪以后自动投案，如实供述自己的罪行的，是自首。对于自首的犯罪分子，可以从轻或者减轻处罚。其中，犯罪较轻的，可以免除处罚。

被采取强制措施的犯罪嫌疑人、被告人和正在服刑的罪犯，如实供述司法机关还未掌握的本人其他罪行的，以自首论。

第六十九条 犯罪分子有揭发他人犯罪行为，查证属实的，或者提供重要线索，从而得以侦破其他案件等立功表现的，可以从轻或者减轻处罚；有重大立功表现的，可以减轻或者免除处罚。

犯罪后自首又有重大立功表现的，应当减轻或者免除处罚。

第四节 数罪并罚

第七十条 判决宣告以前一人犯数罪的，除判处死刑和无期徒刑的以外，应当在总和刑期以下、数刑中最高刑期以上，酌情决定执行的刑期，但是管制最高不能超过三年，拘役最高不能超过一年，有期徒刑最高不能超过二十年。

如果数罪中有判处附加刑的，附加刑仍须执行。

第七十一条 判决宣告以后，刑罚执行完毕以前，发现被判刑的犯罪分子在判决宣告以前还有其他罪没有判决的，应当对新发现的罪作出判决，把前后两个判决所判处的刑罚，依照本法第七十条的规定，决定执行的刑罚。已经执行的刑期，应当计算在新判决决定的刑期以内。

第七十二条 判决宣告以后，刑罚执行完毕以前，被判刑的犯罪分子又犯罪的，应当对新犯的罪作出判决，把前罪没有执行的刑罚和后罪所判处的刑罚，依照本法第七十条的规定，决定执行的刑罚。

第五节 缓　　刑

第七十三条 对于被判处拘役、三年以下有期徒刑的犯罪分子，根据犯罪分子的犯罪情节和悔罪表现，适用缓刑确实不致再危害社会的，可以宣告缓刑。

被宣告缓刑的犯罪分子，如果被判处附加刑，附加刑仍须执行。

第七十四条 拘役的缓刑考验期限为原判刑期以上一年以下，但是不能少于二个月。

有期徒刑的缓刑考验期限为原判刑期以上五年以下，但是不能少于一年。

缓刑考验期限，从判决确定之日起计算。

第七十五条 对于累犯，不适用缓刑。

第七十六条 被宣告缓刑的犯罪分子，应当遵守下列规定：

（一）遵守法律、行政法规，服从监督；

（二）按执行缓刑判决的考察机关的规定报告自己的活动情况；

（三）遵守考察机关关于会客的规定；

（四）离开所居住的市、县或者迁居，应当报经考察机关批准。

第七十七条 被宣告缓刑的犯罪分子，在缓刑考验期限内，由公安机关考察，所在单位或者基层组织予以配合，如果没有本法第七十八条规定的情形，缓刑考验期满，原判的刑罚就不再执行。

第七十八条 被宣告缓刑的犯罪分子，在缓刑考验期限内，再犯新罪或者发现判决宣告前还有其他罪没有判决的，应当撤销缓刑，对新的犯罪或者新发现的犯罪作出判决，把前罪和后罪判处的刑罚，依照本法第七十条的规定，决定执行的刑罚。

被宣告缓刑的犯罪分子，在缓刑考验期限内，违反法律、行政法规或者国务院公安部门有关缓刑的监督管理规定，情节严重的，应当撤销缓刑，收监执行原判刑罚。

第六节 减　　刑

第七十九条 被判处管制、拘役、有期徒刑、无期徒刑的犯罪分子，在执行期间，如果认真遵守监规、接受教育改造，确有悔改表现或者有立功表现的，可以减刑；有下列重大立功表现之一的，应当减刑：

（一）阻止他人重大犯罪活动的；

（二）检举监狱内外重大犯罪活动，经查证属实的；

（三）有发明创造或者重大技术革新的；

（四）在日常生产、生活中舍己救人的；

（五）在抗御自然灾害或者排除重大事故中，有突出表现的；

（六）对国家和社会有其他重大贡献的。

减刑以后实际执行的刑期，判处管制、拘役、有期徒刑的，不能少于原判刑期的二分之一；判处无期徒刑的，不能少于十年。

第八十条 对于可以减刑的犯罪分子，由执行机关向中级以上人民法院提出减刑建议书。由人民法院组成合议庭进行审理，对确有悔改或者立功事实的，裁定予以减刑。非经法定程序不得减刑。

第八十一条 无期徒刑减为有期徒刑的刑期，从裁定减刑之日起计算。

第七节 假 释

第八十二条 被判处有期徒刑的犯罪分子，执行原判刑期二分之一以上，被判处无期徒刑的犯罪分子，实际执行十年以上，如果认真遵守监规、接受教育改造，确有悔改表现，假释后不致再危害社会的，可以假释。如果有特殊情况，经最高人民法院核准，可以不受上述执行刑期的限制。

对累犯以及杀人、爆炸、抢劫、强奸、绑架等暴力性犯罪被判处十年以上有期徒刑和无期徒刑的犯罪分子，不得假释。

第八十三条 对于可以假释的犯罪分子，依照本法第八十条规定的程序进行。非经法定程序不得假释。

第八十四条 有期徒刑的假释考验期限，为没有执行完毕的刑期；无期徒刑的假释考验期限为十年。

假释考验期限，从假释之日起计算。

第八十五条 被宣告假释的犯罪分子，应当遵守下列规定：

（一）遵守法律、行政法规，服从监督；

（二）根据公安机关的要求，报告自己的活动情况；

（三）遵守公安机关关于会客的规定；

（四）离开所居住的市、县或者迁居，应当报经公安机关批准。

第八十六条 被假释的犯罪分子，在假释考验期限内，由公安机关予以监督，如果没有本法第八十七条规定的情形，假释考验期满，就认为原判刑罚已经执行完毕，并公开予以宣告。

第八十七条 被假释的犯罪分子，在假释考验期限内，再犯新罪，应当撤销假释，依照本法第七十二条的规定实行数罪并罚。

被假释的犯罪分子，在假释考验期限内，发现在判决宣告前还有其他罪没有判决的，应当撤销假释，依照本法第七十一条的规定实行数罪并罚。

被假释的犯罪分子，在假释考验期限内，有违反法律、行政法规或者国务院公安部门有关假释的监督管理规定的行为，尚未构成新的犯罪的，应当依照法定程序撤销假释，收监执行未执行完毕的刑罚。

第八节 时 效

第八十八条 犯罪经过下列期限不再追诉：

（一）法定最高刑为不满五年有期徒刑的，经过五年；

（二）法定最高刑为五年以上不满十年有期徒刑的，经过十年；

（三）法定最高刑为十年以上有期徒刑的，经过十五年；

（四）法定最高刑为无期徒刑、死刑的，经过二十年。如果二十年以后认为必须追诉的，须报请最高人民检察院核准。

第八十九条 在人民法院、人民检察院、公安机关、国家安全机关采取强制措施或者通缉以后，逃避侦查或者审判的，不受追诉期限的限制。

被害人在追诉期限内提出控告，人民法院、人民检察院、公安机关应当立案而不予立案的，不受追诉期限的限制。

第九十条 追诉期限从犯罪之日起计算；犯罪行为有连续或者继续状态的，从犯罪行为终了之日起计算。

在追诉期限以内又犯罪的，前罪追诉的期限从犯后罪之日起计算。

第五章 其他规定

第九十一条 民族自治地方不能全部适用本法规定的，可以由自治区或者省的人民代表大会根据当地民族的政治、经济、文化的特点和本法规定的基本原则，制定变通或者补充的规定，报请全国人民代表大会常务委员会批准施行。

第九十二条 人民警察在依法执行盘问、拘留、逮捕、追捕逃犯或者制止违法犯罪职务的时候，受到暴力侵犯、人身安全受到威胁，依法使用警械和武器的职务行为，造成人员伤亡后果的，不属于防卫过当，不负刑事责任。

第九十三条 本法所称公共财产，是指下列财产：

（一）国有财产；

（二）劳动群众集体所有的财产；

（三）用于扶贫和其他公益事业的社会捐助或者专项基金的财产。

在国家机关、国有公司、企业、集体企业和人民团体管理、使用或者运输中的私人财产，以公共财产论。

第九十四条 本法所称公民私人所有的财产，是指下列财产：

（一）公民的合法收入、储蓄、房屋和其他生活资料；

（二）依法归个人、家庭所有的生产资料；

（三）个体户和私营企业的财产；

（四）个人所有的股份和股票、债券。

第九十五条　本法所称国家工作人员，是指国家机关中从事公务的人员。

国有公司、企业、事业单位、人民团体中从事公务的人员和国家机关、国有公司、企业、事业单位委派到非国有公司、企业、事业单位、社会团体从事公务的人员，以国家工作人员论。

第九十六条　本法所称司法工作人员，是指有侦查、检察、审判、监管职责的工作人员。

第九十七条　本法所称重伤，是指有下列情形之一的伤害：

（一）使人肢体残废或者毁人容貌的；

（二）使人丧失听觉、视觉或者其他器官机能的；

（三）其他对于人身健康有重大伤害的。

第九十八条　本法所称违反国家规定，是指违反全国人民代表大会及其常务委员会制定的法律和决定，国务院制定的行政法规和行政措施、发布的决定和命令。

第九十九条　本法所称首要分子，是指在犯罪集团或者聚众犯罪中起组织、策划、指挥作用的犯罪分子。

第一百条　本法所称告诉才处理，是指被害人告诉才处理。如果被害人因受强制、威吓无法告诉的，人民检察院和被害人的近亲属也可以告诉。

第一百零一条　本法所称以上、以下、以内，包括本数。

第一百零二条　依法受过刑事处罚的人，在入伍、就业的时候，应当如实向有关单位报告自己曾受过刑事处罚，不得隐瞒。

第一百零三条　本法总则适用于其他有刑罚规定的法律，但是其他法律有特别规定的除外。

第二编　分　　则

第一章　危害国家安全罪

第一百零四条　勾结外国，危害中华人民共和国的主权、领土完整和安全的，处无期徒刑或者十年以上有期徒刑。

第一百零五条　组织、策划、实施分裂国家、破坏国家统一活动的，对首要分子或者罪行重大的，处无期徒刑或者十年以上有期徒刑；对积极参加的，处三年以上十年以下有期徒刑；对其他参加的，处三年以下有期徒刑、拘役、管制或者剥夺政治权利。

煽动分裂国家、破坏国家统一的，处五年以下有期徒刑、拘役、管制或者剥夺政治权利；首要分子或者罪行重大的，处五年以上有期徒刑。

第一百零六条　组织、策划、实施武装叛乱或者武装暴乱的，对首要分子或者罪行重大的，处无期徒刑或者十年以上有期徒刑；对积极参加的，处三年以上十年以下有期徒刑；对其他参加的，处三年以下有期徒刑、拘役、管制或者剥夺政治权利。

策动、胁迫、勾引、收买国家机关工作人员、武装部队人员、人民警察、民兵进行武装叛乱的，依照前款的规定从重处罚。

第一百零七条　组织、策划、实施颠覆国家政权、推翻社会主义制度的，对首要分子或者罪行重大的，处无期徒刑或者十年以上有期徒刑；对积极参加的，处三年以上十年以下有期徒刑；对其他参加的，处三年以下有期徒刑、拘役、管制或者剥夺政治权利。

以造谣、诽谤或者其他方式煽动颠覆国家政权、推翻社会主义制度的，处五年以下有期徒刑、拘役、管制或者剥夺政治权利；首要分子或者罪行重大的，处五年以上有期徒刑。

第一百零八条　与境外机构、组织、个人相勾结，实施本章第一百零五条、第一百零六条、第一百零七条规定之罪的，依照各该条的规定从重处罚。

第一百零九条　境内外机构、组织或者个人资助境内组织或者个人实施本章第一百零四条、第一百零五条、第一百零六条、第一百零七条规定之罪的，处五年以下有期徒刑、拘役或者剥夺政治权利；情节严重的，处五年以上有期徒刑。

第一百一十条　投敌叛变的，处三年以上十年以下有期徒刑；情节严重或者带领武装部队人员、人民警察、民兵投敌叛变的，处十年以上有期徒刑或者无期徒刑。

第一百一十一条　国家机关工作人员在履行公务期间，擅离岗位，叛逃境外或者在境外叛逃，危害中华人民共和国国家安全的，处三年以上十年以下有期徒刑；情节严重的，处十年以上有期徒刑或者无期徒刑。

掌握国家秘密的国家工作人员犯前款罪的，依照前款的规定从重处罚。

第一百一十二条　进行下列间谍行为之一，危害国家安全的，处十年以上有期徒刑或者无期徒刑；情节较轻的，处三年以上十年以下有期徒刑：

（一）参加间谍组织或者接受间谍组织及其代理人的任务的；

（二）为境外的机构、组织、人员窃取、刺探、收买、非法提供国家秘密或者情报的；

（三）为敌人指示轰击目标的。

第一百一十三条　战时供给敌人武器装备、军用物资资敌的，处十年以上有期徒刑或者无期徒刑；情节较轻的，处三年以上十年以下有期徒刑。

第一百一十四条　本章上述危害国家安全罪行中，除第一百零五条第二款、第一百零七条、第一百零九条外，对国家和人民危害特别严重、情节特别恶劣的，可以判处死刑。

犯本章之罪的，可以并处没收财产。

第二章　危害公共安全罪

第一百一十五条　放火、决水、爆炸或者以其他危险方法破坏工厂、矿场、油田、港口、河流、水源、仓库、住宅、森林、农场、谷场、牧场、重要管道、公共建筑物或者其他公私财产，危害公共安全，尚未造成严重后果的，处三年以上十年以下有期徒刑。

第一百一十六条　放火、决水、爆炸、投毒或者以其他危险方法致人重伤、死亡或者使公私财产遭受重大损失的，处十年以上有期徒刑、无期徒刑或者死刑。

过失犯前款罪的，处七年以下有期徒刑或者拘役。

第一百一十七条　破坏火车、汽车、电车、船只、航空器，足以使火车、汽车、电车、船只、航空器发生倾覆、毁坏危险，尚未造成严重后果的，处三年以上十年以下有期徒刑。

第一百一十八条　破坏轨道、桥梁、隧道、公路、机场、航道、灯塔、标志或者进行其他破坏活动，足以使火车、汽车、电车、船只、航空器发生倾覆、毁坏危险，尚未造成严重后果的，处三年以上十年以下有期徒刑。

第一百一十九条　破坏电力、燃气或者其他易燃易爆设备，危害公共安全，尚未造成严重后果的，处三年以上十年以下有期徒刑。

第一百二十条　破坏交通工具、交通设施、电力燃气设备、易燃易爆设备，造成严重后果的，处十年以上有期徒刑、无期徒刑或者死刑。

过失犯前款罪的，处七年以下有期徒刑或者拘役。

第一百二十一条　组织、领导恐怖活动组织的，对首要分子，处三年以上十年以下有期徒刑；其他积极参加的，处三年以下有期徒刑、拘役或者管制。

犯前款罪并实施杀人、爆炸、绑架等犯罪的，依照数罪并罚的规定处罚。

第一百二十二条　以暴力、胁迫或者其他方法劫持航空器的，处十年以下有期徒刑或者无期徒刑；致人重伤、死亡或者使航空器遭受严重破坏的，处死刑；情节较轻的，处五年以上十年以下有期徒刑。

第一百二十三条　对飞行中的航空器上的人员使用暴力，危及飞行安全，尚未造成严重后果的，处五年以下有期徒刑或者拘役；造成严重后果的，处五年以上有期徒刑。

第一百二十四条　破坏广播电视设施、公用电信设施，危害公共安全的，处七年以下有期徒刑或者拘役；造成严重后果的，处七年以上有期徒刑。

过失犯前款罪的，处七年以下有期徒刑或者拘役。

第一百二十五条　非法制造、买卖、运输、邮寄、储存枪支、弹药、爆炸物的，处三年以上十年以下有期徒刑；情节严重的，处十年以上有期徒刑、无期徒刑或者死刑。

非法买卖、运输核材料的，依照前款的规定处罚。

单位犯前两款罪的，对单位判处罚金，并对其直接负责的主管人员和其他直接责任人员，依照第一款的规定处罚。

第一百二十六条　依法被指定、确定的枪支制造企业、销售企业，违反枪支管理规定，有下列行为之一的，对单位判处罚金，并对其直接负责的主管人员和其他直接责任人员，处七年以下有期徒刑；造成严重后果的，处七年以上有期徒刑或者无期徒刑：

（一）以非法销售为目的，超过限额或者不按照规定的品种制造、配售枪支的；

（二）以非法销售为目的，制造无号、重号、假号的枪支的；

（三）非法销售枪支或者在境内销售为出口制造的枪支的。

第一百二十七条　盗窃、抢夺枪支、弹药、爆炸物的，处三年以上十年以下有期徒刑；情节严重的，处十年以上有期徒刑、无期徒刑或者死刑。

抢劫枪支、弹药、爆炸物或者盗窃、抢夺国家机关、军警人员、民兵的枪支、弹药、爆炸物的，处十年以上有期徒刑、无期徒刑或者死刑。

第一百二十八条　违反枪支管理规定，非法持有、私藏枪支、弹药的，处三年以下有期徒刑、拘役或者管制；情节严重的，处三年以上七年以下有期徒刑。

依法配备公务用枪的人员，非法出租、出借枪支的，依照前款的规定处罚。

依法配置枪支的人员，非法出租、出借枪支的，造成严重后果的，依照第一款的规定处罚。

单位犯第二款、第三款罪的，对单位判处罚金，并对其直接负责的主管人员和其他直接责任人员，依照第一款的规定处罚。

第一百二十九条 依法配备公务用枪的人员，丢失枪支不及时报告，造成严重后果的，处三年以下有期徒刑、拘役或者管制。

第一百三十条 非法携带枪支、弹药或者爆炸性、易燃性、放射性、毒害性、腐蚀性物品，进入公共场所或者公共交通工具，危及公共安全，情节严重的，处三年以下有期徒刑、拘役或者管制。

第一百三十一条 航空人员违反规章制度，致使发生重大飞行事故，造成严重后果的，处五年以下有期徒刑或者拘役；造成飞机坠毁或者人员死亡的，处五年以上十年以下有期徒刑。

第一百三十二条 铁路职工违反规章制度，造成铁路运营事故，情节严重的，处五年以下有期徒刑或者拘役；造成特别严重后果的，处五年以上十年以下有期徒刑。

第一百三十三条 违反交通管理法规，因而发生重大事故，致人重伤、死亡或者使公私财产遭受重大损失的，处三年以下有期徒刑、拘役或者管制；交通肇事后逃逸或者有其他特别恶劣情节的，处三年以上七年以下有期徒刑；因逃逸致人死亡的，处七年以上有期徒刑。

第一百三十四条 工厂、矿山、林场、建筑企业或者其他企业、事业单位的职工，由于不服管理、违反规章制度，或者强令工人违章冒险作业，因而发生重大伤亡事故，造成严重后果的，处三年以下有期徒刑、拘役或者管制；情节特别恶劣的，处三年以上七年以下有期徒刑。

第一百三十五条 工厂、矿山、林场、建筑企业或者其他企业、事业单位的劳动安全设施和劳动卫生条件不符合国家规定，对事故隐患不采取措施，因而发生重大伤亡事故或者造成国家财产重大损失的，对直接责任人员，处三年以下有期徒刑、拘役或者管制，后果特别严重的，处三年以上七年以下有期徒刑。

第一百三十六条 违反爆炸性、易燃性、放射性、毒害性、腐蚀性物品的管理规定，在生产、储存、运输、使用中发生重大事故，造成严重后果的，处三年以下有期徒刑、拘役或者管制；后果特别严重的，处三年以上七年以下有期徒刑。

第一百三十七条 建设单位、建筑设计单位、施工单位违反国家规定，降低工程质量标准，造成重大安全事故的，对直接责任人员，处三年以下有期徒刑、拘役或者管制；后果特别严重的，处三年以上七年以下有期徒刑。

第一百三十八条 明知校舍或者教育教学设施有危险，而不采取措施或者不及时报告，致使发生重大伤亡事故的，对直接责任人员，处三年以下有期徒刑、拘役或者管制；后果特别严重的，处三年以上七年以下有期徒刑。

第一百三十九条 违反消防管理法规，经消防监督机构通知采取改正措施而拒绝执行，造成严重后果的，对直接责任人员，处三年以下有期徒刑、拘役或者管制；后果特别严重的，处三年以上七年以下有期徒刑。

第三章　破坏社会主义市场经济秩序罪

第一节　生产、销售伪劣商品罪

第一百四十条 生产者、销售者在产品中掺杂、掺假，以假充真，以次充好或者以不合格产品冒充合格产品，违法所得数额二万元以上不满十万元的，处二年以下有期徒刑、拘役或者管制，并处或者单处违法所得一倍以上五倍以下罚金；违法所得数额十万元以上不满三十万元的，处二年以上七年以下有期徒刑，并处违法所得一倍以上五倍以下罚金；违法所得数额三十万元以上不满一百万元的，处七年以上有期徒刑，并处违法所得一倍以上五倍以下罚金或者没收财产；违法所得数额一百万元以上的，处十五年有期徒刑或者无期徒刑，并处没收财产。

第一百四十一条 生产、销售假药，足以严重危害人体健康的，处三年以下有期徒刑、拘役或者管制，并处或者单处违法所得一倍以上五倍以下罚金；对人体健康造成严重危害的，处三年以上十年以下有期徒刑，并处违法所得一倍以上五倍以下罚金；致人死亡或者对人体健康造成其他特别严重危害的，处十年以上有期徒刑、无期徒刑或者死刑，并处违法所得一倍以上五倍以下罚金或者没收财产。

本条所称假药，是指依照《中华人民共和国药品管理法》的规定属于假药和按假药处理的药品、非药品。

第一百四十二条 生产、销售劣药，对人体健康造成严重危害的，处三年以上十年以下有期徒刑，并处违法所得一倍以上五倍以下罚金；后果特别严重的，处十年以上有期徒刑或者无期徒刑，并处违法所得一倍以上五倍以下罚金或者没收财产。

本条所称劣药，是指依照《中华人民共和国药品管理法》的规定属于劣药的药品。

第一百四十三条 生产、销售不符合卫生标准的食品，足以造成严重食物中毒事故或者其他严重食源性疾患，处三年以下有期徒刑、拘役或者管制，并处或者单处违法所得一倍以上五倍以下罚金；对人体健康造成严重危害的，处三年以上七年以下有期徒刑，并处违法所得一倍以上五倍以下罚金；后果特别严重的，处七年以上有期徒刑或者无期徒刑，并处违法所得一倍以上五倍以下罚金或者没收财产。

第一百四十四条 在生产、销售的食品中掺入有毒、有害的非食品原料的，或者销售明知掺有有毒、有害的非食品原料的食品的，处五年以下有期徒刑或者拘役，并处或者单处违法所得一倍以上五倍以下罚金；造成严重食物中毒事故或者其他严重食源性疾患，对人体健康造成严重危害的，处五年以上十年以下有期徒刑，并处违法所得一倍以上五倍以下罚金；致人死亡或者对人体健康造成其他特别严重危害的，依照本法第一百四十一条的规定处罚。

第一百四十五条 生产不符合保障人体健康的国家标准、行业标准的医疗器械、医用卫生材料，或者销售明知是不符合保障人体健康的国家标准、行业标准的医疗器械、医用卫生材料、对人体健康造成严重危害的，处五年以下有期徒刑，并处违法所得一倍以上五倍以下罚金；后果特别严重的，处五年以上十年以下有期徒刑，并处违法所得一倍以上五倍以下罚金；其中情节特别恶劣的，处十年以上有期徒刑或者无期徒刑，并处违法所得一倍以上五倍以下罚金或者没收财产。

第一百四十六条 生产不符合保障人身、财产安全的国家标准、行业标准的电器、压力容器、易燃易爆产品或者其他不符合保障人身、财产安全的国家标准、行业标准的产品，或者销售明知是以上不符合保障人身、财产安全的国家标准、行业标准的产品，造成严重后果的，处五年以下有期徒刑或者拘役，并处违法所得一倍以上五倍以下罚金；后果特别严重的，处五年以上有期徒刑，并处违法所得一倍以上五倍以下罚金。

第一百四十七条 生产假农药、假兽药、假化肥，销售明知是假的或者失去使用效能的农药、兽药、化肥、种子，或者生产者、销售者以不合格的农药、兽药、化肥、种子冒充合格的农药、兽药、化肥、种子，使生产遭受较大损失的，处三年以下有期徒刑、拘役或者管制，并处或者单处违法所得一倍以上五倍以下罚金；使生产遭受重大损失的，处三年以上七年以下有期徒刑，并处违法所得一倍以上五倍以下罚金；使生产遭受特别重大损失的，处七年以上有期徒刑或者无期徒刑，并处违法所得一倍以上五倍以下罚金或者没收财产。

第一百四十八条 生产不符合卫生标准的化妆品，或者销售明知是不符合卫生标准的化妆品，造成严重后果的，处三年以下有期徒刑、拘役或者管制，并处或者单处违法所得一倍以上五倍以下罚金。

第一百四十九条 生产、销售本法第一百四十一条至第一百四十八条所列产品，不构成各该条规定的犯罪，但是违法所得数额在二万元以上的，依照本法第一百四十条的规定处罚。

生产、销售本法第一百四十一条至第一百四十八条所列产品，构成各该条规定的犯罪，同时又构成本法第一百四十条规定之罪的，依照处刑较重的规定处罚。

第一百五十条 单位犯本法第一百四十条至第一百四十八条规定之罪的，对单位判处罚金，并对其直接负责的主管人员和其他直接责任人员，依照各该条的规定处罚。

第一百五十一条 本节所称“违法所得”，是指伪劣商品的销售金额。

第二节 走私罪

第一百五十二条 走私武器、弹药、核材料或者伪造的货币的，处七年以上有期徒刑，并处罚金或者没收财产；情节较轻的，处七年以下有期徒刑，并处罚金。

走私国家禁止出口的文物、珍贵动物及其制品、黄金、白银或者其他贵重金属的，处五年以上有期徒刑，并处罚金或者没收财产；情节较轻的，处五年以下有期徒刑，并处罚金。

走私国家禁止出口的珍稀植物及其制品的，处五年以下有期徒刑，并处或者单处罚金；情节严重的，处五年以上有期徒刑，并处罚金。

犯第一款、第二款罪，情节特别严重的，处无期徒刑或者死刑，并处没收财产。

第一百五十三条 以牟利或者传播为目的，走私淫秽的影片、录像带、录音带、图片、书刊或者其他淫秽物品的，处三年以上十年以下有期徒刑，并处罚金；情节严重的，处十年以上有期徒刑或者无期徒刑，并处罚金或者没收财产；情节较轻的，处三年以下有期徒刑、拘役或者管制，并处罚金。

第一百五十四条 走私本法第一百五十二条、第一百五十三条规定以外的货物、物品的，根据情节轻重，分别依照下列规定处罚：

（一）走私货物、物品偷逃应缴税额在五十万元以上的，处十年以上有期徒刑或者无期徒刑，并处偷逃应缴税额一倍以上五倍以下罚金或者没收财产；情节特别严重的，依照本法第一百五十二条第四款的规定处罚。

（二）走私货物、物品偷逃应缴税额在十五万元以上不满五十万元的，处七年以上有期徒刑，并处偷逃应缴税额一倍以上五倍以下罚金或者没收财产；情节特别严重的，处无期徒刑，并处没收财产。

（三）走私货物、物品偷逃应缴税额在五万元以上不满十五万元的，处七年以下无期徒刑或者拘役，并处偷逃应缴税额一倍以上五倍以下罚金。

对多次走私未经处理的，按照累计走私货物、物品的偷逃应缴税额处罚。

第一百五十五条 单位犯本法第一百五十二条、第一百五十三条、第一百五十四条规定之罪的，对单位判处罚金，并对其直接负责的主管人员和其他直接责任人员，依照各该条的规定处罚。

第一百五十六条 下列走私行为，根据本节规定构成犯罪的，依照本法第一百五十四条、第一百五十五条的规定定罪处罚：

（一）未经海关许可并且未补缴应缴税额，擅自将批准进口的来料加工、来件装配、补偿贸易的原材料、零件、制成品、设备等保税货物，在境内销售牟利的；

（二）假借捐赠名义进口货物、物品的，或者未经海关许可并且未补缴应缴税额，擅自将捐赠进口的货物、物品或者其他特定减税、免税进口的货物、物品，在境内销售牟利的。

第一百五十七条 下列行为，以走私罪论处，依照本节的有关规定处罚：

（一）直接向走私人非法收购国家禁止进口物品的，或者直接向走私人非法收购走私进口的其他货物、物品，数额较大的；

（二）在内海、领海运输、收购、贩卖国家禁止进出口物品的，或者运输、收购、贩卖国家限制进出口货物、物品，数额较大，没有合法证明的；

（三）逃避海关监管将境外固体废弃物运输进境的。

第一百五十八条 与走私罪犯通谋，为其提供贷款、资金、帐号、发票、证明，或者为其提供运输、保管、邮寄或者其他方便的，以走私罪的共犯论处。

第一百五十九条 武装掩护走私的，依照本法第一百五十二条第一款、第四款的规定从重处罚。

以暴力、威胁方法抗拒缉私的，以走私罪和本法第二百七十五条规定的阻碍国家工作人员依法执行职务罪，依照数罪并罚的规定处罚。

第三节 妨害对公司、企业的管理秩序罪

第一百六十条 申请公司登记使用虚假证明文件或者采取其他欺诈手段虚报注册资本，欺骗公司登记主管部门，取得公司登记，虚报注册资本数额巨大、后果严重或者有其他严重情节的，处三年以下有期徒刑、拘役或者管制，可以并处虚报注册资本金额百分之十以下罚金。

申请公司登记的单位犯前款罪的，对单位判处虚报注册资本金额百分之十以下罚金，并对其直接负责的主管人员和其他直接责任人员，处三年以下有期徒刑、拘役或者管制。

第一百六十一条 公司发起人、股东违反公司法的规定未交付货币、实物或者未转移财产权，虚假出资，或者在公司成立后又抽逃其出资，数额巨大、后果严重或者有其他严重情节的，处五年以下有期徒刑或者拘役，可以并处虚假出资金额或者抽逃出资金额百分之十以下罚金。

单位犯前款罪的，对单位判处虚假出资金额或者抽逃出资金额百分之十以下罚金，并对其直接负责的主管人员和其他直接责任人员，处五年以下有期徒刑或者拘役。

第一百六十二条 制作虚假的招股说明书、认股书、公司、企业债券募集办法发行股票或者公司、企业债券，数额巨大、后果严重或者有其他严重情节的，处五年以下有期徒刑或者拘役，可以并处非法募集资金金额百分之五以下罚金。

单位犯前款罪的，对单位判处非法募集资金金额百分之五以下罚金，并对其直接负责的主管人员和其他直接责任人员，处五年以下有期徒刑或者拘役。

第一百六十三条 公司向股东和社会公众提供虚假的或者隐瞒重要事实的财务会计报告，严重损害股东或者其他人利益的，对其直接负责的主管人员和其他直接责任人员，处三年以下有期徒刑、拘役或者管制，可以并处二十万元以下罚金。

第一百六十四条 公司、企业进行清算时，隐匿财产，对资产负债表或者财产清单作虚伪记载或者在未清偿债务前分配公司、企业财产，严重损害债权人或者其他人利益的，对其直接负责的主管人员和其他直接责任人员，处五年以下有期徒刑或者拘役，可以并处二十万元以下罚金。

第一百六十五条 公司、企业的工作人员利用职务上的便利，索取他人财物或者非法收受他人财物，为他人谋利益，数额较大的，处五年以下有期徒刑或者拘役；数额巨大的，处五年以上有期徒刑，并处罚金或者没收财产。

公司、企业的工作人员在经济往来中，违反国家规定收受各种名义的回扣、手续费，归个人所有的，依照前款的规定处罚。

国家工作人员有前两款行为的，依照本法第三百七十九条、第三百八十条的规定定罪处罚。

第一百六十六条 为谋取不正当利益，给予公司、企业的工作人员以财物，数额较大的，处三年以下有期徒刑、拘役或者管制；数额巨大的，或者使公司、企业利益遭受重大损失的，处三年以上十年以下有期徒刑，并处罚金。

单位犯前款罪的，对单位判处罚金，并对其直接负责的主管人员和其他直接责任人员，依照前款的规定处罚。

行贿人在被追诉前主动交待行贿行为的，可以减轻处罚或者免除处罚。

第一百六十七条 国有公司、企业董事、经理利用职务便利，自己经营或者为他人经营与其所任职公司、企业同类的营业，获取非法利益，数额巨大的，处三年以下有期徒刑、拘役或者管制，并处或者单处罚金；数额特别巨大的，处三年以上七年以下有期徒刑，并处罚金。

第一百六十八条 国有公司、企业、事业单位的工作人员，利用职务便利，损公肥私，将本单位的盈利业务交由自己的亲友进行经营，或者为其经营活动提供其他便利，获取非法利益，数额巨大的，处三年以下有期徒刑、拘役或者管制，并处或者单处罚金；数额特别巨大的，处三年以上七年以下有期徒刑，并处罚金。

第一百六十九条　国有公司、企业、事业单位在签订、履行经济贸易合同过程中，因严重不负责任被诈骗，致使国家利益遭受重大损失的，对其直接负责的主管人员和其他直接责任人员，处三年以下有期徒刑、拘役或者管制；致使国家利益遭受特别重大损失的，处三年以上七年以下有期徒刑。

第一百七十条　国有公司、企业或者其上级主管部门直接负责的主管人员，因玩忽职守造成国有公司、企业破产，致使国家利益遭受重大损失的，处三年以下有期徒刑、拘役或者管制。

第一百七十一条　国有公司、企业或者其上级主管部门直接负责的主管人员，违反国家规定，徇私舞弊，将国有资产低价折股或者低价出售，致使国家利益遭受重大损失的，处三年以下有期徒刑、拘役或者管制；致使国家利益遭受特别重大损失的，处三年以上七年以下有期徒刑。

第四节　破坏金融管理秩序罪

第一百七十二条　伪造货币的，处三年以上十年以下有期徒刑，并处五万元以上五十万元以下罚金；有下列情形之一的，处十年以上有期徒刑、无期徒刑或者死刑，并处没收财产：

（一）伪造货币集团的首要分子；

（二）伪造货币数额特别巨大的；

（三）有其他特别严重情节的。

第一百七十三条　出售、购买伪造的货币或者明知是伪造的货币而运输，数额较大的，处三年以下有期徒刑、拘役或者管制，并处二万元以上二十万元以下罚金；数额巨大的，处三年以上十年以下有期徒刑，并处五万元以上五十万元以下罚金；数额特别巨大的，处十年以上有期徒刑或者无期徒刑，并处没收财产。

银行或者其他金融机构的工作人员购买伪造的货币或者利用职务上的便利，以伪造的货币换取货币的，处三年以上十年以下有期徒刑，并处二万元以上二十万元以下罚金；数额巨大或者有其他严重情节的，处十年以上有期徒刑或者无期徒刑，并处没收财产；情节较轻的，处三年以下有期徒刑、拘役或者管制，并处或者单处一万元以上十万元以下罚金。

伪造货币并出售或者运输伪造的货币的，依照第一百七十二条的规定定罪从重处罚。

第一百七十四条　明知是伪造的货币而持有、使用，数额较大的，处三年以下有期徒刑、拘役或者管制，并处一万元以上十万元以下罚金；数额巨大的，处三年以上十年以下有期徒刑，并处二万元以上二十万元以下罚金；数额特别巨大的，处十年以上有期徒刑，并处五万元以上五十万元以下罚金或者没收财产。

第一百七十五条　变造货币，数额较大的，处三年以下有期徒刑、拘役或者管制，并处一万元以上十万元以下罚金；数额巨大的，处三年以上十年以下有期徒刑，并处二万元以上二十万元以下罚金。

第一百七十六条　未经中国人民银行批准，擅自设立商业银行或者其他金融机构的，处三年以下有期徒刑、拘役或者管制，并处或者单处二万元以上二十万元以下罚金；情节严重的，处三年以上十年以下有期徒刑，并处五万元以上五十万元以下罚金。

伪造、变造、转让商业银行或者其他金融机构经营许可证的，依照前款的规定处罚。

单位犯前两款罪的，对单位判处罚金，并对其直接负责的主管人员和其他直接责任人员，依照第一款的规定处罚。

第一百七十七条　非法吸收公众存款或者变相吸收公众存款，扰乱金融秩序的，处三年以下有期徒刑、拘役或者管制，并处或者单处二万元以上二十万元以下罚金；数额巨大或者有其他严重情节的，处三年以上十年以下有期徒刑，并处五万元以上五十万元以下罚金。

单位犯前款罪的，对单位判处罚金，并对其直接负责的主管人员和其他直接责任人员，依照前款的规定处罚。

第一百七十八条　有下列情形之一，伪造、变造金融票证的，处五年以下有期徒刑或者拘役，并处二万元以上二十万元以下罚金；情节严重的，处五年以上十年以下有期徒刑，并处五万元以上五十万元以下罚金；情节特别严重的，处十年以上有期徒刑或者无期徒刑，并处没收财产：

（一）伪造、变造汇票、本票、支票的；

（二）伪造、变造委托收款凭证、汇款凭证、银行存单等其他银行结算凭证的；

（三）伪造、变造信用证或者附随的单据、文件的；

（四）伪造信用卡的。

单位犯前款罪的，对单位判处罚金，并对其直接负责的主管人员和其他直接责任人员，依照前款的规定处罚。

第一百七十九条　伪造、变造国库券或者国家发行的其他有价证券，数额较大的，处三年以下有期徒刑、拘役或者管制，并处或者单处二万元以上二十万元以下罚金；数额巨大的，处三年以上十年以下有期徒刑，并处五万元以上五十万元以下罚金；数额特别巨大的，处十年以上有期徒刑或者无期徒刑，并处没收财产。

伪造、变造股票、公司、企业债券，数额较大的，处三年以下有期徒刑、拘役或者管制，并处或者单处一万元以上十万元以下罚金；数额巨大的，处三年以上十年以下有期徒刑，并处二万元以上二十万元以下罚金。

单位犯前两款罪的，对单位判处罚金，并对其直接负责的主管人员和其他直接责任人员，依照前两款的规定处罚。

第一百八十条　未经国家有关主管部门批准，擅自发行股票、公司债券，数额巨大、后果严重或者有其他严重情节的，处五年以下有期徒刑或者拘役，可以并处非法募集资金金额百分之五以下罚金。

单位犯前款罪的，对单位判处非法募集资金金额百分之五以下罚金，并对其直接负责的主管人员，处五年以下有期徒刑或者拘役。

第一百八十一条 证券交易内幕信息的知情人员或者非法获取证券交易内幕信息的人员，在涉及证券的发行、交易或者其他对证券的价格有重大影响的信息尚未公开前，买入或者卖出该证券，或者泄露该信息，情节严重的，处五年以下有期徒刑或者拘役，并处或者单处违法所得一倍以上五倍以下罚金；情节特别严重的，处五年以上十年以下有期徒刑，并处违法所得一倍以上五倍以下罚金。

单位犯前款罪的，对单位判处违法所得一倍以上五倍以下罚金，并对其直接负责的主管人员和其他直接责任人员，处五年以下有期徒刑或者拘役。

内幕信息的范围，依照法律、行政法规的规定确定。

知情人员的范围，依照法律、行政法规的规定确定。

第一百八十二条 编造并且传播影响证券交易的虚假信息，扰乱证券交易市场，造成严重后果的，处三年以下有期徒刑、拘役或者管制，并处或者单处一万元以上十万元以下罚金。

证券交易所、证券公司的从业人员，证券业协会或者证券管理部门的工作人员，故意提供虚假信息，伪造、变造或者销毁交易记录，诱骗投资者买卖证券，造成严重后果的，处五年以下有期徒刑或者拘役，并处或者单处一万元以上十万元以下罚金；情节特别恶劣的，处五年以上十年以下有期徒刑，并处二万元以上二十万元以下罚金。

单位犯前两款罪的，对单位判处十万元以上五十万元以下罚金，并对其直接负责的主管人员和其他直接责任人员，依照前两款的规定处罚。

第一百八十三条 有下列情形之一，操纵证券交易价格，获取不正当利益或者转嫁风险，情节严重的，处五年以下有期徒刑或者拘役，并处或者单处违法所得一倍以上五倍以下罚金：

（一）单独或者合谋，集中资金优势、持股优势或者利用信息优势联合或者连续买卖，操纵证券交易价格的；

（二）与他人串通，以事先约定的时间、价格和方式相互进行证券交易，影响证券交易价格或者证券交易量的；

（三）以自己为交易对象，进行不转移证券所有权的自买自卖，影响证券交易价格或者证券交易量的；

（四）以其他方法操纵证券交易价格的。

单位犯前款罪的，对单位判处违法所得一倍以上五倍以下罚金，并对其直接负责的主管人员和其他直接责任人员，处五年以下有期徒刑或者拘役。

第一百八十四条 保险公司的工作人员利用职务上的便利，故意编造未曾发生的保险事故进行虚假理赔，骗取保险金归自己所有的，依照本法第二百六十九条的规定定罪处罚。

国家工作人员有前款行为的，依照本法第三百七十六条、第三百七十七条的规定定罪处罚。

第一百八十五条 银行或者其他金融机构的工作人员在金融业务活动中索取、收受贿赂，或者违反国家规定收受各种名义的回扣、手续费的，依照本法第一百六十五条的规定定罪处罚。

国家工作人员有前款行为的，依照本法第三百七十九条、第三百八十条的规定定罪处罚。

第一百八十六条 银行或者其他金融机构的工作人员利用职务上的便利，挪用本单位或者客户资金的，依照本法第二百七十条的规定定罪处罚。

国家工作人员有前款行为的，依照本法第三百七十八条的规定定罪处罚。

第一百八十七条 银行或者其他金融机构的工作人员违反法律、行政法规规定，向关系人发放信用贷款或者发放担保贷款的条件优于其他借款人同类贷款的条件，造成较大损失的，处五年以下有期徒刑或者拘役，并处一万元以上十万元以下罚金；造成重大损失的，处五年以上有期徒刑，并处二万元以上二十万元以下罚金。

银行或者其他金融机构的工作人员违反法律、行政法规规定，向关系人以外的其他人发放贷款，造成重大损失的，处五年以下有期徒刑或者拘役，并处一万元以上十万元以下罚金；造成特别重大损失的，处五年以上有期徒刑，并处二万元以上二十万元以下罚金。

单位犯前两款罪的，对单位判处罚金，并对其直接负责的主管人员和其他直接责任人员，依照前两款的规定处罚。

关系人的范围，依照《中华人民共和国商业银行法》和有关金融法规确定。

第一百八十八条 银行或者其他金融机构工作人员徇私舞弊，以吸收客户的资金不入帐的方式，将资金用于非法拆借、发放贷款，造成重大损失的，处五年以下有期徒刑或者拘役；造成特别重大损失的，处五年以上有期徒刑。

单位犯前款罪的，对单位判处罚金，并对其直接负责的主管人员和其他直接责任人员，依照前款的规定处罚。

第一百八十九条 银行或者其他金融机构的工作人员违反规定，为他人出具信用证或者其他保函、票据、存单、资信证明，造成较大损失的，处五年以下有期徒刑或者拘役；造成重大损失的，处五年以上有期徒刑。

单位犯前款罪的，对单位判处罚金，并对其直接负责的主管人员和其他直接责任人员，依照前款的规定处罚。

第一百九十条 银行或者其他金融机构的工作人员在票据业务中，对违反票据法规定的票据予以承兑、付款或者保证，造成重大损失的，处五年以下有期徒刑或者拘役；造成特别重大损失的，处五年以上有期徒刑。

单位犯前款罪的，对单位判处罚金，并对其直接负责的主管人员和其他直接责任人员，依照前款的规定处罚。

第一百九十一条 国有公司、企业或者其他单位，违反国家规定，擅自将外汇存放境外，或者将境内的外汇非法转移到境外，情节严重的，对单位判处罚金，并对其直接负责的主管人员和其他直接责任人员，处五年以下有期徒刑或者拘役。

第一百九十二条 明知是毒品犯罪、黑社会性质的组织犯罪、走私犯罪的违法所得及其产生的收益，为掩饰、隐瞒其来源和性质，有下列行为之一的，没收实施以上犯罪的违法所得及其产生的收益，处三年以下有期徒刑、拘役或者管制，并处或者单处洗钱数额一倍以上五倍以下罚金；情节严重的，处三年以上十年以下有期徒刑，并处洗钱数额一倍以上五倍以下罚金：

（一）提供资金帐户的；

（二）协助将财产转换为现金或者金融票据的；

（三）通过转帐、承兑等结算方式协助资金转移的；

（四）协助将资金汇往境外的；

（五）以其他方法掩饰、隐瞒犯罪违法所得及其收益的性质和来源的。

单位犯前款罪的，对单位判处罚金，并对其直接负责的主管人员和其他直接责任人员，依照前款的规定处罚。

第五节　金融诈骗罪

第一百九十三条 以非法占有为目的，使用诈骗方法非法集资，数额较大的，处三年以下有期徒刑、拘役或者管制，并处二万元以上二十万元以下罚金；数额巨大或者有其他严重情节的，处三年以上十年以下有期徒刑，并处五万元以上五十万元以下罚金；数额特别巨大或者有其他特别严重情节的，处十年以上有期徒刑或者无期徒刑，并处没收财产。

单位犯前款罪的，对单位判处罚金，并对其直接负责的主管人员和其他直接责任人员，依照前款的规定处罚。

第一百九十四条 有下列情形之一，以非法占有为目的，诈骗银行或者其他金融机构的贷款，数额较大的，处五年以下有期徒刑或者拘役，并处二万元以上二十万元以下罚金；数额巨大或者有其他严重情节的，处五年以上十年以下有期徒刑，并处五万元以上五十万元以下罚金；数额特别巨大或者有其他特别严重情节的，处十年以上有期徒刑或者无期徒刑，并处没收财产：

（一）编造引进资金、项目等虚假理由的；

（二）使用虚假的经济合同的；

（三）使用虚假的证明文件的；

（四）使用虚假的产权证明作担保的；

（五）以其他方法诈骗贷款的。

第一百九十五条 有下列情形之一，进行金融票据诈骗活动，数额较大的，处五年以下有期徒刑或者拘役，并处二万元以上二十万元以下罚金；数额巨大或者有其他严重情节的，处五年以上十年以下有期徒刑，并处五万元以上五十万元以下罚金；数额特别巨大或者有其他特别严重情节的，处十年以上有期徒刑或者无期徒刑，并处没收财产：

（一）明知是伪造、变造的汇票、本票、支票而使用的；

（二）明知是作废的汇票、本票、支票而使用的；

（三）冒用他人的汇票、本票、支票的；

（四）签发空头支票或者与其预留印鉴不符的支票，骗取财物的；

（五）汇票、本票的出票人签发无资金保证的汇票、本票或者在出票时作虚假记载，骗取财物的。

使用伪造、变造的委托收款凭证、汇款凭证、银行存单等其他银行结算凭证的，依照前款的规定处罚。

单位犯前两款罪的，对单位判处罚金，并对其直接负责的主管人员和其他直接责任人员，依照第一款的规定处罚。

第一百九十六条 有下列情形之一，进行信用证诈骗活动，处五年以下有期徒刑或者拘役，并处二万元以上二十万元以下罚金；数额巨大或者有其他严重情节的，处五年以上十年以下有期徒刑，并处五万元以上五十万元以下罚金；数额特别巨大或者有其他特别严重情节的，处十年以上有期徒刑或者无期徒刑，并处没收财产：

（一）使用伪造、变造的信用证或者附随的单据、文件的；

（二）使用作废的信用证的；

（三）骗取信用证的；

（四）以其他方法进行信用证诈骗活动的。

单位犯前款罪的，对单位判处罚金，并对其直接负责的主管人员和其他直接责任人员，依照前款的规定处罚。

第一百九十七条 有下列情形之一，进行信用卡诈骗活动，数额较大的，处五年以下有期徒刑或者拘役，并处二万元以上二十万元以下罚金；数额巨大或者有其他严重情节的，处五年以上十年以下有期徒刑，并处五万元以上五十万元以下罚金；数额特别巨大或者有其他特别严重情节的，处十年以上有期徒刑或者无期徒刑，并处没收财产：

（一）使用伪造的信用卡的；

（二）使用作废的信用卡的；

（三）冒用他人信用卡的；

（四）恶意透支的。

盗窃信用卡并使用的，依照本法第二百六十二条的规定定罪处罚。

第一百九十八条　使用伪造、变造的国库券或者国家发行的其他有价证券，进行诈骗活动，数额较大的，处五年以下有期徒刑或者拘役，并处二万元以上二十万元以下罚金；数额巨大或者有其他严重情节的，处五年以上十年以下有期徒刑，并处五万元以上五十万元以下罚金；数额特别巨大或者有其他特别严重情节的，处十年以上有期徒刑或者无期徒刑，并处没收财产。

第一百九十九条　有下列情形之一，进行保险诈骗活动，数额较大的，处五年以下有期徒刑或者拘役，并处一万元以上十万元以下罚金；数额巨大或者有其他严重情节的，处五年以上十年以下有期徒刑，并处二万元以上二十万元以下罚金；数额特别巨大或者有其他特别严重情节的，处十年以上有期徒刑，并处没收财产：

（一）投保人故意虚构保险标的，骗取保险金的；

（二）投保人、被保险人或者受益人对发生的保险事故编造虚假的原因或者夸大损失的程度，骗取保险金的；

（三）投保人、被保险人或者受益人编造未曾发生的保险事故，骗取保险金的；

（四）投保人、被保险人故意造成财产损失的保险事故，骗取保险金的；

（五）投保人、受益人故意造成被保险人死亡、伤残或者疾病，骗取保险金的。

有前款第（四）项、第（五）项所列行为，同时构成其他犯罪的，依照数罪并罚的规定处罚。

保险事故的鉴定人、证明人、财产评估人故意提供虚假的证明文件，为他人诈骗提供条件的，以保险诈骗的共犯论处。

单位犯第一款、第三款罪的，对单位判处罚金，并对其直接负责的主管人员和其他直接责任人员，依照各该款的规定处罚。

第二百条　犯本节第一百九十三条、第一百九十五条、第一百九十六条规定之罪，数额特别巨大并且给国家和人民利益造成特别重大损失的，处无期徒刑或者死刑，并处没收财产。

第六节　危害税收征管罪

第二百零一条　纳税人采取伪造、变造、隐匿、擅自销毁帐簿、记帐凭证，在帐簿上多列支出或者不列、少列收入，经税务机关通知申报而拒不申报或者进行虚假的纳税申报的手段，不缴或者少缴应纳税款，偷税数额占应纳税额的百分之十以上不满百分之三十并且偷税数额在一万元以上不满十万元的，或者因偷税被税务机关给予二次行政处罚又偷税的，处三年以下有期徒刑、拘役或者管制，并处偷税数额一倍以上五倍以下罚金；偷税数额占应纳税额的百分之三十以上并且偷税数额在十万元以上的，处三年以上七年以下有期徒刑，并处偷税数额一倍以上五倍以下罚金。

扣缴义务人采取前款所列手段，不缴或者少缴已扣、已收税款，数额占应缴税额的百分之十以上并且数额在一万元以上的，依照前款的规定处罚。

对多次犯有前两款行为，未经处理的，按照累计数额计算。

第二百零二条　以暴力、威胁方法拒不缴纳税款的，处三年以下有期徒刑、拘役或者管制，并处拒缴税款一倍以上五倍以下罚金；情节严重的，处三年以上七年以下有期徒刑，并处拒缴税款一倍以上五倍以下罚金。

第二百零三条　纳税人欠缴应纳税款，采取转移或者隐匿财产的手段，致使税务机关无法追缴欠缴的税款，数额在一万元以上不满十万元的，处三年以下有期徒刑、拘役或者管制，并处欠缴税款一倍以上五倍以下罚金；数额在十万元以上的，处三年以上七年以下有期徒刑，并处欠缴税款一倍以上五倍以下罚金。

第二百零四条　以假报出口或者其他欺骗手段，骗取国家出口退税款的，依照本法第二百六十四条的规定定罪处罚，并处骗取税款一倍以上五倍以下罚金。

纳税人交纳税款后，采取前款规定的欺骗方法，骗取所交纳的税款的，依照本法第二百零一条的规定定罪处罚；骗取税款超过所交纳的税款部分，依照前款的规定处罚。

第二百零五条　虚开增值税专用发票或者虚开用于骗取出口退税、抵扣税款的其他发票的，处三年以下有期徒刑、拘役或者管制，并处二万元以上二十万元以下罚金；虚开的税款数额较大或者有其他严重情节的，处三年以上十年以下有期徒刑，并处五万元以上五十万元以下罚金；虚开的税款数额巨大或者有其他特别严重情节的，处十年以上有期徒刑或者无期徒刑，并处没收财产。

有前款行为骗取国家税款，数额特别巨大，情节特别严重，给国家利益造成特别重大损失的，处无期徒刑或者死刑，并处没收财产。

虚开增值税专用发票或者虚开用于骗取出口退税、抵扣税款的其他发票是指有为他人虚开、为自己虚开、让他人为自己虚开、介绍他人虚开行为之一的。

第二百零六条　伪造或者出售伪造的增值税专用发票的，处三年以下有期徒刑、拘役或者管制，并处二万元以上二十万元以下罚金；数量较大或者有其他严重情节的，处三年以上十年以下有期徒刑，并处五万元以上五十万元以下罚金；数量巨大或者有其他特别严重情节的，处十年以上有期徒刑或者无期徒刑，并处没收财产。

伪造并出售伪造的增值税专用发票，数量特别巨大，情节特别严重，严重破坏经济秩序的，处无期徒刑或者死刑，并处没收财产。

第二百零七条 非法出售增值税专用发票的，处三年以下有期徒刑、拘役或者管制，并处二万元以上二十万元以下罚金；数量较大的，处三年以上十年以下有期徒刑，并处五万元以上五十万元以下罚金；数量巨大的，处十年以上有期徒刑或者无期徒刑，并处没收财产。

第二百零八条 非法购买增值税专用发票或者购买伪造的增值税专用发票的，处五年以下有期徒刑或者拘役，并处或者单处二万元以上二十万元以下罚金。

非法购买增值税专用发票或者购买伪造的增值税专用发票又虚开或者出售的，分别依照本法第二百零五条、第二百零六条、第二百零七条的规定定罪处罚。

第二百零九条 伪造、擅自制造或者出售伪造、擅自制造的可以用于骗取出口退税、抵扣税款的其他发票的，处三年以下有期徒刑、拘役或者管制，并处二万元以上二十万元以下罚金；数量巨大的，处三年以上七年以下有期徒刑，并处五万元以上五十万元以下罚金；数量特别巨大的，处七年以上有期徒刑，并处没收财产。

伪造、擅自制造或者出售伪造、擅自制造的前款规定以外的其他发票的，处二年以下有期徒刑、拘役或者管制，并处或者单处一万元以上五万元以下罚金；情节严重的，处二年以上七年以下有期徒刑，并处五万元以上五十万元以下罚金。

非法出售可以用于骗取出口退税、抵扣税款的其他发票的，依照第一款的规定处罚。

非法出售第三款规定以外的其他发票的，依照第二款的规定处罚。

第二百一十条 盗窃增值税专用发票或者用于骗取出口退税、抵扣税款的其他发票的，依照本法第二百六十二条的规定定罪处罚。

使用欺骗手段骗取增值税专用发票或者用于骗取出口退税、抵扣税款的其他发票的，依照本法第二百六十四条的规定定罪处罚。

第二百一十一条 单位犯本节规定之罪的，对单位判处罚金，并对其直接负责的主管人员和其他直接责任人员，依照各该条的规定处罚。

第二百一十二条 犯本节第二百零一条、第二百零二条、第二百零三条、第二百零四条、第二百零五条规定之罪，被判处罚金、没收财产的，在执行前，应当先由税务机关追缴税款和所骗取的出口退税款。

第七节 侵犯知识产权罪

第二百一十三条 未经注册商标所有人许可，在同一种商品上使用与其注册商标相同的商标，情节严重的，处三年以下有期徒刑、拘役或者管制，可以并处或者单处罚金；情节特别严重的，处三年以上七年以下有期徒刑，并处罚金。

第二百一十四条 销售明知是假冒注册商标的商品，销售金额数额较大的，处三年以下有期徒刑、拘役或者管制，可以并处或者单处罚金；销售金额数额巨大的，处三年以上七年以下有期徒刑，并处罚金。

第二百一十五条 伪造、擅自制造他人注册商标标识或者销售伪造、擅自制造的注册商标标识，销售金额数额较大或者有其他严重情节的，处三年以下有期徒刑、拘役或者管制，可以并处或者单处罚金；销售金额数额巨大的，处三年以上七年以下有期徒刑，并处罚金。

第二百一十六条 未经专利权人许可，使用其专利，情节严重的，处三年以下有期徒刑、拘役或者管制，可以并处或者单处罚金。

第二百一十七条 以营利为目的，有下列侵犯著作权情形之一，违法所得数额较大或者有其他严重情节的，处三年以下有期徒刑、拘役或者管制，可以并处或者单处罚金；违法所得数额巨大或者有其他特别严重情节的，处三年以上七年以下有期徒刑，并处罚金：

（一）未经著作权人许可，复制发行其文字作品、音乐、电影、电视、录像作品、计算机软件及其他作品的；

（二）出版他人享有专有出版权的图书的；

（三）未经录音录像制作者许可，复制发行其制作的录音录像的；

（四）制作、出售假冒他人署名的美术作品的。

第二百一十八条 以营利为目的，销售明知是第二百一十七条规定的侵权复制品，违法所得数额较大的，处二年以下有期徒刑、拘役或者管制，可以并处或者单处罚金；违法所得数额巨大的，处二年以上五年以下有期徒刑，并处罚金。

第二百一十九条 单位犯本节规定之罪的，对单位判处罚金，并对其直接负责的主管人员和其他直接责任人员；依照本节各该条的规定处罚。

第八节 扰乱市场秩序罪

第二百二十条 有下列侵犯商业秘密行为之一，给商业秘密的权利人造成重大损失的，处三年以下有期徒刑、拘役或者管制，可以并处或者单处罚金；造成特别严重后果的，处三年以上七年以下有期徒刑，可以并处罚金；

（一）以盗窃、利诱、胁迫或者其他不正当手段获取权利人的商业秘密的；

（二）披露、使用或者允许他人使用以前项手段获取的权利人的商业秘密的；

（三）违反约定或者违反权利人有关保守商业秘密的要求，披露、使用或者允许他人使用其所掌握的商业秘密。

明知或者应知前款所列行为，获取、使用或者披露他人的商业秘密的，以侵犯商业秘密论。

本条所称的商业秘密，是指不为公众所知悉、能为权利人带来经济利益、具有实用性并经权利人采取保密措施的技术信息和经营信息。

本条所称的权利人，是指商业秘密的所有人和经商业秘密所有人许可的商业秘密使用人。

第二百二十一条 捏造并散布虚伪事实，损害他人的商业信誉、商品声誉，情节严重或者给他人造成重大损失的，处二年以下有期徒刑、拘役或者管制，可以并处或者单处罚金。

第二百二十二条 广告主、广告经营者、广告发布者违反国家规定，利用广告对商品或者服务作虚假宣传，情节严重的，处二年以下有期徒刑、拘役或者管制，可以并处或者单处罚金。

第二百二十三条 投标人相互串通投标报价，损害招标人或者其他投标人利益，情节严重的，处三年以下有期徒刑、拘役或者管制，可以并处或者单处罚金。

投标人与招标人串通投标，损害国家、集体、公民的合法利益的，依照前款的规定处罚。

第二百二十四条 有下列情形之一，以非法占有为目的，在签订、履行合同过程中，骗取对方当事人财物，数额较大的，处三年以下有期徒刑、拘役或者管制，可以并处或者单处罚金；数额巨大或者情节严重的，处三年以上十年以下有期徒刑，并处罚金；数额特别巨大或者情节特别严重的，处十年以上有期徒刑或者无期徒刑，并处没收财产：

（一）以虚构的单位或者冒用他人名义签订合同的；

（二）以伪造、变造、作废的票据或者其他虚假的产权证明作担保的；

（三）没有实际履行能力，以先履行小额合同或者部分履行合同的方法，诱骗对方当事人继续签订和履行合同的；

（四）收受对方当事人给付的货物、货款、预付款或者担保财产后逃匿的；

（五）以其他方法骗取对方当事人财物的。

第二百二十五条 违反国家规定，有下列非法经营行为之一，扰乱市场秩序，情节严重的，处五年以下有期徒刑或者拘役，可以并处或者单处违法所得一倍以上五倍以下罚金；情节特别严重的，处五年以上有期徒刑，并处违法所得一倍以上五倍以下罚金或者没收财产：

（一）未经许可经营法律、行政法规规定的专营、专卖物品或者其他限制买卖的物品的；

（二）买卖进出口许可证、进出口原产地证明以及其他法律、行政法规规定的经营许可证或者批准文件的；

（三）销售走私物品、特许减免税物品，无合法证明的；

（四）其他严重扰乱市场秩序的非法经营行为。

第二百二十六条 在商品交易中，以暴力、威胁手段强买强卖、强迫他人提供服务或者强迫他人接受服务，情节严重的，处三年以下有期徒刑、拘役或者管制，可以并处或者单处罚金。

第二百二十七条 伪造或者倒卖伪造的车票、船票、邮票或者其他有价票证，数额较大的，处二年以下有期徒刑、拘役或者管制，可以并处或者单处票证价额一倍以上五倍以下罚金；数额巨大的，处二年以上七年以下有期徒刑，可以并处票证价额一倍以上五倍以下罚金。

第二百二十八条 以牟利为目的，违反法律、行政法规规定，非法转让、倒卖土地使用权，情节严重的，处三年以下有期徒刑、拘役或者管制，可以并处或者单处非法转让、倒卖土地使用权价额一倍以下罚金；情节特别严重的，处三年以上七年以下有期徒刑，并处非法转让、倒卖土地使用权价额一倍以下罚金。

第二百二十九条 承担资产评估、验资、验证、会计、审计、法律服务等职责的中介组织的人员故意提供虚假证明文件，情节严重的，处五年以下有期徒刑或者拘役，并处罚金。

前款规定的人员，严重不负责任，出具的证明文件有重大失实，造成严重后果的，处三年以下有期徒刑、拘役或者管制，并处或者单处罚金。

第二百三十条 违反进出口商品检验法的规定，逃避商品检验，将必须经商检机构检验的进口商品未报经检验而擅自销售、使用，或者将必须经商检机构检验的出口商品未报经检验合格而擅自出口，情节严重的，处三年以下有期徒刑、拘役或者管制，可以并处或者单处罚金。

第二百三十一条 单位犯本节规定之罪的，对单位判处罚金，并对其直接负责的主管人员和其他直接责任人员，依照本节各该条的规定处罚。

第四章 侵犯公民人身权利、民主权利罪

第二百三十二条 故意杀人的，处死刑、无期徒刑或者十年以上有期徒刑；情节较轻的，处三年以上十年以下有期徒刑。

第二百三十三条 过失致人死亡的，处七年以下有期徒刑。本法另有规定的，依照规定。

第二百三十四条 故意伤害他人身体的，处三年以下有期徒刑、拘役或者管制。

犯前款罪，致人重伤的，处三年以上十年以下有期徒刑；致人死亡或者以特别残忍手段致人重伤造成严重残疾的，处十年以上有期徒刑、无期徒刑或者死刑。本法另有规定的，依照规定。

第二百三十五条 过失伤害他人致人重伤的，处三年以下有期徒刑、拘役或者管制。本法另有规定的，依照规定。

第二百三十六条 以暴力、胁迫或者其他手段强奸妇女的，处三年以上十年以下有期徒刑。

奸淫不满十四周岁的幼女的，以强奸论，从重处罚。

强奸妇女、奸淫幼女，有下列情形之一的，处十年以上有期徒刑、无期徒刑或者死刑：

（一）强奸妇女、奸淫幼女情节恶劣的；

（二）强奸妇女、奸淫幼女多人的；

（三）在公共场所当众强奸妇女的；

（四）二人以上轮奸的；

（五）致使被害人重伤、死亡或者造成其他严重后果的。

第二百三十七条 以暴力、胁迫或者其他方法强制猥亵妇女或者侮辱妇女的，处五年以下有期徒刑或者拘役。

聚众或者在公共场所当众犯前款罪的，处五年以上有期徒刑。

猥亵儿童的，依照前两款的规定从重处罚。

第二百三十八条 非法拘禁他人或者以其他方法非法剥夺他人人身自由的，处三年以下有期徒刑、拘役、管制或者剥夺政治权利。具有殴打、侮辱情节的，从重处罚。

犯前款罪，致人重伤的，处三年以上十年以下有期徒刑；致人死亡的，处十年以上有期徒刑。使用暴力致人伤残、死亡的，依照本法第二百三十四条、第二百三十二条的规定定罪处罚。

国家机关工作人员利用职权犯前两款罪的，依照前两款的规定从重处罚。

第二百三十九条 绑架他人的，处十年以上有期徒刑或者无期徒刑，并处罚金或者没收财产；致使被绑架人死亡或者杀害被绑架人的，处死刑，并处没收财产。

以勒索财物为目的偷盗婴幼儿的，依照前款的规定处罚。

为索取债务，实施第一款行为的，依照第二百三十八条的规定处罚。

第二百四十条 拐卖妇女、儿童的，处五年以上十年以下有期徒刑，并处罚金；有下列情形之一的，处十年以上有期徒刑或者无期徒刑，并处罚金或者没收财产；情节特别严重的，处死刑，并处没收财产：

（一）拐卖妇女、儿童集团的首要分子；

（二）拐卖妇女、儿童三人以上的；

（三）奸淫被拐卖的妇女的；

（四）诱骗、强迫被拐卖的妇女卖淫或者将被拐卖的妇女卖给他人迫使其卖淫的；

（五）以出卖为目的，使用暴力、胁迫或者麻醉方法绑架妇女、儿童的；

（六）以出卖为目的，偷盗婴幼儿的；

（七）造成被拐卖的妇女、儿童或者其亲属重伤、死亡或者其他严重后果的；

（八）将妇女、儿童卖往境外的。

拐卖妇女、儿童是指以出卖为目的，有拐骗、绑架、收买、贩卖、接送、中转妇女、儿童的行为之一的。

第二百四十一条 收买被拐卖、绑架的妇女、儿童的，处三年以下有期徒刑、拘役或者管制。

收买被拐卖、绑架的妇女，强行与其发生性关系的，依照本法第二百三十六条的规定定罪处罚。

收买被拐卖、绑架的妇女、儿童，非法剥夺、限制其人身自由或者有伤害、侮辱等犯罪行为的，依照本法的有关规定定罪处罚。

收买被拐卖、绑架的妇女、儿童，并有第二款、第三款规定的犯罪行为的，依照数罪并罚的规定处罚。

收买被拐卖、绑架的妇女、儿童又出卖的，依照本法第二百四十条的规定定罪处罚。

收买被拐卖、绑架的妇女、儿童，按照被买妇女的意愿，不阻碍其返回原居住地的，对被买儿童没有虐待行为，不阻碍对其进行解救的，可以不追究刑事责任。

第二百四十二条 以暴力、威胁方法阻碍国家机关工作人员解救被收买的妇女、儿童的，依照本法第二百七十五条的规定定罪处罚。

聚众阻碍国家机关工作人员解救被收买的妇女、儿童的首要分子，处五年以下有期徒刑或者拘役；其他参与者，依照前款的规定处罚。

第二百四十三条 捏造事实诬告陷害他人，意图使他人受刑事追究，情节严重的，处三年以下有期徒刑、拘役或者管制；造成严重后果的，处三年以上十年以下有期徒刑。

国家机关工作人员犯前款罪的，从重处罚。

不是有意诬陷，而是错告，或者检举失实的，不适用前两款的规定。

第二百四十四条 用工单位违反劳动管理法规，以限制人身自由方法强迫职工劳动，情节严重的，处三年以下有期徒刑、拘役或者管制，可以并处或者单处罚金。

第二百四十五条　非法搜查他人身体、住宅，或者非法侵入他人住宅的，处三年以下有期徒刑、拘役或者管制。

司法工作人员滥用职权，犯前款罪的，从重处罚。

第二百四十六条　以暴力或者其他方法公然侮辱他人或者捏造事实诽谤他人，情节严重的，处三年以下有期徒刑、拘役、管制或者剥夺政治权利。

前款罪，告诉的才处理，但是严重危害社会秩序和国家利益的除外。

第二百四十七条　国家机关工作人员滥用职权、假公济私，对控告人、申诉人、批评人、举报人实行报复陷害的，处二年以下有期徒刑、拘役或者管制；情节严重的，处二年以上七年以下有期徒刑。

第二百四十八条　司法工作人员对犯罪嫌疑人、被告人实行刑讯逼供或者使用暴力逼取证人证言的，处三年以下有期徒刑、拘役或者管制。致人伤残、死亡的，依照本法第二百三十四条、第二百三十二条的规定定罪从重处罚。

第二百四十九条　监狱、拘留所、看守所等监管机构的监管人员对被监管人进行殴打或者体罚虐待，情节严重的，处三年以下有期徒刑、拘役或者管制；情节特别严重的，处三年以上十年以下有期徒刑。致人伤残、死亡的，依照本法第二百三十四条、第二百三十二条的规定定罪从重处罚。

监管人员指使、纵容被监管人殴打或者体罚虐待其他被监管人的，依照前款的规定处罚。

第二百五十条　在选举各级人民代表大会代表和国家机关领导人员时，以暴力、威胁、欺骗、贿赂、伪造选举文件、虚报选举票数等手段破坏选举或者妨害选民和代表自由行使选举权和被选举权，情节严重的，处三年以下有期徒刑、拘役、管制或者剥夺政治权利。

第二百五十一条　国家机关工作人员非法剥夺公民的宗教信仰自由和侵犯少数民族风俗习惯，情节严重的，处二年以下有期徒刑、拘役或者管制。

第二百五十二条　隐匿、毁弃或者非法开拆他人信件，侵犯公民通信自由权利，情节严重的，处一年以下有期徒刑、拘役或者管制。

第二百五十三条　邮电工作人员私自开拆或者隐匿、毁弃邮件、电报的，处二年以下有期徒刑、拘役或者管制。

犯前款罪而窃取财物的，依照本法第二百六十二条的规定定罪从重处罚。

第二百五十四条　使用窃听、窃照器材，非法窃取他人隐私，造成严重后果的，处二年以下有期徒刑、拘役或者管制。

第二百五十五条　以暴力干涉他人婚姻自由的，处二年以下有期徒刑、拘役或者管制。

犯前款罪，致使被害人死亡的，处二年以上七年以下有期徒刑。

第一款罪，告诉的才处理。

第二百五十六条　有配偶而重婚的，或者明知他人有配偶而与之结婚的，处二年以下有期徒刑、拘役或者管制。

第二百五十七条　明知是现役军人的配偶而与之同居或者结婚的，处三年以下有期徒刑、拘役或者管制。

利用职权、从属关系，以威胁、利诱手段，多次奸淫现役军人的妻子，现役军人告诉的，以破坏军人婚姻论，依照前款的规定处罚。

第二百五十八条　虐待家庭成员，情节恶劣的，处二年以下有期徒刑、拘役或者管制。

犯前款罪，致使被害人重伤、死亡的，处二年以上七年以下有期徒刑。

第一款罪，告诉的才处理。

第二百五十九条　对于年老、年幼、患病或者其他没有独立生活能力的人，负有扶养义务而拒绝扶养，情节恶劣的，处五年以下有期徒刑、拘役或者管制。

第二百六十条　拐骗不满十四周岁的未成年人，脱离家庭或者监护人的，处五年以下有期徒刑或者拘役。

第五章　侵犯财产罪

第二百六十一条　以暴力、胁迫或者其他方法抢劫公私财物的，处三年以上十年以下有期徒刑，并处罚金或者没收财产；有下列情形之一的，处十年以上有期徒刑、无期徒刑或者死刑，并处没收财产：

（一）入户抢劫的；

（二）在公共交通工具上抢劫的；

（三）抢劫银行或者其他金融机构的；

（四）多次抢劫或者抢劫数额巨大的；

（五）抢劫致人重伤、死亡的；

（六）冒充军警人员抢劫的；

（七）持枪抢劫的；

（八）抢劫军用物资或者抢险、救灾、救济物资的。

第二百六十二条　盗窃公私财物，数额较大或者多次盗窃的，处三年以下有期徒刑、拘役或者管制，可以并处或者单处罚金；数额巨大或者情节严重的，处三年以上十年以下有期徒刑，并处罚金；数额特别巨大或者情节特别严重的，处十年以上有期徒刑或者无期徒刑，并处没收财产；有下列情形之一的，判处无期徒刑或者死刑：

（一）多次入户盗窃，数额特别巨大的；

（二）盗窃金融机构，数额特别巨大的；

（三）盗窃珍贵文物，情节严重的。

第二百六十三条 以牟利为目的，盗接他人通信线路、复制他人电信号码或者明知是盗接、盗窃复制的电信设备、设施而使用的，依照本法第二百六十二条的规定定罪处罚。

第二百六十四条 诈骗公私财物，数额较大的，处三年以下有期徒刑、拘役或者管制，可以并处或者单处罚金；数额巨大或者情节严重的，处三年以上十年以下有期徒刑，并处罚金；数额特别巨大或者情节特别严重的，处十年以上有期徒刑或者无期徒刑，并处没收财产。本法另有规定的，依照规定。

第二百六十五条 抢夺公私财物，数额较大的，处三年以下有期徒刑、拘役或者管制，可以并处或者单处罚金；数额巨大或者情节严重的，处三年以上十年以下有期徒刑，并处罚金；数额特别巨大或者情节特别严重的，处十年以上有期徒刑或者无期徒刑，并处没收财产。

携带凶器抢夺的，依照本法第二百六十一条的规定定罪处罚。

第二百六十六条 聚众哄抢公私财物，数额较大或者情节严重的，对首要分子和积极参加的，处三年以下有期徒刑、拘役或者管制，可以并处罚金；数额特别巨大或者情节特别严重的，处三年以上十年以下有期徒刑，并处罚金。

第二百六十七条 犯盗窃、抢夺罪，为窝藏赃物、抗拒抓捕或者毁灭罪证而当场使用暴力或者以暴力相威胁的，依照本法第二百六十一条的规定定罪处罚。

第二百六十八条 将代为保管的他人财物非法占为己有，数额较大，拒不退还的，处二年以下有期徒刑、拘役、管制或者罚金；数额巨大或者情节严重的，处二年以上五年以下有期徒刑，并处罚金。

将他人的遗忘物或者埋藏物非法占为己有，数额较大，拒不交出的，依照前款的规定处罚。

本条罪，告诉的才处理。

第二百六十九条 公司、企业或者其他单位的人员，利用职务或者工作上的便利，将本单位财物非法占为己有，数额较大的，处五年以下有期徒刑或者拘役；数额巨大的，处五年以上有期徒刑，可以并处没收财产。

国家工作人员有前款行为的，依照本法第三百七十六条、第三百七十七条的规定定罪处罚。

第二百七十条 公司、企业或者其他单位的工作人员，利用职务上的便利，挪用本单位资金归个人使用或者借贷给他人，数额较大、超过三个月未还的，或者虽未超过三个月，但数额较大、进行营利活动的，或者进行非法活动的，处三年以下有期徒刑、拘役或者管制；挪用本单位资金数额较大不退还的，处三年以上十年以下有期徒刑。

国家工作人员有前款行为的，依照本法第三百七十八条的规定定罪处罚。

第二百七十一条 挪用救灾、抢险、防汛、优抚、救济款物，情节严重，致使国家和人民群众利益遭受重大损害的，对直接责任人员，处三年以下有期徒刑、拘役或者管制；情节特别严重的，处三年以上七年以下有期徒刑。

第二百七十二条 敲诈勒索公私财物的，处三年以下有期徒刑、拘役或者管制；情节严重的，处三年以上十年以下有期徒刑。

第二百七十三条 故意毁坏公私财物，数额较大或者情节严重的，处三年以下有期徒刑、拘役、管制或者罚金；数额巨大或者情节特别严重的，处三年以上七年以下有期徒刑。

第二百七十四条 由于泄愤报复或者其他个人目的，毁坏机器设备、残害耕畜或者以其他方法破坏生产经营的，处三年以下有期徒刑、拘役或者管制；情节严重的，处三年以上七年以下有期徒刑。

第六章 妨害社会管理秩序罪

第一节 扰乱公共秩序罪

第二百七十五条 以暴力、威胁方法阻碍国家机关工作人员依法执行职务的，处三年以下有期徒刑、拘役、管制、罚金或者剥夺政治权利。

以暴力、威胁方法阻碍全国人民代表大会和地方各级人民代表大会代表依法执行代表职务的，依照前款的规定处罚。

以暴力、威胁方法阻碍红十字会工作人员依法履行职责的，依照第一款的规定处罚。

故意阻碍国家安全机关、公安机关依法执行国家安全工作任务，未使用暴力、威胁方法，造成严重后果的，依照第一款的规定处罚。

第二百七十六条 煽动群众暴力抗拒国家法律实施的，处三年以下有期徒刑、拘役、管制或者剥夺政治权利；造成严重后果的，处三年以上七年以下有期徒刑。

第二百七十七条 冒充国家机关工作人员招摇撞骗的，处三年以下有期徒刑、拘役、管制或者剥夺政治权利；情节严重的，处三年以上十年以下有期徒刑。

冒充人民警察招摇撞骗的，依照前款的规定从重处罚。

第二百七十八条 伪造、变造、买卖或者盗窃、抢夺、毁灭国家机关的公文、证件、印章的，处三年以下有期徒刑、拘役、管制或者剥夺政治权利；情节严重的，处三年以上十年以下有期徒刑。

伪造公司、企业、事业单位、人民团体的印章的，处三年以下有期徒刑、拘役、管制或者剥夺政治权利。

伪造、变造居民身份证的，处三年以下有期徒刑、拘役、管制或剥夺政治权利；情节严重的，处三年以上七年以下有期徒刑。

第二百七十九条 非法制造、买卖人民警察制式服装、专用标志、警械，情节严重的，处三年以下有期徒刑、拘役或者管制，并处或者单处罚金。

单位犯前款罪的，对单位判处罚金，并对其直接负责的主管人员和其他直接责任人员，依照前款的规定处罚。

第二百八十条 以窃取、刺探、收买方法，非法获取国家秘密的，处七年以下有期徒刑或者拘役。

非法持有属于国家绝密、机密的文件、资料或者其他物品，拒不说明来源与用途的，处三年以下有期徒刑、拘役或者管制。

第二百八十一条 非法生产、销售窃听、窃照等间谍专用器材的，处三年以下有期徒刑、拘役或者管制。

第二百八十二条 违反国家规定，侵入国家事务、国防建设、尖端科学技术领域的计算机信息系统的，处三年以下有期徒刑、拘役或者管制，可以并处或者单处罚金。

第二百八十三条 违反国家规定，对计算机信息系统功能进行删除、修改、增加、干扰，造成计算机信息系统不能正常运行，后果严重的，处五年以下有期徒刑或者拘役，可以并处或者单处罚金。

违反国家规定，对计算机信息系统中存储、处理或者传输的数据和应用程序进行删除、修改、增加的操作，后果严重的，依照前款的规定处罚。

故意制作、传播计算机病毒等破坏性程序，影响计算机系统正常运行，后果严重的，依照第一款的规定处罚。

第二百八十四条 利用计算机实施金融诈骗、盗窃、贪污、挪用公款、窃取国家秘密或者其他犯罪的，依照本法有关规定定罪处罚。

第二百八十五条 违反国家规定，擅自设置、使用无线电台（站），或者擅自占用频率，经责令停止使用后拒不停止使用，干扰无线电通讯正常进行，造成严重后果的，处三年以下有期徒刑、拘役或者管制，并处或者单处罚金。

单位犯前款罪的，对单位判处罚金，并对其直接负责的主管人员和其他直接责任人员，依照前款的规定处罚。

第二百八十六条 扰乱社会秩序，情节严重，致使工作、生产、营业和教学、科研无法进行，造成严重损失的，对首要分子，处三年以上七年以下有期徒刑；其他积极参加的，处三年以下有期徒刑、拘役、管制或者剥夺政治权利。

聚众冲击国家机关，致使国家机关工作无法进行，造成严重损失的，对首要分子，处七年以上有期徒刑；其他积极参加的，处七年以下有期徒刑、拘役、管制或者剥夺政治权利。

第二百八十七条 聚众扰乱车站、码头、民用航空站、商场、公园、影剧院、展览会、运动场或者其他公共场所秩序，聚众堵塞交通或者破坏交通秩序，抗拒、阻碍国家治安管理工作人员依法执行职务，情节严重的，对首要分子，处五年以下有期徒刑、拘役、管制或者剥夺政治权利。

第二百八十八条 聚众斗殴的，对首要分子和其他积极参加的，处三年以下有期徒刑、拘役或者管制；有下列情形之一的，对首要分子和其他积极参加的，处三年以上十年以下有期徒刑：

（一）多次聚众斗殴的；

（二）聚众斗殴人数多，规模大，社会影响恶劣的；

（三）在公共场所或者交通要道聚众斗殴，造成社会秩序严重混乱的；

（四）持械聚众斗殴的。

聚众斗殴，致人重伤、死亡的，依照本法第二百三十四条、第二百三十二条的规定定罪处罚。

第二百八十九条 有下列寻衅滋事行为之一，破坏社会秩序的，处七年以下有期徒刑、拘役或者管制，可以并处罚金：

（一）随意殴打他人，情节恶劣的；

（二）追逐、拦截、辱骂他人，情节恶劣的；

（三）强拿硬要或者任意损毁、占用公私财物，情节严重的；

（四）在公共场所起哄闹事，造成公共场所秩序严重混乱的。

第二百九十条 组织、领导以暴力、威胁或者其他手段，有组织地进行违法犯罪活动，称霸一方，为非作恶，欺压、残害群众，严重破坏经济、社会生活秩序的黑社会性质的组织的，处三年以上十年以下有期徒刑；其他参加的，处三年以下有期徒刑、拘役或者管制。

犯前款罪又有其他犯罪行为的，依照数罪并罚的规定处罚。

境外的黑社会组织到中华人民共和国境内发展组织成员的，依照第一款的规定处罚。

国家机关工作人员包庇黑社会性质的组织，纵容黑社会性质的组织进行违法犯罪活动的，处三年以下有期徒刑、拘役、管制或者剥夺政治权利；情节严重的，处三年以上十年以下有期徒刑。

第二百九十一条 传授犯罪方法的，处五年以下有期徒刑或者拘役；情节严重的，处五年以上有期徒刑；情节特别严重的，处无期徒刑或者死刑。

第二百九十二条　举行集会、游行、示威，未依照法律规定申请或者申请未获许可，或者未按照主管机关许可的起止时间、地点、路线进行，又拒不服从解散命令，严重破坏社会秩序的，对集会、游行、示威的负责人和直接责任人员，处五年以下有期徒刑、拘役、管制或者剥夺政治权利。

第二百九十三条　违反法律规定，携带武器、管制刀具或者爆炸物参加集会、游行、示威的，处三年以下有期徒刑、拘役或者管制。

第二百九十四条　扰乱、冲击或者以其他方法破坏依法举行的集会、游行、示威，造成公共秩序混乱的，处五年以下有期徒刑、拘役、管制或者剥夺政治权利。

第二百九十五条　在公众场合故意以焚烧、毁损、涂划、玷污、践踏等方式侮辱中华人民共和国国旗、国徽的，处三年以下有期徒刑、拘役、管制或者剥夺政治权利。

第二百九十六条　煽动民族仇恨和民族歧视，情节严重的，处三年以下有期徒刑、拘役、管制或者剥夺政治权利；情节特别严重的，处三年以上十年以下有期徒刑。

第二百九十七条　组织会道门、邪教组织或者利用迷信破坏国家法律实施或者鼓动他人自杀的，处三年以上七年以下有期徒刑；情节特别严重的，处七年以上有期徒刑。

组织会道门、邪教组织或者利用迷信奸淫妇女、诈骗财物的，分别依照本法第二百三十六条、第二百六十四条的规定定罪处罚。

第二百九十八条　聚众进行淫乱活动的，对首要分子或者多次参加的，处五年以下有期徒刑或者拘役。

引诱未成年人参加聚众淫乱活动的，依照前款的规定从重处罚。

第二百九十九条　盗窃、侮辱尸体的，处三年以下有期徒刑、拘役或者管制。

第三百条　以营利为目的，聚众赌博、开设赌场或者以赌博为业的，处三年以下有期徒刑、拘役或者管制，可以并处罚金。

第三百零一条　邮政工作人员严重不负责任，故意延误投递邮件，致使公共财产、国家和人民利益遭受重大损失的，处三年以下有期徒刑、拘役或者管制。

第二节　妨害司法罪

第三百零二条　在刑事诉讼中，证人、鉴定人、记录人、翻译人对与案件有重要关系的情节，故意作虚假证明、鉴定、记录、翻译，意图陷害他人或者隐匿罪证的，处三年以下有期徒刑、拘役或者管制；情节严重的，处三年以上十年以下有期徒刑。

第三百零三条　在刑事诉讼中，辩护人、诉讼代理人毁灭、伪造证据，帮助当事人毁灭、伪造证据，威胁、引诱证人违背事实改变证言或者作伪证的，处三年以下有期徒刑、拘役或者管制；情节严重的，处三年以上十年以下有期徒刑。

第三百零四条　以暴力、威胁、贿买等方法阻止证人作证或者指使他人作伪证的，处三年以下有期徒刑、拘役或者管制；情节严重的，处三年以上七年以下有期徒刑。

帮助当事人毁灭、伪造证据，情节严重的，处三年以下有期徒刑、拘役或者管制。

司法工作人员犯前两款罪的，从重处罚。

第三百零五条　对证人进行打击报复的，处三年以下有期徒刑、拘役或者管制；情节严重的，处三年以上七年以下有期徒刑。

第三百零六条　聚众哄闹、冲击法庭，或者殴打司法工作人员，严重扰乱法庭秩序的，处三年以下有期徒刑、拘役、管制或者罚金。

第三百零七条　明知是犯罪的人而为其提供隐藏处所、财物，帮助其逃匿或者作假证明包庇的，处三年以下有期徒刑、拘役或者管制；情节严重的，处三年以上十年以下有期徒刑。

犯前款罪，事前通谋的，以共同犯罪论处。

第三百零八条　明知他人有间谍犯罪行为，在国家安全机关向其调查有关情况、收集有关证据时，拒绝提供，情节严重的，处三年以下有期徒刑、拘役或者管制。

第三百零九条　明知是犯罪所得的赃物而予以窝藏、转移、收购或者代为销售的，处三年以下有期徒刑、拘役或者管制，可以并处或者单处罚金。

第三百一十条　对人民法院的判决、裁定有能力执行而拒不执行，情节严重的，处三年以下有期徒刑、拘役、管制或者罚金。

第三百一十一条　隐藏、转移、变卖、故意毁损已被司法机关查封、扣押、冻结的财产，情节严重的，处三年以下有期徒刑、拘役、管制或者罚金。

第三百一十二条　依法被关押的罪犯，有下列破坏监管秩序行为之一，情节严重的，处三年以下有期徒刑：

（一）殴打监管人员的；

（二）组织其他被监管人破坏监管秩序的；

（三）聚众闹事，扰乱正常监管秩序的；

（四）殴打、体罚或者指使他人殴打、体罚其他被监管人的。

第三百一十三条 依法被关押的罪犯、被告人、犯罪嫌疑人脱逃的，处五年以下有期徒刑或者拘役。

劫夺押解途中的罪犯、被告人、犯罪嫌疑人的，处三年以上七年以下有期徒刑；情节严重的，处七年以上有期徒刑。

第三百一十四条 组织越狱的首要分子或者其他罪行重大的，处五年以上有期徒刑；其他积极参加的，处五年以下有期徒刑或者拘役。

暴动越狱或者聚众持械劫狱的首要分子或者其他罪行重大的，处十年以上有期徒刑或者无期徒刑；情节特别严重的，处死刑；其他积极参加的，处三年以上十年以下有期徒刑。

第三节 妨害国（边）境管理罪

第三百一十五条 组织他人偷越国（边）境的，处二年以上七年以下有期徒刑，并处罚金；有下列情形之一的，处七年以上有期徒刑或者无期徒刑，并处罚金或者没收财产：

（一）组织他人偷越国（边）境集团的首要分子；

（二）多次组织他人偷越国（边）境或者组织他人偷越国（边）境人数众多的；

（三）造成被组织人重伤、死亡的；

（四）剥夺或者限制被组织人人身自由的；

（五）以暴力、威胁方法抗拒检查的；

（六）违法所得数额巨大的；

（七）有其他特别严重情节的。

对被组织人有杀害、伤害、强奸、拐卖等犯罪行为，或者对检查人员有杀害、伤害等犯罪行为的，依照本法有关规定定罪处罚。

第三百一十六条 以劳务输出、经贸往来或者其他名义，弄虚作假，骗取护照、签证等出境证件，为组织他人偷越国（边）境使用的，依照本法第三百一十五条的规定定罪处罚。

单位犯前款罪的，对单位判处罚金，并对其直接负责的主管人员和其他直接责任人员，依照本法第三百一十五条的规定定罪处罚。

第三百一十七条 为他人提供伪造、变造的护照、签证等出入境证件，或者出售护照、签证等出入境证件的，处五年以下有期徒刑，并处罚金；情节严重的，处五年以上有期徒刑，并处罚金。

第三百一十八条 运送他人偷越国（边）境的，处五年以下有期徒刑、拘役或者管制，并处罚金；有下列情形之一的，处五年以上十年以下有期徒刑，并处罚金：

（一）多次实施运送行为或者运送人数众多的；

（二）所使用的船只、车辆等交通工具不具备必要的安全条件，足以造成严重后果的；

（三）违法所得数额巨大的；

（四）有其他特别严重情节的。

在运送他人偷越国（边）境中造成被运送人重伤、死亡，或者以暴力、威胁方法抗拒检查的，处七年以上有期徒刑，并处罚金。

对被运送人有杀害、伤害、强奸、拐卖等犯罪行为，或者对检查人员有杀害、伤害等犯罪行为的，依照本法有关规定定罪处罚。

第三百一十九条 违反国（边）境管理法规，偷越国（边）境，情节严重的，处一年以下有期徒刑、拘役或者管制，并处罚金。

第三百二十条 故意破坏国家边境的界碑、界桩或者永久性测量标志的，处三年以下有期徒刑、拘役或者管制。

第四节 妨害文物管理罪

第三百二十一条 故意损毁国家保护的珍贵文物或者被确定为全国重点文物保护单位、省级文物保护单位的文物的，处三年以下有期徒刑、拘役或者管制，可以并处或者单处罚金；情节严重的，处三年以上十年以下有期徒刑，并处罚金。

故意损毁国家保护的名胜古迹，情节严重的，处五年以下有期徒刑或者拘役，并处或者单处罚金。

过失损毁国家保护的珍贵文物或者被确定为全国重点文物保护单位、省级文物保护单位的文物，造成严重后果的，处三年以下有期徒刑、拘役或者管制。

第三百二十二条 违反文物保护法规，将收藏的国家禁止出口的珍贵文物私自出售或者私自赠送给外国人的，处五年以下有期徒刑或者拘役。

单位犯前款罪的，对单位判处罚金，并对其直接负责的主管人员和其他直接责任人员，依照前款的规定处罚。

第三百二十三条 以牟利为目的，倒卖国家限制买卖的文物，情节严重的，处五年以下有期徒刑或者拘役，并处罚金；情节特别严重的，处五年以上十年以下有期徒刑，并处罚金。

单位犯前款罪的，对单位判处罚金，并对其直接负责的主管人员和其他直接责任人员，依照前款的规定处罚。

第三百二十四条 违反文物保护法规，国有博物馆、图书馆等单位将国家保护的文物藏品出售或者私自送给非国有单位或者个人的，对单位判处罚金，并对其直接负责的主管人员和其他直接责任人员，处三年以下有期徒刑、拘役或者管制，可以并处或者单处罚金。

第三百二十五条 盗掘具有历史、艺术、科学价值的古文化遗址、古墓葬的，处三年以上十年以下有期徒刑，可以并处罚金；情节较轻的，处三年以下有期徒刑、拘役或者管制，可以并处罚金；有下列情形之一的，处十年以上有期徒刑、无期徒刑或者死刑，并处罚金或者没收财产：

（一）盗掘确定为全国重点文物保护单位和省级文物保护单位的古文化遗址、古墓葬的；

（二）盗掘古文化遗址、古墓葬集团的首要分子；

（三）多次盗掘古文化遗址、古墓葬的；

（四）盗掘古文化遗址、古墓葬，并盗窃珍贵文物或者造成珍贵文物严重破坏的。

盗掘国家保护的具有科学价值的古人类化石和古脊椎动物化石的，依照前款的规定处罚。

第五节 危害公共卫生罪

第三百二十六条 违反传染病防治法的规定，有下列情形之一，引起甲类传染病传播或者有传播严重危险的，处三年以下有期徒刑、拘役或者管制；后果特别严重的，处三年以上七年以下有期徒刑：

（一）供水单位供应的饮用水不符合国家规定的卫生标准的；

（二）拒绝按照卫生防疫机构提出的卫生要求，对传染病病原体污染的污水、污物、粪便进行消毒处理的；

（三）准许或者纵容传染病病人、病原携带者和疑似传染病病人从事国务院卫生行政部门规定禁止从事的易使该传染病扩散的工作的；

（四）拒绝执行卫生防疫机构依照传染病防治法提出的其他预防、控制措施的。

第三百二十七条 从事实验、保藏、携带、运输传染病菌种、毒种的人员，违反国务院卫生行政部门的有关规定，造成污染病菌种、毒种扩散，后果严重的，处三年以下有期徒刑、拘役或者管制；后果特别严重的，处三年以上七年以下有期徒刑。

第三百二十八条 违反国境卫生检疫规定，引起检疫传染病传播或者有传播严重危险的，处三年以下有期徒刑、拘役或者管制，可以并处或者单处罚金。

单位犯前款罪的，对单位判处罚金，并对其直接负责的主管人员和其他直接责任人员，依照前款的规定处罚。

第三百二十九条 非法组织他人出卖血液的，处五年以下有期徒刑，并处罚金；以暴力、威胁方法强迫他人出卖血液的，处五年以上十年以下有期徒刑，并处罚金或者没收财产。

有前款行为，对他人造成伤害的，依照本法第二百三十四条的规定定罪处罚。

第三百三十条 非法采集、供应血液或者制作、供应血液制品，足以危害人体健康的，处五年以下有期徒刑或者拘役；对人体健康造成严重危害的，处五年以上十年以下有期徒刑；造成特别严重后果的，处十年以上有期徒刑或者无期徒刑。

经国家主管部门批准采集、供应血液或者制作、供应血液制品的部门，不依照规定进行检测或者违背其他操作规定，造成危害他人身体健康后果的，对单位判处罚金，并对其直接负责的主管人员和其他直接责任人员，处七年以下有期徒刑或者拘役。

第三百三十一条 医务人员由于严重不负责任，造成就诊人死亡或者严重损害就诊人身体健康的，处三年以下有期徒刑、拘役或者管制。

第三百三十二条 未取得医生执业资格的人非法行医，情节严重的，处三年以下有期徒刑、拘役或者管制，并处或者单处罚金；造成就诊人死亡或者严重损害就诊人身体健康的，依照本法第二百三十四条的规定定罪处罚。

第三百三十三条 违反进出境动植物检疫法的规定，逃避动植物检疫，引起重大动植物疫情的，处三年以下有期徒刑、拘役或者管制，可以并处或者单处罚金。

单位犯前款罪的，对单位判处罚金，并对其直接负责的主管人员和其他直接责任人员，依照前款的规定处罚。

第六节 破坏环境保护罪

第三百三十四条 违反国家规定，向土地、水体、大气排放、倾倒或者处置有放射性的废物、含传染病原体的废物、有毒物质或者其他危险废物，造成重大环境污染事故，致使公私财产遭受重大损失或者人身伤亡的严重后果的，处三年以下有期徒刑、拘役或者管制，可以并处或者单处罚金；后果特别严重的，处三年以上七年以下有期徒刑，并处罚金。

第三百三十五条 违反国家规定，将中国境外的固体废物进境倾倒、堆放、处置，足以污染环境的，处五年以下有期徒刑或者拘役，可以并处罚金；造成重大环境污染事故，致使公私财产遭受重大损失或者人身伤亡的严重后果的，处五年以上十年以下有期徒刑，并处罚金；后果特别严重的，处十年以上有期徒刑，并处罚金。

未经国务院有关主管部门许可，擅自进口固体废物用作原料，造成重大环境污染事故，致使公私财产遭受重大损失或者人身伤亡的严重后果的，处五年以下有期徒刑或者拘役，可以并处罚金；后果特别严重的，处五年以上十年以下有期徒刑，并处罚金。

第三百三十六条 违反保护水产资源法规，在禁渔区、禁渔期或者使用禁用的工具、方法捕捞水产品，情节严重的，处三年以下有期徒刑、拘役、管制或者罚金。

第三百三十七条 非法捕杀国家重点保护的珍贵、濒危野生动物的，或者非法收购、运输、加工、出售国家重点保护的珍贵、濒危野生动物及其制品的，处七年以下有期徒刑或者拘役，可以并处罚金；情节严重的，处七年以上有期徒刑，并处罚金或者没收财产。

违反狩猎法规，在禁猎区、禁猎期或者使用禁用的工具、方法进行狩猎，破坏野生动物资源，情节严重的，处三年以下有期徒刑、拘役、管制或者罚金。

第三百三十八条 违反矿产资源法的规定，未取得采矿许可证擅自采矿的，擅自进入国家规划矿区、对国民经济具有重要价值的矿区和他人矿区范围采矿的，擅自开采国家规定实行保护性开采的特定矿种，经责令停止开采后拒不停止开采，造成矿产资源破坏的，处三年以下有期徒刑、拘役或者管制，可以并处或者单处罚金。

第三百三十九条 违反森林法的规定，非法采伐、毁坏珍贵树木的，处三年以下有期徒刑、拘役或者管制，可以并处罚金；情节严重的，处三年以上七年以下有期徒刑，并处罚金。

第三百四十条 盗伐森林或者其他林木，数量较大的，处三年以下有期徒刑、拘役或者管制，可以并处或者单处罚金；数量巨大的，处三年以上七年以下有期徒刑，并处罚金；数量特别巨大的，处七年以上有期徒刑，并处罚金。

违反森林法的规定，滥伐森林或者其他林木，数量较大的，处三年以下有期徒刑、拘役或者管制，可以并处或者单处罚金；数量巨大的，处三年以上七年以下有期徒刑，并处罚金。

以牟利为目的，在林区非法收购明知是盗伐、滥伐的林木，情节严重的，处三年以下有期徒刑、拘役或者管制，并处或者单处罚金；情节特别严重的，处三年以上七年以下有期徒刑，并处罚金。

盗伐、滥伐国家级自然保护区内的森林或者其他林木的，从重处罚。

第三百四十一条 单位犯本节规定之罪的，对单位判处罚金，并对其直接负责的主管人员和其他直接责任人员，依照本节各该条的规定处罚。

第七节 走私、贩卖、运输、制造毒品罪

第三百四十二条 走私、贩卖、运输、制造毒品，无论数量多少，都应当追究刑事责任，予以刑事处罚。

走私、贩卖、运输、制造毒品，有下列情形之一的，处十五年有期徒刑、无期徒刑或者死刑，并处没收财产：

（一）走私、贩卖、运输、制造鸦片一千克以上、海洛因五十克以上或者其他毒品数量大的；

（二）走私、贩卖、运输、制造毒品集团的首要分子；

（三）武装掩护走私、贩卖、运输、制造毒品的；

（四）以暴力抗拒检查、拘留、逮捕，情节严重的；

（五）参与有组织的国际贩毒活动的。

走私、贩卖、运输、制造鸦片二百克以上不满一千克、海洛因十克以上不满五十克或者其他毒品数量较大的，处七年以上有期徒刑，并处罚金。

走私、贩卖、运输、制造鸦片不满二百克、海洛因不满十克或者其他少量毒品的，处七年以下有期徒刑、拘役或者管制，并处罚金。

利用、教唆未成年人走私、贩卖、运输、制造毒品的，从重处罚。

对多次走私、贩卖、运输、制造毒品，未经处理的，毒品数量累计计算。

第三百四十三条 非法持有鸦片一千克以上、海洛因五十克以上或者其他毒品数量大的，处七年以上有期徒刑或者无期徒刑，并处罚金；非法持有鸦片二百克以上不满一千克、海洛因十克以上不满五十克或者其他毒品数量较大的，处七年以下有期徒刑、拘役或者管制，可以并处罚金。

第三百四十四条 包庇走私、贩卖、运输、制造毒品的犯罪分子的，为犯罪分子窝藏、转移、隐瞒毒品或者犯罪所得的财物的，处三年以下有期徒刑、拘役或者管制；情节严重的，处三年以上十年以下有期徒刑。

缉毒人员或者其他国家机关工作人员掩护、包庇走私、贩卖、运输、制造毒品的犯罪分子的，依照前款的规定从重处罚。

犯前两款罪，事先通谋的，以走私、贩卖、运输、制造毒品罪的共犯论处。

第三百四十五条 违反国家规定，非法运输、携带醋酸酐、乙醚、三氯甲烷或者其他经常用于制造麻醉药品和精神药品的物品进出境，或者违反国家规定，在境内非法买卖上述物品的，处三年以下有期徒刑、拘役或者管制，并处

罚金；数量大的，处三年以上十年以下有期徒刑，并处罚金。

明知他人制造毒品而为其提供前款规定的物品的，以制造毒品罪的共犯论处。

单位犯前两款罪的，对单位判处罚金，并对其直接负责的主管人员和其他直接责任人员，依照前两款的规定处罚。

第三百四十六条　非法种植罂粟、大麻等毒品原植物的，一律强制铲除。有下列情形之一的，处五年以下有期徒刑、拘役或者管制，并处罚金：

（一）种植罂粟五百株以上不满三千株或者其他毒品原植物数量较大的；

（二）经公安机关处理后又种植的；

（三）抗拒铲除的。

非法种植罂粟三千株以上或者其他毒品原植物数量大的，处五年以上有期徒刑，并处罚金或者没收财产。

非法种植罂粟或者其他毒品原植物，在收获前自动铲除的，可以免除处罚。

第三百四十七条　非法买卖、运输、携带、持有未经灭活的罂粟等毒品原植物种子或者幼苗，数量较大的，处三年以下有期徒刑、拘役或者管制，可以并处或者单处罚金。

第三百四十八条　引诱、教唆、欺骗他人吸食、注射毒品的，处七年以下有期徒刑、拘役或者管制，并处罚金。

强迫他人吸食、注射毒品的，处三年以上十年以下有期徒刑、并处罚金。

引诱、教唆、欺骗或者强迫未成年人吸食、注射毒品的，从重处罚。

第三百四十九条　容留他人吸食、注射毒品的，处三年以下有期徒刑、拘役或者管制。

第三百五十条　依法从事生产、运输、管理、使用国家管制的麻醉药品、精神药品的人员，违反国家规定，向吸食、注射毒品的人提供国家管制的麻醉药品、精神药品的，处七年以下有期徒刑或者拘役，可以并处罚金。向走私、贩卖毒品的犯罪分子或者以牟利为目的，向吸食、注射毒品的人提供国家管制的麻醉药品、精神药品的，依照本法第三百四十二条的规定定罪处罚。

单位犯前款罪的，对单位判处罚金，并对其直接负责的主管人员和其他直接责任人员，依照前款的规定处罚。

因走私、贩卖、运输、制造、非法持有毒品罪被判过刑，又犯本节规定之罪的，从重处罚。

第三百五十一条　本法所称的毒品，是指鸦片、海洛因、甲基苯丙胺（冰毒）、吗啡、大麻、可卡因以及国务院规定管制的其他能够使人形成瘾癖的麻醉药品和精神药品。

毒品的数量以查证属实的走私、贩卖、运输、制造、非法持有毒品的数量计算，不以纯度折算。

第八节　组织、强迫、引诱、容留、介绍卖淫罪

第三百五十二条　组织他人卖淫或者强迫他人卖淫的，处五年以上十年以下有期徒刑，并处罚金；有下列情形之一的，处十年以上有期徒刑或者无期徒刑，并处罚金或者没收财产：

（一）组织他人卖淫，情节严重的；

（二）强迫不满十四周岁的幼女卖淫的；

（三）强迫多人卖淫或者多次强迫他人卖淫的；

（四）强奸后迫使卖淫的；

（五）造成被强迫卖淫的人重伤、死亡或者其他严重后果的。

有前款所列情形之一，情节特别严重的，处无期徒刑或者死刑，并处没收财产。

协助组织他人卖淫的，处五年以下有期徒刑，并处罚金；情节严重的，处五年以上十年以下有期徒刑，并处罚金或者没收财产。

第三百五十三条　引诱、容留、介绍他人卖淫的，处五年以下有期徒刑或者拘役，并处罚金；情节严重的，处五年以上有期徒刑，并处罚金。

引诱不满十四周岁的幼女卖淫的，依照本法第三百五十二条的规定定罪处罚。

第三百五十四条　明知自己患有梅毒、淋病等严重性病卖淫、嫖娼的，处五年以下有期徒刑、拘役或者管制，并处罚金。

嫖宿不满十四周岁的幼女的，依照本法第二百三十六条的规定定罪处罚。

第三百五十五条　旅馆业、饮食服务业、文化娱乐业、出租汽车业等单位的人员，利用本单位的条件，组织、强迫、引诱、容留、介绍他人卖淫的，依照本法第三百五十二条、第三百五十三条的规定定罪处罚。

前款所列单位的主要负责人，犯前款罪的，从重处罚。

第三百五十六条　旅馆业、饮食服务业、文化娱乐业、出租汽车业等单位的负责人和职工，在公安机关查处卖淫、嫖娼活动时，为违法犯罪分子通风报信，情节严重的，依照本法第三百零七条的规定定罪处罚。

第九节　制造、贩卖、传播淫秽物品罪

第三百五十七条　以牟利为目的，制作、复制、出版、贩卖、传播淫秽物品的，处三年以下有期徒刑、拘役或者管制，并处罚金；情节严重的，处三年以上十年以下有期徒刑，并处罚金；情节特别严重的，处十年以上有期徒刑或

者无期徒刑，并处罚金或者没收财产。

为他人提供书号，出版淫秽书刊的，处三年以下有期徒刑、拘役或者管制，并处或者单处罚金；明知他人用于出版淫秽书刊而提供书号的，依照前款的规定处罚。

第三百五十八条　传播淫秽的书刊、影片、音像、图片或者其他淫秽物品，情节严重的，处二年以下有期徒刑、拘役或者管制。

组织播放淫秽的电影、录像等音像制品的，处三年以下有期徒刑、拘役或者管制，可以并处罚金；情节严重的，处三年以上十年以下有期徒刑，并处罚金。

制作、复制淫秽的电影、录像等音像制品组织播放的，依照第二款的规定从重处罚。

向不满十八周岁的未成年人传播淫秽物品的，从重处罚。

第三百五十九条　组织进行淫秽表演的，处三年以下有期徒刑、拘役或者管制，并处罚金；情节严重的，处三年以上十年以下有期徒刑，并处罚金。

第三百六十条　单位犯本法第三百五十七条、第三百五十八条、第三百五十九条规定之罪的，对单位判处罚金，并对其直接负责的主管人员和其他直接责任人员，依照各该条的规定处罚。

第三百六十一条　本节所称淫秽物品，是指具体描绘性行为或者露骨宣扬色情的诲淫性的书刊、影片、录像带、录音带、图片及其他淫秽物品。

有关人体生理、医学知识的科学著作不是淫秽物品。

包含有色情内容的有艺术价值的文学、艺术作品不视为淫秽物品。

第七章　危害国防利益罪

第三百六十二条　以暴力、威胁方法阻碍军人依法执行职务的，处三年以下有期徒刑、拘役或者管制。

故意阻碍武装部队军事行动，造成严重后果的，处五年以下有期徒刑或者拘役。

第三百六十三条　破坏武器装备、军事设施或者破坏军事通信的，处三年以下有期徒刑、拘役或者管制；破坏重要武器装备、军事设施、军事通信的，处三年以上十年以下有期徒刑；情节特别严重的，处十年以上有期徒刑、无期徒刑或者死刑。战时从重处罚。

第三百六十四条　明知是不合格的武器装备、军事设施而提供给武装部队的，处五年以下有期徒刑或者拘役；情节严重的，处五年以上十年以下有期徒刑；情节特别严重的，处十年以上有期徒刑、无期徒刑或者死刑。

过失犯前款罪，造成严重后果的，处三年以下有期徒刑、拘役或者管制；造成特别严重后果的，处三年以上七年以下有期徒刑。

单位犯第一款罪的，对单位判处罚金，并对其直接负责的主管人员和其他直接责任人员，依照第一款的规定处罚。

第三百六十五条　聚众哄闹、冲击军事禁区和军事管理区，严重扰乱军事禁区和军事管理区秩序，致使军事单位工作无法进行的，对首要分子，处七年以上有期徒刑；其他积极参加的，处七年以下有期徒刑、拘役、管制或者剥夺政治权利。

第三百六十六条　冒充军人招摇撞骗的，依照本法第二百七十七条的规定处罚。

第三百六十七条　煽动军人逃离部队或者明知是逃离部队的军人而雇用，情节严重的，处三年以下有期徒刑、拘役或者管制。

第三百六十八条　在征兵工作中徇私舞弊，输送不合格兵员，情节严重的，处三年以下有期徒刑、拘役或者管制；造成特别严重后果的，处三年以上七年以下有期徒刑。

第三百六十九条　伪造、变造、买卖或者盗窃、抢夺武装部队公文、证件、印章的，处三年以下有期徒刑、拘役、管制或者剥夺政治权利；情节严重的，处三年以上十年以下有期徒刑。

非法制造、买卖武装部队制式服装、专用标志，情节严重的，处三年以下有期徒刑、拘役或者管制，可以并处或者单处罚金。

单位犯前两款罪的，对单位判处罚金，并对其直接负责的主管人员和其他直接责任人员，依照前两款的规定处罚。

第三百七十条　预备役人员战时拒绝、逃避征召或者军事训练，情节严重的，处三年以下有期徒刑或者拘役。

应征公民战时拒绝、逃避服役，情节严重的，处二年以下有期徒刑或者拘役。

第三百七十一条　战时故意向武装部队提供虚假敌情，造成严重后果的，处三年以上十年以下有期徒刑；造成特别严重后果的，处十年以上有期徒刑或者无期徒刑。

第三百七十二条　战时造谣惑众，扰乱军心的，处三年以下有期徒刑或者拘役；情节严重的，处三年以上十年以下有期徒刑。

第三百七十三条　战时明知是逃离部队的军人而为其提供隐蔽处所、财物，情节严重的，处三年以下有期徒刑或者拘役。

第三百七十四条　战时拒绝或者故意延误军事订货，情节严重的，对单位判处罚金，并对其直接负责的主管人员和其他直接责任人员，处五年以下有期徒刑或者拘役；造成严重后果的，处五年以上有期徒刑。

第三百七十五条　战时拒绝军事征用，情节严重的，处三年以下有期徒刑或者拘役。

第八章　贪污贿赂罪

第三百七十六条　国家机关、国有公司、企业、事业单位、人民团体中从事公务的人员和国家机关、国有公司、企业、事业单位委派到非国有公司、企业、事业单位、社会团体从事公务的人员，利用职务上的便利，侵吞、窃取、骗取或者以其他手段非法占有公共财物的，是贪污罪。

与前款规定的人员勾结，伙同贪污的，以共犯论处。

第三百七十七条　对犯贪污罪的，根据情节轻重，分别依照下列规定处罚：

（一）个人贪污数额在十万元以上的，处十年以上有期徒刑或者无期徒刑，可以并处没收财产；情节特别严重的，处死刑，并处没收财产；

（二）个人贪污数额在五万元以上不满十万元的，处五年以上有期徒刑，可以并处没收财产；情节特别严重的，处无期徒刑，并处没收财产；

（三）个人贪污数额在五千元以上不满五万元的，处一年以上七年以下有期徒刑；情节严重的，处七年以上十年以下有期徒刑；

（四）个人贪污数额不满五千元，情节较重的，处二年以下有期徒刑、拘役或者管制；情节较轻的，由其所在单位或者上级主管机关酌情给予行政处分。

犯贪污罪积极退赃的，可以从轻处罚；其中个人贪污数额在五千元以上不满一万元，积极退赃的，可以减轻处罚，全部退赃的，可以免除处罚，由其所在单位或者上级主管机关给予行政处分。

对多次贪污未经处理的，按照累计贪污数额处罚。

第三百七十八条　国家机关、国有公司、企业、事业单位、人民团体中从事公务的人员和国家机关、国有公司、企业、事业单位委派到非国有公司、企业、事业单位、社会团体从事公务的人员，利用职务上的便利，挪用公款归个人使用，进行非法活动的，或者挪用公款数额较大、进行营利活动的，或者挪用公款数额较大、超过三个月未还的，是挪用公款罪，处五年以下有期徒刑或者拘役；情节严重的，处五年以上有期徒刑。挪用公款数额巨大不退还的，处十年以上有期徒刑或者无期徒刑。

挪用救灾、抢险、防汛、优抚、救济款物归个人使用的，从重处罚。

第三百七十九条　国家机关、国有公司、企业、事业单位、人民团体中从事公务的人员和国家机关、国有公司、企业、事业单位委派到非国有公司、企业、事业单位、社会团体从事公务的人员，利用职务上的便利，索取他人财物或者非法收受他人财物，为他人谋利益的，是受贿罪。

前款规定的人员，在经济往来中，违反国家规定收受各种名义的回扣、手续费，归个人所有的，以受贿论处。

第三百八十条　对犯受贿罪的，根据受贿所得数额及情节，依照本法第三百七十七条的规定处罚；受贿数额不满五万元，使国家利益遭受重大损失的，处十年以上有期徒刑；受贿数额在五万元以上，使国家利益遭受特别重大损失的，处无期徒刑或者死刑，并处没收财产。

国家机关、国有公司、企业、事业单位、人民团体中从事公务的人员和国家机关、国有公司、企业、事业单位委派到非国有公司、企业、事业单位、社会团体从事公务的人员，利用职务上的便利，敲诈勒索他人财物的，依照前款的规定从重处罚。

第三百八十一条　国家机关、国有公司、企业、事业单位，人民团体，索取、非法收受他人财物，为他人谋取利益，情节严重的，对单位判处罚金，并对其直接负责的主管人员和其他直接责任人员，处五年以下有期徒刑或者拘役。

第三百八十二条　国家机关工作人员利用本人职权或者地位形成的便利条件，通过其他国家机关工作人员职务上的行为，为请托人谋取不正当利益，索取请托人财物或者收受请托人财物的，以受贿论处。

第三百八十三条　为谋取不正当利益，给予国家机关、国有公司、企业、事业单位、人民团体中从事公务的人员和国家机关、国有公司、企业、事业单位委派到非国有公司、企业、事业单位、社会团体从事公务的人员以财物的，是行贿罪。

在经济往来中，违反国家规定，给予前款规定的人员以财物，数额较大的，或者违反国家规定，给予前款规定的人员以回扣、手续费的，以行贿论处。

因被勒索而实施前两款行为，没有获得不正当利益的，不是行贿。

第三百八十四条　对犯行贿罪的，处五年以下有期徒刑或者拘役；因行贿谋取不正当利益，情节严重的，或者使国家利益遭受重大损失的，处五年以上有期徒刑；情节特别严重的，处无期徒刑，并处没收财产。

行贿人在被追诉前主动交待行贿行为的，可以减轻处罚或者免除处罚。

第三百八十五条　向国家机关工作人员介绍贿赂，情节严重的，处三年以下有期徒刑、拘役或者管制。

介绍贿赂人在被追诉前主动交待介绍贿赂行为的，可以减轻处罚或者免除处罚。

第三百八十六条　单位为谋取不正当利益而行贿，或者违反国家规定，给予国家机关、国有公司、企业、事业单位、人民团体中从事公务的人员和国家机关、国有公司、企业、事业单位委派到非国有公司、企业、事业单位、社会团体中从事公务的人员以回扣、手续费，情节严重的，对单位判处罚金，并对其直接负责的主管人员和其他直接责任人员，处五年以下有期徒刑或者拘役。因行贿取得的违法所得归个人所有的，依照本法第三百八十三条、第三百八十四条的规定定罪处罚。

第三百八十七条 国家机关工作人员在国内公务活动或者对外交往中接受礼物，依照国家规定应当交公而不交公，数额较大的，依照本法第三百七十六条、第三百七十七条的规定定罪处罚。

第三百八十八条 国家机关工作人员的财产或者支出明显超过合法收入，差额巨大的，可以责令说明来源。本人不能说明其来源是合法的，差额部分以非法所得论，处五年以下有期徒刑或者拘役，并处或者单处没收其财产的差额部分。

国家机关工作人员在境外的存款，应当依照国家规定申报。数额较大、隐瞒不报的，处二年以下有期徒刑、拘役或者管制；情节较轻的，由其所在单位或者上级主管机关酌情给予行政处分。

第三百八十九条 国家机关、国有公司、企业、事业单位、人民团体，违反国家规定，将应当上交国家的罚没财物或者其他国有资产，以单位名义集体私分给个人，数额较大的，对其直接负责的主管人员和其他直接责任人员，处三年以下有期徒刑、拘役或者管制，可以并处或者单处罚金；数额巨大的，处三年以上七年以下有期徒刑，可以并处罚金。

第九章　渎职罪

第三百九十条 国家机关工作人员滥用职权或者玩忽职守，致使公共财产、国家和人民利益遭受重大损失的，处三年以下有期徒刑、拘役或者管制；情节特别严重的，处三年以上七年以下有期徒刑。本法另有规定的，依照规定。

第三百九十一条 国家机关工作人员徇私舞弊，犯本法第三百九十条规定之罪的，处五年以下有期徒刑、拘役或者管制；情节特别严重的，处五年以上十年以下有期徒刑。本法另有规定的，依照规定。

国家机关工作人员贪赃枉法，犯本章规定之罪的，依照数罪并罚的规定处罚。

第三百九十二条 国家机关工作人员违反保守国家秘密法的规定，故意或者过失泄露国家秘密，情节严重的，处七年以下有期徒刑、拘役或者剥夺政治权利。

非国家机关工作人员犯前款罪的，依照前款的规定酌情处罚。

第三百九十三条 司法工作人员徇私枉法、徇情枉法，对明知是无罪的人而使他受追诉、对明知是有罪的人而故意包庇不使他受追诉的，或者在刑事、民事、行政审判活动中故意违背事实和法律作枉法裁判，情节严重的，处七年以下有期徒刑、拘役或者剥夺政治权利；情节特别严重的，处七年以上有期徒刑。

第三百九十四条 司法工作人员私放在押的犯罪嫌疑人、被告人或者罪犯的，处七年以下有期徒刑或者拘役；情节严重的，处七年以上有期徒刑。

司法工作人员由于严重不负责任，致使在押的犯罪嫌疑人、被告人或者罪犯脱逃，造成严重后果的，处三年以下有期徒刑或者拘役；造成特别严重后果的，处三年以上十年以下有期徒刑。

第三百九十五条 司法工作人员徇私舞弊，对不符合减刑、假释、暂予监外执行条件的罪犯，予以减刑、假释或者暂予监外执行，情节严重的，处七年以下有期徒刑。

第三百九十六条 行政执法人员徇私舞弊，对依法应当移交司法机关追究刑事责任的不移交，情节严重的，处三年以下有期徒刑或者拘役；造成严重后果的，处三年以上七年以下有期徒刑。

第三百九十七条 国家有关主管部门的国家机关工作人员，玩忽职守，滥用职权，对不符合法律规定条件的公司设立、登记申请或者股票、债券发行、上市申请，予以批准或者登记，致使公共财产、国家和人民利益遭受重大损失的，处五年以下有期徒刑或者拘役。

上级部门强令登记机关及其工作人员实施前款行为的，对其直接负责的主管人员，依照前款的规定处罚。

第三百九十八条 税务机关的工作人员徇私舞弊，不征或者少征应征税款，致使国家税收遭受重大损失的，处五年以下有期徒刑或者拘役；造成特别重大损失的，处五年以上有期徒刑。

第三百九十九条 税务机关的工作人员违反法律、行政法规的规定，在办理发售发票、抵扣税款、出口退税工作中徇私舞弊，致使国家利益遭受重大损失的，处五年以下有期徒刑或者拘役；致使国家利益遭受特别重大损失的，处五年以上有期徒刑。

其他国家机关工作人员违反国家规定，在提供出口货物报关单、出口收汇核销单等出口退税凭证的工作中，徇私舞弊，致使国家利益遭受重大损失的，依照前款的规定处罚。

第四百条 国家机关工作人员在签订、履行经济贸易合同过程中，因严重不负责任被诈骗，致使国家利益遭受重大损失的，对其直接负责的主管人员和其他直接责任人员，处三年以下有期徒刑、拘役或者管制。

第四百零一条 林业主管部门的工作人员违反森林法的规定，超过批准的年采伐限额发放林木采伐许可证或者违反规定滥发林木采伐许可证，情节严重，致使森林遭受严重破坏的，处三年以下有期徒刑或者拘役。

第四百零二条 负有环境保护监督管理职责的国家机关工作人员严重不负责任，导致发生重大环境污染事故，致使公私财产遭受重大损失或者造成人身伤亡的严重后果的，处三年以下有期徒刑或者拘役。

第四百零三条 从事传染病防治的政府卫生行政部门工作人员严重不负责任，导致发生传染病传播或者流行，情节严重的，处三年以下有期徒刑或者拘役。

第四百零四条 国家机关工作人员徇私舞弊，违反土地管理法规，滥用职权，非法批准征用、占用土地，或者非法低价出让国有土地使用权，情节严重的，处三年以下有期徒刑、拘役或者管制；致使国家或者集体利益遭受特别重大损失的，处三年以上七年以下有期徒刑。

第四百零五条 海关工作人员徇私舞弊，放纵走私，情节严重的，处五年以下有期徒刑或者拘役；情节特别严重的，处五年以上有期徒刑。

第四百零六条 国家商检部门、商检机构的工作人员徇私舞弊，伪造检验结果的，处五年以下有期徒刑或者拘役；造成严重后果的，处五年以上十年以下有期徒刑。

前款所列人员严重不负责任，对应当检验的物品不检验，或者延误检验出证、错误出证，致使国家利益遭受重大损失的，处三年以下有期徒刑、拘役或者管制。

第四百零七条 动植物检疫机关检疫人员徇私舞弊，伪造检疫结果的，处五年以下有期徒刑或者拘役；造成严重后果的，处五年以上十年以下有期徒刑。

前款所列人员严重不负责任，对应当检疫的检疫物不检疫，或者延误检疫出证、错误出证、致使国家利益遭受重大损失的，处三年以下有期徒刑、拘役或者管制。

第四百零八条 国家机关工作人员利用职务，对明知有生产、销售伪劣商品犯罪行为的公司、企业、事业单位或者个人，故意包庇使其不受追诉的，或者负有追究责任的国家机关工作人员对有生产、销售伪劣商品犯罪行为的公司、企业、事业单位或者个人，不履行法律规定的追究职责的，处三年以下有期徒刑、拘役或者管制；情节特别严重的，处三年以上七年以下有期徒刑。

第四百零九条 负责办理护照、签证以及其他出入境证件的国家机关工作人员，对明知是企图偷越国（边）境的人员，予以办理出入境证件的，或者边防、海关等国家机关工作人员，对明知是偷越国（边）境的人员，予以放行的，处三年以下有期徒刑、拘役或者管制；情节严重的，处三年以上七年以下有期徒刑。

第四百一十条 对被拐卖、绑架的妇女、儿童负有解救职责的国家机关工作人员，接到被拐卖、绑架的妇女、儿童及其家属的解救要求或者接到其他人的举报，而对被拐卖、绑架的妇女、儿童不进行解救，造成严重后果的，处五年以下有期徒刑或者拘役。

负有解救职责的国家机关工作人员利用职务阻碍解救的，处二年以上七年以下有期徒刑；情节较轻的，处二年以下有期徒刑、拘役或者管制。

第四百一十一条 有查禁犯罪活动职责的国家机关工作人员，向犯罪分子通风报信，提供便利，帮助犯罪分子逃避处罚的，处三年以下有期徒刑、拘役或者管制；情节严重的，处三年以上十年以下有期徒刑。

第四百一十二条 国家机关工作人员在招收公务员、学生工作中徇私舞弊，情节严重的，处三年以下有期徒刑、拘役或者管制。

第四百一十三条 国家机关工作人员严重不负责任，造成珍贵文物损毁或者流失，后果严重的，处三年以下有期徒刑、拘役或者管制。

第十章 军人违反职责罪

第四百一十四条 军人违反职责，危害国家军事利益，依照法律应当受刑罚处罚的行为，是军人违反职责犯罪。

第四百一十五条 战时违抗命令，对作战造成危害的，处三年以上十年以下有期徒刑；致使战斗、战役遭受重大损失的，处十年以上有期徒刑、无期徒刑或者死刑。

第四百一十六条 故意隐瞒、谎报军情或者拒传、假传军令，对作战造成危害的，处三年以上十年以下有期徒刑；致使战斗、战役遭受重大损失的，处十年以上有期徒刑、无期徒刑或者死刑。

第四百一十七条 在战场上贪生怕死，自动放下武器投降敌人的，处三年以上十年以下有期徒刑；情节严重的，处十年以上有期徒刑或者无期徒刑。

投降后为敌人效劳的，处十年以上有期徒刑，无期徒刑或者死刑。

第四百一十八条 战时临阵脱逃的，处三年以下有期徒刑；情节严重的，处三年以上十年以下有期徒刑；致使战斗、战役遭受重大损失的，处十年以上有期徒刑、无期徒刑或者死刑。

第四百一十九条 指挥人员和值班、值勤人员擅离职守或者玩忽职守，因而造成严重后果的，处七年以下有期徒刑或者拘役。

战时犯前款罪的，处五年以上有期徒刑。

第四百二十条 以暴力、威胁方法，阻碍指挥人员或者值班、值勤人员执行职务的，处五年以下有期徒刑或者拘役；情节严重的，处五年以上有期徒刑；致人重伤、死亡的或者有其他特别严重情节的，处无期徒刑或者死刑。战时从重处罚。

第四百二十一条 滥用职权，指使部属进行违反职责的活动，造成严重后果的，处五年以下有期徒刑或者拘役；

情节特别严重的，处五年以上十年以下有期徒刑。

第四百二十二条 指挥人员违背命令，临阵畏缩，作战消极，造成严重后果的，处五年以下有期徒刑；致使战斗、战役遭受重大损失或者有其他特别严重情节的，处五年以上有期徒刑。

第四百二十三条 违背命令，擅自行动或者故意违反协同规则，造成严重后果的，处五年以下有期徒刑；致使战斗、战役遭受重大损失或者有其他特别严重情节的，处五年以上有期徒刑。

第四百二十四条 在战场上明知友邻部队处境危急请求救援，能救援而不救援，致使友邻部队遭受重大损失的，对指挥人员处五年以下有期徒刑。

第四百二十五条 在履行公务期间，擅离岗位，叛逃境外或者在境外叛逃，危害国家军事利益的，处五年以下有期徒刑或者拘役；情节严重的，处五年以上有期徒刑。

驾驶航空器、舰船叛逃的，或者有其他特别严重情节的，处十年以上有期徒刑、无期徒刑或者死刑。

第四百二十六条 以窃取、刺探、收买方法，非法获取军事秘密的，处七年以下有期徒刑；情节特别严重的，处七年以上有期徒刑。

为境外的机构、组织、人员窃取、刺探、收买、非法提供军事秘密的，处十年以上有期徒刑、无期徒刑或者死刑。

第四百二十七条 违反保守国家秘密法规，故意或者过失泄露国家军事秘密，情节严重的，处七年以下有期徒刑或者拘役。

战时犯前款罪的，处三年以上十年以下有期徒刑；情节特别严重的，处十年以上有期徒刑或者无期徒刑。

第四百二十八条 战时造谣惑众，动摇军心的，处三年以下有期徒刑；情节严重的，处三年以上十年以下有期徒刑。

勾结敌人造谣惑众，动摇军心的，处十年以上有期徒刑或者无期徒刑；情节特别严重的，可以判处死刑。

第四百二十九条 战时自伤身体，逃避军事义务的，处三年以下有期徒刑；情节严重的，处三年以上七年以下有期徒刑。

第四百三十条 违反兵役法规，逃离部队，情节严重的，处三年以下有期徒刑或者拘役。

战时犯前款罪的，处三年以上七年以下有期徒刑。

第四百三十一条 违反武器装备使用规定，情节严重，因而发生责任事故，致人重伤、死亡或者造成其他严重后果的，处三年以下有期徒刑或者拘役；造成特别严重后果的，处三年以下有期徒刑或者拘役；后果特别严重的，处三年以上七年以下有期徒刑。

第四百三十二条 违反武器装备管理规定，擅自改变武器装备的编配用途，造成严重后果的，处三年以上七年以下有期徒刑。

第四百三十三条 盗窃、抢夺武器装备或者军用物资的，处五年以下有期徒刑或者拘役；情节严重的，处五年以上十年以下有期徒刑；情节特别严重的，处十年以上有期徒刑、无期徒刑或者死刑。

盗窃、抢夺枪支、弹药、爆炸物的，依照本法第一百二十七条的规定处罚。

第四百三十四条 非法出卖、转让军队武器装备的，处三年以上十年以下有期徒刑；出卖、转让大量武器装备或者有其他特别严重情节的，处十年以上有期徒刑、无期徒刑或者死刑。

第四百三十五条 违背命令，遗弃武器装备的，处五年以下有期徒刑或者拘役；遗弃主要或者大量武器装备的，或者有其他严重情节的，处五年以上有期徒刑。

第四百三十六条 遗失武器装备，不及时报告或者有其他严重情节的，处三年以下有期徒刑或者拘役。

第四百三十七条 违反规定，擅自出卖、转让军队房地产，情节严重的，处五年以下有期徒刑或者拘役；情节特别严重的，处五年以上有期徒刑。

第四百三十八条 滥用职权，虐待部属，情节恶劣，致人重伤或者造成其他严重后果的，处五年以下有期徒刑或者拘役；致人死亡的，处五年以上有期徒刑。

第四百三十九条 在战场上故意遗弃伤病军人，情节恶劣的，对直接责任人员，处三年以下有期徒刑。

第四百四十条 战时在救护治疗职位上，有条件救治而拒不救治危重伤病军人的，处五年以下有期徒刑或者拘役；造成伤病军人伤残、死亡或者有其他严重情节的，处五年以上有期徒刑。

第四百四十一条 战时在军事行动地区，残害无辜居民或者掠夺无辜居民财物的，处五年以下有期徒刑；情节严重的，处五年以上十年以下有期徒刑；情节特别严重的，处十年以上有期徒刑、无期徒刑或者死刑。

第四百四十二条 私放俘虏的，处五年以下有期徒刑；私放重要俘虏、私放俘虏多人或者有其他严重情节的，处五年以上有期徒刑。

第四百四十三条 虐待俘虏，情节恶劣的，处三年以下有期徒刑。

第四百四十四条 在战时，对被判处三年以下有期徒刑没有现实危险宣告缓刑的犯罪军人，允许其戴罪立功，确有立功表现时，可以撤销原判刑罚，不以犯罪论处。

第四百四十五条 本章适用于中国人民解放军的现役军官、文职干部、士兵及具有军籍的学员和中国人民武装警察部队的现役警官、文职干部、士兵及具有军籍的学员以及执行军事任务的预备役人员和其他人员。

第四百四十六条 本章所称战时，是指国家宣布进入战争状态、部队受领作战任务或者遭敌突然袭击时。军人执行戒严任务或者处置突发性暴力事件时，以战时论。

附：关于《中华人民共和国刑法（修订草案）》修改意见的汇报

（全国人大常委会副委员长 王汉斌 1997年2月19日）

委员长、各位副委员长、秘书长、各位委员：

我受委员长会议的委托，作关于《中华人民共和国刑法（修订草案）》修改意见的汇报。

八届全国人大常委会第二十三次会议对《中华人民共和国刑法（修订草案）》进行了初步审议。会后，王汉斌、任建新、罗干同志召集中政委、最高法院、最高检察院、公安部、国家安全部、司法部和法律委、内务司法委、法工委、国务院法制局、军委法制局的负责同志于1月6日至9日开了四天的会议，对修订草案中重大的、有争议的问题共同讨论研究修改。法律委员会、内务司法委员会于1月13日至24日召开会议，对修订草案逐条进行审议修改。总的认为，草案总结了刑法实施17年来的实践经验，针对同刑事犯罪作斗争的新情况、新问题，对刑法作了大量修改补充，内容详细、明确、具体，可操作性强，有利于加强惩罚犯罪，保护人民。同时根据全国人大常委会的审议意见和各方面的意见，对修订草案作了一些修改，并增加了军人违反职责罪和危害国防利益罪二章。修订草案的条文从384条增加为446条。现将修改的主要内容汇报如下：

一、关于正当防卫

修订草案第二十条第三款规定“受害人受到暴力侵害而采取制止暴力侵害的行为，造成不法侵害人伤亡后果的，属于正当防卫，不属于防卫过当。”有些委员提出，正当防卫的规定既要有利于同犯罪作斗争，保护公民的合法权益不受侵犯，同时，又要尽可能地规定明确、具体，以利于实际执行。因此，修改为“对正在进行行凶、杀人、抢劫、强奸、绑架以及其他严重危及人身安全的暴力犯罪，采取防卫行为，造成不法侵害人伤亡和其他后果的，不属于防卫过当，不负刑事责任。”

修订草案第二十一条规定“人民警察在依法执行盘问、拘留、逮捕、追捕逃犯或者制止违法犯罪职务的时候，依法使用警械和武器，造成人员伤亡后果的，不负刑事责任。”有些委员提出，这条规定的意思是好的，但是，目前有些警察的素质不高，利用职权侵犯公民权利的情况时有发生，对警察使用警械和武器应有限制。因此，建议修改为“人民警察在依法执行盘问、拘留、逮捕、追捕逃犯或者制止违法犯罪职务的时候，受到暴力侵犯、人身安全受到威胁，依法使用警械和武器的职务行为，造成人员伤亡后果的，不属于防卫过当，不负刑事责任。”如果人民警察违反使用警械和武器的规定，造成他人损害的，仍然可以依照有关规定处罚。

二、关于反革命罪

大家赞同将反革命罪修改为危害国家安全罪。有些部门和地方提出，对于资助境内组织进行严重危害国家安全活动的行为，也应规定追究刑事责任。因此，草案修改稿增加规定“境内外机构、组织或者个人资助境内组织或者个人实施本章第一百零四条、第一百零五条、第一百零六条、第一百零七条规定之罪的，处五年以下有期徒刑、拘役或者剥夺政治权利；情节严重的，处五年以上有期徒刑。”

三、关于组织、领导、参加恐怖组织罪

有的部门提出，现在已经出现有组织进行恐怖活动的犯罪，危害很大。为了有力地打击这种犯罪，应在刑法中作出相应规定。因此，草案修改稿增加规定“组织、领导恐怖活动组织的，对首要分子处三年以上十年以下有期徒刑；其他积极参加的，处三年以下有期徒刑、拘役或者管制。”“犯前款罪并实施杀人、爆炸、绑架等犯罪的，依照数罪并罚的规定处罚。”

四、关于洗钱罪

有些部门提出，现在已经出现有些毒品、走私的犯罪分子通过存款、投资等方式来掩饰、隐瞒犯罪所得财物的非法性质和来源的“洗钱”行为。很多国家有“洗钱”犯罪的规定。我国关于禁毒的决定中虽然也有关于“洗钱”的规定，但仅限于毒品犯罪，并且规定得比较原则，建议明确规定“洗钱”罪。因此，草案修改稿增加规定“明知是毒品犯罪、黑社会性质的组织犯罪、走私犯罪的违法所得及其产生的收益，为掩饰、隐瞒其来源和性质，有下列行为之一的，没收实施以上犯罪的违法所得及其产生的收益，处三年以下有期徒刑、拘役或者管制，并处或者单处洗钱数额一倍以上五倍以下罚金；情节严重的，处三年以上十年以下有期徒刑，并处洗钱数额一倍以上五倍以下罚金：（一）提供资金帐户的；（二）协助将财产转换为现金或者金融票据的；（三）通过转帐、承兑等结算方式协助资金转移的；（四）协助将资金汇往境外的；（五）以其他方法掩饰、隐瞒犯罪违法所得及其收益的性质和来源的。”“单位犯前款罪的，对单位判处罚金，并对其直接负责的主管人员和其他直接责任人员，依照前款的规定处罚。”

五、关于窃取国家秘密罪

有的部门提出，草案修改稿规定了对于为境外的机构、组织、人员窃取、刺探、收买、非法提供国家秘密或者情报的刑罚，同时也规定了故意或者过失泄露国家秘密的刑罚，但是，对于为境内人员窃取国家秘密和非法持有国家秘密，拒不说明来源与用途的行为没有规定。近年来这种情况时有发生，建议对此作出规定。因此，草案修改稿增加规定“以窃取、刺探、收买方法，非法获取国家秘密的，处七年以下有期徒刑或者拘役。”“非法持有属于国家绝密、机密的文件、资料或者其他物品，拒不说明来源与用途的，处三年以下有期徒刑、拘役或者管制。”

六、关于走私罪

修订草案第一百四十八条规定“单位走私第一百四十五条、第一百四十六条规定以外的货物、物品，偷逃应缴税款在三十万元以上的，对单位判处罚金，并对其直接负责的主管人员和其他直接责任人员，处五年以下有期徒刑或者拘役；情节特别严重，使国家利益遭受重大损失的，处五年以上十年以下有期徒刑。”有些委员提出，这一规定比个人犯走私罪的处罚轻，不利于打击单位走私。同时，单位也有很大的变化，许多单位并不是国有的。因此，草案将上述规定修改为，单位犯走私罪的，对单位判处罚金，对直接负责的主管人员和其他直接责任人员，依照对个人犯走私罪的规定进行处罚。

七、关于破坏自然资源的犯罪

有些委员和部门提出，土地和草原是国家的重要自然资源，对于破坏土地和草原资源的行为应当追究刑事责任。建议在刑法中明确规定非法倒卖土地使用权、滥用职权乱批土地、非法侵占土地、破坏耕地、破坏草原资源的犯罪。考虑到上述情况比较复杂，有些可以通过行政处分、行政处罚，加强执法力度解决，不宜都规定为犯罪。草案修改稿增加规定：“以牟利为目的，违反法律、行政法规规定，非法转让、倒卖土地使用权，情节严重的，处三年以下有期徒刑、拘役或者管制，可以并处或者单处非法转让、倒卖土地使用权价额一倍以下罚金；情节特别严重的，处三年以上七年以下有期徒刑，并处非法转让、倒卖土地使用权价额一倍以下罚金。”“国家机关工作人员徇私舞弊，违反土地管理法规，滥用职权，非法批准征用、占用土地，或者非法低价出让国有土地使用权，情节严重的，处三年以下有期徒刑、拘役或者管制；使国家或者集体利益遭受特别重大损失的，处三年以上七年以下有期徒刑。”

八、关于贪污罪

修订草案第三百三十七条第一款第（三）项规定，个人贪污数额在五千元以上不满一万元，积极退赃的，可以减轻处罚，或者免予刑事处罚，由其所在单位或者上级主管机关给予行政处分。有些委员和部门提出，为了有利于挽回因贪污犯罪给国家造成的损失，有利于教育改造贪污犯罪分子，建议增加规定，对个人贪污数额在一万元以上，积极退赃的，可以从轻处罚。因此，草案修改稿将上述规定修改为“犯贪污罪积极退赃的，可以从轻处罚；其中个人贪污数额在五千元以上不满一万元，积极退赃的，可以减轻处罚，全部退赃的，可以免除处罚，由其所在单位或者上级主管机关给予行政处分。”

九、关于军人违反职责罪

经同军委法制局研究并经军委同意，将军人违反职责罪作为刑法的一章。军委法制局还将提请八届全国人大常委会审议的《中华人民共和国惩治军人违反职责犯罪条例（草案）》改为刑法分则的一章。这次修改基本采用军委法制局修改的条文，只对有些条文的表述和顺序作了一些修改和调整。

十、关于危害国防利益罪

根据有些委员和军委法制局的意见，草案修改稿增加了危害国防利益罪一章。对以暴力、威胁方法阻碍军人依法执行职务，故意阻碍武装部队军事行动，破坏军事设施或者武器装备，明知是不合格的军事设施、武器装备而提供给武装部队，聚众哄闹、冲击军事禁区和军事管理区，煽动军人逃离部队，在征兵工作中徇私舞弊，输送不合格兵员等14种危害国防利益的犯罪作了规定。

以上修改意见和刑法修订草案（修改稿）是否妥当，请审议。

18. 中华人民共和国刑法（修订草案）

（第八届全国人大第五次会议秘书处 1997年3月1日印）

［第八届全国人大第五次会议文件（十七）］

目　录

第三节 共同犯罪
第四节 单位犯罪
第三章 刑罚
第一节 刑罚的种类
第二节 管制
第三节 拘役
第四节 有期徒刑、无期徒刑
第五节 死刑
第六节 罚金
第七节 剥夺政治权利
第八节 没收财产
第四章 刑罚的具体运用
第一节 量刑
第二节 累犯
第三节 自首和立功
第四节 数罪并罚
第五节 缓刑
第六节 减刑
第七节 假释
第八节 时效
第五章 其他规定
第二编 分则
第一章 危害国家安全罪
第二章 危害公共安全罪
第三章 破坏社会主义市场经济秩序罪
第一节 生产、销售伪劣商品罪
第二节 走私罪
第三节 妨害对公司、企业的管理秩序罪
第四节 破坏金融管理秩序罪
第五节 金融诈骗罪
第六节 危害税收征管罪
第七节 侵犯知识产权罪
第八节 扰乱市场秩序罪
第四章 侵犯公民人身权利、民主权利罪
第五章 侵犯财产罪
第六章 妨害社会管理秩序罪
第一节 扰乱公共秩序罪
第二节 妨害司法罪
第三节 妨害国（边）境管理罪
第四节 妨害文物管理罪
第五节 危害公共卫生罪
第六节 破坏环境保护罪
第七节 走私、贩卖、运输、制造毒品罪
第八节 组织、强迫、引诱、容留、介绍卖淫罪
第九节 制作、贩卖、传播淫秽物品罪
第七章 危害国防利益罪
第八章 贪污贿赂罪
第九章 渎职罪
第十章 军人违反职责罪
附则

第一编　总　　则

第一章　刑法的任务、基本原则和适用范围

第一条　为了惩罚犯罪，保护人民，根据宪法，结合我国同犯罪作斗争的具体经验及实际情况，制定本法。

第二条　中华人民共和国刑法的任务，是用刑罚同一切犯罪行为作斗争，以保卫国家安全，保卫人民民主专政的政权和社会主义制度，保护国有财产和劳动群众集体所有的财产，保护公民私人所有的财产，保护公民的人身权利、民主权利和其他权利，维护社会秩序、经济秩序，保障社会主义建设事业的顺利进行。

第三条　法律明文规定为犯罪行为的，依照法律定罪处刑；法律没有明文规定为犯罪行为的，不得定罪处刑。

第四条　对任何人犯罪，在适用法律上一律平等。不允许任何人有超越法律的特权。

第五条　刑罚的轻重，应当与犯罪分子所犯罪行和承担的刑事责任相适应。

第六条　凡在中华人民共和国领域内犯罪的，除法律有特别规定的以外，都适用本法。

凡在中华人民共和国船舶或者航空器内犯罪的，也适用本法。

犯罪的行为或者结果有一项发生在中华人民共和国领域内的，就认为是在中华人民共和国领域内犯罪。

第七条　中华人民共和国公民在中华人民共和国领域外犯本法规定之罪的，适用本法，但是按本法规定的最高刑为三年以下有期徒刑的，可以不予追究。

中华人民共和国国家工作人员和军人在中华人民共和国领域外犯本法规定之罪的，适用本法。

第八条　外国人在中华人民共和国领域外对中华人民共和国国家或者公民犯罪，而按本法规定的最低刑为三年以上有期徒刑的，可以适用本法，但是按照犯罪地的法律不受处罚的除外。

第九条　对于中华人民共和国缔结或者参加的国际条约所规定的罪行，中华人民共和国在所承担条约义务的范围内行使刑事管辖权的，适用本法。

第十条　凡在中华人民共和国领域外犯罪，依照本法应当负刑事责任的，虽然经过外国审判，仍然可以依照本法追究，但是在外国已经受过刑罚处罚的，可以免除或者减轻处罚。

第十一条　享有外交特权和豁免权的外国人的刑事责任，通过外交途径解决。

第十二条　中华人民共和国成立以后本法施行以前的行为，如果当时的法律不认为是犯罪的，适用当时的法律，如果当时的法律认为是犯罪的，依照本法总则第四章第八节的规定应当追诉的，按照当时的法律追究刑事责任，但是如果本法不认为是犯罪或者处刑较轻的，适用本法。

对于本法施行以前发生的行为，本法施行以后尚未处理或者正在处理的案件，依照前款的规定办理。

本法施行以前，依照当时的法律已经作出的生效判决，继续有效。

第二章　犯　　罪

第一节　犯罪和刑事责任

第十三条　一切危害国家主权、领土完整和安全，分裂国家、颠覆人民民主专政的政权和推翻社会主义制度，破坏社会秩序和经济秩序，侵犯国有财产或者劳动群众集体所有的财产，侵犯公民私人所有的财产，侵犯公民的人身权利、民主权利和其他权利，以及其他危害社会的行为，依照法律应当受刑罚处罚的，都是犯罪，但是情节显著轻微危害不大的，不认为是犯罪。

第十四条　明知自己的行为会发生危害社会的结果，并且希望或者放任这种结果发生，因而构成犯罪的，是故意犯罪。

故意犯罪，应当负刑事责任。

第十五条　应当预见自己的行为可能发生危害社会的结果，因为疏忽大意而没有预见，或者已经预见而轻信能够避免，以致发生这种结果的，是过失犯罪。

过失犯罪，法律有规定的才负刑事责任。

第十六条　行为在客观上虽然造成了损害结果，但是不是出于故意或者过失，而是由于不能抗拒或者不能预见的原因所引起的，不是犯罪。

第十七条　已满十六周岁的人犯罪，应当负刑事责任。

已满十四周岁不满十六周岁的人，犯故意杀人，故意伤害致人重伤或者死亡、强奸、抢劫、贩卖毒品、放火、爆炸、投毒罪的，应当负刑事责任。

已满十四周岁不满十八周岁的人犯罪，应当从轻或者减轻处罚。

因不满十六周岁不予刑事处罚的，责令他的家长或者监护人加以管教；在必要的时候，也可以由政府收容教养。

第十八条　精神病人在不能辨认或者不能控制自己行为的时候造成危害结果，经法定程序鉴定确认的，不负刑事责任，但是应当责令他的家属或者监护人严加看管和医疗；必要的时候，由政府强制医疗。

间歇性的精神病人在精神正常的时候犯罪，应当负刑事责任。

尚未完全丧失辨认或者控制自己行为能力的精神病人造成危害结果的，应当负刑事责任，但是可以从轻或者减轻处罚。

醉酒的人犯罪，应当负刑事责任。

第十九条 又聋又哑的人或者盲人犯罪，可以从轻、减轻或者免除处罚。

第二十条 为了使国家、公共利益、本人或者他人的人身、财产和其他权利免受正在进行的不法侵害，而采取的制止不法侵害的行为，对不法侵害人造成损害的，属于正当防卫，不负刑事责任。

正当防卫明显超过必要限度造成重大损害的，应当负刑事责任，但是应当减轻或者免除处罚。

对正在进行行凶、杀人、抢劫、强奸、绑架以及其他严重危及人身安全的暴力犯罪，采取防卫行为，造成不法侵害人伤亡和其他后果的，不属于防卫过当，不负刑事责任。

第二十一条 人民警察在依法执行盘问、拘留、逮捕、追捕逃犯或者制止违法犯罪职务的时候，受到暴力侵犯或者人身安全受到威胁，依法使用警械和武器的职务行为，造成人员伤亡后果的，不属于防卫过当，不负刑事责任。

第二十二条 为了使国家、公共利益、本人或者他人的人身、财产和其他权利免受正在发生的危险，不得已采取的紧急避险行为，造成损害的，不负刑事责任。

紧急避险超过必要限度造成不应有的损害的，应当负刑事责任，但是应当减轻或者免除处罚。

第一款中关于避免本人危险的规定，不适用于职务上、业务上负有特定责任的人。

第二节 犯罪的预备、未遂和中止

第二十三条 为了犯罪，准备工具、制造条件的，是犯罪预备。

对于预备犯，可以比照既遂犯从轻、减轻处罚或者免除处罚。

第二十四条 已经着手实行犯罪，由于犯罪分子意志以外的原因而未得逞的，是犯罪未遂。

对于未遂犯，可以比照既遂犯从轻或者减轻处罚。

第二十五条 在犯罪过程中，自动放弃犯罪或者自动有效地防止犯罪结果发生的，是犯罪中止。

对于中止犯，没有造成损害的，应当免除处罚；造成损害的，应当减轻处罚。

第三节 共同犯罪

第二十六条 共同犯罪是指二人以上共同故意犯罪。

二人以上共同过失犯罪，不以共同犯罪论处；应当负刑事责任的，按照他们所犯的罪分别处罚。

第二十七条 组织、领导犯罪集团进行犯罪活动的或者在共同犯罪中起主要作用的，是主犯。

三人以上为共同实施犯罪而组成的较为固定的犯罪组织，是犯罪集团。

对组织、领导犯罪集团的首要分子，按照集团所犯的全部罪行处罚。

对于第三款规定以外的主犯，应当按照其所参与的或者组织、指挥的全部犯罪处罚。

第二十八条 在共同犯罪中起次要或者辅助作用的，是从犯。

对于从犯，应当从轻、减轻处罚或者免除处罚。

第二十九条 对于被胁迫参加犯罪的，应当按照他的犯罪情节减轻处罚或者免除处罚。

第三十条 教唆他人犯罪的，应当按照他在共同犯罪中所起的作用处罚。教唆不满十八周岁的人犯罪的，应当从重处罚。

如果被教唆的人没有犯被教唆的罪，对于教唆犯，可以从轻或者减轻处罚。

第四节 单位犯罪

第三十一条 公司、企业、事业单位、机关、团体为本单位谋取非法利益，经单位集体决定或者由负责人员决定实施的犯罪，是单位犯罪。

单位犯罪，法律有规定的才负刑事责任。

第三十二条 单位犯罪的，对单位判处罚金，并对其直接负责的主管人员和其他直接责任人员判处刑罚。本法分则和其他法律另有规定的，依照规定。

第三章 刑 罚

第一节 刑罚的种类

第三十三条 刑罚分为主刑和附加刑。

第三十四条 主刑的种类如下：

（一）管制；

（二）拘役；
（三）有期徒刑；
（四）无期徒刑；
（五）死刑。

第三十五条 附加刑的种类如下：
（一）罚金；
（二）剥夺政治权利；
（三）没收财产。

附加刑也可以独立适用。

第三十六条 被判处三年以上有期徒刑的犯罪分子和被判处剥夺政治权利的犯罪分子，如果有军衔、警衔或者勋章的，应当一并判处剥夺。

第三十七条 对于犯罪的外国人，可以独立适用或者附加适用驱逐出境。

第三十八条 由于犯罪行为而使被害人遭受经济损失的，对犯罪分子除依法给予刑事处罚外，并应根据情况判处赔偿经济损失。

承担民事赔偿责任的犯罪分子，同时被判处罚金，其财产不足以全部支付的，或者被判处没收财产的，应当先承担对被害人的民事赔偿责任。

第三十九条 对于犯罪情节轻微不需要判处刑罚的，可以免予刑事处罚，但是可以根据案件的不同情况，予以训诫或者责令具结悔过、赔礼道歉、赔偿损失，或者由主管部门予以行政处罚或者行政处分。

第二节 管 制

第四十条 管制的期限，为三个月以上二年以下。被判处管制的犯罪分子，由公安机关执行。

第四十一条 被判处管制的犯罪分子，在执行期间，应当遵守下列规定：
（一）遵守法律、行政法规，服从监督；
（二）未经执行机关批准，不得行使言论、出版、集会、结社、游行、示威自由的权利；
（三）按照执行机关规定报告自己的活动情况；
（四）遵守执行机关关于会客的规定；
（五）离开所居住的市、县或者迁居，应当报经执行机关批准。

对于被判处管制的犯罪分子，在劳动中应当同工同酬。

第四十二条 被判处管制的犯罪分子，管制期满，执行机关应即向本人和其所在单位或者居住地的群众宣布解除管制。

第四十三条 管制的刑期，从判决执行之日起计算；判决执行以前先行羁押的，羁押一日折抵刑期二日。

第三节 拘 役

第四十四条 拘役的期限，为一个月以上六个月以下。

第四十五条 被判处拘役的犯罪分子，由公安机关就近执行。

在执行期间，被判处拘役的犯罪分子每月可以回家一天至两天；参加劳动的，可以酌量发给报酬。

第四十六条 拘役的刑期，从判决执行之日起计算；判决执行以前先行羁押的，羁押一日折抵刑期一日。

第四节 有期徒刑、无期徒刑

第四十七条 有期徒刑的期限，除本法第五十二条、第七十一条规定外，为六个月以上十五年以下。

第四十八条 被判处有期徒刑、无期徒刑的犯罪分子，在监狱或者其他执行场所执行；凡有劳动能力的，都应当参加劳动，接受教育和改造。

第四十九条 有期徒刑的刑期，从判决执行之日起计算；判决执行以前先行羁押的，羁押一日折抵刑期一日。

第五节 死 刑

第五十条 死刑只适用于罪行极其严重的犯罪分子。对于应当判处死刑的犯罪分子，如果不是必须立即执行的，可以判处死刑同时宣告缓期二年执行。

死刑除依法由最高人民法院判决的以外，都应当报请最高人民法院核准。死刑缓期执行的，可以由高级人民法院判决或者核准。

第五十一条 犯罪的时候不满十八周岁的人和审判的时候怀孕的妇女，不适用死刑。

第五十二条 判处死刑缓期执行的，在死刑缓期执行期间，如果没有故意犯罪，二年期满以后，减为无期徒刑；如果确有重大立功表现，二年期满以后，减为十五年以上二十年以下有期徒刑；如果故意犯罪，查证属实的，由最高人民法院核准，执行死刑。

第五十三条　死刑缓期执行的期间，从判决确定之日起计算。死刑缓期执行减为有期徒刑的刑期，从死刑缓期执行期满之日起计算。

第六节　罚　　金

第五十四条　判处罚金，应当根据犯罪情节决定罚金数额。

第五十五条　罚金在判决指定的期限内一次或者分期缴纳。期满不缴纳的，强制缴纳。对于不能全部缴纳罚金的，人民法院在任何时候发现被执行人有可以执行的财产，应当随时追缴。如果由于遭遇不能抗拒的灾祸缴纳确实有困难的，可以酌情减少或者免除。

第七节　剥夺政治权利

第五十六条　剥夺政治权利是剥夺下列权利：

（一）选举权和被选举权；

（二）言论、出版、集会、结社、游行、示威自由的权利；

（三）担任国家机关职务的权利；

（四）担任国有公司、企业、事业单位和人民团体领导职务的权利。

第五十七条　剥夺政治权利的期限，除本法第五十九条规定外，为一年以上五年以下。

判处管制附加剥夺政治权利的，剥夺政治权利的期限与管制的期限相等，同时执行。

第五十八条　对于危害国家安全的犯罪分子应当附加剥夺政治权利；对于故意杀人、强奸、放火、爆炸、投毒、抢劫等严重破坏社会秩序的犯罪分子，可以附加剥夺政治权利。

独立适用剥夺政治权利的，依照本法分则的规定。

第五十九条　对于被判处死刑、无期徒刑的犯罪分子，应当剥夺政治权利终身。

在死刑缓期执行减为有期徒刑或者无期徒刑减为有期徒刑的时候，应当把附加剥夺政治权利的期限改为三年以上十年以下。

第六十条　附加剥夺政治权利的刑期，从徒刑、拘役执行完毕之日或者从假释之日起计算；剥夺政治权利的效力当然施用于主刑执行期间。

被剥夺政治权利的犯罪分子，在执行期间，应当遵守法律、行政法规和国务院公安部门有关监督管理的规定，服从监督；不得行使本法第五十六条规定的各项权利。

第八节　没收财产

第六十一条　没收财产是没收犯罪分子个人所有财产的一部或者全部。

在判处没收财产的时候，不得没收属于犯罪分子家属所有或者应有的财产。

第六十二条　没收财产以前犯罪分子所负的正当债务，需要以没收的财产偿还的，经债权人请求，应当偿还。

第四章　刑罚的具体运用

第一节　量　　刑

第六十三条　对于犯罪分子决定刑罚的时候，应当根据犯罪的事实、犯罪的性质、情节和对于社会的危害程度，依照本法的有关规定判处。

第六十四条　犯罪分子具有本法规定的从重处罚、从轻处罚情节的，应当在法定刑的限度以内判处刑罚。

第六十五条　犯罪分子具有本法规定的减轻处罚情节的，应当在法定刑以下判处刑罚。

犯罪分子虽然不具有本法规定的减轻处罚情节，如果根据案件的特殊情况，判处法定刑的最低刑还是过重的，经最高人民法院审判委员会核准，也可以在法定刑以下判处刑罚。

第六十六条　犯罪分子违法所得的一切财物，应当予以追缴或者责令退赔；对被害人的合法财产，应当及时返还；违禁品和供犯罪所用的本人财物，应当予以没收。没收的财物和罚金，一律上缴国库，不得挪用和自行处理。

第二节　累　　犯

第六十七条　被判处有期徒刑以上刑罚的犯罪分子，刑罚执行完毕或者赦免以后，在五年以内再犯应当判处有期徒刑以上刑罚之罪的，是累犯，应当从重处罚，但是过失犯罪除外。

前款规定的期限，对于被假释的犯罪分子，从假释期满之日起计算。

第六十八条　危害国家安全的犯罪分子在刑罚执行完毕或者赦免以后，在任何时候再犯危害国家安全罪的，都以累犯论处。

第三节　自首和立功

第六十九条　犯罪以后自动投案，如实供述自己的罪行的，是自首。对于自首的犯罪分子，可以从轻或者减轻处罚。其中，犯罪较轻的，可以免除处罚。

被采取强制措施的犯罪嫌疑人、被告人和正在服刑的罪犯，如实供述司法机关还未掌握的本人其他罪行的，以自首论。

第七十条　犯罪分子有揭发他人犯罪行为，查证属实的，或者提供重要线索，从而得以侦破其他案件等立功表现的，可以从轻或者减轻处罚；有重大立功表现的，可以减轻或者免除处罚。

犯罪后自首又有重大立功表现的，应当减轻或者免除处罚。

第四节　数罪并罚

第七十一条　判决宣告以前一人犯数罪的，除判处死刑和无期徒刑的以外，应当在总和刑期以下、数刑中最高刑期以上，酌情决定执行的刑期，但是管制最高不能超过三年，拘役最高不能超过一年，有期徒刑最高不能超过二十年。

如果数罪中有判处附加刑的，附加刑仍须执行。

第七十二条　判决宣告以后，刑罚执行完毕以前，发现被判刑的犯罪分子在判决宣告以前还有其他罪没有判决的，应当对新发现的罪作出判决，把前后两个判决所判处的刑罚，依照本法第七十一条的规定，决定执行的刑罚。已经执行的刑期，应当计算在新判决决定的刑期以内。

第七十三条　判决宣告以后，刑罚执行完毕以前，被判刑的犯罪分子又犯罪的，应当对新犯的罪作出判决，把前罪没有执行的刑罚和后罪所判处的刑罚，依照本法第七十一条的规定，决定执行的刑罚。

第五节　缓　　刑

第七十四条　对于被判处拘役、三年以下有期徒刑的犯罪分子，根据犯罪分子的犯罪情节和悔罪表现，适用缓刑确实不致再危害社会的，可以宣告缓刑。

被宣告缓刑的犯罪分子，如果被判处附加刑，附加刑仍须执行。

第七十五条　拘役的缓刑考验期限为原判刑期以上一年以下，但是不能少于二个月。

有期徒刑的缓刑考验期限为原判刑期以上五年以下，但是不能少于一年。

缓刑考验期限，从判决确定之日起计算。

第七十六条　对于累犯，不适用缓刑。

第七十七条　被宣告缓刑的犯罪分子，应当遵守下列规定：

（一）遵守法律、行政法规，服从监督；

（二）按照考察机关的规定报告自己的活动情况；

（三）遵守考察机关关于会客的规定；

（四）离开所居住的市、县或者迁居，应当报经考察机关批准。

第七十八条　被宣告缓刑的犯罪分子，在缓刑考验期限内，由公安机关考察，所在单位或者基层组织予以配合，如果没有本法第七十九条规定的情形，缓刑考验期满，原判的刑罚就不再执行，并公开予以宣告。

第七十九条　被宣告缓刑的犯罪分子，在缓刑考验期限内犯新罪或者发现判决宣告前还有其他罪没有判决的，应当撤销缓刑，对新犯的罪或者新发现的罪作出判决，把前罪和后罪所判处的刑罚，依照本法第七十一条的规定，决定执行的刑罚。

被宣告缓刑的犯罪分子，在缓刑考验期限内，违反法律、行政法规或者国务院公安部门有关缓刑的监督管理规定，情节严重的，应当撤销缓刑，执行原判刑罚。

第六节　减　　刑

第八十条　被判处管制、拘役、有期徒刑、无期徒刑的犯罪分子，在执行期间，如果认真遵守监规、接受教育改造，确有悔改表现的，或者有立功表现的，可以减刑；有下列重大立功表现之一的，应当减刑：

（一）阻止他人重大犯罪活动的；

（二）检举监狱内外重大犯罪活动，经查证属实的；

（三）有发明创造或者重大技术革新的；

（四）在日常生产、生活中舍己救人的；

（五）在抗御自然灾害或者排除重大事故中，有突出表现的；

（六）对国家和社会有其他重大贡献的。

减刑以后实际执行的刑期，判处管制、拘役、有期徒刑的，不能少于原判刑期的二分之一；判处无期徒刑的，不能少于十年。

第八十一条 对于可以减刑的犯罪分子，由执行机关向中级以上人民法院提出减刑建议书。由人民法院组成合议庭进行审理，对确有悔改或者立功事实的，裁定予以减刑。非经法定程序不得减刑。

第八十二条 无期徒刑减为有期徒刑的刑期，从裁定减刑之日起计算。

第七节 假 释

第八十三条 被判处有期徒刑的犯罪分子，执行原判刑期二分之一以上，被判处无期徒刑的犯罪分子，实际执行十年以上，如果认真遵守监视，接受教育改造，确有悔改表现，假释后不致再危害社会的，可以假释。如果有特殊情况，经最高人民法院核准，可以不受上述执行刑期的限制。

对累犯以及因杀人、爆炸、抢劫、强奸、绑架等暴力性犯罪被判处十年以上有期徒刑和无期徒刑的犯罪分子，不得假释。

第八十四条 对于可以假释的犯罪分子，依照本法第八十一条规定的程序进行。非经法定程序不得假释。

第八十五条 有期徒刑的假释考验期限，为没有执行完毕的刑期；无期徒刑的假释考验期限为十年。

假释考验期限，从假释之日起计算。

第八十六条 被宣告假释的犯罪分子，应当遵守下列规定：

（一）遵守法律、行政法规，服从监督；

（二）按照监督机关的规定报告自己的活动情况；

（三）遵守监督机关关于会客的规定；

（四）离开所居住的市、县或者迁居，应当报经监督机关批准。

第八十七条 被假释的犯罪分子，在假释考验期限内，由公安机关予以监督，如果没有本法第八十八条规定的情形，假释考验期满，就认为原判刑罚已经执行完毕，并公开予以宣告。

第八十八条 被假释的犯罪分子，在假释考验期限内犯新罪，应当撤销假释，依照本法第七十三条的规定实行数罪并罚。

被假释的犯罪分子，在假释考验期限内，发现在判决宣告前还有其他罪没有判决的，应当撤销假释，依照本法第七十二条的规定实行数罪并罚。

被假释的犯罪分子，在假释考验期限内，有违反法律、行政法规或者国务院公安部门有关假释的监督管理规定的行为，尚未构成新的犯罪的，应当依照法定程序撤销假释，收监执行未执行完毕的刑罚。

第八节 时 效

第八十九条 犯罪经过下列期限不再追诉：

（一）法定最高刑为不满五年有期徒刑的，经过五年；

（二）法定最高刑为五年以上不满十年有期徒刑的，经过十年；

（三）法定最高刑为十年以上有期徒刑的，经过十五年；

（四）法定最高刑为无期徒刑、死刑的，经过二十年。如果二十年以后认为必须追诉的，须报请最高人民检察院核准。

第九十条 在人民法院、人民检察院、公安机关、国家安全机关采取强制措施或者通缉以后，逃避侦查或者审判的，不受追诉期限的限制。

被害人在追诉期限内提出控告，人民法院、人民检察院、公安机关应当立案而不予立案的，不受追诉期限的限制。

第九十一条 追诉期限从犯罪之日起计算；犯罪行为有连续或者继续状态的，从犯罪行为终了之日起计算。

在追诉期限以内又犯罪的，前罪追诉的期限从犯后罪之日起计算。

第五章 其他规定

第九十二条 民族自治地方不能全部适用本法规定的，可以由自治区或者省的人民代表大会根据当地民族的政治、经济、文化的特点和本法规定的基本原则，制定变通或者补充的规定，报请全国人民代表大会常务委员会批准施行。

第九十三条 本法所称公共财产，是指下列财产：

（一）国有财产；

（二）劳动群众集体所有的财产；

（三）用于扶贫和其他公益事业的社会捐助或者专项基金的财产。

在国家机关、国有公司、企业、集体企业和人民团体管理、使用或者运输中的私人财产，以公共财产论。

第九十四条 本法所称公民私人所有的财产，是指下列财产：

（一）公民的合法收入、储蓄、房屋和其他生活资料；

（二）依法归个人、家庭所有的生产资料；

（三）个体户和私营企业的财产；

（四）个人所有的股份和股票、债券。

第九十五条 本法所称国家工作人员，是指国家机关中从事公务的人员。

国有公司、企业、事业单位、人民团体中从事公务的人员和国家机关、国有公司、企业、事业单位委派到非国有公司、企业、事业单位、社会团体从事公务的人员，以及其他依照法律从事公务的人员，以国家工作人员论。

第九十六条 本法所称司法工作人员，是指有侦查、检察、审判、监管职责的工作人员。

第九十七条 本法所称重伤，是指有下列情形之一的伤害：

（一）使人肢体残废或者毁人容貌的；

（二）使人丧失听觉、视觉或者其他器官机能的；

（三）其他对于人身健康有重大伤害的。

第九十八条 本法所称违反国家规定，是指违反全国人民代表大会及其常务委员会制定的法律和决定，国务院制定的行政法规、规定的行政措施、发布的决定和命令。

第九十九条 本法所称首要分子，是指在犯罪集团或者聚众犯罪中起组织、策划、指挥作用的犯罪分子。

第一百条 本法所称告诉才处理，是指被害人告诉才处理。如果被害人因受强制、威吓无法告诉的，人民检察院和被害人的近亲属也可以告诉。

第一百零一条 本法所称以上、以下、以内，包括本数。

第一百零二条 依法受过刑事处罚的人，在入伍、就业的时候，应当如实向有关单位报告自己曾受过刑事处罚，不得隐瞒。

第一百零三条 本法总则适用于其他有刑罚规定的法律，但是其他法律有特别规定的除外。

第二编 分 则

第一章 危害国家安全罪

第一百零四条 勾结外国，危害中华人民共和国的主权、领土完整和安全的，处无期徒刑或者十年以上有期徒刑。

与境外机构、组织、个人相勾结，犯前款罪的，依照前款的规定处罚。

第一百零五条 组织、策划、实施分裂国家、破坏国家统一活动的，对首要分子或者罪行重大的，处无期徒刑或者十年以上有期徒刑；对积极参加的，处三年以上十年以下有期徒刑；对其他参加的，处三年以下有期徒刑、拘役、管制或者剥夺政治权利。

煽动分裂国家、破坏国家统一的，处五年以下有期徒刑、拘役、管制或者剥夺政治权利；首要分子或者罪行重大的，处五年以上有期徒刑。

第一百零六条 组织、策划、实施武装叛乱或者武装暴乱的，对首要分子或者罪行重大的，处无期徒刑或者十年以上有期徒刑；对积极参加的，处三年以上十年以下有期徒刑；对其他参加的，处三年以下有期徒刑、拘役、管制或者剥夺政治权利。

策动、胁迫、勾引、收买国家机关工作人员、武装部队人员、人民警察、民兵进行武装叛乱的，依照前款的规定从重处罚。

第一百零七条 组织、策划、实施颠覆国家政权、推翻社会主义制度的，对首要分子或者罪行重大的，处无期徒刑或者十年以上有期徒刑；对积极参加的，处三年以上十年以下有期徒刑；对其他参加的，处三年以下有期徒刑、拘役、管制或者剥夺政治权利。

以造谣、诽谤或者其他方式煽动颠覆国家政权、推翻社会主义制度的，处五年以下有期徒刑、拘役、管制或者剥夺政治权利；首要分子或者罪行重大的，处五年以上有期徒刑。

第一百零八条 与境外机构、组织、个人相勾结，实施本章第一百零五条、第一百零六条、第一百零七条规定之罪的，依照各该条的规定从重处罚。

第一百零九条 境内外机构、组织或者个人资助境内组织或者个人实施本章第一百零四条、第一百零五条、第一百零六条、第一百零七条规定之罪的，处五年以下有期徒刑、拘役、管制或者剥夺政治权利；情节严重的，处五年以上有期徒刑。

第一百一十条 投敌叛变的，处三年以上十年以下有期徒刑；情节严重或者带领武装部队人员、人民警察、民兵投敌叛变的，处十年以上有期徒刑或者无期徒刑。

第一百一十一条 国家机关工作人员在履行公务期间，擅离岗位，叛逃境外或者在境外叛逃，危害中华人民共和国国家安全的，处三年以上十年以下有期徒刑；情节严重的，处十年以上有期徒刑或者无期徒刑。

掌握国家秘密的国家工作人员犯前款罪的，依照前款的规定从重处罚。

第一百一十二条 有下列间谍行为之一，危害国家安全的，处十年以上有期徒刑或者无期徒刑；情节较轻的，处三年以上十年以下有期徒刑：

（一）参加间谍组织或者接受间谍组织及其代理人的任务的；

（二）为敌人指示轰击目标的。

第一百一十三条　为境外的机构、组织、人员窃取、刺探、收买、非法提供国家秘密或者情报的，处五年以上十年以下有期徒刑；情节特别严重的，处十年以上有期徒刑或者无期徒刑；情节较轻的，处五年以下有期徒刑、拘役、管制或者剥夺政治权利。

第一百一十四条　战时供给敌人武器装备、军用物资资敌的，处十年以上有期徒刑或者无期徒刑；情节较轻的，处三年以上十年以下有期徒刑。

第一百一十五条　本章上述危害国家安全罪行中，除第一百零五条第二款、第一百零七条、第一百零九条外，对国家和人民危害特别严重、情节特别恶劣的，可以判处死刑。

犯本章之罪的，可以并处没收财产。

第二章　危害公共安全罪

第一百一十六条　放火、决水、爆炸或者以其他危险方法破坏工厂、矿场、油田、港口、河流、水源、仓库、住宅、森林、农场、谷场、牧场、重要管道、公共建筑物或者其他公私财产，危害公共安全，尚未造成严重后果的，处三年以上十年以下有期徒刑。

第一百一十七条　放火、决水、爆炸、投毒或者以其他危险方法致人重伤、死亡或者使公私财产遭受重大损失的，处十年以上有期徒刑、无期徒刑或者死刑。

过失犯前款罪的，处三年以上七年以下有期徒刑；情节较轻的，处三年以下有期徒刑或者拘役。

第一百一十八条　破坏火车、汽车、电车、船只、航空器，足以使火车、汽车、电车、船只、航空器发生倾覆、毁坏危险，尚未造成严重后果的，处三年以上十年以下有期徒刑。

第一百一十九条　破坏轨道、桥梁、隧道、公路、机场、航道、灯塔、标志或者进行其他破坏活动，足以使火车、汽车、电车、船只、航空器发生倾覆、毁坏危险，尚未造成严重后果的，处三年以上十年以下有期徒刑。

第一百二十条　破坏电力、燃气或者其他易燃易爆设备，危害公共安全，尚未造成严重后果的，处三年以上十年以下有期徒刑。

第一百二十一条　破坏交通工具、交通设施、电力燃气设备、易燃易爆设备，造成严重后果的，处十年以上有期徒刑、无期徒刑或者死刑。

过失犯前款罪的，处三年以上七年以下有期徒刑；情节较轻的，处三年以下有期徒刑或者拘役。

第一百二十二条　组织、领导和积极参加恐怖活动组织的，处三年以上十年以下有期徒刑；其他参加的，处三年以下有期徒刑、拘役或者管制。

犯前款罪并实施杀人、爆炸、绑架等犯罪的，依照数罪并罚的规定处罚。

第一百二十三条　以暴力、胁迫或者其他方法劫持航空器的，处十年以上有期徒刑或者无期徒刑；致人重伤、死亡或者使航空器遭受严重破坏的，处死刑；情节较轻的，处五年以上十年以下有期徒刑。

第一百二十四条　对飞行中的航空器上的人员使用暴力，危及飞行安全，尚未造成严重后果的，处五年以下有期徒刑或者拘役；造成严重后果的，处五年以上有期徒刑。

第一百二十五条　破坏广播电视设施、公用电信设施，危害公共安全的，处三年以上七年以下有期徒刑；造成严重后果的，处七年以上有期徒刑。

过失犯前款罪的，处三年以上七年以下有期徒刑；情节较轻的，处三年以下有期徒刑或者拘役。

第一百二十六条　非法制造、买卖、运输、邮寄、储存枪支、弹药、爆炸物的，处三年以上十年以下有期徒刑；情节严重的，处十年以上有期徒刑、无期徒刑或者死刑。

非法买卖、运输核材料的，依照前款的规定处罚。

单位犯前两款罪的，对单位判处罚金，并对其直接负责的主管人员和其他直接责任人员，依照第一款的规定处罚。

第一百二十七条　依法被指定、确定的枪支制造企业、销售企业，违反枪支管理规定，有下列行为之一的，对单位判处罚金，并对其直接负责的主管人员和其他直接责任人员，处五年以下有期徒刑；情节严重的，处五年以上十年以下有期徒刑；情节特别严重的，处十年以上有期徒刑或者无期徒刑：

（一）以非法销售为目的，超过限额或者不按照规定的品种制造、配售枪支的；

（二）以非法销售为目的，制造无号、重号、假号的枪支的；

（三）非法销售枪支或者在境内销售为出口制造的枪支的。

第一百二十八条　盗窃、抢夺枪支、弹药、爆炸物的，处三年以上十年以下有期徒刑；情节严重的，处十年以上有期徒刑、无期徒刑或者死刑。

抢劫枪支、弹药、爆炸物或者盗窃、抢夺国家机关、军警人员、民兵的枪支、弹药、爆炸物的，处十年以上有期徒刑、无期徒刑或者死刑。

第一百二十九条　违反枪支管理规定，非法持有、私藏枪支、弹药的，处三年以下有期徒刑、拘役或者管制；情节严重的，处三年以上七年以下有期徒刑。

依法配备公务用枪的人员，非法出租、出借枪支的，依照前款的规定处罚。

依法配置枪支的人员，非法出租、出借枪支，造成严重后果的，依照第一款的规定处罚。

单位犯第二款、第三款罪的，对单位判处罚金，并对其直接负责的主管人员和其他直接责任人员，依照第一款的规定处罚。

第一百三十条　依法配备公务用枪的人员，丢失枪支不及时报告，造成严重后果的，处三年以下有期徒刑或者拘役。

第一百三十一条　非法携带枪支、弹药、管制刀具或者爆炸性、易燃性、放射性、毒害性、腐蚀性物品，进入公共场所或者公共交通工具，危及公共安全，情节严重的，处三年以下有期徒刑、拘役或者管制。

第一百三十二条　航空人员违反规章制度，致使发生重大飞行事故，造成严重后果的，处五年以下有期徒刑或者拘役；造成飞机坠毁或者人员死亡的，处五年以上十年以下有期徒刑。

第一百三十三条　铁路职工违反规章制度，致使发生铁路运营安全事故，造成严重后果的，处五年以下有期徒刑或者拘役；造成特别严重后果的，处五年以上十年以下有期徒刑。

第一百三十四条　违反交通管理法规，因而发生重大事故，致人重伤、死亡或者使公私财产遭受重大损失的，处三年以下有期徒刑或者拘役；交通肇事后逃逸或者有其他特别恶劣情节的，处三年以上七年以下有期徒刑；因逃逸致人死亡的，处七年以上有期徒刑。

第一百三十五条　工厂、矿山、林场、建筑企业或者其他企业、事业单位的职工，由于不服管理、违反规章制度，或者强令工人违章冒险作业，因而发生重大伤亡事故或者造成其他严重后果的，处三年以下有期徒刑或者拘役；情节特别恶劣的，处三年以上七年以下有期徒刑。

第一百三十六条　工厂、矿山、林场、建筑企业或者其他企业、事业单位的劳动安全设施不符合国家规定，经有关部门或者单位职工提出后，对事故隐患仍不采取措施，因而发生重大伤亡事故或者造成其他严重后果的，对直接责任人员，处三年以下有期徒刑或者拘役；情节特别恶劣的，处三年以上七年以下有期徒刑。

第一百三十七条　违反爆炸性、易燃性、放射性、毒害性、腐蚀性物品的管理规定，在生产、储存、运输、使用中发生重大事故，造成严重后果的，处三年以下有期徒刑或者拘役；后果特别严重的，处三年以上七年以下有期徒刑。

第一百三十八条　建设单位、建筑设计单位、施工单位违反国家规定，降低工程质量标准，造成重大安全事故的，对直接责任人员，处三年以下有期徒刑或者拘役；后果特别严重的，处三年以上七年以下有期徒刑。

第一百三十九条　明知校舍或者教育教学设施有危险，而不采取措施或者不及时报告，致使发生重大伤亡事故的，对直接责任人员，处三年以下有期徒刑或者拘役；后果特别严重的，处三年以上七年以下有期徒刑。

第一百四十条　违反消防管理法规，经消防监督机构通知采取改正措施而拒绝执行，造成严重后果的，对直接责任人员，处三年以下有期徒刑或者拘役；后果特别严重的，处三年以上七年以下有期徒刑。

第三章　破坏社会主义市场经济秩序罪

第一节　生产、销售伪劣商品罪

第一百四十一条　生产者、销售者在产品中掺杂、掺假，以假充真，以次充好或者以不合格产品冒充合格产品，销售金额五万元以上不满二十万元的，处二年以下有期徒刑或者拘役，并处或者单处销售金额百分之五十以上二倍以下罚金；销售金额二十万元以上不满五十万元的，处二年以上七年以下有期徒刑，并处销售金额百分之五十以上二倍以下罚金；销售金额五十万元以上不满二百万元的，处七年以上有期徒刑，并处销售金额百分之五十以上二倍以下罚金或者没收财产；销售金额二百万元以上的，处十五年有期徒刑或者无期徒刑，并处没收财产。

第一百四十二条　生产、销售假药，足以严重危害人体健康的，处三年以下有期徒刑或者拘役，并处或者单处销售金额百分之五十以上二倍以下罚金；对人体健康造成严重危害的，处三年以上十年以下有期徒刑，并处销售金额百分之五十以上二倍以下罚金；致人死亡或者对人体健康造成特别严重危害的，处十年以上有期徒刑、无期徒刑或者死刑，并处销售金额百分之五十以上二倍以下罚金或者没收财产。

本条所称假药，是指依照《中华人民共和国药品管理法》的规定属于假药和按假药处理的药品、非药品。

第一百四十三条　生产、销售劣药，对人体健康造成严重危害的，处三年以上十年以下有期徒刑，并处销售金额百分之五十以上二倍以下罚金；后果特别严重的，处十年以上有期徒刑或者无期徒刑，并处销售金额百分之五十以上二倍以下罚金或者没收财产。

本条所称假药，是指依照《中华人民共和国药品管理法》的规定属于劣药的药品。

第一百四十四条　生产、销售不符合卫生标准的食品，足以造成严重食物中毒事故或者其他严重食源性疾患的，处三年以下有期徒刑或者拘役，并处或者单处销售金额百分之五十以上二倍以下罚金；对人体健康造成严重危害的，处三年以上七年以下有期徒刑，并处销售金额百分之五十以上二倍以下罚金；后果特别严重的，处七年以上有期徒刑或者无期徒刑，并处销售金额百分之五十以上二倍以下罚金或者没收财产。

第一百四十五条　在生产、销售的食品中掺入有毒、有害的非食品原料的，或者销售明知掺有有毒、有害的非食品原料的食品的，处五年以下有期徒刑或者拘役，并处或者单处销售金额百分之五十以上二倍以下罚金；造成严重食物中毒事故或者其他严重食源性疾患，对人体健康造成严重危害的，处五年以上十年以下有期徒刑，并处销售金额百分之五十以上二倍以下罚金；致人死亡或者对人体健康造成其他特别严重危害的，依照本法第一百四十二条的规定处罚。

第一百四十六条 生产不符合保障人体健康的国家标准、行业标准的医疗器械、医用卫生材料，或者销售明知是不符合保障人体健康的国家标准、行业标准的医疗器械、医用卫生材料，对人体健康造成严重危害的，处五年以下有期徒刑，并处销售金额百分之五十以上二倍以下罚金；后果特别严重的，处五年以上十年以下有期徒刑，并处销售金额百分之五十以上二倍以下罚金；其中情节特别恶劣的，处十年以上有期徒刑或者无期徒刑，并处销售金额百分之五十以上二倍以下罚金或者没收财产。

第一百四十七条 生产不符合保障人身、财产安全的国家标准、行业标准的电器、压力容器、易燃易爆产品或者其他不符合保障人身、财产安全的国家标准、行业标准的产品，或者销售明知是以上不符合保障人身、财产安全的国家标准、行业标准的产品，造成严重后果的，处五年以下有期徒刑，并处销售金额百分之五十以上二倍以下罚金；后果特别严重的，处五年以上有期徒刑，并处销售金额百分之五十以上二倍以下罚金。

第一百四十八条 生产假农药、假兽药、假化肥，销售明知是假的或者失去使用效能的农药、兽药、化肥、种子，或者生产者、销售者以不合格的农药、兽药、化肥、种子冒充合格的农药、兽药、化肥、种子，使生产遭受较大损失的，处三年以下有期徒刑或者拘役，并处或者单处销售金额百分之五十以上二倍以下罚金；使生产遭受重大损失的，处三年以上七年以下有期徒刑，并处销售金额百分之五十以上二倍以下罚金；使生产遭受特别重大损失的，处七年以上有期徒刑或者无期徒刑，并处销售金额百分之五十以上二倍以下罚金或者没收财产。

第一百四十九条 生产不符合卫生标准的化妆品，或者销售明知是不符合卫生标准的化妆品，造成严重后果的，处三年以下有期徒刑或者拘役，并处或者单处销售金额百分之五十以上二倍以下罚金。

第一百五十条 生产、销售本法第一百四十二条至第一百四十九条所列产品，不构成各该条规定的犯罪，但是销售金额在五万元以上的，依照本法第一百四十一条的规定处罚。

生产、销售本法第一百四十二条至第一百四十九条所列产品，构成各该条规定的犯罪，同时又构成本法第一百四十一条规定之罪的，依照处罚较重的规定处罚。

第一百五十一条 单位犯本法第一百四十一条至第一百四十九条规定之罪的，对单位判处罚金，并对其直接负责的主管人员和其他直接责任人员，依照各该条的规定处罚。

第二节　走私罪

第一百五十二条 走私武器、弹药、核材料或者伪造的货币的，处七年以上有期徒刑，并处罚金或者没收财产；情节较轻的，处三年以上七年以下有期徒刑，并处罚金。

走私国家禁止出口的文物、珍贵动物及其制品、黄金、白银或者其他贵重金属的，处五年以上有期徒刑，并处罚金或者没收财产；情节较轻的，处五年以下有期徒刑，并处罚金。

走私国家禁止出口的珍稀植物及其制品的，处五年以下有期徒刑，并处或者单处罚金；情节严重的，处五年以上有期徒刑，并处罚金。

犯第一款、第二款罪，情节特别严重的，处无期徒刑或者死刑，并处没收财产。

第一百五十三条 以牟利或者传播为目的，走私淫秽的影片、录像带、录音带、图片、书刊或者其他淫秽物品的，处三年以上十年以下有期徒刑，并处罚金；情节严重的，处十年以上有期徒刑或者无期徒刑，并处罚金或者没收财产；情节较轻的，处三年以下有期徒刑、拘役或者管制，并处罚金。

第一百五十四条 走私本法第一百五十二条、第一百五十三条规定以外的货物、物品的，根据情节轻重，分别依照下列规定处罚：

（一）走私货物、物品偷逃应缴税额在五十万元以上的，处十年以上有期徒刑或者无期徒刑，并处偷逃应缴税额一倍以上五倍以下罚金或者没收财产；情节特别严重的，依照本法第一百五十二条第四款的规定处罚。

（二）走私货物、物品偷逃应缴税额在十五万元以上不满五十万元的，处七年以上十年以下有期徒刑，并处偷逃应缴税额一倍以上五倍以下罚金或者没收财产；情节特别严重的，处十年以上有期徒刑或者无期徒刑，并处没收财产。

（三）走私货物、物品偷逃应缴税额在五万元以上不满十五万元的，处七年以下无期徒刑或者拘役，并处偷逃应缴税额一倍以上五倍以下罚金。

对多次走私未经处理的，按照累计走私货物、物品的偷逃应缴税额处罚。

第一百五十五条 单位犯本法第一百五十二条、第一百五十三条、第一百五十四条规定之罪的，对单位判处罚金，并对其直接负责的主管人员和其他直接责任人员，依照各该条的规定处罚。

第一百五十六条 下列走私行为，根据本节规定构成犯罪的，依照本法第一百五十四条、第一百五十五条的规定定罪处罚：

（一）未经海关许可并且未补缴应缴税额，擅自将批准进口的来料加工、来件装配、补偿贸易的原材料、零件、制成品、设备等保税货物，在境内销售牟利的；

（二）假借捐赠名义进口货物、物品的，或者未经海关许可并且未补缴应缴税额，擅自将捐赠进口的货物、物品或者其他特定减税、免税进口的货物、物品，在境内销售牟利的。

第一百五十七条 下列行为，以走私罪论处，依照本节的有关规定处罚：

（一）直接向走私人非法收购国家禁止进口物品的，或者直接向走私人非法收购走私进口的其他货物、物品，数额较大的；

（二）在内海、领海运输、收购、贩卖国家禁止进出口物品的，或者运输、收购、贩卖国家限制进出口货物、物品，数额较大，没有合法证明的；

（三）逃避海关监管将境外固体废弃物运输进境的。

第一百五十八条 与走私罪犯通谋，为其提供贷款、资金、帐号、发票、证明，或者为其提供运输、保管、邮寄或者其他方便的，以走私罪的共犯论处。

第一百五十九条 武装掩护走私的，依照本法第一百五十二条第一款、第四款的规定从重处罚。

以暴力、威胁方法抗拒缉私的，以走私罪和本法第二百七十六条规定的阻碍国家机关工作人员依法执行职务罪，依照数罪并罚的规定处罚。

第三节 妨害对公司、企业的管理秩序罪

第一百六十条 申请公司登记使用虚假证明文件或者采取其他欺诈手段虚报注册资本，欺骗公司登记主管部门，取得公司登记，虚报注册资本数额巨大、后果严重或者有其他严重情节的，处三年以下有期徒刑或者拘役，并处或者单处虚报注册资本金额百分之二以上百分之十以下罚金。

申请公司登记的单位犯前款罪的，对单位判处罚金，并对其直接负责的主管人员和其他直接责任人员，处三年以下有期徒刑或者拘役。

第一百六十一条 公司发起人、股东违反公司法的规定未交付货币、实物或者未转移财产权，虚假出资，或者在公司成立后又抽逃其出资，数额巨大、后果严重或者有其他严重情节的，处五年以下有期徒刑或者拘役，并处或者单处虚假出资金额或者抽逃出资金额百分之二以上百分之十以下罚金。

单位犯前款罪的，对单位判处罚金，并对其直接负责的主管人员和其他直接责任人员，处五年以下有期徒刑或者拘役。

第一百六十二条 在招股说明书、认股书、公司、企业债券募集办法中隐瞒重要事实或者编造重大虚假内容，发行股票或者公司、企业债券，数额巨大、后果严重或者有其他严重情节的，处五年以下有期徒刑或者拘役，并处或者单处非法募集资金金额百分之一以上百分之五以下罚金。

单位犯前款罪的，对单位判处罚金，并对其直接负责的主管人员和其他直接责任人员，处五年以下有期徒刑或者拘役。

第一百六十三条 公司向股东和社会公众提供虚假的或者隐瞒重要事实的财务会计报告，严重损害股东或者其他人利益的，对其直接负责的主管人员和其他直接责任人员，处三年以下有期徒刑或者拘役，并处或者单处二万元以上二十万元以下罚金。

第一百六十四条 公司、企业进行清算时，隐匿财产，对资产负债表或者财产清单作虚伪记载或者在未清偿债务前分配公司、企业财产，严重损害债权人或者其他人利益的，对其直接负责的主管人员和其他直接责任人员，处五年以下有期徒刑或者拘役，并处或者单处二万元以上二十万元以下罚金。

第一百六十五条 公司、企业的工作人员利用职务上的便利，索取他人财物或者非法收受他人财物，为他人谋取利益，数额较大的，处五年以下有期徒刑或者拘役；数额巨大的，处五年以上有期徒刑，可以并处没收财产。

公司、企业的工作人员在经济往来中，违反国家规定收受各种名义的回扣、手续费，归个人所有的，依照前款的规定处罚。

国有公司、企业中从事公务的人员和国有公司、企业委派到非国有公司、企业从事公务的人员有前两款行为的，依照本法第三百八十二条、第三百八十三条的规定定罪处罚。

国有公司、企业有第一款、第二款行为的，依照本法第三百八十四条的规定定罚处罚。

第一百六十六条 为谋取不正当利益，给予公司、企业的工作人员以财物，数额较大的，处三年以下有期徒刑或者拘役；数额巨大的，或者使公司、企业利益遭受重大损失的，处三年以上十年以下有期徒刑，并处罚金。

单位犯前款罪的，对单位判处罚金，并对其直接负责的主管人员和其他直接责任人员，依照前款的规定处罚。

行贿人在被追诉前主动交待行贿行为的，可以减轻处罚或者免除处罚。

第一百六十七条 国有公司、企业的董事、经理利用职务便利，自己经营或者为他人经营与其所任职公司、企业同类的营业，获取非法利益，数额巨大的，处三年以下有期徒刑或者拘役，并处或者单处罚金；数额特别巨大的，处三年以上七年以下有期徒刑，并处罚金。

第一百六十八条 国有公司、企业、事业单位的工作人员，利用职务便利，有下列情形之一，使国家利益遭受重

大损失的，处三年以下有期徒刑或者拘役，并处或者单处罚金；致使国家利益遭受特别重大损失的，处三年以上七年以下有期徒刑，并处罚金：

（一）将本单位的盈利业务交由自己的亲友进行经营的；

（二）以明显高于市场的价格向自己的亲友经营管理的单位采购商品或者以明显低于市场的价格向自己的亲友经营管理的单位销售商品的；

（三）向自己的亲友经营管理的单位采购不合格商品的。

第一百六十九条　国有公司、企业、事业单位在签订、履行经济贸易合同过程中，因严重不负责任被诈骗，致使国家利益遭受重大损失的，对其直接负责的主管人员和其他直接责任人员，处三年以下有期徒刑或者拘役。

第一百七十条　国有公司、企业或者其上级主管部门直接负责的主管人员，因严重不负责任造成国有公司、企业破产或者严重亏损，致使国家利益遭受重大损失的，处三年以下有期徒刑或者拘役。

第一百七十一条　国有公司、企业或者其上级主管部门直接负责的主管人员，违反国家规定，徇私舞弊，将国有资产低价折股或者低价出售，致使国家利益遭受重大损失的，处三年以下有期徒刑或者拘役；致使国家利益遭受特别重大损失的，处三年以上七年以下有期徒刑。

第四节　破坏金融管理秩序罪

第一百七十二条　伪造货币的，处三年以上十年以下有期徒刑，并处五万元以上五十万元以下罚金；有下列情形之一的，处十年以上有期徒刑、无期徒刑或者死刑，并处没收财产：

（一）伪造货币集团的首要分子；

（二）伪造货币数额特别巨大的；

（三）有其他特别严重情节的。

第一百七十三条　出售、购买伪造的货币或者明知是伪造的货币而运输，数额较大的，处三年以下有期徒刑或者拘役，并处二万元以上二十万元以上罚金；数额巨大的，处三年以上十年以下有期徒刑，并处五万元以上五十万元以下罚金；数额特别巨大的，处十年以上有期徒刑或者无期徒刑，并处没收财产。

银行或者其他金融机构的工作人员购买伪造的货币或者利用职务上的便利，以伪造的货币换取货币的，处三年以上十年以下有期徒刑，并处二万元以上二十万元以下罚金；数额巨大或者有其他严重情节的，处十年以上有期徒刑或者无期徒刑，并处没收财产；情节较轻的，处三年以下有期徒刑或者拘役，并处或者单处一万元以上十万元以下罚金。

伪造货币并出售或者运输伪造的货币的，依照本法第一百七十二条的规定定罪从重处罚。

第一百七十四条　明知是伪造的货币而持有、使用，数额较大的，处三年以下有期徒刑或者拘役，并处或者单处一万元以上十万元以下罚金；数额巨大的，处三年以上十年以下有期徒刑，并处二万元以上二十万元以下罚金；数额特别巨大的，处十年以上有期徒刑，并处五万元以上五十万元以下罚金或者没收财产。

第一百七十五条　变造货币，数额较大的，处三年以下有期徒刑或者拘役，并处或者单处一万元以上十万元以下罚金；数额巨大的，处三年以上十年以下有期徒刑，并处二万元以上二十万元以下罚金。

第一百七十六条　未经中国人民银行批准，擅自设立商业银行或者其他金融机构的，处三年以下有期徒刑或者拘役，并处或者单处二万元以上二十万元以下罚金；情节严重的，处三年以上十年以下有期徒刑，并处五万元以上五十万元以下罚金。

伪造、变造、转让商业银行或者其他金融机构经营许可证的，依照前款的规定处罚。

单位犯前两款罪的，对单位判处罚金，并对其直接负责的主管人员和其他直接责任人员，依照第一款的规定处罚。

第一百七十七条　非法吸收公众存款或者变相吸收公众存款，扰乱金融秩序的，处三年以下有期徒刑或者拘役，并处或者单处二万元以上二十万元以下罚金；数额巨大或者有其他严重情节的，处三年以上十年以下有期徒刑，并处五万元以上五十万元以下罚金。

单位犯前款罪的，对单位判处罚金，并对其直接负责的主管人员和其他直接责任人员，依照前款的规定处罚。

第一百七十八条　有下列情形之一，伪造、变造金融票证的，处五年以下有期徒刑或者拘役，并处或者单处二万元以上二十万元以下罚金；情节严重的，处五年以上十年以下有期徒刑，并处五万元以上五十万元以下罚金；情节特别严重的，处十年以上有期徒刑或者无期徒刑，并处没收财产：

（一）伪造、变造汇票、本票、支票的；

（二）伪造、变造委托收款凭证、汇款凭证、银行存单等其他银行结算凭证的；

（三）伪造、变造信用证或者附随的单据、文件的；

（四）伪造信用卡的。

单位犯前款罪的，对单位判处罚金，并对其直接负责的主管人员和其他直接责任人员，依照前款的规定处罚。

第一百七十九条　伪造、变造国库券或者国家发行的其他有价证券，数额较大的，处三年以下有期徒刑或者拘役，并处或者单处二万元以上二十万元以下罚金；数额巨大的，处三年以上十年以下有期徒刑，并处五万元以上五十万元以下罚金；数额特别巨大的，处十年以上有期徒刑或者无期徒刑，并处没收财产。

伪造、变造股票或者公司、企业债券，数额较大的，处三年以下有期徒刑或者拘役，并处或者单处一万元以上十万元以下罚金；数额巨大的，处三年以上十年以下有期徒刑，并处二万元以上二十万元以下罚金。

单位犯前两款罪的，对单位判处罚金，并对其直接负责的主管人员和其他直接责任人员，依照前两款的规定处罚。

第一百八十条 未经国家有关主管部门批准，擅自发行股票或者公司、企业债券，数额巨大、后果严重或者有其他严重情节的，处五年以下有期徒刑或者拘役，并处或者单处非法募集资金金额百分之一以上百分之五以下罚金。

单位犯前款罪的，对单位判处罚金，并对其直接负责的主管人员，处五年以下有期徒刑或者拘役。

第一百八十一条 证券交易内幕信息的知情人员或者非法获取证券交易内幕信息的人员，在涉及证券的发行、交易或者其他对证券的价格有重大影响的信息尚未公开前，买入或者卖出该证券，或者泄露该信息，情节严重的，处五年以下有期徒刑或者拘役，并处或者单处违法所得一倍以上五倍以下罚金；情节特别严重的，处五年以上十年以下有期徒刑，并处违法所得一倍以上五倍以下罚金。

单位犯前款罪的，对单位判处罚金，并对其直接负责的主管人员和其他直接责任人员，处五年以下有期徒刑或者拘役。

内幕信息的范围，依照法律、行政法规的规定确定。

知情人员的范围，依照法律、行政法规的规定确定。

第一百八十二条 编造并且传播影响证券交易的虚假信息，扰乱证券交易市场，造成严重后果的，处五年以下有期徒刑或者拘役，并处或者单处一万元以上十万元以下罚金。

证券交易所、证券公司的从业人员，证券业协会或者证券管理部门的工作人员，故意提供虚假信息或者伪造、变造、销毁交易记录，诱骗投资者买卖证券，造成严重后果的，处五年以下有期徒刑或者拘役，并处或者单处一万元以上十万元以下罚金；情节特别恶劣的，处五年以上十年以下有期徒刑，并处二万元以上二十万元以下罚金。

单位犯前两款罪的，对单位判处罚金，并对其直接负责的主管人员和其他直接责任人员，处五年以下有期徒刑或者拘役。

第一百八十三条 有下列情形之一，操纵证券交易价格，获取不正当利益或者转嫁风险，情节严重的，处五年以下有期徒刑或者拘役，并处或者单处违法所得一倍以上五倍以下罚金：

（一）单独或者合谋，集中资金优势、持股优势或者利用信息优势联合或者连续买卖，操纵证券交易价格的；

（二）与他人串通，以事先约定的时间、价格和方式相互进行证券交易，影响证券交易价格或者证券交易量的；

（三）以自己为交易对象，进行不转移证券所有权的自买自卖，影响证券交易价格或者证券交易量的；

（四）以其他方法操纵证券交易价格的。

单位犯前款罪的，对单位判处罚金，并对其直接负责的主管人员和其他直接责任人员，处五年以下有期徒刑或者拘役。

第一百八十四条 保险公司的工作人员利用职务上的便利，故意编造未曾发生的保险事故进行虚假理赔，骗取保险金归自己所有的，依照本法第二百七十条的规定定罪处罚。

国有保险公司工作人员和国有保险公司委派到非国有保险公司从事公务的人员有前款行为的，依照本法第三百七十九条、第三百八十条的规定定罪处罚。

第一百八十五条 银行或者其他金融机构的工作人员在金融业务活动中索取他人财物或者非法收受他人财物的，或者违反国家规定收受各种名义的回扣、手续费，归个人所有的，依照本法第一百六十五条的规定定罪处罚。

国有金融机构工作人员和国有金融机构委派到非国有金融机构从事公务的人员有前款行为的，依照本法第三百八十二条、第三百八十三条的规定定罪处罚。

第一百八十六条 银行或者其他金融机构的工作人员利用职务上的便利，挪用本单位或者客户资金的，依照本法第二百七十一条的规定定罪处罚。

国有金融机构工作人员和国有金融机构委派到非国有金融机构从事公务的人员有前款行为的，依照本法第三百八十一条的规定定罪处罚。

第一百八十七条 银行或者其他金融机构的工作人员违反法律、行政法规规定，向关系人发放信用贷款或者发放担保贷款的条件优于其他借款人同类贷款的条件，造成较大损失的，处五年以下有期徒刑或者拘役，并处一万元以上十万元以下罚金；造成重大损失的，处五年以上有期徒刑，并处二万元以上二十万元以下罚金。

银行或者其他金融机构的工作人员违反法律、行政法规规定，向关系人以外的其他人发放贷款，造成重大损失的，处五年以下有期徒刑或者拘役，并处一万元以上十万元以下罚金；造成特别重大损失的，处五年以上有期徒刑，并处二万元以上二十万元以下罚金。

单位犯前两款罪的，对单位判处罚金，并对其直接负责的主管人员和其他直接责任人员，依照前两款的规定处罚。

关系人的范围，依照《中华人民共和国商业银行法》和有关金融法规确定。

第一百八十八条 银行或者其他金融机构工作人员以吸收客户资金不入帐的方式，将资金用于非法拆借、发放贷款，造成重大损失的，处五年以下有期徒刑或者拘役；造成特别重大损失的，处五年以上有期徒刑。

单位犯前款罪的，对单位判处罚金，并对其直接负责的主管人员和其他直接责任人员，依照前款的规定处罚。

第一百八十九条 银行或者其他金融机构的工作人员违反规定，为他人出具信用证或者其他保函、票据、存单、资信证明，造成较大损失的，处五年以下有期徒刑或者拘役；造成重大损失的，处五年以上有期徒刑。

单位犯前款罪的，对单位判处罚金，并对其直接负责的主管人员和其他直接责任人员，依照前款的规定处罚。

第一百九十条 银行或者其他金融机构的工作人员在票据业务中，对违反票据法规定的票据予以承兑、付款或者保证，造成重大损失的，处五年以下有期徒刑或者拘役；造成特别重大损失的，处五年以上有期徒刑。

单位犯前款罪的，对单位判处罚金，并对其直接负责的主管人员和其他直接责任人员，依照前款的规定处罚。

第一百九十一条 国有公司、企业或者其他国有单位，违反国家规定，擅自将外汇存放境外，或者将境内的外汇非法转移到境外，情节严重的，对单位判处罚金，并对其直接负责的主管人员和其他直接责任人员，处五年以下有期徒刑或者拘役。

第一百九十二条 明知是毒品犯罪、黑社会性质的组织犯罪、走私犯罪的违法所得及其产生的收益，为掩饰、隐瞒其来源和性质，有下列行为之一的，没收实施以上犯罪的违法所得及其产生的收益，处五年以下有期徒刑或者拘役，并处或者单处洗钱数额百分之二十以上一倍以下罚金；情节严重的，处五年以上十年以下有期徒刑，并处洗钱数额百分之二十以上一倍以下罚金：

（一）提供资金帐户的；

（二）协助将财产转换为现金或者金融票据的；

（三）通过转帐结算方式协助资金转移的；

（四）协助将资金汇往境外的；

（五）以其他方法掩饰、隐瞒犯罪的违法所得及其收益的性质和来源的。

单位犯前款罪的，对单位判处罚金，并对其直接负责的主管人员和其他直接责任人员，处五年以下有期徒刑或者拘役。

第五节 金融诈骗罪

第一百九十三条 以非法占有为目的，使用诈骗方法非法集资，数额较大的，处三年以下有期徒刑、拘役或者管制，并处二万元以上二十万元以下罚金；数额巨大或者有其他严重情节的，处三年以上十年以下有期徒刑，并处五万元以上五十万元以下罚金；数额特别巨大或者有其他特别严重情节的，处十年以上有期徒刑或者无期徒刑，并处没收财产。

单位犯前款罪的，对单位判处罚金，并对其直接负责的主管人员和其他直接责任人员，依照前款的规定处罚。

第一百九十四条 有下列情形之一，以非法占有为目的，诈骗银行或者其他金融机构的贷款，数额较大的，处五年以下有期徒刑或者拘役，并处二万元以上二十万元以下罚金；数额巨大或者有其他严重情节的，处五年以上十年以下有期徒刑，并处五万元以上五十万元以下罚金；数额特别巨大或者有其他特别严重情节的，处十年以上有期徒刑或者无期徒刑，并处没收财产：

（一）编造引进资金、项目等虚假理由的；

（二）使用虚假的经济合同的；

（三）使用虚假的证明文件的；

（四）使用虚假的产权证明作担保或者超出抵押物价值重复担保的；

（五）以其他方法诈骗贷款的。

第一百九十五条 有下列情形之一，进行金融票据诈骗活动，数额较大的，处五年以下有期徒刑或者拘役，并处二万元以上二十万元以下罚金；数额巨大或者有其他严重情节的，处五年以上十年以下有期徒刑，并处五万元以上五十万元以下罚金；数额特别巨大或者有其他特别严重情节的，处十年以上有期徒刑或者无期徒刑，并处没收财产：

（一）明知是伪造、变造的汇票、本票、支票而使用的；

（二）明知是作废的汇票、本票、支票而使用的；

（三）冒用他人的汇票、本票、支票的；

（四）签发空头支票或者与其预留印鉴不符的支票，骗取财物的；

（五）汇票、本票的出票人签发无资金保证的汇票、本票或者在出票时作虚假记载，骗取财物的。

使用伪造、变造的委托收款凭证、汇款凭证、银行存单等其他银行结算凭证的，依照前款的规定处罚。

单位犯前两款罪的，对单位判处罚金，并对其直接负责的主管人员和其他直接责任人员，依照第一款的规定处罚。

第一百九十六条 有下列情形之一，进行信用证诈骗活动，处五年以下有期徒刑或者拘役，并处二万元以上二十万元以下罚金；数额巨大或者有其他严重情节的，处五年以上十年以下有期徒刑，并处五万元以上五十万元以下罚金；数额特别巨大或者有其他特别严重情节的，处十年以上有期徒刑或者无期徒刑，并处没收财产：

（一）使用伪造、变造的信用证或者附随的单据、文件的；

（二）使用作废的信用证的；

（三）骗取信用证的；

（四）以其他方法进行信用证诈骗活动的。

单位犯前款罪的，对单位判处罚金，并对其直接负责的主管人员和其他直接责任人员，依照前款的规定处罚。

第一百九十七条 有下列情形之一，进行信用卡诈骗活动，数额较大的，处五年以下有期徒刑或者拘役，并处二万元以上二十万元以下罚金；数额巨大或者有其他严重情节的，处五年以上十年以下有期徒刑，并处五万元以上五十万元以下罚金；数额特别巨大或者有其他特别严重情节的，处十年以上有期徒刑或者无期徒刑，并处没收财产：

（一）使用伪造的信用卡的；

（二）使用作废的信用卡的；

（三）冒用他人信用卡的；

（四）恶意透支的。

前款所称恶意透支，是指持卡人以非法占有为目的，超过规定限额或者规定期限透支，并且经发卡银行催收后仍不归还的行为。

盗窃信用卡并使用的，依照本法第二百六十三条的规定定罪处罚。

第一百九十八条 使用伪造、变造的国库券或者国家发行的其他有价证券，进行诈骗活动，数额较大的，处五年以下有期徒刑或者拘役，并处二万元以上二十万元以下罚金；数额巨大或者有其他严重情节的，处五年以上十年以下有期徒刑，并处五万元以上五十万元以下罚金；数额特别巨大或者有其他特别严重情节的，处十年以上有期徒刑或者无期徒刑，并处没收财产。

第一百九十九条 有下列情形之一，进行保险诈骗活动，数额较大的，处五年以下有期徒刑或者拘役，并处一万元以上十万元以下罚金；数额巨大或者有其他严重情节的，处五年以上十年以下有期徒刑，并处二万元以上二十万元以下罚金；数额特别巨大或者有其他特别严重情节的，处十年以上有期徒刑，并处没收财产：

（一）投保人故意虚构保险标的，骗取保险金的；

（二）投保人、被保险人或者受益人对发生的保险事故编造虚假的原因或者夸大损失的程度，骗取保险金的；

（三）投保人、被保险人或者受益人编造未曾发生的保险事故，骗取保险金的；

（四）投保人、被保险人故意造成财产损失的保险事故，骗取保险金的；

（五）投保人、受益人故意造成被保险人死亡、伤残或者疾病，骗取保险金的。

有前款第（四）项、第（五）项所列行为，同时构成其他犯罪的，依照数罪并罚的规定处罚。

保险事故的鉴定人、证明人、财产评估人故意提供虚假的证明文件，为他人诈骗提供条件的，以保险诈骗的共犯论处。

单位犯第一款、第三款罪的，对单位判处罚金，并对其直接负责的主管人员和其他直接责任人员，依照各该款的规定处罚。

第二百条 犯本节第一百九十三条、第一百九十五条、第一百九十六条规定之罪，数额特别巨大并且给国家和人民利益造成特别重大损失的，处无期徒刑或者死刑，并处没收财产。

第六节 危害税收征管罪

第二百零一条 纳税人采取伪造、变造、隐匿、擅自销毁帐簿、记帐凭证，在帐簿上多列支出或者不列、少列收入，经税务机关通知申报而拒不申报或者进行虚报的纳税申报的手段，不缴或者少缴应纳税款，偷税数额占应纳税额的百分之十以上不满百分之三十并且偷税数额在一万元以上不满十万元的，或者因偷税被税务机关给予二次行政处罚又偷税的，处三年以下有期徒刑或者拘役，并处偷税数额一倍以上五倍以下罚金；偷税数额占应纳税额的百分之三十以上并且偷税数额在十万元以上的，处三年以上七年以下有期徒刑，并处偷税数额一倍以上五倍以下罚金。

扣缴义务人采取前款所列手段，不缴或者少缴已扣、已收税款，数额占应缴税额的百分之十以上并且数额在一万元以上的，依照前款的规定处罚。

对多次犯有前两款行为，未经处理的，按照累计数额计算。

第二百零二条 以暴力、威胁方法拒不缴纳税款的，处三年以下有期徒刑或者拘役，并处拒缴税款一倍以上五倍以下罚金；情节严重的，处三年以上七年以下有期徒刑，并处拒缴税款一倍以上五倍以下罚金。

第二百零三条 纳税人欠缴应纳税款，采取转移或者隐匿财产的手段，致使税务机关无法追缴欠缴的税款，数额在一万元以上不满十万元的，处三年以下有期徒刑或者拘役，并处或者单处欠缴税款一倍以上五倍以下罚金；数额在十万元以上的，处三年以上七年以下有期徒刑，并处欠缴税款一倍以上五倍以下罚金。

第二百零四条 以假报出口或者其他欺骗手段，骗取国家出口退税款，数额较大的，处五年以下有期徒刑或者拘役，并处骗取税款一倍以上五倍以下罚金；数额巨大或者有其他严重情节的，处五年以上十年以下有期徒刑，并处骗取税款一倍以上五倍以下罚金；数额特别巨大或者有其他特别严重情节的，处十年以上有期徒刑或者无期徒刑，并处骗取税款一倍以上五倍以下罚金。

纳税人交纳税款后，采取前款规定的欺骗方法，骗取所交纳的税款的，依照本法第二百零一条的规定定罪处罚；骗取税款超过所交纳的税款部分，依照前款的规定处罚。

第二百零五条 虚开增值税专用发票或者虚开用于骗取出口退税、抵扣税款的其他发票的，处三年以下有期徒刑或者拘役，并处二万元以上二十万元以下罚金；虚开的税款数额较大或者有其他严重情节的，处三年以上十年以下有期徒刑，并处五万元以上五十万元以下罚金；虚开的税款数额巨大或者有其他特别严重情节的，处十年以上有期徒刑或者无期徒刑，并处没收财产。

有前款行为骗取国家税款，数额特别巨大，情节特别严重，给国家利益造成特别重大损失的，处无期徒刑或者死刑，并处没收财产。

虚开增值税专用发票或者虚开用于骗取出口退税、抵扣税款的其他发票，是指有为他人虚开、为自己虚开、让他人为自己虚开、介绍他人虚开行为之一的。

第二百零六条 伪造或者出售伪造的增值税专用发票的，处三年以下有期徒刑、拘役或者管制，并处二万元以上二十万元以下罚金；数量较大或者有其他严重情节的，处三年以上十年以下有期徒刑，并处五万元以上五十万元以下罚金；数量巨大或者有其他特别严重情节的，处十年以上有期徒刑或者无期徒刑，并处没收财产。

伪造并出售伪造的增值税专用发票，数量特别巨大，情节特别严重，严重破坏经济秩序的，处无期徒刑或者死刑，并处没收财产。

第二百零七条 非法出售增值税专用发票的，处三年以下有期徒刑、拘役或者管制，并处二万元以上二十万元以下罚金；数量较大的，处三年以上十年以下有期徒刑，并处五万元以上五十万元以下罚金；数量巨大的，处十年以上有期徒刑或者无期徒刑，并处没收财产。

第二百零八条 非法购买增值税专用发票或者购买伪造的增值税专用发票的，处五年以下有期徒刑或者拘役，并处或者单处二万元以上二十万元以下罚金。

非法购买增值税专用发票或者购买伪造的增值税专用发票又虚开或者出售的，分别依照本法第二百零五条、第二百零六条、第二百零七条的规定定罪处罚。

第二百零九条 伪造、擅自制造或者出售伪造、擅自制造的可以用于骗取出口退税、抵扣税款的其他发票的，处三年以下有期徒刑、拘役或者管制，并处二万元以上二十万元以下罚金；数量巨大的，处三年以上七年以下有期徒刑，并处五万元以上五十万元以下罚金；数量特别巨大的，处七年以上有期徒刑，并处没收财产。

伪造、擅自制造或者出售伪造、擅自制造的前款规定以外的其他发票的，处二年以下有期徒刑、拘役或者管制，并处或者单处一万元以上五万元以下罚金；情节严重的，处二年以上七年以下有期徒刑，并处五万元以上五十万元以下罚金。

非法出售可以用于骗取出口退税、抵扣税款的其他发票的，依照第一款的规定处罚。

非法出售第三款规定以外的其他发票的，依照第二款的规定处罚。

第二百一十条 盗窃增值税专用发票或者可以用于骗取出口退税、抵扣税款的其他发票的，依照本法第二百六十三条的规定定罪处罚。

使用欺骗手段骗取增值税专用发票或者可以用于骗取出口退税、抵扣税款的其他发票的，依照本法第二百六十五条的规定定罪处罚。

第二百一十一条 单位犯本节第二百零一条、第二百零三条至第二百零九条规定之罪的，对单位判处罚金，并对其直接负责的主管人员和其他直接责任人员，依照各该条的规定处罚。

第二百一十二条 犯本节第二百零一条至第二百零五条规定之罪，被判处罚金、没收财产的，在执行前，应当先由税务机关追缴税款和所骗取的出口退税款。

第七节 侵犯知识产权罪

第二百一十三条 未经注册商标所有人许可，在同一种商品上使用与其注册商标相同的商标，情节严重的，处三年以下有期徒刑或者拘役，并处或者单处罚金；情节特别严重的，处三年以上七年以下有期徒刑，并处罚金。

第二百一十四条 销售明知是假冒注册商标的商品，销售金额数额较大的，处三年以下有期徒刑或者拘役，并处或者单处罚金；销售金额数额巨大的，处三年以上七年以下有期徒刑，并处罚金。

第二百一十五条 伪造、擅自制造他人注册商标标识或者销售伪造、擅自制造的注册商标标识，情节严重的，处三年以下有期徒刑、拘役或者管制，可以并处或者单处罚金；情节特别严重的，处三年以上七年以下有期徒刑，并处罚金。

第二百一十六条 假冒他人专利，情节严重的，处三年以下有期徒刑或者拘役，并处或者单处罚金。

第二百一十七条 以营利为目的，有下列侵犯著作权情形之一，违法所得数额较大或者有其他严重情节的，处三年以下有期徒刑或者拘役，并处或者单处罚金；违法所得数额巨大或者有其他特别严重情节的，处三年以上七年以下有期徒刑，并处罚金：

（一）未经著作权人许可，复制发行其文字作品、音乐、电影、电视、录像作品、计算机软件及其他作品的；

（二）出版他人享有专有出版权的图书的；

（三）未经录音录像制作者许可，复制发行其制作的录音录像的；

（四）制作、出售假冒他人署名的美术作品的。

第二百一十八条　以营利为目的，销售明知是本法第二百一十七条规定的侵权复制品，违法所得数额巨大的，处三年以下有期徒刑或者拘役，并处或者单处罚金。

第二百一十九条　单位犯本节规定之罪的，对单位判处罚金，并对其直接负责的主管人员和其他直接责任人员；依照本节各该条的规定处罚。

第八节　扰乱市场秩序罪

第二百二十条　有下列侵犯商业秘密行为之一，给商业秘密的权利人造成重大损失的，处三年以下有期徒刑或者拘役，并处或者单处罚金；造成特别严重后果的，处三年以上七年以下有期徒刑，并处罚金：

（一）以盗窃、利诱、胁迫或者其他不正当手段获取权利人的商业秘密的；

（二）披露、使用或者允许他人使用以前项手段获取的权利人的商业秘密的；

（三）违反约定或者违反权利人有关保守商业秘密的要求，披露、使用或者允许他人使用其所掌握的商业秘密的。

明知或者应知前款所列行为，获取、使用或者披露他人的商业秘密的，以侵犯商业秘密论。

本条所称商业秘密，是指不为公众所知悉、能为权利人带来经济利益，具有实用性并经权利人采取保密措施的技术信息和经营信息。

本条所称权利人，是指商业秘密的所有人和经商业秘密所有人许可的商业秘密使用人。

第二百二十一条　捏造并散布虚伪事实，损害他人的商业信誉、商品声誉，情节严重或者给他人造成重大损失的，处二年以下有期徒刑或者拘役，并处或者单处罚金。

第二百二十二条　广告主、广告经营者、广告发布者违反国家规定，利用广告对商品或者服务作虚假宣传，情节严重的，处二年以下有期徒刑或者拘役，并处或者单处罚金。

第二百二十三条　投标人相互串通投标报价，损害招标人或者其他投标人利益，情节严重的，处三年以下有期徒刑或者拘役，并处或者单处罚金。

投标人与招标人串通投标，损害国家、集体、公民的合法利益的，依照前款的规定处罚。

第二百二十四条　有下列情形之一，以非法占有为目的，在签订、履行合同过程中，骗取对方当事人财物，数额较大的，处三年以下有期徒刑或者拘役，并处或者单处罚金；数额巨大或者情节严重的，处三年以上十年以下有期徒刑，并处罚金；数额特别巨大或者情节特别严重的，处十年以上有期徒刑或者无期徒刑，并处没收财产：

（一）以虚构的单位或者冒用他人名义签订合同的；

（二）以伪造、变造、作废的票据或者其他虚假的产权证明作担保的；

（三）没有实际履行能力，以先履行小额合同或者部分履行合同的方法，诱骗对方当事人继续签订和履行合同的；

（四）收受对方当事人给付的货物、货款、预付款或者担保财产后逃匿的；

（五）以其他方法骗取对方当事人财物的。

第二百二十五条　违反国家规定，有下列非法经营行为之一，扰乱市场秩序，情节严重的，处五年以下有期徒刑或者拘役，并处或者单处违法所得一倍以上五倍以下罚金；情节特别严重的，处五年以上有期徒刑，并处违法所得一倍以上五倍以下罚金或者没收财产：

（一）未经许可经营法律、行政法规规定的专营、专卖物品或者其他限制买卖的物品的；

（二）买卖进出口许可证、进出口原产地证明以及其他法律、行政法规规定的经营许可证或者批准文件的。

（三）其他严重扰乱市场秩序的非法经营行为。

第二百二十六条　在商品交易中，以暴力、威胁手段强买强卖、强迫他人提供服务或者强迫他人接受服务，情节严重的，处三年以下有期徒刑或者拘役，并处或者单处罚金。

第二百二十七条　伪造或者倒卖伪造的车票、船票、邮票或者其他有价票证，数额较大的，处二年以下有期徒刑、拘役或者管制，并处或者单处票证价额一倍以上五倍以下罚金；数额巨大的，处二年以上七年以下有期徒刑，并处票证价额一倍以上五倍以下罚金。

倒卖车票、船票情节严重的，处三年以下有期徒刑、拘役或者管制，并处或者单处票证价额一倍以上五倍以下罚金。

第二百二十八条　以牟利为目的，违反土地管理法规，非法转让、倒卖土地使用权，情节严重的，处三年以下有期徒刑或者拘役，并处或者单处非法转让、倒卖土地使用权价额百分之二十以上一倍以下罚金；情节特别严重的，处三年以上七年以下有期徒刑，并处非法转让、倒卖土地使用权价额百分之二十以上一倍以下罚金。

第二百二十九条　承担资产评估、验资、验证、会计、审计、法律服务等职责的中介组织的人员故意提供虚假证明文件，情节严重的，处五年以下有期徒刑或者拘役，并处罚金。

前款规定的人员，严重不负责任，出具的证明文件有重大失实，造成严重后果的，处三年以下有期徒刑或者拘役，并处或者单处罚金。

第二百三十条　违反进出口商品检验法的规定，逃避商品检验，将必须经商检机构检验的进口商品未报经检验而擅自销售、使用，或者将必须经商检机构检验的出口商品未报经检验合格而擅自出口，情节严重的，处三年以下有期徒刑或者拘役，并处或者单处罚金。

第二百三十一条　单位犯本节规定之罪的，对单位判处罚金，并对其直接负责的主管人员和其他直接责任人员，依照本节各该条的规定处罚。

第四章　侵犯公民人身权利、民主权利罪

第二百三十二条　故意杀人的，处死刑、无期徒刑或者十年以上有期徒刑；情节较轻的，处三年以上十年以下有期徒刑。

第二百三十三条　过失致人死亡的，处三年以上七年以下有期徒刑；情节较轻的，处三年以下有期徒刑。本法另有规定的，依照规定。

第二百三十四条　故意伤害他人身体的，处三年以下有期徒刑、拘役或者管制。

犯前款罪，致人重伤的，处三年以上十年以下有期徒刑；致人死亡或者以特别残忍手段致人重伤造成严重残疾的，处十年以上有期徒刑、无期徒刑或者死刑。本法另有规定的，依照规定。

第二百三十五条　过失伤害他人致人重伤的，处三年以下有期徒刑或者拘役。本法另有规定的，依照规定。

第二百三十六条　以暴力、胁迫或者其他手段强奸妇女的，处三年以上十年以下有期徒刑。

奸淫不满十四周岁的幼女的，以强奸论，从重处罚。

强奸妇女、奸淫幼女，有下列情形之一的，处十年以上有期徒刑、无期徒刑或者死刑：

（一）强奸妇女、奸淫幼女情节恶劣的；

（二）强奸妇女、奸淫幼女多人的；

（三）在公共场所当众强奸妇女的；

（四）三人以上轮奸的；

（五）致使被害人重伤、死亡或者造成其他严重后果的。

第二百三十七条　以暴力、胁迫或者其他方法强制猥亵妇女或者侮辱妇女的，处五年以下有期徒刑或者拘役。

聚众或者在公共场所当众犯前款罪的，处五年以上有期徒刑。

猥亵儿童的，依照前两款的规定从重处罚。

第二百三十八条　非法拘禁他人或者以其他方法非法剥夺他人人身自由的，处三年以下有期徒刑、拘役、管制或者剥夺政治权利。具有殴打、侮辱情节的，从重处罚。

犯前款罪，致人重伤的，处三年以上十年以下有期徒刑；致人死亡的，处十年以上有期徒刑。使用暴力致人伤残、死亡的，依照本法第二百三十四条、第二百三十二条的规定定罪处罚。

为索取债务非法扣押、拘禁他人的，依照前两款的规定处罚。

国家机关工作人员利用职权犯前三款罪的，依照前三款的规定从重处罚。

第二百三十九条　以勒索财物为目的绑架他人的，或者绑架他人作为人质的，处十年以上有期徒刑或者无期徒刑，并处罚金或者没收财产；致使被绑架人死亡或者杀害被绑架人的，处死刑，并处没收财产。

以勒索财物为目的偷盗婴幼儿的，依照前款的规定处罚。

第二百四十条　拐卖妇女、儿童的，处五年以上十年以下有期徒刑，并处罚金；有下列情形之一的，处十年以上有期徒刑或者无期徒刑，并处罚金或者没收财产；情节特别严重的，处死刑，并处没收财产：

（一）拐卖妇女、儿童集团的首要分子；

（二）拐卖妇女、儿童三人以上的；

（三）奸淫被拐卖的妇女的；

（四）诱骗、强迫被拐卖的妇女卖淫或者将被拐卖的妇女卖给他人迫使其卖淫的；

（五）以出卖为目的，使用暴力、胁迫或者麻醉方法绑架妇女、儿童的；

（六）以出卖为目的，偷盗婴幼儿的；

（七）造成被拐卖的妇女、儿童或者其亲属重伤、死亡或者其他严重后果的；

（八）将妇女、儿童卖往境外的。

拐卖妇女、儿童是指以出卖为目的，有拐骗、绑架、收买、贩卖、接送、中转妇女、儿童的行为之一的。

第二百四十一条　收买被拐卖的妇女、儿童的，处三年以下有期徒刑、拘役或者管制。

收买被拐卖的妇女，强行与其发生性关系的，依照本法第二百三十六条的规定定罪处罚。

收买被拐卖的妇女、儿童，非法剥夺、限制其人身自由或者有伤害、侮辱等犯罪行为的，依照本法的有关规定定罪处罚。

收买被拐卖的妇女、儿童，并有第二款、第三款规定的犯罪行为的，依照数罪并罚的规定处罚。

收买被拐卖的妇女、儿童又出卖的，依照本法第二百四十条的规定定罪处罚。

收买被拐卖的妇女、儿童，按照被买妇女的意愿，不阻碍其返回原居住地的，对被买儿童没有虐待行为，不阻碍

对其进行解救的，可以不追究刑事责任。

第二百四十二条 以暴力、威胁方法阻碍国家机关工作人员解救被收买的妇女、儿童的，依照本法第二百七十六条的规定定罪处罚。

聚众阻碍国家机关工作人员解救被收买的妇女、儿童的首要分子，处五年以下有期徒刑或者拘役；其他参与者使用暴力、威胁方法的，依照前款的规定处罚。

第二百四十三条 捏造事实诬告陷害他人，意图使他人受刑事追究，情节严重的，处三年以下有期徒刑、拘役或者管制；造成严重后果的，处三年以上十年以下有期徒刑。

国家机关工作人员犯前款罪的，从重处罚。

不是有意诬陷，而是错告，或者检举失实的，不适用前两款的规定。

第二百四十四条 用人单位违反劳动管理法规，以限制人身自由方法强迫职工劳动，情节严重的，对直接责任人员处三年以下有期徒刑或者拘役，并处或者单处罚金。

第二百四十五条 非法搜查他人身体、住宅，或者非法侵入他人住宅的，处三年以下有期徒刑或者拘役。

司法工作人员滥用职权，犯前款罪的，从重处罚。

第二百四十六条 以暴力或者其他方法公然侮辱他人或者捏造事实诽谤他人，情节严重的，处三年以下有期徒刑、拘役、管制或者剥夺政治权利。

前款罪，告诉的才处理，但是严重危害社会秩序和国家利益的除外。

第二百四十七条 司法工作人员对犯罪嫌疑人、被告人实行刑讯逼供或者使用暴力逼取证人证言的，处三年以下有期徒刑或者拘役。致人伤残、死亡的，依照本法第二百三十四条、第二百三十二条的规定定罪从重处罚。

第二百四十八条 监狱、拘留所、看守所等监管机构的监管人员对被监管人进行殴打或者体罚虐待，情节严重的，处三年以下有期徒刑或者拘役；情节特别严重的，处三年以上十年以下有期徒刑。致人伤残、死亡的，依照本法第二百三十四条、第二百三十二条的规定定罪从重处罚。

监管人员指使、纵容被监管人殴打或者体罚虐待其他被监管人的，依照前款的规定处罚。

第二百四十九条 煽动民族仇恨、民族歧视，情节严重的，处三年以下有期徒刑、拘役、管制或者剥夺政治权利；情节特别严重的，处三年以上十年以下有期徒刑。

第二百五十条 国家机关工作人员非法剥夺公民的宗教信仰自由和侵犯少数民族风俗习惯，情节严重的，处二年以下有期徒刑或者拘役。

第二百五十一条 隐匿、毁弃或者非法开拆他人信件，侵犯公民通信自由权利，情节严重的，处一年以下有期徒刑或者拘役。

第二百五十二条 邮电工作人员私自开拆或者隐匿、毁弃邮件、电报的，处二年以下有期徒刑或者拘役。

犯前款罪而窃取财物的，依照本法第二百六十三条的规定定罪从重处罚。

第二百五十三条 使用窃听、窃照器材，非法窃取他人隐私，造成严重后果的，处二年以下有期徒刑或者拘役。

第二百五十四条 国家机关工作人员滥用职权、假公济私，对控告人、申诉人、批评人、举报人实行报复陷害的，处二年以下有期徒刑或者拘役；情节严重的，处二年以上七年以下有期徒刑。

第二百五十五条 在选举各级人民代表大会代表和国家机关领导人员时，以暴力、威胁、欺骗、贿赂、伪造选举文件、虚报选举票数等手段破坏选举或者妨害选民和代表自由行使选举权和被选举权，情节严重的，处三年以下有期徒刑、拘役或者剥夺政治权利。

第二百五十六条 以暴力干涉他人婚姻自由的，处二年以下有期徒刑或者拘役。

犯前款罪，致使被害人死亡的，处二年以上七年以下有期徒刑。

第一款罪，告诉的才处理。

第二百五十七条 有配偶而重婚的，或者明知他人有配偶而与之结婚的，处二年以下有期徒刑或者拘役。

第二百五十八条 明知是现役军人的配偶而与之同居或者结婚的，处三年以下有期徒刑或者拘役。

利用职权、从属关系，以胁迫手段奸淫现役军人的妻子的，依照本法第二百三十六条的规定定罪处罚。

第二百五十九条 虐待家庭成员，情节恶劣的，处二年以下有期徒刑、拘役或者管制。

犯前款罪，致使被害人重伤、死亡的，处二年以上七年以下有期徒刑。

第一款罪，告诉的才处理。

第二百六十条 对于年老、年幼、患病或者其他没有独立生活能力的人，负有扶养义务而拒绝扶养，情节恶劣的，处五年以下有期徒刑、拘役或者管制。

第二百六十一条 拐骗不满十四周岁的未成年人，脱离家庭或者监护人的，处五年以下有期徒刑或者拘役。

第五章 侵犯财产罪

第二百六十二条 以暴力、胁迫或者其他方法抢劫公私财物的，处三年以上十年以下有期徒刑，并处罚金或者没收财产；有下列情形之一的，处十年以上有期徒刑、无期徒刑或者死刑，并处没收财产：

（一）入户抢劫的；
（二）在公共交通工具上抢劫的；
（三）抢劫银行或者其他金融机构的；
（四）多次抢劫或者抢劫数额巨大的；
（五）抢劫致人重伤、死亡的；
（六）冒充军警人员抢劫的；
（七）持枪抢劫的；
（八）抢劫军用物资或者抢险、救灾、救济物资的。

第二百六十三条 盗窃公私财物，数额较大或者多次盗窃的，处三年以下有期徒刑、拘役或者管制，并处或者单处罚金；数额巨大或者情节严重的，处三年以上十年以下有期徒刑，并处罚金；数额特别巨大或者情节特别严重的，处十年以上有期徒刑或者无期徒刑，并处没收财产；有下列情形之一的，处无期徒刑或者死刑，并处没收财产：

（一）多次入户盗窃，数额特别巨大的；
（二）盗窃金融机构，数额特别巨大的；
（三）盗窃珍贵文物，情节严重的。

第二百六十四条 以牟利为目的，盗接他人通信线路、复制他人电信号码或者明知是盗接、盗窃复制的电信设备、设施而使用的，依照本法第二百六十三条的规定定罪处罚。

第二百六十五条 诈骗公私财物，数额较大的，处三年以下有期徒刑、拘役或者管制，并处或者单处罚金；数额巨大或者情节严重的，处三年以上十年以下有期徒刑，并处罚金；数额特别巨大或者情节特别严重的，处十年以上有期徒刑或者无期徒刑，并处没收财产。本法另有规定的，依照规定。

第二百六十六条 抢夺公私财物，数额较大的，处三年以下有期徒刑、拘役或者管制，并处或者单处罚金；数额巨大或者情节严重的，处三年以上十年以下有期徒刑，并处罚金；数额特别巨大或者情节特别严重的，处十年以上有期徒刑或者无期徒刑，并处没收财产。

携带凶器抢夺的，依照本法第二百六十二条的规定定罪处罚。

第二百六十七条 聚众哄抢公私财物，数额较大或者情节严重的，对首要分子和积极参加的，处三年以下有期徒刑、拘役或者管制，并处罚金；数额巨大或者情节特别严重的，处三年以上十年以下有期徒刑，并处罚金。

第二百六十八条 犯盗窃、诈骗、抢夺罪，为窝藏赃物、抗拒抓捕或者毁灭罪证而当场使用暴力或者以暴力相威胁的，依照本法第二百六十二条的规定定罪处罚。

第二百六十九条 将代为保管的他人财物非法占为己有，数额较大，拒不退还的，处二年以下有期徒刑、拘役或者罚金；数额巨大或者情节严重的，处二年以上五年以下有期徒刑，并处罚金。

将他人的遗忘物或者埋藏物非法占为己有，数额较大，拒不交出的，依照前款的规定处罚。

本条罪，告诉的才处理。

第二百七十条 公司、企业或者其他单位的人员，利用职务或者工作上的便利，将本单位财物非法占为己有，数额较大的，处五年以下有期徒刑或者拘役；数额巨大的，处五年以上有期徒刑，可以并处没收财产。

国有公司、企业或者其他国有单位中从事公务的人员和国有公司、企业或者其他国有单位委派到非国有公司、企业以及其他单位从事公务的人员有前款行为的，依照本法第三百七十九条、第三百八十条的规定定罪处罚。

第二百七十一条 公司、企业或者其他单位的工作人员，利用职务上的便利，挪用本单位资金归个人使用或者借贷给他人，数额较大、超过三个月未还的，或者虽未超过三个月，但数额较大、进行营利活动的，或者进行非法活动的，处三年以下有期徒刑或者拘役；挪用本单位资金数额较大不退还的，处三年以上十年以下有期徒刑。

国有公司、企业或者其他国有单位中从事公务的人员和国有公司、企业或者其他国有单位委派到非国有公司、企业以及其他单位从事公务的人员有前款行为的，依照本法第三百八十一条的规定定罪处罚。

第二百七十二条 挪用救灾、抢险、防汛、优抚、救济款物，情节严重，致使国家和人民群众利益遭受重大损害的，对直接责任人员，处三年以下有期徒刑或者拘役；情节特别严重的，处三年以上七年以下有期徒刑。

第二百七十三条 敲诈勒索公私财物，数额较大的，处三年以下有期徒刑、拘役或者管制；数额巨大或者有其他严重情节的，处三年以上十年以下有期徒刑。

第二百七十四条 故意毁坏公私财物，数额较大或者情节严重的，处三年以下有期徒刑、拘役或者罚金；数额巨大或者情节特别严重的，处三年以上七年以下有期徒刑。

第二百七十五条 由于泄愤报复或者其他个人目的，毁坏机器设备、残害耕畜或者以其他方法破坏生产经营的，处三年以下有期徒刑、拘役或者管制；情节严重的，处三年以上七年以下有期徒刑。

第六章　妨害社会管理秩序罪

第一节　扰乱公共秩序罪

第二百七十六条　以暴力、威胁方法阻碍国家机关工作人员依法执行职务的，处三年以下有期徒刑、拘役、管制、罚金或者剥夺政治权利。

以暴力、威胁方法阻碍全国人民代表大会和地方各级人民代表大会代表依法执行代表职务的，依照前款的规定处罚。

在自然灾害和突发事件中，以暴力、威胁方法阻碍红十字会工作人员依法履行职责的，依照第一款的规定处罚。

故意阻碍国家安全机关、公安机关依法执行国家安全工作任务，未使用暴力、威胁方法，造成严重后果的，依照第一款的规定处罚。

第二百七十七条　煽动群众暴力抗拒国家法律、行政法规实施的，处三年以下有期徒刑、拘役、管制或者剥夺政治权利；造成严重后果的，处三年以上七年以下有期徒刑。

第二百七十八条　冒充国家机关工作人员招摇撞骗的，处三年以下有期徒刑、拘役、管制或者剥夺政治权利；情节严重的，处三年以上十年以下有期徒刑。

冒充人民警察招摇撞骗的，依照前款的规定从重处罚。

第二百七十九条　伪造、变造、买卖或者盗窃、抢夺、毁灭国家机关的公文、证件、印章的，处三年以下有期徒刑、拘役、管制或者剥夺政治权利；情节严重的，处三年以上十年以下有期徒刑。

伪造公司、企业、事业单位、人民团体的印章的，处三年以下有期徒刑、拘役、管制或者剥夺政治权利。

伪造、变造居民身份证的，处三年以下有期徒刑、拘役、管制或者剥夺政治权利；情节严重的，处三年以上七年以下有期徒刑。

第二百八十条　非法生产、买卖人民警察制式服装、专用标志、警械，情节严重的，处三年以下有期徒刑、拘役或者管制，并处或者单处罚金。

单位犯前款罪的，对单位判处罚金，并对其直接负责的主管人员和其他直接责任人员，依照前款的规定处罚。

第二百八十一条　以窃取、刺探、收买方法，非法获取国家秘密的，处三年以下有期徒刑、拘役或者管制；情节严重的，处三年以上七年以下有期徒刑。

非法持有属于国家绝密、机密的文件、资料或者其他物品，拒不说明来源与用途的，处三年以下有期徒刑、拘役或者管制。

第二百八十二条　非法生产、销售窃听、窃照等间谍专用器材的，处三年以下有期徒刑、拘役或者管制。

第二百八十三条　违反国家规定，侵入国家事务、国防建设、尖端科学技术领域的计算机信息系统的，处三年以下有期徒刑或者拘役。

第二百八十四条　违反国家规定，对计算机信息系统功能进行删除、修改、增加、干扰，造成计算机信息系统不能正常运行，后果严重的，处五年以下有期徒刑或者拘役。

违反国家规定，对计算机信息系统中存储、处理或者传输的数据和应用程序进行删除、修改、增加的操作，后果严重的，依照前款的规定处罚。

故意制作、传播计算机病毒等破坏性程序，影响计算机系统正常运行，后果严重的，依照第一款的规定处罚。

第二百八十五条　利用计算机实施金融诈骗、盗窃、贪污、挪用公款、窃取国家秘密或者其他犯罪的，依照本法有关规定定罪处罚。

第二百八十六条　违反国家规定，擅自设置、使用无线电台（站），或者擅自占用频率，经责令停止使用后拒不停止使用，干扰无线电通讯正常进行，造成严重后果的，处三年以下有期徒刑、拘役或者管制，并处或者单处罚金。

单位犯前款罪的，对单位判处罚金，并对其直接负责的主管人员和其他直接责任人员，依照前款的规定处罚。

第二百八十七条　聚众"打砸抢"，致人伤残、死亡的，依照本法第二百三十四条、第二百三十二条的规定定罪处罚。毁坏或者抢走公私财物的，除判令退赔外，对首要分子，依照本法第二百六十二条的规定定罪处罚。

犯前款罪，可以单独判处剥夺政治权利。

第二百八十八条　扰乱社会秩序，情节严重，致使工作、生产、营业和教学、科研无法进行，造成严重损失的，对首要分子，处三年以上七年以下有期徒刑；其他积极参加的，处三年以下有期徒刑、拘役、管制或者剥夺政治权利。

聚众冲击国家机关，致使国家机关工作无法进行，造成严重损失的，对首要分子，处五年以上十年以下有期徒刑；其他积极参加的，处五年以下有期徒刑、拘役、管制或者剥夺政治权利。

第二百八十九条　聚众扰乱车站、码头、民用航空站、商场、公园、影剧院、展览会、运动场或者其他公共场所秩序，聚众堵塞交通或者破坏交通秩序，抗拒、阻碍国家治安管理工作人员依法执行职务，情节严重的，对首要分子，处五年以下有期徒刑、拘役、管制或者剥夺政治权利。

第二百九十条　聚众斗殴的，对首要分子和其他积极参加的，处三年以下有期徒刑、拘役或者管制；有下列情形之一的，对首要分子和其他积极参加的，处三年以上十年以下有期徒刑：

（一）多次聚众斗殴的；

（二）聚众斗殴人数多，规模大，社会影响恶劣的；

（三）在公共场所或者交通要道聚众斗殴，造成社会秩序严重混乱的；

（四）持械聚众斗殴的。

聚众斗殴，致人重伤、死亡的，依照本法第二百三十四条、第二百三十二条的规定定罪处罚。

第二百九十一条 有下列寻衅滋事行为之一，破坏社会秩序的，处五年以下有期徒刑、拘役或者管制，可以并处罚金：

（一）随意殴打他人，情节恶劣的；

（二）追逐、拦截、辱骂他人，情节恶劣的；

（三）强拿硬要或者任意损毁、占用公私财物，情节严重的；

（四）在公共场所起哄闹事，造成公共场所秩序严重混乱的。

第二百九十二条 组织、领导和积极参加以暴力、威胁或者其他手段，有组织地进行违法犯罪活动，称霸一方，为非作恶，欺压、残害群众，严重破坏经济、社会生活秩序的黑社会性质的组织的，处三年以上十年以下有期徒刑；其他参加的，处三年以下有期徒刑、拘役、管制或者剥夺政治权利。

犯前款罪又有其他犯罪行为的，依照数罪并罚的规定处罚。

境外的黑社会组织的人员到中华人民共和国境内发展组织成员的，依照第一款的规定处罚。

国家机关工作人员包庇黑社会性质的组织，或者纵容黑社会性质的组织进行违法犯罪活动的，处三年以下有期徒刑、拘役或者剥夺政治权利；情节严重的，处三年以上十年以下有期徒刑。

第二百九十三条 传授犯罪方法的，处五年以下有期徒刑、拘役或者管制；情节严重的，处五年以上有期徒刑；情节特别严重的，处无期徒刑或者死刑。

第二百九十四条 举行集会、游行、示威，未依照法律规定申请或者申请未获许可，或者未按照主管机关许可的起止时间、地点、路线进行，又拒不服从解散命令，严重破坏社会秩序的，对集会、游行、示威的负责人和直接责任人员，处五年以下有期徒刑、拘役、管制或者剥夺政治权利。

第二百九十五条 违反法律规定，携带武器、管制刀具或者爆炸物参加集会、游行、示威的，处三年以下有期徒刑、拘役、管制或者剥夺政治权利。

第二百九十六条 扰乱、冲击或者以其他方法破坏依法举行的集会、游行、示威，造成公共秩序混乱的，处五年以下有期徒刑、拘役、管制或者剥夺政治权利。

第二百九十七条 在公众场合故意以焚烧、毁损、涂划、玷污、践踏等方式侮辱中华人民共和国国旗、国徽的，处三年以下有期徒刑、拘役、管制或者剥夺政治权利。

第二百九十八条 组织和利用会道门、邪教组织或者利用迷信破坏国家法律、行政法规实施的，处三年以上七年以下有期徒刑；情节特别严重的，处七年以上有期徒刑。

组织和利用会道门、邪教组织或者利用迷信蒙骗他人，致人死亡的，依照前款的规定处罚。

组织和利用会道门、邪教组织或者利用迷信奸淫妇女、诈骗财物的，分别依照本法第二百三十六条、第二百六十五条的规定定罪处罚。

第二百九十九条 聚众进行淫乱活动的，对首要分子或者多次参加的，处五年以下有期徒刑、拘役或者管制。

引诱未成年人参加聚众淫乱活动的，依照前款的规定从重处罚。

第三百条 盗窃、侮辱尸体的，处三年以下有期徒刑、拘役或者管制。

第三百零一条 以营利为目的，聚众赌博、开设赌场或者以赌博为业的，处三年以下有期徒刑、拘役或者管制，并处罚金。

第三百零二条 邮政工作人员严重不负责任，故意延误投递邮件，致使公共财产、国家和人民利益遭受重大损失的，处三年以下有期徒刑或者拘役。

第二节 妨害司法罪

第三百零三条 在刑事诉讼中，证人、鉴定人、记录人、翻译人对与案件有重要关系的情节，故意作虚假证明、鉴定、记录、翻译，意图陷害他人或者隐匿罪证的，处三年以下有期徒刑或者拘役；情节严重的，处三年以上十年以下有期徒刑。

第三百零四条 在刑事诉讼中，辩护人、诉讼代理人毁灭、伪造证据，帮助当事人毁灭、伪造证据，威胁、引诱证人违背事实改变证言或者作伪证的，处三年以下有期徒刑或者拘役；情节严重的，处三年以上十年以下有期徒刑。

第三百零五条 以暴力、威胁、贿买等方法阻止证人作证或者指使他人作伪证的，处三年以下有期徒刑或者拘役；情节严重的，处三年以上七年以下有期徒刑。

帮助当事人毁灭、伪造证据，情节严重的，处三年以下有期徒刑或者拘役。

司法工作人员犯前两款罪的，从重处罚。

第三百零六条　对证人进行打击报复的，处三年以下有期徒刑或者拘役；情节严重的，处三年以上七年以下有期徒刑。

第三百零七条　聚众哄闹、冲击法庭，或者殴打司法工作人员，严重扰乱法庭秩序的，处三年以下有期徒刑、拘役、管制或者罚金。

第三百零八条　明知是犯罪的人而为其提供隐藏处所、财物，帮助其逃匿或者作假证明包庇的，处三年以下有期徒刑、拘役或者管制；情节严重的，处三年以上十年以下有期徒刑。

犯前款罪，事前通谋的，以共同犯罪论处。

第三百零九条　明知他人有间谍犯罪行为，在国家安全机关向其调查有关情况、收集有关证据时，拒绝提供，情节严重的，处三年以下有期徒刑、拘役或者管制。

第三百一十条　明知是犯罪所得的赃物而予以窝藏、转移、收购或者代为销售的，处三年以下有期徒刑、拘役或者管制，并处或者单处罚金。

第三百一十一条　对人民法院的判决、裁定有能力执行而拒不执行，情节严重的，处三年以下有期徒刑、拘役或者罚金。

第三百一十二条　隐藏、转移、变卖、故意毁损已被司法机关查封、扣押、冻结的财产，情节严重的，处三年以下有期徒刑、拘役或者罚金。

第三百一十三条　依法被关押的罪犯，有下列破坏监管秩序行为之一，情节严重的，处三年以下有期徒刑：

（一）殴打监管人员的；

（二）组织其他被监管人破坏监管秩序的；

（三）聚众闹事，扰乱正常监管秩序的；

（四）殴打、体罚或者指使他人殴打、体罚其他被监管人的。

第三百一十四条　依法被关押的罪犯、被告人、犯罪嫌疑人脱逃的，处五年以下有期徒刑或者拘役。

劫夺押解途中的罪犯、被告人、犯罪嫌疑人的，处三年以上七年以下有期徒刑；情节严重的，处七年以上有期徒刑。

第三百一十五条　组织越狱的首要分子或者其他罪行重大的，处五年以上有期徒刑；其他积极参加的，处五年以下有期徒刑或者拘役。

暴动越狱或者聚众持械劫狱的首要分子或者其他罪行重大的，处十年以上有期徒刑或者无期徒刑；情节特别严重的，处死刑；其他积极参加的，处三年以上十年以下有期徒刑。

第三节　妨害国（边）境管理罪

第三百一十六条　组织他人偷越国（边）境的，处二年以上七年以下有期徒刑，并处罚金；有下列情形之一的，处七年以上有期徒刑或者无期徒刑，并处罚金或者没收财产：

（一）组织他人偷越国（边）境集团的首要分子；

（二）多次组织他人偷越国（边）境或者组织他人偷越国（边）境人数众多的；

（三）造成被组织人重伤、死亡的；

（四）剥夺或者限制被组织人人身自由的；

（五）以暴力、威胁方法抗拒检查的；

（六）违法所得数额巨大的；

（七）有其他特别严重情节的。

对被组织人有杀害、伤害、强奸、拐卖等犯罪行为，或者对检查人员有杀害、伤害等犯罪行为的，依照本法有关规定定罪处罚。

第三百一十七条　以劳务输出、经贸往来或者其他名义，弄虚作假，骗取护照、签证等出境证件，为组织他人偷越国（边）境使用的，依照本法第三百一十六条的规定定罪处罚。

单位犯前款罪的，对单位判处罚金，并对其直接负责的主管人员和其他直接责任人员，依照本法第三百一十六条的规定定罪处罚。

第三百一十八条　为他人提供伪造、变造的护照、签证等出入境证件，或者出售护照、签证等出入境证件的，处五年以下有期徒刑，并处罚金；情节严重的，处五年以上有期徒刑，并处罚金。

第三百一十九条　运送他人偷越国（边）境的，处五年以下有期徒刑、拘役或者管制，并处罚金；有下列情形之一的，处五年以上十年以下有期徒刑，并处罚金：

（一）多次实施运送行为或者运送人数众多的；

（二）所使用的船只、车辆等交通工具不具备必要的安全条件，足以造成严重后果的；

（三）违法所得数额巨大的；

（四）有其他特别严重情节的。

在运送他人偷越国（边）境中造成被运送人重伤、死亡，或者以暴力、威胁方法抗拒检查的，处七年以上有期徒刑，并处罚金。

对被运送人有杀害、伤害、强奸、拐卖等犯罪行为，或者对检查人员有杀害、伤害等犯罪行为的，依照本法有关规定定罪处罚。

第三百二十条　违反国（边）境管理法规，偷越国（边）境，情节严重的，处一年以下有期徒刑、拘役或者管制，并处罚金。

第三百二十一条　故意破坏国家边境的界碑、界桩或者永久性测量标志的，处三年以下有期徒刑或者拘役。

第四节　妨害文物管理罪

第三百二十二条　故意损毁国家保护的珍贵文物或者被确定为全国重点文物保护单位、省级文物保护单位的文物的，处三年以下有期徒刑或者拘役，并处或者单处罚金；情节严重的，处三年以上十年以下有期徒刑，并处罚金。

故意损毁国家保护的名胜古迹，情节严重的，处五年以下有期徒刑或者拘役，并处或者单处罚金。

过失损毁国家保护的珍贵文物或者被确定为全国重点文物保护单位、省级文物保护单位的文物，造成严重后果的，处三年以下有期徒刑或者拘役。

第三百二十三条　违反文物保护法规，将收藏的国家禁止出口的珍贵文物私自出售或者私自赠送给外国人的，处五年以下有期徒刑或者拘役。

单位犯前款罪的，对单位判处罚金，并对其直接负责的主管人员和其他直接责任人员，依照前款的规定处罚。

第三百二十四条　以牟利为目的，倒卖国家限制买卖的文物，情节严重的，处五年以下有期徒刑或者拘役，并处罚金；情节特别严重的，处五年以上十年以下有期徒刑，并处罚金。

单位犯前款罪的，对单位判处罚金，并对其直接负责的主管人员和其他直接责任人员，依照前款的规定处罚。

第三百二十五条　违反文物保护法规，国有博物馆、图书馆等单位将国家保护的文物藏品出售或者私自送给非国有单位或者个人的，对单位判处罚金，并对其直接负责的主管人员和其他直接责任人员，处三年以下有期徒刑或者拘役，并处或者单处罚金。

第三百二十六条　盗掘具有历史、艺术、科学价值的古文化遗址、古墓葬的，处三年以上十年以下有期徒刑，并处罚金；情节较轻的，处三年以下有期徒刑、拘役或者管制，并处罚金；有下列情形之一的，处十年以上有期徒刑、无期徒刑或者死刑，并处罚金或者没收财产：

（一）盗掘确定为全国重点文物保护单位和省级文物保护单位的古文化遗址、古墓葬的；

（二）盗掘古文化遗址、古墓葬集团的首要分子；

（三）多次盗掘古文化遗址、古墓葬的；

（四）盗掘古文化遗址、古墓葬，并盗窃珍贵文物或者造成珍贵文物严重破坏的。

盗掘国家保护的具有科学价值的古人类化石和古脊椎动物化石的，依照前款的规定处罚。

第五节　危害公共卫生罪

第三百二十七条　违反传染病防治法的规定，有下列情形之一，引起甲类传染病传播或者有传播严重危险的，处三年以下有期徒刑或者拘役；后果特别严重的，处三年以上七年以下有期徒刑：

（一）供水单位供应的饮用水不符合国家规定的卫生标准的；

（二）拒绝按照卫生防疫机构提出的卫生要求，对传染病病原体污染的污水、污物、粪便进行消毒处理的；

（三）准许或者纵容传染病病人、病原携带者和疑似传染病病人从事国务院卫生行政部门规定禁止从事的易使该传染病扩散的工作的；

（四）拒绝执行卫生防疫机构依照传染病防治法提出的其他预防、控制措施的。

单位犯前款罪的，对单位判处罚金，并对其直接负责的主管人员和其他直接责任人员，依照前款的规定处罚。

甲类传染病的范围，依照《中华人民共和国传染病防治法》和国务院有规定确定。

第三百二十八条　从事实验、保藏、携带、运输传染病菌种、毒种的人员，违反国务院卫生行政部门的有关规定，造成传染病菌种、毒种扩散，后果严重的，处三年以下有期徒刑或者拘役；后果特别严重的，处三年以上七年以下有期徒刑。

第三百二十九条　违反国境卫生检疫规定，引起检疫传染病传播或者有传播严重危险的，处三年以下有期徒刑或者拘役，并处或者单处罚金。

单位犯前款罪的，对单位判处罚金，并对其直接负责的主管人员和其他直接责任人员，依照前款的规定处罚。

第三百三十条　非法组织他人出卖血液的，处五年以下有期徒刑，并处罚金；以暴力、威胁方法强迫他人出卖血液的，处五年以上十年以下有期徒刑，并处罚金或者没收财产。

有前款行为，对他人造成伤害的，依照本法第二百三十四条的规定定罪处罚。

第三百三十一条　非法采集、供应血液或者制作、供应血液制品，不符合国家规定的标准，足以危害人体健康的，处五年以下有期徒刑或者拘役；对人体健康造成严重危害的，处五年以上十年以下有期徒刑；造成特别严重后果的，处十年以上有期徒刑或者无期徒刑。

经国家主管部门批准采集、供应血液或者制作、供应血液制品的部门，不依照规定进行检测或者违背其他操作规定，造成危害他人身体健康后果的，对单位判处罚金，并对其直接负责的主管人员和其他直接责任人员，处五年以下有期徒刑或者拘役。

第三百三十二条　医务人员由于严重不负责任，造成就诊人死亡或者严重损害就诊人身体健康的，处三年以下有期徒刑或者拘役。

第三百三十三条　未取得医生执业资格的人非法行医，情节严重的，处三年以下有期徒刑、拘役或者管制，并处或者单处罚金；造成就诊人死亡或者严重损害就诊人身体健康的，依照本法第二百三十四条的规定定罪处罚。

未取得医生执业资格的人擅自为他人进行节育复通手术、假节育手术或者摘取宫内节育器，造成就诊人死亡或者严重损害就诊人身体健康的依照本法第二百三十四条的规定定罪处罚。

第三百三十四条　违反进出境动植物检疫法的规定，逃避动植物检疫，引起重大动植物疫情的，处三年以下有期徒刑或者拘役，并处或者单处罚金。

单位犯前款罪的，对单位判处罚金，并对其直接负责的主管人员和其他直接责任人员，依照前款的规定处罚。

第六节　破坏环境保护罪

中编

第三百三十五条　违反国家规定，向土地、水体、大气排放、倾倒或者处置有放射性的废物、含传染病病原体的废物、有毒物质或者其他危险废物，造成重大环境污染事故，致使公私财产遭受重大损失或者人身伤亡的严重后果的，处三年以下有期徒刑或者拘役，并处或者单处罚金；后果特别严重的，处三年以上七年以下有期徒刑，并处罚金。

第三百三十六条　违反国家规定，将境外的固体废物进境倾倒、堆放、处置的，处五年以下有期徒刑或者拘役，并处罚金；造成重大环境污染事故，致使公私财产遭受重大损失或者严重危害人体健康的，处五年以上十年以下有期徒刑，并处罚金；后果特别严重的，处十年以上有期徒刑，并处罚金。

未经国务院有关主管部门许可，擅自进口固体废物用作原料，造成重大环境污染事故，致使公私财产遭受重大损失或者严重危害人体健康的，处五年以下有期徒刑或者拘役，并处罚金；后果特别严重的，处五年以上十年以下有期徒刑，并处罚金。

以原料利用为名，进口不能用作原料的固体废物的，依照本法第一百五十七条的规定定罪处罚。

第三百三十七条　违反保护水产资源法规，在禁渔区、禁渔期或者使用禁用的工具、方法捕捞水产品，情节严重的，处三年以下有期徒刑、拘役、管制或者罚金。

第三百三十八条　非法猎捕、杀害国家重点保护的珍贵、濒危野生动物的，或者非法收购、运输、出售国家重点保护的珍贵、濒危野生动物及其制品的，处五年以下有期徒刑或者拘役，并处罚金；情节严重的，处五年以上十年以下有期徒刑，并处罚金；情节特别严重的，处十年以上有期徒刑，并处罚金或者没收财产。

违反狩猎法规，在禁猎区、禁猎期或者使用禁用的工具、方法进行狩猎，破坏野生动物资源，情节严重的，处三年以下有期徒刑、拘役、管制或者罚金。

第三百三十九条　违反土地管理法规，非法占用耕地改作他用，数量较大，造成耕地大量毁坏的，处五年以下有期徒刑或者拘役，并处或者单处罚金。

第三百四十条　违反矿产资源法的规定，未取得采矿许可证擅自采矿的，擅自进入国家规划矿区、对国民经济具有重要价值的矿区和他人矿区范围采矿的，擅自开采国家规定实行保护性开采的特定矿种，经责令停止开采后拒不停止开采，造成矿产资源破坏的，处三年以下有期徒刑、拘役或者管制，并处或者单处罚金；造成矿产资源严重破坏的，处三年以上七年以下有期徒刑，并处罚金。

违反矿产资源法的规定，采取破坏性的开采方法开采矿产资源，造成矿产资源严重破坏的，处五年以下有期徒刑或者拘役，并处罚金。

第三百四十一条　违反森林法的规定，非法采伐、毁坏珍贵树木的，处三年以下有期徒刑、拘役或者管制，并处罚金；情节严重的，处三年以上七年以下有期徒刑，并处罚金。

第三百四十二条　盗伐森林或者其他林木，数量较大的，处三年以下有期徒刑、拘役或者管制，并处或者单处罚金；数量巨大的，处三年以上七年以下有期徒刑，并处罚金；数量特别巨大的，处七年以上有期徒刑，并处罚金。

违反森林法的规定，滥伐森林或者其他林木，数量较大的，处三年以下有期徒刑、拘役或者管制，并处或者单处罚金；数量巨大的，处三年以上七年以下有期徒刑，并处罚金。

以牟利为目的，在林区非法收购明知是盗伐、滥伐的林木，情节严重的，处三年以下有期徒刑、拘役或者管制，并处或者单处罚金；情节特别严重的，处三年以上七年以下有期徒刑，并处罚金。

盗伐、滥伐国家级自然保护区内的森林或者其他林木的，从重处罚。

第三百四十三条　单位犯本节规定之罪的，对单位判处罚金，并对其直接负责的主管人员和其他直接责任人员，依照本节各该条的规定处罚。

第七节 走私、贩卖、运输、制造毒品罪

第三百四十四条 走私、贩卖、运输、制造毒品，无论数量多少，都应当追究刑事责任，予以刑事处罚。

走私、贩卖、运输、制造毒品，有下列情形之一的，处十五年有期徒刑、无期徒刑或者死刑，并处没收财产：

（一）走私、贩卖、运输、制造鸦片一千克以上、海洛因五十克以上或者其他毒品数量大的；

（二）走私、贩卖、运输、制造毒品集团的首要分子；

（三）武装掩护走私、贩卖、运输、制造毒品的；

（四）以暴力抗拒检查、拘留、逮捕，情节严重的；

（五）参与有组织的国际贩毒活动的。

走私、贩卖、运输、制造鸦片二百克以上不满一千克、海洛因十克以上不满五十克或者其他毒品数量较大的，处七年以上有期徒刑，并处罚金。

走私、贩卖、运输、制造鸦片不满二百克、海洛因不满十克或者其他少量毒品的，处七年以下有期徒刑、拘役或者管制，并处罚金。

利用、教唆未成年人走私、贩卖、运输、制造毒品，或者向未成年人出售毒品的，从重处罚。

对多次走私、贩卖、运输、制造毒品，未经处理的，毒品数量累计计算。

第三百四十五条 非法持有鸦片一千克以上、海洛因五十克以上或者其他毒品数量大的，处七年以上有期徒刑或者无期徒刑，并处罚金；非法持有鸦片二百克以上不满一千克、海洛因十克以上不满五十克或者其他毒品数量较大的，处七年以下有期徒刑、拘役或者管制，并处罚金。

第三百四十六条 包庇走私、贩卖、运输、制造毒品的犯罪分子的，为犯罪分子窝藏、转移、隐瞒毒品或者犯罪所得的财物的，处三年以下有期徒刑、拘役或者管制；情节严重的，处三年以上十年以下有期徒刑。

缉毒人员或者其他国家机关工作人员掩护、包庇走私、贩卖、运输、制造毒品的犯罪分子的，依照前款的规定从重处罚。

犯前两款罪，事先通谋的，以走私、贩卖、运输、制造毒品罪的共犯论处。

第三百四十七条 违反国家规定，非法运输、携带醋酸酐、乙醚、三氯甲烷、麻黄素或者其他用于制造毒品的原料或者配剂进出境的，或者违反国家规定，在境内非法买卖上述物品的，处三年以下有期徒刑、拘役或者管制，并处罚金；数量大的，处三年以上十年以下有期徒刑，并处罚金。

明知他人制造毒品而为其提供前款规定的物品的，以制造毒品罪的共犯论处。

单位犯前两款罪的，对单位判处罚金，并对其直接负责的主管人员和其他直接责任人员，依照前两款的规定处罚。

第三百四十八条 非法种植罂粟、大麻等毒品原植物的，一律强制铲除。有下列情形之一的，处五年以下有期徒刑、拘役或者管制，并处罚金：

（一）种植罂粟五百株以上不满三千株或者其他毒品原植物数量较大的；

（二）经公安机关处理后又种植的；

（三）抗拒铲除的。

非法种植罂粟三千株以上或者其他毒品原植物数量大的，处五年以上有期徒刑，并处罚金或者没收财产。

非法种植罂粟或者其他毒品原植物，在收获前自动铲除的，可以免除处罚。

第三百四十九条 非法买卖、运输、携带、持有未经灭活的罂粟等毒品原植物种子或者幼苗，数量较大的，处三年以下有期徒刑、拘役或者管制，并处或者单处罚金。

第三百五十条 引诱、教唆、欺骗他人吸食、注射毒品的，处三年以下有期徒刑、拘役或者管制，并处罚金；情节严重的，处三年以上七年以下有期徒刑，并处罚金。

强迫他人吸食、注射毒品的，处三年以上十年以下有期徒刑，并处罚金。

引诱、教唆、欺骗或者强迫未成年人吸食、注射毒品的，从重处罚。

第三百五十一条 容留他人吸食、注射毒品的，处三年以下有期徒刑、拘役或者管制，并处罚金。

第三百五十二条 依法从事生产、运输、管理、使用国家管制的麻醉药品、精神药品的人员，违反国家规定，向吸食、注射毒品的人提供国家管制的麻醉药品、精神药品的，处三年以下有期徒刑或者拘役，并处罚金；情节严重的，处三年以上七年以下有期徒刑，并处罚金。向走私、贩卖毒品的犯罪分子或者以牟利为目的，向吸食、注射毒品的人提供国家管制的麻醉药品、精神药品的，依照本法第三百四十四条的规定定罪处罚。

单位犯前款罪的，对单位判处罚金，并对其直接负责的主管人员和其他直接责任人员，依照前款的规定处罚。

第三百五十三条 因走私、贩卖、运输、制造、非法持有毒品罪被判过刑，又犯本节规定之罪的，从重处罚。

第三百五十四条 本法所称的毒品，是指鸦片、海洛因、甲基苯丙胺（冰毒）、吗啡、大麻、可卡因以及国务院规定管制的其他能够使人形成瘾癖的麻醉药品和精神药品。

毒品的数量以查证属实的走私、贩卖、运输、制造、非法持有毒品的数量计算，不以纯度折算。

第八节　组织、强迫、引诱、容留、介绍卖淫罪

第三百五十五条　组织他人卖淫或者强迫他人卖淫的，处五年以上十年以下有期徒刑，并处罚金；有下列情形之一的，处十年以上有期徒刑或者无期徒刑，并处罚金或者没收财产：

（一）组织他人卖淫，情节严重的；

（二）强迫不满十四周岁的幼女卖淫的；

（三）强迫多人卖淫或者多次强迫他人卖淫的；

（四）强奸后迫使卖淫的；

（五）造成被强迫卖淫的人重伤、死亡或者其他严重后果的。

有前款所列情形之一，情节特别严重的，处无期徒刑或者死刑，并处没收财产。

协助组织他人卖淫的，处五年以下有期徒刑，并处罚金；情节严重的，处五年以上十年以下有期徒刑，并处罚金或者没收财产。

第三百五十六条　引诱、容留、介绍他人卖淫的，处五年以下有期徒刑、拘役或者管制，并处罚金；情节严重的，处五年以上有期徒刑，并处罚金。

引诱不满十四周岁的幼女卖淫的，依照本法第三百五十五条的规定定罪处罚。

第三百五十七条　明知自己患有梅毒、淋病等严重性病卖淫、嫖娼的，处五年以下有期徒刑、拘役或者管制，并处罚金。

嫖宿不满十四周岁的幼女的，依照本法第二百三十六条的规定定罪处罚。

第三百五十八条　旅馆业、饮食服务业、文化娱乐业、出租汽车业等单位的人员，利用本单位的条件，组织、强迫、引诱、容留、介绍他人卖淫的，依照本法第三百五十五条、第三百五十六条的规定定罪处罚。

前款所列单位的主要负责人，犯前款罪的，从重处罚。

第三百五十九条　旅馆业、饮食服务业、文化娱乐业、出租汽车业等单位的负责人和职工，在公安机关查处卖淫、嫖娼活动时，为违法犯罪分子通风报信，情节严重的，依照本法第三百零八条的规定定罪处罚。

第九节　制作、贩卖、传播淫秽物品罪

第三百六十条　以牟利为目的，制作、复制、出版、贩卖、传播淫秽物品的，处三年以下有期徒刑、拘役或者管制，并处罚金；情节严重的，处三年以上十年以下有期徒刑，并处罚金；情节特别严重的，处十年以上有期徒刑或者无期徒刑，并处罚金或者没收财产。

为他人提供书号，出版淫秽书刊的，处三年以下有期徒刑、拘役或者管制，并处或者单处罚金；明知他人用于出版淫秽书刊而提供书号的，依照前款的规定处罚。

第三百六十一条　传播淫秽的书刊、影片、音像、图片或者其他淫秽物品，情节严重的，处二年以下有期徒刑、拘役或者管制。

组织播放淫秽的电影、录像等音像制品的，处三年以下有期徒刑、拘役或者管制，并处罚金；情节严重的，处三年以上十年以下有期徒刑，并处罚金。

制作、复制淫秽的电影、录像等音像制品组织播放的，依照第二款的规定从重处罚。

向不满十八周岁的未成年人传播淫秽物品的，从重处罚。

第三百六十二条　组织进行淫秽表演的，处三年以下有期徒刑、拘役或者管制，并处罚金；情节严重的，处三年以上十年以下有期徒刑，并处罚金。

第三百六十三条　单位犯本法第三百六十条、第三百六十一条、第三百六十二条规定之罪的，对单位判处罚金，并对其直接负责的主管人员和其他直接责任人员，依照各该条的规定处罚。

第三百六十四条　本节所称淫秽物品，是指具体描绘性行为或者露骨宣扬色情的诲淫性的书刊、影片、录像带、录音带、图片及其他淫秽物品。

有关人体生理、医学知识的科学著作不是淫秽物品。

包含有色情内容的有艺术价值的文学、艺术作品不视为淫秽物品。

第七章　危害国防利益罪

第三百六十五条　以暴力、威胁方法阻碍军人依法执行职务的，处三年以下有期徒刑、拘役或者管制。

故意阻碍武装部队军事行动，造成严重后果的，处五年以下有期徒刑或者拘役。

第三百六十六条　破坏武器装备、军事设施或者破坏军事通信的，处三年以下有期徒刑、拘役或者管制；破坏重要武器装备、军事设施、军事通信的，处三年以上十年以下有期徒刑；情节特别严重的，处十年以上有期徒刑、无期徒刑或者死刑。战时从重处罚。

第三百六十七条　明知是不合格的武器装备、军事设施而提供给武装部队的，处五年以下有期徒刑或者拘役；情

节严重的，处五年以上十年以下有期徒刑；情节特别严重的，处十年以上有期徒刑、无期徒刑或者死刑。

过失犯前款罪，造成严重后果的，处三年以下有期徒刑或者拘役；造成特别严重后果的，处三年以上七年以下有期徒刑。

单位犯第一款罪的，对单位判处罚金，并对其直接负责的主管人员和其他直接责任人员，依照第一款的规定处罚。

第三百六十八条 聚众哄闹、冲击军事禁区和军事管理区，严重扰乱军事禁区和军事管理区秩序，致使军事单位工作无法进行，造成严重损失的，对首要分子，处五年以上十年以下有期徒刑；其他积极参加的，处五年以下有期徒刑、拘役、管制或者剥夺政治权利。

第三百六十九条 冒充军人招摇撞骗的，依照本法第二百七十八条的规定处罚。

第三百七十条 煽动军人逃离部队或者明知是逃离部队的军人而雇用，情节严重的，处三年以下有期徒刑、拘役或者管制。

第三百七十一条 在征兵工作中徇私舞弊，输送不合格兵员，情节严重的，处三年以下有期徒刑或者拘役；造成特别严重后果的，处三年以上七年以下有期徒刑。

第三百七十二条 伪造、变造、买卖或者盗窃、抢夺武装部队公文、证件、印章的，处三年以下有期徒刑、拘役、管制或者剥夺政治权利；情节严重的，处三年以上十年以下有期徒刑。

非法生产、买卖武装部队制式服装、专用标志，情节严重的，处三年以下有期徒刑、拘役或者管制，并处或者单处罚金。

单位犯第二款罪的，对单位判处罚金，并对其直接负责的主管人员和其他直接责任人员，依照该款的规定处罚。

第三百七十三条 预备役人员战时拒绝、逃避征召或者军事训练，情节严重的，处三年以下有期徒刑或者拘役。

应征公民战时拒绝、逃避服役，情节严重的，处二年以下有期徒刑或者拘役。

第三百七十四条 战时故意向武装部队提供虚假敌情，造成严重后果的，处三年以上十年以下有期徒刑；造成特别严重后果的，处十年以上有期徒刑或者无期徒刑。

第三百七十五条 战时造谣惑众，扰乱军心的，处三年以下有期徒刑、拘役或者管制；情节严重的，处三年以上十年以下有期徒刑。

第三百七十六条 战时明知是逃离部队的军人而为其提供隐蔽处所、财物，情节严重的，处三年以下有期徒刑或者拘役。

第三百七十七条 战时拒绝或者故意延误军事订货，情节严重的，对单位判处罚金，并对其直接负责的主管人员和其他直接责任人员，处五年以下有期徒刑或者拘役；造成严重后果的，处五年以上有期徒刑。

第三百七十八条 战时拒绝军事征用，情节严重的，处三年以下有期徒刑或者拘役。

第八章 贪污贿赂罪

第三百七十九条 国家工作人员利用职务上的便利，侵吞、窃取、骗取或者以其他手段非法占有公共财物的，是贪污罪。

与国家工作人员勾结，伙同贪污的，以共犯论处。

第三百八十条 对犯贪污罪的，根据情节轻重，分别依照下列规定处罚：

（一）个人贪污数额在十万元以上的，处十年以上有期徒刑或者无期徒刑，可以并处没收财产；情节特别严重的，处死刑，并处没收财产；

（二）个人贪污数额在五万元以上不满十万元的，处五年以上有期徒刑，可以并处没收财产；情节特别严重的，处无期徒刑，并处没收财产；

（三）个人贪污数额在五千元以上不满五万元的，处一年以上七年以下有期徒刑；情节严重的，处七年以上十年以下有期徒刑；

（四）个人贪污数额不满五千元，情节较重的，处二年以下有期徒刑或者拘役；情节较轻的，由其所在单位或者上级主管机关酌情给予行政处分。

犯贪污罪积极退赃的，可以从轻处罚；其中个人贪污数额在五千元以上不满一万元，积极退赃的，可以减轻处罚，全部退赃的，可以免除处罚，由其所在单位或者上级主管机关给予行政处分。

对多次贪污未经处理的，按照累计贪污数额处罚。

第三百八十一条 国家工作人员利用职务上的便利，挪用公款归个人使用，进行非法活动的，或者挪用公款数额较大、进行营利活动的，或者挪用公款数额较大、超过三个月未还的，是挪用公款罪，处五年以下有期徒刑或者拘役；情节严重的，处五年以上有期徒刑。挪用公款数额巨大不退还的，处十年以上有期徒刑或者无期徒刑。

挪用救灾、抢险、防汛、优抚、救济款物归个人使用的，从重处罚。

第三百八十二条 国家工作人员利用职务上的便利，索取他人财物或者非法收受他人财物，为他人谋利益的，是受贿罪。

国家工作人员，在经济往来中，违反国家规定，收受各种名义的回扣、手续费，归个人所有的，以受贿论处。

第三百八十三条 对犯受贿罪的，根据受贿所得数额及情节，依照本法第三百八十条的规定处罚；受贿数额不满五万元，使国家利益遭受重大损失的，处十年以上有期徒刑；受贿数额在五万元以上，使国家利益遭受特别重大损失的，处无期徒刑或者死刑，并处没收财产。

国家工作人员利用职务上的便利，敲诈勒索他人财物的，依照前款的规定从重处罚。

第三百八十四条 国家机关、国有公司、企业、事业单位、人民团体，索取、非法收受他人财物，为他人谋取利益，情节严重的，对单位判处罚金，并对其直接负责的主管人员和其他直接责任人员，处五年以下有期徒刑或者拘役。

前款所列单位，在经济往来中，在帐外暗中收受各种名义的回扣、手续费的，以受贿论，依照前款的规定处罚。

第三百八十五条 国家工作人员利用本人职权或者地位形成的便利条件，通过其他国家工作人员职务上的行为，为请托人谋取不正当利益，索取请托人财物或者收受请托人财物的，以受贿论处。

第三百八十六条 为谋取不正当利益，给予国家工作人员以财物的，是行贿罪。

在经济往来中，违反国家规定，给予国家工作人员以财物，数额较大的，或者违反国家规定，给予国家工作人员以回扣、手续费的，以行贿论处。

因被勒索给予国家工作人员以财物，没有获得不正当利益的，不是行贿。

第三百八十七条 对犯行贿罪的，处五年以下有期徒刑或者拘役；因行贿谋取不正当利益，情节严重的，或者使国家利益遭受重大损失的，处五年以上有期徒刑；情节特别严重的，处无期徒刑，并处没收财产。

行贿人在被追诉前主动交待行贿行为的，可以减轻处罚或者免除处罚。

第三百八十八条 向国家工作人员介绍贿赂，情节严重的，处三年以下有期徒刑或者拘役。

介绍贿赂人在被追诉前主动交待介绍贿赂行为的，可以减轻处罚或者免除处罚。

第三百八十九条 单位为谋取不正当利益而行贿，或者违反国家规定，给予国家工作人员以回扣、手续费，情节严重的，对单位判处罚金，并对其直接负责的主管人员和其他直接责任人员，处五年以下有期徒刑或者拘役。因行贿取得的违法所得归个人所有的，依照本法第三百八十六条、第三百八十七条的规定定罪处罚。

第三百九十条 国家工作人员在国内公务活动或者对外交往中接受礼物，依照国家规定应当交公而不交公，数额较大的，依照本法第三百七十九条、第三百八十条的规定定罪处罚。

第三百九十一条 国家工作人员的财产或者支出明显超过合法收入，差额巨大的，可以责令说明来源。本人不能说明其来源是合法的，差额部分以非法所得论，处五年以下有期徒刑或者拘役，并处或者单处没收其财产的差额部分。

国家工作人员在境外的存款，应当依照国家规定申报。数额较大、隐瞒不报的，处二年以下有期徒刑或者拘役；情节较轻的，由其所在单位或者上级主管机关酌情给予行政处分。

第三百九十二条 国家机关、国有公司、企业、事业单位、人民团体，违反国家规定，将应当上交国家的罚没财物或者其他国有资产，以单位名义集体私分给个人，数额较大的，对其直接负责的主管人员和其他直接责任人员，处三年以下有期徒刑或者拘役，并处或者单处罚金；数额巨大的，处三年以上七年以下有期徒刑，并处罚金。

第九章　渎职罪

第三百九十三条 国家机关工作人员滥用职权或者玩忽职守，致使公共财产、国家和人民利益遭受重大损失的，处三年以下有期徒刑或者拘役；情节特别严重的，处三年以上七年以下有期徒刑。本法另有规定的，依照规定。

国家机关工作人员徇私舞弊，犯前款罪的，处五年以下有期徒刑或者拘役；情节特别严重的，处五年以上十年以下有期徒刑。本法另有规定的，依照规定。

第三百九十四条 国家机关工作人员违反保守国家秘密法的规定，故意或者过失泄露国家秘密，情节严重的，处三年以下有期徒刑、拘役或者剥夺政治权利；情节特别严重的，处三年以上七年以下有期徒刑。

非国家机关工作人员犯前款罪的，依照前款的规定酌情处罚。

第三百九十五条 司法工作人员徇私枉法、徇情枉法，对明知是无罪的人而使他受追诉、对明知是有罪的人而故意包庇不使他受追诉，或者在刑事审判活动中故意违背事实和法律作枉法裁判的，处五年以下有期徒刑、拘役或者剥夺政治权利；情节严重的，处五年以上十年以下有期徒刑；情节特别严重的，处十年以上有期徒刑。

在民事、行政审判活动中故意违背事实和法律作枉法裁判，情节严重的，处五年以下有期徒刑、拘役或者剥夺政治权利；情节特别严重的，处五年以上十年以下有期徒刑。

司法工作人员贪赃枉法，有前两款行为的，同时又构成本法第三百八十二条规定之罪的，依照处罚较重的规定处罚。

第三百九十六条 司法工作人员私放在押的犯罪嫌疑人、被告人或者罪犯的，处五年以下有期徒刑或者拘役；情节严重的，处五年以上十年以下有期徒刑；情节特别严重的，处十年以上有期徒刑。

司法工作人员由于严重不负责任，致使在押的犯罪嫌疑人、被告人或者罪犯脱逃，造成严重后果的，处三年以下有期徒刑或者拘役；造成特别严重后果的，处三年以上十年以下有期徒刑。

第三百九十七条 司法工作人员徇私舞弊，对不符合减刑、假释、暂予监外执行条件的罪犯，予以减刑、假释或者暂予监外执行的，处三年以下有期徒刑、拘役或者剥夺政治权利；情节严重的，处三年以上七年以下有期徒刑。

第三百九十八条 行政执法人员徇私舞弊，对依法应当移交司法机关追究刑事责任的不移交，情节严重的，处三年以下有期徒刑或者拘役；造成严重后果的，处三年以上七年以下有期徒刑。

第三百九十九条 国家有关主管部门的国家机关工作人员，严重不负责任，滥用职权，对不符合法律规定条件的公司设立、登记申请或者股票、债券发行、上市申请，予以批准或者登记，致使公共财产、国家和人民利益遭受重大损失的，处五年以下有期徒刑或者拘役。

上级部门强令登记机关及其工作人员实施前款行为的，对其直接负责的主管人员，依照前款的规定处罚。

第四百条 税务机关的工作人员徇私舞弊，不征或者少征应征税款，致使国家税收遭受重大损失的，处五年以下有期徒刑或者拘役；造成特别重大损失的，处五年以上有期徒刑。

第四百零一条 税务机关的工作人员违反法律、行政法规的规定，在办理发售发票、抵扣税款、出口退税工作中，徇私舞弊，致使国家利益遭受重大损失的，处五年以下有期徒刑或者拘役；致使国家利益遭受特别重大损失的，处五年以上有期徒刑。

其他国家机关工作人员违反国家规定，在提供出口货物报关单、出口收汇核销单等出口退税凭证的工作中，徇私舞弊，致使国家利益遭受重大损失的，依照前款的规定处罚。

第四百零二条 国家机关工作人员在签订、履行经济贸易合同过程中，因严重不负责任被诈骗，致使国家利益遭受重大损失的，处三年以下有期徒刑或者拘役。

第四百零三条 林业主管部门的工作人员违反森林法的规定，超过批准的年采伐限额发放林木采伐许可证或者违反规定滥发林木采伐许可证，情节严重，致使森林遭受严重破坏的，处三年以下有期徒刑或者拘役。

第四百零四条 负有环境保护监督管理职责的国家机关工作人员严重不负责任，导致发生重大环境污染事故，致使公私财产遭受重大损失或者造成人身伤亡的严重后果的，处三年以下有期徒刑或者拘役。

第四百零五条 从事传染病防治的政府卫生行政部门工作人员严重不负责任，导致发生传染病传播或者流行，情节严重的，处三年以下有期徒刑或者拘役。

第四百零六条 国家机关工作人员徇私舞弊，违反土地管理法规，滥用职权，非法批准征用、占用土地，或者非法低价出让国有土地使用权，情节严重的，处三年以下有期徒刑或者拘役；致使国家或者集体利益遭受特别重大损失的，处三年以上七年以下有期徒刑。

第四百零七条 海关工作人员徇私舞弊，放纵走私，情节严重的，处五年以下有期徒刑或者拘役；情节特别严重的，处五年以上有期徒刑。

第四百零八条 国家商检部门，商检机构的工作人员徇私舞弊，伪造检验结果的，处五年以下有期徒刑或者拘役；造成严重后果的，处五年以上十年以下有期徒刑。

前款所列人员严重不负责任，对应当检验的物品不检验，或者延误检验出证、错误出证，致使国家利益遭受重大损失的，处三年以下有期徒刑或者拘役。

第四百零九条 动植物检疫机关的检疫人员徇私舞弊，伪造检疫结果的，处五年以下有期徒刑或者拘役；造成严重后果的，处五年以上十年以下有期徒刑。

前款所列人员严重不负责任，对应当检疫的检疫物不检疫，或者延误检疫出证、错误出证，致使国家利益遭受重大损失的，处三年以下有期徒刑或者拘役。

第四百一十条 对生产、销售伪劣商品犯罪行为负有追究责任的国家机关工作人员，严重不负责任，不履行法律规定的追究职责的，处五年以下有期徒刑或者拘役。

第四百一十一条 负责办理护照、签证以及其他出入境证件的国家机关工作人员，对明知是企图偷越国（边）境的人员，予以办理出入境证件的，或者边防、海关等国家机关工作人员，对明知是偷越国（边）境的人员，予以放行的，处三年以下有期徒刑或者拘役；情节严重的，处三年以上七年以下有期徒刑。

第四百一十二条 对被拐卖、绑架的妇女、儿童负有解救职责的国家机关工作人员，接到被拐卖、绑架的妇女、儿童及其家属的解救要求或者接到其他人的举报，而对被拐卖、绑架的妇女、儿童不进行解救，造成严重后果的，处五年以下有期徒刑或者拘役。

负有解救职责的国家机关工作人员利用职务阻碍解救的，处二年以上七年以下有期徒刑；情节较轻的，处二年以下有期徒刑或者拘役。

第四百一十三条 有查禁犯罪活动职责的国家机关工作人员，向犯罪分子通风报信，提供便利，帮助犯罪分子逃避处罚的，处三年以下有期徒刑或者拘役；情节严重的，处三年以上十年以下有期徒刑。

第四百一十四条 国家机关工作人员在招收公务员、学生工作中徇私舞弊，情节严重的，处三年以下有期徒刑或者拘役。

第四百一十五条 国家机关工作人员严重不负责任，造成珍贵文物损毁或者流失，后果严重的，处三年以下有期徒刑或者拘役。

第十章　军人违反职责罪

第四百一十六条　军人违反职责，危害国家军事利益，依照法律应当受刑罚处罚的行为，是军人违反职责犯罪。

第四百一十七条　战时违抗命令，对作战造成危害的，处三年以上十年以下有期徒刑；致使战斗、战役遭受重大损失的，处十年以上有期徒刑、无期徒刑或者死刑。

第四百一十八条　故意隐瞒、谎报军情或者拒传、假传军令，对作战造成危害的，处三年以上十年以下有期徒刑；致使战斗、战役遭受重大损失的，处十年以上有期徒刑、无期徒刑或者死刑。

第四百一十九条　在战场上贪生怕死，自动放下武器投降敌人的，处三年以上十年以下有期徒刑；情节严重的，处十年以上有期徒刑或者无期徒刑。

投降后为敌人效劳的，处十年以上有期徒刑，无期徒刑或者死刑。

第四百二十条　战时临阵脱逃的，处三年以下有期徒刑；情节严重的，处三年以上十年以下有期徒刑；致使战斗、战役遭受重大损失的，处十年以上有期徒刑、无期徒刑或者死刑。

第四百二十一条　指挥人员和值班、值勤人员擅离职守或者玩忽职守，造成严重后果的，处三年以下有期徒刑或者拘役；造成特别严重后果的，处三年以上七年以下有期徒刑。

战时犯前款罪的，处五年以上有期徒刑。

第四百二十二条　以暴力、威胁方法，阻碍指挥人员或者值班、值勤人员执行职务的，处五年以下有期徒刑或者拘役；情节严重的，处五年以上有期徒刑；致人重伤、死亡的，或者有其他特别严重情节的，处无期徒刑或者死刑。战时从重处罚。

第四百二十三条　滥用职权，指使部属进行违反职责的活动，造成严重后果的，处五年以下有期徒刑或者拘役；情节特别严重的，处五年以上十年以下有期徒刑。

第四百二十四条　指挥人员违背命令，临阵畏缩，作战消极，造成严重后果的，处五年以下有期徒刑；致使战斗、战役遭受重大损失或者有其他特别严重情节的，处五年以上有期徒刑。

第四百二十五条　违背命令，擅自行动或者故意违反协同规则，造成严重后果的，处五年以下有期徒刑；致使战斗、战役遭受重大损失或者有其他特别严重情节的，处五年以上有期徒刑。

第四百二十六条　在战场上明知友邻部队处境危急请求救援，能救援而不救援，致使友邻部队遭受重大损失的，对指挥人员，处五年以下有期徒刑。

第四百二十七条　在履行公务期间，擅离岗位，叛逃境外或者在境外叛逃，危害国家军事利益的，处五年以下有期徒刑或者拘役；情节严重的，处五年以上有期徒刑。

驾驶航空器、舰船叛逃的，或者有其他特别严重情节的，处十年以上有期徒刑、无期徒刑或者死刑。

第四百二十八条　以窃取、刺探、收买方法，非法获取军事秘密的，处五年以下有期徒刑；情节严重的，处五年以上十年以下有期徒刑，情节特别严重的，处十年以上有期徒刑。

为境外的机构、组织、人员窃取、刺探、收买、非法提供军事秘密的，处十年以上有期徒刑、无期徒刑或者死刑。

第四百二十九条　违反保守国家秘密法规，故意或者过失泄露军事秘密，情节严重的，处五年以下有期徒刑或者拘役；情节特别严重的，处五年以上十年以下有期徒刑。

战时犯前款罪的，处五年以上十年以下有期徒刑；情节特别严重的，处十年以上有期徒刑或者无期徒刑。

第四百三十条　战时造谣惑众，动摇军心的，处三年以下有期徒刑；情节严重的，处三年以上十年以下有期徒刑。

勾结敌人造谣惑众，动摇军心的，处十年以上有期徒刑或者无期徒刑；情节特别严重的，可以判处死刑。

第四百三十一条　战时自伤身体，逃避军事义务的，处三年以下有期徒刑；情节严重的，处三年以上七年以下有期徒刑。

第四百三十二条　违反兵役法规，逃离部队，情节严重的，处三年以下有期徒刑或者拘役。

战时犯前款罪的，处三年以上七年以下有期徒刑。

第四百三十三条　违反武器装备使用规定，情节严重，因而发生责任事故，致人重伤、死亡或者造成其他严重后果的，处三年以下有期徒刑或者拘役；后果特别严重的，处三年以上七年以下有期徒刑。

第四百三十四条　违反武器装备管理规定，擅自改变武器装备的编配用途，造成严重后果的，处三年以下有期徒刑或者拘役；造成特别严重后果的，处三年以上七年以下有期徒刑。

第四百三十五条　盗窃、抢夺武器装备或者军用物资的，处五年以下有期徒刑或者拘役；情节严重的，处五年以上十年以下有期徒刑；情节特别严重的，处十年以上有期徒刑、无期徒刑或者死刑。

盗窃、抢夺枪支、弹药、爆炸物的，依照本法第一百二十八条的规定处罚。

第四百三十六条　非法出卖、转让军队武器装备的，处三年以上十年以下有期徒刑；出卖、转让大量武器装备或者有其他特别严重情节的，处十年以上有期徒刑、无期徒刑或者死刑。

第四百三十七条　违背命令，遗弃武器装备的，处五年以下有期徒刑或者拘役；遗弃主要或者大量武器装备的，或者有其他严重情节的，处五年以上有期徒刑。

第四百三十八条 遗失武器装备，不及时报告或者有其他严重情节的，处三年以下有期徒刑或者拘役。

第四百三十九条 违反规定，擅自出卖、转让军队房地产，情节严重的，对直接责任人员，处三年以下有期徒刑或者拘役；情节特别严重的，处三年以上十年以下有期徒刑。

第四百四十条 滥用职权，虐待部属，情节恶劣，致人重伤或者造成其他严重后果的，处五年以下有期徒刑或者拘役；致人死亡的，处五年以上有期徒刑。

第四百四十一条 在战场上故意遗弃伤病军人，情节恶劣的，对直接责任人员，处三年以下有期徒刑。

第四百四十二条 战时在救护治疗职位上，有条件救治而拒不救治危重伤病军人的，处五年以下有期徒刑或者拘役；造成伤病军人重残、死亡或者有其他严重情节的，处五年以上十年以下有期徒刑。

第四百四十三条 战时在军事行动地区，残害无辜居民或者掠夺无辜居民财物的，处五年以下有期徒刑；情节严重的，处五年以上十年以下有期徒刑；情节特别严重的，处十年以上有期徒刑、无期徒刑或者死刑。

第四百四十四条 私放俘虏的，处五年以下有期徒刑；私放重要俘虏、私放俘虏多人或者有其他严重情节的，处五年以上有期徒刑。

第四百四十五条 虐待俘虏，情节恶劣的，处三年以下有期徒刑。

第四百四十六条 在战时，对被判处三年以下有期徒刑没有现实危险宣告缓刑的犯罪军人，允许其戴罪立功，确有立功表现时，可以撤销原判刑罚，不以犯罪论处。

第四百四十七条 本章适用于中国人民解放军的现役军官、文职干部、士兵及具有军籍的学员和中国人民武装警察部队的现役警官、文职干部、士兵及具有军籍的学员以及执行军事任务的预备役人员和其他人员。

第四百四十八条 本章所称战时，是指国家宣布进入战争状态、部队受领作战任务或者遭敌突然袭击时。

军人执行戒严任务或者处置突发性暴力事件时，以战时论。

附　　则

第四百四十九条 本法自 1997 年 10 月 1 日起施行。

列于本法附件一的全国人民代表大会常务委员会制定的条例、补充规定和决定，已纳入本法或者已不适用，自本法施行之日起，予以废止。

列于本法附件二的全国人民代表大会常务委员会制定的补充规定和决定予以保留。其中，有关行政处罚和行政措施的规定继续有效；有关刑事责任的规定已纳入本法，自本法施行之日起，适用本法规定。

附件一：

全国人民代表大会常务委员会制定的下列条例、补充规定和决定，已纳入本法或者已不适用，自本法施行之日起，予以废止：

1. 中华人民共和国惩治军人违反职责罪暂行条例
2. 关于严惩严重破坏经济的罪犯的决定
3. 关于严惩严重危害社会治安的犯罪分子的决定
4. 关于惩治走私罪的补充规定
5. 关于惩治贪污罪贿赂罪的补充规定
6. 关于惩治泄露国家秘密犯罪的补充规定
7. 关于惩治捕杀国家重点保护的珍贵、濒危野生动物犯罪的补充规定
8. 关于惩治侮辱中华人民共和国国旗国徽罪的决定
9. 关于惩治盗掘古文化遗址古墓葬犯罪的补充规定
10. 关于惩治劫持航空器犯罪分子的决定
11. 关于惩治假冒注册商标犯罪的补充规定
12. 关于惩治生产、销售伪劣商品犯罪的决定
13. 关于惩治侵犯著作权的犯罪的决定
14. 关于惩治违反公司法的犯罪的决定
15. 关于处理逃跑或者重新犯罪的劳改犯和劳教人员的决定

附件二：

全国人民代表大会常务委员会制定的下列补充规定和决定予以保留，其中，有关行政处罚和行政措施的规定继续有效；有关刑事责任的规定已纳入本法，自本法施行之日起，适用本法规定：

1. 关于禁毒的决定
2. 关于惩治走私、制作、贩卖、传播淫秽物品的犯罪分子的决定
3. 关于严惩拐卖、绑架妇女、儿童的犯罪分子的决定

4. 关于严禁卖淫嫖娼的决定
5. 关于惩治偷税、抗税犯罪的补充规定
6. 关于严惩组织、运送他人偷越国（边）境犯罪的补充规定
7. 关于惩治破坏金融秩序犯罪的决定
8. 关于惩治虚开、伪造和非法出售增值税专用发票犯罪的决定

附：关于《中华人民共和国刑法（修订草案）》的说明

——1997 年 3 月 6 日在第八届全国人民代表大会第五次会议上

（全国人民代表大会常务委员会副委员长　王汉斌）

各位代表：

根据全国人大常委会的决定，我向大会作关于《中华人民共和国刑法（修订草案）》的说明。

刑法是国家的基本法律，修订刑法是健全社会主义法制的一件大事，是完善我国刑事法律的重要步骤。1979 年制定的刑法，经过 17 年的实践，总的看来，刑法规定的任务和基本原则是正确的，许多具体规定是可行的，对于打击犯罪，保护人民，维护国家的统一和安全，维护社会秩序，维护人民民主专政的政权和社会主义制度，保障社会主义建设事业的顺利进行，发挥了重要的作用。同时，也反映出一些问题：一是制定刑法时对有些犯罪行为具体分析研究不够，规定得不够具体，不好操作，或者执行时随意性较大，如渎职罪、流氓罪、投机倒把罪三个“口袋”，规定得都比较笼统；二是有些犯罪行为现在已经发展得很严重，如走私犯罪、毒品犯罪，需要相应加重刑罚；三是随着十几年来我国政治、经济和社会生活的发展变化，出现了许多新情况、新问题，发生了一些新的犯罪行为。为了适应与犯罪斗争的实际需要，有必要对刑法进行修订、补充、完善。

1982 年决定研究修改刑法，1988 年提出了初步修改方案，到现在修订工作已经搞了 15 年。在这期间，由于来不及也没有条件对刑法进行全面的、完整的修改，对需要修改补充的，全国人大常委会陆续对刑法作出了 22 个修改补充规定和决定。另外，在一些民事、经济、行政法律中规定了“依照”、“比照”刑法的有关规定追究刑事责任的有 130 条。这次修订，在进行调查研究、广泛征求意见的基础上，会同公检法等有关部门和法律专家，认真总结 17 年来实施刑法的实践经验，研究国外有关刑事法律规定和现代刑事立法的发展趋势，草拟了刑法修订草案，两次印发各省、自治区、直辖市人大常委会、中央有关部门以及法律院校、法学研究机构征求意见，召开了有中央和省、市、县四级公检法机关、中央有关部门、地方人大和刑法专家参加的座谈会，对草案逐条讨论研究修改。

八届全国人大常委会第二十三次会议初步审议刑法修订草案后，又专门召集公检法等有关部门负责同志开会，对修订草案中重大的、有争议的问题共同讨论研究修改。法律委员会、内务司法委员会还召开联席会议，根据常委会委员和各方面的意见，对刑法修订草案逐条进行审议、修改。

这次修订刑法，主要考虑：第一，要制定一部统一的、比较完备的刑法典。将刑法实施 17 年来由全国人大常委会作出的有关刑法的修改补充规定和决定研究修改编入刑法；将一些民事、经济、行政法律中“依照”、“比照”刑法有关条文追究刑事责任的规定，改为刑法的具体条款；将拟制定的反贪污贿赂法和军委提请常委会审议的惩治军人违反职责犯罪条例编入刑法，在刑法中规定为贪污贿赂罪和军人违反职责罪两章；对于新出现的需要追究刑事责任的犯罪行为，经过研究认为比较成熟、比较有把握的，尽量增加规定。第二，注意保持法律的连续性和稳定性。对刑法的原有规定，包括文字表述和量刑规定，原则上没什么问题的，尽量不作修改。第三，对一些原来比较笼统、原则的规定，尽量把犯罪行为研究清楚，作出具体规定。刑法原来为 192 条，草案修改增为 449 条，增加 257 条。制定一部统一的、比较完备的刑法典，是继去年 3 月全国人大通过修改刑事诉讼法的决定以后，进一步完善我国刑事法律制度和司法制度的重大步骤，对于进一步实行依法治国，建设社会主义法制国家，具有重要意义。现将刑法（修订草案）的主要内容说明如下：

一、进一步明确规定刑法的基本原则

第一，进一步明确规定罪刑法定原则，取消类推的规定。刑法原来基本上也是按照罪刑法定原则的精神制定的，当时考虑到刑法分则只有 103 条，可能有些犯罪行为必须追究，法律又没有明文规定，不得不又规定可以采用类推办法，规定对刑法分则没有明文规定的犯罪，经最高人民法院核准，可以比照刑法分则最相类似的条文定罪判刑。这次修订，刑法分则的条文从原来 103 条增加到 345 条，对各种犯罪进一步作了明确、具体的规定。事实上，刑法虽然规定了类推，实际办案中使用的很少。现在已有必要也有条件取消类推的规定。因此，草案明确规定了罪刑法定原则：“法律明文规定为犯罪行为的，依照法律定罪处刑；法律没有明文规定为犯罪行为的，不得定罪处刑。”

第二，明确规定了法律面前人人平等原则。这个原则宪法已有规定，在刑法中再明确规定是有实际意义的。草案明确规定：“对任何人犯罪，在适用法律上一律平等。不允许任何人有超越法律的特权。”

第三，明确规定罪刑相当原则。罪刑相当，就是罪重的量刑要重，罪轻的量刑要轻，各个法律条文之间对犯罪量刑要统一平衡，不能罪重的量刑比罪轻的轻，也不能罪轻的量刑比罪重的重。因此，草案明确规定：“刑罚的轻重，应

当与犯罪分子所犯罪行和承担的刑事责任相适应。”

二、关于减刑和假释

刑法第七十一条规定：“被判处管制、拘役、有期徒刑、无期徒刑的犯罪分子，在执行期间，如果确有悔改或者立功表现，可以减刑。”第七十三条规定：“被判处有期徒刑的犯罪分子，执行原判刑期二分之一以上，被判处无期徒刑的犯罪分子，实际执行十年以上，如果确有悔改表现，不致再危害社会，可以假释。如果有特殊情节，可以不受上述执行刑期的限制。”在实际执行中，由于对“确有悔改”没有明确的界限，较难掌握，随意性比较大，并且没有严格的程序，容易出现流弊，存在问题较多。同时还应当维护人民法院判决执行的严肃性，不能轻易减刑、假释，特别是对以暴力严重危害社会的犯罪分子及累犯，不宜适用假释。草案针对实践中的问题，对减刑、假释的条件作了更具体的规定。并且规定：“对累犯以及因杀人、爆炸、抢劫、强奸、绑架等暴力性犯罪被判处十年以上有期徒刑和无期徒刑的犯罪分子，不得假释。”同时明确规定了减刑、假释的程序：对于可以减刑、假释的犯罪分子，由执行机关向中级以上人民法院提出减刑、假释建议书。由人民法院组成合议庭进行审理，对确有悔改或者立功事实的，裁定予以减刑、假释。非经法定程序，不得减刑、假释。

三、关于在法定刑以下判处刑罚

刑法第五十九条第二款规定：“犯罪分子虽然不具有本法规定的减轻处罚情节，如果根据案件的具体情况，判处法定刑的最低刑还是过重的，经人民法院审判委员会决定，也可以在法定刑以下判处刑罚。”在实际执行中，由于对判处法定最低刑还是过重的情况界限不明确，各地人民法院掌握界限不统一，随意性较大，存在不少问题。因此，适用这一规定，必须有严格的程序，草案将刑法规定的“经人民法院审判委员会决定”，修改为“经最高人民法院审判委员会核准。”

四、关于正当防卫

刑法第十七条规定：“为了使公共利益、本人或者他人的人身和其他权利免受正在进行的不法侵害，而采取的正当防卫行为，不负刑事责任。正当防卫超过必要限度造成不应有的危害的，应当负刑事责任；但是应当酌情减轻或者免除处罚。”由于对正当防卫超过必要限度的规定太笼统，在实际执行中随意性较大，出现了不少问题。比如，受害人在受到不法侵害时把歹徒打伤了，人民警察在抓捕罪犯受到暴力攻击时开枪把人犯打伤了，不仅得不到保护，反而被以防卫过当追究刑事责任。为了保护被害人的利益，鼓励见义勇为，草案增加规定：“对正在进行行凶、杀人、抢劫、强奸、绑架以及其他严重危及人身安全的暴力犯罪，采取防卫行为，造成不法侵害人伤亡和其他后果的，不属于防卫过当，不负刑事责任。”

为了有利于人民警察执行职务，草案增加规定：“人民警察在依法执行盘问、拘留、逮捕、追捕逃犯或者制止违法犯罪职务的时候，受到暴力侵犯或者人身安全受到威胁，依法使用警械和武器的职务行为，造成人员伤亡后果的，不属于防卫过当，不负刑事责任。”至于其他依法执行职务的行为，仍然依照有关规定执行。如果人民警察违反使用警械和武器的规定，造成他人损害的，仍然可以依照有关规定处罚。

五、关于自首和立功

刑法第六十三条规定：“犯罪以后自首的，可以从轻处罚。其中，犯罪较轻的，可以减轻或者免除处罚；犯罪较重的，如果有立功表现，也可以减轻或者免除处罚。”为了更好地体现和执行这一刑事政策，鼓励犯罪分子自首、立功，有利于查处犯罪，草案对自首、立功的作了较宽大的处刑规定，把“犯罪以后自首的，可以从轻处罚”，改为“可以从轻或者减轻处罚”，把对“其中，犯罪较轻的，可以减轻或者免除处罚”，改为“可以免除处罚”。并增加规定：“犯罪分子有揭发他人犯罪行为，查证属实的，或者提供重要线索，从而得以侦破其他案件等立功表现的，可以从轻或者减轻处罚；有重大立功表现的，可以减轻或者免除处罚。”“犯罪后自首又有重大立功表现的，应当减轻或者免除处罚。”同时对自首作了明确的界定，增加规定：“犯罪以后自动投案，如实供述自己的罪行的，是自首。”

六、关于反革命罪

刑法关于反革命罪的规定，对于维护国家安全，巩固人民民主专政政权和保卫社会主义制度，起了很大的作用，是必要的。但是随着国家政治、经济和社会情况的发展，反革命罪的罪名的适用遇到一些新情况、新问题。有些反革命罪，规定“以反革命为目的”，在实践中有时很难确定。有的犯罪行为，适用危害国家安全罪，比适用反革命罪更为合适。草案把反革命罪一章改为危害国家安全罪。除保留原有的勾结外国，阴谋危害祖国的主权、领土完整和安全的规定外，对现在危害国家危险性最大的分裂国家、武装叛乱、颠覆国家政权和推翻社会主义制度以及与境外机构、组织、人员相勾结实施这些危害国家安全犯罪的，作了更加明确、具体的规定，因而能够更有利于打击危害国家安全的犯罪活动。主要修改是：（一）将刑法第九十条“以推翻无产阶级专政的政权和社会主义制度为目的的、危害中华人民共和国的行为，都是反革命罪”，第九十二条“阴谋颠覆政府、分裂国家的”，第九十三条“策动、勾引、收买国家工作人员、武装部队、人民警察、民兵投敌叛变或者叛乱的”，第九十五条“持械聚众叛乱的首要分子或者其他罪恶重大的”，第九十八条“组织、领导反革命集团的”规定，修改为：1.“组织、策划、实施分裂国家、破坏国家统一活动的”；2.“组织、策划、实施颠覆国家政权、推翻社会主义制度的”；3.“组织、策划、实施武装叛乱或者武装暴乱的”；4.“策动、胁迫、勾引、收买国家机关工作人员、武装部队人员、人民警察、民兵进行武装叛乱的”。特别是增加规定：“与境外机构、组织、个人相勾结”，实施危害国家主权、领土完整和安全，分裂国家，武装叛乱，颠覆国家政权和推翻社会主义制度的。这是针对现在对国家安全构成很大危险的国内外相勾结进行“西化”、“分化”等颠覆破坏活动的特点所作的极为重要的规定，以利于依法同这类严重犯罪作斗争。（二）将刑法第一百零二条“以反革命标语、传单或者其他方法宣传煽动推翻无产阶级专政的政权和社会主义制度的。”修改为煽动分裂国家的和以造谣、诽谤或者其他方式煽动颠覆国家政权和推翻社会主义制度的，不再使用反革命宣传煽动罪的罪名。

这次修改反革命罪，对反革命罪原来的规定中实际属于普通刑事犯罪性质的，都规定按普通刑事犯罪追究。如“聚众劫狱或者组织越狱的”，“制造、抢夺、盗窃枪支、弹药的”等。反革命罪原有 15 条，修改为危害国家安全罪共有 12 条，反革命罪规定的条款没有列入危害国家安全罪的，均分别编入危害公共安全罪和妨害社会管理秩序罪。

这次对刑法反革命罪的修改，是考虑到我们国家已经从革命时期进入集中力量进行社会主义现代化建设的历史新时期，宪法确定了中国共产党对国家事务的领导作用，从国家体制和保卫国家整体利益考虑，从法律角度来看，对危害中华人民共和国的犯罪行为，规定适用危害国家安全罪比适用反革命罪更为合适。这也就是为了完善我国的刑事法律制度。至于过去依照刑法以反革命罪判刑的，仍然继续有效，不能改变。

七、关于投机倒把罪

刑法关于投机倒把罪的规定比较笼统，界限不太清楚，造成执行的随意性。这次修改，根据社会主义市场经济发展的要求，对需要规定的犯罪行为，尽量分解作出具体规定。草案根据十几年来按投机倒把罪追究刑事责任的具体行为作出规定，有些已在生产、销售伪劣商品罪、破坏金融管理秩序罪中作了规定，这次修订，在扰乱市场秩序罪中增加了对合同诈骗、非法经营专营专卖物品、买卖进出口许可证等犯罪行为的规定。不再笼统规定投机倒把罪，这样有利于避免执行的随意性。

八、关于流氓罪

刑法第一百六十条规定：“聚众斗殴、寻衅滋事，侮辱妇女或者进行其他流氓活动，破坏公共秩序，情节恶劣的，处七年以下有期徒刑、拘役或者管制。”这一规定比较笼统，实际执行中定为流氓罪的随意性较大。这次修订，将流氓罪分解为四条具体规定：一是侮辱、猥亵妇女的犯罪，二是聚众进行淫乱活动的犯罪，三是聚众斗殴的犯罪，四是寻衅滋事的犯罪。

九、关于贪污贿赂罪

这次修订刑法，将 1988 年全国人大常委会制定的《关于惩治贪污罪贿赂罪的补充规定》和最高检察院正在起草的反贪污贿赂法合并编为刑法的一章。主要问题是：（一）关于国家工作人员的范围，有些同志主张应只限于国家机关工作人员。考虑到国有公司、企业的管理人员经手管理着国家财产，以权谋私、损公肥私、化公为私的现象比较严重，草案原则上维持刑法规定的国家工作人员的范围，规定：“本法所称国家工作人员，是指国家机关中从事公务的人员。”“国有公司、企业、事业单位、人民团体中从事公务的人员和国家机关、国有公司、企业、事业单位委派到非国有公司、企业、事业单位、社会团体从事公务的人员，以及其他依照法律从事公务的人员，以国家工作人员论。”（二）根据情况的变化，将原贪污贿赂犯罪法定最低刑的数额二千元以下修改为五千元以下，法定最高刑的数额五万元以上修改为十万元以上。

十、关于渎职罪

刑法对渎职罪的规定过于笼统，有的规定处刑也偏轻，主要是玩忽职守罪。这次修订，主要是把十几年来民事、经济、行政法律中“依照”、“比照”刑法玩忽职守罪、徇私舞弊罪追究刑事责任的条文，改为刑法的具体条款。并针对现实经济生活中出现的国家机关工作人员滥用职权、严重不负责任，给国家和人民利益造成重大损失的新情况，增加规定了一些具体的渎职犯罪行为。刑法规定的渎职罪除贿赂罪外共为 7 条，现在增加为 23 条。

刑法规定玩忽职守罪的法定刑为五年以下，这次修订区分滥用职权、玩忽职守的犯罪行为所造成的不同后果，对法定刑作了修改，一般的为三年以下；严重的为三年以上七年以下；对某些徇私舞弊、徇私枉法、徇情枉法情节特别严重的，法定最高刑规定为十五年。对贪赃枉法裁判，构成受贿罪的，依照处罚较重的规定处罚。

十一、关于完备刑事法律条文问题

这次修订，对于新出现的需要追究刑事责任的犯罪行为，经过研究认为比较有把握的，尽量增加规定。

（一）关于黑社会犯罪。在我国，明显的、典型的黑社会犯罪还没有出现，但带有黑社会性质的犯罪集团已经出现，横行乡里、称霸一方，为非作歹，欺压、残害群众的有组织犯罪时有出现。另外也发现有境外黑社会组织成员入境进行违法活动的，可能会对社会造成严重危害。对于黑社会性质的犯罪，必须坚决打击，一定要消灭在萌芽状态，防止蔓延。只要组织、参加黑社会性质的犯罪组织，不管是否有其他具体犯罪行为都要判刑。因此，草案增加了相应的规定，并对境外的黑社会组织的人员到中华人民共和国境内发展组织成员的，规定了刑罚。

（二）现在有些地方已经出现有组织进行恐怖活动的犯罪，危害很大。为了有力地打击这种犯罪，草案增加规定：“组织、领导和积极参加恐怖活动组织的，处三年以上十年以下有期徒刑；其他参加的，处三年以下有期徒刑、拘役或者管制。”“犯前款罪并实施杀人、爆炸、绑架等犯罪的，依照数罪并罚的规定处罚。”

（三）现在有些地方有人煽动民族仇恨，破坏民族团结。参考有关国际公约的规定，草案增加规定：“煽动民族仇恨、民族歧视，情节严重的，处三年以下有期徒刑、拘役、管制或者剥夺政治权利；情节特别严重的，处三年以上十年以下有期徒刑。”对于利用民族问题，煽动分裂国家、破坏国家统一的，仍然适用危害国家安全罪的有关规定定罪处罚。

（四）很多国家的刑法对洗钱的犯罪行为作了规定，我国关于禁毒的决定中也对洗钱作了规定。目前，洗钱犯罪时有发生，并已不限于毒品犯罪。因此，草案对明知是毒品犯罪、黑社会性质的组织犯罪、走私犯罪的违法所得及其产生的收益，为掩饰、隐瞒其来源和性质而进行洗钱的行为规定了刑罚。

（五）针对计算机犯罪日趋严重的情况，增加了对违反国家规定，侵入国家事务、国防建设、尖端科学技术等重要领域的计算机信息系统，故意制作、传播计算机病毒等破坏性程序等犯罪的规定。同时规定，利用计算机实施金融诈骗、盗窃、贪污、挪用公款、窃取国家秘密或者其他犯罪的，依照本法有关规定定罪处罚。

（六）为了维护证券交易秩序，打击证券欺诈等犯罪行为，增加了内幕交易、操纵证券交易价格、编造并传播虚假信息等犯罪的规定。

（七）有些全国人大常委会委员和有关部门提出，土地是国家的重要自然资源，对于破坏土地资源的行为应当追究刑事责任。因此，草案对“以牟利为目的，违反土地管理法规，非法转让、倒卖土地使用权”，“违反土地管理法规，非法占用耕地改作他用，数量较大，造成耕地大量毁坏的”，以及“国家机关工作人员徇私舞弊，违反土地管理法规，滥用职权，非法批准征用、占用土地，或者非法低价出让国有土地使用权”的，增加了追究刑事责任的规定。

此外，草案还增加规定了侵犯商业秘密，违反国家安全标准，降低建筑质量，非法扣押、拘禁人质强迫还债，以限制人身自由的方法强迫他人劳动，非法采集、供应血液，对证人打击报复等规定。

十二、关于死刑问题

有些同志认为现行法律规定的死刑多了，主张减少。考虑到目前社会治安的形势严峻，经济犯罪的情况严重，还不具备减少死刑的条件，这次修订，对现行法律规定的死刑，原则上不减也不增加。经过同公检法研究，大家同意将未满18周岁的未成年人犯罪的最高刑由可以判处死刑缓期执行改为无期徒刑。

十三、关于危害国防利益罪

根据有些全国人大常委会委员和军委法制局的意见，草案增加了危害国防利益罪一章。将以暴力、威胁方法阻碍军人依法执行职务，故意阻碍武装部队军事行动，破坏军事设施或者武器装备，明知是不合格的军事设施、武器装备而提供给武装部队，聚众哄闹、冲击军事禁区和军事管理区，煽动军人逃离部队，在征兵工作中徇私舞弊，输送不合格兵员等14种危害国防利益的犯罪作了规定。

十四、关于军人违反职责罪

1979年制定刑法时，即提出刑法应当规定军职罪，当时因为来不及研究清楚，决定另行起草军职罪暂行条例。1980年制订军职罪暂行条例时，明确说明：“在国家刑法的结构中”，军职罪“应属于刑法分则中的一章”，并且说明军职罪暂行条例“经人大常委会审定后，先在军内公布试行。待取得比较成熟的经验，再建议按立法程序修改补入刑法。”这次修订刑法，经同军委法制局研究并经军委同意，将军委已提请八届全国人大常委会审议的《中华人民共和国惩治军人违反职责犯罪条例（草案）》，改为刑法分则的一章。这样修订后，国家将制定一部统一的、完整的刑法典，对社会主义法制建设具有重大的意义。

十五、对十几年来全国人大常委会制定的有关刑法的22个修改补充规定和决定以及惩治军人违反职责罪暂行条例，拟根据两类不同情况分别处理

一类是已纳入本法或者已不适用，予以废止；一类是需要予以保留的，其中有关行政处罚和行政措施的规定仍然有效，有关刑事责任的规定已纳入本法，适用本法规定，在附则中作了具体规定。

中华人民共和国刑法（修订草案）和以上说明，请大会审议。

19. 中华人民共和国刑法（修订草案）

（第八届全国人大第五次会议秘书处　1997年3月13日印）

［1997年3月13日第八届全国人民代表大会第五次会议主席团第三次会议通过
第八届全国人大第五次会议文件（三十七）］

目　录

第一编 总 则

第一章 刑法的任务、基本原则和适用范围

第一条 为了惩罚犯罪，保护人民，根据宪法，结合我国同犯罪作斗争的具体经验及实际情况，制定本法。

第二条 中华人民共和国刑法的任务，是用刑罚同一切犯罪行为作斗争，以保卫国家安全，保卫人民民主专政的政权和社会主义制度，保护国有财产和劳动群众集体所有的财产，保护公民私人所有的财产，保护公民的人身权利、民主权利和其他权利，维护社会秩序、经济秩序，保障社会主义建设事业的顺利进行。

第三条 法律明文规定为犯罪行为的，依照法律定罪处刑；法律没有明文规定为犯罪行为的，不得定罪处刑。

第四条 对任何人犯罪，在适用法律上一律平等。不允许任何人有超越法律的特权。

第五条 刑罚的轻重，应当与犯罪分子所犯罪行和承担的刑事责任相适应。

第六条 凡在中华人民共和国领域内犯罪的，除法律有特别规定的以外，都适用本法。

凡在中华人民共和国船舶或者航空器内犯罪的，也适用本法。

犯罪的行为或者结果有一项发生在中华人民共和国领域内的，就认为是在中华人民共和国领域内犯罪。

第七条 中华人民共和国公民在中华人民共和国领域外犯本法规定之罪的，适用本法，但是按本法规定的最高刑为三年以下有期徒刑的，可以不予追究。

中华人民共和国国家工作人员和军人在中华人民共和国领域外犯本法规定之罪的，适用本法。

第八条 外国人在中华人民共和国领域外对中华人民共和国国家或者公民犯罪，而按本法规定的最低刑为三年以上有期徒刑的，可以适用本法，但是按照犯罪地的法律不受处罚的除外。

第九条 对于中华人民共和国缔结或者参加的国际条约所规定的罪行，中华人民共和国在所承担条约义务的范围内行使刑事管辖权的，适用本法。

第十条 凡在中华人民共和国领域外犯罪，依照本法应当负刑事责任的，虽然经过外国审判，仍然可以依照本法追究，但是在外国已经受过刑罚处理的，可以免除或者减轻处罚。

第十一条 享有外交特权和豁免权的外国人的刑事责任，通过外交途径解决。

第十二条 中华人民共和国成立以后本法施行以前的行为，如果当时的法律不认为是犯罪的，适用当时的法律；如果当时的法律认为是犯罪的，依照本法总则第四章第八节的规定应当追诉的，按照当时的法律追究刑事责任，但是如果本法不认为是犯罪或者处刑较轻的，适用本法。

本法施行以前，依照当时的法律已经作出的生效判决，继续有效。

第二章 犯 罪

第一节 犯罪和刑事责任

第十三条 一切危害国家主权、领土完整和安全，分裂国家、颠覆人民民主专政的政权和推翻社会主义制度，破坏社会秩序和经济秩序，侵犯国有财产或者劳动群众集体所有的财产，侵犯公民私人所有的财产，侵犯公民的人身权利、民主权利和其他权利，以及其他危害社会的行为，依照法律应当受刑罚处罚的，都是犯罪，但是情节显著轻微危害不大的，不认为是犯罪。

第十四条 明知自己的行为会发生危害社会的结果，并且希望或者放任这种结果发生，因而构成犯罪的，是故意犯罪。

故意犯罪，应当负刑事责任。

第十五条 应当预见自己的行为可能发生危害社会的结果，因为疏忽大意而没有预见，或者已经预见而轻信能够避免，以致发生这种结果的，是过失犯罪。

过失犯罪，法律有规定的才负刑事责任。

第十六条 行为在客观上虽然造成了损害结果，但是不是出于故意或者过失，而是由于不能抗拒或者不能预见的原因所引起的，不是犯罪。

第十七条 已满十六周岁的人犯罪，应当负刑事责任。

已满十四周岁不满十六周岁的人，犯故意杀人、故意伤害致人重伤或者死亡、强奸、抢劫、贩卖毒品、放火、爆炸、投毒罪的，应当负刑事责任。

已满十四周岁不满十八周岁的人犯罪，应当从轻或者减轻处罚。

因不满十六周岁不予刑事处罚的，责令他的家长或者监护人加以管教；在必要的时候，也可以由政府收容教养。

第十八条 精神病人在不能辨认或者不能控制自己行为的时候造成危害结果，经法定程序鉴定确认的，不负刑事责任，但是应当责令他的家属或者监护人严加看管和医疗；在必要的时候，由政府强制医疗。

间歇性的精神病人在精神正常的时候犯罪，应当负刑事责任。

尚未完全丧失辨认或者控制自己行为能力的精神病人犯罪的，应当负刑事责任，但是可以从轻或者减轻处罚。

醉酒的人犯罪，应当负刑事责任。

第十九条 又聋又哑的人或者盲人犯罪，可以从轻、减轻或者免除处罚。

第二十条 为了使国家、公共利益、本人或者他人的人身、财产和其他权利免受正在进行的不法侵害，而采取的制止不法侵害的行为，对不法侵害人造成损害的，属于正当防卫，不负刑事责任。

正当防卫明显超过必要限度造成重大损害的，应当负刑事责任，但是应当减轻或者免除处罚。

对正在进行行凶、杀人、抢劫、强奸、绑架以及其他严重危及人身安全的暴力犯罪，采取防卫行为，造成不法侵害人伤亡的，不属于防卫过当，不负刑事责任。

第二十一条 为了使国家、公共利益、本人或者他人的人身、财产和其他权利免受正在发生的危险，不得已采取的紧急避险行为，造成损害的，不负刑事责任。

紧急避险超过必要限度造成不应有的损害的，应当负刑事责任，但是应当减轻或者免除处罚。

第一款中关于避免本人危险的规定，不适用于职务上、业务上负有特定责任的人。

第二节 犯罪的预备、未遂和中止

第二十二条 为了犯罪，准备工具、制造条件的，是犯罪预备。

对于预备犯，可以比照既遂犯从轻、减轻处罚或者免除处罚。

第二十三条 已经着手实行犯罪，由于犯罪分子意志以外的原因而未得逞的，是犯罪未遂。

对于未遂犯，可以比照既遂犯从轻或者减轻处罚。

第二十四条 在犯罪过程中，自动放弃犯罪或者自动有效地防止犯罪结果发生的，是犯罪中止。

对于中止犯，没有造成损害的，应当免除处罚；造成损害的，应当减轻处罚。

第三节 共同犯罪

第二十五条 共同犯罪是指二人以上共同故意犯罪。

二人以上共同过失犯罪，不以共同犯罪论处；应当负刑事责任的，按照他们所犯的罪分别处罚。

第二十六条 组织、领导犯罪集团进行犯罪活动的或者在共同犯罪中起主要作用的，是主犯。

三人以上为共同实施犯罪而组成的较为固定的犯罪组织，是犯罪集团。

对组织、领导犯罪集团的首要分子，按照集团所犯的全部罪行处罚。

对于第三款规定以外的主犯，应当按照其所参与的或者组织、指挥的全部犯罪处罚。

第二十七条 在共同犯罪中起次要或者辅助作用的，是从犯。

对于从犯，应当从轻、减轻处罚或者免除处罚。

第二十八条 对于被胁迫参加犯罪的，应当按照他的犯罪情节减轻处罚或者免除处罚。

第二十九条 教唆他人犯罪的，应当按照他在共同犯罪中所起的作用处罚。教唆不满十八周岁的人犯罪的，应当从重处罚。

如果被教唆的人没有犯被教唆的罪，对于教唆犯，可以从轻或者减轻处罚。

第四节 单位犯罪

第三十条 公司、企业、事业单位、机关、团体实施的危害社会的行为，法律规定为单位犯罪的，应当负刑事责任。

第三十一条 单位犯罪的，对单位判处罚金，并对其直接负责的主管人员和其他直接责任人员判处刑罚。本法分则和其他法律另有规定的，依照规定。

第三章 刑　罚

第一节 刑罚的种类

第三十二条 刑罚分为主刑和附加刑。

第三十三条 主刑的种类如下：

（一）管制；

（二）拘役；

（三）有期徒刑；

（四）无期徒刑；

（五）死刑。

第三十四条 附加刑的种类如下：

（一）罚金；
（二）剥夺政治权利；
（三）没收财产。
附加刑也可以独立适用。

第三十五条 对于犯罪的外国人，可以独立适用或者附加适用驱逐出境。

第三十六条 由于犯罪行为而使被害人遭受经济损失的，对犯罪分子除依法给予刑事处罚外，并应根据情况判处赔偿经济损失。

承担民事赔偿责任的犯罪分子，同时被判处罚金，其财产不足以全部支付的，或者被判处没收财产的，应当先承担对被害人的民事赔偿责任。

第三十七条 对于犯罪情节轻微不需要判处刑罚的，可以免予刑事处罚，但是可以根据案件的不同情况，予以训诫或者责令具结悔过、赔礼道歉、赔偿损失，或者由主管部门予以行政处罚或者行政处分。

第二节 管 制

第三十八条 管制的期限，为三个月以上二年以下。

被判处管制的犯罪分子，由公安机关执行。

第三十九条 被判处管制的犯罪分子，在执行期间，应当遵守下列规定：
（一）遵守法律、行政法规，服从监督；
（二）未经执行机关批准，不得行使言论、出版、集会、结社、游行、示威自由的权利；
（三）按照执行机关规定报告自己的活动情况；
（四）遵守执行机关关于会客的规定；
（五）离开所居住的市、县或者迁居，应当报经执行机关批准。
对于被判处管制的犯罪分子，在劳动中应当同工同酬。

第四十条 被判处管制的犯罪分子，管制期满，执行机关应即向本人和其所在单位或者居住地的群众宣布解除管制。

第四十一条 管制的刑期，从判决执行之日起计算；判决执行以前先行羁押的，羁押一日折抵刑期二日。

第三节 拘 役

第四十二条 拘役的期限，为一个月以上六个月以下。

第四十三条 被判处拘役的犯罪分子，由公安机关就近执行。

在执行期间，被判处拘役的犯罪分子每月可以回家一天至两天；参加劳动的，可以酌量发给报酬。

第四十四条 拘役的刑期，从判决执行之日起计算；判决执行以前先行羁押的，羁押一日折抵刑期一日。

第四节 有期徒刑、无期徒刑

第四十五条 有期徒刑的期限，除本法第五十条、第六十九条规定外，为六个月以上十五年以下。

第四十六条 被判处有期徒刑、无期徒刑的犯罪分子，在监狱或者其他执行场所执行；凡有劳动能力的，都应当参加劳动，接受教育和改造。

第四十七条 有期徒刑的刑期，从判决执行之日起计算；判决执行以前先行羁押的，羁押一日折抵刑期一日。

第五节 死 刑

第四十八条 死刑只适用于罪行极其严重的犯罪分子。对于应当判处死刑的犯罪分子，如果不是必须立即执行的，可以判处死刑同时宣告缓期二年执行。

死刑除依法由最高人民法院判决的以外，都应当报请最高人民法院核准。死刑缓期执行的，可以由高级人民法院判决或者核准。

第四十九条 犯罪的时候不满十八周岁的人和审判的时候怀孕的妇女，不适用死刑。

第五十条 判处死刑缓期执行的，在死刑缓期执行期间，如果没有故意犯罪，二年期满以后，减为无期徒刑；如果确有重大立功表现，二年期满以后，减为十五年以上二十年以下有期徒刑；如果故意犯罪，查证属实的，由最高人民法院核准，执行死刑。

第五十一条 死刑缓期执行的期间，从判决确定之日起计算。死刑缓期执行减为有期徒刑的刑期，从死刑缓期执行期满之日起计算。

第六节 罚 金

第五十二条 判处罚金，应当根据犯罪情节决定罚金数额。

第五十三条　罚金在判决指定的期限内一次或者分期缴纳。期满不缴纳的，强制缴纳。对于不能全部缴纳罚金的，人民法院在任何时候发现被执行人有可以执行的财产，应当随时追缴。如果由于遭遇不能抗拒的灾祸缴纳确实有困难的，可以酌情减少或者免除。

第七节　剥夺政治权利

第五十四条　剥夺政治权利是剥夺下列权利：

（一）选举权和被选举权；

（二）言论、出版、集会、结社、游行、示威自由的权利；

（三）担任国家机关职务的权利；

（四）担任国有公司、企业、事业单位和人民团体领导职务的权利。

第五十五条　剥夺政治权利的期限，除本法第五十七条规定外，为一年以上五年以下。

判处管制附加剥夺政治权利的，剥夺政治权利的期限与管制的期限相等，同时执行。

第五十六条　对于危害国家安全的犯罪分子应当附加剥夺政治权利；对于故意杀人、强奸、放火、爆炸、投毒、抢劫等严重破坏社会秩序的犯罪分子，可以附加剥夺政治权利。

独立适用剥夺政治权利的，依照本法分则的规定。

第五十七条　对于被判处死刑、无期徒刑的犯罪分子，应当剥夺政治权利终身。

在死刑缓期执行减为有期徒刑或者无期徒刑减为有期徒刑的时候，应当把附加剥夺政治权利的期限改为三年以上十年以下。

第五十八条　附加剥夺政治权利的刑期，从徒刑、拘役执行完毕之日或者从假释之日起计算；剥夺政治权利的效力当然施用于主刑执行期间。

被剥夺政治权利的犯罪分子，在执行期间，应当遵守法律、行政法规和国务院公安部门有关监督管理的规定，服从监督；不得行使本法第五十四条规定的各项权利。

第八节　没收财产

第五十九条　没收财产是没收犯罪分子个人所有财产的一部或者全部。没收全部财产的，应当对犯罪分子个人及其扶养的家属保留必需的生活费用。

在判处没收财产的时候，不得没收属于犯罪分子家属所有或者应有的财产。

第六十条　没收财产以前犯罪分子所负的正当债务，需要以没收的财产偿还的，经债权人请求，应当偿还。

第四章　刑罚的具体运用

第一节　量　　刑

第六十一条　对于犯罪分子决定刑罚的时候，应当根据犯罪的事实、犯罪的性质、情节和对于社会的危害程度，依照本法的有关规定判处。

第六十二条　犯罪分子具有本法规定的从重处罚、从轻处罚情节的，应当在法定刑的限度以内判处刑罚。

第六十三条　犯罪分子具有本法规定的减轻处罚情节的，应当在法定刑以下判处刑罚。

犯罪分子虽然不具有本法规定的减轻处罚情节，但是根据案件的特殊情况，经最高人民法院核准，也可以在法定刑以下判处刑罚。

第六十四条　犯罪分子违法所得的一切财物，应当予以追缴或者责令退赔；对被害人的合法财产，应当及时返还；违禁品和供犯罪所用的本人财物，应当予以没收。没收的财物和罚金，一律上缴国库，不得挪用和自行处理。

第二节　累　　犯

第六十五条　被判处有期徒刑以上刑罚的犯罪分子，刑罚执行完毕或者赦免以后，在五年以内再犯应当判处有期徒刑以上刑罚之罪的，是累犯，应当从重处罚，但是过失犯罪除外。

前款规定的期限，对于被假释的犯罪分子，从假释期满之日起计算。

第六十六条　危害国家安全的犯罪分子在刑罚执行完毕或者赦免以后，在任何时候再犯危害国家安全罪的，都以累犯论处。

第三节　自首和立功

第六十七条　犯罪以后自动投案，如实供述自己的罪行的，是自首。对于自首的犯罪分子，可以从轻或者减轻处罚。其中，犯罪较轻的，可以免除处罚。

被采取强制措施的犯罪嫌疑人、被告人和正在服刑的罪犯，如实供述司法机关还未掌握的本人其他罪行的，以自首论。

第六十八条 犯罪分子有揭发他人犯罪行为，查证属实的，或者提供重要线索，从而得以侦破其他案件等立功表现的，可以从轻或者减轻处罚；有重大立功表现的，可以减轻或者免除处罚。

犯罪后自首又有重大立功表现的，应当减轻或者免除处罚。

第四节 数罪并罚

第六十九条 判决宣告以前一人犯数罪的，除判处死刑和无期徒刑的以外，应当在总和刑期以下、数刑中最高刑期以上，酌情决定执行的刑期，但是管制最高不能超过三年，拘役最高不能超过一年，有期徒刑最高不能超过二十年。

如果数罪中有判处附加刑的，附加刑仍须执行。

第七十条 判决宣告以后，刑罚执行完毕以前，发现被判刑的犯罪分子在判决宣告以前还有其他罪没有判决的，应当对新发现的罪作出判决，把前后两个判决所判处的刑罚，依照本法第六十九条的规定，决定执行的刑罚。已经执行的刑期，应当计算在新判决决定的刑期以内。

第七十一条 判决宣告以后，刑罚执行完毕以前，被判刑的犯罪分子又犯罪的，应当对新犯的罪作出判决，把前罪没有执行的刑罚和后罪所判处的刑罚，依照本法第六十九条的规定，决定执行的刑罚。

第五节 缓　　刑

第七十二条 对于被判处拘役、三年以下有期徒刑的犯罪分子，根据犯罪分子的犯罪情节和悔罪表现，适用缓刑确实不致再危害社会的，可以宣告缓刑。

被宣告缓刑的犯罪分子，如果被判处附加刑，附加刑仍须执行。

第七十三条 拘役的缓刑考验期限为原判刑期以上一年以下，但是不能少于二个月。

有期徒刑的缓刑考验期限为原判刑期以上五年以下，但是不能少于一年。

缓刑考验期限，从判决确定之日起计算。

第七十四条 对于累犯，不适用缓刑。

第七十五条 被宣告缓刑的犯罪分子，应当遵守下列规定：

（一）遵守法律、行政法规，服从监督；

（二）按照考察机关的规定报告自己的活动情况；

（三）遵守考察机关关于会客的规定；

（四）离开所居住的市、县或者迁居，应当报经考察机关批准。

第七十六条 被宣告缓刑的犯罪分子，在缓刑考验期限内，由公安机关考察，所在单位或者基层组织予以配合，如果没有本法第七十七条规定的情形，缓刑考验期满，原判的刑罚就不再执行，并公开予以宣告。

第七十七条 被宣告缓刑的犯罪分子，在缓刑考验期限内犯新罪或者发现判决宣告以前还有其他罪没有判决的，应当撤销缓刑，对新犯的罪或者新发现的罪作出判决，把前罪和后罪所判决的刑罚，依照本法第六十九条的规定，决定执行的刑罚。

被宣告缓刑的犯罪分子，在缓刑考验期限内，违反法律、行政法规或者国务院公安部门有关缓刑的监督管理规定，情节严重的，应当撤销缓刑，执行原判刑罚。

第六节 减　　刑

第七十八条 被判处管制、拘役、有期徒刑、无期徒刑的犯罪分子，在执行期间，如果认真遵守监规，接受教育改造，确有悔改表现的，或者有立功表现的，可以减刑；有下列重大立功表现之一的，应当减刑：

（一）阻止他人重大犯罪活动的；

（二）检举监狱内外重大犯罪活动，经查证属实的；

（三）有发明创造或者重大技术革新的；

（四）在日常生产、生活中舍己救人的；

（五）在抗御自然灾害或者排除重大事故中，有突出表现的；

（六）对国家和社会有其他重大贡献的。

减刑以后实际执行的刑期，判处管制、拘役、有期徒刑的，不能少于原判刑期的二分之一；判处无期徒刑的，不能少于十年。

第七十九条 对于犯罪分子的减刑，由执行机关向中级以上人民法院提出减刑建议书。人民法院应当组成合议庭进行审理，对确有悔改或者立功事实的，裁定予以减刑。非经法定程序不得减刑。

第八十条 无期徒刑减为有期徒刑的刑期，从裁定减刑之日起计算。

第七节　假　　释

第八十一条　被判处有期徒刑的犯罪分子，执行原判刑期二分之一以上，被判处无期徒刑的犯罪分子，实际执行十年以上，如果认真遵守监规，接受教育改造，确有悔改表现，假释后不致再危害社会的，可以假释。如果有特殊情况，经最高人民法院核准，可以不受上述执行刑期的限制。

对累犯以及因杀人、爆炸、抢劫、强奸、绑架等暴力性犯罪被判处十年以上有期徒刑、无期徒刑的犯罪分子，不得假释。

第八十二条　对于犯罪分子的假释，依照本法第七十九条规定的程序进行。非经法定程序不得假释。

第八十三条　有期徒刑的假释考验期限，为没有执行完毕的刑期；无期徒刑的假释考验期限为十年。

假释考验期限，从假释之日起计算。

第八十四条　被宣告假释的犯罪分子，应当遵守下列规定：

（一）遵守法律、行政法规，服从监督；

（二）按照监督机关的规定报告自己的活动情况；

（三）遵守监督机关关于会客的规定；

（四）离开所居住的市、县或者迁居，应当报经监督机关批准。

第八十五条　被假释的犯罪分子，在假释考验期限内，由公安机关予以监督，如果没有本法第八十六条规定的情形，假释考验期满，就认为原判刑罚已经执行完毕，并公开予以宣告。

第八十六条　被假释的犯罪分子，在假释考验期限内犯新罪，应当撤销假释，依照本法第七十一条的规定实行数罪并罚。

在假释考验期限内，发现被假释的犯罪分子在判决宣告以前还有其他罪没有判决的，应当撤销假释，依照本法第七十条的规定实行数罪并罚。

被假释的犯罪分子，在假释考验期限内，有违反法律、行政法规或者国务院公安部门有关假释的监督管理规定的行为，尚未构成新的犯罪的，应当依照法定程序撤销假释，收监执行未执行完毕的刑罚。

第八节　时　　效

第八十七条　犯罪经过下列期限不再追诉：

（一）法定最高刑为不满五年有期徒刑的，经过五年；

（二）法定最高刑为五年以上不满十年有期徒刑的，经过十年；

（三）法定最高刑为十年以上有期徒刑的，经过十五年；

（四）法定最高刑为无期徒刑、死刑的，经过二十年。如果二十年以后认为必须追诉的，须报请最高人民检察院核准。

第八十八条　在人民检察院、公安机关、国家安全机关立案侦查或者在人民法院受理案件以后，逃避侦查或者审判的，不受追诉期限的限制。

被害人在追诉期限内提出控告，人民法院、人民检察院、公安机关应当立案而不予立案的，不受追诉期限的限制。

第八十九条　追诉期限从犯罪之日起计算；犯罪行为有连续或者继续状态的，从犯罪行为终了之日起计算。

在追诉期限以内又犯罪的，前罪追诉的期限从犯后罪之日起计算。

第五章　其他规定

第九十条　民族自治地方不能全部适用本法规定的，可以由自治区或者省的人民代表大会根据当地民族的政治、经济、文化的特点和本法规定的基本原则，制定变通或者补充的规定，报请全国人民代表大会常务委员会批准施行。

第九十一条　本法所称公共财产，是指下列财产：

（一）国有财产；

（二）劳动群众集体所有的财产；

（三）用于扶贫和其他公益事业的社会捐助或者专项基金的财产。

在国家机关、国有公司、企业、集体企业和人民团体管理、使用或者运输中的私人财产，以公共财产论。

第九十二条　本法所称公民私人所有的财产，是指下列财产：

（一）公民的合法收入、储蓄、房屋和其他生活资料；

（二）依法归个人、家庭所有的生产资料；

（三）个体户和私营企业的合法财产；

（四）依法归个人所有的股份、股票、债券和其他财产。

第九十三条　本法所称国家工作人员，是指国家机关中从事公务的人员。

国有公司、企业、事业单位、人民团体中从事公务的人员和国家机关、国有公司、企业、事业单位委派到非国有公司、企业、事业单位、社会团体从事公务的人员，以及其他依照法律从事公务的人员，以国家工作人员论。

第九十四条 本法所称司法工作人员，是指有侦查、检察、审判、监管职责的工作人员。

第九十五条 本法所称重伤，是指有下列情形之一的伤害：

（一）使人肢体残废或者毁人容貌的；

（二）使人丧失听觉、视觉或者其他器官机能的；

（三）其他对于人身健康有重大伤害的。

第九十六条 本法所称违反国家规定，是指违反全国人民代表大会及其常务委员会制定的法律和决定，国务院制定的行政法规、规定的行政措施、发布的决定和命令。

第九十七条 本法所称首要分子，是指在犯罪集团或者聚众犯罪中起组织、策划、指挥作用的犯罪分子。

第九十八条 本法所称告诉才处理，是指被害人告诉才处理。如果被害人因受强制、威吓无法告诉的，人民检察院和被害人的近亲属也可以告诉。

第九十九条 本法所称以上、以下、以内，包括本数。

第一百条 依法受过刑事处罚的人，在入伍、就业的时候，应当如实向有关单位报告自己曾受过刑事处罚，不得隐瞒。

第一百零一条 本法总则适用于其他有刑罚规定的法律，但是其他法律有特别规定的除外。

第二编　分　　则

第一章　危害国家安全罪

第一百零二条 勾结外国，危害中华人民共和国的主权、领土完整和安全的，处无期徒刑或者十年以上有期徒刑。

与境外机构、组织、个人相勾结，犯前款罪的，依照前款的规定处罚。

第一百零三条 组织、策划、实施分裂国家、破坏国家统一的，对首要分子或者罪行重大的，处无期徒刑或者十年以上有期徒刑；对积极参加的，处三年以上十年以下有期徒刑；对其他参加的，处三年以下有期徒刑、拘役、管制或者剥夺政治权利。

煽动分裂国家、破坏国家统一的，处五年以下有期徒刑、拘役、管制或者剥夺政治权利；首要分子或者罪行重大的，处五年以上有期徒刑。

第一百零四条 组织、策划、实施武装叛乱或者武装暴乱的，对首要分子或者罪行重大的，处无期徒刑或者十年以上有期徒刑；对积极参加的，处三年以上十年以下有期徒刑；对其他参加的，处三年以下有期徒刑、拘役、管制或者剥夺政治权利。

策动、胁迫、勾引、收买国家机关工作人员、武装部队人员、人民警察、民兵进行武装叛乱或者武装暴乱的，依照前款的规定从重处罚。

第一百零五条 组织、策划、实施颠覆国家政权、推翻社会主义制度的，对首要分子或者罪行重大的，处无期徒刑或者十年以上有期徒刑；对积极参加的，处三年以上十年以下有期徒刑；对其他参加的，处三年以下有期徒刑、拘役、管制或者剥夺政治权利。

以造谣、诽谤或者其他方式煽动颠覆国家政权、推翻社会主义制度的，处五年以下有期徒刑、拘役、管制或者剥夺政治权利；首要分子或者罪行重大的，处五年以上有期徒刑。

第一百零六条 与境外机构、组织、个人相勾结，实施本章第一百零三条、第一百零四条、第一百零五条规定之罪的，依照各该条的规定从重处罚。

第一百零七条 境内外机构、组织或者个人资助境内组织或者个人实施本章第一百零二条，第一百零三条、第一百零四条、第一百零五条规定之罪的，对直接责任人员处五年以下有期徒刑、拘役、管制或者剥夺政治权利；情节严重的，处五年以上有期徒刑。

第一百零八条 投敌叛变的，处三年以上十年以下有期徒刑；情节严重或者带领武装部队人员、人民警察、民兵投敌叛变的，处十年以上有期徒刑或者无期徒刑。

第一百零九条 国家机关工作人员在履行公务期间，擅离岗位，叛逃境外或者在境外叛逃，危害中华人民共和国国家安全的，处五年以下有期徒刑、拘役、管制或者剥夺政治权利；情节严重的，处五年以上十年以下有期徒刑。

掌握国家秘密的国家工作人员犯前款罪的，依照前款的规定从重处罚。

第一百一十条 有下列间谍行为之一，危害国家安全的，处十年以上有期徒刑或者无期徒刑；情节较轻的，处三年以上十年以下有期徒刑：

（一）参加间谍组织或者接受间谍组织及其代理人的任务的；

（二）为敌人指示轰击目标的。

第一百一十一条 为境外的机构、组织、人员窃取、刺探、收买、非法提供国家秘密或者情报的，处五年以上十年以下有期徒刑；情节特别严重的，处十年以上有期徒刑或者无期徒刑；情节较轻的，处五年以下有期徒刑、拘役、管制或者剥夺政治权利。

第一百一十二条　战时供给敌人武器装备、军用物资资敌的，处十年以上有期徒刑或者无期徒刑；情节较轻的，处三年以上十年以下有期徒刑。

第一百一十三条　本章上述危害国家安全罪行中，除第一百零三条第二款、第一百零五条、第一百零七条、第一百零九条外，对国家和人民危害特别严重、情节特别恶劣的，可以判处死刑。

犯本章之罪的，可以并处没收财产。

第二章　危害公共安全罪

第一百一十四条　放火、决水、爆炸、投毒或者以其他危险方法破坏工厂、矿场、油田、港口、河流、水源、仓库、住宅、森林、农场、谷场、牧场、重要管道、公共建筑物或者其他公私财产，危害公共安全，尚未造成严重后果的，处三年以上十年以下有期徒刑。

第一百一十五条　放火、决水、爆炸、投毒或者以其他危险方法致人重伤、死亡或者使公私财产遭受重大损失的，处十年以上有期徒刑、无期徒刑或者死刑。

过失犯前款罪的，处三年以上七年以下有期徒刑；情节较轻的，处三年以下有期徒刑或者拘役。

第一百一十六条　破坏火车、汽车、电车、船只、航空器、足以使火车、汽车、电车、船只、航空器发生倾覆、毁坏危险，尚未造成严重后果的，处三年以上十年以下有期徒刑。

第一百一十七条　破坏轨道、桥梁、隧道、公路、机场、航道、灯塔、标志或者进行其他破坏活动，足以使火车、汽车、电车、船只、航空器发生倾覆、毁坏危险，尚未造成严重后果的，处三年以上十年以下有期徒刑。

第一百一十八条　破坏电力、燃气或者其他易燃易爆设备，危害公共安全，尚未造成严重后果的，处三年以上十年以下有期徒刑。

第一百一十九条　破坏交通工具、交通设施、电力设备、燃气设备、易燃易爆设备，造成严重后果的，处十年以上有期徒刑、无期徒刑或者死刑。

过失犯前款罪的，处三年以上七年以下有期徒刑；情节较轻的，处三年以下有期徒刑或者拘役。

第一百二十条　组织、领导和积极参加恐怖活动组织的，处三年以上十年以下有期徒刑；其他参加的，处三年以下有期徒刑、拘役或者管制。

犯前款罪并实施杀人、爆炸、绑架等犯罪的，依照数罪并罚的规定处罚。

第一百二十一条　以暴力、胁迫或者其他方法劫持航空器的，处十年以上有期徒刑或者无期徒刑；致人重伤、死亡或者使航空器遭受严重破坏的，处死刑。

第一百二十二条　以暴力、胁迫或者其他方法劫持船只、汽车的，处五年以上十年以下有期徒刑；造成严重后果的，处十年以上有期徒刑或者无期徒刑。

第一百二十三条　对飞行中的航空器上的人员使用暴力，危及飞行安全，尚未造成严重后果的，处五年以下有期徒刑或者拘役；造成严重后果的，处五年以上有期徒刑。

第一百二十四条　破坏广播电视设施、公用电信设施，危害公共安全的，处三年以上七年以下有期徒刑；造成严重后果的，处七年以上有期徒刑。

过失犯前款罪的，处三年以上七年以下有期徒刑；情节较轻的，处三年以下有期徒刑或者拘役。

第一百二十五条　非法制造、买卖、运输、邮寄、储存枪支、弹药、爆炸物的，处三年以上十年以下有期徒刑；情节严重的，处十年以上有期徒刑、无期徒刑或者死刑。

非法买卖、运输核材料的，依照前款的规定处罚。

单位犯前两款罪的，对单位判处罚金，并对其直接负责的主管人员和其他直接责任人员，依照第一款的规定处罚。

第一百二十六条　依法被指定、确定的枪支制造企业、销售企业，违反枪支管理规定，有下列行为之一的，对单位判处罚金，并对其直接负责的主管人员和其他直接责任人员，处五年以下有期徒刑；情节严重的，处五年以上十年以下有期徒刑；情节特别严重的，处十年以上有期徒刑或者无期徒刑：

（一）以非法销售为目的，超过限额或者不按照规定的品种制造、配售枪支的；

（二）以非法销售为目的，制造无号、重号、假号的枪支的；

（三）非法销售枪支或者在境内销售为出口制造的枪支的。

第一百二十七条　盗窃、抢夺枪支、弹药、爆炸物的，处三年以上十年以下有期徒刑；情节严重的，处十年以上有期徒刑、无期徒刑或者死刑。

抢劫枪支、弹药、爆炸物或者盗窃、抢夺国家机关、军警人员、民兵的枪支、弹药、爆炸物的，处十年以上有期徒刑、无期徒刑或者死刑。

第一百二十八条　违反枪支管理规定，非法持有、私藏枪支、弹药的，处三年以下有期徒刑、拘役或者管制；情节严重的，处三年以上七年以下有期徒刑。

依法配备公务用枪的人员，非法出租、出借枪支的，依照前款的规定处罚。

依法配置枪支的人员，非法出租、出借枪支，造成严重后果的，依照第一款的规定处罚。

单位犯第二款、第三款罪的，对单位判处罚金，并对其直接负责的主管人员和其他直接责任人员，依照第一款的规定处罚。

第一百二十九条 依法配备公务用枪的人员，丢失枪支不及时报告，造成严重后果的，处三年以下有期徒刑或者拘役。

第一百三十条 非法携带枪支、弹药、管制刀具或者爆炸性、易燃性、放射性、毒害性、腐蚀性物品，进入公共场所或者公共交通工具，危及公共安全，情节严重的，处三年以下有期徒刑、拘役或者管制。

第一百三十一条 航空人员违反规章制度，致使发生重大飞行事故，造成严重后果的，处三年以下有期徒刑或者拘役；造成飞机坠毁或者人员死亡的，处三年以上七年以下有期徒刑。

第一百三十二条 铁路职工违反规章制度，致使发生铁路运营安全事故，造成严重后果的，处三年以下有期徒刑或者拘役；造成特别严重后果的，处三年以上七年以下有期徒刑。

第一百三十三条 违反交通运输管理法规，因而发生重大事故，致人重伤、死亡或者使公私财产遭受重大损失的，处三年以下有期徒刑或者拘役；交通运输肇事后逃逸或者有其他特别恶劣情节的，处三年以上七年以下有期徒刑；因逃逸致人死亡的，处七年以上有期徒刑。

第一百三十四条 工厂、矿山、林场、建筑企业或者其他企业、事业单位的职工，由于不服管理、违反规章制度，或者强令工人违章冒险作业，因而发生重大伤亡事故或者造成其他严重后果的，处三年以下有期徒刑或者拘役；情节特别恶劣的，处三年以上七年以下有期徒刑。

第一百三十五条 工厂、矿山、林场、建筑企业或者其他企业、事业单位的劳动安全设施不符合国家规定，经有关部门或者单位职工提出后，对事故隐患仍不采取措施，因而发生重大伤亡事故或者造成其他严重后果的，对直接责任人员，处三年以下有期徒刑或者拘役；情节特别恶劣的，处三年以上七年以下有期徒刑。

第一百三十六条 违反爆炸性、易燃性、放射性、毒害性、腐蚀性物品的管理规定，在生产、储存、运输、使用中发生重大事故，造成严重后果的，处三年以下有期徒刑或者拘役；后果特别严重的，处三年以上七年以下有期徒刑。

第一百三十七条 建设单位、设计单位、施工单位、工程监理单位违反国家规定，降低工程质量标准，造成重大安全事故的，对直接责任人员，处五年以下有期徒刑或者拘役，并处罚金；后果特别严重的，处五年以上十年以下有期徒刑，并处罚金。

第一百三十八条 明知校舍或者教育教学设施有危险，而不采取措施或者不及时报告，致使发生重大伤亡事故的，对直接责任人员，处三年以下有期徒刑或者拘役；后果特别严重的，处三年以上七年以下有期徒刑。

第一百三十九条 违反消防管理法规，经消防监督机构通知采取改正措施而拒绝执行，造成严重后果的，对直接责任人员，处三年以下有期徒刑或者拘役；后果特别严重的，处三年以上七年以下有期徒刑。

第三章 破坏社会主义市场经济秩序罪

第一节 生产、销售伪劣商品罪

第一百四十条 生产者、销售者在产品中掺杂、掺假，以假充真，以次充好或者以不合格产品冒充合格产品，销售金额五万元以上不满二十万元的，处二年以下有期徒刑或者拘役，并处或者单处销售金额百分之五十以上二倍以下罚金；销售金额二十万元以上不满五十万元的，处二年以上七年以下有期徒刑，并处销售金额百分之五十以上二倍以下罚金；销售金额五十万元以上不满二百万元的，处七年以上有期徒刑，并处销售金额百分之五十以上二倍以下罚金；销售金额二百万元以上的，处十五年有期徒刑或者无期徒刑，并处销售金额百分之五十以上二倍以下罚金或者没收财产。

第一百四十一条 生产、销售假药，足以严重危害人体健康的，处三年以下有期徒刑或者拘役，并处或者单处销售金额百分之五十以上二倍以下罚金；对人体健康造成严重危害的，处三年以上十年以下有期徒刑，并处销售金额百分之五十以上二倍以下罚金；致人死亡或者对人体健康造成特别严重危害的，处十年以上有期徒刑、无期徒刑或者死刑，并处销售金额百分之五十以上二倍以下罚金或者没收财产。

本条所称假药，是指依照《中华人民共和国药品管理法》的规定属于假药和按假药处理的药品、非药品。

第一百四十二条 生产、销售劣药，对人体健康造成严重危害的，处三年以上十年以下有期徒刑，并处销售金额百分之五十以上二倍以下罚金；后果特别严重的，处十年以上有期徒刑或者无期徒刑，并处销售金额百分之五十以上二倍以下罚金或者没收财产。

本条所称劣药，是指依照《中华人民共和国药品管理法》的规定属于劣药的药品。

第一百四十三条 生产、销售不符合卫生标准的食品，足以造成严重食物中毒事故或者其他严重食源性疾患的，处三年以下有期徒刑或者拘役，并处或者单处销售金额百分之五十以上二倍以下罚金；对人体健康造成严重危害的，处三年以上七年以下有期徒刑，并处销售金额百分之五十以上二倍以下罚金；后果特别严重的，处七年以上有期徒刑或者无期徒刑，并处销售金额百分之五十以上二倍以下罚金或者没收财产。

第一百四十四条　在生产、销售的食品中掺入有毒、有害的非食品原料的，或者销售明知掺有有毒、有害的非食品原料的食品的，处五年以下有期徒刑或者拘役，并处或者单处销售金额百分之五十以上二倍以下罚金；造成严重食物中毒事故或者其他严重食源性疾患，对人体健康造成严重危害的，处五年以上十年以下有期徒刑，并处销售金额百分之五十以上二倍以下罚金；致人死亡或者对人体健康造成特别严重危害的，依照本法第一百四十一条的规定处罚。

第一百四十五条　生产不符合保障人体健康的国家标准、行业标准的医疗器械、医用卫生材料，或者销售明知是不符合保障人体健康的国家标准、行业标准的医疗器械、医用卫生材料，对人体健康造成严重危害的，处五年以下有期徒刑，并处销售金额百分之五十以上二倍以下罚金；后果特别严重的，处五年以上十年以下有期徒刑，并处销售金额百分之五十以上二倍以下罚金，其中情节特别恶劣的，处十年以上有期徒刑或者无期徒刑，并处销售金额百分之五十以上二倍以下罚金或者没收财产。

第一百四十六条　生产不符合保障人身、财产安全的国家标准、行业标准的电器、压力容器、易燃易爆产品或者其他不符合保障人身、财产安全的国家标准、行业标准的产品，或者销售明知是以上不符合保障人身、财产安全的国家标准、行业标准的产品，造成严重后果的，处五年以下有期徒刑，并处销售金额百分之五十以上二倍以下罚金；后果特别严重的，处五年以上有期徒刑，并处销售金额百分之五十以上二倍以下罚金。

第一百四十七条　生产假农药、假兽药、假化肥、销售明知是假的或者失去使用效能的农药、兽药、化肥、种子，或者生产者、销售者以不合格的农药、兽药、化肥、种子冒充合格的农药、兽药、化肥、种子，使生产遭受较大损失的，处三年以下有期徒刑或者拘役，并处或者单处销售金额百分之五十以上二倍以下罚金；使生产遭受重大损失的，处三年以上七年以下有期徒刑，并处销售金额百分之五十以上二倍以下罚金；使生产遭受特别重大损失的，处七年以上有期徒刑或者无期徒刑，并处销售金额百分之五十以上二倍以下罚金或者没收财产。

第一百四十八条　生产不符合卫生标准的化妆品，或者销售明知是不符合卫生标准的化妆品，造成严重后果的，处三年以下有期徒刑或者拘役，并处或者单处销售金额百分之五十以上二倍以下罚金。

第一百四十九条　生产、销售本法第一百四十一条至第一百四十八条所列产品，不构成各该条规定的犯罪，但是销售金额在五万元以上的，依照本法第一百四十条的规定定罪处罚。

生产、销售本法第一百四十一条至第一百四十八条所列产品，构成各该条规定的犯罪，同时又构成本法第一百四十条规定之罪的，依照处罚较重的规定定罪处罚。

第一百五十条　单位犯本法第一百四十条至第一百四十八条规定之罪的，对单位判处罚金，并对其直接负责的主管人员和其他直接责任人员，依照各该条的规定处罚。

第二节　走私罪

第一百五十一条　走私武器、弹药、核材料或者伪造的货币的，处七年以上有期徒刑，并处罚金或者没收财产；情节较轻的，处三年以上七年以下有期徒刑，并处罚金。

走私国家禁止出口的文物、黄金、白银和其他贵重金属或者国家禁止进出口的珍贵动物及其制品的，处五年以上有期徒刑，并处罚金；情节较轻的，处五年以下有期徒刑，并处罚金。

走私国家禁止进出口的珍稀植物及其制品的，处五年以下有期徒刑，并处或者单处罚金；情节严重的，处五年以上有期徒刑，并处罚金。

犯第一款、第二款罪，情节特别严重的，处无期徒刑或者死刑，并处没收财产。

单位犯本条规定之罪的，对单位判处罚金，并对其直接负责的主管人员和其他直接责任人员，依照本条各款的规定处罚。

第一百五十二条　以牟利或者传播为目的，走私淫秽的影片、录像带、录音带、图片、书刊或者其他淫秽物品的，处三年以上十年以下有期徒刑，并处罚金；情节严重的，处十年以上有期徒刑或者无期徒刑，并处罚金或者没收财产；情节较轻的，处三年以下有期徒刑、拘役或者管制，并处罚金。

单位犯前款罪的，对单位判处罚金，并对其直接负责的主管人员和其他直接责任人员，依照前款的规定处罚。

第一百五十三条　走私本法第一百五十一条、第一百五十二条、第三百四十七条规定以外的货物、物品的，根据情节轻重，分别依照下列规定处罚：

（一）走私货物、物品偷逃应缴税额在五十万元以上的，处十年以上有期徒刑或者无期徒刑，并处偷逃应缴税额一倍以上五倍以下罚金或者没收财产；情节特别严重的，依照本法第一百五十一条第四款的规定处罚。

（二）走私货物、物品偷逃应缴税额在十五万元以上不满五十万元的，处三年以上十年以下有期徒刑，并处偷逃应缴税额一倍以上五倍以下罚金；情节特别严重的，处十年以上有期徒刑或者无期徒刑，并处偷逃应缴税额一倍以上五倍以下罚金或者没收财产。

（三）走私货物、物品偷逃应缴税额在五万元以上不满十五万元的，处三年以下有期徒刑或者拘役，并处偷逃应缴税额一倍以上五倍以下罚金。

单位犯前款罪的，对单位判处罚金，并对其直接负责的主管人员和其他直接责任人员，处三年以下有期徒刑或者拘役；情节严重的，处三年以上十年以下有期徒刑；情节特别严重的，处十年以上有期徒刑。

对多次走私未经处理的，按照累计走私货物、物品的偷逃应缴税额处罚。

第一百五十四条　下列走私行为，根据本节规定构成犯罪的，依照本法第一百五十三条的规定定罪处罚：

（一）未经海关许可并且未补缴应缴税额，擅自将批准进口的来料加工、来件装配、补偿贸易的原材料、零件、制成品、设备等保税货物，在境内销售牟利的；

（二）未经海关许可并且未补缴应缴税额，擅自将特定减税、免税进口的货物、物品，在境内销售牟利的。

第一百五十五条　下列行为，以走私罪论处，依照本节的有关规定处罚：

（一）直接向走私人非法收购国家禁止进口物品的，或者直接向走私人非法收购走私进口的其他货物、物品，数额较大的；

（二）在内海、领海运输、收购、贩卖国家禁止进出口物品的，或者运输、收购、贩卖国家限制进出口货物、物品，数额较大，没有合法证明的；

（三）逃避海关监管将境外固体废物运输进境的。

第一百五十六条　与走私罪犯通谋，为其提供贷款、资金、帐号、发票、证明，或者为其提供运输、保管、邮寄或者其他方便的，以走私罪的共犯论处。

第一百五十七条　武装掩护走私的，依照本法第一百五十一条第一款、第四款的规定从重处罚。

以暴力、威胁方法抗拒缉私的，以走私罪和本法第二百七十七条规定的阻碍国家机关工作人员依法执行职务罪，依照数罪并罚的规定处罚。

第三节　妨害对公司、企业的管理秩序罪

第一百五十八条　申请公司登记使用虚假证明文件或者采取其他欺诈手段虚报注册资本，欺骗公司登记主管部门，取得公司登记，虚报注册资本数额巨大、后果严重或者有其他严重情节的，处三年以下有期徒刑或者拘役，并处或者单处虚报注册资本金额百分之一以上百分之五以下罚金。

单位犯前款罪的，对单位判处罚金，并对其直接负责的主管人员和其他直接责任人员，处三年以下有期徒刑或者拘役。

第一百五十九条　公司发起人、股东违反公司法的规定未交付货币、实物或者未转移财产权，虚假出资，或者在公司成立后又抽逃其出资，数额巨大、后果严重或者有其他严重情节的，处五年以下有期徒刑或者拘役，并处或者单处虚假出资金额或者抽逃出资金额百分之二以上百分之十以下罚金。

单位犯前款罪的，对单位判处罚金，并对其直接负责的主管人员和其他直接责任人员，处五年以下有期徒刑或者拘役。

第一百六十条　在招股说明书、认股书、公司、企业债券募集办法中隐瞒重要事实或者编造重大虚假内容，发行股票或者公司、企业债券，数额巨大、后果严重或者有其他严重情节的，处五年以下有期徒刑或者拘役，并处或者单处非法募集资金金额的百分之一以上百分之五以下罚金。

单位犯前款罪的，对单位判处罚金，并对其直接负责的主管人员和其他直接责任人员，处五年以下有期徒刑或者拘役。

第一百六十一条　公司向股东和社会公众提供虚假的或者隐瞒重要事实的财务会计报告，严重损害股东或者其他人利益的，对其直接负责的主管人员和其他直接责任人员，处三年以下有期徒刑或者拘役，并处或者单处二万元以上二十万元以下罚金。

第一百六十二条　公司、企业进行清算时，隐匿财产，对资产负债表或者财产清单作虚伪记载或者在未清偿债务前分配公司、企业财产，严重损害债权人或者其他人利益的，对其直接负责的主管人员和其他直接责任人员，处五年以下有期徒刑或者拘役，并处或者单处二万元以上二十万元以下罚金。

第一百六十三条　公司、企业的工作人员利用职务上的便利，索取他人财物或者非法收受他人财物，为他人谋取利益，数额较大的，处五年以下有期徒刑或者拘役；数额巨大的，处五年以上有期徒刑，可以并处没收财产。

公司、企业的工作人员在经济往来中，违反国家规定，收受各种名义的回扣、手续费，归个人所有的，依照前款的规定处罚。

国有公司、企业中从事公务的人员和国有公司、企业委派到非国有公司、企业从事公务的人员有前两款行为的，依照本法第三百八十五条、第三百八十六条的规定定罪处罚。

第一百六十四条　为谋取不正当利益，给予公司、企业的工作人员以财物，数额较大的，处三年以下有期徒刑或者拘役；数额巨大的，处三年以上十年以下有期徒刑，并处罚金。

单位犯前款罪的，对单位判处罚金，并对其直接负责的主管人员和其他直接责任人员，依照前款的规定处罚。

行贿人在被追诉前主动交待行贿行为的，可以减轻处罚或者免除处罚。

第一百六十五条　国有公司、企业的董事、经理利用职务便利，自己经营或者为他人经营与其所任职公司、企业同类的营业，获取非法利益，数额巨大的，处三年以下有期徒刑或者拘役，并处或者单处罚金；数额特别巨大的，处三年以上七年以下有期徒刑，并处罚金。

第一百六十六条　国有公司、企业、事业单位的工作人员，利用职务便利，有下列情形之一，使国家利益遭受重大损失的，处三年以下有期徒刑或者拘役，并处或者单处罚金；致使国家利益遭受特别重大损失的，处三年以上七年以下有期徒刑，并处罚金：

（一）将本单位的盈利业务交由自己的亲友进行经营的；

（二）以明显高于市场的价格向自己的亲友经营管理的单位采购商品或者以明显低于市场的价格向自己的亲友经营管理的单位销售商品的；

（三）向自己的亲友经营管理的单位采购不合格商品的。

第一百六十七条　国有公司、企业、事业单位直接负责的主管人员，在签订、履行合同过程中，因严重不负责任被诈骗，致使国家利益遭受重大损失的，处三年以下有期徒刑或者拘役；致使国家利益遭受特别重大损失的，处三年以上七年以下有期徒刑。

第一百六十八条　国有公司、企业直接负责的主管人员，徇私舞弊，造成国有公司、企业破产或者严重亏损，致使国家利益遭受重大损失的，处三年以下有期徒刑或者拘役。

第一百六十九条　国有公司、企业或者其上级主管部门直接负责的主管人员，徇私舞弊，将国有资产低价折股或者低价出售，致使国家利益遭受重大损失的，处三年以下有期徒刑或者拘役；致使国家利益遭受特别重大损失的，处三年以上七年以下有期徒刑。

第四节　破坏金融管理秩序罪

第一百七十条　伪造货币的，处三年以上十年以下有期徒刑，并处五万元以上五十万元以下罚金；有下列情形之一的，处十年以上有期徒刑、无期徒刑或者死刑，并处五万元以上五十万元以下罚金或者没收财产：

（一）伪造货币集团的首要分子；

（二）伪造货币数额特别巨大的；

（三）有其他特别严重情节的。

第一百七十一条　出售、购买伪造的货币或者明知是伪造的货币而运输，数额较大的，处三年以下有期徒刑或者拘役，并处二万元以上二十万元以下罚金；数额巨大的，处三年以上十年以下有期徒刑，并处五万元以上五十万元以下罚金；数额特别巨大的，处十年以上有期徒刑或者无期徒刑，并处五万元以上五十万元以下罚金或者没收财产。

银行或者其他金融机构的工作人员购买伪造的货币或者利用职务上的便利，以伪造的货币换取货币的，处三年以上十年以下有期徒刑，并处二万元以上二十万元以下罚金；数额巨大或者有其他严重情节的，处十年以上有期徒刑或者无期徒刑，并处二万元以上二十万元以下罚金或者没收财产；情节较轻的，处三年以下有期徒刑或者拘役，并处或者单处一万元以上十万元以下罚金。

伪造货币并出售或者运输伪造的货币的，依照本法第一百七十条的规定定罪从重处罚。

第一百七十二条　明知是伪造的货币而持有、使用，数额较大的，处三年以下有期徒刑或者拘役，并处或者单处一万元以上十万元以下罚金；数额巨大的，处三年以上十年以下有期徒刑，并处二万元以上二十万元以下罚金；数额特别巨大的，处十年以上有期徒刑，并处五万元以上五十万元以下罚金或者没收财产。

第一百七十三条　变造货币，数额较大的，处三年以下有期徒刑或者拘役，并处或者单处一万元以上十万元以下罚金；数额巨大的，处三年以上十年以下有期徒刑，并处二万元以上二十万元以下罚金。

第一百七十四条　未经中国人民银行批准，擅自设立商业银行或者其他金融机构的，处三年以下有期徒刑或者拘役，并处或者单处二万元以上二十万元以下罚金；情节严重的，处三年以上十年以下有期徒刑，并处五万元以上五十万元以下罚金。

伪造、变造、转让商业银行或者其他金融机构经营许可证的，依照前款的规定处罚。

单位犯前两款罪的，对单位判处罚金，并对其直接负责的主管人员和其他直接责任人员，依照第一款的规定处罚。

第一百七十五条　以转贷牟利为目的，套取金融机构信贷资金高利转贷他人，违法所得数额较大的，处三年以下有期徒刑或者拘役，并处违法所得一倍以上五倍以下罚金；数额巨大的，处三年以上七年以下有期徒刑，并处违法所得一倍以上五倍以下罚金。

单位犯前款罪的，对单位判处罚金，并对其直接负责的主管人员，和其他直接责任人员，处三年以下有期徒刑或者拘役。

第一百七十六条　非法吸收公众存款或者变相吸收公众存款，扰乱金融秩序的，处三年以下有期徒刑或者拘役，并处或者单处二万元以上二十万元以下罚金；数额巨大或者有其他严重情节的，处三年以上十年以下有期徒刑，并处五万元以上五十万元以下罚金。

单位犯前款罪的，对单位判处罚金，并对其直接负责的主管人员和其他直接责任人员，依照前款的规定处罚。

第一百七十七条　有下列情形之一，伪造、变造金融票证的，处五年以下有期徒刑或者拘役，并处或者单处二万元以上二十万元以下罚金；情节严重的，处五年以上十年以下有期徒刑，并处五万元以上五十万元以下罚金；情节特别严重的，处十年以上有期徒刑或者无期徒刑，并处五万元以上五十万元以下罚金或者没收财产：

（一）伪造、变造汇票、本票、支票的；

（二）伪造、变造委托收款凭证、汇款凭证、银行存单等其他银行结算凭证的；

（三）伪造、变造信用证或者附随的单据、文件的；

（四）伪造信用卡的。

单位犯前款罪的，对单位判处罚金，并对其直接负责的主管人员和其他直接责任人员，依照前款的规定处罚。

第一百七十八条 伪造、变造国库券或者国家发行的其他有价证券，数额较大的，处三年以下有期徒刑或者拘役，并处或者单处二万元以上二十万元以下罚金；数额巨大的，处三年以上十年以下有期徒刑，并处五万元以上五十万元以下罚金；数额特别巨大的，处十年以上有期徒刑或者无期徒刑，并处五万元以上五十万元以下罚金或者没收财产。

伪造、变造股票或者公司、企业债券，数额较大的，处三年以下有期徒刑或者拘役，并处或者单处一万元以上十万元以下罚金；数额巨大的，处三年以上十年以下有期徒刑，并处二万元以上二十万元以下罚金。

单位犯前两款罪的，对单位判处罚金，并对其直接负责的主管人员和其他直接责任人员，依照前两款的规定处罚。

第一百七十九条 未经国家有关主管部门批准，擅自发行股票或者公司、企业债券，数额巨大、后果严重或者有其他严重情节的，处五年以下有期徒刑或者拘役，并处或者单处非法募集资金金额百分之一以上百分之五以下罚金。

单位犯前款罪的，对单位判处罚金，并对其直接负责的主管人员和其他直接责任人员，处五年以下有期徒刑或者拘役。

第一百八十条 证券交易内幕信息和知情人员或者非法获取证券交易内幕信息的人员，在涉及证券的发行、交易或者其他对证券的价格有重大影响的信息尚未公开前，买入或者卖出该证券，或者泄露该信息，情节严重的，处五年以下有期徒刑或者拘役，并处或者单处违法所得一倍以上五倍以下罚金；情节特别严重的，处五年以上十年以下有期徒刑，并处违法所得一倍以上五倍以下罚金。

单位犯前款罪的，对单位判处罚金，并对其直接负责的主管人员和其他直接责任人员，处五年以下有期徒刑或者拘役。

内幕信息的范围，依照法律、行政法规的规定确定。

知情人员的范围，依照法律、行政法规的规定确定。

第一百八十一条 编造并且传播影响证券交易的虚假信息，扰乱证券交易市场，造成严重后果的，处五年以下有期徒刑或者拘役，并处或者单处一万元以上十万元以下罚金。

证券交易所、证券公司的从业人员，证券业协会或者证券管理部门的工作人员，故意提供虚假信息或者伪造、变造、销毁交易记录，诱骗投资者买卖证券，造成严重后果的，处五年以下有期徒刑或者拘役，并处或者单处一万元以上十万元以下罚金；情节特别恶劣的，处五年以上十年以下有期徒刑，并处二万元以上二十万元以下罚金。

单位犯前两款罪的，对单位判处罚金，并对其直接负责的主管人员和其他直接责任人员，处五年以下有期徒刑或者拘役。

第一百八十二条 有下列情形之一，操纵证券交易价格，获取不正当利益或者转嫁风险，情节严重的，处五年以下有期徒刑或者拘役，并处或者单处违法所得一倍以上五倍以下罚金：

（一）单独或者合谋，集中资金优势、持股优势或者利用信息优势联合或者连续买卖，操纵证券交易价格的；

（二）与他人串通，以事先约定的时间、价格和方式相互进行证券交易或者相互买卖并不持有的证券，影响证券交易价格或者证券交易量的；

（三）以自己为交易对象，进行不转移证券所有权的自买自卖，影响证券交易价格或者证券交易量的；

（四）以其他方法操纵证券交易价格的。

单位犯前款罪的，对单位判处罚金，并对其直接负责的主管人员和其他直接责任人员，处五年以下有期徒刑或者拘役。

第一百八十三条 保险公司的工作人员利用职务上的便利，故意编造未曾发生的保险事故进行虚假理赔，骗取保险金归自己所有的，依照本法第二百七十一条的规定定罪处罚。

国有保险公司工作人员和国有保险公司委派到非国有保险公司从事公务的人员有前款行为的，依照本法第三百八十二条、第三百八十三条的规定定罪处罚。

第一百八十四条 银行或者其他金融机构的工作人员在金融业务活动中索取他人财物或者非法收受他人财物，为他人谋取利益的，或者违反国家规定，收受各种名义的回扣、手续费，归个人所有的，依照本法第一百六十三条的规定定罪处罚。

国有金融机构工作人员和国有金融机构委派到非国有金融机构从事公务的人员有前款行为的，依照本法第三百八十五条、第三百八十六条的规定定罪处罚。

第一百八十五条 银行或者其他金融机构的工作人员利用职务上的便利，挪用本单位或者客户资金的，依照本法第二百七十二条的规定定罪处罚。

国有金融机构工作人员和国有金融机构委派到非国有金融机构从事公务的人员有前款行为的，依照本法第三百八十四条的规定定罪处罚。

第一百八十六条 银行或者其他金融机构的工作人员违反法律、行政法规规定，向关系人发放信用贷款或者发放担保贷款的条件优于其他借款人同类贷款的条件，造成较大损失的，处五年以下有期徒刑或者拘役，并处一万元以上十万元以下罚金；造成重大损失的，处五年以上有期徒刑，并处二万元以上二十万元以下罚金。

银行或者其他金融机构的工作人员违反法律、行政法规规定，向关系人以外的其他人发放贷款，造成重大损失的，处五年以下有期徒刑或者拘役，并处一万元以上十万元以下罚金；造成特别重大损失的，处五年以上有期徒刑，并处二万元以上二十万元以下罚金。

单位犯前两款罪的，对单位判处罚金，并对其直接负责的主管人员和其他直接责任人员，依照前两款的规定处罚。

关系人的范围，依照《中华人民共和国商业银行法》和有关金融法规确定。

第一百八十七条 银行或者其他金融机构的工作人员以牟利为目的，采取吸收客户资金不入帐的方式，将资金用于非法拆借、发放贷款，造成重大损失的，处五年以下有期徒刑或者拘役，并处二万元以上二十万元以下罚金；造成特别重大损失的，处五年以上有期徒刑，并处五万元以上五十万元以下罚金。

单位犯前款罪的，对单位判处罚金，并对其直接负责的主管人员和其他直接责任人员，依照前款的规定处罚。

第一百八十八条 银行或者其他金融机构的工作人员违反规定，为他人出具信用证或者其他保函、票据、存单、资信证明，造成较大损失的，处五年以下有期徒刑或者拘役；造成重大损失的，处五年以上有期徒刑。

单位犯前款罪的，对单位判处罚金，并对其直接负责的主管人员和其他直接责任人员，依照前款的规定处罚。

第一百八十九条 银行或者其他金融机构的工作人员在票据业务中，对违反票据法规定的票据予以承兑、付款或者保证，造成重大损失的，处五年以下有期徒刑或者拘役；造成特别重大损失的，处五年以上有期徒刑。

单位犯前款罪的，对单位判处罚金，并对其直接负责的主管人员和其他直接责任人员，依照前款的规定处罚。

第一百九十条 国有公司、企业或者其他国有单位，违反国家规定，擅自将外汇存放境外，或者将境内的外汇非法转移到境外，情节严重的，对单位判处罚金，并对其直接负责的主管人员和其他直接责任人员，处五年以下有期徒刑或者拘役。

第一百九十一条 明知是毒品犯罪、黑社会性质的组织犯罪、走私犯罪的违法所得及其产生的收益，为掩饰、隐瞒其来源和性质，有下列行为之一的，没收实施以上犯罪的违法所得及其产生的收益，处五年以下有期徒刑或者拘役，并处或者单处洗钱数额百分之五以上百分之二十以下罚金；情节严重的，处五年以上十年以下有期徒刑，并处洗钱数额百分之五以上百分之二十以下罚金：

（一）提供资金帐户的；

（二）协助将财产转换为现金或者金融票据的；

（三）通过转帐或者其他结算方式协助资金转移的；

（四）协助将资金汇往境外的；

（五）以其他方法掩饰、隐瞒犯罪的违法所得及其收益的性质和来源的。

单位犯前款罪的，对单位判处罚金，并对其直接负责的主管人员和其他直接责任人员，处五年以下有期徒刑或者拘役。

第五节 金融诈骗罪

第一百九十二条 以非法占有为目的，使用诈骗方法非法集资，数额较大的，处五年以下有期徒刑或者拘役，并处二万元以上二十万元以下罚金；数额巨大或者有其他严重情节的，处五年以上十年以下有期徒刑，并处五万元以上五十万元以下罚金；数额特别巨大或者有其他特别严重情节的，处十年以上有期徒刑或者无期徒刑，并处五万元以上五十万元以下罚金或者没收财产。

第一百九十三条 有下列情形之一，以非法占有为目的，诈骗银行或者其他金融机构的贷款，数额较大的，处五年以下有期徒刑或者拘役，并处二万元以上二十万元以下罚金；数额巨大或者有其他严重情节的，处五年以上十年以下有期徒刑，并处五万元以上五十万元以下罚金；数额特别巨大或者有其他特别严重情节的，处十年以上有期徒刑或者无期徒刑，并处五万元以上五十万元以下罚金或者没收财产：

（一）编造引进资金、项目等虚假理由的；

（二）使用虚假的经济合同的；

（三）使用虚假的证明文件的；

（四）使用虚假的产权证明作担保或者超出抵押物价值重复担保的；

（五）以其他方法诈骗贷款的。

第一百九十四条 有下列情形之一，进行金融票据诈骗活动，数额较大的，处五年以下有期徒刑或者拘役，并处二万元以上二十万元以下罚金；数额巨大或者有其他严重情节的，处五年以上十年以下有期徒刑，并处五万元以上五十万元以下罚金；数额特别巨大或者有其他特别严重情节的，处十年以上有期徒刑或者无期徒刑，并处五万元以上五十万元以下罚金或者没收财产：

（一）明知是伪造、变造的汇票、本票、支票而使用的；

（二）明知是作废的汇票、本票、支票而使用的；

（三）冒用他人的汇票、本票、支票的；

（四）签发空头支票或者与其预留印鉴不符的支票，骗取财物的；

（五）汇票、本票的出票人签发无资金保证的汇票、本票或者在出票时作虚假记载，骗取财物的。

使用伪造、变造的委托收款凭证、汇款凭证、银行存单等其他银行结算凭证的，依照前款的规定处罚。

第一百九十五条 有下列情形之一，进行信用证诈骗活动的，处五年以下有期徒刑或者拘役，并处二万元以上二十万元以下罚金；数额巨大或者有其他严重情节的，处五年以上十年以下有期徒刑，并处五万元以上五十万元以下罚金；数额特别巨大或者有其他特别严重情节的，处十年以上有期徒刑或者无期徒刑，并处五万元以上五十万元以下罚金或者没收财产：

（一）使用伪造、变造的信用证或者附随的单据、文件的；

（二）使用作废的信用证的；

（三）骗取信用证的；

（四）以其他方法进行信用证诈骗活动的。

第一百九十六条 有下列情形之一，进行信用卡诈骗活动，数额较大的，处五年以下有期徒刑或者拘役，并处二万元以上二十万元以下罚金；数额巨大或者有其他严重情节的，处五年以上十年以下有期徒刑，并处五万元以上五十万元以下罚金；数额特别巨大或者有其他特别严重情节的，处十年以上有期徒刑或者无期徒刑，并处五万元以上五十万元以下罚金或者没收财产：

（一）使用伪造的信用卡的；

（二）使用作废的信用卡的；

（三）冒用他人信用卡的；

（四）恶意透支的。

前款所称恶意透支，是指持卡人以非法占有为目的，超过规定限额或者规定期限透支，并且经发卡银行催收后仍不归还的行为。

盗窃信用卡并使用的，依照本法第二百六十四条的规定定罪处罚。

第一百九十七条 使用伪造、变造的国库券或者国家发行的其他有价证券，进行诈骗活动，数额较大的，处五年以下有期徒刑或者拘役，并处二万元以上二十万元以下罚金；数额巨大或者有其他严重情节的，处五年以上十年以下有期徒刑，并处五万元以上五十万元以下罚金；数额特别巨大或者有其他特别严重情节的，处十年以上有期徒刑或者无期徒刑，并处五万元以上五十万元以下罚金或者没收财产。

第一百九十八条 有下列情形之一，进行保险诈骗活动，数额较大的，处五年以下有期徒刑或者拘役，并处一万元以上十万元以下罚金；数额巨大或者有其他严重情节的，处五年以上十年以下有期徒刑，并处二万元以上二十万元以下罚金；数额特别巨大或者有其他特别严重情节的，处十年以上有期徒刑，并处二万元以上二十万元以下罚金或者没收财产：

（一）投保人故意虚构保险标的，骗取保险金的；

（二）投保人、被保险人或者受益人对发生的保险事故编造虚假的原因或者夸大损失的程度，骗取保险金的；

（三）投保人、被保险人或者受益人编造未曾发生的保险事故，骗取保险金的；

（四）投保人、被保险人故意造成财产损失的保险事故，骗取保险金的；

（五）投保人、受益人故意造成被保险人死亡、伤残或者疾病，骗取保险金的。

有前款第四项、第五项所列行为，同时构成其他犯罪的，依照数罪并罚的规定处罚。

单位犯第一款罪的，对单位判处罚金，并对其直接负责的主管人员和其他直接责任人员，处五年以下有期徒刑或者拘役；数额巨大或者有其他严重情节的，处五年以上十年以下有期徒刑；数额特别巨大或者有其他特别严重情节的，处十年以上有期徒刑。

保险事故的鉴定人、证明人、财产评估人故意提供虚假的证明文件，为他人诈骗提供条件的，以保险诈骗的共犯论处。

第一百九十九条 犯本节第一百九十二条、第一百九十四条、第一百九十五条规定之罪，数额特别巨大并且给国家和人民利益造成特别重大损失的，处无期徒刑或者死刑，并处没收财产。

第二百条 单位犯本节第一百九十二条、第一百九十四条、第一百九十五条规定之罪的，对单位判处罚金，并对其直接负责的主管人员和其他直接责任人员，处五年以下有期徒刑或者拘役；数额巨大或者有其他严重情节的，处五年以上十年以下有期徒刑；数额特别巨大或者有其他特别严重情节的，处十年以上有期徒刑或者无期徒刑。

第六节　危害税收征管罪

第二百零一条 纳税人采取伪造、变造、隐匿、擅自销毁帐簿、记帐凭证，在帐簿上多列支出或者不列、少列收入，经税务机关通知申报而拒不申报或者进行虚假的纳税申报的手段，不缴或者少缴应纳税款，偷税数额占应纳税额的百分之十以上不满百分之三十并且偷税数额在一万元以上不满十万元的，或者因偷税被税务机关给予二次行政处罚又偷税的，处三年以下有期徒刑或者拘役，并处偷税数额一倍以上五倍以下罚金；偷税数额占应纳税额的百分之三十以上并且偷税数额在十万元以上的，处三年以上七年以下有期徒刑，并处偷税数额一倍以上五倍以下罚金。

扣缴义务人采取前款所列手段，不缴或者少缴已扣、已收税款，数额占应缴税额的百分之十以上并且数额在一万元以上的，依照前款的规定处罚。

对多次犯有前两款行为，未经处理的，按照累计数额计算。

第二百零二条　以暴力、威胁方法拒不缴纳税款的，处三年以下有期徒刑或者拘役，并处拒缴税款一倍以上五倍以下罚金；情节严重的，处三年以上七年以下有期徒刑，并处拒缴税款一倍以上五倍以下罚金。

第二百零三条　纳税人欠缴应纳税款，采取转移或者隐匿财产的手段，致使税务机关无法追缴欠缴的税款，数额在一万元以上不满十万元的，处三年以下有期徒刑或者拘役，并处或者单处欠缴税款一倍以上五倍以下罚金；数额在十万元以上的，处三年以上七年以下有期徒刑，并处欠缴税款一倍以上五倍以下罚金。

第二百零四条　以假报出口或者其他欺骗手段，骗取国家出口退税款，数额较大的，处五年以下有期徒刑或者拘役，并处骗取税款一倍以上五倍以下罚金；数额巨大或者有其他严重情节的，处五年以上十年以下有期徒刑，并处骗取税款一倍以上五倍以下罚金；数额特别巨大或者有其他特别严重情节的，处十年以上有期徒刑或者无期徒刑，并处骗取税款一倍以上五倍以下罚金或者没收财产。

纳税人缴纳税款后，采取前款规定的欺骗方法，骗取所交纳的税款的，依照本法第二百零一条的规定定罪处罚；骗取税款超过所交纳的税款部分，依照前款的规定处罚。

第二百零五条　虚开增值税专用发票或者虚开用于骗取出口退税、抵扣税款的其他发票的，处三年以下有期徒刑或者拘役，并处二万元以上二十万元以下罚金；虚开的税款数额较大或者有其他严重情节的，处三年以上十年以下有期徒刑，并处五万元以上五十万元以下罚金；虚开的税款数额巨大或者有其他特别严重情节的，处十年以上有期徒刑或者无期徒刑，并处五万元以上五十万元以下罚金或者没收财产。

有前款行为骗取国家税款，数额特别巨大，情节特别严重，给国家利益造成特别重大损失的，处无期徒刑或者死刑，并处没收财产。

单位犯本条规定之罪的，对单位判处罚金，并对其直接负责的主管人员和其他直接责任人员，处三年以下有期徒刑或者拘役；虚开的税款数额较大或者有其他严重情节的，处三年以上十年以下有期徒刑；虚开的税款数额巨大或者有其他特别严重情节的，处十年以上有期徒刑或者无期徒刑。

虚开增值税专用发票或者虚开用于骗取出口退税、抵扣税款的其他发票，是指有为他人虚开、为自己虚开、让他人为自己虚开、介绍他人虚开行为之一的。

第二百零六条　伪造或者出售伪造的增值税专用发票的，处三年以下有期徒刑、拘役或者管制，并处二万元以上二十万元以下罚金；数量较大或者有其他严重情节的，处三年以上十年以下有期徒刑，并处五万元以上五十万元以下罚金；数量巨大或者有其他特别严重情节的，处十年以上有期徒刑或者无期徒刑，并处五万元以上五十万元以下罚金或者没收财产。

伪造并出售伪造的增值税专用发票，数量特别巨大，情节特别严重，严重破坏经济秩序的，处无期徒刑或者死刑，并处没收财产。

单位犯本条规定之罪的，对单位判处罚金，并对其直接负责的主管人员和其他直接责任人员，处三年以下有期徒刑、拘役或者管制；数量较大或者有其他严重情节的，处三年以上十年以下有期徒刑；数量巨大或者有其他特别严重情节的，处十年以上有期徒刑或者无期徒刑。

第二百零七条　非法出售增值税专用发票的，处三年以下有期徒刑、拘役或者管制，并处二万元以上二十万元以下罚金；数量较大的，处三年以上十年以下有期徒刑，并处五万元以上五十万元以下罚金；数量巨大的，处十年以上有期徒刑或者无期徒刑，并处五万元以上五十万元以下罚金或者没收财产。

第二百零八条　非法购买增值税专用发票或者购买伪造的增值税专用发票的，处五年以下有期徒刑或者拘役，并处或者单处二万元以上二十万元以下罚金。

非法购买增值税专用发票或者购买伪造的增值税专用发票又虚开或者出售的，分别依照本法第二百零五条、第二百零六条、二百零七条的规定定罪处罚。

第二百零九条　伪造、擅自制造或者出售伪造、擅自制造的可以用于骗取出口退税、抵扣税款的其他发票的，处三年以下有期徒刑、拘役或者管制，并处二万元以上二十万元以下罚金；数量巨大的，处三年以上七年以下有期徒刑，并处五万元以上五十万元以下罚金；数量特别巨大的，处七年以上有期徒刑，并处五万元以上五十万元以下罚金或者没收财产。

伪造、擅自制造或者出售伪造、擅自制造的前款规定以外的其他发票的，处二年以下有期徒刑、拘役或者管制，并处或者单处一万元以上五万元以下罚金；情节严重的，处二年以上七年以下有期徒刑，并处五万元以上五十万元以下罚金。

非法出售可以用于骗取出口退税，抵扣税款的其他发票的，依照第一款的规定处罚。

非法出售第三款规定以外的其他发票的，依照第二款的规定处罚。

第二百一十条 盗窃增值税专用发票或者可以用于骗取出口退税、抵扣税款的其他发票的，依照本法第二百六十四条的规定定罪处罚。

使用欺骗手段骗取增值税专用发票或者可以用于骗取出口退税、抵扣税款的其他发票的，依照本法第二百六十六条的规定定罪处罚。

第二百一十一条 单位犯本节第二百零一条、第二百零三条、第二百零四条、第二百零七条、第二百零八条、第二百零九条规定之罪的，对单位判处罚金，并对其直接负责的主管人员和其他直接责任人员，依照各该条的规定处罚。

第二百一十二条 犯本节第二百零一条至第二百零五条规定之罪，被判处罚金、没收财产的，在执行前，应当先由税务机关追缴税款和所骗取的出口退税款。

第七节 侵犯知识产权罪

第二百一十三条 未经注册商标所有人许可，在同一种商品上使用与其注册商标相同的商标，情节严重的，处三年以下有期徒刑或者拘役，并处或者单处罚金；情节特别严重的，处三年以上七年以下有期徒刑，并处罚金。

第二百一十四条 销售明知是假冒注册商标的商品，销售金额数额较大的，处三年以下有期徒刑或者拘役，并处或者单处罚金；销售金额数额巨大的，处三年以上七年以下有期徒刑，并处罚金。

第二百一十五条 伪造、擅自制造他人注册商标标识或者销售伪造、擅自制造的注册商标标识，情节严重的，处三年以下有期徒刑、拘役或者管制，并处或者单处罚金；情节特别严重的，处三年以上七年以下有期徒刑，并处罚金。

第二百一十六条 假冒他人专利，情节严重的，处三年以下有期徒刑或者拘役，并处或者单处罚金。

第二百一十七条 以营利为目的，有下列侵犯著作权情形之一，违法所得数额较大或者有其他严重情节的，处三年以下有期徒刑或者拘役，并处或者单处罚金；违法所得数额巨大或者有其他特别严重情节的，处三年以上七年以下有期徒刑，并处罚金：

（一）未经著作权人许可，复制发行其文字作品、音乐、电影、电视、录像作品、计算机软件及其他作品的；

（二）出版他人享有专有出版权的图书的；

（三）未经录音录像制作者许可，复制发行其制作的录音录像的；

（四）制作、出售假冒他人署名的美术作品的。

第二百一十八条 以营利为目的，销售明知是本法第二百一十七条规定的侵权复制品，违法所得数额巨大的，处三年以下有期徒刑或者拘役，并处或者单处罚金。

第二百一十九条 有下列侵犯商业秘密行为之一，给商业秘密的权利人造成重大损失的，处三年以下有期徒刑或者拘役，并处或者单处罚金；造成特别严重后果的，处三年以上七年以下有期徒刑，并处罚金：

（一）以盗窃、利诱、胁迫或者其他不正当手段获取权利人的商业秘密的；

（二）披露、使用或者允许他人使用以前项手段获取的权利人的商业秘密的；

（三）违反约定或者违反权利人有关保守商业秘密的要求，披露、使用或者允许他人使用其所掌握的商业秘密的。

明知或者应知前款所列行为，获取、使用或者披露他人的商业秘密的，以侵犯商业秘密论。

本条所称商业秘密，是指不为公众所知悉，能为权利人带来经济利益，具有实用性并经权利人采取保密措施的技术信息和经营信息。

本条所称权利人，是指商业秘密的所有人和经商业秘密所有人许可的商业秘密使用人。

第二百二十条 单位犯本节第二百一十三条至第二百一十九条规定之罪的，对单位判处罚金，并对其直接负责的主管人员和其他直接责任人员，依照本节各该条的规定处罚。

第八节 扰乱市场秩序罪

第二百二十一条 捏造并散布虚伪事实，损害他人的商业信誉、商品声誉、情节严重或者给他人造成重大损失的，处二年以下有期徒刑或者拘役，并处或者单处罚金。

第二百二十二条 广告主、广告经营者、广告发布者违反国家规定，利用广告对商品或者服务作虚假宣传，情节严重的，处二年以下有期徒刑或者拘役，并处或者单处罚金。

第二百二十三条 投标人相互串通投标报价，损害招标人或者其他投标人利益，情节严重的，处三年以下有期徒刑或者拘役，并处或者单处罚金。

投标人与招标人串通投标，损害国家、集体、公民的合法利益的，依照前款的规定处罚。

第二百二十四条 有下列情形之一，以非法占有为目的，在签订、履行合同过程中，骗取对方当事人财物，数额较大的，处三年以下有期徒刑或者拘役，并处或者单处罚金；数额巨大或者情节严重的，处三年以上十年以下有期徒刑，并处罚金；数额特别巨大或者情节特别严重的，处十年以上有期徒刑或者无期徒刑，并处罚金或者没收财产：

（一）以虚构的单位或者冒用他人名义签订合同的；

（二）以伪造、变造、作废的票据或者其他虚假的产权证明作担保的；

（三）没有实际履行能力，以先履行小额合同或者部分履行合同的方法，诱骗对方当事人继续签订和履行合同的；

（四）收受对方当事人给付的货物、货款、预付款或者担保财产后逃匿的；

（五）以其他方法骗取对方当事人财物的。

第二百二十五条　违反国家规定，有下列非法经营行为之一，扰乱市场秩序，情节严重的，处五年以下有期徒刑或者拘役，并处或者单处违法所得一倍以上五倍以下罚金；情节特别严重的，处五年以上有期徒刑，并处违法所得一倍以上五倍以下罚金或者没收财产：

（一）未经许可经营法律、行政法规规定的专营、专卖物品或者其他限制买卖的物品的；

（二）买卖进出口许可证、进出口原产地证明以及其他法律、行政法规规定的经营许可证或者批准文件的；

（三）其他严重扰乱市场秩序的非法经营行为。

第二百二十六条　以暴力、威胁手段强买强卖商品、强迫他人提供服务或者强迫他人接受服务，情节严重的，处三年以下有期徒刑或者拘役，并处或者单处罚金。

第二百二十七条　伪造或者倒卖伪造的车票、船票、邮票或者其他有价票证，数额较大的，处二年以下有期徒刑、拘役或者管制，并处或者单处票证价额一倍以上五倍以下罚金；数额巨大的，处二年以上七年以下有期徒刑，并处票证价额一倍以上五倍以下罚金。

倒卖车票、船票，情节严重的，处三年以下有期徒刑、拘役或者管制，并处或者单处票证价额一倍以上五倍以下罚金。

第二百二十八条　以牟利为目的，违反土地管理法规，非法转让、倒卖土地使用权，情节严重的，处三年以下有期徒刑或者拘役，并处或者单处非法转让、倒卖土地使用权价额百分之五以上百分之二十以下罚金；情节特别严重的，处三年以上七年以下有期徒刑，并处非法转让、倒卖土地使用权价额百分之五以上百分之二十以下罚金。

第二百二十九条　承担资产评估、验资、验证、会计、审计、法律服务等职责的中介组织的人员故意提供虚假证明文件，情节严重的，处五年以下有期徒刑或者拘役，并处罚金。

前款规定的人员，索取他人财物或者非法收受他人财物，犯前款罪的，处五年以上十年以下有期徒刑，并处罚金。

第一款规定的人员，严重不负责任、出具的证明文件有重大失实，造成严重后果的，处三年以下有期徒刑或者拘役，并处或者单处罚金。

第二百三十条　违反进出口商品检验法的规定；逃避商品检验，将必须经商检机构检验的进口商品未报经检验而擅自销售、使用，或者将必须经商检机构检验的出口商品未报经检验合格而擅自出口，情节严重的，处三年以下有期徒刑或者拘役，并处或者单处罚金。

第二百三十一条　单位犯本节第二百二十一条至第二百三十条规定之罪的，对单位判处罚金，并对其直接负责的主管人员和其他直接责任人员，依照本节各该条的规定处罚。

第四章　侵犯公民人身权利、民主权利罪

第二百三十二条　故意杀人的，处死刑、无期徒刑或者十年以上有期徒刑；情节较轻的，处三年以上十年以下有期徒刑。

第二百三十三条　过失致人死亡的，处三年以上七年以下有期徒刑；情节较轻的，处三年以下有期徒刑。本法另有规定的，依照规定。

第二百三十四条　故意伤害他人身体的，处三年以下有期徒刑、拘役或者管制。

犯前款罪，致人重伤的，处三年以上十年以下有期徒刑；致人死亡或者以特别残忍手段致人重伤造成严重残疾的，处十年以上有期徒刑、无期徒刑或者死刑。本法另有规定的，依照规定。

第二百三十五条　过失伤害他人致人重伤的，处三年以下有期徒刑或者拘役。本法另有规定的，依照规定。

第二百三十六条　以暴力、胁迫或者其他手段强奸妇女的，处三年以上十年以下有期徒刑。

奸淫不满十四周岁的幼女的，以强奸论，从重处罚。

强奸妇女、奸淫幼女，有下列情形之一的，处十年以上有期徒刑、无期徒刑或者死刑：

（一）强奸妇女、奸淫幼女情节恶劣的；

（二）强奸妇女、奸淫幼女多人的；

（三）在公共场所当众强奸妇女的；

（四）二人以上轮奸的；

（五）致使被害人重伤、死亡或者造成其他严重后果的。

第二百三十七条　以暴力、胁迫或者其他方法强制猥亵妇女或者侮辱妇女的，处五年以下有期徒刑或者拘役。

聚众或者在公共场所当众犯前款罪的，处五年以上有期徒刑。

猥亵儿童的，依照前两款的规定从重处罚。

第二百三十八条　非法拘禁他人或者以其他方法非法剥夺他人人身自由的，处三年以下有期徒刑、拘役、管制或者剥夺政治权利。具有殴打、侮辱情节的，从重处罚。

犯前款罪，致人重伤的，处三年以上十年以下有期徒刑；致人死亡的，处十年以上有期徒刑。使用暴力致人伤残、死亡的，依照本法第二百三十四条、第二百三十二条的规定定罪处罚。

为索取债务非法扣押、拘禁他人的，依照前两款的规定处罚。

国家机关工作人员利用职权犯前三款罪的，依照前三款的规定从重处罚。

第二百三十九条　以勒索财物为目的绑架他人的，或者绑架他人作为人质的，处十年以上有期徒刑或者无期徒刑，并处罚金或者没收财产；致使被绑架人死亡或者杀害被绑架人的，处死刑，并处没收财产。

以勒索财物为目的偷盗婴幼儿的，依照前款的规定处罚。

第二百四十条　拐卖妇女、儿童的，处五年以上十年以下有期徒刑，并处罚金；有下列情形之一的，处十年以上有期徒刑或者无期徒刑，并处罚金或者没收财产；情节特别严重的，处死刑，并处没收财产：

（一）拐卖妇女、儿童集团的首要分子；

（二）拐卖妇女、儿童三人以上的；

（三）奸淫被拐卖的妇女的；

（四）诱骗、强迫被拐卖的妇女卖淫或者将被拐卖的妇女卖给他人迫使其卖淫的；

（五）以出卖为目的，使用暴力、胁迫或者麻醉方法绑架妇女、儿童的；

（六）以出卖为目的，偷盗婴幼儿的；

（七）造成被拐卖的妇女、儿童或者其亲属重伤、死亡或者其他严重后果的；

（八）将妇女、儿童卖往境外的。

拐卖妇女、儿童是指以出卖为目的，有拐骗、绑架、收买、贩卖、接送、中转妇女、儿童的行为之一的。

第二百四十一条　收买被拐卖的妇女、儿童的，处三年以下有期徒刑、拘役或者管制。

收买被拐卖的妇女，强行与其发生性关系的，依照本法第二百三十六条的规定定罪处罚。

收买被拐卖的妇女、儿童，非法剥夺、限制其人身自由或者有伤害、侮辱等犯罪行为的，依照本法的有关规定定罪处罚。

收买被拐卖的妇女、儿童，并有第二款、第三款规定的犯罪行为的，依照数罪并罚的规定处罚。

收买被拐卖的妇女、儿童又出卖的，依照本法第二百四十条的规定定罪处罚。

收买被拐卖的妇女、儿童，按照被买妇女的意愿，不阻碍其返回原居住地的，对被买儿童没有虐待行为，不阻碍对其进行解救的，可以不追究刑事责任。

第二百四十二条　以暴力、威胁方法阻碍国家机关工作人员解救被收买的妇女、儿童的，依照本法第二百七十七条的规定定罪处罚。

聚众阻碍国家机关工作人员解救被收买的妇女、儿童的首要分子，处五年以下有期徒刑或者拘役；其他参与者使用暴力、威胁方法的，依照前款的规定处罚。

第二百四十三条　捏造事实诬告陷害他人，意图使他人受刑事追究，情节严重的，处三年以下有期徒刑、拘役或者管制；造成严重后果的，处三年以上十年以下有期徒刑。

国家机关工作人员犯前款罪的，从重处罚。

不是有意诬陷，而是错告，或者检举失实的，不适用前两款的规定。

第二百四十四条　用人单位违反劳动管理法规，以限制人身自由方法强迫职工劳动，情节严重的，对直接责任人员，处三年以下有期徒刑或者拘役，并处或者单处罚金。

第二百四十五条　非法搜查他人身体、住宅，或者非法侵入他人住宅的，处三年以下有期徒刑或者拘役。

司法工作人员滥用职权，犯前款罪的，从重处罚。

第二百四十六条　以暴力或者其他方法公然侮辱他人或者捏造事实诽谤他人，情节严重的，处三年以下有期徒刑、拘役、管制或者剥夺政治权利。

前款罪，告诉的才处理，但是严重危害社会秩序和国家利益的除外。

第二百四十七条　司法工作人员对犯罪嫌疑人、被告人实行刑讯逼供或者使用暴力逼取证人证言的，处三年以下有期徒刑或者拘役。致人伤残、死亡的，依照本法第二百三十四条、第二百三十二条的规定定罪从重处罚。

第二百四十八条　监狱、拘留所、看守所等监管机构的监管人员对被监管人进行殴打或者体罚虐待，情节严重的，处三年以下有期徒刑或者拘役；情节特别严重的，处三年以上十年以下有期徒刑。致人伤残、死亡的，依照本法第二百三十四条、第二百三十二条的规定定罪从重处罚。

监管人员指使被监管人殴打或者体罚虐待其他被监管人的，依照前款的规定处罚。

第二百四十九条　煽动民族仇恨、民族歧视，情节严重的，处三年以下有期徒刑、拘役、管制或者剥夺政治权利；情节特别严重的，处三年以上十年以下有期徒刑。

第二百五十条　在出版物中刊载歧视、侮辱少数民族的内容，情节恶劣，造成严重后果的，对直接责任人员，处三年以下有期徒刑、拘役或者管制。

第二百五十一条　国家机关工作人员非法剥夺公民的宗教信仰自由和侵犯少数民族风俗习惯，情节严重的，处二年以下有期徒刑或者拘役。

第二百五十二条　隐匿、毁弃或者非法开拆他人信件，侵犯公民通信自由权利，情节严重的，处一年以下有期徒刑或者拘役。

第二百五十三条　邮政工作人员私自开拆或者隐匿、毁弃邮件、电报的，处二年以下有期徒刑或者拘役。

犯前款罪而窃取财物的，依照本法第二百六十四条的规定定罪从重处罚。

第二百五十四条　国家机关工作人员滥用职权、假公济私，对控告人、申诉人、批评人、举报人实行报复陷害的，处二年以下有期徒刑或者拘役；情节严重的，处二年以上七年以下有期徒刑。

第二百五十五条　公司、企业、事业单位、机关、团体的领导人，对依法履行职责、抵制违反会计法、统计法行为的会计、统计人员实行打击报复，情节恶劣的，处三年以下有期徒刑或者拘役。

第二百五十六条　在选举各级人民代表大会代表和国家机关领导人员时，以暴力、威胁、欺骗、贿赂、伪造选举文件、虚报选举票数等手段破坏选举或者妨害选民和代表自由行使选举权和被选举权，情节严重的，处三年以下有期徒刑、拘役或者剥夺政治权利。

第二百五十七条　以暴力干涉他人婚姻自由的，处二年以下有期徒刑或者拘役。

犯前款罪，致使被害人死亡的，处二年以上七年以下有期徒刑。

第一款罪，告诉的才处理。

第二百五十八条　有配偶而重婚的，或者明知他人有配偶而与之结婚的，处二年以下有期徒刑或者拘役。

第二百五十九条　明知是现役军人的配偶而与之同居或者结婚的，处三年以下有期徒刑或者拘役。

利用职权、从属关系，以胁迫手段奸淫现役军人的妻子的，依照本法第二百三十六条的规定定罪处罚。

第二百六十条　虐待家庭成员，情节恶劣的，处二年以下有期徒刑、拘役或者管制。

犯前款罪，致使被害人重伤、死亡的，处二年以上七年以下有期徒刑。

第一款罪，告诉的才处理。

第二百六十一条　对于年老、年幼、患病或者其他没有独立生活能力的人，负有扶养义务而拒绝扶养，情节恶劣的，处五年以下有期徒刑、拘役或者管制。

第二百六十二条　拐骗不满十四周岁的未成年人，脱离家庭或者监护人的，处五年以下有期徒刑或者拘役。

第五章　侵犯财产罪

第二百六十三条　以暴力、胁迫或者其他方法抢劫公私财物的，处三年以上十年以下有期徒刑，并处罚金；有下列情形之一的，处十年以上有期徒刑、无期徒刑或者死刑，并处罚金或者没收财产：

（一）入户抢劫的；

（二）在公共交通工具上抢劫的；

（三）抢劫银行或者其他金融机构的；

（四）多次抢劫或者抢劫数额巨大的；

（五）抢劫致人重伤、死亡的；

（六）冒充军警人员抢劫的；

（七）持枪抢劫的；

（八）抢劫军用物资或者抢险、救灾、救济物资的。

第二百六十四条　盗窃公私财物，数额较大或者多次盗窃的，处三年以下有期徒刑、拘役或者管制，并处或者单处罚金；数额巨大或者情节严重的，处三年以上十年以下有期徒刑，并处罚金；数额特别巨大或者情节特别严重的，处十年以上有期徒刑或者无期徒刑，并处罚金或者没收财产；有下列情形之一的，处无期徒刑或者死刑，并处没收财产：

（一）盗窃金融机构，数额特别巨大的；

（二）盗窃珍贵文物，情节严重的。

第二百六十五条　以牟利为目的，盗接他人通信线路、复制他人电信码号或者明知是盗接、复制的电信设备、设施而使用的，依照本法第二百六十四条的规定定罪处罚。

第二百六十六条　诈骗公私财物，数额较大的，处三年以下有期徒刑、拘役或者管制，并处或者单处罚金；数额巨大或者情节严重的，处三年以上十年以下有期徒刑，并处罚金；数额特别巨大或者情节特别严重的，处十年以上有期徒刑或者无期徒刑，并处罚金或者没收财产。本法另有规定的，依照规定。

第二百六十七条　抢夺公私财物，数额较大的，处三年以下有期徒刑、拘役或者管制，并处或者单处罚金；数额巨大或者情节严重的，处三年以上十年以下有期徒刑，并处罚金；数额特别巨大或者情节特别严重的，处十年以上有期徒刑或者无期徒刑，并处罚金或者没收财产。

携带凶器抢夺的，依照本法第二百六十三条的规定定罪处罚。

第二百六十八条　聚众哄抢公私财物，数额较大或者情节严重的，对首要分子和积极参加的，处三年以下有期徒刑、拘役或者管制，并处罚金；数额巨大或者情节特别严重的，处三年以上十年以下有期徒刑，并处罚金。

第二百六十九条　犯盗窃、诈骗、抢夺罪，为窝藏赃物、抗拒抓捕或者毁灭罪证而当场使用暴力或者以暴力相威胁的，依照本法第二百六十三条的规定定罪处罚。

第二百七十条　将代为保管的他人财物非法占为己有，数额较大，拒不退还的，处二年以下有期徒刑、拘役或者罚金；数额巨大或者情节严重的，处二年以上五年以下有期徒刑，并处罚金。

将他人的遗忘物或者埋藏物非法占为己有，数额较大，拒不交出的，依照前款的规定处罚。

本条罪，告诉的才处理。

第二百七十一条　公司、企业或者其他单位的人员，利用职务上的便利，将本单位财物非法占为己有，数额较大的，处五年以下有期徒刑或者拘役；数额巨大的，处五年以上有期徒刑，可以并处没收财产。

国有公司、企业或者其他国有单位中从事公务的人员和国有公司、企业或者其他国有单位委派到非国有公司、企业以及其他单位从事公务的人员有前款行为的，依照本法第三百八十二条、第三百八十三条的规定定罪处罚。

第二百七十二条　公司、企业或者其他单位的工作人员，利用职务上的便利，挪用本单位资金归个人使用或者借贷给他人，数额较大、超过三个月未还的，或者虽未超过三个月，但数额较大、进行营利活动的，或者进行非法活动的，处三年以下有期徒刑或者拘役；挪用本单位资金数额巨大的，或者数额较大不退还的，处三年以上十年以下有期徒刑。

国有公司、企业或者其他国有单位中从事公务的人员和国有公司、企业或者其他国有单位委派到非国有公司、企业以及其他单位从事公务的人员有前款行为的，依照本法第三百八十四条的规定定罪处罚。

第二百七十三条　挪用用于救灾、抢险、防汛、优抚、扶贫、移民、救济款物，情节严重，致使国家和人民群众利益遭受重大损害的，对直接责任人员，处三年以下有期徒刑或者拘役；情节特别严重的，处三年以上七年以下有期徒刑。

第二百七十四条　敲诈勒索公私财物，数额较大的，处三年以下有期徒刑、拘役或者管制；数额巨大或者有其他严重情节的，处三年以上十年以下有期徒刑。

第二百七十五条　故意毁坏公私财物，数额较大或者情节严重的，处三年以下有期徒刑、拘役或者罚金；数额巨大或者情节特别严重的，处三年以上七年以下有期徒刑。

第二百七十六条　由于泄愤报复或者其他个人目的，毁坏机器设备、残害耕畜或者以其他方法破坏生产经营的，处三年以下有期徒刑、拘役或者管制；情节严重的，处三年以上七年以下有期徒刑。

第六章　妨害社会管理秩序罪

第一节　扰乱公共秩序罪

第二百七十七条　以暴力、威胁方法阻碍国家机关工作人员依法执行职务的，处三年以下有期徒刑、拘役、管制或者罚金。

以暴力、威胁方法阻碍全国人民代表大会和地方各级人民代表大会代表依法执行代表职务的，依照前款的规定处罚。

在自然灾害和突发事件中，以暴力、威胁方法阻碍红十字会工作人员依法履行职责的，依照第一款的规定处罚。

故意阻碍国家安全机关、公安机关依法执行国家安全工作任务，未使用暴力、威胁方法，造成严重后果的，依照第一款的规定处罚。

第二百七十八条　煽动群众暴力抗拒国家法律、行政法规实施的，处三年以下有期徒刑、拘役、管制或者剥夺政治权利；造成严重后果的，处三年以上七年以下有期徒刑。

第二百七十九条　冒充国家机关工作人员招摇撞骗的，处三年以下有期徒刑、拘役、管制或者剥夺政治权利；情节严重的，处三年以上十年以下有期徒刑。

冒充人民警察招摇撞骗的，依照前款的规定从重处罚。

第二百八十条　伪造、变造、买卖或者盗窃、抢夺、毁灭国家机关的公文、证件、印章的，处三年以下有期徒刑、拘役、管制或者剥夺政治权利；情节严重的，处三年以上十年以下有期徒刑。

伪造公司、企业、事业单位、人民团体的印章的，处三年以下有期徒刑、拘役、管制或者剥夺政治权利。

伪造、变造居民身份证的，处三年以下有期徒刑、拘役、管制或者剥夺政治权利；情节严重的，处三年以上七年以下有期徒刑。

第二百八十一条　非法生产、买卖人民警察制式服装、专用标志、警械，情节严重的，处三年以下有期徒刑、拘役或者管制，并处或者单处罚金。

单位犯前款罪的，对单位判处罚金，并对其直接负责的主管人员和其他直接责任人员，依照前款的规定处罚。

第二百八十二条　以窃取、刺探、收买方法，非法获取国家秘密的，处三年以下有期徒刑、拘役、管制或者剥夺政治权利；情节严重的，处三年以上七年以下有期徒刑。

非法持有属于国家绝密、机密的文件、资料或者其他物品，拒不说明来源与用途的，处三年以下有期徒刑、拘役或者管制。

第二百八十三条 非法生产、销售窃听、窃照等专用间谍器材的，处三年以下有期徒刑、拘役或者管制。

第二百八十四条 非法使用窃听、窃照专用器材，造成严重后果的，处二年以下有期徒刑、拘役或者管制。

第二百八十五条 违反国家规定，侵入国家事务、国防建设、尖端科学技术领域的计算机信息系统的，处三年以下有期徒刑或者拘役。

第二百八十六条 违反国家规定，对计算机信息系统功能进行删除、修改、增加、干扰，造成计算机信息系统不能正常运行，后果严重的，处五年以下有期徒刑或者拘役；后果特别严重的，处五年以上有期徒刑。

违反国家规定，对计算机信息系统中存储、处理或者传输的数据和应用程序进行删除、修改、增加的操作，后果严重的，依照前款的规定处罚。

故意制作、传播计算机病毒等破坏性程序，影响计算机系统正常运行，后果严重的，依照第一款的规定处罚。

第二百八十七条 利用计算机实施金融诈骗、盗窃、贪污、挪用公款、窃取国家秘密或者其他犯罪的，依照本法有关规定定罪处罚。

第二百八十八条 违反国家规定，擅自设置、使用无线电台（站），或者擅自占用频率，经责令停止使用后拒不停止使用，干扰无线电通讯正常进行，造成严重后果的，处三年以下有期徒刑、拘役或者管制，并处或者单处罚金。

单位犯前款罪的，对单位判处罚金，并对其直接负责的主管人员和其他直接责任人员，依照前款的规定处罚。

第二百八十九条 聚众“打砸抢”，致人伤残、死亡的，依照本法第二百三十四条、第二百三十二条的规定定罪处罚。毁坏或者抢走公私财物的，除判令退赔外，对首要分子，依照本法第二百六十三条的规定定罪处罚。

中编

第二百九十条 聚众扰乱社会秩序，情节严重，致使工作、生产、营业和教学、科研无法进行，造成严重损失的，对首要分子，处三年以上七年以下有期徒刑；其他积极参加的，处三年以下有期徒刑、拘役、管制或者剥夺政治权利。

聚众冲击国家机关，致使国家机关工作无法进行，造成严重损失的，对首要分子，处五年以上十年以下有期徒刑；其他积极参加的，处五年以下有期徒刑、拘役、管制或者剥夺政治权利。

第二百九十一条 聚众扰乱车站、码头、民用航空站、商场、公园、影剧院、展览会、运动场或者其他公共场所秩序，聚众堵塞交通或者破坏交通秩序，抗拒、阻碍国家治安管理工作人员依法执行职务，情节严重的，对首要分子，处五年以下有期徒刑、拘役或者管制。

第二百九十二条 聚众斗殴的，对首要分子和其他积极参加的，处三年以下有期徒刑、拘役或者管制；有下列情形之一的，对首要分子和其他积极参加的，处三年以上十年以下有期徒刑：

（一）多次聚众斗殴的；

（二）聚众斗殴人数多，规模大，社会影响恶劣的；

（三）在公共场所或者交通要道聚众斗殴，造成社会秩序严重混乱的；

（四）持械聚众斗殴的。

聚众斗殴，致人重伤、死亡的，依照本法第二百三十四条、第二百三十二条的规定定罪处罚。

第二百九十三条 有下列寻衅滋事行为之一，破坏社会秩序的，处五年以下有期徒刑、拘役或者管制：

（一）随意殴打他人，情节恶劣的；

（二）追逐、拦截、辱骂他人，情节恶劣的；

（三）强拿硬要或者任意损毁、占用公私财物，情节严重的；

（四）在公共场所起哄闹事，造成公共场所秩序严重混乱的。

第二百九十四条 组织、领导和积极参加以暴力、威胁或者其他手段，有组织地进行违法犯罪活动，称霸一方，为非作恶，欺压、残害群众，严重破坏经济、社会生活秩序的黑社会性质的组织的，处三年以上十年以下有期徒刑；其他参加的，处三年以下有期徒刑、拘役、管制或者剥夺政治权利。

境外的黑社会组织的人员到中华人民共和国境内发展组织成员的，处三年以上十年以下有期徒刑。

犯前两款罪又有其他犯罪行为的，依照数罪并罚的规定处罚。

国家机关工作人员包庇黑社会性质的组织，或者纵容黑社会性质的组织进行违法犯罪活动的，处三年以下有期徒刑、拘役或者剥夺政治权利；情节严重的，处三年以上十年以下有期徒刑。

第二百九十五条 传授犯罪方法的，处五年以下有期徒刑、拘役或者管制；情节严重的，处五年以上有期徒刑；情节特别严重的，处无期徒刑或者死刑。

第二百九十六条 举行集会、游行、示威，未依照法律规定申请或者申请未获许可，或者未按照主管机关许可的起止时间、地点、路线进行，又拒不服从解散命令，严重破坏社会秩序的，对集会、游行、示威的负责人和直接责任人员，处五年以下有期徒刑、拘役、管制或者剥夺政治权利。

第二百九十七条 违反法律规定，携带武器、管制刀具或者爆炸物参加集会、游行、示威的，处三年以下有期徒刑、拘役、管制或者剥夺政治权利。

第二百九十八条 扰乱、冲击或者以其他方法破坏依法举行的集会、游行、示威，造成公共秩序混乱的，处五年以下有期徒刑、拘役、管制或者剥夺政治权利。

第二百九十九条 在公众场合故意以焚烧、毁损、涂划、玷污、践踏等方式侮辱中华人民共和国国旗、国徽的，处三年以下有期徒刑、拘役、管制或者剥夺政治权利。

第三百条 组织和利用会道门、邪教组织或者利用迷信破坏国家法律、行政法规实施的，处三年以上七年以下有期徒刑；情节特别严重的，处七年以上有期徒刑。

组织和利用会道门、邪教组织或者利用迷信蒙骗他人，致人死亡的，依照前款的规定处罚。

组织和利用会道门、邪教组织或者利用迷信奸淫妇女、诈骗财物的，分别依照本法第二百三十六条、第二百六十六条的规定定罪处罚。

第三百零一条 聚众进行淫乱活动的，对首要分子或者多次参加的，处五年以下有期徒刑、拘役或者管制。

引诱未成年人参加聚众淫乱活动的，依照前款的规定从重处罚。

第三百零二条 盗窃、侮辱尸体的，处三年以下有期徒刑、拘役或者管制。

第三百零三条 以营利为目的，聚众赌博、开设赌场或者以赌博为业的，处三年以下有期徒刑、拘役或者管制，并处罚金。

第三百零四条 邮政工作人员严重不负责任，故意延误投递邮件，致使公共财产、国家和人民利益遭受重大损失的，处二年以下有期徒刑或者拘役。

第二节 妨害司法罪

第三百零五条 在刑事诉讼中，证人、鉴定人、记录人、翻译人对与案件有重要关系的情节，故意作虚假证明、鉴定、记录、翻译，意图陷害他人或者隐匿罪证的，处三年以下有期徒刑或者拘役；情节严重的，处三年以上七年以下有期徒刑。

第三百零六条 在刑事诉讼中，辩护人、诉讼代理人毁灭、伪造证据，帮助当事人毁灭、伪造证据，威胁、引诱证人违背事实改变证言或者作伪证的，处三年以下有期徒刑或者拘役；情节严重的，处三年以上七年以下有期徒刑。

辩护人、诉讼代理人提供、出示、引用的证人证言或者其他证据失实，不是有意伪造的，不属于伪造证据。

第三百零七条 以暴力、威胁、贿买等方法阻止证人作证或者指使他人作伪证的，处三年以下有期徒刑或者拘役；情节严重的，处三年以上七年以下有期徒刑。

帮助当事人毁灭、伪造证据，情节严重的，处三年以下有期徒刑或者拘役。

司法工作人员犯前两款罪的，从重处罚。

第三百零八条 对证人进行打击报复的，处三年以下有期徒刑或者拘役；情节严重的，处三年以上七年以下有期徒刑。

第三百零九条 聚众哄闹、冲击法庭，或者殴打司法工作人员，严重扰乱法庭秩序的，处三年以下有期徒刑、拘役、管制或者罚金。

第三百一十条 明知是犯罪的人而为其提供隐藏处所、财物，帮助其逃匿或者作假证明包庇的，处三年以下有期徒刑、拘役或者管制；情节严重的，处三年以上十年以下有期徒刑。

犯前款罪，事前通谋的，以共同犯罪论处。

第三百一十一条 明知他人有间谍犯罪行为，在国家安全机关向其调查有关情况，收集有关证据时，拒绝提供，情节严重的，处三年以下有期徒刑、拘役或者管制。

第三百一十二条 明知是犯罪所得的赃物而予以窝藏、转移、收购或者代为销售的，处三年以下有期徒刑、拘役或者管制，并处或者单处罚金。

第三百一十三条 对人民法院的判决、裁定有能力执行而拒不执行，情节严重的，处三年以下有期徒刑、拘役或者罚金。

第三百一十四条 隐藏、转移、变卖、故意毁损已被司法机关查封、扣押、冻结的财产，情节严重的，处三年以下有期徒刑、拘役或者罚金。

第三百一十五条 依法被关押的罪犯，有下列破坏监管秩序行为之一，情节严重的，处三年以下有期徒刑：

（一）殴打监管人员的；

（二）组织其他被监管人破坏监管秩序的；

（三）聚众闹事，扰乱正常监管秩序的；

（四）殴打、体罚或者指使他人殴打、体罚其他被监管人的。

第三百一十六条 依法被关押的罪犯、被告人、犯罪嫌疑人脱逃的，处五年以下有期徒刑或者拘役。

劫夺押解途中的罪犯、被告人、犯罪嫌疑人的，处三年以上七年以下有期徒刑；情节严重的，处七年以上有期徒刑。

第三百一十七条 组织越狱的首要分子和积极参加的，处五年以上有期徒刑；其他参加的，处五年以下有期徒刑或者拘役。

暴动越狱或者聚众持械劫狱的首要分子和积极参加的，处十年以上有期徒刑或者无期徒刑；情节特别严重的，处死刑；其他参加的，处三年以上十年以下有期徒刑。

第三节　妨害国（边）境管理罪

第三百一十八条　组织他人偷越国（边）境的，处二年以上七年以下有期徒刑，并处罚金；有下列情形之一的，处七年以上有期徒刑或者无期徒刑，并处罚金或者没收财产：

（一）组织他人偷越国（边）境集团的首要分子；

（二）多次组织他人偷越国（边）境或者组织他人偷越国（边）境人数众多的；

（三）造成被组织人重伤、死亡的；

（四）剥夺或者限制被组织人人身自由的；

（五）以暴力、威胁方法抗拒检查的；

（六）违法所得数额巨大的；

（七）有其他特别严重情节的。

犯前款罪，对被组织人有杀害、伤害、强奸、拐卖等犯罪行为，或者对检查人员有杀害、伤害等犯罪行为的，依照数罪并罚的规定处罚。

第三百一十九条　以劳务输出、经贸往来或者其他名义、弄虚作假，骗取护照、签证等出境证件，为组织他人偷越国（边）境使用的，处三年以下有期徒刑，并处罚金；情节严重的，处三年以上十年以下有期徒刑，并处罚金。

单位犯前款罪的，对单位判处罚金，并对其直接负责的主管人员和其他直接责任人员，依照前款的规定处罚。

第三百二十条　为他人提供伪造、变造的护照、签证等出入境证件，或者出售护照、签证等出入境证件的，处五年以下有期徒刑，并处罚金；情节严重的，处五年以上有期徒刑，并处罚金。

第三百二十一条　运送他人偷越国（边）境的，处五年以下有期徒刑、拘役或者管制，并处罚金；有下列情形之一的，处五年以上十年以下有期徒刑，并处罚金：

（一）多次实施运送行为或者运送人数众多的；

（二）所使用的船只、车辆等交通工具不具备必要的安全条件，足以造成严重后果的；

（三）违法所得数额巨大的；

（四）有其他特别严重情节的。

在运送他人偷越国（边）境中造成被运送人重伤、死亡，或者以暴力、威胁方法抗拒检查的，处七年以上有期徒刑，并处罚金。

犯前两款罪，对被运送人有杀害、伤害、强奸、拐卖等犯罪行为，或者对检查人员有杀害、伤害等犯罪行为的，依照数罪并罚的规定处罚。

第三百二十二条　违反国（边）境管理法规，偷越国（边）境，情节严重的，处一年以下有期徒刑、拘役或者管制，并处罚金。

第三百二十三条　故意破坏国家边境的界碑、界桩或者永久性测量标志的，处三年以下有期徒刑或者拘役。

第四节　妨害文物管理罪

第三百二十四条　故意损毁国家保护的珍贵文物或者被确定为全国重点文物保护单位、省级文物保护单位的文物的，处三年以下有期徒刑或者拘役，并处或者单处罚金；情节严重的，处三年以上十年以下有期徒刑，并处罚金。

故意损毁国家保护的名胜古迹，情节严重的，处五年以下有期徒刑或者拘役，并处或者单处罚金。

过失损毁国家保护的珍贵文物或者被确定为全国重点文物保护单位、省级文物保护单位的文物，造成严重后果的，处三年以下有期徒刑或者拘役。

第三百二十五条　违反文物保护法规，将收藏的国家禁止出口的珍贵文物私自出售或者私自赠送给外国人的，处五年以下有期徒刑或者拘役，可以并处罚金。

单位犯前款罪的，对单位判处罚金，并对其直接负责的主管人员和其他直接责任人员，依照前款的规定处罚。

第三百二十六条　以牟利为目的，倒卖国家禁止经营的文物，情节严重的，处五年以下有期徒刑或者拘役，并处罚金；情节特别严重的，处五年以上十年以下有期徒刑，并处罚金。

单位犯前款罪的，对单位判处罚金，并对其直接负责的主管人员和其他直接责任人员，依照前款的规定处罚。

第三百二十七条　违反文物保护法规，国有博物馆、图书馆等单位将国家保护的文物藏品出售或者私自送给非国有单位或者个人的，对单位判处罚金，并对其直接负责的主管人员和其他直接责任人员，处三年以下有期徒刑或者拘役。

第三百二十八条　盗掘具有历史、艺术、科学价值的古文化遗址、古墓葬的，处三年以上十年以下有期徒刑，并处罚金；情节较轻的，处三年以下有期徒刑、拘役或者管制，并处罚金；有下列情形之一的，处十年以上有期徒刑、无期徒刑或者死刑，并处罚金或者没收财产：

（一）盗掘确定为全国重点文物保护单位和省级文物保护单位的古文化遗址、古墓葬的；

（二）盗掘古文化遗址、古墓葬集团的首要分子；

（三）多次盗掘古文化遗址、古墓葬的；

（四）盗掘古文化遗址、古墓葬，并盗窃珍贵文物或者造成珍贵文物严重破坏的。

盗掘国家保护的具有科学价值的古人类化石和古脊椎动物化石的，依照前款的规定处罚。

第三百二十九条　抢夺、窃取国家所有的档案的，处五年以下有期徒刑或者拘役。

违反档案法的规定，擅自出卖、转让国家所有的档案，情节严重的，处三年以下有期徒刑或者拘役。

有前两款行为，同时又构成本法规定的其他犯罪的，依照处罚较重的规定定罪处罚。

第五节　危害公共卫生罪

第三百三十条　违反传染病防治法的规定，有下列情形之一，引起甲类传染病传播或者有传播严重危险的，处三年以下有期徒刑或者拘役；后果特别严重的，处三年以上七年以下有期徒刑：

（一）供水单位供应的饮用水不符合国家规定的卫生标准的；

（二）拒绝按照卫生防疫机构提出的卫生要求，对传染病病原体污染的污水、污物、粪便进行消毒处理的；

（三）准许或者纵容传染病病人、病原携带者和疑似传染病病人从事国务院卫生行政部门规定禁止从事的易使该传染病扩散的工作的；

（四）拒绝执行卫生防疫机构依照传染病防治法提出的预防、控制措施的。

单位犯前款罪的，对单位判处罚金，并对其直接负责的主管人员和其他直接责任人员，依照前款的规定处罚。

甲类传染病的范围，依照《中华人民共和国传染病防治法》和国务院有关规定确定。

第三百三十一条　从事实验、保藏、携带、运输传染病菌种、毒种的人员，违反国务院卫生行政部门的有关规定，造成传染病菌种、毒种扩散，后果严重的，处三年以下有期徒刑或者拘役；后果特别严重的，处三年以上七年以下有期徒刑。

第三百三十二条　违反国境卫生检疫规定，引起检疫传染病传播或者有传播严重危险的，处三年以下有期徒刑或者拘役，并处或者单处罚金。

单位犯前款罪的，对单位判处罚金，并对其直接负责的主管人员和其他直接责任人员，依照前款的规定处罚。

第三百三十三条　非法组织他人出卖血液的，处五年以下有期徒刑，并处罚金；以暴力、威胁方法强迫他人出卖血液的，处五年以上十年以下有期徒刑，并处罚金。

有前款行为，对他人造成伤害的，依照本法第二百三十四条的规定定罪处罚。

第三百三十四条　非法采集、供应血液或者制作、供应血液制品，不符合国家规定的标准，足以危害人体健康的，处五年以下有期徒刑或者拘役，并处罚金；对人体健康造成严重危害的，处五年以上十年以下有期徒刑，并处罚金；造成特别严重后果的，处十年以上有期徒刑或者无期徒刑，并处罚金或者没收财产。

经国家主管部门批准采集、供应血液或者制作、供应血液制品的部门，不依照规定进行检测或者违背其他操作规定，造成危害他人身体健康后果的，对单位判处罚金，并对其直接负责的主管人员和其他直接责任人员，处五年以下有期徒刑或者拘役。

第三百三十五条　医务人员由于严重不负责任，造成就诊人死亡或者严重损害就诊人身体健康的，处三年以下有期徒刑或者拘役。

第三百三十六条　未取得医生执业资格的人非法行医，情节严重的，处三年以下有期徒刑、拘役或者管制，并处或者单处罚金；严重损害就诊人身体健康的，处三年以上十年以下有期徒刑，并处罚金；造成就诊人死亡的，处十年以上有期徒刑，并处罚金。

未取得医生执业资格的人擅自为他人进行节育复通手术、假节育手术、终止妊娠手术或者摘取宫内节育器，情节严重的，处三年以下有期徒刑、拘役或者管制，并处或者单处罚金；严重损害就诊人身体健康的，处三年以上十年以下有期徒刑，并处罚金；造成就诊人死亡的，处十年以上有期徒刑，并处罚金。

第三百三十七条　违反进出境动植物检疫法的规定，逃避动植物检疫，引起重大动植物疫情的，处三年以下有期徒刑或者拘役，并处或者单处罚金。

单位犯前款罪的，对单位判处罚金，并对其直接负责的主管人员和其他直接责任人员，依照前款的规定处罚。

第六节　破坏环境资源保护罪

第三百三十八条　违反国家规定，向土地、水体、大气排放、倾倒或者处置有放射性的废物、含传染病病原体的废物、有毒物质或者其他危险废物，造成重大环境污染事故，致使公私财产遭受重大损失或者人身伤亡的严重后果的，处三年以下有期徒刑或者拘役，并处或者单处罚金；后果特别严重的，处三年以上七年以下有期徒刑，并处罚金。

第三百三十九条　违反国家规定，将境外的固体废物进境倾倒、堆放、处置的，处五年以下有期徒刑或者拘役，并处罚金；造成重大环境污染事故，致使公私财产遭受重大损失或者严重危害人体健康的，处五年以上十年以下有期徒刑，并处罚金；后果特别严重的，处十年以上有期徒刑，并处罚金。

未经国务院有关主管部门许可，擅自进口固体废物用作原料，造成重大环境污染事故，致使公私财产遭受重大损失或者严重危害人体健康的，处五年以下有期徒刑或者拘役，并处罚金；后果特别严重的，处五年以上十年以下有期徒刑，并处罚金。

以原料利用为名，进口不能用作原料的固体废物的，依照本法第一百五十五条的规定定罪处罚。

第三百四十条　违反保护水产资源法规，在禁渔区、禁渔期或者使用禁用的工具、方法捕捞水产品，情节严重的，处三年以下有期徒刑、拘役、管制或者罚金。

第三百四十一条　非法猎捕、杀害国家重点保护的珍贵、濒危野生动物的，或者非法收购、运输、出售国家重点保护的珍贵、濒危野生动物及其制品的，处五年以下有期徒刑或者拘役，并处罚金；情节严重的，处五年以上十年以下有期徒刑，并处罚金；情节特别严重的，处十年以上有期徒刑，并处罚金或者没收财产。

违反狩猎法规，在禁猎区、禁猎期或者使用禁用的工具、方法进行狩猎，破坏野生动物资源，情节严重的，处三年以下有期徒刑、拘役、管制或者罚金。

第三百四十二条　违反土地管理法规，非法占用耕地改作他用，数量较大，造成耕地大量毁坏的，处五年以下有期徒刑或者拘役，并处或者单处罚金。

第三百四十三条　违反矿产资源法的规定，未取得采矿许可证擅自采矿的，擅自进入国家规划矿区、对国民经济具有重要价值的矿区和他人矿区范围采矿的，擅自开采国家规定实行保护性开采的特定矿种，经责令停止开采后拒不停止开采，造成矿产资源破坏的，处三年以下有期徒刑、拘役或者管制，并处或者单处罚金；造成矿产资源严重破坏的，处三年以上七年以下有期徒刑，并处罚金。

违反矿产资源法的规定，采取破坏性的开采方法开采矿产资源，造成矿产资源严重破坏的，处五年以下有期徒刑或者拘役，并处罚金。

第三百四十四条　违反森林法的规定，非法采伐、毁坏珍贵树木的，处三年以下有期徒刑、拘役或者管制，并处罚金；情节严重的，处三年以上七年以下有期徒刑，并处罚金。

第三百四十五条　盗伐森林或者其他林木，数量较大的，处三年以下有期徒刑、拘役或者管制，并处或者单处罚金；数量巨大的，处三年以上七年以下有期徒刑，并处罚金；数量特别巨大的，处七年以上有期徒刑，并处罚金。

违反森林法的规定，滥伐森林或者其他林木，数量较大的，处三年以下有期徒刑、拘役或者管制，并处或者单处罚金；数量巨大的，处三年以上七年以下有期徒刑，并处罚金。

以牟利为目的，在林区非法收购明知是盗伐、滥伐的林木，情节严重的，处三年以下有期徒刑、拘役或者管制，并处或者单处罚金；情节特别严重的，处三年以上七年以下有期徒刑，并处罚金。

盗伐、滥伐国家级自然保护区内的森林或者其他林木的，从重处罚。

第三百四十六条　单位犯本节第三百三十八条至第三百四十五条规定之罪的，对单位判处罚金，并对其直接负责的主管人员和其他直接责任人员，依照本节各该条的规定处罚。

第七节　走私、贩卖、运输、制造毒品罪

第三百四十七条　走私、贩卖、运输、制造毒品，无论数量多少，都应当追究刑事责任，予以刑事处罚。

走私、贩卖、运输、制造毒品，有下列情形之一的，处十五年有期徒刑、无期徒刑或者死刑，并处没收财产：

（一）走私、贩卖、运输、制造鸦片一千克以上、海洛因或者甲基苯丙胺五十克以上或者其他毒品数量大的；

（二）走私、贩卖、运输、制造毒品集团的首要分子；

（三）武装掩护走私、贩卖、运输、制造毒品的；

（四）以暴力抗拒检查、拘留、逮捕，情节严重的；

（五）参与有组织的国际贩毒活动的。

走私、贩卖、运输、制造鸦片二百克以上不满一千克、海洛因或者甲基苯丙胺十克以上不满五十克或者其他毒品数量较大的，处七年以上有期徒刑，并处罚金。

走私、贩卖、运输、制造鸦片不满二百克、海洛因或者甲基苯丙胺不满十克或者其他少量毒品的，处三年以下有期徒刑、拘役或者管制。并处罚金；情节严重的，处三年以上七年以下有期徒刑，并处罚金。

单位犯前三款罪的，对单位判处罚金，并对其直接负责的主管人员和其他直接责任人员，依照前三款的规定处罚。

利用、教唆未成年人走私、贩卖、运输、制造毒品，或者向未成年人出售毒品的，从重处罚。

对多次走私、贩卖、运输、制造毒品，未经处理的，毒品数量累计计算。

第三百四十八条　非法持有鸦片一千克以上、海洛因或者甲基苯丙胺五十克以上或者其他毒品数量大的，处七年以上有期徒刑或者无期徒刑，并处罚金；非法持有鸦片二百克以上不满一千克、海洛因或者甲基苯丙胺十克以上不满五十克或者其他毒品数量较大的，处三年以下有期徒刑、拘役或者管制，并处罚金；情节严重的，处三年以上七年以下有期徒刑，并处罚金。

第三百四十九条　包庇走私、贩卖、运输、制造毒品的犯罪分子的，为犯罪分子窝藏、转移、隐瞒毒品或者犯罪

所得的财物的，处三年以下有期徒刑、拘役或者管制；情节严重的，处三年以上十年以下有期徒刑。

缉毒人员或者其他国家机关工作人员掩护、包庇走私、贩卖、运输、制造毒品的犯罪分子的，依照前款的规定从重处罚。

犯前两款罪，事先通谋的，以走私、贩卖、运输、制造毒品罪的共犯论处。

第三百五十条　违反国家规定，非法运输、携带醋酸酐、乙醚、三氯甲烷或者其他用于制造毒品的原料或者配剂进出境的，或者违反国家规定，在境内非法买卖上述物品的，处三年以下有期徒刑、拘役或者管制，并处罚金；数量大的，处三年以上十年以下有期徒刑，并处罚金。

明知他人制造毒品而为其提供前款规定的物品的，以制造毒品罪的共犯论处。

单位犯前两款罪的，对单位判处罚金，并对其直接负责的主管人员和其他直接责任人员，依照前两款的规定处罚。

第三百五十一条　非法种植罂粟、大麻等毒品原植物的，一律强制铲除。有下列情形之一的，处五年以下有期徒刑、拘役或者管制，并处罚金：

（一）种植罂粟五百株以上不满三千株或者其他毒品原植物数量较大的；

（二）经公安机关处理后又种植的；

（三）抗拒铲除的。

非法种植罂粟三千株以上或者其他毒品原植物数量大的，处五年以上有期徒刑，并处罚金或者没收财产。

非法种植罂粟或者其他毒品原植物，在收获前自动铲除的，可以免除处罚。

第三百五十二条　非法买卖、运输、携带、持有未经灭活的罂粟等毒品原植物种子或者幼苗，数量较大的，处三年以下有期徒刑、拘役或者管制，并处或者单处罚金。

第三百五十三条　引诱、教唆、欺骗他人吸食、注射毒品的，处三年以下有期徒刑、拘役或者管制，并处罚金；情节严重的，处三年以上七年以下有期徒刑，并处罚金。

强迫他人吸食、注射毒品的，处三年以上十年以下有期徒刑，并处罚金。

引诱、教唆、欺骗或者强迫未成年人吸食、注射毒品的，从重处罚。

第三百五十四条　容留他人吸食、注射毒品的，处三年以下有期徒刑、拘役或者管制，并处罚金。

第三百五十五条　依法从事生产、运输、管理、使用国家管制的麻醉药品、精神药品的人员，违反国家规定，向吸食、注射毒品的人提供国家规定管制的能够使人形成瘾癖的麻醉药品、精神药品的，处三年以下有期徒刑或者拘役，并处罚金；情节严重的，处三年以上七年以下有期徒刑，并处罚金。向走私、贩卖毒品的犯罪分子或者以牟利为目的，向吸食、注射毒品的人提供国家规定管制的能够使人形成瘾癖的麻醉药品、精神药品的，依照本法第三百四十七条的规定定罪处罚。

单位犯前款罪的，对单位判处罚金，并对其直接负责的主管人员和其他直接责任人员，依照前款的规定处罚。

第三百五十六条　因走私、贩卖、运输、制造、非法持有毒品罪被判过刑，又犯本节规定之罪的，从重处罚。

第三百五十七条　本法所称的毒品，是指鸦片、海洛因、甲基苯丙胺（冰毒）、吗啡、大麻、可卡因以及国家规定管制的其他能够使人形成瘾癖的麻醉药品和精神药品。

毒品的数量以查证属实的走私、贩卖、运输、制造、非法持有毒品的数量计算，不以纯度折算。

第八节　组织、强迫、引诱、容留、介绍卖淫罪

第三百五十八条　组织他人卖淫或者强迫他人卖淫的，处五年以上十年以下有期徒刑，并处罚金；有下列情形之一的，处十年以上有期徒刑或者无期徒刑，并处罚金或者没收财产：

（一）组织他人卖淫，情节严重的；

（二）强迫不满十四周岁的幼女卖淫的；

（三）强迫多人卖淫或者多次强迫他人卖淫的；

（四）强奸后迫使卖淫的；

（五）造成被强迫卖淫的人重伤、死亡或者其他严重后果的。

有前款所列情形之一，情节特别严重的，处无期徒刑或者死刑，并处没收财产。

协助组织他人卖淫的，处五年以下有期徒刑，并处罚金；情节严重的，处五年以上十年以下有期徒刑，并处罚金。

第三百五十九条　引诱、容留、介绍他人卖淫的，处五年以下有期徒刑、拘役或者管制，并处罚金；情节严重的，处五年以上有期徒刑，并处罚金。

引诱不满十四周岁的幼女卖淫的，处五年以上有期徒刑，并处罚金。

第三百六十条　明知自己患有梅毒、淋病等严重性病卖淫、嫖娼的，处五年以下有期徒刑、拘役或者管制，并处罚金。

嫖宿不满十四周岁的幼女的，处五年以上有期徒刑，并处罚金。

第三百六十一条　旅馆业、饮食服务业、文化娱乐业、出租汽车业等单位的人员，利用本单位的条件，组织、强迫、引诱、容留、介绍他人卖淫的，依照本法第三百五十八条、第三百五十九条的规定定罪处罚。

前款所列单位的主要负责人，犯前款罪的，从重处罚。

第三百六十二条　旅馆业、饮食服务业、文化娱乐业、出租汽车业等单位的人员，在公安机关查处卖淫、嫖娼活动时，为违法犯罪分子通风报信，情节严重的，依照本法第三百一十条的规定定罪处罚。

第九节　制作、贩卖、传播淫秽物品罪

第三百六十三条　以牟利为目的，制作、复制、出版、贩卖、传播淫秽物品的，处三年以下有期徒刑、拘役或者管制，并处罚金；情节严重的，处三年以上十年以下有期徒刑，并处罚金；情节特别严重的，处十年以上有期徒刑或者无期徒刑，并处罚金或者没收财产。

为他人提供书号，出版淫秽书刊的，处三年以下有期徒刑、拘役或者管制，并处或者单处罚金；明知他人用于出版淫秽书刊而提供书号的，依照前款的规定处罚。

第三百六十四条　传播淫秽的书刊、影片、音像、图片或者其他淫秽物品，情节严重的，处二年以下有期徒刑、拘役或者管制。

组织播放淫秽的电影、录像等音像制品的，处三年以下有期徒刑、拘役或者管制，并处罚金；情节严重的，处三年以上十年以下有期徒刑，并处罚金。

制作、复制淫秽的电影、录像等音像制品组织播放的，依照第二款的规定从重处罚。

向不满十八周岁的未成年人传播淫秽物品的，从重处罚。

第三百六十五条　组织进行淫秽表演的，处三年以下有期徒刑、拘役或者管制，并处罚金；情节严重的，处三年以上十年以下有期徒刑，并处罚金。

第三百六十六条　单位犯本法第三百六十三条、第三百六十四条、第三百六十五条规定之罪的，对单位判处罚金，并对其直接负责的主管人员和其他直接责任人员，依照各该条的规定处罚。

第三百六十七条　本节所称淫秽物品，是指具体描绘性行为或者露骨宣扬色情的诲淫性的书刊、影片、录像带、录音带、图片及其他淫秽物品。

有关人体生理、医学知识的科学著作不是淫秽物品。

包含有色情内容的有艺术价值的文学、艺术作品不视为淫秽物品。

第七章　危害国防利益罪

第三百六十八条　以暴力、威胁方法阻碍军人依法执行职务的，处三年以下有期徒刑、拘役、管制或者罚金。

故意阻碍武装部队军事行动，造成严重后果的，处五年以下有期徒刑或者拘役。

第三百六十九条　破坏武器装备、军事设施、军事通信的，处三年以下有期徒刑、拘役或者管制；破坏重要武器装备、军事设施、军事通信的，处三年以上十年以下有期徒刑；情节特别严重的，处十年以上有期徒刑、无期徒刑或者死刑。战时从重处罚。

第三百七十条　明知是不合格的武器装备、军事设施而提供给武装部队的，处五年以下有期徒刑或者拘役；情节严重的，处五年以上十年以下有期徒刑；情节特别严重的，处十年以上有期徒刑、无期徒刑或者死刑。

过失犯前款罪，造成严重后果的，处三年以下有期徒刑或者拘役；造成特别严重后果的，处三年以上七年以下有期徒刑。

单位犯第一款罪的，对单位判处罚金，并对其直接负责的主管人员和其他直接责任人员，依照第一款的规定处罚。

第三百七十一条　聚众冲击军事禁区，严重扰乱军事禁区秩序的，对首要分子，处五年以上十年以下有期徒刑；其他积极参加的，处五年以下有期徒刑、拘役、管制或者剥夺政治权利。

聚众扰乱军事管理区秩序，情节严重，致使军事管理区工作无法进行，造成严重损失的，对首要分子，处三年以上七年以下有期徒刑；其他积极参加的，处三年以下有期徒刑、拘役、管制或者剥夺政治权利。

第三百七十二条　冒充军人招摇撞骗的，处三年以下有期徒刑、拘役、管制或者剥夺政治权利；情节严重的，处三年以上十年以下有期徒刑。

第三百七十三条　煽动军人逃离部队或者明知是逃离部队的军人而雇用，情节严重的，处三年以下有期徒刑、拘役或者管制。

第三百七十四条　在征兵工作中徇私舞弊，接送不合格兵员，情节严重的，处三年以下有期徒刑或者拘役；造成特别严重后果的，处三年以上七年以下有期徒刑。

第三百七十五条　伪造、变造、买卖或者盗窃、抢夺武装部队公文、证件、印章的，处三年以下有期徒刑、拘役、管制或者剥夺政治权利；情节严重的，处三年以上十年以下有期徒刑。

非法生产、买卖武装部队制式服装、或者车辆号牌等专用标志，情节严重的，处三年以下有期徒刑、拘役或者管制，并处或者单处罚金。

单位犯第二款罪的，对单位判处罚金，并对其直接负责的主管人员和其他直接责任人员，依照该款的规定处罚。

第三百七十六条　预备役人员战时拒绝、逃避征召或者军事训练，情节严重的，处三年以下有期徒刑或者拘役。

公民战时拒绝、逃避服役，情节严重的，处二年以下有期徒刑或者拘役。

第三百七十七条　战时故意向武装部队提供虚假敌情，造成严重后果的，处三年以上十年以下有期徒刑；造成特别严重后果的，处十年以上有期徒刑或者无期徒刑。

第三百七十八条　战时造谣惑众，扰乱军心的，处三年以下有期徒刑、拘役或者管制；情节严重的，处三年以上十年以下有期徒刑。

第三百七十九条　战时明知是逃离部队的军人而为其提供隐蔽处所、财物，情节严重的，处三年以下有期徒刑或者拘役。

第三百八十条　战时拒绝或者故意延误军事订货，情节严重的，对单位判处罚金，并对其直接负责的主管人员和其他直接责任人员，处五年以下有期徒刑或者拘役；造成严重后果的，处五年以上有期徒刑。

第三百八十一条　战时拒绝军事征用，情节严重的，处三年以下有期徒刑或者拘役。

第八章　贪污贿赂罪

第三百八十二条　国家工作人员利用职务上的便利，侵吞、窃取、骗取或者以其他手段非法占有国有财物的，是贪污罪。

受国家机关、国有公司、企业、事业单位、人民团体委托管理、经营国有财产的人员，利用职务上的便利，侵吞、窃取、骗取或者以其他手段非法占有国有财物的，以贪污论。

与前两款所列人员勾结，伙同贪污的，以共犯论处。

第三百八十三条　对犯贪污罪的，根据情节轻重，分别依照下列规定处罚：

（一）个人贪污数额在十万元以上的，处十年以上有期徒刑或者无期徒刑，可以并处没收财产；情节特别严重的，处死刑，并处没收财产。

（二）个人贪污数额在五万元以上不满十万元的，处五年以上有期徒刑，可以并处没收财产；情节特别严重的，处无期徒刑，并处没收财产。

（三）个人贪污数额在五千元以上不满五万元的，处一年以上七年以下有期徒刑；情节严重的，处七年以上十年以下有期徒刑。个人贪污数额在五千元以上不满一万元，犯罪后有悔改表现、积极退赃的，可以减轻处罚或者免予刑事处罚，由其所在单位或者上级主管机关给予行政处分。

（四）个人贪污数额不满五千元，情节较重的，处二年以下有期徒刑或者拘役；情节较轻的，由其所在单位或者上级主管机关酌情给予行政处分。

对多次贪污未经处理的，按照累计贪污数额处罚。

第三百八十四条　国家工作人员利用职务上的便利，挪用公款归个人使用，进行非法活动的，或者挪用公款数额较大、进行营利活动的，或者挪用公款数额较大、超过三个月未还的，是挪用公款罪，处五年以下有期徒刑或者拘役；情节严重的，处五年以上有期徒刑。挪用公款数额巨大不退还的，处十年以上有期徒刑或者无期徒刑。

挪用用于救灾、抢险、防汛、优抚、扶贫、移民、救济款物归个人使用的，从重处罚。

第三百八十五条　国家工作人员利用职务上的便利，索取他人财物的，或者非法收受他人财物，为他人谋取利益的，是受贿罪。

国家工作人员，在经济往来中，违反国家规定，收受各种名义的回扣、手续费，归个人所有的，以受贿论处。

第三百八十六条　对犯受贿罪的，根据受贿所得数额及情节，依照本法第三百八十三条的规定处罚。索贿的从重处罚。

第三百八十七条　国家机关、国有公司、企业、事业单位、人民团体，索取、非法收受他人财物，为他人谋取利益，情节严重的，对单位判处罚金，并对其直接负责的主管人员和其他直接责任人员，处五年以下有期徒刑或者拘役。

前款所列单位，在经济往来中，在帐外暗中收受各种名义的回扣、手续费的，以受贿论，依照前款的规定处罚。

第三百八十八条　国家工作人员利用本人职权或者地位形成的便利条件，通过其他国家工作人员职务上的行为，为请托人谋取不正当利益，索取请托人财物或者收受请托人财物的，以受贿论处。

第三百八十九条　为谋取不正当利益，给予国家工作人员以财物的，是行贿罪。

在经济往来中，违反国家规定，给予国家工作人员以财物，数额较大的，或者违反国家规定，给予国家工作人员以各种名义的回扣、手续费的，以行贿论处。

因被勒索给予国家工作人员以财物，没有获得不正当利益的，不是行贿。

第三百九十条　对犯行贿罪的，处五年以下有期徒刑或者拘役；因行贿谋取不正当利益，情节严重的，或者使国家利益遭受重大损失的，处五年以上十年以下有期徒刑；情节特别严重的，处十年以上有期徒刑或者无期徒刑，可以并处没收财产。

行贿人在被追诉前主动交待行贿行为的，可以减轻处罚或者免除处罚。

第三百九十一条　为谋取不正当利益，给予国家机关、国有公司、企业、事业单位、人民团体以财物的，或者在经济往来中，违反国家规定，给予各种名义的回扣、手续费的，处三年以下有期徒刑或者拘役。

单位犯前款罪的，依照前款的规定处罚。

第三百九十二条　向国家工作人员介绍贿赂，情节严重的，处三年以下有期徒刑或者拘役。

介绍贿赂人在被追诉前主动交待介绍贿赂行为的，可以减轻处罚或者免除处罚。

第三百九十三条　单位为谋取不正当利益而行贿，或者违反国家规定，给予国家工作人员以回扣、手续费，情节严重的，对单位判处罚金，并对其直接负责的主管人员和其他直接责任人员，处五年以下有期徒刑或者拘役。因行贿取得的违法所得归个人所有的，依照本法第三百八十九条、第三百九十条的规定定罪处罚。

第三百九十四条　国家工作人员在国内公务活动或者对外交往中接受礼物，依照国家规定应当交公而不交公，数额较大的，依照本法第三百八十二条、第三百八十三条的规定定罪处罚。

第三百九十五条　国家工作人员的财产或者支出明显超过合法收入，差额巨大的，可以责令说明来源。本人不能说明其来源是合法的，差额部分以非法所得论，处五年以下有期徒刑或者拘役，财产的差额部分予以追缴。

国家工作人员在境外的存款，应当依照国家规定申报。数额较大、隐瞒不报的，处二年以下有期徒刑或者拘役；情节较轻的，由其所在单位或者上级主管机关酌情给予行政处分。

第三百九十六条　国家机关、国有公司、企业、事业单位、人民团体，违反国家规定，以单位名义将国有资产集体私分给个人，数额较大的，对其直接负责的主管人员和其他直接责任人员，处三年以下有期徒刑或者拘役，并处或者单处罚金；数额巨大的，处三年以上七年以下有期徒刑，并处罚金。

司法机关、行政执法机关违反国家规定，将应当上缴国家的罚没财物，以单位名义集体私分给个人的，依照前款的规定处罚。

第九章　渎职罪

第三百九十七条　国家机关工作人员滥用职权或者玩忽职守，致使公共财产、国家和人民利益遭受重大损失的，处三年以下有期徒刑或者拘役；情节特别严重的，处三年以上七年以下有期徒刑。本法另有规定的，依照规定。

国家机关工作人员徇私舞弊，犯前款罪的，处五年以下有期徒刑或者拘役；情节特别严重的，处五年以上十年以下有期徒刑。本法另有规定的，依照规定。

第三百九十八条　国家机关工作人员违反保守国家秘密法的规定，故意或者过失泄露国家秘密，情节严重的，处三年以下有期徒刑或者拘役；情节特别严重的，处三年以上七年以下有期徒刑。

非国家机关工作人员犯前款罪的，依照前款的规定酌情处罚。

第三百九十九条　司法工作人员徇私枉法、徇情枉法，对明知是无罪的人而使他受追诉、对明知是有罪的人而故意包庇不使他受追诉，或者在刑事审判活动中故意违背事实和法律作枉法裁判的，处五年以下有期徒刑或者拘役；情节严重的，处五年以上十年以下有期徒刑；情节特别严重的，处十年以上有期徒刑。

在民事、行政审判活动中故意违背事实和法律作枉法裁判，情节严重的，处五年以下有期徒刑或者拘役；情节特别严重的，处五年以上十年以下有期徒刑。

司法工作人员贪赃枉法，有前两款行为的，同时又构成本法第三百八十五条规定之罪的，依照处罚较重的规定处罚。

第四百条　司法工作人员私放在押的犯罪嫌疑人、被告人或者罪犯的，处五年以下有期徒刑或者拘役；情节严重的，处五年以上十年以下有期徒刑；情节特别严重的，处十年以上有期徒刑。

司法工作人员由于严重不负责任，致使在押的犯罪嫌疑人、被告人或者罪犯脱逃，造成严重后果的，处三年以下有期徒刑或者拘役；造成特别严重后果的，处三年以上十年以下有期徒刑。

第四百零一条　司法工作人员徇私舞弊，对不符合减刑、假释、暂予监外执行条件的罪犯，予以减刑、假释或者暂予监外执行的，处三年以下有期徒刑或者拘役；情节严重的，处三年以上七年以下有期徒刑。

第四百零二条　行政执法人员徇私舞弊，对依法应当移交司法机关追究刑事责任的不移交，情节严重的，处三年以下有期徒刑或者拘役；造成严重后果的，处三年以上七年以下有期徒刑。

第四百零三条　国家有关主管部门的国家机关工作人员，徇私舞弊，滥用职权，对不符合法律规定条件的公司设立、登记申请或者股票、债券发行、上市申请，予以批准或者登记，致使公共财产、国家和人民利益遭受重大损失的，处五年以下有期徒刑或者拘役。

上级部门强令登记机关及其工作人员实施前款行为的，对其直接负责的主管人员，依照前款的规定处罚。

第四百零四条　税务机关的工作人员徇私舞弊，不征或者少征应征税款，致使国家税收遭受重大损失的，处五年以下有期徒刑或者拘役；造成特别重大损失的，处五年以上有期徒刑。

第四百零五条　税务机关的工作人员违反法律、行政法规的规定，在办理发售发票、抵扣税款、出口退税工作中，徇私舞弊，致使国家利益遭受重大损失的，处五年以下有期徒刑或者拘役；致使国家利益遭受特别重大损失的，处五年以上有期徒刑。

其他国家机关工作人员违反国家规定，在提供出口货物报关单、出口收汇核销单等出口退税凭证的工作中，徇私舞弊，致使国家利益遭受重大损失的，依照前款的规定处罚。

第四百零六条　国家机关工作人员在签订、履行合同过程中，因严重不负责任被诈骗，致使国家利益遭受重大损失的，处三年以下有期徒刑或者拘役；致使国家利益遭受特别重大损失的，处三年以上七年以下有期徒刑。

第四百零七条　林业主管部门的工作人员违反森林法的规定，超过批准的年采伐限额发放林木采伐许可证或者违反规定滥发林木采伐许可证，情节严重，致使森林遭受严重破坏的，处三年以下有期徒刑或者拘役。

第四百零八条　负有环境保护监督管理职责的国家机关工作人员严重不负责任，导致发生重大环境污染事故，致使公私财产遭受重大损失或者造成人身伤亡的严重后果的，处三年以下有期徒刑或者拘役。

第四百零九条　从事传染病防治的政府卫生行政部门的工作人员严重不负责任，导致传染病传播或者流行，情节严重的，处三年以下有期徒刑或者拘役。

第四百一十条　国家机关工作人员徇私舞弊，违反土地管理法规，滥用职权，非法批准征用、占用土地，或者非法低价出让国有土地使用权，情节严重的，处三年以下有期徒刑或者拘役；致使国家或者集体利益遭受特别重大损失的，处三年以上七年以下有期徒刑。

第四百一十一条　海关工作人员徇私舞弊，放纵走私，情节严重的，处五年以下有期徒刑或者拘役；情节特别严重的，处五年以上有期徒刑。

第四百一十二条　国家商检部门、商检机构的工作人员徇私舞弊，伪造检验结果的，处五年以下有期徒刑或者拘役；造成严重后果的，处五年以上十年以下有期徒刑。

前款所列人员严重不负责任，对应当检验的物品不检验，或者延误检验出证、错误出证，致使国家利益遭受重大损失的，处三年以下有期徒刑或者拘役。

第四百一十三条　动植物检疫机关的检疫人员徇私舞弊，伪造检疫结果的，处五年以下有期徒刑或者拘役；造成严重后果的，处五年以上十年以下有期徒刑。

前款所列人员严重不负责任，对应当检疫的检疫物不检疫，或者延误检疫出证、错误出证，致使国家利益遭受重大损失的，处三年以下有期徒刑或者拘役。

第四百一十四条　对生产、销售伪劣商品犯罪行为负有追究责任的国家机关工作人员，徇私舞弊，不履行法律规定的追究职责，情节严重的，处五年以下有期徒刑或者拘役。

第四百一十五条　负责办理护照、签证以及其他出入境证件的国家机关工作人员，对明知是企图偷越国（边）境的人员，予以办理出入境证件的，或者边防、海关等国家机关工作人员，对明知是偷越国（边）境的人员，予以放行的，处三年以下有期徒刑或者拘役；情节严重的，处三年以上七年以下有期徒刑。

第四百一十六条　对被拐卖、绑架的妇女、儿童负有解救职责的国家机关工作人员，接到被拐卖、绑架的妇女、儿童及其家属的解救要求或者接到其他人的举报，而对被拐卖、绑架的妇女、儿童不进行解救，造成严重后果的，处五年以下有期徒刑或者拘役。

负有解救职责的国家机关工作人员利用职务阻碍解救的，处二年以上七年以下有期徒刑；情节较轻的，处二年以下有期徒刑或者拘役。

第四百一十七条　有查禁犯罪活动职责的国家机关工作人员，向犯罪分子通风报信、提供便利，帮助犯罪分子逃避处罚的，处三年以下有期徒刑或者拘役；情节严重的，处三年以上十年以下有期徒刑。

第四百一十八条　国家机关工作人员在招收公务员、学生工作中徇私舞弊，情节严重的，处三年以下有期徒刑或者拘役。

第四百一十九条　国家机关工作人员严重不负责任，造成珍贵文物损毁或者流失，后果严重的，处三年以下有期徒刑或者拘役。

第十章　军人违反职责罪

第四百二十条　军人违反职责，危害国家军事利益，依照法律应当受刑罚处罚的行为，是军人违反职责罪。

第四百二十一条　战时违抗命令，对作战造成危害的，处三年以上十年以下有期徒刑；致使战斗、战役遭受重大损失的，处十年以上有期徒刑、无期徒刑或者死刑。

第四百二十二条　故意隐瞒、谎报军情或者拒传、假传军令，对作战造成危害的，处三年以上十年以下有期徒刑；致使战斗、战役遭受重大损失的，处十年以上有期徒刑、无期徒刑或者死刑。

第四百二十三条　在战场上贪生怕死，自动放下武器投降敌人的，处三年以上十年以下有期徒刑；情节严重的，处十年以上有期徒刑或者无期徒刑。

投降后为敌人效劳的，处十年以上有期徒刑、无期徒刑或者死刑。

第四百二十四条　战时临阵脱逃的，处三年以下有期徒刑；情节严重的，处三年以上十年以下有期徒刑；致使战斗、战役遭受重大损失的，处十年以上有期徒刑、无期徒刑或者死刑。

第四百二十五条　指挥人员和值班、值勤人员擅离职守或者玩忽职守，造成严重后果的，处三年以下有期徒刑或者拘役；造成特别严重后果的，处三年以上七年以下有期徒刑。

战时犯前款罪的，处五年以上有期徒刑。

第四百二十六条　以暴力、威胁方法，阻碍指挥人员或者值班、值勤人员执行职务的，处五年以下有期徒刑或者拘役；情节严重的，处五年以上有期徒刑；致人重伤、死亡的，或者有其他特别严重情节的，处无期徒刑或者死刑。战时从重处罚。

第四百二十七条　滥用职权，指使部属进行违反职责的活动，造成严重后果的，处五年以下有期徒刑或者拘役；情节特别严重的，处五年以上十年以下有期徒刑。

第四百二十八条　指挥人员违抗命令，临阵畏缩，作战消极，造成严重后果的，处五年以下有期徒刑；致使战斗、战役遭受重大损失或者有其他特别严重情节的，处五年以上有期徒刑。

第四百二十九条　在战场上明知友邻部队处境危急请求救援，能救援而不救援，致使友邻部队遭受重大损失的，对指挥人员，处五年以下有期徒刑。

第四百三十条　在履行公务期间，擅离岗位，叛逃境外或者在境外叛逃，危害国家军事利益的，处五年以下有期徒刑或者拘役；情节严重的，处五年以上有期徒刑。

驾驶航空器、舰船叛逃的，或者有其他特别严重情节的，处十年以上有期徒刑、无期徒刑或者死刑。

第四百三十一条　以窃取、刺探、收买方法，非法获取军事秘密的，处五年以下有期徒刑；情节严重的，处五年以上十年以下有期徒刑；情节特别严重的，处十年以上有期徒刑。

为境外的机构、组织、人员窃取、刺探、收买、非法提供军事秘密的，处十年以上有期徒刑、无期徒刑或者死刑。

第四百三十二条　违反保守国家秘密法规，故意或者过失泄露军事秘密，情节严重的，处五年以下有期徒刑或者拘役；情节特别严重的，处五年以上十年以下有期徒刑。

战时犯前款罪的，处五年以上十年以下有期徒刑；情节特别严重的，处十年以上有期徒刑或者无期徒刑。

第四百三十三条　战时造谣惑众，动摇军心的，处三年以下有期徒刑；情节严重的，处三年以上十年以下有期徒刑。

勾结敌人造谣惑众，动摇军心的，处十年以上有期徒刑或者无期徒刑；情节特别严重的，可以判处死刑。

第四百三十四条　战时自伤身体，逃避军事义务的，处三年以下有期徒刑；情节严重的，处三年以上七年以下有期徒刑。

第四百三十五条　违反兵役法规，逃离部队，情节严重的，处三年以下有期徒刑或者拘役。

战时犯前款罪的，处三年以上七年以下有期徒刑。

第四百三十六条　违反武器装备使用规定，情节严重，因而发生责任事故，致人重伤、死亡或者造成其他严重后果的，处三年以下有期徒刑或者拘役；后果特别严重的，处三年以上七年以下有期徒刑。

第四百三十七条　违反武器装备管理规定，擅自改变武器装备的编配用途，造成严重后果的，处三年以下有期徒刑或者拘役；造成特别严重后果的，处三年以上七年以下有期徒刑。

第四百三十八条　盗窃、抢夺武器装备或者军用物资的，处五年以下有期徒刑或者拘役；情节严重的，处五年以上十年以下有期徒刑；情节特别严重的，处十年以上有期徒刑、无期徒刑或者死刑。

盗窃、抢夺枪支、弹药、爆炸物的，依照本法第一百二十七条的规定处罚。

第四百三十九条　非法出卖、转让军队武器装备的，处三年以上十年以下有期徒刑；出卖、转让大量武器装备或者有其他特别严重情节的，处十年以上有期徒刑、无期徒刑或者死刑。

第四百四十条　违抗命令，遗弃武器装备的，处五年以下有期徒刑或者拘役；遗弃重要或者大量武器装备的，或者有其他严重情节的，处五年以上有期徒刑。

第四百四十一条　遗失武器装备，不及时报告或者有其他严重情节的，处三年以下有期徒刑或者拘役。

第四百四十二条　违反规定，擅自出卖、转让军队房地产，情节严重的，对直接责任人员，处三年以下有期徒刑或者拘役；情节特别严重的，处三年以上十年以下有期徒刑。

第四百四十三条　滥用职权，虐待部属，情节恶劣，致人重伤或者造成其他严重后果的，处五年以下有期徒刑或者拘役；致人死亡的，处五年以上有期徒刑。

第四百四十四条　在战场上故意遗弃伤病军人，情节恶劣的，对直接责任人员，处五年以下有期徒刑。

第四百四十五条　战时在救护治疗职位上，有条件救治而拒不救治危重伤病军人的，处五年以下有期徒刑或者拘役；造成伤病军人重残、死亡或者有其他严重情节的，处五年以上十年以下有期徒刑。

第四百四十六条　战时在军事行动地区，残害无辜居民或者掠夺无辜居民财物的，处五年以下有期徒刑；情节严重的，处五年以上十年以下有期徒刑；情节特别严重的，处十年以上有期徒刑、无期徒刑或者死刑。

第四百四十七条　私放俘虏的，处五年以下有期徒刑；私放重要俘虏、私放俘虏多人或者有其他严重情节的，处五年以上有期徒刑。

第四百四十八条　虐待俘虏，情节恶劣的，处三年以下有期徒刑。

第四百四十九条　在战时，对被判处三年以下有期徒刑没有现实危险宣告缓刑的犯罪军人，允许其戴罪立功，确有立功表现时，可以撤销原判刑罚，不以犯罪论处。

第四百五十条　本章适用于中国人民解放军的现役军官、文职干部、士兵及具有军籍的学员和中国人民武装警察部队的现役警官、文职干部、士兵及具有军籍的学员以及执行军事任务的预备役人员和其他人员。

第四百五十一条 本章所称战时，是指国家宣布进入战争状态、部队受领作战任务或者遭敌突然袭击时。

部队执行戒严任务或者处置突发性暴力事件时，以战时论。

附 则

第四百五十二条 本法自 1997 年 10 月 1 日起施行。

列于本法附件一的全国人民代表大会常务委员会制定的条例、补充规定和决定，已纳入本法或者已不适用，自本法施行之日起，予以废止。

列于本法附件二的全国人民代表大会常务委员会制定的补充规定和决定予以保留。其中，有关行政处罚和行政措施的规定继续有效；有关刑事责任的规定已纳入本法，自本法施行之日起，适用本法规定。

附件一

全国人民代表大会常务委员会制定的下列条例、补充规定和决定，已纳入本法或者已不适用，自本法施行之日起，予以废止：

1. 中华人民共和国惩治军人违反职责罪暂行条例
2. 关于严惩严重破坏经济的罪犯的决定
3. 关于严惩严重危害社会治安的犯罪分子的决定
4. 关于惩治走私罪的补充规定
5. 关于惩治贪污罪贿赂罪的补充规定
6. 关于惩治泄露国家秘密犯罪的补充规定
7. 关于惩治捕杀国家重点保护的珍贵、濒危野生动物犯罪的补充规定
8. 关于惩治侮辱中华人民共和国国旗国徽罪的决定
9. 关于惩治盗掘古文化遗址古墓葬犯罪的补充规定
10. 关于惩治劫持航空器犯罪分子的决定
11. 关于惩治假冒注册商标犯罪的补充规定
12. 关于惩治生产、销售伪劣商品犯罪的决定
13. 关于惩治侵犯著作权的犯罪的决定
14. 关于惩治违反公司法的犯罪的决定
15. 关于处理逃跑或者重新犯罪的劳改犯和劳教人员的决定

附件二

全国人民代表大会常务委员会制定的下列补充规定和决定予以保留，其中，有关行政处罚和行政措施的规定继续有效；有关刑事责任的规定已纳入本法，自本法施行之日起，适用本法规定：

1. 关于禁毒的决定
2. 关于惩治走私、制作、贩卖、传播淫秽物品的犯罪分子的决定
3. 关于严惩拐卖、绑架妇女、儿童的犯罪分子的决定
4. 关于严禁卖淫嫖娼的决定
5. 关于惩治偷税、抗税犯罪的补充规定
6. 关于严惩组织、运送他人偷越国（边）境犯罪的补充规定
7. 关于惩治破坏金融秩序犯罪的决定
8. 关于惩治虚开、伪造和非法出售增值税专用发票犯罪的决定

附：第八届全国人民代表大会法律委员会关于《中华人民共和国刑法（修订草案）》、《中华人民共和国国防法（草案）》和《中华人民共和国香港特别行政区选举第九届全国人民代表大会代表的办法（草案）》审议结果的报告（节录）

（1997 年 3 月 13 日第八届全国人民代表大会第五次会议主席团第三次会议通过）

（全国人大法律委员会主任委员　薛　驹）

第八届全国人民代表大会第五次会议主席团：

在本次全国人大会议上，各代表团于 3 月 6 日、7 日、8 日审议了《中华人民共和国刑法（修订草案）》、《中华人民共和国国防法（草案）》和《中华人民共和国香港特别行政区选举第九届全国人民代表大会代表的办法（草案）》。代表们认为，修订刑法是健全社会主义法制，完善我国刑事法律制度的重要步骤，修订草案基本符合我国的实际情况，有利于打击犯罪，保护人民，维护社会主义改革开放和现代化建设事业的顺利进行；制定国防法对于加强和巩固国防建设，保卫国家的主权、统一、领土完整和安全，具有重要的意义。这两个草案基本可行，建议本次会议予以修改通过。香港特别行政区选举第九届全国人民代表大会代表的办法（草案）符合有关法律规定，符合香港特别行政区的实际情况，是可行的，建议本次会议予以审议通过。法律委员会于 3 月 8 日、10 日、11 日召开会议，根据各代表团的审议意见，对三个法律草案进行了审议，对刑法（修订草案）和国防法（草案）提出以下修改意见：

一、关于《中华人民共和国刑法（修订草案）》

（一）修订草案第二十一条规定：“人民警察在依法执行盘问、拘留、逮捕、追捕逃犯或者制止违法犯罪职务的时候，受到暴力侵犯或者人身安全受到威胁，依法使用警械和武器的职务行为，造成人员伤亡后果的，不属于防卫过当，不负刑事责任。”一些代表提出，《人民警察法》规定“人民警察依法执行职务，受法律保护”。《人民警察法》和根据人民警察法制定的《人民警察使用警械和武器条例》对人民警察在执行职务中，在什么情况下依法使用警械、武器不承担责任，违法使用警械、武器要承担责任，都已有规定，这个问题可以不在刑法中另作规定。因此，建议删去上述规定。

（二）修订草案第三十一条规定：“公司、企业、事业单位、机关、团体为本单位谋取非法利益，经单位集体决定或者由负责人员决定实施的犯罪，是单位犯罪。”“单位犯罪，法律有规定的才负刑事责任。”有的代表提出，上述关于单位犯罪定义的规定不够全面，尚不能完全包括分则规定的所有单位犯罪。因此，建议将这一规定修改为：“公司、企业、事业单位、机关、团体实施的危害社会的行为，法律规定为单位犯罪的，应当负刑事责任。”（修订草案第三十条）

（三）修订草案第三十六条规定：“被判处三年以上有期徒刑的犯罪分子和被判处剥夺政治权利的犯罪分子，如果有军衔、警衔或者勋章的，应当一并判处剥夺。”有的代表提出，对于军人、警察犯罪需要剥夺军衔、警衔的，可以依照《中国人民解放军军官军衔条例》、《人民警察警衔条例》的有关规定执行；根据宪法规定，授予国家的勋章，应当由国家权力机关决定，需要剥夺勋章的，也应当由国家权力机关决定，不宜由法院判处剥夺。因此，建议删去上述规定。

（四）有的代表提出，应当增加关于劫持船只、汽车的犯罪规定。因此，建议增加一条规定：“以暴力、胁迫或者其他方法劫持船只、汽车的，处五年以上十年以下有期徒刑；造成严重后果的，处十年以上有期徒刑或者无期徒刑。”（修订草案第一百二十二条）

（五）有的代表提出，目前，一些个人和单位从金融机构套取贷款转贷他人，谋取非法利益的情况比较严重，这种行为严重扰乱金融管理秩序，建议在刑法中增加相应的规定。因此，建议在破坏金融管理秩序罪中增加一条规定：“以转贷牟利为目的，套取金融机构信贷资金高利转贷他人，违法所得数额较大的，处三年以下有期徒刑或者拘役，并处违法所得一倍以上五倍以下罚金；数额巨大的，处三年以上七年以下有期徒刑，并处违法所得一倍以上五倍以下罚金。”“单位犯前款罪的，对单位判处罚金，并对其直接负责的主管人员和其他直接责任人员，处三年以下有期徒刑或者拘役。”（修订草案第一百七十五条）

（六）有的代表提出。对在出版物中刊登侮辱少数民族风俗习惯内容，造成严重后果的行为，应当规定为犯罪。因此，建议增加一条规定：“在出版物中刊载歧视、侮辱少数民族的内容，情节恶劣，造成严重后果的，对直接责任人员，处三年以下有期徒刑、拘役或者管制。”（修订草案第二百五十条）

（七）有的代表提出，会计法、统计法要求会计、统计人员必须严格依照法律的规定履行职责，单位领导人对依法履行职责、抵制违法干预的会计和统计人员实行打击报复的，应当规定为犯罪。因此，建议增加一条规定：“公司、企业、事业单位、机关、团体的领导人，对依法履行职责、抵制违反会计法、统计法行为的会计、统计人员实行打击报复，情节恶劣的，处三年以下有期徒刑或者拘役。”（修订草案第二百五十五条）

（八）根据有的代表的意见，建议将第六章第六节破坏环境保护罪的节名修改为破坏环境资源保护罪。

（九）有的部门提出，在毒品中甲基苯丙胺（冰毒）的危害十分严重，建议在修订刑法时明确规定走私、贩卖、运输、制造、非法持有甲基苯丙胺的具体处刑数量标准。因此，建议规定对走私、贩卖、运输、制造和非法持有甲基苯丙胺的，按照海洛因的数量标准处罚。（修订草案第三百四十七条、第三百四十八条）

（十）有的代表提出，贪污罪的主体中未能包括受国家机关、国有公司、企业、事业单位委托管理、经营国有财产的人员，不利于对国有财产的保护。因此，建议在贪污罪中增加一款规定："受国家机关、国有公司、企业、事业单位、人民团体委托管理、经营国有财产的人员利用职务上的便利，侵吞、窃取、骗取或者以其他手段非法占有国有财物的，以贪污论。"（修订草案第三百八十二条第二款）

（十一）修订草案第四百二十五条规定："违背命令，擅自行动或者故意违反协同规则，造成严重后果的，处五年以下有期徒刑；致使战斗、战役遭受重大损失或者有其他特别严重情节的，处五年以上有期徒刑。"有的代表提出，在战场上协同作战的情况比较复杂，有些行为是否属于擅自行动违反协同规则，界线很难划清，不宜在刑法中规定。因此，建议删去上述规定。

此外，还作了一些文字修改。法律委员会已按上述意见对刑法（修订草案）作了修改。

新中国刑法立法沿革全书

OVERVIEW OF THE HISTORICAL DEVELOPMENT OF CRIMINAL LEGISLATION OF THE PEOPLE'S REPUBLIC OF CHINA

下编：

1997 年 3 月—2020 年 12 月

1997 年刑法典的通过和完善时期

1997 年刑法典因应时代的要求，贯彻依法治国、建设社会主义法治国家的基本方略，从而大大推动了我国刑事法治建设的进程。1997 年全面修订刑法后，我国刑法立法的脚步并没有因此而停止，而是随着经济社会的发展，适应实践的需要，不断修改完善，修改频度积极，成果丰硕。① 这一方面是因为随着社会的发展，一些新的严重危害人们社会生活的行为不断出现，需要增设新的罪名，同时为了适应惩治犯罪的需要，一些犯罪的构成要件和法定刑也因难以满足司法实践的要求而需要进行调整；另一方面，中央于 2006 年明确提出贯彻宽严相济的刑事政策的要求，与此同时，随着司法实践和法治理念的不断演进，人们对犯罪和刑罚的认识也有了一些新的变化，这些都需要国家对刑法及时作出相应调整。② 因此，全国人大常委会又先后通过了 1 个单行刑法、11 个刑法修正案、13 个有关刑法的法律解释，并且在 314 部法律中规定了附属刑法条款，对刑法作出了进一步的修改、补充和解释。这些刑法立法立足于经济和社会发展的需要，调整了刑法立法的内容，增设了许多新的犯罪类型，体现出很强的时代性；而且，立足于司法实践的需要，对刑罚结构和刑罚制度进行了完善，不断调整相关犯罪的构成要件和法定刑，体现出很强的实践性。③ 最后，在 1997 年刑法典修订后，我国刑法立法活动在修法形式方面确立了以刑法修正案为主的修法模式，在修法技术方面呈现出渐趋成熟并不断发展的趋势。④

一、刑法立法的演进

1997 年刑法典颁行至今的一段时期是我国刑法立法的完善阶段。其中，1997 年刑法典的颁行标志着我国刑法立法由之前的扩张立法开始转型，之后的刑法立法则主要是对 1997 年刑法典的完善。这一阶段与前一阶段相比，其刑法立法虽然时间并不短，前后长达 23 年（长于前两个阶段），但这一阶段的刑法立法次数并不太多，在 1997 年刑法典之外共进行了 12 次刑法修法（制定了 1 部单行刑法和 11 部刑法修正案）。其中，单行刑法和刑法修正案的修法条文数量总计 228 条，约占 1997 年刑法典条文总数的 1/2 强。

（一）1997 年刑法典的颁行暨修法特色

1979 年刑法典的制定标志着我国刑法立法进入了“法典时代”，但受立法经验、立法技术、社会形势变化等多方面因素的影响，这部法典很快便显露出与现实情况脱节等情况。面对这种局面，我国立法机关较早开启了刑法典的修订工作，作了比较充分的准备，从而在 1997 年实现了对刑法典的全面修订。1997 年刑法典的全面修订，极大提升了我国刑法立法的统一性、完备性和科学性。修订的刑法典包括总则、分则、附则 3 部分，共 15 章，将 1979 年刑法典的 192 个条文增加到 452 个，其修改幅度之大、涉及范围之广，在我国可谓空前。修订的刑法典顺应时代的要求，贯彻依法治国、建设社会主义法治国家的基本方略，从而大大推动了我国刑事法治建设的进程。修订的刑法典特色鲜明，主要体现在以下几个方面：

第一，实现刑法的统一性和完备性。就是将 1979 年刑法典实施 17 年来由全国人大常委会作出的有关刑法的修改补充规定和决定（单行刑法），经研究修改后编入了修订的刑法典，并将一些民事、经济、行政等法律中“依照”“比照”1979 年刑法典有关条文追究刑事责任的规定（附属刑法），改写为修订后的刑法典具体条款。特别是将最高人民检察院当时拟制定型、较为成熟的反贪污贿赂法草

① 参见郎胜：《我国刑法的新发展》，载《中国法学》2017 年第 5 期。

② 参见赵秉志：《中国刑法立法晚近 20 年之回眸与前瞻》，载《中国法学》2017 年第 5 期。

③ 参见赵秉志：《中国刑法的百年变革——纪念辛亥革命一百周年》，载《政法论坛》2012 年第 1 期。

④ 参见赵秉志：《刑法修改的四特点和两方向》，载《检察日报》2009 年 3 月 2 日第 5 版。

案稿和中央军委曾提请全国人大常委会审议的惩治军人违反职责犯罪条例草案，经修改整合后编入修订后的刑法典分则第八章（贪污贿赂罪）和第十章（军人违反职责罪），此外还增设了分则第七章（危害国防利益罪）。这样，就保证了所修订的刑法典体系的完整性和权威性，比较圆满地实现了刑法的统一性。修订的刑法典根据社会主义市场经济条件下刑法保护市场经济健康发展和维护国家社会安定的实际需要，除了基本保留1979年刑法典所设的罪名以及其后单行刑法和附属刑法所补充的罪名外，大量充实了新的罪种，其中不少是新型犯罪，如组织、领导、参加恐怖组织罪，非法买卖、运输核材料罪，证券内幕交易罪，洗钱罪，侵犯商业秘密罪，煽动民族仇恨、民族歧视罪，非法侵入计算机信息系统罪，组织、领导、参加黑社会性质组织罪等。据统计，1979年刑法典有129个罪名，经修订保留了116个；单行刑法和附属刑法增加了133个罪名，经修订保留了132个；修订中又新设了164个罪名。因此，修订后的刑法典总共有412个罪名。从罪名数量增设情况来看，我国刑法确已相当完备。当然，也仅仅是"相当完备"，并不意味着罪名就不能再增设。比如，1998年12月29日全国人大常委会通过《关于惩治骗购外汇、逃汇和非法买卖外汇犯罪的决定》，就增设了骗购外汇罪。1999年12月25日全国人大常委会通过的《中华人民共和国刑法修正案》第一次以"修正案"的方式而不是以单行刑法的方式对刑法典进行修改补充。截至2020年12月31日，全国人大常委会先后通过了11个刑法修正案，增设和修订了一系列罪名。这种方式不打乱刑法的体系和条文排列次序，对于维护刑法的统一性具有特别重要的意义。

第二，贯彻刑事法治原则和加强刑法保障功能。修订后的刑法典总则第一章在显著位置上规定了罪刑法定原则、适用刑法人人平等原则和罪责刑相适应原则，并废止了1979年刑法典中的有罪类推制度。这是我国1997年对刑法典的修订中最引人注目的一个闪光点，也是表明我国刑法具有民主性、科学性、进步性和时代性的一个显著标志。刑法基本原则的确立，有助于坚持法治、摒弃人治，坚持平等、反对特权，讲求公正、反对徇私。这无论对刑事立法还是刑事司法，都具有重要的导向和制约作用。刑法基本原则是依法治国、建设社会主义法治国家基本方略在刑法领域的集中体现。贯彻刑法基本原则，既有利于保护社会，又有利于保障人权。修订后的刑法典除了明确规定3项基本原则外，还进一步规定对未成年人犯罪从宽处罚的原则，强化对公民正当防卫权利的保护，设置了较为齐全的有关侵犯公民基本权利（包括人身权利、民主权利、劳动权利、财产权利、婚姻家庭权利等）犯罪的刑法规范。这些都是加强刑法保护社会和保障人权功能的表现。

第三，立足本国国情与适当借鉴国外先进经验相结合。修订后的刑法典主要立足于我国还处在社会主义初级阶段这一基本国情，同时也放眼国际刑法改革的进步趋势，积极合理地借鉴国外有益的立法经验。比如，扩大我国刑法对公民的域外管辖权（第7条），设立我国刑法的普遍管辖权原则（第9条）。这表明我国作为国际社会的一员，是郑重的、负责任的，既不放纵我国公民在国外胡作非为、实施犯罪，也决不容忍我国缔结或参加的国际条约所规定的任何国际性罪行的发生。这些规定适应了我国对外开放的新形势，有利于加强国际合作，进一步发挥我国在国际事务中的作用，从而为我国刑法增添了现代色彩。又如，借鉴国际刑罚改革的经验，扩大了开放型刑罚——管制和罚金的适用范围。1979年刑法典中规定可以适用管制的罪种仅有23个，修订后的刑法典已将其扩大适用于109个罪种。罚金是西方各国刑法中适用率较高的一个刑种。在我国1979年刑法典中，罚金作为附加刑主要附加于自由刑，适用于某些贪利性犯罪，但也规定可以独立适用于某些较轻的犯罪。不过从整体而言，规定可适用罚金的罪种不是很多，只有23个，约占该法全部罪种的17.7%，其中可以独立适用罚金的只有14个。在1997年修订的刑法典中，情况大有变化。虽然罚金仍属于附加刑，主要是附加适用，但适用范围已显著扩大，规定可适用罚金的罪种增至180个，约占该法全部罪种的43.5%，其中可以独立适用罚金的罪种增至84个，为1979年刑法典规定数量的6倍。再如，根据对外开放和促进中国和平统一的需要，并考虑到刑法罪名的科学性和司法实践中的可操作性，1997年修订的刑法典果断地将1979年刑法典分则第一章反革命罪更名为危害国家安全罪，并按照危害国家安全罪的性质对此类犯罪作了必要的修改和调整。这也是我国刑法致力于科学化和适应现代刑法通例的重要举措。

总之，此次修订以"维护改革开放，强化以法治国"为宗旨，在修法原则上坚持"制定一部统一的、比较完备的刑法典""注意保持法律的连续性和稳定性"和"注意立法内容的科学性和可操作性"。此外，此次修法的组织实行国家立法机关主持，国家立法机关与司法机关和学者三方面结合，修法过程贯彻较为广泛的民主性和一定的公开性，注意征询和听取各方面的意见。这些都是1997年刑法典修订的特色，也是修法成功的保障。

（二）1997 年之后单行刑法和刑法修正案对刑法典的修订

1997 年修订的《中华人民共和国刑法》通过后的 20 余年来，为了及时回应我国经济和社会发展的需要，全国人大常委会又先后以单行刑法和多个刑法修正案的方式对 1997 年刑法典作了进一步的修改和完善。迄今为止，全国人民代表大会常务委员会先后通过《关于惩治骗购外汇、逃汇和非法买卖外汇犯罪的决定》（1998 年 12 月 29 日施行，简称《外汇犯罪的决定》）、《中华人民共和国刑法修正案》（1999 年 12 月 25 日通过，简称《刑法修正案》）、《中华人民共和国刑法修正案（二）》［2001 年 8 月 31 日通过，简称《刑法修正案（二）》］、《中华人民共和国刑法修正案（三）》［2001 年 12 月 29 日通过，简称《刑法修正案（三）》］、《中华人民共和国刑法修正案（四）》［2002 年 12 月 28 日通过，简称《刑法修正案（四）》］、《中华人民共和国刑法修正案（五）》［2005 年 2 月 28 日通过，简称《刑法修正案（五）》］、《中华人民共和国刑法修正案（六）》［2006 年 6 月 29 日通过，简称《刑法修正案（六）》］、《中华人民共和国刑法修正案（七）》［2009 年 2 月 28 日通过，简称《刑法修正案（七）》］和《中华人民共和国刑法修正案（八）》［2011 年 2 月 25 日通过，简称《刑法修正案（八）》］、《中华人民共和国刑法修正案（九）》［2015 年 8 月 29 日通过，简称《刑法修正案（九）》］、《中华人民共和国刑法修正案（十）》［2017 年 11 月 4 日通过，简称《刑法修正案（十）》］、《中华人民共和国刑法修正案（十一）》［2020 年 12 月 26 日通过，简称《刑法修正案（十一）》］。

刑法修法具体情况如下：

1. 修改的法条

该部分包括：刑法典第 17 条（刑事责任年龄）、第 38 条（管制的期限与执行）、第 49 条（死刑适用对象的限制）、第 50 条（死缓的法律后果）、第 53 条（罚金的缴纳）、第 63 条（减轻处罚情节的适用）、第 65 条（一般累犯）、第 66 条（特别累犯）、第 67 条（自首）、第 68 条（立功）、第 69 条（数罪并罚的执行）、第 72 条（缓刑适用条件）、第 74 条（不适用缓刑的对象）、第 76 条（缓刑的执行及其法律后果）、第 77 条（缓刑的撤销及其法律后果）、第 78 条（减刑的适用条件及限度）、第 80 条（无期徒刑减为有期徒刑的计算）、第 81 条（假释的适用条件）、第 85 条（假释的执行及其法律后果）、第 86 条（假释的撤销及其法律后果）、第 100 条（未成年人前科报告制度）、第 107 条（资助危害国家安全犯罪活动罪）、第 109 条（叛逃罪）、第 114 条和第 115 条（放火罪、决水罪、爆炸罪、投毒罪、以危险方法危害公共安全罪，其中，投毒罪被修改为投放危险物质罪）、第 120 条（组织、领导、参加恐怖组织罪）、第 125 条第 2 款（原罪名为非法买卖、运输核材料罪，修改后为非法制造、买卖、运输、储存危险物质罪）、第 127 条（原罪名为盗窃、抢夺枪支、弹药、爆炸物罪和抢劫枪支、弹药、爆炸物罪，修改后为盗窃、抢夺枪支、弹药、爆炸物、危险物质罪和抢劫枪支、弹药、爆炸物、危险物质罪）、第 134 条（重大责任事故罪；取消第 2 款强令违章冒险作业罪罪名，修改为强令、组织他人违章冒险作业罪）、第 135 条（重大劳动安全事故罪）、第 141 条（原罪名为生产、销售假药罪，《刑法修正案（十一）》修改为生产、销售、提供假药罪）、第 142 条（原罪名为生产、销售劣药罪，《刑法修正案（十一）》修改为生产、销售、提供劣药罪）、第 143 条（原罪名为生产、销售不符合卫生标准的食品罪，修改后为生产、销售不符合安全标准的食品罪）、第 144 条（生产、销售有毒、有害食品罪）、第 145 条（生产、销售不符合标准的医用器材罪）、第 151 条（本条第 3 款规定的原罪名为走私珍稀植物、走私珍稀植物制品罪，后修改为走私国家禁止进出口的货物、物品罪）、第 152 条（走私淫秽物品罪）、第 153 条（走私普通货物、物品罪）、第 155 条（间接走私）、第 157 条（武装掩护走私与抗拒缉私的处罚）、第 160 条［原罪名为欺诈发行股票、债券罪，《刑法修正案（十一）》修改为欺诈发行证券罪］、第 161 条（原罪名为提供虚假财务会计报告罪，修改后为违规披露、不披露重要信息罪）、第 163 条（原罪名为公司、企业人员受贿罪，修改后为非国家工作人员受贿罪）、第 164 条（原罪名为对公司、企业人员行贿罪，后将其修改为对非国家工作人员行贿罪，增设对外国公职人员、国际公共组织官员行贿罪）、第 168 条（原罪名为徇私舞弊造成国有公司、企业破产、亏损罪，修改后为国有公司、企业、事业单位人员失职罪和国有公司、企业、事业单位人员滥用职权罪）、第 170 条（伪造货币罪）、第 174 条（擅自设立金融机构罪和伪造、变造、转让金融机构经营许可证罪，其中，伪造、变造、转让金融机构经营许可证罪被修改为伪造、变造、转让金融机构经营许可证、批准文件罪)、第 176 条（非法吸收公众存款罪)、第 180 条（内幕交易、泄露内幕信息罪)、第 181 条（原罪名为编造并传播证券交易虚假信息罪和诱骗投资者买卖证券罪，修改后为编造并传播证券、期货交易虚假信息罪和诱骗投资者买卖证券、期货合约罪)、第 182 条（原罪名为操纵证券交易价格罪，修改后为操纵证券、期货市场罪)、第 185 条（挪用资金罪和挪用公款罪)、第 186 条（原罪名为违法向关系人发放贷款罪和违法发放贷款罪，修改后为违法发放贷款罪)、第 187 条（原罪名为用账外客户资金非法拆解、发放贷款罪，修改后为吸收客户资金不入账罪)、第 188 条（违规出具金融票证罪)、第 190 条（逃汇罪)、第 191 条（洗钱罪)、第 192 条（集资诈骗罪)、第 196 条（信用卡诈骗罪)、第 200 条（单位犯金融诈骗罪处罚的规定)、第 201 条（原罪名为偷税罪，修改后为逃税罪)、第 205 条（虚开增值税专用发票、用于骗取出口退税、抵扣税款发票罪)、第 206 条（伪造、出售伪造的增值税专用发票罪)、第 213 条（假冒注册商标罪)、第 214 条（销售假冒注册商标的商品罪)、第 215 条（非法制造、销售非法制造的注册商标标识罪)、第 217 条（侵犯著作权罪)、第 218 条（销售侵权复制品罪)、第 219 条（侵犯商业秘密罪)、第 220 条（侵犯知识产权罪单位犯罪的处罚)、第 225 条（非法经营罪)、第 226 条（强迫交易罪)、第 229 条（提供虚假证明文件罪、出具证明文件重大失实罪)、第 236 条（强奸罪)、第 237 条（将强制猥亵、侮辱妇女罪修改为强制猥亵、侮辱罪)、第 239 条（绑架罪)、第 241 条（收买被拐卖的妇女、儿童罪)、第 244 条（原罪名为强迫职工劳动罪，修改后为强迫劳动罪)、第 246 条（侮辱罪、诽谤罪)、第 260 条（虐待罪)、第 264 条（盗窃罪)、第 267 条（抢夺罪)、第 271 条（职务侵占罪)、第 272 条（挪用资金罪)、第 274 条（敲诈勒索罪)、第 277 条（妨害公务罪)、第 280 条（取消伪造、变造居民身份证件罪，修改为伪造、变造、买卖身份证件罪)、第 283 条（取消非法生产、销售专用间谍器材罪，修改为非法生产、销售专用间谍器材、窃听、窃照专用器材罪)、第 285 条（非法侵入计算机信息系统罪)、第 286 条（破坏计算机信息系统罪)、第 288 条（扰乱无线电管理秩序罪)、第 290 条（聚众扰乱社会秩序罪、聚众冲击国家机关罪、扰乱国家机关工作秩序罪、组织资助他人非法聚集罪)、第 293 条（寻衅滋事罪)、第 294 条（组织、领导、参加黑社会性质组织罪，入境发展黑社会组织罪、包庇、纵容黑社会性质组织罪)、第 295 条（传授犯罪方法罪)、第 299 条（原罪名为侮辱国旗、国徽罪，后修改为侮辱国旗、国徽、国歌罪)、第 300 条（取消组织、利用会道门、邪教组织利用迷信致人死亡罪，修改为组织、利用会道门、邪教组织利用迷信致人重伤、死亡罪)、第 302 条（取消盗窃、侮辱尸体罪，修改为盗窃、侮辱、故意毁坏尸体、尸骨、骨灰罪)、第 303 条［原罪名为赌博罪，修改后又新增开设赌场罪、组织参与国（境）外赌博罪］、第 309 条（扰乱法庭秩序罪)、第 311 条（取消拒绝提供间谍犯罪证据罪，修改为拒绝提供间谍犯罪、恐怖主义犯罪、极端主义犯罪证据罪)、第 312 条（原罪名为窝藏、转移、收购、代为销售赃物罪，修改后为掩饰、隐瞒犯罪所得、犯罪所得收益罪)、第 313 条（拒不执行判决、裁定罪)、第 322 条［偷越国（边）境罪］、第 328 条第 1 款（盗掘古文化遗址、古墓葬罪)、第 330 条（妨害传染病防治罪)、第 337 条（第 1 款原罪名为逃避动植物检疫罪，修改后为妨害动植物防疫、检疫罪)、第 338 条（原罪名为重大环境污染事故罪，修改后为污染环境罪)、第 339 条第 3 款（走私废物罪)、第 341 条（取消非法猎捕、杀害珍贵、濒危野生动物罪和非法收购、运输、出售珍贵、濒危野生动物、珍贵、濒危野生动物制品罪和非法狩猎罪罪名，修改为危害珍贵、濒危野生动物罪，非法狩猎罪，非法猎捕、收购、运输、出售陆生野生动物罪)、第 342 条（原罪名为非法占用耕地罪，修改后为非法占用农用地罪)、第 343 条第 1 款（非法采矿罪)、第 344 条［原罪名为非法采伐、毁坏珍贵树木罪，后修改为非法采伐、毁坏国家重点保护植物罪和非法收购、运输、加工、出售国家重点保护植物、国家重点保护植物制品罪，《刑法修正案（十一）》修改为危害国家重点保护植物罪］、第 345 条（原罪名为盗伐林木罪、滥伐林木罪和非法收购盗伐、滥伐的林木罪，非法收购盗伐、滥伐的林木罪被修改为非法收购、运输盗伐、滥伐的林木罪)、第 350 条（将走私制毒物品罪和非法买卖制毒物品罪修改为非法生产、买卖、运输制毒物品、走私制毒物品罪)、第 358 条（组织卖淫罪、强迫卖淫罪、协助组织卖淫罪)、第 360 条（传播性病罪)、第 369 条（破坏武器装备、军事设施、军事通信罪，过失损害武器装备、军事设施、军事通信罪)、第 375 条（伪造、变造、买卖武装部队公文、证件、印章罪，盗窃、抢夺武装部队公文、证件、印章罪，非法生产、买卖武装部队制式服装罪，伪造、盗窃、买卖、非法提供、非法使用武装部队专用标志罪)、第 383 条（贪污罪的处罚)、第 390 条（行贿罪的处罚)、第 391 条（对单位行贿罪)、第 392 条（介绍贿赂罪)、第 393 条（单位行贿罪)、第 395 条（巨额财产来源不明罪)、第 399 条（徇私枉法罪和民事、行政枉法裁判罪，执行判决、裁定失职罪和执行判决、裁定滥用职权罪)、第 426 条（阻碍执行军事职务罪)、第 431 条（非法获取军事秘密罪，为境外窃取、刺探、收买、非法提供军事秘密罪)、第 433 条（战时造谣惑众罪)、第 450 条（军人违反职责罪适用范围)。

2. 新增加的条文

该包括：刑法典第 17 条之一（已满七十五周岁的人犯罪从宽处罚)、第 37 条之一（对因利用职业便利实施的犯罪，人民法院可以根据犯罪情况和预防再犯罪的需要，禁止其自刑罚执行完毕之日或者假释之日起特定期限内从事相关职业)、第 120 条之一（资助恐怖活动罪)、第 120 条之二（准备实施恐怖活动罪)、第 120 条之三（宣扬恐怖主义、极端主义、煽动实施恐怖活动罪)、第 120 条之四（利用极端主义破坏法律实施罪)、第 120 条之五（非法持有宣扬恐怖主义、极端主义服饰、标志罪)、第 120 条之六（强制穿戴宣扬恐怖主义、极端主义物品罪)、第 133 条之一（增设危险驾驶罪)、第 133 条之二（妨害安全驾驶罪)、第 134 条之一（危险作业罪)、第 135 条之一（大型群众性活动重大安全事故罪)、第 142 条之一（妨害药品管理罪)、第 139 条之一（不报、谎报安全事故罪)、第 162 条之一（隐匿、故意销毁会计账簿、财务会计报告罪)、第 162 条之二（虚假破产罪)、第 169 条之一（背信损害上市公司利益罪)、第 175 条之一（骗取贷款、票据承兑、金融票证罪)、第 177 条之一（妨害信用卡管理罪和窃取、收买、非法提供信用卡信息罪)、第 185 条之一（背信运用受托财产罪和违法运用资金罪)、第 190 条之一（骗购外汇罪)、第 205 条之一（虚开发票罪)、第 210 条之一（持有伪造的发票罪)、第 219 条之一（为境外窃取、刺探、收买、非法提供商业秘密罪)、第 224 条之一（组织、领导传销活动罪)、第 234 条之一（组织出卖人体器官罪)、第 236 条之一（负有照护职责人员性侵罪)、第 244 条之一（雇佣童工从事危重劳动罪)、第 253 条之一（出售、非法提供公民个人信息罪、非法获取公民个人信息罪)、第 260 条之一（虐待被监护人、看护人罪)、第 262 条之一（组织残疾人、儿童乞讨罪)、第 262 条之二（组织未成年人进行违反治安管理活动罪)、第 276 条之一（拒不支付劳动报酬罪)、第 280 条之一（使用虚假身份证件、盗用身份证件罪)、第 280 条之二（冒名顶替罪)、第 284 条之一（增设组织考试作弊罪，非法出售、提供试题、答案罪，代替考试罪)、第 286 条之一（拒不履行信息网络安全管理义务罪)、第 287 条之一（非法利用信息网络罪)、第 287 条之二(帮助信息网络犯罪活动罪)、第 291 条之一［《刑法修正案（三）》增设投放虚假危险物质罪和编造、故意传播虚假恐怖信息罪，《刑法修正案（九）》将编造、故意传播虚假恐怖信息罪修改为编造、故意传播虚假信息罪］、第 291 条之二（高空抛物罪)、第 293 条之一（催收非法债务罪)、第 299 条之一（侵害英雄烈士名誉、荣誉罪)、第 307 条之一（增设虚假诉讼罪)、第 308 条之一（泄露不应公开的案件信息罪，披露、报道不应公开的案件信息罪)、第 334 条之一（非法采集人类遗传资源、走私人类遗传资源材料罪)、第 336 条之一（非法植入基因编辑、克隆胚胎罪)、第 342 条之一（破坏自然保护地罪)、第 344 条之一（非法引进、释放、丢弃外来入侵物种罪)、第 355 条之一（妨害兴奋剂管理罪)、第 388 条之一（利用影响力受贿罪)、第 399 条之一（枉法仲裁罪)、第 408 条之一（食品监管渎职罪，后修改为食品、药品监管渎职罪）和骗购外汇罪的规定。

3. 删除的法条

删除的法条为刑法典第 199 条（金融诈骗罪的死刑)。

我国立法机关对 1997 年刑法典的修改完善，具有两个明显的特点：

其一，及时回应经济和社会发展的需要，注重对当前经济和社会领域中的重要问题进行刑法规制。例如，为了化解亚洲金融危机带来的金融风险，并确保金融安全，及时通过《外汇犯罪的决定》《刑法修正案》《刑法修正案（五）》《刑法修正案（六）》，对刑法典中妨害金融管理秩序罪和金融诈骗罪的有关规定进行了修改，并增设了一些新的犯罪；为了规制市场经济秩序，建立市场诚信制度，通过《刑法修正案》《刑法修正案（四）》《刑法修正案（六）》等，对刑法典中生产、销售伪劣商品罪，走私罪及妨害对公司、企业的管理秩序罪的有关规定进行了修改，并增设了一些新的犯罪；美国“9·11”恐怖袭击事件后，为了应对恐怖活动犯罪，通过《刑法修正案（三）》，对刑法典中的恐怖活动犯罪及其他危害公共安全犯罪的规定进行了修改和完善；为了加强对环境资源的保护，实现可持续发展，通过《刑法修正案（二）》《刑法修正案（四）》，对刑法典中破坏环境资源保护罪及相关犯罪的规定进行了修改和完善；为了应对安全责任事故大量出现的问题，通过《刑法修正案（六）》，对刑法典中安全责任事故犯罪的规定进行了修改，并增设了新的犯罪；2020 年新冠肺炎疫情发生后，为了维护疫情防控、稳定社会秩序，《刑法修正案（十一）》修改了妨害传染病防治罪、增设了针对野生动物的相关犯罪等。

其二，确立了刑法修正案作为刑法修改方式的基本地位。由于我国立法机关顺应我国政治、经济、社会等方面的发展变化，对1979年刑法典进行了全面、系统的修订，并确立了比较科学合理的刑法典结构体系，因而决定了在今后比较长的时期内，对刑法典的修改和完善将是局部的微调。这就为采用刑法修正案的方式修改完善刑法典提供了充分的条件。因此，在1997年修订的刑法典通过后，除《外汇犯罪的决定》仍以单行法的形式对刑法典进行修改完善外，此后所有对刑法典的修改完善均采用了刑法修正案的方式。以刑法修正案的方式对刑法典进行必要、及时的修改和完善，既能保持刑法典基本原则和主体结构、内容的稳定性，又具有良好的适应性，能够针对实践需要作出及时、恰当的反应，从而为解决刑法稳定性与适应性之间的关系，提供了一个重要的技术平台。[①]

（三）刑法立法解释对刑法典的阐明

立法解释，就是由国家立法机关对刑法含义所作的解释。依照《中华人民共和国宪法》第67条第4项的规定，解释法律是由全国人大常委会行使的职权之一。"刑法立法解释"是对刑法典规定的某些内容予以阐明，这与"刑法修正案"是对刑法典所作的修改补充，在内容和作用上是不同的。

2000年以来，全国人大常委会对1997年修订的刑法中的有关内容作了13个立法解释，这13个立法解释分别是：(1)《关于〈中华人民共和国刑法〉第九十三条第二款的解释》（2000年4月29日）；(2) 2001年8月31日《关于〈中华人民共和国刑法〉第二百二十八条、第三百四十二条、第四百一十条的解释》；(3) 2002年4月28日《关于〈中华人民共和国刑法〉第二百九十四条第一款的解释》；(4) 2002年4月28日《关于〈中华人民共和国刑法〉第三百八十四条第一款的解释》；(5) 2002年8月29日《关于〈中华人民共和国刑法〉第三百一十三的解释》；(6) 2002年12月28日《关于〈中华人民共和国刑法〉第九章渎职罪主体适用问题的解释》；(7) 2004年12月29日《关于〈中华人民共和国刑法〉有关信用卡规定的解释》；(8) 2005年12月29日《关于〈中华人民共和国刑法〉有关出口退税、抵扣税款的其他发票规定的解释》；(9) 2005年12月29日《关于〈中华人民共和国刑法〉有关文物的规定适用于具有科学价值的古脊椎动物化石、古人类化石的解释》；(10) 2014年4月24日《关于〈中华人民共和国刑法〉第三十条的解释》；(11)《关于〈中华人民共和国刑法〉第一百五十八条、第一百五十九条的解释》；(12)《关于〈中华人民共和国刑法〉第二百六十六条的解释》；(13)《关于〈中华人民共和国刑法〉第三百四十一条、第三百一十二条的解释》。

这些关于刑法的立法解释文件，解决了刑法典在适用中的某些疑难问题。例如，村民委员会等村基层组织人员是否属于国家工作人员或准国家工作人员；"违反土地管理法规"及"非法批准征用、占用土地"两个法律用语的含义；"黑社会性质组织"具有哪些特征；挪用公款"归个人使用"的含义；"对人民法院的判决、裁定有能力执行而拒不执行，情节严重"的含义；关于刑法分则第九章渎职罪主体的范围确定；关于刑法典规定的信用卡的含义；关于单位犯罪的刑罚适用；关于限定虚报注册资本罪和抽逃出资罪的成立范围；非法收购国家重点保护的珍贵、濒危野生动物及其制品的含义以及非法狩猎的野生动物如何适用刑法；关于骗取养老、医疗、工商、失业、生育等社会保险金及其他社会保障待遇如何适用刑法；等等。

（四）刑法立法的发展轨迹

1997年刑法典颁行20余年来，以其为基础，我国刑法进行了多方面的立法修正，刑法立法的数量和水平都得到了较大的提升。其立法演进轨迹具体体现在以下3个方面：

1. 刑法立法的时间轨迹

刑法立法的时间轨迹能够反映一国刑法立法的过程和频率，因而有助于我们更好地把握刑法立法的动向。从时间上看，20余年来我国刑法立法的轨迹主要体现在其总的时间间隔轨迹及其通过、发布与施行时间的间隔轨迹两个方面。

第一，总的时间间隔轨迹。20余年来，我国先后通过1部单行刑法和11个刑法修正案。在法律文件的数量上，我国刑法立法的平均间隔时间大约是2年。如果再加上全国人大常委会通过的13个刑法立法解释文件，我国刑法立法的平均间隔时间大约是1年。具体而言，全国人大于1997年3月14日

① 参见雷建斌：《1997年以来我国刑法的新进展》，载《中国人大》2006年第4期。

通过了经全面系统修订的刑法典，随后全国人大常委会于1998年12月29日通过了迄今为止唯一真正意义上的单行刑法——《关于惩治骗购外汇、逃汇和非法买卖外汇犯罪的决定》（以下简称单行刑法）。[①] 之后，全国人大常委会分别于1999年12月25日、2001年8月31日、2001年12月29日、2002年12月28日、2005年2月28日、2006年6月29日、2009年2月28日、2011年2月25日、2015年8月29日、2017年11月4日和2020年12月26日，先后通过了11个刑法修正案，前后间隔的时间分别是361天、615天、120天、364天、793天、486天、975天、727天、1646天、818天和1148天。其中，最短的只间隔了120天，最长的间隔了1646天。总体而言，我国刑法立法间隔的时间均不长，表明刑法立法活动较为频繁。

第二，通过、发布与施行时间的间隔轨迹。在20余年来的12次立法修正中，单行刑法和刑法修正案都是在通过当日即以国家主席令的形式对外发布。但在通过时间、发布时间与施行时间的间隔上，单行刑法和前7个刑法修正案及《刑法修正案（十）》都于通过之日发布，并规定“自公布之日起施行”。只有《刑法修正案（八）》《刑法修正案（九）》和《刑法修正案（十一）》的发布时间与施行时间不同。《刑法修正案（八）》于2011年2月25日发布，同年5月1日施行，间隔65天；《刑法修正案（九）》于2015年8月29日发布，同年11月1日施行，间隔64天；《刑法修正案（十一）》于2020年12月26日发布，2021年3月1日施行，间隔64天。这主要是考虑到这3个刑法修正案的修法幅度较大，条文数量都在50条左右，需要给法律实施一定的准备时间。[②] 这也反映出我国刑法修法的幅度逐渐加大。

2. 刑法立法的数量轨迹

这里所称的刑法立法数量，是指刑法修法的条文数量。它能大体反映出刑法的修法规模。20余年来，我国刑法修法的条文数量总计228条，并呈现出以下两个方面的特征：

第一，刑法立法的条文数量总体上呈逐渐增多的趋势。20余年来，我国立法机关颁布的1部单行刑法和11个刑法修正案的条文数量分别是：单行刑法9条，《刑法修正案》9条、《刑法修正案（二）》1条、《刑法修正案（三）》9条、《刑法修正案（四）》9条、《刑法修正案（五）》4条、《刑法修正案（六）》21条、《刑法修正案（七）》15条、《刑法修正案（八）》50条、《刑法修正案（九）》52条、《刑法修正案（十）》1条、《刑法修正案（十一）》48条。从总体上看，第六至第九、第十一这5个刑法修正案的修法条文数量要明显多于单行刑法及前5个刑法修正案和《刑法修正案（十）》的条文数量。刑法修法的这一数量关系，表明我国刑法修法的条文数量总体上呈现出逐渐增多趋势，也意味着我国刑法修法的幅度逐渐加大。

第二，刑法立法的条文数量与修法的间隔时间密切相关。这种关系的总体呈现是：刑法修法的间隔时间越短，刑法修法的条文数量越少；相反，刑法修法的间隔时间越长，刑法修法的条文数量越多。其中，刑法修法的条文数量在10条以上的，刑法修法的间隔时间大体上在2年以上；刑法修法的条文数量不足10条的，刑法修法的间隔时间都在2年以下。不过，《刑法修正案（十）》由于其修法内容的单一性和修法时间要求的特殊性是一个例外，应另当别论。究其原因，是与刑法修法的准备时间相关。因为刑法修法的条文数量越多，涉及的相关部门、领域越多，自然需要越多的时间进行调研、研讨和审议。反之，刑法修法的条文数量越少，这方面的准备时间需要的也就越少，立法进度也就会越快。

3. 刑法立法的规范轨迹

刑法立法的时间和条文数量，反映的是刑法立法的外在特征。刑法的规范内容是刑法立法的核心，其发展变化的情况对于我们把握刑法立法的发展轨迹更为重要。总体而言，20余年来我国刑法立法在规范内容上主要呈现出以下3个方面的发展轨迹：

第一，刑法修法内容逐渐由刑法典分则而至刑法典总则。20余年间，我国刑法立法在内容上以对刑法典分则的修改为主，其中单行刑法和前7个刑法修正案都只是对刑法典分则的修改，并不涉及刑法典总则方面的内容。之后的3个刑法修正案，即《刑法修正案（八）》《刑法修正案（九）》和

---

① 这期间，全国人大常委会还于1999年10月30日通过了《关于取缔邪教组织、防范和惩治邪教活动的决定》，于2000年12月28日通过了《关于维护互联网安全的决定》。这两部单行法律也与刑法规范密切相关。

② 参见赵秉志、袁彬：《刑法最新立法争议问题研究》，江苏人民出版社2016年版，第225页。

《刑法修正案（十一）》，则既修改了刑法典分则，也修改了刑法典总则。对比刑法典总则与分则的修法幅度，以刑法修正案为例：11 个刑法修正案共对刑法典总则部分修改了 24 条，而刑法典总则有 101 条，加上“之”字条文 2 个，[①] 共计 103 条，修改比例为 24%；对刑法典分则共修改了 178 条，刑法典分则有 350 条，加上“之”字条文 37 条，共计 387 条，修改比例为 45.99%。由于刑法典总则是关于刑法指导思想、任务和适用范围，以及犯罪和刑罚一般原理、原则的规范体系，而这些规范是定罪量刑所必须遵守的共同规则，[②] 因此通常认为，刑法典总则规定的内容更为基本和重要。我国立法机关对刑法典总则的修改，表明刑法立法开始由具体犯罪的修改逐渐走向刑法的重要制度，显示刑法修法内容的深化。

第二，刑法修法的宽严趋向逐渐由单一从严走向宽严相济。在单行刑法和前 6 个刑法修正案中，我国刑法立法在规范内容上表现为单向从严的趋向，并主要体现在 2 个方面：一是犯罪圈的扩张。刑法立法通过增设新的犯罪和调整原有犯罪的构成要件（包括增加规定单位犯罪主体、修改犯罪行为要件、降低行为入罪门槛等），不断扩大刑法的惩治范围。二是刑罚处罚力度的提升，并集中体现为法定刑的提升。例如，《刑法修正案（六）》将开设赌场行为从赌博罪中单立出来，并增加了“三年以上十年以下有期徒刑，并处罚金”的法定量刑幅度。值得关注的是，《刑法修正案（七）》开启了 20 余年来我国刑法修法宽严相济的走向，即刑法修正案的修法内容中不仅有从严的规范，也有了从宽的规范。例如，《刑法修正案（七）》将偷税罪修改为逃税罪并增设了一个出罪条款，[③] 同时针对绑架罪增设了从宽的法定量刑档次。[④] 这打破了过去刑法修正仅注重扩大犯罪圈和提高法定刑的一味从严之立法惯例，开始注意入罪与出罪相结合、从严与从宽相协调，开始贯彻体现宽严相济的基本刑事政策。[⑤] 当然，我国刑法立法开始较为全面贯彻宽严相济刑事政策的，当属《刑法修正案（八）》。《刑法修正案（八）》在规定一些从严内容的同时，也作了一系列从宽的修正，如取消 13 种犯罪的死刑、对已满 75 周岁的老年人犯罪从宽处理并原则上不适用死刑、对未成年人和怀孕的妇女犯罪进一步从宽处理、增设“坦白从宽”制度、对假释需要实际执行的年限作出例外规定，以及降低 2 种犯罪的法定最低刑等。[⑥]《刑法修正案（九）》则在《刑法修正案（八）》的基础上，更加注意全面而充分地贯彻宽严相济的基本刑事政策，对刑法典的相关罪刑规范作了更进一步从宽处理的安排与调整，包括进一步取消 9 种犯罪的死刑并严格死缓犯执行死刑的门槛，将绑架罪、贪污罪、受贿罪的死刑由绝对确定的死刑改为相对确定的死刑；部分地降低了贪污罪、受贿罪的处罚力度，不仅将原来绝对确定的数额改为概括的数额，而且对犯贪污罪、受贿罪，如实供述自己罪行、真诚悔罪、积极退赃，避免、减少损害结果发生的，规定可以从宽处理。[⑦]

第三，刑法修法的重心逐渐由单一走向综合。[⑧] 20 余年来，我国刑法立法调整内容广泛，涉及了除刑法典总则第一章之外的各章。据笔者统计，在刑法典分则方面，12 次刑法修法分别修改刑法典分则第一章 1 次、第二章 5 次、第三章 9 次、第四章 6 次、第五章 3 次、第六章 8 次、第七章 2 次、第八章 2 次、第九章 4 次、第十章 2 次。其中，修法重点是死刑、腐败犯罪、金融犯罪、恐怖犯罪和网络犯罪，修改的条文数量和所占相关条文总数的比例分别是死刑 22 条、占比 32.35%，腐败犯罪 12 条、占比 30%，金融犯罪 22 条、占比 65%，恐怖犯罪 11 条、占比 100%，网络犯罪 3 条、占比 60%。不过，我国刑法修法的重心在总体上也经历了由单一逐渐走向综合的过程。例如，1998 年单行刑法的修法重心是外汇犯罪（包括骗购外汇罪和逃汇罪），1999 年第一个《刑法修正案》修法的重心是破坏社会主义市场经济秩序犯罪，《刑法修正案（二）》修法的重心是非法占用农用地罪，《刑法修正案

---

① “之”字条文即刑法修正案在不改变刑法典原有的条文序号与条文基本结构前提下给刑法典增设的新条文。通过刑法修正案给刑法典总则增设的 2 个“之”字条文，分别是《刑法修正案（八）》第 1 条增设的第 17 条之一和《刑法修正案（九）》第 1 条增设的第 37 条之一。

② 参见赵秉志主编：《刑法总论》，中国人民大学出版社 2016 年版，第 27 页。

③ 刑法典第 201 条第 4 款规定：“有第一款行为，经税务机关依法下达追缴通知后，补缴应纳税款，缴纳滞纳金，已受行政处罚的，不予追究刑事责任；但是，五年内因逃避缴纳税款受过刑事处罚或者被税务机关给予二次以上行政处罚的除外。”

④ 刑法典第 239 条第 1 款规定：“……情节较轻的，处五年以上十年以下有期徒刑，并处罚金。”

⑤ 参见赵秉志：《〈刑法修正案（七）〉的宏观问题研讨》，载《华东政法大学学报》2009 年第 3 期。

⑥ 参见高铭暄：《刑法体现宽严相济刑事政策》，载《人民日报》2015 年 8 月 28 日第 7 版。

⑦ 参见赵秉志、袁彬：《中国刑法立法改革的新思维——以〈刑法修正案（九）〉为中心》，载《法学》2015 年第 10 期。

⑧ 《刑法修正案（十）》是一个例外。

（三）》修法的重心是恐怖活动犯罪，《刑法修正案（四）》修法的重心是破坏社会主义市场经济秩序、妨害社会管理秩序和国家机关工作人员的渎职犯罪，《刑法修正案（五）》修法的重心是信用卡犯罪。不过，从《刑法修正案（六）》开始，我国刑法修法的重心开始走向多方面和综合性。其中，《刑法修正案（六）》的修法内容涵盖了危害公共安全罪、破坏社会主义市场经济秩序罪、侵犯公民人身权利罪、妨害社会管理秩序罪和渎职罪等；《刑法修正案（七）》则涉及破坏社会主义市场经济秩序罪、侵犯公民人身权利罪、侵犯财产罪、妨害社会管理秩序罪、危害国防利益罪和贪污贿赂罪等；《刑法修正案（八）》《刑法修正案（九）》《刑法修正案（十一）》因修法内容进一步扩充至刑法典总则，涉及的内容也更为广泛和综合。

我国刑法立法的上述轨迹表明，20 余年来我国刑法立法经历了一个贯彻刑事政策由单一从严到宽严相济、修法条文数量由少到多、修法内容由单一到全面而综合的过程。这表明我国刑法立法逐渐变得更为积极、主动，刑法在社会生活中的地位和作用进一步提升。

二、刑法立法的基本内容

（一）1997 年刑法典的主要内容

1997 年刑法典由总则、分则和附则 3 部分组成，共 15 章 452 条。其中，刑法总则有 5 章 101 条，规定了犯罪、刑事责任和刑罚的一般原理、原则；刑法分则共有 10 章 350 条，是关于具体犯罪和具体法定刑的规范体系；刑法附则仅 1 个条文，即第 452 条，规定了刑法典开始施行的日期，并且明确了修订后的刑法典与 1997 年刑法典通过之前的单行刑法的关系。1997 年刑法典不是对以往刑法立法的简单汇总，而是在对中国以往刑法规定进行全面整理和重新编纂的基础上加以充实和修订而成的。所以，1997 年刑法典大大超越和发展了 1979 年刑法典，在诸多方面都进行了重大的改革，取得了显著的进展。在刑法通则方面，最为突出的进展主要体现在两个方面：一是刑法基本原则的确立；二是刑法管辖权的扩大。犯罪通则是关于犯罪成立的一般条件以及不构成犯罪的若干情形的规定，刑罚通则是关于刑罚的种类、运用条件、量刑制度与行刑制度的规定，1997 年刑法典关于这两方面的修订内容也相当丰富。在刑法分则方面，修订后的刑法典分则共分为 10 章，第一章为危害国家安全罪，第二章为危害公共安全罪，第三章为破坏社会主义市场经济秩序罪，第四章为侵犯公民人身权利、民主权利罪，第五章为侵犯财产罪，第六章为妨害社会管理秩序罪，第七章为危害国防利益罪，第八章为贪污贿赂罪，第九章为渎职罪，第十章为军人违反职责罪。与 1979 年刑法典相比，1997 年修订后的刑法典在诸多方面都取得了显著的进展。其中意义较为重大者为如下几个方面：

1. 刑法基本原则的确立

一部法律的基本原则，是该法律的核心和精髓，体现该法律的根本精神，指导立法和司法适用。1979 年刑法典并没有关于刑法基本原则的规定，这种状况使得中国的刑事立法及刑事司法的质量受到了影响。在刑法典修订过程中，多数学者及司法实务部门均提出新刑法典应对刑法的基本原则作出明确的规定。国家立法机关对此非常重视，广泛征求了意见，最后在 1997 年刑法典第 3 条至第 5 条集中规定了 3 项刑法基本原则，即罪刑法定原则、适用刑法人人平等原则和罪责刑相适应原则。

（1）关于罪刑法定原则。

作为现代刑法之根基，罪刑法定原则是各国刑法均坚持的一个基本原则，许多国家还将之规定于宪法之中，作为人权保障的一个基本原则。该原则以人权保障为根本宗旨，对于不利于被告人、犯罪嫌疑人的制度如类推定罪、重法有溯及既往的效力、不定期刑、习惯法、模糊用语等，均严格禁止。1979 年刑法典没有明文规定罪刑法定原则，又规定有类推制度，并受“宜粗不宜细”立法思想的影响，诸多条文含混不清，并在此后的单行刑法中规定了重法具有溯及既往的效力等几个方面的内容，这些对我国的刑事人权保障产生了不利的影响，在国际社会上也损害了我国法治的形象。此次刑法修订，我国国家立法机关毅然抛弃旧观念，在 1997 年刑法典中明文规定并力图贯彻罪刑法定原则。刑法典第 3 条规定：“法律明文规定为犯罪行为的，依照法律定罪处刑；法律没有明文规定为犯罪行为的，不得定罪处刑。”①

为了贯彻罪刑法定原则，1997年刑法典对一些不利于人权保障以及有损刑法规范明确性要求的规定进行了大刀阔斧的改革，主要表现为：废除类推制度；在时间效力上重申了从旧兼从轻的原则；在刑法分则方面，通过增设大量的新罪名严密了刑事法网；在具体犯罪的构成要件以及各种犯罪的法定刑设置方面，增强了法条的可操作性。如此规定，标志着罪刑法定原则在我国刑法中开始真正生根，表明了我国刑法由偏重于对社会权益的保护向保护社会与保障人权并重转变的价值取向，使得我国新刑法典无论是在立法精神、立法内容，还是在立法技术上，都有了很大的进步，从而对于我国刑事法治走向现代化、走向世界起到了决定性的作用。

（2）刑法人人平等原则。

法律面前人人平等原则是中国社会主义法治的一项总原则，各个部门法都应当予以贯彻执行。中国的一些基本法律如刑事诉讼法、民事诉讼法等，均规定公民在适用法律上一律平等。刑法作为同犯罪作斗争的基本法律，更应当贯彻这一原则。但是否在刑法典中对此予以明文规定，在修订刑法典的研讨过程中，曾有肯定与否定两种主张。

1997年刑法典采取了肯定的主张，其第4条规定：“对任何人犯罪，在适用法律上一律平等，不允许任何人有超越法律的特权。”根据这一规定，任何人犯罪，都应受到法律的追究；同样情节的犯罪人，在定罪处罚时应当平等；任何人不得享有超越法律规定的特权，不得因为犯罪人的特殊身份、地位而加重或减轻处罚。

从一般法律上讲，法律面前人人平等具有两个方面的内容：一是立法上的平等，二是司法上的平等。两个方面相辅相成，缺一不可。没有立法上的平等，司法平等就没有前提；只有立法上的平等而没有司法的切实贯彻执行，立法上的平等也只能是形同虚设。由于立法本身就是针对不特定人所设立的具有普遍意义的规范，其平等性也能较好地解决，关键在于司法实践将这些具有普遍意义的规范适用于特定的不同人时，仍能保持平等。因此，1997年刑法典所规定的适用刑法一律平等原则，强调适用法律上的平等，若因立法上的失误而导致不平等现象，便难以再用该原则予以规范。

（3）关于罪责刑相适应原则。

关于罪责刑相适应原则应否成为中国刑法的基本原则，在刑法修订研拟过程中存在不同认识。②最终，国家立法机关基本上采纳了肯定论者的观点，在修订后的刑法典中确立了罪责刑相适应原则。

1997年刑法典第5条规定：“刑罚的轻重，应当与犯罪分子所犯罪行和承担的刑事责任相适应。”根据该条规定，法院在对犯罪分子量刑时，应在法定刑幅度之内，根据其罪行的大小以及影响刑事责任轻重的各种因素确定刑罚，不得任意加重或减轻，做到罪责刑相适应，以保持刑法的公正性、合理性和刑事司法判决的权威性。此项基本原则的确立，肯定了中国刑法一贯坚持的刑罚的轻重与犯罪的社会危害性和犯罪人主观恶性相一致的原理，吸收了刑罚个别化的基本精神，体现了现代刑法理论中重视行为人个体状况的思潮，同时也有助于克服和纠正司法实践中产生的一些轻罪重判的不正常现象。

2. 关于刑事管辖权的发展

刑事管辖权是一个国家司法主权的重要组成部分。综观现代各国刑法典，大都以属地原则为基础并以属人原则、保护原则和普遍管辖原则为补充而构建其刑事管辖体系。1997年刑法典对于刑事管辖权的修订，主要表现为对我国公民在域外犯罪管辖的扩展，以及明确规定了普遍管辖原则。

（1）我国公民域外犯罪之管辖权的扩展。

关于本国公民或本区居民在域外犯罪的管辖问题，不同的立法例采用不同的原则，有的基本采用

---

① 其实，罪刑法定原则在我国刑法典中的确立并非一帆风顺，其间经过了多次针锋相对的较量与观点争鸣，并曾达到了白热化的程度，争议的焦点主要集中在1979年刑法类推制度的存废上。综合来看，我国刑法学界对此主要有三种观点：第一，永久保留说。该说认为保留类推制度的必要性同刑法本身的必要性并存，只要有刑法，就应当有类推制度。第二，暂行保留说。这种观点认为，1979年刑法典的类推制度是罪刑法定原则的必要补充。从我国当前的实际情况出发，还不能完全彻底地实行罪刑法定主义，而必须以有严格控制的类推作为补充。但是，类推制度仅仅是暂时性的过渡措施，随着中国司法实践经验的丰富、刑事立法的逐步完备，凡具有相当的社会危害性、应当追究刑事责任的行为在刑法分则条文中都可找到定罪量刑的根据时，类推就完成了其历史使命。第三，立即废止说，此为多数说。该说主张，总结1979年刑法典颁布以来的经验教训，结合刑法理论和各国立法例，应当废除1979年刑法典规定的类推制度。参见赵秉志：《刑法总则问题专论》，法律出版社2004年版，第233页以下。

② 参见赵秉志：《刑法总则问题专论》，法律出版社2004年版，第219-220页。

属地原则，如我国香港的现行法律；有的采用完全的属人原则，如韩国刑法典；大多数国家和地区则采用有限制的属人管辖原则，即本国公民或本区居民在域外的犯罪不是一律不管，也不是一概都管，而是有选择地适当行使管辖权。

1979 年刑法典对我国公民在域外犯罪的管辖也采用了有限制的属人原则。根据 1979 年刑法典第 4 条之规定：中国公民在国外犯反革命罪、伪造国家货币罪、伪造有价证券罪、贪污罪、受贿罪、泄露国家机密罪、冒充国家工作人员招摇撞骗罪和伪造公文、证件、印章罪的，适用中国刑法。第 5 条作了补充性的规定：中国公民在国外犯第 4 条以外的罪，如果按刑法规定的最低刑为 3 年以上有期徒刑，并且按照犯罪地的法律亦应受处罚的，也适用中国刑法。由于 1979 年刑法典第 4 条和第 5 条的规定对中国公民在国外犯罪适用中国刑法的条件作了许多限制，因此适用范围比较小，从而使得新形势下的上述很多犯罪因无法可依而得不到处理，如果外国也不处理，就更容易使罪犯逃脱制裁，造成更大的危害。有鉴于此，1979 年刑法典关于属人管辖权的规定应当予以修改。如何修改刑法关于属人管辖权的规定？对此，中国刑法学界存在不同的意见。[①] 中国立法机关在认真研究讨论、征求意见之后，将 1979 年刑法典关于属人管辖权的规定修改如下：中华人民共和国公民在中华人民共和国领域外犯本法规定之罪的，适用本法，但是按本法规定的最高刑为 3 年以下有期徒刑的，可以不予追究。中华人民共和国国家工作人员和军人在中华人民共和国领域外犯本法规定之罪的，适用本法。根据这一规定，中国公民在域外犯罪的，无论按照当地法律是否被认为是犯罪，亦无论所犯罪行是轻是重，以及何种罪行，更不论其所犯罪行侵犯的是何国或何国公民的利益，原则上都适用中国刑法。只是按中国刑法的规定，该中国公民所犯之罪的法定最高刑为 3 年以下有期徒刑的，才可以不予追究。所谓“可以不予追究”，不是绝对不追究，而是保留追究的可能性。此外，如果是国家工作人员或军人在域外触犯中国刑法的，不论其所犯之罪的法定最高刑是否为 3 年以下有期徒刑，中国司法机关都要依中国刑法追究其刑事责任。

（2）普遍管辖权的确立。

现代国际公约和各国刑法中的普遍管辖原则，是缔约国基于其所参加的国际公约对公约所规定的国际性犯罪行为，在根据属地、属人、保护原则都无法行使管辖权的情形下，根据国际公约和本国法律的规定而对之行使刑事管辖权的原则。对于普遍管辖原则，由于其在世界历史上曾作为帝国主义强国的司法霸权，包括我国刑法学在内的刑法理论曾对其持否定态度，1979 年刑法典也囿于认识的局限性而没有确立该原则。[②]

随着普遍管辖原则演变为国际社会和各国抗制国际犯罪的有力法治手段以及各国对其的理论认同，中国也适时转向为肯定和接纳普遍管辖原则。1987 年 6 月 23 日六届全国人大常委会第二十一次会议通过的《关于对中华人民共和国缔结或者参加的国际条约所规定的罪行行使刑事管辖权的决定》规定：“对于中华人民共和国缔结或者参加的国际条约所规定的罪行，中华人民共和国在所承担条约义务的范围内，行使刑事管辖权。”从而通过单行刑法的方式，在中国刑法规范中确立了普遍管辖原则。其后，全国人大常委会于 1990 年通过的《关于禁毒的决定》，在惩治毒品犯罪领域贯彻了普遍管辖原则。及至 1997 年修订的刑法典，在其第 9 条完全吸纳了上述 1987 年决定的规定，在刑法典中明确把普遍管辖原则作为我国的一个刑事管辖原则予以规定。

普遍管辖原则在我国刑法典中的确立具有重要的意义，该原则的法典化立法将我国所承担的国际法义务与国内法有机衔接，使我国在运用普遍管辖原则惩治国际犯罪方面有了明确而权威的法律依据。而且这一原则的法典化也使我国在惩治国际犯罪方面与国际社会和世界各国有了基本的共识和协调合作的基础，有利于促进我国的改革开放事业。

3. 关于未成年人犯罪问题

未成年人因其年幼无知、易于教化等特点，成为现代各国刑事政策上普遍予以从宽处遇的特殊对象。根据 1979 年刑法典的规定，未成年人是否负刑事责任分为 3 种情况：一是未满 14 岁的人的任何行为，均不负刑事责任；二是已满 14 岁不满 16 岁的未成年人，只对特定的严重犯罪负刑事责任；三

---

① 参见赵秉志：《刑法总则问题专论》，法律出版社 2004 年版，第 314-315 页。

② 参见高铭暄主编：《刑法学原理》（第 1 卷），中国人民大学出版社 1993 年版，第 301 页；黄俊平：《普遍管辖原则研究》，中国人民公安大学出版社 2007 年版，第 215 页。

是已满16岁的人对所有的犯罪均负刑事责任。但对已满14岁不满18岁的未成年人构成犯罪的，法律规定应当从轻或者减轻处罚。1997年刑法典修订了关于未成年人犯罪的重要内容，即对已满14岁不满16岁的未成年人负刑事责任的范围进行了调整。

根据1979年刑法典第14条的规定，已满14岁不满16岁的人为相对负刑事责任的人，他们“犯杀人、重伤、放火、惯窃罪或者其他严重破坏社会秩序罪，应当负刑事责任”。在司法实践中，如何理解“其他严重破坏社会秩序罪”没有确切的标准，往往产生歧见。最高司法机关曾将重大盗窃犯罪、强奸犯罪以及走私、贩卖、运输、制造毒品犯罪等作为“其他严重破坏社会秩序罪”，追究已满14岁不满16岁的未成年人的刑事责任。由于上述不同理解，使得相对负刑事责任的人应负刑事责任的实际范围模糊不清，既不利于司法适用，也不利于对未成年人的保护。有鉴于此，1997年刑法典第17条第2款明确规定：“已满十四周岁不满十六周岁的人，犯故意杀人、故意伤害致人重伤或者死亡、强奸、抢劫、贩卖毒品、放火、爆炸、投毒罪的，应当负刑事责任。”该条文删除了1979年刑法典中“其他严重破坏社会秩序罪”的规定，即除了上述所明确列明的犯罪外，已满14周岁不满16周岁的人实施其他任何行为均不负刑事责任，从而使相对负刑事责任的犯罪范围更明确具体，在犯罪主体方面贯彻了罪刑法定原则。

4. 单位犯罪的立法化问题

单位犯罪是当时中国刑法学界和立法、司法实务界关注的一个焦点，也是此次刑法修改不可回避的重要问题。

我国在相当长的时期内，在经济管理体制上是高度集中的计划经济模式，一般单位极少参与市场商业活动，法人制度没有完全建立或者很不完善，法人单位实施犯罪的现象很少，法律中也一直没有关于法人犯罪的规定。1987年《海关法》首次确认单位可以成为走私罪的犯罪主体。之后，国家立法机关又在多部单行刑法和一些非刑事法律中大量设置了处罚单位犯罪的刑法条款，充分肯定了单位犯罪及其处罚的刑法制度。

在1997年刑法典的修订研拟过程中，是使用单位犯罪的称谓，还是使用法人犯罪的称谓，我国刑法学界存在争议。这不仅仅是一个称谓的问题，还是涉及犯罪主体范围如何确定的实质问题。从我国的情况来看，非自然人实施犯罪的，并非仅限于具有民法意义上法人资格的单位，还有大量非法人团体、法人的分支机构甚至国家机关。若用是否具有法人资格来确定此类犯罪主体的范围，必然会造成缺漏，不利于对此类犯罪的惩治和防范。尽管从发展的趋势看，国家机关构成犯罪的会逐步减少，但法律却不能预先为自己开缺，而应当尽量全面地规范。至于今后某类主体犯罪的情况减少，只涉及司法上适用量的降低，并不影响立法的质量。再则，不具有法人资格的分支机构实施了某种犯罪行为而将整个法人作为犯罪主体予以刑事处罚，亦不尽合理和科学。因此，立法上仍应使用“单位犯罪”，而避免“法人犯罪”的称谓。[①] 我国立法机关最终采纳了这种见解。

关于单位犯罪的立法模式，在1997年刑法典的修订研拟过程中，亦存在不同看法。有的学者认为可以在总则中规定，有的认为可以在分则中规定，也有的认为可以在特别刑法中规定。我们认为，可以采用总则与分则相结合的立法模式，即在总则中明确规定单位犯罪的一般处罚原则、适用刑罚的种类；在分则中具体规定单位可以构成犯罪的罪种及具体的刑种刑度。[②] 我国立法机关最终采纳了这种建议，不仅在刑法总则中规定了单位犯罪的处罚原则等，而且在分则中对单位可以构成的具体犯罪作了明确规定。

1997年刑法典第30条规定：“公司、企业、事业单位、机关、团体实施的危害社会的行为，法律规定为单位犯罪的，应当负刑事责任。”第31条规定：“单位犯罪的，对单位判处罚金，并对其直接负责的主管人员和其他直接责任人员判处刑罚。本法分则和其他法律另有规定的，依照规定。”根据上述规定，在犯罪主体方面，1997年刑法典采用了以处罚自然人犯罪为原则、以处罚单位犯罪为例外的立法例，即凡是刑法分则没有明文规定某种犯罪可以由单位构成的，司法机关均不得以该罪追究单位的刑事责任；在处罚方面，对单位犯罪原则上实行双罚制，即对犯罪的单位判处罚金，同时对单位犯罪直接负责的主管人员或其他直接责任人员判处刑罚，但也不排除刑法分则或其他法律规定对单位犯罪

① 参见赵秉志：《刑法改革问题研究》，中国法制出版社1996年版，第166页。

② 参见赵秉志：《刑法改革问题研究》，中国法制出版社1996年版，第167页。

只实行单罚制的情况。从中国刑法分则条文的规定来看，单位犯罪可以分为两类：一类是纯正的单位犯罪，即只能由单位才能构成的犯罪；另一类是不纯正的单位犯罪，即刑法分则规定某种犯罪既可以由自然人构成，也可以由单位构成，犯罪主体实际上是单位实施的犯罪。单位犯罪广泛存在于中国刑法分则中，如危害公共安全罪，破坏社会主义市场经济秩序罪，侵犯公民人身权利、民主权利罪，妨害社会管理秩序罪，危害国防利益罪和贪污贿赂罪等。据统计，具体罪种约有 120 种。[①] 这些犯罪多数是故意犯罪，但也有少数属于过失犯罪。对于这些犯罪，刑法规定多数采用双罚制，也有极个别的采用单罚制。

5. 关于正当防卫制度的发展与完善

作为一种最重要的正当行为，正当防卫在世界各国刑事立法中大多有专门的规定。作为法律赋予公民个人的自卫权利以及抗制犯罪的一种积极措施，1997 年刑法典给正当防卫制度以极大关注。立足于鼓励公民自觉地同犯罪行为作斗争，更好地保护被侵害人的利益，新刑法典对其作了重大的修改。

1997 年刑法典对正当防卫制度的修改和完善，主要体现在以下几个方面：

第一，进一步明确了正当防卫的概念。1979 年刑法典第 17 条第 1 款规定：“为了使公共利益、本人或者他人的人身和其他权利免受正在进行的不法侵害，而采取的正当防卫行为，不负刑事责任。”1997 年刑法典第 20 条第 1 款规定：“为了使国家、公共利益、本人或者他人的人身、财产和其他权利免受正在进行的不法侵害，而采取的制止不法侵害的行为，对不法侵害人造成损害的，属于正当防卫，不负刑事责任。”两个法定概念相比，1997 年刑法典的规定在被保护利益的主体上增加了“国家”，在被保护利益的对象上增列了“财产”，并将防卫对象明确规定为“不法侵害人”。这样，1997 年刑法典关于正当防卫概念的规定，显然比 1979 年刑法典中的规定更全面、合理和科学。

第二，对正当防卫的必要限度予以明确。何谓正当防卫的必要限度，1979 年刑法典第 17 条第 2 款的规定语焉不详，而在刑法理论和司法实务上亦众说纷纭。总括而言，有 3 种观点：一是基本适应说。认为正当防卫的限度是由不法侵害的方式、强度、后果（包括可能的后果）等决定的。正当防卫既然以不法侵害为前提，那么认定防卫行为是否超过必要限度，应该把防卫行为在方式、强度、后果等方面与不法侵害行为相比较，考察是否基本相适应，即正当防卫的必要限度是防卫行为的性质和强度基本相当于侵害行为的性质和强度。也就是说，对不法侵害者造成的损害无须比防卫者可能遭受的侵害要轻，而只是要求大体上相适应。二是客观需要说。该说着眼于强调防卫的需要。认为正当防卫应该以制止不法侵害所必需的强度为必要限度。正当防卫既然以制止正在进行的不法侵害为目的，那么认定防卫行为是否超过必要限度，应看行为的强度是否为制止不法侵害所必需的。三是基本适应和客观需要统一说。该说为刑法理论的通说，认为基本适应说用不法侵害的强度衡量正当防卫的强度，过于强调防卫的客观效果，失之于片面，在一定程度上束缚了防卫人行使正当防卫权的能动性；客观需要说以有效保护合法权益为前提，并以造成尽可能小的损害为条件，较好地解决了防卫需要与防卫效果之间的关系，可以成为我们认识正当防卫强度的基础。事实上，基本适应说和客观需要说并不是互相对立、彼此排斥的。考察防卫行为是否超过必要限度，首先要看防卫行为是否为有效制止不法侵害所必需的。但是，如何认定是否必需，又离不开对侵害行为的强度、所保护权益的性质以及防卫行为的强度作综合的考察分析。换而言之，必要限度的掌握和确定，应当以防卫行为是否能制止正在进行的不法侵害为标准，同时考察所防卫的利益的性质和可能遭受的损害程度，同不法侵害人造成损害的性质、程度大体相适应。[②] 1997 年修订的刑法典基本上采纳了上述第三种观点。其第 20 条第 2 款规定：“正当防卫明显超过必要限度造成重大损害的，应当负刑事责任，但是应当减轻或者免除处罚。”根据这一规定，构成防卫过当必须同时具备两个条件：一是防卫行为明显超过必要的限度，二是造成了重大的损害。在对防卫过当的处罚上，修订后的刑法典将 1979 年刑法典规定的“应当酌情减轻或者免除处罚”修改为“应当减轻或者免除处罚”。

第三，对严重的暴力犯罪增设特殊防卫权的规定。所谓特殊防卫，是指公民在某种特定情况下所实施的正当防卫行为，没有必要限度的要求，对其防卫行为的任何后果均不负刑事责任。1997 年刑法典第 20 条第 3 款规定：“对正在进行行凶、杀人、抢劫、强奸、绑架以及其他严重危及人身安全的暴

① 参见陈兴良：《刑法适用总论》（上卷），法律出版社 1999 年版，第 582 页。
② 参见高铭暄：《刑法肄言》，法律出版社 2004 年版，第 380 页以下。

力犯罪，采取防卫行为，造成不法侵害人伤亡的，不属于防卫过当，不负刑事责任。”

关于1997年刑法典第20条第3款规定的性质和称谓如何界定，在我国刑法学界可谓异见杂陈。有的学者称之为“无过当之防卫”,[①] 有的称之为“无限度的防卫”或“无限度正当防卫”,[②] 有的称之为“预防性正当防卫”,[③] 有的称之为“无限防卫权”,[④] 还有的称之为“特殊防卫权”或“特别防卫权”。[⑤] 从理论研究的进程上来看，修订后的刑法刚通过的时候，许多学者称之为无限防卫权，而目前的通说为“特殊防卫权”。[⑥]

关于特殊防卫权与刑法典第20条第1款即普通正当防卫的关系，有的学者认为，特殊防卫是一种独立的防卫形式，它与普通的正当防卫没有任何关系。我们认为，特殊防卫是有别于普通的正当防卫的一种表现形式，它与普通的正当防卫既存在联系，也存在区别。特殊防卫与普通的正当防卫的联系表现在：二者同属于符合法律规定条件的排除社会危害性的行为，均不负刑事责任；二者的成立都要求非法侵害行为实际存在；二者的成立都要求非法侵害行为正在进行；二者的成立都要求反击者主观上具有正当的防卫意图；二者的成立都要求反击行为必须针对非法侵害者本人实施。

当然，特殊防卫也具有与普通的正当防卫不同的特殊性，表现在：首先，防卫起因的特殊性。这是其与普通的正当防卫的一个重要区别。特殊防卫的起因条件要求必须实际存在严重危及人身安全的暴力犯罪；而普通的正当防卫之起因条件不限于实际存在的犯罪行为，还包括实际存在的一般违法行为。这说明，如果是一般的违法行为，不得对之适用特殊防卫的规定。即使是犯罪行为，只要不是严重危及人身安全的暴力犯罪行为，也不能适用特殊防卫。其次，保护权益的特殊性。特殊防卫只能针对危及人身安全的犯罪行为，即特殊防卫所保护的合法权益只能是人身权利，除此之外的任何合法权益，都不能适用特殊防卫加以保护；而普通的正当防卫则不然，根据刑法的规定，对于危及国家利益、公共利益或者人身、财产和其他权利的不法行为，可以适用普通的正当防卫加以保护。最后，防卫限度的特殊性。对于特殊防卫而言，不受限度条件的限制。也就是说，只要符合刑法第20条第3款的规定，即使造成犯罪人伤亡的，也不属于防卫过当；而普通的防卫行为则需要在防卫限度内实行，否则属于应负刑事责任的防卫过当行为。

应当说，1997年刑法典中关于公民特殊防卫权的规定，有利于保护被害人的利益，有利于鼓励公民见义勇为。但是，由于限制条件较少，且某些用语模糊，在实践中有滥用之虞。若运用不当，反而不利于对公民合法权益的保护，因此必须严格解释、慎重适用。

6. 关于死刑问题

死刑是最古老、最严厉的刑罚方法。自意大利刑法学家贝卡里亚于1764年在其名著《论犯罪与刑罚》中系统地阐明死刑废除之必要性以来，200余年间，人们对死刑的功能及价值进行了全方位、多视角的深入考察与研究。在立法上，废除死刑已在世界上许多国家和地区成为现实，限制死刑的适用更是成为国际社会之大势所趋。在此次我国刑法修订中，如何修改我国刑法中的死刑制度，乃是刑法学界研讨的热点、国家立法机关修法的难点，亦是国内外舆论关注的焦点。从国家政策层面上讲，现阶段暂不废除死刑，限制死刑的适用，坚持少杀，防止错杀，是我国一贯坚持的死刑政策。为了贯彻这一政策，1979年刑法典不仅在总则中严格规定了死刑的适用条件、适用对象和核准程序，并规定了死刑缓期2年执行的制度，而且在分则条文中也规定慎用死刑。然而，在1979年刑法典通过以后的单行刑法中，以重刑惩治防范犯罪的思想日渐突出，关于死刑的立法开始膨胀，一些分则条文中对死刑的适用标准也逐渐降低。在修改刑法的研讨过程中，多数人认为中国一贯的死刑政策是正确的，应当

---

① 陈兴良：《刑法适用总论》（上卷），法律出版社1999年版，第373页。

② 王作富主编：《中国刑法的修改与补充》，中国检察出版社1997年版，第17页。

③ 赵秉志、肖中华：《适应市场经济完善刑事立法》，载《政治与法律》1997年第1期。

④ 赵秉志、赫兴旺：《论刑法典总则的改革和发展》，载《中国法学》1997年第2期。

⑤ 高铭暄、马克昌主编：《刑法学》（上编），中国法制出版社1999年版，第241页；王作富、阮方民：《关于新刑法中特别防卫权规定的研究》，载《刑法问题与争鸣》编委会编：《刑法问题与争鸣》2000年第2辑，中国方正出版社2000年版；高西江主编：《中华人民共和国刑法的修订与适用》，中国方正出版社1997年版，第111页；段立文：《对中国传统正当防卫观的反思》，载《法律科学》1998年第1期。

⑥ 高铭暄、马克昌主编：《刑法学》（上编），中国法制出版社1999年版，第241页；高铭暄主编：《新编中国刑法学》，中国人民大学出版社1998年版，第284页；等等。

予以坚持并切实贯彻，在刑法典中应严格限制死刑。国家立法机关对此作了慎重的考虑，并考虑到当时的社会治安形势和现实可能等多种因素，在尚不能全面、大量地削减死刑的情况下，在 1997 年刑法典中对死刑制度作了相当程度的变动。这主要表现在以下几个方面：

（1）进一步限制了死刑适用的对象。

1997 年刑法典删除了 1979 年刑法典关于对已满 16 周岁不满 18 周岁的未成年犯罪人可适用死刑缓期执行的规定。根据 1979 年刑法典第 44 条前段的规定，犯罪的时候不满 18 周岁的人不适用死刑。但该条后段又规定："已满十六岁不满十八岁的，如果所犯罪行特别严重，可以判处死刑缓期二年执行。"这一条文前后在逻辑上矛盾。按后段的规定，实际上对不满 18 周岁的未成年犯罪人仍可适用死刑，因为死缓是死刑的执行制度，而并非独立于死刑之外的一个刑种。针对上述立法弊端，我国刑法学界有不少学者提出建议，主张删除 1979 年刑法典第 44 条后段的规定。1997 年刑法典第 49 条采纳了此立法建议。据此，对犯罪的时候不满 18 周岁的人一概不得适用死刑，包括不得适用死缓。修订刑法典的这一抉择，不仅在立法上进一步限制和减少了死刑的适用，而且也有利于正确、全面地贯彻对未成年人犯罪从宽和合理处理的政策，顺应了国际进步潮流，具有非常积极的意义。

（2）关于死刑适用条件的修改。

1979 年刑法典第 43 条规定：死刑只适用于"罪大恶极"的犯罪分子。所谓罪大恶极，包括两个方面，即犯罪客观危害性质及后果特别严重，犯罪人主观恶性特别巨大，二者缺一不可。为了更大程度地降低死刑的适用并规范刑法用语，1997 年刑法典第 48 条将 1979 年刑法典第 43 条规定的"死刑只适用于罪大恶极的犯罪分子"修改为"死刑只适用于罪行极其严重的犯罪分子"。在这里，"罪行极其严重"应当理解为既包括犯罪性质和危害后果极端严重，又包括犯罪的主观恶性特别巨大、人身危险性特别严重。

（3）放宽了死缓减为无期徒刑或者有期徒刑的条件。

1979 年刑法典第 46 条规定："判处死刑缓期执行的，在死刑缓期执行期间，如果确有悔改，二年期满以后，减为无期徒刑；如果确有悔改并有立功表现，二年期满以后，减为十五年以上二十年以下有期徒刑；如果抗拒改造情节恶劣，查证属实的，由最高人民法院裁定或者核准，执行死刑。"这一规定将死缓减为无期徒刑的条件限定为"确有悔改"，将死缓减为有期徒刑的条件限定为"确有悔改并有立功表现"。在实践中，被判处死刑缓期 2 年执行的罪犯，有的没有悔改表现，又不属于抗拒改造情节恶劣的情况，这种情况如何处理？于法无据。另外，对于没有悔改表现，但有立功表现的死缓犯能否将其减为有期徒刑犯？"抗拒改造情节恶劣"之要件的确切含义如何？亦不无问题。1996 年修正后的《中华人民共和国刑事诉讼法》（以下简称刑事诉讼法）考虑到死刑是最严厉的刑罚，对死刑的态度是严格控制适用范围，贯彻少杀的原则，于是在第 210 条第 2 款规定："被判处死刑缓期二年执行的罪犯，在死刑缓期执行期间，如果没有故意犯罪，死刑缓期执行期满，应当予以减刑，由执行机关提出书面意见，报请高级人民法院裁定；如果故意犯罪，查证属实，应当执行死刑，由高级人民法院报请最高人民法院核准。"为与 1996 年修订的刑事诉讼法的规定相适应，1997 年修订的刑法典第 50 条规定："判处死刑缓期执行的，在死刑缓期执行期间，如果没有故意犯罪，二年期满以后，减为无期徒刑；如果确有重大立功表现，二年期满以后，减为十五年以上二十年以下有期徒刑；如果故意犯罪，查证属实的，由最高人民法院核准，执行死刑。"刑法典这一规定的修改，明确地将"没有故意犯罪"规定为死缓减为无期徒刑的条件，将"确有重大立功表现"规定为死缓减为 15 年以上 20 年以下有期徒刑的条件，将"故意犯罪"规定为死缓执行死刑的条件。这种修改较之 1979 年刑法典的规定，放宽了死缓减刑的条件，也解决了以往立法中所存在的问题，在死缓制度上大大限制了死刑的实际适用。

（4）削减了死刑罪名。

修订的刑法典颁布之前，我国刑法中的死刑罪名多达 71 种。[①] 修订后的刑法典规定可处死刑的犯罪为 68 种，[②] 其中包括原来刑法典和单行刑法没有规定而由修订刑法典增设的一些罪名。撇开对某些新增加的犯罪（主要指危害国防利益罪）规定的死刑不论，修订后的刑法典分则各章对以往刑法立法中规定的死刑罪名，主要通过以下途径进行了一定幅度的削减：

---

① 参见高铭暄：《刑法肄言》，法律出版社 2004 年版，第 481 页。

② 参见高铭暄：《刑法肄言》，法律出版社 2004 年版，第 482 页。

第一，对一些创制时未经周密、科学论证而实践效果并不理想，或者根据形势发展变化在实践中基本不用的死刑罪名，予以删除。主要包括以下两种情形：

——1979年刑法典分则第一章“反革命罪”中的组织、利用封建迷信、会道门进行反革命活动罪，被移入了修订的刑法典中第六章“妨害社会管理秩序罪”，修改为组织、利用会道门、邪教组织或者利用迷信破坏法律实施罪，并取消了死刑规定。

——将1981年《中华人民共和国惩治军人违反职责罪暂行条例》第12条规定的破坏武器装备、军事设施罪的部分行为吸收到修订的刑法典分则第十章“军人违反职责罪”中的擅自改变武器装备编配用途罪，并取消了死刑。

第二，将一些死刑罪名加以合并，或通过技术处理删除了某些能够被其他死刑条款包含的死刑条文。此外，某些原规定有死刑的罪名在修订的刑法典中已作分解或者废止。主要包括以下5种情形：

——修订的刑法典将1979年刑法典分则第一章“反革命罪”修改为“危害国家安全罪”，对此类罪中的条文与罪名作了收缩与精简，死刑罪名也由原来的15个减为现在的7个。具体而言，1979年刑法典第95条规定的持械聚众叛乱罪与第93条规定的策动叛乱罪作了合并，在修订的刑法典第104条规定为武装叛乱、暴乱罪；1979年刑法典第96条的聚众劫狱、组织越狱罪移入了修订的刑法典分则“妨害社会管理秩序罪”一章，只有暴动越狱、聚众持械劫狱的首要分子和积极参加者，具备情节特别严重要件的，才处死刑；1979年刑法典中的特务罪和间谍罪在修订的刑法典中已并为间谍罪。另外，原来规定有死刑的反革命杀人罪、反革命伤人罪、反革命破坏罪等，在修订的刑法典中被废止，这些行为相应地为危害公共安全罪、侵犯公民人身权利罪中的相关罪名所包含。

——1982年全国人大常委会《关于严惩严重破坏经济的罪犯的决定》对投机倒把罪和盗运珍贵文物出口罪规定的死刑，因修订的刑法典不再规定有此二罪而自然取消。投机倒把罪被分解为生产、销售伪劣商品犯罪和扰乱市场秩序罪等罪后，除原由1993年全国人大常委会《关于惩治生产、销售伪劣商品犯罪的决定》规定的生产、销售假药罪和生产、销售有毒、有害食品罪继续保留死刑外，其他犯罪均未有死刑的规定。

——1983年全国人大常委会《关于严惩严重危害社会治安的犯罪分子的决定》对流氓罪规定的死刑，亦随着此罪名在修订的刑法典中的废止而自然取消。流氓罪被分解为强制猥亵、侮辱妇女罪，猥亵儿童罪，聚众斗殴罪，寻衅滋事罪，聚众淫乱罪，组织淫秽表演罪等罪名后，各罪均未设置死刑。只是对于聚众斗殴致人重伤、死亡的，修订的刑法典第292条规定应依照故意伤害罪、故意杀人罪定罪处罚。

——1991年全国人大常委会《关于严惩拐卖、绑架妇女、儿童的犯罪分子的决定》第1条和第2条分别规定了2个死刑罪名，即拐卖妇女、儿童罪和绑架妇女、儿童罪。修订的刑法典第240条将这2种犯罪合并为一罪，将以出卖为目的绑架妇女、儿童的行为作为拐卖妇女、儿童罪的严重情节之一，从而削减了一个死刑罪名。

——修订的刑法典第205条将虚开增值税专用发票的犯罪行为与虚开用于骗取出口退税、抵扣税款发票的犯罪行为规定为一罪，减少了一个死刑罪名。这两种行为在1995年全国人大常委会作出的《关于惩治虚开、伪造和非法出售增值税专用发票犯罪的决定》中被分别规定为两罪，且均设置了死刑。

（5）修订的刑法典分则条文对死刑适用的限制。

在修订的刑法典分则中，对死刑罪名提高死刑的适用标准，或具体明确死刑适用情节，亦是限制和减少死刑适用的重要途径。修订的刑法典保留了一些死刑罪名，在死刑适用条件和适用情节上作了较大的修改。具体而言，主要包括以下8种情形：

——修订的刑法典第234条将故意伤害罪可处死刑的情节规定为“致人死亡或者以特别残忍手段致人重伤造成严重残疾的”。1983年全国人大常委会《关于严惩严重危害社会治安的犯罪分子的决定》第1条第1项规定，“故意伤害他人身体，致人重伤或者死亡，情节恶劣的，或者对检举、揭发、拘捕犯罪分子和制止犯罪行为的国家工作人员和公民行凶伤害的”，即可判处死刑。这一规定对故意伤害罪适用死刑的条件放得太宽，经过实践检验，缺乏科学的论证和深入的调查研究，是不合理的。修订的刑法典将故意伤害罪的死刑适用范围，非常严格限制在那些犯罪后果特别严重、犯罪人主观恶性极大的故意伤害犯罪上。

——修订的刑法典第199条将集资诈骗罪、票据诈骗罪、金融凭证诈骗罪和信用证诈骗罪的死刑适用情节明确为“数额特别巨大并且给国家和人民利益造成特别重大损失”。这4种犯罪适用死刑的情节在1995年全国人大常委会作出的《关于惩治破坏金融秩序犯罪的决定》中被规定为“数额特别巨大或者有其他特别严重情节”，然而“其他特别严重情节”外延不明，对死刑的有效控制不易掌握。

——修订的刑法典第236条将强奸罪可以适用死刑的情节明确规定为5种情形：一是强奸妇女、奸淫幼女情节恶劣的；二是强奸妇女、奸淫幼女多人的；三是在公共场所当众强奸妇女的；四是二人以上轮奸的；五是致使被害人重伤、死亡或者造成其他严重后果的。在1979年刑法典中，立法仅简单地规定，强奸妇女、奸淫幼女“情节特别严重的或者致人重伤、死亡的”，处10年以上有期徒刑、无期徒刑或者死刑。至于何为“情节特别严重”，有赖于司法人员酌定。对于强奸妇女、奸淫幼女这一类常见、多发的犯罪而言，这种死刑适用情节的概括规定，容易助长弹性用法，导致实际掌握死刑适用条件的不平衡，极不利于防止死刑的滥用。修订的刑法典明确将可以适用死刑的强奸罪限定为上述5种情形，为司法实务部门执法提供了具体、明确的依据，对于不属于这5种情形之一的强奸妇女、奸淫幼女，无论如何也不得判处死刑。

——修订的刑法典第239条新设了绑架罪，将1991年全国人大常委会《关于严惩拐卖、绑架妇女、儿童的犯罪分子的决定》第2条第3款规定的绑架勒索罪纳入了绑架罪之列。对于绑架罪，修订的刑法典保留了原绑架勒索罪中已设置的死刑，但处死刑的条件严格限定为“致使被绑架人死亡或者杀害被绑架人”情形。

——对于抢劫罪适用死刑的条件，修订的刑法典第263条作了明确的立法，规定只有具备下列几种情形之一的，才可以判处死刑：一是入户抢劫的，二是在公共交通工具上抢劫的，三是抢劫银行或者其他金融机构的，四是多次抢劫或者抢劫数额巨大的，五是抢劫致人重伤、死亡的，六是冒充军警人员抢劫的，七是持枪抢劫的，八是抢劫军用物资或者抢险、救灾、救济物资的。在1979年刑法典中，抢劫罪可处死刑的条件被规定为“情节严重或者致人重伤、死亡”。何为“情节严重”，在司法实务中宽严掌握不一。修订的刑法典对其予以明确化，有利于对抢劫罪的准确量刑，有利于准确掌握和控制死刑的适用。

——对于盗窃罪适用死刑的条件，修订的刑法典第264条亦作了明确的限制性规定。根据这一条的规定，具有下列情形之一的，判处无期徒刑或者死刑，并处没收财产：一是盗窃金融机构，数额特别巨大的；二是盗窃珍贵文物，情节严重的。1979年刑法典第152条原本对盗窃罪未规定死刑，1982年全国人大常委会作出的《关于严惩严重破坏经济的罪犯的决定》鉴于当时盗窃犯罪活动比较猖獗的形势，规定犯盗窃罪情节特别严重的，处10年以上有期徒刑、无期徒刑或者死刑，可以并处没收财产。为了消除司法实务中的分歧，1992年12月，最高人民法院、最高人民检察院联合发布的《关于办理盗窃案件具体应用法律的若干问题的解释》第6条指出，盗窃财物数额特别巨大，或者盗窃数额接近特别巨大并具有其他特别严重的情节，属于盗窃犯罪的“情节特别严重”。“其他特别严重的情节”，一般是指：盗窃集团的首要分子或者共同盗窃犯罪中情节严重的主犯；盗窃银行金库、国家珍贵文物、救灾救济款物、重要军用物资的；盗窃他人急需的生产资料、严重妨害生产建设或者造成其他严重损失的；盗窃他人生活、医疗继续款物，造成严重后果的；等等。盗窃公私财物数额特别巨大，同时具有其他特别严重情节的，依法判处无期徒刑或者死刑，可以并处没收财产。修订后的刑法典明确规定的作为盗窃罪可以适用死刑的两种情节，是在总结实践经验、适当吸收上述司法解释内容的基础上而作出的。

——修订的刑法典第383条和第386条分别提高了贪污罪和受贿罪适用死刑的数额标准。1988年全国人大常委会作出的《关于惩治贪污罪贿赂罪的补充规定》将贪污罪适用死刑的条件规定为“个人贪污数额在五万元以上”且“情节特别严重”，将受贿罪适用死刑的条件规定为“受贿数额在一万元以上，使国家利益或者集体利益遭受重大损失”。修订的刑法典第383条将贪污罪适用死刑的条件规定为“个人贪污数额在十万元以上”且“情节特别严重”，对受贿罪适用死刑的条件亦作了相应的提高。

——修订的刑法典第446条将原《中华人民共和国惩治军人违反职责罪暂行条例》第20条规定的掠夺、残害战区无辜居民罪的构成要件修改为仅限于战时。在《中华人民共和国惩治军人违反职责罪暂行条例》中，此罪“情节特别严重”的，处无期徒刑或者死刑。在修订后的刑法典中，此罪“情节特别严重”的，处10年以上有期徒刑、无期徒刑或者死刑，增加了“十年以上有期徒刑”这一可与死刑并列作选择适用的法定刑。

7. 酌定减轻处罚制度修改为特定减轻处罚制度

1979年刑法典第59条第2款规定："犯罪分子虽然不具有本法规定的减轻处罚情节，如果根据案件的具体情况，判处法定刑的最低刑还是过重的，经人民法院审判委员会决定，也可以在法定刑以下判处刑罚。"这就是我国刑法中的酌定减轻处罚制度。根据1979年刑法典的这一规定，任何一级法院的审判委员会都有决定减轻处罚的权力，并且这一规定在司法实务中被广泛采用。由于这一规定有干扰审判公正之虞，在此次修订刑法过程中，其去留自然成了一个研拟的重要问题。总括而言，我国刑法学界对此有3种不同的意见：第一种意见认为，应当取消这一规定，因为法官根据这一规定对犯罪分子量刑，自由裁量权太大，有悖于罪刑法定原则的要求，在实践中也存在滥用这一规定的情况，并且有可能成为为犯罪分子开脱责任的主要手段。第二种意见认为，应当完全保留这一规定，因为该规定体现了我国刑事立法中原则性与灵活性相结合的原则，也有利于实现刑罚个别化。第三种意见认为，这一规定有其积极的意义，应当保留，但应在适用程序上作严格限制。[①] 我国立法机关最后采纳了第三种意见，在1997年刑法典第63条第2款规定："犯罪分子虽然不具有本法规定的减轻处罚的情节，但是根据案件的特殊情况，经最高人民法院核准，也可以在法定刑以下判处刑罚。"对比前后两个规定，其区别是：将1979年刑法典规定的"根据案件的具体情况"修改为"根据案件的特殊情况"，以示酌定减轻处罚只是特殊的例外；将1979年刑法典规定的"经人民法院审判委员会决定"修改为"经最高人民法院核准"，以严格限制法官的自由裁量权。1997年刑法典的这一规定，在刑罚适用方面进一步贯彻了罪刑法定原则，体现了刑事司法的严肃性。

8. 关于累犯制度的补充修改

累犯，是指曾因犯故意之罪被判处过刑罚，在刑罚执行完毕或者赦免之后的一定时期内又犯故意之罪的罪犯。罪犯受过刑罚处罚后不思悔改，在一定时期内又犯较为严重的罪行，贻害社会，表明其具有较大的人身危险性，是刑事政策要求重点惩治和防范的对象之一。1979年刑法典将累犯分为一般累犯和特别累犯。其中，特别累犯为反革命累犯，修订后的刑法典除将反革命累犯改为危害国家安全累犯之外，对之未作其他修改。对于一般累犯，则作了较大的修改。

1979年刑法典第61条规定："被判处有期徒刑以上刑罚的犯罪分子，刑罚执行完毕或者赦免以后，在三年以内再犯应当判处有期徒刑以上刑罚之罪的，是累犯，应当从重处罚，但是过失犯罪除外。"根据这一规定，若构成一般累犯，在时间上前罪之刑罚的消灭至后罪发生之间必须受3年的限制，超过3年的，便不能再论以累犯。这种规定在一定程度上不利于同累次犯罪的犯罪分子作斗争。有鉴于此，全国人大常委会于1981年6月10日通过的《关于处理逃跑或者重新犯罪的劳改犯和劳教人员的决定》中确立了再犯制度，规定刑满释放后又犯罪的，从重处罚。再犯制度实际上冲击了累犯制度，在适用时又没有时间间隔的限制，过于严厉。在这次刑法修订过程中，一些部门和学者主张，应当对1979年刑法典中构成累犯的时间间隔期限进行修改，将原来规定的刑罚执行完毕或者赦免之后3年内再犯罪修改为5年内再犯罪，以加强对累犯的打击力度。[②] 1997年刑法典第65条第1款采纳了这种意见，规定："被判处有期徒刑以上刑罚的犯罪分子，刑罚执行完毕或者赦免以后，在五年以内再犯应当判处有期徒刑以上刑罚之罪的，是累犯，应当从重处罚，但是过失犯罪除外……"构成累犯的时间间隔由过去的3年延长为现在的5年，体现了重点惩治累犯的刑事政策。1997年刑法典颁布后，以往单行刑法中规定的再犯制度随之废止，不再适用。

9. 关于自首制度的修改补充

自首制度旨在鼓励犯罪人悔过自新。在国家司法政策方面，自首有助于实现司法的经济性和刑罚的目的，所以各国刑法均对之相当重视。1979年刑法典第63条仅仅规定了自首犯的处罚原则，并没有对自首的成立条件作出规定，对其成立条件由刑法理论加以研讨，由司法解释加以规范。根据我国刑法理论，若要构成自首，必须具备自动投案、如实交代自己的罪行、接受司法机关审查和裁判3个条件。根据有关的司法解释，虽不具备自动投案，但被采取强制措施的犯罪嫌疑人、被告人和正在服刑的罪犯，供述司法机关还未掌握的本人其他罪行的，也以自首论处。对此，1997年刑法典基本予以

---

① 参见赵秉志主编：《新旧刑法比较与统一罪名理解与适用》，中国经济出版社1998年版，第69页。

② 详见赵秉志：《刑法改革问题研究》，中国法制出版社1996年版，第223页。

吸收，在法条中对自首的成立条件作出了明确的规定。1997 年修订后的刑法典第 67 条规定："犯罪以后自动投案，如实供述自己的罪行的，是自首……被采取强制措施的犯罪嫌疑人、被告人和正在服刑的罪犯，如实供述司法机关还未掌握的本人其他罪行的，以自首论。"但是，根据修订后刑法典的规定，犯罪分子必须接受国家司法机关的审查和裁判不再是自首的成立条件。

关于自首犯的处罚，1979 年刑法典第 63 条规定："犯罪以后自首的，可以从轻处罚。其中，犯罪较轻的，可以减轻或者免除处罚……"为鼓励犯罪分子自首，1997 年刑法典第 67 条对自首犯作了更加从宽的处罚规定，即对所有的自首犯都可以从轻或者减轻处罚，其中罪行较轻的，可以免除处罚。

10. 确立独立的立功制度

在 1979 年刑法典中，立功并不是独立的刑罚裁量制度，而是依附于自首的一个情节，即自首同时又有立功表现的，是法定的从宽情节；对于虽没有自首，但有立功表现的，立法上未明确如何处理。根据有关司法解释，对于虽未自首但有立功表现的，应参照刑法关于自首规定的精神，依照酌定减轻制度予以从宽处理。1997 年刑法典总结了司法实践经验，从自首制度中分离出独立的立功制度。根据 1997 年刑法典第 68 条的规定，立功可以分为一般立功和重大立功。一般立功与重大立功的直接法律后果虽然都是法定的从宽处罚，但两者依法所受到的从宽处罚的幅度是明显不同的。

一般立功的主要表现形式是：揭发他人犯罪行为，包括共同犯罪案件的犯罪分子揭发同案犯所参与的共同犯罪以外的其他犯罪行为，查证属实的；提供重要线索，从而得以侦破其他案件的；协助司法机关抓捕其他罪犯（包括同案犯）的；在押期间制止他人犯罪活动的；等等。

重大立功的主要表现形式是：揭发他人重大犯罪行为，查证属实的；提供重要线索，从而得以侦破其他重大案件的；协助司法机关抓捕其他重要罪犯（包括同案犯）的；在押期间制止他人重大犯罪活动的；对国家和社会有其他重大贡献；等等。

根据 1997 年刑法典的规定，对于一般立功者，可以从轻或者减轻处罚；对于重大立功者，可以减轻或者免除处罚；犯罪后自首又有重大立功表现的，应当减轻或者免除处罚。

11. 缓刑制度的修改

1997 年刑法典对缓刑制度的修改补充，除与拘役期限的修改相适应，将拘役的缓刑考验期限由 1979 年刑法典规定的"不能少于一个月"修改为"不能少于两个月"外，主要体现在以下 3 个方面：

（1）放宽了适用缓刑的对象限制条件。

1979 年刑法典第 69 条规定："对于反革命犯和累犯，不适用缓刑。"1997 年刑法典将反革命罪修改为危害国家安全罪，但并没有对缓刑制度中的反革命犯作相应的修改，而是完全予以删除。修订后的刑法典第 74 条规定："对于累犯，不适用缓刑。"据此，对于危害国家安全的罪犯，只要符合刑法典第 72 条规定的适用缓刑的条件，就可以适用缓刑。

（2）对受缓刑宣告者在缓刑考验期间予以监督方面的修改。

1979 年刑法典并没有规定这方面的内容。修订后的刑法典第 75 条规定："被宣告缓刑的犯罪分子，应当遵守下列规定：（一）遵守法律、行政法规，服从监督；（二）按照考察机关的规定报告自己的活动情况；（三）遵守考察机关关于会客的规定；（四）离开所居住的市、县或者迁居，应当报经考察机关批准。"这一规定，有助于强化对受缓刑宣告者的监督考察。此外，关于受缓刑宣告者的考察机关，1979 年刑法典第 70 条规定由公安机关交所在单位或者基层组织予以考察。为适应发展变化了的新形势，修订后的刑法典第 76 条规定由公安机关考察，所在单位或者基层组织予以配合。据此，对受缓刑宣告者的考察机关为公安机关，不再是其所在单位或者基层组织。

（3）修改了撤销缓刑的条件。

1979 年刑法典第 70 条规定撤销缓刑的条件只有一个，即在缓刑考验期内再犯新罪，并将前后罪实行数罪并罚，决定执行的刑罚。为了进一步严格要求缓刑犯遵纪守法，修订后的刑法典第 77 条规定："被宣告缓刑的犯罪分子，在缓刑考验期限内犯新罪或者发现判决宣告以前还有其他罪没有判决的，应当撤销缓刑，对新犯的罪或者新发现的罪作出判决，把前罪和后罪所判处的刑罚，依照本法第六十九条的规定，[①] 决定执行的刑罚。被宣告缓刑的犯罪分子，在缓刑考验期限内，违反法律、行政法规或者国务院公安部门有关缓刑的监督管理规定，情节严重的，应当撤销缓刑，执行原判刑罚。”上述规定将撤销缓刑的条件修改为 3 个，只要具备其中一种情形，便对受缓刑宣告者撤销缓刑：一是在缓刑考验期限内犯新罪；二是发现判决宣告前还有其他罪没有判决的；三是在缓刑考验期限内，违反法律、行政法规或者国务院公安部门有关缓刑的监督管理规定，情节严重的。上述第二种情形在以往的司法解释中有所涉及，修订后的刑法典对其作了适当修改后予以吸收。

12. 减刑制度的修改

1979 年刑法典第 71 条对减刑规定为：“被判处管制、拘役、有期徒刑、无期徒刑的犯罪分子，在执行期间，如果确有悔改或者立功表现，可以减刑……”这一规定过于粗略、笼统，不利于贯彻区别对待的政策。为此，1994 年通过的《中华人民共和国监狱法》将减刑区分为可以减刑和应当减刑。1997 年修订后的刑法典吸收了监狱法规定的精神，亦将减刑分为可以减刑和应当减刑。

（1）可以减刑。根据修订后刑法典第 78 条的规定，被判处管制、拘役、有期徒刑、无期徒刑的犯罪分子，在执行期间，如果认真遵守监规，接受教育改造，确有悔改表现的，或者有立功表现的，可以减刑。

（2）应当减刑。上述犯罪分子有下列重大立功表现之一的，应当减刑：阻止他人重大犯罪活动的；检举监狱内外重大犯罪活动，经查证属实的；有发明创造或者重大技术革新的；在日常生产、生活中舍己救人的；在抗御自然灾害或者排除重大事故中，有突出表现的；对国家和社会有其他重大贡献的。

此外，为了规范减刑制度，贯彻罪刑法定原则的要求，保证法院判决的稳定性和减刑制度的正确适用，修订后的刑法典还对减刑的程序作了专门的规定。修订后的刑法典第 79 条规定：“对于犯罪分子的减刑，由执行机关向中级以上人民法院提出减刑建议书。人民法院应当组成合议庭进行审理，对确有悔改或者立功事实的，裁定予以减刑。非经法定程序不得减刑。”

13. 假释制度的修改

如同对减刑制度的规定一样，1979 年刑法典第 73 条对假释的规定也相当笼统，不利于司法操作。1997 年修订后的刑法典对假释制度作了重大的修改和补充。概言之，主要体现在以下几个方面：

（1）关于假释的条件。

1979 年刑法典第 73 条规定，适用假释，被判处有期徒刑的犯罪分子必须执行原判刑期 1/2 以上；被判处无期徒刑的，实际执行的刑期必须在 10 年以上；如果有特殊情节，可以不受上述执行刑期的限制。对此，修订后的刑法典第 81 条进行了 2 处重要修改：一是因特殊情况不受执行刑期限制的减刑，必须经最高人民法院核准；二是对一些特定的犯罪分子不得适用假释，即对累犯以及因杀人、爆炸、抢劫、强奸、绑架等暴力性犯罪被判处 10 年以上有期徒刑、无期徒刑的犯罪分子，不得假释。上述修改，大大严格了假释的条件。

（2）关于假释的程序。

1979 年刑法典对假释的程序没有作出规定。为保证假释的合法性与严肃性，修订后的刑法典第 82 条规定，对于犯罪分子的假释，由执行机关向中级以上人民法院提出假释建议书。人民法院应当组成合议庭进行审理，如符合假释条件的，裁定予以假释。非经法定程序不得假释。

（3）关于假释犯在考验期限内应当遵守的规定。

对于假释犯在考验期限内应当遵守哪些规定，1979 年刑法典未予明确。修订后的刑法典第 84 条对此作了明确的规定，即“被宣告假释的犯罪分子，应当遵守下列规定：（一）遵守法律、行政法规，服从监督；（二）按照监督机关的规定报告自己的活动情况；（三）遵守监督机关关于会客的规定；（四）离开所居住的市、县或者迁居，应当报经监督机关批准”。

（4）关于撤销假释的条件。

1979 年刑法典第 75 条仅将在假释考验期限内再犯新罪的情形规定为撤销假释的条件。1994 年通

---

① 1997 年刑法典第 69 条规定：“判决宣告以前一人犯数罪的，除判处死刑和无期徒刑的以外，应当在总和刑期以下、数刑中最高刑期以上，酌情决定执行的刑期，但是管制最高不能超过三年，拘役最高不能超过一年，有期徒刑最高不能超过二十年。如果数罪中有判处附加刑的，附加刑仍须执行。”

过的《中华人民共和国监狱法》第33条规定，被假释的罪犯，在假释期间有违反法律、行政法规和国务院公安部门有关假释的监督管理规定的行为，尚未构成新的犯罪的，由公安机关向人民法院提出撤销假释的建议，由人民法院裁定。修订后的刑法典吸收了上述规定，并作了一些补充。根据修订后的刑法典第86条的规定，具有下列3种情形之一的，均应当撤销假释：其一，在假释考验期限内犯新罪的，撤销假释，将新旧罪实行数罪并罚；其二，在假释考验期限内，发现犯罪分子在判决宣告前还有其他罪没有判决的，撤销假释，将本罪与漏罪实行数罪并罚；其三，在假释考验期限内，违反法律、行政法规或者国务院公安部门有关假释的监督管理规定，尚未构成新的犯罪的，亦应当撤销假释，收监执行未执行完毕的刑罚。上述修改进一步强化了对假释犯的监督考察。

14. 刑法分则条文的详备化问题

我国此次系统修订刑法典，其重点在于增加分则性条文，对大量危害行为予以犯罪化处理。犯罪化是非罪化的对应词。自第二次世界大战以来，在世界刑法改革中出现了非罪化的运动，其内容是立法者认为法律原来规定的犯罪没有继续存在的必要，从而将该行为从刑法规范中排除出去，使之合法化或者降为由行政措施予以处理的地位。各国实行非罪化的目的，在于避免刑法对社会生活的过多干预，使刑事司法力量更有效地对付严重犯罪，将刑法应当归罪的行为之范围限制在确保国家、社会的公益与秩序和维护公共法益所必需的最低范围内。在这些思潮的影响下，从20世纪50年代开始，几乎所有的国家都进行了不同形式的非罪化实践。可以说，非罪化已成为当代世界刑法改革的一大趋势。

但从我国的实际情况来看，1979年刑法典在立法时坚持“宜粗不宜细”的立法思想，导致刑法规范漏洞较多，于是系统修订刑法典以弥补这种缺陷，便成为我国刑法立法的当务之急。因此，在我国，在相当长的时间内不仅不会提出非罪化的问题，而且应该对相当数量的社会危害行为进行犯罪化处理。应该说，面对世界各国的非罪化运动，坚持结合我国的实际情况，在我国新刑法典中增设新的犯罪，扩大原有规范的适用范围，这一总的修法方向是可取的。

1997年刑法典在立法时仍应考虑非罪化这一世界性刑事立法趋势，坚持中国刑法的立法必要性原则，只对确有必要予以刑事处罚的行为才予以犯罪化。同时，对一些犯罪的设立也应考虑我国的实际情况，不应盲目照搬国外的立法例。此外，对于我国刑法中已有但经实践检验已经没有存在必要的个别犯罪，也应予以非罪化处理。1979年刑法典分则条文共有103条，而1997年刑法典分则条文多达350条，增加2倍有余。如此幅度的条文增加，其犯罪化为新刑法典分则修订的主要任务之立法思想已不言自明。修订后的我国新刑法典，共规定了412个罪名（其中源自1979年刑法典的罪名有116个，源自单行刑法和附属刑法的罪名有132个，修订中完全新增设的罪名有164个），[①] 涵盖了社会生活的各个方面，而且对罪状与犯罪情节尽可能予以明确化、具体化的规定，尽量避免笼统、含糊的规定，从而使我国刑法分则条文趋于详备化。这对于贯彻罪刑法定原则、提高中国刑法的社会适应能力，都具有相当重要的意义。

15. 反革命罪名的更改

反革命罪是1979年刑法典分则首章犯罪的类罪名，包含第91条至第102条的20种具体犯罪。根据1979年刑法典第90条之规定，所谓反革命罪，是指以推翻无产阶级专政的政权和社会主义制度为目的，危害中华人民共和国的行为。随着我国的政治、经济、文化、社会生活的各个方面发生迅速而深刻的变化，反革命犯罪案件也产生了许多新情况和新问题。一方面，反革命犯罪案件逐年下降，在全国刑事案件中所占的比例越来越小；另一方面，司法实践对反革命目的的认定感到比较棘手，在客观上也影响了对反革命犯罪案件的正确处理。因此，自1983年起，我国刑法学界的一些学者就提出立法建议，要求将反革命罪更名为危害国家安全罪。这一建议很快得到了学者们的响应和支持，并被全国人大常委会法工委于1988年9月、11月、12月提交的3份刑法修改草案所采纳。[②]

到了1989年，关于反革命罪应否更名为危害国家安全罪的问题，第一次在我国刑法学界出现了不同意见。尽管肯定论与否定论两种见解针锋相对、僵持不下，但是两派学者都还是在法学学术研究的

---

① 参见高铭暄：《中华人民共和国刑法的孕育诞生和发展完善》，北京大学出版社2012年版，第4页。

② 参见高铭暄、赵秉志编：《新中国刑法立法文献资料总览》（第2版），中国人民公安大学出版社2015年版，第338、351、352、365页。

范围内争鸣商榷，并没有超出学术争鸣的范围对持不同观点的学者或其论著进行政治性的攻击或论战。①

到了1990年，关于反革命罪更名问题的研讨有了令人难以预料的变化。北京的2份刊物先后发表了一位较为资深的刑法学教授抨击反革命罪更名的2篇文章。这2篇文章将刑法理论界、实务界和国家立法机关普遍主张的更改反革命罪名的观点曲解为取消反革命罪，并进而将之作为政治错误乃至反动思潮予以猛烈的批判，文章更是引注了一些主张更改反革命罪名的论著。这种见解甚至通过一定的渠道上达到了中央层面。然而，历史之潮流毕竟难以逆向。于是，一些刑法学者在当时站在澄清是非和维护法律改革与学术自由的立场上，大胆撰文，对前述将更改反革命罪的观点作为政治错误抨击的文章进行了有理有据、旗帜鲜明的批驳与商榷；国家立法工作机关也在其内部刊物上撰文对前述文章进行反驳，阐述更改反革命罪名之必要性。② 在我国刑法学界、司法界的有力推动下，国家立法机关最终将反革命罪更名为危害国家安全罪。与此同时，删去了此类犯罪主观上反革命目的的定义，并按照危害国家安全的性质对此类犯罪作了修改和调整，将该章中实际属于普通刑事犯罪性质的罪行移入其他罪章。应当说，这一修改是我国刑法致力于科学化和迎合现代刑法之通例的重要举措，从而为海内外所瞩目和肯定。

16. 军事犯罪纳入刑法典

军事犯罪是指危害国家军事利益的犯罪。从主体上分，可以将之归纳为两大类：一类是军人违反职责而实施的危害国家军事利益的犯罪，另一类是主要由军人以外的一般公民实施的危害国家军事利益的犯罪。对于第一类军事犯罪，我国于1981年颁布了《惩治军人违反职责罪暂行条例》，作了较为具体、详备的规定；对于第二类军事犯罪，1979年刑法典未作具体规定，只是在其后的单行刑法中零星地作出过一些规定。

在刑法典修订研拟过程中，关于军人违反职责罪的法律形式之发展方向，曾出现过3种意见：一是主张将之纳入刑法典分则作为一章；二是主张单独制定成一部军事刑法；三是主张将《惩治军人违反职责罪暂行条例》进行修改、补充后删去“暂行”二字，仍保持条例的形式。从国家立法工作机关当时修改刑法典的情况看，一开始并没有考虑把军人违反职责罪纳入刑法典。从承担军人违反职责罪立法修改具体工作的有关军法部门的意见看，亦是倾向于另行制定一部系统的军事刑法。我们当时主张，将危害国防利益罪和军人违反职责罪作为刑法典分则的两章统一规定在修订后的刑法典中。这不仅是保证刑法典体系完整性和作用的权威性的需要，也有利于危害国防利益罪与军职罪立法的协调与成熟，有助于军内外对这两类犯罪的了解与防范。③

修订后的刑法典采纳了上述第一种建议，将原来的《惩治军人违反职责罪暂行条例》根据新的形势作适当修改之后纳入刑法典，作为其中一章即分则第十章。与此同时，为了与和新刑法典同时通过的《中华人民共和国国防法》相配合，又在刑法典分则第七章增设了危害国防利益罪，集中规定惩治非军人危害国家军事利益的犯罪。修订后的刑法典关于军事犯罪的增设补充，不仅是中国刑法典统一、完备的具体体现，同时对于维护国家军事利益、维护国家主权安全和领土完整，亦具有相当重要的作用。

17. 专章规定贪污贿赂犯罪

贪污贿赂是一种严重的官员腐化行为，常常困扰着各国和地区的政府当局；反腐倡廉，惩治贪污贿赂，建立清正廉明的高效政府，已成为世界各国各地区领导者的施政目标。在1979年刑法典中，由于要在立法思想上强调贪污罪侵犯财产权利的一面，因此将其规定在侵犯财产罪中。由于贿赂犯罪具有权钱交易的特征，因此1979年刑法典将其置于渎职罪之中。考虑到贪污罪和贿赂罪都具有贪利型渎职的特征，1988年1月21日全国人大常委会通过的《关于惩治贪污罪贿赂罪的补充规定》将这两种犯罪规定在一起，对其一并规范并从严惩治。之后，为了强化惩治此类犯罪的力度，最高人民检察院又受委托起草了《反贪污贿赂法》。

1997年修订的刑法典，将全国人大常委会通过的《关于惩治贪污罪贿赂罪的补充规定》和最高人

① 参见赵秉志主编：《新旧刑法比较与统一罪名理解与适用》，中国经济出版社1998年版，第12页。

② 参见赵秉志主编：《新旧刑法比较与统一罪名理解与适用》，中国经济出版社1998年版，第12-14页。

③ 参见赵秉志：《关于完善刑法典分则体系结构的新思考》，载《法律科学》1996年第1期。

民检察院起草的《反贪污贿赂法》合并修改后编为刑法典分则中独立的一章，即刑法典分则第八章的贪污贿赂罪。贪污贿赂罪独立成章，不仅明确了这类犯罪的同类客体是公共职务的廉洁性，符合我国刑法要求的对犯罪进行科学分类的原理，满足了我国当前运用刑罚武器惩治与防范腐败犯罪的迫切需要，而且也顺应了当代世界各国均强调惩治与防范贪污贿赂犯罪的潮流和趋势。

18. 新型犯罪的增设

1997年刑法典增设了诸多新的犯罪类型，其中值得引起特别关注的，主要有以下几个方面：

（1）国际性犯罪。

自我国实行对外开放以来，对外的政治、文化、经济交流日益增加，与此同时，具有跨国跨地区性质的犯罪也开始在我国滋生和蔓延。为了有效地惩治和防范此类犯罪，修订后的刑法典规定了一系列具有国际性的犯罪，主要有第120条的组织、领导、参加恐怖组织罪，第121条的劫持航空器罪，第123条的暴力危及飞行安全罪，第125条第2款的非法买卖、运输核材料罪，[①] 第191条的洗钱罪等。

（2）黑社会性质犯罪。

在我国，明显的、典型的黑社会犯罪还没有出现，但带有黑社会性质的犯罪集团已有苗头，横行乡里、称霸一方、为非作歹，欺压、残害群众的有组织犯罪活动时有出现。另外，境外黑社会成员也开始入境进行违法活动，对社会治安构成了严重的威胁。

为了将此类犯罪消灭在萌芽状态，防止其蔓延，修订后的刑法典对其作了明确规定，具体犯罪类型为：第294条第1款的组织、领导、参加黑社会性质组织罪，第294条第2款的入境发展黑社会组织罪，第294条第4款的包庇、纵容黑社会性质组织罪。根据修订后刑法典第294条的规定，只要实施了上述犯罪行为的，都要受到刑罚处罚，如果行为人又实施了其他犯罪行为的，要依照数罪并罚的原则进行处罚。

（3）计算机犯罪。

随着计算机在我国的普及，危害计算机的犯罪现象也日趋严重。为了惩治此类犯罪，修订后的刑法典规定了一些危害计算机的犯罪。主要有：第285条的非法侵入计算机信息系统罪，即违反国家规定，侵入国家事务、国防建设、尖端科学技术领域的计算机信息系统的行为；第286条规定的破坏计算机信息系统罪，即违反国家规定，对计算机信息系统功能进行删除、修改、增加、干扰，造成计算机信息系统不能正常运行，或者违反国家规定，对计算机信息系统中存储、处理或者传输的数据和应用程序进行删除、修改、增加的操作，或者故意制作、传播计算机病毒等破坏性程序，影响计算机系统正常运行，后果严重的行为。此外，第287条还规定："利用计算机实施金融诈骗、盗窃、贪污、挪用公款、窃取国家秘密或者其他犯罪的，依照本法有关规定定罪处罚。"

（4）证券犯罪。

中国自1986年开始恢复证券市场，其得到了快速的发展。随着证券市场的发展，危害证券交易正常进行的犯罪也开始滋生。为了适应此种形势，修订后的刑法典也规定了一系列惩治证券犯罪的规定。主要有：第178条第1款规定的伪造、变造国家有价证券罪，第178条第2款规定的伪造、变造股票、公司、企业债券罪，第179条的擅自发行股票、公司、企业债券罪，第180条的内幕交易、泄露内幕信息罪，第181条的编造并传播证券交易虚假信息罪和诱骗投资者买卖证券罪，第182条的操纵证券交易价格罪，以及第403条的滥用管理公司、证券职权罪等。

总而言之，1997年刑法典是新中国成立后70年间我国刑法立法发展历程中的一个重要转折点，也可以称之为一个里程碑。这部刑法典分总则、分则和附则3编，共15章（总则5章、分则10章），计452条，其立法目标是"要制定一部统一的、比较完备的刑法典"。[②] 其立法成就说明该法典达到了原定的立法目标。与以往的刑法立法相比，这部刑法典具有3方面的显著特点：第一，统一性。我国系统修订1979年刑法典的工作于1988年被正式提上立法工作日程，其目的是"要制定一部统一的、比较完备的刑法典"。事实上，1997年刑法典在立法形式上实现了制定一部统一刑法典的目标。该刑法典全面吸收了1979年刑法典和既往各个单行刑法暨附属刑法规范的合理内容，在立法形式上取消了

① 该款的规定后来又为2001年12月29日全国人大常委会通过的《中华人民共和国刑法修正案（三）》所修改，容后再论。

② 王汉斌：《关于〈中华人民共和国刑法（修订草案）〉的说明》，载《人大工作通讯》1997年第7期。

与刑法典并行而相互独立的单行刑法和附属刑法，实现了刑法的法典化。[①] 特别是，在 1997 年系统修订刑法时，把最高人民检察院当时正在起草的反贪污贿赂法纳入刑法典作为分则第八章的贪污贿赂罪，[②] 把中央军委原本拟独立创制的惩治军人违反职责罪法纳入刑法典作为分则第十章的军人违反职责罪，[③] 从而实现了我国刑法立法形式上的统一。第二，科学性。总体而言，1997 年刑法典在立法内容和体例上较为科学：一方面，该刑法典规定了一系列充分反映现代法治精神的刑法基本原则和制度。其中最值得肯定的是明文规定了刑法的三大基本原则，即罪刑法定原则、适用刑法人人平等原则、罪责刑相适应原则，并废止了类推制度。这表明我国刑法已迈上现代化法治的轨道，筑起了人权保障的法治根基，增强了立法的明确性，如更改反革命罪为危害国家安全罪，取消了投机倒把罪、流氓罪等“口袋罪”。另一方面，该刑法典规定了相对科学合理的刑法结构。刑法典共分 3 编：第一编是总则，下设 5 章，其中第二、三、四章下又分别设了若干节；第二编是分则，下设 10 章，其中第三、六章下又分别设了 8 节和 9 节；第三编是附则，规定的是刑法典的施行日期及相关法律的废止与保留。这些章节的设置与排列，表明我国刑法体例已经臻于科学。第三，完备性。1997 年刑法典的完备性主要体现在 2 个方面：一是刑法制度设置较为完备，兼顾了对犯罪的惩治和对人权的保障，包括确立了属人管辖权，将单位犯罪法定化，放宽了累犯的条件，严格了缓刑、减刑、假释条件，放宽了正当防卫的限度标准并增设特殊防卫制度，增设追诉时效延长的规定，加强了对被害人的保护，并在此基础上强化了对未成年人等特殊群体犯罪的特别从宽制度。二是刑法罪名设置趋于完备，兼顾了对犯罪的全面规制和重点惩治。1997 年刑法典设置了 412 种罪名，几乎涵括了社会生活的各个方面，同时适应国内改革的需要，将惩治破坏社会主义市场经济犯罪和危害社会治安的犯罪作为惩治重点。其中，破坏社会主义市场经济秩序罪一章 92 条，妨害社会管理秩序罪一章 91 条，两者占全部分则 350 个条文的 52%强。[④]

（二）11 个刑法修正案对 1997 年刑法典的修正

与社会实际生活和司法实践相比，法律永远具有滞后性。当需要由法律调整的某种新的现象大量出现后，立法者往往要针对这些现象及时地修改法律或者制定新的法律。然而，社会发展的步伐是不会停息的，因此，为了使法律的发展与社会的发展相一致，慎重及时地修法或者制定新法也就成了立法者不可懈怠的使命。作为国家重要部门法之一的刑法也不能例外。国家立法机关先后通过了 11 部刑法修正案对刑法典进行修改和补充。在 1997 年刑法典出台之后的 20 余年间，前期的刑法修法较为简单。其中单行刑法和前 6 个刑法修正案都只是对刑法典分则的修改，并不涉及刑法典总则方面的内容，重点是增设了大量新罪名，侧重于严密刑事法网和加重惩罚力度之立法。《刑法修正案（七）》首次体现了刑法的立法从宽，主要是在绑架罪中增设了一档较轻的法定刑幅度，并对逃税罪增加出罪条款。在此基础上，《刑法修正案（八）》《刑法修正案（九）》进一步采取宽严结合的做法，既规定了从严的立法，也规定了许多从宽的立法。而且，从 2011 年的《刑法修正案（八）》开始，我国刑法修法的对象由刑法典分则扩大至刑法典总则，刑法修法的内容更为全面、综合。[⑤] 其中，《刑法修正案（八）》有关老年人犯罪从宽暨免除死刑、管制刑的执行、特殊死缓犯减刑限制、附条件地提高有期徒刑数罪并罚的刑期、特殊累犯范围的扩大、坦白的法定化、缓刑适用，《刑法修正案（九）》关于死缓犯执行死刑门槛的提高、罚金、职业禁止、数罪并罚等的修改，以及《刑法修正案（十一）》附条件降低未成年人最低刑事责任年龄等，都属于对刑法总则规范的完善。而《刑法修正案（八）》取消 13 种犯罪的死刑、增设新的犯罪、完善部分犯罪的构成条件、降低某些犯罪的入罪门槛、提高相关犯罪的法定刑，《刑法修正案（九）》取消 9 种犯罪的死刑、增设和完善恐怖活动等犯罪以及《刑法修正案（十一）》对药品安全犯罪、证券犯罪、知识产权犯罪等则属于对刑法分则规范的修改。[⑥] 这些修法实现了刑法总则规范修改与刑法分则规范修改的相互配合、相互作用，有利于进一步完善我国

---

① 参见赵秉志：《当代中国刑法法典化研究》，载《法学研究》2014 年第 6 期。

② 参见赵秉志、肖中华：《中国刑法的最新改革》，载《现代法学》1998 年第 2 期。

③ 参见王汉斌：《社会主义民主法制（文集）》（下），中国民主法制出版社 2012 年版，第 602 页。

④ 参见赵秉志：《中国刑法的百年变革——纪念辛亥革命一百周年》，载《政法论坛》2012 年第 1 期。

⑤ 参见赵秉志：《中国刑法的百年变革——纪念辛亥革命一百周年》，载《政法论坛》2012 年第 1 期。

⑥ 参见赵秉志：《〈刑法修正案（八）〉宏观问题探讨》，载《法治研究》2011 年第 3 期；赵秉志：《〈刑法修正案（九）〉修法争议问题研讨》，载赵秉志主编：《刑法论丛》（2015 年第 4 卷），法律出版社 2015 年版，第 34 页。

刑法典的规范体系。[①]

1. 第一个《刑法修正案》

1999 年 12 月 25 日，第九届全国人大常委会第十三次会议通过了《中华人民共和国刑法修正案》，这是新中国立法史上首次以修正案的方式对法律进行修改补充，对我国此后的刑法修改模式产生了深远的影响。[②] 该修正案共 9 条，其修改内容涉及 3 类新型经济犯罪，包括：（1）增设隐匿、故意销毁会计资料犯罪；（2）根据惩治犯罪的需要，对刑法中有关国有公司、企业工作人员严重不负责任、滥用职权方面的犯罪进行扩大规定；（3）补充和修改对擅自设立期货交易所、期货经纪公司的行为，期货交易中的内幕交易行为，编造并传播期货交易虚假信息以及诱骗投资者买卖期货的行为，操纵期货交易价格的行为和非法从事期货交易行为等的刑法制裁范围。[③]

2.《刑法修正案（二）》

为了惩治毁林开垦和乱占滥用林地的犯罪，切实保护森林资源，第九届全国人民代表大会常务委员会第二十三次会议于 2011 年 8 月 31 日通过了《中华人民共和国刑法修正案（二）》。鉴于毁林开垦和非法占用林地改作他用的行为从犯罪构成要件来看，与刑法第 342 条规定的非法占用耕地的犯罪行为基本相同。同时，考虑到林地上的森林资源状况不同，刑法重点惩治的应当是造成森林、林木严重毁坏的毁林开垦和非法占用林地改作他用的违法行为。该修正案将 1997 年刑法典第 342 条修改为："违反土地管理法规，非法占用耕地、林地等农用地，改变被占用土地用途，数量较大，造成耕地、林地等农用地大量毁坏的，处五年以下有期徒刑或者拘役，并处或者单处罚金。"[④]

3.《刑法修正案（三）》

2011 年 9 月 11 日，美国纽约发生了举世震惊的"9 · 11"恐怖袭击事件，国际反恐形势日益严峻。由于 1997 年刑法典涉及恐怖活动犯罪的条款比较粗疏，以致许多恐怖活动罪行尚付阙如，难以适应新形势下惩治恐怖活动犯罪的现实需要。为此，全国人大常委会于 2001 年 12 月 29 日较为及时地通过了《中华人民共和国刑法修正案（三）》，集中对刑法典中的恐怖活动犯罪进行修改补充。该修正案增设了资助恐怖活动罪（第 120 条之一）和投放虚假危险物质罪与编造、故意传播虚假恐怖信息罪（第 291 条之一），将投毒罪修改扩充为投放危险物质罪，取消非法买卖、运输核材料罪并代之以非法制造、买卖、运输、储存危险物质罪，将盗窃、抢夺枪支、弹药、爆炸物罪扩展为盗窃、抢夺枪支、弹药、爆炸物、危险物质罪，将抢劫枪支、弹药、爆炸物罪扩展为抢劫枪支、弹药、爆炸物、危险物质罪，将恐怖活动犯罪补充为洗钱罪的上游犯罪，修改了组织、领导、参加恐怖活动组织罪和单位犯洗钱罪的法定刑。[⑤]

4.《刑法修正案（四）》

2002 年 12 月 28 日，第九届全国人大常委会第三十一次会议通过了《中华人民共和国刑法修正案（四）》，它是根据 1997 年刑法典修订以来，海关法、药品管理法等一些法律作了修改后，刑法中的有关规定也需作相应调整，以及针对司法实践中遇到的一些新的情况和问题，在刑法中适时作出的修改补充，对于惩治破坏社会主义市场经济秩序、妨害社会管理秩序和国家机关工作人员渎职等犯罪行为，保障社会主义现代化建设的顺利进行，保障公民的人身安全，具有重要意义。[⑥] 该修正案的内容主要包括：（1）将生产、销售不符合标准的医疗器械、医用卫生材料的犯罪由结果犯改为危险犯，并调整了刑罚；（2）修改了以走私犯罪论处的两类犯罪的规定；（3）增加了关于非法雇用童工犯罪的规定；（4）增加了关于破坏国家重点保护植物的犯罪和非法运输盗伐、滥伐林木的犯罪，修改了关于非

---

① 参见赵秉志：《〈刑法修正案（九）〉修法争议问题研讨》，载赵秉志主编：《刑法论丛》（2015 年第 4 卷），法律出版社 2015 年版，第 34 页。

② 参见黄太云：《〈中华人民共和国刑法修正案〉简介》，载《中国司法》2000 年第 3 期。

③ 参见全国人大法律委员会副主任委员顾昂然：《关于〈中华人民共和国刑法修正案（草案）〉的说明——1999 年 10 月 25 日在第九届全国人民代表大会常务委员会第十二次会议上》。

④ 参见国务院法制办公室主任杨景宇：《关于〈中华人民共和国刑法第三百四十二条、第四百一十条修正案（草案）〉的说明——2001 年 6 月 26 日在第九届全国人民代表大会常务委员会第二十二次会议上》。

⑤ 参见全国人大常委会法制工作委员会副主任胡康生：《关于〈中华人民共和国刑法修正案（三）（草案）〉的说明——2001 年 12 月 24 日在第九届全国人民代表大会常务委员会第二十五次会议上》。

⑥ 参见黄太云：《〈中华人民共和国刑法修正案（四）〉的理解与适用》，载《人民检察》2003 年第 3 期。

法收购盗伐、滥伐的林木罪的构成要件；(5) 单独规定了人民法院执行人员渎职的犯罪。①

5.《刑法修正案（五）》

2005年2月28日，第十届全国人大常委会第十四次会议通过了《中华人民共和国刑法修正案（五）》，对刑法典中破坏金融管理秩序犯罪、金融诈骗犯罪和危害国防利益犯罪的有关条文作出了修改、补充，即增设了妨害信用卡管理罪，窃取、收买或者非法提供他人信用卡信息资料罪，过失破坏武器装备、军事设施、军事通信罪，将“使用以虚假的身份证明骗领的信用卡”增设为信用卡诈骗罪的行为类型。②

6.《刑法修正案（六）》

2006年6月29日，第十届全国人大常委会第二十二次会议通过了《中华人民共和国刑法修正案（六）》，修改、补充了有关重大安全生产事故、破坏金融管理秩序、严重损害上市公司和公众投资者利益、商业贿赂、洗钱、虚假破产、枉法仲裁等犯罪的规定，共涉及20个条文。其主要内容包括：(1) 扩大了重大责任事故罪的主体范围；(2) 扩大了重大劳动安全事故罪的主体范围，修改了犯罪构成的行为要件；(3) 增设大型群众性活动重大安全事故罪和不报、谎报安全事故罪；(4) 将公司、企业对依法应当披露的重要信息不按规定披露的行为规定为犯罪；(5) 增设了虚假破产罪、背信损害上市公司利益罪和骗取贷款、票据承兑、金融票证罪；(6) 扩大了商业贿赂犯罪的主体范围；(7) 修改了操纵证券、期货交易价格罪的处罚标准；(8) 增设背信运用受托财产罪和违法运用资金罪；(9) 将违法发放贷款罪中的“造成较大损失”修改为“数额巨大或者造成重大损失的”；(10) 在吸收客户资金不入账罪的构成要件中增加了“数额巨大”的构成要件；(11) 将违规出具金融票证罪中的“造成较大损失”修改为“情节严重的”；(12) 扩大了洗钱罪的上游犯罪的范围；(13) 增设组织残疾人、儿童乞讨罪；(14) 提高了开设赌场罪的刑罚；(15) 扩大了掩饰、隐瞒犯罪所得、犯罪所得收益罪的适用范围，以适应打击洗钱犯罪的需要；(16) 增设了枉法仲裁罪。③

7.《刑法修正案（七）》

2009年2月28日第十一届全国人大常委会第七次会议通过了《中华人民共和国刑法修正案（七）》。此次修正体现了科学发展观的精神，关注民生，彰显人文关怀，注意贯彻宽严相济的基本刑事政策。④ 该修正案的具体内容主要包括以下3个方面：

第一，新增了侵犯公民人身权利的罪名，完善了绑架罪的法定刑。(1) 增加了出售或非法提供、获取公民个人信息罪，加大了对公民个人信息的保护力度；(2) 增加了组织未成年人进行违法活动罪，加强了对未成年人身心健康的保护力度；(3) 增设了绑架罪的量刑档次，完善了对公民人权的保障措施。

第二，严密了经济犯罪的法网，强化了保护市场经济秩序的力度。(1) 完善了走私犯罪的立法规定；(2) 加强了对证券、期货交易市场的保护力度；(3) 修改了偷税罪的构成要件和法定刑；(4) 增加了组织、领导传销罪。

第三，扩大了受贿罪的主体范围，强化了惩治腐败的打击力度。(1) 将与国家工作人员关系密切的人纳入了受贿罪的范围；(2) 提高了巨额财产来源不明罪的法定刑。此外，《刑法修正案（七）》还对有关计算机的犯罪，逃避动植物检疫罪，掩饰、隐瞒犯罪所得、犯罪所得收益罪，非法生产、买卖武装部队制服、车辆号牌等专用标志罪等犯罪进行了修改与完善。⑤

8.《刑法修正案（八）》

2011年2月25日，第十一届全国人大常委会第十九次会议审议通过了《中华人民共和国刑法修

---

① 参见全国人大常委会法制工作委员会副主任胡康生：《关于〈中华人民共和国刑法修正案（四）（草案）〉的说明——2002年12月23日在第九届全国人民代表大会常务委员会第三十一次会议上》。

② 参见全国人大常委会法制工作委员会主任胡康生：《关于〈中华人民共和国刑法修正案（五）（草案）〉的说明——2004年10月22日在第十届全国人民代表大会常务委员会第十二次会议上》。

③ 参见全国人大常委会法制工作委员会副主任安建：《关于〈中华人民共和国刑法修正案（六）（草案）〉的说明——2005年12月24日在第十届全国人民代表大会常务委员会第十九次会议上》。

④ 参见赵秉志：《〈刑法修正案（七）〉的宏观问题研讨》，载《华东政法大学学报》2009年第3期。

⑤ 参见全国人大常委会法制工作委员会主任李适时：《关于〈中华人民共和国刑法修正案（七）（草案）〉的说明——2008年8月25日在第十一届全国人民代表大会常务委员会第四次会议上》。

正案（八）》（共50条），此次修正具有全面贯彻宽严相济的基本刑事政策、突出强化民生的刑法保护、适当兼顾总则规范修改与分则规范修改以及充分体现立法民主性与科学性4个突出特点。[①] 对于进一步完善刑法、惩治犯罪，维护社会治安和市场经济秩序，保护公民合法权益，起到了重要的积极作用。

《刑法修正案（八）》对刑法总则的修正内容主要有以下6个方面：其一，推进死刑改革，一次性取消了走私文物罪，走私贵重金属罪，走私珍贵动物、珍贵动物制品罪，走私普通货物、物品罪，票据诈骗罪，金融凭证诈骗罪，信用证诈骗罪，虚开增值税专用发票、用于骗取出口退税、抵扣税款发票罪，伪造、出售伪造的增值税专用发票罪，盗窃罪，传授犯罪方法罪，盗掘古文化遗址、古墓葬罪，盗掘古人类化石、古脊椎动物化石罪13种经济性、非暴力犯罪的死刑。其二，调整刑罚结构：(1) 严格限制死缓罪犯的减刑，提高了死缓减为有期徒刑的刑期，增设了死缓限制减刑制度；(2) 延长被判处死缓、无期徒刑罪犯减刑后的最低实际服刑期；(3) 延长被假释罪犯的最低实际服刑期；(4) 适当提高数罪并罚的刑期。其三，完善从宽处理的法律制度，规范非监禁刑的适用：(1) 完善对老年人犯罪从宽处理的规定，对老年人原则上不再适用死刑；(2) 放宽对犯罪的年满75周岁的老年人及未成年人的缓刑适用；(3) 增加了未成年人犯罪不构成累犯的规定，免除犯罪时不满18周岁被判处5年有期徒刑以下刑罚的人的前科报告义务。其四，进一步明确缓刑的适用条件：(1) 对适用缓刑的条件进一步完善、具体化；(2) 对符合缓刑条件的特殊对象作出特别规定，明确规定对于符合缓刑条件的不满18周岁的人、怀孕的妇女和已满75周岁的人，应当宣告缓刑；(3) 增加对宣告缓刑的犯罪分子可以附加禁止令的规定；(4) 增加规定对累犯和犯罪集团的首要分子不适用缓刑。其五，完善管制刑及缓刑、假释的执行方式，为社区矫正提供法律依据。其六，完善从重、从轻和减轻处罚的法律规定：(1) 将坦白从宽的刑事政策法律化；(2) 完善减轻处罚的法律规定，包括删除“犯罪后自首又有重大立功表现的，应当减轻或者免除处罚”的规定，以及明确减轻处罚的量刑幅度。[②]

《刑法修正案（八）》对刑法分则的修正内容包括：(1) 完善打击黑社会性质组织犯罪等犯罪的法律规定：将全国人大常委会关于黑社会性质组织特征的立法解释纳入条文；提高了对黑社会性质组织的组织者、领导者的刑罚力度；对黑社会性质组织犯罪增加了财产刑；提高了对涉黑组织“保护伞”的刑罚力度。(2) 调整敲诈勒索罪的入罪门槛，把“多次敲诈勒索”作为构成犯罪的独立条件之一，降低了该罪的入罪门槛。(3) 提高了敲诈勒索罪的最高法定刑，并增加了财产刑。(4) 增加了构成强迫交易罪的具体行为，提高了强迫交易罪的刑罚。(5) 明确将“恐吓”增加规定为寻衅滋事犯罪的行为之一，加大了对纠集他人多次寻衅滋事的主犯的打击力度。(6) 扩大特别累犯的范围，加大对黑社会性质组织犯罪等犯罪的惩处力度。(7) 新增危险驾驶罪和逃避支付、拒不支付劳动报酬罪。(8) 将生产、销售假药规定为行为犯，降低了入罪门槛，删除了“单处罚金”的规定，并增加了可以适用较重刑罚的条件，并使罚金刑更易适用。(9) 修改完善生产、销售不符合食品安全标准的食品罪，将“不符合卫生标准的食品”改为“不符合食品安全标准的食品”，取消单处罚金刑，增加适用较重刑罚的条件。(10) 修改完善生产、销售有毒、有害食品罪，即在本罪第一档刑罚中删除了可以判处拘役和单处罚金的规定，强化了对生产、销售有毒有害食品犯罪的打击力度，修改了判处较重刑罚的适用条件，并使罚金刑更易适用。(11) 新增食品安全监管失职罪。(12) 修改完善重大环境污染事故罪，具体包括降低犯罪构成的门槛，扩大排放、倾倒或者处置有害物质的范围。(13) 修改完善非法采矿罪，将“经责令停止开采后拒不停止开采，造成矿产资源破坏”的犯罪构成要件改为“情节严重的”，降低了入罪门槛；将适用第二档刑罚的条件由“造成矿产资源严重破坏的”修改为“情节特别严重的”。[③] (14) 修改完善强迫劳动罪，新增协助强迫他人劳动罪。(15) 修改完善协助组织卖淫罪，明确将“为组织卖淫的人招募、运送人员”规定为协助组织卖淫的行为之一。(16) 新增组织他人出卖人体器官罪，明确规定对于非法摘取人体器官的行为以故意伤害罪、故意杀人罪定罪处罚，以及将“违背本人生前遗愿摘取其尸体器官，或者本人生前未表示同意，违反国家规定，违背其近亲属意愿摘取其尸体器官”的行为依照侮辱尸体罪定罪处罚。(17) 修改完善资助危害国家安全犯罪活动

---

① 参见赵秉志主编：《刑法修正案（八）理解与适用》，中国法制出版社2011年版，第8-12页。

② 参见黄太云：《〈刑法修正案（八）〉解读（一）》，载《人民检察》2011年第6期。

③ 参见黄太云：《〈刑法修正案（八）〉解读（二）》，载《人民检察》2011年第7期。

罪，删去了对被资助对象身份的限制性规定。(18) 修改完善叛逃罪，删去了原条文中关于国家机关工作人员叛逃，需危害国家安全才构成犯罪的规定，对于掌握国家秘密的国家工作人员构成叛逃罪的条件作了修改，删去了在履行公务期间擅离岗位的限定条件。(19) 新增向外国公职人员、国际公共组织官员行贿罪。(20) 新增虚开发票罪、持有伪造的发票罪。(21) 修改完善盗窃罪，删去了可以判处死刑的规定，将"入户盗窃、携带凶器盗窃、扒窃"3类行为直接规定为盗窃罪。(22) 修改完善走私普通货物、物品罪，取消了走私普通货物、物品罪的死刑；将小额多次走私行为入罪；对构成犯罪的偷逃应缴税额标准不再具体规定数额；将刑罚从原来由重到轻改为由轻到重，并整合处刑档次，将五档刑改为三档刑。(23) 在几种单位经济犯罪直接责任人员的刑罚中增加了罚金刑。[①]

9.《刑法修正案（九）》

2015年8月29日，全国人大常委会通过了《刑法修正案（九）》，此次修正以坚持正确的政治方向、问题导向、宽严相济的刑事政策和创新刑事立法理念为指导思想，对刑法典再次作出了较大幅度的修正。[②] 该修正案共有52条，在内容上大体可以归纳为以下七个方面：(1) 推进死刑改革，包括取消走私武器、弹药罪，走私核材料罪，走私假币罪，伪造货币罪，集资诈骗罪，组织卖淫罪，强迫卖淫罪，阻碍执行军事职务罪，战时造谣惑众罪9种罪名的死刑，将贪污罪、受贿罪、绑架罪3种罪名绝对确定的死刑改为相对确定的死刑，提高对死缓罪犯执行死刑的门槛；(2) 强化反恐刑法，包括对组织、领导、参加恐怖组织罪增加规定财产刑，增设6种新的恐怖主义、极端主义犯罪；修改补充3种恐怖犯罪的罪状或罪刑规范；(3) 完善网络犯罪，包括增加规定侮辱、诽谤犯罪的证据提供，增设拒不履行信息网络安全管理义务罪，非法利用信息网络罪，帮助信息网络犯罪活动罪，编造、故意传播虚假信息罪；修改扰乱无线电通讯管理秩序罪，增加侵犯计算机信息系统犯罪的单位主体；(4) 加强人权保障，包括修改强制猥亵、侮辱妇女罪，收买被拐卖的妇女、儿童罪，出售、非法提供公民个人信息罪，修改虐待罪告诉才处理的规定，增设虐待被监护、看护人罪，取消嫖宿幼女罪；(5) 完善反腐立法，包括修改贪污受贿犯罪的定罪量刑标准，加大对行贿犯罪的处罚力度，增设对有影响力的人行贿罪，完善腐败犯罪的预防性措施；(6) 惩治背信犯罪，包括修改伪造、变造居民身份证犯罪的规定，增加使用伪造、变造的或者盗用他人的身份证件犯罪、考试作弊犯罪和虚假诉讼犯罪；(7) 维护社会秩序，包括扩充危险驾驶罪的行为类型，将多次抢夺的行为规定为犯罪，明确袭警行为以妨害公务罪从重处罚，增加生产、销售窃听、窃照等专用器材犯罪，将"医闹"入刑并增设扰乱国家机关工作秩序罪，组织、资助非法聚集罪，修改完善组织、利用会道门、邪教组织破坏法律实施罪，修改盗窃、侮辱尸体罪，增设泄露案件信息犯罪，修改扰乱法庭秩序罪，修改拒不执行判决、裁定罪，增加生产制毒物品犯罪。[③]

10.《刑法修正案（十）》

2017年9月1日，全国人大常委会通过了《中华人民共和国国歌法》（以下简称为《国歌法》）。为了与《国歌法》和刑法典关于侮辱国旗、国徽罪的内容相衔接，第十二届全国人大常委会第三十次会议于2017年11月4日通过了《刑法修正案（十）》。该修正案设立了侮辱国歌罪，旨在惩治侮辱国歌的犯罪行为，切实维护国家尊严和国歌奏唱、使用的严肃性。[④]

11.《刑法修正案（十一）》

2020年12月26日第十三届全国人大常委会第二十四次会议通过《中华人民共和国刑法修正案（十一）》，自2021年3月1日起施行。这是在中国特色社会主义进入新时代、深入推进全面依法治国的重大时代背景下对刑法作出的一次重要修改。修正案以习近平法治思想为根本遵循，贯彻党中央决策部署，根据新时代要求，把握我国社会主要矛盾的变化，结合当前国内国际形势变化，积极回应社会关切，及时调整有关领域的刑事立法理念，更加注重积极统筹发挥好刑法对于国家安全、社会稳定和保护人民的重要功能，在涉未成年人、金融乱象、产权保护、安全生产、食品药品、公共卫生安全、

① 参见黄太云：《〈刑法修正案（八）〉解读（三）》，载《人民检察》2011年第8期。

② 参见全国人大常委会法制工作委员会主任李适时：《关于〈中华人民共和国刑法修正案（九）（草案）〉的说明——2014年10月27日在第十二届全国人民代表大会常务委员会第十一次会议上》。

③ 参见赵秉志：《中国刑法的最新修正》，载《法治研究》2015年第6期。

④ 参见全国人大常委会法制工作委员会主任李适时：《关于〈中华人民共和国刑法修正案（九）（草案）〉的说明——2014年10月27日在第十二届全国人民代表大会常务委员会第十一次会议上》。

生态环境，以及妨害社会管理秩序等领域作了很多重要修改，体现出新时代赋予刑事立法的使命和刑事立法新的历史特点。主要修改内容如下：

其一，完善未成年人刑法，加强未成年人权利保护。基于未成年人刑法的权益保障和权利保护的双面立场，《刑法修正案（十一）》重点从四个方面完善了我国未成年人的刑法立法：(1) 附条件降低最低刑事责任年龄。不普遍降低刑事责任年龄，而是对在特定情形下故意杀人、故意伤害的行为，经特别程序，将法定最低刑事责任年龄由原来的年满14周岁下调为年满12周岁。(2) 完善强奸罪加重处罚的情节。对强奸罪适用“十年以上有期徒刑、无期徒刑或者死刑”增加规定了“在公共场所当众奸淫幼女”以及“奸淫不满10周岁的幼女或者造成幼女伤害”两种情形。(3) 增设“负有照护职责人员性侵罪”。规定对已满14周岁不满16周岁的未成年女性负有监护、收养、看护、教育、医疗等特殊职责的人员，与该未成年女性发生性关系的，处3年以下有期徒刑；情节恶劣的，处3年以上10年以下有期徒刑。(4) 完善猥亵儿童罪的刑罚规范。规定猥亵儿童的，处5年以下有期徒刑；有严重情节的，处5年以上有期徒刑。这样既调整了猥亵儿童罪的基本法定刑，也调整了猥亵儿童罪加重处罚情节。

其二，完善安全刑法，加强惩治危害安全生产的犯罪。着眼于加强对道路交通安全和生产安全的保护，《刑法修正案（十一）》加大了对危害安全生产犯罪的惩治力度。这方面内容主要体现在：(1) 增设“妨害安全驾驶罪”。(2) 将“强令违章冒险作业罪”修改为“强令、组织他人违章冒险作业罪”。(3) 增设“危险作业罪”。

其三，完善民生刑法，加强惩治危害药品安全的犯罪。为加强对药品安全的刑法保护，《刑法修正案（十一）》重点加强了药品安全保护的刑法与行政法衔接、密织药品安全保护的刑事法网和完善对危害药品安全犯罪的刑罚处罚三个方面的立法。修改内容包括：(1) 完善假药、劣药认定，加强行刑衔接。2019年8月26日修订的《药品管理法》对假药、劣药的认定作了重大调整。在此基础上，《刑法修正案（十一）》对假药、劣药的认定进行调整，删除了刑法第141条原第2款、第142条原第2款，以加强刑法与《药品管理法》的衔接。(2) 扩张药品犯罪范围，密织刑事法网。一方面，《刑法修正案（十一）》扩大了假药、劣药犯罪的行为范围，明确将药品使用单位的人员明知是假药、劣药而提供给他人使用的行为纳入刑法规制范围，将原“生产、销售假药罪”“生产销售劣药罪”修改为“生产、销售、提供假药罪”“生产、销售、提供劣药罪”，严密了法网；另一方面，增加规定部分妨害药品管理行为为犯罪。《刑法修正案（十一）》专门将足以严重危害人体健康的妨害药品管理行为单独入罪，增设“妨害药品管理罪”。(3) 调整药品犯罪法定刑，优化刑罚处罚。《刑法修正案（十一）》完善了部分危害药品安全犯罪的法定刑。这主要体现在完善生产、销售劣药罪的罚金刑和加强对药品安全监管渎职行为的刑罚处罚，将有药品安全监督管理职责的国家机关工作人员纳入原食品监管渎职罪的范围，提升法定刑。

其四，完善金融刑法，加强惩治破坏金融秩序犯罪。为了加强金融安全的刑法保护，《刑法修正案（十一）》从多个方面完善了金融刑法立法，包括：(1) 增设“催收非法债务罪”。(2) 完善金融刑法的调整范围。《刑法修正案（十一）》结合我国惩治金融犯罪的实践需要，完善了欺诈发行证券罪，违规披露、不披露重要信息罪，操纵证券、期货交易罪的行为范围，使其能够更好地惩治相关的危害金融犯罪行为。同时，明确将自洗钱行为单独入罪。(3) 加大对部分金融犯罪的刑罚处罚力度。针对我国实践中高发、多发的非法集资犯罪，为了提升惩治力度和效果，《刑法修正案（十一）》大幅提高了非法吸收公众存款罪、集资诈骗罪的法定刑，并增加了相关的从宽处罚情节。

其五，完善产权刑法，加强民营企业产权刑法保护。加强企业产权的刑法保护是《刑法修正案（十一）》贯彻中央关于加强民营企业产权法律保护政策的重要体现，并主要体现在以下两个方面：(1) 加强惩治危害企业产权的职务犯罪。针对企业内部侵犯企业产权行为，《刑法修正案（十一）》重点调整了非国家工作人员受贿罪、职务侵占罪和挪用资金罪的法定刑。(2) 严格企业常见犯罪的入罪门槛。这集中体现为对骗取贷款、票据承兑、金融票证罪的入罪门槛进行了调整，将其入罪门槛由“给银行或者其他金融机构造成重大损失或者有其他特别严重情节”修改为“给银行或者其他金融机构造成重大损失”，使其由过去宽泛情节犯改为结果犯；同时，加大了对提供虚假证明文件行为的刑法惩治。

其六，完善知识产权刑法，加强知识产权刑法保护。基于强化知识产权刑法保护立场，《刑法修正案（十一）》从四个方面加强对知识产权的刑法保护：（1）增设"为境外窃取、刺探、收买、非法提供商业秘密罪"。（2）完善了知识产权犯罪的处罚范围。例如，将刑法第 213 条假冒注册商标罪的范围由"商品"商标扩大至"商品、服务"商标；将刑法第 217 条侵犯著作权罪的范围扩大至包括"通过信息网络向公众传播""未经表演者许可，复制发行录有其表演的录音录像制品，或者通过信息网络向公众传播其表演""未经著作权人或者与著作权有关的权利人许可，故意避开或者破坏权利人为其作品、录音录像制品等采取的保护著作权或者与著作权有关的权利的技术措施"等范围。（3）调整了知识产权犯罪的入罪门槛。例如，将刑法第 214 条销售假冒注册商标的商品罪的入罪门槛由"销售金额数额较大"改为"违法所得数额较大或者有其他严重情节"，将刑法第 218 条销售侵权复制品罪的入罪门槛由"违法所得数额巨大"改为"违法所得数额巨大或者有其他严重情节"。（4）提高了对知识产权犯罪的刑罚处罚。例如，将刑法第 215 条非法制作、销售非法制造的注册商标标识罪的法定最低刑由"管制"提高至"有期徒刑"，将刑法第 218 条销售侵权复制品罪的法定最高刑由"三年有期徒刑"提高至"五年有期徒刑"。

其七，完善公共秩序刑法，加大惩治扰乱公共秩序犯罪。为加强对社会公共秩序的维护，《刑法修正案（十一）》对刑法作出了如下修改和补充：（1）将暴力袭警行为修改成为一种独立犯罪，即"袭警罪"；（2）将冒名顶替他人取得 3 种资格或待遇等行为纳入刑法的规制范围，增设"冒名顶替罪"；（3）增设"高空抛物罪"；（4）将侵害英雄烈士的名誉、荣誉，损害社会公共利益，情节严重的行为纳入刑法的规制范围，增设"侵害英雄烈士名誉、荣誉罪"；（5）调整了"开设赌场罪"的法定刑配置，将基本档的"三年以下有期徒刑、拘役或者管制，并处罚金"修改为"五年以下有期徒刑、拘役或者管制，并处罚金"，同时增设第 3 款，将组织我国公民参与国（境）外赌博，数额巨大或者有其他严重情节的行为纳入刑法的规制范围，规定为"组织参与国（境）外赌博罪"。

其八，完善卫生刑法，加大惩治危害公共卫生犯罪。为保护公共卫生安全，总结新冠肺炎疫情防控经验和需要，与《野生动物保护法》《生物安全法》《传染病防治法》等法律的修改制定相衔接，在强化公共卫生刑事法治保障方面，《刑法修正案（十一）》作了三个方面的调整：（1）修改"妨害传染病防治罪"，进一步明确新冠肺炎等依法确定的采取甲类传染病管理措施的传染病，属于本罪调整范围，补充完善构成犯罪的情形，增加规定了拒绝执行人民政府依法提出的预防控制措施，非法出售、运输疫区被污染物品等犯罪行为。（2）基于维护国家安全和生物安全、防范生物威胁，考虑与《生物安全法》相衔接，《刑法修正案（十一）》增加规定了三种犯罪：非法植入基因编辑、克隆胚胎罪；非法采取人类遗传资源、走私人类遗传资源材料罪；非法引进、释放、丢弃外来入侵物种罪。（3）将以食用为目的非法猎捕、收购、运输、出售除珍贵、濒危野生动物以外的在野外环境自然生长繁殖的陆生野生动物，情节严重的行为增加规定为犯罪，从源头上防范和控制重大公共卫生安全风险。

其九，完善环境刑法，加强惩治破坏环境资源保护犯罪。为了与《野生动物保护法》《生物安全法》等法律的修改制定相衔接，基于维护国家生态安全和生物安全、防范生物威胁、加大对污染环境罪的惩处力度的考虑，《刑法修正案（十一）》主要作了以下立法修改：（1）修改"污染环境罪"，增加一档法定刑（七年以上有期徒刑，并处罚金），并明确其具体适用情形。（2）增设了多个新的犯罪，包括增加规定在国家公园、国家级自然保护区非法开垦、开发或者修建建筑物等严重破坏自然保护区生态环境资源的犯罪以及危害国家重点保护植物的犯罪，即"破坏自然保护地罪""危害国家重点保护植物罪"等。

此外，《刑法修正案（十一）》还增设了"妨害兴奋剂管理罪"，将"为境外窃取、刺探、收买、非法提供军事秘密罪"的法定刑调整为两档，并完善了军人违反职责罪的主体。

（三）单行刑法对有关问题的规定

1997 年刑法典制定之后，我国立法机关逐步形成了以法典化作为我国刑法立法的基本模式。1998 年，全国人大常委会通过了 1997 年刑法典之后唯一一部单行刑法，即全国人民代表大会常务委员会《关于惩治骗购外汇、逃汇和非法买卖外汇犯罪的决定》。该决定在性质上属于单行刑法，使得我国刑法规范在客观上形成了刑法典与单行刑法并存的局面。但是从其性质、内容和适用等方面来看，这部单行刑法并没有改变我国刑法立法的统一刑法典模式。① 而对其他 47 个法律文件，即 1999 年 10 月 30

① 参见赵秉志：《中国刑法立法晚近 20 年之回眸与前瞻》，载《中国法学》2017 年第 5 期。

日全国人民代表大会常务委员会通过的《关于取缔邪教组织、防范和惩治邪教活动的决定》、2000年12月28日全国人民代表大会常务委员会通过的《关于维护互联网安全的决定》、2011年10月29日全国人大常委会通过的《关于加强反恐怖工作有关问题的决定》、2015年8月29日全国人民代表大会常务委员会通过的《关于特赦部分服刑罪犯的决定》、2019年6月29日全国人民代表大会常务委员会通过的《关于在中华人民共和国成立七十周年之际对部分服刑罪犯予以特赦的决定》、2020年5月28日全国人民代表大会通过的《关于建立健全香港特别行政区维护国家安全的法律制度和执行机制的决定》、2020年6月30日全国人民代表大会常务委员会通过的《中华人民共和国香港特别行政区维护国家安全法》等是否为真正的或典型的单行刑法，则争议较大。考虑到这些法律文件由国家立法机关制定且涉及刑事法律问题，为全面反映我国刑法立法情况，本书仍将上述较多涉及刑法问题的立法文件在“单行刑法”部分予以收录和介绍。

1.《关于惩治骗购外汇、逃汇和非法买卖外汇犯罪的决定》

1998年，随着亚洲金融危机的发展，一些不法分子千方百计骗购外汇，非法截留、转移和买卖外汇，活动十分猖獗，发案数量激增，涉案金额巨大。这种状况如不及时制止，将严重损害国家金融、经济的稳定和安全。针对上述情况，国务院及有关部门采取了一系列加强外汇管理的措施。当时，国家外汇管理局与有关部门组织开展全国外汇检查，对那些违反国家外汇管理规定，以伪造、变造或者虚假的凭证和单据向银行骗购外汇等违法行为，依法进行严厉打击。

1997年3月14日，八届全国人大五次会议修订的刑法，在当时逐步放宽外汇管制的形势下，对违反外汇管理的违法行为直接规定追究刑事责任的只有逃汇罪。依照刑法第190条的规定，国有公司、企业或者其他国有单位违反国家规定，擅自将外汇存放境外，或者将境内的外汇非法转移到境外，情节严重的，对单位判处罚金，并对其直接负责的主管人员和其他直接责任人员，处5年以下有期徒刑或者拘役。刑法对骗购外汇和非法买卖外汇，没有直接规定追究刑事责任。为了惩治违反外汇管理的非法活动，加大打击力度，最高人民法院于1998年8月28日公布了《最高人民法院关于审理骗购外汇、非法买卖外汇刑事案件具体应用法律若干问题的解释》，为司法实务中打击违反外汇管理的违法犯罪行为提供了法律依据，具有重要意义。但是，这个司法解释难以将新发生的各种违法行为都包括进去。例如，对于骗购外汇罪，按伪造公文罪处罚，难以对使用假单证骗汇者给予处罚；又如，非国有单位只有勾结国有单位共同逃汇的，才能按共同犯罪追究刑事责任，而对没有勾结国有单位的逃汇行为，还是追究不了刑事责任。①

为了有力打击骗汇、逃汇、非法买卖外汇的违法犯罪行为，保持人民币汇率的稳定，有效防范金融风险，国务院提请全国人大常委会作出《关于惩治骗购外汇、逃汇和非法买卖外汇犯罪的决定》，对刑法加以补充。其一，该决定增加规定了骗购外汇罪，将下列行为“（一）使用伪造、变造的海关签发的报关单、进口证明、外汇管理部门核准件等凭证和单据的；（二）重复使用海关签发的报关单、进口证明、外汇管理部门核准件等凭证和单据的；（三）以其他方式骗购外汇的”纳入刑法规制范围。其二，将刑法规定的逃汇罪由只限于处罚违反外汇管理规定、构成犯罪的国有公司、企业和其他国有单位扩大到处罚所有公司、企业和单位，并加重处罚。其三，对非法买卖外汇，明确规定依照刑法第225条规定的非法经营罪处罚。其四，对内外勾结、为犯罪分子提供便利或者服务的海关、外汇管理部门和金融机构、外贸企业的工作人员，依法从重处罚。

这里有必要弄清楚一个重要的问题，即国家立法机关在1997年修订刑法典时，所遵循的一个重要原则，也可以说是修订刑法典的立法目标，就是要制定一部统一的、完备的刑法典；那么，在1997年刑法典历经千辛万苦，好不容易总算达到这个立法目标之后，为什么国家立法机关很快又要通过单行刑法来打破刑法典的统一性，而不是采取刑法修正案的形式来维护刑法典的统一性？国家立法机关专家的阐释解答了这个疑问。据介绍，在已决定要通过关于外汇犯罪的立法修正后，是采用修正案还是单行刑法即决定的方式，在立法层面曾进行过热烈的讨论。国家立法机关经过研究，最后决定采用决定的形式，这主要是考虑到：该项立法的内容主要是针对骗购外汇、逃汇和非法买卖外汇的犯罪，这类犯罪在立法机关看来具有十分显著的暂时性、阶段性和时代性的特征。随着我国经济的发展和国力

---

① 参见中国人民银行行长戴相龙：《对〈关于惩治骗购外汇、逃汇和非法买卖外汇犯罪的决定（草案）〉的说明——1998年10月27日在第九届全国人民代表大会常务委员会第五次会议上》。

的强盛，人民币最终要成为一种在国际上可以自由兑换的货币。到了那时，现阶段被视为危害很大而作为犯罪处理的骗购外汇、逃汇和非法买卖外汇的行为将不复存在，或者即便存在其危害也会大大降低而没有必要再作为犯罪处理了。因此，以决定的方式更有利于今后随着形势的发展变化而对其修正或废止，也不会影响刑法典的稳定。[①] 如此可见，国家立法机关决定将关于外汇犯罪修法的内容以决定的形式出台，其立法本意恰恰是要维护刑法典的统一性和稳定性，只是后来由于情况的变化而使该决定留存下来了，并没有按照立法机关原来的设想不久就被废止。

2.《关于取缔邪教组织、防范和惩治邪教活动的决定》

为了维护社会稳定，保护人民利益，保障改革开放和社会主义现代化建设的顺利进行，取缔邪教组织、防范和惩治邪教活动，根据宪法和有关法律，1999 年 10 月 30 日第九届全国人大常委会第十二次会议通过了《关于取缔邪教组织、防范和惩治邪教活动的决定》。

该决定要求坚决依法取缔邪教组织，严厉惩治邪教组织的各种犯罪活动。对组织和利用邪教组织破坏国家法律、行政法规实施，聚众闹事，扰乱社会秩序，以迷信邪说蒙骗他人、致人死亡，或者奸淫妇女、诈骗财物等犯罪活动，依法予以严惩。同时，坚持教育与惩罚相结合，团结、教育绝大多数被蒙骗的群众，依法严惩极少数犯罪分子。在依法处理邪教组织的工作中，要把不明真相参与邪教活动的人同组织和利用邪教组织进行非法活动、蓄意破坏社会稳定的犯罪分子区别开来。对受蒙骗的群众不予追究。对构成犯罪的组织者、策划者、指挥者和骨干分子，坚决依法追究刑事责任；对于自首或者有立功表现的，可以依法从轻、减轻或者免除处罚。[②]

3.《关于维护互联网安全的决定》

互联网日益广泛的应用和快速发展，对于加快我国国民经济、科学技术的发展和社会服务信息化进程具有越来越重要的作用；同时，在互联网上发布、传播有害信息的问题日渐突出，利用互联网实施的违法犯罪活动也逐渐增多，如不依法予以严厉打击，不仅严重影响互联网的健康发展，还会给国家和人民造成严重危害。因此，加强这方面的法制建设，依法促进互联网的健康发展，保障网络安全和信息安全，维护国家安全和社会公共利益，保护公民、法人和其他组织的合法权益，是非常迫切需要的。

维护网络安全和信息安全已经成为世界许多国家和地区面临的共同问题，不少国家和地区当时都在研究并力图从法律上解决。利用互联网犯罪比较典型的行为在我国刑法中都有相应的规定，只是有必要针对利用互联网犯罪的特点，进一步明确对利用互联网犯罪予以惩处的刑法适用问题。为此，第九届全国人大常委会十九次会议于 2000 年 12 月 28 日通过了《关于维护互联网安全的决定》。针对利用互联网犯罪的实际情况，该决定从维护国家安全和社会稳定，保障网络安全，维护社会主义市场经济秩序和社会管理秩序，保护公民、法人和其他组织的合法权益 4 个方面，列明具体行为，明确规定"构成犯罪的，依照刑法有关规定追究刑事责任"。同时，还明确规定："利用互联网实施违法行为，违反社会治安管理，尚不构成犯罪的，由公安机关依照《治安管理处罚条例》予以处罚；违反其他法律、行政法规，尚不构成犯罪的，由有关行政管理部门依法给予行政处罚；对直接负责的主管人员和其他直接责任人员，依法给予行政处分或者纪律处分。"[③]

4.《关于加强反恐怖工作有关问题的决定》

恐怖主义已成为影响当代世界和平与发展的重要因素，我国目前也面临着恐怖活动的现实威胁，反恐怖斗争的长期性、复杂性和尖锐性日趋突出。在这一形势下，进一步推进反恐怖立法，解决反恐怖斗争中遇到的法律问题和实际困难，对于维护国家安全和社会稳定具有重要意义。但是，随着反恐斗争形势的发展，还有一些迫切需要从法律上解决的问题，主要是：现行法律对恐怖活动、恐怖活动组织、恐怖活动人员缺乏明确的定义；法律未规定恐怖活动组织、恐怖活动人员由哪个机关认定，通过什么程序认定，如何对外公布；金融机构及时冻结涉恐资产缺乏法律依据等。在此背景下，国务院

---

① 参见黄太云：《立法解读：刑法修正案及刑法立法解释》，人民法院出版社 2006 年版，第 168-169 页。

② 参见全国人大内务司法委员会主任委员侯宗宾：《关于〈全国人民代表大会常务委员会关于防范和打击邪教组织的决定（草案）〉的说明——1999 年 10 月 25 日在第九届全国人民代表大会常务委员会第十二次会议上》。

③ 参见国务院法制办公室主任杨景宇：《关于〈关于维护网络安全和信息安全的决定（草案）〉的说明——2000 年 10 月 23 日在第九届全国人民代表大会常务委员会第十八次会议上》。

法制办、公安部、外交部、人民银行、全国人大常委会法工委等部门根据中央反恐怖工作的指示精神，共同对推进反恐怖立法进行了研究。经过广泛调研和反复论证，各方面一致认为，当时单独制定一部反恐怖法，立法条件尚不成熟，可以先由全国人大常委会制定专门的法律决定，解决反恐怖工作中迫切需要解决且各方面能够形成共识的问题。在多次征求有关方面意见的基础上，2011 年 8 月，人民银行、外交部、公安部向国务院报送了《关于进一步加强反恐怖工作有关问题的决定（送审稿）》。对此，国务院法制办征求了中央政法委、中央编办、最高法、最高检、外交部、发展改革委、公安部、国家安全部、人民银行、银监会、中央军委法制局、武警总部等部门、单位的意见，并与全国人大常委会法工委反复研究论证，形成了《关于加强反恐怖工作有关问题的决定（草案）》。[①] 2011 年 10 月 29 日，十一届全国人大常委会二十三次会议通过了《关于加强反恐怖工作有关问题的决定》。其主要内容有以下几方面：

（1）关于恐怖活动、恐怖活动组织、恐怖活动人员的界定。

由于当时的法律没有对恐怖活动、恐怖活动组织、恐怖活动人员的含义作出规定，直接影响到对恐怖活动的打击和对涉恐资产的控制，也影响到反恐怖国际合作。该决定根据我国恐怖活动、恐怖活动组织、恐怖活动人员的实际情况，并借鉴我国参加的国际公约及相关国际文件的规定，对恐怖活动、恐怖活动组织、恐怖活动人员作了界定：恐怖活动是指以制造社会恐慌、危害公共安全或者胁迫国家机关、国际组织为目的，采取暴力、破坏、恐吓等手段，造成或者意图造成人员伤亡、重大财产损失、公共设施损坏、社会秩序混乱等严重社会危害的行为，以及煽动、资助或者以其他方式协助实施上述活动的行为；恐怖活动组织是指为实施恐怖活动而组成的犯罪集团；恐怖活动人员是指组织、策划、实施恐怖活动的人和恐怖活动组织的成员。

（2）反恐怖工作领导机构和有关组织力量。

当时的反恐怖工作由国家反恐怖工作协调小组领导，在重大活动安保反恐工作、防范打击“三股势力”以及处理突发恐怖事件中发挥了重要作用。该决定对国家反恐怖工作领导机构的领导和指挥职责作了规定，同时对反恐怖工作的有关组织力量作了规定：国家反恐怖工作领导机构统一领导和指挥全国反恐怖工作；公安机关、国家安全机关和人民检察院、人民法院、司法行政机关以及其他有关国家机关，应当各司其职、密切配合，依法做好反恐怖工作；中国人民解放军、中国人民武装警察部队和民兵组织依照法律、行政法规、军事法规以及国务院、中央军事委员会的命令，防范和打击恐怖活动。

（3）恐怖活动组织及恐怖活动人员名单的认定。

在打击恐怖活动犯罪过程中，司法机关依法对恐怖活动组织和人员进行惩治。为了更加有效地防范和打击恐怖活动，开展涉恐资产监控和冻结工作，在司法程序之外，还需要由法律授权机关对有关恐怖活动组织及恐怖活动人员名单进行认定并公布；在反恐怖国际合作中，联合国安理会有关机构定期发布的有关恐怖活动组织和个人名单，也需要由外交部核报国家反恐怖工作领导机构组织实施。世界上反恐怖任务比较重的国家，都通过了立法确立恐怖活动组织、恐怖活动人员名单认定和公布机制。根据我国反恐怖工作开展的实际情况，该决定规定：由国家反恐怖工作领导机构根据本决定认定、调整恐怖活动组织及恐怖活动人员名单，由国务院公安部门公布。

（4）涉恐资产冻结。

金融机构和特定非金融机构及时冻结涉恐资产是预防恐怖活动重要和有效的措施，联合国安理会的有关决议也对各国“毫不迟延”地冻结从事、参与、资助恐怖活动组织、个人的资产提出了要求。依照我国商业银行法的规定，对存款等的冻结，需要通过立法提供法律依据。为进一步加强涉恐资产监控工作，推进反恐怖国际合作，该决定规定：国务院公安部门公布恐怖活动组织及恐怖活动人员名单时，应当同时决定对涉及有关恐怖活动组织及恐怖活动人员的资金或者其他资产予以冻结。金融机构和特定非金融机构对于涉及国务院公安部门公布的恐怖活动组织及恐怖活动人员的资金或者其他资产，应当立即予以冻结，并按照规定及时向国务院公安部门、国家安全部门和国务院反洗钱行政主管部门报告。冻结涉及恐怖活动资产的具体办法，由国务院反洗钱行政主管部门会同国务院公安部门、

---

① 参见《关于〈关于加强反恐怖工作有关问题的决定（草案）〉的说明——2011 年 10 月 24 日在第十一届全国人民代表大会常务委员会第二十三次会议上》。

国家安全部门制定。

此外，该决定还规定了反恐怖国际合作的内容。

需要说明的是，在该决定之后，《中华人民共和国反恐怖主义法》于 2015 年 12 月 27 日由十二届全国人大常委会十八次会议通过，自 2016 年 1 月 1 日起施行。根据该法第 97 条的规定，该决定自 2016 年 1 月 1 日起废止。

5.《关于特赦部分服刑罪犯的决定》

2015 年 8 月 29 日，为了纪念抗日战争暨世界反法西斯战争胜利 70 周年，全国人大常委会审议通过了《关于特赦部分服刑罪犯的决定》。此次特赦是顺应时代发展、反映党和国家执政自信与制度自信的重要举措，是重新激活宪法所规定的特赦制度的创新实践，完全契合中国人民抗日战争暨世界反法西斯战争胜利 70 周年的喜庆氛围，具有重大的政治与法治意义。① 从法律规范层面来说，尽管特赦制度在我国现行法律体系中尚欠缺系统、完备的规定，但此次特赦也是有宪法和其他法律依据的。此次特赦由全国人大常委会依据我国现行宪法第 67 条所赋予的职权作出，并由国家主席依据宪法第 80 条发布。而且，我国刑事诉讼法第 15 条第 3 项和刑法第 65 条都为特赦制度的运作预留了制度空间，提供了相应的规范依据。从实践层面来说，此次特赦并非无源之水、无本之木，而是有新中国成立后的 7 次特赦之实践作为支撑的。以往的 7 次特赦从适用时机、具体形式、适用对象与范围、适用条件、适用程序等方面为此次特赦提供了实践依据。②

根据主席特赦令，该决定对依据 2015 年 1 月 1 日前人民法院作出的生效判决正在服刑，释放后不具有现实社会危险性的 4 类罪犯实行特赦：（1）参加过中国人民抗日战争、中国人民解放战争的；（2）中华人民共和国成立以后，参加过保卫国家主权、安全和领土完整对外作战的，但犯贪污受贿犯罪，故意杀人、强奸、抢劫、绑架、放火、爆炸、投放危险物质或者有组织的暴力性犯罪，黑社会性质的组织犯罪，危害国家安全犯罪，恐怖活动犯罪，有组织犯罪的主犯以及累犯除外；（3）年满 75 周岁、身体严重残疾且生活不能自理的；（4）犯罪的时候不满 18 周岁，被判处 3 年以下有期徒刑或者剩余刑期在 1 年以下的，但犯故意杀人、强奸等严重暴力性犯罪，恐怖活动犯罪，贩卖毒品犯罪的除外。

6.《关于在中华人民共和国成立七十周年之际对部分服刑罪犯予以特赦的决定》

为庆祝中华人民共和国成立 70 周年，体现依法治国理念和人道主义精神，2019 年 6 月 29 日，十三届全国人大常委会十一次会议通过了《关于在中华人民共和国成立七十周年之际对部分服刑罪犯予以特赦的决定》，同日国家主席习近平发布了特赦令。

该决定对依据 2019 年 1 月 1 日前人民法院作出的生效判决正在服刑的下列 9 类罪犯实行特赦：（1）参加过中国人民抗日战争、中国人民解放战争的；（2）中华人民共和国成立以后，参加过保卫国家主权、安全和领土完整对外作战的；（3）中华人民共和国成立以后，为国家重大工程建设作过较大贡献并获得省部级以上“劳动模范”“先进工作者”“五一劳动奖章”等荣誉称号的；（4）曾系现役军人并获得个人一等功以上奖励的；（5）因防卫过当或者避险过当，被判处 3 年以下有期徒刑或者剩余刑期在 1 年以下的；（6）年满 75 周岁、身体严重残疾且生活不能自理的；（7）犯罪的时候不满 18 周岁，被判处 3 年以下有期徒刑或者剩余刑期在 1 年以下的；（8）丧偶且有未成年子女或者有身体严重残疾、生活不能自理的子女，确需本人抚养的女性，被判处 3 年以下有期徒刑或者剩余刑期在 1 年以下的；（9）被裁定假释已执行 1/5 以上假释考验期的，或者被判处管制的。上述 9 类对象中，具有以下情形之一的，不得特赦：（1）第二、三、四、七、八、九类对象中系贪污受贿犯罪，军人违反职责犯罪，故意杀人、强奸、抢劫、绑架、放火、爆炸、投放危险物质或者有组织的暴力性犯罪，黑社会性质的组织犯罪，贩卖毒品犯罪，危害国家安全犯罪，恐怖活动犯罪的罪犯，其他有组织犯罪的主犯，累犯的；（2）第二、三、四、九类对象中剩余刑期在 10 年以上的和仍处于无期徒刑、死刑缓期执行期间的；（3）曾经被特赦又因犯罪被判处刑罚的；（4）不认罪悔改的；（5）经评估具有现实社会危险性的。

此次特赦彰显中国法治的文明与开放。法律是治国之重器，法治是国家治理体系和治理能力的重要依托。从世界范围看，一些重要的国际人权文书如《世界人权宣言》等都规定了特赦的内容，许多

---

① 参见高铭暄、赵秉志：《中国新时期特赦的政治与法治意义》，载《法制日报》2015 年 8 月 31 日第 4 版。

② 参见赵秉志、阴建峰：《我国新时期特赦的法理解读》，载《法制日报》2015 年 9 月 2 日第 9 版。

国家也有赦免的成功实践。我国在宪法、刑法、刑事诉讼法等国家法律中明确规定了特赦制度。实践证明，在合适的时间节点，立足本国实际，依照法定程序，实施特赦会对法治建设起到重要推动作用。此次特赦，在对依据2019年1月1日前人民法院作出的生效判决正在服刑的9类罪犯进行特赦的同时，还提出对有贪腐、失职、暴力犯罪、主犯累犯等情况的人不得特赦的明确的负面清单要求和严格的程序要求，有力推动了全面依法治国迈向更高水平。[①]

此外，在这一阶段，我国立法机关还在289部民商事法律、行政法律等法律中规定了附属刑法条款，规定对于严重的违法行为要追究刑事责任。不过应当强调指出的是，这一阶段的附属刑法规范与1997年刑法典通过前那一阶段的附属刑法规范有质的不同，这一阶段的附属刑法规范只是对刑法修正案或刑法典中的刑法条款作呼应性的规定，而不是修改、补充性的规定。

7.《关于建立健全香港特别行政区维护国家安全的法律制度和执行机制的决定》

香港回归以来，国家坚定贯彻“一国两制”、“港人治港”、高度自治的方针，“一国两制”实践在香港取得了前所未有的成功；同时，“一国两制”在实践过程中也遇到了一些新情况新问题，面临着新的风险和挑战。当前，一个突出问题就是香港特别行政区国家安全风险日益凸显。特别是自2019年香港发生“修例风波”以来，反中乱港势力公然鼓吹“港独”“自决”“公投”等主张，从事破坏国家统一、分裂国家的活动；公然侮辱、污损国旗国徽，煽动港人反中反共，围攻中央驻港机构，歧视和排挤内地在港人员；蓄意破坏香港社会秩序，暴力对抗警方执法，毁损公共设施和财物，扰乱政府管治和立法会运作。一些外国和境外势力公然干预香港事务，通过立法、行政、非政府组织等多种方式进行插手和捣乱，与香港反中乱港势力勾连合流、沆瀣一气，为香港反中乱港势力撑腰打气、提供保护伞，利用香港从事危害我国国家安全的活动。这些行为和活动，严重挑战了“一国两制”的原则底线，严重损害了法治，严重危害国家主权、安全、发展利益，必须采取有力措施依法予以防范、制止和惩治。然而，香港回归20多年来，由于反中乱港势力和外部敌对势力的极力阻挠、干扰，香港基本法第23条立法一直没有完成。而且，自2003年第23条立法受挫以来，这一立法在香港已被一些别有用心的人严重污名化、妖魔化，香港特别行政区完成第23条立法实际上已经很困难。香港现行法律中一些源于回归之前、本来可以用于维护国家安全的有关规定，长期处于“休眠”状态。除了法律制度外，香港特别行政区在维护国家安全的机构设置、力量配备和执法权力等方面存在明显缺失，有关执法工作需要加强；香港社会需要大力开展维护国家安全的教育，普遍增强维护国家安全的意识。[②]为了维护国家主权、安全、发展利益，坚持和完善“一国两制”制度体系，维护香港长期繁荣稳定，保障香港居民合法权益，2020年5月28日第十三届全国人民代表大会第三次会议通过了《全国人民代表大会关于建立健全香港特别行政区维护国家安全的法律制度和执行机制的决定》（以下简称《决定》）。

《决定》分为导语和正文两部分。导语部分扼要说明作出这一决定的起因、目的和依据。全国人民代表大会的相关决定，是根据宪法第31条和第62条第2项、第14项、第16项的规定以及香港基本法的有关规定，充分考虑维护国家安全的现实需要和香港特别行政区的具体情况，就建立健全香港特别行政区维护国家安全的法律制度和执行机制作出的制度安排。这一制度安排，符合宪法规定和宪法原则，与香港基本法的立法宗旨和确立的有关制度是一致的，将有效地维护香港特别行政区国家安全，有力地巩固和拓展“一国两制”的法治基础、政治基础和社会基础。

《决定》正文部分共有7条，相关内容如下：第1条，阐明国家坚定不移并全面准确贯彻“一国两制”、“港人治港”、高度自治的方针；强调采取必要措施建立健全香港特别行政区维护国家安全的法律制度和执行机制，依法防范、制止和惩治危害国家安全的行为和活动。第2条，阐明国家坚决反对任何外国和境外势力以任何方式干预香港特别行政区事务，采取必要措施予以反制。第3条，明确规定维护国家主权、统一和领土完整是香港特别行政区的宪制责任；强调香港特别行政区应当尽早完成香港基本法规定的维护国家安全立法，香港特别行政区行政机关、立法机关、司法机关应当依据有关法律规定有效防范、制止和惩治危害国家安全的行为和活动。第4条，明确规定香港特别行政区应

① 参见高铭暄、赵秉志、阴建峰：《国庆70周年特赦之时代价值与规范解读》，载《江西社会科学》2019年第7期。

② 参见王晨：《关于〈全国人民代表大会关于建立健全香港特别行政区维护国家安全的法律制度和执行机制的决定（草案）〉的说明——2020年5月22日在第十三届全国人民代表大会第三次会议上》。

当建立健全维护国家安全的机构和执行机制；中央人民政府维护国家安全的有关机关根据需要在香港特别行政区设立机构，依法履行维护国家安全相关职责。第5条，明确规定香港特别行政区行政长官应当就香港特别行政区履行维护国家安全职责、开展国家安全教育、依法禁止危害国家安全的行为和活动等情况，定期向中央人民政府提交报告。第6条，明确全国人大常委会相关立法的宪制含义，包括3层含义：一是授权全国人大常委会就建立健全香港特别行政区维护国家安全的法律制度和执行机制制定相关法律，全国人大常委会将据此行使授权立法职权；二是明确全国人大常委会相关法律的任务，即切实防范、制止和惩治发生在香港特别行政区内的任何分裂国家、颠覆国家政权、组织实施恐怖活动等严重危害国家安全的行为和活动以及外国和境外势力干预香港特别行政区事务的活动；三是明确全国人大常委会相关法律在香港特别行政区实施的方式，即全国人大常委会决定将相关法律列入香港基本法附件三，由香港特别行政区在当地公布实施。第7条，明确本决定的施行时间，即自公布之日起施行。①

8.《中华人民共和国香港特别行政区维护国家安全法》

根据宪法和香港特别行政区基本法的规定，结合多年来国家在特别行政区制度构建和发展方面的实践，中央和国家有关部门在对各种因素进行综合分析、评估和研判的基础上，经认真研究并与有关方面沟通后提出了采取“决定+立法”的方式，从国家层面建立健全香港特别行政区维护国家安全的法律制度和执行机制。2020年5月28日，十三届全国人大三次会议通过了《全国人民代表大会关于建立健全香港特别行政区维护国家安全的法律制度和执行机制的决定》，自公布之日起施行。《决定》授权全国人大常委会就建立健全香港特别行政区维护国家安全的法律制度和执行机制制定相关法律。关于香港特别行政区维护国家安全制度安排的核心要素，已经在全国人大通过的《决定》中作出了基本规定。为了进一步贯彻十三届全国人大三次会议精神，将《决定》内容全面展开、充分贯彻和具体落实，推进香港特别行政区维护国家安全制度安排的法律化、规范化、明晰化，2020年6月30日，第十三届全国人民代表大会常务委员会第二十次会议通过了《中华人民共和国香港特别行政区维护国家安全法》。②

《中华人民共和国香港特别行政区维护国家安全法》共有6章，分别为总则，香港特别行政区维护国家安全的职责和机构，罪行和处罚，案件管辖、法律适用和程序，中央人民政府驻香港特别行政区维护国家安全机构，附则，共66条。这是一部兼具实体法、程序法和组织法内容并涉及刑法、刑事诉讼法和行政法的综合性、专门性法律。该法明确规定了中央人民政府对有关国家安全事务的根本责任和香港特别行政区维护国家安全的宪制责任，规定了香港特别行政区维护国家安全应当遵循的重要法治原则，规定了香港特别行政区建立健全维护国家安全的相关机构及其职责，明确规定了4类危害国家安全的罪行和处罚，明确规定了案件管辖、法律适用和程序以及明确规定了中央人民政府驻香港特别行政区维护国家安全的机构等。

其中集中规定刑法规范的是该法律第三章“罪行和处罚”。该章分6节，对分裂国家罪、颠覆国家政权罪、恐怖活动罪、勾结外国或者境外势力危害国家安全罪4类犯罪行为的具体构成和相应的刑事责任作了规定。同时区分了不同情形，明确规定了4类犯罪行为的刑罚以及效力范围。下面略作介述，并尝试提出对于相关法条之罪名的认识。（1）第一节规定的是“分裂国家罪”。第20条（分裂国家罪）规定，任何人组织、策划、实施或者参与实施该条列举的3类旨在分裂国家、破坏国家统一行为之一的，不论是否使用武力或者以武力相威胁，即属犯罪，并根据犯罪地位的不同，区分首要分子或者罪行重大者、积极参加者、一般参加者规定了刑罚，法定最高刑为无期徒刑（终身监禁）。第21条（煽动、教唆、帮助分裂国家罪）将煽动、协助、教唆、以金钱或者其他财物资助他人实施第20条规定的行为，确定为犯罪，并根据情节划分为2档法定刑。（2）第二节规定的是“颠覆国家政权罪”。第22条（颠覆国家政权罪）规定，任何人组织、策划、实施或者参与实施该条列举的4类以武力、威胁使用武力或者其他非法手段旨在颠覆国家政权行为之一的，即属犯罪，并根据犯罪地位的不同，区

① 参见王晨：《关于〈全国人民代表大会关于建立健全香港特别行政区维护国家安全的法律制度和执行机制的决定（草案）〉的说明——2020年5月22日在第十三届全国人民代表大会第三次会议上》。

② 参见《法制工作委员会负责人向十三届全国人大常委会第十九次会议作关于〈中华人民共和国香港特别行政区维护国家安全法（草案）〉的说明》，载新华网，http：//www. xinhuanet. com/gangao/2020-06/20/c_ 1126139511. htm，2020年6月30日访问。

分首要分子或者罪行重大者、积极参加者、一般参加者规定了刑罚，法定最高刑为无期徒刑（终身监禁）。第23条（煽动、教唆、帮助颠覆国家政权罪）将煽动、协助、教唆、以金钱或者其他财物资助他人实施第22条规定的行为，确定为犯罪，并根据情节划分为2档法定刑。(3) 第三节规定的是“恐怖活动罪”。第24条（组织、策划、实施恐怖活动罪）规定，为胁迫中央人民政府、香港特别行政区政府或者国际组织或者威吓公众以图实现政治主张，组织、策划、实施、参与实施或者威胁实施该条列举的5类造成或者意图造成严重社会危害的恐怖活动之一的，即属犯罪，并设置了2档刑罚，法定最高刑为无期徒刑（终身监禁）。第25条（组织、领导、参加恐怖活动组织罪）将组织、领导、积极参加和参加恐怖活动组织行为规定为犯罪，并分别设立了相应的刑罚。第26条（帮助恐怖活动罪和准备实施恐怖活动罪）将为恐怖活动组织、恐怖活动人员、恐怖活动实施提供培训、武器、信息、资金、物资、劳务、运输、技术或者场所等支持、协助、便利的帮助行为规定为犯罪，以及将制造、非法持有爆炸性、毒害性、放射性、传染病病原体等物质以及以其他形式准备实施恐怖活动的预备行为规定为犯罪，并设立了相应的刑罚。同时规定，实施这些犯罪行为而同时构成其他犯罪的，依照处罚较重的规定定罪处罚，即对此种想象竞合犯的犯罪情形按照从一重罪处断的原则处罚。第27条（宣扬恐怖主义、煽动实施恐怖活动罪）将宣扬恐怖主义、煽动实施恐怖活动的行为规定为犯罪。并设置了相应的刑罚。第28条还规定，本节规定不影响依据香港特别行政区法律对其他形式的恐怖活动犯罪追究刑事责任并采取冻结财产等措施。(4) 第四节规定的是“勾结外国或者境外势力危害国家安全罪”。第29条（勾结外国或者境外势力危害国家安全罪）规定，为外国或者境外机构、组织、人员窃取、刺探、收买、非法提供涉及国家安全的国家秘密或者情报的；请求外国或者境外机构、组织、人员实施，与外国或者境外机构、组织、人员串谋实施，或者直接或者间接接受外国或者境外机构、组织、人员的指使、控制、资助或者其他形式的支援实施该条列举的5类危害国家安全行为的，均属犯罪。上述行为涉及的境外机构、组织、人员，按共同犯罪论处；罪行重大者的法定最高刑为无期徒刑（终身监禁）。第30条规定的加重处罚情节，规定为实施该法第20条（分裂国家罪）、第22条（颠覆国家政权罪）规定的犯罪，与外国或者境外机构、组织、人员串谋，或者直接或者间接接受外国或者境外机构、组织、人员的指使、控制、资助或者其他形式的支援的，依照该法第20条、第22条的规定从重处罚。(5) 第五节规定的是“其他处罚规定”。第31条规定，公司、团体等法人或者非法人组织实施本法规定的犯罪的，对该组织判处罚金，责令其暂停运作或者吊销其执照或者营业许可证。第32条明确规定，因实施该法规定的犯罪而获得的资助、收益、报酬等违法所得以及用于或者意图用于犯罪的资金和工具，应当予以追缴、没收。第33条规定，具备相关情节（犯罪中止，犯罪后自首，立功），可对有关犯罪行为人、犯罪嫌疑人、被告人从轻、减轻处罚；犯罪较轻的，可以免除处罚。第34条规定，不具有香港特别行政区永久性居民身份的人实施本法规定的犯罪的，可以独立适用或者附加适用驱逐出境（刑罚）；不对其追究刑事责任的，也可以驱逐出境（行政处罚）。第35条规定，任何人经法院判决犯危害国家安全罪行的，将会即时丧失相关职务和参选相关职务的资格。(6) 第六节规定的是“效力范围”。第36条（属地管辖）规定，任何人在香港特别行政区内实施本法规定的犯罪的，适用本法；犯罪的行为或者结果有一项发生在香港特别行政区内的，就认为是在香港特别行政区内犯罪；在香港特别行政区注册的船舶或者航空器内实施本法规定的犯罪的，也适用本法。第37条（属人管辖）规定，香港特别行政区永久性居民或者在香港特别行政区成立的公司、团体等法人或者非法人组织在香港特别行政区以外实施本法规定的犯罪的，适用本法。第38条（保护管辖）规定，不具有香港特别行政区永久性居民身份的人在香港特别行政区以外针对香港特别行政区实施本法规定的犯罪的，适用本法。第39条主要针对的是该法的时间效力问题，规定该法施行以后的行为，适用该法定罪处刑，即该法不溯及既往。

另外，该法还对驻港国家安全公署和国家有关机关在特定情形下的案件管辖和程序作出了明确规定。需要说明的是，驻港国家安全公署和国家有关机关在特定情形下对极少数危害国家安全犯罪案件行使管辖权，是中央全面管治权的重要体现，有利于支持和加强香港特别行政区维护国家安全执法工作和司法工作，有利于避免可能出现或者导致出现《香港特别行政区基本法》第18条第4款规定的紧急状态情形。该法还在附则中规定：香港特别行政区本地法律与本法不一致的，适用本法规定；本法的解释权属于全国人民代表大会常务委员会。①

（四）刑法立法解释对有关刑法规范的明确

自1997年刑法典颁布以来，针对刑法典适用过程中对刑法规范理解分歧的问题，全国人大常委会先后通过了13个立法解释，从而使中国的刑法立法形成了以1997年刑法典和刑法修正案为主体，以个别单行刑法和刑法立法解释为补充的立法格局。在这些刑法立法解释文件中，有的对刑事司法实务中认识不一的概念作了详细、准确的界定，有的则是为了终结检察机关和审判机关因对刑法某些条款的认识分歧而形成司法僵局出台的。综合来看，这13个刑法立法解释文件的出台背景情况及其所涉及的主要内容如下：

1. 关于刑法典第93条第2款的解释

在中国刑法中，有一类犯罪的主体只能由国家工作人员构成，非国家工作人员因不具有这种特定的主体身份，不能单独构成这类犯罪。因此，如何界定国家工作人员的范围也就成了罪与非罪的重大理论、立法及司法的问题。1997年刑法典第93条第1款规定："本法所称国家工作人员，是指国家机关中从事公务的人员。"该条第2款规定："国有公司、企业、事业单位、人民团体中从事公务的人员和国家机关、国有公司、企业、事业单位委派到非国有公司、企业、事业单位、社会团体从事公务的人员，以及其他依照法律从事公务的人员，以国家工作人员论。"这两款的规定是司法实践中认定国家工作人员范围的法律依据。

然而，在司法实践中具体认定国家工作人员的范围时，村民委员会等村基层组织人员管理公共事务工作的，是否属于上述第93条第2款中的"其他依照法律从事公务的人员"，一直是困扰司法机关的一个难题。为此，在最高人民法院和最高人民检察院的建议下，2000年4月29日，全国人大常委会通过了《关于刑法第九十三条第二款的解释》，最终使这一司法难题得到比较圆满的解决。

这一立法解释明确，村民委员会等村基层组织人员协助人民政府从事下列行政管理工作，属于刑法典第93条第2款规定的"其他依照法律从事公务的人员"：救灾、抢险、防汛、优抚、扶贫、移民、救济款物的管理；社会捐助公益事业款物的管理；国有土地的经营和管理；土地征用补偿费用的管理；代征、代缴税款；有关计划生育、户籍、征兵工作；协助人民政府从事的其他行政管理工作。

这一立法解释还明确，村民委员会等村基层组织人员从事以上规定的公务，利用职务上的便利，非法占有公共财物、挪用公款、索取他人财物或者非法收受他人财物，构成犯罪的，适用刑法典第382条和第383条贪污罪、第384条挪用公款罪、第385条和第386条受贿罪的规定。②

2. 关于土地犯罪的立法解释

为了强化对土地资源的保护，为惩治破坏土地资源的犯罪提供有力的法律武器，全国人大常委会于2001年8月31日作出了《关于〈中华人民共和国刑法〉第二百二十八条、第三百四十二条、第四百一十条的解释》。

根据该解释，刑法典第228条、第342条、第410条规定的"违反土地管理法规"，是指违反土地管理法、森林法、草原法等法律以及有关行政法规中关于土地管理的规定。刑法典第410条规定的"非法批准征用、占用土地"，是指非法批准征用、占用耕地、林地等农用地以及其他土地。③

3. 关于黑社会性质组织的解释

如何认定黑社会性质组织，不仅在理论上认识分歧较大，在司法实践中的做法也极不统一，这在一定程度上不仅严重地影响了司法的统一，而且也不利于刑法打击犯罪、保护人民这一目标的实现。为此，最高人民法院于2000年12月10日起施行《关于审理黑社会性质组织犯罪的案件具体应用法律若干问题的解释》，该解释对黑社会性质组织的基本特征作了原则性的界定。然而，由于这一司法解释将"保护伞"列为黑社会性质组织的必备特征，其结果是，如果查不出"保护伞"，也就难以对所谓

---

① 参见法制工作委员会主任沈春耀向第十三届全国人大常委会第十九次会议作《关于〈中华人民共和国香港特别行政区维护国家安全法（草案）〉的说明》，载新华网，http://www.xinhuanet.com/gangao/2020-06/20/c_1126139511.htm，2020年6月30日访问。

② 参见全国人大常委会法制工作委员会副主任胡康生：关于《全国人民代表大会常务委员会关于〈中华人民共和国刑法〉第九十三条第二款的解释（草案）》的说明——1999年12月17日在第九届全国人民代表大会常务委员会第十三次会议上。

③ 参见国务院法制办公室主任杨景宇：《关于〈中华人民共和国刑法第三百四十二条、第四百一十条修正案（草案）〉的说明——2001年6月26日在第九届全国人民代表大会常务委员会第二十二次会议上》。

的黑社会性质组织犯罪予以查处。[①] 而现实是，在司法实践中，要查出谁是某一黑社会性质组织的“保护伞”是极其困难的，这样就把司法机关推向了两难的尴尬境地：一方面，“打黑除恶”的需要决定着其不得不对涉黑案件进行查处；另一方面，所谓的“保护伞”躲在深处很难被揪出来。为了解决这一司法难题，全国人大常委会于 2002 年 4 月 28 日通过了《关于〈中华人民共和国刑法〉第二百九十四条第一款的解释》，以立法解释的形式重新对黑社会性质组织作了具有“终局裁判”性质的界定。

根据该解释对黑社会性质组织的明确界定，黑社会性质组织的成立应当同时具备以下特征：一是组织结构特征，即形成较稳定的犯罪组织，人数较多，有明确的组织者、领导者，骨干成员基本固定；二是经济实力特征，即有组织地通过违法犯罪活动或者其他手段获取经济利益，具有一定的经济实力，以支持该组织的活动；三是手段特征，即以暴力、威胁或者其他手段，有组织地多次进行违法犯罪活动，为非作歹，欺压、残害群众；四是非法控制性特征，即通过实施违法和犯罪活动，或者利用国家工作人员的包庇或者纵容称霸一方，在一定区域或者行业内形成非法控制或者重大影响，严重破坏经济、社会秩序。这一立法解释对于统一司法、终结司法实务界认识上的纷争具有积极的意义。[②]

4. 关于挪用公款归个人使用的解释

根据 1997 年刑法典第 384 条的规定，国家工作人员利用职务上的便利，挪用公款归个人使用，进行非法活动的，构成挪用公款罪。在一般情况下，对于“挪用公款归个人使用”，在司法实务中理解和把握起来并不会产生太大的问题。但是，实践中也存在一些“边缘”性的、需要研究的问题。例如，有的国家工作人员出于个人的目的，为了谋取个人的私利，利用职务上的便利，将公款挪给其他企事业单位、机关、团体使用；有的国家工作人员不是将公款挪给纯粹的自然人使用，而是挪给私有公司、私有企业使用。对于这些情况能不能定为挪用公款罪，无论是刑法理论还是司法实务都存在不同的看法。

为了统一司法部门的认识，最高司法机关曾就这一问题作出过司法解释。然而，由于司法解释固有的局限性，对“归个人使用”的理解问题非但没有解决，又产生了新的问题。针对这种状况，全国人大常委会在充分听取有关方面的意见和建议并进行详细论证的基础上，于 2002 年 4 月 28 日通过了《关于〈中华人民共和国刑法〉第三百八十四条第一款的解释》，就“挪用公款归个人使用”的理解适用问题，出台了有针对性的立法解释文件。

根据这一立法解释，“挪用公款归个人使用”包括 3 种情况：（1）将公款供本人、亲友或者其他自然人使用的；（2）以个人名义将公款供其他单位使用的；（3）个人决定以单位名义将公款供其他单位使用，谋取个人利益的。这一解释在一定程度上解决了将公款挪用给私有单位、私有企业使用是否属于归个人使用的问题，对于统一司法实务部门的认识具有一定的积极意义。[③]

5. 关于拒不执行判决、裁定罪的解释

针对法院执行工作面临的严峻形势，为保护当事人的合法权益，打击利用国家公权力干预法院执行工作的行为，根除执行过程中的地方和部门保护主义，捍卫国家法制的统一和尊严，2002 年 8 月 29 日全国人大常委会通过了《关于〈中华人民共和国刑法〉第三百一十三条的解释》。该解释对拒不执行判决、裁定罪的若干用语及犯罪的情节等作了进一步的明确。具体而言，涉及以下问题：

第一，明确了“判决”“裁定”的内涵及外延，即所谓“人民法院的判决、裁定”，是指人民法院依法作出的具有执行内容并已发生法律效力的判决、裁定。人民法院为依法执行支付令、生效的调解书、仲裁裁决、公证债权文书等所作的裁定属于该条规定的裁定。

第二，明确了构成本罪的犯罪情节，即所谓“有能力执行而拒不执行，情节严重”，是指以下的

---

① 参见全国人大常委会法制工作委员会副主任胡康生：《对〈全国人民代表大会常务委员会关于《中华人民共和国刑法》第三百八十四条第一款的解释（草案）〉的说明——2002 年 4 月 24 日在第九届全国人民代表大会常务委员会第二十七次会议上》。

② 应当指出的是，尽管立法解释否认黑社会性质组织的“保护伞”条件，但这并不意味着黑社会性质组织实际上没有“保护伞”。事实上，如果没有国家工作人员的保护，这些恶势力也很难形成气候且长时间存在，并与主流社会对抗，形成真正意义上的黑社会性质组织。参见李文燕：《“黑社会性质组织”之我见》，载赵秉志主编：《刑事法判解研究》（2002 年第 1 期），人民法院出版社 2002 年版，第 121 页；赵秉志：《关于黑社会性质的组织犯罪司法解释的若干思考》，载赵秉志主编：《刑事法判解研究》（2002 年第 1 期），人民法院出版社 2002 年版，第 112 页。

③ 参见全国人大常委会法制工作委员会副主任胡康生：《对〈全国人民代表大会常务委员会关于《中华人民共和国刑法》第二百九十四条第一款的解释（草案）〉的说明》——2002 年 4 月 24 日在第九届全国人民代表大会常务委员会第二十七次会议上。

情形：(1) 被执行人隐藏、转移、故意毁损财产或者无偿转让财产、以明显不合理的低价转让财产，致使判决、裁定无法执行的；(2) 担保人或者被执行人隐藏、转移、故意毁损或者转让已向人民法院提供担保的财产，致使判决、裁定无法执行的；(3) 协助执行义务人接到人民法院协助执行通知书后，拒不协助执行，致使判决、裁定无法执行的；(4) 被执行人、担保人、协助执行义务人与国家机关工作人员通谋，利用国家机关工作人员的职权妨害执行，致使判决、裁定无法执行的；(5) 其他有能力执行而拒不执行，情节严重的情形。

第三，对构成共犯和牵连犯的情形作了明确。国家机关工作人员与被执行人、担保人、协助执行义务人通谋，利用自己的职权妨害执行，致使判决、裁定无法执行的，以拒不执行判决、裁定罪的共犯追究其刑事责任。国家机关工作人员收受贿赂或者滥用职权，又与被执行人、担保人、协助执行义务人通谋，利用自己的职权妨害执行，致使判决、裁定无法执行，如果同时又构成受贿罪、滥用职权罪的，依照处罚较重的规定定罪处罚。①

6. 关于渎职罪主体的解释

1997 年修订的刑法典第九章的渎职罪，其犯罪主体被限定为国家机关工作人员。所谓“国家机关工作人员”，是指在国家机关中从事公务的人员。然而，如何具体认定“国家机关工作人员”，近年来在渎职罪的司法认定中遇到了不少颇为棘手的问题：一是法律授权规定某些非国家机关的组织，在某些领域行使国家行政管理职权、监督职权，如证券监督管理机构、保险监督管理机构等；二是在机构改革中，有的地方将原有的一些国家机关调整为事业单位，但仍然保留某些行政管理的职能，如国家林业管理部门等；三是有些国家机关将自己行使的职权依法委托给一些组织行使，如烟草专卖、盐业管理等部门；四是在实践中有的国家机关根据工作需要聘用了一部分国家机关以外的人员从事公务，如合同制民警、聘用制人员等。上述人员能否构成渎职罪，无论是在刑法学界还是司法实务部门都存在不同看法，这无疑影响着对这类人员在工作中实施的滥用职权、徇私舞弊、玩忽职守等行为的查处，虽然最高人民法院和最高人民检察院在各自职权范围内先后作出了一些司法解释，但仍不能从根本上有效地解决实践中存在和遇到的问题，因此，亟待全国人大常委会以立法解释的形式予以明确。

2002 年 12 月 28 日，九届全国人大常委会三十一次会议通过了《关于〈中华人民共和国刑法〉第九章渎职罪主体适用问题的解释》。根据该解释，下列人员在代表国家机关行使职权时，有渎职行为，构成犯罪的，依照渎职罪的有关规定追究刑事责任：(1) 在依照法律、法规规定行使国家行政管理职权的组织中从事公务的人员，如证券监督管理委员会、地方烟草专卖局、土地所及房产所工作的人员等；(2) 在受国家机关委托代表国家机关行使职权的组织中从事公务的人员，如新疆生产建设兵团工作人员等；(3) 虽未列入国家机关人员编制，但在国家机关中从事公务的人员，如合同制、聘用制人员等。②

7. 关于刑法有关信用卡规定的解释

1997 年刑法典第 177 条和第 196 条对伪造信用卡和利用信用卡进行诈骗的犯罪作了规定。这些规定中的“信用卡”是指商业银行和其他金融机构发行的电子支付卡。随着商业银行和其他金融机构业务的发展，出现了多种形式的电子支付卡。中国人民银行为了加强对电子支付卡的管理，将金融机构发行的各种形式的电子支付卡细分为信用卡、借记卡，并将信用卡再细分为贷记卡和准贷记卡。这样，司法实践中对伪造金融机构发行的各类电子支付卡或者利用这类电子支付卡进行诈骗的犯罪活动，在适用法律上就出现了不同认识。有的案件按照刑法典第 196 条规定的信用卡诈骗罪处理，有的按照刑法典第 194 条第 2 款规定的金融凭证诈骗罪处理，有的按照刑法典第 266 条的普通诈骗罪处理，有的未作犯罪处理。

为了统一司法，根据最高司法机关及其他有关部门的建议，2004 年 12 月 29 日，十届全国人大常委会十三次会议通过了《关于〈中华人民共和国刑法〉有关信用卡规定的解释》，对“信用卡”的含义作出了明确的界定，即刑法规定的“信用卡”，是指由商业银行或者其他金融机构发行的具有消费

① 参见全国人大常委会法制工作委员会副主任胡康生：《对〈全国人民代表大会常务委员会关于《中华人民共和国刑法》第三百一十三条的解释（草案）〉的说明》——2002 年 8 月 23 日在第九届全国人民代表大会常务委员会第二十九次会议上。

② 参见全国人大常委会法制工作委员会副主任胡康生：《对〈全国人民代表大会常务委员会关于《中华人民共和国刑法》第九章渎职罪主体适用问题的解释（草案）〉的说明》——2002 年 12 月 23 日在第九届全国人民代表大会常务委员会第三十一次会议上。

支付、信用贷款、转账结算、存取现金等全部功能或者部分功能的电子支付卡。[①] 从而为司法实务中统一适用关于信用卡的刑法规范提供了法律依据。

8. 关于刑法有关出口退税、抵扣税款的其他发票规定的解释

1997 年刑法典分则第三章第六节中，对虚开、伪造、盗窃、骗取增值税专用发票或者可用于骗取出口退税、抵扣税款的其他发票的犯罪作了规定。然而，一些地方出现了利用伪造的海关代征增值税专用缴款书骗取出口退税、抵扣税款的案件，司法机关和有关部门对于这类完税凭证是否属于刑法所规定的出口退税、抵扣税款的其他发票，出现了不同认识，需要立法解释予以明确。

2005 年 12 月 29 日，十届全国人大常委会十九次会议通过了《关于〈中华人民共和国刑法〉有关出口退税、抵扣税款的其他发票规定的解释》。根据该解释，刑法所规定的"出口退税、抵扣税款的其他发票"，是指除增值税专用发票以外的其他具有出口退税、抵扣税款功能的收付款凭证或者完税凭证。据此，海关代征增值税专用缴款书应属完税凭证，属于出口退税、抵扣税款的其他发票。[②] 从而为司法实务中统一适用关于出口退税、抵扣税款的其他发票的刑法规范提供了法律依据。

9. 关于古脊椎动物化石和古人类化石的解释

近年来，一些地方出现了走私、盗窃、损毁、倒卖、非法转让具有科学价值的古脊椎动物化石、古人类化石的严重违法行为。司法机关对于这些行为是否应当适用刑法有关文物犯罪的规定，出现了不同认识。而《中华人民共和国文物保护法》第 2 条第 2 款明确规定，"具有科学价值的古脊椎动物化石和古人类化石同文物一样受国家保护"。中国加入的有关国际公约中对于文物的定义，也是包括化石在内的。因此，为了统一认识，2005 年 12 月 29 日十届全国人大常委会十九次会议通过了《关于〈中华人民共和国刑法〉有关文物的规定适用于具有科学价值的古脊椎动物化石、古人类化石的解释》。

根据该解释，具有科学价值的古脊椎动物化石、古人类化石应属于刑法中的文物。对走私、盗窃、损毁、倒卖、非法转让具有科学价值的古脊椎动物化石、古人类化石的严重违法行为，应当适用刑法有关文物犯罪的规定。[③]

10. 关于单位实施刑法未规定追究单位刑事责任的危害社会行为如何适用刑法有关规定的解释

1997 年刑法典第 30 条规定："公司、企业、事业单位、机关、团体实施的危害社会的行为，法律规定为单位犯罪的，应当负刑事责任。"据此，刑法典分则对一些犯罪行为具体规定了单位犯罪及对单位犯罪的处罚。这些规定对遏制单位犯罪发挥了积极作用。一些司法机关反映，在刑法规定的犯罪中，有些没有规定为单位犯罪，但在实际生活中，存在由公司、企业等单位实施这些危害社会行为的情形。对于这种情况，除了对单位依法追究相应的民事行政等责任外，是否还要追究刑事责任，追究谁的刑事责任，有必要作出专门的法律解释，以指导司法实践。

全国人大常委会法制工作委员会会同有关方面经认真研究，认为：刑法主要针对一些涉及经济领域的犯罪规定了单位犯罪。对于一些传统的侵犯人身财产权利的犯罪，如杀人、伤害、抢劫、普通的诈骗、盗窃等，刑法分则没有规定单位犯罪。这样规定的考虑是不认为这些犯罪是单位犯罪，不由单位承担刑事责任，但对组织、策划、直接实施这些法律明文规定为犯罪行为的人，应当按自然人犯罪依法追究刑事责任。对这一问题作出的法律解释，既符合立法的原意，适应惩治犯罪的需要，也有利于贯彻罪刑法定原则和维护法制统一。

有鉴于此，2014 年 4 月 24 日，十二届全国人大常委会八次会议通过了《关于〈中华人民共和国刑法〉第三十条的解释》。该解释作出如下明确：公司、企业、事业单位、机关、团体等单位实施刑法规定的危害社会的行为，刑法分则和其他法律未规定追究单位的刑事责任的，对组织、策划、直接

---

① 参见全国人大常委会法制工作委员会副主任安建：《关于〈全国人民代表大会常务委员会关于《中华人民共和国刑法》有关信用卡规定的解释（草案）〉的说明》——2004 年 12 月 25 日在第十届全国人民代表大会常务委员会第十三次会议上。

② 参见全国人大常委会法制工作委员会副主任安建：《关于〈全国人民代表大会常务委员会关于《中华人民共和国刑法》有关文物的规定适用于具有科学价值的古脊椎动物化石、古人类化石的解释（草案）〉的说明》——2005 年 12 月 24 日在第十届全国人民代表大会常务委员会第十九次会议上。

③ 参见全国人大常委会法制工作委员会副主任安建：《关于〈全国人民代表大会常务委员会关于《中华人民共和国刑法》有关出口退税、抵扣税款的其他发票规定的解释（草案）〉的说明》——2005 年 12 月 24 日在第十届全国人民代表大会常务委员会第十九次会议上。

实施该危害社会行为的人依法追究刑事责任。①

11. 关于虚报注册资本罪和虚假出资、抽逃出资罪适用范围的解释

1997 年刑法典第 158 条、第 159 条分别规定了虚报注册资本罪和虚假出资、抽逃出资罪及其刑罚。2013 年 12 月 28 日，全国人大常委会对《中华人民共和国公司法》作出修改，将一般公司的注册资本实缴登记制改为认缴登记制，取消注册资本最低限额制度和缴足出资的期限规定。同时，明确对金融机构、具有准金融机构性质的企业、募集设立的股份有限公司、直销企业、对外劳务合作企业、劳务派遣企业等法律、行政法规和国务院另有规定的公司，仍然实行注册资本实缴登记制。有关方面提出，公司法修改后，刑法典第 158 条、第 159 条的规定是否适用于改为认缴登记制的公司，属于明确法律依据的问题，建议对此作出法律解释。

全国人大常委会法制工作委员会会同有关方面经认真研究，认为：公司法对注册资本制度作出重大修改，体现了全面深化改革的要求，是落实十二届全国人大一次会议批准的关于国务院机构改革和职能转变方案的重要举措，有利于充分发挥市场作用，进一步激发各类市场主体的创业活力。根据修改后的公司法的规定，除法律、行政法规和国务院另有规定实行注册资本实缴登记制的公司以外，对于实行注册资本认缴登记制的公司，法律已不再将实收资本作为公司登记的法定条件。实践中如果出现股东有虚假出资、抽逃出资等行为的，除应当按照公司章程规定向公司足额缴纳出资外，还应当依法承担相应的违约责任等，对此可由其他股东依法主张权利，可以不再依照刑法典第 158 条、第 159 条的规定追究刑事责任。而对于法律、行政法规和国务院规定实行注册资本实缴登记制的公司，刑法典第 158 条、第 159 条的规定仍然适用。②

有鉴于此，2014 年 4 月 24 日，十二届全国人大常委会八次会议通过了《关于〈中华人民共和国刑法〉第一百五十八条、第一百五十九条的解释》。该解释作出如下明确："刑法第一百五十八条、第一百五十九条的规定，只适用于依法实行注册资本实缴登记制的公司。"

12. 关于骗取社会保险金或者其他社会保险待遇的行为如何适用刑法有关规定的解释

刑法典第 266 条针对诈骗公私财物的行为规定了诈骗罪及其刑罚。近年来，骗取养老、医疗、工伤、失业、生育等社会保险金或者其他社会保险待遇的情况时有发生，有的地方甚至出现有组织地骗取社会保险金或者其他社会保险待遇的行为。在执法中，对于这类违法犯罪行为如何适用法律认识不一致，有的按诈骗罪追究刑事责任，有的给予行政处分，有的在追回社会保险金或者待遇后不予处理。有关方面建议对此予以明确。

全国人大常委会法制工作委员会会同有关方面经认真研究，认为：社会保险资金的安全，关系到全体人民福祉和社会的和谐稳定。社会保险法在法律责任一章中对以欺诈、伪造证明材料或者其他手段骗取社会保险金、社会保险待遇的行为规定了行政处罚，并规定构成犯罪的，依法追究刑事责任。上述行为从性质上讲，与刑法规定的诈骗公私财物的行为是相同的，具有较大的社会危害性，对于构成犯罪的，应当依法追究刑事责任。③

有鉴于此，2014 年 4 月 24 日，十二届全国人大常委会八次会议通过了《关于〈中华人民共和国刑法〉第二百六十六条的解释》。该解释作出如下明确规定："以欺诈、伪造证明材料或者其他手段骗取养老、医疗、工伤、失业、生育等社会保险金或者其他社会保险待遇的，属于刑法第二百六十六条规定的诈骗公私财物的行为。"

13. 关于破坏野生动物资源的行为如何适用刑法有关规定的解释

刑法典第 341 条第 1 款中规定了"非法收购、运输、出售国家重点保护的珍贵、濒危野生动物及

---

① 参见全国人大常委会法制工作委员会副主任郎胜：《关于〈全国人民代表大会常务委员会关于《中华人民共和国刑法》《中华人民共和国刑事诉讼法》有关规定的解释（草案）〉的说明》——2014 年 4 月 21 日在第十二届全国人民代表大会常务委员会第八次会议上。

② 参见全国人大常委会法制工作委员会副主任郎胜：《关于〈全国人民代表大会常务委员会关于《中华人民共和国刑法》《中华人民共和国刑事诉讼法》有关规定的解释（草案）〉的说明》——2014 年 4 月 21 日在第十二届全国人民代表大会常务委员会第八次会议上。

③ 参见全国人大常委会法制工作委员会副主任郎胜：《关于〈全国人民代表大会常务委员会关于《中华人民共和国刑法》《中华人民共和国刑事诉讼法》有关规定的解释（草案）〉的说明》——2014 年 4 月 21 日在第十二届全国人民代表大会常务委员会第八次会议上。

其制品”的犯罪，该条第 2 款针对“违反狩猎法规，在禁猎区、禁猎期或者使用禁用的工具、方法进行狩猎，破坏野生动物资源，情节严重”的行为规定了非法狩猎罪。近年来，在野生动物资源保护方面比较突出的问题包括：一是在一些地方食用珍贵、濒危野生动物等情况突出，形成了非法猎捕、杀害珍贵、濒危野生动物的“买方市场”。对于为食用或者其他非法用途而购买珍贵、濒危野生动物及其制品的是否属于犯罪行为、是否追究刑事责任，还存在模糊认识，需要予以明确。二是一些不法分子明知是非法狩猎的野生动物而坐地收赃，形成非法狩猎活动的背后推手，对这种行为是否追究刑事责任、如何追究刑事责任不明确。有关方面建议对此作出法律解释。

全国人大常委会法制工作委员会会同有关方面经认真研究，认为：加强对野生动物资源的保护，是建设生态文明的重要方面。目前，社会上存在的食用珍贵、濒危野生动物（截至当时，国家重点保护的珍贵、濒危野生动物共 420 种，其中有大熊猫、金丝猴等 103 种一级保护陆生野生动物，黑熊、穿山甲等 238 种二级保护陆生野生动物，国家重点保护的水生野生动物共 79 种类）等行为，既是一种社会陋习，也是非法猎捕、杀害珍贵、濒危野生动物活动屡禁不止的原因之一。“没有买卖，就没有杀戮。”明知是珍贵、濒危野生动物及其制品而购买的行为，从性质上讲，与非法收购珍贵、濒危野生动物及其制品的行为是相同的，应当依法追究刑事责任。另外，为保护野生动物，刑法规定了非法狩猎罪。在实践中，明知是非法狩猎的野生动物而收购的行为，是造成一些大规模的非法狩猎活动在有些地方屡禁不止的主要因素，应当根据刑法的有关规定，对这些人依法追究刑事责任。[①]

有鉴于此，2014 年 4 月 24 日，第十二届全国人大常委会第八次会议通过了《关于〈中华人民共和国刑法〉第三百四十一条、第三百一十二条的解释》。该解释作出如下明确规定：“知道或者应当知道是国家重点保护的珍贵、濒危野生动物及其制品，为食用或者其他非法用途而购买的，属于刑法第三百四十一条第一款规定的非法收购国家重点保护的珍贵、濒危野生动物及其制品的行为。知道或者应当知道是刑法第三百四十一条第二款规定的非法狩猎的野生动物而购买的，属于刑法第三百一十二条第一款规定的明知是犯罪所得而收购的行为。”

以上是在 1997 年修订刑法典通过之后，国家立法机关针对适用刑法规范中遇到的疑难问题所作的 13 个刑法立法解释文件的情况。通过这些立法活动，中国刑法得到了进一步的发展与完善，并指导与统一了相关的刑事司法实务工作。

三、刑法立法的主要特点

1997 年刑法典因应社会主义市场经济的这一基本要求，在保障人权、强调刑法的社会功能方面有诸多重大突破。同时，将破坏社会主义市场经济犯罪和危害社会治安的犯罪作为惩治的重点，成为我国社会安定有序和经济持续发展的有力保障。1997 年刑法典也注意适应对外开放的需要，促进我国刑法立法的国际化，从而为营造社会主义市场经济建设的良好国际环境作出贡献。1997 年刑法典还具备一定的超前性，如规定了危害计算机方面的犯罪、恐怖组织活动的犯罪等，这些新增的犯罪在当时的中国社会中虽有一些苗头，但尚不是非常严重。[②] 总之，1997 年刑法典的修订，全面吸收了 1979 年刑法典和既往各个单行刑法及附属刑法规范的合理规范，并在观念、内容、罪名、体例和技术方面都取得了显著进步，标志着中国刑法法典化的进一步发展。[③] 1997 年刑法典通过以来，国家立法机关根据社会的发展形势和治理犯罪问题的新情况、新需要，并考虑刑法立法的进步和科学要求，通过刑法修正案、单行刑法和刑法立法解释等形式修改、补充和完善刑法典，从而维护和发展了我国刑法规范的科学性、进步性和时代性。概括而言，这一时期的我国刑法立法（1997 年刑法典及其之后至今的刑法立法）表现出以下几个方面的基本特点：

（一）立法理念：保障人权与维护秩序并重

1997 年 3 月 14 日，八届全国人大五次会议通过了全面修订的刑法典，这是新中国历史上最完备、

---

① 参见全国人大常委会法制工作委员会副主任郎胜：《关于〈全国人民代表大会常务委员会关于《中华人民共和国刑法》《中华人民共和国刑事诉讼法》有关规定的解释（草案）〉的说明》——2014 年 4 月 21 日在第十二届全国人民代表大会常务委员会第八次会议上。

② 参见赵秉志、赫兴旺：《中国新刑法典的修订与分则的重要进展》，载《吉林大学社会科学学报》1997 年第 6 期。

③ 参见赵秉志：《当代中国刑法法典化研究》，载《法学研究》2014 年第 6 期。

最系统、最具有时代气息并且具有里程碑意义的刑法典。[①] 1997 年刑法典诞生于社会急剧转型、经济生活高度活跃、特别刑法较多且分散的时代背景之下，大幅度修改 1979 年刑法典是为了适应当时社会形势发展的客观需要。[②] 在 1997 年刑法典颁行之前，我国刑法立法理念主要强调对秩序的追求，而对自由的保障不够。这其中最典型的体现，当属罪刑法定原则的缺失，伴随而来的是刑法立法之明确性的缺失。按照 1979 年刑法典第 79 条规定的有罪类推适用制度，任何法无明文规定的具有严重社会危害性的行为，均"可以比照本法分则最相类似的条文定罪判刑"，只不过在程序上要"报请最高人民法院核准"。从刑法立法的层面上看，刑法的自由价值让步于秩序价值。1997 年刑法典及其之后的刑法立法改变了既往只注重维护秩序而忽略保障人权的立法理念与实践，开始注重保持刑法秩序价值与自由价值的平衡。[③] 因此，1997 年刑法典相对于 1979 年刑法典最重要的"新"，在于理念的改变之新，即 1979 年刑法典更多地强调了惩治犯罪，而 1997 年刑法典强调较多的是人权保障，把人权保障这一点放到较为重要的位置。[④] 自 1997 年刑法典颁行以来，在发挥刑法维护社会秩序作用的同时，保障人权的立法理念在我国刑法中得以确立并持续深化，现代刑法的基本精神和基本特征得到彰显，我国的刑事法治也由此走向新高度、新境界。

1. 1997 年刑法典及之后的刑法立法充分贯彻保障人权的科学理念

作为国家法治的重要组成部分，刑法直接关涉公民的基本人权，人权保护是刑事法治理念的基本要求，是当代刑法机能所蕴含的重要内容。刑法不仅可以通过依法惩罚犯罪来维护社会正常秩序，为广大人民群众提供良好的生产、生活环境，而且也保障无罪的人不受刑罚处罚，防止惩罚权的滥用，包括在惩罚罪犯时也维护其应有权益，使其所受到的惩罚与其犯罪行为和刑事责任相适应，保证其免受不公正之惩罚，并通过刑罚的执行来感化和改造犯罪人，促使其重新回归社会。[⑤] 与以往的刑法立法相比，1997 年刑法典注重体现保障人权的时代要求，为此进行了一系列重大改革和诸多完善。这主要体现在以下 3 个方面：

（1）1997 年刑法典废除了长期以来备受诟病的有罪类推制度，重申了从旧兼从轻的时间效力原则，分解了"口袋罪"，增强了刑法规范的明确性和可操作性，确立了以人权保障为价值底蕴的罪刑法定原则。这些制度设计，对于刑法规范预测和评价功能的发挥和实现，进而促进对公民基本权利的保障，具有特别重要的意义。

（2）1997 年刑法典确立了适用刑法人人平等原则和罪责刑相适应原则，完善了未成年人负刑事责任范围的规定，在分则中依照保障人权的法治理念要求设置了反对和禁止酷刑的罪刑条款等，有利于保障犯罪嫌疑人、被告人和犯罪人的合法权益。

（3）对被害人权益的保护是人权保障的一个非常重要的方面，1997 年刑法典有许多规定都体现了这方面的基本要求。例如，强化了正当防卫制度，为了防止司法舞弊；设置了追诉时效延长制度；在刑法典分则中，通过设置特定的犯罪，来保护未成年人和妇女的合法权益；通过授权变通或补充规定的条款以及具体犯罪的规定，体现对少数民族公民合理的特殊处遇。[⑥]

在 1997 年刑法典之后的刑法修正中，我国刑法立法以宽严相济的基本刑事政策为指导，进一步弘扬了保障人权的立法理念。这主要体现在以下 3 个方面：（1）死刑制度的趋宽改革，包括提高死缓犯执行死刑的门槛、对老年犯罪人原则上不得适用死刑、针对贪污受贿犯罪增设具有死刑替代功能的终身监禁制度、废止 22 种罪名的死刑、取消 3 种犯罪之绝对确定的死刑规定等。通过严格限制死刑的适用，我国刑罚体系的严厉性有所降低。（2）特殊群体犯罪的从宽处理。除了对老年人原则上不适用死刑外，还包括对老年人犯罪的从宽处理，对未成年人、怀孕的妇女和老年人适用缓刑从宽，未成年犯罪人不成立累犯等。（3）具体犯罪处理的从宽。除了死刑改革所涉及的具体犯罪外，还包括提高了逃税罪、贪污罪、受贿罪等多种犯罪的入罪门槛，降低了绑架罪等多种犯罪的法定刑，削减了组织卖淫

---

① 参见高铭暄：《中华人民共和国刑法的孕育诞生和发展完善》，北京大学出版社 2012 年版，序言，第 4 页。

② 参见王渊：《从 1997 年刑法颁行 20 周年看修法变化与未来发展——专访清华大学法学院教授周光权》，载《人民检察》2017 年第 19 期。

③ 参见赵秉志：《改革开放 40 年我国刑法立法的发展及其完善》，载《法学评论》2019 年第 2 期。

④ 参见张明楷、陈兴良、车浩：《立法、司法与学术——中国刑法二十年的回顾与展望》，载《中国法律评论》2017 年第 5 期。

⑤ 参见赵秉志：《当代中国刑法中的人权保护》（上），载《中共中央党校学报》2004 年第 4 期。

⑥ 参见赵秉志：《改革开放 30 年我国刑法建设的成就及展望》，载《北京师范大学学报（社会科学版）》2009 年第 2 期。

罪、强迫卖淫罪等多种犯罪的加重处罚情节。通过这些方式，我国刑法对相关犯罪的处罚力度有所降低。①

2. 1997 年刑法典及其之后的刑法立法积极发挥维护秩序的应有作用

刑法的规制范围不是由立法者的主观意志决定的，而是由许多客观因素决定的，其中最主要的因素就是社会抗制犯罪的客观需要。在我国，随着经济的迅速发展和各项改革的深入进行，以经济关系为主的社会关系日益复杂化，刑法立法对处于转型时期的多变的犯罪情势显得应接不暇。新型的、需要运用刑法进行抗制的危害社会行为不断出现，一些过去并不突出的危害社会行为日益突出且危害严重，需要运用刑法进行抗制。可以说，客观的社会情势决定了在较长时期内犯罪化将成为中国刑法立法的基本趋势。② 因此，在注重保障人权的同时，1997 年刑法典及其之后的刑法立法针对新的犯罪形势和犯罪现象积极作出回应，在惩治犯罪、维护秩序方面发挥了积极作用。

1997 年刑法典在保护社会立法理念的指导下，不仅采纳、吸收了以往刑法立法中的大量内容，而且根据当时的社会形势增设了许多必要的制度和罪名。例如，在总则方面，1997 年刑法典扩大了我国公民在国外犯罪的刑法适用范围，规定我国国家工作人员和军人在中国领域外犯罪的一律适用中国刑法，其他公民在我国领域外犯罪的，除按我国刑法规定最高刑在 3 年以下有期徒刑以外的，一律适用我国刑法；增加了“单位犯罪”一节，进一步扩大了犯罪主体的范围，规定了单位犯罪的概念及处罚原则；③ 修改了 1979 年刑法典第 61 条规定的累犯制度，将构成累犯后罪发生的时间下限由原来的刑罚执行完毕或者赦免后 3 年改为 5 年，进行了延长；等等。在分则方面，将惩治破坏社会主义市场经济秩序犯罪和危害社会治安的犯罪作为惩治的重点。在内容上，1997 年刑法典对这两章规定的内容最多，其中破坏社会主义市场经济秩序罪包含 8 节，妨害社会管理秩序罪包含 9 节，两章占据了刑法典分则一半以上的条文。

在 1997 年刑法典之后的刑法修正中，以维护社会秩序的立法理念为指引，在惩治犯罪方面始终坚持以解决实践问题和重点问题的立法导向，致力于解决我国社会领域的各种突出问题，根据违法犯罪的形势对刑法典的罪名进行增设和调整。我国的刑法立法针对性和实施效率不断提升，在现实中充分发挥了打击犯罪的应有作用。通过加大对具体犯罪的惩治力度，极大地严密了刑法治理的法网，使我国刑法在社会快速发展过程中持续发挥维护社会秩序的应有作用。具体而言，我国主要采取了以下 3 个方面的措施：

（1）通过增设大量新罪，扩张犯罪圈。据统计，我国刑法立法中的罪名已由 1997 年刑法典颁行时的 412 种扩充至 486 种。仅罪名数量就增加了 64 种，主要分布在危害公共安全罪、破坏社会主义市场经济秩序罪、妨害社会管理秩序罪等章，集中表现为恐怖主义犯罪、极端主义犯罪、金融犯罪、信息网络犯罪等大量新型严重危害行为入刑，从而大大严密了刑事法网。

（2）通过降低入罪门槛，扩大入罪范围。这方面我国刑法立法的重点是食品药品犯罪、信息网络犯罪等。一些过去适用较少的罪名逐渐被激活。例如，刑法典第 288 条扰乱无线电通讯管理秩序罪原来的入罪门槛是“经责令停止使用后拒不停止使用，干扰无线电通讯正常进行，造成严重后果”，由于入罪门槛较高，该条文成为我国刑法上的“僵尸条款”，在一段时期内没有出现司法适用的案例。针对这一情况，《刑法修正案（九）》将该罪的入罪门槛修改为“情节严重”，进一步严密了法网。

（3）通过调整构成要件，扩充行为范围。其相关调整主要涉及犯罪的主体要件和客观方面。例如，《刑法修正案（六）》将刑法典第 163 条的行为主体由公司、企业人员扩大至所有非国有单位人员，该罪的罪名也因此由“公司、企业人员受贿罪”修改为“非国家工作人员受贿罪”，从而显著扩大了该罪的适用范围。我国第一和第八刑法修正案也 2 次对非法经营罪的行为类型进行了扩张。④

---

① 参见赵秉志：《中国刑法立法晚近 20 年之回眸与前瞻》，载《中国法学》2017 年第 5 期。

② 参见赵秉志：《当代中国犯罪化的基本方向与步骤——以〈刑法修正案（九）〉为主要视角》，载《东方法学》2018 年第 1 期。

③ 参见赵秉志：《中国刑法的演进及其时代特色》，载《南都学坛》2015 年第 2 期；张志刚：《改革开放 40 年来中国刑法立法检视》，载《学术探索》2018 年第 10 期。

④ 参见赵秉志：《中国刑法立法晚近 20 年之回眸与前瞻》，载《中国法学》2017 年第 5 期。

（二）立法模式：以刑法典为主体的统一立法模式

1997 年刑法典的全面修订，正式开启了我国刑法规范以刑法典为主体的统一立法模式。从社会背景上看，随着改革开放的进一步推进和社会主义市场经济体制的建立，我国的法治建设水平有了很大提高，公民的基本权利意识亦有大幅提升。从立法思想上看，积累了近半个世纪的刑法立法经验与实践，进一步凝聚了对 1979 年刑法典进行全面修订、加强刑法典在刑法体系中主体地位的共识。具体而言，我国晚近 20 余年的统一立法模式主要体现在以下 4 个方面：其一，1997 年刑法典的科学性和完备性为我国刑法的统一立法模式奠定了良好基础；其二，11 个刑法修正案有力维护了我国刑法的统一立法模式；其三，出台的个别单行刑法并没有改变以 1997 年刑法典为主体的统一立法模式；其四，刑法立法解释巩固了 1997 年刑法典在刑法体系中的主体地位。

1. 1997 年刑法典的科学性和完备性为我国刑法的统一立法模式奠定了良好基础

1997 年 3 月 14 日，八届全国人大五次会议通过了经系统修订的刑法典，这是一部具有里程碑意义和划时代进步性的重要法典。与以往的刑法立法相比，1997 年刑法典的科学性和完备性均达到了一个较高的水准，为我国刑法的统一立法模式奠定了良好基础。具体而言，1997 年刑法典在立法形式上实现了制定一部统一刑法典的目标，取消了与刑法典并行而相互独立的单行刑法和附属刑法，全面吸收了 1979 年刑法典和既往各个单行刑法暨附属刑法规范的合理内容，真正实现了我国刑法的法典化。特别是 1997 年系统修订刑法时，把最高人民检察院当时正在起草的反贪污贿赂法纳入刑法典作为分则第八章的贪污贿赂罪，[①] 把中央军委原本拟独立创制的惩治军人违反职责罪法纳入刑法典作为分则第十章的军人违反职责罪，[②] 从而实现了我国刑法立法形式上的统一。

同时，由于 1997 年刑法典在立法内容和体例划分上较为科学，体现了相当程度的时代性和前瞻性，有效避免了 1979 年刑法典颁行后的刑法修正与刑法典不能充分衔接的问题。1997 年刑法典是在全面总结新中国成立以来，尤其是 1979 年刑法实施以来刑事司法实践经验的基础上，在我国改革开放经过 20 年，社会主义市场经济体制基本确立的背景下制定的。这就决定了其后的相当一段时期内，刑法的修改和补充将是微调性质的。同时，新刑法典在结构上也为今后修正案的制定提供了充分的空间。[③]

一方面，该法典规定了一系列充分反映现代法治精神的刑法基本原则和制度。其中最值得肯定的是：明确规定了罪刑法定原则、罪责刑相适应原则和适用刑法人人平等原则，取消了有罪类推制度；增强了立法的明确性；更改反革命罪为危害国家安全罪；取消或分解了投机倒把罪、流氓罪、玩忽职守罪等“口袋罪”。

另一方面，1997 年刑法典规定了相对科学合理的刑法结构和罪名体系。第一，在总则当中设置了较为完备的刑法制度，兼顾了对犯罪的惩治和对人权的保障，包括完善属人管辖原则，将单位犯罪法定化，放宽累犯的条件，严格缓刑、减刑、假释条件，放宽正当防卫的限度标准并增设特殊防卫制度，增设追诉时效延长的规定，加强对被害人的保护，并在此基础上强化了对未成年人等特殊群体犯罪的特别从宽制度；第二，在分则当中按照犯罪同类客体的标准划分了十章犯罪，并设置了较为完备的刑法罪名，兼顾了对犯罪的全面规制和重点惩治。1997 年刑法典设置了 412 种罪名，几乎涵括了社会生活的各个方面。同时，为适应国内改革的需要，将惩治破坏社会主义市场经济的犯罪和妨害社会治安、社会管理的犯罪作为惩治的重点。[④]

2. 11 个刑法修正案有力维护了我国刑法的统一立法模式

刑法修正案对刑法典的修改是在刑法典的框架内对条文进行增删和修改，其本身是刑法典的一部分。刑法修正案颁布以后，将其内容与刑法典的内容进行重新编纂，然后刑法修正案就“失效”了，在定罪量刑时引用的是刑法条文而非刑法修正案的条文，这与单行刑法存在根本的区别。[⑤] 刑法修正案在立法形式上维持了刑法典的体例和结构，保证了刑法的统一性。[⑥] 有学者认为，修正案的每一条都直接指明是对刑法典某一条的修改，这实际上是借鉴了日本和法国刑法修改的经验，即对旧条文的

---

① 参见赵秉志、肖中华：《中国刑法的最新改革》，载《现代法学》1998 年第 2 期。

② 参见王汉斌：《社会主义民主法制文集》（下），中国民主法制出版社 2012 年版，第 602 页。

③ 参见雷建斌：《1997 年以来我国刑法的新进展——写在刑法修正案（六）通过之际》，载《中国人大》2006 年第 13 期。

④ 参见赵秉志：《中国刑法立法晚近 20 年之回眸与前瞻》，载《中国法学》2017 年第 5 期。

⑤ 张明楷、陈兴良、车浩：《立法、司法与学术——中国刑法二十年回顾与展望》，载《中国法律评论》2017 年第 5 期。

⑥ 黄京平、彭辅顺：《刑法修正案的若干思考》，载《政法论丛》2004 年第 3 期。

修改与补充采用"增删法"，这是一种进行法典立法的延伸技术。修正案对刑法典条文增删的具体形式有：(1) 改换，即明文规定将某一条款改为新的内容；(2) 增补，即在某一条之后，再增加某一款或者是将某一条辟为两条；(3) 删除，即删除刑法典中的某一条或某条之下的某款，使之成为空白条款。①

1999年12月25日，第九届全国人民代表大会常务委员会第十三次会议通过了《中华人民共和国刑法修正案》，我国刑法由此正式开启了以修正案修改刑法典的修法模式。此后至今的20余年间，我国立法机关又陆续通过了10个刑法修正案，不断维持和巩固了统一的刑法典模式，并使得刑法法典化成为一种不可逆转的趋势。这主要体现在：其一，刑法修正案是1999年至今我国刑法修法的唯一方式。我国除了1998年制定过1部单行刑法，此后自1999年至今的20余年间，先后制定了11个刑法修正案。因而刑法修正案是20余年来我国刑法修法的主要方式，也是过去20余年间我国刑法修法的唯一方式。其二，刑法修法的主要内容均采用刑法修正案的方式。20余年间，我国刑法修法的条文多达228条，除去关于施行时间和部分提示性的条文，属于具体实质性修法的条文也多达209条。而这其中只有2个条文是由单行刑法进行修订的，其余条文均由刑法修正案修正，占比高达99.1%。

晚近20余年来我国刑法的立法实践表明，以刑法修正案作为修法形式的统一立法模式具有不容否认的积极价值。② 这具体体现在：

第一，刑法修正案能保证刑法立法的灵活性。我国刑法立法的经验表明，由于刑法修正案之立法权与单行刑法、附属刑法一样归属于全国人大常委会，它们的立法程序也大体相同，因而刑法修正案与单行刑法一样具有灵活、及时、针对性强、立法程序相对简便的特点和优点。不仅如此，刑法修正案的灵活性在某些情况下，甚至还要超过单行刑法和附属刑法。以反恐刑法的修正为例，我国不仅在1997年刑法典中规定了恐怖活动犯罪，而且还通过多个刑法修正案增设、修改了多个恐怖犯罪的立法，但我国《反恐怖主义法》直到2015年12月27日才正式出台。如果对恐怖活动犯罪采取单行刑法或者附属刑法的立法模式，按照《反恐怖主义法》的立法进程，势必也要等到2015年年底才能进行规定。而这远远不能满足我国应对恐怖活动犯罪的国际态势发展和治理国内恐怖活动犯罪的现实需要。统一刑法典模式下的以刑法修正案创制与完善反恐刑法立法的方式，避开了《反恐怖主义法》制定面临的诸多行政难题，提高了反恐怖刑法立法的灵活性。

第二，刑法修正案能充分维护刑法立法的统一性。刑法修正案与单行刑法、附属刑法不同，其只能针对刑法典进行修正。刑法修正案在创制过程中和通过时，其在形式上是独立于刑法典的，但在通过后即成为刑法典的组成部分，即刑法修正案的整个立法内容都必须纳入刑法典的统一结构和体例。这样就明确了新的修法内容与刑法典的关系，有效地避免了新的修法与刑法典原有内容关系的不协调、不明确，既促进了刑法立法的协调完善，又便于在司法中对刑法立法的正确理解与适用，从而兼顾了维护刑法典统一性与完善性的需要。③ 刑法修正案的方式也有助于更好地明确修法条文的法律内涵，如果对恐怖犯罪采取单行刑法或者附属刑法的立法方式，立法者就无法解决其犯罪客体的合理调整和科学定位问题，进而有可能会损害立法的统一。

第三，刑法修正案能提升刑法的适用效率。与单行刑法、附属刑法相比，刑法修正案的最大优点是能维持刑法典的集中和统一。这对法治发展水平尚待进一步提高的当代中国而言十分重要，有利于人们更好地理解和掌握刑法规范的内容，进而有助于促进刑法的裁判功能和行为规制功能的实现。事实上，1997年刑法典颁行后的修法经验也表明，统一的刑法立法模式不仅提高了我国司法人员对刑法的认识水平，也提高了普通民众对刑法的认知和认可，从而影响到我国社会整体秩序的进一步趋好。

总而言之，自1997年刑法典之后以来的20余年间，我国共通过了11个刑法修正案。这11个刑法修正案的修法内容有繁有简、修法主题有专门有综合、修法精神有宽有严，既及时回应了社会现实对刑法的期待和需求，又避免了单行刑法和附属刑法对刑法典的统一性造成的冲击，有力维护了我国刑法的统一立法模式。

---

① 谢望原、陈琴：《改革开放30年的刑事法制——以刑法立法为视角》，载《法学论坛》2008年第6期。

② 参见赵秉志：《中国刑法立法晚近20年之回眸与前瞻》，载《中国法学》2017年第5期。

③ 参见赵秉志：《论刑法典自身完善的方式》，载《法学杂志》1990年第4期；赵秉志、蒋熙辉：《试论刑法修正案》，载张艾清、李理主编：《贵州法学论坛》，贵州人民出版社2000年版，第26-30页。

3. 出台的个别单行刑法并没有改变以1997年刑法典为主体的统一立法模式

1998年12月29日，我国立法机关通过了《关于惩治骗购外汇、逃汇和非法买卖外汇犯罪的决定》（以下简称《决定》）。从严格的意义上讲，这部单行刑法是1997年刑法典之后至今唯一真正意义上的单行刑法。然而，这并没有改变统一刑法典的立法格局。毋庸讳言，《决定》在性质上属于独立于刑法典的单行刑法，使得我国刑法规范在客观上形成了刑法典与单行刑法并存的局面，但是从其性质、内容和适用等方面来看，这部单行刑法并没有改变我国刑法立法的统一刑法典模式。①

首先，性质的过渡性。这部单行刑法与1979年刑法典出台后制定的第一部单行刑法《惩治军人违反职责罪暂行条例》在性质上完全不同。后者在刑法典制定过程中本就已经纳入立法规划当中，而前者在1997年刑法典修订时并未予以考虑。国家立法机关的权威说明显示，我国之所以在1997年刑法典颁行后的第二年就通过该部单行刑法，主要是为了应对1997年第四季度开始发生的亚洲金融危机。当时，我国社会上出现了大量套汇、骗购外汇的行为，严重扰乱了我国的外汇管理秩序。为了有力地打击骗汇、逃汇、非法买卖外汇的违法犯罪行为，保持人民币汇率的稳定，有效防范金融风险，国家立法机关才制定该单行刑法，修改补充逃汇罪，并增设了骗购外汇罪。② 同时，我国立法工作机关的刑法立法专家曾说，当时将外汇犯罪的修法内容以单行刑法的方式规定，是因为这类犯罪具有显著的暂时性、阶段性和时代性的特征，如此规定恰恰是为了保证统一的刑法典模式，以方便在将来我国外汇政策调整后对该类犯罪予以除罪化。③ 只不过由于后来我国的外汇政策没有调整，该单行刑法才得以继续存在，但在司法实务中这类有关外汇犯罪的案例已很少见。对此，更有论者认为，该单行刑法的初衷并非是要独立于刑法典而对某类犯罪作专门规定，其不过是特殊背景下出于补充刑法典的目的而作出的"救火式"应对，本质上与修正案无异。在此之后出台的修正案，是立法者深思熟虑与反复权衡的结果，而该单行刑法只不过是之前受单行刑法之立法惯性思维影响的一个仓促的尝试罢了。④

其次，内容的单一性。从内容上看，该单行刑法虽然规定了9个条文，但其实质内容只有第1条和第3条，主要是在增设骗购外汇罪的同时修改了刑法典第190条的逃汇罪。与晚近20余年来我国刑法的修法数量相比，该单行刑法的修法不仅内容单一，而且数量极少，只占总修法条文数的约1%。

最后，适用的有限性。该单行刑法是在亚洲金融危机对我国金融安全和外汇管理造成重大压力的背景下出台的。当时我国外汇储备紧张，此后我国外汇储备规模已发生巨大变化。当前，我国非但不存在外汇短缺，反而坐拥3万多亿美元的外汇储备。⑤ 在此背景下，骗购外汇、逃汇行为的危害性明显降低。司法实践中已很少追究这两类犯罪的刑事责任，其适用的范围极其有限。在此之后，我国除了这一单行刑法外没有再制定其他的单行刑法，也没有制定附属刑法，相反却先后出台了11个刑法修正案，刑法修正案无疑已成为我国现阶段刑法立法的主要形式。

4. 刑法立法解释巩固了1997年刑法典在刑法体系中的主体地位

1997年刑法典颁行之后，作为立法机关的全国人大常委会积极行使宪法和立法法赋予的法律解释权，先后出台了13个刑法立法解释，对刑法典部分条文的含义以及所使用的概念、术语、定义作出了说明，使得相关规定在司法实践中得以更准确地理解和适用，立法解释成为晚近20余年来我国刑法的重要渊源。刑法立法解释通过对刑法条文的解释和细化，延续和弘扬了1997年刑法典的生命力和时代性，避免了更加频繁的刑法修法活动，维护了刑法典的权威性、稳定性，巩固了1997年刑法典在我国刑法体系中的主体地位。

在改革开放初期，我国立法机关就通过了《关于加强法律解释工作的决议》（1981年6月10日）。该决议规定：凡关于法律、法令条文本身需要进一步明确界限或作补充规定的，由全国人民代表大会

① 参见赵秉志：《中国刑法立法晚近20年之回眸与前瞻》，载《中国法学》2017年第5期。

② 参见戴相龙：《对〈关于惩治骗购外汇、逃汇和非法买卖外汇犯罪的决定（草案）〉的说明——1998年10月27日在第九届全国人民代表大会常务委员会第五次会议上》，载高铭暄、赵秉志编：《中国刑法规范与立法资料精选》，法律出版社2013年版，第221-222页。

③ 参见黄太云：《刑事立法的理解与适用——刑事立法背景、立法原意深度解读》，中国人民公安大学出版社2014年版，第228-229页。

④ 参见刘宪权：《中国刑法发展的时代脉动——97刑法颁布实施20年的刑事法治纵览与展望》，载《法学》2017年第5期。

⑤ 参见《中国外汇储备强势逆袭三万亿，中国经济已经开启超级马达》，载"新浪网"finance.sina.com.cn/roll/2017-03-11/，2017年3月11日访问。

常务委员会进行解释或用法令加以规定；最高人民法院和最高人民检察院分别对于审判工作和检察工作中具体应用法律的问题，可以进行解释；如果最高人民法院与最高人民检察院的解释之间有原则性分歧的，报请全国人大常委会解释或决定。此后，1982 年通过的《宪法》规定，全国人大常委会行使法律解释权。对此，2000 年《立法法》进一步明确规定，法律有以下情况的，由全国人大常委会解释：(1) 法律的规定需要进一步明确具体含义的；(2) 法律制定后出现新的情况，需要明确适用法律依据的。由此可见，法律解释权是全国人大常委会的专属职权，法律解释是全国人大常委会依照法定程序作出的，具有与法律同等的效力，也是一项重要的立法活动。但是，从 1997 年刑法典之前的立法实践看，历届全国人大常委会行使法律解释权的活动并不多见。在 1997 年刑法典颁行后，九届全国人大常委会针对我国社会主义法律体系基本建立的实际情况，提出在继续建立和完善我国社会主义法律体系的过程中，要进一步强调提高立法的质量。提高立法质量的重要途径之一，就是积极行使法律解释权，加强法律解释工作。① 2000 年以来，全国人大常委会先后通过了 13 个关于刑法有关条文和章节含义的立法解释，进一步丰富了刑法的渊源。② 这些刑法解释的通过，是国家立法机关行使法律解释权的重要实践，使得法律解释工作在刑法领域取得了重要进展，从而带动了整个法律解释工作的发展。③ 可以说，刑法立法解释的制定和发布，是我国刑法建设在实践中逐步摸索出的一种比较成熟的完善刑法的模式，它不仅可以通过权威的形式解决最高人民法院与最高人民检察院在司法适用中的重要分歧问题，而且是国家立法机关弥补刑法立法技术不足、明确刑法规范含义的一种良好模式，是我国刑事法治化所迈出的重要步伐。④

(三) 立法内容：趋于科学完备

刑法立法内容是否科学完备是衡量一国刑事法治建设整体水平的重要依据。1997 年刑法典在 1979 年刑法典的基础上较好地推进了刑法立法的科学化。在立法内容方面，不仅刑法制度设置更为完备科学，兼顾了对犯罪的惩治和对人权的保障，而且刑法罪名设置完备，兼顾了对犯罪的全面惩治和重点惩治。在此基础上，1997 年刑法典颁行之后制定的 1 部单行刑法和 11 个刑法修正案进一步完善了我国刑法的立法内容，包括增设了老年人犯罪从宽制度，进一步严格控制和减少死刑的适用，完善管制、累犯、坦白、缓刑、假释等制度的适用，增设了禁止令、从业禁止制度，进一步完善了刑法的罪名体系和法定刑设置，刑法立法的科学性得到了进一步增强。这些立法特别是《刑法修正案（八）》《刑法修正案（九）》的完善性立法，引发了社会的广泛关注并获得了刑法学界、实务界的充分肯定。⑤

经由系列立法修改，我国刑法立法的科学性得到了进一步的提升。这主要体现在以下 4 个方面：

第一，刑法立法理念的科学化。刑法立法需要一定的观念指引。合理的刑法立法理念对推动刑法立法的科学化具有积极作用。我国刑法立法较好地坚持了科学立法的基本理念：(1) 始终坚持以解决实践问题为主的立法导向。1997 年刑法典颁行后的 20 多年间，我国社会发展迅速，违法犯罪的形势变化很大，新型犯罪层出不穷。在此背景下，我国刑法立法坚持问题导向，一方面针对新出现的违法犯罪行为增设了大量新罪名，如恐怖主义犯罪、极端主义犯罪、信息网络犯罪等，进一步严密了刑事法网；另一方面针对犯罪态势的变化，适时调整了诸多原有犯罪的构成要件和刑事处罚，如取消了嫖宿幼女罪，调整了绑架罪、组织卖淫罪、强迫卖淫罪等多种犯罪的法定刑。通过这些立法调整，我国在司法实践中面临的许多突出问题都得到了较好的解决。(2) 始终坚持以解决重点问题为重心的立法方向。当今我国社会正处于新的转型期，各个领域都有诸多问题需要立法作出回应和应对。1997 年刑法典颁行 20 多年来，我国刑法立法主要致力于解决我国社会领域的各种突出问题，其中最为突出的当属特殊群体的刑法保护、刑事制裁措施的调整以及恐怖主义犯罪、极端主义犯罪、信息网络犯罪、金融犯罪、腐败犯罪的立法完善等。对这些重点问题的解决，提高了刑法立法的针对性和效率，促进了刑法立法的科学性。

第二，刑法立法政策的科学化。1979 年刑法典创制时，强调要立足于惩办与宽大相结合的基本刑

---

① 郎胜、雷建斌：《九届人大以来中国刑事立法的发展》，载《中国法律》2003 年第 4 期。

② 郎胜：《我国刑法的新发展》，载《中国法学》2017 年第 5 期。

③ 郎胜、雷建斌：《九届人大以来中国刑事立法的发展》，载《中国法律》2003 年第 4 期。

④ 赵秉志、时延安：《略论关于刑法典第 93 条第 2 款的立法解释》，载《法制日报》2000 年 5 月 28 日。

⑤ 参见赵秉志：《〈刑法修正案（八）〉宏观问题探讨》，载《法治研究》2011 年第 5 期；赵秉志、袁彬：《中国刑法立法改革新思维——以〈刑法修正案（九）〉为中心》，载《法学》2015 年第 10 期。

事政策。[①] 后来，20世纪80年代初开始奉行的“严打”刑事政策对惩办与宽大相结合的基本刑事政策造成了冲击和影响，以至于到1997年修订刑法典时，并未像1979年刑法典那样再在法律中载明惩办与宽大相结合的刑事政策，但惩办与宽大相结合作为我国基本刑事政策的地位并未被否定，而且在1997年刑法典中也得到了基本的体现。自2005年起，我国开始将基本刑事政策由惩办与宽大相结合逐步调整确立为宽严相济。宽严相济的刑事政策是惩办与宽大相结合刑事政策的继承与发展，该政策要求在刑事法治领域要宽中有严、严中有宽、宽严相济、宽严有度。[②] 作为我国现阶段的基本刑事政策，它既指导刑事司法，也指导刑事立法和刑事执行。[③] 以宽严相济的基本刑事政策为指导，2009年的《刑法修正案（七）》开始注意刑法立法内容上的从严与从宽相结合，2011年的《刑法修正案（八）》和2015年的《刑法修正案（九）》进一步强化了刑法立法上的宽严相济，其中值得特别关注的是刑法立法在从宽方面的三大举措：（1）死刑制度的趋宽改革，包括提高死缓犯执行死刑的门槛，对老年犯罪人原则上不得适用死刑，针对贪污受贿犯罪增设具有死刑替代功能的终身监禁制度，废止22种罪名的死刑，取消3种犯罪之绝对确定的死刑规定等。通过严格限制死刑的适用，我国刑罚体系的严厉性有所降低。（2）特殊群体犯罪的从宽处理。除了对老年人原则上不适用死刑外，还包括对老年人犯罪的从宽处理，对未成年人、怀孕的妇女和老年人适用缓刑从宽，未成年犯罪人不成立累犯等。（3）具体犯罪处理的从宽。除了死刑改革所涉及的具体犯罪外，还包括提高了逃税罪、贪污罪、受贿罪等多种犯罪的入罪门槛，降低了绑架罪等多种犯罪的法定刑，削减了组织卖淫罪、强迫卖淫罪等多种犯罪的加重处罚情节。通过这些方式，我国刑法对相关犯罪的处罚力度有所降低。

第三，刑法重要制度的科学化。我国刑法立法的改革以具体犯罪的改革为重心，同时重视刑法制度的重大改革，并取得了积极成效：（1）实现了刑事制裁措施的多元化。长期以来，我国刑事制裁措施总体上较为单一，主要以自由刑为核心，着重追求实现刑事制裁的报应正义。随着我国犯罪圈的扩张，人身危险性在犯罪结构中的地位逐渐得到提升，单一化的刑事制裁措施已难以适应犯罪结构的这一变化。在此基础上，我国通过《刑法修正案（八）》《刑法修正案（九）》先后增设禁止令、从业禁止等多项预防性措施，同时增设了专门针对特重大贪污罪受贿罪的终身监禁，推动了刑事制裁措施的多元化，有助于提升刑法的治理效果和水平。（2）促进了刑罚制度的实质化改革。我国传统刑事制裁体系在一定程度上存在重刑（主要是较重的刑种）过重、轻刑（主要是较轻的刑种和刑罚制度）过轻的缺陷。为了弥补这一缺陷，《刑法修正案（八）》在轻刑设计方面专门增设了社区矫正制度。该制度对我国刑罚制度进行了多方面的实质化改革，包括通过完善社区矫正的内容和措施，进一步充实了管制刑的内容，避免了管制刑因处罚过轻而容易被虚置；赋予缓刑、假释更具体的内容，提升了缓刑、假释的社会效果。（3）推动了刑罚体系的轻缓化。如前所述，这主要体现在死刑制度改革、特殊群体犯罪从宽、若干具体犯罪从宽3个方面。它们共同推动了我国刑事处罚的轻缓化发展。（4）死刑制度改革取得显著成效。《刑法修正案（八）》废除了13种犯罪的死刑，在此基础上《刑法修正案（九）》又一次性废除了9种犯罪的死刑，使得我国刑法典分则的死刑罪名由之前的68种减至46种。同时提高了死缓犯执行死刑的门槛。《刑法修正案（九）》将死缓犯执行死刑的条件由之前的“故意犯罪”修改提高为“故意犯罪，情节恶劣的”，同时规定，死缓犯“故意犯罪”但不属于“情节恶劣的”，不执行死刑但应重新计算死刑缓期执行的期间并报最高人民法院备案。适度限制、调整死缓犯的减刑、假释。根据《刑法修正案（八）》的规定，死缓犯在死刑缓期执行期间，如果确有重大立功表现，2年期满以后，减为20年有期徒刑。对被判处死刑缓期执行的累犯以及因故意杀人、强奸、抢劫、绑架、放火、爆炸、投放危险物质或者有组织的暴力性犯罪被判处死刑缓期执行的犯罪分子，人民法院根据犯罪情节等情况，可以同时决定在减为无期徒刑或者20年有期徒刑后，不得再减刑。这大大提高了死缓犯的实际执行期限。原则上废止老年犯罪人的死刑适用。根据《刑法修正案（八）》的规定，审判时已满75周岁的老年人，除以特别残忍手段致人死亡的外，不适用死刑。《刑法修正案

---

① 1979年刑法典把惩办与宽大相结合的刑事政策载明为制定刑法的政策依据，其第1条规定：“中华人民共和国刑法，以马克思列宁主义毛泽东思想为指针，以宪法为根据，依照惩办与宽大相结合的政策，结合我国各族人民实行无产阶级领导的、工农联盟为基础的人民民主专政即无产阶级专政和进行社会主义革命、社会主义建设的具体经验及实际情况制定。”

② 参见赵秉志：《和谐社会构建与宽严相济刑事政策的贯彻》，载《吉林大学社会科学学报》2008年第1期。

③ 参见马克昌：《论宽严相济刑事政策的定位》，载《中国法学》2007年第4期。

（九）》废止了 3 种犯罪绝对确定的死刑，将绑架罪、贪污罪和受贿罪原来绝对确定的死刑修改为相对确定的死刑，赋予了司法机关在刑罚适用上更多的选择权，有利于限制死刑的适用。

第四，罪刑关系设置的科学化。我国通过刑法立法调整，从多方面完善了罪刑关系：（1）定罪量刑标准的调整。例如，《刑法修正案（八）》将刑法典第 153 条走私普通货物、物品罪的定罪量刑标准由过去单纯的"数额"（"偷逃应缴税额"）修改为"数额+其他情节"；《刑法修正案（九）》进一步将贪污罪、受贿罪的定罪量刑标准由过去单纯的"数额"（贪污受贿数额）修改为"数量+其他情节"。[①] 这样既突出了数额在相关经济犯罪和腐败犯罪中的地位，又可避免因单纯的数额标准所可能导致的罪刑失衡，从而提高了刑法立法的科学性。（2）量刑档次的调整。这一方面体现为法定量刑档次的增设，如《刑法修正案（七）》针对刑法典第 395 条的巨额财产来源不明罪增加了一档"差额特别巨大的，处五年以上十年以下有期徒刑"的法定量刑幅度；另一方面体现为量刑档次内量刑幅度的调整，如《刑法修正案（九）》将贪污罪受贿罪的量刑档次由原来的"四大档四小档"（总体上分为四个大的量刑幅度，但在每个量刑幅度内又包括另一个小的量刑幅度）修改为"三大档一小档"（总体上分为三个大的量刑幅度，但在最高量刑幅度内又包括另一个小的量刑幅度）。这样，法定量刑幅度得到了适当的扩大，并且避免了修法之前该罪不同量刑幅度之间的交叉，具有相当的科学性。（3）具体犯罪的刑罚增设。1997 年刑法典颁行后的 20 多年间，我国针对大量的经济犯罪、计算机网络犯罪、职务犯罪等增设了财产刑，提高了刑罚惩治的针对性和力度，也更好地促进了罪刑关系设置的科学性。

（四）立法技术：精细立法

1997 年全面修订刑法典后，我国刑法的立法技术逐步受到重视，并逐渐走向精细。在立法技术上，我国刑法正在积极探索以技术手段革新带动刑法立法的创新和发展。这主要体现在以下几个方面：

其一，刑法用语的精细化。与之前的刑法立法相比，1997 年刑法典及其之后的单行刑法和刑法修正案更加注重刑法用语的精确性。例如，1979 年刑法典中的许多模糊用语都被改为更加明确、具体的用语。这使得我国刑法对具体犯罪构成要件的规定更加明确，犯罪圈更加清楚，有利于更好地发挥刑法的人权保障功能。以《刑法修正案（七）》第 4 条规定的"组织、领导传销活动罪"为例，为便于司法实践中准确认定这一新型的经济犯罪，立法者采用了叙明罪状的表述方式，对该罪的核心概念"传销"以及罪状进行了详细描述，这就大大增强了该条文内容的明确性与可操作性。

其二，法条关系的精细化。根据罪刑法定原则的明确性要求，1997 年刑法典对具体犯罪的设置采用了更加精细的分类，如诈骗罪被分解成了普通诈骗罪、合同诈骗罪、金融诈骗罪（类罪）等 10 多个罪名。同样，致人受伤或者死亡的行为，也依据其发生的情形不同而规定在不同的犯罪之中。这种刑法立法在一定程度上有利于提高人们对具体犯罪行为的认识，提升司法适用的准确性和统一性。在此基础上，我国刑法立法又对一些特殊情形作了更进一步的技术处理。例如，《刑法修正案（九）》为了减少死刑适用的罪名，在取消组织卖淫罪、强迫卖淫罪死刑的同时，规定组织、强迫卖淫"并有杀害、伤害、强奸、绑架等犯罪行为的，依照数罪并罚的规定处罚"。这进一步明确了不同犯罪规定之间的法条关系，既减少了死刑罪名，又保持了刑法对杀害、伤害等严重危及人身安全犯罪的惩治力度。[②]

其三，强调刑法修正文件形式的完备性。刑法立法工作（包括刑法修正工作）是一门科学和艺术。刑法修正不仅要讲究科学性和技术性，同时也应当重视其形式的完备性。例如，在送交全国人大常委会会议审议的《刑法修正案（七）（草案）》的有关文件中，除有国家立法工作机关负责人关于修法的系统说明外，在条文后还附有"《草案》修改条文对照表"，修法内容十分清晰，刑法修正的技术水平有明显提高。

其四，《刑法修正案（九）》首次在刑法典的条文上"开天窗"。在《刑法修正案（九）》讨论废止集资诈骗罪死刑的过程中，对于能否"开天窗"即使该条文成为空白条文，各方仍存在不少争议。1997 年刑法典第 199 条原本规定的是集资诈骗罪、票据诈骗罪和信用证诈骗罪的死刑适用。在《刑法修正案（八）》取消了票据诈骗罪、信用证诈骗罪的死刑后，该条变成了集资诈骗罪死刑规定的专门条款。《刑法修正案（九）》第 12 条规定："删去刑法第一百九十九条。"这意味着，经《刑法修正案（九）》修正后，刑法典第 199 条就空缺了。对于这一现象，刑法理论上习惯地将其称为"开

---

① 参见赵秉志：《贪污受贿犯罪定罪量刑标准问题研究》，载《中国法学》2015 年第 1 期。

② 赵秉志、袁彬：《中国刑法立法改革的新思维——以〈刑法修正案（九）〉为中心》，载《法学》2015 年第 10 期。

天窗”，并对刑法上是否应当“开天窗”存在一定的争议。不过，在国外，“开天窗”的立法现象十分常见。例如，历经多次修改的德国刑法典共有约 50 个条文的内容被废除，日本刑法典也有约 10 个条文的内容被废除，二者对内容完全被废除的条文都采取了保留其条文号，在后加括号标注“废除”的做法，对刑法典开了“天窗”。而这些刑法典的条文总数并未因此而变化，既未影响刑法典的完整性，也未对司法适用造成障碍。[①]《刑法修正案（九）》最终借鉴国外立法采取了“开天窗”式立法，在其第 12 条规定“删除刑法第一百九十九条”。采取类似立法既表明我国立法机关对于废止集资诈骗罪死刑的坚决态度，也是我国刑法立法技术的一次革新，值得肯定。这使得我国刑法立法的形式和内容更为统一和合理。

其五，《刑法修正案（九）》开始注重取消死刑罪名的技术革新。死刑罪名过多是我国死刑立法长期受到多方诟病的重要原因。《刑法修正案（八）》和《刑法修正案（九）》排除多重阻力先后共取消了 22 种犯罪的死刑，是我国死刑立法改革的重大进步。不过，为了减少取消死刑罪名所遇到的改革阻力，同时也为了不因此影响刑法功能的发挥，《刑法修正案（九）》进行了 2 项技术处理：一是取消了组织卖淫罪、强迫卖淫罪的死刑，但同时规定组织、强迫卖淫“并有杀害、伤害、强奸、绑架等犯罪行为的，依照数罪并罚的规定处罚”。我国刑法典对故意杀人罪、故意伤害罪等都规定有死刑，据此对于组织、强迫卖淫过程中采取暴力、胁迫手段构成相关犯罪的，仍有适用死刑的余地和空间。二是取消了走私枪支、弹药罪和走私核材料罪的死刑，但保留刑法典第 125 条对非法制造、买卖、运输、邮寄、储存枪支、弹药、爆炸物罪和非法制造、买卖、运输、储存危险物质罪的死刑。对于走私武器、弹药、核材料等行为造成严重后果的，如果按走私武器、弹药罪或者走私核材料罪无法体现罪责刑相适应，在实践中也不排除适用刑法典第 125 条规定的重刑甚至死刑的可能。《刑法修正案（九）》的上述第一项处理方法，表明我国死刑立法改革正由传统的单纯取消死刑罪名走向技术性取消死刑罪名，可视为我国刑法立法的一种技术革新，值得以后的立法借鉴。

其六，注重立法技术的时代发展性。刑法立法需因应社会和时代的发展需要，在立法技术上也体现为立法的时代创新性。如《刑法修正案（十一）》第一次使用“现实危险”的表述，将具体危险犯予以立法化认可。《刑法修正案（十一）》第 4 条针对危险生产、作业罪规定的入罪门槛是“具有发生重大伤亡事故或者其他严重后果的现实危险的”。从表述的内涵上看，这种危险较之于“足以发生……危险”，具有更强的紧迫性，对行为与结果之间的危险实现早晚进行了限定。这也表明我国更加重视公共安全犯罪的治理。再如，《刑法修正案（十一）》第 14 条为了应对洗钱犯罪的严峻形势，将毒品犯罪、黑社会性质的组织犯罪、恐怖活动犯罪、走私犯罪、贪污贿赂犯罪、破坏金融管理秩序犯罪、金融诈骗犯罪的自洗钱行为入罪，我国刑法将第一次面临对吸收犯进行数罪并罚的局面，并将突破传统吸收犯的处罚原则。

（五）立法过程：公众参与立法

刑法立法的民主性是刑法立法科学性的重要基础和保障，也是刑法充分发挥其功能的重要前提。近年来，我国刑法立法的民主性得到了较大的提升。这主要体现在以下两个方面：

其一，刑法立法工作注重听取社会意见和建议。我国在 1997 年系统修订刑法典时，就曾向社会公开征求意见，并引发社会各界的广泛讨论。这一立法工作趋向在 1997 年刑法典之后得到了进一步加强。在法律草案出台后向社会公开征求意见，已经成为我国刑法立法工作的常态和国家立法机关修法中的基本工作方式。与以往不同的是，这一立法常态在 1997 年刑法典颁行以来的 20 年余年间在 3 个方面得到了进一步拓展：（1）立法调研的民主性不断加强。广泛的立法调研是增强立法科学性的重要保障，也是立法民主的具体体现。过去 20 余年间，我国立法工作机关的立法调研已经由单纯的部门调研走向社会调研，不仅广泛征求相关部门、专家学者的意见，还注重听取行业协会、行业代表和社会民众等各方面的意见。（2）立法过程的公开性不断增强。立法的公开性是立法民主性的重要承载和保证。不公开的立法很难体现民主。过去 20 余年间，我国刑法立法过程的公开性不断增强。一方面，刑法立法审议的透明度明显提高，全国人大常委会对刑法草案的每次审议意见都能够由媒体广泛报道，为社会所知悉。另一方面，刑法立法草案更加公开透明。在《刑法修正案（九）》之前，每个刑法修正案的草案都是在第一次立法审议后向社会公开；《刑法修正案（九）》《刑法修正案（十一）》立

① 参见董文辉：《刑法修正必要时可考虑“开天窗”》，载《检察日报》2011 年 5 月 18 日。

法审议期间，我国立法机关不仅将草案的第一次审议稿向社会公开，还将之后的第二次审议稿也向社会公开，实现了刑法修正草案向社会公开的最大化。(3) 修法意见被采纳的程度得以提高。在刑法修正草案向社会公开的基础上，我国立法机关还十分注重听取各方意见，每次都会整理、研究社会各方面的意见和建议，并在立法审议过程中将整理、研究的情况向全国人大常委会汇报，这进一步提升了刑法立法的民主性。

其二，社会各界对刑法立法的参与程度明显提升。随着公民权利意识的提升，人们逐渐认识到刑法立法内容的重要性，社会各界对刑法立法的参与度得到了明显提升。例如，《刑法修正案（九）》因其涉及内容广泛且重要，社会各界高度重视并积极参与。据统计，《刑法修正案（九）（草案）》一审稿向社会公开征求意见后，共有社会民众 15096 人提出了 51362 条意见；草案二审稿向社会公开征求意见后，共有 76239 位网民通过网络提出了 110737 条意见。[①]《刑法修正案（十一）（草案）》一审稿在向社会公开征求意见后，共有 65080 位公众提出了 137544 条意见，草案二审稿在向社会公开征求意见后，共有 2530 位公众提出 8491 条意见。这一数字远远高于同期进行的其他立法，表明社会各界对刑法立法的高度重视和积极参与。

---

① 参见《中华人民共和国刑法修正案（九）（草案二次审议稿）参阅资料》，第十二届全国人大常委会第十五次会议参阅资料（二）。

第一部分　中华人民共和国刑法

中华人民共和国刑法（1997 年刑法典）

中华人民共和国刑法

（1979 年 7 月 1 日第五届全国人民代表大会第二次会议通过　1997 年 3 月 14 日第八届全国人民代表大会第五次会议修订　1997 年 3 月 14 日中华人民共和国主席令第八十三号公布　自 1997 年 10 月 1 日起施行）

目　录

第一编　总　　则

第一章　刑法的任务、基本原则和适用范围

第一条　为了惩罚犯罪，保护人民，根据宪法，结合我国同犯罪作斗争的具体经验及实际情况，制定本法。

第二条　中华人民共和国刑法的任务，是用刑罚同一切犯罪行为作斗争，以保卫国家安全，保卫人民民主专政的政权和社会主义制度，保护国有财产和劳动群众集体所有的财产，保护公民私人所有的财产，保护公民的人身权利、民主权利和其他权利，维护社会秩序、经济秩序，保障社会主义建设事业的顺利进行。

第三条　法律明文规定为犯罪行为的，依照法律定罪处刑；法律没有明文规定为犯罪行为的，不得定罪处刑。

第四条　对任何人犯罪，在适用法律上一律平等。不允许任何人有超越法律的特权。

第五条　刑罚的轻重，应当与犯罪分子所犯罪行和承担的刑事责任相适应。

第六条　凡在中华人民共和国领域内犯罪的，除法律有特别规定的以外，都适用本法。

凡在中华人民共和国船舶或者航空器内犯罪的，也适用本法。

犯罪的行为或者结果有一项发生在中华人民共和国领域内的，就认为是在中华人民共和国领域内犯罪。

第七条　中华人民共和国公民在中华人民共和国领域外犯本法规定之罪的，适用本法，但是按本法规定的最高刑为三年以下有期徒刑的，可以不予追究。

中华人民共和国国家工作人员和军人在中华人民共和国领域外犯本法规定之罪的，适用本法。

第八条　外国人在中华人民共和国领域外对中华人民共和国国家或者公民犯罪，而按本法规定的最低刑为三年以上有期徒刑的，可以适用本法，但是按照犯罪地的法律不受处罚的除外。

第九条　对于中华人民共和国缔结或者参加的国际条约所规定的罪行，中华人民共和国在所承担条约义务的范围内行使刑事管辖权的，适用本法。

第十条　凡在中华人民共和国领域外犯罪，依照本法应当负刑事责任的，虽然经过外国审判，仍然可以依照本法追究，但是在外国已经受过刑罚处罚的，可以免除或者减轻处罚。

第十一条　享有外交特权和豁免权的外国人的刑事责任，通过外交途径解决。

第十二条　中华人民共和国成立以后本法施行以前的行为，如果当时的法律不认为是犯罪的，适用当时的法律；如果当时的法律认为是犯罪的，依照本法总则第四章第八节的规定应当追诉的，按照当时的法律追究刑事责任，但是如果本法不认为是犯罪或者处刑较轻的，适用本法。

本法施行以前，依照当时的法律已经作出的生效判决，继续有效。

第二章　犯　　罪

第一节　犯罪和刑事责任

第十三条　一切危害国家主权、领土完整和安全，分裂国家、颠覆人民民主专政的政权和推翻社会主义制度，破坏社会秩序和经济秩序，侵犯国有财产或者劳动群众集体所有的财产，侵犯公民私人所有的财产，侵犯公民的人身权利、民主权利和其他权利，以及其他危害社会的行为，依照法律应当受刑罚处罚的，都是犯罪，但是情节显著轻微危害不大的，不认为是犯罪。

第十四条　明知自己的行为会发生危害社会的结果，并且希望或者放任这种结果发生，因而构成犯罪的，是故意犯罪。

故意犯罪，应当负刑事责任。

第十五条　应当预见自己的行为可能发生危害社会的结果，因为疏忽大意而没有预见，或者已经预见而轻信能够避免，以致发生这种结果的，是过失犯罪。

过失犯罪，法律有规定的才负刑事责任。

第十六条　行为在客观上虽然造成了损害结果，但是不是出于故意或者过失，而是由于不能抗拒或者不能预见的原因所引起的，不是犯罪。

第十七条　已满十六周岁的人犯罪，应当负刑事责任。

已满十四周岁不满十六周岁的人，犯故意杀人、故意伤害致人重伤或者死亡、强奸、抢劫、贩卖毒品、放火、爆炸、投毒罪的，应当负刑事责任。

已满十四周岁不满十八周岁的人犯罪，应当从轻或者减轻处罚。

因不满十六周岁不予刑事处罚的，责令他的家长或者监护人加以管教；在必要的时候，也可以由政府收容教养。

第十八条　精神病人在不能辨认或者不能控制自己行为的时候造成危害结果，经法定程序鉴定确认的，不负刑事责任，但是应当责令他的家属或者监护人严加看管和医疗；在必要的时候，由政府强制医疗。

间歇性的精神病人在精神正常的时候犯罪，应当负刑事责任。

尚未完全丧失辨认或者控制自己行为能力的精神病人犯罪的，应当负刑事责任，但是可以从轻或者减轻处罚。

醉酒的人犯罪，应当负刑事责任。

第十九条　又聋又哑的人或者盲人犯罪，可以从轻、减轻或者免除处罚。

第二十条　为了使国家、公共利益、本人或者他人的人身、财产和其他权利免受正在进行的不法侵害，而采取的制止不法侵害的行为，对不法侵害人造成损害的，属于正当防卫，不负刑事责任。

正当防卫明显超过必要限度造成重大损害的，应当负刑事责任，但是应当减轻或者免除处罚。

对正在进行行凶、杀人、抢劫、强奸、绑架以及其他严重危及人身安全的暴力犯罪，采取防卫行为，造成不法侵害人伤亡的，不属于防卫过当，不负刑事责任。

第二十一条　为了使国家、公共利益、本人或者他人的人身、财产和其他权利免受正在发生的危险，不得已采取的紧急避险行为，造成损害的，不负刑事责任。

紧急避险超过必要限度造成不应有的损害的，应当负刑事责任，但是应当减轻或者免除处罚。

第一款中关于避免本人危险的规定，不适用于职务上、业务上负有特定责任的人。

第二节　犯罪的预备、未遂和中止

第二十二条　为了犯罪，准备工具、制造条件的，是犯罪预备。

对于预备犯，可以比照既遂犯从轻、减轻处罚或者免除处罚。

第二十三条　已经着手实行犯罪，由于犯罪分子意志以外的原因而未得逞的，是犯罪未遂。

对于未遂犯，可以比照既遂犯从轻或者减轻处罚。

第二十四条　在犯罪过程中，自动放弃犯罪或者自动有效地防止犯罪结果发生的，是犯罪中止。

对于中止犯，没有造成损害的，应当免除处罚；造成损害的，应当减轻处罚。

第三节　共同犯罪

第二十五条　共同犯罪是指二人以上共同故意犯罪。

二人以上共同过失犯罪，不以共同犯罪论处；应当负刑事责任的，按照他们所犯的罪分别处罚。

第二十六条　组织、领导犯罪集团进行犯罪活动的或者在共同犯罪中起主要作用的，是主犯。

三人以上为共同实施犯罪而组成的较为固定的犯罪组织，是犯罪集团。

对组织、领导犯罪集团的首要分子，按照集团所犯的全部罪行处罚。

对于第三款规定以外的主犯，应当按照其所参与的或者组织、指挥的全部犯罪处罚。

第二十七条　在共同犯罪中起次要或者辅助作用的，是从犯。

对于从犯，应当从轻、减轻处罚或者免除处罚。

第二十八条　对于被胁迫参加犯罪的，应当按照他的犯罪情节减轻处罚或者免除处罚。

第二十九条　教唆他人犯罪的，应当按照他在共同犯罪中所起的作用处罚。教唆不满十八周岁的人犯罪的，应当从重处罚。

如果被教唆的人没有犯被教唆的罪，对于教唆犯，可以从轻或者减轻处罚。

第四节　单位犯罪

第三十条　公司、企业、事业单位、机关、团体实施的危害社会的行为，法律规定为单位犯罪的，应当负刑事责任。

第三十一条　单位犯罪的，对单位判处罚金，并对其直接负责的主管人员和其他直接责任人员判处刑罚。本法分则和其他法律另有规定的，依照规定。

第三章　刑　罚

第一节　刑罚的种类

第三十二条　刑罚分为主刑和附加刑。

第三十三条　主刑的种类如下：

（一）管制；

（二）拘役；

（三）有期徒刑；

（四）无期徒刑；

（五）死刑。

第三十四条　附加刑的种类如下：

（一）罚金；

（二）剥夺政治权利；

（三）没收财产。

附加刑也可以独立适用。

第三十五条　对于犯罪的外国人，可以独立适用或者附加适用驱逐出境。

第三十六条　由于犯罪行为而使被害人遭受经济损失的，对犯罪分子除依法给予刑事处罚外，并应根据情况判处赔偿经济损失。

承担民事赔偿责任的犯罪分子，同时被判处罚金，其财产不足以全部支付的，或者被判处没收财产的，应当先承担对被害人的民事赔偿责任。

第三十七条　对于犯罪情节轻微不需要判处刑罚的，可以免予刑事处罚，但是可以根据案件的不同情况，予以训诫或者责令具结悔过、赔礼道歉、赔偿损失，或者由主管部门予以行政处罚或者行政处分。

第二节　管　制

第三十八条　管制的期限，为三个月以上二年以下。

被判处管制的犯罪分子，由公安机关执行。

第三十九条　被判处管制的犯罪分子，在执行期间，应当遵守下列规定：

（一）遵守法律、行政法规，服从监督；

（二）未经执行机关批准，不得行使言论、出版、集会、结社、游行、示威自由的权利；

（三）按照执行机关规定报告自己的活动情况；

（四）遵守执行机关关于会客的规定；

（五）离开所居住的市、县或者迁居，应当报经执行机关批准。

对于被判处管制的犯罪分子，在劳动中应当同工同酬。

第四十条　被判处管制的犯罪分子，管制期满，执行机关应即向本人和其所在单位或者居住地的群众宣布解除管制。

第四十一条　管制的刑期，从判决执行之日起计算；判决执行以前先行羁押的，羁押一日折抵刑期二日。

第三节　拘　　役

第四十二条　拘役的期限，为一个月以上六个月以下。

第四十三条　被判处拘役的犯罪分子，由公安机关就近执行。

在执行期间，被判处拘役的犯罪分子每月可以回家一天至两天；参加劳动的，可以酌量发给报酬。

第四十四条　拘役的刑期，从判决执行之日起计算；判决执行以前先行羁押的，羁押一日折抵刑期一日。

第四节　有期徒刑、无期徒刑

第四十五条　有期徒刑的期限，除本法第五十条、第六十九条规定外，为六个月以上十五年以下。

第四十六条　被判处有期徒刑、无期徒刑的犯罪分子，在监狱或者其他执行场所执行；凡有劳动能力的，都应当参加劳动，接受教育和改造。

第四十七条　有期徒刑的刑期，从判决执行之日起计算；判决执行以前先行羁押的，羁押一日折抵刑期一日。

第五节　死　　刑

第四十八条　死刑只适用于罪行极其严重的犯罪分子。对于应当判处死刑的犯罪分子，如果不是必须立即执行的，可以判处死刑同时宣告缓期二年执行。

死刑除依法由最高人民法院判决的以外，都应当报请最高人民法院核准。死刑缓期执行的，可以由高级人民法院判决或者核准。

第四十九条　犯罪的时候不满十八周岁的人和审判的时候怀孕的妇女，不适用死刑。

第五十条　判处死刑缓期执行的，在死刑缓期执行期间，如果没有故意犯罪，二年期满以后，减为无期徒刑；如果确有重大立功表现，二年期满以后，减为十五年以上二十年以下有期徒刑；如果故意犯罪，查证属实的，由最高人民法院核准，执行死刑。

第五十一条　死刑缓期执行的期间，从判决确定之日起计算。死刑缓期执行减为有期徒刑的刑期，从死刑缓期执行期满之日起计算。

第六节　罚　　金

第五十二条　判处罚金，应当根据犯罪情节决定罚金数额。

第五十三条　罚金在判决指定的期限内一次或者分期缴纳。期满不缴纳的，强制缴纳。对于不能全部缴纳罚金的，人民法院在任何时候发现被执行人有可以执行的财产，应当随时追缴。如果由于遭遇不能抗拒的灾祸缴纳确实有困难的，可以酌情减少或者免除。

第七节　剥夺政治权利

第五十四条　剥夺政治权利是剥夺下列权利：

（一）选举权和被选举权；

（二）言论、出版、集会、结社、游行、示威自由的权利；

（三）担任国家机关职务的权利；

（四）担任国有公司、企业、事业单位和人民团体领导职务的权利。

第五十五条　剥夺政治权利的期限，除本法第五十七条规定外，为一年以上五年以下。

判处管制附加剥夺政治权利的，剥夺政治权利的期限与管制的期限相等，同时执行。

第五十六条　对于危害国家安全的犯罪分子应当附加剥夺政治权利；对于故意杀人、强奸、放火、爆炸、投毒、抢劫等严重破坏社会秩序的犯罪分子，可以附加剥夺政治权利。

独立适用剥夺政治权利的，依照本法分则的规定。

第五十七条　对于被判处死刑、无期徒刑的犯罪分子，应当剥夺政治权利终身。

在死刑缓期执行减为有期徒刑或者无期徒刑减为有期徒刑的时候，应当把附加剥夺政治权利的期限改为三年以上十年以下。

第五十八条　附加剥夺政治权利的刑期，从徒刑、拘役执行完毕之日或者从假释之日起计算；剥夺政治权利的效力当然施用于主刑执行期间。

被剥夺政治权利的犯罪分子，在执行期间，应当遵守法律、行政法规和国务院公安部门有关监督管理的规定，服从监督；不得行使本法第五十四条规定的各项权利。

第八节 没收财产

第五十九条 没收财产是没收犯罪分子个人所有财产的一部或者全部。没收全部财产的，应当对犯罪分子个人及其扶养的家属保留必需的生活费用。

在判处没收财产的时候，不得没收属于犯罪分子家属所有或者应有的财产。

第六十条 没收财产以前犯罪分子所负的正当债务，需要以没收的财产偿还的，经债权人请求，应当偿还。

第四章 刑罚的具体运用

第一节 量 刑

第六十一条 对于犯罪分子决定刑罚的时候，应当根据犯罪的事实、犯罪的性质、情节和对于社会的危害程度，依照本法的有关规定判处。

第六十二条 犯罪分子具有本法规定的从重处罚、从轻处罚情节的，应当在法定刑的限度以内判处刑罚。

第六十三条 犯罪分子具有本法规定的减轻处罚情节的，应当在法定刑以下判处刑罚。

犯罪分子虽然不具有本法规定的减轻处罚情节，但是根据案件的特殊情况，经最高人民法院核准，也可以在法定刑以下判处刑罚。

第六十四条 犯罪分子违法所得的一切财物，应当予以追缴或者责令退赔；对被害人的合法财产，应当及时返还；违禁品和供犯罪所用的本人财物，应当予以没收。没收的财物和罚金，一律上缴国库，不得挪用和自行处理。

第二节 累 犯

第六十五条 被判处有期徒刑以上刑罚的犯罪分子，刑罚执行完毕或者赦免以后，在五年以内再犯应当判处有期徒刑以上刑罚之罪的，是累犯，应当从重处罚，但是过失犯罪除外。

前款规定的期限，对于被假释的犯罪分子，从假释期满之日起计算。

第六十六条 危害国家安全的犯罪分子在刑罚执行完毕或者赦免以后，在任何时候再犯危害国家安全罪的，都以累犯论处。

第三节 自首和立功

第六十七条 犯罪以后自动投案，如实供述自己的罪行的，是自首。对于自首的犯罪分子，可以从轻或者减轻处罚。其中，犯罪较轻的，可以免除处罚。

被采取强制措施的犯罪嫌疑人、被告人和正在服刑的罪犯，如实供述司法机关还未掌握的本人其他罪行的，以自首论。

第六十八条 犯罪分子有揭发他人犯罪行为，查证属实的，或者提供重要线索，从而得以侦破其他案件等立功表现的，可以从轻或者减轻处罚；有重大立功表现的，可以减轻或者免除处罚。

犯罪后自首又有重大立功表现的，应当减轻或者免除处罚。

第四节 数罪并罚

第六十九条 判决宣告以前一人犯数罪的，除判处死刑和无期徒刑的以外，应当在总和刑期以下、数刑中最高刑期以上，酌情决定执行的刑期，但是管制最高不能超过三年，拘役最高不能超过一年，有期徒刑最高不能超过二十年。

如果数罪中有判处附加刑的，附加刑仍须执行。

第七十条 判决宣告以后，刑罚执行完毕以前，发现被判刑的犯罪分子在判决宣告以前还有其他罪没有判决的，应当对新发现的罪作出判决，把前后两个判决所判处的刑罚，依照本法第六十九条的规定，决定执行的刑罚。已经执行的刑期，应当计算在新判决决定的刑期以内。

第七十一条 判决宣告以后，刑罚执行完毕以前，被判刑的犯罪分子又犯罪的，应当对新犯的罪作出判决，把前罪没有执行的刑罚和后罪所判处的刑罚，依照本法第六十九条的规定，决定执行的刑罚。

第五节 缓 刑

第七十二条 对于被判处拘役、三年以下有期徒刑的犯罪分子，根据犯罪分子的犯罪情节和悔罪表现，适用缓刑确实不致再危害社会的，可以宣告缓刑。

被宣告缓刑的犯罪分子，如果被判处附加刑，附加刑仍须执行。

第七十三条 拘役的缓刑考验期限为原判刑期以上一年以下，但是不能少于二个月。

有期徒刑的缓刑考验期限为原判刑期以上五年以下，但是不能少于一年。

缓刑考验期限，从判决确定之日起计算。

第七十四条　对于累犯，不适用缓刑。

第七十五条　被宣告缓刑的犯罪分子，应当遵守下列规定：

（一）遵守法律、行政法规，服从监督；

（二）按照考察机关的规定报告自己的活动情况；

（三）遵守考察机关关于会客的规定；

（四）离开所居住的市、县或者迁居，应当报经考察机关批准。

第七十六条　被宣告缓刑的犯罪分子，在缓刑考验期限内，由公安机关考察，所在单位或者基层组织予以配合，如果没有本法第七十七条规定的情形，缓刑考验期满，原判的刑罚就不再执行，并公开予以宣告。

第七十七条　被宣告缓刑的犯罪分子，在缓刑考验期限内犯新罪或者发现判决宣告以前还有其他罪没有判决的，应当撤销缓刑，对新犯的罪或者新发现的罪作出判决，把前罪和后罪所判处的刑罚，依照本法第六十九条的规定，决定执行的刑罚。

被宣告缓刑的犯罪分子，在缓刑考验期限内，违反法律、行政法规或者国务院公安部门有关缓刑的监督管理规定，情节严重的，应当撤销缓刑，执行原判刑罚。

第六节　减　　刑

第七十八条　被判处管制、拘役、有期徒刑、无期徒刑的犯罪分子，在执行期间，如果认真遵守监规，接受教育改造，确有悔改表现的，或者有立功表现的，可以减刑；有下列重大立功表现之一的，应当减刑：

（一）阻止他人重大犯罪活动的；

（二）检举监狱内外重大犯罪活动，经查证属实的；

（三）有发明创造或者重大技术革新的；

（四）在日常生产、生活中舍己救人的；

（五）在抗御自然灾害或者排除重大事故中，有突出表现的；

（六）对国家和社会有其他重大贡献的。

减刑以后实际执行的刑期，判处管制、拘役、有期徒刑的，不能少于原判刑期的二分之一；判处无期徒刑的，不能少于十年。

第七十九条　对于犯罪分子的减刑，由执行机关向中级以上人民法院提出减刑建议书。人民法院应当组成合议庭进行审理，对确有悔改或者立功事实的，裁定予以减刑。非经法定程序不得减刑。

第八十条　无期徒刑减为有期徒刑的刑期，从裁定减刑之日起计算。

第七节　假　　释

第八十一条　被判处有期徒刑的犯罪分子，执行原判刑期二分之一以上，被判处无期徒刑的犯罪分子，实际执行十年以上，如果认真遵守监规，接受教育改造，确有悔改表现，假释后不致再危害社会的，可以假释。如果有特殊情况，经最高人民法院核准，可以不受上述执行刑期的限制。

对累犯以及因杀人、爆炸、抢劫、强奸、绑架等暴力性犯罪被判处十年以上有期徒刑、无期徒刑的犯罪分子，不得假释。

第八十二条　对于犯罪分子的假释，依照本法第七十九条规定的程序进行。非经法定程序不得假释。

第八十三条　有期徒刑的假释考验期限，为没有执行完毕的刑期；无期徒刑的假释考验期限为十年。

假释考验期限，从假释之日起计算。

第八十四条　被宣告假释的犯罪分子，应当遵守下列规定：

（一）遵守法律、行政法规，服从监督；

（二）按照监督机关的规定报告自己的活动情况；

（三）遵守监督机关关于会客的规定；

（四）离开所居住的市、县或者迁居，应当报经监督机关批准。

第八十五条　被假释的犯罪分子，在假释考验期限内，由公安机关予以监督，如果没有本法第八十六条规定的情形，假释考验期满，就认为原判刑罚已经执行完毕，并公开予以宣告。

第八十六条　被假释的犯罪分子，在假释考验期限内犯新罪，应当撤销假释，依照本法第七十一条的规定实行数罪并罚。

在假释考验期限内，发现被假释的犯罪分子在判决宣告以前还有其他罪没有判决的，应当撤销假释，依照本法第七十条的规定实行数罪并罚。

被假释的犯罪分子，在假释考验期限内，有违反法律、行政法规或者国务院公安部门有关假释的监督管理规定的行为，尚未构成新的犯罪的，应当依照法定程序撤销假释，收监执行未执行完毕的刑罚。

第八节　时　　效

第八十七条　犯罪经过下列期限不再追诉：

（一）法定最高刑为不满五年有期徒刑的，经过五年；

（二）法定最高刑为五年以上不满十年有期徒刑的，经过十年；

（三）法定最高刑为十年以上有期徒刑的，经过十五年；

（四）法定最高刑为无期徒刑、死刑的，经过二十年。如果二十年以后认为必须追诉的，须报请最高人民检察院核准。

第八十八条　在人民检察院、公安机关、国家安全机关立案侦查或者在人民法院受理案件以后，逃避侦查或者审判的，不受追诉期限的限制。

被害人在追诉期限内提出控告，人民法院、人民检察院、公安机关应当立案而不予立案的，不受追诉期限的限制。

第八十九条　追诉期限从犯罪之日起计算；犯罪行为有连续或者继续状态的，从犯罪行为终了之日起计算。

在追诉期限以内又犯罪的，前罪追诉的期限从犯后罪之日起计算。

第五章　其他规定

第九十条　民族自治地方不能全部适用本法规定的，可以由自治区或者省的人民代表大会根据当地民族的政治、经济、文化的特点和本法规定的基本原则，制定变通或者补充的规定，报请全国人民代表大会常务委员会批准施行。

第九十一条　本法所称公共财产，是指下列财产：

（一）国有财产；

（二）劳动群众集体所有的财产；

（三）用于扶贫和其他公益事业的社会捐助或者专项基金的财产。

在国家机关、国有公司、企业、集体企业和人民团体管理、使用或者运输中的私人财产，以公共财产论。

第九十二条　本法所称公民私人所有的财产，是指下列财产：

（一）公民的合法收入、储蓄、房屋和其他生活资料；

（二）依法归个人、家庭所有的生产资料；

（三）个体户和私营企业的合法财产；

（四）依法归个人所有的股份、股票、债券和其他财产。

第九十三条　本法所称国家工作人员，是指国家机关中从事公务的人员。

国有公司、企业、事业单位、人民团体中从事公务的人员和国家机关、国有公司、企业、事业单位委派到非国有公司、企业、事业单位、社会团体从事公务的人员，以及其他依照法律从事公务的人员，以国家工作人员论。

第九十四条　本法所称司法工作人员，是指有侦查、检察、审判、监管职责的工作人员。

第九十五条　本法所称重伤，是指有下列情形之一的伤害：

（一）使人肢体残废或者毁人容貌的；

（二）使人丧失听觉、视觉或者其他器官机能的；

（三）其他对于人身健康有重大伤害的。

第九十六条　本法所称违反国家规定，是指违反全国人民代表大会及其常务委员会制定的法律和决定，国务院制定的行政法规、规定的行政措施、发布的决定和命令。

第九十七条　本法所称首要分子，是指在犯罪集团或者聚众犯罪中起组织、策划、指挥作用的犯罪分子。

第九十八条　本法所称告诉才处理，是指被害人告诉才处理。如果被害人因受强制、威吓无法告诉的，人民检察院和被害人的近亲属也可以告诉。

第九十九条　本法所称以上、以下、以内，包括本数。

第一百条　依法受过刑事处罚的人，在入伍、就业的时候，应当如实向有关单位报告自己曾受过刑事处罚，不得隐瞒。

第一百零一条　本法总则适用于其他有刑罚规定的法律，但是其他法律有特别规定的除外。

第二编　分　　则

第一章　危害国家安全罪

第一百零二条　勾结外国，危害中华人民共和国的主权、领土完整和安全的，处无期徒刑或者十年以上有期徒刑。

与境外机构、组织、个人相勾结，犯前款罪的，依照前款的规定处罚。

第一百零三条　组织、策划、实施分裂国家、破坏国家统一的，对首要分子或者罪行重大的，处无期徒刑或者十年以上有期徒刑；对积极参加的，处三年以上十年以下有期徒刑；对其他参加的，处三年以下有期徒刑、拘役、管制或者剥夺政治权利。

煽动分裂国家、破坏国家统一的，处五年以下有期徒刑、拘役、管制或者剥夺政治权利；首要分子或者罪行重大的，处五年以上有期徒刑。

第一百零四条 组织、策划、实施武装叛乱或者武装暴乱的，对首要分子或者罪行重大的，处无期徒刑或者十年以上有期徒刑；对积极参加的，处三年以上十年以下有期徒刑；对其他参加的，处三年以下有期徒刑、拘役、管制或者剥夺政治权利。

策动、胁迫、勾引、收买国家机关工作人员、武装部队人员、人民警察、民兵进行武装叛乱或者武装暴乱的，依照前款的规定从重处罚。

第一百零五条 组织、策划、实施颠覆国家政权、推翻社会主义制度的，对首要分子或者罪行重大的，处无期徒刑或者十年以上有期徒刑；对积极参加的，处三年以上十年以下有期徒刑；对其他参加的，处三年以下有期徒刑、拘役、管制或者剥夺政治权利。

以造谣、诽谤或者其他方式煽动颠覆国家政权、推翻社会主义制度的，处五年以下有期徒刑、拘役、管制或者剥夺政治权利；首要分子或者罪行重大的，处五年以上有期徒刑。

第一百零六条 与境外机构、组织、个人相勾结，实施本章第一百零三条、第一百零四条、第一百零五条规定之罪的，依照各该条的规定从重处罚。

第一百零七条 境内外机构、组织或者个人资助境内组织或者个人实施本章第一百零二条、第一百零三条、第一百零四条、第一百零五条规定之罪的，对直接责任人员，处五年以下有期徒刑、拘役、管制或者剥夺政治权利；情节严重的，处五年以上有期徒刑。

第一百零八条 投敌叛变的，处三年以上十年以下有期徒刑；情节严重或者带领武装部队人员、人民警察、民兵投敌叛变的，处十年以上有期徒刑或者无期徒刑。

第一百零九条 国家机关工作人员在履行公务期间，擅离岗位，叛逃境外或者在境外叛逃，危害中华人民共和国国家安全的，处五年以下有期徒刑、拘役、管制或者剥夺政治权利；情节严重的，处五年以上十年以下有期徒刑。

掌握国家秘密的国家工作人员犯前款罪的，依照前款的规定从重处罚。

第一百一十条 有下列间谍行为之一，危害国家安全的，处十年以上有期徒刑或者无期徒刑；情节较轻的，处三年以上十年以下有期徒刑：

（一）参加间谍组织或者接受间谍组织及其代理人的任务的；

（二）为敌人指示轰击目标的。

第一百一十一条 为境外的机构、组织、人员窃取、刺探、收买、非法提供国家秘密或者情报的，处五年以上十年以下有期徒刑；情节特别严重的，处十年以上有期徒刑或者无期徒刑；情节较轻的，处五年以下有期徒刑、拘役、管制或者剥夺政治权利。

第一百一十二条 战时供给敌人武器装备、军用物资资敌的，处十年以上有期徒刑或者无期徒刑；情节较轻的，处三年以上十年以下有期徒刑。

第一百一十三条 本章上述危害国家安全罪行中，除第一百零三条第二款、第一百零五条、第一百零七条、第一百零九条外，对国家和人民危害特别严重、情节特别恶劣的，可以判处死刑。

犯本章之罪的，可以并处没收财产。

第二章 危害公共安全罪

第一百一十四条 放火、决水、爆炸、投毒或者以其他危险方法破坏工厂、矿场、油田、港口、河流、水源、仓库、住宅、森林、农场、谷场、牧场、重要管道、公共建筑物或者其他公私财产，危害公共安全，尚未造成严重后果的，处三年以上十年以下有期徒刑。

第一百一十五条 放火、决水、爆炸、投毒或者以其他危险方法致人重伤、死亡或者使公私财产遭受重大损失的，处十年以上有期徒刑、无期徒刑或者死刑。

过失犯前款罪的，处三年以上七年以下有期徒刑；情节较轻的，处三年以下有期徒刑或者拘役。

第一百一十六条 破坏火车、汽车、电车、船只、航空器，足以使火车、汽车、电车、船只、航空器发生倾覆、毁坏危险，尚未造成严重后果的，处三年以上十年以下有期徒刑。

第一百一十七条 破坏轨道、桥梁、隧道、公路、机场、航道、灯塔、标志或者进行其他破坏活动，足以使火车、汽车、电车、船只、航空器发生倾覆、毁坏危险，尚未造成严重后果的，处三年以上十年以下有期徒刑。

第一百一十八条 破坏电力、燃气或者其他易燃易爆设备，危害公共安全，尚未造成严重后果的，处三年以上十年以下有期徒刑。

第一百一十九条 破坏交通工具、交通设施、电力设备、燃气设备、易燃易爆设备，造成严重后果的，处十年以上有期徒刑、无期徒刑或者死刑。

过失犯前款罪的，处三年以上七年以下有期徒刑；情节较轻的，处三年以下有期徒刑或者拘役。

第一百二十条　组织、领导和积极参加恐怖活动组织的，处三年以上十年以下有期徒刑；其他参加的，处三年以下有期徒刑、拘役或者管制。

犯前款罪并实施杀人、爆炸、绑架等犯罪的，依照数罪并罚的规定处罚。

第一百二十一条　以暴力、胁迫或者其他方法劫持航空器的，处十年以上有期徒刑或者无期徒刑；致人重伤、死亡或者使航空器遭受严重破坏的，处死刑。

第一百二十二条　以暴力、胁迫或者其他方法劫持船只、汽车的，处五年以上十年以下有期徒刑；造成严重后果的，处十年以上有期徒刑或者无期徒刑。

第一百二十三条　对飞行中的航空器上的人员使用暴力，危及飞行安全，尚未造成严重后果的，处五年以下有期徒刑或者拘役；造成严重后果的，处五年以上有期徒刑。

第一百二十四条　破坏广播电视设施、公用电信设施，危害公共安全的，处三年以上七年以下有期徒刑；造成严重后果的，处七年以上有期徒刑。

过失犯前款罪的，处三年以上七年以下有期徒刑；情节较轻的，处三年以下有期徒刑或者拘役。

第一百二十五条　非法制造、买卖、运输、邮寄、储存枪支、弹药、爆炸物的，处三年以上十年以下有期徒刑；情节严重的，处十年以上有期徒刑、无期徒刑或者死刑。

非法买卖、运输核材料的，依照前款的规定处罚。

单位犯前两款罪的，对单位判处罚金，并对其直接负责的主管人员和其他直接责任人员，依照第一款的规定处罚。

第一百二十六条　依法被指定、确定的枪支制造企业、销售企业，违反枪支管理规定，有下列行为之一的，对单位判处罚金，并对其直接负责的主管人员和其他直接责任人员，处五年以下有期徒刑；情节严重的，处五年以上十年以下有期徒刑；情节特别严重的，处十年以上有期徒刑或者无期徒刑：

（一）以非法销售为目的，超过限额或者不按照规定的品种制造、配售枪支的；

（二）以非法销售为目的，制造无号、重号、假号的枪支的；

（三）非法销售枪支或者在境内销售为出口制造的枪支的。

第一百二十七条　盗窃、抢夺枪支、弹药、爆炸物的，处三年以上十年以下有期徒刑；情节严重的，处十年以上有期徒刑、无期徒刑或者死刑。

抢劫枪支、弹药、爆炸物或者盗窃、抢夺国家机关、军警人员、民兵的枪支、弹药、爆炸物的，处十年以上有期徒刑、无期徒刑或者死刑。

第一百二十八条　违反枪支管理规定，非法持有、私藏枪支、弹药的，处三年以下有期徒刑、拘役或者管制；情节严重的，处三年以上七年以下有期徒刑。

依法配备公务用枪的人员，非法出租、出借枪支的，依照前款的规定处罚。

依法配置枪支的人员，非法出租、出借枪支，造成严重后果的，依照第一款的规定处罚。

单位犯第二款、第三款罪的，对单位判处罚金，并对其直接负责的主管人员和其他直接责任人员，依照第一款的规定处罚。

第一百二十九条　依法配备公务用枪的人员，丢失枪支不及时报告，造成严重后果的，处三年以下有期徒刑或者拘役。

第一百三十条　非法携带枪支、弹药、管制刀具或者爆炸性、易燃性、放射性、毒害性、腐蚀性物品，进入公共场所或者公共交通工具，危及公共安全，情节严重的，处三年以下有期徒刑、拘役或者管制。

第一百三十一条　航空人员违反规章制度，致使发生重大飞行事故，造成严重后果的，处三年以下有期徒刑或者拘役；造成飞机坠毁或者人员死亡的，处三年以上七年以下有期徒刑。

第一百三十二条　铁路职工违反规章制度，致使发生铁路运营安全事故，造成严重后果的，处三年以下有期徒刑或者拘役；造成特别严重后果的，处三年以上七年以下有期徒刑。

第一百三十三条　违反交通运输管理法规，因而发生重大事故，致人重伤、死亡或者使公私财产遭受重大损失的，处三年以下有期徒刑或者拘役；交通运输肇事后逃逸或者有其他特别恶劣情节的，处三年以上七年以下有期徒刑；因逃逸致人死亡的，处七年以上有期徒刑。

第一百三十四条　工厂、矿山、林场、建筑企业或者其他企业、事业单位的职工，由于不服管理、违反规章制度，或者强令工人违章冒险作业，因而发生重大伤亡事故或者造成其他严重后果的，处三年以下有期徒刑或者拘役；情节特别恶劣的，处三年以上七年以下有期徒刑。

第一百三十五条　工厂、矿山、林场、建筑企业或者其他企业、事业单位的劳动安全设施不符合国家规定，经有关部门或者单位职工提出后，对事故隐患仍不采取措施，因而发生重大伤亡事故或者造成其他严重后果的，对直接责任人员，处三年以下有期徒刑或者拘役；情节特别恶劣的，处三年以上七年以下有期徒刑。

第一百三十六条　违反爆炸性、易燃性、放射性、毒害性、腐蚀性物品的管理规定，在生产、储存、运输、使用中发生重大事故，造成严重后果的，处三年以下有期徒刑或者拘役；后果特别严重的，处三年以上七年以下有期徒刑。

第一百三十七条　建设单位、设计单位、施工单位、工程监理单位违反国家规定，降低工程质量标准，造成重大安全事故的，对直接责任人员，处五年以下有期徒刑或者拘役，并处罚金；后果特别严重的，处五年以上十年以下有期徒刑，并处罚金。

第一百三十八条　明知校舍或者教育教学设施有危险，而不采取措施或者不及时报告，致使发生重大伤亡事故的，对直接责任人员，处三年以下有期徒刑或者拘役；后果特别严重的，处三年以上七年以下有期徒刑。

第一百三十九条　违反消防管理法规，经消防监督机构通知采取改正措施而拒绝执行，造成严重后果的，对直接责任人员，处三年以下有期徒刑或者拘役；后果特别严重的，处三年以上七年以下有期徒刑。

第三章　破坏社会主义市场经济秩序罪

第一节　生产、销售伪劣商品罪

第一百四十条　生产者、销售者在产品中掺杂、掺假，以假充真，以次充好或者以不合格产品冒充合格产品，销售金额五万元以上不满二十万元的，处二年以下有期徒刑或者拘役，并处或者单处销售金额百分之五十以上二倍以下罚金；销售金额二十万元以上不满五十万元的，处二年以上七年以下有期徒刑，并处销售金额百分之五十以上二倍以下罚金；销售金额五十万元以上不满二百万元的，处七年以上有期徒刑，并处销售金额百分之五十以上二倍以下罚金；销售金额二百万元以上的，处十五年有期徒刑或者无期徒刑，并处销售金额百分之五十以上二倍以下罚金或者没收财产。

第一百四十一条　生产、销售假药，足以严重危害人体健康的，处三年以下有期徒刑或者拘役，并处或者单处销售金额百分之五十以上二倍以下罚金；对人体健康造成严重危害的，处三年以上十年以下有期徒刑，并处销售金额百分之五十以上二倍以下罚金；致人死亡或者对人体健康造成特别严重危害的，处十年以上有期徒刑、无期徒刑或者死刑，并处销售金额百分之五十以上二倍以下罚金或者没收财产。

本条所称假药，是指依照《中华人民共和国药品管理法》的规定属于假药和按假药处理的药品、非药品。

第一百四十二条　生产、销售劣药，对人体健康造成严重危害的，处三年以上十年以下有期徒刑，并处销售金额百分之五十以上二倍以下罚金；后果特别严重的，处十年以上有期徒刑或者无期徒刑，并处销售金额百分之五十以上二倍以下罚金或者没收财产。

本条所称劣药，是指依照《中华人民共和国药品管理法》的规定属于劣药的药品。

第一百四十三条　生产、销售不符合卫生标准的食品，足以造成严重食物中毒事故或者其他严重食源性疾患的，处三年以下有期徒刑或者拘役，并处或者单处销售金额百分之五十以上二倍以下罚金；对人体健康造成严重危害的，处三年以上七年以下有期徒刑，并处销售金额百分之五十以上二倍以下罚金；后果特别严重的，处七年以上有期徒刑或者无期徒刑，并处销售金额百分之五十以上二倍以下罚金或者没收财产。

第一百四十四条　在生产、销售的食品中掺入有毒、有害的非食品原料的，或者销售明知掺有有毒、有害的非食品原料的食品的，处五年以下有期徒刑或者拘役，并处或者单处销售金额百分之五十以上二倍以下罚金；造成严重食物中毒事故或者其他严重食源性疾患，对人体健康造成严重危害的，处五年以上十年以下有期徒刑，并处销售金额百分之五十以上二倍以下罚金；致人死亡或者对人体健康造成特别严重危害的，依照本法第一百四十一条的规定处罚。

第一百四十五条　生产不符合保障人体健康的国家标准、行业标准的医疗器械、医用卫生材料，或者销售明知是不符合保障人体健康的国家标准、行业标准的医疗器械、医用卫生材料，对人体健康造成严重危害的，处五年以下有期徒刑，并处销售金额百分之五十以上二倍以下罚金；后果特别严重的，处五年以上十年以下有期徒刑，并处销售金额百分之五十以上二倍以下罚金，其中情节特别恶劣的，处十年以上有期徒刑或者无期徒刑，并处销售金额百分之五十以上二倍以下罚金或者没收财产。

第一百四十六条　生产不符合保障人身、财产安全的国家标准、行业标准的电器、压力容器、易燃易爆产品或者其他不符合保障人身、财产安全的国家标准、行业标准的产品，或者销售明知是以上不符合保障人身、财产安全的国家标准、行业标准的产品，造成严重后果的，处五年以下有期徒刑，并处销售金额百分之五十以上二倍以下罚金；后果特别严重的，处五年以上有期徒刑，并处销售金额百分之五十以上二倍以下罚金。

第一百四十七条　生产假农药、假兽药、假化肥，销售明知是假的或者失去使用效能的农药、兽药、化肥、种子，或者生产者、销售者以不合格的农药、兽药、化肥、种子冒充合格的农药、兽药、化肥、种子，使生产遭受较大损失的，处三年以下有期徒刑或者拘役，并处或者单处销售金额百分之五十以上二倍以下罚金；使生产遭受重大损失的，处三年以上七年以下有期徒刑，并处销售金额百分之五十以上二倍以下罚金；使生产遭受特别重大损失的，处七年以上有期徒刑或者无期徒刑，并处销售金额百分之五十以上二倍以下罚金或者没收财产。

第一百四十八条　生产不符合卫生标准的化妆品，或者销售明知是不符合卫生标准的化妆品，造成严重后果的，处三年以下有期徒刑或者拘役，并处或者单处销售金额百分之五十以上二倍以下罚金。

第一百四十九条　生产、销售本节第一百四十一条至第一百四十八条所列产品，不构成各该条规定的犯罪，但是销售金额在五万元以上的，依照本节第一百四十条的规定定罪处罚。

生产、销售本节第一百四十一条至第一百四十八条所列产品，构成各该条规定的犯罪，同时又构成本节第一百四十条规定之罪的，依照处罚较重的规定定罪处罚。

第一百五十条　单位犯本节第一百四十条至第一百四十八条规定之罪的，对单位判处罚金，并对其直接负责的主管人员和其他直接责任人员，依照各该条的规定处罚。

第二节　走私罪

第一百五十一条　走私武器、弹药、核材料或者伪造的货币的，处七年以上有期徒刑，并处罚金或者没收财产；情节较轻的，处三年以上七年以下有期徒刑，并处罚金。

走私国家禁止出口的文物、黄金、白银和其他贵重金属或者国家禁止进出口的珍贵动物及其制品的，处五年以上有期徒刑，并处罚金；情节较轻的，处五年以下有期徒刑，并处罚金。

走私国家禁止进出口的珍稀植物及其制品的，处五年以下有期徒刑，并处或者单处罚金；情节严重的，处五年以上有期徒刑，并处罚金。

犯第一款、第二款罪，情节特别严重的，处无期徒刑或者死刑，并处没收财产。

单位犯本条规定之罪的，对单位判处罚金，并对其直接负责的主管人员和其他直接责任人员，依照本条各款的规定处罚。

第一百五十二条　以牟利或者传播为目的，走私淫秽的影片、录像带、录音带、图片、书刊或者其他淫秽物品的，处三年以上十年以下有期徒刑，并处罚金；情节严重的，处十年以上有期徒刑或者无期徒刑，并处罚金或者没收财产；情节较轻的，处三年以下有期徒刑、拘役或者管制，并处罚金。

单位犯前款罪的，对单位判处罚金，并对其直接负责的主管人员和其他直接责任人员，依照前款的规定处罚。

第一百五十三条　走私本法第一百五十一条、第一百五十二条、第三百四十七条规定以外的货物、物品的，根据情节轻重，分别依照下列规定处罚：

（一）走私货物、物品偷逃应缴税额在五十万元以上的，处十年以上有期徒刑或者无期徒刑，并处偷逃应缴税额一倍以上五倍以下罚金或者没收财产；情节特别严重的，依照本法第一百五十一条第四款的规定处罚。

（二）走私货物、物品偷逃应缴税额在十五万元以上不满五十万元的，处三年以上十年以下有期徒刑，并处偷逃应缴税额一倍以上五倍以下罚金；情节特别严重的，处十年以上有期徒刑或者无期徒刑，并处偷逃应缴税额一倍以上五倍以下罚金或者没收财产。

（三）走私货物、物品偷逃应缴税额在五万元以上不满十五万元的，处三年以下有期徒刑或者拘役，并处偷逃应缴税额一倍以上五倍以下罚金。

单位犯前款罪的，对单位判处罚金，并对其直接负责的主管人员和其他直接责任人员，处三年以下有期徒刑或者拘役；情节严重的，处三年以上十年以下有期徒刑；情节特别严重的，处十年以上有期徒刑。

对多次走私未经处理的，按照累计走私货物、物品的偷逃应缴税额处罚。

第一百五十四条　下列走私行为，根据本节规定构成犯罪的，依照本法第一百五十三条的规定定罪处罚：

（一）未经海关许可并且未补缴应缴税额，擅自将批准进口的来料加工、来件装配、补偿贸易的原材料、零件、制成品、设备等保税货物，在境内销售牟利的；

（二）未经海关许可并且未补缴应缴税额，擅自将特定减税、免税进口的货物、物品，在境内销售牟利的。

第一百五十五条　下列行为，以走私罪论处，依照本节的有关规定处罚：

（一）直接向走私人非法收购国家禁止进口物品的，或者直接向走私人非法收购走私进口的其他货物、物品，数额较大的；

（二）在内海、领海运输、收购、贩卖国家禁止进出口物品的，或者运输、收购、贩卖国家限制进出口货物、物品，数额较大，没有合法证明的；

（三）逃避海关监管将境外固体废物运输进境的。

第一百五十六条　与走私罪犯通谋，为其提供贷款、资金、帐号、发票、证明，或者为其提供运输、保管、邮寄或者其他方便的，以走私罪的共犯论处。

第一百五十七条　武装掩护走私的，依照本法第一百五十一条第一款、第四款的规定从重处罚。

以暴力、威胁方法抗拒缉私的，以走私罪和本法第二百七十七条规定的阻碍国家机关工作人员依法执行职务罪，依照数罪并罚的规定处罚。

第三节　妨害对公司、企业的管理秩序罪

第一百五十八条　申请公司登记使用虚假证明文件或者采取其他欺诈手段虚报注册资本，欺骗公司登记主管部门，取得公司登记，虚报注册资本数额巨大、后果严重或者有其他严重情节的，处三年以下有期徒刑或者拘役，并处或者单处虚报注册资本金额百分之一以上百分之五以下罚金。

单位犯前款罪的，对单位判处罚金，并对其直接负责的主管人员和其他直接责任人员，处三年以下有期徒刑或者拘役。

第一百五十九条　公司发起人、股东违反公司法的规定未交付货币、实物或者未转移财产权，虚假出资，或者在公司成立后又抽逃其出资，数额巨大、后果严重或者有其他严重情节的，处五年以下有期徒刑或者拘役，并处或者单处虚假出资金额或者抽逃出资金额百分之二以上百分之十以下罚金。

单位犯前款罪的，对单位判处罚金，并对其直接负责的主管人员和其他直接责任人员，处五年以下有期徒刑或者拘役。

第一百六十条　在招股说明书、认股书、公司、企业债券募集办法中隐瞒重要事实或者编造重大虚假内容，发行股票或者公司、企业债券，数额巨大、后果严重或者有其他严重情节的，处五年以下有期徒刑或者拘役，并处或者单处非法募集资金金额百分之一以上百分之五以下罚金。

单位犯前款罪的，对单位判处罚金，并对其直接负责的主管人员和其他直接责任人员，处五年以下有期徒刑或者拘役。

第一百六十一条　公司向股东和社会公众提供虚假的或者隐瞒重要事实的财务会计报告，严重损害股东或者其他人利益的，对其直接负责的主管人员和其他直接责任人员，处三年以下有期徒刑或者拘役，并处或者单处二万元以上二十万元以下罚金。

第一百六十二条　公司、企业进行清算时，隐匿财产，对资产负债表或者财产清单作虚伪记载或者在未清偿债务前分配公司、企业财产，严重损害债权人或者其他人利益的，对其直接负责的主管人员和其他直接责任人员，处五年以下有期徒刑或者拘役，并处或者单处二万元以上二十万元以下罚金。

第一百六十三条　公司、企业的工作人员利用职务上的便利，索取他人财物或者非法收受他人财物，为他人谋取利益，数额较大的，处五年以下有期徒刑或者拘役；数额巨大的，处五年以上有期徒刑，可以并处没收财产。

公司、企业的工作人员在经济往来中，违反国家规定，收受各种名义的回扣、手续费，归个人所有的，依照前款的规定处罚。

国有公司、企业中从事公务的人员和国有公司、企业委派到非国有公司、企业从事公务的人员有前两款行为的，依照本法第三百八十五条、第三百八十六条的规定定罪处罚。

第一百六十四条　为谋取不正当利益，给予公司、企业的工作人员以财物，数额较大的，处三年以下有期徒刑或者拘役；数额巨大的，处三年以上十年以下有期徒刑，并处罚金。

单位犯前款罪的，对单位判处罚金，并对其直接负责的主管人员和其他直接责任人员，依照前款的规定处罚。

行贿人在被追诉前主动交待行贿行为的，可以减轻处罚或者免除处罚。

第一百六十五条　国有公司、企业的董事、经理利用职务便利，自己经营或者为他人经营与其所任职公司、企业同类的营业，获取非法利益，数额巨大的，处三年以下有期徒刑或者拘役，并处或者单处罚金；数额特别巨大的，处三年以上七年以下有期徒刑，并处罚金。

第一百六十六条　国有公司、企业、事业单位的工作人员，利用职务便利，有下列情形之一，使国家利益遭受重大损失的，处三年以下有期徒刑或者拘役，并处或者单处罚金；致使国家利益遭受特别重大损失的，处三年以上七年以下有期徒刑，并处罚金：

（一）将本单位的盈利业务交由自己的亲友进行经营的；

（二）以明显高于市场的价格向自己的亲友经营管理的单位采购商品或者以明显低于市场的价格向自己的亲友经营管理的单位销售商品的；

（三）向自己的亲友经营管理的单位采购不合格商品的。

第一百六十七条　国有公司、企业、事业单位直接负责的主管人员，在签订、履行合同过程中，因严重不负责任被诈骗，致使国家利益遭受重大损失的，处三年以下有期徒刑或者拘役；致使国家利益遭受特别重大损失的，处三年以上七年以下有期徒刑。

第一百六十八条　国有公司、企业直接负责的主管人员，徇私舞弊，造成国有公司、企业破产或者严重亏损，致使国家利益遭受重大损失的，处三年以下有期徒刑或者拘役。

第一百六十九条　国有公司、企业或者其上级主管部门直接负责的主管人员，徇私舞弊，将国有资产低价折股或者低价出售，致使国家利益遭受重大损失的，处三年以下有期徒刑或者拘役；致使国家利益遭受特别重大损失的，处三年以上七年以下有期徒刑。

第四节　破坏金融管理秩序罪

第一百七十条　伪造货币的，处三年以上十年以下有期徒刑，并处五万元以上五十万元以下罚金；有下列情形之一的，处十年以上有期徒刑、无期徒刑或者死刑，并处五万元以上五十万元以下罚金或者没收财产：

（一）伪造货币集团的首要分子；

（二）伪造货币数额特别巨大的；

（三）有其他特别严重情节的。

第一百七十一条　出售、购买伪造的货币或者明知是伪造的货币而运输，数额较大的，处三年以下有期徒刑或者拘役，并处二万元以上二十万元以下罚金；数额巨大的，处三年以上十年以下有期徒刑，并处五万元以上五十万元以下罚金；数额特别巨大的，处十年以上有期徒刑或者无期徒刑，并处五万元以上五十万元以下罚金或者没收财产。

银行或者其他金融机构的工作人员购买伪造的货币或者利用职务上的便利，以伪造的货币换取货币的，处三年以上十年以下有期徒刑，并处二万元以上二十万元以下罚金；数额巨大或者有其他严重情节的，处十年以上有期徒刑或者无期徒刑，并处二万元以上二十万元以下罚金或者没收财产；情节较轻的，处三年以下有期徒刑或者拘役，并处或者单处一万元以上十万元以下罚金。

伪造货币并出售或者运输伪造的货币的，依照本法第一百七十条的规定定罪从重处罚。

第一百七十二条　明知是伪造的货币而持有、使用，数额较大的，处三年以下有期徒刑或者拘役，并处或者单处一万元以上十万元以下罚金；数额巨大的，处三年以上十年以下有期徒刑，并处二万元以上二十万元以下罚金；数额特别巨大的，处十年以上有期徒刑，并处五万元以上五十万元以下罚金或者没收财产。

第一百七十三条　变造货币，数额较大的，处三年以下有期徒刑或者拘役，并处或者单处一万元以上十万元以下罚金；数额巨大的，处三年以上十年以下有期徒刑，并处二万元以上二十万元以下罚金。

第一百七十四条　未经中国人民银行批准，擅自设立商业银行或者其他金融机构的，处三年以下有期徒刑或者拘役，并处或者单处二万元以上二十万元以下罚金；情节严重的，处三年以上十年以下有期徒刑，并处五万元以上五十万元以下罚金。

伪造、变造、转让商业银行或者其他金融机构的经营许可证的，依照前款的规定处罚。

单位犯前两款罪的，对单位判处罚金，并对其直接负责的主管人员和其他直接责任人员，依照第一款的规定处罚。

第一百七十五条　以转贷牟利为目的，套取金融机构信贷资金高利转贷他人，违法所得数额较大的，处三年以下有期徒刑或者拘役，并处违法所得一倍以上五倍以下罚金；数额巨大的，处三年以上七年以下有期徒刑，并处违法所得一倍以上五倍以下罚金。

单位犯前款罪的，对单位判处罚金，并对其直接负责的主管人员和其他直接责任人员，处三年以下有期徒刑或者拘役。

第一百七十六条　非法吸收公众存款或者变相吸收公众存款，扰乱金融秩序的，处三年以下有期徒刑或者拘役，并处或者单处二万元以上二十万元以下罚金；数额巨大或者有其他严重情节的，处三年以上十年以下有期徒刑，并处五万元以上五十万元以下罚金。

单位犯前款罪的，对单位判处罚金，并对其直接负责的主管人员和其他直接责任人员，依照前款的规定处罚。

第一百七十七条　有下列情形之一，伪造、变造金融票证的，处五年以下有期徒刑或者拘役，并处或者单处二万元以上二十万元以下罚金；情节严重的，处五年以上十年以下有期徒刑，并处五万元以上五十万元以下罚金；情节特别严重的，处十年以上有期徒刑或者无期徒刑，并处五万元以上五十万元以下罚金或者没收财产：

（一）伪造、变造汇票、本票、支票的；

（二）伪造、变造委托收款凭证、汇款凭证、银行存单等其他银行结算凭证的；

（三）伪造、变造信用证或者附随的单据、文件的；

（四）伪造信用卡的。

单位犯前款罪的，对单位判处罚金，并对其直接负责的主管人员和其他直接责任人员，依照前款的规定处罚。

第一百七十八条　伪造、变造国库券或者国家发行的其他有价证券，数额较大的，处三年以下有期徒刑或者拘役，并处或者单处二万元以上二十万元以下罚金；数额巨大的，处三年以上十年以下有期徒刑，并处五万元以上五十万元以下罚金；数额特别巨大的，处十年以上有期徒刑或者无期徒刑，并处五万元以上五十万元以下罚金或者没收财产。

伪造、变造股票或者公司、企业债券，数额较大的，处三年以下有期徒刑或者拘役，并处或者单处一万元以上十万元以下罚金；数额巨大的，处三年以上十年以下有期徒刑，并处二万元以上二十万元以下罚金。

单位犯前两款罪的，对单位判处罚金，并对其直接负责的主管人员和其他直接责任人员，依照前两款的规定处罚。

第一百七十九条　未经国家有关主管部门批准，擅自发行股票或者公司、企业债券，数额巨大、后果严重或者有其他严重情节的，处五年以下有期徒刑或者拘役，并处或者单处非法募集资金金额百分之一以上百分之五以下罚金。

单位犯前款罪的，对单位判处罚金，并对其直接负责的主管人员和其他直接责任人员，处五年以下有期徒刑或者拘役。

第一百八十条　证券交易内幕信息的知情人员或者非法获取证券交易内幕信息的人员，在涉及证券的发行、交易或者其他对证券的价格有重大影响的信息尚未公开前，买入或者卖出该证券，或者泄露该信息，情节严重的，处五年以下有期徒刑或者拘役，并处或者单处违法所得一倍以上五倍以下罚金；情节特别严重的，处五年以上十年以下有期徒刑，并处违法所得一倍以上五倍以下罚金。

单位犯前款罪的，对单位判处罚金，并对其直接负责的主管人员和其他直接责任人员，处五年以下有期徒刑或者拘役。

内幕信息的范围，依照法律、行政法规的规定确定。

知情人员的范围，依照法律、行政法规的规定确定。

第一百八十一条　编造并且传播影响证券交易的虚假信息，扰乱证券交易市场，造成严重后果的，处五年以下有期徒刑或者拘役，并处或者单处一万元以上十万元以下罚金。

证券交易所、证券公司的从业人员，证券业协会或者证券期货监督管理部门的工作人员，故意提供虚假信息或者伪造、变造、销毁交易记录，诱骗投资者买卖证券，造成严重后果的，处五年以下有期徒刑或者拘役，并处或者单处一万元以上十万元以下罚金；情节特别恶劣的，处五年以上十年以下有期徒刑，并处二万元以上二十万元以下罚金。

单位犯前两款罪的，对单位判处罚金，并对其直接负责的主管人员和其他直接责任人员，处五年以下有期徒刑或者拘役。

第一百八十二条　有下列情形之一，操纵证券交易价格，获取不正当利益或者转嫁风险，情节严重的，处五年以下有期徒刑或者拘役，并处或者单处违法所得一倍以上五倍以下罚金：

（一）单独或者合谋，集中资金优势、持股优势或者利用信息优势联合或者连续买卖，操纵证券交易价格的；

（二）与他人串通，以事先约定的时间、价格和方式相互进行证券交易或者相互买卖并不持有的证券，影响证券交易价格或者证券交易量的；

（三）以自己为交易对象，进行不转移证券所有权的自买自卖，影响证券交易价格或者证券交易量的；

（四）以其他方法操纵证券交易价格的。

单位犯前款罪的，对单位判处罚金，并对其直接负责的主管人员和其他直接责任人员，处五年以下有期徒刑或者拘役。

第一百八十三条　保险公司的工作人员利用职务上的便利，故意编造未曾发生的保险事故进行虚假理赔，骗取保险金归自己所有的，依照本法第二百七十一条的规定定罪处罚。

国有保险公司工作人员和国有保险公司委派到非国有保险公司从事公务的人员有前款行为的，依照本法第三百八十二条、第三百八十三条的规定定罪处罚。

第一百八十四条　银行或者其他金融机构的工作人员在金融业务活动中索取他人财物或者非法收受他人财物，为他人谋取利益的，或者违反国家规定，收受各种名义的回扣、手续费，归个人所有的，依照本法第一百六十三条的规定定罪处罚。

国有金融机构工作人员和国有金融机构委派到非国有金融机构从事公务的人员有前款行为的，依照本法第三百八十五条、第三百八十六条的规定定罪处罚。

第一百八十五条　银行或者其他金融机构的工作人员利用职务上的便利，挪用本单位或者客户资金的，依照本法第二百七十二条的规定定罪处罚。

国有金融机构工作人员和国有金融机构委派到非国有金融机构从事公务的人员有前款行为的，依照本法第三百八十四条的规定定罪处罚。

第一百八十六条　银行或者其他金融机构的工作人员违反法律、行政法规规定，向关系人发放信用贷款或者发放担保贷款的条件优于其他借款人同类贷款的条件，造成较大损失的，处五年以下有期徒刑或者拘役，并处一万元以上十万元以下罚金；造成重大损失的，处五年以上有期徒刑，并处二万元以上二十万元以下罚金。

银行或者其他金融机构的工作人员违反法律、行政法规规定，向关系人以外的其他人发放贷款，造成重大损失的，处五年以下有期徒刑或者拘役，并处一万元以上十万元以下罚金；造成特别重大损失的，处五年以上有期徒刑，并处二万元以上二十万元以下罚金。

单位犯前两款罪的，对单位判处罚金，并对其直接负责的主管人员和其他直接责任人员，依照前两款的规定处罚。

关系人的范围，依照《中华人民共和国商业银行法》和有关金融法规确定。

第一百八十七条　银行或者其他金融机构的工作人员以牟利为目的，采取吸收客户资金不入账的方式，将资金用于非法拆借、发放贷款，造成重大损失的，处五年以下有期徒刑或者拘役，并处二万元以上二十万元以下罚金；造成特别重大损失的，处五年以上有期徒刑，并处五万元以上五十万元以下罚金。

单位犯前款罪的，对单位判处罚金，并对其直接负责的主管人员和其他直接责任人员，依照前款的规定处罚。

第一百八十八条　银行或者其他金融机构的工作人员违反规定，为他人出具信用证或者其他保函、票据、存单、资信证明，造成较大损失的，处五年以下有期徒刑或者拘役；造成重大损失的，处五年以上有期徒刑。

单位犯前款罪的，对单位判处罚金，并对其直接负责的主管人员和其他直接责任人员，依照前款的规定处罚。

第一百八十九条　银行或者其他金融机构的工作人员在票据业务中，对违反票据法规定的票据予以承兑、付款或者保证，造成重大损失的，处五年以下有期徒刑或者拘役；造成特别重大损失的，处五年以上有期徒刑。

单位犯前款罪的，对单位判处罚金，并对其直接负责的主管人员和其他直接责任人员，依照前款的规定处罚。

第一百九十条　国有公司、企业或者其他国有单位，违反国家规定，擅自将外汇存放境外，或者将境内的外汇非法转移到境外，情节严重的，对单位判处罚金，并对其直接负责的主管人员和其他直接责任人员，处五年以下有期徒刑或者拘役。

第一百九十一条　明知是毒品犯罪、黑社会性质的组织犯罪、走私犯罪的违法所得及其产生的收益，为掩饰、隐瞒其来源和性质，有下列行为之一的，没收实施以上犯罪的违法所得及其产生的收益，处五年以下有期徒刑或者拘役，并处或者单处洗钱数额百分之五以上百分之二十以下罚金；情节严重的，处五年以上十年以下有期徒刑，并处洗钱数额百分之五以上百分之二十以下罚金：

（一）提供资金账户的；

（二）协助将财产转换为现金或者金融票据的；

（三）通过转账或者其他结算方式协助资金转移的；

（四）协助将资金汇往境外的；

（五）以其他方法掩饰、隐瞒犯罪的违法所得及其收益的来源和性质的。

单位犯前款罪的，对单位判处罚金，并对其直接负责的主管人员和其他直接责任人员，处五年以下有期徒刑或者拘役。

第五节　金融诈骗罪

第一百九十二条　以非法占有为目的，使用诈骗方法非法集资，数额较大的，处五年以下有期徒刑或者拘役，并处二万元以上二十万元以下罚金；数额巨大或者有其他严重情节的，处五年以上十年以下有期徒刑，并处五万元以上五十万元以下罚金；数额特别巨大或者有其他特别严重情节的，处十年以上有期徒刑或者无期徒刑，并处五万元以上五十万元以下罚金或者没收财产。

第一百九十三条　有下列情形之一，以非法占有为目的，诈骗银行或者其他金融机构的贷款，数额较大的，处五年以下有期徒刑或者拘役，并处二万元以上二十万元以下罚金；数额巨大或者有其他严重情节的，处五年以上十年以下有期徒刑，并处五万元以上五十万元以下罚金；数额特别巨大或者有其他特别严重情节的，处十年以上有期徒刑或者无期徒刑，并处五万元以上五十万元以下罚金或者没收财产：

（一）编造引进资金、项目等虚假理由的；

（二）使用虚假的经济合同的；

（三）使用虚假的证明文件的；

（四）使用虚假的产权证明作担保或者超出抵押物价值重复担保的；

（五）以其他方法诈骗贷款的。

第一百九十四条　有下列情形之一，进行金融票据诈骗活动，数额较大的，处五年以下有期徒刑或者拘役，并处二万元以上二十万元以下罚金；数额巨大或者有其他严重情节的，处五年以上十年以下有期徒刑，并处五万元以上五十万元以下罚金；数额特别巨大或者有其他特别严重情节的，处十年以上有期徒刑或者无期徒刑，并处五万元以上五十万元以下罚金或者没收财产：

（一）明知是伪造、变造的汇票、本票、支票而使用的；

（二）明知是作废的汇票、本票、支票而使用的；

（三）冒用他人的汇票、本票、支票的；

（四）签发空头支票或者与其预留印鉴不符的支票，骗取财物的；

（五）汇票、本票的出票人签发无资金保证的汇票、本票或者在出票时作虚假记载，骗取财物的。

使用伪造、变造的委托收款凭证、汇款凭证、银行存单等其他银行结算凭证的，依照前款的规定处罚。

第一百九十五条　有下列情形之一，进行信用证诈骗活动的，处五年以下有期徒刑或者拘役，并处二万元以上二十万元以下罚金；数额巨大或者有其他严重情节的，处五年以上十年以下有期徒刑，并处五万元以上五十万元以下罚金；数额特别巨大或者有其他特别严重情节的，处十年以上有期徒刑或者无期徒刑，并处五万元以上五十万元以下罚金或者没收财产：

（一）使用伪造、变造的信用证或者附随的单据、文件的；

（二）使用作废的信用证的；

（三）骗取信用证的；

（四）以其他方法进行信用证诈骗活动的。

第一百九十六条　有下列情形之一，进行信用卡诈骗活动，数额较大的，处五年以下有期徒刑或者拘役，并处二万元以上二十万元以下罚金；数额巨大或者有其他严重情节的，处五年以上十年以下有期徒刑，并处五万元以上五十万元以下罚金；数额特别巨大或者有其他特别严重情节的，处十年以上有期徒刑或者无期徒刑，并处五万元以上五十万元以下罚金或者没收财产：

（一）使用伪造的信用卡的；

（二）使用作废的信用卡的；

（三）冒用他人信用卡的；

（四）恶意透支的。

前款所称恶意透支，是指持卡人以非法占有为目的，超过规定限额或者规定期限透支，并且经发卡银行催收后仍不归还的行为。

盗窃信用卡并使用的，依照本法第二百六十四条的规定定罪处罚。

第一百九十七条　使用伪造、变造的国库券或者国家发行的其他有价证券，进行诈骗活动，数额较大的，处五年以下有期徒刑或者拘役，并处二万元以上二十万元以下罚金；数额巨大或者有其他严重情节的，处五年以上十年以下有期徒刑，并处五万元以上五十万元以下罚金；数额特别巨大或者有其他特别严重情节的，处十年以上有期徒刑或者无期徒刑，并处五万元以上五十万元以下罚金或者没收财产。

第一百九十八条　有下列情形之一，进行保险诈骗活动，数额较大的，处五年以下有期徒刑或者拘役，并处一万元以上十万元以下罚金；数额巨大或者有其他严重情节的，处五年以上十年以下有期徒刑，并处二万元以上二十万元以下罚金；数额特别巨大或者有其他特别严重情节的，处十年以上有期徒刑，并处二万元以上二十万元以下罚金或者没收财产：

（一）投保人故意虚构保险标的，骗取保险金的；

（二）投保人、被保险人或者受益人对发生的保险事故编造虚假的原因或者夸大损失的程度，骗取保险金的；

（三）投保人、被保险人或者受益人编造未曾发生的保险事故，骗取保险金的；

（四）投保人、被保险人故意造成财产损失的保险事故，骗取保险金的；

（五）投保人、受益人故意造成被保险人死亡、伤残或者疾病，骗取保险金的。

有前款第四项、第五项所列行为，同时构成其他犯罪的，依照数罪并罚的规定处罚。

单位犯第一款罪的，对单位判处罚金，并对其直接负责的主管人员和其他直接责任人员，处五年以下有期徒刑或者拘役；数额巨大或者有其他严重情节的，处五年以上十年以下有期徒刑；数额特别巨大或者有其他特别严重情节的，处十年以上有期徒刑。

保险事故的鉴定人、证明人、财产评估人故意提供虚假的证明文件，为他人诈骗提供条件的，以保险诈骗的共犯论处。

第一百九十九条　犯本节第一百九十二条、第一百九十四条、第一百九十五条规定之罪，数额特别巨大并且给国家和人民利益造成特别重大损失的，处无期徒刑或者死刑，并处没收财产。

第二百条　单位犯本节第一百九十二条、第一百九十四条、第一百九十五条规定之罪的，对单位判处罚金，并对其直接负责的主管人员和其他直接责任人员，处五年以下有期徒刑或者拘役；数额巨大或者有其他严重情节的，处五年以上十年以下有期徒刑；数额特别巨大或者有其他特别严重情节的，处十年以上有期徒刑或者无期徒刑。

第六节　危害税收征管罪

第二百零一条　纳税人采取伪造、变造、隐匿、擅自销毁账簿、记账凭证，在账簿上多列支出或者不列、少列收入，经税务机关通知申报而拒不申报或者进行虚假的纳税申报的手段，不缴或者少缴应纳税款，偷税数额占应纳税额的百分之十以上不满百分之三十并且偷税数额在一万元以上不满十万元的，或者因偷税被税务机关给予二次行政处罚又偷税的，处三年以下有期徒刑或者拘役，并处偷税数额一倍以上五倍以下罚金；偷税数额占应纳税额的百分之三十以上并且偷税数额在十万元以上的，处三年以上七年以下有期徒刑，并处偷税数额一倍以上五倍以下罚金。

扣缴义务人采取前款所列手段，不缴或者少缴已扣、已收税款，数额占应缴税额的百分之十以上并且数额在一万元以上的，依照前款的规定处罚。

对多次犯有前两款行为，未经处理的，按照累计数额计算。

第二百零二条　以暴力、威胁方法拒不缴纳税款的，处三年以下有期徒刑或者拘役，并处拒缴税款一倍以上五倍以下罚金；情节严重的，处三年以上七年以下有期徒刑，并处拒缴税款一倍以上五倍以下罚金。

第二百零三条　纳税人欠缴应纳税款，采取转移或者隐匿财产的手段，致使税务机关无法追缴欠缴的税款，数额在一万元以上不满十万元的，处三年以下有期徒刑或者拘役，并处或者单处欠缴税款一倍以上五倍以下罚金；数额在十万元以上的，处三年以上七年以下有期徒刑，并处欠缴税款一倍以上五倍以下罚金。

第二百零四条　以假报出口或者其他欺骗手段，骗取国家出口退税款，数额较大的，处五年以下有期徒刑或者拘役，并处骗取税款一倍以上五倍以下罚金；数额巨大或者有其他严重情节的，处五年以上十年以下有期徒刑，并处骗取税款一倍以上五倍以下罚金；数额特别巨大或者有其他特别严重情节的，处十年以上有期徒刑或者无期徒刑，并处骗取税款一倍以上五倍以下罚金或者没收财产。

纳税人缴纳税款后，采取前款规定的欺骗方法，骗取所缴纳的税款的，依照本法第二百零一条的规定定罪处罚；骗取税款超过所缴纳的税款部分，依照前款的规定处罚。

第二百零五条　虚开增值税专用发票或者虚开用于骗取出口退税、抵扣税款的其他发票的，处三年以下有期徒刑或者拘役，并处二万元以上二十万元以下罚金；虚开的税款数额较大或者有其他严重情节的，处三年以上十年以下有期徒刑，并处五万元以上五十万元以下罚金；虚开的税款数额巨大或者有其他特别严重情节的，处十年以上有期徒刑或者无期徒刑，并处五万元以上五十万元以下罚金或者没收财产。

有前款行为骗取国家税款，数额特别巨大，情节特别严重，给国家利益造成特别重大损失的，处无期徒刑或者死刑，并处没收财产。

单位犯本条规定之罪的，对单位判处罚金，并对其直接负责的主管人员和其他直接责任人员，处三年以下有期徒刑或者拘役；虚开的税款数额较大或者有其他严重情节的，处三年以上十年以下有期徒刑；虚开的税款数额巨大或者有其他特别严重情节的，处十年以上有期徒刑或者无期徒刑。

虚开增值税专用发票或者虚开用于骗取出口退税、抵扣税款的其他发票，是指有为他人虚开、为自己虚开、让他人为自己虚开、介绍他人虚开行为之一的。

第二百零六条　伪造或者出售伪造的增值税专用发票的，处三年以下有期徒刑、拘役或者管制，并处二万元以上二十万元以下罚金；数量较大或者有其他严重情节的，处三年以上十年以下有期徒刑，并处五万元以上五十万元以下罚金；数量巨大或者有其他特别严重情节的，处十年以上有期徒刑或者无期徒刑，并处五万元以上五十万元以下罚金或者没收财产。

伪造并出售伪造的增值税专用发票，数量特别巨大，情节特别严重，严重破坏经济秩序的，处无期徒刑或者死刑，并处没收财产。

单位犯本条规定之罪的，对单位判处罚金，并对其直接负责的主管人员和其他直接责任人员，处三年以下有期徒刑、拘役或者管制；数量较大或者有其他严重情节的，处三年以上十年以下有期徒刑；数量巨大或者有其他特别严重情节的，处十年以上有期徒刑或者无期徒刑。

第二百零七条　非法出售增值税专用发票的，处三年以下有期徒刑、拘役或者管制，并处二万元以上二十万元以下罚金；数量较大的，处三年以上十年以下有期徒刑，并处五万元以上五十万元以下罚金；数量巨大的，处十年以上有期徒刑或者无期徒刑，并处五万元以上五十万元以下罚金或者没收财产。

第二百零八条　非法购买增值税专用发票或者购买伪造的增值税专用发票的，处五年以下有期徒刑或者拘役，并处或者单处二万元以上二十万元以下罚金。

非法购买增值税专用发票或者购买伪造的增值税专用发票又虚开或者出售的，分别依照本法第二百零五条、第二百零六条、第二百零七条的规定定罪处罚。

第二百零九条　伪造、擅自制造或者出售伪造、擅自制造的可以用于骗取出口退税、抵扣税款的其他发票的，处三年以下有期徒刑、拘役或者管制，并处二万元以上二十万元以下罚金；数量巨大的，处三年以上七年以下有期徒刑，并处五万元以上五十万元以下罚金；数量特别巨大的，处七年以上有期徒刑，并处五万元以上五十万元以下罚金或者没收财产。

伪造、擅自制造或者出售伪造、擅自制造的前款规定以外的其他发票的，处二年以下有期徒刑、拘役或者管制，并处或者单处一万元以上五万元以下罚金；情节严重的，处二年以上七年以下有期徒刑，并处五万元以上五十万元以下罚金。

非法出售可以用于骗取出口退税、抵扣税款的其他发票的，依照第一款的规定处罚。

非法出售第三款规定以外的其他发票的，依照第二款的规定处罚。

第二百一十条　盗窃增值税专用发票或者可以用于骗取出口退税、抵扣税款的其他发票的，依照本法第二百六十四条的规定定罪处罚。

使用欺骗手段骗取增值税专用发票或者可以用于骗取出口退税、抵扣税款的其他发票的，依照本法第二百六十六条的规定定罪处罚。

第二百一十一条　单位犯本节第二百零一条、第二百零三条、第二百零四条、第二百零七条、第二百零八条、第二百零九条规定之罪的，对单位判处罚金，并对其直接负责的主管人员和其他直接责任人员，依照各该条的规定处罚。

第二百一十二条　犯本节第二百零一条至第二百零五条规定之罪，被判处罚金、没收财产的，在执行前，应当先由税务机关追缴税款和所骗取的出口退税款。

第七节　侵犯知识产权罪

第二百一十三条　未经注册商标所有人许可，在同一种商品上使用与其注册商标相同的商标，情节严重的，处三年以下有期徒刑或者拘役，并处或者单处罚金；情节特别严重的，处三年以上七年以下有期徒刑，并处罚金。

第二百一十四条　销售明知是假冒注册商标的商品，销售金额数额较大的，处三年以下有期徒刑或者拘役，并处或者单处罚金；销售金额数额巨大的，处三年以上七年以下有期徒刑，并处罚金。

第二百一十五条　伪造、擅自制造他人注册商标标识或者销售伪造、擅自制造的注册商标标识，情节严重的，处三年以下有期徒刑、拘役或者管制，并处或者单处罚金；情节特别严重的，处三年以上七年以下有期徒刑，并处罚金。

第二百一十六条　假冒他人专利，情节严重的，处三年以下有期徒刑或者拘役，并处或者单处罚金。

第二百一十七条　以营利为目的，有下列侵犯著作权情形之一，违法所得数额较大或者有其他严重情节的，处三年以下有期徒刑或者拘役，并处或者单处罚金；违法所得数额巨大或者有其他特别严重情节的，处三年以上七年以下有期徒刑，并处罚金：

（一）未经著作权人许可，复制发行其文字作品、音乐、电影、电视、录像作品、计算机软件及其他作品的；

（二）出版他人享有专有出版权的图书的；

（三）未经录音录像制作者许可，复制发行其制作的录音录像的；

（四）制作、出售假冒他人署名的美术作品的。

第二百一十八条 以营利为目的，销售明知是本法第二百一十七条规定的侵权复制品，违法所得数额巨大的，处三年以下有期徒刑或者拘役，并处或者单处罚金。

第二百一十九条 有下列侵犯商业秘密行为之一，给商业秘密的权利人造成重大损失的，处三年以下有期徒刑或者拘役，并处或者单处罚金；造成特别严重后果的，处三年以上七年以下有期徒刑，并处罚金：

（一）以盗窃、利诱、胁迫或者其他不正当手段获取权利人的商业秘密的；

（二）披露、使用或者允许他人使用以前项手段获取的权利人的商业秘密的；

（三）违反约定或者违反权利人有关保守商业秘密的要求，披露、使用或者允许他人使用其所掌握的商业秘密的。

明知或者应知前款所列行为，获取、使用或者披露他人的商业秘密的，以侵犯商业秘密论。

本条所称商业秘密，是指不为公众所知悉，能为权利人带来经济利益，具有实用性并经权利人采取保密措施的技术信息和经营信息。

本条所称权利人，是指商业秘密的所有人和经商业秘密所有人许可的商业秘密使用人。

第二百二十条 单位犯本节第二百一十三条至第二百一十九条规定之罪的，对单位判处罚金，并对其直接负责的主管人员和其他直接责任人员，依照本节各该条的规定处罚。

第八节 扰乱市场秩序罪

第二百二十一条 捏造并散布虚伪事实，损害他人的商业信誉、商品声誉，给他人造成重大损失或者有其他严重情节的，处二年以下有期徒刑或者拘役，并处或者单处罚金。

第二百二十二条 广告主、广告经营者、广告发布者违反国家规定，利用广告对商品或者服务作虚假宣传，情节严重的，处二年以下有期徒刑或者拘役，并处或者单处罚金。

第二百二十三条 投标人相互串通投标报价，损害招标人或者其他投标人利益，情节严重的，处三年以下有期徒刑或者拘役，并处或者单处罚金。

投标人与招标人串通投标，损害国家、集体、公民的合法利益的，依照前款的规定处罚。

第二百二十四条 有下列情形之一，以非法占有为目的，在签订、履行合同过程中，骗取对方当事人财物，数额较大的，处三年以下有期徒刑或者拘役，并处或者单处罚金；数额巨大或者有其他严重情节的，处三年以上十年以下有期徒刑，并处罚金；数额特别巨大或者有其他特别严重情节的，处十年以上有期徒刑或者无期徒刑，并处罚金或者没收财产：

（一）以虚构的单位或者冒用他人名义签订合同的；

（二）以伪造、变造、作废的票据或者其他虚假的产权证明作担保的；

（三）没有实际履行能力，以先履行小额合同或者部分履行合同的方法，诱骗对方当事人继续签订和履行合同的；

（四）收受对方当事人给付的货物、货款、预付款或者担保财产后逃匿的；

（五）以其他方法骗取对方当事人财物的。

第二百二十五条 违反国家规定，有下列非法经营行为之一，扰乱市场秩序，情节严重的，处五年以下有期徒刑或者拘役，并处或者单处违法所得一倍以上五倍以下罚金；情节特别严重的，处五年以上有期徒刑，并处违法所得一倍以上五倍以下罚金或者没收财产：

（一）未经许可经营法律、行政法规规定的专营、专卖物品或者其他限制买卖的物品的；

（二）买卖进出口许可证、进出口原产地证明以及其他法律、行政法规规定的经营许可证或者批准文件的；

（三）其他严重扰乱市场秩序的非法经营行为。

第二百二十六条 以暴力、威胁手段强买强卖商品、强迫他人提供服务或者强迫他人接受服务，情节严重的，处三年以下有期徒刑或者拘役，并处或者单处罚金。

第二百二十七条 伪造或者倒卖伪造的车票、船票、邮票或者其他有价票证，数额较大的，处二年以下有期徒刑、拘役或者管制，并处或者单处票证价额一倍以上五倍以下罚金；数额巨大的，处二年以上七年以下有期徒刑，并处票证价额一倍以上五倍以下罚金。

倒卖车票、船票，情节严重的，处三年以下有期徒刑、拘役或者管制，并处或者单处票证价额一倍以上五倍以下罚金。

第二百二十八条 以牟利为目的，违反土地管理法规，非法转让、倒卖土地使用权，情节严重的，处三年以下有期徒刑或者拘役，并处或者单处非法转让、倒卖土地使用权价额百分之五以上百分之二十以下罚金；情节特别严重的，处三年以上七年以下有期徒刑，并处非法转让、倒卖土地使用权价额百分之五以上百分之二十以下罚金。

第二百二十九条 承担资产评估、验资、验证、会计、审计、法律服务等职责的中介组织的人员故意提供虚假证明文件，情节严重的，处五年以下有期徒刑或者拘役，并处罚金。

前款规定的人员，索取他人财物或者非法收受他人财物，犯前款罪的，处五年以上十年以下有期徒刑，并处罚金。

第一款规定的人员，严重不负责任，出具的证明文件有重大失实，造成严重后果的，处三年以下有期徒刑或者拘役，并处或者单处罚金。

第二百三十条　违反进出口商品检验法的规定，逃避商品检验，将必须经商检机构检验的进口商品未报经检验而擅自销售、使用，或者将必须经商检机构检验的出口商品未报经检验合格而擅自出口，情节严重的，处三年以下有期徒刑或者拘役，并处或者单处罚金。

第二百三十一条　单位犯本节第二百二十一条至第二百三十条规定之罪的，对单位判处罚金，并对其直接负责的主管人员和其他直接责任人员，依照本节各该条的规定处罚。

第四章　侵犯公民人身权利、民主权利罪

第二百三十二条　故意杀人的，处死刑、无期徒刑或者十年以上有期徒刑；情节较轻的，处三年以上十年以下有期徒刑。

第二百三十三条　过失致人死亡的，处三年以上七年以下有期徒刑；情节较轻的，处三年以下有期徒刑。本法另有规定的，依照规定。

第二百三十四条　故意伤害他人身体的，处三年以下有期徒刑、拘役或者管制。

犯前款罪，致人重伤的，处三年以上十年以下有期徒刑；致人死亡或者以特别残忍手段致人重伤造成严重残疾的，处十年以上有期徒刑、无期徒刑或者死刑。本法另有规定的，依照规定。

第二百三十五条　过失伤害他人致人重伤的，处三年以下有期徒刑或者拘役。本法另有规定的，依照规定。

第二百三十六条　以暴力、胁迫或者其他手段强奸妇女的，处三年以上十年以下有期徒刑。

奸淫不满十四周岁的幼女的，以强奸论，从重处罚。

强奸妇女、奸淫幼女，有下列情形之一的，处十年以上有期徒刑、无期徒刑或者死刑：

（一）强奸妇女、奸淫幼女情节恶劣的；

（二）强奸妇女、奸淫幼女多人的；

（三）在公共场所当众强奸妇女的；

（四）二人以上轮奸的；

（五）致使被害人重伤、死亡或者造成其他严重后果的。

第二百三十七条　以暴力、胁迫或者其他方法强制猥亵妇女或者侮辱妇女的，处五年以下有期徒刑或者拘役。

聚众或者在公共场所当众犯前款罪的，处五年以上有期徒刑。

猥亵儿童的，依照前两款的规定从重处罚。

第二百三十八条　非法拘禁他人或者以其他方法非法剥夺他人人身自由的，处三年以下有期徒刑、拘役、管制或者剥夺政治权利。具有殴打、侮辱情节的，从重处罚。

犯前款罪，致人重伤的，处三年以上十年以下有期徒刑；致人死亡的，处十年以上有期徒刑。使用暴力致人伤残、死亡的，依照本法第二百三十四条、第二百三十二条的规定定罪处罚。

为索取债务非法扣押、拘禁他人的，依照前两款的规定处罚。

国家机关工作人员利用职权犯前三款罪的，依照前三款的规定从重处罚。

第二百三十九条　以勒索财物为目的绑架他人的，或者绑架他人作为人质的，处十年以上有期徒刑或者无期徒刑，并处罚金或者没收财产；致使被绑架人死亡或者杀害被绑架人的，处死刑，并处没收财产。

以勒索财物为目的偷盗婴幼儿的，依照前款的规定处罚。

第二百四十条　拐卖妇女、儿童的，处五年以上十年以下有期徒刑，并处罚金；有下列情形之一的，处十年以上有期徒刑或者无期徒刑，并处罚金或者没收财产；情节特别严重的，处死刑，并处没收财产：

（一）拐卖妇女、儿童集团的首要分子；

（二）拐卖妇女、儿童三人以上的；

（三）奸淫被拐卖的妇女的；

（四）诱骗、强迫被拐卖的妇女卖淫或者将被拐卖的妇女卖给他人迫使其卖淫的；

（五）以出卖为目的，使用暴力、胁迫或者麻醉方法绑架妇女、儿童的；

（六）以出卖为目的，偷盗婴幼儿的；

（七）造成被拐卖的妇女、儿童或者其亲属重伤、死亡或者其他严重后果的；

（八）将妇女、儿童卖往境外的。

拐卖妇女、儿童是指以出卖为目的，有拐骗、绑架、收买、贩卖、接送、中转妇女、儿童的行为之一的。

第二百四十一条　收买被拐卖的妇女、儿童的，处三年以下有期徒刑、拘役或者管制。

收买被拐卖的妇女，强行与其发生性关系的，依照本法第二百三十六条的规定定罪处罚。

收买被拐卖的妇女、儿童，非法剥夺、限制其人身自由或者有伤害、侮辱等犯罪行为的，依照本法的有关规定定罪处罚。

收买被拐卖的妇女、儿童，并有第二款、第三款规定的犯罪行为的，依照数罪并罚的规定处罚。

收买被拐卖的妇女、儿童又出卖的，依照本法第二百四十条的规定定罪处罚。

收买被拐卖的妇女、儿童，按照被买妇女的意愿，不阻碍其返回原居住地的，对被买儿童没有虐待行为，不阻碍对其进行解救的，可以不追究刑事责任。

第二百四十二条 以暴力、威胁方法阻碍国家机关工作人员解救被收买的妇女、儿童的，依照本法第二百七十七条的规定定罪处罚。

聚众阻碍国家机关工作人员解救被收买的妇女、儿童的首要分子，处五年以下有期徒刑或者拘役；其他参与者使用暴力、威胁方法的，依照前款的规定处罚。

第二百四十三条 捏造事实诬告陷害他人，意图使他人受刑事追究，情节严重的，处三年以下有期徒刑、拘役或者管制；造成严重后果的，处三年以上十年以下有期徒刑。

国家机关工作人员犯前款罪的，从重处罚。

不是有意诬陷，而是错告，或者检举失实的，不适用前两款的规定。

第二百四十四条 用人单位违反劳动管理法规，以限制人身自由方法强迫职工劳动，情节严重的，对直接责任人员，处三年以下有期徒刑或者拘役，并处或者单处罚金。

第二百四十五条 非法搜查他人身体、住宅，或者非法侵入他人住宅的，处三年以下有期徒刑或者拘役。

司法工作人员滥用职权，犯前款罪的，从重处罚。

第二百四十六条 以暴力或者其他方法公然侮辱他人或者捏造事实诽谤他人，情节严重的，处三年以下有期徒刑、拘役、管制或者剥夺政治权利。

前款罪，告诉的才处理，但是严重危害社会秩序和国家利益的除外。

第二百四十七条 司法工作人员对犯罪嫌疑人、被告人实行刑讯逼供或者使用暴力逼取证人证言的，处三年以下有期徒刑或者拘役。致人伤残、死亡的，依照本法第二百三十四条、第二百三十二条的规定定罪从重处罚。

第二百四十八条 监狱、拘留所、看守所等监管机构的监管人员对被监管人进行殴打或者体罚虐待，情节严重的，处三年以下有期徒刑或者拘役；情节特别严重的，处三年以上十年以下有期徒刑。致人伤残、死亡的，依照本法第二百三十四条、第二百三十二条的规定定罪从重处罚。

监管人员指使被监管人殴打或者体罚虐待其他被监管人的，依照前款的规定处罚。

第二百四十九条 煽动民族仇恨、民族歧视，情节严重的，处三年以下有期徒刑、拘役、管制或者剥夺政治权利；情节特别严重的，处三年以上十年以下有期徒刑。

第二百五十条 在出版物中刊载歧视、侮辱少数民族的内容，情节恶劣，造成严重后果的，对直接责任人员，处三年以下有期徒刑、拘役或者管制。

第二百五十一条 国家机关工作人员非法剥夺公民的宗教信仰自由和侵犯少数民族风俗习惯，情节严重的，处二年以下有期徒刑或者拘役。

第二百五十二条 隐匿、毁弃或者非法开拆他人信件，侵犯公民通信自由权利，情节严重的，处一年以下有期徒刑或者拘役。

第二百五十三条 邮政工作人员私自开拆或者隐匿、毁弃邮件、电报的，处二年以下有期徒刑或者拘役。

犯前款罪而窃取财物的，依照本法第二百六十四条的规定定罪从重处罚。

第二百五十四条 国家机关工作人员滥用职权、假公济私，对控告人、申诉人、批评人、举报人实行报复陷害的，处二年以下有期徒刑或者拘役；情节严重的，处二年以上七年以下有期徒刑。

第二百五十五条 公司、企业、事业单位、机关、团体的领导人，对依法履行职责、抵制违反会计法、统计法行为的会计、统计人员实行打击报复，情节恶劣的，处三年以下有期徒刑或者拘役。

第二百五十六条 在选举各级人民代表大会代表和国家机关领导人员时，以暴力、威胁、欺骗、贿赂、伪造选举文件、虚报选举票数等手段破坏选举或者妨害选民和代表自由行使选举权和被选举权，情节严重的，处三年以下有期徒刑、拘役或者剥夺政治权利。

第二百五十七条 以暴力干涉他人婚姻自由的，处二年以下有期徒刑或者拘役。

犯前款罪，致使被害人死亡的，处二年以上七年以下有期徒刑。

第一款罪，告诉的才处理。

第二百五十八条 有配偶而重婚的，或者明知他人有配偶而与之结婚的，处二年以下有期徒刑或者拘役。

第二百五十九条 明知是现役军人的配偶而与之同居或者结婚的，处三年以下有期徒刑或者拘役。

利用职权、从属关系，以胁迫手段奸淫现役军人的妻子的，依照本法第二百三十六条的规定定罪处罚。

第二百六十条 虐待家庭成员，情节恶劣的，处二年以下有期徒刑、拘役或者管制。

犯前款罪，致使被害人重伤、死亡的，处二年以上七年以下有期徒刑。

第一款罪，告诉的才处理。

第二百六十一条 对于年老、年幼、患病或者其他没有独立生活能力的人，负有扶养义务而拒绝扶养，情节恶劣的，处五年以下有期徒刑、拘役或者管制。

第二百六十二条 拐骗不满十四周岁的未成年人，脱离家庭或者监护人的，处五年以下有期徒刑或者拘役。

第五章 侵犯财产罪

第二百六十三条 以暴力、胁迫或者其他方法抢劫公私财物的，处三年以上十年以下有期徒刑，并处罚金；有下列情形之一的，处十年以上有期徒刑、无期徒刑或者死刑，并处罚金或者没收财产：

（一）入户抢劫的；

（二）在公共交通工具上抢劫的；

（三）抢劫银行或者其他金融机构的；

（四）多次抢劫或者抢劫数额巨大的；

（五）抢劫致人重伤、死亡的；

（六）冒充军警人员抢劫的；

（七）持枪抢劫的；

（八）抢劫军用物资或者抢险、救灾、救济物资的。

第二百六十四条 盗窃公私财物，数额较大或者多次盗窃的，处三年以下有期徒刑、拘役或者管制，并处或者单处罚金；数额巨大或者有其他严重情节的，处三年以上十年以下有期徒刑，并处罚金；数额特别巨大或者有其他特别严重情节的，处十年以上有期徒刑或者无期徒刑，并处罚金或者没收财产；有下列情形之一的，处无期徒刑或者死刑，并处没收财产：

（一）盗窃金融机构，数额特别巨大的；

（二）盗窃珍贵文物，情节严重的。

第二百六十五条 以牟利为目的，盗接他人通信线路、复制他人电信码号或者明知是盗接、复制的电信设备、设施而使用的，依照本法第二百六十四条的规定定罪处罚。

第二百六十六条 诈骗公私财物，数额较大的，处三年以下有期徒刑、拘役或者管制，并处或者单处罚金；数额巨大或者有其他严重情节的，处三年以上十年以下有期徒刑，并处罚金；数额特别巨大或者有其他特别严重情节的，处十年以上有期徒刑或者无期徒刑，并处罚金或者没收财产。本法另有规定的，依照规定。

第二百六十七条 抢夺公私财物，数额较大的，处三年以下有期徒刑、拘役或者管制，并处或者单处罚金；数额巨大或者有其他严重情节的，处三年以上十年以下有期徒刑，并处罚金；数额特别巨大或者有其他特别严重情节的，处十年以上有期徒刑或者无期徒刑，并处罚金或者没收财产。

携带凶器抢夺的，依照本法第二百六十三条的规定定罪处罚。

第二百六十八条 聚众哄抢公私财物，数额较大或者有其他严重情节的，对首要分子和积极参加的，处三年以下有期徒刑、拘役或者管制，并处罚金；数额巨大或者有其他特别严重情节的，处三年以上十年以下有期徒刑，并处罚金。

第二百六十九条 犯盗窃、诈骗、抢夺罪，为窝藏赃物、抗拒抓捕或者毁灭罪证而当场使用暴力或者以暴力相威胁的，依照本法第二百六十三条的规定定罪处罚。

第二百七十条 将代为保管的他人财物非法占为己有，数额较大，拒不退还的，处二年以下有期徒刑、拘役或者罚金；数额巨大或者有其他严重情节的，处二年以上五年以下有期徒刑，并处罚金。

将他人的遗忘物或者埋藏物非法占为己有，数额较大，拒不交出的，依照前款的规定处罚。

本条罪，告诉的才处理。

第二百七十一条 公司、企业或者其他单位的人员，利用职务上的便利，将本单位财物非法占为己有，数额较大的，处五年以下有期徒刑或者拘役；数额巨大的，处五年以上有期徒刑，可以并处没收财产。

国有公司、企业或者其他国有单位中从事公务的人员和国有公司、企业或者其他国有单位委派到非国有公司、企业以及其他单位从事公务的人员有前款行为的，依照本法第三百八十二条、第三百八十三条的规定定罪处罚。

第二百七十二条 公司、企业或者其他单位的工作人员，利用职务上的便利，挪用本单位资金归个人使用或者借贷给他人，数额较大、超过三个月未还的，或者虽未超过三个月，但数额较大、进行营利活动的，或者进行非法活动的，处三年以下有期徒刑或者拘役；挪用本单位资金数额巨大的，或者数额较大不退还的，处三年以上十年以下有期徒刑。

国有公司、企业或者其他国有单位中从事公务的人员和国有公司、企业或者其他国有单位委派到非国有公司、企业以及其他单位从事公务的人员有前款行为的，依照本法第三百八十四条的规定定罪处罚。

第二百七十三条 挪用用于救灾、抢险、防汛、优抚、扶贫、移民、救济款物，情节严重，致使国家和人民群众利益遭受重大损害的，对直接责任人员，处三年以下有期徒刑或者拘役；情节特别严重的，处三年以上七年以下有期徒刑。

第二百七十四条 敲诈勒索公私财物，数额较大的，处三年以下有期徒刑、拘役或者管制；数额巨大或者有其他严重情节的，处三年以上十年以下有期徒刑。

第二百七十五条　故意毁坏公私财物，数额较大或者有其他严重情节的，处三年以下有期徒刑、拘役或者罚金；数额巨大或者有其他特别严重情节的，处三年以上七年以下有期徒刑。

第二百七十六条　由于泄愤报复或者其他个人目的，毁坏机器设备、残害耕畜或者以其他方法破坏生产经营的，处三年以下有期徒刑、拘役或者管制；情节严重的，处三年以上七年以下有期徒刑。

第六章　妨害社会管理秩序罪

第一节　扰乱公共秩序罪

第二百七十七条　以暴力、威胁方法阻碍国家机关工作人员依法执行职务的，处三年以下有期徒刑、拘役、管制或者罚金。

以暴力、威胁方法阻碍全国人民代表大会和地方各级人民代表大会代表依法执行代表职务的，依照前款的规定处罚。

在自然灾害和突发事件中，以暴力、威胁方法阻碍红十字会工作人员依法履行职责的，依照第一款的规定处罚。

故意阻碍国家安全机关、公安机关依法执行国家安全工作任务，未使用暴力、威胁方法，造成严重后果的，依照第一款的规定处罚。

第二百七十八条　煽动群众暴力抗拒国家法律、行政法规实施的，处三年以下有期徒刑、拘役、管制或者剥夺政治权利；造成严重后果的，处三年以上七年以下有期徒刑。

第二百七十九条　冒充国家机关工作人员招摇撞骗的，处三年以下有期徒刑、拘役、管制或者剥夺政治权利；情节严重的，处三年以上十年以下有期徒刑。

冒充人民警察招摇撞骗的，依照前款的规定从重处罚。

第二百八十条　伪造、变造、买卖或者盗窃、抢夺、毁灭国家机关的公文、证件、印章的，处三年以下有期徒刑、拘役、管制或者剥夺政治权利；情节严重的，处三年以上十年以下有期徒刑。

伪造公司、企业、事业单位、人民团体的印章的，处三年以下有期徒刑、拘役、管制或者剥夺政治权利。

伪造、变造居民身份证的，处三年以下有期徒刑、拘役、管制或者剥夺政治权利；情节严重的，处三年以上七年以下有期徒刑。

第二百八十一条　非法生产、买卖人民警察制式服装、车辆号牌等专用标志、警械，情节严重的，处三年以下有期徒刑、拘役或者管制，并处或者单处罚金。

单位犯前款罪的，对单位判处罚金，并对其直接负责的主管人员和其他直接责任人员，依照前款的规定处罚。

第二百八十二条　以窃取、刺探、收买方法，非法获取国家秘密的，处三年以下有期徒刑、拘役、管制或者剥夺政治权利；情节严重的，处三年以上七年以下有期徒刑。

非法持有属于国家绝密、机密的文件、资料或者其他物品，拒不说明来源与用途的，处三年以下有期徒刑、拘役或者管制。

第二百八十三条　非法生产、销售窃听、窃照等专用间谍器材的，处三年以下有期徒刑、拘役或者管制。

第二百八十四条　非法使用窃听、窃照专用器材，造成严重后果的，处二年以下有期徒刑、拘役或者管制。

第二百八十五条　违反国家规定，侵入国家事务、国防建设、尖端科学技术领域的计算机信息系统的，处三年以下有期徒刑或者拘役。

第二百八十六条　违反国家规定，对计算机信息系统功能进行删除、修改、增加、干扰，造成计算机信息系统不能正常运行，后果严重的，处五年以下有期徒刑或者拘役；后果特别严重的，处五年以上有期徒刑。

违反国家规定，对计算机信息系统中存储、处理或者传输的数据和应用程序进行删除、修改、增加的操作，后果严重的，依照前款的规定处罚。

故意制作、传播计算机病毒等破坏性程序，影响计算机系统正常运行，后果严重的，依照第一款的规定处罚。

第二百八十七条　利用计算机实施金融诈骗、盗窃、贪污、挪用公款、窃取国家秘密或者其他犯罪的，依照本法有关规定定罪处罚。

第二百八十八条　违反国家规定，擅自设置、使用无线电台（站），或者擅自占用频率，经责令停止使用后拒不停止使用，干扰无线电通讯正常进行，造成严重后果的，处三年以下有期徒刑、拘役或者管制，并处或者单处罚金。

单位犯前款罪的，对单位判处罚金，并对其直接负责的主管人员和其他直接责任人员，依照前款的规定处罚。

第二百八十九条　聚众“打砸抢”，致人伤残、死亡的，依照本法第二百三十四条、第二百三十二条的规定定罪处罚。毁坏或者抢走公私财物的，除判令退赔外，对首要分子，依照本法第二百六十三条的规定定罪处罚。

第二百九十条　聚众扰乱社会秩序，情节严重，致使工作、生产、营业和教学、科研无法进行，造成严重损失的，对首要分子，处三年以上七年以下有期徒刑；对其他积极参加的，处三年以下有期徒刑、拘役、管制或者剥夺政治权利。

聚众冲击国家机关，致使国家机关工作无法进行，造成严重损失的，对首要分子，处五年以上十年以下有期徒刑；对其他积极参加的，处五年以下有期徒刑、拘役、管制或者剥夺政治权利。

第二百九十一条 聚众扰乱车站、码头、民用航空站、商场、公园、影剧院、展览会、运动场或者其他公共场所秩序，聚众堵塞交通或者破坏交通秩序，抗拒、阻碍国家治安管理工作人员依法执行职务，情节严重的，对首要分子，处五年以下有期徒刑、拘役或者管制。

第二百九十二条 聚众斗殴的，对首要分子和其他积极参加的，处三年以下有期徒刑、拘役或者管制；有下列情形之一的，对首要分子和其他积极参加的，处三年以上十年以下有期徒刑：

（一）多次聚众斗殴的；

（二）聚众斗殴人数多，规模大，社会影响恶劣的；

（三）在公共场所或者交通要道聚众斗殴，造成社会秩序严重混乱的；

（四）持械聚众斗殴的。

聚众斗殴，致人重伤、死亡的，依照本法第二百三十四条、第二百三十二条的规定定罪处罚。

第二百九十三条 有下列寻衅滋事行为之一，破坏社会秩序的，处五年以下有期徒刑、拘役或者管制：

（一）随意殴打他人，情节恶劣的；

（二）追逐、拦截、辱骂他人，情节恶劣的；

（三）强拿硬要或者任意损毁、占用公私财物，情节严重的；

（四）在公共场所起哄闹事，造成公共场所秩序严重混乱的。

第二百九十四条 组织、领导和积极参加以暴力、威胁或者其他手段，有组织地进行违法犯罪活动，称霸一方，为非作恶，欺压、残害群众，严重破坏经济、社会生活秩序的黑社会性质的组织的，处三年以上十年以下有期徒刑；其他参加的，处三年以下有期徒刑、拘役、管制或者剥夺政治权利。

境外的黑社会组织的人员到中华人民共和国境内发展组织成员的，处三年以上十年以下有期徒刑。

犯前两款罪又有其他犯罪行为的，依照数罪并罚的规定处罚。

国家机关工作人员包庇黑社会性质的组织，或者纵容黑社会性质的组织进行违法犯罪活动的，处三年以下有期徒刑、拘役或者剥夺政治权利；情节严重的，处三年以上十年以下有期徒刑。

第二百九十五条 传授犯罪方法的，处五年以下有期徒刑、拘役或者管制；情节严重的，处五年以上有期徒刑；情节特别严重的，处无期徒刑或者死刑。

第二百九十六条 举行集会、游行、示威，未依照法律规定申请或者申请未获许可，或者未按照主管机关许可的起止时间、地点、路线进行，又拒不服从解散命令，严重破坏社会秩序的，对集会、游行、示威的负责人和直接责任人员，处五年以下有期徒刑、拘役、管制或者剥夺政治权利。

第二百九十七条 违反法律规定，携带武器、管制刀具或者爆炸物参加集会、游行、示威的，处三年以下有期徒刑、拘役、管制或者剥夺政治权利。

第二百九十八条 扰乱、冲击或者以其他方法破坏依法举行的集会、游行、示威，造成公共秩序混乱的，处五年以下有期徒刑、拘役、管制或者剥夺政治权利。

第二百九十九条 在公众场合故意以焚烧、毁损、涂划、玷污、践踏等方式侮辱中华人民共和国国旗、国徽的，处三年以下有期徒刑、拘役、管制或者剥夺政治权利。

第三百条 组织和利用会道门、邪教组织或者利用迷信破坏国家法律、行政法规实施的，处三年以上七年以下有期徒刑；情节特别严重的，处七年以上有期徒刑。

组织和利用会道门、邪教组织或者利用迷信蒙骗他人，致人死亡的，依照前款的规定处罚。

组织和利用会道门、邪教组织或者利用迷信奸淫妇女、诈骗财物的，分别依照本法第二百三十六条、第二百六十六条的规定定罪处罚。

第三百零一条 聚众进行淫乱活动的，对首要分子或者多次参加的，处五年以下有期徒刑、拘役或者管制。

引诱未成年人参加聚众淫乱活动的，依照前款的规定从重处罚。

第三百零二条 盗窃、侮辱尸体的，处三年以下有期徒刑、拘役或者管制。

第三百零三条 以营利为目的，聚众赌博、开设赌场或者以赌博为业的，处三年以下有期徒刑、拘役或者管制，并处罚金。

第三百零四条 邮政工作人员严重不负责任，故意延误投递邮件，致使公共财产、国家和人民利益遭受重大损失的，处二年以下有期徒刑或者拘役。

第二节 妨害司法罪

第三百零五条 在刑事诉讼中，证人、鉴定人、记录人、翻译人对与案件有重要关系的情节，故意作虚假证明、鉴定、记录、翻译，意图陷害他人或者隐匿罪证的，处三年以下有期徒刑或者拘役；情节严重的，处三年以上七年以下有期徒刑。

第三百零六条 在刑事诉讼中，辩护人、诉讼代理人毁灭、伪造证据，帮助当事人毁灭、伪造证据，威胁、引诱证人违背事实改变证言或者作伪证的，处三年以下有期徒刑或者拘役；情节严重的，处三年以上七年以下有期徒刑。

辩护人、诉讼代理人提供、出示、引用的证人证言或者其他证据失实，不是有意伪造的，不属于伪造证据。

第三百零七条 以暴力、威胁、贿买等方法阻止证人作证或者指使他人作伪证的，处三年以下有期徒刑或者拘役；情节严重的，处三年以上七年以下有期徒刑。

帮助当事人毁灭、伪造证据，情节严重的，处三年以下有期徒刑或者拘役。

司法工作人员犯前两款罪的，从重处罚。

第三百零八条 对证人进行打击报复的，处三年以下有期徒刑或者拘役；情节严重的，处三年以上七年以下有期徒刑。

第三百零九条 聚众哄闹、冲击法庭，或者殴打司法工作人员，严重扰乱法庭秩序的，处三年以下有期徒刑、拘役、管制或者罚金。

第三百一十条 明知是犯罪的人而为其提供隐藏处所、财物，帮助其逃匿或者作假证明包庇的，处三年以下有期徒刑、拘役或者管制；情节严重的，处三年以上十年以下有期徒刑。

犯前款罪，事前通谋的，以共同犯罪论处。

第三百一十一条 明知他人有间谍犯罪行为，在国家安全机关向其调查有关情况、收集有关证据时，拒绝提供，情节严重的，处三年以下有期徒刑、拘役或者管制。

第三百一十二条 明知是犯罪所得的赃物而予以窝藏、转移、收购或者代为销售的，处三年以下有期徒刑、拘役或者管制，并处或者单处罚金。

第三百一十三条 对人民法院的判决、裁定有能力执行而拒不执行，情节严重的，处三年以下有期徒刑、拘役或者罚金。

第三百一十四条 隐藏、转移、变卖、故意毁损已被司法机关查封、扣押、冻结的财产，情节严重的，处三年以下有期徒刑、拘役或者罚金。

第三百一十五条 依法被关押的罪犯，有下列破坏监管秩序行为之一，情节严重的，处三年以下有期徒刑：

（一）殴打监管人员的；

（二）组织其他被监管人破坏监管秩序的；

（三）聚众闹事，扰乱正常监管秩序的；

（四）殴打、体罚或者指使他人殴打、体罚其他被监管人的。

第三百一十六条 依法被关押的罪犯、被告人、犯罪嫌疑人脱逃的，处五年以下有期徒刑或者拘役。

劫夺押解途中的罪犯、被告人、犯罪嫌疑人的，处三年以上七年以下有期徒刑；情节严重的，处七年以上有期徒刑。

第三百一十七条 组织越狱的首要分子和积极参加的，处五年以上有期徒刑；其他参加的，处五年以下有期徒刑或者拘役。

暴动越狱或者聚众持械劫狱的首要分子和积极参加的，处十年以上有期徒刑或者无期徒刑；情节特别严重的，处死刑；其他参加的，处三年以上十年以下有期徒刑。

第三节　妨害国（边）境管理罪

第三百一十八条 组织他人偷越国（边）境的，处二年以上七年以下有期徒刑，并处罚金；有下列情形之一的，处七年以上有期徒刑或者无期徒刑，并处罚金或者没收财产：

（一）组织他人偷越国（边）境集团的首要分子；

（二）多次组织他人偷越国（边）境或者组织他人偷越国（边）境人数众多的；

（三）造成被组织人重伤、死亡的；

（四）剥夺或者限制被组织人人身自由的；

（五）以暴力、威胁方法抗拒检查的；

（六）违法所得数额巨大的；

（七）有其他特别严重情节的。

犯前款罪，对被组织人有杀害、伤害、强奸、拐卖等犯罪行为，或者对检查人员有杀害、伤害等犯罪行为的，依照数罪并罚的规定处罚。

第三百一十九条 以劳务输出、经贸往来或者其他名义，弄虚作假，骗取护照、签证等出境证件，为组织他人偷越国（边）境使用的，处三年以下有期徒刑，并处罚金；情节严重的，处三年以上十年以下有期徒刑，并处罚金。

单位犯前款罪的，对单位判处罚金，并对其直接负责的主管人员和其他直接责任人员，依照前款的规定处罚。

第三百二十条 为他人提供伪造、变造的护照、签证等出入境证件，或者出售护照、签证等出入境证件的，处五年以下有期徒刑，并处罚金；情节严重的，处五年以上有期徒刑，并处罚金。

第三百二十一条　运送他人偷越国（边）境的，处五年以下有期徒刑、拘役或者管制，并处罚金；有下列情形之一的，处五年以上十年以下有期徒刑，并处罚金：

（一）多次实施运送行为或者运送人数众多的；

（二）所使用的船只、车辆等交通工具不具备必要的安全条件，足以造成严重后果的；

（三）违法所得数额巨大的；

（四）有其他特别严重情节的。

在运送他人偷越国（边）境中造成被运送人重伤、死亡，或者以暴力、威胁方法抗拒检查的，处七年以上有期徒刑，并处罚金。

犯前两款罪，对被运送人有杀害、伤害、强奸、拐卖等犯罪行为，或者对检查人员有杀害、伤害等犯罪行为的，依照数罪并罚的规定处罚。

第三百二十二条　违反国（边）境管理法规，偷越国（边）境，情节严重的，处一年以下有期徒刑、拘役或者管制，并处罚金。

第三百二十三条　故意破坏国家边境的界碑、界桩或者永久性测量标志的，处三年以下有期徒刑或者拘役。

第四节　妨害文物管理罪

第三百二十四条　故意损毁国家保护的珍贵文物或者被确定为全国重点文物保护单位、省级文物保护单位的文物的，处三年以下有期徒刑或者拘役，并处或者单处罚金；情节严重的，处三年以上十年以下有期徒刑，并处罚金。

故意损毁国家保护的名胜古迹，情节严重的，处五年以下有期徒刑或者拘役，并处或者单处罚金。

过失损毁国家保护的珍贵文物或者被确定为全国重点文物保护单位、省级文物保护单位的文物，造成严重后果的，处三年以下有期徒刑或者拘役。

第三百二十五条　违反文物保护法规，将收藏的国家禁止出口的珍贵文物私自出售或者私自赠送给外国人的，处五年以下有期徒刑或者拘役，可以并处罚金。

单位犯前款罪的，对单位判处罚金，并对其直接负责的主管人员和其他直接责任人员，依照前款的规定处罚。

第三百二十六条　以牟利为目的，倒卖国家禁止经营的文物，情节严重的，处五年以下有期徒刑或者拘役，并处罚金；情节特别严重的，处五年以上十年以下有期徒刑，并处罚金。

单位犯前款罪的，对单位判处罚金，并对其直接负责的主管人员和其他直接责任人员，依照前款的规定处罚。

第三百二十七条　违反文物保护法规，国有博物馆、图书馆等单位将国家保护的文物藏品出售或者私自送给非国有单位或者个人的，对单位判处罚金，并对其直接负责的主管人员和其他直接责任人员，处三年以下有期徒刑或者拘役。

第三百二十八条　盗掘具有历史、艺术、科学价值的古文化遗址、古墓葬的，处三年以上十年以下有期徒刑，并处罚金；情节较轻的，处三年以下有期徒刑、拘役或者管制，并处罚金；有下列情形之一的，处十年以上有期徒刑、无期徒刑或者死刑，并处罚金或者没收财产：

（一）盗掘确定为全国重点文物保护单位和省级文物保护单位的古文化遗址、古墓葬的；

（二）盗掘古文化遗址、古墓葬集团的首要分子；

（三）多次盗掘古文化遗址、古墓葬的；

（四）盗掘古文化遗址、古墓葬，并盗窃珍贵文物或者造成珍贵文物严重破坏的。

盗掘国家保护的具有科学价值的古人类化石和古脊椎动物化石的，依照前款的规定处罚。

第三百二十九条　抢夺、窃取国家所有的档案的，处五年以下有期徒刑或者拘役。

违反档案法的规定，擅自出卖、转让国家所有的档案，情节严重的，处三年以下有期徒刑或者拘役。

有前两款行为，同时又构成本法规定的其他犯罪的，依照处罚较重的规定定罪处罚。

第五节　危害公共卫生罪

第三百三十条　违反传染病防治法的规定，有下列情形之一，引起甲类传染病传播或者有传播严重危险的，处三年以下有期徒刑或者拘役；后果特别严重的，处三年以上七年以下有期徒刑：

（一）供水单位供应的饮用水不符合国家规定的卫生标准的；

（二）拒绝按照卫生防疫机构提出的卫生要求，对传染病病原体污染的污水、污物、粪便进行消毒处理的；

（三）准许或者纵容传染病病人、病原携带者和疑似传染病病人从事国务院卫生行政部门规定禁止从事的易使该传染病扩散的工作的；

（四）拒绝执行卫生防疫机构依照传染病防治法提出的预防、控制措施的。

单位犯前款罪的，对单位判处罚金，并对其直接负责的主管人员和其他直接责任人员，依照前款的规定处罚。

甲类传染病的范围，依照《中华人民共和国传染病防治法》和国务院有关规定确定。

第三百三十一条　从事实验、保藏、携带、运输传染病菌种、毒种的人员，违反国务院卫生行政部门的有关规定，造成传染病菌种、毒种扩散，后果严重的，处三年以下有期徒刑或者拘役；后果特别严重的，处三年以上七年以下有期徒刑。

第三百三十二条　违反国境卫生检疫规定，引起检疫传染病传播或者有传播严重危险的，处三年以下有期徒刑或者拘役，并处或者单处罚金。

单位犯前款罪的，对单位判处罚金，并对其直接负责的主管人员和其他直接责任人员，依照前款的规定处罚。

第三百三十三条　非法组织他人出卖血液的，处五年以下有期徒刑，并处罚金；以暴力、威胁方法强迫他人出卖血液的，处五年以上十年以下有期徒刑，并处罚金。

有前款行为，对他人造成伤害的，依照本法第二百三十四条的规定定罪处罚。

第三百三十四条　非法采集、供应血液或者制作、供应血液制品，不符合国家规定的标准，足以危害人体健康的，处五年以下有期徒刑或者拘役，并处罚金；对人体健康造成严重危害的，处五年以上十年以下有期徒刑，并处罚金；造成特别严重后果的，处十年以上有期徒刑或者无期徒刑，并处罚金或者没收财产。

经国家主管部门批准采集、供应血液或者制作、供应血液制品的部门，不依照规定进行检测或者违背其他操作规定，造成危害他人身体健康后果的，对单位判处罚金，并对其直接负责的主管人员和其他直接责任人员，处五年以下有期徒刑或者拘役。

第三百三十五条　医务人员由于严重不负责任，造成就诊人死亡或者严重损害就诊人身体健康的，处三年以下有期徒刑或者拘役。

第三百三十六条　未取得医生执业资格的人非法行医，情节严重的，处三年以下有期徒刑、拘役或者管制，并处或者单处罚金；严重损害就诊人身体健康的，处三年以上十年以下有期徒刑，并处罚金；造成就诊人死亡的，处十年以上有期徒刑，并处罚金。

未取得医生执业资格的人擅自为他人进行节育复通手术、假节育手术、终止妊娠手术或者摘取宫内节育器，情节严重的，处三年以下有期徒刑、拘役或者管制，并处或者单处罚金；严重损害就诊人身体健康的，处三年以上十年以下有期徒刑，并处罚金；造成就诊人死亡的，处十年以上有期徒刑，并处罚金。

第三百三十七条　违反进出境动植物检疫法的规定，逃避动植物检疫，引起重大动植物疫情的，处三年以下有期徒刑或者拘役，并处或者单处罚金。

单位犯前款罪的，对单位判处罚金，并对其直接负责的主管人员和其他直接责任人员，依照前款的规定处罚。

第六节　破坏环境资源保护罪

第三百三十八条　违反国家规定，向土地、水体、大气排放、倾倒或者处置有放射性的废物、含传染病病原体的废物、有毒物质或者其他危险废物，造成重大环境污染事故，致使公私财产遭受重大损失或者人身伤亡的严重后果的，处三年以下有期徒刑或者拘役，并处或者单处罚金；后果特别严重的，处三年以上七年以下有期徒刑，并处罚金。

第三百三十九条　违反国家规定，将境外的固体废物进境倾倒、堆放、处置的，处五年以下有期徒刑或者拘役，并处罚金；造成重大环境污染事故，致使公私财产遭受重大损失或者严重危害人体健康的，处五年以上十年以下有期徒刑，并处罚金；后果特别严重的，处十年以上有期徒刑，并处罚金。

未经国务院有关主管部门许可，擅自进口固体废物用作原料，造成重大环境污染事故，致使公私财产遭受重大损失或者严重危害人体健康的，处五年以下有期徒刑或者拘役，并处罚金；后果特别严重的，处五年以上十年以下有期徒刑，并处罚金。

以原料利用为名，进口不能用作原料的固体废物的，依照本法第一百五十五条的规定定罪处罚。

第三百四十条　违反保护水产资源法规，在禁渔区、禁渔期或者使用禁用的工具、方法捕捞水产品，情节严重的，处三年以下有期徒刑、拘役、管制或者罚金。

第三百四十一条　非法猎捕、杀害国家重点保护的珍贵、濒危野生动物的，或者非法收购、运输、出售国家重点保护的珍贵、濒危野生动物及其制品的，处五年以下有期徒刑或者拘役，并处罚金；情节严重的，处五年以上十年以下有期徒刑，并处罚金；情节特别严重的，处十年以上有期徒刑，并处罚金或者没收财产。

违反狩猎法规，在禁猎区、禁猎期或者使用禁用的工具、方法进行狩猎，破坏野生动物资源，情节严重的，处三年以下有期徒刑、拘役、管制或者罚金。

第三百四十二条　违反土地管理法规，非法占用耕地改作他用，数量较大，造成耕地大量毁坏的，处五年以下有期徒刑或者拘役，并处或者单处罚金。

第三百四十三条　违反矿产资源法的规定，未取得采矿许可证擅自采矿的，擅自进入国家规划矿区、对国民经济具有重要价值的矿区和他人矿区范围采矿的，擅自开采国家规定实行保护性开采的特定矿种，经责令停止开采后拒不停止开采，造成矿产资源破坏的，处三年以下有期徒刑、拘役或者管制，并处或者单处罚金；造成矿产资源严重破坏的，处三年以上七年以下有期徒刑，并处罚金。

违反矿产资源法的规定，采取破坏性的开采方法开采矿产资源，造成矿产资源严重破坏的，处五年以下有期徒刑或者拘役，并处罚金。

第三百四十四条 违反森林法的规定，非法采伐、毁坏珍贵树木的，处三年以下有期徒刑、拘役或者管制，并处罚金；情节严重的，处三年以上七年以下有期徒刑，并处罚金。

第三百四十五条 盗伐森林或者其他林木，数量较大的，处三年以下有期徒刑、拘役或者管制，并处或者单处罚金；数量巨大的，处三年以上七年以下有期徒刑，并处罚金；数量特别巨大的，处七年以上有期徒刑，并处罚金。

违反森林法的规定，滥伐森林或者其他林木，数量较大的，处三年以下有期徒刑、拘役或者管制，并处或者单处罚金；数量巨大的，处三年以上七年以下有期徒刑，并处罚金。

以牟利为目的，在林区非法收购明知是盗伐、滥伐的林木，情节严重的，处三年以下有期徒刑、拘役或者管制，并处或者单处罚金；情节特别严重的，处三年以上七年以下有期徒刑，并处罚金。

盗伐、滥伐国家级自然保护区内的森林或者其他林木的，从重处罚。

第三百四十六条 单位犯本节第三百三十八条至第三百四十五条规定之罪的，对单位判处罚金，并对其直接负责的主管人员和其他直接责任人员，依照本节各该条的规定处罚。

第七节　走私、贩卖、运输、制造毒品罪

第三百四十七条 走私、贩卖、运输、制造毒品，无论数量多少，都应当追究刑事责任，予以刑事处罚。

走私、贩卖、运输、制造毒品，有下列情形之一的，处十五年有期徒刑、无期徒刑或者死刑，并处没收财产：

（一）走私、贩卖、运输、制造鸦片一千克以上、海洛因或者甲基苯丙胺五十克以上或者其他毒品数量大的；

（二）走私、贩卖、运输、制造毒品集团的首要分子；

（三）武装掩护走私、贩卖、运输、制造毒品的；

（四）以暴力抗拒检查、拘留、逮捕，情节严重的；

（五）参与有组织的国际贩毒活动的。

走私、贩卖、运输、制造鸦片二百克以上不满一千克、海洛因或者甲基苯丙胺十克以上不满五十克或者其他毒品数量较大的，处七年以上有期徒刑，并处罚金。

走私、贩卖、运输、制造鸦片不满二百克、海洛因或者甲基苯丙胺不满十克或者其他少量毒品的，处三年以下有期徒刑、拘役或者管制，并处罚金；情节严重的，处三年以上七年以下有期徒刑，并处罚金。

单位犯第二款、第三款、第四款罪的，对单位判处罚金，并对其直接负责的主管人员和其他直接责任人员，依照各该款的规定处罚。

利用、教唆未成年人走私、贩卖、运输、制造毒品，或者向未成年人出售毒品的，从重处罚。

对多次走私、贩卖、运输、制造毒品，未经处理的，毒品数量累计计算。

第三百四十八条 非法持有鸦片一千克以上、海洛因或者甲基苯丙胺五十克以上或者其他毒品数量大的，处七年以上有期徒刑或者无期徒刑，并处罚金；非法持有鸦片二百克以上不满一千克、海洛因或者甲基苯丙胺十克以上不满五十克或者其他毒品数量较大的，处三年以下有期徒刑、拘役或者管制，并处罚金；情节严重的，处三年以上七年以下有期徒刑，并处罚金。

第三百四十九条 包庇走私、贩卖、运输、制造毒品的犯罪分子的，为犯罪分子窝藏、转移、隐瞒毒品或者犯罪所得的财物的，处三年以下有期徒刑、拘役或者管制；情节严重的，处三年以上十年以下有期徒刑。

缉毒人员或者其他国家机关工作人员掩护、包庇走私、贩卖、运输、制造毒品的犯罪分子的，依照前款的规定从重处罚。

犯前两款罪，事先通谋的，以走私、贩卖、运输、制造毒品罪的共犯论处。

第三百五十条 违反国家规定，非法运输、携带醋酸酐、乙醚、三氯甲烷或者其他用于制造毒品的原料或者配剂进出境的，或者违反国家规定，在境内非法买卖上述物品的，处三年以下有期徒刑、拘役或者管制，并处罚金；数量大的，处三年以上十年以下有期徒刑，并处罚金。

明知他人制造毒品而为其提供前款规定的物品的，以制造毒品罪的共犯论处。

单位犯前两款罪的，对单位判处罚金，并对其直接负责的主管人员和其他直接责任人员，依照前两款的规定处罚。

第三百五十一条 非法种植罂粟、大麻等毒品原植物的，一律强制铲除。有下列情形之一的，处五年以下有期徒刑、拘役或者管制，并处罚金：

（一）种植罂粟五百株以上不满三千株或者其他毒品原植物数量较大的；

（二）经公安机关处理后又种植的；

（三）抗拒铲除的。

非法种植罂粟三千株以上或者其他毒品原植物数量大的，处五年以上有期徒刑，并处罚金或者没收财产。

非法种植罂粟或者其他毒品原植物，在收获前自动铲除的，可以免除处罚。

第三百五十二条 非法买卖、运输、携带、持有未经灭活的罂粟等毒品原植物种子或者幼苗，数量较大的，处三年以下有期徒刑、拘役或者管制，并处或者单处罚金。

第三百五十三条 引诱、教唆、欺骗他人吸食、注射毒品的，处三年以下有期徒刑、拘役或者管制，并处罚金；

情节严重的，处三年以上七年以下有期徒刑，并处罚金。

强迫他人吸食、注射毒品的，处三年以上十年以下有期徒刑，并处罚金。

引诱、教唆、欺骗或者强迫未成年人吸食、注射毒品的，从重处罚。

第三百五十四条 容留他人吸食、注射毒品的，处三年以下有期徒刑、拘役或者管制，并处罚金。

第三百五十五条 依法从事生产、运输、管理、使用国家管制的麻醉药品、精神药品的人员，违反国家规定，向吸食、注射毒品的人提供国家规定管制的能够使人形成瘾癖的麻醉药品、精神药品的，处三年以下有期徒刑或者拘役，并处罚金；情节严重的，处三年以上七年以下有期徒刑，并处罚金。向走私、贩卖毒品的犯罪分子或者以牟利为目的，向吸食、注射毒品的人提供国家规定管制的能够使人形成瘾癖的麻醉药品、精神药品的，依照本法第三百四十七条的规定定罪处罚。

单位犯前款罪的，对单位判处罚金，并对其直接负责的主管人员和其他直接责任人员，依照前款的规定处罚。

第三百五十六条 因走私、贩卖、运输、制造、非法持有毒品罪被判过刑，又犯本节规定之罪的，从重处罚。

第三百五十七条 本法所称的毒品，是指鸦片、海洛因、甲基苯丙胺（冰毒）、吗啡、大麻、可卡因以及国家规定管制的其他能够使人形成瘾癖的麻醉药品和精神药品。

毒品的数量以查证属实的走私、贩卖、运输、制造、非法持有毒品的数量计算，不以纯度折算。

第八节 组织、强迫、引诱、容留、介绍卖淫罪

第三百五十八条 组织他人卖淫或者强迫他人卖淫的，处五年以上十年以下有期徒刑，并处罚金；有下列情形之一的，处十年以上有期徒刑或者无期徒刑，并处罚金或者没收财产：

（一）组织他人卖淫，情节严重的；

（二）强迫不满十四周岁的幼女卖淫的；

（三）强迫多人卖淫或者多次强迫他人卖淫的；

（四）强奸后迫使卖淫的；

（五）造成被强迫卖淫的人重伤、死亡或者其他严重后果的。

有前款所列情形之一，情节特别严重的，处无期徒刑或者死刑，并处没收财产。

协助组织他人卖淫的，处五年以下有期徒刑，并处罚金；情节严重的，处五年以上十年以下有期徒刑，并处罚金。

第三百五十九条 引诱、容留、介绍他人卖淫的，处五年以下有期徒刑、拘役或者管制，并处罚金；情节严重的，处五年以上有期徒刑，并处罚金。

引诱不满十四周岁的幼女卖淫的，处五年以上有期徒刑，并处罚金。

第三百六十条 明知自己患有梅毒、淋病等严重性病卖淫、嫖娼的，处五年以下有期徒刑、拘役或者管制，并处罚金。

嫖宿不满十四周岁的幼女的，处五年以上有期徒刑，并处罚金。

第三百六十一条 旅馆业、饮食服务业、文化娱乐业、出租汽车业等单位的人员，利用本单位的条件，组织、强迫、引诱、容留、介绍他人卖淫的，依照本法第三百五十八条、第三百五十九条的规定定罪处罚。

前款所列单位的主要负责人，犯前款罪的，从重处罚。

第三百六十二条 旅馆业、饮食服务业、文化娱乐业、出租汽车业等单位的人员，在公安机关查处卖淫、嫖娼活动时，为违法犯罪分子通风报信，情节严重的，依照本法第三百一十条的规定定罪处罚。

第九节 制作、贩卖、传播淫秽物品罪

第三百六十三条 以牟利为目的，制作、复制、出版、贩卖、传播淫秽物品的，处三年以下有期徒刑、拘役或者管制，并处罚金；情节严重的，处三年以上十年以下有期徒刑，并处罚金；情节特别严重的，处十年以上有期徒刑或者无期徒刑，并处罚金或者没收财产。

为他人提供书号，出版淫秽书刊的，处三年以下有期徒刑、拘役或者管制，并处或者单处罚金；明知他人用于出版淫秽书刊而提供书号的，依照前款的规定处罚。

第三百六十四条 传播淫秽的书刊、影片、音像、图片或者其他淫秽物品，情节严重的，处二年以下有期徒刑、拘役或者管制。

组织播放淫秽的电影、录像等音像制品的，处三年以下有期徒刑、拘役或者管制，并处罚金；情节严重的，处三年以上十年以下有期徒刑，并处罚金。

制作、复制淫秽的电影、录像等音像制品组织播放的，依照第二款的规定从重处罚。

向不满十八周岁的未成年人传播淫秽物品的，从重处罚。

第三百六十五条 组织进行淫秽表演的，处三年以下有期徒刑、拘役或者管制，并处罚金；情节严重的，处三年以上十年以下有期徒刑，并处罚金。

第三百六十六条 单位犯本节第三百六十三条、第三百六十四条、第三百六十五条规定之罪的，对单位判处罚金，

并对其直接负责的主管人员和其他直接责任人员，依照各该条的规定处罚。

第三百六十七条 本法所称淫秽物品，是指具体描绘性行为或者露骨宣扬色情的诲淫性的书刊、影片、录像带、录音带、图片及其他淫秽物品。

有关人体生理、医学知识的科学著作不是淫秽物品。

包含有色情内容的有艺术价值的文学、艺术作品不视为淫秽物品。

第七章 危害国防利益罪

第三百六十八条 以暴力、威胁方法阻碍军人依法执行职务的，处三年以下有期徒刑、拘役、管制或者罚金。

故意阻碍武装部队军事行动，造成严重后果的，处五年以下有期徒刑或者拘役。

第三百六十九条 破坏武器装备、军事设施、军事通信的，处三年以下有期徒刑、拘役或者管制；破坏重要武器装备、军事设施、军事通信的，处三年以上十年以下有期徒刑；情节特别严重的，处十年以上有期徒刑、无期徒刑或者死刑。战时从重处罚。

第三百七十条 明知是不合格的武器装备、军事设施而提供给武装部队的，处五年以下有期徒刑或者拘役；情节严重的，处五年以上十年以下有期徒刑；情节特别严重的，处十年以上有期徒刑、无期徒刑或者死刑。

过失犯前款罪，造成严重后果的，处三年以下有期徒刑或者拘役；造成特别严重后果的，处三年以上七年以下有期徒刑。

单位犯第一款罪的，对单位判处罚金，并对其直接负责的主管人员和其他直接责任人员，依照第一款的规定处罚。

第三百七十一条 聚众冲击军事禁区，严重扰乱军事禁区秩序的，对首要分子，处五年以上十年以下有期徒刑；对其他积极参加的，处五年以下有期徒刑、拘役、管制或者剥夺政治权利。

聚众扰乱军事管理区秩序，情节严重，致使军事管理区工作无法进行，造成严重损失的，对首要分子，处三年以上七年以下有期徒刑；对其他积极参加的，处三年以下有期徒刑、拘役、管制或者剥夺政治权利。

第三百七十二条 冒充军人招摇撞骗的，处三年以下有期徒刑、拘役、管制或者剥夺政治权利；情节严重的，处三年以上十年以下有期徒刑。

第三百七十三条 煽动军人逃离部队或者明知是逃离部队的军人而雇用，情节严重的，处三年以下有期徒刑、拘役或者管制。

第三百七十四条 在征兵工作中徇私舞弊，接送不合格兵员，情节严重的，处三年以下有期徒刑或者拘役；造成特别严重后果的，处三年以上七年以下有期徒刑。

第三百七十五条 伪造、变造、买卖或者盗窃、抢夺武装部队公文、证件、印章的，处三年以下有期徒刑、拘役、管制或者剥夺政治权利；情节严重的，处三年以上十年以下有期徒刑。

非法生产、买卖武装部队制式服装、车辆号牌等专用标志，情节严重的，处三年以下有期徒刑、拘役或者管制，并处或者单处罚金。

单位犯第二款罪的，对单位判处罚金，并对其直接负责的主管人员和其他直接责任人员，依照该款的规定处罚。

第三百七十六条 预备役人员战时拒绝、逃避征召或者军事训练，情节严重的，处三年以下有期徒刑或者拘役。

公民战时拒绝、逃避服役，情节严重的，处二年以下有期徒刑或者拘役。

第三百七十七条 战时故意向武装部队提供虚假敌情，造成严重后果的，处三年以上十年以下有期徒刑；造成特别严重后果的，处十年以上有期徒刑或者无期徒刑。

第三百七十八条 战时造谣惑众，扰乱军心的，处三年以下有期徒刑、拘役或者管制；情节严重的，处三年以上十年以下有期徒刑。

第三百七十九条 战时明知是逃离部队的军人而为其提供隐蔽处所、财物，情节严重的，处三年以下有期徒刑或者拘役。

第三百八十条 战时拒绝或者故意延误军事订货，情节严重的，对单位判处罚金，并对其直接负责的主管人员和其他直接责任人员，处五年以下有期徒刑或者拘役；造成严重后果的，处五年以上有期徒刑。

第三百八十一条 战时拒绝军事征用，情节严重的，处三年以下有期徒刑或者拘役。

第八章 贪污贿赂罪

第三百八十二条 国家工作人员利用职务上的便利，侵吞、窃取、骗取或者以其他手段非法占有公共财物的，是贪污罪。

受国家机关、国有公司、企业、事业单位、人民团体委托管理、经营国有财产的人员，利用职务上的便利，侵吞、窃取、骗取或者以其他手段非法占有国有财物的，以贪污论。

与前两款所列人员勾结，伙同贪污的，以共犯论处。

第三百八十三条 对犯贪污罪的，根据情节轻重，分别依照下列规定处罚：

（一）个人贪污数额在十万元以上的，处十年以上有期徒刑或者无期徒刑，可以并处没收财产；情节特别严重的，处死刑，并处没收财产。

（二）个人贪污数额在五万元以上不满十万元的，处五年以上有期徒刑，可以并处没收财产；情节特别严重的，处无期徒刑，并处没收财产。

（三）个人贪污数额在五千元以上不满五万元的，处一年以上七年以下有期徒刑；情节严重的，处七年以上十年以下有期徒刑。个人贪污数额在五千元以上不满一万元，犯罪后有悔改表现、积极退赃的，可以减轻处罚或者免予刑事处罚，由其所在单位或者上级主管机关给予行政处分。

（四）个人贪污数额不满五千元，情节较重的，处二年以下有期徒刑或者拘役；情节较轻的，由其所在单位或者上级主管机关酌情给予行政处分。

对多次贪污未经处理的，按照累计贪污数额处罚。

第三百八十四条　国家工作人员利用职务上的便利，挪用公款归个人使用，进行非法活动的，或者挪用公款数额较大、进行营利活动的，或者挪用公款数额较大、超过三个月未还的，是挪用公款罪，处五年以下有期徒刑或者拘役；情节严重的，处五年以上有期徒刑。挪用公款数额巨大不退还的，处十年以上有期徒刑或者无期徒刑。

挪用用于救灾、抢险、防汛、优抚、扶贫、移民、救济款物归个人使用的，从重处罚。

第三百八十五条　国家工作人员利用职务上的便利，索取他人财物的，或者非法收受他人财物，为他人谋取利益的，是受贿罪。

国家工作人员在经济往来中，违反国家规定，收受各种名义的回扣、手续费，归个人所有的，以受贿论处。

第三百八十六条　对犯受贿罪的，根据受贿所得数额及情节，依照本法第三百八十三条的规定处罚。索贿的从重处罚。

第三百八十七条　国家机关、国有公司、企业、事业单位、人民团体，索取、非法收受他人财物，为他人谋取利益，情节严重的，对单位判处罚金，并对其直接负责的主管人员和其他直接责任人员，处五年以下有期徒刑或者拘役。

前款所列单位，在经济往来中，在帐外暗中收受各种名义的回扣、手续费的，以受贿论，依照前款的规定处罚。

第三百八十八条　国家工作人员利用本人职权或者地位形成的便利条件，通过其他国家工作人员职务上的行为，为请托人谋取不正当利益，索取请托人财物或者收受请托人财物的，以受贿论处。

第三百八十九条　为谋取不正当利益，给予国家工作人员以财物的，是行贿罪。

在经济往来中，违反国家规定，给予国家工作人员以财物，数额较大的，或者违反国家规定，给予国家工作人员以各种名义的回扣、手续费的，以行贿论处。

因被勒索给予国家工作人员以财物，没有获得不正当利益的，不是行贿。

第三百九十条　对犯行贿罪的，处五年以下有期徒刑或者拘役；因行贿谋取不正当利益，情节严重的，或者使国家利益遭受重大损失的，处五年以上十年以下有期徒刑；情节特别严重的，处十年以上有期徒刑或者无期徒刑，可以并处没收财产。

行贿人在被追诉前主动交待行贿行为的，可以减轻处罚或者免除处罚。

第三百九十一条　为谋取不正当利益，给予国家机关、国有公司、企业、事业单位、人民团体以财物的，或者在经济往来中，违反国家规定，给予各种名义的回扣、手续费的，处三年以下有期徒刑或者拘役。

单位犯前款罪的，对单位判处罚金，并对其直接负责的主管人员和其他直接责任人员，依照前款的规定处罚。

第三百九十二条　向国家工作人员介绍贿赂，情节严重的，处三年以下有期徒刑或者拘役。

介绍贿赂人在被追诉前主动交待介绍贿赂行为的，可以减轻处罚或者免除处罚。

第三百九十三条　单位为谋取不正当利益而行贿，或者违反国家规定，给予国家工作人员以回扣、手续费，情节严重的，对单位判处罚金，并对其直接负责的主管人员和其他直接责任人员，处五年以下有期徒刑或者拘役。因行贿取得的违法所得归个人所有的，依照本法第三百八十九条、第三百九十条的规定定罪处罚。

第三百九十四条　国家工作人员在国内公务活动或者对外交往中接受礼物，依照国家规定应当交公而不交公，数额较大的，依照本法第三百八十二条、第三百八十三条的规定定罪处罚。

第三百九十五条　国家工作人员的财产或者支出明显超过合法收入，差额巨大的，可以责令说明来源。本人不能说明其来源是合法的，差额部分以非法所得论，处五年以下有期徒刑或者拘役，财产的差额部分予以追缴。

国家工作人员在境外的存款，应当依照国家规定申报。数额较大、隐瞒不报的，处二年以下有期徒刑或者拘役；情节较轻的，由其所在单位或者上级主管机关酌情给予行政处分。

第三百九十六条　国家机关、国有公司、企业、事业单位、人民团体，违反国家规定，以单位名义将国有资产集体私分给个人，数额较大的，对其直接负责的主管人员和其他直接责任人员，处三年以下有期徒刑或者拘役，并处或者单处罚金；数额巨大的，处三年以上七年以下有期徒刑，并处罚金。

司法机关、行政执法机关违反国家规定，将应当上缴国家的罚没财物，以单位名义集体私分给个人的，依照前款的规定处罚。

第九章　渎职罪

第三百九十七条　国家机关工作人员滥用职权或者玩忽职守，致使公共财产、国家和人民利益遭受重大损失的，处三年以下有期徒刑或者拘役；情节特别严重的，处三年以上七年以下有期徒刑。本法另有规定的，依照规定。

国家机关工作人员徇私舞弊，犯前款罪的，处五年以下有期徒刑或者拘役；情节特别严重的，处五年以上十年以下有期徒刑。本法另有规定的，依照规定。

第三百九十八条　国家机关工作人员违反保守国家秘密法的规定，故意或者过失泄露国家秘密，情节严重的，处三年以下有期徒刑或者拘役；情节特别严重的，处三年以上七年以下有期徒刑。

非国家机关工作人员犯前款罪的，依照前款的规定酌情处罚。

第三百九十九条　司法工作人员徇私枉法、徇情枉法，对明知是无罪的人而使他受追诉、对明知是有罪的人而故意包庇不使他受追诉，或者在刑事审判活动中故意违背事实和法律作枉法裁判的，处五年以下有期徒刑或者拘役；情节严重的，处五年以上十年以下有期徒刑；情节特别严重的，处十年以上有期徒刑。

在民事、行政审判活动中故意违背事实和法律作枉法裁判，情节严重的，处五年以下有期徒刑或者拘役；情节特别严重的，处五年以上十年以下有期徒刑。

司法工作人员贪赃枉法，有前两款行为的，同时又构成本法第三百八十五条规定之罪的，依照处罚较重的规定定罪处罚。

第四百条　司法工作人员私放在押的犯罪嫌疑人、被告人或者罪犯的，处五年以下有期徒刑或者拘役；情节严重的，处五年以上十年以下有期徒刑；情节特别严重的，处十年以上有期徒刑。

司法工作人员由于严重不负责任，致使在押的犯罪嫌疑人、被告人或者罪犯脱逃，造成严重后果的，处三年以下有期徒刑或者拘役；造成特别严重后果的，处三年以上十年以下有期徒刑。

第四百零一条　司法工作人员徇私舞弊，对不符合减刑、假释、暂予监外执行条件的罪犯，予以减刑、假释或者暂予监外执行的，处三年以下有期徒刑或者拘役；情节严重的，处三年以上七年以下有期徒刑。

第四百零二条　行政执法人员徇私舞弊，对依法应当移交司法机关追究刑事责任的不移交，情节严重的，处三年以下有期徒刑或者拘役；造成严重后果的，处三年以上七年以下有期徒刑。

第四百零三条　国家有关主管部门的国家机关工作人员，徇私舞弊，滥用职权，对不符合法律规定条件的公司设立、登记申请或者股票、债券发行、上市申请，予以批准或者登记，致使公共财产、国家和人民利益遭受重大损失的，处五年以下有期徒刑或者拘役。

上级部门强令登记机关及其工作人员实施前款行为的，对其直接负责的主管人员，依照前款的规定处罚。

第四百零四条　税务机关的工作人员徇私舞弊，不征或者少征应征税款，致使国家税收遭受重大损失的，处五年以下有期徒刑或者拘役；造成特别重大损失的，处五年以上有期徒刑。

第四百零五条　税务机关的工作人员违反法律、行政法规的规定，在办理发售发票、抵扣税款、出口退税工作中，徇私舞弊，致使国家利益遭受重大损失的，处五年以下有期徒刑或者拘役；致使国家利益遭受特别重大损失的，处五年以上有期徒刑。

其他国家机关工作人员违反国家规定，在提供出口货物报关单、出口收汇核销单等出口退税凭证的工作中，徇私舞弊，致使国家利益遭受重大损失的，依照前款的规定处罚。

第四百零六条　国家机关工作人员在签订、履行合同过程中，因严重不负责任被诈骗，致使国家利益遭受重大损失的，处三年以下有期徒刑或者拘役；致使国家利益遭受特别重大损失的，处三年以上七年以下有期徒刑。

第四百零七条　林业主管部门的工作人员违反森林法的规定，超过批准的年采伐限额发放林木采伐许可证或者违反规定滥发林木采伐许可证，情节严重，致使森林遭受严重破坏的，处三年以下有期徒刑或者拘役。

第四百零八条　负有环境保护监督管理职责的国家机关工作人员严重不负责任，导致发生重大环境污染事故，致使公私财产遭受重大损失或者造成人身伤亡的严重后果的，处三年以下有期徒刑或者拘役。

第四百零九条　从事传染病防治的政府卫生行政部门的工作人员严重不负责任，导致传染病传播或者流行，情节严重的，处三年以下有期徒刑或者拘役。

第四百一十条　国家机关工作人员徇私舞弊，违反土地管理法规，滥用职权，非法批准征用、占用土地，或者非法低价出让国有土地使用权，情节严重的，处三年以下有期徒刑或者拘役；致使国家或者集体利益遭受特别重大损失的，处三年以上七年以下有期徒刑。

第四百一十一条　海关工作人员徇私舞弊，放纵走私，情节严重的，处五年以下有期徒刑或者拘役；情节特别严重的，处五年以上有期徒刑。

第四百一十二条　国家商检部门、商检机构的工作人员徇私舞弊，伪造检验结果的，处五年以下有期徒刑或者拘役；造成严重后果的，处五年以上十年以下有期徒刑。

前款所列人员严重不负责任，对应当检验的物品不检验，或者延误检验出证、错误出证，致使国家利益遭受重大损失的，处三年以下有期徒刑或者拘役。

第四百一十三条　动植物检疫机关的检疫人员徇私舞弊，伪造检疫结果的，处五年以下有期徒刑或者拘役；造成严重后果的，处五年以上十年以下有期徒刑。

前款所列人员严重不负责任，对应当检疫的检疫物不检疫，或者延误检疫出证、错误出证，致使国家利益遭受重大损失的，处三年以下有期徒刑或者拘役。

第四百一十四条　对生产、销售伪劣商品犯罪行为负有追究责任的国家机关工作人员，徇私舞弊，不履行法律规定的追究职责，情节严重的，处五年以下有期徒刑或者拘役。

第四百一十五条　负责办理护照、签证以及其他出入境证件的国家机关工作人员，对明知是企图偷越国（边）境的人员，予以办理出入境证件的，或者边防、海关等国家机关工作人员，对明知是偷越国（边）境的人员，予以放行的，处三年以下有期徒刑或者拘役；情节严重的，处三年以上七年以下有期徒刑。

第四百一十六条　对被拐卖、绑架的妇女、儿童负有解救职责的国家机关工作人员，接到被拐卖、绑架的妇女、儿童及其家属的解救要求或者接到其他人的举报，而对被拐卖、绑架的妇女、儿童不进行解救，造成严重后果的，处五年以下有期徒刑或者拘役。

负有解救职责的国家机关工作人员利用职务阻碍解救的，处二年以上七年以下有期徒刑；情节较轻的，处二年以下有期徒刑或者拘役。

第四百一十七条　有查禁犯罪活动职责的国家机关工作人员，向犯罪分子通风报信、提供便利，帮助犯罪分子逃避处罚的，处三年以下有期徒刑或者拘役；情节严重的，处三年以上十年以下有期徒刑。

第四百一十八条　国家机关工作人员在招收公务员、学生工作中徇私舞弊，情节严重的，处三年以下有期徒刑或者拘役。

第四百一十九条　国家机关工作人员严重不负责任，造成珍贵文物损毁或者流失，后果严重的，处三年以下有期徒刑或者拘役。

第十章　军人违反职责罪

第四百二十条　军人违反职责，危害国家军事利益，依照法律应当受刑罚处罚的行为，是军人违反职责罪。

第四百二十一条　战时违抗命令，对作战造成危害的，处三年以上十年以下有期徒刑；致使战斗、战役遭受重大损失的，处十年以上有期徒刑、无期徒刑或者死刑。

第四百二十二条　故意隐瞒、谎报军情或者拒传、假传军令，对作战造成危害的，处三年以上十年以下有期徒刑；致使战斗、战役遭受重大损失的，处十年以上有期徒刑、无期徒刑或者死刑。

第四百二十三条　在战场上贪生怕死，自动放下武器投降敌人的，处三年以上十年以下有期徒刑；情节严重的，处十年以上有期徒刑或者无期徒刑。

投降后为敌人效劳的，处十年以上有期徒刑、无期徒刑或者死刑。

第四百二十四条　战时临阵脱逃的，处三年以下有期徒刑；情节严重的，处三年以上十年以下有期徒刑；致使战斗、战役遭受重大损失的，处十年以上有期徒刑、无期徒刑或者死刑。

第四百二十五条　指挥人员和值班、值勤人员擅离职守或者玩忽职守，造成严重后果的，处三年以下有期徒刑或者拘役；造成特别严重后果的，处三年以上七年以下有期徒刑。

战时犯前款罪的，处五年以上有期徒刑。

第四百二十六条　以暴力、威胁方法，阻碍指挥人员或者值班、值勤人员执行职务的，处五年以下有期徒刑或者拘役；情节严重的，处五年以上有期徒刑；致人重伤、死亡的，或者有其他特别严重情节的，处无期徒刑或者死刑。战时从重处罚。

第四百二十七条　滥用职权，指使部属进行违反职责的活动，造成严重后果的，处五年以下有期徒刑或者拘役；情节特别严重的，处五年以上十年以下有期徒刑。

第四百二十八条　指挥人员违抗命令，临阵畏缩，作战消极，造成严重后果的，处五年以下有期徒刑；致使战斗、战役遭受重大损失或者有其他特别严重情节的，处五年以上有期徒刑。

第四百二十九条　在战场上明知友邻部队处境危急请求救援，能救援而不救援，致使友邻部队遭受重大损失的，对指挥人员，处五年以下有期徒刑。

第四百三十条　在履行公务期间，擅离岗位，叛逃境外或者在境外叛逃，危害国家军事利益的，处五年以下有期徒刑或者拘役；情节严重的，处五年以上有期徒刑。

驾驶航空器、舰船叛逃的，或者有其他特别严重情节的，处十年以上有期徒刑、无期徒刑或者死刑。

第四百三十一条　以窃取、刺探、收买方法，非法获取军事秘密的，处五年以下有期徒刑；情节严重的，处五年以上十年以下有期徒刑；情节特别严重的，处十年以上有期徒刑。

为境外的机构、组织、人员窃取、刺探、收买、非法提供军事秘密的，处十年以上有期徒刑、无期徒刑或者死刑。

第四百三十二条　违反保守国家秘密法规，故意或者过失泄露军事秘密，情节严重的，处五年以下有期徒刑或者拘役；情节特别严重的，处五年以上十年以下有期徒刑。

战时犯前款罪的，处五年以上十年以下有期徒刑；情节特别严重的，处十年以上有期徒刑或者无期徒刑。

第四百三十三条 战时造谣惑众，动摇军心的，处三年以下有期徒刑；情节严重的，处三年以上十年以下有期徒刑。

勾结敌人造谣惑众，动摇军心的，处十年以上有期徒刑或者无期徒刑；情节特别严重的，可以判处死刑。

第四百三十四条 战时自伤身体，逃避军事义务的，处三年以下有期徒刑；情节严重的，处三年以上七年以下有期徒刑。

第四百三十五条 违反兵役法规，逃离部队，情节严重的，处三年以下有期徒刑或者拘役。

战时犯前款罪的，处三年以上七年以下有期徒刑。

第四百三十六条 违反武器装备使用规定，情节严重，因而发生责任事故，致人重伤、死亡或者造成其他严重后果的，处三年以下有期徒刑或者拘役；后果特别严重的，处三年以上七年以下有期徒刑。

第四百三十七条 违反武器装备管理规定，擅自改变武器装备的编配用途，造成严重后果的，处三年以下有期徒刑或者拘役；造成特别严重后果的，处三年以上七年以下有期徒刑。

第四百三十八条 盗窃、抢夺武器装备或者军用物资的，处五年以下有期徒刑或者拘役；情节严重的，处五年以上十年以下有期徒刑；情节特别严重的，处十年以上有期徒刑、无期徒刑或者死刑。

盗窃、抢夺枪支、弹药、爆炸物的，依照本法第一百二十七条的规定处罚。

第四百三十九条 非法出卖、转让军队武器装备的，处三年以上十年以下有期徒刑；出卖、转让大量武器装备或者有其他特别严重情节的，处十年以上有期徒刑、无期徒刑或者死刑。

第四百四十条 违抗命令，遗弃武器装备的，处五年以下有期徒刑或者拘役；遗弃重要或者大量武器装备的，或者有其他严重情节的，处五年以上有期徒刑。

第四百四十一条 遗失武器装备，不及时报告或者有其他严重情节的，处三年以下有期徒刑或者拘役。

第四百四十二条 违反规定，擅自出卖、转让军队房地产，情节严重的，对直接责任人员，处三年以下有期徒刑或者拘役；情节特别严重的，处三年以上十年以下有期徒刑。

第四百四十三条 滥用职权，虐待部属，情节恶劣，致人重伤或者造成其他严重后果的，处五年以下有期徒刑或者拘役；致人死亡的，处五年以上有期徒刑。

第四百四十四条 在战场上故意遗弃伤病军人，情节恶劣的，对直接责任人员，处五年以下有期徒刑。

第四百四十五条 战时在救护治疗职位上，有条件救治而拒不救治危重伤病军人的，处五年以下有期徒刑或者拘役；造成伤病军人重残、死亡或者有其他严重情节的，处五年以上十年以下有期徒刑。

第四百四十六条 战时在军事行动地区，残害无辜居民或者掠夺无辜居民财物的，处五年以下有期徒刑；情节严重的，处五年以上十年以下有期徒刑；情节特别严重的，处十年以上有期徒刑、无期徒刑或者死刑。

第四百四十七条 私放俘虏的，处五年以下有期徒刑；私放重要俘虏、私放俘虏多人或者有其他严重情节的，处五年以上有期徒刑。

第四百四十八条 虐待俘虏，情节恶劣的，处三年以下有期徒刑。

第四百四十九条 在战时，对被判处三年以下有期徒刑没有现实危险宣告缓刑的犯罪军人，允许其戴罪立功，确有立功表现时，可以撤销原判刑罚，不以犯罪论处。

第四百五十条 本章适用于中国人民解放军的现役军官、文职干部、士兵及具有军籍的学员和中国人民武装警察部队的现役警官、文职干部、士兵及具有军籍的学员以及执行军事任务的预备役人员和其他人员。

第四百五十一条 本章所称战时，是指国家宣布进入战争状态、部队受领作战任务或者遭敌突然袭击时。

部队执行戒严任务或者处置突发性暴力事件时，以战时论。

附　则

第四百五十二条 本法自 1997 年 10 月 1 日起施行。

列于本法附件一的全国人民代表大会常务委员会制定的条例、补充规定和决定，已纳入本法或者已不适用，自本法施行之日起，予以废止。

列于本法附件二的全国人民代表大会常务委员会制定的补充规定和决定予以保留。其中，有关行政处罚和行政措施的规定继续有效；有关刑事责任的规定已纳入本法，自本法施行之日起，适用本法规定。

附件一：

全国人民代表大会常务委员会制定的下列条例、补充规定和决定，已纳入本法或者已不适用，自本法施行之日起，予以废止：

1. 中华人民共和国惩治军人违反职责罪暂行条例
2. 关于严惩严重破坏经济的罪犯的决定
3. 关于严惩严重危害社会治安的犯罪分子的决定
4. 关于惩治走私罪的补充规定
5. 关于惩治贪污罪贿赂罪的补充规定
6. 关于惩治泄露国家秘密犯罪的补充规定
7. 关于惩治捕杀国家重点保护的珍贵、濒危野生动物犯罪的补充规定
8. 关于惩治侮辱中华人民共和国国旗国徽罪的决定
9. 关于惩治盗掘古文化遗址古墓葬犯罪的补充规定
10. 关于惩治劫持航空器犯罪分子的决定
11. 关于惩治假冒注册商标犯罪的补充规定
12. 关于惩治生产、销售伪劣商品犯罪的决定
13. 关于惩治侵犯著作权的犯罪的决定
14. 关于惩治违反公司法的犯罪的决定
15. 关于处理逃跑或者重新犯罪的劳改犯和劳教人员的决定

附件二：

全国人民代表大会常务委员会制定的下列补充规定和决定予以保留，其中，有关行政处罚和行政措施的规定继续有效；有关刑事责任的规定已纳入本法，自本法施行之日起，适用本法规定：

1. 关于禁毒的决定
2. 关于惩治走私、制作、贩卖、传播淫秽物品的犯罪分子的决定
3. 关于严惩拐卖、绑架妇女、儿童的犯罪分子的决定
4. 关于严禁卖淫嫖娼的决定
5. 关于惩治偷税、抗税犯罪的补充规定
6. 关于严惩组织、运送他人偷越国（边）境犯罪的补充规定
7. 关于惩治破坏金融秩序犯罪的决定
8. 关于惩治虚开、伪造和非法出售增值税专用发票犯罪的决定

附一：关于《中华人民共和国刑法（修订草案）》的说明

——1997 年 3 月 6 日在第八届全国人民代表大会第五次会议上

（全国人民代表大会常务委员会副委员长　王汉斌）

各位代表：

根据全国人大常委会的决定，我向大会作关于《中华人民共和国刑法（修订草案）》的说明。

刑法是国家的基本法律，修订刑法是健全社会主义法制的一件大事，是完善我国刑事法律的重要步骤。1979 年制定的刑法，经过 17 年的实践，总的看来，刑法规定的任务和基本原则是正确的，许多具体规定是可行的，对于打击犯罪，保护人民，维护国家的统一和安全，维护社会秩序，维护人民民主专政的政权和社会主义制度，保障社会主义建设事业的顺利进行，发挥了重要的作用。同时，也反映出一些问题：一是制定刑法时对有些犯罪行为具体分析研究不够，规定得不够具体，不好操作，或者执行时随意性较大，如渎职罪、流氓罪、投机倒把罪三个“口袋”，规定得都比较笼统；二是有些犯罪行为现在已经发展得很严重，如走私犯罪、毒品犯罪，需要相应加重刑罚；三是随着十几年来我国政治、经济和社会生活的发展变化，出现了许多新情况、新问题，发生了一些新的犯罪行为。为了适应与犯罪斗争的实际需要，有必要对刑法进行修订、补充、完善。

1982 年决定研究修改刑法，1988 年提出了初步修改方案，到现在修订工作已经搞了 15 年。在这期间，由于来不及也没有条件对刑法进行全面的、完整的修改，对需要修改补充的，全国人大常委会陆续对刑法作出了 22 个修改补充规定和决定。另外，在一些民事、经济、行政法律中规定了“依照”、“比照”刑法的有关规定追究刑事责任的有 130 条。这次修订，在进行调查研究、广泛征求意见的基础上，会同公检法等有关部门和法律专家，认真总结 17 年来实施刑法的实践经验，研究国外有关刑事法律规定和现代刑事立法的发展趋势，草拟了刑法修订草案，两次印发各省、自治区、

直辖市人大常委会、中央有关部门以及法律院校、法学研究机构征求意见，召开了有中央和省、市、县四级公检法机关、中央有关部门、地方人大和刑法专家参加的座谈会，对草案逐条讨论研究修改。

八届全国人大常委会第二十三次会议初步审议刑法修订草案后，又专门召集公检法等有关部门负责同志开会，对修订草案中重大的、有争议的问题共同讨论研究修改。法律委员会、内务司法委员会还召开联席会议，根据常委会委员和各方面的意见，对刑法修订草案逐条进行审议、修改。

这次修订刑法，主要考虑：第一，要制定一部统一的、比较完备的刑法典。将刑法实施 17 年来由全国人大常委会作出的有关刑法的修改补充规定和决定研究修改编入刑法；将一些民事、经济、行政法律中“依照”、“比照”刑法有关条文追究刑事责任的规定，改为刑法的具体条款；将拟制定的反贪污贿赂法和军委提请常委会审议的惩治军人违反职责犯罪条例编入刑法，在刑法中规定为贪污贿赂罪和军人违反职责罪两章；对于新出现的需要追究刑事责任的犯罪行为，经过研究认为比较成熟、比较有把握的，尽量增加规定。第二，注意保持法律的连续性和稳定性。对刑法的原有规定，包括文字表述和量刑规定，原则上没什么问题的，尽量不作修改。第三，对一些原来比较笼统、原则的规定，尽量把犯罪行为研究清楚，作出具体规定。刑法原来为 192 条，草案修改增为 449 条（注：经这次大会审议修改增至 452 条），增加 257 条。制定一部统一的、比较完备的刑法典，是继去年 3 月全国人大通过修改刑事诉讼法的决定以后，进一步完善我国刑事法律制度和司法制度的重大步骤，对于进一步实行依法治国，建设社会主义法制国家，具有重要意义。现将刑法（修订草案）的主要内容说明如下：

一、进一步明确规定刑法的基本原则

第一，进一步明确规定罪刑法定原则，取消类推的规定。刑法原来基本上也是按照罪刑法定原则的精神制定的，当时考虑到刑法分则只有 103 条，可能有些犯罪行为必须追究，法律又没有明文规定，不得不又规定可以采用类推办法，规定对刑法分则没有明文规定的犯罪，经最高人民法院核准，可以比照刑法分则最相类似的条文定罪判刑。这次修订，刑法分则的条文从原来 103 条增加到 345 条，对各种犯罪进一步作了明确、具体的规定。事实上，刑法虽然规定了类推，实际办案中使用的很少。现在已有必要也有条件取消类推的规定。因此，草案明确规定了罪刑法定原则：“法律明文规定为犯罪行为的，依照法律定罪处刑；法律没有明文规定为犯罪行为的，不得定罪处刑。”

第二，明确规定了法律面前人人平等原则。这个原则宪法已有规定，在刑法中再明确规定是有实际意义的。草案明确规定：“对任何人犯罪，在适用法律上一律平等。不允许任何人有超越法律的特权。”

第三，明确规定罪刑相当原则。罪刑相当，就是罪重的量刑要重，罪轻的量刑要轻，各个法律条文之间对犯罪量刑要统一平衡，不能罪重的量刑比罪轻的轻，也不能罪轻的量刑比罪重的重。因此，草案明确规定：“刑罚的轻重，应当与犯罪分子所犯罪行和承担的刑事责任相适应。”

二、关于减刑和假释

刑法第七十一条规定：“被判处管制、拘役、有期徒刑、无期徒刑的犯罪分子，在执行期间，如果确有悔改或者立功表现，可以减刑。”第七十三条规定：“被判处有期徒刑的犯罪分子，执行原判刑期二分之一以上，被判处无期徒刑的犯罪分子，实际执行十年以上，如果确有悔改表现，不致再危害社会，可以假释。如果有特殊情节，可以不受上述执行刑期的限制。”在实际执行中，由于对“确有悔改”没有明确的界限，较难掌握，随意性比较大，并且没有严格的程序，容易出现流弊，存在问题较多。同时还应当维护人民法院判决执行的严肃性，不能轻易减刑、假释，特别是对以暴力严重危害社会的犯罪分子及累犯，不宜适用假释。草案针对实践中的问题，对减刑、假释的条件作了更具体的规定。并且规定：“对累犯以及因杀人、爆炸、抢劫、强奸、绑架等暴力性犯罪被判处十年以上有期徒刑和无期徒刑的犯罪分子，不得假释。”同时明确规定了减刑、假释的程序：对于可以减刑、假释的犯罪分子，由执行机关向中级以上人民法院提出减刑、假释建议书。由人民法院组成合议庭进行审理，对确有悔改或者立功事实的，裁定予以减刑、假释。非经法定程序，不得减刑、假释。

三、关于在法定刑以下判处刑罚

刑法第五十九条第二款规定：“犯罪分子虽然不具有本法规定的减轻处罚情节，如果根据案件的具体情况，判处法定刑的最低刑还是过重的，经人民法院审判委员会决定，也可以在法定刑以下判处刑罚。”在实际执行中，由于对判处法定最低刑还是过重的情况界限不明确，各地人民法院掌握界限不统一，随意性较大，存在不少问题。因此，适用这一规定，必须有严格的程序，草案将刑法规定的“经人民法院审判委员会决定”，修改为“经最高人民法院审判委员会核准”。

四、关于正当防卫

刑法第十七条规定：“为了使公共利益、本人或者他人的人身和其他权利免受正在进行的不法侵害，而采取的正当防卫行为，不负刑事责任。正当防卫超过必要限度造成不应有的危害的，应当负刑事责任；但是应当酌情减轻或者免除处罚。”由于对正当防卫超过必要限度的规定太笼统，在实际执行中随意性较大，出现了不少问题。比如，受害人在受到不法侵害时把歹徒打伤了，人民警察在抓捕罪犯受到暴力攻击时开枪把人打伤了，不仅得不到保护，反而被以防卫过当追究刑事责任。为了保护被害人的利益，鼓励见义勇为，草案增加规定：“对正在进行行凶、杀人、抢劫、强奸、绑架以及其他严重危及人身安全的暴力犯罪，采取防卫行为，造成不法侵害人伤亡和其他后果的，不属于防卫过当，不负刑事责任。”

为了有利于人民警察执行任务，草案增加规定："人民警察在依法执行盘问、拘捕、逮捕、追捕逃犯或者制止违法犯罪职务的时候，受到暴力侵犯或者人身安全受到威胁，依法使用警械和武器的职务行为，造成人员伤亡后果的，不属于防卫过当，不负刑事责任。"至于其他依法执行职务的行为，仍然依照有关规定执行。如果人民警察违反使用警械和武器的规定，造成他人损害的，仍然可以依照有关规定处罚。

五、关于自首和立功

刑法第六十三条规定："犯罪以后自首的，可以从轻处罚。其中，犯罪较轻的，可以减轻或者免除处罚；犯罪较重的，如果有立功表现，也可以减轻或者免除处罚。"为了更好地体现和执行这一刑事政策，鼓励犯罪分子自首、立功，有利于查处犯罪，草案对自首、立功的作了较宽大的处刑规定，把"犯罪以后自首的，可以从轻处罚"，改为"可以从轻或者减轻处罚"，把对"其中，犯罪较轻的，可以减轻或者免除处罚"，改为"可以免除处罚"。并增加规定："犯罪分子有揭发他人犯罪行为，查证属实的，或者提供重要线索，从而得以侦破其他案件等立功表现的，可以从轻或者减轻处罚；有重大立功表现的，可以减轻或者免除处罚。""犯罪后自首又有重大立功表现的，应当减轻或者免除处罚。"同时对自首作了明确的界定，增加规定："犯罪以后自动投案，如实供述自己的罪行的，是自首。"

六、关于反革命罪

刑法关于反革命罪的规定，对于维护国家安全，巩固人民民主专政政权和保卫社会主义制度，起了很大的作用，是必要的。但是随着国家政治、经济和社会情况的发展，反革命罪的罪名的适用遇到一些新情况、新问题。有些反革命罪，规定"以反革命为目的"，在实践中有时很难确定。有的犯罪行为，适用危害国家安全罪，比适用反革命罪更为合适。草案把反革命罪一章改为危害国家安全罪。除保留原有的勾结外国，阴谋危害祖国的主权、领土完整和安全的规定外，对现在危害国家危险性最大的分裂国家、武装叛乱、颠覆国家政权和推翻社会主义制度以及与境外机构、组织、人员相勾结实施这些危害国家安全犯罪的，作了更加明确、具体的规定，因而能够更有利于打击危害国家安全的犯罪活动。主要修改是：（一）将刑法第九十条"以推翻无产阶级专政的政权和社会主义制度为目的的、危害中华人民共和国的行为，都是反革命罪"，第九十二条"阴谋颠覆政府、分裂国家的"，第九十三条"策动、勾引、收买国家工作人员、武装部队、人民警察、民兵投敌叛变或者叛乱的"，第九十五条"持械聚众叛乱的首要分子或者其他罪恶重大的"，第九十八条"组织、领导反革命集团的"规定，修改为：1. "组织、策划、实施分裂国家、破坏国家统一活动的"；2. "组织、策划、实施颠覆国家政权、推翻社会主义制度的"；3. "组织、策划、实施武装叛乱或者武装暴乱的"；4. "策动、胁迫、勾引、收买国家机关工作人员、武装部队人员、人民警察、民兵进行武装叛乱的"。特别是增加规定："与境外机构、组织、个人相勾结"，实施危害国家主权、领土完整和安全，分裂国家，武装叛乱，颠覆国家政权和推翻社会主义制度的。这是针对现在对国家安全构成很大危险的国内外相勾结进行"西化"、"分化"等颠覆破坏活动的特点所作的极为重要的规定，以利于依法同这类严重犯罪作斗争。（二）将刑法第一百零二条"以反革命标语、传单或者其他方法宣传煽动推翻无产阶级专政的政权和社会主义制度的。"修改为煽动分裂国家的和以造谣、诽谤或者其他方式煽动颠覆国家政权和推翻社会主义制度的，不再使用反革命宣传煽动罪的罪名。

这次修改反革命罪，对反革命罪原来的规定中实际属于普通刑事犯罪性质的，都规定按普通刑事犯罪追究。如"聚众劫狱或者组织越狱的"，"制造、抢夺、盗窃枪支、弹药的"等。反革命罪原有 15 条，修改为危害国家安全罪共有 12 条，反革命罪规定的条款没有列入危害国家安全罪的，均分别编入危害公共安全罪和妨害社会管理秩序罪。

这次对刑法反革命罪的修改，是考虑到我们国家已经从革命时期进入集中力量进行社会主义现代化建设的历史新时期，宪法确定了中国共产党对国家事务的领导作用，从国家体制和保卫国家整体利益考虑，从法律角度来看，对危害中华人民共和国的犯罪行为，规定适用危害国家安全罪比适用反革命罪更为合适。这也就是为了完善我国的刑事法律制度。至于过去依照刑法以反革命罪判刑的，仍然继续有效，不能改变。

七、关于投机倒把罪

刑法关于投机倒把罪的规定比较笼统，界限不太清楚，造成执行的随意性。这次修改，根据社会主义市场经济发展的要求，对需要规定的犯罪行为，尽量分解作出具体规定。草案根据十几年来按投机倒把罪追究刑事责任的具体行为作出规定，有些已在生产、销售伪劣商品罪、破坏金融管理秩序罪中作了规定，这次修订，在扰乱市场秩序罪中增加了对合同诈骗、非法经营专营专卖物品、买卖进出口许可证等犯罪行为的规定。不再笼统规定投机倒把罪，这样有利于避免执法的随意性。

八、关于流氓罪

刑法第一百六十条规定："聚众斗殴，寻衅滋事，侮辱妇女或者进行其他流氓活动，破坏公共秩序，情节恶劣的，处七年以下有期徒刑、拘役或者管制。"这一规定比较笼统，实际执行中定为流氓罪的随意性较大。这次修订，将流氓罪分解为四条具体规定：一是侮辱、猥亵妇女的犯罪，二是聚众进行淫乱活动的犯罪，三是聚众斗殴的犯罪，四是寻衅滋事的犯罪。

九、关于贪污贿赂罪

这次修订刑法，将 1988 年全国人大常委会制定的《关于惩治贪污罪贿赂罪的补充规定》和最高检察院正在起草的反贪污贿赂法合并编为刑法的一章。主要问题是：（一）关于国家工作人员的范围，有些同志主张应只限于国家机关工作人员。考虑到国有公司、企业的管理人员经手管理着国家财产，以权谋私、损公肥私、化公为私的现象比较严重，草案原则上维持刑法规定的国家工作人员的范围，规定："本法所称国家工作人员，是指国家机关中从事公务的人员。""国有公司、企业、事业单位、人民团体中从事公务的人员和国家机关、国有公司、企业、事业单位委派到非国有公司、企业、事业单位、社会团体从事公务的人员，以及其他依照法律从事公务的人员，以国家工作人员论。"（二）根据情况的变化，将原贪污贿赂犯罪法定最低刑的数额二千元以下修改为五千元以下，法定最高刑的数额五万元以上修改为十万元以上。

十、关于渎职罪

刑法对渎职罪的规定过于笼统，有的规定处刑也偏轻，主要是玩忽职守罪。这次修订，主要是把十几年来民事、经济、行政法律中"依照"、"比照"刑法玩忽职守罪、徇私舞弊罪追究刑事责任的条文，改为刑法的具体条款。并针对现实经济生活中出现的国家机关工作人员滥用职权、严重不负责任，给国家和人民利益造成重大损失的新情况，增加规定了一些具体的渎职犯罪行为。刑法规定的渎职罪除贿赂罪外共为7条，现在增加为23条。

刑法规定玩忽职守罪的法定刑为五年以下，这次修订区分滥用职权、玩忽职守的犯罪行为所造成的不同后果，对法定刑作了修改，一般的为三年以下；严重的为三年以上七年以下；对某些徇私舞弊、徇私枉法、徇情枉法情节特别严重的，法定最高刑规定为十五年。对贪赃枉法裁判，构成受贿罪的，依照处罚较重的规定处罚。

十一、关于完备刑事法律条文问题

这次修订，对于新出现的需要追究刑事责任的犯罪行为，经过研究认为比较有把握的，尽量增加规定。

（一）关于黑社会犯罪。在我国，明显的、典型的黑社会犯罪还没有出现，但带有黑社会性质的犯罪集团已经出现，横行乡里、称霸一方，为非作歹，欺压、残害群众的有组织犯罪时有出现。另外也发现有境外黑社会组织成员入境进行违法活动的，可能会对社会造成严重危害。对于黑社会性质的犯罪，必须坚决打击，一定要消灭在萌芽状态，防止蔓延。只要组织、参加黑社会性质的犯罪组织，不管是否有其他具体犯罪行为都要判刑。因此，草案增加了相应的规定，并对境外的黑社会组织的人员到中华人民共和国境内发展组织成员的，规定了刑罚。

（二）现在有些地方已经出现有组织进行恐怖活动的犯罪，危害很大。为了有力地打击这种犯罪，草案增加规定："组织、领导和积极参加恐怖活动组织的，处三年以上十年以下有期徒刑；其他参加的，处三年以下有期徒刑、拘役或者管制。""犯前款罪并实施杀人、爆炸、绑架等犯罪的，依照数罪并罚的规定处罚。"

（三）现在有些地方有人煽动民族仇恨，破坏民族团结。参考有关国际公约的规定，草案增加规定："煽动民族仇恨、民族歧视，情节严重的，处三年以下有期徒刑、拘役、管制或者剥夺政治权利；情节特别严重的，处三年以上十年以下有期徒刑。"对于利用民族问题，煽动分裂国家、破坏国家统一的，仍然适用危害国家安全罪的有关规定定罪处罚。

（四）很多国家的刑法对洗钱的犯罪行为作了规定，我国关于禁毒的决定中也对洗钱作了规定。目前，洗钱犯罪时有发生，并已不限于毒品犯罪。因此，草案对明知是毒品犯罪、黑社会性质的组织犯罪、走私犯罪的违法所得及其产生的收益，为掩饰、隐瞒其来源和性质而进行洗钱的行为规定了刑罚。

（五）针对计算机犯罪日趋严重的情况，增加了对违反国家规定，侵入国家事务、国防建设、尖端科学技术等重要领域的计算机信息系统，故意制作、传播计算机病毒等破坏性程序等犯罪的规定。同时规定，利用计算机实施金融诈骗、盗窃、贪污、挪用公款、窃取国家秘密或者其他犯罪的，依照本法有关规定定罪处罚。

（六）为了维护证券交易秩序，打击证券欺诈等犯罪行为，增加了内幕交易、操纵证券交易价格、编造并传播虚假信息等犯罪的规定。

（七）有些全国人大常委会委员和有关部门提出，土地是国家的重要自然资源，对于破坏土地资源的行为应当追究刑事责任。因此，草案对"以牟利为目的，违反土地管理法规，非法转让、倒卖土地使用权"，"违反土地管理法规，非法占用耕地改作他用，数量较大，造成耕地大量毁坏的，"以及"国家机关工作人员徇私舞弊，违反土地管理法规，滥用职权，非法批准征用、占用土地，或者非法低价出让国有土地使用权"的，增加了追究刑事责任的规定。

此外，草案还增加规定了侵犯商业秘密，违反国家安全标准、降低建筑质量，非法扣押、拘禁人质强迫还债，以限制人身自由的方法强迫他人劳动，非法采集、供应血液，对证人打击报复等规定。

十二、关于死刑问题

有些同志认为现行法律规定的死刑多了，主张减少。考虑到目前社会治安的形势严峻，经济犯罪的情况严重，还不具备减少死刑的条件，这次修订，对现行法律规定的死刑，原则上不减少也不增加。经过同公检法研究，大家同意将未满18周岁的未成年人犯罪的最高刑由可以判处死刑缓期执行改为无期徒刑。

十三、关于危害国防利益罪

根据有些全国人大常委会委员和军委法制局的意见，草案增加了危害国防利益罪一章。将以暴力、威胁方法阻碍军人依法执行职务，故意阻碍武装部队军事行动，破坏军事设施或者武器装备，明知是不合格的军事设施、武器装备而提供给武装部队，聚众哄闹、冲击军事禁区和军事管理区，煽动军人逃离部队，在征兵工作中徇私舞弊，输送不合格兵员等14种危害国防利益的犯罪作了规定。

十四、关于军人违反职责罪

1979年制定刑法时，即提出刑法应当规定军职罪，当时因为来不及研究清楚，决定另行起草军职罪暂行条例。

1980 年制订军职罪暂行条例时，明确说明："在国家刑法的结构中"，军职罪"应属于刑法分则中的一章"，并且说明军职罪暂行条例"经人大常委会审定后，先在军内公布试行。待取得比较成熟的经验，再建议按立法程序修改补入刑法。"这次修订刑法，经同军委法制局研究并经军委同意，将军委已提请八届全国人大常委会审议的《中华人民共和国惩治军人违反职责犯罪条例（草案）》，改为刑法分则的一章。这样修订后，国家将制定一部统一的、完整的刑法典，对社会主义法制建设具有重大的意义。

十五、对十几年来全国人大常委会制定的有关刑法的 22 个修改补充规定和决定以及惩治军人违反职责罪暂行条例，拟根据两类不同情况分别处理

一类是已纳入本法或者已不适用，予以废止；一类是需要予以保留的，其中有关行政处罚和行政措施的规定仍然有效，有关刑事责任的规定已纳入本法，适用本法规定，在附则中作了具体规定。

中华人民共和国刑法（修订草案）和以上说明，请大会审议。

附二：第八届全国人民代表大会法律委员会关于《中华人民共和国刑法（修订草案）》、《中华人民共和国国防法（草案）》和《中华人民共和国香港特别行政区选举第九届全国人民代表大会代表的办法（草案）》审议结果的报告（节录）

（1997 年 3 月 13 日第八届全国人民代表大会第五次会议主席团第三次会议通过）

（全国人大法律委员会主任委员 薛 驹）

第八届全国人民代表大会第五次会议主席团：

在本次全国人大会议上，各代表团于 3 月 6 日、7 日、8 日审议了《中华人民共和国刑法（修订草案）》、《中华人民共和国国防法（草案）》和《中华人民共和国香港特别行政区选举第九届全国人民代表大会代表的办法（草案）》。代表们认为，修订刑法是健全社会主义法制，完善我国刑事法律制度的重要步骤，修订草案基本符合我国的实际情况，有利于打击犯罪，保护人民，维护社会主义改革开放和现代化建设事业的顺利进行；制定国防法对于加强和巩固国防建设，保卫国家的主权、统一、领土完整和安全，具有重要的意义。这两个草案基本可行，建议本次会议予以修改通过。香港特别行政区选举第九届全国人民代表大会代表的办法（草案）符合有关法律规定，符合香港特别行政区的实际情况，是可行的，建议本次会议予以审议通过。法律委员会于 3 月 8 日、10 日、11 日召开会议，根据各代表团的审议意见，对三个法律草案进行了审议，对刑法（修订草案）和国防法（草案）提出以下修改意见：

一、关于《中华人民共和国刑法（修订草案）》

（一）修订草案第二十一条规定："人民警察在依法执行盘问、拘留、逮捕、追捕逃犯或者制止违法犯罪职务的时候，受到暴力侵犯或者人身安全受到威胁，依法使用警械和武器的职务行为，造成人员伤亡后果的，不属于防卫过当，不负刑事责任。"一些代表提出，《人民警察法》规定"人民警察依法执行职务，受法律保护"。《人民警察法》和根据人民警察法制定的《人民警察使用警械和武器条例》对人民警察在执行职务中，在什么情况下依法使用警械、武器不承担责任，违法使用警械、武器要承担责任，都已有规定，这个问题可以不在刑法中另作规定。因此，建议删去上述规定。

（二）修订草案第三十一条规定："公司、企业、事业单位、机关、团体为本单位谋取非法利益，经单位集体决定或者由负责人员决定实施的犯罪，是单位犯罪。""单位犯罪，法律有规定的才负刑事责任。"有的代表提出，上述关于单位犯罪定义的规定不够全面，尚不能完全包括分则规定的所有单位犯罪。因此，建议将这一规定修改为："公司、企业、事业单位、机关、团体实施的危害社会的行为，法律规定为单位犯罪的，应当负刑事责任。"（修订草案第三十条）

（三）修订草案第三十六条规定："被判处三年以上有期徒刑的犯罪分子和被判处剥夺政治权利的犯罪分子，如果有军衔、警衔或者勋章的，应当一并判处剥夺。"有的代表提出，对于军人、警察犯罪需要剥夺军衔、警衔的，可以依照《中国人民解放军军官军衔条例》、《人民警察警衔条例》的有关规定执行；根据宪法规定，授予国家的勋章，应当由国家权力机关决定，需要剥夺勋章的，也应当由国家权力机关决定，不宜由法院判处剥夺。因此，建议删去上述规定。

（四）有的代表提出，应当增加关于劫持船只、汽车的犯罪规定。因此，建议增加一条规定："以暴力、胁迫或者其他方法劫持船只、汽车的，处五年以上十年以下有期徒刑；造成严重后果的，处十年以上有期徒刑或者无期徒刑。"（修订草案第一百二十二条）

（五）有的代表提出，目前，一些个人和单位从金融机构套取贷款转贷他人，谋取非法利益的情况比较严重，这种行为严重扰乱金融管理秩序，建议在刑法中增加相应的规定。因此，建议在破坏金融管理秩序罪中增加一条规定："以

转贷牟利为目的，套取金融机构信贷资金高利转贷他人，违法所得数额较大的，处三年以下有期徒刑或者拘役，并处违法所得一倍以上五倍以下罚金；数额巨大的，处三年以上七年以下有期徒刑，并处违法所得一倍以上五倍以下罚金。”“单位犯前款罪的，对单位判处罚金，并对其直接负责的主管人员和其他直接责任人员，处三年以下有期徒刑或者拘役。”（修订草案第一百七十五条）

（六）有的代表提出，对在出版物中刊登侮辱少数民族风俗习惯内容，造成严重后果的行为，应当规定为犯罪。因此，建议增加一条规定：“在出版物中刊载歧视、侮辱少数民族的内容，情节恶劣，造成严重后果的，对直接责任人员，处三年以下有期徒刑、拘役或者管制。”（修订草案第二百五十条）

（七）有的代表提出，会计法、统计法要求会计、统计人员必须严格依照法律的规定履行职责，单位领导人对依法履行职责、抵制违法干预的会计和统计人员实行打击报复的，应当规定为犯罪。因此，建议增加一条规定：“公司、企业、事业单位、机关、团体的领导人，对依法履行职责、抵制违反会计法、统计法行为的会计、统计人员实行打击报复，情节恶劣的，处三年以下有期徒刑或者拘役。”（修订草案第二百五十五条）

（八）根据有的代表的意见，建议将第六章第六节破坏环境保护罪的节名修改为破坏环境资源保护罪。

（九）有的部门提出，在毒品中甲基苯丙胺（冰毒）的危害十分严重，建议在修订刑法时明确规定走私、贩卖、运输、制造、非法持有甲基苯丙胺的具体处刑数量标准。因此，建议规定对走私、贩卖、运输、制造和非法持有甲基苯丙胺的，按照海洛因的数量标准处罚。（修订草案第三百四十七条、第三百四十八条）

（十）有的代表提出，贪污罪的主体中未能包括受国家机关、国有公司、企业、事业单位委托管理、经营国有财产的人员，不利于对国有财产的保护。因此，建议在贪污罪中增加一款规定：“受国家机关、国有公司、企业、事业单位、人民团体委托管理、经营国有财产的人员利用职务上的便利，侵吞、窃取、骗取或者以其他手段非法占有国有财物的，以贪污论。”（修订草案第三百八十二条第二款）

（十一）修订草案第四百二十五条规定：“违背命令，擅自行动或者故意违反协同规则，造成严重后果的，处五年以下有期徒刑；致使战斗、战役遭受重大损失或者有其他特别严重情节的，处五年以上有期徒刑。”有的代表提出，在战场上协同作战的情况比较复杂，有些行为是否属于擅自行动违反协同规则，界线很难划清，不宜在刑法中规定。因此，建议删去上述规定。

此外，还作了一些文字修改。法律委员会已按上述意见对刑法（修订草案）作了修改。

……

代表们对草案表示赞同，法律委员会同意草案的规定，没有提出修改意见。

法律委员会建议主席团审议决定，将这三个法律草案提请大会审议通过。

以上意见是否妥当，请主席团审议。

第二部分　刑法修正案

1. 中华人民共和国刑法修正案

（1999 年 12 月 25 日第九届全国人民代表大会常务委员会第十三次会议通过
1999 年 12 月 25 日中华人民共和国主席令第二十七号公布　自公布之日起施行）

为了惩治破坏社会主义市场经济秩序的犯罪，保障社会主义现代化建设的顺利进行，对刑法作如下补充修改：

一、第一百六十二条后增加一条，作为第一百六十二条之一："隐匿或者故意销毁依法应当保存的会计凭证、会计账簿、财务会计报告，情节严重的，处五年以下有期徒刑或者拘役，并处或者单处二万元以上二十万元以下罚金。

"单位犯前款罪的，对单位判处罚金，并对其直接负责的主管人员和其他直接责任人员，依照前款的规定处罚。"

二、将刑法第一百六十八条修改为："国有公司、企业的工作人员，由于严重不负责任或者滥用职权，造成国有公司、企业破产或者严重损失，致使国家利益遭受重大损失的，处三年以下有期徒刑或者拘役；致使国家利益遭受特别重大损失的，处三年以上七年以下有期徒刑。

"国有事业单位的工作人员有前款行为，致使国家利益遭受重大损失的，依照前款的规定处罚。

"国有公司、企业、事业单位的工作人员，徇私舞弊，犯前两款罪的，依照第一款的规定从重处罚。"

三、将刑法第一百七十四条修改为："未经国家有关主管部门批准，擅自设立商业银行、证券交易所、期货交易所、证券公司、期货经纪公司、保险公司或者其他金融机构的，处三年以下有期徒刑或者拘役，并处或者单处二万元以上二十万元以下罚金；情节严重的，处三年以上十年以下有期徒刑，并处五万元以上五十万元以下罚金。

"伪造、变造、转让商业银行、证券交易所、期货交易所、证券公司、期货经纪公司、保险公司或者其他金融机构的经营许可证或者批准文件的，依照前款的规定处罚。

"单位犯前两款罪的，对单位判处罚金，并对其直接负责的主管人员和其他直接责任人员，依照第一款的规定处罚。"

四、将刑法第一百八十条修改为："证券、期货交易内幕信息的知情人员或者非法获取证券、期货交易内幕信息的人员，在涉及证券的发行，证券、期货交易或者其他对证券、期货交易价格有重大影响的信息尚未公开前，买入或者卖出该证券，或者从事与该内幕信息有关的期货交易，或者泄露该信息，情节严重的，处五年以下有期徒刑或者拘役，并处或者单处违法所得一倍以上五倍以下罚金；情节特别严重的，处五年以上十年以下有期徒刑，并处违法所得一倍以上五倍以下罚金。

"单位犯前款罪的，对单位判处罚金，并对其直接负责的主管人员和其他直接责任人员，处五年以下有期徒刑或者拘役。

"内幕信息、知情人员的范围，依照法律、行政法规的规定确定。"

五、将刑法第一百八十一条修改为："编造并且传播影响证券、期货交易的虚假信息，扰乱证券、期货交易市场，造成严重后果的，处五年以下有期徒刑或者拘役，并处或者单处一万元以上十万元以下罚金。

"证券交易所、期货交易所、证券公司、期货经纪公司的从业人员，证券业协会、期货业协会或者证券期货监督管理部门的工作人员，故意提供虚假信息或者伪造、变造、销毁交易记录，诱骗投资者买卖证券、期货合约，造成严重后果的，处五年以下有期徒刑或者拘役，并处或者单处一万元以上十万元以下罚金；情节特别恶劣的，处五年以上十年以下有期徒刑，并处二万元以上二十万元以下罚金。

"单位犯前两款罪的，对单位判处罚金，并对其直接负责的主管人员和其他直接责任人员，处五年以下有期徒刑或者拘役。"

六、将刑法第一百八十二条修改为："有下列情形之一，操纵证券、期货交易价格，获取不正当利益或者转嫁风险，情节严重的，处五年以下有期徒刑或者拘役，并处或者单处违法所得一倍以上五倍以下罚金：

"（一）单独或者合谋，集中资金优势、持股或者持仓优势或者利用信息优势联合或者连续买卖，操纵证券、期货交易价格的；

“（二）与他人串通，以事先约定的时间、价格和方式相互进行证券、期货交易，或者相互买卖并不持有的证券，影响证券、期货交易价格或者证券、期货交易量的；

“（三）以自己为交易对象，进行不转移证券所有权的自买自卖，或者以自己为交易对象，自买自卖期货合约，影响证券、期货交易价格或者证券、期货交易量的；

“（四）以其他方法操纵证券、期货交易价格的。

“单位犯前款罪的，对单位判处罚金，并对其直接负责的主管人员和其他直接责任人员，处五年以下有期徒刑或者拘役。”

七、将刑法第一百八十五条修改为：“商业银行、证券交易所、期货交易所、证券公司、期货经纪公司、保险公司或者其他金融机构的工作人员利用职务上的便利，挪用本单位或者客户资金的，依照本法第二百七十二条的规定定罪处罚。

“国有商业银行、证券交易所、期货交易所、证券公司、期货经纪公司、保险公司或者其他国有金融机构的工作人员和国有商业银行、证券交易所、期货交易所、证券公司、期货经纪公司、保险公司或者其他国有金融机构委派到前款规定中的非国有机构从事公务的人员有前款行为的，依照本法第三百八十四条的规定定罪处罚。”

八、刑法第二百二十五条增加一项，作为第三项：“未经国家有关主管部门批准，非法经营证券、期货或者保险业务的；”原第三项改为第四项。

九、本修正案自公布之日起施行。

附一：中华人民共和国刑法修正案（草案）

为了惩治破坏社会主义市场经济秩序的犯罪，保障社会主义现代化建设的顺利进行，对刑法作如下补充修改：

一、第一百六十二条后增加一条，作为第一百六十二条之一：“隐匿或者故意销毁依法应当保存的会计凭证、会计账簿、财务会计报告，情节严重的，处五年以下有期徒刑或者拘役，并处或者单处二万元以上二十万元以下罚金。

“单位犯前款罪的，对单位判处罚金，并对其直接负责的主管人员和其他直接责任人员，依照前款的规定处罚。”

二、将刑法第一百六十八条修改为：“国有公司、企业、事业单位的工作人员，由于严重不负责任或者滥用职权，造成国有公司、企业破产或者给本单位造成严重损害，致使国家利益遭受重大损失的，处三年以下有期徒刑或者拘役；致使国家利益遭受特别重大损失的，处三年以上七年以下有期徒刑。

“国有公司、企业、事业单位的工作人员，徇私舞弊，犯前两款罪的，依照第一款的规定从重处罚。”

三、将刑法第一百七十四条修改为：“未经国家有关主管部门批准，擅自设立金融机构、证券交易所、期货交易所、证券公司、期货经纪公司、保险公司的，处三年以下有期徒刑或者拘役，并处或者单处二万元以上二十万元以下罚金；情节严重的，处三年以上十年以下有期徒刑，并处五万元以上五十万元以下罚金。

“伪造、变造、转让金融机构、证券交易所、期货交易所、证券公司、期货经纪公司、保险公司的经营许可证或者批准文件的，依照前款的规定处罚。

“单位犯前两款罪的，对单位判处罚金，并对其直接负责的主管人员和其他直接责任人员，依照第一款的规定处罚。”

四、将刑法第一百八十条修改为：“证券、期货交易内幕信息的知情人员或者非法获取证券、期货交易内幕信息的人员，在涉及证券的发行，证券、期货交易或者其他对证券、期货交易价格有重大影响的信息尚未公开前，买入或者卖出该证券，或者从事与该内幕信息有关的期货交易，或者泄露该信息，情节严重的，处五年以下有期徒刑或者拘役，并处或者单处违法所得一倍以上五倍以下罚金；情节特别严重的，处五年以上十年以下有期徒刑，并处违法所得一倍以上五倍以下罚金。

“单位犯前款罪的，对单位判处罚金，并对其直接负责的主管人员和其他直接责任人员，处五年以下有期徒刑或者拘役。

“内幕信息、知情人员的范围，依照法律、行政法规的规定确定。”

五、将刑法第一百八十一条修改为：“编造并且传播影响证券、期货交易的虚假信息，扰乱证券、期货交易市场，造成严重后果的，处五年以下有期徒刑或者拘役，并处或者单处一万元以上十万元以下罚金。

“证券交易所、期货交易所、证券公司、期货经纪公司的从业人员，证券业协会、期货业协会或者证券期货监督管理部门的工作人员，故意提供虚假信息或者伪造、变造、销毁交易记录，诱骗投资者买卖证券、期货合约，造成严重后果的，处五年以下有期徒刑或者拘役，并处或者单处一万元以上十万元以下罚金；情节特别恶劣的，处五年以上十年以下有期徒刑，并处二万元以上二十万元以下罚金。

“单位犯前两款罪的，对单位判处罚金，并对其直接负责的主管人员和其他直接责任人员，处五年以下有期徒刑或者拘役。”

六、将刑法第一百八十二条修改为：“有下列情形之一，操纵证券、期货交易价格，获取不正当利益或者转嫁风险，情节严重的，处五年以下有期徒刑或者拘役，并处或者单处违法所得一倍以上五倍以下罚金：

（一）单独或者合谋，集中资金优势、持股或者持仓优势或者利用信息优势联合或者连续买卖，操纵证券、期货交易价格的；

（二）与他人串通，以事先约定的时间、价格和方式相互进行证券、期货交易，或者相互买卖并不持有的证券，影响证券、期货交易价格或者证券、期货交易量的；

（三）以自己为交易对象，进行不转移证券所有权的自买自卖，或者以自己为交易对象，自买自卖期货合约，影响证券、期货交易价格或者证券、期货交易量的；

（四）以其他方法操纵证券、期货交易价格的。

“单位犯前款罪的，对单位判处罚金，并对其直接负责的主管人员和其他直接责任人员，处五年以下有期徒刑或者拘役。”

七、将刑法第一百八十五条修改为：金融机构、证券交易所、期货交易所、证券公司、期货经纪公司、保险公司或者其他金融机构的工作人员利用职务上的便利，挪用本单位或者客户资金的，依照本法第二百七十二条的规定定罪处罚。

“国有公司、企业的工作人员和国有公司、企业委派到非国有公司、企业从事公务的人员有前款行为的，依照本法第三百八十四条的规定定罪处罚。”

八、刑法第二百二十五条增加一项，作为第三项：“未经国家有关主管部门批准，非法从事证券、期货经纪、保险业务的。”

九、本修正案自公布之日起施行。

附二：关于《中华人民共和国刑法修正案（草案）》的说明

——1999 年 10 月 25 日在第九届全国人民代表大会常务委员会第十二次会议上

（全国人大法律委员会副主任委员　顾昂然）

九届全国人大常委会第十次会议对国务院提交的《关于惩治违反会计法犯罪的决定（草案）》和《关于惩治期货犯罪的决定（草案）》进行初步审议后，法律委员会、法制工作委员会将草案发往中央有关部门和地方人大征求意见。法律委员会、财经委员会、法制工作委员会联合召开座谈会，听取了中政委、最高人民法院、最高人民检察院、公安部、财政部、中国证监会等有关部门和部分企业、法律专家的意见。财经委员会对草案提出了审议意见。法律委员会于 8 月 13 日、10 月 9 日、10 月 20 日召开会议，根据常委委员、财经委员会的审议意见和部门、专家的意见，对决定草案进行了审议，财经委员会的领导同志列席了 8 月 13 日、10 月 9 日的会议。提出以下主要修改意见：

（一）《关于惩治违反会计法犯罪的决定（草案）》。鉴于现行刑法中对于大多数做假帐构成犯罪的行为已有不少规定，如虚报注册资本罪，虚假出资、抽逃出资罪，提供虚假财务报告罪，妨害清算罪，吸收客户资金不入帐非法拆借、发放贷款罪，偷税罪，骗税罪，中介会计机构人员提供虚假证明文件罪以及走私罪，贪污罪，挪用公款罪，私分国有资产、私分罚没财物罪等。如再作一个惩治违反会计法犯罪的决定，困难很多。《关于惩治期货犯罪的决定（草案）》中规定的犯罪行为，许多与刑法中已规定的证券犯罪行为相类似。一些委员、部门和专家提出，考虑到刑法的统一和执行的方便，不宜再单独搞两个决定，认为采取修改刑法的方式比较合适。同时，根据惩治犯罪的需要，对刑法中有关国有公司、企业工作人员严重不负责任、滥用职权方面的犯罪也需要扩大规定。因此，法律委员会建议将上述三项内容合并规定为《中华人民共和国刑法修正案》，10 月 18 日委员长会议同意采用修正案方式修改刑法。

（二）《关于惩治违反会计法犯罪的决定（草案）》将隐匿或者故意销毁依法应当保存的会计凭证、会计帐簿、财务会计报告，情节严重的行为，规定为犯罪行为。现行刑法中没有这方面的规定。因此，法律委员会建议将上述规定补充到刑法中。

这个决定草案规定了伪造、变造会计凭证、会计帐簿或者编制虚假财务会计报告，严重破坏会计秩序的行为为犯罪行为。故意做假帐都是违法的，应追究法律责任。除刑法已规定为犯罪应当追究刑事责任的以外，其他做假帐的违法行为，哪些应当依照会计法的规定给予行政处罚、行政处分，哪些需要规定为犯罪追究刑事责任，我们与国务院法制办研究，一时还难以确定下来，建议待进一步研究后，如果在下一次常委会审议前能将这方面构成犯罪的行为确定下来，再补充到刑法中。

（三）《关于惩治期货犯罪的决定（草案）》对擅自设立期货交易所、期货经纪公司的行为，期货交易中的内幕交易行为，编造并传播期货交易虚假信息以及诱骗投资者买卖期货的行为，操纵期货交易价格的行为和非法从事期货交易等行为，规定为犯罪。考虑到上述规定与刑法中对证券犯罪的规定相类似，根据一些常委委员、部门和专家的意见，法律委员会建议将这类犯罪与证券犯罪合并规定，对刑法第一百七十四条、第一百八十条、第一百八十一条、第一百八十二条作出修改、补充。

这个决定草案第五条将国有企业违反国家规定进行期货交易的，使用信贷资金、财政资金进行交易的，未经批准擅自从事境外期货交易等行为，规定为犯罪。根据有些常委委员、部门和专家的意见，法律委员会建议在刑法第二百二十五条非法经营罪中增加规定，未经批准，非法从事证券、期货经纪业务，情节严重的构成犯罪。对国有公司、企业工作人员严重不负责任、滥用职权，在期货交易中给国家利益造成重大损失的犯罪行为，通过修改刑法第一百六十八条解决。

根据有的常委委员、部门和专家的意见，在刑法第一百八十五条中增加规定期货交易所、期货经纪公司工作人员挪用本单位或者客户资金的犯罪。

（四）1997 年修改刑法时，对国家机关工作人员的渎职犯罪在渎职罪一章中作了规定。同时，对国有公司、企业的工作人员严重不负责任，签订、履行合同被诈骗，徇私舞弊造成破产、亏损，徇私舞弊低价折股、出售国有资产等犯罪，在破坏社会主义经济秩序罪中作了规定。有些人大代表、最高人民检察院和一些部门、地方反映，在刑法执行过程中，对国有公司、企业、事业单位的工作人员由于严重不负责任或者滥用职权，致使国家利益遭受重大损失的有些行为，如擅自为他人提供担保，给本单位造成重大损失的；违反国家规定，在国际外汇、期货市场上进行外汇、期货投机，给国家造成重大损失的；在仓储或者企业管理方面严重失职，造成重大损失等，根据刑法现有规定难以追究刑事责任。针对这种情况，经征求中政委、最高法院、最高检察院、公安部和有关部门的意见，建议将刑法第一百六十八条“国有公司、企业直接负责的主管人员，徇私舞弊，造成国有公司、企业破产或者严重亏损，致使国家利益遭受重大损失的，处三年以下有期徒刑或者拘役”修改为：“国有公司、企业、事业单位的工作人员，由于严重不负责任或者滥用职权，造成国有公司、企业破产或者给本单位造成严重损害，致使国家利益遭受重大损失的，处三年以下有期徒刑或者拘役；致使国家利益遭受特别重大损失的，处三年以上七年以下有期徒刑。”“国有公司、企业、事业单位的工作人员，徇私舞弊，犯前款罪的，依照前款的规定从重处罚。”

法律委员会已按照上述意见提出了刑法修正案草案，建议全国人大常委会进行审议。

刑法修正案草案和以上说明是否妥当，请审议。

附三：中华人民共和国刑法修正案（草案）（二次审议稿）

为了惩治破坏社会主义市场经济秩序的犯罪，保障社会主义现代化建设的顺利进行，对刑法作如下补充修改：

一、第一百六十二条后增加一条，作为第一百六十二条之一：“隐匿或者故意销毁依法应当保存的会计凭证、会计账簿、财务会计报告，情节严重的，处五年以下有期徒刑或者拘役，并处或者单处二万元以上二十万元以下罚金。

“单位犯前款罪的，对单位判处罚金，并对其直接负责的主管人员和其他直接责任人员，依照前款的规定处罚。”

二、将刑法第一百六十八条修改为：“国有公司、企业的工作人员，由于严重不负责任或者滥用职权，造成国有公司、企业破产或者严重损失，致使国家利益遭受重大损失的，处三年以下有期徒刑或者拘役；致使国家利益遭受特别重大损失的，处三年以上七年以下有期徒刑。

“国有事业单位的工作人员有前款行为，致使国家利益遭受重大损失的，依照前款的规定处罚。

“国有公司、企业、事业单位的工作人员，徇私舞弊，犯前两款罪的，依照第一款的规定从重处罚。”

三、将刑法第一百七十四条修改为：未经国家有关主管部门批准，擅自设立商业银行、证券交易所、期货交易所、证券公司、期货经纪公司、保险公司或者其他金融机构的，处三年以下有期徒刑或者拘役，并处或者单处二万元以上二十万元以下罚金；情节严重的，处三年以上十年以下有期徒刑，并处五万元以上五十万元以下罚金。

“伪造、变造、转让商业银行、证券交易所、期货交易所、证券公司、期货经纪公司、保险公司或者其他金融机构的经营许可证或者批准文件的，依照前款的规定处罚。

“单位犯前两款罪的，对单位判处罚金，并对其直接负责的主管人员和其他直接责任人员，依照第一款的规定处罚。”

四、将刑法第一百八十条修改为：“证券、期货交易内幕信息的知情人员或者非法获取证券、期货交易内幕信息的人员，在涉及证券的发行，证券、期货交易或者其他对证券、期货交易价格有重大影响的信息尚未公开前，买入或者卖出该证券，或者从事与该内幕信息有关的期货交易，或者泄露该信息，情节严重的，处五年以下有期徒刑或者拘役，并处或者单处违法所得一倍以上五倍以下罚金；情节特别严重的，处五年以上十年以下有期徒刑，并处违法所得一倍以上五倍以下罚金。

“单位犯前款罪的，对单位判处罚金，并对其直接负责的主管人员和其他直接责任人员，处五年以下有期徒刑或者拘役。

“内幕信息、知情人员的范围，依照法律、行政法规的规定确定。”

五、将刑法第一百八十一条修改为：“编造并且传播影响证券、期货交易的虚假信息，扰乱证券、期货交易市场，造成严重后果的，处五年以下有期徒刑或者拘役，并处或者单处一万元以上十万元以下罚金。

“证券交易所、期货交易所、证券公司、期货经纪公司的从业人员，证券业协会、期货业协会或者证券期货监督管理部门的工作人员，故意提供虚假信息或者伪造、变造、销毁交易记录，诱骗投资者买卖证券、期货合约，造成严重后果的，处五年以下有期徒刑或者拘役，并处或者单处一万元以上十万元以下罚金；情节特别恶劣的，处五年以上十年以下有期徒刑，并处二万元以上二十万元以下罚金。

“单位犯前两款罪的，对单位判处罚金，并对其直接负责的主管人员和其他直接责任人员，处五年以下有期徒刑或者拘役。”

六、将刑法第一百八十二条修改为：“有下列情形之一，操纵证券、期货交易价格，获取不正当利益或者转嫁风险，情节严重的，处五年以下有期徒刑或者拘役，并处或者单处违法所得一倍以上五倍以下罚金：

（一）单独或者合谋，集中资金优势、持股或者持仓优势或者利用信息优势联合或者连续买卖，操纵证券、期货交易价格的；

（二）与他人串通，以事先约定的时间、价格和方式相互进行证券、期货交易，或者相互买卖并不持有的证券，影响证券、期货交易价格或者证券、期货交易量的；

（三）以自己为交易对象，进行不转移证券所有权的自买自卖，或者以自己为交易对象，自买自卖期货合约，影响证券、期货交易价格或者证券、期货交易量的；

（四）以其他方法操纵证券、期货交易价格的。

“单位犯前款罪的，对单位判处罚金，并对其直接负责的主管人员和其他直接责任人员，处五年以下有期徒刑或者拘役。”

七、将刑法第一百八十五条修改为：商业银行、证券交易所、期货交易所、证券公司、期货经纪公司、保险公司或者其他金融机构的工作人员利用职务上的便利，挪用本单位或者客户资金的，依照本法第二百七十二条的规定定罪处罚。

“国有公司、企业的工作人员和国有公司、企业委派到非国有公司、企业从事公务的人员有前款行为的，依照本法第三百八十四条的规定定罪处罚。

八、刑法第二百二十五条增加一项，作为第三项：“未经国家有关主管部门批准，非法从事证券、期货经纪、保险业务的。”

九、本修正案自公布之日起施行。

附四：全国人大法律委员会关于《中华人民共和国刑法修正案（草案）》审议结果的报告

——1999 年 12 月 17 日在第九届全国人民代表大会常务委员会第十三次会议上

（全国人大法律委员会副主任委员　顾昂然）

九届全国人大常委会第十二次会议对《中华人民共和国刑法修正案（草案）》进行了审议。法律委员会于 12 月 6 日召开会议，根据常委会组成人员的审议意见进行了审议，财经委员会的同志列席了会议。12 月 13 日法律委员会再次进行了审议。法律委员会认为，刑法修正案对于惩治破坏社会主义市场经济秩序的犯罪，保障社会主义现代化建设的顺利进行有重要意义。草案基本可行。同时，提出以下修改意见：

一、草案第三条第一款规定：“未经国家有关主管部门批准，擅自设立金融机构、证券交易所、期货交易所、证券公司、期货经纪公司、保险公司的，处三年以下有期徒刑或者拘役，并处或者单处二万元以上二十万元以下罚金；情节严重的，处三年以上十年以下有期徒刑，并处五万元以上五十万元以下罚金。”第二款规定：“伪造、变造、转让金融机构、证券交易所、期货交易所、证券公司、期货经纪公司、保险公司的经营许可证或者批准文件的，依照前款的规定处罚。”有的常委委员提出，本条规定将证券交易所、期货交易所、证券公司、期货经纪公司、保险公司与金融机构并列不准确。因此，法律委员会建议将第三条第一款、第二款中的“金融机构、证券交易所、期货交易所、证券公司、期货经纪公司、保险公司”，修改为：“商业银行、证券交易所、期货交易所、证券公司、期货经纪公司、保险公司或者其他金融机构”。同时，对草案第七条作了相应修改。

二、草案第二条第一款规定：“国有公司、企业、事业单位的工作人员，由于严重不负责任或者滥用职权，造成国有公司、企业破产或者给本单位造成严重损害，致使国家利益遭受重大损失的，处三年以下有期徒刑或者拘役；致使国家利益遭受特别重大损失的，处三年以上七年以下有期徒刑。”有的常委委员提出，对国有事业单位的工作人员，因严重不负责任、滥用职权致使国家利益遭受重大损失的犯罪行为单独规定为好。因此，法律委员会建议在第二条中增加一款作为第二款，规定：“国有事业单位的工作人员有前款行为，致使国家利益遭受重大损失的，依照前款的规定处罚”，同时删去第一款中的事业单位。原第二款改作第三款，并作相应修改。

三、有的常委委员提出，会计法对违反会计法构成犯罪应当依法追究刑事责任的规定有六条，修正案应与会计法相对应。法律委员会认为，故意做假帐都是违法的，应当追究法律责任。刑法对与会计法相对应的做假帐行为构成犯罪的已有许多具体规定，这次又在修正案中增加规定了隐匿和故意销毁会计凭证、会计帐簿、财务会计报告的犯罪。除了这些规定以外，还有哪些做假帐的违法行为需要追究刑事责任，经与最高人民法院、最高人民检察院、国务院法制办、公安部研究，目前还未能提出其他的具体行为，可在以后根据实践需要，再进一步对刑法作出补充规定。

此外，还对草案作了一些文字修改。

草案二次审议稿已按上述意见作了修改，法律委员会建议经本次常委会会议审议通过。

草案二次审议稿和以上意见是否妥当，请审议。

附五：中华人民共和国刑法修正案（草案）（三次审议稿）

为了惩治破坏社会主义市场经济秩序的犯罪，保障社会主义现代化建设的顺利进行，对刑法作如下补充修改：

一、第一百六十二条后增加一条，作为第一百六十二条之一：“隐匿或者故意销毁依法应当保存的会计凭证、会计账簿、财务会计报告，情节严重的，处五年以下有期徒刑或者拘役，并处或者单处二万元以上二十万元以下罚金。

“单位犯前款罪的，对单位判处罚金，并对其直接负责的主管人员和其他直接责任人员，依照前款的规定处罚。”

二、将刑法第一百六十八条修改为：“国有公司、企业的工作人员，由于严重不负责任或者滥用职权，造成国有公司、企业破产或者严重损失，致使国家利益遭受重大损失的，处三年以下有期徒刑或者拘役；致使国家利益遭受特别重大损失的，处三年以上七年以下有期徒刑。

“国有事业单位的工作人员有前款行为，致使国家利益遭受重大损失的，依照前款的规定处罚。

“国有公司、企业、事业单位的工作人员，徇私舞弊，犯前两款罪的，依照第一款的规定从重处罚。”

三、将刑法第一百七十四条修改为：“未经国家有关主管部门批准，擅自设立商业银行、证券交易所、期货交易所、证券公司、期货经纪公司、保险公司或者其他金融机构的，处三年以下有期徒刑或者拘役，并处或者单处二万元以上二十万元以下罚金；情节严重的，处三年以上十年以下有期徒刑，并处五万元以上五十万元以下罚金。

“伪造、变造、转让商业银行、证券交易所、期货交易所、证券公司、期货经纪公司、保险公司或者其他金融机构的经营许可证或者批准文件的，依照前款的规定处罚。

“单位犯前两款罪的，对单位判处罚金，并对其直接负责的主管人员和其他直接责任人员，依照第一款的规定处罚。”

四、将刑法第一百八十条修改为：“证券、期货交易内幕信息的知情人员或者非法获取证券、期货交易内幕信息的人员，在涉及证券的发行，证券、期货交易或者其他对证券、期货交易价格有重大影响的信息尚未公开前，买入或者卖出该证券，或者从事与该内幕信息有关的期货交易，或者泄露该信息，情节严重的，处五年以下有期徒刑或者拘役，并处或者单处违法所得一倍以上五倍以下罚金；情节特别严重的，处五年以上十年以下有期徒刑，并处违法所得一倍以上五倍以下罚金。

“单位犯前款罪的，对单位判处罚金，并对其直接负责的主管人员和其他直接责任人员，处五年以下有期徒刑或者拘役。

“内幕信息、知情人员的范围，依照法律、行政法规的规定确定。”

五、将刑法第一百八十一条修改为：“编造并且传播影响证券、期货交易的虚假信息，扰乱证券、期货交易市场，造成严重后果的，处五年以下有期徒刑或者拘役，并处或者单处一万元以上十万元以下罚金。

“证券交易所、期货交易所、证券公司、期货经纪公司的从业人员，证券业协会、期货业协会或者证券期货监督管理部门的工作人员，故意提供虚假信息或者伪造、变造、销毁交易记录，诱骗投资者买卖证券、期货合约，造成严重后果的，处五年以下有期徒刑或者拘役，并处或者单处一万元以上十万元以下罚金；情节特别恶劣的，处五年以上十年以下有期徒刑，并处二万元以上二十万元以下罚金。

“单位犯前两款罪的，对单位判处罚金，并对其直接负责的主管人员和其他直接责任人员，处五年以下有期徒刑或者拘役。”

六、将刑法第一百八十二条修改为：“有下列情形之一，操纵证券、期货交易价格，获取不正当利益或者转嫁风险，情节严重的，处五年以下有期徒刑或者拘役，并处或者单处违法所得一倍以上五倍以下罚金：

（一）单独或者合谋，集中资金优势、持股或者持仓优势或者利用信息优势联合或者连续买卖，操纵证券、期货交易价格的；

（二）与他人串通，以事先约定的时间、价格和方式相互进行证券、期货交易，或者相互买卖并不持有的证券，影响证券、期货交易价格或者证券、期货交易量的；

（三）以自己为交易对象，进行不转移证券所有权的自买自卖，或者以自己为交易对象，自买自卖期货合约，影响证券、期货交易价格或者证券、期货交易量的；

（四）以其他方法操纵证券、期货交易价格的。

“单位犯前款罪的，对单位判处罚金，并对其直接负责的主管人员和其他直接责任人员，处五年以下有期徒刑或者拘役。”

七、将刑法第一百八十五条修改为：“商业银行、证券交易所、期货交易所、证券公司、期货经纪公司、保险公司或者其他金融机构的工作人员利用职务上的便利，挪用本单位或者客户资金的，依照本法第二百七十二条的规定定罪处罚。

“国有商业银行、证券交易所、期货交易所、证券公司、期货经纪公司、保险公司或者其他国有金融机构的工作人员和国有商业银行、证券交易所、期货交易所、证券公司、期货经纪公司、保险公司或者其他国有金融机构委派到前款规定中的非国有机构从事公务的人员有前款行为的，依照本法第三百八十四条的规定定罪处罚。”

八、刑法第二百二十五条增加一项，作为第三项：“未经国家有关主管部门批准，非法经营证券、期货或者保险业务的。”

九、本修正案自公布之日起施行。

附六：全国人大法律委员会关于海洋环境保护法（修订草案四次审议稿）、刑法修正案（草案二次审议稿）、海事诉讼特别程序法（草案三次审议稿）和关于加强中央预算审查监督的决定（草案二次审议稿）修改意见的报告（节录）

——1999 年 12 月 25 日在第九届全国人民代表大会常务委员会第十三次会议上

（全国人大法律委员会主任委员　王维澄）

本次会议于 1999 年 12 月 17 日下午、18 日上午、18 日下午、21 日上午，对海洋环境保护法（修订草案四次审议稿）、刑法修正案（草案二次审议稿）、海事诉讼特别程序法（草案三次审议稿）、关于加强中央预算审查监督的决定（草案二次审议稿）分组进行了审议。大家认为，海洋环境保护法（修订草案四次审议稿）、刑法修正案（草案二次审议稿）、海事诉讼特别程序法（草案三次审议稿）、关于加强中央预算审查监督的决定（草案二次审议稿）等四个法律草案，吸收了常委会组成人员和地方、部门、专家的意见，经过反复修改，已经比较成熟，建议本次常委会会议通过。同时，也提出了一些修改意见。法律委员会于 12 月 21 日下午、22 日上午、22 日下午召开会议，环境与资源保护委员会、农业与农村委员会、财经委员会、内务司法委员会的负责同志列席了有关会议，逐条研究了委员们的意见，提出了进一步修改意见。

……

二、关于刑法修正案（草案二次审议稿）

（一）草案二次审议稿第七条第一款规定：“将刑法第一百八十五条修改为：商业银行、证券交易所、期货交易所、证券公司、期货经纪公司、保险公司或者其他金融机构的工作人员利用职务上的便利，挪用本单位或者客户资金的，依照本法第二百七十二条的规定定罪处罚。”第二款规定：“国有公司、企业的工作人员和国有公司、企业委派到非国有公司、企业从事公务的人员有前款行为的，依照本法第三百八十四条的规定定罪处罚。”有的常委委员提出，第二款规定的国有公司、企业过于笼统，不便执行，这一款规定的单位应当与第一款规定的单位相对应，以更好地明确处罚主体。因此，法律委员会建议将本条第二款修改为：“国有商业银行、证券交易所、期货交易所、证券公司、期货经纪公司、保险公司或者其他国有金融机构的工作人员和国有商业银行、证券交易所、期货交易所、证券公司、期货经纪公司、保险公司或者其他国有金融机构委派到前款规定中的非国有机构从事公务的人员有前款行为的，依照本法第三百八十四条的规定定罪处罚。”

（二）草案二次审议稿第八条规定：“刑法第二百二十五条增加一项，作为第三项：未经国家有关主管部门批准，非法从事证券、期货经纪、保险业务的。”有的常委委员提出，对未经批准从事期货交易所业务的也应作规定。因此，法律委员会建议将这一款修改为：“刑法第二百二十五条增加一项，作为第三项：未经国家有关主管部门批准，非法经营证券、期货或者保险业务的”。

（三）草案二次审议稿第三条第一款规定：“将刑法第一百七十四条修改为：未经国家有关主管部门批准，擅自设立商业银行、证券交易所、期货交易所、证券公司、期货经纪公司、保险公司或者其他金融机构的，处三年以下有期徒刑或者拘役，并处或者单处二万元以上二十万元以下罚金；情节严重的，处三年以上十年以下有期徒刑，并处五万元以上五十万元以下罚金。”有的常委会组成人员提出，根据本款规定，未经国家有关主管部门批准，擅自设立商业银行、证券交易所、期货交易所、证券公司、期货经纪公司、保险公司或者其他金融机构的就是犯罪行为，同时，还应当对擅自设立这些机构以后，在金融经营过程中的犯罪行为如何处罚也作出明确规定。法律委员会认为，刑法分则对这类破坏金融秩序和金融诈骗犯罪活动已分别作出具体规定，同时刑法总则对犯数罪如何进行数罪并罚也有明确规定，因此建议在刑法修正案中不再作重复规定。

（四）有的常委委员提出，草案二次审议稿第二条、第三条规定的处罚偏轻，建议提高刑期，增加罚金数额。法律委员会考虑到与刑法规定的其他犯罪在处刑上的平衡，建议不作修改。

……

此外，还对上述四个法律草案作了一些文字修改。

以上修改意见，请审议。

2. 中华人民共和国刑法修正案（二）

（2001 年 8 月 31 日第九届全国人民代表大会常务委员会第二十三次会议通过
2001 年 8 月 31 日中华人民共和国主席令第五十六号公布　自公布之日起施行）

为了惩治毁林开垦和乱占滥用林地的犯罪，切实保护森林资源，将刑法第三百四十二条修改为：

“违反土地管理法规，非法占用耕地、林地等农用地，改变被占用土地用途，数量较大，造成耕地、林地等农用地大量毁坏的，处五年以下有期徒刑或者拘役，并处或者单处罚金。”

本修正案自公布之日起施行。

附一：中华人民共和国刑法修正案（二）（草案）

一、在刑法第三百四十二条中增加一款，作为第二款：“违反森林管理法规，开垦林地，非法占用林地并改作他用，数量较大，造成森林或者其他林木严重毁坏的，处 5 年以下有期徒刑或者拘役，并处或者单处罚金。”

二、将刑法第四百一十条修改为：“国家机关工作人员违反土地管理法规、森林管理法规，非法批准征用、占用土地，或者非法审核批准开垦林地、占用林地并改作他用，或者非法低价出让国有土地使用权，情节严重的，处 3 年以下有期徒刑或者拘役；致使国家或者集体利益遭受特别重大损失的，处 3 年以上 7 年以下有期徒刑。”

本修正案自公布之日起施行。

附二：关于《中华人民共和国刑法第三百四十二条、第四百一十条修正案（草案）》的说明

——2001 年 6 月 26 日在第九届全国人民代表大会常务委员会第二十二次会议上

（国务院法制办公室主任　杨景宇）

委员长、各位副委员长、秘书长、各位委员：

我受国务院的委托，现对《中华人民共和国刑法第三百四十二条、第四百一十条修正案（草案）》（以下简称修正案草案）作说明。

1997 年 3 月 14 日八届全国人大第五次会议修订的《中华人民共和国刑法》，对盗伐、滥伐森林或者其他林木等破坏森林资源的犯罪行为作了明确规定，对保护森林资源、震慑犯罪，发挥了重要的作用。随着形势的发展，近几年来又出现了一些新的情况和问题，突出的表现是：一些地方、单位和个人以各种名义毁林开垦、非法占用林地并改作他用，对森林资源和林地造成了极大的破坏。目前，对这种毁林开垦和非法占用林地改作他用的违法行为，修改后的刑法没有设定相应的罪名，又取消了类推原则，无法比照其他罪名追究毁林开垦和非法占用林地并改作他用的违法行为的刑事责任。为了有效地制止毁林开垦和乱占滥用林地的违法行为，切实保护森林资源，1998 年 8 月 5 日，国务院发出了《关于保护森林资源制止毁林开垦的紧急通知》（国发明电〔1998〕8 号），提出：“对毁林开垦数量巨大、情节严重，构成犯罪的，要依法追究有关人员的刑事责任。”由于现行刑法对此未作规定，国务院的上述规定一直无法落实。为此，国务院法制办、国家林业局在调查研究、广泛征求意见的基础上，拟订了修正案草案，就毁林开垦和非法占用林地改作他用的违法行为应负的刑事责任对刑法第三百四十二条、第四百一十条作了相应修改补充。该修正案草案已经国务院常务会议讨论通过。现就修正案草案的主要内容说明如下：

鉴于毁林开垦和非法占用林地改作他用的行为从犯罪构成要件来看，与刑法第三百四十二条规定的非法占用耕地的犯罪行为基本相同。同时，考虑到林地上的森林资源状况不同，刑法重点惩治的应当是造成森林、林木严重毁坏的毁林开垦和非法占用林地改作他用的违法行为。因此，修正案草案在刑法第三百四十二条中增加一款，作为第二款，规定：“违反森林管理法规，开垦林地，非法占用林地并改作他用，数量较大，造成森林或者其他林木严重毁坏的，处 5 年以下有期徒刑或者拘役，并处或者单处罚金。”

由于实践中毁林开垦和非法占用林地改作他用的行为，多是经一些部门或者地方领导非法审核批准的，而且这种非法批准毁林开垦和占用林地改作他用的行为，与刑法第四百一十条规定的非法批准征用、占用土地罪在构成要件上是相同的，为了从严约束审批行为，加大审批者的法律责任，修正案草案将刑法第四百一十条修改为：“国家机关工作

人员违反土地管理法规、森林管理法规，非法批准征用、占用土地，或者非法审核批准开垦林地、占用林地并改作他用，或者非法低价出让国有土地使用权，情节严重的，处 3 年以下有期徒刑或者拘役；致使国家或者集体利益遭受特别重大损失的，处 3 年以上 7 年以下有期徒刑。”

修正案草案和上述说明是否妥当，请审议。

附三：中华人民共和国刑法修正案（二）（草案）（二次审议稿）

在刑法第三百四十二条中增加一款，作为第二款：“违反土地管理法规，非法占用耕地、林地等农用地，改变被占用土地用途，数量较大，造成耕地、林地等农用地大量毁坏的，处五年以下有期徒刑或者拘役，并处或者单处罚金。”

“刑法第二百二十八条、第三百四十二条、第四百一十条规定的‘违反土地管理法规’是指违反土地管理法、森林法、草原法等法律以及有关行政法规中关于土地管理的规定”。“刑法第四百一十条规定的‘非法批准征用、占用土地’是指非法批准征用、占用耕地、林地等农用地以及其他土地。”

附四：全国人大法律委员会关于《中华人民共和国刑法第三百四十二条、第四百一十条修正案（草案）》审议结果的报告

——2001 年 8 月 27 日在第九届全国人民代表大会常务委员会第二十三次会议上

（全国人大法律委员会副主任委员　顾昂然）

全国人民代表大会常务委员会：

九届全国人大常委会第二十二次会议对国务院提交的《中华人民共和国刑法第三百四十二条、第四百一十条修正案（草案）》进行了初步审议。会后，法制工作委员会将草案印发中央有关部门、部分地方人大、有关研究机构征求意见。法律委员会于 6 月 28 日、8 月 13 日召开会议，根据委员和地方、部门提出的修改意见，对草案进行了审议。最高人民法院、国务院法制办、国家林业局的同志列席了会议。8 月 23 日，法律委员会再次进行了审议。法律委员会认为，为了惩治破坏森林资源的犯罪，保护生态环境，对刑法有关条文作相应修改和明确法律的含义是必要的。同时，对草案提出以下修改意见：

一、刑法第三百四十二条规定：“违反土地管理法规，非法占用耕地改作他用，数量较大，造成耕地大量毁坏的，处五年以下有期徒刑或者拘役，并处或者单处罚金。”修正案草案第一条规定，在刑法第三百四十二条后增加一款作为第二款，规定：“违反森林管理法规，开垦林地，非法占用林地并改作他用，数量较大，造成森林或者其他林木严重毁坏的，处五年以下有期徒刑或者拘役，并处或者单处罚金。”一些委员和最高人民法院等部门提出，草案规定的造成森林或者其他林木严重毁坏的行为，根据刑法第三百四十四条、第三百四十五条和有关司法解释的规定，是能够追究刑事责任的。国务院法制办、国家林业局提出，修改第三百四十二条的目的是为了保护林地，包括宜林地。为了保护森林资源，对于非法占用林地，造成林地大量毁坏的行为，应当规定为犯罪。此外，还有一些委员提出，非法占用草地改作他用，造成草地大量毁坏的行为，危害也很严重，这次修改应一并考虑解决。因此，法律委员会建议将修正案草案第一条修改为：“违反土地管理法规，非法占用耕地、林地等农用地，改变被占用土地用途，数量较大，造成耕地、林地等农用地大量毁坏的，处五年以下有期徒刑或者拘役，并处或者单处罚金。”根据土地管理法的规定，农用地包括耕地、林地、草地、养殖水面等，这样修改，既可以对大量毁坏林地的行为追究刑事责任，而且对实践中出现的非法占用并大量毁坏草地、养殖水面等其他农用地严重破坏生态环境构成犯罪的行为，也能予以追究。至于非法占用林地，造成林木严重毁坏的，应当适用刑法第三百四十四条非法采伐、毁坏珍贵树木罪和第三百四十五条盗伐林木罪、滥伐林木罪的规定追究刑事责任，可不再另行规定。

二、刑法第四百一十条规定：“国家机关工作人员徇私舞弊，违反土地管理法规，滥用职权，非法批准征用、占用土地，或者非法低价出让国有土地使用权，情节严重的，处三年以下有期徒刑或者拘役；致使国家或者集体利益遭受特别重大损失的，处三年以上七年以下有期徒刑。”修正案草案第二条在刑法第四百一十条中增加了违反“森林管理法规”和“非法审核批准开垦林地、占用林地并改作他用”的规定。一些委员和部门提出，根据土地管理法的规定，刑法第四百一十条规定的土地已经包括林地、草地等土地在内，可以不作修改。国务院法制办、国家林业局提出，由于对刑法第四百一十条规定的“土地管理法规”和“非法批准征用、占用土地”的含义理解不一致，实践中对一些非法批准征用、占用林地构成犯罪的行为没有适用刑法第四百一十条追究刑事责任，为了解决实践中存在的问题，建议全国人大常委会通过法律解释，对刑法第四百一十条中的相关规定进一步明确含义。根据以上意见，法律委员会认为，刑法第四百一十条的规定已包括了非法批准征用、占用林地的情况，可以根据立法法的有关规定，采用法律解释的方式对该条的含义进一步予以明确，以利于对这类犯罪的打击。同时，考虑到除刑法第四百一十条外，刑法第二百二十八条、第三百四十二条也规定了“违反土地管理法规”，其含义与刑法第四百一十条是相同的，也应一并明确。因此，法律委员会建议对刑法的上述规定作如下解释：“刑法第二百二十八条、第三百四十二条、第四百一十条规定的‘违反

土地管理法规’是指违反土地管理法、森林法、草原法等法律以及有关行政法规中关于土地管理的规定”。“刑法第四百一十条规定的‘非法批准征用、占用土地’是指非法批准征用、占用耕地、林地等农用地以及其他土地。”

三、有的常委委员和地方建议加重对破坏森林资源犯罪的处罚，提高刑法对有关犯罪的刑期。考虑到这一问题涉及与刑法规定的其他犯罪在处刑上的平衡，需要通盘研究。因此，法律委员会建议这次不作修改。

法律委员会已按上述意见提出《中华人民共和国刑法修正案（二）（草案）》和《全国人民代表大会常务委员会关于〈中华人民共和国刑法〉第二百二十八条、第三百四十二条、第四百一十条的解释（草案）》，建议经本次常委会会议审议通过。

以上意见是否妥当，请审议。

附五：中华人民共和国刑法修正案（二）（草案）（三次审议稿）

为了惩治毁林开垦和乱占滥用林地的犯罪，切实保护森林资源，将刑法第三百四十二条修改为：

“违反土地管理法规，非法占用耕地、林地等农用地，改变被占用土地用途，数量较大，造成耕地、林地等农用地大量毁坏的，处五年以下有期徒刑或者拘役，并处或者单处罚金。”

本修正案自公布之日起施行。

附六：全国人大法律委员会关于防沙治沙法（草案三次审议稿）和刑法修正案（二）（草案）修改意见的报告（节录）

——2001年8月29日在第九届全国人民代表大会常务委员会第二十三次会议上

（全国人大法律委员会主任委员　王维澄）

全国人民代表大会常务委员会：

本次会议于2001年8月27日下午对防沙治沙法（草案三次审议稿）、刑法修正案（二）（草案）、关于刑法第二百二十八条、第三百四十二条、第四百一十条的解释（草案）分组进行了审议。大家认为，两个法律草案和刑法有关条款的解释草案吸收了常委会组成人员和地方、部门、专家的意见，已经比较成熟，建议本次常委会会议通过。同时，也提出了一些修改意见。法律委员会于8月28日上午召开会议，环境与资源保护委员会、农业与农村委员会、最高人民法院、国务院法制办公室的负责同志分别列席了会议，逐条研究了委员们的意见，提出了进一步修改意见。

一、关于防沙治沙法（草案三次审议稿）（略）

二、关于刑法修正案（草案）和刑法第二百二十八条、第三百四十二条、第四百一十条的解释（草案）

有的委员建议将草案中“数量较大”和“造成耕地、林地大量毁坏的”规定具体量化，以利于执法。法律委员会认为，草案关于数量的规定涉及罪与非罪的界限，能够具体规定的应当尽量作出规定。鉴于这类案件情况比较复杂，破坏耕地、林地等农用地的情况不同，各地的情况也不同，而且情况还会不断变化，由最高人民法院根据司法实践作出司法解释，更能够适应打击犯罪的需要。

此外，还对两个法律草案作了一些文字修改。

以上修改意见，请审议。

3. 中华人民共和国刑法修正案（三）

（2001年12月29日第九届全国人民代表大会常务委员会第二十五次会议通过
2001年12月29日中华人民共和国主席令第六十四号公布　自公布之日起施行）

为了惩治恐怖活动犯罪，保障国家和人民生命、财产安全，维护社会秩序，对刑法作如下补充修改：

一、将刑法第一百一十四条修改为：“放火、决水、爆炸以及投放毒害性、放射性、传染病病原体等物质或者以其他危险方法危害公共安全，尚未造成严重后果的，处三年以上十年以下有期徒刑。”

二、将刑法第一百一十五条第一款修改为：“放火、决水、爆炸以及投放毒害性、放射性、传染病病原体等物质或者以其他危险方法致人重伤、死亡或者使公私财产遭受重大损失的，处十年以上有期徒刑、无期徒刑或者死刑。”

三、将刑法第一百二十条第一款修改为：“组织、领导恐怖活动组织的，处十年以上有期徒刑或者无期徒刑；积极参加的，处三年以上十年以下有期徒刑；其他参加的，处三年以下有期徒刑、拘役、管制或者剥夺政治权利。”

四、刑法第一百二十条后增加一条，作为第一百二十条之一：“资助恐怖活动组织或者实施恐怖活动的个人的，处五年以下有期徒刑、拘役、管制或者剥夺政治权利，并处罚金；情节严重的，处五年以上有期徒刑，并处罚金或者没收财产。

“单位犯前款罪的，对单位判处罚金，并对其直接负责的主管人员和其他直接责任人员，依照前款的规定处罚。”

五、将刑法第一百二十五条第二款修改为：“非法制造、买卖、运输、储存毒害性、放射性、传染病病原体等物质，危害公共安全的，依照前款的规定处罚。”

六、将刑法第一百二十七条修改为：“盗窃、抢夺枪支、弹药、爆炸物的，或者盗窃、抢夺毒害性、放射性、传染病病原体等物质，危害公共安全的，处三年以上十年以下有期徒刑；情节严重的，处十年以上有期徒刑、无期徒刑或者死刑。

“抢劫枪支、弹药、爆炸物的，或者抢劫毒害性、放射性、传染病病原体等物质，危害公共安全的，或者盗窃、抢夺国家机关、军警人员、民兵的枪支、弹药、爆炸物的，处十年以上有期徒刑、无期徒刑或者死刑。”

七、将刑法第一百九十一条修改为：“明知是毒品犯罪、黑社会性质的组织犯罪、恐怖活动犯罪、走私犯罪的违法所得及其产生的收益，为掩饰、隐瞒其来源和性质，有下列行为之一的，没收实施以上犯罪的违法所得及其产生的收益，处五年以下有期徒刑或者拘役，并处或者单处洗钱数额百分之五以上百分之二十以下罚金；情节严重的，处五年以上十年以下有期徒刑，并处洗钱数额百分之五以上百分之二十以下罚金：（一）提供资金帐户的；（二）协助将财产转换为现金或者金融票据的；（三）通过转帐或者其他结算方式协助资金转移的；（四）协助将资金汇往境外的；（五）以其他方法掩饰、隐瞒犯罪的违法所得及其收益的来源和性质的。

“单位犯前款罪的，对单位判处罚金，并对其直接负责的主管人员和其他直接责任人员，处五年以下有期徒刑或者拘役；情节严重的，处五年以上十年以下有期徒刑。”

八、刑法第二百九十一条后增加一条，作为第二百九十一条之一：“投放虚假的爆炸性、毒害性、放射性、传染病病原体等物质，或者编造爆炸威胁、生化威胁、放射威胁等恐怖信息，或者明知是编造的恐怖信息而故意传播，严重扰乱社会秩序的，处五年以下有期徒刑、拘役或者管制；造成严重后果的，处五年以上有期徒刑。”

九、本修正案自公布之日起施行。

附一：中华人民共和国刑法修正案（三）（草案）

为了惩治恐怖活动犯罪，保障国家和人民生命、财产安全，维护社会秩序，对刑法作如下补充修改：

一、将刑法第一百一十四条修改为：“放火、决水、爆炸、投放毒害性、放射性、传染病病原体等物质或者以其他危险方法危害公共安全，尚未造成严重后果的，处三年以上十年以下有期徒刑。”

二、将刑法第一百一十五条第一款修改为：“放火、决水、爆炸、投放毒害性、放射性、传染病病原体等物质或者以其他危险方法致人重伤、死亡或者使公私财产遭受重大损失的，处十年以上有期徒刑、无期徒刑或者死刑。”

三、将刑法第一百二十条第一款修改为：“组织、领导恐怖活动组织的，处十年以上有期徒刑或者无期徒刑；积极参加的，处三年以上十年以下有期徒刑；其他参加的，处三年以下有期徒刑、拘役、管制或者剥夺政治权利。”

四、刑法第一百二十条后增加一条，作为第一百二十条之一：“资助恐怖活动组织或者实施恐怖活动的个人的，处五年以下有期徒刑、拘役、管制或者剥夺政治权利，并处罚金；情节严重的，处五年以上有期徒刑，并处罚金或者没收财产。”

“单位犯前款罪的，对单位判处罚金，并对其直接负责的主管人员和其他直接责任人员，依照前款的规定处罚。”

五、将刑法第一百二十五条第二款修改为：“非法制造、买卖、运输、储存毒害性、放射性、传染病病原体等物质，危害公共安全的，依照前款的规定处三年以上十年以下有期徒刑；情节严重的，处十年以上有期徒刑、无期徒刑或者死刑。

六、将刑法第一百二十七条修改为：“盗窃、抢夺枪支、弹药、爆炸物、毒害性、放射性、传染病病原体等物质的，处三年以上十年以下有期徒刑；情节严重的，处十年以上有期徒刑、无期徒刑或者死刑。”

“抢劫枪支、弹药、爆炸物、毒害性、放射性、传染病病原体等物质或者盗窃、抢夺国家机关、军警人员、民兵的枪支、弹药、爆炸物的，处十年以上有期徒刑、无期徒刑或者死刑。”

七、将刑法第一百九十一条修改为：“明知是毒品犯罪、黑社会性质的组织犯罪、恐怖活动犯罪、走私犯罪的违法所得及其产生的收益，为掩饰、隐瞒其来源和性质，有下列行为之一的，没收实施以上犯罪的违法所得及其产生的收益，处五年以下有期徒刑或者拘役，并处或者单处洗钱数额百分之五以上百分之二十以下罚金；情节严重的，处五年以上十年以下有期徒刑，并处洗钱数额百分之五以上百分之二十以下罚金：（一）提供资金帐户的；（二）协助将财产转换为现金或者金融票据的；（三）通过转帐或者其他结算方式协助资金转移的；（四）协助将资金汇往境外的；（五）以其他方法掩饰、隐瞒犯罪的违法所得及其收益的来源和性质的。”

“单位犯前款罪的，对单位判处罚金，并对其直接负责的主管人员和其他直接责任人员，处五年以下有期徒刑或者拘役。”

八、刑法第二百九十一条后增加一条，作为第二百九十一条之一："投放虚假的爆炸性、毒害性、放射性、传染病病原体等物质，或者编造爆炸威胁、生化威胁、放射威胁等恐怖信息，或者明知是编造的恐怖信息而故意传播，严重扰乱社会秩序的，处五年以下有期徒刑、拘役或者管制；造成严重后果的，处五年以上有期徒刑。"

九、本修正案自公布之日起施行。

附二：关于《中华人民共和国刑法修正案（三）（草案）》的说明

——2001 年 12 月 24 日在第九届全国人民代表大会常务委员会第二十五次会议上

（全国人大常委会法制工作委员会副主任　胡康生）

委员长、各位副委员长、秘书长、各位委员：

我受委员长会议委托，作关于《中华人民共和国刑法修正案（三）（草案）》的说明。

当前，恐怖主义对和平与安全的威胁受到各国的普遍重视。我国刑法对惩治恐怖活动犯罪已有一些规定，针对最近出现的恐怖活动的一些新情况，如何适用刑法需要进一步明确，刑法的有关条款也需进一步完善。为了严厉打击恐怖活动犯罪，更好地维护国家安全和社会秩序，保障人民生命、财产安全，法制工作委员会在与有关部门和专家多次研究的基础上，拟订了《中华人民共和国刑法修正案（三）（草案）》。现将该草案的主要内容说明如下：

一、刑法第一百一十四条规定："放火、决水、爆炸、投毒或者以其他危险方法破坏工厂、矿场、油田、港口、河流、水源、仓库、住宅、森林、农场、谷场、牧场、重要管道、公共建筑物或者其他公私财产，危害公共安全，尚未造成严重后果的，处三年以上十年以下有期徒刑。"刑法第一百一十五条规定："放火、决水、爆炸、投毒或者以其他危险方法致人重伤、死亡或者使公私财产遭受重大损失的，处十年以上有期徒刑、无期徒刑或者死刑。""过失犯前款罪的，处三年以上七年以下有期徒刑；情节较轻的，处三年以下有期徒刑或者拘役。"这些规定是可以包括当前发生的邮寄炭疽病芽孢菌等恐怖犯罪活动的。针对出现的新情况，为了使本条的规定更明确，拟将刑法第一百一十四条修改为："放火、决水、爆炸、投放毒害性、放射性、传染病病原体等物质或者以其他危险方法危害公共安全，尚未造成严重后果的，处三年以上十年以下有期徒刑。"（修正案草案第一条）将刑法第一百一十五条第一款修改为："放火、决水、爆炸、投放毒害性、放射性、传染病病原体等物质或者以其他危险方法致人重伤、死亡或者使公私财产遭受重大损失的，处十年以上有期徒刑、无期徒刑或者死刑。"（修正案草案第二条）

二、刑法第一百二十条规定："组织、领导和积极参加恐怖活动组织的，处三年以上十年以下有期徒刑；其他参加的，处三年以下有期徒刑、拘役或者管制。""犯前款罪并实施杀人、爆炸、绑架等犯罪的，依照数罪并罚的规定处罚"。为了加重对组织、领导恐怖组织罪的处罚，拟将刑法第一百二十条第一款修改为："组织、领导恐怖活动组织的，处十年以上有期徒刑或者无期徒刑；积极参加的，处三年以上十年以下有期徒刑；其他参加的，处三年以下有期徒刑、拘役、管制或者剥夺政治权利。"保留第二款"数罪并罚"的规定。这样修改，将组织、领导恐怖活动组织的刑罚，由"处三年以上十年以下有期徒刑"提高到"处十年以上有期徒刑或者无期徒刑"。按照刑法总则第二十六条的规定："对组织、领导犯罪集团的首要分子，按照集团所犯的全部罪行处罚。"恐怖组织实施杀人、爆炸、绑架等犯罪的，依照数罪并罚的规定处罚，对其组织、领导恐怖活动组织的犯罪分子，最高法定刑为死刑。（修正案草案第三条）

三、考虑到联合国安理会于今年 9 月 29 日通过了第 1373 号决议，规定各国应将为恐怖活动提供或筹集资金的行为规定为犯罪。我国刑法对资助分裂国家、武装叛乱、暴乱、颠覆国家政权等危害国家安全犯罪的行为已有规定，为了惩治以提供资金、财物等方式资助恐怖活动组织的犯罪行为，拟在刑法第一百二十条后增加一条，作为第一百二十条之一："资助恐怖活动组织或者实施恐怖活动的个人的，处五年以下有期徒刑、拘役、管制或者剥夺政治权利，并处罚金；情节严重的，处五年以上有期徒刑，并处罚金或者没收财产。""单位犯前款罪的，对单位判处罚金，并对其直接负责的主管人员和其他直接责任人员，依照前款的规定处罚。"（修正案草案第四条）

四、为了惩治非法制造、买卖、运输、储存以及盗窃、抢夺、抢劫毒害性、放射性、传染病病原体等物质的恐怖性犯罪，拟将刑法第一百二十五条第二款修改为："非法制造、买卖、运输、储存毒害性、放射性、传染病病原体等物质，危害公共安全的，依照前款的规定处三年以上十年以下有期徒刑；情节严重的，处十年以上有期徒刑、无期徒刑或者死刑。"（修正案草案第五条）将刑法第一百二十七条修改为："盗窃、抢夺枪支、弹药、爆炸物、毒害性、放射性、传染病病原体等物质的，处三年以上十年以下有期徒刑；情节严重的，处十年以上有期徒刑、无期徒刑或者死刑。""抢劫枪支、弹药、爆炸物、毒害性、放射性、传染病病原体等物质或者盗窃、抢夺国家机关、军警人员、民兵的枪支、弹药、爆炸物的，处十年以上有期徒刑、无期徒刑或者死刑。"（修正案草案第六条）

五、刑法第一百九十一条规定了对明知是毒品犯罪、黑社会性质的组织犯罪、走私犯罪的违法所得及其产生的收益，为掩饰、隐瞒其来源和性质的洗钱罪。为惩治对恐怖活动洗钱的犯罪行为，拟将刑法第一百九十一条修改为："明知是毒品犯罪、黑社会性质的组织犯罪、恐怖活动犯罪、走私犯罪的违法所得及其产生的收益，为掩饰、隐瞒其来源和性质，有下列行为之一的，没收实施以上犯罪的违法所得及其产生的收益，处五年以下有期徒刑或者拘役，并处或者单处洗钱数额百分之五以上百分之二十以下罚金；情节严重的，处五年以上十年以下有期徒刑，并处洗钱数额百分之五以上百分之二十以下罚金：（一）提供资金帐户的；（二）协助将财产转换为现金或者金融票据的；（三）通过转帐或者其他结算方式协助资金转移的；（四）协助将资金汇往境外的；（五）以其他方法掩饰、隐瞒犯罪的违法所得及其收益的来源和性质的。”“单位犯前款罪的，对单位判处罚金，并对其直接负责的主管人员和其他直接责任人员，处五年以下有期徒刑或者拘役。”（修正案草案第七条）

六、为了惩治向机关、团体、企业、事业单位或者个人以及向公共场所或公共交通工具投放虚假的毒害性、放射性、传染病病原体等物质，或者以爆炸威胁、生化威胁，放射威胁，制造恐怖气氛，或者故意传播恐怖性谣言，扰乱社会秩序的行为，拟在刑法第二百九十一条后增加一条，作为第二百九十一条之一：“投放虚假的爆炸性、毒害性、放射性、传染病病原体等物质，或者编造爆炸威胁、生化威胁、放射威胁等恐怖信息，或者明知是编造的恐怖信息而故意传播，严重扰乱社会秩序的，处五年以下有期徒刑、拘役或者管制；造成严重后果的，处五年以上有期徒刑。”（修正案草案第八条）

中华人民共和国刑法修正案（三）（草案）和以上说明是否妥当，请审议。

附三：中华人民共和国刑法修正案（三）（草案）（建议表决稿）

为了惩治恐怖活动犯罪，保障国家和人民生命、财产安全，维护社会秩序，对刑法作如下补充修改：

一、将刑法第一百一十四条修改为：“放火、决水、爆炸以及投放毒害性、放射性、传染病病原体等物质或者以其他危险方法危害公共安全，尚未造成严重后果的，处三年以上十年以下有期徒刑。”

二、将刑法第一百一十五条第一款修改为：“放火、决水、爆炸以及投放毒害性、放射性、传染病病原体等物质或者以其他危险方法致人重伤、死亡或者使公私财产遭受重大损失的，处十年以上有期徒刑、无期徒刑或者死刑。”

三、将刑法第一百二十条第一款修改为：“组织、领导恐怖活动组织的，处十年以上有期徒刑或者无期徒刑；积极参加的，处三年以上十年以下有期徒刑；其他参加的，处三年以下有期徒刑、拘役、管制或者剥夺政治权利。”

四、刑法第一百二十条后增加一条，作为第一百二十条之一：“资助恐怖活动组织或者实施恐怖活动的个人的，处五年以下有期徒刑、拘役、管制或者剥夺政治权利，并处罚金；情节严重的，处五年以上有期徒刑，并处罚金或者没收财产。

“单位犯前款罪的，对单位判处罚金，并对其直接负责的主管人员和其他直接责任人员，依照前款的规定处罚。”

五、将刑法第一百二十五条第二款修改为：“非法制造、买卖、运输、储存毒害性、放射性、传染病病原体等物质，危害公共安全的，依照前款的规定处罚。”

六、将刑法第一百二十七条修改为：“盗窃、抢夺枪支、弹药、爆炸物的，或者盗窃、抢夺毒害性、放射性、传染病病原体等物质，危害公共安全的，处三年以上十年以下有期徒刑；情节严重的，处十年以上有期徒刑、无期徒刑或者死刑。

“抢劫枪支、弹药、爆炸物的，或者抢劫毒害性、放射性、传染病病原体等物质，危害公共安全的，或者盗窃、抢夺国家机关、军警人员、民兵的枪支、弹药、爆炸物的，处十年以上有期徒刑、无期徒刑或者死刑。”

七、将刑法第一百九十一条修改为：“明知是毒品犯罪、黑社会性质的组织犯罪、恐怖活动犯罪、走私犯罪的违法所得及其产生的收益，为掩饰、隐瞒其来源和性质，有下列行为之一的，没收实施以上犯罪的违法所得及其产生的收益，处五年以下有期徒刑或者拘役，并处或者单处洗钱数额百分之五以上百分之二十以下罚金；情节严重的，处五年以上十年以下有期徒刑，并处洗钱数额百分之五以上百分之二十以下罚金：（一）提供资金帐户的；（二）协助将财产转换为现金或者金融票据的；（三）通过转帐或者其他结算方式协助资金转移的；（四）协助将资金汇往境外的；（五）以其他方法掩饰、隐瞒犯罪的违法所得及其收益的来源和性质的。

“单位犯前款罪的，对单位判处罚金，并对其直接负责的主管人员和其他直接责任人员，处五年以下有期徒刑或者拘役；情节严重的，处五年以上十年以下有期徒刑。”

八、刑法第二百九十一条后增加一条，作为第二百九十一条之一：“投放虚假的爆炸性、毒害性、放射性、传染病病原体等物质，或者编造爆炸威胁、生化威胁、放射威胁等恐怖信息，或者明知是编造的恐怖信息而故意传播，严重扰乱社会秩序的，处五年以下有期徒刑、拘役或者管制；造成严重后果的，处五年以上有期徒刑。”

九、本修正案自公布之日起施行。

附四：全国人大法律委员会关于《中华人民共和国刑法修正案（三）（草案）》审议结果的报告

——2001 年 12 月 27 日在第九届全国人民代表大会常务委员会第二十五次会议上

（全国人大法律委员会主任委员　王维澄）

全国人民代表大会常务委员会：

九届全国人大常委会第二十五次会议对《中华人民共和国刑法修正案（三）（草案）》进行了审议。法律委员会于12月26日召开会议，根据常委会组成人员的审议意见进行了审议，内务司法委员会的同志和最高人民法院、最高人民检察院、公安部、司法部、国务院法制办的负责同志列席了会议。法律委员会认为，为了严厉打击恐怖活动犯罪，有必要对刑法进行修改补充。草案基本上是可行的。同时，对草案提出以下修改意见：

草案第七条规定："明知是毒品犯罪、黑社会性质的组织犯罪、恐怖活动犯罪、走私犯罪的违法所得及其产生的收益，为掩饰、隐瞒其来源和性质，有下列行为之一的，没收实施以上犯罪的违法所得及其产生的收益，处五年以下有期徒刑或者拘役，并处或者单处洗钱数额百分之五以上百分之二十以下罚金；情节严重的，处五年以上十年以下有期徒刑，并处洗钱数额百分之五以上百分之二十以下罚金：（一）提供资金帐户的；（二）协助将财产转换为现金或者金融票据的；（三）通过转帐或者其他结算方式协助资金转移的；（四）协助将资金汇往境外的；（五）以其他方法掩饰、隐瞒犯罪的违法所得及其收益的来源和性质的。""单位犯前款罪的，对单位判处罚金，并对其直接负责的主管人员和其他直接责任人员，处五年以下有期徒刑或者拘役。"有的委员提出，单位洗钱犯罪在一定程度上比个人洗钱危害更大，建议对单位犯洗钱罪的责任人员的处罚增加一档刑。因此，法律委员会建议将第二款修改为："单位犯前款罪的，对单位判处罚金，并对其直接负责的主管人员和其他直接责任人员，处五年以下有期徒刑或者拘役；情节严重的，处五年以上十年以下有期徒刑。"

有些委员和部门还提出了一些修改意见。其中有的刑法已有相应规定，有的拟作进一步研究。

此外，还对修正案草案作了一些文字修改。

修正案草案建议表决稿已按上述意见作了修改，法律委员会建议经本次人大常委会会议审议通过。

修正案草案建议表决稿和以上意见是否妥当，请审议。

4. 中华人民共和国刑法修正案（四）

（2002年12月28日第九届全国人民代表大会常务委员会第三十一次会议通过
2002年12月28日中华人民共和国主席令第八十三号公布　自公布之日起施行）

为了惩治破坏社会主义市场经济秩序、妨害社会管理秩序和国家机关工作人员的渎职犯罪行为，保障社会主义现代化建设的顺利进行，保障公民的人身安全，对刑法作如下修改和补充：

一、将刑法第一百四十五条修改为："生产不符合保障人体健康的国家标准、行业标准的医疗器械、医用卫生材料，或者销售明知是不符合保障人体健康的国家标准、行业标准的医疗器械、医用卫生材料，足以严重危害人体健康的，处三年以下有期徒刑或者拘役，并处销售金额百分之五十以上二倍以下罚金；对人体健康造成严重危害的，处三年以上十年以下有期徒刑，并处销售金额百分之五十以上二倍以下罚金；后果特别严重的，处十年以上有期徒刑或者无期徒刑，并处销售金额百分之五十以上二倍以下罚金或者没收财产。"

二、在第一百五十二条中增加一款作为第二款："逃避海关监管将境外固体废物、液态废物和气态废物运输进境，情节严重的，处五年以下有期徒刑，并处或者单处罚金；情节特别严重的，处五年以上有期徒刑，并处罚金。"

原第二款作为第三款，修改为："单位犯前两款罪的，对单位判处罚金，并对其直接负责的主管人员和其他直接责任人员，依照前两款的规定处罚。"

三、将刑法第一百五十五条修改为："下列行为，以走私罪论处，依照本节的有关规定处罚：（一）直接向走私人非法收购国家禁止进口物品的，或者直接向走私人非法收购走私进口的其他货物、物品，数额较大的；（二）在内海、领海、界河、界湖运输、收购、贩卖国家禁止进出口物品的，或者运输、收购、贩卖国家限制进出口货物、物品，数额较大，没有合法证明的。"

四、刑法第二百四十四条后增加一条，作为第二百四十四条之一："违反劳动管理法规，雇用未满十六周岁的未成年人从事超强度体力劳动的，或者从事高空、井下作业的，或者在爆炸性、易燃性、放射性、毒害性等危险环境下从事劳动，情节严重的，对直接责任人员，处三年以下有期徒刑或者拘役，并处罚金；情节特别严重的，处三年以上七年以下有期徒刑，并处罚金。

"有前款行为，造成事故，又构成其他犯罪的，依照数罪并罚的规定处罚。"

五、将刑法第三百三十九条第三款修改为："以原料利用为名，进口不能用作原料的固体废物、液态废物和气态废物的，依照本法第一百五十二条第二款、第三款的规定定罪处罚。"

六、将刑法第三百四十四条修改为："违反国家规定，非法采伐、毁坏珍贵树木或者国家重点保护的其他植物的，或者非法收购、运输、加工、出售珍贵树木或者国家重点保护的其他植物及其制品的，处三年以下有期徒刑、拘役或者管制，并处罚金；情节严重的，处三年以上七年以下有期徒刑，并处罚金。"

七、将刑法第三百四十五条修改为："盗伐森林或者其他林木，数量较大的，处三年以下有期徒刑、拘役或者管制，并处或者单处罚金；数量巨大的，处三年以上七年以下有期徒刑，并处罚金；数量特别巨大的，处七年以上有期徒刑，并处罚金。

“违反森林法的规定，滥伐森林或者其他林木，数量较大的，处三年以下有期徒刑、拘役或者管制，并处或者单处罚金；数量巨大的，处三年以上七年以下有期徒刑，并处罚金。

“非法收购、运输明知是盗伐、滥伐的林木，情节严重的，处三年以下有期徒刑、拘役或者管制，并处或者单处罚金；情节特别严重的，处三年以上七年以下有期徒刑，并处罚金。

“盗伐、滥伐国家级自然保护区内的森林或者其他林木的，从重处罚。”

八、将刑法第三百九十九条修改为：“司法工作人员徇私枉法、徇情枉法，对明知是无罪的人而使他受追诉、对明知是有罪的人而故意包庇不使他受追诉，或者在刑事审判活动中故意违背事实和法律作枉法裁判的，处五年以下有期徒刑或者拘役；情节严重的，处五年以上十年以下有期徒刑；情节特别严重的，处十年以上有期徒刑。

“在民事、行政审判活动中故意违背事实和法律作枉法裁判，情节严重的，处五年以下有期徒刑或者拘役；情节特别严重的，处五年以上十年以下有期徒刑。

“在执行判决、裁定活动中，严重不负责任或者滥用职权，不依法采取诉讼保全措施、不履行法定执行职责，或者违法采取诉讼保全措施、强制执行措施，致使当事人或者其他人的利益遭受重大损失的，处五年以下有期徒刑或者拘役；致使当事人或者其他人的利益遭受特别重大损失的，处五年以上十年以下有期徒刑。

“司法工作人员收受贿赂，有前三款行为的，同时又构成本法第三百八十五条规定之罪的，依照处罚较重的规定定罪处罚。”

九、本修正案自公布之日起施行。

附一：中华人民共和国刑法修正案（四）（草案）

为了惩治破坏社会主义市场经济秩序、妨害社会管理秩序和国家机关工作人员的渎职犯罪行为，保障社会主义现代化建设的顺利进行，保障公民的人身安全，对刑法作如下修改和补充：

一、将刑法第一百四十五条修改为：“生产不符合保障人体健康的国家标准、行业标准的医疗器械、医用卫生材料，或者销售明知是不符合保障人体健康的国家标准、行业标准的医疗器械、医用卫生材料，足以严重危害人体健康的，处三年以下有期徒刑，并处销售金额百分之五十以上二倍以下罚金；对人体健康造成严重危害的，处三年以上十年以下有期徒刑，并处销售金额百分之五十以上二倍以下罚金，其中致人死亡或者对人体健康造成特别严重损害的，处十年以上有期徒刑或者无期徒刑，并处销售金额百分之五十以上二倍以下罚金或者没收财产。”

二、在第一百五十二条中增加一款作为第二款：“逃避海关监管将境外固体废物、液态废物和置于容器中的气态废物运输进境，情节严重的，处五年以下有期徒刑，并处或者单处罚金；情节特别严重的，处五年以上有期徒刑，并处罚金。”

原第二款作为第三款，修改为：“单位犯前两款罪的，对单位判处罚金，并对其直接负责的主管人员和其他直接责任人员，依照前两款的规定处罚。”

三、将刑法第一百五十五条修改为：“下列行为，以走私罪论处，依照本节的有关规定处罚：（一）直接向走私人非法收购国家禁止进口物品的，或者直接向走私人非法收购走私进口的其他货物、物品，数额较大的；（二）在内海、领海、界河、界湖运输、收购、贩卖国家禁止进出口物品的，或者运输、收购、贩卖国家限制进出口货物、物品，数额较大，没有合法证明的。”

四、刑法第二百四十四条后增加一条，作为第二百四十四条之一：“违反劳动管理法规，雇用未满十六周岁的未成年人从事超强度体力劳动的，或者从事高空、井下作业的，或者在爆炸性、易燃性、放射性、毒害性等危险环境下从事劳动，情节严重的，对直接责任人员，处三年以下有期徒刑或者拘役，并处罚金；情节特别严重的，处三年以上七年以下有期徒刑，并处罚金。

“有前款行为，造成事故，又构成其他犯罪的，依照数罪并罚的规定处罚。”

五、将刑法第三百三十九条第三款修改为：“以原料利用为名，进口不能用作原料的固体废物、液态废物和置于容器中的气态废物的，依照本法第一百五十二条第二款、第三款的规定定罪处罚。”

六、将刑法第三百四十四条修改为：“违反国家规定，非法采伐、毁坏珍贵树木或者国家重点保护的其他植物的，或者非法收购、运输、加工、出售珍贵树木或者国家重点保护的其他植物及其制品的，处三年以下有期徒刑、拘役或者管制，并处罚金；情节严重的，处三年以上七年以下有期徒刑，并处罚金。”

七、将刑法第三百四十五条修改为：“盗伐森林或者其他林木，数量较大的，处三年以下有期徒刑、拘役或者管制，并处或者单处罚金；数量巨大的，处三年以上七年以下有期徒刑，并处罚金；数量特别巨大的，处七年以上有期徒刑，并处罚金。

“违反森林法的规定，滥伐森林或者其他林木，数量较大的，处三年以下有期徒刑、拘役或者管制，并处或者单处罚金；数量巨大的，处三年以上七年以下有期徒刑，并处罚金。

“非法收购、运输明知是盗伐、滥伐的林木，情节严重的，处三年以下有期徒刑、拘役或者管制，并处或者单处罚金；情节特别严重的，处三年以上七年以下有期徒刑，并处罚金。

“盗伐、滥伐国家级自然保护区内的森林或者其他林木的，从重处罚。”

八、将刑法第三百九十九条修改为：“司法工作人员徇私枉法、徇情枉法，对明知是无罪的人而使他受追诉、对明知是有罪的人而故意包庇不使他受追诉，或者在刑事审判活动中故意违背事实和法律作枉法裁判的，处五年以下有期徒刑或者拘役；情节严重的，处五年以上十年以下有期徒刑；情节特别严重的，处十年以上有期徒刑。

“在民事、行政审判活动中故意违背事实和法律作枉法裁判，情节严重的，处五年以下有期徒刑或者拘役；情节特别严重的，处五年以上十年以下有期徒刑。

“在执行判决、裁定活动中，严重不负责任或者滥用职权，不依法采取诉讼保全措施、不履行法定执行职责，或者违法采取诉讼保全措施、强制执行措施，致使当事人或者其他人的利益遭受重大损失的，处五年以下有期徒刑或者拘役；致使当事人或者其他人的利益遭受特别重大损失的，处五年以上十年以下有期徒刑。

“司法工作人员收受贿赂，有前三款行为的，同时又构成本法第三百八十五条规定之罪的，依照处罚较重的规定定罪处罚。”

附二：关于《中华人民共和国刑法修正案（四）（草案）》的说明

——2002年12月23日在第九届全国人民代表大会常务委员会第三十一次会议上

（全国人大常委会法制工作委员会副主任　胡康生）

委员长、各位副委员长、秘书长、各位委员：

我受委员长会议委托，作关于《中华人民共和国刑法修正案（四）（草案）》的说明。

1997年修改刑法以来，海关法、药品管理法等一些法律作了修改，刑法中的有关规定需作相应调整。同时，司法实践中也遇到了一些新的情况和问题，需在刑法中增加相应规定。法制工作委员会经过研究，并征求了中央有关部门和一些专家、学者的意见，建议对刑法中的以下内容作修改补充：

一、刑法第一百四十五条规定：“生产不符合保障人体健康的国家标准、行业标准的医疗器械、医用卫生材料，或者销售明知是不符合保障人体健康的国家标准、行业标准的医疗器械、医用卫生材料，对人体健康造成严重危害的，处五年以下有期徒刑，并处销售金额百分之五十以上二倍以下罚金；后果特别严重的，处五年以上十年以下有期徒刑，并处销售金额百分之五十以上二倍以下罚金，其中情节特别恶劣的，处十年以上有期徒刑或者无期徒刑，并处销售金额百分之五十以上二倍以下罚金或者没收财产。”有些部门提出，近一段时间以来，有的地方生产、销售不符合国家标准、行业标准的医疗器械的情况较为严重，一些个人或单位甚至大量回收废旧的一次性注射器、输液管等医用材料重新包装后出售。这些伪劣医疗器械、医用卫生材料一旦使用，必然会严重危害人民群众的生命、健康。如果等到使用后，危害结果发生了才追究刑事责任，为时已晚，要求将刑法规定的构成这类犯罪的标准修改为，只要足以严重危害人体健康的，就构成犯罪。因此建议将刑法第一百四十五条修改为：“生产不符合保障人体健康的国家标准、行业标准的医疗器械、医用卫生材料，或者销售明知是不符合保障人体健康的国家标准、行业标准的医疗器械、医用卫生材料，足以严重危害人体健康的，处三年以下有期徒刑，并处销售金额百分之五十以上二倍以下罚金；对人体健康造成严重危害的，处三年以上十年以下有期徒刑，并处销售金额百分之五十以上二倍以下罚金，其中致人死亡或者对人体健康造成特别严重危害的，处十年以上有期徒刑或者无期徒刑，并处销售金额百分之五十以上二倍以下罚金或者没收财产。”

二、刑法第一百五十五条第三项规定，逃避海关监管将境外固体废物运输进境的，以走私罪论处，依照刑法走私罪一节的有关规定处罚。有的部门提出，除刑法第一百五十一条、第一百五十二条明确规定走私几类违禁品的处罚以外，刑法对走私罪是按照行为人偷逃应缴税额的多少规定刑罚的。由于对走私固体废物无法计算应缴税额，司法机关对本罪在量刑上存在一定困难，建议对这种行为单独规定刑罚。同时考虑到走私液态废物和置于容器中的气态废物，也应适用走私固体废物的规定。因此建议在刑法第一百五十二条中增加一款，作为第二款：“逃避海关监管将境外固体废物、液态废物和置于容器中的气态废物运输进境，情节严重的，处五年以下有期徒刑，并处或者单处罚金；情节特别严重的，处五年以上有期徒刑，并处罚金。”相应删去刑法第一百五十五条第三项。同时将刑法第三百三十九条第三款的规定修改为：“以原料利用为名，进口不能用作原料的固体废物、液态废物和置于容器中的气态废物的，依照本法第一百五十二条第二款、第三款的规定定罪处罚”。

三、刑法第一百五十五条第二项规定，在内海、领海运输、收购、贩卖国家禁止进出口物品的，或者运输、收购、贩卖国家限制进出口货物、物品，数额较大，没有合法证明的，以走私罪论处。有的部门提出，2000年7月，全国人大常委会通过的修订后的海关法第八十三条已将在界河、界湖实施上述行为的也规定为走私，建议对刑法作相应修改。因此建议将刑法第一百五十五条第二项修改为：“在内海、领海、界河、界湖运输、收购、贩卖国家禁止进出口物品的，或者运输、收购、贩卖国家限制进出口货物、物品，数额较大，没有合法证明的”，以走私罪论处。

四、近几年有些企业为谋取非法利益，雇用未成年人从事劳动的违法行为比较突出，有的企业甚至雇用童工从事超强度体力的劳动，或者从事高空、井下作业，或者在爆炸性、易燃性、放射性、毒害性等危险环境下从事劳动，严重危害未成年人的身心健康，有的甚至造成未成年人的死亡，社会危害性严重。因此建议在刑法第二百四十四条后增加一条，作为第二百四十四条之一："违反劳动管理法规，雇用未满十六周岁的未成年人从事超强度体力劳动的，或者高空、井下作业的，或者在爆炸性、易燃性、放射性、毒害性等危险环境下从事劳动，情节严重的，对直接责任人员，处三年以下有期徒刑或者拘役，并处罚金；情节特别严重的，处三年以上七年以下有期徒刑，并处罚金。""有前款行为，造成事故，又构成其他犯罪的，依照数罪并罚的规定处罚。"

五、刑法第三百四十四条规定了非法采伐、毁坏珍贵树木罪。有关部门提出，除珍贵树木以外，根据国家关于野生植物保护的规定，还有许多国家重点保护的珍贵野生植物同样具有重要经济和文化科学研究价值。近年来毁坏珍贵野生植物的情况较为严重，建议刑法对这种新情况作出相应规定。因此建议将刑法第三百四十四条修改为："违反国家规定，非法采伐、毁坏珍贵树木或者国家重点保护的其他植物的，或者非法收购、运输、加工、出售珍贵树木或者国家重点保护的其他植物及其制品的，处三年以下有期徒刑、拘役或者管制，并处罚金；情节严重的，处三年以上七年以下有期徒刑，并处罚金。"

六、刑法第三百四十五条第三款规定，以牟利为目的，在林区非法收购明知是盗伐、滥伐的林木，情节严重的，处三年以下有期徒刑、拘役或者管制，并处或者单处罚金；情节特别严重的，处三年以上七年以下有期徒刑，并处罚金。有关部门提出，近年来各地加大了植树的力度，林区与非林区的界限已不明显，非林区也存在成片的森林需要保护，建议取消"在林区"的限制。同时，本条还规定了盗伐林木罪、滥伐林木罪和非法收购盗伐、滥伐的林木罪。有关部门反映，这类犯罪案件大量是在运输环节查获的，有些非法运输人员往往就是盗伐、滥伐、非法收购行为的直接参与者或者帮助者。但由于司法机关认识不一致，很难及时处理，建议将非法运输明知是盗伐、滥伐的林木的行为增加规定为犯罪。因此，将刑法第三百四十五条第三款修改为："非法收购、运输明知是盗伐、滥伐的林木，情节严重的，处三年以下有期徒刑、拘役或者管制，并处或者单处罚金；情节特别严重的，处三年以上七年以下有期徒刑，并处罚金。"

七、刑法第三百九十九条规定，司法工作人员徇私枉法、徇情枉法，对明知是无罪的人而使他受追究、对明知有罪的人而故意包庇不使他受追究，或者在刑事审判活动中故意违背事实和法律作枉法裁判的，或者在民事、行政审判活动中故意违背事实和法律作枉法裁判，情节严重的，构成徇私枉法罪和枉法裁判罪。有些常委委员和有关部门提出，司法工作人员徇私舞弊的情况除在侦查、起诉、审判阶段存在外，在执行阶段也同样存在。有的司法工作人员徇私舞弊，对能够执行的案件故意拖延执行，或者违法采取诉讼保全措施、强制执行措施，给当事人或者他人的利益造成重大损失，社会危害较大，也需要追究刑事责任，对此刑法应有明确规定。法制工作委员会与有关部门、专家学者研究后认为，上述行为，按刑法第三百九十七条规定的滥用职权罪和玩忽职守罪是可以追究的，在司法实践中对这种行为没有及时追究刑事责任，主要是由于刑法对这种行为未作具体规定，司法机关在适用法律时认识不明确造成的。有关部门、专家学者还提出，这种行为与刑法第三百九十九条规定的犯罪行为在性质和犯罪表现形式上更接近，在刑法第三百九十九条中对这种行为作明确规定，更有利于惩处这种司法腐败行为。因此，建议在刑法第三百九十九条第二款后增加一款，作为第三款："在执行判决、裁定活动中，严重不负责任或者滥用职权，不依法采取诉讼保全措施、不履行法定执行职责，或者违法采取诉讼保全措施、强制执行措施，致使当事人或者他人的利益遭受重大损失的，处五年以下有期徒刑或者拘役；致使当事人或者他人的利益遭受特别重大损失的，处五年以上十年以下有期徒刑"。将刑法第三百九十九条第三款相应修改为"司法工作人员收受贿赂，有前三款行为的，同时又构成本法第三百八十五条规定之罪的，依照处罚较重的规定定罪处罚"，作为第四款。

中华人民共和国刑法修正案（四）（草案）和以上说明是否妥当，请审议

附三：中华人民共和国刑法修正案（四）（草案）（建议表决稿）

为了惩治破坏社会主义市场经济秩序、妨害社会管理秩序和国家机关工作人员的渎职犯罪行为，保障社会主义现代化建设的顺利进行，保障公民的人身安全，对刑法作如下修改和补充：

一、将刑法第一百四十五条修改为："生产不符合保障人体健康的国家标准、行业标准的医疗器械、医用卫生材料，或者销售明知是不符合保障人体健康的国家标准、行业标准的医疗器械、医用卫生材料，足以严重危害人体健康的，处三年以下有期徒刑或者拘役，并处销售金额百分之五十以上二倍以下罚金；对人体健康造成严重危害的，处三年以上十年以下有期徒刑，并处销售金额百分之五十以上二倍以下罚金，后果特别严重的，处十年以上有期徒刑或者无期徒刑，并处销售金额百分之五十以上二倍以下罚金或者没收财产。"

二、在第一百五十二条中增加一款作为第二款："逃避海关监管将境外固体废物、液态废物和置于容器中的气态废物运输进境，情节严重的，处五年以下有期徒刑，并处或者单处罚金；情节特别严重的，处五年以上有期徒刑，并处罚金。"

原第二款作为第三款，修改为："单位犯前两款罪的，对单位判处罚金，并对其直接负责的主管人员和其他直接责

任人员，依照前两款的规定处罚。”

三、将刑法第一百五十五条修改为：“下列行为，以走私罪论处，依照本节的有关规定处罚：（一）直接向走私人非法收购国家禁止进口物品的，或者直接向走私人非法收购走私进口的其他货物、物品，数额较大的；（二）在内海、领海、界河、界湖运输、收购、贩卖国家禁止进出口物品的，或者运输、收购、贩卖国家限制进出口货物、物品，数额较大，没有合法证明的。”

四、刑法第二百四十四条后增加一条，作为第二百四十四条之一：“违反劳动管理法规，雇用未满十六周岁的未成年人从事超强度体力劳动的，或者从事高空、井下作业的，或者在爆炸性、易燃性、放射性、毒害性等危险环境下从事劳动，情节严重的，对直接责任人员，处三年以下有期徒刑或者拘役，并处罚金；情节特别严重的，处三年以上七年以下有期徒刑，并处罚金。

“有前款行为，造成事故，又构成其他犯罪的，依照数罪并罚的规定处罚。”

五、将刑法第三百三十九条第三款修改为：“以原料利用为名，进口不能用作原料的固体废物、液态废物和置于容器中的气态废物的，依照本法第一百五十二条第二款、第三款的规定定罪处罚。”

六、将刑法第三百四十四条修改为：“违反国家规定，非法采伐、毁坏珍贵树木或者国家重点保护的其他植物的，或者非法收购、运输、加工、出售珍贵树木或者国家重点保护的其他植物及其制品的，处三年以下有期徒刑、拘役或者管制，并处罚金；情节严重的，处三年以上七年以下有期徒刑，并处罚金。”

七、将刑法第三百四十五条修改为：“盗伐森林或者其他林木，数量较大的，处三年以下有期徒刑、拘役或者管制，并处或者单处罚金；数量巨大的，处三年以上七年以下有期徒刑，并处罚金；数量特别巨大的，处七年以上有期徒刑，并处罚金。

“违反森林法的规定，滥伐森林或者其他林木，数量较大的，处三年以下有期徒刑、拘役或者管制，并处或者单处罚金；数量巨大的，处三年以上七年以下有期徒刑，并处罚金。

“非法收购、运输明知是盗伐、滥伐的林木，情节严重的，处三年以下有期徒刑、拘役或者管制，并处或者单处罚金；情节特别严重的，处三年以上七年以下有期徒刑，并处罚金。

“盗伐、滥伐国家级自然保护区内的森林或者其他林木的，从重处罚。”

八、将刑法第三百九十九条修改为：“司法工作人员徇私枉法、徇情枉法，对明知是无罪的人而使他受追诉、对明知是有罪的人而故意包庇不使他受追诉，或者在刑事审判活动中故意违背事实和法律作枉法裁判的，处五年以下有期徒刑或者拘役；情节严重的，处五年以上十年以下有期徒刑；情节特别严重的，处十年以上有期徒刑。

“在民事、行政审判活动中故意违背事实和法律作枉法裁判，情节严重的，处五年以下有期徒刑或者拘役；情节特别严重的，处五年以上十年以下有期徒刑。

“在执行判决、裁定活动中，严重不负责任或者滥用职权，不依法采取诉讼保全措施、不履行法定执行职责，或者违法采取诉讼保全措施、强制执行措施，致使当事人或者其他人的利益遭受重大损失的，处五年以下有期徒刑或者拘役；致使当事人或者其他人的利益遭受特别重大损失的，处五年以上十年以下有期徒刑。

“司法工作人员收受贿赂，有前三款行为的，同时又构成本法第三百八十五条规定之罪的，依照处罚较重的规定定罪处罚。”

九、本修正案自公布之日起施行。

附四：全国人大法律委员会关于《中华人民共和国刑法修正案（四）（草案）》审议结果的书面报告

——2002年12月26日在第九届全国人民代表大会常务委员会第三十一次会议上

全国人民代表大会常务委员会：

九届全国人大常委会第三十一次会议对《中华人民共和国刑法修正案（四）（草案）》进行了审议，委员们认为，对刑法有关条文进行修改补充是必要的，草案也是可行的，同时提出了一些修改意见。法律委员会于12月25日召开会议，根据常委会组成人员的审议意见对草案进行了审议。最高人民法院、最高人民检察院、国务院法制办、公安部的负责同志和全国人大内务司法委员会的有关同志列席了会议。法律委员会认为，刑法修正案（四）草案基本是可行的。同时提出以下修改意见：

刑法修正案第一条规定：“生产不符合保障人体健康的国家标准、行业标准的医疗器械、医用卫生材料，或者销售明知是不符合保障人体健康的国家标准、行业标准的医疗器械、医用卫生材料，足以严重危害人体健康的，处三年以下有期徒刑，并处销售金额百分之五十以上二倍以下罚金；对人体健康造成严重危害的，处三年以上十年以下有期徒刑，并处销售金额百分之五十以上二倍以下罚金，其中致人死亡或者对人体健康造成特别严重危害的，处十年以上有期徒刑或者无期徒刑，并处销售金额百分之五十以上二倍以下罚金或者没收财产”。根据有的委员意见，法律委员会建议将该条修改为“生产不符合保障人体健康的国家标准、行业标准的医疗器械、医用卫生材料，或者销售明知是不符合保障人体健康的国家标准、行业标准的医疗器械、医用卫生材料，足以严重危害人体健康的，处三年以下有期徒刑或者拘役，并处销售金额百分之五十以上二倍以下罚金；对人体健康造成严重危害的，处三年以上十年以下有期徒刑，并处销售金额百分之五十以上二倍以下罚金，后果特别严重的，处十年以上有期徒刑或者无期徒刑，并处销售金额百分之五十以上二倍以下罚金或者没收财产”。

此外，还作了一些文字修改。

法律委员会建议全国人大常委会审议通过。

修正案草案建议表决稿和以上意见是否妥当，请审议。

5. 中华人民共和国刑法修正案（五）

（2005 年 2 月 28 日第十届全国人民代表大会常务委员会第十四次会议通过
2005 年 2 月 28 日中华人民共和国主席令第三十二号公布　自公布之日起施行）

一、在刑法第一百七十七条后增加一条，作为第一百七十七条之一：“有下列情形之一，妨害信用卡管理的，处三年以下有期徒刑或者拘役，并处或者单处一万元以上十万元以下罚金；数量巨大或者有其他严重情节的，处三年以上十年以下有期徒刑，并处二万元以上二十万元以下罚金：

“（一）明知是伪造的信用卡而持有、运输的，或者明知是伪造的空白信用卡而持有、运输，数量较大的；

“（二）非法持有他人信用卡，数量较大的；

“（三）使用虚假的身份证明骗领信用卡的；

“（四）出售、购买、为他人提供伪造的信用卡或者以虚假的身份证明骗领的信用卡的。

“窃取、收买或者非法提供他人信用卡信息资料的，依照前款规定处罚。

“银行或者其他金融机构的工作人员利用职务上的便利，犯第二款罪的，从重处罚。”

二、将刑法第一百九十六条修改为：“有下列情形之一，进行信用卡诈骗活动，数额较大的，处五年以下有期徒刑或者拘役，并处二万元以上二十万元以下罚金；数额巨大或者有其他严重情节的，处五年以上十年以下有期徒刑，并处五万元以上五十万元以下罚金；数额特别巨大或者有其他特别严重情节的，处十年以上有期徒刑或者无期徒刑，并处五万元以上五十万元以下罚金或者没收财产：

“（一）使用伪造的信用卡，或者使用以虚假的身份证明骗领的信用卡的；

“（二）使用作废的信用卡的；

“（三）冒用他人信用卡的；

“（四）恶意透支的。

“前款所称恶意透支，是指持卡人以非法占有为目的，超过规定限额或者规定期限透支，并且经发卡银行催收后仍不归还的行为。

“盗窃信用卡并使用的，依照本法第二百六十四条的规定定罪处罚。”

三、在刑法第三百六十九条中增加一款作为第二款，将该条修改为：“破坏武器装备、军事设施、军事通信的，处三年以下有期徒刑、拘役或者管制；破坏重要武器装备、军事设施、军事通信的，处三年以上十年以下有期徒刑；情节特别严重的，处十年以上有期徒刑、无期徒刑或者死刑。

“过失犯前款罪，造成严重后果的，处三年以下有期徒刑或者拘役；造成特别严重后果的，处三年以上七年以下有期徒刑。

“战时犯前两款罪的，从重处罚。”

四、本修正案自公布之日起施行。

附一：中华人民共和国刑法修正案（五）（草案）

一、在刑法第一百六十二条之一后增加一条，作为第一百六十二条之二：“公司、企业隐匿财产、承担虚构的债务，或者以其他方法非法转移、分配财产，意图通过破产逃避债务，严重损害债权人或者其他人利益的，对其直接负责的主管人员和其他直接责任人员，处五年以下有期徒刑或者拘役，并处或者单处二万元以上十万元以下罚金。”

二、在刑法第一百七十七条后增加一条，作为第一百七十七条之一：“有下列情形之一的，处三年以下有期徒刑或者拘役，并处或者单处一万元以上十万元以下罚金；数量巨大或者情节严重的，处三年以上十年以下有期徒刑，并处二万元以上二十万元以下罚金：

（一）明知是伪造的信用卡而持有、运输的，或者明知是伪造的空白信用卡而持有、运输，数量较大的；

（二）非法持有他人信用卡，数量较大的；

（三）使用虚假的身份证明骗领信用卡的；

（四）出售、购买、为他人提供伪造的信用卡或者以虚假的身份证明骗领的信用卡的。

窃取、收买或者非法提供他人信用卡信息资料的，依照前款规定处罚。

银行或者其他金融机构的工作人员利用职务上的便利，犯第二款罪的，从重处罚。”

三、将刑法第一百九十六条修改为：“有下列情形之一，进行信用卡诈骗活动，数额较大的，处五年以下有期徒刑或者拘役，并处二万元以上二十万元以下罚金；数额巨大或者有其他严重情节的，处五年以上十年以下有期徒刑，并处五万元以上五十万元以下罚金；数额特别巨大或者有其他特别严重情节的，处十年以上有期徒刑或者无期徒刑，并处五万元以上五十万元以下罚金或者没收财产：

（一）使用伪造的信用卡，或者使用以虚假的身份证明骗领的信用卡的；

（二）使用作废的信用卡的；

（三）冒用他人信用卡的；

（四）恶意透支的。

前款所称恶意透支，是指持卡人以非法占有为目的，超过规定限额或者规定期限透支，并且经发卡银行催收后仍不归还的行为。

盗窃信用卡并使用的，依照本法第二百六十四条的规定定罪处罚。”

四、在刑法第二百六十二条后增加一条作为第二百六十二条之一：“以欺骗、胁迫、利诱等手段组织残疾人或者不满十四周岁的未成年人乞讨，从中牟取利益的，处三年以下有期徒刑、拘役，并处罚金。”

五、在刑法第三百六十九条中增加一款作为第二款，将该条修改为：“破坏武器装备、军事设施、军事通信的，处三年以下有期徒刑、拘役或者管制；破坏重要武器装备、军事设施、军事通信的，处三年以上十年以下有期徒刑；情节特别严重的，处十年以上有期徒刑、无期徒刑或者死刑。

过失犯前款罪，造成严重后果的，处三年以下有期徒刑或者拘役；造成特别严重后果的，处三年以上七年以下有期徒刑。

战时犯前两款罪的，从重处罚。”

六、本修正案自公布之日起施行。

附二：关于《中华人民共和国刑法修正案（五）（草案）》的说明

——2004年10月22日在第十届全国人民代表大会常务委员会第十二次会议上

（全国人大常委会法制工作委员会主任　胡康生）

委员长、各位副委员长、秘书长、各位委员：

我受委员长会议的委托，作关于《中华人民共和国刑法修正案（五）（草案）》的说明。

为了适应打击犯罪的需要，1997年修改刑法时，对妨害公司、企业管理秩序的犯罪、破坏金融管理秩序的犯罪、金融诈骗犯罪以及侵犯公民人身权利的犯罪、危害国防利益的犯罪等作了规定。近年来，在这些方面又出现了一些新的应当给予刑事制裁的严重违法行为。一些人大代表和司法机关、有关部门提出建议，要求根据新的情况适时对刑法作出修改补充。法制工作委员会在调查研究和征求全国人大财经委、最高人民法院、最高人民检察院、国务院法制办、中央军委法制局、中国人民银行、公安部、民政部等有关部门和部分专家意见的基础上，拟订了《中华人民共和国刑法修正案（五）（草案）》。现将草案的几个主要问题汇报如下：

一、刑法第一百六十二条规定了妨害清算罪，对公司、企业在进行清算时，隐匿财产，对资产负债表或者财产清单作虚伪记载或者在未清偿债务前分配公司、企业财产，严重损害债权人或者其他人利益的行为，规定了刑事处罚。近年来，一些公司、企业以隐匿财产、承担虚构的债务、非法转移和分配财产等方式，造成不能清偿到期债务或者资不抵债的假象，申请进入破产程序，以达到假破产真逃债的目的。这些行为，违背社会诚信，不仅严重侵害债权人和其他人的利益，妨害公司、企业管理，而且破坏经济秩序，影响社会稳定，社会危害性严重，应当予以惩治。常委会正在审议的企业破产法草案对破产欺诈行为规定构成犯罪的，应当追究刑事责任。因此，拟在刑法第一百六十二条之一之后增加一条，作为第一百六十二条之二：“公司、企业隐匿财产、承担虚构的债务，或者以其他方法非法转移、分配财产，意图通过破产逃避债务，严重损害债权人或者其他人利益的，对其直接负责的主管人员和其他直接责任人员，处五年以下有期徒刑或者拘役，并处或者单处二万元以上二十万元以下罚金。”

二、刑法第一百七十七条规定了伪造、变造金融票证的犯罪行为，其中对伪造信用卡的犯罪作了专门规定。近年来，随着信用卡应用的普及，伪造信用卡的犯罪活动也出现了一些新的情况。这类犯罪出现了境内外互相勾结、集团化、专业化的特点，从窃取、非法提供他人信用卡信息资料、制作假卡，到运输、销售、使用伪造的信用卡等各个环节，分工细密，犯罪活动猖獗。虽然这些具体的犯罪行为都属于伪造信用卡和使用伪造的信用卡进行诈骗的犯罪，但是由于在各个犯罪环节上表现的形式不同，在具体适用刑法时存在一定困难。司法机关和金融主管部门建议对这一犯罪作出进一步的具体规定。为了保护银行等金融机构和公众的合法利益，维护金融机构的信誉和金融秩序，拟在刑法第一百七十七条后增加一条，作为第一百七十七条之一："有下列情形之一的，处三年以下有期徒刑或者拘役，并处或者单处一万元以上十万元以下罚金；数量巨大或者情节严重的，处三年以上十年以下有期徒刑，并处二万元以上二十万元以下罚金：

"（一）明知是伪造的信用卡而持有、运输的，或者明知是伪造的空白信用卡而持有、运输，数量较大的；

"（二）非法持有他人信用卡，数量较大的；

"（三）使用虚假的身份证明骗领信用卡的；

"（四）出售、购买、为他人提供伪造的信用卡或者以虚假的身份证明骗领的信用卡的。

"窃取、收买或者非法提供他人信用卡信息资料的，依照前款规定处罚。

"银行或者其他金融机构的工作人员利用职务上的便利，犯第二款罪的，从重处罚。"

同时，对刑法第一百九十六条信用卡诈骗罪的规定作出修改，增加"使用以虚假的身份证明骗领的信用卡"进行诈骗的情形。

三、近年来，一些不法分子为了非法牟利，以欺骗、胁迫、利诱等手段专门组织残疾人、未成年人进行乞讨，严重侵犯了残疾人、未成年人的人身权利，危害了他们的身心健康，同时也破坏了社会的正常管理秩序，社会危害性严重，应当予以惩治。因此，拟在刑法第二百六十二条后增加一条作为第二百六十二条之一："以欺骗、胁迫、利诱等手段组织残疾人或者不满十四周岁的未成年人乞讨，从中牟取利益的，处三年以下有期徒刑、拘役，并处罚金。"对于在这些犯罪活动中对残疾人、未成年人有非法拘禁、伤害等犯罪行为的，还应当依照刑法的规定数罪并罚。

四、刑法第三百六十九条规定了故意破坏武器装备、军事设施、军事通信的犯罪。近年来一些地方在生产建设过程中野蛮施工、违章作业，致使军事通信光缆等通信设施遭到破坏的情况比较突出，严重危及到国家的军事设施和军事通信的安全。针对这种情况，一些全国人大代表提出议案，建议在刑法中增加过失破坏军事通信罪的规定，以打击此类犯罪，维护国防利益。法制工作委员会与中央军委法制局等部门共同调研，并听取了有关人大代表和部门的意见，拟在刑法第三百六十九条中增加一款作为第二款，将该条修改为："破坏武器装备、军事设施、军事通信的，处三年以下有期徒刑、拘役或者管制；破坏重要武器装备、军事设施、军事通信的，处三年以上十年以下有期徒刑；情节特别严重的，处十年以上有期徒刑、无期徒刑或者死刑。

"过失犯前款罪，造成严重后果的，处三年以下有期徒刑或者拘役；造成特别严重后果的，处三年以上七年以下有期徒刑。

"战时犯前两款罪的，从重处罚。"

《中华人民共和国刑法修正案（五）（草案）》和以上说明是否妥当，请审议。

附三：中华人民共和国刑法修正案（五）（草案）（二次审议稿）

一、在刑法第一百七十七条后增加一条，作为第一百七十七条之一："有下列情形之一，妨害信用卡管理的，处三年以下有期徒刑或者拘役，并处或者单处一万元以上十万元以下罚金；数量巨大或者情节严重的，处三年以上十年以下有期徒刑，并处二万元以上二十万元以下罚金：

（一）明知是伪造的信用卡而持有、运输的，或者明知是伪造的空白信用卡而持有、运输，数量较大的；

（二）非法持有他人信用卡，数量较大的；

（三）使用虚假的身份证明骗领信用卡的；

（四）出售、购买、为他人提供伪造的信用卡或者以虚假的身份证明骗领的信用卡的。

窃取、收买或者非法提供他人信用卡信息资料的，依照前款规定处罚。

银行或者其他金融机构的工作人员利用职务上的便利，犯第二款罪的，从重处罚。"

二、将刑法第一百九十六条修改为："有下列情形之一，进行信用卡诈骗活动，数额较大的，处五年以下有期徒刑或者拘役，并处二万元以上二十万元以下罚金；数额巨大或者有其他严重情节的，处五年以上十年以下有期徒刑，并处五万元以上五十万元以下罚金；数额特别巨大或者有其他特别严重情节的，处十年以上有期徒刑或者无期徒刑，并处五万元以上五十万元以下罚金或者没收财产：

（一）使用伪造的信用卡，或者使用以虚假的身份证明骗领的信用卡的；

（二）使用作废的信用卡的；

（三）冒用他人信用卡的；

（四）恶意透支的。

前款所称恶意透支，是指持卡人以非法占有为目的，超过规定限额或者规定期限透支，并且经发卡银行催收后仍不归还的行为。

盗窃信用卡并使用的，依照本法第二百六十四条的规定定罪处罚。”

三、在刑法第三百六十九条中增加一款作为第二款，将该条修改为：“破坏武器装备、军事设施、军事通信的，处三年以下有期徒刑、拘役或者管制；破坏重要武器装备、军事设施、军事通信的，处三年以上十年以下有期徒刑；情节特别严重的，处十年以上有期徒刑、无期徒刑或者死刑。

过失犯前款罪，造成严重后果的，处三年以下有期徒刑或者拘役；造成特别严重后果的，处三年以上七年以下有期徒刑。

战时犯前两款罪的，从重处罚。”

四、本修正案自公布之日起施行。

附四：全国人大法律委员会关于《中华人民共和国刑法修正案（五）（草案）》审议结果的报告

——2005年2月25日在第十届全国人民代表大会常务委员会第十四次会议上

（全国人大法律委员会副主任委员　乔晓阳）

全国人民代表大会常务委员会：

十届全国人大常委会第十二次会议对刑法修正案（五）（草案）进行了审议。会后，法制工作委员会就草案有关问题进一步征求了有关部门和专家的意见。法律委员会于2月6日召开会议，根据常委会组成人员的审议意见和各方面的意见，对草案进行了审议。内务司法委员会、最高人民法院、最高人民检察院、国务院法制办、中国人民银行、公安部和军委法制局的负责同志列席了会议。2月22日，法律委员会召开会议，再次进行了审议。法律委员会认为，针对实践中出现的一些新的应当给予刑事处罚的严重违法行为，对刑法作出修改补充是必要的；同时，就草案对刑法作出的五条补充修改提出以下意见：

一、草案中关于破产欺诈犯罪和利用残疾人或者儿童乞讨牟利犯罪的两条规定，需要与企业破产法、治安管理处罚法的规定相衔接。鉴于常委会对这两部法律草案还在审议，法律委员会建议上述两条规定作为另一刑法修正案的内容与这两部法律出台时间相衔接。

二、草案中三条关于信用卡犯罪和破坏军事设施犯罪的规定，有关部门提出，为适应惩治犯罪的需要，建议尽快出台。法律委员会经研究，赞成这个意见，认为这三条的内容是基本可行的，建议作为刑法修正案（五）先由常委会审议通过；同时，根据有些常委委员的意见，对草案作了个别文字修改。

草案二次审议稿已按上述意见作了调整修改，法律委员会建议本次常委会会议审议通过。

草案二次审议稿和以上报告是否妥当，请审议。

附五：中华人民共和国刑法修正案（五）（草案）（建议表决稿）

一、在刑法第一百七十七条后增加一条，作为第一百七十七条之一：“有下列情形之一，妨害信用卡管理的，处三年以下有期徒刑或者拘役，并处或者单处一万元以上十万元以下罚金；数量巨大或者情节严重的，处三年以上十年以下有期徒刑，并处二万元以上二十万元以下罚金：

（一）明知是伪造的信用卡而持有、运输的，或者明知是伪造的空白信用卡而持有、运输，数量较大的；

（二）非法持有他人信用卡，数量较大的；

（三）使用虚假的身份证明骗领信用卡的；

（四）出售、购买、为他人提供伪造的信用卡或者以虚假的身份证明骗领的信用卡的。

窃取、收买或者非法提供他人信用卡信息资料的，依照前款规定处罚。

银行或者其他金融机构的工作人员利用职务上的便利，犯第二款罪的，从重处罚。”

二、将刑法第一百九十六条修改为：“有下列情形之一，进行信用卡诈骗活动，数额较大的，处五年以下有期徒刑或者拘役，并处二万元以上二十万元以下罚金；数额巨大或者有其他严重情节的，处五年以上十年以下有期徒刑，并处五万元以上五十万元以下罚金；数额特别巨大或者有其他特别严重情节的，处十年以上有期徒刑或者无期徒刑，并处五万元以上五十万元以下罚金或者没收财产：

（一）使用伪造的信用卡，或者使用以虚假的身份证明骗领的信用卡的；

（二）使用作废的信用卡的；

（三）冒用他人信用卡的；

（四）恶意透支的。

前款所称恶意透支，是指持卡人以非法占有为目的，超过规定限额或者规定期限透支，并且经发卡银行催收后仍不归还的行为。

盗窃信用卡并使用的，依照本法第二百六十四条的规定定罪处罚。”

三、在刑法第三百六十九条中增加一款作为第二款，将该条修改为：“破坏武器装备、军事设施、军事通信的，处三年以下有期徒刑、拘役或者管制；破坏重要武器装备、军事设施、军事通信的，处三年以上十年以下有期徒刑；情节特别严重的，处十年以上有期徒刑、无期徒刑或者死刑。

过失犯前款罪，造成严重后果的，处三年以下有期徒刑或者拘役；造成特别严重后果的，处三年以上七年以下有期徒刑。

战时犯前两款罪的，从重处罚。”

四、本修正案自公布之日起施行。

附六：全国人大法律委员会关于刑法修正案（五）（草案二次审议稿）修改意见的报告

——2005 年 2 月 27 日在第十届全国人民代表大会常务委员会第十四次会议上

全国人民代表大会常务委员会：

本次常委会会议于 2 月 25 日下午对刑法修正案（五）（草案二次审议稿）进行了分组审议。常委会组成人员普遍认为，这个法律案经过常委会审议、修改，已经比较成熟，建议本次会议审议通过。法律委员会于 2 月 26 日下午召开会议，对草案二次审议稿没有提出修改意见。

有些常委委员提出，为了严厉打击进行非医学需要的胎儿性别鉴定和选择性别的人工终止妊娠的非法活动，建议对刑法有关规定作出补充修改。法律委员会经研究认为，目前法制工作委员会正在会同有关部门抓紧对这个问题进行调查研究，本修正案对此还难以作出规定。

草案的建议表决稿和以上报告是否妥当，请审议。

6. 中华人民共和国刑法修正案（六）

（2006 年 6 月 29 日第十届全国人民代表大会常务委员会第二十二次会议通过
2006 年 6 月 29 日中华人民共和国主席令第五十一号公布　自公布之日起施行）

一、将刑法第一百三十四条修改为：“在生产、作业中违反有关安全管理的规定，因而发生重大伤亡事故或者造成其他严重后果的，处三年以下有期徒刑或者拘役；情节特别恶劣的，处三年以上七年以下有期徒刑。

“强令他人违章冒险作业，因而发生重大伤亡事故或者造成其他严重后果的，处五年以下有期徒刑或者拘役；情节特别恶劣的，处五年以上有期徒刑。”

二、将刑法第一百三十五条修改为：“安全生产设施或者安全生产条件不符合国家规定，因而发生重大伤亡事故或者造成其他严重后果的，对直接负责的主管人员和其他直接责任人员，处三年以下有期徒刑或者拘役；情节特别恶劣的，处三年以上七年以下有期徒刑。”

三、在刑法第一百三十五条后增加一条，作为第一百三十五条之一：“举办大型群众性活动违反安全管理规定，因而发生重大伤亡事故或者造成其他严重后果的，对直接负责的主管人员和其他直接责任人员，处三年以下有期徒刑或者拘役；情节特别恶劣的，处三年以上七年以下有期徒刑。”

四、在刑法第一百三十九条后增加一条，作为第一百三十九条之一：“在安全事故发生后，负有报告职责的人员不报或者谎报事故情况，贻误事故抢救，情节严重的，处三年以下有期徒刑或者拘役；情节特别严重的，处三年以上七年以下有期徒刑。”

五、将刑法第一百六十一条修改为：“依法负有信息披露义务的公司、企业向股东和社会公众提供虚假的或者隐瞒重要事实的财务会计报告，或者对依法应当披露的其他重要信息不按照规定披露，严重损害股东或者其他人利益，或者有其他严重情节的，对其直接负责的主管人员和其他直接责任人员，处三年以下有期徒刑或者拘役，并处或者单处二万元以上二十万元以下罚金。”

六、在刑法第一百六十二条之一后增加一条，作为第一百六十二条之二：“公司、企业通过隐匿财产、承担虚构的债务或者以其他方法转移、处分财产，实施虚假破产，严重损害债权人或者其他人利益的，对其直接负责的主管人员和其他直接责任人员，处五年以下有期徒刑或者拘役，并处或者单处二万元以上二十万元以下罚金。”

七、将刑法第一百六十三条修改为：“公司、企业或者其他单位的工作人员利用职务上的便利，索取他人财物或者非法收受他人财物，为他人谋取利益，数额较大的，处五年以下有期徒刑或者拘役；数额巨大的，处五年以上有期徒刑，可以并处没收财产。

“公司、企业或者其他单位的工作人员在经济往来中，利用职务上的便利，违反国家规定，收受各种名义的回扣、手续费，归个人所有的，依照前款的规定处罚。

“国有公司、企业或者其他国有单位中从事公务的人员和国有公司、企业或者其他国有单位委派到非国有公司、企业以及其他单位从事公务的人员有前两款行为的，依照本法第三百八十五条、第三百八十六条的规定定罪处罚。”

八、将刑法第一百六十四条第一款修改为：“为谋取不正当利益，给予公司、企业或者其他单位的工作人员以财物，数额较大的，处三年以下有期徒刑或者拘役；数额巨大的，处三年以上十年以下有期徒刑，并处罚金。”

九、在刑法第一百六十九条后增加一条，作为第一百六十九条之一：“上市公司的董事、监事、高级管理人员违背对公司的忠实义务，利用职务便利，操纵上市公司从事下列行为之一，致使上市公司利益遭受重大损失的，处三年以下有期徒刑或者拘役，并处或者单处罚金；致使上市公司利益遭受特别重大损失的，处三年以上七年以下有期徒刑，并处罚金：

“（一）无偿向其他单位或者个人提供资金、商品、服务或者其他资产的；

“（二）以明显不公平的条件，提供或者接受资金、商品、服务或者其他资产的；

“（三）向明显不具有清偿能力的单位或者个人提供资金、商品、服务或者其他资产的；

“（四）为明显不具有清偿能力的单位或者个人提供担保，或者无正当理由为其他单位或者个人提供担保的；

“（五）无正当理由放弃债权、承担债务的；

“（六）采用其他方式损害上市公司利益的。

“上市公司的控股股东或者实际控制人，指使上市公司董事、监事、高级管理人员实施前款行为的，依照前款的规定处罚。

“犯前款罪的上市公司的控股股东或者实际控制人是单位的，对单位判处罚金，并对其直接负责的主管人员和其他直接责任人员，依照第一款的规定处罚。”

十、在刑法第一百七十五条后增加一条，作为第一百七十五条之一：“以欺骗手段取得银行或者其他金融机构贷款、票据承兑、信用证、保函等，给银行或者其他金融机构造成重大损失或者有其他严重情节的，处三年以下有期徒刑或者拘役，并处或者单处罚金；给银行或者其他金融机构造成特别重大损失或者有其他特别严重情节的，处三年以上七年以下有期徒刑，并处罚金。

“单位犯前款罪的，对单位判处罚金，并对其直接负责的主管人员和其他直接责任人员，依照前款的规定处罚。”

十一、将刑法第一百八十二条修改为：“有下列情形之一，操纵证券、期货市场，情节严重的，处五年以下有期徒刑或者拘役，并处或者单处罚金；情节特别严重的，处五年以上十年以下有期徒刑，并处罚金：

“（一）单独或者合谋，集中资金优势、持股或者持仓优势或者利用信息优势联合或者连续买卖，操纵证券、期货交易价格或者证券、期货交易量的；

“（二）与他人串通，以事先约定的时间、价格和方式相互进行证券、期货交易，影响证券、期货交易价格或者证券、期货交易量的；

“（三）在自己实际控制的账户之间进行证券交易，或者以自己为交易对象，自买自卖期货合约，影响证券、期货交易价格或者证券、期货交易量的；

“（四）以其他方法操纵证券、期货市场的。

“单位犯前款罪的，对单位判处罚金，并对其直接负责的主管人员和其他直接责任人员，依照前款的规定处罚。”

十二、在刑法第一百八十五条后增加一条，作为第一百八十五条之一：“商业银行、证券交易所、期货交易所、证券公司、期货经纪公司、保险公司或者其他金融机构，违背受托义务，擅自运用客户资金或者其他委托、信托的财产，情节严重的，对单位判处罚金，并对其直接负责的主管人员和其他直接责任人员，处三年以下有期徒刑或者拘役，并处三万元以上三十万元以下罚金；情节特别严重的，处三年以上十年以下有期徒刑，并处五万元以上五十万元以下罚金。

“社会保障基金管理机构、住房公积金管理机构等公众资金管理机构，以及保险公司、保险资产管理公司、证券投资基金管理公司，违反国家规定运用资金的，对其直接负责的主管人员和其他直接责任人员，依照前款的规定处罚。”

十三、将刑法第一百八十六条第一款、第二款修改为：“银行或者其他金融机构的工作人员违反国家规定发放贷款，数额巨大或者造成重大损失的，处五年以下有期徒刑或者拘役，并处一万元以上十万元以下罚金；数额特别巨大或者造成特别重大损失的，处五年以上有期徒刑，并处二万元以上二十万元以下罚金。

“银行或者其他金融机构的工作人员违反国家规定，向关系人发放贷款的，依照前款的规定从重处罚。”

十四、将刑法第一百八十七条第一款修改为：“银行或者其他金融机构的工作人员吸收客户资金不入账，数额巨大或者造成重大损失的，处五年以下有期徒刑或者拘役，并处二万元以上二十万元以下罚金；数额特别巨大或者造成特别重大损失的，处五年以上有期徒刑，并处五万元以上五十万元以下罚金。”

十五、将刑法第一百八十八条第一款修改为：“银行或者其他金融机构的工作人员违反规定，为他人出具信用证或者其他保函、票据、存单、资信证明，情节严重的，处五年以下有期徒刑或者拘役；情节特别严重的，处五年以上有期徒刑。”

十六、将刑法第一百九十一条第一款修改为：“明知是毒品犯罪、黑社会性质的组织犯罪、恐怖活动犯罪、走私犯罪、贪污贿赂犯罪、破坏金融管理秩序犯罪、金融诈骗犯罪的所得及其产生的收益，为掩饰、隐瞒其来源和性质，有下列行为之一的，没收实施以上犯罪的所得及其产生的收益，处五年以下有期徒刑或者拘役，并处或者单处洗钱数额百分之五以上百分之二十以下罚金；情节严重的，处五年以上十年以下有期徒刑，并处洗钱数额百分之五以上百分之二十以下罚金：

“（一）提供资金账户的；

“（二）协助将财产转换为现金、金融票据、有价证券的；

“（三）通过转账或者其他结算方式协助资金转移的；

“（四）协助将资金汇往境外的；

“（五）以其他方法掩饰、隐瞒犯罪所得及其收益的来源和性质的。”

十七、在刑法第二百六十二条后增加一条，作为第二百六十二条之一：“以暴力、胁迫手段组织残疾人或者不满十四周岁的未成年人乞讨的，处三年以下有期徒刑或者拘役，并处罚金；情节严重的，处三年以上七年以下有期徒刑，并处罚金。”

十八、将刑法第三百零三条修改为：“以营利为目的，聚众赌博或者以赌博为业的，处三年以下有期徒刑、拘役或者管制，并处罚金。

“开设赌场的，处三年以下有期徒刑、拘役或者管制，并处罚金；情节严重的，处三年以上十年以下有期徒刑，并处罚金。”

十九、将刑法第三百一十二条修改为：“明知是犯罪所得及其产生的收益而予以窝藏、转移、收购、代为销售或者以其他方法掩饰、隐瞒的，处三年以下有期徒刑、拘役或者管制，并处或者单处罚金；情节严重的，处三年以上七年以下有期徒刑，并处罚金。”

二十、在刑法第三百九十九条后增加一条，作为第三百九十九条之一：“依法承担仲裁职责的人员，在仲裁活动中故意违背事实和法律作枉法裁决，情节严重的，处三年以下有期徒刑或者拘役；情节特别严重的，处三年以上七年以下有期徒刑。”

二十一、本修正案自公布之日起施行。

附一：中华人民共和国刑法修正案（六）（草案）

一、在刑法第一百六十一条中增加一款，作为第二款：“上市公司对国家规定应当披露的信息不按照规定披露，严重损害股东或者其他人利益，对其直接负责的主管人员和其他直接责任人员依照前款规定处罚。”

二、在刑法第一百六十二条之一后增加一条，作为第一百六十二条之二：“公司、企业通过隐匿财产、承担虚构的债务，或者以其他方法转移、分配财产，意图通过破产逃避债务，严重损害债权人或者其他人利益的，对其直接负责的主管人员和其他直接责任人员，处五年以下有期徒刑或者拘役，并处或者单处二万元以上二十万元以下罚金。”

三、将刑法第一百六十三条修改为：“公司、企业或者其他单位的工作人员利用职务上的便利，索取他人财物或者非法收受他人财物，为他人谋取利益，数额较大的，处五年以下有期徒刑或者拘役；数额巨大的，处五年以上有期徒刑，可以并处没收财产。

“公司、企业或者其他单位的工作人员在经济往来中，利用职务上的便利，违反国家规定，收受各种名义的回扣、手续费，归个人所有的，依照前款的规定处罚。

“国有公司、企业或者其他国有单位中从事公务的人员和国有公司、企业或者其他国有单位委派到非国有公司、企业以及其他单位从事公务的人员有前两款行为的，依照本法第三百八十五条、第三百八十六条的规定定罪处罚。”

四、将刑法第一百六十四条第一款修改为：“为谋取不正当利益，给予公司、企业或者其他单位的工作人员以财物，数额较大的，处三年以下有期徒刑或者拘役；数额巨大的，处三年以上十年以下有期徒刑，并处罚金。”

五、在刑法第一百六十九条后增加一条，作为第一百六十九条之一：“上市公司的董事、经理明知损害上市公司利益，利用职务便利，操纵上市公司从事下列行为，致使上市公司利益遭受重大损失的，处三年以下有期徒刑或者拘役，并处或者单处罚金；致使上市公司利益遭受特别重大损失的，处三年以上七年以下有期徒刑，并处罚金：

“（一）无偿向其他单位或者个人提供商品、服务或者其他资产的；

“（二）以明显不公允的条件，购买、出售商品，接受、提供服务，或者出让其他资产的；

“（三）向明显不具有清偿能力的单位或者个人出售商品、提供服务或者出让其他资产的；

“（四）为明显不具有清偿能力的单位或者个人提供担保，或者无正当理由为其他单位或者个人提供担保的；

“（五）无正当理由放弃债权、承担债务的；

“上市公司的控股股东或者实际控制人，指使上市公司董事、经理实施前款行为的，依照前款的规定处罚。

"犯前款罪的上市公司的控股股东或者实际控制人是单位的，对单位判处罚金，并对其直接负责的主管人员和其他直接责任人员，依照第一款的规定处罚。"

六、在刑法第一百七十五条后增加一条，作为第一百七十五条之一："以虚构事实或者隐瞒真相等欺骗手段取得银行或者其他金融机构贷款，给银行或者其他金融机构造成重大损失或者有其他严重情节的，处三年以下有期徒刑或者拘役，并处或者单处一万元以上十万元以下罚金；给银行或者其他金融机构造成特别重大损失或者有其他特别严重情节的，处三年以上七年以下有期徒刑，并处一万元以上十万元以下罚金。

"单位犯前款罪的，对单位判处罚金，并对其直接负责的主管人员和其他直接责任人员，处三年以下有期徒刑或者拘役。"

七、将刑法第一百八十二条修改为："有下列情形之一，操纵证券、期货市场，情节严重的，处五年以下有期徒刑或者拘役，并处或者单处三十万元以上三百万元以下罚金：

"（一）单独或者合谋，集中资金优势、持股或者持仓优势或者利用信息优势联合或者连续买卖，操纵证券、期货交易价格或者证券、期货交易量的；

"（二）与他人串通，以事先约定的时间、价格和方式相互进行证券、期货交易，影响证券、期货交易价格或者证券、期货交易量的；

"（三）在自己实际控制的账户之间进行证券交易，或者以自己为交易对象，自买自卖期货合约，影响证券、期货交易价格或者证券、期货交易量的；

"（四）以其他方法操纵证券、期货市场的。

"单位犯前款罪的，对单位判处罚金，并对其直接负责的主管人员和其他直接责任人员，依照前款的规定处罚。"

八、在刑法第一百八十五条后增加一条，作为第一百八十五条之一："商业银行、证券交易所、期货交易所、证券公司、期货经纪公司、保险公司或者其他金融机构，违背受托义务，擅自运用客户资金以及其他委托或者信托财产，情节严重的，对单位判处罚金，并对其直接负责的主管人员和其他直接责任人员，处三年以下有期徒刑或者拘役，并处三万元以上三十万元以下罚金；情节特别严重的，处三年以上十年以下有期徒刑，并处五万元以上五十万元以下罚金。

"保险公司、保险资产管理公司、证券投资基金管理公司、社会保障基金管理机构、住房公积金管理机构等公众资金经营、管理机构，违反国家规定运用资金的，依照前款的规定处罚。"

九、将刑法第一百八十六条修改为："银行或者其他金融机构的工作人员违反国家规定发放贷款，数额巨大的，处五年以下有期徒刑或者拘役，并处一万元以上十万元以下罚金；数额特别巨大的，处五年以上有期徒刑，并处二万元以上二十万元以下罚金。

"银行或者其他金融机构的工作人员违反国家规定，向关系人发放贷款的，依照前款的规定从重处罚。

"单位犯前款罪的，对单位判处罚金，并对其直接负责的主管人员和其他直接责任人员，依照前两款的规定处罚。

"关系人的范围，依照《中华人民共和国商业银行法》和有关金融法规确定。"

十、将刑法第一百八十七条第一款修改为："银行或者其他金融机构的工作人员吸收客户资金不入账，数额巨大的，处五年以下有期徒刑或者拘役，并处二万元以上二十万元以下罚金；造成特别重大损失的，处五年以上有期徒刑，并处五万元以上五十万元以下罚金。"

十一、将刑法第一百八十八条第一款修改为："银行或者其他金融机构的工作人员违反规定，为他人出具信用证或者其他保函、票据、存单、资信证明，情节严重的，处五年以下有期徒刑或者拘役；情节特别严重的，处五年以上有期徒刑。"

十二、将刑法第一百九十一条第一款修改为："明知是毒品犯罪、黑社会性质的组织犯罪、恐怖活动犯罪、走私犯罪、贪污贿赂犯罪、金融犯罪的违法所得及其产生的收益，为掩饰、隐瞒其来源和性质，有下列行为之一的，没收实施以上犯罪的违法所得及其产生的收益，处五年以下有期徒刑或者拘役，并处或者单处洗钱数额百分之五以上百分之二十以下罚金；情节严重的，处五年以上十年以下有期徒刑，并处洗钱数额百分之五以上百分之二十以下罚金：

"（一）提供资金账户的；

"（二）协助将财产转换为现金、金融票据的；

"（三）通过转账或者其他结算方式协助资金转移的；

"（四）协助将资金汇往境外的；

"（五）以其他方法掩饰、隐瞒犯罪的违法所得及其收益的来源和性质的。"

"单位犯前款罪的，对单位判处罚金，并对其直接负责的主管人员和其他直接责任人员，处五年以下有期徒刑或者拘役；情节严重的，处五年以上十年以下有期徒刑。"

十三、在刑法第二百六十二条后增加一条，作为第二百六十二条之一："以欺骗、胁迫、利诱等手段组织残疾人或者不满十四周岁的未成年人乞讨，从中谋取利益的，处三年以下有期徒刑或者拘役，并处罚金；情节严重的，处三年以上七年以下有期徒刑，并处罚金。"

十四、将刑法第三百零三条修改为："以营利为目的，聚众赌博或者以赌博为业的，处三年以下有期徒刑、拘役或者管制，并处罚金。

“开设赌场的，处三年以下有期徒刑、拘役或者管制，并处罚金；情节严重的，处三年以上十年以下有期徒刑，并处罚金。”

十五、在刑法第三百三十六条后增加一条，作为第三百三十六条之一：“违反国家规定，为他人进行非医学需要的胎儿性别鉴定的，导致选择性别、人工终止妊娠后果，情节严重的，处三年以下有期徒刑、拘役或者管制，并处罚金。”

十六、在刑法第三百九十九条后增加一条，作为第三百九十九条之一：“依法承担仲裁职责的人员，在仲裁活动中故意违背事实和法律作枉法裁决，情节严重的，处三年以下有期徒刑或者拘役；情节特别严重的，处三年以上七年以下有期徒刑。”

“前款规定人员收受贿赂，有前款行为的，同时又构成本法第三百八十五条规定之罪的，依照处罚较重的规定定罪处罚。”

十七、本修正案自公布之日起施行。

附二：关于《中华人民共和国刑法修正案（六）（草案）》的说明

——2005 年 12 月 24 日在第十届全国人民代表大会常务委员会第十九次会议上

（全国人大常委会法制工作委员会副主任　安　建）

全国人民代表大会常务委员会：

我受委员长会议的委托，作《中华人民共和国刑法修正案（六）（草案）》的说明。

国务院办公厅于今年 8 月给全国人大常委会办公厅转来关于修改刑法有关规定的建议稿，有些全国人大代表也提出了一些修改刑法的议案，最高人民法院、最高人民检察院等部门也对刑法提出了一些修改建议。法制工作委员会根据建议稿和有关的议案、建议，经过调查研究，多次征求司法机关、有关部门和部分专家意见，拟订了刑法修正案（六）草案。全国人大常委会办公厅将草案送国务院办公厅，征求国务院的意见。反馈的情况是，认为草案比较成熟，建议全国人大常委会尽快审议，并提出了一些修改意见。法制工作委员会根据反馈的意见，对草案作了修改。现对草案的主要内容说明如下：

一、关于破坏金融管理秩序的犯罪

1. 刑法第一百九十三条规定了贷款诈骗罪，对以非法占有为目的，诈骗银行或者其他金融机构贷款的行为规定了刑事责任。人民银行等部门提出，近来一些单位和个人以虚构事实、隐瞒真相等欺骗手段，骗用银行或其他金融机构的贷款，危害金融安全，但要认定骗贷人是否具有“非法占有”贷款的目的很困难。建议规定，只要以欺骗手段取得贷款，情节严重的，就应追究刑事责任。法制工作委员会经同有关部门研究，拟保留“以非法占有为目的”的贷款诈骗罪的规定，并在刑法中增加规定：以欺骗手段取得银行或者其他金融机构的贷款，给银行或者其他金融机构造成重大损失或者有其他严重情节的，追究刑事责任。

2. 刑法第一百八十二条规定了操纵证券、期货市场的犯罪及刑事责任。十届全国人大常委会第十八次会议通过的修订后的证券法，对操纵证券市场的违法行为的界定作了修改，刑法这一条规定需要与修订后的证券法相衔接。此外，司法机关和有关部门提出，刑法这一条中规定对操纵证券、期货交易价格的犯罪按违法所得的倍数处罚金，但违法所得数额很难计算，建议将罚金刑的数额具体化。因此，拟对刑法第一百八十二条作相应修改：对操纵证券、期货市场的行为作出与证券法相衔接的表述；将罚金数额改为三十万元以上三百万元以下。

3. 刑法第一百八十五条对商业银行和其他金融机构的工作人员利用职务上的便利，挪用本单位或者客户资金的犯罪及刑事责任作了规定。有关部门提出，有些金融机构挪用客户资金的行为并不是其工作人员个人的行为，而是由单位决定实施的；对情节严重的，也应当追究刑事责任。有些部门提出，负责经营、管理保险资金、社会保障基金、住房公积金等公众资金的单位，违反国家规定运用资金的，将会严重影响公众资金的安全，影响社会稳定，对情节严重的，应当追究刑事责任。法制工作委员会经同有关部门研究，拟在刑法中增加规定：对商业银行、证券公司、期货经纪公司、保险公司等金融机构，违背受托义务，擅自运用客户资金以及其他委托或者信托财产，情节严重的，追究刑事责任；对保险公司、保险资产管理公司、证券投资基金管理公司、社会保障基金管理机构、住房公积金管理机构等公众资金经营、管理机构，违反国家规定运用资金，情节严重的，追究刑事责任。

4. 刑法第一百八十六条、第一百八十八条分别对银行或者其他金融机构的工作人员违法发放贷款、违反规定为他人出具信用证等金融票证，造成重大损失的行为，规定了刑事责任。司法机关和有关部门提出，在司法实践中，对如何认定违法发放贷款或非法出具金融票证的行为所造成的损失，较为困难；对这类违法行为，只要涉及的资金数额巨大或者有其他严重情节的，就应当追究刑事责任。法制工作委员会经同有关部门研究，拟将上述两条规定中的“造成重大损失”，分别修改为“数额巨大”或“情节严重”。

5. 刑法第一百八十七条对银行或者其他金融机构的工作人员以牟利为目的，采取吸收客户资金不入账的方式，将资金用于非法拆借、发放贷款，造成重大损失的行为，规定了刑事责任。有关部门提出，金融机构吸收客户资金不入账，破坏了金融管理秩序，危害金融安全，而监管机构却又难以监管，因此，对其中数额巨大的，应当追究刑事责任。法制工作委员会经同有关部门研究，拟对刑法第一百八十七条作相应修改：对金融机构工作人员吸收客户资金不入账，数额巨大的，追究刑事责任。

6. 刑法第一百九十一条规定，对明知是毒品犯罪、黑社会性质的组织犯罪、恐怖活动犯罪、走私犯罪的违法所得及产生的收益，为其提供账户，协助其进行财产的转移、转换，或者以其他方法掩饰、隐瞒犯罪所得及其收益的性质和来源的，作为洗钱犯罪追究刑事责任。有关部门提出，不少贪污贿赂犯罪、金融犯罪的违法所得巨大，为其洗钱将严重破坏金融管理秩序，危害金融安全，应当将为这两类犯罪洗钱的行为，按洗钱犯罪追究刑事责任。法制工作委员会经同司法机关和有关部门研究，拟在刑法第一百九十一条规定的洗钱罪的上游犯罪中，增加贪污贿赂犯罪和金融犯罪。这里需要说明的是，有的部门提出还应扩大洗钱罪的上游犯罪范围。理由是，有关国际公约要求，对明知是严重犯罪的所得，协助进行转移、转换或者以其他方式掩饰、隐瞒其性质和来源的行为，都应规定为犯罪。我们考虑，刑法第一百九十一条规定的洗钱犯罪，主要是为了维护金融管理秩序，保障金融安全，针对一些通常可能有巨大犯罪所得的严重犯罪而为其洗钱的行为所作的特别规定；除此之外，按照我国刑法第三百一十二条的规定，对明知是任何犯罪的所得而予以窝藏、转移、收购或者代为销售的，都可按犯罪追究刑事责任，只是具体罪名不称为洗钱罪。我国刑法的这些规定，实质上是符合有关国际公约要求的。在洗钱罪中是否再增列其他严重的上游犯罪，我们将会同有关方面进一步研究。

二、关于严重损害上市公司和公众投资者利益的犯罪

1. 有关部门提出，近年来，一些上市公司违反国家规定，对应当披露的公司重要信息不按照规定披露，隐瞒涉及投资者利益的公司重大事项，严重损害了广大公众投资者的利益，扰乱了证券市场秩序，对此应当追究刑事责任。法制工作委员会经同有关部门研究，拟在刑法中增加规定：上市公司对国家规定应当披露的信息不按照规定披露，严重损害股东或者其他人利益的，追究刑事责任。

2. 有关部门提出，近年来，一些上市公司的管理人员、控股股东、实际控制人，以无偿占用或者明显不公允的关联交易等非法手段，侵占上市公司资产，严重损害上市公司和公众投资者的合法权益。对因此给上市公司造成重大损失的，应当追究刑事责任。法制工作委员会经同有关部门研究，拟在刑法中增加规定，对有上述严重违法行为的，追究刑事责任。

三、关于商业贿赂行为的犯罪

刑法第一百六十三条、第一百六十四条分别规定了公司、企业人员受贿罪和对公司、企业人员行贿罪。有关部门和司法机关提出，对公司、企业以外的单位的非国家工作人员利用职务便利进行“权钱交易”、危害社会利益的行为，例如发生在医疗机构的药品、器械采购中的商业贿赂行为，数额较大的，也应追究刑事责任。法制工作委员会经同司法机关和有关部门研究，拟对刑法这两条规定进行修改，将商业贿赂犯罪的主体扩大到公司、企业以外的其他单位的工作人员。

四、关于其他犯罪

1. 针对在经济活动中出现的采用隐匿、转移财产等欺骗手段，搞假破产、真逃债，严重损害债权人利益，破坏市场经济秩序的行为，拟在刑法中增加破产欺诈犯罪的规定。这一规定在十届全国人大常委会第十二次会议对刑法修正案（五）草案初审时，已作了审议。

2. 为与已通过的治安管理处罚法的有关规定相衔接，拟在刑法中增加组织残疾人、未成年人乞讨牟利行为的犯罪的规定。这一规定在十届全国人大常委会第十二次会议对刑法修正案（五）草案初审时，已作了审议。

3. 根据公安部门的意见，为加重对开设赌场犯罪的处罚，拟对刑法第三百零三条的规定加以修改，将开设赌场犯罪的最高刑期由三年提高到十年。

4. 全国人大教科文卫委员会和国家人口与计生委提出，为他人进行非医学需要的胎儿性别鉴定，从而给他人通过人工终止妊娠手术选择性别提供帮助，是造成一些地方出生人口性别比失衡的重要原因之一，这将会严重影响我国的人口结构和社会稳定。建议对违反国家规定，为他人进行非医学需要的胎儿性别鉴定的行为，追究刑事责任。因此，拟在刑法中增加规定：对违反国家规定，为他人进行非医学需要的胎儿性别鉴定，导致选择性别、人工终止妊娠后果，情节严重的，追究刑事责任。

5. 刑法第三百九十九条对司法工作人员在审判活动中枉法裁判的行为，规定了刑事责任。有关部门提出，对仲裁机构中承担仲裁职责的人员在仲裁活动中枉法仲裁，情节严重的行为，也应追究其刑事责任。法制工作委员会经同司法机关和有关部门研究，拟在刑法中增加规定：对依法承担仲裁职责的人员，在仲裁活动中故意违背事实和法律作枉法裁决，情节严重的，追究刑事责任。

此外，有些全国人大代表和有的部门还对刑法提出了其他一些修改建议，考虑到对这些问题还有不同意见，拟再作进一步研究。

《中华人民共和国刑法修正案（六）（草案）》和以上说明是否妥当，请审议。

附三：中华人民共和国刑法修正案（六）（草案）（二次审议稿）

一、将刑法第一百三十四条修改为：“违反法律、法规、规章制度关于安全生产、作业的规定，因而发生重大伤亡事故或者造成其他严重后果的，处三年以下有期徒刑或者拘役；情节特别恶劣的，处三年以上七年以下有期徒刑。

“强令他人违章冒险作业，因而发生重大伤亡事故或者造成其他严重后果的，对直接责任人员，处五年以下有期徒刑或者拘役；情节特别恶劣的，处五年以上十年以下有期徒刑。”

二、将刑法第一百三十五条修改为：“安全生产设施或者安全生产条件不符合国家规定，因而发生重大伤亡事故或者造成其他严重后果的，对直接负责的主管人员和其他直接责任人员，处三年以下有期徒刑或者拘役；情节特别恶劣的，处三年以上七年以下有期徒刑。”

三、在刑法第一百三十五条后增加一条，作为第一百三十五条之一：“举办大型群众性活动违反安全管理规定，因而发生重大伤亡事故或者造成其他严重后果的，对直接负责的主管人员和其他直接责任人员，处三年以下有期徒刑或者拘役；情节特别恶劣的，处三年以上七年以下有期徒刑。”

四、在刑法第一百三十九条后增加一条，作为第一百三十九条之一：“在安全事故发生后，负有报告职责的人员不报或者谎报事故情况，贻误事故抢救，造成事故灾害扩大，情节严重的，处三年以下有期徒刑或者拘役；情节特别严重的，处三年以上七年以下有期徒刑。”

五、将刑法第一百六十一条修改为：“依法负有信息披露义务的公司、企业向股东和社会公众提供虚假的或者隐瞒重要事实的财务会计报告，或者对依法应当披露的其他重要信息不按照规定披露，严重损害股东或者其他人利益，对其直接负责的主管人员和其他直接责任人员，处三年以下有期徒刑或者拘役，并处或者单处二万元以上二十万元以下罚金。”

六、在刑法第一百六十二条之一后增加一条，作为第一百六十二条之二：“公司、企业为通过破产逃避债务而隐匿财产、承担虚构的债务或者以其他方法转移、处分财产，严重损害债权人或者其他人利益的，对其直接负责的主管人员和其他直接责任人员，处五年以下有期徒刑或者拘役，并处或者单处二万元以上二十万元以下罚金。”

七、将刑法第一百六十三条修改为：“公司、企业或者其他单位的工作人员利用职务上的便利，索取他人财物或者非法收受他人财物，为他人谋取利益，数额较大的，处五年以下有期徒刑或者拘役；数额巨大的，处五年以上有期徒刑，可以并处没收财产。

“公司、企业或者其他单位的工作人员在经济往来中，利用职务上的便利，违反国家规定，收受各种名义的回扣、手续费，归个人所有的，依照前款的规定处罚。

“国有公司、企业或者其他国有单位中从事公务的人员和国有公司、企业或者其他国有单位委派到非国有公司、企业以及其他单位从事公务的人员有前两款行为的，依照本法第三百八十五条、第三百八十六条的规定定罪处罚。”

八、将刑法第一百六十四条第一款修改为：“为谋取不正当利益，给予公司、企业或者其他单位的工作人员以财物，数额较大的，处三年以下有期徒刑或者拘役；数额巨大的，处三年以上十年以下有期徒刑，并处罚金。”

九、在刑法第一百六十九条后增加一条，作为第一百六十九条之一：“上市公司的董事、监事、高级管理人员，利用职务便利，操纵上市公司从事下列行为，致使上市公司利益遭受重大损失的，处三年以下有期徒刑或者拘役，并处或者单处罚金；致使上市公司利益遭受特别重大损失的，处三年以上七年以下有期徒刑，并处罚金：

“（一）无偿向其他单位或者个人提供资金、商品、服务或者其他资产的；

“（二）以明显不公平的条件，提供、接受资金、商品、服务或者其他资产的；

“（三）向明显不具有清偿能力的单位或者个人提供资金、商品、服务或者其他资产的；

“（四）为明显不具有清偿能力的单位或者个人提供担保，或者无正当理由为其他单位或者个人提供担保的；

“（五）无正当理由放弃债权、承担债务的；

“（六）采用其他方式损害上市公司利益的。

“上市公司的控股股东或者实际控制人，指使上市公司董事、监事、高级管理人员实施前款行为的，依照前款的规定处罚。

“犯前款罪的上市公司的控股股东或者实际控制人是单位的，对单位判处罚金，并对其直接负责的主管人员和其他直接责任人员，依照第一款的规定处罚。”

十、在刑法第一百七十五条后增加一条，作为第一百七十五条之一：“以欺骗手段取得银行或者其他金融机构贷款、票据承兑、信用证、保函等，给银行或者其他金融机构造成重大损失或者有其他严重情节的，处三年以下有期徒刑或者拘役，并处或者单处罚金；给银行或者其他金融机构造成特别重大损失或者有其他特别严重情节的，处三年以上七年以下有期徒刑，并处罚金。

“单位犯前款罪的，对单位判处罚金，并对其直接负责的主管人员和其他直接责任人员，依照前款的规定处罚。”

十一、将刑法第一百八十二条修改为：“有下列情形之一，操纵证券、期货市场，情节严重的，处五年以下有期徒刑或者拘役，并处或者单处罚金；情节特别严重的，处五年以上十年以下有期徒刑，并处罚金：

“（一）单独或者合谋，集中资金优势、持股或者持仓优势或者利用信息优势联合或者连续买卖，操纵证券、期货交易价格或者证券、期货交易量的；

“（二）与他人串通，以事先约定的时间、价格和方式相互进行证券、期货交易，影响证券、期货交易价格或者证券、期货交易量的；

“（三）在自己实际控制的账户之间进行证券交易，或者以自己为交易对象，自买自卖期货合约，影响证券、期货交易价格或者证券、期货交易量的；

“（四）以其他方法操纵证券、期货市场的。

“单位犯前款罪的，对单位判处罚金，并对其直接负责的主管人员和其他直接责任人员，依照前款的规定处罚。”

十二、在刑法第一百八十五条后增加一条，作为第一百八十五条之一：“商业银行、证券交易所、期货交易所、证券公司、期货经纪公司、保险公司或者其他金融机构，违背受托义务，擅自运用客户资金或者其他委托、信托的财产，情节严重的，对单位判处罚金，并对其直接负责的主管人员和其他直接责任人员，处三年以下有期徒刑或者拘役，并处三万元以上三十万元以下罚金；情节特别严重的，处三年以上十年以下有期徒刑，并处五万元以上五十万元以下罚金。

“社会保障基金管理机构、住房公积金管理机构等公众资金管理机构，以及保险公司、保险资产管理公司、证券投资基金管理公司，违反国家规定运用资金的，对其直接负责的主管人员和其他直接责任人员，依照前款的规定处罚。”

十三、将刑法第一百八十六条修改为：“银行或者其他金融机构的工作人员违反国家规定发放贷款，数额巨大或者造成重大损失的，处五年以下有期徒刑或者拘役，并处一万元以上十万元以下罚金；数额特别巨大或者造成特别重大损失的，处五年以上有期徒刑，并处二万元以上二十万元以下罚金。

“银行或者其他金融机构的工作人员违反国家规定，向关系人发放贷款的，依照前款的规定从重处罚。”

“单位犯前款罪的，对单位判处罚金，并对其直接负责的主管人员和其他直接责任人员，依照前两款的规定处罚。

“关系人的范围，依照《中华人民共和国商业银行法》和有关金融法规确定。”

十四、将刑法第一百八十七条第一款修改为：“银行或者其他金融机构的工作人员吸收客户资金不入账，数额巨大或者造成重大损失的，处五年以下有期徒刑或者拘役，并处二万元以上二十万元以下罚金；数额特别巨大或者造成特别重大损失的，处五年以上有期徒刑，并处五万元以上五十万元以下罚金。”

十五、将刑法第一百八十八条第一款修改为：“银行或者其他金融机构的工作人员违反规定，为他人出具信用证或者其他保函、票据、存单、资信证明，情节严重的，处五年以下有期徒刑或者拘役；情节特别严重的，处五年以上有期徒刑。”

十六、将刑法第一百九十一条第一款修改为：“明知是毒品犯罪、黑社会性质的组织犯罪、恐怖活动犯罪、走私犯罪、贪污贿赂犯罪、破坏金融管理秩序犯罪、金融诈骗犯罪的违法的所得及其产生的收益，为掩饰、隐瞒其来源和性质，有下列行为之一的，没收实施以上犯罪的违法所得及其产生的收益，处五年以下有期徒刑或者拘役，并处或者单处洗钱数额百分之五以上百分之二十以下罚金；情节严重的，处五年以上十年以下有期徒刑，并处洗钱数额百分之五以上百分之二十以下罚金：

“（一）提供资金账户的；

“（二）协助将财产转换为现金或者金融票据的；

“（三）通过转账或者其他结算方式协助资金转移的；

“（四）协助将资金汇往境外的；

“（五）以其他方法掩饰、隐瞒犯罪的违法所得及其收益的来源和性质的。”

“单位犯前款罪的，对单位判处罚金，并对其直接负责的主管人员和其他直接责任人员，处五年以下有期徒刑或者拘役；情节严重的，处五年以上十年以下有期徒刑。”

十七、在刑法第二百六十二条后增加一条，作为第二百六十二条之一：“以暴力、胁迫手段组织残疾人或者不满十四周岁的未成年人乞讨的，处三年以下有期徒刑或者拘役，并处罚金；情节严重的，处三年以上七年以下有期徒刑，并处罚金。”

十八、将刑法第三百零三条修改为：“以营利为目的，聚众赌博或者以赌博为业的，处三年以下有期徒刑、拘役或者管制，并处罚金。

“开设赌场的，处三年以下有期徒刑、拘役或者管制，并处罚金；情节严重的，处三年以上十年以下有期徒刑，并处罚金。”

十九、将刑法第三百一十二条修改为：“明知是犯罪所得的财物及其产生的收益而予以窝藏、转移、收购、代为销售或者以其他方法掩饰、隐瞒的，处三年以下有期徒刑、拘役或者管制，并处或者单处罚金；情节严重的，处三年以上七年以下有期徒刑，并处罚金。”

二十、在刑法第三百三十六条后增加一条，作为第三百三十六条之一：“违反国家规定，为他人进行非医学需要的胎儿性别鉴定的，导致选择性别、人工终止妊娠后果，情节严重的，处三年以下有期徒刑、拘役或者管制，并处罚金。”

二十一、在刑法第三百九十九条后增加一条，作为第三百九十九条之一："依法承担仲裁职责的人员，在仲裁活动中故意违背事实和法律作枉法裁决，情节严重的，处三年以下有期徒刑或者拘役；情节特别严重的，处三年以上七年以下有期徒刑。"

二十一、本修正案自公布之日起施行。

附四：全国人大法律委员会关于《中华人民共和国刑法修正案（六）（草案）》修改情况的汇报

——2006年4月25日在第十届全国人民代表大会常务委员会第二十一次会议上

（全国人大法律委员会副主任委员　周坤仁）

全国人民代表大会常务委员会：

常委会第十九次会议对刑法修正案（六）草案进行了初次审议。会后，法制工作委员会将草案印发各省（区、市）、中央有关部门和有关单位征求意见；法律委员会、法制工作委员会召开座谈会，听取有关部门和专家的意见，并就几个主要问题同有关部门反复交换意见，进行研究。法律委员会于4月11日召开会议，根据常委会组成人员的审议意见和各方面的意见，对草案进行了逐条审议。内务司法委员会和最高人民法院、最高人民检察院、国务院法制办的负责同志列席了会议。4月20日，法律委员会召开会议，再次进行了审议。现将草案主要问题修改情况汇报如下：

一、刑法第一百三十四条、第一百三十五条对重大安全生产事故犯罪作了规定。有些全国人大代表和国家安全生产监督管理总局及一些地方提出，刑法上述规定，对惩治重大安全生产事故犯罪发挥了重要作用；但随着情况的变化，这两条规定已不能完全适应惩治重大安全事故犯罪的需要，建议作适当补充修改：一是刑法第一百三十四条、第一百三十五条对"企业事业单位"的人员违反安全生产管理规定构成犯罪的行为作了规定，但从实际发生的案件看，这类责任人员的情况比较复杂，并不都是企业事业单位人员，建议对这两条规定的犯罪主体进行研究修改；同时，对一些造成重大安全事故情节特别恶劣的行为，应当加重处罚。二是对举办大型群众性活动，严重违反安全管理规定，造成重大安全事故的，以及发生重大安全事故后不按规定报告或者谎报，贻误抢救或者造成事故灾害扩大，情节严重的，也应追究刑事责任。法律委员会经同有关部门研究，建议对刑法有关规定作出补充修改：一是对刑法第一百三十四条、第一百三十五条关于犯罪主体的规定加以修改，凡是有这两条规定的严重违法行为，造成重大伤亡事故或者其他严重后果的，都应依照各该条的规定追究刑事责任；对刑法第一百三十四条规定的犯罪，情节特别恶劣的，最高刑由七年有期徒刑提高到十年有期徒刑。二是增加规定：对举办大型群众性活动违反安全管理规定，造成重大伤亡事故或者其他严重后果的，对不按规定报告或者谎报重大安全事故情况，情节严重的，追究刑事责任。

二、草案第一条对刑法第一百六十一条的规定作了修改，增加规定了上市公司不按照规定披露信息的犯罪。有些常委会委员和地方、部门、专家提出，根据公司法、证券法、证券投资基金法等法律的规定，负有法定信息披露义务的主体不限于上市公司。发行债券的公司、企业和发售证券投资基金份额的基金管理公司等依法负有信息披露义务的公司、企业，不依法披露重要信息，严重损害公众投资者等的利益的，也应作为犯罪追究刑事责任。法律委员会经同国务院法制办、中国证监会等部门研究，建议将这一条增加的规定与刑法第一百六十一条已有的规定合并，修改为："依法负有信息披露义务的公司、企业向股东和社会公众提供虚假的或者隐瞒重要事实的财务会计报告，或者对依法应当披露的其他重要信息不按照规定披露，严重损害股东或者其他人利益的，对其直接负责的主管人员和其他直接责任人员，处三年以下有期徒刑或者拘役，并处或者单处二万元以上二十万元以下罚金。"

三、草案第六条对以欺骗手段骗用金融机构贷款的犯罪作了规定。有的常委委员和部门提出，除骗用贷款外，对采用欺骗手段骗取金融机构的票据承兑、信用证、保函等，给金融机构造成重大损失的行为，也应作为犯罪追究刑事责任。法律委员会经同国务院法制办、人民银行、银监会等部门研究，建议在这一条中增加规定采用欺骗手段骗取金融机构的票据承兑、信用证、保函等，给金融机构造成重大损失或者有其他严重情节的犯罪。

四、草案第十二条对刑法第一百九十一条关于洗钱罪的规定作了补充修改，在洗钱罪的上游犯罪中增加"贪污贿赂犯罪、金融犯罪"。有的常委会委员和部门建议进一步扩大这一条规定的上游犯罪的范围，认为按照有关国际公约的要求，对明知是严重犯罪的所得，协助进行转移、转换或者以其他方式隐瞒、掩饰其性质和来源的，都应规定为犯罪。法律委员会研究认为，除这一条规定的对几种严重犯罪的所得进行洗钱的犯罪外，按照我国刑法第三百一十二条的规定，对明知是任何犯罪所得而予以窝藏、转移、收购或者代为销售的，都是犯罪，应当追究刑事责任，只是没有使用洗钱罪的具体罪名。为进一步明确法律界限，以利于打击对其他犯罪的违法所得予以掩饰、隐瞒的严重违法行为，法律委员会经同有关部门研究，建议对刑法第三百一十二条作必要的补充修改，规定：对明知是犯罪所得及其产生的收益而予以窝藏、转移、收购、代为销售或者以其他方法掩饰、隐瞒的，追究刑事责任。

五、草案第十三条对以欺骗、胁迫、利诱等手段组织残疾人或者未成年人乞讨的犯罪作了规定。有些常委会委员和地方、专家提出，对胁迫、诱骗、利用他人进行乞讨的行为，治安管理处罚法已经作了处罚规定；需要动用刑法手段严厉打击的，应是以暴力、胁迫手段组织残疾人或者未成年人乞讨的行为。法律委员会经研究，建议将这一条修改为："以暴力、胁迫手段组织残疾人或者不满十四周岁的未成年人乞讨的，处三年以下有期徒刑或者拘役，并处罚金；情节严重的，处三年以上七年以下有期徒刑，并处罚金。"

这里，还有一个问题需要汇报。草案第十五条对违反国家规定进行非医学需要的胎儿性别鉴定的行为，作为犯罪作了规定。有些常委会组成人员和地方、部门、专家认为，这一条规定的犯罪界限不清，实践中很难操作；对这种行为不宜作为犯罪处理。有的常委会组成人员和部门认为，为了遏制性别比不断扩大的势头，造成严重社会问题，作这一条规定是必要的，实践中也并非不可操作。法律委员会经研究，考虑到在这个问题上的分歧意见很大，建议这次暂不作修改，经本次常委会会议审议后，再会同有关方面进一步研究论证，提出处理意见。

此外，还对草案作了一些文字修改。

草案二次审议稿已按上述意见作了修改，法律委员会建议本次常委会会议继续审议。

草案二次审议稿和以上汇报是否妥当，请审议。

附五：中华人民共和国刑法修正案（六）（草案）（三次审议稿）

一、将刑法第一百三十四条修改为："在生产、作业中违反有关安全管理的规定，因而发生重大伤亡事故或者造成其他严重后果的，处三年以下有期徒刑或者拘役；情节特别恶劣的，处三年以上七年以下有期徒刑。

"强令他人违章冒险作业，因而发生重大伤亡事故或者造成其他严重后果的，处五年以下有期徒刑或者拘役；情节特别恶劣的，处五年以上十年以下有期徒刑。"

二、将刑法第一百三十五条修改为："安全生产设施或者安全生产条件不符合国家规定，因而发生重大伤亡事故或者造成其他严重后果的，对直接负责的主管人员和其他直接责任人员，处三年以下有期徒刑或者拘役；情节特别恶劣的，处三年以上七年以下有期徒刑。"

三、在刑法第一百三十五条后增加一条，作为第一百三十五条之一："举办大型群众性活动违反安全管理规定，因而发生重大伤亡事故或者造成其他严重后果的，对直接负责的主管人员和其他直接责任人员，处三年以下有期徒刑或者拘役；情节特别恶劣的，处三年以上七年以下有期徒刑。"

四、在刑法第一百三十九条后增加一条，作为第一百三十九条之一："在安全事故发生后，负有报告职责的人员不报或者谎报事故情况，贻误事故抢救，情节严重的，处三年以下有期徒刑或者拘役；情节特别严重的，处三年以上七年以下有期徒刑。"

五、将刑法第一百六十一条修改为："依法负有信息披露义务的公司、企业向股东和社会公众提供虚假的或者隐瞒重要事实的财务会计报告，或者对依法应当披露的其他重要信息不按照规定披露，严重损害股东或者其他人利益，或者有其他严重情节的，对其直接负责的主管人员和其他直接责任人员，处三年以下有期徒刑或者拘役，并处或者单处二万元以上二十万元以下罚金。"

六、在刑法第一百六十二条之一后增加一条，作为第一百六十二条之二："公司、企业通过隐匿财产、承担虚构的债务或者以其他方法转移、处分财产，实施虚假破产，严重损害债权人或者其他人利益的，对其直接负责的主管人员和其他直接责任人员，处五年以下有期徒刑或者拘役，并处或者单处二万元以上二十万元以下罚金。"

七、将刑法第一百六十三条修改为："公司、企业或者其他单位的工作人员利用职务上的便利，索取他人财物或者非法收受他人财物，为他人谋取利益，数额较大的，处五年以下有期徒刑或者拘役；数额巨大的，处五年以上有期徒刑，可以并处没收财产。

"公司、企业或者其他单位的工作人员在经济往来中，利用职务上的便利，违反国家规定，收受各种名义的回扣、手续费，归个人所有的，依照前款的规定处罚。

"国有公司、企业或者其他国有单位中从事公务的人员和国有公司、企业或者其他国有单位委派到非国有公司、企业以及其他单位从事公务的人员有前两款行为的，依照本法第三百八十五条、第三百八十六条的规定定罪处罚。"

八、将刑法第一百六十四条第一款修改为："为谋取不正当利益，给予公司、企业或者其他单位的工作人员以财物，数额较大的，处三年以下有期徒刑或者拘役；数额巨大的，处三年以上十年以下有期徒刑，并处罚金。"

九、在刑法第一百六十九条后增加一条，作为第一百六十九条之一："上市公司的董事、监事、高级管理人员违背对公司的忠实义务，利用职务便利，操纵上市公司从事下列行为之一，致使上市公司利益遭受重大损失的，处三年以下有期徒刑或者拘役，并处或者单处罚金；致使上市公司利益遭受特别重大损失的，处三年以上七年以下有期徒刑，并处罚金：

"（一）无偿向其他单位或者个人提供资金、商品、服务或者其他资产的；

"（二）以明显不公平的条件，提供、接受资金、商品、服务或者其他资产的；

"（三）向明显不具有清偿能力的单位或者个人提供资金、商品、服务或者其他资产的；

"（四）为明显不具有清偿能力的单位或者个人提供担保，或者无正当理由为其他单位或者个人提供担保的；

"（五）无正当理由放弃债权、承担债务的；

"（六）采用其他方式损害上市公司利益的。

"上市公司的控股股东或者实际控制人，指使上市公司董事、监事、高级管理人员实施前款行为的，依照前款的规定处罚。

"犯前款罪的上市公司的控股股东或者实际控制人是单位的，对单位判处罚金，并对其直接负责的主管人员和其他直接责任人员，依照第一款的规定处罚。"

十、在刑法第一百七十五条后增加一条，作为第一百七十五条之一："以欺骗手段取得银行或者其他金融机构贷款、票据承兑、信用证、保函等，给银行或者其他金融机构造成重大损失或者有其他严重情节的，处三年以下有期徒刑或者拘役，并处或者单处罚金；给银行或者其他金融机构造成特别重大损失或者有其他特别严重情节的，处三年以上七年以下有期徒刑，并处罚金。

"单位犯前款罪的，对单位判处罚金，并对其直接负责的主管人员和其他直接责任人员，依照前款的规定处罚。"

十一、将刑法第一百八十二条修改为："有下列情形之一，操纵证券、期货市场，情节严重的，处五年以下有期徒刑或者拘役，并处或者单处罚金；情节特别严重的，处五年以上十年以下有期徒刑，并处罚金：

"（一）单独或者合谋，集中资金优势、持股或者持仓优势或者利用信息优势联合或者连续买卖，操纵证券、期货交易价格或者证券、期货交易量的；

"（二）与他人串通，以事先约定的时间、价格和方式相互进行证券、期货交易，影响证券、期货交易价格或者证券、期货交易量的；

"（三）在自己实际控制的账户之间进行证券交易，或者以自己为交易对象，自买自卖期货合约，影响证券、期货交易价格或者证券、期货交易量的；

"（四）以其他方法操纵证券、期货市场的。

"单位犯前款罪的，对单位判处罚金，并对其直接负责的主管人员和其他直接责任人员，依照前款的规定处罚。"

十二、在刑法第一百八十五条后增加一条，作为第一百八十五条之一："商业银行、证券交易所、期货交易所、证券公司、期货经纪公司、保险公司或者其他金融机构，违背受托义务，擅自运用客户资金或者其他委托、信托的财产，情节严重的，对单位判处罚金，并对其直接负责的主管人员和其他直接责任人员，处三年以下有期徒刑或者拘役，并处三万元以上三十万元以下罚金；情节特别严重的，处三年以上十年以下有期徒刑，并处五万元以上五十万元以下罚金。

"社会保障基金管理机构、住房公积金管理机构等公众资金经营、管理机构，以及保险公司、保险资产管理公司、证券投资基金管理公司，违反国家规定运用资金的，对其直接负责的主管人员和其他直接责任人员，依照前款的规定处罚。"

十三、将刑法第一百八十六条修改为："银行或者其他金融机构的工作人员违反国家规定发放贷款，数额巨大或者造成重大损失的，处五年以下有期徒刑或者拘役，并处一万元以上十万元以下罚金；数额特别巨大或者造成特别重大损失的，处五年以上有期徒刑，并处二万元以上二十万元以下罚金。

"银行或者其他金融机构的工作人员违反国家规定，向关系人发放贷款的，依照前款的规定从重处罚。"

"单位犯前款罪的，对单位判处罚金，并对其直接负责的主管人员和其他直接责任人员，依照前两款的规定处罚。

"关系人的范围，依照《中华人民共和国商业银行法》和有关金融法规确定。"

十四、将刑法第一百八十七条第一款修改为："银行或者其他金融机构的工作人员吸收客户资金不入账，数额巨大或者造成重大损失的，处五年以下有期徒刑或者拘役，并处二万元以上二十万元以下罚金；数额特别巨大或者造成特别重大损失的，处五年以上有期徒刑，并处五万元以上五十万元以下罚金。"

十五、将刑法第一百八十八条第一款修改为："银行或者其他金融机构的工作人员违反规定，为他人出具信用证或者其他保函、票据、存单、资信证明，情节严重的，处五年以下有期徒刑或者拘役；情节特别严重的，处五年以上有期徒刑。"

十六、将刑法第一百九十一条第一款修改为："明知是毒品犯罪、黑社会性质的组织犯罪、恐怖活动犯罪、走私犯罪、贪污贿赂犯罪、破坏金融管理秩序犯罪、金融诈骗犯罪的违法所得及其产生的收益，为掩饰、隐瞒其来源和性质，有下列行为之一的，没收实施以上犯罪的违法所得及其产生的收益，处五年以下有期徒刑或者拘役，并处或者单处洗钱数额百分之五以上百分之二十以下罚金；情节严重的，处五年以上十年以下有期徒刑，并处洗钱数额百分之五以上百分之二十以下罚金：

"（一）提供资金账户的；

"（二）协助将财产转换为现金或者金融票据的；

"（三）通过转账或者其他结算方式协助资金转移的；

"（四）协助将资金汇往境外的；

"（五）以其他方法掩饰、隐瞒犯罪的违法所得及其收益的来源和性质的。

"单位犯前款罪的，对单位判处罚金，并对其直接负责的主管人员和其他直接责任人员，处五年以下有期徒刑或者拘役；情节严重的，处五年以上十年以下有期徒刑。"

十七、在刑法第二百六十二条后增加一条，作为第二百六十二条之一："以暴力、胁迫手段组织残疾人或者不满十四周岁的未成年人乞讨的，处三年以下有期徒刑或者拘役，并处罚金；情节严重的，处三年以上七年以下有期徒刑，并处罚金。”

十八、将刑法第三百零三条修改为：“以营利为目的，聚众赌博或者以赌博为业的，处三年以下有期徒刑、拘役或者管制，并处罚金。

“开设赌场的，处三年以下有期徒刑、拘役或者管制，并处罚金；情节严重的，处三年以上十年以下有期徒刑，并处罚金。”

十九、将刑法第三百一十二条修改为：“明知是犯罪所得的财物及其产生的收益而予以窝藏、转移、收购、代为销售或者以其他方法掩饰、隐瞒的，处三年以下有期徒刑、拘役或者管制，并处或者单处罚金；情节严重的，处三年以上七年以下有期徒刑，并处罚金。”

二十、在刑法第三百九十九条后增加一条，作为第三百九十九条之一：“依法承担仲裁职责的人员，在仲裁活动中故意违背事实和法律作枉法裁决，情节严重的，处三年以下有期徒刑或者拘役；情节特别严重的，处三年以上七年以下有期徒刑。”

二十一、本修正案自公布之日起施行。

附六：全国人大法律委员会关于《中华人民共和国刑法修正案（六）（草案）》审议结果的报告

——2006年6月24日在第十届全国人民代表大会常务委员会第二十二次会议上

（全国人大法律委员会副主任委员　周坤仁）

全国人民代表大会常务委员会：

常委会第二十一次会议对刑法修正案（六）（草案二次审议稿）进行了审议。会后，法律委员会、法制工作委员会赴一些地方调研，进一步听取意见；并就草案主要问题同有关部门反复交换意见，共同研究。法律委员会于6月8日召开会议，根据常委会组成人员的审议意见和有关方面的意见，对草案进行了审议。最高人民法院、最高人民检察院、国务院法制办的负责同志列席了会议。6月20日，法律委员会召开会议，再次进行了审议。法律委员会认为，针对实践中出现的新情况新问题，对刑法作出修改补充是必要的，草案经过常委会两次审议、修改，已经比较成熟；同时，提出以下主要修改意见：

一、草案二次审议稿第六条对公司、企业“为通过破产逃避债务而隐匿财产、承担虚构的债务或者以其他方法转移、处分财产，严重损害债权人或者其他人利益”的犯罪及刑事责任作了规定。有些常委会委员和部门提出，这一条是为惩治“假破产真逃债”，严重损害债权人利益，扰乱市场经济秩序的行为所作的规定，应明确以“实施虚假破产”作为犯罪构成要件。法律委员会经研究，建议将这一条修改为：“公司、企业通过隐匿财产、承担虚构的债务或者以其他方法转移、处分财产，实施虚假破产，严重损害债权人或者其他人利益的，对其直接负责的主管人员和其他直接责任人员，处五年以下有期徒刑或者拘役，并处或者单处二万元以上二十万元以下罚金。”

二、草案二次审议稿第九条对上市公司的董事、监事、高级管理人员通过操纵上市公司进行不正当、不公平的关联交易等行为，转移上市公司的财产，“掏空”上市公司，使上市公司利益遭受重大损失的犯罪及刑事责任作了规定。有些常委会委员和地方提出，这一条列举了五项具体行为，而随着情况的变化，还可能出现“掏空”上市公司的新的行为，最好再增加一项“兜底性”规定。法律委员会经研究，建议在这一条第一款所列举的“掏空”上市公司的具体行为中，增加一项“采用其他方式损害上市公司利益”的行为，作为这一款的第六项。

此外，还有一个问题需要汇报。草案二次审议稿第二十条规定：“在刑法第三百三十六条后增加一条，作为第三百三十六条之一：‘违反国家规定，为他人进行非医学需要的胎儿性别鉴定，导致选择性别的人工终止妊娠后果，情节严重的，处三年以下有期徒刑、拘役或者管制，并处罚金。’”对这一条，一直存在较大分歧意见。

有些常委会组成人员、教科文卫委和国家计生委、有些地方赞成这一条的规定，主要理由是：（1）我国目前出生人口性别比偏高的形势严峻，如不给予高度重视、切实解决，将会影响人口结构、社会稳定，带来严重社会问题。（2）解决出生人口性别比偏高这个复杂问题，需要采取各种手段综合治理。在当前严峻形势下，用刑法手段对进行非医学需要的胎儿性别鉴定行为加以打击，能够起到震慑遏制作用，是迫切需要的。（3）从这些年一些地方的实践情况看，只要修正案作了规定，取证、操作并不是最大难题。不能因为取证困难，就放弃对这类行为的刑事处罚。

有些常委会组成人员、地方和中央有关部门、司法机关、法律专家不赞成把这一条所列行为规定为犯罪，主要理由是：（1）我国现阶段出生人口性别比偏高，有复杂的社会原因。重男轻女、“养儿防老”的传统生育观念在一些地方，特别是在农村地区根深蒂固，而观念问题是不能也不宜用刑法手段改变的，主要应通过发展经济、加强教育、建立健全社会保障体系等途径解决。（2）孕妇对胎儿性别有知情权，事先知道胎儿性别的办法并不只是做B超，也并不必然导致堕胎。（3）按照草案的规定，医生是否构成犯罪，最终取决于孕妇自己决定是否堕胎，这在法理上、情理上都是说不通的。即便是把这种行为规定为犯罪，在实践中也很难取证、操作。

法律委经反复慎重研究，考虑到在这个问题上意见分歧较大，一时难以统一，而草案二次审议稿规定的惩治安全生产事故犯罪、破坏金融管理秩序犯罪等内容，现实生活迫切需要，各方面也已取得了比较一致的意见，应该尽快出台。因此，建议继续对这个问题研究论证，刑法修正案（六）暂不规定。

此外，还对草案二次审议稿作了一些文字修改。

草案三次审议稿已按上述意见作了修改，法律委员会建议本次常委会会议审议通过。

草案三次审议稿和以上报告是否妥当，请审议。

附七：中华人民共和国刑法修正案（六）（草案）（建议表决稿）

一、将刑法第一百三十四条修改为："在生产、作业中违反有关安全管理的规定，因而发生重大伤亡事故或者造成其他严重后果的，处三年以下有期徒刑或者拘役；情节特别恶劣的，处三年以上七年以下有期徒刑。

"强令他人违章冒险作业，因而发生重大伤亡事故或者造成其他严重后果的，处五年以下有期徒刑或者拘役；情节特别恶劣的，处五年以上有期徒刑。

二、将刑法第一百三十五条修改为："安全生产设施或者安全生产条件不符合国家规定，因而发生重大伤亡事故或者造成其他严重后果的，对直接负责的主管人员和其他直接责任人员，处三年以下有期徒刑或者拘役；情节特别恶劣的，处三年以上七年以下有期徒刑。"

三、在刑法第一百三十五条后增加一条，作为第一百三十五条之一："举办大型群众性活动违反安全管理规定，因而发生重大伤亡事故或者造成其他严重后果的，对直接负责的主管人员和其他直接责任人员，处三年以下有期徒刑或者拘役；情节特别恶劣的，处三年以上七年以下有期徒刑。"

四、在刑法第一百三十九条后增加一条，作为第一百三十九条之一："在安全事故发生后，负有报告职责的人员不报或者谎报事故情况，贻误事故抢救，情节严重的，处三年以下有期徒刑或者拘役；情节特别严重的，处三年以上七年以下有期徒刑。"

五、将刑法第一百六十一条修改为："依法负有信息披露义务的公司、企业向股东和社会公众提供虚假的或者隐瞒重要事实的财务会计报告，或者对依法应当披露的其他重要信息不按照规定披露，严重损害股东或者其他人利益，或者有其他严重情节的，对其直接负责的主管人员和其他直接责任人员，处三年以下有期徒刑或者拘役，并处或者单处二万元以上二十万元以下罚金。"

六、在刑法第一百六十二条之一后增加一条，作为第一百六十二条之二："公司、企业通过隐匿财产、承担虚构的债务或者以其他方法转移、处分财产，实施虚假破产，严重损害债权人或者其他人利益的，对其直接负责的主管人员和其他直接责任人员，处五年以下有期徒刑或者拘役，并处或者单处二万元以上二十万元以下罚金。"

七、将刑法第一百六十三条修改为："公司、企业或者其他单位的工作人员利用职务上的便利，索取他人财物或者非法收受他人财物，为他人谋取利益，数额较大的，处五年以下有期徒刑或者拘役；数额巨大的，处五年以上有期徒刑，可以并处没收财产。

"公司、企业或者其他单位的工作人员在经济往来中，利用职务上的便利，违反国家规定，收受各种名义的回扣、手续费，归个人所有的，依照前款的规定处罚。

"国有公司、企业或者其他国有单位中从事公务的人员和国有公司、企业或者其他国有单位委派到非国有公司、企业以及其他单位从事公务的人员有前两款行为的，依照本法第三百八十五条、第三百八十六条的规定定罪处罚。"

八、将刑法第一百六十四条第一款修改为："为谋取不正当利益，给予公司、企业或者其他单位的工作人员以财物，数额较大的，处三年以下有期徒刑或者拘役；数额巨大的，处三年以上十年以下有期徒刑，并处罚金。"

九、在刑法第一百六十九条后增加一条，作为第一百六十九条之一："上市公司的董事、监事、高级管理人员违背对公司的忠实义务，利用职务便利，操纵上市公司从事下列行为之一，致使上市公司利益遭受重大损失的，处三年以下有期徒刑或者拘役，并处或者单处罚金；致使上市公司利益遭受特别重大损失的，处三年以上七年以下有期徒刑，并处罚金：

"（一）无偿向其他单位或者个人提供资金、商品、服务或者其他资产的；

"（二）以明显不公平的条件，提供、接受资金、商品、服务或者其他资产的；

"（三）向明显不具有清偿能力的单位或者个人提供资金、商品、服务或者其他资产的；

"（四）为明显不具有清偿能力的单位或者个人提供担保，或者无正当理由为其他单位或者个人提供担保的；

"（五）无正当理由放弃债权、承担债务的；

"（六）采用其他方式损害上市公司利益的。

"上市公司的控股股东或者实际控制人，指使上市公司董事、监事、高级管理人员实施前款行为的，依照前款的规定处罚。

"犯前款罪的上市公司的控股股东或者实际控制人是单位的，对单位判处罚金，并对其直接负责的主管人员和其他直接责任人员，依照第一款的规定处罚。"

十、在刑法第一百七十五条后增加一条，作为第一百七十五条之一：“以欺骗手段取得银行或者其他金融机构贷款、票据承兑、信用证、保函等，给银行或者其他金融机构造成重大损失或者有其他严重情节的，处三年以下有期徒刑或者拘役，并处或者单处罚金；给银行或者其他金融机构造成特别重大损失或者有其他特别严重情节的，处三年以上七年以下有期徒刑，并处罚金。

“单位犯前款罪的，对单位判处罚金，并对其直接负责的主管人员和其他直接责任人员，依照前款的规定处罚。”

十一、将刑法第一百八十二条修改为：“有下列情形之一，操纵证券、期货市场，情节严重的，处五年以下有期徒刑或者拘役，并处或者单处罚金；情节特别严重的，处五年以上十年以下有期徒刑，并处罚金：

“（一）单独或者合谋，集中资金优势、持股或者持仓优势或者利用信息优势联合或者连续买卖，操纵证券、期货交易价格或者证券、期货交易量的；

“（二）与他人串通，以事先约定的时间、价格和方式相互进行证券、期货交易，影响证券、期货交易价格或者证券、期货交易量的；

“（三）在自己实际控制的账户之间进行证券交易，或者以自己为交易对象，自买自卖期货合约，影响证券、期货交易价格或者证券、期货交易量的；

“（四）以其他方法操纵证券、期货市场的。

“单位犯前款罪的，对单位判处罚金，并对其直接负责的主管人员和其他直接责任人员，依照前款的规定处罚。”

十二、在刑法第一百八十五条后增加一条，作为第一百八十五条之一：“商业银行、证券交易所、期货交易所、证券公司、期货经纪公司、保险公司或者其他金融机构，违背受托义务，擅自运用客户资金或者其他委托、信托的财产，情节严重的，对单位判处罚金，并对其直接负责的主管人员和其他直接责任人员，处三年以下有期徒刑或者拘役，并处三万元以上三十万元以下罚金；情节特别严重的，处三年以上十年以下有期徒刑，并处五万元以上五十万元以下罚金。

“社会保障基金管理机构、住房公积金管理机构等公众资金经营、管理机构，以及保险公司、保险资产管理公司、证券投资基金管理公司，违反国家规定运用资金的，对其直接负责的主管人员和其他直接责任人员，依照前款的规定处罚。”

十三、将刑法第一百八十六条修改为：“银行或者其他金融机构的工作人员违反国家规定发放贷款，数额巨大或者造成重大损失的，处五年以下有期徒刑或者拘役，并处一万元以上十万元以下罚金；数额特别巨大或者造成特别重大损失的，处五年以上有期徒刑，并处二万元以上二十万元以下罚金。

“银行或者其他金融机构的工作人员违反国家规定，向关系人发放贷款的，依照前款的规定从重处罚。”

“单位犯前款罪的，对单位判处罚金，并对其直接负责的主管人员和其他直接责任人员，依照前两款的规定处罚。

“关系人的范围，依照《中华人民共和国商业银行法》和有关金融法规确定。”

十四、将刑法第一百八十七条第一款修改为：“银行或者其他金融机构的工作人员吸收客户资金不入账，数额巨大或者造成重大损失的，处五年以下有期徒刑或者拘役，并处二万元以上二十万元以下罚金；数额特别巨大或者造成特别重大损失的，处五年以上有期徒刑，并处五万元以上五十万元以下罚金。”

十五、将刑法第一百八十八条第一款修改为：“银行或者其他金融机构的工作人员违反规定，为他人出具信用证或者其他保函、票据、存单、资信证明，情节严重的，处五年以下有期徒刑或者拘役；情节特别严重的，处五年以上有期徒刑。”

十六、将刑法第一百九十一条第一款修改为：“明知是毒品犯罪、黑社会性质的组织犯罪、恐怖活动犯罪、走私犯罪、贪污贿赂犯罪、破坏金融管理秩序犯罪、金融诈骗犯罪的违法所得及其产生的收益，为掩饰、隐瞒其来源和性质，有下列行为之一的，没收实施以上犯罪的违法所得及其产生的收益，处五年以下有期徒刑或者拘役，并处或者单处洗钱数额百分之五以上百分之二十以下罚金；情节严重的，处五年以上十年以下有期徒刑，并处洗钱数额百分之五以上百分之二十以下罚金：

“（一）提供资金账户的；

“（二）协助将财产转换为现金或者金融票据的；

“（三）通过转账或者其他结算方式协助资金转移的；

“（四）协助将资金汇往境外的；

“（五）以其他方法掩饰、隐瞒犯罪的违法所得及其收益的来源和性质的。”

“单位犯前款罪的，对单位判处罚金，并对其直接负责的主管人员和其他直接责任人员，处五年以下有期徒刑或者拘役；情节严重的，处五年以上十年以下有期徒刑。”

十七、在刑法第二百六十二条后增加一条，作为第二百六十二条之一：“以暴力、胁迫手段组织残疾人或者不满十四周岁的未成年人乞讨的，处三年以下有期徒刑或者拘役，并处罚金；情节严重的，处三年以上七年以下有期徒刑，并处罚金。”

十八、将刑法第三百零三条修改为：“以营利为目的，聚众赌博或者以赌博为业的，处三年以下有期徒刑、拘役或者管制，并处罚金。

“开设赌场的，处三年以下有期徒刑、拘役或者管制，并处罚金；情节严重的，处三年以上十年以下有期徒刑，并处罚金。”

十九、将刑法第三百一十二条修改为：“明知是犯罪所得的财物及其产生的收益而予以窝藏、转移、收购、代为销售或者以其他方法掩饰、隐瞒的，处三年以下有期徒刑、拘役或者管制，并处或者单处罚金；情节严重的，处三年以上七年以下有期徒刑，并处罚金。”

二十、在刑法第三百九十九条后增加一条，作为第三百九十九条之一：“依法承担仲裁职责的人员，在仲裁活动中故意违背事实和法律作枉法裁决，情节严重的，处三年以下有期徒刑或者拘役；情节特别严重的，处三年以上七年以下有期徒刑。”

二十一、本修正案自公布之日起施行。

附八：全国人大法律委员会关于《中华人民共和国刑法修正案（六）（草案）》修改意见的报告（书面）

——2006 年 6 月 29 日在第十届全国人民代表大会常务委员会第二十二次会议上

（全国人大法律委员会主任委员　杨景宇）

全国人民代表大会常务委员会：

本次常委会会议于 6 月 24 日下午对刑法修正案（六）（草案三次审议稿）进行了分组审议。常委会组成人员认为，这个法律草案已经比较成熟，建议本次会议进一步修改后通过；同时，有些常委会组成人员还提出了一些修改意见。法律委员会于 6 月 26 日召开会议，逐条研究了常委会组成人员的意见，对法律草案进行了审议。内务司法委员会和最高人民法院、最高人民检察院、国务院法制办的负责同志列席了会议。法律委员会认为，法律草案是可行的；同时，提出以下主要修改意见：

草案三次审议稿第一条第二款将刑法关于强令工人违章冒险作业，情节特别恶劣的，“处三年以上七年以下有期徒刑”的规定修改为“处五年以上十年以下有期徒刑”。有些常委会委员提出，从实际发生的一些重大矿难的严重后果看，对情节特别恶劣的犯罪，处刑还应加重。法律委员会经同最高人民法院、最高人民检察院研究，建议将这一款修改为：“强令他人违章冒险作业，因而发生重大伤亡事故或者造成其他严重后果的，处五年以下有期徒刑或者拘役；情节特别恶劣的，处五年以上有期徒刑。”这样修改，最高刑可以判处十五年有期徒刑。

这里还有一个问题需要汇报。在本次常委会会议分组审议中，对非医学需要的胎儿性别鉴定行为是否作为犯罪追究刑事责任，意见分歧仍然较大。法律委员会经对这个问题再次慎重研究认为，将原草案对这个问题的规定提请本次常委会会议表决的条件还不具备，建议会后在充分考虑常委会组成人员各种意见的基础上，继续抓紧工作，广泛听取意见，总结实践经验，在下一步修改刑法时再研究解决这个问题。

此外，根据常委会组成人员的意见，还对法律草案作了一些文字修改。

法律草案的建议表决稿已按上述意见作了修改，法律委员会建议本次常委会会议通过。

法律草案的建议表决稿和以上报告是否妥当，请审议。

7. 中华人民共和国刑法修正案（七）

（2009 年 2 月 28 日第十一届全国人民代表大会常务委员会第七次会议通过，2009 年 2 月 28 日中华人民共和国主席令第十号公布　自公布之日起施行）

一、将刑法第一百五十一条第三款修改为：“走私珍稀植物及其制品等国家禁止进出口的其他货物、物品的，处五年以下有期徒刑或者拘役，并处或者单处罚金；情节严重的，处五年以上有期徒刑，并处罚金。

二、将刑法第一百八十条第一款修改为：“证券、期货交易内幕信息的知情人员或者非法获取证券、期货交易内幕信息的人员，在涉及证券的发行，证券、期货交易或者其他对证券、期货交易价格有重大影响的信息尚未公开前，买入或者卖出该证券，或者从事与该内幕信息有关的期货交易，或者泄露该信息，或者明示、暗示他人从事上述交易活动，情节严重的，处五年以下有期徒刑或者拘役，并处或者单处违法所得一倍以上五倍以下罚金；情节特别严重的，处五年以上十年以下有期徒刑，并处违法所得一倍以上五倍以下罚金。”

增加一款作为第四款：“证券交易所、期货交易所、证券公司、期货经纪公司、基金管理公司、商业银行、保险公司等金融机构的从业人员以及有关监管部门或者行业协会的工作人员，利用因职务便利获取的内幕信息以外的其他未公开的信息，违反规定，从事与该信息相关的证券、期货交易活动，或者明示、暗示他人从事相关交易活动，情节严重的，依照第一款的规定处罚。”

三、将刑法第二百零一条修改为：“纳税人采取欺骗、隐瞒手段进行虚假纳税申报或者不申报，逃避缴纳税款数额较大并且占应纳税额百分之十以上的，处三年以下有期徒刑或者拘役，并处罚金；数额巨大并且占应纳税额百分之三十以上的，处三年以上七年以下有期徒刑，并处罚金。

“扣缴义务人采取前款所列手段，不缴或者少缴已扣、已收税款，数额较大的，依照前款的规定处罚。

“对多次实施前两款行为，未经处理的，按照累计数额计算。

“有第一款行为，经税务机关依法下达追缴通知后，补缴应纳税款，缴纳滞纳金，已受行政处罚的，不予追究刑事责任；但是，五年内因逃避缴纳税款受过刑事处罚或者被税务机关给予二次以上行政处罚的除外。”

四、在刑法第二百二十四条后增加一条，作为第二百二十四条之一：“组织、领导以推销商品、提供服务等经营活动为名，要求参加者以缴纳费用或者购买商品、服务等方式获得加入资格，并按照一定顺序组成层级，直接或者间接以发展人员的数量作为计酬或者返利依据，引诱、胁迫参加者继续发展他人参加，骗取财物，扰乱经济社会秩序的传销活动的，处五年以下有期徒刑或者拘役，并处罚金；情节严重的，处五年以上有期徒刑，并处罚金。”

五、将刑法第二百二十五条第三项修改为：“未经国家有关主管部门批准非法经营证券、期货、保险业务的，或者非法从事资金支付结算业务的；”

六、将刑法第二百三十九条修改为：“以勒索财物为目的绑架他人的，或者绑架他人作为人质的，处十年以上有期徒刑或者无期徒刑，并处罚金或者没收财产；情节较轻的，处五年以上十年以下有期徒刑，并处罚金。

“犯前款罪，致使被绑架人死亡或者杀害被绑架人的，处死刑，并处没收财产。

“以勒索财物为目的偷盗婴幼儿的，依照前两款的规定处罚。”

七、在刑法第二百五十三条后增加一条，作为第二百五十三条之一：“国家机关或者金融、电信、交通、教育、医疗等单位的工作人员，违反国家规定，将本单位在履行职责或者提供服务过程中获得的公民个人信息，出售或者非法提供给他人，情节严重的，处三年以下有期徒刑或者拘役，并处或者单处罚金。

“窃取或者以其他方法非法获取上述信息，情节严重的，依照前款的规定处罚。

“单位犯前两款罪的，对单位判处罚金，并对其直接负责的主管人员和其他直接责任人员，依照各该款的规定处罚。”

八、在刑法第二百六十二条之一后增加一条，作为第二百六十二条之二：“组织未成年人进行盗窃、诈骗、抢夺、敲诈勒索等违反治安管理活动的，处三年以下有期徒刑或者拘役，并处罚金；情节严重的，处三年以上七年以下有期徒刑，并处罚金。”

九、在刑法第二百八十五条中增加两款作为第二款、第三款：“违反国家规定，侵入前款规定以外的计算机信息系统或者采用其他技术手段，获取该计算机信息系统中存储、处理或者传输的数据，或者对该计算机信息系统实施非法控制，情节严重的，处三年以下有期徒刑或者拘役，并处或者单处罚金；情节特别严重的，处三年以上七年以下有期徒刑，并处罚金。

“提供专门用于侵入、非法控制计算机信息系统的程序、工具，或者明知他人实施侵入、非法控制计算机信息系统的违法犯罪行为而为其提供程序、工具，情节严重的，依照前款的规定处罚。”

十、在刑法第三百一十二条中增加一款作为第二款：“单位犯前款罪的，对单位判处罚金，并对其直接负责的主管人员和其他直接责任人员，依照前款的规定处罚。”

十一、将刑法第三百三十七条第一款修改为：“违反有关动植物防疫、检疫的国家规定，引起重大动植物疫情的，或者有引起重大动植物疫情危险，情节严重的，处三年以下有期徒刑或者拘役，并处或者单处罚金。”

十二、将刑法第三百七十五条第二款修改为：“非法生产、买卖武装部队制式服装，情节严重的，处三年以下有期徒刑、拘役或者管制，并处或者单处罚金。”

增加一款作为第三款：“伪造、盗窃、买卖或者非法提供、使用武装部队车辆号牌等专用标志，情节严重的，处三年以下有期徒刑、拘役或者管制，并处或者单处罚金；情节特别严重的，处三年以上七年以下有期徒刑，并处罚金。”

原第三款作为第四款，修改为：“单位犯第二款、第三款罪的，对单位判处罚金，并对其直接负责的主管人员和其他直接责任人员，依照各该款的规定处罚。”

十三、在刑法第三百八十八条后增加一条作为第三百八十八条之一：“国家工作人员的近亲属或者其他与该国家工作人员关系密切的人，通过该国家工作人员职务上的行为，或者利用该国家工作人员职权或者地位形成的便利条件，通过其他国家工作人员职务上的行为，为请托人谋取不正当利益，索取请托人财物或者收受请托人财物，数额较大或者有其他较重情节的，处三年以下有期徒刑或者拘役，并处罚金；数额巨大或者有其他严重情节的，处三年以上七年以下有期徒刑，并处罚金；数额特别巨大或者有其他特别严重情节的，处七年以上有期徒刑，并处罚金或者没收财产。

“离职的国家工作人员或者其近亲属以及其他与其关系密切的人，利用该离职的国家工作人员原职权或者地位形成的便利条件实施前款行为的，依照前款的规定定罪处罚。”

十四、将刑法第三百九十五条第一款修改为：“国家工作人员的财产、支出明显超过合法收入，差额巨大的，可以责令该国家工作人员说明来源，不能说明来源的，差额部分以非法所得论，处五年以下有期徒刑或者拘役；差额特别巨大的，处五年以上十年以下有期徒刑。财产的差额部分予以追缴。”

十五、本修正案自公布之日起施行。

附一：中华人民共和国刑法修正案（七）（草案）（一次审议稿）

一、将刑法第一百五十一条第三款修改为：“走私国家禁止进出口的珍稀植物及其制品或者国家禁止进出口的其他货物、物品的，处五年以下有期徒刑或者拘役，并处或者单处罚金；情节严重的，处五年以上有期徒刑，并处罚金。”

二、将刑法第一百八十条第一款修改为：“证券、期货交易内幕信息的知情人员或者非法获取证券、期货交易内幕信息的人员，在涉及证券的发行，证券、期货交易或者其他对证券、期货交易价格有重大影响的信息尚未公开前，买入或者卖出该证券，或者从事与该内幕信息有关的期货交易，或者泄露该信息，或者建议他人从事上述交易活动，情节严重的，处五年以下有期徒刑或者拘役，并处或者单处违法所得一倍以上五倍以下罚金；情节特别严重的，处五年以上十年以下有期徒刑，并处违法所得一倍以上五倍以下罚金。”

在该条中增加一款作为第四款：“基金管理公司、证券公司、商业银行或者其他金融机构的工作人员，利用因职务便利获取的内幕信息以外的其他未公开的经营信息，违反规定，从事与该信息相关的交易活动，或者建议他人从事相关交易活动，情节严重的，依照第一款的规定处罚。”

三、将刑法第二百零一条修改为：“纳税人采取欺骗、隐瞒手段进行虚假纳税申报或者不申报，逃避缴纳税款数额较大并且占应纳税额百分之十以上的，处三年以下有期徒刑或者拘役，并处或者单处罚金；数额巨大并且占应纳税额百分之三十以上的，处三年以上七年以下有期徒刑，并处罚金。

“扣缴义务人采取前款所列手段，不缴或者少缴已扣、已收税款，数额较大的，依照前款的规定处罚。

“对多次实施前两款行为，未经处理的，按照累计数额计算。

“有本条第一款行为，经税务机关依法下达追缴通知后，补缴应纳税款，缴纳滞纳金，并且接受行政处罚的，不予追究刑事责任；但是，五年内曾因逃避缴纳税款受过刑事处罚或者被税务机关给予二次以上行政处罚的除外。”

四、在刑法第二百二十五条后增加一条，作为第二百二十五条之一：“组织、领导实施传销行为的组织，情节严重的，处三年以下有期徒刑或者拘役，并处罚金；情节特别严重的，处三年以上七年以下有期徒刑，并处罚金。

“犯前款罪又有其他犯罪行为的，依照数罪并罚的规定处罚。

“传销行为依照法律、行政法规的规定确定。”

五、将刑法第二百三十九条修改为：“以勒索财物为目的绑架他人的，或者绑架他人作为人质的，处十年以上有期徒刑或者无期徒刑，并处罚金或者没收财产；情节较轻的，处三年以上十年以下有期徒刑，并处罚金。

“犯前款罪，致使被绑架人死亡或者杀害被绑架人的，处死刑，并处没收财产。

“以勒索财物为目的偷盗婴幼儿的，依照前两款的规定处罚。”

六、在刑法第二百五十三条后增加一条，作为第二百五十三条之一：“国家机关或者金融、电信、交通、教育、医疗等单位的工作人员，违反国家规定，将本单位在履行职责或者提供服务过程中获得的公民个人信息，出售或者非法提供给他人，情节严重的，处三年以下有期徒刑或者拘役，并处或者单处罚金。

“窃取、收买或者以其他方法非法获取上述信息，情节严重的，依照前款的规定处罚。”

七、在刑法第二百六十二条之一后增加一条，作为第二百六十二条之二：“组织未成年人进行盗窃、诈骗、抢夺、敲诈勒索等违反治安管理活动的，处三年以下有期徒刑或者拘役，并处罚金；情节严重的，处三年以上七年以下有期徒刑，并处罚金。”

八、在刑法第三百一十二条中增加一款作为第二款：“单位犯前款罪的，对单位判处罚金，并对其直接负责的主管人员和其他直接责任人员，依照前款的规定处罚。”

九、将刑法第三百三十七条第一款修改为：“违反有关动植物防疫、检疫的国家规定，引起重大动植物疫情或者有引起重大动植物疫情严重危险的，处三年以下有期徒刑或者拘役，并处或者单处罚金。”

十、将刑法第三百七十五条第二款修改为：“非法生产、买卖武装部队制式服装，伪造、盗窃、买卖或者非法提供、使用武装部队车辆号牌等专用标志，情节严重的，处三年以下有期徒刑、拘役或者管制，并处或者单处罚金。”

十一、在刑法第三百八十八条中增加两款作为第二款、第三款：“国家工作人员的近亲属或者其他与该国家工作人员关系密切的人，通过该国家工作人员职务上的行为，或者利用该国家工作人员职权或者地位形成的便利条件，通过其他国家工作人员职务上的行为，为请托人谋取不正当利益，索取请托人财物或者收受请托人财物，数额较大或者有其他较重情节的，处三年以下有期徒刑或者拘役，并处罚金；数额巨大或者有其他严重情节的，处三年以上七年以下有期徒刑，并处罚金；数额特别巨大或者有其他特别严重情节的，处七年以上有期徒刑，并处罚金或者没收财产。

“离职的国家工作人员或者其近亲属以及其他与其关系密切的人，利用该离职的国家工作人员原职权或者地位形成的便利条件实施前款行为的，依照前款的规定定罪处罚。”

十二、将刑法第三百九十五条第一款修改为：“国家工作人员的财产和支出明显超过合法收入，差额巨大的，可以责令说明来源。本人不能说明其来源的，差额部分以非法所得论，处五年以下有期徒刑或者拘役；差额特别巨大的，处五年以上十年以下有期徒刑。财产的差额部分予以追缴。”

十三、本修正案自公布之日起施行。

附二：关于《中华人民共和国刑法修正案（七）（草案）》的说明

——2008年8月25日在第十一届全国人民代表大会常务委员会第四次会议上

（全国人大常委会法制工作委员会主任　李适时）

委员长、各位副委员长、秘书长、各位委员：

我受委员长会议的委托，作关于《中华人民共和国刑法修正案（七）（草案）》的说明。

近年来，一些全国人大代表陆续提出了一些修改刑法的议案、建议，司法机关和一些部门也提出一些修改刑法的意见。按照全国人大常委会今年立法工作计划，法制工作委员会根据全国人大代表的议案、建议，司法机关和一些部门的意见，经调查研究，多次征求最高人民法院、最高人民检察院和各有关部门、部分专家的意见，起草了刑法修正案（七）（草案）。现就草案内容说明如下：

一、关于贪污贿赂犯罪

1. 刑法第三百八十八条对国家工作人员利用本人职权或地位形成的便利条件，通过其他国家工作人员的职务行为为请托人谋取不正当利益，索取或收受请托人财物的犯罪作了规定。有些全国人大代表和有关部门提出，有些国家工作人员的配偶、子女等近亲属，以及其他与该国家工作人员关系密切的人，通过该国家工作人员职务上的行为，或者利用该国家工作人员职权或者地位形成的便利条件，通过其他国家工作人员职务上的行为，为请托人谋取不正当利益，自己从中索取或者收受财物。同时，一些已离职的国家工作人员，虽已不具有国家工作人员身份，但利用其在职时形成的影响力，通过其他国家工作人员的职务行为为请托人谋取不正当利益，自己从中索取或者收受财物。这类行为败坏党风、政风和社会风气，对情节较重的，也应作为犯罪追究刑事责任。

经同中央纪委、最高人民法院、最高人民检察院等部门研究，建议在刑法第三百八十八条中增加两款，对上述应作为犯罪的行为及刑事责任作出规定。(草案第十一条)

2. 刑法第三百九十五条规定，国家工作人员的财产或者支出明显超过合法收入，差额巨大，本人不能说明其来源合法的，处五年以下有期徒刑或者拘役。有些全国人大代表和最高人民法院、最高人民检察院提出，本罪的刑罚偏轻，建议加重。

经同中央纪委、最高人民法院、最高人民检察院等部门研究认为，鉴于这类犯罪社会影响恶劣，为适应反腐败斗争的需要，对其加重刑罚是必要的，建议将本罪的最高刑由五年有期徒刑提高到十年有期徒刑。这样修改，加重了对这类犯罪的惩处，在量刑上又与贪污贿赂犯罪有所差别。司法实践中，对涉嫌贪污贿赂犯罪的，司法机关应当依法尽力查证犯罪事实，依照贪污贿赂犯罪的规定严惩。(草案第十二条)

二、关于破坏社会主义市场经济秩序犯罪

1. 刑法以具体列举的方式对走私武器、弹药等以及国家禁止进出口的文物、贵重金属、珍稀动植物及其制品等货物、物品的犯罪作了专门规定，对走私所列举的违禁货物、物品以外的普通货物、物品的，则按照偷逃关税的数额定罪量刑。海关总署提出，除了刑法所具体列举的禁止进出口的货物、物品外，国家还根据维护国家安全和社会公共利益的需要，规定了其他一些禁止进出口的货物、物品，如禁止进口来自疫区的动植物及其制品、禁止出口古植物化石等。对走私这类国家明令禁止进出口的货物、物品的，应直接定为犯罪，不应也无法同走私普通货物、物品一样，按其偷逃关税的数额定罪量刑。为适应惩治这类危害较大的走私行为的需要，经同有关部门研究，建议对刑法第一百五十一条第三款的规定作适当修改，增加走私国家禁止进出口的其他货物、物品的犯罪及刑事责任的规定。（草案第一条）

2. 刑法第一百八十条对利用证券、期货交易的内幕信息从事内幕交易的犯罪及刑事责任作了规定。有些全国人大代表和中国证监会提出，一些证券投资基金管理公司、证券公司等金融机构的从业人员，利用其因职务便利知悉的法定内幕信息以外的其他未公开的经营信息，如本单位受托管理资金的交易信息等，违反规定从事相关交易活动，牟取非法利益或者转嫁风险。这种被称为“老鼠仓”的行为，严重破坏金融管理秩序，损害公众投资者利益，应当作为犯罪追究刑事责任。

经同有关部门研究，建议在刑法第一百八十条中增加一款，规定：金融机构的工作人员，利用因职务便利获取的内幕信息以外的其他未公开的经营信息，违反规定从事相关交易活动，情节严重的，依照本条第一款关于从事内幕交易犯罪的规定处罚。(草案第二条)

3. 刑法第二百零一条从偷税的具体数额和所占应纳税款比例两方面对偷税罪的定罪量刑标准作了规定。有关部门提出，在经济生活中，偷逃税的情况十分复杂，同样的偷税数额在不同时期对社会的危害程度不同，建议在刑法中对偷税罪的具体数额标准不作规定，由司法机关根据实际情况作出司法解释并适时调整。同时提出，考虑到打击偷税犯罪的主要目的是为了维护税收征管秩序，保证国家税收收入，对属于初犯，经税务机关指出后积极补缴税款和滞纳金，履行了纳税义务，接受行政处罚的，可不再作为犯罪追究刑事责任，这样处理可以较好地体现宽严相济的刑事政策。

经同国家税务总局、公安部、最高人民法院、最高人民检察院研究，建议将刑法第二百零一条规定的偷税罪的定罪量刑标准修改为：逃避缴纳税款数额较大并且占应纳税额百分之十以上的，处三年以下有期徒刑或者拘役，并处或者单处罚金；数额巨大并且占应纳税额百分之三十以上的，处三年以上七年以下有期徒刑，并处罚金。并增加规定：有本条第一款行为，经税务机关依法下达追缴通知后，补缴应纳税款，缴纳滞纳金，并且接受行政处罚的，不予追究刑事责任；但是，五年内曾因逃避缴纳税款受过刑事处罚或者被税务机关给予二次以上行政处罚的除外。（草案第三条）

4. 国务院法制办、公安部、国家工商总局提出，当前以“拉人头”、收取“入门费”等方式组织传销的违法犯罪活动，严重扰乱社会秩序，影响社会稳定，危害严重。目前在司法实践中，对这类案件主要是根据实施传销行为的不同情况，分别按照非法经营罪、诈骗罪、集资诈骗罪等犯罪追究刑事责任的。为更有利于打击组织传销的犯罪，应当在刑法中对组织、领导传销组织的犯罪作出专门规定。经同有关部门研究，建议在刑法中增加组织、领导实施传销行为的组织的犯罪，对实施这类犯罪，又有其他犯罪行为的，实行数罪并罚。（草案第四条）

三、关于侵犯公民权利犯罪

1. 一些全国人大代表和有些部门提出，近年来，一些国家机关和电信、金融等单位在履行公务或提供服务活动中获得的公民个人信息被非法泄露的情况时有发生，对公民的人身、财产安全和个人隐私构成严重威胁。对这类侵害公民权益情节严重的行为，应当追究刑事责任。

经同有关部门研究，建议在刑法中增加规定：国家机关或者金融、电信、交通、教育、医疗等单位的工作人员，违反国家规定，将履行公务或者提供服务中获得的公民个人信息出售或者非法提供给他人，或者以窃取、收买等方法非法获取上述信息，情节严重的，追究刑事责任。（草案第六条）

2. 公安部提出，一些不法分子组织未成年人从事扒窃、抢夺等违反治安管理活动的情况，在一些地方比较突出，严重危害社会治安秩序，损害未成年人的身心健康。对此应在刑法中作出专门规定予以惩治。经同有关部门研究，建议在刑法中增加规定：组织未成年人进行盗窃、诈骗、抢夺、敲诈勒索等违反治安管理活动的，追究刑事责任。（草案第七条）

3. 刑法第二百三十九条规定，以勒索财物为目的绑架他人的，或者绑架他人作为人质的，处十年以上有期徒刑或者无期徒刑，并处罚金或者没收财产；致使被绑架人死亡或者杀害被绑架人的，处死刑，并处没收财产。最高人民法院和公安部提出，从实践中看，刑法对该罪设定的刑罚层次偏少，不能完全适应处理这类情况复杂的案件的需要，建议对绑架罪法定刑的设置作适当调整。有些全国人大代表建议规定，对绑架他人后主动放人的，从轻处罚。

经同最高人民法院、最高人民检察院、公安部研究认为，绑架罪严重危及公民人身安全，应予严惩；同时，考虑到实际发生的这类案件的具体情况比较复杂，在刑罚设置上适当增加档次，有利于按照罪刑相适应的原则惩治犯罪。据此，建议在刑法第二百三十九条规定的绑架罪中增加一档刑罚：情节较轻的，处三年以上十年以下有期徒刑，并处罚金。（草案第五条）

四、关于其他犯罪

1. 刑法第三百一十二条规定，明知是犯罪所得及其产生的收益而以窝藏、转移、收购、代为销售或者其他方法掩饰、隐瞒的，追究刑事责任。中国人民银行提出，这类犯罪有些是单位实施的，建议增加单位犯本罪的规定，以进一步完善刑法的反洗钱措施。经同有关部门研究，建议在刑法这一条中增加单位犯罪的规定。（草案第八条）

2. 刑法第三百三十七条规定了逃避进出境动植物检疫，引起重大动植物疫情的犯罪。最高人民检察院提出，从司法实践看，引发重大动植物疫情危险的，不仅有逃避进出境动植物检疫的行为，还有逃避依法实施的境内动植物防疫、检疫的行为。对后一类造成严重危害的违法行为，也应追究刑事责任。经同农业部和国家林业局等部门研究，建议将刑法第三百三十七条修改为：违反有关动植物防疫、检疫的国家规定，引起重大动植物疫情或者有引起重大动植物疫情严重危险的，处三年以下有期徒刑或者拘役，并处或者单处罚金。（草案第九条）

3. 刑法第三百七十五条第二款对非法生产、买卖武装部队制服、车辆号牌等专用标志的犯罪作了规定。中央军委法制局提出，近年来，盗窃、出租、非法使用军队车辆号牌的情况时有发生，扰乱社会管理秩序，损害军队形象和声誉，影响部队战备训练等工作的正常进行。对这类情节严重的行为，应当追究刑事责任。经同有关部门研究，建议在刑法第三百七十五条第二款中规定的犯罪行为中，增加盗窃、非法提供或使用武装部队车辆号牌等专用标志的情形。（草案第十条）

此外，一些全国人大代表和有关部门还提出了其他一些修改刑法的意见，考虑到其中有些可以通过法律解释解决，有些有关方面还有不同意见，需要根据实际情况进一步研究论证，暂未列入本草案，继续进行研究。

《中华人民共和国刑法修正案（七）（草案）》和以上说明是否妥当，请审议。

附三：中华人民共和国刑法修正案（七）（草案）（二次审议稿）

一、将刑法第一百五十一条第三款修改为："走私珍稀植物及其制品等国家禁止进出口的其他货物、物品的，处五年以下有期徒刑或者拘役，并处或者单处罚金；情节严重的，处五年以上有期徒刑，并处罚金。"

二、将刑法第一百八十条第一款修改为："证券、期货交易内幕信息的知情人员或者非法获取证券、期货交易内幕信息的人员，在涉及证券的发行，证券、期货交易或者其他对证券、期货交易价格有重大影响的信息尚未公开前，买入或者卖出该证券，或者从事与该内幕信息有关的期货交易，或者泄露该信息，或者明示、暗示他人从事上述交易活动，情节严重的，处五年以下有期徒刑或者拘役，并处或者单处违法所得一倍以上五倍以下罚金；情节特别严重的，处五年以上十年以下有期徒刑，并处违法所得一倍以上五倍以下罚金。"

增加一款作为第四款："证券交易所、期货交易所、证券公司、期货经纪公司、基金管理公司、商业银行、保险公司等金融机构的从业人员以及有关监管部门或者行业协会的工作人员，利用因职务便利获取的内幕信息以外的其他未公开的信息，违反规定，从事与该信息相关的证券、期货交易活动，或者明示、暗示他人从事相关交易活动，情节严重的，依照第一款的规定处罚。"

三、将刑法第二百零一条修改为："纳税人采取欺骗、隐瞒手段进行虚假纳税申报或者不申报，逃避缴纳税款数额较大并且占应纳税额百分之十以上的，处三年以下有期徒刑或者拘役，并处罚金；数额巨大并且占应纳税额百分之三十以上的，处三年以上七年以下有期徒刑，并处罚金。

"扣缴义务人采取前款所列手段，不缴或者少缴已扣、已收税款，数额较大的，依照前款的规定处罚。

"对多次实施前两款行为，未经处理的，按照累计数额计算。

"有第一款行为，经税务机关依法下达追缴通知后，补缴应纳税款，缴纳滞纳金，已受行政处罚的，不予追究刑事责任；但是，五年内因逃避缴纳税款受过刑事处罚或者被税务机关给予二次以上行政处罚的除外。"

四、在刑法第二百二十四条后增加一条，作为第二百二十四条之一："组织、领导以推销商品、提供服务等经营活动为名，要求参加者以缴纳费用或者购买商品、服务等方式获得加入资格，并按照一定顺序组成层级，直接或者间接以发展人员的数量作为计酬或者返利依据，引诱、胁迫参加者不断发展他人参加，骗取财物，扰乱经济社会秩序的传销活动的，处五年以下有期徒刑或者拘役，并处罚金；情节严重的，处五年以上有期徒刑，并处罚金。"

五、将刑法第二百二十五条第三项修改为："未经国家有关主管部门批准非法经营证券、期货、保险业务的，或者非法从事资金支付结算业务的；"

六、将刑法第二百三十九条修改为："以勒索财物为目的绑架他人的，或者绑架他人作为人质的，处十年以上有期徒刑或者无期徒刑，并处罚金或者没收财产；情节较轻的，处三年以上十年以下有期徒刑，并处罚金。

"犯前款罪，致使被绑架人死亡或者杀害被绑架人的，处死刑，并处没收财产。

"以勒索财物为目的偷盗婴幼儿的，依照前两款的规定处罚。"

七、在刑法第二百五十三条后增加一条，作为第二百五十三条之一："国家机关或者金融、电信、交通、教育、医疗等单位的工作人员，违反国家规定，将本单位在履行职责或者提供服务过程中获得的公民个人信息，出售或者非法提供给他人，情节严重的，处三年以下有期徒刑或者拘役，并处或者单处罚金。

"窃取或者以其他方法非法获取上述信息，情节严重的，依照前款的规定处罚。

八、在刑法第二百六十二条之一后增加一条，作为第二百六十二条之二："组织未成年人进行盗窃、诈骗、抢夺、敲诈勒索等违反治安管理活动的，处三年以下有期徒刑或者拘役，并处罚金；情节严重的，处三年以上七年以下有期徒刑，并处罚金。"

九、在刑法第二百八十五条中增加两款作为第二款、第三款："违反国家规定，侵入前款规定以外的计算机信息系统或者采用其他技术手段，获取该计算机信息系统中存储、处理或者传输的数据，或者对该计算机信息系统实施非法控制，情节严重的，处三年以下有期徒刑或者拘役，并处或者单处罚金；情节特别严重的，处三年以上七年以下有期徒刑，并处罚金。

"提供专门用于侵入、非法控制计算机信息系统的程序、工具，或者明知他人实施侵入、非法控制计算机信息系统的违法犯罪行为而为其提供程序、工具，情节严重的，依照前款的规定处罚。"

十、在刑法第三百一十二条中增加一款作为第二款："单位犯前款罪的，对单位判处罚金，并对其直接负责的主管人员和其他直接责任人员，依照前款的规定处罚。"

十一、将刑法第三百三十七条第一款修改为："违反有关动植物防疫、检疫的国家规定，引起重大动植物疫情的，或者有引起重大动植物疫情危险，情节严重的，处三年以下有期徒刑或者拘役，并处或者单处罚金。"

十二、将刑法第三百七十五条第二款修改为："非法生产、买卖武装部队制式服装，情节严重的，处三年以下有期徒刑、拘役或者管制，并处或者单处罚金。"

增加一款作为第三款："伪造、盗窃、买卖或者非法提供、使用武装部队车辆号牌等专用标志，情节严重的，处三年以下有期徒刑、拘役或者管制，并处或者单处罚金；情节特别严重的，处三年以上七年以下有期徒刑，并处罚金。"

原第三款作为第四款，修改为："单位犯第二款、第三款罪的，对单位判处罚金，并对其直接负责的主管人员和其他直接责任人员，依照各该款的规定处罚。"

十三、在刑法第三百八十八条中增加两款作为第二款、第三款："国家工作人员的近亲属或者其他与该国家工作人员关系密切的人，通过该国家工作人员职务上的行为，或者利用该国家工作人员职权或者地位形成的便利条件，通过其他国家工作人员职务上的行为，为请托人谋取不正当利益，索取请托人财物或者收受请托人财物，数额较大或者有其他较重情节的，处三年以下有期徒刑或者拘役，并处罚金；数额巨大或者有其他严重情节的，处三年以上七年以下有期徒刑，并处罚金；数额特别巨大或者有其他特别严重情节的，处七年以上有期徒刑，并处罚金或者没收财产。

"离职的国家工作人员或者其近亲属以及其他与其关系密切的人，利用该离职的国家工作人员原职权或者地位形成的便利条件实施前款行为的，依照前款的规定定罪处罚。"

十四、将刑法第三百九十五条第一款修改为："国家工作人员的财产、支出明显超过合法收入，差额巨大的，可以责令该国家工作人员说明来源，不能说明来源的，差额部分以非法所得论，处五年以下有期徒刑或者拘役；差额特别巨大的，处五年以上十年以下有期徒刑。财产的差额部分予以追缴。"

十五、本修正案自公布之日起施行。

附四：全国人民代表大会法律委员会关于《中华人民共和国刑法修正案（七）（草案）》修改情况的汇报

——2008 年 12 月 22 日在第十一届全国人民代表大会常务委员会第十六次会议上

（全国人大法律委员会副主任　李适时）

全国人民代表大会常务委员会：

常委会第四次会议对刑法修正案（七）（草案）进行了初次审议。会后，法制工作委员会将草案印发各省（区、市）和中央有关部门等单位征求意见。中国人大网站全文公布草案向社会征求意见。法律委员会、法制工作委员会召开座谈会，听取意见，还到一些地方进行调研，并就有关问题同有关部门交换意见，共同研究。法律委员会于 12 月 1 日召开会议，根据常委会组成人员的审议意见和各方面的意见，对草案继续了逐条审议。内务司法委员会和国务院法制办负责同志列席了会议。12 月 16 日，法律委员会召开会议，再次进行了审议。现就主要问题修改情况汇报如下：

一、草案第四条规定：组织、领导实施传销行为的组织，情节严重的，追究刑事责任；传销行为依照法律、行政法规的规定确定。有些常委委员和地方、部门、群众提出，草案对传销犯罪的规定比较笼统；将组织传销行为作为犯罪，其构成要件应由法律规定，不宜规定按行政法规的规定确定。法律委员会经同有关部门研究，建议对这一条作相应修改，对传销犯罪的行为方式和本质特征在刑法中作出明确规定。（草案二次审议稿第四条）

二、国务院法制办、公安部提出，当前，一些不法分子从事"地下钱庄"非法经营活动较为猖獗，严重扰乱金融秩序，危害金融安全，应当依法严惩，建议对"地下钱庄"逃避金融监管，非法为他人办理大额资金转移等资金支付结算业务的行为，在刑法关于非法经营罪的规定中单独列举，以适应打击这类犯罪的需要。法律委员会经同有关部门研究，建议在刑法第二百二十五条中增加规定：非法从事资金支付结算业务，数额较大的，追究刑事责任。（草案二次审议稿第五条）

三、刑法第二百八十五条对非法侵入国家事务、国防建设、尖端科学技术领域的计算机信息系统的犯罪作了规定。公安部提出，当前，一些不法分子利用技术手段等非法侵入上述规定以外的计算机信息系统，窃取他人账号、密码等信息，或者对大范围的他人计算机实施非法控制，严重危及网络安全。对这类严重违法行为应当追究刑事责任。法律委员会经同有关部门研究，建议在刑法中增加规定，对实施这类行为以及为他人实施这类行为提供程序、工具，情节严重的，追究刑事责任。（草案二次审议稿第九条）

四、草案第十条对刑法第三百七十五条的规定作了修改，增加了对盗窃、非法提供、非法使用武装部队车辆号牌的行为追究刑事责任的规定。有些委员提出，草案规定对这类行为的法定最高刑为三年有期徒刑，处罚偏轻，建议适当提高。法律委员会经同有关部门研究，建议将最高刑提高到七年有期徒刑。（草案二次审议稿第十条）

此外，还对草案作了一些文字修改。

草案二次审议稿已按上述意见作了修改，法律委员会建议本次常委会会议继续审议。

草案二次审议稿和以上汇报是否妥当，请审议。

附五：中华人民共和国刑法修正案（七）（草案）

（2009 年 2 月 17 日委员长会议审议稿）

一、将刑法第一百五十一条第三款修改为："走私珍稀植物及其制品等国家禁止进出口的其他货物、物品的，处五年以下有期徒刑或者拘役，并处或者单处罚金；情节严重的，处五年以上有期徒刑，并处罚金。”

二、将刑法第一百八十条第一款修改为：“证券、期货交易内幕信息的知情人员或者非法获取证券、期货交易内幕信息的人员，在涉及证券的发行，证券、期货交易或者其他对证券、期货交易价格有重大影响的信息尚未公开前，买入或者卖出该证券，或者从事与该内幕信息有关的期货交易，或者泄露该信息，或者明示、暗示他人从事上述交易活动，情节严重的，处五年以下有期徒刑或者拘役，并处或者单处违法所得一倍以上五倍以下罚金；情节特别严重的，处五年以上十年以下有期徒刑，并处违法所得一倍以上五倍以下罚金。”

增加一款作为第四款：“证券交易所、期货交易所、证券公司、期货经纪公司、基金管理公司、商业银行、保险公司等金融机构的从业人员以及有关监管部门或者行业协会的工作人员，利用因职务便利获取的内幕信息以外的其他未公开的信息，违反规定，从事与该信息相关的证券、期货交易活动，或者明示、暗示他人从事相关交易活动，情节严重的，依照第一款的规定处罚。”

三、将刑法第二百零一条修改为：“纳税人采取欺骗、隐瞒手段进行虚假纳税申报或者不申报，逃避缴纳税款数额较大并且占应纳税额百分之十以上的，处三年以下有期徒刑或者拘役，并处罚金；数额巨大并且占应纳税额百分之三十以上的，处三年以上七年以下有期徒刑，并处罚金。

“扣缴义务人采取前款所列手段，不缴或者少缴已扣、已收税款，数额较大的，依照前款的规定处罚。

“对多次实施前两款行为，未经处理的，按照累计数额计算。

“有第一款行为，经税务机关依法下达追缴通知后，补缴应纳税款，缴纳滞纳金，已受行政处罚的，不予追究刑事责任；但是，五年内因逃避缴纳税款受过刑事处罚或者被税务机关给予二次以上行政处罚的除外。”

四、在刑法第二百二十四条后增加一条，作为第二百二十四条之一：“组织、领导以推销商品、提供服务等经营活动为名，要求参加者以缴纳费用或者购买商品、服务等方式获得加入资格，并按照一定顺序组成层级，直接或者间接以发展人员的数量作为计酬或者返利依据，引诱、胁迫参加者不断发展他人参加，骗取财物，扰乱经济社会秩序的传销活动的，处五年以下有期徒刑或者拘役，并处罚金；情节严重的，处五年以上有期徒刑，并处罚金。”

五、将刑法第二百二十五条第三项修改为：“未经国家有关主管部门批准非法经营证券、期货、保险业务的，或者非法从事资金支付结算业务的；”

六、将刑法第二百三十九条修改为：“以勒索财物为目的绑架他人的，或者绑架他人作为人质的，处十年以上有期徒刑或者无期徒刑，并处罚金或者没收财产；情节较轻的，处五年以上十年以下有期徒刑，并处罚金。

“犯前款罪，致使被绑架人死亡或者杀害被绑架人的，处死刑，并处没收财产。

“以勒索财物为目的偷盗婴幼儿的，依照前两款的规定处罚。”

七、在刑法第二百五十三条后增加一条，作为第二百五十三条之一：“国家机关或者金融、电信、交通、教育、医疗等单位的工作人员，违反国家规定，将本单位在履行职责或者提供服务过程中获得的公民个人信息，出售或者非法提供给他人，情节严重的，处三年以下有期徒刑或者拘役，并处或者单处罚金。

“窃取或者以其他方法非法获取上述信息，情节严重的，依照前款的规定处罚。

“单位犯前两款罪的，对单位判处罚金，并对其直接负责的主管人员和其他直接责任人员，依照各该款的规定处罚。”

八、在刑法第二百六十二条之一后增加一条，作为第二百六十二条之二：“组织未成年人进行盗窃、诈骗、抢夺、敲诈勒索等违反治安管理活动的，处三年以下有期徒刑或者拘役，并处罚金；情节严重的，处三年以上七年以下有期徒刑，并处罚金。”

九、在刑法第二百八十五条中增加两款作为第二款、第三款：“违反国家规定，侵入前款规定以外的计算机信息系统或者采用其他技术手段，获取该计算机信息系统中存储、处理或者传输的数据，或者对该计算机信息系统实施非法控制，情节严重的，处三年以下有期徒刑或者拘役，并处或者单处罚金；情节特别严重的，处三年以上七年以下有期徒刑，并处罚金。

“提供专门用于侵入、非法控制计算机信息系统的程序、工具，或者明知他人实施侵入、非法控制计算机信息系统的违法犯罪行为而为其提供程序、工具，情节严重的，依照前款的规定处罚。”

十、在刑法第三百一十二条中增加一款作为第二款：“单位犯前款罪的，对单位判处罚金，并对其直接负责的主管人员和其他直接责任人员，依照前款的规定处罚。”

十一、将刑法第三百三十七条第一款修改为：“违反有关动植物防疫、检疫的国家规定，引起重大动植物疫情的，或者有引起重大动植物疫情危险，情节严重的，处三年以下有期徒刑或者拘役，并处或者单处罚金。”

十二、将刑法第三百七十五条第二款修改为：“非法生产、买卖武装部队制式服装，情节严重的，处三年以下有期徒刑、拘役或者管制，并处或者单处罚金。”

增加一款作为第三款：“伪造、盗窃、买卖或者非法提供、使用武装部队车辆号牌等专用标志，情节严重的，处三年以下有期徒刑、拘役或者管制，并处或者单处罚金；情节特别严重的，处三年以上七年以下有期徒刑，并处罚金。”

原第三款作为第四款，修改为：“单位犯第二款、第三款罪的，对单位判处罚金，并对其直接负责的主管人员和其他直接责任人员，依照各该款的规定处罚。”

十三、在刑法第三百八十八条后增加一条作为第三百八十八条之一："国家工作人员的近亲属或者其他与该国家工作人员关系密切的人，通过该国家工作人员职务上的行为，或者利用该国家工作人员职权或者地位形成的便利条件，通过其他国家工作人员职务上的行为，为请托人谋取不正当利益，索取请托人财物或者收受请托人财物，数额较大或者有其他较重情节的，处三年以下有期徒刑或者拘役，并处罚金；数额巨大或者有其他严重情节的，处三年以上七年以下有期徒刑，并处罚金；数额特别巨大或者有其他特别严重情节的，处七年以上有期徒刑，并处罚金或者没收财产。

"离职的国家工作人员或者其近亲属以及其他与其关系密切的人，利用该离职的国家工作人员原职权或者地位形成的便利条件实施前款行为的，依照前款的规定定罪处罚。"

十四、将刑法第三百九十五条第一款修改为："国家工作人员的财产、支出明显超过合法收入，差额巨大的，可以责令该国家工作人员说明来源，不能说明来源的，差额部分以非法所得论，处五年以下有期徒刑或者拘役；差额特别巨大的，处五年以上十年以下有期徒刑。财产的差额部分予以追缴。"

十五、本修正案自公布之日起施行。

附六：全国人民代表大会法律委员会关于《中华人民共和国刑法修正案（七）（草案二次审议稿）》主要问题修改情况的汇报

（2009 年 2 月 17 日）

委员长会议：

常委会第六次会议对《刑法修正案（七）（草案二次审议稿）》进行了审议。会后，法律委、法工委对有关问题进一步作了调研，就草案的修改与有关部门交换了意见，并召开了有关部门、法律专家参加的座谈会，听取意见。法律委于 2 月 4 日召开会议，根据常委会组成人员的审议意见和有关方面的意见，对草案进行了逐条审议。内司委和国务院法制办负责同志列席了会议。现就主要修改情况汇报如下：

一、草案二次审议稿第六条对刑法第二百三十九条绑架罪的规定作了修改，增加了犯绑架罪，"情节较轻的，处三年以上十年以下有期徒刑"的规定。有的常委委员提出，为防止司法实践中对这类严重犯罪量刑过轻，建议将起刑点由三年有期徒刑提高到五年有期徒刑。经同最高人民法院、最高人民检察院、公安部研究，法律委建议将"情节较轻"的绑架行为的法定刑起刑点修改为五年有期徒刑。（委员长会议审议稿第六条）

二、草案二次审议稿第七条对国家机关或者金融、电信、交通、教育、医疗等单位的工作人员，违反国家规定，出售、非法提供公民个人信息的行为作了规定。一些常委委员和部门提出，单位从事上述行为的情况也比较严重，应增加单位犯罪的规定。法律委经同有关部门研究，建议采纳这一意见。（委员长会议审议稿第七条）

三、草案二次审议稿第十三条在刑法第三百八十八条国家工作人员斡旋贿赂犯罪的规定中增加了两款规定，对国家工作人员的近亲属或者其他关系密切的人，利用国家工作人员职务上的影响力索贿受贿的行为追究刑事责任；对离职的国家工作人员或者其近亲属以及其他关系密切的人的这类行为也作了相应规定。有的常委委员和部门、专家提出，刑法第三百八十八条规定的犯罪主体是国家工作人员，草案增加规定的犯罪主体是非国家工作人员，建议将新增加的内容作为一条单独规定。法律委建议采纳这一意见。（委员长会议审议稿第十三条）

这里还有二个问题需要说明。一是草案二次审议稿第三条关于不履行纳税义务定罪量刑的标准，规定为既要达到一定数额，又要达到一定偷税比例。有的常委委员在审议中对这一规定提出意见，建议规定只要达到一定数额或者一定比例的，就可以构成犯罪。法律委经认真研究，并听取了最高人民法院、最高人民检察院、国家税务总局等有关部门的意见，考虑到纳税人不履行纳税义务的情况比较复杂，不同的纳税企业，其规模、应纳税额等情况差别很大，草案关于以偷税数额和偷税数量占应纳税额的比例作为定罪标准的作法，是延续现行刑法的规定，多年来司法实践中也一直是这样做的。是否对此作出修改，如何修改，尚需认真研究论证。本修正案以不修改为宜。二是有的常委委员建议对草案二次审议稿中"情节较轻的"、"关系密切的人"的含义作出界定，法律委经研究认为，实践中情况比较复杂，可由最高人民法院根据实际情况研究论证，通过制定司法解释解决为宜。

此外，还对草案二次审议稿有关条文作了一些文字修改。

委员长会议审议稿已按上述意见作了修改，法律委建议提请常委会第七次会议审议通过。

委员长会议审议稿和以上汇报是否妥当，请审议。

全国人民代表大会法律委员会
2009 年 2 月 17 日

附七：中华人民共和国刑法修正案（七）（草案）（表决稿）

一、将刑法第一百五十一条第三款修改为：“走私珍稀植物及其制品等国家禁止进出口的其他货物、物品的，处五年以下有期徒刑或者拘役，并处或者单处罚金；情节严重的，处五年以上有期徒刑，并处罚金。”

二、将刑法第一百八十条第一款修改为：“证券、期货交易内幕信息的知情人员或者非法获取证券、期货交易内幕信息的人员，在涉及证券的发行，证券、期货交易或者其他对证券、期货交易价格有重大影响的信息尚未公开前，买入或者卖出该证券，或者从事与该内幕信息有关的期货交易，或者泄露该信息，或者明示、暗示他人从事上述交易活动，情节严重的，处五年以下有期徒刑或者拘役，并处或者单处违法所得一倍以上五倍以下罚金；情节特别严重的，处五年以上十年以下有期徒刑，并处违法所得一倍以上五倍以下罚金。”

增加一款作为第四款：“证券交易所、期货交易所、证券公司、期货经纪公司、基金管理公司、商业银行、保险公司等金融机构的从业人员以及有关监管部门或者行业协会的工作人员，利用因职务便利获取的内幕信息以外的其他未公开的信息，违反规定，从事与该信息相关的证券、期货交易活动，或者明示、暗示他人从事相关交易活动，情节严重的，依照第一款的规定处罚。”

三、将刑法第二百零一条修改为：“纳税人采取欺骗、隐瞒手段进行虚假纳税申报或者不申报，逃避缴纳税款数额较大并且占应纳税额百分之十以上的，处三年以下有期徒刑或者拘役，并处罚金；数额巨大并且占应纳税额百分之三十以上的，处三年以上七年以下有期徒刑，并处罚金。

“扣缴义务人采取前款所列手段，不缴或者少缴已扣、已收税款，数额较大的，依照前款的规定处罚。

“对多次实施前两款行为，未经处理的，按照累计数额计算。

“有第一款行为，经税务机关依法下达追缴通知后，补缴应纳税款，缴纳滞纳金，已受行政处罚的，不予追究刑事责任；但是，五年内因逃避缴纳税款受过刑事处罚或者被税务机关给予二次以上行政处罚的除外。”

四、在刑法第二百二十四条后增加一条，作为第二百二十四条之一：“组织、领导以推销商品、提供服务等经营活动为名，要求参加者以缴纳费用或者购买商品、服务等方式获得加入资格，并按照一定顺序组成层级，直接或者间接以发展人员的数量作为计酬或者返利依据，引诱、胁迫参加者继续发展他人参加，骗取财物，扰乱经济社会秩序的传销活动的，处五年以下有期徒刑或者拘役，并处罚金；情节严重的，处五年以上有期徒刑，并处罚金。”

五、将刑法第二百二十五条第三项修改为：“未经国家有关主管部门批准非法经营证券、期货、保险业务的，或者非法从事资金支付结算业务的；”

六、将刑法第二百三十九条修改为：“以勒索财物为目的绑架他人的，或者绑架他人作为人质的，处十年以上有期徒刑或者无期徒刑，并处罚金或者没收财产；情节较轻的，处五年以上十年以下有期徒刑，并处罚金。

“犯前款罪，致使被绑架人死亡或者杀害被绑架人的，处死刑，并处没收财产。

“以勒索财物为目的偷盗婴幼儿的，依照前两款的规定处罚。”

七、在刑法第二百五十三条后增加一条，作为第二百五十三条之一：“国家机关或者金融、电信、交通、教育、医疗等单位的工作人员，违反国家规定，将本单位在履行职责或者提供服务过程中获得的公民个人信息，出售或者非法提供给他人，情节严重的，处三年以下有期徒刑或者拘役，并处或者单处罚金。

“窃取或者以其他方法非法获取上述信息，情节严重的，依照前款的规定处罚。

“单位犯前两款罪的，对单位判处罚金，并对其直接负责的主管人员和其他直接责任人员，依照各该款的规定处罚。”

八、在刑法第二百六十二条之一后增加一条，作为第二百六十二条之二：“组织未成年人进行盗窃、诈骗、抢夺、敲诈勒索等违反治安管理活动的，处三年以下有期徒刑或者拘役，并处罚金；情节严重的，处三年以上七年以下有期徒刑，并处罚金。”

九、在刑法第二百八十五条中增加两款作为第二款、第三款：“违反国家规定，侵入前款规定以外的计算机信息系统或者采用其他技术手段，获取该计算机信息系统中存储、处理或者传输的数据，或者对该计算机信息系统实施非法控制，情节严重的，处三年以下有期徒刑或者拘役，并处或者单处罚金；情节特别严重的，处三年以上七年以下有期徒刑，并处罚金。

“提供专门用于侵入、非法控制计算机信息系统的程序、工具，或者明知他人实施侵入、非法控制计算机信息系统的违法犯罪行为而为其提供程序、工具，情节严重的，依照前款的规定处罚。”

十、在刑法第三百一十二条中增加一款作为第二款：“单位犯前款罪的，对单位判处罚金，并对其直接负责的主管人员和其他直接责任人员，依照前款的规定处罚。”

十一、将刑法第三百三十七条第一款修改为：“违反有关动植物防疫、检疫的国家规定，引起重大动植物疫情的，或者有引起重大动植物疫情危险，情节严重的，处三年以下有期徒刑或者拘役，并处或者单处罚金。”

十二、将刑法第三百七十五条第二款修改为：“非法生产、买卖武装部队制式服装，情节严重的，处三年以下有期徒刑、拘役或者管制，并处或者单处罚金。”

增加一款作为第三款："伪造、盗窃、买卖或者非法提供、使用武装部队车辆号牌等专用标志，情节严重的，处三年以下有期徒刑、拘役或者管制，并处或者单处罚金；情节特别严重的，处三年以上七年以下有期徒刑，并处罚金。"

原第三款作为第四款，修改为："单位犯第二款、第三款罪的，对单位判处罚金，并对其直接负责的主管人员和其他直接责任人员，依照各该款的规定处罚。"

十三、在刑法第三百八十八条后增加一条作为第三百八十八条之一："国家工作人员的近亲属或者其他与该国家工作人员关系密切的人，通过该国家工作人员职务上的行为，或者利用该国家工作人员职权或者地位形成的便利条件，通过其他国家工作人员职务上的行为，为请托人谋取不正当利益，索取请托人财物或者收受请托人财物，数额较大或者有其他较重情节的，处三年以下有期徒刑或者拘役，并处罚金；数额巨大或者有其他严重情节的，处三年以上七年以下有期徒刑，并处罚金；数额特别巨大或者有其他特别严重情节的，处七年以上有期徒刑，并处罚金或者没收财产。

"离职的国家工作人员或者其近亲属以及其他与其关系密切的人，利用该离职的国家工作人员原职权或者地位形成的便利条件实施前款行为的，依照前款的规定定罪处罚。"

十四、将刑法第三百九十五条第一款修改为："国家工作人员的财产、支出明显超过合法收入，差额巨大的，可以责令该国家工作人员说明来源，不能说明来源的，差额部分以非法所得论，处五年以下有期徒刑或者拘役；差额特别巨大的，处五年以上十年以下有期徒刑。财产的差额部分予以追缴。"

十五、本修正案自公布之日起施行。

附八：全国人民代表大会法律委员会关于《中华人民共和国刑法修正案（七）（草案）》审议结果的报告

——2009 年 2 月 25 日在第十一届全国人民代表大会常务委员会第七次会议上

（全国人大法律委员会副主任　李适时）

全国人民代表大会常务委员会：

常委会第六次会议对刑法修正案（七）（草案二次审议稿）进行了审议。会后，法律委员会、法制工作委员会对有关问题进一步作了调研，就草案的修改与有关部门交换了意见，并召开了有关部门、法律专家参加的座谈会，听取意见。法律委员会于 2 月 4 日召开会议，根据常委会组成人员的审议意见和有关方面的意见，对草案进行了逐条审议。内务司法委员会和国务院法制办负责同志列席了会议。2 月 18 日，法律委员会召开会议，再次进行了审议。法律委员会认为，草案经过常委会两次审议修改，已经比较成熟；同时，提出以下主要修改意见：

一、草案二次审议稿第六条对刑法第二百三十九条绑架罪的规定作了修改，增加了犯绑架罪，"情节较轻的，处三年以上十年以下有期徒刑"的规定。有的常委委员提出，为防止司法实践中对这类严重犯罪量刑过轻，建议将起刑点由三年有期徒刑提高到五年有期徒刑。经同最高人民法院、最高人民检察院、公安部研究，法律委员会建议将"情节较轻"的绑架行为的法定刑起刑点修改为五年有期徒刑。（草案三次审议稿第六条）

二、草案二次审议稿第七条对国家机关或者金融、电信、交通、教育、医疗等单位的工作人员，违反国家规定，出售、非法提供公民个人信息的行为作了规定。一些常委委员和部门提出，单位从事上述行为的情况也比较严重，应增加单位犯罪的规定。法律委员会经同有关部门研究，建议采纳这一意见。（草案三次审议稿第七条）

三、草案二次审议稿第十三条在刑法第三百八十八条国家工作人员斡旋贿赂犯罪的规定中增加了两款规定，对国家工作人员的近亲属或者其他关系密切的人，利用国家工作人员职务上的影响力索贿受贿的行为追究刑事责任；对离职的国家工作人员或者其近亲属以及其他关系密切的人的这类行为也作了相应规定。有的常委委员和部门、专家提出，刑法第三百八十八条规定的犯罪主体是国家工作人员，草案增加规定的犯罪主体是非国家工作人员，建议将新增加的内容作为一条单独规定。法律委员会建议采纳这一意见。（草案三次审议稿第十三条）

这里还有二个问题需要说明。一是草案二次审议稿第三条关于不履行纳税义务定罪量刑的标准，规定为既要达到一定数额，又要达到一定偷税比例。有的常委委员在审议中对这一规定提出意见，建议规定只要达到一定数额或者一定比例的，就可以构成犯罪。法律委员会经研究，并听取了最高人民法院、最高人民检察院、国家税务总局等有关部门的意见，考虑到纳税人不履行纳税义务的情况比较复杂，不同的纳税企业，其规模、应纳税额等情况差别很大，以偷税数额和偷税数量占应纳税额的比例作为定罪标准比较恰当，草案的规定是延续了现行刑法的规定，多年来司法实践中也一直是这样做的。是否对此作出修改，如何修改，尚需认真研究论证。本修正案以不修改为宜。二是有的常委委员建议对草案二次审议稿中"情节较轻的"、"关系密切的人"的含义作出界定，法律委员会经研究认为，实践中情况比较复杂，可由最高人民法院根据实际情况研究论证，通过制定司法解释解决为宜。

此外，还对草案二次审议稿有关条文作了一些文字修改。

草案三次审议稿已按上述意见作了修改，法律委员会建议本次常委会会议审议通过。

草案三次审议稿和以上报告是否妥当，请审议。

附九：全国人民代表大会法律委员会关于《中华人民共和国刑法修正案（七）（草案三次审议稿）》修改意见的报告

——2009 年 2 月 27 日在第十一届全国人民代表大会常务委员会第七次会议上

全国人民代表大会常务委员会：

本次常委会会议于 2 月 26 日上午对刑法修正案（七）（草案三次审议稿）进行了分组审议。普遍认为，草案经过常委会两次审议修改，已经比较成熟，建议提请本次会议表决通过。同时，有的常委委员又提出了一些修改意见。法律委员会于 2 月 26 日下午召开会议，逐条研究了常委委员的审议意见，对草案进行了审议，内务司法委员会和国务院法制办的负责同志列席了会议。法律委员会认为，草案是可行的，建议本次常委会会议审议通过。常委委员提出的一些意见，有的可在司法解释中作出具体规定，有的可在以后修改刑法时一并研究。

草案建议表决稿和以上报告是否妥当，请审议。

8. 中华人民共和国刑法修正案（八）

（2011 年 2 月 25 日第十一届全国人民代表大会常务委员会第十九次会议通过
2011 年 5 月 1 日起施行）

一、在刑法第十七条后增加一条，作为第十七条之一："已满七十五周岁的人故意犯罪的，可以从轻或者减轻处罚；过失犯罪的，应当从轻或者减轻处罚。"

二、在刑法第三十八条中增加一款作为第二款："判处管制，可以根据犯罪情况，同时禁止犯罪分子在执行期间从事特定活动，进入特定区域、场所，接触特定的人。"

原第二款作为第三款，修改为："对判处管制的犯罪分子，依法实行社区矫正。"

增加一款作为第四款："违反第二款规定的禁止令的，由公安机关依照《中华人民共和国治安管理处罚法》的规定处罚。"

三、在刑法第四十九条中增加一款作为第二款："审判的时候已满七十五周岁的人，不适用死刑，但以特别残忍手段致人死亡的除外。"

四、将刑法第五十条修改为："判处死刑缓期执行的，在死刑缓期执行期间，如果没有故意犯罪，二年期满以后，减为无期徒刑；如果确有重大立功表现，二年期满以后，减为二十五年有期徒刑；如果故意犯罪，查证属实的，由最高人民法院核准，执行死刑。

"对被判处死刑缓期执行的累犯以及因故意杀人、强奸、抢劫、绑架、放火、爆炸、投放危险物质或者有组织的暴力性犯罪被判处死刑缓期执行的犯罪分子，人民法院根据犯罪情节等情况可以同时决定对其限制减刑。"

五、将刑法第六十三条第一款修改为："犯罪分子具有本法规定的减轻处罚情节的，应当在法定刑以下判处刑罚；本法规定有数个量刑幅度的，应当在法定量刑幅度的下一个量刑幅度内判处刑罚。"

六、将刑法第六十五条第一款修改为："被判处有期徒刑以上刑罚的犯罪分子，刑罚执行完毕或者赦免以后，在五年以内再犯应当判处有期徒刑以上刑罚之罪的，是累犯，应当从重处罚，但是过失犯罪和不满十八周岁的人犯罪的除外。"

七、将刑法第六十六条修改为："危害国家安全犯罪、恐怖活动犯罪、黑社会性质的组织犯罪的犯罪分子，在刑罚执行完毕或者赦免以后，在任何时候再犯上述任一类罪的，都以累犯论处。"

八、在刑法第六十七条中增加一款作为第三款："犯罪嫌疑人虽不具有前两款规定的自首情节，但是如实供述自己罪行的，可以从轻处罚；因其如实供述自己罪行，避免特别严重后果发生的，可以减轻处罚。"

九、删去刑法第六十八条第二款。

十、将刑法第六十九条修改为："判决宣告以前一人犯数罪的，除判处死刑和无期徒刑的以外，应当在总和刑期以下、数刑中最高刑期以上，酌情决定执行的刑期，但是管制最高不能超过三年，拘役最高不能超过一年，有期徒刑总和刑期不满三十五年的，最高不能超过二十年，总和刑期在三十五年以上的，最高不能超过二十五年。

"数罪中有判处附加刑的，附加刑仍须执行，其中附加刑种类相同的，合并执行，种类不同的，分别执行。"

十一、将刑法第七十二条修改为："对于被判处拘役、三年以下有期徒刑的犯罪分子，同时符合下列条件的，可以宣告缓刑，对其中不满十八周岁的人、怀孕的妇女和已满七十五周岁的人，应当宣告缓刑：

“（一）犯罪情节较轻；

“（二）有悔罪表现；

“（三）没有再犯罪的危险；

“（四）宣告缓刑对所居住社区没有重大不良影响。

“宣告缓刑，可以根据犯罪情况，同时禁止犯罪分子在缓刑考验期限内从事特定活动，进入特定区域、场所，接触特定的人。

“被宣告缓刑的犯罪分子，如果被判处附加刑，附加刑仍须执行。”

十二、将刑法第七十四条修改为：“对于累犯和犯罪集团的首要分子，不适用缓刑。”

十三、将刑法第七十六条修改为：“对宣告缓刑的犯罪分子，在缓刑考验期限内，依法实行社区矫正，如果没有本法第七十七条规定的情形，缓刑考验期满，原判的刑罚就不再执行，并公开予以宣告。”

十四、将刑法第七十七条第二款修改为：“被宣告缓刑的犯罪分子，在缓刑考验期限内，违反法律、行政法规或者国务院有关部门关于缓刑的监督管理规定，或者违反人民法院判决中的禁止令，情节严重的，应当撤销缓刑，执行原判刑罚。”

十五、将刑法第七十八条第二款修改为：“减刑以后实际执行的刑期不能少于下列期限：

“（一）判处管制、拘役、有期徒刑的，不能少于原判刑期的二分之一；

“（二）判处无期徒刑的，不能少于十三年；

“（三）人民法院依照本法第五十条第二款规定限制减刑的死刑缓期执行的犯罪分子，缓期执行期满后依法减为无期徒刑的，不能少于二十五年，缓期执行期满后依法减为二十五年有期徒刑的，不能少于二十年。”

十六、将刑法第八十一条修改为：“被判处有期徒刑的犯罪分子，执行原判刑期二分之一以上，被判处无期徒刑的犯罪分子，实际执行十三年以上，如果认真遵守监规，接受教育改造，确有悔改表现，没有再犯罪的危险的，可以假释。如果有特殊情况，经最高人民法院核准，可以不受上述执行刑期的限制。

“对累犯以及因故意杀人、强奸、抢劫、绑架、放火、爆炸、投放危险物质或者有组织的暴力性犯罪被判处十年以上有期徒刑、无期徒刑的犯罪分子，不得假释。

“对犯罪分子决定假释时，应当考虑其假释后对所居住社区的影响。”

十七、将刑法第八十五条修改为：“对假释的犯罪分子，在假释考验期限内，依法实行社区矫正，如果没有本法第八十六条规定的情形，假释考验期满，就认为原判刑罚已经执行完毕，并公开予以宣告。”

十八、将刑法第八十六条第三款修改为：“被假释的犯罪分子，在假释考验期限内，有违反法律、行政法规或者国务院有关部门关于假释的监督管理规定的行为，尚未构成新的犯罪的，应当依照法定程序撤销假释，收监执行未执行完毕的刑罚。”

十九、在刑法第一百条中增加一款作为第二款：“犯罪的时候不满十八周岁被判处五年有期徒刑以下刑罚的人，免除前款规定的报告义务。”

二十、将刑法第一百零七条修改为：“境内外机构、组织或者个人资助实施本章第一百零二条、第一百零三条、第一百零四条、第一百零五条规定之罪的，对直接责任人员，处五年以下有期徒刑、拘役、管制或者剥夺政治权利；情节严重的，处五年以上有期徒刑。”

二十一、将刑法第一百零九条修改为：“国家机关工作人员在履行公务期间，擅离岗位，叛逃境外或者在境外叛逃的，处五年以下有期徒刑、拘役、管制或者剥夺政治权利；情节严重的，处五年以上十年以下有期徒刑。

“掌握国家秘密的国家工作人员叛逃境外或者在境外叛逃的，依照前款的规定从重处罚。”

二十二、在刑法第一百三十三条后增加一条，作为第一百三十三条之一：“在道路上驾驶机动车追逐竞驶，情节恶劣的，或者在道路上醉酒驾驶机动车的，处拘役，并处罚金。

“有前款行为，同时构成其他犯罪的，依照处罚较重的规定定罪处罚。”

二十三、将刑法第一百四十一条第一款修改为：“生产、销售假药的，处三年以下有期徒刑或者拘役，并处罚金；对人体健康造成严重危害或者有其他严重情节的，处三年以上十年以下有期徒刑，并处罚金；致人死亡或者有其他特别严重情节的，处十年以上有期徒刑、无期徒刑或者死刑，并处罚金或者没收财产。”

二十四、将刑法第一百四十三条修改为：“生产、销售不符合食品安全标准的食品，足以造成严重食物中毒事故或者其他严重食源性疾病的，处三年以下有期徒刑或者拘役，并处罚金；对人体健康造成严重危害或者有其他严重情节的，处三年以上七年以下有期徒刑，并处罚金；后果特别严重的，处七年以上有期徒刑或者无期徒刑，并处罚金或者没收财产。”

二十五、将刑法第一百四十四条修改为：“在生产、销售的食品中掺入有毒、有害的非食品原料的，或者销售明知掺有有毒、有害的非食品原料的食品的，处五年以下有期徒刑，并处罚金；对人体健康造成严重危害或者有其他严重情节的，处五年以上十年以下有期徒刑，并处罚金；致人死亡或者有其他特别严重情节的，依照本法第一百四十一条的规定处罚。”

二十六、将刑法第一百五十一条修改为：“走私武器、弹药、核材料或者伪造的货币的，处七年以上有期徒刑，并处罚金或者没收财产；情节特别严重的，处无期徒刑或者死刑，并处没收财产；情节较轻的，处三年以上七年以下有期徒刑，并处罚金。

"走私国家禁止出口的文物、黄金、白银和其他贵重金属或者国家禁止进出口的珍贵动物及其制品的，处五年以上十年以下有期徒刑，并处罚金；情节特别严重的，处十年以上有期徒刑或者无期徒刑，并处没收财产；情节较轻的，处五年以下有期徒刑，并处罚金。

"走私珍稀植物及其制品等国家禁止进出口的其他货物、物品的，处五年以下有期徒刑或者拘役，并处或者单处罚金；情节严重的，处五年以上有期徒刑，并处罚金。

"单位犯本条规定之罪的，对单位判处罚金，并对其直接负责的主管人员和其他直接责任人员，依照本条各款的规定处罚。"

二十七、将刑法第一百五十三条第一款修改为："走私本法第一百五十一条、第一百五十二条、第三百四十七条规定以外的货物、物品的，根据情节轻重，分别依照下列规定处罚：

"（一）走私货物、物品偷逃应缴税额较大或者一年内曾因走私被给予二次行政处罚后又走私的，处三年以下有期徒刑或者拘役，并处偷逃应缴税额一倍以上五倍以下罚金。

"（二）走私货物、物品偷逃应缴税额巨大或者有其他严重情节的，处三年以上十年以下有期徒刑，并处偷逃应缴税额一倍以上五倍以下罚金。

"（三）走私货物、物品偷逃应缴税额特别巨大或者有其他特别严重情节的，处十年以上有期徒刑或者无期徒刑，并处偷逃应缴税额一倍以上五倍以下罚金或者没收财产。"

二十八、将刑法第一百五十七条第一款修改为："武装掩护走私的，依照本法第一百五十一条第一款的规定从重处罚。"

二十九、将刑法第一百六十四条修改为："为谋取不正当利益，给予公司、企业或者其他单位的工作人员以财物，数额较大的，处三年以下有期徒刑或者拘役；数额巨大的，处三年以上十年以下有期徒刑，并处罚金。

"为谋取不正当商业利益，给予外国公职人员或者国际公共组织官员以财物的，依照前款的规定处罚。

"单位犯前两款罪的，对单位判处罚金，并对其直接负责的主管人员和其他直接责任人员，依照第一款的规定处罚。

"行贿人在被追诉前主动交待行贿行为的，可以减轻处罚或者免除处罚。"

三十、将刑法第一百九十九条修改为："犯本节第一百九十二条规定之罪，数额特别巨大并且给国家和人民利益造成特别重大损失的，处无期徒刑或者死刑，并处没收财产。"

三十一、将刑法第二百条修改为："单位犯本节第一百九十二条、第一百九十四条、第一百九十五条规定之罪的，对单位判处罚金，并对其直接负责的主管人员和其他直接责任人员，处五年以下有期徒刑或者拘役，可以并处罚金；数额巨大或者有其他严重情节的，处五年以上十年以下有期徒刑，并处罚金；数额特别巨大或者有其他特别严重情节的，处十年以上有期徒刑或者无期徒刑，并处罚金。"

三十二、删去刑法第二百零五条第二款。

三十三、在刑法第二百零五条后增加一条，作为第二百零五条之一："虚开本法第二百零五条规定以外的其他发票，情节严重的，处二年以下有期徒刑、拘役或者管制，并处罚金；情节特别严重的，处二年以上七年以下有期徒刑，并处罚金。

"单位犯前款罪的，对单位判处罚金，并对其直接负责的主管人员和其他直接责任人员，依照前款的规定处罚。"

三十四、删去刑法第二百零六条第二款。

三十五、在刑法第二百一十条后增加一条，作为第二百一十条之一："明知是伪造的发票而持有，数量较大的，处二年以下有期徒刑、拘役或者管制，并处罚金；数量巨大的，处二年以上七年以下有期徒刑，并处罚金。

"单位犯前款罪的，对单位判处罚金，并对其直接负责的主管人员和其他直接责任人员，依照前款的规定处罚。"

三十六、将刑法第二百二十六条修改为："以暴力、威胁手段，实施下列行为之一，情节严重的，处三年以下有期徒刑或者拘役，并处或者单处罚金；情节特别严重的，处三年以上七年以下有期徒刑，并处罚金：

"（一）强买强卖商品的；

"（二）强迫他人提供或者接受服务的；

"（三）强迫他人参与或者退出投标、拍卖的；

"（四）强迫他人转让或者收购公司、企业的股份、债券或者其他资产的；

"（五）强迫他人参与或者退出特定的经营活动的。"

三十七、在刑法第二百三十四条后增加一条，作为第二百三十四条之一："组织他人出卖人体器官的，处五年以下有期徒刑，并处罚金；情节严重的，处五年以上有期徒刑，并处罚金或者没收财产。

"未经本人同意摘取其器官，或者摘取不满十八周岁的人的器官，或者强迫、欺骗他人捐献器官的，依照本法第二百三十四条、第二百三十二条的规定定罪处罚。

"违背本人生前意愿摘取其尸体器官，或者本人生前未表示同意，违反国家规定，违背其近亲属意愿摘取其尸体器官的，依照本法第三百零二条的规定定罪处罚。”

三十八、将刑法第二百四十四条修改为：“以暴力、威胁或者限制人身自由的方法强迫他人劳动的，处三年以下有期徒刑或者拘役，并处罚金；情节严重的，处三年以上十年以下有期徒刑，并处罚金。

“明知他人实施前款行为，为其招募、运送人员或者有其他协助强迫他人劳动行为的，依照前款的规定处罚。

“单位犯前两款罪的，对单位判处罚金，并对其直接负责的主管人员和其他直接责任人员，依照第一款的规定处罚。”

三十九、将刑法第二百六十四条修改为：“盗窃公私财物，数额较大的，或者多次盗窃、入户盗窃、携带凶器盗窃、扒窃的，处三年以下有期徒刑、拘役或者管制，并处或者单处罚金；数额巨大或者有其他严重情节的，处三年以上十年以下有期徒刑，并处罚金；数额特别巨大或者有其他特别严重情节的，处十年以上有期徒刑或者无期徒刑，并处罚金或者没收财产。”

四十、将刑法第二百七十四条修改为：“敲诈勒索公私财物，数额较大或者多次敲诈勒索的，处三年以下有期徒刑、拘役或者管制，并处或者单处罚金；数额巨大或者有其他严重情节的，处三年以上十年以下有期徒刑，并处罚金；数额特别巨大或者有其他特别严重情节的，处十年以上有期徒刑，并处罚金。”

四十一、在刑法第二百七十六条后增加一条，作为第二百七十六条之一：“以转移财产、逃匿等方法逃避支付劳动者的劳动报酬或者有能力支付而不支付劳动者的劳动报酬，数额较大，经政府有关部门责令支付仍不支付的，处三年以下有期徒刑或者拘役，并处或者单处罚金；造成严重后果的，处三年以上七年以下有期徒刑，并处罚金。

“单位犯前款罪的，对单位判处罚金，并对其直接负责的主管人员和其他直接责任人员，依照前款的规定处罚。

“有前两款行为，尚未造成严重后果，在提起公诉前支付劳动者的劳动报酬，并依法承担相应赔偿责任的，可以减轻或者免除处罚。”

四十二、将刑法第二百九十三条修改为：“有下列寻衅滋事行为之一，破坏社会秩序的，处五年以下有期徒刑、拘役或者管制：

“（一）随意殴打他人，情节恶劣的；

“（二）追逐、拦截、辱骂、恐吓他人，情节恶劣的；

“（三）强拿硬要或者任意损毁、占用公私财物，情节严重的；

“（四）在公共场所起哄闹事，造成公共场所秩序严重混乱的。

“纠集他人多次实施前款行为，严重破坏社会秩序的，处五年以上十年以下有期徒刑，可以并处罚金。”

四十三、将刑法第二百九十四条修改为：“组织、领导黑社会性质的组织的，处七年以上有期徒刑，并处没收财产；积极参加的，处三年以上七年以下有期徒刑，可以并处罚金或者没收财产；其他参加的，处三年以下有期徒刑、拘役、管制或者剥夺政治权利，可以并处罚金。

“境外的黑社会组织的人员到中华人民共和国境内发展组织成员的，处三年以上十年以下有期徒刑。

“国家机关工作人员包庇黑社会性质的组织，或者纵容黑社会性质的组织进行违法犯罪活动的，处五年以下有期徒刑；情节严重的，处五年以上有期徒刑。

“犯前三款罪又有其他犯罪行为的，依照数罪并罚的规定处罚。

“黑社会性质的组织应当同时具备以下特征：

“（一）形成较稳定的犯罪组织，人数较多，有明确的组织者、领导者，骨干成员基本固定；

“（二）有组织地通过违法犯罪活动或者其他手段获取经济利益，具有一定的经济实力，以支持该组织的活动；

“（三）以暴力、威胁或者其他手段，有组织地多次进行违法犯罪活动，为非作恶，欺压、残害群众；

“（四）通过实施违法犯罪活动，或者利用国家工作人员的包庇或者纵容，称霸一方，在一定区域或者行业内，形成非法控制或者重大影响，严重破坏经济、社会生活秩序。”

四十四、将刑法第二百九十五条修改为：“传授犯罪方法的，处五年以下有期徒刑、拘役或者管制；情节严重的，处五年以上十年以下有期徒刑；情节特别严重的，处十年以上有期徒刑或者无期徒刑。”

四十五、将刑法第三百二十八条第一款修改为：“盗掘具有历史、艺术、科学价值的古文化遗址、古墓葬的，处三年以上十年以下有期徒刑，并处罚金；情节较轻的，处三年以下有期徒刑、拘役或者管制，并处罚金；有下列情形之一的，处十年以上有期徒刑或者无期徒刑，并处罚金或者没收财产：

“（一）盗掘确定为全国重点文物保护单位和省级文物保护单位的古文化遗址、古墓葬的；

“（二）盗掘古文化遗址、古墓葬集团的首要分子；

“（三）多次盗掘古文化遗址、古墓葬的；

“（四）盗掘古文化遗址、古墓葬，并盗窃珍贵文物或者造成珍贵文物严重破坏的。”

四十六、将刑法第三百三十八条修改为：“违反国家规定，排放、倾倒或者处置有放射性的废物、含传染病病原体的废物、有毒物质或者其他有害物质，严重污染环境的，处三年以下有期徒刑或者拘役，并处或者单处罚金；后果特别严重的，处三年以上七年以下有期徒刑，并处罚金。”

四十七、将刑法第三百四十三条第一款修改为：“违反矿产资源法的规定，未取得采矿许可证擅自采矿，擅自进入国家规划矿区、对国民经济具有重要价值的矿区和他人矿区范围采矿，或者擅自开采国家规定实行保护性开采的特定矿种，情节严重的，处三年以下有期徒刑、拘役或者管制，并处或者单处罚金；情节特别严重的，处三年以上七年以下有期徒刑，并处罚金。”

四十八、将刑法第三百五十八条第三款修改为：“为组织卖淫的人招募、运送人员或者有其他协助组织他人卖淫行为的，处五年以下有期徒刑，并处罚金；情节严重的，处五年以上十年以下有期徒刑，并处罚金。”

四十九、在刑法第四百零八条后增加一条，作为第四百零八条之一：“负有食品安全监督管理职责的国家机关工作人员，滥用职权或者玩忽职守，导致发生重大食品安全事故或者造成其他严重后果的，处五年以下有期徒刑或者拘役；造成特别严重后果的，处五年以上十年以下有期徒刑。

“徇私舞弊犯前款罪的，从重处罚。”

五十、本修正案自2011年5月1日起施行。

附一：中华人民共和国刑法修正案（八）（草案）

（2010年8月23日）

一、在刑法第十七条后增加一条，作为第十七条之一：“已满七十五周岁的人故意犯罪的，可以从轻或者减轻处罚；过失犯罪的，应当从轻或者减轻处罚。”

二、在刑法第三十八条中增加一款作为第二款：“判处管制，可以根据犯罪情况，同时判令犯罪分子在执行期间不得从事特定活动，不得进入特定区域、场所，不得接触特定的人。”

原第二款作为第三款，修改为：“对判处管制的犯罪分子，实行社区矫正。”

三、将刑法第四十九条修改为：“犯罪的时候不满十八周岁的人和审判的时候怀孕的妇女、已满七十五周岁的人，不适用死刑。”

四、将刑法第五十条修改为：“判处死刑缓期执行的，在死刑缓期执行期间，如果没有故意犯罪，二年期满以后，减为无期徒刑；如果确有重大立功表现，二年期满以后，减为二十年有期徒刑；如果故意犯罪，查证属实的，由最高人民法院核准，执行死刑。

“对被判处死刑缓期执行的累犯以及因故意杀人、强奸、抢劫、绑架、放火、爆炸、投放危险物质或者有组织的暴力性犯罪被判处死刑缓期执行的犯罪分子，人民法院根据犯罪情节等情况可以同时决定在依照前款规定减为无期徒刑或者二十年有期徒刑后，不得再减刑。”

五、将刑法第六十三条第一款修改为：“犯罪分子具有本法规定的减轻处罚情节的，应当在法定刑以下判处刑罚；本法规定有数个量刑幅度的，应当在法定量刑幅度的下一个量刑幅度内判处刑罚。”

六、将刑法第六十五条第一款修改为：“被判处有期徒刑以上刑罚的犯罪分子，刑罚执行完毕或者赦免以后，在五年以内再犯应当判处有期徒刑以上刑罚之罪的，是累犯，应当从重处罚，但是过失犯罪和不满十八周岁的人犯罪的除外。”

七、将刑法第六十六条修改为：“危害国家安全犯罪、恐怖活动犯罪、黑社会性质的组织犯罪的犯罪分子，在刑罚执行完毕或者赦免以后，在任何时候再犯上述罪的，都以累犯论处。”

八、在刑法第六十七条中增加一款作为第三款：“犯罪嫌疑人虽不具有前两款规定的自首情节，但是能够如实供述自己罪行的，可以从轻处罚。”

九、删去刑法第六十八条第二款。

十、将刑法第六十九条第一款修改为：“判决宣告以前一人犯数罪的，除判处死刑和无期徒刑的以外，应当在总和刑期以下、数刑中最高刑期以上，酌情决定执行的刑期，但是管制最高不能超过三年，拘役最高不能超过一年，有期徒刑最高不能超过二十年，其中有期徒刑总和刑期在三十五年以上的，最高不能超过二十五年。”

十一、将刑法第七十二条修改为：“对于被判处拘役、三年以下有期徒刑的犯罪分子，根据犯罪分子的犯罪情节和悔罪表现，人民法院认为其没有再犯罪的危险的，可以宣告缓刑，对其中不满十八周岁和已满七十五周岁的，应当宣告缓刑。对犯罪分子决定宣告缓刑，应当考虑其缓刑后对所居住社区的影响以及是否具备有效监管的条件。

“宣告缓刑，可以根据犯罪情况，同时判令犯罪分子在缓刑考验期限内不得从事特定活动，不得进入特定区域、场所，不得接触特定的人。

“被宣告缓刑的犯罪分子，如果被判处附加刑，附加刑仍须执行。”

十二、将刑法第七十四条修改为：“对于累犯和犯罪集团的首要分子，不适用缓刑。”

十三、将刑法第七十六条修改为：“对宣告缓刑的犯罪分子，在缓刑考验期限内，实行社区矫正，如果没有本法第七十七条规定的情形，缓刑考验期满，原判的刑罚就不再执行，并公开予以宣告。”

十四、将刑法第七十七条第二款修改为：“被宣告缓刑的犯罪分子，在缓刑考验期限内，违反法律、行政法规，或者违反国务院有关部门关于缓刑的监督管理规定，或者违反人民法院判决中的禁止性判令，情节严重的，应当撤销缓刑，执行原判刑罚。”

十五、将刑法第八十一条修改为：“被判处有期徒刑的犯罪分子，执行原判刑期二分之一以上，被判处无期徒刑的犯罪分子，实际执行十年以上，本法第五十条第二款规定的原判死刑缓期执行，减为无期徒刑后不得再减刑的犯罪分子，实际执行二十年以上，原判死刑缓期执行，减为二十年有期徒刑后不得再减刑的犯罪分子，实际执行十八年以上，如果认真遵守监规，接受教育改造，确有悔改表现，人民法院认为其没有再犯罪的危险的，可以假释。如果有特殊情况，经最高人民法院核准，可以不受上述执行刑期的限制。

“人民法院对犯罪分子决定假释时，应当考虑其假释后对所居住社区的影响以及是否具备有效监管的条件。”

十六、将刑法第八十三条第一款修改为：“有期徒刑的假释考验期限，为没有执行完毕的刑期；无期徒刑的假释考验期限为十年；本法第五十条第二款规定的原判死刑缓期执行，减为无期徒刑后不得再减刑的犯罪分子的假释考验期限为十五年。”

十七、将刑法第八十五条修改为：“对假释的犯罪分子，在假释考验期限内，实行社区矫正，如果没有本法第八十六条规定的情形，假释考验期满，就认为原判刑罚已经执行完毕，并公开予以宣告。”

十八、将刑法第八十六条第三款修改为：“被假释的犯罪分子，在假释考验期限内，有违反法律、行政法规，或者违反国务院有关部门关于假释的监督管理规定的行为，尚未构成新的犯罪的，应当依照法定程序撤销假释，收监执行未执行完毕的刑罚。”

十九、在刑法第一百条中增加一款作为第二款：“犯罪的时候不满十八周岁，被判处五年有期徒刑以下刑罚的，免除前款规定的报告义务。”

二十、将刑法第一百零七条修改为：“资助实施本章第一百零二条、第一百零三条、第一百零四条、第一百零五条规定之罪的，对直接责任人员，处五年以下有期徒刑、拘役、管制或者剥夺政治权利；情节严重的，处五年以上有期徒刑。”

二十一、将刑法第一百零九条修改为：“国家机关工作人员在履行公务期间，擅离岗位，叛逃境外或者在境外叛逃的，处五年以下有期徒刑、拘役、管制或者剥夺政治权利；情节严重的，处五年以上十年以下有期徒刑。

“掌握国家秘密的国家工作人员叛逃境外或者在境外叛逃的，依照前款的规定从重处罚。”

二十二、在刑法第一百三十三条后增加一条，作为第一百三十三条之一：“在道路上醉酒驾驶机动车的，或者在道路上驾驶机动车追逐竞驶，情节恶劣的，处拘役，并处罚金。”

二十三、将刑法第一百四十一条第一款修改为：“生产、销售假药的，处三年以下有期徒刑或者拘役，并处或者单处销售金额百分之五十以上二倍以下罚金；对人体健康造成严重危害或者有其他严重情节的，处三年以上十年以下有期徒刑，并处销售金额百分之五十以上二倍以下罚金；致人死亡或者对人体健康造成特别严重危害的，处十年以上有期徒刑、无期徒刑或者死刑，并处销售金额百分之五十以上二倍以下罚金或者没收财产。”

二十四、将刑法第一百五十一条修改为：“走私武器、弹药、核材料或者伪造的货币的，处七年以上有期徒刑，并处罚金或者没收财产；情节特别严重的，处无期徒刑或者死刑，并处没收财产；情节较轻的，处三年以上七年以下有期徒刑，并处罚金。

“走私国家禁止出口的文物或者国家禁止进出口的珍贵动物及其制品，或者走私黄金、白银和其他贵重金属的，处五年以上十年以下有期徒刑，并处罚金；情节特别严重的，处十年以上有期徒刑或者无期徒刑，并处没收财产；情节较轻的，处五年以下有期徒刑，并处罚金。

“走私珍稀植物及其制品等国家禁止进出口的其他货物、物品的，处五年以下有期徒刑或者拘役，并处或者单处罚金；情节严重的，处五年以上有期徒刑，并处罚金。

“单位犯本条规定之罪的，对单位判处罚金，并对其直接负责的主管人员和其他直接责任人员，依照本条各款的规定处罚。”

二十五、将刑法第一百五十三条第一款修改为：“走私本法第一百五十一条、第一百五十二条、第三百四十七条规定以外的货物、物品的，根据情节轻重，分别依照下列规定处罚：

“（一）走私货物、物品偷逃应缴税额较大或者一年内曾因走私被给予二次行政处罚后又走私的，处三年以下有期徒刑或者拘役，并处偷逃应缴税额一倍以上五倍以下罚金。

“（二）走私货物、物品偷逃应缴税额巨大的，处三年以上十年以下有期徒刑，并处偷逃应缴税额一倍以上五倍以下罚金；情节特别严重的，处十年以上有期徒刑或者无期徒刑，并处偷逃应缴税额一倍以上五倍以下罚金或者没收财产。

“（三）走私货物、物品偷逃应缴税额特别巨大的，处十年以上有期徒刑或者无期徒刑，并处偷逃应缴税额一倍以上五倍以下罚金或者没收财产。”

二十六、将刑法第一百五十七条第一款修改为：“武装掩护走私的，依照本法第一百五十一条第一款的规定从重处罚。”

二十七、将刑法第一百六十四条修改为：“为谋取不正当利益，给予公司、企业或者其他单位的工作人员以财物，数额较大的，处三年以下有期徒刑或者拘役；数额巨大的，处三年以上十年以下有期徒刑，并处罚金。

"为谋取不正当商业利益，给予外国公职人员或者国际公共组织官员以财物的，依照前款的规定处罚。

"单位犯前两款罪的，对单位判处罚金，并对其直接负责的主管人员和其他直接责任人员，依照第一款的规定处罚。

"行贿人在被追诉前主动交待行贿行为的，可以减轻处罚或者免除处罚。"

二十八、将刑法第一百九十九条修改为："犯本节第一百九十二条规定之罪，数额特别巨大并且给国家和人民利益造成特别重大损失的，处无期徒刑或者死刑，并处没收财产。"

二十九、将刑法第二百条修改为："单位犯本节第一百九十二条、第一百九十四条、第一百九十五条规定之罪的，对单位判处罚金，并对其直接负责的主管人员和其他直接责任人员，处五年以下有期徒刑或者拘役，可以并处罚金；数额巨大或者有其他严重情节的，处五年以上十年以下有期徒刑，并处罚金；数额特别巨大或者有其他特别严重情节的，处十年以上有期徒刑或者无期徒刑，并处罚金。"

三十、删去刑法第二百零五条第二款。

三十一、在刑法第二百零五条后增加一条，作为第二百零五条之一："虚开本法第二百零五条规定以外的其他发票，情节严重的，处二年以下有期徒刑、拘役或者管制，并处罚金；情节特别严重的，处二年以上七年以下有期徒刑，并处罚金。

"单位犯前款罪的，对单位判处罚金，并对其直接负责的主管人员和其他直接责任人员，依照前款的规定处罚。"

三十二、删去刑法第二百零六条第二款。

三十三、在刑法第二百一十条后增加一条，作为第二百一十条之一："持有伪造的发票，数量较大的，处二年以下有期徒刑、拘役或者管制，并处罚金；数量巨大的，处二年以上七年以下有期徒刑，并处罚金。"

三十四、将刑法第二百二十六条修改为："以暴力、威胁手段，实施下列行为之一，情节严重的，处三年以下有期徒刑或者拘役，并处或者单处罚金；情节特别严重的，处三年以上七年以下有期徒刑，并处罚金：

"（一）强买强卖商品的；

"（二）强迫他人提供或者接受服务的；

"（三）强迫他人参与或者退出投标、拍卖的；

"（四）强迫他人转让或者收购公司、企业的股份、债券或者其他资产的；

"（五）强迫他人进入或者退出特定的经营领域的。"

三十五、在刑法第二百三十四条后增加一条，作为第二百三十四条之一："组织他人出卖人体器官的，处五年以下有期徒刑，并处罚金；情节严重的，处五年以上有期徒刑，并处罚金或者没收财产。

"未经本人同意摘取其器官，或者摘取不满十八周岁的人的器官，或者强迫、欺骗他人捐献器官的，依照本法第二百三十四条的规定定罪处罚。

"违背本人生前意愿摘取其尸体器官，或者本人生前未表示同意，违反国家规定，违背其近亲属意愿摘取其尸体器官的，依照本法第三百零二条的规定定罪处罚。"

三十六、将刑法第二百四十四条修改为："以暴力、威胁或者限制人身自由的方法强迫他人劳动的，处三年以下有期徒刑或者拘役，并处或者单处罚金；情节严重的，处三年以上七年以下有期徒刑，并处罚金。

"明知他人实施前款行为，为其招募、运送人员的，依照前款的规定处罚。

"单位犯前两款罪的，对单位判处罚金，并对其直接负责的主管人员和其他直接责任人员，依照第一款的规定处罚。"

三十七、将刑法第二百六十四条修改为："盗窃公私财物，数额较大或者多次盗窃、入户盗窃、携带凶器盗窃的，处三年以下有期徒刑、拘役或者管制，并处或者单处罚金；数额巨大或者有其他严重情节的，处三年以上十年以下有期徒刑，并处罚金；数额特别巨大或者有其他特别严重情节的，处十年以上有期徒刑或者无期徒刑，并处罚金或者没收财产。"

三十八、将刑法第二百七十四条修改为："敲诈勒索公私财物，数额较大或者多次敲诈勒索的，处三年以下有期徒刑、拘役或者管制，并处或者单处罚金；数额巨大或者有其他严重情节的，处三年以上十年以下有期徒刑，并处罚金；数额特别巨大或者有其他特别严重情节的，处十年以上有期徒刑，并处罚金。"

三十九、在刑法第二百七十六条后增加一条，作为第二百七十六条之一："有能力支付而不支付或者以转移财产、逃匿等方法逃避支付劳动者的劳动报酬，情节恶劣的，处三年以下有期徒刑或者拘役，并处或者单处罚金；造成严重后果的，处三年以上七年以下有期徒刑，并处罚金。

"单位犯前款罪的，对单位判处罚金，并对其直接负责的主管人员和其他直接责任人员，依照前款的规定处罚。

"有前两款行为，尚未造成严重后果，在提起公诉前支付劳动者的劳动报酬，并依法承担相应赔偿责任的，可以不追究刑事责任。"

四十、在刑法第二百九十三条中增加一款作为第二款："纠集他人多次实施前款行为，严重破坏社会秩序的，处五年以上十年以下有期徒刑，可以并处罚金。"

四十一、将刑法第二百九十四条修改为："组织、领导和积极参加黑社会性质的组织的，处三年以上十年以下有期徒刑，并处罚金或者没收财产；其他参加的，处三年以下有期徒刑、拘役、管制或者剥夺政治权利，可以并处罚金。

“境外的黑社会组织的人员到中华人民共和国境内发展组织成员的，处三年以上十年以下有期徒刑。

“国家机关工作人员包庇黑社会性质的组织，或者纵容黑社会性质的组织进行违法犯罪活动，为黑社会性质的组织提供保护的，处五年以下有期徒刑；情节严重的，处五年以上有期徒刑。

“犯前三款罪又有其他犯罪行为的，依照数罪并罚的规定处罚。

“黑社会性质的组织应当同时具备以下特征：

“（一）形成较稳定的犯罪组织，人数较多，有明确的组织者、领导者，骨干成员基本固定；

“（二）有组织地通过违法犯罪活动或者其他手段获取经济利益，具有一定的经济实力，以支持该组织的活动；

“（三）以暴力、威胁或者其他手段，有组织地多次进行违法犯罪活动，为非作恶，欺压、残害群众；

“（四）通过实施违法犯罪活动，或者利用国家工作人员的包庇或者纵容，称霸一方，在一定区域或者行业内，形成非法控制或者重大影响，严重破坏经济、社会生活秩序。”

四十二、将刑法第二百九十五条修改为：“传授犯罪方法的，处五年以下有期徒刑、拘役或者管制；情节严重的，处五年以上十年以下有期徒刑；情节特别严重的，处十年以上有期徒刑或者无期徒刑。”

四十三、将刑法第三百二十八条第一款修改为：“盗掘具有历史、艺术、科学价值的古文化遗址、古墓葬的，处三年以上十年以下有期徒刑，并处罚金；情节较轻的，处三年以下有期徒刑、拘役或者管制，并处罚金；有下列情形之一的，处十年以上有期徒刑或者无期徒刑，并处罚金或者没收财产：

“（一）盗掘确定为全国重点文物保护单位和省级文物保护单位的古文化遗址、古墓葬的；

“（二）盗掘古文化遗址、古墓葬集团的首要分子；

“（三）多次盗掘古文化遗址、古墓葬的；

“（四）盗掘古文化遗址、古墓葬，并盗窃珍贵文物或者造成珍贵文物严重破坏的。”

四十四、将刑法第三百三十八条修改为：“违反国家规定，排放、倾倒或者处置有放射性的废物、含传染病病原体的废物、有毒物质或者其他有害物质，严重污染环境的，处三年以下有期徒刑或者拘役，并处或者单处罚金；后果特别严重的，处三年以上七年以下有期徒刑，并处罚金。”

四十五、将刑法第三百四十三条第一款修改为：“违反矿产资源法的规定，未取得采矿许可证擅自采矿，擅自进入国家规划矿区、对国民经济具有重要价值的矿区和他人矿区范围采矿，或者擅自开采国家规定实行保护性开采的特定矿种，情节严重的，处三年以下有期徒刑、拘役或者管制，并处或者单处罚金；情节特别严重的，处三年以上七年以下有期徒刑，并处罚金。”

四十六、将刑法第三百五十八条第三款修改为：“为组织卖淫的人招募、运送人员或者有其他协助组织他人卖淫行为的，处五年以下有期徒刑，并处罚金；情节严重的，处五年以上十年以下有期徒刑，并处罚金。”

四十七、本修正案自　年　月　日起施行。

附二：关于《中华人民共和国刑法修正案（八）（草案）》的说明

（2010 年 8 月 23 日）

1997 年第八届全国人大第五次会议全面修订了刑法。此后，全国人大常委会又根据惩治犯罪的需要，先后通过了一个决定和七个刑法修正案，对刑法作出修改、补充。一些全国人大代表、社会有关方面提出，近年来，随着经济社会的发展，又出现了一些新的情况和问题，需要对刑法的有关规定作出修改。中央关于深化司法体制和工作机制改革的意见也要求进一步落实宽严相济的刑事政策，对刑法作出必要的调整和修改。从 2009 年下半年开始，法制工作委员会即着手对当前刑事犯罪中出现的新的情况和问题进行深入调查研究，反复与最高人民法院、最高人民检察院、国务院法制办、公安部、国家安全部、司法部等部门进行研究，多次听取一些全国人大代表、地方人大代表、地方人大常委会以及专家学者的意见。在充分论证并取得基本共识的基础上，形成了刑法修正案（八）（草案）。现就主要问题说明如下：

一、关于调整刑罚结构

这次刑法修改的重点是，落实中央深化司法体制和工作机制改革的要求，完善死刑法律规定，适当减少死刑罪名，调整死刑与无期徒刑、有期徒刑之间的结构关系。

经与各有关方面反复研究，一致认为我国的刑罚结构总体上能够适应当前惩治犯罪，教育改造罪犯，预防和减少犯罪的需要。但在实际执行中也存在死刑偏重、生刑偏轻等问题，需要通过修改刑法适当调整。一是，刑法规定的死刑罪名较多，共 68 个，从司法实践看，有些罪名较少适用或基本未适用过，可以适当减少。二是，根据我国现阶段经济社会发展实际，适当取消一些经济性非暴力犯罪的死刑，不会给我国社会稳定大局和治安形势带来负面影响。三是，判处死刑缓期执行的犯罪分子，实际执行的期限较短，对一些罪行严重的犯罪分子，难以起到惩戒作用，应当严格限制减刑。据此，建议对刑法作以下调整：

1. 适当减少死刑罪名

建议取消近年来较少适用或基本未适用过的13个经济性非暴力犯罪的死刑。具体是：走私文物罪，走私贵重金属罪，走私珍贵动物、珍贵动物制品罪，走私普通货物、物品罪，票据诈骗罪，金融凭证诈骗罪，信用证诈骗罪，虚开增值税专用发票、用于骗取出口退税、抵扣税款发票罪，伪造、出售伪造的增值税专用发票罪，盗窃罪，传授犯罪方法罪，盗掘古文化遗址、古墓葬罪，盗掘古人类化石、古脊椎动物化石罪。以上拟取消的13个死刑罪名，占死刑罪名总数的19.1%。(修正案草案第二十四条、第二十五条、第二十八条、第三十条、第三十二条、第三十七条、第四十二条、第四十三条)

2. 限制对被判处死刑缓期执行犯罪分子的减刑

刑法第五十条规定，判处死刑缓期执行的，在死刑缓期执行期间，如果没有故意犯罪，二年期满以后，减为无期徒刑；如果确有重大立功表现，二年期满以后，减为十五年以上二十年以下有期徒刑。根据刑法罪刑相适应的原则，应当严格限制对某些判处死缓的罪行严重的罪犯的减刑，延长其实际服刑期。据此，建议对上述规定作出修改，将其中“十五年以上二十年以下有期徒刑”的减刑幅度修改限定为“二十年有期徒刑”。对其中累犯以及因故意杀人、强奸、抢劫、绑架、放火、爆炸、投放危险物质或者有组织的暴力性犯罪被判处死刑缓期执行的犯罪分子，人民法院根据犯罪情节等情况，可以同时决定在依法减为无期徒刑或者二十年有期徒刑后，不得再减刑。(修正案草案第四条)

3. 完善假释规定，加强对被假释犯罪分子的监督管理

刑法第八十一条第二款规定，对累犯以及因杀人、爆炸、抢劫、强奸、绑架等暴力性犯罪被判处十年以上有期徒刑、无期徒刑的犯罪分子，不得假释。考虑到这次修改，对上述犯罪分子中判处死刑缓期执行的，已经规定人民法院可以决定不得减刑，对这部分人，在给予严厉惩罚的同时，经必要的审批程序，也要给予出路，以促使他们接受改造，认罪服法，通过教育改造成为新人，从而实现刑罚目的。建议规定：原判死刑缓期执行，减为无期徒刑，经人民法院决定不得再减刑的犯罪分子实际执行二十年以上，原判死刑缓期执行，减为二十年有期徒刑，经人民法院决定不得再减刑的犯罪分子实际执行十八年以上，如果认真遵守监规，接受教育改造，确有悔改表现，人民法院认为犯罪分子没有再犯罪的危险，对其假释后能够进行有效监管的，可以假释。(修正案草案第十五条)

4. 适当延长有期徒刑数罪并罚的刑期

根据刑法第六十九条的规定，判决宣告以前一人犯数罪，需要并罚的，并罚后有期徒刑最高不能超过二十年。有关方面提出，上述规定总体上是适当的，但实践中有一些犯罪分子一人犯有较多罪行，被判处有期徒刑的总和刑期较高，如果只判处最高二十年有期徒刑，难以体现罪刑相适应的刑法原则，应当适当提高这种情况下数罪并罚时有期徒刑的上限。据此，建议对因犯数罪被判处有期徒刑，总和刑期在三十五年以上的，将其有期徒刑的上限由二十年提高到二十五年。(修正案草案第十条)

二、完善惩处黑社会性质组织等犯罪的法律规定

1. 完善黑社会性质组织犯罪的法律规定

近年来，随着经济社会的发展，黑社会性质组织犯罪出现了一些新的情况，为维护社会治安秩序，保障人民利益，有必要进一步加大对黑社会性质组织犯罪的惩处力度，经与有关部门共同研究，建议对刑法作以下修改：

第一，明确黑社会性质组织犯罪的特征，加大惩处力度。刑法第二百九十四条对黑社会性质组织犯罪作了规定。2002年全国人大常委会《关于〈中华人民共和国刑法〉第二百九十四条第一款的解释》，对“黑社会性质的组织”的特征作了明确界定，为打击黑社会性质组织犯罪提供了法律依据。建议将全国人大常委会法律解释的内容纳入该条，对黑社会性质组织的特征在法律上作出明确规定；同时，增加规定财产刑，对这类犯罪除处以自由刑外，还可以并处罚金、没收财产。(修正案草案第四十一条)

第二，调整敲诈勒索罪的入罪门槛，完善法定刑。刑法第二百七十四条规定，敲诈勒索公私财物，数额较大的，处三年以下有期徒刑、拘役或者管制；数额巨大或者有其他严重情节的，处三年以上十年以下有期徒刑。敲诈勒索是黑社会性质组织经常采取的犯罪形式，建议将敲诈勒索罪的构成条件由“数额较大”修改为“数额较大或者多次敲诈勒索”；将敲诈勒索罪的法定最高刑由十年有期徒刑提高到十五年有期徒刑；并增加罚金刑。(修正案草案第三十八条)

第三，完善强迫交易罪的规定，加大惩处力度。刑法第二百二十六条规定了强迫交易罪。以暴力或者暴力威胁等手段非法攫取经济利益，是当前黑社会性质组织犯罪的一种重要犯罪形式，严重侵害公民合法权益，破坏经济社会秩序。建议对该条规定作出修改：一是将以暴力、威胁手段强迫他人参与或者退出投标、拍卖，强迫他人转让或者收购公司、企业的股份、债券或者其他资产，强迫他人进入、退出特定的经营领域行为具体列举增加规定为犯罪。二是将法定最高刑由三年有期徒刑提高到七年有期徒刑。(修正案草案第三十四条)

第四，完善寻衅滋事罪的规定，从严惩处首要分子。刑法第二百九十三条规定了寻衅滋事罪，规定处以五年以下有期徒刑、拘役或者管制。一些地方提出，一些犯罪分子时常纠集他人，横行乡里，严重扰乱社会治安秩序，扰乱人民群众的正常生活。由于这类滋扰群众行为的个案难以构成重罪，即使被追究刑事责任，也关不了多长时间，抓了放，放了抓，社会不得安宁，群众没有安全感。据此，建议在该条中增加规定：纠集他人多次实施寻衅滋事行为，严重破坏社会秩序的，处五年以上十年以下有期徒刑，可以并处罚金。(修正案草案第四十条)

2. 扩大特殊累犯的范围，加大对恐怖活动犯罪、黑社会性质组织犯罪的惩处力度

刑法第六十六条规定，危害国家安全的犯罪分子在刑罚执行完毕或者赦免以后，在任何时候再犯危害国家安全罪的，都以累犯论处。根据有关方面意见，建议规定对实施恐怖活动犯罪、黑社会性质组织犯罪的犯罪分子，在刑罚执行完毕或者赦免以后，在任何时候再犯的，也都以累犯论处。(修正案草案第七条)

此外，根据一些全国人大代表的议案、建议，经与有关部门共同研究，建议修改刑法第一百五十三条关于走私普通货物、物品罪的犯罪构成条件，将一年内曾因走私被给予二次行政处罚后又走私的“蚂蚁搬家”式的走私行为规定为犯罪。增加规定虚开普通发票和持有伪造的发票的犯罪，以进一步维护经济秩序。修改刑法第三百四十三条非法采矿罪的犯罪构成条件，增强该罪的可操作性，以进一步加大对矿产资源的保护。(修正案草案第二十五条、第三十一条、第三十三条、第四十五条)

三、完善从宽处理的法律制度，规范非监禁刑的适用

根据宽严相济的刑事政策，在从严惩处严重犯罪的同时，应当进一步完善刑法中从宽处理的法律规定，以更好地体现中国特色社会主义刑法的文明和人道主义，促进社会和谐。经与有关部门共同研究，建议对刑法作以下调整：

1. 完善对未成年人和老年人犯罪从宽处理的规定

对未成年人犯罪予以从宽处理，刑法中已有规定。对老年人犯罪予以从宽处理，刑法虽未明确规定，但在司法实践中一般也有体现。根据有关方面意见，建议对刑法作出补充：一是，对犯罪时不满十八周岁的人不作为累犯。二是，对不满十八周岁的人和已满七十五周岁的人犯罪，只要符合缓刑条件的，应当予以缓刑。三是，已满七十五周岁的人故意犯罪的，可以从轻或者减轻处罚，过失犯罪的，应当从轻或者减轻处罚。四是，对已满七十五周岁的人，不适用死刑。五是，对未满十八周岁的人犯罪被判处五年有期徒刑以下刑罚的，免除其前科报告义务。(修正案草案第六条、第十一条、第一条、第三条、第十九条)

2. 进一步明确缓刑适用的条件

刑法第七十二条规定，对于被判处拘役、三年以下有期徒刑的犯罪分子，根据犯罪分子的犯罪情节和悔罪表现，适用缓刑确实不致再危害社会的，可以宣告缓刑。各方面认为，应当进一步明确缓刑适用条件，以利于操作。据此，建议对刑法第七十二条作出修改：对于被判处拘役、三年以下有期徒刑的犯罪分子，根据犯罪分子的犯罪情节和悔罪表现，人民法院认为犯罪分子没有再犯罪的危险，对其缓刑后能够进行有效监督的，可以宣告缓刑。同时，对刑法第七十四条补充修改为，对累犯和犯罪集团的首要分子不得适用缓刑。(修正案草案第十一条、第十二条)

3. 完善管制刑及缓刑、假释的执行方式

管制是限制人身自由但不予关押的刑罚。有些人大代表提出，需要根据新的情况，对管制的执行方式适时调整，有针对性地对被判处管制的犯罪分子进行必要的行为管束，以适应对其改造和预防再犯罪的需要。据此，建议规定：对判处管制的罪犯，根据其犯罪情况，可以判令其在管制期间不得从事特定活动，不得进入特定区域、场所，不得接触特定的人。(修正案草案第二条)

同时，根据一些人大代表和地方的意见，建议在刑法中规定，对管制、缓刑、假释等犯罪分子实行社区矫正。(修正案草案第二条、第十三条、第十四条、第十七条)

4. 进一步落实坦白从宽的刑事政策

刑法第六十七条规定，对于自首的犯罪分子，可以从轻或者减轻处罚。其中，犯罪较轻的，可以免除处罚。为进一步落实坦白从宽的刑事政策，建议规定：对虽不具有自首情节，但能够如实供述自己罪行的犯罪分子，可以从轻处罚。(修正案草案第八条)

四、加强对民生的保护，增加一些新的犯罪规定，加大惩处力度

近年来，一些全国人大代表多次提出议案、建议，要求对一些严重损害广大人民群众利益的行为，加大惩处力度。经与有关部门共同研究，建议对刑法作以下修改补充：

1. 对一些社会危害严重，人民群众反响强烈，原来由行政管理手段或者民事手段调整的违法行为，建议规定为犯罪。主要是醉酒驾车、飙车等危险驾驶的犯罪，不支付劳动报酬的犯罪，非法买卖人体器官的犯罪等。(修正案草案第二十二条、第三十九条、第三十五条)

2. 加大对弱势群体的保护和对某些犯罪的惩处力度。针对当前出现的新的情况，并与我国已加入的国际公约的要求相衔接，建议修改刑法第二百四十四条规定的强迫劳动罪，将法定最高刑由三年有期徒刑提高到七年，将为强迫劳动的个人或者单位招募、运送人员的行为规定为犯罪；修改刑法第三百五十八条，明确规定为组织卖淫的人招募、运送人员的，按照协助组织卖淫罪追究刑事责任。(修正案草案第三十六条、第四十六条)

3. 为加强刑法对广大人民群众生命健康的保护，建议修改刑法第一百四十一条生产、销售假药罪，第三百三十八条重大环境污染事故罪的法律规定，调整上述犯罪的构成条件，降低入罪门槛，增强可操作性。(修正案草案第二十三条、第四十四条)

此外，修正案草案还对危害国家安全的有关犯罪、盗窃罪的规定等作了修改或者补充。

附三：中华人民共和国刑法修正案（八）（二次审议稿）

（2010 年 12 月 20 日）

一、在刑法第十七条后增加一条，作为第十七条之一：“已满七十五周岁的人故意犯罪的，可以从轻或者减轻处罚；过失犯罪的，应当从轻或者减轻处罚。”

二、在刑法第三十八条中增加一款作为第二款：“判处管制，可以根据犯罪情况，同时禁止犯罪分子在执行期间从事特定活动，进入特定区域、场所，接触特定的人。”

原第二款作为第三款，修改为：“对判处管制的犯罪分子，依法实行社区矫正。”

增加一款作为第四款：“违反第二款规定的禁止令的，由公安机关依照《中华人民共和国治安管理处罚法》的规定处罚。”

三、在刑法第四十九条修改为：“犯罪的时候不满十八周岁的人和审判的时候怀孕的妇女，不适用死刑。

“审判的时候已满七十五周岁的人，不适用死刑，但以特别残忍手段致人死亡的除外。”

四、将刑法第五十条修改为：“判处死刑缓期执行的，在死刑缓期执行期间，如果没有故意犯罪，二年期满以后，减为无期徒刑；如果确有重大立功表现，二年期满以后，减为二十五年有期徒刑；如果故意犯罪，查证属实的，由最高人民法院核准，执行死刑。

“对被判处死刑缓期执行的累犯以及因故意杀人、强奸、抢劫、绑架、放火、爆炸、投放危险物质或者有组织的暴力性犯罪被判处死刑缓期执行的犯罪分子，人民法院根据犯罪情节等情况可以同时决定对其限制减刑。”

五、将刑法第六十三条第一款修改为：“犯罪分子具有本法规定的减轻处罚情节的，应当在法定刑以下判处刑罚；本法规定有数个量刑幅度的，应当在法定量刑幅度的下一个量刑幅度内判处刑罚。”

六、将刑法第六十五条第一款修改为：“被判处有期徒刑以上刑罚的犯罪分子，刑罚执行完毕或者赦免以后，在五年以内再犯应当判处有期徒刑以上刑罚之罪的，是累犯，应当从重处罚，但是过失犯罪和不满十八周岁的人犯罪的除外。”

七、将刑法第六十六条修改为：“危害国家安全犯罪、恐怖活动犯罪、黑社会性质的组织犯罪的犯罪分子，在刑罚执行完毕或者赦免以后，在任何时候再犯上述任一类罪的，都以累犯论处。”

八、在刑法第六十七条中增加一款作为第三款：“犯罪嫌疑人虽不具有前两款规定的自首情节，但是如实供述自己罪行的，可以从轻处罚；因其如实供述自己罪行，避免特别严重后果发生的，可以减轻处罚。”

九、删去刑法第六十八条第二款。

十、将刑法第六十九条修改为：“判决宣告以前一人犯数罪的，除判处死刑和无期徒刑的以外，应当在总和刑期以下、数刑中最高刑期以上，酌情决定执行的刑期，但是管制最高不能超过三年，拘役最高不能超过一年，有期徒刑总和刑期不满三十五年的，最高不能超过二十年，总和刑期在三十五年以上的，最高不能超过二十五年。

“数罪中有判处附加刑的，附加刑仍须执行，其中附加刑种类相同的，合并执行，种类不同的，分别执行。”

十一、将刑法第七十二条修改为：“对于被判处拘役、三年以下有期徒刑的犯罪分子，同时符合下列条件的，可以宣告缓刑，对其中不满十八周岁的人、怀孕的妇女和已满七十五周岁的人，应当宣告缓刑：

“（一）犯罪情节较轻；

“（二）有悔罪表现；

“（三）没有再犯罪的危险；

“（四）宣告缓刑对所居住社区没有重大不良影响。

“宣告缓刑，可以根据犯罪情况，同时禁止犯罪分子在缓刑考验期限内从事特定活动，进入特定区域、场所，接触特定的人。

“被宣告缓刑的犯罪分子，如果被判处附加刑，附加刑仍须执行。”

十二、将刑法第七十四条修改为：“对于累犯和犯罪集团的首要分子，不适用缓刑。”

十三、将刑法第七十六条修改为：“对宣告缓刑的犯罪分子，在缓刑考验期限内，依法实行社区矫正，如果没有本法第七十七条规定的情形，缓刑考验期满，原判的刑罚就不再执行，并公开予以宣告。”

十四、将刑法第七十七条第二款修改为：“被宣告缓刑的犯罪分子，在缓刑考验期限内，违反法律、行政法规或者国务院有关部门关于缓刑的监督管理规定，或者违反人民法院判决中的禁止令，情节严重的，应当撤销缓刑，执行原判刑罚。”

十五、将刑法第七十八条第二款修改为：“减刑以后实际执行的刑期不能少于下列期限：

“（一）判处管制、拘役、有期徒刑的，不能少于原判刑期的二分之一；

“（二）判处无期徒刑的，不能少于十五年；

“（三）判处死刑缓期二年执行，缓期执行期满后依法减为二十五年有期徒刑的，不能少于十八年，其中，人民法院依照本法第五十条第二款规定限制减刑的，不能少于二十年。

“（四）判处死刑缓期二年执行，缓期执行期满后依法减为无期徒刑的，不能少于二十年，其中，人民法院依照本法第五十条第二款规定限制减刑的，不能少于二十五年。”

十六、将刑法第八十一条修改为：“被判处有期徒刑的犯罪分子，执行原判刑期二分之一以上，被判处无期徒刑的犯罪分子，实际执行十五年以上，原判死刑缓期执行，减为无期徒刑的犯罪分子，实际执行二十年以上，原判死刑缓期执行，减为二十五年有期徒刑的犯罪分子，实际执行十八年以上，如果认真遵守监规，接受教育改造，确有悔改表现，没有再犯罪的危险的，可以假释。如果有特殊情况，经最高人民法院核准，可以不受上述执行刑期的限制。

“对犯罪分子决定假释时，应当考虑其假释后对所居住社区的影响。

“对累犯以及因故意杀人、强奸、抢劫、绑架、放火、爆炸、投放危险物质或者有组织的暴力性犯罪被判处十年以上有期徒刑、无期徒刑的犯罪分子，不得假释。”

十七、将刑法第八十五条修改为：“对假释的犯罪分子，在假释考验期限内，依法实行社区矫正，如果没有本法第八十六条规定的情形，假释考验期满，就认为原判刑罚已经执行完毕，并公开予以宣告。”

十八、将刑法第八十六条第三款修改为：“被假释的犯罪分子，在假释考验期限内，有违反法律、行政法规或者国务院有关部门关于假释的监督管理规定的行为，尚未构成新的犯罪的，应当依照法定程序撤销假释，收监执行未执行完毕的刑罚。”

十九、在刑法第一百条中增加一款作为第二款：“犯罪的时候不满十八周岁被判处五年有期徒刑以下刑罚的人，免除前款规定的报告义务。”

二十、将刑法第一百零七条修改为：“境内外机构、组织或者个人资助实施本章第一百零二条、第一百零三条、第一百零四条、第一百零五条规定之罪的，对直接责任人员，处五年以下有期徒刑、拘役、管制或者剥夺政治权利；情节严重的，处五年以上有期徒刑。”

二十一、将刑法第一百零九条修改为：“国家机关工作人员在履行公务期间，擅离岗位，叛逃境外或者在境外叛逃的，处五年以下有期徒刑、拘役、管制或者剥夺政治权利；情节严重的，处五年以上十年以下有期徒刑。

“掌握国家秘密的国家工作人员叛逃境外或者在境外叛逃的，依照前款的规定从重处罚。”

二十二、在刑法第一百三十三条后增加一条，作为第一百三十三条之一：“在道路上驾驶机动车追逐竞驶，情节恶劣的，或者在道路上醉酒驾驶机动车的，处拘役，并处罚金。

“有前款行为，同时构成其他犯罪的，依照处罚较重的规定定罪处罚。”

二十三、将刑法第一百四十一条第一款修改为：“生产、销售假药的，处三年以下有期徒刑或者拘役，并处罚金；对人体健康造成严重危害或者有其他严重情节的，处三年以上十年以下有期徒刑，并处罚金；致人死亡或者有其他特别严重情节的，处十年以上有期徒刑、无期徒刑或者死刑，并处罚金或者没收财产。”

二十四、将刑法第一百四十三条修改为：“生产、销售不符合食品安全标准的食品，足以造成严重食物中毒事故或者其他严重食源性疾病的，处三年以下有期徒刑或者拘役，并处罚金；对人体健康造成严重危害或者有其他严重情节的，处三年以上七年以下有期徒刑，并处罚金；后果特别严重的，处七年以上有期徒刑或者无期徒刑，并处罚金或者没收财产。”

二十五、将刑法第一百四十四条修改为：“在生产、销售的食品中掺入有毒、有害的非食品原料的，或者销售明知掺有有毒、有害的非食品原料的食品的，处五年以下有期徒刑或者拘役，并处罚金；对人体健康造成严重危害或者有其他严重情节的，处五年以上十年以下有期徒刑，并处罚金；致人死亡或者有其他特别严重情节的，依照本法第一百四十一条的规定处罚。”

二十六、将刑法第一百五十一条修改为：“走私武器、弹药、核材料或者伪造的货币的，处七年以上有期徒刑，并处罚金或者没收财产；情节特别严重的，处无期徒刑或者死刑，并处没收财产；情节较轻的，处三年以上七年以下有期徒刑，并处罚金。

“走私国家禁止出口的文物、黄金、白银和其他贵重金属或者国家禁止进出口的珍贵动物及其制品的，处五年以上十年以下有期徒刑，并处罚金；情节特别严重的，处十年以上有期徒刑或者无期徒刑，并处没收财产；情节较轻的，处五年以下有期徒刑，并处罚金。

“走私珍稀植物及其制品等国家禁止进出口的其他货物、物品的，处五年以下有期徒刑或者拘役，并处或者单处罚金；情节严重的，处五年以上有期徒刑，并处罚金。

“单位犯本条规定之罪的，对单位判处罚金，并对其直接负责的主管人员和其他直接责任人员，依照本条各款的规定处罚。”

二十七、将刑法第一百五十三条第一款修改为：“走私本法第一百五十一条、第一百五十二条、第三百四十七条规定以外的货物、物品的，根据情节轻重，分别依照下列规定处罚：

“（一）走私货物、物品偷逃应缴税额较大或者一年内曾因走私被给予二次行政处罚后又走私的，处三年以下有期徒刑或者拘役，并处偷逃应缴税额一倍以上五倍以下罚金。

“（二）走私货物、物品偷逃应缴税额巨大或者有其他严重情节的，处三年以上十年以下有期徒刑，并处偷逃应缴税额一倍以上五倍以下罚金。

“（三）走私货物、物品偷逃应缴税额特别巨大或者有其他特别严重情节的，处十年以上有期徒刑或者无期徒刑，并处偷逃应缴税额一倍以上五倍以下罚金或者没收财产。”

二十八、将刑法第一百五十七条第一款修改为：“武装掩护走私的，依照本法第一百五十一条第一款的规定从重处罚。”

二十九、将刑法第一百六十四条修改为：“为谋取不正当利益，给予公司、企业或者其他单位的工作人员以财物，数额较大的，处三年以下有期徒刑或者拘役；数额巨大的，处三年以上十年以下有期徒刑，并处罚金。

“为谋取不正当商业利益，给予外国公职人员或者国际公共组织官员以财物的，依照前款的规定处罚。

“单位犯前两款罪的，对单位判处罚金，并对其直接负责的主管人员和其他直接责任人员，依照第一款的规定处罚。

“行贿人在被追诉前主动交待行贿行为的，可以减轻处罚或者免除处罚。”

三十、将刑法第一百九十九条修改为：“犯本节第一百九十二条规定之罪，数额特别巨大并且给国家和人民利益造成特别重大损失的，处无期徒刑或者死刑，并处没收财产。”

三十一、将刑法第二百条修改为：“单位犯本节第一百九十二条、第一百九十四条、第一百九十五条规定之罪的，对单位判处罚金，并对其直接负责的主管人员和其他直接责任人员，处五年以下有期徒刑或者拘役，可以并处罚金；数额巨大或者有其他严重情节的，处五年以上十年以下有期徒刑，并处罚金；数额特别巨大或者有其他特别严重情节的，处十年以上有期徒刑或者无期徒刑，并处罚金。”

三十二、删去刑法第二百零五条第二款。

三十三、在刑法第二百零五条后增加一条，作为第二百零五条之一：“虚开本法第二百零五条规定以外的其他发票，情节严重的，处二年以下有期徒刑、拘役或者管制，并处罚金；情节特别严重的，处二年以上七年以下有期徒刑，并处罚金。

“单位犯前款罪的，对单位判处罚金，并对其直接负责的主管人员和其他直接责任人员，依照前款的规定处罚。”

三十四、删去刑法第二百零六条第二款。

三十五、在刑法第二百一十条后增加一条，作为第二百一十条之一：“持有伪造的发票，数量较大的，处二年以下有期徒刑、拘役或者管制，并处罚金；数量巨大的，处二年以上七年以下有期徒刑，并处罚金。

“单位犯前款罪的，对单位判处罚金，并对其直接负责的主管人员和其他直接责任人员，依照前款的规定处罚。”

三十六、将刑法第二百二十六条修改为：“以暴力、威胁手段，实施下列行为之一，情节严重的，处三年以下有期徒刑或者拘役，并处或者单处罚金；情节特别严重的，处三年以上七年以下有期徒刑，并处罚金：

“（一）强买强卖商品的；

“（二）强迫他人提供或者接受服务的；

“（三）强迫他人参与或者退出投标、拍卖的；

“（四）强迫他人转让或者收购公司、企业的股份、债券或者其他资产的；

“（五）强迫他人参与或者退出特定的经营活动的。”

三十七、在刑法第二百三十四条后增加一条，作为第二百三十四条之一：“组织他人出卖人体器官的，处五年以下有期徒刑，并处罚金；情节严重的，处五年以上有期徒刑，并处罚金或者没收财产。

“未经本人同意摘取其器官，或者摘取不满十八周岁的人的器官，或者强迫、欺骗他人捐献器官的，依照本法第二百三十四条、第二百三十二条的规定定罪处罚。

“违背本人生前意愿摘取其尸体器官，或者本人生前未表示同意，违反国家规定，违背其近亲属意愿摘取其尸体器官的，依照本法第三百零二条的规定定罪处罚。”

三十八、将刑法第二百四十四条修改为：“以暴力、威胁或者限制人身自由的方法强迫他人劳动的，处三年以下有期徒刑或者拘役，并处罚金；情节严重的，处三年以上十年以下有期徒刑，并处罚金。

“明知他人实施前款行为，为其招募、运送人员的，依照前款的规定处罚。

“单位犯前两款罪的，对单位判处罚金，并对其直接负责的主管人员和其他直接责任人员，依照第一款的规定处罚。”

三十九、将刑法第二百六十四条修改为：“盗窃公私财物，数额较大的，或者多次盗窃、入户盗窃、携带凶器盗窃、扒窃的，处三年以下有期徒刑、拘役或者管制，并处或者单处罚金；数额巨大或者有其他严重情节的，处三年以上十年以下有期徒刑，并处罚金；数额特别巨大或者有其他特别严重情节的，处十年以上有期徒刑或者无期徒刑，并处罚金或者没收财产。”

四十、将刑法第二百七十四条修改为：“敲诈勒索公私财物，数额较大或者多次敲诈勒索的，处三年以下有期徒刑、拘役或者管制，并处或者单处罚金；数额巨大或者有其他严重情节的，处三年以上十年以下有期徒刑，并处罚金；数额特别巨大或者有其他特别严重情节的，处十年以上有期徒刑，并处罚金。”

四十一、在刑法第二百七十六条后增加一条，作为第二百七十六条之一：“以转移财产、逃匿等方法逃避支付劳动者的劳动报酬或者有能力支付而不支付劳动者的劳动报酬，数额较大或者有其他严重情节的，处三年以下有期徒刑或者拘役，并处或者单处罚金；造成严重后果的，处三年以上七年以下有期徒刑，并处罚金。

“单位犯前款罪的，对单位判处罚金，并对其直接负责的主管人员和其他直接责任人员，依照前款的规定处罚。

“有前两款行为，尚未造成严重后果，在提起公诉前支付劳动者的劳动报酬，并依法承担相应赔偿责任的，可以不追究刑事责任。”

四十二、将刑法第二百九十三条修改为：“有下列寻衅滋事行为之一，破坏社会秩序的，处五年以下有期徒刑、拘役或者管制：

“（一）随意殴打他人，情节恶劣的；

“（二）追逐、拦截、辱骂、恐吓他人，情节恶劣的；

“（三）强拿硬要或者任意损毁、占用公私财物，情节严重的；

“（四）在公共场所起哄闹事，造成公共场所秩序严重混乱的。

“纠集他人多次实施前款行为，严重破坏社会秩序的，处五年以上十年以下有期徒刑，可以并处罚金。”

四十三、将刑法第二百九十四条修改为：“组织、领导黑社会性质的组织的，处七年以上有期徒刑，并处没收财产；积极参加的，处三年以上七年以下有期徒刑，可以并处罚金或者没收财产；其他参加的，处三年以下有期徒刑、拘役、管制或者剥夺政治权利，可以并处罚金。

“境外的黑社会组织的人员到中华人民共和国境内发展组织成员的，处三年以上十年以下有期徒刑。

“国家机关工作人员包庇黑社会性质的组织，或者纵容黑社会性质的组织进行违法犯罪活动的，处五年以下有期徒刑；情节严重的，处五年以上有期徒刑。

“犯前三款罪又有其他犯罪行为的，依照数罪并罚的规定处罚。

“黑社会性质的组织应当同时具备以下特征：

“（一）形成较稳定的犯罪组织，人数较多，有明确的组织者、领导者，骨干成员基本固定；

“（二）有组织地通过违法犯罪活动或者其他手段获取经济利益，具有一定的经济实力，以支持该组织的活动；

“（三）以暴力、威胁或者其他手段，有组织地多次进行违法犯罪活动，为非作恶，欺压、残害群众；

“（四）通过实施违法犯罪活动，或者利用国家工作人员的包庇或者纵容，称霸一方，在一定区域或者行业内，形成非法控制或者重大影响，严重破坏经济、社会生活秩序。”

四十四、将刑法第二百九十五条修改为：“传授犯罪方法的，处五年以下有期徒刑、拘役或者管制；情节严重的，处五年以上十年以下有期徒刑；情节特别严重的，处十年以上有期徒刑或者无期徒刑。”

四十五、将刑法第三百二十八条第一款修改为：“盗掘具有历史、艺术、科学价值的古文化遗址、古墓葬的，处三年以上十年以下有期徒刑，并处罚金；情节较轻的，处三年以下有期徒刑、拘役或者管制，并处罚金；有下列情形之一的，处十年以上有期徒刑或者无期徒刑，并处罚金或者没收财产：

“（一）盗掘确定为全国重点文物保护单位和省级文物保护单位的古文化遗址、古墓葬的；

“（二）盗掘古文化遗址、古墓葬集团的首要分子；

“（三）多次盗掘古文化遗址、古墓葬的；

“（四）盗掘古文化遗址、古墓葬，并盗窃珍贵文物或者造成珍贵文物严重破坏的。”

四十六、将刑法第三百三十八条修改为：“违反国家规定，排放、倾倒或者处置有放射性的废物、含传染病病原体的废物、有毒物质或者其他有害物质，严重污染环境的，处三年以下有期徒刑或者拘役，并处或者单处罚金；后果特别严重的，处三年以上七年以下有期徒刑，并处罚金。”

四十七、将刑法第三百四十三条第一款修改为：“违反矿产资源法的规定，未取得采矿许可证擅自采矿，擅自进入国家规划矿区、对国民经济具有重要价值的矿区和他人矿区范围采矿，或者擅自开采国家规定实行保护性开采的特定矿种，情节严重的，处三年以下有期徒刑、拘役或者管制，并处或者单处罚金；情节特别严重的，处三年以上七年以下有期徒刑，并处罚金。”

四十八、将刑法第三百五十八条第三款修改为：“为组织卖淫的人招募、运送人员或者有其他协助组织他人卖淫行为的，处五年以下有期徒刑，并处罚金；情节严重的，处五年以上十年以下有期徒刑，并处罚金。”

四十九、在刑法第四百零八条后增加一条，作为第四百零八条之一：“负有食品安全监督管理职责的国家机关工作人员，玩忽职守或者滥用职权，导致发生重大食品安全事故或者造成其他严重后果的，处五年以下有期徒刑或者拘役；造成特别严重后果的，处五年以上十年以下有期徒刑。

“徇私舞弊犯前款罪的，从重处罚。”

五十、本修正案自 2011 年　月　日起施行。

附四：全国人民代表大会法律委员会关于《中华人民共和国刑法修正案（八）（草案）》修改情况的汇报

——2010年12月20日在第十一届全国人民代表大会常务委员会第十八次会议上

（全国人大法律委员会副主任委员　李适时）

全国人民代表大会常务委员会：

常委会第十六次会议对刑法修正案（八）（草案）进行了初次审议。会后，法制工作委员会将草案印发各省（区、市）、中央有关部门和法学教学研究单位征求意见。中国人大网站全文公布草案向社会征求意见。法律委员会、法制工作委员会召开座谈会，听取意见，还到一些地方进行调研，并同有关部门交换意见，共同研究。法律委员会于12月2日召开会议，根据常委会组成人员的审议意见和各方面的意见，对草案进行了逐条审议。中央政法委员会、国务院法制办公室有关负责同志列席了会议。12月14日，法律委员会召开会议，再次进行了审议。现将刑法修正案（八）（草案）主要问题的修改情况汇报如下：

一、草案第三条规定，审判时已满七十五周岁的人不适用死刑。有的常委委员、部门、地方和社会公众提出，对老年人不适用死刑的规定总体上是适当的，但应增加一定的限制条件，以适应实践中各种复杂情况。法律委员会经同有关方面研究，建议将草案的规定修改为：审判的时候已满七十五周岁的人，不适用死刑，但以特别残忍手段致人死亡的除外。（草案二次审议稿第三条）

二、草案第四条、第十五条对刑法第五十条关于死刑缓期执行罪犯减刑的规定、刑法第八十一条关于假释的规定作了修改，规定对被判处死缓的累犯以及因故意杀人等八种犯罪被判处死缓的犯罪分子，人民法院根据情况可以决定不得减刑，但在实际服刑十八年到二十年后可以假释。有的常委委员、部门和地方提出，这样规定，死缓罪犯减刑后的实际执行刑期仍然过短，建议适当延长，以更好地体现罪刑相适应原则。有的部门提出，不得再减刑的规定不利于罪犯的改造和管理，建议保留刑法原来对这部分人可以减刑，不得假释的规定。法律委员会经同有关方面研究，建议将草案第四条规定的对部分罪行严重的死缓犯罪分子“不得再减刑”修改为“限制减刑”，并规定：这部分罪犯死刑缓期执行期满后减为无期徒刑的，减刑以后实际执行的刑期不得少于二十五年；减为二十五年有期徒刑的，减刑以后实际执行的刑期不得少于二十年。同时，相应恢复刑法第八十一条原规定的对这部分人不得假释的规定。（草案二次审议稿第四条、第十五条）

三、草案第二条、第十三条、第十七条规定，对判处管制、缓刑以及假释的罪犯实行社区矫正。有的常委委员、部门和地方提出，社区矫正工作正在各地进行试点，但进展不够平衡，还需要在总结经验的基础上进行规范，同时，有关方面正在抓紧起草社区矫正法，草案应当为社区矫正提供法律根据，并与将要出台的社区矫正法相衔接。法律委员会经同有关方面研究，建议将草案各该条规定的“实行社区矫正”修改为“依法实行社区矫正”。（草案二次审议稿第二条、第十三条、第十七条）

四、草案第八条规定，犯罪嫌疑人虽不具有自首情节，但能够如实供述自己罪行的，可以从轻处罚。有的常委委员、部门和地方提出，为进一步体现坦白从宽的刑事政策，还应增加可以减轻处罚的规定。法律委员会经同有关方面研究，建议在这一条中增加规定：因其如实供述自己罪行，避免特别严重后果发生的，可以减轻处罚。（草案二次审议稿第八条）

五、草案第二十二条对危险驾驶犯罪作了规定。有的常委委员、代表和社会公众建议进一步明确醉酒后驾驶机动车的犯罪界限，并处理好危险驾驶犯罪与交通肇事罪等犯罪的关系。法律委员会经同有关方面研究，建议将这一条修改为：在道路上驾驶机动车追逐竞驶，情节恶劣的，或者在道路上醉酒驾驶机动车的，处拘役，并处罚金。有前款行为，同时构成其他犯罪的，依照处罚较重的规定从重处罚。（草案二次审议稿第二十二条）

六、草案第四十一条规定，组织、领导和积极参加黑社会性质的组织的，处三年以上十年以下有期徒刑；其他参加的，处三年以下有期徒刑、拘役、管制或者剥夺政治权利。有的部门和地方提出，在黑社会性质的组织中，组织、领导者与积极参加者及其他参加者在犯罪组织中的地位、作用是有差别的，建议分别规定刑罚，并适当提高组织、领导者的刑罚。法律委员会经同有关方面研究，建议将这一条规定修改为：组织、领导黑社会性质的组织的，处七年以上有期徒刑，并处没收财产；积极参加的，处三年以上七年以下有期徒刑，可以并处罚金或者没收财产；其他参加的，处三年以下有期徒刑、拘役、管制或者剥夺政治权利，可以并处罚金。（草案二次审议稿第四十三条）

七、刑罚第一百四十三条、第一百四十四条规定了生产、销售不符合卫生标准的食品和生产、销售有毒、有害食品犯罪。有的常委会组成人员、代表、部门和社会公众提出，近年来食品安全方面的违法犯罪出现了一些新情况，刑法有关规定应及时作出相应调整，还应与全国人大常委会2009年通过的食品安全法相衔接，并进一步明确负有食品安全监督管理职责人员渎职行为的刑事责任。法律委员会经同有关方面研究，建议刑法第一百四十三条修改为：生产、销售不符合食品安全标准的食品，足以造成严重食物中毒事故或者其他严重食源性疾病的，处三年以下有期徒刑或者拘役，并处罚金；对人体健康造成严重危害或者有其他严重情节的，处三年以上七年以下有期徒刑，并处罚金；后果特别严重的，处七年以上有期徒刑或者无期徒刑，并处罚金或者没收财产。将刑法第一百四十四条修改为：在生产、销售的食品中掺入有毒、有害的非食品原料的，或者销售明知掺有有毒、有害的非食品原料的食品的，处五年以下有期徒刑，并处罚金；对人体健康造成严重危害或者有其他严重情节的，处五年以上十年以下有期徒刑，并处罚金；致人死亡或者有其他特别严重情节的，依照本法第一百四十一条的规定处罚。并在刑法渎职罪一章中增加一条，对负有食品安全监督管理职责人员的渎职犯罪单独作出规定。（草案二次审议稿第二十四条、第二十五条、第四十九条）

八、草案第三十七条对刑法第二百六十四条关于盗窃罪的规定作了修改。有的常委委员、部门和地方提出，扒窃行为严重侵犯公民人身和财产安全，社会危害性较为严重，且这类犯罪技术性强，多为惯犯，应当在刑法中作出明确规定。法律委员会经同有关方面研究，建议采纳这一意见，对该条作相应修改。（草案二次审议稿第三十九条）

还有一个问题需要汇报。草案减少了 13 个经济性非暴力犯罪的死刑，在常委会审议和征求意见过程中，大多数常委会组成人员、部门和地方赞成草案的规定。但有的常委委员、部门和专家提出，对其中的有些犯罪是否取消死刑需要慎重，建议减少一些取消死刑的罪名；有的常委委员、部门、地方和专家建议还可以再取消一些犯罪的死刑。考虑到草案取消死刑的 13 个罪名，是与有关方面反复研究、论证，并充分听取了人大代表、专家学者和社会各方面意见，在取得共识的基础上确定下来的，这次以不再增加或者减少为宜。建议维持草案的规定。

此外，还对草案作了一些文字修改。

草案二次审议稿已按上述意见作了修改，法律委员会建议本次常委会会议继续审议。

草案二次审议稿和以上汇报是否妥当，请审议。

附五：中华人民共和国刑法修正案（八）（三次审议稿）

（2011 年 2 月 23 日）

一、在刑法第十七条后增加一条，作为第十七条之一：“已满七十五周岁的人故意犯罪的，可以从轻或者减轻处罚；过失犯罪的，应当从轻或者减轻处罚。”

二、在刑法第三十八条中增加一款作为第二款：“判处管制，可以根据犯罪情况，同时禁止犯罪分子在执行期间从事特定活动，进入特定区域、场所，接触特定的人。”

原第二款作为第三款，修改为：“对判处管制的犯罪分子，依法实行社区矫正。”

增加一款作为第四款：“违反第二款规定的禁止令的，由公安机关依照《中华人民共和国治安管理处罚法》的规定处罚。”

三、在刑法第四十九条中增加一款作为第二款：“审判的时候已满七十五周岁的人，不适用死刑，但以特别残忍手段致人死亡的除外。”

四、将刑法第五十条修改为：“判处死刑缓期执行的，在死刑缓期执行期间，如果没有故意犯罪，二年期满以后，减为无期徒刑；如果确有重大立功表现，二年期满以后，减为二十五年有期徒刑；如果故意犯罪，查证属实的，由最高人民法院核准，执行死刑。

“对被判处死刑缓期执行的累犯以及因故意杀人、强奸、抢劫、绑架、放火、爆炸、投放危险物质或者有组织的暴力性犯罪被判处死刑缓期执行的犯罪分子，人民法院根据犯罪情节等情况可以同时决定对其限制减刑。”

五、将刑法第六十三条第一款修改为：“犯罪分子具有本法规定的减轻处罚情节的，应当在法定刑以下判处刑罚；本法规定有数个量刑幅度的，应当在法定量刑幅度的下一个量刑幅度内判处刑罚。”

六、将刑法第六十五条第一款修改为：“被判处有期徒刑以上刑罚的犯罪分子，刑罚执行完毕或者赦免以后，在五年以内再犯应当判处有期徒刑以上刑罚之罪的，是累犯，应当从重处罚，但是过失犯罪和不满十八周岁的人犯罪的除外。”

七、将刑法第六十六条修改为：“危害国家安全犯罪、恐怖活动犯罪、黑社会性质的组织犯罪的犯罪分子，在刑罚执行完毕或者赦免以后，在任何时候再犯上述任一类罪的，都以累犯论处。”

八、在刑法第六十七条中增加一款作为第三款：“犯罪嫌疑人虽不具有前两款规定的自首情节，但是如实供述自己罪行的，可以从轻处罚；因其如实供述自己罪行，避免特别严重后果发生的，可以减轻处罚。”

九、删去刑法第六十八条第二款。

十、将刑法第六十九条修改为：“判决宣告以前一人犯数罪的，除判处死刑和无期徒刑的以外，应当在总和刑期以下、数刑中最高刑期以上，酌情决定执行的刑期，但是管制最高不能超过三年，拘役最高不能超过一年，有期徒刑总和刑期不满三十五年的，最高不能超过二十年，总和刑期在三十五年以上的，最高不能超过二十五年。

“数罪中有判处附加刑的，附加刑仍须执行，其中附加刑种类相同的，合并执行，种类不同的，分别执行。”

十一、将刑法第七十二条修改为：“对于被判处拘役、三年以下有期徒刑的犯罪分子，同时符合下列条件的，可以宣告缓刑，对其中不满十八周岁的人、怀孕的妇女和已满七十五周岁的人，应当宣告缓刑：

“（一）犯罪情节较轻；

“（二）有悔罪表现；

“（三）没有再犯罪的危险；

“（四）宣告缓刑对所居住社区没有重大不良影响。

“宣告缓刑，可以根据犯罪情况，同时禁止犯罪分子在缓刑考验期限内从事特定活动，进入特定区域、场所，接触特定的人。

“被宣告缓刑的犯罪分子，如果被判处附加刑，附加刑仍须执行。”

十二、将刑法第七十四条修改为：“对于累犯和犯罪集团的首要分子，不适用缓刑。”

十三、将刑法第七十六条修改为：“对宣告缓刑的犯罪分子，在缓刑考验期限内，依法实行社区矫正，如果没有本法第七十七条规定的情形，缓刑考验期满，原判的刑罚就不再执行，并公开予以宣告。”

十四、将刑法第七十七条第二款修改为：“被宣告缓刑的犯罪分子，在缓刑考验期限内，违反法律、行政法规或者国务院有关部门关于缓刑的监督管理规定，或者违反人民法院判决中的禁止令，情节严重的，应当撤销缓刑，执行原判刑罚。”

十五、将刑法第七十八条第二款修改为：“减刑以后实际执行的刑期不能少于下列期限：

“（一）判处管制、拘役、有期徒刑的，不能少于原判刑期的二分之一；

“（二）判处无期徒刑的，不能少于十三年；

“（三）人民法院依照本法第五十条第二款规定限制减刑的死刑缓期执行的犯罪分子，缓期执行期满后依法减为无期徒刑的，不能少于二十五年，缓期执行期满后依法减为二十五年有期徒刑的，不能少于二十年。”

十六、将刑法第八十一条修改为：“被判处有期徒刑的犯罪分子，执行原判刑期二分之一以上，被判处无期徒刑的犯罪分子，实际执行十三年以上，如果认真遵守监规，接受教育改造，确有悔改表现，没有再犯罪的危险的，可以假释。如果有特殊情况，经最高人民法院核准，可以不受上述执行刑期的限制。

“对累犯以及因故意杀人、强奸、抢劫、绑架、放火、爆炸、投放危险物质或者有组织的暴力性犯罪被判处十年以上有期徒刑、无期徒刑的犯罪分子，不得假释。

“对犯罪分子决定假释时，应当考虑其假释后对所居住社区的影响。”

十七、将刑法第八十五条修改为：“对假释的犯罪分子，在假释考验期限内，依法实行社区矫正，如果没有本法第八十六条规定的情形，假释考验期满，就认为原判刑罚已经执行完毕，并公开予以宣告。”

十八、将刑法第八十六条第三款修改为：“被假释的犯罪分子，在假释考验期限内，有违反法律、行政法规或者国务院有关部门关于假释的监督管理规定的行为，尚未构成新的犯罪的，应当依照法定程序撤销假释，收监执行未执行完毕的刑罚。”

十九、在刑法第一百条中增加一款作为第二款：“犯罪的时候不满十八周岁被判处五年有期徒刑以下刑罚的人，免除前款规定的报告义务。”

二十、将刑法第一百零七条修改为：“境内外机构、组织或者个人资助实施本章第一百零二条、第一百零三条、第一百零四条、第一百零五条规定之罪的，对直接责任人员，处五年以下有期徒刑、拘役、管制或者剥夺政治权利；情节严重的，处五年以上有期徒刑。”

二十一、将刑法第一百零九条修改为：“国家机关工作人员在履行公务期间，擅离岗位，叛逃境外或者在境外叛逃的，处五年以下有期徒刑、拘役、管制或者剥夺政治权利；情节严重的，处五年以上十年以下有期徒刑。

“掌握国家秘密的国家工作人员叛逃境外或者在境外叛逃的，依照前款的规定从重处罚。”

二十二、在刑法第一百三十三条后增加一条，作为第一百三十三条之一：“在道路上驾驶机动车追逐竞驶，情节恶劣的，或者在道路上醉酒驾驶机动车的，处拘役，并处罚金。

“有前款行为，同时构成其他犯罪的，依照处罚较重的规定定罪处罚。”

二十三、将刑法第一百四十一条第一款修改为：“生产、销售假药的，处三年以下有期徒刑或者拘役，并处罚金；对人体健康造成严重危害或者有其他严重情节的，处三年以上十年以下有期徒刑，并处罚金；致人死亡或者有其他特别严重情节的，处十年以上有期徒刑、无期徒刑或者死刑，并处罚金或者没收财产。”

二十四、将刑法第一百四十三条修改为：“生产、销售不符合食品安全标准的食品，足以造成严重食物中毒事故或者其他严重食源性疾病的，处三年以下有期徒刑或者拘役，并处罚金；对人体健康造成严重危害或者有其他严重情节的，处三年以上七年以下有期徒刑，并处罚金；后果特别严重的，处七年以上有期徒刑或者无期徒刑，并处罚金或者没收财产。”

二十五、将刑法第一百四十四条修改为：“在生产、销售的食品中掺入有毒、有害的非食品原料的，或者销售明知掺有有毒、有害的非食品原料的食品的，处五年以下有期徒刑，并处罚金；对人体健康造成严重危害或者有其他严重情节的，处五年以上十年以下有期徒刑，并处罚金；致人死亡或者有其他特别严重情节的，依照本法第一百四十一条的规定处罚。”

二十六、将刑法第一百五十一条修改为：“走私武器、弹药、核材料或者伪造的货币的，处七年以上有期徒刑，并处罚金或者没收财产；情节特别严重的，处无期徒刑或者死刑，并处没收财产；情节较轻的，处三年以上七年以下有期徒刑，并处罚金。

“走私国家禁止出口的文物、黄金、白银和其他贵重金属或者国家禁止进出口的珍贵动物及其制品的，处五年以上十年以下有期徒刑，并处罚金；情节特别严重的，处十年以上有期徒刑或者无期徒刑，并处没收财产；情节较轻的，处五年以下有期徒刑，并处罚金。

“走私珍稀植物及其制品等国家禁止进出口的其他货物、物品的，处五年以下有期徒刑或者拘役，并处或者单处罚金；情节严重的，处五年以上有期徒刑，并处罚金。

“单位犯本条规定之罪的，对单位判处罚金，并对其直接负责的主管人员和其他直接责任人员，依照本条各款的规定处罚。”

二十七、将刑法第一百五十三条第一款修改为：“走私本法第一百五十一条、第一百五十二条、第三百四十七条规定以外的货物、物品的，根据情节轻重，分别依照下列规定处罚：

“（一）走私货物、物品偷逃应缴税额较大或者一年内曾因走私被给予二次行政处罚后又走私的，处三年以下有期徒刑或者拘役，并处偷逃应缴税额一倍以上五倍以下罚金。

“（二）走私货物、物品偷逃应缴税额巨大或者有其他严重情节的，处三年以上十年以下有期徒刑，并处偷逃应缴税额一倍以上五倍以下罚金。

“（三）走私货物、物品偷逃应缴税额特别巨大或者有其他特别严重情节的，处十年以上有期徒刑或者无期徒刑，并处偷逃应缴税额一倍以上五倍以下罚金或者没收财产。”

二十八、将刑法第一百五十七条第一款修改为：“武装掩护走私的，依照本法第一百五十一条第一款的规定从重处罚。”

二十九、将刑法第一百六十四条修改为：“为谋取不正当利益，给予公司、企业或者其他单位的工作人员以财物，数额较大的，处三年以下有期徒刑或者拘役；数额巨大的，处三年以上十年以下有期徒刑，并处罚金。

“为谋取不正当商业利益，给予外国公职人员或者国际公共组织官员以财物的，依照前款的规定处罚。

“单位犯前两款罪的，对单位判处罚金，并对其直接负责的主管人员和其他直接责任人员，依照第一款的规定处罚。

“行贿人在被追诉前主动交待行贿行为的，可以减轻处罚或者免除处罚。”

三十、将刑法第一百九十九条修改为：“犯本节第一百九十二条规定之罪，数额特别巨大并且给国家和人民利益造成特别重大损失的，处无期徒刑或者死刑，并处没收财产。”

三十一、将刑法第二百条修改为：“单位犯本节第一百九十二条、第一百九十四条、第一百九十五条规定之罪的，对单位判处罚金，并对其直接负责的主管人员和其他直接责任人员，处五年以下有期徒刑或者拘役，可以并处罚金；数额巨大或者有其他严重情节的，处五年以上十年以下有期徒刑，并处罚金；数额特别巨大或者有其他特别严重情节的，处十年以上有期徒刑或者无期徒刑，并处罚金。”

三十二、删去刑法第二百零五条第二款。

三十三、在刑法第二百零五条后增加一条，作为第二百零五条之一：“虚开本法第二百零五条规定以外的其他发票，情节严重的，处二年以下有期徒刑、拘役或者管制，并处罚金；情节特别严重的，处二年以上七年以下有期徒刑，并处罚金。

“单位犯前款罪的，对单位判处罚金，并对其直接负责的主管人员和其他直接责任人员，依照前款的规定处罚。”

三十四、删去刑法第二百零六条第二款。

三十五、在刑法第二百一十条后增加一条，作为第二百一十条之一：“明知是伪造的发票而持有，数量较大的，处二年以下有期徒刑、拘役或者管制，并处罚金；数量巨大的，处二年以上七年以下有期徒刑，并处罚金。

“单位犯前款罪的，对单位判处罚金，并对其直接负责的主管人员和其他直接责任人员，依照前款的规定处罚。”

三十六、将刑法第二百二十六条修改为：“以暴力、威胁手段，实施下列行为之一，情节严重的，处三年以下有期徒刑或者拘役，并处或者单处罚金；情节特别严重的，处三年以上七年以下有期徒刑，并处罚金：

“（一）强买强卖商品的；

“（二）强迫他人提供或者接受服务的；

“（三）强迫他人参与或者退出投标、拍卖的；

“（四）强迫他人转让或者收购公司、企业的股份、债券或者其他资产的；

“（五）强迫他人参与或者退出特定的经营活动的。”

三十七、在刑法第二百三十四条后增加一条，作为第二百三十四条之一：“组织他人出卖人体器官的，处五年以下有期徒刑，并处罚金；情节严重的，处五年以上有期徒刑，并处罚金或者没收财产。

“未经本人同意摘取其器官，或者摘取不满十八周岁的人的器官，或者强迫、欺骗他人捐献器官的，依照本法第二百三十四条、第二百三十二条的规定定罪处罚。

“违背本人生前意愿摘取其尸体器官，或者本人生前未表示同意，违反国家规定，违背其近亲属意愿摘取其尸体器官的，依照本法第三百零二条的规定定罪处罚。”

三十八、将刑法第二百四十四条修改为："以暴力、威胁或者限制人身自由的方法强迫他人劳动的，处三年以下有期徒刑或者拘役，并处罚金；情节严重的，处三年以上十年以下有期徒刑，并处罚金。

"明知他人实施前款行为，为其招募、运送人员的，依照前款的规定处罚。

"单位犯前两款罪的，对单位判处罚金，并对其直接负责的主管人员和其他直接责任人员，依照第一款的规定处罚。"

三十九、将刑法第二百六十四条修改为："盗窃公私财物，数额较大的，或者多次盗窃、入户盗窃、携带凶器盗窃、扒窃的，处三年以下有期徒刑、拘役或者管制，并处或者单处罚金；数额巨大或者有其他严重情节的，处三年以上十年以下有期徒刑，并处罚金；数额特别巨大或者有其他特别严重情节的，处十年以上有期徒刑或者无期徒刑，并处罚金或者没收财产。"

四十、将刑法第二百七十四条修改为："敲诈勒索公私财物，数额较大或者多次敲诈勒索的，处三年以下有期徒刑、拘役或者管制，并处或者单处罚金；数额巨大或者有其他严重情节的，处三年以上十年以下有期徒刑，并处罚金；数额特别巨大或者有其他特别严重情节的，处十年以上有期徒刑，并处罚金。"

四十一、在刑法第二百七十六条后增加一条，作为第二百七十六条之一："以转移财产、逃匿等方法逃避支付劳动者的劳动报酬或者有能力支付而不支付劳动者的劳动报酬，数额较大，经政府有关部门责令支付仍不支付的，处三年以下有期徒刑或者拘役，并处或者单处罚金；造成严重后果的，处三年以上七年以下有期徒刑，并处罚金。

"单位犯前款罪的，对单位判处罚金，并对其直接负责的主管人员和其他直接责任人员，依照前款的规定处罚。

"有前两款行为，尚未造成严重后果，在提起公诉前支付劳动者的劳动报酬，并依法承担相应赔偿责任的，可以减轻或者免除处罚。"

四十二、将刑法第二百九十三条修改为："有下列寻衅滋事行为之一，破坏社会秩序的，处五年以下有期徒刑、拘役或者管制：

"（一）随意殴打他人，情节恶劣的；

"（二）追逐、拦截、辱骂、恐吓他人，情节恶劣的；

"（三）强拿硬要或者任意损毁、占用公私财物，情节严重的；

"（四）在公共场所起哄闹事，造成公共场所秩序严重混乱的。

"纠集他人多次实施前款行为，严重破坏社会秩序的，处五年以上十年以下有期徒刑，可以并处罚金。"

四十三、将刑法第二百九十四条修改为："组织、领导黑社会性质的组织的，处七年以上有期徒刑，并处没收财产；积极参加的，处三年以上七年以下有期徒刑，可以并处罚金或者没收财产；其他参加的，处三年以下有期徒刑、拘役、管制或者剥夺政治权利，可以并处罚金。

"境外的黑社会组织的人员到中华人民共和国境内发展组织成员的，处三年以上十年以下有期徒刑。

"国家机关工作人员包庇黑社会性质的组织，或者纵容黑社会性质的组织进行违法犯罪活动的，处五年以下有期徒刑；情节严重的，处五年以上有期徒刑。

"犯前三款罪又有其他犯罪行为的，依照数罪并罚的规定处罚。

"黑社会性质的组织应当同时具备以下特征：

"（一）形成较稳定的犯罪组织，人数较多，有明确的组织者、领导者，骨干成员基本固定；

"（二）有组织地通过违法犯罪活动或者其他手段获取经济利益，具有一定的经济实力，以支持该组织的活动；

"（三）以暴力、威胁或者其他手段，有组织地多次进行违法犯罪活动，为非作恶，欺压、残害群众；

"（四）通过实施违法犯罪活动，或者利用国家工作人员的包庇或者纵容，称霸一方，在一定区域或者行业内，形成非法控制或者重大影响，严重破坏经济、社会生活秩序。"

四十四、将刑法第二百九十五条修改为："传授犯罪方法的，处五年以下有期徒刑、拘役或者管制；情节严重的，处五年以上十年以下有期徒刑；情节特别严重的，处十年以上有期徒刑或者无期徒刑。"

四十五、将刑法第三百二十八条第一款修改为："盗掘具有历史、艺术、科学价值的古文化遗址、古墓葬的，处三年以上十年以下有期徒刑，并处罚金；情节较轻的，处三年以下有期徒刑、拘役或者管制，并处罚金；有下列情形之一的，处十年以上有期徒刑或者无期徒刑，并处罚金或者没收财产：

"（一）盗掘确定为全国重点文物保护单位和省级文物保护单位的古文化遗址、古墓葬的；

"（二）盗掘古文化遗址、古墓葬集团的首要分子；

"（三）多次盗掘古文化遗址、古墓葬的；

"（四）盗掘古文化遗址、古墓葬，并盗窃珍贵文物或者造成珍贵文物严重破坏的。"

四十六、将刑法第三百三十八条修改为："违反国家规定，排放、倾倒或者处置有放射性的废物、含传染病病原体的废物、有毒物质或者其他有害物质，严重污染环境的，处三年以下有期徒刑或者拘役，并处或者单处罚金；后果特别严重的，处三年以上七年以下有期徒刑，并处罚金。"

四十七、将刑法第三百四十三条第一款修改为："违反矿产资源法的规定，未取得采矿许可证擅自采矿，擅自进入国家规划矿区、对国民经济具有重要价值的矿区和他人矿区范围采矿，或者擅自开采国家规定实行保护性开采的特定矿种，情节严重的，处三年以下有期徒刑、拘役或者管制，并处或者单处罚金；情节特别严重的，处三年以上七年以下有期徒刑，并处罚金。”

四十八、将刑法第三百五十八条第三款修改为：“为组织卖淫的人招募、运送人员或者有其他协助组织他人卖淫行为的，处五年以下有期徒刑，并处罚金；情节严重的，处五年以上十年以下有期徒刑，并处罚金。”

四十九、在刑法第四百零八条后增加一条，作为第四百零八条之一：“负有食品安全监督管理职责的国家机关工作人员，滥用职权或者玩忽职守，导致发生重大食品安全事故或者造成其他严重后果的，处五年以下有期徒刑或者拘役；造成特别严重后果的，处五年以上十年以下有期徒刑。

“徇私舞弊犯前款罪的，从重处罚。”

五十、本修正案自 2011 年 5 月 1 日起施行。

附六：全国人民代表大会法律委员会关于《中华人民共和国刑法修正案（八）（草案）》审议结果的报告

——2011 年 2 月 23 日在第十一届全国人民代表大会常务委员会第十九次会议上

（全国人大法律委员会副主任委员　李适时）

全国人民代表大会常务委员会：

常委会第十八次会议对刑法修正案（八）（草案二次审议稿）进行了审议。会后，根据常委会组成人员的审议意见，法律委员会、法制工作委员会就草案的主要问题进行了多次研究。法律委员会于 1 月 27 日召开会议，根据常委会组成人员的审议意见和各方面的意见，对草案进行了审议。中央政法委员会、全国人大内务司法委员会、国务院法制办公室的负责同志列席了会议。2 月 16 日、22 日，法律委员会召开会议，再次进行审议。法律委员会认为，草案经过常委会两次审议修改，已经比较成熟。同时，提出以下主要修改意见：

一、草案二次审议稿第十五条对刑法第七十八条第二款作了修改，规定对于判处死刑缓期执行的罪犯，缓期执行期满依法减为无期徒刑或者二十五年有期徒刑的，实际执行刑期不能少于二十年或者十八年；其中，对累犯以及因故意杀人、强奸、抢劫、绑架、放火、爆炸、投放危险物质或者有组织的暴力性犯罪等八类重罪被限制减刑的死缓罪犯，缓期执行期满依法减为无期徒刑或者二十五年有期徒刑的，实际执行刑期不能少于二十五年或者二十年。对于判处无期徒刑的罪犯减刑后实际执行的期限不得少于二十五年。最高人民法院和一些专家提出，按照宽严相济刑事政策的要求，应主要针对判处死刑缓期执行并限制减刑的累犯以及因故意杀人、强奸、抢劫、绑架、放火、爆炸、投放危险物质或者有组织的暴力性犯罪罪犯，延长其减为无期徒刑、有期徒刑后的最低执行期限，草案二次审议稿对这部分罪犯的规定是必要的，妥当的。但不宜普遍提高刑罚执行期限，关于其他判处死刑缓期执行减为无期徒刑、有期徒刑罪犯的最低执行期限和判处无期徒刑的最低执行期限，从实践看，按照现行刑法规定执行，对教育改造这部分人发挥了较好的作用，建议不作修改。法律委员会、法制工作委员会经与内务司法委员会、中央政法委员会、最高人民法院、最高人民检察院、公安部、司法部共同研究，赞成对因累犯和八类重罪判处死刑缓期执行并限制减刑的罪犯与其他罪犯加以区分。据此，法律委员会建议，将上述规定修改为：对限制减刑的死缓罪犯，缓期执行期满后依法减为无期徒刑的，实际执行期限不能少于二十五年，缓期执行期满后依法减为二十五年有期徒刑的，不能少于二十年；对判处无期徒刑罪犯减刑后的最低执行期限，不能少于十三年。对第十六条关于假释的规定也作相应修改。（草案三次审议稿第十五条、第十六条第二款）

二、草案二次审议稿第二十五条对刑法第一百四十四条生产、销售有毒有害食品犯罪的规定作了修改，有的常委委员、代表建议加重对这一犯罪的处罚，删去该条规定的“五年以下有期徒刑或者拘役”中的“拘役”。法律委员会经研究，建议按上述意见对该条作相应修改。（草案三次审议稿第二十五条）

三、草案二次审议稿第三十五条在刑法中增加了持有伪造的发票的犯罪。有的常委委员、代表建议将“持有伪造的发票”修改为“明知是伪造的发票而持有”，以进一步明确罪与非罪的界限，并建议增加单位犯本罪的规定。法律委员会经研究，建议按上述意见对该条作相应修改。（草案三次审议稿第三十五条）

四、草案二次审议稿第四十一条第一款对以转移财产、逃匿等方法逃避支付劳动者报酬，或者有能力支付而不支付劳动者报酬，数额较大的，规定为犯罪。有的常委委员提出，劳动法第九十一条、劳动合同法第八十五条及劳动保障监察条例第二十六条均对不支付劳动者报酬的行为，规定了由政府有关部门责令其支付的措施。为了更好地维护广大劳动者的合法权益，宜将刑事处罚与行政监管措施相衔接，建议在草案上述规定中增加经政府有关部门责令支付仍不支付的情形，以更有效地预防和惩处这类侵害劳动者合法权益的违法犯罪行为。法律委员会经研究，建议将该款修改为：“以转移财产、逃匿等方法逃避支付劳动者的劳动报酬，或者有能力支付而不支付劳动者的劳动报酬，数额较大的，经政府有关部门责令支付仍不支付的，处三年以下有期徒刑或者拘役，并处或者单处罚金；造成严重后果的，处三年以上七年以下有期徒刑，并处罚金。”（草案三次审议稿第四十一条）

五、关于刑法修正案（八）施行时间。考虑到本修正案对刑法部分条文修改的内容较多，对刑法总则有关条文也作了调整，为确保修改后刑法准确有效实施，法律委员会经同有关方面研究，建议规定自2011年5月1日起施行。同时，建议从通过之日至施行之日这段时间内，各有关司法机关应当抓紧做好宣传、培训和其他必要的准备工作。（草案三次审议稿第五十条）

还有两个问题需要汇报：

1. 草案二次审议稿第二条、第十三条、第十七条规定，对判处管制、缓刑以及假释的罪犯依法实行社区矫正，删去了刑法原管制、缓刑、假释由公安机关执行、考察、监督的规定。有的常委委员和代表担心在尚不具备社区矫正条件的地方，可能出现对有的罪犯社区矫正落实不了，失去必要监管的情况。对这个问题，中央政法委员会、最高人民法院、最高人民检察院、公安部、司法部等方面研究提出的意见的是，社区矫正是对部分罪犯刑罚执行方式的重要改革，通过在部分地方试点到目前已在全国推广试行，实践证明是可行的，社会效果也是好的。委员们在审议中提出的问题在工作中确实存在，有关司法机关将通过进一步加强工作配合与衔接，防止这种情况的发生，草案上述规定可不再作修改。法律委员会经研究，考虑到上述情况，建议对这一规定不再作修改。同时，为保证这一规定的有效实施，建议有关部门抓紧推进社区矫正工作和社区矫正法的起草，并注意加强工作层面的配合与衔接，做好对被判处管制、缓刑以及假释的犯罪分子的监督管理。（草案三次审议稿第二条、第十三条、第十七条）

2. 草案二次审议稿第二十二条在刑法中增加了在道路上醉酒假释机动车的犯罪。有的常委委员建议进一步明确"醉酒"的概念，还有的提出，对醉酒后驾驶机动车一律追究刑事责任的规定实践中可能涉及面过宽，建议增加"情节严重"等限制条件。对此，公安部、国务院法制办等部门研究后认为，醉酒驾车标准是明确的，与一般酒后驾车的区分界限清晰，并已执行多年，实践中没有发生大的问题。将在道路上醉酒驾驶机动车这种具有较大社会危险性的行为规定为犯罪是必要的，如果再增加规定"情节严重"等限制性条件，具体执行中难以把握，也不利于预防和惩处这类犯罪行为，建议维持草案的规定。法律委员会经研究，建议对这一规定不再作修改。（草案三次审议稿第二十二条）

此外，还对草案二次审议稿作了一些文字修改。

草案三次审议稿已按上述意见作了修改，法律委员会建议本次常委会会议审议通过。

草案三次审议稿和以上报告是否妥当，请审议。

附七：中华人民共和国刑法修正案（八）（建议表决稿）

（第十一届全国人民代表大会常务委员会第十九次会议通过）

一、在刑法第十七条后增加一条，作为第十七条之一："已满七十五周岁的人故意犯罪的，可以从轻或者减轻处罚；过失犯罪的，应当从轻或者减轻处罚。"

二、在刑法第三十八条中增加一款作为第二款："判处管制，可以根据犯罪情况，同时禁止犯罪分子在执行期间从事特定活动，进入特定区域、场所，接触特定的人。"

原第二款作为第三款，修改为："对判处管制的犯罪分子，依法实行社区矫正。"

增加一款作为第四款："违反第二款规定的禁止令的，由公安机关依照《中华人民共和国治安管理处罚法》的规定处罚。"

三、在刑法第四十九条中增加一款作为第二款："审判的时候已满七十五周岁的人，不适用死刑，但以特别残忍手段致人死亡的除外。"

四、将刑法第五十条修改为："判处死刑缓期执行的，在死刑缓期执行期间，如果没有故意犯罪，二年期满以后，减为无期徒刑；如果确有重大立功表现，二年期满以后，减为二十五年有期徒刑；如果故意犯罪，查证属实的，由最高人民法院核准，执行死刑。

"对被判处死刑缓期执行的累犯以及因故意杀人、强奸、抢劫、绑架、放火、爆炸、投放危险物质或者有组织的暴力性犯罪被判处死刑缓期执行的犯罪分子，人民法院根据犯罪情节等情况可以同时决定对其限制减刑。"

五、将刑法第六十三条第一款修改为："犯罪分子具有本法规定的减轻处罚情节的，应当在法定刑以下判处刑罚；本法规定有数个量刑幅度的，应当在法定量刑幅度的下一个量刑幅度内判处刑罚。"

六、将刑法第六十五条第一款修改为："被判处有期徒刑以上刑罚的犯罪分子，刑罚执行完毕或者赦免以后，在五年以内再犯应当判处有期徒刑以上刑罚之罪的，是累犯，应当从重处罚，但是过失犯罪和不满十八周岁的人犯罪的除外。"

七、将刑法第六十六条修改为："危害国家安全犯罪、恐怖活动犯罪、黑社会性质的组织犯罪的犯罪分子，在刑罚执行完毕或者赦免以后，在任何时候再犯上述任一类罪的，都以累犯论处。"

八、在刑法第六十七条中增加一款作为第三款："犯罪嫌疑人虽不具有前两款规定的自首情节，但是如实供述自己罪行的，可以从轻处罚；因其如实供述自己罪行，避免特别严重后果发生的，可以减轻处罚。"

九、删去刑法第六十八条第二款。

十、将刑法第六十九条修改为："判决宣告以前一人犯数罪的，除判处死刑和无期徒刑的以外，应当在总和刑期以下、数刑中最高刑期以上，酌情决定执行的刑期，但是管制最高不能超过三年，拘役最高不能超过一年，有期徒刑总和刑期不满三十五年的，最高不能超过二十年，总和刑期在三十五年以上的，最高不能超过二十五年。

“数罪中有判处附加刑的，附加刑仍须执行，其中附加刑种类相同的，合并执行，种类不同的，分别执行。”

十一、将刑法第七十二条修改为：“对于被判处拘役、三年以下有期徒刑的犯罪分子，同时符合下列条件的，可以宣告缓刑，对其中不满十八周岁的人、怀孕的妇女和已满七十五周岁的人，应当宣告缓刑：

“（一）犯罪情节较轻；

“（二）有悔罪表现；

“（三）没有再犯罪的危险；

“（四）宣告缓刑对所居住社区没有重大不良影响。

“宣告缓刑，可以根据犯罪情况，同时禁止犯罪分子在缓刑考验期限内从事特定活动，进入特定区域、场所，接触特定的人。

“被宣告缓刑的犯罪分子，如果被判处附加刑，附加刑仍须执行。”

十二、将刑法第七十四条修改为：“对于累犯和犯罪集团的首要分子，不适用缓刑。”

十三、将刑法第七十六条修改为：“对宣告缓刑的犯罪分子，在缓刑考验期限内，依法实行社区矫正，如果没有本法第七十七条规定的情形，缓刑考验期满，原判的刑罚就不再执行，并公开予以宣告。”

十四、将刑法第七十七条第二款修改为：“被宣告缓刑的犯罪分子，在缓刑考验期限内，违反法律、行政法规或者国务院有关部门关于缓刑的监督管理规定，或者违反人民法院判决中的禁止令，情节严重的，应当撤销缓刑，执行原判刑罚。”

十五、将刑法第七十八条第二款修改为：“减刑以后实际执行的刑期不能少于下列期限：

“（一）判处管制、拘役、有期徒刑的，不能少于原判刑期的二分之一；

“（二）判处无期徒刑的，不能少于十三年；

“（三）人民法院依照本法第五十条第二款规定限制减刑的死刑缓期执行的犯罪分子，缓期执行期满后依法减为无期徒刑的，不能少于二十五年，缓期执行期满后依法减为二十五年有期徒刑的，不能少于二十年。”

十六、将刑法第八十一条修改为：“被判处有期徒刑的犯罪分子，执行原判刑期二分之一以上，被判处无期徒刑的犯罪分子，实际执行十三年以上，如果认真遵守监规，接受教育改造，确有悔改表现，没有再犯罪的危险的，可以假释。如果有特殊情况，经最高人民法院核准，可以不受上述执行刑期的限制。

“对累犯以及因故意杀人、强奸、抢劫、绑架、放火、爆炸、投放危险物质或者有组织的暴力性犯罪被判处十年以上有期徒刑、无期徒刑的犯罪分子，不得假释。

“对犯罪分子决定假释时，应当考虑其假释后对所居住社区的影响。”

十七、将刑法第八十五条修改为：“对假释的犯罪分子，在假释考验期限内，依法实行社区矫正，如果没有本法第八十六条规定的情形，假释考验期满，就认为原判刑罚已经执行完毕，并公开予以宣告。”

十八、将刑法第八十六条第三款修改为：“被假释的犯罪分子，在假释考验期限内，有违反法律、行政法规或者国务院有关部门关于假释的监督管理规定的行为，尚未构成新的犯罪的，应当依照法定程序撤销假释，收监执行未执行完毕的刑罚。”

十九、在刑法第一百条中增加一款作为第二款：“犯罪的时候不满十八周岁被判处五年有期徒刑以下刑罚的人，免除前款规定的报告义务。”

二十、将刑法第一百零七条修改为：“境内外机构、组织或者个人资助实施本章第一百零二条、第一百零三条、第一百零四条、第一百零五条规定之罪的，对直接责任人员，处五年以下有期徒刑、拘役、管制或者剥夺政治权利；情节严重的，处五年以上有期徒刑。”

二十一、将刑法第一百零九条修改为：“国家机关工作人员在履行公务期间，擅离岗位，叛逃境外或者在境外叛逃的，处五年以下有期徒刑、拘役、管制或者剥夺政治权利；情节严重的，处五年以上十年以下有期徒刑。

“掌握国家秘密的国家工作人员叛逃境外或者在境外叛逃的，依照前款的规定从重处罚。”

二十二、在刑法第一百三十三条后增加一条，作为第一百三十三条之一：“在道路上驾驶机动车追逐竞驶，情节恶劣的，或者在道路上醉酒驾驶机动车的，处拘役，并处罚金。

“有前款行为，同时构成其他犯罪的，依照处罚较重的规定定罪处罚。”

二十三、将刑法第一百四十一条第一款修改为：“生产、销售假药的，处三年以下有期徒刑或者拘役，并处罚金；对人体健康造成严重危害或者有其他严重情节的，处三年以上十年以下有期徒刑，并处罚金；致人死亡或者有其他特别严重情节的，处十年以上有期徒刑、无期徒刑或者死刑，并处罚金或者没收财产。”

二十四、将刑法第一百四十三条修改为：“生产、销售不符合食品安全标准的食品，足以造成严重食物中毒事故或者其他严重食源性疾病的，处三年以下有期徒刑或者拘役，并处罚金；对人体健康造成严重危害或者有其他严重情节的，处三年以上七年以下有期徒刑，并处罚金；后果特别严重的，处七年以上有期徒刑或者无期徒刑，并处罚金或者没收财产。”

二十五、将刑法第一百四十四条修改为："在生产、销售的食品中掺入有毒、有害的非食品原料的，或者销售明知掺有有毒、有害的非食品原料的食品的，处五年以下有期徒刑，并处罚金；对人体健康造成严重危害或者有其他严重情节的，处五年以上十年以下有期徒刑，并处罚金；致人死亡或者有其他特别严重情节的，依照本法第一百四十一条的规定处罚。"

二十六、将刑法第一百五十一条修改为："走私武器、弹药、核材料或者伪造的货币的，处七年以上有期徒刑，并处罚金或者没收财产；情节特别严重的，处无期徒刑或者死刑，并处没收财产；情节较轻的，处三年以上七年以下有期徒刑，并处罚金。

"走私国家禁止出口的文物、黄金、白银和其他贵重金属或者国家禁止进出口的珍贵动物及其制品的，处五年以上十年以下有期徒刑，并处罚金；情节特别严重的，处十年以上有期徒刑或者无期徒刑，并处没收财产；情节较轻的，处五年以下有期徒刑，并处罚金。

"走私珍稀植物及其制品等国家禁止进出口的其他货物、物品的，处五年以下有期徒刑或者拘役，并处或者单处罚金；情节严重的，处五年以上有期徒刑，并处罚金。

"单位犯本条规定之罪的，对单位判处罚金，并对其直接负责的主管人员和其他直接责任人员，依照本条各款的规定处罚。"

二十七、将刑法第一百五十三条第一款修改为："走私本法第一百五十一条、第一百五十二条、第三百四十七条规定以外的货物、物品的，根据情节轻重，分别依照下列规定处罚：

"（一）走私货物、物品偷逃应缴税额较大或者一年内曾因走私被给予二次行政处罚后又走私的，处三年以下有期徒刑或者拘役，并处偷逃应缴税额一倍以上五倍以下罚金。

"（二）走私货物、物品偷逃应缴税额巨大或者有其他严重情节的，处三年以上十年以下有期徒刑，并处偷逃应缴税额一倍以上五倍以下罚金。

"（三）走私货物、物品偷逃应缴税额特别巨大或者有其他特别严重情节的，处十年以上有期徒刑或者无期徒刑，并处偷逃应缴税额一倍以上五倍以下罚金或者没收财产。"

二十八、将刑法第一百五十七条第一款修改为："武装掩护走私的，依照本法第一百五十一条第一款的规定从重处罚。"

二十九、将刑法第一百六十四条修改为："为谋取不正当利益，给予公司、企业或者其他单位的工作人员以财物，数额较大的，处三年以下有期徒刑或者拘役；数额巨大的，处三年以上十年以下有期徒刑，并处罚金。

"为谋取不正当商业利益，给予外国公职人员或者国际公共组织官员以财物的，依照前款的规定处罚。

"单位犯前两款罪的，对单位判处罚金，并对其直接负责的主管人员和其他直接责任人员，依照第一款的规定处罚。

"行贿人在被追诉前主动交待行贿行为的，可以减轻处罚或者免除处罚。"

三十、将刑法第一百九十九条修改为："犯本节第一百九十二条规定之罪，数额特别巨大并且给国家和人民利益造成特别重大损失的，处无期徒刑或者死刑，并处没收财产。"

三十一、将刑法第二百条修改为："单位犯本节第一百九十二条、第一百九十四条、第一百九十五条规定之罪的，对单位判处罚金，并对其直接负责的主管人员和其他直接责任人员，处五年以下有期徒刑或者拘役，可以并处罚金；数额巨大或者有其他严重情节的，处五年以上十年以下有期徒刑，并处罚金；数额特别巨大或者有其他特别严重情节的，处十年以上有期徒刑或者无期徒刑，并处罚金。"

三十二、删去刑法第二百零五条第二款。

三十三、在刑法第二百零五条后增加一条，作为第二百零五条之一："虚开本法第二百零五条规定以外的其他发票，情节严重的，处二年以下有期徒刑、拘役或者管制，并处罚金；情节特别严重的，处二年以上七年以下有期徒刑，并处罚金。

"单位犯前款罪的，对单位判处罚金，并对其直接负责的主管人员和其他直接责任人员，依照前款的规定处罚。"

三十四、删去刑法第二百零六条第二款。

三十五、在刑法第二百一十条后增加一条，作为第二百一十条之一："明知是伪造的发票而持有，数量较大的，处二年以下有期徒刑、拘役或者管制，并处罚金；数量巨大的，处二年以上七年以下有期徒刑，并处罚金。

"单位犯前款罪的，对单位判处罚金，并对其直接负责的主管人员和其他直接责任人员，依照前款的规定处罚。"

三十六、将刑法第二百二十六条修改为："以暴力、威胁手段，实施下列行为之一，情节严重的，处三年以下有期徒刑或者拘役，并处或者单处罚金；情节特别严重的，处三年以上七年以下有期徒刑，并处罚金：

"（一）强买强卖商品的；

"（二）强迫他人提供或者接受服务的；

"（三）强迫他人参与或者退出投标、拍卖的；

"（四）强迫他人转让或者收购公司、企业的股份、债券或者其他资产的；

"（五）强迫他人参与或者退出特定的经营活动的。"

三十七、在刑法第二百三十四条后增加一条，作为第二百三十四条之一："组织他人出卖人体器官的，处五年以下有期徒刑，并处罚金；情节严重的，处五年以上有期徒刑，并处罚金或者没收财产。

"未经本人同意摘取其器官，或者摘取不满十八周岁的人的器官，或者强迫、欺骗他人捐献器官的，依照本法第二百三十四条、第二百三十二条的规定定罪处罚。

"违背本人生前意愿摘取其尸体器官，或者本人生前未表示同意，违反国家规定，违背其近亲属意愿摘取其尸体器官的，依照本法第三百零二条的规定定罪处罚。"

三十八、将刑法第二百四十四条修改为："以暴力、威胁或者限制人身自由的方法强迫他人劳动的，处三年以下有期徒刑或者拘役，并处罚金；情节严重的，处三年以上十年以下有期徒刑，并处罚金。

"明知他人实施前款行为，为其招募、运送人员或者有其他协助强迫他人劳动行为的，依照前款的规定处罚。

"单位犯前两款罪的，对单位判处罚金，并对其直接负责的主管人员和其他直接责任人员，依照第一款的规定处罚。"

三十九、将刑法第二百六十四条修改为："盗窃公私财物，数额较大的，或者多次盗窃、入户盗窃、携带凶器盗窃、扒窃的，处三年以下有期徒刑、拘役或者管制，并处或者单处罚金；数额巨大或者有其他严重情节的，处三年以上十年以下有期徒刑，并处罚金；数额特别巨大或者有其他特别严重情节的，处十年以上有期徒刑或者无期徒刑，并处罚金或者没收财产。"

四十、将刑法第二百七十四条修改为："敲诈勒索公私财物，数额较大或者多次敲诈勒索的，处三年以下有期徒刑、拘役或者管制，并处或者单处罚金；数额巨大或者有其他严重情节的，处三年以上十年以下有期徒刑，并处罚金；数额特别巨大或者有其他特别严重情节的，处十年以上有期徒刑，并处罚金。"

四十一、在刑法第二百七十六条后增加一条，作为第二百七十六条之一："以转移财产、逃匿等方法逃避支付劳动者的劳动报酬或者有能力支付而不支付劳动者的劳动报酬，数额较大，经政府有关部门责令支付仍不支付的，处三年以下有期徒刑或者拘役，并处或者单处罚金；造成严重后果的，处三年以上七年以下有期徒刑，并处罚金。

"单位犯前款罪的，对单位判处罚金，并对其直接负责的主管人员和其他直接责任人员，依照前款的规定处罚。

"有前两款行为，尚未造成严重后果，在提起公诉前支付劳动者的劳动报酬，并依法承担相应赔偿责任的，可以减轻或者免除处罚。"

四十二、将刑法第二百九十三条修改为："有下列寻衅滋事行为之一，破坏社会秩序的，处五年以下有期徒刑、拘役或者管制：

"（一）随意殴打他人，情节恶劣的；

"（二）追逐、拦截、辱骂、恐吓他人，情节恶劣的；

"（三）强拿硬要或者任意损毁、占用公私财物，情节严重的；

"（四）在公共场所起哄闹事，造成公共场所秩序严重混乱的。

"纠集他人多次实施前款行为，严重破坏社会秩序的，处五年以上十年以下有期徒刑，可以并处罚金。"

四十三、将刑法第二百九十四条修改为："组织、领导黑社会性质的组织的，处七年以上有期徒刑，并处没收财产；积极参加的，处三年以上七年以下有期徒刑，可以并处罚金或者没收财产；其他参加的，处三年以下有期徒刑、拘役、管制或者剥夺政治权利，可以并处罚金。

"境外的黑社会组织的人员到中华人民共和国境内发展组织成员的，处三年以上十年以下有期徒刑。

"国家机关工作人员包庇黑社会性质的组织，或者纵容黑社会性质的组织进行违法犯罪活动的，处五年以下有期徒刑；情节严重的，处五年以上有期徒刑。

"犯前三款罪又有其他犯罪行为的，依照数罪并罚的规定处罚。

"黑社会性质的组织应当同时具备以下特征：

"（一）形成较稳定的犯罪组织，人数较多，有明确的组织者、领导者，骨干成员基本固定；

"（二）有组织地通过违法犯罪活动或者其他手段获取经济利益，具有一定的经济实力，以支持该组织的活动；

"（三）以暴力、威胁或者其他手段，有组织地多次进行违法犯罪活动，为非作恶，欺压、残害群众；

"（四）通过实施违法犯罪活动，或者利用国家工作人员的包庇或者纵容，称霸一方，在一定区域或者行业内，形成非法控制或者重大影响，严重破坏经济、社会生活秩序。"

四十四、将刑法第二百九十五条修改为："传授犯罪方法的，处五年以下有期徒刑、拘役或者管制；情节严重的，处五年以上十年以下有期徒刑；情节特别严重的，处十年以上有期徒刑或者无期徒刑。"

四十五、将刑法第三百二十八条第一款修改为："盗掘具有历史、艺术、科学价值的古文化遗址、古墓葬的，处三年以上十年以下有期徒刑，并处罚金；情节较轻的，处三年以下有期徒刑、拘役或者管制，并处罚金；有下列情形之一的，处十年以上有期徒刑或者无期徒刑，并处罚金或者没收财产：

"（一）盗掘确定为全国重点文物保护单位和省级文物保护单位的古文化遗址、古墓葬的；

"（二）盗掘古文化遗址、古墓葬集团的首要分子；

"（三）多次盗掘古文化遗址、古墓葬的；

“（四）盗掘古文化遗址、古墓葬，并盗窃珍贵文物或者造成珍贵文物严重破坏的。”

四十六、将刑法第三百三十八条修改为：“违反国家规定，排放、倾倒或者处置有放射性的废物、含传染病病原体的废物、有毒物质或者其他有害物质，严重污染环境的，处三年以下有期徒刑或者拘役，并处或者单处罚金；后果特别严重的，处三年以上七年以下有期徒刑，并处罚金。”

四十七、将刑法第三百四十三条第一款修改为：“违反矿产资源法的规定，未取得采矿许可证擅自采矿，擅自进入国家规划矿区、对国民经济具有重要价值的矿区和他人矿区范围采矿，或者擅自开采国家规定实行保护性开采的特定矿种，情节严重的，处三年以下有期徒刑、拘役或者管制，并处或者单处罚金；情节特别严重的，处三年以上七年以下有期徒刑，并处罚金。”

四十八、将刑法第三百五十八条第三款修改为：“为组织卖淫的人招募、运送人员或者有其他协助组织他人卖淫行为的，处五年以下有期徒刑，并处罚金；情节严重的，处五年以上十年以下有期徒刑，并处罚金。”

四十九、在刑法第四百零八条后增加一条，作为第四百零八条之一：“负有食品安全监督管理职责的国家机关工作人员，滥用职权或者玩忽职守，导致发生重大食品安全事故或者造成其他严重后果的，处五年以下有期徒刑或者拘役；造成特别严重后果的，处五年以上十年以下有期徒刑。

“徇私舞弊犯前款罪的，从重处罚。”

五十、本修正案自2011年5月1日起施行。

附八：全国人民代表大会法律委员会关于《中华人民共和国刑法修正案（八）（草案三次审议稿）》修改意见的报告

（2011年2月25日）

全国人民代表大会常务委员会：

本次常委会会议于2月23日上午对刑法修正案（八）（草案三次审议稿）进行了分组审议，普遍认为，草案已经比较成熟，建议进一步修改后，提请本次会议表决通过。同时，有些常委委员还提出了一些修改意见。法律委员会于2月23日下午召开会议，逐条研究了常委会组成人员的审议意见，对草案进行了审议。内务司法委员会、中央政法委员会、国务院法制办公室有关负责同志列席了会议。法律委员会认为，草案是可行的，同时，提出以下修改意见：

草案三次审议稿第三十八条对刑法第二百四十条关于强迫劳动罪的规定作了修改，增加了明知他人实施强迫劳动犯罪，为其招募、运送人员的，依照强迫劳动罪的规定处罚。有的常委委员提出，除为强迫劳动者招募、运送人员外，还有其他协助强迫劳动的行为也应规定为犯罪。法律委员会经研究，建议将上述规定修改为：“明知他人实施前款行为，为其招募、运送人员或者有其他协助强迫他人劳动行为的，依照前款的规定处罚”。（草案建议表决稿第三十八条）

此外，有的常委委员还建议再增加规定一些新的犯罪或者调整一些犯罪的处罚，考虑到这些问题需要进一步研究论证，建议在以后的刑法修改中通盘考虑。有的常委委员建议对修正案草案有些规定的含义、犯罪的情节再细化一些，考虑到这些问题可由司法机关根据司法实践和案件具体情况，通过司法解释予以解决，建议对修正案草案的有关规定可不作修改。

草案建议表决稿已按上述意见作了修改，法律委员会建议本次常委会会议通过。

草案建议表决稿和以上报告是否妥当，请审议。

9. 中华人民共和国刑法修正案（九）

（2015年8月29日第十二届全国人民代表大会常务委员会第十六次会议通过）

一、在刑法第三十七条后增加一条，作为第三十七条之一：“因利用职业便利实施犯罪，或者实施违背职业要求的特定义务的犯罪被判处刑罚的，人民法院可以根据犯罪情况和预防再犯罪的需要，禁止其自刑罚执行完毕之日或者假释之日起从事相关职业，期限为三年至五年。

“被禁止从事相关职业的人违反人民法院依照前款规定作出的决定的，由公安机关依法给予处罚；情节严重的，依照本法第三百一十三条的规定定罪处罚。

“其他法律、行政法规对其从事相关职业另有禁止或者限制性规定的，从其规定。”

二、将刑法第五十条第一款修改为：“判处死刑缓期执行的，在死刑缓期执行期间，如果没有故意犯罪，二年期满以后，减为无期徒刑；如果确有重大立功表现，二年期满以后，减为二十五年有期徒刑；如果故意犯罪，情节恶劣的，报请最高人民法院核准后执行死刑；对于故意犯罪未执行死刑的，死刑缓期执行的期间重新计算，并报最高人民法院备案。”

三、将刑法第五十三条修改为：“罚金在判决指定的期限内一次或者分期缴纳。期满不缴纳的，强制缴纳。对于不能全部缴纳罚金的，人民法院在任何时候发现被执行人有可以执行的财产，应当随时追缴。

“由于遭遇不能抗拒的灾祸等原因缴纳确实有困难的，经人民法院裁定，可以延期缴纳、酌情减少或者免除。”

四、在刑法第六十九条中增加一款作为第二款：“数罪中有判处有期徒刑和拘役的，执行有期徒刑。数罪中有判处有期徒刑和管制，或者拘役和管制的，有期徒刑、拘役执行完毕后，管制仍须执行。”

原第二款作为第三款。

五、将刑法第一百二十条修改为：“组织、领导恐怖活动组织的，处十年以上有期徒刑或者无期徒刑，并处没收财产；积极参加的，处三年以上十年以下有期徒刑，并处罚金；其他参加的，处三年以下有期徒刑、拘役、管制或者剥夺政治权利，可以并处罚金。

“犯前款罪并实施杀人、爆炸、绑架等犯罪的，依照数罪并罚的规定处罚。”

六、将刑法第一百二十条之一修改为：“资助恐怖活动组织、实施恐怖活动的个人的，或者资助恐怖活动培训的，处五年以下有期徒刑、拘役、管制或者剥夺政治权利，并处罚金；情节严重的，处五年以上有期徒刑，并处罚金或者没收财产。

“为恐怖活动组织、实施恐怖活动或者恐怖活动培训招募、运送人员的，依照前款的规定处罚。

“单位犯前两款罪的，对单位判处罚金，并对其直接负责的主管人员和其他直接责任人员，依照第一款的规定处罚。”

七、在刑法第一百二十条之一后增加五条，作为第一百二十条之二、第一百二十条之三、第一百二十条之四、第一百二十条之五、第一百二十条之六：

“第一百二十条之二　有下列情形之一的，处五年以下有期徒刑、拘役、管制或者剥夺政治权利，并处罚金；情节严重的，处五年以上有期徒刑，并处罚金或者没收财产：

“（一）为实施恐怖活动准备凶器、危险物品或者其他工具的；

“（二）组织恐怖活动培训或者积极参加恐怖活动培训的；

“（三）为实施恐怖活动与境外恐怖活动组织或者人员联络的；

“（四）为实施恐怖活动进行策划或者其他准备的。

“有前款行为，同时构成其他犯罪的，依照处罚较重的规定定罪处罚。

“第一百二十条之三　以制作、散发宣扬恐怖主义、极端主义的图书、音频视频资料或者其他物品，或者通过讲授、发布信息等方式宣扬恐怖主义、极端主义的，或者煽动实施恐怖活动的，处五年以下有期徒刑、拘役、管制或者剥夺政治权利，并处罚金；情节严重的，处五年以上有期徒刑，并处罚金或者没收财产。

“第一百二十条之四　利用极端主义煽动、胁迫群众破坏国家法律确立的婚姻、司法、教育、社会管理等制度实施的，处三年以下有期徒刑、拘役或者管制，并处罚金；情节严重的，处三年以上七年以下有期徒刑，并处罚金；情节特别严重的，处七年以上有期徒刑，并处罚金或者没收财产。

“第一百二十条之五　以暴力、胁迫等方式强制他人在公共场所穿着、佩戴宣扬恐怖主义、极端主义服饰、标志的，处三年以下有期徒刑、拘役或者管制，并处罚金。

“第一百二十条之六　明知是宣扬恐怖主义、极端主义的图书、音频视频资料或者其他物品而非法持有，情节严重的，处三年以下有期徒刑、拘役或者管制，并处或者单处罚金。”

八、将刑法第一百三十三条之一修改为：“在道路上驾驶机动车，有下列情形之一的，处拘役，并处罚金：

“（一）追逐竞驶，情节恶劣的；

“（二）醉酒驾驶机动车的；

“（三）从事校车业务或者旅客运输，严重超过额定乘员载客，或者严重超过规定时速行驶的；

“（四）违反危险化学品安全管理规定运输危险化学品，危及公共安全的。

“机动车所有人、管理人对前款第三项、第四项行为负有直接责任的，依照前款的规定处罚。

“有前两款行为，同时构成其他犯罪的，依照处罚较重的规定定罪处罚。”

九、将刑法第一百五十一条第一款修改为：“走私武器、弹药、核材料或者伪造的货币的，处七年以上有期徒刑，并处罚金或者没收财产；情节特别严重的，处无期徒刑，并处没收财产；情节较轻的，处三年以上七年以下有期徒刑，并处罚金。”

十、将刑法第一百六十四条第一款修改为：“为谋取不正当利益，给予公司、企业或者其他单位的工作人员以财物，数额较大的，处三年以下有期徒刑或者拘役，并处罚金；数额巨大的，处三年以上十年以下有期徒刑，并处罚金。”

十一、将刑法第一百七十条修改为：“伪造货币的，处三年以上十年以下有期徒刑，并处罚金；有下列情形之一的，处十年以上有期徒刑或者无期徒刑，并处罚金或者没收财产：

“（一）伪造货币集团的首要分子；

“（二）伪造货币数额特别巨大的；

“（三）有其他特别严重情节的。”

十二、删去刑法第一百九十九条。

十三、将刑法第二百三十七条修改为：“以暴力、胁迫或者其他方法强制猥亵他人或者侮辱妇女的，处五年以下有期徒刑或者拘役。

“聚众或者在公共场所当众犯前款罪的，或者有其他恶劣情节的，处五年以上有期徒刑。

“猥亵儿童的，依照前两款的规定从重处罚。”

十四、将刑法第二百三十九条第二款修改为：“犯前款罪，杀害被绑架人的，或者故意伤害被绑架人，致人重伤、死亡的，处无期徒刑或者死刑，并处没收财产。”

十五、将刑法第二百四十一条第六款修改为：“收买被拐卖的妇女、儿童，对被买儿童没有虐待行为，不阻碍对其进行解救的，可以从轻处罚；按照被买妇女的意愿，不阻碍其返回原居住地的，可以从轻或者减轻处罚。”

十六、在刑法第二百四十六条中增加一款作为第三款：“通过信息网络实施第一款规定的行为，被害人向人民法院告诉，但提供证据确有困难的，人民法院可以要求公安机关提供协助。”

十七、将刑法第二百五十三条之一修改为：“违反国家有关规定，向他人出售或者提供公民个人信息，情节严重的，处三年以下有期徒刑或者拘役，并处或者单处罚金；情节特别严重的，处三年以上七年以下有期徒刑，并处罚金。

“违反国家有关规定，将在履行职责或者提供服务过程中获得的公民个人信息，出售或者提供给他人的，依照前款的规定从重处罚。

“窃取或者以其他方法非法获取公民个人信息的，依照第一款的规定处罚。

“单位犯前三款罪的，对单位判处罚金，并对其直接负责的主管人员和其他直接责任人员，依照各该款的规定处罚。”

十八、将刑法第二百六十条第三款修改为：“第一款罪，告诉的才处理，但被害人没有能力告诉，或者因受到强制、威吓无法告诉的除外。”

十九、在刑法第二百六十条后增加一条，作为第二百六十条之一：“对未成年人、老年人、患病的人、残疾人等负有监护、看护职责的人虐待被监护、看护的人，情节恶劣的，处三年以下有期徒刑或者拘役。

“单位犯前款罪的，对单位判处罚金，并对其直接负责的主管人员和其他直接责任人员，依照前款的规定处罚。

“有第一款行为，同时构成其他犯罪的，依照处罚较重的规定定罪处罚。”

二十、将刑法第二百六十七条第一款修改为：“抢夺公私财物，数额较大的，或者多次抢夺的，处三年以下有期徒刑、拘役或者管制，并处或者单处罚金；数额巨大或者有其他严重情节的，处三年以上十年以下有期徒刑，并处罚金；数额特别巨大或者有其他特别严重情节的，处十年以上有期徒刑或者无期徒刑，并处罚金或者没收财产。”

二十一、在刑法第二百七十七条中增加一款作为第五款：“暴力袭击正在依法执行职务的人民警察的，依照第一款的规定从重处罚。”

二十二、将刑法第二百八十条修改为：“伪造、变造、买卖或者盗窃、抢夺、毁灭国家机关的公文、证件、印章的，处三年以下有期徒刑、拘役、管制或者剥夺政治权利，并处罚金；情节严重的，处三年以上十年以下有期徒刑，并处罚金。

“伪造公司、企业、事业单位、人民团体的印章的，处三年以下有期徒刑、拘役、管制或者剥夺政治权利，并处罚金。

“伪造、变造、买卖居民身份证、护照、社会保障卡、驾驶证等依法可以用于证明身份的证件的，处三年以下有期徒刑、拘役、管制或者剥夺政治权利，并处罚金；情节严重的，处三年以上七年以下有期徒刑，并处罚金。”

二十三、在刑法第二百八十条后增加一条作为第二百八十条之一：“在依照国家规定应当提供身份证明的活动中，使用伪造、变造的或者盗用他人的居民身份证、护照、社会保障卡、驾驶证等依法可以用于证明身份的证件，情节严重的，处拘役或者管制，并处或者单处罚金。

“有前款行为，同时构成其他犯罪的，依照处罚较重的规定定罪处罚。”

二十四、将刑法第二百八十三条修改为：“非法生产、销售专用间谍器材或者窃听、窃照专用器材的，处三年以下有期徒刑、拘役或者管制，并处或者单处罚金；情节严重的，处三年以上七年以下有期徒刑，并处罚金。

“单位犯前款罪的，对单位判处罚金，并对其直接负责的主管人员和其他直接责任人员，依照前款的规定处罚。”

二十五、在刑法第二百八十四条后增加一条，作为第二百八十四条之一：“在法律规定的国家考试中，组织作弊的，处三年以下有期徒刑或者拘役，并处或者单处罚金；情节严重的，处三年以上七年以下有期徒刑，并处罚金。

“为他人实施前款犯罪提供作弊器材或者其他帮助的，依照前款的规定处罚。

“为实施考试作弊行为，向他人非法出售或者提供第一款规定的考试的试题、答案的，依照第一款的规定处罚。

“代替他人或者让他人代替自己参加第一款规定的考试的，处拘役或者管制，并处或者单处罚金。”

二十六、在刑法第二百八十五条中增加一款作为第四款：“单位犯前三款罪的，对单位判处罚金，并对其直接负责的主管人员和其他直接责任人员，依照各该款的规定处罚。”

二十七、在刑法第二百八十六条中增加一款作为第四款：“单位犯前三款罪的，对单位判处罚金，并对其直接负责的主管人员和其他直接责任人员，依照第一款的规定处罚。”

二十八、在刑法第二百八十六条后增加一条，作为第二百八十六条之一：“网络服务提供者不履行法律、行政法规规定的信息网络安全管理义务，经监管部门责令采取改正措施而拒不改正，有下列情形之一的，处三年以下有期徒刑、拘役或者管制，并处或者单处罚金：

“（一）致使违法信息大量传播的；

“（二）致使用户信息泄露，造成严重后果的；

“（三）致使刑事案件证据灭失，情节严重的；

“（四）有其他严重情节的。

“单位犯前款罪的，对单位判处罚金，并对其直接负责的主管人员和其他直接责任人员，依照前款的规定处罚。

“有前两款行为，同时构成其他犯罪的，依照处罚较重的规定定罪处罚。”

二十九、在刑法第二百八十七条后增加二条，作为第二百八十七条之一、第二百八十七条之二：

“第二百八十七条之一　利用信息网络实施下列行为之一，情节严重的，处三年以下有期徒刑或者拘役，并处或者单处罚金：

“（一）设立用于实施诈骗、传授犯罪方法、制作或者销售违禁物品、管制物品等违法犯罪活动的网站、通讯群组的；

“（二）发布有关制作或者销售毒品、枪支、淫秽物品等违禁物品、管制物品或者其他违法犯罪信息的；

“（三）为实施诈骗等违法犯罪活动发布信息的。

“单位犯前款罪的，对单位判处罚金，并对其直接负责的主管人员和其他直接责任人员，依照第一款的规定处罚。

“有前两款行为，同时构成其他犯罪的，依照处罚较重的规定定罪处罚。

“第二百八十七条之二　明知他人利用信息网络实施犯罪，为其犯罪提供互联网接入、服务器托管、网络存储、通讯传输等技术支持，或者提供广告推广、支付结算等帮助，情节严重的，处三年以下有期徒刑或者拘役，并处或者单处罚金。

“单位犯前款罪的，对单位判处罚金，并对其直接负责的主管人员和其他直接责任人员，依照第一款的规定处罚。

“有前两款行为，同时构成其他犯罪的，依照处罚较重的规定定罪处罚。”

三十、将刑法第二百八十八条第一款修改为：“违反国家规定，擅自设置、使用无线电台（站），或者擅自使用无线电频率，干扰无线电通讯秩序，情节严重的，处三年以下有期徒刑、拘役或者管制，并处或者单处罚金；情节特别严重的，处三年以上七年以下有期徒刑，并处罚金。”

三十一、将刑法第二百九十条第一款修改为：“聚众扰乱社会秩序，情节严重，致使工作、生产、营业和教学、科研、医疗无法进行，造成严重损失的，对首要分子，处三年以上七年以下有期徒刑；对其他积极参加的，处三年以下有期徒刑、拘役、管制或者剥夺政治权利。”

增加二款作为第三款、第四款：“多次扰乱国家机关工作秩序，经行政处罚后仍不改正，造成严重后果的，处三年以下有期徒刑、拘役或者管制。

“多次组织、资助他人非法聚集，扰乱社会秩序，情节严重的，依照前款的规定处罚。”

三十二、在刑法第二百九十一条之一中增加一款作为第二款：“编造虚假的险情、疫情、灾情、警情，在信息网络或者其他媒体上传播，或者明知是上述虚假信息，故意在信息网络或者其他媒体上传播，严重扰乱社会秩序的，处三年以下有期徒刑、拘役或者管制；造成严重后果的，处三年以上七年以下有期徒刑。”

三十三、将刑法第三百条修改为：“组织、利用会道门、邪教组织或者利用迷信破坏国家法律、行政法规实施的，处三年以上七年以下有期徒刑，并处罚金；情节特别严重的，处七年以上有期徒刑或者无期徒刑，并处罚金或者没收财产；情节较轻的，处三年以下有期徒刑、拘役、管制或者剥夺政治权利，并处或者单处罚金。

“组织、利用会道门、邪教组织或者利用迷信蒙骗他人，致人重伤、死亡的，依照前款的规定处罚。

“犯第一款罪又有奸淫妇女、诈骗财物等犯罪行为的，依照数罪并罚的规定处罚。”

三十四、将刑法第三百零二条修改为：“盗窃、侮辱、故意毁坏尸体、尸骨、骨灰的，处三年以下有期徒刑、拘役或者管制。”

三十五、在刑法第三百零七条后增加一条，作为第三百零七条之一：“以捏造的事实提起民事诉讼，妨害司法秩序或者严重侵害他人合法权益的，处三年以下有期徒刑、拘役或者管制，并处或者单处罚金；情节严重的，处三年以上七年以下有期徒刑，并处罚金。

“单位犯前款罪的，对单位判处罚金，并对其直接负责的主管人员和其他直接责任人员，依照前款的规定处罚。

“有第一款行为，非法占有他人财产或者逃避合法债务，又构成其他犯罪的，依照处罚较重的规定定罪从重处罚。

“司法工作人员利用职权，与他人共同实施前三款行为的，从重处罚；同时构成其他犯罪的，依照处罚较重的规定定罪从重处罚。”

三十六、在刑法第三百零八条后增加一条，作为第三百零八条之一："司法工作人员、辩护人、诉讼代理人或者其他诉讼参与人，泄露依法不公开审理的案件中不应当公开的信息，造成信息公开传播或者其他严重后果的，处三年以下有期徒刑、拘役或者管制，并处或者单处罚金。

"有前款行为，泄露国家秘密的，依照本法第三百九十八条的规定定罪处罚。

"公开披露、报道第一款规定的案件信息，情节严重的，依照第一款的规定处罚。

"单位犯前款罪的，对单位判处罚金，并对其直接负责的主管人员和其他直接责任人员，依照第一款的规定处罚"。

三十七、将刑法第三百零九条修改为："有下列扰乱法庭秩序情形之一的，处三年以下有期徒刑、拘役、管制或者罚金：

"（一）聚众哄闹、冲击法庭的；

"（二）殴打司法工作人员或者诉讼参与人的；

"（三）侮辱、诽谤、威胁司法工作人员或者诉讼参与人，不听法庭制止，严重扰乱法庭秩序的；

"（四）有毁坏法庭设施，抢夺、损毁诉讼文书、证据等扰乱法庭秩序行为，情节严重的。"

三十八、将刑法第三百一十一条修改为："明知他人有间谍犯罪或者恐怖主义、极端主义犯罪行为，在司法机关向其调查有关情况、收集有关证据时，拒绝提供，情节严重的，处三年以下有期徒刑、拘役或者管制。"

三十九、将刑法第三百一十三条修改为："对人民法院的判决、裁定有能力执行而拒不执行，情节严重的，处三年以下有期徒刑、拘役或者罚金；情节特别严重的，处三年以上七年以下有期徒刑，并处罚金。

"单位犯前款罪的，对单位判处罚金，并对其直接负责的主管人员和其他直接责任人员，依照前款的规定处罚。"

四十、将刑法第三百二十二条修改为："违反国（边）境管理法规，偷越国（边）境，情节严重的，处一年以下有期徒刑、拘役或者管制，并处罚金；为参加恐怖活动组织、接受恐怖活动培训或者实施恐怖活动，偷越国（边）境的，处一年以上三年以下有期徒刑，并处罚金。"

四十一、将刑法第三百五十条第一款、第二款修改为："违反国家规定，非法生产、买卖、运输醋酸酐、乙醚、三氯甲烷或者其他用于制造毒品的原料、配剂，或者携带上述物品进出境，情节较重的，处三年以下有期徒刑、拘役或者管制，并处罚金；情节严重的，处三年以上七年以下有期徒刑，并处罚金；情节特别严重的，处七年以上有期徒刑，并处罚金或者没收财产。

"明知他人制造毒品而为其生产、买卖、运输前款规定的物品的，以制造毒品罪的共犯论处。"

四十二、将刑法第三百五十八条修改为："组织、强迫他人卖淫的，处五年以上十年以下有期徒刑，并处罚金；情节严重的，处十年以上有期徒刑或者无期徒刑，并处罚金或者没收财产。

"组织、强迫未成年人卖淫的，依照前款的规定从重处罚。

"犯前两款罪，并有杀害、伤害、强奸、绑架等犯罪行为的，依照数罪并罚的规定处罚。

"为组织卖淫的人招募、运送人员或者有其他协助组织他人卖淫行为的，处五年以下有期徒刑，并处罚金；情节严重的，处五年以上十年以下有期徒刑，并处罚金。"

四十三、删去刑法第三百六十条第二款。

四十四、将刑法第三百八十三条修改为："对犯贪污罪的，根据情节轻重，分别依照下列规定处罚：

"（一）贪污数额较大或者有其他较重情节的，处三年以下有期徒刑或者拘役，并处罚金。

"（二）贪污数额巨大或者有其他严重情节的，处三年以上十年以下有期徒刑，并处罚金或者没收财产。

"（三）贪污数额特别巨大或者有其他特别严重情节的，处十年以上有期徒刑或者无期徒刑，并处罚金或者没收财产；数额特别巨大，并使国家和人民利益遭受特别重大损失的，处无期徒刑或者死刑，并处没收财产。

"对多次贪污未经处理的，按照累计贪污数额处罚。

"犯第一款罪，在提起公诉前如实供述自己罪行、真诚悔罪、积极退赃，避免、减少损害结果的发生，有第一项规定情形的，可以从轻、减轻或者免除处罚；有第二项、第三项规定情形的，可以从轻处罚。

"犯第一款罪，有第三项规定情形被判处死刑缓期执行的，人民法院根据犯罪情节等情况可以同时决定在其死刑缓期执行二年期满依法减为无期徒刑后，终身监禁，不得减刑、假释。"

四十五、将刑法第三百九十条修改为："对犯行贿罪的，处五年以下有期徒刑或者拘役，并处罚金；因行贿谋取不正当利益，情节严重的，或者使国家利益遭受重大损失的，处五年以上十年以下有期徒刑，并处罚金；情节特别严重的，或者使国家利益遭受特别重大损失的，处十年以上有期徒刑或者无期徒刑，并处罚金或者没收财产。

"行贿人在被追诉前主动交待行贿行为的，可以从轻或者减轻处罚。其中，犯罪较轻的，对侦破重大案件起关键作用的，或者有重大立功表现的，可以减轻或者免除处罚。"

四十六、在刑法第三百九十条后增加一条，作为第三百九十条之一："为谋取不正当利益，向国家工作人员的近亲属或者其他与该国家工作人员关系密切的人，或者向离职的国家工作人员或者其近亲属以及其他与其关系密切的人行贿的，处三年以下有期徒刑或者拘役，并处罚金；情节严重的，或者使国家利益遭受重大损失的，处三年以上七年以下有期徒刑，并处罚金；情节特别严重的，或者使国家利益遭受特别重大损失的，处七年以上十年以下有期徒刑，并处罚金。

“单位犯前款罪的，对单位判处罚金，并对其直接负责的主管人员和其他直接责任人员，处三年以下有期徒刑或者拘役，并处罚金。”

四十七、将刑法第三百九十一条第一款修改为：“为谋取不正当利益，给予国家机关、国有公司、企业、事业单位、人民团体以财物的，或者在经济往来中，违反国家规定，给予各种名义的回扣、手续费的，处三年以下有期徒刑或者拘役，并处罚金。”

四十八、将刑法第三百九十二条第一款修改为：“向国家工作人员介绍贿赂，情节严重的，处三年以下有期徒刑或者拘役，并处罚金。”

四十九、将刑法第三百九十三条修改为：“单位为谋取不正当利益而行贿，或者违反国家规定，给予国家工作人员以回扣、手续费，情节严重的，对单位判处罚金，并对其直接负责的主管人员和其他直接责任人员，处五年以下有期徒刑或者拘役，并处罚金。因行贿取得的违法所得归个人所有的，依照本法第三百八十九条、第三百九十条的规定定罪处罚。”

五十、将刑法第四百二十六条修改为：“以暴力、威胁方法，阻碍指挥人员或者值班、值勤人员执行职务的，处五年以下有期徒刑或者拘役；情节严重的，处五年以上十年以下有期徒刑；情节特别严重的，处十年以上有期徒刑或者无期徒刑。战时从重处罚。”

五十一、将刑法第四百三十三条修改为：“战时造谣惑众，动摇军心的，处三年以下有期徒刑；情节严重的，处三年以上十年以下有期徒刑；情节特别严重的，处十年以上有期徒刑或者无期徒刑。”

五十二、本修正案自 2015 年 11 月 1 日起施行。

附一：中华人民共和国刑法修正案（九）（草案）

一、在刑法第三十七条后增加一条，作为第三十七条之一：“因利用职业便利实施犯罪，或者实施违背职业要求的特定义务的犯罪被判处刑罚的，人民法院可以根据犯罪情况和预防再犯罪的需要，禁止其自刑罚执行完毕之日或者假释之日起五年内从事相关职业。

“被禁止从事相关职业的犯罪分子违反人民法院依照前款规定作出的决定的，由公安机关依法给予处罚；情节严重的，依照本法第三百一十三条的规定定罪处罚。

“其他法律、行政法规对其从事相关职业另有禁止或者限制性规定的，从其规定。”

二、将刑法第五十条第一款修改为：“判处死刑缓期执行的，在死刑缓期执行期间，如果没有故意犯罪，二年期满以后，减为无期徒刑；如果确有重大立功表现，二年期满以后，减为二十五年有期徒刑；如果故意犯罪，情节恶劣的，报请最高人民法院核准后执行死刑；对于故意犯罪未执行死刑的，死刑缓期执行的期间重新计算，并报最高人民法院备案。”

三、将刑法第五十三条修改为：“罚金在判决指定的期限内一次或者分期缴纳。期满不缴纳的，强制缴纳。对于不能全部缴纳罚金的，人民法院在任何时候发现被执行人有可以执行的财产，应当随时追缴。

“由于遭遇不能抗拒的灾祸等原因缴纳确实有困难的，经人民法院决定，可以延期缴纳、酌情减少或者免除。”

四、在刑法第六十九条中增加一款作为第二款：“数罪中有判处有期徒刑和拘役的，执行有期徒刑。数罪中有判处有期徒刑和管制，或者拘役和管制的，有期徒刑、拘役执行完毕后，管制仍须执行。”

原第二款作为第三款。

五、将刑法第一百二十条修改为：“组织、领导恐怖活动组织的，处十年以上有期徒刑或者无期徒刑，并处没收财产；积极参加的，处三年以上十年以下有期徒刑，并处罚金；其他参加的，处三年以下有期徒刑、拘役、管制或者剥夺政治权利，可以并处罚金。

“犯前款罪并实施杀人、爆炸、绑架等犯罪的，依照数罪并罚的规定处罚。”

六、在刑法第一百二十条之一后增加四条，作为第一百二十条之二、第一百二十条之三、第一百二十条之四、第一百二十条之五：

“第一百二十条之二以制作资料、散发资料、发布信息、当面讲授等方式或者通过音频视频、信息网络等宣扬恐怖主义、极端主义的，或者煽动实施暴力恐怖活动的，处五年以下有期徒刑、拘役、管制或者剥夺政治权利，并处罚金；情节严重的，处五年以上有期徒刑，并处罚金或者没收财产。

“第一百二十条之三利用极端主义煽动、胁迫群众破坏国家法律确立的婚姻、司法、教育、社会管理等制度实施的，处三年以下有期徒刑，并处罚金；情节严重的，处三年以上七年以下有期徒刑，并处罚金；情节特别严重的，处七年以上有期徒刑，并处罚金或者没收财产。

“第一百二十条之四持有宣扬恐怖主义、极端主义的物品、图书、音频视频资料，情节严重的，处三年以下有期徒刑、拘役或者管制，并处或者单处罚金。

“第一百二十条之五明知他人有恐怖活动犯罪、极端主义犯罪行为，在司法机关向其调查有关情况、收集有关证据时，拒绝提供，情节严重的，处三年以下有期徒刑、拘役或者管制。”

七、将刑法第一百三十三条之一修改为："在道路上驾驶机动车，有下列情形之一的，处拘役，并处罚金：

"（一）追逐竞驶，情节恶劣的；

"（二）醉酒驾驶机动车的；

"（三）在公路上从事客运业务，严重超过额定乘员载客，或者严重超过规定时速行驶的；

"（四）违反危险化学品安全管理规定运输危险化学品的。

"有前款行为，同时构成其他犯罪的，依照处罚较重的规定定罪处罚。"

八、将刑法第一百五十一条第一款修改为："走私武器、弹药、核材料或者伪造的货币的，处七年以上有期徒刑，并处罚金或者没收财产；情节特别严重的，处无期徒刑，并处没收财产；情节较轻的，处三年以上七年以下有期徒刑，并处罚金。"

九、将刑法第一百六十四条第一款修改为："为谋取不正当利益，给予公司、企业或者其他单位的工作人员以财物，数额较大的，处三年以下有期徒刑或者拘役，并处罚金；数额巨大的，处三年以上十年以下有期徒刑，并处罚金。"

十、将刑法第一百七十条修改为："伪造货币的，处三年以上十年以下有期徒刑，并处罚金；有下列情形之一的，处十年以上有期徒刑或者无期徒刑，并处罚金或者没收财产：

"（一）伪造货币集团的首要分子；

"（二）伪造货币数额特别巨大的；

"（三）有其他特别严重情节的。"

十一、删去刑法第一百九十九条。

十二、将刑法第二百三十七条修改为："以暴力、胁迫或者其他方法强制猥亵他人或者侮辱妇女的，处五年以下有期徒刑或者拘役。

"聚众或者在公共场所当众犯前款罪的，或者有其他恶劣情节的，处五年以上有期徒刑。

"猥亵儿童的，依照前两款的规定从重处罚。"

十三、将刑法第二百四十一条第六款修改为："收买被拐卖的妇女、儿童，按照被买妇女的意愿，不阻碍其返回原居住地的，对被买儿童没有虐待行为，不阻碍对其进行解救的，可以从轻、减轻或者免除处罚。"

十四、在刑法第二百四十六条中增加一款作为第三款："通过信息网络实施第一款规定的行为，被害人向人民法院告诉，但提供证据确有困难的，人民法院可以要求公安机关提供协助。"

十五、在刑法第二百五十一条中增加一款作为第二款："以暴力、胁迫等方式强制他人在公共场所穿着、佩戴宣扬恐怖主义、极端主义服饰、标志的，依照前款的规定处罚。"

十六、将刑法第二百五十三条之一修改为："违反国家规定，将在履行职责或者提供服务过程中获得的公民个人信息，出售或者提供给他人，情节严重的，处三年以下有期徒刑或者拘役，并处或者单处罚金。

"窃取或者以其他方法非法获取公民个人信息，情节严重的，依照前款的规定处罚。

"未经公民本人同意，向他人出售或者非法提供其个人信息，情节严重的，处二年以下有期徒刑或者拘役，并处或者单处罚金。

"单位犯前三款罪的，对单位判处罚金，并对其直接负责的主管人员和其他直接责任人员，依照各该款的规定处罚。"

十七、将刑法第二百六十条第三款修改为："第一款罪，告诉的才处理，但被虐待的人没有能力告诉，或者因受到强制、威吓无法告诉的除外。"

十八、在刑法第二百六十条后增加一条，作为第二百六十条之一："对未成年人、老年人、患病的人、残疾人等负有监护、看护职责的人虐待被监护、看护的人，情节恶劣的，处三年以下有期徒刑或者拘役。

"有前款行为，同时构成其他犯罪的，依照处罚较重的规定定罪处罚。"

十九、将刑法第二百六十七条第一款修改为："抢夺公私财物，数额较大的，或者多次抢夺的，处三年以下有期徒刑、拘役或者管制，并处或者单处罚金；数额巨大或者有其他严重情节的，处三年以上十年以下有期徒刑，并处罚金；数额特别巨大或者有其他特别严重情节的，处十年以上有期徒刑或者无期徒刑，并处罚金或者没收财产。"

二十、将刑法第二百八十条第三款修改为："伪造、变造、买卖居民身份证、护照、社会保障卡、驾驶证的，处三年以下有期徒刑、拘役、管制或者剥夺政治权利；情节严重的，处三年以上七年以下有期徒刑。"

二十一、在刑法第二百八十条后增加一条作为第二百八十条之一："在依照国家规定应当提供真实身份的活动中，使用伪造、变造的居民身份证、护照、驾驶证等证件的，处拘役或者管制，并处或者单处罚金。

"有前款行为，同时构成其他犯罪的，依照处罚较重的规定定罪处罚。"

二十二、将刑法第二百八十三条修改为："非法生产、销售专用间谍器材或者窃听、窃照专用器材的，处三年以下有期徒刑、拘役或者管制，并处或者单处罚金；情节严重的，处三年以上七年以下有期徒刑，并处罚金。"

二十三、在刑法第二百八十五条中增加一款作为第四款："单位犯前三款罪的，对单位判处罚金，并对其直接负责的主管人员和其他直接责任人员，依照各该款的规定处罚。"

二十四、在刑法第二百八十六条中增加一款作为第四款："单位犯前三款罪的，对单位判处罚金，并对其直接负责的主管人员和其他直接责任人员，依照第一款的规定处罚。"

二十五、在刑法第二百八十六条后增加一条，作为第二百八十六条之一："网络服务提供者不履行法律、行政法规规定的信息网络安全管理义务，经监管部门通知采取改正措施而拒绝执行，有下列情形之一的，处三年以下有期徒刑、拘役或者管制，并处或者单处罚金：

"（一）致使违法信息大量传播的；

"（二）致使用户信息泄露，造成严重后果的；

"（三）致使刑事犯罪证据灭失，严重妨害司法机关依法追究犯罪的；

"（四）有其他严重情节的。

"单位犯前款罪的，对单位判处罚金，并对其直接负责的主管人员和其他直接责任人员，依照前款的规定处罚。"

二十六、在刑法第二百八十七条后增加二条，作为第二百八十七条之一、第二百八十七条之二：

"第二百八十七条之一利用信息网络实施下列行为之一，情节严重的，处三年以下有期徒刑或者拘役，并处或者单处罚金：

"（一）设立用于实施诈骗、传授犯罪方法、制作销售违禁物品、管制物品等违法犯罪活动的网站、通讯群组的；

"（二）发布制作、销售毒品、枪支、淫秽物品等违禁物品、管制物品或者其他违法犯罪信息的；

"（三）为实施诈骗等违法犯罪活动发布信息的。

"有前款行为，同时构成其他犯罪的，依照处罚较重的规定定罪处罚。

"单位犯第一款罪的，对单位判处罚金，并对其直接负责的主管人员和其他直接责任人员，依照第一款的规定处罚。

"第二百八十七条之二明知他人利用信息网络实施犯罪，为其犯罪提供互联网接入、服务器托管、网络存储、通讯传输等技术支持，或者提供广告推广、支付结算等帮助，情节严重的，处三年以下有期徒刑或者拘役，并处或者单处罚金。

"有前款行为，同时构成其他犯罪的，依照处罚较重的规定定罪处罚。

"单位犯第一款罪的，对单位判处罚金，并对其直接负责的主管人员和其他直接责任人员，依照第一款的规定处罚。"

二十七、将刑法第二百八十八条第一款修改为："违反国家规定，擅自设置、使用无线电台（站），或者擅自使用无线电频率，干扰无线电通讯秩序，情节严重的，处三年以下有期徒刑、拘役或者管制，并处或者单处罚金；情节特别严重的，处三年以上七年以下有期徒刑，并处罚金。"

二十八、在刑法第二百九十条中增加二款，作为第三款、第四款："多次扰乱国家机关工作秩序，经处罚后仍不改正，造成严重后果的，处三年以下有期徒刑、拘役或者管制。

"多次组织、资助他人非法聚集，扰乱社会秩序，情节严重的，依照前款的规定处罚。"

二十九、在刑法第二百九十一条之一中增加一款作为第二款："编造虚假的险情、疫情、警情、灾情，在信息网络或者其他媒体上传播，或者明知是上述虚假信息，故意在信息网络或者其他媒体上传播，严重扰乱社会秩序的，处三年以下有期徒刑、拘役或者管制；造成严重后果的，处三年以上七年以下有期徒刑。"

三十、将刑法第三百条第一款修改为："组织和利用会道门、邪教组织或者利用迷信破坏国家法律、行政法规实施的，处三年以上七年以下有期徒刑，并处罚金；情节特别严重的，处七年以上有期徒刑，并处罚金；情节较轻的，处三年以下有期徒刑、拘役或者管制，并处或者单处罚金。"

三十一、将刑法第三百零二条修改为："盗窃、侮辱、故意毁坏尸体、尸骨、骨灰的，处三年以下有期徒刑、拘役或者管制。"

三十二、在刑法第三百零四条后增加一条，作为第三百零四条之一："在国家规定的考试中，组织考生作弊的，处三年以下有期徒刑或者拘役，并处或者单处罚金；情节严重的，处三年以上七年以下有期徒刑，并处罚金。

"为他人实施前款犯罪提供作弊器材或者其他帮助的，依照前款的规定处罚。

"为实施考试作弊行为，向他人非法出售或者提供第一款规定的考试的试题、答案的，依照第一款的规定处罚。

"代替他人或者让他人代替自己参加第一款规定的考试的，处拘役或者管制，并处或者单处罚金。"

三十三、在刑法第三百零七条后增加一条，作为第三百零七条之一："为谋取不正当利益，以捏造的事实提起民事诉讼，严重妨害司法秩序的，处三年以下有期徒刑、拘役或者管制，并处或者单处罚金。

"有前款行为，侵占他人财产或者逃避合法债务的，依照本法第二百六十六条的规定从重处罚。

"司法工作人员利用职权，与他人共同实施前两款行为的，从重处罚；同时构成其他犯罪的，依照处罚较重的规定定罪从重处罚。"

三十四、在刑法第三百零八条后增加一条，作为第三百零八条之一："司法工作人员、辩护人、诉讼代理人或者其他诉讼参与人，泄露依法不公开审理的案件中不应当公开的信息，造成信息公开传播或者其他严重后果的，处三年以下有期徒刑、拘役或者管制，并处或者单处罚金。

"有前款行为，泄露国家秘密的，依照本法第三百九十八条的规定定罪处罚。

"公开披露、报道第一款规定的案件信息，情节严重的，依照第一款的规定处罚。

"单位犯前款罪的，对单位判处罚金，并对直接负责的主管人员和其他直接责任人员，依照第一款的规定处罚。"

三十五、将刑法第三百零九条修改为："有下列情形之一，严重扰乱法庭秩序的，处三年以下有期徒刑、拘役、管制或者罚金：

"（一）聚众哄闹、冲击法庭的；

"（二）殴打司法工作人员或者诉讼参与人的；

"（三）侮辱、诽谤、威胁司法工作人员或者诉讼参与人，不听法庭制止的；

"（四）有其他严重扰乱法庭秩序行为的。"

三十六、将刑法第三百一十三条修改为："对人民法院的判决、裁定有能力执行而拒不执行，情节严重的，处三年以下有期徒刑、拘役或者罚金；情节特别严重的，处三年以上七年以下有期徒刑。

"单位犯前款罪的，对单位判处罚金，并对其直接负责的主管人员和其他直接责任人员，依照前款的规定处罚。"

三十七、将刑法第三百五十条第一款、第二款修改为："违反国家规定，非法生产、买卖、运输醋酸酐、乙醚、三氯甲烷或者其他用于制造毒品的原料、配剂，或者携带上述物品进出境，情节较重的，处三年以下有期徒刑、拘役或者管制，并处罚金；情节严重的，处三年以上七年以下有期徒刑，并处罚金；情节特别严重的，处七年以上有期徒刑，并处罚金或者没收财产。

"明知他人制造毒品而为其生产、买卖、运输前款规定的物品的，以制造毒品罪的共犯论处。"

三十八、将刑法第三百五十八条修改为："组织、强迫他人卖淫的，处五年以上十年以下有期徒刑，并处罚金；情节严重的，处十年以上有期徒刑或者无期徒刑，并处罚金或者没收财产。

"组织、强迫未成年人卖淫的，依照前款的规定从重处罚。

"犯前两款罪，并有杀害、伤害、强奸、绑架等犯罪行为的，依照数罪并罚的规定处罚。

"为组织卖淫的人招募、运送人员或者有其他协助组织他人卖淫行为的，处五年以下有期徒刑，并处罚金；情节严重的，处五年以上十年以下有期徒刑，并处罚金。"

三十九、将刑法第三百八十三条修改为："对犯贪污罪的，根据情节轻重，分别依照下列规定处罚：

"（一）贪污数额较大或者有其他较重情节的，处三年以下有期徒刑或者拘役，并处罚金。尚不构成犯罪的，由其所在单位或者上级主管机关给予处分。

"（二）贪污数额巨大或者有其他严重情节的，处三年以上十年以下有期徒刑，并处罚金或者没收财产。

"（三）贪污数额特别巨大或者有其他特别严重情节的，处十年以上有期徒刑或者无期徒刑，并处罚金或者没收财产；数额特别巨大，并使国家和人民利益遭受特别重大损失的，处无期徒刑或者死刑，并处没收财产。

"对多次贪污未经处理的，按照累计贪污数额处罚。

"犯第一款罪，在提起公诉前如实供述自己罪行、真诚悔罪、积极退赃，避免、减少损害结果的发生，有第（一）项规定情形的，可以从轻、减轻或者免除处罚；有第（二）项、第（三）项规定情形的，可以从轻处罚。"

四十、在刑法第三百八十八条之一后增加一条，作为第三百八十八条之二："为谋取不正当利益，向国家工作人员的近亲属或者其他与该国家工作人员关系密切的人，或者离职的国家工作人员或者其近亲属以及其他与其关系密切的人行贿的，处二年以下有期徒刑或者拘役，并处罚金；情节严重的，或者使国家利益遭受重大损失的，处二年以上五年以下有期徒刑，并处罚金；情节特别严重的，或者使国家利益遭受特别重大损失的，处五年以上十年以下有期徒刑，并处罚金。"

四十一、将刑法第三百九十条修改为："对犯行贿罪的，处五年以下有期徒刑或者拘役，并处罚金；因行贿谋取不正当利益，情节严重的，或者使国家利益遭受重大损失的，处五年以上十年以下有期徒刑，并处罚金；情节特别严重的，或者使国家利益遭受特别重大损失的，处十年以上有期徒刑或者无期徒刑，并处罚金或者没收财产。

"行贿人在被追诉前主动交待行贿行为的，可以从轻或者减轻处罚。其中，犯罪较轻的，检举揭发行为对侦破重大案件起关键作用，或者有其他重大立功表现的，可以免除处罚。"

四十二、将刑法第三百九十一条第一款修改为："为谋取不正当利益，给予国家机关、国有公司、企业、事业单位、人民团体以财物的，或者在经济往来中，违反国家规定，给予各种名义的回扣、手续费的，处三年以下有期徒刑或者拘役，并处罚金。"

四十三、将刑法第三百九十二条第一款修改为："向国家工作人员介绍贿赂，情节严重的，处三年以下有期徒刑或者拘役，并处罚金。"

四十四、将刑法第三百九十三条修改为："单位为谋取不正当利益而行贿，或者违反国家规定，给予国家工作人员以回扣、手续费，情节严重的，对单位判处罚金，并对其直接负责的主管人员和其他直接责任人员，处五年以下有期徒刑或者拘役，并处罚金。因行贿取得的违法所得归个人所有的，依照本法第三百八十九条、第三百九十条的规定定罪处罚。"

四十五、将刑法第四百二十六条修改为："以暴力、威胁方法，阻碍指挥人员或者值班、值勤人员执行职务的，处五年以下有期徒刑或者拘役；情节严重的，处五年以上十年以下有期徒刑；情节特别严重的，处十年以上有期徒刑或者无期徒刑。战时从重处罚。”

四十六、将刑法第四百三十三条修改为：“战时造谣惑众，动摇军心的，处三年以下有期徒刑；情节严重的，处三年以上十年以下有期徒刑；情节特别严重的，处十年以上有期徒刑或者无期徒刑。”

四十七、本修正案自 年 月 日起施行。

附二：关于《中华人民共和国刑法修正案（九）（草案）》的说明

——2014年10月27日在第十二届全国人民代表大会常务委员会第十一次会议上

（全国人大常委会法制工作委员会主任 李适时）

全国人民代表大会常务委员会：

我受委员长会议的委托，作关于《中华人民共和国刑法修正案（九）（草案）》的说明。

刑法是我国的基本法律，全国人大常委会历来十分重视刑法的修改和完善工作。1997年全面修订刑法以来，全国人大常委会根据惩罚犯罪、保护人民和维护正常社会秩序的需要，先后通过一个决定和八个刑法修正案，对刑法作出修改、完善。本届以来，法制工作委员会按照经党中央批准的立法规划安排和全国人大常委会的要求，根据中央精神和宽严相济的刑事政策，针对近年来实践中出现的新情况、新问题，会同中央纪委、中央政法委、最高人民法院、最高人民检察院、公安部以及国务院有关部门和军队有关方面反复研究沟通，广泛听取各方面意见，对主要问题取得共识，形成了《中华人民共和国刑法修正案（九）（草案）》。

一、关于修改刑法的必要性和指导思想

一段时间以来，全国人大代表、政法机关和有关部门都提出了一些修改刑法的意见，其中，十二届全国人大第一次会议以来，全国人大代表共提出修改刑法的议案81件。这次需要通过修改刑法解决的主要问题：一是一些地方近年来多次发生严重暴力恐怖案件，网络犯罪也呈现新的特点，有必要从总体国家安全观出发，统筹考虑刑法与本次常委会审议的反恐怖主义法、反间谍法等维护国家安全方面法律草案的衔接配套，修改、补充刑法的有关规定。二是随着反腐败斗争的深入，需要进一步完善刑法的相关规定，为惩腐肃贪提供法律支持。三是落实党中央关于逐步减少适用死刑罪名的要求，并做好劳动教养制度废除后法律上的衔接。因此，根据新的情况，针对上述问题对刑法有关规定作出调整、完善，是必要的。

这次修改刑法的指导思想：一是坚持正确的政治方向，贯彻落实党的十八届三中全会、中央司法体制改革任务有关要求，发挥好刑法在惩罚犯罪、保护人民方面的功能。二是坚持问题导向，从我国国情出发，针对实践中出现的新情况、新问题，及时对刑法作出调整，以适应维护国家安全和社会稳定的需要。三是坚持宽严相济的刑事政策，维护社会公平正义，对社会危害严重的犯罪惩处力度不减，保持高压态势；同时，对一些社会危害较轻，或者有从轻情节的犯罪，留下从宽处置的余地和空间。四是坚持创新刑事立法理念，进一步发挥刑法在维护社会主义核心价值观、规范社会生活方面的引领和推动作用。

二、关于修改刑法的主要问题

（一）逐步减少适用死刑罪名

党的十八届三中全会提出，“逐步减少适用死刑罪名”。中央关于深化司法体制和社会体制改革的任务也要求，完善死刑法律规定，逐步减少适用死刑的罪名。据此，总结我国一贯坚持的既保留死刑，又严格控制和慎重适用死刑的做法，经与中央政法委一道同各有关方面反复研究，拟从以下两个方面体现减少适用死刑罪名：

一是进一步减少适用死刑的罪名。经与各有关方面研究，拟对走私武器、弹药罪、走私核材料罪、走私假币罪、伪造货币罪、集资诈骗罪、组织卖淫罪、强迫卖淫罪、阻碍执行军事职务罪、战时造谣惑众罪等9个罪的刑罚规定作出调整，取消死刑（我国现有适用死刑的罪名55个，取消这9个后尚有46个）。

2011年出台的刑法修正案（八）取消13个经济性非暴力犯罪的死刑以来，我国社会治安形势总体稳定可控，一些严重犯罪稳中有降。实践表明，取消13个罪名的死刑，没有对社会治安形势形成负面影响，社会各方面对减少死刑罪名反应正面。这次准备取消死刑的9个罪名，在实践中较少适用死刑，取消后最高还可以判处无期徒刑。对相关犯罪在取消死刑后通过加强执法，该严厉惩处的依法严厉惩处，可以做到整体惩处力度不减，以确保社会治安整体形势稳定。此外，上述犯罪取消死刑后，如出现情节特别恶劣，符合数罪并罚或者其他有关犯罪规定的，还可依法判处更重的刑罚。

二是进一步提高对死缓罪犯执行死刑的门槛。刑法第五十条规定，被判处死刑缓期执行的，在死刑缓期执行期间，如果故意犯罪，查证属实的，由最高人民法院核准，执行死刑。拟将上述规定修改为：对于死缓期间故意犯罪，情节恶劣的，报请最高人民法院核准后执行死刑；对于故意犯罪未执行死刑的，死刑缓期执行的期间重新计算，并报最高人民法院备案。

（二）维护公共安全，加大对恐怖主义、极端主义犯罪的惩治力度

针对近年来暴力恐怖犯罪出现的新情况、新特点，总结同这类犯罪作斗争的经验，拟在刑法现有规定的基础上，作出以下修改补充：

一是对组织、领导、参加恐怖组织罪增加规定财产刑。

二是增加规定以制作资料、散发资料、发布信息、当面讲授等方式或者通过音频视频、信息网络等宣扬恐怖主义、极端主义，或者煽动实施暴力恐怖活动的犯罪；增加规定利用极端主义煽动、胁迫群众破坏国家法律确立的婚姻、司法、教育、社会管理等制度实施的犯罪；增加规定持有宣扬恐怖主义、极端主义的物品、图书、音频视频资料的犯罪；增加规定拒不提供恐怖、极端主义犯罪证据的犯罪。

三是增加规定以暴力、胁迫等方式强制他人在公共场所穿着、佩戴宣扬恐怖主义、极端主义服饰、标志的犯罪。

（三）维护信息网络安全，完善惩处网络犯罪的法律规定

针对网络违法犯罪行为的新情况，拟进一步完善刑法有关网络犯罪的规定：

一是为进一步加强对公民个人信息的保护，修改出售、非法提供因履行职责或者提供服务而获得的公民个人信息犯罪的规定，扩大犯罪主体的范围，同时，增加规定出售或者非法提供公民个人信息的犯罪。

二是针对一些网络服务提供者不履行网络安全管理义务，造成严重后果的情况，增加规定：网络服务提供者不履行网络安全管理义务，经监管部门通知采取改正措施而拒绝执行，致使违法信息大量传播的，致使用户信息泄漏，造成严重后果的，或者致使刑事犯罪证据灭失，严重妨害司法机关追究犯罪的，追究刑事责任。

三是对为实施诈骗、销售违禁品、管制物品等违法犯罪活动而设立网站、通讯群组、发布信息的行为，进一步明确规定如何追究刑事责任；针对在网络空间传授犯罪方法、帮助他人犯罪的行为多发的情况，增加规定：明知他人利用信息网络实施犯罪，为其犯罪提供互联网接入、服务器托管、网络存储、通讯传输等技术支持，或者提供广告推广、支付结算等帮助，情节严重的，追究刑事责任。

四是针对开设“伪基站”等严重扰乱无线电秩序，侵犯公民权益的情况，修改扰乱无线电通讯管理秩序罪，降低构成犯罪门槛，增强可操作性。

五是针对在信息网络或者其他媒体上恶意编造、传播虚假信息，严重扰乱社会秩序的情况，增加规定编造、传播虚假信息的犯罪。

此外，还对单位实施侵入、破坏计算机信息系统犯罪规定了刑事责任。

（四）进一步强化人权保障，加强对公民人身权利的保护

针对猥亵儿童、虐待儿童、老年人的案件时有发生，社会影响恶劣的情况，拟对刑法相关规定进一步作出完善：

一是修改强制猥亵、侮辱妇女罪、猥亵儿童罪，扩大适用范围，同时加大对情节恶劣情形的惩处力度。（修正案草案第十二条）

二是修改收买被拐卖的妇女、儿童罪，对于收买妇女、儿童的行为一律作出犯罪评价。对收买被拐卖的妇女、儿童，按照被买妇女的意愿，不阻碍其返回原居住地的，对被买儿童没有虐待行为，不阻碍对其进行解救的，将“可以不追究刑事责任”的规定，修改为“可以从轻、减轻或者免除处罚”。

三是增加规定对未成年人、老年人、患病的人、残疾人等负有监护、看护职责的人虐待被监护、看护的人，情节恶劣的，追究刑事责任。

（五）进一步完善反腐败的制度规定，加大对腐败犯罪的惩处力度

按照党的十八届三中全会对加强反腐败工作，完善惩治腐败法律规定的要求，加大惩处腐败犯罪力度，拟对刑法作出以下修改：

一是修改贪污受贿犯罪的定罪量刑标准。现行刑法对贪污受贿犯罪的定罪量刑标准规定了具体数额。这样规定是1988年全国人大常委会根据当时惩治贪污贿赂犯罪的实际需要和司法机关的要求作出的。从实践的情况看，规定数额虽然明确具体，但此类犯罪情节差别很大，情况复杂，单纯考虑数额，难以全面反映具体个罪的社会危害性。同时，数额规定过死，有时难以根据案件的不同情况做到罪刑相适应，量刑不统一。根据各方面意见，拟删去对贪污受贿犯罪规定的具体数额，原则规定数额较大或者情节较重、数额巨大或者情节严重、数额特别巨大或者情节特别严重三种情况，相应规定三档刑罚，并对数额特别巨大，并使国家和人民利益遭受特别重大损失的，保留适用死刑。具体定罪量刑标准可由司法机关根据案件的具体情况掌握，或者由最高人民法院、最高人民检察院通过制定司法解释予以确定。同时，考虑到反腐斗争的实际需要，对犯贪污受贿罪，如实供述自己罪行、真诚悔罪、积极退赃，避免、减少损害结果发生的，规定可以从宽处理。

二是加大对行贿犯罪的处罚力度。主要是：第一，完善行贿犯罪财产刑规定，使犯罪分子在受到人身处罚的同时，在经济上也得不到好处（修正案草案第九条、第四十一条、第四十二条、第四十三条、第四十四条）。第二，进一步严格对行贿罪从宽处罚的条件。拟将“行贿人在被追诉前主动交待行贿行为的，可以减轻处罚或者免除处罚”的规定，修改为“行贿人在被追诉前主动交待行贿行为的，可以从轻或者减轻处罚。其中，犯罪较轻的，检举揭发行为对侦破重大案件起关键作用，或者有其他重大立功表现的，可以免除处罚。”

三是严密惩治行贿犯罪的法网，增加规定为利用国家工作人员的影响力谋取不正当利益，向其近亲属等关系密切

人员行贿的犯罪。

此外，还根据有关方面的意见，完善了预防性措施的规定，对因利用职业便利实施犯罪，或者实施违背职业要求的特定义务的犯罪被判处刑罚的，人民法院可以根据犯罪情况和预防再犯罪的需要，禁止其自刑罚执行完毕之日或者假释之日起五年内从事相关职业。

（六）维护社会诚信，惩治失信、背信行为

针对当前社会诚信缺失，欺诈等背信行为多发，社会危害严重的实际情况，为发挥刑法对公民行为价值取向的引领作用，拟对刑法作出如下补充：

一是修改伪造、变造居民身份证的犯罪规定，将证件的范围扩大到护照、社会保障卡、驾驶证等证件；同时将买卖居民身份证、护照等证件的行为以及使用伪造、变造的居民身份证、护照等证件的行为规定为犯罪。

二是增加规定组织考试作弊等犯罪。将在国家规定的考试中，组织考生作弊的，为他人提供作弊器材的，向他人非法出售或者提供试题、答案的，以及代替他人或者让他人代替自己参加考试等破坏考试秩序的行为规定为犯罪。

三是增加规定虚假诉讼犯罪。将为谋取不正当利益，以捏造的事实提起民事诉讼，严重妨害司法秩序的行为规定为犯罪。

（七）加强社会治理，维护社会秩序

针对当前社会治安方面出现的一些新情况，拟对刑法作以下修改：

一是进一步完善惩治扰乱社会秩序犯罪的规定，主要是：第一，修改危险驾驶罪，增加危险驾驶应当追究刑事责任的情形。第二，修改抢夺罪，将多次抢夺的行为规定为犯罪。第三，将生产、销售窃听、窃照专用器材的行为规定为犯罪。第四，将多次扰乱国家机关工作秩序，经处罚后仍不改正，造成严重后果的行为和多次组织、资助他人非法聚集，扰乱社会秩序，情节严重的行为规定为犯罪。第五，修改完善组织、利用会道门、邪教组织破坏法律实施罪，加大对情节特别严重行为的惩治力度，同时对情节较轻的规定相应的刑罚。

二是为保障人民法院依法独立公正行使审判权，完善刑法有关规定。主要是：第一，将司法工作人员、辩护人、诉讼代理人或者其他诉讼参与人，泄露依法不公开审理的案件中不应当公开的信息，造成信息公开传播或者其他严重后果的行为规定为犯罪。第二，修改扰乱法庭秩序罪，在原规定的聚众哄闹、冲击法庭，殴打司法工作人员等行为的基础上，将殴打诉讼参与人以及侮辱、诽谤、威胁司法工作人员或者诉讼参与人，不听法庭制止等严重扰乱法庭秩序的行为增加规定为犯罪。第三，进一步完善拒不执行判决、裁定罪的规定，增加一档刑罚，并增加单位犯罪的规定。

三是针对当前毒品犯罪形势严峻的实际情况和惩治犯罪的需要，拟对生产、运输易制毒化学品的行为作出专门规定。

在调研和征求意见过程中，司法机关和有关方面还提出了其他一些修改刑法的建议。考虑到这些问题各方面认识还不一致，需要进一步研究论证，未列入本草案。

刑法修正案（九）（草案）和以上说明是否妥当，请审议。

附三：全国人民代表大会法律委员会关于《中华人民共和国刑法修正案（九）（草案）》修改情况的汇报

——2015 年 6 月 24 日在第十二届全国人民代表大会常务委员会第十五次会议上

（全国人大法律委员会主任委员　乔晓阳）

全国人民代表大会常务委员会：

常委会第十一次会议对刑法修正案（九）草案进行了初次审议。会后，法制工作委员会将草案印发各省（区、市）和中央有关部门、部分高等院校、法学研究机构等单位征求意见。中国人大网站全文公布草案征求社会公众意见。法律委员会、法制工作委员会召开座谈会，听取全国人大代表、有关部门和专家学者的意见，同时，还到四川、新疆、山东、安徽等地进行调研。法律委员会于6月2日召开会议，根据常委会组成人员的审议意见和各方面意见对草案进行了逐条审议。中央政法委、全国人大内务司法委员会、国务院法制办公室的有关负责同志列席了会议。6月17日，法律委员会召开会议，再次进行了审议。现将草案主要问题修改情况汇报如下：

一、一些常委委员和中央政法委、新疆等部门、地方提出，当前恐怖活动犯罪出现了一些新情况，刑法应有针对性地作出规定。法律委员会经同中央政法委等有关部门研究，建议对草案作如下补充：一是，将资助恐怖活动培训的行为增加规定为犯罪，并明确对为恐怖活动组织、实施恐怖活动或者恐怖活动培训招募、运送人员的，追究刑事责任；二是，将为实施恐怖活动而准备凶器或者危险物品，组织或者积极参加恐怖活动培训，与境外恐怖活动组织、人员联系，以及为实施恐怖活动进行策划或者其他准备等行为明确规定为犯罪；三是，完善偷越国（边）境的有关规定，对为参加恐怖活动组织、接受恐怖活动培训或者实施恐怖活动，偷越国（边）境的，提高了法定刑。

二、草案第七条对刑法第一百三十三条之一规定的危险驾驶罪作了修改。有的常委委员、部门和地方提出，实践中有的接送学生的校车管理不规范，严重超员、超速从而发生恶性事故，严重危及学生的人身安全，社会影响恶劣，应当增加规定为犯罪；公路客运、旅游客运等从事旅客运输业务的机动车超员、超速的，极易造成重大人员伤亡，应明确规定为犯罪；对客运车辆、危险化学品运输车辆危险驾驶犯罪负有直接责任的机动车所有人、管理人也应增加规定追究刑事责任。法律委员会经同有关部门研究，建议将草案第七条第一款第三项、第四项修改为："（三）从事校车业务或者旅客运输，严重超过额定乘员载客，或者严重超过规定时速行驶的；（四）违反危险化学品安全管理规定运输危险化学品，危及公共安全的"。同时，增加一款规定，作为第二款："机动车所有人、管理人对前款第三项、第四项行为负有直接责任的，依照前款的规定处罚"。

三、刑法第二百三十九条规定，犯绑架罪，"致使被绑架人死亡或者杀害被绑架人的，处死刑"。有的部门、地方和专家提出，刑法上述规定对这种情形规定绝对死刑的刑罚，司法机关在量刑时没有余地，不能适应各类案件的复杂情况，有的案件难以体现罪责刑相适应的原则。同时，除致人死亡或者杀害被绑架人的以外，对于故意伤害被绑架人、致人重伤的，也应当根据其犯罪情节，规定相应的刑罚。法律委员会经同公、检、法等有关部门研究，建议将犯绑架罪，"致使被绑架人死亡或者杀害被绑架人的，处死刑"的规定修改为："故意伤害、杀害被绑架人，致人重伤、死亡的，处无期徒刑或者死刑"。

四、草案第十三条规定，收买被拐卖的妇女、儿童，按照被买妇女的意愿，不阻碍其返回原居住地的，对被买儿童没有虐待行为，不阻碍对其进行解救的，可以从轻、减轻或者免除处罚。有的常委会组成人员、部门和地方提出，收买被拐卖的妇女和收买被拐卖的儿童情况有所不同，在刑事政策的掌握和处罚上应当有所区别，对后一种情况减轻或者免除处罚应当慎重。法律委员会经同有关部门研究，建议将收买被拐卖的儿童，对被买儿童没有虐待行为，不阻碍对其进行解救的，"可以从轻、减轻或者免除处罚"修改为"可以从轻处罚"。

五、草案第二十条、第二十一条对伪造、变造以及使用伪造、变造的居民身份证、护照、社会保障卡、驾驶证的犯罪作了规定。有的常委会组成人员、部门和地方提出，这两条中身份证件的范围在表述上应当一致，并包括所有可以用于证明身份的证件。法律委员会经研究，建议将以上两条中的证件统一规定为"居民身份证、护照、社会保障卡、驾驶证等依法可以用于证明身份的证件"。

六、草案第二十八条对刑法第二百九十条作了修改。有的常委会组成人员和人大代表提出，实践中个别人以医患矛盾为由，故意扰乱医疗单位秩序，严重侵害医护人员的身心健康，损害社会公共利益，社会危害严重，应当明确规定追究刑事责任。法律委员会经研究，建议将刑法第二百九十条第一款修改为：聚众扰乱社会秩序，情节严重，致使工作、生产、营业和教学、科研、医疗无法进行，造成严重损失的，对首要分子和其他积极参加的，追究刑事责任。

七、草案第三十条对刑法第三百条作了修改。有的部门提出，邪教犯罪社会危害性大，建议提高该罪的刑罚，并建议明确利用邪教蒙骗他人致人重伤的刑事责任。法律委员会经研究，建议对草案有关会道门、邪教组织犯罪的规定进一步予以修改、完善：一是，将法定最高刑由十五年有期徒刑提高到无期徒刑，增加没收财产和剥夺政治权利的刑罚，对利用邪教等奸淫妇女、诈骗财物的，予以数罪并罚；二是，增加规定对组织、利用邪教等蒙骗他人致人重伤的，依法追究刑事责任。

还有一个问题需要汇报。草案取消了9个犯罪的死刑。有的常委会组成人员、部门提出，对取消走私武器、弹药罪、走私核材料罪以及阻碍执行军事职务罪和战时造谣惑众罪两个军职罪的死刑需要慎重；有的常委委员、部门、地方和专家建议还可以再取消一些犯罪的死刑，如运输毒品罪等。法律委员会经研究认为，"逐步减少适用死刑罪名"是党的十八届三中全会提出的改革任务，取消9个罪名的死刑，是与中央各政法机关反复研究、论证，并广泛听取了人大代表、专家和各有关方面意见的基础上提出的，同时，为防止可能产生的负面影响，事先作了慎重评估，对其中一些严重犯罪，取消死刑后，在法律上还留有从严处罚的余地，如取消了走私武器、弹药罪、走私核材料罪的死刑，仍保留了制造、买卖、运输、储存枪支、弹药、爆炸物犯罪和非法制造、买卖、运输、储存放射性物质犯罪的死刑；取消了以暴力方法阻碍执行军事职务并造成人身伤亡犯罪的死刑，仍保留了故意杀人罪、故意伤害罪的死刑。司法实践中如有走私武器、弹药、核材料、暴力阻碍执行军事职务的犯罪，情节特别恶劣，确需判处极刑的，还可以根据案件情况，依照刑法现有规定判处。其他取消死刑的罪名也都有相应的法律安排，不会出现轻纵犯罪的情形。在常委会初次审议后，经同中央政法委、解放军总政治部等反复研究，认为草案的规定是适宜的。今后可进一步总结实践经验，根据经济社会发展的情况和惩治犯罪的需要，适时对刑罚作出调整。据此，建议维持草案的规定。

此外，在草案审议和征求意见过程中，有的常委委员和部门还建议在草案中增加规定一些新的犯罪或者对现行刑法规定的一些犯罪作出修改，对这些意见法制工作委员会正在会同有关部门逐一研究论证，考虑到有些问题各方面认识还不一致，暂未列入本草案。

草案二次审议稿已按上述意见作了修改，法律委员会建议提请常委会第十五次会议继续审议。

草案二次审议稿和以上汇报是否妥当，请审议。

附四：中华人民共和国刑法修正案（九）（草案）（二次审议稿）

一、在刑法第三十七条后增加一条，作为第三十七条之一："因利用职业便利实施犯罪，或者实施违背职业要求的特定义务的犯罪被判处刑罚的，人民法院可以根据犯罪情况和预防再犯罪的需要，禁止其自刑罚执行完毕之日或者假释之日起从事相关职业，期限为三年至五年。

“被禁止从事相关职业的犯罪分子违反人民法院依照前款规定作出的决定的，由公安机关依法给予处罚；情节严重的，依照本法第三百一十三条的规定定罪处罚。

“其他法律、行政法规对其从事相关职业另有禁止或者限制性规定的，从其规定。”

二、将刑法第五十条第一款修改为：“判处死刑缓期执行的，在死刑缓期执行期间，如果没有故意犯罪，二年期满以后，减为无期徒刑；如果确有重大立功表现，二年期满以后，减为二十五年有期徒刑；如果故意犯罪，情节恶劣的，报请最高人民法院核准后执行死刑；对于故意犯罪未执行死刑的，死刑缓期执行的期间重新计算，并报最高人民法院备案。”

三、将刑法第五十三条修改为：“罚金在判决指定的期限内一次或者分期缴纳。期满不缴纳的，强制缴纳。对于不能全部缴纳罚金的，人民法院在任何时候发现被执行人有可以执行的财产，应当随时追缴。

“由于遭遇不能抗拒的灾祸等原因缴纳确实有困难的，经人民法院裁定，可以延期缴纳、酌情减少或者免除。”

四、在刑法第六十九条中增加一款作为第二款：“数罪中有判处有期徒刑和拘役的，执行有期徒刑。数罪中有判处有期徒刑和管制，或者拘役和管制的，有期徒刑、拘役执行完毕后，管制仍须执行。”

原第二款作为第三款。

五、将刑法第一百二十条修改为：“组织、领导恐怖活动组织的，处十年以上有期徒刑或者无期徒刑，并处没收财产；积极参加的，处三年以上十年以下有期徒刑，并处罚金；其他参加的，处三年以下有期徒刑、拘役、管制或者剥夺政治权利，可以并处罚金。

“犯前款罪并实施杀人、爆炸、绑架等犯罪的，依照数罪并罚的规定处罚。”

六、将刑法第一百二十条之一修改为：“资助恐怖活动组织、实施恐怖活动的个人的，或者资助恐怖活动培训的，处五年以下有期徒刑、拘役、管制或者剥夺政治权利，并处罚金；情节严重的，处五年以上有期徒刑，并处罚金或者没收财产。

“为恐怖活动组织、实施恐怖活动或者恐怖活动培训招募、运送人员的，依照前款的规定处罚。

“单位犯前两款罪的，对单位判处罚金，并对其直接负责的主管人员和其他直接责任人员，依照各该款的规定处罚。”

七、在刑法第一百二十条之一后增加五条，作为第一百二十条之二、第一百二十条之三、第一百二十条之四、第一百二十条之五、第一百二十条之六：

“第一百二十条之二　有下列情形之一的，处五年以下有期徒刑、拘役、管制或者剥夺政治权利，并处罚金；情节严重的，处五年以上有期徒刑，并处罚金或者没收财产：

“（一）为实施恐怖活动准备凶器、危险物品或者其他工具的；

“（二）组织恐怖活动培训或者积极参加恐怖活动培训的；

“（三）为实施恐怖活动与境外恐怖活动组织或者人员联系的；

“（四）为实施恐怖活动进行策划或者其他准备的。

“有前款行为，同时构成其他犯罪的，依照处罚较重的规定定罪处罚。”

“第一百二十条之三　以制作、散发宣扬恐怖主义、极端主义的图书、音频视频资料或者其他物品，或者通过发布信息、当面讲授等方式宣扬恐怖主义、极端主义的，或者煽动实施恐怖活动的，处五年以下有期徒刑、拘役、管制或者剥夺政治权利，并处罚金；情节严重的，处五年以上有期徒刑，并处罚金或者没收财产。

“第一百二十条之四　利用极端主义煽动、胁迫群众破坏国家法律确立的婚姻、司法、教育、社会管理等制度实施的，处三年以下有期徒刑，并处罚金；情节严重的，处三年以上七年以下有期徒刑，并处罚金；情节特别严重的，处七年以上有期徒刑，并处罚金或者没收财产。

“第一百二十条之五　以暴力、胁迫等方式强制他人在公共场所穿着、佩戴宣扬恐怖主义、极端主义服饰、标志的，处三年以下有期徒刑、拘役或者管制。

“第一百二十条之六　非法持有宣扬恐怖主义、极端主义的图书、音频视频资料或者其他物品，情节严重的，处三年以下有期徒刑、拘役或者管制，并处或者单处罚金。”

八、将刑法第一百三十三条之一修改为：“在道路上驾驶机动车，有下列情形之一的，处拘役，并处罚金：

“（一）追逐竞驶，情节恶劣的；

“（二）醉酒驾驶机动车的；

“（三）从事校车业务或者旅客运输，严重超过额定乘员载客，或者严重超过规定时速行驶的；

“（四）违反危险化学品安全管理规定运输危险化学品，危及公共安全的。

“机动车所有人、管理人对前款第三项、第四项行为负有直接责任的，依照前款的规定处罚。

“有前两款行为，同时构成其他犯罪的，依照处罚较重的规定定罪处罚。”

九、将刑法第一百五十一条第一款修改为：“走私武器、弹药、核材料或者伪造的货币的，处七年以上有期徒刑，并处罚金或者没收财产；情节特别严重的，处无期徒刑，并处没收财产；情节较轻的，处三年以上七年以下有期徒刑，并处罚金。”

十、将刑法第一百六十四条第一款修改为：“为谋取不正当利益，给予公司、企业或者其他单位的工作人员以财物，数额较大的，处三年以下有期徒刑或者拘役，并处罚金；数额巨大的，处三年以上十年以下有期徒刑，并处罚金。”

十一、将刑法第一百七十条修改为：“伪造货币的，处三年以上十年以下有期徒刑，并处罚金；有下列情形之一的，处十年以上有期徒刑或者无期徒刑，并处罚金或者没收财产：

“（一）伪造货币集团的首要分子；

“（二）伪造货币数额特别巨大的；

“（三）有其他特别严重情节的。”

十二、删去刑法第一百九十九条。

十三、将刑法第二百三十七条修改为：“以暴力、胁迫或者其他方法强制猥亵他人或者侮辱妇女的，处五年以下有期徒刑或者拘役。

“聚众或者在公共场所当众犯前款罪的，或者有其他恶劣情节的，处五年以上有期徒刑。

“猥亵儿童的，依照前两款的规定从重处罚。”

十四、将刑法第二百三十九条第二款修改为：“犯前款罪，故意伤害、杀害被绑架人，致人重伤、死亡的，处无期徒刑或者死刑，并处没收财产。”

十五、将刑法第二百四十一条第六款修改为：“收买被拐卖的妇女、儿童，对被买儿童没有虐待行为，不阻碍对其进行解救的，可以从轻处罚；按照被买妇女的意愿，不阻碍其返回原居住地的，可以从轻、减轻或者免除处罚。”

十六、在刑法第二百四十六条中增加一款作为第三款：“通过信息网络实施第一款规定的行为，被害人向人民法院告诉，但提供证据确有困难的，人民法院可以要求公安机关提供协助。”

十七、将刑法第二百五十三条之一修改为：“违反规定，向他人出售或者提供公民个人信息，情节严重的，处三年以下有期徒刑或者拘役，并处或者单处罚金；情节特别严重的，处三年以上七年以下有期徒刑，并处罚金。

“违反规定，将在履行职责或者提供服务过程中获得的公民个人信息，出售或者提供给他人，情节严重的，依照前款的规定从重处罚。

“窃取或者以其他方法非法获取公民个人信息，情节严重的，依照第一款的规定处罚。

“单位犯前三款罪的，对单位判处罚金，并对其直接负责的主管人员和其他直接责任人员，依照各该款的规定处罚。”

十八、将刑法第二百六十条第三款修改为：“第一款罪，告诉的才处理，但被害人没有能力告诉，或者因受到强制、威吓无法告诉的除外。”

十九、在刑法第二百六十条后增加一条，作为第二百六十条之一：“对未成年人、老年人、患病的人、残疾人等负有监护、看护职责的人虐待被监护、看护的人，情节恶劣的，处三年以下有期徒刑或者拘役。

“有前款行为，同时构成其他犯罪的，依照处罚较重的规定定罪处罚。”

二十、将刑法第二百六十七条第一款修改为：“抢夺公私财物，数额较大的，或者多次抢夺的，处三年以下有期徒刑、拘役或者管制，并处或者单处罚金；数额巨大或者有其他严重情节的，处三年以上十年以下有期徒刑，并处罚金；数额特别巨大或者有其他特别严重情节的，处十年以上有期徒刑或者无期徒刑，并处罚金或者没收财产。”

二十一、将刑法第二百八十条修改为：“伪造、变造、买卖或者盗窃、抢夺、毁灭国家机关的公文、证件、印章的，处三年以下有期徒刑、拘役、管制或者剥夺政治权利，并处罚金；情节严重的，处三年以上十年以下有期徒刑，并处罚金。

“伪造公司、企业、事业单位、人民团体的印章的，处三年以下有期徒刑、拘役、管制或者剥夺政治权利，并处罚金。

“伪造、变造、买卖居民身份证、护照、社会保障卡、驾驶证等依法可以用于证明身份的证件的，处三年以下有期徒刑、拘役、管制或者剥夺政治权利，并处罚金；情节严重的，处三年以上七年以下有期徒刑，并处罚金。”

二十二、在刑法第二百八十条后增加一条作为第二百八十条之一：“在依照国家规定应当提供身份证明的活动中，使用伪造、变造的居民身份证、护照、社会保障卡、驾驶证等依法可以用于证明身份的证件，情节严重的，处拘役或者管制，并处或者单处罚金。

“有前款行为，同时构成其他犯罪的，依照处罚较重的规定定罪处罚。”

二十三、将刑法第二百八十三条修改为：“非法生产、销售专用间谍器材或者窃听、窃照专用器材的，处三年以下有期徒刑、拘役或者管制，并处或者单处罚金；情节严重的，处三年以上七年以下有期徒刑，并处罚金。

“单位犯前款罪的，对单位判处罚金，并对其直接负责的主管人员和其他直接责任人员，依照前款的规定处罚。”

二十四、在刑法第二百八十四条后增加一条，作为第二百八十四条之一：“在法律规定的国家考试中，组织作弊的，处三年以下有期徒刑或者拘役，并处或者单处罚金；情节严重的，处三年以上七年以下有期徒刑，并处罚金。

“为他人实施前款犯罪提供作弊器材或者其他帮助的，依照前款的规定处罚。

“为实施考试作弊行为，向他人非法出售或者提供第一款规定的考试的试题、答案的，依照第一款的规定处罚。

“代替他人或者让他人代替自己参加第一款规定的考试的，处拘役或者管制，并处或者单处罚金。”

二十五、在刑法第二百八十五条中增加一款作为第四款：“单位犯前三款罪的，对单位判处罚金，并对其直接负责的主管人员和其他直接责任人员，依照各该款的规定处罚。”

二十六、在刑法第二百八十六条中增加一款作为第四款：“单位犯前三款罪的，对单位判处罚金，并对其直接负责的主管人员和其他直接责任人员，依照第一款的规定处罚。”

二十七、在刑法第二百八十六条后增加一条，作为第二百八十六条之一：“网络服务提供者不履行法律、行政法规规定的信息网络安全管理义务，经监管部门责令采取改正措施而仍不改正，有下列情形之一的，处三年以下有期徒刑、拘役或者管制，并处或者单处罚金：

“（一）致使违法信息大量传播的；

“（二）致使用户信息泄露，造成严重后果的；

“（三）致使刑事案件证据灭失，情节严重的；

“（四）有其他严重情节的。

“单位犯前款罪的，对单位判处罚金，并对其直接负责的主管人员和其他直接责任人员，依照前款的规定处罚。

“有前两款行为，同时又构成其他犯罪的，依照处罚较重的规定定罪处罚。”

二十八、在刑法第二百八十七条后增加二条，作为第二百八十七条之一、第二百八十七条之二：

“第二百八十七条之一利用信息网络实施下列行为之一，情节严重的，处三年以下有期徒刑或者拘役，并处或者单处罚金：

“（一）设立用于实施诈骗、传授犯罪方法、制作或者销售违禁物品、管制物品等违法犯罪活动的网站、通讯群组的；

“（二）发布有关制作或者销售毒品、枪支、淫秽物品等违禁物品、管制物品或者其他违法犯罪信息的；

“（三）为实施诈骗等违法犯罪活动发布信息的。

“有前款行为，同时构成其他犯罪的，依照处罚较重的规定定罪处罚。

“单位犯第一款罪的，对单位判处罚金，并对其直接负责的主管人员和其他直接责任人员，依照第一款的规定处罚。

“第二百八十七条之二明知他人利用信息网络实施犯罪，为其犯罪提供互联网接入、服务器托管、网络存储、通讯传输等技术支持，或者提供广告推广、支付结算等帮助，情节严重的，处三年以下有期徒刑或者拘役，并处或者单处罚金。

“有前款行为，同时构成其他犯罪的，依照处罚较重的规定定罪处罚。

“单位犯第一款罪的，对单位判处罚金，并对其直接负责的主管人员和其他直接责任人员，依照第一款的规定处罚。”

二十九、将刑法第二百八十八条第一款修改为：“违反国家规定，擅自设置、使用无线电台（站），或者擅自使用无线电频率，干扰无线电通讯秩序，情节严重的，处三年以下有期徒刑、拘役或者管制，并处或者单处罚金；情节特别严重的，处三年以上七年以下有期徒刑，并处罚金。”

三十、将刑法第二百九十条第一款修改为：“聚众扰乱社会秩序，情节严重，致使工作、生产、营业和教学、科研、医疗无法进行，造成严重损失的，对首要分子，处三年以上七年以下有期徒刑；对其他积极参加的，处三年以下有期徒刑、拘役、管制或者剥夺政治权利。”

增加二款作为第三款、第四款：“多次扰乱国家机关工作秩序，经行政处罚后仍不改正，造成严重后果的，处三年以下有期徒刑、拘役或者管制。

“多次组织、资助他人非法聚集，扰乱社会秩序，情节严重的，依照前款的规定处罚。”

三十一、在刑法第二百九十一条之一中增加一款作为第二款：“编造虚假的险情、疫情、灾情、警情，在信息网络或者其他媒体上传播，或者明知是上述虚假信息，故意在信息网络或者其他媒体上传播，严重扰乱社会秩序的，处三年以下有期徒刑、拘役或者管制；造成严重后果的，处三年以上七年以下有期徒刑。”

三十二、将刑法第三百条修改为：“组织、利用会道门、邪教组织或者利用迷信破坏国家法律、行政法规实施的，处三年以上七年以下有期徒刑，并处罚金；情节特别严重的，处七年以上有期徒刑或者无期徒刑，并处罚金或者没收财产；情节较轻的，处三年以下有期徒刑、拘役、管制或者剥夺政治权利，并处或者单处罚金。

“组织、利用会道门、邪教组织或者利用迷信蒙骗他人，致人重伤、死亡的，依照前款的规定处罚。

“犯第一款罪又有奸淫妇女、诈骗财物等犯罪行为的，依照数罪并罚的规定处罚。”

三十三、将刑法第三百零二条修改为：“盗窃、侮辱、故意毁坏尸体、尸骨、骨灰的，处三年以下有期徒刑、拘役或者管制。”

三十四、在刑法第三百零七条后增加一条，作为第三百零七条之一：“以捏造的事实提起民事诉讼，严重妨害司法秩序的，处三年以下有期徒刑、拘役或者管制，并处或者单处罚金。

"有前款行为，非法占有他人财产或者逃避合法债务，又构成其他犯罪的，依照处罚较重的规定定罪从重处罚。

"司法工作人员利用职权，与他人共同实施前两款行为的，从重处罚；同时构成其他犯罪的，依照处罚较重的规定定罪从重处罚。"

三十五、在刑法第三百零八条后增加一条，作为第三百零八条之一："司法工作人员、辩护人、诉讼代理人或者其他诉讼参与人，泄露依法不公开审理的案件中不应当公开的信息，造成信息公开传播或者其他严重后果的，处三年以下有期徒刑、拘役或者管制，并处或者单处罚金。

"有前款行为，泄露国家秘密的，依照本法第三百九十八条的规定定罪处罚。

"公开披露、报道第一款规定的案件信息，情节严重的，依照第一款的规定处罚。

"单位犯前款罪的，对单位判处罚金，并对直接负责的主管人员和其他直接责任人员，依照第一款的规定处罚。"

三十六、将刑法第三百零九条修改为："有下列扰乱法庭秩序情形之一的，处三年以下有期徒刑、拘役、管制或者罚金：

"（一）聚众哄闹、冲击法庭的；

"（二）殴打司法工作人员或者诉讼参与人的；

"（三）侮辱、诽谤、威胁司法工作人员或者诉讼参与人，不听法庭制止，严重扰乱法庭秩序的；

"（四）有其他扰乱法庭秩序行为，情节严重的。"

三十七、将刑法第三百一十一条修改为："明知他人有间谍犯罪或者恐怖主义、极端主义犯罪行为，在司法机关向其调查有关情况、收集有关证据时，拒绝提供，情节严重的，处三年以下有期徒刑、拘役或者管制。"

三十八、将刑法第三百一十三条修改为："对人民法院的判决、裁定有能力执行而拒不执行，情节严重的，处三年以下有期徒刑、拘役或者罚金；情节特别严重的，处三年以上七年以下有期徒刑，并处罚金。

"单位犯前款罪的，对单位判处罚金，并对其直接负责的主管人员和其他直接责任人员，依照前款的规定处罚。"

三十九、将刑法第三百二十二条修改为："违反国（边）境管理法规，偷越国（边）境，情节严重的，处一年以下有期徒刑、拘役或者管制，并处罚金；为参加恐怖活动组织、接受恐怖活动培训或者实施恐怖活动，偷越国（边）境的，处一年以上三年以下有期徒刑，并处罚金。"

四十、将刑法第三百五十条第一款、第二款修改为："违反国家规定，非法生产、买卖、运输醋酸酐、乙醚、三氯甲烷或者其他用于制造毒品的原料、配剂，或者携带上述物品进出境，情节较重的，处三年以下有期徒刑、拘役或者管制，并处罚金；情节严重的，处三年以上七年以下有期徒刑，并处罚金；情节特别严重的，处七年以上有期徒刑，并处罚金或者没收财产。

"明知他人制造毒品而为其生产、买卖、运输前款规定的物品的，以制造毒品罪的共犯论处。"

四十一、将刑法第三百五十八条修改为："组织、强迫他人卖淫的，处五年以上十年以下有期徒刑，并处罚金；情节严重的，处十年以上有期徒刑或者无期徒刑，并处罚金或者没收财产。

"组织、强迫未成年人卖淫的，依照前款的规定从重处罚。

"犯前两款罪，并有杀害、伤害、强奸、绑架等犯罪行为的，依照数罪并罚的规定处罚。

"为组织卖淫的人招募、运送人员或者有其他协助组织他人卖淫行为的，处五年以下有期徒刑，并处罚金；情节严重的，处五年以上十年以下有期徒刑，并处罚金。"

四十二、将刑法第三百八十三条修改为："对犯贪污罪的，根据情节轻重，分别依照下列规定处罚：

"（一）贪污数额较大或者有其他较重情节的，处三年以下有期徒刑或者拘役，并处罚金。尚不构成犯罪的，由其所在单位或者上级主管机关给予处分。

"（二）贪污数额巨大或者有其他严重情节的，处三年以上十年以下有期徒刑，并处罚金或者没收财产。

"（三）贪污数额特别巨大或者有其他特别严重情节的，处十年以上有期徒刑或者无期徒刑，并处罚金或者没收财产；数额特别巨大，并使国家和人民利益遭受特别重大损失的，处无期徒刑或者死刑，并处没收财产。

"对多次贪污未经处理的，按照累计贪污数额处罚。

"犯第一款罪，在提起公诉前如实供述自己罪行、真诚悔罪、积极退赃，避免、减少损害结果的发生，有第一项规定情形的，可以从轻、减轻或者免除处罚；有第二项、第三项规定情形的，可以从轻处罚。"

四十三、将刑法第三百九十条修改为："对犯行贿罪的，处五年以下有期徒刑或者拘役，并处罚金；因行贿谋取不正当利益，情节严重的，或者使国家利益遭受重大损失的，处五年以上十年以下有期徒刑，并处罚金；情节特别严重的，或者使国家利益遭受特别重大损失的，处十年以上有期徒刑或者无期徒刑，并处罚金或者没收财产。

"行贿人在被追诉前主动交待行贿行为的，可以从轻或者减轻处罚。其中，犯罪较轻的，对侦破重大案件起关键作用的，或者有重大立功表现的，可以减轻或者免除处罚。"

四十四、在刑法第三百九十条后增加一条，作为第三百九十条之一："为谋取不正当利益，向国家工作人员的近亲属或者其他与该国家工作人员关系密切的人，或者向离职的国家工作人员或者其近亲属以及其他与其关系密切的人行贿的，处三年以下有期徒刑或者拘役，并处罚金；情节严重的，或者使国家利益遭受重大损失的，处三年以上七年以下有期徒刑，并处罚金；情节特别严重的，或者使国家利益遭受特别重大损失的，处七年以上十年以下有期徒刑，并处罚金。

“单位犯前款罪的，对单位判处罚金，并对其直接负责的主管人员和其他直接责任人员，处三年以下有期徒刑或者拘役，并处罚金。”

四十五、将刑法第三百九十一条第一款修改为：“为谋取不正当利益，给予国家机关、国有公司、企业、事业单位、人民团体以财物的，或者在经济往来中，违反国家规定，给予各种名义的回扣、手续费的，处三年以下有期徒刑或者拘役，并处罚金。”

四十六、将刑法第三百九十二条第一款修改为：“向国家工作人员介绍贿赂，情节严重的，处三年以下有期徒刑或者拘役，并处罚金。”

四十七、将刑法第三百九十三条修改为：“单位为谋取不正当利益而行贿，或者违反国家规定，给予国家工作人员以回扣、手续费，情节严重的，对单位判处罚金，并对其直接负责的主管人员和其他直接责任人员，处五年以下有期徒刑或者拘役，并处罚金。因行贿取得的违法所得归个人所有的，依照本法第三百八十九条、第三百九十条的规定定罪处罚。”

四十八、将刑法第四百二十六条修改为：“以暴力、威胁方法，阻碍指挥人员或者值班、值勤人员执行职务的，处五年以下有期徒刑或者拘役；情节严重的，处五年以上十年以下有期徒刑；情节特别严重的，处十年以上有期徒刑或者无期徒刑。战时从重处罚。”

四十九、将刑法第四百三十三条修改为：“战时造谣惑众，动摇军心的，处三年以下有期徒刑；情节严重的，处三年以上十年以下有期徒刑；情节特别严重的，处十年以上有期徒刑或者无期徒刑。”

五十、本修正案自　年　月　日起施行。

附五：全国人民代表大会法律委员会关于《中华人民共和国刑法修正案（九）（草案二次审议稿）》主要问题修改情况的汇报

委员长会议：

常委会第十五次会议对刑法修正案（九）草案进行了再次审议。会后，中国人大网站全文公布草案二次审议稿征求社会公众意见。法律委员会、法制工作委员会就草案的主要问题进行深入研究，到上海等地方调研，与有关方面反复沟通，召开座谈会，听取有关部门和专家学者的意见。法律委员会于 7 月 27 日召开会议，根据常委会组成人员的审议意见和各方面的意见，对草案进行了审议。中央政法委员会、全国人大内务司法委员会、国务院法制办公室的有关负责同志列席了会议。现就主要问题修改情况汇报如下：

一、草案二次审议稿第七条规定，以暴力、胁迫等方式强制他人在公共场所穿着、佩戴宣扬恐怖主义、极端主义服饰、标志的，处三年以下有期徒刑、拘役或者管制。有的常委委员建议增加财产刑的规定，加大处罚力度，以与对其他恐怖主义、极端主义犯罪的处刑规定相一致。法律委员会经研究，建议采纳这一意见，增加规定“并处罚金”。（委员长会议审议稿第七条）

二、草案二次审议稿第十四条对绑架罪作了修改，规定，犯绑架罪，“故意伤害、杀害被绑架人，致人重伤、死亡的，处无期徒刑或者死刑，并处没收财产”。有的常委会组成人员、有关部门提出，对于犯绑架罪，故意杀害被绑架人的，无论是否得逞，是否造成重伤、死亡的后果，都应当严厉惩处，以切实保护公民生命安全。法律委员会经同最高人民法院、最高人民检察院、公安部等有关部门研究，建议采纳这一意见，将该条修改为：犯绑架罪，“杀害被绑架人的，或者故意伤害被绑架人，致人重伤、死亡的，处无期徒刑或者死刑，并处没收财产。”（委员长会议审议稿第十四条）

三、草案二次审议稿第十九条对虐待被监护、看护人的犯罪作了规定，第三十四条对虚假诉讼犯罪作了规定。有的全国人大代表和有关方面提出，实践中也存在单位进行上述犯罪活动的情况，建议增加单位犯罪的规定。法律委员会经研究，建议采纳这一意见，增加相关规定。（委员长会议审议稿第十九条、第三十五条）

四、一些全国人大代表、中央政法委、公安部等有关部门多次提出在刑法中增加规定袭警罪。法律委员会经同有关方面研究认为，在实践中，我国对袭警行为一直是按照刑法第二百七十七条妨害公务罪的规定处理的。针对当前社会矛盾多发，暴力袭警案件时有发生的实际情况，在妨害公务罪中将袭警行为明确列举出来，可以更好地起到震慑和预防犯罪的作用。据此，建议在刑法第二百七十七条中增加一款规定：暴力袭击正在依法执行职务的人民警察的，依照妨害公务罪的规定从重处罚。（委员长会议审议稿第二十一条）

五、草案二次审议稿第三十四条第一款规定，以捏造的事实提起民事诉讼，严重妨害司法秩序的，处三年以下有期徒刑、拘役或者管制，并处或者单处罚金。有的常委委员提出，虚假诉讼情况复杂，不仅严重妨害司法秩序，有些还会造成他人合法权益重大损失，社会危害严重，建议增加一档刑罚，据此，法律委员会建议将本款修改为：“以捏造的事实提起民事诉讼，妨害司法秩序或者严重侵害他人合法权益的，处三年以下有期徒刑、拘役或者管制，并处或者单处罚金；情节严重的，处三年以上七年以下有期徒刑，并处罚金。”（委员长会议审议稿第三十五条）

六、草案二次审议稿第三十六条对刑法第三百零九条扰乱法庭秩序罪作了修改。一些常委委员、有的部门、地方以及律师协会提出，本条第三项关于"侮辱、诽谤、威胁司法工作人员或者诉讼参与人"的规定、第四项关于"有其他严重扰乱法庭秩序行为"的规定，在实践中可能被滥用，建议取消。法律委员会经研究，草案第三项规定与刑事诉讼法第一百九十四条、民事诉讼法第一百一十条的规定（刑事诉讼法第一百九十四条第二款规定："对聚众哄闹、冲击法庭或者侮辱、诽谤、威胁、殴打司法工作人员或者诉讼参与人，严重扰乱法庭秩序，构成犯罪的，依法追究刑事责任。"民事诉讼法第一百一十条第三款规定："人民法院对哄闹、冲击法庭，侮辱、诽谤、威胁、殴打审判人员，严重扰乱法庭秩序的人，依法追究刑事责任；情节较轻的，予以罚款、拘留。"）是一致的，属于衔接性规定，不宜取消；第四项规定的"其他严重扰乱法庭秩序的行为"，也是维护法庭秩序和司法权威的必要规范，同时，为进一步明确罪与非罪的界限，防止适用扩大化，建议将该项修改为："有毁坏法庭设施，抢夺，损毁诉讼文书、证据等扰乱法庭秩序行为，情节严重的。"（委员长会议审议稿第三十七条）

七、一些常委会组成人员提出取消嫖宿幼女罪。对这一问题，法律委员会、法制工作委员会一直在进行深入调查研究，召开座谈会，广泛听取有关部门、专家学者和社会各方面的意见。这一罪名是1997年修订刑法时增加的有针对性保护幼女的规定。考虑到，近年来这方面的违法犯罪出现了一些新的情况，执法环节也存在一些问题，有关方面不断提出取消嫖宿幼女罪。法律委员会经研究，建议采纳这一意见，取消刑法第三百六十条第二款规定的嫖宿幼女罪，对这类行为可以适用刑法第二百三十六条关于奸淫幼女的以强奸论、从重处罚的规定，不再作出专门规定。（委员长会议审议稿第四十三条）

八、有的常委委员和有关部门建议对重特大贪污受贿犯罪规定终身监禁。法律委员会经同中央政法委等有关部门研究认为，对贪污受贿数额特别巨大、情节特别严重的犯罪分子，特别是其中本应当判处死刑的，根据慎用死刑的刑事政策，结合案件的具体情况，对其判处死刑缓期二年执行依法减为无期徒刑后，采取终身监禁的措施，有利于体现罪刑相适应的刑法原则，维护司法公正，防止在司法实践中出现这类罪犯通过减刑等途径服刑期过短的情形，符合宽严相济的刑事政策。据此，建议在刑法第三百八十三条中增加一款规定，对犯贪污、受贿罪，被判处死刑缓期执行的，人民法院根据犯罪情节等情况可以同时决定在其死刑缓期执行二年期满依法减为无期徒刑后，终身监禁，不得减刑、假释。（委员长会议审议稿第四十四条）

还有两个问题需要汇报。一是，一些常委会组成人员和社会有关方面建议"毒驾"入刑。对此问题，法律委员会、法制工作委员会多次与有关方面研究论证，各方面一致认为，从严格禁毒、维护公共安全角度考虑，将吸食、注射毒品后驾驶机动车，危害公共安全的行为在刑法中作出规定是必要的。有的部门、专家提出，目前列入国家管制的精神药品和麻醉药品有200余种，吸食、注射哪些毒品应该入刑，尚需研究；同时目前只能对几种常见毒品做到快速检测，还有一些执法环节的技术问题需要解决，需要进一步完善执法手段，提高可执行性，以保证严格执法、公正执法。法律委员会经研究认为，考虑到目前有关方面对"毒驾"入刑的认识尚不一致，对于"毒驾"入刑罪与非罪的界限、可执行性等问题还需深入研究，目前可依法采取注销机动车驾驶证、强制隔离戒毒等措施，对"毒驾"造成严重后果的还可以根据案件的具体情况追究其交通肇事、以危险方法危害公共安全的刑事责任。因此，未将"毒驾"列入刑法修正案（九）草案。二是，在常委会审议和草案征求意见过程中，一些常委委员对取消走私武器、弹药罪、走私核材料罪以及阻碍执行军事职务罪和战时造谣惑众罪的死刑有不同意见。法律委员会、法制工作委员会经与中央政法委等有关部门研究认为，减少和严格控制死刑的适用是我们党的一贯主张，"逐步减少适用死刑罪名"是党的十八届三中全会确定的改革任务，草案提出的方案已经充分论证，且已经中央同意，是适宜的。经过工作，在二次审议过程中，对此提出意见的人数上已较一审时大为减少。建议对现有取消死刑罪名的方案不宜再作修改。同时，为作好此项改革任务的落实工作，建议可在分组审议前，同各组召集人打个招呼，说明一下。

8月10日，法制工作委员会召开会议，邀请全国人大代表、专家学者、律师和基层司法机关的代表，就修正案草案的可行性、出台时机、实施的社会效果和可能出现的问题等进行评估。总的评价是：草案总结了一段时间以来与违法犯罪作斗争的实践经验，较好地回应了社会关切，进一步完善了刑法的规定，可以适应现阶段预防和惩治犯罪的需要，有利于发挥刑法在维护社会主义核心价值观、规范社会生活方面的引领和推动作用。草案经过两次审议已比较成熟，具有较强的针对性和可操作性，现在出台是必要的、适时的。同时，还对草案提出了一些具体修改意见，法律委员会进行了认真研究，对有的意见予以采纳。

此外，还对草案二次审议稿作了一些文字修改。

委员长会议审议稿已按上述意见作了修改，法律委员会建议提请常委会第十六次会议审议通过。

委员长会议审议稿和以上汇报是否妥当，请审议。

全国人民代表大会法律委员会
2015年8月17日

附六：全国人民代表大会法律委员会关于《中华人民共和国刑法修正案（九）（草案）》审议结果的报告

——2015 年 8 月 24 日在第十二届全国人民代表大会常务委员会第十六次会议上

（全国人大法律委员会主任委员 乔晓阳）

全国人民代表大会常务委员会：

常委会第十五次会议对刑法修正案（九）草案进行了再次审议。会后，中国人大网站全文公布草案二次审议稿征求社会公众意见。法律委员会、法制工作委员会就草案的主要问题进行深入研究，到上海等地方调研，与有关方面反复沟通，召开座谈会，听取有关部门和专家学者的意见。法律委员会于 7 月 27 日召开会议，根据常委会组成人员的审议意见和各方面的意见，对草案进行了审议。中央政法委员会、全国人大内务司法委员会、国务院法制办公室的有关负责同志列席了会议。8 月 18 日，法律委员会召开会议，再次进行审议。法律委员会认为，草案经过两次审议修改，已经比较成熟。同时，提出以下主要修改意见：

一、草案二次审议稿第七条规定，以暴力、胁迫等方式强制他人在公共场所穿着、佩戴宣扬恐怖主义、极端主义服饰、标志的，处三年以下有期徒刑、拘役或者管制。有的常委委员建议增加财产刑的规定，加大处罚力度，以与对其他恐怖主义、极端主义犯罪的处刑规定相一致。法律委员会经研究，建议采纳这一意见，增加规定“并处罚金”。

二、草案二次审议稿第十四条对绑架罪作了修改，规定，犯绑架罪，“故意伤害、杀害被绑架人，致人重伤、死亡的，处无期徒刑或者死刑，并处没收财产”。有的常委会组成人员、有关部门提出，对于犯绑架罪，故意杀害被绑架人的，无论是否得逞，是否造成重伤、死亡的后果，都应当严厉惩处，以切实保护公民生命安全。法律委员会经同最高人民法院、最高人民检察院、公安部等有关部门研究，建议采纳这一意见，将该条修改为：犯绑架罪，“杀害被绑架人的，或者故意伤害被绑架人，致人重伤、死亡的，处无期徒刑或者死刑，并处没收财产。”

三、草案二次审议稿第十九条对虐待被监护、看护人的犯罪作了规定，第三十四条对虚假诉讼犯罪作了规定。有的全国人大代表和有关方面提出，实践中也存在单位进行上述犯罪活动的情况，建议增加单位犯罪的规定。法律委员会经研究，建议采纳这一意见，增加相关规定。

四、一些全国人大代表、中央政法委、公安部等有关部门多次提出在刑法中增加规定袭警罪。法律委员会经同有关方面研究认为，在实践中，我国对袭警行为一直是按照刑法第二百七十七条妨害公务罪的规定处理的。针对当前社会矛盾多发，暴力袭警案件时有发生的实际情况，在妨害公务罪中将袭警行为明确列举出来，可以更好地起到震慑和预防犯罪的作用。据此，建议在刑法第二百七十七条中增加一款规定：暴力袭击正在依法执行职务的人民警察的，依照妨害公务罪的规定从重处罚。

五、草案二次审议稿第三十四条第一款规定，以捏造的事实提起民事诉讼，严重妨害司法秩序的，处三年以下有期徒刑、拘役或者管制，并处或者单处罚金。有的常委委员提出，虚假诉讼情况复杂，不仅严重妨害司法秩序，有些还会造成他人合法权益重大损失，社会危害严重，建议增加一档刑罚，据此，法律委员会建议将本款修改为：“以捏造的事实提起民事，妨害司法秩序或者严重侵害他人合法权益的，处三年以下有期徒刑、拘役或者管制，并处或者单处罚金；情节严重的，处三年以上七年以下有期徒刑，并处罚金。”

六、草案二次审议稿第三十六条对刑法第三百零九条扰乱法庭秩序罪作了修改。一些常委委员、有的部门、地方以及律师协会提出，本条第三项关于“侮辱、诽谤、威胁司法工作人员或者诉讼参与人”的规定、第四项关于“有其他严重扰乱法庭秩序行为”的规定，在实践中可能被滥用，建议取消。法律委员会经研究，草案第三项规定与刑事诉讼法第一百九十四条、民事诉讼法第一百一十条的规定（刑事诉讼法第一百九十四条第二款规定：“对聚众哄闹、冲击法庭或者侮辱、诽谤、威胁、殴打司法工作人员或者诉讼参与人，严重扰乱法庭秩序，构成犯罪的，依法追究刑事责任。”民事诉讼法第一百一十条第三款规定：“人民法院对哄闹、冲击法庭，侮辱、诽谤、威胁、殴打审判人员，严重扰乱法庭秩序的人，依法追究刑事责任；情节较轻的，予以罚款、拘留。”）是一致的，属于衔接性规定，不宜取消；第四项规定的“其他严重扰乱法庭秩序的行为”，也是维护法庭秩序和司法权威的必要规范，同时，为进一步明确罪与非罪的界限，防治适用扩大化，建议将该项修改为：“有毁坏法庭设施，抢夺、损毁诉讼文书、证据等扰乱法庭秩序行为，情节严重的。”

七、一些常委会组成人员提出取消嫖宿幼女罪。对这一问题，法律委员会、法制工作委员会一直在进行深入调查研究，召开座谈会，广泛听取有关部门、专家学者和社会各方面的意见。这一罪名是 1997 年修订刑法时增加的有针对性保护幼女的规定。考虑到近年来这方面的违法犯罪出现了一些新的情况，执法环节也存在一些问题，法律委员会经研究，建议取消刑法第三百六十条第二款规定的嫖宿幼女罪，对这类行为可以适用刑法第二百三十六条关于奸淫幼女的以强奸论、从重处罚的规定，不再作出专门规定。

八、有的常委委员和有关部门建议对重特大贪污受贿犯罪规定终身监禁。法律委员会经同中央政法委等有关部门研究认为，对贪污受贿数额特别巨大、情节特别严重的犯罪分子，特别是其中本应当判处死刑的，根据慎用死刑的刑事政策，结合案件的具体情况，对其判处死刑缓期二年执行依法减为无期徒刑后，采取终身监禁的措施，有利于体现罪刑相适应的刑法原则，维护司法公正，防止在司法实践中出现这类罪犯通过减刑等途径服刑期过短的情形，符合宽严相济的刑事政策。据此，建议在刑法第三百八十三条中增加一款规定，对犯贪污、受贿罪，被判处死刑缓期执行的，人民法院根据犯罪情节等情况可以同时决定在其死刑缓期执行二年期满依法减为无期徒刑后，终身监禁，不得减刑、假释。

还有个问题需要汇报。一些常委会组成人员和社会有关方面建议"毒驾"入刑。对此问题，法律委员会、法制工作委员会多次与有关方面研究论证，各方面一致认为，从严格禁毒、维护公共安全角度考虑，对吸食、注射毒品后驾驶机动车，危害公共安全的行为依法惩治是必要的。有的部门、专家提出，目前列入国家管制的精神药品和麻醉药品有200余种，吸食、注射哪些毒品应该入刑，尚需研究；同时目前只能对几种常见毒品做到快速检测，还有一些执法环节的技术问题需要解决，需要进一步完善执法手段，提高可执行性，以保证严格执法、公正执法。法律委员会经研究认为，考虑到目前有关方面对"毒驾"入刑的认识尚不一致，对于"毒驾"入刑罪与非罪的界限、可执行性等问题还需深入研究，目前可依法采取注销机动车驾驶证、强制隔离戒毒等措施，对"毒驾"造成严重后果的还可以根据案件的具体情况追究其交通肇事、以危险方法危害公共安全的刑事责任。因此，未将"毒驾"列入刑法修正案（九）草案，继续深入研究。

此外，还对草案二次审议稿作了一些文字修改。

8月10日，法制工作委员会召开会议，邀请全国人大代表、专家学者、律师和基层司法机关的代表，就草案的可行性、出台时机、实施的社会效果和可能出现的问题等进行评估。总的评价是：草案总结了一段时间以来与违法犯罪作斗争的实践经验，较好地回应了社会关切，进一步完善了刑法的规定，可以适应现阶段预防和惩治犯罪的需要，有利于发挥刑法在维护社会主义核心价值观、规范社会生活方面的引领和推动作用。草案经过两次审议已比较成熟，具有较强的针对性和可操作性，现在出台是必要的、适时的。同时，还对草案提出了一些具体修改意见，法律委员会进行了认真研究，对有的意见予以采纳。

草案三次审议稿已按上述意见作了修改，法律委员会建议提请本次常委会会议审议通过。

草案三次审议稿和以上报告是否妥当，请审议。

附七：中华人民共和国刑法修正案（九）（草案）（三次审议稿）

一、在刑法第三十七条后增加一条，作为第三十七条之一："因利用职业便利实施犯罪，或者实施违背职业要求的特定义务的犯罪被判处刑罚的，人民法院可以根据犯罪情况和预防再犯罪的需要，禁止其自刑罚执行完毕之日或者假释之日起从事相关职业，期限为三年至五年。

"被禁止从事相关职业的人违反人民法院依照前款规定作出的决定的，由公安机关依法给予处罚；情节严重的，依照本法第三百一十三条的规定定罪处罚。

"其他法律、行政法规对其从事相关职业另有禁止或者限制性规定的，从其规定。"

二、将刑法第五十条第一款修改为："判处死刑缓期执行的，在死刑缓期执行期间，如果没有故意犯罪，二年期满以后，减为无期徒刑；如果确有重大立功表现，二年期满以后，减为二十五年有期徒刑；如果故意犯罪，情节恶劣的，报请最高人民法院核准后执行死刑；对于故意犯罪未执行死刑的，死刑缓期执行的期间重新计算，并报最高人民法院备案。"

三、将刑法第五十三条修改为："罚金在判决指定的期限内一次或者分期缴纳。期满不缴纳的，强制缴纳。对于不能全部缴纳罚金的，人民法院在任何时候发现被执行人有可以执行的财产，应当随时追缴。

"由于遭遇不能抗拒的灾祸等原因缴纳确实有困难的，经人民法院裁定，可以延期缴纳、酌情减少或者免除。"

四、在刑法第六十九条中增加一款作为第二款："数罪中有判处有期徒刑和拘役的，执行有期徒刑。数罪中有判处有期徒刑和管制，或者拘役和管制的，有期徒刑、拘役执行完毕后，管制仍须执行。"

原第二款作为第三款。

五、将刑法第一百二十条修改为："组织、领导恐怖活动组织的，处十年以上有期徒刑或者无期徒刑，并处没收财产；积极参加的，处三年以上十年以下有期徒刑，并处罚金；其他参加的，处三年以下有期徒刑、拘役、管制或者剥夺政治权利，可以并处罚金。

"犯前款罪并实施杀人、爆炸、绑架等犯罪的，依照数罪并罚的规定处罚。"

六、将刑法第一百二十条之一修改为："资助恐怖活动组织、实施恐怖活动的个人的，或者资助恐怖活动培训的，处五年以下有期徒刑、拘役、管制或者剥夺政治权利，并处罚金；情节严重的，处五年以上有期徒刑，并处罚金或者没收财产。

"为恐怖活动组织、实施恐怖活动或者恐怖活动培训招募、运送人员的，依照前款的规定处罚。

"单位犯前两款罪的，对单位判处罚金，并对其直接负责的主管人员和其他直接责任人员，依照第一款的规定处罚。"

七、在刑法第一百二十条之一后增加五条，作为第一百二十条之二、第一百二十条之三、第一百二十条之四、第一百二十条之五、第一百二十条之六：

“第一百二十条之二　有下列情形之一的，处五年以下有期徒刑、拘役、管制或者剥夺政治权利，并处罚金；情节严重的，处五年以上有期徒刑，并处罚金或者没收财产：

“（一）为实施恐怖活动准备凶器、危险物品或者其他工具的；

“（二）组织恐怖活动培训或者积极参加恐怖活动培训的；

“（三）为实施恐怖活动与境外恐怖活动组织或者人员联络的；

“（四）为实施恐怖活动进行策划或者其他准备的。“有前款行为，同时构成其他犯罪的，依照处罚较重的规定定罪处罚。

“第一百二十条之三　以制作、散发宣扬恐怖主义、极端主义的图书、音频视频资料或者其他物品，或者通过讲授、发布信息等方式宣扬恐怖主义、极端主义的，或者煽动实施恐怖活动的，处五年以下有期徒刑、拘役、管制或者剥夺政治权利，并处罚金；情节严重的，处五年以上有期徒刑，并处罚金或者没收财产。

“第一百二十条之四　利用极端主义煽动、胁迫群众破坏国家法律确立的婚姻、司法、教育、社会管理等制度实施的，处三年以下有期徒刑、拘役或者管制，并处罚金；情节严重的，处三年以上七年以下有期徒刑，并处罚金；情节特别严重的，处七年以上有期徒刑，并处罚金或者没收财产。

“第一百二十条之五　以暴力、胁迫等方式强制他人在公共场所穿着、佩戴宣扬恐怖主义、极端主义服饰、标志的，处三年以下有期徒刑、拘役或者管制，并处罚金。

“第一百二十条之六　非法持有宣扬恐怖主义、极端主义的图书、音频视频资料或者其他物品，情节严重的，处三年以下有期徒刑、拘役或者管制，并处或者单处罚金。”

八、将刑法第一百三十三条之一修改为：“在道路上驾驶机动车，有下列情形之一的，处拘役，并处罚金：

“（一）追逐竞驶，情节恶劣的；

“（二）醉酒驾驶机动车的；

“（三）从事校车业务或者旅客运输，严重超过额定乘员载客，或者严重超过规定时速行驶的；

“（四）违反危险化学品安全管理规定运输危险化学品，危及公共安全的。

“机动车所有人、管理人对前款第三项、第四项行为负有直接责任的，依照前款的规定处罚。

“有前两款行为，同时构成其他犯罪的，依照处罚较重的规定定罪处罚。”

九、将刑法第一百五十一条第一款修改为：“走私武器、弹药、核材料或者伪造的货币的，处七年以上有期徒刑，并处罚金或者没收财产；情节特别严重的，处无期徒刑，并处没收财产；情节较轻的，处三年以上七年以下有期徒刑，并处罚金。”

十、将刑法第一百六十四条第一款修改为：“为谋取不正当利益，给予公司、企业或者其他单位的工作人员以财物，数额较大的，处三年以下有期徒刑或者拘役，并处罚金；数额巨大的，处三年以上十年以下有期徒刑，并处罚金。”

十一、将刑法第一百七十条修改为：“伪造货币的，处三年以上十年以下有期徒刑，并处罚金；有下列情形之一的，处十年以上有期徒刑或者无期徒刑，并处罚金或者没收财产：

“（一）伪造货币集团的首要分子；

“（二）伪造货币数额特别巨大的；

“（三）有其他特别严重情节的。”

十二、删去刑法第一百九十九条。

十三、将刑法第二百三十七条修改为：“以暴力、胁迫或者其他方法强制猥亵他人或者侮辱妇女的，处五年以下有期徒刑或者拘役。

“聚众或者在公共场所当众犯前款罪的，或者有其他恶劣情节的，处五年以上有期徒刑。

“猥亵儿童的，依照前两款的规定从重处罚。”

十四、将刑法第二百三十九条第二款修改为：“犯前款罪，杀害被绑架人的，或者故意伤害被绑架人，致人重伤、死亡的，处无期徒刑或者死刑，并处没收财产。”

十五、将刑法第二百四十一条第六款修改为：“收买被拐卖的妇女、儿童，对被买儿童没有虐待行为，不阻碍对其进行解救的，可以从轻处罚；按照被买妇女的意愿，不阻碍其返回原居住地的，可以从轻、减轻或者免除处罚。”

十六、在刑法第二百四十六条中增加一款作为第三款：“通过信息网络实施第一款规定的行为，被害人向人民法院告诉，但提供证据确有困难的，人民法院可以要求公安机关提供协助。”

十七、将刑法第二百五十三条之一修改为：“违反国家有关规定，向他人出售或者提供公民个人信息，情节严重的，处三年以下有期徒刑或者拘役，并处或者单处罚金；情节特别严重的，处三年以上七年以下有期徒刑，并处罚金。

“违反国家有关规定，将在履行职责或者提供服务过程中获得的公民个人信息，出售或者提供给他人的，依照前款的规定从重处罚。

“窃取或者以其他方法非法获取公民个人信息的，依照第一款的规定处罚。

“单位犯前三款罪的，对单位判处罚金，并对其直接负责的主管人员和其他直接责任人员，依照各该款的规定处罚。”

十八、将刑法第二百六十条第三款修改为：“第一款罪，告诉的才处理，但被害人没有能力告诉，或者因受到强制、威吓无法告诉的除外。”

十九、在刑法第二百六十条后增加一条，作为第二百六十条之一：“对未成年人、老年人、患病的人、残疾人等负有监护、看护职责的人虐待被监护、看护的人，情节恶劣的，处三年以下有期徒刑或者拘役。

“单位犯前款罪的，对单位判处罚金，并对其直接负责的主管人员和其他直接责任人员，依照前款的规定处罚。

“有第一款行为，同时构成其他犯罪的，依照处罚较重的规定定罪处罚。”

二十、将刑法第二百六十七条第一款修改为：“抢夺公私财物，数额较大的，或者多次抢夺的，处三年以下有期徒刑、拘役或者管制，并处或者单处罚金；数额巨大或者有其他严重情节的，处三年以上十年以下有期徒刑，并处罚金；数额特别巨大或者有其他特别严重情节的，处十年以上有期徒刑或者无期徒刑，并处罚金或者没收财产。”

二十一、在刑法第二百七十七条中增加一款作为第五款：“暴力袭击正在依法执行职务的人民警察的，依照第一款的规定从重处罚。”

二十二、将刑法第二百八十条修改为：“伪造、变造、买卖或者盗窃、抢夺、毁灭国家机关的公文、证件、印章的，处三年以下有期徒刑、拘役、管制或者剥夺政治权利，并处罚金；情节严重的，处三年以上十年以下有期徒刑，并处罚金。

“伪造公司、企业、事业单位、人民团体的印章的，处三年以下有期徒刑、拘役、管制或者剥夺政治权利，并处罚金。

“伪造、变造、买卖居民身份证、护照、社会保障卡、驾驶证等依法可以用于证明身份的证件的，处三年以下有期徒刑、拘役、管制或者剥夺政治权利，并处罚金；情节严重的，处三年以上七年以下有期徒刑，并处罚金。”

二十三、在刑法第二百八十条后增加一条作为第二百八十条之一：“在依照国家规定应当提供身份证明的活动中，使用伪造、变造的居民身份证、护照、社会保障卡、驾驶证等依法可以用于证明身份的证件，情节严重的，处拘役或者管制，并处或者单处罚金。

“有前款行为，同时构成其他犯罪的，依照处罚较重的规定定罪处罚。”

二十四、将刑法第二百八十三条修改为：“非法生产、销售专用间谍器材或者窃听、窃照专用器材的，处三年以下有期徒刑、拘役或者管制，并处或者单处罚金；情节严重的，处三年以上七年以下有期徒刑，并处罚金。

“单位犯前款罪的，对单位判处罚金，并对其直接负责的主管人员和其他直接责任人员，依照前款的规定处罚。”

二十五、在刑法第二百八十四条后增加一条，作为第二百八十四条之一：“在法律规定的国家考试中，组织作弊的，处三年以下有期徒刑或者拘役，并处或者单处罚金；情节严重的，处三年以上七年以下有期徒刑，并处罚金。

“为他人实施前款犯罪提供作弊器材或者其他帮助的，依照前款的规定处罚。

“为实施考试作弊行为，向他人非法出售或者提供第一款规定的考试的试题、答案的，依照第一款的规定处罚。

“代替他人或者让他人代替自己参加第一款规定的考试的，处拘役或者管制，并处或者单处罚金。”

二十六、在刑法第二百八十五条中增加一款作为第四款：“单位犯前三款罪的，对单位判处罚金，并对其直接负责的主管人员和其他直接责任人员，依照各该款的规定处罚。”

二十七、在刑法第二百八十六条中增加一款作为第四款：“单位犯前三款罪的，对单位判处罚金，并对其直接负责的主管人员和其他直接责任人员，依照第一款的规定处罚。”

二十八、在刑法第二百八十六条后增加一条，作为第二百八十六条之一：“网络服务提供者不履行法律、行政法规规定的信息网络安全管理义务，经监管部门责令采取改正措施而仍不改正，有下列情形之一的，处三年以下有期徒刑、拘役或者管制，并处或者单处罚金：

“（一）致使违法信息大量传播的；

“（二）致使用户信息泄露，造成严重后果的；

“（三）致使刑事案件证据灭失，情节严重的；

“（四）有其他严重情节的。

“单位犯前款罪的，对单位判处罚金，并对其直接负责的主管人员和其他直接责任人员，依照前款的规定处罚。

“有前两款行为，同时构成其他犯罪的，依照处罚较重的规定定罪处罚。”

二十九、在刑法第二百八十七条后增加二条，作为第二百八十七条之一、第二百八十七条之二：

“第二百八十七条之一利用信息网络实施下列行为之一，情节严重的，处三年以下有期徒刑或者拘役，并处或者单处罚金：

“（一）设立用于实施诈骗、传授犯罪方法、制作或者销售违禁物品、管制物品等违法犯罪活动的网站、通讯群组的；

“（二）发布有关制作或者销售毒品、枪支、淫秽物品等违禁物品、管制物品或者其他违法犯罪信息的；

“（三）为实施诈骗等违法犯罪活动发布信息的。

“有前款行为，同时构成其他犯罪的，依照处罚较重的规定定罪处罚。

“单位犯第一款罪的，对单位判处罚金，并对其直接负责的主管人员和其他直接责任人员，依照第一款的规定处罚。

“第二百八十七条之二明知他人利用信息网络实施犯罪，为其犯罪提供互联网接入、服务器托管、网络存储、通讯传输等技术支持，或者提供广告推广、支付结算等帮助，情节严重的，处三年以下有期徒刑或者拘役，并处或者单处罚金。

“有前款行为，同时构成其他犯罪的，依照处罚较重的规定定罪处罚。

“单位犯第一款罪的，对单位判处罚金，并对其直接负责的主管人员和其他直接责任人员，依照第一款的规定处罚。”

三十、将刑法第二百八十八条第一款修改为：“违反国家规定，擅自设置、使用无线电台（站），或者擅自使用无线电频率，干扰无线电通讯秩序，情节严重的，处三年以下有期徒刑、拘役或者管制，并处或者单处罚金；情节特别严重的，处三年以上七年以下有期徒刑，并处罚金。”

三十一、将刑法第二百九十条第一款修改为：“聚众扰乱社会秩序，情节严重，致使工作、生产、营业和教学、科研、医疗无法进行，造成严重损失的，对首要分子，处三年以上七年以下有期徒刑；对其他积极参加的，处三年以下有期徒刑、拘役、管制或者剥夺政治权利。”

增加二款作为第三款、第四款：“多次扰乱国家机关工作秩序，经行政处罚后仍不改正，造成严重后果的，处三年以下有期徒刑、拘役或者管制。

“多次组织、资助他人非法聚集，扰乱社会秩序，情节严重的，依照前款的规定处罚。”

三十二、在刑法第二百九十一条之一中增加一款作为第二款：“编造虚假的险情、疫情、灾情、警情，在信息网络或者其他媒体上传播，或者明知是上述虚假信息，故意在信息网络或者其他媒体上传播，严重扰乱社会秩序的，处三年以下有期徒刑、拘役或者管制；造成严重后果的，处三年以上七年以下有期徒刑。”

三十三、将刑法第三百条修改为：“组织、利用会道门、邪教组织或者利用迷信破坏国家法律、行政法规实施的，处三年以上七年以下有期徒刑，并处罚金；情节特别严重的，处七年以上有期徒刑或者无期徒刑，并处罚金或者没收财产；情节较轻的，处三年以下有期徒刑、拘役、管制或者剥夺政治权利，并处或者单处罚金。

“组织、利用会道门、邪教组织或者利用迷信蒙骗他人，致人重伤、死亡的，依照前款的规定处罚。

“犯第一款罪又有奸淫妇女、诈骗财物等犯罪行为的，依照数罪并罚的规定处罚。”

三十四、将刑法第三百零二条修改为：“盗窃、侮辱、故意毁坏尸体、尸骨、骨灰的，处三年以下有期徒刑、拘役或者管制。”

三十五、在刑法第三百零七条后增加一条，作为第三百零七条之一：“以捏造的事实提起民事诉讼，妨害司法秩序或者严重侵害他人合法权益的，处三年以下有期徒刑、拘役或者管制，并处或者单处罚金；情节严重的，处三年以上七年以下有期徒刑，并处罚金。

“单位犯前款罪的，对单位判处罚金，并对其直接负责的主管人员和其他直接责任人员，依照前款的规定处罚。

“有第一款行为，非法占有他人财产或者逃避合法债务，又构成其他犯罪的，依照处罚较重的规定定罪从重处罚。

“司法工作人员利用职权，与他人共同实施前三款行为的，从重处罚；同时构成其他犯罪的，依照处罚较重的规定定罪从重处罚。”

三十六、在刑法第三百零八条后增加一条，作为第三百零八条之一：“司法工作人员、辩护人、诉讼代理人或者其他诉讼参与人，泄露依法不公开审理的案件中不应当公开的信息，造成信息公开传播或者其他严重后果的，处三年以下有期徒刑、拘役或者管制，并处或者单处罚金。

“有前款行为，泄露国家秘密的，依照本法第三百九十八条的规定定罪处罚。

“公开披露、报道第一款规定的案件信息，情节严重的，依照第一款的规定处罚。

“单位犯前款罪的，对单位判处罚金，并对其直接负责的主管人员和其他直接责任人员，依照第一款的规定处罚”。

三十七、将刑法第三百零九条修改为：“有下列扰乱法庭秩序情形之一的，处三年以下有期徒刑、拘役、管制或者罚金：

“（一）聚众哄闹、冲击法庭的；

“（二）殴打司法工作人员或者诉讼参与人的；

“（三）侮辱、诽谤、威胁司法工作人员或者诉讼参与人，不听法庭制止，严重扰乱法庭秩序的；

“（四）有毁坏法庭设施，抢夺、损毁诉讼文书、证据等扰乱法庭秩序行为，情节严重的。”

三十八、将刑法第三百一十一条修改为：“明知他人有间谍犯罪或者恐怖主义、极端主义犯罪行为，在司法机关向其调查有关情况、收集有关证据时，拒绝提供，情节严重的，处三年以下有期徒刑、拘役或者管制。”

三十九、将刑法第三百一十三条修改为：“对人民法院的判决、裁定有能力执行而拒不执行，情节严重的，处三年以下有期徒刑、拘役或者罚金；情节特别严重的，处三年以上七年以下有期徒刑，并处罚金。

"单位犯前款罪的，对单位判处罚金，并对其直接负责的主管人员和其他直接责任人员，依照前款的规定处罚。"

四十、将刑法第三百二十二条修改为："违反国（边）境管理法规，偷越国（边）境，情节严重的，处一年以下有期徒刑、拘役或者管制，并处罚金；为参加恐怖活动组织、接受恐怖活动培训或者实施恐怖活动，偷越国（边）境的，处一年以上三年以下有期徒刑，并处罚金。"

四十一、将刑法第三百五十条第一款、第二款修改为："违反国家规定，非法生产、买卖、运输醋酸酐、乙醚、三氯甲烷或者其他用于制造毒品的原料、配剂，或者携带上述物品进出境，情节较重的，处三年以下有期徒刑、拘役或者管制，并处罚金；情节严重的，处三年以上七年以下有期徒刑，并处罚金；情节特别严重的，处七年以上有期徒刑，并处罚金或者没收财产。

"明知他人制造毒品而为其生产、买卖、运输前款规定的物品的，以制造毒品罪的共犯论处。"

四十二、将刑法第三百五十八条修改为："组织、强迫他人卖淫的，处五年以上十年以下有期徒刑，并处罚金；情节严重的，处十年以上有期徒刑或者无期徒刑，并处罚金或者没收财产。

"组织、强迫未成年人卖淫的，依照前款的规定从重处罚。

"犯前两款罪，并有杀害、伤害、强奸、绑架等犯罪行为的，依照数罪并罚的规定处罚。

"为组织卖淫的人招募、运送人员或者有其他协助组织他人卖淫行为的，处五年以下有期徒刑，并处罚金；情节严重的，处五年以上十年以下有期徒刑，并处罚金。"

四十三、删去刑法第三百六十条第二款。

四十四、将刑法第三百八十三条修改为："对犯贪污罪的，根据情节轻重，分别依照下列规定处罚：

"（一）贪污数额较大或者有其他较重情节的，处三年以下有期徒刑或者拘役，并处罚金。

"（二）贪污数额巨大或者有其他严重情节的，处三年以上十年以下有期徒刑，并处罚金或者没收财产。

"（三）贪污数额特别巨大或者有其他特别严重情节的，处十年以上有期徒刑或者无期徒刑，并处罚金或者没收财产；数额特别巨大，并使国家和人民利益遭受特别重大损失的，处无期徒刑或者死刑，并处没收财产。

"对多次贪污未经处理的，按照累计贪污数额处罚。

"犯第一款罪，在提起公诉前如实供述自己罪行、真诚悔罪、积极退赃，避免、减少损害结果的发生，有第一项规定情形的，可以从轻、减轻或者免除处罚；有第二项、第三项规定情形的，可以从轻处罚。

"犯第一款罪，有第三项规定情形被判处死刑缓期执行的，人民法院根据犯罪情节等情况可以同时决定在其死刑缓期执行二年期满依法减为无期徒刑后，终身监禁，不得减刑、假释。"

四十五、将刑法第三百九十条修改为："对犯行贿罪的，处五年以下有期徒刑或者拘役，并处罚金；因行贿谋取不正当利益，情节严重的，或者使国家利益遭受重大损失的，处五年以上十年以下有期徒刑，并处罚金；情节特别严重的，或者使国家利益遭受特别重大损失的，处十年以上有期徒刑或者无期徒刑，并处罚金或者没收财产。

"行贿人在被追诉前主动交待行贿行为的，可以从轻或者减轻处罚。其中，犯罪较轻的，对侦破重大案件起关键作用的，或者有重大立功表现的，可以减轻或者免除处罚。"

四十六、在刑法第三百九十条后增加一条，作为第三百九十条之一："为谋取不正当利益，向国家工作人员的近亲属或者其他与该国家工作人员关系密切的人，或者向离职的国家工作人员或者其近亲属以及其他与其关系密切的人行贿的，处三年以下有期徒刑或者拘役，并处罚金；情节严重的，或者使国家利益遭受重大损失的，处三年以上七年以下有期徒刑，并处罚金；情节特别严重的，或者使国家利益遭受特别重大损失的，处七年以上十年以下有期徒刑，并处罚金。

"单位犯前款罪的，对单位判处罚金，并对其直接负责的主管人员和其他直接责任人员，处三年以下有期徒刑或者拘役，并处罚金。"

四十七、将刑法第三百九十一条第一款修改为："为谋取不正当利益，给予国家机关、国有公司、企业、事业单位、人民团体以财物的，或者在经济往来中，违反国家规定，给予各种名义的回扣、手续费的，处三年以下有期徒刑或者拘役，并处罚金。"

四十八、将刑法第三百九十二条第一款修改为："向国家工作人员介绍贿赂，情节严重的，处三年以下有期徒刑或者拘役，并处罚金。"

四十九、将刑法第三百九十三条修改为："单位为谋取不正当利益而行贿，或者违反国家规定，给予国家工作人员以回扣、手续费，情节严重的，对单位判处罚金，并对其直接负责的主管人员和其他直接责任人员，处五年以下有期徒刑或者拘役，并处罚金。因行贿取得的违法所得归个人所有的，依照本法第三百八十九条、第三百九十条的规定定罪处罚。"

五十、将刑法第四百二十六条修改为："以暴力、威胁方法，阻碍指挥人员或者值班、值勤人员执行职务的，处五年以下有期徒刑或者拘役；情节严重的，处五年以上十年以下有期徒刑；情节特别严重的，处十年以上有期徒刑或者无期徒刑。战时从重处罚。"

五十一、将刑法第四百三十三条修改为："战时造谣惑众，动摇军心的，处三年以下有期徒刑；情节严重的，处三年以上十年以下有期徒刑；情节特别严重的，处十年以上有期徒刑或者无期徒刑。"

五十二、本修正案自 2015 年 11 月 1 日起施行。

附八：全国人民代表大会法律委员会关于《中华人民共和国刑法修正案（九）（草案三次审议稿）》修改意见的报告

——2015 年 8 月 28 日在第十二届全国人民代表大会常务委员会第十六次会议上

全国人民代表大会常务委员会：

本次常委会会议于 8 月 25 日上午对刑法修正案（九）（草案三次审议稿）进行了分组审议，普遍认为，草案较好地吸收了常委会组成人员和各方面意见，回应了社会关切，适应当前预防和惩治犯罪的需要，具有较强的可执行性，已经比较成熟，建议进一步修改后，提请本次会议通过。同时，有些常委会组成人员还提出了一些修改意见。法律委员会于 8 月 26 日下午召开会议，逐条研究了常委会组成人员的审议意见，对草案进行了审议。中央政法委员会、全国人大内务司法委员会、国务院法制办公室的有关负责同志列席了会议。法律委员会认为，草案是可行的，同时，提出以下修改意见：

一、草案三次审议稿第七条在刑法第一百二十条之六规定了非法持有宣扬恐怖主义、极端主义的图书、音频视频资料或者其他物品的犯罪。有的常委会组成人员、人大代表提出，对于非法持有宣扬恐怖主义、极端主义的物品的，应当进一步明确犯罪界限。法律委员会经研究，建议修改为："明知是宣扬恐怖主义、极端主义的图书、音频视频资料或者其他物品而非法持有"，情节严重的，追究刑事责任。

二、草案三次审议稿第十五条规定，收买被拐卖的妇女、儿童，对被买儿童没有虐待行为，不阻碍对其进行解救的，可以从轻处罚；按照被买妇女的意愿，不阻碍其返回原居住地的，可以从轻、减轻或者免除处罚。有的常委会组成人员、人大代表提出，对收买被拐卖妇女的，应当一律定罪处罚，建议删去可以免除处罚的规定。法律委员会经研究，建议采纳这一意见，并作相应修改。

三、草案三次审议稿第二十三条第一款规定了在依照国家规定应当提供身份证明的活动中，使用伪造、变造的居民身份证、护照、社会保障卡、驾驶证等依法可以用于证明身份的证件的犯罪。有的常委会组成人员提出，对于实践中盗用他人证件，破坏社会管理秩序的行为，也应追究刑事责任。法律委员会经研究，建议将本款修改为："在依照国家规定应当提供身份证明的活动中，使用伪造、变造的或者盗用他人的居民身份证、护照、社会保障卡、驾驶证等依法可以用于证明身份的证件"，情节严重的，追究刑事责任。

四、草案三次审议稿第二十八条规定，网络服务提供者不履行法律、行政法规规定的信息网络安全管理义务，经监管部门责令采取改正措施而仍不改正，有致使违法信息大量传播等情形之一的，追究刑事责任。有的常委委员和有关方面提出，本条规定的"仍不改正"在实践中不好掌握，建议修改为"拒不改正"。法律委员会经研究，建议采纳这一意见，并作相应修改。

还有一个问题需要汇报。有的常委会组成人员建议提高刑法第一百三十六条危险物品肇事罪的刑罚。法律委员会对此问题进行了认真研究，危险物品肇事罪是刑法危害公共安全罪一章规定的责任事故类犯罪之一，这类犯罪还涉及很多同类条款，其量刑幅度基本都是相同的，提高这一犯罪的刑罚需同时考虑其他条款，在具体刑罚的设置上也需要根据司法实践情况，在充分听取相关部门意见的基础上作出评估。对这一问题，需要进一步深入调查研究，可在今后修改刑法时统筹考虑。

此外，根据常委会组成人员的审议意见，还对草案三次审议稿作了若干文字修改。

草案建议表决稿已按上述意见作了修改，法律委员会建议本次常委会会议通过。

草案建议表决稿和以上报告是否妥当，请审议。

附九：中华人民共和国刑法修正案（九）（草案）

（2015 年 8 月 17 日委员长会议审议稿）

一、在刑法第三十七条后增加一条，作为第三十七条之一："因利用职业便利实施犯罪，或者实施违背职业要求的特定义务的犯罪被判处刑罚的，人民法院可以根据犯罪情况和预防再犯罪的需要，禁止其自刑罚执行完毕之日或者假释之日起从事相关职业，期限为三年至五年。

"被禁止从事相关职业的人违反人民法院依照前款规定作出的决定的，由公安机关依法给予处罚；情节严重的，依照本法第三百一十三条的规定定罪处罚。

"其他法律、行政法规对其从事相关职业另有禁止或者限制性规定的，从其规定。"

二、将刑法第五十条第一款修改为："判处死刑缓期执行的，在死刑缓期执行期间，如果没有故意犯罪，二年期满以后，减为无期徒刑；如果确有重大立功表现，二年期满以后，减为二十五年有期徒刑；如果故意犯罪，情节恶劣的，报请最高人民法院核准后执行死刑，对于故意犯罪未执行死刑的，死刑缓期执行的期间重新计算，并报最高人民法院备案。”

三、将刑法第五十三条修改为：“罚金在判决指定的期限内一次或者分期缴纳。期满不缴纳的，强制缴纳。对于不能全部缴纳罚金的，人民法院在任何时候发现被执行人有可以执行的财产，应当随时追缴。

“由于遭遇不能抗拒的灾祸等原因缴纳确实有困难的，经人民法院裁定，可以延期缴纳、酌情减少或者免除。”

四、在刑法第六十九条中增加一款作为第二款：“数罪中有判处有期徒刑和拘役的，执行有期徒刑。数罪中有判处有期徒刑和管制，或者拘役和管制的，有期徒刑、拘役执行完毕后，管制仍须执行。”

原第二款作为第三款。

五、将刑法第一百二十条修改为：“组织、领导恐怖活动组织的，处十年以上有期徒刑或者无期徒刑，并处没收财产；积极参加的，处三年以上十年以下有期徒刑，并处罚金，其他参加的，处三年以下有期徒刑、拘役、管制或者剥夺政治权利，可以并处罚金。

“犯前款罪并实施杀人、爆炸、绑架等犯罪的，依照数罪并罚的规定处罚。”

六、将刑法第一百二十条之一修改为：“资助恐怖活动组织、实施恐怖活动的个人的，或者资助恐怖活动培训的，处五年以下有期徒刑、拘役、管制或者剥夺政治权利，并处罚金：情节严重的，处五年以上有期徒刑，并处罚金或者没收财产。

“为恐怖活动组织、实施恐怖活动或者恐怖活动培训招募、运送人员的，依照前款的规定处罚。

“单位犯前两款罪的，对单位判处罚金，并对其直接负责的主管人员和其他直接责任人员，依照各该款的规定处罚。”

七、在刑法第一百二十条之一后增加五条，作为第一百二十条之二、第一百二十条之三、第一百二十条之四、第一百二十条之五、第一百二十条之六：

“第一百二十条之二　有下列情形之一的，处五年以下有期徒刑、拘役、管制或者剥夺政治权利，并处罚金；情节严重的，处五年以上有期徒刑，并处罚金或者没收财产：

“（一）为实施恐怖活动准备凶器、危险物品或者其他工具的；

“（二）组织恐怖活动培训或者积极参加恐怖活动培训的；

“（三）为实施恐怖活动与境外恐怖活动组织或者人员联系的；

“（四）为实施恐怖活动进行策划或者其他准备的。

“有前款行为，同时构成其他犯罪的，依照处罚较重的规定定罪处罚。

“第一百二十条之三　以制作、散发宣扬恐怖主义、极端主义的图书、音频视频资料或者其他物品，或者通过发布信息、当面讲授等方式宣扬恐怖主义、极端主义的，或者煽动实施恐怖活动的，处五年以下有期徒刑、拘役、管制或者剥夺政治权利，并处罚金；情节严重的，处五年以上有期徒刑，并处罚金或者没收财产。

“第一百二十条之四　利用极端主义煽动、胁迫群众破坏国家法律确立的婚姻、司法、教育、社会管理等制度实施的，处三年以下有期徒刑，并处罚金；情节严重的，处三年以上七年以下有期徒刑，并处罚金；情节特别严重的，处七年以上有期徒刑，并处罚金或者没收财产。

“第一百二十条之五　以暴力、胁迫等方式强制他人在公共场所穿着、佩戴宣扬恐怖主义、极端主义服饰、标志的，处三年以下有期徒刑、拘役或者管制，并处罚金。

“第一百二十条之六　非法持有宣扬恐怖主义、极端主义的图书、音频视频资料或者其他物品，情节严重的，处三年以下有期徒刑、拘役或者管制，并处或者单处罚金。”

八、将刑法第一百三十三条之一修改为：“在道路上驾驶机动车，有下列情形之一的，处拘役，并处罚金：

“（一）追逐竞驶，情节恶劣的；

“（二）醉酒驾驶机动车的；

“（三）从事校车业务或者旅客运输，严重超过额定乘员载客，或者严重超过规定时速行驶的；

“（四）违反危险化学品安全管理规定运输危险化学品，危及公共安全的。

“机动车所有人、管理人对前款第三项、第四项行为负有直接责任的，依照前款的规定处罚。

“有前两款行为，同时构成其他犯罪的，依照处罚较重的规定定罪处罚。”

九、将刑法第一百五十一条第一款修改为：“走私武器、弹药、核材料或者伪造的货币的，处七年以上有期徒刑，并处罚金或者没收财产；情节特别严重的，处无期徒刑，并处没收财产；情节较轻的，处三年以上七年以下有期徒刑，并处罚金。”

十、将刑法第一百六十四条第一款修改为：“为谋取不正当利益，给予公司、企业或者其他单位的工作人员以财物，数额较大的，处三年以下有期徒刑或者拘役，并处罚金；数额巨大的，处三年以上十年以下有期徒刑，并处罚金。”

十一、将刑法第一百七十条修改为：“伪造货币的，处三年以上十年以下有期徒刑，并处罚金；有下列情形之一的，处十年以上有期徒刑或者无期徒刑，并处罚金或者没收财产：

“（一）伪造货币集团的首要分子；

“（二）伪造货币数额特别巨大的；

“（三）有其他特别严重情节的。”

十二、删去刑法第一百九十九条。

十三、将刑法第二百三十七条修改为：“以暴力、胁迫或者其他方法强制猥亵他人或者侮辱妇女的，处五年以下有期徒刑或者拘役。

“聚众或者在公共场所当众犯前款罪的，或者有其他恶劣情节的，处五年以上有期徒刑。

“猥亵儿童的，依照前两款的规定从重处罚。”

十四、将刑法第二百三十九条第二款修改为：“犯前款罪，杀害被绑架人的，或者故意伤害被绑架人，致人重伤、死亡的，处无期徒刑或者死刑，并处没收财产。”

十五、将刑法第二百四十一条第六款修改为：“收买被拐卖的妇女、儿童，对被买儿童没有虐待行为，不阻碍对其进行解救的，可以从轻处罚；按照被买妇女的意愿，不阻碍其返回原居住地的，可以从轻、减轻或者免除处罚。”

十六、在刑法第二百四十六条中增加一款作为第三款：“通过信息网络实施第一款规定的行为，被害人向人民法院告诉，但提供证据确有困难的，人民法院可以要求公安机关提供协助。”

十七、将刑法第二百五十三条之一修改为：“违反规定，向他人出售或者提供公民个人信息，情节严重的，处三年以下有期徒刑或者拘役，并处或者单处罚金；情节特别严重的，处三年以上七年以下有期徒刑，并处罚金。

“违反规定，将在履行职责或者提供服务过程中获得的公民个人信息，出售或者提供给他人的，依照前款的规定从重处罚。

“窃取或者以其他方法非法获取公民个人信息的，依照第一款的规定处罚。

“单位犯前三款罪的，对单位判处罚金，并对其直接负责的主管人员和其他直接责任人员，依照各该款的规定处罚。”

十八、将刑法第二百六十条第三款修改为：“第一款罪，告诉的才处理，但被害人没有能力告诉，或者因受到强制、威吓无法告诉的除外。”

十九、在刑法第二百六十条后增加一条，作为第二百六十条之一：“对未成年人，老年人、患病的人、残疾人等负有监护、看护职责的人虐待被监护、看护的人，情节恶劣的，处三年以下有期徒刑或者拘役。

“单位犯前款罪的，对单位判处罚金，并对其直接负责的主管人员和其他直接责任人员，依照前款的规定处罚。

“有第一款行为，同时构成其他犯罪的，依照处罚较重的规定定罪处罚。”

二十、将刑法第二百六十七条第一款修改为：“抢夺公私财物，数额较大的，或者多次抢夺的，处三年以下有期徒刑、拘役或者管制，并处或者单处罚金；数额巨大或者有其他严重情节的，处三年以上十年以下有期徒刑，并处罚金；数额特别巨大或者有其他特别严重情节的，处十年以上有期徒刑或者无期徒刑，并处罚金或者没收财产。”

二十一、在刑法第二百七十七条中增加一款作为第五款：“暴力袭击正在依法执行职务的人民警察的，依照第一款的规定从重处罚。”

二十二、将刑法第二百八十条修改为：“伪造、变造、买卖或者盗窃、抢夺、毁灭国家机关的公文、证件、印章的，处三年以下有期徒刑、拘役、管制或者剥夺政治权利，并处罚金；情节严重的，处三年以上十年以下有期徒刑，并处罚金。

“伪造公司、企业、事业单位、人民团体的印章的，处三年以下有期徒刑、拘役、管制或者剥夺政治权利，并处罚金。

“伪造、变造、买卖居民身份证、护照、社会保障卡、驾驶证等依法可以用于证明身份的证件的，处三年以下有期徒刑、拘役、管制或者剥夺政治权利，并处罚金；情节严重的，处三年以上七年以下有期徒刑，并处罚金。”

二十三、在刑法第二百八十条后增加一条作为第二百八十条之一：“在依照国家规定应当提供身份证明的活动中，使用伪造、变造的居民身份证、护照、社会保障卡、驾驶证等依法可以用于证明身份的证件，情节严重的，处拘役或者管制，并处或者单处罚金。

“有前款行为，同时构成其他犯罪的，依照处罚较重的规定定罪处罚。”

二十四、将刑法第二百八十三条修改为：“非法生产、销售专用间谍器材或者窃听、窃照专用器材的，处三年以下有期徒刑、拘役或者管制，并处或者单处罚金；情节严重的，处三年以上七年以下有期徒刑，并处罚金。

“单位犯前款罪的，对单位判处罚金，并对其直接负责的主管人员和其他直接责任人员，依照前款的规定处罚。”

二十五、在刑法第二百八十四条后增加一条，作为第二百八十四条之一：“在法律规定的国家考试中，组织作弊的，处三年以下有期徒刑或者拘役，并处或者单处罚金；情节严重的，处三年以上七年以下有期徒刑，并处罚金。

“为他人实施前款犯罪提供作弊器材或者其他帮助的，依照前款的规定处罚。

“为实施考试作弊行为，向他人非法出售或者提供第一款规定的考试的试题、答案的，依照第一款的规定处罚。

“代替他人或者让他人代替自己参加第一款规定的考试的，处拘役或者管制，并处或者单处罚金。”

二十六、在刑法第二百八十五条中增加一款作为第四款：“单位犯前三款罪的，对单位判处罚金，并对其直接负责的主管人员和其他直接责任人员，依照各该款的规定处罚。”

二十七、在刑法第二百八十六条中增加一款作为第四款：“单位犯前三款罪的，对单位判处罚金，并对其直接负责的主管人员和其他直接责任人员，依照第一款的规定处罚。”

二十八、在刑法第二百八十六条后增加一条，作为第二百八十六条之一：“网络服务提供者不履行法律、行政法规规定的信息网络安全管理义务，经监管部门责令采取改正措施而仍不改正，有下列情形之一的，处三年以下有期徒刑、拘役或者管制，并处或者单处罚金：

“（一）致使违法信息大量传播的；

“（二）致使用户信息泄露，造成严重后果的；

“（三）致使刑事案件证据灭失，情节严重的；

“（四）有其他严重情节的。

“单位犯前款罪的，对单位判处罚金，并对其直接负责的主管人员和其他直接责任人员，依照前款的规定处罚。

“有前两款行为，同时构成其他犯罪的，依照处罚较重的规定定罪处罚。”

二十九、在刑法第二百八十七条后增加二条，作为第二百八十七条之一、第二百八十七条之二：

“第二百八十七条之一　利用信息网络实施下列行为之一，情节严重的，处三年以下有期徒刑或者拘役，并处或者单处罚金：

“（一）设立用于实施诈骗、传授犯罪方法、制作或者销售违禁物品、管制物品等违法犯罪活动的网站、通讯群组的；

“（二）发布有关制作或者销售毒品、枪支、淫秽物品等违禁物品、管制物品或者其他违法犯罪信息的；

“（三）为实施诈骗等违法犯罪活动发布信息的。

“有前款行为，同时构成其他犯罪的，依照处罚较重的规定定罪处罚。

“单位犯第一款罪的，对单位判处罚金，并对其直接负责的主管人员和其他直接责任人员，依照第一款的规定处罚。

“第二百八十七条之二　明知他人利用信息网络实施犯罪，为其犯罪提供互联网接入、服务器托管、网络存储、通讯传输等技术支持，或者提供广告推广、支付结算等帮助，情节严重的，处三年以下有期徒刑或者拘役，并处或者单处罚金。

“有前款行为，同时构成其他犯罪的，依照处罚较重的规定定罪处罚。

“单位犯第一款罪的，对单位判处罚金，并对其直接负责的主管人员和其他直接责任人员，依照第一款的规定处罚。”

三十、将刑法第二百八十八条第一款修改为：“违反国家规定，擅自设置、使用无线电台（站），或者擅自使用无线电频率，干扰无线电通讯秩序，情节严重的，处三年以下有期徒刑、拘役或者管制，并处或者单处罚金；情节特别严重的，处三年以上七年以下有期徒刑，并处罚金。”

三十一、将刑法第二百九十条第一款修改为：“聚众扰乱社会秩序，情节严重，致使工作、生产、营业和教学、科研、医疗无法进行，造成严重损失的，对首要分子，处三年以上七年以下有期徒刑；对其他积极参加的，处三年以下有期徒刑、拘役、管制或者剥夺政治权利。”

增加二款作为第三款、第四款：“多次扰乱国家机关工作秩序，经行政处罚后仍不改正，造成严重后果的，处三年以下有期徒刑、拘役或者管制。

“多次组织、资助他人非法聚集，扰乱社会秩序，情节严重的，依照前款的规定处罚。”

三十二、在刑法第二百九十一条之一中增加一款作为第二款：“编造虚假的险情、疫情、灾情、警情，在信息网络或者其他媒体上传播，或者明知是上述虚假信息，故意在信息网络或者其他媒体上传播，严重扰乱社会秩序的，处三年以下有期徒刑、拘役或者管制；造成严重后果的，处三年以上七年以下有期徒刑。”

三十三、将刑法第三百条修改为：“组织、利用会道门、邪教组织或者利用迷信破坏国家法律、行政法规实施的，处三年以上七年以下有期徒刑，并处罚金；情节特别严重的，处七年以上有期徒刑或者无期徒刑，并处罚金或者没收财产；情节较轻的，处三年以下有期徒刑、拘役、管制或者剥夺政治权利，并处或者单处罚金。

“组织、利用会道门、邪教组织或者利用迷信蒙骗他人，致人重伤、死亡的，依照前款的规定处罚。

“犯第一欺罪又有奸淫妇女、诈骗财物等犯罪行为的，依照数罪并罚的规定处罚。”

三十四、将刑法第三百零二条修改为：“盗窃、侮辱、故意毁坏尸体、尸骨、骨灰的，处三年以下有期徒刑、拘役或者管制。”

三十五、在刑法第三百零七条后增加一条，作为第三百零七条之一：“以捏造的事实提起民事诉讼，妨害司法秩序或者严重侵害他人合法权益的，处三年以下有期徒刑、拘役或者管制，并处或者单处罚金；情节严重的，处三年以上七年以下有期徒刑，并处罚金。

“单位犯前款罪的，对单位判处罚金，并对其直接负责的主管人员和其他直接责任人员，依照前款的规定处罚。

“有第一款行为，非法占有他人财产或者逃避合法债务，又构成其他犯罪的，依照处罚较重的规定定罪从重处罚。

"司法工作人员利用职权，与他人共同实施前三款行为的，从重处罚；同时构成其他犯罪的，依照处罚较重的规定定罪从重处罚。"

三十六、在刑法第三百零八条后增加一条，作为第三百零八条之一："司法工作人员、辩护人、诉讼代理人或者其他诉讼参与人，泄露依法不公开审理的案件中不应当公开的信息，造成信息公开传播或者其他严重后果的，处三年以下有期徒刑、拘役或者管制，并处或者单处罚金。

"有前款行为，泄露国家秘密的，依照本法第三百九十八条的规定定罪处罚。

"公开披露、报道第一款规定的案件信息，情节严重的，依照第一款的规定处罚。

"单位犯前款罪的，对单位判处罚金，并对其直接负责的主管人员和其他直接责任人员，依照第一款的规定处罚。"

三十七、将刑法第三百零九条修改为："有下列扰乱法庭秩序情形之一的，处三年以下有期徒刑、拘役、管制或者罚金：

"（一）聚众哄闹、冲击法庭的；

"（二）殴打司法工作人员或者诉讼参与人的；

"（三）侮辱、诽谤、威胁司法工作人员或者诉讼参与人，不听法庭制止，严重扰乱法庭秩序的；

"（四）有毁坏法庭设施，抢夺、损毁诉讼文书、证据等扰乱法庭秩序行为，情节严重的。"

三十八、将刑法第三百一十一条修改为："明知他人有间谍犯罪或者恐怖主义、极端主义犯罪行为，在司法机关向其调查有关情况、收集有关证据时，拒绝提供，情节严重的，处三年以下有期徒刑、拘役或者管制。"

三十九、将刑法第三百一十三条修改为："对人民法院的判决、裁定有能力执行而拒不执行，情节严重的，处三年以下有期徒刑、拘役或者罚金，情节特别严重的，处三年以上七年以下有期徒刑，并处罚金。

"单位犯前款罪的，对单位判处罚金，并对其直接负责的主管人员和其他直接责任人员，依照前款的规定处罚。"

四十、将刑法第三百二十二条修改为："违反国（边）境管理法规，偷越国（边）境，情节严重的，处一年以下有期徒刑、拘役或者管制，并处罚金；为参加恐怖活动组织、接受恐怖活动培训或者实施恐怖活动，偷越国（边）境的，处一年以上三年以下有期徒刑，并处罚金。"

四十一、将刑法第三百五十条第一款、第二款修改为："违反国家规定，非法生产、买卖、运输醋酸酐、乙醚、三氯甲烷或者其他用于制造毒品的原料、配剂，或者携带上述物品进出境，情节较重的，处三年以下有期徒刑、拘役或者管制，并处罚金；情节严重的，处三年以上七年以下有期徒刑，并处罚金；情节特别严重的，处七年以上有期徒刑，并处罚金或者没收财产。

"明知他人制造毒品而为其生产、买卖、运输前款规定的物品的，以制造毒品罪的共犯论处。"

四十二、将刑法第三百五十八条修改为："组织、强迫他人卖淫的，处五年以上十年以下有期徒刑，并处罚金；情节严重的，处十年以上有期徒刑或者无期徒刑，并处罚金或者没收财产。

"组织、强迫未成年人卖淫的，依照前款的规定从重处罚。

"犯前两款罪，并有杀害、伤害、强奸、绑架等犯罪行为的，依照数罪并罚的规定处罚。

"为组织卖淫的人招募、运送人员或者有其他协助组织他人卖淫行为的，处五年以下有期徒刑，并处罚金；情节严重的，处五年以上十年以下有期徒刑，并处罚金。"

四十三、删去刑法第三百六十条第二款。

四十四、将刑法第三百八十三条修改为："对犯贪污罪的，根据情节轻重，分别依照下列规定处罚：

"（一）贪污数额较大或者有其他较重情节的，处三年以下有期徒刑或者拘役，并处罚金。

"（二）贪污数额巨大或者有其他严重情节的，处三年以上十年以下有期徒刑，并处罚金或者没收财产。

"（三）贪污数额特别巨大或者有其他特别严重情节的，处十年以上有期徒刑或者无期徒刑，并处罚金或者没收财产；数额特别巨大，并使国家和人民利益遭受特别重大损失的，处无期徒刑或者死刑，并处没收财产。

"对多次贪污未经处理的，按照累计贪污数额处罚。

"犯第一款罪，在提起公诉前如实供述自己罪行、真诚悔罪、积极退赃，避免、减少损害结果的发生，有第一项规定情形的，可以从轻、减轻或者免除处罚；有第二项、第三项规定情形的，可以从轻处罚。

"犯第一款罪，有第三项规定情形被判处死刑缓期执行的，人民法院根据犯罪情节等情况可以同时决定在其死刑缓期执行二年期满依法减为无期徒刑后，终身监禁，不得减刑、假释。"

四十五、将刑法第三百九十条修改为："对犯行贿罪的，处五年以下有期徒刑或者拘役，并处罚金；因行贿谋取不正当利益，情节严重的，或者使国家利益遭受重大损失的，处五年以上十年以下有期徒刑，并处罚金；情节特别严重的，或者使国家利益遭受特别重大损失的，处十年以上有期徒刑或者无期徒刑，并处罚金或者没收财产。

"行贿人在被追诉前主动交待行贿行为的，可以从轻或者减轻处罚。其中，犯罪较轻的，对侦破重大案件起关键作用的，或者有重大立功表现的，可以减轻或者免除处罚。"

四十六、在刑法第三百九十条后增加一条，作为第三百九十条之一："为谋取不正当利益，向国家工作人员的近亲属或者其他与该国家工作人员关系密切的人，或者向离职的国家工作人员或者其近亲属以及其他与其关系密切的人行贿的，处三年以下有期徒刑或者拘役，并处罚金；情节严重的，或者使国家利益遭受重大损失的，处三年以上七年以下有期徒刑，并处罚金；情节特别严重的，或者使国家利益遭受特别重大损失的，处七年以上十年以下有期徒刑，并处罚金。

“单位犯前款罪的，对单位判处罚金，并对其直接负责的主管人员和其他直接责任人员，处三年以下有期徒刑或者拘役，并处罚金。”

四十七、将刑法第三百九十一条第一款修改为：“为谋取不正当利益，给予国家机关、国有公司、企业、事业单位、人民团体以财物的，或者在经济往来中，违反国家规定，给予各种名义的回扣、手续费的，处三年以下有期徒刑或者拘役，并处罚金。”

四十八、将刑法第三百九十二条第一款修改为：“向国家工作人员介绍贿赂，情节严重的，处三年以下有期徒刑或者拘役，并处罚金。”

四十九、将刑法第三百九十三条修改为：“单位为谋取不正当利益而行贿，或者违反国家规定，给予国家工作人员以回扣、手续费，情节严重的，对单位判处罚金，并对其直接负责的主管人员和其他直接责任人员，处五年以下有期徒刑或者拘役，并处罚金。因行贿取得的违法所得归个人所有的，依照本法第三百八十九条、第三百九十条的规定定罪处罚。”

五十、将刑法第四百二十六条修改为：“以暴力、威胁方法，阻碍指挥人员或者值班、值勤人员执行职务的，处五年以下有期徒刑或者拘役；情节严重的，处五年以上十年以下有期徒刑；情节特别严重的，处十年以上有期徒刑或者无期徒刑。战时从重处罚。”

五十一、将刑法第四百三十三条修改为：“战时造谣惑众，动摇军心的，处三年以下有期徒刑；情节严重的，处三年以上十年以下有期徒刑；情节特别严重的，处十年以上有期徒刑或者无期徒刑。”

五十二、本修正案自　年　月　日起施行。

附十：中华人民共和国刑法修正案（九）（草案）（表决稿）

（2015 年 8 月 29 日第十二届全国人民代表大会常务委员会第十六次会议通过）

一、在刑法第三十七条后增加一条，作为第三十七条之一：“因利用职业便利实施犯罪，或者实施违背职业要求的特定义务的犯罪被判处刑罚的，人民法院可以根据犯罪情况和预防再犯罪的需要，禁止其自刑罚执行完毕之日或者假释之日起从事相关职业，期限为三年至五年。

“被禁止从事相关职业的人违反人民法院依照前款规定作出的决定的，由公安机关依法给予处罚；情节严重的，依照本法第三百一十三条的规定定罪处罚。

“其他法律、行政法规对其从事相关职业另有禁止或者限制性规定的，从其规定。”

一、将刑法第五十条第一款修改为：“判处死刑缓期执行的，在死刑缓期执行期间，如果没有故意犯罪，二年期满以后，减为无期徒刑；如果确有重大立功表现，二年期满以后，减为二十五年有期徒刑，如果故意犯罪，情节恶劣的，报请最高人民法院核准后执行死刑；对于故意犯罪未执行死刑的，死刑缓期执行的期间重新计算，并报最高人民法院备案。”

三、将刑法第五十三条修改为：“罚金在判决指定的期限内一次或者分期缴纳。期满不缴纳的，强制缴纳。对于不能全部缴纳罚金的，人民法院在任何时候发现被执行人有可以执行的财产，应当随时追缴。

“由于遭遇不能抗拒的灾祸等原因缴纳确实有困难的，经人民法院裁定，可以延期缴纳、酌情减少或者免除。”

四、在刑法第六十九条中增加一款作为第二款：“数罪中有判处有期徒刑和拘役的，执行有期徒刑。数罪中有判处有期徒刑和管制，或者拘役和管制的，有期徒刑、拘役执行完毕后，管制仍须执行。”

原第二款作为第三款。

五、将刑法第一百二十条修改为：“组织、领导恐怖活动组织的，处十年以上有期徒刑或者无期徒刑，并处没收财产；积极参加的，处三年以上十年以下有期徒刑，并处罚金；其他参加的，处三年以下有期徒刑、拘役、管制或者剥夺政治权利，可以并处罚金。

“犯前款罪并实施杀人、爆炸、绑架等犯罪的，依照数罪并罚的规定处罚。”

六、将刑法第一百二十条之一修改为：“资助恐怖活动组织、实施恐怖活动的个人的，或者资助恐怖活动培训的，处五年以下有期徒刑、拘役、管制或者剥夺政治权利，并处罚金；情节严重的，处五年以上有期徒刑，并处罚金或者没收财产。

“为恐怖活动组织、实施恐怖活动或者恐怖活动培训招募、运送人员的，依照前款的规定处罚。

“单位犯前两款罪的，对单位判处罚金，并对其直接负责的主管人员和其他直接责任人员，依照第一款的规定处罚。”

七、在刑法第一百二十条之一后增加五条，作为第一百二十条之二、第一百二十条之三、第一百二十条之四、第一百二十条之五、第一百二十条之六：

"第一百二十条之二　有下列情形之一的，处五年以下有期徒刑、拘役、管制或者剥夺政治权利，并处罚金；情节严重的，处五年以上有期徒刑，并处罚金或者没收财产：

"（一）为实施恐怖活动准备凶器、危险物品或者其他工具的；

"（二）组织恐怖活动培训或者积极参加恐怖活动培训的；

"（三）为实施恐怖活动与境外恐怖活动组织或者人员联络的；

"（四）为实施恐怖活动进行策划或者其他准备的。

"有前款行为，同时构成其他犯罪的，依照处罚较重的规定定罪处罚。

"第一百二十条之三　以制作、散发宣扬恐怖主义、极端主义的图书、音频视频资料或者其他物品，或者通过讲授、发布信息等方式宣扬恐怖主义、极端主义的，或者煽动实施恐怖活动的，处五年以下有期徒刑，拘役，管制或者剥夺政治权利，并处罚金；情节严重的，处五年以上有期徒刑，并处罚金或者没收财产。

"第一百二十条之四　利用极端主义煽动、胁迫群众破坏国家法律确立的婚姻、司法、教育、社会管理等制度实施的，处三年以下有期徒刑、拘役或者管制，并处罚金；情节严重的，处三年以上七年以下有期徒刑，并处罚金；情节特别严重的，处七年以上有期徒刑，并处罚金或者没收财产。

"第一百二十条之五　以暴力、胁迫等方式强制他人在公共场所穿着、佩戴宣扬恐怖主义、极端主义服饰、标志的，处三年以下有期徒刑、拘役或者管制，并处罚金。

"第一百二十条之六　明知是宣扬恐怖主义、极端主义的图书、音频视频资料或者其他物品而非法持有，情节严重的，处三年以下有期徒刑、拘役或者管制，并处或者单处罚金。"

八、将刑法第一百三十三条之一修改为："在道路上驾驶机动车，有下列情形之一的，处拘役，并处罚金：

"（一）追逐竞驶，情节恶劣的；

"（二）醉酒驾驶机动车的；

"（三）从事校车业务或者旅客运输，严重超过额定乘员载客，或者严重超过规定时速行驶的；

"（四）违反危险化学品安全管理规定运输危险化学品，危及公共安全的。

"机动车所有人、管理人对前款第三项、第四项行为负有直接责任的，依照前款的规定处罚。

"有前两款行为，同时构成其他犯罪的，依照处罚较重的规定定罪处罚。"

九、将刑法第一百五十一条第一款修改为："走私武器、弹药、核材料或者伪造的货币的，处七年以上有期徒刑，并处罚金或者没收财产；情节特别严重的，处无期徒刑，并处没收财产；情节较轻的，处三年以上七年以下有期徒刑，并处罚金。"

十、将刑法第一百六十四条第一款修改为："为谋取不正当利益，给予公司、企业或者其他单位的工作人员以财物，数额较大的，处三年以下有期徒刑或者拘役，并处罚金；数额巨大的，处三年以上十年以下有期徒刑，并处罚金。"

十一、将刑法第一百七十条修改为："伪造货币的，处三年以上十年以下有期徒刑，并处罚金；有下列情形之一的，处十年以上有期徒刑或者无期徒刑，并处罚金或者没收财产：

"（一）伪造货币集团的首要分子；

"（二）伪造货币数额特别巨大的；

"（三）有其他特别严重情节的。"

十二、删去刑法第一百九十九条。

十三、将刑法第二百三十七条修改为："以暴力、胁迫或者其他方法强制猥亵他人或者侮辱妇女的，处五年以下有期徒刑或者拘役。

"聚众或者在公共场所当众犯前款罪的，或者有其他恶劣情节的，处五年以上有期徒刑。

"猥亵儿童的，依照前两款的规定从重处罚。"

十四、将刑法第二百三十九条第二款修改为："犯前款罪，杀害被绑架人的，或者故意伤害被绑架人，致人重伤、死亡的，处无期徒刑或者死刑，并处没收财产。"

十五、将刑法第二百四十一条第六款修改为："收买被拐卖的妇女、儿童，对被买儿童没有虐待行为，不阻碍对其进行解救的，可以从轻处罚；按照被买妇女的意愿，不阻碍其返回原居住地的，可以从轻或者减轻处罚。"

十六、在刑法第二百四十六条中增加一款作为第三款："通过信息网络实施第一款规定的行为，被害人向人民法院告诉，但提供证据确有困难的，人民法院可以要求公安机关提供协助。"

十七、将刑法第二百五十三条之一修改为："违反国家有关规定，向他人出售或者提供公民个人信息，情节严重的，处三年以下有期徒刑或者拘役，并处或者单处罚金；情节特别严重的，处三年以上七年以下有期徒刑，并处罚金。

"违反国家有关规定，将在履行职责或者提供服务过程中获得的公民个人信息，出售或者提供给他人的，依照前款的规定从重处罚。

"窃取或者以其他方法非法获取公民个人信息的，依照第一款的规定处罚。

"单位犯前三款罪的，对单位判处罚金，并对其直接负责的主管人员和其他直接责任人员，依照各该款的规定处罚。”

十八、将刑法第二百六十条第三款修改为：“第一款罪，告诉的才处理，但被害人没有能力告诉，或者因受到强制、威吓无法告诉的除外。”

十九、在刑法第二百六十条后增加一条，作为第二百六十条之一：“对未成年人、老年人、患病的人、残疾人等负有监护、看护职责的人虐待被监护、看护的人，情节恶劣的，处三年以下有期徒刑或者拘役。

“单位犯前款罪的，对单位判处罚金，并对其直接负责的主管人员和其他直接责任人员，依照前款的规定处罚。

“有第一款行为，同时构成其他犯罪的，依照处罚较重的规定定罪处罚。”

二十、将刑法第二百六十七条第一款修改为：“抢夺公私财物，数额较大的，或者多次抢夺的，处三年以下有期徒刑、拘役或者管制，并处或者单处罚金；数额巨大或者有其他严重情节的，处三年以上十年以下有期徒刑，并处罚金；数额特别巨大或者有其他特别严重情节的，处十年以上有期徒刑或者无期徒刑，并处罚金或者没收财产。”

二十一、在刑法第二百七十七条中增加一款作为第五款：“暴办袭击正在依法执行职务的人民警察的，依照第一款的规定从重处罚。”

二十二、将刑法第二百八十条修改为：“伪造、变造、买卖或者盗窃、抢夺、毁灭国家机关的公文、证件、印章的，处三年以下有期徒刑、拘役、管制或者剥夺政治权利，并处罚金；情节严重的，处三年以上十年以下有期徒刑，并处罚金。

“伪造公司、企业、事业单位、人民团体的印章的，处三年以下有期徒刑、拘役、管制或者剥夺政治权利，并处罚金。

“伪造、变造、买卖居民身份证、护照、社会保障卡、驾驶证等依法可以用于证明身份的证件的，处三年以下有期徒刑、拘役、管制或者剥夺政治权利，并处罚金；情节严重的，处三年以上七年以下有期徒刑，并处罚金。”

二十三、在刑法第二百八十条后增加一条作为第二百八十条之一：“在依照国家规定应当提供身份证明的活动中，使用伪造、变造的或者盗用他人的居民身份证、护照、社会保障卡、驾驶证等依法可以用于证明身份的证件，情节严重的，处拘役或者管制，并处或者单处罚金。

“有前款行为，同时构成其他犯罪的，依照处罚较重的规定定罪处罚。”

二十四、将刑法第二百八十三条修改为：“非法生产、销售专用间谍器材或者窃听、窃照专用器材的，处三年以下有期徒刑、拘役或者管制，并处或者单处罚金；情节严重的，处三年以上七年以下有期徒刑，并处罚金。

“单位犯前款罪的，对单位判处罚金，并对其直接负责的主管人员和其他直接责任人员，依照前款的规定处罚。”

二十五、在刑法第二百八十四条后增加一条，作为第二百八十四条之一：“在法律规定的国家考试中，组织作弊的，处三年以下有期徒刑或者拘役，并处或者单处罚金；情节严重的，处三年以上七年以下有期徒刑，并处罚金。

“为他人实施前款犯罪提供作弊器材或者其他帮助的，依照前款的规定处罚。

“为实施考试作弊行为，向他人非法出售或者提供第一款规定的考试的试题、答案的，依照第一款的规定处罚。

“代替他人或者让他人代替自己参加第一款规定的考试的，处拘役或者管制，并处或者单处罚金。”

二十六、在刑法第二百八十五条中增加一款作为第四款：“单位犯前三款罪的，对单位判处罚金，并对其直接负责的主管人员和其他直接责任人员，依照各该款的规定处罚。”

二十七、在刑法第二百八十六条中增加一款作为第四款：“单位犯前三款罪的，对单位判处罚金，并对其直接负责的主管人员和其他直接责任人员，依照第一款的规定处罚。”

二十八、在刑法第二酉八十六条后增加一条，作为第二百八十六条之一：“网络服务提供者不履行法律、行政法规规定的信息网络安全管理义务，经监管部门责令采取改正措施而拒不改正，有下列情形之一的，处三年以下有期徒刑、拘役或者管制，并处或者单处罚金：

“（一）致使违法信息大量传播的；

“（二）致使用户信息泄露，造成严重后果的；

“（三）致使刑事案件证据灭失，情节严重的；

“（四）有其他严重情节的。

“单位犯前款罪的，对单位判处罚金，并对其直接负责的主管人员和其他直接责任人员，依照前款的规定处罚。

“有前两款行为，同时构成其他犯罪的，依照处罚较重的规定定罪处罚。”

二十九、在刑法第二百八十七条后增加二条，作为第二百八十七条之一、第二百八十七条之二：

“第二百八十七条之一　利用信息网络实施下列行为之一，情节严重的，处三年以下有期徒刑或者拘役，并处或者单处罚金：

“（一）设立用于实施诈骗、传授犯罪方法、制作或者销售违禁物品、管制物品等违法犯罪活动的网站、通讯群组的；

“（二）发布有关制作或者销售毒品、枪支、淫秽物品等违禁物品、管制物品或者其他违法犯罪信息的；

“（三）为实施诈骗等违法犯罪活动发布信息的。

“单位犯前款罪的，对单位判处罚金，并对其直接负责的主管人员和其他直接责任人员，依照第一款的规定处罚。

"有前两款行为，同时构成其他犯罪的，依照处罚较重的规定定罪处罚。

"第二百八十七条之二　明知他人利用信息网络实施犯罪，为其犯罪提供互联网接入、服务器托管、网络存储、通讯传输等技术支持，或者提供广告推广、支付结算等帮助，情节严重的，处三年以下有期徒刑或者拘役，并处或者单处罚金。

"单位犯前款罪的，对单位判处罚金，并对其直接负责的主管人员和其他直接责任人员，依照第一款的规定处罚。

"有前两款行为，同时构成其他犯罪的，依照处罚较重的规定定罪处罚。"

三十、将刑法第二百八十八条第一款修改为："违反国家规定，擅自设置、使用无线电台（站），或者擅自使用无线电频率，干扰无线电通讯秩序，情节严重的，处三年以下有期徒刑、拘役或者管制，并处或者单处罚金；情节特别严重的，处三年以上七年以下有期徒刑，并处罚金。"

三十一、将刑法第二百九十条第一款修改为："聚众扰乱社会秩序，情节严重，致使工作、生产、营业和教学、科研、医疗无法进行，造成严重损失的，对首要分子，处三年以上七年以下有期徒刑；对其他积极参加的，处三年以下有期徒刑、拘役、管制或者剥夺政治权利。"

增加二款作为第三款、第四款："多次扰乱国家机关工作秩序，经行政处罚后仍不改正，造成严重后果的，处三年以下有期徒刑、拘役或者管制。

"多次组织、资助他人非法聚集，扰乱社会秩序，情节严重的，依照前欺的规定处罚。"

三十二、在刑法第二百九十一条之一中增加一款作为第二款："编造虚假的险情、疫情、灾情、警情，在信息网络或者其他媒体上传播，或者明知是上述虚假信息，故意在信息网络或者其他媒体上传播，严重扰乱社会秩序的，处三年以下有期徒刑、拘役或者管制；造成严重后果的，处三年以上七年以下有期徒刑。"

三十三、将刑法第三百条修改为："组织、利用会道门、邪教组织或者利用迷信破坏国家法律、行政法规实施的，处三年以上七年以下有期徒刑，并处罚金；情节特别严重的，处七年以上有期徒刑或者无期徒刑，并处罚金或者没收财产；情节较轻的，处三年以下有期徒刑、拘役、管制或者剥夺政治权利，并处或者单处罚金。

"组织、利用会道门、邪教组织或者利用迷信蒙骗他人，致人重伤、死亡的，依照前款的规定处罚。

"犯第一款罪又有奸淫妇女、诈骗财物等犯罪行为的，依照数罪并罚的规定处罚。"

三十四、将刑法第三百零二条修改为："盗窃、侮辱、故意毁坏尸体、尸骨、骨灰的，处三年以下有期徒刑、拘役或者管制。"

三十五、在刑法第三百零七条后增加一条，作为第三百零七条之一："以捏造的事实提起民事诉讼，妨害司法秩序或者严重侵害他人合法权益的，处三年以下有期徒刑、拘役或者管制，并处或者单处罚金；情节严重的，处三年以上七年以下有期徒刑，并处罚金。

"单位犯前款罪的，对单位判处罚金，并对其直接负责的主管人员和其他直接责任人员，依照前款的规定处罚。

"有第一款行为，非法占有他人财产或者逃避合法债务，又构成其他犯罪的，依照处罚较重的规定定罪从重处罚。

"司法工作人员利用职权，与他人共同实施前三款行为的，从重处罚；同时构成其他犯罪的，依照处罚较重的规定定罪从重处罚。"

三十六、在刑法第三百零八条后增加一条，作为第三百零八条之一："司法工作人员、辩护人、诉讼代理人或者其他诉讼参与人，泄露依法不公开审理的案件中不应当公开的信息，造成信息公开传播或者其他严重后果的，处三年以下有期徒刑、拘役或者管制，并处或者单处罚金。

"有前款行为，泄露国家秘密的，依照本法第三百九十八条的规定定罪处罚。

"公开披露，报道第一款规定的案件信息，情节严重的，依照第一款的规定处罚。

"单位犯前款罪的，对单位判处罚金，并对其直接负责的主管人员和其他直接责任人员，依照第一款的规定处罚。"

三十七、将刑法第三百零九条修改为："有下列扰乱法庭秩序情形之一的，处三年以下有期徒刑、拘役、管制或者罚金：

"（一）聚众哄闹、冲击法庭的；

"（二）殴打司法工作人员或者诉讼参与人的；

"（三）侮辱、诽谤、威胁司法工作人员或者诉讼参与人，不听法庭制止，严重扰乱法庭秩序的；

"（四）有毁坏法庭设施，抢夺、损毁诉讼文书、证据等扰乱法庭秩序行为，情节严重的。"

三十八、将刑法第三百一十一条修改为："明知他人有间谍犯罪或者恐怖主义、极端主义犯罪行为，在司法机关向其调查有关情况、收集有关证据时，拒绝提供，情节严重的，处三年以下有期徒刑、拘役或者管制。"

三十九、将刑法第三百一十三条修改为："对人民法院的判决、裁定有能力执行而拒不执行，情节严重的，处三年以下有期徒刑、拘役或者罚金；情节特别严重的，处三年以上七年以下有期徒刑，并处罚金。

"单位犯前款罪的，对单位判处罚金，并对其直接负责的主管人员和其他直接责任人员，依照前款的规定处罚。"

四十、将刑法第三百二十二条修改为："违反国（边）境管理法规，偷越国（边）境，情节严重的，处一年以下有期徒刑、拘役或者管制，并处罚金；为参加恐怖活动组织、接受恐怖活动培训或者实施恐怖活动，偷越国（边）境的，处一年以上三年以下有期徒刑，并处罚金。"

四十一、将刑法第三百五十条第一款、第二款修改为："违反国家规定，非法生产、买卖、运输醋酸酐、乙醚、三氯甲烷或者其他用于制造毒品的原料、配剂，或者携带上述物品进出境，情节较重的，处三年以下有期徒刑、拘役或者管制，并处罚金；情节严重的，处三年以上七年以下有期徒刑，并处罚金；情节特别严重的，处七年以上有期徒刑，并处罚金或者没收财产。

"明知他人制造毒品而为其生产、买卖、运输前款规定的物品的，以制造毒品罪的共犯论处。"

四十二、将刑法第三百五十八条修改为："组织、强迫他人卖淫的，处五年以上十年以下有期徒刑，并处罚金；情节严重的，处十年以上有期徒刑或者无期徒刑，并处罚金或者没收财产。

"组织、强迫未成年人卖淫的，依照前款的规定从重处罚。

"犯前两款罪，并有杀害、伤害、强奸、绑架等犯罪行为的，依照数罪并罚的规定处罚。

"为组织卖淫的人招募、运送人员或者有其他协助组织他人卖淫行为的，处五年以下有期徒刑，并处罚金；情节严重的，处五年以上十年以下有期徒刑，并处罚金。"

四十三、删去刑法第三百六十条第二款。

四十四、将刑法第三百八十三条修改为："对犯贪污罪的，根据情节轻重，分别依照下列规定处罚：

"（一）贪污数额较大或者有其他较重情节的，处三年以下有期徒刑或者拘役，并处罚金。

"（二）贪污数额巨大或者有其他严重情节的，处三年以上十年以下有期徒刑，并处罚金或者没收财产。

"（三）贪污数额特别巨大或者有其他特别严重情节的，处十年以上有期徒刑或者无期徒刑，并处罚金或者没收财产；数额特别巨大，并使国家和人民利益遭受特别重大损失的，处无期徒刑或者死刑，并处没收财产。

"对多次贪污未经处理的，按照累计贪污数额处罚。

"犯第一款罪，在提起公诉前如实供述自己罪行、真诚悔罪、积极退赃，避免、减少损害结果的发生，有第一项规定情形的，可以从轻、减轻或者免除处罚；有第二项、第三项规定情形的，可以从轻处罚。

"犯第一款罪，有第三项规定情形被判处死刑缓期执行的，人民法院根据犯罪情节等情况可以同时决定在其死刑缓期执行二年期满依法减为无期徒刑后，终身监禁，不得减刑、假释。"

四十五、将刑法第三百九十条修改为："对犯行贿罪的，处五年以下有期徒刑或者拘役，并处罚金；因行贿谋取不正当利益，情节严重的，或者使国家利益遭受重大损失的，处五年以上十年以下有期徒刑，并处罚金；情节特别严重的，或者使国家利益遭受特别重大损失的，处十年以上有期徒刑或者无期徒刑，并处罚金或者没收财产。

"行贿人在被追诉前主动交待行贿行为的，可以从轻或者减轻处罚。其中，犯罪较轻的，对侦破重大案件起关键作用的，或者有重大立功表现的，可以减轻或者免除处罚。"

四十六、在刑法第三百九十条后增加一条，作为第三百九十条之一："为谋取不正当利益，向国家工作人员的近亲属或者其他与该国家工作人员关系密切的人，或者向离职的国家工作人员或者其近亲属以及其他与其关系密切的人行贿的，处三年以下有期徒刑或者拘役，并处罚金；情节严重的，或者使国家利益遭受重大损失的，处三年以上七年以下有期徒刑，并处罚金；情节特别严重的，或者使国家利益遭受特别重大损失的，处七年以上十年以下有期徒刑，并处罚金。

"单位犯前款罪的，对单位判处罚金，并对其直接负责的主管人员和其他直接责任人员，处三年以下有期徒刑或者拘役，并处罚金。"

四十七、将刑法第三百九十一条第一款修改为："为谋取不正当利益，给予国家机关、国有公司、企业、事业单位、人民团体以财物的，或者在经济往来中，违反国家规定，给予各种名义的回扣、手续费的，处三年以下有期徒刑或者拘役，并处罚金。"

四十八、将刑法第三百九十二条第一款修改为："向国家工作人员介绍贿赂，情节严重的，处三年以下有期徒刑或者拘役，并处罚金。"

四十九、将刑法第三百九十三条修改为："单位为谋取不正当利益而行贿，或者违反国家规定，给予国家工作人员以回扣、手续费，情节严重的，对单位判处罚金，并对其直接负责的主管人员和其他直接责任人员，处五年以下有期徒刑或者拘役，并处罚金。因行贿取得的违法所得归个人所有的，依照本法第三百八十九条、第三百九十条的规定定罪处罚。"

五十、将刑法第四百二十六条修改为："以暴力、威胁方法，阻碍指挥人员或者值班、值勤人员执行职务的，处五年以下有期徒刑或者拘役；情节严重的，处五年以上十年以下有期徒刑；情节特别严重的，处十年以上有期徒刑或者无期徒刑。战时从重处罚。"

五十一、将刑法第四百三十三条修改为："战时造谣惑众，动摇军心的，处三年以下有期徒刑；情节严重的，处三年以上十年以下有期徒刑；情节特别严重的，处十年以上有期徒刑或者无期徒刑。"

五十二、本修正案自 2015 年 11 月 1 日起施行。

10. 中华人民共和国刑法修正案（十）

（2017 年 11 月 4 日第十二届全国人民代表大会常务委员会第三十次会议通过）

为了惩治侮辱国歌的犯罪行为，切实维护国歌奏唱、使用的严肃性和国家尊严，在刑法第二百九十九条中增加一款作为第二款，将该条修改为：

"在公共场合，故意以焚烧、毁损、涂划、玷污、践踏等方式侮辱中华人民共和国国旗、国徽的，处三年以下有期徒刑、拘役、管制或者剥夺政治权利。

"在公共场合，故意篡改中华人民共和国国歌歌词、曲谱，以歪曲、贬损方式奏唱国歌，或者以其他方式侮辱国歌，情节严重的，依照前款的规定处罚。"

本修正案自公布之日起施行。

附一：全国人民代表大会法律委员会关于《中华人民共和国刑法修正案（十）（草案）》审议结果的报告

全国人民代表大会常务委员会：

常委会第三十次会议于 11 月 1 日上午对全国人民代表大会常务委员会委员长会议提请审议的《中华人民共和国刑法修正案（十）（草案）》进行了分组审议。普遍认为，为了惩治侮辱国歌的犯罪行为，切实维护国歌的尊严，对刑法进行修改和补充，将侮辱国歌行为规定为犯罪，是必要的。草案的内容与国歌法的相关规定相衔接，与刑法关于侮辱国旗、国徽罪的规定相协调，行为表述严谨，刑罚设置合理，总体比较成熟，建议本次常委会表决通过。同时，有的常委会组成人员还提出了一些文字意见和建议。法律委员会于 11 月 2 日上午召开会议，逐条研究了常委会组成人员的审议意见，对修正案草案进行了认真审议。最高人民法院、最高人民检察院、国务院法制办公室的负责同志列席了会议。法律委员会认为，草案是可行的。

法律委员会已按上述意见提出了《中华人民共和国刑法修正案（十）》（草案建议表决稿），建议本次常委会会议审议通过。

修正案草案建议表决稿和以上报告是否妥当，请审议。

全国人民代表大会法律委员会
2017 年 11 月 4 日

下编

附二：关于《中华人民共和国刑法修正案（十）（草案）》的说明

——2017 年 10 月 31 日在第十二届全国人民代表大会常务委员会第三十次会议上

（全国人大常委会法制工作委员会副主任　王超英）

委员长、各位副委员长、秘书长、各位委员：

我受委员长会议的委托，作关于《中华人民共和国刑法修正案（十）（草案）》的说明。

2017 年 9 月 1 日，十二届全国人大常委会第二十九次会议审议通过了《中华人民共和国国歌法》。在国歌法审议过程中，一些常委会组成人员、全国人大代表提出，刑法应对如何追究侮辱国歌行为的刑事责任予以明确，以切实维护国歌的尊严。法制工作委员会在与最高人民法院、最高人民检察院、国务院法制办公室、公安部、司法部、中央军委法制局等有关部门和专家深入研究论证、广泛听取意见的基础上，拟订了《中华人民共和国刑法修正案（十）（草案）》，现将该草案的主要内容说明如下：

国歌法第十五条规定，在公共场合，故意篡改国歌歌词、曲谱，以歪曲、贬损方式奏唱国歌，或者以其他方式侮辱国歌的，由公安机关处以警告或者十五日以下拘留；构成犯罪的，依法追究刑事责任。国歌和国旗、国徽一样，都是国家的象征和标志。为了依法维护国旗、国徽的尊严，惩治侮辱国旗、国徽的犯罪行为，刑法第二百九十九条规定了侮辱国旗、国徽罪，明确了刑事责任。因此，在国歌法通过后，有必要对刑法第二百九十九条作相应补充，明确侮辱国歌行为的刑事责任。为此，拟在刑法第二百九十九条侮辱国旗、国徽罪的规定中增加一款，对侮辱国歌行为的刑事责任作出规定。草案的这一规定既与国歌法的规定相衔接，也与刑法关于侮辱国旗、国徽罪的规定相协调，体现罪刑法定原则。

11. 中华人民共和国刑法修正案（十一）

（2020 年 12 月 26 日第十三届全国人民代表大会常务委员会第二十四次会议通过）

一、将刑法第十七条修改为："已满十六周岁的人犯罪，应当负刑事责任。

"已满十四周岁不满十六周岁的人，犯故意杀人、故意伤害致人重伤或者死亡、强奸、抢劫、贩卖毒品、放火、爆炸、投放危险物质罪的，应当负刑事责任。

"已满十二周岁不满十四周岁的人，犯故意杀人、故意伤害罪，致人死亡或者以特别残忍手段致人重伤造成严重残疾，情节恶劣，经最高人民检察院核准追诉的，应当负刑事责任。

"对依照前三款规定追究刑事责任的不满十八周岁的人，应当从轻或者减轻处罚。

"因不满十六周岁不予刑事处罚的，责令其父母或者其他监护人加以管教；在必要的时候，依法进行专门矫治教育。"

二、在刑法第一百三十三条之一后增加一条，作为第一百三十三条之二："对行驶中的公共交通工具的驾驶人员使用暴力或者抢控驾驶操纵装置，干扰公共交通工具正常行驶，危及公共安全的，处一年以下有期徒刑、拘役或者管制，并处或者单处罚金。

"前款规定的驾驶人员在行驶的公共交通工具上擅离职守，与他人互殴或者殴打他人，危及公共安全的，依照前款的规定处罚。

"有前两款行为，同时构成其他犯罪的，依照处罚较重的规定定罪处罚。"

三、将刑法第一百三十四条第二款修改为："强令他人违章冒险作业，或者明知存在重大事故隐患而不排除，仍冒险组织作业，因而发生重大伤亡事故或者造成其他严重后果的，处五年以下有期徒刑或者拘役；情节特别恶劣的，处五年以上有期徒刑。"

四、在刑法第一百三十四条后增加一条，作为第一百三十四条之一："在生产、作业中违反有关安全管理的规定，有下列情形之一，具有发生重大伤亡事故或者其他严重后果的现实危险的，处一年以下有期徒刑、拘役或者管制：

"（一）关闭、破坏直接关系生产安全的监控、报警、防护、救生设备、设施，或者篡改、隐瞒、销毁其相关数据、信息的；

"（二）因存在重大事故隐患被依法责令停产停业、停止施工、停止使用有关设备、设施、场所或者立即采取排除危险的整改措施，而拒不执行的；

"（三）涉及安全生产的事项未经依法批准或者许可，擅自从事矿山开采、金属冶炼、建筑施工，以及危险物品生产、经营、储存等高度危险的生产作业活动的。"

五、将刑法第一百四十一条修改为："生产、销售假药的，处三年以下有期徒刑或者拘役，并处罚金；对人体健康造成严重危害或者有其他严重情节的，处三年以上十年以下有期徒刑，并处罚金；致人死亡或者有其他特别严重情节的，处十年以上有期徒刑、无期徒刑或者死刑，并处罚金或者没收财产。

"药品使用单位的人员明知是假药而提供给他人使用的，依照前款的规定处罚。"

六、将刑法第一百四十二条修改为："生产、销售劣药，对人体健康造成严重危害的，处三年以上十年以下有期徒刑，并处罚金；后果特别严重的，处十年以上有期徒刑或者无期徒刑，并处罚金或者没收财产。

"药品使用单位的人员明知是劣药而提供给他人使用的，依照前款的规定处罚。"

七、在刑法第一百四十二条后增加一条，作为第一百四十二条之一："违反药品管理法规，有下列情形之一，足以严重危害人体健康的，处三年以下有期徒刑或者拘役，并处或者单处罚金；对人体健康造成严重危害或者有其他严重情节的，处三年以上七年以下有期徒刑，并处罚金：

"（一）生产、销售国务院药品监督管理部门禁止使用的药品的；

"（二）未取得药品相关批准证明文件生产、进口药品或者明知是上述药品而销售的；

"（三）药品申请注册中提供虚假的证明、数据、资料、样品或者采取其他欺骗手段的；

"（四）编造生产、检验记录的。

"有前款行为，同时又构成本法第一百四十一条、第一百四十二条规定之罪或者其他犯罪的，依照处罚较重的规定定罪处罚。"

八、将刑法第一百六十条修改为："在招股说明书、认股书、公司、企业债券募集办法等发行文件中隐瞒重要事实或者编造重大虚假内容，发行股票或者公司、企业债券、存托凭证或者国务院依法认定的其他证券，数额巨大、后果严重或者有其他严重情节的，处五年以下有期徒刑或者拘役，并处或者单处罚金；数额特别巨大、后果特别严重或者有其他特别严重情节的，处五年以上有期徒刑，并处罚金。

“控股股东、实际控制人组织、指使实施前款行为的，处五年以下有期徒刑或者拘役，并处或者单处非法募集资金金额百分之二十以上一倍以下罚金；数额特别巨大、后果特别严重或者有其他特别严重情节的，处五年以上有期徒刑，并处非法募集资金金额百分之二十以上一倍以下罚金。

“单位犯前两款罪的，对单位判处非法募集资金金额百分之二十以上一倍以下罚金，并对其直接负责的主管人员和其他直接责任人员，依照第一款的规定处罚。”

九、将刑法第一百六十一条修改为：“依法负有信息披露义务的公司、企业向股东和社会公众提供虚假的或者隐瞒重要事实的财务会计报告，或者对依法应当披露的其他重要信息不按照规定披露，严重损害股东或者其他人利益，或者有其他严重情节的，对其直接负责的主管人员和其他直接责任人员，处五年以下有期徒刑或者拘役，并处或者单处罚金；情节特别严重的，处五年以上十年以下有期徒刑，并处罚金。

“前款规定的公司、企业的控股股东、实际控制人实施或者组织、指使实施前款行为的，或者隐瞒相关事项导致前款规定的情形发生的，依照前款的规定处罚。

“犯前款罪的控股股东、实际控制人是单位的，对单位判处罚金，并对其直接负责的主管人员和其他直接责任人员，依照第一款的规定处罚。”

十、将刑法第一百六十三条第一款修改为：“公司、企业或者其他单位的工作人员，利用职务上的便利，索取他人财物或者非法收受他人财物，为他人谋取利益，数额较大的，处三年以下有期徒刑或者拘役，并处罚金；数额巨大或者有其他严重情节的，处三年以上十年以下有期徒刑，并处罚金；数额特别巨大或者有其他特别严重情节的，处十年以上有期徒刑或者无期徒刑，并处罚金。”

十一、将刑法第一百七十五条之一第一款修改为：“以欺骗手段取得银行或者其他金融机构贷款、票据承兑、信用证、保函等，给银行或者其他金融机构造成重大损失的，处三年以下有期徒刑或者拘役，并处或者单处罚金；给银行或者其他金融机构造成特别重大损失或者有其他特别严重情节的，处三年以上七年以下有期徒刑，并处罚金。”

十二、将刑法第一百七十六条修改为：“非法吸收公众存款或者变相吸收公众存款，扰乱金融秩序的，处三年以下有期徒刑或者拘役，并处或者单处罚金；数额巨大或者有其他严重情节的，处三年以上十年以下有期徒刑，并处罚金；数额特别巨大或者有其他特别严重情节的，处十年以上有期徒刑，并处罚金。

“单位犯前款罪的，对单位判处罚金，并对其直接负责的主管人员和其他直接责任人员，依照前款的规定处罚。

“有前两款行为，在提起公诉前积极退赃退赔，减少损害结果发生的，可以从轻或者减轻处罚。”

十三、将刑法第一百八十二条第一款修改为：“有下列情形之一，操纵证券、期货市场，影响证券、期货交易价格或者证券、期货交易量，情节严重的，处五年以下有期徒刑或者拘役，并处或者单处罚金；情节特别严重的，处五年以上十年以下有期徒刑，并处罚金：

“（一）单独或者合谋，集中资金优势、持股或者持仓优势或者利用信息优势联合或者连续买卖的；

“（二）与他人串通，以事先约定的时间、价格和方式相互进行证券、期货交易的；

“（三）在自己实际控制的帐户之间进行证券交易，或者以自己为交易对象，自买自卖期货合约的；

“（四）不以成交为目的，频繁或者大量申报买入、卖出证券、期货合约并撤销申报的；

“（五）利用虚假或者不确定的重大信息，诱导投资者进行证券、期货交易的；

“（六）对证券、证券发行人、期货交易标的公开作出评价、预测或者投资建议，同时进行反向证券交易或者相关期货交易的；

“（七）以其他方法操纵证券、期货市场的。”

十四、将刑法第一百九十一条修改为：“为掩饰、隐瞒毒品犯罪、黑社会性质的组织犯罪、恐怖活动犯罪、走私犯罪、贪污贿赂犯罪、破坏金融管理秩序犯罪、金融诈骗犯罪的所得及其产生的收益的来源和性质，有下列行为之一的，没收实施以上犯罪的所得及其产生的收益，处五年以下有期徒刑或者拘役，并处或者单处罚金；情节严重的，处五年以上十年以下有期徒刑，并处罚金：

“（一）提供资金帐户的；

“（二）将财产转换为现金、金融票据、有价证券的；

“（三）通过转帐或者其他支付结算方式转移资金的；

“（四）跨境转移资产的；

“（五）以其他方法掩饰、隐瞒犯罪所得及其收益的来源和性质的。

“单位犯前款罪的，对单位判处罚金，并对其直接负责的主管人员和其他直接责任人员，依照前款的规定处罚。”

十五、将刑法第一百九十二条修改为：“以非法占有为目的，使用诈骗方法非法集资，数额较大的，处三年以上七年以下有期徒刑，并处罚金；数额巨大或者有其他严重情节的，处七年以上有期徒刑或者无期徒刑，并处罚金或者没收财产。

“单位犯前款罪的，对单位判处罚金，并对其直接负责的主管人员和其他直接责任人员，依照前款的规定处罚。”

十六、将刑法第二百条修改为："单位犯本节第一百九十四条、第一百九十五条规定之罪的，对单位判处罚金，并对其直接负责的主管人员和其他直接责任人员，处五年以下有期徒刑或者拘役，可以并处罚金；数额巨大或者有其他严重情节的，处五年以上十年以下有期徒刑，并处罚金；数额特别巨大或者有其他特别严重情节的，处十年以上有期徒刑或者无期徒刑，并处罚金。"

十七、将刑法第二百一十三条修改为："未经注册商标所有人许可，在同一种商品、服务上使用与其注册商标相同的商标，情节严重的，处三年以下有期徒刑，并处或者单处罚金；情节特别严重的，处三年以上十年以下有期徒刑，并处罚金。"

十八、将刑法第二百一十四条修改为："销售明知是假冒注册商标的商品，违法所得数额较大或者有其他严重情节的，处三年以下有期徒刑，并处或者单处罚金；违法所得数额巨大或者有其他特别严重情节的，处三年以上十年以下有期徒刑，并处罚金。"

十九、将刑法第二百一十五条修改为："伪造、擅自制造他人注册商标标识或者销售伪造、擅自制造的注册商标标识，情节严重的，处三年以下有期徒刑，并处或者单处罚金；情节特别严重的，处三年以上十年以下有期徒刑，并处罚金。"

二十、将刑法第二百一十七条修改为："以营利为目的，有下列侵犯著作权或者与著作权有关的权利的情形之一，违法所得数额较大或者有其他严重情节的，处三年以下有期徒刑，并处或者单处罚金；违法所得数额巨大或者有其他特别严重情节的，处三年以上十年以下有期徒刑，并处罚金：

"（一）未经著作权人许可，复制发行、通过信息网络向公众传播其文字作品、音乐、美术、视听作品、计算机软件及法律、行政法规规定的其他作品的；

"（二）出版他人享有专有出版权的图书的；

"（三）未经录音录像制作者许可，复制发行、通过信息网络向公众传播其制作的录音录像的；

"（四）未经表演者许可，复制发行录有其表演的录音录像制品，或者通过信息网络向公众传播其表演的；

"（五）制作、出售假冒他人署名的美术作品的；

"（六）未经著作权人或者与著作权有关的权利人许可，故意避开或者破坏权利人为其作品、录音录像制品等采取的保护著作权或者与著作权有关的权利的技术措施的。"

二十一、将刑法第二百一十八条修改为："以营利为目的，销售明知是本法第二百一十七条规定的侵权复制品，违法所得数额巨大或者有其他严重情节的，处五年以下有期徒刑，并处或者单处罚金。"

二十二、将刑法第二百一十九条修改为："有下列侵犯商业秘密行为之一，情节严重的，处三年以下有期徒刑，并处或者单处罚金；情节特别严重的，处三年以上十年以下有期徒刑，并处罚金：

"（一）以盗窃、贿赂、欺诈、胁迫、电子侵入或者其他不正当手段获取权利人的商业秘密的；

"（二）披露、使用或者允许他人使用以前项手段获取的权利人的商业秘密的；

"（三）违反保密义务或者违反权利人有关保守商业秘密的要求，披露、使用或者允许他人使用其所掌握的商业秘密的。

"明知前款所列行为，获取、披露、使用或者允许他人使用该商业秘密的，以侵犯商业秘密论。

"本条所称权利人，是指商业秘密的所有人和经商业秘密所有人许可的商业秘密使用人。"

二十三、在刑法第二百一十九条后增加一条，作为第二百一十九条之一："为境外的机构、组织、人员窃取、刺探、收买、非法提供商业秘密的，处五年以下有期徒刑，并处或者单处罚金；情节严重的，处五年以上有期徒刑，并处罚金。"

二十四、将刑法第二百二十条修改为："单位犯本节第二百一十三条至第二百一十九条之一规定之罪的，对单位判处罚金，并对其直接负责的主管人员和其他直接责任人员，依照本节各该条的规定处罚。"

二十五、将刑法第二百二十九条修改为："承担资产评估、验资、验证、会计、审计、法律服务、保荐、安全评价、环境影响评价、环境监测等职责的中介组织的人员故意提供虚假证明文件，情节严重的，处五年以下有期徒刑或者拘役，并处罚金；有下列情形之一的，处五年以上十年以下有期徒刑，并处罚金：

"（一）提供与证券发行相关的虚假的资产评估、会计、审计、法律服务、保荐等证明文件，情节特别严重的；

"（二）提供与重大资产交易相关的虚假的资产评估、会计、审计等证明文件，情节特别严重的；

"（三）在涉及公共安全的重大工程、项目中提供虚假的安全评价、环境影响评价等证明文件，致使公共财产、国家和人民利益遭受特别重大损失的。

"有前款行为，同时索取他人财物或者非法收受他人财物构成犯罪的，依照处罚较重的规定定罪处罚。

"第一款规定的人员，严重不负责任，出具的证明文件有重大失实，造成严重后果的，处三年以下有期徒刑或者拘役，并处或者单处罚金。"

二十六、将刑法第二百三十六条修改为："以暴力、胁迫或者其他手段强奸妇女的，处三年以上十年以下有期徒刑。

"奸淫不满十四周岁的幼女的，以强奸论，从重处罚。

"强奸妇女、奸淫幼女，有下列情形之一的，处十年以上有期徒刑、无期徒刑或者死刑：

"（一）强奸妇女、奸淫幼女情节恶劣的；

"（二）强奸妇女、奸淫幼女多人的；

"（三）在公共场所当众强奸妇女、奸淫幼女的；

"（四）二人以上轮奸的；

"（五）奸淫不满十周岁的幼女或者造成幼女伤害的；

"（六）致使被害人重伤、死亡或者造成其他严重后果的。"

二十七、在刑法第二百三十六条后增加一条，作为第二百三十六条之一："对已满十四周岁不满十六周岁的未成年女性负有监护、收养、看护、教育、医疗等特殊职责的人员，与该未成年女性发生性关系的，处三年以下有期徒刑；情节恶劣的，处三年以上十年以下有期徒刑。

"有前款行为，同时又构成本法第二百三十六条规定之罪的，依照处罚较重的规定定罪处罚。"

二十八、将刑法第二百三十七条第三款修改为："猥亵儿童的，处五年以下有期徒刑；有下列情形之一的，处五年以上有期徒刑：

"（一）猥亵儿童多人或者多次的；

"（二）聚众猥亵儿童的，或者在公共场所当众猥亵儿童，情节恶劣的；

"（三）造成儿童伤害或者其他严重后果的；

"（四）猥亵手段恶劣或者有其他恶劣情节的。"

二十九、将刑法第二百七十一条第一款修改为："公司、企业或者其他单位的工作人员，利用职务上的便利，将本单位财物非法占为己有，数额较大的，处三年以下有期徒刑或者拘役，并处罚金；数额巨大的，处三年以上十年以下有期徒刑，并处罚金；数额特别巨大的，处十年以上有期徒刑或者无期徒刑，并处罚金。"

三十、将刑法第二百七十二条修改为："公司、企业或者其他单位的工作人员，利用职务上的便利，挪用本单位资金归个人使用或者借贷给他人，数额较大、超过三个月未还的，或者虽未超过三个月，但数额较大、进行营利活动的，或者进行非法活动的，处三年以下有期徒刑或者拘役；挪用本单位资金数额巨大的，处三年以上七年以下有期徒刑；数额特别巨大的，处七年以上有期徒刑。

"国有公司、企业或者其他国有单位中从事公务的人员和国有公司、企业或者其他国有单位委派到非国有公司、企业以及其他单位从事公务的人员有前款行为的，依照本法第三百八十四条的规定定罪处罚。

"有第一款行为，在提起公诉前将挪用的资金退还的，可以从轻或者减轻处罚。其中，犯罪较轻的，可以减轻或者免除处罚。"

三十一、将刑法第二百七十七条第五款修改为："暴力袭击正在依法执行职务的人民警察的，处三年以下有期徒刑、拘役或者管制；使用枪支、管制刀具，或者以驾驶机动车撞击等手段，严重危及其人身安全的，处三年以上七年以下有期徒刑。"

三十二、在刑法第二百八十条之一后增加一条，作为第二百八十条之二："盗用、冒用他人身份，顶替他人取得的高等学历教育入学资格、公务员录用资格、就业安置待遇的，处三年以下有期徒刑、拘役或者管制，并处罚金。

"组织、指使他人实施前款行为的，依照前款的规定从重处罚。

"国家工作人员有前两款行为，又构成其他犯罪的，依照数罪并罚的规定处罚。"

三十三、在刑法第二百九十一条之一后增加一条，作为第二百九十一条之二："从建筑物或者其他高空抛掷物品，情节严重的，处一年以下有期徒刑、拘役或者管制，并处或者单处罚金。

"有前款行为，同时构成其他犯罪的，依照处罚较重的规定定罪处罚。"

三十四、在刑法第二百九十三条后增加一条，作为第二百九十三条之一："有下列情形之一，催收高利放贷等产生的非法债务，情节严重的，处三年以下有期徒刑、拘役或者管制，并处或者单处罚金：

"（一）使用暴力、胁迫方法的；

"（二）限制他人人身自由或者侵入他人住宅的；

"（三）恐吓、跟踪、骚扰他人的。"

三十五、在刑法第二百九十九条后增加一条，作为第二百九十九条之一："侮辱、诽谤或者以其他方式侵害英雄烈士的名誉、荣誉，损害社会公共利益，情节严重的，处三年以下有期徒刑、拘役、管制或者剥夺政治权利。"

三十六、将刑法第三百零三条修改为："以营利为目的，聚众赌博或者以赌博为业的，处三年以下有期徒刑、拘役或者管制，并处罚金。

"开设赌场的，处五年以下有期徒刑、拘役或者管制，并处罚金；情节严重的，处五年以上十年以下有期徒刑，并处罚金。

"组织中华人民共和国公民参与国（境）外赌博，数额巨大或者有其他严重情节的，依照前款的规定处罚。"

三十七、将刑法第三百三十条第一款修改为："违反传染病防治法的规定，有下列情形之一，引起甲类传染病以及依法确定采取甲类传染病预防、控制措施的传染病传播或者有传播严重危险的，处三年以下有期徒刑或者拘役；后果特别严重的，处三年以上七年以下有期徒刑：

“（一）供水单位供应的饮用水不符合国家规定的卫生标准的；

“（二）拒绝按照疾病预防控制机构提出的卫生要求，对传染病病原体污染的污水、污物、场所和物品进行消毒处理的；

“（三）准许或者纵容传染病病人、病原携带者和疑似传染病病人从事国务院卫生行政部门规定禁止从事的易使该传染病扩散的工作的；

“（四）出售、运输疫区中被传染病病原体污染或者可能被传染病病原体污染的物品，未进行消毒处理的；

“（五）拒绝执行县级以上人民政府、疾病预防控制机构依照传染病防治法提出的预防、控制措施的。”

三十八、在刑法第三百三十四条后增加一条，作为第三百三十四条之一：“违反国家有关规定，非法采集我国人类遗传资源或者非法运送、邮寄、携带我国人类遗传资源材料出境，危害公众健康或者社会公共利益，情节严重的，处三年以下有期徒刑、拘役或者管制，并处或者单处罚金；情节特别严重的，处三年以上七年以下有期徒刑，并处罚金。”

三十九、在刑法第三百三十六条后增加一条，作为第三百三十六条之一：“将基因编辑、克隆的人类胚胎植入人体或者动物体内，或者将基因编辑、克隆的动物胚胎植入人体内，情节严重的，处三年以下有期徒刑或者拘役，并处罚金；情节特别严重的，处三年以上七年以下有期徒刑，并处罚金。”

四十、将刑法第三百三十八条修改为：“违反国家规定，排放、倾倒或者处置有放射性的废物、含传染病病原体的废物、有毒物质或者其他有害物质，严重污染环境的，处三年以下有期徒刑或者拘役，并处或者单处罚金；情节严重的，处三年以上七年以下有期徒刑，并处罚金；有下列情形之一的，处七年以上有期徒刑，并处罚金：

“（一）在饮用水水源保护区、自然保护地核心保护区等依法确定的重点保护区域排放、倾倒、处置有放射性的废物、含传染病病原体的废物、有毒物质，情节特别严重的；

“（二）向国家确定的重要江河、湖泊水域排放、倾倒、处置有放射性的废物、含传染病病原体的废物、有毒物质，情节特别严重的；

“（三）致使大量永久基本农田基本功能丧失或者遭受永久性破坏的；

“（四）致使多人重伤、严重疾病，或者致人严重残疾、死亡的。

“有前款行为，同时构成其他犯罪的，依照处罚较重的规定定罪处罚。”

四十一、在刑法第三百四十一条中增加一款作为第三款：“违反野生动物保护管理法规，以食用为目的非法猎捕、收购、运输、出售第一款规定以外的在野外环境自然生长繁殖的陆生野生动物，情节严重的，依照前款的规定处罚。”

四十二、在刑法第三百四十二条后增加一条，作为第三百四十二条之一：“违反自然保护地管理法规，在国家公园、国家级自然保护区进行开垦、开发活动或者修建建筑物，造成严重后果或者有其他恶劣情节的，处五年以下有期徒刑或者拘役，并处或者单处罚金。

“有前款行为，同时构成其他犯罪的，依照处罚较重的规定定罪处罚。”

四十三、在刑法第三百四十四条后增加一条，作为第三百四十四条之一：“违反国家规定，非法引进、释放或者丢弃外来入侵物种，情节严重的，处三年以下有期徒刑或者拘役，并处或者单处罚金。”

四十四、在刑法第三百五十五条后增加一条，作为第三百五十五条之一：“引诱、教唆、欺骗运动员使用兴奋剂参加国内、国际重大体育竞赛，或者明知运动员参加上述竞赛而向其提供兴奋剂，情节严重的，处三年以下有期徒刑或者拘役，并处罚金。

“组织、强迫运动员使用兴奋剂参加国内、国际重大体育竞赛的，依照前款的规定从重处罚。”

四十五、将刑法第四百零八条之一第一款修改为：“负有食品药品安全监督管理职责的国家机关工作人员，滥用职权或者玩忽职守，有下列情形之一，造成严重后果或者有其他严重情节的，处五年以下有期徒刑或者拘役；造成特别严重后果或者有其他特别严重情节的，处五年以上十年以下有期徒刑：

“（一）瞒报、谎报食品安全事故、药品安全事件的；

“（二）对发现的严重食品药品安全违法行为未按规定查处的；

“（三）在药品和特殊食品审批审评过程中，对不符合条件的申请准予许可的；

“（四）依法应当移交司法机关追究刑事责任不移交的；

“（五）有其他滥用职权或者玩忽职守行为的。”

四十六、将刑法第四百三十一条第二款修改为：“为境外的机构、组织、人员窃取、刺探、收买、非法提供军事秘密的，处五年以上十年以下有期徒刑；情节严重的，处十年以上有期徒刑、无期徒刑或者死刑。”

四十七、将刑法第四百五十条修改为：“本章适用于中国人民解放军的现役军官、文职干部、士兵及具有军籍的学员和中国人民武装警察部队的现役警官、文职干部、士兵及具有军籍的学员以及文职人员、执行军事任务的预备役人员和其他人员。”

四十八、本修正案自 2021 年 3 月 1 日起施行。

附一：中华人民共和国刑法修正案（十一）（草案）

一、在刑法第一百一十四条中增加两款作为第二款、第三款："从高空抛掷物品，危及公共安全的，处拘役或者管制，并处或者单处罚金。

"有前款行为，致人伤亡或者造成其他严重后果，同时构成其他犯罪的，依照处罚较重的规定定罪处罚。"

二、在刑法第一百三十三条之一后增加一条，作为第一百三十三条之二："对行驶中的公共交通工具的驾驶人员使用暴力或者抢夺驾驶操纵装置，干扰公共交通工具正常行驶，危及公共安全的，处一年以下有期徒刑、拘役或者管制，并处或者单处罚金。

"前款规定的驾驶人员与他人互殴，危及公共安全的，依照前款的规定处罚。

"有前两款行为，致人伤亡或者造成其他严重后果，同时构成其他犯罪的，依照处罚较重的规定定罪处罚。"

三、将刑法第一百三十四条第二款修改为："强令他人违章冒险作业，或者明知存在重大事故隐患而拒不排除，仍冒险组织作业，因而发生重大伤亡事故或者造成其他严重后果的，处五年以下有期徒刑或者拘役；情节特别恶劣的，处五年以上有期徒刑。"

四、在刑法第一百三十四条后增加一条，作为第一百三十四条之一："在生产、作业中违反有关安全管理的规定，有下列情形之一，具有导致重大伤亡事故或者其他严重后果发生的现实危险的，处一年以下有期徒刑、拘役或者管制：

"（一）关闭、破坏直接关系生产安全的监控、报警、防护、救生设备、设施，或者篡改、隐瞒其相关数据、信息的；

"（二）因存在重大事故隐患被依法责令停产停业、停止施工、停止使用有关设备、设施、场所或者立即采取排除危险的整改措施，而拒不执行的；

"（三）涉及安全生产的事项未经依法批准或者许可，擅自从事矿山开采、金属冶炼、建筑施工，以及危险物品生产、经营、储存、运输等高度危险的生产作业活动，情节严重的。"

五、将刑法第一百四十一条修改为："生产、销售假药的，处三年以下有期徒刑或者拘役，并处罚金；对人体健康造成严重危害或者有其他严重情节的，处三年以上十年以下有期徒刑，并处罚金；致人死亡或者有其他特别严重情节的，处十年以上有期徒刑、无期徒刑或者死刑，并处罚金或者没收财产。

"违反国家规定，未取得批准证明文件生产药品或者明知是上述药品而销售的，依照前款的规定处罚。

"药品使用单位的人员明知是假药而提供给他人使用的，依照第一款的规定处罚。"

六、将刑法第一百四十二条修改为："生产、销售劣药，对人体健康造成严重危害的，处三年以上十年以下有期徒刑，并处罚金；后果特别严重的，处十年以上有期徒刑或者无期徒刑，并处罚金或者没收财产。

"药品使用单位的人员明知是劣药而提供给他人使用的，依照前款的规定处罚。"

七、在刑法第一百四十二条后增加一条，作为第一百四十二条之一："违反药品管理法规，有下列情形之一，足以严重危害人体健康的，处三年以下有期徒刑或者拘役，并处罚金；对人体健康造成严重危害或者有其他严重情节的，处三年以上七年以下有期徒刑，并处罚金：

"（一）生产、销售国务院药品监督管理部门禁止使用的药品的；

"（二）未取得药品批准证明文件进口药品或者明知是上述药品而销售的；

"（三）依法应当检验而未经检验即销售药品的；

"（四）药品申请注册中提供虚假的证明、数据、资料、样品或者采取其他欺骗手段的；

"（五）编造生产、检验记录的。

"有前款行为，同时又构成本法第一百四十一条、第一百四十二条规定之罪或者其他犯罪的，依照处罚较重的规定定罪处罚。"

八、将刑法第一百六十条修改为："在招股说明书、认股书、公司、企业债券募集办法等发行文件中隐瞒重要事实或者编造重大虚假内容，发行股票或者公司、企业债券，数额巨大、后果严重或者有其他严重情节的，处五年以下有期徒刑或者拘役，并处或者单处罚金；数额特别巨大、后果特别严重或者有其他特别严重情节的，处五年以上有期徒刑，并处罚金。

"控股股东、实际控制人组织、指使实施前款行为的，处五年以下有期徒刑或者拘役，并处或者单处非法募集资金金额百分之二十以上一倍以下罚金；数额特别巨大、后果特别严重或者有其他特别严重情节的，处五年以上有期徒刑，并处非法募集资金金额百分之二十以上一倍以下罚金。

"单位犯前两款罪的，对单位判处非法募集资金金额百分之二十以上一倍以下罚金，并对其直接负责的主管人员和其他直接责任人员，依照第一款的规定处罚。"

九、将刑法第一百六十一条修改为："依法负有信息披露义务的公司、企业向股东和社会公众提供虚假的或者隐瞒重要事实的财务会计报告，或者对依法应当披露的其他重要信息不按照规定披露，严重损害股东或者其他人利益，或者有其他严重情节的，对其直接负责的主管人员和其他直接责任人员，处五年以下有期徒刑或者拘役，并处或者单处罚金；情节特别严重的，处五年以上十年以下有期徒刑，并处罚金。

“前款规定的公司、企业的控股股东、实际控制人组织、指使实施前款行为的，或者隐瞒重要事项导致前款规定的情形发生的，处五年以下有期徒刑或者拘役，并处或者单处罚金；情节特别严重的，处五年以上十年以下有期徒刑，并处罚金。

“单位犯前款罪的，对单位判处罚金，并对其直接负责的主管人员和其他直接责任人员，依照前款的规定处罚。”

十、将刑法第一百六十三条第一款修改为：“公司、企业或者其他单位的工作人员，利用职务上的便利，索取他人财物或者非法收受他人财物，为他人谋取利益，数额较大的，处三年以下有期徒刑或者拘役，并处罚金；数额巨大或者有其他严重情节的，处三年以上十年以下有期徒刑，并处罚金；数额特别巨大或者有其他特别严重情节的，处十年以上有期徒刑或者无期徒刑，并处罚金。”

十一、将刑法第一百七十五条之一第一款修改为：“以欺骗手段取得银行或者其他金融机构贷款、票据承兑、信用证、保函等，给银行或者其他金融机构造成重大损失的，处三年以下有期徒刑或者拘役，并处或者单处罚金；给银行或者其他金融机构造成特别重大损失或者有其他特别严重情节的，处三年以上七年以下有期徒刑，并处罚金。”

十二、将刑法第一百七十六条第一款修改为：“非法吸收公众存款或者变相吸收公众存款，扰乱金融秩序的，处三年以下有期徒刑或者拘役，并处或者单处罚金；数额巨大或者有其他严重情节的，处三年以上十年以下有期徒刑，并处罚金；数额特别巨大或者有其他特别严重情节的，处十年以上有期徒刑，并处罚金。”

十三、将刑法第一百九十二条修改为：“以非法占有为目的，使用诈骗方法非法集资，数额较大的，处三年以上七年以下有期徒刑，并处罚金；数额巨大或者有其他严重情节的，处七年以上有期徒刑或者无期徒刑，并处罚金或者没收财产。”

十四、将刑法第二百一十九条修改为：“有下列侵犯商业秘密行为之一，情节严重的，处三年以下有期徒刑或者拘役，并处或者单处罚金；情节特别严重的，处三年以上十年以下有期徒刑，并处罚金：

“（一）以盗窃、利诱、欺诈、胁迫、电子侵入或者其他不正当手段获取权利人的商业秘密的；

“（二）披露、使用或者允许他人使用以前项手段获取的权利人的商业秘密的；

“（三）违反保密义务或者违反权利人有关保守商业秘密的要求，披露、使用或者允许他人使用其所掌握的商业秘密的。

“明知或者应知前款所列行为，获取、使用或者披露他人的商业秘密的，以侵犯商业秘密论。

“本条所称商业秘密，是指不为公众所知悉、具有商业价值并经权利人采取相应保密措施的技术信息、经营信息等商业信息。

“本条所称权利人，是指商业秘密的所有人和经商业秘密所有人许可的商业秘密使用人。”

十五、在刑法第二百一十九条后增加一条，作为第二百一十九条之一：“为境外的机构、组织、人员窃取、刺探、收买、非法提供商业秘密的，处五年以下有期徒刑或者拘役，并处或者单处罚金；情节严重的，处五年以上有期徒刑，并处罚金。”

十六、将刑法第二百二十九条修改为：“承担资产评估、验资、验证、会计、审计、法律服务、保荐等职责的中介组织的人员故意提供虚假证明文件，情节严重的，处五年以下有期徒刑或者拘役，并处罚金；有下列情形之一的，处五年以上十年以下有期徒刑，并处罚金：

“（一）提供与证券发行相关的虚假的资产评估、会计、审计、保荐等证明文件，情节特别严重的；

“（二）提供与重大资产交易相关的虚假的资产评估、会计、审计等证明文件，情节特别严重的；

“（三）在涉及公共安全的重大工程、项目中提供虚假的安全评价、环境影响评价证明文件，致使公共财产、国家和人民利益遭受特别重大损失的。

“前款规定的人员，索取他人财物或者非法收受他人财物，同时构成其他犯罪的，依照处罚较重的规定定罪处罚。

“第一款规定的人员，严重不负责任，出具的证明文件有重大失实，造成严重后果的，处三年以下有期徒刑或者拘役，并处或者单处罚金。”

十七、在刑法第二百四十六条后增加一条，作为第二百四十六条之一：“侮辱、诽谤英雄烈士，损害社会公共利益，情节严重的，处三年以下有期徒刑、拘役、管制或者剥夺政治权利。”

十八、将刑法第二百七十一条第一款修改为：“公司、企业或者其他单位的工作人员，利用职务上的便利，将本单位财物非法占为己有，数额较大的，处三年以下有期徒刑或者拘役，并处罚金；数额巨大的，处三年以上十年以下有期徒刑，并处罚金；数额特别巨大的，处十年以上有期徒刑或者无期徒刑，并处罚金。”

十九、将刑法第二百七十二条修改为：“公司、企业或者其他单位的工作人员，利用职务上的便利，挪用本单位资金归个人使用或者借贷给他人，数额较大、超过三个月未还的，或者虽未超过三个月，但数额较大、进行营利活动的，或者进行非法活动的，处三年以下有期徒刑或者拘役；挪用本单位资金数额巨大的，处三年以上七年以下有期徒刑；数额特别巨大的，处七年以上有期徒刑。

“国有公司、企业或者其他国有单位中从事公务的人员和国有公司、企业或者其他国有单位委派到非国有公司、企业以及其他单位从事公务的人员有前款行为的，依照本法第三百八十四条的规定定罪处罚。

“有第一款行为，在提起公诉前将挪用的资金退还的，可以从轻或者减轻处罚。”

二十、在刑法第二百九十三条后增加一条，作为第二百九十三条之一：“有下列情形之一，催收高利放贷产生的债务或者其他法律不予保护的债务，并以此为业的，处三年以下有期徒刑、拘役或者管制，并处或者单处罚金：

“（一）使用暴力、胁迫方法的；

“（二）限制他人人身自由或者侵入他人住宅，情节较轻的；

“（三）恐吓、跟踪、骚扰他人，情节严重的。

“有前款行为，同时构成其他犯罪的，依照处罚较重的规定定罪处罚。”

二十一、将刑法第三百三十条第一款修改为：“违反传染病防治法的规定，有下列情形之一，引起甲类传染病以及依法确定采取甲类传染病预防、控制措施的传染病传播或者有传播严重危险的，处三年以下有期徒刑或者拘役；后果特别严重的，处三年以上七年以下有期徒刑：

“（一）供水单位供应的饮用水不符合国家规定的卫生标准的；

“（二）拒绝按照疾病预防控制机构提出的卫生要求，对传染病病原体污染的污水、污物、粪便进行消毒处理的；

“（三）准许或者纵容传染病病人、病原携带者和疑似传染病病人从事国务院卫生行政部门规定禁止从事的易使该传染病扩散的工作的；

“（四）出售、运输疫区中被传染病病原体污染或者可能被传染病病原体污染的物品，未进行消毒处理的；

“（五）拒绝执行县级以上人民政府、疾病预防控制机构依照传染病防治法提出的预防、控制措施的。”

二十二、在刑法第三百三十四条后增加一条，作为第三百三十四条之一：“违反国家有关规定，有下列情形之一，危害公众健康或者社会公共利益，情节严重的，处三年以下有期徒刑、拘役或者管制，并处或者单处罚金；情节特别严重的，处三年以上七年以下有期徒刑，并处罚金：

“（一）非法采集国家人类遗传资源；

“（二）非法运送、邮寄、携带国家人类遗传资源材料出境的；

“（三）未经安全审查，将国家人类遗传资源信息向境外组织、个人及其设立或实际控制的机构提供或者开放使用的。”

二十三、在刑法第三百三十六条后增加一条，作为第三百三十六条之一：“违反国家有关规定，将基因编辑的胚胎、克隆的胚胎植入人类或者动物体内，情节严重的，处三年以下有期徒刑或者拘役，并处罚金；情节特别严重的，处三年以上七年以下有期徒刑，并处罚金。”

二十四、将刑法第三百三十八条修改为：“违反国家规定，排放、倾倒或者处置有放射性的废物、含传染病病原体的废物、有毒物质或者其他有害物质，严重污染环境的，处三年以下有期徒刑或者拘役，并处或者单处罚金；后果严重的，处三年以上七年以下有期徒刑，并处罚金；有下列情形之一的，处七年以上有期徒刑：

“（一）在饮用水水源保护区、自然保护区核心区排放、倾倒、处置有放射性的废物、含传染病病原体的废物、有毒物质，造成特别严重后果的；

“（二）向国家确定的重要江河、湖泊水域排放、倾倒、处置有放射性的废物、含传染病病原体的废物、有毒物质，造成特别严重后果的；

“（三）致使大量基本农田基本功能丧失或者遭受永久性破坏的；

“（四）致人重伤、死亡的。

“有前款行为，同时构成其他犯罪的，依照处罚较重的规定定罪处罚。”

二十五、在刑法第三百四十一条中增加一款作为第三款：“违反野生动物保护管理法规，以食用为目的非法猎捕、收购、运输、出售前两款规定以外的陆生野生动物，情节严重的，依照前款的规定处罚。”

二十六、在刑法第三百四十四条后增加一条，作为第三百四十四条之一：“违反国家规定，非法引进、释放或者丢弃外来入侵物种，情节严重的，处三年以下有期徒刑或者拘役，并处或者单处罚金。”

二十七、在刑法第三百四十五条后增加一条，作为第三百四十五条之一：“违反自然保护区管理法规，在国家级自然保护区进行开垦、开发活动或者修建建筑物，造成严重后果或者有其他恶劣情节的，处五年以下有期徒刑或者拘役，并处或者单处罚金。

“有前款行为，同时构成其他犯罪的，依照处罚较重的规定定罪处罚。”

二十八、将刑法第四百零八条之一第一款修改为：“负有食品药品安全监督管理职责的国家机关工作人员，滥用职权或者玩忽职守，有下列情形之一的，处五年以下有期徒刑或者拘役；造成特别严重后果的，处五年以上十年以下有期徒刑：

“（一）瞒报、谎报、漏报食品药品安全事件，情节严重的；

“（二）对发现的严重食品药品安全违法行为未及时查处的；

“（三）未及时发现监督管理区域内重大食品药品安全隐患的；

“（四）对不符合条件的申请准予许可，情节严重的；

“（五）依法应当移交司法机关追究刑事责任不移交的。”

二十九、将刑法第四百三十一条第二款修改为："为境外的机构、组织、人员窃取、刺探、收买、非法提供军事秘密的，处五年以上十年以下有期徒刑；情节严重的，处十年以上有期徒刑、无期徒刑或者死刑；情节较轻的，处五年以下有期徒刑。"

三十、将刑法第四百五十条修改为："本章适用于中国人民解放军的现役军官、文职干部、士兵及具有军籍的学员和中国人民武装警察部队的现役警官、文职干部、士兵及具有军籍的学员以及文职人员、执行军事任务的预备役人员和其他人员。"

三十一、本修正案自　年　月　日起施行。

附二：关于《中华人民共和国刑法修正案（十一）（草案）》的说明

——2020年6月28日在第十三届全国人民代表大会常务委员会第二十次会议上

（全国人大常委会法制工作委员会副主任　李　宁）

委员长、各位副委员长、秘书长、各位委员：

我受委员长会议的委托，作关于《中华人民共和国刑法修正案（十一）（草案）》的说明。

一、修改刑法的必要性

刑法是国家的基本法律，在中国特色社会主义法律体系中居于基础性、保障性地位，对于打击犯罪、维护国家安全、社会稳定和保护人民群众生命财产安全具有重要意义。党中央和全国人大常委会历来十分重视刑法的修改和完善工作。1997年全面修订刑法以来先后通过了一个决定、十个刑法修正案和十三个有关刑法的法律解释，及时对刑法作出修改、补充和明确适用。总体看，现行刑法适应当前我国经济社会发展总体情况和预防、惩治犯罪的需要。同时，也需要根据新任务、新要求、新情况对刑法作出局部调整。一是，落实党中央决策部署的要求。党的十八大以来，党中央对安全生产、产权保护、金融市场秩序、食品药品安全、生态环境、公共卫生安全等领域的刑法治理和保护提出了明确要求。二是，适应国内国际形势变化和当前面临的新情况、新斗争需要，与疫情防控相关的公共卫生安全、生物安全，以及知识产权领域等法律的制定修改进一步衔接，需要刑法作出相应调整，以增强法律规范的系统性、完整性、协同性。三是，近年来司法实践中出现了一些新情况新问题，全国人大代表、中央政法机关和有关部门、地方等都提出了一些修改刑法的意见建议，需要修改刑法予以明确和解决，回应关切。

二、起草的主要工作和总体思路

本届全国人大常委会以来，全国人大常委会法制工作委员会按照党中央决策部署和全国人大常委会立法规划安排，认真学习贯彻党中央有关要求，研究落实具体方案，针对实践中的新情况、新问题和各方面提出的意见建议，深入调查研究，会同中央依法治国办、中央政法委、最高人民法院、最高人民检察院、公安部、司法部以及国务院有关部门反复研究沟通，广泛听取各方面意见，对主要问题取得共识，形成了《中华人民共和国刑法修正案（十一）（草案）》。

这次刑法修改的总体思路：一是，坚决贯彻落实党中央决策部署，将党中央决策转化为法律制度。紧紧围绕保障党和国家重大战略目标实现、保障改革开放成果和建设法治中国、平安中国的要求，更加注重统筹发挥好刑法对经济社会生活的规范保障、引领推动作用。二是，坚持以人民为中心，适应新时代人民群众日益增长的美好生活需要，围绕坚决打好"三大攻坚战"，加强保护人民群众生命财产安全，特别是有关安全生产、食品药品、环境、公共卫生等涉及公共、民生领域的基本安全、重大安全。三是，进一步贯彻宽严相济刑事政策，适应国家治理体系和治理能力现代化的要求，把握犯罪产生、发展和预防惩治的规律，注重社会系统治理和综合施策。对社会危害严重的犯罪保持高压态势，对一些社会危害较轻，或者有从轻情节的犯罪，留下从宽处置的余地和空间；对能够通过行政、民事责任和经济社会管理等手段有效解决的矛盾，不作为犯罪处理，防止内部矛盾激化，避免不必要的刑罚扩张。四是，坚持问题导向，针对实践中反映的突出问题，及时对刑法作出调整。坚持"立得住、行得通、真管用"，避免偏离实践导向的修改，维护法律的权威和严肃有效执行。同时，坚持从我国国情出发，立足我国社会治理实践。

三、草案的主要内容

这次修正案涉及六个方面，共修改补充刑法30条。

（一）加大对安全生产犯罪的预防惩治

为进一步强化对劳动者生命安全的保障，维护生产安全，拟对刑法作出以下修改补充：

一是对社会反映突出的高空抛物、妨害公共交通工具安全驾驶的犯罪进一步作出明确规定，维护人民群众"头顶上的安全"和"出行安全"。

二是提高重大责任事故类犯罪的刑罚，对明知存在重大事故隐患而拒不排除，仍冒险组织作业，造成严重后果的事故类犯罪加大刑罚力度。

三是刑事处罚阶段适当前移，针对实践中的突出情况，规定对具有导致严重后果发生的现实危险的三项多发易发安全生产违法违规情形，追究刑事责任。

（二）完善惩治食品药品犯罪规定

为进一步强化食品药品安全，保护人民群众安全，与药品管理法等法律作好衔接，拟对刑法作以下修改完善：

一是在药品管理法对假劣药的范围做出调整以后，保持对涉药品犯罪惩治力度不减，考虑到实践中“黑作坊”生产、销售药品的严重危害，规定与生产、销售假药罪同等处罚。

二是总结长春长生疫苗事件等案件经验教训，与修改后的药品管理法进一步衔接，将一些此前以假药论的情形以及违反药品生产质量管理规范的行为等单独规定为一类犯罪。

三是修改食品监管渎职犯罪，增加药品监管渎职犯罪，进一步细化食品药品渎职犯罪情形，增强操作性和适用性。

（三）完善破坏金融秩序犯罪规定

为进一步防范化解金融风险，保障金融改革，维护金融秩序，保护人民群众利益，拟进一步完善刑法有关规定：

一是完善证券犯罪规定。与以信息披露为核心的证券发行注册制改革相适应，保障注册制改革顺利推进，维护证券市场秩序和投资者利益，提高欺诈发行股票、债券罪和违规披露、不披露重要信息罪的刑罚，明确控股股东、实际控制人的刑事责任，同时加大对保荐等中介机构在证券发行、重大资产交易中提供虚假证明文件等犯罪的惩治力度，提高资本市场违法违规成本。

二是从严惩处非法集资犯罪。针对实践中不法分子借互联网金融名义从事网络非法集资，严重扰乱经济金融秩序和极大侵害人民群众财产的情况，将非法吸收公众存款罪的法定最高刑由十年有期徒刑提高到十五年，调整集资诈骗罪的刑罚结构，加大对非法集资犯罪的惩处力度。

三是严厉惩处非法讨债行为。总结“扫黑除恶”专项斗争实践经验，将采取暴力、“软暴力”等手段催收高利放贷产生的债务以及其他法律不予保护的债务，并以此为业的行为规定为犯罪。

（四）加强企业产权刑法保护

为进一步加强企业产权保护和优化营商环境，拟对刑法作出以下修改：

一是加大惩治民营企业内部发生的侵害民营企业财产的犯罪。进一步提高和调整职务侵占罪、非国家工作人员受贿罪、挪用资金罪的刑罚配置，落实产权平等保护精神。另外，总结实践中依法纠正的企业产权保护案件经验，考虑到民营企业发展和内部治理的实际情况，规定挪用资金在被提起公诉前退还的，可以从轻或者减轻处罚。

二是修改骗取贷款、票据承兑、金融票证罪入罪门槛规定，对由于“融资门槛高”、“融资难”等原因，民营企业因生产经营需要，在融资过程中虽然有一些违规行为，但并没有诈骗目的，最后未给银行造成重大损失的，一般不作为犯罪处理。

三是修改侵犯商业秘密罪入罪门槛，进一步提高刑罚，加强对侵犯商业秘密犯罪的惩处。同时，增加规定商业间谍犯罪。

（五）强化公共卫生刑事法治保障

为保护公共卫生安全，总结新冠肺炎疫情防控经验和需要，与野生动物保护法、生物安全法、传染病防治法等法律的修改制定相衔接，拟对刑法作出以下修改补充：

一是修改妨害传染病防治罪，进一步明确新冠肺炎等依法确定的采取甲类传染病管理措施的传染病，属于本罪调整范围，补充完善构成犯罪的情形，增加规定了拒绝执行人民政府依法提出的预防控制措施，非法出售、运输疫区被污染物品等犯罪行为。

二是维护国家安全和生物安全，防范生物威胁，与生物安全法衔接，增加规定了三类犯罪行为：非法从事人体基因编辑、克隆胚胎的犯罪；严重危害国家人类遗传资源安全的犯罪；非法处置外来入侵物种的犯罪等。

三是将以食用为目的的非法猎捕、收购、运输、出售除珍贵、濒危野生动物和“三有野生动物”以外的陆生野生动物，情节严重的行为增加规定为犯罪，从源头上防范和控制重大公共卫生安全风险。

（六）其他修改完善

一是维护社会主义核心价值观，保护英雄烈士名誉，与英雄烈士保护法相衔接，将侮辱、诽谤英雄烈士的行为明确规定为犯罪。

二是加大对污染环境罪的惩处力度，增加规定在国家级自然保护区非法开垦、开发或者修建建筑物等严重破坏自然保护区生态环境资源的犯罪。

三是适应军队改革情况，对军人违反职责罪的主体范围作出完善，明确军队文职人员适用军人违反职责罪规定。另外，根据军事犯罪审判实践和需要，进一步调整为境外窃取、刺探、收买、非法提供军事秘密罪的刑罚结构，保持罪刑均衡。

在调研和征求意见过程中，有关方面还提出了其他一些修改刑法的建议。考虑到这些问题，有的各方面认识还不一致，需要进一步研究论证；有的可以适用刑法其他规定惩处；有的可以在法律适用中进一步明确，未列入本草案。

刑法修正案（十一）草案和以上说明是否妥当，请审议。

附三：全国人民代表大会宪法和法律委员会关于《中华人民共和国刑法修正案（十一）（草案）》修改情况的汇报

全国人民代表大会常务委员会：

常委会第二十次会议对刑法修正案（十一）草案进行了初次审议。会后，法制工作委员会将草案印发各省（自治区、直辖市）人大常委会、中央有关部门和部分高等院校、研究机构、基层立法联系点等征求意见。在中国人大网全文公布草案征求社会公众意见。法制工作委员会到广西、浙江进行调研，通过视频方式听取湖南、湖北、吉林等地有关方面的意见，对草案进行了修改完善。同时，就一些重要问题与中央有关部门反复沟通研究，在取得初步共识的基础上，又增加了一些新的犯罪规定。宪法和法律委员会于9月16日召开会议，根据常委会组成人员的审议意见和各方面意见，对草案进行了逐条审议。中央政法委、司法部有关负责同志列席了会议。9月29日，宪法和法律委员会召开会议，再次进行了审议。现将草案主要问题修改情况汇报如下：

一、一些常委会组成人员、全国人大代表、部门、地方和社会公众提出，实践中低龄未成年人实施犯罪、性侵害未成年人等涉未成年人犯罪案件较为突出，引发社会关切，建议修改刑法相关规定。宪法和法律委员会经研究，建议对草案作以下两个方面补充完善：一是修改有关法定最低刑事责任年龄和收容教养的规定。拟在特定情形下，经特别程序，对法定最低刑事责任年龄作个别下调，在刑法第十七条中规定：已满十二周岁不满十四周岁的人，犯故意杀人、故意伤害罪，致人死亡，情节恶劣的，经最高人民检察院核准，应当负刑事责任。同时，统筹考虑刑法修改和预防未成年人犯罪法修改相关问题，将收容教养修改为专门矫治教育。二是针对司法实践中反映的问题，加强对未成年人的刑法保护。（1）修改奸淫幼女犯罪，对奸淫不满十周岁的幼女或者造成幼女伤害等严重情形明确适用更重刑罚。（2）增加特殊职责人员性侵犯罪，对负有监护、收养、看护、教育、医疗等特殊职责人员，与已满十四周岁不满十六周岁未成年女性发生性关系的，不论未成年人是否同意，都应追究刑事责任。（3）修改猥亵儿童罪，进一步明确对猥亵儿童罪适用更重刑罚的具体情形。

二、一些常委会组成人员、部门和地方提出，应进一步发挥刑法对防范化解金融风险、维护金融秩序的重要作用，加大对有关金融犯罪惩治力度。宪法和法律委员会经同有关方面研究，建议对草案作以下修改补充：一是针对新情况，补充完善了操纵证券、期货市场罪的情形，进一步严密刑事法网。二是修改洗钱罪，将实施一些严重犯罪后的“自洗钱”明确为犯罪，同时完善有关洗钱行为方式，增加地下钱庄通过“支付”结算方式洗钱等。作上述修改以后，我国刑法第一百九十一条、第三百一十二条等规定的洗钱犯罪的上游犯罪包含所有犯罪，“自洗钱”也可单独定罪，为有关部门有效预防、惩治洗钱违法犯罪以及境外追逃追赃提供充足的法律保障。三是在刑法第一百九十二条中增加一款规定，加大对单位犯集资诈骗罪的处罚力度，并相应修改刑法第二百条规定。

三、有的常委委员、部门建议从法律上进一步加强对袭警行为的预防、惩治，修改刑法第二百七十七条第五款规定的“暴力袭击正在依法执行职务的人民警察”依照妨害公务罪从重处罚的规定，增加单独的法定刑。同时，针对使用枪支、管制刀具或者驾驶机动车撞击等严重暴力袭警行为，增加规定更重的处罚。宪法和法律委员会经研究，建议采纳上述意见。

四、一些常委会组成人员、部门、地方和社会公众提出，社会上发生的冒名顶替上大学等事件，严重损害他人利益，破坏教育公平和社会公平正义底线，应当专门规定为犯罪。宪法和法律委员会经研究，建议采纳上述意见，在刑法第二百八十条之一后增加一条，将盗用、冒用他人身份，顶替他人取得的高等学历教育入学资格、公务员录用资格、就业安置待遇的行为规定为犯罪，同时规定组织、指使他人实施的，从重处罚。

五、草案第十七条规定，侮辱、诽谤英雄烈士，损害社会公共利益，情节严重的，追究刑事责任。有的地方、专家提出，侮辱、诽谤英雄烈士的行为方式应当列举涵盖得更全面一些；有的常委委员、地方、专家和社会公众建议调整本条规定的章节位置，更加准确体现树立社会主义核心价值观和维护社会秩序的目的。宪法和法律委员会经研究，建议采纳上述意见，将本条作为刑法第二百九十九条之一，修改为：侮辱、诽谤或者以其他方式侵害英雄烈士的名誉、荣誉，损害社会公共利益，情节严重的，追究刑事责任。

六、有的部门提出，近年来跨境赌博违法犯罪严重，致使大量资金外流等，严重损害国家形象和经济安全，建议修改赌博犯罪规定，加大处罚力度。宪法和法律委员会经研究，建议对刑法第三百零三条作出修改，进一步调整开设赌场罪的刑罚配置，同时增加境外赌场人员组织、招揽我国公民出境赌博犯罪。

七、草案第二十三条规定，非法将基因编辑的胚胎、克隆的胚胎植入人类或者动物体内，情节严重的，追究刑事责任。有的常委会组成人员建议进一步修改犯罪情形，不应包括出于科研目的将基因编辑的动物胚胎植入动物体内的实验活动。宪法和法律委员会经研究，建议采纳上述意见，对草案作相应修改。

八、有的部门提出，有关兴奋剂违规行为严重损害国家形象，破坏体育竞赛公平竞争，严重损害运动员身心健康，建议将组织、强迫运动员使用兴奋剂，以及引诱、教唆、欺骗运动员使用兴奋剂参加国内、国际重大体育竞赛，或者向其提供兴奋剂等严重情形规定为犯罪。宪法和法律委员会经研究，建议采纳上述意见，在刑法第三百五十五条后增加一条，作相应规定。

此外，还对草案作了一些文字修改。

草案二次审议稿已按上述意见作了修改，宪法和法律委员会建议提请本次常委会会议继续审议。

草案二次审议稿和以上汇报是否妥当，请审议。

全国人民代表大会宪法和法律委员会
2020 年 10 月 13 日

附四：中华人民共和国刑法修正案（十一）（草案）（二次审议稿）

一、将刑法第十七条修改为："已满十六周岁的人犯罪，应当负刑事责任。

"已满十四周岁不满十六周岁的人，犯故意杀人、故意伤害致人重伤或者死亡、强奸、抢劫、贩卖毒品、放火、爆炸、投放危险物质罪的，应当负刑事责任。

"已满十二周岁不满十四周岁的人，犯故意杀人、故意伤害罪，致人死亡，情节恶劣的，经最高人民检察院核准，应当负刑事责任。

"对依照前三款规定追究刑事责任的不满十八周岁的人，应当从轻或者减轻处罚。

"因不满十六周岁不予刑事处罚的，责令他的家长或者监护人加以管教；在必要的时候，依法进行专门矫治教育。"

二、在刑法第一百三十三条之一后增加一条，作为第一百三十三条之二："对行驶中的公共交通工具的驾驶人员使用暴力或者抢控驾驶操纵装置，干扰公共交通工具正常行驶，危及公共安全的，处一年以下有期徒刑、拘役或者管制，并处或者单处罚金。

"前款规定的驾驶人员在行驶的公共交通工具上擅离职守，与他人互殴或者殴打他人，危及公共安全的，依照前款的规定处罚。

"有前两款行为，致人伤亡或者造成其他严重后果，同时构成其他犯罪的，依照处罚较重的规定定罪处罚。"

三、将刑法第一百三十四条第二款修改为："强令他人违章冒险作业，或者明知存在重大事故隐患而不排除，仍冒险组织作业，因而发生重大伤亡事故或者造成其他严重后果的，处五年以下有期徒刑或者拘役；情节特别恶劣的，处五年以上有期徒刑。"

四、在刑法第一百三十四条后增加一条，作为第一百三十四条之一："在生产、作业中违反有关安全管理的规定，有下列情形之一，具有发生重大伤亡事故或者其他严重后果的现实危险的，处一年以下有期徒刑、拘役或者管制：

"（一）关闭、破坏直接关系生产安全的监控、报警、防护、救生设备、设施，或者篡改、隐瞒、销毁其相关数据、信息的；

"（二）因存在重大事故隐患被依法责令停产停业、停止施工、停止使用有关设备、设施、场所或者立即采取排除危险的整改措施，而拒不执行的；

"（三）涉及安全生产的事项未经依法批准或者许可，擅自从事矿山开采、金属冶炼、建筑施工，以及危险物品生产、经营、储存等高度危险的生产作业活动的。"

五、将刑法第一百四十一条修改为："生产、销售假药的，处三年以下有期徒刑或者拘役，并处罚金；对人体健康造成严重危害或者有其他严重情节的，处三年以上十年以下有期徒刑，并处罚金；致人死亡或者有其他特别严重情节的，处十年以上有期徒刑、无期徒刑或者死刑，并处罚金或者没收财产。

"药品使用单位的人员明知是假药而提供给他人使用的，依照前款的规定处罚。"

六、将刑法第一百四十二条修改为："生产、销售劣药，对人体健康造成严重危害的，处三年以上十年以下有期徒刑，并处罚金；后果特别严重的，处十年以上有期徒刑或者无期徒刑，并处罚金或者没收财产。

"药品使用单位的人员明知是劣药而提供给他人使用的，依照前款的规定处罚。"

七、在刑法第一百四十二条后增加一条，作为第一百四十二条之一："违反药品管理法规，有下列情形之一，足以严重危害人体健康的，处三年以下有期徒刑或者拘役，并处或者单处罚金；对人体健康造成严重危害或者有其他严重情节的，处三年以上七年以下有期徒刑，并处罚金：

"（一）生产、销售国务院药品监督管理部门禁止使用的药品的；

"（二）未取得药品批准证明文件生产、进口药品或者明知是上述药品而销售的；

"（三）药品申请注册中提供虚假的证明、数据、资料、样品或者采取其他欺骗手段的；

"（四）编造生产、检验记录的。

"有前款行为，同时又构成本法第一百四十一条、第一百四十二条规定之罪或者其他犯罪的，依照处罚较重的规定定罪处罚。"

八、将刑法第一百六十条修改为："在招股说明书、认股书、公司、企业债券募集办法等发行文件中隐瞒重要事实或者编造重大虚假内容，发行股票、公司债券、企业债券、存托凭证或者国务院依法认定的其他证券，数额巨大、后果严重或者有其他严重情节的，处五年以下有期徒刑或者拘役，并处或者单处罚金；数额特别巨大、后果特别严重或者有其他特别严重情节的，处五年以上有期徒刑，并处罚金。

“控股股东、实际控制人组织、指使实施前款行为的，处五年以下有期徒刑或者拘役，并处或者单处非法募集资金金额百分之二十以上一倍以下罚金；数额特别巨大、后果特别严重或者有其他特别严重情节的，处五年以上有期徒刑，并处非法募集资金金额百分之二十以上一倍以下罚金。

“单位犯前两款罪的，对单位判处非法募集资金金额百分之二十以上一倍以下罚金，并对其直接负责的主管人员和其他直接责任人员，依照第一款的规定处罚。”

九、将刑法第一百六十一条修改为：“依法负有信息披露义务的公司、企业向股东和社会公众提供虚假的或者隐瞒重要事实的财务会计报告，或者对依法应当披露的其他重要信息不按照规定披露，严重损害股东或者其他人利益，或者有其他严重情节的，对其直接负责的主管人员和其他直接责任人员，处五年以下有期徒刑或者拘役，并处或者单处罚金；情节特别严重的，处五年以上十年以下有期徒刑，并处罚金。

“前款规定的公司、企业的控股股东、实际控制人实施或者组织、指使实施前款行为的，或者隐瞒相关事项导致前款规定的情形发生的，依照前款的规定处罚。

“犯前款罪的控股股东、实际控制人是单位的，对单位判处罚金，并对其直接负责的主管人员和其他直接责任人员，依照第一款的规定处罚。”

十、将刑法第一百六十三条第一款修改为：“公司、企业或者其他单位的工作人员，利用职务上的便利，索取他人财物或者非法收受他人财物，为他人谋取利益，数额较大的，处三年以下有期徒刑或者拘役，并处罚金；数额巨大或者有其他严重情节的，处三年以上十年以下有期徒刑，并处罚金；数额特别巨大或者有其他特别严重情节的，处十年以上有期徒刑或者无期徒刑，并处罚金。”

十一、将刑法第一百七十五条之一第一款修改为：“以欺骗手段取得银行或者其他金融机构贷款、票据承兑、信用证、保函等，给银行或者其他金融机构造成重大损失的，处三年以下有期徒刑或者拘役，并处或者单处罚金；给银行或者其他金融机构造成特别重大损失或者有其他特别严重情节的，处三年以上七年以下有期徒刑，并处罚金。”

十二、将刑法第一百七十六条修改为：“非法吸收公众存款或者变相吸收公众存款，扰乱金融秩序的，处三年以下有期徒刑或者拘役，并处或者单处罚金；数额巨大或者有其他严重情节的，处三年以上十年以下有期徒刑，并处罚金；数额特别巨大或者有其他特别严重情节的，处十年以上有期徒刑，并处罚金。

“单位犯前款罪的，对单位判处罚金，并对其直接负责的主管人员和其他直接责任人员，依照前款的规定处罚。

“有前两款行为，在提起公诉前积极退赃，减少损害结果发生的，可以从轻或者减轻处罚。”

十三、将刑法第一百八十二条第一款修改为：“有下列情形之一，操纵证券、期货市场，影响证券、期货交易价格或者证券、期货交易量，情节严重的，处五年以下有期徒刑或者拘役，并处或者单处罚金；情节特别严重的，处五年以上十年以下有期徒刑，并处罚金：

“（一）单独或者合谋，集中资金优势、持股或者持仓优势或者利用信息优势联合或者连续买卖的；

“（二）与他人串通，以事先约定的时间、价格和方式相互进行证券、期货交易的；

“（三）在自己实际控制的帐户之间进行证券交易，或者以自己为交易对象，自买自卖期货合约的；

“（四）不以成交为目的，频繁或者大量申报买入、卖出证券、期货合约并撤销申报的；

“（五）利用虚假或者不确定的重大信息，诱导投资者进行证券、期货交易的；

“（六）对证券、证券发行人、期货交易标的公开作出评价、预测或者投资建议，同时进行反向证券交易或者相关期货交易的；

“（七）以其他方法操纵证券、期货市场的。”

十四、将刑法第一百九十一条修改为：“为掩饰、隐瞒毒品犯罪、黑社会性质的组织犯罪、恐怖活动犯罪、走私犯罪、贪污贿赂犯罪、破坏金融管理秩序犯罪、金融诈骗犯罪的所得及其产生的收益的来源和性质，有下列行为之一的，没收实施以上犯罪的所得及其产生的收益，处五年以下有期徒刑或者拘役，并处或者单处罚金；情节严重的，处五年以上十年以下有期徒刑，并处罚金：

“（一）提供资金帐户的；

“（二）将财产转换为现金、金融票据、有价证券的；

“（三）通过转帐或者其他支付结算方式转移资金的；

“（四）跨境转移资产的；

“（五）以其他方法掩饰、隐瞒犯罪所得及其收益的来源和性质的。

“单位犯前款罪的，对单位判处罚金，并对其直接负责的主管人员和其他直接责任人员，依照前款的规定处罚。”

十五、将刑法第一百九十二条修改为：“以非法占有为目的，使用诈骗方法非法集资，数额较大的，处三年以上七年以下有期徒刑，并处罚金；数额巨大或者有其他严重情节的，处七年以上有期徒刑或者无期徒刑，并处罚金或者没收财产。

"单位犯前款罪的，对单位判处罚金，并对其直接负责的主管人员和其他直接责任人员，依照前款的规定处罚。"

十六、将刑法第二百条修改为："单位犯本节第一百九十四条、第一百九十五条规定之罪的，对单位判处罚金，并对其直接负责的主管人员和其他直接责任人员，处五年以下有期徒刑或者拘役，可以并处罚金；数额巨大或者有其他严重情节的，处五年以上十年以下有期徒刑，并处罚金；数额特别巨大或者有其他特别严重情节的，处十年以上有期徒刑或者无期徒刑，并处罚金。"

十七、将刑法第二百一十九条修改为："有下列侵犯商业秘密行为之一，情节严重的，处三年以下有期徒刑或者拘役，并处或者单处罚金；情节特别严重的，处三年以上十年以下有期徒刑，并处罚金：

"（一）以盗窃、利诱、欺诈、胁迫、电子侵入或者其他不正当手段获取权利人的商业秘密的；

"（二）披露、使用或者允许他人使用以前项手段获取的权利人的商业秘密的；

"（三）违反保密义务或者违反权利人有关保守商业秘密的要求，披露、使用或者允许他人使用其所掌握的商业秘密的。

"明知或者应知前款所列行为，获取、披露、使用或者允许他人使用该商业秘密的，以侵犯商业秘密论。

"本条所称权利人，是指商业秘密的所有人和经商业秘密所有人许可的商业秘密使用人。"

十八、在刑法第二百一十九条后增加一条，作为第二百一十九条之一："为境外的机构、组织、人员窃取、刺探、收买、非法提供商业秘密的，处五年以下有期徒刑或者拘役，并处或者单处罚金；情节严重的，处五年以上有期徒刑，并处罚金。"

十九、将刑法第二百二十九条修改为："承担资产评估、验资、验证、会计、审计、法律服务、保荐、安全评价、环境影响评价、环境监测等职责的中介组织的人员故意提供虚假证明文件，情节严重的，处五年以下有期徒刑或者拘役，并处罚金；有下列情形之一的，处五年以上十年以下有期徒刑，并处罚金：

"（一）提供与证券发行相关的虚假的资产评估、会计、审计、法律服务、保荐等证明文件，情节特别严重的；

"（二）提供与重大资产交易相关的虚假的资产评估、会计、审计等证明文件，情节特别严重的；

"（三）在涉及公共安全的重大工程、项目中提供虚假的安全评价、环境影响评价证明文件，致使公共财产、国家和人民利益遭受特别重大损失的。

"前款规定的人员，索取他人财物或者非法收受他人财物，同时构成其他犯罪的，依照处罚较重的规定定罪处罚。

"第一款规定的人员，严重不负责任，出具的证明文件有重大失实，造成严重后果的，处三年以下有期徒刑或者拘役，并处或者单处罚金。"

二十、将刑法第二百三十六条修改为："以暴力、胁迫或者其他手段强奸妇女的，处三年以上十年以下有期徒刑。

"奸淫不满十四周岁的幼女的，以强奸论，从重处罚。

"强奸妇女、奸淫幼女，有下列情形之一的，处十年以上有期徒刑、无期徒刑或者死刑：

"（一）强奸妇女、奸淫幼女情节恶劣的；

"（二）强奸妇女、奸淫幼女多人的；

"（三）在公共场所当众强奸妇女、奸淫幼女的；

"（四）二人以上轮奸的；

"（五）奸淫不满十周岁的幼女或者造成幼女伤害的；

"（六）致使被害人重伤、死亡或者造成其他严重后果的。"

二十一、在刑法第二百三十六条后增加一条，作为第二百三十六条之一："对已满十四周岁不满十六周岁的未成年女性负有监护、收养、看护、教育、医疗等特殊职责的人员，与该未成年女性发生性关系的，处三年以下有期徒刑；情节恶劣的，处三年以上十年以下有期徒刑。

"有前款行为，同时又构成本法第二百三十六条规定之罪的，依照该规定定罪处罚。"

二十二、将刑法第二百三十七条第三款修改为："猥亵儿童的，处五年以下有期徒刑；有下列情形之一的，处五年以上有期徒刑：

"（一）猥亵儿童多人或者多次的；

"（二）聚众或者在公共场所当众猥亵儿童的；

"（三）造成儿童伤害或者其他严重后果的；

"（四）猥亵手段恶劣或者有其他恶劣情节的。"

二十三、将刑法第二百七十一条第一款修改为："公司、企业或者其他单位的工作人员，利用职务上的便利，将本单位财物非法占为己有，数额较大的，处三年以下有期徒刑或者拘役，并处罚金；数额巨大的，处三年以上十年以下有期徒刑，并处罚金；数额特别巨大的，处十年以上有期徒刑或者无期徒刑，并处罚金。"

二十四、将刑法第二百七十二条修改为："公司、企业或者其他单位的工作人员，利用职务上的便利，挪用本单位资金归个人使用或者借贷给他人，数额较大、超过三个月未还的，或者虽未超过三个月，但数额较大、进行营利活动的，或者进行非法活动的，处三年以下有期徒刑或者拘役；挪用本单位资金数额巨大的，处三年以上七年以下有期徒刑；数额特别巨大的，处七年以上有期徒刑。

“国有公司、企业或者其他国有单位中从事公务的人员和国有公司、企业或者其他国有单位委派到非国有公司、企业以及其他单位从事公务的人员有前款行为的，依照本法第三百八十四条的规定定罪处罚。

“有第一款行为，在提起公诉前将挪用的资金退还的，可以从轻或者减轻处罚。其中，犯罪较轻的，可以减轻或者免除处罚。”

二十五、将刑法第二百七十七条第五款修改为：“暴力袭击正在依法执行职务的人民警察的，处三年以下有期徒刑、拘役或者管制；使用枪支、管制刀具或者驾驶机动车撞击等手段，严重危及其人身安全的，处三年以上七年以下有期徒刑。致人重伤、死亡，同时构成其他犯罪的，依照处罚较重的规定定罪处罚。”

二十六、在刑法第二百八十条之一后增加一条，作为第二百八十条之二：“盗用、冒用他人身份，顶替他人取得的高等学历教育入学资格、公务员录用资格、就业安置待遇的，处三年以下有期徒刑、拘役或者管制，并处罚金。

“组织、指使他人实施前款行为的，依照前款的规定从重处罚。”

二十七、在刑法第二百九十一条之一后增加一条，作为第二百九十一条之二：“从建筑物或者其他高空抛掷物品，情节严重的，处一年以下有期徒刑、拘役或者管制，并处或者单处罚金。

“有前款行为，同时构成其他犯罪的，依照处罚较重的规定定罪处罚。”

二十八、在刑法第二百九十三条后增加一条，作为第二百九十三条之一：“有下列情形之一，催收高利放贷产生的债务或者其他法律不予保护的债务，情节严重的，处三年以下有期徒刑、拘役或者管制，并处或者单处罚金：

“（一）使用暴力、胁迫方法的；

“（二）限制他人人身自由或者侵入他人住宅的；

“（三）恐吓、跟踪、骚扰他人的。”

二十九、在刑法第二百九十九条后增加一条，作为第二百九十九条之一：“侮辱、诽谤或者以其他方式侵害英雄烈士的名誉、荣誉，损害社会公共利益，情节严重的，处三年以下有期徒刑、拘役、管制或者剥夺政治权利。”

三十、将刑法第三百零三条修改为：“以营利为目的，聚众赌博或者以赌博为业的，处三年以下有期徒刑、拘役或者管制，并处罚金。

“开设赌场的，处五年以下有期徒刑、拘役或者管制，并处罚金；情节严重的，处五年以上十年以下有期徒刑，并处罚金。

“境外开设赌场人员、赌场管理人员或者受其指派的人员，组织、招揽中华人民共和国公民出境参与赌博，数额巨大或者有其他严重情节的，依照前款的规定处罚。”

三十一、将刑法第三百三十条第一款修改为：“违反传染病防治法的规定，有下列情形之一，引起甲类传染病以及依法确定采取甲类传染病预防、控制措施的传染病传播或者有传播严重危险的，处三年以下有期徒刑或者拘役；后果特别严重的，处三年以上七年以下有期徒刑：

“（一）供水单位供应的饮用水不符合国家规定的卫生标准的；

“（二）拒绝按照疾病预防控制机构提出的卫生要求，对传染病病原体污染的污水、污物、粪便进行消毒处理的；

“（三）准许或者纵容传染病病人、病原携带者和疑似传染病病人从事国务院卫生行政部门规定禁止从事的易使该传染病扩散的工作的；

“（四）出售、运输疫区中被传染病病原体污染或者可能被传染病病原体污染的物品，未进行消毒处理的；

“（五）拒绝执行县级以上人民政府、疾病预防控制机构依照传染病防治法提出的预防、控制措施的。”

三十二、在刑法第三百三十四条后增加一条，作为第三百三十四条之一：“违反国家有关规定，非法采集我国人类遗传资源或者非法运送、邮寄、携带我国人类遗传资源材料出境，危害公众健康或者社会公共利益，情节严重的，处三年以下有期徒刑、拘役或者管制，并处或者单处罚金；情节特别严重的，处三年以上七年以下有期徒刑，并处罚金。”

三十三、在刑法第三百三十六条后增加一条，作为第三百三十六条之一：“违反国家有关规定，将基因编辑、克隆的人类胚胎植入人体或者动物体内，或者将基因编辑、克隆的动物胚胎植入人体内，情节严重的，处三年以下有期徒刑或者拘役，并处罚金；情节特别严重的，处三年以上七年以下有期徒刑，并处罚金。”

三十四、将刑法第三百三十八条修改为：“违反国家规定，排放、倾倒或者处置有放射性的废物、含传染病病原体的废物、有毒物质或者其他有害物质，严重污染环境的，处三年以下有期徒刑或者拘役，并处或者单处罚金；情节严重的，处三年以上七年以下有期徒刑，并处罚金；有下列情形之一的，处七年以上有期徒刑，并处罚金：

“（一）在饮用水水源保护区、自然保护区核心区等依法确定的国家重点生态保护区域排放、倾倒、处置有放射性的废物、含传染病病原体的废物、有毒物质，造成特别严重后果的；

“（二）向国家确定的重要江河、湖泊水域排放、倾倒、处置有放射性的废物、含传染病病原体的废物、有毒物质，造成特别严重后果的；

“（三）致使大量永久基本农田基本功能丧失或者遭受永久性破坏的；

“（四）致使多人重伤、严重疾病，或者致人严重残疾、死亡的。

“有前款行为，同时构成其他犯罪的，依照处罚较重的规定定罪处罚。”

三十五、在刑法第三百四十一条中增加一款作为第三款："违反野生动物保护管理法规，以食用为目的非法猎捕、收购、运输、出售第一款规定以外的陆生野生动物，情节严重的，依照前款的规定处罚。"

三十六、在刑法第三百四十四条后增加一条，作为第三百四十四条之一："违反国家规定，非法引进、释放或者丢弃外来入侵物种，情节严重的，处三年以下有期徒刑或者拘役，并处或者单处罚金。"

三十七、在刑法第三百四十五条后增加一条，作为第三百四十五条之一："违反自然保护地管理法规，在国家公园、国家级自然保护区进行开垦、开发活动或者修建建筑物，造成严重后果或者有其他恶劣情节的，处五年以下有期徒刑或者拘役，并处或者单处罚金。

"有前款行为，同时构成其他犯罪的，依照处罚较重的规定定罪处罚。"

三十八、在刑法第三百五十五条后增加一条，作为第三百五十五条之一："引诱、教唆、欺骗运动员使用兴奋剂参加国内、国际重大体育竞赛，或者明知运动员参加上述竞赛而向其提供兴奋剂，情节严重的，处三年以下有期徒刑、拘役或者管制，并处罚金。

"组织、强迫运动员使用兴奋剂的，依照前款的规定从重处罚。"

三十九、将刑法第四百零八条之一第一款修改为："负有食品药品安全监督管理职责的国家机关工作人员，滥用职权或者玩忽职守，有下列情形之一，造成严重后果或者有其他严重情节的，处五年以下有期徒刑或者拘役；造成特别严重后果或者有其他特别严重情节的，处五年以上十年以下有期徒刑：

"（一）瞒报、谎报食品安全事故、药品安全事件；

"（二）对发现的严重食品药品安全违法行为未按规定查处的；

"（三）在药品和婴幼儿配方食品等特殊食品审批审评过程中，对不符合条件的申请准予许可的；

"（四）依法应当移交司法机关追究刑事责任不移交的；

"（五）有其他滥用职权或者玩忽职守行为的。"

四十、将刑法第四百三十一条第二款修改为："为境外的机构、组织、人员窃取、刺探、收买、非法提供军事秘密的，处五年以上十年以下有期徒刑；情节严重的，处十年以上有期徒刑、无期徒刑或者死刑。"

四十一、将刑法第四百五十条修改为："本章适用于中国人民解放军的现役军官、文职干部、士兵及具有军籍的学员和中国人民武装警察部队的现役警官、文职干部、士兵及具有军籍的学员以及文职人员、执行军事任务的预备役人员和其他人员。"

四十二、本修正案自　年　月　日起施行。

附五：全国人民代表大会宪法和法律委员会关于《中华人民共和国刑法修正案（十一）（草案）》审议结果的报告

全国人民代表大会常务委员会：

常委会第二十二次会议对刑法修正案（十一）草案进行了二次审议。会后，法制工作委员会在中国人大网全文公布草案，再次征求社会公众意见。宪法和法律委员会、法制工作委员会就一些重要问题会同有关方面加强沟通研究，到四川等地调研听取意见，联合召开座谈会听取中央有关部门、全国人大代表和专家的意见。宪法和法律委员会于 11 月 26 日召开会议，根据常委会组成人员的审议意见和各方面意见，对草案进行了逐条审议。司法部的负责同志列席了会议。12 月 11 日，宪法和法律委员会召开会议，再次进行审议。宪法和法律委员会认为，草案经过两次审议修改，已经比较成熟。同时，提出以下主要修改意见：

一、草案二次审议稿第一条第三款规定，"已满十二周岁不满十四周岁的人，犯故意杀人、故意伤害罪，致人死亡，情节恶劣的，经最高人民检察院核准，应当负刑事责任。"有的常委会组成人员、全国人大代表提出，本款规定限于致人死亡的情形，对使用特别残忍手段致人重伤造成严重残疾的，也应追究刑事责任。宪法和法律委员会经研究，建议采纳上述意见，修改为"已满十二周岁不满十四周岁的人，犯故意杀人、故意伤害罪，致人死亡或者以特别残忍手段致人重伤造成严重残疾，情节恶劣，经最高人民检察院核准追诉的，应当负刑事责任。"

二、有的部门提出，为贯彻落实党中央关于进一步强化知识产权保护的要求，根据当前实践需要，与修改后的著作权法、商标法等衔接，有必要对刑法有关知识产权犯罪的规定作进一步修改完善。宪法和法律委员会经会同有关方面研究，建议对刑法第二百一十三条假冒注册商标罪、第二百一十四条销售假冒注册商标的商品罪、第二百一十五条非法制造、销售非法制造的注册商标标识罪、第二百一十七条侵犯著作权罪、第二百一十八条销售侵权复制品罪等有关规定作出修改完善：一是适当提高五个犯罪的刑罚，进一步加大惩治力度。二是根据实践需要，与修改后的著作权法、商标法等衔接，增加侵犯服务商标犯罪规定，完善侵犯著作权罪中作品种类、侵权情形、有关表演者权等邻接权的规定。三是完善有关犯罪门槛规定，将销售假冒注册商标的商品罪、销售侵权复制品罪定罪量刑的标准修改为违法所得数额加情节。此外，对草案二次审议稿第十七条有关侵犯商业秘密罪的规定作了进一步修改完善；增加单位实施商业间谍犯罪刑事责任的规定。

三、草案二次审议稿第二十六条增加了盗用、冒用他人身份，顶替他人取得的高等学历教育入学资格、公务员录用资格、就业安置待遇的犯罪。有的常委会组成人员建议对国家机关工作人员组织、指使或者帮助实施冒名顶替的行为进一步明确法律适用和从严惩处。宪法和法律委员会经研究，建议增加一款，规定：国家机关工作人员有前两款行为，又构成其他犯罪的，依照数罪并罚的规定处罚。

四、草案二次审议稿第三十条第三款规定："境外开设赌场人员、赌场管理人员或者受其指派的人员，组织、招揽中华人民共和国公民出境参与赌博，数额巨大或者有其他严重情节的，依照前款的规定处罚。"一些常委委员、有关方面建议慎重研究，进一步精准打击跨境赌博犯罪。宪法和法律委员会经会同有关方面共同研究，建议将上述规定修改为："组织中华人民共和国公民前往国（境）外参与赌博，数额巨大或者有其他严重情节的，依照前款的规定处罚。"

五、草案二次审议稿第三十四条修改了污染环境罪，提高法定刑，并明确了适用情形。有的地方提出，适用第一款第一项、第二项要求"造成特别严重后果"，该两项列举的都是很严重的污染环境行为，实践中造成特别严重后果有时不好认定，建议修改为"情节特别严重"，进一步加大保护生态环境。宪法和法律委员会经研究，建议采纳上述意见，作相应修改。

还有一个问题需要汇报。关于刑法文本问题。1997 年修订刑法以后，对刑法的修改主要采取了修正案的方式。修正案通过后，以主席令形式公布的是修正案文本，没有将修正案内容放入刑法作重新公布。为了保证刑法文本的统一，便于学习宣传和贯彻实施刑法，参照以往有关做法，建议本次常委会通过刑法修正案（十一）后，由法制工作委员会根据全国人大常委会通过的刑法修正案、刑法修改的决定等，对刑法作相应的修正，并编辑公布 1997 年修订的刑法原文、全国人大常委会有关刑法修改的决定、历次刑法修正案和修正后的刑法文本，并在常务委员会公报上刊登。

此外，还对草案二次审议稿作了一些文字修改。

12 月 11 日，法制工作委员会召开会议，邀请中央有关部门、全国人大代表和专家学者，就草案的可行性、出台时机、实施的社会效果和可能出现的问题等进行评估。普遍认为，草案贯彻落实党中央决策部署，坚持以人民为中心的立法理念，较好地回应了社会关切，进一步完善了刑法的规定，可以适应现阶段预防和惩治犯罪的需要，更好地发挥刑法对经济社会生活的规范保障和引领推动作用。草案经过两次审议已比较成熟，具有较强的针对性和可操作性，现在出台是必要的、适时的。同时，还对草案提出了一些具体修改意见，宪法和法律委员会进行了认真研究，对有的意见予以采纳。

草案三次审议稿已按上述意见作了修改，宪法和法律委员会建议提请本次常委会会议审议通过。

草案三次审议稿和以上报告是否妥当，请审议。

全国人民代表大会宪法和法律委员会
2020 年 12 月 22 日

附六：全国人民代表大会宪法和法律委员会关于《中华人民共和国刑法修正案（十一）（草案三次审议稿）》修改意见的报告

全国人民代表大会常务委员会：

本次常委会会议于 12 月 22 日下午对刑法修正案（十一）草案三次审议稿进行了分组审议。普遍认为，草案已经比较成熟，建议进一步修改后，提请本次会议通过。同时，有些常委会组成人员还提出了一些修改意见。宪法和法律委员会于 12 月 22 日晚召开会议，逐条研究了常委会组成人员的审议意见，对草案进行了审议。最高人民法院、最高人民检察院、司法部的有关负责同志列席了会议。宪法和法律委员会认为，草案是可行的，同时，提出以下修改意见：

草案三次审议稿第三十二条规定了"冒名顶替"的犯罪，其中第三款规定："国家机关工作人员有前两款行为，又构成其他犯罪的，依照数罪并罚的规定处罚"。有的部门、专家提出，实践中"冒名顶替"也有高校管理人员等共同参与，同时构成其他犯罪的，也应数罪并罚。宪法和法律委员会经研究，建议将上述规定中的"国家机关工作人员"修改为"国家工作人员"。

经研究，建议将本修正案的施行时间确定为 2021 年 3 月 1 日。

此外，根据常委会组成人员的审议意见，还对草案三次审议稿作了个别文字修改。

草案建议表决稿已按上述意见作了修改，宪法和法律委员会建议本次常委会会议通过。

草案建议表决稿和以上报告是否妥当，请审议。

全国人民代表大会宪法和法律委员会
2020 年 12 月 25 日

附七：中华人民共和国刑法修正案（十一）（草案）（表决稿）

（2020年12月　日第十三届全国人民代表大会常务委员会第二十四次会议通过）

一、将刑法第十七条修改为："已满十六周岁的人犯罪，应当负刑事责任。

"已满十四周岁不满十六周岁的人，犯故意杀人、故意伤害致人重伤或者死亡、强奸、抢劫、贩卖毒品、放火、爆炸、投放危险物质罪的，应当负刑事责任。

"已满十二周岁不满十四周岁的人，犯故意杀人、故意伤害罪，致人死亡或者以特别残忍手段致人重伤造成严重残疾，情节恶劣，经最高人民检察院核准追诉的，应当负刑事责任。

"对依照前三款规定追究刑事责任的不满十八周岁的人，应当从轻或者减轻处罚。

"因不满十六周岁不予刑事处罚的，责令其父母或者其他监护人加以管教；在必要的时候，依法进行专门矫治教育。"

二、在刑法第一百三十三条之一后增加一条，作为第一百三十三条之二："对行驶中的公共交通工具的驾驶人员使用暴力或者抢控驾驶操纵装置，干扰公共交通工具正常行驶，危及公共安全的，处一年以下有期徒刑、拘役或者管制，并处或者单处罚金。

"前款规定的驾驶人员在行驶的公共交通工具上擅离职守，与他人互殴或者殴打他人，危及公共安全的，依照前款的规定处罚。

"有前两款行为，同时构成其他犯罪的，依照处罚较重的规定定罪处罚。"

三、将刑法第一百三十四条第二款修改为："强令他人违章冒险作业，或者明知存在重大事故隐患而不排除，仍冒险组织作业，因而发生重大伤亡事故或者造成其他严重后果的，处五年以下有期徒刑或者拘役；情节特别恶劣的，处五年以上有期徒刑。"

四、在刑法第一百三十四条后增加一条，作为第一百三十四条之一："在生产、作业中违反有关安全管理的规定，有下列情形之一，具有发生重大伤亡事故或者其他严重后果的现实危险的，处一年以下有期徒刑、拘役或者管制：

"（一）关闭、破坏直接关系生产安全的监控、报警、防护、救生设备、设施，或者篡改、隐瞒、销毁其相关数据、信息的；

"（二）因存在重大事故隐患被依法责令停产停业、停止施工、停止使用有关设备、设施、场所或者立即采取排除危险的整改措施，而拒不执行的；

"（三）涉及安全生产的事项未经依法批准或者许可，擅自从事矿山开采、金属冶炼、建筑施工，以及危险物品生产、经营、储存等高度危险的生产作业活动的。"

五、将刑法第一百四十一条修改为："生产、销售假药的，处三年以下有期徒刑或者拘役，并处罚金；对人体健康造成严重危害或者有其他严重情节的，处三年以上十年以下有期徒刑，并处罚金；致人死亡或者有其他特别严重情节的，处十年以上有期徒刑、无期徒刑或者死刑，并处罚金或者没收财产。

"药品使用单位的人员明知是假药而提供给他人使用的，依照前款的规定处罚。"

六、将刑法第一百四十二条修改为："生产、销售劣药，对人体健康造成严重危害的，处三年以上十年以下有期徒刑，并处罚金；后果特别严重的，处十年以上有期徒刑或者无期徒刑，并处罚金或者没收财产。

"药品使用单位的人员明知是劣药而提供给他人使用的，依照前款的规定处罚。"

七、在刑法第一百四十二条后增加一条，作为第一百四十二条之一："违反药品管理法规，有下列情形之一，足以严重危害人体健康的，处三年以下有期徒刑或者拘役，并处或者单处罚金；对人体健康造成严重危害或者有其他严重情节的，处三年以上七年以下有期徒刑，并处罚金：

"（一）生产、销售国务院药品监督管理部门禁止使用的药品的；

"（二）未取得药品相关批准证明文件生产、进口药品或者明知是上述药品而销售的；

"（三）药品申请注册中提供虚假的证明、数据、资料、样品或者采取其他欺骗手段的；

"（四）编造生产、检验记录的。

"有前款行为，同时又构成本法第一百四十一条、第一百四十二条规定之罪或者其他犯罪的，依照处罚较重的规定定罪处罚。"

八、将刑法第一百六十条修改为："在招股说明书、认股书、公司、企业债券募集办法等发行文件中隐瞒重要事实或者编造重大虚假内容，发行股票或者公司、企业债券、存托凭证或者国务院依法认定的其他证券，数额巨大、后果严重或者有其他严重情节的，处五年以下有期徒刑或者拘役，并处或者单处罚金；数额特别巨大、后果特别严重或者有其他特别严重情节的，处五年以上有期徒刑，并处罚金。

"控股股东、实际控制人组织、指使实施前款行为的，处五年以下有期徒刑或者拘役，并处或者单处非法募集资金金额百分之二十以上一倍以下罚金；数额特别巨大、后果特别严重或者有其他特别严重情节的，处五年以上有期徒刑，并处非法募集资金金额百分之二十以上一倍以下罚金。

“单位犯前两款罪的，对单位判处非法募集资金金额百分之二十以上一倍以下罚金，并对其直接负责的主管人员和其他直接责任人员，依照第一款的规定处罚。”

九、将刑法第一百六十一条修改为：“依法负有信息披露义务的公司、企业向股东和社会公众提供虚假的或者隐瞒重要事实的财务会计报告，或者对依法应当披露的其他重要信息不按照规定披露，严重损害股东或者其他人利益，或者有其他严重情节的，对其直接负责的主管人员和其他直接责任人员，处五年以下有期徒刑或者拘役，并处或者单处罚金；情节特别严重的，处五年以上十年以下有期徒刑，并处罚金。

“前款规定的公司、企业的控股股东、实际控制人实施或者组织、指使实施前款行为的，或者隐瞒相关事项导致前款规定的情形发生的，依照前款的规定处罚。

“犯前款罪的控股股东、实际控制人是单位的，对单位判处罚金，并对其直接负责的主管人员和其他直接责任人员，依照第一款的规定处罚。”

十、将刑法第一百六十三条第一款修改为：“公司、企业或者其他单位的工作人员，利用职务上的便利，索取他人财物或者非法收受他人财物，为他人谋取利益，数额较大的，处三年以下有期徒刑或者拘役，并处罚金；数额巨大或者有其他严重情节的，处三年以上十年以下有期徒刑，并处罚金；数额特别巨大或者有其他特别严重情节的，处十年以上有期徒刑或者无期徒刑，并处罚金。”

十一、将刑法第一百七十五条之一第一款修改为：“以欺骗手段取得银行或者其他金融机构贷款、票据承兑、信用证、保函等，给银行或者其他金融机构造成重大损失的，处三年以下有期徒刑或者拘役，并处或者单处罚金；给银行或者其他金融机构造成特别重大损失或者有其他特别严重情节的，处三年以上七年以下有期徒刑，并处罚金。”

十二、将刑法第一百七十六条修改为：“非法吸收公众存款或者变相吸收公众存款，扰乱金融秩序的，处三年以下有期徒刑或者拘役，并处或者单处罚金；数额巨大或者有其他严重情节的，处三年以上十年以下有期徒刑，并处罚金；数额特别巨大或者有其他特别严重情节的，处十年以上有期徒刑，并处罚金。

“单位犯前款罪的，对单位判处罚金，并对其直接负责的主管人员和其他直接责任人员，依照前款的规定处罚。

“有前两款行为，在提起公诉前积极退赃退赔，减少损害结果发生的，可以从轻或者减轻处罚。”

十三、将刑法第一百八十二条第一款修改为：“有下列情形之一，操纵证券、期货市场，影响证券、期货交易价格或者证券、期货交易量，情节严重的，处五年以下有期徒刑或者拘役，并处或者单处罚金；情节特别严重的，处五年以上十年以下有期徒刑，并处罚金：

“（一）单独或者合谋，集中资金优势、持股或者持仓优势或者利用信息优势联合或者连续买卖的；

“（二）与他人串通，以事先约定的时间、价格和方式相互进行证券、期货交易的；

“（三）在自己实际控制的帐户之间进行证券交易，或者以自己为交易对象，自买自卖期货合约的；

“（四）不以成交为目的，频繁或者大量申报买入、卖出证券、期货合约并撤销申报的；

“（五）利用虚假或者不确定的重大信息，诱导投资者进行证券、期货交易的；

“（六）对证券、证券发行人、期货交易标的公开作出评价、预测或者投资建议，同时进行反向证券交易或者相关期货交易的；

“（七）以其他方法操纵证券、期货市场的。”

十四、将刑法第一百九十一条修改为：“为掩饰、隐瞒毒品犯罪、黑社会性质的组织犯罪、恐怖活动犯罪、走私犯罪、贪污贿赂犯罪、破坏金融管理秩序犯罪、金融诈骗犯罪的所得及其产生的收益的来源和性质，有下列行为之一的，没收实施以上犯罪的所得及其产生的收益，处五年以下有期徒刑或者拘役，并处或者单处罚金；情节严重的，处五年以上十年以下有期徒刑，并处罚金：

“（一）提供资金帐户的；

“（二）将财产转换为现金、金融票据、有价证券的；

“（三）通过转帐或者其他支付结算方式转移资金的；

“（四）跨境转移资产的；

“（五）以其他方法掩饰、隐瞒犯罪所得及其收益的来源和性质的。

“单位犯前款罪的，对单位判处罚金，并对其直接负责的主管人员和其他直接责任人员，依照前款的规定处罚。”

十五、将刑法第一百九十二条修改为：“以非法占有为目的，使用诈骗方法非法集资，数额较大的，处三年以上七年以下有期徒刑，并处罚金；数额巨大或者有其他严重情节的，处七年以上有期徒刑或者无期徒刑，并处罚金或者没收财产。

“单位犯前款罪的，对单位判处罚金，并对其直接负责的主管人员和其他直接责任人员，依照前款的规定处罚。”

十六、将刑法第二百条修改为：“单位犯本节第一百九十四条、第一百九十五条规定之罪的，对单位判处罚金，并对其直接负责的主管人员和其他直接责任人员，处五年以下有期徒刑或者拘役，可以并处罚金；数额巨大或者有其他严重情节的，处五年以上十年以下有期徒刑，并处罚金；数额特别巨大或者有其他特别严重情节的，处十年以上有期徒刑或者无期徒刑，并处罚金。”

十七、将刑法第二百一十三条修改为："未经注册商标所有人许可，在同一种商品、服务上使用与其注册商标相同的商标，情节严重的，处三年以下有期徒刑，并处或者单处罚金；情节特别严重的，处三年以上十年以下有期徒刑，并处罚金。"

十八、将刑法第二百一十四条修改为："销售明知是假冒注册商标的商品，违法所得数额较大或者有其他严重情节的，处三年以下有期徒刑，并处或者单处罚金；违法所得数额巨大或者有其他特别严重情节的，处三年以上十年以下有期徒刑，并处罚金。"

十九、将刑法第二百一十五条修改为："伪造、擅自制造他人注册商标标识或者销售伪造、擅自制造的注册商标标识，情节严重的，处三年以下有期徒刑，并处或者单处罚金；情节特别严重的，处三年以上十年以下有期徒刑，并处罚金。"

二十、将刑法第二百一十七条修改为："以营利为目的，有下列侵犯著作权或者与著作权有关的权利的情形之一，违法所得数额较大或者有其他严重情节的，处三年以下有期徒刑，并处或者单处罚金；违法所得数额巨大或者有其他特别严重情节的，处三年以上十年以下有期徒刑，并处罚金：

"（一）未经著作权人许可，复制发行、通过信息网络向公众传播其文字作品、音乐、美术、视听作品、计算机软件及法律、行政法规规定的其他作品的；

"（二）出版他人享有专有出版权的图书的；

"（三）未经录音录像制作者许可，复制发行、通过信息网络向公众传播其制作的录音录像的；

"（四）未经表演者许可，复制发行录有其表演的录音录像制品，或者通过信息网络向公众传播其表演的；

"（五）制作、出售假冒他人署名的美术作品的；

"（六）未经著作权人或者与著作权有关的权利人许可，故意避开或者破坏权利人为其作品、录音录像制品等采取的保护著作权或者与著作权有关的权利的技术措施的。"

二十一、将刑法第二百一十八条修改为："以营利为目的，销售明知是本法第二百一十七条规定的侵权复制品，违法所得数额巨大或者有其他严重情节的，处五年以下有期徒刑，并处或者单处罚金。"

二十二、将刑法第二百一十九条修改为："有下列侵犯商业秘密行为之一，情节严重的，处三年以下有期徒刑，并处或者单处罚金；情节特别严重的，处三年以上十年以下有期徒刑，并处罚金：

"（一）以盗窃、贿赂、欺诈、胁迫、电子侵入或者其他不正当手段获取权利人的商业秘密的；

"（二）披露、使用或者允许他人使用以前项手段获取的权利人的商业秘密的；

"（三）违反保密义务或者违反权利人有关保守商业秘密的要求，披露、使用或者允许他人使用其所掌握的商业秘密的。

"明知前款所列行为，获取、披露、使用或者允许他人使用该商业秘密的，以侵犯商业秘密论。

"本条所称权利人，是指商业秘密的所有人和经商业秘密所有人许可的商业秘密使用人。"

二十三、在刑法第二百一十九条后增加一条，作为第二百一十九条之一："为境外的机构、组织、人员窃取、刺探、收买、非法提供商业秘密的，处五年以下有期徒刑，并处或者单处罚金；情节严重的，处五年以上有期徒刑，并处罚金。"

二十四、将刑法第二百二十条修改为："单位犯本节第二百一十三条至第二百一十九条之一规定之罪的，对单位判处罚金，并对其直接负责的主管人员和其他直接责任人员，依照本节各该条的规定处罚。"

二十五、将刑法第二百二十九条修改为："承担资产评估、验资、验证、会计、审计、法律服务、保荐、安全评价、环境影响评价、环境监测等职责的中介组织的人员故意提供虚假证明文件，情节严重的，处五年以下有期徒刑或者拘役，并处罚金；有下列情形之一的，处五年以上十年以下有期徒刑，并处罚金：

"（一）提供与证券发行相关的虚假的资产评估、会计、审计、法律服务、保荐等证明文件，情节特别严重的；

"（二）提供与重大资产交易相关的虚假的资产评估、会计、审计等证明文件，情节特别严重的；

"（三）在涉及公共安全的重大工程、项目中提供虚假的安全评价、环境影响评价等证明文件，致使公共财产、国家和人民利益遭受特别重大损失的。

"有前款行为，同时索取他人财物或者非法收受他人财物构成犯罪的，依照处罚较重的规定定罪处罚。

"第一款规定的人员，严重不负责任，出具的证明文件有重大失实，造成严重后果的，处三年以下有期徒刑或者拘役，并处或者单处罚金。"

二十六、将刑法第二百三十六条修改为："以暴力、胁迫或者其他手段强奸妇女的，处三年以上十年以下有期徒刑。

"奸淫不满十四周岁的幼女的，以强奸论，从重处罚。

"强奸妇女、奸淫幼女，有下列情形之一的，处十年以上有期徒刑、无期徒刑或者死刑：

"（一）强奸妇女、奸淫幼女情节恶劣的；

"（二）强奸妇女、奸淫幼女多人的；

"（三）在公共场所当众强奸妇女、奸淫幼女的；

“（四）二人以上轮奸的；

“（五）奸淫不满十周岁的幼女或者造成幼女伤害的；

“（六）致使被害人重伤、死亡或者造成其他严重后果的。”

二十七、在刑法第二百三十六条后增加一条，作为第二百三十六条之一：“对已满十四周岁不满十六周岁的未成年女性负有监护、收养、看护、教育、医疗等特殊职责的人员，与该未成年女性发生性关系的，处三年以下有期徒刑；情节恶劣的，处三年以上十年以下有期徒刑。

“有前款行为，同时又构成本法第二百三十六条规定之罪的，依照处罚较重的规定定罪处罚。”

二十八、将刑法第二百三十七条第三款修改为：“猥亵儿童的，处五年以下有期徒刑；有下列情形之一的，处五年以上有期徒刑：

“（一）猥亵儿童多人或者多次的；

“（二）聚众猥亵儿童的，或者在公共场所当众猥亵儿童，情节恶劣的；

“（三）造成儿童伤害或者其他严重后果的；

“（四）猥亵手段恶劣或者有其他恶劣情节的。”

二十九、将刑法第二百七十一条第一款修改为：“公司、企业或者其他单位的工作人员，利用职务上的便利，将本单位财物非法占为己有，数额较大的，处三年以下有期徒刑或者拘役，并处罚金；数额巨大的，处三年以上十年以下有期徒刑，并处罚金；数额特别巨大的，处十年以上有期徒刑或者无期徒刑，并处罚金。”

三十、将刑法第二百七十二条修改为：“公司、企业或者其他单位的工作人员，利用职务上的便利，挪用本单位资金归个人使用或者借贷给他人，数额较大、超过三个月未还的，或者虽未超过三个月，但数额较大、进行营利活动的，或者进行非法活动的，处三年以下有期徒刑或者拘役；挪用本单位资金数额巨大的，处三年以上七年以下有期徒刑；数额特别巨大的，处七年以上有期徒刑。

“国有公司、企业或者其他国有单位中从事公务的人员和国有公司、企业或者其他国有单位委派到非国有公司、企业以及其他单位从事公务的人员有前款行为的，依照本法第三百八十四条的规定定罪处罚。

“有第一款行为，在提起公诉前将挪用的资金退还的，可以从轻或者减轻处罚。其中，犯罪较轻的，可以减轻或者免除处罚。”

三十一、将刑法第二百七十七条第五款修改为：“暴力袭击正在依法执行职务的人民警察的，处三年以下有期徒刑、拘役或者管制；使用枪支、管制刀具，或者以驾驶机动车撞击等手段，严重危及其人身安全的，处三年以上七年以下有期徒刑。”

三十二、在刑法第二百八十条之一后增加一条，作为第二百八十条之二：“盗用、冒用他人身份，顶替他人取得的高等学历教育入学资格、公务员录用资格、就业安置待遇的，处三年以下有期徒刑、拘役或者管制，并处罚金。

“组织、指使他人实施前款行为的，依照前款的规定从重处罚。

“国家工作人员有前两款行为，又构成其他犯罪的，依照数罪并罚的规定处罚。”

三十三、在刑法第二百九十一条之一后增加一条，作为第二百九十一条之二：“从建筑物或者其他高空抛掷物品，情节严重的，处一年以下有期徒刑、拘役或者管制，并处或者单处罚金。

“有前款行为，同时构成其他犯罪的，依照处罚较重的规定定罪处罚。”

三十四、在刑法第二百九十三条后增加一条，作为第二百九十三条之一：“有下列情形之一，催收高利放贷等产生的非法债务，情节严重的，处三年以下有期徒刑、拘役或者管制，并处或者单处罚金：

“（一）使用暴力、胁迫方法的；

“（二）限制他人人身自由或者侵入他人住宅的；

“（三）恐吓、跟踪、骚扰他人的。”

三十五、在刑法第二百九十九条后增加一条，作为第二百九十九条之一：“侮辱、诽谤或者以其他方式侵害英雄烈士的名誉、荣誉，损害社会公共利益，情节严重的，处三年以下有期徒刑、拘役、管制或者剥夺政治权利。”

三十六、将刑法第三百零三条修改为：“以营利为目的，聚众赌博或者以赌博为业的，处三年以下有期徒刑、拘役或者管制，并处罚金。

“开设赌场的，处五年以下有期徒刑、拘役或者管制，并处罚金；情节严重的，处五年以上十年以下有期徒刑，并处罚金。

“组织中华人民共和国公民参与国（境）外赌博，数额巨大或者有其他严重情节的，依照前款的规定处罚。”

三十七、将刑法第三百三十条第一款修改为：“违反传染病防治法的规定，有下列情形之一，引起甲类传染病以及依法确定采取甲类传染病预防、控制措施的传染病传播或者有传播严重危险的，处三年以下有期徒刑或者拘役；后果特别严重的，处三年以上七年以下有期徒刑：

“（一）供水单位供应的饮用水不符合国家规定的卫生标准的；

“（二）拒绝按照疾病预防控制机构提出的卫生要求，对传染病病原体污染的污水、污物、场所和物品进行消毒处理的；

“（三）准许或者纵容传染病病人、病原携带者和疑似传染病病人从事国务院卫生行政部门规定禁止从事的易使该传染病扩散的工作的；

“（四）出售、运输疫区中被传染病病原体污染或者可能被传染病病原体污染的物品，未进行消毒处理的；

“（五）拒绝执行县级以上人民政府、疾病预防控制机构依照传染病防治法提出的预防、控制措施的。”

三十八、在刑法第三百三十四条后增加一条，作为第三百三十四条之一：“违反国家有关规定，非法采集我国人类遗传资源或者非法运送、邮寄、携带我国人类遗传资源材料出境，危害公众健康或者社会公共利益，情节严重的，处三年以下有期徒刑、拘役或者管制，并处或者单处罚金；情节特别严重的，处三年以上七年以下有期徒刑，并处罚金。”

三十九、在刑法第三百三十六条后增加一条，作为第三百三十六条之一：“将基因编辑、克隆的人类胚胎植入人体或者动物体内，或者将基因编辑、克隆的动物胚胎植入人体内，情节严重的，处三年以下有期徒刑或者拘役，并处罚金；情节特别严重的，处三年以上七年以下有期徒刑，并处罚金。”

四十、将刑法第三百三十八条修改为：“违反国家规定，排放、倾倒或者处置有放射性的废物、含传染病病原体的废物、有毒物质或者其他有害物质，严重污染环境的，处三年以下有期徒刑或者拘役，并处或者单处罚金；情节严重的，处三年以上七年以下有期徒刑，并处罚金；有下列情形之一的，处七年以上有期徒刑，并处罚金：

“（一）在饮用水水源保护区、自然保护地核心保护区等依法确定的重点保护区域排放、倾倒、处置有放射性的废物、含传染病病原体的废物、有毒物质，情节特别严重的；

“（二）向国家确定的重要江河、湖泊水域排放、倾倒、处置有放射性的废物、含传染病病原体的废物、有毒物质，情节特别严重的；

“（三）致使大量永久基本农田基本功能丧失或者遭受永久性破坏的；

“（四）致使多人重伤、严重疾病，或者致人严重残疾、死亡的。

“有前款行为，同时构成其他犯罪的，依照处罚较重的规定定罪处罚。”

四十一、在刑法第三百四十一条中增加一款作为第三款：“违反野生动物保护管理法规，以食用为目的非法猎捕、收购、运输、出售第一款规定以外的在野外环境自然生长繁殖的陆生野生动物，情节严重的，依照前款的规定处罚。”

四十二、在刑法第三百四十二条后增加一条，作为第三百四十二条之一：“违反自然保护地管理法规，在国家公园、国家级自然保护区进行开垦、开发活动或者修建建筑物，造成严重后果或者有其他恶劣情节的，处五年以下有期徒刑或者拘役，并处或者单处罚金。

“有前款行为，同时构成其他犯罪的，依照处罚较重的规定定罪处罚。”

四十三、在刑法第三百四十四条后增加一条，作为第三百四十四条之一：“违反国家规定，非法引进、释放或者丢弃外来入侵物种，情节严重的，处三年以下有期徒刑或者拘役，并处或者单处罚金。”

四十四、在刑法第三百五十五条后增加一条，作为第三百五十五条之一：“引诱、教唆、欺骗运动员使用兴奋剂参加国内、国际重大体育竞赛，或者明知运动员参加上述竞赛而向其提供兴奋剂，情节严重的，处三年以下有期徒刑或者拘役，并处罚金。

“组织、强迫运动员使用兴奋剂参加国内、国际重大体育竞赛的，依照前款的规定从重处罚。”

四十五、将刑法第四百零八条之一第一款修改为：“负有食品药品安全监督管理职责的国家机关工作人员，滥用职权或者玩忽职守，有下列情形之一，造成严重后果或者有其他严重情节的，处五年以下有期徒刑或者拘役；造成特别严重后果或者有其他特别严重情节的，处五年以上十年以下有期徒刑：

“（一）瞒报、谎报食品安全事故、药品安全事件的；

“（二）对发现的严重食品药品安全违法行为未按规定查处的；

“（三）在药品和特殊食品审批审评过程中，对不符合条件的申请准予许可的；

“（四）依法应当移交司法机关追究刑事责任不移交的；

“（五）有其他滥用职权或者玩忽职守行为的。”

四十六、将刑法第四百三十一条第二款修改为：“为境外的机构、组织、人员窃取、刺探、收买、非法提供军事秘密的，处五年以上十年以下有期徒刑；情节严重的，处十年以上有期徒刑、无期徒刑或者死刑。”

四十七、将刑法第四百五十条修改为：“本章适用于中国人民解放军的现役军官、文职干部、士兵及具有军籍的学员和中国人民武装警察部队的现役警官、文职干部、士兵及具有军籍的学员以及文职人员、执行军事任务的预备役人员和其他人员。”

四十八、本修正案自2021年3月1日起施行。

第三部分　单行刑法

1. 全国人民代表大会常务委员会关于惩治骗购外汇、逃汇和非法买卖外汇犯罪的决定

（1998年12月29日第九届全国人民代表大会常务委员会第六次会议通过
自公布之日起施行）

为了惩治骗购外汇、逃汇和非法买卖外汇的犯罪行为，维护国家外汇管理秩序，对刑法作如下补充修改：

一、有下列情形之一，骗购外汇，数额较大的，处五年以下有期徒刑或者拘役，并处骗购外汇数额百分之五以上百分之三十以下罚金；数额巨大或者有其他严重情节的，处五年以上十年以下有期徒刑，并处骗购外汇数额百分之五以上百分之三十以下罚金；数额特别巨大或者有其他特别严重情节的，处十年以上有期徒刑或者无期徒刑，并处骗购外汇数额百分之五以上百分之三十以下罚金或者没收财产：

（一）使用伪造、变造的海关签发的报关单、进口证明、外汇管理部门核准件等凭证和单据的；

（二）重复使用海关签发的报关单、进口证明、外汇管理部门核准件等凭证和单据的；

（三）以其他方式骗购外汇的。

伪造、变造海关签发的报关单、进口证明、外汇管理部门核准件等凭证和单据，并用于骗购外汇的，依照前款的规定从重处罚。

明知用于骗购外汇而提供人民币资金的，以共犯论处。

单位犯前三款罪的，对单位依照第一款的规定判处罚金，并对其直接负责的主管人员和其他直接责任人员，处五年以下有期徒刑或者拘役；数额巨大或者有其他严重情节的，处五年以上十年以下有期徒刑；数额特别巨大或者有其他特别严重情节的，处十年以上有期徒刑或者无期徒刑。

二、买卖伪造、变造的海关签发的报关单、进口证明、外汇管理部门核准件等凭证和单据或者国家机关的其他公文、证件、印章的，依照刑法第二百八十条的规定定罪处罚。

三、将刑法第一百九十条修改为：公司、企业或者其他单位，违反国家规定，擅自将外汇存放境外，或者将境内的外汇非法转移到境外，数额较大的，对单位判处逃汇数额百分之五以上百分之三十以下罚金，并对其直接负责的主管人员和其他直接责任人员处五年以下有期徒刑或者拘役；数额巨大或者有其他严重情节的，对单位判处逃汇数额百分之五以上百分之三十以下罚金，并对其直接负责的主管人员和其他直接责任人员处五年以上有期徒刑。

四、在国家规定的交易场所以外非法买卖外汇，扰乱市场秩序，情节严重的，依照刑法第二百二十五条的规定定罪处罚。

单位犯前款罪的，依照刑法第二百三十一条的规定处罚。

五、海关、外汇管理部门以及金融机构、从事对外贸易经营活动的公司、企业或者其他单位的工作人员与骗购外汇或者逃汇的行为人通谋，为其提供购买外汇的有关凭证或者其他便利的，或者明知是伪造、变造的凭证和单据而售汇、付汇的，以共犯论，依照本决定从重处罚。

六、海关、外汇管理部门的工作人员严重不负责任，造成大量外汇被骗购或者逃汇，致使国家利益遭受重大损失的，依照刑法第三百九十七条的规定定罪处罚。

七、金融机构、从事对外贸易经营活动的公司、企业的工作人员严重不负责任，造成大量外汇被骗购或者逃汇，致使国家利益遭受重大损失的，依照刑法第一百六十七条的规定定罪处罚。

八、犯本决定规定之罪，依法被追缴、没收的财物和罚金，一律上缴国库。

九、本决定自公布之日起施行。

附一：对《关于惩治骗购外汇、逃汇和非法买卖外汇犯罪的决定（草案）》的说明

——1998 年 10 月 27 日在第九届全国人民代表大会常务委员会第五次会议上

（中国人民银行行长 戴相龙）

我受国务院的委托，现对《关于惩治骗购外汇、逃汇和非法买卖外汇犯罪的决定（草案）》作如下说明：

去年第四季度以来，随着亚洲金融危机的发展，一些不法分子千方百计骗购外汇，非法截留、转移和买卖外汇，活动十分猖獗，发案数量激增，涉案金额巨大。这种状况如不及时制止，将严重损害国家金融、经济的稳定和安全。

针对上述情况，国务院及有关部门采取了一系列加强外汇管理的措施。根据国务院的部署，近期国家外汇管理局与有关部门组织开展全国外汇检查，对那些违反国家外汇管理规定，以伪造、变造或者虚假的凭证和单据向银行骗购外汇等违法行为，依法进行严厉打击。

1997 年 3 月 14 日，八届全国人大五次会议修订的刑法，在当时逐步放宽外汇管制的形势下，对违反外汇管理的违法行为直接规定追究刑事责任的只有逃汇罪。依照刑法第一百九十条的规定，“国有公司、企业或者其他国有单位”违反国家规定，擅自将外汇存放境外或者将境内的外汇非法转移到境外，情节严重的，处 5 年以下有期徒刑。刑法对骗购外汇和非法买卖外汇，没有直接规定追究刑事责任。

为了惩治违反外汇管理的非法活动，加大打击力度，最高人民法院于今年 8 月 28 日公布了《最高人民法院关于审理骗购外汇、非法买卖外汇刑事案件具体应用法律若干问题的解释》，为当前打击违反外汇管理的违法犯罪行为提供了法律依据，具有重要意义。但是，这个司法解释难以将新发生的各种违法行为都包括进去。例如，对骗购外汇罪，按伪造公文罪处罚，难以对使用假单证骗汇者给予处罚；又如，非国有单位只有勾结国有单位共同逃汇的，才能按共同犯罪追究刑事责任，而对没有勾结国有单位的逃汇行为，还是追究不了刑事责任。

为了有力打击骗汇、逃汇、非法买卖外汇的违法犯罪行为，保持人民币汇率的稳定，有效防范金融风险，国务院提请全国人大常委会作出《关于惩治骗购外汇、逃汇和非法买卖外汇犯罪的决定》，对刑法加以补充并作出立法解释性的规定。在“决定”施行前发生的违法行为，按最高人民法院的司法解释追究刑事责任；在“决定”施行后发生的违法行为，即按“决定”惩治。

国务院提请审议的《关于惩治骗购外汇、逃汇和非法买卖外汇犯罪的决定（草案）》，主要内容是：（1）增加规定了骗购外汇罪；（2）将刑法规定的逃汇罪由只限于处罚违反外汇管理规定、构成犯罪的国有公司、企业和其他国有单位扩大到处罚所有公司、企业和单位，并加重处罚；（3）对非法买卖外汇，明确规定依照刑法第二百二十五条规定的非法经营罪处罚；（4）对内外勾结、为犯罪分子提供便利或者服务的海关、外汇管理部门和金融机构、外贸企业的工作人员，依法从重处罚。

我的说明完了，请审议。

附二：全国人大法律委员会关于《全国人民代表大会常务委员会关于惩治骗购外汇、逃汇和非法买卖外汇犯罪的决定（草案）》审议结果的报告

——1998 年 12 月 23 日在第九届全国人民代表大会常务委员会第六次会议上

（全国人大法律委员会副主任委员 张绪武）

九届全国人大常委会第五次会议对《关于惩治骗购外汇、逃汇和非法买卖外汇犯罪的决定（草案）》进行了初步审议。会后，法律委员会和法制工作委员会将草案印发各省、自治区、直辖市和中央有关部门征求意见，法律委员会、财经委员会和法制工作委员会还联合邀请中央有关部门和法律专家进行座谈，听取意见。12 月 4 日、18 日法律委员会根据常委委员和地方、部门的意见，对草案进行了审议。财经委员会的负责同志列席了会议。法律委员会认为，为了严厉打击骗购外汇、逃汇和非法买卖外汇的犯罪活动，有必要对刑法进行修改补充。草案基本上是可行的。同时，提出以下修改意见：

一、草案第一条规定：“有下列行为之一，骗购外汇，数额较大的，处五年以下有期徒刑或者拘役，并处二万元以上二十万元以下罚金；数额巨大或者有其他严重情节的，处五年以上十年以下有期徒刑，并处五万元以上五十万元以下罚金；数额特别巨大或者有其他特别严重情节的，处十年以上有期徒刑或者无期徒刑，并处五万元以上五十万元以下罚金或者没收财产：（一）伪造、变造海关报关单、进口证明、外汇管理部门核准件等凭证和单据的；（二）使用、买卖伪造、变造的海关报关单、进口证明、外汇管理部门核准件等凭证和单据的；（三）重复使用海关报关单、进口证

明、外汇管理部门核准件等凭证和单据的；（四）明知用于骗购外汇而提供人民币资金或者其他服务的；（五）以其他方式骗购外汇的。”“单位犯前款罪的，对单位判处罚金，并对其直接负责的主管人员和其他直接责任人员，依照前款的规定处罚。”

有些常委委员和部门提出，本条第一项规定的伪造、变造有关凭证和单据骗购外汇比单纯使用这些凭证、单据骗购外汇危害更大，在刑罚上应分别规定。有些部门和专家提出，本条规定的第四项行为是骗购外汇犯罪的共犯，不必作为独立的犯罪行为。财经委员会、有些常委委员和部门认为，本条规定的罚金数额偏低，应当加大处罚力度。有些常委委员和国务院法制办提出，由于情况复杂，目前将罚金的具体数额提高到多少为宜较为困难，可不规定罚金的具体数额，由最高人民法院通过司法解释规定。因此，法律委员会建议将草案第一条修改为：“有下列情形之一，骗购外汇，数额较大的，处五年以下有期徒刑或者拘役，并处罚金；数额巨大或者有其他严重情节的，处五年以上十年以下有期徒刑，并处罚金；数额特别巨大或者有其他特别严重情节的，处十年以上有期徒刑或者无期徒刑，并处罚金或者没收财产：（一）使用伪造、变造的海关签发的报关单、进口证明、外汇管理部门核准件等凭证和单据的；（二）重复使用海关签发的报关单、进口证明、外汇管理部门核准件等凭证和单据的；（三）以其他方式骗购外汇的。”“伪造、变造海关签发的报关单、进口证明、外汇管理部门核准件等凭证和单据，并用于骗购外汇的，依照前款的规定从重处罚。”“明知用于骗购外汇而提供人民币资金的，以共犯论处。”“单位犯前三款罪的，对单位判处罚金，并对其直接负责的主管人员和其他直接责任人员，依照前三款的规定处罚。”

二、有些部门提出，刑法第二百八十条对买卖国家机关公文、证件、印章的犯罪行为已有规定，对买卖伪造、变造的海关签发的报关单、进口证明、外汇管理部门核准件等凭证和单据等国家机关的公文、证件、印章等行为是否可按刑法的这一规定定罪量刑应予明确。因此，法律委员会建议增加一条规定：“买卖伪造、变造的海关签发的报关单、进口证明、外汇管理部门核准件等凭证和单据或者国家机关的其他公文、证件、印章的，依照刑法第二百八十条的规定定罪处罚”。

三、有些常委委员提出，草案中规定的“数额较大”、“数额巨大”、“情节严重”等，过于笼统，应当作出具体规定。法律委员会认为，对罪与非罪的界限，能够具体规定数额等情节的应当作出具体规定。鉴于目前对这些犯罪行为的具体数额和情节尚难在本决定中作出规定，在实施中可以由最高人民法院、最高人民检察院根据本决定作司法解释，这样做比较灵活，能够适应打击犯罪的需要。因此，法律委员会建议维持草案的规定。

有些常委委员提出，对单位犯本决定规定之罪的，除对单位判处罚金外，还应追究有关责任人员的刑事责任。根据刑法和本决定的规定，单位犯本决定规定之罪的，对单位判处罚金，对单位直接负责的主管人员和其他直接责任人员，还应当依照个人犯罪的处罚规定判处刑罚。

此外，还对草案作了一些文字修改。

草案二次审议稿已按上述意见作了修改，法律委员会建议全国人大常委会审议通过。

以上意见和草案二次审议稿是否妥当，请审议。

附三：关于证券法（草案二次审议稿）、修改兵役法的决定（草案）、惩治骗购外汇、逃汇和非法买卖外汇犯罪的决定（草案二次审议稿）修改意见的报告（节录）

——1998年12月28日在第九届全国人民代表大会常务委员会第六次会议上

（全国人大法律委员会主任委员　王维澄）

本次常委会会议于1998年12月23日下午、24日上午、24日下午对证券法（草案二次审议稿）、修改兵役法的决定（草案）、惩治骗购外汇、逃汇和非法买卖外汇犯罪的决定（草案二次审议稿）分组进行了审议。大家认为，三个草案吸收了常委会组成人员和地方、部门、专家的意见，经过反复修改，已经比较成熟，建议本次常委会通过。同时，也提出了一些修改意见。法律委员会于12月25日上午、25日下午、26日上午召开会议，财经委员会和有关部门的负责同志分别列席了会议，逐条研究了委员们的意见，提出了进一步修改意见。

……

三、关于惩治骗购外汇、逃汇和非法买卖外汇犯罪的决定（草案二次审议稿）

（一）有些常委委员提出，对罚金数额应当作出具体规定。经与最高人民法院、最高人民检察院、国务院法制办、中国人民银行和国家外汇管理局商议，结合有关外汇管理的行政法规中拟修改的罚款数额考虑，法律委员会建议将本决定第一条、第三条中的罚金数额规定为：并处骗购外汇数额、逃汇数额百分之五以上百分之三十以下的罚金。

有些常委委员建议，对草案关于骗购外汇、非法买卖外汇犯罪规定中的“数额较大”、“数额巨大”、“数额特别巨大”作出具体规定。经与上述有关部门商议，在实践中骗购外汇的情况很复杂，有的是个人犯罪，有的是单位犯罪，在单位犯罪中有为本单位骗购外汇的，也有代理他人骗购外汇的，同时这类犯罪的情况在不断变化，需要分别各种不同情况作出数额规定。由最高人民法院对具体数额作司法解释，并针对不断变化的情况，及时地相应调整具体规定，这样可以更好地适应打击犯罪的需要。因此，法律委员会建议维持原草案的规定。

（二）有些常委委员建议，对海关、外汇管理部门、金融机构、从事对外贸易经营活动的公司、企业的工作人员严重不负责任，造成国家大量外汇被骗购或者逃汇，致使国家利益遭受重大损失的行为，应当规定追究刑事责任。因此，法律委员会建议增加两条规定："海关、外汇管理部门的工作人员严重不负责任，造成大量外汇被骗购或者逃汇，致使国家利益遭受重大损失的，依照刑法第三百九十七条的规定定罪处罚"。"金融机构、从事对外贸易经营活动的公司、企业的工作人员严重不负责任，造成大量外汇被骗购或者逃汇，致使国家利益遭受重大损失的，依照刑法第一百六十七条的规定定罪处罚"。

（三）根据有些常委委员的意见，法律委员会建议增加规定："犯本决定规定之罪，依法被追缴、没收的财物和罚金，一律上缴国库。"

此外，还对上述三个法律草案作了个别文字修改。

以上修改意见，请审议。

2. 全国人民代表大会常务委员会关于取缔邪教组织、防范和惩治邪教活动的决定

（1999 年 10 月 30 日第九届全国人民代表大会常务委员会第十二次会议通过）

为了维护社会稳定，保护人民利益，保障改革开放和社会主义现代化建设的顺利进行，必须取缔邪教组织、防范和惩治邪教活动。根据宪法和有关法律，特作如下决定：

一、坚决依法取缔邪教组织，严厉惩治邪教组织的各种犯罪活动。邪教组织冒用宗教、气功或者其他名义，采用各种手段扰乱社会秩序，危害人民群众生命财产安全和经济发展，必须依法取缔，坚决惩治。人民法院、人民检察院和公安、国家安全、司法行政机关要各司其职，共同做好这项工作。对组织和利用邪教组织破坏国家法律、行政法规实施，聚众闹事，扰乱社会秩序，以迷信邪说蒙骗他人，致人死亡，或者奸淫妇女、诈骗财物等犯罪活动，依法予以严惩。

二、坚持教育与惩罚相结合，团结、教育绝大多数被蒙骗的群众，依法严惩极少数犯罪分子。在依法处理邪教组织的工作中，要把不明真相参与邪教活动的人同组织和利用邪教组织进行非法活动、蓄意破坏社会稳定的犯罪分子区别开来。对受蒙骗的群众不予追究。对构成犯罪的组织者、策划者、指挥者和骨干分子，坚决依法追究刑事责任；对于自首或者有立功表现的，可以依法从轻、减轻或者免除处罚。

三、在全体公民中深入持久地开展宪法和法律的宣传教育，普及科学文化知识。依法取缔邪教组织，惩治邪教活动，有利于保护正常的宗教活动和公民的宗教信仰自由。要使广大人民群众充分认识邪教组织严重危害人类、危害社会的实质，自觉反对和抵制邪教组织的影响，进一步增强法制观念，遵守国家法律。

四、防范和惩治邪教活动，要动员和组织全社会的力量，进行综合治理。各级人民政府和司法机关应当认真落实责任制，把严防邪教组织的滋生和蔓延，防范和惩治邪教活动作为一项重要任务长期坚持下去，维护社会稳定。

3. 全国人民代表大会常务委员会关于维护互联网安全的决定

（2000 年 12 月 28 日第九届全国人民代表大会常务委员会第十九次会议通过）

我国的互联网，在国家大力倡导和积极推动下，在经济建设和各项事业中得到日益广泛的应用，使人们的生产、工作、学习和生活方式已经开始并将继续发生深刻的变化，对于加快我国国民经济、科学技术的发展和社会服务信息化进程具有重要作用。同时，如何保障互联网的运行安全和信息安全问题已经引起全社会的普遍关注。为了兴利除弊，促进我国互联网的健康发展，维护国家安全和社会公共利益，保护个人、法人和其他组织的合法权益，特作如下决定：

一、为了保障互联网的运行安全，对有下列行为之一，构成犯罪的，依照刑法有关规定追究刑事责任：

（一）侵入国家事务、国防建设、尖端科学技术领域的计算机信息系统；

（二）故意制作、传播计算机病毒等破坏性程序，攻击计算机系统及通信网络，致使计算机系统及通信网络遭受损害；

（三）违反国家规定，擅自中断计算机网络或者通信服务，造成计算机网络或者通信系统不能正常运行。

二、为了维护国家安全和社会稳定，对有下列行为之一，构成犯罪的，依照刑法有关规定追究刑事责任：

（一）利用互联网造谣、诽谤或者发表、传播其他有害信息，煽动颠覆国家政权、推翻社会主义制度，或者煽动分裂国家、破坏国家统一；

（二）通过互联网窃取、泄露国家秘密、情报或者军事秘密；

（三）利用互联网煽动民族仇恨、民族歧视，破坏民族团结；

（四）利用互联网组织邪教组织、联络邪教组织成员，破坏国家法律、行政法规实施。

三、为了维护社会主义市场经济秩序和社会管理秩序，对有下列行为之一，构成犯罪的，依照刑法有关规定追究刑事责任：

（一）利用互联网销售伪劣产品或者对商品、服务作虚假宣传；

（二）利用互联网损害他人商业信誉和商品声誉；

（三）利用互联网侵犯他人知识产权；

（四）利用互联网编造并传播影响证券、期货交易或者其他扰乱金融秩序的虚假信息；

（五）在互联网上建立淫秽网站、网页，提供淫秽站点链接服务，或者传播淫秽书刊、影片、音像、图片。

四、为了保护个人、法人和其他组织的人身、财产等合法权利，对有下列行为之一，构成犯罪的，依照刑法有关规定追究刑事责任：

（一）利用互联网侮辱他人或者捏造事实诽谤他人；

（二）非法截获、篡改、删除他人电子邮件或者其他数据资料，侵犯公民通信自由和通信秘密；

（三）利用互联网进行盗窃、诈骗、敲诈勒索。

五、利用互联网实施本决定第一条、第二条、第三条、第四条所列行为以外的其他行为，构成犯罪的，依照刑法有关规定追究刑事责任。

六、利用互联网实施违法行为，违反社会治安管理，尚不构成犯罪的，由公安机关依照《治安管理处罚条例》予以处罚；违反其他法律、行政法规，尚不构成犯罪的，由有关行政管理部门依法给予行政处罚；对直接负责的主管人员和其他直接责任人员，依法给予行政处分或者纪律处分。

利用互联网侵犯他人合法权益，构成民事侵权的，依法承担民事责任。

七、各级人民政府及有关部门要采取积极措施，在促进互联网的应用和网络技术的普及过程中，重视和支持对网络安全技术的研究和开发，增强网络的安全防护能力。有关主管部门要加强对互联网的运行安全和信息安全的宣传教育，依法实施有效的监督管理，防范和制止利用互联网进行的各种违法活动，为互联网的健康发展创造良好的社会环境。从事互联网业务的单位要依法开展活动，发现互联网上出现违法犯罪行为和有害信息时，要采取措施，停止传输有害信息，并及时向有关机关报告。任何单位和个人在利用互联网时，都要遵纪守法，抵制各种违法犯罪行为和有害信息。人民法院、人民检察院、公安机关、国家安全机关要各司其职，密切配合，依法严厉打击利用互联网实施的各种犯罪活动。要动员全社会的力量，依靠全社会的共同努力，保障互联网的运行安全与信息安全，促进社会主义精神文明和物质文明建设。

全国人大常委会

附一：关于《关于维护网络安全和信息安全的决定（草案）》的说明

——2000 年 10 月 23 日在第九届全国人民代表大会常务委员会第十八次会议上

（国务院法制办公室主任　杨景宇）

委员长、各位副委员长、秘书长、各位委员：

我受国务院的委托，现就《关于维护网络安全和信息安全的决定（草案）》作如下说明。

互联网的日益广泛应用和快速发展，对于加快我国国民经济、科学技术的发展和社会服务信息化进程具有越来越重要的作用；同时，在互联网上发布、传播有害信息的问题日渐突出，利用互联网实施的违法犯罪活动也逐渐增多，如不依法予以严厉打击，不仅严重影响互联网的健康发展，还会给国家和人民造成严重危害。因此，加强这方面的法制建设，依法促进互联网的健康发展，保障网络安全和信息安全，维护国家安全和社会公共利益，保护公民、法人和其他组织的合法权益，是非常及时和迫切需要的。国务院法制办会同有关部门在反复研究并征求有关专家意见的基础上，拟订了建议由全国人大常委会作出的《关于维护网络安全和信息安全的决定（草案）》（以下简称草案）。这个草案已经国务院常务会议讨论通过。

一、关于打击利用互联网犯罪的法律形式

经国务院法制办汇总，目前利用互联网犯罪的比较典型的行为共有 20 多种，这些行为在我国刑法中都有相应的规定，只是有必要针对利用互联网犯罪的特点，进一步明确对利用互联网犯罪予以惩处的刑法适用问题。各有关单位和专家经过反复研究，并参照全国人大常委会针对几个类似问题作出的有关法律问题的决定，认为由全国人大常委会作出关于维护网络安全和信息安全的决定，是适宜的。

二、关于草案的主要内容

维护网络安全和信息安全已经成为世界许多国家和地区面临的共同性问题，不少国家和地区目前都在研究并力图从法律上解决这方面的问题。针对利用互联网犯罪的实际情况，草案从维护国家安全和社会稳定，保障网络安全，维护社会主义市场经济秩序和社会管理秩序，保护公民、法人和其他组织的合法权益4个方面，列明具体行为，明确规定“构成犯罪的，依照刑法有关规定追究刑事责任”。同时，还明确规定：“利用互联网实施违法行为，违反社会治安管理，尚不构成犯罪的，由公安机关依照《治安管理处罚条例》予以处罚；违反其他法律、行政法规，尚不构成犯罪的，由有关行政管理部门依法给予行政处罚；对直接负责的主管人员和其他直接责任人员，依法给予行政处分或者纪律处分。”

三、关于落实本决定的组织保障

考虑到贯彻执行这个决定，除司法机关和有关政府机关要依法履行职责外，网络公司也要依法经营，还要动员全社会的力量，进行综合治理。因此，草案规定：“司法机关要各司其职，密切配合，依法严厉打击利用互联网实施的各种犯罪活动。各级人民政府及有关部门要采取积极措施，在促进互联网的应用和网络技术的普及过程中，加强网络安全和信息安全的宣传教育，依法实施有效的监督管理，防范和制止利用互联网进行的各种违法活动，为互联网的健康发展创造良好的社会环境。从事互联网业务的单位要提供优质服务和依法开展活动，发现互联网上出现违法犯罪行为和有害信息时，要采取措施，停止传输有害信息，并及时向有关机关报告。任何单位和个人在利用互联网时，都要遵纪守法，抵制一切违法犯罪行为和有害信息。”

《关于维护网络安全和信息安全的决定（草案）》和以上说明是否妥当，请审议。

附二：全国人大法律委员会关于《全国人民代表大会常务委员会关于维护网络安全和信息安全的决定（草案）》审议结果的报告

——2000年12月22日在第九届全国人民代表大会常务委员会第十九次会议上

（全国人大法律委员会副主任委员　张绪武）

全国人民代表大会常务委员会：

九届全国人大常委会第十八次会议对关于维护网络安全和信息安全的决定（草案）进行了审议。会后，法律委员会和法制工作委员会邀请中央有关部门和网络信息方面的专家进行座谈，听取意见。法律委员会于10月27日、12月13日召开会议，根据常委会组成人员的审议意见进行了审议。内务司法委员会、国务院法制办和最高人民法院的负责同志列席了会议。12月18日法律委员会再次进行了审议。法律委员会认为，制定该决定对促进互联网的健康发展，保障互联网的安全，维护国家安全和社会公众利益，保护个人、法人和其他组织的合法权益具有重要意义。草案基本可行。同时，提出以下修改意见：

一、有的常委委员和内务司法委员会提出，草案的标题“维护网络安全和信息安全”涵盖的范围较宽，而内容主要是防范、惩处互联网中存在的违法犯罪行为，建议将草案标题中的“网络”修改为“互联网”，使标题与内容一致起来。互联网的安全，包括互联网的运行安全和信息安全，标题中的“信息安全”可以删去。因此，法律委员会建议将草案标题修改为：“全国人民代表大会常务委员会关于维护互联网安全的决定”。

二、草案第一条第（一）项规定：“违反国家规定，侵入国家事务、国防建设、尖端科学技术领域的计算机信息系统”。有的常委委员提出，这项规定所指的行为本身就是一种非法行为，建议删去“违反国家规定”一词。因此，法律委员会建议将本项规定修改为：“非法侵入国家事务、国防建设、尖端科学技术领域的计算机信息系统”。

三、草案第二条第（一）项规定：“利用互联网造谣、诽谤或者发表、传播其他信息，煽动颠覆国家政权、推翻社会主义制度，或者煽动分裂国家、破坏国家统一”。有的常委委员和内务司法委员会提出，本项中的“传播其他信息”含义不清，这里的“其他信息”应是有害信息。因此，法律委员会建议将草案第二条第（一）项规定的“传播其他信息”，修改为“传播其他有害信息”。

四、草案第三条第（四）项规定：“在互联网上建立淫秽网站、网页，链接淫秽站点，提供淫秽站点链接服务，或者传播淫秽书刊、影片、音像、图片”。有的常委委员提出，“链接淫秽站点”与“提供淫秽站点链接服务”指的是同一种行为，可以不重复规定。因此，法律委员会建议将第三条第（四）项中的“链接淫秽站点”删去。

五、草案第六条中规定：“司法机关要各司其职，密切配合，依法严厉打击利用互联网实施的各种犯罪活动。”有的常委委员和内务司法委员会提出，应当明确上述条文中的具体工作部门。因此，法律委员会建议将上述内容修改为：“人民法院、人民检察院、公安机关、国家安全机关要各司其职，密切配合，依法严厉打击利用互联网实施的各种犯罪活动。”

草案第六条中规定："各级人民政府及有关部门要采取积极措施，在促进互联网的应用和网络技术的普及过程中，加强网络安全和信息安全的宣传教育，依法实施有效的监督管理，防范和制止利用互联网进行的各种违法活动，为互联网的健康发展创造良好的社会环境。"有的常委委员提出，维护互联网的安全，除要对违法行为惩处外，还要重视技术方面的研究、开发，增强网络的安全防护功能。草案应增加这方面的内容。因此，法律委员会建议在草案第六条中增加各级人民政府及有关部门要"重视和支持对网络安全技术的研究和开发，增强网络的安全防护能力"的规定。

此外，还对草案作了一些文字修改。

草案二次审议稿已按上述意见作了修改，法律委员会建议经本次常委会会议审议通过。

草案二次审议稿和以上意见是否妥当，请审议。

4. 全国人大常委会关于加强反恐怖工作有关问题的决定（已废止）

（2011 年 10 月 29 日第十一届全国人民代表大会常务委员会第二十三次会议通过）

为了加强反恐怖工作，保障国家安全和人民生命、财产安全，维护社会秩序，特就反恐怖工作有关问题作如下决定：

一、国家反对一切形式的恐怖主义，坚决依法取缔恐怖活动组织，严密防范、严厉惩治恐怖活动。

二、恐怖活动是指以制造社会恐慌、危害公共安全或者胁迫国家机关、国际组织为目的，采取暴力、破坏、恐吓等手段，造成或者意图造成人员伤亡、重大财产损失、公共设施损坏、社会秩序混乱等严重社会危害的行为，以及煽动、资助或者以其他方式协助实施上述活动的行为。

恐怖活动组织是指为实施恐怖活动而组成的犯罪集团。

恐怖活动人员是指组织、策划、实施恐怖活动的人和恐怖活动组织的成员。

三、国家反恐怖工作领导机构统一领导和指挥全国反恐怖工作。

公安机关、国家安全机关和人民检察院、人民法院、司法行政机关以及其他有关国家机关，应当各司其职、密切配合，依法做好反恐怖工作。

中国人民解放军、中国人民武装警察部队和民兵组织依照法律、行政法规、军事法规以及国务院、中央军事委员会的命令，防范和打击恐怖活动。

四、恐怖活动组织及恐怖活动人员名单，由国家反恐怖工作领导机构根据本决定第二条的规定认定、调整。

恐怖活动组织及恐怖活动人员名单，由国务院公安部门公布。

五、国务院公安部门公布恐怖活动组织及恐怖活动人员名单时，应当同时决定对涉及有关恐怖活动组织及恐怖活动人员的资金或者其他资产予以冻结。

金融机构和特定非金融机构对于涉及国务院公安部门公布的恐怖活动组织及恐怖活动人员的资金或者其他资产，应当立即予以冻结，并按照规定及时向国务院公安部门、国家安全部门和国务院反洗钱行政主管部门报告。

六、中华人民共和国根据缔结或者参加的国际条约，或者按照平等互惠原则，开展反恐怖国际合作。

七、认定恐怖活动组织及恐怖活动人员名单的具体办法，由国务院制定；冻结涉及恐怖活动资产的具体办法，由国务院反洗钱行政主管部门会同国务院公安部门、国家安全部门制定。

八、本决定自公布之日起施行。

附一：关于《关于加强反恐怖工作有关问题的决定（草案）》的说明

——2011 年 10 月 24 日在第十一届全国人民代表大会常务委员会第二十三次会议上

全国人民代表大会常务委员会：

我受国务院的委托，现对《关于加强反恐怖工作有关问题的决定（草案）》作说明。

恐怖主义已成为影响世界和平与发展的重要因素，我国也面临着恐怖活动的现实威胁，反恐怖斗争的长期性、复杂性和尖锐性日趋突出。在这一形势下，进一步推进反恐怖立法，解决反恐怖斗争中遇到的法律问题和实际困难，对于维护国家安全和社会稳定，具有十分重要的意义。

我国一贯高度重视反恐怖法律制度建设，刑法、刑事诉讼法、反洗钱法、人民武装警察法等法律，对恐怖活动犯罪的刑事责任、打击恐怖活动犯罪的诉讼程序、涉恐资金监控等作出了规定；同时，我国还缔结、参加了一系列国际反恐怖条约。这些法律规定和条约，为反恐怖斗争提供了重要依据。但是，随着反恐斗争形势的发展，还有一些迫切需要从法律上解决的问题，主要是：现行法律对恐怖活动、恐怖活动组织、恐怖活动人员缺乏明确的定义；法律未规定恐怖活动组织、恐怖活动人员由哪个机关认定，通过什么程序认定，如何对外公布；金融机构及时冻结涉恐资产缺乏法律依据等。

近年来，国务院法制办、公安部、外交部、人民银行、全国人大常委会法工委等部门根据中央反恐怖工作的指示精神，共同对推进反恐怖立法进行了研究。经过广泛调研和反复论证，各方面一致认为，目前单独制定一部反恐怖法，立法条件尚不成熟，可以先由全国人大常委会制定专门的法律决定，解决反恐怖工作中迫切需要解决且各方面能够形成共识的问题。在多次征求有关方面意见的基础上，2011 年 8 月，人民银行、外交部、公安部向国务院报送了《关于进一步加强反恐怖工作有关问题的决定（送审稿）》。对此，国务院法制办征求了中央政法委、中央编办、高法院、高检院、外交部、发展改革委、公安部、国家安全部、人民银行、银监会、中央军委法制局、武警总部等部门、单位的意见，并与全国人大常委会法工委反复研究论证，形成了《关于加强反恐怖工作有关问题的决定（草案）》（以下简称草案）。草案已经国务院第 174 次常务会议讨论通过，现就草案有关问题说明如下：

一、恐怖活动、恐怖活动组织、恐怖活动人员定义

由于现行法律没有对恐怖活动、恐怖活动组织、恐怖活动人员的含义作出规定，直接影响到对恐怖活动的打击和对涉恐资产的控制，也影响到反恐怖国际合作。根据我国恐怖活动、恐怖活动组织、恐怖活动人员的实际情况，并借鉴我国参加的国际公约及相关国际文件的规定，草案对恐怖活动、恐怖活动组织、恐怖活动人员作了界定。草案规定：恐怖活动是指以制造社会恐慌、胁迫国家机关或者国际组织为目的，采取暴力、破坏、恐吓或者其他手段，造成或者意图造成人员伤亡、重大财产损失、公共设施损坏、社会秩序混乱等严重社会危害的行为。煽动、资助或者以其他方式协助实施上述活动的，也属于恐怖活动。恐怖活动组织是指为实施恐怖活动而组成的犯罪集团。恐怖活动人员是指组织、策划、实施恐怖活动的人和恐怖活动组织的成员。

二、反恐怖工作领导机构和有关组织力量

目前，我国的反恐怖工作由国家反恐怖工作协调小组领导，在重大活动安保反恐工作、防范打击“三股势力”以及处理突发恐怖事件中发挥了重要作用。草案对国家反恐怖工作领导机构的领导和指挥职责作了规定，同时对反恐怖工作的有关组织力量作了规定。草案规定：国家反恐怖工作领导机构统一领导和指挥全国反恐怖工作。中国人民解放军、中国人民武装警察部队和民兵组织依照法律、行政法规、军事法规以及国务院、中央军事委员会的命令，防范和打击恐怖活动。人民法院、人民检察院和公安机关、国家安全机关、司法行政机关以及其他有关国家机关，应当各司其职、密切配合，共同做好反恐怖工作。

三、恐怖活动组织及恐怖活动人员名单认定

在打击恐怖活动犯罪过程中，司法机关依法对恐怖活动组织和人员进行惩治。为了更加有效地防范和打击恐怖活动，开展涉恐资产监控和冻结工作，在司法程序之外，还需要由法律授权机关对有关恐怖活动组织及恐怖活动人员名单进行认定并公布；在反恐怖国际合作中，联合国安理会有关机构定期发布的有关恐怖活动组织和个人名单，也需要由外交部核报国家反恐怖工作领导机构组织实施。世界上反恐怖任务比较重的国家，都通过立法确立恐怖活动组织、恐怖活动人员名单认定和公布机制。根据我国反恐怖工作开展的实际情况，草案规定由国家反恐怖工作领导机构认定恐怖活动组织、恐怖活动人员名单，由公安部公布。

四、涉恐资产冻结

金融机构和特定非金融机构及时冻结涉恐资产是预防恐怖活动的重要和有效的措施，联合国安理会的有关决议也对各国“毫不迟延”地冻结从事、参与、资助恐怖活动组织、个人的资产提出了要求。依照我国商业银行法规定，对存款等的冻结，需要通过立法提供法律依据。为进一步加强涉恐资产监控工作，推进反恐怖国际合作，草案规定：国务院公安部门公布恐怖活动组织及恐怖活动人员名单时，应当同时决定对涉及有关恐怖活动组织及恐怖活动人员的资金或者其他资产予以冻结。金融机构和特定非金融机构发现涉及国务院公安部门公布的恐怖活动组织及恐怖活动人员的资金或者其他资产的，应当立即予以冻结，并按照规定及时向国务院公安部门、国家安全部门和国务院反洗钱行政主管部门报告。

此外，草案还规定了反恐怖国际合作的内容。

考虑到反恐怖工作牵涉面广、情况复杂，许多工作还需要不断总结经验，适时进行调整和细化，为适应反恐怖工作的需要，草案规定：恐怖活动组织及恐怖活动人员名单认定的具体办法，由国务院制定；涉及恐怖活动的资产冻结的具体办法，由国务院反洗钱行政主管部门会同国务院公安部门、国家安全部门制定。

《关于加强反恐怖工作有关问题的决定（草案）》及以上说明是否妥当，请予审议。

附二：全国人民代表大会法律委员会关于《关于加强反恐怖工作有关问题的决定（草案）》审议结果的报告

——2011 年 10 月 28 日在第十一届全国人民代表大会常务委员会第二十三次会议上

全国人民代表大会常务委员会：

常委会第二十三次会议于 10 月 25 日上午对关于加强反恐怖工作有关问题的决定（草案）进行了分组审议，普遍认为，为了加强反恐怖工作，保障国家安全和人民生命、财产安全，解决反恐怖斗争中遇到的法律问题，全国人大常委会作出关于加强反恐怖工作有关问题的决定，是必要的。同时，有些常委委员还提出了一些修改意见。法律委员会于 10 月 26 日上午召开会议，逐条研究了常委会组成人员的意见，对草案进行了审议。国务院法制办、公安部、中国人民银行的负责同志列席了会议。法律委员会认为，决定草案是可行的，同时提出以下修改意见：

一、草案第二条第一款规定，恐怖活动是指以制造社会恐慌、胁迫国家机关或者国际组织为目的，采取暴力、破坏、恐吓或者其他手段，造成或者意图造成人员伤亡、重大财产损失、公共设施损坏、社会秩序混乱等严重社会危害的行为。煽动、资助或者以其他方式协助实施上述活动的，也属于恐怖活动。有的常委委员提出，本条关于恐怖活动定义的表述不够清晰，建议再斟酌。法律委员会经同国务院法制办、公安部研究，并参考我国已参加的有关国际公约的规定，建议将这一款修改为：恐怖活动是指以制造社会恐慌、危害公共安全或者胁迫国家机关、国际组织为目的，采取暴力、破坏、恐吓等手段，造成或者意图造成人员伤亡、重大财产损失、公共设施损坏、社会秩序混乱等严重社会危害的行为，以及煽动、资助或者以其他方式协助实施上述活动的行为。

二、草案第四条第一款规定，恐怖活动组织及恐怖活动人员名单，由国家反恐怖工作领导机构认定，并根据情况变化和反恐怖需要及时予以调整。有的常委委员建议在决定中明确恐怖活动组织及恐怖活动人员名单的认定标准等。法律委员会经研究，赞成上述意见，建议将该款修改为：恐怖活动组织及恐怖活动人员名单，由国家反恐怖工作领导机构根据本决定第二条的规定认定、调整。

此外，根据常委会组成人员的审议意见，还对决定草案作了一些内容顺序的调整和文字修改。

决定草案建议表决稿已按上述意见作了修改，法律委员会建议本次常委会会议通过。

决定草案建议表决稿和以上报告是否妥当，请审议。

5. 全国人民代表大会常务委员会关于特赦部分服刑罪犯的决定

（2015 年 8 月 29 日第十二届全国人民代表大会常务委员会第十六次会议通过）

第十二届全国人民代表大会常务委员会第十六次会议讨论了全国人民代表大会常务委员会委员长会议关于提请审议《全国人民代表大会常务委员会关于特赦部分服刑罪犯的决定（草案）》的议案，为纪念中国人民抗日战争暨世界反法西斯战争胜利 70 周年，体现依法治国理念和人道主义精神，根据宪法，决定对依据 2015 年 1 月 1 日前人民法院作出的生效判决正在服刑，释放后不具有现实社会危险性的下列罪犯实行特赦：

一、参加过中国人民抗日战争、中国人民解放战争的；

二、中华人民共和国成立以后，参加过保卫国家主权、安全和领土完整对外作战的，但犯贪污受贿犯罪，故意杀人、强奸、抢劫、绑架、放火、爆炸、投放危险物质或者有组织的暴力性犯罪，黑社会性质的组织犯罪，危害国家安全犯罪，恐怖活动犯罪的，有组织犯罪的主犯以及累犯除外；

三、年满七十五周岁、身体严重残疾且生活不能自理的；

四、犯罪的时候不满十八周岁，被判处三年以下有期徒刑或者剩余刑期在一年以下的，但犯故意杀人、强奸等严重暴力性犯罪，恐怖活动犯罪，贩卖毒品犯罪的除外。

对本决定施行之日符合上述条件的服刑罪犯，经人民法院依法作出裁定后，予以释放。

本决定自 2015 年 8 月 29 日起施行。

附一：关于《全国人民代表大会常务委员会关于特赦部分服刑罪犯的决定（草案）》的说明

——2015 年 8 月 24 日在第十二届全国人民代表大会常务委员会第十六次会议上

（全国人大常委会法制工作委员会主任　李适时）

全国人民代表大会常务委员会：

我受委员长会议的委托，作关于《全国人民代表大会常务委员会关于特赦部分服刑罪犯的决定（草案）》的说明。

特赦是国家依法对特定罪犯免除或者减轻刑罚的制度，也是一项国际通行的人道主义制度。新中国成立后，根据宪法，国家先后进行过 7 次特赦。现行宪法规定，全国人大常委会决定特赦，国家主席发布特赦令。在纪念中国人民抗日战争暨世界反法西斯战争胜利 70 周年之际，特赦部分服刑罪犯，是实施宪法规定的特赦制度的创新实践，具有重大的政治意义和法治意义。从党和国家层面看，可以展示我们党的执政自信和制度自信，树立我国开放、民主、文明、法治的大国形象。从依法治国和以德治国相结合的层面看，有利于弘扬依法治国的理念，体现慎刑恤囚的历史传统，形成维护宪法制度、尊重宪法权威的社会氛围。从实际效果看，可以激发人民群众的爱国热情，发挥特赦的感召效应，促进社会和谐稳定。

一、决定草案的起草过程和总体考虑

按照党中央的决策部署，中央政法委会同有关部门，对在纪念中国人民抗日战争暨世界反法西斯战争胜利 70 周年之际特赦部分服刑罪犯进行了深入研究，查阅了建国以来开展特赦的有关资料和文献，比较了一些国家进行特赦的规定和做法，研究了部分拟给予特赦的服刑罪犯的档案资料，召开了法学专家和从事监狱管理工作的同志参加的论证会，经反复研究修改，形成了《关于特赦部分服刑罪犯的决定》代拟稿及说明稿。经中央书记处办公会专题研究并经中央政治局常委会议通过后，2015 年 7 月 20 日，习近平总书记主持召开中央政治局会议，原则通过了代拟稿及说明稿。拟由全国人大常委会委员长会议依照法定程序提请八月份召开的全国人大常委会审议并通过。

起草决定草案在总体思路上，注意把握了以下几点：

一是严格范围。突出纪念中国人民抗日战争暨世界反法西斯战争胜利 70 周年这个主题，主要将参加过中国人民抗日战争、中国人民解放战争和新中国成立后参加过保卫国家主权、安全和领土完整对外作战的服刑罪犯纳入特赦范围。同时，将年满 75 周岁、身体严重残疾且生活不能自理的服刑罪犯和未成年犯罪被判处轻刑或剩余刑期较短的服刑罪犯纳入特赦范围，以体现人道主义精神。

二是审慎稳妥。突出特赦对象身份的不可攀比性，注重特赦条件的客观性。考虑到当前反腐败斗争形势的严峻复杂和人民群众的安全感，考虑到维护国家政治安全的需要，决定草案明确，对犯贪污受贿犯罪、危害国家安全犯罪、恐怖活动犯罪、黑社会性质的组织犯罪、严重暴力性犯罪和有组织犯罪的主犯以及累犯等，不予特赦。

三是依法进行。特赦的政治性、法律性很强，只有依法进行，才能取得最佳社会效果。决定的作出、发布、执行，都需要严格依照宪法和法律规定办理。

二、决定草案的主要内容

决定草案拟对下述四类正在服刑、释放后不具有现实社会危险性的罪犯予以特赦：

一是参加过中国人民抗日战争、中国人民解放战争的服刑罪犯。对这类罪犯予以特赦，目的在于突出纪念中国人民抗日战争暨世界反法西斯战争胜利 70 周年的主题，体现本次特赦的历史意义。目前，符合这一条件的服刑罪犯均为 80 岁以上的老年犯，社会危险性较低，回归社会的负面影响小。

二是中华人民共和国成立以后，参加过保卫国家主权、安全和领土完整对外作战的服刑罪犯，但几种严重犯罪的罪犯除外。符合上述条件的服刑罪犯为维护国家主权、安全和领土完整，曾经作出过贡献，符合本次特赦目的。决定草案规定的除外情形主要是犯贪污受贿犯罪，危害人民安全的严重暴力性犯罪，危害国家安全犯罪及涉恐、涉黑等有组织犯罪的主犯，以及累犯。对上述罪犯不予特赦。这样规定的主要考虑是：在当前反腐败斗争形势依然严峻复杂的情况下，贪污受贿犯罪不宜特赦。为保证人民群众的安全感，对故意杀人、强奸等严重暴力性犯罪，恐怖活动犯罪，黑社会性质的组织犯罪不宜特赦。为维护国家安全，对危害国家安全犯罪不宜特赦。累犯系屡教不改之人，主犯具有较高的社会危险性，也不宜特赦。

三是年满七十五周岁、身体严重残疾且生活不能自理的服刑罪犯。对这类人员予以特赦，既符合中国的历史传统，也符合国际上通行的人道主义赦免原则，易为人民群众所理解和接受。我国刑事立法和司法实践中已体现了对 75 周岁以上老人犯罪予以从轻处罚的精神。

四是犯罪的时候不满十八周岁，被判处三年以下有期徒刑或者剩余刑期在一年以下的服刑罪犯，但犯故意杀人、强奸等严重暴力性犯罪、恐怖活动犯罪、贩卖毒品犯罪的除外。对这类罪犯予以特赦，体现了刑法对未成年人犯罪教育为主、惩罚为辅的精神，能够实现刑法的惩罚与教育相结合的目的，而且前三类罪犯都是老年犯，把未成年犯罪的罪犯纳入特赦范围，能够为社会理解、接受和支持，社会效果会好。同时，考虑到人民群众的安全感，对他们中犯严

下编

重暴力性犯罪、恐怖活动犯罪、贩卖毒品犯罪的罪犯，不予特赦。

为避免出现“刚判即赦”的情况，决定草案将特赦对象确定为2015年1月1日前正在服刑的罪犯。

关于特赦的执行，决定草案规定，自本决定施行之日起，对符合上述条件的服刑罪犯，经人民法院依法作出裁定后，即予以释放。

决定草案和以上说明是否妥当，请审议。

附二：全国人民代表大会法律委员会关于《全国人民代表大会常务委员会关于特赦部分服刑罪犯的决定（草案）》审议结果的报告

——2015年8月28日在第十二届全国人民代表大会常务委员会第十六次会议上

全国人民代表大会常务委员会：

本次常委会会议于8月25日上午对关于特赦部分服刑罪犯的决定（草案）进行了分组审议。普遍认为，按照党中央的决策部署，在纪念中国人民抗日战争暨世界反法西斯战争胜利70周年之际，特赦部分服刑罪犯，是实施宪法规定的特赦制度的创新实践，具有重大的政治意义和法治意义。赞成由全国人大常委会作出特赦部分服刑罪犯的决定。同时，有些常委会组成人员对决定草案内容的有些表述提出了一些意见。法律委员会于8月26日下午召开会议，逐条研究了常委会组成人员的审议意见，对决定草案进行了审议。中央政法委员会有关负责同志列席了会议。法律委员会认为，决定草案是可行的，同时，提出以下修改意见：

一、有的常委会组成人员提出，实行特赦体现了依法治国理念和人道主义精神，建议在决定草案中作出相应表述。有的常委委员提出，特赦是宪法规定的制度，实行特赦有重要的宪法实施意义，建议增加根据宪法决定特赦的表述。法律委员会经研究，建议采纳这一意见，在决定草案中增加“体现依法治国理念和人道主义精神，根据宪法”的表述。

二、决定草案中规定，对2015年1月1日前正在服刑、释放后不具有现实社会危险性的罪犯实行特赦。有的常委委员建议进一步明确，这些罪犯应是依据2015年1月1日前人民法院作出的生效判决正在服刑的。法律委员会经研究，建议采纳这一意见，对决定草案作出相应修改。

三、有的常委委员提出，决定草案中规定的“年满七十五周岁”、“剩余刑期在一年以下”等条件，应明确具体的时间节点。法律委员会经研究，建议将决定草案中“自本决定施行之日起，对符合上述条件的服刑罪犯”的规定修改为“对本决定施行之日符合上述条件的服刑罪犯”。

此外，根据常委会组成人员的审议意见，还对决定草案作了个别文字修改。

法律委员会已按上述意见提出了全国人民代表大会常务委员会关于特赦部分服刑罪犯的决定（草案建议表决稿）。法律委员会建议本次常委会会议通过。

决定草案建议表决稿和以上报告是否妥当，请审议。

6. 全国人民代表大会常务委员会关于在中华人民共和国成立七十周年之际对部分服刑罪犯予以特赦的决定

（2019年6月29日第十三届全国人民代表大会常务委员会第十一次会议通过）

第十三届全国人民代表大会常务委员会第十一次会议审议了全国人民代表大会常务委员会委员长会议关于提请审议《全国人民代表大会常务委员会关于在中华人民共和国成立七十周年之际对部分服刑罪犯予以特赦的决定（草案）》的议案，为庆祝中华人民共和国成立70周年，体现依法治国理念和人道主义精神，根据宪法，决定对依据2019年1月1日前人民法院作出的生效判决正在服刑的下列罪犯实行特赦：

一、参加过中国人民抗日战争、中国人民解放战争的；

二、中华人民共和国成立以后，参加过保卫国家主权、安全和领土完整对外作战的；

三、中华人民共和国成立以后，为国家重大工程建设做过较大贡献并获得省部级以上“劳动模范”“先进工作者”“五一劳动奖章”等荣誉称号的；

四、曾系现役军人并获得个人一等功以上奖励的；

五、因防卫过当或者避险过当，被判处三年以下有期徒刑或者剩余刑期在一年以下的；

六、年满七十五周岁、身体严重残疾且生活不能自理的；

七、犯罪的时候不满十八周岁，被判处三年以下有期徒刑或者剩余刑期在一年以下的；

八、丧偶且有未成年子女或者有身体严重残疾、生活不能自理的子女，确需本人抚养的女性，被判处三年以下有期徒刑或者剩余刑期在一年以下的；

九、被裁定假释已执行五分之一以上假释考验期的，或者被判处管制的。

上述九类对象中，具有以下情形之一的，不得特赦：

（一）第二、三、四、七、八、九类对象中系贪污受贿犯罪，军人违反职责犯罪，故意杀人、强奸、抢劫、绑架、放火、爆炸、投放危险物质或者有组织的暴力性犯罪，黑社会性质的组织犯罪，贩卖毒品犯罪，危害国家安全犯罪，恐怖活动犯罪的罪犯，其他有组织犯罪的主犯，累犯的；

（二）第二、三、四、九类对象中剩余刑期在十年以上的和仍处于无期徒刑、死刑缓期执行期间的；

（三）曾经被特赦又因犯罪被判处刑罚的；

（四）不认罪悔改的；

（五）经评估具有现实社会危险性的。

对本决定施行之日符合上述条件的服刑罪犯，经人民法院依法作出裁定后，予以释放。

本决定自 2019 年 6 月 29 日起施行。

附一：中华人民共和国主席特赦令

为庆祝中华人民共和国成立 70 周年，体现依法治国理念和人道主义精神，根据第十三届全国人民代表大会常务委员会第十一次会议的决定，对依据 2019 年 1 月 1 日前人民法院作出的生效判决正在服刑的下列罪犯实行特赦：

一、参加过中国人民抗日战争、中国人民解放战争的；

二、中华人民共和国成立以后，参加过保卫国家主权、安全和领土完整对外作战的；

三、中华人民共和国成立以后，为国家重大工程建设做过较大贡献并获得省部级以上“劳动模范”“先进工作者”“五一劳动奖章”等荣誉称号的；

四、曾系现役军人并获得个人一等功以上奖励的；

五、因防卫过当或者避险过当，被判处三年以下有期徒刑或者剩余刑期在一年以下的；

六、年满七十五周岁、身体严重残疾且生活不能自理的；

七、犯罪的时候不满十八周岁，被判处三年以下有期徒刑或者剩余刑期在一年以下的；

八、丧偶且有未成年子女或者有身体严重残疾、生活不能自理的子女，确需本人抚养的女性，被判处三年以下有期徒刑或者剩余刑期在一年以下的；

九、被裁定假释已执行五分之一以上假释考验期的，或者被判处管制的。

上述九类对象中，具有以下情形之一的，不得特赦：

（一）第二、三、四、七、八、九类对象中系贪污受贿犯罪，军人违反职责犯罪，故意杀人、强奸、抢劫、绑架、放火、爆炸、投放危险物质或者有组织的暴力性犯罪，黑社会性质的组织犯罪，贩卖毒品犯罪，危害国家安全犯罪，恐怖活动犯罪的罪犯，其他有组织犯罪的主犯，累犯的；

（二）第二、三、四、九类对象中剩余刑期在十年以上的和仍处于无期徒刑、死刑缓期执行期间的；

（三）曾经被特赦又因犯罪被判处刑罚的；

（四）不认罪悔改的；

（五）经评估具有现实社会危险性的。

对 2019 年 6 月 29 日符合上述条件的服刑罪犯，经人民法院依法作出裁定后，予以释放。

中华人民共和国主席　习近平

2019 年 6 月 29 日

附二：全国人民代表大会宪法和法律委员会关于《全国人民代表大会常务委员会关于在中华人民共和国成立七十周年之际对部分服刑罪犯予以特赦的决定（草案）》审议结果的报告

——2019 年 6 月 29 日在第十三届全国人民代表大会常务委员会第十一次会议上

全国人民代表大会常务委员会：

本次常委会会议于 6 月 25 日下午对关于在中华人民共和国成立七十周年之际对部分服刑罪犯予以特赦的决定（草案）进行了分组审议。普遍认为，按照党中央的决策部署，在庆祝中华人民共和国成立七十周年这一重要历史节点，对部分服刑罪犯予以特赦，是实施宪法规定的特赦制度的又一次重要实践，具有重大的政治意义和法治意义。赞成由全国人大常委会作出对部分服刑罪犯予以特赦的决定。同时，有些常委会组成人员对决定草案内容的有些表述提出了一些修改意见。宪法和法律委员会于6月27日上午召开会议，逐条研究了常委会组成人员的审议意见，对决定草案进行了审议。中央政法委员会有关负责同志列席了会议。宪法和法律委员会认为，决定草案是可行的。同时，根据有的常委委员的意见和有关立法技术规范，对决定草案作了个别文字修改。宪法和法律委员会经与中央政法委员会共同研究，建议决定自2019年6月29日起施行。

宪法和法律委员会已按上述意见提出了全国人民代表大会常务委员会关于在中华人民共和国成立七十周年之际对部分服刑罪犯予以特赦的决定（草案建议表决稿），建议本次常委会会议审议通过。

决定草案建议表决稿和以上报告是否妥当，请审议。

附三：关于《全国人民代表大会常务委员会关于在中华人民共和国成立七十周年之际对部分服刑罪犯予以特赦的决定（草案）》的说明

——2019年6月25日在第十三届全国人民代表大会常务委员会第十一次会议上

（全国人大常委会法制工作委员会主任　沈春耀）

全国人民代表大会常务委员会：

我受委员长会议的委托，作关于《全国人民代表大会常务委员会关于在中华人民共和国成立七十周年之际对部分服刑罪犯予以特赦的决定（草案）》的说明。

特赦是国际通行的在遇有重要历史节点时国家对特定罪犯赦免余刑的人道主义制度。我国自唐代起就形成了“盛世赦罪”的历史传统。新中国成立后至1975年，我国先后进行过7次特赦。根据现行宪法，2015年，在中国人民抗日战争暨世界反法西斯战争胜利70周年之际，我国又特赦了31527名罪犯，取得了良好效果。

2019年是新中国成立70周年，是新时代第一个逢十的周年，是“两个一百年”奋斗目标进入历史交汇期的关键之年，是实现中华民族伟大复兴历史进程中的第二个重要节点。在这一重要历史时刻，对部分罪犯实行特赦，具有重大意义。一是有利于彰显以习近平同志为核心的党中央承续中华文明慎刑恤囚、明刑弼教的优良传统，推进法安天下、德润人心的仁政，展示执政自信和制度自信，树立新时代盛世伟邦形象。二是有利于弘扬全面依法治国理念，形成依宪执政、依宪治国的良好社会氛围，深入推进法治中国建设。三是有利于贯彻落实宽严相济刑事政策，充分发挥特赦的感召效应，最大限度地化消极因素为积极因素，促进社会和谐稳定。四是有利于展现我国人权司法保障水平，进一步树立我国开放、民主、法治、文明的国际形象。

根据党中央的决策部署，《全国人民代表大会常务委员会关于在中华人民共和国成立七十周年之际对部分服刑罪犯予以特赦的决定（草案）》已经在全国人大常委会委员长会议审议同意，现提请审议。

一、此次特赦的基本原则

为确保此次特赦取得好的政治效果、法律效果、社会效果，必须遵循以下基本原则：

（一）坚持积极审慎。既着眼于庆祝中华人民共和国成立70周年，又考虑当前我国刑事犯罪等实际情况，按照循序渐进要求做好特赦工作。

（二）坚持公平公正。突出特赦对象身份的不可攀比性，将特赦对象限定在社会可以普遍接受的范围内；精心设计、严格把握特赦条件，做到易掌握、可操作。

（三）坚持依法办理。党中央作出特赦决策后，全国人大常委会作出特赦决定，国家主席发布特赦令，司法行政机关等提请特赦，人民法院审理特赦案件，人民检察院监督特赦实施，每个环节都严格按照宪法和法律规定办。

（四）坚持平稳有序。对全体服刑罪犯加强思想、道德、法治教育，对拟特赦罪犯是否具有现实社会危险性进行评估，并加强对特赦罪犯释放后教育管理工作，确保未获特赦罪犯安心改造、被特赦人员回归社会后遵纪守法、被害人及其家属情绪稳定。

二、决定草案的主要内容

决定草案拟对依据2019年1月1日前人民法院作出的生效判决正在服刑的以下九类罪犯予以特赦：

（一）参加过中国人民抗日战争、中国人民解放战争的服刑罪犯。这类罪犯为民族独立和建立新中国做出过贡献，对他们特赦，可以突出庆祝中华人民共和国成立70周年的主题。同时，这些罪犯年龄普遍较大，大多在80周岁以上，回归社会后负面影响小。

（二）中华人民共和国成立以后，参加过保卫国家主权、安全和领土完整对外作战的服刑罪犯。这类罪犯为巩固国家政权，维护国家主权、安全和领土完整曾经做出过贡献，对他们特赦，符合此次特赦目的。

（三）中华人民共和国成立以后，为国家重大工程建设做过较大贡献并获得省部级以上“劳动模范”“先进工作者”“五一劳动奖章”等荣誉称号的服刑罪犯。这类罪犯为国家强大和综合国力提升曾经做出过贡献，对他们特赦，符合此次特赦目的。

（四）曾系现役军人并获得个人一等功以上奖励的服刑罪犯。这类罪犯为巩固国防、保卫祖国和社会主义现代化建设做出过贡献，对他们特赦，符合此次特赦目的。

（五）因防卫过当或者避险过当，被判处三年以下有期徒刑或者剩余刑期在一年以下的服刑罪犯。这类罪犯为了使国家、公共利益、本人或他人的人身、财产等权益免受正在进行的不法侵害或者免受正在发生的危险，实施了超过必要限度的损害行为，主观恶性小。对他们特赦，有利于鼓励人民群众同违法犯罪做斗争，积极参与抢险、救灾等工作，在全社会营造见义勇为的良好氛围。

（六）年满七十五周岁、身体严重残疾且生活不能自理的服刑罪犯。我国刑事立法和司法实践中已体现了对七十五周岁以上老人犯罪予以从轻处罚的精神。对他们特赦，符合中国的历史传统，符合国际上通行的人道主义赦免原则，易为人民群众所理解和接受。

（七）犯罪的时候不满十八周岁，被判处三年以下有期徒刑或者剩余刑期在一年以下的服刑罪犯。对这类罪犯特赦，体现了刑法对未成年人犯罪教育为主、惩罚为辅的精神，有利于他们早日回归社会，能够实现刑法的惩罚与教育相结合的目的，也符合未成年人保护法的有关要求。

（八）因丧偶且有未成年子女或者有身体严重残疾、生活不能自理的子女，确需本人抚养，被判处三年以下有期徒刑或者剩余刑期在一年以下的女性罪犯。对这类罪犯特赦，可以体现党和国家对女性的特殊关怀，有利于纾解这类家庭中未成年子女或者身体有严重残疾、生活不能自理的子女抚养方面面临的特殊困难，易为社会所理解和支持，也有利于这类罪犯感恩党和政府，妥善照顾家庭，积极回报社会。

（九）被裁定假释已执行五分之一以上假释考验期的，或者被判处管制的。对这类罪犯特赦，主要考虑到他们已经在社区，社会危险性小，对他们特赦，有利于他们真正融入社会、回报社会。

上述九类特赦对象，既包括中国籍罪犯，也包括外国籍罪犯；既包括在监狱、看守所服刑的罪犯，也包括正在进行社区矫正的罪犯。其中，第一、二、六、七类特赦对象与 2015 年相同；第三、四、五、八、九类特赦对象是新增加的。

上述九类特赦对象中，具有以下情形的，不得特赦：一是除第一、五、六类对象外，其他对象中系贪污受贿犯罪，军人违反职责犯罪，故意杀人、强奸、抢劫、绑架、放火、爆炸、投放危险物质或者有组织的暴力性犯罪，黑社会性质的组织犯罪，贩卖毒品犯罪，危害国家安全犯罪，恐怖活动犯罪的罪犯，其他有组织犯罪的主犯，累犯的，不得特赦。主要考虑是：当前，反腐败斗争形势依然严峻，为始终保持反腐败高压态势，对贪污受贿等职务犯罪的罪犯不宜特赦；为防止影响人民群众安全感，对严重刑事犯罪等罪犯不宜特赦；为维护国家安全，对危害国家安全犯罪的罪犯不宜特赦。二是第二、三、四、九类对象中剩余刑期在十年以上的和仍处于无期徒刑、死刑缓期执行期间的，不得特赦。三是曾经被特赦又因犯罪被判处刑罚的，不得特赦。四是不认罪悔改的，不得特赦。五是经评估具有现实社会危险性的，不得特赦。

关于特赦的执行，决定草案规定，对本决定施行之日符合上述条件的服刑罪犯，经人民法院依法作出裁定后，予以释放。

决定草案和以上说明是否妥当，请审议。

7. 全国人民代表大会关于建立健全香港特别行政区维护国家安全的法律制度和执行机制的决定

（2020 年 5 月 28 日第十三届全国人民代表大会第三次会议通过）

第十三届全国人民代表大会第三次会议审议了全国人民代表大会常务委员会关于提请审议《全国人民代表大会关于建立健全香港特别行政区维护国家安全的法律制度和执行机制的决定（草案）》的议案。会议认为，近年来，香港特别行政区国家安全风险凸显，“港独”、分裂国家、暴力恐怖活动等各类违法活动严重危害国家主权、统一和领土完整，一些外国和境外势力公然干预香港事务，利用香港从事危害我国国家安全的活动。为了维护国家主权、安全、发展利益，坚持和完善“一国两制”制度体系，维护香港长期繁荣稳定，保障香港居民合法权益，根据《中华人民共和国宪法》第三十一条和第六十二条第二项、第十四项、第十六项的规定，以及《中华人民共和国香港特别行政区基本法》的有关规定，全国人民代表大会作出如下决定：

一、国家坚定不移并全面准确贯彻“一国两制”、“港人治港”、高度自治的方针，坚持依法治港，维护宪法和香港特别行政区基本法确定的香港特别行政区宪制秩序，采取必要措施建立健全香港特别行政区维护国家安全的法律制度和执行机制，依法防范、制止和惩治危害国家安全的行为和活动。

二、国家坚决反对任何外国和境外势力以任何方式干预香港特别行政区事务，采取必要措施予以反制，依法防范、制止和惩治外国和境外势力利用香港进行分裂、颠覆、渗透、破坏活动。

三、维护国家主权、统一和领土完整是香港特别行政区的宪制责任。香港特别行政区应当尽早完成香港特别行政区基本法规定的维护国家安全立法。香港特别行政区行政机关、立法机关、司法机关应当依据有关法律规定有效防范、制止和惩治危害国家安全的行为和活动。

四、香港特别行政区应当建立健全维护国家安全的机构和执行机制，强化维护国家安全执法力量，加强维护国家安全执法工作。中央人民政府维护国家安全的有关机关根据需要在香港特别行政区设立机构，依法履行维护国家安全相关职责。

五、香港特别行政区行政长官应当就香港特别行政区履行维护国家安全职责、开展国家安全教育、依法禁止危害国家安全的行为和活动等情况，定期向中央人民政府提交报告。

六、授权全国人民代表大会常务委员会就建立健全香港特别行政区维护国家安全的法律制度和执行机制制定相关法律，切实防范、制止和惩治任何分裂国家、颠覆国家政权、组织实施恐怖活动等严重危害国家安全的行为和活动以及外国和境外势力干预香港特别行政区事务的活动。全国人民代表大会常务委员会决定将上述相关法律列入《中华人民共和国香港特别行政区基本法》附件三，由香港特别行政区在当地公布实施。

七、本决定自公布之日起施行。

附：关于《全国人民代表大会关于建立健全香港特别行政区维护国家安全的法律制度和执行机制的决定（草案）》的说明

——2020年5月22日在第十三届全国人民代表大会第三次会议上

（全国人民代表大会常务委员会副委员长　王　晨）

各位代表：

我受全国人大常委会的委托，作关于《全国人民代表大会关于建立健全香港特别行政区维护国家安全的法律制度和执行机制的决定（草案）》的说明。

一、从国家层面建立健全香港特别行政区维护国家安全的法律制度和执行机制的必要性和重要性

香港回归以来，国家坚定贯彻“一国两制”、“港人治港”、高度自治的方针，“一国两制”实践在香港取得了前所未有的成功；同时，“一国两制”实践过程中也遇到了一些新情况新问题，面临着新的风险和挑战。当前，一个突出问题就是香港特别行政区国家安全风险日益凸显。特别是2019年香港发生“修例风波”以来，反中乱港势力公然鼓吹“港独”、“自决”、“公投”等主张，从事破坏国家统一、分裂国家的活动；公然侮辱、污损国旗国徽，煽动港人反中反共、围攻中央驻港机构、歧视和排挤内地在港人员；蓄意破坏香港社会秩序，暴力对抗警方执法，毁损公共设施和财物，瘫痪政府管治和立法会运作。还要看到，近年来，一些外国和境外势力公然干预香港事务，通过立法、行政、非政府组织等多种方式进行插手和捣乱，与香港反中乱港势力勾连合流、沆瀣一气，为香港反中乱港势力撑腰打气、提供保护伞，利用香港从事危害我国国家安全的活动。这些行为和活动，严重挑战“一国两制”原则底线，严重损害法治，严重危害国家主权、安全、发展利益，必须采取有力措施依法予以防范、制止和惩治。

香港基本法第23条规定：“香港特别行政区应自行立法禁止任何叛国、分裂国家、煽动叛乱、颠覆中央人民政府及窃取国家机密的行为，禁止外国的政治性组织或团体在香港特别行政区进行政治活动，禁止香港特别行政区的政治性组织或团体与外国的政治性组织或团体建立联系。”这一规定就是通常所说的23条立法。它既体现了国家对香港特别行政区的信任，也明确了香港特别行政区负有维护国家安全的宪制责任和立法义务。然而，香港回归20多年来，由于反中乱港势力和外部敌对势力的极力阻挠、干扰，23条立法一直没有完成。而且，自2003年23条立法受挫以来，这一立法在香港已被一些别有用心的人严重污名化、妖魔化，香港特别行政区完成23条立法实际上已经很困难。香港现行法律中一些源于回归之前、本来可以用于维护国家安全的有关规定，长期处于“休眠”状态。除了法律制度外，香港特别行政区在维护国家安全的机构设置、力量配备和执法权力等方面存在明显缺失，有关执法工作需要加强；香港社会需要大力开展维护国家安全的教育，普遍增强维护国家安全的意识。总的看，香港基本法明确规定的23条立法有被长期“搁置”的风险，香港特别行政区现行法律的有关规定难以有效执行，维护国家安全的法律制度和执行机制都明显存在不健全、不适应、不符合的“短板”问题，致使香港特别行政区危害国家安全的各种活动愈演愈烈，保持香港长期繁荣稳定、维护国家安全面临着不容忽视的风险。

党的十九届四中全会明确提出：“建立健全特别行政区维护国家安全的法律制度和执行机制，支持特别行政区强化执法力量。”“绝不容忍任何挑战‘一国两制’底线的行为，绝不容忍任何分裂国家的行为。”贯彻落实党中央决策部署，在香港目前形势下，必须从国家层面建立健全香港特别行政区维护国家安全的法律制度和执行机制，改变香港特别行政区国家安全领域长期“不设防”状况，在宪法和香港基本法的轨道上推进维护国家安全制度建设，加强维护国家安全工作，确保香港“一国两制”事业行稳致远。

根据宪法和香港基本法，结合多年来国家在特别行政区制度构建和发展方面的实践，从国家层面建立健全香港特别行政区维护国家安全的法律制度和执行机制，有多种可用方式，包括全国人大及其常委会作出决定、制定法律、修改法律、解释法律、将有关全国性法律列入香港基本法附件三和中央人民政府发出指令等。中央和国家有关部门在对

各种因素进行综合分析、评估和研判的基础上，经认真研究并与有关方面沟通后提出了采取“决定+立法”的方式，分两步予以推进。第一步，全国人民代表大会根据宪法和香港基本法的有关规定，作出关于建立健全香港特别行政区维护国家安全的法律制度和执行机制的决定，就相关问题作出若干基本规定，同时授权全国人大常委会就建立健全香港特别行政区维护国家安全的法律制度和执行机制制定相关法律；第二步，全国人大常委会根据宪法、香港基本法和全国人大有关决定的授权，结合香港特别行政区具体情况，制定相关法律并决定将相关法律列入香港基本法附件三，由香港特别行政区在当地公布实施。

2020 年 5 月 18 日，第十三届全国人民代表大会常务委员会第十八次会议听取和审议了《国务院关于香港特别行政区维护国家安全情况的报告》。会议认为，有必要从国家层面建立健全香港特别行政区维护国家安全的法律制度和执行机制，同意国务院有关报告提出的建议。根据宪法和香港基本法的有关规定，全国人大常委会法制工作委员会拟订了《全国人民代表大会关于建立健全香港特别行政区维护国家安全的法律制度和执行机制的决定（草案）》，经全国人大常委会会议审议后决定，由全国人大常委会提请十三届全国人大三次会议审议。

二、总体要求和基本原则

新形势下从国家层面建立健全香港特别行政区维护国家安全的法律制度和执行机制工作的总体要求是，坚持以习近平新时代中国特色社会主义思想为指导，全面贯彻党的十九大和十九届二中、三中、四中全会精神，深入贯彻总体国家安全观，坚持和完善“一国两制”制度体系，把维护中央对特别行政区全面管治权和保障特别行政区高度自治权有机结合起来，加强维护国家安全制度建设和执法工作，坚定维护国家主权、安全、发展利益，维护香港长期繁荣稳定，确保“一国两制”方针不会变、不动摇，确保“一国两制”实践不变形、不走样。

贯彻上述总体要求，必须遵循和把握好以下基本原则。

一是坚决维护国家安全。维护国家安全是保证国家长治久安、保持香港长期繁荣稳定的必然要求，是包括香港同胞在内的全中国人民的共同义务，是国家和香港特别行政区的共同责任。任何危害国家主权安全、挑战中央权力和香港基本法权威、利用香港对内地进行渗透破坏的活动，都是对底线的触碰，都是绝不能允许的。

二是坚持和完善“一国两制”制度体系。“一国”是实行“两制”的前提和基础，“两制”从属和派生于“一国”并统一于“一国”之内。必须坚定不移并全面准确贯彻“一国两制”、“港人治港”、高度自治的方针，准确把握“一国两制”正确方向，充分发挥“一国两制”制度优势，完善香港特别行政区同宪法和香港基本法实施相关的制度和机制。

三是坚持依法治港。宪法和香港基本法共同构成香港特别行政区的宪制基础。必须坚决维护宪法和香港基本法确定的香港特别行政区宪制秩序，严格依照宪法和香港基本法对香港特别行政区实行管治，支持香港特别行政区行政长官和政府依法施政，牢固树立并坚决维护法治权威，任何违反法律、破坏法治的行为都必须依法予以追究。

四是坚决反对外来干涉。香港特别行政区事务是中国的内政，不受任何外部势力干涉。必须坚决反对任何外国及其组织或者个人以任何方式干预香港事务，坚决防范和遏制外部势力干预香港事务和进行分裂、颠覆、渗透、破坏活动。对于任何外国制定、实施干预香港事务的有关立法、行政或者其他措施，国家将采取一切必要措施予以反制。

五是切实保障香港居民合法权益。维护国家安全同尊重保障人权，从根本上来说是一致的。依法有效防范、制止和惩治危害国家安全的极少数违法犯罪行为，是为了更好地保障香港绝大多数居民的生命财产安全，更好地保障基本权利和自由。任何维护国家安全的工作和执法，都必须严格依照法律规定、符合法定职权、遵循法定程序，不得侵犯香港居民、法人和其他组织的合法权益。

三、决定草案的主要内容

决定草案分为导语和正文两部分。导语部分扼要说明作出这一决定的起因、目的和依据。全国人民代表大会的相关决定，是根据宪法第三十一条和第六十二条第二项、第十四项、第十六项的规定以及香港基本法的有关规定，充分考虑维护国家安全的现实需要和香港特别行政区的具体情况，就建立健全香港特别行政区维护国家安全的法律制度和执行机制作出的制度安排。这一制度安排，符合宪法规定和宪法原则，与香港基本法的立法宗旨和确立的有关制度是一致的，将有效地维护香港特别行政区国家安全，有力地巩固和拓展“一国两制”的法治基础、政治基础和社会基础。

决定草案正文部分共有 7 条。第一条，阐明国家坚定不移并全面准确贯彻“一国两制”、“港人治港”、高度自治的方针；强调采取必要措施建立健全香港特别行政区维护国家安全的法律制度和执行机制，依法防范、制止和惩治危害国家安全的行为和活动。第二条，阐明国家坚决反对任何外国和境外势力以任何方式干预香港特别行政区事务，采取必要措施予以反制。第三条，明确规定维护国家主权、统一和领土完整是香港特别行政区的宪制责任；强调香港特别行政区应当尽早完成香港基本法规定的维护国家安全立法，香港特别行政区行政机关、立法机关、司法机关应当依据有关法律规定有效防范、制止和惩治危害国家安全的行为和活动。第四条，明确规定香港特别行政区应当建立健全维护国家安全的机构和执行机制；中央人民政府维护国家安全的有关机关根据需要在香港特别行政区设立机构，依法履行维护国家安全相关职责。第五条，明确规定香港特别行政区行政长官应当就香港特别行政区履行维护国家安全职责、开展国家安全教育、依法禁止危害国家安全的行为和活动等情况，定期向中央人民政府提交报告。第六条，明确全国人大常委会相关立法的宪制含义，包括三层含义：一是授权全国人大常委会就建立健全香港特别行政区维护国家安全的法律制度和执行机制制定相关法律，全国人大常委会将据此行使授权立法职权；二是明确全国人大常委会相关法律的任务是，切实防范、制止和惩治发生在香港特别行政区内的任何分裂国家、颠覆国家政权、组织实施恐怖活动等严重危害国家安全的行为和活动以及外国和境外势力干预香港特别行政区事务的活动；三是明确全国人大常委会相关法律在香港特别行政区实施的方式，即全国人大常委会决定将相关法律列入香港基本法附件三，由香港特别行政区在当地公布实施。第七条，明确本决定的施行时间，即自公布之日起施行。

全国人民代表大会根据新的形势和需要作出的上述制度安排，包括授权全国人大常委会就建立健全香港特别行政区维护国家安全的法律制度和执行机制制定相关法律，进一步贯彻落实了宪法和香港基本法的有关规定。香港特别行政区根据香港基本法第23条规定仍然负有维护国家安全的宪制责任和立法义务，应当尽早完成维护国家安全的有关立法。任何维护国家安全的立法及其实施都不得同本决定相抵触。

本决定作出后，全国人大常委会将会同有关方面及早制定香港特别行政区维护国家安全的相关法律，积极推动解决香港特别行政区在维护国家安全制度方面存在的突出问题，加强专门机构、执行机制和执法力量建设，确保相关法律在香港特别行政区有效实施。

《全国人民代表大会关于建立健全香港特别行政区维护国家安全的法律制度和执行机制的决定（草案）》和以上说明，请审议。

8. 中华人民共和国香港特别行政区维护国家安全法

（2020年6月30日第十三届全国人民代表大会常务委员会第二十次会议通过）

目　录

第一章　总　　则

第一条　为坚定不移并全面准确贯彻“一国两制”、“港人治港”、高度自治的方针，维护国家安全，防范、制止和惩治与香港特别行政区有关的分裂国家、颠覆国家政权、组织实施恐怖活动和勾结外国或者境外势力危害国家安全等犯罪，保持香港特别行政区的繁荣和稳定，保障香港特别行政区居民的合法权益，根据中华人民共和国宪法、中华人民共和国香港特别行政区基本法和全国人民代表大会关于建立健全香港特别行政区维护国家安全的法律制度和执行机制的决定，制定本法。

第二条　关于香港特别行政区法律地位的香港特别行政区基本法第一条和第十二条规定是香港特别行政区基本法的根本性条款。香港特别行政区任何机构、组织和个人行使权利和自由，不得违背香港特别行政区基本法第一条和第十二条的规定。

第三条　中央人民政府对香港特别行政区有关的国家安全事务负有根本责任。

香港特别行政区负有维护国家安全的宪制责任，应当履行维护国家安全的职责。

香港特别行政区行政机关、立法机关、司法机关应当依据本法和其他有关法律规定有效防范、制止和惩治危害国家安全的行为和活动。

第四条　香港特别行政区维护国家安全应当尊重和保障人权，依法保护香港特别行政区居民根据香港特别行政区基本法和《公民权利和政治权利国际公约》、《经济、社会与文化权利的国际公约》适用于香港的有关规定享有的包括言论、新闻、出版的自由，结社、集会、游行、示威的自由在内的权利和自由。

第五条　防范、制止和惩治危害国家安全犯罪，应当坚持法治原则。法律规定为犯罪行为的，依照法律定罪处刑；法律没有规定为犯罪行为的，不得定罪处刑。

任何人未经司法机关判罪之前均假定无罪。保障犯罪嫌疑人、被告人和其他诉讼参与人依法享有的辩护权和其他诉讼权利。任何人已经司法程序被最终确定有罪或者宣告无罪的，不得就同一行为再予审判或者惩罚。

第六条　维护国家主权、统一和领土完整是包括香港同胞在内的全中国人民的共同义务。

在香港特别行政区的任何机构、组织和个人都应当遵守本法和香港特别行政区有关维护国家安全的其他法律，不得从事危害国家安全的行为和活动。

香港特别行政区居民在参选或者就任公职时应当依法签署文件确认或者宣誓拥护中华人民共和国香港特别行政区基本法，效忠中华人民共和国香港特别行政区。

第二章　香港特别行政区维护国家安全的职责和机构

第一节　职　　责

第七条　香港特别行政区应当尽早完成香港特别行政区基本法规定的维护国家安全立法，完善相关法律。

第八条　香港特别行政区执法、司法机关应当切实执行本法和香港特别行政区现行法律有关防范、制止和惩治危害国家安全行为和活动的规定，有效维护国家安全。

第九条　香港特别行政区应当加强维护国家安全和防范恐怖活动的工作。对学校、社会团体、媒体、网络等涉及国家安全的事宜，香港特别行政区政府应当采取必要措施，加强宣传、指导、监督和管理。

第十条　香港特别行政区应当通过学校、社会团体、媒体、网络等开展国家安全教育，提高香港特别行政区居民的国家安全意识和守法意识。

第十一条　香港特别行政区行政长官应当就香港特别行政区维护国家安全事务向中央人民政府负责，并就香港特别行政区履行维护国家安全职责的情况提交年度报告。

如中央人民政府提出要求，行政长官应当就维护国家安全特定事项及时提交报告。

第二节　机　　构

第十二条　香港特别行政区设立维护国家安全委员会，负责香港特别行政区维护国家安全事务，承担维护国家安全的主要责任，并接受中央人民政府的监督和问责。

第十三条　香港特别行政区维护国家安全委员会由行政长官担任主席，成员包括政务司长、财政司长、律政司长、保安局局长、警务处处长、本法第十六条规定的警务处维护国家安全部门的负责人、入境事务处处长、海关关长和行政长官办公室主任。

香港特别行政区维护国家安全委员会下设秘书处，由秘书长领导。秘书长由行政长官提名，报中央人民政府任命。

第十四条　香港特别行政区维护国家安全委员会的职责为：

（一）分析研判香港特别行政区维护国家安全形势，规划有关工作，制定香港特别行政区维护国家安全政策；

（二）推进香港特别行政区维护国家安全的法律制度和执行机制建设；

（三）协调香港特别行政区维护国家安全的重点工作和重大行动。

香港特别行政区维护国家安全委员会的工作不受香港特别行政区任何其他机构、组织和个人的干涉，工作信息不予公开。香港特别行政区维护国家安全委员会作出的决定不受司法复核。

第十五条　香港特别行政区维护国家安全委员会设立国家安全事务顾问，由中央人民政府指派，就香港特别行政区维护国家安全委员会履行职责相关事务提供意见。国家安全事务顾问列席香港特别行政区维护国家安全委员会会议。

第十六条　香港特别行政区政府警务处设立维护国家安全的部门，配备执法力量。

警务处维护国家安全部门负责人由行政长官任命，行政长官任命前须书面征求本法第四十八条规定的机构的意见。警务处维护国家安全部门负责人在就职时应当宣誓拥护中华人民共和国香港特别行政区基本法，效忠中华人民共和国香港特别行政区，遵守法律，保守秘密。

警务处维护国家安全部门可以从香港特别行政区以外聘请合格的专门人员和技术人员，协助执行维护国家安全相关任务。

第十七条　警务处维护国家安全部门的职责为：

（一）收集分析涉及国家安全的情报信息；

（二）部署、协调、推进维护国家安全的措施和行动；

（三）调查危害国家安全犯罪案件；

（四）进行反干预调查和开展国家安全审查；

（五）承办香港特别行政区维护国家安全委员会交办的维护国家安全工作；

（六）执行本法所需的其他职责。

第十八条　香港特别行政区律政司设立专门的国家安全犯罪案件检控部门，负责危害国家安全犯罪案件的检控工作和其他相关法律事务。该部门检控官由律政司长征得香港特别行政区维护国家安全委员会同意后任命。

律政司国家安全犯罪案件检控部门负责人由行政长官任命，行政长官任命前须书面征求本法第四十八条规定的机构的意见。律政司国家安全犯罪案件检控部门负责人在就职时应当宣誓拥护中华人民共和国香港特别行政区基本法，效忠中华人民共和国香港特别行政区，遵守法律，保守秘密。

第十九条　经行政长官批准，香港特别行政区政府财政司长应当从政府一般收入中拨出专门款项支付关于维护国家安全的开支并核准所涉及的人员编制，不受香港特别行政区现行有关法律规定的限制。财政司长须每年就该款项的控制和管理向立法会提交报告。

第三章　罪行和处罚

第一节　分裂国家罪

第二十条　任何人组织、策划、实施或者参与实施以下旨在分裂国家、破坏国家统一行为之一的，不论是否使用武力或者以武力相威胁，即属犯罪：

（一）将香港特别行政区或者中华人民共和国其他任何部分从中华人民共和国分离出去；

（二）非法改变香港特别行政区或者中华人民共和国其他任何部分的法律地位；

（三）将香港特别行政区或者中华人民共和国其他任何部分转归外国统治。

犯前款罪，对首要分子或者罪行重大的，处无期徒刑或者十年以上有期徒刑；对积极参加的，处三年以上十年以下有期徒刑；对其他参加的，处三年以下有期徒刑、拘役或者管制。

第二十一条　任何人煽动、协助、教唆、以金钱或者其他财物资助他人实施本法第二十条规定的犯罪的，即属犯罪。情节严重的，处五年以上十年以下有期徒刑；情节较轻的，处五年以下有期徒刑、拘役或者管制。

第二节　颠覆国家政权罪

第二十二条　任何人组织、策划、实施或者参与实施以下以武力、威胁使用武力或者其他非法手段旨在颠覆国家政权行为之一的，即属犯罪：

（一）推翻、破坏中华人民共和国宪法所确立的中华人民共和国根本制度；

（二）推翻中华人民共和国中央政权机关或者香港特别行政区政权机关；

（三）严重干扰、阻挠、破坏中华人民共和国中央政权机关或者香港特别行政区政权机关依法履行职能；

（四）攻击、破坏香港特别行政区政权机关履职场所及其设施，致使其无法正常履行职能。

犯前款罪，对首要分子或者罪行重大的，处无期徒刑或者十年以上有期徒刑；对积极参加的，处三年以上十年以下有期徒刑；对其他参加的，处三年以下有期徒刑、拘役或者管制。

第二十三条　任何人煽动、协助、教唆、以金钱或者其他财物资助他人实施本法第二十二条规定的犯罪的，即属犯罪。情节严重的，处五年以上十年以下有期徒刑；情节较轻的，处五年以下有期徒刑、拘役或者管制。

第三节　恐怖活动罪

第二十四条　为胁迫中央人民政府、香港特别行政区政府或者国际组织或者威吓公众以图实现政治主张，组织、策划、实施、参与实施或者威胁实施以下造成或者意图造成严重社会危害的恐怖活动之一的，即属犯罪：

（一）针对人的严重暴力；

（二）爆炸、纵火或者投放毒害性、放射性、传染病病原体等物质；

（三）破坏交通工具、交通设施、电力设备、燃气设备或者其他易燃易爆设备；

（四）严重干扰、破坏水、电、燃气、交通、通讯、网络等公共服务和管理的电子控制系统；

（五）以其他危险方法严重危害公众健康或者安全。

犯前款罪，致人重伤、死亡或者使公私财产遭受重大损失的，处无期徒刑或者十年以上有期徒刑；其他情形，处三年以上十年以下有期徒刑。

第二十五条　组织、领导恐怖活动组织的，即属犯罪，处无期徒刑或者十年以上有期徒刑，并处没收财产；积极参加的，处三年以上十年以下有期徒刑，并处罚金；其他参加的，处三年以下有期徒刑、拘役或者管制，可以并处罚金。

本法所指的恐怖活动组织，是指实施或者意图实施本法第二十四条规定的恐怖活动罪行或者参与或者协助实施本法第二十四条规定的恐怖活动罪行的组织。

第二十六条　为恐怖活动组织、恐怖活动人员、恐怖活动实施提供培训、武器、信息、资金、物资、劳务、运输、技术或者场所等支持、协助、便利，或者制造、非法管有爆炸性、毒害性、放射性、传染病病原体等物质以及以其他形式准备实施恐怖活动的，即属犯罪。情节严重的，处五年以上十年以下有期徒刑，并处罚金或者没收财产；其他情形，处五年以下有期徒刑、拘役或者管制，并处罚金。

有前款行为，同时构成其他犯罪的，依照处罚较重的规定定罪处罚。

第二十七条　宣扬恐怖主义、煽动实施恐怖活动的，即属犯罪。情节严重的，处五年以上十年以下有期徒刑，并处罚金或者没收财产；其他情形，处五年以下有期徒刑、拘役或者管制，并处罚金。

第二十八条　本节规定不影响依据香港特别行政区法律对其他形式的恐怖活动犯罪追究刑事责任并采取冻结财产等措施。

第四节　勾结外国或者境外势力危害国家安全罪

第二十九条　为外国或者境外机构、组织、人员窃取、刺探、收买、非法提供涉及国家安全的国家秘密或者情报的；请求外国或者境外机构、组织、人员实施，与外国或者境外机构、组织、人员串谋实施，或者直接或者间接接受外国或者境外机构、组织、人员的指使、控制、资助或者其他形式的支援实施以下行为之一的，均属犯罪：

（一）对中华人民共和国发动战争，或者以武力或者武力相威胁，对中华人民共和国主权、统一和领土完整造成严重危害；

（二）对香港特别行政区政府或者中央人民政府制定和执行法律、政策进行严重阻挠并可能造成严重后果；

（三）对香港特别行政区选举进行操控、破坏并可能造成严重后果；

（四）对香港特别行政区或者中华人民共和国进行制裁、封锁或者采取其他敌对行动；

（五）通过各种非法方式引发香港特别行政区居民对中央人民政府或者香港特别行政区政府的憎恨并可能造成严重后果。

犯前款罪，处三年以上十年以下有期徒刑；罪行重大的，处无期徒刑或者十年以上有期徒刑。

本条第一款规定涉及的境外机构、组织、人员，按共同犯罪定罪处刑。

第三十条　为实施本法第二十条、第二十二条规定的犯罪，与外国或者境外机构、组织、人员串谋，或者直接或者间接接受外国或者境外机构、组织、人员的指使、控制、资助或者其他形式的支援的，依照本法第二十条、第二十二条的规定从重处罚。

第五节　其他处罚规定

第三十一条　公司、团体等法人或者非法人组织实施本法规定的犯罪的，对该组织判处罚金。

公司、团体等法人或者非法人组织因犯本法规定的罪行受到刑事处罚的，应责令其暂停运作或者吊销其执照或者营业许可证。

第三十二条　因实施本法规定的犯罪而获得的资助、收益、报酬等违法所得以及用于或者意图用于犯罪的资金和工具，应当予以追缴、没收。

第三十三条　有以下情形的，对有关犯罪行为人、犯罪嫌疑人、被告人可以从轻、减轻处罚；犯罪较轻的，可以免除处罚：

（一）在犯罪过程中，自动放弃犯罪或者自动有效地防止犯罪结果发生的；

（二）自动投案，如实供述自己的罪行的；

（三）揭发他人犯罪行为，查证属实，或者提供重要线索得以侦破其他案件的。

被采取强制措施的犯罪嫌疑人、被告人如实供述执法、司法机关未掌握的本人犯有本法规定的其他罪行的，按前款第二项规定处理。

第三十四条　不具有香港特别行政区永久性居民身份的人实施本法规定的犯罪的，可以独立适用或者附加适用驱逐出境。

不具有香港特别行政区永久性居民身份的人违反本法规定，因任何原因不对其追究刑事责任的，也可以驱逐出境。

第三十五条　任何人经法院判决犯危害国家安全罪行的，即丧失作为候选人参加香港特别行政区举行的立法会、区议会选举或者出任香港特别行政区任何公职或者行政长官选举委员会委员的资格；曾经宣誓或者声明拥护中华人民共和国香港特别行政区基本法、效忠中华人民共和国香港特别行政区的立法会议员、政府官员及公务人员、行政会议成员、法官及其他司法人员、区议员，即时丧失该等职务，并丧失参选或者出任上述职务的资格。

前款规定资格或者职务的丧失，由负责组织、管理有关选举或者公职任免的机构宣布。

第六节　效力范围

第三十六条　任何人在香港特别行政区内实施本法规定的犯罪的，适用本法。犯罪的行为或者结果有一项发生在香港特别行政区内的，就认为是在香港特别行政区内犯罪。

在香港特别行政区注册的船舶或者航空器内实施本法规定的犯罪的，也适用本法。

第三十七条　香港特别行政区永久性居民或者在香港特别行政区成立的公司、团体等法人或者非法人组织在香港特别行政区以外实施本法规定的犯罪的，适用本法。

第三十八条 不具有香港特别行政区永久性居民身份的人在香港特别行政区以外针对香港特别行政区实施本法规定的犯罪的，适用本法。

第三十九条 本法施行以后的行为，适用本法定罪处刑。

第四章 案件管辖、法律适用和程序

第四十条 香港特别行政区对本法规定的犯罪案件行使管辖权，但本法第五十五条规定的情形除外。

第四十一条 香港特别行政区管辖危害国家安全犯罪案件的立案侦查、检控、审判和刑罚的执行等诉讼程序事宜，适用本法和香港特别行政区本地法律。

未经律政司长书面同意，任何人不得就危害国家安全犯罪案件提出检控。但该规定不影响就有关犯罪依法逮捕犯罪嫌疑人并将其羁押，也不影响该等犯罪嫌疑人申请保释。

香港特别行政区管辖的危害国家安全犯罪案件的审判循公诉程序进行。

审判应当公开进行。因为涉及国家秘密、公共秩序等情形不宜公开审理的，禁止新闻界和公众旁听全部或者一部分审理程序，但判决结果应当一律公开宣布。

第四十二条 香港特别行政区执法、司法机关在适用香港特别行政区现行法律有关羁押、审理期限等方面的规定时，应当确保危害国家安全犯罪案件公正、及时办理，有效防范、制止和惩治危害国家安全犯罪。

对犯罪嫌疑人、被告人，除非法官有充足理由相信其不会继续实施危害国家安全行为的，不得准予保释。

第四十三条 香港特别行政区政府警务处维护国家安全部门办理危害国家安全犯罪案件时，可以采取香港特别行政区现行法律准予警方等执法部门在调查严重犯罪案件时采取的各种措施，并可以采取以下措施：

（一）搜查可能存有犯罪证据的处所、车辆、船只、航空器以及其他有关地方和电子设备；

（二）要求涉嫌实施危害国家安全犯罪行为的人员交出旅行证件或者限制其离境；

（三）对用于或者意图用于犯罪的财产、因犯罪所得的收益等与犯罪相关的财产，予以冻结，申请限制令、押记令、没收令以及充公；

（四）要求信息发布人或者有关服务商移除信息或者提供协助；

（五）要求外国及境外政治性组织，外国及境外当局或者政治性组织的代理人提供资料；

（六）经行政长官批准，对有合理理由怀疑涉及实施危害国家安全犯罪的人员进行截取通讯和秘密监察；

（七）对有合理理由怀疑拥有与侦查有关的资料或者管有有关物料的人员，要求其回答问题和提交资料或者物料。

香港特别行政区维护国家安全委员会对警务处维护国家安全部门等执法机构采取本条第一款规定措施负有监督责任。

授权香港特别行政区行政长官会同香港特别行政区维护国家安全委员会为采取本条第一款规定措施制定相关实施细则。

第四十四条 香港特别行政区行政长官应当从裁判官、区域法院法官、高等法院原讼法庭法官、上诉法庭法官以及终审法院法官中指定若干名法官，也可从暂委或者特委法官中指定若干名法官，负责处理危害国家安全犯罪案件。行政长官在指定法官前可征询香港特别行政区维护国家安全委员会和终审法院首席法官的意见。上述指定法官任期一年。

凡有危害国家安全言行的，不得被指定为审理危害国家安全犯罪案件的法官。在获任指定法官期间，如有危害国家安全言行的，终止其指定法官资格。

在裁判法院、区域法院、高等法院和终审法院就危害国家安全犯罪案件提起的刑事检控程序应当分别由各该法院的指定法官处理。

第四十五条 除本法另有规定外，裁判法院、区域法院、高等法院和终审法院应当按照香港特别行政区的其他法律处理就危害国家安全犯罪案件提起的刑事检控程序。

第四十六条 对高等法院原讼法庭进行的就危害国家安全犯罪案件提起的刑事检控程序，律政司长可基于保护国家秘密、案件具有涉外因素或者保障陪审员及其家人的人身安全等理由，发出证书指示相关诉讼毋须在有陪审团的情况下进行审理。凡律政司长发出上述证书，高等法院原讼法庭应当在没有陪审团的情况下进行审理，并由三名法官组成审判庭。

凡律政司长发出前款规定的证书，适用于相关诉讼的香港特别行政区任何法律条文关于“陪审团”或者“陪审团的裁决”，均应当理解为指法官或者法官作为事实裁断者的职能。

第四十七条 香港特别行政区法院在审理案件中遇有涉及有关行为是否涉及国家安全或者有关证据材料是否涉及国家秘密的认定问题，应取得行政长官就该等问题发出的证明书，上述证明书对法院有约束力。

第五章 中央人民政府驻香港特别行政区维护国家安全机构

第四十八条 中央人民政府在香港特别行政区设立维护国家安全公署。中央人民政府驻香港特别行政区维护国家安全公署依法履行维护国家安全职责，行使相关权力。

驻香港特别行政区维护国家安全公署人员由中央人民政府维护国家安全的有关机关联合派出。

第四十九条　驻香港特别行政区维护国家安全公署的职责为：

（一）分析研判香港特别行政区维护国家安全形势，就维护国家安全重大战略和重要政策提出意见和建议；

（二）监督、指导、协调、支持香港特别行政区履行维护国家安全的职责；

（三）收集分析国家安全情报信息；

（四）依法办理危害国家安全犯罪案件。

第五十条　驻香港特别行政区维护国家安全公署应当严格依法履行职责，依法接受监督，不得侵害任何个人和组织的合法权益。

驻香港特别行政区维护国家安全公署人员除须遵守全国性法律外，还应当遵守香港特别行政区法律。

驻香港特别行政区维护国家安全公署人员依法接受国家监察机关的监督。

第五十一条　驻香港特别行政区维护国家安全公署的经费由中央财政保障。

第五十二条　驻香港特别行政区维护国家安全公署应当加强与中央人民政府驻香港特别行政区联络办公室、外交部驻香港特别行政区特派员公署、中国人民解放军驻香港部队的工作联系和工作协同。

第五十三条　驻香港特别行政区维护国家安全公署应当与香港特别行政区维护国家安全委员会建立协调机制，监督、指导香港特别行政区维护国家安全工作。

驻香港特别行政区维护国家安全公署的工作部门应当与香港特别行政区维护国家安全的有关机关建立协作机制，加强信息共享和行动配合。

第五十四条　驻香港特别行政区维护国家安全公署、外交部驻香港特别行政区特派员公署会同香港特别行政区政府采取必要措施，加强对外国和国际组织驻香港特别行政区机构、在香港特别行政区的外国和境外非政府组织和新闻机构的管理和服务。

第五十五条　有以下情形之一的，经香港特别行政区政府或者驻香港特别行政区维护国家安全公署提出，并报中央人民政府批准，由驻香港特别行政区维护国家安全公署对本法规定的危害国家安全犯罪案件行使管辖权：

（一）案件涉及外国或者境外势力介入的复杂情况，香港特别行政区管辖确有困难的；

（二）出现香港特别行政区政府无法有效执行本法的严重情况的；

（三）出现国家安全面临重大现实威胁的情况的。

第五十六条　根据本法第五十五条规定管辖有关危害国家安全犯罪案件时，由驻香港特别行政区维护国家安全公署负责立案侦查，最高人民检察院指定有关检察机关行使检察权，最高人民法院指定有关法院行使审判权。

第五十七条　根据本法第五十五条规定管辖案件的立案侦查、审查起诉、审判和刑罚的执行等诉讼程序事宜，适用《中华人民共和国刑事诉讼法》等相关法律的规定。

根据本法第五十五条规定管辖案件时，本法第五十六条规定的执法、司法机关依法行使相关权力，其为决定采取强制措施、侦查措施和司法裁判而签发的法律文书在香港特别行政区具有法律效力。对于驻香港特别行政区维护国家安全公署依法采取的措施，有关机构、组织和个人必须遵从。

第五十八条　根据本法第五十五条规定管辖案件时，犯罪嫌疑人自被驻香港特别行政区维护国家安全公署第一次讯问或者采取强制措施之日起，有权委托律师作为辩护人。辩护律师可以依法为犯罪嫌疑人、被告人提供法律帮助。

犯罪嫌疑人、被告人被合法拘捕后，享有尽早接受司法机关公正审判的权利。

第五十九条　根据本法第五十五条规定管辖案件时，任何人如果知道本法规定的危害国家安全犯罪案件情况，都有如实作证的义务。

第六十条　驻香港特别行政区维护国家安全公署及其人员依据本法执行职务的行为，不受香港特别行政区管辖。

持有驻香港特别行政区维护国家安全公署制发的证件或者证明文件的人员和车辆等在执行职务时不受香港特别行政区执法人员检查、搜查和扣押。

驻香港特别行政区维护国家安全公署及其人员享有香港特别行政区法律规定的其他权利和豁免。

第六十一条　驻香港特别行政区维护国家安全公署依据本法规定履行职责时，香港特别行政区政府有关部门须提供必要的便利和配合，对妨碍有关执行职务的行为依法予以制止并追究责任。

第六章　附　　则

第六十二条　香港特别行政区本地法律规定与本法不一致的，适用本法规定。

第六十三条　办理本法规定的危害国家安全犯罪案件的有关执法、司法机关及其人员或者办理其他危害国家安全犯罪案件的香港特别行政区执法、司法机关及其人员，应当对办案过程中知悉的国家秘密、商业秘密和个人隐私予以保密。

担任辩护人或者诉讼代理人的律师应当保守在执业活动中知悉的国家秘密、商业秘密和个人隐私。

配合办案的有关机构、组织和个人应当对案件有关情况予以保密。

第六十四条　香港特别行政区适用本法时，本法规定的“有期徒刑”“无期徒刑”“没收财产”和“罚金”分别指“监禁”“终身监禁”“充公犯罪所得”和“罚款”，“拘役”参照适用香港特别行政区相关法律规定的“监禁”“入劳役中心”“入教导所”，“管制”参照适用香港特别行政区相关法律规定的“社会服务令”“入感化院”，“吊销执照或者营业许可证”指香港特别行政区相关法律规定的“取消注册或者注册豁免，或者取消牌照”。

第六十五条　本法的解释权属于全国人民代表大会常务委员会。

第六十六条　本法自公布之日起施行。

附：法制工作委员会负责人向十三届全国人大常委会第十九次会议作关于《中华人民共和国香港特别行政区维护国家安全法（草案）》的说明

（2020年6月20日）

受委员长会议委托，全国人大常委会法制工作委员会负责人6月18日向十三届全国人大常委会第十九次会议作关于《中华人民共和国香港特别行政区维护国家安全法（草案）》的说明，摘要如下。

制定香港特别行政区维护国家安全法是贯彻党的十九届四中全会精神、落实《全国人民代表大会关于建立健全香港特别行政区维护国家安全的法律制度和执行机制的决定》的重要任务

2020年5月28日，十三届全国人大三次会议通过了《全国人民代表大会关于建立健全香港特别行政区维护国家安全的法律制度和执行机制的决定》（以下简称《决定》），自公布之日起施行。这是最高国家权力机关贯彻党的十九届四中全会精神，根据宪法和香港基本法的有关规定，适应新的形势和需要，坚持和完善“一国两制”制度体系，从国家层面建立健全香港特别行政区维护国家安全的法律制度和执行机制的重要制度安排，为下一步制定相关法律提供了宪制依据。以《决定》为依据制定相关法律，是完成这一重要制度安排的关键环节和重要组成部分。《决定》第六条规定：“授权全国人民代表大会常务委员会就建立健全香港特别行政区维护国家安全的法律制度和执行机制制定相关法律，切实防范、制止和惩治任何分裂国家、颠覆国家政权、组织实施恐怖活动等严重危害国家安全的行为和活动以及外国和境外势力干预香港特别行政区事务的活动。全国人民代表大会常务委员会决定将上述相关法律列入《中华人民共和国香港特别行政区基本法》附件三，由香港特别行政区在当地公布实施。”在今年全国两会期间，许多全国人大代表、全国政协委员和有关方面都提出，全国人大常委会应根据全国人大的有关决定尽快制定香港特别行政区维护国家安全的相关法律，推进香港特别行政区维护国家安全制度机制建设，确保相关法律在香港特别行政区有效实施。

十三届全国人大三次会议《决定》草案的说明中明确了从国家层面建立健全香港特别行政区维护国家安全的法律制度和执行机制必须遵循和把握好的五条基本原则，即坚决维护国家安全、坚持和完善“一国两制”制度体系、坚持依法治港、坚决反对外来干涉、切实保障香港居民合法权益。关于香港特别行政区维护国家安全制度安排的核心要素，已经在全国人大《决定》中作出了基本规定。即将制定的香港特别行政区维护国家安全的相关法律，是十三届全国人大三次会议精神和《决定》内容的全面展开、充分贯彻和具体落实，是香港特别行政区维护国家安全制度安排的法律化、规范化、明晰化。

近一段时间以来，中央有关部门认真开展相关法律草案起草工作，并多次听取香港特别行政区行政长官林郑月娥和有关主要官员对香港维护国家安全立法问题的意见建议。国务院港澳事务办公室、中央人民政府驻香港特别行政区联络办公室通过多种方式和渠道听取港区全国人大代表、港区全国政协委员和省级政协委员、香港社会各界代表人士、香港法律界人士等方面对国家相关立法的意见和建议，认真研究全国两会期间全国人大代表、全国政协委员提出的相关意见和建议。在此基础上，起草了香港特别行政区维护国家安全法草案。法律草案文本形成后，有关方面专门就案文征求了香港特别行政区政府和有关人士的意见，认真研究香港特别行政区政府反映的意见建议，充分考虑香港特别行政区实际情况，本着能吸收尽量吸收的精神，对法律草案文本作了反复修改完善。

全国人大常委会将尽快完成香港特别行政区维护国家安全的立法确定为立法工作中一项重要而紧迫的任务，抓紧相关工作。6月17日，委员长会议听取了全国人大常委会法工委关于香港特别行政区维护国家安全法起草工作等情况的汇报，认为草案符合宪法规定和宪法原则，符合“一国两制”方针和香港基本法，符合全国人大《决定》精神，是成熟可行的，决定将《中华人民共和国香港特别行政区维护国家安全法（草案）》提请全国人大常委会审议。

起草香港特别行政区维护国家安全法草案遵循的指导思想和工作原则

研究起草香港特别行政区维护国家安全法，必须坚持以习近平新时代中国特色社会主义思想为指导，深入贯彻落实党的十九届四中全会精神和十三届全国人大三次会议精神，根据宪法、香港基本法和全国人大《决定》的有关规定，全面、准确、有效行使全国人民代表大会授予全国人民代表大会常务委员会的相关立法职权，坚持和完善“一国两制”制度体系，充分考虑维护国家安全的现实需要和香港特别行政区的具体情况，对香港特别行政区维护国家安全的法律制度和执行机制作出系统全面的规定，切实维护国家主权、安全、发展利益，切实维护宪法和基本法确立的特别行政区宪制秩序，为推进香港特别行政区维护国家安全相关制度机制建设、加强香港特别行政区维护国家安全执法司法工作提供有力的宪制依据和法律依据。

研究起草有关法律过程中，注意把握、遵循和体现以下工作原则：一是坚定制度自信，着力健全完善新形势下香港特别行政区同宪法、香港基本法和全国人大《决定》实施相关的制度机制；二是坚持问题导向，着力解决香港特别行政区在维护国家安全方面存在的法律漏洞、制度缺失和工作“短板”问题；三是突出责任主体，着力落实香港特别行政区维护国家安全的宪制责任和主要责任；四是统筹制度安排，着力从国家和香港特别行政区两个层面、法律制度和执行机制两个方面作出系统全面的规定；五是兼顾两地差异，着力处理好本法与国家有关法律、香港特别行政区本地法律的衔接、兼容和互补关系。

法律草案的主要内容

香港特别行政区维护国家安全法草案有 6 章，分别为总则，香港特别行政区维护国家安全的职责和机构，罪行和处罚，案件管辖、法律适用和程序，中央人民政府驻香港特别行政区维护国家安全机构，附则；共 66 条。这是一部兼具实体法、程序法和组织法内容的综合性法律，草案主要包括以下几个方面的内容：

（一）明确规定中央人民政府对有关国家安全事务的根本责任和香港特别行政区维护国家安全的宪制责任。（1）中央人民政府对香港特别行政区有关的国家安全事务负有根本责任。香港特别行政区负有维护国家安全的宪制责任，应当履行维护国家安全的职责。香港特别行政区行政机关、立法机关、司法机关应当依据有关法律规定有效防范、制止和惩治危害国家安全的行为和活动。（2）维护国家主权、统一和领土完整是包括香港同胞在内的全中国人民的共同义务。在香港特别行政区的任何机构、组织和个人都应当遵守本法和香港特别行政区有关维护国家安全的其他法律，不得从事危害国家安全的活动。香港特别行政区居民在参选或者就任公职时应当依法签署文件确认或者宣誓拥护中华人民共和国香港特别行政区基本法，效忠中华人民共和国香港特别行政区。（3）香港特别行政区应当尽早完成香港特别行政区基本法规定的维护国家安全立法，完善相关法律。（4）香港特别行政区执法、司法机关应当切实执行本法和香港特别行政区现行法律有关防范、制止和惩治危害国家安全行为的规定，有效维护国家安全。（5）香港特别行政区应当加强维护国家安全和防范恐怖活动的工作。对学校、社会团体等涉及国家安全的事宜，香港特别行政区政府应当采取必要措施，加强监督和管理。

（二）明确规定香港特别行政区维护国家安全应当遵循的重要法治原则。（1）香港特别行政区维护国家安全应当尊重和保障人权，依法保护香港特别行政区居民根据香港特别行政区基本法和《公民权利和政治权利国际公约》《经济、社会与文化权利的国际公约》适用于香港的有关规定享有的包括言论、新闻、出版的自由，结社、集会、游行、示威的自由在内的权利和自由。（2）防范、制止和惩治危害国家安全犯罪，应当坚持法治原则。法律规定为犯罪行为的，依照法律定罪处刑；法律没有规定为犯罪行为的，不得定罪处刑。任何人未经司法机关判罪之前均假定无罪。保障犯罪嫌疑人、被告人和其他诉讼参与人依法享有的辩护权和其他诉讼权利。任何人已经司法程序被最终确定有罪或者宣告无罪的，不得就同一行为再予审判或者惩罚。

（三）明确规定香港特别行政区建立健全维护国家安全的相关机构及其职责。（1）香港特别行政区设立维护国家安全委员会，负责香港特别行政区维护国家安全事务，承担维护国家安全的主要责任，并接受中央人民政府的监督和问责。（2）香港特别行政区维护国家安全委员会由行政长官担任主席，成员包括政务司司长、财政司司长、律政司司长、保安局局长、警务处处长、警务处维护国家安全部门负责人、入境事务处处长、海关关长和行政长官办公室主任。香港特别行政区维护国家安全委员会下设秘书处，由秘书长领导。秘书长由行政长官提名，报中央人民政府任命。（3）香港特别行政区维护国家安全委员会的职责为：分析研判香港特别行政区维护国家安全形势，规划有关工作，制定香港特别行政区维护国家安全政策；推进香港特别行政区维护国家安全的法律制度和执行机制建设；协调香港特别行政区维护国家安全的重点工作和重大行动。（4）香港特别行政区维护国家安全委员会设立国家安全事务顾问，由中央人民政府指派，就香港特别行政区维护国家安全委员会履行职责相关事务提供咨询意见。（5）香港特别行政区政府警务处设立维护国家安全的部门，配备执法力量。（6）香港特别行政区政府律政司设立专门的国家安全犯罪案件检控部门，负责危害国家安全犯罪案件的检控工作和其他相关法律事务。

（四）明确规定四类危害国家安全的罪行和处罚。草案第三章“罪行和处罚”分 6 节，对分裂国家罪、颠覆国家政权罪、恐怖活动罪、勾结外国或者境外势力危害国家安全罪四类犯罪行为的具体构成和相应的刑事责任，其他处罚规定以及效力范围，作出明确规定。区分不同情形，分别规定四类犯罪行为的刑罚。

（五）明确规定案件管辖、法律适用和程序。（1）除特定情形外，香港特别行政区对本法规定的犯罪案件行使管辖权。（2）香港特别行政区管辖危害国家安全犯罪案件的立案侦查、检控、审判和刑罚的执行等诉讼程序事宜，适用本法和香港特别行政区本地法律。香港特别行政区管辖的危害国家安全犯罪案件的审判循公诉程序进行。（3）香港特别行政区政府警务处维护国家安全部门办理危害国家安全犯罪案件时，可以采取香港特别行政区现行法律准予警方等执法部门在调查严重犯罪案件时采取的各种措施，以及本法规定的有关职权和措施。（4）香港特别行政区行政长官应当从现任或者符合资格的前任裁判官、区域法院法官、高等法院原讼法庭法官、上诉法庭法官以及终审法院法官中指定若干名法官，也可以从暂委或者特委法官中指定法官，负责处理危害国家安全犯罪案件。

（六）明确规定中央人民政府驻香港特别行政区维护国家安全机构。（1）中央人民政府在香港特别行政区设立维护国家安全公署。中央人民政府驻香港特别行政区维护国家安全公署依法履行维护国家安全职责，行使相关权力。（2）驻港国家安全公署的职责为：分析研判香港特别行政区维护国家安全形势，就维护国家安全重大战略和重要政策提出意见和建议；监督、指导、协调、支持香港特别行政区履行维护国家安全的职责；收集分析国家安全情报信息；依法办理危害国家安全犯罪案件。(3) 驻港国家安全公署应当严格依法履行职责，依法接受监督，不得侵害任何个人和组织的合法权益。驻港国家安全公署人员除须遵守全国性法律外，还应当遵守香港特别行政区法律。(4) 驻港国家安全公署应当与香港特别行政区维护国家安全委员会建立协调机制，监督、指导香港特别行政区维护国家安全工作。驻港国家安全公署的工作部门与香港特别行政区维护国家安全的执法、司法机关建立协作机制，加强信息共享和行动配合。

草案还对驻港国家安全公署和国家有关机关在特定情形下的案件管辖和程序作出了明确规定。需要说明的是，驻港国家安全公署和国家有关机关在特定情形下对极少数危害国家安全犯罪案件行使管辖权，是中央全面管治权的重要体现，有利于支持和加强香港特别行政区维护国家安全执法工作和司法工作，有利于避免可能出现或者导致出现香港特别行政区基本法第十八条第四款规定的紧急状态情形。

草案在附则中规定：香港特别行政区本地法律与本法不一致的，适用本法规定；本法的解释权属于全国人民代表大会常务委员会。

第四部分　刑法立法解释

1. 全国人民代表大会常务委员会关于《中华人民共和国刑法》第九十三条第二款的解释

（2000 年 4 月 29 日第九届全国人民代表大会常务委员会第十五次会议通过）

全国人民代表大会常务委员会讨论了村民委员会等村基层组织人员在从事哪些工作时属于刑法第九十三条第二款规定的“其他依照法律从事公务的人员”，解释如下：

村民委员会等村基层组织人员协助人民政府从事下列行政管理工作，属于刑法第九十三条第二款规定的“其他依照法律从事公务的人员”：

（一）救灾、抢险、防汛、优抚、扶贫、移民、救济款物的管理；

（二）社会捐助公益事业款物的管理；

（三）国有土地的经营和管理；

（四）土地征用补偿费用的管理；

（五）代征、代缴税款；

（六）有关计划生育、户籍、征兵工作；

（七）协助人民政府从事的其他行政管理工作。

村民委员会等村基层组织人员从事前款规定的公务，利用职务上的便利，非法占有公共财物、挪用公款、索取他人财物或者非法收受他人财物，构成犯罪的，适用刑法第三百八十二条和第三百八十三条贪污罪、第三百八十四条挪用公款罪、第三百八十五条和第三百八十六条受贿罪的规定。

现予公告。

附一：关于《全国人民代表大会常务委员会关于〈中华人民共和国刑法〉第九十三条第二款的解释（草案）》的说明

——1999 年 12 月 17 日在第九届全国人民代表大会常务委员会第十三次会议上

（全国人大常委会法制工作委员会副主任　胡康生）

委员长、各位副委员长、秘书长、各位委员：

我受委员长会议的委托，作《全国人民代表大会常务委员会关于〈中华人民共和国刑法〉第九十三条第二款的解释（草案）》的说明。

刑法第九十三条规定：“本法所称国家工作人员，是指国家机关中从事公务的人员。”国有公司、企业、事业单位、人民团体中从事公务的人员和国家机关、国有公司、企业、事业单位委派到非国有公司、企业、事业单位、社会团体从事公务的人员，以及其他依照法律从事公务的人员，以国家工作人员论。农村村民委员会等基层组织依法或受政府委托从事村公共事务的管理工作属于依法从事公务，应以国家工作人员论。如果在从事公务时利用职务之便，非法占有公共财物，挪用公款或者收受贿赂，应当依照刑法关于国家工作人员贪污罪、挪用公款罪、受贿罪追究刑事责任，而不应适用刑法关于侵占罪、挪用资金罪和业务受贿罪的规定。

在司法实践中，对村基层组织人员管理村公共事务工作是否属于依法从事公务的人员，有不同的认识。最高人民法院、最高人民检察院建议全国人大常委会对此作出解释，予以明确。1981 年全国人民代表大会常务委员会关于加强法律解释工作的决议中规定，凡关于法律条文本身需要进一步明确界限或作补充规定的，由全国人民代表大会常务委员会进行解释。我们拟订了关于刑法第九十三条第二款的解释（草案），建议全国人民代表大会常务委员会对此作出解释。

全国人民代表大会常务委员会关于刑法第九十三条第二款的解释（草案）和以上说明，是否妥当，请审议。

附二：全国人大法律委员会关于《全国人民代表大会常务委员会关于〈中华人民共和国刑法〉第九十三条第二款的解释（草案）》审议结果的报告

——2000 年 4 月 25 日在第九届全国人民代表大会常务委员会第十五次会议上

（全国人大法律委员会副主任委员　顾昂然）

全国人民代表大会常务委员会：

九届全国人大常委会第十三次会议对《关于〈中华人民共和国刑法〉第九十三条第二款的解释（草案）》进行了初步审议。会后，法律委员会和法制工作委员会将草案印发各省、自治区、直辖市和中央有关部门征求意见。法律委员会于 4 月 7 日召开会议，根据常委委员和地方、部门的意见，对草案进行了审议，内务司法委员会的负责同志列席了会议。4 月 20 日法律委员会再次进行了审议。法律委员会认为，解释（草案）对于解决农村基层组织人员职务犯罪的法律适用问题，具有重要意义，基本可行。同时，提出以下修改意见：

一、有的部门提出，国务院正在进行农村税费改革的试点工作，乡统筹等的收费将以税收的形式代替，草案的提法应与农村税费改革相适应。因此，法律委员会建议将《解释》（草案）第二款第五项“代征、代缴税收、收缴乡统筹”修改为：“代征、代缴税款”。

二、《解释》（草案）第二款第八项规定：“其他受乡、民族乡、镇的人民政府委托，协助其从事的行政管理工作和村公共事务管理的工作”。有些部门和地方提出，村委会等农村基层组织人员协助人民政府从事的行政管理工作具有政府行政管理的性质，属于依法从事公务的范围，而村委会等村基层组织自行管理村公共事务的工作是村民自治范围的事，不宜纳入依法从事公务的范围。因此，法律委员会建议删去该项中“村公共事务管理的工作”的内容。

下面有两个问题需要说明一下：

有的常委委员提出，将村民委员会等农村基层组织人员以国家工作人员论与其现有的身份、享受的待遇和权利不符。需要说明的是，根据刑法的规定，《解释》（草案）并不是将村委会等农村基层组织人员作为国家工作人员，而是当其协助政府从事行政管理工作时，利用职务非法占有公共财物、挪用公款、索取他人财物或者非法收受他人财物构成犯罪的，在对其处理时以国家工作人员论，适用刑法关于国家工作人员犯罪的处罚规定。

有的常委委员提出，刑法第九十三条第二款规定的“其他依照法律从事公务的人员”的主体不仅是村民委员会等村基层组织人员，还有其他人员，也应作出解释。需要说明的是，目前司法机关反映比较突出亟需解决的是村委会等农村基层组织人员在协助人民政府从事哪些工作时属于“依照法律从事公务的人员”的问题，因此，本解释只对此作出规定，并不是对“依照法律从事公务的人员”的全部范围作规定。对于其他主体的范围，有的法律已有明确规定，有的在实践中没有问题，有的在今后还需进一步研究。

此外，还对草案作了一些文字修改。

草案二次审议稿已按上述意见作了修改，法律委员会建议经本次常委会会议审议通过。

草案二次审议稿和以上意见是否妥当，请审议。

2. 全国人民代表大会常务委员会关于《中华人民共和国刑法》第二百二十八条、第三百四十二条、第四百一十条的解释

（2001 年 8 月 31 日第九届全国人民代表大会常务委员会第二十三次会议通过）

全国人民代表大会常务委员会讨论了刑法第二百二十八条、第三百四十二条、第四百一十条规定的“违反土地管理法规”和第四百一十条规定的“非法批准征用、占用土地”的含义问题，解释如下：

刑法第二百二十八条、第三百四十二条、第四百一十条规定的“违反土地管理法规”，是指违反土地管理法、森林法、草原法等法律以及有关行政法规中关于土地管理的规定。

刑法第四百一十条规定的“非法批准征用、占用土地”，是指非法批准征用、占用耕地、林地等农用地以及其他土地。

现予公告。

附一：关于《中华人民共和国刑法第三百四十二条、第四百一十条修正案（草案）》的说明

——2001 年 6 月 26 日在第九届全国人民代表大会常务委员会第二十二次会议上

（国务院法制办公室主任　杨景宇）

委员长、各位副委员长、秘书长、各位委员：

我受国务院的委托，现对《中华人民共和国刑法第三百四十二条、第四百一十条修正案（草案）》（以下简称修正案草案）作说明。

1997 年 3 月 14 日八届全国人大第五次会议修订的《中华人民共和国刑法》，对盗伐、滥伐森林或者其他林木等破坏森林资源的犯罪行为作了明确规定，对保护森林资源、震慑犯罪，发挥了重要的作用。随着形势的发展，近几年来又出现了一些新的情况和问题，突出的表现是：一些地方、单位和个人以各种名义毁林开垦、非法占用林地并改作他用，对森林资源和林地造成了极大的破坏。目前，对这种毁林开垦和非法占用林地改作他用的违法行为，修改后的刑法没有设定相应的罪名，又取消了类推原则，无法比照其他罪名追究毁林开垦和非法占用林地并改作他用的违法行为的刑事责任。为了有效地制止毁林开垦和乱占滥用林地的违法行为，切实保护森林资源，1998 年 8 月 5 日，国务院发出了《关于保护森林资源制止毁林开垦的紧急通知》（国发明电〔1998〕8 号），提出："对毁林开垦数量巨大、情节严重，构成犯罪的，要依法追究有关人员的刑事责任。"由于现行刑法对此未作规定，国务院的上述规定一直无法落实。为此，国务院法制办、国家林业局在调查研究、广泛征求意见的基础上，拟订了修正案草案，就毁林开垦和非法占用林地改作他用的违法行为应负的刑事责任对刑法第三百四十二条、第四百一十条作了相应修改补充。该修正案草案已经国务院常务会议讨论通过。现就修正案草案的主要内容说明如下：

鉴于毁林开垦和非法占用林地改作他用的行为从犯罪构成要件来看，与刑法第三百四十二条规定的非法占用耕地的犯罪行为基本相同。同时，考虑到林地上的森林资源状况不同，刑法重点惩治的应当是造成森林、林木严重毁坏的毁林开垦和非法占用林地改作他用的违法行为。因此，修正案草案在刑法第三百四十二条中增加一款，作为第二款，规定："违反森林管理法规，开垦林地，非法占用林地并改作他用，数量较大，造成森林或者其他林木严重毁坏的，处 5 年以下有期徒刑或者拘役，并处或者单处罚金。"

由于实践中毁林开垦和非法占用林地改作他用的行为，多是经一些部门或者地方领导非法审核批准的，而且这种非法批准毁林开垦和占用林地改作他用的行为，与刑法第四百一十条规定的非法批准征用、占用土地罪在构成要件上是相同的，为了从严约束审批行为，加大审批者的法律责任，修正案草案将刑法第四百一十条修改为："国家机关工作人员违反土地管理法规、森林管理法规，非法批准征用、占用土地，或者非法审核批准开垦林地、占用林地并改作他用，或者非法低价出让国有土地使用权，情节严重的，处 3 年以下有期徒刑或者拘役；致使国家或者集体利益遭受特别重大损失的，处 3 年以上 7 年以下有期徒刑。"

修正案草案和上述说明是否妥当，请审议。

附二：全国人大法律委员会关于《中华人民共和国刑法第三百四十二条、第四百一十条修正案（草案）》审议结果的报告

——2001 年 8 月 27 日在第九届全国人民代表大会常务委员会第二十三次会议上

（全国人大法律委员会副主任委员　顾昂然）

全国人民代表大会常务委员会：

九届全国人大常委会第二十二次会议对国务院提交的《中华人民共和国刑法第三百四十二条、第四百一十条修正案（草案）》进行了初步审议。会后，法制工作委员会将草案印发中央有关部门、部分地方人大、有关研究机构征求意见。法律委员会于 6 月 28 日、8 月 13 日召开会议，根据委员和地方、部门提出的修改意见，对草案进行了审议。最高人民法院、国务院法制办、国家林业局的同志列席了会议。8 月 23 日，法律委员会再次进行了审议。法律委员会认为，为了惩治破坏森林资源的犯罪，保护生态环境，对刑法有关条文作相应修改和明确法律的含义是必要的。同时，对草案提出以下修改意见：

一、刑法第三百四十二条规定："违反土地管理法规，非法占用耕地改作他用，数量较大，造成耕地大量毁坏的，处五年以下有期徒刑或者拘役，并处或者单处罚金。"修正案草案第一条规定，在刑法第三百四十二条后增加一款作为

第二款，规定："违反森林管理法规，开垦林地，非法占用林地并改作他用，数量较大，造成森林或者其他林木严重毁坏的，处五年以下有期徒刑或者拘役，并处或者单处罚金。"一些委员和最高人民法院等部门提出，草案规定的造成森林或者其他林木严重毁坏的行为，根据刑法第三百四十四条、第三百四十五条和有关司法解释的规定，是能够追究刑事责任的。国务院法制办、国家林业局提出，修改第三百四十二条的目的是为了保护林地，包括宜林地。为了保护森林资源，对于非法占用林地，造成林地大量毁坏的行为，应当规定为犯罪。此外，还有一些委员提出，非法占用草地改作他用，造成草地大量毁坏的行为，危害也很严重，这次修改应一并考虑解决。因此，法律委员会建议将修正案草案第一条修改为："违反土地管理法规，非法占用耕地、林地等农用地，改变被占用土地用途，数量较大，造成耕地、林地等农用地大量毁坏的，处五年以下有期徒刑或者拘役，并处或者单处罚金。"根据土地管理法的规定，农用地包括耕地、林地、草地、养殖水面等，这样修改，既可以对大量毁坏林地的行为追究刑事责任，而且对实践中出现的非法占用并大量毁坏草地、养殖水面等其他农用地严重破坏生态环境构成犯罪的行为，也能予以追究。至于非法占用林地，造成林木严重毁坏的，应当适用刑法第三百四十四条非法采伐、毁坏珍贵树木罪和第三百四十五条盗伐林木罪、滥伐林木罪的规定追究刑事责任，可不再另行规定。

二、刑法第四百一十条规定："国家机关工作人员徇私舞弊，违反土地管理法规，滥用职权，非法批准征用、占用土地，或者非法低价出让国有土地使用权，情节严重的，处三年以下有期徒刑或者拘役；致使国家或者集体利益遭受特别重大损失的，处三年以上七年以下有期徒刑。"修正案草案第二条在刑法第四百一十条中增加了违反"森林管理法规"和"非法审核批准开垦林地、占用林地并改作他用"的规定。一些委员和部门提出，根据土地管理法的规定，刑法第四百一十条规定的土地已经包括林地、草地等土地在内，可以不作修改。国务院法制办、国家林业局提出，由于对刑法第四百一十条规定的"土地管理法规"和"非法批准征用、占用土地"的含义理解不一致，实践中对一些非法批准征用、占用林地构成犯罪的行为没有适用刑法第四百一十条追究刑事责任，为了解决实践中存在的问题，建议全国人大常委会通过法律解释，对刑法第四百一十条中的相关规定进一步明确含义。根据以上意见，法律委员会认为，刑法第四百一十条的规定已包括了非法批准征用、占用林地的情况，可以根据立法法的有关规定，采用法律解释的方式对该条的含义进一步予以明确，以利于对这类犯罪的打击。同时，考虑到除刑法第四百一十条外，刑法第二百二十八条、第三百四十二条也规定了"违反土地管理法规"，其含义与刑法第四百一十条是相同的，也应一并明确。因此，法律委员会建议对刑法的上述规定作如下解释："刑法第二百二十八条、第三百四十二条、第四百一十条规定的'违反土地管理法规'是指违反土地管理法、森林法、草原法等法律以及有关行政法规中关于土地管理的规定"。"刑法第四百一十条规定的'非法批准征用、占用土地'是指非法批准征用、占用耕地、林地等农用地以及其他土地。"

三、有的常委委员和地方建议加重对破坏森林资源犯罪的处罚，提高刑法对有关犯罪的刑期。考虑到这一问题涉及与刑法规定的其他犯罪在处刑上的平衡，需要通盘研究。因此，法律委员会建议这次不作修改。

法律委员会已按上述意见提出《中华人民共和国刑法修正案（二）（草案）》和《全国人民代表大会常务委员会关于〈中华人民共和国刑法〉第二百二十八条、第三百四十二条、第四百一十条的解释（草案）》，建议经本次常委会会议审议通过。

以上意见是否妥当，请审议。

3. 全国人民代表大会常务委员会
关于《中华人民共和国刑法》第三百八十四条第一款的解释

（2002 年 4 月 28 日第九届全国人民代表大会常务委员会第二十七次会议通过）

全国人民代表大会常务委员会讨论了刑法第三百八十四条第一款规定的国家工作人员利用职务上的便利，挪用公款"归个人使用"的含义问题，解释如下：

有下列情形之一的，属于挪用公款"归个人使用"：

（一）将公款供本人、亲友或者其他自然人使用的；

（二）以个人名义将公款供其他单位使用的；

（三）个人决定以单位名义将公款供其他单位使用，谋取个人利益的。

现予公告。

附：对《全国人民代表大会常务委员会关于〈中华人民共和国刑法〉第三百八十四条第一款的解释（草案）》的说明

——2002 年 4 月 24 日在第九届全国人民代表大会常务委员会第二十七次会议上

（全国人大常委会法制工作委员会副主任　胡康生）

委员长、各位副委员长、秘书长、各位委员：

我受委员长会议的委托，作《全国人民代表大会常务委员会关于〈中华人民共和国刑法〉第三百八十四条第一款的解释（草案）》的说明。

刑法第三百八十四条第一款规定："国家工作人员利用职务上的便利，挪用公款归个人使用，进行非法活动的，或者挪用公款数额较大、进行营利活动的，或者挪用公款数额较大、超过三个月未还的，是挪用公款罪，处五年以下有期徒刑或者拘役；情节严重的，处五年以上有期徒刑。挪用公款数额巨大不退还的，处十年以上有期徒刑或者无期徒刑。"最高人民法院于 2001 年 9 月 18 日作出了《关于如何认定挪用公款归个人使用有关问题的解释》，该《解释》规定，国家工作人员利用职务上的便利，以个人名义将公款借给其他自然人或者不具有法人资格的私营独资企业、私营合伙企业等使用，或者为谋取个人利益，以个人名义将公款借给其他单位使用的，属于挪用公款归个人使用。

在司法实践中，司法机关对国家工作人员将公款借给其他单位使用，是否要以个人名义或者自己从中牟利作为犯罪界限，认识不一致。根据《中华人民共和国立法法》第四十三条的规定，最高人民检察院于 2001 年 11 月向全国人大常委会提出对刑法第三百八十四条第一款规定中"挪用公款归个人使用"的含义作法律解释的要求。

根据立法法第四十四条的规定，法制工作委员会对上述问题专门听取了最高人民检察院的意见，又与中央政法委员会、最高人民检察院、最高人民法院、公安部及法律专家多次进行研究。经研究认为，刑法规定的国家工作人员利用职务上的便利，挪用公款归个人使用，实质上是将公款非法置于个人的支配之下，公款私用，将公款供本人、亲友或者其他自然人使用，或者以个人名义将公款供其他单位使用。对于以单位名义将公款借给其他单位使用的，应当区别情况处理。属于单位之间的拆借行为一般不应按照挪用公款罪处理。但是，由个人决定以单位名义将公款借给其他单位使用，自己谋取利益的，实际上也是挪用公款私用的一种表现形式，应当属于刑法规定的挪用公款"归个人使用"。为进一步明确刑法第三百八十四条有关规定的含义，有力打击挪用公款的犯罪活动，拟对刑法第三百八十四条第一款作如下解释：

"有下列情形之一的，属于挪用公款'归个人使用'：

"（一）将公款供本人、亲友或者其他自然人使用的；

"（二）以个人名义将公款供其他单位使用的；

"（三）个人决定以单位名义将公款供其他单位使用，谋取个人利益的。"

全国人民代表大会常务委员会关于刑法第三百八十四条第一款的解释（草案）和以上说明，是否妥当，请审议。

4. 全国人民代表大会常务委员会关于《中华人民共和国刑法》第二百九十四条第一款的解释

（2002 年 4 月 28 日第九届全国人民代表大会常务委员会第二十七次会议通过）

全国人民代表大会常务委员会讨论了刑法第二百九十四条第一款规定的"黑社会性质的组织"的含义问题，解释如下：

刑法第二百九十四条第一款规定的"黑社会性质的组织"应当同时具备以下特征：

（一）形成较稳定的犯罪组织，人数较多，有明确的组织者、领导者，骨干成员基本固定；

（二）有组织地通过违法犯罪活动或者其他手段获取经济利益，具有一定的经济实力，以支持该组织的活动；

（三）以暴力、威胁或者其他手段，有组织地多次进行违法犯罪活动，为非作恶，欺压、残害群众；

（四）通过实施违法犯罪活动，或者利用国家工作人员的包庇或者纵容，称霸一方，在一定区域或者行业内，形成非法控制或者重大影响，严重破坏经济、社会生活秩序。

现予公告。

附一：对《全国人民代表大会常务委员会关于〈中华人民共和国刑法〉第二百九十四条第一款的解释（草案）》的说明

——2002 年 4 月 24 日在第九届全国人民代表大会常务委员会第二十七次会议上

（全国人大常委会法制工作委员会副主任　胡康生）

委员长、各位副委员长、秘书长、各位委员：

我受委员长会议的委托，作《全国人民代表大会常务委员会关于〈中华人民共和国刑法〉第二百九十四条第一款的解释（草案）》的说明。

刑法第二百九十四条第一款规定："组织、领导和积极参加以暴力、威胁或者其他手段，有组织地进行违法犯罪活动，称霸一方，为非作恶，欺压、残害群众，严重破坏经济、社会生活秩序的黑社会性质的组织的，处三年以上十年以下有期徒刑；其他参加的，处三年以下有期徒刑、拘役、管制或者剥夺政治权利。"最高人民法院于 2000 年 12 月 4 日作出了《关于审理黑社会性质组织犯罪的案件具体应用法律若干问题的解释》，其中规定，黑社会性质的组织一般应具备以下四个特征：（一）组织结构比较紧密，人数较多，有比较明确的组织者、领导者，骨干成员基本固定，有较为严格的组织纪律；（二）通过违法犯罪活动或者其他手段获取经济利益，具有一定的经济实力；（三）通过贿赂、威胁手段，引诱、逼迫国家工作人员参加黑社会性质组织活动，或者为其提供非法保护；（四）在一定区域或者行业范围内，以暴力、威胁、滋扰等手段，大肆进行敲诈勒索、欺行霸市、聚众斗殴、寻衅滋事、故意伤害等违法犯罪活动，严重破坏经济、社会生活秩序。

在司法实践中，司法机关对黑社会性质的组织是否应具有《解释》的第三个特征，即要有国家工作人员参与犯罪活动或者为犯罪活动提供非法保护，有不同认识。根据《中华人民共和国立法法》第四十三条的规定，最高人民检察院于 2001 年 11 月向全国人大常委会提出对刑法第二百九十四条第一款规定中"黑社会性质的组织"的含义作法律解释的要求。

根据立法法第四十四条的规定，法制工作委员会对上述问题专门听取了最高人民检察院的意见，又与中央政法委员会、最高人民检察院、最高人民法院、公安部及法律专家多次进行研究。一致认为，为了正确适用法律，应当清楚界定黑社会性质的组织与一般犯罪集团的区别。犯罪集团一般具有人数较多，有明显的首要分子，重要成员固定或者基本固定，经常纠集在一起进行一种或数种严重刑事犯罪活动等特征。黑社会性质的组织不仅具备以上特征，通常还应具有一定的经济实力，并在一定的区域范围或行业内形成控制和影响，称霸一方，严重破坏经济、社会秩序等特征。认识不同的是，有的部门和法律专家认为，应将国家工作人员参与犯罪活动或者提供非法保护作为黑社会性质的组织的特征。从近期"打黑除恶"专项斗争的情况看，这是划分黑社会性质的组织和流氓恶势力犯罪团伙的主要界限。如果没有这一界限，可能会造成认定黑社会性质的组织很多的情况。还可能会造成"打黑"斗争中发现这样的组织，只满足于打击浮在面上的犯罪分子，不再深挖幕后的国家工作人员，不利于铲除支持黑社会性质的组织的基础和"官匪勾结"的腐败现象。划分这一界限，不存在影响打击力度的问题。按照刑法的规定，对于不属于黑社会性质的组织的其他的犯罪集团，只要他们实施了犯罪行为，都可以依照刑法的规定予以严厉打击，判处重刑，甚至死刑。有的部门认为，最高人民法院对刑法的规定扩大解释，影响了打击的力度。有的部门提出，在查办黑社会性质的组织犯罪案件中，有些已查明有国家工作人员参加或者提供非法保护，但有的不一定有这种情形，建议法律解释的规定能适应"打黑"斗争需要。

经研究认为，在一般情况下，犯罪分子要在一定区域或者行业内，形成非法控制或者重大影响，如果没有国家机关工作人员的包庇或者纵容是难以实现的，但也不能排除尚未取得国家机关工作人员的包庇或者纵容，通过有组织地实施多次犯罪活动形成黑社会性质的组织的情形。为有利于司法机关正确适用法律，打击具有黑社会性质的组织的犯罪活动，拟对刑法第二百九十四条第一款作以下解释：

"刑法第二百九十四条第一款规定的'黑社会性质的组织'应当同时具备以下特征：

"（一）形成较稳定的犯罪组织，有明确的组织者、领导者，骨干成员基本固定，人数较多；

"（二）有组织地通过违法犯罪活动或者其他手段获取经济利益，具有一定的经济实力，以支持该组织的活动；

"（三）以暴力、威胁或者其他手段，有组织地多次进行违法犯罪活动，为非作恶，欺压、残害群众；

"（四）通过实施违法犯罪活动，或者利用国家工作人员的包庇或者纵容，称霸一方，在一定区域或者行业内，形成非法控制或者重大影响，严重破坏经济、社会生活秩序。"

对不具备黑社会性质的组织特征的犯罪集团和犯罪团伙的犯罪，仍然应当依照刑法规定予以严厉打击，对主犯应当按其所参与的或者组织、指挥的全部犯罪处罚；对首要分子，按照集团所犯的全部罪行处罚。

全国人民代表大会常务委员会关于刑法第二百九十四条第一款的解释（草案）和以上说明，是否妥当，请审议。

附二：全国人大法律委员会关于《中华人民共和国刑法》第二百九十四条第一款的解释（草案）、第三百八十四条第一款的解释（草案）审议结果的书面报告

——2002 年 4 月 28 日在第九届全国人民代表大会常务委员会第二十七次会议上

全国人民代表大会常务委员会：

九届全国人大常委会第二十七次会议对《中华人民共和国刑法第二百九十四条第一款的解释（草案）》和《中华人民共和国刑法第三百八十四条第一款的解释（草案）》进行了审议。法律委员会于 4 月 26 日召开会议，根据常委会组成人员的审议意见进行了审议，中央政法委员会、最高人民法院、最高人民检察院、公安部的负责同志和全国人大内务司法委员会的有关同志列席了会议。法律委员会认为，为了正确执行刑法关于组织、领导、参加黑社会性质组织的犯罪和挪用公款的犯罪的规定，有必要对刑法第二百九十四条第一款、第三百八十四条第一款的规定进行法律解释。草案基本是可行的。同时提出以下修改意见：

一、关于《中华人民共和国刑法第二百九十四条第一款的解释（草案）》

草案第一项规定："形成较稳定的犯罪组织，有明确的组织者、领导者，骨干成员基本固定，人数较多"。有的委员提出，应将该项中的"人数较多"移至该项规定的"形成较稳定的犯罪组织"之后，较为合适。因此，法律委员会建议，将该项修改为："形成较稳定的犯罪组织，人数较多，有明确的组织者、领导者，骨干成员基本固定"。

二、关于《中华人民共和国刑法第三百八十四条第一款的解释（草案）》

草案第三项规定，"个人决定以单位名义将公款供其他单位使用，谋取个人利益的"属于挪用公款归个人使用。有的委员提出，对于单位集体决定将公款供其他单位使用，个人从中谋取利益的，也应当规定为挪用公款"归个人使用"。法律委员会研究认为，单位集体决定将公款供其他单位使用，国家工作人员利用职务的便利，从中谋利的，是一种受贿行为，应当依照刑法关于受贿罪的规定追究刑事责任。因此，法律委员会建议对草案第三项的规定不作修改。

法律委员会建议上述两个解释草案经本次人大常委会会议审议通过。

两个解释草案建议表决稿和以上意见是否妥当，请审议。

5. 全国人民代表大会常务委员会关于《中华人民共和国刑法》第三百一十三条的解释

（2002 年 8 月 29 日第九届全国人民代表大会常务委员会第二十九次会议通过）

全国人民代表大会常务委员会讨论了刑法第三百一十三条规定的"对人民法院的判决、裁定有能力执行而拒不执行，情节严重"的含义问题，解释如下：

刑法第三百一十三条规定的"人民法院的判决、裁定"，是指人民法院依法作出的具有执行内容并已发生法律效力的判决、裁定。人民法院为依法执行支付令、生效的调解书、仲裁裁决、公证债权文书等所作的裁定属于该条规定的裁定。

下列情形属于刑法第三百一十三条规定的"有能力执行而拒不执行，情节严重"的情形：

（一）被执行人隐藏、转移、故意毁损财产或者无偿转让财产、以明显不合理的低价转让财产，致使判决、裁定无法执行的；

（二）担保人或者被执行人隐藏、转移、故意毁损或者转让已向人民法院提供担保的财产，致使判决、裁定无法执行的；

（三）协助执行义务人接到人民法院协助执行通知书后，拒不协助执行，致使判决、裁定无法执行的；

（四）被执行人、担保人、协助执行义务人与国家机关工作人员通谋，利用国家机关工作人员的职权妨害执行，致使判决、裁定无法执行的；

（五）其他有能力执行而拒不执行，情节严重的情形。

国家机关工作人员有上述第四项行为的，以拒不执行判决、裁定罪的共犯追究刑事责任。国家机关工作人员收受贿赂或者滥用职权，有上述第四项行为的，同时又构成刑法第三百八十五条、第三百九十七条规定之罪的，依照处罚较重的规定定罪处罚。

现予公告。

附一：对《全国人民代表大会常务委员会关于〈中华人民共和国刑法〉第三百一十三条的解释（草案）》的说明

——2002年8月23日在第九届全国人民代表大会常务委员会第二十九次会议上

（全国人大常委会法制工作委员会副主任　胡康生）

委员长、各位副委员长、秘书长、各位委员：

我受委员长会议委托，作关于《中华人民共和国刑法》第三百一十三条的解释（草案）的说明。

目前经济生活中欠债不还的现象较为突出，有些债务人有能力还债而赖账不还，甚至经人民法院判决、裁定，仍采取转移财产等方式拒不履行人民法院判决、裁定所确定的义务，严重妨害司法秩序，损害债权人的合法权益，扰乱社会主义市场经济健康发展。

刑法第三百一十三条规定："对人民法院的判决、裁定有能力执行而拒不执行，情节严重的，处三年以下有期徒刑、拘役或者罚金。"一些部门反映，在司法实践中，对该条所规定的"裁定"是否包括人民法院依法执行支付令、生效的调解书、仲裁裁决、公证债权文书等所作的裁定有不同认识，影响对拒不执行人民法院这些裁定的行为追究法律责任。同时，对有些国家机关工作人员搞部门和地方保护主义，利用职权严重干扰人民法院的执行工作，致使人民法院的判决、裁定不能执行的行为，也应当明确法律责任。

根据立法法第四十四条的规定，法制工作委员会邀请最高人民法院、最高人民检察院、公安部等有关部门和专家学者对刑法第三百一十三条的含义进行了研究，拟对该条作出如下解释：

刑法第三百一十三条规定的"人民法院的判决、裁定"，是指人民法院依法作出的具有执行内容并已发生法律效力的判决、裁定。人民法院为依法执行支付令、生效的调解书、仲裁裁决、公证债权文书等所作的裁定属于该条规定的裁定。

下列情形属于刑法第三百一十三条规定的"有能力执行而拒不执行，情节严重"的情形：

（一）被执行人隐藏、转移、故意毁损财产或者无偿转让财产、以明显不合理的低价转让财产，致使判决、裁定无法执行的；

（二）担保人或者被执行人隐藏、转移、故意毁损或者转让已向人民法院提供担保的财产，致使判决、裁定无法执行的；

（三）协助执行义务人接到人民法院协助执行通知书后，拒不协助执行，致使判决、裁定无法执行的；

（四）被执行人与国家机关工作人员通谋，利用国家机关工作人员的职权妨害执行，致使判决、裁定无法执行的；

（五）其他有能力执行而拒不执行，情节严重的情形。

国家机关工作人员有上述第（四）项行为的，以拒不执行判决、裁定罪的共犯追究刑事责任。国家机关工作人员收受贿赂，有上述第（四）项行为的，同时又构成刑法第三百八十五条规定之罪的，依照处罚较重的规定定罪处罚。

刑法第三百一十三条的解释（草案）和以上说明当否，请审议。

附二：全国人大法律委员会关于《中华人民共和国刑法》第三百一十三条的解释（草案）审议结果的书面报告

——2002年8月29日在第九届全国人民代表大会常务委员会第二十九次会议上

全国人民代表大会常务委员会：

九届全国人大常委会第二十九次会议对《中华人民共和国刑法第三百一十三条的解释（草案）》进行了审议。委员们认为，对刑法第三百一十三条作出解释，有利于解决经济生活中欠债不还和人民法院判决、裁定执行难的问题。同时也提出了一些修改意见。法律委员会于8月26日召开会议，根据常委会组成人员的审议意见对草案进行了审议，中央政法委员会、最高人民法院、最高人民检察院、国务院法制办、公安部的负责同志和全国人大内务司法委员会的有关同志列席了会议。法律委员会认为，为了正确执行刑法第三百一十三条关于拒不执行人民法院判决、裁定罪的规定，对该条含义作出解释是必要的。草案基本是可行的，同时提出以下修改意见：

一、有的部门提出，草案第四项规定的"被执行人与国家机关工作人员通谋，利用国家机关工作人员的职权妨害执行，致使判决、裁定无法执行的"情形中，还应包括担保人和协助执行义务人实施上述行为的情形。因此，法律委员会建议将该项修改为："被执行人、担保人、协助执行义务人与国家机关工作人员通谋，利用国家机关工作人员的职权妨害执行，致使判决、裁定无法执行的"。

二、草案最后一款规定："国家机关工作人员有上述第四项行为的，以拒不执行判决、裁定罪的共犯追究刑事责任。国家机关工作人员收受贿赂，有上述第四项行为的，同时又构成刑法第三百八十五条规定之罪的，依照处罚较重的规定定罪处罚。"有的委员和部门提出，对国家机关工作人员滥用职权有第四项行为，同时构成刑法规定的滥用职权罪的，也应当依照处罚较重的规定追究刑事责任。因此，法律委员会建议将该款修改为："国家机关工作人员有上述第四项行为的，以拒不执行判决、裁定罪的共犯追究刑事责任。国家机关工作人员收受贿赂或者滥用职权，有上述第四项行为的，同时又构成刑法第三百八十五条、第三百九十七条规定之罪的，依照处罚较重的规定定罪处罚。"

三、有的委员提出，目前执行难的问题情况比较复杂，有的是法院判决不公正，有的是法院本身搞地方保护，有的是法院工作人员在执行中拖延执行、徇私枉法，建议对此作出相应规定。法律委员会认为，对于法院工作人员在审判活动中枉法裁判的，可依照刑法第三百九十九条徇私枉法罪定罪处罚。同时草案对国家机关工作人员与被执行人通谋，利用职权妨害执行的行为作了规定，如果法院工作人员有上述行为，应当适用该规定予以追究。对于法院工作人员在执行工作中故意拖延执行或者枉法执行的刑事责任问题，目前法制工作委员会正在和有关部门进行研究，准备对刑法第三百九十九条第二款作出相应的修改补充。

有的委员提出，草案的第五项解释"其他有能力执行而拒不执行，情节严重的情形"不清楚，建议删去。如果以后出现其他具体情形，可由常委会再作解释。法律委员会研究认为，草案规定的前四项情形主要是为解决欠债不还，针对财产方面拒不执行人民法院判决、裁定的情形作出的解释。拒不执行人民法院判决、裁定的情形除涉及财产外，还包括拒不执行人民法院判决、裁定中应当履行的其他一些行为，如果删去第五项解释，对这些行为就难以追究法律责任。因此，建议保留该项规定。

有的委员提出，有些金融机构工作人员帮助被执行人转移、隐匿财产，拒不执行法院的判决、裁定，应将这种行为增加规定为犯罪。法律委员会认为，草案第三项规定的"协助执行义务人接到人民法院协助执行通知书后，拒不协助执行，致使判决、裁定无法执行"的规定，已经包括了金融机构工作人员的上述行为。

法律委员会建议本解释草案经本次人大常委会会议审议通过。

解释草案建议表决稿和以上意见是否妥当，请审议。

6. 全国人民代表大会常务委员会
关于《中华人民共和国刑法》第九章渎职罪主体适用问题的解释

（2002 年 12 月 28 日第九届全国人民代表大会常务委员会第三十一次会议通过）

全国人大常委会根据司法实践中遇到的情况，讨论了刑法第九章渎职罪主体的适用问题，解释如下：

在依照法律、法规规定行使国家行政管理职权的组织中从事公务的人员，或者在受国家机关委托代表国家机关行使职权的组织中从事公务的人员，或者虽未列入国家机关人员编制但在国家机关中从事公务的人员，在代表国家机关行使职权时，有渎职行为，构成犯罪的，依照刑法关于渎职罪的规定追究刑事责任。

现予公告。

附一：对《全国人民代表大会常务委员会关于〈中华人民共和国刑法〉第九章渎职罪主体适用问题的解释（草案）》的说明

——2002 年 12 月 23 日在第九届全国人民代表大会常务委员会第三十一次会议上

（全国人大常委会法制工作委员会副主任　胡康生）

委员长、各位副委员长、秘书长、各位委员：

我受委员长会议的委托，作《全国人民代表大会常务委员会关于〈中华人民共和国刑法〉第九章渎职罪主体适用问题的解释（草案）》的说明。

我国刑法专设渎职罪一章。1997 年修改刑法时，将本章所规定的犯罪主体由国家工作人员修改为国家机关工作人员，主要考虑是国家机关工作人员行使着国家公权力，这些人员如果玩忽职守、滥用职权或者徇私舞弊，社会危害较大。为使国家机关工作人员正确行使权力，有必要对国家机关工作人员的渎职行为单独作出规定。对于国有公司、企业、事业单位等国家工作人员的渎职犯罪规定在其他有关章节。

根据宪法的规定，国家机关包括国家权力机关、行政机关、审判机关、检察机关、军事机关。国家机关工作人员应是在上述机关中从事公务的人员。近年来，在司法实践中遇到一些新情况：一是法律授权规定某些非国家机关的组织，在某些领域行使国家行政管理职权。如根据证券法的规定，证券业和银行业、信托业、保险业实行分业经营、分业管理。证券公司与银行、信托、保险业务机构分别设立。国务院证券监督管理机构依法对全国证券市场实行集中统一监督管理。保险法也作了修改，规定国务院保险监督管理机构负责对保险业实施监督管理，而这些权力过去法律规定是由中国人民银行行使的。二是在机构改革中，有的地方将原来的一些国家机关调整为事业单位，但仍然保留其行使某些行政管理的职能。三是有些国家机关将自己行使的职权依法委托给一些组织行使。四是实践中有的国家机关根据工作需要聘用了一部分国家机关以外的人员从事公务。上述这些人员虽然在形式上未列入国家机关编制，但实际是在国家机关中工作或者行使国家机关工作人员的权力。一些部门认为，这些人员在行使国家权力时，玩忽职守、滥用职权、徇私舞弊构成犯罪的，也应按照国家机关工作人员渎职罪的规定处罚。最高人民法院、最高人民检察院建议全国人大常委会对此作出明确解释。

根据立法法第四十四条的规定，法制工作委员会邀请最高人民法院、最高人民检察院、公安部、国务院法制办等有关部门和专家学者对刑法渎职罪主体的适用问题进行了研究，拟作出以下解释：

在依照法律、法规规定行使国家行政管理职权的组织中从事公务的人员，或者在受国家机关委托代表国家机关行使职权的组织中从事公务的人员，或者虽未列入国家机关人员编制，但在国家机关中从事公务的人员，在代表国家机关行使职权时，有渎职行为，构成犯罪的，依照刑法关于渎职罪的规定追究刑事责任。

全国人民代表大会常务委员会关于刑法第九章渎职罪主体适用问题的解释（草案）和以上说明，是否妥当，请审议。

附二：全国人大法律委员会关于《中华人民共和国刑法》第九章渎职罪主体适用问题的解释（草案）审议结果的书面报告

——2002 年 12 月 26 日在第九届全国人民代表大会常务委员会第三十一次会议上

全国人民代表大会常务委员会：

九届全国人大常委会第三十一次会议对《〈中华人民共和国刑法〉第九章渎职罪主体适用问题的解释（草案）》进行了审议，委员们赞成草案的规定。法律委员会于 12 月 25 日召开会议，根据常委会组成人员的审议意见对草案进行了审议。最高人民法院、最高人民检察院、国务院法制办、公安部的负责同志和全国人大内务司法委员会的有关同志列席了会议。法律委员会认为，这个法律解释草案是可行的。法律委员会建议全国人大常委会审议通过。

解释草案建议表决稿和以上意见是否妥当，请审议。

7. 全国人民代表大会常务委员会关于《中华人民共和国刑法》有关信用卡规定的解释

（2004 年 12 月 29 日第十届全国人民代表大会常务委员会第十三次会议通过）

全国人民代表大会常务委员会根据司法实践中遇到的情况，讨论了刑法规定的“信用卡”的含义问题，解释如下：

刑法规定的“信用卡”，是指由商业银行或者其他金融机构发行的具有消费支付、信用贷款、转账结算、存取现金等全部功能或者部分功能的电子支付卡。

现予公告。

附一：关于《全国人民代表大会常务委员会关于〈中华人民共和国刑法〉有关信用卡规定的解释（草案）》的说明

——2004 年 12 月 25 日在第十届全国人民代表大会常务委员会第十三次会议上

（全国人大常委会法制工作委员会副主任　安　建）

委员长、各位副委员长、秘书长、各位委员：

我受委员长会议的委托，作《全国人民代表大会常务委员会关于〈中华人民共和国刑法〉有关信用卡规定的解释（草案）》的说明。

刑法第一百七十七条、第一百九十六条对伪造信用卡和利用信用卡进行诈骗的犯罪作了规定。这些规定中的“信用卡”含义是指商业银行和其他金融机构发行的电子支付卡。随着商业银行和其他金融机构业务的发展，出现了多种形式的电子支付卡。中国人民银行为了加强对电子支付卡的管理，将银行和其他金融机构发行的各种形式的电子支付卡细分为信用卡、借记卡，并将信用卡再细分为贷记卡和准贷记卡。这样，司法实践中对伪造或者利用商业银行或者其他金融机构发行的电子支付卡进行的犯罪活动，在适用法律上出现了不同认识。有的案件按照信用卡诈骗罪处理，有的按照金融凭证诈骗罪处理，有的按照普通诈骗罪处理，有的未作犯罪处理。司法机关、有关部门建议全国人大常委会针对这一问题，对刑法规定的信用卡的含义作出明确的解释，以利于统一执法，打击犯罪。根据立法法第四十四条的规定，法制工作委员会对上述问题进行了调查研究，听取了最高人民法院、最高人民检察院、公安部、中国人民银行等部门以及部分商业银行等金融机构的意见。对刑法有关信用卡规定的含义拟作出如下解释：

刑法规定的“信用卡”，是指由商业银行或者其他金融机构发行的具有消费、信用贷款、转账结算、存取现金等全部功能或者部分功能的电子支付卡。

《全国人民代表大会常务委员会关于〈中华人民共和国刑法〉有关信用卡规定的解释（草案）》和以上说明是否妥当，请审议。

附二：全国人大法律委员会关于《全国人民代表大会常务委员会关于〈中华人民共和国刑法〉有关信用卡规定的解释（草案）》审议结果的报告

——2004 年 12 月 27 日在第十届全国人民代表大会常务委员会第十三次会议上

（全国人大法律委员会主任委员　杨景宇）

全国人民代表大会常务委员会：

十届全国人大常委会第十三次会议对《全国人民代表大会常务委员会关于〈中华人民共和国刑法〉有关信用卡规定的解释（草案）》进行了分组审议，常委会组成人员对草案表示赞成。法律委员会于 12 月 26 日召开会议，根据常委会组成人员的审议意见对草案进行了审议，作了一处文字修改，将草案关于电子支付卡功能之一的“消费”修改为“消费支付”。全国人大内务司法委员会、最高人民法院、国务院法制办、中国人民银行的有关负责同志列席了会议。法律委员会认为，这个法律解释草案符合 1997 年修改刑法时的立法原意，也有利于统一执法，是可行的，建议本次常委会会议审议通过。

解释草案建议表决稿和以上意见是否妥当，请审议。

8. 全国人民代表大会常务委员会关于《中华人民共和国刑法》有关文物的规定适用于具有科学价值的古脊椎动物化石、古人类化石的解释

（2005 年 12 月 29 日第十届全国人民代表大会常务委员会第十九次会议通过）

全国人民代表大会常务委员会根据司法实践中遇到的情况，讨论了关于走私、盗窃、损毁、倒卖或者非法转让具有科学价值的古脊椎动物化石、古人类化石的行为适用刑法有关规定的问题，解释如下：

刑法有关文物的规定，适用于具有科学价值的古脊椎动物化石、古人类化石。

现予公告。

附一：全国人大法律委员会关于《全国人民代表大会常务委员会关于〈中华人民共和国刑法〉有关文物的规定适用于具有科学价值的古脊椎动物化石、古人类化石的解释（草案）》的说明

——2005 年 12 月 24 日在第十届全国人民代表大会常务委员会第十九次会议上

（全国人大常委会法制工作委员会副主任　安　建）

全国人民代表大会常务委员会：

我受委员长会议的委托，作《全国人民代表大会常务委员会关于〈中华人民共和国刑法〉有关文物的规定适用于具有科学价值的古脊椎动物化石、古人类化石的解释（草案）》的说明。

近年来，一些地方出现了走私、盗窃、损毁、倒卖、非法转让具有科学价值的古脊椎动物化石、古人类化石的严重违法行为，司法机关对于这些行为是否应当适用刑法有关文物犯罪的规定，出现了不同认识，建议全国人大常委会作出解释，予以明确。法制工作委员会会同有关方面认真研究了这个问题，认为：文物保护法第二条中明确规定：“具有科学价值的古脊椎动物化石和古人类化石同文物一样受国家保护”；我国加入的有关国际公约中对于文物的定义，也是包括化石在内的。据此，建议对走私、盗窃、损毁、倒卖、非法转让具有科学价值的古脊椎动物化石、古人类化石

的行为适用刑法的有关规定，作出如下解释：

刑法有关文物的规定，适用于具有科学价值的古脊椎动物化石、古人类化石。

《全国人民代表大会常务委员会关于〈中华人民共和国刑法〉有关文物的规定适用于具有科学价值的古脊椎动物化石、古人类化石的解释（草案）》和以上说明是否妥当，请审议。

附二：全国人大法律委员会关于《全国人民代表大会常务委员会关于〈中华人民共和国刑法〉有关文物的规定适用于具有科学价值的古脊椎动物化石、古人类化石的解释（草案）》审议结果的报告

——2005年12月27日在第十届全国人民代表大会常务委员会第十九次会议上

（全国人大法律委员会主任委员　杨景宇）

全国人民代表大会常务委员会：

本次常委会会议25日下午对关于刑法有关文物的规定适用于具有科学价值的古脊椎动物化石、古人类化石的解释（草案）进行了分组审议。常委会组成人员对草案表示赞成。法律委员会于26日召开会议，根据常委会组成人员的审议意见对草案进行了审议。内务司法委员会、最高人民法院、最高人民检察院和国务院法制办、国家文物局的负责同志列席了会议。法律委员会认为，这个法律解释草案符合1997年修改刑法时的立法原意，也有利于统一执法，草案的内容可行，建议本次会议通过。

这里，有两个问题需要汇报：

（一）有些常委会组成人员提出，刑法有关文物的规定，还应适用于具有科学价值的非脊椎动物化石、植物化石等其他古生物化石以及动物标本、矿物标本、陨石、自然遗产、基因资源等。法律委经同有关部门认真研究认为：上述标本、资源都很重要，需要切实加以保护。但是，这次对刑法有关文物规定的适用解释，是根据文物保护法关于“具有科学价值的古脊椎动物化石和古人类化石同文物一样受国家保护”的规定作出的。至于古脊椎动物化石和古人类化石以外的其他古生物化石、标本、资源的保护范围、方式和力度是否都按文物办理，还需要进一步研究，待条件成熟时再作规定为宜。

（二）有些常委会组成人员认为，如何认定古脊椎动物化石、古人类化石是否具有科学价值，难以把握，有的建议界定为“具有重要科学价值的”，有的建议界定为“国家保护的具有科学价值的”，有的建议界定为“具有历史、文化和科学价值的”。法律委经同有关部门研究认为，认定受保护的古脊椎动物化石和古人类化石的问题，还是采取文物保护法关于“具有科学价值的”界定为妥，具体名录应由国务院有关部门制定并公布。

草案建议表决稿和以上报告是否妥当，请审议。

9. 全国人民代表大会常务委员会关于《中华人民共和国刑法》有关出口退税、抵扣税款的其他发票规定的解释

（2005年12月29日第十届全国人民代表大会常务委员会第十九次会议通过）

全国人民代表大会常务委员会根据司法实践中遇到的情况，讨论了刑法规定的“出口退税、抵扣税款的其他发票”的含义问题，解释如下：

刑法规定的“出口退税、抵扣税款的其他发票”，是指除增值税专用发票以外的，具有出口退税、抵扣税款功能的收付款凭证或者完税凭证。

现予公告。

附一：关于《全国人民代表大会常务委员会关于〈中华人民共和国刑法〉有关出口退税、抵扣税款的其他发票规定的解释（草案）》的说明

——2005年12月24日在第十届全国人民代表大会常务委员会第十九次会议上

（全国人大常委会法制工作委员会副主任　安　建）

全国人民代表大会常务委员会：

我受委员长会议的委托，作《全国人民代表大会常务委员会关于〈中华人民共和国刑法〉有关出口退税、抵扣税

款的其他发票规定的解释（草案）》的说明。

刑法分则第三章第六节中，对虚开、伪造、盗窃、骗取增值税专用发票或者可用于骗取出口退税、抵扣税款的其他发票的犯罪作了规定。近年来，一些地方出现了利用伪造的海关代征增值税专用缴款书骗取出口退税、抵扣税款的案件，司法机关和有关部门对于海关代征增值税专用缴款书这类完税凭证，是否属于刑法所规定的出口退税、抵扣税款的其他发票，出现了不同认识，建议全国人大常委会作出解释，予以明确。法制工作委员会会同有关方面经对刑法有关规定的含义进行认真研究，认为：刑法所规定的“出口退税、抵扣税款的其他发票”，是指除增值税专用发票以外的其他具有出口退税、抵扣税款功能的收付款凭证或者完税凭证，包括作为完税凭证的海关代征增值税专用缴款书。据此，建议对刑法有关“出口退税、抵扣税款的其他发票”的规定，作出如下解释：

刑法规定的“出口退税、抵扣税款的其他发票”，是指除增值税专用发票以外的，具有出口退税、抵扣税款功能的收付款凭证或者完税凭证。

《全国人民代表大会常务委员会关于〈中华人民共和国刑法〉有关出口退税、抵扣税款的其他发票规定的解释（草案）》和以上说明是否妥当，请审议。

附二：全国人大法律委员会关于《全国人民代表大会常务委员会关于〈中华人民共和国刑法〉有关出口退税、抵扣税款的其他发票规定的解释（草案）》审议结果的报告

——2005 年 12 月 27 日在第十届全国人民代表大会常务委员会第十九次会议上

（全国人大法律委员会主任委员　杨景宇）

全国人民代表大会常务委员会：

本次常委会会议 25 日下午对关于刑法有关出口退税、抵扣税款的其他发票规定的解释（草案）进行了分组审议。常委会组成人员对草案表示赞成。法律委员会于 26 日召开会议，根据常委会组成人员的审议意见对草案进行了审议。内务司法委员会、最高人民法院、最高人民检察院和国务院法制办、税务总局、海关总署的负责同志列席了会议。法律委员会认为，这个法律解释草案符合 1997 年修改刑法时的立法原意，也有利于统一执法。草案的内容可行，建议本次会议通过。

草案建议表决稿和以上报告是否妥当，请审议。

10. 全国人民代表大会常务委员会关于《中华人民共和国刑法》第三十条的解释

（2014 年 4 月 24 日第十二届全国人民代表大会常务委员会第八次会议通过）

全国人民代表大会常务委员会根据司法实践中遇到的情况，讨论了刑法第三十条的含义及公司、企业、事业单位、机关、团体等单位实施刑法规定的危害社会的行为，法律未规定追究单位的刑事责任的，如何适用刑法有关规定的问题，解释如下：

公司、企业、事业单位、机关、团体等单位实施刑法规定的危害社会的行为，刑法分则和其他法律未规定追究单位的刑事责任的，对组织、策划、实施该危害社会行为的人依法追究刑事责任。

现予公告。

11. 全国人民代表大会常务委员会关于《中华人民共和国刑法》第一百五十八条、第一百五十九条的解释

（2014 年 4 月 24 日第十二届全国人民代表大会常务委员会第八次会议通过）

全国人民代表大会常务委员会讨论了公司法修改后刑法第一百五十八条、第一百五十九条对实行注册资本实缴登记制、认缴登记制的公司的适用范围问题，解释如下：

刑法第一百五十八条、第一百五十九条的规定，只适用于依法实行注册资本实缴登记制的公司。

现予公告。

12. 全国人民代表大会常务委员会关于《中华人民共和国刑法》第二百六十六条的解释

（2014 年 4 月 24 日第十二届全国人民代表大会常务委员会第八次会议通过）

全国人民代表大会常务委员会根据司法实践中遇到的情况，讨论了刑法第二百六十六条的含义及骗取养老、医疗、工伤、失业、生育等社会保险金或者其他社会保障待遇的行为如何适用刑法有关规定的问题，解释如下：

以欺诈、伪造证明材料或者其他手段骗取养老、医疗、工伤、失业、生育等社会保险金或者其他社会保障待遇的，属于刑法第二百六十六条规定的诈骗公私财物的行为。

现予公告。

13. 全国人民代表大会常务委员会关于《中华人民共和国刑法》第三百四十一条、第三百一十二条的解释

（2014 年 4 月 24 日第十二届全国人民代表大会常务委员会第八次会议通过）

全国人民代表大会常务委员会根据司法实践中遇到的情况，讨论了刑法第三百四十一条第一款规定的非法收购国家重点保护的珍贵、濒危野生动物及其制品的含义和收购刑法第三百四十一条第二款规定的非法狩猎的野生动物如何适用刑法有关规定的问题，解释如下：

知道或者应当知道是国家重点保护的珍贵、濒危野生动物及其制品，为食用或者其他目的而非法购买的，属于刑法第三百四十一条第一款规定的非法收购国家重点保护的珍贵、濒危野生动物及其制品的行为。

知道或者应当知道是刑法第三百四十一条第二款规定的非法狩猎的野生动物而购买的，属于刑法第三百一十二条第一款规定的明知是犯罪所得而收购的行为。

现予公告。

附一：关于《全国人民代表大会常务委员会关于〈中华人民共和国刑法〉、〈中华人民共和国刑事诉讼法〉有关规定的解释（草案）》的说明

——2014 年 4 月 21 日在第十二届全国人民代表大会常务委员会第八次会议上

（全国人大常委会法制工作委员会副主任　郎　胜）

全国人民代表大会常务委员会：

我受委员长会议的委托，作关于《全国人民代表大会常务委员会关于〈中华人民共和国刑法〉、〈中华人民共和国刑事诉讼法〉有关规定的解释（草案）》的说明。

1997 年刑法实施以来，全国人大常委会相继通过一个决定和八个修正案对刑法作出修改，还根据司法实践中遇到的情况，先后对刑法有关规定的含义和适用问题作出九个法律解释，保障了对刑法有关规定的正确理解和贯彻实施。近些年来，有关部门和社会有关方面又提出一些刑法执行中的问题，建议人大常委会作法律解释。2012 年修改后的刑事诉讼法实施以来，各级司法机关认真贯彻执行，取得了积极的社会效果。但有关部门和一些社会公众也反映，对于刑事诉讼法个别条文的具体含义与如何适用，实践中不同部门、地方存在理解认识不一致的情况，建议通过法律解释进一步予以明确。

立法法第四十二条规定，法律的规定需要进一步明确具体含义的，或者法律制定后出现新的情况，需要明确适用法律依据的，由全国人大常委会解释。十二届全国人大二次会议审议批准的全国人大常委会工作报告中明确提出，综合运用制定、修改、废止、解释等多种形式，增强立法工作的协调性、及时性、系统性，切实增强法律的可执行性和可操作性。根据上述法律规定和工作要求，法制工作委员会对刑法、刑事诉讼法执行中需要通过法律解释解决的问题

进行了认真梳理，多次召开座谈会，到一些地方进行调研，听取中央政法各部门、基层干警和专家学者的意见。在此基础上，起草了关于刑法、刑事诉讼法有关规定的解释（稿），并进一步征求了中央政法机关和部分全国人大代表以及专家学者的意见，就解释稿的主要内容取得共识。现就主要问题汇报如下：

一、关于刑法有关规定的解释

（一）关于单位实施刑法规定的危害社会的行为如何适用刑法有关规定

刑法第三十条 规定："公司、企业、事业单位、机关、团体实施的危害社会的行为，法律规定为单位犯罪的，应当负刑事责任。"据此，刑法分则对一些犯罪行为具体规定了单位犯罪及对单位犯罪的处罚。这些规定对遏制单位犯罪发挥了积极作用。近年来，司法机关反映，刑法规定的犯罪中，有些没有规定为单位犯罪，但在实际生活中，存在着由公司、企业等单位实施这些危害社会行为的情形。对于这种情况除了对单位依法追究相应的民事行政等责任外，是否还要追究刑事责任，追究谁的刑事责任，有必要作出专门的法律解释，以指导司法实践。

法制工作委员会会同有关方面经认真研究，认为：刑法主要针对一些涉及经济领域的犯罪规定了单位犯罪。对于一些传统的侵犯人身财产权利的犯罪，如杀人、伤害、抢劫、普通的诈骗、盗窃等，刑法分则没有规定单位犯罪。这里的考虑是对这些犯罪不认为是单位犯罪，不由单位承担刑事责任，但对组织、策划、直接实施这些法律明文规定为犯罪行为的人，应当按自然人犯罪依法追究刑事责任。对这一问题作出法律解释，既符合立法的原意，适应惩治犯罪的需要，也有利于贯彻罪刑法定原则和维护法制统一。建议作出如下解释：

公司、企业、事业单位、机关、团体等单位实施刑法规定的危害社会的行为，刑法分则和其他法律未规定追究单位的刑事责任的，对组织、策划、直接实施该危害社会行为的人依法追究刑事责任。

（二）关于虚报注册资本罪和虚假出资、抽逃出资罪的适用范围

刑法第一百五十八条、第一百五十九条分别规定了虚报注册资本罪和虚假出资、抽逃出资罪及其刑罚。2013 年 12 月 28 日，全国人大常委会对公司法作出修改，将一般公司的注册资本实缴登记制改为认缴登记制，取消注册资本最低限额制度和缴足出资的期限规定。同时，明确对金融机构、具有准金融机构性质的企业、募集设立的股份有限公司、直销企业、对外劳务合作企业、劳务派遣企业等法律、行政法规和国务院另有规定的公司，仍然实行注册资本实缴登记制。有关方面提出，公司法修改后，刑法第一百五十八条、第一百五十九条的规定是否适用于改为认缴登记制的公司，属于明确法律依据的问题，建议对此作出法律解释。

法制工作委员会会同有关方面经认真研究，认为：公司法对注册资本制度作出重大修改，体现了全面深化改革的要求，是落实十二届全国人大一次会议批准的关于国务院机构改革和职能转变方案的重要举措，有利于充分发挥市场作用，进一步激发各类市场主体的创业活力。根据修改后的公司法的规定，除法律、行政法规和国务院另有规定实行注册资本实缴登记制的公司以外，对于实行注册资本认缴登记制的公司，法律已不再将实收资本作为公司登记的法定条件。实践中如果出现股东有虚假出资、抽逃出资等行为的，除应当按照公司章程规定向公司足额缴纳出资外，还应当依法承担相应的违约责任等，对此可由其他股东依法主张权利，可以不再依照刑法第一百五十八条、第一百五十九条的规定追究刑事责任。对于法律、行政法规和国务院规定实行注册资本实缴登记制的公司，刑法第一百五十八条、第一百五十九条的规定仍然适用。建议作出如下解释：

刑法第一百五十八条、第一百五十九条的规定，只适用于依法实行注册资本实缴登记制的公司。

（三）关于骗取社会保险金或者其他社会保险待遇的行为如何适用刑法有关规定

刑法第二百六十六条针对诈骗公私财物的行为规定了诈骗罪及其刑罚。近年来，骗取养老、医疗、工伤、失业、生育等社会保险金或者其他社会保险待遇的情况时有发生，有的地方甚至出现有组织地骗取社会保险金或者其他社会保险待遇的行为。在执法中对于这类违法犯罪行为如何适用法律认识不一致，有的按诈骗罪追究刑事责任，有的给予行政处分，有的在追回社会保险金或者待遇后不予处理。有关方面建议对此予以明确。

法制工作委员会会同有关方面经认真研究，认为：社会保险资金的安全，关系到全体人民福祉和社会的和谐稳定。社会保险法在法律责任一章中对以欺诈、伪造证明材料或者其他手段骗取社会保险金、社会保险待遇的行为规定了行政处罚，并规定构成犯罪的，依法追究刑事责任。上述行为，从性质上讲，与刑法规定的诈骗公私财物的行为是相同的，具有较大的社会危害性，对于构成犯罪的，应当依法追究刑事责任。建议作出如下解释：

以欺诈、伪造证明材料或者其他手段骗取养老、医疗、工伤、失业、生育等社会保险金或者其他社会保险待遇的，属于刑法第二百六十六条规定的诈骗公私财物的行为。

（四）关于破坏野生动物资源的行为如何适用刑法有关规定

刑法第三百四十一条第一款中规定了"非法收购、运输、出售国家重点保护的珍贵、濒危野生动物及其制品"的犯罪，第二款针对"违反狩猎法规，在禁猎区、禁猎期或者使用禁用的工具、方法进行狩猎，破坏野生动物资源，情节严重"的行为规定了非法狩猎罪。近年来，在野生动物资源保护方面比较突出的问题：一是，在一些地方食用珍贵、濒危野生动物等问题突出，形成了非法猎捕、杀害珍贵、濒危野生动物的"买方市场"。对于为食用或者其他非法用途而购买珍贵、濒危野生动物及其制品的，是否属于犯罪行为，是否追究刑事责任，还存在模糊认识，需要予以明确。二是，一些不法分子明知是非法狩猎的野生动物而坐地收赃，形成非法狩猎活动的背后推手。对这种行为是否追究刑事责任，如何追究刑事责任不明确。有关方面建议对此作出法律解释。

法制工作委员会会同有关方面经认真研究，认为：加强对野生动物资源的保护，是建设生态文明的重要方面。目前社会上存在的食用珍贵、濒危野生动物（截止到目前，国家重点保护的珍贵、濒危野生动物共420种，其中有大熊猫、金丝猴等103种一级保护陆生野生动物，黑熊、穿山甲等238种二级保护陆生野生动物，国家重点保护水生野生动物79种类）等行为，既是一种社会陋习，也是非法猎捕、杀害珍贵、濒危野生动物活动屡禁不止的原因之一。“没有买卖，就没有杀戮”。明知是珍贵、濒危野生动物及其制品而购买的行为，从性质上讲，与非法收购珍贵、濒危野生动物及其制品的行为是相同的，应当依法追究刑事责任。另外，为保护野生动物，刑法规定了非法狩猎罪。实践中，明知是非法狩猎的野生动物而收购的行为，是造成一些大规模的非法狩猎活动在有的地方屡禁不止的主要推动因素，应当根据刑法的有关规定，对这些人依法追究刑事责任。建议作出如下解释：

知道或者应当知道是国家重点保护的珍贵、濒危野生动物及其制品，为食用或者其他非法用途而购买的，属于刑法第三百四十一条第一款规定的非法收购国家重点保护的珍贵、濒危野生动物及其制品的行为。

知道或者应当知道是刑法第三百四十一条第二款规定的非法狩猎的野生动物而购买的，属于刑法第三百一十二条第一款规定的明知是犯罪所得而收购的行为。

……

此外，在征求意见过程中，司法机关和有关方面还提出其他一些需要对刑法、刑事诉讼法解释的问题。鉴于这些问题有些还需进一步研究论证，有些可在今后通过修改法律或作法律解释解决，有些可通过法律询问答复或者司法解释等处理，法工委将继续抓紧研究。

法制工作委员会已按上述意见拟订了关于刑法、刑事诉讼法有关规定的解释（草案）。该草案已于2014年4月14日经十二届全国人大常委会第二十一次委员长会议讨论同意，现提请十二届全国人大常委会第八次会议审议。

附二：全国人民代表大会法律委员会关于《全国人民代表大会常务委员会关于〈中华人民共和国刑法〉、〈中华人民共和国刑事诉讼法〉有关规定的解释（草案）》审议结果的报告

——2014年4月24日在第十二届全国人民代表大会常务委员会第八次会议上

全国人民代表大会常务委员会：

本次常委会会议于4月22日下午对关于刑法有关规定的四个解释（草案）和关于刑事诉讼法有关规定的三个解释（草案）进行了分组审议，讨论了有关问题。普遍认为，全国人大常委会依法行使法律解释职权，对刑法、刑事诉讼法有关规定的含义与适用问题作出解释，有利于保障对刑法、刑事诉讼法有关规定的正确理解和贯彻实施，有利于增强法律的可操作性，是必要的。同时，有些常委会组成人员还提出了一些修改意见。法律委员会于4月23日上午召开会议，逐条研究了常委会组成人员的审议意见，对解释草案进行了审议。法律委员会认为，草案是可行的，同时，提出以下修改意见：

一、关于刑法第三十条的解释草案规定，公司、企业、事业单位、机关、团体等单位实施刑法规定的危害社会的行为，刑法分则和其他法律未规定追究单位的刑事责任的，对组织、策划、直接实施该危害社会行为的人依法追究刑事责任。有的常委委员建议将“直接实施”修改为“实施”。法律委员会经研究，赞同这一意见，建议作相应修改。

二、关于刑法第二百六十六条的解释草案规定，以欺诈、伪造证明材料或者其他手段骗取养老、医疗、工伤、失业、生育等社会保险金或者其他社会保险待遇的，属于刑法第二百六十六条规定的诈骗公私财物的行为。有的常委委员提出，除了社会保险以外，对于骗取其他社会保障待遇的，如最低生活保障等，也应当明确属于诈骗公私财物的行为。法律委员会经研究，赞同这一意见，建议将“其他社会保险待遇”修改为“其他社会保障待遇”。

三、关于刑法第三百四十一条、第三百一十二条的解释草案中规定，知道或者应当知道是国家重点保护的珍贵、濒危野生动物及其制品，为食用或者其他非法用途而购买的，属于刑法第三百四十一条第一款规定的非法收购国家重点保护的珍贵、濒危野生动物及其制品的行为。有的常委委员提出，不论是什么用途，违反野生动物保护法的规定而购买的行为，都是非法的。有的常委委员建议除了为食用而购买外，增加规定为其他用途而购买的具体行为。法律委员会经研究，建议将“为食用或者其他非法用途而购买的”修改为“为食用或者其他目的而非法购买的”。

法律委员会已按上述意见提出了解释草案建议表决稿。法律委员会建议本次常委会会议通过。

解释草案建议表决稿和以上报告是否妥当，请审议。

第五部分　全国人大法工委的解释性意见

1. 关于对“隐匿、销毁会计凭证、会计账簿、财务会计报告构成犯罪的主体范围”问题的答复意见

（法工委复字〔2002〕3 号　2002 年 1 月 14 日）

审计署：

你署 2001 年 11 月 22 日来函（审函〔2001〕126 号）收悉，经研究，现答复如下：

根据全国人大常委会 1999 年 12 月 25 日刑法修正案第一条的规定，任何单位和个人在办理会计事务时对依法应当保存的会计凭证、会计账簿、财务会计报告，进行隐匿、销毁，情节严重的，构成犯罪，应当依法追究其刑事责任。

根据刑事诉讼法第十八条关于刑事案件侦查管辖的规定，除法律规定的特定案件由人民检察院立案侦查以外，其他刑事案件的侦查应由公安机关进行。隐匿、销毁会计凭证、会计账簿、财务会计报告，构成犯罪的，应当由公安机关立案侦查。

2. 关于已满十四周岁不满十六周岁的人承担刑事责任范围问题的答复意见

（法工委复字〔2002〕12 号）

最高人民检察院：

关于你单位 4 月 8 日来函收悉，经研究，现答复如下：

刑法第十七条第二款规定的八种犯罪，是指具体犯罪行为而不是具体罪名。对于刑法第十七条中规定的“犯故意杀人、故意伤害致人重伤或者死亡”，是指只要故意实施了杀人、伤害行为并且造成了致人重伤、死亡后果的，都应负刑事责任。而不是指只有犯故意杀人罪、故意伤害罪的，才负刑事责任，绑架撕票的，不负刑事责任。对司法实践中出现的已满十四周岁不满十六周岁的人绑架人质后杀害被绑架人、拐卖妇女、儿童而故意造成被拐卖妇女、儿童重伤或死亡的行为，依据刑法是应当追究其刑事责任的。

全国人大常委会法制工作委员会
2002 年 7 月 24 日

第六部分　附属刑法

1. 中华人民共和国国防法（节录）（1997.3.14）

（1997年3月14日第八届全国人民代表大会第五次会议通过　自公布之日起施行）

第一章　总　　则

第九条　国家和社会对在国防活动中作出贡献的组织和个人，采取各种形式给予表彰和奖励。

违反本法和有关法律，拒绝履行国防义务或者危害国防利益的，依法追究法律责任。

2. 中华人民共和国行政监察法（节录）（1997.5.9）

（1997年5月9日第八届全国人民代表大会常务委员会第二十五次会议通过　自公布之日起施行）

第六章　法律责任

第四十五条　对申诉人、控告人、检举人或者监察人员进行报复陷害的，依法给予行政处分；构成犯罪的，依法追究刑事责任。

第四十六条　监察人员滥用职权、徇私舞弊、玩忽职守、泄露秘密的，依法给予行政处分；构成犯罪的，依法追究刑事责任。

3. 中华人民共和国公路法（节录）（1997.7.3）

（1997年7月3日第八届全国人民代表大会常务委员会第二十六次会议通过　自1998年1月1日起施行）

第八章　法律责任

第八十四条　阻碍公路建设或者公路抢修，致使公路建设或者抢修不能正常进行，尚未造成严重损失的，依照治安管理处罚条例第十九条的规定处罚。

损毁公路或者擅自移动公路标志，可能影响交通安全，尚不够刑事处罚的，依照治安管理处罚条例第二十条的规定处罚。

拒绝、阻碍公路监督检查人员依法执行职务未使用暴力、威胁方法的，依照治安管理处罚条例第十九条的规定处罚。

第八十五条　违反本法有关规定，构成犯罪的，依法追究刑事责任。

第八十七条　交通主管部门、公路管理机构的工作人员玩忽职守、徇私舞弊、滥用职权，构成犯罪的，依法追究刑事责任；尚不构成犯罪的，依法给予行政处分。

4. 中华人民共和国动物防疫法（节录）（1997.7.3）

（1997 年 7 月 3 日第八届全国人民代表大会常务委员会第二十六次会议通过　自 1998 年 1 月 1 日起施行）

第六章　法律责任

第五十一条　转让、涂改、伪造检疫证明的，由动物防疫监督机构没收违法所得，收缴检疫证明；转让、涂改检疫证明的，并处二千元以上五千元以下的罚款，违法所得超过五千元的，并处违法所得一倍以上三倍以下的罚款；伪造检疫证明的，并处一万元以上三万元以下的罚款，违法所得超过三万元的，并处违法所得一倍以上三倍以下的罚款；构成犯罪的，依法追究刑事责任。

第五十四条　违反本法规定，逃避检疫，引起重大动物疫情，致使养殖业生产遭受重大损失或者严重危害人体健康的，依法追究刑事责任。

第五十六条　动物防疫监督工作人员滥用职权，玩忽职守，徇私舞弊，隐瞒和延误疫情报告，伪造检疫结果，构成犯罪的，依法追究刑事责任；尚不构成犯罪的，依法给予行政处分。

第五十七条　阻碍动物防疫监督工作人员依法执行职务，构成犯罪的，依法追究刑事责任；尚不构成犯罪的，依法给予治安管理处罚。

5. 中华人民共和国防洪法（节录）（1997.8.29）

（1997 年 8 月 29 日第八届全国人民代表大会常务委员会第二十七次会议通过　自 1998 年 1 月 1 日起施行）

第七章　法律责任

第六十一条　违反本法规定，破坏、侵占、毁损堤防、水闸、护岸、抽水站、排水渠系等防洪工程和水文、通信设施以及防汛备用的器材、物料的，责令停止违法行为，采取补救措施，可以处五万元以下的罚款；造成损坏的，依法承担民事责任；应当给予治安管理处罚的，依照治安管理处罚条例的规定处罚；构成犯罪的，依法追究刑事责任。

第六十二条　阻碍、威胁防汛指挥机构、水行政主管部门或者流域管理机构的工作人员依法执行职务，构成犯罪的，依法追究刑事责任；尚不构成犯罪，应当给予治安管理处罚的，依照治安管理处罚条例的规定处罚。

第六十三条　截留、挪用防洪、救灾资金和物资，构成犯罪的，依法追究刑事责任；尚不构成犯罪的，给予行政处分。

第六十五条　国家工作人员，有下列行为之一，构成犯罪的，依法追究刑事责任；尚不构成犯罪的，给予行政处分：

（一）违反本法第十七条、第十九条、第二十二条第二款、第二十二条第三款、第二十七条或者第三十四条规定，严重影响防洪的；

（二）滥用职权，玩忽职守，徇私舞弊，致使防汛抗洪工作遭受重大损失的；

（三）拒不执行防御洪水方案、防汛抢险指令或者蓄滞洪方案、措施、汛期调度运用计划等防汛调度方案的；

（四）违反本法规定，导致或者加重毗邻地区或者其他单位洪灾损失的。

6. 中华人民共和国节约能源法（节录）（1997.11.1）

（1997 年 11 月 1 日第八届全国人民代表大会常务委员会第二十八次会议通过　自 1998 年 1 月 1 日起施行）

第五章　法律责任

第四十九条　国家工作人员在节能工作中滥用职权、玩忽职守、徇私舞弊，构成犯罪的，依法追究刑事责任；尚不构成犯罪的，给予行政处分。

7. 中华人民共和国建筑法（节录）（1997.11.1）

（1997年11月1日第八届全国人民代表大会常务委员会第二十八次会议通过　自1998年3月1日起施行）

第七章　法律责任

第六十五条　发包单位将工程发包给不具有相应资质条件的承包单位的，或者违反本法规定将建筑工程肢解发包的，责令改正，处以罚款。

超越本单位资质等级承揽工程的，责令停止违法行为，处以罚款，可以责令停业整顿，降低资质等级；情节严重的，吊销资质证书；有违法所得的，予以没收。

未取得资质证书承揽工程的，予以取缔，并处罚款；有违法所得的，予以没收。

以欺骗手段取得资质证书的，吊销资质证书，处以罚款；构成犯罪的，依法追究刑事责任。

第六十八条　在工程发包与承包中索贿、受贿、行贿，构成犯罪的，依法追究刑事责任；不构成犯罪的，分别处以罚款，没收贿赂的财物，对直接负责的主管人员和其他直接责任人员给予处分。

对在工程承包中行贿的承包单位，除依照前款规定处罚外，可以责令停业整顿，降低资质等级或者吊销资质证书。

第六十九条　工程监理单位与建设单位或者建筑施工企业串通，弄虚作假、降低工程质量的，责令改正，处以罚款，降低资质等级或者吊销资质证书；有违法所得的，予以没收；造成损失的，承担连带赔偿责任；构成犯罪的，依法追究刑事责任。

工程监理单位转让监理业务的，责令改正，没收违法所得，可以责令停业整顿，降低资质等级；情节严重的，吊销资质证书。

第七十条　违反本法规定，涉及建筑主体或者承重结构变动的装修工程擅自施工的，责令改正，处以罚款；造成损失的，承担赔偿责任；构成犯罪的，依法追究刑事责任。

第七十一条　建筑施工企业违反本法规定，对建筑安全事故隐患不采取措施予以消除的，责令改正，可以处以罚款；情节严重的，责令停业整顿，降低资质等级或者吊销资质证书；构成犯罪的，依法追究刑事责任。

建筑施工企业的管理人员违章指挥、强令职工冒险作业，因而发生重大伤亡事故或者造成其他严重后果的，依法追究刑事责任。

第七十二条　建设单位违反本法规定，要求建筑设计单位或者建筑施工企业违反建筑工程质量、安全标准，降低工程质量的，责令改正，可以处以罚款；构成犯罪的，依法追究刑事责任。

第七十三条　建筑设计单位不按照建筑工程质量、安全标准进行设计的，责令改正，处以罚款；造成工程质量事故的，责令停业整顿，降低资质等级或者吊销资质证书，没收违法所得，并处罚款；造成损失的，承担赔偿责任；构成犯罪的，依法追究刑事责任。

第七十四条　建筑施工企业在施工中偷工减料的，使用不合格的建筑材料、建筑构配件和设备的，或者有其他不按照工程设计图纸或者施工技术标准施工的行为的，责令改正，处以罚款；情节严重的，责令停业整顿，降低资质等级或者吊销资质证书；造成建筑工程质量不符合规定的质量标准的，负责返工、修理，并赔偿因此造成的损失；构成犯罪的，依法追究刑事责任。

第七十七条　违反本法规定，对不具备相应资质等级条件的单位颁发该等级资质证书的，由其上级机关责令收回所发的资质证书，对直接负责的主管人员和其他直接责任人员给予行政处分；构成犯罪的，依法追究刑事责任。

第七十八条　政府及其所属部门的工作人员违反本法规定，限定发包单位将招标发包的工程发包给指定的承包单位的，由上级机关责令改正；构成犯罪的，依法追究刑事责任。

第七十九条　负责颁发建筑工程施工许可证的部门及其工作人员对不符合施工条件的建筑工程颁发施工许可证的，负责工程质量监督检查或者竣工验收的部门及其工作人员对不合格的建筑工程出具质量合格文件或者按合格工程验收的，由上级机关责令改正，对责任人员给予行政处分；构成犯罪的，依法追究刑事责任；造成损失的，由该部门承担相应的赔偿责任。

第八十条　在建筑物的合理使用寿命内，因建筑工程质量不合格受到损害的，有权向责任者要求赔偿。

8. 中华人民共和国价格法（节录）（1997. 12. 29）

（1997 年 12 月 29 日第八届全国人民代表大会常务委员会第二十九次会议通过　自 1998 年 5 月 1 日起施行）

第六章　法律责任

第四十六条　价格工作人员泄露国家秘密、商业秘密以及滥用职权、徇私舞弊、玩忽职守、索贿受贿，构成犯罪的，依法追究刑事责任；尚不构成犯罪的，依法给予处分。

9. 中华人民共和国献血法（节录）（1997. 12. 29）

（1997 年 12 月 29 日第八届全国人民代表大会常务委员会第二十九次会议通过　自 1998 年 10 月 1 日起施行）

第十八条　有下列行为之一的，由县级以上地方人民政府卫生行政部门予以取缔，没收违法所得，可以并处十万元以下的罚款；构成犯罪的，依法追究刑事责任：

（一）非法采集血液的；

（二）血站、医疗机构出售无偿献血的血液的；

（三）非法组织他人出卖血液的。

第十九条　血站违反有关操作规程和制度采集血液，由县级以上地方人民政府卫生行政部门责令改正；给献血者健康造成损害的，应当依法赔偿，对直接负责的主管人员和其他直接责任人员，依法给予行政处分；构成犯罪的，依法追究刑事责任。

第二十一条　血站违反本法的规定，向医疗机构提供不符合国家规定标准的血液的，由县级以上人民政府卫生行政部门责令改正；情节严重，造成经血液途径传播的疾病传播或者有传播严重危险的，限期整顿，对直接负责的主管人员和其他直接责任人员，依法给予行政处分；构成犯罪的，依法追究刑事责任。

第二十二条　医疗机构的医务人员违反本法规定，将不符合国家规定标准的血液用于患者的，由县级以上地方人民政府卫生行政部门责令改正；给患者健康造成损害的，应当依法赔偿，对直接负责的主管人员和其他直接责任人员，依法给予行政处分；构成犯罪的，依法追究刑事责任。

第二十三条　卫生行政部门及其工作人员在献血、用血的监督管理工作中，玩忽职守，造成严重后果，构成犯罪的，依法追究刑事责任；尚不构成犯罪的，依法给予行政处分。

10. 中华人民共和国防震减灾法（节录）（1997. 12. 29）

（1997 年 12 月 29 日第八届全国人民代表大会常务委员会第二十九次会议通过　自 1998 年 3 月 1 日起施行）

第六章　法律责任

第四十三条　违反本法规定，有下列行为之一的，由国务院地震行政主管部门或者县级以上地方人民政府负责管理地震工作的部门或者机构，责令停止违法行为，恢复原状或者采取其他补救措施；情节严重的，可以处五千元以上十万元以下的罚款；造成损失的，依法承担民事责任；构成犯罪的，依法追究刑事责任：

（一）新建、扩建、改建建设工程，对地震监测设施或者地震观测环境造成危害，又未依法事先征得同意并采取相应措施的；

（二）破坏典型地震遗址、遗迹的。

第四十六条　截留、挪用地震救灾资金和物资，构成犯罪的，依法追究刑事责任；尚不构成犯罪的，给予行政处分。

第四十七条　国家工作人员在防震减灾工作中滥用职权，玩忽职守，徇私舞弊，构成犯罪的，依法追究刑事责任；尚不构成犯罪的，给予行政处分。

11. 中华人民共和国森林法（节录）（1998. 4. 29）

（1984 年 9 月 20 日第六届全国人民代表大会常务委员会第七次会议通过
根据 1998 年 4 月 29 日第九届全国人民代表大会常务委员会第二次会议
《关于修改〈中华人民共和国森林法〉的决定》修正）

第六章　法律责任

第三十九条　盗伐森林或者其他林木的，依法赔偿损失；由林业主管部门责令补种盗伐株数十倍的树木，没收盗伐的林木或者变卖所得，并处盗伐林木价值三倍以上十倍以下的罚款。

滥伐森林或者其他林木，由林业主管部门责令补种滥伐株数五倍的树木，并处滥伐林木价值二倍以上五倍以下的罚款。

拒不补种树木或者补种不符合国家有关规定的，由林业主管部门代为补种，所需费用由违法者支付。

盗伐、滥伐森林或者其他林木，构成犯罪的，依法追究刑事责任。

第四十条　违反本法规定，非法采伐、毁坏珍贵树木的，依法追究刑事责任。

第四十一条　违反本法规定，超过批准的年采伐限额发放林木采伐许可证或者超越职权发放林木采伐许可证、木材运输证件、批准出口文件、允许进出口证明书的，由上一级人民政府林业主管部门责令纠正，对直接负责的主管人员和其他直接责任人员依法给予行政处分；有关人民政府林业主管部门未予纠正的，国务院林业主管部门可以直接处理；构成犯罪的，依法追究刑事责任。

第四十二条　违反本法规定，买卖林木采伐许可证、木材运输证件、批准出口文件、允许进出口证明书的，由林业主管部门没收违法买卖的证件、文件和违法所得，并处违法买卖证件、文件的价款一倍以上三倍以下的罚款；构成犯罪的，依法追究刑事责任。

伪造林木采伐许可证、木材运输证件、批准出口文件、允许进出口证明书的，依法追究刑事责任。

第四十三条　在林区非法收购明知是盗伐、滥伐的林木的，由林业主管部门责令停止违法行为，没收违法收购的盗伐、滥伐的林木或者变卖所得，可以并处违法收购林木的价款一倍以上三倍以下的罚款；构成犯罪的，依法追究刑事责任。

第四十六条　从事森林资源保护、林业监督管理工作的林业主管部门的工作人员和其他国家机关的有关工作人员滥用职权、玩忽职守、徇私舞弊，构成犯罪的，依法追究刑事责任；尚不构成犯罪的，依法给予行政处分。

12. 中华人民共和国消防法（节录）（1998. 4. 29）

（1998 年 4 月 29 日第九届全国人民代表大会常务委员会第二次会议通过　自 1998 年 9 月 1 日起施行）

第五章　法律责任

第四十九条　公共场所发生火灾时，该公共场所的现场工作人员不履行组织、引导在场群众疏散的义务，造成人身伤亡，尚不构成犯罪的，处十五日以下拘留。

第五十条　火灾扑灭后，为隐瞒、掩饰起火原因、推卸责任，故意破坏现场或者伪造现场，尚不构成犯罪的，处警告、罚款或者十五日以下拘留。

单位有前款行为的，处警告或者罚款，并对其直接负责的主管人员和其他直接责任人员依照前款的规定处罚。

第五十二条　公安消防机构的工作人员在消防工作中滥用职权、玩忽职守、徇私舞弊，有下列行为之一，给国家和人民利益造成损失，尚不构成犯罪的，依法给予行政处分：

（一）对不符合国家建筑工程消防技术标准的消防设计、建筑工程通过审核、验收的；

（二）对应当依法审核、验收的消防设计、建筑工程，故意拖延，不予审核、验收的；

（三）发现火灾隐患不及时通知有关单位或者个人改正的；

（四）利用职务为用户指定消防产品的销售单位、品牌或者指定建筑消防设施施工单位的；

（五）其他滥用职权、玩忽职守、徇私舞弊的行为。

第五十三条　有违反本法行为，构成犯罪的，依法追究刑事责任。

13. 中华人民共和国执业医师法（节录）（1998.6.26）

（1998 年 6 月 26 日第九届全国人民代表大会常务委员会第三次会议通过　自 1999 年 5 月 1 日起施行）

第五章　法律责任

第三十七条　医师在执业活动中，违反本法规定，有下列行为之一的，由县级以上人民政府卫生行政部门给予警告或者责令暂停六个月以上一年以下执业活动；情节严重的，吊销其执业证书；构成犯罪的，依法追究刑事责任：

（一）违反卫生行政规章制度或者技术操作规范，造成严重后果的；

（二）由于不负责任延误急危患者的抢救和诊治，造成严重后果的；

（三）造成医疗责任事故的；

（四）未经亲自诊查、调查，签署诊断、治疗、流行病学等证明文件或者有关出生、死亡等证明文件的；

（五）隐匿、伪造或者擅自销毁医学文书及有关资料的；

（六）使用未经批准使用的药品、消毒药剂和医疗器械的；

（七）不按照规定使用麻醉药品、医疗用毒性药品、精神药品和放射性药品的；

（八）未经患者或者其家属同意，对患者进行实验性临床医疗的；

（九）泄露患者隐私，造成严重后果的；

（十）利用职务之便，索取、非法收受患者财物或者牟取其他不正当利益的；

（十一）发生自然灾害、传染病流行、突发重大伤亡事故以及其他严重威胁人民生命健康的紧急情况时，不服从卫生行政部门调遣的；

（十二）发生医疗事故或者发现传染病疫情，患者涉嫌伤害事件或者非正常死亡，不按照规定报告的。

第三十八条　医师在医疗、预防、保健工作中造成事故的，依照法律或者国家有关规定处理。

第三十九条　未经批准擅自开办医疗机构行医或者非医师行医的，由县级以上人民政府卫生行政部门予以取缔，没收其违法所得及其药品、器械，并处十万元以下的罚款；对医师吊销其执业证书；给患者造成损害的，依法承担赔偿责任；构成犯罪的，依法追究刑事责任。

第四十条　阻碍医师依法执业，侮辱、诽谤、威胁、殴打医师或者侵犯医师人身自由、干扰医师正常工作、生活的，依照治安管理处罚条例的规定处罚；构成犯罪的，依法追究刑事责任。

第四十二条　卫生行政部门工作人员或者医疗、预防、保健机构工作人员违反本法有关规定，弄虚作假、玩忽职守、滥用职权、徇私舞弊，尚不构成犯罪的，依法给予行政处分；构成犯罪的，依法追究刑事责任。

14. 中华人民共和国专属经济区和大陆架法（节录）（1998.6.26）

（1998 年 6 月 26 日第九届全国人民代表大会常务委员会第三次会议通过　自公布之日起施行）

第十二条　中华人民共和国在行使勘查、开发、养护和管理专属经济区的生物资源的主权权利时，为确保中华人民共和国的法律、法规得到遵守，可以采取登临、检查、逮捕、扣留和进行司法程序等必要的措施。

中华人民共和国对在专属经济区和大陆架违反中华人民共和国法律、法规的行为，有权采取必要措施，依法追究法律责任，并可以行使紧追权。

15. 中华人民共和国土地管理法（节录）（1998.8.29）

（1986年6月25日第六届全国人民代表大会常务委员会第十六次会议通过　根据1988年12月29日第七届全国人民代表大会常务委员会第五次会议《关于修改〈中华人民共和国土地管理〉的决定》修正　1998年8月29日第九届全国人民代表大会常务委员会第四次会议修订通过　自1999年1月1日起施行）

第六章　监督检查

第七十一条　县级以上人民政府土地行政主管部门在监督检查工作中发现土地违法行为构成犯罪的，应当将案件移送有关机关，依法追究刑事责任；尚不构成犯罪的，应当依法给予行政处罚。

第七章　法律责任

第七十三条　买卖或者以其他形式非法转让土地的，由县级以上人民政府土地行政主管部门没收违法所得；对违反土地利用总体规划擅自将农用地改为建设用地的，限期拆除在非法转让的土地上新建的建筑物和其他设施，恢复土地原状，对符合土地利用总体规划的，没收在非法转让的土地上新建的建筑物和其他设施；可以并处罚款；对直接负责的主管人员和其他直接责任人员，依法给予行政处分；构成犯罪的，依法追究刑事责任。

第七十四条　违反本法规定，占用耕地建窑、建坟或者擅自在耕地上建房、挖砂、采石、采矿、取土等，破坏种植条件的，或者因开发土地造成土地荒漠化、盐渍化的，由县级以上人民政府土地行政主管部门责令限期改正或者治理，可以并处罚款；构成犯罪的，依法追究刑事责任。

第七十六条　未经批准或者采取欺骗手段骗取批准，非法占用土地的，由县级以上人民政府土地行政主管部门责令退还非法占用的土地，对违反土地利用总体规划擅自将农用地改为建设用地的，限期拆除在非法占用的土地上新建的建筑物和其他设施，恢复土地原状，对符合土地利用总体规划的，没收在非法占用的土地上新建的建筑物和其他设施，可以并处罚款；对非法占用土地单位的直接负责的主管人员和其他直接责任人员，依法给予行政处分；构成犯罪的，依法追究刑事责任。

超过批准的数量占用土地，多占的土地以非法占用土地论处。

第七十八条　无权批准征用、使用土地的单位或者个人非法批准占用土地的，超越批准权限非法批准占用土地的，不按照土地利用总体规划确定的用途批准用地的，或者违反法律规定的程序批准占用、征用土地的，其批准文件无效，对非法批准征用、使用土地的直接负责的主管人员和其他直接责任人员，依法给予行政处分；构成犯罪的，依法追究刑事责任。非法批准、使用的土地应当收回，有关当事人拒不归还的，以非法占用土地论处。

非法批准征用、使用土地，对当事人造成损失的，依法应当承担赔偿责任。

第七十九条　侵占、挪用被征用土地单位的征地补偿费用和其他有关费用，构成犯罪的，依法追究刑事责任；尚不构成犯罪的，依法给予行政处分。

第八十四条　土地行政主管部门的工作人员玩忽职守、滥用职权、徇私舞弊，构成犯罪的，依法追究刑事责任；尚不构成犯罪的，依法给予行政处分。

16. 中华人民共和国村民委员会组织法（节录）（1998.11.4）

（1998年11月4日第九届全国人民代表大会常务委员会第五次会议通过　自公布之日起施行）

第十五条　以威胁、贿赂、伪造选票等不正当手段，妨害村民行使选举权、被选举权，破坏村民委员会选举的，村民有权向乡、民族乡、镇的人民代表大会和人民政府或者县级人民代表大会常务委员会和人民政府及其有关主管部门举报，有关机关应当负责调查并依法处理。以威胁、贿赂、伪造选票等不正当手段当选的，其当选无效。

第二十条　村民会议可以制定和修改村民自治章程、村规民约，并报乡、民族乡、镇的人民政府备案。

村民自治章程、村规民约以及村民会议或者村民代表讨论决定的事项不得与宪法、法律、法规和国家的政策相抵触，不得有侵犯村民的人身权利、民主权利和合法财产权利的内容。

第二十二条 村民委员会实行村务公开制度。

村民委员会应当及时公布下列事项，其中涉及财务的事项至少每六个月公布一次，接受村民的监督：

（一）本法第十九条规定的由村民会议讨论决定的事项及其实施情况；

（二）国家计划生育政策的落实方案；

（三）救灾救济款物的发放情况；

（四）水电费的收缴以及涉及本村村民利益、村民普遍关心的其他事项。

村民委员会应当保证公布内容的真实性，并接受村民的查询。

村民委员会不及时公布应当公布的事项或者公布的事项不真实的，村民有权向乡、民族乡、镇人民政府或者县级人民政府及其有关主管部门反映，有关政府机关应当负责调查核实，责令公布；经查证确有违法行为的，有关人员应当依法承担责任。

17. 中华人民共和国收养法（节录）（1998.11.4）

（1991年12月29日第七届全国人民代表大会常务委员会第二十三次会议通过
根据1998年11月4日第九届全国人民代表大会常务委员会第五次会议《关于修改〈中华人民共和国收养法〉的决定》修正 自1999年4月1日起施行）

第五章 法律责任

第三十一条 借收养名义拐卖儿童的，依法追究刑事责任。

遗弃婴儿的，由公安部门处以罚款；构成犯罪的，依法追究刑事责任。

出卖亲生子女的，由公安部门没收非法所得，并处以罚款；构成犯罪的，依法追究刑事责任。

18. 中华人民共和国证券法（节录）（1998.12.29）

（1998年12月29日第九届全国人民代表大会常务委员会第六次会议通过 自1999年7月1日起施行）

第十一章 法律责任

第一百七十五条 未经法定的机关核准或者审批，擅自发行证券的，或者制作虚假的发行文件发行证券的，责令停止发行，退还所募资金和加算银行同期存款利息，并处以非法所募资金金额百分之一以上百分之五以下的罚款。对直接负责的主管人员和其他直接责任人员给予警告，并处以三万元以上三十万元以下的罚款。构成犯罪的，依法追究刑事责任。

第一百七十六条 证券公司承销或者代理买卖未经核准或者审批擅自发行的证券的，由证券监督管理机构予以取缔，没收违法所得，并处以违法所得一倍以上五倍以下的罚款。对直接负责的主管人员和其他直接责任人员给予警告，并处以三万元以上三十万元以下的罚款。构成犯罪的，依法追究刑事责任。

第一百七十七条 依照本法规定，经核准上市交易的证券，其发行人未按照有关规定披露信息，或者所披露的信息有虚假记载、误导性陈述或者有重大遗漏的，由证券监督管理机构责令改正，对发行人处以三十万元以上六十万元以下的罚款。对直接负责的主管人员和其他直接责任人员给予警告，并处以三万元以上三十万元以下的罚款。构成犯罪的，依法追究刑事责任。

前款发行人未按期公告其上市文件或者报送有关报告的，由证券监督管理机构责令改正，对发行人处以五万元以上十万元以下的罚款。

第一百七十八条 非法开设证券交易场所的，由证券监督管理机构予以取缔，没收违法所得，并处以违法所得一倍以上五倍以下的罚款。没有违法所得的，处以十万元以上五十万元以下的罚款。对直接负责的主管人员和其他直接责任人员给予警告，并处以三万元以上三十万元以下的罚款。构成犯罪的，依法追究刑事责任。

第一百七十九条 未经批准并领取业务许可证，擅自设立证券公司经营证券业务的，由证券监督管理机构予以取缔，没收违法所得，并处以违法所得一倍以上五倍以下的罚款。没有违法所得的，处以三万元以上十万元以下的罚款。

构成犯罪的，依法追究刑事责任。

第一百八十一条 证券交易所、证券公司、证券登记结算机构、证券交易服务机构的从业人员、证券业协会或者证券监督管理机构的工作人员，故意提供虚假资料，伪造、变造或者销毁交易记录，诱骗投资者买卖证券的，取消从业资格，并处以三万元以上五万元以下的罚款；属于国家工作人员的，还应当依法给予行政处分。构成犯罪的，依法追究刑事责任。

第一百八十三条 证券交易内幕信息的知情人员或者非法获取证券交易内幕信息的人员，在涉及证券的发行、交易或者其他对证券的价格有重大影响的信息尚未公开前，买入或者卖出该证券，或者泄露该信息或者建议他人买卖该证券的，责令依法处理非法获得的证券，没收违法所得，并处以违法所得一倍以上五倍以下或者非法买卖的证券等值以下的罚款。构成犯罪的，依法追究刑事责任。

证券监督管理机构工作人员进行内幕交易的，从重处罚。

第一百八十四条 任何人违反本法第七十一条规定，操纵证券交易价格，或者制造证券交易的虚假价格或者证券交易量，获取不正当利益或者转嫁风险的，没收违法所得，并处以违法所得一倍以上五倍以下的罚款。构成犯罪的，依法追究刑事责任。

第一百八十五条 违反本法规定，挪用公款买卖证券的，没收违法所得，并处以违法所得一倍以上五倍以下的罚款；属于国家工作人员的，还应当依法给予行政处分。构成犯罪的，依法追究刑事责任。

第一百八十六条 证券公司违反本法规定，为客户卖出其帐户上未实有的证券或者为客户融资买入证券的，没收违法所得，并处以非法买卖证券等值的罚款。对直接负责的主管人员和其他直接责任人员给予警告，并处以三万元以上三十万元以下的罚款。构成犯罪的，依法追究刑事责任。

第一百八十八条 编造并且传播影响证券交易的虚假信息，扰乱证券交易市场的，处以三万元以上二十万元以下的罚款。构成犯罪的，依法追究刑事责任。

第一百八十九条 证券交易所、证券公司、证券登记结算机构、证券交易服务机构、社会中介机构及其从业人员，或者证券业协会、证券监督管理机构及其工作人员，在证券交易活动中作出虚假陈述或者信息误导的，责令改正，处以三万元以上二十万元以下的罚款；属于国家工作人员的，还应当依法给予行政处分。构成犯罪的，依法追究刑事责任。

第一百九十三条 证券公司、证券登记结算机构及其从业人员，未经客户的委托，买卖、挪用、出借客户帐户上的证券或者将客户的证券用于质押的，或者挪用客户帐户上的资金的，责令改正，没收违法所得，处以违法所得一倍以上五倍以下的罚款，并责令关闭或者吊销责任人员的从业资格证书。构成犯罪的，依法追究刑事责任。

第二百零二条 为证券的发行、上市或者证券交易活动出具审计报告、资产评估报告或者法律意见书等文件的专业机构，就其所应负责的内容弄虚作假的，没收违法所得，并处以违法所得一倍以上五倍以下的罚款，并由有关主管部门责令该机构停业，吊销直接责任人员的资格证书。造成损失的，承担连带赔偿责任。构成犯罪的，依法追究刑事责任。

第二百零四条 证券监督管理机构对不符合本法规定的证券发行、上市的申请予以核准，或者对不符合本法规定条件的设立证券公司、证券登记结算机构或者证券交易服务机构的申请予以批准，情节严重的，对直接负责的主管人员和其他直接责任人员，依法给予行政处分。构成犯罪的，依法追究刑事责任。

第二百零五条 证券监督管理机构的工作人员和发行审核委员会的组成人员，不履行本法规定的职责，徇私舞弊、玩忽职守或者故意刁难有关当事人的，依法给予行政处分。构成犯罪的，依法追究刑事责任。

第二百零六条 违反本法规定，发行、承销公司债券的，由国务院授权的部门依照本法第一百七十五条、第一百七十六条、第二百零二条的规定予以处罚。

第二百零八条 以暴力、威胁方法阻碍证券监督管理机构依法行使监督检查职权的，依法追究刑事责任；拒绝、阻碍证券监督管理机构及其工作人员依法行使监督检查职权未使用暴力、威胁方法的，依照治安管理处罚条例的规定进行处罚。

19. 中华人民共和国兵役法（节录）（1998. 12. 29）

（1984 年 5 月 31 日第六届全国人民代表大会第二次会议通过
根据 1998 年 12 月 29 日第九届全国人民代表大会常务委员会第六次会议
《关于修改〈中华人民共和国兵役法〉的决定》修正）

第十一章 惩 处

第六十一条 有服兵役义务的公民有下列行为之一的，由县级人民政府责令限期改正；逾期不改的，由县级人民政府强制其履行兵役义务，并可以处以罚款：

（一）拒绝、逃避兵役登记和体格检查的；

（二）应征公民拒绝、逃避征集的；

（三）预备役人员拒绝、逃避参加军事训练和执行军事勤务的。

有前款第（二）项行为，拒不改正的，在两年内不得被录取为国家公务员、国有企业职工，不得出国或者升学。

战时有第一款第（二）、（三）项行为，构成犯罪的，依法追究刑事责任。

第六十二条 现役军人以逃避服兵役为目的，拒绝履行职责或者逃离部队的，按照中央军事委员会的规定给予行政处分；战时逃离部队，构成犯罪的，依法追究刑事责任。

明知是逃离部队的军人而雇用的，由县级人民政府责令改正，并处以罚款；构成犯罪的，依法追究刑事责任。

第六十四条 扰乱兵役工作秩序，或者阻碍兵役工作人员依法执行职务的，依照治安管理处罚条例的规定给予处罚；使用暴力、威胁方法，构成犯罪的，依法追究刑事责任。

第六十五条 国家工作人员和军人在兵役工作中，有下列行为之一，构成犯罪的，依法追究刑事责任；尚不构成犯罪的，给予行政处分：

（一）收受贿赂的；

（二）滥用职权或者玩忽职守的；

（三）徇私舞弊，接送不合格兵员的。

20. 中华人民共和国行政复议法（节录）（1999. 4. 29）

（1999 年 4 月 29 日第九届全国人民代表大会常务委员会第九次会议通过 自 1999 年 10 月 1 日起施行）

下编

第六章 法律责任

第三十五条 行政复议机关工作人员在行政复议活动中，徇私舞弊或者有其他渎职、失职行为的，依法给予警告、记过、记大过的行政处分；情节严重的，依法给予降级、撤职、开除的行政处分；构成犯罪的，依法追究刑事责任。

第三十六条 被申请人违反本法规定，不提出书面答复或者不提交作出具体行政行为的证据、依据和其他有关材料，或者阻挠、变相阻挠公民、法人或者其他组织依法申请行政复议的，对直接负责的主管人员和其他直接责任人员依法给予警告、记过、记大过的行政处分；进行报复陷害的，依法给予降级、撤职、开除的行政处分；构成犯罪的，依法追究刑事责任。

第三十八条 行政复议机关负责法制工作的机构发现有无正当理由不予受理行政复议申请、不按照规定期限作出行政复议决定、徇私舞弊、对申请人打击报复或者不履行行政复议决定等情形的，应当向有关行政机关提出建议，有关行政机关应当依照本法和有关法律、行政法规的规定作出处理。

21. 中华人民共和国预防未成年人犯罪法（节录）（1999.6.28）

（1999年6月28日第九届全国人民代表大会常务委员会第十次会议通过　自1999年11月1日起施行）

第三章　对未成年人不良行为的预防

第二十五条　对于教唆、胁迫、引诱未成年人实施不良行为或者品行不良，影响恶劣，不适宜在学校工作的教职员工，教育行政部门、学校应当予以解聘或者辞退；构成犯罪的，依法追究刑事责任。

第六章　对未成年人重新犯罪的预防

第四十四条　对犯罪的未成年人追究刑事责任，实行教育、感化、挽救方针，坚持教育为主、惩罚为辅的原则。

司法机关办理未成年人犯罪案件，应当保障未成年人行使其诉讼权利，保障未成年人得到法律帮助，并根据未成年人的生理、心理特点和犯罪的情况，有针对性地进行法制教育。

对于被采取刑事强制措施的未成年学生，在人民法院的判决生效以前，不得取消其学籍。

第四十五条　人民法院审判未成年人犯罪的刑事案件，应当由熟悉未成年人身心特点的审判员或者审判员和人民陪审员依法组成少年法庭进行。

对于已满十四周岁不满十六周岁未成年人犯罪的案件，一律不公开审理。已满十六周岁不满十八周岁未成年人犯罪的案件，一般也不公开审理。

对未成年人犯罪案件，新闻报道、影视节目、公开出版物不得披露该未成年人的姓名、住所、照片及可能推断出该未成年人的资料。

第四十六条　对被拘留、逮捕和执行刑罚的未成年人与成年人应当分别关押、分别管理、分别教育。未成年犯在被执行刑罚期间，执行机关应当加强对未成年犯的法制教育，对未成年犯进行职业技术教育。对没有完成义务教育的未成年犯，执行机关应当保证其继续接受义务教育。

第四十七条　未成年人的父母或者其他监护人和学校、城市居民委员会、农村村民委员会，对因不满十六周岁而不予刑事处罚、免予刑事处罚的未成年人，或者被判处非监禁刑罚、被判处刑罚宣告缓刑、被假释的未成年人，应当采取有效的帮教措施，协助司法机关做好对未成年人的教育、挽救工作。

城市居民委员会、农村村民委员会可以聘请思想品德优秀，作风正派，热心未成年人教育工作的离退休人员或者其他人员协助做好对前款规定的未成年人的教育、挽救工作。

第四十八条　依法免予刑事处罚、判处非监禁刑罚、判处刑罚宣告缓刑、假释或者刑罚执行完毕的未成年人，在复学、升学、就业等方面与其他未成年人享有同等权利，任何单位和个人不得歧视。

第七章　法律责任

第五十一条　公安机关的工作人员违反本法第十八条的规定，接到报告后，不及时查处或者采取有效措施，严重不负责任的，予以行政处分；造成严重后果，构成犯罪的，依法追究刑事责任。

第五十二条　违反本法第三十条的规定，出版含有诱发未成年人违法犯罪以及渲染暴力、色情、赌博、恐怖活动等危害未成年人身心健康内容的出版物的，由出版行政部门没收出版物和违法所得，并处违法所得三倍以上十倍以下罚款；情节严重的，没收出版物和违法所得，并责令停业整顿或者吊销许可证。对直接负责的主管人员和其他直接责任人员处以罚款。

制作、复制宣扬淫秽内容的未成年人出版物，或者向未成年人出售、出租、传播宣扬淫秽内容的出版物的，依法予以治安处罚；构成犯罪的，依法追究刑事责任。

第五十六条　教唆、胁迫、引诱未成年人实施本法规定的不良行为、严重不良行为，或者为未成年人实施不良行为、严重不良行为提供条件，构成违反治安管理行为的，由公安机关依法予以治安处罚；构成犯罪的，依法追究刑事责任。

22. 中华人民共和国澳门特别行政区驻军法（节录）（1999. 6. 28）

（1999 年 6 月 28 日第九届全国人民代表大会常务委员会第十次会议通过　自 1999 年 12 月 20 日起施行）

第四章　澳门驻军人员的义务与纪律

第十九条　澳门驻军人员违反全国性的法律和澳门特别行政区的法律的，依法追究法律责任。

澳门驻军人员违反军队纪律的，给予纪律处分。

第五章　澳门驻军人员的司法管辖

第二十条　澳门驻军人员犯罪的案件由军事司法机关管辖；但是，澳门驻军人员非执行职务的行为，侵犯澳门居民、澳门驻军以外的其他人的人身权、财产权以及其他违反澳门特别行政区法律构成犯罪的案件，由澳门特别行政区司法机关管辖。

军事司法机关和澳门特别行政区司法机关对各自管辖的澳门驻军人员犯罪的案件，如果认为由对方管辖更为适宜，经双方协商一致后，可以移交对方管辖。

军事司法机关管辖的澳门驻军人员犯罪的案件中，涉及的被告人中的澳门居民、澳门驻军以外的其他人，由澳门特别行政区法院审判。

第二十一条　澳门特别行政区执法人员依法拘捕的涉嫌犯罪的人员，查明是澳门驻军人员的，应当移交澳门驻军羁押。被羁押的人员所涉及的案件，依照本法第二十条的规定确定管辖。

第二十二条　澳门驻军人员被澳门特别行政区法院判处剥夺或者限制人身自由的刑罚或者保安处分的，依照澳门特别行政区的法律规定送交执行；但是，澳门特别行政区有关执法机关与军事司法机关对执行的地点另行协商确定的除外。

第二十五条　在澳门特别行政区法院的诉讼活动中，澳门驻军对澳门驻军人员身份、执行职务的行为等事实发出的证明文件为有效证据。但是，相反证据成立的除外。

第二十六条　澳门驻军的国防等国家行为不受澳门特别行政区法院管辖。

第二十七条　澳门特别行政区法院作出的判决、裁定涉及澳门驻军的机关或者单位的财产执行的，澳门驻军的机关或者单位必须履行；但是，澳门特别行政区法院不得对澳门驻军的武器装备、物资和其他财产实施强制执行。

第二十八条　军事司法机关可以与澳门特别行政区司法机关和有关执法机关通过协商进行司法方面的联系和相互提供协助。

23. 中华人民共和国公益事业捐赠法（节录）（1999. 6. 28）

（1999 年 6 月 28 日第九届全国人民代表大会常务委员会第十次会议通过　自 1999 年 9 月 1 日起施行）

第五章　法律责任

第二十九条　挪用、侵占或者贪污捐赠款物的，由县级以上人民政府有关部门责令退还所用、所得款物，并处以罚款；对直接责任人员，由所在单位依照有关规定予以处理；构成犯罪的，依法追究刑事责任。

依照前款追回、追缴的捐赠款物，应当用于原捐赠目的和用途。

第三十条　在捐赠活动中，有下列行为之一的，依照法律、法规的有关规定予以处罚；构成犯罪的，依法追究刑事责任：

（一）逃汇、骗购外汇的；

（二）偷税、逃税的；

（三）进行走私活动的；

（四）未经海关许可并且未补缴应缴税额，擅自将减税、免税进口的捐赠物资在境内销售、转让或者移作他用的。

第三十一条　受赠单位的工作人员，滥用职权，玩忽职守，徇私舞弊，致使捐赠财产造成重大损失的，由所在单位依照有关规定予以处理；构成犯罪的，依法追究刑事责任。

24. 中华人民共和国个人独资企业法（节录）（1999. 8. 30）

（1999年8月30日第九届全国人民代表大会常务委员会第十一次会议通过　自2000年1月1日起施行）

第五章　法律责任

第三十五条　涂改、出租、转让营业执照的，责令改正，没收违法所得，处以三千元以下的罚款；情节严重的，吊销营业执照。

伪造营业执照的，责令停业，没收违法所得，处以五千元以下的罚款。构成犯罪的，依法追究刑事责任。

第三十九条　个人独资企业违反本法规定，侵犯职工合法权益，未保障职工劳动安全，不缴纳社会保险费用的，按照有关法律、行政法规予以处罚，并追究有关责任人员的责任。

第四十条　投资人委托或者聘用的人员违反本法第二十条规定，侵犯个人独资企业财产权益的，责令退还侵占的财产；给企业造成损失的，依法承担赔偿责任；有违法所得的，没收违法所得；构成犯罪的，依法追究刑事责任。

第四十一条　违反法律、行政法规的规定强制个人独资企业提供财力、物力、人力的，按照有关法律、行政法规予以处罚，并追究有关责任人员的责任。

第四十二条　个人独资企业及其投资人在清算前或清算期间隐匿或转移财产，逃避债务的，依法追回其财产，并按照有关规定予以处罚；构成犯罪的，依法追究刑事责任。

第四十三条　投资人违反本法规定，应当承担民事赔偿责任和缴纳罚款、罚金，其财产不足以支付的，或者被判处没收财产的，应当先承担民事赔偿责任。

第四十四条　登记机关对不符合本法规定条件的个人独资企业予以登记，或者对符合本法规定条件的企业不予登记的，对直接责任人员依法给予行政处分；构成犯罪的，依法追究刑事责任。

第四十五条　登记机关的上级部门的有关主管人员强令登记机关对不符合本法规定条件的企业予以登记，或者对符合本法规定条件的企业不予登记的，或者对登记机关的违法登记行为进行包庇的，对直接责任人员依法给予行政处分；构成犯罪的，依法追究刑事责任。

25. 中华人民共和国招标投标法（节录）（1999. 8. 30）

（1999年8月30日第九届全国人民代表大会常务委员会第十一次会议通过　自2000年1月1日起施行）

第三章　投　　标

第三十二条　投标人不得相互串通投标报价，不得排挤其他投标人的公平竞争，损害招标人或者其他投标人的合法权益。

投标人不得与招标人串通投标，损害国家利益、社会公共利益或者他人的合法权益。

禁止投标人以向招标人或者评标委员会成员行贿的手段谋取中标。

第四章　开标、评标和中标

第四十五条　中标人确定后，招标人应当向中标人发出中标通知书，并同时将中标结果通知所有未中标的投标人。

中标通知书对招标人和中标人具有法律效力。中标通知书发出后，招标人改变中标结果的，或者中标人放弃中标项目的，应当依法承担法律责任。

第五章　法律责任

第五十条　招标代理机构违反本法规定，泄露应当保密的与招标投标活动有关的情况和资料的，或者与招标人、投标人串通损害国家利益、社会公共利益或者他人合法权益的，处五万元以上二十五万元以下的罚款，对单位直接负责的主管人员和其他直接责任人员处单位罚款数额百分之五以上百分之十以下的罚款；有违法所得的，并处没收违法所得；情节严重的，暂停直至取消招标代理资格；构成犯罪的，依法追究刑事责任。给他人造成损失的，依法承担赔偿责任。

前款所列行为影响中标结果的，中标无效。

第五十二条 依法必须进行招标的项目的招标人向他人透露已获取招标文件的潜在投标人的名称、数量或者可能影响公平竞争的有关招标投标的其他情况的，或者泄露标底的，给予警告，可以并处一万元以上十万元以下的罚款；对单位直接负责的主管人员和其他直接责任人员依法给予处分；构成犯罪的，依法追究刑事责任。

前款所列行为影响中标结果的，中标无效。

第五十三条 投标人相互串通投标或者与招标人串通投标的，投标人以向招标人或者评标委员会成员行贿的手段谋取中标的，中标无效，处中标项目金额千分之五以上千分之十以下的罚款，对单位直接负责的主管人员和其他直接责任人员处单位罚款数额百分之五以上百分之十以下的罚款；有违法所得的，并处没收违法所得；情节严重的，取消其一年至二年内参加依法必须进行招标的项目的投标资格并予以公告，直至由工商行政管理机关吊销营业执照；构成犯罪的，依法追究刑事责任。给他人造成损失的，依法承担赔偿责任。

第五十四条 投标人以他人名义投标或者以其他方式弄虚作假，骗取中标的，中标无效，给招标人造成损失的，依法承担赔偿责任；构成犯罪的，依法追究刑事责任。

依法必须进行招标的项目的投标人有前款所列行为尚未构成犯罪的，处中标项目金额千分之五以上千分之十以下的罚款，对单位直接负责的主管人员和其他直接责任人员处单位罚款数额百分之五以上百分之十以下的罚款；有违法所得的，并处没收违法所得；情节严重的，取消其一年至三年内参加依法必须进行招标的项目的投标资格并予以公告，直至由工商行政管理机关吊销营业执照。

第五十六条 评标委员会成员收受投标人的财物或者其他好处的，评标委员会成员或者参加评标的有关工作人员向他人透露对投标文件的评审和比较、中标候选人的推荐以及与评标有关的其他情况的，给予警告，没收收受的财物，可以并处三千元以上五万元以下的罚款，对有所列违法行为的评标委员会成员取消担任评标委员会成员的资格，不得再参加任何依法必须进行招标的项目的评标；构成犯罪的，依法追究刑事责任。

第六十二条 任何单位违反本法规定，限制或者排斥本地区、本系统以外的法人或者其他组织参加投标的，为招标人指定招标代理机构的，强制招标人委托招标代理机构办理招标事宜的，或者以其他方式干涉招标投标活动的，责令改正；对单位直接负责的主管人员和其他直接责任人员依法给予警告、记过、记大过的处分，情节较重的，依法给予降级、撤职、开除的处分。

个人利用职权进行前款违法行为的，依照前款规定追究责任。

第六十三条 对招标投标活动依法负有行政监督职责的国家机关工作人员徇私舞弊、滥用职权或者玩忽职守，构成犯罪的，依法追究刑事责任；不构成犯罪的，依法给予行政处分。

26. 中华人民共和国气象法（节录）（1999. 10. 31）

（1999年10月31日第九届全国人民代表大会常务委员会第十二次会议通过　自2000年1月1日起施行）

第七章　法律责任

第三十五条 违反本法规定，有下列行为之一的，由有关气象主管机构按照权限责令停止违法行为，限期恢复原状或者采取其他补救措施，可以并处五万元以下的罚款；造成损失的，依法承担赔偿责任；构成犯罪的，依法追究刑事责任：

（一）侵占、损毁或者未经批准擅自移动气象设施的；

（二）在气象探测环境保护范围内从事危害气象探测环境活动的。

在气象探测环境保护范围内，违法批准占用土地的，或者非法占用土地新建建筑物或者其他设施的，依照《中华人民共和国城市规划法》或者《中华人民共和国土地管理法》的有关规定处罚。

第三十九条 违反本法规定，不具备省、自治区、直辖市气象主管机构规定的资格条件实施人工影响天气作业的，或者实施人工影响天气作业使用不符合国务院气象主管机构要求的技术标准的作业设备的，由有关气象主管机构按照权限责令改正，给予警告，可以并处十万元以下的罚款；给他人造成损失的，依法承担赔偿责任；构成犯罪的，依法追究刑事责任。

第四十条 各级气象主管机构及其所属气象台站的工作人员由于玩忽职守，导致重大漏报、错报公众气象预报、灾害性天气警报，以及丢失或者毁坏原始气象探测资料、伪造气象资料等事故的，依法给予行政处分；致使国家利益和人民生命财产遭受重大损失，构成犯罪的，依法追究刑事责任。

27. 中华人民共和国会计法（节录）（1999.10.31）

（1985年1月21日第六届全国人民代表大会常务委员会第九次会议通过　根据1993年12月29日第八届全国人民代表大会常务委员会第五次会议《关于修改〈中华人民共和国会计法〉的决定》修正　1999年10月31日第九届全国人民代表大会常务委员会第十二次会议修订通过　自2000年7月1日起施行）

第六章　法律责任

第四十二条　违反本法规定，有下列行为之一的，由县级以上人民政府财政部门责令限期改正，可以对单位并处三千元以上五万元以下的罚款；对其直接负责的主管人员和其他直接责任人员，可以处二千元以上二万元以下的罚款；属于国家工作人员的，还应当由其所在单位或者有关单位依法给予行政处分：

（一）不依法设置会计帐簿的；

（二）私设会计帐簿的；

（三）未按照规定填制、取得原始凭证或者填制、取得的原始凭证不符合规定的；

（四）以未经审核的会计凭证为依据登记会计帐簿或者登记会计帐簿不符合规定的；

（五）随意变更会计处理方法的；

（六）向不同的会计资料使用者提供的财务会计报告编制依据不一致的；

（七）未按照规定使用会计记录文字或者记帐本位币的；

（八）未按照规定保管会计资料，致使会计资料毁损、灭失的；

（九）未按照规定建立并实施单位内部会计监督制度或者拒绝依法实施的监督或者不如实提供有关会计资料及有关情况的；

（十）任用会计人员不符合本法规定的。

有前款所列行为之一，构成犯罪的，依法追究刑事责任。

会计人员有第一款所列行为之一，情节严重的，由县级以上人民政府财政部门吊销会计从业资格证书。

有关法律对第一款所列行为的处罚另有规定的，依照有关法律的规定办理。

第四十三条　伪造、变造会计凭证、会计帐簿，编制虚假财务会计报告，构成犯罪的，依法追究刑事责任。

有前款行为，尚不构成犯罪的，由县级以上人民政府财政部门予以通报，可以对单位并处五千元以上十万元以下的罚款；对其直接负责的主管人员和其他直接责任人员，可以处三千元以上五万元以下的罚款；属于国家工作人员的，还应当由其所在单位或者有关单位依法给予撤职直至开除的行政处分；对其中的会计人员，并由县级以上人民政府财政部门吊销会计从业资格证书。

第四十四条　隐匿或者故意销毁依法应当保存的会计凭证、会计帐簿、财务会计报告，构成犯罪的，依法追究刑事责任。

有前款行为，尚不构成犯罪的，由县级以上人民政府财政部门予以通报，可以对单位并处五千元以上十万元以下的罚款；对其直接负责的主管人员和其他直接责任人员，可以处三千元以上五万元以下的罚款；属于国家工作人员的，还应当由其所在单位或者有关单位依法给予撤职直至开除的行政处分；对其中的会计人员，并由县级以上人民政府财政部门吊销会计从业资格证书。

第四十五条　授意、指使、强令会计机构、会计人员及其他人员伪造、变造会计凭证、会计帐簿，编制虚假财务会计报告或者隐匿、故意销毁依法应当保存的会计凭证、会计帐簿、财务会计报告，构成犯罪的，依法追究刑事责任；尚不构成犯罪的，可以处五千元以上五万元以下的罚款；属于国家工作人员的，还应当由其所在单位或者有关单位依法给予降级、撤职、开除的行政处分。

第四十六条　单位负责人对依法履行职责、抵制违反本法规定行为的会计人员以降级、撤职、调离工作岗位、解聘或者开除等方式实行打击报复，构成犯罪的，依法追究刑事责任；尚不构成犯罪的，由其所在单位或者有关单位依法给予行政处分。对受打击报复的会计人员，应当恢复其名誉和原有职务、级别。

第四十七条　财政部门及有关行政部门的工作人员在实施监督管理中滥用职权、玩忽职守、徇私舞弊或者泄露国家秘密、商业秘密，构成犯罪的，依法追究刑事责任；尚不构成犯罪的，依法给予行政处分。

28. 中华人民共和国公路法（节录）（1999. 10. 31）

（1997 年 7 月 3 日第八届全国人民代表大会常务委员会第二十六次会议通过
根据 1999 年 10 月 31 日第九届全国人民代表大会常务委员会第十二次会议
《关于修改〈中华人民共和国公路法〉的决定》修正）

第八章　法律责任

第八十三条　阻碍公路建设或者公路抢修，致使公路建设或者抢修不能正常进行，尚未造成严重损失的，依照治安管理处罚条例第十九条的规定处罚。

损毁公路或者擅自移动公路标志，可能影响交通安全，尚不够刑事处罚的，依照治安管理处罚条例第二十条的规定处罚。

拒绝、阻碍公路监督检查人员依法执行职务未使用暴力、威胁方法的，依照治安管理处罚条例第十九条的规定处罚。

第八十四条　违反本法有关规定，构成犯罪的，依法追究刑事责任。

第八十六条　交通主管部门、公路管理机构的工作人员玩忽职守、徇私舞弊、滥用职权，构成犯罪的，依法追究刑事责任；尚不构成犯罪的，依法给予行政处分。

29. 中华人民共和国海洋环境保护法（节录）（1999. 12. 25）

（1982 年 8 月 23 日第五届全国人民代表大会常务委员会第二十四次会议通过
1999 年 12 月 25 日第九届全国人民代表大会常务委员会
第十三次会议修订通过　自 2000 年 4 月 1 日起施行）

第九章　法律责任

第九十一条　对违反本法规定，造成海洋环境污染事故的单位，由依照本法规定行使海洋环境监督管理权的部门根据所造成的危害和损失处以罚款；负有直接责任的主管人员和其他直接责任人员属于国家工作人员的，依法给予行政处分。

前款规定的罚款数额按照直接损失的百分之三十计算，但最高不得超过三十万元。

对造成重大海洋环境污染事故，致使公私财产遭受重大损失或者人身伤亡严重后果的，依法追究刑事责任。

第九十四条　海洋环境监督管理人员滥用职权、玩忽职守、徇私舞弊，造成海洋环境污染损害的，依法给予行政处分；构成犯罪的，依法追究刑事责任。

30. 中华人民共和国公司法（节录）（1999. 12. 25）

（1993 年 12 月 29 日第八届全国人民代表大会常务委员会第五次会议通过
根据 1999 年 12 月 25 日第九届全国人民代表大会常务委员会第十三次会议
《关于修改〈中华人民共和国公司法〉的决定》修正）

第十章　法律责任

第二百零六条　违反本法规定，办理公司登记时虚报注册资本、提交虚假证明文件或者采取其他欺诈手段隐瞒重要事实取得公司登记的，责令改正，对虚报注册资本的公司，处以虚报注册资本金额百分之五以上百分之十以下的罚款；对提交虚假证明文件或者采取其他欺诈手段隐瞒重要事实的公司，处以一万元以上十万元以下的罚款；情节严重的，撤销公司登记。构成犯罪的，依法追究刑事责任。

第二百零七条　制作虚假的招股说明书、认股书、公司债券募集办法发行股票或者公司债券的，责令停止发行，退还所募资金及其利息，处以非法募集资金金额百分之一以上百分之五以下的罚款。构成犯罪的，依法追究刑事责任。

第二百零八条　公司的发起人、股东未交付货币、实物或者未转移财产权，虚假出资，欺骗债权人和社会公众的，责令改正，处以虚假出资金额百分之五以上百分之十以下的罚款。构成犯罪的，依法追究刑事责任。

第二百零九条　公司的发起人、股东在公司成立后，抽逃其出资的，责令改正，处以所抽逃出资金额百分之五以上百分之十以下的罚款。构成犯罪的，依法追究刑事责任。

第二百一十条　未经本法规定的有关主管部门的批准，擅自发行股票或者公司债券的，责令停止发行，退还所募资金及其利息，处以非法所募资金金额百分之一以上百分之五以下的罚款。构成犯罪的，依法追究刑事责任。

第二百一十一条　公司违反本法规定，在法定的会计帐册以外另立会计帐册的，责令改正，处以一万元以上十万元以下的罚款。构成犯罪的，依法追究刑事责任。

将公司资产以任何个人名义开立帐户存储的，没收违法所得，并处以违法所得一倍以上五倍以下的罚款。构成犯罪的，依法追究刑事责任。

第二百一十二条　公司向股东和社会公众提供虚假的或者隐瞒重要事实的财务会计报告的，对直接负责的主管人员和其他直接责任人员处以一万元以上十万元以下的罚款。构成犯罪的，依法追究刑事责任。

第二百一十三条　违反本法规定，将国有资产低价折股、低价出售或者无偿分给个人的，对直接负责的主管人员和其他直接责任人员依法给予行政处分。构成犯罪的，依法追究刑事责任。

第二百一十四条　董事、监事、经理利用职权收受贿赂、其他非法收入或者侵占公司财产的，没收违法所得，责令退还公司财产，由公司给予处分。构成犯罪的，依法追究刑事责任。

董事、经理挪用公司资金或者将公司资金借贷给他人的，责令退还公司的资金，由公司给予处分，将其所得收入归公司所有。构成犯罪的，依法追究刑事责任。

董事、经理违反本法规定，以公司资产为本公司的股东或者其他个人债务提供担保的，责令取消担保，并依法承担赔偿责任，将违法提供担保取得的收入归公司所有。情节严重的，由公司给予处分。

第二百一十七条　公司在合并、分立、减少注册资本或者进行清算时，不按照本法规定通知或者公告债权人的，责令改正，对公司处以一万元以上十万元以下的罚款。

公司在进行清算时，隐匿财产，对资产负债表或者财产清单作虚伪记载或者未清偿债务前分配公司财产的，责令改正，对公司处以隐匿财产或者未清偿债务前分配公司财产金额百分之一以上百分之五以下的罚款。对直接负责的主管人员和其他直接责任人员处以一万元以上十万元以下的罚款。构成犯罪的，依法追究刑事责任。

第二百一十八条　清算组不按照本法规定向公司登记机关报送清算报告，或者报送清算报告隐瞒重要事实或者有重大遗漏的，责令改正。

清算组成员利用职权徇私舞弊、谋取非法收入或者侵占公司财产的，责令退还公司财产，没收违法所得，并可处以违法所得一倍以上五倍以下的罚款。构成犯罪的，依法追究刑事责任。

第二百一十九条　承担资产评估、验资或者验证的机构提供虚假证明文件的，没收违法所得，处以违法所得一倍以上五倍以下的罚款，并可由有关主管部门依法责令该机构停业，吊销直接责任人员的资格证书。构成犯罪的，依法追究刑事责任。

承担资产评估、验资或者验证的机构因过失提供有重大遗漏的报告的，责令改正，情节较重的，处以所得收入一倍以上三倍以下的罚款，并可由有关主管部门依法责令该机构停业，吊销直接责任人员的资格证书。

第二百二十条　国务院授权的有关主管部门，对不符合本法规定条件的设立公司的申请予以批准，或者对不符合本法规定条件的股份发行的申请予以批准，情节严重的，对直接负责的主管人员和其他直接责任人员，依法给予行政处分。构成犯罪的，依法追究刑事责任。

第二百二十一条　国务院证券管理部门对不符合本法规定条件的募集股份、股票上市和债券发行的申请予以批准，情节严重的，对直接负责的主管人员和其他直接责任人员，依法给予行政处分。构成犯罪的，依法追究刑事责任。

第二百二十二条　公司登记机关对不符合本法规定条件的登记申请予以登记，情节严重的，对直接负责的主管人员和其他直接责任人员，依法给予行政处分。构成犯罪的，依法追究刑事责任。

第二百二十三条　公司登记机关的上级部门强令公司登记机关对不符合本法规定条件的登记申请予以登记的，或者对违法登记进行包庇的，对直接负责的主管人员和其他直接责任人员依法给予行政处分。构成犯罪的，依法追究刑事责任。

第二百二十四条　未依法登记为有限责任公司或者股份有限公司，而冒用有限责任公司或者股份有限公司名义的，责令改正或者予以取缔，并可处以一万元以上十万元以下的罚款。构成犯罪的，依法追究刑事责任。

31. 中华人民共和国大气污染防治法（节录）（2000. 4. 29）

（1987 年 9 月 5 日第六届全国人民代表大会常务委员会第二十二次会议通过　根据 1995 年 8 月 29 日第八届全国人民代表大会常务委员会第十五次会议《关于修改〈中华人民共和国大气污染防治法〉的决定》修正　2000 年 4 月 29 日第九届全国人民代表大会常务委员会第十五次会议修订通过　自 2000 年 9 月 1 日起施行）

第六章　法律责任

第六十一条　对违反本法规定，造成大气污染事故的企业事业单位，由所在地县级以上地方人民政府环境保护行政主管部门根据所造成的危害后果处直接经济损失百分之五十以下罚款，但最高不超过五十万元；情节较重的，对直接负责的主管人员和其他直接责任人员，由所在单位或者上级主管机关依法给予行政处分或者纪律处分；造成重大大气污染事故，导致公私财产重大损失或者人身伤亡的严重后果，构成犯罪的，依法追究刑事责任。

第六十三条　完全由于不可抗拒的自然灾害，并经及时采取合理措施，仍然不能避免造成大气污染损失的，免于承担责任。

第六十五条　环境保护监督管理人员滥用职权、玩忽职守的，给予行政处分；构成犯罪的，依法追究刑事责任。

32. 中华人民共和国产品质量法（节录）（2000. 7. 8）

（1993 年 2 月 22 日第七届全国人民代表大会常务委员会第三十次会议通过　根据 2000 年 7 月 8 日第九届全国人民代表大会常务委员会第十六次会议《关于修改〈中华人民共和国产品质量法〉的决定》修正）

第一章　总　　则

第九条　各级人民政府工作人员和其他国家机关工作人员不得滥用职权、玩忽职守或者徇私舞弊，包庇、放纵本地区、本系统发生的产品生产、销售中违反本法规定的行为，或者阻挠、干预依法对产品生产、销售中违反本法规定的行为进行查处。

各级地方人民政府和其他国家机关有包庇、放纵产品生产、销售中违反本法规定的行为的，依法追究其主要负责人的法律责任。

第二章　产品质量的监督

第十七条　依照本法规定进行监督抽查的产品质量不合格的，由实施监督抽查的产品质量监督部门责令其生产者、销售者限期改正。逾期不改正的，由省级以上人民政府产品质量监督部门予以公告；公告后经复查仍不合格的，责令停业，限期整顿；整顿期满后经复查产品质量仍不合格的，吊销营业执照。

监督抽查的产品有严重质量问题的，依照本法第五章的有关规定处罚。

第五章　罚　　则

第四十九条　生产、销售不符合保障人体健康和人身、财产安全的国家标准、行业标准的产品的，责令停止生产、销售，没收违法生产、销售的产品，并处违法生产、销售产品（包括已售出和未售出的产品，下同）货值金额等值以上三倍以下的罚款；有违法所得的，并处没收违法所得；情节严重的，吊销营业执照；构成犯罪的，依法追究刑事责任。

第五十条　在产品中掺杂、掺假，以假充真，以次充好，或者以不合格产品冒充合格产品的，责令停止生产、销售，没收违法生产、销售的产品，并处违法生产、销售产品货值金额百分之五十以上三倍以下的罚款；有违法所得的，并处没收违法所得；情节严重的，吊销营业执照；构成犯罪的，依法追究刑事责任

第五十二条　销售失效、变质的产品的，责令停止销售，没收违法销售的产品，并处违法销售产品货值金额二倍

以下的罚款；有违法所得的，并处没收违法所得；情节严重的，吊销营业执照；构成犯罪的，依法追究刑事责任。

第五十七条　产品质量检验机构、认证机构伪造检验结果或者出具虚假证明的，责令改正，对单位处五万元以上十万元以下的罚款，对直接负责的主管人员和其他直接责任人员处一万元以上五万元以下的罚款；有违法所得的，并处没收违法所得；情节严重的，取消其检验资格、认证资格；构成犯罪的，依法追究刑事责任。

产品质量检验机构、认证机构出具的检验结果或者证明不实，造成损失的，应当承担相应的赔偿责任；造成重大损失的，撤销其检验资格、认证资格。

产品质量认证机构违反本法第二十一条第二款的规定，对不符合认证标准而使用认证标志的产品，未依法要求其改正或者取消其使用认证标志资格的，对因产品不符合认证标准给消费者造成的损失，与产品的生产者、销售者承担连带责任；情节严重的，撤销其认证资格。

第五十九条　在广告中对产品质量作虚假宣传，欺骗和误导消费者的，依照《中华人民共和国广告法》的规定追究法律责任。

第六十一条　知道或者应当知道属于本法规定禁止生产、销售的产品而为其提供运输、保管、仓储等便利条件的，或者为以假充真的产品提供制假生产技术的，没收全部运输、保管、仓储或者提供制假生产技术的收入，并处违法收入百分之五十以上三倍以下的罚款；构成犯罪的，依法追究刑事责任。

第六十五条　各级人民政府工作人员和其他国家机关工作人员有下列情形之一的，依法给予行政处分；构成犯罪的，依法追究刑事责任：

（一）包庇、放纵产品生产、销售中违反本法规定行为的；

（二）向从事违反本法规定的生产、销售活动的当事人通风报信，帮助其逃避查处的；

（三）阻挠、干预产品质量监督部门或者工商行政管理部门依法对产品生产、销售中违反本法规定的行为进行查处，造成严重后果的。

第六十八条　产品质量监督部门或者工商行政管理部门的工作人员滥用职权、玩忽职守、徇私舞弊，构成犯罪的，依法追究刑事责任；尚不构成犯罪的，依法给予行政处分。

第六十九条　以暴力、威胁方法阻碍产品质量监督部门或者工商行政管理部门的工作人员依法执行职务的，依法追究刑事责任；拒绝、阻碍未使用暴力、威胁方法的，由公安机关依照治安管理处罚条例的规定处罚。

33. 中华人民共和国种子法（节录）（2000.7.8）

（2000年7月8日第九届全国人民代表大会常务委员会第十六次会议通过　自2000年12月1日起施行）

第十章　法律责任

第五十九条　违反本法规定，生产、经营假、劣种子的，由县级以上人民政府农业、林业行政主管部门或者工商行政管理机关责令停止生产、经营，没收种子和违法所得，吊销种子生产许可证、种子经营许可证或者营业执照，并处以罚款；有违法所得的，处以违法所得五倍以上十倍以下罚款；没有违法所得的，处以二千元以上五万元以下罚款；构成犯罪的，依法追究刑事责任。

第六十条　违反本法规定，有下列行为之一的，由县级以上人民政府农业、林业行政主管部门责令改正，没收种子和违法所得，并处以违法所得一倍以上三倍以下罚款；没有违法所得的，处以一千元以上三万元以下罚款；可以吊销违法行为人的种子生产许可证或者种子经营许可证；构成犯罪的，依法追究刑事责任：

（一）未取得种子生产许可证或者伪造、变造、买卖、租借种子生产许可证，或者未按照种子生产许可证的规定生产种子的；

（二）未取得种子经营许可证或者伪造、变造、买卖、租借种子经营许可证，或者未按照种子经营许可证的规定经营种子的。

第六十一条　违反本法规定，有下列行为之一的，由县级以上人民政府农业、林业行政主管部门责令改正，没收种子和违法所得，并处以违法所得一倍以上三倍以下罚款；没有违法所得的，处以一千元以上二万元以下罚款；构成犯罪的，依法追究刑事责任：

（一）为境外制种的种子在国内销售的；

（二）从境外引进农作物种子进行引种试验的收获物在国内作商品种子销售的；

（三）未经批准私自采集或者采伐国家重点保护的天然种质资源的。

第六十五条　违反本法规定，抢采掠青、损坏母树或者在劣质林内和劣质母树上采种的，由县级以上人民政府林业行政主管部门责令停止采种行为，没收所采种子，并处以所采林木种子价值一倍以上三倍以下的罚款；构成犯罪的，依法追究刑事责任。

第六十八条 种子质量检验机构出具虚假检验证明的，与种子生产者、销售者承担连带责任；并依法追究种子质量检验机构及其有关责任人的行政责任；构成犯罪的，依法追究刑事责任。

第七十条 农业、林业行政主管部门违反本法规定，对不具备条件的种子生产者、经营者核发种子生产许可证或者种子经营许可证的，对直接负责的主管人员和其他直接责任人员，依法给予行政处分；构成犯罪的，依法追究刑事责任。

第七十一条 种子行政管理人员徇私舞弊、滥用职权、玩忽职守的，或者违反本法规定从事种子生产、经营活动的，依法给予行政处分；构成犯罪的，依法追究刑事责任。

34. 中华人民共和国海关法（节录）（2000. 7. 8）

（1987 年 1 月 22 日第六届全国人民代表大会常务委员会第十九次会议通过
根据 2000 年 7 月 8 日第九届全国人民代表大会常务委员会第十六次会议
《关于修改〈中华人民共和国海关法〉的决定》修正）

第八章 法律责任

第八十二条 违反本法及有关法律、行政法规，逃避海关监管，偷逃应纳税款、逃避国家有关进出境的禁止性或者限制性管理，有下列情形之一的，是走私行为：

（一）运输、携带、邮寄国家禁止或者限制进出境货物、物品或者依法应当缴纳税款的货物、物品进出境的；

（二）未经海关许可并且未缴纳应纳税款、交验有关许可证件，擅自将保税货物、特定减免税货物以及其他海关监管货物、物品、进境的境外运输工具，在境内销售的；

（三）有逃避海关监管，构成走私的其他行为的。

有前款所列行为之一，尚不构成犯罪的，由海关没收走私货物、物品及违法所得，可以并处罚款；专门或者多次用于掩护走私的货物、物品，专门或者多次用于走私的运输工具，予以没收，藏匿走私货物、物品的特制设备，责令拆毁或者没收。

有第一款所列行为之一，构成犯罪的，依法追究刑事责任。

第八十三条 有下列行为之一的，按走私行为论处，依照本法第八十二条的规定处罚：

（一）直接向走私人非法收购走私进口的货物、物品的；

（二）在内海、领海、界河、界湖，船舶及所载人员运输、收购、贩卖国家禁止或者限制进出境的货物、物品，或者运输、收购、贩卖依法应当缴纳税款的货物，没有合法证明的。

第八十四条 伪造、变造、买卖海关单证，与走私人通谋为走私人提供贷款、资金、帐号、发票、证明、海关单证，与走私人通谋为走私人提供运输、保管、邮寄或者其他方便，构成犯罪的，依法追究刑事责任；尚不构成犯罪的，由海关没收违法所得，并处罚款。

第九十条 进出口货物收发货人、报关企业、报关人员向海关工作人员行贿的，由海关撤销其报关注册登记，取消其报关从业资格，并处以罚款；构成犯罪的，依法追究刑事责任，并不得重新注册登记为报关企业和取得报关从业资格证书。

第九十一条 违反本法规定进出口侵犯中华人民共和国法律、行政法规保护的知识产权的货物的，由海关依法没收侵权货物，并处以罚款；构成犯罪的，依法追究刑事责任。

第九十六条 海关工作人员有本法第七十二条所列行为之一的，依法给予行政处分；有违法所得的，依法没收违法所得；构成犯罪的，依法追究刑事责任。

第九十七条 海关的财政收支违反法律、行政法规规定的，由审计机关以及有关部门依照法律、行政法规的规定作出处理；对直接负责的主管人员和其他直接责任人员，依法给予行政处分；构成犯罪的，依法追究刑事责任。

35. 中华人民共和国专利法（节录）（2000. 8. 25）

（1984 年 3 月 12 日第六届全国人民代表大会常务委员会第四次会议通过　根据 1992 年 9 月 4 日第七届全国人民代表大会常务委员会第二十七次会议《关于修改〈中华人民共和国专利法〉的决定》第一次修正　根据 2000 年 8 月 25 日第九届全国人民代表大会常务委员会第十七次会议《关于修改〈中华人民共和国专利法〉的决定》第二次修正）

第七章　专利权的保护

第五十八条　假冒他人专利的，除依法承担民事责任外，由管理专利工作的部门责令改正并予公告，没收违法所得，可以并处违法所得三倍以下的罚款，没有违法所得的，可以处五万元以下的罚款；构成犯罪的，依法追究刑事责任。

第六十四条　违反本法第二十条规定向外国申请专利，泄露国家秘密的，由所在单位或者上级主管机关给予行政处分；构成犯罪的，依法追究刑事责任。

第六十七条　从事专利管理工作的国家机关工作人员以及其他有关国家机关工作人员玩忽职守、滥用职权、徇私舞弊，构成犯罪的，依法追究刑事责任；尚不构成犯罪的，依法给予行政处分。

36. 中华人民共和国渔业法（节录）（2000. 10. 31）

（1986 年 1 月 20 日第六届全国人民代表大会常务委员会第十四次会议通过　根据 2000 年 10 月 31 日第九届全国人民代表大会常务委员会第十八次会议《关于修改〈中华人民共和国渔业法〉的决定》修正　自 2000 年 12 月 1 日起施行）

第五章　法律责任

第三十八条　使用炸鱼、毒鱼、电鱼等破坏渔业资源方法进行捕捞的，违反关于禁渔区、禁渔期的规定进行捕捞的，或者使用禁用的渔具、捕捞方法和小于最小网目尺寸的网具进行捕捞或者渔获物中幼鱼超过规定比例的，没收渔获物和违法所得，处五万元以下的罚款；情节严重的，没收渔具，吊销捕捞许可证；情节特别严重的，可以没收渔船；构成犯罪的，依法追究刑事责任。

在禁渔区或者禁渔期内销售非法捕捞的渔获物的，县级以上地方人民政府渔业行政主管部门应当及时进行调查处理。

制造、销售禁用的渔具的，没收非法制造、销售的渔具和违法所得，并处一万元以下的罚款。

第三十九条　偷捕、抢夺他人养殖的水产品的，或者破坏他人养殖水体、养殖设施的，责令改正，可以处二万元以下的罚款；造成他人损失的，依法承担赔偿责任；构成犯罪的，依法追究刑事责任。

第四十三条　涂改、买卖、出租或者以其他形式转让捕捞许可证的，没收违法所得，吊销捕捞许可证，可以并处一万元以下的罚款；伪造、变造、买卖捕捞许可证，构成犯罪的，依法追究刑事责任。

第四十六条　外国人、外国渔船违反本法规定，擅自进入中华人民共和国管辖水域从事渔业生产和渔业资源调查活动的，责令其离开或者将其驱逐，可以没收渔获物、渔具，并处五十万元以下的罚款；情节严重的，可以没收渔船；构成犯罪的，依法追究刑事责任。

第四十七条　造成渔业水域生态环境破坏或者渔业污染事故的，依照《中华人民共和国海洋环境保护法》和《中华人民共和国水污染防治法》的规定追究法律责任。

第四十九条　渔业行政主管部门和其所属的渔政监督管理机构及其工作人员违反本法规定核发许可证、分配捕捞限额或者从事渔业生产经营活动的，或者有其他玩忽职守不履行法定义务、滥用职权、徇私舞弊的行为的，依法给予行政处分；构成犯罪的，依法追究刑事责任。

37. 中华人民共和国归侨侨眷权益保护法（节录）（2000.10.31）

（1990年9月7日第七届全国人民代表大会常务委员会第十五次会议通过
根据2000年10月31日第九届全国人民代表大会常务委员会第十八次会议
《关于修改〈中华人民共和国归侨侨眷权益保护法〉的决定》修正）

第二十四条 国家机关工作人员玩忽职守或者滥用职权，致使归侨、侨眷合法权益受到损害的，其所在单位或者上级主管机关应当责令改正或者给予行政处分；构成犯罪的，依法追究刑事责任。

第二十五条 任何组织或者个人侵害归侨、侨眷的合法权益，造成归侨、侨眷财产损失或者其他损害的，依法承担民事责任；构成犯罪的，依法追究刑事责任。

第二十八条 违反本法第二十条第二款规定，停发、扣发、侵占或者挪用出境定居的归侨、侨眷的离休金、退休金、退职金、养老金的，有关单位或者有关主管部门应当责令补发，并依法给予赔偿；对直接负责的主管人员和其他直接责任人员，依法给予行政处分；构成犯罪的，依法追究刑事责任。

38. 中华人民共和国现役军官法（节录）（2000.12.28）

（1988年9月5日第七届全国人民代表大会常务委员会第三次会议通过
根据1994年5月12日第八届全国人民代表大会常务委员会第七次会议
《关于修改〈中国人民解放军现役军官服役条例〉的决定》修正
根据2000年12月28日第九届全国人民代表大会常务委员会第十九次会议
《关于修改〈中国人民解放军现役军官服役条例〉的决定》第二次修正）

第五章 军官的奖励和处分

第三十六条 军官违反法律，构成犯罪的，依法追究刑事责任。

39. 中华人民共和国药品管理法（节录）（2001.2.28）

（1984年9月20日第五届全国人民代表大会常务委员会第七次会议通过
2001年2月28日第九届全国人民代表大会常务委员会
第二十次会议修订 自2001年12月1日起施行）

第九章 法律责任

第七十三条 未取得《药品生产许可证》、《药品经营许可证》或者《医疗机构制剂许可证》生产药品、经营药品的，依法予以取缔，没收违法生产、销售的药品和违法所得，并处违法生产、销售的药品（包括已售出的和未售出的药品，下同）货值金额二倍以上五倍以下的罚款；构成犯罪的，依法追究刑事责任。

第七十四条 生产、销售假药的，没收违法生产、销售的药品和违法所得，并处违法生产、销售药品货值金额二倍以上五倍以下的罚款；有药品批准证明文件的予以撤销，并责令停产、停业整顿；情节严重的，吊销《药品生产许可证》、《药品经营许可证》或者《医疗机构制剂许可证》；构成犯罪的，依法追究刑事责任。

第七十五条 生产、销售劣药的，没收违法生产、销售的药品和违法所得，并处违法生产、销售药品货值金额一倍以上三倍以下的罚款；情节严重的，责令停产、停业整顿或者撤销药品批准证明文件、吊销《药品生产许可证》、《药品经营许可证》或者《医疗机构制剂许可证》；构成犯罪的，依法追究刑事责任。

第七十七条　知道或者应当知道属于假劣药品而为其提供运输、保管、仓储等便利条件的，没收全部运输、保管、仓储的收入，并处违法收入百分之五十以上三倍以下的罚款；构成犯罪的，依法追究刑事责任。

第八十二条　伪造、变造、买卖、出租、出借许可证或者药品批准证明文件的，没收违法所得，并处违法所得一倍以上三倍以下的罚款；没有违法所得的，处二万元以上十万元以下的罚款；情节严重的，并吊销卖方、出租方、出借方的《药品生产许可证》、《药品经营许可证》、《医疗机构制剂许可证》或者撤销药品批准证明文件；构成犯罪的，依法追究刑事责任。

第九十条　药品的生产企业、经营企业、医疗机构在药品购销中暗中给予、收受回扣或者其他利益的，药品的生产企业、经营企业或者其代理人给予使用其药品的医疗机构的负责人、药品采购人员、医师等有关人员以财物或者其他利益的，由工商行政管理部门处一万元以上二十万元以下的罚款，有违法所得的，予以没收；情节严重的，由工商行政管理部门吊销药品生产企业、药品经营企业的营业执照，并通知药品监督管理部门，由药品监督管理部门吊销其《药品生产许可证》、《药品经营许可证》；构成犯罪的，依法追究刑事责任。

第九十一条　药品的生产企业、经营企业的负责人、采购人员等有关人员在药品购销中收受其他生产企业、经营企业或者其代理人给予的财物或者其他利益的，依法给予处分，没收违法所得；构成犯罪的，依法追究刑事责任。

医疗机构的负责人、药品采购人员、医师等有关人员收受药品生产企业、药品经营企业或者其代理人给予的财物或者其他利益的，由卫生行政部门或者本单位给予处分，没收违法所得；对违法行为情节严重的执业医师，由卫生行政部门吊销其执业证书；构成犯罪的，依法追究刑事责任。

第九十二条　违反本法有关药品广告的管理规定的，依照《中华人民共和国广告法》的规定处罚，并由发给广告批准文号的药品监督管理部门撤销广告批准文号，一年内不受理该品种的广告审批申请；构成犯罪的，依法追究刑事责任。

药品监督管理部门对药品广告不依法履行审查职责，批准发布的广告有虚假或者其他违反法律、行政法规的内容的，对直接负责的主管人员和其他直接责任人员依法给予行政处分；构成犯罪的，依法追究刑事责任。

第九十四条　药品监督管理部门违反本法规定，有下列行为之一的，由其上级主管机关或者监察机关责令收回违法发给的证书、撤销药品批准证明文件，对直接负责的主管人员和其他直接责任人员依法给予行政处分；构成犯罪的，依法追究刑事责任：

（一）对不符合《药品生产质量管理规范》、《药品经营质量管理规范》的企业发给符合有关规范的认证证书的，或者对取得认证证书的企业未按照规定履行跟踪检查的职责，对不符合认证条件的企业未依法责令其改正或者撤销其认证证书的；

（二）对不符合法定条件的单位发给《药品生产许可证》、《药品经营许可证》或者《医疗机构制剂许可证》的；

（三）对不符合进口条件的药品发给进口药品注册证书的；

（四）对不具备临床试验条件或者生产条件而批准进行临床试验、发给新药证书、发给药品批准文号的。

第九十七条　药品监督管理部门应当依法履行监督检查职责，监督已取得《药品生产许可证》、《药品经营许可证》的企业依照本法规定从事药品生产、经营活动。

已取得《药品生产许可证》、《药品经营许可证》的企业生产、销售假药、劣药的，除依法追究该企业的法律责任外，对有失职、渎职行为的药品监督管理部门直接负责的主管人员和其他直接责任人员依法给予行政处分；构成犯罪的，依法追究刑事责任。

第九十九条　药品监督管理人员滥用职权、徇私舞弊、玩忽职守，构成犯罪的，依法追究刑事责任；尚不构成犯罪的，依法给予行政处分。

40. 中华人民共和国税收征收管理法（节录）（2001.4.28）

（1992年9月4日第七届全国人民代表大会常务委员会第二十七次会议通过　根据1995年2月28日第八届全国人民代表大会常务委员会第十二次会议《关于修改〈中华人民共和国税收征收管理法〉的决定》修正　2001年4月28日第九届全国人民代表大会常务委员会第二十一次会议修订　自2001年5月1日起施行）

第五章　法律责任

第六十三条　纳税人伪造、变造、隐匿、擅自销毁帐簿、记帐凭证，或者在帐簿上多列支出或者不列、少列收入，或者经税务机关通知申报而拒不申报或者进行虚假的纳税申报，不缴或者少缴应纳税款的，是偷税。对纳税人偷税的，由税务机关追缴其不缴或者少缴的税款、滞纳金，并处不缴或者少缴的税款百分之五十以上五倍以下的罚款；构成犯罪的，依法追究刑事责任。

扣缴义务人采取前款所列手段，不缴或者少缴已扣、已收税款，由税务机关追缴其不缴或者少缴的税款、滞纳金，并处不缴或者少缴的税款百分之五十以上五倍以下的罚款；构成犯罪的，依法追究刑事责任。

第六十五条　纳税人欠缴应纳税款，采取转移或者隐匿财产的手段，妨碍税务机关追缴欠缴的税款的，由税务机关追缴欠缴的税款、滞纳金，并处欠缴税款百分之五十以上五倍以下的罚款；构成犯罪的，依法追究刑事责任。

第六十六条　以假报出口或者其他欺骗手段，骗取国家出口退税款的，由税务机关追缴其骗取的退税款，并处骗取税款一倍以上五倍以下的罚款；构成犯罪的，依法追究刑事责任。

对骗取国家出口退税款的，税务机关可以在规定期间内停止为其办理出口退税。

第六十七条　以暴力、威胁方法拒不缴纳税款的，是抗税，除由税务机关追缴其拒缴的税款、滞纳金外，依法追究刑事责任。情节轻微，未构成犯罪的，由税务机关追缴其拒缴的税款、滞纳金，并处拒缴税款一倍以上五倍以下的罚款。

第七十一条　违反本法第二十二条规定，非法印制发票的，由税务机关销毁非法印制的发票，没收违法所得和作案工具，并处一万元以上五万元以下的罚款；构成犯罪的，依法追究刑事责任。

第七十七条　纳税人、扣缴义务人有本法第六十三条、第六十五条、第六十六条、第六十七条、第七十一条规定的行为涉嫌犯罪的，税务机关应当依法移交司法机关追究刑事责任。

税务人员徇私舞弊，对依法应当移交司法机关追究刑事责任的不移交，情节严重的，依法追究刑事责任。

第七十八条　未经税务机关依法委托征收税款的，责令退还收取的财物，依法给予行政处分或者行政处罚；致使他人合法权益受到损失的，依法承担赔偿责任；构成犯罪的，依法追究刑事责任。

第七十九条　税务机关、税务人员查封、扣押纳税人个人及其所扶养家属维持生活必需的住房和用品的，责令退还，依法给予行政处分；构成犯罪的，依法追究刑事责任。

第八十条　税务人员与纳税人、扣缴义务人勾结，唆使或者协助纳税人、扣缴义务人有本法第六十三条、第六十五条、第六十六条规定的行为，构成犯罪的，依法追究刑事责任；尚不构成犯罪的，依法给予行政处分。

第八十一条　税务人员利用职务上的便利，收受或者索取纳税人、扣缴义务人财物或者谋取其他不正当利益，构成犯罪的，依法追究刑事责任；尚不构成犯罪的，依法给予行政处分。

第八十二条　税务人员徇私舞弊或者玩忽职守，不征或者少征应征税款，致使国家税收遭受重大损失，构成犯罪的，依法追究刑事责任；尚不构成犯罪的，依法给予行政处分。

税务人员滥用职权，故意刁难纳税人、扣缴义务人的，调离税收工作岗位，并依法给予行政处分。

税务人员对控告、检举税收违法违纪行为的纳税人、扣缴义务人以及其他检举人进行打击报复的，依法给予行政处分；构成犯罪的，依法追究刑事责任。

税务人员违反法律、行政法规的规定，故意高估或者低估农业税计税产量，致使多征或者少征税款，侵犯农民合法权益或者损害国家利益，构成犯罪的，依法追究刑事责任；尚不构成犯罪的，依法给予行政处分。

第八十四条　违反法律、行政法规的规定，擅自作出税收的开征、停征或者减税、免税、退税、补税以及其他同税收法律、行政法规相抵触的决定的，除依照本法规定撤销其擅自作出的决定外，补征应征未征税款，退还不应征收而征收的税款，并由上级机关追究直接负责的主管人员和其他直接责任人员的行政责任；构成犯罪的，依法追究刑事责任。

41. 中华人民共和国婚姻法（节录）（2001.4.28）

（1980年9月10日第五届全国人民代表大会第三次会议通过
根据2001年4月28日第九届全国人民代表大会常务委员会第二十一次会议
《关于修改〈中华人民共和国婚姻法〉的决定》修正）

第五章　救助措施与法律责任

第四十五条　对重婚的，对实施家庭暴力或虐待、遗弃家庭成员构成犯罪的，依法追究刑事责任。受害人可以依照刑事诉讼法的有关规定，向人民法院自诉；公安机关应当依法侦查，人民检察院应当依法提起公诉。

42. 中华人民共和国国防教育法（节录）（2001. 4. 28）

（2001 年 4 月 28 日第九届全国人民代表大会常务委员会第二十一次会议通过　自公布之日起施行）

第五章　法律责任

第三十四条　违反本法规定，挪用、克扣国防教育经费的，由有关主管部门责令限期归还；对负有直接责任的主管人员和其他直接责任人员依法给予行政处分；构成犯罪的，依法追究刑事责任。

第三十五条　侵占、破坏国防教育基地设施、损毁展品的，由有关主管部门给予批评教育，并责令限期改正；有关责任人应当依法承担相应的民事责任。

有前款所列行为，违反治安管理规定的，由公安机关依法给予治安管理处罚；构成犯罪的，依法追究刑事责任。

第三十六条　寻衅滋事，扰乱国防教育工作和活动秩序的，或者盗用国防教育名义骗取钱财的，由有关主管部门给予批评教育，并予以制止；违反治安管理规定的，由公安机关依法给予治安管理处罚；构成犯罪的，依法追究刑事责任。

第三十七条　负责国防教育的国家工作人员玩忽职守、滥用职权、徇私舞弊的，依法给予行政处分；构成犯罪的，依法追究刑事责任。

43. 中华人民共和国法官法（节录）（2001. 6. 30）

（1995 年 2 月 28 日第八届全国人民代表大会常务委员会第十二次会议通过
根据 2001 年 6 月 30 日第九届全国人民代表大会常务委员会第二十二次会议
《关于修改〈中华人民共和国法官法〉的决定》修正）

第十一章　惩　　戒

第三十二条　法官不得有下列行为：

（一）散布有损国家声誉的言论，参加非法组织，参加旨在反对国家的集会、游行、示威等活动，参加罢工；

（二）贪污受贿；

（三）徇私枉法；

（四）刑讯逼供；

（五）隐瞒证据或者伪造证据；

（六）泄露国家秘密或者审判工作秘密；

（七）滥用职权，侵犯自然人、法人或者其他组织的合法权益；

（八）玩忽职守，造成错案或者给当事人造成严重损失；

（九）拖延办案，贻误工作；

（十）利用职权为自己或者他人谋取私利；

（十一）从事营利性的经营活动；

（十二）私自会见当事人及其代理人，接受当事人及其代理人的请客送礼；

（十三）其他违法乱纪的行为。

第三十三条　法官有本法第三十二条所列行为之一的，应当给予处分；构成犯罪的，依法追究刑事责任。

第十五章　申诉控告

第四十五条　对于国家机关及其工作人员侵犯本法第八条规定的法官权利的行为，法官有权提出控告。

行政机关、社会团体或者个人干涉法官依法审判案件的，应当依法追究其责任。

第四十六条　法官提出申诉和控告，应当实事求是。对捏造事实、诬告陷害的，应当依法追究其责任。

第四十七条　对法官处分或者处理错误的，应当及时予以纠正；造成名誉损害的，应当恢复名誉、消除影响、赔礼道歉；造成经济损失的，应当赔偿。对打击报复的直接责任人员，应当依法追究其责任。

44. 中华人民共和国检察官法（节录）（2001. 6. 30）

（1995 年 2 月 28 日第八届全国人民代表大会常务委员会第十二次会议通过
根据 2001 年 6 月 30 日第九届全国人民代表大会常务委员会第二十二次会议
《关于修改〈中华人民共和国检察官法〉的决定》修正）

第十一章　惩　　戒

第三十五条　检察官不得有下列行为：

（一）散布有损国家声誉的言论，参加非法组织，参加旨在反对国家的集会、游行、示威等活动，参加罢工；

（二）贪污受贿；

（三）徇私枉法；

（四）刑讯逼供；

（五）隐瞒证据或者伪造证据；

（六）泄露国家秘密或者检察工作秘密；

（七）滥用职权，侵犯自然人、法人或者其他组织的合法权益；

（八）玩忽职守，造成错案或者给当事人造成严重损失；

（九）拖延办案，贻误工作；

（十）利用职权为自己或者他人谋取私利；

（十一）从事营利性的经营活动；

（十二）私自会见当事人及其代理人，接受当事人及其代理人的请客送礼；

（十三）其他违法乱纪的行为。

第三十六条　检察官有本法第三十五条所列行为之一的，应当给予处分；构成犯罪的，依法追究刑事责任。

第十五章　申诉控告

第四十八条　对于国家机关及其工作人员侵犯本法第九条规定的检察官权利的行为，检察官有权提出控告。

行政机关、社会团体或者个人干涉检察官依法履行检察职责的，应当依法追究其责任。

第四十九条　检察官提出申诉和控告，应当实事求是。对捏造事实、诬告陷害的，应当依法追究其责任。

第五十条　对检察官处分或者处理错误的，应当及时予以纠正；造成名誉损害的，应当恢复名誉、消除影响、赔礼道歉；造成经济损失的，应当赔偿。对打击报复的直接责任人员，应当依法追究其责任。

45. 中华人民共和国防沙治沙法（节录）（2001. 8. 31）

（2001 年 8 月 31 日第九届全国人民代表大会常务委员会第二十三次会议通过　自 2002 年 1 月 1 日起施行）

第六章　法律责任

第三十八条　违反本法第二十二条第一款规定，在沙化土地封禁保护区范围内从事破坏植被活动的，由县级以上地方人民政府林业、农（牧）业行政主管部门按照各自的职责，责令停止违法行为；有违法所得的，没收其违法所得；构成犯罪的，依法追究刑事责任。

第四十四条　违反本法第三十七条第一款规定，截留、挪用防沙治沙资金的，对直接负责的主管人员和其他直接责任人员，由监察机关或者上级行政主管部门依法给予行政处分；构成犯罪的，依法追究刑事责任。

第四十五条　防沙治沙监督管理人员滥用职权、玩忽职守、徇私舞弊，构成犯罪的，依法追究刑事责任。

46. 中华人民共和国著作权法（节录）（2001. 10. 27）

（1990 年 9 月 7 日第七届全国人民代表大会常务委员会第十五次会议通过
根据 2001 年 10 月 27 日第九届全国人民代表大会常务委员会第二十四次会议
《关于修改〈中华人民共和国著作权法〉的决定》修正）

第五章　法律责任和执法措施

第四十七条　有下列侵权行为的，应当根据情况，承担停止侵害、消除影响、赔礼道歉、赔偿损失等民事责任；同时损害公共利益的，可以由著作权行政管理部门责令停止侵权行为，没收违法所得，没收、销毁侵权复制品，并可处以罚款；情节严重的，著作权行政管理部门还可以没收主要用于制作侵权复制品的材料、工具、设备等；构成犯罪的，依法追究刑事责任：

（一）未经著作权人许可，复制、发行、表演、放映、广播、汇编、通过信息网络向公众传播其作品的，本法另有规定的除外；

（二）出版他人享有专有出版权的图书的；

（三）未经表演者许可，复制、发行录有其表演的录音录像制品，或者通过信息网络向公众传播其表演的，本法另有规定的除外；

（四）未经录音录像制作者许可，复制、发行、通过信息网络向公众传播其制作的录音录像制品的，本法另有规定的除外；

（五）未经许可，播放或者复制广播、电视的，本法另有规定的除外；

（六）未经著作权人或者与著作权有关的权利人许可，故意避开或者破坏权利人为其作品、录音录像制品等采取的保护著作权或者与著作权有关的权利的技术措施的，法律、行政法规另有规定的除外；

（七）未经著作权人或者与著作权有关的权利人许可，故意删除或者改变作品、录音录像制品等的权利管理电子信息的，法律、行政法规另有规定的除外；

（八）制作、出售假冒他人署名的作品的。

第五十二条　复制品的出版者、制作者不能证明其出版、制作有合法授权的，复制品的发行者或者电影作品或者以类似摄制电影的方法创作的作品、计算机软件、录音录像制品的复制品的出租者不能证明其发行、出租的复制品有合法来源的，应当承担法律责任。

47. 中华人民共和国商标法（节录）（2001. 10. 27）

（1982 年 8 月 23 日第五届全国人民代表大会常务委员会第二十四次会议通过
根据 1993 年 2 月 22 日第七届全国人民代表大会常务委员会第三十次会议
《关于修改〈中华人民共和国商标法〉的决定》第一次修正　根据
2001 年 10 月 27 日第九届全国人民代表大会常务委员会第二十四次会议
《关于修改〈中华人民共和国商标法〉的决定》第二次修正）

第七章　注册商标专用权的保护

第五十四条　对侵犯注册商标专用权的行为，工商行政管理部门有权依法查处；涉嫌犯罪的，应当及时移送司法机关依法处理。

第五十九条　未经商标注册人许可，在同一种商品上使用与其注册商标相同的商标，构成犯罪的，除赔偿被侵权人的损失外，依法追究刑事责任。

伪造、擅自制造他人注册商标标识或者销售伪造、擅自制造的注册商标标识，构成犯罪的，除赔偿被侵权人的损失外，依法追究刑事责任。

销售明知是假冒注册商标的商品，构成犯罪的，除赔偿被侵权人的损失外，依法追究刑事责任。

第六十二条　从事商标注册、管理和复审工作的国家机关工作人员玩忽职守、滥用职权、徇私舞弊，违法办理商标注册、管理和复审事项，收受当事人财物，牟取不正当利益，构成犯罪的，依法追究刑事责任；尚不构成犯罪的，依法给予行政处分。

48. 中华人民共和国职业病防治法（节录）（2001. 10. 27）

（2001 年 10 月 27 日第九届全国人民代表大会常务委员会第二十四次会议通过　自 2002 年 5 月 1 日起施行）

第六章　法律责任

第七十一条　用人单位违反本法规定，造成重大职业病危害事故或者其他严重后果，构成犯罪的，对直接负责的主管人员和其他直接责任人员，依法追究刑事责任。

第七十三条　从事职业卫生技术服务的机构和承担职业健康检查、职业病诊断的医疗卫生机构违反本法规定，有下列行为之一的，由卫生行政部门责令立即停止违法行为，给予警告，没收违法所得；违法所得五千元以上的，并处违法所得二倍以上五倍以下的罚款；没有违法所得或者违法所得不足五千元的，并处五千元以上二万元以下的罚款；情节严重的，由原认证或者批准机关取消其相应的资格；对直接负责的主管人员和其他直接责任人员，依法给予降级、撤职或者开除的处分；构成犯罪的，依法追究刑事责任：

（一）超出资质认证或者批准范围从事职业卫生技术服务或者职业健康检查、职业病诊断的；

（二）不按照本法规定履行法定职责的；

（三）出具虚假证明文件的。

第七十六条　卫生行政部门及其职业卫生监督执法人员有本法第六十条所列行为之一，导致职业病危害事故发生，构成犯罪的，依法追究刑事责任；尚不构成犯罪的，对单位负责人、直接负责的主管人员和其他直接责任人员依法给予降级、撤职或者开除的行政处分。

49. 中华人民共和国海域使用管理法（节录）（2001. 10. 27）

（2001 年 10 月 27 日第九届全国人民代表大会常务委员会第二十四次会议通过　自 2002 年 1 月 1 日起施行）

第七章　法律责任

第五十一条　国务院海洋行政主管部门和县级以上地方人民政府违反本法规定颁发海域使用权证书，或者颁发海域使用权证书后不进行监督管理，或者发现违法行为不予查处的，对直接负责的主管人员和其他直接责任人员，依法给予行政处分；徇私舞弊、滥用职权或者玩忽职守构成犯罪的，依法追究刑事责任。

50. 中华人民共和国工会法（节录）（2001. 10. 27）

（1992 年 4 月 3 日第七届全国人民代表大会第五次会议通过
根据 2001 年 10 月 27 日第九届全国人民代表大会常务委员会第二十四次会议
《关于修改〈中华人民共和国工会法〉的决定》修正）

第六章　法律责任

第五十条　违反本法第三条、第十一条规定，阻挠职工依法参加和组织工会或者阻挠上级工会帮助、指导职工筹建工会的，由劳动行政部门责令其改正；拒不改正的，由劳动行政部门提请县级以上人民政府处理；以暴力、威胁等手段阻挠造成严重后果，构成犯罪的，依法追究刑事责任。

第五十一条　违反本法规定，对依法履行职责的工会工作人员无正当理由调动工作岗位，进行打击报复的，由劳动行政部门责令改正、恢复原工作；造成损失的，给予赔偿。

对依法履行职责的工会工作人员进行侮辱、诽谤或者进行人身伤害，构成犯罪的，依法追究刑事责任；尚未构成犯罪的，由公安机关依照治安管理处罚条例的规定处罚。

第五十五条　工会工作人员违反本法规定，损害职工或者工会权益的，由同级工会或者上级工会责令改正，或者予以处分；情节严重的，依照《中国工会章程》予以罢免；造成损失的，应当承担赔偿责任；构成犯罪的，依法追究刑事责任。

51. 中华人民共和国人口与计划生育法（节录）（2001.12.29）

（2001 年 12 月 29 日第九届全国人民代表大会常务委员会第二十五次会议通过　自 2002 年 9 月 1 日起施行）

第六章　法律责任

第三十六条　违反本法规定，有下列行为之一的，由计划生育行政部门或者卫生行政部门依据职权责令改正，给予警告，没收违法所得；违法所得一万元以上的，处违法所得二倍以上六倍以下的罚款；没有违法所得或者违法所得不足一万元的，处一万元以上三万元以下的罚款；情节严重的，由原发证机关吊销执业证书；构成犯罪的，依法追究刑事责任：

（一）非法为他人施行计划生育手术的；

（二）利用超声技术和其他技术手段为他人进行非医学需要的胎儿性别鉴定或者选择性别的人工终止妊娠的；

（三）实施假节育手术、进行假医学鉴定、出具假计划生育证明的。

第三十七条　伪造、变造、买卖计划生育证明，由计划生育行政部门没收违法所得，违法所得五千元以上的，处违法所得二倍以上十倍以下的罚款；没有违法所得或者违法所得不足五千元的，处五千元以上二万元以下的罚款；构成犯罪的，依法追究刑事责任。

以不正当手段取得计划生育证明的，由计划生育行政部门取消其计划生育证明；出具证明的单位有过错的，对直接负责的主管人员和其他直接责任人员依法给予行政处分。

第三十八条　计划生育技术服务人员违章操作或者延误抢救、诊治，造成严重后果的，依照有关法律、行政法规的规定承担相应的法律责任。

第三十九条　国家机关工作人员在计划生育工作中，有下列行为之一，构成犯罪的，依法追究刑事责任；尚不构成犯罪的，依法给予行政处分；有违法所得的，没收违法所得：

（一）侵犯公民人身权、财产权和其他合法权益的；

（二）滥用职权、玩忽职守、徇私舞弊的；

（三）索取、收受贿赂的；

（四）截留、克扣、挪用、贪污计划生育经费或者社会抚养费的；

（五）虚报、瞒报、伪造、篡改或者拒报人口与计划生育统计数据的。

第四十三条　拒绝、阻碍计划生育行政部门及其工作人员依法执行公务的，由计划生育行政部门给予批评教育并予以制止；构成违反治安管理行为的，依法给予治安管理处罚；构成犯罪的，依法追究刑事责任。

52. 中华人民共和国律师法（节录）（2001.12.29）

（1996 年 5 月 15 日第八届全国人民代表大会常务委员会第十九次会议通过
根据 2001 年 12 月 29 日第九届全国人民代表大会常务委员会第二十五次会议
《关于修改〈中华人民共和国律师法〉的决定》修正）

第七章　法律责任

第四十五条　律师有下列行为之一的，由省、自治区、直辖市人民政府司法行政部门吊销律师执业证书；构成犯罪的，依法追究刑事责任：

（一）泄露国家秘密的；

（二）向法官、检察官、仲裁员以及其他有关工作人员行贿或者指使、诱导当事人行贿的；

（三）提供虚假证据，隐瞒重要事实或者威胁、利诱他人提供虚假证据，隐瞒重要事实的。

律师因故意犯罪受刑事处罚的，应当吊销其律师执业证书。

53. 中华人民共和国进出口商品检验法（节录）（2002. 4. 28）

（1989 年 2 月 21 日第七届全国人民代表大会常务委员会第六次会议通过
根据 2002 年 4 月 28 日第九届全国人民代表大会常务委员会第二十七次会议
《关于修改〈中华人民共和国进出口商品检验法〉的决定》修正）

第五章　法律责任

第三十三条　违反本法规定，将必须经商检机构检验的进口商品未报经检验而擅自销售或者使用的，或者将必须经商检机构检验的出口商品未报经检验合格而擅自出口的，由商检机构没收违法所得，并处货值金额百分之五以上百分之二十以下的罚款；构成犯罪的，依法追究刑事责任。

第三十五条　进口或者出口属于掺杂掺假、以假充真、以次充好的商品或者以不合格进出口商品冒充合格进出口商品的，由商检机构责令停止进口或者出口，没收违法所得，并处货值金额百分之五十以上三倍以下的罚款；构成犯罪的，依法追究刑事责任。

第三十六条　伪造、变造、买卖或者盗窃商检单证、印章、标志、封识、质量认证标志的，依法追究刑事责任；尚不够刑事处罚的，由商检机构责令改正，没收违法所得，并处货值金额等值以下的罚款。

第三十七条　国家商检部门、商检机构的工作人员违反本法规定，泄露所知悉的商业秘密的，依法给予行政处分，有违法所得的，没收违法所得；构成犯罪的，依法追究刑事责任。

第三十八条　国家商检部门、商检机构的工作人员滥用职权，故意刁难的，徇私舞弊，伪造检验结果的，或者玩忽职守，延误检验出证的，依法给予行政处分；构成犯罪的，依法追究刑事责任。

54. 中华人民共和国政府采购法（节录）（2002. 6. 29）

（2002 年 6 月 29 日第九届全国人民代表大会常务委员会第二十八次会议通过）

下编

第八章　法律责任

第七十六条　采购人、采购代理机构违反本法规定隐匿、销毁应当保存的采购文件或者伪造、变造采购文件的，由政府采购监督管理部门处以二万元以上十万元以下的罚款，对其直接负责的主管人员和其他直接责任人员依法给予处分；构成犯罪的，依法追究刑事责任。

第七十七条　供应商有下列情形之一的，处以采购金额千分之五以上千分之十以下的罚款，列入不良行为记录名单，在一至三年内禁止参加政府采购活动，有违法所得的，并处没收违法所得，情节严重的，由工商行政管理机关吊销营业执照；构成犯罪的，依法追究刑事责任：

（一）提供虚假材料谋取中标、成交的；

（二）采取不正当手段诋毁、排挤其他供应商的；

（三）与采购人、其他供应商或者采购代理机构恶意串通的；

（四）向采购人、采购代理机构行贿或者提供其他不正当利益的；

（五）在招标采购过程中与采购人进行协商谈判的；

（六）拒绝有关部门监督检查或者提供虚假情况的。

供应商有前款第（一）至（五）项情形之一的，中标、成交无效。

第七十八条　采购代理机构在代理政府采购业务中有违法行为的，按照有关法律规定处以罚款，可以依法取消其进行相关业务的资格，构成犯罪的，依法追究刑事责任。

第八十条　政府采购监督管理部门的工作人员在实施监督检查中违反本法规定滥用职权，玩忽职守，徇私舞弊的，依法给予行政处分；构成犯罪的，依法追究刑事责任。

55. 中华人民共和国安全生产法（节录）（2002.6.29）

（2002年6月29日第九届全国人民代表大会常务委员会第二十八次会议通过）

第一章　总　　则

第十三条　国家实行生产安全事故责任追究制度，依照本法和有关法律、法规的规定，追究生产安全事故责任人员的法律责任。

第二章　生产经营单位的安全生产保障

第十八条　生产经营单位应当具备的安全生产条件所必需的资金投入，由生产经营单位的决策机构、主要负责人或者个人经营的投资人予以保证，并对由于安全生产所必需的资金投入不足导致的后果承担责任。

第二十六条　建设项目安全设施的设计人、设计单位应当对安全设施设计负责。

矿山建设项目和用于生产、储存危险物品的建设项目的安全设施设计应当按照国家有关规定报经有关部门审查，审查部门及其负责审查的人员对审查结果负责。

第二十七条　矿山建设项目和用于生产、储存危险物品的建设项目的施工单位必须按照批准的安全设施设计施工，并对安全设施的工程质量负责。

矿山建设项目和用于生产、储存危险物品的建设项目竣工投入生产或者使用前，必须依照有关法律、行政法规的规定对安全设施进行验收；验收合格后，方可投入生产和使用。验收部门及其验收人员对验收结果负责。

第三十条　生产经营单位使用的涉及生命安全、危险性较大的特种设备，以及危险物品的容器、运输工具，必须按照国家有关规定，由专业生产单位生产，并经取得专业资质的检测、检验机构检测、检验合格，取得安全使用证或者安全标志，方可投入使用。检测、检验机构对检测、检验结果负责。

涉及生命安全、危险性较大的特种设备的目录由国务院负责特种设备安全监督管理的部门制定，报国务院批准后执行。

第四章　安全生产的监督管理

第六十二条　承担安全评价、认证、检测、检验的机构应当具备国家规定的资质条件，并对其作出的安全评价、认证、检测、检验的结果负责。

第五章　生产安全事故的应急救援与调查处理

第七十四条　生产经营单位发生生产安全事故，经调查确定为责任事故的，除了应当查明事故单位的责任并依法予以追究外，还应当查明对安全生产的有关事项负有审查批准和监督职责的行政部门的责任，对有失职、渎职行为的，依照本法第七十七条的规定追究法律责任。

第六章　法律责任

第七十七条　负有安全生产监督管理职责的部门的工作人员，有下列行为之一的，给予降级或者撤职的行政处分；构成犯罪的，依照刑法有关规定追究刑事责任：

（一）对不符合法定安全生产条件的涉及安全生产的事项予以批准或者验收通过的；

（二）发现未依法取得批准、验收的单位擅自从事有关活动或者接到举报后不予取缔或者不依法予以处理的；

（三）对已经依法取得批准的单位不履行监督管理职责，发现其不再具备安全生产条件而不撤销原批准或者发现安全生产违法行为不予查处的。

第七十九条　承担安全评价、认证、检测、检验工作的机构，出具虚假证明，构成犯罪的，依照刑法有关规定追究刑事责任；尚不够刑事处罚的，没收违法所得，违法所得在五千元以上的，并处违法所得二倍以上五倍以下的罚款，没有违法所得或者违法所得不足五千元的，单处或者并处五千元以上二万元以下的罚款，对其直接负责的主管人员和其他直接责任人员处五千元以上五万元以下的罚款；给他人造成损害的，与生产经营单位承担连带赔偿责任。

对有前款违法行为的机构，撤销其相应资格。

第八十条 生产经营单位的决策机构、主要负责人、个人经营的投资人不依照本法规定保证安全生产所必需的资金投入，致使生产经营单位不具备安全生产条件的，责令限期改正，提供必需的资金；逾期未改正的，责令生产经营单位停产停业整顿。

有前款违法行为，导致发生生产安全事故，构成犯罪的，依照刑法有关规定追究刑事责任；尚不够刑事处罚的，对生产经营单位的主要负责人给予撤职处分，对个人经营的投资人处二万元以上二十万元以下的罚款。

第八十一条 生产经营单位的主要负责人未履行本法规定的安全生产管理职责的，责令限期改正；逾期未改正的，责令生产经营单位停产停业整顿。

生产经营单位的主要负责人有前款违法行为，导致发生生产安全事故，构成犯罪的，依照刑法有关规定追究刑事责任；尚不够刑事处罚的，给予撤职处分或者处二万元以上二十万元以下的罚款。

生产经营单位的主要负责人依照前款规定受刑事处罚或者撤职处分的，自刑罚执行完毕或者受处分之日起，五年内不得担任任何生产经营单位的主要负责人。

第八十三条 生产经营单位有下列行为之一的，责令限期改正；逾期未改正的，责令停止建设或者停产停业整顿，可以并处五万元以下的罚款；造成严重后果，构成犯罪的，依照刑法有关规定追究刑事责任：

（一）矿山建设项目或者用于生产、储存危险物品的建设项目没有安全设施设计或者安全设施设计未按照规定报经有关部门审查同意的；

（二）矿山建设项目或者用于生产、储存危险物品的建设项目的施工单位未按照批准的安全设施设计施工的；

（三）矿山建设项目或者用于生产、储存危险物品的建设项目竣工投入生产或者使用前，安全设施未经验收合格的；

（四）未在有较大危险因素的生产经营场所和有关设施、设备上设置明显的安全警示标志的；

（五）安全设备的安装、使用、检测、改造和报废不符合国家标准或者行业标准的；

（六）未对安全设备进行经常性维护、保养和定期检测的；

（七）未为从业人员提供符合国家标准或者行业标准的劳动防护用品的；

（八）特种设备以及危险物品的容器、运输工具未经取得专业资质的机构检测、检验合格，取得安全使用证或者安全标志，投入使用的；

（九）使用国家明令淘汰、禁止使用的危及生产安全的工艺、设备的。

第八十四条 未经依法批准，擅自生产、经营、储存危险物品的，责令停止违法行为或者予以关闭，没收违法所得，违法所得十万元以上的，并处违法所得一倍以上五倍以下的罚款，没有违法所得或者违法所得不足十万元的，单处或者并处二万元以上十万元以下的罚款；造成严重后果，构成犯罪的，依照刑法有关规定追究刑事责任。

第八十五条 生产经营单位有下列行为之一的，责令限期改正；逾期未改正的，责令停产停业整顿，可以并处二万元以上十万元以下的罚款；造成严重后果，构成犯罪的，依照刑法有关规定追究刑事责任：

（一）生产、经营、储存、使用危险物品，未建立专门安全管理制度、未采取可靠的安全措施或者不接受有关主管部门依法实施的监督管理的；

（二）对重大危险源未登记建档，或者未进行评估、监控，或者未制定应急预案的；

（三）进行爆破、吊装等危险作业，未安排专门管理人员进行现场安全管理的。

第八十八条 生产经营单位有下列行为之一的，责令限期改正；逾期未改正的，责令停产停业整顿；造成严重后果，构成犯罪的，依照刑法有关规定追究刑事责任：

（一）生产、经营、储存、使用危险物品的车间、商店、仓库与员工宿舍在同一座建筑内，或者与员工宿舍的距离不符合安全要求的；

（二）生产经营场所和员工宿舍未设有符合紧急疏散需要、标志明显、保持畅通的出口，或者封闭、堵塞生产经营场所或者员工宿舍出口的。

第九十条 生产经营单位的从业人员不服从管理，违反安全生产规章制度或者操作规程的，由生产经营单位给予批评教育，依照有关规章制度给予处分；造成重大事故，构成犯罪的，依照刑法有关规定追究刑事责任。

第九十一条 生产经营单位主要负责人在本单位发生重大生产安全事故时，不立即组织抢救或者在事故调查处理期间擅离职守或者逃匿的，给予降职、撤职的处分，对逃匿的处十五日以下拘留；构成犯罪的，依照刑法有关规定追究刑事责任。

生产经营单位主要负责人对生产安全事故隐瞒不报、谎报或者拖延不报的，依照前款规定处罚。

第九十二条 有关地方人民政府、负有安全生产监督管理职责的部门，对生产安全事故隐瞒不报、谎报或者拖延不报的，对直接负责的主管人员和其他直接责任人员依法给予行政处分；构成犯罪的，依照刑法有关规定追究刑事责任。

56. 中华人民共和国科学技术普及法（节录）（2002. 6. 29）

（2002 年 6 月 29 日第九届全国人民代表大会常务委员会第二十八次会议通过）

第五章　法律责任

第三十条　以科普为名进行有损社会公共利益的活动，扰乱社会秩序或者骗取财物，由有关主管部门给予批评教育，并予以制止；违反治安管理规定的，由公安机关依法给予治安管理处罚；构成犯罪的，依法追究刑事责任。

第三十一条　违反本法规定，克扣、截留、挪用科普财政经费或者贪污、挪用捐赠款物的，由有关主管部门责令限期归还；对负有责任的主管人员和其他直接责任人员依法给予行政处分；构成犯罪的，依法追究刑事责任。

第三十二条　擅自将政府财政投资建设的科普场馆改为他用的，由有关主管部门责令限期改正；情节严重的，对负有责任的主管人员和其他直接责任人员依法给予行政处分。

扰乱科普场馆秩序或者毁损科普场馆、设施的，依法责令其停止侵害、恢复原状或者赔偿损失；构成犯罪的，依法追究刑事责任。

第三十三条　国家工作人员在科普工作中滥用职权、玩忽职守、徇私舞弊的，依法给予行政处分；构成犯罪的，依法追究刑事责任。

57. 中华人民共和国清洁生产促进法（节录）（2002. 6. 29）

（2002 年 6 月 29 日第九届全国人民代表大会常务委员会第二十八次会议通过）

第五章　法律责任

第三十八条　违反本法第二十四条第二款规定，生产、销售有毒、有害物质超过国家标准的建筑和装修材料的，依照产品质量法和有关民事、刑事法律的规定，追究行政、民事、刑事法律责任。

58. 中华人民共和国农村土地承包法（节录）（2002. 8. 29）

（2002 年 8 月 29 日第九届全国人民代表大会常务委员会第二十九次会议通过）

第四章　争议的解决和法律责任

第五十九条　违反土地管理法规，非法征用、占用土地或者贪污、挪用土地征用补偿费用，构成犯罪的，依法追究刑事责任；造成他人损害的，应当承担损害赔偿等责任。

第六十一条　国家机关及其工作人员有利用职权干涉农村土地承包，变更、解除承包合同，干涉承包方依法享有的生产经营自主权，或者强迫、阻碍承包方进行土地承包经营权流转等侵害土地承包经营权的行为，给承包方造成损失的，应当承担损害赔偿等责任；情节严重的，由上级机关或者所在单位给予直接责任人员行政处分；构成犯罪的，依法追究刑事责任。

59. 中华人民共和国水法（节录）（2002. 8. 29）

（2002 年 8 月 29 日第九届全国人民代表大会常务委员会第二十九次会议修订通过
自 2002 年 10 月 1 日起施行）

第七章　法律责任

第六十四条　水行政主管部门或者其他有关部门以及水工程管理单位及其工作人员，利用职务上的便利收取他人财物、其他好处或者玩忽职守，对不符合法定条件的单位或者个人核发许可证、签署审查同意意见，不按照水量分配方案分配水量，不按照国家有关规定收取水资源费，不履行监督职责，或者发现违法行为不予查处，造成严重后果，构成犯罪的，对负有责任的主管人员和其他直接责任人员依照刑法的有关规定追究刑事责任；尚不够刑事处罚的，依法给予行政处分。

第七十三条　侵占、盗窃或者抢夺防汛物资，防洪排涝、农田水利、水文监测和测量以及其他水工程设备和器材，贪污或者挪用国家救灾、抢险、防汛、移民安置和补偿及其他水利建设款物，构成犯罪的，依照刑法的有关规定追究刑事责任。

第七十四条　在水事纠纷发生及其处理过程中煽动闹事、结伙斗殴、抢夺或者损坏公私财物、非法限制他人人身自由，构成犯罪的，依照刑法的有关规定追究刑事责任；尚不够刑事处罚的，由公安机关依法给予治安管理处罚。

60. 中华人民共和国测绘法（节录）（2002. 8. 29）

（2002 年 8 月 29 日第九届全国人民代表大会常务委员会第二十九次会议修订通过
自 2002 年 12 月 1 日起施行）

第八章　法律责任

第四十一条　违反本法规定，有下列行为之一的，给予警告，责令改正，可以并处十万元以下的罚款；构成犯罪的，依法追究刑事责任；尚不够刑事处罚的，对负有直接责任的主管人员和其他直接责任人员，依法给予行政处分：

（一）未经批准，在测绘活动中擅自采用国际坐标系统的；

（二）擅自发布中华人民共和国领域和管辖的其他海域的重要地理信息数据的。

第四十四条　违反本法规定，测绘项目的发包单位将测绘项目发包给不具有相应资质等级的测绘单位或者迫使测绘单位以低于测绘成本承包的，责令改正，可以处测绘约定报酬二倍以下的罚款。发包单位的工作人员利用职务上的便利，索取他人财物或者非法收受他人财物，为他人谋取利益，构成犯罪的，依法追究刑事责任；尚不够刑事处罚的，依法给予行政处分。

第四十九条　违反本法规定，编制、印刷、出版、展示、登载的地图发生错绘、漏绘、泄密，危害国家主权或者安全，损害国家利益，构成犯罪的，依法追究刑事责任；尚不够刑事处罚的，依法给予行政处罚或者行政处分。

第五十条　违反本法规定，有下列行为之一的，给予警告，责令改正，可以并处五万元以下的罚款；造成损失的，依法承担赔偿责任；构成犯罪的，依法追究刑事责任；尚不够刑事处罚的，对负有直接责任的主管人员和其他直接责任人员，依法给予行政处分：

（一）损毁或者擅自移动永久性测量标志和正在使用中的临时性测量标志的；

（二）侵占永久性测量标志用地的；

（三）在永久性测量标志安全控制范围内从事危害测量标志安全和使用效能的活动的；

（四）在测量标志占地范围内，建设影响测量标志使用效能的建筑物的；

（五）擅自拆除永久性测量标志或者使永久性测量标志失去使用效能，或者拒绝支付迁建费用的；

（六）违反操作规程使用永久性测量标志，造成永久性测量标志毁损的。

第五十一条　违反本法规定，有下列行为之一的，责令停止违法行为，没收测绘成果和测绘工具，并处一万元以上十万元以下的罚款；情节严重的，并处十万元以上五十万元以下的罚款，责令限期离境；所获取的测绘成果属于国家秘密，构成犯罪的，依法追究刑事责任：

（一）外国的组织或者个人未经批准，擅自在中华人民共和国领域和管辖的其他海域从事测绘活动的；

（二）外国的组织或者个人未与中华人民共和国有关部门或者单位合资、合作，擅自在中华人民共和国领域从事测绘活动的。

第五十二条 本法规定的降低资质等级、暂扣测绘资质证书、吊销测绘资质证书的行政处罚，由颁发资质证书的部门决定；其他行政处罚由县级以上人民政府测绘行政主管部门决定。

本法第五十一条规定的责令限期离境由公安机关决定。

第五十三条 违反本法规定，县级以上人民政府测绘行政主管部门工作人员利用职务上的便利收受他人财物、其他好处或者玩忽职守，对不符合法定条件的单位核发测绘资质证书，不依法履行监督管理职责，或者发现违法行为不予查处，造成严重后果，构成犯罪的，依法追究刑事责任；尚不够刑事处罚的，对负有直接责任的主管人员和其他直接责任人员，依法给予行政处分。

61. 中华人民共和国文物保护法（节录）（2002. 10. 28）

（2002 年 10 月 28 日第九届全国人民代表大会常务委员会第三十次会议修订通过
自公布之日起施行）

第七章 法律责任

第六十四条 违反本法规定，有下列行为之一，构成犯罪的，依法追究刑事责任：

（一）盗掘古文化遗址、古墓葬的；

（二）故意或者过失损毁国家保护的珍贵文物的；

（三）擅自将国有馆藏文物出售或者私自送给非国有单位或者个人的；

（四）将国家禁止出境的珍贵文物私自出售或者送给外国人的；

（五）以牟利为目的倒卖国家禁止经营的文物的；

（六）走私文物的；

（七）盗窃、哄抢、私分或者非法侵占国有文物的；

（八）应当追究刑事责任的其他妨害文物管理行为。

第六十五条 违反本法规定，造成文物灭失、损毁的，依法承担民事责任。

违反本法规定，构成违反治安管理行为的，由公安机关依法给予治安管理处罚。

违反本法规定，构成走私行为，尚不构成犯罪的，由海关依照有关法律、行政法规的规定给予处罚。

第六十六条 有下列行为之一，尚不构成犯罪的，由县级以上人民政府文物主管部门责令改正，造成严重后果的，处五万元以上五十万元以下的罚款；情节严重的，由原发证机关吊销资质证书：

（一）擅自在文物保护单位的保护范围内进行建设工程或者爆破、钻探、挖掘等作业的；

（二）在文物保护单位的建设控制地带内进行建设工程，其工程设计方案未经文物行政部门同意、报城乡建设规划部门批准，对文物保护单位的历史风貌造成破坏的；

（三）擅自迁移、拆除不可移动文物的；

（四）擅自修缮不可移动文物，明显改变文物原状的；

（五）擅自在原址重建已全部毁坏的不可移动文物，造成文物破坏的；

（六）施工单位未取得文物保护工程资质证书，擅自从事文物修缮、迁移、重建的。

刻划、涂污或者损坏文物尚不严重的，或者损毁依照本法第十五条第一款规定设立的文物保护单位标志的，由公安机关或者文物所在单位给予警告，可以并处罚款。

第七十条 有下列行为之一，尚不构成犯罪的，由县级以上人民政府文物主管部门责令改正，可以并处二万元以下的罚款，有违法所得的，没收违法所得：

（一）文物收藏单位未按照国家有关规定配备防火、防盗、防自然损坏的设施的；

（二）国有文物收藏单位法定代表人离任时未按照馆藏文物档案移交馆藏文物，或者所移交的馆藏文物与馆藏文物档案不符的；

（三）将国有馆藏文物赠与、出租或者出售给其他单位、个人的；

（四）违反本法第四十条、第四十一条、第四十五条规定处置国有馆藏文物的；

（五）违反本法第四十三条规定挪用或者侵占依法调拨、交换、出借文物所得补偿费用的。

第七十三条 未经许可，擅自设立文物商店、经营文物拍卖的拍卖企业，或者擅自从事文物的商业经营活动，尚不构成犯罪的，由工商行政管理部门依法予以制止，没收违法所得、非法经营的文物，违法经营额五万元以上的，并处违法经营额二倍以上五倍以下的罚款；违法经营额不足五万元的，并处二万元以上十万元以下的罚款。

第七十四条 有下列行为之一，尚不构成犯罪的，由县级以上人民政府文物主管部门会同公安机关追缴文物；情节严重的，处五千元以上五万元以下的罚款：

（一）发现文物隐匿不报或者拒不上交的；

（二）未按照规定移交拣选文物的。

第七十六条 文物行政部门、文物收藏单位、文物商店、经营文物拍卖的拍卖企业的工作人员，有下列行为之一的，依法给予行政处分，情节严重的，依法开除公职或者吊销其从业资格；构成犯罪的，依法追究刑事责任：

（一）文物行政部门的工作人员违反本法规定，滥用审批权限、不履行职责或者发现违法行为不予查处，造成严重后果的；

（二）文物行政部门和国有文物收藏单位的工作人员借用或者非法侵占国有文物的；

（三）文物行政部门的工作人员举办或者参与举办文物商店或者经营文物拍卖的拍卖企业的；

（四）因不负责任造成文物保护单位、珍贵文物损毁或者流失的；

（五）贪污、挪用文物保护经费的。

前款被开除公职或者被吊销从业资格的人员，自被开除公职或者被吊销从业资格之日起十年内不得担任文物管理人员或者从事文物经营活动。

第七十八条 公安机关、工商行政管理部门、海关、城乡建设规划部门和其他国家机关，违反本法规定滥用职权、玩忽职守、徇私舞弊，造成国家保护的珍贵文物损毁或者流失的，对负有责任的主管人员和其他直接责任人员依法给予行政处分；构成犯罪的，依法追究刑事责任。

62. 中华人民共和国环境影响评价法（节录）（2002. 10. 28）

（2002 年 10 月 28 日第九届全国人民代表大会常务委员会第三十次会议通过）

第四章 法律责任

第三十二条 建设项目依法应当进行环境影响评价而未评价，或者环境影响评价文件未经依法批准，审批部门擅自批准该项目建设的，对直接负责的主管人员和其他直接责任人员，由上级机关或者监察机关依法给予行政处分；构成犯罪的，依法追究刑事责任。

第三十三条 接受委托为建设项目环境影响评价提供技术服务的机构在环境影响评价工作中不负责任或者弄虚作假，致使环境影响评价文件失实的，由授予环境影响评价资质的环境保护行政主管部门降低其资质等级或者吊销其资质证书，并处所收费用一倍以上三倍以下的罚款；构成犯罪的，依法追究刑事责任。

第三十五条 环境保护行政主管部门或者其他部门的工作人员徇私舞弊，滥用职权，玩忽职守，违法批准建设项目环境影响评价文件的，依法给予行政处分；构成犯罪的，依法追究刑事责任。

63. 中华人民共和国保险法（节录）（2002. 10. 28）

（1995 年 6 月 30 日第八届全国人民代表大会常务委员会第十四次会议通过
根据 2002 年 10 月 28 日第九届全国人民代表大会常务委员会第三十次会议
《关于修改〈中华人民共和国保险法〉的决定》修正）

第七章 法律责任

第一百三十八条 投保人、被保险人或者受益人有下列行为之一，进行保险欺诈活动，构成犯罪的，依法追究刑事责任：

（一）投保人故意虚构保险标的，骗取保险金的；

（二）未发生保险事故而谎称发生保险事故，骗取保险金的；

（三）故意造成财产损失的保险事故，骗取保险金的；

（四）故意造成被保险人死亡、伤残或者疾病等人身保险事故，骗取保险金的；

（五）伪造、变造与保险事故有关的证明、资料和其他证据，或者指使、唆使、收买他人提供虚假证明、资料或者其他证据，编造虚假的事故原因或者夸大损失程度，骗取保险金的。

有前款所列行为之一，情节轻微，尚不构成犯罪的，依照国家有关规定给予行政处罚。

第一百三十九条　保险公司及其工作人员在保险业务中隐瞒与保险合同有关的重要情况，欺骗投保人、被保险人或者受益人，或者拒不履行保险合同约定的赔偿或者给付保险金的义务，构成犯罪的，依法追究刑事责任；尚不构成犯罪的，由保险监督管理机构对保险公司处以五万元以上三十万元以下的罚款；对有违法行为的工作人员，处以二万元以上十万元以下的罚款；情节严重的，限制保险公司业务范围或者责令停止接受新业务。

保险公司及其工作人员阻碍投保人履行如实告知义务，或者诱导其不履行如实告知义务，或者承诺向投保人、被保险人或者受益人给予非法的保险费回扣或者其他利益，构成犯罪的，依法追究刑事责任；尚不构成犯罪的，由保险监督管理机构责令改正，对保险公司处以五万元以上三十万元以下的罚款；对有违法行为的工作人员，处以二万元以上十万元以下的罚款；情节严重的，限制保险公司业务范围或者责令停止接受新业务。

第一百四十条　保险代理人或者保险经纪人在其业务中欺骗保险人、投保人、被保险人或者受益人，构成犯罪的，依法追究刑事责任；尚不构成犯罪的，由保险监督管理机构责令改正，并处以五万元以上三十万元以下的罚款；情节严重的，吊销经营保险代理业务许可证或者经纪业务许可证。

第一百四十一条　保险公司及其工作人员故意编造未曾发生的保险事故进行虚假理赔，骗取保险金，构成犯罪的，依法追究刑事责任。

第一百四十二条　违反本法规定，擅自设立保险公司或者非法从事商业保险业务活动的，由保险监督管理机构予以取缔；构成犯罪的，依法追究刑事责任；尚不构成犯罪的，由保险监督管理机构没收违法所得，并处以违法所得一倍以上五倍以下的罚款，没有违法所得或者违法所得不足二十万元的，处以二十万元以上一百万元以下的罚款。

第一百四十三条　违反本法规定，超出核定的业务范围从事保险业务或者兼营本法及其他法律、行政法规规定以外的业务，构成犯罪的，依法追究刑事责任；尚不构成犯罪的，由保险监督管理机构责令改正，责令退还收取的保险费，没收违法所得，并处以违法所得一倍以上五倍以下的罚款；没有违法所得或者违法所得不足十万元的，处以十万元以上五十万元以下的罚款；逾期不改正或者造成严重后果的，责令停业整顿或者吊销经营保险业务许可证。

第一百四十七条　违反本法规定，有下列行为之一，构成犯罪的，依法追究刑事责任；尚不构成犯罪的，由保险监督管理机构责令改正，处以十万元以上五十万元以下的罚款；情节严重的，可以限制业务范围、责令停止接受新业务或者吊销经营保险业务许可证：

（一）提供虚假的报告、报表、文件和资料的；

（二）拒绝或者妨碍依法检查监督的。

第一百四十九条　违反本法规定，未取得经营保险代理业务许可证或者经纪业务许可证，非法从事保险代理业务或者经纪业务活动的，由保险监督管理机构予以取缔；构成犯罪的，依法追究刑事责任；尚不构成犯罪的，由保险监督管理机构没收违法所得，并处以违法所得一倍以上五倍以下的罚款，没有违法所得或者违法所得不足十万元的，处以十万元以上五十万元以下的罚款。

第一百五十二条　对不符合本法规定条件的设立保险公司的申请予以批准，或者对不符合保险代理人、保险经纪人条件的申请予以批准，或者有滥用职权、玩忽职守的其他行为，构成犯罪的，依法追究刑事责任；尚不构成犯罪的，依法给予行政处分。

64. 中华人民共和国民办教育促进法（节录）（2002. 12. 28）

（2002 年 12 月 28 日第九届全国人民代表大会常务委员会第三十一次会议通过）

第九章　法律责任

第六十二条　民办学校有下列行为之一的，由审批机关或者其他有关部门责令限期改正，并予以警告；有违法所得的，退还所收费用后没收违法所得；情节严重的，责令停止招生、吊销办学许可证；构成犯罪的，依法追究刑事责任：

（一）擅自分立、合并民办学校的；

（二）擅自改变民办学校名称、层次、类别和举办者的；
（三）发布虚假招生简章或者广告，骗取钱财的；
（四）非法颁发或者伪造学历证书、结业证书、培训证书、职业资格证书的；
（五）管理混乱严重影响教育教学，产生恶劣社会影响的；
（六）提交虚假证明文件或者采取其他欺诈手段隐瞒重要事实骗取办学许可证的；
（七）伪造、变造、买卖、出租、出借办学许可证的；
（八）恶意终止办学、抽逃资金或者挪用办学经费的。

第六十三条 审批机关和有关部门有下列行为之一的，由上级机关责令其改正；情节严重的，对直接负责的主管人员和其他直接责任人员，依法给予行政处分；造成经济损失的，依法承担赔偿责任；构成犯罪的，依法追究刑事责任：

（一）已受理设立申请，逾期不予答复的；
（二）批准不符合本法规定条件申请的；
（三）疏于管理，造成严重后果的；
（四）违反国家有关规定收取费用的；
（五）侵犯民办学校合法权益的；
（六）其他滥用职权、徇私舞弊的。

65. 中华人民共和国农业法（节录）（2002.12.28）

（1993 年 7 月 2 日第八届全国人民代表大会常务委员会第二次会议通过
2002 年 12 月 28 日第九届全国人民代表大会常务委员会第三十一次会议修订）

第十二章 法律责任

第九十一条 违反本法第十九条、第二十五条、第六十二条、第七十一条规定的，依照相关法律或者行政法规的规定予以处罚。

第九十二条 有下列行为之一的，由上级主管机关责令限期归还被截留、挪用的资金，没收非法所得，并由上级主管机关或者所在单位给予直接负责的主管人员和其他直接责任人员行政处分；构成犯罪的，依法追究刑事责任：

（一）违反本法第三十三条第三款规定，截留、挪用粮食收购资金的；
（二）违反本法第三十九条第二款规定，截留、挪用用于农业的财政资金和信贷资金的；
（三）违反本法第八十六条第三款规定，截留、挪用扶贫资金的。

第九十三条 违反本法第六十七条规定，向农民或者农业生产经营组织违法收费、罚款、摊派的，上级主管机关应当予以制止，并予公告；已经收取钱款或者已经使用人力、物力的，由上级主管机关责令限期归还已经收取的钱款或者折价偿还已经使用的人力、物力，并由上级主管机关或者所在单位给予直接负责的主管人员和其他直接责任人员行政处分；情节严重，构成犯罪的，依法追究刑事责任。

第九十七条 县级以上人民政府农业行政主管部门的工作人员违反本法规定参与和从事农业生产经营活动的，依法给予行政处分；构成犯罪的，依法追究刑事责任。

66. 中华人民共和国草原法（节录）（2002.12.28）

（1985 年 6 月 18 日第六届全国人民代表大会常务委员会第十一次会议通过
2002 年 12 月 28 日第九届全国人民代表大会常务委员会第三十一次会议修订）

第八章 法律责任

第六十一条 草原行政主管部门工作人员及其他国家机关有关工作人员玩忽职守、滥用职权，不依法履行监督管理职责，或者发现违法行为不予查处，造成严重后果，构成犯罪的，依法追究刑事责任；尚不够刑事处罚的，依法给予行政处分。

第六十二条 截留、挪用草原改良、人工种草和草种生产资金或者草原植被恢复费，构成犯罪的，依法追究刑事责任；尚不够刑事处罚的，依法给予行政处分。

第六十三条 无权批准征用、使用草原的单位或者个人非法批准征用、使用草原的，超越批准权限非法批准征用、使用草原的，或者违反法律规定的程序批准征用、使用草原，构成犯罪的，依法追究刑事责任；尚不够刑事处罚的，依法给予行政处分。非法批准征用、使用草原的文件无效。非法批准征用、使用的草原应当收回，当事人拒不归还的，以非法使用草原论处。

非法批准征用、使用草原，给当事人造成损失的，依法承担赔偿责任。

第六十四条 买卖或者以其他形式非法转让草原，构成犯罪的，依法追究刑事责任；尚不够刑事处罚的，由县级以上人民政府草原行政主管部门依据职权责令限期改正，没收违法所得，并处违法所得一倍以上五倍以下的罚款。

第六十五条 未经批准或者采取欺骗手段骗取批准，非法使用草原，构成犯罪的，依法追究刑事责任；尚不够刑事处罚的，由县级以上人民政府草原行政主管部门依据职权责令退还非法使用的草原，对违反草原保护、建设、利用规划擅自将草原改为建设用地的，限期拆除在非法使用的草原上新建的建筑物和其他设施，恢复草原植被，并处草原被非法使用前三年平均产值六倍以上十二倍以下的罚款。

第六十六条 非法开垦草原，构成犯罪的，依法追究刑事责任；尚不够刑事处罚的，由县级以上人民政府草原行政主管部门依据职权责令停止违法行为，限期恢复植被，没收非法财物和违法所得，并处违法所得一倍以上五倍以下的罚款；没有违法所得的，并处五万元以下的罚款；给草原所有者或者使用者造成损失的，依法承担赔偿责任。

67. 中华人民共和国居民身份证法（节录）（2003.6.28）

（2003年6月28日第十届全国人民代表大会常务委员会第三次会议通过）

第四章 法律责任

第十八条 伪造、变造居民身份证的，依法追究刑事责任。

有本法第十六条、第十七条所列行为之一，从事犯罪活动的，依法追究刑事责任。

第十九条 人民警察有下列行为之一的，根据情节轻重，依法给予行政处分；构成犯罪的，依法追究刑事责任：

（一）利用制作、发放、查验居民身份证的便利，收受他人财物或者谋取其他利益的；

（二）非法变更公民身份号码，或者在居民身份证上登载本法第三条第一款规定项目以外的信息或者故意登载虚假信息的；

（三）无正当理由不在法定期限内发放居民身份证的；

（四）违反规定查验、扣押居民身份证，侵害公民合法权益的；

（五）泄露因制作、发放、查验、扣押居民身份证而知悉的公民个人信息，侵害公民合法权益的。

68. 中华人民共和国港口法（节录）（2003.6.28）

（2003年6月28日第十届全国人民代表大会常务委员会第三次会议通过）

第五章 法律责任

第五十条 港口经营人违反有关法律、行政法规的规定，在经营活动中实施垄断行为或者不正当竞争行为的，依照有关法律、行政法规的规定承担法律责任。

第五十一条 港口经营人违反本法第三十二条关于安全生产的规定的，由港口行政管理部门或者其他依法负有安全生产监督管理职责的部门依法给予处罚；情节严重的，由港口行政管理部门吊销港口经营许可证，并对其主要负责人依法给予处分；构成犯罪的，依法追究刑事责任。

第五十二条 船舶进出港口，未依照本法第三十四条的规定向海事管理机构报告的，由海事管理机构依照有关水上交通安全的法律、行政法规的规定处罚。

第五十五条　未经依法批准在港口进行可能危及港口安全的采掘、爆破等活动的，向港口水域倾倒泥土、砂石的，由港口行政管理部门责令停止违法行为，限期消除因此造成的安全隐患；逾期不消除的，强制消除，因此发生的费用由违法行为人承担；处五千元以上五万元以下罚款；依照有关水上交通安全的法律、行政法规的规定由海事管理机构处罚的，依照其规定；构成犯罪的，依法追究刑事责任。

第五十六条　交通主管部门、港口行政管理部门、海事管理机构等不依法履行职责，有下列行为之一的，对直接负责的主管人员和其他直接责任人员依法给予行政处分；构成犯罪的，依法追究刑事责任：

（一）违法批准建设港口设施使用港口岸线、违法批准建设港口危险货物作业场所或者实施卫生除害处理的专用场所，或者违法批准船舶载运危险货物进出港口、违法批准在港口内进行危险货物的装卸、过驳作业的；

（二）对不符合法定条件的申请人给予港口经营许可或者港口理货业务经营许可的；

（三）发现取得经营许可的港口经营人、港口理货业务经营人不再具备法定许可条件而不及时吊销许可证的；

（四）不依法履行监督检查职责，对违反港口规划建设港口、码头或者其他港口设施的行为，未经依法许可从事港口经营、港口理货业务的行为，不遵守安全生产管理规定的行为，危及港口作业安全的行为，以及其他违反本法规定的行为，不依法予以查处的。

69. 中华人民共和国放射性污染防治法（节录）（2003.6.28）

（2003年6月28日第十届全国人民代表大会常务委员会第三次会议通过）

第二章　放射性污染防治的监督管理

第十二条　核设施营运单位、核技术利用单位、铀（钍）矿和伴生放射性矿开发利用单位，负责本单位放射性污染的防治，接受环境保护行政主管部门和其他有关部门的监督管理，并依法对其造成的放射性污染承担责任。

第七章　法律责任

第四十八条　放射性污染防治监督管理人员违反法律规定，利用职务上的便利收受他人财物、谋取其他利益，或者玩忽职守，有下列行为之一的，依法给予行政处分；构成犯罪的，依法追究刑事责任：

（一）对不符合法定条件的单位颁发许可证和办理批准文件的；

（二）不依法履行监督管理职责的；

（三）发现违法行为不予查处的。

第五十二条　违反本法规定，未经许可或者批准，核设施营运单位擅自进行核设施的建造、装料、运行、退役等活动的，由国务院环境保护行政主管部门责令停止违法行为，限期改正，并处二十万元以上五十万元以下罚款；构成犯罪的，依法追究刑事责任。

第五十三条　违反本法规定，生产、销售、使用、转让、进口、贮存放射性同位素和射线装置以及装备有放射性同位素的仪表的，由县级以上人民政府环境保护行政主管部门或者其他有关部门依据职权责令停止违法行为，限期改正；逾期不改正的，责令停产停业或者吊销许可证；有违法所得的，没收违法所得；违法所得十万元以上的，并处违法所得一倍以上五倍以下罚款；没有违法所得或者违法所得不足十万元的，并处一万元以上十万元以下罚款；构成犯罪的，依法追究刑事责任。

第五十四条　违反本法规定，有下列行为之一的，由县级以上人民政府环境保护行政主管部门责令停止违法行为，限期改正，处以罚款；构成犯罪的，依法追究刑事责任：

（一）未建造尾矿库或者不按照放射性污染防治的要求建造尾矿库，贮存、处置铀（钍）矿和伴生放射性矿的尾矿的；

（二）向环境排放不得排放的放射性废气、废液的；

（三）不按照规定的方式排放放射性废液，利用渗井、渗坑、天然裂隙、溶洞或者国家禁止的其他方式排放放射性废液的；

（四）不按照规定处理或者贮存不得向环境排放的放射性废液的；

（五）将放射性固体废物提供或者委托给无许可证的单位贮存和处置的。

有前款第（一）项、第（二）项、第（三）项、第（五）项行为之一的，处十万元以上二十万元以下罚款；有前款第（四）项行为的，处一万元以上十万元以下罚款。

第五十五条　违反本法规定，有下列行为之一的，由县级以上人民政府环境保护行政主管部门或者其他有关部门依据职权责令限期改正；逾期不改正的，责令停产停业，并处二万元以上十万元以下罚款；构成犯罪的，依法追究刑事责任：

（一）不按照规定设置放射性标识、标志、中文警示说明的；

（二）不按照规定建立健全安全保卫制度和制定事故应急计划或者应急措施的；

（三）不按照规定报告放射源丢失、被盗情况或者放射性污染事故的。

第五十六条 产生放射性固体废物的单位，不按照本法第四十五条的规定对其产生的放射性固体废物进行处置的，由审批该单位立项环境影响评价文件的环境保护行政主管部门责令停止违法行为，限期改正；逾期不改正的，指定有处置能力的单位代为处置，所需费用由产生放射性固体废物的单位承担，可以并处二十万元以下罚款；构成犯罪的，依法追究刑事责任。

第五十七条 违反本法规定，有下列行为之一的，由省级以上人民政府环境保护行政主管部门责令停产停业或者吊销许可证；有违法所得的，没收违法所得；违法所得十万元以上的，并处违法所得一倍以上五倍以下罚款；没有违法所得或者违法所得不足十万元的，并处五万元以上十万元以下罚款；构成犯罪的，依法追究刑事责任：

（一）未经许可，擅自从事贮存和处置放射性固体废物活动的；

（二）不按照许可的有关规定从事贮存和处置放射性固体废物活动的。

第五十八条 向中华人民共和国境内输入放射性废物和被放射性污染的物品，或者经中华人民共和国境内转移放射性废物和被放射性污染的物品的，由海关责令退运该放射性废物和被放射性污染的物品，并处五十万元以上一百万元以下罚款；构成犯罪的，依法追究刑事责任。

70. 中华人民共和国行政许可法（节录）（2003. 8. 27）

（2003 年 8 月 27 日第十届全国人民代表大会常务委员会第四次会议通过）

第三章 行政许可的实施机关

第二十八条 对直接关系公共安全、人身健康、生命财产安全的设备、设施、产品、物品的检验、检测、检疫，除法律、行政法规规定由行政机关实施的外，应当逐步由符合法定条件的专业技术组织实施。专业技术组织及其有关人员对所实施的检验、检测、检疫结论承担法律责任。

第七章 法律责任

第七十三条 行政机关工作人员办理行政许可、实施监督检查，索取或者收受他人财物或者谋取其他利益，构成犯罪的，依法追究刑事责任；尚不构成犯罪的，依法给予行政处分。

第七十四条 行政机关实施行政许可，有下列情形之一的，由其上级行政机关或者监察机关责令改正，对直接负责的主管人员和其他直接责任人员依法给予行政处分；构成犯罪的，依法追究刑事责任：

（一）对不符合法定条件的申请人准予行政许可或者超越法定职权作出准予行政许可决定的；

（二）对符合法定条件的申请人不予行政许可或者不在法定期限内作出准予行政许可决定的；

（三）依法应当根据招标、拍卖结果或者考试成绩择优作出准予行政许可决定，未经招标、拍卖或者考试，或者不根据招标、拍卖结果或者考试成绩择优作出准予行政许可决定的。

第七十五条 行政机关实施行政许可，擅自收费或者不按照法定项目和标准收费的，由其上级行政机关或者监察机关责令退还非法收取的费用；对直接负责的主管人员和其他直接责任人员依法给予行政处分。

截留、挪用、私分或者变相私分实施行政许可依法收取的费用的，予以追缴；对直接负责的主管人员和其他直接责任人员依法给予行政处分；构成犯罪的，依法追究刑事责任。

第七十七条 行政机关不依法履行监督职责或者监督不力，造成严重后果的，由其上级行政机关或者监察机关责令改正，对直接负责的主管人员和其他直接责任人员依法给予行政处分；构成犯罪的，依法追究刑事责任。

第七十九条 被许可人以欺骗、贿赂等不正当手段取得行政许可的，行政机关应当依法给予行政处罚；取得的行政许可属于直接关系公共安全、人身健康、生命财产安全事项的，申请人在三年内不得再次申请该行政许可；构成犯罪的，依法追究刑事责任。

第八十条 被许可人有下列行为之一的，行政机关应当依法给予行政处罚；构成犯罪的，依法追究刑事责任：

（一）涂改、倒卖、出租、出借行政许可证件，或者以其他形式非法转让行政许可的；

（二）超越行政许可范围进行活动的；

（三）向负责监督检查的行政机关隐瞒有关情况、提供虚假材料或者拒绝提供反映其活动情况的真实材料的；

（四）法律、法规、规章规定的其他违法行为。

第八十一条 公民、法人或者其他组织未经行政许可，擅自从事依法应当取得行政许可的活动的，行政机关应当依法采取措施予以制止，并依法给予行政处罚；构成犯罪的，依法追究刑事责任。

71. 中华人民共和国道路交通安全法（节录）（2003. 10. 28）

（2003 年 10 月 28 日第十届全国人民代表大会常务委员会第五次会议通过　自 2004 年 5 月 1 日起施行）

第七章　法律责任

第九十四条　机动车安全技术检验机构实施机动车安全技术检验超过国务院价格主管部门核定的收费标准收取费用的，退还多收取的费用，并由价格主管部门依照《中华人民共和国价格法》的有关规定给予处罚。

机动车安全技术检验机构不按照机动车国家安全技术标准进行检验，出具虚假检验结果的，由公安机关交通管理部门处所收检验费用五倍以上十倍以下罚款，并依法撤销其检验资格；构成犯罪的，依法追究刑事责任。

第九十六条　伪造、变造或者使用伪造、变造的机动车登记证书、号牌、行驶证、检验合格标志、保险标志、驾驶证或者使用其他车辆的机动车登记证书、号牌、行驶证、检验合格标志、保险标志的，由公安机关交通管理部门予以收缴，扣留该机动车，并处二百元以上二千元以下罚款；构成犯罪的，依法追究刑事责任。

当事人提供相应的合法证明或者补办相应手续的，应当及时退还机动车。

第九十九条　有下列行为之一的，由公安机关交通管理部门处二百元以上二千元以下罚款：

（一）未取得机动车驾驶证、机动车驾驶证被吊销或者机动车驾驶证被暂扣期间驾驶机动车的；

（二）将机动车交由未取得机动车驾驶证或者机动车驾驶证被吊销、暂扣的人驾驶的；

（三）造成交通事故后逃逸，尚不构成犯罪的；

（四）机动车行驶超过规定时速百分之五十的；

（五）强迫机动车驾驶人违反道路交通安全法律、法规和机动车安全驾驶要求驾驶机动车，造成交通事故，尚不构成犯罪的；

（六）违反交通管制的规定强行通行，不听劝阻的；

（七）故意损毁、移动、涂改交通设施，造成危害后果，尚不构成犯罪的；

（八）非法拦截、扣留机动车辆，不听劝阻，造成交通严重阻塞或者较大财产损失的。

行为人有前款第二项、第四项情形之一的，可以并处吊销机动车驾驶证；有第一项、第三项、第五项至第八项情形之一的，可以并处十五日以下拘留。

第一百零一条　违反道路交通安全法律、法规的规定，发生重大交通事故，构成犯罪的，依法追究刑事责任，并由公安机关交通管理部门吊销机动车驾驶证。

造成交通事故后逃逸的，由公安机关交通管理部门吊销机动车驾驶证，且终生不得重新取得机动车驾驶证。

第一百零三条　国家机动车产品主管部门未按照机动车国家安全技术标准严格审查，许可不合格机动车型投入生产的，对负有责任的主管人员和其他直接责任人员给予降级或者撤职的行政处分。

机动车生产企业经国家机动车产品主管部门许可生产的机动车型，不执行机动车国家安全技术标准或者不严格进行机动车成品质量检验，致使质量不合格的机动车出厂销售的，由质量技术监督部门依照《中华人民共和国产品质量法》的有关规定给予处罚。

擅自生产、销售未经国家机动车产品主管部门许可生产的机动车型的，没收非法生产、销售的机动车成品及配件，可以并处非法产品价值三倍以上五倍以下罚款；有营业执照的，由工商行政管理部门吊销营业执照，没有营业执照的，予以查封。

生产、销售拼装的机动车或者生产、销售擅自改装的机动车的，依照本条第三款的规定处罚。

有本条第二款、第三款、第四款所列违法行为，生产或者销售不符合机动车国家安全技术标准的机动车，构成犯罪的，依法追究刑事责任。

第一百一十七条　交通警察利用职权非法占有公共财物，索取、收受贿赂，或者滥用职权、玩忽职守，构成犯罪的，依法追究刑事责任。

第八章　附　　则

第一百二十一条　对上道路行驶的拖拉机，由农业（农业机械）主管部门行使本法第八条、第九条、第十三条、第十九条、第二十三条规定的公安机关交通管理部门的管理职权。

农业（农业机械）主管部门依照前款规定行使职权，应当遵守本法有关规定，并接受公安机关交通管理部门的监督；对违反规定的，依照本法有关规定追究法律责任。

本法施行前由农业（农业机械）主管部门发放的机动车牌证，在本法施行后继续有效。

72. 中华人民共和国证券投资基金法（节录）（2003. 10. 28）

（2003 年 10 月 28 日第十届全国人民代表大会常务委员会第五次会议通过　自 2004 年 6 月 1 日起施行）

第十章　监督管理

第八十一条　国务院证券监督管理机构依法履行职责，发现违法行为涉嫌犯罪的，应当将案件移送司法机关处理。

第十一章　法律责任

第八十四条　违反本法第四十五条规定，动用募集的资金的，责令返还，没收违法所得；违法所得五十万元以上的，并处违法所得一倍以上五倍以下罚款；没有违法所得或者违法所得不足五十万元的，并处五万元以上五十万元以下罚款；对直接负责的主管人员和其他直接责任人员给予警告，并处三万元以上三十万元以下罚款；给投资人造成损害的，依法承担赔偿责任；构成犯罪的，依法追究刑事责任。

第八十五条　未经国务院证券监督管理机构核准，擅自募集基金的，责令停止，返还所募资金和加计的银行同期存款利息，没收违法所得，并处所募资金金额百分之一以上百分之五以下罚款；构成犯罪的，依法追究刑事责任。

第八十六条　违反本法规定，未经批准，擅自设立基金管理公司的，由证券监督管理机构予以取缔，并处五万元以上五十万元以下罚款；构成犯罪的，依法追究刑事责任。

第八十七条　未经国务院证券监督管理机构核准，擅自从事基金管理业务或者基金托管业务的，责令停止，没收违法所得；违法所得一百万元以上的，并处违法所得一倍以上五倍以下罚款；没有违法所得或者违法所得不足一百万元的，并处十万元以上一百万元以下罚款；给基金财产或者基金份额持有人造成损害的，依法承担赔偿责任；对直接负责的主管人员和其他直接责任人员给予警告，并处三万元以上三十万元以下罚款；构成犯罪的，依法追究刑事责任。

第八十八条　基金管理人、基金托管人违反本法规定，未对基金财产实行分别管理或者分账保管，或者将基金财产挪作他用的，责令改正，处五万元以上五十万元以下罚款；给基金财产或者基金份额持有人造成损害的，依法承担赔偿责任；对直接负责的主管人员和其他直接责任人员给予警告，暂停或者取消基金从业资格，并处三万元以上三十万元以下罚款；构成犯罪的，依法追究刑事责任。

基金管理人、基金托管人将基金财产挪作他用而取得的财产和收益，归入基金财产。但是，法律、行政法规另有规定的，依照其规定。

第八十九条　基金管理人、基金托管人有本法第二十条所列行为之一的，责令改正，没收违法所得；违法所得一百万元以上的，并处违法所得一倍以上五倍以下罚款；没有违法所得或者违法所得不足一百万元的，并处十万元以上一百万元以下罚款；给基金财产或者基金份额持有人造成损害的，依法承担赔偿责任；对直接负责的主管人员和其他直接责任人员给予警告，暂停或者取消基金从业资格，并处三万元以上三十万元以下罚款；构成犯罪的，依法追究刑事责任。

第九十条　基金管理人、基金托管人有本法第五十九条第一项至第六项和第八项所列行为之一的，责令改正，处十万元以上一百万元以下罚款；给基金财产或者基金份额持有人造成损害的，依法承担赔偿责任；对直接负责的主管人员和其他直接责任人员给予警告，暂停或者取消基金从业资格，并处三万元以上三十万元以下罚款；构成犯罪的，依法追究刑事责任。

基金管理人、基金托管人有前款行为，运用基金财产而取得的财产和收益，归入基金财产。但是，法律、行政法规另有规定的，依照其规定。

第九十三条　基金信息披露义务人不依法披露基金信息或者披露的信息有虚假记载、误导性陈述或者重大遗漏的，责令改正，没收违法所得，并处十万元以上一百万元以下罚款；给基金份额持有人造成损害的，依法承担赔偿责任；对直接负责的主管人员和其他直接责任人员给予警告，暂停或者取消基金从业资格，并处三万元以上三十万元以下罚款；构成犯罪的，依法追究刑事责任。

第九十四条　为基金信息披露义务人公开披露的基金信息出具审计报告、法律意见书等文件的专业机构就其所应负责的内容弄虚作假的，责令改正，没收违法所得，并处违法所得一倍以上五倍以下罚款；情节严重的，责令停业，暂停或者取消直接责任人员的相关资格；给基金份额持有人造成损害的，依法承担赔偿责任；构成犯罪的，依法追究刑事责任。

第九十七条　基金管理人、基金托管人的专门基金托管部门的从业人员违反本法第十八条规定，给基金财产或者基金份额持有人造成损害的，依法承担赔偿责任；情节严重的，取消基金从业资格；构成犯罪的，依法追究刑事责任。

第九十八条　证券监督管理机构工作人员玩忽职守、滥用职权、徇私舞弊或者利用职务上的便利索取或者收受他人财物的，依法给予行政处分；构成犯罪的，依法追究刑事责任。

73. 中华人民共和国银行业监督管理法（节录）（2003. 12. 27）

（2003 年 12 月 27 日第十届全国人民代表大会常务委员会第六次会议通过）

第五章　法律责任

第四十二条　银行业监督管理机构从事监督管理工作的人员有下列情形之一的，依法给予行政处分；构成犯罪的，依法追究刑事责任：

（一）违反规定审查批准银行业金融机构的设立、变更、终止，以及业务范围和业务范围内的业务品种的；

（二）违反规定对银行业金融机构进行现场检查的；

（三）未依照本法第二十八条规定报告突发事件的；

（四）违反规定查询账户或者申请冻结资金的；

（五）违反规定对银行业金融机构采取措施或者处罚的；

（六）滥用职权、玩忽职守的其他行为。

银行业监督管理机构从事监督管理工作的人员贪污受贿、泄露国家秘密或者所知悉的商业秘密，构成犯罪的，依法追究刑事责任；尚不构成犯罪的，依法给予行政处分。

第四十三条　擅自设立银行业金融机构或者非法从事银行业金融机构的业务活动的，由国务院银行业监督管理机构予以取缔；构成犯罪的，依法追究刑事责任；尚不构成犯罪的，由国务院银行业监督管理机构没收违法所得，违法所得五十万元以上的，并处违法所得一倍以上五倍以下罚款；没有违法所得或者违法所得不足五十万元的，处五十万元以上二百万元以下罚款。

第四十四条　银行业金融机构有下列情形之一，由国务院银行业监督管理机构责令改正，有违法所得的，没收违法所得，违法所得五十万元以上的，并处违法所得一倍以上五倍以下罚款；没有违法所得或者违法所得不足五十万元的，处五十万元以上二百万元以下罚款；情节特别严重或者逾期不改正的，可以责令停业整顿或者吊销其经营许可证；构成犯罪的，依法追究刑事责任：

（一）未经批准设立分支机构的；

（二）未经批准变更、终止的；

（三）违反规定从事未经批准或者未备案的业务活动的；

（四）违反规定提高或者降低存款利率、贷款利率的。

第四十五条　银行业金融机构有下列情形之一，由国务院银行业监督管理机构责令改正，并处二十万元以上五十万元以下罚款；情节特别严重或者逾期不改正的，可以责令停业整顿或者吊销其经营许可证；构成犯罪的，依法追究刑事责任：

（一）未经任职资格审查任命董事、高级管理人员的；

（二）拒绝或者阻碍非现场监管或者现场检查的；

（三）提供虚假的或者隐瞒重要事实的报表、报告等文件、资料的；

（四）未按照规定进行信息披露的；

（五）严重违反审慎经营规则的；

（六）拒绝执行本法第三十七条规定的措施的。

74. 中华人民共和国中国人民银行法（节录）（2003. 12. 27）

（1995 年 3 月 18 日第八届全国人民代表大会第三次会议通过
根据 2003 年 12 月 27 日第十届全国人民代表大会常务委员会第六次会议
《关于修改〈中华人民共和国中国人民银行法〉的决定》修正）

第七章 法律责任

第四十二条 伪造、变造人民币，出售伪造、变造的人民币，或者明知是伪造、变造的人民币而运输，构成犯罪的，依法追究刑事责任；尚不构成犯罪的，由公安机关处十五日以下拘留、一万元以下罚款。

第四十三条 购买伪造、变造的人民币或者明知是伪造、变造的人民币而持有、使用，构成犯罪的，依法追究刑事责任；尚不构成犯罪的，由公安机关处十五日以下拘留、一万元以下罚款。

第四十六条 本法第三十二条所列行为违反有关规定，有关法律、行政法规有处罚规定的，依照其规定给予处罚；有关法律、行政法规未作处罚规定的，由中国人民银行区别不同情形给予警告，没收违法所得，违法所得五十万元以上的，并处违法所得一倍以上五倍以下罚款；没有违法所得或者违法所得不足五十万元的，处五十万元以上二百万元以下罚款；对负有直接责任的董事、高级管理人员和其他直接责任人员给予警告，处五万元以上五十万元以下罚款；构成犯罪的，依法追究刑事责任。

第四十八条 中国人民银行有下列行为之一的，对负有直接责任的主管人员和其他直接责任人员，依法给予行政处分；构成犯罪的，依法追究刑事责任：

（一）违反本法第三十条第一款的规定提供贷款的；

（二）对单位和个人提供担保的；

（三）擅自动用发行基金的。

有前款所列行为之一，造成损失的，负有直接责任的主管人员和其他直接责任人员应当承担部分或者全部赔偿责任。

第四十九条 地方政府、各级政府部门、社会团体和个人强令中国人民银行及其工作人员违反本法第三十条的规定提供贷款或者担保的，对负有直接责任的主管人员和其他直接责任人员，依法给予行政处分；构成犯罪的，依法追究刑事责任；造成损失的，应当承担部分或者全部赔偿责任。

第五十条 中国人民银行的工作人员泄露国家秘密或者所知悉的商业秘密，构成犯罪的，依法追究刑事责任；尚不构成犯罪的，依法给予行政处分。

第五十一条 中国人民银行的工作人员贪污受贿、徇私舞弊、滥用职权、玩忽职守，构成犯罪的，依法追究刑事责任；尚不构成犯罪的，依法给予行政处分。

75. 中华人民共和国商业银行法（节录）（2003. 12. 27）

（1995 年 5 月 10 日第八届全国人民代表大会常务委员会第十三次会议通过
根据 2003 年 12 月 27 日第十届全国人民代表大会常务委员会第六次会议
《关于修改〈中华人民共和国商业银行法〉的决定》修正）

第八章 法律责任

第七十四条 商业银行有下列情形之一，由国务院银行业监督管理机构责令改正，有违法所得的，没收违法所得，违法所得五十万元以上的，并处违法所得一倍以上五倍以下罚款；没有违法所得或者违法所得不足五十万元的，处五十万元以上二百万元以下罚款；情节特别严重或者逾期不改正的，可以责令停业整顿或者吊销其经营许可证；构成犯罪的，依法追究刑事责任：

（一）未经批准设立分支机构的；

（二）未经批准分立、合并或者违反规定对变更事项不报批的；

（三）违反规定提高或者降低利率以及采用其他不正当手段，吸收存款，发放贷款的；

（四）出租、出借经营许可证的；

（五）未经批准买卖、代理买卖外汇的；

（六）未经批准买卖政府债券或者发行、买卖金融债券的；

（七）违反国家规定从事信托投资和证券经营业务、向非自用不动产投资或者向非银行金融机构和企业投资的；

（八）向关系人发放信用贷款或者发放担保贷款的条件优于其他借款人同类贷款的条件的。

第七十五条　商业银行有下列情形之一，由国务院银行业监督管理机构责令改正，并处二十万元以上五十万元以下罚款；情节特别严重或者逾期不改正的，可以责令停业整顿或者吊销其经营许可证；构成犯罪的，依法追究刑事责任：

（一）拒绝或者阻碍国务院银行业监督管理机构检查监督的；

（二）提供虚假的或者隐瞒重要事实的财务会计报告、报表和统计报表的；

（三）未遵守资本充足率、存贷比例、资产流动性比例、同一借款人贷款比例和国务院银行业监督管理机构有关资产负债比例管理的其他规定的。

第七十六条　商业银行有下列情形之一，由中国人民银行责令改正，有违法所得的，没收违法所得，违法所得五十万元以上的，并处违法所得一倍以上五倍以下罚款；没有违法所得或者违法所得不足五十万元的，处五十万元以上二百万元以下罚款；情节特别严重或者逾期不改正的，中国人民银行可以建议国务院银行业监督管理机构责令停业整顿或者吊销其经营许可证；构成犯罪的，依法追究刑事责任：

（一）未经批准办理结汇、售汇的；

（二）未经批准在银行间债券市场发行、买卖金融债券或者到境外借款的；

（三）违反规定同业拆借的。

第七十七条　商业银行有下列情形之一，由中国人民银行责令改正，并处二十万元以上五十万元以下罚款；情节特别严重或者逾期不改正的，中国人民银行可以建议国务院银行业监督管理机构责令停业整顿或者吊销其经营许可证；构成犯罪的，依法追究刑事责任：

（一）拒绝或者阻碍中国人民银行检查监督的；

（二）提供虚假的或者隐瞒重要事实的财务会计报告、报表和统计报表的；

（三）未按照中国人民银行规定的比例交存存款准备金的。

第七十八条　商业银行有本法第七十三条至第七十七条规定情形的，对直接负责的董事、高级管理人员和其他直接责任人员，应当给予纪律处分；构成犯罪的，依法追究刑事责任。

第八十一条　未经国务院银行业监督管理机构批准，擅自设立商业银行，或者非法吸收公众存款、变相吸收公众存款，构成犯罪的，依法追究刑事责任；并由国务院银行业监督管理机构予以取缔。

伪造、变造、转让商业银行经营许可证，构成犯罪的，依法追究刑事责任。

第八十二条　借款人采取欺诈手段骗取贷款，构成犯罪的，依法追究刑事责任。

第八十三条　有本法第八十一条、第八十二条规定的行为，尚不构成犯罪的，由国务院银行业监督管理机构没收违法所得，违法所得五十万元以上的，并处违法所得一倍以上五倍以下罚款；没有违法所得或者违法所得不足五十万元的，处五十万元以上二百万元以下罚款。

第八十四条　商业银行工作人员利用职务上的便利，索取、收受贿赂或者违反国家规定收受各种名义的回扣、手续费，构成犯罪的，依法追究刑事责任；尚不构成犯罪的，应当给予纪律处分。

有前款行为，发放贷款或者提供担保造成损失的，应当承担全部或者部分赔偿责任。

第八十五条　商业银行工作人员利用职务上的便利，贪污、挪用、侵占本行或者客户资金，构成犯罪的，依法追究刑事责任；尚不构成犯罪的，应当给予纪律处分。

第八十六条　商业银行工作人员违反本法规定玩忽职守造成损失的，应当给予纪律处分；构成犯罪的，依法追究刑事责任。

违反规定徇私向亲属、朋友发放贷款或者提供担保造成损失的，应当承担全部或者部分赔偿责任。

第八十七条　商业银行工作人员泄露在任职期间知悉的国家秘密、商业秘密的，应当给予纪律处分；构成犯罪的，依法追究刑事责任。

76. 中华人民共和国对外贸易法（节录）（2004. 4. 6）

（1994 年 5 月 12 日第八届全国人民代表大会常务委员会第七次会议通过
2004 年 4 月 6 日第十届全国人民代表大会常务委员会第八次会议修订）

第六章　对外贸易秩序

第三十二条　在对外贸易经营活动中，不得违反有关反垄断的法律、行政法规的规定实施垄断行为。

在对外贸易经营活动中实施垄断行为，危害市场公平竞争的，依照有关反垄断的法律、行政法规的规定处理。

有前款违法行为，并危害对外贸易秩序的，国务院对外贸易主管部门可以采取必要的措施消除危害。

第三十三条　在对外贸易经营活动中，不得实施以不正当的低价销售商品、串通投标、发布虚假广告、进行商业贿赂等不正当竞争行为。

在对外贸易经营活动中实施不正当竞争行为的，依照有关反不正当竞争的法律、行政法规的规定处理。

有前款违法行为，并危害对外贸易秩序的，国务院对外贸易主管部门可以采取禁止该经营者有关货物、技术进出口等措施消除危害。

第十章　法律责任

第六十一条　进出口属于禁止进出口的货物的，或者未经许可擅自进出口属于限制进出口的货物的，由海关依照有关法律、行政法规的规定处理、处罚；构成犯罪的，依法追究刑事责任。

进出口属于禁止进出口的技术的，或者未经许可擅自进出口属于限制进出口的技术的，依照有关法律、行政法规的规定处理、处罚；法律、行政法规没有规定的，由国务院对外贸易主管部门责令改正，没收违法所得，并处违法所得一倍以上五倍以下罚款，没有违法所得或者违法所得不足一万元的，处一万元以上五万元以下罚款；构成犯罪的，依法追究刑事责任。

自前两款规定的行政处罚决定生效之日或者刑事处罚判决生效之日起，国务院对外贸易主管部门或者国务院其他有关部门可以在三年内不受理违法行为人提出的进出口配额或者许可证的申请，或者禁止违法行为人在一年以上三年以下的期限内从事有关货物或者技术的进出口经营活动。

第六十二条　从事属于禁止的国际服务贸易的，或者未经许可擅自从事属于限制的国际服务贸易的，依照有关法律、行政法规的规定处罚；法律、行政法规没有规定的，由国务院对外贸易主管部门责令改正，没收违法所得，并处违法所得一倍以上五倍以下罚款，没有违法所得或者违法所得不足一万元的，处一万元以上五万元以下罚款；构成犯罪的，依法追究刑事责任。

国务院对外贸易主管部门可以禁止违法行为人自前款规定的行政处罚决定生效之日或者刑事处罚判决生效之日起一年以上三年以下的期限内从事有关的国际服务贸易经营活动。

第六十三条　违反本法第三十四条规定，依照有关法律、行政法规的规定处罚；构成犯罪的，依法追究刑事责任。

国务院对外贸易主管部门可以禁止违法行为人自前款规定的行政处罚决定生效之日或者刑事处罚判决生效之日起一年以上三年以下的期限内从事有关的对外贸易经营活动。

第六十五条　依照本法负责对外贸易管理工作的部门的工作人员玩忽职守、徇私舞弊或者滥用职权，构成犯罪的，依法追究刑事责任；尚不构成犯罪的，依法给予行政处分。

依照本法负责对外贸易管理工作的部门的工作人员利用职务上的便利，索取他人财物，或者非法收受他人财物为他人谋取利益，构成犯罪的，依法追究刑事责任；尚不构成犯罪的，依法给予行政处分。

77. 中华人民共和国农业机械化促进法（节录）（2004. 6. 25）

（2004 年 6 月 25 日第十届全国人民代表大会常务委员会第十次会议通过）

第七章　法律责任

第三十条　违反本法第十五条规定的，依照产品质量法的有关规定予以处罚；构成犯罪的，依法追究刑事责任。

第三十一条 农业机械驾驶、操作人员违反国家规定的安全操作规程，违章作业的，责令改正，依照有关法律、行政法规的规定予以处罚；构成犯罪的，依法追究刑事责任。

第三十四条 违反本法第二十七条、第二十八条规定，截留、挪用有关补贴资金的，由上级主管机关责令限期归还被截留、挪用的资金，没收非法所得，并由上级主管机关、监察机关或者所在单位对直接负责的主管人员和其他直接责任人员给予行政处分；构成犯罪的，依法追究刑事责任。

78. 中华人民共和国传染病防治法（节录）（2004. 8. 28）

（1989 年 2 月 21 日第七届全国人民代表大会常务委员会第六次会议通过 2004 年 8 月 28 日第十届全国人民代表大会常务委员会第十一次会议修订通过 自 2004 年 12 月 1 日起施行）

第八章 法律责任

第六十五条 地方各级人民政府未依照本法的规定履行报告职责，或者隐瞒、谎报、缓报传染病疫情，或者在传染病暴发、流行时，未及时组织救治、采取控制措施的，由上级人民政府责令改正，通报批评；造成传染病传播、流行或者其他严重后果的，对负有责任的主管人员，依法给予行政处分；构成犯罪的，依法追究刑事责任。

第六十六条 县级以上人民政府卫生行政部门违反本法规定，有下列情形之一的，由本级人民政府、上级人民政府卫生行政部门责令改正，通报批评；造成传染病传播、流行或者其他严重后果的，对负有责任的主管人员和其他直接责任人员，依法给予行政处分；构成犯罪的，依法追究刑事责任：

（一）未依法履行传染病疫情通报、报告或者公布职责，或者隐瞒、谎报、缓报传染病疫情的；

（二）发生或者可能发生传染病传播时未及时采取预防、控制措施的；

（三）未依法履行监督检查职责，或者发现违法行为不及时查处的；

（四）未及时调查、处理单位和个人对下级卫生行政部门不履行传染病防治职责的举报的；

（五）违反本法的其他失职、渎职行为。

第六十七条 县级以上人民政府有关部门未依照本法的规定履行传染病防治和保障职责的，由本级人民政府或者上级人民政府有关部门责令改正，通报批评；造成传染病传播、流行或者其他严重后果的，对负有责任的主管人员和其他直接责任人员，依法给予行政处分；构成犯罪的，依法追究刑事责任。

第六十八条 疾病预防控制机构违反本法规定，有下列情形之一的，由县级以上人民政府卫生行政部门责令限期改正，通报批评，给予警告；对负有责任的主管人员和其他直接责任人员，依法给予降级、撤职、开除的处分，并可以依法吊销有关责任人员的执业证书；构成犯罪的，依法追究刑事责任：

（一）未依法履行传染病监测职责的；

（二）未依法履行传染病疫情报告、通报职责，或者隐瞒、谎报、缓报传染病疫情的；

（三）未主动收集传染病疫情信息，或者对传染病疫情信息和疫情报告未及时进行分析、调查、核实的；

（四）发现传染病疫情时，未依据职责及时采取本法规定的措施的；

（五）故意泄露传染病病人、病原携带者、疑似传染病病人、密切接触者涉及个人隐私的有关信息、资料的。

第六十九条 医疗机构违反本法规定，有下列情形之一的，由县级以上人民政府卫生行政部门责令改正，通报批评，给予警告；造成传染病传播、流行或者其他严重后果的，对负有责任的主管人员和其他直接责任人员，依法给予降级、撤职、开除的处分，并可以依法吊销有关责任人员的执业证书；构成犯罪的，依法追究刑事责任：

（一）未按照规定承担本单位的传染病预防、控制工作、医院感染控制任务和责任区域内的传染病预防工作的；

（二）未按照规定报告传染病疫情，或者隐瞒、谎报、缓报传染病疫情的；

（三）发现传染病疫情时，未按照规定对传染病病人、疑似传染病病人提供医疗救护、现场救援、接诊、转诊的，或者拒绝接受转诊的；

（四）未按照规定对本单位内被传染病病原体污染的场所、物品以及医疗废物实施消毒或者无害化处置的；

（五）未按照规定对医疗器械进行消毒，或者对按照规定一次使用的医疗器具未予销毁，再次使用的；

（六）在医疗救治过程中未按照规定保管医学记录资料的；

（七）故意泄露传染病病人、病原携带者、疑似传染病病人、密切接触者涉及个人隐私的有关信息、资料的。

第七十条 采供血机构未按照规定报告传染病疫情，或者隐瞒、谎报、缓报传染病疫情，或者未执行国家有关规定，导致因输入血液引起经血液传播疾病发生的，由县级以上人民政府卫生行政部门责令改正，通报批评，给予警告；造成传染病传播、流行或者其他严重后果的，对负有责任的主管人员和其他直接责任人员，依法给予降级、撤职、开除的处分，并可以依法吊销采供血机构的执业许可证；构成犯罪的，依法追究刑事责任。

非法采集血液或者组织他人出卖血液的，由县级以上人民政府卫生行政部门予以取缔，没收违法所得，可以并处十万元以下的罚款；构成犯罪的，依法追究刑事责任。

第七十一条 国境卫生检疫机关、动物防疫机构未依法履行传染病疫情通报职责的，由有关部门在各自职责范围内责令改正，通报批评；造成传染病传播、流行或者其他严重后果的，对负有责任的主管人员和其他直接责任人员，依法给予降级、撤职、开除的处分；构成犯罪的，依法追究刑事责任。

第七十三条 违反本法规定，有下列情形之一，导致或者可能导致传染病传播、流行的，由县级以上人民政府卫生行政部门责令限期改正，没收违法所得，可以并处五万元以下的罚款；已取得许可证的，原发证部门可以依法暂扣或者吊销许可证；构成犯罪的，依法追究刑事责任：

（一）饮用水供水单位供应的饮用水不符合国家卫生标准和卫生规范的；

（二）涉及饮用水卫生安全的产品不符合国家卫生标准和卫生规范的；

（三）用于传染病防治的消毒产品不符合国家卫生标准和卫生规范的；

（四）出售、运输疫区中被传染病病原体污染或者可能被传染病病原体污染的物品，未进行消毒处理的；

（五）生物制品生产单位生产的血液制品不符合国家质量标准的。

第七十四条 违反本法规定，有下列情形之一的，由县级以上地方人民政府卫生行政部门责令改正，通报批评，给予警告，已取得许可证的，可以依法暂扣或者吊销许可证；造成传染病传播、流行以及其他严重后果的，对负有责任的主管人员和其他直接责任人员，依法给予降级、撤职、开除的处分，并可以依法吊销有关责任人员的执业证书；构成犯罪的，依法追究刑事责任：

（一）疾病预防控制机构、医疗机构和从事病原微生物实验的单位，不符合国家规定的条件和技术标准，对传染病病原体样本未按照规定进行严格管理，造成实验室感染和病原微生物扩散的；

（二）违反国家有关规定，采集、保藏、携带、运输和使用传染病菌种、毒种和传染病检测样本的；

（三）疾病预防控制机构、医疗机构未执行国家有关规定，导致因输入血液、使用血液制品引起经血液传播疾病发生的。

79. 中华人民共和国电子签名法（节录）（2004. 8. 28）

（2004 年 8 月 28 日第十届全国人民代表大会常务委员会第十一次会议通过）

第四章 法律责任

第三十二条 伪造、冒用、盗用他人的电子签名，构成犯罪的，依法追究刑事责任；给他人造成损失的，依法承担民事责任。

第三十三条 依照本法负责电子认证服务业监督管理工作的部门的工作人员，不依法履行行政许可、监督管理职责的，依法给予行政处分；构成犯罪的，依法追究刑事责任。

80. 全国人民代表大会常务委员会关于完善人民陪审员制度的决定（节录）（2004. 8. 28）

（2004 年 8 月 28 日第十届全国人民代表大会常务委员会第十一次会议通过）

第十七条 人民陪审员有下列情形之一，经所在基层人民法院会同同级人民政府司法行政机关查证属实的，应当由基层人民法院院长提请同级人民代表大会常务委员会免除其人民陪审员职务：

（一）本人申请辞去人民陪审员职务的；

（二）无正当理由，拒绝参加审判活动，影响审判工作正常进行的；

（三）具有本决定第五条、第六条所列情形之一的；

（四）违反与审判工作有关的法律及相关规定，徇私舞弊，造成错误裁判或者其他严重后果的。

人民陪审员有前款第四项所列行为，构成犯罪的，依法追究刑事责任。

81. 中华人民共和国公路法（节录）（2004.8.28）

（1997年7月3日第八届全国人民代表大会常务委员会第二十六次会议通过　根据1999年10月31日第九届全国人民代表大会常务委员会第十二次会议《关于修改〈中华人民共和国公路法〉的决定》第一次修正　根据2004年8月28日第十届全国人民代表大会常务委员会第十一次会议《关于修改〈中华人民共和国公路法〉的决定》第二次修正）

第八章　法律责任

第八十三条　阻碍公路建设或者公路抢修，致使公路建设或者抢修不能正常进行，尚未造成严重损失的，依照治安管理处罚条例第十九条的规定处罚。

损毁公路或者擅自移动公路标志，可能影响交通安全，尚不够刑事处罚的，依照治安管理处罚条例第二十条的规定处罚。

拒绝、阻碍公路监督检查人员依法执行职务未使用暴力、威胁方法的，依照治安管理处罚条例第十九条的规定处罚。

第八十四条　违反本法有关规定，构成犯罪的，依法追究刑事责任。

第八十六条　交通主管部门、公路管理机构的工作人员玩忽职守、徇私舞弊、滥用职权，构成犯罪的，依法追究刑事责任；尚不构成犯罪的，依法给予行政处分。

82. 中华人民共和国公司法（节录）（2004.8.28）

（1993年12月29日第八届全国人民代表大会常务委员会第五次会议通过　根据1999年12月25日第九届全国人民代表大会常务委员会第十三次会议《关于修改〈中华人民共和国公司法〉的决定》第一次修正　根据2004年8月28日第十届全国人民代表大会常务委员会第十一次会议《关于修改〈中华人民共和国公司法〉的决定》第二次修正）

第十章　法律责任

第二百零六条　违反本法规定，办理公司登记时虚报注册资本、提交虚假证明文件或者采取其他欺诈手段隐瞒重要事实取得公司登记的，责令改正，对虚报注册资本的公司，处以虚报注册资本金额百分之五以上百分之十以下的罚款；对提交虚假证明文件或者采取其他欺诈手段隐瞒重要事实的公司，处以一万元以上十万元以下的罚款；情节严重的，撤销公司登记。构成犯罪的，依法追究刑事责任。

第二百零七条　制作虚假的招股说明书、认股书、公司债券募集办法发行股票或者公司债券的，责令停止发行，退还所募资金及其利息，处以非法募集资金金额百分之一以上百分之五以下的罚款。构成犯罪的，依法追究刑事责任。

第二百零八条　公司的发起人、股东未交付货币、实物或者未转移财产权，虚假出资，欺骗债权人和社会公众的，责令改正，处以虚假出资金额百分之五以上百分之十以下的罚款。构成犯罪的，依法追究刑事责任。

第二百零九条　公司的发起人、股东在公司成立后，抽逃其出资的，责令改正，处以所抽逃出资金额百分之五以上百分之十以下的罚款。构成犯罪的，依法追究刑事责任。

第二百一十条　未经本法规定的有关主管部门的批准，擅自发行股票或者公司债券的，责令停止发行，退还所募资金及其利息，处以非法所募资金金额百分之一以上百分之五以下的罚款。构成犯罪的，依法追究刑事责任。

第二百一十一条　公司违反本法规定，在法定的会计账册以外另立会计账册的，责令改正，处以一万元以上十万元以下的罚款。构成犯罪的，依法追究刑事责任。

将公司资产以任何个人名义开立账户存储的，没收违法所得，并处以违法所得一倍以上五倍以下的罚款。构成犯罪的，依法追究刑事责任。

第二百一十二条　公司向股东和社会公众提供虚假的或者隐瞒重要事实的财务会计报告的，对直接负责的主管人员和其他直接责任人员处以一万元以上十万元以下的罚款。构成犯罪的，依法追究刑事责任。

第二百一十三条 违反本法规定，将国有资产低价折股、低价出售或者无偿分给个人的，对直接负责的主管人员和其他直接责任人员依法给予行政处分。构成犯罪的，依法追究刑事责任。

第二百一十四条 董事、监事、经理利用职权收受贿赂、其他非法收入或者侵占公司财产的，没收违法所得，责令退还公司财产，由公司给予处分。构成犯罪的，依法追究刑事责任。

董事、经理挪用公司资金或者将公司资金借贷给他人的，责令退还公司的资金，由公司给予处分，将其所得收入归公司所有。构成犯罪的，依法追究刑事责任。

董事、经理违反本法规定，以公司资产为本公司的股东或者其他个人债务提供担保的，责令取消担保，并依法承担赔偿责任，将违法提供担保取得的收入归公司所有。情节严重的，由公司给予处分。

第二百一十七条 公司在合并、分立、减少注册资本或者进行清算时，不按照本法规定通知或者公告债权人的，责令改正，对公司处以一万元以上十万元以下的罚款。

公司在进行清算时，隐匿财产，对资产负债表或者财产清单作虚伪记载或者未清偿债务前分配公司财产的，责令改正，对公司处以隐匿财产或者未清偿债务前分配公司财产金额百分之一以上百分之五以下的罚款。对直接负责的主管人员和其他直接责任人员处以一万元以上十万元以下的罚款。构成犯罪的，依法追究刑事责任。

第二百一十八条 清算组不按照本法规定向公司登记机关报送清算报告，或者报送清算报告隐瞒重要事实或者有重大遗漏的，责令改正。

清算组成员利用职权徇私舞弊、谋取非法收入或者侵占公司财产的，责令退还公司财产，没收违法所得，并可处以违法所得一倍以上五倍以下的罚款。构成犯罪的，依法追究刑事责任。

第二百一十九条 承担资产评估、验资或者验证的机构提供虚假证明文件的，没收违法所得，处以违法所得一倍以上五倍以下的罚款，并可由有关主管部门依法责令该机构停业，吊销直接责任人员的资格证书。构成犯罪的，依法追究刑事责任。

承担资产评估、验资或者验证的机构因过失提供有重大遗漏的报告的，责令改正，情节较重的，处以所得收入一倍以上三倍以下的罚款，并可由有关主管部门依法责令该机构停业，吊销直接责任人员的资格证书。

第二百二十条 国务院授权的有关主管部门，对不符合本法规定条件的设立公司的申请予以批准，或者对不符合本法规定条件的股份发行的申请予以批准，情节严重的，对直接负责的主管人员和其他直接责任人员，依法给予行政处分。构成犯罪的，依法追究刑事责任。

第二百二十一条 国务院证券管理部门对不符合本法规定条件的募集股份、股票上市和债券发行的申请予以批准，情节严重的，对直接负责的主管人员和其他直接责任人员，依法给予行政处分。构成犯罪的，依法追究刑事责任。

第二百二十二条 公司登记机关对不符合本法规定条件的登记申请予以登记，情节严重的，对直接负责的主管人员和其他直接责任人员，依法给予行政处分。构成犯罪的，依法追究刑事责任。

第二百二十三条 公司登记机关的上级部门强令公司登记机关对不符合本法规定条件的登记申请予以登记的，或者对违法登记进行包庇的，对直接负责的主管人员和其他直接责任人员依法给予行政处分。构成犯罪的，依法追究刑事责任。

第二百二十四条 未依法登记为有限责任公司或者股份有限公司，而冒用有限责任公司或者股份有限公司名义的，责令改正或者予以取缔，并可处以一万元以上十万元以下的罚款。构成犯罪的，依法追究刑事责任。

83. 中华人民共和国证券法（节录）（2004. 8. 28）

（1998 年 12 月 29 日第九届全国人民代表大会常务委员会第六次会议通过
根据 2004 年 8 月 28 日第十届全国人民代表大会常务委员会第十一次会议
《关于修改〈中华人民共和国证券法〉的决定》修正）

第六章　证券公司

第一百四十五条 证券公司的从业人员在证券交易活动中，按其所属的证券公司的指令或者利用职务违反交易规则的，由所属的证券公司承担全部责任。

第十一章　法律责任

第一百七十五条　未经法定的机关核准或者审批，擅自发行证券的，或者制作虚假的发行文件发行证券的，责令停止发行，退还所募资金和加算银行同期存款利息，并处以非法所募资金金额百分之一以上百分之五以下的罚款。对直接负责的主管人员和其他直接责任人员给予警告，并处以三万元以上三十万元以下的罚款。构成犯罪的，依法追究刑事责任。

第一百七十六条　证券公司承销或者代理买卖未经核准或者审批擅自发行的证券的，由证券监督管理机构予以取缔，没收违法所得，并处以违法所得一倍以上五倍以下的罚款。对直接负责的主管人员和其他直接责任人员给予警告，并处以三万元以上三十万元以下的罚款。构成犯罪的，依法追究刑事责任。

第一百七十七条　依照本法规定，经核准上市交易的证券，其发行人未按照有关规定披露信息，或者所披露的信息有虚假记载、误导性陈述或者有重大遗漏的，由证券监督管理机构责令改正，对发行人处以三十万元以上六十万元以下的罚款。对直接负责的主管人员和其他直接责任人员给予警告，并处以三万元以上三十万元以下的罚款。构成犯罪的，依法追究刑事责任。

前款发行人未按期公告其上市文件或者报送有关报告的，由证券监督管理机构责令改正，对发行人处以五万元以上十万元以下的罚款。

第一百七十八条　非法开设证券交易场所的，由证券监督管理机构予以取缔，没收违法所得，并处以违法所得一倍以上五倍以下的罚款。没有违法所得的，处以十万元以上五十万元以下的罚款。对直接负责的主管人员和其他直接责任人员给予警告，并处以三万元以上三十万元以下的罚款。构成犯罪的，依法追究刑事责任。

第一百七十九条　未经批准并领取业务许可证，擅自设立证券公司经营证券业务的，由证券监督管理机构予以取缔，没收违法所得，并处以违法所得一倍以上五倍以下的罚款。没有违法所得的，处以三万元以上十万元以下的罚款。构成犯罪的，依法追究刑事责任。

第一百八十一条　证券交易所、证券公司、证券登记结算机构、证券交易服务机构的从业人员、证券业协会或者证券监督管理机构的工作人员，故意提供虚假资料，伪造、变造或者销毁交易记录，诱骗投资者买卖证券的，取消从业资格，并处以三万元以上五万元以下的罚款；属于国家工作人员的，还应当依法给予行政处分。构成犯罪的，依法追究刑事责任。

第一百八十三条　证券交易内幕信息的知情人员或者非法获取证券交易内幕信息的人员，在涉及证券的发行、交易或者其他对证券的价格有重大影响的信息尚未公开前，买入或者卖出该证券，或者泄露该信息或者建议他人买卖该证券的，责令依法处理非法获得的证券，没收违法所得，并处以违法所得一倍以上五倍以下或者非法买卖的证券等值以下的罚款。构成犯罪的，依法追究刑事责任。

证券监督管理机构工作人员进行内幕交易的，从重处罚。

第一百八十四条　任何人违反本法第七十一条规定，操纵证券交易价格，或者制造证券交易的虚假价格或者证券交易量，获取不正当利益或者转嫁风险的，没收违法所得，并处以违法所得一倍以上五倍以下的罚款。构成犯罪的，依法追究刑事责任。

第一百八十五条　违反本法规定，挪用公款买卖证券的，没收违法所得，并处以违法所得一倍以上五倍以下的罚款；属于国家工作人员的，还应当依法给予行政处分。构成犯罪的，依法追究刑事责任。

第一百八十六条　证券公司违反本法规定，为客户卖出其账户上未实有的证券或者为客户融资买入证券的，没收违法所得，并处以非法买卖证券等值的罚款。对直接负责的主管人员和其他直接责任人员给予警告，并处以三万元以上三十万元以下的罚款。构成犯罪的，依法追究刑事责任。

第一百八十八条　编造并且传播影响证券交易的虚假信息，扰乱证券交易市场的，处以三万元以上二十万元以下的罚款。构成犯罪的，依法追究刑事责任。

第一百八十九条　证券交易所、证券公司、证券登记结算机构、证券交易服务机构、社会中介机构及其从业人员，或者证券业协会、证券监督管理机构及其工作人员，在证券交易活动中作出虚假陈述或者信息误导的，责令改正，处以三万元以上二十万元以下的罚款；属于国家工作人员的，还应当依法给予行政处分。构成犯罪的，依法追究刑事责任。

第一百九十三条　证券公司、证券登记结算机构及其从业人员，未经客户的委托，买卖、挪用、出借客户账户上的证券或者将客户的证券用于质押的，或者挪用客户账户上的资金的，责令改正，没收违法所得，处以违法所得一倍以上五倍以下的罚款，并责令关闭或者吊销责任人员的从业资格证书。构成犯罪的，依法追究刑事责任。

第二百零二条　为证券的发行、上市或者证券交易活动出具审计报告、资产评估报告或者法律意见书等文件的专业机构，就其所应负责的内容弄虚作假的，没收违法所得，并处以违法所得一倍以上五倍以下的罚款，并由有关主管部门责令该机构停业，吊销直接责任人员的资格证书。造成损失的，承担连带赔偿责任。构成犯罪的，依法追究刑事责任。

第二百零四条　证券监督管理机构对不符合本法规定的证券发行、上市的申请予以核准，或者对不符合本法规定条件的设立证券公司、证券登记结算机构或者证券交易服务机构的申请予以批准，情节严重的，对直接负责的主管人员和其他直接责任人员，依法给予行政处分。构成犯罪的，依法追究刑事责任。

第二百零五条　证券监督管理机构的工作人员和发行审核委员会的组成人员，不履行本法规定的职责，徇私舞弊、玩忽职守或者故意刁难有关当事人的，依法给予行政处分。构成犯罪的，依法追究刑事责任。

第二百零六条　违反本法规定，发行、承销公司债券的，由国务院授权的部门依照本法第一百七十五条、第一百七十六条、第二百零二条的规定予以处罚。

第二百零八条　以暴力、威胁方法阻碍证券监督管理机构依法行使监督检查职权的，依法追究刑事责任；拒绝、阻碍证券监督管理机构及其工作人员依法行使监督检查职权未使用暴力、威胁方法的，依照治安管理处罚条例的规定进行处罚。

84. 中华人民共和国票据法（节录）（2004. 8. 28）

（1995 年 5 月 10 日第八届全国人民代表大会常务委员会第十三次会议通过
根据 2004 年 8 月 28 日第十届全国人民代表大会常务委员会第十一次会议
《关于修改〈中华人民共和国票据法〉的决定》修正）

第六章　法律责任

第一百零二条　有下列票据欺诈行为之一的，依法追究刑事责任：

（一）伪造、变造票据的；

（二）故意使用伪造、变造的票据的；

（三）签发空头支票或者故意签发与其预留的本名签名式样或者印鉴不符的支票，骗取财物的；

（四）签发无可靠资金来源的汇票、本票，骗取资金的；

（五）汇票、本票的出票人在出票时作虚假记载，骗取财物的；

（六）冒用他人的票据，或者故意使用过期或者作废的票据，骗取财物的；

（七）付款人同出票人、持票人恶意串通，实施前六项所列行为之一的。

第一百零三条　有前条所列行为之一，情节轻微，不构成犯罪的，依照国家有关规定给予行政处罚。

第一百零四条　金融机构工作人员在票据业务中玩忽职守，对违反本法规定的票据予以承兑、付款或者保证的，给予处分；造成重大损失，构成犯罪的，依法追究刑事责任。

由于金融机构工作人员因前款行为给当事人造成损失的，由该金融机构和直接责任人员依法承担赔偿责任。

85. 中华人民共和国拍卖法（节录）（2004. 8. 28）

（1996 年 7 月 5 日第八届全国人民代表大会常务委员会第二十次会议通过
根据 2004 年 8 月 28 日第十届全国人民代表大会常务委员会第十一次会议
《关于修改〈中华人民共和国拍卖法〉的决定》修正）

第五章　法律责任

第五十八条　委托人违反本法第六条的规定，委托拍卖其没有所有权或者依法不得处分的物品或者财产权利的，应当依法承担责任。拍卖人明知委托人对拍卖的物品或者财产权利没有所有权或者依法不得处分的，应当承担连带责任。

86. 中华人民共和国野生动物保护法（节录）（2004. 8. 28）

（1988 年 11 月 8 日第七届全国人民代表大会常务委员会第四次会议通过
根据 2004 年 8 月 28 日第十届全国人民代表大会常务委员会第十一次会议
《关于修改〈中华人民共和国野生动物保护法〉的决定》修正）

第四章　法律责任

第三十一条　非法捕杀国家重点保护野生动物的，依照关于惩治捕杀国家重点保护的珍贵、濒危野生动物犯罪的补充规定追究刑事责任。

第三十二条　违反本法规定，在禁猎区、禁猎期或者使用禁用的工具、方法猎捕野生动物的，由野生动物行政主管部门没收猎获物、猎捕工具和违法所得，处以罚款；情节严重、构成犯罪的，依照刑法第一百三十条的规定追究刑事责任。

第三十五条　违反本法规定，出售、收购、运输、携带国家或者地方重点保护野生动物或者其产品的，由工商行政管理部门没收实物和违法所得，可以并处罚款。

违反本法规定，出售、收购国家重点保护野生动物或者其产品，情节严重、构成投机倒把罪、走私罪的，依照刑法有关规定追究刑事责任。

没收的实物，由野生动物行政主管部门或者其授权的单位按照规定处理。

第三十六条　非法进出口野生动物或者其产品的，由海关依照海关法处罚；情节严重、构成犯罪的，依照刑法关于走私罪的规定追究刑事责任。

第三十七条　伪造、倒卖、转让特许猎捕证、狩猎证、驯养繁殖许可证或者允许进出口证明书的，由野生动物行政主管部门或者工商行政管理部门吊销证件，没收违法所得，可以并处罚款。

伪造、倒卖特许猎捕证或者允许进出口证明书，情节严重、构成犯罪的，比照刑法第一百六十七条的规定追究刑事责任。

第三十八条　野生动物行政主管部门的工作人员玩忽职守、滥用职权、徇私舞弊的，由其所在单位或者上级主管机关给予行政处分；情节严重、构成犯罪的，依法追究刑事责任。

87. 中华人民共和国渔业法（节录）（2004. 8. 28）

（1986 年 1 月 20 日第六届全国人民代表大会常务委员会第十四次会议通过　根据 2000 年 10 月 31 日第九届全国人民代表大会常务委员会第十八次会议《关于修改〈中华人民共和国渔业法〉的决定》第一次修正　根据 2004 年 8 月 28 日第十届全国人民代表大会常务委员会第十一次会议《关于修改〈中华人民共和国渔业法〉的决定》第二次修正）

第五章　法律责任

第三十八条　使用炸鱼、毒鱼、电鱼等破坏渔业资源方法进行捕捞的，违反关于禁渔区、禁渔期的规定进行捕捞的，或者使用禁用的渔具、捕捞方法和小于最小网目尺寸的网具进行捕捞或者渔获物中幼鱼超过规定比例的，没收渔获物和违法所得，处五万元以下的罚款；情节严重的，没收渔具，吊销捕捞许可证；情节特别严重的，可以没收渔船；构成犯罪的，依法追究刑事责任。在禁渔区或者禁渔期内销售非法捕捞的渔获物的，县级以上地方人民政府渔业行政主管部门应当及时进行调查处理。

制造、销售禁用的渔具的，没收非法制造、销售的渔具和违法所得，并处一万元以下的罚款。

第三十九条　偷捕、抢夺他人养殖的水产品的，或者破坏他人养殖水体、养殖设施的，责令改正，可以处二万元以下的罚款；造成他人损失的，依法承担赔偿责任；构成犯罪的，依法追究刑事责任。

第四十三条　涂改、买卖、出租或者以其他形式转让捕捞许可证的，没收违法所得，吊销捕捞许可证，可以并处一万元以下的罚款；伪造、变造、买卖捕捞许可证，构成犯罪的，依法追究刑事责任。

第四十六条 外国人、外国渔船违反本法规定，擅自进入中华人民共和国管辖水域从事渔业生产和渔业资源调查活动的，责令其离开或者将其驱逐，可以没收渔获物、渔具，并处五十万元以下的罚款；情节严重的，可以没收渔船；构成犯罪的，依法追究刑事责任。

第四十七条 造成渔业水域生态环境破坏或者渔业污染事故的，依照《中华人民共和国海洋环境保护法》和《中华人民共和国水污染防治法》的规定追究法律责任。

第四十九条 渔业行政主管部门和其所属的渔政监督管理机构及其工作人员违反本法规定核发许可证、分配捕捞限额或者从事渔业生产经营活动的，或者有其他玩忽职守不履行法定义务、滥用职权、徇私舞弊的行为的，依法给予行政处分；构成犯罪的，依法追究刑事责任。

88. 中华人民共和国种子法（节录）（2004.8.28）

（2000年7月8日第九届全国人民代表大会常务委员会第十六次会议通过
根据2004年8月28日第十届全国人民代表大会常务委员会第十一次会议
《关于修改〈中华人民共和国种子法〉的决定》修正）

第十章 法律责任

第五十九条 违反本法规定，生产、经营假、劣种子的，由县级以上人民政府农业、林业行政主管部门或者工商行政管理机关责令停止生产、经营，没收种子和违法所得，吊销种子生产许可证、种子经营许可证或者营业执照，并处以罚款；有违法所得的，处以违法所得五倍以上十倍以下罚款；没有违法所得的，处以二千元以上五万元以下罚款；构成犯罪的，依法追究刑事责任。

第六十条 违反本法规定，有下列行为之一的，由县级以上人民政府农业、林业行政主管部门责令改正，没收种子和违法所得，并处以违法所得一倍以上三倍以下罚款；没有违法所得的，处以一千元以上三万元以下罚款；可以吊销违法行为人的种子生产许可证或者种子经营许可证；构成犯罪的，依法追究刑事责任：

（一）未取得种子生产许可证或者伪造、变造、买卖、租借种子生产许可证，或者未按照种子生产许可证的规定生产种子的；

（二）未取得种子经营许可证或者伪造、变造、买卖、租借种子经营许可证，或者未按照种子经营许可证的规定经营种子的。

第六十一条 违反本法规定，有下列行为之一的，由县级以上人民政府农业、林业行政主管部门责令改正，没收种子和违法所得，并处以违法所得一倍以上三倍以下罚款；没有违法所得的，处以一千元以上二万元以下罚款；构成犯罪的，依法追究刑事责任：

（一）为境外制种的种子在国内销售的；

（二）从境外引进农作物种子进行引种试验的收获物在国内作商品种子销售的；

（三）未经批准私自采集或者采伐国家重点保护的天然种质资源的。

第六十五条 违反本法规定，抢采掠青、损坏母树或者在劣质林内和劣质母树上采种的，由县级以上人民政府林业行政主管部门责令停止采种行为，没收所采种子，并处以所采林木种子价值一倍以上三倍以下的罚款；构成犯罪的，依法追究刑事责任。

第六十八条 种子质量检验机构出具虚假检验证明的，与种子生产者、销售者承担连带责任；并依法追究种子质量检验机构及其有关责任人的行政责任；构成犯罪的，依法追究刑事责任。

第七十条 农业、林业行政主管部门违反本法规定，对不具备条件的种子生产者、经营者核发种子生产许可证或者种子经营许可证的，对直接负责的主管人员和其他直接责任人员，依法给予行政处分；构成犯罪的，依法追究刑事责任。

第七十一条 种子行政管理人员徇私舞弊、滥用职权、玩忽职守的，或者违反本法规定从事种子生产、经营活动的，依法给予行政处分；构成犯罪的，依法追究刑事责任。

89. 中华人民共和国土地管理法（节录）（2004. 8. 28）

（1986 年 6 月 25 日第六届全国人民代表大会常务委员会第十六次会议通过　根据 1988 年 12 月 29 日第七届全国人民代表大会常务委员会第五次会议《关于修改〈中华人民共和国土地管理法〉的决定》第一次修正　1998 年 8 月 29 日第九届全国人民代表大会常务委员会第四次会议修订　根据 2004 年 8 月 28 日第十届全国人民代表大会常务委员会第十一次会议《关于修改〈中华人民共和国土地管理法〉的决定》第二次修正）

第六章　监督检查

第七十一条　县级以上人民政府土地行政主管部门在监督检查工作中发现土地违法行为构成犯罪的，应当将案件移送有关机关，依法追究刑事责任；尚不构成犯罪的，应当依法给予行政处罚。

第七章　法律责任

第七十三条　买卖或者以其他形式非法转让土地的，由县级以上人民政府土地行政主管部门没收违法所得；对违反土地利用总体规划擅自将农用地改为建设用地的，限期拆除在非法转让的土地上新建的建筑物和其他设施，恢复土地原状，对符合土地利用总体规划的，没收在非法转让的土地上新建的建筑物和其他设施；可以并处罚款；对直接负责的主管人员和其他直接责任人员，依法给予行政处分；构成犯罪的，依法追究刑事责任。

第七十四条　违反本法规定，占用耕地建窑、建坟或者擅自在耕地上建房、挖砂、采石、采矿、取土等，破坏种植条件的，或者因开发土地造成土地荒漠化、盐渍化的，由县级以上人民政府土地行政主管部门责令限期改正或者治理，可以并处罚款；构成犯罪的，依法追究刑事责任。

第七十六条　未经批准或者采取欺骗手段骗取批准，非法占用土地的，由县级以上人民政府土地行政主管部门责令退还非法占用的土地，对违反土地利用总体规划擅自将农用地改为建设用地的，限期拆除在非法占用的土地上新建的建筑物和其他设施，恢复土地原状，对符合土地利用总体规划的，没收在非法占用的土地上新建的建筑物和其他设施，可以并处罚款；对非法占用土地单位的直接负责的主管人员和其他直接责任人员，依法给予行政处分；构成犯罪的，依法追究刑事责任。

超过批准的数量占用土地，多占的土地以非法占用土地论处。

第七十八条　无权批准征收、使用土地的单位或者个人非法批准占用土地的，超越批准权限非法批准占用土地的，不按照土地利用总体规划确定的用途批准用地的，或者违反法律规定的程序批准占用、征收土地的，其批准文件无效，对非法批准征收、使用土地的直接负责的主管人员和其他直接责任人员，依法给予行政处分；构成犯罪的，依法追究刑事责任。非法批准、使用的土地应当收回，有关当事人拒不归还的，以非法占用土地论处。

非法批准征收、使用土地，对当事人造成损失的，依法应当承担赔偿责任。

第七十九条　侵占、挪用被征收土地单位的征地补偿费用和其他有关费用，构成犯罪的，依法追究刑事责任；尚不构成犯罪的，依法给予行政处分。

第八十四条　土地行政主管部门的工作人员玩忽职守、滥用职权、徇私舞弊，构成犯罪的，依法追究刑事责任；尚不构成犯罪的，依法给予行政处分。

90. 中华人民共和国全国人民代表大会和地方各级人民代表大会选举法（节录）（2004. 10. 27）

（1979 年 7 月 1 日第五届全国人民代表大会第二次会议通过　根据 1982 年 12 月 10 日第五届全国人民代表大会第五次会议《关于修改〈中华人民共和国全国人民代表大会和地方各级人民代表大会选举法〉的若干规定的决议》第一次修正　根据 1986 年 12 月 2 日第六届全国人民代表大会常务委员会第十八次会议《关于修改〈中华人民共和国全国人民代表大会和地方各级人民代表大会选举法〉的决定》第二次修正　根据 1995 年 2 月 28 日第八届全国人民代表大会常务委员会第十二次会议《关于修改〈中华人民共和国全国人民代表大会和地方各级人民代表大会选举法〉的决定》第三次修正　根据 2004 年 10 月 27 日第十届全国人民代表大会常务委员会第十二次会议《关于修改〈中华人民共和国全国人民代表大会和地方各级人民代表大会选举法〉的决定》第四次修正）

第十章　对破坏选举的制裁

第五十二条　为保障选民和代表自由行使选举权和被选举权，对有下列行为之一，破坏选举，违反治安管理规定的，依法给予治安管理处罚；构成犯罪的，依法追究刑事责任：

（一）以金钱或者其他财物贿赂选民或者代表，妨害选民和代表自由行使选举权和被选举权的；

（二）以暴力、威胁、欺骗或者其他非法手段妨害选民和代表自由行使选举权和被选举权的；

（三）伪造选举文件、虚报选举票数或者有其他违法行为的；

（四）对于控告、检举选举中违法行为的人，或者对于提出要求罢免代表的人进行压制、报复的。

国家工作人员有前款所列行为的，还应当依法给予行政处分。

以本条第一款所列违法行为当选的，其当选无效。

91. 中华人民共和国地方各级人民代表大会和地方各级人民政府组织法（节录）（2004. 10. 27）

（1979 年 7 月 1 日第五届全国人民代表大会第二次会议通过　根据 1982 年 12 月 10 日第五届全国人民代表大会第五次会议《关于修改〈中华人民共和国地方各级人民代表大会和地方各级人民政府组织法〉的若干规定的决议》第一次修正　根据 1986 年 12 月 2 日第六届全国人民代表大会常务委员会第十八次会议《关于修改〈中华人民共和国地方各级人民代表大会和地方各级人民政府组织法〉的决定》第二次修正　根据 1995 年 2 月 28 日第八届全国人民代表大会常务委员会第十二次会议《关于修改〈中华人民共和国地方各级人民代表大会和地方各级人民政府组织法〉的决定》第三次修正　根据 2004 月 27 日第十届全国人民代表大会常务委员会第十二次会议《关于修改〈中华人民共和国地方各级人民代表大会和地方各级人民政府组织法〉的决定》第四次修正）

第二章　地方各级人民代表大会

第三十四条　地方各级人民代表大会代表、常务委员会组成人员，在人民代表大会和常务委员会会议上的发言和表决，不受法律追究。

第三十五条　县级以上的地方各级人民代表大会代表，非经本级人民代表大会主席团许可，在大会闭会期间，非经本级人民代表大会常务委员会许可，不受逮捕或者刑事审判。如果因为是现行犯被拘留，执行拘留的公安机关应当立即向该级人民代表大会主席团或者常务委员会报告。

92. 中华人民共和国固体废物污染环境防治法（节录）（2004. 12. 29）

（1995 年 10 月 30 日第八届全国人民代表大会常务委员会第十六次会议通过
2004 年 12 月 29 日第十届全国人民代表大会常务委员会第十三次会议修订）

第五章　法律责任

第六十七条　县级以上人民政府环境保护行政主管部门或者其他固体废物污染环境防治工作的监督管理部门违反本法规定，有下列行为之一的，由本级人民政府或者上级人民政府有关行政主管部门责令改正，对负有责任的主管人员和其他直接责任人员依法给予行政处分；构成犯罪的，依法追究刑事责任：

（一）不依法作出行政许可或者办理批准文件的；

（二）发现违法行为或者接到对违法行为的举报后不予查处的；

（三）有不依法履行监督管理职责的其他行为的。

第七十八条　违反本法规定，将中华人民共和国境外的固体废物进境倾倒、堆放、处置的，进口属于禁止进口的固体废物或者未经许可擅自进口属于限制进口的固体废物用作原料的，由海关责令退运该固体废物，可以并处十万元以上一百万元以下的罚款；构成犯罪的，依法追究刑事责任。进口者不明的，由承运人承担退运该固体废物的责任，或者承担该固体废物的处置费用。

逃避海关监管将中华人民共和国境外的固体废物运输进境，构成犯罪的，依法追究刑事责任。

第八十条　对已经非法入境的固体废物，由省级以上人民政府环境保护行政主管部门依法向海关提出处理意见，海关应当依照本法第七十八条的规定作出处罚决定；已经造成环境污染的，由省级以上人民政府环境保护行政主管部门责令进口者消除污染。

第八十三条　违反本法规定，收集、贮存、利用、处置危险废物，造成重大环境污染事故，构成犯罪的，依法追究刑事责任。

93. 中华人民共和国可再生能源法（节录）（2005. 2. 28）

（2005 年 2 月 28 日第十届全国人民代表大会常务委员会第十四次会议通过）

第七章　法律责任

第二十八条　国务院能源主管部门和县级以上地方人民政府管理能源工作的部门和其他有关部门在可再生能源开发利用监督管理工作中，违反本法规定，有下列行为之一的，由本级人民政府或者上级人民政府有关部门责令改正，对负有责任的主管人员和其他直接责任人员依法给予行政处分；构成犯罪的，依法追究刑事责任：

（一）不依法作出行政许可决定的；

（二）发现违法行为不予查处的；

（三）有不依法履行监督管理职责的其他行为的。

94. 中华人民共和国公务员法（节录）（2005.4.27）

（2005 年 4 月 27 日第十届全国人民代表大会常务委员会第十五次会议通过）

第十七章　法律责任

第一百零一条　对有下列违反本法规定情形的，由县级以上领导机关或者公务员主管部门按照管理权限，区别不同情况，分别予以责令纠正或者宣布无效；对负有责任的领导人员和直接责任人员，根据情节轻重，给予批评教育或者处分；构成犯罪的，依法追究刑事责任：

（一）不按编制限额、职数或者任职资格条件进行公务员录用、调任、转任、聘任和晋升的；

（二）不按规定条件进行公务员奖惩、回避和办理退休的；

（三）不按规定程序进行公务员录用、调任、转任、聘任、晋升、竞争上岗、公开选拔以及考核、奖惩的；

（四）违反国家规定，更改公务员工资、福利、保险待遇标准的；

（五）在录用、竞争上岗、公开选拔中发生泄露试题、违反考场纪律以及其他严重影响公开、公正的；

（六）不按规定受理和处理公务员申诉、控告的；

（七）违反本法规定的其他情形的。

第一百零四条　公务员主管部门的工作人员，违反本法规定，滥用职权、玩忽职守、徇私舞弊，构成犯罪的，依法追究刑事责任；尚不构成犯罪的，给予处分。

95. 中华人民共和国治安管理处罚法（节录）（2005.8.28）

（2005 年 8 月 28 日第十届全国人民代表大会常务委员会第十七次会议通过）

第五章　执法监督

第一百一十六条　人民警察办理治安案件，有下列行为之一的，依法给予行政处分；构成犯罪的，依法追究刑事责任：

（一）刑讯逼供、体罚、虐待、侮辱他人的；

（二）超过询问查证的时间限制人身自由的；

（三）不执行罚款决定与罚款收缴分离制度或者不按规定将罚没的财物上缴国库或者依法处理的；

（四）私分、侵占、挪用、故意损毁收缴、扣押的财物的；

（五）违反规定使用或者不及时返还被侵害人财物的；

（六）违反规定不及时退还保证金的；

（七）利用职务上的便利收受他人财物或者谋取其他利益的；

（八）当场收缴罚款不出具罚款收据或者不如实填写罚款数额的；

（九）接到要求制止违反治安管理行为的报警后，不及时出警的；

（十）在查处违反治安管理活动时，为违法犯罪行为人通风报信的；

（十一）有徇私舞弊、滥用职权，不依法履行法定职责的其他情形的。

办理治安案件的公安机关有前款所列行为的，对直接负责的主管人员和其他直接责任人员给予相应的行政处分。

96. 中华人民共和国公证法（节录）（2005. 8. 28）

（2005 年 8 月 28 日第十届全国人民代表大会常务委员会第十七次会议通过）

第六章 法律责任

第四十二条 公证机构及其公证员有下列行为之一的，由省、自治区、直辖市或者设区的市人民政府司法行政部门对公证机构给予警告，并处二万元以上十万元以下罚款，并可以给予一个月以上三个月以下停业整顿的处罚；对公证员给予警告，并处二千元以上一万元以下罚款，并可以给予三个月以上十二个月以下停止执业的处罚；有违法所得的，没收违法所得；情节严重的，由省、自治区、直辖市人民政府司法行政部门吊销公证员执业证书；构成犯罪的，依法追究刑事责任：

（一）私自出具公证书的；

（二）为不真实、不合法的事项出具公证书的；

（三）侵占、挪用公证费或者侵占、盗窃公证专用物品的；

（四）毁损、篡改公证文书或者公证档案的；

（五）泄露在执业活动中知悉的国家秘密、商业秘密或者个人隐私的；

（六）依照法律、行政法规的规定，应当给予处罚的其他行为。

因故意犯罪或者职务过失犯罪受刑事处罚的，应当吊销公证员执业证书。

第四十四条 当事人以及其他个人或者组织有下列行为之一，给他人造成损失的，依法承担民事责任；违反治安管理的，依法给予治安管理处罚；构成犯罪的，依法追究刑事责任：

（一）提供虚假证明材料，骗取公证书的；

（二）利用虚假公证书从事欺诈活动的；

（三）伪造、变造或者买卖伪造、变造的公证书、公证机构印章的。

97. 中华人民共和国妇女权益保障法（节录）（2005. 8. 28）

（1992 年 4 月 3 日第七届全国人民代表大会第五次会议通过
根据 2005 年 8 月 28 日第十届全国人民代表大会常务委员会第十七次会议
《关于修改〈中华人民共和国妇女权益保障法〉的决定》修正）

第八章 法律责任

第五十六条 违反本法规定，侵害妇女的合法权益，其他法律、法规规定行政处罚的，从其规定；造成财产损失或者其他损害的，依法承担民事责任；构成犯罪的，依法追究刑事责任。

98. 中华人民共和国公司法（节录）（2005. 10. 27）

（1993年12月29日第八届全国人民代表大会常务委员会第五次会议通过　根据1999年12月25日第九届全国人民代表大会常务委员会第十三次会议《关于修改〈中华人民共和国公司法〉的决定》第一次修正　根据2004年8月28日第十届全国人民代表大会常务委员会第十一次会议《关于修改〈中华人民共和国公司法〉的决定》第二次修正　2005年10月27日第十届全国人民代表大会常务委员会第十八次会议修订）

第十二章　法律责任

第一百九十九条　违反本法规定，虚报注册资本、提交虚假材料或者采取其他欺诈手段隐瞒重要事实取得公司登记的，由公司登记机关责令改正，对虚报注册资本的公司，处以虚报注册资本金额百分之五以上百分之十五以下的罚款；对提交虚假材料或者采取其他欺诈手段隐瞒重要事实的公司，处以五万元以上五十万元以下的罚款；情节严重的，撤销公司登记或者吊销营业执照。

第二百条　公司的发起人、股东虚假出资，未交付或者未按期交付作为出资的货币或者非货币财产的，由公司登记机关责令改正，处以虚假出资金额百分之五以上百分之十五以下的罚款。

第二百零一条　公司的发起人、股东在公司成立后，抽逃其出资的，由公司登记机关责令改正，处以所抽逃出资金额百分之五以上百分之十五以下的罚款。

第二百零二条　公司违反本法规定，在法定的会计账簿以外另立会计账簿的，由县级以上人民政府财政部门责令改正，处以五万元以上五十万元以下的罚款。

第二百零三条　公司在依法向有关主管部门提供的财务会计报告等材料上作虚假记载或者隐瞒重要事实的，由有关主管部门对直接负责的主管人员和其他直接责任人员处以三万元以上三十万元以下的罚款。

第二百零四条　公司不依照本法规定提取法定公积金的，由县级以上人民政府财政部门责令如数补足应当提取的金额，可以对公司处以二十万元以下的罚款。

第二百零五条　公司在合并、分立、减少注册资本或者进行清算时，不依照本法规定通知或者公告债权人的，由公司登记机关责令改正，对公司处以一万元以上十万元以下的罚款。

公司在进行清算时，隐匿财产，对资产负债表或者财产清单作虚假记载或者在未清偿债务前分配公司财产的，由公司登记机关责令改正，对公司处以隐匿财产或者未清偿债务前分配公司财产金额百分之五以上百分之十以下的罚款；对直接负责的主管人员和其他直接责任人员处以一万元以上十万元以下的罚款。

第二百零六条　公司在清算期间开展与清算无关的经营活动的，由公司登记机关予以警告，没收违法所得。

第二百零七条　清算组不依照本法规定向公司登记机关报送清算报告，或者报送清算报告隐瞒重要事实或者有重大遗漏的，由公司登记机关责令改正。

清算组成员利用职权徇私舞弊、谋取非法收入或者侵占公司财产的，由公司登记机关责令退还公司财产，没收违法所得，并可以处以违法所得一倍以上五倍以下的罚款。

第二百零八条　承担资产评估、验资或者验证的机构提供虚假材料的，由公司登记机关没收违法所得，处以违法所得一倍以上五倍以下的罚款，并可以由有关主管部门依法责令该机构停业、吊销直接责任人员的资格证书，吊销营业执照。

承担资产评估、验资或者验证的机构因过失提供有重大遗漏的报告的，由公司登记机关责令改正，情节较重的，处以所得收入一倍以上五倍以下的罚款，并可以由有关主管部门依法责令该机构停业、吊销直接责任人员的资格证书，吊销营业执照。

承担资产评估、验资或者验证的机构因其出具的评估结果、验资或者验证证明不实，给公司债权人造成损失的，除能够证明自己没有过错的外，在其评估或者证明不实的金额范围内承担赔偿责任。

第二百零九条　公司登记机关对不符合本法规定条件的登记申请予以登记，或者对符合本法规定条件的登记申请不予登记的，对直接负责的主管人员和其他直接责任人员，依法给予行政处分。

第二百一十条　公司登记机关的上级部门强令公司登记机关对不符合本法规定条件的登记申请予以登记，或者对符合本法规定条件的登记申请不予登记的，或者对违法登记进行包庇的，对直接负责的主管人员和其他直接责任人员依法给予行政处分。

第二百一十一条　未依法登记为有限责任公司或者股份有限公司，而冒用有限责任公司或者股份有限公司名义的，或者未依法登记为有限责任公司或者股份有限公司的分公司，而冒用有限责任公司或者股份有限公司的分公司名义的，由公司登记机关责令改正或者予以取缔，可以并处十万元以下的罚款。

第二百一十二条 公司成立后无正当理由超过六个月未开业的，或者开业后自行停业连续六个月以上的，可以由公司登记机关吊销营业执照。

公司登记事项发生变更时，未依照本法规定办理有关变更登记的，由公司登记机关责令限期登记；逾期不登记的，处以一万元以上十万元以下的罚款。

第二百一十三条 外国公司违反本法规定，擅自在中国境内设立分支机构的，由公司登记机关责令改正或者关闭，可以并处五万元以上二十万元以下的罚款。

第二百一十四条 利用公司名义从事危害国家安全、社会公共利益的严重违法行为的，吊销营业执照。

第二百一十五条 公司违反本法规定，应当承担民事赔偿责任和缴纳罚款、罚金的，其财产不足以支付时，先承担民事赔偿责任。

第二百一十六条 违反本法规定，构成犯罪的，依法追究刑事责任。

99. 中华人民共和国证券法（节录）（2005. 10. 27）

（1998 年 12 月 29 日第九届全国人民代表大会常务委员会第六次会议通过
根据 2004 年 8 月 28 日第十届全国人民代表大会常务委员会第十一次会议
《关于修改〈中华人民共和国证券法〉的决定》修正　2005 年 10 月 27 日
第十届全国人民代表大会常务委员会第十八次会议修订）

第十一章　法律责任

第二百二十八条 证券监督管理机构的工作人员和发行审核委员会的组成人员，不履行本法规定的职责，滥用职权、玩忽职守，利用职务便利牟取不正当利益，或者泄露所知悉的有关单位和个人的商业秘密的，依法追究法律责任。

第二百三十一条 违反本法规定，构成犯罪的，依法追究刑事责任。

100. 中华人民共和国畜牧法（节录）（2005. 12. 29）

（2005 年 12 月 29 日第十届全国人民代表大会常务委员会第十九次会议通过）

第七章　法律责任

第七十二条 违反本法规定，构成犯罪的，依法追究刑事责任。

101. 中华人民共和国审计法（节录）（2006. 2. 28）

（1994 年 8 月 31 日第八届全国人民代表大会常务委员会第九次会议通过
根据 2006 年 2 月 28 日第十届全国人民代表大会常务委员会第二十次会议
《关于修改〈中华人民共和国审计法〉的决定》修正）

第六章　法律责任

第四十四条 被审计单位违反本法规定，转移、隐匿、篡改、毁弃会计凭证、会计账簿、财务会计报告以及其他与财政收支、财务收支有关的资料，或者转移、隐匿所持有的违反国家规定取得的资产，审计机关认为对直接负责的主管人员和其他直接责任人员依法应当给予处分的，应当提出给予处分的建议，被审计单位或者其上级机关、监察机关应当依法及时作出决定，并将结果书面通知审计机关；构成犯罪的，依法追究刑事责任。

第五十条 被审计单位的财政收支、财务收支违反法律、行政法规的规定，构成犯罪的，依法追究刑事责任。

第五十一条 报复陷害审计人员的，依法给予处分；构成犯罪的，依法追究刑事责任。

第五十二条 审计人员滥用职权、徇私舞弊、玩忽职守或者泄露所知悉的国家秘密、商业秘密的，依法给予处分；构成犯罪的，依法追究刑事责任。

102. 中华人民共和国农产品质量安全法（节录）（2006. 4. 29）

（2006 年 4 月 29 日第十届全国人民代表大会常务委员会第二十一次会议通过）

第七章 法律责任

第五十三条 违反本法规定，构成犯罪的，依法追究刑事责任。

103. 中华人民共和国护照法（节录）（2006. 4. 29）

（2006 年 4 月 29 日第十届全国人民代表大会常务委员会第二十一次会议通过）

第十七条 弄虚作假骗取护照的，由护照签发机关收缴护照或者宣布护照作废；由公安机关处二千元以上五千元以下罚款；构成犯罪的，依法追究刑事责任。

第十八条 为他人提供伪造、变造的护照，或者出售护照的，依法追究刑事责任；尚不够刑事处罚的，由公安机关没收违法所得，处十日以上十五日以下拘留，并处二千元以上五千元以下罚款；非法护照及其印制设备由公安机关收缴。

第二十条 护照签发机关工作人员在办理护照过程中有下列行为之一的，依法给予行政处分；构成犯罪的，依法追究刑事责任：

（一）应当受理而不予受理的；

（二）无正当理由不在法定期限内签发的；

（三）超出国家规定标准收取费用的；

（四）向申请人索取或者收受贿赂的；

（五）泄露因制作、签发护照而知悉的公民个人信息，侵害公民合法权益的；

（六）滥用职权、玩忽职守、徇私舞弊的其他行为。

104. 中华人民共和国义务教育法（节录）（2006. 6. 29）

（1986 年 4 月 12 日第六届全国人民代表大会第四次会议通过
2006 年 6 月 29 日第十届全国人民代表大会常务委员会
第二十二次会议修订通过 自 2006 年 9 月 1 日起施行）

第七章 法律责任

第六十条 违反本法规定，构成犯罪的，依法追究刑事责任。

105. 中华人民共和国企业破产法（节录）（2006. 8. 27）

（2006年8月27日第十届全国人民代表大会常务委员会第二十三次会议通过）

第十一章　法律责任

第一百三十一条　违反本法规定，构成犯罪的，依法追究刑事责任。

106. 中华人民共和国合伙企业法（节录）（2006. 8. 27）

（1997年2月23日第八届全国人民代表大会常务委员会第二十四次会议通过
2006年8月27日第十届全国人民代表大会常务委员会
第二十三次会议修订　自2007年6月1日起施行）

第五章　法律责任

第一百零五条　违反本法规定，构成犯罪的，依法追究刑事责任。

107. 中华人民共和国银行业监督管理法（节录）（2006. 10. 31）

（2003年12月27日第十届全国人民代表大会常务委员会第六次会议通过
根据2006年10月31日第十届全国人民代表大会常务委员会第二十四次会议
《关于修改〈中华人民共和国银行业监督管理法〉的决定》修正）

第五章　法律责任

第四十三条　银行业监督管理机构从事监督管理工作的人员有下列情形之一的，依法给予行政处分；构成犯罪的，依法追究刑事责任：

（一）违反规定审查批准银行业金融机构的设立、变更、终止，以及业务范围和业务范围内的业务品种的；

（二）违反规定对银行业金融机构进行现场检查的；

（三）未依照本法第二十八条规定报告突发事件的；

（四）违反规定查询账户或者申请冻结资金的；

（五）违反规定对银行业金融机构采取措施或者处罚的；

（六）违反本法第四十二条规定对有关单位或者个人进行调查的；

（七）滥用职权、玩忽职守的其他行为。

银行业监督管理机构从事监督管理工作的人员贪污受贿，泄露国家秘密、商业秘密和个人隐私，构成犯罪的，依法追究刑事责任；尚不构成犯罪的，依法给予行政处分。

第四十四条　擅自设立银行业金融机构或者非法从事银行业金融机构的业务活动的，由国务院银行业监督管理机构予以取缔；构成犯罪的，依法追究刑事责任；尚不构成犯罪的，由国务院银行业监督管理机构没收违法所得，违法所得五十万元以上的，并处违法所得一倍以上五倍以下罚款；没有违法所得或者违法所得不足五十万元的，处五十万元以上二百万元以下罚款。

第四十五条　银行业金融机构有下列情形之一，由国务院银行业监督管理机构责令改正，有违法所得的，没收违法所得，违法所得五十万元以上的，并处违法所得一倍以上五倍以下罚款；没有违法所得或者违法所得不足五十万元的，处五十万元以上二百万元以下罚款；情节特别严重或者逾期不改正的，可以责令停业整顿或者吊销其经营许可证；

构成犯罪的，依法追究刑事责任：

（一）未经批准设立分支机构的；

（二）未经批准变更、终止的；

（三）违反规定从事未经批准或者未备案的业务活动的；

（四）违反规定提高或者降低存款利率、贷款利率的。

第四十六条　银行业金融机构有下列情形之一，由国务院银行业监督管理机构责令改正，并处二十万元以上五十万元以下罚款；情节特别严重或者逾期不改正的，可以责令停业整顿或者吊销其经营许可证；构成犯罪的，依法追究刑事责任：

（一）未经任职资格审查任命董事、高级管理人员的；

（二）拒绝或者阻碍非现场监管或者现场检查的；

（三）提供虚假的或者隐瞒重要事实的报表、报告等文件、资料的；

（四）未按照规定进行信息披露的；

（五）严重违反审慎经营规则的；

（六）拒绝执行本法第三十七条规定的措施的。

第四十九条　阻碍银行业监督管理机构工作人员依法执行检查、调查职务的，由公安机关依法给予治安管理处罚；构成犯罪的，依法追究刑事责任。

108. 中华人民共和国反洗钱法（节录）（2006.10.31）

（2006 年 10 月 31 日第十届全国人民代表大会常务委员会第二十四次会议通过）

第六章　法律责任

第三十三条　违反本法规定，构成犯罪的，依法追究刑事责任。

109. 中华人民共和国农民专业合作社法（节录）（2006.10.31）

（2006 年 10 月 31 日第十届全国人民代表大会常务委员会第二十四次会议通过）

第八章　法律责任

第五十三条　侵占、挪用、截留、私分或者以其他方式侵犯农民专业合作社及其成员的合法财产，非法干预农民专业合作社及其成员的生产经营活动，向农民专业合作社及其成员摊派，强迫农民专业合作社及其成员接受有偿服务，造成农民专业合作社经济损失的，依法追究法律责任。

第五十五条　农民专业合作社在依法向有关主管部门提供的财务报告等材料中，作虚假记载或者隐瞒重要事实的，依法追究法律责任。

110. 中华人民共和国未成年人保护法（节录）（2006.12.29）

（1991 年 9 月 4 日第七届全国人民代表大会常务委员会第二十一次会议通过
2006 年 12 月 29 日第十届全国人民代表大会常务委员会第二十五次会议修订）

第五章　司法保护

第五十四条　对违法犯罪的未成年人，实行教育、感化、挽救的方针，坚持教育为主、惩罚为辅的原则。

对违法犯罪的未成年人，应当依法从轻、减轻或者免除处罚。

第五十六条 公安机关、人民检察院讯问未成年犯罪嫌疑人，询问未成年证人、被害人，应当通知监护人到场。

公安机关、人民检察院、人民法院办理未成年人遭受性侵害的刑事案件，应当保护被害人的名誉。

第六章 法律责任

第六十条 违反本法规定，侵害未成年人的合法权益，其他法律、法规已规定行政处罚的，从其规定；造成人身财产损失或者其他损害的，依法承担民事责任；构成犯罪的，依法追究刑事责任。

111. 中华人民共和国物权法（节录）（2007.3.16）

（2007 年 3 月 16 日第十届全国人民代表大会第五次会议通过）

第三章 物权的保护

第三十八条 本章规定的物权保护方式，可以单独适用，也可以根据权利被侵害的情形合并适用。

侵害物权，除承担民事责任外，违反行政管理规定的，依法承担行政责任；构成犯罪的，依法追究刑事责任。

112. 中华人民共和国劳动合同法（节录）（2007.6.29）

（2007 年 6 月 29 日第十届全国人民代表大会常务委员会第二十八次会议通过）

第七章 法律责任

第八十八条 用人单位有下列情形之一的，依法给予行政处罚；构成犯罪的，依法追究刑事责任；给劳动者造成损害的，应当承担赔偿责任：

（一）以暴力、威胁或者非法限制人身自由的手段强迫劳动的；

（二）违章指挥或者强令冒险作业危及劳动者人身安全的；

（三）侮辱、体罚、殴打、非法搜查或者拘禁劳动者的；

（四）劳动条件恶劣、环境污染严重，给劳动者身心健康造成严重损害的。

第九十五条 劳动行政部门和其他有关主管部门及其工作人员玩忽职守、不履行法定职责，或者违法行使职权，给劳动者或者用人单位造成损害的，应当承担赔偿责任；对直接负责的主管人员和其他直接责任人员，依法给予行政处分；构成犯罪的，依法追究刑事责任。

113. 中华人民共和国反垄断法（节录）（2007.8.30）

（2007 年 8 月 30 日第十届全国人民代表大会常务委员会第二十九次会议通过）

第七章 法律责任

第五十二条 对反垄断执法机构依法实施的审查和调查，拒绝提供有关材料、信息，或者提供虚假材料、信息，或者隐匿、销毁、转移证据，或者有其他拒绝、阻碍调查行为的，由反垄断执法机构责令改正，对个人可以处二万元以下的罚款，对单位可以处二十万元以下的罚款；情节严重的，对个人处二万元以上十万元以下的罚款，对单位处二十万元以上一百万元以下的罚款；构成犯罪的，依法追究刑事责任。

第五十四条 反垄断执法机构工作人员滥用职权、玩忽职守、徇私舞弊或者泄露执法过程中知悉的商业秘密，构成犯罪的，依法追究刑事责任；尚不构成犯罪的，依法给予处分。

114. 中华人民共和国就业促进法（节录）（2007.8.30）

（2007年8月30日第十届全国人民代表大会常务委员会第二十九次会议通过）

第八章 法律责任

第六十八条 违反本法规定，侵害劳动者合法权益，造成财产损失或者其他损害的，依法承担民事责任；构成犯罪的，依法追究刑事责任。

115. 中华人民共和国城市房地产管理法（节录）（2007.8.30）

（1994年7月5日第八届全国人民代表大会常务委员会第八次会议通过
根据2007年8月30日第十届全国人民代表大会常务委员会第二十九次会议
《关于修改〈中华人民共和国城市房地产管理法〉的决定》修正）

第六章 法律责任

第七十一条 房产管理部门、土地管理部门工作人员玩忽职守、滥用职权，构成犯罪的，依法追究刑事责任；不构成犯罪的，给予行政处分。

房产管理部门、土地管理部门工作人员利用职务上的便利，索取他人财物，或者非法收受他人财物为他人谋取利益，构成犯罪的，依照惩治贪污罪贿赂罪的补充规定追究刑事责任；不构成犯罪的，给予行政处分。

116. 中华人民共和国突发事件应对法（节录）（2007.8.30）

（2007年8月30日第十届全国人民代表大会常务委员会第二十九次会议通过）

第六章 法律责任

第六十八条 违反本法规定，构成犯罪的，依法追究刑事责任。

117. 中华人民共和国动物防疫法（节录）（2007.8.30）

（1997年7月3日第八届全国人民代表大会常务委员会第二十六次会议通过
2007年8月30日第十届全国人民代表大会常务委员会第二十九次会议修订）

第九章 法律责任

第八十四条 违反本法规定，构成犯罪的，依法追究刑事责任。

118. 中华人民共和国城乡规划法（节录）（2007. 10. 28）

（2007 年 10 月 28 日第十届全国人民代表大会常务委员会第三十次会议通过）

第六章　法律责任

第六十九条　违反本法规定，构成犯罪的，依法追究刑事责任。

119. 中华人民共和国民事诉讼法（节录）（2007. 10. 28）

（1991 年 4 月 9 日第七届全国人民代表大会第四次会议通过
根据 2007 年 10 月 28 日第十届全国人民代表大会常务委员会第三十次会议
《关于修改〈中华人民共和国民事诉讼法〉的决定》修正）

第三章　审判组织

第四十四条　审判人员应当依法秉公办案。

审判人员不得接受当事人及其诉讼代理人请客送礼。

审判人员有贪污受贿，徇私舞弊，枉法裁判行为的，应当追究法律责任；构成犯罪的，依法追究刑事责任。

第十章　对妨害民事诉讼的强制措施

第一百零一条　诉讼参与人和其他人应当遵守法庭规则。

人民法院对违反法庭规则的人，可以予以训诫，责令退出法庭或者予以罚款、拘留。

人民法院对哄闹、冲击法庭，侮辱、诽谤、威胁、殴打审判人员，严重扰乱法庭秩序的人，依法追究刑事责任；情节较轻的，予以罚款、拘留。

第一百零二条　诉讼参与人或者其他人有下列行为之一的，人民法院可以根据情节轻重予以罚款、拘留；构成犯罪的，依法追究刑事责任：

（一）伪造、毁灭重要证据，妨碍人民法院审理案件的；

（二）以暴力、威胁、贿买方法阻止证人作证或者指使、贿买、胁迫他人作伪证的；

（三）隐藏、转移、变卖、毁损已被查封、扣押的财产，或者已被清点并责令其保管的财产，转移已被冻结的财产的；

（四）对司法工作人员、诉讼参加人、证人、翻译人员、鉴定人、勘验人、协助执行的人，进行侮辱、诽谤、诬陷、殴打或者打击报复的；

（五）以暴力、威胁或者其他方法阻碍司法工作人员执行职务的；

（六）拒不履行人民法院已经发生法律效力的判决、裁定的。

人民法院对有前款规定的行为之一的单位，可以对其主要负责人或者直接责任人员予以罚款、拘留；构成犯罪的，依法追究刑事责任。

第一百零六条　采取对妨害民事诉讼的强制措施必须由人民法院决定。任何单位和个人采取非法拘禁他人或者非法私自扣押他人财产追索债务的，应当依法追究刑事责任，或者予以拘留、罚款。

120. 中华人民共和国律师法（节录）（2007. 10. 28）

（1996 年 5 月 15 日第八届全国人民代表大会常务委员会第十九次会议通过根据 2001 年 12 月 29 日第九届全国人民代表大会常务委员会第二十五次会议《关于修改〈中华人民共和国律师法〉的决定》修正 2007 年 10 月 28 日第十届全国人民代表大会常务委员会第三十次会议修订）

第六章 法律责任

第四十九条 律师有下列行为之一的，由设区的市级或者直辖市的区人民政府司法行政部门给予停止执业六个月以上一年以下的处罚，可以处五万元以下的罚款；有违法所得的，没收违法所得；情节严重的，由省、自治区、直辖市人民政府司法行政部门吊销其律师执业证书；构成犯罪的，依法追究刑事责任：

（一）违反规定会见法官、检察官、仲裁员以及其他有关工作人员，或者以其他不正当方式影响依法办理案件的；

（二）向法官、检察官、仲裁员以及其他有关工作人员行贿，介绍贿赂或者指使、诱导当事人行贿的；

（三）向司法行政部门提供虚假材料或者有其他弄虚作假行为的；

（四）故意提供虚假证据或者威胁、利诱他人提供虚假证据，妨碍对方当事人合法取得证据的；

（五）接受对方当事人财物或者其他利益，与对方当事人或者第三人恶意串通，侵害委托人权益的；

（六）扰乱法庭、仲裁庭秩序，干扰诉讼、仲裁活动的正常进行的；

（七）煽动、教唆当事人采取扰乱公共秩序、危害公共安全等非法手段解决争议的；

（八）发表危害国家安全、恶意诽谤他人、严重扰乱法庭秩序的言论的；

（九）泄露国家秘密的。

律师因故意犯罪受到刑事处罚的，由省、自治区、直辖市人民政府司法行政部门吊销其律师执业证书。

第五十六条 司法行政部门工作人员违反本法规定，滥用职权、玩忽职守，构成犯罪的，依法追究刑事责任；尚不构成犯罪的，依法给予处分。

121. 中华人民共和国节约能源法（节录）（2007. 10. 28）

（1997 年 11 月 1 日第八届全国人民代表大会常务委员会第二十八次会议通过 2007 年 10 月 28 日第十届全国人民代表大会常务委员会第三十次会议修订）

第六章 法律责任

第八十五条 违反本法规定，构成犯罪的，依法追究刑事责任。

第八十六条 国家工作人员在节能管理工作中滥用职权、玩忽职守、徇私舞弊，构成犯罪的，依法追究刑事责任；尚不构成犯罪的，依法给予处分。

122. 中华人民共和国禁毒法（节录）（2007. 12. 29）

（2007 年 12 月 29 日第十届全国人民代表大会常务委员会第三十一次会议通过）

第六章 法律责任

第五十九条 有下列行为之一，构成犯罪的，依法追究刑事责任；尚不构成犯罪的，依法给予治安管理处罚：

（一）走私、贩卖、运输、制造毒品的；

（二）非法持有毒品的；

（三）非法种植毒品原植物的；

（四）非法买卖、运输、携带、持有未经灭活的毒品原植物种子或者幼苗的；

（五）非法传授麻醉药品、精神药品或者易制毒化学品制造方法的；

（六）强迫、引诱、教唆、欺骗他人吸食、注射毒品的；

（七）向他人提供毒品的。

第六十条　有下列行为之一，构成犯罪的，依法追究刑事责任；尚不构成犯罪的，依法给予治安管理处罚：

（一）包庇走私、贩卖、运输、制造毒品的犯罪分子，以及为犯罪分子窝藏、转移、隐瞒毒品或者犯罪所得财物的；

（二）在公安机关查处毒品违法犯罪活动时为违法犯罪行为人通风报信的；

（三）阻碍依法进行毒品检查的；

（四）隐藏、转移、变卖或者损毁司法机关、行政执法机关依法扣押、查封、冻结的涉及毒品违法犯罪活动的财物的。

第六十一条　容留他人吸食、注射毒品或者介绍买卖毒品，构成犯罪的，依法追究刑事责任；尚不构成犯罪的，由公安机关处十日以上十五日以下拘留，可以并处三千元以下罚款；情节较轻的，处五日以下拘留或者五百元以下罚款。

第六十三条　在麻醉药品、精神药品的实验研究、生产、经营、使用、储存、运输、进口、出口以及麻醉药品药用原植物种植活动中，违反国家规定，致使麻醉药品、精神药品或者麻醉药品药用原植物流入非法渠道，构成犯罪的，依法追究刑事责任；尚不构成犯罪的，依照有关法律、行政法规的规定给予处罚。

第六十四条　在易制毒化学品的生产、经营、购买、运输或者进口、出口活动中，违反国家规定，致使易制毒化学品流入非法渠道，构成犯罪的，依法追究刑事责任；尚不构成犯罪的，依照有关法律、行政法规的规定给予处罚。

第六十五条　娱乐场所及其从业人员实施毒品违法犯罪行为，或者为进入娱乐场所的人员实施毒品违法犯罪行为提供条件，构成犯罪的，依法追究刑事责任；尚不构成犯罪的，依照有关法律、行政法规的规定给予处罚。

娱乐场所经营管理人员明知场所内发生聚众吸食、注射毒品或者贩毒活动，不向公安机关报告的，依照前款的规定给予处罚。

第六十六条　未经批准，擅自从事戒毒治疗业务的，由卫生行政部门责令停止违法业务活动，没收违法所得和使用的药品、医疗器械等物品；构成犯罪的，依法追究刑事责任。

第六十八条　强制隔离戒毒场所、医疗机构、医师违反规定使用麻醉药品、精神药品，构成犯罪的，依法追究刑事责任；尚不构成犯罪的，依照有关法律、行政法规的规定给予处罚。

第六十九条　公安机关、司法行政部门或者其他有关主管部门的工作人员在禁毒工作中有下列行为之一，构成犯罪的，依法追究刑事责任；尚不构成犯罪的，依法给予处分：

（一）包庇、纵容毒品违法犯罪人员的；

（二）对戒毒人员有体罚、虐待、侮辱等行为的；

（三）挪用、截留、克扣禁毒经费的；

（四）擅自处分查获的毒品和扣押、查封、冻结的涉及毒品违法犯罪活动的财物的。

123. 中华人民共和国道路交通安全法（节录）（2007. 12. 29）

（2003 年 10 月 28 日第十届全国人民代表大会常务委员会第五次会议通过
根据 2007 年 12 月 29 日第十届全国人民代表大会常务委员会第三十一次会议
《关于修改〈中华人民共和国道路交通安全法〉的决定》修正）

第七章　法律责任

第九十四条　机动车安全技术检验机构实施机动车安全技术检验超过国务院价格主管部门核定的收费标准收取费用的，退还多收取的费用，并由价格主管部门依照《中华人民共和国价格法》的有关规定给予处罚。

机动车安全技术检验机构不按照机动车国家安全技术标准进行检验，出具虚假检验结果的，由公安机关交通管理部门处所收检验费用五倍以上十倍以下罚款，并依法撤销其检验资格；构成犯罪的，依法追究刑事责任。

第九十六条　伪造、变造或者使用伪造、变造的机动车登记证书、号牌、行驶证、检验合格标志、保险标志、驾驶证或者使用其他车辆的机动车登记证书、号牌、行驶证、检验合格标志、保险标志的，由公安机关交通管理部门予以收缴，扣留该机动车，并处二百元以上二千元以下罚款；构成犯罪的，依法追究刑事责任。

当事人提供相应的合法证明或者补办相应手续的，应当及时退还机动车。

第一百零一条 道路交通安全法律、法规的规定，发生重大交通事故，构成犯罪的，依法追究刑事责任，并由公安机关交通管理部门吊销机动车驾驶证。

造成交通事故后逃逸的，由公安机关交通管理部门吊销机动车驾驶证，且终生不得重新取得机动车驾驶证。

第一百零三条 国家机动车产品主管部门未按照机动车国家安全技术标准严格审查，许可不合格机动车型投入生产的，对负有责任的主管人员和其他直接责任人员给予降级或者撤职的行政处分。

机动车生产企业经国家机动车产品主管部门许可生产的机动车型，不执行机动车国家安全技术标准或者不严格进行机动车成品质量检验，致使质量不合格的机动车出厂销售的，由质量技术监督部门依照《中华人民共和国产品质量法》的有关规定给予处罚。

擅自生产、销售未经国家机动车产品主管部门许可生产的机动车型的，没收非法生产、销售的机动车成品及配件，可以并处非法产品价值三倍以上五倍以下罚款；有营业执照的，由工商行政管理部门吊销营业执照，没有营业执照的，予以查封。

生产、销售拼装的机动车或者生产、销售擅自改装的机动车的，依照本条第三款的规定处罚。

有本条第二款、第三款、第四款所列违法行为，生产或者销售不符合机动车国家安全技术标准的机动车，构成犯罪的，依法追究刑事责任。

第一百一十七条 交通警察利用职权非法占有公共财物，索取、收受贿赂，或者滥用职权、玩忽职守，构成犯罪的，依法追究刑事责任。

124. 中华人民共和国科学技术进步法（节录）（2007.12.29）

（1993年7月2日第八届全国人民代表大会常务委员会第二次会议通过
2007年12月29日第十届全国人民代表大会常务委员会第三十一次会议修订）

第七章 法律责任

第七十三条 违反本法规定，其他法律、法规规定行政处罚的，依照其规定；造成财产损失或者其他损害的，依法承担民事责任；构成犯罪的，依法追究刑事责任。

125. 中华人民共和国国境卫生检疫法（节录）（2007.12.29）

（1986年12月2日第六届全国人民代表大会常务委员会第十八次会议通过
根据2007年12月29日第十届全国人民代表大会常务委员会第三十一次会议
《关于修改〈中华人民共和国国境卫生检疫法〉的决定》修正）

第五章 法律责任

第二十二条 违反本法规定，引起检疫传染病传播或者有引起检疫传染病传播严重危险的，依照《中华人民共和国刑法》第一百七十八条的规定追究刑事责任。

第二十三条 国境卫生检疫机关工作人员，应当秉公执法，忠于职守，对入境、出境的交通工具和人员，及时进行检疫；违法失职的，给予行政处分，情节严重构成犯罪的，依法追究刑事责任。

126. 中华人民共和国文物保护法（节录）（2007.12.29）

（1982 年 11 月 19 日第五届全国人民代表大会常务委员会第二十五次会议通过　根据 1991 年 6 月 29 日第七届全国人民代表大会常务委员会第二十次会议《关于修改〈中华人民共和国文物保护法〉第三十条、第三十一条的决定》修正　2002 年 10 月 28 日第九届全国人民代表大会常务委员会第三十次会议修订　根据 2007 年 12 月 29 日第十届全国人民代表大会常务委员会第三十一次会议《关于修改〈中华人民共和国文物保护法〉的决定》第二次修正）

第七章　法律责任

第六十四条　违反本法规定，有下列行为之一，构成犯罪的，依法追究刑事责任：

（一）盗掘古文化遗址、古墓葬的；

（二）故意或者过失损毁国家保护的珍贵文物的；

（三）擅自将国有馆藏文物出售或者私自送给非国有单位或者个人的；

（四）将国家禁止出境的珍贵文物私自出售或者送给外国人的；

（五）以牟利为目的倒卖国家禁止经营的文物的；

（六）走私文物的；

（七）盗窃、哄抢、私分或者非法侵占国有文物的；

（八）应当追究刑事责任的其他妨害文物管理行为。

第七十六条　文物行政部门、文物收藏单位、文物商店、经营文物拍卖的拍卖企业的工作人员，有下列行为之一的，依法给予行政处分，情节严重的，依法开除公职或者吊销其从业资格；构成犯罪的，依法追究刑事责任：

（一）文物行政部门的工作人员违反本法规定，滥用审批权限、不履行职责或者发现违法行为不予查处，造成严重后果的；

（二）文物行政部门和国有文物收藏单位的工作人员借用或者非法侵占国有文物的；

（三）文物行政部门的工作人员举办或者参与举办文物商店或者经营文物拍卖的拍卖企业的；

（四）因不负责任造成文物保护单位、珍贵文物损毁或者流失的；

（五）贪污、挪用文物保护经费的。

前款被开除公职或者被吊销从业资格的人员，自被开除公职或者被吊销从业资格之日起十年内不得担任文物管理人员或者从事文物经营活动。

第七十八条　公安机关、工商行政管理部门、海关、城乡建设规划部门和其他国家机关，违反本法规定滥用职权、玩忽职守、徇私舞弊，造成国家保护的珍贵文物损毁或者流失的，对负有责任的主管人员和其他直接责任人员依法给予行政处分；构成犯罪的，依法追究刑事责任。

127. 中华人民共和国水污染防治法（节录）（2008.2.28）

（1984 年 5 月 11 日第六届全国人民代表大会常务委员会第五次会议通过　根据 1996 年 5 月 15 日第八届全国人民代表大会常务委员会第十九次会议《关于修改〈中华人民共和国水污染防治法〉的决定》修正　2008 年 2 月 28 日第十届全国人民代表大会常务委员会第三十二次会议修订）

第七章　法律责任

第九十条　违反本法规定，构成违反治安管理行为的，依法给予治安管理处罚；构成犯罪的，依法追究刑事责任。

128. 中华人民共和国残疾人保障法（节录）（2008. 4. 24）

（1990 年 12 月 28 日第七届全国人民代表大会常务委员会第十七次会议通过
2008 年 4 月 24 日第十一届全国人民代表大会常务委员会第二次会议修订）

第八章　法律责任

第六十七条　违反本法规定，侵害残疾人的合法权益，其他法律、法规规定行政处罚的，从其规定；造成财产损失或者其他损害的，依法承担民事责任；构成犯罪的，依法追究刑事责任。

129. 中华人民共和国循环经济促进法（节录）（2008. 8. 29）

（2008 年 8 月 29 日第十一届全国人民代表大会常务委员会第四次会议通过）

第六章　法律责任

第五十七条　违反本法规定，构成犯罪的，依法追究刑事责任。

130. 中华人民共和国企业国有资产法（节录）（2008. 10. 28）

（2008 年 10 月 28 日第十一届全国人民代表大会常务委员会第五次会议通过）

第八章　法律责任

第七十五条　违反本法规定，构成犯罪的，依法追究刑事责任。

131. 中华人民共和国消防法（节录）（2008. 10. 28）

（1998 年 4 月 29 日第九届全国人民代表大会常务委员会第二次会议通过
2008 年 10 月 28 日第十一届全国人民代表大会常务委员会第五次会议修订）

第六章　法律责任

第七十二条　违反本法规定，构成犯罪的，依法追究刑事责任。

132. 中华人民共和国专利法（节录）（2008.12.27）

（1984 年 3 月 12 日第六届全国人民代表大会常务委员会第四次会议通过　根据 1992 年 9 月 4 日第七届全国人民代表大会常务委员会第二十七次会议《关于修改〈中华人民共和国专利法〉的决定》第一次修正　根据 2000 年 8 月 25 日第九届全国人民代表大会常务委员会第十七次会议《关于修改〈中华人民共和国专利法〉的决定》第二次修正　根据 2008 年 12 月 27 日第十一届全国人民代表大会常务委员会第六次会议《关于修改〈中华人民共和国专利法〉的决定》第三次修正）

第一章　总　　则

第十二条　任何单位或者个人实施他人专利的，应当与专利权人订立实施许可合同，向专利权人支付专利使用费。被许可人无权允许合同规定以外的任何单位或者个人实施该专利。

第七章　专利权的保护

第六十三条　假冒专利的，除依法承担民事责任外，由管理专利工作的部门责令改正并予公告，没收违法所得，可以并处违法所得四倍以下的罚款；没有违法所得的，可以处二十万元以下的罚款；构成犯罪的，依法追究刑事责任。

第七十一条　违反本法第二十条规定向外国申请专利，泄露国家秘密的，由所在单位或者上级主管机关给予行政处分；构成犯罪的，依法追究刑事责任。

第七十四条　从事专利管理工作的国家机关工作人员以及其他有关国家机关工作人员玩忽职守、滥用职权、徇私舞弊，构成犯罪的，依法追究刑事责任；尚不构成犯罪的，依法给予行政处分。

133. 中华人民共和国防震减灾法（节录）（2008.12.27）

（1997 年 12 月 29 日第八届全国人民代表大会常务委员会第二十九次会议通过　2008 年 12 月 27 日第十一届全国人民代表大会常务委员会第六次会议修订）

第八章　法律责任

第九十一条　违反本法规定，构成犯罪的，依法追究刑事责任。

134. 中华人民共和国食品安全法（节录）（2009.2.28）

（2009 年 2 月 28 日第十一届全国人民代表大会常务委员会第七次会议通过）

第九章　法律责任

第九十八条　违反本法规定，构成犯罪的，依法追究刑事责任。

135. 中华人民共和国保险法（节录）（2009. 2. 28）

（1995 年 6 月 30 日第八届全国人民代表大会常务委员会第十四次会议通过 根据 2002 年 10 月 28 日第九届全国人民代表大会常务委员会第三十次会议《关于修改〈中华人民共和国保险法〉的决定》修正 2009 年 2 月 28 日第十一届全国人民代表大会常务委员会第七次会议修订）

第七章 法律责任

第一百八十一条 违反本法规定，构成犯罪的，依法追究刑事责任。

136. 中华人民共和国邮政法（节录）（2009. 4. 24）

（1986 年 12 月 2 日第六届全国人民代表大会常务委员会第十八次会议通过 2009 年 4 月 24 日第十一届全国人民代表大会常务委员会第八次会议修订）

第八章 法律责任

第八十二条 违反本法规定，构成犯罪的，依法追究刑事责任。

第八十三条 邮政管理部门工作人员在监督管理工作中滥用职权、玩忽职守、徇私舞弊，构成犯罪的，依法追究刑事责任；尚不构成犯罪的，依法给予处分。

137. 中华人民共和国农村土地承包经营纠纷调解仲裁法（节录）（2009. 6. 27）

（2009 年 6 月 27 日第十一届全国人民代表大会常务委员会第九次会议通过）

第三章 仲 裁

第十七条 农村土地承包仲裁委员会组成人员、仲裁员应当依法履行职责，遵守农村土地承包仲裁委员会章程和仲裁规则，不得索贿受贿、徇私舞弊，不得侵害当事人的合法权益。

仲裁员有索贿受贿、徇私舞弊、枉法裁决以及接受当事人请客送礼等违法违纪行为的，农村土地承包仲裁委员会应当将其除名；构成犯罪的，依法追究刑事责任。

县级以上地方人民政府及有关部门应当受理对农村土地承包仲裁委员会组成人员、仲裁员违法违纪行为的投诉和举报，并依法组织查处。

138. 中华人民共和国统计法（节录）（2009.6.27）

（1983 年 12 月 8 日第六届全国人民代表大会常务委员会第三次会议通过
根据 1996 年 5 月 15 日第八届全国人民代表大会常务委员会第十九次会议
《关于修改〈中华人民共和国统计法〉的决定》修正 2009 年 6 月 27 日
第十一届全国人民代表大会常务委员会第九次会议修订）

第六章 法律责任

第四十七条 违反本法规定，构成犯罪的，依法追究刑事责任。

139. 中华人民共和国人民武装警察法（节录）（2009.8.27）

（2009 年 8 月 27 日第十一届全国人民代表大会常务委员会第十次会议通过）

第六章 法律责任

第三十四条 人民武装警察在执行任务中，不履行职责或者违抗上级决定、命令的，违反规定使用警械、武器的，或者有本法第十九条所列行为之一的，按照中央军事委员会的有关规定给予纪律处分；构成犯罪的，依法追究刑事责任。

第三十六条 公民、法人或者其他组织妨碍人民武装警察依法执行任务，有违反治安管理行为的，由公安机关依法给予治安管理处罚；构成犯罪的，依法追究刑事责任。

140. 中华人民共和国驻外外交人员法（节录）（2009.10.31）

（2009 年 10 月 31 日第十一届全国人民代表大会常务委员会第十一次会议通过）

第七章 奖励和惩戒

第三十三条 驻外外交人员有下列行为之一的，依法给予相应的处分；构成犯罪的，依法追究刑事责任：
（一）损害国家主权、安全、荣誉和利益的；
（二）擅自脱离驻外外交机构的；
（三）泄露国家秘密或者工作秘密的；
（四）利用职务之便为自己或者他人谋取私利的；
（五）从事或者参与营利性活动，在企业或者其他营利性组织中兼任职务的；
（六）玩忽职守，贻误工作的；
（七）不服从调遣，拒绝赴派往的岗位工作的；
（八）有其他违法或者违纪行为的。

141. 中华人民共和国可再生能源法（节录）（2009. 12. 26）

（2005 年 2 月 28 日第十届全国人民代表大会常务委员会第十四次会议通过
根据 2009 年 12 月 26 日第十一届全国人民代表大会常务委员会第十二次会议
《关于修改〈中华人民共和国可再生能源法〉的决定》修正）

第七章　法律责任

第二十八条　国务院能源主管部门和县级以上地方人民政府管理能源工作的部门和其他有关部门在可再生能源开发利用监督管理工作中，违反本法规定，有下列行为之一的，由本级人民政府或者上级人民政府有关部门责令改正，对负有责任的主管人员和其他直接责任人员依法给予行政处分；构成犯罪的，依法追究刑事责任：

（一）不依法作出行政许可决定的；

（二）发现违法行为不予查处的；

（三）有不依法履行监督管理职责的其他行为的。

142. 中华人民共和国海岛保护法（节录）（2009. 12. 26）

（2009 年 12 月 26 日第十一届全国人民代表大会常务委员会第十二次会议通过）

第五章　法律责任

第五十五条　违反本法规定，构成犯罪的，依法追究刑事责任。

造成海岛及其周边海域生态系统破坏的，依法承担民事责任。

143. 中华人民共和国国防动员法（节录）（2010. 2. 26）

（2010 年 2 月 26 日第十一届全国人民代表大会常务委员会第十三次会议通过）

第十三章　法律责任

第七十一条　违反本法规定，构成违反治安管理行为的，依法给予治安管理处罚；构成犯罪的，依法追究刑事责任。

144. 中华人民共和国著作权法（节录）（2010. 2. 26）

（1990 年 9 月 7 日第七届全国人民代表大会常务委员会第十五次会议通过　根据 2001 年 10 月 27 日第九届全国人民代表大会常务委员会第二十四次会《关于修改〈中华人民共和国著作权法〉的决定》第一次修正　根据 2010 年 2 月 26 日第十一届全国人民代表大会常务委员会第十三次会议《关于修改〈中华人民共和国著作权法〉的决定》第二次修正）

第五章　法律责任和执法措施

第四十八条　有下列侵权行为的，应当根据情况，承担停止侵害、消除影响、赔礼道歉、赔偿损失等民事责任；同时损害公共利益的，可以由著作权行政管理部门责令停止侵权行为，没收违法所得，没收、销毁侵权复制品，并可处以罚款；情节严重的，著作权行政管理部门还可以没收主要用于制作侵权复制品的材料、工具、设备等；构成犯罪的，依法追究刑事责任：

（一）未经著作权人许可，复制、发行、表演、放映、广播、汇编、通过信息网络向公众传播其作品的，本法另有规定的除外；

（二）出版他人享有专有出版权的图书的；

（三）未经表演者许可，复制、发行录有其表演的录音录像制品，或者通过信息网络向公众传播其表演的，本法另有规定的除外；

（四）未经录音录像制作者许可，复制、发行、通过信息网络向公众传播其制作的录音录像制品的，本法另有规定的除外；

（五）未经许可，播放或者复制广播、电视的，本法另有规定的除外；

（六）未经著作权人或者与著作权有关的权利人许可，故意避开或者破坏权利人为其作品、录音录像制品等采取的保护著作权或者与著作权有关的权利的技术措施的，法律、行政法规另有规定的除外；

（七）未经著作权人或者与著作权有关的权利人许可，故意删除或者改变作品、录音录像制品等的权利管理电子信息的，法律、行政法规另有规定的除外；

（八）制作、出售假冒他人署名的作品的。

145. 中华人民共和国全国人民代表大会和地方各级人民代表大会选举法（节录）（2010. 3. 14）

（1979 年 7 月 1 日第五届全国人民代表大会第二次会议通过　根据 1982 年 12 月 10 日第五届全国人民代表大会第五次会议《关于修改〈中华人民共和国全国人民代表大会和地方各级人民代表大会选举法〉的若干规定的决议》第一次修正　根据 1986 年 12 月 2 日第六届全国人民代表大会常务委员会第十八次会议《关于修改〈中华人民共和国全国人民代表大会和地方各级人民代表大会选举法〉的决定》第二次修正　根据 1995 年 2 月 28 日第八届全国人民代表大会常务委员会第十二次会议《关于修改〈中华人民共和国全国人民代表大会和地方各级人民代表大会选举法〉的决定》第三次修正　根据 2004 年10 月 27 日第十届全国人民代表大会常务委员会第十二次会议《关于修改〈中华人民共和国全国人民代表大会和地方各级人民代表大会选举法〉的决定》第四次修正　根据 2010 年 3 月 14 日第十一届全国人民代表大会第三次会议《关于修改〈中华人民共和国全国人民代表大会和地方各级人民代表大会选举法〉的决定》第五次修正）

第十一章　对破坏选举的制裁

第五十五条　为保障选民和代表自由行使选举权和被选举权，对有下列行为之一，破坏选举，违反治安管理规定的，依法给予治安管理处罚；构成犯罪的，依法追究刑事责任：

（一）以金钱或者其他财物贿赂选民或者代表，妨害选民和代表自由行使选举权和被选举权的；

（二）以暴力、威胁、欺骗或者其他非法手段妨害选民和代表自由行使选举权和被选举权的；

（三）伪造选举文件、虚报选举票数或者有其他违法行为的；

（四）对于控告、检举选举中违法行为的人，或者对于提出要求罢免代表的人进行压制、报复的。

国家工作人员有前款所列行为的，还应当依法给予行政处分。

以本条第一款所列违法行为当选的，其当选无效。

146. 中华人民共和国保守国家秘密法（节录）（2010.4.29）

（1988年9月5日第七届全国人民代表大会常务委员会第三次会议通过
2010年4月29日第十一届全国人民代表大会常务委员会第十四次会议修订）

第五章　法律责任

第四十八条　违反本法规定，有下列行为之一的，依法给予处分；构成犯罪的，依法追究刑事责任：

（一）非法获取、持有国家秘密载体的；

（二）买卖、转送或者私自销毁国家秘密载体的；

（三）通过普通邮政、快递等无保密措施的渠道传递国家秘密载体的；

（四）邮寄、托运国家秘密载体出境，或者未经有关主管部门批准，携带、传递国家秘密载体出境的；

（五）非法复制、记录、存储国家秘密的；

（六）在私人交往和通信中涉及国家秘密的；

（七）在互联网及其他公共信息网络或者未采取保密措施的有线和无线通信中传递国家秘密的；

（八）将涉密计算机、涉密存储设备接入互联网及其他公共信息网络的；

（九）在未采取防护措施的情况下，在涉密信息系统与互联网及其他公共信息网络之间进行信息交换的；

（十）使用非涉密计算机、非涉密存储设备存储、处理国家秘密信息的；

（十一）擅自卸载、修改涉密信息系统的安全技术程序、管理程序的；

（十二）将未经安全技术处理的退出使用的涉密计算机、涉密存储设备赠送、出售、丢弃或者改作其他用途的。

有前款行为尚不构成犯罪，且不适用处分的人员，由保密行政管理部门督促其所在机关、单位予以处理。

147. 中华人民共和国行政监察法（节录）（2010.6.25）

（1997年5月9日第八届全国人民代表大会常务委员会第二十五次会议通过
根据2010年6月25日第十一届全国人民代表大会常务委员会第十五次会议
《关于修改〈中华人民共和国行政监察法〉的决定》修正）

第六章　法律责任

第四十六条　泄露举报事项、举报受理情况以及与举报人相关的信息的，依法给予处分；构成犯罪的，依法追究刑事责任。

第四十七条　对申诉人、控告人、检举人或者监察人员进行报复陷害的，依法给予处分；构成犯罪的，依法追究刑事责任。

第四十八条　监察人员滥用职权、徇私舞弊、玩忽职守、泄露秘密的，依法给予处分；构成犯罪的，依法追究刑事责任。

148. 中华人民共和国石油天然气管道保护法（节录）（2010. 6. 25）

（2010 年 6 月 25 日第十一届全国人民代表大会常务委员会第十五次会议通过）

第五章　法律责任

第五十七条　违反本法规定，构成犯罪的，依法追究刑事责任。

149. 中华人民共和国预备役军官法（节录）（2010. 8. 28）

（1995 年 5 月 10 日第八届全国人民代表大会常务委员会第十三次会议通过
根据 2010 年 8 月 28 日第十一届全国人民代表大会常务委员会第十六次会议
《关于修改〈中华人民共和国预备役军官法〉的决定》修正）

第十章　法律责任

第六十二条　预备役军官参加军事训练、执行军事勤务期间，违反纪律的，依照有关规定给予处分；构成犯罪的，依法追究刑事责任。

第六十三条　预备役军官有下列行为之一的，由县级人民政府责令限期改正；逾期不改正的，由县级以上地方人民政府强制其履行兵役义务；属于国家工作人员的，依法给予处分；构成犯罪的，依法追究刑事责任：

（一）拒绝或者逃避预备役登记的；

（二）拒绝或者逃避军事训练、执行军事勤务的；

（三）拒绝、逃避征召的。

第六十四条　在预备役军官管理工作中，收受贿赂、徇私舞弊，或者玩忽职守致使预备役工作遭受严重损失，构成犯罪的，依法追究刑事责任；未构成犯罪的，依法给予处分。

阻挠预备役军官参加军事训练、执行军事勤务，或者履行其他兵役义务的，由县级以上地方人民政府责令限期改正；拒不改正的，对直接负责的主管人员和其他直接责任人员依法给予处分。

150. 中华人民共和国社会保险法（节录）（2010. 10. 28）

（2010 年 10 月 28 日第十一届全国人民代表大会常务委员会第十七次会议通过）

第十一章　法律责任

第九十四条　违反本法规定，构成犯罪的，依法追究刑事责任。

151. 中华人民共和国水土保持法（节录）（2010. 12. 25）

（1991 年 6 月 29 日第七届全国人民代表大会常务委员会第二十次会议通过　根据 2009 年
8 月 27 日第十一届全国人民代表大会常务委员会第十次会议《关于修改部分法律的决定》
修正　2010 年 12 月 25 日第十一届全国人民代表大会常务委员会第十八次会议修订）

第六章　法律责任

第五十八条　违反本法规定，造成水土流失危害的，依法承担民事责任；构成违反治安管理行为的，由公安机关依法给予治安管理处罚；构成犯罪的，依法追究刑事责任。

152. 中华人民共和国非物质文化遗产法（节录）（2011. 2. 25）

（2011 年 2 月 25 日第十一届全国人民代表大会常务委员会第十九次会议通过）

第五章　法律责任

第四十二条　违反本法规定，构成犯罪的，依法追究刑事责任。

第六章　附　　则

第四十四条　使用非物质文化遗产涉及知识产权的，适用有关法律、行政法规的规定。

对传统医药、传统工艺美术等的保护，其他法律、行政法规另有规定的，依照其规定。

153. 中华人民共和国道路交通安全法（节录）（2011. 4. 22）

（2003 年 10 月 28 日第十届全国人民代表大会常务委员会第五次会议通过　根据 2007 年 12 月 29 日第十届全国人民代表大会常务委员会第三十一次会议《关于修改〈中华人民共和国道路交通安全法〉的决定》第一次修正　根据 2011 年 4 月 22 日第十一届全国人民代表大会常务委员会第二十次会议《关于修改〈中华人民共和国道路交通安全法〉的决定》第二次修正）

第七章　法律责任

第九十一条　饮酒后驾驶机动车的，处暂扣六个月机动车驾驶证，并处一千元以上二千元以下罚款。因饮酒后驾驶机动车被处罚，再次饮酒后驾驶机动车的，处十日以下拘留，并处一千元以上二千元以下罚款，吊销机动车驾驶证。

醉酒驾驶机动车的，由公安机关交通管理部门约束至酒醒，吊销机动车驾驶证，依法追究刑事责任；五年内不得重新取得机动车驾驶证。

饮酒后驾驶营运机动车的，处十五日拘留，并处五千元罚款，吊销机动车驾驶证，五年内不得重新取得机动车驾驶证。

醉酒驾驶营运机动车的，由公安机关交通管理部门约束至酒醒，吊销机动车驾驶证，依法追究刑事责任；十年内不得重新取得机动车驾驶证，重新取得机动车驾驶证后，不得驾驶营运机动车。

饮酒后或者醉酒驾驶机动车发生重大交通事故，构成犯罪的，依法追究刑事责任，并由公安机关交通管理部门吊销机动车驾驶证，终生不得重新取得机动车驾驶证。

第九十四条　机动车安全技术检验机构实施机动车安全技术检验超过国务院价格主管部门核定的收费标准收取费用的，退还多收取的费用，并由价格主管部门依照《中华人民共和国价格法》的有关规定给予处罚。

机动车安全技术检验机构不按照机动车国家安全技术标准进行检验，出具虚假检验结果的，由公安机关交通管理部门处所收检验费用五倍以上十倍以下罚款，并依法撤销其检验资格；构成犯罪的，依法追究刑事责任。

第九十六条　伪造、变造或者使用伪造、变造的机动车登记证书、号牌、行驶证、驾驶证的，由公安机关交通管理部门予以收缴，扣留该机动车，处十五日以下拘留，并处二千元以上五千元以下罚款；构成犯罪的，依法追究刑事责任。

伪造、变造或者使用伪造、变造的检验合格标志、保险标志的，由公安机关交通管理部门予以收缴，扣留该机动车，处十日以下拘留，并处一千元以上三千元以下罚款；构成犯罪的，依法追究刑事责任。

使用其他车辆的机动车登记证书、号牌、行驶证、检验合格标志、保险标志的，由公安机关交通管理部门予以收缴，扣留该机动车，处二千元以上五千元以下罚款。

当事人提供相应的合法证明或者补办相应手续的，应当及时退还机动车。

第九十九条　有下列行为之一的，由公安机关交通管理部门处二百元以上二千元以下罚款：

（一）未取得机动车驾驶证、机动车驾驶证被吊销或者机动车驾驶证被暂扣期间驾驶机动车的；

（二）将机动车交由未取得机动车驾驶证或者机动车驾驶证被吊销、暂扣的人驾驶的；

（三）造成交通事故后逃逸，尚不构成犯罪的；

（四）机动车行驶超过规定时速百分之五十的；

（五）强迫机动车驾驶人违反道路交通安全法律、法规和机动车安全驾驶要求驾驶机动车，造成交通事故，尚不构成犯罪的；

（六）违反交通管制的规定强行通行，不听劝阻的；

（七）故意损毁、移动、涂改交通设施，造成危害后果，尚不构成犯罪的；

（八）非法拦截、扣留机动车辆，不听劝阻，造成交通严重阻塞或者较大财产损失的。

行为人有前款第二项、第四项情形之一的，可以并处吊销机动车驾驶证；有第一项、第三项、第五项至第八项情形之一的，可以并处十五日以下拘留。

第一百条　驾驶拼装的机动车或者已达到报废标准的机动车上道路行驶的，公安机关交通管理部门应当予以收缴，强制报废。

对驾驶前款所列机动车上道路行驶的驾驶人，处二百元以上二千元以下罚款，并吊销机动车驾驶证。

出售已达到报废标准的机动车的，没收违法所得，处销售金额等额的罚款，对该机动车依照本条第一款的规定处理。

第一百零一条　违反道路交通安全法律、法规的规定，发生重大交通事故，构成犯罪的，依法追究刑事责任，并由公安机关交通管理部门吊销机动车驾驶证。

造成交通事故后逃逸的，由公安机关交通管理部门吊销机动车驾驶证，且终生不得重新取得机动车驾驶证。

第一百零三条　国家机动车产品主管部门未按照机动车国家安全技术标准严格审查，许可不合格机动车型投入生产的，对负有责任的主管人员和其他直接责任人员给予降级或者撤职的行政处分。

机动车生产企业经国家机动车产品主管部门许可生产的机动车型，不执行机动车国家安全技术标准或者不严格进行机动车成品质量检验，致使质量不合格的机动车出厂销售的，由质量技术监督部门依照《中华人民共和国产品质量法》的有关规定给予处罚。

擅自生产、销售未经国家机动车产品主管部门许可生产的机动车型的，没收非法生产、销售的机动车成品及配件，可以并处非法产品价值三倍以上五倍以下罚款；有营业执照的，由工商行政管理部门吊销营业执照，没有营业执照的，予以查封。

生产、销售拼装的机动车或者生产、销售擅自改装的机动车的，依照本条第三款的规定处罚。

有本条第二款、第三款、第四款所列违法行为，生产或者销售不符合机动车国家安全技术标准的机动车，构成犯罪的，依法追究刑事责任。

第一百一十七条　交通警察利用职权非法占有公共财物，索取、收受贿赂，或者滥用职权、玩忽职守，构成犯罪的，依法追究刑事责任。

第八章　附　　则

第一百二十一条　对上道路行驶的拖拉机，由农业（农业机械）主管部门行使本法第八条、第九条、第十三条、第十九条、第二十三条规定的公安机关交通管理部门的管理职权。

农业（农业机械）主管部门依照前款规定行使职权，应当遵守本法有关规定，并接受公安机关交通管理部门的监督；对违反规定的，依照本法有关规定追究法律责任。

本法施行前由农业（农业机械）主管部门发放的机动车牌证，在本法施行后继续有效。

154. 中华人民共和国煤炭法（节录）（2011.4.22）

（1996年8月29日第八届全国人民代表大会常务委员会第二十一次会议通过　根据2009年8月27日第十一届全国人民代表大会常务委员会第十次会议《关于修改部分法律的决定》第一次修正　根据2011年4月22日第十一届全国人民代表大会常务委员会第二十次会议《关于修改〈中华人民共和国煤炭法〉的决定》第二次修正）

第七章　法律责任

第七十条　违反本法第三十一条的规定，擅自开采保安煤柱或者采用危及相邻煤矿生产安全的危险方法进行采矿作业的，由劳动行政主管部门会同煤炭管理部门责令停止作业；由煤炭管理部门没收违法所得，并处违法所得一倍以上五倍以下的罚款，吊销其煤炭生产许可证；构成犯罪的，由司法机关依法追究刑事责任；造成损失的，依法承担赔偿责任。

第七十二条　违反本法第五十三条的规定，在煤炭产品中掺杂、掺假，以次充好的，责令停止销售，没收违法所得，并处违法所得一倍以上五倍以下的罚款，可以依法吊销煤炭生产许可证或者取消煤炭经营资格；构成犯罪的，由司法机关依法追究刑事责任。

第七十六条　有下列行为之一的，由公安机关依照治安管理处罚条例的有关规定处罚；构成犯罪的，由司法机关依法追究刑事责任：

（一）阻碍煤矿建设，致使煤矿建设不能正常进行的；

（二）故意损坏煤矿矿区的电力、通讯、水源、交通及其他生产设施的；

（三）扰乱煤矿矿区秩序，致使生产、工作不能正常进行的；

（四）拒绝、阻碍监督检查人员依法执行职务的。

第七十七条　对不符合本法规定条件的煤矿企业颁发煤炭生产许可证或者对不符合本法规定条件设立煤炭经营企业予以批准的，由其上级主管机关或者监察机关责令改正，并给予直接负责的主管人员和其他直接责任人员行政处分；构成犯罪的，由司法机关依法追究刑事责任。

第七十八条　煤矿企业的管理人员违章指挥、强令职工冒险作业，发生重大伤亡事故的，依照刑法有关规定追究刑事责任。

第七十九条　煤矿企业的管理人员对煤矿事故隐患不采取措施予以消除，发生重大伤亡事故的，依照刑法有关规定追究刑事责任。

第八十条　煤炭管理部门和有关部门的工作人员玩忽职守、徇私舞弊、滥用职权的，依法给予行政处分；构成犯罪的，由司法机关依法追究刑事责任。

155. 中华人民共和国建筑法（节录）（2011. 4. 22）

（1997年11月1日第八届全国人民代表大会常务委员会第二十八次会议通过
根据2011年4月22日第十一届全国人民代表大会常务委员会第二十次会议
《关于修改〈中华人民共和国建筑法〉的决定》修正）

第七章　法律责任

第六十五条　发包单位将工程发包给不具有相应资质条件的承包单位的，或者违反本法规定将建筑工程肢解发包的，责令改正，处以罚款。

超越本单位资质等级承揽工程的，责令停止违法行为，处以罚款，可以责令停业整顿，降低资质等级；情节严重的，吊销资质证书；有违法所得的，予以没收。

未取得资质证书承揽工程的，予以取缔，并处罚款；有违法所得的，予以没收。

以欺骗手段取得资质证书的，吊销资质证书，处以罚款；构成犯罪的，依法追究刑事责任。

第六十八条　在工程发包与承包中索贿、受贿、行贿，构成犯罪的，依法追究刑事责任；不构成犯罪的，分别处以罚款，没收贿赂的财物，对直接负责的主管人员和其他直接责任人员给予处分。

对在工程承包中行贿的承包单位，除依照前款规定处罚外，可以责令停业整顿，降低资质等级或者吊销资质证书。

第六十九条　工程监理单位与建设单位或者建筑施工企业串通，弄虚作假、降低工程质量的，责令改正，处以罚款，降低资质等级或者吊销资质证书；有违法所得的，予以没收；造成损失的，承担连带赔偿责任；构成犯罪的，依法追究刑事责任。

工程监理单位转让监理业务的，责令改正，没收违法所得，可以责令停业整顿，降低资质等级；情节严重的，吊销资质证书。

第七十条　违反本法规定，涉及建筑主体或者承重结构变动的装修工程擅自施工的，责令改正，处以罚款；造成损失的，承担赔偿责任；构成犯罪的，依法追究刑事责任。

第七十一条　建筑施工企业违反本法规定，对建筑安全事故隐患不采取措施予以消除的，责令改正，可以处以罚款；情节严重的，责令停业整顿，降低资质等级或者吊销资质证书；构成犯罪的，依法追究刑事责任。

建筑施工企业的管理人员违章指挥、强令职工冒险作业，因而发生重大伤亡事故或者造成其他严重后果的，依法追究刑事责任。

第七十二条　建设单位违反本法规定，要求建筑设计单位或者建筑施工企业违反建筑工程质量、安全标准，降低工程质量的，责令改正，可以处以罚款；构成犯罪的，依法追究刑事责任。

第七十三条　建筑设计单位不按照建筑工程质量、安全标准进行设计的，责令改正，处以罚款；造成工程质量事故的，责令停业整顿，降低资质等级或者吊销资质证书，没收违法所得，并处罚款；造成损失的，承担赔偿责任；构成犯罪的，依法追究刑事责任。

第七十四条　建筑施工企业在施工中偷工减料的，使用不合格的建筑材料、建筑构配件和设备的，或者有其他不按照工程设计图纸或者施工技术标准施工的行为的，责令改正，处以罚款；情节严重的，责令停业整顿，降低资质等级或者吊销资质证书；造成建筑工程质量不符合规定的质量标准的，负责返工、修理，并赔偿因此造成的损失；构成犯罪的，依法追究刑事责任。

第七十七条　违反本法规定，对不具备相应资质等级条件的单位颁发该等级资质证书的，由其上级机关责令收回所发的资质证书，对直接负责的主管人员和其他直接责任人员给予行政处分；构成犯罪的，依法追究刑事责任。

第七十八条　政府及其所属部门的工作人员违反本法规定，限定发包单位将招标发包的工程发包给指定的承包单位的，由上级机关责令改正；构成犯罪的，依法追究刑事责任。

第七十九条　负责颁发建筑工程施工许可证的部门及其工作人员对不符合施工条件的建筑工程颁发施工许可证的，负责工程质量监督检查或者竣工验收的部门及其工作人员对不合格的建筑工程出具质量合格文件或者按合格工程验收的，由上级机关责令改正，对责任人员给予行政处分；构成犯罪的，依法追究刑事责任；造成损失的，由该部门承担相应的赔偿责任。

156. 中华人民共和国行政强制法（节录）（2011. 6. 30）

（2011 年 6 月 30 日第十一届全国人民代表大会常务委员会
第二十一次会议通过，自 2012 年 1 月 1 日起施行）

第六章　法律责任

第六十八条　违反本法规定，给公民、法人或者其他组织造成损失的，依法给予赔偿。

违反本法规定，构成犯罪的，依法追究刑事责任。

157. 中华人民共和国兵役法（节录）（2011. 10. 29）

（1984 年 5 月 31 日第六届全国人民代表大会第二次会议通过　根据 1998 年 12 月 29 日第九届全国人民代表大会常务委员会第六次会议《关于修改〈中华人民共和国兵役法〉的决定》第一次修正　根据 2009 年 8 月 27 日第十一届全国人民代表大会常务委员会第十次会议《关于修改部分法律的决定》第二次修正　根据 2011 年 10 月 29 日第十一届全国人民代表大会常务委员会第二十三次会议《关于修改〈中华人民共和国兵役法〉的决定》第三次修正）

第十一章　法律责任

第六十六条　有服兵役义务的公民有下列行为之一的，由县级人民政府责令限期改正；逾期不改的，由县级人民政府强制其履行兵役义务，并可以处以罚款：

（一）拒绝、逃避兵役登记和体格检查的；

（二）应征公民拒绝、逃避征集的；

（三）预备役人员拒绝、逃避参加军事训练、执行军事勤务和征召的。

有前款第二项行为，拒不改正的，不得录用为公务员或者参照公务员法管理的工作人员，两年内不得出国（境）或者升学。

国防生违反培养协议规定，不履行相应义务的，依法承担违约责任，根据情节，由所在学校作退学等处理；毕业后拒绝服现役的，依法承担违约责任，并依照本条第二款的规定处理。

战时有本条第一款第二项、第三项或者第三款行为，构成犯罪的，依法追究刑事责任。

第六十七条 现役军人以逃避服兵役为目的，拒绝履行职责或者逃离部队的，按照中央军事委员会的规定给予处分；构成犯罪的，依法追究刑事责任。

现役军人有前款行为被军队除名、开除军籍或者被依法追究刑事责任的，不得录用为公务员或者参照公务员法管理的工作人员，两年内不得出国（境）或者升学。

明知是逃离部队的军人而雇用的，由县级人民政府责令改正，并处以罚款；构成犯罪的，依法追究刑事责任。

第六十九条 扰乱兵役工作秩序，或者阻碍兵役工作人员依法执行职务的，依照治安管理处罚法的规定给予处罚；使用暴力、威胁方法，构成犯罪的，依法追究刑事责任。

第七十条 国家工作人员和军人在兵役工作中，有下列行为之一，构成犯罪的，依法追究刑事责任；尚不构成犯罪的，给予处分：

（一）收受贿赂的；

（二）滥用职权或者玩忽职守的；

（三）徇私舞弊，接送不合格兵员的。

158. 中华人民共和国居民身份证法（节录）（2011. 10. 29）

（2003年6月28日第十届全国人民代表大会常务委员会第三次会议通过
根据2011年10月29日第十一届全国人民代表大会常务委员会第二十三次会议
《关于修改〈中华人民共和国居民身份证法〉的决定》修正）

第四章 法律责任

第十六条 有下列行为之一的，由公安机关给予警告，并处二百元以下罚款，有违法所得的，没收违法所得：

（一）使用虚假证明材料骗领居民身份证的；

（二）出租、出借、转让居民身份证的；

（三）非法扣押他人居民身份证的。

第十七条 有下列行为之一的，由公安机关处二百元以上一千元以下罚款，或者处十日以下拘留，有违法所得的，没收违法所得：

（一）冒用他人居民身份证或者使用骗领的居民身份证的；

（二）购买、出售、使用伪造、变造的居民身份证的。

伪造、变造的居民身份证和骗领的居民身份证，由公安机关予以收缴。

第十八条 伪造、变造居民身份证的，依法追究刑事责任。

有本法第十六条、第十七条所列行为之一，从事犯罪活动的，依法追究刑事责任。

第十九条 国家机关或者金融、电信、交通、教育、医疗等单位的工作人员泄露在履行职责或者提供服务过程中获得的居民身份证记载的公民个人信息，构成犯罪的，依法追究刑事责任；尚不构成犯罪的，由公安机关处十日以上十五日以下拘留，并处五千元罚款，有违法所得的，没收违法所得。

单位有前款行为，构成犯罪的，依法追究刑事责任；尚不构成犯罪的，由公安机关对其直接负责的主管人员和其他直接责任人员，处十日以上十五日以下拘留，并处十万元以上五十万元以下罚款，有违法所得的，没收违法所得。

有前两款行为，对他人造成损害的，依法承担民事责任。

第二十条 人民警察有下列行为之一的，根据情节轻重，依法给予行政处分；构成犯罪的，依法追究刑事责任：

（一）利用制作、发放、查验居民身份证的便利，收受他人财物或者谋取其他利益的；

（二）非法变更公民身份号码，或者在居民身份证上登载本法第三条第一款规定项目以外的信息或者故意登载虚假信息的；

（三）无正当理由不在法定期限内发放居民身份证的；

（四）违反规定查验、扣押居民身份证，侵害公民合法权益的；

（五）泄露因制作、发放、查验、扣押居民身份证而知悉的公民个人信息，侵害公民合法权益的。

159. 中华人民共和国职业病防治法（节录）（2011. 12. 31）

（2001 年 10 月 27 日第九届全国人民代表大会常务委员会第二十四次会议通过
根据 2011 年 12 月 31 日第十一届全国人民代表大会常务委员会第二十四次会议
《关于修改〈中华人民共和国职业病防治法〉的决定》修正）

第六章 法律责任

第七十九条 用人单位违反本法规定，造成重大职业病危害事故或者其他严重后果，构成犯罪的，对直接负责的主管人员和其他直接责任人员，依法追究刑事责任。

第八十一条 从事职业卫生技术服务的机构和承担职业健康检查、职业病诊断的医疗卫生机构违反本法规定，有下列行为之一的，由安全生产监督管理部门和卫生行政部门依据职责分工责令立即停止违法行为，给予警告，没收违法所得；违法所得五千元以上的，并处违法所得二倍以上五倍以下的罚款；没有违法所得或者违法所得不足五千元的，并处五千元以上二万元以下的罚款；情节严重的，由原认可或者批准机关取消其相应的资格；对直接负责的主管人员和其他直接责任人员，依法给予降级、撤职或者开除的处分；构成犯罪的，依法追究刑事责任：

（一）超出资质认可或者批准范围从事职业卫生技术服务或者职业健康检查、职业病诊断的；

（二）不按照本法规定履行法定职责的；

（三）出具虚假证明文件的。

第八十六条 违反本法规定，构成犯罪的，依法追究刑事责任。

160. 中华人民共和国清洁生产促进法（节录）（2012. 2. 29）

（2002 年 6 月 29 日第九届全国人民代表大会常务委员会第二十八次会议通过
根据 2012 年 2 月 29 日第十一届全国人民代表大会常务委员会第二十五次会议
《关于修改〈中华人民共和国清洁生产促进法〉的决定》修正）

第五章 法律责任

第三十八条 违反本法第二十四条第二款规定，生产、销售有毒、有害物质超过国家标准的建筑和装修材料的，依照产品质量法和有关民事、刑事法律的规定，追究行政、民事、刑事法律责任。

161. 中华人民共和国军人保险法（节录）（2012. 4. 27）

（2012 年 4 月 27 日第十一届全国人民代表大会常务委员会第二十六次会议通过）

第八章 法律责任

第四十八条 违反本法规定，构成犯罪的，依法追究刑事责任。

162. 中华人民共和国出境入境管理法（节录）（2012.6.30）

（2012年6月30日第十一届全国人民代表大会常务委员会第二十七次会议通过）

第七章 法律责任

第八十一条 外国人从事与停留居留事由不相符的活动，或者有其他违反中国法律、法规规定，不适宜在中国境内继续停留居留情形的，可以处限期出境。

外国人违反本法规定，情节严重，尚不构成犯罪的，公安部可以处驱逐出境。公安部的处罚决定为最终决定。

被驱逐出境的外国人，自被驱逐出境之日起十年内不准入境。

第八十八条 违反本法规定，构成犯罪的，依法追究刑事责任。

163. 中华人民共和国农业技术推广法（节录）（2012.8.31）

（1993年7月2日第八届全国人民代表大会常务委员会第二次会议通过
根据2012年8月31日第十一届全国人民代表大会常务委员会第二十八次会议
《关于修改〈中华人民共和国农业技术推广法〉的决定》修正）

第五章 法律责任

第三十八条 违反本法规定，截留或者挪用用于农业技术推广的资金的，对直接负责的主管人员和其他直接责任人员依法给予处分；构成犯罪的，依法追究刑事责任。

164. 中华人民共和国监狱法（节录）（2012.10.26）

（1994年12月29日第八届全国人民代表大会常务委员会第十一次会议通过
根据2012年10月26日第十一届全国人民代表大会常务委员会第二十九次会议
《关于修改〈中华人民共和国监狱法〉的决定》修正）

第二章 监 狱

第十四条 监狱的人民警察不得有下列行为：

（一）索要、收受、侵占罪犯及其亲属的财物；

（二）私放罪犯或者玩忽职守造成罪犯脱逃；

（三）刑讯逼供或者体罚、虐待罪犯；

（四）侮辱罪犯的人格；

（五）殴打或者纵容他人殴打罪犯；

（六）为谋取私利，利用罪犯提供劳务；

（七）违反规定，私自为罪犯传递信件或者物品；

（八）非法将监管罪犯的职权交予他人行使；

（九）其他违法行为。

监狱的人民警察有前款所列行为，构成犯罪的，依法追究刑事责任；尚未构成犯罪的，应当予以行政处分。

第四章　狱政管理

第六节　奖　　惩

第五十八条　罪犯有下列破坏监管秩序情形之一的，监狱可以给予警告、记过或者禁闭：

（一）聚众哄闹监狱，扰乱正常秩序的；

（二）辱骂或者殴打人民警察的；

（三）欺压其他罪犯的；

（四）偷窃、赌博、打架斗殴、寻衅滋事的；

（五）有劳动能力拒不参加劳动或者消极怠工，经教育不改的；

（六）以自伤、自残手段逃避劳动的；

（七）在生产劳动中故意违反操作规程，或者有意损坏生产工具的；

（八）有违反监规纪律的其他行为的。

依照前款规定对罪犯实行禁闭的期限为七天至十五天。

罪犯在服刑期间有第一款所列行为，构成犯罪的，依法追究刑事责任。

165. 中华人民共和国律师法（节录）（2012. 10. 26）

（1996 年 5 月 15 日第八届全国人民代表大会常务委员会第十九次会议通过　根据 2001 年 12 月 29 日第九届全国人民代表大会常务委员会第二十五次会议《关于修改〈中华人民共和国律师法〉的决定》第一次修正　2007 年 10 月 28 日第十届全国人民代表大会常务委员会第三十次会议第二次修订通过　根据 2012 年 10 月 26 日第十一届全国人民代表大会常务委员会第二十九次会议《关于修改〈中华人民共和国律师法〉的决定》第三次修正）

第六章　法律责任

第四十九条　律师有下列行为之一的，由设区的市级或者直辖市的区人民政府司法行政部门给予停止执业六个月以上一年以下的处罚，可以处五万元以下的罚款；有违法所得的，没收违法所得；情节严重的，由省、自治区、直辖市人民政府司法行政部门吊销其律师执业证书；构成犯罪的，依法追究刑事责任：

（一）违反规定会见法官、检察官、仲裁员以及其他有关工作人员，或者以其他不正当方式影响依法办理案件的；

（二）向法官、检察官、仲裁员以及其他有关工作人员行贿，介绍贿赂或者指使、诱导当事人行贿的；

（三）向司法行政部门提供虚假材料或者有其他弄虚作假行为的；

（四）故意提供虚假证据或者威胁、利诱他人提供虚假证据，妨碍对方当事人合法取得证据的；

（五）接受对方当事人财物或者其他利益，与对方当事人或者第三人恶意串通，侵害委托人权益的；

（六）扰乱法庭、仲裁庭秩序，干扰诉讼、仲裁活动的正常进行的；

（七）煽动、教唆当事人采取扰乱公共秩序、危害公共安全等非法手段解决争议的；

（八）发表危害国家安全、恶意诽谤他人、严重扰乱法庭秩序的言论的；

（九）泄露国家秘密的。

律师因故意犯罪受到刑事处罚的，由省、自治区、直辖市人民政府司法行政部门吊销其律师执业证书。

第五十六条　司法行政部门工作人员违反本法规定，滥用职权、玩忽职守，构成犯罪的，依法追究刑事责任；尚不构成犯罪的，依法给予处分。

166. 中华人民共和国未成年人保护法（节录）（2012. 10. 26）

（1991 年 9 月 4 日第七届全国人民代表大会常务委员会第二十一次会议通过　2006 年 12 月 29 日第十届全国人民代表大会常务委员会第二十五次会议第一次修订通过　根据 2012 年 10 月 26 日第十一届全国人民代表大会常务委员会第二十九次会议《关于修改〈中华人民共和国未成年人保护法〉的决定》第二次修正）

第六章　法律责任

第六十条　违反本法规定，侵害未成年人的合法权益，其他法律、法规已规定行政处罚的，从其规定；造成人身财产损失或者其他损害的，依法承担民事责任；构成犯罪的，依法追究刑事责任。

167. 中华人民共和国预防未成年人犯罪法（节录）（2012. 10. 26）

（1999 年 6 月 28 日第九届全国人民代表大会常务委员会第十次会议通过　根据 2012 年 10 月 26 日第十一届全国人民代表大会常务委员会第二十九次会议《关于修改〈中华人民共和国预防未成年人犯罪法〉的决定》修正）

第七章　法律责任

第五十一条　公安机关的工作人员违反本法第十八条的规定，接到报告后，不及时查处或者采取有效措施，严重不负责任的，予以行政处分；造成严重后果，构成犯罪的，依法追究刑事责任。

第五十二条　违反本法第三十条的规定，出版含有诱发未成年人违法犯罪以及渲染暴力、色情、赌博、恐怖活动等危害未成年人身心健康内容的出版物的，由出版行政部门没收出版物和违法所得，并处违法所得三倍以上十倍以下罚款；情节严重的，没收出版物和违法所得，并责令停业整顿或者吊销许可证。对直接负责的主管人员和其他直接责任人员处以罚款。

制作、复制宣扬淫秽内容的未成年人出版物，或者向未成年人出售、出租、传播宣扬淫秽内容的出版物的，依法予以治安处罚；构成犯罪的，依法追究刑事责任。

第五十六条　教唆、胁迫、引诱未成年人实施本法规定的不良行为、严重不良行为，或者为未成年人实施不良行为、严重不良行为提供条件，构成违反治安管理行为的，由公安机关依法予以治安处罚；构成犯罪的，依法追究刑事责任。

168. 中华人民共和国治安管理处罚法（节录）（2012. 10. 26）

（2005 年 8 月 28 日第十届全国人民代表大会常务委员会第十七次会议通过　根据 2012 年 10 月 26 日第十一届全国人民代表大会常务委员会第二十九次会议《关于修改〈中华人民共和国治安管理处罚法〉的决定》修正）

第一章　总　　则

第二条　扰乱公共秩序，妨害公共安全，侵犯人身权利、财产权利，妨害社会管理，具有社会危害性，依照《中华人民共和国刑法》的规定构成犯罪的，依法追究刑事责任；尚不够刑事处罚的，由公安机关依照本法给予治安管理处罚。

第五章　执法监督

第一百一十六条　人民警察办理治安案件，有下列行为之一的，依法给予行政处分；构成犯罪的，依法追究刑事责任：

（一）刑讯逼供、体罚、虐待、侮辱他人的；

（二）超过询问查证的时间限制人身自由的；

（三）不执行罚款决定与罚款收缴分离制度或者不按规定将罚没的财物上缴国库或者依法处理的；

（四）私分、侵占、挪用、故意损毁收缴、扣押的财物的；

（五）违反规定使用或者不及时返还被侵害人财物的；

（六）违反规定不及时退还保证金的；

（七）利用职务上的便利收受他人财物或者谋取其他利益的；

（八）当场收缴罚款不出具罚款收据或者不如实填写罚款数额的；

（九）接到要求制止违反治安管理行为的报警后，不及时出警的；

（十）在查处违反治安管理活动时，为违法犯罪行为人通风报信的；

（十一）有徇私舞弊、滥用职权，不依法履行法定职责的其他情形的。

办理治安案件的公安机关有前款所列行为的，对直接负责的主管人员和其他直接责任人员给予相应的行政处分。

169. 中华人民共和国人民警察法（节录）（2012. 10. 26）

（1995 年 2 月 28 日第八届全国人民代表大会常务委员会第十二次会议通过
根据 2012 年 10 月 26 日第十一届全国人民代表大会常务委员会第二十九次会议
《关于修改〈中华人民共和国人民警察法〉的决定》修正）

第三章　义务和纪律

第二十二条　人民警察不得有下列行为：

（一）散布有损国家声誉的言论，参加非法组织，参加旨在反对国家的集会、游行、示威等活动，参加罢工；

（二）泄露国家秘密、警务工作秘密；

（三）弄虚作假，隐瞒案情，包庇、纵容违法犯罪活动；

（四）刑讯逼供或者体罚、虐待人犯；

（五）非法剥夺、限制他人人身自由，非法搜查他人的身体、物品、住所或者场所；

（六）敲诈勒索或者索取、收受贿赂；

（七）殴打他人或者唆使他人打人；

（八）违法实施处罚或者收取费用；

（九）接受当事人及其代理人的请客送礼；

（十）从事营利性的经营活动或者受雇于任何个人或者组织；

（十一）玩忽职守，不履行法定义务；

（十二）其他违法乱纪的行为。

第五章　警务保障

第三十五条　拒绝或者阻碍人民警察依法执行职务，有下列行为之一的，给予治安管理处罚：

（一）公然侮辱正在执行职务的人民警察的；

（二）阻碍人民警察调查取证的；

（三）拒绝或者阻碍人民警察执行追捕、搜查、救险等任务进入有关住所、场所的；

（四）对执行救人、救险、追捕、警卫等紧急任务的警车故意设置障碍的；

（五）有拒绝或者阻碍人民警察执行职务的其他行为的。

以暴力、威胁方法实施前款规定的行为，构成犯罪的，依法追究刑事责任。

第三十六条　人民警察的警用标志、制式服装和警械，由国务院公安部门统一监制，会同其他有关国家机关管理，其他个人和组织不得非法制造、贩卖。

人民警察的警用标志、制式服装、警械、证件为人民警察专用，其他个人和组织不得持有和使用。

违反前两款规定的，没收非法制造、贩卖、持有、使用的人民警察警用标志、制式服装、警械、证件，由公安机关处十五日以下拘留或者警告，可以并处违法所得五倍以下的罚款；构成犯罪的，依法追究刑事责任。

第七章　法律责任

第四十八条　人民警察有本法第二十二条所列行为之一的，应当给予行政处分；构成犯罪的，依法追究刑事责任。

行政处分分为：警告、记过、记大过、降级、撤职、开除。对受行政处分的人民警察，按照国家有关规定，可以降低警衔、取消警衔。

对违反纪律的人民警察，必要时可以对其采取停止执行职务、禁闭的措施。

第四十九条　人民警察违反规定使用武器、警械，构成犯罪的，依法追究刑事责任；尚未构成犯罪的，应当依法给予行政处分。

170. 中华人民共和国国家赔偿法（节录）（2012. 10. 26）

（1994 年 5 月 12 日第八届全国人民代表大会常务委员会第七次会议通过　根据 2010 年 4 月 29 日第十一届全国人民代表大会常务委员会第十四次会议《关于修改〈中华人民共和国国家赔偿法〉的决定》第一次修正　根据 2012 年 10 月 26 日第十一届全国人民代表大会常务委员会第二十九次会议《关于修改〈中华人民共和国国家赔偿法〉的决定》第二次修正）

第二章　行政赔偿

第三节　赔偿程序

第十六条　赔偿义务机关赔偿损失后，应当责令有故意或者重大过失的工作人员或者受委托的组织或者个人承担部分或者全部赔偿费用。

对有故意或者重大过失的责任人员，有关机关应当依法给予处分；构成犯罪的，应当依法追究刑事责任。

第三章　刑事赔偿

第一节　赔偿范围

第十七条　行使侦查、检察、审判职权的机关以及看守所、监狱管理机关及其工作人员在行使职权时有下列侵犯人身权情形之一的，受害人有取得赔偿的权利：

（一）违反刑事诉讼法的规定对公民采取拘留措施的，或者依照刑事诉讼法规定的条件和程序对公民采取拘留措施，但是拘留时间超过刑事诉讼法规定的时限，其后决定撤销案件、不起诉或者判决宣告无罪终止追究刑事责任的；

（二）对公民采取逮捕措施后，决定撤销案件、不起诉或者判决宣告无罪终止追究刑事责任的；

（三）依照审判监督程序再审改判无罪，原判刑罚已经执行的；

（四）刑讯逼供或者以殴打、虐待等行为或者唆使、放纵他人以殴打、虐待等行为造成公民身体伤害或者死亡的；

（五）违法使用武器、警械造成公民身体伤害或者死亡的。

第三节　赔偿程序

第三十一条　赔偿义务机关赔偿后，应当向有下列情形之一的工作人员追偿部分或者全部赔偿费用：

（一）有本法第十七条第四项、第五项规定情形的；

（二）在处理案件中有贪污受贿，徇私舞弊，枉法裁判行为的。

对有前款规定情形的责任人员，有关机关应当依法给予处分；构成犯罪的，应当依法追究刑事责任。

171. 中华人民共和国精神卫生法（节录）（2012. 10. 26）

（2012 年 10 月 26 日第十一届全国人民代表大会常务委员会第二十九次会议通过）

第六章 法律责任

第八十一条 违反本法规定，构成犯罪的，依法追究刑事责任。

172. 中华人民共和国邮政法（节录）（2012. 10. 26）

（1986 年 12 月 2 日第六届全国人民代表大会常务委员会第十八次会议通过 2009 年 4 月 24 日第十一届全国人民代表大会常务委员会第八次会议修订 根据 2012 年 10 月 26 日第十一届全国人民代表大会常务委员会第二十九次会议《关于修改〈中华人民共和国邮政法〉的决定》修正）

第八章 法律责任

第八十三条 邮政管理部门工作人员在监督管理工作中滥用职权、玩忽职守、徇私舞弊，构成犯罪的，依法追究刑事责任；尚不构成犯罪的，依法给予处分。

173. 中华人民共和国证券投资基金法（节录）（2012. 12. 28）

（2003 年 10 月 28 日第十届全国人民代表大会常务委员会第五次会议通过 2012 年 12 月 28 日第十一届全国人民代表大会常务委员会第三十次会议修订）

第十四章 法律责任

第一百五十条 违反本法规定，构成犯罪的，依法追究刑事责任。

174. 中华人民共和国老年人权益保障法（节录）（2012. 12. 28）

（1996 年 8 月 29 日第八届全国人民代表大会常务委员会第二十一次会议通过 根据 2009 年 8 月 27 日第十一届全国人民代表大会常务委员会第十次会议《关于修改部分法律的决定》修正 2012 年 12 月 28 日第十一届全国人民代表大会常务委员会第三十次会议修订）

第八章 法律责任

第七十三条 不履行保护老年人合法权益职责的部门或者组织，其上级主管部门应当给予批评教育，责令改正。

国家工作人员违法失职，致使老年人合法权益受到损害的，由其所在单位或者上级机关责令改正，或者依法给予处分；构成犯罪的，依法追究刑事责任。

第七十五条 干涉老年人婚姻自由，对老年人负有赡养义务、扶养义务而拒绝赡养、扶养，虐待老年人或者对老年人实施家庭暴力的，由有关单位给予批评教育；构成违反治安管理行为的，依法给予治安管理处罚；构成犯罪的，依法追究刑事责任。

第七十六条 家庭成员盗窃、诈骗、抢夺、侵占、勒索、故意损毁老年人财物，构成违反治安管理行为的，依法给予治安管理处罚；构成犯罪的，依法追究刑事责任。

第七十七条 侮辱、诽谤老年人，构成违反治安管理行为的，依法给予治安管理处罚；构成犯罪的，依法追究刑事责任。

第七十九条 养老机构及其工作人员侵害老年人人身和财产权益，或者未按照约定提供服务的，依法承担民事责任；有关主管部门依法给予行政处罚；构成犯罪的，依法追究刑事责任。

第八十条 对养老机构负有管理和监督职责的部门及其工作人员滥用职权、玩忽职守、徇私舞弊的，对直接负责的主管人员和其他直接责任人员依法给予处分；构成犯罪的，依法追究刑事责任。

第八十二条 涉及老年人的工程不符合国家规定的标准或者无障碍设施所有人、管理人未尽到维护和管理职责的，由有关主管部门责令改正；造成损害的，依法承担民事责任；对有关单位、个人依法给予行政处罚；构成犯罪的，依法追究刑事责任。

175. 中华人民共和国农业法（节录）（2012.12.28）

（1993年7月2日第八届全国人民代表大会常务委员会第二次会议通过　2002年12月28日第九届全国人民代表大会常务委员会第三十一次会议修订　根据2009年8月27日第十一届全国人民代表大会常务委员会第十次会议《关于修改部分法律的决定》第一次修正　根据2012年12月28日第十一届全国人民代表大会常务委员会第三十次会议《关于修改〈中华人民共和国农业法〉的决定》第二次修正）

第十二章　法律责任

第九十二条 有下列行为之一的，由上级主管机关责令限期归还被截留、挪用的资金，没收非法所得，并由上级主管机关或者所在单位给予直接负责的主管人员和其他直接责任人员行政处分；构成犯罪的，依法追究刑事责任：

（一）违反本法第三十三条第三款规定，截留、挪用粮食收购资金的；

（二）违反本法第三十九条第二款规定，截留、挪用用于农业的财政资金和信贷资金的；

（三）违反本法第八十六条第三款规定，截留、挪用扶贫资金的。

第九十三条 违反本法第六十七条规定，向农民或者农业生产经营组织违法收费、罚款、摊派的，上级主管机关应当予以制止，并予公告；已经收取钱款或者已经使用人力、物力的，由上级主管机关责令限期归还已经收取的钱款或者折价偿还已经使用的人力、物力，并由上级主管机关或者所在单位给予直接负责的主管人员和其他直接责任人员行政处分；情节严重，构成犯罪的，依法追究刑事责任。

第九十七条 县级以上人民政府农业行政主管部门的工作人员违反本法规定参与和从事农业生产经营活动的，依法给予行政处分；构成犯罪的，依法追究刑事责任。

176. 中华人民共和国劳动合同法（节录）（2012.12.28）

（2007年6月29日第十届全国人民代表大会常务委员会第二十八次会议通过　根据2012年12月28日第十一届全国人民代表大会常务委员会第三十次会议《关于修改〈中华人民共和国劳动合同法〉的决定》修正）

第七章　法律责任

第八十八条 用人单位有下列情形之一的，依法给予行政处罚；构成犯罪的，依法追究刑事责任；给劳动者造成损害的，应当承担赔偿责任：

（一）以暴力、威胁或者非法限制人身自由的手段强迫劳动的；

（二）违章指挥或者强令冒险作业危及劳动者人身安全的；

（三）侮辱、体罚、殴打、非法搜查或者拘禁劳动者的；

（四）劳动条件恶劣、环境污染严重，给劳动者身心健康造成严重损害的。

第九十三条 对不具备合法经营资格的用人单位的违法犯罪行为，依法追究法律责任；劳动者已经付出劳动的，该单位或者其出资人应当依照本法有关规定向劳动者支付劳动报酬、经济补偿、赔偿金；给劳动者造成损害的，应当承担赔偿责任。

第九十五条 劳动行政部门和其他有关主管部门及其工作人员玩忽职守、不履行法定职责，或者违法行使职权，给劳动者或者用人单位造成损害的，应当承担赔偿责任；对直接负责的主管人员和其他直接责任人员，依法给予行政处分；构成犯罪的，依法追究刑事责任。

177. 全国人民代表大会常务委员会关于加强网络信息保护的决定（2012. 12. 28）

（2012 年 12 月 28 日第十一届全国人民代表大会常务委员会第三十次会议通过）

为了保护网络信息安全，保障公民、法人和其他组织的合法权益，维护国家安全和社会公共利益，特作如下决定：

一、国家保护能够识别公民个人身份和涉及公民个人隐私的电子信息。

任何组织和个人不得窃取或者以其他非法方式获取公民个人电子信息，不得出售或者非法向他人提供公民个人电子信息。

二、网络服务提供者和其他企业事业单位在业务活动中收集、使用公民个人电子信息，应当遵循合法、正当、必要的原则，明示收集、使用信息的目的、方式和范围，并经被收集者同意，不得违反法律、法规的规定和双方的约定收集、使用信息。

网络服务提供者和其他企业事业单位收集、使用公民个人电子信息，应当公开其收集、使用规则。

三、网络服务提供者和其他企业事业单位及其工作人员对在业务活动中收集的公民个人电子信息必须严格保密，不得泄露、篡改、毁损，不得出售或者非法向他人提供。

四、网络服务提供者和其他企业事业单位应当采取技术措施和其他必要措施，确保信息安全，防止在业务活动中收集的公民个人电子信息泄露、毁损、丢失。在发生或者可能发生信息泄露、毁损、丢失的情况时，应当立即采取补救措施。

五、网络服务提供者应当加强对其用户发布的信息的管理，发现法律、法规禁止发布或者传输的信息的，应当立即停止传输该信息，采取消除等处置措施，保存有关记录，并向有关主管部门报告。

六、网络服务提供者为用户办理网站接入服务，办理固定电话、移动电话等入网手续，或者为用户提供信息发布服务，应当在与用户签订协议或者确认提供服务时，要求用户提供真实身份信息。

七、任何组织和个人未经电子信息接收者同意或者请求，或者电子信息接收者明确表示拒绝的，不得向其固定电话、移动电话或者个人电子邮箱发送商业性电子信息。

八、公民发现泄露个人身份、散布个人隐私等侵害其合法权益的网络信息，或者受到商业性电子信息侵扰的，有权要求网络服务提供者删除有关信息或者采取其他必要措施予以制止。

九、任何组织和个人对窃取或者以其他非法方式获取、出售或者非法向他人提供公民个人电子信息的违法犯罪行为以及其他网络信息违法犯罪行为，有权向有关主管部门举报、控告；接到举报、控告的部门应当依法及时处理。被侵权人可以依法提起诉讼。

十、有关主管部门应当在各自职权范围内依法履行职责，采取技术措施和其他必要措施，防范、制止和查处窃取或者以其他非法方式获取、出售或者非法向他人提供公民个人电子信息的违法犯罪行为以及其他网络信息违法犯罪行为。有关主管部门依法履行职责时，网络服务提供者应当予以配合，提供技术支持。

国家机关及其工作人员对在履行职责中知悉的公民个人电子信息应当予以保密，不得泄露、篡改、毁损，不得出售或者非法向他人提供。

十一、对有违反本决定行为的，依法给予警告、罚款、没收违法所得、吊销许可证或者取消备案、关闭网站、禁止有关责任人员从事网络服务业务等处罚，记入社会信用档案并予以公布；构成违反治安管理行为的，依法给予治安管理处罚。构成犯罪的，依法追究刑事责任。侵害他人民事权益的，依法承担民事责任。

十二、本决定自公布之日起施行。

178. 中华人民共和国旅游法（节录）（2013. 4. 25）

（2013 年 4 月 25 日第十二届全国人民代表大会常务委员会第二次会议通过　自 2013 年 10 月 1 日起施行）

第九章　法律责任

第一百零九条　旅游主管部门和有关部门的工作人员在履行监督管理职责中，滥用职权、玩忽职守、徇私舞弊，尚不构成犯罪的，依法给予处分。

第一百一十条　违反本法规定，构成犯罪的，依法追究刑事责任。

179. 中华人民共和国特种设备安全法（节录）（2013. 6. 29）

（2013 年 6 月 29 日第十二届全国人民代表大会常务委员会第三次会议通过　自 2014 年 1 月 1 日起施行）

第六章　法律责任

第九十八条　违反本法规定，构成违反治安管理行为的，依法给予治安管理处罚；构成犯罪的，依法追究刑事责任。

180. 中华人民共和国煤炭法（节录）（2013. 6. 29）

（1996 年 8 月 29 日第八届全国人民代表大会常务委员会第二十一次会议通过　根据 2009 年 8 月 27 日第十一届全国人民代表大会常务委员会第十次会议《关于修改部分法律的决定》第一次修正　根据 2011 年 4 月 22 日第十一届全国人民代表大会常务委员会第二十次会议《关于修改〈中华人民共和国煤炭法〉的决定》第二次修正　根据 2013 年 6 月 29 日第十二届全国人民代表大会常务委员会第三次会议《关于修改〈中华人民共和国文物保护法〉等十二部法律的决定》第三次修正）

第七章　法律责任

第六十条　违反本法第二十六条的规定，擅自开采保安煤柱或者采用危及相邻煤矿生产安全的危险方法进行采矿作业的，由劳动行政主管部门会同煤炭管理部门责令停止作业；由煤炭管理部门没收违法所得，并处违法所得一倍以上五倍以下的罚款；构成犯罪的，由司法机关依法追究刑事责任；造成损失的，依法承担赔偿责任。

第六十一条　违反本法第四十五条的规定，在煤炭产品中掺杂、掺假，以次充好的，责令停止销售，没收违法所得，并处违法所得一倍以上五倍以下的罚款；构成犯罪的，由司法机关依法追究刑事责任。

第六十五条　有下列行为之一的，由公安机关依照治安管理处罚法的有关规定处罚；构成犯罪的，由司法机关依法追究刑事责任：

（一）阻碍煤矿建设，致使煤矿建设不能正常进行的；

（二）故意损坏煤矿矿区的电力、通讯、水源、交通及其他生产设施的；

（三）扰乱煤矿矿区秩序，致使生产、工作不能正常进行的；

（四）拒绝、阻碍监督检查人员依法执行职务的。

第六十六条　煤矿企业的管理人员违章指挥、强令职工冒险作业，发生重大伤亡事故的，依照刑法有关规定追究刑事责任。

第六十七条　煤矿企业的管理人员对煤矿事故隐患不采取措施予以消除，发生重大伤亡事故的，依照刑法有关规定追究刑事责任。

第六十八条　煤炭管理部门和有关部门的工作人员玩忽职守、徇私舞弊、滥用职权的，依法给予行政处分；构成犯罪的，由司法机关依法追究刑事责任。

181. 中华人民共和国文物保护法（节录）（2013. 6. 29）

（1982 年 11 月 19 日第五届全国人民代表大会常务委员会第二十五次会议通过　根据 1991 年 6 月 29 日第七届全国人民代表大会常务委员会第二十次会议《关于修改〈中华人民共和国文物保护法〉第三十条、第三十一条的决定》第一次修正　2002 年 10 月 28 日第九届全国人民代表大会常务委员会第三十次会议修订　根据 2007 年 12 月 29 日第十届全国人民代表大会常务委员会第三十一次会议《关于修改〈中华人民共和国文物保护法〉的决定》第二次修正　根据 2013 年 6 月 29 日第十二届全国人民代表大会常务委员会第三次会议《关于修改〈中华人民共和国文物保护法〉等十二部法律的决定》第三次修正）

第七章　法律责任

第六十四条　违反本法规定，有下列行为之一，构成犯罪的，依法追究刑事责任：

（一）盗掘古文化遗址、古墓葬的；

（二）故意或者过失损毁国家保护的珍贵文物的；

（三）擅自将国有馆藏文物出售或者私自送给非国有单位或者个人的；

（四）将国家禁止出境的珍贵文物私自出售或者送给外国人的；

（五）以牟利为目的倒卖国家禁止经营的文物的；

（六）走私文物的；

（七）盗窃、哄抢、私分或者非法侵占国有文物的；

（八）应当追究刑事责任的其他妨害文物管理行为。

第七十六条　文物行政部门、文物收藏单位、文物商店、经营文物拍卖的拍卖企业的工作人员，有下列行为之一的，依法给予行政处分，情节严重的，依法开除公职或者吊销其从业资格；构成犯罪的，依法追究刑事责任：

（一）文物行政部门的工作人员违反本法规定，滥用审批权限、不履行职责或者发现违法行为不予查处，造成严重后果的；

（二）文物行政部门和国有文物收藏单位的工作人员借用或者非法侵占国有文物的；

（三）文物行政部门的工作人员举办或者参与举办文物商店或者经营文物拍卖的拍卖企业的；

（四）因不负责任造成文物保护单位、珍贵文物损毁或者流失的；

（五）贪污、挪用文物保护经费的。

前款被开除公职或者被吊销从业资格的人员，自被开除公职或者被吊销从业资格之日起十年内不得担任文物管理人员或者从事文物经营活动。

第七十八条　公安机关、工商行政管理部门、海关、城乡建设规划部门和其他国家机关，违反本法规定滥用职权、玩忽职守、徇私舞弊，造成国家保护的珍贵文物损毁或者流失的，对负有责任的主管人员和其他直接责任人员依法给予行政处分；构成犯罪的，依法追究刑事责任。

182. 中华人民共和国草原法（节录）（2013. 6. 29）

（1985 年 6 月 18 日第六届全国人民代表大会常务委员会第十一次会议通过　2002 年 12 月 28 日第九届全国人民代表大会常务委员会第三十一次会议修订　根据 2009 年 8 月 27 日第十一届全国人民代表大会常务委员会第十次会议《关于修改部分法律的规定》第一次修正　根据 2013 年 6 月 29 日全国人民代表大会常务委员会第三次会议《关于修改〈中华人民共和国文物保护法〉等十二部法律的决定》第二次修正）

第八章　法律责任

第六十一条　草原行政主管部门工作人员及其他国家机关有关工作人员玩忽职守、滥用职权，不依法履行监督管理职责，或者发现违法行为不予查处，造成严重后果，构成犯罪的，依法追究刑事责任；尚不够刑事处罚的，依法给予行政处分。

第六十二条　截留、挪用草原改良、人工种草和草种生产资金或者草原植被恢复费，构成犯罪的，依法追究刑事责任；尚不够刑事处罚的，依法给予行政处分。

第六十三条　无权批准征收、征用、使用草原的单位或者个人非法批准征收、征用、使用草原的，超越批准权限非法批准征收、征用、使用草原的，或者违反法律规定的程序批准征收、征用、使用草原，构成犯罪的，依法追究刑事责任；尚不够刑事处罚的，依法给予行政处分。非法批准征收、征用、使用草原的文件无效。非法批准征收、征用、使用的草原应当收回，当事人拒不归还的，以非法使用草原论处。

非法批准征收、征用、使用草原，给当事人造成损失的，依法承担赔偿责任。

第六十四条　买卖或者以其他形式非法转让草原，构成犯罪的，依法追究刑事责任；尚不够刑事处罚的，由县级以上人民政府草原行政主管部门依据职权责令限期改正，没收违法所得，并处违法所得一倍以上五倍以下的罚款。

第六十五条　未经批准或者采取欺骗手段骗取批准，非法使用草原，构成犯罪的，依法追究刑事责任；尚不够刑事处罚的，由县级以上人民政府草原行政主管部门依据职权责令退还非法使用的草原，对违反草原保护、建设、利用规划擅自将草原改为建设用地的，限期拆除在非法使用的草原上新建的建筑物和其他设施，恢复草原植被，并处草原被非法使用前三年平均产值六倍以上十二倍以下的罚款。

第六十六条　非法开垦草原，构成犯罪的，依法追究刑事责任；尚不够刑事处罚的，由县级以上人民政府草原行政主管部门依据职权责令停止违法行为，限期恢复植被，没收非法财物和违法所得，并处违法所得一倍以上五倍以下的罚款；没有违法所得的，并处五万元以下的罚款；给草原所有者或者使用者造成损失的，依法承担赔偿责任。

183. 中华人民共和国海关法（节录）（2013. 6. 29）

（1987 年 1 月 22 日第六届全国人民代表大会常务委员会第十九次会议通过　根据 2000 年 7 月 8 日第九届全国人民代表大会常务委员会第十六次会议《关于修改〈中华人民共和国海关法〉的决定》第一次修正　根据 2013 年 6 月 29 日第十二届全国人民代表大会常务委员会第三次会议《关于修改〈中华人民共和国文物保护法〉等十二部法律的决定》第二次修正）

第八章　法律责任

第八十二条　违反本法及有关法律、行政法规，逃避海关监管，偷逃应纳税款、逃避国家有关进出境的禁止性或者限制性管理，有下列情形之一的，是走私行为：

（一）运输、携带、邮寄国家禁止或者限制进出境货物、物品或者依法应当缴纳税款的货物、物品进出境的；

（二）未经海关许可并且未缴纳应纳税款、交验有关许可证件，擅自将保税货物、特定减免税货物以及其他海关监管货物、物品、进境的境外运输工具，在境内销售的；

（三）有逃避海关监管，构成走私的其他行为的。

有前款所列行为之一，尚不构成犯罪的，由海关没收走私货物、物品及违法所得，可以并处罚款；专门或者多次用于掩护走私的货物、物品，专门或者多次用于走私的运输工具，予以没收，藏匿走私货物、物品的特制设备，责令拆毁或者没收。

有第一款所列行为之一，构成犯罪的，依法追究刑事责任。

第八十三条　有下列行为之一的，按走私行为论处，依照本法第八十二条的规定处罚：

（一）直接向走私人非法收购走私进口的货物、物品的；

（二）在内海、领海、界河、界湖，船舶及所载人员运输、收购、贩卖国家禁止或者限制进出境的货物、物品，或者运输、收购、贩卖依法应当缴纳税款的货物，没有合法证明的。

第八十四条　伪造、变造、买卖海关单证，与走私人通谋为走私人提供贷款、资金、帐号、发票、证明、海关单证，与走私人通谋为走私人提供运输、保管、邮寄或者其他方便，构成犯罪的，依法追究刑事责任；尚不构成犯罪的，由海关没收违法所得，并处罚款。

第九十条　进出口货物收发货人、报关企业、报关人员向海关工作人员行贿的，由海关撤销其报关注册登记，取消其报关从业资格，并处以罚款；构成犯罪的，依法追究刑事责任，并不得重新注册登记为报关企业和取得报关从业资格证书。

第九十一条　违反本法规定进出口侵犯中华人民共和国法律、行政法规保护的知识产权的货物的，由海关依法没收侵权货物，并处以罚款；构成犯罪的，依法追究刑事责任。

第九十六条　海关工作人员有本法第七十二条所列行为之一的，依法给予行政处分；有违法所得的，依法没收违法所得；构成犯罪的，依法追究刑事责任。

第九十七条　海关的财政收支违反法律、行政法规规定的，由审计机关以及有关部门依照法律、行政法规的规定作出处理；对直接负责的主管人员和其他直接责任人员，依法给予行政处分；构成犯罪的，依法追究刑事责任。

184. 中华人民共和国进出口商品检验法（节录）（2013.6.29）

（1989 年 2 月 21 日第七届全国人民代表大会常务委员会第六次会议通过　根据 2002 年 4 月 28 日第九届全国人民代表大会常务委员会第二十七次会议《关于修改〈中华人民共和国进出口商品检验法〉的决定》第一次修正　根据 2013 年 6 月 29 日第十二届全国人民代表大会常务委员会第三次会议《关于修改〈中华人民共和国文物保护法〉等十二部法律的决定》第二次修正）

第五章　法律责任

第三十三条　违反本法规定，将必须经商检机构检验的进口商品未报经检验而擅自销售或者使用的，或者将必须经商检机构检验的出口商品未报经检验合格而擅自出口的，由商检机构没收违法所得，并处货值金额百分之五以上百分之二十以下的罚款；构成犯罪的，依法追究刑事责任。

第三十五条　进口或者出口属于掺杂掺假、以假充真、以次充好的商品或者以不合格进出口商品冒充合格进出口商品的，由商检机构责令停止进口或者出口，没收违法所得，并处货值金额百分之五十以上三倍以下的罚款；构成犯罪的，依法追究刑事责任。

第三十六条　伪造、变造、买卖或者盗窃商检单证、印章、标志、封识、质量认证标志的，依法追究刑事责任；尚不够刑事处罚的，由商检机构责令改正，没收违法所得，并处货值金额等值以下的罚款。

第三十七条　国家商检部门、商检机构的工作人员违反本法规定，泄露所知悉的商业秘密的，依法给予行政处分，有违法所得的，没收违法所得；构成犯罪的，依法追究刑事责任。

第三十八条　国家商检部门、商检机构的工作人员滥用职权，故意刁难的，徇私舞弊，伪造检验结果的，或者玩忽职守，延误检验出证的，依法给予行政处分；构成犯罪的，依法追究刑事责任。

185. 中华人民共和国税收征收管理法（节录）（2013. 6. 29）

（1992 年 9 月 4 日第七届全国人民代表大会常务委员会第二十七次会议通过　根据 1995 年 2 月 28 日第八届全国人民代表大会常务委员会第十二次会议《关于修改〈中华人民共和国税收征收管理法〉的决定》第一次修正　2001 年 4 月 28 日第九届全国人民代表大会常务委员会第二十一次会议修订　根据 2013 年 6 月 29 日第十二届全国人民代表大会常务委员会第三次会议《关于修改〈中华人民共和国文物保护法〉等十二部法律的决定》第二次修正）

第五章　法律责任

第六十三条　纳税人伪造、变造、隐匿、擅自销毁帐簿、记帐凭证，或者在帐簿上多列支出或者不列、少列收入，或者经税务机关通知申报而拒不申报或者进行虚假的纳税申报，不缴或者少缴应纳税款的，是偷税。对纳税人偷税的，由税务机关追缴其不缴或者少缴的税款、滞纳金，并处不缴或者少缴的税款百分之五十以上五倍以下的罚款；构成犯罪的，依法追究刑事责任。

扣缴义务人采取前款所列手段，不缴或者少缴已扣、已收税款，由税务机关追缴其不缴或者少缴的税款、滞纳金，并处不缴或者少缴的税款百分之五十以上五倍以下的罚款；构成犯罪的，依法追究刑事责任。

第六十五条　纳税人欠缴应纳税款，采取转移或者隐匿财产的手段，妨碍税务机关追缴欠缴的税款的，由税务机关追缴欠缴的税款、滞纳金，并处欠缴税款百分之五十以上五倍以下的罚款；构成犯罪的，依法追究刑事责任。

第六十六条　以假报出口或者其他欺骗手段，骗取国家出口退税款的，由税务机关追缴其骗取的退税款，并处骗取税款一倍以上五倍以下的罚款；构成犯罪的，依法追究刑事责任。

对骗取国家出口退税款的，税务机关可以在规定期间内停止为其办理出口退税。

第六十七条　以暴力、威胁方法拒不缴纳税款的，是抗税，除由税务机关追缴其拒缴的税款、滞纳金外，依法追究刑事责任。情节轻微，未构成犯罪的，由税务机关追缴其拒缴的税款、滞纳金，并处拒缴税款一倍以上五倍以下的罚款。

第七十一条　违反本法第二十二条规定，非法印制发票的，由税务机关销毁非法印制的发票，没收违法所得和作案工具，并处一万元以上五万元以下的罚款；构成犯罪的，依法追究刑事责任。

第七十七条　纳税人、扣缴义务人有本法第六十三条、第六十五条、第六十六条、第六十七条、第七十一条规定的行为涉嫌犯罪的，税务机关应当依法移交司法机关追究刑事责任。

税务人员徇私舞弊，对依法应当移交司法机关追究刑事责任的不移交，情节严重的，依法追究刑事责任。

第七十八条　未经税务机关依法委托征收税款的，责令退还收取的财物，依法给予行政处分或者行政处罚；致使他人合法权益受到损失的，依法承担赔偿责任；构成犯罪的，依法追究刑事责任。

第七十九条　税务机关、税务人员查封、扣押纳税人个人及其所扶养家属维持生活必需的住房和用品的，责令退还，依法给予行政处分；构成犯罪的，依法追究刑事责任。

第八十条　税务人员与纳税人、扣缴义务人勾结，唆使或者协助纳税人、扣缴义务人有本法第六十三条、第六十五条、第六十六条规定的行为，构成犯罪的，依法追究刑事责任；尚不构成犯罪的，依法给予行政处分。

第八十一条　税务人员利用职务上的便利，收受或者索取纳税人、扣缴义务人财物或者谋取其他不正当利益，构成犯罪的，依法追究刑事责任；尚不构成犯罪的，依法给予行政处分。

第八十二条　税务人员徇私舞弊或者玩忽职守，不征或者少征应征税款，致使国家税收遭受重大损失，构成犯罪的，依法追究刑事责任；尚不构成犯罪的，依法给予行政处分。

税务人员滥用职权，故意刁难纳税人、扣缴义务人的，调离税收工作岗位，并依法给予行政处分。

税务人员对控告、检举税收违法违纪行为的纳税人、扣缴义务人以及其他检举人进行打击报复的，依法给予行政处分；构成犯罪的，依法追究刑事责任。

税务人员违反法律、行政法规的规定，故意高估或者低估农业税计税产量，致使多征或者少征税款，侵犯农民合法权益或者损害国家利益，构成犯罪的，依法追究刑事责任；尚不构成犯罪的，依法给予行政处分。

第八十四条　违反法律、行政法规的规定，擅自作出税收的开征、停征或者减税、免税、退税、补税以及其他同税收法律、行政法规相抵触的决定的，除依照本法规定撤销其擅自作出的决定外，补征应征未征税款，退还不应征收而征收的税款，并由上级机关追究直接负责的主管人员和其他直接责任人员的行政责任；构成犯罪的，依法追究刑事责任。

186. 中华人民共和国固体废物污染环境防治法（节录）（2013. 6. 29）

（1995 年 10 月 30 日第八届全国人民代表大会常务委员会第十六次会议通过
2004 年 12 月 29 日第十届全国人民代表大会常务委员会第十三次会议修订
根据 2013 年 6 月 29 日第十二届全国人民代表大会常务委员会第三次会议
《关于修改〈中华人民共和国文物保护法〉等十二部法律的决定》修正）

第五章　法律责任

第六十七条　县级以上人民政府环境保护行政主管部门或者其他固体废物污染环境防治工作的监督管理部门违反本法规定，有下列行为之一的，由本级人民政府或者上级人民政府有关行政主管部门责令改正，对负有责任的主管人员和其他直接责任人员依法给予行政处分；构成犯罪的，依法追究刑事责任：

（一）不依法作出行政许可或者办理批准文件的；

（二）发现违法行为或者接到对违法行为的举报后不予查处的；

（三）有不依法履行监督管理职责的其他行为的。

第七十八条　违反本法规定，将中华人民共和国境外的固体废物进境倾倒、堆放、处置的，进口属于禁止进口的固体废物或者未经许可擅自进口属于限制进口的固体废物用作原料的，由海关责令退运该固体废物，可以并处十万元以上一百万元以下的罚款；构成犯罪的，依法追究刑事责任。进口者不明的，由承运人承担退运该固体废物的责任，或者承担该固体废物的处置费用。

逃避海关监管将中华人民共和国境外的固体废物运输进境，构成犯罪的，依法追究刑事责任。

第八十条　对已经非法入境的固体废物，由省级以上人民政府环境保护行政主管部门依法向海关提出处理意见，海关应当依照本法第七十八条的规定作出处罚决定；已经造成环境污染的，由省级以上人民政府环境保护行政主管部门责令进口者消除污染。

第八十三条　违反本法规定，收集、贮存、利用、处置危险废物，造成重大环境污染事故，构成犯罪的，依法追究刑事责任。

187. 中华人民共和国动物防疫法（节录）（2013. 6. 29）

（1997 年 7 月 3 日第八届全国人民代表大会常务委员会第二十六次会议通过　2007 年
8 月 30 日第十届全国人民代表大会常务委员会第二十九次会议修订　根据 2013 年
6 月 29 日第十二届全国人民代表大会常务委员会第三次会议《关于修改
〈中华人民共和国文物保护法〉等十二部法律的决定》修正）

第九章　法律责任

第八十四条　违反本法规定，构成犯罪的，依法追究刑事责任。

违反本法规定，导致动物疫病传播、流行等，给他人人身、财产造成损害的，依法承担民事责任。

188. 中华人民共和国证券法（节录）（2013. 6. 29）

（1998 年 12 月 29 日第九届全国人民代表大会常务委员会第六次会议通过　根据 2004 年 8 月 28 日第十届全国人民代表大会常务委员会第十一次会议《关于修改〈中华人民共和国证券法〉的决定》第一次修正　2005 年 10 月 27 日第十届全国人民代表大会常务委员会第十八次会议修订　根据 2013 年 6 月 29 日第十二届全国人民代表大会常务委员会第三次会议《关于修改〈中华人民共和国文物保护法〉等十二部法律的决定》第二次修正）

第十一章　法律责任

第二百二十八条　证券监督管理机构的工作人员和发行审核委员会的组成人员，不履行本法规定的职责，滥用职权、玩忽职守，利用职务便利牟取不正当利益，或者泄露所知悉的有关单位和个人的商业秘密的，依法追究法律责任。

第二百三十一条　违反本法规定，构成犯罪的，依法追究刑事责任。

189. 中华人民共和国种子法（节录）（2013. 6. 29）

（2000 年 7 月 8 日第九届全国人民代表大会常务委员会第十六次会议通过　根据 2004 年 8 月 28 日第十届全国人民代表大会常务委员会第十一次会议《关于修改〈中华人民共和国种子法〉的决定》第一次修正　根据 2013 年 6 月 29 日第十二届全国人民代表大会常务委员会第三次会议《关于修改〈中华人民共和国文物保护法〉等十二部法律的决定》第二次修正）

第十章　法律责任

第五十九条　违反本法规定，生产、经营假、劣种子的，由县级以上人民政府农业、林业行政主管部门或者工商行政管理机关责令停止生产、经营，没收种子和违法所得，吊销种子生产许可证、种子经营许可证或者营业执照，并处以罚款；有违法所得的，处以违法所得五倍以上十倍以下罚款；没有违法所得的，处以二千元以上五万元以下罚款；构成犯罪的，依法追究刑事责任。

第六十条　违反本法规定，有下列行为之一的，由县级以上人民政府农业、林业行政主管部门责令改正，没收种子和违法所得，并处以违法所得一倍以上三倍以下罚款；没有违法所得的，处以一千元以上三万元以下罚款；可以吊销违法行为人的种子生产许可证或者种子经营许可证；构成犯罪的，依法追究刑事责任：

（一）未取得种子生产许可证或者伪造、变造、买卖、租借种子生产许可证，或者未按照种子生产许可证的规定生产种子的；

（二）未取得种子经营许可证或者伪造、变造、买卖、租借种子经营许可证，或者未按照种子经营许可证的规定经营种子的。

第六十一条　违反本法规定，有下列行为之一的，由县级以上人民政府农业、林业行政主管部门责令改正，没收种子和违法所得，并处以违法所得一倍以上三倍以下罚款；没有违法所得的，处以一千元以上二万元以下罚款；构成犯罪的，依法追究刑事责任：

（一）为境外制种的种子在国内销售的；

（二）从境外引进农作物种子进行引种试验的收获物在国内作商品种子销售的；

（三）未经批准私自采集或者采伐国家重点保护的天然种质资源的。

第六十五条　违反本法规定，抢采掠青、损坏母树或者在劣质林内和劣质母树上采种的，由县级以上人民政府林业行政主管部门责令停止采种行为，没收所采种子，并处以所采林木种子价值一倍以上三倍以下的罚款；构成犯罪的，依法追究刑事责任。

第六十八条　种子质量检验机构出具虚假检验证明的，与种子生产者、销售者承担连带责任；并依法追究种子质量检验机构及其有关责任人的行政责任；构成犯罪的，依法追究刑事责任。

第七十条　农业、林业行政主管部门违反本法规定，对不具备条件的种子生产者、经营者核发种子生产许可证或者种子经营许可证的，对直接负责的主管人员和其他直接责任人员，依法给予行政处分；构成犯罪的，依法追究刑事责任。

第七十一条　种子行政管理人员徇私舞弊、滥用职权、玩忽职守的，或者违反本法规定从事种子生产、经营活动的，依法给予行政处分；构成犯罪的，依法追究刑事责任。

190. 中华人民共和国民办教育促进法（节录）（2013. 6. 29）

（2002 年 12 月 28 日第九届全国人民代表大会常务委员会第三十一次会议通过
根据 2013 年 6 月 29 日第十二届全国人民代表大会常务委员会第三次会议《关于修改〈中华人民共和国文物保护法〉等十二部法律的决定》修正）

第九章　法律责任

第六十二条　民办学校有下列行为之一的，由审批机关或者其他有关部门责令限期改正，并予以警告；有违法所得的，退还所收费用后没收违法所得；情节严重的，责令停止招生、吊销办学许可证；构成犯罪的，依法追究刑事责任：

（一）擅自分立、合并民办学校的；

（二）擅自改变民办学校名称、层次、类别和举办者的；

（三）发布虚假招生简章或者广告，骗取钱财的；

（四）非法颁发或者伪造学历证书、结业证书、培训证书、职业资格证书的；

（五）管理混乱严重影响教育教学，产生恶劣社会影响的；

（六）提交虚假证明文件或者采取其他欺诈手段隐瞒重要事实骗取办学许可证的；

（七）伪造、变造、买卖、出租、出借办学许可证的；

（八）恶意终止办学、抽逃资金或者挪用办学经费的。

第六十三条　审批机关和有关部门有下列行为之一的，由上级机关责令其改正；情节严重的，对直接负责的主管人员和其他直接责任人员，依法给予行政处分；造成经济损失的，依法承担赔偿责任；构成犯罪的，依法追究刑事责任：

（一）已受理设立申请，逾期不予答复的；

（二）批准不符合本法规定条件申请的；

（三）疏于管理，造成严重后果的；

（四）违反国家有关规定收取费用的；

（五）侵犯民办学校合法权益的；

（六）其他滥用职权、徇私舞弊的。

191. 中华人民共和国传染病防治法（节录）（2013. 6. 29）

（1989 年 2 月 21 日第七届全国人民代表大会常务委员会第六次会议通过
2004 年 8 月 28 日第十届全国人民代表大会常务委员会第十一次会议修订
根据 2013 年 6 月 29 日第十二届全国人民代表大会常务委员会第三次会议《关于修改〈中华人民共和国文物保护法〉等十二部法律的决定》修正）

第八章　法律责任

第六十五条　地方各级人民政府未依照本法的规定履行报告职责，或者隐瞒、谎报、缓报传染病疫情，或者在传染病暴发、流行时，未及时组织救治、采取控制措施的，由上级人民政府责令改正，通报批评；造成传染病传播、流行或者其他严重后果的，对负有责任的主管人员，依法给予行政处分；构成犯罪的，依法追究刑事责任。

第六十六条　县级以上人民政府卫生行政部门违反本法规定，有下列情形之一的，由本级人民政府、上级人民政府卫生行政部门责令改正，通报批评；造成传染病传播、流行或者其他严重后果的，对负有责任的主管人员和其他直接责任人员，依法给予行政处分；构成犯罪的，依法追究刑事责任：

（一）未依法履行传染病疫情通报、报告或者公布职责，或者隐瞒、谎报、缓报传染病疫情的；

（二）发生或者可能发生传染病传播时未及时采取预防、控制措施的；

（三）未依法履行监督检查职责，或者发现违法行为不及时查处的；

（四）未及时调查、处理单位和个人对下级卫生行政部门不履行传染病防治职责的举报的；

（五）违反本法的其他失职、渎职行为。

第六十七条 县级以上人民政府有关部门未依照本法的规定履行传染病防治和保障职责的，由本级人民政府或者上级人民政府有关部门责令改正，通报批评；造成传染病传播、流行或者其他严重后果的，对负有责任的主管人员和其他直接责任人员，依法给予行政处分；构成犯罪的，依法追究刑事责任。

第六十八条 疾病预防控制机构违反本法规定，有下列情形之一的，由县级以上人民政府卫生行政部门责令限期改正，通报批评，给予警告；对负有责任的主管人员和其他直接责任人员，依法给予降级、撤职、开除的处分，并可以依法吊销有关责任人员的执业证书；构成犯罪的，依法追究刑事责任：

（一）未依法履行传染病监测职责的；

（二）未依法履行传染病疫情报告、通报职责，或者隐瞒、谎报、缓报传染病疫情的；

（三）未主动收集传染病疫情信息，或者对传染病疫情信息和疫情报告未及时进行分析、调查、核实的；

（四）发现传染病疫情时，未依据职责及时采取本法规定的措施的；

（五）故意泄露传染病病人、病原携带者、疑似传染病病人、密切接触者涉及个人隐私的有关信息、资料的。

第六十九条 医疗机构违反本法规定，有下列情形之一的，由县级以上人民政府卫生行政部门责令改正，通报批评，给予警告；造成传染病传播、流行或者其他严重后果的，对负有责任的主管人员和其他直接责任人员，依法给予降级、撤职、开除的处分，并可以依法吊销有关责任人员的执业证书；构成犯罪的，依法追究刑事责任：

（一）未按照规定承担本单位的传染病预防、控制工作、医院感染控制任务和责任区域内的传染病预防工作的；

（二）未按照规定报告传染病疫情，或者隐瞒、谎报、缓报传染病疫情的；

（三）发现传染病疫情时，未按照规定对传染病病人、疑似传染病病人提供医疗救护、现场救援、接诊、转诊的，或者拒绝接受转诊的；

（四）未按照规定对本单位内被传染病病原体污染的场所、物品以及医疗废物实施消毒或者无害化处置的；

（五）未按照规定对医疗器械进行消毒，或者对按照规定一次使用的医疗器具未予销毁，再次使用的；

（六）在医疗救治过程中未按照规定保管医学记录资料的；

（七）故意泄露传染病病人、病原携带者、疑似传染病病人、密切接触者涉及个人隐私的有关信息、资料的。

第七十条 采供血机构未按照规定报告传染病疫情，或者隐瞒、谎报、缓报传染病疫情，或者未执行国家有关规定，导致因输入血液引起经血液传播疾病发生的，由县级以上人民政府卫生行政部门责令改正，通报批评，给予警告；造成传染病传播、流行或者其他严重后果的，对负有责任的主管人员和其他直接责任人员，依法给予降级、撤职、开除的处分，并可以依法吊销采供血机构的执业许可证；构成犯罪的，依法追究刑事责任。

非法采集血液或者组织他人出卖血液的，由县级以上人民政府卫生行政部门予以取缔，没收违法所得，可以并处十万元以下的罚款；构成犯罪的，依法追究刑事责任。

第七十一条 国境卫生检疫机关、动物防疫机构未依法履行传染病疫情通报职责的，由有关部门在各自职责范围内责令改正，通报批评；造成传染病传播、流行或者其他严重后果的，对负有责任的主管人员和其他直接责任人员，依法给予降级、撤职、开除的处分；构成犯罪的，依法追究刑事责任。

第七十三条 违反本法规定，有下列情形之一，导致或者可能导致传染病传播、流行的，由县级以上人民政府卫生行政部门责令限期改正，没收违法所得，可以并处五万元以下的罚款；已取得许可证的，原发证部门可以依法暂扣或者吊销许可证；构成犯罪的，依法追究刑事责任：

（一）饮用水供水单位供应的饮用水不符合国家卫生标准和卫生规范的；

（二）涉及饮用水卫生安全的产品不符合国家卫生标准和卫生规范的；

（三）用于传染病防治的消毒产品不符合国家卫生标准和卫生规范的；

（四）出售、运输疫区中被传染病病原体污染或者可能被传染病病原体污染的物品，未进行消毒处理的；

（五）生物制品生产单位生产的血液制品不符合国家质量标准的。

第七十四条 违反本法规定，有下列情形之一的，由县级以上地方人民政府卫生行政部门责令改正，通报批评，给予警告，已取得许可证的，可以依法暂扣或者吊销许可证；造成传染病传播、流行以及其他严重后果的，对负有责任的主管人员和其他直接责任人员，依法给予降级、撤职、开除的处分，并可以依法吊销有关责任人员的执业证书；构成犯罪的，依法追究刑事责任：

（一）疾病预防控制机构、医疗机构和从事病原微生物实验的单位，不符合国家规定的条件和技术标准，对传染病病原体样本未按照规定进行严格管理，造成实验室感染和病原微生物扩散的；

（二）违反国家有关规定，采集、保藏、携带、运输和使用传染病菌种、毒种和传染病检测样本的；

（三）疾病预防控制机构、医疗机构未执行国家有关规定，导致因输入血液、使用血液制品引起经血液传播疾病发生的。

192. 中华人民共和国商标法（节录）（2013. 8. 30）

（1982 年 8 月 23 日第五届全国人民代表大会常务委员会第二十四次会议通过　根据 1993 年 2 月 22 日第七届全国人民代表大会常务委员会第三十次会议《关于修改〈中华人民共和国商标法〉的决定》第一次修正　根据 2001 年 10 月 27 日第九届全国人民代表大会常务委员会第二十四次会议《关于修改〈中华人民共和国商标法〉的决定》第二次修正　根据 2013 年 8 月 30 日第十二届全国人民代表大会常务委员会第四次会议《关于修改〈中华人民共和国商标法〉的决定》第三次修正）

第七章　注册商标专用权的保护

第六十一条　对侵犯注册商标专用权的行为，工商行政管理部门有权依法查处；涉嫌犯罪的，应当及时移送司法机关依法处理。

第六十七条　未经商标注册人许可，在同一种商品上使用与其注册商标相同的商标，构成犯罪的，除赔偿被侵权人的损失外，依法追究刑事责任。

伪造、擅自制造他人注册商标标识或者销售伪造、擅自制造的注册商标标识，构成犯罪的，除赔偿被侵权人的损失外，依法追究刑事责任。

销售明知是假冒注册商标的商品，构成犯罪的，除赔偿被侵权人的损失外，依法追究刑事责任。

第六十八条　商标代理机构有下列行为之一的，由工商行政管理部门责令限期改正，给予警告，处一万元以上十万元以下的罚款；对直接负责的主管人员和其他直接责任人员给予警告，处五千元以上五万元以下的罚款；构成犯罪的，依法追究刑事责任：

（一）办理商标事宜过程中，伪造、变造或者使用伪造、变造的法律文件、印章、签名的；

（二）以诋毁其他商标代理机构等手段招徕商标代理业务或者以其他不正当手段扰乱商标代理市场秩序的；

（三）违反本法第十九条第三款、第四款规定的。

商标代理机构有前款规定行为的，由工商行政管理部门记入信用档案；情节严重的，商标局、商标评审委员会并可以决定停止受理其办理商标代理业务，予以公告。

商标代理机构违反诚实信用原则，侵害委托人合法利益的，应当依法承担民事责任，并由商标代理行业组织按照章程规定予以惩戒。

第七十一条　从事商标注册、管理和复审工作的国家机关工作人员玩忽职守、滥用职权、徇私舞弊，违法办理商标注册、管理和复审事项，收受当事人财物，牟取不正当利益，构成犯罪的，依法追究刑事责任；尚不构成犯罪的，依法给予处分。

193. 中华人民共和国消费者权益保护法（节录）（2013. 10. 25）

（1993 年 10 月 31 日第八届全国人民代表大会常务委员会第四次会议通过　根据 2009 年 8 月 27 日第十一届全国人民代表大会常务委员会第十次会议《关于修改部分法律的决定》第一次修正　根据 2013 年 10 月 25 日第十二届全国人民代表大会常务委员会第五次会议《关于修改〈中华人民共和国消费者权益保护法〉的决定》第二次修正）

第七章　法律责任

第五十六条　经营者有下列情形之一，除承担相应的民事责任外，其他有关法律、法规对处罚机关和处罚方式有规定的，依照法律、法规的规定执行；法律、法规未作规定的，由工商行政管理部门或者其他有关行政部门责令改正，可以根据情节单处或者并处警告、没收违法所得、处以违法所得一倍以上十倍以下的罚款，没有违法所得的，处以五十万元以下的罚款；情节严重的，责令停业整顿、吊销营业执照：

（一）提供的商品或者服务不符合保障人身、财产安全要求的；

（二）在商品中掺杂、掺假，以假充真，以次充好，或者以不合格商品冒充合格商品的；

（三）生产国家明令淘汰的商品或者销售失效、变质的商品的；

（四）伪造商品的产地，伪造或者冒用他人的厂名、厂址，篡改生产日期，伪造或者冒用认证标志等质量标志的；

（五）销售的商品应当检验、检疫而未检验、检疫或者伪造检验、检疫结果的；

（六）对商品或者服务作虚假或者引人误解的宣传的；

（七）拒绝或者拖延有关行政部门责令对缺陷商品或者服务采取停止销售、警示、召回、无害化处理、销毁、停止生产或者服务等措施的；

（八）对消费者提出的修理、重作、更换、退货、补足商品数量、退还货款和服务费用或者赔偿损失的要求，故意拖延或者无理拒绝的；

（九）侵害消费者人格尊严、侵犯消费者人身自由或者侵害消费者个人信息依法得到保护的权利的；

（十）法律、法规规定的对损害消费者权益应当予以处罚的其他情形。

经营者有前款规定情形的，除依照法律、法规规定予以处罚外，处罚机关应当记入信用档案，向社会公布。

第五十七条 经营者违反本法规定提供商品或者服务，侵害消费者合法权益，构成犯罪的，依法追究刑事责任。

第六十条 以暴力、威胁等方法阻碍有关行政部门工作人员依法执行职务的，依法追究刑事责任；拒绝、阻碍有关行政部门工作人员依法执行职务，未使用暴力、威胁方法的，由公安机关依照《中华人民共和国治安管理处罚法》的规定处罚。

第六十一条 国家机关工作人员玩忽职守或者包庇经营者侵害消费者合法权益的行为的，由其所在单位或者上级机关给予行政处分；情节严重，构成犯罪的，依法追究刑事责任。

194. 中华人民共和国海洋环境保护法（节录）（2013. 12. 28）

（1982 年 8 月 23 日第五届全国人民代表大会常务委员会第二十四次会议通过 1999 年 12 月 25 日第九届全国人民代表大会常务委员会第十三次会议修订 根据 2013 年 12 月 28 日第十二届全国人民代表大会常务委员会第六次会议通过的《关于修改〈中华人民共和国海洋环境保护法〉等七部法律的决定》修正）

第九章 法律责任

第九十一条 对违反本法规定，造成海洋环境污染事故的单位，由依照本法规定行使海洋环境监督管理权的部门根据所造成的危害和损失处以罚款；负有直接责任的主管人员和其他直接责任人员属于国家工作人员的，依法给予行政处分。

前款规定的罚款数额按照直接损失的百分之三十计算，但最高不得超过三十万元。

对造成重大海洋环境污染事故，致使公私财产遭受重大损失或者人身伤亡严重后果的，依法追究刑事责任。

第九十四条 海洋环境监督管理人员滥用职权、玩忽职守、徇私舞弊，造成海洋环境污染损害的，依法给予行政处分；构成犯罪的，依法追究刑事责任。

195. 中华人民共和国药品管理法（节录）（2013. 12. 28）

（1984 年 9 月 20 日第六届全国人民代表大会常务委员会第七次会议通过 2001 年 2 月 28 日第九届全国人民代表大会常务委员会第二十次会议修订 根据 2013 年 12 月 28 日第十二届全国人民代表大会常务委员会第六次会议通过的《关于修改〈中华人民共和国海洋环境保护法〉等七部法律的决定》修正）

第九章 法律责任

第七十三条 未取得《药品生产许可证》、《药品经营许可证》或者《医疗机构制剂许可证》生产药品、经营药品的，依法予以取缔，没收违法生产、销售的药品和违法所得，并处违法生产、销售的药品（包括已售出的和未售出的药品，下同）货值金额二倍以上五倍以下的罚款；构成犯罪的，依法追究刑事责任。

第七十四条 生产、销售假药的，没收违法生产、销售的药品和违法所得，并处违法生产、销售药品货值金额二倍以上五倍以下的罚款；有药品批准证明文件的予以撤销，并责令停产、停业整顿；情节严重的，吊销《药品生产许可证》、《药品经营许可证》或者《医疗机构制剂许可证》；构成犯罪的，依法追究刑事责任。

第七十五条 生产、销售劣药的，没收违法生产、销售的药品和违法所得，并处违法生产、销售药品货值金额一倍以上三倍以下的罚款；情节严重的，责令停产、停业整顿或者撤销药品批准证明文件、吊销《药品生产许可证》、《药品经营许可证》或者《医疗机构制剂许可证》；构成犯罪的，依法追究刑事责任。

第七十七条 知道或者应当知道属于假劣药品而为其提供运输、保管、仓储等便利条件的，没收全部运输、保管、仓储的收入，并处违法收入百分之五十以上三倍以下的罚款；构成犯罪的，依法追究刑事责任。

第八十二条 伪造、变造、买卖、出租、出借许可证或者药品批准证明文件的，没收违法所得，并处违法所得一倍以上三倍以下的罚款；没有违法所得的，处二万元以上十万元以下的罚款；情节严重的，并吊销卖方、出租方、出借方的《药品生产许可证》、《药品经营许可证》、《医疗机构制剂许可证》或者撤销药品批准证明文件；构成犯罪的，依法追究刑事责任。

第九十条 药品的生产企业、经营企业、医疗机构在药品购销中暗中给予、收受回扣或者其他利益的，药品的生产企业、经营企业或者其代理人给予使用其药品的医疗机构的负责人、药品采购人员、医师等有关人员以财物或者其他利益的，由工商行政管理部门处一万元以上二十万元以下的罚款，有违法所得的，予以没收；情节严重的，由工商行政管理部门吊销药品生产企业、药品经营企业的营业执照，并通知药品监督管理部门，由药品监督管理部门吊销其《药品生产许可证》、《药品经营许可证》；构成犯罪的，依法追究刑事责任。

第九十一条 药品的生产企业、经营企业的负责人、采购人员等有关人员在药品购销中收受其他生产企业、经营企业或者其代理人给予的财物或者其他利益的，依法给予处分，没收违法所得；构成犯罪的，依法追究刑事责任。

医疗机构的负责人、药品采购人员、医师等有关人员收受药品生产企业、药品经营企业或者其代理人给予的财物或者其他利益的，由卫生行政部门或者本单位给予处分，没收违法所得；对违法行为情节严重的执业医师，由卫生行政部门吊销其执业证书；构成犯罪的，依法追究刑事责任。

第九十二条 违反本法有关药品广告的管理规定的，依照《中华人民共和国广告法》的规定处罚，并由发给广告批准文号的药品监督管理部门撤销广告批准文号，一年内不受理该品种的广告审批申请；构成犯罪的，依法追究刑事责任。

药品监督管理部门对药品广告不依法履行审查职责，批准发布的广告有虚假或者其他违反法律、行政法规的内容的，对直接负责的主管人员和其他直接责任人员依法给予行政处分；构成犯罪的，依法追究刑事责任。

第九十四条 药品监督管理部门违反本法规定，有下列行为之一的，由其上级主管机关或者监察机关责令收回违法发给的证书、撤销药品批准证明文件，对直接负责的主管人员和其他直接责任人员依法给予行政处分；构成犯罪的，依法追究刑事责任：

（一）对不符合《药品生产质量管理规范》、《药品经营质量管理规范》的企业发给符合有关规范的认证证书的，或者对取得认证证书的企业未按照规定履行跟踪检查的职责，对不符合认证条件的企业未依法责令其改正或者撤销其认证证书的；

（二）对不符合法定条件的单位发给《药品生产许可证》、《药品经营许可证》或者《医疗机构制剂许可证》的；

（三）对不符合进口条件的药品发给进口药品注册证书的；

（四）对不具备临床试验条件或者生产条件而批准进行临床试验、发给新药证书、发给药品批准文号的。

第九十七条 药品监督管理部门应当依法履行监督检查职责，监督已取得《药品生产许可证》、《药品经营许可证》的企业依照本法规定从事药品生产、经营活动。

已取得《药品生产许可证》、《药品经营许可证》的企业生产、销售假药、劣药的，除依法追究该企业的法律责任外，对有失职、渎职行为的药品监督管理部门直接负责的主管人员和其他直接责任人员依法给予行政处分；构成犯罪的，依法追究刑事责任。

第九十九条 药品监督管理人员滥用职权、徇私舞弊、玩忽职守，构成犯罪的，依法追究刑事责任；尚不构成犯罪的，依法给予行政处分。

196. 中华人民共和国计量法（节录）（2013. 12. 28）

（1985 年 9 月 6 日第六届全国人民代表大会常务委员会第十二次会议通过　根据 2009 年 8 月 27 日第十一届全国人民代表大会常务委员会第十次会议《关于修改部分法律的决定》第一次修正　根据 2013 年 12 月 28 日第十二届全国人民代表大会常务委员会第六次会议《关于修改〈中华人民共和国海洋环境保护法〉等七部法律的决定》第二次修正）

第五章　法律责任

第二十八条　制造、销售、使用以欺骗消费者为目的的计量器具的，没收计量器具和违法所得，处以罚款；情节严重的，并对个人或者单位直接责任人员依照刑法有关规定追究刑事责任。

第二十九条　违反本法规定，制造、修理、销售的计量器具不合格，造成人身伤亡或者重大财产损失的，依照刑法有关规定，对个人或者单位直接责任人员追究刑事责任。

第三十条　计量监督人员违法失职，情节严重的，依照刑法有关规定追究刑事责任；情节轻微的，给予行政处分。

197. 中华人民共和国渔业法（节录）（2013. 12. 28）

（1986 年 1 月 20 日第六届全国人民代表大会常务委员会第十四次会议通过　根据 2000 年 10 月 31 日第九届全国人民代表大会常务委员会第十八次会议《关于修改〈中华人民共和国渔业法〉的决定》第一次修正　根据 2004 年 8 月 28 日第十届全国人民代表大会常务委员会第十一次会议《关于修改〈中华人民共和国渔业法〉的决定》第二次修正　根据 2009 年 8 月 27 日第十一届全国人民代表大会常务委员会第十次会议《关于修改部分法律的决定》第三次修正　根据 2013 年 12 月 28 日第十二届全国人民代表大会常务委员会第六次会议《关于修改〈中华人民共和国海洋环境保护法〉等七部法律的决定》第四次修正）

第五章　法律责任

第三十八条　使用炸鱼、毒鱼、电鱼等破坏渔业资源方法进行捕捞的，违反关于禁渔区、禁渔期的规定进行捕捞的，或者使用禁用的渔具、捕捞方法和小于最小网目尺寸的网具进行捕捞或者渔获物中幼鱼超过规定比例的，没收渔获物和违法所得，处五万元以下的罚款；情节严重的，没收渔具，吊销捕捞许可证；情节特别严重的，可以没收渔船；构成犯罪的，依法追究刑事责任。

在禁渔区或者禁渔期内销售非法捕捞的渔获物的，县级以上地方人民政府渔业行政主管部门应当及时进行调查处理。

制造、销售禁用的渔具的，没收非法制造、销售的渔具和违法所得，并处一万元以下的罚款。

第三十九条　偷捕、抢夺他人养殖的水产品的，或者破坏他人养殖水体、养殖设施的，责令改正，可以处二万元以下的罚款；造成他人损失的，依法承担赔偿责任；构成犯罪的，依法追究刑事责任。

第四十三条　涂改、买卖、出租或者以其他形式转让捕捞许可证的，没收违法所得，吊销捕捞许可证，可以并处一万元以下的罚款；伪造、变造、买卖捕捞许可证，构成犯罪的，依法追究刑事责任。

第四十六条　外国人、外国渔船违反本法规定，擅自进入中华人民共和国管辖水域从事渔业生产和渔业资源调查活动的，责令其离开或者将其驱逐，可以没收渔获物、渔具，并处五十万元以下的罚款；情节严重的，可以没收渔船；构成犯罪的，依法追究刑事责任。

第四十七条　造成渔业水域生态环境破坏或者渔业污染事故的，依照《中华人民共和国海洋环境保护法》和《中华人民共和国水污染防治法》的规定追究法律责任。

第四十九条　渔业行政主管部门和其所属的渔政监督管理机构及其工作人员违反本法规定核发许可证、分配捕捞限额或者从事渔业生产经营活动的，或者有其他玩忽职守不履行法定义务、滥用职权、徇私舞弊的行为的，依法给予行政处分；构成犯罪的，依法追究刑事责任。

198. 中华人民共和国海关法（节录）（2013. 12. 28）

（1987 年 1 月 22 日第六届全国人民代表大会常务委员会第十九次会议通过　根据 2000 年 7 月 8 日第九届全国人民代表大会常务委员会第十六次会议《关于修改〈中华人民共和国海关法〉的决定》第一次修正　根据 2013 年 6 月 29 日第十二届全国人民代表大会常务委员会第三次会议《关于修改〈中华人民共和国文物保护法〉等十二部法律的决定》第二次修正　根据 2013 年 12 月 28 日第十二届全国人民代表大会常务委员会第六次会议《关于修改〈中华人民共和国海洋环境保护法〉等七部法律的决定》第三次修正）

第八章　法律责任

第八十二条　违反本法及有关法律、行政法规，逃避海关监管，偷逃应纳税款、逃避国家有关进出境的禁止性或者限制性管理，有下列情形之一的，是走私行为：

（一）运输、携带、邮寄国家禁止或者限制进出境货物、物品或者依法应当缴纳税款的货物、物品进出境的；

（二）未经海关许可并且未缴纳应纳税款、交验有关许可证件，擅自将保税货物、特定减免税货物以及其他海关监管货物、物品、进境的境外运输工具，在境内销售的；

（三）有逃避海关监管，构成走私的其他行为的。

有前款所列行为之一，尚不构成犯罪的，由海关没收走私货物、物品及违法所得，可以并处罚款；专门或者多次用于掩护走私的货物、物品，专门或者多次用于走私的运输工具，予以没收，藏匿走私货物、物品的特制设备，责令拆毁或者没收。

有第一款所列行为之一，构成犯罪的，依法追究刑事责任。

第八十三条　有下列行为之一的，按走私行为论处，依照本法第八十二条的规定处罚：

（一）直接向走私人非法收购走私进口的货物、物品的；

（二）在内海、领海、界河、界湖，船舶及所载人员运输、收购、贩卖国家禁止或者限制进出境的货物、物品，或者运输、收购、贩卖依法应当缴纳税款的货物，没有合法证明的。

第八十四条　伪造、变造、买卖海关单证，与走私人通谋为走私人提供贷款、资金、帐号、发票、证明、海关单证，与走私人通谋为走私人提供运输、保管、邮寄或者其他方便，构成犯罪的，依法追究刑事责任；尚不构成犯罪的，由海关没收违法所得，并处罚款。

第九十条　进出口货物收发货人、报关企业向海关工作人员行贿的，由海关撤销其报关注册登记，并处以罚款；构成犯罪的，依法追究刑事责任，并不得重新注册登记为报关企业。

报关人员向海关工作人员行贿的，处以罚款；构成犯罪的，依法追究刑事责任。

第九十一条　违反本法规定进出口侵犯中华人民共和国法律、行政法规保护的知识产权的货物的，由海关依法没收侵权货物，并处以罚款；构成犯罪的，依法追究刑事责任。

第九十六条　海关工作人员有本法第七十二条所列行为之一的，依法给予行政处分；有违法所得的，依法没收违法所得；构成犯罪的，依法追究刑事责任。

第九十七条　海关的财政收支违反法律、行政法规规定的，由审计机关以及有关部门依照法律、行政法规的规定作出处理；对直接负责的主管人员和其他直接责任人员，依法给予行政处分；构成犯罪的，依法追究刑事责任。

199. 中华人民共和国烟草专卖法（节录）（2013. 12. 28）

（1991 年 6 月 29 日第七届全国人民代表大会常务委员会第二十次会议通过　根据 2009 年 8 月 27 日第十一届全国人民代表大会常务委员会第十次会议《全国人民代表大会常务委员会关于修改部分法律的决定》第一次修正　根据 2013 年 12 月 28 日第十二届全国人民代表大会常务委员会第六次会议《关于修改〈中华人民共和国海洋环境保护法〉等七部法律的决定》第二次修正）

第七章　法律责任

第三十六条　生产、销售没有注册商标的卷烟、雪茄烟、有包装的烟丝的，由工商行政管理部门责令停止生产、销售，并处罚款。

生产、销售假冒他人注册商标的烟草制品的，由工商行政管理部门责令停止侵权行为，赔偿被侵权人的损失，可以并处罚款；构成犯罪的，依法追究刑事责任。

第三十八条　倒卖烟草专卖品，构成犯罪的，依法追究刑事责任；情节轻微，不构成犯罪的，由工商行政管理部门没收倒卖的烟草专卖品和违法所得，可以并处罚款。

烟草专卖行政主管部门和烟草公司工作人员利用职务上的便利犯前款罪的，依法从重处罚。

第三十九条　伪造、变造、买卖本法规定的烟草专卖生产企业许可证、烟草专卖经营许可证等许可证件和准运证的，依照刑法有关规定追究刑事责任。

烟草专卖行政主管部门和烟草公司工作人员利用职务上的便利犯前款罪的，依法从重处罚。

第四十条　走私烟草专卖品，构成走私罪的，依照刑法有关规定追究刑事责任；走私烟草专卖品，数额不大，不构成走私罪的，由海关没收走私货物、物品和违法所得，可以并处罚款。

烟草专卖行政主管部门和烟草公司工作人员利用职务上的便利犯前款罪的，依法从重处罚。

第四十一条　烟草专卖行政主管部门有权对本法实施情况进行检查。以暴力、威胁方法阻碍烟草专卖检查人员依法执行职务的，依法追究刑事责任；拒绝、阻碍烟草专卖检查人员依法执行职务未使用暴力、威胁方法的，由公安机关依照治安管理处罚法的规定处罚。

第四十二条　人民法院和处理违法案件的有关部门的工作人员私分没收的烟草制品，依照刑法有关规定追究刑事责任。

人民法院和处理违法案件的有关部门的工作人员购买没收的烟草制品的，责令退还，可以给予行政处分。

第四十三条　烟草专卖行政主管部门和烟草公司的工作人员滥用职权、徇私舞弊或者玩忽职守的，给予行政处分；情节严重，构成犯罪的，依法追究刑事责任。

200. 中华人民共和国公司法（节录）（2013. 12. 28）

（1993 年 12 月 29 日第八届全国人民代表大会常务委员会第五次会议通过　根据 1999 年 12 月 25 日第九届全国人民代表大会常务委员会第十三次会议《关于修改〈中华人民共和国公司法〉的决定》第一次修正　根据 2004 年 8 月 28 日第十届全国人民代表大会常务委员会第十一次会议《关于修改〈中华人民共和国公司法〉的决定》第二次修正　2005 年 10 月 27 日第十届全国人民代表大会常务委员会第十八次会议修订　根据 2013 年 12 月 28 日第十二届全国人民代表大会常务委员会第六次会议《关于修改〈中华人民共和国海洋环境保护法〉等七部法律的决定》第三次修正）

第十二章　法律责任

第一百九十八条　违反本法规定，虚报注册资本、提交虚假材料或者采取其他欺诈手段隐瞒重要事实取得公司登记的，由公司登记机关责令改正，对虚报注册资本的公司，处以虚报注册资本金额百分之五以上百分之十五以下的罚款；对提交虚假材料或者采取其他欺诈手段隐瞒重要事实的公司，处以五万元以上五十万元以下的罚款；情节严重的，撤销公司登记或者吊销营业执照。

第一百九十九条 公司的发起人、股东虚假出资，未交付或者未按期交付作为出资的货币或者非货币财产的，由公司登记机关责令改正，处以虚假出资金额百分之五以上百分之十五以下的罚款。

第二百条 公司的发起人、股东在公司成立后，抽逃其出资的，由公司登记机关责令改正，处以所抽逃出资金额百分之五以上百分之十五以下的罚款。

第二百零一条 公司违反本法规定，在法定的会计账簿以外另立会计账簿的，由县级以上人民政府财政部门责令改正，处以五万元以上五十万元以下的罚款。

第二百零二条 公司在依法向有关主管部门提供的财务会计报告等材料上作虚假记载或者隐瞒重要事实的，由有关主管部门对直接负责的主管人员和其他直接责任人员处以三万元以上三十万元以下的罚款。

第二百零三条 公司不依照本法规定提取法定公积金的，由县级以上人民政府财政部门责令如数补足应当提取的金额，可以对公司处以二十万元以下的罚款。

第二百零四条 公司在合并、分立、减少注册资本或者进行清算时，不依照本法规定通知或者公告债权人的，由公司登记机关责令改正，对公司处以一万元以上十万元以下的罚款。

公司在进行清算时，隐匿财产，对资产负债表或者财产清单作虚假记载或者在未清偿债务前分配公司财产的，由公司登记机关责令改正，对公司处以隐匿财产或者未清偿债务前分配公司财产金额百分之五以上百分之十以下的罚款；对直接负责的主管人员和其他直接责任人员处以一万元以上十万元以下的罚款。

第二百零五条 公司在清算期间开展与清算无关的经营活动的，由公司登记机关予以警告，没收违法所得。

第二百零六条 清算组不依照本法规定向公司登记机关报送清算报告，或者报送清算报告隐瞒重要事实或者有重大遗漏的，由公司登记机关责令改正。

清算组成员利用职权徇私舞弊、谋取非法收入或者侵占公司财产的，由公司登记机关责令退还公司财产，没收违法所得，并可以处以违法所得一倍以上五倍以下的罚款。

第二百零七条 承担资产评估、验资或者验证的机构提供虚假材料的，由公司登记机关没收违法所得，处以违法所得一倍以上五倍以下的罚款，并可以由有关主管部门依法责令该机构停业、吊销直接责任人员的资格证书，吊销营业执照。

承担资产评估、验资或者验证的机构因过失提供有重大遗漏的报告的，由公司登记机关责令改正，情节较重的，处以所得收入一倍以上五倍以下的罚款，并可以由有关主管部门依法责令该机构停业、吊销直接责任人员的资格证书，吊销营业执照。

承担资产评估、验资或者验证的机构因其出具的评估结果、验资或者验证证明不实，给公司债权人造成损失的，除能够证明自己没有过错的外，在其评估或者证明不实的金额范围内承担赔偿责任。

第二百零八条 公司登记机关对不符合本法规定条件的登记申请予以登记，或者对符合本法规定条件的登记申请不予登记的，对直接负责的主管人员和其他直接责任人员，依法给予行政处分。

第二百零九条 公司登记机关的上级部门强令公司登记机关对不符合本法规定条件的登记申请予以登记，或者对符合本法规定条件的登记申请不予登记的，或者对违法登记进行包庇的，对直接负责的主管人员和其他直接责任人员依法给予行政处分。

第二百一十条 未依法登记为有限责任公司或者股份有限公司，而冒用有限责任公司或者股份有限公司名义的，或者未依法登记为有限责任公司或者股份有限公司的分公司，而冒用有限责任公司或者股份有限公司的分公司名义的，由公司登记机关责令改正或者予以取缔，可以并处十万元以下的罚款。

第二百一十一条 公司成立后无正当理由超过六个月未开业的，或者开业后自行停业连续六个月以上的，可以由公司登记机关吊销营业执照。

公司登记事项发生变更时，未依照本法规定办理有关变更登记的，由公司登记机关责令限期登记；逾期不登记的，处以一万元以上十万元以下的罚款。

第二百一十二条 外国公司违反本法规定，擅自在中国境内设立分支机构的，由公司登记机关责令改正或者关闭，可以并处五万元以上二十万元以下的罚款。

第二百一十三条 利用公司名义从事危害国家安全、社会公共利益的严重违法行为的，吊销营业执照。

第二百一十四条 公司违反本法规定，应当承担民事赔偿责任和缴纳罚款、罚金的，其财产不足以支付时，先承担民事赔偿责任。

第二百一十五条 违反本法规定，构成犯罪的，依法追究刑事责任。

201. 中华人民共和国环境保护法（节录）（2014. 4. 24）

（1989 年 12 月 26 日第七届全国人民代表大会常务委员会第十一次会议通过
2014 年 4 月 24 日第十二届全国人民代表大会常务委员会第八次会议修订）

第六章　法律责任

第五十九条　企业事业单位和其他生产经营者违法排放污染物，受到罚款处罚，被责令改正，拒不改正的，依法作出处罚决定的行政机关可以自责令改正之日的次日起，按照原处罚数额按日连续处罚。

前款规定的罚款处罚，依照有关法律法规按照防治污染设施的运行成本、违法行为造成的直接损失或者违法所得等因素确定的规定执行。

地方性法规可以根据环境保护的实际需要，增加第一款规定的按日连续处罚的违法行为的种类。

第六十条　企业事业单位和其他生产经营者超过污染物排放标准或者超过重点污染物排放总量控制指标排放污染物的，县级以上人民政府环境保护主管部门可以责令其采取限制生产、停产整治等措施；情节严重的，报经有批准权的人民政府批准，责令停业、关闭。

第六十一条　建设单位未依法提交建设项目环境影响评价文件或者环境影响评价文件未经批准，擅自开工建设的，由负有环境保护监督管理职责的部门责令停止建设，处以罚款，并可以责令恢复原状。

第六十二条　违反本法规定，重点排污单位不公开或者不如实公开环境信息的，由县级以上地方人民政府环境保护主管部门责令公开，处以罚款，并予以公告。

第六十三条　企业事业单位和其他生产经营者有下列行为之一，尚不构成犯罪的，除依照有关法律法规规定予以处罚外，由县级以上人民政府环境保护主管部门或者其他有关部门将案件移送公安机关，对其直接负责的主管人员和其他直接责任人员，处十日以上十五日以下拘留；情节较轻的，处五日以上十日以下拘留：

（一）建设项目未依法进行环境影响评价，被责令停止建设，拒不执行的；

（二）违反法律规定，未取得排污许可证排放污染物，被责令停止排污，拒不执行的；

（三）通过暗管、渗井、渗坑、灌注或者篡改、伪造监测数据，或者不正常运行防治污染设施等逃避监管的方式违法排放污染物的；

（四）生产、使用国家明令禁止生产、使用的农药，被责令改正，拒不改正的。

第六十五条　环境影响评价机构、环境监测机构以及从事环境监测设备和防治污染设施维护、运营的机构，在有关环境服务活动中弄虚作假，对造成的环境污染和生态破坏负有责任的，除依照有关法律法规规定予以处罚外，还应当与造成环境污染和生态破坏的其他责任者承担连带责任。

第六十七条　上级人民政府及其环境保护主管部门应当加强对下级人民政府及其有关部门环境保护工作的监督。发现有关工作人员有违法行为，依法应当给予处分的，应当向其任免机关或者监察机关提出处分建议。

依法应当给予行政处罚，而有关环境保护主管部门不给予行政处罚的，上级人民政府环境保护主管部门可以直接作出行政处罚的决定。

第六十八条　地方各级人民政府、县级以上人民政府环境保护主管部门和其他负有环境保护监督管理职责的部门有下列行为之一的，对直接负责的主管人员和其他直接责任人员给予记过、记大过或者降级处分；造成严重后果的，给予撤职或者开除处分，其主要负责人应当引咎辞职：

（一）不符合行政许可条件准予行政许可的；

（二）对环境违法行为进行包庇的；

（三）依法应当作出责令停业、关闭的决定而未作出的；

（四）对超标排放污染物、采用逃避监管的方式排放污染物、造成环境事故以及不落实生态保护措施造成生态破坏等行为，发现或者接到举报未及时查处的；

（五）违反本法规定，查封、扣押企业事业单位和其他生产经营者的设施、设备的；

（六）篡改、伪造或者指使篡改、伪造监测数据的；

（七）应当依法公开环境信息而未公开的；

（八）将征收的排污费截留、挤占或者挪作他用的；

（九）法律法规规定的其他违法行为。

第六十九条　违反本法规定，构成犯罪的，依法追究刑事责任。

202. 中华人民共和国军事设施保护法（节录）（2014.6.27）

（1990 年 2 月 23 日第七届全国人民代表大会常务委员会第十二次会议通过　根据 2009 年 8 月 27 日第十一届全国人民代表大会常务委员会第十次会议《关于修改部分法律的决定》第一次修正　根据 2014 年 6 月 27 日第十二届全国人民代表大会常务委员会第九次会议《关于修改〈中华人民共和国军事设施保护法〉的决定》第二次修正）

第七章　法律责任

第四十三条　有下列行为之一的，适用《中华人民共和国治安管理处罚法》第二十三条的处罚规定：

（一）非法进入军事禁区、军事管理区，不听制止的；

（二）在军事禁区外围安全控制范围内，或者在没有划入军事禁区、军事管理区的军事设施一定距离内，进行危害军事设施安全和使用效能的活动，不听制止的；

（三）在军用机场净空保护区域内，进行影响飞行安全和机场助航设施使用效能的活动，不听制止的；

（四）对军事禁区、军事管理区非法进行摄影、摄像、录音、勘察、测量、描绘和记述，不听制止的；

（五）其他扰乱军事禁区、军事管理区管理秩序和危害军事设施安全的行为，情节轻微，尚不够刑事处罚的。

第四十六条　有下列行为之一，构成犯罪的，依法追究刑事责任：

（一）破坏军事设施的；

（二）盗窃、抢夺、抢劫军事设施的装备、物资、器材的；

（三）泄露军事设施秘密的，或者为境外的机构、组织、人员窃取、刺探、收买、非法提供军事设施秘密的；

（四）破坏军用无线电固定设施电磁环境，干扰军用无线电通讯，情节严重的；

（五）其他扰乱军事禁区、军事管理区管理秩序和危害军事设施安全的行为，情节严重的。

第四十七条　现役军人、军队文职人员和军队其他人员有下列行为之一，构成犯罪的，依法追究刑事责任；情节轻微，尚不够刑事处罚的，按照军队有关规定给予处分：

（一）有本法第四十三条、第四十四条、第四十五条、第四十六条规定行为的；

（二）擅自将军事设施用于非军事目的，或者有其他滥用职权行为的；

（三）擅离职守或者玩忽职守的。

第四十八条　国家机关工作人员在军事设施保护工作中玩忽职守、滥用职权，构成犯罪的，依法追究刑事责任；尚不够刑事处罚的，给予处分。

203. 中华人民共和国预算法（节录）（2014.8.31）

（1994 年 3 月 22 日第八届全国人民代表大会第二次会议通过　2014 年 8 月 31 日第十二届全国人民代表大会常务委员会第十次会议《关于修改〈预算法〉的决定》修正）

第十章　法律责任

第九十二条　各级政府及有关部门有下列行为之一的，责令改正，对负有直接责任的主管人员和其他直接责任人员追究行政责任：

（一）未依照本法规定，编制、报送预算草案、预算调整方案、决算草案和部门预算、决算以及批复预算、决算的；

（二）违反本法规定，进行预算调整的；

（三）未依照本法规定对有关预算事项进行公开和说明的；

（四）违反规定设立政府性基金项目和其他财政收入项目的；

（五）违反法律、法规规定使用预算预备费、预算周转金、预算稳定调节基金、超收收入的；

（六）违反本法规定开设财政专户的。

第九十三条 各级政府及有关部门、单位有下列行为之一的，责令改正，对负有直接责任的主管人员和其他直接责任人员依法给予降级、撤职、开除的处分：

（一）未将所有政府收入和支出列入预算或者虚列收入和支出的；

（二）违反法律、行政法规的规定，多征、提前征收或者减征、免征、缓征应征预算收入的；

（三）截留、占用、挪用或者拖欠应当上缴国库的预算收入的；

（四）违反本法规定，改变预算支出用途的；

（五）擅自改变上级政府专项转移支付资金用途的；

（六）违反本法规定拨付预算支出资金，办理预算收入收纳、划分、留解、退付，或者违反本法规定冻结、动用国库库款或者以其他方式支配已入国库库款的。

第九十四条 各级政府、各部门、各单位违反本法规定举借债务或者为他人债务提供担保，或者挪用重点支出资金，或者在预算之外及超预算标准建设楼堂馆所的，责令改正，对负有直接责任的主管人员和其他直接责任人员给予撤职、开除的处分。

第九十五条 各级政府有关部门、单位及其工作人员有下列行为之一的，责令改正，追回骗取、使用的资金，有违法所得的没收违法所得，对单位给予警告或者通报批评；对负有直接责任的主管人员和其他直接责任人员依法给予处分：

（一）违反法律、法规的规定，改变预算收入上缴方式的；

（二）以虚报、冒领等手段骗取预算资金的；

（三）违反规定扩大开支范围、提高开支标准的；

（四）其他违反财政管理规定的行为。

第九十六条 本法第九十二条、第九十三条、第九十四条、第九十五条所列违法行为，其他法律对其处理、处罚另有规定的，依照其规定。

违反本法规定，构成犯罪的，依法追究刑事责任。

204. 中华人民共和国安全生产法（节录）（2014.8.31）

（2002年6月29日第九届全国人民代表大会常务委员会第二十八次会议通过公布
根据2014年8月31日第十二届全国人民代表大会常务委员会第十次会议关于修改
《中华人民共和国安全生产法》的决定修正）

第六章 法律责任

第八十七条 负有安全生产监督管理职责的部门的工作人员，有下列行为之一的，给予降级或者撤职的处分；构成犯罪的，依照刑法有关规定追究刑事责任：

（一）对不符合法定安全生产条件的涉及安全生产的事项予以批准或者验收通过的；

（二）发现未依法取得批准、验收的单位擅自从事有关活动或者接到举报后不予取缔或者不依法予以处理的；

（三）对已经依法取得批准的单位不履行监督管理职责，发现其不再具备安全生产条件而不撤销原批准或者发现安全生产违法行为不予查处的；

（四）在监督检查中发现重大事故隐患，不依法及时处理的。

负有安全生产监督管理职责的部门的工作人员有前款规定以外的滥用职权、玩忽职守、徇私舞弊行为的，依法给予处分；构成犯罪的，依照刑法有关规定追究刑事责任。

第八十九条 承担安全评价、认证、检测、检验工作的机构，出具虚假证明的，没收违法所得；违法所得在十万元以上的，并处违法所得二倍以上五倍以下的罚款；没有违法所得或者违法所得不足十万元的，单处或者并处十万元以上二十万元以下的罚款；对其直接负责的主管人员和其他直接责任人员处二万元以上五万元以下的罚款；给他人造成损害的，与生产经营单位承担连带赔偿责任；构成犯罪的，依照刑法有关规定追究刑事责任。

对有前款违法行为的机构，吊销其相应资质。

第九十条 生产经营单位的决策机构、主要负责人或者个人经营的投资人不依照本法规定保证安全生产所必需的资金投入，致使生产经营单位不具备安全生产条件的，责令限期改正，提供必需的资金；逾期未改正的，责令生产经营单位停产停业整顿。

有前款违法行为，导致发生生产安全事故的，对生产经营单位的主要负责人给予撤职处分，对个人经营的投资人处二万元以上二十万元以下的罚款；构成犯罪的，依照刑法有关规定追究刑事责任。

第九十三条 生产经营单位的安全生产管理人员未履行本法规定的安全生产管理职责的，责令限期改正；导致发生生产安全事故的，暂停或者撤销其与安全生产有关的资格；构成犯罪的，依照刑法有关规定追究刑事责任。

第九十五条 生产经营单位有下列行为之一的，责令停止建设或者停产停业整顿，限期改正；逾期未改正的，处五十万元以上一百万元以下的罚款，对其直接负责的主管人员和其他直接责任人员处二万元以上五万元以下的罚款；构成犯罪的，依照刑法有关规定追究刑事责任：

（一）未按照规定对矿山、金属冶炼建设项目或者用于生产、储存、装卸危险物品的建设项目进行安全评价的；

（二）矿山、金属冶炼建设项目或者用于生产、储存、装卸危险物品的建设项目没有安全设施设计或者安全设施设计未按照规定报经有关部门审查同意的；

（三）矿山、金属冶炼建设项目或者用于生产、储存、装卸危险物品的建设项目的施工单位未按照批准的安全设施设计施工的；

（四）矿山、金属冶炼建设项目或者用于生产、储存危险物品的建设项目竣工投入生产或者使用前，安全设施未经验收合格的。

第九十六条 生产经营单位有下列行为之一的，责令限期改正，可以处五万元以下的罚款；逾期未改正的，处五万元以上二十万元以下的罚款，对其直接负责的主管人员和其他直接责任人员处一万元以上二万元以下的罚款；情节严重的，责令停产停业整顿；构成犯罪的，依照刑法有关规定追究刑事责任：

（一）未在有较大危险因素的生产经营场所和有关设施、设备上设置明显的安全警示标志的；

（二）安全设备的安装、使用、检测、改造和报废不符合国家标准或者行业标准的；

（三）未对安全设备进行经常性维护、保养和定期检测的；

（四）未为从业人员提供符合国家标准或者行业标准的劳动防护用品的；

（五）危险物品的容器、运输工具，以及涉及人身安全、危险性较大的海洋石油开采特种设备和矿山井下特种设备未经具有专业资质的机构检测、检验合格，取得安全使用证或者安全标志，投入使用的；

（六）使用应当淘汰的危及生产安全的工艺、设备的。

第九十七条 未经依法批准，擅自生产、经营、运输、储存、使用危险物品或者处置废弃危险物品的，依照有关危险物品安全管理的法律、行政法规的规定予以处罚；构成犯罪的，依照刑法有关规定追究刑事责任。

第九十八条 生产经营单位有下列行为之一的，责令限期改正，可以处十万元以下的罚款；逾期未改正的，责令停产停业整顿，并处十万元以上二十万元以下的罚款，对其直接负责的主管人员和其他直接责任人员处二万元以上五万元以下的罚款；构成犯罪的，依照刑法有关规定追究刑事责任：

（一）生产、经营、运输、储存、使用危险物品或者处置废弃危险物品，未建立专门安全管理制度、未采取可靠的安全措施的；

（二）对重大危险源未登记建档，或者未进行评估、监控，或者未制定应急预案的；

（三）进行爆破、吊装以及国务院安全生产监督管理部门会同国务院有关部门规定的其他危险作业，未安排专门人员进行现场安全管理的；

（四）未建立事故隐患排查治理制度的。

第一百零二条 生产经营单位有下列行为之一的，责令限期改正，可以处五万元以下的罚款，对其直接负责的主管人员和其他直接责任人员可以处一万元以下的罚款；逾期未改正的，责令停产停业整顿；构成犯罪的，依照刑法有关规定追究刑事责任：

（一）生产、经营、储存、使用危险物品的车间、商店、仓库与员工宿舍在同一座建筑内，或者与员工宿舍的距离不符合安全要求的；

（二）生产经营场所和员工宿舍未设有符合紧急疏散需要、标志明显、保持畅通的出口，或者锁闭、封堵生产经营场所或者员工宿舍出口的。

第一百零四条 生产经营单位的从业人员不服从管理，违反安全生产规章制度或者操作规程的，由生产经营单位给予批评教育，依照有关规章制度给予处分；构成犯罪的，依照刑法有关规定追究刑事责任。

第一百零五条 违反本法规定，生产经营单位拒绝、阻碍负有安全生产监督管理职责的部门依法实施监督检查的，责令改正；拒不改正的，处二万元以上二十万元以下的罚款；对其直接负责的主管人员和其他直接责任人员处一万元以上二万元以下的罚款；构成犯罪的，依照刑法有关规定追究刑事责任。

第一百零六条 生产经营单位的主要负责人在本单位发生生产安全事故时，不立即组织抢救或者在事故调查处理期间擅离职守或者逃匿的，给予降级、撤职的处分，并由安全生产监督管理部门处上一年年收入百分之六十至百分之一百的罚款；对逃匿的处十五日以下拘留；构成犯罪的，依照刑法有关规定追究刑事责任。

生产经营单位的主要负责人对生产安全事故隐瞒不报、谎报或者迟报的，依照前款规定处罚。

第一百零七条 有关地方人民政府、负有安全生产监督管理职责的部门，对生产安全事故隐瞒不报、谎报或者迟报的，对直接负责的主管人员和其他直接责任人员依法给予处分；构成犯罪的，依照刑法有关规定追究刑事责任。

205. 中华人民共和国证券法（节录）（2014.8.31）

（1998年12月29日第九届全国人民代表大会常务委员会第六次会议通过　根据2004年8月28日第十届全国人民代表大会常务委员会第十一次会议《关于修改〈中华人民共和国证券法〉的决定》第一次修正　2005年10月27日第十届全国人民代表大会常务委员会第十八次会议修订　根据2013年6月29日第十二届全国人民代表大会常务委员会第三次会议《关于修改〈中华人民共和国文物保护法〉等十二部法律的决定》第二次修正　根据2014年8月31日第十二届全国人民代表大会常务委员会《关于修改〈中华人民共和国保险法〉等五部法律的决定》第三次修正）

第十一章　法律责任

第二百二十八条　证券监督管理机构的工作人员和发行审核委员会的组成人员，不履行本法规定的职责，滥用职权、玩忽职守，利用职务便利牟取不正当利益，或者泄露所知悉的有关单位和个人的商业秘密的，依法追究法律责任。

第二百三十一条　违反本法规定，构成犯罪的，依法追究刑事责任。

206. 中华人民共和国注册会计师法（节录）（2014.8.31）

（1993年10月31日第八届全国人民代表大会常务委员会第四次会议通过
根据2014年8月31日第十二届全国人民代表大会常务委员会
《关于修改〈中华人民共和国保险法〉等五部法律的决定》修正）

第三章　业务范围和规则

第二十条　注册会计师执行审计业务，遇有下列情形之一的，应当拒绝出具有关报告：

（一）委托人示意其作不实或者不当证明的；

（二）委托人故意不提供有关会计资料和文件的；

（三）因委托人有其他不合理要求，致使注册会计师出具的报告不能对财务会计的重要事项作出正确表述的。

第二十一条　注册会计师执行审计业务，必须按照执业准则、规则确定的工作程序出具报告。

注册会计师执行审计业务出具报告时，不得有下列行为：

（一）明知委托人对重要事项的财务会计处理与国家有关规定相抵触，而不予指明；

（二）明知委托人的财务会计处理会直接损害报告使用人或者其他利害关系人的利益，而予以隐瞒或者作不实的报告；

（三）明知委托人的财务会计处理会导致报告使用人或者其他利害关系人产生重大误解，而不予指明；

（四）明知委托人的会计报表的重要事项有其他不实的内容，而不予指明。

对委托人有前款所列行为，注册会计师按照执业准则、规则应当知道的，适用前款规定。

第六章　法律责任

第三十九条　会计师事务所违反本法第二十条、第二十一条规定的，由省级以上人民政府财政部门给予警告，没收违法所得，可以并处违法所得一倍以上五倍以下的罚款；情节严重的，并可以由省级以上人民政府财政部门暂停其经营业务或者予以撤销。

注册会计师违反本法第二十条、第二十一条规定的，由省级以上人民政府财政部门给予警告；情节严重的，可以由省级以上人民政府财政部门暂停其执行业务或者吊销注册会计师证书。

会计师事务所、注册会计师违反本法第二十条、第二十一条的规定，故意出具虚假的审计报告、验资报告，构成犯罪的，依法追究刑事责任。

207. 中华人民共和国政府采购法（节录）（2014. 8. 31）

（2002 年 6 月 29 日第九届全国人民代表大会常务委员会第二十八次会议通过
根据 2014 年 8 月 31 日第十二届全国人民代表大会常务委员会
《关于修改〈中华人民共和国保险法〉等五部法律的决定》修正）

第八章 法律责任

第七十六条 采购人、采购代理机构违反本法规定隐匿、销毁应当保存的采购文件或者伪造、变造采购文件的，由政府采购监督管理部门处以二万元以上十万元以下的罚款，对其直接负责的主管人员和其他直接责任人员依法给予处分；构成犯罪的，依法追究刑事责任。

第七十七条 供应商有下列情形之一的，处以采购金额千分之五以上千分之十以下的罚款，列入不良行为记录名单，在一至三年内禁止参加政府采购活动，有违法所得的，并处没收违法所得，情节严重的，由工商行政管理机关吊销营业执照；构成犯罪的，依法追究刑事责任：

（一）提供虚假材料谋取中标、成交的；

（二）采取不正当手段诋毁、排挤其他供应商的；

（三）与采购人、其他供应商或者采购代理机构恶意串通的；

（四）向采购人、采购代理机构行贿或者提供其他不正当利益的；

（五）在招标采购过程中与采购人进行协商谈判的；

（六）拒绝有关部门监督检查或者提供虚假情况的。

供应商有前款第（一）至（五）项情形之一的，中标、成交无效。

第七十八条 采购代理机构在代理政府采购业务中有违法行为的，按照有关法律规定处以罚款，可以在一至三年内禁止其代理政府采购业务，构成犯罪的，依法追究刑事责任。

第八十条 政府采购监督管理部门的工作人员在实施监督检查中违反本法规定滥用职权，玩忽职守，徇私舞弊的，依法给予行政处分；构成犯罪的，依法追究刑事责任。

208. 中华人民共和国气象法（节录）（2014. 8. 31）

（1999 年 10 月 31 日第九届全国人民代表大会常务委员会第十二次会议通过
根据 2014 年 8 月 31 日第十二届全国人民代表大会常务委员会
《关于修改〈中华人民共和国保险法〉等五部法律的决定》修正）

第七章 法律责任

第三十五条 违反本法规定，有下列行为之一的，由有关气象主管机构按照权限责令停止违法行为，限期恢复原状或者采取其他补救措施，可以并处五万元以下的罚款；造成损失的，依法承担赔偿责任；构成犯罪的，依法追究刑事责任：

（一）侵占、损毁或者未经批准擅自移动气象设施的；

（二）在气象探测环境保护范围内从事危害气象探测环境活动的。

在气象探测环境保护范围内，违法批准占用土地的，或者非法占用土地新建建筑物或者其他设施的，依照《中华人民共和国城市规划法》或者《中华人民共和国土地管理法》的有关规定处罚。

第三十九条 违反本法规定，不具备省、自治区、直辖市气象主管机构规定的资格条件实施人工影响天气作业的，或者实施人工影响天气作业使用不符合国务院气象主管机构要求的技术标准的作业设备的，由有关气象主管机构按照权限责令改正，给予警告，可以并处十万元以下的罚款；给他人造成损失的，依法承担赔偿责任；构成犯罪的，依法追究刑事责任。

第四十条 各级气象主管机构及其所属气象台站的工作人员由于玩忽职守，导致重大漏报、错报公众气象预报、灾害性天气警报，以及丢失或者毁坏原始气象探测资料、伪造气象资料等事故的，依法给予行政处分；致使国家利益和人民生命财产遭受重大损失，构成犯罪的，依法追究刑事责任。

209. 中华人民共和国反间谍法（节录）（2014. 11. 1）

（2014 年 11 月 1 日第十二届全国人民代表大会常务委员会第十一次会议通过）

第四章　法律责任

第二十七条　境外机构、组织、个人实施或者指使、资助他人实施，或者境内机构、组织、个人与境外机构、组织、个人相勾结实施间谍行为，构成犯罪的，依法追究刑事责任。

实施间谍行为，有自首或者立功表现的，可以从轻、减轻或者免除处罚；有重大立功表现的，给予奖励。

第二十八条　在境外受胁迫或者受诱骗参加敌对组织、间谍组织，从事危害中华人民共和国国家安全的活动，及时向中华人民共和国驻外机构如实说明情况，或者入境后直接或者通过所在单位及时向国家安全机关、公安机关如实说明情况，并有悔改表现的，可以不予追究。

第二十九条　明知他人有间谍犯罪行为，在国家安全机关向其调查有关情况、收集有关证据时，拒绝提供的，由其所在单位或者上级主管部门予以处分，或者由国家安全机关处十五日以下行政拘留；构成犯罪的，依法追究刑事责任。

第三十条　以暴力、威胁方法阻碍国家安全机关依法执行任务的，依法追究刑事责任。

故意阻碍国家安全机关依法执行任务，未使用暴力、威胁方法，造成严重后果的，依法追究刑事责任；情节较轻的，由国家安全机关处十五日以下行政拘留。

第三十一条　泄露有关反间谍工作的国家秘密的，由国家安全机关处十五日以下行政拘留；构成犯罪的，依法追究刑事责任。

第三十二条　对非法持有属于国家秘密的文件、资料和其他物品的，以及非法持有、使用专用间谍器材的，国家安全机关可以依法对其人身、物品、住处和其他有关的地方进行搜查；对其非法持有的属于国家秘密的文件、资料和其他物品，以及非法持有、使用的专用间谍器材予以没收。非法持有属于国家秘密的文件、资料和其他物品，构成犯罪的，依法追究刑事责任；尚不构成犯罪的，由国家安全机关予以警告或者处十五日以下行政拘留。

第三十三条　隐藏、转移、变卖、损毁国家安全机关依法查封、扣押、冻结的财物的，或者明知是间谍活动的涉案财物而窝藏、转移、收购、代为销售或者以其他方法掩饰、隐瞒的，由国家安全机关追回。构成犯罪的，依法追究刑事责任。

第三十七条　国家安全机关工作人员滥用职权、玩忽职守、徇私舞弊，构成犯罪的，或者有非法拘禁、刑讯逼供、暴力取证、违反规定泄露国家秘密、商业秘密和个人隐私等行为，构成犯罪的，依法追究刑事责任。

210. 中华人民共和国行政诉讼法（节录）（2014. 11. 1）

（2014 年 11 月 1 日中华人民共和国第十二届全国人民代表大会常务委员会第十一次会议通过）

第七章　审理和判决

第五十九条　诉讼参与人或者其他人有下列行为之一的，人民法院可以根据情节轻重，予以训诫、责令具结悔过或者处一万元以下的罚款、十五日以下的拘留；构成犯罪的，依法追究刑事责任：

（一）有义务协助调查、执行的人，对人民法院的协助调查决定、协助执行通知书，无故推拖、拒绝或者妨碍调查、执行的；

（二）伪造、隐藏、毁灭证据或者提供虚假证明材料，妨碍人民法院审理案件的；

（三）指使、贿买、胁迫他人作伪证或者威胁、阻止证人作证的；

（四）隐藏、转移、变卖、毁损已被查封、扣押、冻结的财产的；

（五）以欺骗、胁迫等非法手段使原告撤诉的；

（六）以暴力、威胁或者其他方法阻碍人民法院工作人员执行职务，或者以哄闹、冲击法庭等方法扰乱人民法院工作秩序的；

（七）对人民法院审判人员或者其他工作人员、诉讼参与人、协助调查和执行的人员恐吓、侮辱、诽谤、诬陷、殴打、围攻或者打击报复的。

人民法院对有前款规定的行为之一的单位，可以对其主要负责人或者直接责任人员依照前款规定予以罚款、拘留；构成犯罪的，依法追究刑事责任。

罚款、拘留须经人民法院院长批准。当事人不服的，可以向上一级人民法院申请复议一次。复议期间不停止执行。

第八章　执　　行

第九十六条　行政机关拒绝履行判决、裁定、调解书的，第一审人民法院可以采取下列措施：

（一）对应当归还的罚款或者应当给付的款额，通知银行从该行政机关的账户内划拨；

（二）在规定期限内不履行的，从期满之日起，对该行政机关负责人按日处五十元至一百元的罚款；

（三）将行政机关拒绝履行的情况予以公告；

（四）向监察机关或者该行政机关的上一级行政机关提出司法建议。接受司法建议的机关，根据有关规定进行处理，并将处理情况告知人民法院；

（五）拒不履行判决、裁定、调解书，社会影响恶劣的，可以对该行政机关直接负责的主管人员和其他直接责任人员予以拘留；情节严重，构成犯罪的，依法追究刑事责任。

211. 中华人民共和国航道法（节录）（2014. 12. 28）

（2014 年 12 月 28 日第十二届全国人民代表大会常务委员会第十二次会议通过）

第六章　法律责任

第三十八条　航道建设、勘察、设计、施工、监理单位在航道建设活动中违反本法规定的，由县级以上人民政府交通运输主管部门依照有关招标投标和工程建设管理的法律、行政法规的规定处罚。

第三十九条　建设单位未依法报送航道通航条件影响评价材料而开工建设的，由有审核权的交通运输主管部门或者航道管理机；构责令停止建设，限期补办手续，处三万元以下的罚款；逾期不补办手续继续建设的，由有审核权的交通运输主管部门或者航道管理机构责令恢复原状，处二十万元以上五十万元以下的罚款。

报送的航道通航条件影响评价材料未通过审核，建设单位开工建设的，由有审核权的交通运输主管部门或者航道管理机构责令停止建设、恢复原状，处二十万元以上五十万元以下的罚款。

违反航道通航条件影响评价的规定建成的项目导致航道通航条件严重下降的，由前两款规定的交通运输主管部门或者航道管理机构责令限期采取补救措施或者拆除；逾期未采取补救措施或者拆除的，由交通运输主管部门或者航道管理机构代为采取补救措施或者依法组织拆除，所需费用由建设单位承担。

第四十条　与航道有关的工程的建设单位违反本法规定，未及时清除影响航道通航条件的临时设施及其残留物的，由负责航道管理的部门责令限期清除，处二万元以下的罚款；逾期仍未清除的，处三万元以上二十万元以下的罚款，并由负责航道管理的部门依法组织清除，所需费用由建设单位承担。

第四十一条　在通航水域上建设桥梁等建筑物，建设单位未按照规定设置航标等设施的，由负责航道管理的部门或者海事管理机构责令改正，处五万元以下罚款。

第四十二条　违反本法规定，有下列行为之一的，由负责航道管理的部门责令改正，对单位处五万元以下罚款，对个人处二千元以下罚款；造成损失的，依法承担赔偿责任：

（一）在航道内设置渔具或者水产养殖设施的；

（二）在航道和航道保护范围内倾倒砂石、泥土、垃圾以及其他废弃物的；

（三）在通航建筑物及其引航道和船舶调度区内从事货物装卸、水上加油、船舶维修、捕鱼等，影响通航建筑物正常运行的；

（四）危害航道设施安全的；

（五）其他危害航道通航安全的行为。

第四十三条　在河道内依法划定的砂石禁采区采砂、无证采砂、未按批准的范围和作业方式采砂等非法采砂的，依照有关法律、行政法规的规定处罚。

违反本法规定，在航道和航道保护范围内采砂，损害航道通航条件的，由负责航道管理的部门责令停止违法行为，没收违法所得，可以扣押或者没收非法采砂船舶，并处五万元以上三十万元以下罚款；造成损失的，依法承担赔偿责任。

第四十四条 违反法律规定，污染环境、破坏生态或者有其他环境违法行为的，依照《中华人民共和国环境保护法》等法律的规定处罚。

第四十五条 交通运输主管部门以及其他有关部门不依法履行本法规定的职责的，对直接负责的主管人员和其他直接责任人员依法给予处分。

负责航道管理的机构不依法履行本法规定的职责的，由其上级主管部门责令改正，对直接负责的主管人员和其他直接责任人员依法给予处分。

第四十六条 违反本法规定，构成违反治安管理行为的，依法给予治安管理处罚；构成犯罪的，依法追究刑事责任。

212. 中华人民共和国税收征收管理法（2015.4.24）

（1992年9月4日第七届全国人民代表大会常务委员会第二十七次会议通过　根据1995年2月28日第八届全国人民代表大会常务委员会第十二次会议《关于修改〈中华人民共和国税收征收管理法〉的决定》第一次修正　2001年4月28日第九届全国人民代表大会常务委员会第二十一次会议修订　根据2013年6月29日第十二届全国人民代表大会常务委员会第三次会议《关于修改〈中华人民共和国文物保护法〉等十二部法律的决定》第二次修正　根据2015年4月24日第十二届全国人民代表大会常务委员会第十四次会议《关于修改〈中华人民共和国港口法〉等七部法律的决定》第三次修正）

第五章　法律责任

第六十三条 纳税人伪造、变造、隐匿、擅自销毁帐簿、记帐凭证，或者在帐簿上多列支出或者不列、少列收入，或者经税务机关通知申报而拒不申报或者进行虚假的纳税申报，不缴或者少缴应纳税款的，是偷税。对纳税人偷税的，由税务机关追缴其不缴或者少缴的税款、滞纳金，并处不缴或者少缴的税款百分之五十以上五倍以下的罚款；构成犯罪的，依法追究刑事责任。

扣缴义务人采取前款所列手段，不缴或者少缴已扣、已收税款，由税务机关追缴其不缴或者少缴的税款、滞纳金，并处不缴或者少缴的税款百分之五十以上五倍以下的罚款；构成犯罪的，依法追究刑事责任。

第六十五条 纳税人欠缴应纳税款，采取转移或者隐匿财产的手段，妨碍税务机关追缴欠缴的税款的，由税务机关追缴欠缴的税款、滞纳金，并处欠缴税款百分之五十以上五倍以下的罚款；构成犯罪的，依法追究刑事责任。

第六十六条 以假报出口或者其他欺骗手段，骗取国家出口退税款的，由税务机关追缴其骗取的退税款，并处骗取税款一倍以上五倍以下的罚款；构成犯罪的，依法追究刑事责任。

对骗取国家出口退税款的，税务机关可以在规定期间内停止为其办理出口退税。

第六十七条 以暴力、威胁方法拒不缴纳税款的，是抗税，除由税务机关追缴其拒缴的税款、滞纳金外，依法追究刑事责任。情节轻微，未构成犯罪的，由税务机关追缴其拒缴的税款、滞纳金，并处拒缴税款一倍以上五倍以下的罚款。

第七十一条 违反本法第二十二条规定，非法印制发票的，由税务机关销毁非法印制的发票，没收违法所得和作案工具，并处一万元以上五万元以下的罚款；构成犯罪的，依法追究刑事责任。

第七十七条 纳税人、扣缴义务人有本法第六十三条、第六十五条、第六十六条、第六十七条、第七十一条规定的行为涉嫌犯罪的，税务机关应当依法移交司法机关追究刑事责任。

税务人员徇私舞弊，对依法应当移交司法机关追究刑事责任的不移交，情节严重的，依法追究刑事责任。

第七十八条 未经税务机关依法委托征收税款的，责令退还收取的财物，依法给予行政处分或者行政处罚；致使他人合法权益受到损失的，依法承担赔偿责任；构成犯罪的，依法追究刑事责任。

第七十九条 税务机关、税务人员查封、扣押纳税人个人及其所扶养家属维持生活必需的住房和用品的，责令退还，依法给予行政处分；构成犯罪的，依法追究刑事责任。

第八十条 税务人员与纳税人、扣缴义务人勾结，唆使或者协助纳税人、扣缴义务人有本法第六十三条、第六十五条、第六十六条规定的行为，构成犯罪的，依法追究刑事责任；尚不构成犯罪的，依法给予行政处分。

第八十一条 税务人员利用职务上的便利，收受或者索取纳税人、扣缴义务人财物或者谋取其他不正当利益，构成犯罪的，依法追究刑事责任；尚不构成犯罪的，依法给予行政处分。

第八十二条 税务人员徇私舞弊或者玩忽职守，不征或者少征应征税款，致使国家税收遭受重大损失，构成犯罪的，依法追究刑事责任；尚不构成犯罪的，依法给予行政处分。

税务人员滥用职权，故意刁难纳税人、扣缴义务人的，调离税收工作岗位，并依法给予行政处分。

税务人员对控告、检举税收违法违纪行为的纳税人、扣缴义务人以及其他检举人进行打击报复的，依法给予行政处分；构成犯罪的，依法追究刑事责任。

税务人员违反法律、行政法规的规定，故意高估或者低估农业税计税产量，致使多征或者少征税款，侵犯农民合法权益或者损害国家利益，构成犯罪的，依法追究刑事责任；尚不构成犯罪的，依法给予行政处分。

第八十四条 违反法律、行政法规的规定，擅自作出税收的开征、停征或者减税、免税、退税、补税以及其他同税收法律、行政法规相抵触的决定的，除依照本法规定撤销其擅自作出的决定外，补征应征未征税款，退还不应征收而征收的税款，并由上级机关追究直接负责的主管人员和其他直接责任人员的行政责任；构成犯罪的，依法追究刑事责任。

213. 中华人民共和国枪支管理法（2015. 4. 24）

（1996 年 7 月 5 日第八届全国人民代表大会常务委员会第二十次会议通过 根据 2009 年 8 月 27 日第十一届全国人民代表大会常务委员会第十次会议《关于修改部分法律的决定》第一次修正 根据 2015 年 4 月 24 日第十二届全国人民代表大会常务委员会第十四次会议《关于修改〈中华人民共和国港口法〉等七部法律的决定》第二次修正）

第七章 法律责任

第三十九条 违反本法规定，未经许可制造、买卖或者运输枪支的，依照刑法有关规定追究刑事责任。

单位有前款行为的，对单位判处罚金，并对其直接负责的主管人员和其他直接责任人员依照刑法有关规定追究刑事责任。

第四十条 依法被指定、确定的枪支制造企业、销售企业，违反本法规定，有下列行为之一的，对单位判处罚金，并对其直接负责的主管人员和其他直接责任人员依照刑法有关规定追究刑事责任；公安机关可以责令其停业整顿或者吊销其枪支制造许可证件、枪支配售许可证件：

（一）超过限额或者不按照规定的品种制造、配售枪支的；

（二）制造无号、重号、假号的枪支的；

（三）私自销售枪支或者在境内销售为出口制造的枪支的。

第四十一条 违反本法规定，非法持有、私藏枪支的，非法运输、携带枪支入境、出境的，依照刑法有关规定追究刑事责任。

第四十二条 违反本法规定，运输枪支未使用安全可靠的运输设备、不设专人押运、枪支弹药未分开运输或者运输途中停留住宿不报告公安机关，情节严重的，依照刑法有关规定追究刑事责任；未构成犯罪的，由公安机关对直接责任人员处十五日以下拘留。

第四十三条 违反枪支管理规定，出租、出借公务用枪的，依照刑法有关规定处罚。

单位有前款行为的，对其直接负责的主管人员和其他直接责任人员依照前款规定处罚。

配置民用枪支的单位，违反枪支管理规定，出租、出借枪支，造成严重后果或者有其他严重情节的，对其直接负责的主管人员和其他直接责任人员依照刑法有关规定处罚。

配置民用枪支的个人，违反枪支管理规定，出租、出借枪支，造成严重后果的，依照刑法有关规定处罚。

违反枪支管理规定，出租、出借枪支，情节轻微未构成犯罪的，由公安机关对个人或者单位负有直接责任的主管人员和其他直接责任人员处十五日以下拘留，可以并处五千元以下罚款；对出租、出借的枪支，应当予以没收。

第四十四条 违反本法规定，有下列行为之一的，由公安机关对个人或者单位负有直接责任的主管人员和其他直接责任人员处警告或者十五日以下拘留；构成犯罪的，依法追究刑事责任：

（一）未按照规定的技术标准制造民用枪支的；

（二）在禁止携带枪支的区域、场所携带枪支的；

（三）不上缴报废枪支的；

（四）枪支被盗、被抢或者丢失，不及时报告的；

（五）制造、销售仿真枪的。

有前款第（一）项至第（三）项所列行为的，没收其枪支，可以并处五千元以下罚款；有前款第（五）项所列行为的，由公安机关、工商行政管理部门按照各自职责范围没收其仿真枪，可以并处制造、销售金额五倍以下的罚款，情节严重的，由工商行政管理部门吊销营业执照。

第四十五条 公安机关工作人员有下列行为之一的，依法追究刑事责任；未构成犯罪的，依法给予行政处分：

（一）向本法第五条、第六条规定以外的单位和个人配备、配置枪支的；

（二）违法发给枪支管理证件的；

（三）将没收的枪支据为己有的；

（四）不履行枪支管理职责，造成后果的。

214. 中华人民共和国证券投资基金法（2015.4.24）

（2003年10月28日第十届全国人民代表大会常务委员会第五次会议通过
2012年12月28日第十一届全国人民代表大会常务委员会第三十次会议修订
根据2015年4月24日第十二届全国人民代表大会常务委员会第十四次会议
《关于修改〈中华人民共和国港口法〉等七部法律的决定》修正）

第十四章 法律责任

第一百一十九条 违反本法规定，未经批准擅自设立基金管理公司或者未经核准从事公开募集基金管理业务的，由证券监督管理机构予以取缔或者责令改正，没收违法所得，并处违法所得一倍以上五倍以下罚款；没有违法所得或者违法所得不足一百万元的，并处十万元以上一百万元以下罚款。对直接负责的主管人员和其他直接责任人员给予警告，并处三万元以上三十万元以下罚款。

基金管理公司违反本法规定，擅自变更持有百分之五以上股权的股东、实际控制人或者其他重大事项的，责令改正，没收违法所得，并处违法所得一倍以上五倍以下罚款；没有违法所得或者违法所得不足五十万元的，并处五万元以上五十万元以下罚款。对直接负责的主管人员给予警告，并处三万元以上十万元以下罚款。

第一百二十条 基金管理人的董事、监事、高级管理人员和其他从业人员，基金托管人的专门基金托管部门的高级管理人员和其他从业人员，未按照本法第十七条第一款规定申报的，责令改正，处三万元以上十万元以下罚款。

基金管理人、基金托管人违反本法第十七条第二款规定的，责令改正，处十万元以上一百万元以下罚款；对直接负责的主管人员和其他直接责任人员给予警告，暂停或者撤销基金从业资格，并处三万元以上三十万元以下罚款。

第一百二十一条 基金管理人的董事、监事、高级管理人员和其他从业人员，基金托管人的专门基金托管部门的高级管理人员和其他从业人员违反本法第十八条规定的，责令改正，没收违法所得，并处违法所得一倍以上五倍以下罚款；没有违法所得或者违法所得不足一百万元的，并处十万元以上一百万元以下罚款；情节严重的，撤销基金从业资格。

第一百二十二条 基金管理人、基金托管人违反本法规定，未对基金财产实行分别管理或者分账保管，责令改正，处五万元以上五十万元以下罚款；对直接负责的主管人员和其他直接责任人员给予警告，暂停或者撤销基金从业资格，并处三万元以上三十万元以下罚款。

第一百二十三条 基金管理人、基金托管人及其董事、监事、高级管理人员和其他从业人员有本法第二十条所列行为之一的，责令改正，没收违法所得，并处违法所得一倍以上五倍以下罚款；没有违法所得或者违法所得不足一百万元的，并处十万元以上一百万元以下罚款；基金管理人、基金托管人有上述行为的，还应当对其直接负责的主管人员和其他直接责任人员给予警告，暂停或者撤销基金从业资格，并处三万元以上三十万元以下罚款。

基金管理人、基金托管人及其董事、监事、高级管理人员和其他从业人员侵占、挪用基金财产而取得的财产和收益，归入基金财产。但是，法律、行政法规另有规定的，依照其规定。

第一百二十四条 基金管理人的股东、实际控制人违反本法第二十三条规定的，责令改正，没收违法所得，并处违法所得一倍以上五倍以下罚款；没有违法所得或者违法所得不足一百万元的，并处十万元以上一百万元以下罚款；对直接负责的主管人员和其他直接责任人员给予警告，暂停或者撤销基金或证券从业资格，并处三万元以上三十万元以下罚款。

第一百二十五条 未经核准，擅自从事基金托管业务的，责令停止，没收违法所得，并处违法所得一倍以上五倍以下罚款；没有违法所得或者违法所得不足一百万元的，并处十万元以上一百万元以下罚款；对直接负责的主管人员和其他直接责任人员给予警告，并处三万元以上三十万元以下罚款。

第一百二十六条 基金管理人、基金托管人违反本法规定，相互出资或者持有股份的，责令改正，可以处十万元以下罚款。

第一百二十七条　违反本法规定，擅自公开或者变相公开募集基金的，责令停止，返还所募资金和加计的银行同期存款利息，没收违法所得，并处所募资金金额百分之一以上百分之五以下罚款。对直接负责的主管人员和其他直接责任人员给予警告，并处五万元以上五十万元以下罚款。

第一百二十八条　违反本法第五十九条规定，动用募集的资金的，责令返还，没收违法所得，并处违法所得一倍以上五倍以下罚款；没有违法所得或者违法所得不足五十万元的，并处五万元以上五十万元以下罚款；对直接负责的主管人员和其他直接责任人员给予警告，并处三万元以上三十万元以下罚款。

第一百二十九条　基金管理人、基金托管人有本法第七十三条第一款第一项至第五项和第七项所列行为之一，或者违反本法第七十三条第二款规定的，责令改正，处十万元以上一百万元以下罚款；对直接负责的主管人员和其他直接责任人员给予警告，暂停或者撤销基金从业资格，并处三万元以上三十万元以下罚款。

基金管理人、基金托管人有前款行为，运用基金财产而取得的财产和收益，归入基金财产。但是，法律、行政法规另有规定的，依照其规定。

第一百三十条　基金管理人、基金托管人有本法第七十三条第一款第六项规定行为的，除依照《中华人民共和国证券法》的有关规定处罚外，对直接负责的主管人员和其他直接责任人员暂停或者撤销基金从业资格。

第一百三十一条　基金信息披露义务人不依法披露基金信息或者披露的信息有虚假记载、误导性陈述或者重大遗漏的，责令改正，没收违法所得，并处十万元以上一百万元以下罚款；对直接负责的主管人员和其他直接责任人员给予警告，暂停或者撤销基金从业资格，并处三万元以上三十万元以下罚款。

第一百三十二条　基金管理人或者基金托管人不按照规定召集基金份额持有人大会的，责令改正，可以处五万元以下罚款；对直接负责的主管人员和其他直接责任人员给予警告，暂停或者撤销基金从业资格。

第一百三十三条　违反本法规定，未经登记，使用“基金”或者“基金管理”字样或者近似名称进行证券投资活动的，没收违法所得，并处违法所得一倍以上五倍以下罚款；没有违法所得或者违法所得不足一百万元的，并处十万元以上一百万元以下罚款。对直接负责的主管人员和其他直接责任人员给予警告，并处三万元以上三十万元以下罚款。

第一百三十四条　违反本法规定，非公开募集基金募集完毕，基金管理人未备案的，处十万元以上三十万元以下罚款。对直接负责的主管人员和其他直接责任人员给予警告，并处三万元以上十万元以下罚款。

第一百三十五条　违反本法规定，向合格投资者之外的单位或者个人非公开募集资金或者转让基金份额的，没收违法所得，并处违法所得一倍以上五倍以下罚款；没有违法所得或者违法所得不足一百万元的，并处十万元以上一百万元以下罚款。对直接负责的主管人员和其他直接责任人员给予警告，并处三万元以上三十万元以下罚款。

第一百三十六条　违反本法规定，擅自从事公开募集基金的基金服务业务的，责令改正，没收违法所得，并处违法所得一倍以上五倍以下罚款；没有违法所得或者违法所得不足三十万元的，并处十万元以上三十万元以下罚款。对直接负责的主管人员和其他直接责任人员给予警告，并处三万元以上十万元以下罚款。

第一百三十七条　基金销售机构未向投资人充分揭示投资风险并误导其购买与其风险承担能力不相当的基金产品的，处十万元以上三十万元以下罚款；情节严重的，责令其停止基金服务业务。对直接负责的主管人员和其他直接责任人员给予警告，撤销基金从业资格，并处三万元以上十万元以下罚款。

第一百三十八条　基金销售支付机构未按照规定划付基金销售结算资金的，处十万元以上三十万元以下罚款；情节严重的，责令其停止基金服务业务。对直接负责的主管人员和其他直接责任人员给予警告，撤销基金从业资格，并处三万元以上十万元以下罚款。

第一百三十九条　挪用基金销售结算资金或者基金份额的，责令改正，没收违法所得，并处违法所得一倍以上五倍以下罚款；没有违法所得或者违法所得不足一百万元的，并处十万元以上一百万元以下罚款。对直接负责的主管人员和其他直接责任人员给予警告，并处三万元以上三十万元以下罚款。

第一百四十条　基金份额登记机构未妥善保存或者备份基金份额登记数据的，责令改正，给予警告，并处十万元以上三十万元以下罚款；情节严重的，责令其停止基金服务业务。对直接负责的主管人员和其他直接责任人员给予警告，撤销基金从业资格，并处三万元以上十万元以下罚款。

基金份额登记机构隐匿、伪造、篡改、毁损基金份额登记数据的，责令改正，处十万元以上一百万元以下罚款，并责令其停止基金服务业务。对直接负责的主管人员和其他直接责任人员给予警告，撤销基金从业资格，并处三万元以上三十万元以下罚款。

第一百四十一条　基金投资顾问机构、基金评价机构及其从业人员违反本法规定开展投资顾问、基金评价服务的，处十万元以上三十万元以下罚款；情节严重的，责令其停止基金服务业务。对直接负责的主管人员和其他直接责任人员给予警告，撤销基金从业资格，并处三万元以上十万元以下罚款。

第一百四十二条　信息技术系统服务机构未按照规定向国务院证券监督管理机构提供相关信息技术系统资料，或者提供的信息技术系统资料虚假、有重大遗漏的，责令改正，处三万元以上十万元以下罚款。对直接负责的主管人员和其他直接责任人员给予警告，并处一万元以上三万元以下罚款。

第一百四十三条　会计师事务所、律师事务所未勤勉尽责，所出具的文件有虚假记载、误导性陈述或者重大遗漏的，责令改正，没收业务收入，暂停或者撤销相关业务许可，并处业务收入一倍以上五倍以下罚款。对直接负责的主管人员和其他直接责任人员给予警告，并处三万元以上十万元以下罚款。

第一百四十四条 基金服务机构未建立应急等风险管理制度和灾难备份系统，或者泄露与基金份额持有人、基金投资运作相关的非公开信息的，处十万元以上三十万元以下罚款；情节严重的，责令其停止基金服务业务。对直接负责的主管人员和其他直接责任人员给予警告，撤销基金从业资格，并处三万元以上十万元以下罚款。

第一百四十五条 违反本法规定，给基金财产、基金份额持有人或者投资人造成损害的，依法承担赔偿责任。

基金管理人、基金托管人在履行各自职责的过程中，违反本法规定或者基金合同约定，给基金财产或者基金份额持有人造成损害的，应当分别对各自的行为依法承担赔偿责任；因共同行为给基金财产或者基金份额持有人造成损害的，应当承担连带赔偿责任。

第一百四十六条 证券监督管理机构工作人员玩忽职守、滥用职权、徇私舞弊或者利用职务上的便利索取或者收受他人财物的，依法给予行政处分。

第一百四十七条 拒绝、阻碍证券监督管理机构及其工作人员依法行使监督检查、调查职权未使用暴力、威胁方法的，依法给予治安管理处罚。

第一百四十八条 违反法律、行政法规或者国务院证券监督管理机构的有关规定，情节严重的，国务院证券监督管理机构可以对有关责任人员采取证券市场禁入的措施。

第一百四十九条 违反本法规定，构成犯罪的，依法追究刑事责任。

215. 中华人民共和国动物防疫法（2015.4.24）

（1997年7月3日第八届全国人民代表大会常务委员会第二十六次会议通过 2007年8月30日第十届全国人民代表大会常务委员会第二十九次会议修订 根据2013年6月29日第十二届全国人民代表大会常务委员会第三次会议《关于修改〈中华人民共和国文物保护法〉等十二部法律的决定》第一次修正 根据2015年4月24日第十二届全国人民代表大会常务委员会第十四次会议《关于修改〈中华人民共和国电力法〉等六部法律的决定》第二次修正）

第九章 法律责任

第六十八条 地方各级人民政府及其工作人员未依照本法规定履行职责的，对直接负责的主管人员和其他直接责任人员依法给予处分。

第六十九条 县级以上人民政府兽医主管部门及其工作人员违反本法规定，有下列行为之一的，由本级人民政府责令改正，通报批评；对直接负责的主管人员和其他直接责任人员依法给予处分：

（一）未及时采取预防、控制、扑灭等措施的；

（二）对不符合条件的颁发动物防疫条件合格证、动物诊疗许可证，或者对符合条件的拒不颁发动物防疫条件合格证、动物诊疗许可证的；

（三）其他未依照本法规定履行职责的行为。

第七十条 动物卫生监督机构及其工作人员违反本法规定，有下列行为之一的，由本级人民政府或者兽医主管部门责令改正，通报批评；对直接负责的主管人员和其他直接责任人员依法给予处分：

（一）对未经现场检疫或者检疫不合格的动物、动物产品出具检疫证明、加施检疫标志，或者对检疫合格的动物、动物产品拒不出具检疫证明、加施检疫标志的；

（二）对附有检疫证明、检疫标志的动物、动物产品重复检疫的；

（三）从事与动物防疫有关的经营性活动，或者在国务院财政部门、物价主管部门规定外加收费用、重复收费的；

（四）其他未依照本法规定履行职责的行为。

第七十一条 动物疫病预防控制机构及其工作人员违反本法规定，有下列行为之一的，由本级人民政府或者兽医主管部门责令改正，通报批评；对直接负责的主管人员和其他直接责任人员依法给予处分：

（一）未履行动物疫病监测、检测职责或者伪造监测、检测结果的；

（二）发生动物疫情时未及时进行诊断、调查的；

（三）其他未依照本法规定履行职责的行为。

第七十二条 地方各级人民政府、有关部门及其工作人员瞒报、谎报、迟报、漏报或者授意他人瞒报、谎报、迟报动物疫情，或者阻碍他人报告动物疫情的，由上级人民政府或者有关部门责令改正，通报批评；对直接负责的主管人员和其他直接责任人员依法给予处分。

第七十三条 违反本法规定，有下列行为之一的，由动物卫生监督机构责令改正，给予警告；拒不改正的，由动物卫生监督机构代作处理，所需处理费用由违法行为人承担，可以处一千元以下罚款：

（一）对饲养的动物不按照动物疫病强制免疫计划进行免疫接种的；

（二）种用、乳用动物未经检测或者经检测不合格而不按照规定处理的；

（三）动物、动物产品的运载工具在装载前和卸载后没有及时清洗、消毒的。

第七十四条 违反本法规定，对经强制免疫的动物未按照国务院兽医主管部门规定建立免疫档案、加施畜禽标识的，依照《中华人民共和国畜牧法》的有关规定处罚。

第七十五条 违反本法规定，不按照国务院兽医主管部门规定处置染疫动物及其排泄物，染疫动物产品，病死或者死因不明的动物尸体，运载工具中的动物排泄物以及垫料、包装物、容器等污染物以及其他经检疫不合格的动物、动物产品的，由动物卫生监督机构责令无害化处理，所需处理费用由违法行为人承担，可以处三千元以下罚款。

第七十六条 违反本法第二十五条规定，屠宰、经营、运输动物或者生产、经营、加工、贮藏、运输动物产品的，由动物卫生监督机构责令改正、采取补救措施，没收违法所得和动物、动物产品，并处同类检疫合格动物、动物产品货值金额一倍以上五倍以下罚款；其中依法应当检疫而未检疫的，依照本法第七十八条的规定处罚。

第七十七条 违反本法规定，有下列行为之一的，由动物卫生监督机构责令改正，处一千元以上一万元以下罚款；情节严重的，处一万元以上十万元以下罚款：

（一）兴办动物饲养场（养殖小区）和隔离场所，动物屠宰加工场所，以及动物和动物产品无害化处理场所，未取得动物防疫条件合格证的；

（二）未办理审批手续，跨省、自治区、直辖市引进乳用动物、种用动物及其精液、胚胎、种蛋的；

（三）未经检疫，向无规定动物疫病区输入动物、动物产品的。

第七十八条 违反本法规定，屠宰、经营、运输的动物未附有检疫证明，经营和运输的动物产品未附有检疫证明、检疫标志的，由动物卫生监督机构责令改正，处同类检疫合格动物、动物产品货值金额百分之十以上百分之五十以下罚款；对货主以外的承运人处运输费用一倍以上三倍以下罚款。

违反本法规定，参加展览、演出和比赛的动物未附有检疫证明的，由动物卫生监督机构责令改正，处一千元以上三千元以下罚款。

第七十九条 违反本法规定，转让、伪造或者变造检疫证明、检疫标志或者畜禽标识的，由动物卫生监督机构没收违法所得，收缴检疫证明、检疫标志或者畜禽标识，并处三千元以上三万元以下罚款。

第八十条 违反本法规定，有下列行为之一的，由动物卫生监督机构责令改正，处一千元以上一万元以下罚款：

（一）不遵守县级以上人民政府及其兽医主管部门依法作出的有关控制、扑灭动物疫病规定的；

（二）藏匿、转移、盗掘已被依法隔离、封存、处理的动物和动物产品的；

（三）发布动物疫情的。

第八十一条 违反本法规定，未取得动物诊疗许可证从事动物诊疗活动的，由动物卫生监督机构责令停止诊疗活动，没收违法所得；违法所得在三万元以上的，并处违法所得一倍以上三倍以下罚款；没有违法所得或者违法所得不足三万元的，并处三千元以上三万元以下罚款。

动物诊疗机构违反本法规定，造成动物疫病扩散的，由动物卫生监督机构责令改正，处一万元以上五万元以下罚款；情节严重的，由发证机关吊销动物诊疗许可证。

第八十二条 违反本法规定，未经兽医执业注册从事动物诊疗活动的，由动物卫生监督机构责令停止动物诊疗活动，没收违法所得，并处一千元以上一万元以下罚款。

执业兽医有下列行为之一的，由动物卫生监督机构给予警告，责令暂停六个月以上一年以下动物诊疗活动；情节严重的，由发证机关吊销注册证书：

（一）违反有关动物诊疗的操作技术规范，造成或者可能造成动物疫病传播、流行的；

（二）使用不符合国家规定的兽药和兽医器械的；

（三）不按照当地人民政府或者兽医主管部门要求参加动物疫病预防、控制和扑灭活动的。

第八十三条 违反本法规定，从事动物疫病研究与诊疗和动物饲养、屠宰、经营、隔离、运输，以及动物产品生产、经营、加工、贮藏等活动的单位和个人，有下列行为之一的，由动物卫生监督机构责令改正；拒不改正的，对违法行为单位处一千元以上一万元以下罚款，对违法行为个人可以处五百元以下罚款：

（一）不履行动物疫情报告义务的；

（二）不如实提供与动物防疫活动有关资料的；

（三）拒绝动物卫生监督机构进行监督检查的；

（四）拒绝动物疫病预防控制机构进行动物疫病监测、检测的。

第八十四条 违反本法规定，构成犯罪的，依法追究刑事责任。

违反本法规定，导致动物疫病传播、流行等，给他人人身、财产造成损害的，依法承担民事责任。

216. 中华人民共和国就业促进法（2015.4.24）

（2007年8月30日第十届全国人民代表大会常务委员会第二十九次会议通过 根据2015年4月24日第十二届全国人民代表大会常务委员会第十四次会议《关于修改〈中华人民共和国电力法〉等六部法律的决定》修正）

第八章 法律责任

第六十一条 违反本法规定，劳动行政等有关部门及其工作人员滥用职权、玩忽职守、徇私舞弊的，对直接负责的主管人员和其他直接责任人员依法给予处分。

第六十二条 违反本法规定，实施就业歧视的，劳动者可以向人民法院提起诉讼。

第六十三条 违反本法规定，地方各级人民政府和有关部门、公共就业服务机构举办经营性的职业中介机构，从事经营性职业中介活动，向劳动者收取费用的，由上级主管机关责令限期改正，将违法收取的费用退还劳动者，并对直接负责的主管人员和其他直接责任人员依法给予处分。

第六十四条 违反本法规定，未经许可和登记，擅自从事职业中介活动的，由劳动行政部门或者其他主管部门依法予以关闭；有违法所得的，没收违法所得，并处一万元以上五万元以下的罚款。

第六十五条 违反本法规定，职业中介机构提供虚假就业信息，为无合法证照的用人单位提供职业中介服务，伪造、涂改、转让职业中介许可证的，由劳动行政部门或者其他主管部门责令改正；有违法所得的，没收违法所得，并处一万元以上五万元以下的罚款；情节严重的，吊销职业中介许可证。

第六十六条 违反本法规定，职业中介机构扣押劳动者居民身份证等证件的，由劳动行政部门责令限期退还劳动者，并依照有关法律规定给予处罚。

违反本法规定，职业中介机构向劳动者收取押金的，由劳动行政部门责令限期退还劳动者，并以每人五百元以上二千元以下的标准处以罚款。

第六十七条 违反本法规定，企业未按照国家规定提取职工教育经费，或者挪用职工教育经费的，由劳动行政部门责令改正，并依法给予处罚。

第六十八条 违反本法规定，侵害劳动者合法权益，造成财产损失或者其他损害的，依法承担民事责任；构成犯罪的，依法追究刑事责任。

217. 中华人民共和国邮政法（2015.4.24）

（1986年12月2日第六届全国人民代表大会常务委员会第十八次会议通过 2009年4月24日第十一届全国人民代表大会常务委员会第八次会议修订 根据2012年10月26日第十一届全国人民代表大会常务委员会第二十九次会议《关于修改〈中华人民共和国邮政法〉的决定》第一次修正 根据2015年4月24日第十二届全国人民代表大会常务委员会第十四次会议《关于修改〈中华人民共和国义务教育法〉等五部法律的决定》第二次修正）

第八章 法律责任

第六十七条 邮政企业提供邮政普遍服务不符合邮政普遍服务标准的，由邮政管理部门责令改正，可以处一万元以下的罚款；情节严重的，处一万元以上五万元以下的罚款；对直接负责的主管人员和其他直接责任人员给予处分。

第六十八条 邮政企业未经邮政管理部门批准，停止办理或者限制办理邮政普遍服务业务和特殊服务业务，或者撤销提供邮政普遍服务的邮政营业场所的，由邮政管理部门责令改正，可以处二万元以下的罚款；情节严重的，处二万元以上十万元以下的罚款；对直接负责的主管人员和其他直接责任人员给予处分。

第六十九条 邮政企业利用带有邮政专用标志的车船从事邮件运递以外的经营性活动，或者以出租等方式允许其他单位或者个人使用带有邮政专用标志的车船的，由邮政管理部门责令改正，没收违法所得，可以并处二万元以下的罚款；情节严重的，并处二万元以上十万元以下的罚款；对直接负责的主管人员和其他直接责任人员给予处分。

邮政企业从业人员利用带有邮政专用标志的车船从事邮件运递以外的活动的，由邮政企业责令改正，给予处分。

第七十条　邮政企业从业人员故意延误投递邮件的，由邮政企业给予处分。

第七十一条　冒领、私自开拆、隐匿、毁弃或者非法检查他人邮件、快件，尚不构成犯罪的，依法给予治安管理处罚。

第七十二条　未取得快递业务经营许可经营快递业务，或者邮政企业以外的单位或者个人经营由邮政企业专营的信件寄递业务或者寄递国家机关公文的，由邮政管理部门或者工商行政管理部门责令改正，没收违法所得，并处五万元以上十万元以下的罚款；情节严重的，并处十万元以上二十万元以下的罚款；对快递企业，还可以责令停业整顿直至吊销其快递业务经营许可证。

违反本法第五十一条第二款的规定，经营信件的国内快递业务的，依照前款规定处罚。

第七十三条　快递企业有下列行为之一的，由邮政管理部门责令改正，可以处一万元以下的罚款；情节严重的，处一万元以上五万元以下的罚款，并可以责令停业整顿：

（一）设立分支机构、合并、分立，未向邮政管理部门备案的；

（二）未在信件封套的显著位置标注信件字样的；

（三）将信件打包后作为包裹寄递的；

（四）停止经营快递业务，未书面告知邮政管理部门并交回快递业务经营许可证，或者未按照国务院邮政管理部门的规定妥善处理尚未投递的快件的。

第七十四条　邮政企业、快递企业未按照规定向用户明示其业务资费标准，或者有其他价格违法行为的，由政府价格主管部门依照《中华人民共和国价格法》的规定处罚。

第七十五条　邮政企业、快递企业不建立或者不执行收件验视制度，或者违反法律、行政法规以及国务院和国务院有关部门关于禁止寄递或者限制寄递物品的规定收寄邮件、快件的，对邮政企业直接负责的主管人员和其他直接责任人员给予处分；对快递企业，邮政管理部门可以责令停业整顿直至吊销其快递业务经营许可证。

用户在邮件、快件中夹带禁止寄递或者限制寄递的物品，尚不构成犯罪的，依法给予治安管理处罚。

有前两款规定的违法行为，造成人身伤害或者财产损失的，依法承担赔偿责任。

邮政企业、快递企业经营国际寄递业务，以及用户交寄国际邮递物品，违反《中华人民共和国海关法》及其他有关法律、行政法规的规定的，依照有关法律、行政法规的规定处罚。

第七十六条　邮政企业、快递企业违法提供用户使用邮政服务或者快递服务的信息，尚不构成犯罪的，由邮政管理部门责令改正，没收违法所得，并处一万元以上五万元以下的罚款；对邮政企业直接负责的主管人员和其他直接责任人员给予处分；对快递企业，邮政管理部门还可以责令停业整顿直至吊销其快递业务经营许可证。

邮政企业、快递企业从业人员有前款规定的违法行为，尚不构成犯罪的，由邮政管理部门责令改正，没收违法所得，并处五千元以上一万元以下的罚款。

第七十七条　邮政企业、快递企业拒绝、阻碍依法实施的监督检查，尚不构成犯罪的，依法给予治安管理处罚；对快递企业，邮政管理部门还可以责令停业整顿直至吊销其快递业务经营许可证。

第七十八条　邮政企业及其从业人员、快递企业及其从业人员在经营活动中有危害国家安全行为的，依法追究法律责任；对快递企业，并由邮政管理部门吊销其快递业务经营许可证。

第七十九条　冒用邮政企业名义或者邮政专用标志，或者伪造邮政专用品或者倒卖伪造的邮政专用品的，由邮政管理部门责令改正，没收伪造的邮政专用品以及违法所得，并处一万元以上五万元以下的罚款。

第八十条　有下列行为之一，尚不构成犯罪的，依法给予治安管理处罚：

（一）盗窃、损毁邮政设施或者影响邮政设施正常使用的；

（二）伪造邮资凭证或者倒卖伪造的邮资凭证的；

（三）扰乱邮政营业场所、快递企业营业场所正常秩序的；

（四）非法拦截、强登、扒乘运送邮件、快件的车辆的。

第八十一条　违反本法规定被吊销快递业务经营许可证的，自快递业务经营许可证被吊销之日起三年内，不得申请经营快递业务。

快递企业被吊销快递业务经营许可证的，应当依法向工商行政管理部门办理变更登记或者注销登记。

第八十二条　违反本法规定，构成犯罪的，依法追究刑事责任。

第八十三条　邮政管理部门工作人员在监督管理工作中滥用职权、玩忽职守、徇私舞弊，构成犯罪的，依法追究刑事责任；尚不构成犯罪的，依法给予处分。

218. 中华人民共和国铁路法（2015.4.24）

（1990年9月7日第七届全国人民代表大会常务委员会第十五次会议通过　根据2009年8月27日第十一届全国人民代表大会常务委员会第十次会议《关于修改部分法律的决定》第一次修正　根据2015年4月24日第十二届全国人民代表大会常务委员会第十四次会议《关于修改〈中华人民共和国义务教育法〉等五部法律的决定》第二次修正）

第五章　法律责任

第六十条　违反本法规定，携带危险品进站上车或者以非危险品品名托运危险品，导致发生重大事故的，依照刑法有关规定追究刑事责任。企业事业单位、国家机关、社会团体犯本款罪的，处以罚金，对其主管人员和直接责任人员依法追究刑事责任。

携带炸药、雷管或者非法携带枪支子弹、管制刀具进站上车的，依照刑法有关规定追究刑事责任。

第六十一条　故意损毁、移动铁路行车信号装置或者在铁路线路上放置足以使列车倾覆的障碍物的，依照刑法有关规定追究刑事责任。

第六十二条　盗窃铁路线路上行车设施的零件、部件或者铁路线路上的器材，危及行车安全的，依照刑法有关规定追究刑事责任。

第六十三条　聚众拦截列车、冲击铁路行车调度机构不听制止的，对首要分子和骨干分子依照刑法有关规定追究刑事责任。

第六十四条　聚众哄抢铁路运输物资的，对首要分子和骨干分子依照刑法有关规定追究刑事责任。

铁路职工与其他人员勾结犯前款罪的，从重处罚。

第六十五条　在列车内，抢劫旅客财物，伤害旅客的，依照刑法有关规定从重处罚。

在列车内，寻衅滋事，侮辱妇女，情节恶劣的，依照刑法有关规定追究刑事责任；敲诈勒索旅客财物的，依照刑法有关规定追究刑事责任。

第六十六条　倒卖旅客车票，构成犯罪的，依照刑法有关规定追究刑事责任。铁路职工倒卖旅客车票或者与其他人员勾结倒卖旅客车票的，依照刑法有关规定追究刑事责任。

第六十九条　铁路运输企业违反本法规定，多收运费、票款或者旅客、货物运输杂费的，必须将多收的费用退还付款人，无法退还的上缴国库。将多收的费用据为己有或者侵吞私分的，依照刑法有关规定追究刑事责任。

第七十条　铁路职工利用职务之便走私的，或者与其他人员勾结走私的，依照刑法有关规定追究刑事责任。

第七十一条　铁路职工玩忽职守、违反规章制度造成铁路运营事故的，滥用职权、利用办理运输业务之便谋取私利的，给予行政处分；情节严重、构成犯罪的，依照刑法有关规定追究刑事责任。

219. 中华人民共和国烟草专卖法（2015.4.24）

（1991年6月29日第七届全国人民代表大会常务委员会第二十次会议通过　根据2009年8月27日第十一届全国人民代表大会常务委员会第十次会议《关于修改部分法律的决定》第一次修正　根据2013年12月28日第十二届全国人民代表大会常务委员会第六次会议《关于修改〈中华人民共和国海洋环境保护法〉等七部法律的决定》第二次修正　根据2015年4月24日第十二届全国人民代表大会常务委员会第十四次会议《关于修改〈中华人民共和国计量法〉等五部法律的决定》第三次修正）

第七章　法律责任

第三十三条　生产、销售没有注册商标的卷烟、雪茄烟、有包装的烟丝的，由工商行政管理部门责令停止生产、销售，并处罚款。

生产、销售假冒他人注册商标的烟草制品的，由工商行政管理部门责令停止侵权行为，赔偿被侵权人的损失，可以并处罚款；构成犯罪的，依法追究刑事责任。

第三十五条 倒卖烟草专卖品，构成犯罪的，依法追究刑事责任；情节轻微，不构成犯罪的，由工商行政管理部门没收倒卖的烟草专卖品和违法所得，可以并处罚款。

烟草专卖行政主管部门和烟草公司工作人员利用职务上的便利犯前款罪的，依法从重处罚。

第三十六条 伪造、变造、买卖本法规定的烟草专卖生产企业许可证、烟草专卖经营许可证等许可证件和准运证的，依照刑法有关规定追究刑事责任。

烟草专卖行政主管部门和烟草公司工作人员利用职务上的便利犯前款罪的，依法从重处罚。

第三十七条 走私烟草专卖品，构成走私罪的，依照刑法有关规定追究刑事责任；走私烟草专卖品，数额不大，不构成走私罪的，由海关没收走私货物、物品和违法所得，可以并处罚款。

烟草专卖行政主管部门和烟草公司工作人员利用职务上的便利犯前款罪的，依法从重处罚。

第三十八条 烟草专卖行政主管部门有权对本法实施情况进行检查。以暴力、威胁方法阻碍烟草专卖检查人员依法执行职务的，依法追究刑事责任；拒绝、阻碍烟草专卖检查人员依法执行职务未使用暴力、威胁方法的，由公安机关依照治安管理处罚法的规定处罚。

第三十九条 人民法院和处理违法案件的有关部门的工作人员私分没收的烟草制品，依照刑法有关规定追究刑事责任。

人民法院和处理违法案件的有关部门的工作人员购买没收的烟草制品的，责令退还，可以给予行政处分。

第四十条 烟草专卖行政主管部门和烟草公司的工作人员滥用职权、徇私舞弊或者玩忽职守的，给予行政处分；情节严重，构成犯罪的，依法追究刑事责任。

220. 中华人民共和国保险法（2015.4.24）

（1995年6月30日第八届全国人民代表大会常务委员会第十四次会议通过　2002年10月28日第九届全国人民代表大会常务委员会第三十次会议《关于修改〈中华人民共和国保险法〉的决定》第一次修正　2009年2月28日第十一届全国人民代表大会常务委员会第七次会议修订　2014年8月31日第十二届全国人民代表大会常务委员会第十次会议《关于修改〈中华人民共和国保险法〉等五部法律的决定》第二次修正　2015年4月24日第十二届全国人民代表大会常务委员会第十四次会议《关于修改〈中华人民共和国计量法〉等五部法律的决定》第三次修正）

第七章　法律责任

第一百五十八条 违反本法规定，擅自设立保险公司、保险资产管理公司或者非法经营商业保险业务的，由保险监督管理机构予以取缔，没收违法所得，并处违法所得一倍以上五倍以下的罚款；没有违法所得或者违法所得不足二十万元的，处二十万元以上一百万元以下的罚款。

第一百五十九条 违反本法规定，擅自设立保险专业代理机构、保险经纪人，或者未取得经营保险代理业务许可证、保险经纪业务许可证从事保险代理业务、保险经纪业务的，由保险监督管理机构予以取缔，没收违法所得，并处违法所得一倍以上五倍以下的罚款；没有违法所得或者违法所得不足五万元的，处五万元以上三十万元以下的罚款。

第一百六十条 保险公司违反本法规定，超出批准的业务范围经营的，由保险监督管理机构责令限期改正，没收违法所得，并处违法所得一倍以上五倍以下的罚款；没有违法所得或者违法所得不足十万元的，处十万元以上五十万元以下的罚款。逾期不改正或者造成严重后果的，责令停业整顿或者吊销业务许可证。

第一百六十一条 保险公司有本法第一百一十六条规定行为之一的，由保险监督管理机构责令改正，处五万元以上三十万元以下的罚款；情节严重的，限制其业务范围、责令停止接受新业务或者吊销业务许可证。

第一百六十二条 保险公司违反本法第八十四条规定的，由保险监督管理机构责令改正，处一万元以上十万元以下的罚款。

第一百六十三条 保险公司违反本法规定，有下列行为之一的，由保险监督管理机构责令改正，处五万元以上三十万元以下的罚款：

（一）超额承保，情节严重的；

（二）为无民事行为能力人承保以死亡为给付保险金条件的保险的。

第一百六十四条 违反本法规定，有下列行为之一的，由保险监督管理机构责令改正，处五万元以上三十万元以下下的罚款；情节严重的，可以限制其业务范围、责令停止接受新业务或者吊销业务许可证：

（一）未按照规定提存保证金或者违反规定动用保证金的；

（二）未按照规定提取或者结转各项责任准备金的；

（三）未按照规定缴纳保险保障基金或者提取公积金的；

（四）未按照规定办理再保险的；

（五）未按照规定运用保险公司资金的；

（六）未经批准设立分支机构；

（七）未按照规定申请批准保险条款、保险费率的。

第一百六十五条 保险代理机构、保险经纪人有本法第一百三十一条规定行为之一的，由保险监督管理机构责令改正，处五万元以上三十万元以下的罚款；情节严重的，吊销业务许可证。

第一百六十六条 保险代理机构、保险经纪人违反本法规定，有下列行为之一的，由保险监督管理机构责令改正，处二万元以上十万元以下的罚款；情节严重的，责令停业整顿或者吊销业务许可证：

（一）未按照规定缴存保证金或者投保职业责任保险的；

（二）未按照规定设立专门账簿记载业务收支情况的。

第一百六十七条 违反本法规定，聘任不具有任职资格的人员的，由保险监督管理机构责令改正，处二万元以上十万元以下的罚款。

第一百六十八条 违反本法规定，转让、出租、出借业务许可证的，由保险监督管理机构处一万元以上十万元以下的罚款；情节严重的，责令停业整顿或者吊销业务许可证。

第一百六十九条 违反本法规定，有下列行为之一的，由保险监督管理机构责令限期改正；逾期不改正的，处一万元以上十万元以下的罚款：

（一）未按照规定报送或者保管报告、报表、文件、资料的，或者未按照规定提供有关信息、资料的；

（二）未按照规定报送保险条款、保险费率备案的；

（三）未按照规定披露信息的。

第一百七十条 违反本法规定，有下列行为之一的，由保险监督管理机构责令改正，处十万元以上五十万元以下的罚款；情节严重的，可以限制其业务范围、责令停止接受新业务或者吊销业务许可证：

（一）编制或者提供虚假的报告、报表、文件、资料的；

（二）拒绝或者妨碍依法监督检查的；

（三）未按照规定使用经批准或者备案的保险条款、保险费率的。

第一百七十一条 保险公司、保险资产管理公司、保险专业代理机构、保险经纪人违反本法规定的，保险监督管理机构除分别依照本法第一百六十条至第一百七十条的规定对该单位给予处罚外，对其直接负责的主管人员和其他直接责任人员给予警告，并处一万元以上十万元以下的罚款；情节严重的，撤销任职资格。

第一百七十二条 个人保险代理人违反本法规定的，由保险监督管理机构给予警告，可以并处二万元以下的罚款；情节严重的，处二万元以上十万元以下的罚款。

第一百七十三条 外国保险机构未经国务院保险监督管理机构批准，擅自在中华人民共和国境内设立代表机构的，由国务院保险监督管理机构予以取缔，处五万元以上三十万元以下的罚款。

外国保险机构在中华人民共和国境内设立的代表机构从事保险经营活动的，由保险监督管理机构责令改正，没收违法所得，并处违法所得一倍以上五倍以下的罚款；没有违法所得或者违法所得不足二十万元的，处二十万元以上一百万元以下的罚款；对其首席代表可以责令撤换；情节严重的，撤销其代表机构。

第一百七十四条 投保人、被保险人或者受益人有下列行为之一，进行保险诈骗活动，尚不构成犯罪的，依法给予行政处罚：

（一）投保人故意虚构保险标的，骗取保险金的；

（二）编造未曾发生的保险事故，或者编造虚假的事故原因或者夸大损失程度，骗取保险金的；

（三）故意造成保险事故，骗取保险金的。

保险事故的鉴定人、评估人、证明人故意提供虚假的证明文件，为投保人、被保险人或者受益人进行保险诈骗提供条件的，依照前款规定给予处罚。

第一百七十五条 违反本法规定，给他人造成损害的，依法承担民事责任。

第一百七十六条 拒绝、阻碍保险监督管理机构及其工作人员依法行使监督检查、调查职权，未使用暴力、威胁方法的，依法给予治安管理处罚。

第一百七十七条 违反法律、行政法规的规定，情节严重的，国务院保险监督管理机构可以禁止有关责任人员一定期限直至终身进入保险业。

第一百七十八条 保险监督管理机构从事监督管理工作的人员有下列情形之一的，依法给予处分：

（一）违反规定批准机构的设立的；

（二）违反规定进行保险条款、保险费率审批的；
（三）违反规定进行现场检查的；
（四）违反规定查询账户或者冻结资金的；
（五）泄露其知悉的有关单位和个人的商业秘密的；
（六）违反规定实施行政处罚的；
（七）滥用职权、玩忽职守的其他行为。

第一百七十九条 违反本法规定，构成犯罪的，依法追究刑事责任。

221. 中华人民共和国畜牧法（2015. 4. 24）

（2005 年 12 月 29 日第十届全国人民代表大会常务委员会第十九次会议通过 根据 2015 年 4 月 24 日第十二届全国人民代表大会常务委员会第十四次会议《关于修改〈中华人民共和国计量法〉等五部法律的决定》修正）

第七章 法律责任

第五十八条 违反本法第十三条第二款规定，擅自处理受保护的畜禽遗传资源，造成畜禽遗传资源损失的，由省级以上人民政府畜牧兽医行政主管部门处五万元以上五十万元以下罚款。

第五十九条 违反本法有关规定，有下列行为之一的，由省级以上人民政府畜牧兽医行政主管部门责令停止违法行为，没收畜禽遗传资源和违法所得，并处一万元以上五万元以下罚款：

（一）未经审核批准，从境外引进畜禽遗传资源的；
（二）未经审核批准，在境内与境外机构、个人合作研究利用列入保护名录的畜禽遗传资源的；
（三）在境内与境外机构、个人合作研究利用未经国家畜禽遗传资源委员会鉴定的新发现的畜禽遗传资源的。

第六十条 未经国务院畜牧兽医行政主管部门批准，向境外输出畜禽遗传资源的，依照《中华人民共和国海关法》的有关规定追究法律责任。海关应当将扣留的畜禽遗传资源移送省级人民政府畜牧兽医行政主管部门处理。

第六十一条 违反本法有关规定，销售、推广未经审定或者鉴定的畜禽品种的，由县级以上人民政府畜牧兽医行政主管部门责令停止违法行为，没收畜禽和违法所得；违法所得在五万元以上的，并处违法所得一倍以上三倍以下罚款；没有违法所得或者违法所得不足五万元的，并处五千元以上五万元以下罚款。

第六十二条 违反本法有关规定，无种畜禽生产经营许可证或者违反种畜禽生产经营许可证的规定生产经营种畜禽的，转让、租借种畜禽生产经营许可证的，由县级以上人民政府畜牧兽医行政主管部门责令停止违法行为，没收违法所得；违法所得在三万元以上的，并处违法所得一倍以上三倍以下罚款；没有违法所得或者违法所得不足三万元的，并处三千元以上三万元以下罚款。违反种畜禽生产经营许可证的规定生产经营种畜禽或者转让、租借种畜禽生产经营许可证，情节严重的，并处吊销种畜禽生产经营许可证。

第六十三条 违反本法第二十八条规定的，依照《中华人民共和国广告法》的有关规定追究法律责任。

第六十四条 违反本法有关规定，使用的种畜禽不符合种用标准的，由县级以上地方人民政府畜牧兽医行政主管部门责令停止违法行为，没收违法所得；违法所得在五千元以上的，并处违法所得一倍以上二倍以下罚款；没有违法所得或者违法所得不足五千元的，并处一千元以上五千元以下罚款。

第六十五条 销售种畜禽有本法第三十条第一项至第四项违法行为之一的，由县级以上人民政府畜牧兽医行政主管部门或者工商行政管理部门责令停止销售，没收违法销售的畜禽和违法所得；违法所得在五万元以上的，并处违法所得一倍以上五倍以下罚款；没有违法所得或者违法所得不足五万元的，并处五千元以上五万元以下罚款；情节严重的，并处吊销种畜禽生产经营许可证或者营业执照。

第六十六条 违反本法第四十一条规定，畜禽养殖场未建立养殖档案的，或者未按照规定保存养殖档案的，由县级以上人民政府畜牧兽医行政主管部门责令限期改正，可以处一万元以下罚款。

第六十七条 违反本法第四十三条规定养殖畜禽的，依照有关法律、行政法规的规定处罚。

第六十八条 违反本法有关规定，销售的种畜禽未附具种畜禽合格证明、检疫合格证明、家畜系谱的，销售、收购国务院畜牧兽医行政主管部门规定应当加施标识而没有标识的畜禽的，或者重复使用畜禽标识的，由县级以上地方人民政府畜牧兽医行政主管部门或者工商行政管理部门责令改正，可以处二千元以下罚款。

违反本法有关规定，使用伪造、变造的畜禽标识的，由县级以上人民政府畜牧兽医行政主管部门没收伪造、变造的畜禽标识和违法所得，并处三千元以上三万元以下罚款。

第六十九条 销售不符合国家技术规范的强制性要求的畜禽的，由县级以上地方人民政府畜牧兽医行政主管部门或者工商行政管理部门责令停止违法行为，没收违法销售的畜禽和违法所得，并处违法所得一倍以上三倍以下罚款；情节严重的，由工商行政管理部门并处吊销营业执照。

第七十条 畜牧兽医行政主管部门的工作人员利用职务上的便利，收受他人财物或者谋取其他利益，对不符合法定条件的单位、个人核发许可证或者有关批准文件，不履行监督职责，或者发现违法行为不予查处的，依法给予行政处分。

第七十一条 违反本法规定，构成犯罪的，依法追究刑事责任。

222. 中华人民共和国药品管理法（2015.4.24）

（1984年9月20日第六届全国人民代表大会常务委员会第七次会议通过　2001年2月28日第九届全国人民代表大会常务委员会第二十次会议修订　根据2013年12月28日第十二届全国人民代表大会常务委员会第六次会议《关于修改〈中华人民共和国海洋环境保护法〉等七部法律的决定》第一次修正　根据2015年4月24日第十二届全国人民代表大会常务委员会第十四次会议《关于修改〈中华人民共和国药品管理法〉的决定》第二次修正）

第九章　法律责任

第七十二条 未取得《药品生产许可证》、《药品经营许可证》或者《医疗机构制剂许可证》生产药品、经营药品的，依法予以取缔，没收违法生产、销售的药品和违法所得，并处违法生产、销售的药品（包括已售出的和未售出的药品，下同）货值金额二倍以上五倍以下的罚款；构成犯罪的，依法追究刑事责任。

第七十三条 生产、销售假药的，没收违法生产、销售的药品和违法所得，并处违法生产、销售药品货值金额二倍以上五倍以下的罚款；有药品批准证明文件的予以撤销，并责令停产、停业整顿；情节严重的，吊销《药品生产许可证》、《药品经营许可证》或者《医疗机构制剂许可证》；构成犯罪的，依法追究刑事责任。

第七十四条 生产、销售劣药的，没收违法生产、销售的药品和违法所得，并处违法生产、销售药品货值金额一倍以上三倍以下的罚款；情节严重的，责令停产、停业整顿或者撤销药品批准证明文件、吊销《药品生产许可证》、《药品经营许可证》或者《医疗机构制剂许可证》；构成犯罪的，依法追究刑事责任。

第七十六条 知道或者应当知道属于假劣药品而为其提供运输、保管、仓储等便利条件的，没收全部运输、保管、仓储的收入，并处违法收入百分之五十以上三倍以下的罚款；构成犯罪的，依法追究刑事责任。

第八十一条 伪造、变造、买卖、出租、出借许可证或者药品批准证明文件的，没收违法所得，并处违法所得一倍以上三倍以下的罚款；没有违法所得的，处二万元以上十万元以下的罚款；情节严重的，并吊销卖方、出租方、出借方的《药品生产许可证》、《药品经营许可证》、《医疗机构制剂许可证》或者撤销药品批准证明文件；构成犯罪的，依法追究刑事责任。

第八十六条 药品检验机构出具虚假检验报告，构成犯罪的，依法追究刑事责任；不构成犯罪的，责令改正，给予警告，对单位并处三万元以上五万元以下的罚款；对直接负责的主管人员和其他直接责任人员依法给予降级、撤职、开除的处分，并处三万元以下的罚款；有违法所得的，没收违法所得；情节严重的，撤销其检验资格。药品检验机构出具的检验结果不实，造成损失的，应当承担相应的赔偿责任。

第八十九条 药品的生产企业、经营企业、医疗机构在药品购销中暗中给予、收受回扣或者其他利益的，药品的生产企业、经营企业或者其代理人给予使用其药品的医疗机构的负责人、药品采购人员、医师等有关人员以财物或者其他利益的，由工商行政管理部门处一万元以上二十万元以下的罚款，有违法所得的，予以没收；情节严重的，由工商行政管理部门吊销药品生产企业、药品经营企业的营业执照，并通知药品监督管理部门，由药品监督管理部门吊销其《药品生产许可证》、《药品经营许可证》；构成犯罪的，依法追究刑事责任。

第九十条 药品的生产企业、经营企业的负责人、采购人员等有关人员在药品购销中收受其他生产企业、经营企业或者其代理人给予的财物或者其他利益的，依法给予处分，没收违法所得；构成犯罪的，依法追究刑事责任。

医疗机构的负责人、药品采购人员、医师等有关人员收受药品生产企业、药品经营企业或者其代理人给予的财物或者其他利益的，由卫生行政部门或者本单位给予处分，没收违法所得；对违法行为情节严重的执业医师，由卫生行政部门吊销其执业证书；构成犯罪的，依法追究刑事责任。

第九十一条 违反本法有关药品广告的管理规定的，依照《中华人民共和国广告法》的规定处罚，并由发给广告批准文号的药品监督管理部门撤销广告批准文号，一年内不受理该品种的广告审批申请；构成犯罪的，依法追究刑事责任。

药品监督管理部门对药品广告不依法履行审查职责，批准发布的广告有虚假或者其他违反法律、行政法规的内容的，对直接负责的主管人员和其他直接责任人员依法给予行政处分；构成犯罪的，依法追究刑事责任。

第九十三条　药品监督管理部门违反本法规定，有下列行为之一的，由其上级主管机关或者监察机关责令收回违法发给的证书、撤销药品批准证明文件，对直接负责的主管人员和其他直接责任人员依法给予行政处分；构成犯罪的，依法追究刑事责任：

（一）对不符合《药品生产质量管理规范》、《药品经营质量管理规范》的企业发给符合有关规范的认证证书的，或者对取得认证证书的企业未按照规定履行跟踪检查的职责，对不符合认证条件的企业未依法责令其改正或者撤销其认证证书的；

（二）对不符合法定条件的单位发给《药品生产许可证》、《药品经营许可证》或者《医疗机构制剂许可证》的；

（三）对不符合进口条件的药品发给进口药品注册证书的；

（四）对不具备临床试验条件或者生产条件而批准进行临床试验、发给新药证书、发给药品批准文号的。

第九十六条　药品监督管理部门应当依法履行监督检查职责，监督已取得《药品生产许可证》、《药品经营许可证》的企业依照本法规定从事药品生产、经营活动。

已取得《药品生产许可证》、《药品经营许可证》的企业生产、销售假药、劣药的，除依法追究该企业的法律责任外，对有失职、渎职行为的药品监督管理部门直接负责的主管人员和其他直接责任人员依法给予行政处分；构成犯罪的，依法追究刑事责任。

第九十八条　药品监督管理人员滥用职权、徇私舞弊、玩忽职守，构成犯罪的，依法追究刑事责任；尚不构成犯罪的，依法给予行政处分。

223. 中华人民共和国反家庭暴力法（2015. 12. 27）

（2015 年 12 月 27 日第十二届全国人民代表大会常务委员会第十八次会议通过）

第五章　法律责任

第三十三条　加害人实施家庭暴力，构成违反治安管理行为的，依法给予治安管理处罚；构成犯罪的，依法追究刑事责任。

第三十四条　被申请人违反人身安全保护令，构成犯罪的，依法追究刑事责任；尚不构成犯罪的，人民法院应当给予训诫，可以根据情节轻重处以一千元以下罚款、十五日以下拘留。

第三十六条　负有反家庭暴力职责的国家工作人员玩忽职守、滥用职权、徇私舞弊的，依法给予处分；构成犯罪的，依法追究刑事责任。

224. 中华人民共和国教育法（2015. 12. 27）

（1995 年 3 月 18 日第八届全国人民代表大会第三次会议通过　根据 2009 年 8 月 27 日第十一届全国人民代表大会常务委员会第十次会议《关于修改部分法律的决定》第一次修正　根据 2015 年 12 月 27 日第十二届全国人民代表大会常务委员会第十八次会议《关于修改〈中华人民共和国教育法〉的决定》第二次修正）

第九章　法律责任

第七十一条　违反国家有关规定，不按照预算核拨教育经费的，由同级人民政府限期核拨；情节严重的，对直接负责的主管人员和其他直接责任人员，依法给予处分。

违反国家财政制度、财务制度，挪用、克扣教育经费的，由上级机关责令限期归还被挪用、克扣的经费，并对直接负责的主管人员和其他直接责任人员，依法给予处分；构成犯罪的，依法追究刑事责任。

第七十三条　明知校舍或者教育教学设施有危险，而不采取措施，造成人员伤亡或者重大财产损失的，对直接负责的主管人员和其他直接责任人员，依法追究刑事责任。

第七十六条 学校或者其他教育机构违反国家有关规定招收学生的，由教育行政部门或者其他有关行政部门责令退回招收的学生，退还所收费用；对学校、其他教育机构给予警告，可以处违法所得五倍以下罚款；情节严重的，责令停止相关招生资格一年以上三年以下，直至撤销招生资格、吊销办学许可证；对直接负责的主管人员和其他直接责任人员，依法给予处分；构成犯罪的，依法追究刑事责任。

第七十七条 在招收学生工作中徇私舞弊的，由教育行政部门或者其他有关行政部门责令退回招收的人员；对直接负责的主管人员和其他直接责任人员，依法给予处分；构成犯罪的，依法追究刑事责任。

第七十九条 考生在国家教育考试中有下列行为之一的，由组织考试的教育考试机构工作人员在考试现场采取必要措施予以制止并终止其继续参加考试；组织考试的教育考试机构可以取消其相关考试资格或者考试成绩；情节严重的，由教育行政部门责令停止参加相关国家教育考试一年以上三年以下；构成违反治安管理行为的，由公安机关依法给予治安管理处罚；构成犯罪的，依法追究刑事责任：

（一）非法获取考试试题或者答案的；

（二）携带或者使用考试作弊器材、资料的；

（三）抄袭他人答案的；

（四）让他人代替自己参加考试的；

（五）其他以不正当手段获得考试成绩的作弊行为。

第八十条 任何组织或者个人在国家教育考试中有下列行为之一，有违法所得的，由公安机关没收违法所得，并处违法所得一倍以上五倍以下罚款；情节严重的，处五日以上十五日以下拘留；构成犯罪的，依法追究刑事责任；属于国家机关工作人员的，还应当依法给予处分：

（一）组织作弊的；

（二）通过提供考试作弊器材等方式为作弊提供帮助或者便利的；

（三）代替他人参加考试的；

（四）在考试结束前泄露、传播考试试题或者答案的；

（五）其他扰乱考试秩序的行为。

第八十二条 学校或者其他教育机构违反本法规定，颁发学位证书、学历证书或者其他学业证书的，由教育行政部门或者其他有关行政部门宣布证书无效，责令收回或者予以没收；有违法所得的，没收违法所得；情节严重的，责令停止相关招生资格一年以上三年以下，直至撤销招生资格、颁发证书资格；对直接负责的主管人员和其他直接责任人员，依法给予处分。

前款规定以外的任何组织或者个人制造、销售、颁发假冒学位证书、学历证书或者其他学业证书，构成违反治安管理行为的，由公安机关依法给予治安管理处罚；构成犯罪的，依法追究刑事责任。

以作弊、剽窃、抄袭等欺诈行为或者其他不正当手段获得学位证书、学历证书或者其他学业证书的，由颁发机构撤销相关证书。购买、使用假冒学位证书、学历证书或者其他学业证书，构成违反治安管理行为的，由公安机关依法给予治安管理处罚。

225. 中华人民共和国人口与计划生育法（2015.12.27）

（2001年12月29日第九届全国人民代表大会常务委员会第二十五次会议通过 根据2015年12月27日第十二届全国人民代表大会常务委员会第十八次会议《关于修改〈中华人民共和国人口与计划生育法〉的决定》修正）

第六章 法律责任

第三十六条 违反本法规定，有下列行为之一的，由计划生育行政部门或者卫生行政部门依据职权责令改正，给予警告，没收违法所得；违法所得一万元以上的，处违法所得二倍以上六倍以下的罚款；没有违法所得或者违法所得不足一万元的，处一万元以上三万元以下的罚款；情节严重的，由原发证机关吊销执业证书；构成犯罪的，依法追究刑事责任：

（一）非法为他人施行计划生育手术的；

（二）利用超声技术和其他技术手段为他人进行非医学需要的胎儿性别鉴定或者选择性别的人工终止妊娠的；

（三）进行假医学鉴定、出具假计划生育证明的。

第三十九条 国家机关工作人员在计划生育工作中，有下列行为之一，构成犯罪的，依法追究刑事责任；尚不构成犯罪的，依法给予行政处分；有违法所得的，没收违法所得：

（一）侵犯公民人身权、财产权和其他合法权益的；

（二）滥用职权、玩忽职守、徇私舞弊的；

（三）索取、收受贿赂的；

（四）截留、克扣、挪用、贪污计划生育经费或者社会抚养费的；

（五）虚报、瞒报、伪造、篡改或者拒报人口与计划生育统计数据的。

226. 中华人民共和国反恐怖主义法（2015. 12. 27）

（2015 年 12 月 27 日第十二届全国人民代表大会常务委员会第十八次会议通过）

第九章　法律责任

第七十九条 组织、策划、准备实施、实施恐怖活动，宣扬恐怖主义，煽动实施恐怖活动，非法持有宣扬恐怖主义的物品，强制他人在公共场所穿戴宣扬恐怖主义的服饰、标志，组织、领导、参加恐怖活动组织，为恐怖活动组织、恐怖活动人员、实施恐怖活动或者恐怖活动培训提供帮助的，依法追究刑事责任。

第八十条 参与下列活动之一，情节轻微，尚不构成犯罪的，由公安机关处十日以上十五日以下拘留，可以并处一万元以下罚款：

（一）宣扬恐怖主义、极端主义或者煽动实施恐怖活动、极端主义活动的；

（二）制作、传播、非法持有宣扬恐怖主义、极端主义的物品的；

（三）强制他人在公共场所穿戴宣扬恐怖主义、极端主义的服饰、标志的；

（四）为宣扬恐怖主义、极端主义或者实施恐怖主义、极端主义活动提供信息、资金、物资、劳务、技术、场所等支持、协助、便利的。

第八十一条 利用极端主义，实施下列行为之一，情节轻微，尚不构成犯罪的，由公安机关处五日以上十五日以下拘留，可以并处一万元以下罚款：

（一）强迫他人参加宗教活动，或者强迫他人向宗教活动场所、宗教教职人员提供财物或者劳务的；

（二）以恐吓、骚扰等方式驱赶其他民族或者有其他信仰的人员离开居住地的；

（三）以恐吓、骚扰等方式干涉他人与其他民族或者有其他信仰的人员交往、共同生活的；

（四）以恐吓、骚扰等方式干涉他人生活习俗、方式和生产经营的；

（五）阻碍国家机关工作人员依法执行职务的；

（六）歪曲、诋毁国家政策、法律、行政法规，煽动、教唆抵制人民政府依法管理的；

（七）煽动、胁迫群众损毁或者故意损毁居民身份证、户口簿等国家法定证件以及人民币的；

（八）煽动、胁迫他人以宗教仪式取代结婚、离婚登记的；

（九）煽动、胁迫未成年人不接受义务教育的；

（十）其他利用极端主义破坏国家法律制度实施的。

第八十二条 明知他人有恐怖活动犯罪、极端主义犯罪行为，窝藏、包庇，情节轻微，尚不构成犯罪的，或者在司法机关向其调查有关情况、收集有关证据时，拒绝提供的，由公安机关处十日以上十五日以下拘留，可以并处一万元以下罚款。

227. 中华人民共和国慈善法（2016. 3. 16）

（2016 年 3 月 16 日第十二届全国人民代表大会第四次会议通过）

第十一章　法律责任

第九十八条　慈善组织有下列情形之一的，由民政部门责令限期改正；逾期不改正的，吊销登记证书并予以公告：

（一）未按照慈善宗旨开展活动的；

（二）私分、挪用、截留或者侵占慈善财产的；

（三）接受附加违反法律法规或者违背社会公德条件的捐赠，或者对受益人附加违反法律法规或者违背社会公德的条件的。

第九十九条　慈善组织有下列情形之一的，由民政部门予以警告、责令限期改正；逾期不改正的，责令限期停止活动并进行整改：

（一）违反本法第十四条规定造成慈善财产损失的；

（二）将不得用于投资的财产用于投资的；

（三）擅自改变捐赠财产用途的；

（四）开展慈善活动的年度支出或者管理费用的标准违反本法第六十条规定的；

（五）未依法履行信息公开义务的；

（六）未依法报送年度工作报告、财务会计报告或者报备募捐方案的；

（七）泄露捐赠人、志愿者、受益人个人隐私以及捐赠人、慈善信托的委托人不同意公开的姓名、名称、住所、通讯方式等信息的。

慈善组织违反本法规定泄露国家秘密、商业秘密的，依照有关法律的规定予以处罚。

慈善组织有前两款规定的情形，经依法处理后一年内再出现前款规定的情形，或者有其他情节严重情形的，由民政部门吊销登记证书并予以公告。

第一百条　慈善组织有本法第九十八条、第九十九条规定的情形，有违法所得的，由民政部门予以没收；对直接负责的主管人员和其他直接责任人员处二万元以上二十万元以下罚款。

第一百零一条　开展募捐活动有下列情形之一的，由民政部门予以警告、责令停止募捐活动；对违法募集的财产，责令退还捐赠人；难以退还的，由民政部门予以收缴，转给其他慈善组织用于慈善目的；对有关组织或者个人处二万元以上二十万元以下罚款：

（一）不具有公开募捐资格的组织或者个人开展公开募捐的；

（二）通过虚构事实等方式欺骗、诱导募捐对象实施捐赠的；

（三）向单位或者个人摊派或者变相摊派的；

（四）妨碍公共秩序、企业生产经营或者居民生活的。

广播、电视、报刊以及网络服务提供者、电信运营商未履行本法第二十七条规定的验证义务的，由其主管部门予以警告，责令限期改正；逾期不改正的，予以通报批评。

第一百零二条　慈善组织不依法向捐赠人开具捐赠票据、不依法向志愿者出具志愿服务记录证明或者不及时主动向捐赠人反馈有关情况的，由民政部门予以警告，责令限期改正；逾期不改正的，责令限期停止活动。

第一百零三条　慈善组织弄虚作假骗取税收优惠的，由税务机关依法查处；情节严重的，由民政部门吊销登记证书并予以公告。

第一百零四条　慈善组织从事、资助危害国家安全或者社会公共利益活动的，由有关机关依法查处，由民政部门吊销登记证书并予以公告。

第一百零五条　慈善信托的受托人有下列情形之一的，由民政部门予以警告，责令限期改正；有违法所得的，由民政部门予以没收；对直接负责的主管人员和其他直接责任人员处二万元以上二十万元以下罚款：

（一）将信托财产及其收益用于非慈善目的的；

（二）未按照规定将信托事务处理情况及财务状况向民政部门报告或者向社会公开的。

第一百零六条　慈善服务过程中，因慈善组织或者志愿者过错造成受益人、第三人损害的，慈善组织依法承担赔偿责任；损害是由志愿者故意或者重大过失造成的，慈善组织可以向其追偿。

志愿者在参与慈善服务过程中，因慈善组织过错受到损害的，慈善组织依法承担赔偿责任；损害是由不可抗力造成的，慈善组织应当给予适当补偿。

第一百零七条 自然人、法人或者其他组织假借慈善名义或者假冒慈善组织骗取财产的，由公安机关依法查处。

第一百零八条 县级以上人民政府民政部门和其他有关部门及其工作人员有下列情形之一的，由上级机关或者监察机关责令改正；依法应当给予处分的，由任免机关或者监察机关对直接负责的主管人员和其他直接责任人员给予处分：

（一）未依法履行信息公开义务的；

（二）摊派或者变相摊派捐赠任务，强行指定志愿者、慈善组织提供服务的；

（三）未依法履行监督管理职责的；

（四）违法实施行政强制措施和行政处罚的；

（五）私分、挪用、截留或者侵占慈善财产的；

（六）其他滥用职权、玩忽职守、徇私舞弊的行为。

第一百零九条 违反本法规定，构成违反治安管理行为的，由公安机关依法给予治安管理处罚；构成犯罪的，依法追究刑事责任。

228. 中华人民共和国资产评估法（2016.7.2）

（2016年7月2日第十二届全国人民代表大会常务委员会第二十一次会议通过）

第七章 法律责任

第四十四条 评估专业人员违反本法规定，有下列情形之一的，由有关评估行政管理部门予以警告，可以责令停止从业六个月以上一年以下；有违法所得的，没收违法所得；情节严重的，责令停止从业一年以上五年以下；构成犯罪的，依法追究刑事责任：

（一）私自接受委托从事业务、收取费用的；

（二）同时在两个以上评估机构从事业务的；

（三）采用欺骗、利诱、胁迫，或者贬损、诋毁其他评估专业人员等不正当手段招揽业务的；

（四）允许他人以本人名义从事业务，或者冒用他人名义从事业务的；

（五）签署本人未承办业务的评估报告或者有重大遗漏的评估报告的；

（六）索要、收受或者变相索要、收受合同约定以外的酬金、财物，或者谋取其他不正当利益的。

第四十五条 评估专业人员违反本法规定，签署虚假评估报告的，由有关评估行政管理部门责令停止从业两年以上五年以下；有违法所得的，没收违法所得；情节严重的，责令停止从业五年以上十年以下；构成犯罪的，依法追究刑事责任，终身不得从事评估业务。

第四十七条 评估机构违反本法规定，有下列情形之一的，由有关评估行政管理部门予以警告，可以责令停业一个月以上六个月以下；有违法所得的，没收违法所得，并处违法所得一倍以上五倍以下罚款；情节严重的，由工商行政管理部门吊销营业执照；构成犯罪的，依法追究刑事责任：

（一）利用开展业务之便，谋取不正当利益的；

（二）允许其他机构以本机构名义开展业务，或者冒用其他机构名义开展业务的；

（三）以恶性压价、支付回扣、虚假宣传，或者贬损、诋毁其他评估机构等不正当手段招揽业务的；

（四）受理与自身有利害关系的业务的；

（五）分别接受利益冲突双方的委托，对同一评估对象进行评估的；

（六）出具有重大遗漏的评估报告的；

（七）未按本法规定的期限保存评估档案的；

（八）聘用或者指定不符合本法规定的人员从事评估业务的；

（九）对本机构的评估专业人员疏于管理，造成不良后果的。

评估机构未按本法规定备案或者不符合本法第十五条规定的条件的，由有关评估行政管理部门责令改正；拒不改正的，责令停业，可以并处一万元以上五万元以下罚款。

第四十八条 评估机构违反本法规定，出具虚假评估报告的，由有关评估行政管理部门责令停业六个月以上一年以下；有违法所得的，没收违法所得，并处违法所得一倍以上五倍以下罚款；情节严重的，由工商行政管理部门吊销营业执照；构成犯罪的，依法追究刑事责任。

第五十一条 违反本法规定，应当委托评估机构进行法定评估而未委托的，由有关部门责令改正；拒不改正的，处十万元以上五十万元以下罚款；情节严重的，对直接负责的主管人员和其他直接责任人员依法给予处分；造成损失的，依法承担赔偿责任；构成犯罪的，依法追究刑事责任。

第五十四条　有关行政管理部门、评估行业协会工作人员违反本法规定，滥用职权、玩忽职守或者徇私舞弊的，依法给予处分；构成犯罪的，依法追究刑事责任。

229. 中华人民共和国水法（2016.7.2）

（1988 年 1 月 21 日第六届全国人民代表大会常务委员会第二十四次会议通过　2002 年 8 月 29 日第九届全国人民代表大会常务委员会第二十九次会议修订　根据 2009 年 8 月 27 日第十一届全国人民代表大会常务委员会第十次会议《关于修改部分法律的决定》第一次修正　根据 2016 年 7 月 2 日第十二届全国人民代表大会常务委员会第二十一次会议《关于修改〈中华人民共和国节约能源法〉等六部法律的决定》第二次修正）

第七章　法律责任

第六十四条　水行政主管部门或者其他有关部门以及水工程管理单位及其工作人员，利用职务上的便利收取他人财物、其他好处或者玩忽职守，对不符合法定条件的单位或者个人核发许可证、签署审查同意意见，不按照水量分配方案分配水量，不按照国家有关规定收取水资源费，不履行监督职责，或者发现违法行为不予查处，造成严重后果，构成犯罪的，对负有责任的主管人员和其他直接责任人员依照刑法的有关规定追究刑事责任；尚不够刑事处罚的，依法给予行政处分。

第七十二条　有下列行为之一，构成犯罪的，依照刑法的有关规定追究刑事责任；尚不够刑事处罚，且防洪法未作规定的，由县级以上地方人民政府水行政主管部门或者流域管理机构依据职权，责令停止违法行为，采取补救措施，处一万元以上五万元以下的罚款；违反治安管理处罚法的，由公安机关依法给予治安管理处罚；给他人造成损失的，依法承担赔偿责任：

（一）侵占、毁坏水工程及堤防、护岸等有关设施，毁坏防汛、水文监测、水文地质监测设施的；

（二）在水工程保护范围内，从事影响水工程运行和危害水工程安全的爆破、打井、采石、取土等活动的。

第七十三条　侵占、盗窃或者抢夺防汛物资，防洪排涝、农田水利、水文监测和测量以及其他水工程设备和器材，贪污或者挪用国家救灾、抢险、防汛、移民安置和补偿及其他水利建设款物，构成犯罪的，依照刑法的有关规定追究刑事责任。

第七十四条　在水事纠纷发生及其处理过程中煽动闹事、结伙斗殴、抢夺或者损坏公私财物、非法限制他人人身自由，构成犯罪的，依照刑法的有关规定追究刑事责任；尚不够刑事处罚的，由公安机关依法给予治安管理处罚。

230. 中华人民共和国防洪法（2016.7.2）

（1997 年 8 月 29 日第八届全国人民代表大会常务委员会第二十七次会议通过　根据 2009 年 8 月 27 日第十一届全国人民代表大会常务委员会第十次会议《关于修改部分法律的决定》第一次修正　根据 2015 年 4 月 24 日第十二届全国人民代表大会常务委员会第十四次会议《关于修改〈中华人民共和国港口法〉等七部法律的决定》第二次修正　根据2016 年 7 月 2 日第十二届全国人民代表大会常务委员会第二十一次会议《关于修改〈中华人民共和国节约能源法〉等六部法律的决定》第三次修正）

第七章　法律责任

第六十条　违反本法规定，破坏、侵占、毁损堤防、水闸、护岸、抽水站、排水渠系等防洪工程和水文、通信设施以及防汛备用的器材、物料的，责令停止违法行为，采取补救措施，可以处五万元以下的罚款；造成损坏的，依法承担民事责任；应当给予治安管理处罚的，依照治安管理处罚法的规定处罚；构成犯罪的，依法追究刑事责任。

第六十一条　阻碍、威胁防汛指挥机构、水行政主管部门或者流域管理机构的工作人员依法执行职务，构成犯罪的，依法追究刑事责任；尚不构成犯罪，应当给予治安管理处罚的，依照治安管理处罚法的规定处罚。

第六十三条　截留、挪用防洪、救灾资金和物资，构成犯罪的，依法追究刑事责任；尚不构成犯罪的，给予行政处分。

第六十四条　国家工作人员，有下列行为之一，构成犯罪的，依法追究刑事责任；尚不构成犯罪的，给予行政处分：

（一）违反本法第十七条、第十九条、第二十二条第二款、第二十二条第三款、第二十七条或者第三十四条规定，严重影响防洪的；

（二）滥用职权，玩忽职守，徇私舞弊，致使防汛抗洪工作遭受重大损失的；

（三）拒不执行防御洪水方案、防汛抢险指令或者蓄滞洪方案、措施、汛期调度运用计划等防汛调度方案的；

（四）违反本法规定，导致或者加重毗邻地区或者其他单位洪灾损失的。

231. 中华人民共和国航道法（2016. 7. 2）

（2014 年 12 月 28 日第十二届全国人民代表大会常务委员会第十二次会议通过
根据 2016 年 7 月 2 日第十二届全国人民代表大会常务委员会第二十一次会议
《关于修改〈中华人民共和国节约能源法〉等六部法律的决定》修正）

第六章　法律责任

第三十八条　航道建设、勘察、设计、施工、监理单位在航道建设活动中违反本法规定的，由县级以上人民政府交通运输主管部门依照有关招标投标和工程建设管理的法律、行政法规的规定处罚。

第三十九条　建设单位未依法报送航道通航条件影响评价材料而开工建设的，由有审核权的交通运输主管部门或者航道管理机构责令停止建设，限期补办手续，处三万元以下的罚款；逾期不补办手续继续建设的，由有审核权的交通运输主管部门或者航道管理机构责令恢复原状，处二十万元以上五十万元以下的罚款。

报送的航道通航条件影响评价材料未通过审核，建设单位开工建设的，由有审核权的交通运输主管部门或者航道管理机构责令停止建设、恢复原状，处二十万元以上五十万元以下的罚款。

违反航道通航条件影响评价的规定建成的项目导致航道通航条件严重下降的，由前两款规定的交通运输主管部门或者航道管理机构责令限期采取补救措施或者拆除；逾期未采取补救措施或者拆除的，由交通运输主管部门或者航道管理机构代为采取补救措施或者依法组织拆除，所需费用由建设单位承担。

第四十条　与航道有关的工程的建设单位违反本法规定，未及时清除影响航道通航条件的临时设施及其残留物的，由负责航道管理的部门责令限期清除，处二万元以下的罚款；逾期仍未清除的，处三万元以上二十万元以下的罚款，并由负责航道管理的部门依法组织清除，所需费用由建设单位承担。

第四十一条　在通航水域上建设桥梁等建筑物，建设单位未按照规定设置航标等设施的，由负责航道管理的部门或者海事管理机构责令改正，处五万元以下罚款。

第四十二条　违反本法规定，有下列行为之一的，由负责航道管理的部门责令改正，对单位处五万元以下罚款，对个人处二千元以下罚款；造成损失的，依法承担赔偿责任：

（一）在航道内设置渔具或者水产养殖设施的；

（二）在航道和航道保护范围内倾倒砂石、泥土、垃圾以及其他废弃物的；

（三）在通航建筑物及其引航道和船舶调度区内从事货物装卸、水上加油、船舶维修、捕鱼等，影响通航建筑物正常运行的；

（四）危害航道设施安全的；

（五）其他危害航道通航安全的行为。

第四十三条　在河道内依法划定的砂石禁采区采砂、无证采砂、未按批准的范围和作业方式采砂等非法采砂的，依照有关法律、行政法规的规定处罚。

违反本法规定，在航道和航道保护范围内采砂，损害航道通航条件的，由负责航道管理的部门责令停止违法行为，没收违法所得，可以扣押或者没收非法采砂船舶，并处五万元以上三十万元以下罚款；造成损失的，依法承担赔偿责任。

第四十四条　违反法律规定，污染环境、破坏生态或者有其他环境违法行为的，依照《中华人民共和国环境保护法》等法律的规定处罚。

第四十五条　交通运输主管部门以及其他有关部门不依法履行本法规定的职责的，对直接负责的主管人员和其他直接责任人员依法给予处分。

负责航道管理的机构不依法履行本法规定的职责的，由其上级主管部门责令改正，对直接负责的主管人员和其他直接责任人员依法给予处分。

第四十六条 违反本法规定，构成违反治安管理行为的，依法给予治安管理处罚；构成犯罪的，依法追究刑事责任。

232. 中华人民共和国国防交通法（2016. 9. 3）

（2016 年 9 月 3 日第十二届全国人民代表大会常务委员会第二十二次会议通过）

第八章 法律责任

第五十五条 违反本法规定，有下列行为之一的，由县级以上人民政府交通主管部门或者国防交通主管机构责令限期改正，对负有直接责任的主管人员和其他直接责任人员依法给予处分；有违法所得的，予以没收，并处违法所得一倍以上五倍以下罚款：

（一）擅自改变国防交通工程设施用途或者作报废处理的；

（二）拒绝或者故意拖延执行国防运输任务的；

（三）拒绝或者故意拖延执行重点交通目标抢修、抢建任务的；

（四）拒绝或者故意拖延执行国防交通储备物资调用命令的；

（五）擅自改变国防交通储备物资用途或者作报废处理的；

（六）擅自动用国防交通储备物资的；

（七）未按照规定保管、维护国防交通储备物资，造成损坏、丢失的。

上述违法行为造成财产损失的，依法承担赔偿责任。

第五十六条 国防交通主管机构、有关军事机关以及交通主管部门和其他相关部门的工作人员违反本法规定，有下列情形之一的，对负有直接责任的主管人员和其他直接责任人员依法给予处分：

（一）滥用职权或者玩忽职守，给国防交通工作造成严重损失的；

（二）贪污、挪用国防交通经费、物资的；

（三）泄露在国防交通工作中知悉的国家秘密和商业秘密的；

（四）在国防交通工作中侵害公民或者组织合法权益的。

第五十七条 违反本法规定，构成违反治安管理行为的，依法给予治安管理处罚；构成犯罪的，依法追究刑事责任。

233. 中华人民共和国固体废物污染环境防治法（2016. 11. 7）

（1995 年 10 月 30 日第八届全国人民代表大会常务委员会第十六次会议通过 2004 年 12 月 29 日第十届全国人民代表大会常务委员会第十三次会议修订 根据 2013 年 6 月 29 日第十二届全国人民代表大会常务委员会第三次会议《关于修改〈中华人民共和国文物保护法〉等十二部法律的决定》第一次修正 根据 2015 年 4 月 24 日第十二届全国人民代表大会常务委员会第十四次会议《关于修改〈中华人民共和国港口法〉等七部法律的决定》第二次修正 根据 2016 年 11 月 7 日第十二届全国人民代表大会常务委员会第二十四次会议《关于修改〈中华人民共和国对外贸易法〉等十二部法律的决定》第三次修正）

第五章 法律责任

第六十七条 县级以上人民政府环境保护行政主管部门或者其他固体废物污染环境防治工作的监督管理部门违反本法规定，有下列行为之一的，由本级人民政府或者上级人民政府有关行政主管部门责令改正，对负有责任的主管人员和其他直接责任人员依法给予行政处分；构成犯罪的，依法追究刑事责任：

（一）不依法作出行政许可或者办理批准文件的；

（二）发现违法行为或者接到对违法行为的举报后不予查处的；

（三）有不依法履行监督管理职责的其他行为的。

第六十八条 违反本法规定，有下列行为之一的，由县级以上人民政府环境保护行政主管部门责令停止违法行为，限期改正，处以罚款：

（一）不按照国家规定申报登记工业固体废物，或者在申报登记时弄虚作假的；

（二）对暂时不利用或者不能利用的工业固体废物未建设贮存的设施、场所安全分类存放，或者未采取无害化处置措施的；

（三）将列入限期淘汰名录被淘汰的设备转让给他人使用的；

（四）擅自关闭、闲置或者拆除工业固体废物污染环境防治设施、场所的；

（五）在自然保护区、风景名胜区、饮用水水源保护区、基本农田保护区和其他需要特别保护的区域内，建设工业固体废物集中贮存、处置的设施、场所和生活垃圾填埋场的；

（六）擅自转移固体废物出省、自治区、直辖市行政区域贮存、处置的；

（七）未采取相应防范措施，造成工业固体废物扬散、流失、渗漏或者造成其他环境污染的；

（八）在运输过程中沿途丢弃、遗撒工业固体废物的。

有前款第一项、第八项行为之一的，处五千元以上五万元以下的罚款；有前款第二项、第三项、第四项、第五项、第六项、第七项行为之一的，处一万元以上十万元以下的罚款。

234. 中华人民共和国中医药法（2016. 12. 25）

（2016 年 12 月 25 日第十二届全国人民代表大会常务委员会第二十五次会议通过）

第八章　法律责任

第五十三条 县级以上人民政府中医药主管部门及其他有关部门未履行本法规定的职责的，由本级人民政府或者上级人民政府有关部门责令改正；情节严重的，对直接负责的主管人员和其他直接责任人员，依法给予处分。

第五十四条 违反本法规定，中医诊所超出备案范围开展医疗活动的，由所在地县级人民政府中医药主管部门责令改正，没收违法所得，并处一万元以上三万元以下罚款；情节严重的，责令停止执业活动。

中医诊所被责令停止执业活动的，其直接负责的主管人员自处罚决定作出之日起五年内不得在医疗机构内从事管理工作。医疗机构聘用上述不得从事管理工作的人员从事管理工作的，由原发证部门吊销执业许可证或者由原备案部门责令停止执业活动。

第五十五条 违反本法规定，经考核取得医师资格的中医医师超出注册的执业范围从事医疗活动的，由县级以上人民政府中医药主管部门责令暂停六个月以上一年以下执业活动，并处一万元以上三万元以下罚款；情节严重的，吊销执业证书。

第五十六条 违反本法规定，举办中医诊所、炮制中药饮片、委托配制中药制剂应当备案而未备案，或者备案时提供虚假材料的，由中医药主管部门和药品监督管理部门按照各自职责分工责令改正，没收违法所得，并处三万元以下罚款，向社会公告相关信息；拒不改正的，责令停止执业活动或者责令停止炮制中药饮片、委托配制中药制剂活动，其直接责任人员五年内不得从事中医药相关活动。

医疗机构应用传统工艺配制中药制剂未依照本法规定备案，或者未按照备案材料载明的要求配制中药制剂的，按生产假药给予处罚。

第五十七条 违反本法规定，发布的中医医疗广告内容与经审查批准的内容不相符的，由原审查部门撤销该广告的审查批准文件，一年内不受理该医疗机构的广告审查申请。

违反本法规定，发布中医医疗广告有前款规定以外违法行为的，依照《中华人民共和国广告法》的规定给予处罚。

第五十八条 违反本法规定，在中药材种植过程中使用剧毒、高毒农药的，依照有关法律、法规规定给予处罚；情节严重的，可以由公安机关对其直接负责的主管人员和其他直接责任人员处五日以上十五日以下拘留。

第五十九条 违反本法规定，造成人身、财产损害的，依法承担民事责任；构成犯罪的，依法追究刑事责任。

235. 中华人民共和国公共文化服务保障法（2016.12.25）

（2016 年 12 月 25 日第十二届全国人民代表大会常务委员会第二十五次会议通过）

第五章 法律责任

第五十八条 违反本法规定，地方各级人民政府和县级以上人民政府有关部门未履行公共文化服务保障职责的，由其上级机关或者监察机关责令限期改正；情节严重的，对直接负责的主管人员和其他直接责任人员依法给予处分。

第五十九条 违反本法规定，地方各级人民政府和县级以上人民政府有关部门，有下列行为之一的，由其上级机关或者监察机关责令限期改正；情节严重的，对直接负责的主管人员和其他直接责任人员依法给予处分：

（一）侵占、挪用公共文化服务资金的；

（二）擅自拆除、侵占、挪用公共文化设施，或者改变其功能、用途，或者妨碍其正常运行的；

（三）未依照本法规定重建公共文化设施的；

（四）滥用职权、玩忽职守、徇私舞弊的。

第六十条 违反本法规定，侵占公共文化设施的建设用地或者擅自改变其用途的，由县级以上地方人民政府土地主管部门、城乡规划主管部门依据各自职责责令限期改正；逾期不改正的，由作出决定的机关依法强制执行，或者依法申请人民法院强制执行。

第六十一条 违反本法规定，公共文化设施管理单位有下列情形之一的，由其主管部门责令限期改正；造成严重后果的，对直接负责的主管人员和其他直接责任人员，依法给予处分：

（一）未按照规定对公众开放的；

（二）未公示服务项目、开放时间等事项的；

（三）未建立安全管理制度的；

（四）因管理不善造成损失的。

第六十二条 违反本法规定，公共文化设施管理单位有下列行为之一的，由其主管部门或者价格主管部门责令限期改正，没收违法所得，违法所得五千元以上的，并处违法所得两倍以上五倍以下罚款；没有违法所得或者违法所得五千元以下的，可以处一万元以下的罚款；对直接负责的主管人员和其他直接责任人员，依法给予处分：

（一）开展与公共文化设施功能、用途不符的服务活动的；

（二）对应当免费开放的公共文化设施收费或者变相收费的；

（三）收取费用未用于公共文化设施的维护、管理和事业发展，挪作他用的。

第六十三条 违反本法规定，损害他人民事权益的，依法承担民事责任；构成违反治安管理行为的，由公安机关依法给予治安管理处罚；构成犯罪的，依法追究刑事责任。

236. 中华人民共和国水污染防治法（2017.6.27）

（1984 年 5 月 11 日第六届全国人民代表大会常务委员会第五次会议通过　根据　1996 年 5 月 15 日第八届全国人民代表大会常务委员会第十九次会议《关于修改〈中华人民共和国水污染防治法〉的决定》第一次修正　2008 年 2 月 28 日第十届全国人民代表大会常务委员会第三十二次会议修订　根据 2017 年 6 月 27 日第十二届全国人民代表大会常务委员会第二十八次会议《关于修改〈中华人民共和国水污染防治法〉的决定》第二次修正）

第七章 法律责任

第八十条 环境保护主管部门或者其他依照本法规定行使监督管理权的部门，不依法作出行政许可或者办理批准文件的，发现违法行为或者接到对违法行为的举报后不予查处的，或者有其他未依照本法规定履行职责的行为的，对直接负责的主管人员和其他直接责任人员依法给予处分。

第八十一条 以拖延、围堵、滞留执法人员等方式拒绝、阻挠环境保护主管部门或者其他依照本法规定行使监督管理权的部门的监督检查，或者在接受监督检查时弄虚作假的，由县级以上人民政府环境保护主管部门或者其他依照本法规定行使监督管理权的部门责令改正，处二万元以上二十万元以下的罚款。

第八十二条　违反本法规定，有下列行为之一的，由县级以上人民政府环境保护主管部门责令限期改正，处二万元以上二十万元以下的罚款；逾期不改正的，责令停产整治：

（一）未按照规定对所排放的水污染物自行监测，或者未保存原始监测记录的；

（二）未按照规定安装水污染物排放自动监测设备，未按照规定与环境保护主管部门的监控设备联网，或者未保证监测设备正常运行的；

（三）未按照规定对有毒有害水污染物的排污口和周边环境进行监测，或者未公开有毒有害水污染物信息的。

第八十三条　违反本法规定，有下列行为之一的，由县级以上人民政府环境保护主管部门责令改正或者责令限制生产、停产整治，并处十万元以上一百万元以下的罚款；情节严重的，报经有批准权的人民政府批准，责令停业、关闭：

（一）未依法取得排污许可证排放水污染物的；

（二）超过水污染物排放标准或者超过重点水污染物排放总量控制指标排放水污染物的；

（三）利用渗井、渗坑、裂隙、溶洞，私设暗管，篡改、伪造监测数据，或者不正常运行水污染防治设施等逃避监管的方式排放水污染物的；

（四）未按照规定进行预处理，向污水集中处理设施排放不符合处理工艺要求的工业废水的。

第八十四条　在饮用水水源保护区内设置排污口的，由县级以上地方人民政府责令限期拆除，处十万元以上五十万元以下的罚款；逾期不拆除的，强制拆除，所需费用由违法者承担，处五十万元以上一百万元以下的罚款，并可以责令停产整治。

除前款规定外，违反法律、行政法规和国务院环境保护主管部门的规定设置排污口的，由县级以上地方人民政府环境保护主管部门责令限期拆除，处二万元以上十万元以下的罚款；逾期不拆除的，强制拆除，所需费用由违法者承担，处十万元以上五十万元以下的罚款；情节严重的，可以责令停产整治。

未经水行政主管部门或者流域管理机构同意，在江河、湖泊新建、改建、扩建排污口的，由县级以上人民政府水行政主管部门或者流域管理机构依据职权，依照前款规定采取措施、给予处罚。

第八十五条　有下列行为之一的，由县级以上地方人民政府环境保护主管部门责令停止违法行为，限期采取治理措施，消除污染，处以罚款；逾期不采取治理措施的，环境保护主管部门可以指定有治理能力的单位代为治理，所需费用由违法者承担：

（一）向水体排放油类、酸液、碱液的；

（二）向水体排放剧毒废液，或者将含有汞、镉、砷、铬、铅、氰化物、黄磷等的可溶性剧毒废渣向水体排放、倾倒或者直接埋入地下的；

（三）在水体清洗装贮过油类、有毒污染物的车辆或者容器的；

（四）向水体排放、倾倒工业废渣、城镇垃圾或者其他废弃物，或者在江河、湖泊、运河、渠道、水库最高水位线以下的滩地、岸坡堆放、存贮固体废弃物或者其他污染物的；

（五）向水体排放、倾倒放射性固体废物或者含有高放射性、中放射性物质的废水的；

（六）违反国家有关规定或者标准，向水体排放含低放射性物质的废水、热废水或者含病原体的污水的；

（七）未采取防渗漏等措施，或者未建设地下水水质监测井进行监测的；

（八）加油站等的地下油罐未使用双层罐或者采取建造防渗池等其他有效措施，或者未进行防渗漏监测的；

（九）未按照规定采取防护性措施，或者利用无防渗漏措施的沟渠、坑塘等输送或者存贮含有毒污染物的废水、含病原体的污水或者其他废弃物的。

有前款第三项、第四项、第六项、第七项、第八项行为之一的，处二万元以上二十万元以下的罚款。有前款第一项、第二项、第五项、第九项行为之一的，处十万元以上一百万元以下的罚款；情节严重的，报经有批准权的人民政府批准，责令停业、关闭。

第八十六条　违反本法规定，生产、销售、进口或者使用列入禁止生产、销售、进口、使用的严重污染水环境的设备名录中的设备，或者采用列入禁止采用的严重污染水环境的工艺名录中的工艺的，由县级以上人民政府经济综合宏观调控部门责令改正，处五万元以上二十万元以下的罚款；情节严重的，由县级以上人民政府经济综合宏观调控部门提出意见，报请本级人民政府责令停业、关闭。

第八十七条　违反本法规定，建设不符合国家产业政策的小型造纸、制革、印染、染料、炼焦、炼硫、炼砷、炼汞、炼油、电镀、农药、石棉、水泥、玻璃、钢铁、火电以及其他严重污染水环境的生产项目的，由所在地的市、县人民政府责令关闭。

第八十八条　城镇污水集中处理设施的运营单位或者污泥处理处置单位，处理处置后的污泥不符合国家标准，或者对污泥去向等未进行记录的，由城镇排水主管部门责令限期采取治理措施，给予警告；造成严重后果的，处十万元以上二十万元以下的罚款；逾期不采取治理措施的，城镇排水主管部门可以指定有治理能力的单位代为治理，所需费用由违法者承担。

第八十九条 船舶未配置相应的防污染设备和器材，或者未持有合法有效的防止水域环境污染的证书与文书的，由海事管理机构、渔业主管部门按照职责分工责令限期改正，处二千元以上二万元以下的罚款；逾期不改正的，责令船舶临时停航。

船舶进行涉及污染物排放的作业，未遵守操作规程或者未在相应的记录簿上如实记载的，由海事管理机构、渔业主管部门按照职责分工责令改正，处二千元以上二万元以下的罚款。

第九十条 违反本法规定，有下列行为之一的，由海事管理机构、渔业主管部门按照职责分工责令停止违法行为，处一万元以上十万元以下的罚款；造成水污染的，责令限期采取治理措施，消除污染，处二万元以上二十万元以下的罚款；逾期不采取治理措施的，海事管理机构、渔业主管部门按照职责分工可以指定有治理能力的单位代为治理，所需费用由船舶承担：

（一）向水体倾倒船舶垃圾或者排放船舶的残油、废油的；

（二）未经作业地海事管理机构批准，船舶进行散装液体污染危害性货物的过驳作业的；

（三）船舶及有关作业单位从事有污染风险的作业活动，未按照规定采取污染防治措施的；

（四）以冲滩方式进行船舶拆解的；

（五）进入中华人民共和国内河的国际航线船舶，排放不符合规定的船舶压载水的。

第九十一条 有下列行为之一的，由县级以上地方人民政府环境保护主管部门责令停止违法行为，处十万元以上五十万元以下的罚款；并报经有批准权的人民政府批准，责令拆除或者关闭：

（一）在饮用水水源一级保护区内新建、改建、扩建与供水设施和保护水源无关的建设项目的；

（二）在饮用水水源二级保护区内新建、改建、扩建排放污染物的建设项目的；

（三）在饮用水水源准保护区内新建、扩建对水体污染严重的建设项目，或者改建建设项目增加排污量的。

在饮用水水源一级保护区内从事网箱养殖或者组织进行旅游、垂钓或者其他可能污染饮用水水体的活动的，由县级以上地方人民政府环境保护主管部门责令停止违法行为，处二万元以上十万元以下的罚款。个人在饮用水水源一级保护区内游泳、垂钓或者从事其他可能污染饮用水水体的活动的，由县级以上地方人民政府环境保护主管部门责令停止违法行为，可以处五百元以下的罚款。

第九十二条 饮用水供水单位供水水质不符合国家规定标准的，由所在地市、县级人民政府供水主管部门责令改正，处二万元以上二十万元以下的罚款；情节严重的，报经有批准权的人民政府批准，可以责令停业整顿；对直接负责的主管人员和其他直接责任人员依法给予处分。

第九十三条 企业事业单位有下列行为之一的，由县级以上人民政府环境保护主管部门责令改正；情节严重的，处二万元以上十万元以下的罚款：

（一）不按照规定制定水污染事故的应急方案的；

（二）水污染事故发生后，未及时启动水污染事故的应急方案，采取有关应急措施的。

第九十四条 企业事业单位违反本法规定，造成水污染事故的，除依法承担赔偿责任外，由县级以上人民政府环境保护主管部门依照本条第二款的规定处以罚款，责令限期采取治理措施，消除污染；未按照要求采取治理措施或者不具备治理能力的，由环境保护主管部门指定有治理能力的单位代为治理，所需费用由违法者承担；对造成重大或者特大水污染事故的，还可以报经有批准权的人民政府批准，责令关闭；对直接负责的主管人员和其他直接责任人员可以处上一年度从本单位取得的收入百分之五十以下的罚款；有《中华人民共和国环境保护法》第六十三条规定的违法排放水污染物等行为之一，尚不构成犯罪的，由公安机关对直接负责的主管人员和其他直接责任人员处十日以上十五日以下的拘留；情节较轻的，处五日以上十日以下的拘留。

对造成一般或者较大水污染事故的，按照水污染事故造成的直接损失的百分之二十计算罚款；对造成重大或者特大水污染事故的，按照水污染事故造成的直接损失的百分之三十计算罚款。

造成渔业污染事故或者渔业船舶造成水污染事故的，由渔业主管部门进行处罚；其他船舶造成水污染事故的，由海事管理机构进行处罚。

第九十五条 企业事业单位和其他生产经营者违法排放水污染物，受到罚款处罚，被责令改正的，依法作出处罚决定的行政机关应当组织复查，发现其继续违法排放水污染物或者拒绝、阻挠复查的，依照《中华人民共和国环境保护法》的规定按日连续处罚。

第九十六条 因水污染受到损害的当事人，有权要求排污方排除危害和赔偿损失。

由于不可抗力造成水污染损害的，排污方不承担赔偿责任；法律另有规定的除外。

水污染损害是由受害人故意造成的，排污方不承担赔偿责任。水污染损害是由受害人重大过失造成的，可以减轻排污方的赔偿责任。

水污染损害是由第三人造成的，排污方承担赔偿责任后，有权向第三人追偿。

第九十七条 因水污染引起的损害赔偿责任和赔偿金额的纠纷，可以根据当事人的请求，由环境保护主管部门或者海事管理机构、渔业主管部门按照职责分工调解处理；调解不成的，当事人可以向人民法院提起诉讼。当事人也可以直接向人民法院提起诉讼。

第九十八条　因水污染引起的损害赔偿诉讼，由排污方就法律规定的免责事由及其行为与损害结果之间不存在因果关系承担举证责任。

第九十九条　因水污染受到损害的当事人人数众多的，可以依法由当事人推选代表人进行共同诉讼。

环境保护主管部门和有关社会团体可以依法支持因水污染受到损害的当事人向人民法院提起诉讼。

国家鼓励法律服务机构和律师为水污染损害诉讼中的受害人提供法律援助。

第一百条　因水污染引起的损害赔偿责任和赔偿金额的纠纷，当事人可以委托环境监测机构提供监测数据。环境监测机构应当接受委托，如实提供有关监测数据。

第一百零一条　违反本法规定，构成犯罪的，依法追究刑事责任。

237. 中华人民共和国标准化法（2017. 11. 4）

（1988 年 12 月 29 日第七届全国人民代表大会常务委员会第五次会议通过
2017 年 11 月 4 日第十二届全国人民代表大会常务委员会第三十次会议修订）

第五章　法律责任

第四十三条　标准化工作的监督、管理人员滥用职权、玩忽职守、徇私舞弊的，依法给予处分；构成犯罪的，依法追究刑事责任。

238. 中华人民共和国会计法（2017. 11. 4）

（1985 年 1 月 21 日第六届全国人民代表大会常务委员会第九次会议通过　根据 1993 年 12 月 29 日第八届全国人民代表大会常务委员会第五次会议《关于修改〈中华人民共和国会计法〉的决定》第一次修正　1999 年 10 月 31 日第九届全国人民代表大会常务委员会第十二次会议修订　根据 2017 年 11 月 4 日第十二届全国人民代表大会常务委员会第三十次会议《关于修改〈中华人民共和国会计法〉等十一部法律的决定》第二次修正）

第六章　法律责任

第四十二条　违反本法规定，有下列行为之一的，由县级以上人民政府财政部门责令限期改正，可以对单位并处三千元以上五万元以下的罚款；对其直接负责的主管人员和其他直接责任人员，可以处二千元以上二万元以下的罚款；属于国家工作人员的，还应当由其所在单位或者有关单位依法给予行政处分：

（一）不依法设置会计帐簿的；

（二）私设会计帐簿的；

（三）未按照规定填制、取得原始凭证或者填制、取得的原始凭证不符合规定的；

（四）以未经审核的会计凭证为依据登记会计帐簿或者登记会计帐簿不符合规定的；

（五）随意变更会计处理方法的；

（六）向不同的会计资料使用者提供的财务会计报告编制依据不一致的；

（七）未按照规定使用会计记录文字或者记帐本位币的；

（八）未按照规定保管会计资料，致使会计资料毁损、灭失的；

（九）未按照规定建立并实施单位内部会计监督制度或者拒绝依法实施的监督或者不如实提供有关会计资料及有关情况的；

（十）任用会计人员不符合本法规定的。

有前款所列行为之一，构成犯罪的，依法追究刑事责任。

会计人员有第一款所列行为之一，情节严重的，五年内不得从事会计工作。

有关法律对第一款所列行为的处罚另有规定的，依照有关法律的规定办理。

第四十三条　伪造、变造会计凭证、会计帐簿，编制虚假财务会计报告，构成犯罪的，依法追究刑事责任。

有前款行为，尚不构成犯罪的，由县级以上人民政府财政部门予以通报，可以对单位并处五千元以上十万元以下的罚款；对其直接负责的主管人员和其他直接责任人员，可以处三千元以上五万元以下的罚款；属于国家工作人员的，还应当由其所在单位或者有关单位依法给予撤职直至开除的行政处分；其中的会计人员，五年内不得从事会计工作。

第四十四条　隐匿或者故意销毁依法应当保存的会计凭证、会计帐簿、财务会计报告，构成犯罪的，依法追究刑事责任。

有前款行为，尚不构成犯罪的，由县级以上人民政府财政部门予以通报，可以对单位并处五千元以上十万元以下的罚款；对其直接负责的主管人员和其他直接责任人员，可以处三千元以上五万元以下的罚款；属于国家工作人员的，还应当由其所在单位或者有关单位依法给予撤职直至开除的行政处分；其中的会计人员，五年内不得从事会计工作。

第四十五条　授意、指使、强令会计机构、会计人员及其他人员伪造、变造会计凭证、会计帐簿，编制虚假财务会计报告或者隐匿、故意销毁依法应当保存的会计凭证、会计帐簿、财务会计报告，构成犯罪的，依法追究刑事责任；尚不构成犯罪的，可以处五千元以上五万元以下的罚款；属于国家工作人员的，还应当由其所在单位或者有关单位依法给予降级、撤职、开除的行政处分。

第四十六条　单位负责人对依法履行职责、抵制违反本法规定行为的会计人员以降级、撤职、调离工作岗位、解聘或者开除等方式实行打击报复，构成犯罪的，依法追究刑事责任；尚不构成犯罪的，由其所在单位或者有关单位依法给予行政处分。对受打击报复的会计人员，应当恢复其名誉和原有职务、级别。

第四十七条　财政部门及有关行政部门的工作人员在实施监督管理中滥用职权、玩忽职守、徇私舞弊或者泄露国家秘密、商业秘密，构成犯罪的，依法追究刑事责任；尚不构成犯罪的，依法给予行政处分。

第四十八条　违反本法第三十条规定，将检举人姓名和检举材料转给被检举单位和被检举人个人的，由所在单位或者有关单位依法给予行政处分。

第四十九条　违反本法规定，同时违反其他法律规定的，由有关部门在各自职权范围内依法进行处罚。

239. 中华人民共和国海洋环境保护法（2017.11.4）

（1982年8月23日第五届全国人民代表大会常务委员会第二十四次会议通过　1999年12月25日第九届全国人民代表大会常务委员会第十三次会议修订　根据2013年12月28日第十二届全国人民代表大会常务委员会第六次会议《关于修改〈中华人民共和国海洋环境保护法〉等七部法律的决定》第一次修正　根据2016年11月7日第十二届全国人民代表大会常务委员会第二十四次会议《关于修改〈中华人民共和国海洋环境保护法〉的决定》第二次修正　根据2017年11月4日第十二届全国人民代表大会常务委员会第三十次会议《关于修改〈中华人民共和国会计法〉等十一部法律的决定》第三次修正）

第九章　法律责任

第九十条　对违反本法规定，造成海洋环境污染事故的单位，除依法承担赔偿责任外，由依照本法规定行使海洋环境监督管理权的部门依照本条第二款的规定处以罚款；对直接负责的主管人员和其他直接责任人员可以处上一年度从本单位取得收入百分之五十以下的罚款；直接负责的主管人员和其他直接责任人员属于国家工作人员的，依法给予处分。

对造成一般或者较大海洋环境污染事故的，按照直接损失的百分之二十计算罚款；对造成重大或者特大海洋环境污染事故的，按照直接损失的百分之三十计算罚款。

对严重污染海洋环境、破坏海洋生态，构成犯罪的，依法追究刑事责任。

第九十三条　海洋环境监督管理人员滥用职权、玩忽职守、徇私舞弊，造成海洋环境污染损害的，依法给予行政处分；构成犯罪的，依法追究刑事责任。

240. 中华人民共和国文物保护法（2017.11.4）

（1982 年 11 月 19 日第五届全国人民代表大会常务委员会第二十五次会议通过　根据 1991 年 6 月 29 日第七届全国人民代表大会常务委员会第二十次会议《关于修改〈中华人民共和国文物保护法〉第三十条、第三十一条的决定》第一次修正　2002 年 10 月 28 日第九届全国人民代表大会常务委员会第三十次会议修订　根据 2007 年 12 月 29 日第十届全国人民代表大会常务委员会第三十一次会议《关于修改〈中华人民共和国文物保护法〉的决定》第二次修正　根据 2013 年 6 月 29 日第十二届全国人民代表大会常务委员会第三次会议《关于修改〈中华人民共和国文物保护法〉等十二部法律的决定》第三次修正　根据 2015 年 4 月 24 日第十二届全国人民代表大会常务委员会第十四次会议《关于修改〈中华人民共和国文物保护法〉的决定》第四次修正　根据2017 年 11 月 4 日第十二届全国人民代表大会常务委员会第三十次会议《关于修改〈中华人民共和国会计法〉等十一部法律的决定》第五次修正）

第七章　法律责任

第六十四条　违反本法规定，有下列行为之一，构成犯罪的，依法追究刑事责任：

（一）盗掘古文化遗址、古墓葬的；

（二）故意或者过失损毁国家保护的珍贵文物的；

（三）擅自将国有馆藏文物出售或者私自送给非国有单位或者个人的；

（四）将国家禁止出境的珍贵文物私自出售或者送给外国人的；

（五）以牟利为目的倒卖国家禁止经营的文物的；

（六）走私文物的；

（七）盗窃、哄抢、私分或者非法侵占国有文物的；

（八）应当追究刑事责任的其他妨害文物管理行为。

第七十六条　文物行政部门、文物收藏单位、文物商店、经营文物拍卖的拍卖企业的工作人员，有下列行为之一的，依法给予行政处分，情节严重的，依法开除公职或者吊销其从业资格；构成犯罪的，依法追究刑事责任：

（一）文物行政部门的工作人员违反本法规定，滥用审批权限、不履行职责或者发现违法行为不予查处，造成严重后果的；

（二）文物行政部门和国有文物收藏单位的工作人员借用或者非法侵占国有文物的；

（三）文物行政部门的工作人员举办或者参与举办文物商店或者经营文物拍卖的拍卖企业的；

（四）因不负责任造成文物保护单位、珍贵文物损毁或者流失的；

（五）贪污、挪用文物保护经费的。

前款被开除公职或者被吊销从业资格的人员，自被开除公职或者被吊销从业资格之日起十年内不得担任文物管理人员或者从事文物经营活动。

第七十八条　公安机关、工商行政管理部门、海关、城乡建设规划部门和其他国家机关，违反本法规定滥用职权、玩忽职守、徇私舞弊，造成国家保护的珍贵文物损毁或者流失的，对负有责任的主管人员和其他直接责任人员依法给予行政处分；构成犯罪的，依法追究刑事责任。

241. 中华人民共和国海关法（2017. 11. 4）

（1987年1月22日第六届全国人民代表大会常务委员会第十九次会议通过　根据2000年7月8日第九届全国人民代表大会常务委员会第十六次会议《关于修改〈中华人民共和国海关法〉的决定》第一次修正　根据2013年6月29日第十二届全国人民代表大会常务委员会第三次会议《关于修改〈中华人民共和国文物保护法〉等十二部法律的决定》第二次修正　根据2013年12月28日第十二届全国人民代表大会常务委员会第六次会议《关于修改〈中华人民共和国海洋环境保护法〉等七部法律的决定》第三次修正　根据2016年11月7日第十二届全国人民代表大会常务委员会第二十四次会议《关于修改〈中华人民共和国对外贸易法〉等十二部法律的决定》第四次修正　根据2017年11月4日第十二届全国人民代表大会常务委员会第三十次会议《关于修改〈中华人民共和国会计法〉等十一部法律的决定》第五次修正）

第八章　法律责任

第八十二条　违反本法及有关法律、行政法规，逃避海关监管，偷逃应纳税款、逃避国家有关进出境的禁止性或者限制性管理，有下列情形之一的，是走私行为：

（一）运输、携带、邮寄国家禁止或者限制进出境货物、物品或者依法应当缴纳税款的货物、物品进出境的；

（二）未经海关许可并且未缴纳应纳税款、交验有关许可证件，擅自将保税货物、特定减免税货物以及其他海关监管货物、物品、进境的境外运输工具，在境内销售的；

（三）有逃避海关监管，构成走私的其他行为的。

有前款所列行为之一，尚不构成犯罪的，由海关没收走私货物、物品及违法所得，可以并处罚款；专门或者多次用于掩护走私的货物、物品，专门或者多次用于走私的运输工具，予以没收，藏匿走私货物、物品的特制设备，责令拆毁或者没收。

有第一款所列行为之一，构成犯罪的，依法追究刑事责任。

第八十四条　伪造、变造、买卖海关单证，与走私人通谋为走私人提供贷款、资金、帐号、发票、证明、海关单证，与走私人通谋为走私人提供运输、保管、邮寄或者其他方便，构成犯罪的，依法追究刑事责任；尚不构成犯罪的，由海关没收违法所得，并处罚款。

第九十条　进出口货物收发货人、报关企业向海关工作人员行贿的，由海关撤销其报关注册登记，并处以罚款；构成犯罪的，依法追究刑事责任，并不得重新注册登记为报关企业。

报关人员向海关工作人员行贿的，处以罚款；构成犯罪的，依法追究刑事责任。

第九十一条　违反本法规定进出口侵犯中华人民共和国法律、行政法规保护的知识产权的货物的，由海关依法没收侵权货物，并处以罚款；构成犯罪的，依法追究刑事责任。

第九十六条　海关工作人员有本法第七十二条所列行为之一的，依法给予行政处分；有违法所得的，依法没收违法所得；构成犯罪的，依法追究刑事责任。

第九十七条　海关的财政收支违反法律、行政法规规定的，由审计机关以及有关部门依照法律、行政法规的规定作出处理；对直接负责的主管人员和其他直接责任人员，依法给予行政处分；构成犯罪的，依法追究刑事责任。

242. 中华人民共和国母婴保健法（2017. 11. 4）

（1994 年 10 月 27 日第八届全国人民代表大会常务委员会第十次会议通过　根据 2009 年 8 月 27 日第十一届全国人民代表大会常务委员会第十次会议《关于修改部分法律的决定》第一次修正　根据 2017 年 11 月 4 日第十二届全国人民代表大会常务委员会第三十次会议《关于修改〈中华人民共和国会计法〉等十一部法律的决定》第二次修正）

第六章　法律责任

第三十六条　未取得国家颁发的有关合格证书，施行终止妊娠手术或者采取其他方法终止妊娠，致人死亡、残疾、丧失或者基本丧失劳动能力的，依照刑法有关规定追究刑事责任。

243. 中华人民共和国公路法（2017. 11. 4）

（1997 年 7 月 3 日第八届全国人民代表大会常务委员会第二十六次会议通过　根据 1999 年 10 月 31 日第九届全国人民代表大会常务委员会第十二次会议《关于修改〈中华人民共和国公路法〉的决定》第一次修正　根据 2004 年 8 月 28 日第十届全国人民代表大会常务委员会第十一次会议《关于修改〈中华人民共和国公路法〉的决定》第二次修正　根据 2009 年 8 月 27 日第十一届全国人民代表大会常务委员会第十次会议《关于修改部分法律的决定》第三次修正　根据 2016 年 11 月 7 日第十二届全国人民代表大会常务委员会第二十四次会议《关于修改〈中华人民共和国对外贸易法〉等十二部法律的决定》第四次修正　根据 2017 年 11 月 4 日第十二届全国人民代表大会常务委员会第三十次会议《关于修改〈中华人民共和国会计法〉等十一部法律的决定》第五次修正）

第八章　法律责任

第七十四条　违反法律或者国务院有关规定，擅自在公路上设卡、收费的，由交通主管部门责令停止违法行为，没收违法所得，可以处违法所得三倍以下的罚款，没有违法所得的，可以处二万元以下的罚款；对负有直接责任的主管人员和其他直接责任人员，依法给予行政处分。

第七十五条　违反本法第二十五条规定，未经有关交通主管部门批准擅自施工的，交通主管部门可以责令停止施工，并可以处五万元以下的罚款。

第七十六条　有下列违法行为之一的，由交通主管部门责令停止违法行为，可以处三万元以下的罚款：

（一）违反本法第四十四条第一款规定，擅自占用、挖掘公路的；

（二）违反本法第四十五条规定，未经同意或者未按照公路工程技术标准的要求修建桥梁、渡槽或者架设、埋设管线、电缆等设施的；

（三）违反本法第四十七条规定，从事危及公路安全的作业的；

（四）违反本法第四十八条规定，铁轮车、履带车和其他可能损害路面的机具擅自在公路上行驶的；

（五）违反本法第五十条规定，车辆超限使用汽车渡船或者在公路上擅自超限行驶的；

（六）违反本法第五十二条、第五十六条规定，损坏、移动、涂改公路附属设施或者损坏、挪动建筑控制区的标桩、界桩，可能危及公路安全的。

第七十七条　违反本法第四十六条的规定，造成公路路面损坏、污染或者影响公路畅通的，或者违反本法第五十一条规定，将公路作为试车场地的，由交通主管部门责令停止违法行为，可以处五千元以下的罚款。

第七十八条　违反本法第五十三条规定，造成公路损坏，未报告的，由交通主管部门处一千元以下的罚款。

第七十九条　违反本法第五十四条规定，在公路用地范围内设置公路标志以外的其他标志的，由交通主管部门责令限期拆除，可以处二万元以下的罚款；逾期不拆除的，由交通主管部门拆除，有关费用由设置者负担。

第八十条　违反本法第五十五条规定，未经批准在公路上增设平面交叉道口的，由交通主管部门责令恢复原状，处五万元以下的罚款。

第八十一条　违反本法第五十六条规定，在公路建筑控制区内修建建筑物、地面构筑物或者擅自埋设管线、电缆等设施的，由交通主管部门责令限期拆除，并可以处五万元以下的罚款。逾期不拆除的，由交通主管部门拆除，有关费用由建筑者、构筑者承担。

第八十二条　除本法第七十四条、第七十五条的规定外，本章规定由交通主管部门行使的行政处罚权和行政措施，可以依照本法第八条第四款的规定由公路管理机构行使。

第八十三条　阻碍公路建设或者公路抢修，致使公路建设或者抢修不能正常进行，尚未造成严重损失的，依照《中华人民共和国治安管理处罚法》的规定处罚。

损毁公路或者擅自移动公路标志，可能影响交通安全，尚不够刑事处罚的，适用《中华人民共和国道路交通安全法》第九十九条的处罚规定。

拒绝、阻碍公路监督检查人员依法执行职务未使用暴力、威胁方法的，依照《中华人民共和国治安管理处罚法》的规定处罚。

第八十四条　违反本法有关规定，构成犯罪的，依法追究刑事责任。

244. 中华人民共和国招标投标法（2017. 12. 27）

（1999年8月30日第九届全国人民代表大会常务委员会第十一次会议通过
根据2017年12月27日第十二届全国人民代表大会常务委员会第三十一次会议
《关于修改〈中华人民共和国招标投标法〉、〈中华人民共和国计量法〉的决定》修正）

第五章　法律责任

第五十条　招标代理机构违反本法规定，泄露应当保密的与招标投标活动有关的情况和资料的，或者与招标人、投标人串通损害国家利益、社会公共利益或者他人合法权益的，处五万元以上二十五万元以下的罚款；对单位直接负责的主管人员和其他直接责任人员处单位罚款数额百分之五以上百分之十以下的罚款；有违法所得的，并处没收违法所得；情节严重的，禁止其一年至二年内代理依法必须进行招标的项目并予以公告，直至由工商行政管理机关吊销营业执照；构成犯罪的，依法追究刑事责任。给他人造成损失的，依法承担赔偿责任。

前款所列行为影响中标结果的，中标无效。

第五十二条　依法必须进行招标的项目的招标人向他人透露已获取招标文件的潜在投标人的名称、数量或者可能影响公平竞争的有关招标投标的其他情况的，或者泄露标底的，给予警告，可以并处一万元以上十万元以下的罚款；对单位直接负责的主管人员和其他直接责任人员依法给予处分；构成犯罪的，依法追究刑事责任。

前款所列行为影响中标结果的，中标无效。

第五十三条　投标人相互串通投标或者与招标人串通投标的，投标人以向招标人或者评标委员会成员行贿的手段谋取中标的，中标无效，处中标项目金额千分之五以上千分之十以下的罚款，对单位直接负责的主管人员和其他直接责任人员处单位罚款数额百分之五以上百分之十以下的罚款；有违法所得的，并处没收违法所得；情节严重的，取消其一年至二年内参加依法必须进行招标的项目的投标资格并予以公告，直至由工商行政管理机关吊销营业执照；构成犯罪的，依法追究刑事责任。给他人造成损失的，依法承担赔偿责任。

第五十四条　投标人以他人名义投标或者以其他方式弄虚作假，骗取中标的，中标无效，给招标人造成损失的，依法承担赔偿责任；构成犯罪的，依法追究刑事责任。

依法必须进行招标的项目的投标人有前款所列行为尚未构成犯罪的，处中标项目金额千分之五以上千分之十以下的罚款，对单位直接负责的主管人员和其他直接责任人员处单位罚款数额百分之五以上百分之十以下的罚款；有违法所得的，并处没收违法所得；情节严重的，取消其一年至三年内参加依法必须进行招标的项目的投标资格并予以公告，直至由工商行政管理机关吊销营业执照。

第五十六条　评标委员会成员收受投标人的财物或者其他好处的，评标委员会成员或者参加评标的有关工作人员向他人透露对投标文件的评审和比较、中标候选人的推荐以及与评标有关的其他情况的，给予警告，没收收受的财物，可以并处三千元以上五万元以下的罚款，对有所列违法行为的评标委员会成员取消担任评标委员会成员的资格，不得再参加任何依法必须进行招标的项目的评标；构成犯罪的，依法追究刑事责任。

第六十三条　对招标投标活动依法负有行政监督职责的国家机关工作人员徇私舞弊、滥用职权或者玩忽职守，构成犯罪的，依法追究刑事责任；不构成犯罪的，依法给予行政处分。

245. 中华人民共和国监察法（2018. 3. 20）

（2018 年 3 月 20 日第十三届全国人民代表大会第一次会议通过）

第八章　法律责任

第六十二条　有关单位拒不执行监察机关作出的处理决定，或者无正当理由拒不采纳监察建议的，由其主管部门、上级机关责令改正，对单位给予通报批评；对负有责任的领导人员和直接责任人员依法给予处理。

第六十三条　有关人员违反本法规定，有下列行为之一的，由其所在单位、主管部门、上级机关或者监察机关责令改正，依法给予处理：

（一）不按要求提供有关材料，拒绝、阻碍调查措施实施等拒不配合监察机关调查的；

（二）提供虚假情况，掩盖事实真相的；

（三）串供或者伪造、隐匿、毁灭证据的；

（四）阻止他人揭发检举、提供证据的；

（五）其他违反本法规定的行为，情节严重的。

第六十四条　监察对象对控告人、检举人、证人或者监察人员进行报复陷害的；控告人、检举人、证人捏造事实诬告陷害监察对象的，依法给予处理。

第六十五条　监察机关及其工作人员有下列行为之一的，对负有责任的领导人员和直接责任人员依法给予处理：

（一）未经批准、授权处置问题线索，发现重大案情隐瞒不报，或者私自留存、处理涉案材料的；

（二）利用职权或者职务上的影响干预调查工作、以案谋私的；

（三）违法窃取、泄露调查工作信息，或者泄露举报事项、举报受理情况以及举报人信息的；

（四）对被调查人或者涉案人员逼供、诱供，或者侮辱、打骂、虐待、体罚或者变相体罚的；

（五）违反规定处置查封、扣押、冻结的财物的；

（六）违反规定发生办案安全事故，或者发生安全事故后隐瞒不报、报告失实、处置不当的；

（七）违反规定采取留置措施的；

（八）违反规定限制他人出境，或者不按规定解除出境限制的；

（九）其他滥用职权、玩忽职守、徇私舞弊的行为。

第六十六条　违反本法规定，构成犯罪的，依法追究刑事责任。

第六十七条　监察机关及其工作人员行使职权，侵犯公民、法人和其他组织的合法权益造成损害的，依法给予国家赔偿。

246. 中华人民共和国国境卫生检疫法（2018. 4. 27）

（1986 年 12 月 2 日第六届全国人民代表大会常务委员会第十八次会议通过　根据 2007 年 12 月 29 日第十届全国人民代表大会常务委员会第三十一次会议《关于修改〈中华人民共和国国境卫生检疫法〉的决定》第一次修正　根据 2009 年 8 月 27 日第十一届全国人民代表大会常务委员会第十次会议《关于修改部分法律的决定》第二次修正　根据 2018 年 4 月 27 日第十三届全国人民代表大会常务委员会第二次会议《关于修改〈中华人民共和国国境卫生检疫法〉等六部法律的决定》第三次修改）

第五章　法律责任

第二十二条　违反本法规定，引起检疫传染病传播或者有引起检疫传染病传播严重危险的，依照刑法有关规定追究刑事责任。

第二十三条　国境卫生检疫机关工作人员，应当秉公执法，忠于职守，对入境、出境的交通工具和人员，及时进行检疫；违法失职的，给予行政处分，情节严重构成犯罪的，依法追究刑事责任。

247. 中华人民共和国精神卫生法（2018. 4. 27）

（2012 年 10 月 26 日第十一届全国人民代表大会常务委员会第二十九次会议通过
根据 2018 年 4 月 27 日第十三届全国人民代表大会常务委员会第二次会议
《关于修改〈中华人民共和国国境卫生检疫法〉等六部法律的决定》修正）

第六章　法律责任

第七十二条　县级以上人民政府卫生行政部门和其他有关部门未依照本法规定履行精神卫生工作职责，或者滥用职权、玩忽职守、徇私舞弊的，由本级人民政府或者上一级人民政府有关部门责令改正，通报批评，对直接负责的主管人员和其他直接责任人员依法给予警告、记过或者记大过的处分；造成严重后果的，给予降级、撤职或者开除的处分。

第七十三条　不符合本法规定条件的医疗机构擅自从事精神障碍诊断、治疗的，由县级以上人民政府卫生行政部门责令停止相关诊疗活动，给予警告，并处五千元以上一万元以下罚款，有违法所得的，没收违法所得；对直接负责的主管人员和其他直接责任人员依法给予或者责令给予降低岗位等级或者撤职、开除的处分；对有关医务人员，吊销其执业证书。

第七十四条　医疗机构及其工作人员有下列行为之一的，由县级以上人民政府卫生行政部门责令改正，给予警告；情节严重的，对直接负责的主管人员和其他直接责任人员依法给予或者责令给予降低岗位等级或者撤职、开除的处分，并可以责令有关医务人员暂停一个月以上六个月以下执业活动：

（一）拒绝对送诊的疑似精神障碍患者作出诊断的；

（二）对依照本法第三十条第二款规定实施住院治疗的患者未及时进行检查评估或者未根据评估结果作出处理的。

第七十五条　医疗机构及其工作人员有下列行为之一的，由县级以上人民政府卫生行政部门责令改正，对直接负责的主管人员和其他直接责任人员依法给予或者责令给予降低岗位等级或者撤职的处分；对有关医务人员，暂停六个月以上一年以下执业活动；情节严重的，给予或者责令给予开除的处分，并吊销有关医务人员的执业证书：

（一）违反本法规定实施约束、隔离等保护性医疗措施的；

（二）违反本法规定，强迫精神障碍患者劳动的；

（三）违反本法规定对精神障碍患者实施外科手术或者实验性临床医疗的；

（四）违反本法规定，侵害精神障碍患者的通讯和会见探访者等权利的；

（五）违反精神障碍诊断标准，将非精神障碍患者诊断为精神障碍患者的。

第七十六条　有下列情形之一的，由县级以上人民政府卫生行政部门、工商行政管理部门依据各自职责责令改正，给予警告，并处五千元以上一万元以下罚款，有违法所得的，没收违法所得；造成严重后果的，责令暂停六个月以上一年以下执业活动，直至吊销执业证书或者营业执照：

（一）心理咨询人员从事心理治疗或者精神障碍的诊断、治疗的；

（二）从事心理治疗的人员在医疗机构以外开展心理治疗活动的；

（三）专门从事心理治疗的人员从事精神障碍的诊断的；

（四）专门从事心理治疗的人员为精神障碍患者开具处方或者提供外科治疗的。

心理咨询人员、专门从事心理治疗的人员在心理咨询、心理治疗活动中造成他人人身、财产或者其他损害的，依法承担民事责任。

第七十七条　有关单位和个人违反本法第四条第三款规定，给精神障碍患者造成损害的，依法承担赔偿责任；对单位直接负责的主管人员和其他直接责任人员，还应当依法给予处分。

第七十八条　违反本法规定，有下列情形之一，给精神障碍患者或者其他公民造成人身、财产或者其他损害的，依法承担赔偿责任：

（一）将非精神障碍患者故意作为精神障碍患者送入医疗机构治疗的；

（二）精神障碍患者的监护人遗弃患者，或者有不履行监护职责的其他情形的；

（三）歧视、侮辱、虐待精神障碍患者，侵害患者的人格尊严、人身安全的；

（四）非法限制精神障碍患者人身自由的；

（五）其他侵害精神障碍患者合法权益的情形。

第七十九条　医疗机构出具的诊断结论表明精神障碍患者应当住院治疗而其监护人拒绝，致使患者造成他人人身、财产损害的，或者患者有其他造成他人人身、财产损害情形的，其监护人依法承担民事责任。

第八十条 在精神障碍的诊断、治疗、鉴定过程中，寻衅滋事，阻挠有关工作人员依照本法的规定履行职责，扰乱医疗机构、鉴定机构工作秩序的，依法给予治安管理处罚。

违反本法规定，有其他构成违反治安管理行为的，依法给予治安管理处罚。

第八十一条 违反本法规定，构成犯罪的，依法追究刑事责任。

248. 中华人民共和国反恐怖主义法（2018. 4. 27）

（2015 年 12 月 27 日第十二届全国人民代表大会常务委员会第十八次会议通过
根据 2018 年 4 月 27 日第十三届全国人民代表大会常务委员会第二次会议
《关于修改〈中华人民共和国国境卫生检疫法〉等六部法律的决定》修正）

第九章 法律责任

第七十九条 组织、策划、准备实施、实施恐怖活动，宣扬恐怖主义，煽动实施恐怖活动，非法持有宣扬恐怖主义的物品，强制他人在公共场所穿戴宣扬恐怖主义的服饰、标志，组织、领导、参加恐怖活动组织，为恐怖活动组织、恐怖活动人员、实施恐怖活动或者恐怖活动培训提供帮助的，依法追究刑事责任。

249. 中华人民共和国国家情报法（2018. 4. 27）

（2017 年 6 月 27 日第十二届全国人民代表大会常务委员会第二十八次会议通过
根据 2018 年 4 月 27 日第十三届全国人民代表大会常务委员会第二次会议
《关于修改〈中华人民共和国国境卫生检疫法〉等六部法律的决定》修正）

第四章 法律责任

第二十八条 违反本法规定，阻碍国家情报工作机构及其工作人员依法开展情报工作的，由国家情报工作机构建议相关单位给予处分或者由国家安全机关、公安机关处警告或者十五日以下拘留；构成犯罪的，依法追究刑事责任。

第二十九条 泄露与国家情报工作有关的国家秘密的，由国家情报工作机构建议相关单位给予处分或者由国家安全机关、公安机关处警告或者十五日以下拘留；构成犯罪的，依法追究刑事责任。

第三十条 冒充国家情报工作机构工作人员或者其他相关人员实施招摇撞骗、诈骗、敲诈勒索等行为的，依照《中华人民共和国治安管理处罚法》的规定处罚；构成犯罪的，依法追究刑事责任。

第三十一条 国家情报工作机构及其工作人员有超越职权、滥用职权，侵犯公民和组织的合法权益，利用职务便利为自己或者他人谋取私利，泄露国家秘密、商业秘密和个人信息等违法违纪行为的，依法给予处分；构成犯罪的，依法追究刑事责任。

250. 中华人民共和国电子商务法（2018. 8. 31）

（2018 年 8 月 31 日第十三届全国人民代表大会常务委员会第五次会议通过）

第六章 法律责任

第七十四条 电子商务经营者销售商品或者提供服务，不履行合同义务或者履行合同义务不符合约定，或者造成他人损害的，依法承担民事责任。

第七十五条 电子商务经营者违反本法第十二条、第十三条规定，未取得相关行政许可从事经营活动，或者销售、提供法律、行政法规禁止交易的商品、服务，或者不履行本法第二十五条规定的信息提供义务，电子商务平台经营者违反本法第四十六条规定，采取集中交易方式进行交易，或者进行标准化合约交易的，依照有关法律、行政法规的规定处罚。

第七十六条　电子商务经营者违反本法规定，有下列行为之一的，由市场监督管理部门责令限期改正，可以处一万元以下的罚款，对其中的电子商务平台经营者，依照本法第八十一条第一款的规定处罚：

（一）未在首页显著位置公示营业执照信息、行政许可信息、属于不需要办理市场主体登记情形等信息，或者上述信息的链接标识的；

（二）未在首页显著位置持续公示终止电子商务的有关信息的；

（三）未明示用户信息查询、更正、删除以及用户注销的方式、程序，或者对用户信息查询、更正、删除以及用户注销设置不合理条件的。

电子商务平台经营者对违反前款规定的平台内经营者未采取必要措施的，由市场监督管理部门责令限期改正，可以处二万元以上十万元以下的罚款。

第七十七条　电子商务经营者违反本法第十八条第一款规定提供搜索结果，或者违反本法第十九条规定搭售商品、服务的，由市场监督管理部门责令限期改正，没收违法所得，可以并处五万元以上二十万元以下的罚款；情节严重的，并处二十万元以上五十万元以下的罚款。

第七十八条　电子商务经营者违反本法第二十一条规定，未向消费者明示押金退还的方式、程序，对押金退还设置不合理条件，或者不及时退还押金的，由有关主管部门责令限期改正，可以处五万元以上二十万元以下的罚款；情节严重的，处二十万元以上五十万元以下的罚款。

第七十九条　电子商务经营者违反法律、行政法规有关个人信息保护的规定，或者不履行本法第三十条和有关法律、行政法规规定的网络安全保障义务的，依照《中华人民共和国网络安全法》等法律、行政法规的规定处罚。

第八十条　电子商务平台经营者有下列行为之一的，由有关主管部门责令限期改正；逾期不改正的，处二万元以上十万元以下的罚款；情节严重的，责令停业整顿，并处十万元以上五十万元以下的罚款：

（一）不履行本法第二十七条规定的核验、登记义务的；

（二）不按照本法第二十八条规定向市场监督管理部门、税务部门报送有关信息的；

（三）不按照本法第二十九条规定对违法情形采取必要的处置措施，或者未向有关主管部门报告的；

（四）不履行本法第三十一条规定的商品和服务信息、交易信息保存义务的。

法律、行政法规对前款规定的违法行为的处罚另有规定的，依照其规定。

第八十一条　电子商务平台经营者违反本法规定，有下列行为之一的，由市场监督管理部门责令限期改正，可以处二万元以上十万元以下的罚款；情节严重的，处十万元以上五十万元以下的罚款：

（一）未在首页显著位置持续公示平台服务协议、交易规则信息或者上述信息的链接标识的；

（二）修改交易规则未在首页显著位置公开征求意见，未按照规定的时间提前公示修改内容，或者阻止平台内经营者退出的；

（三）未以显著方式区分标记自营业务和平台内经营者开展的业务的；

（四）未为消费者提供对平台内销售的商品或者提供的服务进行评价的途径，或者擅自删除消费者的评价的。

电子商务平台经营者违反本法第四十条规定，对竞价排名的商品或者服务未显著标明“广告”的，依照《中华人民共和国广告法》的规定处罚。

第八十二条　电子商务平台经营者违反本法第三十五条规定，对平台内经营者在平台内的交易、交易价格或者与其他经营者的交易等进行不合理限制或者附加不合理条件，或者向平台内经营者收取不合理费用的，由市场监督管理部门责令限期改正，可以处五万元以上五十万元以下的罚款；情节严重的，处五十万元以上二百万元以下的罚款。

第八十三条　电子商务平台经营者违反本法第三十八条规定，对平台内经营者侵害消费者合法权益行为未采取必要措施，或者对平台内经营者未尽到资质资格审核义务，或者对消费者未尽到安全保障义务的，由市场监督管理部门责令限期改正，可以处五万元以上五十万元以下的罚款；情节严重的，责令停业整顿，并处五十万元以上二百万元以下的罚款。

第八十四条　电子商务平台经营者违反本法第四十二条、第四十五条规定，对平台内经营者实施侵犯知识产权行为未依法采取必要措施的，由有关知识产权行政部门责令限期改正；逾期不改正的，处五万元以上五十万元以下的罚款；情节严重的，处五十万元以上二百万元以下的罚款。

第八十五条　电子商务经营者违反本法规定，销售的商品或者提供的服务不符合保障人身、财产安全的要求，实施虚假或者引人误解的商业宣传等不正当竞争行为，滥用市场支配地位，或者实施侵犯知识产权、侵害消费者权益等行为的，依照有关法律的规定处罚。

第八十六条　电子商务经营者有本法规定的违法行为的，依照有关法律、行政法规的规定记入信用档案，并予以公示。

第八十七条　依法负有电子商务监督管理职责的部门的工作人员，玩忽职守、滥用职权、徇私舞弊，或者泄露、出售或者非法向他人提供在履行职责中所知悉的个人信息、隐私和商业秘密的，依法追究法律责任。

第八十八条　违反本法规定，构成违反治安管理行为的，依法给予治安管理处罚；构成犯罪的，依法追究刑事责任。

251. 中华人民共和国土壤污染防治法（2018. 8. 31）

（2018 年 8 月 31 日第十三届全国人民代表大会常务委员会第五次会议通过）

第六章　法律责任

第八十五条　地方各级人民政府、生态环境主管部门或者其他负有土壤污染防治监督管理职责的部门未依照本法规定履行职责的，对直接负责的主管人员和其他直接责任人员依法给予处分。

依照本法规定应当作出行政处罚决定而未作出的，上级主管部门可以直接作出行政处罚决定。

第八十六条　违反本法规定，有下列行为之一的，由地方人民政府生态环境主管部门或者其他负有土壤污染防治监督管理职责的部门责令改正，处以罚款；拒不改正的，责令停产整治：

（一）土壤污染重点监管单位未制定、实施自行监测方案，或者未将监测数据报生态环境主管部门的；

（二）土壤污染重点监管单位篡改、伪造监测数据的；

（三）土壤污染重点监管单位未按年度报告有毒有害物质排放情况，或者未建立土壤污染隐患排查制度的；

（四）拆除设施、设备或者建筑物、构筑物，企业事业单位未采取相应的土壤污染防治措施或者土壤污染重点监管单位未制定、实施土壤污染防治工作方案的；

（五）尾矿库运营、管理单位未按照规定采取措施防止土壤污染的；

（六）尾矿库运营、管理单位未按照规定进行土壤污染状况监测的；

（七）建设和运行污水集中处理设施、固体废物处置设施，未依照法律法规和相关标准的要求采取措施防止土壤污染的。

有前款规定行为之一的，处二万元以上二十万元以下的罚款；有前款第二项、第四项、第五项、第七项规定行为之一，造成严重后果的，处二十万元以上二百万元以下的罚款。

第八十七条　违反本法规定，向农用地排放重金属或者其他有毒有害物质含量超标的污水、污泥，以及可能造成土壤污染的清淤底泥、尾矿、矿渣等的，由地方人民政府生态环境主管部门责令改正，处十万元以上五十万元以下的罚款；情节严重的，处五十万元以上二百万元以下的罚款，并可以将案件移送公安机关，对直接负责的主管人员和其他直接责任人员处五日以上十五日以下的拘留；有违法所得的，没收违法所得。

第八十八条　违反本法规定，农业投入品生产者、销售者、使用者未按照规定及时回收肥料等农业投入品的包装废弃物或者农用薄膜，或者未按照规定及时回收农药包装废弃物交由专门的机构或者组织进行无害化处理的，由地方人民政府农业农村主管部门责令改正，处一万元以上十万元以下的罚款；农业投入品使用者为个人的，可以处二百元以上二千元以下的罚款。

第八十九条　违反本法规定，将重金属或者其他有毒有害物质含量超标的工业固体废物、生活垃圾或者污染土壤用于土地复垦的，由地方人民政府生态环境主管部门责令改正，处十万元以上一百万元以下的罚款；有违法所得的，没收违法所得。

第九十条　违反本法规定，受委托从事土壤污染状况调查和土壤污染风险评估、风险管控效果评估、修复效果评估活动的单位，出具虚假调查报告、风险评估报告、风险管控效果评估报告、修复效果评估报告的，由地方人民政府生态环境主管部门处十万元以上五十万元以下的罚款；情节严重的，禁止从事上述业务，并处五十万元以上一百万元以下的罚款；有违法所得的，没收违法所得。

前款规定的单位出具虚假报告的，由地方人民政府生态环境主管部门对直接负责的主管人员和其他直接责任人员处一万元以上五万元以下的罚款；情节严重的，十年内禁止从事前款规定的业务；构成犯罪的，终身禁止从事前款规定的业务。

本条第一款规定的单位和委托人恶意串通，出具虚假报告，造成他人人身或者财产损害的，还应当与委托人承担连带责任。

第九十一条　违反本法规定，有下列行为之一的，由地方人民政府生态环境主管部门责令改正，处十万元以上五十万元以下的罚款；情节严重的，处五十万元以上一百万元以下的罚款；有违法所得的，没收违法所得；对直接负责的主管人员和其他直接责任人员处五千元以上二万元以下的罚款：

（一）未单独收集、存放开发建设过程中剥离的表土的；

（二）实施风险管控、修复活动对土壤、周边环境造成新的污染的；

（三）转运污染土壤，未将运输时间、方式、线路和污染土壤数量、去向、最终处置措施等提前报所在地和接收地生态环境主管部门的；

（四）未达到土壤污染风险评估报告确定的风险管控、修复目标的建设用地地块，开工建设与风险管控、修复无关的项目的。

第九十二条　违反本法规定，土壤污染责任人或者土地使用权人未按照规定实施后期管理的，由地方人民政府生态环境主管部门或者其他负有土壤污染防治监督管理职责的部门责令改正，处一万元以上五万元以下的罚款；情节严重的，处五万元以上五十万元以下的罚款。

第九十三条　违反本法规定，被检查者拒不配合检查，或者在接受检查时弄虚作假的，由地方人民政府生态环境主管部门或者其他负有土壤污染防治监督管理职责的部门责令改正，处二万元以上二十万元以下的罚款；对直接负责的主管人员和其他直接责任人员处五千元以上二万元以下的罚款。

第九十四条　违反本法规定，土壤污染责任人或者土地使用权人有下列行为之一的，由地方人民政府生态环境主管部门或者其他负有土壤污染防治监督管理职责的部门责令改正，处二万元以上二十万元以下的罚款；拒不改正的，处二十万元以上一百万元以下的罚款，并委托他人代为履行，所需费用由土壤污染责任人或者土地使用权人承担；对直接负责的主管人员和其他直接责任人员处五千元以上二万元以下的罚款：

（一）未按照规定进行土壤污染状况调查的；

（二）未按照规定进行土壤污染风险评估的；

（三）未按照规定采取风险管控措施的；

（四）未按照规定实施修复的；

（五）风险管控、修复活动完成后，未另行委托有关单位对风险管控效果、修复效果进行评估的。

土壤污染责任人或者土地使用权人有前款第三项、第四项规定行为之一，情节严重的，地方人民政府生态环境主管部门或者其他负有土壤污染防治监督管理职责的部门可以将案件移送公安机关，对直接负责的主管人员和其他直接责任人员处五日以上十五日以下的拘留。

第九十五条　违反本法规定，有下列行为之一的，由地方人民政府有关部门责令改正；拒不改正的，处一万元以上五万元以下的罚款：

（一）土壤污染重点监管单位未按照规定将土壤污染防治工作方案报地方人民政府生态环境、工业和信息化主管部门备案的；

（二）土壤污染责任人或者土地使用权人未按照规定将修复方案、效果评估报告报地方人民政府生态环境、农业农村、林业草原主管部门备案的；

（三）土地使用权人未按照规定将土壤污染状况调查报告报地方人民政府生态环境主管部门备案的。

第九十六条　污染土壤造成他人人身或者财产损害的，应当依法承担侵权责任。

土壤污染责任人无法认定，土地使用权人未依照本法规定履行土壤污染风险管控和修复义务，造成他人人身或者财产损害的，应当依法承担侵权责任。

土壤污染引起的民事纠纷，当事人可以向地方人民政府生态环境等主管部门申请调解处理，也可以向人民法院提起诉讼。

第九十七条　污染土壤损害国家利益、社会公共利益的，有关机关和组织可以依照《中华人民共和国环境保护法》《中华人民共和国民事诉讼法》《中华人民共和国行政诉讼法》等法律的规定向人民法院提起诉讼。

第九十八条　违反本法规定，构成违反治安管理行为的，由公安机关依法给予治安管理处罚；构成犯罪的，依法追究刑事责任。

252. 中华人民共和国计量法（2018. 10. 26）

（1985 年 9 月 6 日第六届全国人民代表大会常务委员会第十二次会议通过　根据 2009 年 8 月 27 日第十一届全国人民代表大会常务委员会第十次会议《关于修改部分法律的决定》第一次修正　根据 2013 年 12 月 28 日第十二届全国人民代表大会常务委员会第六次会议《关于修改〈中华人民共和国海洋环境保护法〉等七部法律的决定》第二次修正　根据 2015 年 4 月 24 日第十二届全国人民代表大会常务委员会第十四次会议《关于修改〈中华人民共和国计量法〉等五部法律的决定》第三次修正　根据 2017 年 12 月 27 日第十二届全国人民代表大会常务委员会第三十一次会议《关于修改〈中华人民共和国招标投标法〉、〈中华人民共和国计量法〉的决定》第四次修正　根据 2018 年 10 月 26 日第十三届全国人民代表大会常务委员会第六次会议《关于修改〈中华人民共和国野生动物保护法〉等十五部法律的决定》第五次修正）

第五章　法律责任

第二十七条　制造、销售、使用以欺骗消费者为目的的计量器具的，没收计量器具和违法所得，处以罚款；情节严重的，并对个人或者单位直接责任人员依照刑法有关规定追究刑事责任。

第二十八条　违反本法规定，制造、修理、销售的计量器具不合格，造成人身伤亡或者重大财产损失的，依照刑法有关规定，对个人或者单位直接责任人员追究刑事责任。

第二十九条　计量监督人员违法失职，情节严重的，依照刑法有关规定追究刑事责任；情节轻微的，给予行政处分。

253. 中华人民共和国大气污染防治法（2018. 10. 26）

（1987 年 9 月 5 日第六届全国人民代表大会常务委员会第二十二次会议通过　根据 1995 年 8 月 29 日第八届全国人民代表大会常务委员会第十五次会议《关于修改〈中华人民共和国大气污染防治法〉的决定》第一次修正　2000 年 4 月 29 日第九届全国人民代表大会常务委员会第十五次会议第一次修订　2015 年 8 月 29 日第十二届全国人民代表大会常务委员会第十六次会议第二次修订　根据 2018 年 10 月 26 日第十三届全国人民代表大会常务委员会第六次会议《关于修改〈中华人民共和国野生动物保护法〉等十五部法律的决定》第二次修正）

第七章　法律责任

第九十八条　违反本法规定，以拒绝进入现场等方式拒不接受生态环境主管部门及其环境执法机构或者其他负有大气环境保护监督管理职责的部门的监督检查，或者在接受监督检查时弄虚作假的，由县级以上人民政府生态环境主管部门或者其他负有大气环境保护监督管理职责的部门责令改正，处二万元以上二十万元以下的罚款；构成违反治安管理行为的，由公安机关依法予以处罚。

第九十九条　违反本法规定，有下列行为之一的，由县级以上人民政府生态环境主管部门责令改正或者限制生产、停产整治，并处十万元以上一百万元以下的罚款；情节严重的，报经有批准权的人民政府批准，责令停业、关闭：

（一）未依法取得排污许可证排放大气污染物的；

（二）超过大气污染物排放标准或者超过重点大气污染物排放总量控制指标排放大气污染物的；

（三）通过逃避监管的方式排放大气污染物的。

第一百条　违反本法规定，有下列行为之一的，由县级以上人民政府生态环境主管部门责令改正，处二万元以上二十万元以下的罚款；拒不改正的，责令停产整治：

（一）侵占、损毁或者擅自移动、改变大气环境质量监测设施或者大气污染物排放自动监测设备的；

（二）未按照规定对所排放的工业废气和有毒有害大气污染物进行监测并保存原始监测记录的；

（三）未按照规定安装、使用大气污染物排放自动监测设备或者未按照规定与生态环境主管部门的监控设备联网，并保证监测设备正常运行的；

（四）重点排污单位不公开或者不如实公开自动监测数据的；

（五）未按照规定设置大气污染物排放口的。

第一百零一条 违反本法规定，生产、进口、销售或者使用国家综合性产业政策目录中禁止的设备和产品，采用国家综合性产业政策目录中禁止的工艺，或者将淘汰的设备和产品转让给他人使用的，由县级以上人民政府经济综合主管部门、海关按照职责责令改正，没收违法所得，并处货值金额一倍以上三倍以下的罚款；拒不改正的，报经有批准权的人民政府批准，责令停业、关闭。进口行为构成走私的，由海关依法予以处罚。

第一百零二条 违反本法规定，煤矿未按照规定建设配套煤炭洗选设施的，由县级以上人民政府能源主管部门责令改正，处十万元以上一百万元以下的罚款；拒不改正的，报经有批准权的人民政府批准，责令停业、关闭。

违反本法规定，开采含放射性和砷等有毒有害物质超过规定标准的煤炭的，由县级以上人民政府按照国务院规定的权限责令停业、关闭。

第一百零三条 违反本法规定，有下列行为之一的，由县级以上地方人民政府市场监督管理部门责令改正，没收原材料、产品和违法所得，并处货值金额一倍以上三倍以下的罚款：

（一）销售不符合质量标准的煤炭、石油焦的；

（二）生产、销售挥发性有机物含量不符合质量标准或者要求的原材料和产品的；

（三）生产、销售不符合标准的机动车船和非道路移动机械用燃料、发动机油、氮氧化物还原剂、燃料和润滑油添加剂以及其他添加剂的；

（四）在禁燃区内销售高污染燃料的。

第一百零四条 违反本法规定，有下列行为之一的，由海关责令改正，没收原材料、产品和违法所得，并处货值金额一倍以上三倍以下的罚款；构成走私的，由海关依法予以处罚：

（一）进口不符合质量标准的煤炭、石油焦的；

（二）进口挥发性有机物含量不符合质量标准或者要求的原材料和产品的；

（三）进口不符合标准的机动车船和非道路移动机械用燃料、发动机油、氮氧化物还原剂、燃料和润滑油添加剂以及其他添加剂的。

第一百零五条 违反本法规定，单位燃用不符合质量标准的煤炭、石油焦的，由县级以上人民政府生态环境主管部门责令改正，处货值金额一倍以上三倍以下的罚款。

第一百零六条 违反本法规定，使用不符合标准或者要求的船舶用燃油的，由海事管理机构、渔业主管部门按照职责处一万元以上十万元以下的罚款。

第一百零七条 违反本法规定，在禁燃区内新建、扩建燃用高污染燃料的设施，或者未按照规定停止燃用高污染燃料，或者在城市集中供热管网覆盖地区新建、扩建分散燃煤供热锅炉，或者未按照规定拆除已建成的不能达标排放的燃煤供热锅炉的，由县级以上地方人民政府生态环境主管部门没收燃用高污染燃料的设施，组织拆除燃煤供热锅炉，并处二万元以上二十万元以下的罚款。

违反本法规定，生产、进口、销售或者使用不符合规定标准或者要求的锅炉，由县级以上人民政府市场监督管理、生态环境主管部门责令改正，没收违法所得，并处二万元以上二十万元以下的罚款。

第一百零八条 违反本法规定，有下列行为之一的，由县级以上人民政府生态环境主管部门责令改正，处二万元以上二十万元以下的罚款；拒不改正的，责令停产整治：

（一）产生含挥发性有机物废气的生产和服务活动，未在密闭空间或者设备中进行，未按照规定安装、使用污染防治设施，或者未采取减少废气排放措施的；

（二）工业涂装企业未使用低挥发性有机物含量涂料或者未建立、保存台账的；

（三）石油、化工以及其他生产和使用有机溶剂的企业，未采取措施对管道、设备进行日常维护、维修，减少物料泄漏或者对泄漏的物料未及时收集处理的；

（四）储油储气库、加油加气站和油罐车、气罐车等，未按照国家有关规定安装并正常使用油气回收装置的；

（五）钢铁、建材、有色金属、石油、化工、制药、矿产开采等企业，未采取集中收集处理、密闭、围挡、遮盖、清扫、洒水等措施，控制、减少粉尘和气态污染物排放的；

（六）工业生产、垃圾填埋或者其他活动中产生的可燃性气体未回收利用，不具备回收利用条件未进行防治污染处理，或者可燃性气体回收利用装置不能正常作业，未及时修复或者更新的。

第一百零九条 违反本法规定，生产超过污染物排放标准的机动车、非道路移动机械的，由省级以上人民政府生态环境主管部门责令改正，没收违法所得，并处货值金额一倍以上三倍以下的罚款，没收销毁无法达到污染物排放标准的机动车、非道路移动机械；拒不改正的，责令停产整治，并由国务院机动车生产主管部门责令停止生产该车型。

违反本法规定，机动车、非道路移动机械生产企业对发动机、污染控制装置弄虚作假、以次充好，冒充排放检验合格产品出厂销售的，由省级以上人民政府生态环境主管部门责令停产整治，没收违法所得，并处货值金额一倍以上三倍以下的罚款，没收销毁无法达到污染物排放标准的机动车、非道路移动机械，并由国务院机动车生产主管部门责令停止生产该车型。

第一百一十条 违反本法规定，进口、销售超过污染物排放标准的机动车、非道路移动机械的，由县级以上人民政府市场监督管理部门、海关按照职责没收违法所得，并处货值金额一倍以上三倍以下的罚款，没收销毁无法达到污染物排放标准的机动车、非道路移动机械；进口行为构成走私的，由海关依法予以处罚。

违反本法规定，销售的机动车、非道路移动机械不符合污染物排放标准的，销售者应当负责修理、更换、退货；给购买者造成损失的，销售者应当赔偿损失。

第一百一十一条 违反本法规定，机动车生产、进口企业未按照规定向社会公布其生产、进口机动车车型的排放检验信息或者污染控制技术信息的，由省级以上人民政府生态环境主管部门责令改正，处五万元以上五十万元以下的罚款。

违反本法规定，机动车生产、进口企业未按照规定向社会公布其生产、进口机动车车型的有关维修技术信息的，由省级以上人民政府交通运输主管部门责令改正，处五万元以上五十万元以下的罚款。

第一百一十二条 违反本法规定，伪造机动车、非道路移动机械排放检验结果或者出具虚假排放检验报告的，由县级以上人民政府生态环境主管部门没收违法所得，并处十万元以上五十万元以下的罚款；情节严重的，由负责资质认定的部门取消其检验资格。

违反本法规定，伪造船舶排放检验结果或者出具虚假排放检验报告的，由海事管理机构依法予以处罚。

违反本法规定，以临时更换机动车污染控制装置等弄虚作假的方式通过机动车排放检验或者破坏机动车车载排放诊断系统的，由县级以上人民政府生态环境主管部门责令改正，对机动车所有人处五千元的罚款；对机动车维修单位处每辆机动车五千元的罚款。

第一百一十三条 违反本法规定，机动车驾驶人驾驶排放检验不合格的机动车上道路行驶的，由公安机关交通管理部门依法予以处罚。

第一百一十四条 违反本法规定，使用排放不合格的非道路移动机械，或者在用重型柴油车、非道路移动机械未按照规定加装、更换污染控制装置的，由县级以上人民政府生态环境等主管部门按照职责责令改正，处五千元的罚款。

违反本法规定，在禁止使用高排放非道路移动机械的区域使用高排放非道路移动机械的，由城市人民政府生态环境等主管部门依法予以处罚。

第一百一十五条 违反本法规定，施工单位有下列行为之一的，由县级以上人民政府住房城乡建设等主管部门按照职责责令改正，处一万元以上十万元以下的罚款；拒不改正的，责令停工整治：

（一）施工工地未设置硬质围挡，或者未采取覆盖、分段作业、择时施工、洒水抑尘、冲洗地面和车辆等有效防尘降尘措施的；

（二）建筑土方、工程渣土、建筑垃圾未及时清运，或者未采用密闭式防尘网遮盖的。

违反本法规定，建设单位未对暂时不能开工的建设用地的裸露地面进行覆盖，或者未对超过三个月不能开工的建设用地的裸露地面进行绿化、铺装或者遮盖的，由县级以上人民政府住房城乡建设等主管部门依照前款规定予以处罚。

第一百一十六条 违反本法规定，运输煤炭、垃圾、渣土、砂石、土方、灰浆等散装、流体物料的车辆，未采取密闭或者其他措施防止物料遗撒的，由县级以上地方人民政府确定的监督管理部门责令改正，处二千元以上二万元以下的罚款；拒不改正的，车辆不得上道路行驶。

第一百一十七条 违反本法规定，有下列行为之一的，由县级以上人民政府生态环境等主管部门按照职责责令改正，处一万元以上十万元以下的罚款；拒不改正的，责令停工整治或者停业整治：

（一）未密闭煤炭、煤矸石、煤渣、煤灰、水泥、石灰、石膏、砂土等易产生扬尘的物料的；

（二）对不能密闭的易产生扬尘的物料，未设置不低于堆放物高度的严密围挡，或者未采取有效覆盖措施防治扬尘污染的；

（三）装卸物料未采取密闭或者喷淋等方式控制扬尘排放的；

（四）存放煤炭、煤矸石、煤渣、煤灰等物料，未采取防燃措施的；

（五）码头、矿山、填埋场和消纳场未采取有效措施防治扬尘污染的；

（六）排放有毒有害大气污染物名录中所列有毒有害大气污染物的企业事业单位，未按照规定建设环境风险预警体系或者对排放口和周边环境进行定期监测、排查环境安全隐患并采取有效措施防范环境风险的；

（七）向大气排放持久性有机污染物的企业事业单位和其他生产经营者以及废弃物焚烧设施的运营单位，未按照国家有关规定采取有利于减少持久性有机污染物排放的技术方法和工艺，配备净化装置的；

（八）未采取措施防止排放恶臭气体的。

第一百一十八条 违反本法规定，排放油烟的餐饮服务业经营者未安装油烟净化设施、不正常使用油烟净化设施或者未采取其他油烟净化措施，超过排放标准排放油烟的，由县级以上地方人民政府确定的监督管理部门责令改正，处五千元以上五万元以下的罚款；拒不改正的，责令停业整治。

违反本法规定，在居民住宅楼、未配套设立专用烟道的商住综合楼、商住综合楼内与居住层相邻的商业楼层内新建、改建、扩建产生油烟、异味、废气的餐饮服务项目的，由县级以上地方人民政府确定的监督管理部门责令改正；拒不改正的，予以关闭，并处一万元以上十万元以下的罚款。

违反本法规定，在当地人民政府禁止的时段和区域内露天烧烤食品或者为露天烧烤食品提供场地的，由县级以上地方人民政府确定的监督管理部门责令改正，没收烧烤工具和违法所得，并处五百元以上二万元以下的罚款。

第一百一十九条　违反本法规定，在人口集中地区对树木、花草喷洒剧毒、高毒农药，或者露天焚烧秸秆、落叶等产生烟尘污染的物质的，由县级以上地方人民政府确定的监督管理部门责令改正，并可以处五百元以上二千元以下的罚款。

违反本法规定，在人口集中地区和其他依法需要特殊保护的区域内，焚烧沥青、油毡、橡胶、塑料、皮革、垃圾以及其他产生有毒有害烟尘和恶臭气体的物质的，由县级人民政府确定的监督管理部门责令改正，对单位处一万元以上十万元以下的罚款，对个人处五百元以上二千元以下的罚款。

违反本法规定，在城市人民政府禁止的时段和区域内燃放烟花爆竹的，由县级以上地方人民政府确定的监督管理部门依法予以处罚。

第一百二十条　违反本法规定，从事服装干洗和机动车维修等服务活动，未设置异味和废气处理装置等污染防治设施并保持正常使用，影响周边环境的，由县级以上地方人民政府生态环境主管部门责令改正，处二千元以上二万元以下的罚款；拒不改正的，责令停业整治。

第一百二十一条　违反本法规定，擅自向社会发布重污染天气预报预警信息，构成违反治安管理行为的，由公安机关依法予以处罚。

违反本法规定，拒不执行停止工地土石方作业或者建筑物拆除施工等重污染天气应急措施的，由县级以上地方人民政府确定的监督管理部门处一万元以上十万元以下的罚款。

第一百二十二条　违反本法规定，造成大气污染事故的，由县级以上人民政府生态环境主管部门依照本条第二款的规定处以罚款；对直接负责的主管人员和其他直接责任人员可以处上一年度从本企业事业单位取得收入百分之五十以下的罚款。

对造成一般或者较大大气污染事故的，按照污染事故造成直接损失的一倍以上三倍以下计算罚款；对造成重大或者特大大气污染事故的，按照污染事故造成的直接损失的三倍以上五倍以下计算罚款。

第一百二十三条　违反本法规定，企业事业单位和其他生产经营者有下列行为之一，受到罚款处罚，被责令改正，拒不改正的，依法作出处罚决定的行政机关可以自责令改正之日的次日起，按照原处罚数额按日连续处罚：

（一）未依法取得排污许可证排放大气污染物的；

（二）超过大气污染物排放标准或者超过重点大气污染物排放总量控制指标排放大气污染物的；

（三）通过逃避监管的方式排放大气污染物的；

（四）建筑施工或者贮存易产生扬尘的物料未采取有效措施防治扬尘污染的。

第一百二十四条　违反本法规定，对举报人以解除、变更劳动合同或者其他方式打击报复的，应当依照有关法律的规定承担责任。

第一百二十五条　排放大气污染物造成损害的，应当依法承担侵权责任。

第一百二十六条　地方各级人民政府、县级以上人民政府生态环境主管部门和其他负有大气环境保护监督管理职责的部门及其工作人员滥用职权、玩忽职守、徇私舞弊、弄虚作假的，依法给予处分。

第一百二十七条　违反本法规定，构成犯罪的，依法追究刑事责任。

254. 中华人民共和国残疾人保障法（2018. 10. 26）

（1990 年 12 月 28 日第七届全国人民代表大会常务委员会第十七次会议通过
2008 年 4 月 24 日第十一届全国人民代表大会常务委员会第二次会议修订　根据
2018 年 10 月 26 日第十三届全国人民代表大会常务委员会第六次会议《关于修改
〈中华人民共和国野生动物保护法〉等十五部法律的决定》修正）

第八章　法律责任

第五十九条　残疾人的合法权益受到侵害的，可以向残疾人组织投诉，残疾人组织应当维护残疾人的合法权益，有权要求有关部门或者单位查处。有关部门或者单位应当依法查处，并予以答复。

残疾人组织对残疾人通过诉讼维护其合法权益需要帮助的，应当给予支持。

残疾人组织对侵害特定残疾人群体利益的行为，有权要求有关部门依法查处。

第六十条　残疾人的合法权益受到侵害的，有权要求有关部门依法处理，或者依法向仲裁机构申请仲裁，或者依法向人民法院提起诉讼。

对有经济困难或者其他原因确需法律援助或者司法救助的残疾人，当地法律援助机构或者人民法院应当给予帮助，依法为其提供法律援助或者司法救助。

第六十一条　违反本法规定，对侵害残疾人权益行为的申诉、控告、检举，推诿、拖延、压制不予查处，或者对提出申诉、控告、检举的人进行打击报复的，由其所在单位、主管部门或者上级机关责令改正，并依法对直接负责的主管人员和其他直接责任人员给予处分。

国家工作人员未依法履行职责，对侵害残疾人权益的行为未及时制止或者未给予受害残疾人必要帮助，造成严重后果的，由其所在单位或者上级机关依法对直接负责的主管人员和其他直接责任人员给予处分。

第六十二条　违反本法规定，通过大众传播媒介或者其他方式贬低损害残疾人人格的，由文化、广播电视、电影、新闻出版或者其他有关主管部门依据各自的职权责令改正，并依法给予行政处罚。

第六十三条　违反本法规定，有关教育机构拒不接收残疾学生入学，或者在国家规定的录取要求以外附加条件限制残疾学生就学的，由有关主管部门责令改正，并依法对直接负责的主管人员和其他直接责任人员给予处分。

第六十四条　违反本法规定，在职工的招用等方面歧视残疾人的，由有关主管部门责令改正；残疾人劳动者可以依法向人民法院提起诉讼。

第六十五条　违反本法规定，供养、托养机构及其工作人员侮辱、虐待、遗弃残疾人的，对直接负责的主管人员和其他直接责任人员依法给予处分；构成违反治安管理行为的，依法给予行政处罚。

第六十六条　违反本法规定，新建、改建和扩建建筑物、道路、交通设施，不符合国家有关无障碍设施工程建设标准，或者对无障碍设施未进行及时维修和保护造成后果的，由有关主管部门依法处理。

第六十七条　违反本法规定，侵害残疾人的合法权益，其他法律、法规规定行政处罚的，从其规定；造成财产损失或者其他损害的，依法承担民事责任；构成犯罪的，依法追究刑事责任。

255. 中华人民共和国妇女权益保障法（2018. 10. 26）

（1992 年 4 月 3 日第七届全国人民代表大会第五次会议通过　根据 2005 年 8 月 28 日第十届全国人民代表大会常务委员会第十七次会议《关于修改〈中华人民共和国妇女权益保障法〉的决定》第一次修正　根据 2018 年 10 月 26 日第十三届全国人民代表大会常务委员会第六次会议《关于修改〈中华人民共和国野生动物保护法〉等十五部法律的决定》第二次修正）

第八章　法律责任

第五十六条　违反本法规定，侵害妇女的合法权益，其他法律、法规规定行政处罚的，从其规定；造成财产损失或者其他损害的，依法承担民事责任；构成犯罪的，依法追究刑事责任。

256. 中华人民共和国广告法（2018. 10. 26）

（1994 年 10 月 27 日第八届全国人民代表大会常务委员会第十次会议通过，2015 年 4 月 24 日第十二届全国人民代表大会常务委员会第十四次会议修订　根据 2018 年 10 月 26 日第十三届全国人民代表大会常务委员会第六次会议《关于修改〈中华人民共和国野生动物保护法〉等十五部法律的决定》修正）

第五章　法律责任

第五十五条　违反本法规定，发布虚假广告的，由市场监督管理部门责令停止发布广告，责令广告主在相应范围内消除影响，处广告费用三倍以上五倍以下的罚款，广告费用无法计算或者明显偏低的，处二十万元以上一百万元以下的罚款；两年内有三次以上违法行为或者有其他严重情节的，处广告费用五倍以上十倍以下的罚款，广告费用无法计算或者明显偏低的，处一百万元以上二百万元以下的罚款，可以吊销营业执照，并由广告审查机关撤销广告审查批准文件、一年内不受理其广告审查申请。

医疗机构有前款规定违法行为，情节严重的，除由市场监督管理部门依照本法处罚外，卫生行政部门可以吊销诊疗科目或者吊销医疗机构执业许可证。

广告经营者、广告发布者明知或者应知广告虚假仍设计、制作、代理、发布的，由市场监督管理部门没收广告费用，并处广告费用三倍以上五倍以下的罚款，广告费用无法计算或者明显偏低的，处二十万元以上一百万元以下的罚款；两年内有三次以上违法行为或者有其他严重情节的，处广告费用五倍以上十倍以下的罚款，广告费用无法计算或者明显偏低的，处一百万元以上二百万元以下的罚款，并可以由有关部门暂停广告发布业务、吊销营业执照、吊销广告发布登记证件。

广告主、广告经营者、广告发布者有本条第一款、第三款规定行为，构成犯罪的，依法追究刑事责任。

第七十一条 违反本法规定，拒绝、阻挠市场监督管理部门监督检查，或者有其他构成违反治安管理行为的，依法给予治安管理处罚；构成犯罪的，依法追究刑事责任。

第七十二条 广告审查机关对违法的广告内容作出审查批准决定的，对负有责任的主管人员和直接责任人员，由任免机关或者监察机关依法给予处分；构成犯罪的，依法追究刑事责任。

第七十三条 市场监督管理部门对在履行广告监测职责中发现的违法广告行为或者对经投诉、举报的违法广告行为，不依法予以查处的，对负有责任的主管人员和直接责任人员，依法给予处分。

市场监督管理部门和负责广告管理相关工作的有关部门的工作人员玩忽职守、滥用职权、徇私舞弊的，依法给予处分。

有前两款行为，构成犯罪的，依法追究刑事责任。

257. 中华人民共和国节约能源法（2018. 10. 26）

（1997 年 11 月 1 日第八届全国人民代表大会常务委员会第二十八次会议通过　2007 年 10 月 28 日第十届全国人民代表大会常务委员会第三十次会议修订　根据 2016 年 7 月 2 日第十二届全国人民代表大会常务委员会第二十一次会议《关于修改〈中华人民共和国节约能源法〉等六部法律的决定》第一次修正　根据 2018 年 10 月 26 日第十三届全国人民代表大会常务委员会第六次会议《关于修改〈中华人民共和国野生动物保护法〉等十五部法律的决定》第二次修正）

第六章　法律责任

第六十八条 负责审批政府投资项目的机关违反本法规定，对不符合强制性节能标准的项目予以批准建设的，对直接负责的主管人员和其他直接责任人员依法给予处分。

固定资产投资项目建设单位开工建设不符合强制性节能标准的项目或者将该项目投入生产、使用的，由管理节能工作的部门责令停止建设或者停止生产、使用，限期改造；不能改造或者逾期不改造的生产性项目，由管理节能工作的部门报请本级人民政府按照国务院规定的权限责令关闭。

第六十九条 生产、进口、销售国家明令淘汰的用能产品、设备的，使用伪造的节能产品认证标志或者冒用节能产品认证标志的，依照《中华人民共和国产品质量法》的规定处罚。

第七十条 生产、进口、销售不符合强制性能源效率标准的用能产品、设备的，由市场监督管理部门责令停止生产、进口、销售，没收违法生产、进口、销售的用能产品、设备和违法所得，并处违法所得一倍以上五倍以下罚款；情节严重的，吊销营业执照。

第七十一条 使用国家明令淘汰的用能设备或者生产工艺的，由管理节能工作的部门责令停止使用，没收国家明令淘汰的用能设备；情节严重的，可以由管理节能工作的部门提出意见，报请本级人民政府按照国务院规定的权限责令停业整顿或者关闭。

第七十二条 生产单位超过单位产品能耗限额标准用能，情节严重，经限期治理逾期不治理或者没有达到治理要求的，可以由管理节能工作的部门提出意见，报请本级人民政府按照国务院规定的权限责令停业整顿或者关闭。

第七十三条 违反本法规定，应当标注能源效率标识而未标注的，由市场监督管理部门责令改正，处三万元以上五万元以下罚款。

违反本法规定，未办理能源效率标识备案，或者使用的能源效率标识不符合规定的，由市场监督管理部门责令限期改正；逾期不改正的，处一万元以上三万元以下罚款。

伪造、冒用能源效率标识或者利用能源效率标识进行虚假宣传的，由市场监督管理部门责令改正，处五万元以上十万元以下罚款；情节严重的，吊销营业执照。

第七十四条　用能单位未按照规定配备、使用能源计量器具的，由市场监督管理部门责令限期改正；逾期不改正的，处一万元以上五万元以下罚款。

第七十五条　瞒报、伪造、篡改能源统计资料或者编造虚假能源统计数据的，依照《中华人民共和国统计法》的规定处罚。

第七十六条　从事节能咨询、设计、评估、检测、审计、认证等服务的机构提供虚假信息的，由管理节能工作的部门责令改正，没收违法所得，并处五万元以上十万元以下罚款。

第七十七条　违反本法规定，无偿向本单位职工提供能源或者对能源消费实行包费制的，由管理节能工作的部门责令限期改正；逾期不改正的，处五万元以上二十万元以下罚款。

第七十八条　电网企业未按照本法规定安排符合规定的热电联产和利用余热余压发电的机组与电网并网运行，或者未执行国家有关上网电价规定的，由国家电力监管机构责令改正；造成发电企业经济损失的，依法承担赔偿责任。

第七十九条　建设单位违反建筑节能标准的，由建设主管部门责令改正，处二十万元以上五十万元以下罚款。

设计单位、施工单位、监理单位违反建筑节能标准的，由建设主管部门责令改正，处十万元以上五十万元以下罚款；情节严重的，由颁发资质证书的部门降低资质等级或者吊销资质证书；造成损失的，依法承担赔偿责任。

第八十条　房地产开发企业违反本法规定，在销售房屋时未向购买人明示所售房屋的节能措施、保温工程保修期等信息的，由建设主管部门责令限期改正，逾期不改正的，处三万元以上五万元以下罚款；对以上信息作虚假宣传的，由建设主管部门责令改正，处五万元以上二十万元以下罚款。

第八十一条　公共机构采购用能产品、设备，未优先采购列入节能产品、设备政府采购名录中的产品、设备，或者采购国家明令淘汰的用能产品、设备的，由政府采购监督管理部门给予警告，可以并处罚款；对直接负责的主管人员和其他直接责任人员依法给予处分，并予通报。

第八十二条　重点用能单位未按照本法规定报送能源利用状况报告或者报告内容不实的，由管理节能工作的部门责令限期改正；逾期不改正的，处一万元以上五万元以下罚款。

第八十三条　重点用能单位无正当理由拒不落实本法第五十四条规定的整改要求或者整改没有达到要求的，由管理节能工作的部门处十万元以上三十万元以下罚款。

第八十四条　重点用能单位未按照本法规定设立能源管理岗位，聘任能源管理负责人，并报管理节能工作的部门和有关部门备案的，由管理节能工作的部门责令改正；拒不改正的，处一万元以上三万元以下罚款。

第八十五条　违反本法规定，构成犯罪的，依法追究刑事责任。

第八十六条　国家工作人员在节能管理工作中滥用职权、玩忽职守、徇私舞弊，构成犯罪的，依法追究刑事责任；尚不构成犯罪的，依法给予处分。

258. 中华人民共和国防沙治沙法（2018. 10. 26）

（2001 年 8 月 31 日第九届全国人民代表大会常务委员会第二十三次会议通过
根据 2018 年 10 月 26 日第十三届全国人民代表大会常务委员会第六次会议《关于修改〈中华人民共和国野生动物保护法〉等十五部法律的决定》修正）

第六章　法律责任

第三十八条　违反本法第二十二条第一款规定，在沙化土地封禁保护区范围内从事破坏植被活动的，由县级以上地方人民政府林业草原行政主管部门责令停止违法行为；有违法所得的，没收其违法所得；构成犯罪的，依法追究刑事责任。

第四十四条　违反本法第三十七条第一款规定，截留、挪用防沙治沙资金的，对直接负责的主管人员和其他直接责任人员，由监察机关或者上级行政主管部门依法给予行政处分；构成犯罪的，依法追究刑事责任。

第四十五条　防沙治沙监督管理人员滥用职权、玩忽职守、徇私舞弊，构成犯罪的，依法追究刑事责任。

259. 中华人民共和国旅游法（2018. 10. 26）

（2013年4月25日第十二届全国人民代表大会常务委员会第二次会议通过　根据2016年11月7日第十二届全国人民代表大会常务委员会第二十四次会议《关于修改〈中华人民共和国对外贸易法〉等十二部法律的决定》第一次修正　根据2018年10月26日第十三届全国人民代表大会常务委员会第六次会议《关于修改〈中华人民共和国野生动物保护法〉等十五部法律的决定》第二次修正）

第九章　法律责任

第九十五条　违反本法规定，未经许可经营旅行社业务的，由旅游主管部门或者市场监督管理部门责令改正，没收违法所得，并处一万元以上十万元以下罚款；违法所得十万元以上的，并处违法所得一倍以上五倍以下罚款；对有关责任人员，处二千元以上二万元以下罚款。

旅行社违反本法规定，未经许可经营本法第二十九条第一款第二项、第三项业务，或者出租、出借旅行社业务经营许可证，或者以其他方式非法转让旅行社业务经营许可的，除依照前款规定处罚外，并责令停业整顿；情节严重的，吊销旅行社业务经营许可证；对直接负责的主管人员，处二千元以上二万元以下罚款。

第九十六条　旅行社违反本法规定，有下列行为之一的，由旅游主管部门责令改正，没收违法所得，并处五千元以上五万元以下罚款；情节严重的，责令停业整顿或者吊销旅行社业务经营许可证；对直接负责的主管人员和其他直接责任人员，处二千元以上二万元以下罚款：

（一）未按照规定为出境或者入境团队旅游安排领队或者导游全程陪同的；

（二）安排未取得导游证的人员提供导游服务或者安排不具备领队条件的人员提供领队服务的；

（三）未向临时聘用的导游支付导游服务费用的；

（四）要求导游垫付或者向导游收取费用的。

第九十七条　旅行社违反本法规定，有下列行为之一的，由旅游主管部门或者有关部门责令改正，没收违法所得，并处五千元以上五万元以下罚款；违法所得五万元以上的，并处违法所得一倍以上五倍以下罚款；情节严重的，责令停业整顿或者吊销旅行社业务经营许可证；对直接负责的主管人员和其他直接责任人员，处二千元以上二万元以下罚款：

（一）进行虚假宣传，误导旅游者的；

（二）向不合格的供应商订购产品和服务的；

（三）未按照规定投保旅行社责任保险的。

第九十八条　旅行社违反本法第三十五条规定的，由旅游主管部门责令改正，没收违法所得，责令停业整顿，并处三万元以上三十万元以下罚款；违法所得三十万元以上的，并处违法所得一倍以上五倍以下罚款；情节严重的，吊销旅行社业务经营许可证；对直接负责的主管人员和其他直接责任人员，没收违法所得，处二千元以上二万以下罚款，并暂扣或者吊销导游证。

第九十九条　旅行社未履行本法第五十五条规定的报告义务的，由旅游主管部门处五千元以上五万元以下罚款；情节严重的，责令停业整顿或者吊销旅行社业务经营许可证；对直接负责的主管人员和其他直接责任人员，处二千元以上二万元以下罚款，并暂扣或者吊销导游证。

第一百条　旅行社违反本法规定，有下列行为之一的，由旅游主管部门责令改正，处三万元以上三十万元以下罚款，并责令停业整顿；造成旅游者滞留等严重后果的，吊销旅行社业务经营许可证；对直接负责的主管人员和其他直接责任人员，处二千元以上二万元以下罚款，并暂扣或者吊销导游证：

（一）在旅游行程中擅自变更旅游行程安排，严重损害旅游者权益的；

（二）拒绝履行合同的；

（三）未征得旅游者书面同意，委托其他旅行社履行包价旅游合同的。

第一百零一条　旅行社违反本法规定，安排旅游者参观或者参与违反我国法律、法规和社会公德的项目或者活动的，由旅游主管部门责令改正，没收违法所得，责令停业整顿，并处二万元以上二十万元以下罚款；情节严重的，吊销旅行社业务经营许可证；对直接负责的主管人员和其他直接责任人员，处二千元以上二万元以下罚款，并暂扣或者吊销导游证。

第一百零二条　违反本法规定，未取得导游证或者不具备领队条件而从事导游、领队活动的，由旅游主管部门责令改正，没收违法所得，并处一千元以上一万元以下罚款，予以公告。

导游、领队违反本法规定，私自承揽业务的，由旅游主管部门责令改正，没收违法所得，处一千元以上一万元以下罚款，并暂扣或者吊销导游证。

导游、领队违反本法规定，向旅游者索取小费的，由旅游主管部门责令退还，处一千元以上一万元以下罚款；情节严重的，并暂扣或者吊销导游证。

第一百零三条 违反本法规定被吊销导游证的导游、领队和受到吊销旅行社业务经营许可证处罚的旅行社的有关管理人员，自处罚之日起未逾三年的，不得重新申请导游证或者从事旅行社业务。

第一百零四条 旅游经营者违反本法规定，给予或者收受贿赂的，由市场监督管理部门依照有关法律、法规的规定处罚；情节严重的，并由旅游主管部门吊销旅行社业务经营许可证。

第一百零五条 景区不符合本法规定的开放条件而接待旅游者的，由景区主管部门责令停业整顿直至符合开放条件，并处二万元以上二十万元以下罚款。

景区在旅游者数量可能达到最大承载量时，未依照本法规定公告或者未向当地人民政府报告，未及时采取疏导、分流等措施，或者超过最大承载量接待旅游者的，由景区主管部门责令改正，情节严重的，责令停业整顿一个月至六个月。

第一百零六条 景区违反本法规定，擅自提高门票或者另行收费项目的价格，或者有其他价格违法行为的，由有关主管部门依照有关法律、法规的规定处罚。

第一百零七条 旅游经营者违反有关安全生产管理和消防安全管理的法律、法规或者国家标准、行业标准的，由有关主管部门依照有关法律、法规的规定处罚。

第一百零八条 对违反本法规定的旅游经营者及其从业人员，旅游主管部门和有关部门应当记入信用档案，向社会公布。

第一百零九条 旅游主管部门和有关部门的工作人员在履行监督管理职责中，滥用职权、玩忽职守、徇私舞弊，尚不构成犯罪的，依法给予处分。

第一百一十条 违反本法规定，构成犯罪的，依法追究刑事责任。

260. 中华人民共和国公共图书馆法（2018. 10. 26）

（2017年11月4日第十二届全国人民代表大会常务委员会第三十次会议通过
根据2018年10月26日第十三届全国人民代表大会常务委员会第六次会议
《关于修改〈中华人民共和国野生动物保护法〉等十五部法律的决定》修正）

第五章 法律责任

下编

第四十九条 公共图书馆从事或者允许其他组织、个人在馆内从事危害国家安全、损害社会公共利益活动的，由文化主管部门责令改正，没收违法所得；情节严重的，可以责令停业整顿、关闭；对直接负责的主管人员和其他直接责任人员依法追究法律责任。

第五十条 公共图书馆及其工作人员有下列行为之一的，由文化主管部门责令改正，没收违法所得：

（一）违规处置文献信息；

（二）出售或者以其他方式非法向他人提供读者的个人信息、借阅信息以及其他可能涉及读者隐私的信息；

（三）向社会公众提供文献信息违反有关法律、行政法规的规定，或者向未成年人提供内容不适宜的文献信息；

（四）将设施设备场地用于与公共图书馆服务无关的商业经营活动；

（五）其他不履行本法规定的公共图书馆服务要求的行为。

公共图书馆及其工作人员对应当免费提供的服务收费或者变相收费的，由价格主管部门依照前款规定给予处罚。

公共图书馆及其工作人员有前两款规定行为的，对直接负责的主管人员和其他直接责任人员依法追究法律责任。

第五十一条 出版单位未按照国家有关规定交存正式出版物的，由出版主管部门依照有关出版管理的法律、行政法规规定给予处罚。

第五十二条 文化主管部门或者其他有关部门及其工作人员在公共图书馆管理工作中滥用职权、玩忽职守、徇私舞弊的，对直接负责的主管人员和其他直接责任人员依法给予处分。

第五十三条 损坏公共图书馆的文献信息、设施设备或者未按照规定时限归还所借文献信息，造成财产损失或者其他损害的，依法承担民事责任。

第五十四条　违反本法规定，构成违反治安管理行为的，依法给予治安管理处罚；构成犯罪的，依法追究刑事责任。

261. 中华人民共和国公务员法（2018.12.29）

（2005年4月27日第十届全国人民代表大会常务委员会第十五次会议通过　根据2017年9月1日第十二届全国人民代表大会常务委员会第二十九次会议《关于修改〈中华人民共和国法官法〉等八部法律的决定》修正　2018年12月29日第十三届全国人民代表大会常务委员会第七次会议修订）

第十七章　法律责任

第一百零六条　对有下列违反本法规定情形的，由县级以上领导机关或者公务员主管部门按照管理权限，区别不同情况，分别予以责令纠正或者宣布无效；对负有责任的领导人员和直接责任人员，根据情节轻重，给予批评教育、责令检查、诫勉、组织调整、处分；构成犯罪的，依法追究刑事责任：

（一）不按照编制限额、职数或者任职资格条件进行公务员录用、调任、转任、聘任和晋升的；

（二）不按照规定条件进行公务员奖惩、回避和办理退休的；

（三）不按照规定程序进行公务员录用、调任、转任、聘任、晋升以及考核、奖惩的；

（四）违反国家规定，更改公务员工资、福利、保险待遇标准的；

（五）在录用、公开遴选等工作中发生泄露试题、违反考场纪律以及其他严重影响公开、公正行为的；

（六）不按照规定受理和处理公务员申诉、控告的；

（七）违反本法规定的其他情形的。

第一百零八条　公务员主管部门的工作人员，违反本法规定，滥用职权、玩忽职守、徇私舞弊，构成犯罪的，依法追究刑事责任；尚不构成犯罪的，给予处分或者由监察机关依法给予政务处分。

第一百零九条　在公务员录用、聘任等工作中，有隐瞒真实信息、弄虚作假、考试作弊、扰乱考试秩序等行为的，由公务员主管部门根据情节作出考试成绩无效、取消资格、限制报考等处理；情节严重的，依法追究法律责任。

262. 中华人民共和国农村土地承包法（2018.12.29）

（2002年8月29日第九届全国人民代表大会常务委员会第二十九次会议通过　2002年8月29日中华人民共和国主席令第七十三号公布　根据2009年8月27日第十一届全国人民代表大会常务委员会第十次会议《关于修改部分法律的决定》第一次修正　根据2018年12月29日第十三届全国人民代表大会常务委员会第七次会议《关于修改〈中华人民共和国农村土地承包法〉的决定》第二次修正）

第四章　争议的解决和法律责任

第六十五条　国家机关及其工作人员有利用职权干涉农村土地承包经营，变更、解除承包经营合同，干涉承包经营当事人依法享有的生产经营自主权，强迫、阻碍承包经营当事人进行土地承包经营权互换、转让或者土地经营权流转等侵害土地承包经营权、土地经营权的行为，给承包经营当事人造成损失的，应当承担损害赔偿等责任；情节严重的，由上级机关或者所在单位给予直接责任人员处分；构成犯罪的，依法追究刑事责任。

263. 中华人民共和国环境噪声污染防治法（2018.12.29）

（1996 年 10 月 29 日第八届全国人民代表大会常务委员会第二十二次会议通过
根据 2018 年 12 月 29 日第十三届全国人民代表大会常务委员会第七次会议
《关于修改〈中华人民共和国劳动法〉等七部法律的决定》修正）

第七章　法律责任

第六十二条　环境噪声污染防治监督管理人员滥用职权、玩忽职守、徇私舞弊的，由其所在单位或者上级主管机关给予行政处分；构成犯罪的，依法追究刑事责任。

264. 中华人民共和国民用航空法（2018.12.29）

（1995 年 10 月 30 日第八届全国人民代表大会常务委员会第十六次会议通过　根据 2009 年 8 月 27 日第十一届全国人民代表大会常务委员会第十次会议《关于修改部分法律的决定》第一次修正　根据 2015 年 4 月 24 日第十二届全国人民代表大会常务委员会第十四次会议《关于修改〈中华人民共和国计量法〉等五部法律的决定》第二次修正　根据 2016 年 11 月 7 日第十二届全国人民代表大会常务委员会第二十四次会议《关于修改〈中华人民共和国对外贸易法〉等十二部法律的决定》第三次修正　根据 2017 年 11 月 4 日第十二届全国人民代表大会常务委员会第三十次会议《关于修改〈中华人民共和国会计法〉等十一部法律的决定》第四次修正　根据 2018 年 12 月 29 日第十三届全国人民代表大会常务委员会第七次会议《关于修改〈中华人民共和国劳动法〉等七部法律的决定》第五次修正）

第十五章　法律责任

第一百九十一条　以暴力、胁迫或者其他方法劫持航空器的，依照刑法有关规定追究刑事责任。

第一百九十二条　对飞行中的民用航空器上的人员使用暴力，危及飞行安全的，依照刑法有关规定追究刑事责任。

第一百九十三条　违反本法规定，隐匿携带炸药、雷管或者其他危险品乘坐民用航空器，或者以非危险品品名托运危险品的，依照刑法有关规定追究刑事责任。

企业事业单位犯前款罪的，判处罚金，并对直接负责的主管人员和其他直接责任人员依照前款规定追究刑事责任。

隐匿携带枪支子弹、管制刀具乘坐民用航空器的，依照刑法有关规定追究刑事责任。

第一百九十四条　公共航空运输企业违反本法第一百零一条的规定运输危险品的，由国务院民用航空主管部门没收违法所得，可以并处违法所得一倍以下的罚款。

公共航空运输企业有前款行为，导致发生重大事故的，没收违法所得，判处罚金；并对直接负责的主管人员和其他直接责任人员依照刑法有关规定追究刑事责任。

第一百九十五条　故意在使用中的民用航空器上放置危险品或者唆使他人放置危险品，足以毁坏该民用航空器，危及飞行安全的，依照刑法有关规定追究刑事责任。

第一百九十六条　故意传递虚假情报，扰乱正常飞行秩序，使公私财产遭受重大损失的，依照刑法有关规定追究刑事责任。

第一百九十七条　盗窃或者故意损毁、移动使用中的航行设施，危及飞行安全，足以使民用航空器发生坠落、毁坏危险的，依照刑法有关规定追究刑事责任。

第一百九十八条　聚众扰乱民用机场秩序的，依照刑法有关规定追究刑事责任。

第一百九十九条　航空人员玩忽职守，或者违反规章制度，导致发生重大飞行事故，造成严重后果的，依照刑法有关规定追究刑事责任。

第二百条 违反本法规定，尚不够刑事处罚，应当给予治安管理处罚的，依照治安管理处罚法的规定处罚。

第二百一十二条 国务院民用航空主管部门和地区民用航空管理机构的工作人员，玩忽职守、滥用职权、徇私舞弊，构成犯罪的，依法追究刑事责任；尚不构成犯罪的，依法给予行政处分。

265. 中华人民共和国职业病防治法（2018. 12. 29）

（2001 年 10 月 27 日第九届全国人民代表大会常务委员会第二十四次会议通过　根据 2011 年 12 月 31 日第十一届全国人民代表大会常务委员会第二十四次会议《关于修改〈中华人民共和国职业病防治法〉的决定》第一次修正　根据 2016 年 7 月 2 日第十二届全国人民代表大会常务委员会第二十一次会议《关于修改〈中华人民共和国节约能源法〉等六部法律的决定》第二次修正　根据 2017 年 11 月 4 日第十二届全国人民代表大会常务委员会第三十次会议《关于修改〈中华人民共和国会计法〉等十一部法律的决定》第三次修正　根据 2018 年 12 月 29 日第十三届全国人民代表大会常务委员会第七次会议《关于修改〈中华人民共和国劳动法〉等七部法律的决定》第四次修正）

第六章　法律责任

第七十八条 用人单位违反本法规定，造成重大职业病危害事故或者其他严重后果，构成犯罪的，对直接负责的主管人员和其他直接责任人员，依法追究刑事责任。

第八十条 从事职业卫生技术服务的机构和承担职业病诊断的医疗卫生机构违反本法规定，有下列行为之一的，由卫生行政部门责令立即停止违法行为，给予警告，没收违法所得；违法所得五千元以上的，并处违法所得二倍以上五倍以下的罚款；没有违法所得或者违法所得不足五千元的，并处五千元以上二万元以下的罚款；情节严重的，由原认可或者登记机关取消其相应的资格；对直接负责的主管人员和其他直接责任人员，依法给予降级、撤职或者开除的处分；构成犯罪的，依法追究刑事责任：

（一）超出资质认可或者诊疗项目登记范围从事职业卫生技术服务或者职业病诊断的；

（二）不按照本法规定履行法定职责的；

（三）出具虚假证明文件的。

第八十三条 县级以上地方人民政府在职业病防治工作中未依照本法履行职责，本行政区域出现重大职业病危害事故、造成严重社会影响的，依法对直接负责的主管人员和其他直接责任人员给予记大过直至开除的处分。

县级以上人民政府职业卫生监督管理部门不履行本法规定的职责，滥用职权、玩忽职守、徇私舞弊，依法对直接负责的主管人员和其他直接责任人员给予记大过或者降级的处分；造成职业病危害事故或者其他严重后果的，依法给予撤职或者开除的处分。

第八十四条 违反本法规定，构成犯罪的，依法追究刑事责任。

266. 中华人民共和国老年人权益保障法（2018. 12. 29）

（1996 年 8 月 29 日第八届全国人民代表大会常务委员会第二十一次会议通过　根据 2009 年 8 月 27 日第十一届全国人民代表大会常务委员会第十次会议《关于修改部分法律的决定》第一次修正　2012 年 12 月 28 日第十一届全国人民代表大会常务委员会第三十次会议修订　根据 2015 年 4 月 24 日第十二届全国人民代表大会常务委员会第十四次会议《关于修改〈中华人民共和国电力法〉等六部法律的决定》第二次修正　根据 2018 年 12 月 29 日第十三届全国人民代表大会常务委员会第七次会议《关于修改〈中华人民共和国劳动法〉等七部法律的决定》第三次修正）

第八章　法律责任

第七十四条 不履行保护老年人合法权益职责的部门或者组织，其上级主管部门应当给予批评教育，责令改正。

国家工作人员违法失职，致使老年人合法权益受到损害的，由其所在单位或者上级机关责令改正，或者依法给予处分；构成犯罪的，依法追究刑事责任。

第七十六条 干涉老年人婚姻自由，对老年人负有赡养义务、扶养义务而拒绝赡养、扶养，虐待老年人或者对老年人实施家庭暴力的，由有关单位给予批评教育；构成违反治安管理行为的，依法给予治安管理处罚；构成犯罪的，依法追究刑事责任。

第七十七条 家庭成员盗窃、诈骗、抢夺、侵占、勒索、故意损毁老年人财物，构成违反治安管理行为的，依法给予治安管理处罚；构成犯罪的，依法追究刑事责任。

第七十八条 侮辱、诽谤老年人，构成违反治安管理行为的，依法给予治安管理处罚；构成犯罪的，依法追究刑事责任。

第七十九条 养老机构及其工作人员侵害老年人人身和财产权益，或者未按照约定提供服务的，依法承担民事责任；有关主管部门依法给予行政处罚；构成犯罪的，依法追究刑事责任。

第八十条 对养老机构负有管理和监督职责的部门及其工作人员滥用职权、玩忽职守、徇私舞弊的，对直接负责的主管人员和其他直接责任人员依法给予处分；构成犯罪的，依法追究刑事责任。

第八十二条 涉及老年人的工程不符合国家规定的标准或者无障碍设施所有人、管理人未尽到维护和管理职责的，由有关主管部门责令改正；造成损害的，依法承担民事责任；对有关单位、个人依法给予行政处罚；构成犯罪的，依法追究刑事责任。

267. 中华人民共和国劳动法（2018.12.29）

（1994年7月5日第八届全国人民代表大会常务委员会第八次会议通过　根据2009年8月27日第十一届全国人民代表大会常务委员会第十次会议《关于修改部分法律的决定》第一次修正　根据2018年12月29日第十三届全国人民代表大会常务委员会第七次会议《关于修改〈中华人民共和国劳动法〉等七部法律的决定》第二次修正）

第十二章　法律责任

第九十二条 用人单位的劳动安全设施和劳动卫生条件不符合国家规定或者未向劳动者提供必要的劳动防护用品和劳动保护设施的，由劳动行政部门或者有关部门责令改正，可以处以罚款；情节严重的，提请县级以上人民政府决定责令停产整顿；对事故隐患不采取措施，致使发生重大事故，造成劳动者生命和财产损失的，对责任人员依照刑法有关规定追究刑事责任。

第九十三条 用人单位强令劳动者违章冒险作业，发生重大伤亡事故，造成严重后果的，对责任人员依法追究刑事责任。

第九十六条 用人单位有下列行为之一，由公安机关对责任人员处以十五日以下拘留、罚款或者警告；构成犯罪的，对责任人员依法追究刑事责任：

（一）以暴力、威胁或者非法限制人身自由的手段强迫劳动的；

（二）侮辱、体罚、殴打、非法搜查和拘禁劳动者的。

第一百零一条 用人单位无理阻挠劳动行政部门、有关部门及其工作人员行使监督检查权，打击报复举报人员的，由劳动行政部门或者有关部门处以罚款；构成犯罪的，对责任人员依法追究刑事责任。

第一百零三条 劳动行政部门或者有关部门的工作人员滥用职权、玩忽职守、徇私舞弊，构成犯罪的，依法追究刑事责任；不构成犯罪的，给予行政处分。

第一百零四条 国家工作人员和社会保险基金经办机构的工作人员挪用社会保险基金，构成犯罪的，依法追究刑事责任。

第一百零五条 违反本法规定侵害劳动者合法权益，其他法律、行政法规已规定处罚的，依照该法律、行政法规的规定处罚。

268. 中华人民共和国民办教育促进法（2018. 12. 29）

（2002 年 12 月 28 日第九届全国人民代表大会常务委员会第三十一次会议通过　根据 2013 年 6 月 29 日第十二届全国人民代表大会常务委员会第三次会议《关于修改〈中华人民共和国文物保护法〉等十二部法律的决定》第一次修正　根据 2016 年 11 月 7 日第十二届全国人民代表大会常务委员会第二十四次会议《关于修改〈中华人民共和国民办教育促进法〉的决定》第二次修正　根据 2018 年 12 月 29 日第十三届全国人民代表大会常务委员会第七次会议《关于修改〈中华人民共和国劳动法〉等七部法律的决定》第三次修正）

第九章　法律责任

第六十一条　民办学校在教育活动中违反教育法、教师法规定的，依照教育法、教师法的有关规定给予处罚。

第六十二条　民办学校有下列行为之一的，由县级以上人民政府教育行政部门、人力资源社会保障行政部门或者其他有关部门责令限期改正，并予以警告；有违法所得的，退还所收费用后没收违法所得；情节严重的，责令停止招生、吊销办学许可证；构成犯罪的，依法追究刑事责任：

（一）擅自分立、合并民办学校的；

（二）擅自改变民办学校名称、层次、类别和举办者的；

（三）发布虚假招生简章或者广告，骗取钱财的；

（四）非法颁发或者伪造学历证书、结业证书、培训证书、职业资格证书的；

（五）管理混乱严重影响教育教学，产生恶劣社会影响的；

（六）提交虚假证明文件或者采取其他欺诈手段隐瞒重要事实骗取办学许可证的；

（七）伪造、变造、买卖、出租、出借办学许可证的；

（八）恶意终止办学、抽逃资金或者挪用办学经费的。

第六十三条　县级以上人民政府教育行政部门、人力资源社会保障行政部门或者其他有关部门有下列行为之一的，由上级机关责令其改正；情节严重的，对直接负责的主管人员和其他直接责任人员，依法给予处分；造成经济损失的，依法承担赔偿责任；构成犯罪的，依法追究刑事责任：

（一）已受理设立申请，逾期不予答复的；

（二）批准不符合本法规定条件申请的；

（三）疏于管理，造成严重后果的；

（四）违反国家有关规定收取费用的；

（五）侵犯民办学校合法权益的；

（六）其他滥用职权、徇私舞弊的。

第六十四条　违反国家有关规定擅自举办民办学校的，由所在地县级以上地方人民政府教育行政部门或者人力资源社会保障行政部门会同同级公安、民政或者市场监督管理等有关部门责令停止办学、退还所收费用，并对举办者处违法所得一倍以上五倍以下罚款；构成违反治安管理行为的，由公安机关依法给予治安管理处罚；构成犯罪的，依法追究刑事责任。

269. 中华人民共和国食品安全法（2018. 12. 29）

（2009 年 2 月 28 日第十一届全国人民代表大会常务委员会第七次会议通过　2015 年 4 月 24 日第十二届全国人民代表大会常务委员会第十四次会议修订　根据 2018 年 12 月 29 日第十三届全国人民代表大会常务委员会第七次会议《关于修改〈中华人民共和国产品质量法〉等五部法律的决定》修正）

第九章　法律责任

第一百二十二条　违反本法规定，未取得食品生产经营许可从事食品生产经营活动，或者未取得食品添加剂生产许可从事食品添加剂生产活动的，由县级以上人民政府食品安全监督管理部门没收违法所得和违法生产经营的食品、食品添加剂以及用于违法生产经营的工具、设备、原料等物品；违法生产经营的食品、食品添加剂货值金额不足一万元的，并处五万元以上十万元以下罚款；货值金额一万元以上的，并处货值金额十倍以上二十倍以下罚款。

明知从事前款规定的违法行为，仍为其提供生产经营场所或者其他条件的，由县级以上人民政府食品安全监督管理部门责令停止违法行为，没收违法所得，并处五万元以上十万元以下罚款；使消费者的合法权益受到损害的，应当与食品、食品添加剂生产经营者承担连带责任。

第一百二十三条　违反本法规定，有下列情形之一，尚不构成犯罪的，由县级以上人民政府食品安全监督管理部门没收违法所得和违法生产经营的食品，并可以没收用于违法生产经营的工具、设备、原料等物品；违法生产经营的食品货值金额不足一万元的，并处十万元以上十五万元以下罚款；货值金额一万元以上的，并处货值金额十五倍以上三十倍以下罚款；情节严重的，吊销许可证，并可以由公安机关对其直接负责的主管人员和其他直接责任人员处五日以上十五日以下拘留：

（一）用非食品原料生产食品、在食品中添加食品添加剂以外的化学物质和其他可能危害人体健康的物质，或者用回收食品作为原料生产食品，或者经营上述食品；

（二）生产经营营养成分不符合食品安全标准的专供婴幼儿和其他特定人群的主辅食品；

（三）经营病死、毒死或者死因不明的禽、畜、兽、水产动物肉类，或者生产经营其制品；

（四）经营未按规定进行检疫或者检疫不合格的肉类，或者生产经营未经检验或者检验不合格的肉类制品；

（五）生产经营国家为防病等特殊需要明令禁止生产经营的食品；

（六）生产经营添加药品的食品。

明知从事前款规定的违法行为，仍为其提供生产经营场所或者其他条件的，由县级以上人民政府食品安全监督管理部门责令停止违法行为，没收违法所得，并处十万元以上二十万元以下罚款；使消费者的合法权益受到损害的，应当与食品生产经营者承担连带责任。

违法使用剧毒、高毒农药的，除依照有关法律、法规规定给予处罚外，可以由公安机关依照第一款规定给予拘留。

第一百二十四条　违反本法规定，有下列情形之一，尚不构成犯罪的，由县级以上人民政府食品安全监督管理部门没收违法所得和违法生产经营的食品、食品添加剂，并可以没收用于违法生产经营的工具、设备、原料等物品；违法生产经营的食品、食品添加剂货值金额不足一万元的，并处五万元以上十万元以下罚款；货值金额一万元以上的，并处货值金额十倍以上二十倍以下罚款；情节严重的，吊销许可证：

（一）生产经营致病性微生物，农药残留、兽药残留、生物毒素、重金属等污染物质以及其他危害人体健康的物质含量超过食品安全标准限量的食品、食品添加剂；

（二）用超过保质期的食品原料、食品添加剂生产食品、食品添加剂，或者经营上述食品、食品添加剂；

（三）生产经营超范围、超限量使用食品添加剂的食品；

（四）生产经营腐败变质、油脂酸败、霉变生虫、污秽不洁、混有异物、掺假掺杂或者感官性状异常的食品、食品添加剂；

（五）生产经营标注虚假生产日期、保质期或者超过保质期的食品、食品添加剂；

（六）生产经营未按规定注册的保健食品、特殊医学用途配方食品、婴幼儿配方乳粉，或者未按注册的产品配方、生产工艺等技术要求组织生产；

（七）以分装方式生产婴幼儿配方乳粉，或者同一企业以同一配方生产不同品牌的婴幼儿配方乳粉；

（八）利用新的食品原料生产食品，或者生产食品添加剂新品种，未通过安全性评估；

（九）食品生产经营者在食品安全监督管理部门责令其召回或者停止经营后，仍拒不召回或者停止经营。

除前款和本法第一百二十三条、第一百二十五条规定的情形外，生产经营不符合法律、法规或者食品安全标准的食品、食品添加剂的，依照前款规定给予处罚。

生产食品相关产品新品种，未通过安全性评估，或者生产不符合食品安全标准的食品相关产品的，由县级以上人民政府食品安全监督管理部门依照第一款规定给予处罚。

第一百二十五条　违反本法规定，有下列情形之一的，由县级以上人民政府食品安全监督管理部门没收违法所得和违法生产经营的食品、食品添加剂，并可以没收用于违法生产经营的工具、设备、原料等物品；违法生产经营的食品、食品添加剂货值金额不足一万元的，并处五千元以上五万元以下罚款；货值金额一万元以上的，并处货值金额五倍以上十倍以下罚款；情节严重的，责令停产停业，直至吊销许可证：

（一）生产经营被包装材料、容器、运输工具等污染的食品、食品添加剂；

（二）生产经营无标签的预包装食品、食品添加剂或者标签、说明书不符合本法规定的食品、食品添加剂；

（三）生产经营转基因食品未按规定进行标示；

（四）食品生产经营者采购或者使用不符合食品安全标准的食品原料、食品添加剂、食品相关产品。

生产经营的食品、食品添加剂的标签、说明书存在瑕疵但不影响食品安全且不会对消费者造成误导的，由县级以上人民政府食品安全监督管理部门责令改正；拒不改正的，处二千元以下罚款。

第一百二十六条 违反本法规定，有下列情形之一的，由县级以上人民政府食品安全监督管理部门责令改正，给予警告；拒不改正的，处五千元以上五万元以下罚款；情节严重的，责令停产停业，直至吊销许可证：

（一）食品、食品添加剂生产者未按规定对采购的食品原料和生产的食品、食品添加剂进行检验；

（二）食品生产经营企业未按规定建立食品安全管理制度，或者未按规定配备或者培训、考核食品安全管理人员；

（三）食品、食品添加剂生产经营者进货时未查验许可证和相关证明文件，或者未按规定建立并遵守进货查验记录、出厂检验记录和销售记录制度；

（四）食品生产经营企业未制定食品安全事故处置方案；

（五）餐具、饮具和盛放直接入口食品的容器，使用前未经洗净、消毒或者清洗消毒不合格，或者餐饮服务设施、设备未按规定定期维护、清洗、校验；

（六）食品生产经营者安排未取得健康证明或者患有国务院卫生行政部门规定的有碍食品安全疾病的人员从事接触直接入口食品的工作；

（七）食品经营者未按规定要求销售食品；

（八）保健食品生产企业未按规定向食品安全监督管理部门备案，或者未按备案的产品配方、生产工艺等技术要求组织生产；

（九）婴幼儿配方食品生产企业未将食品原料、食品添加剂、产品配方、标签等向食品安全监督管理部门备案；

（十）特殊食品生产企业未按规定建立生产质量管理体系并有效运行，或者未定期提交自查报告；

（十一）食品生产经营者未定期对食品安全状况进行检查评价，或者生产经营条件发生变化，未按规定处理；

（十二）学校、托幼机构、养老机构、建筑工地等集中用餐单位未按规定履行食品安全管理责任；

（十三）食品生产企业、餐饮服务提供者未按规定制定、实施生产经营过程控制要求。

餐具、饮具集中消毒服务单位违反本法规定用水，使用洗涤剂、消毒剂，或者出厂的餐具、饮具未按规定检验合格并随附消毒合格证明，或者未按规定在独立包装上标注相关内容的，由县级以上人民政府卫生行政部门依照前款规定给予处罚。

食品相关产品生产者未按规定对生产的食品相关产品进行检验的，由县级以上人民政府食品安全监督管理部门依照第一款规定给予处罚。

食用农产品销售者违反本法第六十五条规定的，由县级以上人民政府食品安全监督管理部门依照第一款规定给予处罚。

第一百二十七条 对食品生产加工小作坊、食品摊贩等的违法行为的处罚，依照省、自治区、直辖市制定的具体管理办法执行。

第一百二十八条 违反本法规定，事故单位在发生食品安全事故后未进行处置、报告的，由有关主管部门按照各自职责分工责令改正，给予警告；隐匿、伪造、毁灭有关证据的，责令停产停业，没收违法所得，并处十万元以上五十万元以下罚款；造成严重后果的，吊销许可证。

第一百二十九条 违反本法规定，有下列情形之一的，由出入境检验检疫机构依照本法第一百二十四条的规定给予处罚：

（一）提供虚假材料，进口不符合我国食品安全国家标准的食品、食品添加剂、食品相关产品；

（二）进口尚无食品安全国家标准的食品，未提交所执行的标准并经国务院卫生行政部门审查，或者进口利用新的食品原料生产的食品或者进口食品添加剂新品种、食品相关产品新品种，未通过安全性评估；

（三）未遵守本法的规定出口食品；

（四）进口商在有关主管部门责令其依照本法规定召回进口的食品后，仍拒不召回。

违反本法规定，进口商未建立并遵守食品、食品添加剂进口和销售记录制度、境外出口商或者生产企业审核制度的，由出入境检验检疫机构依照本法第一百二十六条的规定给予处罚。

第一百三十条 违反本法规定，集中交易市场的开办者、柜台出租者、展销会的举办者允许未依法取得许可的食品经营者进入市场销售食品，或者未履行检查、报告等义务的，由县级以上人民政府食品安全监督管理部门责令改正，没收违法所得，并处五万元以上二十万元以下罚款；造成严重后果的，责令停业，直至由原发证部门吊销许可证；使消费者的合法权益受到损害的，应当与食品经营者承担连带责任。

食用农产品批发市场违反本法第六十四条规定的，依照前款规定承担责任。

第一百三十一条 违反本法规定，网络食品交易第三方平台提供者未对入网食品经营者进行实名登记、审查许可证，或者未履行报告、停止提供网络交易平台服务等义务的，由县级以上人民政府食品安全监督管理部门责令改正，没收违法所得，并处五万元以上二十万元以下罚款；造成严重后果的，责令停业，直至由原发证部门吊销许可证；使消费者的合法权益受到损害的，应当与食品经营者承担连带责任。

消费者通过网络食品交易第三方平台购买食品，其合法权益受到损害的，可以向入网食品经营者或者食品生产者要求赔偿。网络食品交易第三方平台提供者不能提供入网食品经营者的真实名称、地址和有效联系方式的，由网络食品交易第三方平台提供者赔偿。网络食品交易第三方平台提供者赔偿后，有权向入网食品经营者或者食品生产者追偿。网络食品交易第三方平台提供者作出更有利于消费者承诺的，应当履行其承诺。

第一百三十二条 违反本法规定，未按要求进行食品贮存、运输和装卸的，由县级以上人民政府食品安全监督管理理等部门按照各自职责分工责令改正，给予警告；拒不改正的，责令停产停业，并处一万元以上五万元以下罚款；情节严重的，吊销许可证。

第一百三十三条　违反本法规定，拒绝、阻挠、干涉有关部门、机构及其工作人员依法开展食品安全监督检查、事故调查处理、风险监测和风险评估的，由有关主管部门按照各自职责分工责令停产停业，并处二千元以上五万元以下罚款；情节严重的，吊销许可证；构成违反治安管理行为的，由公安机关依法给予治安管理处罚。

违反本法规定，对举报人以解除、变更劳动合同或者其他方式打击报复的，应当依照有关法律的规定承担责任。

第一百三十四条　食品生产经营者在一年内累计三次因违反本法规定受到责令停产停业、吊销许可证以外处罚的，由食品安全监督管理部门责令停产停业，直至吊销许可证。

第一百三十五条　被吊销许可证的食品生产经营者及其法定代表人、直接负责的主管人员和其他直接责任人员自处罚决定作出之日起五年内不得申请食品生产经营许可，或者从事食品生产经营管理工作、担任食品生产经营企业食品安全管理人员。

因食品安全犯罪被判处有期徒刑以上刑罚的，终身不得从事食品生产经营管理工作，也不得担任食品生产经营企业食品安全管理人员。

食品生产经营者聘用人员违反前两款规定的，由县级以上人民政府食品安全监督管理部门吊销许可证。

第一百三十六条　食品经营者履行了本法规定的进货查验等义务，有充分证据证明其不知道所采购的食品不符合食品安全标准，并能如实说明其进货来源的，可以免予处罚，但应当依法没收其不符合食品安全标准的食品；造成人身、财产或者其他损害的，依法承担赔偿责任。

第一百三十七条　违反本法规定，承担食品安全风险监测、风险评估工作的技术机构、技术人员提供虚假监测、评估信息的，依法对技术机构直接负责的主管人员和技术人员给予撤职、开除处分；有执业资格的，由授予其资格的主管部门吊销执业证书。

第一百三十八条　违反本法规定，食品检验机构、食品检验人员出具虚假检验报告的，由授予其资质的主管部门或者机构撤销该食品检验机构的检验资质，没收所收取的检验费用，并处检验费用五倍以上十倍以下罚款，检验费用不足一万元的，并处五万元以上十万元以下罚款；依法对食品检验机构直接负责的主管人员和食品检验人员给予撤职或者开除处分；导致发生重大食品安全事故的，对直接负责的主管人员和食品检验人员给予开除处分。

违反本法规定，受到开除处分的食品检验机构人员，自处分决定作出之日起十年内不得从事食品检验工作；因食品安全违法行为受到刑事处罚或者因出具虚假检验报告导致发生重大食品安全事故受到开除处分的食品检验机构人员，终身不得从事食品检验工作。食品检验机构聘用不得从事食品检验工作的人员的，由授予其资质的主管部门或者机构撤销该食品检验机构的检验资质。

食品检验机构出具虚假检验报告，使消费者的合法权益受到损害的，应当与食品生产经营者承担连带责任。

第一百三十九条　违反本法规定，认证机构出具虚假认证结论，由认证认可监督管理部门没收所收取的认证费用，并处认证费用五倍以上十倍以下罚款，认证费用不足一万元的，并处五万元以上十万元以下罚款；情节严重的，责令停业，直至撤销认证机构批准文件，并向社会公布；对直接负责的主管人员和负有直接责任的认证人员，撤销其执业资格。

认证机构出具虚假认证结论，使消费者的合法权益受到损害的，应当与食品生产经营者承担连带责任。

第一百四十条　违反本法规定，在广告中对食品作虚假宣传，欺骗消费者，或者发布未取得批准文件、广告内容与批准文件不一致的保健食品广告的，依照《中华人民共和国广告法》的规定给予处罚。

广告经营者、发布者设计、制作、发布虚假食品广告，使消费者的合法权益受到损害的，应当与食品生产经营者承担连带责任。

社会团体或者其他组织、个人在虚假广告或者其他虚假宣传中向消费者推荐食品，使消费者的合法权益受到损害的，应当与食品生产经营者承担连带责任。

违反本法规定，食品安全监督管理等部门、食品检验机构、食品行业协会以广告或者其他形式向消费者推荐食品，消费者组织以收取费用或者其他牟取利益的方式向消费者推荐食品的，由有关主管部门没收违法所得，依法对直接负责的主管人员和其他直接责任人员给予记大过、降级或者撤职处分；情节严重的，给予开除处分。

对食品作虚假宣传且情节严重的，由省级以上人民政府食品安全监督管理部门决定暂停销售该食品，并向社会公布；仍然销售该食品的，由县级以上人民政府食品安全监督管理部门没收违法所得和违法销售的食品，并处二万元以上五万元以下罚款。

第一百四十一条　违反本法规定，编造、散布虚假食品安全信息，构成违反治安管理行为的，由公安机关依法给予治安管理处罚。

媒体编造、散布虚假食品安全信息的，由有关主管部门依法给予处罚，并对直接负责的主管人员和其他直接责任人员给予处分；使公民、法人或者其他组织的合法权益受到损害的，依法承担消除影响、恢复名誉、赔偿损失、赔礼道歉等民事责任。

第一百四十二条　违反本法规定，县级以上地方人民政府有下列行为之一的，对直接负责的主管人员和其他直接责任人员给予记大过处分；情节较重的，给予降级或者撤职处分；情节严重的，给予开除处分；造成严重后果的，其主要负责人还应当引咎辞职：

（一）对发生在本行政区域内的食品安全事故，未及时组织协调有关部门开展有效处置，造成不良影响或者损失；

（二）对本行政区域内涉及多环节的区域性食品安全问题，未及时组织整治，造成不良影响或者损失；

（三）隐瞒、谎报、缓报食品安全事故；

（四）本行政区域内发生特别重大食品安全事故，或者连续发生重大食品安全事故。

第一百四十三条 违反本法规定，县级以上地方人民政府有下列行为之一的，对直接负责的主管人员和其他直接责任人员给予警告、记过或者记大过处分；造成严重后果的，给予降级或者撤职处分：

（一）未确定有关部门的食品安全监督管理职责，未建立健全食品安全全程监督管理工作机制和信息共享机制，未落实食品安全监督管理责任制；

（二）未制定本行政区域的食品安全事故应急预案，或者发生食品安全事故后未按规定立即成立事故处置指挥机构、启动应急预案。

第一百四十四条 违反本法规定，县级以上人民政府食品安全监督管理、卫生行政、农业行政等部门有下列行为之一的，对直接负责的主管人员和其他直接责任人员给予记大过处分；情节较重的，给予降级或者撤职处分；情节严重的，给予开除处分；造成严重后果的，其主要负责人还应当引咎辞职：

（一）隐瞒、谎报、缓报食品安全事故；

（二）未按规定查处食品安全事故，或者接到食品安全事故报告未及时处理，造成事故扩大或者蔓延；

（三）经食品安全风险评估得出食品、食品添加剂、食品相关产品不安全结论后，未及时采取相应措施，造成食品安全事故或者不良社会影响；

（四）对不符合条件的申请人准予许可，或者超越法定职权准予许可；

（五）不履行食品安全监督管理职责，导致发生食品安全事故。

第一百四十五条 违反本法规定，县级以上人民政府食品安全监督管理、卫生行政、农业行政等部门有下列行为之一，造成不良后果的，对直接负责的主管人员和其他直接责任人员给予警告、记过或者记大过处分；情节较重的，给予降级或者撤职处分；情节严重的，给予开除处分：

（一）在获知有关食品安全信息后，未按规定向上级主管部门和本级人民政府报告，或者未按规定相互通报；

（二）未按规定公布食品安全信息；

（三）不履行法定职责，对查处食品安全违法行为不配合，或者滥用职权、玩忽职守、徇私舞弊。

第一百四十六条 食品安全监督管理等部门在履行食品安全监督管理职责过程中，违法实施检查、强制等执法措施，给生产经营者造成损失的，应当依法予以赔偿，对直接负责的主管人员和其他直接责任人员依法给予处分。

第一百四十七条 违反本法规定，造成人身、财产或者其他损害的，依法承担赔偿责任。生产经营者财产不足以同时承担民事赔偿责任和缴纳罚款、罚金时，先承担民事赔偿责任。

第一百四十八条 消费者因不符合食品安全标准的食品受到损害的，可以向经营者要求赔偿损失，也可以向生产者要求赔偿损失。接到消费者赔偿要求的生产经营者，应当实行首负责任制，先行赔付，不得推诿；属于生产者责任的，经营者赔偿后有权向生产者追偿；属于经营者责任的，生产者赔偿后有权向经营者追偿。

生产不符合食品安全标准的食品或者经营明知是不符合食品安全标准的食品，消费者除要求赔偿损失外，还可以向生产者或者经营者要求支付价款十倍或者损失三倍的赔偿金；增加赔偿的金额不足一千元的，为一千元。但是，食品的标签、说明书存在不影响食品安全且不会对消费者造成误导的瑕疵的除外。

第一百四十九条 违反本法规定，构成犯罪的，依法追究刑事责任。

270. 中华人民共和国港口法（2018. 12. 29）

（2003 年 6 月 28 日第十届全国人民代表大会常务委员会第三次会议通过　根据 2015 年 4 月 24 日第十二届全国人民代表大会常务委员会第十四次会议《关于修改〈中华人民共和国港口法〉等七部法律的决定》第一次修正　根据 2017 年 11 月 4 日第十二届全国人民代表大会常务委员会第三十次会议《关于修改〈中华人民共和国会计法〉等十一部法律的决定》第二次修正　根据 2018 年 12 月 29 日第十三届全国人民代表大会常务委员会第七次会议《关于修改〈中华人民共和国电力法〉等四部法律的决定》第三次修正）

第五章　法律责任

第五十一条 港口经营人违反有关法律、行政法规的规定，在经营活动中实施垄断行为或者不正当竞争行为的，依照有关法律、行政法规的规定承担法律责任。

第五十二条 港口经营人违反本法第三十二条关于安全生产的规定的，由港口行政管理部门或者其他依法负有安全生产监督管理职责的部门依法给予处罚；情节严重的，由港口行政管理部门吊销港口经营许可证，并对其主要负责人依法给予处分；构成犯罪的，依法追究刑事责任。

第五十三条 船舶进出港口，未依照本法第三十四条的规定向海事管理机构报告的，由海事管理机构依照有关水上交通安全的法律、行政法规的规定处罚。

第五十六条 未经依法批准在港口进行可能危及港口安全的采掘、爆破等活动的，向港口水域倾倒泥土、砂石的，由港口行政管理部门责令停止违法行为，限期消除因此造成的安全隐患；逾期不消除的，强制消除，因此发生的费用由违法行为人承担；处五千元以上五万元以下罚款；依照有关水上交通安全的法律、行政法规的规定由海事管理机构处罚的，依照其规定；构成犯罪的，依法追究刑事责任。

第五十七条 交通主管部门、港口行政管理部门、海事管理机构等不依法履行职责，有下列行为之一的，对直接负责的主管人员和其他直接责任人员依法给予行政处分；构成犯罪的，依法追究刑事责任：

（一）违法批准建设港口设施使用港口岸线，或者违法批准船舶载运危险货物进出港口、违法批准在港口内进行危险货物的装卸、过驳作业的；

（二）对不符合法定条件的申请人给予港口经营许可的；

（三）发现取得经营许可的港口经营人不再具备法定许可条件而不及时吊销许可证的；

（四）不依法履行监督检查职责，对违反港口规划建设港口、码头或者其他港口设施的行为，未经依法许可从事港口经营业务的行为，不遵守安全生产管理规定的行为，危及港口作业安全的行为，以及其他违反本法规定的行为，不依法予以查处的。

271. 中华人民共和国义务教育法（2018.12.29）

（1986年4月12日第六届全国人民代表大会第四次会议通过　2006年6月29日第十届全国人民代表大会常务委员会第二十二次会议修订　根据2015年4月24日第十二届全国人民代表大会常务委员会第十四次会议《关于修改〈中华人民共和国义务教育法〉等五部法律的决定》第一次修正　根据2018年12月29日第十三届全国人民代表大会常务委员会第七次会议《关于修改〈中华人民共和国产品质量法〉等五部法律的决定》第二次修正）

第七章　法律责任

第五十一条 国务院有关部门和地方各级人民政府违反本法第六章的规定，未履行对义务教育经费保障职责的，由国务院或者上级地方人民政府责令限期改正；情节严重的，对直接负责的主管人员和其他直接责任人员依法给予行政处分。

第五十二条 县级以上地方人民政府有下列情形之一的，由上级人民政府责令限期改正；情节严重的，对直接负责的主管人员和其他直接责任人员依法给予行政处分：

（一）未按照国家有关规定制定、调整学校的设置规划的；

（二）学校建设不符合国家规定的办学标准、选址要求和建设标准的；

（三）未定期对学校校舍安全进行检查，并及时维修、改造的；

（四）未依照本法规定均衡安排义务教育经费的。

第五十三条 县级以上人民政府或者其教育行政部门有下列情形之一的，由上级人民政府或者其教育行政部门责令限期改正、通报批评；情节严重的，对直接负责的主管人员和其他直接责任人员依法给予行政处分：

（一）将学校分为重点学校和非重点学校的；

（二）改变或者变相改变公办学校性质的。

县级人民政府教育行政部门或者乡镇人民政府未采取措施组织适龄儿童、少年入学或者防止辍学的，依照前款规定追究法律责任。

第五十四条 有下列情形之一的，由上级人民政府或者上级人民政府教育行政部门、财政部门、价格行政部门和审计机关根据职责分工责令限期改正；情节严重的，对直接负责的主管人员和其他直接责任人员依法给予处分：

（一）侵占、挪用义务教育经费的；

（二）向学校非法收取或者摊派费用的。

第五十五条　学校或者教师在义务教育工作中违反教育法、教师法规定的，依照教育法、教师法的有关规定处罚。

第五十六条　学校违反国家规定收取费用的，由县级人民政府教育行政部门责令退还所收费用；对直接负责的主管人员和其他直接责任人员依法给予处分。

学校以向学生推销或者变相推销商品、服务等方式谋取利益的，由县级人民政府教育行政部门给予通报批评；有违法所得的，没收违法所得；对直接负责的主管人员和其他直接责任人员依法给予处分。

国家机关工作人员和教科书审查人员参与或者变相参与教科书编写的，由县级以上人民政府或者其教育行政部门根据职责权限责令限期改正，依法给予行政处分；有违法所得的，没收违法所得。

第五十七条　学校有下列情形之一的，由县级人民政府教育行政部门责令限期改正；情节严重的，对直接负责的主管人员和其他直接责任人员依法给予处分：

（一）拒绝接收具有接受普通教育能力的残疾适龄儿童、少年随班就读的；

（二）分设重点班和非重点班的；

（三）违反本法规定开除学生的；

（四）选用未经审定的教科书的。

第五十八条　适龄儿童、少年的父母或者其他法定监护人无正当理由未依照本法规定送适龄儿童、少年入学接受义务教育的，由当地乡镇人民政府或者县级人民政府教育行政部门给予批评教育，责令限期改正。

第五十九条　有下列情形之一的，依照有关法律、行政法规的规定予以处罚：

（一）胁迫或者诱骗应当接受义务教育的适龄儿童、少年失学、辍学的；

（二）非法招用应当接受义务教育的适龄儿童、少年的；

（三）出版未经依法审定的教科书的。

第六十条　违反本法规定，构成犯罪的，依法追究刑事责任。

272. 中华人民共和国电力法（2018. 12. 29）

（1995 年 12 月 28 日第八届全国人民代表大会常务委员会第十七次会议通过　根据 2009 年 8 月 27 日第十一届全国人民代表大会常务委员会第十次会议《关于修改部分法律的决定》第一次修正　根据 2015 年 4 月 24 日第十二届全国人民代表大会常务委员会第十四次会议《关于修改〈中华人民共和国电力法〉等六部法律的决定》第二次修正　根据 2018 年 12 月 29 日第十三届全国人民代表大会常务委员会第七次会议《关于修改〈中华人民共和国电力法〉等四部法律的决定》第三次修正）

第九章　法律责任

第七十条　有下列行为之一，应当给予治安管理处罚的，由公安机关依照治安管理处罚法的有关规定予以处罚；构成犯罪的，依法追究刑事责任：

（一）阻碍电力建设或者电力设施抢修，致使电力建设或者电力设施抢修不能正常进行的；

（二）扰乱电力生产企业、变电所、电力调度机构和供电企业的秩序，致使生产、工作和营业不能正常进行的；

（三）殴打、公然侮辱履行职务的查电人员或者抄表收费人员的；

（四）拒绝、阻碍电力监督检查人员依法执行职务的。

第七十一条　盗窃电能的，由电力管理部门责令停止违法行为，追缴电费并处应交电费五倍以下的罚款；构成犯罪的，依照刑法有关规定追究刑事责任。

第七十二条　盗窃电力设施或者以其他方法破坏电力设施，危害公共安全的，依照刑法有关规定追究刑事责任。

第七十三条　电力管理部门的工作人员滥用职权、玩忽职守、徇私舞弊，构成犯罪的，依法追究刑事责任；尚不构成犯罪的，依法给予行政处分。

第七十四条　电力企业职工违反规章制度、违章调度或者不服从调度指令，造成重大事故的，依照刑法有关规定追究刑事责任。

电力企业职工故意延误电力设施抢修或者抢险救灾供电，造成严重后果的，依照刑法有关规定追究刑事责任。

电力企业的管理人员和查电人员、抄表收费人员勒索用户、以电谋私，构成犯罪的，依法追究刑事责任；尚不构成犯罪的，依法给予行政处分。

273. 中华人民共和国社会保险法（2018.12.29）

（2010年10月28日第十一届全国人民代表大会常务委员会第十七次会议通过
根据2018年12月29日第十三届全国人民代表大会常务委员会第七次会议《关于修改〈中华人民共和国社会保险法〉的决定》修正）

第十一章　法律责任

第八十四条　用人单位不办理社会保险登记的，由社会保险行政部门责令限期改正；逾期不改正的，对用人单位处应缴社会保险费数额一倍以上三倍以下的罚款，对其直接负责的主管人员和其他直接责任人员处五百元以上三千元以下的罚款。

第八十五条　用人单位拒不出具终止或者解除劳动关系证明的，依照《中华人民共和国劳动合同法》的规定处理。

第八十六条　用人单位未按时足额缴纳社会保险费的，由社会保险费征收机构责令限期缴纳或者补足，并自欠缴之日起，按日加收万分之五的滞纳金；逾期仍不缴纳的，由有关行政部门处欠缴数额一倍以上三倍以下的罚款。

第八十七条　社会保险经办机构以及医疗机构、药品经营单位等社会保险服务机构以欺诈、伪造证明材料或者其他手段骗取社会保险基金支出的，由社会保险行政部门责令退回骗取的社会保险金，处骗取金额二倍以上五倍以下的罚款；属于社会保险服务机构的，解除服务协议；直接负责的主管人员和其他直接责任人员有执业资格的，依法吊销其执业资格。

第八十八条　以欺诈、伪造证明材料或者其他手段骗取社会保险待遇的，由社会保险行政部门责令退回骗取的社会保险金，处骗取金额二倍以上五倍以下的罚款。

第八十九条　社会保险经办机构及其工作人员有下列行为之一的，由社会保险行政部门责令改正；给社会保险基金、用人单位或者个人造成损失的，依法承担赔偿责任；对直接负责的主管人员和其他直接责任人员依法给予处分：

（一）未履行社会保险法定职责的；

（二）未将社会保险基金存入财政专户的；

（三）克扣或者拒不按时支付社会保险待遇的；

（四）丢失或者篡改缴费记录、享受社会保险待遇记录等社会保险数据、个人权益记录的；

（五）有违反社会保险法律、法规的其他行为的。

第九十条　社会保险费征收机构擅自更改社会保险费缴费基数、费率，导致少收或者多收社会保险费的，由有关行政部门责令其追缴应当缴纳的社会保险费或者退还不应当缴纳的社会保险费；对直接负责的主管人员和其他直接责任人员依法给予处分。

第九十一条　违反本法规定，隐匿、转移、侵占、挪用社会保险基金或者违规投资运营的，由社会保险行政部门、财政部门、审计机关责令追回；有违法所得的，没收违法所得；对直接负责的主管人员和其他直接责任人员依法给予处分。

第九十二条　社会保险行政部门和其他有关行政部门、社会保险经办机构、社会保险费征收机构及其工作人员泄露用人单位和个人信息的，对直接负责的主管人员和其他直接责任人员依法给予处分；给用人单位或者个人造成损失的，应当承担赔偿责任。

第九十三条　国家工作人员在社会保险管理、监督工作中滥用职权、玩忽职守、徇私舞弊的，依法给予处分。

第九十四条　违反本法规定，构成犯罪的，依法追究刑事责任。

274. 中华人民共和国预算法（2018.12.29）

（1994年3月22日第八届全国人民代表大会第二次会议通过　根据2014年8月31日第十二届全国人民代表大会常务委员会第十次会议《关于修改〈中华人民共和国预算法〉的决定》第一次修正　根据2018年12月29日第十三届全国人民代表大会常务委员会第七次会议《关于修改〈中华人民共和国产品质量法〉等五部法律的决定》第二次修正）

第十章　法律责任

第九十二条　各级政府及有关部门有下列行为之一的，责令改正，对负有直接责任的主管人员和其他直接责任人员追究行政责任：

（一）未依照本法规定，编制、报送预算草案、预算调整方案、决算草案和部门预算、决算以及批复预算、决算的；

（二）违反本法规定，进行预算调整的；

（三）未依照本法规定对有关预算事项进行公开和说明的；

（四）违反规定设立政府性基金项目和其他财政收入项目的；

（五）违反法律、法规规定使用预算预备费、预算周转金、预算稳定调节基金、超收收入的；

（六）违反本法规定开设财政专户的。

第九十三条 各级政府及有关部门、单位有下列行为之一的，责令改正，对负有直接责任的主管人员和其他直接责任人员依法给予降级、撤职、开除的处分：

（一）未将所有政府收入和支出列入预算或者虚列收入和支出的；

（二）违反法律、行政法规的规定，多征、提前征收或者减征、免征、缓征应征预算收入的；

（三）截留、占用、挪用或者拖欠应当上缴国库的预算收入的；

（四）违反本法规定，改变预算支出用途的；

（五）擅自改变上级政府专项转移支付资金用途的；

（六）违反本法规定拨付预算支出资金，办理预算收入收纳、划分、留解、退付，或者违反本法规定冻结、动用国库库款或者以其他方式支配已入国库库款的。

第九十四条 各级政府、各部门、各单位违反本法规定举借债务或者为他人债务提供担保，或者挪用重点支出资金，或者在预算之外及超预算标准建设楼堂馆所的，责令改正，对负有直接责任的主管人员和其他直接责任人员给予撤职、开除的处分。

第九十五条 各级政府有关部门、单位及其工作人员有下列行为之一的，责令改正，追回骗取、使用的资金，有违法所得的没收违法所得，对单位给予警告或者通报批评；对负有直接责任的主管人员和其他直接责任人员依法给予处分：

（一）违反法律、法规的规定，改变预算收入上缴方式的；

（二）以虚报、冒领等手段骗取预算资金的；

（三）违反规定扩大开支范围、提高开支标准的；

（四）其他违反财政管理规定的行为。

第九十六条 本法第九十二条、第九十三条、第九十四条、第九十五条所列违法行为，其他法律对其处理、处罚另有规定的，依照其规定。

违反本法规定，构成犯罪的，依法追究刑事责任。

275. 中华人民共和国进出口商品检验法（2018. 12. 29）

（1989 年 2 月 21 日第七届全国人民代表大会常务委员会第六次会议通过　根据 2002 年 4 月 28 日第九届全国人民代表大会常务委员会第二十七次会议《关于修改〈中华人民共和国进出口商品检验法〉的决定》第一次修正　根据 2013 年 6 月 29 日第十二届全国人民代表大会常务委员会第三次会议《关于修改〈中华人民共和国文物保护法〉等十二部法律的决定》第二次修正　根据 2018 年 4 月 27 日第十三届全国人民代表大会常务委员会第二次会议《关于修改〈中华人民共和国国境卫生检疫法〉等六部法律的决定》第三次修正　根据 2018 年 12 月 29 日第十三届全国人民代表大会常务委员会第七次会议《关于修改〈中华人民共和国产品质量法〉等五部法律的决定》第四次修正）

第五章　法律责任

第三十三条 违反本法规定，将必须经商检机构检验的进口商品未报经检验而擅自销售或者使用的，或者将必须经商检机构检验的出口商品未报经检验合格而擅自出口的，由商检机构没收违法所得，并处货值金额百分之五以上百分之二十以下的罚款；构成犯罪的，依法追究刑事责任。

第三十五条 进口或者出口属于掺杂掺假、以假充真、以次充好的商品或者以不合格进出口商品冒充合格进出口商品的，由商检机构责令停止进口或者出口，没收违法所得，并处货值金额百分之五十以上三倍以下的罚款；构成犯罪的，依法追究刑事责任。

第三十六条 伪造、变造、买卖或者盗窃商检单证、印章、标志、封识、质量认证标志的，依法追究刑事责任；尚不够刑事处罚的，由商检机构、认证认可监督管理部门依据各自职责责令改正，没收违法所得，并处货值金额等值以下的罚款。

第三十七条 国家商检部门、商检机构的工作人员违反本法规定，泄露所知悉的商业秘密的，依法给予行政处分，有违法所得的，没收违法所得；构成犯罪的，依法追究刑事责任。

第三十八条 国家商检部门、商检机构的工作人员滥用职权，故意刁难的，徇私舞弊，伪造检验结果的，或者玩忽职守，延误检验出证的，依法给予行政处分；构成犯罪的，依法追究刑事责任。

276. 中华人民共和国产品质量法（2018. 12. 29）

（1993 年 2 月 22 日第七届全国人民代表大会常务委员会第三十次会议通过　根据 2000 年 7 月 8 日第九届全国人民代表大会常务委员会第十六次会议《关于修改〈中华人民共和国产品质量法〉的决定》第一次修正　根据 2009 年 8 月 27 日第十一届全国人民代表大会常务委员会第十次会议《关于修改部分法律的决定》第二次修正　根据 2018 年 12 月 29 日第十三届全国人民代表大会常务委员会第七次会议《关于修改〈中华人民共和国产品质量法〉等五部法律的决定》第三次修正）

第五章　罚　　则

第四十九条 生产、销售不符合保障人体健康和人身、财产安全的国家标准、行业标准的产品的，责令停止生产、销售，没收违法生产、销售的产品，并处违法生产、销售产品（包括已售出和未售出的产品，下同）货值金额等值以上三倍以下的罚款；有违法所得的，并处没收违法所得；情节严重的，吊销营业执照；构成犯罪的，依法追究刑事责任。

第五十条 在产品中掺杂、掺假，以假充真，以次充好，或者以不合格产品冒充合格产品的，责令停止生产、销售，没收违法生产、销售的产品，并处违法生产、销售产品货值金额百分之五十以上三倍以下的罚款；有违法所得的，并处没收违法所得；情节严重的，吊销营业执照；构成犯罪的，依法追究刑事责任。

第五十二条 销售失效、变质的产品的，责令停止销售，没收违法销售的产品，并处违法销售产品货值金额二倍以下的罚款；有违法所得的，并处没收违法所得；情节严重的，吊销营业执照；构成犯罪的，依法追究刑事责任。

第五十七条 产品质量检验机构、认证机构伪造检验结果或者出具虚假证明的，责令改正，对单位处五万元以上十万元以下的罚款，对直接负责的主管人员和其他直接责任人员处一万元以上五万元以下的罚款；有违法所得的，并处没收违法所得；情节严重的，取消其检验资格、认证资格；构成犯罪的，依法追究刑事责任。

产品质量检验机构、认证机构出具的检验结果或者证明不实，造成损失的，应当承担相应的赔偿责任；造成重大损失的，撤销其检验资格、认证资格。

产品质量认证机构违反本法第二十一条第二款的规定，对不符合认证标准而使用认证标志的产品，未依法要求其改正或者取消其使用认证标志资格的，对因产品不符合认证标准给消费者造成的损失，与产品的生产者、销售者承担连带责任；情节严重的，撤销其认证资格。

第五十九条 在广告中对产品质量作虚假宣传，欺骗和误导消费者的，依照《中华人民共和国广告法》的规定追究法律责任。

第六十一条 知道或者应当知道属于本法规定禁止生产、销售的产品而为其提供运输、保管、仓储等便利条件的，或者为以假充真的产品提供制假生产技术的，没收全部运输、保管、仓储或者提供制假生产技术的收入，并处违法收入百分之五十以上三倍以下的罚款；构成犯罪的，依法追究刑事责任。

第六十五条 各级人民政府工作人员和其他国家机关工作人员有下列情形之一的，依法给予行政处分；构成犯罪的，依法追究刑事责任：

（一）包庇、放纵产品生产、销售中违反本法规定行为的；

（二）向从事违反本法规定的生产、销售活动的当事人通风报信，帮助其逃避查处的；

（三）阻挠、干预市场监督管理部门依法对产品生产、销售中违反本法规定的行为进行查处，造成严重后果的。

第六十八条 市场监督管理部门的工作人员滥用职权、玩忽职守、徇私舞弊，构成犯罪的，依法追究刑事责任；尚不构成犯罪的，依法给予行政处分。

第六十九条　以暴力、威胁方法阻碍市场监督管理部门的工作人员依法执行职务的，依法追究刑事责任；拒绝、阻碍未使用暴力、威胁方法的，由公安机关依照治安管理处罚法的规定处罚。

277. 中华人民共和国外商投资法（2019. 3. 15）

（2019 年 3 月 15 日第十三届全国人民代表大会第二次会议通过）

第五章　法律责任

第三十六条　外国投资者投资外商投资准入负面清单规定禁止投资的领域的，由有关主管部门责令停止投资活动，限期处分股份、资产或者采取其他必要措施，恢复到实施投资前的状态；有违法所得的，没收违法所得。

外国投资者的投资活动违反外商投资准入负面清单规定的限制性准入特别管理措施的，由有关主管部门责令限期改正，采取必要措施满足准入特别管理措施的要求；逾期不改正的，依照前款规定处理。

外国投资者的投资活动违反外商投资准入负面清单规定的，除依照前两款规定处理外，还应当依法承担相应的法律责任。

第三十七条　外国投资者、外商投资企业违反本法规定，未按照外商投资信息报告制度的要求报送投资信息的，由商务主管部门责令限期改正；逾期不改正的，处十万元以上五十万元以下的罚款。

第三十八条　对外国投资者、外商投资企业违反法律、法规的行为，由有关部门依法查处，并按照国家有关规定纳入信用信息系统。

第三十九条　行政机关工作人员在外商投资促进、保护和管理工作中滥用职权、玩忽职守、徇私舞弊的，或者泄露、非法向他人提供履行职责过程中知悉的商业秘密的，依法给予处分；构成犯罪的，依法追究刑事责任。

278. 中华人民共和国消防法（2019. 4. 23）

（1998 年 4 月 29 日第九届全国人民代表大会常务委员会第二次会议通过
2008 年 10 月 28 日第十一届全国人民代表大会常务委员会第五次会议修订
根据 2019 年 4 月 23 日第十三届全国人民代表大会常务委员会第十次会议
《关于修改〈中华人民共和国建筑法〉等八部法律的决定》修正）

第六章　法律责任

第五十八条　违反本法规定，有下列行为之一的，由住房和城乡建设主管部门、消防救援机构按照各自职权责令停止施工、停止使用或者停产停业，并处三万元以上三十万元以下罚款：

（一）依法应当进行消防设计审查的建设工程，未经依法审查或者审查不合格，擅自施工的；

（二）依法应当进行消防验收的建设工程，未经消防验收或者消防验收不合格，擅自投入使用的；

（三）本法第十三条规定的其他建设工程验收后经依法抽查不合格，不停止使用的；

（四）公众聚集场所未经消防安全检查或者经检查不符合消防安全要求，擅自投入使用、营业的。

建设单位未依照本法规定在验收后报住房和城乡建设主管部门备案的，由住房和城乡建设主管部门责令改正，处五千元以下罚款。

第五十九条　违反本法规定，有下列行为之一的，由住房和城乡建设主管部门责令改正或者停止施工，并处一万元以上十万元以下罚款：

（一）建设单位要求建筑设计单位或者建筑施工企业降低消防技术标准设计、施工的；

（二）建筑设计单位不按照消防技术标准强制性要求进行消防设计的；

（三）建筑施工企业不按照消防设计文件和消防技术标准施工，降低消防施工质量的；

（四）工程监理单位与建设单位或者建筑施工企业串通，弄虚作假，降低消防施工质量的。

第六十条　单位违反本法规定，有下列行为之一的，责令改正，处五千元以上五万元以下罚款：

（一）消防设施、器材或者消防安全标志的配置、设置不符合国家标准、行业标准，或者未保持完好有效的；

（二）损坏、挪用或者擅自拆除、停用消防设施、器材的；
（三）占用、堵塞、封闭疏散通道、安全出口或者有其他妨碍安全疏散行为的；
（四）埋压、圈占、遮挡消火栓或者占用防火间距的；
（五）占用、堵塞、封闭消防车通道，妨碍消防车通行的；
（六）人员密集场所在门窗上设置影响逃生和灭火救援的障碍物的；
（七）对火灾隐患经消防救援机构通知后不及时采取措施消除的。

个人有前款第二项、第三项、第四项、第五项行为之一的，处警告或者五百元以下罚款。

有本条第一款第三项、第四项、第五项、第六项行为，经责令改正拒不改正的，强制执行，所需费用由违法行为人承担。

第六十一条　生产、储存、经营易燃易爆危险品的场所与居住场所设置在同一建筑物内，或者未与居住场所保持安全距离的，责令停产停业，并处五千元以上五万元以下罚款。

生产、储存、经营其他物品的场所与居住场所设置在同一建筑物内，不符合消防技术标准的，依照前款规定处罚。

第六十二条　有下列行为之一的，依照《中华人民共和国治安管理处罚法》的规定处罚：
（一）违反有关消防技术标准和管理规定生产、储存、运输、销售、使用、销毁易燃易爆危险品的；
（二）非法携带易燃易爆危险品进入公共场所或者乘坐公共交通工具的；
（三）谎报火警的；
（四）阻碍消防车、消防艇执行任务的；
（五）阻碍消防救援机构的工作人员依法执行职务的。

第六十三条　违反本法规定，有下列行为之一的，处警告或者五百元以下罚款；情节严重的，处五日以下拘留：
（一）违反消防安全规定进入生产、储存易燃易爆危险品场所的；
（二）违反规定使用明火作业或者在具有火灾、爆炸危险的场所吸烟、使用明火的。

第六十四条　违反本法规定，有下列行为之一，尚不构成犯罪的，处十日以上十五日以下拘留，可以并处五百元以下罚款；情节较轻的，处警告或者五百元以下罚款：
（一）指使或者强令他人违反消防安全规定，冒险作业的；
（二）过失引起火灾的；
（三）在火灾发生后阻拦报警，或者负有报告职责的人员不及时报警的；
（四）扰乱火灾现场秩序，或者拒不执行火灾现场指挥员指挥，影响灭火救援的；
（五）故意破坏或者伪造火灾现场的；
（六）擅自拆封或者使用被消防救援机构查封的场所、部位的。

第六十五条　违反本法规定，生产、销售不合格的消防产品或者国家明令淘汰的消防产品的，由产品质量监督部门或者工商行政管理部门依照《中华人民共和国产品质量法》的规定从重处罚。

人员密集场所使用不合格的消防产品或者国家明令淘汰的消防产品的，责令限期改正；逾期不改正的，处五千元以上五万元以下罚款，并对其直接负责的主管人员和其他直接责任人员处五百元以上二千元以下罚款；情节严重的，责令停产停业。

消防救援机构对于本条第二款规定的情形，除依法对使用者予以处罚外，应当将发现不合格的消防产品和国家明令淘汰的消防产品的情况通报产品质量监督部门、工商行政管理部门。产品质量监督部门、工商行政管理部门应当对生产者、销售者依法及时查处。

第六十六条　电器产品、燃气用具的安装、使用及其线路、管路的设计、敷设、维护保养、检测不符合消防技术标准和管理规定的，责令限期改正；逾期不改正的，责令停止使用，可以并处一千元以上五千元以下罚款。

第六十七条　机关、团体、企业、事业等单位违反本法第十六条、第十七条、第十八条、第二十一条第二款规定的，责令限期改正；逾期不改正的，对其直接负责的主管人员和其他直接责任人员依法给予处分或者给予警告处罚。

第六十八条　人员密集场所发生火灾，该场所的现场工作人员不履行组织、引导在场人员疏散的义务，情节严重，尚不构成犯罪的，处五日以上十日以下拘留。

第六十九条　消防产品质量认证、消防设施检测等消防技术服务机构出具虚假文件的，责令改正，处五万元以上十万元以下罚款，并对直接负责的主管人员和其他直接责任人员处一万元以上五万元以下罚款；有违法所得的，并处没收违法所得；给他人造成损失的，依法承担赔偿责任；情节严重的，由原许可机关依法责令停止执业或者吊销相应资质、资格。

前款规定的机构出具失实文件，给他人造成损失的，依法承担赔偿责任；造成重大损失的，由原许可机关依法责令停止执业或者吊销相应资质、资格。

第七十条　本法规定的行政处罚，除应当由公安机关依照《中华人民共和国治安管理处罚法》的有关规定决定的外，由住房和城乡建设主管部门、消防救援机构按照各自职权决定。

被责令停止施工、停止使用、停产停业的，应当在整改后向作出决定的部门或者机构报告，经检查合格，方可恢复施工、使用、生产、经营。

当事人逾期不执行停产停业、停止使用、停止施工决定的，由作出决定的部门或者机构强制执行。

责令停产停业，对经济和社会生活影响较大的，由住房和城乡建设主管部门或者应急管理部门报请本级人民政府依法决定。

第七十一条 住房和城乡建设主管部门、消防救援机构的工作人员滥用职权、玩忽职守、徇私舞弊，有下列行为之一，尚不构成犯罪的，依法给予处分：

（一）对不符合消防安全要求的消防设计文件、建设工程、场所准予审查合格、消防验收合格、消防安全检查合格的；

（二）无故拖延消防设计审查、消防验收、消防安全检查，不在法定期限内履行职责的；

（三）发现火灾隐患不及时通知有关单位或者个人整改的；

（四）利用职务为用户、建设单位指定或者变相指定消防产品的品牌、销售单位或者消防技术服务机构、消防设施施工单位的；

（五）将消防车、消防艇以及消防器材、装备和设施用于与消防和应急救援无关的事项的；

（六）其他滥用职权、玩忽职守、徇私舞弊的行为。

产品质量监督、工商行政管理等其他有关行政主管部门的工作人员在消防工作中滥用职权、玩忽职守、徇私舞弊，尚不构成犯罪的，依法给予处分。

第七十二条 违反本法规定，构成犯罪的，依法追究刑事责任。

279. 中华人民共和国城乡规划法（2019. 4. 23）

（2007 年 10 月 28 日第十届全国人民代表大会常务委员会第三十次会议通过
根据 2015 年 4 月 24 日第十二届全国人民代表大会常务委员会第十四次会议
《关于修改〈中华人民共和国港口法〉等七部法律的决定》第一次修正
根据 2019 年 4 月 23 日第十三届全国人民代表大会常务委员会第十次会议
《关于修改〈中华人民共和国建筑法〉等八部法律的决定》第二次修正）

第六章 法律责任

第五十八条 对依法应当编制城乡规划而未组织编制，或者未按法定程序编制、审批、修改城乡规划的，由上级人民政府责令改正，通报批评；对有关人民政府负责人和其他直接责任人员依法给予处分。

第五十九条 城乡规划组织编制机关委托不具有相应资质等级的单位编制城乡规划的，由上级人民政府责令改正，通报批评；对有关人民政府负责人和其他直接责任人员依法给予处分。

第六十条 镇人民政府或者县级以上人民政府城乡规划主管部门有下列行为之一的，由本级人民政府、上级人民政府城乡规划主管部门或者监察机关依据职权责令改正，通报批评；对直接负责的主管人员和其他直接责任人员依法给予处分：

（一）未依法组织编制城市的控制性详细规划、县人民政府所在地镇的控制性详细规划的；

（二）超越职权或者对不符合法定条件的申请人核发选址意见书、建设用地规划许可证、建设工程规划许可证、乡村建设规划许可证的；

（三）对符合法定条件的申请人未在法定期限内核发选址意见书、建设用地规划许可证、建设工程规划许可证、乡村建设规划许可证的；

（四）未依法对经审定的修建性详细规划、建设工程设计方案的总平面图予以公布的；

（五）同意修改修建性详细规划、建设工程设计方案的总平面图前未采取听证会等形式听取利害关系人的意见的；

（六）发现未依法取得规划许可或者违反规划许可的规定在规划区内进行建设的行为，而不予查处或者接到举报后不依法处理的。

第六十一条 县级以上人民政府有关部门有下列行为之一的，由本级人民政府或者上级人民政府有关部门责令改正，通报批评；对直接负责的主管人员和其他直接责任人员依法给予处分：

（一）对未依法取得选址意见书的建设项目核发建设项目批准文件的；

（二）未依法在国有土地使用权出让合同中确定规划条件或者改变国有土地使用权出让合同中依法确定的规划条件的；

（三）对未依法取得建设用地规划许可证的建设单位划拨国有土地使用权的。

第六十二条 城乡规划编制单位有下列行为之一的，由所在地城市、县人民政府城乡规划主管部门责令限期改正，处合同约定的规划编制费一倍以上二倍以下的罚款；情节严重的，责令停业整顿，由原发证机关降低资质等级或者吊销资质证书；造成损失的，依法承担赔偿责任：

（一）超越资质等级许可的范围承揽城乡规划编制工作的；

（二）违反国家有关标准编制城乡规划的。

未依法取得资质证书承揽城乡规划编制工作的，由县级以上地方人民政府城乡规划主管部门责令停止违法行为，依照前款规定处以罚款；造成损失的，依法承担赔偿责任。

以欺骗手段取得资质证书承揽城乡规划编制工作的，由原发证机关吊销资质证书，依照本条第一款规定处以罚款；造成损失的，依法承担赔偿责任。

第六十三条 城乡规划编制单位取得资质证书后，不再符合相应的资质条件的，由原发证机关责令限期改正；逾期不改正的，降低资质等级或者吊销资质证书。

第六十四条 未取得建设工程规划许可证或者未按照建设工程规划许可证的规定进行建设的，由县级以上地方人民政府城乡规划主管部门责令停止建设；尚可采取改正措施消除对规划实施的影响的，限期改正，处建设工程造价百分之五以上百分之十以下的罚款；无法采取改正措施消除影响的，限期拆除，不能拆除的，没收实物或者违法收入，可以并处建设工程造价百分之十以下的罚款。

第六十五条 在乡、村庄规划区内未依法取得乡村建设规划许可证或者未按照乡村建设规划许可证的规定进行建设的，由乡、镇人民政府责令停止建设、限期改正；逾期不改正的，可以拆除。

第六十六条 建设单位或者个人有下列行为之一的，由所在地城市、县人民政府城乡规划主管部门责令限期拆除，可以并处临时建设工程造价一倍以下的罚款：

（一）未经批准进行临时建设的；

（二）未按照批准内容进行临时建设的；

（三）临时建筑物、构筑物超过批准期限不拆除的。

第六十七条 建设单位未在建设工程竣工验收后六个月内向城乡规划主管部门报送有关竣工验收资料的，由所在地城市、县人民政府城乡规划主管部门责令限期补报；逾期不补报的，处一万元以上五万元以下的罚款。

第六十八条 城乡规划主管部门作出责令停止建设或者限期拆除的决定后，当事人不停止建设或者逾期不拆除的，建设工程所在地县级以上地方人民政府可以责成有关部门采取查封施工现场、强制拆除等措施。

第六十九条 违反本法规定，构成犯罪的，依法追究刑事责任。

280. 中华人民共和国电子签名法（2019.4.23）

（2004 年 8 月 28 日第十届全国人民代表大会常务委员会第十一次会议通过
根据 2015 年 4 月 24 日第十二届全国人民代表大会常务委员会第十四次会议
《关于修改〈中华人民共和国电力法〉等六部法律的决定》第一次修正
根据 2019 年 4 月 23 日第十三届全国人民代表大会常务委员会第十次会议
《关于修改〈中华人民共和国建筑法〉等八部法律的决定》第二次修正）

第四章 法律责任

第二十七条 电子签名人知悉电子签名制作数据已经失密或者可能已经失密未及时告知有关各方、并终止使用电子签名制作数据，未向电子认证服务提供者提供真实、完整和准确的信息，或者有其他过错，给电子签名依赖方、电子认证服务提供者造成损失的，承担赔偿责任。

第二十八条 电子签名人或者电子签名依赖方因依据电子认证服务提供者提供的电子签名认证服务从事民事活动遭受损失，电子认证服务提供者不能证明自己无过错的，承担赔偿责任。

第二十九条 未经许可提供电子认证服务的，由国务院信息产业主管部门责令停止违法行为；有违法所得的，没收违法所得；违法所得三十万元以上的，处违法所得一倍以上三倍以下的罚款；没有违法所得或者违法所得不足三十万元的，处十万元以上三十万元以下的罚款。

第三十条 电子认证服务提供者暂停或者终止电子认证服务，未在暂停或者终止服务六十日前向国务院信息产业主管部门报告的，由国务院信息产业主管部门对其直接负责的主管人员处一万元以上五万元以下的罚款。

第三十一条　电子认证服务提供者不遵守认证业务规则、未妥善保存与认证相关的信息，或者有其他违法行为的，由国务院信息产业主管部门责令限期改正；逾期未改正的，吊销电子认证许可证书，其直接负责的主管人员和其他直接责任人员十年内不得从事电子认证服务。吊销电子认证许可证书的，应当予以公告并通知工商行政管理部门。

第三十二条　伪造、冒用、盗用他人的电子签名，构成犯罪的，依法追究刑事责任；给他人造成损失的，依法承担民事责任。

第三十三条　依照本法负责电子认证服务业监督管理工作的部门的工作人员，不依法履行行政许可、监督管理职责的，依法给予行政处分；构成犯罪的，依法追究刑事责任。

281. 中华人民共和国反不正当竞争法（2019. 4. 23）

（1993年9月2日第八届全国人民代表大会常务委员会第三次会议通过
2017年11月4日第十二届全国人民代表大会常务委员会第三十次会议修订
根据2019年4月23日第十三届全国人民代表大会常务委员会第十次会议
《关于修改〈中华人民共和国建筑法〉等八部法律的决定》修正）

第四章　法律责任

第十七条　经营者违反本法规定，给他人造成损害的，应当依法承担民事责任。

经营者的合法权益受到不正当竞争行为损害的，可以向人民法院提起诉讼。

因不正当竞争行为受到损害的经营者的赔偿数额，按照其因被侵权所受到的实际损失确定；实际损失难以计算的，按照侵权人因侵权所获得的利益确定。经营者恶意实施侵犯商业秘密行为，情节严重的，可以在按照上述方法确定数额的一倍以上五倍以下确定赔偿数额。赔偿数额还应当包括经营者为制止侵权行为所支付的合理开支。

经营者违反本法第六条、第九条规定，权利人因被侵权所受到的实际损失、侵权人因侵权所获得的利益难以确定的，由人民法院根据侵权行为的情节判决给予权利人五百万元以下的赔偿。

第十八条　经营者违反本法第六条规定实施混淆行为的，由监督检查部门责令停止违法行为，没收违法商品。违法经营额五万元以上的，可以并处违法经营额五倍以下的罚款；没有违法经营额或者违法经营额不足五万元的，可以并处二十五万元以下的罚款。情节严重的，吊销营业执照。

经营者登记的企业名称违反本法第六条规定的，应当及时办理名称变更登记；名称变更前，由原企业登记机关以统一社会信用代码代替其名称。

第十九条　经营者违反本法第七条规定贿赂他人的，由监督检查部门没收违法所得，处十万元以上三百万元以下的罚款。情节严重的，吊销营业执照。

第二十条　经营者违反本法第八条规定对其商品作虚假或者引人误解的商业宣传，或者通过组织虚假交易等方式帮助其他经营者进行虚假或者引人误解的商业宣传的，由监督检查部门责令停止违法行为，处二十万元以上一百万元以下的罚款；情节严重的，处一百万元以上二百万元以下的罚款，可以吊销营业执照。

经营者违反本法第八条规定，属于发布虚假广告的，依照《中华人民共和国广告法》的规定处罚。

第二十一条　经营者以及其他自然人、法人和非法人组织违反本法第九条规定侵犯商业秘密的，由监督检查部门责令停止违法行为，没收违法所得，处十万元以上一百万元以下的罚款；情节严重的，处五十万元以上五百万元以下的罚款。

第二十二条　经营者违反本法第十条规定进行有奖销售的，由监督检查部门责令停止违法行为，处五万元以上五十万元以下的罚款。

第二十三条　经营者违反本法第十一条规定损害竞争对手商业信誉、商品声誉的，由监督检查部门责令停止违法行为、消除影响，处十万元以上五十万元以下的罚款；情节严重的，处五十万元以上三百万元以下的罚款。

第二十四条　经营者违反本法第十二条规定妨碍、破坏其他经营者合法提供的网络产品或者服务正常运行的，由监督检查部门责令停止违法行为，处十万元以上五十万元以下的罚款；情节严重的，处五十万元以上三百万元以下的罚款。

第二十五条　经营者违反本法规定从事不正当竞争，有主动消除或者减轻违法行为危害后果等法定情形的，依法从轻或者减轻行政处罚；违法行为轻微并及时纠正，没有造成危害后果的，不予行政处罚。

第二十六条　经营者违反本法规定从事不正当竞争，受到行政处罚的，由监督检查部门记入信用记录，并依照有关法律、行政法规的规定予以公示。

第二十七条 经营者违反本法规定，应当承担民事责任、行政责任和刑事责任，其财产不足以支付的，优先用于承担民事责任。

第二十八条 妨害监督检查部门依照本法履行职责，拒绝、阻碍调查的，由监督检查部门责令改正，对个人可以处五千元以下的罚款，对单位可以处五万元以下的罚款，并可以由公安机关依法给予治安管理处罚。

第二十九条 当事人对监督检查部门作出的决定不服的，可以依法申请行政复议或者提起行政诉讼。

第三十条 监督检查部门的工作人员滥用职权、玩忽职守、徇私舞弊或者泄露调查过程中知悉的商业秘密的，依法给予处分。

第三十一条 违反本法规定，构成犯罪的，依法追究刑事责任。

第三十二条 在侵犯商业秘密的民事审判程序中，商业秘密权利人提供初步证据，证明其已经对所主张的商业秘密采取保密措施，且合理表明商业秘密被侵犯，涉嫌侵权人应当证明权利人所主张的商业秘密不属于本法规定的商业秘密。

商业秘密权利人提供初步证据合理表明商业秘密被侵犯，且提供以下证据之一的，涉嫌侵权人应当证明其不存在侵犯商业秘密的行为：

（一）有证据表明涉嫌侵权人有渠道或者机会获取商业秘密，且其使用的信息与该商业秘密实质上相同；

（二）有证据表明商业秘密已经被涉嫌侵权人披露、使用或者有被披露、使用的风险；

（三）有其他证据表明商业秘密被涉嫌侵权人侵犯。

282. 中华人民共和国建筑法（2019. 4. 23）

（1997 年 11 月 1 日第八届全国人民代表大会常务委员会第二十八次会议通过 根据 2011 年 4 月 22 日第十一届全国人民代表大会常务委员会第二十次会议《关于修改〈中华人民共和国建筑法〉的决定》第一次修正 根据 2019 年 4 月 23 日第十三届全国人民代表大会常务委员会第十次会议《关于修改〈中华人民共和国建筑法〉等八部法律的决定》第二次修正）

第七章 法律责任

第六十五条 发包单位将工程发包给不具有相应资质条件的承包单位的，或者违反本法规定将建筑工程肢解发包的，责令改正，处以罚款。

超越本单位资质等级承揽工程的，责令停止违法行为，处以罚款，可以责令停业整顿，降低资质等级；情节严重的，吊销资质证书；有违法所得的，予以没收。

未取得资质证书承揽工程的，予以取缔，并处罚款；有违法所得的，予以没收。

以欺骗手段取得资质证书的，吊销资质证书，处以罚款；构成犯罪的，依法追究刑事责任。

第六十八条 在工程发包与承包中索贿、受贿、行贿，构成犯罪的，依法追究刑事责任；不构成犯罪的，分别处以罚款，没收贿赂的财物，对直接负责的主管人员和其他直接责任人员给予处分。

对在工程承包中行贿的承包单位，除依照前款规定处罚外，可以责令停业整顿，降低资质等级或者吊销资质证书。

第六十九条 工程监理单位与建设单位或者建筑施工企业串通，弄虚作假、降低工程质量的，责令改正，处以罚款，降低资质等级或者吊销资质证书；有违法所得的，予以没收；造成损失的，承担连带赔偿责任；构成犯罪的，依法追究刑事责任。

第七十条 违反本法规定，涉及建筑主体或者承重结构变动的装修工程擅自施工的，责令改正，处以罚款；造成损失的，承担赔偿责任；构成犯罪的，依法追究刑事责任。

第七十一条 建筑施工企业违反本法规定，对建筑安全事故隐患不采取措施予以消除的，责令改正，可以处以罚款；情节严重的，责令停业整顿，降低资质等级或者吊销资质证书；构成犯罪的，依法追究刑事责任。

建筑施工企业的管理人员违章指挥、强令职工冒险作业，因而发生重大伤亡事故或者造成其他严重后果的，依法追究刑事责任。

第七十二条 建设单位违反本法规定，要求建筑设计单位或者建筑施工企业违反建筑工程质量、安全标准，降低工程质量的，责令改正，可以处以罚款；构成犯罪的，依法追究刑事责任。

第七十三条 建筑设计单位不按照建筑工程质量、安全标准进行设计的，责令改正，处以罚款；造成工程质量事故的，责令停业整顿，降低资质等级或者吊销资质证书，没收违法所得，并处罚款；造成损失的，承担赔偿责任；构成犯罪的，依法追究刑事责任。

第七十四条 建筑施工企业在施工中偷工减料的，使用不合格的建筑材料、建筑构配件和设备的，或者有其他不按照工程设计图纸或者施工技术标准施工的行为的，责令改正，处以罚款；情节严重的，责令停业整顿，降低资质等级或者吊销资质证书；造成建筑工程质量不符合规定的质量标准的，负责返工、修理，并赔偿因此造成的损失；构成犯罪的，依法追究刑事责任。

第七十七条 违反本法规定，对不具备相应资质等级条件的单位颁发该等级资质证书的，由其上级机关责令收回所发的资质证书，对直接负责的主管人员和其他直接责任人员给予行政处分；构成犯罪的，依法追究刑事责任。

第七十八条 政府及其所属部门的工作人员违反本法规定，限定发包单位将招标发包的工程发包给指定的承包单位的，由上级机关责令改正；构成犯罪的，依法追究刑事责任。

第七十九条 负责颁发建筑工程施工许可证的部门及其工作人员对不符合施工条件的建筑工程颁发施工许可证的，负责工程质量监督检查或者竣工验收的部门及其工作人员对不合格的建筑工程出具质量合格文件或者按合格工程验收的，由上级机关责令改正，对责任人员给予行政处分；构成犯罪的，依法追究刑事责任；造成损失的，由该部门承担相应的赔偿责任。

283. 中华人民共和国商标法（2019.4.23）

（1982年8月23日第五届全国人民代表大会常务委员会第二十四次会议通过　根据1993年2月22日第七届全国人民代表大会常务委员会第三十次会议《关于修改〈中华人民共和国商标法〉的决定》第一次修正　根据2001年10月27日第九届全国人民代表大会常务委员会第二十四次会议《关于修改〈中华人民共和国商标法〉的决定》第二次修正　根据2013年8月30日第十二届全国人民代表大会常务委员会第四次会议《关于修改〈中华人民共和国商标法〉的决定》第三次修正　根据2019年4月23日第十三届全国人民代表大会常务委员会第十次会议《关于修改〈中华人民共和国建筑法〉等八部法律的决定》第四次修正）

第七章　注册商标专用权的保护

第六十一条 对侵犯注册商标专用权的行为，工商行政管理部门有权依法查处；涉嫌犯罪的，应当及时移送司法机关依法处理。

第六十七条 未经商标注册人许可，在同一种商品上使用与其注册商标相同的商标，构成犯罪的，除赔偿被侵权人的损失外，依法追究刑事责任。

伪造、擅自制造他人注册商标标识或者销售伪造、擅自制造的注册商标标识，构成犯罪的，除赔偿被侵权人的损失外，依法追究刑事责任。

销售明知是假冒注册商标的商品，构成犯罪的，除赔偿被侵权人的损失外，依法追究刑事责任。

第六十八条 商标代理机构有下列行为之一的，由工商行政管理部门责令限期改正，给予警告，处一万元以上十万元以下的罚款；对直接负责的主管人员和其他直接责任人员给予警告，处五千元以上五万元以下的罚款；构成犯罪的，依法追究刑事责任：

（一）办理商标事宜过程中，伪造、变造或者使用伪造、变造的法律文件、印章、签名的；

（二）以诋毁其他商标代理机构等手段招徕商标代理业务或者以其他不正当手段扰乱商标代理市场秩序的；

（三）违反本法第四条、第十九条第三款和第四款规定的。

商标代理机构有前款规定行为的，由工商行政管理部门记入信用档案；情节严重的，商标局、商标评审委员会并可以决定停止受理其办理商标代理业务，予以公告。

商标代理机构违反诚实信用原则，侵害委托人合法利益的，应当依法承担民事责任，并由商标代理行业组织按照章程规定予以惩戒。

对恶意申请商标注册的，根据情节给予警告、罚款等行政处罚；对恶意提起商标诉讼的，由人民法院依法给予处罚。

第七十一条 从事商标注册、管理和复审工作的国家机关工作人员玩忽职守、滥用职权、徇私舞弊，违法办理商标注册、管理和复审事项，收受当事人财物，牟取不正当利益，构成犯罪的，依法追究刑事责任；尚不构成犯罪的，依法给予处分。

284. 中华人民共和国行政许可法（2019. 4. 23）

（2003 年 8 月 27 日第十届全国人民代表大会常务委员会第四次会议通过 根据 2019 年 4 月 23 日第十三届全国人民代表大会常务委员会第十次会议《关于修改〈中华人民共和国建筑法〉等八部法律的决定》修正）

第七章　法律责任

第七十三条　行政机关工作人员办理行政许可、实施监督检查，索取或者收受他人财物或者谋取其他利益，构成犯罪的，依法追究刑事责任；尚不构成犯罪的，依法给予行政处分。

第七十四条　行政机关实施行政许可，有下列情形之一的，由其上级行政机关或者监察机关责令改正，对直接负责的主管人员和其他直接责任人员依法给予行政处分；构成犯罪的，依法追究刑事责任：

（一）对不符合法定条件的申请人准予行政许可或者超越法定职权作出准予行政许可决定的；

（二）对符合法定条件的申请人不予行政许可或者不在法定期限内作出准予行政许可决定的；

（三）依法应当根据招标、拍卖结果或者考试成绩择优作出准予行政许可决定，未经招标、拍卖或者考试，或者不根据招标、拍卖结果或者考试成绩择优作出准予行政许可决定的。

第七十五条　行政机关实施行政许可，擅自收费或者不按照法定项目和标准收费的，由其上级行政机关或者监察机关责令退还非法收取的费用；对直接负责的主管人员和其他直接责任人员依法给予行政处分。

截留、挪用、私分或者变相私分实施行政许可依法收取的费用的，予以追缴；对直接负责的主管人员和其他直接责任人员依法给予行政处分；构成犯罪的，依法追究刑事责任。

第七十七条　行政机关不依法履行监督职责或者监督不力，造成严重后果的，由其上级行政机关或者监察机关责令改正，对直接负责的主管人员和其他直接责任人员依法给予行政处分；构成犯罪的，依法追究刑事责任。

第七十九条　被许可人以欺骗、贿赂等不正当手段取得行政许可的，行政机关应当依法给予行政处罚；取得的行政许可属于直接关系公共安全、人身健康、生命财产安全事项的，申请人在三年内不得再次申请该行政许可；构成犯罪的，依法追究刑事责任。

第八十条　被许可人有下列行为之一的，行政机关应当依法给予行政处罚；构成犯罪的，依法追究刑事责任：

（一）涂改、倒卖、出租、出借行政许可证件，或者以其他形式非法转让行政许可的；

（二）超越行政许可范围进行活动的；

（三）向负责监督检查的行政机关隐瞒有关情况、提供虚假材料或者拒绝提供反映其活动情况的真实材料的；

（四）法律、法规、规章规定的其他违法行为。

第八十一条　公民、法人或者其他组织未经行政许可，擅自从事依法应当取得行政许可的活动的，行政机关应当依法采取措施予以制止，并依法给予行政处罚；构成犯罪的，依法追究刑事责任。

285. 中华人民共和国法官法（2019. 4. 23）

（1995 年 2 月 28 日第八届全国人民代表大会常务委员会第十二次会议通过　根据 2001 年 6 月 30 日第九届全国人民代表大会常务委员会第二十二次会议《关于修改〈中华人民共和国法官法〉的决定》第一次修正　根据 2017 年 9 月 1 日第十二届全国人民代表大会常务委员会第二十九次会议《关于修改〈中华人民共和国法官法〉等八部法律的决定》第二次修正　2019 年 4 月 23 日第十三届全国人民代表大会常务委员会第十次会议修订）

第六章　法官的考核、奖励和惩戒

第四十六条　法官有下列行为之一的，应当给予处分；构成犯罪的，依法追究刑事责任：

（一）贪污受贿、徇私舞弊、枉法裁判的；

（二）隐瞒、伪造、变造、故意损毁证据、案件材料的；
（三）泄露国家秘密、审判工作秘密、商业秘密或者个人隐私的；
（四）故意违反法律法规办理案件的；
（五）因重大过失导致裁判结果错误并造成严重后果的；
（六）拖延办案，贻误工作的；
（七）利用职权为自己或者他人谋取私利的；
（八）接受当事人及其代理人利益输送，或者违反有关规定会见当事人及其代理人的；
（九）违反有关规定从事或者参与营利性活动，在企业或者其他营利性组织中兼任职务的；
（十）有其他违纪违法行为的。
法官的处分按照有关规定办理。

286. 中华人民共和国检察官法（2019. 4. 23）

（1995 年 2 月 28 日第八届全国人民代表大会常务委员会第十二次会议通过　根据 2001 年 6 月 30 日第九届全国人民代表大会常务委员会第二十二次会议《关于修改〈中华人民共和国检察官法〉的决定》第一次修正　根据 2017 年 9 月 1 日第十二届全国人民代表大会常务委员会第二十九次会议《关于修改〈中华人民共和国法官法〉等八部法律的决定》第二次修正　2019 年 4 月 23 日第十三届全国人民代表大会常务委员会第十次会议修订）

第六章　检察官的考核、奖励和惩戒

第四十七条　检察官有下列行为之一的，应当给予处分；构成犯罪的，依法追究刑事责任：
（一）贪污受贿、徇私枉法、刑讯逼供的；
（二）隐瞒、伪造、变造、故意损毁证据、案件材料的；
（三）泄露国家秘密、检察工作秘密、商业秘密或者个人隐私的；
（四）故意违反法律法规办理案件的；
（五）因重大过失导致案件错误并造成严重后果的；
（六）拖延办案，贻误工作的；
（七）利用职权为自己或者他人谋取私利的；
（八）接受当事人及其代理人利益输送，或者违反有关规定会见当事人及其代理人的；
（九）违反有关规定从事或者参与营利性活动，在企业或者其他营利性组织中兼任职务的；
（十）有其他违纪违法行为的。
检察官的处分按照有关规定办理。

287. 中华人民共和国疫苗管理法（2019. 6. 29）

（2019 年 6 月 29 日第十三届全国人民代表大会常务委员会第十一次会议通过）

第十章　法律责任

第七十九条　违反本法规定，构成犯罪的，依法从重追究刑事责任。

第八十条　生产、销售的疫苗属于假药的，由省级以上人民政府药品监督管理部门没收违法所得和违法生产、销售的疫苗以及专门用于违法生产疫苗的原料、辅料、包装材料、设备等物品，责令停产停业整顿，吊销药品注册证书，直至吊销药品生产许可证等，并处违法生产、销售疫苗货值金额十五倍以上五十倍以下的罚款，货值金额不足五十万元的，按五十万元计算。

生产、销售的疫苗属于劣药的，由省级以上人民政府药品监督管理部门没收违法所得和违法生产、销售的疫苗以及专门用于违法生产疫苗的原料、辅料、包装材料、设备等物品，责令停产停业整顿，并处违法生产、销售疫苗货值

金额十倍以上三十倍以下的罚款，货值金额不足五十万元的，按五十万元计算；情节严重的，吊销药品注册证书，直至吊销药品生产许可证等。

生产、销售的疫苗属于假药，或者生产、销售的疫苗属于劣药且情节严重的，由省级以上人民政府药品监督管理部门对法定代表人、主要负责人、直接负责的主管人员和关键岗位人员以及其他责任人员，没收违法行为发生期间自本单位所获收入，并处所获收入一倍以上十倍以下的罚款，终身禁止从事药品生产经营活动，由公安机关处五日以上十五日以下拘留。

第八十一条 有下列情形之一的，由省级以上人民政府药品监督管理部门没收违法所得和违法生产、销售的疫苗以及专门用于违法生产疫苗的原料、辅料、包装材料、设备等物品，责令停产停业整顿，并处违法生产、销售疫苗货值金额十五倍以上五十倍以下的罚款，货值金额不足五十万元的，按五十万元计算；情节严重的，吊销药品相关批准证明文件，直至吊销药品生产许可证等，对法定代表人、主要负责人、直接负责的主管人员和关键岗位人员以及其他责任人员，没收违法行为发生期间自本单位所获收入，并处所获收入百分之五十以上十倍以下的罚款，十年内直至终身禁止从事药品生产经营活动，由公安机关处五日以上十五日以下拘留：

（一）申请疫苗临床试验、注册、批签发提供虚假数据、资料、样品或者有其他欺骗行为；

（二）编造生产、检验记录或者更改产品批号；

（三）疾病预防控制机构以外的单位或者个人向接种单位供应疫苗；

（四）委托生产疫苗未经批准；

（五）生产工艺、生产场地、关键设备等发生变更按照规定应当经批准而未经批准；

（六）更新疫苗说明书、标签按照规定应当经核准而未经核准。

第八十二条 除本法另有规定的情形外，疫苗上市许可持有人或者其他单位违反药品相关质量管理规范的，由县级以上人民政府药品监督管理部门责令改正，给予警告；拒不改正的，处二十万元以上五十万元以下的罚款；情节严重的，处五十万元以上三百万元以下的罚款，责令停产停业整顿，直至吊销药品相关批准证明文件、药品生产许可证等，对法定代表人、主要负责人、直接负责的主管人员和关键岗位人员以及其他责任人员，没收违法行为发生期间自本单位所获收入，并处所获收入百分之五十以上五倍以下的罚款，十年内直至终身禁止从事药品生产经营活动。

第八十三条 违反本法规定，疫苗上市许可持有人有下列情形之一的，由省级以上人民政府药品监督管理部门责令改正，给予警告；拒不改正的，处二十万元以上五十万元以下的罚款；情节严重的，责令停产停业整顿，并处五十万元以上二百万元以下的罚款：

（一）未按照规定建立疫苗电子追溯系统；

（二）法定代表人、主要负责人和生产管理负责人、质量管理负责人、质量受权人等关键岗位人员不符合规定条件或者未按照规定对其进行培训、考核；

（三）未按照规定报告或者备案；

（四）未按照规定开展上市后研究，或者未按照规定设立机构、配备人员主动收集、跟踪分析疑似预防接种异常反应；

（五）未按照规定投保疫苗责任强制保险；

（六）未按照规定建立信息公开制度。

第八十四条 违反本法规定，批签发机构有下列情形之一的，由国务院药品监督管理部门责令改正，给予警告，对主要负责人、直接负责的主管人员和其他直接责任人员依法给予警告直至降级处分：

（一）未按照规定进行审核和检验；

（二）未及时公布上市疫苗批签发结果；

（三）未按照规定进行核实；

（四）发现疫苗存在重大质量风险未按照规定报告。

违反本法规定，批签发机构未按照规定发给批签发证明或者不予批签发通知书的，由国务院药品监督管理部门责令改正，给予警告，对主要负责人、直接负责的主管人员和其他直接责任人员依法给予降级或者撤职处分；情节严重的，对主要负责人、直接负责的主管人员和其他直接责任人员依法给予开除处分。

第八十五条 疾病预防控制机构、接种单位、疫苗上市许可持有人、疫苗配送单位违反疫苗储存、运输管理规范有关冷链储存、运输要求的，由县级以上人民政府药品监督管理部门责令改正，给予警告，对违法储存、运输的疫苗予以销毁，没收违法所得；拒不改正的，对接种单位、疫苗上市许可持有人、疫苗配送单位处二十万元以上一百万元以下的罚款；情节严重的，对接种单位、疫苗上市许可持有人、疫苗配送单位处违法储存、运输疫苗货值金额十倍以上三十倍以下的罚款，货值金额不足十万元的，按十万元计算，责令疫苗上市许可持有人、疫苗配送单位停产停业整顿，直至吊销药品相关批准证明文件、药品生产许可证等，对疫苗上市许可持有人、疫苗配送单位的法定代表人、主要负责人、直接负责的主管人员和关键岗位人员以及其他责任人员依照本法第八十二条规定给予处罚。

疾病预防控制机构、接种单位有前款规定违法行为的，由县级以上人民政府卫生健康主管部门对主要负责人、直接负责的主管人员和其他直接责任人员依法给予警告直至撤职处分，责令负有责任的医疗卫生人员暂停一年以上十八个月以下执业活动；造成严重后果的，对主要负责人、直接负责的主管人员和其他直接责任人员依法给予开除处分，并可以吊销接种单位的接种资格，由原发证部门吊销负有责任的医疗卫生人员的执业证书。

第八十六条　疾病预防控制机构、接种单位、疫苗上市许可持有人、疫苗配送单位有本法第八十五条规定以外的违反疫苗储存、运输管理规范行为的，由县级以上人民政府药品监督管理部门责令改正，给予警告，没收违法所得；拒不改正的，对接种单位、疫苗上市许可持有人、疫苗配送单位处十万元以上三十万元以下的罚款；情节严重的，对接种单位、疫苗上市许可持有人、疫苗配送单位处违法储存、运输疫苗货值金额三倍以上十倍以下的罚款，货值金额不足十万元的，按十万元计算。

疾病预防控制机构、接种单位有前款规定违法行为的，县级以上人民政府卫生健康主管部门可以对主要负责人、直接负责的主管人员和其他直接责任人员依法给予警告直至撤职处分，责令负有责任的医疗卫生人员暂停六个月以上一年以下执业活动；造成严重后果的，对主要负责人、直接负责的主管人员和其他直接责任人员依法给予开除处分，由原发证部门吊销负有责任的医疗卫生人员的执业证书。

第八十七条　违反本法规定，疾病预防控制机构、接种单位有下列情形之一的，由县级以上人民政府卫生健康主管部门责令改正，给予警告，没收违法所得；情节严重的，对主要负责人、直接负责的主管人员和其他直接责任人员依法给予警告直至撤职处分，责令负有责任的医疗卫生人员暂停一年以上十八个月以下执业活动；造成严重后果的，对主要负责人、直接负责的主管人员和其他直接责任人员依法给予开除处分，由原发证部门吊销负有责任的医疗卫生人员的执业证书：

（一）未按照规定供应、接收、采购疫苗；

（二）接种疫苗未遵守预防接种工作规范、免疫程序、疫苗使用指导原则、接种方案；

（三）擅自进行群体性预防接种。

第八十八条　违反本法规定，疾病预防控制机构、接种单位有下列情形之一的，由县级以上人民政府卫生健康主管部门责令改正，给予警告；情节严重的，对主要负责人、直接负责的主管人员和其他直接责任人员依法给予警告直至撤职处分，责令负有责任的医疗卫生人员暂停六个月以上一年以下执业活动；造成严重后果的，对主要负责人、直接负责的主管人员和其他直接责任人员依法给予开除处分，由原发证部门吊销负有责任的医疗卫生人员的执业证书：

（一）未按照规定提供追溯信息；

（二）接收或者购进疫苗时未按照规定索取并保存相关证明文件、温度监测记录；

（三）未按照规定建立并保存疫苗接收、购进、储存、配送、供应、接种、处置记录；

（四）未按照规定告知、询问受种者或者其监护人有关情况。

第八十九条　疾病预防控制机构、接种单位、医疗机构未按照规定报告疑似预防接种异常反应、疫苗安全事件等，或者未按照规定对疑似预防接种异常反应组织调查、诊断等的，由县级以上人民政府卫生健康主管部门责令改正，给予警告；情节严重的，对接种单位、医疗机构处五万元以上五十万元以下的罚款，对疾病预防控制机构、接种单位、医疗机构的主要负责人、直接负责的主管人员和其他直接责任人员依法给予警告直至撤职处分；造成严重后果的，对主要负责人、直接负责的主管人员和其他直接责任人员依法给予开除处分，由原发证部门吊销负有责任的医疗卫生人员的执业证书。

第九十条　疾病预防控制机构、接种单位违反本法规定收取费用的，由县级以上人民政府卫生健康主管部门监督其将违法收取的费用退还给原缴费的单位或者个人，并由县级以上人民政府市场监督管理部门依法给予处罚。

第九十一条　违反本法规定，未经县级以上地方人民政府卫生健康主管部门指定擅自从事免疫规划疫苗接种工作、从事非免疫规划疫苗接种工作不符合条件或者未备案的，由县级以上人民政府卫生健康主管部门责令改正，给予警告，没收违法所得和违法持有的疫苗，责令停业整顿，并处十万元以上一百万元以下的罚款，对主要负责人、直接负责的主管人员和其他直接责任人员依法给予处分。

违反本法规定，疾病预防控制机构、接种单位以外的单位或者个人擅自进行群体性预防接种的，由县级以上人民政府卫生健康主管部门责令改正，没收违法所得和违法持有的疫苗，并处违法持有的疫苗货值金额十倍以上三十倍以下的罚款，货值金额不足五万元的，按五万元计算。

第九十二条　监护人未依法保证适龄儿童按时接种免疫规划疫苗的，由县级人民政府卫生健康主管部门批评教育，责令改正。

托幼机构、学校在儿童入托、入学时未按照规定查验预防接种证，或者发现未按照规定接种的儿童后未向接种单位报告的，由县级以上地方人民政府教育行政部门责令改正，给予警告，对主要负责人、直接负责的主管人员和其他直接责任人员依法给予处分。

第九十三条　编造、散布虚假疫苗安全信息，或者在接种单位寻衅滋事，构成违反治安管理行为的，由公安机关依法给予治安管理处罚。

报纸、期刊、广播、电视、互联网站等传播媒介编造、散布虚假疫苗安全信息的，由有关部门依法给予处罚，对主要负责人、直接负责的主管人员和其他直接责任人员依法给予处分。

第九十四条　县级以上地方人民政府在疫苗监督管理工作中有下列情形之一的，对直接负责的主管人员和其他直接责任人员依法给予降级或者撤职处分；情节严重的，依法给予开除处分；造成严重后果的，其主要负责人应当引咎辞职：

（一）履行职责不力，造成严重不良影响或者重大损失；

（二）瞒报、谎报、缓报、漏报疫苗安全事件；

（三）干扰、阻碍对疫苗违法行为或者疫苗安全事件的调查；

（四）本行政区域发生特别重大疫苗安全事故，或者连续发生重大疫苗安全事故。

第九十五条 药品监督管理部门、卫生健康主管部门等部门在疫苗监督管理工作中有下列情形之一的，对直接负责的主管人员和其他直接责任人员依法给予降级或者撤职处分；情节严重的，依法给予开除处分；造成严重后果的，其主要负责人应当引咎辞职：

（一）未履行监督检查职责，或者发现违法行为不及时查处；

（二）擅自进行群体性预防接种；

（三）瞒报、谎报、缓报、漏报疫苗安全事件；

（四）干扰、阻碍对疫苗违法行为或者疫苗安全事件的调查；

（五）泄露举报人的信息；

（六）接到疑似预防接种异常反应相关报告，未按照规定组织调查、处理；

（七）其他未履行疫苗监督管理职责的行为，造成严重不良影响或者重大损失。

第九十六条 因疫苗质量问题造成受种者损害的，疫苗上市许可持有人应当依法承担赔偿责任。

疾病预防控制机构、接种单位因违反预防接种工作规范、免疫程序、疫苗使用指导原则、接种方案，造成受种者损害的，应当依法承担赔偿责任。

288. 中华人民共和国药品管理法（2019. 8. 26）

（1984 年 9 月 20 日第六届全国人民代表大会常务委员会第七次会议通过　2001 年 2 月 28 日第九届全国人民代表大会常务委员会第二十次会议第一次修订　根据 2013 年 12 月 28 日第十二届全国人民代表大会常务委员会第六次会议《关于修改〈中华人民共和国海洋环境保护法〉等七部法律的决定》第一次修正　根据 2015 年 4 月 24 日第十二届全国人民代表大会常务委员会第十四次会议《关于修改〈中华人民共和国药品管理法〉的决定》第二次修正　2019 年 8 月 26 日第十三届全国人民代表大会常务委员会第十二次会议第二次修订）

第十章　监督管理

第一百一十三条 药品监督管理部门发现药品违法行为涉嫌犯罪的，应当及时将案件移送公安机关。

对依法不需要追究刑事责任或者免予刑事处罚，但应当追究行政责任的，公安机关、人民检察院、人民法院应当及时将案件移送药品监督管理部门。

公安机关、人民检察院、人民法院商请药品监督管理部门、生态环境主管部门等部门提供检验结论、认定意见以及对涉案药品进行无害化处理等协助的，有关部门应当及时提供，予以协助。

第十一章　法律责任

第一百一十四条 违反本法规定，构成犯罪的，依法追究刑事责任。

第一百一十五条 未取得药品生产许可证、药品经营许可证或者医疗机构制剂许可证生产、销售药品的，责令关闭，没收违法生产、销售的药品和违法所得，并处违法生产、销售的药品（包括已售出和未售出的药品，下同）货值金额十五倍以上三十倍以下的罚款；货值金额不足十万元的，按十万元计算。

第一百一十六条 生产、销售假药的，没收违法生产、销售的药品和违法所得，责令停产停业整顿，吊销药品批准证明文件，并处违法生产、销售的药品货值金额十五倍以上三十倍以下的罚款；货值金额不足十万元的，按十万元计算；情节严重的，吊销药品生产许可证、药品经营许可证或者医疗机构制剂许可证，十年内不受理其相应申请；药品上市许可持有人为境外企业的，十年内禁止其药品进口。

第一百一十七条 生产、销售劣药的，没收违法生产、销售的药品和违法所得，并处违法生产、销售的药品货值金额十倍以上二十倍以下的罚款；违法生产、批发的药品货值金额不足十万元的，按十万元计算，违法零售的药品货值金额不足一万元的，按一万元计算；情节严重的，责令停产停业整顿直至吊销药品批准证明文件、药品生产许可证、药品经营许可证或者医疗机构制剂许可证。

生产、销售的中药饮片不符合药品标准，尚不影响安全性、有效性的，责令限期改正，给予警告；可以处十万元以上五十万元以下的罚款。

第一百一十八条 生产、销售假药，或者生产、销售劣药且情节严重的，对法定代表人、主要负责人、直接负责的主管人员和其他责任人员，没收违法行为发生期间自本单位所获收入，并处所获收入百分之三十以上三倍以下的罚款，终身禁止从事药品生产经营活动，并可以由公安机关处五日以上十五日以下的拘留。

对生产者专门用于生产假药、劣药的原料、辅料、包装材料、生产设备予以没收。

第一百一十九条 药品使用单位使用假药、劣药的，按照销售假药、零售劣药的规定处罚；情节严重的，法定代表人、主要负责人、直接负责的主管人员和其他责任人员有医疗卫生人员执业证书的，还应当吊销执业证书。

第一百二十条 知道或者应当知道属于假药、劣药或者本法第一百二十四条第一款第一项至第五项规定的药品，而为其提供储存、运输等便利条件的，没收全部储存、运输收入，并处违法收入一倍以上五倍以下的罚款；情节严重的，并处违法收入五倍以上十五倍以下的罚款；违法收入不足五万元的，按五万元计算。

第一百二十一条 对假药、劣药的处罚决定，应当依法载明药品检验机构的质量检验结论。

第一百二十二条 伪造、变造、出租、出借、非法买卖许可证或者药品批准证明文件的，没收违法所得，并处违法所得一倍以上五倍以下的罚款；情节严重的，并处违法所得五倍以上十五倍以下的罚款，吊销药品生产许可证、药品经营许可证、医疗机构制剂许可证或者药品批准证明文件，对法定代表人、主要负责人、直接负责的主管人员和其他责任人员，处二万元以上二十万元以下的罚款，十年内禁止从事药品生产经营活动，并可以由公安机关处五日以上十五日以下的拘留；违法所得不足十万元的，按十万元计算。

第一百二十三条 提供虚假的证明、数据、资料、样品或者采取其他手段骗取临床试验许可、药品生产许可、药品经营许可、医疗机构制剂许可或者药品注册等许可的，撤销相关许可，十年内不受理其相应申请，并处五十万元以上五百万元以下的罚款；情节严重的，对法定代表人、主要负责人、直接负责的主管人员和其他责任人员，处二万元以上二十万元以下的罚款，十年内禁止从事药品生产经营活动，并可以由公安机关处五日以上十五日以下的拘留。

第一百二十四条 违反本法规定，有下列行为之一的，没收违法生产、进口、销售的药品和违法所得以及专门用于违法生产的原料、辅料、包装材料和生产设备，责令停产停业整顿，并处违法生产、进口、销售的药品货值金额十五倍以上三十倍以下的罚款；货值金额不足十万元的，按十万元计算；情节严重的，吊销药品批准证明文件直至吊销药品生产许可证、药品经营许可证或者医疗机构制剂许可证，对法定代表人、主要负责人、直接负责的主管人员和其他责任人员，没收违法行为发生期间自本单位所获收入，并处所获收入百分之三十以上三倍以下的罚款，十年直至终身禁止从事药品生产经营活动，并可以由公安机关处五日以上十五日以下的拘留：

（一）未取得药品批准证明文件生产、进口药品；

（二）使用采取欺骗手段取得的药品批准证明文件生产、进口药品；

（三）使用未经审评审批的原料药生产药品；

（四）应当检验而未经检验即销售药品；

（五）生产、销售国务院药品监督管理部门禁止使用的药品；

（六）编造生产、检验记录；

（七）未经批准在药品生产过程中进行重大变更。

销售前款第一项至第三项规定的药品，或者药品使用单位使用前款第一项至第五项规定的药品的，依照前款规定处罚；情节严重的，药品使用单位的法定代表人、主要负责人、直接负责的主管人员和其他责任人员有医疗卫生人员执业证书的，还应当吊销执业证书。

未经批准进口少量境外已合法上市的药品，情节较轻的，可以依法减轻或者免予处罚。

第一百二十五条 违反本法规定，有下列行为之一的，没收违法生产、销售的药品和违法所得以及包装材料、容器，责令停产停业整顿，并处五十万元以上五百万元以下的罚款；情节严重的，吊销药品批准证明文件、药品生产许可证、药品经营许可证，对法定代表人、主要负责人、直接负责的主管人员和其他责任人员处二万元以上二十万元以下的罚款，十年直至终身禁止从事药品生产经营活动：

（一）未经批准开展药物临床试验；

（二）使用未经审评的直接接触药品的包装材料或者容器生产药品，或者销售该类药品；

（三）使用未经核准的标签、说明书。

第一百二十六条 除本法另有规定的情形外，药品上市许可持有人、药品生产企业、药品经营企业、药物非临床安全性评价研究机构、药物临床试验机构等未遵守药品生产质量管理规范、药品经营质量管理规范、药物非临床研究质量管理规范、药物临床试验质量管理规范等的，责令限期改正，给予警告；逾期不改正的，处十万元以上五十万元以下的罚款；情节严重的，处五十万元以上二百万元以下的罚款，责令停产停业整顿直至吊销药品批准证明文件、药品生产许可证、药品经营许可证等，药物非临床安全性评价研究机构、药物临床试验机构等五年内不得开展药物非临床安全性评价研究、药物临床试验，对法定代表人、主要负责人、直接负责的主管人员和其他责任人员，没收违法行为发生期间自本单位所获收入，并处所获收入百分之十以上百分之五十以下的罚款，十年直至终身禁止从事药品生产经营等活动。

第一百二十七条 违反本法规定，有下列行为之一的，责令限期改正，给予警告；逾期不改正的，处十万元以上五十万元以下的罚款：

（一）开展生物等效性试验未备案；

（二）药物临床试验期间，发现存在安全性问题或者其他风险，临床试验申办者未及时调整临床试验方案、暂停或者终止临床试验，或者未向国务院药品监督管理部门报告；

（三）未按照规定建立并实施药品追溯制度；

（四）未按照规定提交年度报告；

（五）未按照规定对药品生产过程中的变更进行备案或者报告；

（六）未制定药品上市后风险管理计划；

（七）未按照规定开展药品上市后研究或者上市后评价。

第一百二十八条 除依法应当按照假药、劣药处罚的外，药品包装未按照规定印有、贴有标签或者附有说明书，标签、说明书未按照规定注明相关信息或者印有规定标志的，责令改正，给予警告；情节严重的，吊销药品注册证书。

第一百二十九条 违反本法规定，药品上市许可持有人、药品生产企业、药品经营企业或者医疗机构未从药品上市许可持有人或者具有药品生产、经营资格的企业购进药品的，责令改正，没收违法购进的药品和违法所得，并处违法购进药品货值金额二倍以上十倍以下的罚款；情节严重的，并处货值金额十倍以上三十倍以下的罚款，吊销药品批准证明文件、药品生产许可证、药品经营许可证或者医疗机构执业许可证；货值金额不足五万元的，按五万元计算。

第一百三十条 违反本法规定，药品经营企业购销药品未按照规定进行记录，零售药品未正确说明用法、用量等事项，或者未按照规定调配处方的，责令改正，给予警告；情节严重的，吊销药品经营许可证。

第一百三十一条 违反本法规定，药品网络交易第三方平台提供者未履行资质审核、报告、停止提供网络交易平台服务等义务的，责令改正，没收违法所得，并处二十万元以上二百万元以下的罚款；情节严重的，责令停业整顿，并处二百万元以上五百万元以下的罚款。

第一百三十二条 进口已获得药品注册证书的药品，未按照规定向允许药品进口的口岸所在地药品监督管理部门备案的，责令限期改正，给予警告；逾期不改正的，吊销药品注册证书。

第一百三十三条 违反本法规定，医疗机构将其配制的制剂在市场上销售的，责令改正，没收违法销售的制剂和违法所得，并处违法销售制剂货值金额二倍以上五倍以下的罚款；情节严重的，并处货值金额五倍以上十五倍以下的罚款；货值金额不足五万元的，按五万元计算。

第一百三十四条 药品上市许可持有人未按照规定开展药品不良反应监测或者报告疑似药品不良反应的，责令限期改正，给予警告；逾期不改正的，责令停产停业整顿，并处十万元以上一百万元以下的罚款。

药品经营企业未按照规定报告疑似药品不良反应的，责令限期改正，给予警告；逾期不改正的，责令停产停业整顿，并处五万元以上五十万元以下的罚款。

医疗机构未按照规定报告疑似药品不良反应的，责令限期改正，给予警告；逾期不改正的，处五万元以上五十万元以下的罚款。

第一百三十五条 药品上市许可持有人在省、自治区、直辖市人民政府药品监督管理部门责令其召回后，拒不召回的，处应召回药品货值金额五倍以上十倍以下的罚款；货值金额不足十万元的，按十万元计算；情节严重的，吊销药品批准证明文件、药品生产许可证、药品经营许可证，对法定代表人、主要负责人、直接负责的主管人员和其他责任人员，处二万元以上二十万元以下的罚款。药品生产企业、药品经营企业、医疗机构拒不配合召回的，处十万元以上五十万元以下的罚款。

第一百三十六条 药品上市许可持有人为境外企业的，其指定的在中国境内的企业法人未依照本法规定履行相关义务的，适用本法有关药品上市许可持有人法律责任的规定。

第一百三十七条 有下列行为之一的，在本法规定的处罚幅度内从重处罚：

（一）以麻醉药品、精神药品、医疗用毒性药品、放射性药品、药品类易制毒化学品冒充其他药品，或者以其他药品冒充上述药品；

（二）生产、销售以孕产妇、儿童为主要使用对象的假药、劣药；

（三）生产、销售的生物制品属于假药、劣药；

（四）生产、销售假药、劣药，造成人身伤害后果；

（五）生产、销售假药、劣药，经处理后再犯；

（六）拒绝、逃避监督检查，伪造、销毁、隐匿有关证据材料，或者擅自动用查封、扣押物品。

第一百三十八条 药品检验机构出具虚假检验报告的，责令改正，给予警告，对单位并处二十万元以上一百万元以下的罚款；对直接负责的主管人员和其他直接责任人员依法给予降级、撤职、开除处分，没收违法所得，并处五万元以下的罚款；情节严重的，撤销其检验资格。药品检验机构出具的检验结果不实，造成损失的，应当承担相应的赔偿责任。

第一百三十九条 本法第一百一十五条至第一百三十八条规定的行政处罚，由县级以上人民政府药品监督管理部门按照职责分工决定；撤销许可、吊销许可证件的，由原批准、发证的部门决定。

第一百四十条 药品上市许可持有人、药品生产企业、药品经营企业或者医疗机构违反本法规定聘用人员的，由药品监督管理部门或者卫生健康主管部门责令解聘，处五万元以上二十万元以下的罚款。

第一百四十一条 药品上市许可持有人、药品生产企业、药品经营企业或者医疗机构在药品购销中给予、收受回扣或者其他不正当利益的，药品上市许可持有人、药品生产企业、药品经营企业或者代理人给予使用其药品的医疗机构的负责人、药品采购人员、医师、药师等有关人员财物或者其他不正当利益的，由市场监督管理部门没收违法所得，并处三十万元以上三百万元以下的罚款；情节严重的，吊销药品上市许可持有人、药品生产企业、药品经营企业营业执照，并由药品监督管理部门吊销药品批准证明文件、药品生产许可证、药品经营许可证。

药品上市许可持有人、药品生产企业、药品经营企业在药品研制、生产、经营中向国家工作人员行贿的，对法定代表人、主要负责人、直接负责的主管人员和其他责任人员终身禁止从事药品生产经营活动。

第一百四十二条 药品上市许可持有人、药品生产企业、药品经营企业的负责人、采购人员等有关人员在药品购销中收受其他药品上市许可持有人、药品生产企业、药品经营企业或者代理人给予的财物或者其他不正当利益的，没收违法所得，依法给予处罚；情节严重的，五年内禁止从事药品生产经营活动。

医疗机构的负责人、药品采购人员、医师、药师等有关人员收受药品上市许可持有人、药品生产企业、药品经营企业或者代理人给予的财物或者其他不正当利益的，由卫生健康主管部门或者本单位给予处分，没收违法所得；情节严重的，还应当吊销其执业证书。

第一百四十三条 违反本法规定，编造、散布虚假药品安全信息，构成违反治安管理行为的，由公安机关依法给予治安管理处罚。

第一百四十四条 药品上市许可持有人、药品生产企业、药品经营企业或者医疗机构违反本法规定，给用药者造成损害的，依法承担赔偿责任。

因药品质量问题受到损害的，受害人可以向药品上市许可持有人、药品生产企业请求赔偿损失，也可以向药品经营企业、医疗机构请求赔偿损失。接到受害人赔偿请求的，应当实行首负责任制，先行赔付；先行赔付后，可以依法追偿。

生产假药、劣药或者明知是假药、劣药仍然销售、使用的，受害人或者其近亲属除请求赔偿损失外，还可以请求支付价款十倍或者损失三倍的赔偿金；增加赔偿的金额不足一千元的，为一千元。

第一百四十五条 药品监督管理部门或者其设置、指定的药品专业技术机构参与药品生产经营活动的，由其上级主管机关责令改正，没收违法收入；情节严重的，对直接负责的主管人员和其他直接责任人员依法给予处分。

药品监督管理部门或者其设置、指定的药品专业技术机构的工作人员参与药品生产经营活动的，依法给予处分。

第一百四十六条 药品监督管理部门或者其设置、指定的药品检验机构在药品监督检验中违法收取检验费用的，由政府有关部门责令退还，对直接负责的主管人员和其他直接责任人员依法给予处分；情节严重的，撤销其检验资格。

第一百四十七条 违反本法规定，药品监督管理部门有下列行为之一的，应当撤销相关许可，对直接负责的主管人员和其他直接责任人员依法给予处分：

（一）不符合条件而批准进行药物临床试验；

（二）对不符合条件的药品颁发药品注册证书；

（三）对不符合条件的单位颁发药品生产许可证、药品经营许可证或者医疗机构制剂许可证。

第一百四十八条 违反本法规定，县级以上地方人民政府有下列行为之一的，对直接负责的主管人员和其他直接责任人员给予记过或者记大过处分；情节严重的，给予降级、撤职或者开除处分：

（一）瞒报、谎报、缓报、漏报药品安全事件；

（二）未及时消除区域性重大药品安全隐患，造成本行政区域内发生特别重大药品安全事件，或者连续发生重大药品安全事件；

（三）履行职责不力，造成严重不良影响或者重大损失。

第一百四十九条 违反本法规定，药品监督管理等部门有下列行为之一的，对直接负责的主管人员和其他直接责任人员给予记过或者记大过处分；情节较重的，给予降级或者撤职处分；情节严重的，给予开除处分：

（一）瞒报、谎报、缓报、漏报药品安全事件；

（二）对发现的药品安全违法行为未及时查处；

（三）未及时发现药品安全系统性风险，或者未及时消除监督管理区域内药品安全隐患，造成严重影响；

（四）其他不履行药品监督管理职责，造成严重不良影响或者重大损失。

第一百五十条 药品监督管理人员滥用职权、徇私舞弊、玩忽职守的，依法给予处分。

查处假药、劣药违法行为有失职、渎职行为的，对药品监督管理部门直接负责的主管人员和其他直接责任人员依法从重给予处分。

第一百五十一条 本章规定的货值金额以违法生产、销售药品的标价计算；没有标价的，按照同类药品的市场价格计算。

289. 中华人民共和国土地管理法（2019. 8. 26）

（1986 年 6 月 25 日第六届全国人民代表大会常务委员会第十六次会议通过 根据 1988 年 12 月 29 日第七届全国人民代表大会常务委员会第五次会议《关于修改〈中华人民共和国土地管理法〉的决定》第一次修正 1998 年 8 月 29 日第九届全国人民代表大会常务委员会第四次会议修订 根据 2004 年 8 月 28 日第十届全国人民代表大会常务委员会第十一次会议《关于修改〈中华人民共和国土地管理法〉的决定》第二次修正 根据 2019 年 8 月 26 日第十三届全国人民代表大会常务委员会第十二次会议《关于修改〈中华人民共和国土地管理法〉、〈中华人民共和国城市房地产管理法〉的决定》第三次修正）

第七章 法律责任

第七十四条 买卖或者以其他形式非法转让土地的，由县级以上人民政府自然资源主管部门没收违法所得；对违反土地利用总体规划擅自将农用地改为建设用地的，限期拆除在非法转让的土地上新建的建筑物和其他设施，恢复土地原状，对符合土地利用总体规划的，没收在非法转让的土地上新建的建筑物和其他设施；可以并处罚款；对直接负责的主管人员和其他直接责任人员，依法给予处分；构成犯罪的，依法追究刑事责任。

第七十五条 违反本法规定，占用耕地建窑、建坟或者擅自在耕地上建房、挖砂、采石、采矿、取土等，破坏种植条件的，或者因开发土地造成土地荒漠化、盐渍化的，由县级以上人民政府自然资源主管部门、农业农村主管部门等按照职责责令限期改正或者治理，可以并处罚款；构成犯罪的，依法追究刑事责任。

第七十六条 违反本法规定，拒不履行土地复垦义务的，由县级以上人民政府自然资源主管部门责令限期改正；逾期不改正的，责令缴纳复垦费，专项用于土地复垦，可以处以罚款。

第七十七条 未经批准或者采取欺骗手段骗取批准，非法占用土地的，由县级以上人民政府自然资源主管部门责令退还非法占用的土地，对违反土地利用总体规划擅自将农用地改为建设用地的，限期拆除在非法占用的土地上新建的建筑物和其他设施，恢复土地原状，对符合土地利用总体规划的，没收在非法占用的土地上新建的建筑物和其他设施，可以并处罚款；对非法占用土地单位的直接负责的主管人员和其他直接责任人员，依法给予处分；构成犯罪的，依法追究刑事责任。

超过批准的数量占用土地，多占的土地以非法占用土地论处。

第七十八条 农村村民未经批准或者采取欺骗手段骗取批准，非法占用土地建住宅的，由县级以上人民政府农业农村主管部门责令退还非法占用的土地，限期拆除在非法占用的土地上新建的房屋。

超过省、自治区、直辖市规定的标准，多占的土地以非法占用土地论处。

第七十九条 无权批准征收、使用土地的单位或者个人非法批准占用土地的，超越批准权限非法批准占用土地的，不按照土地利用总体规划确定的用途批准用地的，或者违反法律规定的程序批准占用、征收土地的，其批准文件无效，对非法批准征收、使用土地的直接负责的主管人员和其他直接责任人员，依法给予处分；构成犯罪的，依法追究刑事责任。非法批准、使用的土地应当收回，有关当事人拒不归还的，以非法占用土地论处。

非法批准征收、使用土地，对当事人造成损失的，依法应当承担赔偿责任。

第八十条 侵占、挪用被征收土地单位的征地补偿费用和其他有关费用，构成犯罪的，依法追究刑事责任；尚不构成犯罪的，依法给予处分。

第八十一条 依法收回国有土地使用权当事人拒不交出土地的，临时使用土地期满拒不归还的，或者不按照批准的用途使用国有土地的，由县级以上人民政府自然资源主管部门责令交还土地，处以罚款。

第八十二条 擅自将农民集体所有的土地通过出让、转让使用权或者出租等方式用于非农业建设，或者违反本法规定，将集体经营性建设用地通过出让、出租等方式交由单位或者个人使用的，由县级以上人民政府自然资源主管部门责令限期改正，没收违法所得，并处罚款。

第八十三条 依照本法规定，责令限期拆除在非法占用的土地上新建的建筑物和其他设施的，建设单位或者个人必须立即停止施工，自行拆除；对继续施工的，作出处罚决定的机关有权制止。建设单位或者个人对责令限期拆除的行政处罚决定不服的，可以在接到责令限期拆除决定之日起十五日内，向人民法院起诉；期满不起诉又不自行拆除的，由作出处罚决定的机关依法申请人民法院强制执行，费用由违法者承担。

第八十四条 自然资源主管部门、农业农村主管部门的工作人员玩忽职守、滥用职权、徇私舞弊，构成犯罪的，依法追究刑事责任；尚不构成犯罪的，依法给予处分。

290. 中华人民共和国城市房地产管理法（2019. 8. 26）

（1994 年 7 月 5 日第八届全国人民代表大会常务委员会第八次会议通过　根据 2007 年 8 月 30 日第十届全国人民代表大会常务委员会第二十九次会议《关于修改〈中华人民共和国城市房地产管理法〉的决定》第一次修正　根据 2009 年 8 月 27 日第十一届全国人民代表大会常务委员会第十次会议《关于修改部分法律的决定》第二次修正　根据 2019 年 8 月 26 日第十三届全国人民代表大会常务委员会第十二次会议《关于修改〈中华人民共和国土地管理法〉、〈中华人民共和国城市房地产管理法〉的决定》第三次修正）

第六章　法律责任

第七十一条 房产管理部门、土地管理部门工作人员玩忽职守、滥用职权，构成犯罪的，依法追究刑事责任；不构成犯罪的，给予行政处分。

房产管理部门、土地管理部门工作人员利用职务上的便利，索取他人财物，或者非法收受他人财物为他人谋取利益，构成犯罪的，依法追究刑事责任；不构成犯罪的，给予行政处分。

291. 中华人民共和国资源税法（2019. 8. 26）

（2019 年 8 月 26 日第十三届全国人民代表大会常务委员会第十二次会议通过）

第十三条 纳税人、税务机关及其工作人员违反本法规定的，依照《中华人民共和国税收征收管理法》和有关法律法规的规定追究法律责任。

292. 中华人民共和国密码法（2019. 10. 26）

（2019 年 10 月 26 日第十三届全国人民代表大会常务委员会第十四次会议通过）

第四章　法律责任

第三十二条 违反本法第十二条规定，窃取他人加密保护的信息，非法侵入他人的密码保障系统，或者利用密码从事危害国家安全、社会公共利益、他人合法权益等违法活动的，由有关部门依照《中华人民共和国网络安全法》和其他有关法律、行政法规的规定追究法律责任。

第三十三条 违反本法第十四条规定，未按照要求使用核心密码、普通密码的，由密码管理部门责令改正或者停止违法行为，给予警告；情节严重的，由密码管理部门建议有关国家机关、单位对直接负责的主管人员和其他直接责任人员依法给予处分或者处理。

第三十四条 违反本法规定，发生核心密码、普通密码泄密案件的，由保密行政管理部门、密码管理部门建议有关国家机关、单位对直接负责的主管人员和其他直接责任人员依法给予处分或者处理。

违反本法第十七条第二款规定，发现核心密码、普通密码泄密或者影响核心密码、普通密码安全的重大问题、风险隐患，未立即采取应对措施，或者未及时报告的，由保密行政管理部门、密码管理部门建议有关国家机关、单位对直接负责的主管人员和其他直接责任人员依法给予处分或者处理。

第三十五条 商用密码检测、认证机构违反本法第二十五条第二款、第三款规定开展商用密码检测认证的，由市场监督管理部门会同密码管理部门责令改正或者停止违法行为，给予警告，没收违法所得；违法所得三十万元以上的，可以并处违法所得一倍以上三倍以下罚款；没有违法所得或者违法所得不足三十万元的，可以并处十万元以上三十万元以下罚款；情节严重的，依法吊销相关资质。

第三十六条 违反本法第二十六条规定，销售或者提供未经检测认证或者检测认证不合格的商用密码产品，或者提供未经认证或者认证不合格的商用密码服务的，由市场监督管理部门会同密码管理部门责令改正或者停止违法行为，给予警告，没收违法产品和违法所得；违法所得十万元以上的，可以并处违法所得一倍以上三倍以下罚款；没有违法所得或者违法所得不足十万元的，可以并处三万元以上十万元以下罚款。

第三十七条 关键信息基础设施的运营者违反本法第二十七条第一款规定，未按照要求使用商用密码，或者未按照要求开展商用密码应用安全性评估的，由密码管理部门责令改正，给予警告；拒不改正或者导致危害网络安全等后果的，处十万元以上一百万元以下罚款，对直接负责的主管人员处一万元以上十万元以下罚款。

关键信息基础设施的运营者违反本法第二十七条第二款规定，使用未经安全审查或者安全审查未通过的产品或者服务的，由有关主管部门责令停止使用，处采购金额一倍以上十倍以下罚款；对直接负责的主管人员和其他直接责任人员处一万元以上十万元以下罚款。

第三十八条 违反本法第二十八条实施进口许可、出口管制的规定，进出口商用密码的，由国务院商务主管部门或者海关依法予以处罚。

第三十九条 违反本法第二十九条规定，未经认定从事电子政务电子认证服务的，由密码管理部门责令改正或者停止违法行为，给予警告，没收违法产品和违法所得；违法所得三十万元以上的，可以并处违法所得一倍以上三倍以下罚款；没有违法所得或者违法所得不足三十万元的，可以并处十万元以上三十万元以下罚款。

第四十条 密码管理部门和有关部门、单位的工作人员在密码工作中滥用职权、玩忽职守、徇私舞弊，或者泄露、非法向他人提供在履行职责中知悉的商业秘密和个人隐私的，依法给予处分。

第四十一条 违反本法规定，构成犯罪的，依法追究刑事责任；给他人造成损害的，依法承担民事责任。

293. 中华人民共和国证券法（2019. 12. 28）

（1998 年 12 月 29 日第九届全国人民代表大会常务委员会第六次会议通过　根据 2004 年 8 月 28 日第十届全国人民代表大会常务委员会第十一次会议《关于修改〈中华人民共和国证券法〉的决定》第一次修正　2005 年 10 月 27 日第十届全国人民代表大会常务委员会第十八次会议第一次修订　根据 2013 年 6 月 29 日第十二届全国人民代表大会常务委员会第三次会议《关于修改〈中华人民共和国文物保护法〉等十二部法律的决定》第二次修正　根据 2014 年 8 月 31 日第十二届全国人民代表大会常务委员会第十次会议《关于修改〈中华人民共和国保险法〉等五部法律的决定》第三次修正　2019 年 12 月 28 日第十三届全国人民代表大会常务委员会第十五次会议第二次修订）

第十三章　法律责任

第一百八十条 违反本法第九条的规定，擅自公开或者变相公开发行证券的，责令停止发行，退还所募资金并加算银行同期存款利息，处以非法所募资金金额百分之五以上百分之五十以下的罚款；对擅自公开或者变相公开发行证券设立的公司，由依法履行监督管理职责的机构或者部门会同县级以上地方人民政府予以取缔。对直接负责的主管人员和其他直接责任人员给予警告，并处以五十万元以上五百万元以下的罚款。

第一百八十一条 发行人在其公告的证券发行文件中隐瞒重要事实或者编造重大虚假内容，尚未发行证券的，处以二百万元以上二千万元以下的罚款；已经发行证券的，处以非法所募资金金额百分之十以上一倍以下的罚款。对直接负责的主管人员和其他直接责任人员，处以一百万元以上一千万元以下的罚款。

发行人的控股股东、实际控制人组织、指使从事前款违法行为的，没收违法所得，并处以违法所得百分之十以上一倍以下的罚款；没有违法所得或者违法所得不足二千万元的，处以二百万元以上二千万元以下的罚款。对直接负责的主管人员和其他直接责任人员，处以一百万元以上一千万元以下的罚款。

第一百八十二条 保荐人出具有虚假记载、误导性陈述或者重大遗漏的保荐书，或者不履行其他法定职责的，责令改正，给予警告，没收业务收入，并处以业务收入一倍以上十倍以下的罚款；没有业务收入或者业务收入不足一百万元的，处以一百万元以上一千万元以下的罚款；情节严重的，并处暂停或者撤销保荐业务许可。对直接负责的主管人员和其他直接责任人员给予警告，并处以五十万元以上五百万元以下的罚款。

第一百八十三条 证券公司承销或者销售擅自公开发行或者变相公开发行的证券的，责令停止承销或者销售，没收违法所得，并处以违法所得一倍以上十倍以下的罚款；没有违法所得或者违法所得不足一百万元的，处以一百万元以上一千万元以下的罚款；情节严重的，并处暂停或者撤销相关业务许可。给投资者造成损失的，应当与发行人承担连带赔偿责任。对直接负责的主管人员和其他直接责任人员给予警告，并处以五十万元以上五百万元以下的罚款。

第一百八十四条 证券公司承销证券违反本法第二十九条规定的，责令改正，给予警告，没收违法所得，可以并处五十万元以上五百万元以下的罚款；情节严重的，暂停或者撤销相关业务许可。对直接负责的主管人员和其他直接责任人员给予警告，可以并处二十万元以上二百万元以下的罚款；情节严重的，并处以五十万元以上五百万元以下的罚款。

第一百八十五条 发行人违反本法第十四条、第十五条的规定擅自改变公开发行证券所募集资金的用途的，责令改正，处以五十万元以上五百万元以下的罚款；对直接负责的主管人员和其他直接责任人员给予警告，并处以十万元以上一百万元以下的罚款。

发行人的控股股东、实际控制人从事或者组织、指使从事前款违法行为的，给予警告，并处以五十万元以上五百万元以下的罚款；对直接负责的主管人员和其他直接责任人员，处以十万元以上一百万元以下的罚款。

第一百八十六条 违反本法第三十六条的规定，在限制转让期内转让证券，或者转让股票不符合法律、行政法规和国务院证券监督管理机构规定的，责令改正，给予警告，没收违法所得，并处以买卖证券等值以下的罚款。

第一百八十七条 法律、行政法规规定禁止参与股票交易的人员，违反本法第四十条的规定，直接或者以化名、借他人名义持有、买卖股票或者其他具有股权性质的证券的，责令依法处理非法持有的股票、其他具有股权性质的证券，没收违法所得，并处以买卖证券等值以下的罚款；属于国家工作人员的，还应当依法给予处分。

第一百八十八条 证券服务机构及其从业人员，违反本法第四十二条的规定买卖证券的，责令依法处理非法持有的证券，没收违法所得，并处以买卖证券等值以下的罚款。

第一百八十九条 上市公司、股票在国务院批准的其他全国性证券交易场所交易的公司的董事、监事、高级管理人员、持有该公司百分之五以上股份的股东，违反本法第四十四条的规定，买卖该公司股票或者其他具有股权性质的证券的，给予警告，并处以十万元以上一百万元以下的罚款。

第一百九十条 违反本法第四十五条的规定，采取程序化交易影响证券交易所系统安全或者正常交易秩序的，责令改正，并处以五十万元以上五百万元以下的罚款。对直接负责的主管人员和其他直接责任人员给予警告，并处以十万元以上一百万元以下的罚款。

第一百九十一条 证券交易内幕信息的知情人或者非法获取内幕信息的人违反本法第五十三条的规定从事内幕交易的，责令依法处理非法持有的证券，没收违法所得，并处以违法所得一倍以上十倍以下的罚款；没有违法所得或者违法所得不足五十万元的，处以五十万元以上五百万元以下的罚款。单位从事内幕交易的，还应当对直接负责的主管人员和其他直接责任人员给予警告，并处以二十万元以上二百万元以下的罚款。国务院证券监督管理机构工作人员从事内幕交易的，从重处罚。

违反本法第五十四条的规定，利用未公开信息进行交易的，依照前款的规定处罚。

第一百九十二条 违反本法第五十五条的规定，操纵证券市场的，责令依法处理其非法持有的证券，没收违法所得，并处以违法所得一倍以上十倍以下的罚款；没有违法所得或者违法所得不足一百万元的，处以一百万元以上一千万元以下的罚款。单位操纵证券市场的，还应当对直接负责的主管人员和其他直接责任人员给予警告，并处以五十万元以上五百万元以下的罚款。

第一百九十三条 违反本法第五十六条第一款、第三款的规定，编造、传播虚假信息或者误导性信息，扰乱证券市场的，没收违法所得，并处以违法所得一倍以上十倍以下的罚款；没有违法所得或者违法所得不足二十万元的，处以二十万元以上二百万元以下的罚款。

违反本法第五十六条第二款的规定，在证券交易活动中作出虚假陈述或者信息误导的，责令改正，处以二十万元以上二百万元以下的罚款；属于国家工作人员的，还应当依法给予处分。

传播媒介及其从事证券市场信息报道的工作人员违反本法第五十六条第三款的规定，从事与其工作职责发生利益冲突的证券买卖的，没收违法所得，并处以买卖证券等值以下的罚款。

第一百九十四条 证券公司及其从业人员违反本法第五十七条的规定，有损害客户利益的行为的，给予警告，没收违法所得，并处以违法所得一倍以上十倍以下的罚款；没有违法所得或者违法所得不足十万元的，处以十万元以上一百万元以下的罚款；情节严重的，暂停或者撤销相关业务许可。

第一百九十五条 违反本法第五十八条的规定，出借自己的证券账户或者借用他人的证券账户从事证券交易的，责令改正，给予警告，可以处五十万元以下的罚款。

第一百九十六条 收购人未按照本法规定履行上市公司收购的公告、发出收购要约义务的，责令改正，给予警告，并处以五十万元以上五百万元以下的罚款。对直接负责的主管人员和其他直接责任人员给予警告，并处以二十万元以上二百万元以下的罚款。

收购人及其控股股东、实际控制人利用上市公司收购，给被收购公司及其股东造成损失的，应当依法承担赔偿责任。

第一百九十七条 信息披露义务人未按照本法规定报送有关报告或者履行信息披露义务的，责令改正，给予警告，并处以五十万元以上五百万元以下的罚款；对直接负责的主管人员和其他直接责任人员给予警告，并处以二十万元以上二百万元以下的罚款。发行人的控股股东、实际控制人组织、指使从事上述违法行为，或者隐瞒相关事项导致发生上述情形的，处以五十万元以上五百万元以下的罚款；对直接负责的主管人员和其他直接责任人员，处以二十万元以上二百万元以下的罚款。

信息披露义务人报送的报告或者披露的信息有虚假记载、误导性陈述或者重大遗漏的，责令改正，给予警告，并处以一百万元以上一千万元以下的罚款；对直接负责的主管人员和其他直接责任人员给予警告，并处以五十万元以上五百万元以下的罚款。发行人的控股股东、实际控制人组织、指使从事上述违法行为，或者隐瞒相关事项导致发生上述情形的，处以一百万元以上一千万元以下的罚款；对直接负责的主管人员和其他直接责任人员，处以五十万元以上五百万元以下的罚款。

第一百九十八条 证券公司违反本法第八十八条的规定未履行或者未按照规定履行投资者适当性管理义务的，责令改正，给予警告，并处以十万元以上一百万元以下的罚款。对直接负责的主管人员和其他直接责任人员给予警告，并处以二十万元以下的罚款。

第一百九十九条 违反本法第九十条的规定征集股东权利的，责令改正，给予警告，可以处五十万元以下的罚款。

第二百条 非法开设证券交易场所的，由县级以上人民政府予以取缔，没收违法所得，并处以违法所得一倍以上十倍以下的罚款；没有违法所得或者违法所得不足一百万元的，处以一百万元以上一千万元以下的罚款。对直接负责的主管人员和其他直接责任人员给予警告，并处以二十万元以上二百万元以下的罚款。

证券交易所违反本法第一百零五条的规定，允许非会员直接参与股票的集中交易的，责令改正，可以并处五十万元以下的罚款。

第二百零一条 证券公司违反本法第一百零七条第一款的规定，未对投资者开立账户提供的身份信息进行核对的，责令改正，给予警告，并处以五万元以上五十万元以下的罚款。对直接负责的主管人员和其他直接责任人员给予警告，并处以十万元以下的罚款。

证券公司违反本法第一百零七条第二款的规定，将投资者的账户提供给他人使用的，责令改正，给予警告，并处以十万元以上一百万元以下的罚款。对直接负责的主管人员和其他直接责任人员给予警告，并处以二十万元以下的罚款。

第二百零二条 违反本法第一百一十八条、第一百二十条第一款、第四款的规定，擅自设立证券公司、非法经营证券业务或者未经批准以证券公司名义开展证券业务活动的，责令改正，没收违法所得，并处以违法所得一倍以上十倍以下的罚款；没有违法所得或者违法所得不足一百万元的，处以一百万元以上一千万元以下的罚款。对直接负责的主管人员和其他直接责任人员给予警告，并处以二十万元以上二百万元以下的罚款。对擅自设立的证券公司，由国务院证券监督管理机构予以取缔。

证券公司违反本法第一百二十条第五款规定提供证券融资融券服务的，没收违法所得，并处以融资融券等值以下的罚款；情节严重的，禁止其在一定期限内从事证券融资融券业务。对直接负责的主管人员和其他直接责任人员给予警告，并处以二十万元以上二百万元以下的罚款。

第二百零三条 提交虚假证明文件或者采取其他欺诈手段骗取证券公司设立许可、业务许可或者重大事项变更核准的，撤销相关许可，并处以一百万元以上一千万元以下的罚款。对直接负责的主管人员和其他直接责任人员给予警告，并处以二十万元以上二百万元以下的罚款。

第二百零四条 证券公司违反本法第一百二十二条的规定，未经核准变更证券业务范围，变更主要股东或者公司的实际控制人，合并、分立、停业、解散、破产的，责令改正，给予警告，没收违法所得，并处以违法所得一倍以上十倍以下的罚款；没有违法所得或者违法所得不足五十万元的，处以五十万元以上五百万元以下的罚款；情节严重的，并处撤销相关业务许可。对直接负责的主管人员和其他直接责任人员给予警告，并处以二十万元以上二百万元以下的罚款。

第二百零五条 证券公司违反本法第一百二十三条第二款的规定，为其股东或者股东的关联人提供融资或者担保的，责令改正，给予警告，并处以五十万元以上五百万元以下的罚款。对直接负责的主管人员和其他直接责任人员给予警告，并处以十万元以上一百万元以下的罚款。股东有过错的，在按照要求改正前，国务院证券监督管理机构可以限制其股东权利；拒不改正的，可以责令其转让所持证券公司股权。

第二百零六条 证券公司违反本法第一百二十八条的规定，未采取有效隔离措施防范利益冲突，或者未分开办理相关业务、混合操作的，责令改正，给予警告，没收违法所得，并处以违法所得一倍以上十倍以下的罚款；没有违法所得或者违法所得不足五十万元的，处以五十万元以上五百万元以下的罚款；情节严重的，并处撤销相关业务许可。对直接负责的主管人员和其他直接责任人员给予警告，并处以二十万元以上二百万元以下的罚款。

第二百零七条 证券公司违反本法第一百二十九条的规定从事证券自营业务的，责令改正，给予警告，没收违法所得，并处以违法所得一倍以上十倍以下的罚款；没有违法所得或者违法所得不足五十万元的，处以五十万元以上五百万元以下的罚款；情节严重的，并处撤销相关业务许可或者责令关闭。对直接负责的主管人员和其他直接责任人员给予警告，并处以二十万元以上二百万元以下的罚款。

第二百零八条 违反本法第一百三十一条的规定，将客户的资金和证券归入自有财产，或者挪用客户的资金和证券的，责令改正，给予警告，没收违法所得，并处以违法所得一倍以上十倍以下的罚款；没有违法所得或者违法所得不足一百万元的，处以一百万元以上一千万元以下的罚款；情节严重的，并处撤销相关业务许可或者责令关闭。对直接负责的主管人员和其他直接责任人员给予警告，并处以五十万元以上五百万元以下的罚款。

第二百零九条 证券公司违反本法第一百三十四条第一款的规定接受客户的全权委托买卖证券的，或者违反本法第一百三十五条的规定对客户的收益或者赔偿客户的损失作出承诺的，责令改正，给予警告，没收违法所得，并处以违法所得一倍以上十倍以下的罚款；没有违法所得或者违法所得不足五十万元的，处以五十万元以上五百万元以下的罚款；情节严重的，并处撤销相关业务许可。对直接负责的主管人员和其他直接责任人员给予警告，并处以二十万元以上二百万元以下的罚款。

证券公司违反本法第一百三十四条第二款的规定，允许他人以证券公司的名义直接参与证券的集中交易的，责令改正，可以并处五十万元以下的罚款。

第二百一十条 证券公司的从业人员违反本法第一百三十六条的规定，私下接受客户委托买卖证券的，责令改正，给予警告，没收违法所得，并处以违法所得一倍以上十倍以下的罚款；没有违法所得的，处以五十万元以下的罚款。

第二百一十一条 证券公司及其主要股东、实际控制人违反本法第一百三十八条的规定，未报送、提供信息和资料，或者报送、提供的信息和资料有虚假记载、误导性陈述或者重大遗漏的，责令改正，给予警告，并处以一百万元以下的罚款；情节严重的，并处撤销相关业务许可。对直接负责的主管人员和其他直接责任人员，给予警告，并处以五十万元以下的罚款。

第二百一十二条 违反本法第一百四十五条的规定，擅自设立证券登记结算机构的，由国务院证券监督管理机构予以取缔，没收违法所得，并处以违法所得一倍以上十倍以下的罚款；没有违法所得或者违法所得不足五十万元的，处以五十万元以上五百万元以下的罚款。对直接负责的主管人员和其他直接责任人员给予警告，并处以二十万元以上二百万元以下的罚款。

第二百一十三条 证券投资咨询机构违反本法第一百六十条第二款的规定擅自从事证券服务业务，或者从事证券服务业务有本法第一百六十一条规定行为的，责令改正，没收违法所得，并处以违法所得一倍以上十倍以下的罚款；没有违法所得或者违法所得不足五十万元的，处以五十万元以上五百万元以下的罚款。对直接负责的主管人员和其他直接责任人员，给予警告，并处以二十万元以上二百万元以下的罚款。

会计师事务所、律师事务所以及从事资产评估、资信评级、财务顾问、信息技术系统服务的机构违反本法第一百六十条第二款的规定，从事证券服务业务未报备案的，责令改正，可以处二十万元以下的罚款。

证券服务机构违反本法第一百六十三条的规定，未勤勉尽责，所制作、出具的文件有虚假记载、误导性陈述或者重大遗漏的，责令改正，没收业务收入，并处以业务收入一倍以上十倍以下的罚款，没有业务收入或者业务收入不足五十万元的，处以五十万元以上五百万元以下的罚款；情节严重的，并处暂停或者禁止从事证券服务业务。对直接负责的主管人员和其他直接责任人员给予警告，并处以二十万元以上二百万元以下的罚款。

第二百一十四条 发行人、证券登记结算机构、证券公司、证券服务机构未按照规定保存有关文件和资料的，责令改正，给予警告，并处以十万元以上一百万元以下的罚款；泄露、隐匿、伪造、篡改或者毁损有关文件和资料的，给予警告，并处以二十万元以上二百万元以下的罚款；情节严重的，处以五十万元以上五百万元以下的罚款，并处暂停、撤销相关业务许可或者禁止从事相关业务。对直接负责的主管人员和其他直接责任人员给予警告，并处以十万元以上一百万元以下的罚款。

第二百一十五条 国务院证券监督管理机构依法将有关市场主体遵守本法的情况纳入证券市场诚信档案。

第二百一十六条 国务院证券监督管理机构或者国务院授权的部门有下列情形之一的，对直接负责的主管人员和其他直接责任人员，依法给予处分：

（一）对不符合本法规定的发行证券、设立证券公司等申请予以核准、注册、批准的；

（二）违反本法规定采取现场检查、调查取证、查询、冻结或者查封等措施的；

（三）违反本法规定对有关机构和人员采取监督管理措施的；

（四）违反本法规定对有关机构和人员实施行政处罚的；

（五）其他不依法履行职责的行为。

第二百一十七条 国务院证券监督管理机构或者国务院授权的部门的工作人员，不履行本法规定的职责，滥用职权、玩忽职守，利用职务便利牟取不正当利益，或者泄露所知悉的有关单位和个人的商业秘密的，依法追究法律责任。

第二百一十八条 拒绝、阻碍证券监督管理机构及其工作人员依法行使监督检查、调查职权，由证券监督管理机构责令改正，处以十万元以上一百万元以下的罚款，并由公安机关依法给予治安管理处罚。

第二百一十九条 违反本法规定，构成犯罪的，依法追究刑事责任。

294. 中华人民共和国基本医疗卫生与健康促进法（2019. 12. 28）

（2019 年 12 月 28 日第十三届全国人民代表大会常务委员会第十五次会议通过）

第九章 法律责任

第九十八条 违反本法规定，地方各级人民政府、县级以上人民政府卫生健康主管部门和其他有关部门，滥用职权、玩忽职守、徇私舞弊的，对直接负责的主管人员和其他直接责任人员依法给予处分。

第九十九条 违反本法规定，未取得医疗机构执业许可证擅自执业的，由县级以上人民政府卫生健康主管部门责令停止执业活动，没收违法所得和药品、医疗器械，并处违法所得五倍以上二十倍以下的罚款，违法所得不足一万元的，按一万元计算。

违反本法规定，伪造、变造、买卖、出租、出借医疗机构执业许可证的，由县级以上人民政府卫生健康主管部门责令改正，没收违法所得，并处违法所得五倍以上十五倍以下的罚款，违法所得不足一万元的，按一万元计算；情节严重的，吊销医疗机构执业许可证。

第一百条 违反本法规定，有下列行为之一的，由县级以上人民政府卫生健康主管部门责令改正，没收违法所得，并处违法所得二倍以上十倍以下的罚款，违法所得不足一万元的，按一万元计算；对直接负责的主管人员和其他直接责任人员依法给予处分：

（一）政府举办的医疗卫生机构与其他组织投资设立非独立法人资格的医疗卫生机构；

（二）医疗卫生机构对外出租、承包医疗科室；

（三）非营利性医疗卫生机构向出资人、举办者分配或者变相分配收益。

第一百零一条 违反本法规定，医疗卫生机构等的医疗信息安全制度、保障措施不健全，导致医疗信息泄露，或者医疗质量管理和医疗技术管理制度、安全措施不健全的，由县级以上人民政府卫生健康等主管部门责令改正，给予警告，并处一万元以上五万元以下的罚款；情节严重的，可以责令停止相应执业活动，对直接负责的主管人员和其他直接责任人员依法追究法律责任。

第一百零二条 违反本法规定，医疗卫生人员有下列行为之一的，由县级以上人民政府卫生健康主管部门依照有关执业医师、护士管理和医疗纠纷预防处理等法律、行政法规的规定给予行政处罚：

（一）利用职务之便索要、非法收受财物或者牟取其他不正当利益；

（二）泄露公民个人健康信息；

（三）在开展医学研究或提供医疗卫生服务过程中未按照规定履行告知义务或者违反医学伦理规范。

前款规定的人员属于政府举办的医疗卫生机构中的人员的，依法给予处分。

第一百零三条 违反本法规定，参加药品采购投标的投标人以低于成本的报价竞标，或者以欺诈、串通投标、滥用市场支配地位等方式竞标的，由县级以上人民政府医疗保障主管部门责令改正，没收违法所得；中标的，中标无效，处中标项目金额千分之五以上千分之十以下的罚款，对法定代表人、主要负责人、直接负责的主管人员和其他责任人员处对单位罚款数额百分之五以上百分之十以下的罚款；情节严重的，取消其二年至五年内参加药品采购投标的资格并予以公告。

第一百零四条 违反本法规定，以欺诈、伪造证明材料或者其他手段骗取基本医疗保险待遇，或者基本医疗保险经办机构以及医疗机构、药品经营单位等以欺诈、伪造证明材料或者其他手段骗取基本医疗保险基金支出的，由县级以上人民政府医疗保障主管部门依照有关社会保险的法律、行政法规规定给予行政处罚。

第一百零五条 违反本法规定，扰乱医疗卫生机构执业场所秩序，威胁、危害医疗卫生人员人身安全，侵犯医疗卫生人员人格尊严，非法收集、使用、加工、传输公民个人健康信息，非法买卖、提供或者公开公民个人健康信息等，构成违反治安管理行为的，依法给予治安管理处罚。

第一百零六条 违反本法规定，构成犯罪的，依法追究刑事责任；造成人身、财产损害的，依法承担民事责任。

295. 中华人民共和国森林法（2019. 12. 28）

（1984年9月20日第六届全国人民代表大会常务委员会第七次会议通过　根据1998年4月29日第九届全国人民代表大会常务委员会第二次会议《关于修改〈中华人民共和国森林法〉的决定》第一次修正　根据2009年8月27日第十一届全国人民代表大会常务委员会第十次会议《关于修改部分法律的决定》第二次修正　2019年12月28日第十三届全国人民代表大会常务委员会第十五次会议修订）

第八章　法律责任

第七十条　县级以上人民政府林业主管部门或者其他有关国家机关未依照本法规定履行职责的，对直接负责的主管人员和其他直接责任人员依法给予处分。

依照本法规定应当作出行政处罚决定而未作出的，上级主管部门有权责令下级主管部门作出行政处罚决定或者直接给予行政处罚。

第七十一条　违反本法规定，侵害森林、林木、林地的所有者或者使用者的合法权益的，依法承担侵权责任。

第七十二条　违反本法规定，国有林业企业事业单位未履行保护培育森林资源义务、未编制森林经营方案或者未按照批准的森林经营方案开展森林经营活动的，由县级以上人民政府林业主管部门责令限期改正，对直接负责的主管人员和其他直接责任人员依法给予处分。

第七十三条　违反本法规定，未经县级以上人民政府林业主管部门审核同意，擅自改变林地用途的，由县级以上人民政府林业主管部门责令限期恢复植被和林业生产条件，可以处恢复植被和林业生产条件所需费用三倍以下的罚款。

虽经县级以上人民政府林业主管部门审核同意，但未办理建设用地审批手续擅自占用林地的，依照《中华人民共和国土地管理法》的有关规定处罚。

在临时使用的林地上修建永久性建筑物，或者临时使用林地期满后一年内未恢复植被或者林业生产条件的，依照本条第一款规定处罚。

第七十四条　违反本法规定，进行开垦、采石、采砂、采土或者其他活动，造成林木毁坏的，由县级以上人民政府林业主管部门责令停止违法行为，限期在原地或者异地补种毁坏株数一倍以上三倍以下的树木，可以处毁坏林木价值五倍以下的罚款；造成林地毁坏的，由县级以上人民政府林业主管部门责令停止违法行为，限期恢复植被和林业生产条件，可以处恢复植被和林业生产条件所需费用三倍以下的罚款。

违反本法规定，在幼林地砍柴、毁苗、放牧造成林木毁坏的，由县级以上人民政府林业主管部门责令停止违法行为，限期在原地或者异地补种毁坏株数一倍以上三倍以下的树木。

向林地排放重金属或者其他有毒有害物质含量超标的污水、污泥，以及可能造成林地污染的清淤底泥、尾矿、矿渣等的，依照《中华人民共和国土壤污染防治法》的有关规定处罚。

第七十五条　违反本法规定，擅自移动或者毁坏森林保护标志的，由县级以上人民政府林业主管部门恢复森林保护标志，所需费用由违法者承担。

第七十六条　盗伐林木的，由县级以上人民政府林业主管部门责令限期在原地或者异地补种盗伐株数一倍以上五倍以下的树木，并处盗伐林木价值五倍以上十倍以下的罚款。

滥伐林木的，由县级以上人民政府林业主管部门责令限期在原地或者异地补种滥伐株数一倍以上三倍以下的树木，可以处滥伐林木价值三倍以上五倍以下的罚款。

第七十七条　违反本法规定，伪造、变造、买卖、租借采伐许可证的，由县级以上人民政府林业主管部门没收证件和违法所得，并处违法所得一倍以上三倍以下的罚款；没有违法所得的，可以处二万元以下的罚款。

第七十八条　违反本法规定，收购、加工、运输明知是盗伐、滥伐等非法来源的林木的，由县级以上人民政府林业主管部门责令停止违法行为，没收违法收购、加工、运输的林木或者变卖所得，可以处违法收购、加工、运输林木价款三倍以下的罚款。

第七十九条　违反本法规定，未完成更新造林任务的，由县级以上人民政府林业主管部门责令限期完成；逾期未完成的，可以处未完成造林任务所需费用二倍以下的罚款；对直接负责的主管人员和其他直接责任人员，依法给予处分。

第八十条　违反本法规定，拒绝、阻碍县级以上人民政府林业主管部门依法实施监督检查的，可以处五万元以下的罚款，情节严重的，可以责令停产停业整顿。

第八十一条 违反本法规定，有下列情形之一的，由县级以上人民政府林业主管部门依法组织代为履行，代为履行所需费用由违法者承担：

（一）拒不恢复植被和林业生产条件，或者恢复植被和林业生产条件不符合国家有关规定；

（二）拒不补种树木，或者补种不符合国家有关规定。

恢复植被和林业生产条件、树木补种的标准，由省级以上人民政府林业主管部门制定。

第八十二条 公安机关按照国家有关规定，可以依法行使本法第七十四条第一款、第七十六条、第七十七条、第七十八条规定的行政处罚权。

违反本法规定，构成违反治安管理行为的，依法给予治安管理处罚；构成犯罪的，依法追究刑事责任。

296. 中华人民共和国社区矫正法（2019. 12. 28）

（2019 年 12 月 28 日第十三届全国人民代表大会常务委员会第十五次会议通过）

第八章 法律责任

第五十九条 社区矫正对象在社区矫正期间有违反监督管理规定行为的，由公安机关依照《中华人民共和国治安管理处罚法》的规定给予处罚；具有撤销缓刑、假释或者暂予监外执行收监情形的，应当依法作出处理。

第六十条 社区矫正对象殴打、威胁、侮辱、骚扰、报复社区矫正机构工作人员和其他依法参与社区矫正工作的人员及其近亲属，构成犯罪的，依法追究刑事责任；尚不构成犯罪的，由公安机关依法给予治安管理处罚。

第六十一条 社区矫正机构工作人员和其他国家工作人员有下列行为之一的，应当给予处分；构成犯罪的，依法追究刑事责任：

（一）利用职务或者工作便利索取、收受贿赂的；

（二）不履行法定职责的；

（三）体罚、虐待社区矫正对象，或者违反法律规定限制或者变相限制社区矫正对象的人身自由的；

（四）泄露社区矫正工作秘密或者其他依法应当保密的信息的；

（五）对依法申诉、控告或者检举的社区矫正对象进行打击报复的；

（六）有其他违纪违法行为的。

第六十二条 人民检察院发现社区矫正工作违反法律规定的，应当依法提出纠正意见、检察建议。有关单位应当将采纳纠正意见、检察建议的情况书面回复人民检察院，没有采纳的应当说明理由。

297. 中华人民共和国固体废物污染环境防治法（2020. 4. 29）

下编

（1995 年 10 月 30 日第八届全国人民代表大会常务委员会第十六次会议通过　2004 年 12 月 29 日第十届全国人民代表大会常务委员会第十三次会议第一次修订　根据 2013 年 6 月 29 日第十二届全国人民代表大会常务委员会第三次会议《关于修改〈中华人民共和国文物保护法〉等十二部法律的决定》第一次修正　根据 2015 年 4 月 24 日第十二届全国人民代表大会常务委员会第十四次会议《关于修改〈中华人民共和国港口法〉等七部法律的决定》第二次修正　根据 2016 年 11 月 7 日第十二届全国人民代表大会常务委员会第二十四次会议《关于修改〈中华人民共和国对外贸易法〉等十二部法律的决定》第三次修正　2020 年 4 月 29 日第十三届全国人民代表大会常务委员会第十七次会议第二次修订）

第八章 法律责任

第一百零一条 生态环境主管部门或者其他负有固体废物污染环境防治监督管理职责的部门违反本法规定，有下列行为之一，由本级人民政府或者上级人民政府有关部门责令改正，对直接负责的主管人员和其他直接责任人员依法给予处分：

（一）未依法作出行政许可或者办理批准文件的；

（二）对违法行为进行包庇的；

（三）未依法查封、扣押的；

（四）发现违法行为或者接到对违法行为的举报后未予查处的；

（五）有其他滥用职权、玩忽职守、徇私舞弊等违法行为的。

依照本法规定应当作出行政处罚决定而未作出的，上级主管部门可以直接作出行政处罚决定。

第一百零二条 违反本法规定，有下列行为之一，由生态环境主管部门责令改正，处以罚款，没收违法所得；情节严重的，报经有批准权的人民政府批准，可以责令停业或者关闭：

（一）产生、收集、贮存、运输、利用、处置固体废物的单位未依法及时公开固体废物污染环境防治信息的；

（二）生活垃圾处理单位未按照国家有关规定安装使用监测设备、实时监测污染物的排放情况并公开污染排放数据的；

（三）将列入限期淘汰名录被淘汰的设备转让给他人使用的；

（四）在生态保护红线区域、永久基本农田集中区域和其他需要特别保护的区域内，建设工业固体废物、危险废物集中贮存、利用、处置的设施、场所和生活垃圾填埋场的；

（五）转移固体废物出省、自治区、直辖市行政区域贮存、处置未经批准的；

（六）转移固体废物出省、自治区、直辖市行政区域利用未报备案的；

（七）擅自倾倒、堆放、丢弃、遗撒工业固体废物，或者未采取相应防范措施，造成工业固体废物扬散、流失、渗漏或者其他环境污染的；

（八）产生工业固体废物的单位未建立固体废物管理台账并如实记录的；

（九）产生工业固体废物的单位违反本法规定委托他人运输、利用、处置工业固体废物的；

（十）贮存工业固体废物未采取符合国家环境保护标准的防护措施的；

（十一）单位和其他生产经营者违反固体废物管理其他要求，污染环境、破坏生态的。

有前款第一项、第八项行为之一，处五万元以上二十万元以下的罚款；有前款第二项、第三项、第四项、第五项、第六项、第九项、第十项、第十一项行为之一，处十万元以上一百万元以下的罚款；有前款第七项行为，处所需处置费用一倍以上三倍以下的罚款，所需处置费用不足十万元的，按十万元计算。对前款第十一项行为的处罚，有关法律、行政法规另有规定的，适用其规定。

第一百零三条 违反本法规定，以拖延、围堵、滞留执法人员等方式拒绝、阻挠监督检查，或者在接受监督检查时弄虚作假的，由生态环境主管部门或者其他负有固体废物污染环境防治监督管理职责的部门责令改正，处五万元以上二十万元以下的罚款；对直接负责的主管人员和其他直接责任人员，处二万元以上十万元以下的罚款。

第一百零四条 违反本法规定，未依法取得排污许可证产生工业固体废物的，由生态环境主管部门责令改正或者限制生产、停产整治，处十万元以上一百万元以下的罚款；情节严重的，报经有批准权的人民政府批准，责令停业或者关闭。

第一百零五条 违反本法规定，生产经营者未遵守限制商品过度包装的强制性标准的，由县级以上地方人民政府市场监督管理部门或者有关部门责令改正；拒不改正的，处二千元以上二万元以下的罚款；情节严重的，处二万元以上十万元以下的罚款。

第一百零六条 违反本法规定，未遵守国家有关禁止、限制使用不可降解塑料袋等一次性塑料制品的规定，或者未按照国家有关规定报告塑料袋等一次性塑料制品的使用情况的，由县级以上地方人民政府商务、邮政等主管部门责令改正，处一万元以上十万元以下的罚款。

第一百零七条 从事畜禽规模养殖未及时收集、贮存、利用或者处置养殖过程中产生的畜禽粪污等固体废物的，由生态环境主管部门责令改正，可以处十万元以下的罚款；情节严重的，报经有批准权的人民政府批准，责令停业或者关闭。

第一百零八条 违反本法规定，城镇污水处理设施维护运营单位或者污泥处理单位对污泥流向、用途、用量等未进行跟踪、记录，或者处理后的污泥不符合国家有关标准的，由城镇排水主管部门责令改正，给予警告；造成严重后果的，处十万元以上二十万元以下的罚款；拒不改正的，城镇排水主管部门可以指定有治理能力的单位代为治理，所需费用由违法者承担。

违反本法规定，擅自倾倒、堆放、丢弃、遗撒城镇污水处理设施产生的污泥和处理后的污泥的，由城镇排水主管部门责令改正，处二十万元以上二百万元以下的罚款，对直接负责的主管人员和其他直接责任人员处二万元以上十万元以下的罚款；造成严重后果的，处二百万元以上五百万元以下的罚款，对直接负责的主管人员和其他直接责任人员处五万元以上五十万元以下的罚款；拒不改正的，城镇排水主管部门可以指定有治理能力的单位代为治理，所需费用由违法者承担。

第一百零九条 违反本法规定，生产、销售、进口或者使用淘汰的设备，或者采用淘汰的生产工艺的，由县级以上地方人民政府指定的部门责令改正，处十万元以上一百万元以下的罚款，没收违法所得；情节严重的，由县级以上地方人民政府指定的部门提出意见，报经有批准权的人民政府批准，责令停业或者关闭。

第一百一十条　尾矿、煤矸石、废石等矿业固体废物贮存设施停止使用后，未按照国家有关环境保护规定进行封场的，由生态环境主管部门责令改正，处二十万元以上一百万元以下的罚款。

第一百一十一条　违反本法规定，有下列行为之一，由县级以上地方人民政府环境卫生主管部门责令改正，处以罚款，没收违法所得：

（一）随意倾倒、抛撒、堆放或者焚烧生活垃圾的；

（二）擅自关闭、闲置或者拆除生活垃圾处理设施、场所的；

（三）工程施工单位未编制建筑垃圾处理方案报备案，或者未及时清运施工过程中产生的固体废物的；

（四）工程施工单位擅自倾倒、抛撒或者堆放工程施工过程中产生的建筑垃圾，或者未按照规定对施工过程中产生的固体废物进行利用或者处置的；

（五）产生、收集厨余垃圾的单位和其他生产经营者未将厨余垃圾交由具备相应资质条件的单位进行无害化处理的；

（六）畜禽养殖场、养殖小区利用未经无害化处理的厨余垃圾饲喂畜禽的；

（七）在运输过程中沿途丢弃、遗撒生活垃圾的。

单位有前款第一项、第七项行为之一，处五万元以上五十万元以下的罚款；单位有前款第二项、第三项、第四项、第五项、第六项行为之一，处十万元以上一百万元以下的罚款；个人有前款第一项、第五项、第七项行为之一，处一百元以上五百元以下的罚款。

违反本法规定，未在指定的地点分类投放生活垃圾的，由县级以上地方人民政府环境卫生主管部门责令改正；情节严重的，对单位处五万元以上五十万元以下的罚款，对个人依法处以罚款。

第一百一十二条　违反本法规定，有下列行为之一，由生态环境主管部门责令改正，处以罚款，没收违法所得；情节严重的，报经有批准权的人民政府批准，可以责令停业或者关闭：

（一）未按照规定设置危险废物识别标志的；

（二）未按照国家有关规定制定危险废物管理计划或者申报危险废物有关资料的；

（三）擅自倾倒、堆放危险废物的；

（四）将危险废物提供或者委托给无许可证的单位或者其他生产经营者从事经营活动的；

（五）未按照国家有关规定填写、运行危险废物转移联单或者未经批准擅自转移危险废物的；

（六）未按照国家环境保护标准贮存、利用、处置危险废物或者将危险废物混入非危险废物中贮存的；

（七）未经安全性处置，混合收集、贮存、运输、处置具有不相容性质的危险废物的；

（八）将危险废物与旅客在同一运输工具上载运的；

（九）未经消除污染处理，将收集、贮存、运输、处置危险废物的场所、设施、设备和容器、包装物及其他物品转作他用的；

（十）未采取相应防范措施，造成危险废物扬散、流失、渗漏或者其他环境污染的；

（十一）在运输过程中沿途丢弃、遗撒危险废物的；

（十二）未制定危险废物意外事故防范措施和应急预案的；

（十三）未按照国家有关规定建立危险废物管理台账并如实记录的。

有前款第一项、第二项、第五项、第六项、第七项、第八项、第九项、第十二项、第十三项行为之一，处十万元以上一百万元以下的罚款；有前款第三项、第四项、第十项、第十一项行为之一，处所需处置费用三倍以上五倍以下的罚款，所需处置费用不足二十万元的，按二十万元计算。

第一百一十三条　违反本法规定，危险废物产生者未按照规定处置其产生的危险废物被责令改正后拒不改正的，由生态环境主管部门组织代为处置，处置费用由危险废物产生者承担；拒不承担代为处置费用的，处代为处置费用一倍以上三倍以下的罚款。

第一百一十四条　无许可证从事收集、贮存、利用、处置危险废物经营活动的，由生态环境主管部门责令改正，处一百万元以上五百万元以下的罚款，并报经有批准权的人民政府批准，责令停业或者关闭；对法定代表人、主要负责人、直接负责的主管人员和其他责任人员，处十万元以上一百万元以下的罚款。

未按照许可证规定从事收集、贮存、利用、处置危险废物经营活动的，由生态环境主管部门责令改正，限制生产、停产整治，处五十万元以上二百万元以下的罚款；对法定代表人、主要负责人、直接负责的主管人员和其他责任人员，处五万元以上五十万元以下的罚款；情节严重的，报经有批准权的人民政府批准，责令停业或者关闭，还可以由发证机关吊销许可证。

第一百一十五条　违反本法规定，将中华人民共和国境外的固体废物输入境内的，由海关责令退运该固体废物，处五十万元以上五百万元以下的罚款。

承运人对前款规定的固体废物的退运、处置，与进口者承担连带责任。

第一百一十六条　违反本法规定，经中华人民共和国过境转移危险废物的，由海关责令退运该危险废物，处五十万元以上五百万元以下的罚款。

第一百一十七条 对已经非法入境的固体废物，由省级以上人民政府生态环境主管部门依法向海关提出处理意见，海关应当依照本法第一百一十五条的规定作出处罚决定；已经造成环境污染的，由省级以上人民政府生态环境主管部门责令进口者消除污染。

第一百一十八条 违反本法规定，造成固体废物污染环境事故的，除依法承担赔偿责任外，由生态环境主管部门依照本条第二款的规定处以罚款，责令限期采取治理措施；造成重大或者特大固体废物污染环境事故的，还可以报经有批准权的人民政府批准，责令关闭。

造成一般或者较大固体废物污染环境事故的，按照事故造成的直接经济损失的一倍以上三倍以下计算罚款；造成重大或者特大固体废物污染环境事故的，按照事故造成的直接经济损失的三倍以上五倍以下计算罚款，并对法定代表人、主要负责人、直接负责的主管人员和其他责任人员处上一年度从本单位取得的收入百分之五十以下的罚款。

第一百一十九条 单位和其他生产经营者违反本法规定排放固体废物，受到罚款处罚，被责令改正的，依法作出处罚决定的行政机关应当组织复查，发现其继续实施该违法行为的，依照《中华人民共和国环境保护法》的规定按日连续处罚。

第一百二十条 违反本法规定，有下列行为之一，尚不构成犯罪的，由公安机关对法定代表人、主要负责人、直接负责的主管人员和其他责任人员处十日以上十五日以下的拘留；情节较轻的，处五日以上十日以下的拘留：

（一）擅自倾倒、堆放、丢弃、遗撒固体废物，造成严重后果的；

（二）在生态保护红线区域、永久基本农田集中区域和其他需要特别保护的区域内，建设工业固体废物、危险废物集中贮存、利用、处置的设施、场所和生活垃圾填埋场的；

（三）将危险废物提供或者委托给无许可证的单位或者其他生产经营者堆放、利用、处置的；

（四）无许可证或者未按照许可证规定从事收集、贮存、利用、处置危险废物经营活动的；

（五）未经批准擅自转移危险废物的；

（六）未采取防范措施，造成危险废物扬散、流失、渗漏或者其他严重后果的。

第一百二十一条 固体废物污染环境、破坏生态，损害国家利益、社会公共利益的，有关机关和组织可以依照《中华人民共和国环境保护法》、《中华人民共和国民事诉讼法》、《中华人民共和国行政诉讼法》等法律的规定向人民法院提起诉讼。

第一百二十二条 固体废物污染环境、破坏生态给国家造成重大损失的，由设区的市级以上地方人民政府或者其指定的部门、机构组织与造成环境污染和生态破坏的单位和其他生产经营者进行磋商，要求其承担损害赔偿责任；磋商未达成一致的，可以向人民法院提起诉讼。

对于执法过程中查获的无法确定责任人或者无法退运的固体废物，由所在地县级以上地方人民政府组织处理。

第一百二十三条 违反本法规定，构成违反治安管理行为的，由公安机关依法给予治安管理处罚；构成犯罪的，依法追究刑事责任；造成人身、财产损害的，依法承担民事责任。

298. 中华人民共和国公职人员政务处分法（2020. 6. 20）

（2020年6月20日第十三届全国人民代表大会常务委员会第十九次会议通过）

第六章 法律责任

第六十一条 有关机关、单位无正当理由拒不采纳监察建议的，由其上级机关、主管部门责令改正，对该机关、单位给予通报批评，对负有责任的领导人员和直接责任人员依法给予处理。

第六十二条 有关机关、单位、组织或者人员有下列情形之一的，由其上级机关，主管部门，任免机关、单位或者监察机关责令改正，依法给予处理：

（一）拒不执行政务处分决定的；

（二）拒不配合或者阻碍调查的；

（三）对检举人、证人或者调查人员进行打击报复的；

（四）诬告陷害公职人员的；

（五）其他违反本法规定的情形。

第六十三条 监察机关及其工作人员有下列情形之一的，对负有责任的领导人员和直接责任人员依法给予处理：

（一）违反规定处置问题线索的；

（二）窃取、泄露调查工作信息，或者泄露检举事项、检举受理情况以及检举人信息的；

（三）对被调查人或者涉案人员逼供、诱供，或者侮辱、打骂、虐待、体罚或者变相体罚的；

（四）收受被调查人或者涉案人员的财物以及其他利益的；
（五）违反规定处置涉案财物的；
（六）违反规定采取调查措施的；
（七）利用职权或者职务上的影响干预调查工作、以案谋私的；
（八）违反规定发生办案安全事故，或者发生安全事故后隐瞒不报、报告失实、处置不当的；
（九）违反回避等程序规定，造成不良影响的；
（十）不依法受理和处理公职人员复审、复核的；
（十一）其他滥用职权、玩忽职守、徇私舞弊的行为。
第六十四条　违反本法规定，构成犯罪的，依法追究刑事责任。

299. 中华人民共和国档案法（2020. 6. 20）

（1987 年 9 月 5 日第六届全国人民代表大会常务委员会第二十二次会议通过　根据 1996 年 7 月 5 日第八届全国人民代表大会常务委员会第二十次会议《关于修改〈中华人民共和国档案法〉的决定》第一次修正　根据 2016 年 11 月 7 日第十二届全国人民代表大会常务委员会第二十四次会议《关于修改〈中华人民共和国对外贸易法〉等十二部法律的决定》第二次修正　2020 年 6 月 20 日第十三届全国人民代表大会常务委员会第十九次会议修订）

第七章　法律责任

第四十八条　单位或者个人有下列行为之一，由县级以上档案主管部门、有关机关对直接负责的主管人员和其他直接责任人员依法给予处分：
（一）丢失属于国家所有的档案的；
（二）擅自提供、抄录、复制、公布属于国家所有的档案的；
（三）买卖或者非法转让属于国家所有的档案的；
（四）篡改、损毁、伪造档案或者擅自销毁档案的；
（五）将档案出卖、赠送给外国人或者外国组织的；
（六）不按规定归档或者不按期移交档案，被责令改正而拒不改正的；
（七）不按规定向社会开放、提供利用档案的；
（八）明知存在档案安全隐患而不采取补救措施，造成档案损毁、灭失，或者存在档案安全隐患被责令限期整改而逾期未整改的；
（九）发生档案安全事故后，不采取抢救措施或者隐瞒不报、拒绝调查的；
（十）档案工作人员玩忽职守，造成档案损毁、灭失的。

第四十九条　利用档案馆的档案，有本法第四十八条第一项、第二项、第四项违法行为之一的，由县级以上档案主管部门给予警告，并对单位处一万元以上十万元以下的罚款，对个人处五百元以上五千元以下的罚款。

档案服务企业在服务过程中有本法第四十八条第一项、第二项、第四项违法行为之一的，由县级以上档案主管部门给予警告，并处二万元以上二十万元以下的罚款。

单位或者个人有本法第四十八条第三项、第五项违法行为之一的，由县级以上档案主管部门给予警告，没收违法所得，并对单位处一万元以上十万元以下的罚款，对个人处五百元以上五千元以下的罚款；并可以依照本法第二十二条的规定征购所出卖或者赠送的档案。

第五十条　违反本法规定，擅自运送、邮寄、携带或者通过互联网传输禁止出境的档案或者其复制件出境的，由海关或者有关部门予以没收、阻断传输，并对单位处一万元以上十万元以下的罚款，对个人处五百元以上五千元以下的罚款；并将没收、阻断传输的档案或者其复制件移交档案主管部门。

第五十一条　违反本法规定，构成犯罪的，依法追究刑事责任；造成财产损失或者其他损害的，依法承担民事责任。

300. 中华人民共和国人民武装警察法（2020. 6. 20）

（2009 年 8 月 27 日第十一届全国人民代表大会常务委员会第十次会议通过
2020 年 6 月 20 日第十三届全国人民代表大会常务委员会第十九次会议修订）

第七章　法律责任

第四十三条　人民武装警察在执行任务中不履行职责，或者有本法第二十九条所列行为之一的，按照中央军事委员会的有关规定给予处分。

第四十四条　妨碍人民武装警察依法执行任务，有下列行为之一的，由公安机关依法给予治安管理处罚：

（一）侮辱、威胁、围堵、拦截、袭击正在执行任务的人民武装警察的；

（二）强行冲闯人民武装警察部队设置的警戒带、警戒区的；

（三）拒绝或者阻碍人民武装警察执行追捕、检查、搜查、救险、警戒等任务的；

（四）阻碍执行任务的人民武装警察部队的交通工具和人员通行的；

（五）其他严重妨碍人民武装警察执行任务的行为。

第四十五条　非法制造、买卖、持有、使用人民武装警察部队专用标志、警械装备、证件、印章的，由公安机关处十五日以下拘留或者警告，可以并处违法所得一倍以上五倍以下的罚款。

第四十六条　违反本法规定，构成犯罪的，依法追究刑事责任。

301. 中华人民共和国城市维护建设税法（2020. 8. 11）

（2020 年 8 月 11 日第十三届全国人民代表大会常务委员会第二十一次会议通过）

第十条　纳税人、税务机关及其工作人员违反本法规定的，依照《中华人民共和国税收征收管理法》和有关法律法规的规定追究法律责任。

302. 中华人民共和国契税法（2020. 8. 11）

（2020 年 8 月 11 日第十三届全国人民代表大会常务委员会第二十一次会议通过）

第十五条　纳税人、税务机关及其工作人员违反本法规定的，依照《中华人民共和国税收征收管理法》和有关法律法规的规定追究法律责任。

303. 中华人民共和国专利法（2020. 10. 17）

（1984 年 3 月 12 日第六届全国人民代表大会常务委员会第四次会议通过　根据 1992 年 9 月 4 日第七届全国人民代表大会常务委员会第二十七次会议《关于修改〈中华人民共和国专利法〉的决定》第一次修正　根据 2000 年 8 月 25 日第九届全国人民代表大会常务委员会第十七次会议《关于修改〈中华人民共和国专利法〉的决定》第二次修正　根据 2008 年 12 月 27 日第十一届全国人民代表大会常务委员会第六次会议《关于修改〈中华人民共和国专利法〉的决定》第三次修正　根据 2020 年 10 月 17 日第十三届全国人民代表大会常务委员会第二十二次会议《关于修改〈中华人民共和国专利法〉的决定》第四次修正）

第七章　专利权的保护

第六十八条　假冒专利的，除依法承担民事责任外，由负责专利执法的部门责令改正并予公告，没收违法所得，可以处违法所得五倍以下的罚款；没有违法所得或者违法所得在五万元以下的，可以处二十五万元以下的罚款；构成犯罪的，依法追究刑事责任。

第七十八条　违反本法第十九条规定向外国申请专利，泄露国家秘密的，由所在单位或者上级主管机关给予行政处分；构成犯罪的，依法追究刑事责任。

第八十条　从事专利管理工作的国家机关工作人员以及其他有关国家机关工作人员玩忽职守、滥用职权、徇私舞弊，构成犯罪的，依法追究刑事责任；尚不构成犯罪的，依法给予处分。

304. 中华人民共和国生物安全法（2020. 10. 17）

（2020 年 10 月 17 日第十三届全国人民代表大会常务委员会第二十二次会议通过）

第九章　法律责任

第七十二条　违反本法规定，履行生物安全管理职责的工作人员在生物安全工作中滥用职权、玩忽职守、徇私舞弊或者有其他违法行为的，依法给予处分。

第七十三条　违反本法规定，医疗机构、专业机构或者其工作人员瞒报、谎报、缓报、漏报，授意他人瞒报、谎报、缓报，或者阻碍他人报告传染病、动植物疫病或者不明原因的聚集性疾病的，由县级以上人民政府有关部门责令改正，给予警告；对法定代表人、主要负责人、直接负责的主管人员和其他直接责任人员，依法给予处分，并可以依法暂停一定期限的执业活动直至吊销相关执业证书。

违反本法规定，编造、散布虚假的生物安全信息，构成违反治安管理行为的，由公安机关依法给予治安管理处罚。

第七十四条　违反本法规定，从事国家禁止的生物技术研究、开发与应用活动的，由县级以上人民政府卫生健康、科学技术、农业农村主管部门根据职责分工，责令停止违法行为，没收违法所得、技术资料和用于违法行为的工具、设备、原材料等物品，处一百万元以上一千万元以下的罚款，违法所得在一百万元以上的，处违法所得十倍以上二十倍以下的罚款，并可以依法禁止一定期限内从事相应的生物技术研究、开发与应用活动，吊销相关许可证件；对法定代表人、主要负责人、直接负责的主管人员和其他直接责任人员，依法给予处分，处十万元以上二十万元以下的罚款，十年直至终身禁止从事相应的生物技术研究、开发与应用活动，依法吊销相关执业证书。

第七十五条　违反本法规定，从事生物技术研究、开发活动未遵守国家生物技术研究开发安全管理规范的，由县级以上人民政府有关部门根据职责分工，责令改正，给予警告，可以并处二万元以上二十万元以下的罚款；拒不改正或者造成严重后果的，责令停止研究、开发活动，并处二十万元以上二百万元以下的罚款。

第七十六条　违反本法规定，从事病原微生物实验活动未在相应等级的实验室进行，或者高等级病原微生物实验室未经批准从事高致病性、疑似高致病性病原微生物实验活动的，由县级以上地方人民政府卫生健康、农业农村主管部门根据职责分工，责令停止违法行为，监督其将用于实验活动的病原微生物销毁或者送交保藏机构，给予警告；造成传染病传播、流行或者其他严重后果的，对法定代表人、主要负责人、直接负责的主管人员和其他直接责任人员依法给予撤职、开除处分。

第七十七条 违反本法规定，将使用后的实验动物流入市场的，由县级以上人民政府科学技术主管部门责令改正，没收违法所得，并处二十万元以上一百万元以下的罚款，违法所得在二十万元以上的，并处违法所得五倍以上十倍以下的罚款；情节严重的，由发证部门吊销相关许可证件。

第七十八条 违反本法规定，有下列行为之一的，由县级以上人民政府有关部门根据职责分工，责令改正，没收违法所得，给予警告，可以并处十万元以上一百万元以下的罚款：

（一）购买或者引进列入管控清单的重要设备、特殊生物因子未进行登记，或者未报国务院有关部门备案；

（二）个人购买或者持有列入管控清单的重要设备或者特殊生物因子；

（三）个人设立病原微生物实验室或者从事病原微生物实验活动；

（四）未经实验室负责人批准进入高等级病原微生物实验室。

第七十九条 违反本法规定，未经批准，采集、保藏我国人类遗传资源或者利用我国人类遗传资源开展国际科学研究合作的，由国务院科学技术主管部门责令停止违法行为，没收违法所得和违法采集、保藏的人类遗传资源，并处五十万元以上五百万元以下的罚款，违法所得在一百万元以上的，并处违法所得五倍以上十倍以下的罚款；情节严重的，对法定代表人、主要负责人、直接负责的主管人员和其他直接责任人员，依法给予处分，五年内禁止从事相应活动。

第八十条 违反本法规定，境外组织、个人及其设立或者实际控制的机构在我国境内采集、保藏我国人类遗传资源，或者向境外提供我国人类遗传资源的，由国务院科学技术主管部门责令停止违法行为，没收违法所得和违法采集、保藏的人类遗传资源，并处一百万元以上一千万元以下的罚款；违法所得在一百万元以上的，并处违法所得十倍以上二十倍以下的罚款。

第八十一条 违反本法规定，未经批准，擅自引进外来物种的，由县级以上人民政府有关部门根据职责分工，没收引进的外来物种，并处五万元以上二十五万元以下的罚款。

违反本法规定，未经批准，擅自释放或者丢弃外来物种的，由县级以上人民政府有关部门根据职责分工，责令限期捕回、找回释放或者丢弃的外来物种，处一万元以上五万元以下的罚款。

第八十二条 违反本法规定，构成犯罪的，依法追究刑事责任；造成人身、财产或者其他损害的，依法承担民事责任。

305. 中华人民共和国未成年人保护法（2020. 10. 17）

（1991 年 9 月 4 日第七届全国人民代表大会常务委员会第二十一次会议通过　2006 年 12 月 29 日第十届全国人民代表大会常务委员会第二十五次会议第一次修订　根据2012 年 10 月 26 日第十一届全国人民代表大会常务委员会第二十九次会议《关于修改〈中华人民共和国未成年人保护法〉的决定》修正　2020 年 10 月 17 日第十三届全国人民代表大会常务委员会第二十二次会议第二次修订）

第八章　法律责任

第一百一十七条 违反本法第十一条第二款规定，未履行报告义务造成严重后果的，由上级主管部门或者所在单位对直接负责的主管人员和其他直接责任人员依法给予处分。

第一百一十八条 未成年人的父母或者其他监护人不依法履行监护职责或者侵犯未成年人合法权益的，由其居住地的居民委员会、村民委员会予以劝诫、制止；情节严重的，居民委员会、村民委员会应当及时向公安机关报告。

公安机关接到报告或者公安机关、人民检察院、人民法院在办理案件过程中发现未成年人的父母或者其他监护人存在上述情形的，应当予以训诫，并可以责令其接受家庭教育指导。

第一百一十九条 学校、幼儿园、婴幼儿照护服务等机构及其教职员工违反本法第二十七条、第二十八条、第三十九条规定的，由公安、教育、卫生健康、市场监督管理等部门按照职责分工责令改正；拒不改正或者情节严重的，对直接负责的主管人员和其他直接责任人员依法给予处分。

第一百二十条 违反本法第四十四条、第四十五条、第四十七条规定，未给予未成年人免费或者优惠待遇的，由市场监督管理、文化和旅游、交通运输等部门按照职责分工责令限期改正，给予警告；拒不改正的，处一万元以上十万元以下罚款。

第一百二十一条　违反本法第五十条、第五十一条规定的，由新闻出版、广播电视、电影、网信等部门按照职责分工责令限期改正，给予警告，没收违法所得，可以并处十万元以下罚款；拒不改正或者情节严重的，责令暂停相关业务、停产停业或者吊销营业执照、吊销相关许可证，违法所得一百万元以上的，并处违法所得一倍以上十倍以下的罚款，没有违法所得或者违法所得不足一百万元的，并处十万元以上一百万元以下罚款。

第一百二十二条　场所运营单位违反本法第五十六条第二款规定、住宿经营者违反本法第五十七条规定的，由市场监督管理、应急管理、公安等部门按照职责分工责令限期改正，给予警告；拒不改正或者造成严重后果的，责令停业整顿或者吊销营业执照、吊销相关许可证，并处一万元以上十万元以下罚款。

第一百二十三条　相关经营者违反本法第五十八条、第五十九条第一款、第六十条规定的，由文化和旅游、市场监督管理、烟草专卖、公安等部门按照职责分工责令限期改正，给予警告，没收违法所得，可以并处五万元以下罚款；拒不改正或者情节严重的，责令停业整顿或者吊销营业执照、吊销相关许可证，可以并处五万元以上五十万元以下罚款。

第一百二十四条　违反本法第五十九条第二款规定，在学校、幼儿园和其他未成年人集中活动的公共场所吸烟、饮酒的，由卫生健康、教育、市场监督管理等部门按照职责分工责令改正，给予警告，可以并处五百元以下罚款；场所管理者未及时制止的，由卫生健康、教育、市场监督管理等部门按照职责分工给予警告，并处一万元以下罚款。

第一百二十五条　违反本法第六十一条规定的，由文化和旅游、人力资源和社会保障、市场监督管理等部门按照职责分工责令限期改正，给予警告，没收违法所得，可以并处十万元以下罚款；拒不改正或者情节严重的，责令停产停业或者吊销营业执照、吊销相关许可证，并处十万元以上一百万元以下罚款。

第一百二十六条　密切接触未成年人的单位违反本法第六十二条规定，未履行查询义务，或者招用、继续聘用具有相关违法犯罪记录人员的，由教育、人力资源和社会保障、市场监督管理等部门按照职责分工责令限期改正，给予警告，并处五万元以下罚款；拒不改正或者造成严重后果的，责令停业整顿或者吊销营业执照、吊销相关许可证，并处五万元以上五十万元以下罚款，对直接负责的主管人员和其他直接责任人员依法给予处分。

第一百二十七条　信息处理者违反本法第七十二条规定，或者网络产品和服务提供者违反本法第七十三条、第七十四条、第七十五条、第七十六条、第七十七条、第八十条规定的，由公安、网信、电信、新闻出版、广播电视、文化和旅游等有关部门按照职责分工责令改正，给予警告，没收违法所得，违法所得一百万元以上的，并处违法所得一倍以上十倍以下罚款，没有违法所得或者违法所得不足一百万元的，并处十万元以上一百万元以下罚款，对直接负责的主管人员和其他责任人员处一万元以上十万元以下罚款；拒不改正或者情节严重的，并可以责令暂停相关业务、停业整顿、关闭网站、吊销营业执照或者吊销相关许可证。

第一百二十八条　国家机关工作人员玩忽职守、滥用职权、徇私舞弊，损害未成年人合法权益的，依法给予处分。

第一百二十九条　违反本法规定，侵犯未成年人合法权益，造成人身、财产或者其他损害的，依法承担民事责任。

违反本法规定，构成违反治安管理行为的，依法给予治安管理处罚；构成犯罪的，依法追究刑事责任。

306. 中华人民共和国出口管制法（2020. 10. 17）

（2020年10月17日第十三届全国人民代表大会常务委员会第二十二次会议通过）

第四章　法律责任

第三十三条　出口经营者未取得相关管制物项的出口经营资格从事有关管制物项出口的，给予警告，责令停止违法行为，没收违法所得，违法经营额五十万元以上的，并处违法经营额五倍以上十倍以下罚款；没有违法经营额或者违法经营额不足五十万元的，并处五十万元以上五百万元以下罚款。

第三十四条　出口经营者有下列行为之一的，责令停止违法行为，没收违法所得，违法经营额五十万元以上的，并处违法经营额五倍以上十倍以下罚款；没有违法经营额或者违法经营额不足五十万元的，并处五十万元以上五百万元以下罚款；情节严重的，责令停业整顿，直至吊销相关管制物项出口经营资格：

（一）未经许可擅自出口管制物项；

（二）超出出口许可证件规定的许可范围出口管制物项；

（三）出口禁止出口的管制物项。

第三十五条　以欺骗、贿赂等不正当手段获取管制物项出口许可证件，或者非法转让管制物项出口许可证件的，撤销许可，收缴出口许可证，没收违法所得，违法经营额二十万元以上的，并处违法经营额五倍以上十倍以下罚款；没有违法经营额或者违法经营额不足二十万元的，并处二十万元以上二百万元以下罚款。

伪造、变造、买卖管制物项出口许可证件的，没收违法所得，违法经营额五万元以上的，并处违法经营额五倍以上十倍以下罚款；没有违法经营额或者违法经营额不足五万元的，并处五万元以上五十万元以下罚款。

第三十六条　明知出口经营者从事出口管制违法行为仍为其提供代理、货运、寄递、报关、第三方电子商务交易平台和金融等服务的，给予警告，责令停止违法行为，没收违法所得，违法经营额十万元以上的，并处违法经营额三倍以上五倍以下罚款；没有违法经营额或者违法经营额不足十万元的，并处十万元以上五十万元以下罚款。

第三十七条　出口经营者违反本法规定与列入管控名单的进口商、最终用户进行交易的，给予警告，责令停止违法行为，没收违法所得，违法经营额五十万元以上的，并处违法经营额十倍以上二十倍以下罚款；没有违法经营额或者违法经营额不足五十万元的，并处五十万元以上五百万元以下罚款；情节严重的，责令停业整顿，直至吊销相关管制物项出口经营资格。

第三十八条　出口经营者拒绝、阻碍监督检查的，给予警告，并处十万元以上三十万元以下罚款；情节严重的，责令停业整顿，直至吊销相关管制物项出口经营资格。

第三十九条　违反本法规定受到处罚的出口经营者，自处罚决定生效之日起，国家出口管制管理部门可以在五年内不受理其提出的出口许可申请；对其直接负责的主管人员和其他直接责任人员，可以禁止其在五年内从事有关出口经营活动，因出口管制违法行为受到刑事处罚的，终身不得从事有关出口经营活动。

国家出口管制管理部门依法将出口经营者违反本法的情况纳入信用记录。

第四十条　本法规定的出口管制违法行为，由国家出口管制管理部门进行处罚；法律、行政法规规定由海关处罚的，由其依照本法进行处罚。

第四十一条　有关组织或者个人对国家出口管制管理部门的不予许可决定不服的，可以依法申请行政复议。行政复议决定为最终裁决。

第四十二条　从事出口管制管理的国家工作人员玩忽职守、徇私舞弊、滥用职权的，依法给予处分。

第四十三条　违反本法有关出口管制管理规定，危害国家安全和利益的，除依照本法规定处罚外，还应当依照有关法律、行政法规的规定进行处理和处罚。

违反本法规定，出口国家禁止出口的管制物项或者未经许可出口管制物项的，依法追究刑事责任。

第四十四条　中华人民共和国境外的组织和个人，违反本法有关出口管制管理规定，危害中华人民共和国国家安全和利益，妨碍履行防扩散等国际义务的，依法处理并追究其法律责任。

307. 中华人民共和国国旗法（2020. 10. 17）

（1990年6月28日第七届全国人民代表大会常务委员会第十四次会议通过　根据2009年8月27日第十一届全国人民代表大会常务委员会第十次会议《关于修改部分法律的决定》第一次修正　根据2020年10月17日第十三届全国人民代表大会常务委员会第二十二次会议《关于修改〈中华人民共和国国旗法〉的决定》第二次修正）

第二十三条　在公共场合故意以焚烧、毁损、涂划、玷污、践踏等方式侮辱中华人民共和国国旗的，依法追究刑事责任；情节较轻的，由公安机关处以十五日以下拘留。

308. 中华人民共和国国徽法（2020. 10. 17）

（1991年3月2日第七届全国人民代表大会常务委员会第十八次会议通过　根据2009年8月27日第十一届全国人民代表大会常务委员会第十次会议《关于修改部分法律的决定》第一次修正　根据2020年10月17日第十三届全国人民代表大会常务委员会第二十二次会议《关于修改〈中华人民共和国国徽法〉的决定》第二次修正）

第十八条　在公共场合故意以焚烧、毁损、涂划、玷污、践踏等方式侮辱中华人民共和国国徽的，依法追究刑事责任；情节较轻的，由公安机关处以十五日以下拘留。

309. 中华人民共和国全国人民代表大会和地方各级人民代表大会选举法（2020. 10. 17）

（1979 年 7 月 1 日第五届全国人民代表大会第二次会议通过　根据 1982 年 12 月 10 日第五届全国人民代表大会第五次会议《关于修改〈中华人民共和国全国人民代表大会和地方各级人民代表大会选举法〉的若干规定的决议》第一次修正　根据 1986 年 12 月 2 日第六届全国人民代表大会常务委员会第十八次会议《关于修改〈中华人民共和国全国人民代表大会和地方各级人民代表大会选举法〉的决定》第二次修正　根据 1995 年 2 月 28 日第八届全国人民代表大会常务委员会第十二次会议《关于修改〈中华人民共和国全国人民代表大会和地方各级人民代表大会选举法〉的决定》第三次修正　根据 2004 年 10 月 27 日第十届全国人民代表大会常务委员会第十二次会议《关于修改〈中华人民共和国全国人民代表大会和地方各级人民代表大会选举法〉的决定》第四次修正　根据 2010 年 3 月 14 日第十一届全国人民代表大会第三次会议《关于修改〈中华人民共和国全国人民代表大会和地方各级人民代表大会选举法〉的决定》第五次修正　根据 2015 年 8 月 29 日第十二届全国人民代表大会常务委员会第十六次会议《关于修改〈中华人民共和国地方各级人民代表大会和地方各级人民政府组织法〉、〈中华人民共和国全国人民代表大会和地方各级人民代表大会选举法〉、〈中华人民共和国全国人民代表大会和地方各级人民代表大会代表法〉的决定》第六次修正　根据 2020 年 10 月 17 日第十三届全国人民代表大会常务委员会第二十二次会议《关于修改〈中华人民共和国全国人民代表大会和地方各级人民代表大会选举法〉的决定》第七次修正）

第十一章　对破坏选举的制裁

第五十八条　为保障选民和代表自由行使选举权和被选举权，对有下列行为之一，破坏选举，违反治安管理规定的，依法给予治安管理处罚；构成犯罪的，依法追究刑事责任：

（一）以金钱或者其他财物贿赂选民或者代表，妨害选民和代表自由行使选举权和被选举权的；

（二）以暴力、威胁、欺骗或者其他非法手段妨害选民和代表自由行使选举权和被选举权的；

（三）伪造选举文件、虚报选举票数或者有其他违法行为的；

（四）对于控告、检举选举中违法行为的人，或者对于提出要求罢免代表的人进行压制、报复的。

国家工作人员有前款所列行为的，还应当由监察机关给予政务处分或者由所在机关、单位给予处分。

以本条第一款所列违法行为当选的，其当选无效。

第五十九条　主持选举的机构发现有破坏选举的行为或者收到对破坏选举行为的举报，应当及时依法调查处理；需要追究法律责任的，及时移送有关机关予以处理。

310. 中华人民共和国著作权法（2020.11.11）

（1990年9月7日第七届全国人民代表大会常务委员会第十五次会议通过　根据2001年10月27日第九届全国人民代表大会常务委员会第二十四次会议《关于修改〈中华人民共和国著作权法〉的决定》第一次修正　根据2010年2月26日第十一届全国人民代表大会常务委员会第十三次会议《关于修改〈中华人民共和国著作权法〉的决定》第二次修正　根据2020年11月11日第十三届全国人民代表大会常务委员会第二十三次会议《关于修改〈中华人民共和国著作权法〉的决定》第三次修正）

第五章　著作权和与著作权有关的权利的保护

第五十三条　有下列侵权行为的，应当根据情况，承担本法第五十二条规定的民事责任；侵权行为同时损害公共利益的，由主管著作权的部门责令停止侵权行为，予以警告，没收违法所得，没收、无害化销毁处理侵权复制品以及主要用于制作侵权复制品的材料、工具、设备等，违法经营额五万元以上的，可以并处违法经营额一倍以上五倍以下的罚款；没有违法经营额、违法经营额难以计算或者不足五万元的，可以并处二十五万元以下的罚款；构成犯罪的，依法追究刑事责任：

（一）未经著作权人许可，复制、发行、表演、放映、广播、汇编、通过信息网络向公众传播其作品的，本法另有规定的除外；

（二）出版他人享有专有出版权的图书的；

（三）未经表演者许可，复制、发行录有其表演的录音录像制品，或者通过信息网络向公众传播其表演的，本法另有规定的除外；

（四）未经录音录像制作者许可，复制、发行、通过信息网络向公众传播其制作的录音录像制品的，本法另有规定的除外；

（五）未经许可，播放、复制或者通过信息网络向公众传播广播、电视的，本法另有规定的除外；

（六）未经著作权人或者与著作权有关的权利人许可，故意避开或者破坏技术措施的，故意制造、进口或者向他人提供主要用于避开、破坏技术措施的装置或者部件的，或者故意为他人避开或者破坏技术措施提供技术服务的，法律、行政法规另有规定的除外；

（七）未经著作权人或者与著作权有关的权利人许可，故意删除或者改变作品、版式设计、表演、录音录像制品或者广播、电视上的权利管理信息的，知道或者应当知道作品、版式设计、表演、录音录像制品或者广播、电视上的权利管理信息未经许可被删除或者改变，仍然向公众提供的，法律、行政法规另有规定的除外；

（八）制作、出售假冒他人署名的作品的。

311. 中华人民共和国退役军人保障法（2020.11.11）

（2020年11月11日第十三届全国人民代表大会常务委员会第二十三次会议通过）

第九章　法律责任

第七十五条　退役军人工作主管部门及其工作人员有下列行为之一的，由其上级主管部门责令改正，对直接负责的主管人员和其他直接责任人员依法给予处分：

（一）未按照规定确定退役军人安置待遇的；

（二）在退役军人安置工作中出具虚假文件的；

（三）为不符合条件的人员发放退役军人优待证的；

（四）挪用、截留、私分退役军人保障工作经费的；

（五）违反规定确定抚恤优待对象、标准、数额或者给予退役军人相关待遇的；

（六）在退役军人保障工作中利用职务之便为自己或者他人谋取私利的；

（七）在退役军人保障工作中失职渎职的；

（八）有其他违反法律法规行为的。

第七十六条 其他负责退役军人有关工作的部门及其工作人员违反本法有关规定的，由其上级主管部门责令改正，对直接负责的主管人员和其他直接责任人员依法给予处分。

第七十七条 违反本法规定，拒绝或者无故拖延执行退役军人安置任务的，由安置地人民政府退役军人工作主管部门责令限期改正；逾期不改正的，予以通报批评。对该单位主要负责人和直接责任人员，由有关部门依法给予处分。

第七十八条 退役军人弄虚作假骗取退役相关待遇的，由县级以上地方人民政府退役军人工作主管部门取消相关待遇，追缴非法所得，并由其所在单位或者有关部门依法给予处分。

第七十九条 退役军人违法犯罪的，由省级人民政府退役军人工作主管部门按照国家有关规定中止、降低或者取消其退役相关待遇，报国务院退役军人工作主管部门备案。

退役军人对省级人民政府退役军人工作主管部门作出的中止、降低或者取消其退役相关待遇的决定不服的，可以依法申请行政复议或者提起行政诉讼。

第八十条 违反本法规定，构成违反治安管理行为的，依法给予治安管理处罚；构成犯罪的，依法追究刑事责任。

312. 中华人民共和国预防未成年人犯罪法（2020. 12. 26）

（1999 年 6 月 28 日第九届全国人民代表大会常务委员会第十次会议通过　根据 2012 年 10 月 26 日第十一届全国人民代表大会常务委员会第二十九次会议《关于修改〈中华人民共和国预防未成年人犯罪法〉的决定》修正　2020 年 12 月 26 日第十三届全国人民代表大会常务委员会第二十四次会议修订）

第六章　法律责任

第六十一条 公安机关、人民检察院、人民法院在办理案件过程中发现实施严重不良行为的未成年人的父母或者其他监护人不依法履行监护职责的，应当予以训诫，并可以责令其接受家庭教育指导。

第六十二条 学校及其教职员工违反本法规定，不履行预防未成年人犯罪工作职责，或者虐待、歧视相关未成年人的，由教育行政等部门责令改正，通报批评；情节严重的，对直接负责的主管人员和其他直接责任人员依法给予处分。构成违反治安管理行为的，由公安机关依法予以治安管理处罚。

教职员工教唆、胁迫、引诱未成年人实施不良行为或者严重不良行为，以及品行不良、影响恶劣的，教育行政部门、学校应当依法予以解聘或者辞退。

第六十三条 违反本法规定，在复学、升学、就业等方面歧视相关未成年人的，由所在单位或者教育、人力资源社会保障等部门责令改正；拒不改正的，对直接负责的主管人员或者其他直接责任人员依法给予处分。

第六十四条 有关社会组织、机构及其工作人员虐待、歧视接受社会观护的未成年人，或者出具虚假社会调查、心理测评报告的，由民政、司法行政等部门对直接负责的主管人员或者其他直接责任人员依法给予处分，构成违反治安管理行为的，由公安机关予以治安管理处罚。

第六十五条 教唆、胁迫、引诱未成年人实施不良行为或者严重不良行为，构成违反治安管理行为的，由公安机关依法予以治安管理处罚。

第六十六条 国家机关及其工作人员在预防未成年人犯罪工作中滥用职权、玩忽职守、徇私舞弊的，对直接负责的主管人员和其他直接责任人员，依法给予处分。

第六十七条 违反本法规定，构成犯罪的，依法追究刑事责任。

313. 中华人民共和国长江保护法（2020. 12. 26）

（2020 年 12 月 26 日第十三届全国人民代表大会常务委员会第二十四次会议通过）

第八章　法律责任

第八十三条 国务院有关部门和长江流域地方各级人民政府及其有关部门违反本法规定，有下列行为之一的，对直接负责的主管人员和其他直接责任人员依法给予警告、记过、记大过或者降级处分；造成严重后果的，给予撤职或者开除处分，其主要负责人应当引咎辞职：

（一）不符合行政许可条件准予行政许可的；

（二）依法应当作出责令停业、关闭等决定而未作出的；

（三）发现违法行为或者接到举报不依法查处的；

（四）有其他玩忽职守、滥用职权、徇私舞弊行为的。

第八十四条　违反本法规定，有下列行为之一的，由有关主管部门按照职责分工，责令停止违法行为，给予警告，并处一万元以上十万元以下罚款；情节严重的，并处十万元以上五十万元以下罚款：

（一）船舶在禁止航行区域内航行的；

（二）经同意在水生生物重要栖息地禁止航行区域内航行，未采取必要措施减少对重要水生生物干扰的；

（三）水利水电、航运枢纽等工程未将生态用水调度纳入日常运行调度规程的；

（四）具备岸电使用条件的船舶未按照国家有关规定使用岸电的。

第八十五条　违反本法规定，在长江流域开放水域养殖、投放外来物种或者其他非本地物种种质资源的，由县级以上人民政府农业农村主管部门责令限期捕回，处十万元以下罚款；造成严重后果的，处十万元以上一百万元以下罚款；逾期不捕回的，由有关人民政府农业农村主管部门代为捕回或者采取降低负面影响的措施，所需费用由违法者承担。

第八十六条　违反本法规定，在长江流域水生生物保护区内从事生产性捕捞，或者在长江干流和重要支流、大型通江湖泊、长江河口规定区域等重点水域禁捕期间从事天然渔业资源的生产性捕捞的，由县级以上人民政府农业农村主管部门没收渔获物、违法所得以及用于违法活动的渔船、渔具和其他工具，并处一万元以上五万元以下罚款；采取电鱼、毒鱼、炸鱼等方式捕捞，或者有其他严重情节的，并处五万元以上五十万元以下罚款。

收购、加工、销售前款规定的渔获物的，由县级以上人民政府农业农村、市场监督管理等部门按照职责分工，没收渔获物及其制品和违法所得，并处货值金额十倍以上二十倍以下罚款；情节严重的，吊销相关生产经营许可证或者责令关闭。

第八十七条　违反本法规定，非法侵占长江流域河湖水域，或者违法利用、占用河湖岸线的，由县级以上人民政府水行政、自然资源等主管部门按照职责分工，责令停止违法行为，限期拆除并恢复原状，所需费用由违法者承担，没收违法所得，并处五万元以上五十万元以下罚款。

第八十八条　违反本法规定，有下列行为之一的，由县级以上人民政府生态环境、自然资源等主管部门按照职责分工，责令停止违法行为，限期拆除并恢复原状，所需费用由违法者承担，没收违法所得，并处五十万元以上五百万元以下罚款，对直接负责的主管人员和其他直接责任人员处五万元以上十万元以下罚款；情节严重的，报经有批准权的人民政府批准，责令关闭：

（一）在长江干支流岸线一公里范围内新建、扩建化工园区和化工项目的；

（二）在长江干流岸线三公里范围内和重要支流岸线一公里范围内新建、改建、扩建尾矿库的；

（三）违反生态环境准入清单的规定进行生产建设活动的。

第八十九条　长江流域磷矿开采加工、磷肥和含磷农药制造等企业违反本法规定，超过排放标准或者总量控制指标排放含磷水污染物的，由县级以上人民政府生态环境主管部门责令停止违法行为，并处二十万元以上二百万元以下罚款，对直接负责的主管人员和其他直接责任人员处五万元以上十万元以下罚款；情节严重的，责令停产整顿，或者报经有批准权的人民政府批准，责令关闭。

第九十条　违反本法规定，在长江流域水上运输剧毒化学品和国家规定禁止通过内河运输的其他危险化学品的，由县级以上人民政府交通运输主管部门或者海事管理机构责令改正，没收违法所得，并处二十万元以上二百万元以下罚款，对直接负责的主管人员和其他直接责任人员处五万元以上十万元以下罚款；情节严重的，责令停业整顿，或者吊销相关许可证。

第九十一条　违反本法规定，在长江流域未依法取得许可从事采砂活动，或者在禁止采砂区和禁止采砂期从事采砂活动的，由国务院水行政主管部门有关流域管理机构或者县级以上地方人民政府水行政主管部门责令停止违法行为，没收违法所得以及用于违法活动的船舶、设备、工具，并处货值金额二倍以上二十倍以下罚款；货值金额不足十万元的，并处二十万元以上二百万元以下罚款；已经取得河道采砂许可证的，吊销河道采砂许可证。

第九十二条　对破坏长江流域自然资源、污染长江流域环境、损害长江流域生态系统等违法行为，本法未作行政处罚规定的，适用有关法律、行政法规的规定。

第九十三条　因污染长江流域环境、破坏长江流域生态造成他人损害的，侵权人应当承担侵权责任。

违反国家规定造成长江流域生态环境损害的，国家规定的机关或者法律规定的组织有权请求侵权人承担修复责任、赔偿损失和有关费用。

第九十四条　违反本法规定，构成犯罪的，依法追究刑事责任。

附编：

刑法立法方面的资料

第一部分 国家立法部门有关刑法立法工作的资料

1. 关于《中华人民共和国刑法草案（初稿）》草拟经过和若干问题的说明

（全国人民代表大会常务委员会法律室 1957年6月29日）

起草中华人民共和国刑法草案的准备工作，早在1950年就由前中央人民政府法制委员会开始进行，当时曾翻译了苏联和各人民民主国家以及法、德、美等资本主义国家的刑法典，搜集了不少资料，并先后草拟出“中华人民共和国刑法大纲草案（共一百五十七条）”和“中华人民共和国刑法指导原则草案（共七十六条）”两个草稿。

1954年第一届全国人民代表大会第一次会议后，草拟刑法草案的准备工作由全国人民代表大会常务委员会法律室继续进行。法律室在1955年6月间草拟出“中华人民共和国刑法草案”草稿之后，首先征求了当时参加最高人民法院、司法部召开的司法座谈会的各省、市同志的意见，征求了中央各有关部门的意见，并选择重点进行了调查研究。同时还配合最高人民法院对刑事案件的罪名、刑种和量刑幅度的经验进行了总结。法律室根据这些意见、调查和总结，于1956年3月对刑法草案草稿作了修改，连同各种参考资料分送全国人民代表大会常务委员会委员，同时分送中央各有关部门，各省、市和部分县的法院、检察、公安等机关以及政法院、校征求意见。并选择陕西、辽宁、北京、上海、太原等地为重点，派人前往参加当地司法部门对刑法草案的讨论。各地和中央各部门对刑法草案所提的修改意见，曾汇编为两大本，共约四十万字。法律室根据这些意见，对刑法草案草稿又进行了重大修改。于1956年11月，将修改后的草稿连同“意见汇辑”再次分送全国人民代表大会常务委员会委员、法案委员会委员、民族委员会委员和政协全国委员会在京常务委员，同时分送各省、市人民委员会和中央各有关单位征求意见。截至现在，各省、市人民委员会和中央各有关单位绝大多数提来了意见。根据这些意见，法律室对刑法草案草稿又进行了多次修改，并于6月28日经过法案委员会审议修正。这就是现在送给各位代表的“中华人民共和国刑法草案（初稿）”草拟的经过。

起草刑法草案的准备工作，是以中华人民共和国宪法为依据，从我国的实际情况出发，总结过去解放区和中华人民共和国成立以来的刑事立法经验，同时也吸取了中国历史上和国际上在刑事立法方面对人民有益的经验，特别是苏联和各人民民主国家在这方面的先进经验。而最根本的是以我国的实际情况为出发点，一切都以是否有利于巩固工人阶级领导的人民民主专政制度，是否有利于社会主义改造和社会主义建设的需要为依归。

鉴于我国目前社会主义革命还没有最后完成，在政治、经济、文化等许多方面都还处在一个剧烈的变革当中，而我国地大人多，各地情况不一，因此，刑法草案今天还只能是把我们已成熟的经验，迫切需要规定的先规定下来，而不强求“完备”和应有尽有，以免法律规定得不能完全符合实际情况和人民大众的需要。

考虑到我国各地区情况的不同和犯人犯罪等情况的不同，为了使我们的司法机关对于各种不同的犯罪能够实事求是地判处适当的刑罚，而对于同一类的犯罪判刑轻重又不过于悬殊，因此，在量刑幅度上既不规定得过宽，也不规定得过狭，草案初稿中的量刑幅度就是按照这个原则来写的。我们觉得只有这样，才能维护人民民主法制的统一，又能适应各地的不同情况。

刑法打击什么保卫什么，在草案初稿第一条中作了概括的规定，这就是和一切反革命分子和其他犯罪分子作斗争，以保卫工人阶级领导的人民民主专政制度，维护社会秩序，保护公共财产，保护公民的人身和权利，保障国家的社会主义改造和社会主义建设事业的顺利进行。具体说来，这就是：主要打击反革命犯罪，打击杀人、放火、决水、盗窃、诈骗、强奸等严重破坏社会秩序和侵犯人民权利的犯罪。

我们是一个多民族的国家，各民族地区的政治、经济、文化情况不尽相同，考虑到这个刑法草案初稿规定：“民族自治地方，不能全部适用本法规定的，可以由自治机关、根据当地民族的政治、经济、文化的特点和本法规定的基本原则，制定变通的或者补充的规定，报请全国人民代表大会常务委员会批准施行。”

这个草案初稿，虽然经过多次研究和修改，但问题还是很多的，还是很初步的一个初稿，请予审阅，批示修改意见，以便再作修改。

全国人民代表大会常务委员会法律室

1957年6月29日

2. 有关草拟《中华人民共和国刑法草案（初稿）》的若干问题

——李琪同志在刑法教学座谈会上的报告（节录）

（全国政法院校刑法教学座谈会秘书组 1957 年 8 月印）

我今天主要是谈有关草拟刑法草案中的一些问题，供大家座谈时的一个参考。我所谈的，只是就我个人管见所及，不一定都对，如有不妥之处，尚希大家指正。同时，也希望大家经过这次座谈，能对进一步修改刑法草案提出意见，因为这个草案还没有经过人大常委会审议修改通过，在正式公布试行前还会有许多修改。

一、我国刑法是不是制定的太迟了（略）

二、起草刑法草案的指导思想

刑法草案的起草工作，是在党中央，在彭真同志的直接领导、指导下，由武新宇同志负责主持进行的。根据党的刑事政策和中央对刑法草案的历次指示，关于草案的指导思想，大致可归纳为以下几点：

1. 以中华人民共和国宪法为依据，从中国的实际情况出发，总结过去解放区和中华人民共和国成立以来的刑事立法经验，同时也吸取中国历史上和国际上在刑事立法方面对人民有益的经验，特别是苏联和各人民民主国家在这方面的先进经验。而最根本的是以我国的实际情况为出发点，一切都以是否有利于工人阶级领导的人民民主专政制度，是否有利于社会主义改造和社会主义建设的需要为依归。坚决反对旧法观点，反对教条主义和经验主义。这是我们进行刑法草案起草工作的根本方针和方法。

从实际出发是马克思列宁主义的根本原则，也是我们党在立法方面的根本指导思想。强调从实际出发，决不是像右派所说的“爬行经验主义”，而是在马克思列宁主义指导下的理论与实际的结合，是马克思列宁主义法学理论与中国民族特点的结合。我们党从来就反对教条主义，也反对经验主义，而强调理论与实际的结合。理论如何与实际结合呢？不了解和研究实际情况，只凭抄书本或只坐在办公室靠脑子空想，能不能结合呢？当然不能。这是教条主义，不是马列主义。马列主义者在任何时候都重视实际情况的研究，重视实际经验的总结。不仅要了解过去的情况，而且要了解当前正在发展变化中的情况，一刻也不脱离实际。只有这样，才能认识实际，才能根据实际情况办事，才能搞出真正符合客观发展需要的法律来。当然这样做，要比抄书本、搬教条困难得多，但这却是真正的科学态度。

不懂中国情况，不认真研究中国情况和总结中国审判实践的经验，要想写出符合中国人民需要的法律来，是决不可能的。在这方面，我们对于中央的方针，贯彻的还是很不够的。我们虽也做过不少调查，派人到各地座谈，征求意见，并配合最高人民法院对近几年来的审判经验进行了总结，对解放区的和全国解放后我们在刑事立法方面的经验，也做过些研究和整理。但我们对刑法草案中不少问题，还研究的很不够。所以草案中有些条文把握性就还不那么大。有些应该规定的，可能没有规定上；有些不应规定的，可能规定上，有些规定也可能还有不妥之处。所有这些，都还需要进一步研究和修改。

从实际出发，也就是把马克思列宁主义的法学理论通过具体的民族形式，从而与中国民族特点相结合。抽象真理是不存在的，真理都是具体的。有一种意见是错误的，即认为既然我们的刑法是社会主义类型，因之就应当和苏联的刑法一样，就应当采取苏联刑法的所有原则，采取苏联刑法的体系，甚至连名称也应该叫“刑法典”，而不应该叫“刑法”。

学习苏联在刑事立法方面的先进经验，介绍苏联的先进经验，这都是完全必要的、正确的。在这方面，从法制委员会时起，就翻译了许多苏联刑事立法的资料（同时也译了各人民民主国家以及主要资本主义国家的刑法典，我们现在掌握的外国刑事立法资料，苏联是最多的）。从 1954 年底起，人大常委会还聘请有苏联专家叶夫根尼耶夫同志，专门协助我们起草刑法草案，他在工作中给了我们很大的帮助。×××说我们“过分强调中国的特殊性而忽视了社会主义国家间很大程度的共同性和类似性”，“过分相信自己的创造能力，而没有想到专靠自己创造经验而不吸取别国的经验是会限制并推迟自己发展和进步的。”这是完全歪曲事实的。但我们学习苏联，决不是照抄苏联，照搬苏联的经验，因为每个国家的阶级斗争都有自己的发展的不同特点，都有自己的民族特点。列宁就说过：马克思主义理论的运用在德国和英国不同，在俄国又和在法国不同。也正因为这样，所以真正的马克思主义者从来都主张要实现马克思主义理论，必须通过一定的民族形式。我们的苏联专家，是一个马克思主义者，他在工作中曾提出过不少的意见，但他总是声明，他自己这些意见只供参考，如何办，应根据中国情况。这是马列主义的态度，是负责的态度，是值得我们学习的。因为刑法是为中国人民制定的，是要解决中国的问题，如何能不考虑中国情况、不从中国实际出发呢？教条主义者只看到各社会主义国家之间的共同性，而看不到各社会主义国家的特殊性。他们的公式是：“凡是苏联有的，我们就应有；凡是苏联没有的，我们就不应有。”因之，他们主张在刑法草案中，应规定“刑罚的目的”一节，刑法的适用中应把从轻从重情节列为专条，前科制度应该规定等等，因为这是苏联刑法中有的。刑种中不应规定死缓、无期徒刑、拘役管制，自首不应作为一节，不应要附则等等，因为这是苏联刑法中没有的，诸如此类。他们认为苏联刑法就是绝对真理的标准，一切都要按苏联刑法来搞，似乎中国司法实践中就没有任何可取的东西。当然，照苏联刑法或者别的国家的刑法誊抄，那是很容易的，但也是很危险的，彭真同志就说过："如果我们不根据中国情况，今天抄了苏联的，明天全国人民代表大会通过实施，后天苏联修改了，怎么办？是不是我们再召开全国人民代表大会也来个修改？六亿人民的中国，我们能这样立法吗？他要求大家丢掉一切框子，从中国情况出发，提出问题，解决问题。苏联的、人民民主国家的以及其他国家的立法经验，都只能作我们的参照。"这是完全正确的。这样做，决不是轻视或者排斥外国的先进经验，而是更好地学习他们，把他们的好经验运用到中国来。这也就是中国共产党在毛主席领导下，能够取得今天这样伟大胜利的一个根本的指导思想。

当然，从实际出发，强调总结审判实践的经验，也决不是盲目地崇拜审判实践。有一种意见也是错误的，即认为只有审判实践经验中有的东西，我们刑法中才能写，每一条文、每一原则，都必须有我们自己的审判实践经验为依据。这种意见的不正确处，就在于：首先是把"从实际出发"这一概念了解得太狭窄了，否认了吸取前人的、别人的经验的必要性，从而也就否认了理论对实际的指导作用。其次，任何经验都和一定的地点和条件相关联，都有它的局限性。在当时是正确的，现在就不一定也正确，在此地是正确的，在彼地就可能是错误的，同时有些即使在当地也不一定就都对，因之，必须进行分析批判。再者，对于某些刑法原则，也还必须要考虑到刑法这门科学今天在社会主义国家中所已经达到的成就，在理论上已经早已解决了的问题，我们也就可以不必再从头研究起。

在我们起草过程中，争论是很多的，教条主义观点、经验主义观点都有过。总的说来，我们大家的法学理论和实际经验都还不够，说我们这些人条件不够，那是对的。如果说党不懂法律，不能领导立法工作，那是恶意攻击，别有用心。

2. 坚持打击反革命，坚决打击杀人、放火、盗窃、诈骗、强奸、破坏交通等严重破坏社会秩序和侵犯人民权利的犯罪。

刑法的任务，主要解决敌我之间的矛盾，同时也调整人民内部的矛盾（例如交通责任事故等），以巩固工人阶级领导的人民民主专政制度，保障社会主义改造和社会主义建设的顺利进行。所以对于反革命必须予以坚决打击，对于其他严重危害社会秩序和人民权利的犯罪，也必须予以坚决打击。现在的刑法草案，挂死刑的条文共26条（28个罪刑单位），主要是反革命罪（共10条）；其次是危害公共安全罪（共8条）；此外，如伪造国家货币罪、故意杀人罪、强奸罪、轮奸罪、奸淫幼女罪、强盗罪、国家工作人员为敌人窃取情报罪以及第170条抗拒逮捕使用暴力罪等。挂无期徒刑的共31条，除上述26条有死刑的都有无期徒刑以外，其余还有5条：反革命罪1条，危害公共安全罪2条，此外还有第161条和第209条。整个草案中5年以上的刑（不包括3年以上10年以下，1年以上7年以下的），共11条，连同有死刑、无期徒刑的共计42条，占分则119条的35.3%。这些重刑都是对付反革命犯罪和其他严重破坏社会秩序和侵犯人民权利的犯罪的。在这里也就可以看出刑法打击的主要方向了。

反革命是敌我矛盾，必须予以坚决打击，这本是没有问题的，但右派分子对此却是不高兴的。在法案委员会讨论刑法草案的时候，有些人就不同意在刑法草案中把反革命罪突出，主张第1条任务中不要写反革命字样，只写同一切犯罪分子作斗争就够了。理由是现在社会主义革命已经取得决定性的胜利，大规模的阶级斗争已经结束，反革命已经不多了，写上了似乎我们今天反革命还很多。主张分则第一章不叫"反革命罪"而叫"国事罪"或其他罪。×××更在会上说，在刑法中把反革命罪突出，会影响和平解放台湾。这是鬼话。对于台湾起义人员的政策，政府早就明白宣布过，刑法如何能影响呢？至于说反革命不多了，因此不需要再强调和反革命作斗争了，这也是完全错误的。现在我国阶级斗争的剧烈时期虽然已经过去，但是革命同反革命的斗争还没有停止，也不会停止；经过历次镇反运动和肃反运动的打击，反革命势力虽然已经大大削弱，反革命分子虽然已经大大减少，但是他们还没有被彻底肃清，无论在社会上或者是机关里，都还有残存的反革命分子，都还有少数坚决的反革命分子在进行破坏活动，最近一个时期，这种情形尤其明显。而且由于国内阶级还没有最后消灭，反革命还有它们一定的社会基础和思想基础，加以我国的领土台湾还没有解放，蒋介石集团的特务机关，还在不断地把特务间谍分子派入我国内地来，帝国主义的颠覆活动，还在加紧地进行着。在这种情形下，我们决不可以放松对反革命分子的警惕，决不可以放松对反革命犯罪的斗争。

对于反革命罪犯，刑法草案精神是对历史上反革命从宽、对现行的反革命从严。在中华人民共和国成立前的反革命分子，只要他们不是犯有严重罪行，民愤很大，只要他们解放以后没有再犯反革命罪，按照草案第83条的规定，就不再追诉。如果再犯反革命罪，或者隐藏反革命分子的，即使解放前的罪行不大，也要一起追诉，合并处罚（草案第84条）。这就是说，这些人应当老老实实，劳动守法，作个好公民。如果再搞反革命，新老帐我们要一起算。过去对于反动党团，只对区分部以上的骨干分子才处刑，现在就不能再这样。草案对于今后参加反革命组织的任何成员，都一律追究刑事责任，最低刑为5年（第105条）。

对于盗匪、流氓、骗子等旧社会遗留的渣滓的犯罪，是人民内部矛盾，还是敌我矛盾，过去有不同的看法。毛主席在如何正确处理人民内部矛盾的报告中，对此已经作了回答，指出他们是专政的对象，而不是人民内部的问题。社会主义要按劳取酬，他们却窃取别人劳动果实不劳而获，甚至破坏社会秩序，严重的影响人民安全和生产，不是敌人是什么？不严惩这些坏分子，社会主义是建设不起来的。因此，必须对他们实行专政，而不应该宽恕和放纵他们。列宁在"怎样组织比赛"一文中曾经明确指出，骗子、流氓是"资本主义遗留给社会主义的恶疾、瘟疫和毒瘤"，是人类中的“糟粕”，是“寄生虫”，是“人民公敌，社会主义的公敌，劳动者的公敌”。列宁指示：“对于这些敌人应当由全体人民加以特别监视，当他们稍一违犯社会主义社会的规则和法令时，便应无情地加以惩治。在这方面表示任何软弱，任何动摇，任何惘惜，都是对社会主义的莫大罪行。”当然，对付和改造这些人，不一定都采用刑罚方法，也可以采取其他方法，例如“劳动教养”等。对于惯犯、累犯以及犯严重罪的分子，则应该予以长期的劳动改造。

总而言之，我们的刑法对敌人要狠，对人民要和。我们应该把依法制裁人民中间的犯法分子与对敌人实行专政严格区别开来。对敌人如果不狠，我们就要犯绝大的错误。

社会主义国家的刑法，本质上不同于一切剥削阶级的刑法，基于阶级的消灭，它是宽大的人道主义，最后并要走向灭亡，达到“无刑”的地步。但这决不是说，社会主义的刑法，不论在任何时候，不论对什么罪犯，都应该是轻刑主义，否则就不符合社会主义的立法原则，就是封建主义、资本主义的刑法。但有些人的观点却正是这样。他们认为无期徒刑不应该要，因为这是“封建的、中世纪的野蛮制度”，而死刑条文只应该占到13%，再多就是“没有完全摆脱封建的和资本主义的旧刑法残余的影响”，就是“没有体现我国过渡时期社会主义性质的法律精神”！刑法的轻和重，要看当时所处的历史条件。早在2千多年以前，中国的哲人们就已懂得这个道理，可是我们有些同志到现在却还不懂这一真理，还在那里抽象的思维，认为社会主义的刑法，必须比剥削阶级社会的刑法轻得多才行，否则就给你扣一顶“封建主义和资本主义刑法残余”的大帽子。不分敌我，不管罪行大小，不看当前历史条件，一味“反对重刑倾向”，拜倒在轻刑之前，认为越轻越好，越宽越妙。好点说，这是一种十足的书呆子、空谈家，严格地说，这是在敌人进攻面前要党和人民放下武器。

3. 宁疏勿密，不强求完备。鉴于我国目前社会主义革命还没有最后完成，在政治、经济、文化等许多方面都还处在一个剧烈的变革当中，而我国地大人多，各地情况不一，因此，刑法草案今天还只能是把我们已成熟的经验，迫切需要规定的先规定下来，而不强求“完备”和应有尽有，以免法律规定得不能完全符合实际情况和人民大众的需要。

根据这一原则，对于那些经验还不成熟，暂时不规定也可以的，我们就不急于规定，以后随着情况的发展，可以再作补充规定，或者另外制定单行条例。例如关于工矿企业中的某些责任事故，工商企业故意发行、出售不合格产品，侵犯发明权和著作权的行为，以及国家工作人员中的某些滥用职权逾越职权和违法失职行为，草案中就没有作规定。在这方面，有些是情况正在变化，今天还不好规定，勉强规定下来，不是行不通，就是打击过重，这对解决问题，没有好处，还会带来害处。当然，对这些也并不是不处理，而是可以采用行政处分或其他措施来解决，或者另制单行条例。

有些同志认为，既然搞法典，就应当力求完备，应有尽有。这不是从实际出发，而是从愿望出发，从一般原则出发，是不对的。其实完备不完备，也并不是绝对的而只能是具有相对的意义。比如，现在的这个刑法草案，是不是完备呢？也可说是完备的，特别在总则方面，一般应有的需要的原则都规定上了。主要是分则方面，有些罪没有规定，或者规定上后来又删去了。从这点上看，也不能说我们的分则就不完备。事实上，再完备的法典，也不能收一劳永逸之效，因为情况在不断变化，情况变化了，法律也就得随着变化。苏俄现行刑法，算是完备的了，但30年中增加了许多条文。现在苏俄刑法，在形式上还保持它原来的205条的形式，实际上已扩增到250条。所以我认为我们现在的刑法草案，是一部比较完备的刑法。所说的“不强求完备”，只是反对把今天还不应该规定的那些东西也规定进去的一种相对的比较的说法。两极观点。——要不然就求全责备，要求应有尽有，要不然就认为今天在中国还不能制定法典，这两种观点，无疑都是不对的。

由于我国还处在向社会主义过渡的时期，再加地大人多，犯罪情况相当复杂，而我们的草案又是采取“宁疏勿密”的原则，因此，我们保留了现行法中的类推制度，以便人民司法机关能及时地同本法分则没有明文规定的犯罪作斗争，以保护国家和人民的利益。我们的类推是在严格遵守法律的基础上来进行的，它必须比照本法分则最相类似的条文定罪判刑。因此，它不会发生法院的任意专横和对人民权利的无端侵害。它和资本主义国家（如希特勒德国）刑法上的类推是有本质的不同的。当然，我们刑法中所有的原则，也都是和资本主义国家刑法有本质的不同的。

4. 刑法只适用于有罪的、依法必须受到刑罚处罚的人。对人民内部，对国家工作人员主要是靠教育，靠整风，而不是靠刑法。

刑法草案去年11月间的稿子，共有261条，在这次全国人民代表大会期间修改时，删去了46条，其中全是分则部分（现在的草案比去年11月时的草案，总则部分还加了2条），而且主要是轻罪、轻刑的条文，除由于公共财产和私人财产合并为一章“侵犯财产罪”，从而减去了11条外，妨害管理秩序罪中减去了10条，渎职罪减了6条，妨害经济秩序罪减了6条等。减去的这些条文，有的是可以由管理部门按行政处罚的，如偷窃电力等。大的偷窃电力在社会主义改造完成以前私营工厂是有过的，各地也有这类判决，一般都是因屡教不改，并且是大量偷窃所以才判处罚款或徒刑。自三大社会主义改造完成以后，这类事情已经很少了，今天有的主要是小量偷窃，如需要处理的由电业管理部门按行政法规即可办理，不必用刑罚来解决，所以现在的草案中就把这一条删去了。这类事情还有，这是一类。其次，还有些是不需要规定为犯罪的，或者可以采用治安行政处罚办法解决的，例如侵占遗失物的，揭除或者损毁国家机关所加的印封的，逃避兵役征集的等。这又是一类。还有一类，是随着社会主义改造和建设的胜利实际上已经没有了的犯罪，例如滥发空头支票等。在这里特别要加以说明的则是国家工作人员在工作中的某些错误，轻微的违法乱纪，以及工矿企业中的一般的责任事故，是否应当负刑事责任的问题。这是一个重要的政策问题。现在的刑法草案在这方面的条文也减少了一部分。因为我们今天进行的大规模的经济建设、是史无前例的，我们许多干部都是上了战场以后才学作战的，加以工业初创阶段的许多主客观的困难条件，发生责任事故是在所难免的。资本主义完成工业革命，培养技术和管理人才，是经过了很长时间的，他们也是犯过许多错误之后才走完这一段路的，我们要在几年之内完成几十年几百年的工作，不出偏差，不犯错误，是不可设想的。对于这些错误、偏差、事故如果都用严刑峻法来惩处，这决不会有助于社会主义事业的发展。对于其他国家工作人员也是一样，除了严重违法乱纪的必须予以刑事处分外，我们对于国家工作人员，主要是靠整风来教育大家，靠政治教育，思想教育，而不是靠惩办主义，而不是靠严刑峻法。对于国家工作人员的工作错误，决不应用刑罚来解决，这只能损伤干部的积极性，不利于社会主义建设。×××批评我们对干部是以“检讨代法律”。我们对于干部的工作错误就是“以检讨代法律”，不采取惩办主义，这有什么不好呢？用刑法惩办干部的错误是不对的。干部在工作上有错误，需要处分的，首先应是行政处分，记过、降职、撤职直到开除等。只有那些严重违法乱纪，或者为非作恶的犯罪分子，才需要判处刑罚。因此决不能把官僚主义、主观主义的错误，搞到刑法中去。

刑法是个重要的武器，但建设社会主义社会决不能只靠刑法，“治国刑为本”的观点，那是完全错误的。刑法只能是一种辅助的方法。对于全国人民主要是靠加强教育提高大家的社会主义觉悟。在这方面整风运动是个好办法。当前的反右派运动，就是在全国人民中进行的一次伟大的社会主义教育。对于人民内部的矛盾，可以也应当用民主的方法去解决，用讨论的方法，批评的方法，说服教育的方法去解决，只有对于一小部分触犯刑律的犯罪分子，才需要用刑罚的方法去解决。刑法主要是对付劳动人民的敌人，阶级的敌人，这就是我们刑法的阶级性和人民性。

当然，现在的刑法草案中规定的罪名，是否就完全适合？前边我说过，可能还有应规定而没有规定的（例如偷越国境等），也可能还有规定的不适合的，这些大家在讨论中还请提出来，以供再修改时的参考。

其次，对有些妨害社会主义建设的害群之马，虽然不需要判处刑罚，但也不是就不管。国务院公布的“关于劳动教养问题的决定”也是一种改造的办法。我们是要建设社会主义的。社会主义的原则，是“不劳动者不得食”，必须要逐步地做到使一切有劳动力的人都好好劳动，使社会上没有一个懒汉、骗子才行。

5. 惩办与宽大相结合，劳动改造与思想教育相结合。这是我们党在刑事政策上一贯的方针，也是刑事政策的一个基础。在刑法草案许多条文中，都贯彻了这个政策的精神，也可说是把它在刑法中条文化、具体化了。大家都是刑法专家，在这方面比我了解的还要多，这个问题我就不多讲了。我只讲一点，就是草案中虽然5年以上的刑罚占35%（现在的草案由于许多较轻微的罪，都不采取刑罚处罚，所以相对地5年以上的刑在比例上就多了一些，这是我们研究时必须注意到的一点。）但由于我们没有绝对死刑，又有死缓，审判实际上适用死刑已经是很少的了。中央刑事政策是要“少杀人”。在劳动改造中表现好的还可减刑、假释，此外还有缓刑。对于解放前的犯罪，只追究民愤很大的反革命分子和杀人犯，其余都不再追诉（83条）。这些都是我们宽大政策的具体表现。当然，我们的宽大，并不是无条件的，而是为了更好地改造罪犯，使之去恶向善，这也就是我们的革命人道主义。

6. 量刑幅度问题。在分则中规定的量刑幅度，宽一些好，还是窄一些好，有不同意见。考虑到我国各地区情况的不同和犯人犯罪等情况的不同，为了使我们司法机关对于各种不同的犯罪能够实事求是地判处适当的刑罚，而对于同一类的犯罪判刑轻重又不过于悬殊，因此，刑法草案对于量刑幅度采取的原则是，既不太宽，也不太窄，而是宽窄适当。草案中现在规定的刑度，基本有20种，见表。

中华人民共和国刑法草案（初稿）刑度表

1957年6月28日稿

顺序	法定刑	数目	占全部罪刑单位的%
1	死刑或者无期徒刑	7	4. 14
2	死刑、无期徒刑或者10年以上有期徒刑	21	12. 43
3	无期徒刑或者7年以上有期徒刑	8	4. 73
4	7年以上有期徒刑	9	5. 33
5	5年以上有期徒刑	10	5. 92
6	5年以上10以下有期徒刑	4	2. 37
7	3年以上10以下有期徒刑	14	8. 28
8	1年以上7年以下有期徒刑	9	5. 33
9	7年以下有期徒刑	6	3. 55
10	7年以下有期徒刑或者管制	3	1. 78

11	5 年以下有期徒刑	13	7. 69
12	5 年以下有期徒刑或者拘役	12	7. 10
13	5 年以下有期徒刑、拘役或者管制	6	3. 55
14	3 年以下有期徒刑	1	0. 59
15	3 年以下有期徒刑或者拘役	14	8. 28
16	3 年以下有期徒刑、拘役或者管制	1	0. 59
17	2 年以下有期徒刑或者拘役	11	6. 51
18	1 年以下有期徒刑或者拘役	13	7. 69
19	拘役	5	2. 96
20	罚金	2	1. 18
	合计	169	100

说明：（一）刑法草案分则共有 119 条，罪刑单位为 169 个；

（二）本表是根据自由刑分类统计的。自由刑相同，罚金数额或者其他刑不同者，均按自由刑计算。但没有自由刑规定的除外。

7. 分别对待。这也是我党在刑事方面一贯的政策。过去从宽，今后从严；自首从宽，抗拒从严；胁从从宽，首恶从严；初犯从宽，累犯从严；偶犯从宽，惯犯从严；未成年人犯罪从宽，教唆未成年人犯罪从严。这些原则，在刑法草案中都作了规定。总之，根据犯罪的不同情况，分别对待。

例如在共犯中，不仅规定了各种共犯的不同量刑原则，对于正犯，也还规定了“根据他在犯罪中所起的作用处罚。”这就是说，如果正犯是多数时，有主次时，也还可以分开主次，在法定刑内予以不同判处。

8. 我国是一个多民族的国家，各民族地区的政治、经济、文化、风习都有很大的不同。要使刑法草案完全适合每一个民族地区情况是很困难的。因此，草案的起草主要是根据民族地区的情况，对于少数民族地区草案 91 条中作规定：“民族自治地方，不能全部适用本法规定的，可以由自治机关、根据当地民族的政治、经济、文化的特点和本法规定的基本原则，制定变通或者补充的规定，报请全国人民代表大会常务委员会批准施行。”

关于起草刑法草案的指导思想，我就讲到这里。

三、对于刑法草案中若干条文和问题的说明

关于刑法草案中某些条文规定的精神，我在前边已经谈过些，这里只就前边还没有谈到的若干条文和问题作些说明。

1. 关于刑法的地和人的适用范围问题

根据国家主权原则和保护原则，不仅在我国领域内的犯罪应当适用本法，同时我国公民在国外犯罪的，以及外国人在我国国外对我国国家或者人民犯罪的，也应当适用本法。但是在具体解决这一问题时，还必须考虑到各方面的情况。

草案规定：凡在中华人民共和国领域内犯罪的，除有特别规定的以外，都适用本法（第二条）。这里所说的特别规定，是指第七条关于享有外交特权的外国人的刑事责任问题的规定，和第九十一条关于民族自治地方的规定。

至于我国公民在国外犯罪应如何适用本法，是一个应当慎重解决的问题。我国侨居国外的同胞特别多，且绝大多数是在资本主义国家。近几年来已有不少侨民归国，今后还会有不少人陆续回来。而在这些人中，有的曾在国外犯过罪，如果不管外国环境的特殊性，不管他们曾犯过什么罪，都要依本法追究，就会发生种种有害的后果。考虑到上述情况，草案对我国公民在国外的犯罪未采取一律适用本法的原则，而规定只追究一部分较严重的犯罪——反革命罪，海盗罪，伪造国家货币罪，伪造有价证券罪，冒充国家工作人员招摇撞骗罪，伪造、制造、盗用国家机关、人民团体的印章、公文、证件罪，不管按照犯罪地的法律是否应当处罚，都适用本法（第三条）；犯其他罪而本法规定的最轻刑罚为五年以上有期徒刑的，也适用本法，但是按照犯罪地的法律不受处罚的除外（第四条）。按照这一规定，实际追究的犯罪为数不多（在草案中共有四十二条，五十九个罪刑单位。约占全部罪刑单位的三分之一）。不仅如此，草案还规定在国外已受过刑罚处罚的，可以免除或者减轻处罚（第六条）。在这条中还有三种情况：（1）外国已起诉，还未判决的；（2）已判决未执行的；（3）判决执行一部分的。不论哪种情况，都可适用第六条的规定。根据草案第四条及第六条的规定，就可以解除那些曾在国外犯过轻罪的侨民回国时可能发生的顾虑，对争取、团结广大的侨民是有利的，同时也是合理的。

外国人在我国国外的犯罪也适用第三、四条的规定，但以侵犯我国国家或者我国公民的犯罪为限（第五条）。实际上对这种罪犯不可能都管，但在草案中规定下来，说明是非问题。对于这种罪犯一般采取两种办法：或者引渡回国，或者可能在中国被捕。

2. 关于刑法的溯及力问题

全国解放以后，我们对于国民党政府的刑法，是明令废除了的，因之对于解放前的犯罪，不能以国民党政府刑法为依据。当时各解放区虽然制有一些刑事法律，但很不完备，而且大多还是地方性的，只在一部分地区适用过，因而也难作为国家对解放前犯罪量刑的依据。解放后我们制定了一些刑事法律，但还只限于惩治反革命，惩治贪污等，对惩治其他犯罪的法律，也还没有来得及制定。基于上述情况，考虑到现在草拟的刑法是我国第一部刑法，所以草案第八条对于刑法的时间效力问题，采取了一般从新的原则，即依照本法应当追诉而没有经过审判或者判决的，都适用本法。已经判决的或者正在服刑的，都维持原判，不适用本法。如果将本条和第八十三条联系起来看，实际上对解放前的犯罪只追究犯有严重罪行民愤很大的反革命分子及杀人犯。同时，为了照顾解放以后这一段的司法情况，本条又规定：中华人民共和国成立以后本法施行以前的行为，如果当时的政策、法律、法令不认为是犯罪的，适用当时的政策、法律、法令。

过去曾有这样一种意见，主张对那些过去的政策、法律、法令处罚较轻的犯罪，也适用过去的政策、法律、法令。经过研究之后，认为这一规定执行起来有困难，而且事实上这种情况也极少（刑法中对各种犯罪规定的刑罚，有的和过去的规定相同，有的减轻了，而基本上没有加重刑罚的），不规定也不发生什么问题，因而现在的草案中未作这种规定，当然，这不等于说在这方面草案就反对从轻原则。

也有些人主张，我国第一部刑法可一律采取从新的原则，不必规定“中华人民共和国成立以来本法施行以前的行为，如果当时的政策、法律、法令不认为是犯罪的，适用当时的政策、法律、法令。”理由是我国过去对许多犯罪并没有法律规定，作了这种规定不好执行。但是我们认为如果不作这种规定问题更大，将那些过去不认为犯罪的，甚至已作过处理的，都要追究起来，那反而弄乱了，是不适当的。

3. 关于负刑事责任的年龄问题

这个问题在起草中是有不同意见的，有的主张从 12 岁开始，有的主张从 13 岁开始，也有的主张从 14 岁开始。对于多大年龄的应负部分的刑事责任，多大年龄的应当减轻刑事责任，也有不同意见。

新中国成立以后，1952 年法委会对未成年人犯罪的刑事责任问题，曾作过以下解答：未满 12 岁者不处罚，已满 12 岁者如犯杀人、重伤、惯窃以及其他公共危险性的罪，法院认为有处罚必要者，酌予处罚。14 岁以上未满 18 岁者的犯罪，一律予以处罚，但得较 18 岁以上的成年人犯罪从轻或者减轻处罚。1954 年 8 月公布的“劳动改造条例”，其中关于少年犯罪年龄的规定是从 13 岁开始的。现在在审判实践中，在刑事责任年龄方面也不一致。例如有的是从 13 岁开始，有的是从 14 岁开始，也有的从 12 岁开始，但一般是从 13、14 岁开始。城市里的 13 岁小孩，已是初中学生，不算小了。我们研究了上述各种情况，并考虑到我国当前国民文化、教育的落后情况，关于少年犯罪的刑事责任年龄规定为：已满 13 岁的人开始负刑事责任，但限于犯杀人、重伤、放火等重罪；已满 15 岁不满 18 岁的人，不论犯什么罪都要负刑事责任。未满 18 岁的人犯罪，应当从轻或者减轻处罚。

有人主张将开始负刑事责任的年龄改为 12 岁，并举福建 11 岁小孩杀人为例，大家讨论认为这种个别情况，可以采用其他方法处理，不一定采用刑罚。

4. 关于预备犯、未遂犯的处罚原则问题

对预备犯、未遂犯的处罚，我们原拟采取在分则中具体规定的办法。对于预备犯，在应当处罚预备犯的条文中，具体规定出法定刑（轻于既遂犯的法定刑）；对未遂犯，在分则条文中只规定那些罪的未遂犯应当处罚，而不具体规定法定刑，让审判机关按照总则规定的“可以比照既遂犯从轻或者减轻处罚”的原则，灵活判处。这样规定的好处是具体、明确，便于适用。但是经过研究之后，感到根据当前的主客观条件，规定得这样详细、具体执行起来是有困难的，如果不能把其中的许多问题都予以妥善的解决，反而会发生不合理的现象，并束缚审判机关的手足。因而后来又改变了这种办法，而采取了只在总则中规定处罚原则、不在分则中作具体规定的办法。

现在草案对预备犯、未遂犯规定的处罚原则一样，都是“可以比照既遂犯从轻或者减轻处罚”，此点是否妥当，尚有待于进一步的研究。从原则上说，对预备犯应当比对未遂犯更宽一些。同时有些预备犯，未发生任何危害后果的，也不一定就要追究。现在有的主张将对预备犯的处罚原则改为：“对于预备犯，可以比照既遂犯减轻或者从轻处罚；对于轻微罪的预备犯，可以免除处罚。”我们认为这个意见是可以考虑的。实际上，许多犯罪的预备行为的案件根本不可能提到检察院或法院，因此，即使规定预备犯都受处罚，事实上也难行得通。

有人主张未遂犯不一定要比既遂犯轻。我们认为刑法的科学性就在于区别对待分化犯罪分子，从危害后果看未遂犯显然比既遂犯轻，因此对未遂犯适当减轻处罚，是合情合理的。同时，草案上规定的是“可以”从轻或者减轻处罚，因此，到底从轻（或者减轻）处理与否，由法院根据案件具体情况来决定。

5. 关于共犯的分类问题

关于共犯的种类，资本主义国家刑法历来有两种分法：一种是二分法，即把共犯分为正犯、从犯两类（如英国）；一种是三分法，即把共犯分为正犯（实行犯）、教唆犯、从犯（帮助犯）三类（如德国、日本），国民党政府以前的旧法向来都把共犯分为首、从两类，自清末变法后，采取了德、日立法例，把共犯分为正犯、造意犯（教唆犯）、从犯三类。苏联的刑法也都采取三分法（分为实行、教唆犯、帮助犯），但在法学理论中，很多刑法学者和司法工作者都主张在上述三类共犯之外另立一类组织犯。阿尔巴尼亚刑法已将组织犯列为共犯的一类，采用了四分法（组织犯、实行犯、教唆犯、帮助犯）。

我们在起草过程中对共犯也曾采用过四分法，将组织犯也作为共犯的一类，但后来经过研究，觉得这样分法虽然有好处，但也有很多矛盾，尚不如采用三分法适当，因而又将组织犯删除了。现在的草案未将组织犯作为共犯的一类，事实上就是将它包括在正犯中了。在分则中，则在组织犯（多称为首要分子）应加重刑罚的条文中，对其规定了较重的法定刑（如第一百零三条、第一百零五条、第一百零六条、第一百零八条、第一百三十三条、第一百三十八条等）。采取这种规定方法，既能使组织犯受到相应的刑罚，又能避免扩大组织犯的范围，对巩固人民民主法制是有利的。

法律上没有明文规定组织犯，并不等于在理论研究和教学工作上就不可以讲组织犯，因为组织犯不仅在实际上是存在的，而且我们的刑法草案中也是包含了的（如分则中的首要分子）。

为什么在草案中用“正犯”这一名词，而不用“实行犯”？因为“实行犯”这一名称不科学，实际上不但实行犯去实行犯罪，其他共犯也是实行犯罪的，而用了“实行犯”这一名词就意味着其他的共犯好像坐在那里什么都不干，这与实际情况是不符的。同时正犯是共犯中的主体，是共同犯罪中对犯罪起决定作用的人，因此用“正犯”正能表现出他在共犯中的作用。

第二十六条第二款规定的是帮助犯的一种。事前没有通谋的，不算共犯，当作隐匿罪在分则中另有专条处罚。

刑草中规定的共同犯罪只是故意的，不包括过失的（第二十二条）。北洋政府暂行新刑律明文规定过失也有共犯，国民党刑法虽无明文规定，但在理论上包括过失在内。我们在第二十二条第二款规定了共同过失犯罪，不以共犯论处。

6. 关于刑种问题

刑种问题是起草刑法中争论很多的问题。争论的主要情况，大家在政法研究上已经看到，不再评述。这里只想谈如下几点。

一、管制。过去曾设想从管制中抽出剥夺政治权利的内容，将它改变成为只限制部分自由的刑罚，作为一般的轻刑适用，适用的面也放宽一些。但后来感到这样也不妥当：（1）管制不剥夺政治权利显得没有什么内容；（2）将管制适用于一般轻罪缺乏实际意义。去年常委通过关于管制的决定，规定管制由法院来判，那就是把管制当作刑种。现在的草案基本上沿用了过去“管制反革命分子暂行办法”中所规定的管制，但也有了某些发展。按草案的规定对于被判处管制的犯罪分子，应当剥夺政治权利（第三十五条）；管制的期限可以延长和缩短（第三十七、三十八条）；在适用范围上，除适用于情节轻微的反革命罪外（第一百一十一条），也明确规定可以适用于偷窃、诈骗等危害社会治安的犯罪（共有十条）。管制不是轻刑，在人民心目中管制分子和反革命分子两者间是划等号的，因此，不能普遍适用管制。对于兵痞流氓中的一部分，可以离开本地的，送去劳动教养，不能离开本地的，可以适用管制。对反革命分子实际采用管制的今后将越来越少了，因为对现行反革命分子一般是不能适用管制的。

有人认为今天已没有必要再规定管制这一种刑种，后考虑今天被管制的分子还有相当数量，同时今后在一定时期内也还有需要判处管制的，再者，刑种是斗争的武器，多一些比少一些要好，而且草案规定的刑种也还不是太多，主刑及附加刑一共只有七、八种。

二、不剥夺自由的劳役。现在的草案中没有将它做为刑种，主要是考虑到规定为刑种不好执行。我国过去适用的不剥夺自由劳役，没有确定的内容和执行方法，不能显示它的惩罚作用，因而各地适用的不多，近一二年来已基本上不用了。参考苏联人民民主国家的经验，它们采用的不剥夺自由的劳役内容主要是，判处劳役的每月扣除一部分工资，不计算工龄。这种办法在我国当前的条件下执行也是有困难的。至于剥夺自由的劳役，和徒刑没有区别，有了徒刑，即可不再要劳役。

三、死缓。有的主张不要，有的主张作为刑种，有的主张作为死刑执行中的一种制度。草案将它作为死刑执行中的一种制度保留了下来。我们认为保留这一制度是有好处的，不仅可以少杀人，争取更多的改造罪犯，而且可以成为达到废除死刑的一个步骤。我们的草案中规定死刑的条文共有 28 个罪刑单位，占罪刑单位总数 169 个的 16.57%，为数虽然不算少，但有了死缓制度，加以我们又没有绝对死刑的条款（有死刑的条、款都挂有其他刑种），因而实际上执行死刑的数目会是很少的。这也是中央“少杀人”政策的一种具体表现。

四、训诫。草案中未将它作为刑种，而在第三二条规定：“对于情节轻微的犯罪分子，不需要判处刑罚的，可以予以训诫”。这一规定的意思是，训诫不是刑罚，也不应看作行政处罚，而是法院结案的一种方法，是审判员对有过错的被告的一种言辞训斥。

五、剥夺政治权利。剥夺政治权利，在前几稿中，我们曾规定可以剥夺一部或者全部，在这一稿中，我们规定只能剥夺全部。为什么要这样？这和剥夺政治权利的内容有关系。以前，剥夺政治权利的内容，除现有各项外，还有参加人民武装，受领恤金、受领国家的勋章、奖章、军衔和荣誉称号等项，彼此性质不尽相同，联系也不十分密切，因此，剥夺一部是可以的（例如剥夺了选举权和被选举权不一定要剥夺受领恤金的权利）。现在所规定的四项剥夺政治权利的内容（见第五十四条），性质非常相近，联系极为密切，无论从理论上或实际上说，只剥夺其中的一项，而可以不剥夺其他各项，都是不可能的事情；而且与现行法也是有抵触的，例如选举法第五条规定：依法被剥夺政治权利的，没有选举权和被选举权。这就是说光剥夺其他政治权利而不剥夺选举权和被选举权是不行的。

此外，第五十四条（二）规定的担任国家行政职务之权及（四）规定的担任人民团体领导职务之权，是指比较负责的人，如办事员不在此例。

关于剥夺政治权利的适用范围，我们作了较严格的限制，草案规定："对于反革命分子，应当剥夺政治权利；对于其他被判处五年以上有期徒刑的犯罪分子，在必要的时候，也可以剥夺政治权利"（第五十五条）。此外，规定"对于被判处管制的犯罪分子，应当剥夺政治权利"（第三十五条）。管制虽然不是一种重的刑罚，但依分则规定，管制的适用对象，除情节轻微的反革命分子外，有偷窃、抢夺、诈骗、贩毒、吸毒、开赌、窝赌、流氓等犯罪分子，对这些人类中的害群之马，剥夺政治权利是必要的，是适当的。

过去，对于被判处自由刑的犯罪分子，在执行期间，究竟有无政治权利，曾有各种不同看法，为求明确起见，草案规定："被判处拘役、有期徒刑、无期徒刑、死刑缓期执行的犯罪分子，在执行期间，停止行使政治权利。"从法律效果上看，停止行使政治权利和剥夺政治权利是有些区别的，例如依照法院组织法第三十五条的规定，被剥夺过政治权利的人，不得被选举为人民陪审员。而被停止过行使政治权利的人（在自由刑执行期间），就不禁止被选举为人民陪审员。

7. 关于量刑问题

在量刑问题上，除规定量刑的一般原则外，是否还规定从重、从轻的情节，曾有不同意见。过去我们也曾参照社会主义国家的刑法，具体列举了从重、从轻的情节——屡犯不改的，犯罪动机特别恶劣或者犯罪手段残酷的，结伙犯罪的，引诱未成年人犯罪的，对孕妇、未成年人或者孤立无援的人实行犯罪的，从重处罚；真诚坦白或者有立功表现的，犯罪以后采取办法消除或者减轻危害后果的，一时激于义愤犯罪的，确实被胁迫参加犯罪的，从轻处罚。但经多次研究之后，又把它删除了。因为整个刑法的总则释分则对于各种犯罪已经按照不同情节，作了不同规定，如果这里再列举从重、从轻的情节，就会交错重复，反而不好运用。例如在总则中已规定对共犯分别处刑的原则，如果再将"结伙犯罪"作为从重情节，两者就会发生矛盾。再如分则中对未成年人犯罪（如强奸幼女）已规定了较重的刑罚，如果这里再规定为从重的情节，在适用上也会发生困难。同时，上面所列举的情节，也不尽是从重、从轻问题。例如"有立功表现"和"确实被胁迫参加犯罪"，在多数情况下，就应该减轻或者免刑。考虑了这种情况，我们在量刑一节中即不列举从重、从轻的情节，而在有关章节和条文中，根据不同情况分别作出从重，从轻，减轻或者免刑的规定，需要加重刑罚的，则在分则中规定较重的法定刑（不一般的规定加重原则）。

有人认为在总则中不规定从重、从轻原则，就不明确，其实不规定倒还明确，规定了反而不明确。

在草案的量刑一节中对如何从宽、从轻、减轻作了规定，并具体地规定了减轻的规则。因为减轻是在法定刑以下判刑，规定具体的规则，避免在适用上的混乱，是有必要的。

我们刑法中没采用加重原则。过去中国有传统"罪加一等"，这种规定必须考虑到分则的写法。因旧律量刑无幅度。规定加重原则是适合的，适用也方便。我们有量刑幅度，则无必要规定加重原则。

8. 关于累犯

一个犯罪分子受过刑罚执行而又重新犯罪，说明这个犯罪分子的恶性较深，危险性也较大，因此必须判处比初犯更重的刑罚，才能达到彻底教育改造犯罪分子和预防犯罪的目的。考虑到累犯的这种特殊情况，所以我们把它单独定为一节。

为了避免不适当地扩大累犯这一规定，我们没有采取某些国家刑法上的不问何种犯罪都可构成累犯的原则，而规定：被判处管制、拘役、有期徒刑、无期徒刑的犯罪分子，刑罚执行完毕或者赦免以后，在一定时期内，再犯同类性质罪的是累犯。同时，我们又考虑到前罪和新罪的轻重及两罪相隔时间的长短对于量刑有密切的关系，因此我们在写累犯的条件时，对于轻重不同的罪规定了不同的期限。在这一点上，我们和许多国家的刑法也是不相同的。

这里需要附带说明一个问题。在苏联和蒙古、朝鲜、捷克、阿尔巴尼亚等国的刑法上都有关于"前科"的规定，我国有些同志在司法工作和教学工作中也曾用过或者讲过"前科"这个制度。这个制度原创始于苏联，但是根据苏联多年来的经验，"前科"这个制度有不少的缺点，近年来，苏联已主张取消这种制度。我们根据我国实际情况，吸取苏联这一经验，不特别规定"前科"的制度，而在累犯的规定中包含了"前科"的一部分内容（在一定期限内再犯同类性质罪的，从重处罚）。

9. 关于缓刑问题

根据过去几年来的经验，如果不适当的过多适用缓刑，不但会引起群众不满，而且对预防犯罪不利，因而对于缓刑的适用应当加以控制。根据这一精神，我们在草案中作了以下的规定：一、被判处拘役、三年以下有期徒刑的犯罪分子，才可以适用缓刑。我们认为，判处三年以上有期徒刑的犯罪分子，罪行较严重，都不应适用缓刑。二、根据犯罪分子的特殊情况，认为暂不执行也不致危害社会的时候，才能宣告缓刑。就是说，缓刑只能在特殊的情况适用，不应当一般的大量适用。三、对反革命现行犯、累犯宣告缓刑可能引起群众不满的，都不能适用缓刑。

对于被宣告缓刑的犯罪分子，在缓刑期间，我们认为由居住地的公安机关、乡人民委员会或者原工作单位予以监管较好，这样就与一般群众有所不同，并可预防他再进行危害社会的活动，因而草案第七八条作了这种规定（至于监管的办法，以后可另作规定）。

10. 关于减刑和假释

在刑法上规定减刑制度，是宽大政策的具体表现，也是我国刑法中的特色之一。我们之所以把减刑规定在刑法中，是考虑到长期以来各地司法机关已经普遍适用这种制度，而且在劳动改造条例中又已以法律的形式把这种制度固定下来。多年来的实践证明，正确适用减刑，对于推动犯罪分子积极劳动改造自己成为新人有很大的作用。

由于过去在实践中，减刑常与假释交叉使用，有些案件可用减刑也可用假释。因此，有些同志认为减刑、假释区别不大，怀疑两者有无并存必要。我们认为草案中规定的减刑、假释是有区别的。减刑不问原判期限长短、残余刑期多少均可适用（现在采用的“提前释放”办法，刑草没有作规定，因它实际上就是减刑的一种办法，有了减刑，即可不另作规定）；假释一般应适用于刑期较长、残余刑期较多的犯罪分子。就适用后果说，减刑以后出去，就认为是刑期已经执行完毕，不附任何条件，也不加任何限制；假释出去，还有一个假释期限，在假释期限内，由居住地的公安机关或者乡人民委员会予以监管，如果没有再犯应当判处有期徒刑以上的罪，就认为原判刑罚已经执行完毕，如果再犯应当判处有期徒刑以上的罪，撤销假释，把前罪没有执行的刑罚和后罪所判处的刑罚，依照数罪并罚的规定，决定执行的刑罚。由此可见，减刑和假释并存是必要的。

关于减刑和假释的期限，劳动改造条例未作规定，我们考虑对于实际应执行的刑期如不规定一个最低限度，就可能发生减刑过多或者假释过早的现象，以致一些犯罪分子得不到必要的惩罚和改造，并影响判决应有的稳定性和严肃性。因此，草案对于犯罪分子减刑后实际应执行的刑期和假释前至少应执行的刑期，都作了原则的规定，以示限制。

关于总则的问题就讲到这里。

下面简略地讲一下分则中的一些问题。

关于侵犯公、私财产罪分写合写问题。有人认为：侵犯公共财产罪，侵犯的客体是社会主义制度的基础，社会危害性较大，处刑应重一些；侵犯公民财产罪，侵犯的客体是公民的私人权益，社会危害性较小，处刑应轻一些，因而不应把两者写为一章，而应写为两章。另有些人不同意这个意见，理由是：一、两者都是侵犯财产罪，犯罪的形式也基本相同，分开来写，许多罪名重复；二、事实上单纯侵犯公共财产或者单纯侵犯公民财产的很少，因而如果分开来写，在适用法律条文会发生困难；三、在处刑上，侵犯公、私财产，主要应按照犯罪的具体情况处刑，而不应因公、私财产的不同，处刑有区别；四、至于侵犯的客体不同，在法学理论研究上完全应当区分，而在法律上不区分也是可以的。刑法草稿过去在长时期中也是将侵犯公、私财产罪分为两章的，但经过多次研究之后最近又将它合为一章了。现在看来，合为一章是比较适当的。

在量刑时，是否可以考虑对侵犯公共财产的行为比侵犯个人财产处罚稍重呢？一般讲是可以的，但主要是根据案件具体情节决定。

侵犯公、私财产罪合并为一章后，分则体系也有了调整，把侵犯人身权利罪往上提了，而渎职罪则放到最后。

在分则中没有规定军职罪，军事法院已在起草，准备另搞单行法。

此外，在分则中没有规定通奸罪、堕胎罪及溺婴罪。很多人不同意不规定通奸罪；许多人认为通奸的情况太多，法不治众，这主要是教育问题，适用刑罚也解决不了，所以草案未作规定。未规定堕胎及溺婴的理由，在于今天实际上执行有困难。这些问题，估计人大常委会和全国讨论时还会有争论。

关于亲属之间犯罪是否作特别规定问题。有人认为：亲属之间犯罪，不应与一般犯罪完全同样看待，例如杀伤尊亲属、亲属相奸、亲属之间相互偷窃等，与一般犯罪处刑上即应有所不同，因而作一些特别规定是有必要的。另有些人不同意这个意见，理由是：我们不能提倡旧的伦常观点，并应使其逐步与新的社会主义道德标准相适应，因而作这种特别规定是不好的。倘在具体案件中需要照顾这种情况，刑法对各种犯罪规定的法定刑是有幅度的，审判机关在处刑时可作为一个情节来考虑。现在的刑法草案，除个别条文外（如第一百九十条），一般未作这种特别规定。现在我们也不准备对这种情况作许多规定。当然，某些具体条文中是否可写上一些，以后修改时并不是不可以考虑的。

3. 关于《对中华人民共和国刑法草案（初稿）的修改意见》的修改意见报告

（1962 年 7 月 16 日）

彭真同志并政法小组：

中央政法各部门的一些同志，从 6 月 27 日到 7 月 12 日，根据各省、市政法机关（现已收到 15 个省、市的）和周鲠生、蔡枢衡等同志对刑法草案（初稿）所提的修改意见，进行了第三次研究，并对 1962 年 6 月 7 日编印的“对中华人民共和国刑法草案（初稿）的修改意见”，作了若干修改和补充。现将研究修改中的几个主要问题，报告于下：

一、关于前言问题

有的同志主张在总则前面增加一个前言，理由是：有些问题，例如关于正确区分和处理两类不同性质犯罪的原则，党的基本刑事政策，我国刑事立法随着阶级斗争形势的发展变化而发展变化等，在条文中不易写得具体的，可以写在前言里，以便司法干部从中了解我国刑法的指导思想和基本精神，有助于正确掌握和运用条文。根据这个意见，由人大常委法律室尝试写了一个前言，作为一种方案提出，并先后作了一些修改。在这次讨论中多数同志认为，一个简短的前言不能把问题说得很清楚，关于刑法的指导思想和基本精神问题，可以在刑法草案的说明报告中充分阐述，因此倾向于不要前言，主张把原第一章第一条改写一下，增加些内容就可以了。

二、关于“监督劳动”问题

原来打算增加“监督劳动”这一刑种，目的在于处理人民内部的轻微犯罪，力求贯彻少捕、少关的政策精神。经过反复研究，许多同志又倾向于不要增加这一刑种。理由是：第一，对劳动人民判“监督劳动”，没有多大实际意义；第二，有了拘役、罚金等较轻的刑罚和训诫、责令具结悔过、取保、赔礼道歉等不需要判处刑罚的处理方法，再加上缓刑等办法的具体运用，足以解决犯罪情节较轻的案件，不需要再增加这一新的刑种；第三，对被判处管制的反革命分子和其他犯罪分子，要由基层组织监督执行，对没有犯罪的地主、富农分子依照农业发展纲要四十条的规定，要由基层组织监督生产，还有缓刑、假释等放回去的人，也要由基层组织进行监督，对此，在实际工作中已经感到监督管理的界限不易划得很清楚，如果再加上一个监督劳动就更容易混淆不清。权衡利弊得失，似以不增加这一刑种为宜。

三、关于拘役问题

要不要拘役的问题。有的省、市主张不要拘役，理由是：第一，现行法律中没有规定拘役，拘役名称也不通俗；第二，拘役与有期徒刑一样，都是剥夺自由，只是期限长短不同，如果将有期徒刑的最低期限予以降低，即可代替拘役；第三，拘役主要适用于人民内部轻微犯罪，对这种犯罪分子，本来应当依靠说服教育解决问题，有了拘役这一刑种，就可能动辄适用拘役，容易扩大打击面；第四，被判几天拘役执行完毕以后就算有了前科，问题也会很多，后果影响将很深远。但是有的省、市主张还是要拘役，我们研究中也一致认为应当要拘役，理由是：第一，拘役作为刑种，过去在解放区曾用过，全国解放后有些法院也仍然使用，有的使用已成习惯；第二，在传统观念上，有期徒刑是一种比较严厉的刑罚，拘役则是一种轻刑，如果取消拘役，而把有期徒刑的期限降得过低，将会影响有期徒刑这一刑种的严肃性，不符合人们的习惯，而且有期徒刑也不能降低到几日以上，这说明它不能代替拘役；第三，对于人民内部的某些犯罪，判处徒刑够不上，可是放回去被害人意见很大，群众不满，为了避免事态扩大，判个拘役，作为教育和徒刑之间的一种缓冲措施，是比较合适的；第四，关于被判处拘役执行完毕以后算不算有前科，法律上是可以解决的，这次对“累犯”条文修改后，犯拘役之罪的（不论前罪后罪）都不算累犯，而且被执行过拘役的人放出来以后，各方面的权利均不受什么限制，因此不发生后果影响深远的问题，当然，主张保留拘役不等于容许滥用拘役，拘役既是一种刑罚，适用时就必须严肃对待，尽可能少用。

拘役的期限问题。拘役的最高期应与有期徒刑衔接，这点没有不同意见；而最低期究竟多少，各地意见不一，主张三日、七日、十日、十五日、一个月的都有。主张时间稍长一些的理由是：第一，时间太短，起不到改造作用，有的只够来回走路办手续，实际意义不大，也容易失去法律的严肃性；第二，治安行政处罚的拘留最高可以到十五日，作为刑罚的拘役，最好与这个期限衔接起来，这样可以把行政处罚和刑罚更明确地区别开来。我们研究中一致认为，拘役主要适用于人民内部的轻微犯罪，有的只须押上几天，惩戒一下犯罪分子，消一消被害人的气就够了，因此主张维持刑法草案（初稿）三日以上的规定。这并不排除人民法院在某种情况下，考虑到来回走路办手续需要一定时间，或者考虑到时间太短对犯罪分子起不到教育改造作用，不妨多判几天。至于拘役与行政拘留的期限是否衔接，这不是刑罚与行政处罚区别的必要标志，正如刑事罚金和行政罚金不一定衔接一样，可以不考虑。

关于拘役的执行方法，刑法草案（初稿）第四十一条规定“就地实行劳动改造”。各地意见认为“就地”二字欠明了，指本乡，还是指本县（市）？指居住地，工作地，还是指犯罪地？指专门机关集中改造，还是指分散回本单位、回村执行？这些都不够明确。我们研究中主张把这条修改为：“被判处拘役的犯罪分子，在人民法院指定的场所执行”。这样可以统一理解，也可以把拘役和徒刑劳改区别开来。

四、关于管制问题

从各省、市有关单位，一部分法学者和我们历次对刑法草案（初稿）的讨论来看，对于管制这一刑种的争论，主要是适用的对象问题。其次是管制的期限和执行方法问题。现分述如下：

1. 管制的适用对象。1952年3月中央节约检查委员会“关于处理贪污、浪费及克服官僚主义错误的若干规定”中，对贪污分子处理方针第三项规定：刑事处分，除免刑者外，采用机关管制（一年至二年）……1952年7月中央公安部颁布的“管制反革命分子暂行办法”第三条规定：下列反革命分子……皆依本办法管制之；（一）反革命特务分子；（二）反动党团骨干分子；（三）反动会道门头子；（四）坚持反动立场之地主分子；（五）坚持反动立场之蒋伪军政官吏；（六）其他应予管制的反革命分子。1956年11月人大常委会“关于对反革命分子的管制一律由人民法院判决的规定”中规定：“今后对反革命分子和其他犯罪分子的管制，一律由人民法院判决，交由公安机关执行。”刑法草案（初稿）有关管制问题是根据上述行之有效的规定制定的。但是对贪污分子的机关管制，在“三反”运动以后，适用的不多；同时管制的主要内容是剥夺政治权利，是对敌人专政的一种刑罚，以此来处理人民内部犯罪，不尽合理。因此大多数同志主张，对管制的适用在草案中，应规定范围，明确对象，避免混乱。一种意见认为，管制适用于地富反坏四类分子。但对此有不同的意见，认为四类分子中坏分子的界限不好划分。对于实施盗窃、诈骗、流氓等行为的犯罪分子，如果是惯犯、大犯，就不是仅用管制可以改造的，需要判处更重的刑罚；如果是罪行轻微的就不能算作坏分子，当作敌我矛盾，予以管制。持此意见的同志，主张“管制适用于罪恶程度尚不足以或者不需要判处有期徒刑以上刑罚的反革命分子和地主、富农分子”这是第二种意见。第三种意见认为：“1956 年到 1967 年全国农业发展纲要”第三十九条规定：“过去的地主分子，已经放弃剥削的富农分子……”“根据他们的实际表现，可以由农业社分别吸收他们入社做社员或者做候补社员。不够入社条件的可以由乡人民委员会交给合作社监督生产”。事实上表现好的地、富分子，已摘帽子成为社员，如果这些人与其他社员同样犯了轻微的罪行，对其他的社员予以批评，而对他们就予以管制，这样做不一定好，甚至失掉社会同情。反过来讲，表现不好、没有摘帽子、仍被监督生产的地、富分子，本来就没有政治权利，如果对这些人的犯罪判处管制，实际意义不大。因此主张管制可只适用于反革命分子。

此外，也有的主张“管制适用于反革命罪犯和本法分则有规定的其他犯罪分子”。认为这样规定，既能适用于四类分子，而又有所限制，不致发生乱的现象。但是对分则中究竟那些条应挂上管制，还没有很好解决。

2. 管制的期限。一般意见认为不要太短，太短了达不到改造的目的，但也不要太长。最好定为一年以上，三年以下。

3. 管制执行方法问题。有些省、市认为草案（初稿）第三十六条规定得太具体，如每月报告自己的活动、外出五天以上的报经批准等，不一定适合各种不同情况，如果将来行不通，为此修改法律也不合适，因而主张写得原则一些，具体办法由业务部门制定。我们认为这个意见很好，因此参考 1952 年“管制反革命分子暂行办法”第五条作了修改。

五、关于剥夺政治权利问题

对剥夺政治权利的意见，主要是政治权利应当包括哪些内容和剥夺政治权利的适用对象问题。分述如下：

1. 剥夺政治权利的内容。刑法草案（初稿）列举了四项：（一）选举权和被选举权；（二）担任国家机关行政职务的权利；（三）担任审判员、陪审员、检察员、律师的权利；（四）担任人民团体领导职务的权利。对这四项政治权利，基本上没有不同的意见。认为应当规定。不同的意见是，有的主张再增加两项：（五）享有国家勋章、奖章、军衔、荣誉称号的权利；（六）言论、出版、集会、结社、游行、示威、居住、迁移的自由权利。

是否增加这两项内容，过去也曾争论过多次，在条文上也曾反复过多次，有时写上有时删去，各有各的道理。

主张删去的认为这两项实际意义不大，不规定也不发生什么问题。就前一项来说，当一个人犯了严重罪行被剥夺了政治权利，即使不宣布剥夺他的勋章、奖章、荣誉称号，在服刑期间当然也不会让他佩戴勋章、奖章，更不会称他什么英雄模范。如果犯罪前未曾受勋、受奖、享有荣誉称号，在服刑期间也不会授予勋章、奖章和荣誉称号。反之，如果剥夺犯罪分子这项权利，倒会发生剥夺政治权利期满以后是否还要宣布予以恢复的问题，反而被动。另一方面，依照宪法的规定，国家的勋章、奖章和荣誉称号是中华人民共和国主席根据全国人民代表大会常务委员会的决定授予的，被授予者犯了罪，法院是否可以决定予以剥夺，也值得考虑。

再就言论、出版、集会、结社等项自由权利来说，考虑到出版事业完全由国家所掌握，任何个人不可能随便出版书刊；言论如果是好的，任何人都不应予以禁止，反动言论任何人也不准其自由散播；创造发明，即使是劳动改造罪犯做出的，也应当受到重视；集会、结社、游行、示威，人民群众都是有组织地进行的，不但是被剥夺政治权利的分子，遇有某种场合可以不许其参加，即使是好人，有时由于人数的限制等原因，也可能不让参加；至于迁移，都要按照规定经过有关部门批准，任何人都不能例外。因此，这项自由权利，也可不必作为剥夺政治权利的内容之一。

主张增加的同志认为，这两项作为剥夺政治权利的内容规定上，我们就处于主动地位，如果需要时就予以剥夺。奖章、荣誉称号不一定都是国家主席授予，各厂矿企业、各地方也选模、授奖，如果犯了罪还可称之为英雄模范，似不尽合理。至于各项自由权利，固然犯罪分子有了创造发明，我们也可予以推广，但不等于他有这项权利。

此外，也有的同志认为，享有国家勋章、奖章、军衔、荣誉称号的权利可以不列为剥夺政治权利的内容，只需增加一项“言论、出版、集会、结社、游行、示威的自由权利”。

2. 剥夺政治权利的适用对象。“惩治反革命条例”规定：“犯本条例之罪者，得剥夺其政治权利……”“妨害国家货币罪暂行条例”规定：“凡犯本条例所规定各罪者，得视其情节轻重，附带宣告剥夺政治权利。但犯第六条之罪者（即指误收伪造、变造货币查觉后仍继续行使的）不在此限”。“惩治贪污条例”规定：“犯本条例之罪者，依其情节，得剥夺其政治权利之一部或全部”。从上述规定来看，剥夺政治权利适用于反革命罪和其他严重破坏社会秩序的犯罪。刑法草案（初稿）根据这个精神规定：“对于反革命分子，应当剥夺政治权利；对于其他被判处五年以上有期徒刑的犯罪分子，在必要的时候，也可以剥夺政治权利。”（第五十五条）剥夺政治权利是政治上相当严厉的一种惩罚，它只能适用于敌我矛盾性质的犯罪。对此认识上是一致的。意见不同的是：有的认为草案规定“对于其他被判处五年以上有期徒刑的犯罪分子，在必要的时候也可以剥夺政治权利”不够具体，界限不容易划清，执行起来有可能扩大适用于人民内部的犯罪。因此，有的主张在“其他”二字后面加上“严重破坏社会秩序”字样或者把“五年以上”提高为“七年以上”或者“十年以上”。也有的主张把第五五条改为：“对于反革命分子，应当剥夺政治权利；对于其他严重破坏社会秩序而本法分则有规定的，也应当剥夺政治权利。”总之，原打算把剥夺政治权利限制于只对反革命分子和其他坏分子适用。

此外，剥夺政治权利是否规定可以减刑，也需要考虑。根据审判实践，被判处死刑缓期执行和无期徒刑的严重罪犯，一般都是宣告剥夺政治权利终身，而判处死缓因不堪改造执行死刑的是极个别的，被判处无期徒刑，除死在监狱者以外，执行无期的可说是没有。他们都可能逐步被减刑，或者被假释，或者被特赦。甚至被判处长期徒刑附加剥夺政治权利的犯罪分子，在被特赦以后，有的也需要考虑减免其剥夺政治权利的刑期。因此草案中应当增加这样的规定内容：“对于被判处有期徒刑剥夺政治权利的犯罪分子，在主刑减刑、特赦或者刑期执行完毕的时候，原判法院或者同级法院，根据犯罪分子的改造情况，可以缩短剥夺政治权利的期限，或者免除剥夺政治权利。”以适应情况的需要。

六、关于罚金问题

有争论的主要是罚金的适用对象问题。一种意见认为罚金可以作为一种较轻的刑罚，在单独适时，用以解决人民内部的比较轻微的犯罪，主要应当适用于投机等经济方面谋取暴利的犯罪。理由是，第一，对人民内部的比较轻微的犯罪，根据其财产状况，罚一定数额的钱，比坐班房要好，也可以少关些人。第二，对经济方面谋取暴利的犯罪，因这类人见利妄为，给予经济制裁，亦即所谓以牙还牙，较为合理。第三，罚金作为刑罚，在世界各国较为普遍，苏联和其他社会主义国家的刑法，也都规定有罚金，他们适用的对象，也多是经济方面的犯罪和其他轻微犯罪。如 1922 年“苏俄刑法典”规定可以单独适用罚金的条文共 37 条，1926 年“苏俄刑法典”规定可以单独适用罚金的条文达 83 条，1960 年“苏俄刑法典”规定适用罚金的条文有所减少，但也还有 50 条。再如 1952 年“阿尔巴尼亚刑法典”分则中，规定可以适用罚金的条文，共 74 条。

据此来看“中华人民共和国刑法草案（初稿）”分则，规定罚金的共 24 条：其中妨害社会经济秩序罪 15 条，妨害其他管理秩序罪 7 条，两者占 90%以上，认为这样规定大体上是可行的，当然有些条文是否应处罚金，还可具体考虑。

另一种意见认为：我国的工人、农民、干部，钱都比较少，处罚金以后，影响他们的生活，甚至罚了以后还要救济，犯了罪应该是治罪，较轻的罪不需要关起来，可以判处缓刑或监督劳动，中国古代适用罚金是剥削人民的一种手段，资本主义国家适用罚金，对资本家有利，有钱可以赎罪，我们社会主义国家不应当以罚金作为刑罚；对于经济方面的犯罪，最好是判徒刑关起来，如罚他们钱，罚少了他们不在乎，一次投机生意就能赚回来，罚多了他们纳不起。基于上述理由，认为罚金最好不作为刑罚方法之一，如果规定为刑罚方法，也不要规定可以单独适用，适用的范围应该尽量窄一些。

七、关于数罪并罚问题

“惩治反革命条例”第一十五条规定：“凡犯多种罪者，除判处死刑、无期徒刑者外，应在总和刑以下，多种刑中的最高刑以上酌情定刑。”最高人民法院 1951 年 2 月给华东分院的批复中规定：“法院审判一被告犯数罪时，除判处死刑和无期徒刑者外，原则上仍应先就各个犯罪，分别宣告其所处的刑罚，再宣告其应执行的刑罚；就数罪都处有期徒刑来说，应在数罪所处的总和刑以下，及其中一罪所处最高刑以上，酌定其应执行的刑期。”我国审判实践，都是依据上述规定去做的；刑法草案（初稿）第六十八条，也是采取这个原则并加以具体化。

上次讨论中，有的同志认为第六十八条的规定有些繁琐，执行起来不很方便，主张把这条修改为：“判决宣告以前一人犯数罪的，应当就其中最重的一个罪所规定的刑罚从重处罚。”（第一款）：“如果数罪中规定有附加刑的，应当同时判处附加刑。”（第二款）（见 1962 年 6 月 7 日编印的“对中华人民共和国刑法草案初稿的修改意见”第 25 页）这次反复研究，感到这样规定还没有问题。一方面它与现行法律所规定的原则以及审判实践中的做法不符；另一方面这样规定容易导致畸轻畸重的现象。例如，一个人犯了一个重罪，应判处十年徒刑（这个罪的法定刑是十年以上有期徒刑、无期徒刑或者死刑），后又犯了一个轻罪，只须判处一年徒刑，如果按照上述规定“就其中最重的一个罪所规定的刑罚从重处”，那么对这个人就要判处无期徒刑或者死刑，未免太重了。又如，一个人犯了几个重罪，按每个罪都可判处十年徒刑，但这几个罪的法定刑最高都只有十年，按照上述规定，就只能判处十年，不能再加重，这又显得轻纵了。因此，主张维持刑法草案（初稿）第六十八条采取的原则，但为了避免繁琐，便于实行，可以把条文修改为：“判决宣告以前一人犯数罪的，除判处死刑和无期徒刑的以外，应当在总和刑期以下多数刑中最高刑期以上，酌情决定执行的刑期。但是监督劳动最高不能超过一年，管制最高不能超过三年，拘役最高不能超过六个月，有期徒刑最高不能超过十五年。”（第一款）“如果数罪中有应当判处附加刑的，判处的附加刑仍须执行。”（第二款）

八、关于共同犯罪问题

这是争论比较多的一个问题。争论的焦点是究竟如何对共犯进行分类？主要有以下几种意见：一种意见主张把共犯分为主犯、从犯、胁从犯，理由是这样分类符合我国历史传统和司法习惯，可以明确打击重点，正确地贯彻“首恶必办、胁从不问”的政策精神，便于量刑（主犯从重处罚，从犯从轻、减轻处罚，胁从犯可以免除处罚）。另一种意见认为，这样分类对定罪问题并没有给予解决，共同犯罪之所以列入“犯罪”一章，而不列入“刑罚的具体运用”一章，首先就是要解决定罪问题（例如是杀人，还是教唆杀人?），而定罪是根据犯罪行为（在共同犯罪中就是根据所分工的行为）来定，不是根据在犯罪中所起的作用来定的；而且非主犯即从犯的划分方法过于绝对化，包括不了那种在犯罪中起有一般作用、在量刑上既不应从重也不应从轻、减轻的情况；同时上述分类，忽视了教唆在共同犯罪中的地位，会给审判工作带来不便，但如在主犯、从犯之外另列教唆犯，则又不是一个分类标准，因为教唆也可能是主犯。因此，主张还是把共犯分为组织犯、实行犯、教唆犯、帮助犯四类，但为了便于量刑，可以在这个分类的基础上把主从的分类吸收进去，即肯定组织犯是主犯，应当从重处罚，肯定帮助犯是从犯，应当从轻、减轻处罚，至于教唆犯、实行犯，就要根据不同情况区别对待。认为只有这样，才能既解决定罪问题，又解决量刑问题，比较全面。第三种意见主张在第一种意见的基础上，修改非主犯即从犯的说法，承认在主犯和从犯之外，还有非主非从的情况，称之为“其他积极参加犯罪的”，或称之为“要犯”，其量刑原则是既不肯定从重，也不肯定从轻、减轻，而是“根据他在犯罪中所起的作用分别处罚”；同时把教唆犯也规定上一条，以弥补缺陷。目前这几种意见还没有统一起来。

九、关于减刑问题

争论的焦点是，无期徒刑减为有期徒刑后，已执行的刑期是否折抵？少数同志主张应当折抵。理由是：无期徒刑减为有期徒刑后，如果不折抵，刑期太长。如一无期徒刑犯，在执行十年后，减为十五年有期徒刑，这样实际上就是二十五年，对改造犯人不利。同时，死缓可以减为十五年有期徒刑，加上缓刑期间的二年，才不过十七年，对比之下就不够平衡。

但多数同志主张不应折抵。理由是：第一，符合实际工作的需要。1950 年大镇反时，有一批处无期徒刑的反革命犯，已关了十二年，如果采取折抵办法，那么不减刑则已，一减为有期徒刑，再过二三年就要放出来，对工作不利。第二，对无期徒刑的关押，就应当比有期徒刑犯长些，实际关押期限可以在十五年以上。第三，对犯人改造有利，可以促使犯人及早争取减刑，减刑后虽然刑期较长，但还可以争取再减，这就成为鞭策犯人悔过改造的武器。第四，将死缓减刑原则修改为：一般减为无期徒刑，只对个别有特殊表现的减为十五年有期徒刑。这样就可以解决无期徒刑减刑与死缓减刑不平衡的矛盾。

十、关于假释问题

有争论的主要是两个问题。

1. 被判处无期徒刑的犯罪分子是否必须经过减刑后才能假释？刑法草案（初稿）第八零条并没有作这样的限制。这次研究中有的同志认为，减刑是假释的必经条件，如果关了十年以上还没有减刑，说明这个罪犯表现不好，因此也不应假释。但多数同志认为，有些无期徒刑犯关了十年以上，虽然没有减过刑，但现在确有悔改表现，不致再危害社会，仍可以假释。因此主张维持第八零条的有关规定。

2. 被判处有期徒刑减刑后又假释的，假释条件之一是按原刑期执行二分之一以上，还是按减刑后刑期执行二分之一以上？被判处无期徒刑减为有期徒刑后又假释的，假释条件之一是按无期徒刑执行十年以上，还是按减刑后的有期徒刑执行二分之一以上？依照刑法草案（初稿）第八零条的规定，都是按原判刑为准来计算。这次研究中有的同志认为，有期徒刑减刑的应按减刑后的刑期计算，无期徒刑减为有期徒刑的，应按有期徒刑计算。但多数同志认为，有期徒刑减刑后，也必须执行原刑期二分之一以上，无期徒刑减为有期徒刑后，也必须执行十年以上，才能假释。理由是：这样可以与减刑取得一致。即无期徒刑犯不论减刑或假释都必须实际关押十年以上，有期徒刑犯不论减刑或假释都必须执行原刑期二分之一以上。避免一些犯人关押时间过短。如果按减刑后的刑期计算，那么有一些犯人经过减刑后又假释的，关押时间就会过短。例如，一被判处无期徒刑的犯罪分子，关押二年后减为十年有期徒刑，如果按有期徒刑计算，那么再执行五年便可能假释，总共只执行七年，显然太短，同时这也与经过几次减刑后无期徒刑犯必须实际执行十年以上的规定不平衡。因此主张维持第八零条的有关规定，但为了避免误解，建议把该条中“执行刑期二分之一以上”一句修改为“执行原刑期二分之一以上”。

另外，河北提出，适用假释，应区分反革命犯和普通刑事犯，按照特赦令所规定的服刑期限分别规定。因此我们对第八零条拟了一个修改方案（另根据湖北的意见，对第七八条减刑也拟了一个修改方案），编在修改意见中。不过不少同志认为，在论罪、处刑、追诉、累犯、缓刑等问题上，都区分了反革命犯和普通刑事犯，减刑、假释系刑罚执行中的问题，主要应从犯罪分子是否有悔改或立功表现、是否不致再危害社会方面来考虑，因此，也可以不必区分反革命犯和普通刑事犯。

十一、关于监外执行问题

原来打算在“刑罚的具体运用”一章中增加“监外执行”一节，是考虑到有些被判处有期徒刑的犯罪分子，因为年老体衰已经失去犯罪可能的，或者患有严重疾病暂时失去犯罪可能的，可以不予关押而在监外执行，这样一方面可以减轻劳改机关的负担，减少死人，另一方面也可以体现少关的政策精神，争取更好的政治效果。后来经过反复研究，多数同志又倾向于不要增加这一节。理由是：第一，有了缓刑、假释、已可解决问题。因为犯罪分子如果判刑在三年以下，法院根据犯罪分子的具体情况，认为不执行也不致危害社会，就可以判缓刑；如果被判处有期徒刑的犯罪分子是在关押劳改期间，就可以对假释的条件作相应的规定，而适用假释。（建议在第七节假释第八零条增加如下一款，作为第二款：“被判处有期徒刑的犯罪分子，如果年老体衰，已经失去犯罪可能的，执行刑期虽然还不满二分之一，也可以假释。”）第二，所谓“监外执行”，到底如何执行，缺乏规定，不如缓刑、假释制度明确、定型。第三，对于患有严重疾病，暂时失去犯罪可能的犯罪分子，可以采取保外就医的办法。关于保外就医问题，应当在刑事诉讼法中予以规定，权衡利弊得失，似以不增加“监外执行”这一节为宜。

十二、关于侵犯财产罪的分章问题

草案（初稿）将侵犯公共财产和侵犯公民财产合写为一章，称为“侵犯财产罪”。讨论中有些同志认为，公共财产是社会主义制度的经济基础，宪法规定为神圣不可侵犯，公民财产只是个人所有的生活资料和一些小农具、小工具等，两者的重要性有很大不同，应当分写为两章，以便将保护公共财产、保护社会主义所有制的任务突出出来。另有些同志主张不分，理由是：两种财产虽然重要性不同，但都应当保护，特别是在近几年有许多地方发生的任意侵犯公民财产的情况下，亦应适当强调保护公民财产的重要性。而且分写为两章，大部条文重复，对侵犯公民财产的处刑规定相对轻一些（因一般数量不大），也容易产生副作用，显得对公民财产重视和保护不够。根据争论的意见，我们拟了一个分为两章的方案，两章都是九条，罪名相同；处刑上，相同的三条（抢劫的，为防护赃物等而使用暴力的、惯窃、惯骗），侵犯公民财产处刑低一些的六条，对侵犯公民财产规定为“告诉的才处理”的二条（侵占、毁坏）。看来，条文基本重复，分为两章，意义不大，为此最后大家还是倾向于合写为一章。

十三、关于厂矿责任事故问题

草案（初稿）规定了交通责任事故（第一一九条）、对厂矿责任事故未作规定。讨论中不少同志主张增加这一条，因为严重责任事故，过去也是追究刑事责任的。例如 1954 年 7 月政务院公布的“国营企业内部劳动规则纲要”第一六条规定：“违反劳动纪律的情节严重，使企业遭受重大损失者，应给以开除处分，或送法院依法处理”。第二三条规定：“企业的领导人员犯错误或违反劳动纪律时，得按隶属系统由原任命机关分别情节轻重给予纪律处分，或送法院依法处理”。最近制定试行的“国营工业企业工作条例（草案）”第五二条第三款规定：“每个企业，都应当自上而下地和自下而上地加强监察工作，认真检查各种责任制和各方面的规章制度的执行情况。对于不负责任、违反规章制度而造成损失的，应当根据情节的轻重和损失的大小，给以不同的处分，直至提请法院给以刑事处分”。从审判实践看，过去对个别严重的责任事故、造成严重后果的，也是判刑的。根据上述情况，这次增加了如下一条（放在妨害社会经济秩序罪末尾）：“工厂、矿山、建筑企业或者其他企业的职工，由于严重不负责任、违反规章制度因而发生重大事故、造成严重后果的，处五年以下有期徒刑或者拘役”。界限划得是否适当，须慎重考虑。

十四、关于通奸问题

对通奸是否应规定为犯罪，历来有很大争论。主张规定的理由：第一，通奸影响家庭和睦，影响生产，并容易发生奸杀、堕胎、溺婴等后果，危害很大，应当处刑；第二，有的情节很严重，屡教不改，告来不管，群众接受不了，你不管他自己管，更容易发生严重后果；第三，将通奸规定为亲告罪，不告不理，处罚面也不致过宽。主张不规定的理由：第一，通奸是旧婚姻制度和旧思想意识带来的不良现象，是道德问题，应靠批评教育和社会舆论逐步加以解决，靠刑罚解决不了；第二，通奸有各种不同原因，有许多复杂情况，处不胜处；第三，对于因通奸而造成虐待、遗弃甚至伤人、杀人等后果的，可依照有关规定处罚。另外还有的认为，一般通奸可不规定，但与军属通奸，破坏军人婚姻、家庭，危害较大，过去也是按犯罪处理的，应当规定。但也有反对意见，认为现在是义务兵役制，和过去不同了，不必作特别规定。

草案（初稿）没有规定通奸罪，但这次不少省、市有意见。在已收到的 16 个省、市（包括天津市）的意见中，主张增加通奸破坏婚姻，家庭罪的有山东、山西、四川、吉林、河南、北京、天津七个省、市，主张规定破坏军人婚姻、家庭罪的有湖南、浙江两个省，共九个省、市。我们考虑，既然许多省、市有此要求，说明实际工作有需要，不规定不好；但明确规定通奸罪搞得面过宽了也不好，因为参考各省、市意见，写了这样一条（放在第一七九条之后）：“破坏他人婚姻、家庭，情节恶劣、造成严重后果的，处二年以下有期徒刑或者拘役”。“前款罪，告诉的才处理”。用意是把处罚面尽量缩小，只处罚那些因通奸而造成严重后果、再不处理就会严重脱离群众的案件，但在条文上不露通奸字样，法院在特殊必要时可以适用，这样似乎比较主动。

另外，北京、山东、湖北、山西、贵州、天津六个省市提出，刑法草案（初稿）第一七九条规定重婚罪“本人告诉的才处理”，与婚姻法禁止重婚、纳妾的精神不合，主张删去这句话，不采取“告诉乃论”的原则。

十五、关于渎职罪问题

有些省、市建议在草案“渎职罪”一章中增加一些条文，例如北京建议增加：国家工作人员利用职权报复陷害造成严重后果的，处七年以下有期徒刑；湖北建议增加：国家工作人员滥用职权、玩忽职守，使国家财产和人民生命、财产遭受重大损失的，处三年以下有期徒刑或者拘役；四川建议增加：国家工作人员玩忽职守、擅离职守造成人身重伤、死亡或者公私财产重大损失的，处五年以下有期徒刑；辽宁建议增加弄虚作假骗取荣誉等条文。研究了这些意见，我们认为可以考虑在第二零七条后面增加如下两条：一、“国家工作人员滥用职权、违法乱纪，使公民人身权利遭受严重损害或者使公私财产遭受重大损失的，处七年以下有期徒刑或者拘役”。二、“国家工作人员利用职权、假公济私，对控告人、批评人实行报复陷害、造成严重后果的，处七年以下有期徒刑”。至于玩忽职守、擅离职守、弄虚作假造成后果的是否规定？我们认为，涉及面很宽，主要是批评教育或者行政处分问题，当前经验也不足（过去处理的很少），界限很不好划，并且现在已将厂矿责任事故作了规定，再增加这种条文没有太大的必要，因此未做规定。

以上，就是这次讨论的一些主要问题和我们的意见，是否妥当，请审查指示。其他具体修改意见和对共犯的四个新方案，我们已编入“对中华人民共和国刑法草案（初稿）的修改意见”的修改意见中，随报告附上，并请审查。

附：“对中华人民共和国刑法草案（初稿）的修改意见”（1962 年 6 月 7 日编印）的修改意见一份。

4. 关于修改《中华人民共和国刑法草案（草稿）》情况和意见的报告

（中央政法小组 1963 年 1 月 8 日）

彭真同志并
中央书记处：

兹将修改“中华人民共和国刑法草案（草稿）”的情况和我们的意见报告如下：

（一）

“中华人民共和国刑法草案（草稿）”是全国人民代表大会常务委员会办公厅法律室，在彭真同志领导下草拟的。1957 年 6 月经中央法律委员会、中央书记处审查修改后，由人大法案委员会进行了审议，并在第一届人大第四次会议上发给代表征求意见。会议决定：由常务委员会根据代表和其他方面所提的意见加以审议修改，作为草案公布试行，在试行中继续征求各方面的意见，再加修改，提请全国人民代表大会审议通过。

今年五月以来，我们根据中央和主席的指示，组织中央政法机关、法学研究所和政法院校的一些同志，对“刑法草案（草稿）”又进行了修改。在修改中，征求了各省、市、自治区政法机关、中央有关部门和部分法律专家的意见，并发给全国政法工作会议各组进行了讨论。中央政法小组对修改稿最后又进行了两次审查修改，现在报请中央审查。

（二）

“刑法草案（草稿）”和其他社会主义国家刑法比较，有许多共同点，也有不少特点。草案贯彻了严格区分敌我和人民内部两类不同性质的矛盾的原则和惩办与宽大相结合的政策，它的打击锋芒，主要是反革命犯（草案分则挂死刑的共 22 条，其中反革命罪占 12 条）和杀人犯、放火犯、抢劫犯、强奸犯、惯盗惯骗以及其他严重破坏社会秩序的罪犯，特别是其中的首要分子和其他怙恶不悛分子；对人民内部的轻微犯罪分子和悔改的、自首的、立功的犯罪分子，则采取从宽的方针。根据这个精神，草案作了许多具有我国特点的具体规定，主要表现在：

一、规定了一系列区别对待的原则：

（1）对反革命犯从严方面，规定：刑罚执行完毕或赦免以后的反革命分子，在任何时候再犯反革命罪的，都以累犯论处（第 67 条）；对于反革命犯，不适用缓刑（第 74 条）；中华人民共和国成立以前进行反革命活动，中华人民共和国成立以后，经过宽大处理没有判处刑罚，又犯反革命罪或者窝藏反革命分子的，不论过去罪行轻重，都应当追诉（第 82 条）；中华人民共和国成立以后犯反革命罪的，不受追诉期限的限制（第 83 条）等。草案还规定，对反革命分子及其他坚持反动立场的犯罪分子适用管制和剥夺政治权利，使他们规规矩矩，不能乱说乱动。

（2）对人民内部轻微犯罪从宽方面，规定：情节轻微危害不大的违法行为，不以犯罪论处（第 10 条）；对于情节轻微不需要判处刑罚的犯罪分子，可以予以训诫或者责令具结悔过、取保、赔礼道歉、赔偿损失（第 31 条）；对于被判处拘役、三年以下有期徒刑的犯罪分子，可以缓刑（第 72 条）；国家工作人员犯渎职罪，情节轻微的，可以由所属机关予以行政处分（第 200 条）等。

（3）对悔改的、自首的、立功的从宽方面，规定：犯罪以后自首的可以从轻处罚，自首并且有立功表现的可以减轻或者免除处罚，立大功的可以给予适当奖励（第 68 条）；在执行刑罚期间有悔改、立功表现的，可以减刑、假释（第 76、78 条）等。

以上这些，有许多是其他国家刑法没有规定的。

二、在刑罚方面，草案根据我国实际同犯罪作斗争的经验，规定了“死缓”和管制。“判处死刑，缓期二年执行，强迫劳动，以观后效”政策，是主席在 1951 年镇压反革命运动时提出的。经验证明，对应当判处死刑但又不是必须立即执行的罪犯判处“死缓”，既能平民愤、惩戒罪犯，又能少杀一些人，体现党的“少杀”政策。过去判处死缓的，除个别的以外，一般都没有杀，效果很好。管制，开始有两种，一种是公安机关对地主、富农和不须逮捕判刑的反革命分子适用的，一种是人民法院根据“惩治贪污条例”判处的，后来逐步把管制适用于其他犯罪分子。经验证明，管制作为解决敌我矛盾的一种方法，效果很好，并能体现“少捕”政策，但由于它包括剥夺政治权利的内容，对人民内部适用是不适当的。因此草案规定管制只适用于罪恶程度还不需要判处有期徒刑以上刑罚的反革命分子和其他坚持反动立场的犯罪分子（第 35 条）。

三、关于共同犯罪，社会主义国家一般分为组织犯、实行犯、教唆犯、帮助犯，资产阶级国家一般分为正犯、教唆犯、帮助犯；我们根据党的“首恶必办、胁从不问”的刑事政策和审判实践的经验，分为主犯、从犯、胁从犯和教唆犯（我国唐律、清律是分首犯、从犯的），规定对主犯从重处罚，对从犯从轻或者减轻处罚，对被胁迫、被诱骗参加犯罪的减轻或者免除处罚，并在分则许多条文中，对首要分子或者其他罪恶重大的，规定了更重的法定刑。这样就使打击锋芒更加明确，体现了惩办与宽大相结合的政策。

（三）

“刑法草案（草稿）”中尚有如下问题，须进一步考虑：

一、草案规定了“类推”原则，即：“本法分则没有明文规定的犯罪，可以比照本法分则最相类似的条文定罪判刑；但是应当报请上级人民法院核准”（第86条），以便于对那些法律没有明文规定的犯罪作斗争。但社会主义各国刑法，现在只有朝鲜、蒙古采取“类推”原则。捷克、匈牙利一向没有“类推”，苏联、阿尔巴尼亚、罗马尼亚、保加利亚、民主德国原有“类推”，后来苏联于1958年废除，其他国家也于57年以前就废除了，我们考虑，刑法即使写得完备，也不可能将一切犯罪都包括无遗，特别是我国地大人多，情况复杂并且发展变化很快，现在制定的第一部刑法又不可能十分完备，因之继续采取“类推”原则是必要的（惩治反革命条例中已有“类推”规定）。

二、草案分则条文挂死刑的为22条，占分则条文总数106条的20.75%。全国政法工作会议各组讨论中，又建议在另外十几个条文中增加死刑。其中有些显然是不需要增加的，如过失罪、强迫堕胎罪等；但也有些罪，如投机倒把罪、贩运鸦片罪等，在特殊情况下，情节严重的个别罪犯还需要判处死刑。如果这类条文增加上死刑：则死刑条文太多，也欠妥当，如果不加死刑，有时就可能束缚我们的手足。为了解决这个矛盾，我们在总则中增加一条：“对个别特殊案件的犯罪分子，判处法定刑的最高刑还是过轻的，经过最高人民法院核准，可以在法定刑以上判处刑罚”（第64条）。从各国刑法看，都没有规定一般性的加重原则，有些刑法规定对累犯等可以加重处刑，但也多限制有期不得加至无期，无期不得加至死刑。我们这样规定，也可能引起非议，但比分则条文过多的挂死刑要好。

三、关于渎职罪，这次修改中，我们增加了玩忽职守（第159条）和厂矿责任事故（第120条）等条文。这些问题，过去就曾反复考虑过，唯恐打击面过宽，没有规定。最近征求各地意见，和这次全国政法工作会议各组讨论中，都要求增加对这些犯罪的处罚规定。厂矿责任事故的条文，我们是根据“工业70条”第52条拟出的，征求了中央12个有关部门的意见，其中计委、冶金部、一机部等10个单位表示同意，但煤炭部、石油部表示怀疑，认为当前设备状况不好，职工技术水平低，事故难以杜绝，要求暂不规定或制定具体细则，以防处刑面过大。这次在全国政法工作会议各组讨论中，没有提出不同意见。这两条涉及面都较宽，如果规定下来，将来在审判实践中也要很好掌握。

各地还要求再增加一些渎职罪的条文，主要是：干部严重违法乱纪侵犯人权、故意作假报告、建筑企业大量偷工减料、工业企业大量发行劣质产品、商业人员故意泄露经济情报、医务人员严重医疗事故等。我们认为，这些方面情况复杂，尚无成熟经验，可以暂不规定，仍然主要用行政办法解决，个别情节十分严重的，可以引用其他条文处刑，如严重医疗事故可依第137条过失致人死亡处刑，泄露重要经济情报可依第194条泄露国家机密处刑等。

此外，草案中没有规定军职罪。军职罪有平时、战时的区别，情况复杂，以后另搞单行法较好。

（四）

这个草案，经过多次研究修改之后，比较切实可行了。我们认为，公布这个草案，对于同反革命分子和其他犯罪分子作斗争，对于警戒不稳分子和教育公民，对于司法机关正确处理案件，都有好处。我们准备在中央审查批准后，仍按第一届人大第四次会议的决议办理，即先由常务委员会作为草案公布试行，在试行中继续征求意见，进行修改后，再提请全国人民代表大会讨论通过。

以上报告妥否？请指示！

附：中华人民共和国刑法草案（草稿）

5. 关于补充修改《中华人民共和国刑法草案（初稿）》的报告

（中央政法小组　1963年3月23日）

彭真同志并
中央：

“中华人民共和国刑法草案（初稿）”在一九五七年六月经中央法律委员会、中央书记处审查修改后，由人大法案委员会进行了审议，并在第一届人大第四次会议上发给代表征求了意见。去年以来，我们遵照中央和主席的指示，根据当前国际国内阶级斗争的新情况和几年来审判工作的经验，对草案初稿又作了补充修改。在修改过程中，彭真同志多次给以指示，并征求了各省、市、自治区政法机关、中央有关部门的意见，在去年全国政法工作会议上还进行了讨论。

现将刑法草案中的几个主要问题报告如下：

一、刑法草案的打击锋芒是针对反革命分子和其他敌我矛盾性质的犯罪分子的。草案规定：刑罚执行完毕或者赦免以后的反革命分子，在任何时候再犯反革命罪的，都以累犯论处（第67条）；对于反革命犯，不适用缓刑（第74条）；中华人民共和国成立以前进行反革命活动，中华人民共和国成立以后，经过宽大处理没有判处刑罚，又犯反革命罪或者窝藏反革命分子的，不论过去罪行轻重，都应当追诉（第82条）；中华人民共和国成立以后犯反革命罪的，不受追诉期限的限制（第83条）等。分则中最高刑为死刑的条文共27条，其中12条是反革命罪，其余15条是杀人、放火、强奸、抢劫、惯窃惯骗、投机倒把、贪污以及其他严重破坏社会秩序的敌我矛盾性质的犯罪。对于这些严重犯罪从严惩处并不都是采用死刑，而是宽严相济，区别对待。所以在挂死刑的条文中，都同时规定有无期徒刑和有期徒刑，幅度较大。这样判刑时比较主动，也不会束缚无产阶级的手足。

为了给新的资产阶级分子的犯罪活动以坚决打击，对不同的犯罪分子又能区别对待，草案对走私、投机倒把等犯罪，采取杀、关、罚金、没收财产等多种处罚方法；有些情节轻微不须判处徒刑的，也可以单处罚金或者没收部分财产。并规定，对于犯罪分子违法所得和供犯罪所用的一切财物，应当追缴或者没收。现在，盗窃、走私、投机倒把的犯罪分子大部分是在内部或者内外勾结。这些人，披着国家工作人员甚至共产党员的外衣，实质上是资产阶级犯罪分子，比社会上的资产阶级犯罪分子更加危险。因此草案规定，对于国家工作人员利用职务上的便利，犯走私、投机倒把等罪的，从重处罚。

二、刑法草案对于人民内部的犯罪，一般是从宽的。我们对解决人民内部矛盾问题，历来主张采取说服教育的方法，对于少数构成犯罪的，虽然也给以刑事处分，但也是一种说服教育的辅助手段。根据这一精神，草案对那些轻微的危害行为，例如侮辱、诽谤、轻微的妨碍公务、一般的赌博和危害不大的过失行为等，没有规定为犯罪，仍然采取说服教育或者行政处理的办法解决。对于应当规定为犯罪但危害不很严重的行为，草案一方面规定处以短期徒刑、拘役或者罚金等轻刑，另一方面又规定，情节轻微危害不大又系偶犯的，不以犯罪论处，可以予以训诫或者责令具结悔过、取保、赔礼道歉、赔偿损失；对于被判处拘役、三年以下有期徒刑的犯罪分子，可以缓刑。对于少数情节特别恶劣，后果十分严重的犯罪分子，也可以判处长期徒刑、无期徒刑甚至死刑，但是这和对敌人的专政是有原则区别的。

三、对于国家工作人员的渎职罪，刑法草案主要打击贪赃枉法和利用职权为非作歹的犯罪分子。对于情节恶劣、后果严重的责任事故和严重玩忽职守等过失罪，我们根据工业70条的规定和各方面的意见也作了追究刑事责任的规定。但考虑到这些方面情况很复杂，涉及面很广，因此处刑的条件限制较严，各地还要求增加故意作假报告、建筑企业偷工减料、工业企业发行劣质产品、医务人员的医疗事故等处刑规定，我们考虑，这些方面尚无成熟经验，情况很复杂，可暂不规定，仍然主要用行政办法处理，个别情节十分严重的，也可以引用相类似的条文处刑，比较主动。

四、刑法草案贯彻了惩办与宽大相结合的政策。对犯罪集团的主犯从重处罚，对从犯从轻或者减轻处罚，对被胁迫、被诱骗参加犯罪的，减轻或者免除处罚；偶犯从轻，累犯和惯犯从重；抗拒从严，自首的可以从轻，自首并有立功表现的可以减轻或者免除处罚，立大功的可以适当奖励；历史犯从宽，现行犯从严。这些都是我们过去一贯行之有效的政策，对于分化、瓦解敌人，争取、改造多数，孤立、打击少数，有着重大作用。此外，草案还规定，对于在执行徒刑、拘役期间有悔改或者立功表现的犯罪分子，可以减刑、假释。这也是我国行之有效的政策，对于鼓励犯罪分子认真改造，起了很大的作用。

五、刑法草案体现了严肃性和灵活性相结合的精神。由于我国地广人多，情况复杂，为了能够适应实际情况的需要，不束缚无产阶级的手足，草案规定的各项罪名，一般比较概括；对各种犯罪规定的量刑幅度，一般也较大。草案还采取了"类推"的原则（第86条），以便对那些法律没有明文规定的犯罪分子进行斗争（惩治反革命条例中已有"类推"规定）。又规定，个别情况特殊的犯罪案件，也可以在法定刑以上或者以下判处刑罚（第63条、第64条），以便适用于各种复杂的犯罪情况。但为了避免在实际工作中发生混乱，草案还规定，施用"类推"和在法定刑以上或者以下判处刑罚，需要经过上级人民法院或者最高人民法院核准。

我国是一个多民族的国家，各民族地区的政治、经济、文化情况很不相同，为了照顾少数民族发展上的特点，草案规定，民族自治地方，可以根据刑法的基本原则，制定变通或者补充的规定，但是需要报请全国人民代表大会常务委员会批准施行。

六、刑法草案规定了拘役、管制、有期徒刑、无期徒刑、死刑五种主刑和罚金、剥夺政治权利、没收财产三种附加刑。草案对死刑的适用控制很严，规定死刑只适用于罪大恶极、民愤很大、必须判处死刑的犯罪分子；死刑案件由最高人民法院判决或者核准。草案还将我国行之有效的"判处死刑，缓期二年执行，强迫劳动，以观后效"的政策，作了规定。剥夺政治权利的期限，规定为一年以上十年以下，其适用范围也放宽了一些，但仍限于敌我矛盾性质的犯罪。

管制，由于其主要内容是监督劳动和剥夺政治权利，因此，我们认为，主要应当适用于反革命分子和其他坚持反动立场的犯罪分子，对于人民内部的犯罪一般不宜适用。由于这方面的经验还不十分成熟，各地意见也不一致，所以在刑法草案上，我们仍然按照人大常委的决定：管制适用于罪恶程度还不需要判处有期徒刑以上刑罚的反革命分子和其他犯罪分子。具体适用对象，由内部掌握，比较主动。

七、现在，经济上的社会主义改造已经基本完成，因此，除保护国家所有的和集体所有的公共财产外，我们还明确地规定，要保护公民所有的合法财产，即公民个人或者家庭所有的生活资料和依法归个人或者家庭所有的生产资料。我们认为，在目前情况下，明确规定保护公民所有的合法财产，是必要的。

此外，草案中没有规定军职罪。因我军有光荣的革命传统，军职罪又有平时、战时的区别，情况很复杂，我们认为，必要时由军委总政治部协同有关部门另搞单行法较好。

兹将“中华人民共和国刑法草案（修正稿）”报上，请审查。以上报告，是否妥当？请指示。

附：中华人民共和国刑法草案（修正稿）

6. 在《刑法》草案修订组全体会议上的讲话

（陶希晋　1978 年 10 月 30 日）

（根据记录整理）

同志们！

中央政法小组开了一次法制建设座谈会，登奎同志委托赵苍璧同志讲了话，昨天报上已经发表了。正好，今天我们开这个会。大家在中央政法小组的领导下，共同协作进行修订刑法草案的工作，这个工作今天就开始了。这是一件重要的、迫切的而又庄严、光荣的历史任务。

就时间上说，这个刑法草案从开始起草到现在已有二十多年了。当初，是为了适应那个时候的形势，即社会主义改造取得基本胜利时开始起草的。那时已感到需要一部社会主义的《刑法》。建国初期，有人叫嚷“无法可依”，他们指的就是没有刑法和民法。这个指责，那时我们无法接受，如果接受，只能照抄外国的或旧中国的。那时，我们是配合运动，搞单行法规，如《惩治反革命条例》、《惩治贪污条例》等。伪“六法”刚刚废除，我们虽然在老解放区已有了一些法制工作的初步经验，但总的来说还没有成熟经验，也没有很大必要马上制定一部完备的《刑法》。

社会主义改造取得基本胜利后，有了制定刑法的需要，同时，我们制定和施行单行法规的经验也逐步成熟。所以，先由中央人民政府法制委员会，而后由人大常委会法律室，相继起草刑、民法，没有脱稿。到了一九六二年毛主席提出要有刑法、民法。周总理和董老也催了多次。但后来因故又搁置了，特别是有人认为这有什么需要。加之那时力量很不集中，所以刑法草案的修订工作没有展开。以后林彪、“四人帮”横行一时，无法无天。他们肆意干扰、破坏，那就不用说了。所以刑法草案搁置了十多年之久。现在情况不同了，条件成熟了，华主席、党中央强调要加强社会主义法制。林彪、“四人帮”固然打倒了，但他们制造的冤案、错案和无法无天所造成的一些流毒还没有彻底肃清。昨天，福建省委一位同志告诉我，福建省积压了十五万件案子，而公、检、法只有八百人，没有办法，只好抽调一万二千人去办案，现在已清理了七万多件，还有八万件，由于已摸索了些经验，预计到明年五月就可基本清理完毕。他认为不搞好这一工作，群众的社会主义积极性就无法调动；落实政策要彻底，不要轻易留尾巴，走群众路线。这样办，群众都很高兴。

马克思说过：哲学家生产观念，诗人生产诗，牧师生产说教，教授生产讲授提纲等等，而罪犯生产罪行。马克思接着又说：罪犯不仅生产罪行，而且生产刑法，因而还生产讲授刑法的教授等等。马克思不是说法学家生产刑法，而是说罪犯生产刑法。这句话讲得很深刻。现在全国各地的“双打”运动还在继续进行，当前，旧案未结，新案又生，定罪、量刑标准各地不一致，必须迅速改变。总之，犯罪很多，刑法不搞不行。马克思讲得很有道理，他告诉我们刑法是怎样来的，同时也启示我们要辩证地了解起草、修订刑法的实践方法。

国家制定的宪法和各种法律（包括刑法），是上层建筑，都有强烈的阶级性，它不同于文学、艺术等其它上层建筑。因为它有强烈的强制性，谁违法就要法办，不办不行；同时又有强烈的说服性，教育人民不要犯法。所以这个上层建筑，对于我们无产阶级专政来说，是特别需要的（刑法是最明显不过的）。它既不能照抄资产阶级国家的，因为社会经济体系根本不同；它也不能照搬一般社会主义国家的，因为我们的革命走过的道路不同，情况不同，我们是由农村转到城市，由民主革命胜利很快转到社会主义革命。我们党是先根据实际情况的需要制定政策，通过群众运动贯彻党的政策，然后，在运动中创制一些单行法规，又用单行法规来保证运动的健康发展，所以我们行之有效的法律，都是从实际出发的，都是毛主席教导的把马列主义国家与法的学说同我国的实际相结合的。

因此，我们修订刑法草案时，首先要抓它的阶级性和从实际出发。所谓注意阶级性，在于它一方面是同犯罪分子作斗争；另一方面又是保护人民权利的。这是一个问题的两个方面，同样体现了刑法的阶级性。在修订刑法草案过程中，还要注意学习和领会马列主义、毛泽东思想关于无产阶级专政的学说，特别要学习和领会毛主席教导我们同犯罪作斗争的一系列的战略策略思想，并且要把它融化到我们的工作中去。在这方面毛主席不仅继承、捍卫了马列主义的法制思想，并且把它创造性地发展了。例如毛主席经常教导我们利用矛盾、争取多数，反对少数，各个击破；要有理、有利、有节等等。在杀人问题上，毛主席历来是主张杀人要少，但不废除死刑。而且还创造了“死缓”这种方法，这在世界上是没有先例的。北京市有个十四岁的孩子打死了老师，人们大都认为非杀不可，问题到了我们中央政法小组，登奎同志讲：如判他死刑，恐怕连外国人要当大笑话，你们抓了皇帝都没有杀，反而把一个十几岁的孩子杀掉？还有毛主席的“给出路”的政策，和对犯人禁止逼、供、信，禁止肉刑以及劳动改造重点在于教育改造等等思想，都要在我们的修订工作中贯彻进去。

怎么搞呢？我们采取边学习边工作的办法。

第一，我们采取认真、严肃的态度。草案搞了二十多年没有脱稿，只能说明我们过去对此不够认真，现在要认真一下。

第二，要多思，多研究，要采取“中外古今法”。我们的法既有它的国际性，又有它的民族特色。要设立一个资料室，把美国的、法国的、苏联的、日本的以及唐律和国民党的六法全书都可以搞来，给大家参考或比较。

第三，一定要理论同实际相结合，实事求是。刑法典总则部分理论性多些，我们教学方面的同志要注意多些；分则部分实际多些，我们下边实际工作的同志要注意更多些。比如，什么是反革命？在我们刑法上讲清楚了，下面就会拥护。总之，要把我们的法修订得合情合理。这是毛主席当初给最高法院组织法的赞语。我们的法律要写得合情合理是不容易的，这是很高的要求。

文字上要通俗易懂，这方面毛主席在起草第一部宪法时也给我们不少指示。当然，所谓法言法语有时是不能不用的。特别是我国传统的习惯用语。

第四，最主要的一点，是我们大家要解放思想，打破“禁区”。刑法中的“禁区”多不多？我不敢说，估计不会少。例如我们刑法有朝一日公布施行了，它是不是在适用上一律平等？记得毛主席曾讲过，资产阶级法律面前人人平等是骗人的，这面旗帜他们早就抛弃了，无产阶级应当把它拿了起来。所以，在第一部宪法和法院组织法中都规定了。因此，现在要解放思想，打破“禁区”。法律是科学，是要讲唯物论辩证法的。什么叫犯罪？决不能用唯心主义的形而上学的思想来推定。法律既是科学的，它就应该是讲进步的，它应该符合民主原则和社会主义原则。

华主席最近号召要思想再解放一点，胆子再大一点，办法再多一点，步子再快一点，这四句话，对我们刑法草案修订工作同样适用。

我们的计划是：

第一，在这里集中一个月左右时间，搞出一个修正稿，叫第一修正稿。

第二，再用半个多月时间，到下面调查研究，征求意见，听听下边基层公、检、法同志意见。然后搞出第二个修正稿。

第三，再邀请党外民主人士开座谈会，同时，请有关部门提出意见。然后搞出第三个修正稿。

第四，报中央政法小组审议定稿。

第五，争取明春提交人大常委会通过公布或通过试行。现在形势逼人，还有很多法在后边等着修订或制定。我们先把刑法搞出来，就可以取得一些经验，摸到一些规律。我就讲这些，请大家议一议。

会上在其他同志发言时，陶希晋同志做了如下的插话：

（1）毛主席、周总理和董老都强调要搞判例。但也有个问题：我们现在既没有司法行政部门，又无法制工作机关，审判机关提出的判例要使它起补充法律的作用，采取如何的研究审议程序，是一问题。

（2）有的同志提出对草案大改、中改、小改的问题，我同意中改。这次改只能概括些，纲要一点，以后再用细则或判例补充。当然，条文不能太粗，太粗则量刑幅度很大，下边不好办事，所以条文尽可能细一些，具体一些。但也不要过细，有时过细反而会有漏，特别是我们这样大的国家，情况是不断变化的，过细了反而容易受束缚，何况，现在我们对实际情况的接触面还不广，对所有罪行作过细的规定是不可能的。有了刑法后，虽然大纲式一些，还不完善，但会有很大好处，公检法办案有依据了，学校可以上课了，特别是广大人民群众也感到有法可依了。我看能争取早点搞出来为好。

7. 关于《中华人民共和国刑法草案》（稿）[①] 修订工作的说明

（中央政法小组　1979 年 2 月）

根据中央关于加强社会主义法制，加强立法工作的指示，中央政法小组组织了有关部门的同志四十人，从去年十月底开始，对《中华人民共和国刑法草案》（稿）进行了修订。经过三个多月的工作，已修订出该草案的二稿。

① 即 1979 年 2 月的《中华人民共和国刑法草案（修订二稿）》，亦即刑法草案第 35 次稿——编者注。

《刑法草案》（稿）的起草工作，早在建国初期就由前中央人民政府法制委员会着手进行，并先后拟了《刑法大纲草案》和《刑法指导原则草案》。一九五四年第一届全国人民代表大会第一次会议后，起草工作由人大常委会法律室继续进行。法律室又拟出《刑法草案》（稿），进行反复修改后，于一九五七年六月报请中央书记处审核后，提交第一届全国人民代表大会第四次会议。经会议决定：由人大常委会根据人大代表和其他方面的意见进行修改后，作为草案公布试行。但因很快就开展了反右派斗争，这个决定未能实现。一九六二年三月，毛主席指出："不仅刑法要，民法也需要，现在是无法无天。没有法律不行，刑法、民法一定要搞。"根据毛主席的指示，由前中央政法小组主持，对《刑法草案》（稿）重新进行了多次修改。但是，后来又因形势有了变化，加以法律虚无主义思潮的影响，特别是林彪、"四人帮"和康生、谢富治的干扰破坏，致使刑法修订工作停顿了十多年之久。现在我国已进入实现四个现代化的新时期，原稿虽已有三十多个稿本，但都是远远不能适应新形势的要求，必须根据现实情况，重新进行系统的补充修订。

这次修订《刑法草案》（稿），是以马列主义、毛泽东思想的国家与法律学说为指导，以宪法为依据，根据理论与实际相结合的原则进行的。最根本的是从我国的实际情况出发，针对客观存在的问题，实事求是地加以解决。为此，多方总结我国司法工作经验，同时吸取国际经验，以适合我国实现四个现代化的需要。求得这样修订的稿本，能符合我国实际情况，有时代特点，既有民族性，又有国际性。

各地司法机关都要求刑法条文写得细一些，罪名要具体、明确，量刑幅度要严格。这个要求是可以理解的。但是我们认为刑法条文也不能写得过细，因为我们这样大的国家，情况在不断变化，条文规定得过细过死，缺乏必要的灵活性，反而容易发生偏差。因此，我们尽量修订得细一些，但不能太细，不能强求完备。经验不足的暂不写，或者写得原则一些，待以后总结实践经验，再补充修改。文字上则力求通俗、简明、严格。

在修订工作中，我们坚持了群众路线的方法。首先，集中各有关部门的同志，进行了一个多月的讨论修改，并到中央和北京市有关部门进行了调查征询。经过反复研究，写出了《修订一稿》之后，又编成十个小组到十四个省、市邀集省、市、地、县各级有经验的同志进行了讨论。回京后又根据上述省、市和有关部门的意见再次进行了修改，完成现在上报的《修订二稿》。

这次对《刑法草案》（稿）的修订，总的来说改动较大，新补充了几十个条文，对原稿一些已过时的条文也作了原则修改。主要是：

（一）刑种问题。《修订二稿》对刑种的修改主要是删去"管制"，增加了"劳役"。共规定了四种主刑：劳役（不剥夺自由）、有期徒刑、无期徒刑、死刑（包括"死缓"）；三种附加刑（也可以独立适用）：剥夺政治权利、罚金、没收财产。还规定，对犯罪的外国人可以独立适用或者附加适用逐出国境。

"管制"是在第一次"镇反"运动中，为了对反革命分子区别对待，有利于改造多数的历史上有罪行或者罪行不大，不宜判处徒刑的罪犯而创制的。它多数由公安机关审批，少数由法院判处。一九五六年改为一律由法院判处。现在情况已发生很大变化，历史反革命早已处理完毕。对现行反革命一般应依法关押，适用管制的极少。而不少地方往往不经法院判处，乱戴帽子，滥施管制，严重混淆两类矛盾，而且管制没有期限，被管制的对象日趋扩大，也使他们的家属长期受连累。我们认为，根据新的情况，取消管制有利于分清敌我，拨乱反正。

"劳役"是过去老解放区行之有效的一种刑罚，建国初期对贪污分子也使用过。朝鲜、苏联、捷克、匈牙利等国也都采用劳役（称为"不剥夺自由的强制工作"）。考虑到我国现实情况，人民内部犯轻罪的相对增多，对那些必须关押的犯罪分子判处劳役，由原单位、原地区执行（执行期间不计算工龄并扣除一定工资或工分），在群众监督下进行劳动改造，有利于贯彻少捕、少关政策。

（二）"死刑"适用范围问题。根据我国实际情况，既要保留死刑，又应尽量少用。少用死刑，对争取罪犯家属、取得社会同情有好处，还可保留一批劳动力，国际影响也好。因此，我们对死刑的适用尽可能地严格控制。在分则规定死刑的只有十七条（反革命罪九条，危害公共安全罪二条，侵犯人身权利罪三条，侵犯财产罪二条、贪污罪一条），占分则条文总数约百分之十强。这与某些外国的刑法相比，还有较多，但同实际适用的范围则大大缩小了。总则还规定，对犯罪时不满十八岁的人和审判时怀孕的妇女不适用死刑；死刑案件由最高人民法院判决或者核准；并保留了"死缓"制度。这些规定，有利于控制死刑的适用和贯彻少杀政策。

（三）剥夺政治权利问题。这次对"剥夺政治权利"的适用和执行做了原则性的修改。过去剥夺政治权利不作独立适用，这次修改为对不须判处徒刑的反革命分子，盗窃、诈骗、神汉巫婆、赌头赌棍、破坏选举等犯罪分子以及某些犯渎职罪的干部，可以独立适用。这样可以更有效地发挥这个刑种的作用。过去判处徒刑附加剥夺政治权利的犯罪分子，在徒刑执行期间没有政治权利；没有附加剥夺政治权利的犯罪分子，在徒刑执行期间停止行使政治权利（见《选举问题解答》），实际上没有区别。这次改为没有附加剥夺政治权利的，在徒刑执行期间，仍然享有能够行使的政治权利（如选举权）。有利于对在押犯区别对待和促进改造工作。

（四）"给出路"问题。对犯罪分子，除罪大恶极判处死刑者外，必须通过劳动改造给予出路。"不给出路的政策，不是无产阶级政策"。当前，对犯罪分子不给出路的问题很严重。刑满释放的人不少还被戴帽、管制，形成"判刑有期，戴帽无期；关押有期，管制无期"。释放后没有戴帽、管制的，也不给安置工作，原单位除名，劳动部门不管，任其流散社会，生活无着，以致继续犯罪。这个问题不解决，不能巩固劳改成果，不利于正常的社会秩序。针对这种情况，《修订二稿》增加了"刑满"一节，规定："对一切判处刑罚的犯罪分子，刑罚执行期满后，在政治上和生活上应当给予出路，不得歧视”（第六十八条），对判处劳役或者剥夺政治权利的犯罪分子，执行期满，应当公开向群众宣布解除劳役或者恢复政治权利。还规定，对刑满释放的人应由原所在单位予以安置；原单位撤销的，由人事部门或劳动部门予以安置。增加这些规定，才能落实“给出路”的政策。

（五）“追诉时效”问题。各国刑法对犯罪都规定一定追诉期限，超过期限的即不再追诉。根据我国情况，参考外国经验，《草案（稿）》对各类犯罪按法定最高刑的轻重，也分别规定了不同的追诉期限：最低为二年，最高为二十年；罪行特别严重，在二十年以后仍认为必须追诉的，须报请最高人民检察院核准。按照这个规定，以从今年算起为例，一九五九年以前犯罪而以后没有继续作恶的，就不再追究。这样可以解脱一些人，有利于安定团结，对争取和平解放台湾也有好处。即使有个别罪行特别严重而应追究的，经最高人民检察院核准也还可以追究，不致束缚我们的手脚。

（六）关于破坏社会主义经济罪。鉴于国家已转入四个现代化建设的新时期，刑法应体现保护社会主义经济的重要作用。因此，在这次修订中，对“破坏社会主义经济罪”作了重要的补充，增加十九条。除原草案的破坏经济罪主要打击投机倒把、走私、伪造货币、票证等犯罪外，重点补充了国家工作人员和集体组织中的工作人员破坏经济计划、扰乱经济秩序、违反财经纪律、大肆挪用挥霍国家资财等犯罪。我国经济体制正处在整顿和变革中，有些问题尚缺乏成熟经验，这类条文应当怎样规定为宜，我们虽然与中央和省、市的经济部门多次研究，仍缺乏充分把握。因此，条文中规定得比较原则，处罚一般也从轻。

（七）保障公民民主权利问题。几年来，在林彪，“四人帮”的破坏下，任意诬害好人，侵犯公民权利，冤、错、假案层出不穷。至于非法关人打人、克扣口粮等情况，不少地方已相习成风。为了切实保障公民的权利，《修订二稿》在“侵犯人身权利罪”外，增加了“侵犯公民民主权利罪”和“诬告陷害罪”两章。

（八）关于是否规定“恶毒攻击”罪问题。十多年来，在处理“恶毒攻击”案件方面混淆两类矛盾十分严重，许多地方怕批判为右倾，把对中央领导同志提意见或者说了一些错话，甚至反对林彪、“四人帮”的言论，都被定为“恶毒攻击”，作为现行反革命打击。这种做法对发扬民主非常有害。因此，《草案》稿中没有规定“恶毒攻击”罪。我们认为，对这类问题应实事求是地加以分析，正常的民主权利应予保障，真正做到“言者无罪”；属于侮辱、诽谤的，以侮辱诽谤罪论处；只有对极少数以反革命为目的煽动群众抗拒、破坏国家法律、法令实施的，才以反革命论罪。

（九）关于渎职罪。由于林彪、“四人帮”的流毒和影响，近年来，干部队伍中确实存在少数人利用职权，违法乱纪，或者玩忽职守，严重不负责任的反常现象，给国家和人民造成严重危害。在我们国家里，任何人不能凌驾于党纪国法之外，不能有特权。因此《修订二稿》专章规定了“渎职罪”。在分则其他章中，也规定了一些关于国家工作人员和集体组织中的工作人员的犯罪。例如，第二章中规定有责任事故方面的犯罪；第三章中有经济工作人员的犯罪；第五章中有干部侵犯公民民主权利的犯罪；第八章中工作人员贪污、受贿等犯罪。这些规定对教育干部，保障公民权利是需要的，也反映了人民群众的心愿。

《修订二稿》中没有规定“军职罪”。对此在分则中以有一章为好，尚须会同解放军军事法院研究决定。《修订二稿》在附则中暂作如下规定：“本法适用于现役军人的犯罪，但是军事法律、法令另有规定的除外”。

（十）“类推”问题。各国刑法历来有两种不同的规定：一是采取“罪刑法定”原则，即法律无明文规定者不为罪、不处刑；二是采取“类推”原则，即法无明文规定的，可依照法律最相类似的条文定罪判刑。现在各国大多采取第一种原则。考虑到我国制定第一部刑法，不可能十分完备，情况又在不断地变化，只能在罪刑法定的基础上，结合有控制的“类推”原则。因此规定：“本法分则没有明文规定的危害社会的行为，人民法院认为应当追究刑事责任的，可以比照本法分则最相类似的条文定罪判刑，但是应当报请最高人民法院核准”（第二三三条）。这样，即可以使那些法无明文规定的犯罪不致漏网，也可防止法院的任意类比。

我们修订组的同志到各省、市征求意见时，各地迫切要求快些制定刑法，以利于加强法制，保障民主，扫除“长官意志”，严格依法办事。他们完全同意小平同志的讲法，“有比没有好，快搞比慢搞好”。

8.《刑法草案（稿）》修改意见汇辑

（全国人大常委会法制委员会法律室编 1979年3月23日）

说 明

现将二十五个单位对《刑法草案（修订二稿）》的意见，摘录汇辑于后，供讨论、修订第三十三稿时参考。

总的意见

同志们一致反映：《刑法》制定出来，是件大好事，以后就有法可依了。这是保证安定团结，实现四化的具体措施。《刑法》内容广泛，细致。一致表示拥护，都说挺好。大家说制定是必要的，还要广泛宣传，学习，特别是青少年。建议学校考虑列入课程。

法律面前人人平等。希望在贯彻执行法制方面，做到对任何人，不管他（她）的官有多大，职位多高，只要是中华人民共和国公民，都必须一样看待。

（国家测绘总局政工组）

总的认为刑法草案内容全面，结构严密，用语准确，是一部很好的教材。执行以后好多事情就有法可依了。多年来由于四人帮的破坏，法制受到严重摧残，国家没有了法制，坏人乘机捣乱，“四人帮”肆意践踏法制，残酷迫害老干部和革命群众。正因为如此，法制观念在人们的心中淡薄了，在刑法公布后一定要在全民中进行一次广泛而深刻的法制教育和学习。

（卫生部）

总的认为很好，希望早日修订好，早日颁发，广为宣传并严格执行。

（中央气象局）

大家认为刑法草案很好，希望尽快通过公布实施。

（北京市公安局）

对刑法草案五个常委都看过了，没有意见，一致拥护。

（北京市财政局）

我们邀集了我院有关单位的部分同志，对刑法草案进行了讨论和研究。一致认为，刑法的制定是非常迫切需要的，具有重大的现实意义和长远的意义。草案规定的条款，对于保卫无产阶级专政的社会主义国家，保障四个现代化的建设，维护社会主义的社会秩序，巩固社会安定，都是十分必要的，希望早日修订公布，付诸实施。

（中国科学院政策研究室）

多年以来办案没有统一的法律根据，林彪、“四人帮”的破坏，造成了无法无天的混乱局面，出现了许多冤假错案。迫切需要有一部刑法，作为办案的依据，希望刑法早日颁布。

（中央政法干校）

刑法草案二稿写得比较全面，符合当前的实际情况，但是有的地方比较粗，例如，草案中有不少地方规定“情节严重”、“数额巨大”、“重大损害”等，如果再具体一点就更好了。

（中央政法干校）

《刑法草案》可能是我国建国以来的第一部刑法，写的不太清楚。诉讼程序与执行细则混在一起，又细又不细，有些该规定的未规定。

没有体现出拨乱反正的精神，总的感觉是偏松偏宽，应该严一些。爆炸、搞破坏，才判处三年至十年徒刑太轻。搞冤假错案也要从严处理。

（文化部办公厅）

我国三十年没有法律，过去都是以判例、中央指示来判刑，以后有了“刑法”，对“中央指示”怎么办，“判例”可否公布，应加研究，不符刑法者，可否改正。

“刑法”最高解释权属谁，应明确。

（国家科委政治部）

对总则部分的意见

第一条

“保护公民的人身权利”至“合法财产”这三句，可否写成“保护宪法赋予公民的一切权利”。

（军事检察院）

第一条修改为：“中华人民共和国刑法的任务，是为保卫无产阶级专政的社会主义国家，用刑罚同一切反革命分子和其他犯罪分子作斗争，以维护社会正常秩序，保护公共财产，保护公民的人身权利、民主权利和其他政治生活权利，保护公民的合法财产，从而确保社会主义革命和社会主义建设事业的加速进行。”

（中国人民银行总行）

第二—七条

第二条第二款中的“就认为是”改为“就确认是”或改为“就是”。

（公安部）

第三条，建议恢复为一九六三年十月刑法草案稿第四条——第六条的写法。

（北京大学法律系）

第七条中的“当时的法律、法令不认为是犯罪的”一语，似可改为“当时的法律、法令规定不是犯罪的”。

（公安部）

第二、三、四、七条中的“都适用本法”、“适用本法”、“适用本法的规定”等用语，最好能统一起来，以避免一个意思几种提法。

（公安部）

第八条

“确有事实证据”一语可以去掉，因这条规定所解决的是什么是犯罪，什么不是犯罪的问题。

（公安部）

“确有事实证据”几个字可以删去。理由：这是刑事诉讼法解决的问题，放在犯罪概念中没有必要。

（北京大学法律系）

“其他权利”建议改为“其他法律规定的权利”。

（北京市公安局）

第一十一条

不是故意又不是过失，客观上造成损害者，只是不认识或犯错误，而不是犯罪，故不要此条。

（商业部政治部）

建议将第十一条列为第八条的第三款，这样在逻辑性上（即先写罪与非罪，以后写刑事责任）可能稍好些。

（公安部）

第一十二条

今后还搞不搞劳动教养？若不搞，第四款“也可以由教养单位收容教养”的规定可删去。

（最高人民检察院）

已满十四岁不满十八岁的人犯罪，应当从轻或者减轻处理，最好具体点，如犯杀人、放火、强奸是否要从轻。

（商业部政治部）

第一十三条

“间歇性的精神病人，在精神正常的时候犯罪，应当负刑事责任”的规定，我们实际工作中不好掌握，往往是在犯罪后去医院检查就诊，也诊断不出犯罪时是精神正常或不正常，不好追究刑事责任。

（北京市公安局）

第一十四条

对聋哑人犯罪可以从轻或减轻处罚的问题，可写得清楚些，以免产生误解。

（最高人民检察院）

又聋又哑的人犯罪可以从轻和减轻处罚，不太理解。

（卫生部）

第十四条似可去掉，因除又聋又哑这种在生理上有缺陷的人以外，还有其他在生理上有缺陷的人，如对双目失明的人犯罪要不要从轻或者减轻处罚？

（公安部）

第一十七条

第二款改为：对于预备犯，根据其认罪态度，酌情给予从轻、减轻处罚或者免除处罚。

（商业部政治部）

第二十四条

第三款可以去掉。

（公安部）

第三款加一句：但要给予适当的行政处分和批评教育。

（商业部政治部）

第二十五条

建议“罚金”、“没收财产”不独立使用；“没收财产”可改为“没收非法所得财产”。

（最高人民检察院）

刑罚的种类中，是要“管制”好，还是要“劳役”好，需进一步研究。

（公安部）

第二十八条

劳役的期限可否改为一月以上二年以下，因为时间短了，有时被动，判处劳役的，有时是先行羁押的，如果羁押时间较长，再加上二日折抵一日，有时劳役时间不长，就完了，显得不严肃。

（中央政法干校）

“监督”二字容易同过去的管制相混淆，建议改为“帮助”二字。

劳役的期限，建议改为十五天以上六个月以下。

（北京大学法律系）

第三十二条

第三十二条的最后，似应加上“但在数罪并罚和对判处死缓的罪犯减为有期徒刑的情况下，有期徒刑的最高期限为二十年”一语，这样可以避免该条与第三十八条、第五十六条的矛盾。

（公安部）

建议将三个月以上改为六个月以上，这样就同劳役的刑期相衔接了。

（北京大学法律系）

第三十三条

“在劳动改造中应当实行……的方针”一语可以去掉，因在劳改条例中已有规定。

（公安部）

从执行情况来看，判处死缓的比判处无期徒刑的轻，因死缓二年期满以后，可以减为无期或有期徒刑，而对判处无期徒刑的则没有规定个减刑的时间，此二者之间的矛盾应在适当条文中加以解决。

（公安部）

第三十五条

第二款属于程序问题，不宜在刑法中规定。

（最高人民检察院）

第三十六条

怀孕妇女如果犯的是死罪，为什么不能在生孩子以后执行，而去规定为“不适用死刑”？

（卫生部）

“不适用死刑”的范围中，关于“不满十八岁的人”应改为“不满十六岁的人”，因近几年已满十六岁而不满十八岁的人犯杀人或强奸罪，情节又特别严重、恶劣、民愤极大的还是不少的，如不判死刑，则不能维护法纪和保障人民生命安全，社会也通不过。

（卫生部）

第三十八条

第三十三条规定了对判处有期徒刑、无期徒刑的犯罪分子的执行场所，但对判处死缓的犯罪分子究竟在何场所执行未作明文规定，是否在第三十八条中“以观后效”的后边，加写“对判处死缓的犯罪分子放在监狱执行”一语。

（公安部）

第四十条

剥夺政治权利主要是第（一）项，有了第（一）项，第（二）（三）项没有实际意义。建议增加剥夺享受物质奖励的权利。应规定剥夺政治权利的一部或全部，这样比较灵活。

（中央政法干校）

第四十三条

独立适用剥夺政治权利的刑期，应改为一年以上三年以下，过去适用管制一般是三年以下。

（中央政法干校）

第四十四条

已经入狱的犯人，为什么仍然保留选举权、被选举权，有什么意义？

（卫生部）

这条伸缩性过大，也可以有不同的理解，执行就不会一致，这对法制统一不利。

（北京大学法律系）

第四十四条的规定实际上是实现不了的，可否将最后一句，即“在刑罚执行期间，仍然享有本法第四十条规定的能够行使的权利”，改为“在刑罚执行期间，停止行使本法第四十条规定的权利”。

（公安部）

我们觉得这一条行不通。过去的习惯是，凡是判处有期徒刑在监所或劳改队执行的犯人，连人身自由都没有了，其他政治权利也自然被剥夺了。

（军事检察院）

被判处徒刑的犯罪分子，在刑期内仍享有本法四十条规定的能够行使的权利，这在情理、法理上值得商榷。

（中国人民银行总行）

第四十七条

第二款：“在判处没收财产的时候，应当给犯罪分子的家属留下维持生活所必需的财产，”我们认为，没收应当没收犯罪分子的财产，其配偶财产不应侵犯。犯罪分子家属没有生活来源的，可以留下维持生活所必需的财产。

（卫生部）

第五十一条

第一款“在法定最低刑以下判处刑罚”的规定不妥，应改为：“在原应当量定刑罚之中适当减轻”。

（卫生部）

第五十五条

“犯罪被发觉前投案自首，主动坦白交待自己罪行的，可以从轻或者减轻处罚”，应增加：“免除处罚”。因为，假如一个人犯了贪污罪，量又不大，在发觉前自己坦白了，并如数退回赃款，这种情况免除处罚是合理的。

（化学工业部政治部）

什么叫坦白，实践中不好掌握，能不能再写具体一点。

（中央政法干校）

第六十条

对缓刑犯，在考验期表现很好的，可适当缩短考验期。

（北京市检察院）

“原判刑期以上”可以删掉。

（中央气象局）

第六十三条

“但是”以后的规定太死板，不利于犯罪者更好地悔改和立功赎罪，建议去掉。

（煤炭工业部政治部）

第六十八条

新增加的第八节很有现实意义。但这一节的名称不够确切。第六十八条写：“对一切判处刑罚的犯罪分子，执行期满……”刑罚中有罚金、没收财产，这两种刑罚不发生“执行期满”的问题。如保留这一条，建议把“执行期满”改为“刑罚执行完毕”。

关于“在政治上和生活上都应当给予出路”的问题，这在定罪和量刑时就应考虑。执行期满后的主要问题是立即放人，这个问题不解决，政治上和生活上的出路都无从谈起。也有少数同志意见，这一条可以删掉。

（北京大学法律系）

第六十八条所规定的内容办不到，可考虑取消。

（最高人民检察院）

“在政治上和生活上都应当给予出路，不得歧视”可改为“在政治上不得歧视，在生活上应当给予出路”。

（公安部）

第七十一条

第七十一条不属刑法规定内容，可考虑取消。

（最高人民检察院）

第七十一条“予以安置”的问题，从我国目前情况看实现不了。这个问题需要解决，究竟如何修改好，有的同志提出在该条中的“劳动部门”的后边加上“社队”二字。

（公安部）

我们认为，对判有期徒刑以上的犯罪分子，刑满回原单位不好安置，应当改为迁返原籍就业。

（卫生部）

刑满的人由原单位安置，在农村、厂矿企业好办，在国家机关执行不了，因为有的机关不能安置刑满的人工作。只规定由人事部门或劳动部门予以安置就行了。

（中央政法干校）

第七十二条

一般说，经过一定期限不再追诉是对的，但应该有例外，如贪污、盗窃犯罪，至少赃款赃物应退回。

（化学工业部政治部）

对分则总的意见

有些概念，例如“严重后果”、“严重不负责任”、“有条件完成”、“主管人员”等等，没有具体的界限或者确定的对象，要考虑。

（中国科学院政策研究室）

有的规定得比较轻。如“渎职罪”、“侵犯社会主义经济罪”，有很多都必须给国家或人民“造成重大损失”才治罪。但，损失多少才算是“重大损失”没有明确或统一的标准。

（国家测绘总局政工组）

在“文化大革命”中出现的一些阴谋家、野心家，为了达到篡党夺权的目的，利用他们窃踞的要职，私自调用文件、档案，搞阴谋活动；还有些机要保密人员，违犯档案、保密规定，利用职权，私自将档案材料提供给有阴谋、有野心的分子使用，类似这类问题，今后还可能发生，是否在刑法中有相应的规定？

（军事检察院）

整个分则条文中，适用死刑的二十一条，建议死刑条文减少一些。

分则体例不一致。有四章对本章罪有总的概念，其余七章都没有概念。为了法制统一，便于执行，建议每一章都有一个总的概念。

（北京大学法律系）

分则中，有的章在开始一条将罪名的定义加以概括，有的则没有，似应一致为好。

（最高人民检察院）

分则条文在量刑问题上，有些是由重到轻，如第七十六、七十七条中“处死刑、无期徒刑或者十年以上有期徒刑”，而有些则是由轻到重，如第八十三条中“处十年以上有期徒刑、无期徒刑或者死刑，”是否都改为由重到轻的写法。

（公安部）

对第一章反革命罪的意见

书写、张贴、散发反革命传单，呼反革命口号，造谣言，应该治罪。

（中央政法干校）

分则第一章，对以反革命为目的的书写、散发反革命标语、传单的案件，破案后如何处理，《刑法草案》中没有反映出来。

（北京市公安局）

第七十五条

建议改为“以推翻无产阶级政权、破坏社会主义制度为目的的行为，是反革命罪”。因为无产阶级政权本身就包含有党的领导的意思，文字上也精炼些。

（北京大学法律系）

反革命罪的定义能不能再写具体些，实际工作中这个问题最难掌握。

（中央政法干校）

第七十六—七十八条

按第七十六、七十七、七十八等三条规定的罪行，对于“四人帮”及其死党完全可以公开审判，依法判决。

（商业部政治部）

第八十二条

有的单位认为用刑轻了。

（纺织工业部政治部）

第八十五条

反革命集团的头子最高刑应处死刑，实际工作中有判死刑的。

（中央政法干校）

第八十八条

情节严重的应处死刑。

（最高人民检察院）

第八十九条

反革命煽动罪，是否包括反革命标语传单，造谣？如果包括，也不全，如书写反标，不是直接破坏法律、法令实施。

（中央政法干校）

对第二章危害公共安全罪的意见

第二章危害公共安全罪的几条中，写进了环境保护、食品卫生、防疫等内容是必要的，唯缺工矿劳动卫生这一重要部分。我们认为，我国产业工人几千万，对其生产环境和安全健康必须予以法律保证，故建议在第一百零六～一百一十二条之间增加以下一条：“工厂、矿山或者其它企业、事业单位，违反卫生防护规定，经卫生有关部门多次建议，能治理而不治理，使生产环境中有毒有害物质超过国家卫生标准，造成职工生命与健康受到重大损失者，对主管当事者，处一年半以上三年以下有期徒刑。”

（卫生部）

第一百零一条

提到打、砸、抢、抄、抓，讨论认为，这些提法不准确，应当选用准确的用语。

（卫生部）

“文化大革命”期间的打、砸、抢、抄、抓较普遍，涉及的人也较多，处罚规定怎样合适，要考虑。

（最高人民检察院）

“打、砸、抢、抄、抓”，应加注说明。

（公安部）

第一百零三条

应规定强迫他人违章开车造成交通事故的，对主使人应处罚。实际中有的领导干部，不听司机的意见，强调任务紧迫，强令开车而发生事故的不少。

（中央政法干校）

第一百零四——一百零七条

第一百零四条“不按照劳动保护法规”的后边，应加上“和消防安全法规”几个字。

（公安部）

第一百零四～一百零七条中的“严重后果”，应明确界限。

（纺织工业部政治部）

第一百零八条

因严重污染环境而受刑事处分的，应加不按规定使用农药、制造噪声。

（中国科学院政策研究室）

有关环境保护方面的条文，经讨论研究，都同意。

（国务院环境保护领导小组办公室）

“能治理而不治理的”，弹性太大，约束力不够。应限制治理，不治理的，对主管人员处……

（国家物资总局政治部）

第一百零九条

污染饮用水的水源应该规定，但在农村不好处理，如有的饮用河水，上游污染（打农药、撒化肥等）下游不能吃了，怎么处理？

（中央政法干校）

第一百一十条

“食品”后边加上“药品”两字。

（国家物资总局政治部）

第一百一十二条

“引起检疫传染病的传播”一句，应加“其他病虫害”。

（中国科学院政策研究室）

对第三章破坏社会主义经济罪的意见

第三章“破坏社会主义经济罪”，可否改成“违犯社会主义经济管理罪”，因为本章所列各条，多属人民内部犯法分子，而“破坏”社会主义经济，提法似重了些，容易和敌人破坏混淆。

（军事检察院）

分则第三章，订立这些条文是很必要的，但考虑到工业生产中完不成生产、基建任务造成损失的因素往往是多方面的，有时很难分清责任。特别是在当前的情况下，对条文中的“严重不负责任”、“严重后果”、“重大损失”、“大量损失”等用词不严密，最好能订出明确的量刑标准。

（化学工业部政治部）

第三章有些条文的内容是属工作中的错误问题，关于这方面的问题又很不好区分，应很好研究后修订。

（公安部）

同志们在讨论中，认为经济犯罪中，大部分都是些原则规定，要求具体些，这样便于掌握。如第一百三十条，走私、投机倒把数额巨大的……处五年以上有期徒刑或者无期徒刑。获利多少钱算是巨大？在实际工作中，是不好掌握的。偷窃犯罪中也存在着这样的问题。同志们要求像贪污罪中的条款那样，大概有个数额，这样司法人员才好掌握和贯彻执行。

（北京市高级人民法院）

分则第三章内是否可增添一条，即：“污染江河、湖海，破坏耕地，损坏庄稼，杀害鱼虾，给国家和集体造成重大经济损失的，对主管人员或者直接责任人员，处×年有期徒刑、劳役或者罚金。”

（国家科委政治部）

第三章中，可以增加一条，大意为：在国际经济交往中，如因我方工作人员失职，造成对国外罚款等损失，对主管人员或者直接责任人员予以处罚。

（化学工业部政治部）

建议增加一条：因过失，造成十万元以上浪费的，处一至三年徒刑。

（中央气象局）

新中国成立三十年来，没有公布过刑法，这个刑法草案比较笼统，如分则第三章破坏社会主义经济罪，对罪行大小轻重及量刑不明确，“严重损失”“重大损失”“水土大量流失”等等，以什么尺度来量刑。建议这段重写，量刑一定要明确，什么算有罪，什么算无罪，什么是多大罪，什么是较轻罪，不然无法正确执行。

（国家科委政治部）

1. 普遍认为量刑轻了点。目前重点的转移，实现四个现代化，对于破坏社会主义经济罪量刑适当的从重，同时还要判处经济赔偿。

2. 法律是很严肃的，但从国家现有条件来讲，不执法不行，有了法执行起来不容易。因为我们国民经济不发达，完不成计划，原因是多方面的；在三五年内做不到的就不要写，特别是现在计划的完成和年终奖有密切的关系，有的单位完不成计划，得不了奖金，有要求改变计划的现象，也有的单位把计划做得很低。

3. 对于经济法过去没有搞过，应该好好地搞，建议派经济专家到罗马尼亚、南斯拉夫学习有关经济法律方面的经验。

4. 现有经济体制方面不进行大的改革，经济法不好执行。

（商业部政治部）

工作中的错误与犯罪界限如何掌握，能否有个标准，造成“大量损失”、“重大损失”、“严重损失”用什么标准衡量？

（第八机械工业总局）

第三章经济罪中，对于走后门，造成严重后果，情节严重，有民愤的应有所制裁。

破坏社会主义经济罪中，有的尚不具体，伸缩性很大，要对利用职权，挥霍人民财产达到个人享受目的，造成严重后果的，予以刑法处罚。

（卫生部）

第一百一十三条

第一百一十三条的规定是保证四化的重要手段，非常必要。但是，考虑到“文化大革命”期间，国家计划实际遭到破坏，现在各部门之间的职责还不明，许多制度还不够健全，许多工作还没有走上正常轨道，在这种情况下，按照条文的规定，恐怕犯法的人会多了，在写法上是要斟酌的。

（中国科学院政策研究室）

有些同志认为这条的制订是必要的，条文本身没有什么问题，但实行起来有问题。有的单位认为：因情况复杂，条件很难制定。有的单位认为：首先要国家计委搞好计划平衡，不要留缺口。也有的说，对“国家工作人员在制订、批准经济计划中，严重不负责任，瞎指挥，破坏计划的综合平衡”能否执行是个大问题。还有的同志认为：这一条的写法要改变，要把制订、批准经济计划和执行计划分开写。制订、批准计划单独作为一条写。

（纺织工业部政治部）

国民经济计划是党中央、国务院批准和制定的，而不是那一个工作人员的事，不能作出刑罚的规定。

第一百一十三条、一百一十四条、一百二十一条这类问题的产生，在性质上有它多方面的因素，如停电、断水、无原料等，情况比较复杂，处理要慎重。建议对这几条所列违法者，一般不施行刑法，而给以行政、组织处分或用经济手段制裁。

（对外经济联络部）

经济计划不能完成，造成生产建设严重后果的，处二年以下有期徒刑或者劳役。讨论认为，由于工作原因而造成严重后果的，是否都要动用刑法要慎重考虑。

（卫生部）

改为：对在制订、批准经济计划中，严重不负责任，瞎指挥，破坏计划的综合平衡，或者对执行计划所必需的财力、物力，有条件保证而不保证，或者不顾财力、物力的可能，盲目扩大生产，滥上工程项目，造成生产建设严重后果的主管人员或者直接责任人员，处二年以下有期徒刑或者劳役。

（国家物资总局政治部）

“国家工作人员”这一概念不清，外延不够明确，是指参与制订计划的全部人员，还是制订计划的具体工作人员，或是批准计划的主管人员？

（煤炭工业部政治部）

对不走群众路线，特别是群众提了意见还一意孤行的，应加重处分。

（中央气象局）

第一百一十四条

现在不能完成经济计划（生产计划）的情况较普遍，原因也很多，规定刑罚，行不通；“本部门”概念不清；“国家工作人员”也不清楚，是否指主管人员、直接负责人员？

（最高人民检察院）

“连续三年未完成”，三年似乎太宽，建议改为“连续二年”。

（煤炭工业部政治部）

连续三年未完成经济计划，有一个考核标准问题。是全部未完成，还是部分未完成？

（国家物资总局政治部）

此条处理过轻。

（国家科委政治部）

有的单位认为这一条写得太笼统，不明确。如说“有条件完成”，指的是什么条件？能否写上“五定”、“五保条件”？

（纺织工业部政治部）

第一百一十五条

“违反国家计划规定”，国家计划的含义是什么？现在并未将所有产品生产都纳入统一计划，各级地方计划，包括加码的计划，算不算国家计划？还有扩大企业自主权以后，在企业的权限范围内自行生产的部分（有的地方已通知试行）。涉及刑事犯罪，似应明确，应请计委、经委再考虑。

（国家物资总局政治部）

造成国家物资大量积压和浪费的原因不止是“擅自进行计划外生产”，粗制滥造，不讲质量、不顾用户的要求，造成积压、浪费情况也很多。还有的说，这一条实际上要解决产量、产值、利润不对口、脱节的状况。

（纺织工业部政治部）

搞“计划外生产”，应指明其非法目的，以及侵害了什么。

对一百一十三至一百一十五几条总的意见是，没把握的不要分成许多条，规定时要将犯罪主体、主观要件、违犯了什么，侵害了什么？即罪与非罪要规定清楚。

（最高人民检察院）

应在“不顾社会需要”以后，增写：“有预谋的为了小团体或个人的私利……”

（对外经济联络部）

第一百一十六条

物资装卸、保管、运输造成损失，应加上“包装”，包装很重要。除了涉及交通运输和物资保管部门外，也涉及到企业，应加上企业。

（国家物资总局政治部）

上条和这条提到“大量积压”、“大量损失”，对“大量”，应有个界限。

（纺织工业部政治部）

第一百一十七条

应增加重点打击不顾人民疾苦，违反国家的规定，大建楼堂馆所和非法向下属部门摊派勒索资财的人，处以五年有期徒刑的内容。

（对外经济联络部）

大家认为目前这一条很难执行。首要的是基建计划不要留缺口，而实际上现在有些项目的资金、材料都留有缺口，有的缺口还很大。

（纺织工业部政治部）

第一百一十八条

大家认为造成浪费的主要原因是确定项目、选择厂址不负责任，如不看能源、资源、水利、地理、环境、交通、运输等条件，盲目确定厂址，投资基建。

（纺织工业部政治部）

第一百一十九条

“强迫命令”删去；“非法”改为“无偿”；“征调”后加“人力物力”，“破坏”改为“侵犯”。

（最高人民检察院）

第一百二十条

对国家机关、企业、事业单位来说，无偿占有集体组织的土地的情况是否存在？这方面的经济交换条件历来是很严格的，如指集体组织无偿占地，已包括在一一九条。

（最高人民检察院）

应补充“企业按国家规定征用土地时，集体组织不能用种种借口敲诈勒索，侵吞国家财产，违法情节严重者，处二年以下有期徒刑或者劳役”的条款。

（煤炭工业部政治部）

第一百二十一条

大家认为首要的是搞好“五定”、“五保”。

（纺织工业部政治部）

不执行经济合同，属民事纠纷，在刑法中规定不妥。“有条件执行而拒不执行”的提法不恰当，因合同本身即包括了应执行的条件。

（最高人民检察院）

“有条件执行”这个限制词可以删去，以免给不执行合同的以借口。

（中国科学院政策研究室）

第一百二十二条

对勇于揭发的应予以精神鼓励和物质奖励。

（中央气象局）

第一百二十三条

“致国家和人民利益遭受重大损失的”这一句删去。

（国家物资总局政治部）

第一百二十五条

改为：以非法盈利为目的，套购国家重要物资，转手倒卖，造家经济重大损失的，对主要指使者和倒卖者，处五年以下有期徒刑或者罚金。

（国家物资总局政治部）

第一百二十八条

投机倒把也应该像贪污罪一样，有金额多少的划分，以便执行。

（国家物资总局政治部）

第一百三十条

走私、投机倒把的，是否也要有数额界限，处刑应不低于贪污罪，贪污罪有死刑，此罪无死刑。

（军事检察院）

第一百三十二条

第二款一年太轻了，使用的和变造的应有所区别。

（中央气象局）

伪造国家货币的应从严惩处，应有死刑。

（军事检察院）

第一百三十五条

倒卖计划供应票证，情节严重的，多少为严重，可否有个限额。销售商品严重走后门造成恶劣影响的，也应属犯罪。

（第八机械工业总局）

冒领计划供应票证，数额巨大……巨大最好有数目限额。

（商业部政治部）

第一百三十六条

在产品质量没有严格标准情况下，如何鉴别劣质品、废品？目前商品紧张，如果按此条例执行，会导致群众和商店的矛盾。另外，目前仓库积压很多商品，怎样处理。

（商业部政治部）

应加上对成套设备产品粗制滥造，造成不合规格或报废，而强迫交货，手段恶劣，情节严重，对主管人员，处五年徒刑的内容。

（对外经济联络部）

第一百三十七条

在判处徒刑的同时，应把非法所得利润退赔。

（商业部政治部）

第一百三十八条

对于泄露经济情报者，应从重处理，并要适当赔偿损失。

（商业部政治部）

应在“或者泄露调价情报”后，加写“泄露国家重要经济情报”；在“扰乱市场秩序”后，加写“造成市场混乱和损失”。

（对外经济联络部）

第一百四十二条

这条应与《森林法》（试行）相一致。

（最高人民检察院）

第一百四十四条

应并处赔偿经济损失。

（商业部政治部）

第一百四十六条

与二百一十七条内容有重复，可考虑合并。

（最高人民检察院）

对第四章侵犯人身权利罪的意见

第一百四十八

“因受压迫”改为“因受迫害”。

（最高人民检察院）

建议再轻一些。

（中央气象局）

第一百四十九条

有的单位认为，过失致人死亡的应增加无期徒刑或死刑。

（纺织工业部政治部）

第一百五十条

既然是故意致人重伤的，应处三年以上……致人死亡的应处十年以上……

（商业部政治部）

有的单位认为用刑轻了，有的单位认为致人死亡的，应处以无期徒刑或死刑。

（纺织工业部政治部）

第一百五十二条

“违背妇女意志”似可不要。

（煤炭工业部政治部）

第一百五十二、一百五十三、一百五十四、一百五十五、一百五十六等五条，轻了。量刑要适当从重。

（商业部政治部）

应加一条：奸污、强奸精神病患者、瘫痪病人、呆傻的，处七年以下有期徒刑。

犯前款罪，情节严重的或致人重伤死亡的，处十年以上有期徒刑、无期徒刑或者死刑。

（商业部政治部）

第一百五十三条

第一款改为五年以上十年以下。

（中央气象局）

第一百五十四条

有的单位认为用刑轻了。

（纺织工业部政治部）

第一百五十六条

“强迫妇女卖淫的”，量刑轻重应与被强迫人数的多少成正比，特别严重者应处七年以上徒刑。

（煤炭工业部政治部）

第一百五十六条和第二百零九条都是关于卖淫的规定，可合并。另外，应增加对妇女卖淫的给予处罚，因为有的妇女搞的人很多，腐蚀性很大，还有的不劳动，靠卖淫过日子，应当治罪。

（中央政法干校）

第一百五十八条

应补充：以组织名义搞隔离审查、办学习班、私设公堂的指使者，参与搞逼供信的人，要处以刑罚或劳役。

（煤炭工业部政治部）

第一百六十条

刑期改为十年以下徒刑。

（最高人民检察院）

应再重一些。

（中央气象局）

谈到医务人员不负责任，致人重伤、死亡判刑问题。我们总的考虑是处理要慎重，处理过严，判刑过多，不利于调动积极性，缩手缩脚反而对工作不利。北医的同志们讨论中说，完全属于政治责任事故判刑，完全应该，但事实上不好分别，又有责任事故，又有技术条件，药物过敏等等原因比较复杂，处理要多方考虑，搞不好使医生不敢工作，

"一脚在医院，一脚在法院"，既不可太严，又不可不管。根据上述情况，我们认为，对于医疗事故，要作具体分析，责任事故为主也不能一律判刑，还要结合其它情况妥善处理。对于工作一贯认真负责，偶尔疏忽发生事故，能主动认错，积极改正者，要从宽处理；对少数情节恶劣、后果严重，或拒不接受教育，应给予必要的行政处分；对于极个别重大医疗事故，后果特别严重的责任者要依法处理。我们意见一百六十条拟改为："医务人员由于极端不负责任，发生重大事故，致人重伤、死亡，情节严重，而又态度恶劣，拒不承认错误，或没有正当理由而不给治疗，致人死亡的，处两年以下有期徒刑或劳役。"另外，我们认为，对于无理取闹，影响医院正常工作（如死后不火化污染环境等等）也应在条文中规定。

（卫生部）

对第五章侵犯公民民主权利罪的意见

第一百六十一条

第二款处罚太重。

（卫生部）

第一百六十六条

"无理"二字可去掉。

（公安部）

第一百六十七条

"发明权"应改为"专利权"。因为我国实行奖励发明和保护专利权两种制度，在国内实行奖励发明的制度，在国际间将实行保护专利的制度。我国《发明奖励条例》第九条规定，发明属于国家所有，全国各单位（包括集体所有制单位）都可利用它所必需的发明。所以在国内（除台湾省外）已不存在"侵犯他人发明权"的问题。而在国际间则有侵犯我国专利权的问题。

《发明奖励条例》第十四条中规定："对打击压制发明和在发明上弄虚作假、剽窃他人劳动成果的行为，应当批评教育，加以纠正，情节恶劣者，应给予处分，直至依法惩办。"这个问题应否在民法或刑法中有所反映，请考虑。

（国家科委政治部）

对第六章诬告陷害罪的意见

第一百七十二条

在开头应加上个"以"字，意思就完整严密。例如八十八条就是采用这种句法。

（北京市高级人民法院）

这条处刑轻了。"三年以下"改为"五年以下"；情节严重的，"三年以上十年以下"改为"五年以上十年以下"。

（商业部政治部）

第一百七十四条

什么是"情节严重"，在附则中应加以解释。

（北京市检察院）

对第七章侵犯财产罪的意见

第一百七十九条

量刑一方面看手段，另一方面要看经济数字，最好定具体数字，一百八十、一百八十一条也是这样。

（商业部政治部）

对第八章贪污罪的意见

贪污罪还是归到侵犯财产罪中好，单列出来同整个分则体例不一致。

（北京大学法律系）

第一百八十五条

第三项除"处二年以上七年以下有期徒刑"外，还应增加"可以并处没收财产"。

（卫生部）

（三）、（四）两项应补充"可以并处没收财产"。

贪污罪应一律退赔。

（煤炭工业部政治部）

第四项，贪污不满一千元的，如果都处罚，面太宽了，双打运动中此类案件很多，其原因主要是林彪、"四人帮"的破坏。我们现在都是低工资，有的确实生活有困难，贪污不是为了享受挥霍，而是为了维持生活。所以，都处罚是不行的。

另外，在贪污一千元以下后面加上一个下限，如“百元之上”，这样可以缩小处罚面。

（中央政法干校）

第一百八十六条

贪污罪只列了从重处罚的情节，应该列一下从轻处罚的情节，如退赃好的，老实交待的等。

贪污有的是长期挪用的，应专列一条，规定挪用数额巨大，长期不还，不打算还，用于生活享受的，应以贪污论处。

（中央政法干校）

贪污优抚、救济款项的，应列为从重处罚的情形。

（最高人民检察院）

第一百八十七条

一百八十七条与一百三十五条相比，轻了一些。“二年以下”改为“三年以下”，“二年以上”改为“三年以上”。

（商业部政治部）

对第九章妨害婚姻、家庭罪的意见

买卖婚姻是全国性的问题，应制定一条。

（卫生部）

本章条文中有的属于民法的内容，这样，就可能对本来是属于采取行政处分或经济手段处理的人而施用刑罚。属上述内容的条文有：一百九十二条、一百九十四条、一百九十七条。

（对外经济联络部）

第一百九十二条

除判刑外，应判退回所索取的财物。

（商业部政治部）

第一百九十三条

重婚罪，除判刑外，应明确规定不得继续；也有的说，重婚有罪，如果继续，则再判罪。重婚判一年以下是否过轻。

（卫生部）

除判刑外，应令其解除非法婚姻关系。

（商业部政治部）

第一百九十四条

“破坏”二字应改为“妨害”，与第九章标题一致。

（北京市高级人民法院）

“破坏他人婚姻家庭”，可改为“因通奸破坏他人婚姻家庭”。因为过去人们对这个罪名的理解，司法实践中的执行，都是指通奸，这样明确写上好理解，也便于执行。

（北京大学法律系）

第一百九十五条

在“明知是现役军人”之后，应加写“我驻外、援外人员和边疆建设人员”。

（对外经济联络部）

第一百九十六条

虐待致死，判十年以下，轻了。

（卫生部）

虐待致人死亡和故意杀人没有什么区别，适当从重。

（商业部政治部）

第一百九十二、一百九十四、一百九十六等三条都有一句：“前款罪，本人告诉的才处理”，这样不妥，应该改变过去不告不理的作法。我们是社会主义国家，在婚姻家庭关系上，岂能容许上述罪犯逍遥法外？除本人告诉外，青年团、妇联和其他群众有权向司法机关告发检举，司法部门应该受理并调查处理，给予当事人适当刑事处分。如果致人死亡，量刑要从重。

（商业部政治部）

第一百九十七条

尊老爱幼，是社会主义的道德风尚，犯此罪致人死亡的，应从重，处五年以上十五年以下有期徒刑。

（商业部政治部）

对第十章妨害管理秩序罪的意见

建议对闹监严重、不服管教，造成严重后果的，应依法惩处，特别是首犯应加重处理。可处一年以上五年以下有期徒刑。

（北京市公安局）

为保证宪法第五十八条的实施，尤其是战时，对逃避兵役的是否在刑法上有相应的规定。

（军事检察院）

第二百零三条

制造、贩卖假药致人死亡者，处七年以下徒刑太轻。

（煤炭工业部政治部）

如果严重致人死亡的，应处五年以上十五年以下有期徒刑，可以并处罚金。

（商业部政治部）

第二百零九条

妇女卖淫的应治罪。

（中央政法干校）

个别同志提出，卖淫者情节严重的，也应受刑事处理。

（北京市检察院）

第二百一十—二百一十二条

这三条中，“其他毒品”四字，建议改变“其他麻醉药品”。因为国务院（1978）76号文件颁发的《麻醉药品管理条例》中均把“鸦片”、“吗啡”等列为“麻醉药品”。“吗啡”后应增加“度冷丁”三字，因这也是常用易成瘾的麻醉药品。

（卫生部）

第二百一十四条

建议在“珍贵文物”后面，加上“珍贵图书”。

（国家文物事业管理局办公室）

第二百一十五条

建议在“故意毁坏名胜古迹”之前，加上“私自挖掘古墓葬古遗址”。

（国家文物事业管理局办公室）

对第十一章渎职罪的意见

应加一条：国家工作人员或者集体组织中的工作人员，利用职权对下级人员进行打击报复者，应给予刑事处罚。致人伤亡的，要从重。

（商业部政治部）

第二百二十二条

“贪图名利”可删去，否则太局限。

（最高人民检察院）

“出于贪图名利的个人目的”一句可以删去，在这里没有意义。

（中国科学院政策研究室）

第二百二十三条

第二百二十三条的内容已包括了二百二十四条的内容，两条是否可以合并为一条。

（国家科委政治部）

“情节特别严重的”，处刑低了，可否写成“三年以上有期徒刑或者无期徒刑”。

（军事检察院）

第二百二十四条

这条含义不清，且内容已包括在二百二十三条内，因此可以去掉。

（中国科学院政策研究室）

“滥用职权，故意篡改他人阶级成份，颠倒敌我关系”，改为“利用职权，篡改他人人事档案”。

（最高人民检察院）

第二百二十五条

对于玩忽职守，严重不负责任，致人重伤、死亡或公共财产受重大损失的，应改为处“七年以下”或“十年以下有期徒刑或者劳役”。本条应放在二百二十四条之前。

（卫生部）

应处五年以上十年以下有期徒刑。

（商业部政治部）

"严重不负责任，"改为"违反安全规程"。

（最高人民检察院）

第二百二十六条

应处五年以上十年以下有期徒刑。

（商业部政治部）

国家重要机密指哪些内容，应有具体的规定。还应加上"造成严重后果"。

（国家物资总局政治部）

第二百二十七—二百三十条

第二百二十七到二百三十条，因内容相似，建议将二百二十七和二百三十合为一条；二百二十八和二百二十九合为一条；处刑不变。

（军事检察院）

司法工作人员刑讯逼供的，应有限制，如情节严重的，造成冤假错案的，才论罪，一般的是批评教育问题。

（中央政法干校）

二百二十九条中的"凌辱"，改为"体罚"。

（最高人民检察院）

二百三十条刑期改为：处三年以上七年以下有期徒刑；情节严重的，处七年以上有期徒刑。

（最高人民检察院）

9. 对《刑法草案》的修改意见

（全国人大常委会法制委员会法律室编　1979 年 4 月 18 日）

《刑法草案（法制委员会修正第一稿）》印就后，即发给了法制委员会各位副主任、全体委员以及国家计划委员会、国家经济委员会、国家基本建设委员会、最高人民法院、最高人民检察院、公安部征求意见。截至目前为止，已有四位副主任、十八位委员和国家计委、国家建委、高法院、公安部，提出了一些修改意见。另有部分委员表示同意，没提修改意见。现将主要的修改意见，综合简报如下：

一、关于刑种问题

最高人民法院提出，取消管制和拘役，改为劳役。理由是：在过去的审判实践中，有滥用管制和拘役的现象，一管制就是若干年，无人过问。另外，过去管制是适用于敌我矛盾的，现在仍然用管制，容易混淆两类不同性质的矛盾。如果采用劳役，既可以达到处罚罪恶较轻的犯罪分子的目的，又可以不用收监执行，减轻看守所的负担。陶希晋副主任、陈守一委员也建议不要管制这个刑种。季方委员主张不要拘役，凡不需要判处徒刑的都可以判处管制。

关于剥夺政治权利，谭惕吾委员主张也可以独立适用。她说：有些犯渎职罪的人不必判徒刑的，可以剥夺他部分政治权利，如担任国家机关行政职务的权利，或者担任审判员、陪审员、检察员、律师的权利。被选举人或者选举人在选举中作弊，其罪行不够判徒刑的，可以剥夺他的选举权和被选举权。杨秀峰副主任也主张剥夺政治权利既可附加适用，也可独立适用。他建议第五十二条至第五十五条，主要采用《修订二稿》第四十一条至第四十四条的内容来进行修改。公安部建议第五十五条增加一款："被判处有期徒刑不附加剥夺政治权利的犯罪分子，在刑罚执行期间，中止行使本法第五十一条规定的权利，到徒刑执行期满后恢复。"理由是：如果不增加此款规定，没有被剥夺政治权利的犯罪分子，在刑罚执行期间，仍然有行使宪法第四十五条规定的言论、通信、出版、集会、结社、游行、示威、罢工的自由，有运用大鸣、大放、大辩论、大字报的权利，这必然影响劳改场所的管理秩序，使监管工作难以执行。

二、关于量刑问题

在死刑的适用范围方面，陈守一委员提出，死刑似乎还显得多一些。对第一百零三条的写法，李焕昌委员指出，这样写，所有各条规定的反革命罪，都有可以判死刑，死刑未免太多了。吕叔湘委员指出，第一百零三条概括本章各条，其中也包括一百零二条（二）项，这样，张贴反革命标语、散发反革命传单以及"其他方法"，都有判死刑的可能。虽然本条有"情节特别恶劣"等限制语，并须经最高人民法院判决或核准，仍然有被滥用的可能。他认为《修订二稿》反革命罪一章中有几条不列死刑，不是没有经过考虑的。他还提出，一百零二条（二）项中的"其他方法"指什么？是否包括写书、讲课？此外，戎子和委员建议第四十六条改为：死刑用绞刑或者枪决的方法执行。

对分则某些罪的量刑幅度，最高人民法院提出了一些调整修改意见，一般是往轻里改，个别稍改重些，并删去某几条条文（第九十九、一百、一百零二、一百六十九条）中的无期徒刑。张稼夫委员提出，分则第三章规定的破坏社会主义经济秩序罪，罪行是够严重的，但处刑觉得轻了些。

三、关于行政处分问题

最高人民法院、公安部和部分委员都提出，分则条文的罚则中不要规定行政处分，建议删去。有的委员提出，已有总则第三十条的规定，其他条文中的行政处分就不必写了。陈守一委员提到，在政纪与刑罚之间，还有个行政罚，建议对《治安管理处罚条例》加以补充、修改，来解决这个问题。

四、关于增加罪名问题

国家计委建议，将原《修订二稿》分则第三章中的条文，适当吸收一部分。比如，原第一百一十六条（违反运输、装卸、保管的规定，造成国家物资大量损失的）、第一百一十九条（国家工作人员滥用职权，强迫命令，非法征调，破坏人民公社各级的所有权和基本核算单位的自主权，致集体经济和社员利益遭受严重损害的）、第一百二十五条（套购国家重要物资，转手倒卖，致国家经济计划遭受损害的）、第一百二十六条（徇私舞弊，任意处理计划供应物资，破坏市场计划供应，情节严重的）等，似可考虑保留下来。

国家建委建议，在第一百二十七条之前，增加一条："违反环境保护法规，任意排放超过国家规定标准的有害物质，严重污染环境，危害人民健康，破坏自然资源，在规定的期限内能治理而不治理的，对直接责任人员，处三年以下有期徒刑、拘役或者罚金。"

沈鸿委员认为，第三章破坏社会主义经济秩序罪的内容比较窄小，建议增写《修订二稿》第一百一十八条（利用职权，大量挥霍公共财物）、第一百八十九条（利用职权，擅自把工农业产品低价自销或者削价私分）的内容。

陶希晋副主任建议：在破坏社会主义经济秩序罪一章中，把《修订二稿》有关各条中现时可行的条文，斟酌保留；在渎职罪一章中，保留《修订二稿》的第二百二十二条（捏造事实或者隐瞒真相，作假报告，欺骗组织）、第二百二十三条（滥用职权，故意制造冤案、假案、错案）、第二百二十四条（滥用职权，故意篡改他人阶级成份，颠倒敌我关系）、第二百二十五条（玩忽职守，致人重伤、死亡或者公共财产遭受重大损失）。

叶笃义委员建议在渎职罪中增加一条："国家工作人员为了利己的目的，利用职务上的便利，挑动群众斗群众，情节轻微的，可以由所属机关酌情予以行政处分；情节严重造成工作上和生产上重大损失的，应按损失的情况，予以刑事处分。"

李焕昌委员建议恢复《三十三稿》中的第一五五条（医疗责任事故），在妨害管理秩序罪一章中增加"贩卖淫书淫画"一条。

陈守一委员建议保留破坏他人婚姻家庭罪，认为在我国当前情况下，取消这条是不合适的。

五、关于体例和写法上的问题

有的主张第一条可删去；如写，文字要简化，其中的"人民民主专政"，建议改为"无产阶级专政"，以便与第九条、第九十条的提法一致。

有的主张贪污罪、诬告陷害罪独立成章。

有的主张总则第五章的附则，放在整个法典的末尾。也有的主张仍放在总则，但原标题不确切，可以另标一个较能代表内容的章名。

对第一百三十五、一百三十六、一百三十七条的三个"严禁"，公安部和一些委员主张删去。沙千里副主任提出，刑法只规定刑罚、刑期。关于"严禁"字样，似不在刑法分则范围内。因为刑法对各项犯罪行为都是严禁的，如果都写上便累赘了。

对一百三十六条（打砸抢），有的认为这不是独立罪名，也无特定的罚则，可以删去；有的认为"打砸抢"是"文化大革命"中特有的名词，用法律确定下来值得考虑，如做为法律用语，应给予明确的定义，不然因解释不同，执行起来弊病较多。

对一百三十七条中的"依反坐原则论处"，高克林副主任建议改为"按诬陷罪处理"；陶希晋副主任建议把《修订二稿》的"诬告陷害罪"各条，加以斟酌采用；沈鸿委员认为，"依反坐原则论处"一词，很难掌握；最高人民法院、公安部和吕叔湘委员都提出，对"反坐原则"应在附则中加以明文解释。

关于"刑满"一节写不写，陶希晋副主任建议采用《修订二稿》"刑满"一节各条，认为这一节是针对当前存在的实际问题写的，体现了给出路的政策。吕叔湘委员也提出，根据我国实际情况，服刑期满的人的工作问题是需要考虑的。

关于外国人在我国领域外对我国家或者公民犯罪的问题，有的主张恢复《三十三稿》第六条的规定，认为规定出来比不规定为好。

10.《刑法草案（法制委员会修正第一稿）》修改意见汇编

（全国人大常委会法制委员会法律室印　1979 年 4 月 25 日）

说　明

现将法制委员会杨秀峰、高克林、陶希晋、沙千里四位副主任和二十位委员，以及国家计划委员会、国家基本建设委员会、最高人民法院、最高人民检察院、公安部对《刑法草案（法制委员会修正第一稿）》所提的修改意见摘录汇编于后，供讨论修订时参考。还有部分委员对此稿表示同意，未提修改意见。

总的意见

这次稿子根据总结经验，适应当前时期需要的方针，和区别党纪、政纪、法纪，以“33 稿”为基础，有选择地吸收“修订二稿”的新东西，比较好地改写了“破坏社会主义经济秩序罪”和“侵犯公民人身权利、民主权利罪”两章。保留管制刑种；将“贪污罪”分别写入其他有关各章，不设专章；量刑也有重要调整，都比较适当。

建议：在“法委”通过、中央原则批准后，组织有专长有经验的同志对量刑高低和文字句读再加以推敲和斟酌。

（杨秀峰）

1. 法制委员会修正第一稿，可作为定稿，提报全体委员会讨论通过。

2. 提交常委讨论通过时，建议有一个试行期为好。

（雷任民）

基本同意《修正第一稿》。

（曹冠群）

这个修正第一稿差不多了。

（戎子和）

修正第一稿改得好，把我们提的意见主要的意思都包括进去了。

（李　立）

这个稿子比 33 稿好，简明、扼要，比修订二稿更好一些。但该稿有不成熟的地方，总的意见是对公民权利写的不够。

刑法草案，上边提的意见多，下边群众提的意见少，搞刑法总的是为了实现四个现代化，提高人民生活水平，要把这个精神，充分体现出来。

（赵伯平）

这次修正稿有一些条文词句啰嗦，意思不清楚。条文既要周密，也要简洁易懂。

（白寿彝）

1. 政纪与刑罚之间，似乎还有个行政罚介乎二者之间，才能解决问题。因政纪最重的是开除，刑罚则是法院的任务（刑种当然有许多），二者相差颇大。行政罚如罚金、罚锾、劳教……根据单行法如违警、违反治安管理条例等，则由行政部门的公安机关处理。当然，林彪、“四人帮”横行时公安机关有时有些滥用职权，引起民愤，但这不能责怪公安机关。规定行政罚对加强法制、健全法制是有好处的。治安管理条例，是否需要补充、修改，可由公安部门提出意见。

2. 法律文书，要求明确、准确、严格、严密，逻辑性强。在注意它的稳定性、连续性的同时，必须注意它的原则性和灵活性，以适应错综复杂的社会发展情况。这点在文字中，似乎还有些未照顾到。

（陈守一）

对总则的意见

第一章　刑法的任务和适用范围

第一条

建议改为：中华人民共和国刑法，以宪法为根据，结合我国各族人民在实现以工人阶级为领导的工农联盟为基础的无产阶级专政和进行社会主义革命、社会主义建设的具体实践和实际需要制定。

（陶希晋）

改为：“中华人民共和国刑法，是根据宪法，结合无产阶级专政和社会主义革命、社会主义建设的具体经验及实际需要而制定。”

（白寿彝）

改为：“中华人民共和国刑法，是根据中华人民共和国宪法第八条、第九条、第十六条和第十八条的规定制定的。”

（谭惕吾）

改为：中华人民共和国刑法，根据中华人民共和国宪法制定。刑法的规定以符合巩固祖国的统一和全国人民的团结，实行以工人阶级为领导的、工农联盟为基础的人民民主专政即无产阶级专政和进行社会主义革命、社会主义建设的需要为准则。

（刘　春）

“……结合全国各族人民在实行以工人阶级为领导的……”改为“结合我国实行的以工人阶级为领导的……”

（戎子和）

“人民民主专政即”这几个字可否去掉。

（高克林）

删去“在实行以工人阶级为领导的、工农联盟为基础的人民民主专政即无产阶级专政和”几字。

（最高人民检察院）

总则第一章中第一、二两条包含的“人民民主专政”的提法，应与宪法和本法分则第九十条相一致。

（公安部）

应简练一些，最好采用宪法第一条的提法。

（沈　鸿）

第一条可不要。如必须要可改为：“中华人民共和国刑法，根据宪法和我国社会主义革命、社会主义建设的实践经验以及实际需要制定。”

（陈守一）

本条无多大实际意义，建议删去。

（李焕昌）

第二条

建议改为：中华人民共和国刑法的任务，是用刑罚同一切反革命分子和其他公民的犯罪行为作斗争，以保卫无产阶级专政制度，保护社会主义全民所有的财产和集体所有的财产，保护公民的合法财产，保护公民的人身权利、民主权利和其他权利，维护社会秩序、生产秩序、工作秩序和人民群众生活秩序，保障社会主义革命和社会主义建设事业的顺利进行。

（陶希晋）

“人民群众生活秩序”可以包括在前面的几种“秩序”内，不另列。

（杨秀峰）

删去“坏分子”，“和其他权利”，“教学科研秩序和人民群众生活秩序”等字样。“公民的犯罪行为”改为“犯罪分子”，“人民民主专政”改为“无产阶级专政”，“国家所有即公民所有的财产和集体所有的财产”改为“全民所有制和集体所有制的财产”。

（最高人民检察院）

改为：中华人民共和国刑法执行下列任务：

（一）保护中华人民共和国国家主权和领土完整，镇压危害国家主权和领土完整的叛国活动和叛国分子；

（二）保护中国共产党领导的无产阶级专政的社会主义国家制度，镇压一切颠覆、破坏或者反对中国共产党领导的无产阶级专政的社会主义国家制度的反革命活动和反革命分子；

（三）保护国家的统一和民族团结，镇压一切破坏国家统一和民族团结的反革命活动和反革命分子；

（四）保护社会主义民主和法制，惩办一切违反或者破坏社会主义民主和法制的犯罪分子和违法乱纪分子；

（五）保护社会秩序、生产秩序和工作秩序、惩办一切危害社会秩序、生产秩序和工作秩序的犯罪分子和违法乱纪分子；

（六）保护公共财产和私人的合法财产，惩办一切侵犯公共财产和私人合法财产的犯罪分子和违法乱纪分子；

（七）保护宪法规定的公民权利，惩办一切侵犯公民权利的犯罪分子和违法乱纪分子；

（八）保护社会主义革命和社会主义建设的顺利进行，惩办一切破坏、反对或者干扰社会主义革命和社会主义建设顺利进行的犯罪分子和违法乱纪分子。

（谭惕吾）

“保卫人民民主专政制度”改为“保卫无产阶级专政制度”。“用刑罚同一切反革命分子和其他公民的犯罪行为作斗争”，改为“用刑罚同一切反革命分子和刑事犯罪分子作斗争”。

（最高人民法院）

改为“中华人民共和国刑法的任务，是用刑罚同一切反革命分子和其他犯罪分子作斗争，以保卫无产阶级专政制度，保护社会主义的国家所有财产和集体所有财产，保护……”

（白寿彝）

条文力求精练些，改为：“中华人民共和国刑法的任务，是用刑罚同一切反革命分子和其他公民的犯罪行为作斗争，以保卫无产阶级专政，保护国家所有和集体所有的财产，保护公民所有的合法财产，保护公民的人身权利、民主权利和其他权利，维护社会秩序，保障社会主义革命和社会主义建设事业的顺利进行。”

（李焕昌）

“其他公民的犯罪行为”，全部刑法都称犯罪分子，此处有一“公民的犯罪行为”，不仅体例不统一，而且在此处也容易引起含混；“教学科研秩序和人民群众生活秩序”似可删去。

（公安部）

“保卫人民民主专政制度”改为“保卫无产阶级专政的社会主义制度”。“其他公民的犯罪行为”改为“其他犯罪分子”。

（高克林）

第二条中提“人民民主专政制度”，第九条中提“无产阶级专政制度”，前后不一致，似以统称无产阶级专政为好。

（陈守一）

句子太长，还应简化。

（戎子和）

在“和其他公民的犯罪行为作斗争”后面，加上以“保卫统一的祖国”……一句。

（刘　春）

“其他权利”应该写清是什么权利。

（聂　真）

第三条

第二款“犯罪的行为或者结果有一项在中华人民共和国领域内的，”“在”字前加“发生”二字。

（陶希晋）

此处是否可以吸收外交部意见：“凡在中华人民共和国船舶或飞机内犯罪的，也适用本法。”

（沙千里）

第二款加“犯罪的”，改为“犯罪的行为或者犯罪的结果有一项……”

（白寿彝）

第五条

“……而本法规定的最低刑……”改为“……而按本法规定的最低刑……”“犯罪地”改为“犯罪所在地”。

（白寿彝）

原“第三十三稿”、“修订二稿”中均列入外国人在我国外对我国或我国公民犯罪如何处理的规定，此稿未列入，似乎不妥。查苏联、朝鲜、德国、日本刑法甚至旧中国的刑法都有这些规定，虽然这条实际意义不大，而且执行中也情况复杂，但规定出来总比不规定为好，特别在今后国际活动发展的形势下。

（陈守一）

建议恢复第 33 稿的第六条。

（李焕昌）

第七条

“……外国人的刑事责任问题……”改为“外国人应负的刑事责任……”

（白寿彝）

第八条

条文中的“政策”字样，应删去，因为政策不能当作法律。

（陶希晋）

“党和政府”是否改成“党和国家”更妥当一些。

（高克林）

“当时党和政府的政策、法律、法令”改为“当时的政策、法律、法令”。

（最高人民法院）

“党和政府”四字删去。

（公安部）

按照一般习惯，法文前条引后条者很少。（即“本法施行以前的犯罪，依照本法总则第四章第八节的规定应当追诉……”）

（戎子和）

第二章　犯　　罪

第二章第一节的标题，建议改为“犯罪和刑事责任”。

（陶希晋）

第九条

但书改为：“但是情节显著轻微危害不大的，不认为是犯罪。”

（李焕昌）

最好与第二条的内容一致起来。在“破坏社会秩序”下面加“生产秩序、工作秩序、教学科研秩序和人民群众生活秩序”。

（刘镜西）

在“一切危害无产阶级专政制度”后面加“破坏祖国统一”。

（刘　春）

①危害国家主权和领土完整的算不算犯罪？如果算，就应该在本条内增加规定。

②破坏国家统一和民族团结的，算不算犯罪？如果算，就应该在本条内增加规定。

③颠覆、破坏或者反对中国共产党对国家的领导的，算不算犯罪？如果算，就应该在本条内增加规定。

（谭惕吾）

“国家所有的财产或者集体所有的财产”改为“国家所有制或者集体所有制的财产”。

（最高人民检察院）

第一十三条

第三款“因不满十六岁犯罪不处罚的，责令他的家长或者监护人和所在单位的领导和群众加以管教”一段，建议把“和群众”三字删去，改为“或基层组织”。

（刘镜西）

第三款，建议将“所在单位的领导和群众”删去，或改为“基层组织”。下一句“由政府收容教养”，“政府”可改为“政权机关”。

（陶希晋）

第三款，“因不满十六岁犯罪不处罚的”，改为“有危害行为，但因不满十六岁不处罚的”把“犯罪”二字删去。

（李焕昌）

第三款“因不满十六岁犯罪不处罚的”这一句，建议改为“不满十六岁犯本条第一款以外的较轻罪行而不处罚的”。

（叶笃义）

“……惯窃罪或者严重破坏交通罪，也应当负刑事责任”，可改为“惯窃罪或者严重破坏交通等罪，也应当负刑事责任”。

（陈守一）

采用“修订二稿”第十二条内容为好。

（沈　鸿）

“严重破坏交通”改为“严重破坏社会秩序”。

（最高人民检察院）

第一十四条

第三款“醉酒的人犯罪，应当负刑事责任”，增加一句“但可以从轻或减轻处罚”。

（叶笃义）

关于间歇性精神病，既然还未治好，是否还要负刑事责任？特别是受“四人帮”迫害得病的，更不应追究责任，建议这一条删去。

（赵伯平）

第一十五条

这一条似应限于过失犯罪。故意犯罪不应减轻处罚。

（吕叔湘）

“又聋又哑的人或者盲人犯罪”，似乎改为“聋、哑或者盲人犯罪”较好些。

（陈守一）

第一十八条

增加一款：“明知对方有意犯罪，而故意为其准备工具、制造条件的，以共同犯罪论。”

（叶笃义）

第一十九条

"由于犯罪分子意志以外的原因而未遂的","遂"改为"得逞"。

(李焕昌)

第二十三条

第二款末增加"以至免予处罚"。因其中有时也有很轻微的，可以不处罚。

(聂　真)

第二十五条

有关教唆犯的处理问题，教唆别人犯罪的行为就是危害社会的犯罪行为，所以不能免除处罚。

(公安部)

第二款"或者免除处罚"可删去。因对教唆犯应从严惩处。社会上这类现象并不少，教唆犯应比犯人的责任重，特别是教唆青少年犯罪。

(陈守一)

建议用"修订二稿"第二十四条的定义，或做适当修改。

(李焕昌)

教唆犯危害极大。凡是教唆他人犯罪的，不论被教唆人是否犯被教唆的罪，对教唆犯都应该予以处罚，建议将第二款删掉。

(谭惕吾)

第三章　刑　罚

第二十七条

本条的先后次序是由轻到重的，但（一）管制，（二）拘役，次序是否颠倒了？管制期限为六个月以上三年以下，拘役期限为十日以上六个月以下，看来在刑罚种类上拘役比管制轻，那么，二者的先后次序拘役应是（一），管制是（二）。

(叶笃义)

刑罚种类中的拘役一节可以省去，凡不需要判处徒刑的都可以判处管制。

(季　方)

删去（一）管制，改为（一）劳役。

(最高人民检察院)

第二十八条

①剥夺政治权利也可以独立适用。有些犯渎职罪的人不必判徒刑的，也可以剥夺他部分政治权利，如担任国家机关行政职务的权利，或者担任审判员、陪审员、检察员、律师的权利。又如被选举人或者选举人在选举中作弊的，其罪行不够判徒刑的，也可以剥夺他的选举权和被选举权。

②第一款规定的附加刑是"没收财产"，而第二款内规定的是"没收部分财产"，前后不一致。"没收部分财产"可以独立适用，为什么"没收财产"就不可以独立适用？

建议将本条第二款的条文改为"罚金、剥夺政治权利、没收财产也可以独立适用"。

(谭惕吾)

第三十条

本条可不在刑法中规定，因为都是行政罚的范围。条文中列入行政处分的并不少，但对于行政处分的含义未明确规定。旧中国刑法中有保安处分一章，似乎可以借鉴取舍之。

(陈守一)

第三十一条

建议不要管制这个刑种。理由有：（一）管制在实践中已明显发现①扩大化；②变相无期徒刑；③助长下面滥用刑罚。（二）管制的对象既然是"还不需要判处拘役"，显然说明较轻，但拘役期限为十天到六个月，而管制为何反而判六个月至三年，这很难以理服人。

(陶希晋)

管制似乎不必列为刑种之一。

(陈守一)

江华同志意见：取消管制，管制一节的七条皆废除。

对主刑中的管制和拘役，我们曾经建议改为劳役，理由是：在过去的审判实践中，有滥用管制和拘役的，一管制就管制若干年，无人过问。另，过去曾有通知：管制是适用于敌我矛盾的。现在仍然用管制，容易混淆两类不同性质的矛盾。如果采用劳役，既可以达到处罚罪恶程度还不需要判处拘役、有期徒刑以上刑罚的反革命分子和其他犯罪分子的目的，又可以不用收监执行，减轻看守所的负担。因此，我们仍然建议：用劳役代替管制和拘役为宜。

（最高人民法院）

删去管制一节的七条条文，采用《修订二稿》劳役一节的四条条文。

（最高人民检察院）

第三十二条

“由人民法院判决”，第三十七条已有规定，故此句应删去。

（刘镜西）

第三十四条

这一条是否写在刑诉法内？

（高克林）

第三十七条

这条很好，越到基层越需要。

（董其武）

删去“违者应受行政处分或者法律处分”一句。

（李焕昌）

建议增写“团体和个人”，改为“非经人民法院判决，任何机关、团体和个人都不得对人民实行管制……”

（刘镜西）

“……行政处分或者法律处分”，似乎行政处分不属于法律处分的范围，在理论上，实践上都不合适。实际上行政处分也必须有法可依。

（陈守一）

第四十一条

有期徒刑和无期徒刑，虽然都叫做徒刑，但刑罚的程度和性质不完全一样。建议第四节规定有期徒刑。另增加第五节规定无期徒刑。

（谭惕吾）

第四十二条

这一条可否写在刑诉法中。

（高克林）

第四十四条

条文中“民愤极大”，建议不用此词，因没有什么客观标准。

（陶希晋）

第四十五条

规定“……审判的时候怀孕的妇女，不适用死刑”，这会有反作用，似乎怀了孕的妇女，无论犯什么罪都有不受死刑判决的权利。其实这只是执行时间的问题，如规定分娩后经最高人民法院核准后执行即可。

（陈守一）

孕妇也可能有罪行特别严重的，是否在生育后执行死刑？

（谭生彬）

第四十六条

改为：“死刑用绞刑或者枪决的方法执行”。

（戎子和）

第五十一条

“（二）宪法第四十五条规定的各种权利”对此项的意见是：权利似不宜分割，单独指定第四十五条恐不妥。“（三）担任国家机关行政职务的权利”对此项的意见是：集体组织呢？行政职务不明确，范围也太广，可改为领导职务。

（陶希晋）

国家机关行政职务，是否包括企业、事业的领导职务和现任人大代表？

（刘镜西）

第五十二—五十五条

第五十二条改为：“剥夺政治权利在独立适用的时候，刑期为一年以上五年以下，从判决执行之日起计算。

在判处有期徒刑附加剥夺政治权利的时候，剥夺政治权利的刑期，从判决执行之日起到主刑执行完毕之日止。”

第五十三条增加一款：“剥夺政治权利独立适用的时候，依照本法分则的规定。”

第五十四条第二款改为：“在死刑缓期执行和无期徒刑减为有期徒刑的时候，剥夺政治权利的刑期，应当同有期徒刑的刑期相等，从减为有期徒刑之日起计算。”

第五十五条，原文删去。改为：“被判处有期徒刑不附加剥夺政治权利的犯罪分子，在刑罚执行期间，仍然享有本法第五十一条规定的能够行使的权利。”

第五十二条至五十五条，主要采用了“修订二稿”的规定内容。我反复考虑，这样规定原文明确。当否？请再考虑。

（杨秀峰）

建议“凡判处徒刑的，在执行期间，均应剥夺政治权利。”

（戎子和）

第五十二条加“但属于第五十四条规定者除外”一句。

（董其武）

第五十五条，建议增加一款：“被判处有期徒刑不附加剥夺政治权利的犯罪分子，在刑罚执行期间，中止行使本法第五十一条规定的权利，到徒刑执行期满后恢复。”如果不增加此款规定，没有被剥夺政治权利的犯罪分子，在刑罚执行期间，仍然有行使宪法第四十五条规定的言论、通信、出版、集会、结社、游行、示威、罢工的自由，有运用大鸣、大放、大辩论、大字报的权利，这必然影响劳改场所的管理秩序，使监管工作难以执行。因此，建议增添此款规定。

（公安部）

第五十六条

“不得株连犯罪分子的家属应有的财物”一句中的“应有”二字意义不明确。

（杨秀峰）

第四章　刑罚的具体运用

建议仍用修订二稿第八节“刑满”各条。刑满一节是针对当前存在的实际问题写的，体现了给出路的政策。

（陶希晋）

“修订二稿”有“刑满”一节。根据我国实际情况，服刑期满的人的工作问题是需要考虑的，如果放在这里不合适，应该写在何处？

（吕叔湘）

第六十条

关于“在法定刑以下判处刑罚”，不经报上一级法院核准，恐会有漏洞。

（陶希晋）

本条第二款似漫无限制，否定了本法的规定，请考虑。

（沙千里）

第二款后加一句“但须经上级人民法院核准。”

（李焕昌）

第六十四条

第一行有个“；”号，似乎“犯罪较轻的”是另一情况，其实都是对自首而言，文字上或标点上改一下。

（陈守一）

建议改为：“犯罪以后自首的，可以从轻处罚；犯罪较轻的，可以减轻或免除处罚。

自首并且有立功表现的，可以减轻或者免除处罚；立大功的，除免除处罚外，可以给予适当奖励。”

（刘镜西）

第六十八条

删去“拘役”缓刑。

（最高人民检察院）

第六十九条

删去第一款拘役的缓刑考验期限。

（最高人民检察院）

第五章　附　　则

第五章附则，建议移到后边做为第三编较妥，从逻辑上说，附则就是全法典的末尾，等于一书的“结束语”，否则附则之后又来一编，体例不免多赘。

（陶希晋）

附则移到分则后面。

（最高人民检察院）

“附则”放在第一编后，比较合适。但标题不清楚。我国旧例，首为名例，名是刑名，例是律例。本法第二至第四章，实即旧律刑名的内容。附则，相当于律例。是否可参照旧例的名称，给本章另标一个较能代表内容的章名。

（白寿彝）

第八十一条

前边几句，改为：本法中的条文有不能适用于民族自治地方的，可以由自治区或者省的国家权力机关根据当地民族的社会、经济、文化的特点和本法规定的基本原则……

（刘　春）

“国家权力机关”改为“人民代表大会和它的常设机构”。

（最高人民法院）

第八十二条

现在是否还有“公私合营企业”，还是准备组织“公私合营企业”？

（陈守一）

第八十四条

现在条文中只针对国家工作人员。目前集体经济的企业大量发展，工作人员不断增加，本文对集体所有制企业的工作人员也应适用，并需要明确规定。因此，建议采用“修订二稿”第二百三十六条的部分内容。

（沈　鸿）

第八十五条

“司法工作人员”这一用语应考虑与其他法律统一起来。

（高克林）

对分则的意见

1. 这个刑法草案是在全国工作着重点转移后制定的，因此，主要应从刑法角度保障社会主义建设，即为顺利实现社会主义四个现代化服务。在总结过去社会主义革命和社会主义建设实践经验的基础上，不只是巩固已经取得的成果，还应反映出保障即将取得成果的顺利完成，虽然大规模的经济建设，我们还缺乏经验。

2. 经济立法、经济司法甚至经济刑法，还没有条件全部上马，但在刑法的“破坏社会主义经济罪”中，应根据特别法优于普通法的原则，总的规定一条，如经济刑法制定公布后，根据经济刑法判处。

3. 贪污罪与诬告伪证罪，应列为专章。各国刑法差不多都有类似规定。况且这个刑法是在“四人帮”余毒未完全肃清时制定的，需要有所反映。

4. 死刑似乎还显得多一些。

（陈守一）

第一章　反革命罪

（1）在第一章的标题“反革命罪”之前，增加“叛国罪”。

（2）将本章条文中属于叛国罪的刑罚集中在一起，将本章条文中属于反革命罪的刑罚集中在一起。

（谭惕吾）

“反革命”必须逐条用事实来使它具体化，秃头的“反革命”要避免。许多冤案是利用这三个字造出来的。

（吕叔湘）

第九十条

“以推翻……”，如果是以破坏……为目的，是否犯罪？《惩治反革命条例》中的提法，可供参考。

（陈守一）

建议改为：“以推翻工人阶级领导的、工农联盟为基础的无产阶级专政的政权和破坏社会主义制度为目的的行为，都是反革命罪”。

（刘镜西）

在“社会主义制度”后边加“破坏祖国统一”。

（刘　春）

提法应与第一条一致起来，不然容易误解。

（沈　鸿）

建议提法与第一条、第二条一致起来。

（叶笃义）

第九十一条

在“领土完整和安全”后边加“通敌叛国”。

（刘　春）

第九十七条

“为敌人供给武器军火……”，改为“对敌人供给武器军火……”，或“供给敌人以武器……的”。

（吕叔湘）

第九十八条

用什么事实来决定是否反革命集团？秃头的“反革命集团”会不会予诬告以方便？

（吕叔湘）

管制改为劳役。

（最高人民检察院）

第九十九条

改为：“组织、利用封建会道门进行反革命活动的，处三年以上十年以下有期徒刑；情节轻微的，处三年以下有期徒刑或者管制。”

（最高人民法院）

管制改为劳役。

（最高人民检察院）

第一百条

改为：“以反革命为目的，进行下列破坏行为之一的，处七年以上有期徒刑；情节轻微的，处三年以上七年以下有期徒刑”。

（最高人民法院）

第六项犯罪似比其他各项要轻，放在这里不很合适。可以放在破坏社会主义经济秩序罪。

（戎子和）

第一百零二条

改为：“以反革命为目的，进行下列挑拨、煽动行为之一的，处五年以下有期徒刑或者管制；首要分子或者其他罪恶重大的，处五年以上有期徒刑”。

（最高人民法院）

管制改为劳役。

（最高人民检察院）

本条文中各项判无期徒刑太重了。

（戎子和）

请注意结合一百零三条来看一百零二条，要防备产生“言论罪”、“文字狱”。第一百零三条概括本章各条，其中包括一百零二条的（二）项。这样，张贴反革命标语、散发反革命传单以及“其他方法”，都有判死刑的可能。虽然本条有“情节特别恶劣”等限制语，并须经最高法院判决或核准，仍然有被滥用的可能。“修订二稿”第八十八、第八十九两条都不列死刑，不是没有经过考虑的。（这两条里面不提贴标语、散传单，大概也不是疏忽。）

第一百零二条（二）中的“其他方法”指什么？可以包括写书、讲课等等？

（吕叔湘）

第二项反革命宣传煽动的规定太笼统，掌握不好易扩大化，是否可具体一点。

（谭生彬）

“（二）以反革命标语、传单……”此项很值得研究，前项讲的是煽动的内容，而此项仅指手段、方式，而不限前项之内容，是否又恢复“恶攻罪”？

（李焕昌）

第一百零三条

这样写，就是说所有各条规定的反革命罪都有可能判死刑，未免死刑太多了吧！

（李焕昌）

管制改为劳役。

（最高人民检察院）

第一百零四条

改为：“犯本章之罪的，可以并处剥夺政治权利和没收财产”。

（谭惕吾）

第二章　危害公共安全罪

关于污染环境，危害公共安全，是否在这一章内规定一些条文？

（沙千里）

第一百零五条

第二款中的“处七年以下有期徒刑”改为“处五年以下有期徒刑”。

（最高人民法院）

第一百一十一条

在总则“共同犯罪”中已有主犯、从犯的规定，这里是否再要重复提到“首要分子”?

（沙千里）

建议改为：犯本法第一百零七条、第一百零八条、第一百零九条、第一百一十条罪的首要分子或者引起严重后果的……

（刘镜西）

第一百一十三条

建议改为：违反交通运输规章制度……删去第二款。

（刘镜西）

第三章　破坏社会主义经济秩序罪

建议将原《修订二稿》第三章中的条文，适当吸收一部分。原《修订二稿》中增加的若干条，对当前社会主义经济中的问题是有针对性的，但考虑到有些问题不易掌握，不便量刑，最好将来能搞“经济失职犯罪惩治试行条例”，不成熟的不宜一下子放在刑法典中。但有几条似可考虑留下来。比如，原第一百一十六条，经济部门严重不负责任，违反运输、装卸、保管的规定，造成国家物资大量损失的；第一百一十九条，国家工作人员滥用职权，强迫命令，非法征调，破坏人民公社各级的所有权和基本核算单位的自主权，致集体经济和社员利益遭受严重损害的；第一百一十五条，套购国家重要物资，转手倒卖，致国家经济计划遭受损害的；第一百二十六条，徇私舞弊，任意处理计划供应物资，破坏市场计划供应，情节严重的等。

（国家计划委员会）

第三章　破坏社会主义经济秩序罪，建议把“修订二稿”各条中现时可行的条文，斟酌保留。

（陶希晋）

第三章　破坏社会主义经济秩序罪的内容比较窄小。建议增写“修订二稿”第一百八十八、一百八十九条的内容。（注：第一百八十八条为利用职权，大量挥霍公共财物的，第一百八十九条为利用职权，擅自把工农业产品低价自销或者削价私分……）

（沈　鸿）

地下包工队和私人设计房屋，除获取非法利润外，还可能造成房屋倒塌伤人、死人事故，危害更大，故应明文规定量刑处理。

（国家基本建设委员会）

在第一百二十七条之前，建议增加一条：“违反环境保护法规，任意排放超过国家规定标准的有害物质，严重污染环境，危害人民健康，破坏自然资源，在规定的期限内能治理而不治理的，对直接责任人员，处三年以下有期徒刑、拘役或者罚金。”

（国家基本建设委员会）

这一章规定的破坏社会主义经济秩序罪，罪行是够严重的，但处刑觉得轻了些。

（张稼夫）

第一百一十七条

“可以并处、单处罚金或者没收财产”这种法律用语，看起来实在别扭。是否可改为“此外，还可以并处……”

（戎子和）

第一百一十九条

第一款“伪造或者倒卖计划供应票证营利的”，改为“以营利为目的伪造或者倒卖计划供应票证情节严重的”。

（最高人民法院）

增加“数额巨大”几个字。改为“伪造或者倒卖计划供应票证营利数额巨大的……”

（叶笃义）

第一百二十条

建议删去。

（李焕昌）

江华同志意见，本条移于第一百二十九条之后。

（最高人民法院）

第一百二十五条

删去“自私自利”几字。

（最高人民检察院）

第一百二十六条

“非法修建楼、堂、馆、所等”一句可删，后面“情节特别严重的”可以包括。

（杨秀峰）

两件事不宜混在一起说。如果挪用救灾、抢险……款项而不是修建楼堂馆所，或者修建楼堂馆所而不是挪用救灾的款项，这一条都管不住。“修订二稿”一百二十二条、一百二十三条把两件事分开。

（吕叔湘）

删去“楼、堂、馆、所等”，改为“挪用国家救灾、抢险、防汛、优抚、救济款物，进行非法修建、致使……”

（白寿彝）

“行政处分”不是刑罚，建议除总则第三十条保留外，在分则中的“行政处分”，应予删掉。

（公安部）

删去“行政处分”。行政处分在刑法上规定不当。

（最高人民检察院）

删掉“行政处分”。

（最高人民法院）

建议删去行政处分。

（李焕昌）

第一百二十七条

改为：“违反保护森林法规，盗伐、滥伐国有或者集体的森林或者其他林木，处二年以下有期徒刑或者拘役；情节严重的，处……”

（国家计划委员会）

建议改为：违反保护森林法规，破坏森林，情节严重的……

（李镜西）

要加上“乱伐竹子”的内容，“其他林木”改为“其他竹木”。

（李　立）

第一百二十八条

建议改为：违反保护水产资源法规，严重损害资源，造成重大破坏的，处二年以下有期徒刑……

（刘镜西）

第四章　侵犯公民人身权利、民主权利罪

刑法只规定刑罚、刑期。关于“严禁”字样，似不在刑法分则范围内。因为刑法对各项犯罪行为都是严禁的，如果都写上便累赘了。

（沙千里）

一百三十五、一百三十六、一百三十七条，条头的三句导语，建议删去。

（公安部）

建议增加原三十三稿的第一百五十五条，因为其他责任事故都可判刑，为何唯有医疗责任事故不可判？

（李焕昌）

不少职工、干部，虽然有技术和才能，但往往用非所学，学非所用，甚至学而不用，不给安排工作。有些老干部虽然平反了，但株连家属的问题还没解决，家属不给工作。搞“打砸抢”的一些人，现在还是省里的干部，但被他们冲击过的干部却没有工作。

分则第四章保卫公民权利问题中是否加上保护劳动权利。

（赵伯平）

第一百三十条

“违法侵犯的，按其情节轻重，分别予以行政处分或者刑事处分”，改为“违法侵犯的，应受刑事处分。”

（最高人民法院）

本条难以说得准确，建议删去。

（最高人民检察院）

建议删去，因下列各条已有具体规定。

（白寿彝）

因是分则，又没有刑罚，是否此条可以不要。

（刘镜西）

建议删去，无此体例，且不必要。

（李焕昌）

第一百三十四条

改为：“过失致人重伤的，处二年以下有期徒刑或者拘役；情特别恶劣的，处二年以上七年以下有期徒刑。本法另

有规定的，依照规定。”

（最高人民法院）

第一百三十五条

删去“严禁刑讯逼供”几个字。

（白寿彝）

删去“严禁刑讯逼供”一句和行政处分。

（李焕昌）

删去行政处分。

（最高人民检察院）

建议删去“行政处分”。

（刘镜西）

删掉“行政处分”。

（最高人民法院）

第一百三十六条

改为：严禁聚众“打砸抢”。因“打砸抢”致人伤残、死亡的，以伤害罪、杀人罪论处，其首要分子、情节严重分子从重处罚。损毁或者抢走他人财物的，以抢劫罪论处，其首要分子、情节严重分子从重处罚。

（刘　春）

建议改为：严禁“打砸抢”。对参加“打砸抢”者应追究刑事责任。因“打砸抢”致人伤残、死亡的，以伤害罪、杀人罪论处。其首要分子，应从重处罚。损毁或者抢走他人财物的，以抢劫罪论处。其首要分子，应从重处罚。

（刘镜西）

建议删去。“打砸抢”虽有目前的一般用法，但写在法律上却含义不明。抢劫、杀伤已另有专条，本条的特点是聚众二字。可在有关条文内增入这个内容，不必另列专条。

（白寿彝）

如将“打砸抢”做为法律用语，应给予明确的定义。不然因解释不同，执行起来弊病较多。

另外“打砸抢”做为法律名词，是否妥当。“打砸抢”一词，是以前在一定条件下出现的现象，现在用法律确定下来，值得考虑。

（沈　鸿）

建议删去。“打砸抢”不构成独立罪名，此条也无特定的罚则，岂非多余？

（李焕昌）

“打砸抢”是“文化大革命”中特有的名词，写在法律条文里不太恰当。

（叶笃义）

建议对“打砸抢”的名词再斟酌一下。

（最高人民法院）

第一百三十七条

“依反坐原则论处”改为“按诬陷罪处理”。

（高克林）

建议把修订二稿的“诬告陷害罪”各条加以斟酌采用。

（陶希晋）

“伪造证据”后边改为“诬陷他人（包括犯人），使人受到行政处分，或刑事处分，或受到人身伤害、财产损失，或致人死亡的，依反坐原则论处。……”

（刘　春）

建议分成两条（一条写诬陷罪、一条写伪证罪）为好。另外本条在处理上太原则，不要因条数限制，而处理从简，如“……依反坐原则论处”一词，就很难掌握。

（沈　鸿）

“反坐”应有明文解释。似可列入总则第五章附则内。

（吕叔湘）

建议对“反坐原则”在附则中加以解释。

（公安部）

对“反坐原则”，在刑法的其他条款中均未提及，建议在“附则”中加以注明。

（最高人民法院）

第一百三十八条

第一款增写：“违背妇女意志，以暴力、威胁、麻醉或者其他手段强迫妇女与其实行性行为的，是强奸罪”。

第四款中的“二人以上犯强奸罪而共同轮奸的”一语改为“二人以上轮流强奸妇女的”。

（高克林）

第二款删去“可以”二字。

（最高人民检察院）

第一百四十二条

第二款，致人死亡的，改处十年以上有期徒刑。

（吕叔湘）

建议改为：非法拘禁他人，或者“隔离审查”，“隔离反省”以及其他方法非法剥夺他人人身自由的……

（刘镜西）

第五章　侵犯财产罪

第一百四十九条

“盗窃、诈骗公私财物数额较大的”，不写具体数额大概是考虑到刑法不能随时修改。但“较大”二字实在太笼统，不好掌握，容易失入失出。

又第一百四十九条“数额较大”，第一百五十一条“数额巨大”，一字之差不知如何划界。

（吕叔湘）

建议删去“数额较大”四个字。

（刘镜西）

第一百五十四条

建议删去处刑里两处“和退赔”，改写为“……贪污公共财物的，除全部退赔外，处……”

（刘镜西）

删去退赔内容。因第六十一条已有规定。如这条写上，以上各条都得写上。

（李焕昌）

最好参照“修订二稿”第八章贪污罪的内容，增补些为现实生活中急需的内容。

（沈　鸿）

第六章　妨害管理秩序罪

在这章中建议增加“贩卖淫书淫画”一条。

（李焕昌）

第一百五十九条

第二款去掉无期徒刑。

（戎子和）

第一百六十条

第二款刑期，建议从二年以上改为三年以上，以免轻重颠倒。

（王芸生）

本条第二款中的“处二年以上七年以下有期徒刑”，改为“处三年以上七年以下有期徒刑”。

（最高人民法院）

请考虑本条依法被逮捕、关押的犯罪分子，最后判决是否判刑？若判刑可以数罪并罚原则处理，如不判刑或只判轻刑，脱逃罪应如何处理呢？

（刘镜西）

第一百六十一条

第二款后段改为：情节严重的，处三年以上七年以下有期徒刑。

（戎子和）

第一款中的管制改为拘役。第二款中的管制删去。

（最高人民检察院）

第一款中的处刑，改为“处三年以下有期徒刑或者管制；情节严重的，处三年以上十年以下有期徒刑。”

第二款中的处刑，改为“处二年以下有期徒刑、拘役或者管制；情节严重的，处二年以上七年以下有期徒刑。”

（最高人民法院）

第一百六十二条

“经动员拒不交出的”改为“经命令教育拒不交出的”。

（杨秀峰）

“处三年以下有期徒刑或者拘役”，改为“处一年以下有期徒刑或者拘役”。

（最高人民法院）

删去“意图营利”几字。“造成严重后果”改为“情节严重”。

（最高人民检察院）

第一百六十四条

后段改为“情节严重的，处三年以上七年以下有期徒刑”。

（戎子和）

本条的处刑，改为“处二年以下有期徒刑、拘役或者管制；情节严重的，处二年以上七年以下有期徒刑。”

（最高人民法院）

删去管制。

（最高人民检察院）

第一百六十五条

本条的处刑，改为“处三年以下有期徒刑、拘役或者管制；情节严重的，处三年以上十年以下有期徒刑。”

（最高人民法院）

删去管制。

（最高人民检察院）

第一百六十六条

本条的处刑，改为“处三年以下有期徒刑、拘役或者管制；情节严重的，处三年以上十年以下有期徒刑。”

（最高人民法院）

删去管制。

（最高人民检察院）

第一百六十八条

建议将本条和一百三十九条强迫妇女卖淫罪合并。

（赵伯平）

删去“意图营利”几字。

（最高人民检察院）

第一百六十九条

第二款去掉“无期徒刑”。

（最高人民法院）

第一百七十条

改为：“吸食或者注射鸦片、海洛英、吗啡或者其他毒品的，应强迫戒除，事后再犯，处……”

（叶笃义）

第一百七十三条

在“名胜古迹”之后，建议加“国家风景区”。

（国家基本建设委员会）

第一百七十五条

关于偷越国境等属边界问题，建议专列一章，搞上几条，供边界的居民学习。

（赵伯平）

第一百七十六条

管制改为拘役。

（最高人民检察院）

第一百七十七条

删去“可以并处或者单处罚金”。

（最高人民检察院）

第七章　妨害婚姻、家庭罪

目前要彩礼情况严重，应该予以规定。

（赵伯平）

通奸罪，虽是亲告罪，但应处罚。这在第二世界各国可能问题不大，在我国当前情况下，似乎以规定出来为好。原“第三十三稿”和“修订二稿”中均有规定，我认为取消这条是不合适的。

（陈守一）

第一百七十八条

第二款刑期应与第一百三十一条相一致，改为三年以上十年以下。

（曹冠群）

第一百七十九条

“明知他人有配偶”，“他”字好像光指男性，其实男女都有，建议改为一“明知别人有配偶”。

（赵伯平）

第一百八十二条

简单处刑不解决问题，应有强制尽扶养义务的规定。

（杨秀峰）

增加“从其工资内强制执行”一句。修改为：“对于年老、年幼、疾病或者其他没有独立生活能力的人，负有扶养义务而拒绝扶养者，从其工资内强制执行。致被害人重伤、死亡的，处七年以下有期徒刑。”

（季　方）

“疾病”改为“患病”。

（吕叔湘）

加“有能力扶养”，改为“对于年老、年幼、疾病或者其他没有独立生活能力的人，负有扶养义务，有能力扶养而拒绝扶养，致被害人……”

（叶笃义）

第一百八十三条

“拐骗不满十四岁的男、女”，“十四岁”改为“十六岁”。

（刘　春）

“拐骗不满十四岁的男、女”改为“拐骗不满十四岁的孩子。”

（最高人民法院）

第八章　渎职罪

建议保留“修订二稿”的二百二十二、二百二十三、二百二十四、二百二十五条。

（陶希晋）

加一条：“司法人员克扣、贪污犯人口粮菜金者，处二年以下有期徒刑或者拘役；情节特别严重的，处二年以上七年以下有期徒刑。”

（戎子和）

加一条：“国家工作人员，为了利已的目的，利用职务上的便利，挑动群众斗群众，情节轻微的，可以由所属机关酌情予以行政处分；情节严重造成工作上和生产上重大损失的，应按损失的情况，予以刑事处分。”

（叶笃义）

有几个地方提到行政处分。刑法中可以不写行政处分，建议删去。

（谭生彬）

江华同志意见：国家行政处分不列入刑法之内为好。

（最高人民法院）

第一百八十五条

建议删去“行政处分”。因总则第三十条已有规定，可省略。

（刘镜西）

删去行政处分。

（李焕昌）

第一款删掉“行政处分”。

（最高人民法院、最高人民检察院）

第一百八十六条

“处三年以下有期徒刑或者拘役”，改为“处五年以下有期徒刑或者拘役。”

（最高人民法院）

增加：“损失特别严重的，处三年以上有期徒刑。”

（国家计划委员会）

增加：“节严重的，处三年以上十年以下有期徒刑。”

（最高人民检察院）

第一百八十七条

这是利用职权的犯罪行为，应加重处罚。

（董其武）

第一百八十九条

本条的处刑，改为“处三年以下有期徒刑或者拘役；情节严重的，处三年以上十年以下有期徒刑。”

（最高人民法院）

第一百九十条

刑期偏重。

（曹冠群）

第一百九十一条

江华同志意见：本条删去。

（最高人民法院）

本条删去。

（最高人民检察院）

总则第三十条已有规定，此条可以不要。

（刘镜西）

建议删去。

（李焕昌）

11. 对刑法的修改意见

（全国人大常委会法制工作委员会刑法室整理　1983 年 9 月）

《中华人民共和国刑法》颁布以来，有些单位和个人曾提出一些修改和补充意见。现将主要意见整理如下，供修改刑法参考。

第一部分　刑法总则

（一）关于刑法的指导思想和任务（第一、二条）。1. 江苏省政法委员会、公安部等单位认为，“坦白从宽，抗拒从严”的政策应该在第一条中有所体现，以利于发挥这一政策的威力。2. 辽宁省政法干校提出，第二条应增加保卫国家主权和领土完整的内容，以与第十条、第九十一条取得一致。

（二）关于刑法的适用范围（第五、六条）。最高法院反映，现有二十四万越南难民住在我国，他们中有的人勾结中国公民到越南进行偷盗等犯罪活动，甚至因偷盗杀了人。根据刑法第五、六条的规定，中国公民与越南公民共同在中国境外犯罪，即便是以越南人为主，也只能惩办中国人，而不能惩办越南人。他们建议修改刑法时考虑。

（三）关于刑法的时间效力（第九条）。最高法院提出，刑法第九条规定的原则是“从旧”、“从轻”，最近人大常委会有关刑法的几个“决定”。与上述精神有矛盾，应将其统一起来。

（四）刑事责任年龄（第十条）。1. 江苏、河北省政法委员会、山西省人大常委会、公安部等单位提出，目前犯罪有“低年龄化”现象，有些不满十四岁的人，危害极为严重，民愤很大，也应追究刑事责任。他们建议将十四岁改为“十三岁”或者“十二岁”。2. 鞍山市检察院建议将第十四条第二款中的“十六岁”改为“十五岁”。并建议，在这一款中加上“强奸罪”。湖南省公安厅建议，加上强奸、爆炸、投毒、重大盗窃罪。

（五）关于精神病人、聋哑人的刑事责任（第十五、十六条）。最高法院、辽宁省检察院认为，精神病人放在社会上危险性很大，建议第十五条加上“或者由政府实行强制治疗”。北京等高级法院认为，被告人在精神正常时犯罪，审判时精神失常了，对这种人如何处理，刑法应有规定。

河南省人大常委会、江西省政法干校等单位认为，聋哑人和盲人神智是清楚的，不应“从轻、减轻或者免除处罚”。对呆傻人犯罪，应规定“从轻、减轻或者免除处罚”。

（六）关于管制（第三十三条）。江西省高级法院反映，管制期限的起点太低，建议由“三个月”修改为“六个月”。有的检察人员建议，管制应只适用于罪犯中七十岁以上、患有不治之症以及瞎、瘸等残疾，不能投入劳改，并且是不致再危害社会的人犯。

（七）关于拘役（第三十七至三十九条）。江苏省政法委员会、广东省高级法院等单位主张不要拘役。因为轻者可以适用行政拘留和劳教，重者可以判处有期徒刑。他们并认为拘役执行也有困难。在看守所中执行的，每月可以回家一至二天，犯人进进出出，影响看守所的秩序，也不利于预审工作。对拘役犯可以酌量发给报酬的规定，也难以执行。

（八）关于有期徒刑（第四十条）。有的检察人员建议，有期徒刑的刑期可改为“六个月以上三十年以下”，以便对那些恶性难改的罪犯“长判久押”。

（九）关于剥夺政治权利（第五十条）。中央政法干校的学员建议第五十条补充规定可以剥夺政治权利，以便与中共中央（1979 年）六十四号文件的规定相一致。

（十）关于死刑和死缓问题（第四十三至四十六条）。1. 有的单位建议删去第四十三条第二款。因为这一款是核准程序问题，在刑法中不必规定。2. 五届人大代表赵先顺、王丕礼、张玉敏、关振才和湖南省公安厅建议将未满十八岁的罪犯不适用死刑，修改为“未满十八岁的罪犯，一般不适用死刑，对个别罪行特别严重，影响极坏的，可以判处死刑立即执行。”另一种意见认为，判处死刑和死缓的年龄应当降低，可修改为：“已满十四岁不满十六岁的，如果所犯罪行特别严重的，可以判处死刑缓期二年执行，十六岁以上的人犯罪可以适用死刑。”3. 对孕妇是否适用死刑问题，有三种意见：河南省人大常委会、山东省高级法院认为，对罪该判处死刑的孕妇，在诉讼的任何阶段，做了人工流产后，都可以适用死刑。福建、甘肃、浙江等省高级法院部分同志认为，孕妇在侦查、起诉阶段做了人工流产，审判时可以判处死刑。还有些单位认为，孕妇在羁押、侦查、起诉和审判的任何阶段做人工流产，都不适用死刑。4. 第四十六条对死缓罪犯在死刑缓期执行期间的表现分为“确有悔改并有立功表现”和“抗拒改造情节恶劣”两种。但对表现一般属于中间状态的没有规定，有的单位建议将该条修改为：“在死刑缓期执行期间接受改造的，二年期满以后，减为无期徒刑；确有悔改并有立功表现的，二年期满以后，减为十五年以上二十年以下有期徒刑；抗拒改造的，依照法律规定的程序执行死刑。”

（十一）量刑（第五十七、五十九条）。1. 哈尔滨市南岗公安分局建议，把坦白从宽、抗拒从严、有悔罪表现也作为量刑的根据补充到第五十七条中。2. 有些单位认为，应当补充加重原则，规定对犯罪情节严重、危害很大，判处法定最高刑还是过轻的，经人民法院审判委员会决定，可以在法定刑以上判处刑罚。也有的认为，可以只对累犯等规定“加重”处罚。

（十二）关于累犯（第六十一条）。江苏省政法委员会建议将第六十一条修改为，“被判处刑罚的犯罪分子，刑罚执行完毕或赦免以后，又犯罪的是累犯，应当从重处罚，但是过失犯罪除外。”删去其他限制条件。哈尔滨市南岗公安分局建议，刑法除规定累犯从重处罚外，还应增加惯犯从重处罚的规定。

（十三）关于数罪并罚（第六十四条）。1. 公安部等单位认为，刑法只规定了数罪如何并罚，没有规定怎样才算犯数种罪，司法实践中难以区别犯数种罪与牵连罪、连续罪之间的界限。2. 济南市中级法院建议：劳改犯故意再犯罪的，其数罪并罚的总和刑期可超过三十年；原判有期徒刑没有执行完毕以前又犯法定最高刑仍为有期徒刑之罪的，数罪并罚时，可判处无期徒刑；新罪的法定最高刑为无期徒刑的，数罪并罚时，可判处死刑缓期二年执行。有的同志提议死缓罪犯在服刑时又犯罪的，应立即执行死刑。有的司法干部建议数罪并罚的有期徒刑最高刑期由二十年改为“三十年”，如果总和刑超过三十年的可以判处死刑立即执行。并增加“凡被判处二十年以上有期徒刑、无期徒刑、死刑缓期二年执行的犯人，抗拒改造，查有实据，在战争时期或其他非常时期，均可改判死刑立即执行”。

（十四）关于缓刑（第七十条）。公安部建议补充规定：犯罪分子在缓刑考验期限内有轻微违法犯罪行为的，应该撤销缓刑、收监执行。

（十五）关于减刑（第七十一条）。第七十一条规定：判处有期徒刑以下刑罚的，经过一次或者几次减刑以后，实际执行的刑期，不能少于原判刑期的二分之一，判处无期徒刑的，不能少于十年。有的地方建议，如果有特殊情节的，可以不受上述执行刑期的限制。对于特殊情节的认定，应报高级法院批准，以防滥用。

（十六）时效（第七十六至七十八条）。1. 辽宁省政法干校和一些公安干警反映，犯罪过了法定追诉期限就不再追诉，是鼓励罪犯抗拒到底、不去自首和主动坦白交待。假如赃款、赃物还在，如果不予追还，也不符合刑法关于保护国家和人民财产的规定。公安部提议，案件性质严重的，不论是否过了追诉时限，都应该追诉。否则，将会促使罪犯逃避打击。2. 有的法院、检察院提出，刑法只规定了追诉期限的起点，而没有规定截止日期。第七十七条只规定了在人民法院、人民检察院，公安机关采取强制措施以后，逃避侦查或者审判的，不受追诉期限的限制。对被告人没有采取强制措施的怎么办？有的认为其追诉期限应从最后一次犯罪起至公安、司法机关立案侦查之日止；有的认为，应到法院判决之日止，法院判决时没有超过追诉期限的，就可以追究刑事责任。

（十七）关于类推（第七十九条）。有的法院认为，类推案件逐件报核，过于繁琐，影响判决及时生效，建议在第七十九条中补充规定：“最高人民法院核准的类推判例具有法律效力，各级人民法院应当比照适用”。

（十八）关于民族自治地方制定变通规定（第八十条）。有的单位建议删去第八十条关于民族自治地方可以制定变通或者补充的规定。因为这一规定与宪法第一百一十六条不一致。

（十九）关于国家工作人员的概念（第八十三条）。1. 一些法院和司法干部提出，《关于严惩严重破坏经济的罪犯的决定》中，对于国家工作人员的规定，与刑法第八十三条不一致，建议能统一起来。2. 山东省德州地区中级法院、辽宁政法干校等单位问：“国家工作人员”和“其他依照法律从事公务的人员”，是否包括农村生产队队长、会计以及社办企业、城镇、街道企业的干部和会计？有的认为，农村生产队等干部和会计是不脱产的，不应包括在内：有的认为，这些人员虽不是领取国家工资的国家工作人员，但是依照法律从事公务的人员，应当包括在内。

（二十）关于伤情确定问题（第八十五条）。1. 黑龙江省等高级法院建议刑法应该规定伤害罪以什么时候的伤情作为定罪量刑的标准。有的意见认为，应以伤害当时的伤情为标准；有的意见认为，应以治疗后的实际情况为标准；还有的认为，两者都应考虑，酌情而定。2. 有的单位提出，第八十五条规定的重伤，主要是指伤害身体的某一部分或某一器官，对于精神上的创伤，比如造成精神失常，丧失劳动能力的没有规定，建议增加这一内容。

第二部分　刑法分则

（一）对第一章反革命罪的修改意见

1. 关于章名问题。国家安全部和有些教学科研单位建议，将分则第一章反革命罪，改为国事罪或危害国家安全罪，相应删去第九十条关于反革命罪的定义以及本章其他条文中有关“以反革命为目的”的规定。理由是：(1)“反革命”是政治术语，在不同的历史阶段有不同的内容，如作为法律概念，含义不够明确；(2)本章各条均系危害国家安全的犯罪，故改为危害国家安全罪（或国事罪）较妥；(3)以反革命为目的，在司法实践中难以认定，不如以危害行为论罪便于适用；(4)修改章名后，可将有些犯罪并入其他章节，避免同类行为在各章中重复；(5)目前世界各国刑法，很少规定反革命罪，以前规定有反革命罪的国家，如苏联等也改为国事罪或危害国家安全罪。但是，也有些同志认为，目前反革命分子和各种敌对分子依然存在，如取消反革命的罪名，不利于同这种犯罪作斗争。

2. 关于组织越狱罪（第九十六条）。有些单位提出，组织越狱，罪同妨害社会管理秩序罪中的脱逃罪相类似，脱逃罪也有组织的和使用暴力的，与本罪很难划清界限。因此，建议将“组织越狱罪”改为“暴动越狱罪”，以便同脱逃罪相区别。

3. 关于资敌罪（第九十七条）。公安部等单位认为，本条第一项“为敌人窃取、刺探、提供情报”中的“敌人”二字含义不清，对许多案件不好适用，建议改为：“为外国政府、机构及其人员或海外的敌对势力、敌对分子窃取、刺探、提供情报的。”

4. 关于反革命破坏罪（第一百条）。解放军法院提出，将“为敌人指示轰击目标的”规定在第一百条中不妥，因为本条前提是“以反革命为目的”，而这种行为本身即是反革命行为，没有必要再限定“以反革命为目的”。还有的单位建议将此项列入第九十七条，作为资敌行为之一。

5. 建议增加惩治向敌特机关写挂钩信的条文。陕西、黑龙江、河南以及军事法院等单位认为，近几年向敌特机关投递挂钩信的案件增多，由于刑法没有具体规定，司法机关往往认识不一致，难予处理。河南驻马店检察院建议，本章增补一条：“有向敌特机关投递反革命信件，联系挂钩，要求参加特务组织行为的，处五年以下有期徒刑、拘役、管制或者剥夺政治权利”。

6. 关于死刑的适用（第一百零三条）。广东省人大常委会、黑龙江政法机关和湖南省检察院建议将第一百零三条“本章上述反革命罪行中，除第九十八条、第九十九条、第一百零二条外，对国家和人民危害特别严重、情节特别恶劣的，可以判处死刑”中的“除第九十八条、第九十九条、第一百零二条外”删去，因为上述几条规定的犯罪，同样有对国家和人民危害特别严重的情况，均可以适用死刑。

（二）对第二章危害公共安全罪的修改意见

1. 关于放火、决水、爆炸等破坏罪（第一百零五条等）。广东省人大常委会建议，对第一百零五、一百零七、一百零八、一百零九条，分别增写第二款：“虽尚未造成严重后果，但情节特别恶劣的，处十年以上有期徒刑、无期徒刑或者死刑”。例如：一九八三年七月七日，衡阳至湛江第453次列车上发现安放自制的定时炸弹，如果不是及时排除，后果是不堪设想的，对此类犯罪分子必须严加惩处。

2. 关于交通肇事罪（第一百一十三条）。法学研究所认为，本条规定，情节特别恶劣的，最高处七年有期徒刑偏轻，建议提高处刑幅度。山西曲沃县法院认为，非交通运输人员驾驶车辆，本身就是违章，而且肇事的可能性大，建议对处刑规定重一些。

3. 关于重大责任事故罪（第一百一十四条）。河北省武安冶金仓库汽车队许维华等四位同志建议，对于职工不服管理，违章作业发生重大事故的，同强令工人违章作业而发生重大事故的分开规定：对前者的处刑维持刑法的原规定；对后者的处刑应比前者重，造成重大伤亡的，处七年以上有期徒刑；造成特大伤亡的，处无期徒刑；情节恶劣的，处死刑缓期二年执行。

4. 关于劫持飞机。法学研究所提出，刑法在反革命罪中对劫持飞机等作了规定，对不是以反革命为目的的，则没有规定，须作补充。特别是我国已先后加入了《关于在航空器内的犯罪和其它某些行为的公约》、《关于制止非法劫持航空器的公约》、《关于制止危害民用航空安全的非法行为的公约》，对于发生外国飞机被劫持在我国降落等有关案件，得按照我国法律和上述三个公约的有关规定处理。如果不在危害公共安全罪中补充劫持飞机的处罚规定，一旦发生上述案件，处理上就缺乏法律依据。

5. 关于医疗事故。刘桂荣等代表的提案，建议补充医疗事故罪的处罚条款。理由是，有的医疗人员玩忽职守，造成人命，应该受到惩罚。

（三）对第三章破坏社会主义经济秩序罪的修改意见

1. 关于走私、投机倒把罪（第一百一十六条至第一百一十八条）。河南省人大常委会法制组、广西检察院、兰州江古区检察院等单位建议对走私、投机倒把罪中的“情节严重”、“数额巨大”补充具体的规定，因为这类案件没有数额界限，各地司法部门难以掌握。有的单位还建议，将第一百一十六条走私罪的处刑由三年提高到五年，同时删去“除按照海关法规没收走私物品并且可以罚款外”的规定，以避免一案作两次处理，实行凡追究刑事责任的走私案件，均直接由法院处理。

2. 关于破坏生产罪（第一百二十五条）。河南省驻马店检察院提出，将“破坏集体生产”中的“集体”二字删去。因为破坏个体生产的，也应处罚。

3. 关于破坏森林罪（第一百二十八条）。中央政法委员会调查组提出，破坏森林罪最高处刑三年偏轻，对情节恶劣，造成严重损失的，应提高量刑幅度。有的部门提出，盗伐森林罪属盗窃性质，应按盗窃罪论处。

4. 关于伪造国家货币罪（第一百二十二条）。黑龙江省高级法院认为，有些银行工作人员，利用职权，用缴销的残缺货币，拼凑成国家货币，对国家金融管理有一定危害，建议在该条中增加变造国家货币罪的处罚规定。广东、福建等省司法部门反映，有些犯罪分子从香港、澳门偷运巨额伪造的外币到国内倒卖和使用，严重扰乱我外汇金融秩序，但由于刑法没有这方面的处罚规定，处理这类案件无法可依，建议增加伪造外币和贩运、行使伪造的外币的处罚规定。

5. 关于破坏珍禽、珍兽、珍贵水产资源和珍贵植物资源（第一百三十条）。有的单位提出，破坏珍禽、珍兽资源列入第一百三十条中处刑太轻，建议另列专条关于破坏珍禽、珍兽、珍贵水产资源和珍贵植物资源的处罚条款，处刑规定为：处七年以下有期徒刑，可以并处罚金。

6. 关于破坏国家计量。国家计量局建议增加对破坏国家计量的处罚规定。具体的条文是：“违反计量法规，粗制滥造计量器具；伪造滥用计量检定印证；冒充计量监督检定人员，擅自销售、使用明令禁止的计量器具，蓄意破坏计量器具的准确性，营私舞弊危害国家和人民群众利益的，处二年以下有期徒刑或者拘役，可以并处、单处罚金或者没收计量器具。”

（四）对第四章侵犯公民人身权利民主权利罪的修改意见

1. 关于杀人罪（第一百三十二条）。解放军法院提出：第一百三十二条规定的“情节较轻的，处三年以上十年以下有期徒刑”，应加以修改。认为故意杀人没有情节较轻的。湖南高级法院、辽宁省妇联等单位反映，现在溺婴的现象不断发生，建议增加杀婴罪的专门条款，量刑幅度可较故意杀人罪略轻。

2. 关于伤害罪（第一百三十四条）。有的单位认为，根据全国人大常委会《关于严惩严重危害社会治安的犯罪分子的决定》第一条的规定，对伤害罪的处刑应相应提高。建议改为：“故意伤害他人身体的，处五年以下有期徒刑或者拘役。犯前款罪，致人重伤或死亡的，处五年以上有期徒刑；情节特别严重的处无期徒刑或者死刑”。

3. 关于强奸罪（第一百三十九条）。公安部、江苏政法委员会、河南驻马店检察院等单位建议，对利用教养关系、从属关系（如亲属关系、师生关系、上下级关系等）奸淫妇女的，应作出补充规定，因为此类案件较多，有的情节十分恶劣，奸淫达几十人，但由于司法部门对这类问题的认识不一致，很多不作刑事处理，群众意见很大。

4. 关于拐卖人口罪（第一百四十一条）。有的单位建议将拐骗人口罪并入本条。理由是，拐卖人口罪和拐骗人口罪在实践中难以区分，将两罪并入本罪处罚，便于适用。

5. 关于非法管制、搜查、侵入他人住宅罪（第一百四十四条）。有的单位提出，第一百四十四条关于非法管制他人或者非法搜查他人身体、住宅，或者非法侵入他人住宅的规定，没有情节轻重的界限，执行有很大困难，建议在“非法侵入他人住宅”之后加上“情节严重的”，作为区别罪与非罪的界限。

6. 关于“打、砸、抢”（第一百三十七条）。公安部、中央政法干校、法学研究所、新疆高级法院等单位认为，“打、砸、抢”，并非是独立罪名，它是基于十年动乱期间的特殊情况规定的，现在已过多年，遗留问题已基本解决，加之在实践中对于严重打、砸、抢行为，大多分别以伤害罪、杀人罪和抢劫罪处理，很少单独适用“打砸抢”的罪名，建议此条予以取消。

7. 其他意见（第一百三十一条）河南人大常委会法制组提出：第一百三十一条规定：“保护公民的人身权利、民主权利和其他权利，不受任何人、任何机关非法侵犯。违法侵犯情节严重的，对直接责任人员予以刑事处分”。此条没有量刑幅度，不好适用；况且“其他权利”含义不清，放在分则第四章亦不妥，建议将本条取消。

（五）对第五章侵犯财产罪的修改意见

1. 关于抢劫罪（第一百五十条）。有些地方反映，当地已有掳人勒赎（即绑票）行为发生，认为这就是一种以暴力、胁迫方法进行抢劫的犯罪行为。为了明确对这种犯罪的定罪量刑，建议在本条增加一款：“掳人勒赎的，依照前两款（抢劫罪的）规定处罚。”福建反映：本省近年来不断发生哄抢公私财物的事件，建议对为首分子追究刑事责任，可以比照抢劫罪或者抢夺罪论处。

2. 关于盗窃、诈骗、抢夺罪（第一百五十一条）。公安部、北京、中政委调查组、河南等单位认为，本条规定过于笼统，“数额较大”也不好掌握，建议补充具体情节，规定得细一些。法学研究所建议将本条中“数额较大的”改为“数额较大或者情节严重的”，以便打击那些盗窃、诈骗、抢夺公私财物数额虽然不大，但是须要处刑的犯罪分子（如扒窃）。最高法院、天津建议补充规定：“企业、事业单位和其他集体所有制的单位，有组织地盗窃公私财物归单位所有。构成犯罪的，对直接责任人员按盗窃罪追究刑事责任”；“挖坟盗墓的，依照盗窃罪论处。”此外，江苏政法委员会认为，本条规定处刑偏轻，建议将“五年”改为“七年”。

3. 关于惯骗等罪（第一百五十二条）。各地普遍反映，根据全国人大常委会《关于严惩严重破坏经济的罪犯的决定》，对盗窃罪增加了死刑，建议对惯骗或者诈骗、抢夺公私财物情节特别严重的，也应增加死刑。

4. 关于贪污罪（第一百五十五条）。有些单位认为，我国国家工作人员数量多、范围广，贪污罪情况复杂多样，对本罪的规定应具体一些。并建议将《关于惩治贪污、受贿罪的补充规定（草案）》的有关条款，规定在《刑法》

之中。

5. 关于增加浪费罪的规定。人大代表提案和人民群众来信建议，增加惩治浪费罪的规定。理由有二：一、浪费行为所造成的经济损失，往往比贪污罪大，严重危害国家四化建设；二、早在第二次国内革命战争时期，我们就有惩治浪费行为的规定："因玩忽职守而浪费公款、致使国家受到损失者，依其浪费程度"予以处罚。

（六）对第六章妨害社会管理秩序罪的修改意见

1. 关于妨害公务罪、拒不执行人民法院判决、裁定罪（第一百五十七条）。有些单位认为本条规定的处刑偏轻，要求将处刑"三年"改为"五年"。有的单位建议，将妨害公务和拒不执行判决分别规定，前者判刑应当重一些。

2. 关于扰乱社会秩序罪，聚众扰乱公共场所秩序、交通秩序罪（第一百五十八条、一百五十九条）。有些地方反映，这两条只处罚"首要分子"，对其他犯罪分子不予追究，不足以有力地打击犯罪，建议删去这两条中的"首要分子"。

3. 关于流氓罪（第一百六十条）。（1）根据全国人大常委会《关于严惩严重危害社会治安的犯罪分子的决定》，本条第二款应修改为："流氓集团的首要分子或者携带凶器进行流氓活动，情节严重的，或者进行流氓活动危害特别严重的，处七年以上有期徒刑、无期徒刑或者死刑。"（2）公安部、江苏、黑龙江、法学研究所等单位认为，有些流氓犯罪活动并不在公共场所，而在农村田间地头、室内以及其他偏静的地方，破坏的是社会秩序，建议将"公共秩序"改为"社会秩序"。（3）湖南有的法院认为，情节比较严重的鸡奸、猥亵行为是流氓行为，应在本条中明确规定。（4）江苏认为，对流氓犯处以管制，很难管得住，实际收效甚微，建议本罪取消管制的处罚方法。

4. 关于包庇罪（第一百六十一条）。黑龙江、辽宁认为，在实践中，包庇犯罪分子多是采取隐瞒、掩饰犯罪事实和资助犯罪分子潜逃的手段，而且全国人大常委会《关于严惩严重破坏经济的罪犯的决定》，对隐瞒、掩饰罪犯的犯罪事实的人员也有处刑的规定，故建议修改为：窝藏、包庇犯罪分子，或者隐瞒、掩饰犯罪分子的犯罪事实的，予以处罚。全国检察长会议建议，对本条第二款增加规定："情节特别严重的，处七年以上有期徒刑。"

5. 关于利用封建迷信造谣、诈骗罪（第一百六十五条）。全国检察长会议、广东、山西、河南等地反映，进行这种犯罪活动的人，不限于神汉、巫婆，犯罪的目的也不限于诈骗财物，而利用封建迷信非法行医，致人重伤、死亡的案件也时有发生，危害严重，建议将本条修改为："利用封建迷信进行造谣、诈骗或者非法行医活动的，处二年以下有期徒刑、拘役或者管制；情节严重的，处二年以上七年以下有期徒刑"，并增加一款："犯前款罪，致人重伤、死亡的，处七年以上有期徒刑或者无期徒刑。"

6. 关于招摇撞骗罪（第一百六十六条）。有的单位认为，本条中对冒充其他人员（如高干子弟）进行招摇撞骗的也应作出规定，可将"冒充国家工作人员"改为"假造身份"。

7. 关于赌博罪（第一百六十八条）。公安部、中政委调查组、江苏等单位认为，本条规定不适应斗争的需要，"以营利为目的"、"以赌博为业的"实际上很少，大量的是经常赌博、屡教不改的，由于打击不力，赌风一直没有压下去，反而诱发其他犯罪。建议将本条修改为："经常赌博、屡教不改的，处三年以下有期徒刑、拘役或者管制，可以并处罚金。聚众赌博或者抽头聚赌的，处三年以上七年以下有期徒刑，可以并处罚金。"此外，有些单位还提出，对制造赌具情节严重的，也应予以处罚。

8. 关于引诱、容留妇女卖淫罪（第一百六十九条）。公安部、军事法院、湖南、广东等单位认为，近几年来，在部分大中城市、工矿地区和流动人口较多的城镇，出现了卖淫活动，有的地方相当严重，而且有上升的趋势，严重危害了社会秩序，损害国家和民族的声誉，建议：（1）根据全国人大常委会《关于严惩严重危害社会治安的犯罪分子的决定》，对处刑加以修改；（2）将第一百四十条强迫妇女卖淫罪并入本条，以便于适用；（3）增加对卖淫、嫖宿者处罚的规定。

9. 关于制作、贩卖淫书、淫画罪（第一百七十条）。江苏、广东等地建议，根据实际情况，对本罪犯罪手段应作相应的补充，对处刑也应适当提高，将本条修改为："制作、贩卖、传播淫书、淫画或者其他淫秽物品的，处三年以下有期徒刑、拘役或者管制，可以并处罚金；情节严重的，处三年以上十年以下有期徒刑，可以并处罚金。"

10. 关于制造、贩卖、运输毒品罪（第一百七十一条）。有些单位认为，由于本罪危害性大，原规定处刑偏轻，应适当提高处刑，建议将第一款的"五年"改为"七年"，第二款的"五年"以上改为"七年"以上，并根据全国人大常委会《关于严惩严重破坏经济的罪犯的决定》，增加规定："情节特别严重的，处无期徒刑或者死刑，可以并处没收财产。"

11. 关于盗运珍贵文物出口罪（第一百七十三条）。根据全国人大常委会《关于严惩严重破坏经济的罪犯的决定》，本条应增加死刑。

12. 关于偷越国（边）境罪（第一百七十六条）。新疆认为，本条规定处刑偏轻，建议将"一年"改为"三年"。

13. 关于删去"以营利为目的"的问题。广东、黑龙江建议将第一百六十四条、一百六十八条、一百六十九条、一百七十条、一百七十七条中的"以营利为目的"全部删去，因为这些犯罪的目的比较复杂，有些并不是为了营利，删去后便于适用。

14. 关于增加违反食品卫生法规罪。在违反食品卫生法规的行为中，有些情节特别恶劣，社会危害性大，应予追究刑事责任，本章应增加一条："违反食品卫生法规，生产、出售有毒或者腐败变质食品，引起食物中毒或者其他食源性疾患，情节严重的，对直接责任人员处七年以下有期徒刑或者拘役，可以并处或者单处罚金。”

15. 关于增加妨害计划生育罪。有些单位建议，增加破坏计划生育罪，内容包括：以暴力、胁迫方法阻止他人进行节育的；制造谣言，煽动群众，妨害计划生育实施的；非法为妇女摘取节育工具的。

16. 关于增加剽窃罪。人大代表提案建议，为保护版权、发明权，对剽窃著作、书画或者发明，情节严重的，应在刑法中专列条款，依法惩处。

（七）对第七章妨害婚姻、家庭罪的修改意见

1. 关于暴力干涉婚姻自由罪（第一百七十九条）。广东建议，第二款中增加规定：“引起被害人死亡，情节特别恶劣的，处七年以上有期徒刑。”

2. 关于破坏军人婚姻罪（第一百八十一条）。全国检察长会议、军事法院、江苏以及人大代表提案认为，本条规定不足以保护现役军人的婚姻，建议将“同居”一词改为“通奸”或者“发生性行为”。军事法院、人大代表提案还建议，对于现役军人的“婚约”关系或者恋爱关系，都应受到刑法的保护。

3. 关于虐待罪（第一百八十二条）。最高法院认为，实际生活中虐待罪造成的后果和在群众中的影响比遗弃罪重，本条处刑偏轻，建议将“二年”改为“七年”，删去第二款“七年以下”的规定。

4. 关于拐骗儿童罪（第一百八十四条）。有的单位建议，将本罪改为拐骗未成年人罪，将被拐骗者的年龄由“不满十四岁”改为“十六岁”或者“十八岁”。还有些单位提出，本罪与拐卖人口罪往往难于区分，建议将本条并入第一百四十一条拐卖人口罪。

5. 关于增加破坏婚姻家庭罪。公安部、陕西、山西以及人大代表提案认为，在现实生活中，因通奸造成婚姻破裂，家庭解体，甚至造成凶杀、伤害案件，直接影响社会治安，群众反映十分强烈，建议本章增加破坏婚姻家庭罪的条款。

（八）对第八章渎职罪的修改意见

1. 关于受贿、行贿罪（第一百八十五条）。根据全国人大常委会《关于严惩严重破坏经济的罪犯的决定》和《关于惩治贪污、受贿罪的补充规定（草案）》，本条修改为：“国家工作人员和其他的国家职工、集体经济组织工作人员，利用职权或者工作便利，索取或者非法收受他人财物为他人谋取利益，接受贿赂的，处五年以下有期徒刑或者拘役；数额巨大、情节严重的，处五年以上有期徒刑；情节特别严重的，处无期徒刑或者死刑”。“受国家机关、团体、企业事业单位委托从事公务的人员犯前款罪的，在经济往来中收受回扣或者违反国家规定收受各种名义的手续费的，以受贿罪论处”。“与前两款规定的人员勾结，伙同受贿的，以共犯论处。”

2. 关于玩忽职守罪（第一百八十七条）。有些人民群众来信认为本罪处刑太轻，建议增加“情节特别恶劣的，处五年以上有期徒刑。”河南建议对“遭受重大损失”应规定一个标准，以便于掌握执行。

3. 关于妨害邮电通讯罪。邮电部反映，有些邮电职工犯本罪手段恶劣，危害严重，本条第一款规定的处刑偏轻，建议将“二年”改为“五年”。

12. 政法机关和政法院校、法学研究单位的一些同志对修改刑法的意见

（全国人大常委会法制工作委员会刑法室整理　1988 年 6 月 22 日）

为了研究修改刑法的问题，我们在北京、河北、河南、陕西等地，约集政法机关和政法院校、法学研究单位的一些同志进行了座谈。大家一致认为，我国刑法是一部好刑法，施行以来，对打击犯罪、维护社会秩序、保障改革开放和社会主义建设的顺利进行起了重大作用。几年来，全国人大常委会根据形势发展变化的需要，又对刑法作了一些补充修改，解决了不少问题。同时，大家又认为，近几年来，我国经济、政治形势发生了很大的变化，出现了许多新情况和新问题，原有的规定已不能适应新形势的需要，迫切要求对刑法，主要是分则部分进行补充、修改。大家提出的主要补充、修改意见如下：

一、关于“反革命罪”

大家认为“反革命罪”一章，从总罪名到许多具体规定都不适应当前的形势，应当全面修改，主要问题表现在：

（一）“反革命罪”是沿用过去的老罪名。这在 1979 年林彪江青反革命集团刚刚被粉碎、反革命残余势力还没有清除的形势下是适合的。三中全会以后，由“以阶级斗争为纲”转为以经济建设为中心，对外实行开放、对内实行“一国两制”的政策，再沿用这一罪名，已不能适应新的情况，一些过去能认定为“反革命”的行为，现在难以认定了。如对一些外国以贸易、新闻、旅游作掩护，窃取、刺探我国情报的人，不能说是“敌国”、“敌人”，适用“资敌”的规定有问题。

（二）以是否具有反革命为目的作为区分两种相同犯罪行为的界限，实际意义不大。刑法规定了反革命放火、决

水，制造、抢夺、盗窃枪支、弹药，杀人、伤人等罪和非反革命的放火、决水，制造、抢夺枪支、弹药，杀人、伤人等罪，在当前形势下，其实际危害并无区别。把同样的行为规定为两种犯罪罪名，没有实际意义，而且，“反革命目的”很难认定，执行中有很大困难。

（三）反革命罪在国际上被作为政治犯罪。根据国际惯例，政治犯不能引渡，这对我国打击这类外逃的犯罪分子不利。

大家建议把这一章改为“危害国家安全罪”或“国事罪”，并对具体罪名作相应的修改和调整。例如有些能够直接依照危害公共安全、侵犯公民人身权利等章的规定处罚的行为，依照有关规定处理即可，可以删去。再如有些规定，如劫持飞机等交通工具罪等，可以转到危害公共安全罪中。现在这类政治案件比较少了，可不必规定得过繁过细，有些条文可以归并。这样，并不影响严厉打击这类犯罪，而且可以减少一些死刑的规定。

二、关于“破坏社会主义经济秩序罪”

大家认为，几年来，我国经济方面的变化最明显，刑法关于“破坏社会主义经济秩序罪”的规定，已不适应新形势的需要，应作为补充和修改的重点。

（一）犯罪主体发生了很大变化。过去实行计划经济，资金、利润都集中管理，单位都代表国家或集体，很少有危害社会的行为，因而刑法没有规定单位犯罪。当前形势下，不仅有了私人经济、中外合资、中外合作经营企业，而且社会主义所有制企业，也推行承包、租赁。在经济利益上，国家利益与单位利益常常发生矛盾，单位犯罪的现象，明显增加，因此，刑法原来只规定对个人处刑，已不能适应需要，应当补充对单位的刑事处罚的规定，有的尚需对不同的企业分别加以规定。

（二）在由产品经济转变为社会主义商品经济的新形势下，犯罪的“花样”多了，刑法的规定不够应用。因而需要增加一些新的罪名，如破坏矿产资源罪、非法买卖土地罪、假冒专利罪、伪造、贩卖外币罪、倒卖车票船票飞机票等交通票证罪、倒卖文化娱乐票证罪等。刑法规定的投机倒把罪概括了违反金融、外汇、金银、工商管理法规的若干种犯罪行为，不便执行，应区别不同情况，根据危害轻重，分别规定。刑法规定的“破坏集体生产罪”，也已不够，对破坏私营经济、个体经济、三资企业生产的，也应有处罚的规定。

（三）需要调整部分罪的处刑。如近些年来偷税抗税、破坏珍禽珍兽、盗伐林木等比过去情况严重了，刑法对这些罪规定的处刑，不能适应当前的需要，应当进行调整。

三、关于其他各类犯罪

大家认为，刑法分则的其他各章虽然基本上适合当前情况，但也有不少地方须要补充和修改，主要是：

（一）补充一些罪名。在“危害公共安全罪”中须补充劫持飞机、车辆等交通工具罪，聚众骚乱罪，制造贩卖有毒食品罪，严重污染环境罪等，在“侵犯人身权利、民主权利罪”中须补充买卖人口罪（现只有拐卖）、溺婴罪等；在“侵犯财产罪”中须补充劫人勒赎罪（绑票）、哄抢公私财物罪、侵占公私财物罪、私自挪用公款罪、浪费公共财物罪等；在“妨害社会管理秩序罪”中须补充挖坟盗墓罪、吸毒罪、种植罂粟罪、非法出版书刊音像制品罪、破坏计划生育罪、扰乱监管秩序罪（或称抗拒改造罪）等；在“渎职罪”中须补充医疗事故罪等。

（二）对有些罪的构成要件应规定具体一些。最好改为一条一罪，列举不同情况，分别规定处刑。特别是一些多发性的犯罪，更应量具体。如盗窃有扒窃、破门入户的盗窃，携带凶器的盗窃，进入银行、重要仓库的盗窃，多次的数量大的盗窃等，诈骗有一般诈骗、利用经济合同诈骗，利用计算机、信用卡诈骗，利用封建迷信诈骗等，数额和情节也各有不同，应尽量作出具体规定。伤害、流氓、玩忽职守等罪，也应如此。

（三）调整处刑规定。全国人大常委会近几年通过的打击经济和其他刑事犯罪的决定，对不少犯罪加重了刑罚，打破了刑法原来的刑罚平衡，需要重新调整。突出的如：制造、贩卖淫书淫画罪，最高刑期为5年，而走私淫秽物品罪，最近规定最高刑为无期徒刑，相距太远。拐骗儿童罪最高刑期为15年，现在拐卖人口罪的最高刑已改为死刑，两者太不平衡。其他有些罪的处刑偏轻，也须调整。

四、关于总则

多数同志认为，刑法总则从总体说是适应目前情况的，但也有一些规定须作补充、修改。主要是：

（一）刑法的适用范围问题。1987年全国人大常委会批准我国参加《关于防止和惩处侵害应受国际保护人员包括外交代表的罪行的公约》。该公约规定，缔约国当罪犯在本国境内时，不论其罪行发生于何地，应对其行使司法管辖。我国刑法的适用范围应补充这一规定。

（二）单位犯罪问题。惩治走私罪和惩治贪污罪、贿赂罪两个补充规定，已对单位犯走私罪、行贿罪、受贿罪、逃套、倒卖外汇罪作出了规定，刑法总则对单位犯罪的处刑原则，应有相应的规定。

（三）对累犯加重处刑问题。目前，国外对累犯的处刑都很重，而且有进一步加重的趋势。我国《关于处理逃跑或者重新犯罪的劳改犯和劳教人员的决定》中也有加重规定。刑法中应有相应的规定。

（四）刑种问题。有些同志认为，“管制”不起作用，执行困难，建议取消这一刑种。有些同志建议将“罚金”改为主刑，扩大适用范围。有的同志建议将“剥夺政治权利”只作附加适用，不独立适用。

（五）“死缓”问题。刑法第46条规定死刑缓期执行期间，确有悔改表现的，予以减刑；对“抗拒改造情节恶劣的”，执行死刑。对既没有抗拒改造，又没有悔改表现，处于“中间状态”的犯罪分子如何处理，没有规定，应当补充。

（六）增加保安处分问题。许多国家在刑法中有保安处分的规定，实质上是对社会治安进行“综合治理”的措施。我国刑法没有这种规定，而在刑法外另有劳动教养、留场就业等规定。因没有严格的法律规定，执行中问题很多。因此，有些同志建议在刑法中增加保安处分的规定，把有些“综合治理”的措施规范化。

五、关于修改刑法的方式问题

多数同志主张根据新情况、新经验，对刑法作全面修改。刑法实施以后，全国人大常委会所作的补充、修改（包括单行法中的补充、修改），也尽可能地吸收进去，形成一部更加完整的刑法，以便于适用。少数同志认为，目前经济、政治体制还处于新旧交替的改革过程中，许多问题还缺乏实践经验，全面修改难以达到预期的目的，因而主张小改，成熟一条修改一条，待以后条件成熟时，再作全面修改。

13. 关于修改刑法的初步设想

（初　稿）

（全国人大常委会法制工作委员会刑法室　1988 年 9 月）

一、修改刑法的指导思想

总的是以宪法和十三大精神为依据，以社会主义初级阶段理论为指导，根据新情况进行补充和修改，使刑法更加适应新形势下维护安定团结，保障改革、开放和建设社会主义商品经济新秩序的需要。必须从我国的实际情况出发，总结我国的实践经验，同时要参考国际的经验，并考虑当前各国修改刑法中适当缩小认定犯罪的范围和少用死刑的发展趋势。具体说有如下几点：

1. 关于罪与非罪的界限。刑法原来规定，对危害严重的行为认定为犯罪，对危害较轻的行为，尽量不认定为犯罪，而由行政机关（公安、工商、海关、税务、监察等）依照治安管理处罚条例等法规处理，或由法院作为民事案件处理。这次修改刑法，仍应坚持这个原则。近几年各地要求增加罪名的意见较多，对此应做具体分析。对危害严重、需要认定为犯罪的，应当加上；对危害不大、不需认定为犯罪的，应当不加，仍采取非刑罚方法处理。

2. 关于处刑轻重问题。同世界各国刑法相比，我国刑法处刑较重，死刑较多。近几年仍有不少要求对某些罪加重处刑的意见，并要求对诈骗等罪增加死刑。我们认为，对这类意见也应具体分析。有些法定刑的确偏轻，可以适当提高，其他各罪应尽量不再提高处刑，特别是要慎用死刑。我国刑法规定死刑的条文共 15 条，全国人大常委会关于《严惩严重破坏经济的罪犯的决定》、《严惩严重危害社会治安的犯罪分子的决定》、《关于处理逃跑或者重新犯罪的劳改犯和劳教人员的决定》又对 14 条罪增加了死刑，合计为 29 条，占刑法有处刑规定条文总数的 29%，在世界各国刑法中所占比例是最高的。因此，在修改刑法中对死刑的适用范围，应严加控制，即尽量不再增加死刑，并适当减少一些死刑。

3. 条文规定得粗一些还是细一些。我国刑法分则对犯罪、处刑的规定比较原则，不便于适用。因此，应当尽量改得细一些，特别是对多发性的犯罪，如盗窃罪（约占刑事案件的 50%～60%）、投机倒把罪等，原规定太简单，适用中任意性很大，应当具体化。另外，有些条文一条规定数种犯罪，不便区别对待，可以尽可能的改为一条一罪。但有些犯罪（如反革命罪）已经比较少了，可以改得原则一些，条文可适当减少和归并，不宜过繁过细。

4. 关于大改小改问题。多数同志主张大改，少数同志主张小改。我们认为，应根据刑法各个不同部分的不同情况，区别对待。总则部分属于一般原则，原稿基本适用，可以小改。分则部分各章情况不同，反革命罪、破坏社会主义经济秩序罪已不适应新形势的需要，应当大改；其他各章可以小改。在修改刑法中，应将刑法实施后立法机关所作的修改补充，酌情吸收进去，然后将三个《决定》宣布废止。全国人大常委会新通过的关于惩治走私罪和惩治贪污罪、贿赂罪的补充规定，因其具体处刑标准不可能列在刑法中，因此不应宣布废止，今后仍应适用。

二、关于反革命罪

“反革命罪”一章，从章名到具体规定，已不能适应新的形势的需要，应当进行全面修改。

（一）将章名“反革命罪”改为“危害国家安全罪”。理由是：（1）反革命是个政治概念，不是严格的法律概念。（2）三中全会以后，我国实行对外开放，对内实行“一国两制”，过去能认定反革命的行为，现在难以认定了。如对一些外国或者港澳台的人搜集情报的，不能说是“敌国”、“敌人”，不便适用“资敌”的规定。（3）反革命罪要求具有反革命目的，而目的是主观性的，难以认定，实践中往往争论不休。如果改为危害国家安全罪，凡有这种行为的，即以本章论罪，更便于适用。

（二）改为“危害国家安全罪”之后，对本章的罪名应作适当调整。这主要有两个方面：一是补充绑架、杀害、恐吓外国代表、外交人员罪和向特务、间谍等组织写信挂钩罪；二是删去劫狱越狱罪，组织封建会道门罪，投放毒物罪，劫持交通工具罪，反革命破坏罪，将其移至危害公共安全罪或者妨害社会管理秩序罪中去。

（三）改为危害国家安全罪之后，原规定需要保留的，可以简化。现在这类案件已经很少。例如 1983 年至 1987 年底，全国共审结刑事案件 1692955 件，其中反革命案件只有 4756 件，占总数的 0.28%；1987 年审结刑事案件 292136 件，其中反革命案件只有 271 件，占总数的 0.09%。而且反革命案件中，主要是反革命宣传煽动等案件，其他罪名使用很少。因此，对这一章规定过繁过细已无必要，可以只作概括性的规定。这样，并不影响对这类犯罪分子的打击。

修改后，本章由原来的 15 条变为 10 条，具体罪名有：颠覆政府、分裂国家罪；背叛祖国、策动背叛祖国罪；持械聚众暴乱罪；窃取、刺探、收买、非法提供国家秘密罪；进行反动宣传、煽动罪；组织反动集团罪；特务、间谍罪；向特务、间谍组织挂钩罪；绑架、杀害外国代表、外交人员罪等。

对于在战争时期发生的问题，是否须作全面规定，值得研究。如规定，条文增多，死刑也增多，而平时用不着；如不规定，一旦发生战争，条文不够用。这主要有两种情况：一是只在战时才可能发生的问题（如为敌人指示攻击目标的，为敌人提供武器或者其他军用物资的），二是战时需要加重处刑的（如反动宣传煽动罪，平时不需规定死刑，战时则应有死刑）。对这个问题，有两种意见：（1）在本章作全面规定，备用；（2）本章不作规定，战时作补充规定。

三、关于破坏社会主义经济秩序罪

刑法实施以来，我国的经济情况发生了重大变化，刑法关于破坏社会主义经济秩序罪的规定，已不能适应新形势的需要，应当作较大的补充修改。主要是：

（一）补充下列罪名：非法侵占、买卖、转让土地罪，破坏矿产资源罪，假冒专利罪，非法制造、销售劣质产品罪，逃套外汇罪，挪用公款罪。此外，在有关条文中，还应分别补充伪造或者倒卖伪造的外币，倒卖伪造的车票、船票、飞机票等有价票证，破坏私营经济、个体经济、三资企业生产等犯罪行为。

（二）对有些多发性的犯罪作出具体规定。如对走私罪，应根据惩治走私罪的补充规定，作出较为具体的规定。对投机倒把罪，应参照国务院关于处理投机倒把行为的规定，列出投机倒把的具体行为。

（三）调整一些罪的处刑。如偷税、抗税罪的最高刑期原规定为三年，破坏珍禽珍兽罪、破坏水产资源罪的最高刑期原规定为二年，盗伐、滥伐森林罪，原规定的最高刑为三年，都太轻，应适当提高。

四、关于妨害社会管理秩序罪

妨害社会管理秩序罪一章主要应解决以下两个问题：

（一）增加下列罪名：（1）破坏监管秩序罪；（2）挖坟盗墓罪；（3）破坏计划生育罪；（4）印制、销售非法出版物罪。有一些地方还要求增加卖淫罪、嫖宿罪、吸毒罪等，这些应否规定为犯罪各方面的认识不一致，可继续研究。

关于严惩危害治安的犯罪分子的决定中规定的传授犯罪方法罪，是否补充在刑法分则中，各方面意见不一致。我们倾向不加，以后对这种行为仍按教唆犯惩处。

（二）妨害社会管理秩序罪原有二十二条，加上新增条文共二十六条，条文多，内容繁杂，不便执行。因此，可以考虑将其中有关妨害国家行政机关、司法机关正常活动的犯罪，抽出来，另立一章"妨害公务罪"，包括阻碍国家工作人员执行职务罪，伪造、变造或者盗窃、抢夺、毁灭公文、证件、印章罪，冒充国家工作人员招摇撞骗罪，窝藏包庇罪，窝赃、销赃罪，伪证罪，拒不执行判决、裁定罪，破坏监管秩序罪，脱逃罪，对执法人员和揭发检举作证人员打击报复罪。本章的其他条文仍留在妨害社会管理秩序罪中。

五、关于其他各类犯罪

刑法分则规定的其他各类犯罪（包括第二、四、五、七、八章），也需要根据新的情况和审判实践中提出的问题，作一些修改补充：

（一）危害公共安全罪一章：应补充劫持飞机、轮船以及其他公共交通工具罪，非法携带易燃易爆物品乘坐公共交通工具罪，制造贩卖有毒食品罪，严重污染环境罪。对非法制造、买卖、运输或者盗窃、抢夺枪支、弹药罪，应根据《关于严惩严重危害社会治安的犯罪分子的决定》，将最高刑改为死刑。同时，可考虑在这一条中，补充抢劫枪支、弹药罪。

（二）"侵犯公民人身权利、民主权利罪"一章，应补充绑架罪，买卖人口罪和溺婴罪。还有的地方建议增加恐吓罪，可继续研究。根据《关于严惩严重危害社会治安的犯罪分子的决定》，对这一章的伤害罪、强迫妇女卖淫罪以及拐卖人口罪情节特别严重的应增加死刑。有的地方提出删去聚众打砸抢罪，对诬告陷害罪的"反坐"原则改为直接规定刑罚，可继续研究。

（三）"侵犯财产罪"一章，应补充聚众哄抢罪和侵占公私财物罪。刑法第 151 条中规定了盗窃、诈骗、抢夺三个罪，这三个罪情况不同，应改为分条规定。对盗窃罪，应对一般盗窃、侵入住宅盗窃、携带凶器盗窃、结伙盗窃等分别规定处罚。还应补充规定对于盗窃技术资料或者智力成果的，以盗窃罪论处。原对故意毁坏公私财物罪规定的最高刑为三年，对故意破坏珍贵文物罪规定的最高刑为七年，偏低，应适当提高。

对贪污罪，有三种修改方案：（1）根据《惩治贪污罪贿赂罪的补充规定》，对原第 155 条贪污罪的主体和处刑作一些调整，仍执行补充规定；（2）删去贪污罪的规定，将其包括在新增加的侵占罪中；（3）扩大贪污罪的内容，使其既包括侵占又包括受贿等（如采取此办法，可以考虑将贪污罪在刑法分则中专列一章）。哪种方法为好，可继续研究。

（四）"妨害婚姻、家庭罪"一章，主要有三个问题：（1）要不要增加规定通奸罪，有的认为应当规定，有的不赞成规定，有的建议对造成严重后果的规定为犯罪，因意见很不一致，需进一步研究；（2）原规定“明知是现役军人的配偶而与之同居或者结婚的”，为破坏军婚罪。“同居”一词含意不清，限制太死，需要修改。最高人民法院发的判例中，已将与现役军人的配偶通奸，造成严重后果的，认定为破坏军婚罪，可作修改条文的参考。（3）对拐骗儿童罪，原规定最高刑为五年，偏轻，应适当提高，或者将拐骗儿童罪并入拐卖人口罪。

（五）“渎职罪”一章，应补充重大医疗事故罪和滥用职权罪。对受贿罪和行贿、介绍贿赂罪，根据《惩治贪污罪贿赂罪的补充规定》，对犯罪主体和处刑作相应的修改。

六、关于总则

刑法总则今后仍然适用，但有些规定也须根据实际情况和各地意见作一些补充修改，主要是：

（一）我国已加入《关于在航空器的犯罪和其他某些行为的公约》、《关于制止非法劫持航空器的公约》和《关于防止和惩处侵害应受国际保护人员包括外交代表的罪行的公约》等。这些公约都规定，各缔约国对非法劫持航空器、危害民用航空安全的犯罪和绑架、杀害、侵害应受国际保护人员的犯罪等，不论犯罪行为或者结果发生在何地，只要罪犯在本国境内，都应对其行使司法管辖。因此，对刑法的适用范围应作相应的补充（分则对上述罪也应作相应的补充）。

（二）鉴于近几年犯罪出现低龄化现象，对刑法规定的刑事责任年龄可降低1岁，即将14岁降为13岁，16岁降为15岁，18岁降为17岁。同时，对刑法第44条关于不满18岁的人不适用死刑的规定，也作相应修改。

（三）鉴于实践中对管制很少适用（如北京市自1980年至1984年判处管制的只有155人，占判刑总数0.5%，而且逐年减少，如1980年判44人，1981年40人，1982年37人，1983至1984年35人），许多地方反映管制不起作用，监督、管理也不好落实，执行困难，因此，可以考虑取消这一刑种。今后对有些罪行较轻不须关押的，可以适用“缓刑”。

（四）刑法第46条规定“死缓”期间确有悔改表现的，可以减刑，抗拒改造情节恶劣的，执行死刑。对既没有抗拒改造又没有悔改表现的如何处理，没有规定，须作补充。

（五）对“罚金”可考虑作如下修改：（1）将罚金由附加刑改为主刑，也可附加适用；（2）适当扩大罚金的适用范围，这样可以尽量少关一些人；（3）对判决时如何决定罚金数额作出原则规定（如罚金数额不得低于行政罚款数额等），以免各地悬殊太大。

（六）刑法规定，死刑用枪决的方法执行。有些地方刑场难找，群众往往不让在自己的责任田附近执行死刑。同时，还要动用大量人员和车辆，造成浪费。因此，可考虑改为灵活性的规定（用枪决或者电刑），或者不在刑法中规定，将条文删去。

（七）对剥夺政治权利，可考虑作如下修改：（1）第50条第（二）项改为：公民言论、出版、集会、结社、游行、示威、通信自由等权利；（2）补充规定：可以剥夺军衔、荣誉称号；（3）剥夺政治权利改为只附加适用，不独立适用，可剥夺全部，也可剥夺一部。

（八）鉴于劳改犯逃跑后又犯罪或者刑满释放后又犯罪的不少，应当从严打击。因此，可考虑根据《关于处理逃跑或者重新犯罪的劳改犯和劳教人员的决定》，对刑法关于累犯的规定作相应补充修改，规定对劳改期间又犯罪的，刑满释放以后五年内又犯罪的，在缓刑、假释期间又犯罪的，可以加重处罚。

（九）刑法规定，对犯罪分子在缓刑、假释期间再犯新罪的，撤销缓刑、假释，对新罪和原罪按数罪并罚原则处罚。但对在缓刑、假释期间有其他违法行为的如何处理，没有规定。可考虑补充规定，遇有这种情况时，可以撤销缓刑、假释，收监执行。

（十）对“类推”，有的同志认为，类推不符合罪刑法定原则，用处也不大（实践中类推的很少），建议取消。有的同志认为，类推制度应保留，但逐案上报最高法院核准太麻烦，不利于及时打击犯罪分子，建议作适当修改。我们倾向后一种意见，即在本条增加规定：经最高人民法院核准的类推判例，具有法律效力，各级法院应当比照适用。

（十一）刑法第80条关于民族自治地方，不适用刑法规定的，都由自治区或者省的权力机关制定变通或者补充规定，并一律报全国人大常委会批准后施行的规定，与新宪法的有关规定不一致，应作修改，或者删去这一规定，按新宪法执行。

七、关于单位犯罪问题

过去，我国刑法、经济法、行政法中，都没有规定单位犯罪。单位有严重违法行为的，对主管人员和直接责任人员可以定罪判刑，对单位则不作犯罪处理，而由行政机关依法予以行政处罚（由海关、工商行政管理局、税务机关处以罚款、没收非法所得等）。1988年1月全国人大常委会通过的惩治走私罪和惩治贪污罪、贿赂罪的补充规定，已对单位犯走私、行贿、受贿、倒卖外汇等罪作出了处刑规定。对单位犯其他罪的（如投机倒把，偷税抗税，制造、贩卖假药，制造、贩卖有毒食品等）尚无规定，须在修改刑法中解决。我们考虑可在总则中作如下原则规定：法人、非法人团体，实施危害社会的行为，情节严重的，构成犯罪。法人犯罪，除对法人追究刑事责任外，对法人代表比照刑法的规定从轻或者减轻处罚。对法人以判处罚金或者没收违法所得为限。至于在分则中是否对应处罚单位的条文都作出具体规定，我们倾向于不作这种规定。因为涉及条文很多，情况非常复杂，规定实有困难（外国刑法也都没有这样规定）。

14. 各政法机关、政法院校、法学研究单位的一些同志和刑法专家对刑法的修改意见

（全国人大常委会法制工作委员会刑法室整理　1988 年 12 月 9 日）

为了研究刑法修改，我们于 9 月 18 日至 28 日，邀请中央和北京市的公检法司机关、政法院校、法学研究单位的一些同志和专家进行了座谈。10 月 5 日至 10 日我们派人随高西江同志参加了中国刑法学会在郑州召开的以完善刑事立法为议题的年会。会上，来自全国各地的法院、检察院、公安机关、政法院校、法学研究等单位的 120 多位同志和专家对刑法提出了许多修改意见。现将两个会议中提出的主要修改意见简报如下：

一、对刑法总则的修改意见

许多同志认为，我国刑法总则从总体上说是好的，是适应我国实际情况的，但对有些规定需要作修改、补充，主要是：

（一）关于刑法的适用范围问题

有些同志提出，近几年来，我国先后加入了一些国际公约，如《关于在航空器的犯罪和其他某些行为的公约》、《关于制止非法劫持航空器的公约》、《关于防止和惩处侵害应受国际保护人员包括外交代表的罪行的公约》等。这些公约都规定，任何人实施了公约中规定的犯罪，无论犯罪行为或者结果发生在何地，只要罪犯在缔约国境内，该缔约国就应按着本国的法律，对其行使司法管辖权。我国刑法关于只有犯罪的“行为或者结果有一项”发生在我国领域内，才适用我国刑法的规定，已不适应这一形势的要求，应作相应的补充。

有的同志提出，刑法第四条、第五条对我国公民在国外犯罪适用我国刑法的规定，从罪名和最低法定刑上作了限制，适用范围比较小。这一规定在当时尚未对外开放，在国外的中国公民比较少的情况下（主要是华侨），是必要的。现在形势不同了，除华侨以外，实行对外开放以来，临时出国人员大量增加，如留学生、医疗队、工程队等各种劳务出口等等。在这种形势下，对中国公民在国外犯罪适用刑法的范围应当再扩大一些。

（二）关于刑事责任年龄问题

有的同志提出，近几年来，青少年犯罪出现低龄化，有些不满 14 岁的人实施危害社会的行为，手段恶劣，后果严重，只因未达到刑法规定的最低刑事责任年龄 14 岁，就不受刑罚处罚，受害人很有意见，建议将 14 岁降为 13 岁。另一种意见认为，刑法将最低刑事责任年龄规定为 14 岁，是符合我国广大青少年实际情况的，符合我国对违法犯罪青少年的教育、感化、挽救政策的。不满 14 岁的人实施危害社会的行为，是个别的，是极少数，因而不赞同降低刑事责任年龄。

（三）关于刑种问题

1. 关于死刑

（1）对死刑的适用范围，一种意见认为，刑法规定适用死刑的有 15 条，以后又增加了 14 条，共计 29 条。和世界各国相比，我国死刑比较多，建议取消投机倒把罪、强迫、引诱、容留妇女卖淫罪、传授犯罪方法罪的死刑，从条文的规定上减少死刑的适用。另一种意见认为，全国人大常委会通过的几个“决定”中增加的死刑，不仅应当吸收到刑法中去，还应当对诈骗罪、伪造国家货币罪规定死刑。

（2）对死刑的核准权，有以下三种意见：第一种意见认为，死刑案件都由最高人民法院核准有困难。从当前实际出发，应当将法院组织法中有关部分死刑案件的核准权授权给省、自治区、直辖市的高级人民法院行使的规定吸收到刑法中来；第二种意见认为，为了贯彻党的少杀政策，严格控制死刑的适用，应当保留刑法原有规定，取消可以授权省、自治区、直辖市高级人民法院核准部分死刑案件的规定；第三种意见认为，死刑核准是程序问题，刑法中不必规定，建议删去。

（3）对死缓，有的同志提出，刑法第 46 条规定，死刑缓期二年执行期间，如确有悔改表现或者立功表现的，二年期满后，可以减刑；对抗拒改造情节恶劣，查证属实的，执行死刑。但对于既无悔改表现，又无抗拒改造情节，处于中间状态的死缓犯如何处理，没有规定，应对此作出补充。

（4）对死刑的执行方法，有的地方提出，现在刑场很难找，群众不愿意让在自己的责任田附近枪决人，而且每执行死刑，都要动用大量人员和车辆，造成浪费。因此建议改为“用枪决或者电刑”的方法执行，这样比较灵活。有的同志认为，死刑如何执行是程序问题，不必在刑法中规定，建议删去。

2. 关于管制刑

对于管制刑的存废问题，一种意见认为，管制刑平时很少适用，不起作用，执行起来又有困难，主张取消，改为劳役；另一种意见认为，犯罪情况很复杂，有轻有重，作为刑种，也应有轻有重，多种多样。管制是唯一的剥夺自由

的轻刑种，是我国的独创，应当保留。管制刑平时用的少，起的作用不大，是执行中的问题，不是刑种本身的问题。

3. 关于罚金刑

有的同志提出，为了提高罚金刑的地位，减少对犯罪较轻的人的关押，将罚金刑由附加刑改为主刑。有的同志认为，刑法对罚金数额没有规定，各地执行悬殊太大，建议对罚金数额作出原则规定，同时适当扩大罚金刑的适用范围。

4. 关于剥夺政治权利

许多同志提出，刑法第50条第（二）项关于“剥夺宪法第45条规定的各种权利”，1982年新宪法对原宪法第45条作了修改，应当依照新宪法的规定对刑法作相应修改。有的同志提出，刑法规定，对反革命分子和被判处死刑、无期徒刑的犯罪分子，应当判处附加剥夺政治权利终身；对判处管制的，对严重破坏社会秩序的犯罪分子，在必要的时候，也可以附加剥夺政治权利；对某些较轻的犯罪，规定可以单处剥夺政治权利。这样使一些犯罪不是特别严重也不是较轻的犯罪分子，不能被判处剥夺政治权利，显得很不衔接，也不合理，应当修改补充。还有的同志建议，增加剥夺承受军衔、警衔、勋章、奖章和荣誉称号的权利。

（四）关于加重处罚的问题

有的同志提出，我国刑法既然有减轻处罚的规定，也应该规定加重的原则，即允许审判机关在法定刑以上处刑。这样也可以避免为提高某些犯罪的处刑而频繁的修改刑法。有的同志认为，我国刑法规定的量刑幅度较大，如果再规定加重原则，允许在法定刑以上判刑，审判机关的自由裁量权更大，不利于加强社会主义法制。因而不主张规定普遍加重原则，主张只对某些特定的情况加重，例如对于被判处有期徒刑以上刑罚的犯罪分子，在刑满释放以后或者劳改期间又故意犯罪的，对于被假释、缓刑的犯罪分子，在假释、缓刑考验期间又故意犯罪的，对危害国家安全的犯罪分子，明确规定为累犯，应当从重处罚，情节特别严重的，允许在法定刑以上判处刑罚。

（五）关于自首问题

有的同志提出，刑法第63条只对犯罪后自首的如何处刑作了规定，但对于什么情况算自首，对被关押后主动交代司法机关尚未掌握的其他罪行的是否算自首，对于被关押、传讯时坦白交代自己罪行的能否从轻处罚，对于什么是立功表现，对于虽没有自首情节但有立功表现的，能否从轻处罚等，刑法都未规定，实践中不好掌握，易发生争议，建议对此作出规定。

（六）关于缓刑、假释问题

许多同志提出，刑法规定犯罪分子在缓刑、假释考验期间，如果再犯新罪，撤销缓刑、假释，对前罪所判处的或者没有执行的刑罚和后罪所判处的刑罚，按照数罪并罚的原则决定执行的刑罚。但对在缓刑、假释期间有严重违法活动又不构成犯罪的如何处理，刑法没有规定，而实践中常发生这类情况，建议对此作出规定。

（七）关于类推问题

有的同志认为，类推制度不符合罪刑法定原则，而且实践中适用类推的案件又很少，用处不大，主张取消。另一些同志认为，我国地大人多，犯罪情况十分复杂，又常常发生变化，规定类推很有必要。主张保留类推，并提出，为了简便，避免一案一报，建议明确规定，类推案件不必逐案报批，凡经最高法院核准的类推案例，各级法院可以参照执行。

（八）关于民族自治地方制定变通、补充规定的问题

有的同志提出，刑法第80条关于民族自治地方不能全部适用刑法规定的，由“自治区或者省的权力机关制定变通或者补充规定”的规定，与新宪法第116条的规定不一致，应当依照宪法的规定作相应的修改。有的同志提出，宪法对这个问题已有规定，可按照宪法执行，主张删去第80条。

（九）关于保安处分问题

有的同志提出，世界上有些国家把对社会治安进行综合治理的措施规定到刑法中去，叫做保安处分或者强制性措施。我国刑法对此没有专门规定，而在刑法之外有劳动教养、妇女教养所、留场就业等措施。但这些又缺乏明确的法律规定。为了使这些措施制度化、法律化，建议刑法增加保安处分的规定。另一种意见认为，在刑法中没有必要专门规定保安处分，主张在刑法现有的规定基础之上作适当的补充，如对无刑事责任能力的精神病患者，补充“强制医疗”的规定等。

二、对刑法分则的修改意见

（一）关于反革命罪

许多同志认为，反革命罪一章，从章名到具体规定，已不能适应新的形势，需要作全面修改，建议将本章改为“危害国家安全罪”。理由是：（1）反革命是个政治概念，不是严格的法律概念；（2）反革命目的是主观性的东西，把它作为区分罪与非罪、反革命罪与其他罪的界限，很难认定，实践中也易发生争论，而且以是否具有反革命为目的来区分两种危害后果相同的犯罪行为（如爆炸、放火、投毒、杀人、伤人），实际意义不大；（3）反革命罪在国际上被看作是政治犯罪，根据国际惯例，政治犯不能引渡，这很不利于我国打击外逃的反革命分子；（4）十一届三中全会以后，在对外实行开放，对内实行“一国两制”的形势下，一些过去能认定为“反革命”的行为，现在难以认定了，例如外国或者境外的人搜集、刺探我国情报的，不能认定是“敌国”、“敌人”，不便适用资敌罪的规定。

本章改为危害国家安全罪以后，建议对具体犯罪作相应的修改和调整，例如将能够直接依照危害公共安全、侵犯

公民人身权利等章的规定处罚的反革命爆炸、决水、放火罪、反革命杀人、伤人罪删去，这类犯罪依照有关规定处理即可；再如将劫持飞机等交通工具罪等罪转到危害公共安全罪中，这样调整、归并以后，既不影响严厉打击这类犯罪，还可以减少一些死刑的规定。

（二）关于其他各类犯罪

大家一致认为，由于政治经济形势的变化，对其他各类犯罪，也需要进行修改、补充，尤其对破坏社会主义经济秩序罪一章应作较大的修改补充。主要问题是：

1. 补充新的罪名

大家提出各章需要增加的新罪名约有50多个，其中主要有非法侵占、买卖、转让土地罪，破坏矿产资源罪，假冒专利罪，非法制造、销售劣质产品罪，逃套外汇罪，挪用公款罪，破坏私营经济、个体经济、三资企业生产罪，伪造或者倒卖伪造的外币，倒卖伪造的车票、船票、飞机票等有价票证罪，破坏监管秩序罪，挖坟盗墓罪，破坏计划生育罪，印制销售非法出版物罪，卖淫罪、嫖宿罪、吸毒罪，劫持飞机、轮船和其他交通工具罪，抢劫枪支、弹药罪，制造、贩卖有毒食品罪，严重污染环境罪，掳人勒赎罪（绑票罪），买卖人口罪，溺婴罪，恐吓罪，聚众哄抢罪，侵占公私财物罪，破坏他人婚姻家庭致人死亡罪，滥用职权罪，重大医疗事故罪等。

2. 删去一些罪名

有的同志提出，聚众打砸抢罪（137条）、诬告陷害罪（138条）没有规定具体处刑标准，不好执行；非法侵入他人住宅罪（144条）、非法剥夺公民宗教信仰自由罪和侵犯少数民族风俗习惯罪（147条）规定的过于笼统，不好认定，而且这类犯罪很少发生，建议删去。

3. 对一些犯罪需作具体规定

有些同志提出，刑法对有些犯罪，例如投机倒把罪、流氓罪、玩忽职守罪等，规定的比较原则，不便适用，实践中形成大口袋，建议对这些犯罪，规定的更具体些。对投机倒把罪，有的同志主张参照国务院关于处理投机倒把行为的法规，采取具体列举的办法加以具体规定，有的同志则主张将流通领域中投机倒把行为规定为投机倒把罪，对一些工商企业生产劣质产品，以次顶好，以少充多，掺杂使假欺骗顾客等行为另立罪名和规定处刑。对流氓罪，有的同志主张明确列举具体的流氓行为，以避免大口袋。对盗窃罪，有的同志主张根据一般盗窃、入户盗窃、携带凶器盗窃、惯窃等不同情节，分别规定不同的处刑标准。有的同志建议根据惩治走私罪的补充规定，对走私罪作出具体规定。还有的同志提出，对故意杀人罪也应作出较为具体的规定等等。

4. 对一些罪的处刑进行调整

许多同志提出，全国人大常委会对刑法作的修改补充，提高了一些犯罪的量刑幅度，增加了死刑。根据这些修改，应当对非法制造、买卖、运输或者盗窃、抢夺、抢劫枪支弹药罪、重伤罪、强迫妇女卖淫罪、拐卖人口罪、盗窃等罪的处刑进行调整，增加死刑；根据《惩治贪污罪贿赂罪的补充规定》，应将行贿罪的处刑提高到无期徒刑。

有的同志提出，由于全国人大常委会对一些犯罪加重了刑罚，而使另外一些罪的处刑显得偏轻，例如制造、贩卖淫书淫画罪，最高刑为三年有期徒刑，而走私淫秽物品的，最高刑为无期徒刑，相差太大。又如拐骗儿童罪最高刑为五年有期徒刑，而拐卖人口罪最高刑是死刑，二者不平衡。投机倒把罪最高刑为死刑，而行为与投机倒把罪有交叉的假冒商标罪、贩卖假药罪最高刑分别为三年和七年有期徒刑，相差也很大。又如盗窃有死刑，而诈骗罪，数额很大，最高刑也只能是无期徒刑。近几年来，偷税、抗税、捕杀珍禽珍畜、破坏水产资源、盗伐滥伐林木、破坏珍贵文物、故意毁坏公私财物等犯罪比过去严重了，而刑法规定的处刑偏低。还有的同志提出，刑法对有些犯罪规定的处刑，从拘役直到死刑，量刑幅度太大，给法院的自由裁量权太大，不利于法制的统一等。对处刑问题，需要统盘考虑，作适当调整。

5. 关于章节的调整

有的同志建议，将侵犯公民民主权利的犯罪从刑法分则第四章中分离出来，单列一章，将破坏自然资源的犯罪从破坏社会主义经济秩序罪中抽出另立一章；有的同志提出，第六章妨害社会管理秩序罪的内容多，条文多，再加上新罪名，显得更庞杂，建议将其中有关妨害国家行政机关、司法机关正常活动的犯罪分离出来，另立一章“妨害公务罪”。

三、关于法人犯罪问题

对于法人犯罪要不要在刑法中规定，以及如何规定，有以下不同看法：有的同志认为，单行刑事法律已对单位犯走私、行贿、受贿、逃套外汇罪作了规定，在刑法中应当有所规定。另一种意见认为，对于法人犯罪如何规定，我国缺乏实践经验，各国刑法也未能很好解决这个问题，因而主张刑法对此暂不作规定。在同意刑法规定法人犯罪的意见中，对于如何规定法人犯罪又有以下不同意见：一种意见，建议只在总则中原则规定：法人犯罪及处罚以法律有规定的为限，这样定罪面较小；第二种意见认为，法人犯罪只限于单行法有规定的为限，定罪面太小，主张扩大范围，在总则中对法人犯罪的概念范围（如限于经济犯罪）以及对法人和法人代表处罚原则等作出具体规定；第三种意见认为，对法人犯罪，总则中不仅应作规定，而且分则中对法人犯罪的范围和处刑作出具体规定。

四、关于修改刑法的形式问题

对于如何修改刑法，是大改还是小改有以下两种意见：绝大多数同志认为，我国刑法是一部好刑法，实施以来，对于打击敌人、惩罚犯罪、保护人民、保卫四化建设，起了很大作用。但由于我国政治、经济情况发生了深刻变化，出现了许多新情况、新问题，有些新的犯罪需要补充；刑法原有的一些规定不够完善，如有的太原则，不便执行，需要具体化；有的量刑偏低，需要提高；人大常委会通过的几个决定提高了一些犯罪的处刑，使各罪间的处刑失去平衡，需要调整。解决上述这些问题，只靠修改刑法个别条文，小修小补是不行的，必须对刑法统盘研究，全面考虑，需要大改的部分就大改，需要小改的小改，该增的增，该减的减，作一次系统的修订，然后重新公布施行。少数同志认为，目前政治、经济体制改革正在深化，正处于一个新旧体制交替时期，有许多问题是罪还是非罪看不清楚，有待于进一步实践，在这样的形势下全面、系统地修改刑法有一定的困难，也难以达到预期目的，主张只对不适应的、急需修改的部分进行修改补充。待过几年条件成熟以后，再考虑作全面修改。

15. 刑法总则中争论较多的几个问题

（全国人大常委会法制工作委员会刑法室整理　1989 年 2 月 17 日）

一、关于制定刑法的指导思想和依据（第一条）。主要有三种意见：1. 认为本条内容不需规定在刑法中，主张删去；2. 主张简化，改为：“中华人民共和国刑法，以宪法为依据，依照惩办与宽大相结合的政策，结合我国同犯罪作斗争的实践经验及实际情况制定”；3. 认为既已规定，没有大的问题可以不必大改。

二、关于刑法的基本原则。有些同志主张在刑法总则中增加规定一章“刑法的基本原则”，主要规定：罪刑法定原则，罪刑相适合原则，主客观相统一原则，罪责自负原则，法律面前人人平等原则，惩罚与教育相结合原则等。理由是：1. 规定刑法基本原则，对刑事立法和司法有指导意义；2. 民法通则、刑事诉讼法、行政诉讼法也都规定了基本原则；3. 苏联等国刑法也有基本原则的规定。多数同志不同意这个意见，认为专章规定基本原则，与其他法律以及刑法的其他章的有些条文重复；世界各国刑法一般都不笼统地规定基本原则（有的只规定罪刑法定原则）；苏联《刑事立法纲要》规定基本原则，是为了对各加盟共和国的刑事立法起指导作用，我国不存在这种情况。

三、关于刑法对我国公民在境外犯罪如何适用的问题。有些同志认为，刑法第四条、第五条对我国公民在我国领域外犯罪适用我国刑法的规定，对定居国外的华侨适用是适当的，而对国家工作人员和其他出国人员适用，则限制太死，不够适当，主张修改为：“中华人民共和国派出国外的国家工作人员和其他出国人员在中华人民共和国领域外犯罪的，适用本法。”“中华人民共和国其他公民在中华人民共和国领域外犯危害国家安全罪的，适用本法；犯其他罪，而按本法规定的最低刑为三年以上有期徒刑的，也适用本法，但是按照犯罪地的法律不受处罚的除外。”另有些同志认为，出国人员情况很复杂，都适用我国刑法太严，主张只规定我国国家工作人员在我国领域外犯罪的，都适用我国刑法。

四、关于刑事责任年龄。有些同志主张将负部分刑事责任的年龄由 14 岁降为 13 岁，理由是：1. 未成年人犯罪向低龄化发展，13 岁是违法犯罪的高峰年龄，其中有的罪行很严重（如强奸杀人、放火、爆炸等），不予处刑，群众极为不满；2. 随着政治、经济、文化的发展，未成年人身心发育成熟较早，13 岁的人对杀人、重伤、抢劫、放火、惯窃、爆炸等罪行具有识别能力；3. 外国刑法也有规定为 13 岁的，有的甚至规定为 12 岁（如法国、匈牙利、阿尔巴尼亚），还有的规定为 7 岁（加拿大、印度）。另有些同志则不同意降低刑事责任年龄，理由是：1. 13 岁的人还是个学生，或者刚刚进入初中，身心发育尚未成熟，辨别能力差，极易受外界影响，对他们应以教育为主，不宜适用刑罚；2. 现在世界多数国家规定的最低年龄是 14 岁，台湾也规定为 14 岁，苏联在 1960 年以前规定为 12 岁，60 年代以后也改为 14 岁；我国如降低年龄，影响不好；3. 我国《治安管理处罚条例》规定的责任年龄也是 14 岁，对不满 14 岁的人不予处罚。

五、关于刑种问题。对刑法规定的刑种，一般都认为基本上是适当的，但有几个问题有不同意见：

1. 有些同志主张取消管制，理由是：（1）实践中判处管制的很少，监督、管理措施难以落实，形同虚设；（2）对罪行较轻不需要关押的犯罪分子，可以适用缓刑，不必用管制；（3）刑事处罚应重于行政处罚，但管制实际上比劳动教养还轻。有的同志不同意这个意见，理由是：（1）管制是我国的创造，是唯一不剥夺自由的轻刑，应当保留；（2）保留管制可以少关一些人，有利于对犯罪分子区别对待，缓刑不能代替；（3）实践中对管制适用少，管制措施不落实，是执行问题，可以改进。还有的同志主张将管制改为劳役或劳教。

2. 大家一致主张扩大罚金刑的适用范围，认为这样既可惩罚犯罪，又可少关一些人。扩大适用范围后，有些同志主张把罚金提高为主刑，同时也可附加适用。也有些同志不同意改为主刑，主张仍作为附加刑。

对于罚金的数额，大家一致主张作出原则规定，以便统一执行。但对如何规定有不同意见，有的主张在总则中原则规定：罚金数额不得低于法律规定的行政罚款数额，不得高于该罚款数额的几倍；有的主张在分则有关条文中对罚金数额的下限和上限作出具体规定。

对缴纳不起罚金的，有的主张改处劳役或拘役，有的主张仍维持原规定，予以减免。

3. 对于剥夺政治权利，多数同志主张作如下修改：（1）将一律剥夺“全部”改为可以剥夺“一部或全部”；（2）规定可以剥夺一部后，附加适用时不应限于“严重破坏社会秩序的犯罪分子”；（3）增加规定可以剥夺军衔、警衔、勋章、奖章和荣誉称号的权利。但其中尚有不少不同意见。

六、关于累犯。什么是累犯？各国刑法的规定基本上有两种：一种是判刑以后在一定期限内犯罪的（包括在刑罚执行期间、缓刑、假释期间又犯罪的）都是累犯；另一种是刑罚执行完毕或者赦免以后，在一定期限内再犯罪的，才是累犯。我国刑法基本采取后一种做法。有些同志主张改为前一种做法，理由是：犯罪分子不接受教育，在执行刑罚期间又犯罪，亦应从严惩处。有些同志不同意修改，理由是：执行刑罚期间犯罪的，按数罪并罚原则处理即可，不须定为累犯；如扩大累犯的范围，则累犯率增高，国际影响不好。

对累犯的处罚原则，有些同志认为，刑法原规定“应当从重处罚”太宽，应改为可以加重处罚，理由是：1. 累犯危害严重，应当从严惩处；2. 全国人大常委会《关于处理逃跑或者重新犯罪的劳改犯和劳教人员的决定》，已对劳改犯逃跑后又犯新罪的，劳改犯和劳教人员行凶报复的，规定了可以加重处罚；3. 各国都重视对累犯的打击，处刑很重，我们应借鉴这些经验。

至于如何加重，又有两种意见。一种意见主张规定为可以加重二分之一（或三分之一）；另一种意见主张明确规定：有期徒刑可以加重至无期徒刑，无期徒刑可以加重至死刑。

七、关于“类推”。主要有两种意见。一种意见主张保留类推，理由是：有利于同新出现的犯罪作斗争，又有利于保持刑法的相对稳定。另一种意见主张取消类推，理由是：1. 世界各国都已取消类推，我国仍保留类推有损于国家的形象；2. 实践中适用类推的案件很少，刑法补充修改后，已不需要类推。

八、关于法人犯罪。如何规定法人犯罪，有三种意见：第一种意见主张只在总则中作原则规定，即：法人为谋取非法利益，由法定代表人或者受法人委托的人员实施犯罪的，是法人犯罪。法人犯罪的，对法人判处罚金，对其直接负责的法定代表人和其他直接责任人员，参照本法分则对个人犯罪的规定处罚；第二种意见主张在总则中只原则规定：“法人犯罪，法律有规定的才处罚”，法人犯什么罪和如何处罚在分则中具体规定；第三种意见主张总则和分则都不作规定，对法人犯罪由单行法规定，适用刑法第八十九条“本法总则适用于其他法律，但是其他法律有特别规定的除外”的规定即可。

16. 法律专家对《刑法总则修改稿》和《刑法分则修改草稿》的意见

（全国人大常委会法制工作委员会刑法室整理 1996年9月6日）

1996年8月12至16日，全国人大常委会、法制工作委员会邀请中国人民大学教授高铭暄、王作富，武汉大学教授马克昌，北京大学教授储槐植，中国政法大学教授曹子丹和中国法官协会秘书长、教授单长宗就刑法修改的有关问题进行座谈，讨论对《中华人民共和国刑法（总则修改稿）》（1996年8月8日）和《刑法分则修改草稿》（1996年8月8日）的意见。专家们的主要意见如下：

第一部分 对《刑法总则修改稿》的意见

（一）关于制定刑法的依据问题

总则修改稿第一条规定“中华人民共和国刑法，以宪法为根据，依照……制定。”与会专家一致认为，对这一条作适当修改是必要的，但不赞同将“依照惩办与宽大相结合的政策”修改为“依照惩办与教育改造相结合的原则”。主要理由是：（1）惩办与宽大相结合的政策，是我国长期坚持的基本政策，这一政策对在同犯罪斗争中发挥了重要作用。实践证明是成功的刑事政策，不应放弃。（2）我国刑法中的许多规定，如对累犯、主犯规定从重处罚，对属自首、立功表现的从轻或者减轻处罚，对正在服刑的罪犯可以减刑或假释等，都体现了惩办与宽大相结合的政策。现将这一政策修改，会使人认为我们的基本刑事政策变了。（3）惩办与宽大相结合的政策是定罪量刑的基本政策，而惩办与教育改造相结合的政策是执行中改造罪犯的基本政策，二者不完全相同，因此，“惩办与宽大相结合的政策”不宜改为“惩办与教育改造相结合的原则。”

（二）关于罪刑法定原则

专家一致赞同删去刑法规定的类推，明确规定罪刑法定原则，认为这是刑法修改的一大进步。但提出修改稿第三条的后一句“定罪处罚应当以行为时的法律和本法第十条的规定为依据”是多余的，建议删去。将条文改为：“行为时法律没有规定为犯罪的，不得定罪处罚。”

（三）我国公民在我国领域外犯罪适用刑法的范围问题

修改稿第五条规定：引条文“……”与会专家对这一修改表示赞成，认为根据新的形势作这样的修改很有必要。

有的专家提出，我国是联合国确定的难民接收国，目前已有大量难民取得我国合法居留权。在中国取得合法居留权的外国人，在中国领域外，对外国或者外国公民犯罪的，我国刑法不好管。如果以这些外国人为主在境外同中国公民共同犯罪时，按照我国刑法规定，不是针对我们国家和我国公民犯罪，对外国人不能处理，而对作为从犯的中国公民进行处罚，很不合理，群众也有意见。因此，建议刑法对这一问题作出规定。(单长宗)

(四) 关于犯罪和刑事责任

1. 有的专家认为，我国刑法分则大部分条文没有明确区分是故意犯罪还是过失犯罪，为了避免执法时引起不同的理解，建议修改稿第十二条删去的第二款“过失犯罪，法律有规定的，才负刑事责任”的规定予以保留。为了同新增加的罪刑法定主义原则一致，可以改为“过失行为，法律规定为犯罪的，才负刑事责任。”(高铭暄、曹子丹)

2. 有的专家认为，刑法关于故意犯罪的规定，把构成犯罪的要素落在“会发生危害社会的结果”上，是客观主义刑法理论的体现，这在十八世纪是占统治地位的刑法理论。当前各国刑事立法则强调犯罪的行为和行为产生的事实，“危害社会”的说法不符合犯罪人的心理，而实际上有些犯罪则不要求犯罪结果发生即构成既遂，即刑法理论称的“举动犯”。因而修改稿十二条关于故意犯罪概念的规定是不准确的，建议修改为：“明知自己行为将会构成犯罪的事实，因而希望或者放任这种事实发生的，是故意犯罪。”(储槐植)

3. 修改稿第十四条第二款规定的惯窃罪有问题，不满十六岁惯窃不好理解。同时刑法上也没有惯窃这个罪名。建议去掉“惯窃罪”，增加“爆炸”。修改稿增加的投毒、强奸，建议去掉。如有犯这两种罪，需要处罚的，其他严重破坏社会秩序的犯罪也能管住。(曹子丹、王作富、高铭暄、单长宗)

(五) 关于正当防卫

与会专家一致认为，加强对正当防卫权利的保护是十分必要的。修改稿对正当防卫的规定作了较大的补充完善。其中，对第十七条修改得较好，更具有可操作性。新增加的第十八、十九、二十条这几条的规定，精神是好的，但其中“以秘密方法非法侵入住宅”以及“严重侵害本人或他人生命安全或者人身权利的犯罪行为”的规定面太宽，司法实践中难以掌握，可能会被犯罪分子所利用。这几条规定不太成熟，建议不做规定。(曹子丹、单长宗、马克昌等)。

(六) 关于对预备犯、中止犯的处罚问题

修改稿第二十二条第二款对预备犯的处罚原则删去了减轻处罚，改为“从轻处罚，情节较轻的，可以免除处罚”。专家们一致认为，预备犯本来情节就比较轻，不必再进一步区分情节较轻的如何处罚，建议不作这样的修改。修改稿二十四条第二款对中止犯的处罚将“应当免除或者减轻处罚”修改为“可以免除处罚。”删去减轻处罚也是不适当的。因为，对于已经着手实施的犯罪，已有一定的社会危害性，完全免除其刑事责任不妥。建议维持“应当免除或者减轻处罚”的规定。

(七) 关于单位犯罪

1. 有的专家提出，应当同世界上各国规定一致起来，称为法人犯罪。机关、人民团体不能作为犯罪主体。我国的国家机关是社会主义国家的管理机关，如果被宣告为犯罪机关，如何行使管理职能？团体也应作具体分析，工青妇等人民团体，也不能构成犯罪。其他团体有的可以构成犯罪。发生在机关的犯罪，还是认定为自然人犯罪为宜（马克昌、曹子丹）。有的专家认为还是用单位犯罪好，关键应明确单位是指什么（高铭暄、单长宗）。

2. 有的专家建议我国单位犯罪的概念表述为：“企业、事业单位、团体的代理人在其业务活动中经过集体决定或负责人决定，为本单位追求非法利益而实施的犯罪，是单位犯罪。”犯罪构成的具体条件有三点，一是利用单位名义（不包括盗用）；二是通过其业务活动；三是为单位谋利益（储槐植）。也有的专家认为有四个要素，即一是利用单位名义；二是为本单位谋利益；三是由单位决策；四是在业务活动中（高铭暄）。

3. 关于对单位犯罪的处罚，有的专家认为，只规定罚金是不够的，应当更多样化一些，增设停业整顿、责令解散、吊销执照和许可证等。(储槐植、单长宗)

4. 有的专家建议，不是所有犯罪都可以由法人构成，应当在第三十条加一款“法人犯罪，分则有规定的才处罚。”(高铭暄、单长宗)

(八) 关于刑罚种类

1. 管制刑。有的专家主张去掉管制（单长宗）。也有的专家主张保留管制刑，认为它是唯一开放型的刑罚方法，符合刑罚发展方向和刑罚目的（高铭暄、王作富）。对修改稿加的对被管制的犯罪分子不服管制的可以延长管制期限的规定，专家们表示不赞成，认为没有新的犯罪，延长管制期限，显然不合适，标准也不容易掌握，解决问题的办法是应当加强管理。如指定专门机构管理，现在是公安机关管，可以在派出所中指定专人负责，是可以管好的，总是延长管制期限，将导致管制无期（高铭暄）。

2. 不满十八岁的人不能判处死缓。专家一致认为修改稿第四十八条规定不满十八岁的人犯罪，不适用死刑，但又规定“已满十六岁不满十八岁的，如果所犯罪行为特别严重，可以判处死刑缓期二年执行”。死缓不是一个独立刑种，只是死刑执行的一种方式。这与不适用死刑的规定是矛盾的，而且我国参加的国际公约也规定对未成年人不适用死刑，因此，建议删去对未成年人可以判处死缓的规定。

3. 罚金刑服劳役。有的专家认为，对于被判处罚金的犯罪分子，经强制执行仍不缴纳罚金的，可以易服劳役，修改稿的规定基本可以，但不得超过五年，时间太长，建议改为一年。(高铭暄)

4. 应当增设剥夺资格刑，对有些利用职业犯罪的，应当剥夺其从事该职业的资格。（曹子丹、单长宗）

（九）关于刑罚的具体运用

1. 量刑的原则。专家一致认为修改稿第六十一条规定的量刑原则，只是客观方面的要素，而对犯罪人主观方面考虑不够，同主客观统一的原则不一致。对犯罪分子确定刑罚，应当体现刑罚个别化的精神。建议增加有关犯罪分子的一贯表现、认罪态度等个人方面的规定。

2. 酌情减轻处罚。修改稿第六十三条将不具有法定减轻情节，但法院可以根据案件的具体情况，在法定刑以下判处刑罚的规定删掉了。有的专家提出，酌情减轻处罚的规定，虽然在实践中存在许多问题。但不宜删去。因为现实情况十分复杂，删去以后可能会遇到一些情况不好处理，特别是一些政治性的犯罪的处理，缺乏灵活性。为了防止滥用，严肃执法，建议增加规定由高级人民法院审判委员会决定，从程序上加以限制。（单长宗、曹子丹）

3. 累犯。有的专家提出，累犯应当包括刑罚执行期间又犯的。（单长宗）

第六十五条"或者赦免"四个字不能删去，否则，是否意味着我国今后不再搞特赦了？赦免与执行完毕不同。刑法虽然没有规定特赦，但宪法有规定，写上没有什么坏处。（高铭暄）

4. 自首。有的专家提出，自首处罚原则中还应当包括减轻处罚，否则从轻处罚直接到免除处罚，中间缺一块。原来的规定比较严密。（高铭暄）

5. 数罪并罚。有的专家提出，修改稿第七十条规定的刑罚执行完毕以前又犯罪的，对新犯的罪从重作出判决的"从重"没有必要，因为规定这种情况应当合并执行，已经是从重了。（高铭暄）

6. 缓刑。有的专家提出修改稿第七十三条增加规定的严重危害社会治安的犯罪分子不适用缓刑不合适。因为缓刑本身是对判处三年以下的轻罪适用的，严重危害社会治安的犯罪，不可能判三年以下，对于情节较轻或有从轻、减轻情节，判三年以下有期徒刑或者拘役的危害社会治安的犯罪，不再危害社会的，一律不能适用缓刑，不太妥当，建议删去。

7. 减刑。有的专家提出，修改稿将"经过一次或者几次减刑"修改为"对同一犯罪分子只能减刑一次"，不利于鼓励犯罪人认真改造和服刑，减刑是监狱奖励罪犯的最好手段。减刑的次数虽多，但每次减刑的幅度小，很有利于罪犯改造。建议不作这样修改。（高铭暄、王作富）

8. 假释。修改稿第七十八条将适用假释的对象改为只限于被判处有期徒刑的犯罪分子。有的专家提出，无期徒刑犯不能适用假释，与新修改的刑诉法、监狱法不一致，因此，建议对被判无期徒刑的还应当可以假释，只是条件可以规定严格些，如从原来的实际执行十年以上，改为十五年（储槐植）。对于特殊情节不受挂靠刑期限制的规定还应当保留，为防止滥用，应当加以限制，增加规定由高级人民法院批准。（单长宗）

另外，第七十一条、七十八条中的"不致再危害社会的"，不宜改为"危害社会治安秩序"，因为犯罪的社会危害性不仅限于社会治安，缓刑、假释的不致再危害社会，指的范围都比社会治安要宽得多，因此，应当维持原来规定。

第二部分　对《刑法分则修改草稿》的意见

一、对危害国家安全罪一章的修改意见

（一）草稿第一条、第二条、第三条规定的都是"阴谋"犯罪。有的专家认为，阴谋作为犯罪构成，在国际上是很少见的，一般来说，阴谋属于犯罪预备甚至早期预备。这三条规定与本章其他规定在罪状上有重复，在刑罚上显得不协调，建议第一条删去"阴谋"；第二条、第三条也去掉"阴谋"，并对罪状作出具体表述，如第二条可修改为："以暴力或者其他方法篡夺国家权力"。

（二）草稿第七条规定："以挑动民族纠纷或者其他方法，有组织地进行民族分裂活动的，对首要分子或者其他罪恶重大的，处十年以上有期徒刑、无期徒刑；危害特别严重、情节特别恶劣的，可以处死刑，并处没收财产。"专家们认为，这一条的规定与其他条文的规定重复，对于这一类的犯罪，可以适用本章第三条阴谋分裂国家、破坏国家统一罪，第四条组织、领导图谋颠覆人民民主专政政权、推翻社会主义制度或者分裂国家、破坏国家统一的集团罪，第八条持械聚众叛乱罪和第十一条煽动罪来处理；这一条虽然是针对当前的形势而制定的，但这样规定在政治上可能会产生一些消极的效果。建议删去这一条。

（三）草稿第十一条规定："有下列宣传煽动活动之一的，处五年以下有期徒刑、拘役、管制或者剥夺政治权利；首要分子或者其他罪恶重大的，处五年以上有期徒刑：（一）煽动颠覆人民民主专政政权、推翻社会主义制度的；（二）以制造谣言、诬陷国家领导人的方法煽动推翻政府的；（三）煽动分裂国家或者民族分裂，破坏国家统一的；（四）煽动群众暴力抗拒国家法律实施的。"专家们认为，第二项的规定弹性太大，适用时很容易扩大化，不利于民主政治建设。对于以推翻政府为目的制造谣言诬陷国家领导人，情节严重的行为，可以适用第一项的规定来处理。建议删去第二项。同时认为，第四项规定的内容也比较广泛，与阻碍公务、抗税、抗拒人民法院判决、裁定执行的行为不好区分，建议修改为："煽动群众暴力抗拒国家法律实施，危害国家安全的"。

二、对危害公共安全罪一章的修改意见

（一）关于过失犯罪的规定。专家们认为，刑法分则的章节通常是按照犯罪客体来划分的。本章的同类客体是公共安全，即不特定多数人的生命、财产安全。无论是故意犯罪，还是过失犯罪，只要危害的是公共安全，都应当规定在

这一章中。因此，建议将分则第二章中已经移走的过失犯罪的条款，都移回来，包括交通肇事罪、重大责任事故罪以及其他过失犯罪的条款。

（二）草稿第一条规定放火、决水、爆炸或者以其他危险方法破坏工厂、矿场、油田……公共建筑物或者其他公私财产、危害公共安全，尚未造成严重后果的，处三年以上十年以下有期徒刑。第二条规定放火、决水、爆炸、投毒或者以其他危险方法致人重伤、死亡或者使公私财产遭受重大损失的，处十年以上有期徒刑、无期徒刑或者死刑。专家们认为，这两条规定的罪名是相同的，区别只是犯罪造成的后果不同，第一条对犯罪对象进行了列举，犯罪对象是否列举不影响犯罪构成，而且也列举不全，建议将第一条、第二条合并，在体例上更加科学。

（三）关于草稿第一条、第二条中规定的“其他危险方法”。有些专家建议删去。理由是：（1）根据罪刑法定原则，法律规定应尽量严格规范，用语准确；（2）随着这些年来刑法规范的不断完善，制造、销售假酒、假药劣药的犯罪刑法中都已规定，对私设电网的行为可以适用过失杀人罪的规定处理，对开车撞人的行为可以适用杀人罪的规定处理，删去“其他危险方法”不影响对犯罪行为的打击；（3）国外没有这样的规定，实践中也没有出现什么问题。

（四）关于草稿第三条、第四条和第六条破坏交通工具、交通设备方面的犯罪的规定。专家们认为，第三条、第四条具体列举了交通工具、交通设备的种类，第六条中则直接规定破坏交通工具、交通设备，体例不一致，给确定罪名造成了困难，第三条、第四条的列举也不全面。建议第三条直接规定破坏交通工具，第四条直接规定破坏交通设备，并将第六条的相关规定纳入到第三条、第四条，分别作为第二款加以规定。

（五）草稿第九条至第十二条对违反枪支、弹药、爆炸物、管制刀具管理规定的几种犯罪作了具体规定。关于这几条规定是否都应规定在本章中，专家们有两种意见：（1）草稿第十一条规定的非法持有、私藏枪支、弹药的行为和第十二条非法携带枪支、弹药、爆炸物、管制刀具进入公共场所或者乘坐公共交通工具的行为，属于妨害社会管理秩序的行为，这种行为对公共安全没有现实的危害或危险，建议移到第六章“妨害社会管理秩序罪”中，并将第十二条的规定与草案第六章第一节第五条规定的携带武器、管制刀具或者爆炸物参加集会、游行、示威罪加以合并；（2）枪支、弹药、爆炸物本身具有很大的危险性，对群众的心理威胁很大，枪支、弹药、爆炸物的管理是治安管理的重要内容，规定在本章中比较合理。

（六）关于草稿第六章第五节规定的采集、供应不洁血液，造成危害后果、传播甲类传染病等危害公共卫生方面的犯罪。专家们认为，这些行为都是危害不特定人的生命健康，属于危害公共安全罪，应当移到本章中加以规定。

三、对破坏社会主义经济秩序罪一章的修改意见

关于破坏社会主义经济秩序方面的犯罪，与会专家认为，近年来立法机关陆续制定了一系列的决定、补充规定，对这些刑事立法的内容应吸收到刑法中来。同时提出，在建立市场经济过程中，在经济领域里出现了许多新的情况和问题，情况比较复杂，哪些行为应当规定为犯罪，罪与非罪的界限应当如何划分，还需要进一步研究。同时，就征求意见稿破坏社会主义经济秩序罪一章的规定提出了一些修改意见。

（一）关于对投机倒把罪的修改

法律专家们一致认为，目前在实践中将投机倒把罪作为对一些以非法牟利为目的经济活动治罪，或者作为对刑法没有规定死刑而需要判处死刑的经济性犯罪经常适用的一个口袋是不合适的。目前我国的经济体制和经济情况与1979年制定刑法时相比有根本性改变，在市场经济条件下，什么是投机倒把已很难界定，应当在取消投机倒把罪这一罪名的同时把建立市场经济过程中原来的投机倒把罪中包含的一些危害严重的扰乱市场管理秩序的行为分别规定罪名。

专家们对于征求意见稿第三章专设扰乱市场秩序罪一节分解投机倒把罪，并在意见稿中将倒卖国家禁止自由买卖的重要物资，非法倒卖烟草等专营、专卖物品，伪造、变造、买卖国家有关主管机关签发的许可证、批准文件，情节严重的行为规定为犯罪，基本表示同意，并对一些具体问题提出了一些修改意见：

1. 有的专家提出，目前专营、专卖的情况比较复杂，哪些商品专营也不清楚，建议将征求意见中“违反国家有关规定，非法买卖烟草等专卖、专营物品”修改为“违反法律、法规，倒卖国家限制自由买卖的物品”。（王作富）

2. 有些专家认为，将倒卖许可证、批准文件的行为规定为犯罪是必要的，但目前国家有关主管机关签发的许可证、批准文件，范围很广。刑法在扰乱市场秩序罪一节中应主要管那些倒卖直接海生产、经营活动有关的许可证和批文的行为，因此，建议把“伪造、变造、买卖国家有关主管机关签发的许可证、批准文件”修改为“伪造、变造、买卖国家经贸机关签发的生产、经营许可证、批准文件”。（王作富、单长宗）

3. 有些专家提出，将“非法囤积人民生活所必需的商品，拒不出售或者哄抬物价，牟取暴利，情节严重的”规定为犯罪，具体是指什么情况，不清楚。在市场经济条件下，“囤积”行为是非法还是合法的界限不好划；“人民生活必需的商品”范围极广难以确定；“哄抬物价，牟取暴利”的界限也很难界定。在这种情况下，对这种行为目前可不作为犯罪。（高铭暄、王作富）

4. 有的专家提出，非法倒卖车票、船票、飞机票等有价票证行为主要是管理问题，应通过行政手段解决，不一定要作为犯罪处理（马克昌）。也有的专家认为，如果要定为犯罪，“有价票证”应仅限于“乘坐交通工具的票证”，不要再扩大范围。（单长宗）

专家们一致认为，对投机倒把罪分解成的各种具体罪名，不宜再规定死刑。

（二）关于商业贿赂犯罪如何规定

专家们认为对经营者在商业活动中进行贿赂的犯罪作出规定是必要的，同时有些专家提出，不仅应对行贿作规定，还应对在商业活动中的受贿行为也在这里作出规定（高铭暄、王作富、曹子丹）。同时提出，商业贿赂的犯罪应与国家工作人员贿赂犯罪，公司、企业人员贿赂犯罪统盘考虑。对不同的贿赂罪在主体和行为上要划分清楚，贿赂的内容是限定于财物贿赂，还是扩大到其他财产性利益需要进一步研究（高铭暄、王作富、单长宗、曹子丹）。有的专家建议，也可考虑把各种行贿受贿行为都规定在一起。（高铭暄、王作富）

（三）关于生产、销售一般伪劣商品犯罪定罪量刑的标准问题

有的专家提出，将违法所得的数额作为生产、销售一般伪劣商品定罪量刑的唯一标准，在理论和实践上都有不同认识，这里的违法所得是指非法获利额、经营额还是指预期的利润，不清楚，在实践中也不好执行。对一些违法所得数额不大，但社会危害性很大的行为无法定罪处罚（单长宗）。建议明确规定为“非法获利额”（王作富）。也有的专家认为，对于违法所得数额不大或者查不清的，由工商行政管理部门给予行政处罚也可以（高铭暄）。关于要不要明确规定违法所得具体数额的问题，有的专家提出还是不规定具体数额更加灵活，也可以保持法典稳定性（曹子丹）。也有的专家认为规定具体数额实践中容易掌握（高铭暄）。

（四）关于对破坏社会主义经济秩序的犯罪的处罚

专家们一致认为，对于破坏社会主义经济秩序的犯罪的死刑罪名应当大幅度地减少，因为这类犯罪与危害国家安全的犯罪、暴力犯罪的危害是不同的，从罪刑相适应的角度出发，除走私毒品、武器、珍贵文物、伪造货币，在食品中掺入有毒、有害的非食品原料等犯罪可考虑适当保留死刑外，对其他破坏社会主义经济秩序的犯罪不必规定死刑，要坚持我国对死刑的适用一向采取的“慎用、少杀”政策，可针对破坏社会主义经济秩序的犯罪的特点，采取延长刑期，经济上重罚等对策，这也是世界各国通行的作法。实践证明，对这类犯罪死刑的作用也是有限的。另外，从对社会的影响，对犯罪分子亲友的影响，刑罚的经济原则等方面考虑，对破坏社会主义经济秩序的死刑罪名也应大大减少。（高铭暄、王作富、马克昌、单长宗、储槐植、曹子丹）

（五）关于破坏环境和自然资源的犯罪

有的专家提出，对于这类犯罪主要应当划清罪与非罪的界限，一般的过失行为不要规定为犯罪，可以通过行政手段解决（高铭暄）有些专家建议将这类犯罪单独规定一章。（高铭暄、王作富、马克昌）

四、对侵犯公民人身权利、民主权利罪一章的修改意见

（一）关于故意杀人罪

草稿第二条规定：“故意杀人的，处死刑、无期徒刑或者十年以上有期徒刑。

生母溺婴或者故意杀人有其他较轻情节的，处三年以上十年以下有期徒刑。”

单长宗认为，规定故意杀人有较轻情节的处三年以上十年以下有期徒刑，符合实际需要，实践中有灵活掌握的余地。如有的义愤杀人，处十年以上太重，就可依照这一档刑来处罚。

关于生母溺婴，王作富、单长宗提出，考虑到生母溺婴的情况比较特殊，不宜在故意杀人罪中规定，可单独规定一个溺婴罪，国外法律对溺婴罪一般都是单独规定的。王作富还提出，对出生后多长时间算是婴儿，应当明确规定。

（二）关于过失致人死亡罪

草稿第三条规定：“过失致人死亡的，处五年以下有期徒刑；情节特别恶劣的，处五年以上有期徒刑。”

马克昌认为，把过失杀人罪改为过失致人死亡罪，比较准确，日本的法律、我国台湾地区的相关规定都是规定过失致人死亡罪。

高铭暄提出，过失致人死亡情节特别恶劣的，处五年以上有期徒刑，最高刑是十五年，重大责任事故犯罪的最高刑只有七年，而重大责任事故犯罪往往造成许多人伤亡，危害后果比过失致人死亡罪大得多，二罪的法定刑不平衡。

（三）关于故意伤害罪

根据草稿第四条第二款规定，故意伤害他人身体，致人死亡或者情节特别恶劣的，处十年以上有期徒刑、无期徒刑或者死刑。

马克昌、高铭暄、单长宗认为，故意伤害罪不宜规定死刑。主要理由是，无论是主观故意还是客观后果，故意伤害罪与故意杀人罪有很大的不同，伤害毕竟还不是杀人，过去是杀人偿命，而不是伤害偿命。如果都规定死刑，就没有区别了，这样不妥。从国外的法律规定看，对伤害罪没有规定死刑。

（四）关于绑架罪

草稿第七条规定：“绑架他人的，处十年以上有期徒刑、无期徒刑，并处罚金或者没收财产；致使被绑架人死亡或者杀害被绑架人的，处无期徒刑或者死刑，并处没收财产。”

单长宗提出，绑架他人的动机情况很复杂，有勒索财物的，有清讨债务的，有出卖人口的，也有政治性原因等，在处刑上不作区别，都笼统规定为绑架罪不妥。

高铭暄认为，严格意义上的绑架罪，就是指绑架勒赎犯罪，必须是以勒索钱财为目的。不分犯罪动机、目的，简单规定一绑架罪，实际上把一些非法拘禁的犯罪也包括进来，如为了讨债绑架他人的，以前按非法拘禁罪处，现在这样规定，起刑就是十年，实践中行不通。储槐植介绍，美国一些州法律，把绑架作为非法拘禁的加重情节。

马克昌还提出，绑架罪主要是以勒索财物为目的，与抢劫罪很相近，可在侵犯财产罪一章规定。

（五）关于拐卖人口罪

单长宗提出，草稿第八条只规定拐卖妇女、儿童罪，完全取代了拐卖人口罪，对拐卖妇女、儿童以外的人的犯罪，就不好处理。在实践中，也有拐男子当劳动力的情况。建议还是规定拐卖人口罪，对拐卖妇女、儿童的，可以从重处罚。

（六）其他

1. 草稿本章第一条规定："保护公民的人身权利、民主权利和其他合法权利，不受任何人、任何机关非法侵犯。违法侵犯情节严重的，对直接责任人员予以刑事处分。"专家们一致认为，这一条规定只是宣告性条款，没有实际定罪处罚内容，应当删去。

2. 王作富提出，草稿第十二条规定猥亵罪的对象只限于妇女过窄，要把猥亵儿童的也规定进来。

3. 王作富、储槐植提出，草稿第十四条规定的强迫他人出卖自己的身体器官罪，是法条竞合，实践中直接以伤害罪处罚没有问题，这里可不作规定。

五、对侵犯财产罪一章的修改意见

（一）增加规定一些新的侵犯财产罪

有的专家认为，应把"将自己代为收管的他人财物非法占为己有"或者"将他人的埋藏物或者遗失物、遗忘物非法占有"，数额较大的，规定为犯罪。（高铭暄、马克昌）

有些专家提出，应在侵犯财产罪一章中规定绑架勒赎罪，而不要把这种行为笼统地规定到绑架罪中。（高铭暄、曹子丹）

有的专家主张增加海盗罪（曹子丹），但也有的专家认为，海盗罪的危险首先在于危害了公共安全，如果要增加规定海盗罪应纳入危害公共安全罪一章中。（高铭暄）

（二）建议删去对盗窃罪死刑的规定

专家们一致认为，对盗窃罪不应判处死刑。有的专家提出，第一，从古今中外的法律规定看，对盗窃罪一般都没有规定死刑。第二，盗窃罪判死刑与其他犯罪的处刑不平衡。如与抢夺罪相比，抢夺罪性质比盗窃严重，却没有死刑；与贪污罪相比，国家工作人员利用职务或者工作上的便利进行盗窃，不算盗窃算贪污，起刑点比盗窃罪高出好几倍，而最高刑却一样。定罪量刑很不平衡。可考虑，删去盗窃罪的死刑。保留贪污罪的死刑，以体现对国家工作人员利用职务盗窃从重处罚的原则。第三，盗窃罪是秘密窃取他人财物，并不危及到人的生命、健康。从这类犯罪的社会危害性看也没有必要判死刑。（高铭暄）

六、对妨害社会管理秩序罪一章的修改意见

（一）关于组织黑社会组织犯罪

对是否要规定此罪，有两种意见：高铭暄、王作富、马克昌、单长宗认为暂不宜规定。主要理由是，"黑社会"一词是社会管理学上的概念，不是刑法学概念，在刑法中应当以行为定罪。任何犯罪组织，都有具体的犯罪行为，实践中能够根据其罪行来定罪处罚。相反，即使规定此罪，如果没有或者无法查明罪证，也不能认定是犯罪组织，还是处理不了。目前，我国开始出现了一些带有黑社会性质的犯罪组织，但对这类组织的情况和特征，认识还很不清楚、很不一致，因此，规定组织黑社会组织犯罪的条件和时机还不成熟。储槐植、曹子丹则认为，我国黑社会性质的犯罪组织不断出现，境外黑社会势力日益向境内渗透，同这类犯罪组织作斗争的形势已十分严峻，规定一条是很有必要的。美国、意大利、日本等国的法律都已有这方面的规定。这次修改刑法，最好能解决这个问题，否则，将来专门搞单行法更困难。

对本章第一节第二条关于组织黑社会组织犯罪的规定，专家们认为不够准确，需要进一步研究。马克昌提出，黑社会组织的特征主要是四个方面：一是组织严密；二是实施多种犯罪；三是控制一定的经济组织；四是渗透到国家政权机关。在规定时要把握这些特征。王作富提出，本条规定的刑罚太重，不要规定死刑。

（二）关于流氓犯罪

修改草稿对刑法第一百六十条规定的流氓罪作了分解规定，主要分解规定为猥亵妇女、扰乱社会秩序、聚众扰乱公共场所秩序、聚众斗殴、聚众淫乱等犯罪。关于对流氓罪作分解规定，专家们一致赞同，分解规定方案也基本可行。高铭暄、王作富提出，流氓罪分解规定后，出现一些空白，主要是流氓寻衅滋事和侮辱妇女，现在规定的条文不能完全管住，要堵住这个缺口。曹子丹、单长宗提出，聚众斗殴犯罪不要规定死刑，致人重伤、死亡的，应当依照伤害罪、杀人罪的规定处罚。王作富认为，聚众淫乱对社会的实际危害性不大，不一定要规定为犯罪。

（三）关于聚众"打砸抢"犯罪

刑法第一百三十七条规定："严禁聚众'打砸抢'。因'打砸抢'致人伤残、死亡的，以伤害罪、杀人罪论处。毁坏或者抢走公私财物的，除判令退赔外，首要分子以抢劫罪论处。"修改草稿把刑法这一条规定移到妨害社会管理秩序一章。专家们一致认为，"打砸抢"不是法律用语，而且这些具体行为，实际上包括在伤害、杀人、抢劫、故意毁坏公私财物等犯罪中，犯什么罪就可以定什么罪，笼统规定一个聚众"打砸抢"犯罪不妥，建议删去这一规定。

（四）关于招摇撞骗犯罪

修改草稿本章第一节第十一条第二款规定："冒充国家工作人员亲属招摇撞骗，情节严重的，处三年以下有期徒刑、拘役、管制或者剥夺政治权利。”王作富提出，这一款规定不妥。理由是：刑法第一百六十六条冒充国家工作人员招摇撞骗罪，主要是为了维护国家机关的形象规定的；冒充其他身份的情况很多，既可以冒充亲属，也可以冒充朋友等等，危害程度相对要小一些，不宜规定冒充国家工作人员亲属招摇撞骗犯罪。

（五）关于非法结社犯罪

有的部门、同志建议规定一个非法结社罪。高铭暄、马克昌提出，从保障公民权利的角度出发，不宜规定非法结社罪。非法结社的情况比较复杂，如果仅仅违反有关登记管理，行政处罚即可；如果非法结社后进行违法犯罪活动，可以依法处理，对于组织、领导图谋颠覆人民民主专政政权、推翻社会主义制度或者分裂国家、破坏统一的集团的犯罪，危害国家安全罪一章中已作了规定。

（六）关于“加处”刑罚的规定

本章第二节第八条规定：“依法被关押的罪犯、犯罪嫌疑人脱逃的，加处五年以下有期徒刑或者拘役。以暴力方法脱逃的，加处五年以上十年以下有期徒刑。”第十一条规定，依法被关押的罪犯，破坏监管秩序，情节严重的，加处三年以下有期徒刑。关于“加处”规定，专家们提出，“加处”是否绝对相加，要不要受刑法第六十四条规定的“有期徒刑不能超过二十年”的限制，在实践中很有争议，因此，“加处”规定不妥，建议规定一个法定刑，适用数罪并罚的原则。

（七）关于故意传播、扩散传染病犯罪

本章第五节危害公共卫生罪第一条规定：“以采集、供应不洁血液、投放传染病菌种、毒种或者其他方法故意传播、扩散传染病，情节严重的，处七年以下有期徒刑或者拘役；造成传染病流行或者致人死亡、重伤或者情节特别严重的，处七年以上有期徒刑、无期徒刑或者死刑。”王作富、高铭暄、曹子丹、马克昌认为，本条规定的行为实际上是“以其他危险方法危害公共安全”的行为，可以依照危害公共安全罪的有关规定定罪处罚，这里可以不作规定。

（八）关于组织他人卖淫犯罪

本章第七节第一条规定：“组织他人卖淫的，处十年以上有期徒刑或者无期徒刑，并处一万元以下罚金或者没收财产；情节特别严重的，处死刑，并处没收财产。”高铭暄、储槐植、马克昌提出，从组织卖淫罪的起刑点为十年以及对情节特别严重的绝对处死刑来看，这个罪是刑法规定的第一重罪，可见，这不是理智立法，是感情立法。建议降低起刑点，也不要规定死刑。

（九）关于重大责任事故犯罪

专家们一致认为，重大责任事故犯罪虽然是过失犯罪，但侵犯的客体是不特定的多数人和公私财产，性质上还是危害公共安全犯罪，应当规定在危害公共安全罪一章。

（十）其他

1. 单长宗、王作富认为，规定携带“管制刀具”参加集会、游行、示威即构成犯罪不妥，应当删去“管制刀具”四字。

2. 高铭暄、王作富、马克昌提出，企业事业单位、人民团体的印章的重要性不一定亚于国家机关的印章，应予同等保护，刑法原条文没有问题，建议基本不要改。

3. 高铭暄、单长宗提出，对窝藏、包庇危害国家安全的犯罪分子不要单独另写一款，如果觉得窝藏罪、包庇罪法定刑轻了，起刑可以都规定为三年以下。

4. 高铭暄提出，聚众劫狱和组织越狱还是规定在一条好，可以减少一个死刑。王作富提出，组织越狱可改为暴动越狱，实际上是脱逃的一种形式，规定为一罪即可。

5. 曹子丹、储槐植提出，强迫他人卖淫罪也可以考虑不规定死刑。高铭暄、储槐植提出，强奸罪应当比强迫他人卖淫罪重，强奸后强迫卖淫的，应当规定数罪并罚。

七、对妨害婚姻家庭罪一章的修改意见

1. 建议根据司法实践，将最高人民法院核准的关于通奸引起严重后果的类推案件纳入刑法，但要严格控制范围，只限于产生死亡后果的（单长宗）。方案是：“因通奸破坏他人婚姻家庭，引起死亡后果的，处二年以下有期徒刑或者拘役。”（高铭暄）

2. 有的专家提出为稳定军心，保护军婚，建议增加规定，“与现役军人的配偶通奸，造成军婚破裂危险，情节严重的，处二年以下有期徒刑或者拘役。”

3. 对长期同居的事实婚的认定问题应当有明确规定，长期同居以夫妻关系共同生活的，应以婚姻关系论。

4. 对以收养为目的拐骗儿童的，应当在此章中加以明确，以区别于拐卖妇女、儿童罪，建议保留原刑法第 184 条的规定。

八、对渎职罪一章的修改意见

1. 建议增加滥用职权的罪名，滥用职权是一种间接故意的作为，比玩忽职守的主观恶性大，所以在处刑上应比玩忽职守重一些，建议规定到七年有期徒刑。（高铭暄、王作富、单长宗）

2. 律师、医务人员等行业人员违反职业义务的行为，规定在哪一章有两种办法，一是将各种行为分别规定到各章，如“邮电人员”到“妨害通信自由”，“律师”到“妨害司法”等，二是将章名改为“渎职罪、违反职业义务罪”，对

非国家工作人员违反职业义务的行为，如邮电、律师、会计、审计、银行贷款、评估、金融机构、保险、公证、医务等行业人员集中规定。（储槐植、曹子丹、高铭暄）

3. 建议贪污罪、贿赂罪放到此章中，单独作为一节，因为贪污罪、贿赂罪本身就是国家工作人员的一种渎职行为，节名为：第一节贪污罪、贿赂罪，第二节其他渎职罪。

4. 建议对在海上出现险情，有条件救助而不救助情节恶劣的定罪处刑。（单长宗、高西江）

5. 建议对“行政执法人员”进行界定，否则行政执法的人员太多，范围太广，不利操作。（王作富、马克昌）

九、对贪污罪、贿赂罪一章的修改意见

（一）关于贪污罪、贿赂罪的主体

关于贪污罪的主体，专家一致认为，贪污罪主体范围应当缩小，建议限定为国家工作人员。关于国家工作人员的范围要在总则中明确规定。关于在企业中，受国家机关、企业事业单位委派的，是否属于国家工作人员，高铭暄教授认为应当按照公务员系列管理的人员，以国家工作人员论。他们还建议在公司、企业单位管理人员侵占罪一条中增加一款规定：“国家工作人员犯前款罪（侵占罪）的，以贪污罪论处。”

关于受贿罪的主体，大家认为应当与贪污罪的主体的规定一致，只限于国家工作人员。修改稿规定的“其他从事公务的人员”不清楚，高铭暄、王作富教授建议删去这一规定。

（二）关于如何规定受贿罪

1. 对是否将“利用职务上的便利”作为受贿罪的要件问题，有两种意见：一是认为受贿是“职务行为”，而不是“职务关系”，主张将“职务便利”改为“国家工作人员实施职务行为或者允诺实行职务行为，收取他人财物的，是受贿罪”（储槐植），或者修改为“国家工作人员就其职务行为，索取或者非法收受他人财物的，是受贿罪”（马克昌）；另一种意见认为实践中收受贿赂，不一定都实施职务行为，主张维持修改稿职务便利的规定（单长宗）。

2. 对是否将“为他人谋取利益”作为受贿罪的要件问题，两种意见：一种意见主张删掉“为他人谋取利益”，只要是利用职务上的便利，索取或者非法收受他人财物的，就构成受贿罪。这样规定，更能体现对国家工作人员的严格要求（王作富）；另一种意见认为“为他人谋取利益”应作为受贿罪的要件，这样规定，才能体现受贿罪权钱交易的特征。“索取”和“非法收受”，都是受贿，都是权钱交易，因此，构成犯罪的条件不应有区别，即均应以“为他人谋取利益”为要件（高铭暄、单长宗）。建议修改为“国家工作人员，利用职务上的便利，为他人谋利，索取或者非法收受他人财物的，是受贿罪”（高铭暄）。

3. 对是否增加规定“财产性利益”问题，专家一致赞成修改稿的规定，即不明确规定“财产性利益”，理由是：现在规定的“财物”包括财产性利益，具体含义可由司法解释解决。

（三）一致建议保留原刑法规定的介绍贿赂罪

（四）关于挪用公款罪

关于本罪的犯罪主体，一些专家认为应当同贪污罪的主体一样，限定为国家工作人员。

关于挪用公款超过三个月未还的就构成犯罪的规定太严，建议改为“超过六个月未还的”。（单长宗）

建议保留原刑法126条关于挪用救灾、抢险、防汛、优抚、救济款物罪的规定，与挪用救灾、抢险等专项款物归个人使用的合并考虑。

第三部分　建议修改刑法减少死刑的意见

（一）修改刑法适当减少死刑

与会专家一致认为，从我国实际情况出发，保留死刑是必要的，是同严重犯罪作斗争的需要。但是，现行刑法典和修改刑法的决定、补充规定中规定的死刑数量太多，约有40多条，70多个罪名，还未包括惩治军人违反职责罪中的死刑。我国刑事法律中规定的死刑，与世界各国相比是最多的。因此，我国这次修改刑法，关于死刑的规定，只能在现有基础上减少，不能再增加了。主要理由是：（1）少杀、慎杀，可杀可不杀的不杀，这是我们党和毛主席一贯坚持的政策，在刑法、刑诉法中许多规定体现了这一政策，目前修改刑法，尽管社会治安形势不太好，少杀的政策仍应坚持，能减少死刑的尽量减少（王作富教授）。（2）死刑有一定威慑力，对惩治、遏制某些具体犯罪，起了一定的特殊预防和一般预防的作用。但死刑不是万能的，作用是有限的。从1983年开始严打以来，被判处死刑的犯罪分子也不少，时至今日，一些大案要案的发案数仍居高不下，这表明维护社会治安和创造一个良好的社会秩序，要靠综合治理，而靠增加死刑是不能根本解决问题的（马克昌、高铭暄教授）。（3）死刑用的过多，尤其是对于可杀可不杀的杀了，还会产生一系列的副作用：有可能使活证据灭失，有些案件就永远无法查清；杀人太多，使死刑的威慑力减弱；对可杀可不杀的杀了，失去了社会的同情，引起家属的不满等等（高铭暄、王作富、马克昌）。（4）死刑在世界各国的发展总趋势是减少和发展，死刑的减少是文明的进步。我国减少死刑，符合世界潮流，有利于我国形象（王作富教授）。

（二）对减少死刑的具体意见

与会专家一致认为，除危害国家安全的犯罪，暴力犯罪、贪污贿赂犯罪保留死刑外，一般的经济犯罪都可以不规定死刑。主要是：（1）经济价值不能与人的生命价值对等，二者的价值是不等的（曹子丹、储槐植、马克昌教授）。（2）经济犯罪不同于杀人、放火、强奸，不直接涉及群众切身利益，不规定死刑，在社会上影响不会太大，群众可以接受。西方国家减少死刑，也是首先从经济犯罪入手的（储槐植教授）。(3）外国对经济犯罪规定的处刑比较轻，如法国对诈骗罪规定的最高刑为7年监禁，盗窃罪世界各国都没有规定死刑，外国经验值得借鉴（马克昌教授）。

专家提出取消盗窃罪、金融诈骗犯罪、增值税发票犯罪、走私一般货物、物品的犯罪的死刑。其中对盗窃罪取消死刑的理由，高铭暄教授提出：(1）古今中外都没有规定死刑；(2）在我国盗窃案件发案率高，占刑事案件的60%左右，规定盗窃罪有死刑，实际判死刑的数量就会大量增加；(3）抢夺罪的危害性不比盗窃罪小，抢夺罪没有死刑，与盗窃罪处刑不平衡，因此盗窃罪应减掉死刑。

17. 在修改刑法座谈会开幕式上的讲话（摘要）

（全国人大常委会副委员长　王汉斌　1996年11月11日）

11月11日至22日，全国人大常委会法制工作委员会在北京召开大型座谈会，听取各有关方面对《刑法修订草案》（征求意见稿）的修改意见。全国人大常委会副委员长王汉斌同志出席了11月11日上午在人民大会堂举行的开幕式并作了重要讲话。

王汉斌同志说，这次修改刑法，主要有几个想法：一是要制定一部统一的、比较完备的刑法典。二是应当保持法律的连续性和稳定性，对刑法原有的规定原则上没什么问题的，尽管不很完善，也尽量不作修改。三是要力求规定得明确、具体。对一些原来规定比较笼统、原则的，要尽量具体化。要把犯罪行为研究清楚。

对总则部分，王汉斌同志谈了以下意见：(1）关于减刑。原来规定是确有悔改或者立功表现，可以减刑。悔改到底是什么标准，如何掌握，很不清楚。法院判决是很严肃的事，应当得到尊重和执行，不能随便减刑；而且，判决既然是罪刑相适应，判多少年就得执行多少年，不能随便减刑。(2）关于时效。原来规定对犯罪分子经过一定年限可以不再追究，犯杀人罪的过了20年也可以不再追究。现在规定对依法应当判处10年以上有期徒刑、无期徒刑、死刑的，不受追诉时效的限制。有的同志提出，作出这样的限制不妥。这个问题提出来，请大家研究。(3）关于法院可以在法定刑以下处刑问题。刑法原第59条第2款的规定，现在看起来是有问题的。主要是判刑的轻重没有具体的标准，容易出现流弊。既然规定罪刑法定，就得在法律规定的法定刑内判刑。法外又有法的办法是不可行的。请大家考虑。(4）关于违法所得问题，高检、高法解释不一样，在执行中发生一些问题。一种意见是按违法经营总额计算，另一种意见是算非法利润。到底怎么规定好，请大家研究。(5）关于正当防卫。我感到刑法原来的规定太笼统；在实际掌握中出现不少问题，主要是对防卫过当处理面太宽。对正当防卫问题，要站在保护被害人的利益，鼓励见义勇为以及适应公安干警抓捕犯人的实际需要的角度和立场上来看问题，作出相应的规定。(6）关于剥夺资格刑。规定对某些犯罪剥夺某种资格，实践中比较难办。能否考虑倒过来规定，即规定担任某种资格前，必须登记刑事犯罪记录。不如实申报，就不能任职。国外有这样的做法。我们能否也研究一下，这样的办法对于预防犯罪是否会有积极的作用。

对分则部分，王汉斌同志谈了以下意见：(1）关于三个“口袋罪”问题。即渎职罪、流氓罪、投机倒把罪，实践中执法的随意性很大。这是首先要研究解决的问题。现在的草案将这几个罪分解了，大家看看行不行。(2）关于贪污贿赂罪问题。一是主体问题，原则上是国家工作人员包括国有企事业单位的人员还是只是国家机关工作人员，对企业人员犯罪的，一律按侵占罪来定。现在国有企业的负责人侵吞财产的情况非常严重，如果定侵占罪，就处理轻了。二是将“公共财产”改为“国家财产”。高检认为还是应当保持原来“公共财产”的规定。请大家讨论研究。(3）关于量刑问题。一是，总的考虑，经济犯罪处刑要轻一点，可以经济处罚重一些，甚至罚得他倾家荡产；暴力性犯罪处刑要重。渎职犯罪处刑也要适当加重。二是，量刑要统一平衡。三是，关于死刑问题。减少死刑问题，现在条件不太具备，等将来治安形势根本好转、时机成熟时再来研究是否更好？当然，最后还是要减少死刑的。能减少几个算几个。(4）关于新罪名问题。这次修改刑法，要尽可能做到完备。实践中认为应当追究刑事责任的，特别是司法解释已作出规定的，尽量研究作出规定。关于计算机犯罪，草案写了两条，要继续研究，写清楚。关于黑社会犯罪，在我国，十分严重的、典型的黑社会犯罪还没有出现，带有黑社会性质的犯罪集团已经有了，横行乡里、称霸一方，欺压残害百姓的有组织犯罪经常出现。对这类犯罪一定要坚决打击，一定要消灭在萌芽状态。这次对有黑社会性质的犯罪一定要作出规定。现在草案第261条的规定，我觉得还不够，对参加有组织犯罪的骨干分子和积极分子，也要追究。只要组织、参加黑社会性质的有组织犯罪，不管其具体行为是否构成犯罪，都要判刑。

（选编自公安部修改刑法领导小组办公室1996年11月23日编《修改刑法工作简报》第29期）

18. 中央有关部门、地方及法律专家对刑法修订草案（征求意见稿）的意见

（全国人大常委会办公厅秘书局　1996 年 12 月 26 日印）

［八届全国人大常委会第二十三次会议　参阅资料（五）］

根据八届全国人大常委会的立法规划，全国人大常委会法制工作委员会在广泛征求有关部门意见的基础上，起草了刑法修订草案（征求意见稿），于今年 10 月初，印发中央有关部门和各省、自治区、直辖市、较大的市及一些法律院校征求意见。11 月中旬，法制工作委员会邀请中政委、中纪委，中央公、检、法、司法、国家安全部门和国务院其他有关部委，15 个省、自治区、直辖市人大，地方公、检、法部门及法律专家，召开座谈会，对征求意见稿进行了讨论。之后，又对一些专业性比较强的问题，专门邀请有关主管部门进行专题性的研究，征求意见。现将各地、各部门及法律专家对征求意见稿的修改意见简报如下：

有的部门和地方认为，征求意见稿的基础比较好，符合中国的客观实际和基本国情（最高检察院），征求意见稿吸收了刑法实施以来全国人大常委会通过的有关刑法的补充规定和决定，内容翔实具体，结构比较完整，是适应建立社会主义市场经济体制和打击犯罪、惩治腐败、维护社会安定的需要的（山西、河南、青海）。

也有一些部门、地方和法律专家认为，现在修改刑法的时机不很成熟。目前处于改革变化时期，不断出现新情况、新问题，有些问题是暂时性的，有些问题一时还看不准，要规定到基本法中去，应充分研究，不可仓促（福建、中国法学会）。现在全国处于“严打”时期，在现阶段修改刑法，势必普遍加重刑罚。刑法是国家的基本法，不能搞成“严打”的刑法（中国法学会、法学教授杨春洗、杨敦先、储槐植、马克昌）。

有的部门和地方提出，修改刑法，不能只是将有关刑法的补充规定和决定简单地并到刑法中去。刑法应当保持稳定性，对犯罪的规定可以概括些、原则些。单行刑事法律对犯罪就规定得比较详细、具体，往往是针对一种犯罪作出详尽地规定，有时为了在某一段时期突出重点，打击犯罪，可能加重刑罚，这些都是正常的。但是，如果要将单行刑事法律的内容吸收到刑法中去，就应当进行必要的整理、编纂，有些还要进一步论证，不能采取简单并入的方法（山西、中南政法学院）。

有些地方提出，征求意见稿的条文比较粗糙、零乱，量刑过于简单，与所期望的差距甚大，建议进一步加强研究（河南、青海）。

一些地方和法律专家们对征求意见稿中的死刑规定提出意见，认为死刑条款过多。目前国际上的发展趋势是减少死刑、控制死刑，这个问题不能不考虑。建议适当减少征求意见稿中规定的死刑（北京、上海、黑龙江、安徽、甘肃、宁夏、青海、深圳、法学教授杨春洗、高铭暄、胡云腾、马克昌、何秉松、苏惠渔等）。

一、关于总则

（一）关于刑法的基本原则

各部门、地方和法律专家普遍赞成征求意见稿第 11 条规定的罪刑法定原则和第 60 条规定的对任何人犯罪，在适用法律上人人平等原则以及罪刑相适应原则。同时提出为了突出刑法基本原则的重要性，应当将这几条原则合在一起，在总则第一章中规定。另外，有的部门和地方建议再增加规定“罪责自负不株连”原则（最高法院、上海、北京大学）；“主客观相一致”原则（最高检察院、江西）；“教育与改造相结合”原则（最高检察院）。有些部门和地方建议将征求意见稿第 1 条中规定的“惩办与宽大相结合”原则移后，与其他基本原则规定在一起。因为第 1 条规定的是刑法的立法根据，“惩办与宽大相结合”只是诸原则之一，将这一原则突出规定在第 1 条中不妥（最高法院、电力部、上海、山东、陕西、中国法学会、北京大学）。也有些法律专家认为，“惩办与宽大相结合”是我国的刑事政策，而不是刑法原则，建议仍恢复原刑法“政策”的提法，仍规定在第 1 条中（法学教授王作富、陈兴良、苏惠渔、樊凤林）。

（二）关于刑法的适用范围

征求意见稿第 4 条规定：“中华人民共和国公民在中华人民共和国领域外犯本法规定之罪的，适用本法，但是按本法的最高刑为三年以下有期徒刑的，可以不予追究。”有的地方提出，对本国人在国外的行为，尤其是长期居住在国外的我国侨民，除危害本国国家利益和安全构成犯罪的应一律适用本法外，如果依照行为地法律不认为是犯罪的行为，不应适用本法。征求意见稿第 4 条的规定过于严苛，建议恢复刑法原第 4 条和第 5 条的规定。对于我国公民在境外实施的危害我国国家安全和利益的犯罪以及其它一些特定的犯罪，应当适用本法。对于其它犯罪，如果按照犯罪地的法律不受刑事处罚的，不适用本法（天津）。

（三）关于未成年人犯罪问题

征求意见稿第 15 条规定，我国负刑事责任的最低年龄是 14 岁。有的地方提出，鉴于目前犯罪逐渐低龄化的趋势，建议将追究刑事责任的年龄降低至 12 岁或者 13 岁（宁夏）。

征求意见稿第 15 条当中规定："已满十四岁不满十六岁的人，犯杀人、重伤、抢劫、放火、惯窃罪或者其他严重破坏社会治安秩序的犯罪，应当负刑事责任"。有的部门和地方提出，这一规定的本意是将未成年人负刑事责任的范围限定在比较严重的犯罪之内，因此建议在杀人、重伤前加"故意"，以与过失犯罪区别（最高法院、上海、北京大学）。同时，这一规定中"其他严重破坏社会秩序的犯罪"范围不明确，不符合罪刑法定原则，建议以一定的法定刑为标准，确定追究刑事责任的范围（最高检察院、国家安全部、河南、武汉大学）。

有的部门和地方提出，为了有利于教育和挽救犯罪的未成年人，刑法应设专章对未成年人犯罪及其处罚原则作出规定，如具体规定未成年人犯罪的年龄，负刑事责任的范围，从轻处罚、减轻处罚以及免除处罚的条件，不适用死缓、罚金、没收财产、剥夺政治权利，以及在适用缓刑、减刑、假释的条件上适当放宽等等（最高法院、天津市高级法院、青海）。

（四）关于正当防卫

普遍认为征求意见稿中关于正当防卫的规定有积极意义，刑法对正当防卫的规定，应当有利于鼓励广大公民积极同犯罪分子作斗争，而不应对防卫人限制太严。有些部门和地方建议增加：因依法履行职务、执行命令的行为造成他人损害的，不负刑事责任（最高检察院、公安部、青海、河南）。

（五）关于单位犯罪

征求意见稿第 28 条规定："企业、事业单位、机关、团体为本单位谋取非法利益，经单位集体研究决定或者由负责人决定实施犯罪的，是单位犯罪。单位犯罪，法律有规定的才处罚"。一些部门和地方提出，这一规定过于简单，建议增加对单位犯罪的处罚原则，如对单位判处罚金，对单位的主管人员和其他直接责任人员判处刑罚（最高检察院、水利部、安徽）；有些部门、地方和法律专家提出，"机关"不宜作为单位犯罪的主体，因为国家机关的经费都是财政拨款，如果对国家机关处以罚金，将影响其履行职能，而且将国家机关作为犯罪主体，法理上也讲不通。如果某国家机关实施了犯罪行为，处罚其负责的主管人员和直接责任人员，同样可以达到惩罚、预防犯罪的目的（最高法院、天津、法学教授高铭暄、储槐植）。

有些部门和地方提出，"单位犯罪"的概念不是法律用语，建议将"单位犯罪"改为"法人犯罪"。同时规定，对非法人组织实施犯罪行为的，以法人犯罪论（最高法院、民航总局、北京、广西、河南、山西、甘肃、重庆、北京大学、法学教授何秉松、王作富）。

（六）关于刑罚的种类

有些部门和地方建议取消管制刑，认为改革开放以后，已不存在执行管制刑的社会条件，实践中判管制刑的很少，判了也没有人去负责执行，实际上已形同虚设（天津、上海、广西、河南、海南、福建、山东、安徽、陕西、黑龙江、青海、珠海、哈尔滨、深圳、大连）；但有的法律专家认为管制刑可以保留，认为这是一种开放式的刑种，国外目前有的监狱也采取开放式的管理方法，对一些犯罪比较轻的罪犯，更有利于改造（北京大学、法学教授陈兴良）。

征求意见稿第 40 条规定："拘役的期限，为十五日以上六个月以下。"有的地方提出，拘役是处罚犯罪分子的一个刑种，但还不如处理违法行为的劳动教养期限长，建议适当延长拘役期限（内蒙古）；有的建议将拘役期限改为三十日以上六个月以下（公安部、国家安全部），或三个月以上一年以下（山东）。也有的建议废除拘役刑种（河南）。

征求意见稿第 43 条规定："有期徒刑的期限，为六个月以上十五年以下"。有的部门和地方提出，有期徒刑的最高期限与无期徒刑之间差距太大，建议将有期徒刑的最高刑期延长至 20 年（最高检察院、上海、山西、福建、贵州、江苏、广西、安徽、北京大学）；也有的建议提高到 25 年（河南）。

一些地方提出，为了适应在市场经济条件下同贪利性犯罪作斗争的需要，刑法应加强经济处罚的力度，建议将罚金刑由原来规定的附加刑改为主刑（河南、山西、大连）；并建议对罚金刑的最低限额和最高限额作出规定，防止执行中的随意性（上海）；对于在期限内不能缴纳罚金的，建议规定可以易科劳役或其他刑种（河南、安徽、大连、北京大学、中山大学、法学教授王作富、顾肖荣）。

有些地方提出，刑法应当增加资格刑的规定。现实生活中，有些犯罪与犯罪人的职业有关，犯罪人是利用自己从事的职业进行相关犯罪活动的，为了达到预防这类犯罪人再利用职业活动进行犯罪的目的，应当在对这些犯罪分子判处主刑的同时，剥夺其以后再从事该项职业的权利（上海、贵州、广西、江苏、河南、大连、重庆、法学教授马克昌、杨敦先）。

（七）关于刑罚的具体适用

原刑法第 59 条第 2 款规定："犯罪分子虽然不具有本法的减轻处罚情节，如果根据案件的具体情况，判处法定刑的最低刑还是过重的，经人民法院审判委员会决定，也可以在法定刑以下判处刑罚。"对这一规定，征求意见稿拟了两种修改方案。一个方案是删掉这一规定，如无法定减轻情节，以后不得在法定刑以下判处刑罚。另一方案是保留这一规定，同时规定适用这一规定需经高级人民法院或者最高人民法院审判委员会决定。对原刑法第 59 条第 2 款的规定是否保留有两种不同意见：

一种意见认为不应规定这一款。实践证明，刑法原第 59 条第 2 款对严格执法冲击很大，损害了法律统一正确实施，许多应当判刑的经济犯罪，因适用这一款而被免予刑罚或判缓刑，同时，也容易滋长审判人员徇私枉法的现象，而且这一规定有悖于罪刑法定原则（最高检察院、水利部、北京、贵州、湖南、珠海、厦门、哈尔滨、中山大学等）。

另一种意见认为应当规定这一款。原刑法第 59 条第 2 款的规定体现了原则性与灵活性相结合的原则，从国家利益考虑，也是外交、国防、统战、民族、宗教等工作的客观需要，实践中有些较特殊的案件，在法定刑以下判处，正是体现党的政策，收到良好的效果。有些审判人员滥用这一条款的情况，不带有普遍性，可以在程序上加以严格限制，使这一规定更加完善。这一规定与罪刑法定原则也不矛盾。罪刑法定原则不能绝对化。各国刑法关于刑事法律溯及力的规定，就都有对罪刑法定原则的例外情况，即行为发生以后公布的法律如果处罚轻，就适用行为发生后公布的法律，我国刑法第 9 条也是这样规定的（最高法院、国家安全部、团中央、天津、内蒙古、海南、安徽、江苏、广西、甘肃、山东、陕西、黑龙江、山西、福建、河南、河北、深圳、北京大学、中南政法学院）。有的部门和地方提出，如保留这一规定的内容，规定要报上级法院决定，违背刑事诉讼法关于审级制度的规定，等于是判决前已经过上级法院审定，建议完全恢复刑法原第 59 条第 2 款的规定，即由本级法院审判委员会决定，就可在法定最低刑以下判处刑罚（天津、山西、深圳、北京大学）。

征求意见稿第 68 条规定，对一人犯有数罪的，实行数罪并罚，数罪并罚判处有期徒刑的，合并执行的有期徒刑最高不能超过 20 年。有的地方认为，犯一罪有期徒刑最高可以判到 15 年，规定犯数罪有期徒刑合并执行不能超过 20 年，体现不出对犯数罪的加重处罚，建议修改为数罪并罚合并执行的有期徒刑最高不超过 30 年（最高检察院、福建、安徽、贵州、黑龙江、哈尔滨、深圳、北京大学）。

征求意见稿第 75 条规定，被宣告缓刑的犯罪分子，由公安机关考察，有关单位和基层组织予以配合。这与刑事诉讼法第 217 条“对于被判处徒刑缓刑的罪犯，由公安机关交所在单位或者基层组织予以考察”的规定不一致（江苏、厦门）。一些部门和地方提出，为了加强对判处缓刑的犯罪分子进行有效地监督管理，建议设立缓刑保证金制度，被宣告缓刑的犯罪分子在缓刑考验期内没有违反监督管理规定的，缓刑考验期满时退还保证金，否则视情节轻重没收保证金，直至撤销缓刑，收监执行原判刑罚（最高法院、天津、安徽）。

（八）关于国家工作人员的范围

征求意见稿第 90 条规定：“本法所说的国家工作人员是指在国家机关、国有企业、事业单位、人民团体中从事公务的人员和国家机关、国有企业、事业单位委派到非国有企业、事业单位、社会团体从事公务的人员。受国家机关、国有企业、事业单位委托从事公务的人员，以国家工作人员论。”对这一规定，主要有两种意见：一种意见认为征求意见稿规定的国家工作人员范围太宽，把国有企事业单位包括进去，不符合政企分开的改革方向和国家干部人事制度的改革方向，建议主要限制在国家机关的范围（最高法院、公安部、民航总局、中国银行、山东、广西、江苏、安徽、深圳、厦门）；另一种意见认为征求意见稿对国家工作人员的规定是合适的，我国是公有制国家，实践中许多贪污受贿案件发生在国有企业，将国有企事业单位工作人员列为国家工作人员，有利于保护国有资产（最高检察院、北京）。

（九）关于保安处分

有的部门和地方建议，将劳动教养纳入刑法，规定为保安处分或者非刑罚处罚。理由是劳动教养是剥夺人身自由的一种行政措施，期限可达三年，实际适用中弊端较多，社会各方面意见较大，应将其纳入法制轨道（国家安全部、江西、重庆）。

二、关于分则

（一）关于危害公共安全罪

1. 关于破坏电力、煤气或者其他易燃易爆设备罪

有的部门、地方建议在征求意见稿第 113 条、第 114 条规定的破坏电力、煤气、易燃易爆设备罪中增加规定破坏“消防、供水、供热设备”（公安部、电力部、建设部、西藏）。“通讯设备”（邮电部）。“锅炉压力容器、压力管道、起重机械、客运索道、大型游乐设施等特种设备”的犯罪（劳动部）。

2. 关于劫持航空器罪

有的地方建议在征求意见稿第 115 条航空器后增加规定“劫持船舶、火车、汽车或者其他机动公共交通工具的犯罪”（湖北、天津、山东、贵州、安徽、江苏、甘肃、青海、上海）。有的部门和地方提出，第 115 条规定劫持航空器致人重伤、死亡或者使航空器遭受严重破坏的，处死刑，这样将死刑作为绝对法定刑加以规定，不给审判机关可以根据案件的具体情况进行裁量的余地，效果不好。建议改为处无期徒刑或者死刑（最高检察院、江西）。

3. 关于破坏广播电台、电视台、公用通讯设备罪

有的部门建议将征求意见稿第 116 条中的“破坏广播电台、电视台”改为“破坏广播电视设备、公用通信设备”，这样可以将广播电视发射台、转播台、微波站、监测台及有线广播电视传输覆盖等设施也包括进去。将“公用通讯设备”改为“通信设备”，根据国际电信联盟组织法对“电信”的定义，现代电信是指以电的方式传递语言、文字、数据、图像等各种性质的信息。且通信还可以包括邮政（邮电部）。有的部门和地方认为破坏广播电台、电视台、公用通讯设施的犯罪，危害极大，建议对“造成严重后果的”，最高刑可提高到无期徒刑（邮电台、广电部、天津）或者死刑（重庆）。

有的部门提出，目前在实践中对广播电视设施破坏最严重的大多是单位而不是个人，因此建议征求意见稿第116条第二款后增加一款："单位犯前款罪的，对单位判处罚金，对其直接负责人主管人员和其他直接责任人员，依照前二款的规定处罚（邮电部）。"

4. 关于妨害枪支、弹药、爆炸物管理的犯罪

有的部门提出，因目前违法犯罪分子利用邮政渠道邮寄枪支、弹药、爆炸物案件增多，已发生多起邮件爆炸、邮车失火、邮政职工和用户被炸死、炸伤的案件，建议在征求意见稿第117条非法制造、买卖、运输枪支、弹药、爆炸物罪增加规定"非法邮寄枪支、弹药、爆炸物"等行为（邮电部）。有的地方提出枪支零部件散失社会也具有危险性，建议在征求意见稿第117条中增加"非法制造、买卖、运输枪支零部件"的行为（山东、河南）。

有的地方建议对征求意见稿第119条规定的非法出租出借枪支的犯罪，增加对单位犯罪的处罚规定（安徽、河南、江西）。

5. 关于交通肇事罪

有的地方提出，按照征求意见稿第121条的规定，交通肇事犯罪，情节特别恶劣的法是最高为七年有期徒刑太轻，应提高到十年（安徽、甘肃、河南）。有的部门和地方认为，交通肇事后因逃逸而致人死亡的，其行为的性质已从交通肇事转化为间接故意杀人，建议将具有这种犯罪情节的法定最高刑提高到无期徒刑（最高检察院、上海、安徽、江苏、四川、湖北、福建、河南、广东）。

（二）关于破坏社会主义市场经济秩序罪

1. 关于生产、销售劣质食品罪和在生产、销售的食品中掺入有毒有害、非食品原料罪

有关部门、地方和专家提出，征求意见稿第127条规定，生产、销售不合格食品，造成严重食物中毒或者其他严重食源性疾患的后果的才负刑事责任。征求意见稿第128条规定在生产、销售的食品中掺入有毒、有害的非食品原料，也要造成对人身健康的严重危害后果才能处相当的刑罚。这一规定在实践中很难执行。因为这类犯罪的受害者是不特定的社会公众，有的由于发病潜伏期长，是否有这一后果，很难查证。即使有人中毒或发生严重的食源性疾患，其发病与所用食品之间的因果关系也很难举证，致使对这类犯罪打击不利。建议将"造成严重食物中毒或者其他严重食源性疾患"改为"足以造成严重食物中毒或者其他食源性疾患"或者"足以对人体健康造成危害的"。对未直接造成严重后果的，处刑可轻一些，如果对人体健康造成了严重危害后果，处刑要重（电力部、北京、陕西、法学教授姜伟）。

2. 关于生产、销售假农药、兽药、化肥、种子罪

有的部门和地方提出，征求意见稿第131条规定生产、销售假的或者失去使用效能的或者不合格的农药、兽药、化肥、种子，使生产遭受较大损失，并且对这一犯罪的处刑也是根据造成损失的轻重来划分不同档次的，这样规定在实践中很难掌握。因为农作物产量是受水、肥、种、光照等因素影响的，有的化肥、农药虽不符合标准，但它不是完全不能用，因此，对于使用后给使用者生产造成的损失难以计算，也不好取证，有的使用后已经可以预见会造成损失，是否还要等到秋收后再计算损失。因此建议，对这种犯罪以生产、销售假劣农药、兽药、化肥、种子的经营额大小或者以情节严重、情节特别严重作为定罪量刑的标准（最高检察院、湖北、辽宁）。有的部门建议在本条中增加规定生产、销售假冒、劣质水产种苗、种畜种禽（农业部）、果苗等坑农、害农的犯罪行为（河南）。

3. 关于商业贿赂罪

有的部门和地方提出，征求意见稿第149条规定"公司的工作人员利用职务上的便利，索取或者收受贿赂，"中"公司的工作人员"是否包括"公司的普通职工"，应当明确（上海）。有的认为如果把商业贿赂仅限于公司的工作人员面太窄，大量存在这种现象的村委会、居委会、会计师事务所、民办社会团体或者集体事业单位的人员利用职务收受贿赂则难以处理（最高检察院、河南、辽宁）。

有的部门和地方建议将征求意见稿第149条商业贿赂罪并入贪污贿赂罪一章中，理由是这种犯罪是贿赂罪的一种形式，侵犯的是职业的廉洁性，把同种性质的犯罪归入一章，体例比较科学合理（最高检察院、天津、法学教授姜伟、胡云腾）。也有的部门认为，公司人员受贿与国家工作人员受贿性质不同，不同意将这种罪归入贪污贿赂罪一章中（最高法院、公安部）。

4. 关于危害税收征管罪

有的部门和地方提出，征求意见稿第175条所列举的偷税行为没有包括目前最常见、最主要的偷税手法，应当进行纳税申报而不申报以及扣缴义务人应扣税不扣税的行为，因此建议将纳税义务人不申报或不如实申报、扣缴义务人不扣或者少扣税款，数额较大的，也规定为犯罪（国家税务总局、辽宁、湖南、重庆）。有的认为，征求意见稿第175条第二款规定偷税达到一定的数额并且达到一定的比例，两个条件同时具备才构成犯罪，这样规定不完备。可能对一些偷税绝对数很大，但由于应纳税基数大，偷税比例不够标准的行为，难以定罪打击。建议统一规定一个偷税、数额标准（江苏、重庆）。也有的地方认为，如果仅以偷税数额作为唯一定罪的标准，打击的主要对象将是国有大中型企业，而对中小企业和私营企业、个人偷税打击不利。建议将个人偷税与单位偷税分别作规定（天津、湖北）。

关于偷税犯罪案件的税款追缴问题，有的部门提出，税款是国家应征的财政收入，不同于犯罪的一般赃款。税款应按分税制原则和财政预算级次分别缴入中央金库和地方金库，而罚金、没收财产等罚没收入按规定上缴地方财政。目前在办理偷税犯罪案件时，如果犯罪人财产不足以同时抵缴税款和罚没款项，司法机关往往先收罚没收入，这样就

把应缴上级、中央财政的税款，按罚没收入缴入地方财政，不仅直接或者变相截留了上级、中央财政收入，还会造成地区间、部门间因经济利益不合作办案，甚至互相抵制，致使案件久查不清，久拖不办。因此，建议在法律中明确偷税犯罪案件所交税款，应当优先追缴的原则，对犯罪人判处罚金和没收财产，其财产不足以全部支付税款、罚没款项或者其他债务时，应当先行缴纳税款（国家税务总局）。

5. 关于骗取出口退税罪

有的部门指出，征求意见稿第178条规定的骗取出口退税罪是以是否曾缴过税款来确定定罪处刑的标准。对缴纳的定骗取出口退税罪，对未交纳的定诈骗罪，而且这两种罪刑罚相差悬殊，骗取出口退税罪最高刑是三年有期徒刑，诈骗罪可以判到无期徒刑。这样规定既不合理，也难操作。骗税的危害性应当以骗税的数额大小、手段等情节来衡量。有些犯罪分子缴了一点税就是为了获取有关退税的凭证、然后篡改作假，骗取税款。如果一个犯罪分子只缴10万税骗取1000万元税，根据本条规定最高只能判3年，不符合罪刑相适应原则。建议对骗取出口退税罪规定统一的罪名，并根据骗税数额大小，设定几个量刑档次，直至处以死刑（国家税务总局）。

6. 关于侵犯商业秘密罪

有的部门建议将征求意见稿第192条侵犯商业秘密罪放入侵知识产权罪一节中，因为商业秘密是民事主体自我保护其技术和经营信息的重要形式，是知识产权保护体系中的重要组成部分，《关贸总协定知识产权分协议》、《中美知识产权谈判备忘录》《中国知识产权白皮书》等均已将商业秘密视为一种重要的知识产权。侵犯商业秘密罪的客体，首先是知识产权，而且不是市场秩序，将侵犯商业秘密罪归入扰乱市场秩序罪中不合适（国家经贸委）。有的部门和专家提出，这种犯罪的犯罪主体不仅限于经营者，从我国目前的实际情况来看，大量是企业职工，建议将这种犯罪的主体规定为一般主体（最高法院、公安部、社科院法学所、法学教授王作富）。

有的部门建议将侵犯商业秘密的行为表述为：（一）以盗窃、贿赂、欺诈、引诱、胁迫等不正当手段获取他人商业秘密的；（二）明知或者应知商业秘密是他人以不正当手段获取而获取商业秘密的；（三）以不正当手段获取商业秘密，又予以披露的；（四）违反法律规定或者合同约定的保密义务披露他人商业秘密的；（五）明知或者应知商业秘密是他人以不正当手段获取或违反保密义务披露而披露该商业秘密的；（六）使用、许可使用或者转让以不正当手段获取的商业秘密的；（七）违反法律或者合同约定使用、许可使用或者转让他人商业秘密的；（八）明知或者应知商业秘密是他人以不正当手段获取或者违反保密义务披露而使用、许可使用或者转让该商业秘密的（国家经贸委）。

7. 关于合同诈骗罪

各部门、各地方和专家普遍认为，征求意见稿第196条关于合同诈骗罪的规定为解决司法实践中遇到的大量案件提供了法律依据，很有必要。有的提出，该条第四项规定收受对方当事人给付的货物、货款、预付款或者担保财产后逃匿的行为，包括不了实践中大量存在的骗得金钱后不逃匿又不还钱的情况，建议对收受对方当事人给付的货物、货款、预付款或者担保财产后无正当理由拒不履行合同又不退还的，或者没有用作履行合同而无法返还的也要增加规定（最高法院、最高检察院、公安部、河南、江苏、湖南、法学教授姜伟）。有的建议增加："利用合同骗取对方财物用于抵偿债务，而没有实际履约的"（江苏）。还有的建议，在"收受对方当事人给付的货物、货款、预付款或者担保财产"后增加"定金、保证金"（国家工商局）。有的建议，在第一项规定的"以虚构的单位或者冒用他人名义签定合同"中增加以"虚构标的、信息、主体"签定合同的内容（国家工商局、湖南）。以及规定"擅自转移、隐匿合同担保物以及利用虚假广告、信息，骗取中介费、立项费"等内容（国家工商局）。

8. 关于分解投机倒把罪

关于是否保留投机倒把罪罪名，有两种不同意见。一种意见认为，投机倒把的含义与市场经济发展不适应，对投机倒把罪应当分解，去掉口袋罪（最高法院、最高检察院、公安部、社科院法学所、法学教授高铭暄、赵秉志等）。另一种意见主张保留投机倒把罪，理由是，打击投机倒把在不同的历史时期有着不同的内涵，但它的核心是要打击违反法律、法规，非法牟利的经营行为。维护正常的社会经济秩序。在今天建立社会主义市场经济秩序的过程中，仍能发挥重要的作用。因此，取消投机倒把罪应当慎重。如果要把作为投机倒把罪处理的一些行为另外单独罪名，则建议将投机倒把罪作为类罪名保留或者规定"非法经营罪"（国家工商局）。

对于目前征求意见稿将投机倒把罪的分解方案，有的提出，还有一些犯罪行为没有作规定，主要是：倒卖走私物品或特许减免税物品；非法交易国家重点保护的珍贵野生动物、珍稀植物；倒卖国家禁止或者限制进口的废弃物；非法倒卖爆破器材、毒性药品、麻醉性药品、放射性药品；非法交易国家统一收购的矿产品；非法经营不符合社会主义精神文明的有伤风化的物品；非法从事传销活动；非法从事彩票交易；垄断货源、囤积居奇、哄抬物价，扰乱市场；倒卖汽油票、集邮品、许可证、执照、股权认购证、其他有价或者无价证券；倒卖公房使用权；倒卖外汇、金银；为非法交易提供帐号等便利条件等（国家工商局）。

9. 关于对本章新增加的一些罪名的意见

有的部门和地方认为本章增加的一些罪名有对犯罪规定扩大化的倾向，如征求意见稿第185条规定的侵犯商标罪、第188条规定侵犯专利罪、第189条和第190条侵犯著作权罪、第192条第三项侵犯商业秘密罪、第193条诋毁竞争对手罪、第194条虚假广告罪、第197条非法经营专营、专卖商品罪，大部分都是用民事法律来调整的，如果规定为犯罪，必须划清与民事案件的界限和罪与非罪的界限，在罪状表述上应当从犯罪的主客观方面具体规定，目前的罪状表述仅以数额作为划分罪与非罪的界限，在实践中会有问题。我国市场经济还处于建立过程中，对有些行为还看得不清楚，哪些应作为犯罪处理，需作出慎重调查研究，不要匆忙规定（人民银行、黑龙江、江西、天津、北京、湖北、社科院法学所）。

（三）关于侵犯公民人身权利、民主权利罪

1. 关于故意杀人罪

有些部门和地方提出，征求意见稿第 206 条删去了刑法故意杀人罪中“情节较轻的，处三年以上十年以下有期徒刑”这一档处刑，不妥。原刑法故意杀人罪的规定在执行中没有问题，有的案件根据具体情节，就应在十年以下判刑，如义愤杀人、帮助自杀、防卫过当杀人、大义灭亲、生母溺婴、不堪虐待而杀人等情况，如果都判处十年以上有期徒刑，得不到社会的理解和同情。征求意见稿将杀人罪情节较轻的只限于生母溺婴不妥，建议恢复原刑法第 132 条的写法（最高法院、最高检察院、公安部、天津、湖北、贵州、安徽、河南、上海、中国法学会）。同时，建议删去征求意见稿第 207 条生母溺婴罪，把它只作为杀人罪情节较轻的一种情况处罚，不必单独列出（最高法院、北京、陕西、河南、福建、山东、上海、湖北、天津）。

2. 关于国家工作人员侵犯公民人身权利的犯罪规定

有的地方提出，征求意见稿第 224 条规定的报复陷害罪的侵害对象仅限于“控告人、申诉人、批评人、举报人”，范围太窄，还应包括其亲属（河南）。有的认为，在实践中非国家工作人员进行报复陷害的情况也很严重，建议将本条罪的主体规定为一般主体，删去“国家工作人员”（最高检察院、天津）。增加规定“国家工作人员犯前款罪的，从重处罚。”（天津）。

3. 关于刑讯逼供罪

有的部门和地方认为在实践中发生刑讯逼供行为的对象不只限于征求意见稿第 225 条规定的犯罪嫌疑人，还有“刑事被告人”，使用暴力逼取的也不只限于“证人证言”，还有向有关知情人甚至与案件无关的公民逼取假证言的情况，建议补充有关内容（民航总局、河南）。

有的部门和地方建议在征求意见稿第 225 条刑讯逼供罪，第 226 条体罚虐待被监管人罪的规定中增加“致人死亡的，以杀人罪论处”的规定（最高检察院、上海、福建、贵州、青海、浙江）。

4. 关于妨害婚姻家庭的犯罪

有的部门和地方建议在征求意见稿第 233 条破坏军人婚姻罪中增加“明知是现役军人的配偶而与之通奸造成严重后果”构成犯罪的规定，以给予军婚以特殊保护（军委法制局、河南）。

有的部门和地方建议提高第 234 条虐待罪的刑罚（最高法院、内蒙古）。

（四）关于侵犯财产罪

1. 关于盗窃罪

有的部门和地方提出，征求意见稿第 238 条第二款“携带凶器盗窃的，以抢劫罪论处”的规定不妥当。将在盗窃时携带凶器，在实施犯罪过程中没有使用的也按抢劫罪论处，混淆了盗窃罪与抢劫罪的界限，法理上说不通，而且在司法实践中易造成混乱，同时，“凶器”的概念也难以界定，建议删去这一规定（最高法院、最高检察院、公安部、北京、湖北、黑龙江、福建、上海、江西、西藏、天津、新疆、中国法学会、法学教授高铭暄、马克昌、储槐植）。可将携带凶器盗窃作为盗窃罪的从重处罚情节（海南、河南、河北、广西、天津）。

有的部门建议在盗窃罪中对盗窃国家秘密（保密局），盗用他人电信设施、电信码号（公安部、邮电部），窃电等犯罪行为作出明确规定（电力部）。

2. 关于公司、企业人员侵占罪和公司、企业人员挪用罪、挪用特定款物罪

有的部门和地方指出，征求意见稿第 244 条把犯罪主体扩大到公司、企业的所有职工与全国人大常委会《关于惩罚违反公司法的犯罪的决定》内容是一样的，这已经在实践上引起了执法上的混乱，以致有许多企业职工内盗案件，以前作为盗窃案件处理没有问题，人大常委会决定颁布以后只好作为侵占罪案件处理，在起刑数额标准，量刑幅度上都相差悬殊，造成打击不利。为避免执法上的混乱，建议将犯罪主体明确为：“公司、企业或者其他单位经手、管理财物的人员，利用职务或者工作上的便利，将单位财物非法占为己有”（最高检察院、公安部、铁道部、辽宁）。

建议对公司、企业人员侵占罪的最高法定刑提高到死刑，以与贪污罪量刑相平衡（公安部、河北、海南）。

有的部门、地方和专家提出，征求意见稿第 244 条规定非法将用于扶贫和其他公益事业的社会捐助或者专项基金的财物占为己有的，以贪污论处，征求意见稿第 245 条规定挪用本单位资金数额较大不退还的，依照侵占罪的规定处罚的两种情况都是侵占罪和挪用罪的具体情节，可以规定对具有这种情节的从重处罚，不宜改变罪名，按其他罪处理（最高法院、最高检察院、公安部、天津、河南、上海、社科院法学所、法学教授杨春洗）。

有的部门和地方认为，征求意见稿第 245 条公司、企业人员挪用本单位资金罪规定最高刑为三年徒刑，第 246 条挪用特定款物罪最高刑为七年徒刑，处罚太轻，与第 332 条挪用公款罪最高刑为 15 年徒刑的量刑不平衡（解放军法院、海南、湖北、宁夏）。

有的部门建议将公司、企业人员侵占罪和挪用资金罪移入贪污贿赂罪一章，更便于对犯罪的查处（最高检察院）。

（五）关于妨害社会管理秩序罪

1. 关于有组织犯罪

有的部门提出，目前的重大犯罪案件50%是属于有组织地进行犯罪，在犯罪分子中，集团犯、团伙犯占37%，有组织犯罪的社会危害性十分严重，而目前司法解释对于犯罪集团的条件规定很严格，认定为犯罪集团的很少。建议增设组织犯罪组织罪，对组织犯罪组织的，积极参加犯罪组织，不论是否实施犯罪行为，只要是以进行犯罪活动为目的进行组织活动的就处以刑罚，并对一般集团或团伙犯罪与黑社会组织犯罪加以区分，对一般有组织地犯罪处刑可轻一点，对黑社会组织犯罪处刑应当重一些（公安部）。

有的部门指出，征求意见稿第261条关于有组织犯罪的规定，尚不能涵盖黑社会犯罪，建议增加："组织、领导黑社会组织的，处5年以上10年以下有期徒刑；其他积极参加的，处5年以下有期徒刑"（公安部）。

2. 关于流氓罪的分解

有的地方认为征求意见稿第260条所列举的四项罪状不能完全包括实际存在的寻衅滋事行为，建议增加"以其名气索要钱物"、"强行占用、强行消费"等（江苏）。有的部门建议删去第一项"随意殴打他人"的规定，增加一项"有其他伤害风化行为的"（中纪委）。有的部门建议设立妨害社会风化罪一节，将原作为流氓罪处理的一些行为规定进去，如进行淫秽表演、聚众淫乱、鸡奸、猥亵、侮辱尸体等（最高法院）。

3. 关于传授犯罪方法罪

有的部门、地方和专家建议删掉征求意见稿第262条传授犯罪方法罪的规定，因为实践中，传授犯罪方法和教唆犯罪经常混在一起，很难区分，单独按传授犯罪方法定罪处罚的极少，实施传授犯罪方法的行为，按刑法关于教唆犯的规定，已可以管得住（最高法院、湖北、上海、法学教授曹子丹）。如果要保留该罪名，应降低法定刑，最高刑5年即可（上海）。

4. 关于律师提供虚假证据罪

对是否单独规定律师提供虚假证据罪有两种不同意见：一种意见认为征求意见稿第273条没有必要单独规定律师提供虚假证据罪，主要理由是：征求意见稿第272条伪证罪、第274条阻止证人作证罪规定的都是一般主体，已可以管住律师提供虚假证据等行为，没有必要对律师再专门重复规定一条。同时刑诉法刚刚对律师在刑事诉讼中的作用进行了重大改革，这样规定不利于律师作用的发挥，影响律师参与刑事诉讼活动的信心和积极性。此外，公、检、法等机关的工作人员在办案过程中也存在提供虚假证据的问题，征求意见稿并未作单独规定，对律师也不应单独规定，建议删去该条（司法部、上海、天津、山东、青海、辽宁、社科院法学所、中华律师协会、法学教授梁华仁、江礼华）。另一种意见主张保留此条，主要理由是：律师在诉讼中具有特殊身份，地位重要，修改后的刑诉法增加了律师的诉讼权利，对律师的行为作出特别规定，有积极意义（云南、河南），或者将"律师"改为"辩护人或者诉讼代理人"（上海、山东、湖南、广西、青海）。

5. 关于拒不作证罪

有的部门和地方建议将征求意见稿第277条对明知他人有间谍犯罪行为拒不提供证据的规定扩大到其他犯罪，主要理由是：刑诉法改革了庭审方式，证人在刑事诉讼中的地位和意义更为重要，有些关键证人如果不出庭作证，对证人证言就无法质证，难以保证庭审活动的顺利进行；修订征求意见稿规定了对间谍罪拒不提供证据的犯罪，对其他犯罪拒不作证的，也应规定为犯罪（最高法院、湖北）。也有的地方认为，证人拒不作证的原因很复杂，根据我国目前的实际情况，在不能确保证人安全的情况下，不宜扩大拒不作证罪的范围（云南、辽宁）。

6. 关于破坏监管秩序罪

有的部门和地方建议在征求意见稿第281条破坏监管秩序罪的行为中增加一项："有劳动能力拒不参加劳动或者消极怠工，经教育不改的"。因为有的犯罪分子长期抗拒劳动改造，多次教育屡教不改，影响很坏。这种行为其主观上有抵触刑罚制裁的故意，客观上直接扰乱了正常监管秩序，对情节严重的，应予治罪（司法部、江西、陕西）。有的还建议参照《监狱法》第58条所列的破坏监管秩序行为，增加规定："以自伤、自残手段逃避劳动的；在生产劳动中故意违反操作规程，或者有意损坏生产工具的；偷窃、赌博、打架斗殴、寻衅滋事的"（司法部）。

7. 关于毒品犯罪

有的部门、地方和专家提出，征求意见稿第310条关于"走私、贩卖、运输、制造毒品，无论数量多少都应追究刑事责任"的规定太绝对，也与刑法第十条"情节显著轻微危害不大的，不认为是犯罪"的相矛盾，在实践中也很难做到，建议删去这一规定（中政委、最高检察院、河南、江苏、上海、法学教授储槐植、王作富）。也有的认为应当保留以上规定，这样规定表明我国对毒品犯罪的态度（公安部、法学教授何秉松）。有的建议对制造、贩卖、运输少量毒品，情节轻微的，增加可以实行劳动教养的规定（云南）。

关于是否以纯度计算毒品数量问题，有两种意见：一种意见认为，征求意见稿第318条关于毒品的数量不以纯度折算的规定有利于从严打击毒品犯罪，赞成这一规定（公安部、甘肃）。另一种意见认为，毒品的纯度不同，危害程度不同，量刑也应当不同，不以纯度计算毒品数量，不公平，建议删去此款规定（最高法院、陕西、天津、河南、湖北）。

有的部门提出征求意见稿第313条只将非法运输、携带经常用于制造毒品的物品进出境的规定为犯罪，难以遏制制毒物品在境内非法买卖的行为，建议增加“在境内非法倒卖”的规定（公安部）。

有的部门和地方建议征求意见稿第316条规定的容留他人吸食毒品罪中删去“并出售毒品的”规定，只要容留他人吸毒就构成犯罪（最高法院、深圳、江苏），有的地方建议把“并出售”改为“并提供”（江苏）。

8. 关于组织、强迫、引诱、容留、介绍卖淫罪

有的部门、地方和专家建议取消征求意见稿第319条组织卖淫罪的死刑（最高检察院、国家安全部、福建、上海、法学教授苏惠渔、储槐植），最高刑可定为七年有期徒刑（上海）。

有的部门和地方建议在征求意见稿第319条组织卖淫罪和第321条引诱、介绍他人卖淫罪的行为中，增加“嫖娼”的规定（公安部、山东）。

有的部门建议在征求意见稿第322条明知有性病卖淫、嫖娼的规定中增加“明知有艾滋病卖淫、嫖娼”的规定，因性病包括不了艾滋病（公安部、团中央）。

有的地方和专家建议在征求意见稿第323条旅馆业等单位人员组织、强迫、引诱、容留、介绍他人卖淫罪的规定中增加单位犯罪的规定（湖北、法学教授何秉松）。有的部门建议删掉征求意见稿第323条中的“单位”二字，否则不能包括个体从事旅馆业等行业的人员（最高检察院）。

有的地方认为，征求意见稿第324条关于“为违法犯罪分子通风报信的，依照包庇罪的规定处罚”的规定范围太宽，建议加上“情节严重”的限制（深圳）。也有的认为，卖淫、嫖娼目前属违法不是犯罪，为其通风报信能否构成犯罪，须进一步研究（江苏）。

（六）关于贪污贿赂罪

1. 关于贪污罪

征求意见稿第330条规定：“国家工作人员和经手管理国家财物的人员，利用职务的便利，侵吞、窃取、骗取或者以其他手段非法占有财物的，是贪污罪。”

关于贪污罪的主体，有的部门建议删去条文中规定的“经手管理国家财物的人员”，主体应仅限于国家工作人员（最高法院）；但也有的地方建议在主体中再增加规定“集体经济组织工作人员”，对集体财产也要保护（内蒙古）。

有的地方提出，这一条中规定的“国家财物”，没有包括集体资产，建议修改为“公共财物”（山东、上海）。有的部门提出，目前股份合作制企业发展很快，各种经济成份混合运作的情况很多，建议法律明确规定凡有国有企业投资的企业财产，都应作为贪污罪的对象（最高检察院）。

关于对贪污罪的处刑数额标准，征求意见稿第331条作了具体规定。有些部门、地方和法律专家提出，各地发展水平不同，经济发展速度也很快，为了保持刑法的稳定性，建议不规定具体的数额标准，只规定“数额较大”、“数额巨大”，由司法机关根据实际情况作司法解释（中纪委监察部、山东、深圳、法学教授马克昌、储槐植、曹子丹、姜伟）。也有的地方认为可以规定具体数额标准，并建议恢复1988年全国人大常委会《关于惩治贪污罪贿赂罪的补充规定》中规定的处刑数额标准，以利于严惩腐败（内蒙古）。

2. 关于贿赂罪

征求意见稿将受贿罪、行贿罪均限定于接受或者给予对方“财物”，有的部门和地方认为，这一规定已不能适应目前贿赂犯罪手段的变化。实践中许多贿赂犯罪不是直接收受或给予“财物”，而是“财产性利益”，如免费出国旅游、免费提供高档服务等，建议作出规定，防止这类贿赂犯罪规避法律（最高检察院、甘肃）。

（七）关于渎职罪

1. 关于玩忽职守罪

原刑法渎职罪一章中对玩忽职守罪只规定了一条，即“国家工作人员由于玩忽职守，致使公共财产、国家和人民利益遭受重大损失的，处五年以下有期徒刑或者拘役。”由于这一规定过于笼统，不利于打击严重的渎职犯罪。根据近年来经济、行政和单行刑事法律中对玩忽职守罪的补充、修改和玩忽职守罪出现的新情况，征求意见稿对玩忽职守行为分别作了具体规定。一些部门和地方认为，按不同部门将玩忽职守罪具体化，不妥。三百六十行，哪个部门都有可能出现玩忽职守的犯罪，法律不可能穷尽。征求意见稿规定了一些部门的玩忽职守犯罪，条文显得过多、零乱，但还是挂一漏万，建议不按部门分解，仍原则规定一条玩忽职守罪（最高法院、山东、中南政法学院等）。有的部门提出，对玩忽职守罪进行细化，可以按照行为人主观态度的不同，分解为几个罪名：（1）国家工作人员因过失，未尽职守，构成玩忽职守罪；（2）故意滥用职权或者超越职权，侵犯公民合法权益的，构成滥用职权罪；（3）故意放弃应当履行的职责，擅离职守造成危害后果的，构成放弃职守罪（最高检察院）。有些部门建议，对于实践中玩忽职守罪发案率比较高的一些行业，如金融管理、购销活动、安全生产管理等方面，可以作出具体规定，对其他各部门存在的玩忽职守犯罪不必一一列举（中纪委、最高检察院、公安部、审计署）。有的部门提出，对玩忽职守罪“细化”问题，要多调查研究，如时间太紧，宁可刑法暂缓出台，不可草率规定（监察部）。

有的部门还提出，征求意见稿关于玩忽职守罪的主体规定为国家工作人员，实践中非国家工作人员因玩忽职守造成人员重大伤亡、财产重大损失的情况也不少，建议增加规定：非国家工作人员犯玩忽职守罪的，依照国家工作人员的犯罪处罚（最高法院、最高检察院）。

2. 关于其他渎职犯罪

一些部门和地方建议在渎职罪一章中增加规定下列犯罪行为：（1）仲裁人员违反法律，违背事实，枉法仲裁，情节严重的（湖北）；（2）国家公证部门违反法律规定，故意出具伪证，情节严重的（全国总工会）；（3）国家统计工作人员违反法律、法规，故意虚报、瞒报统计数字，伪造、篡改统计资料，情节严重的和上级主管领导强令统计人员实施上述行为的（国家统计局）。

三、建议新增加的罪名

在征求意见过程中，各部门、地方和专家还提出要增加规定以下一些新的犯罪：

（一）危害公共安全方面

1. 制造计算机病毒、破坏公共计算机系统罪（四川）。

2. 在飞行中的民用航空器中，使用暴力、凶器，放置、使用危险品罪（公安部、民航总局、四川、湖南）。

3. 携带枪支、弹药、放射性、易燃性、剧毒物品乘坐公共交通工具罪（公安部、铁道部、民航总局、四川）。

4. 劫持船舶罪（广东）。

5. 非法制造、销售窃听、窃照专用器材罪（国家安全部）。

6. 非法贮存核材料或者放射性物品罪（深圳）。

7. 干扰无线电通讯频率及国家救灾、抢险及安全频率，危及人民生命、财产安全，或者使公、专网通讯无法正常进行（国家无线电管理委员会）。

8. 盗窃或者故意损毁、移动使用中的航行设施，危及飞行安全罪（民航总局）。

（二）破坏社会主义经济秩序方面

9. 增加规定以下行为为走私罪：（1）逃避海关监管进口或者出口侵犯知识产权的货物物品的；（2）逃避海关监管将境外固体废弃物运输进境的；（3）伪造、买卖海关单证及进出口许可证件用于走私的；（4）进口国家禁止进口的动植物及其产品的；（5）买卖、伪造、使用加工贸易手册逃税的（海关总署）。

10. 期货经纪人非法从事期货交易罪。

期货经纪商包括公司负责人、业务员及其他从业人员有下列行为之一的应依法追究刑事责任：（1）泄露客户委托事项及职务上所获得的秘密；（2）利用客户的帐户或者名义为自己从事交易；（3）为未办理开户手续的人从事交易；（4）未按照客户委托的事项或者条件从事交易；与客户约定分享利益或者共担损失（最高法院、公安部、国家工商局、上海、福建、四川）。

11. 未经政府主管机关批准，擅自设立期货交易所或者期货经营机构罪（最高法院、公安部、国家工商局、上海、四川）。

12. 不具备期货经纪资格的个人和单位接受委托从事期货交易罪（上海）。

13. 非法生产、买卖、盗窃造币专用材料罪（公安部）。

14. 高利贷罪（最高法院、山东）。

15. 非法从事借贷活动罪（人民银行、浙江、陕西）。

16. 洗钱罪（人民银行、黑龙江）。

17. 破产欺诈罪（最高法院、人民银行）。

18. 拒不归还债务罪、故意拖欠、逃避债务罪（人民银行、山东、陕西）。

19. 垄断罪（社科院、湖北）。

20. 非法出版宣传品罪（最高法院、公安部、北京）。

21. 销售禁止入境的境外出版物罪（深圳）。

22. 出版、销售假冒他人姓名的著作罪（最高检察院）。

23. 牟取暴利罪（最高检察院、国家工商局）。

24. 非法买卖、转让土地罪（公安部、土地管理局）。

25. 伪造、变造钞票纸或者类似钞票纸，买卖钞票纸或者类似钞票纸，供他人伪造、变造货币、有价证券罪（人民银行）。

26. 强令银行和其他金融机构工作人员违法提供贷款或者担保罪（人民银行）。

27. 保险公司工作人员、保险代理人、保险经纪人与被保险人或者受益人串通骗取保险金罪（中保集团）。

28. 未取得经营保险代理业务许可证或者经纪业务许可证，非法从事保险代理业务或者经纪业务活动罪（人民银行）。

29. 盗窃、骗取增值税专用发票或者其他发票罪（公安部、国税总局、湖北）。

30. 证券机构从业人员及国家相关单位人员利用职务之便炒股牟利罪（福建）。

31. 伪造、变造、买卖、转让国家有关主管机关签发的许可证罪（林业部、烟草专卖局）。

32. 毁弃公司重要文件罪（公安部）。

33. 单位领导人、会计人员和其他人员伪造、变造、转移、隐匿、故意毁灭会计凭证、会计帐簿、会计报表和其他会计资料严重损害国家利益、社会公众利益罪（最高检察院、公安部、财政局）。

34. 伪造、倒卖采伐许可证、运输证、特许猎捕证、驯养繁殖许可证林业及野生动植物票证罪（公安部、林业部）。
35. 倒卖车票罪（公安部、铁道部）。
36. 故意毁弃他人智力成果罪（公安部）。
（三）关于侵犯公民人身权利、民主权利方面
37. 非法安装使用窃听窃照装置、窃听窃录他人隐私或者商业秘密罪（国家安全部、邮电部、天津、青海、湖南）。
38. 强迫他人出卖身体器官罪（河南、陕西）。
39. 侵犯公民隐私权罪（山东）。
40. 领导人滥用职权、假公济私，对拒绝、抵制篡改统计资料或者对拒绝、抵制编造假数据的统计人员进行打击报复罪（国家统计局）。
（四）妨害婚姻、家庭方面
41. 遗弃婴儿罪（国家计生委）。
（五）侵犯财产方面
42. 挥霍浪费罪（最高检察院、海南、黑龙江）。
43. 非法占用、出租、转让无线电频率资源罪（国家无线电管理委员会、邮电部）。
44. 盗窃、破坏通信电路罪（邮电部）。
45. 盗窃技术秘密、计算机程序、数据罪（公安部）。
（六）妨害社会管理秩序方面
46. 组织、策划、制造骚乱罪（公安部）。
47. 非法持有国家秘密罪（国家安全部、天津）。
48. 拒不提供证据罪（最高法院、河南、四川、陕西、江苏）。
49. 外国人非法入境或者非法居留罪（公安部）。
50. 非法买卖运输携带持有未经灭活的毒品原植物种子或幼苗罪（公安部）。
51. 向司法机关虚假报案罪（公安部）。
52. 破坏犯罪现场罪（河南）。
53. 破坏计划生育罪（计生委、河南、陕西）。
54. 非法买卖珍贵、濒危野生动物罪（河南）。
55. 卖淫、嫖娼罪（山东）。
56. 非法出版罪（湖北、新闻出版署）。
57. 非法结社罪（公安部）。
58. 非法制造、贩卖、持有、使用军用标志、制式服装、证件罪（公安部、西藏、江苏）。
59. 妨害军事设施管理秩序罪（福建）。
60. 违反矿产资源法的规定，采取破坏性开采方法开采矿产资源，造成矿产资源严重破坏罪（地矿部）。
61. 破坏自然保护区、风景名胜区、生活饮用水源地保护区环境罪（环保局）。
62. 非法出租、占用、转让土地罪（公安部、土地管理局）。
63. 非法毁灭耕地罪（土地管理局）。
64. 违反森林保护法律、法规，进行开垦、采石、采砂、采土、采矿、采种、采脂、砍柴、放牧、剥树皮、工程施工和其他活动，致使森林资源遭受严重破坏罪（林业部）。
65. 非法经营文物罪（国家文物局）。
66. 非法拍卖珍贵文物罪（国家文物局）。
67. 私自拍摄、拓印、复制文物、文物资料罪（国家文物局）。
68. 拨打、收听色情电话罪（湖南）。
69. 采取欺骗手段玩弄异性罪（河南）。
（七）贪污贿赂、渎职方面
70. 国家工作人员放弃职责罪（最高检察院、天津、山东）。
71. 国家工作人员非法图利罪（最高检察院）。
72. 挥霍公款罪（最高检察院）。
73. 国家工作人员违反国家统计法规，虚报、瞒报、伪造、篡改统计资料罪（国家统计局、青海）。
74. 银行或者其他金融机构工作人员徇私舞弊罪（最高检察院）。
75. 枉法仲裁罪（宁夏）。
76. 非法审批土地罪（土地管理局）。
77. 见死不救罪（江西）。

（八）建议增设“危害国防罪”专章（军委法制局、军事法院、法学教授赵秉志）

78. 妨害军事行动罪。

79. 非法进入军事禁区罪。

80. 在军事禁区非法摄影、录像罪。

81. 煽动军人擅离部队罪。

82. 窝藏擅自离队人员罪。

83. 拒绝、逃避、贻误国防运输罪。

84. 拒绝、逃避提供军源罪。

85. 拒绝、逃避军事征用罪。

86. 拒绝、逃避军事训练罪。

87. 拒绝、逃避军事订货罪。

88. 诽谤丑化军队罪。

89. 假冒军人罪。

90. 破坏优抚罪。

19. 八届全国人大常委会第二十三次会议分组审议刑法修订草案的意见

（全国人大常委会法制工作委员会办公室、八届全国人大五次会议秘书处　1997 年 3 月 3 日印）

［八届全国人大五次会议参阅资料（三）］

八届全国人大常委会第二十三次会议于 1996 年 12 月 25 日、26 日分组审议了《中华人民共和国刑法（修订草案）》（以下简称“草案”）。现将主要意见简报如下：

一、对草案总的看法

发言的委员普遍认为，草案总结了刑法实施十几年来的实践经验，针对我国同犯罪作斗争的新情况、新问题，根据我国政治、经济及社会各方面情况的发展变化，对原刑法作了大量的修改与补充，内容详细清晰，明确具体，可操作性强，有利于严肃执法，有利于打击犯罪，保护人民，建议进一步修改后，提交八届人大五次会议审议通过，以适应维护国家安全，发展经济和稳定社会的需要。

有的委员认为，这次刑法修改，体现了罪刑法定原则、法律面前人人平等原则、罪刑相当原则，把反革命罪改为危害国家安全罪，同时将原来规定的一些比较笼统的罪名，如投机倒把罪，流氓罪、玩忽职守罪等，进一步具体化，使刑法在内容上更加科学，条文更加严密，是法制建设的一个重大进步（楚庄、吴树青、冯克煦、蔡仁山）。

有的地方人大的同志提出，刑法是国家的基本法律，内容很多，提交明年大会通过，显得太急促，目前有些问题还值得认真研究与推敲，如“国家工作人员”的概念，贪污罪和侵占罪的量刑平衡问题，渎职罪如何规定问题等，建议慎重考虑，不要匆忙出台（江苏吴锡军、湖南朱东阳）。

二、对总则的修改意见

（一）关于正当防卫

草案第二十一条规定：“人民警察在依法执行盘问、拘留、逮捕、追捕逃犯或者制止犯罪职务的时候，依法使用警械和武器，造成人员伤亡后果的，不负刑事责任。”“人民警察受到暴力侵害而采取制止暴力侵害的行为，造成不法侵害人伤亡后果的，不负刑事责任。”一些委员提出，这一条规定意思是好的，但是考虑到实际情况，对警察使用警械和武器也应有所限制（张明远、董辅礽、甘肃胡慧娥）。有的委员提出，按照这一规定警察抓人时造成任何人伤亡的都不负刑事责任，值得研究（任现春）。有的委员和地方人大同志提出，在公共场所进行盘问，不应使用警械和武器，建议删去第二十一条中规定的“盘问”（吴树青、湖北朱纯宣、湖南朱东阳、内蒙伊钧华）；或者修改为在盘问中受到暴力侵害的，可以使用警械和武器（熊清泉）。

（二）关于单位犯罪

对草案总则第二章第四节规定的单位犯罪，委员们有以下几种意见：一种意见认为根据实际情况应当规定单位犯罪，但是不应规定对“机关”判处罚金，机关的经费是国家拨款，如果对机关犯罪判处罚金，会影响其职能的发挥（杨竞衡）。有的委员建议刑法中不规定单位犯罪，社会主义的单位定为犯罪，实践中不好操作，对单位进行犯罪活动的，可以处罚直接负责的主管人员和直接责任人员（潘季）。也有的建议将“单位犯罪”改为“法人犯罪”（天津鲁学政)。

(三) 关于在法定刑以下判处刑罚的规定

草案第六十五条第二款规定："犯罪分子虽然不具有本法规定的减轻处罚情节，如果根据案件的具体情况，判处法定刑的最低刑还是过重的，经最高人民法院审判委员会核准，也可以在法定刑以下判处刑罚。"有的委员建议删去这一规定，因为刑法已规定了罪刑法定原则，法律既已规定了刑罚，犯罪分子又没有从轻、减轻处罚的情节，就不应该在法定刑以下处罚，且实践中存在不少适用这一规定轻判犯罪分子的情况（楚庄、王晓光)。有的委员同意保留这一规定，但认为对这一类案件如果都交由最高法院审判委员会核准，工作量太大，也没有必要，建议规定对重大疑难的案件交由最高法院核准，一般案件由省、市一级法院核准（内务司法委员会陈素芝)。

(四) 关于国家工作人员的范围

草案第九十四条规定："本法所说的国家工作人员是指在国家机关、国有公司、企业、事业单位、人民团体中从事公务的人员和国家机关、国有公司、企业、事业单位委派到非国有公司、企业、事业单位、社会团体从事公务的人员。受国家机关、国有公司、企业、事业单位委托从事公务的人员，以国家工作人员论。"有的意见认为，对国家工作人员的界定要严，不能什么人都算，建议删去第二款以国家工作人员论的规定（全国人大内务司法委员会陈素芝)；有的建议删去这一条规定的公司、企业的人员（湖南朱东阳)。有的委员同意这一规定，认为我们是公有制国家，为了有利于保护国有资产，应当将国有公司、企业的人员列为国家工作人员（吴树青、许勤、天津鲁学政)。

(五) 关于总则的其他问题

1. 草案第一条规定："中华人民共和国刑法，以宪法为根据，依照惩办与改造和惩办与宽大相结合的原则，结合我国同犯罪作斗争的具体经验及实际情况制定。"有的委员提出，惩办与宽大相结合是政策，不是原则，建议将"原则"改为"政策"（扬振怀)；有的地方人大的同志提出，惩办与宽大相结合的原则应当写在罪刑法定、法律面前人人平等、罪刑相当原则的后面，因为这些原则比惩办与宽大相结合原则更重要（江苏吴锡军)。

2. 有的委员提出，草案第十二条、第十三条中规定了"全民所有的财产"，第九十二条规定的是"国有财产"，概念不统一，建议前后一致（朱良、迟海滨)。

3. 有的委员提出，刑法规定的管制刑，实际当中已很少适用，有的判了管制，也落实不了，管制刑已不适应目前社会情况的发展变化，建议删去这一刑种（杨竞衡、天津鲁学政)。

4. 有的委员建议在草案第十七条规定的已满十四岁未满十六岁的负刑事责任的范围中增加规定"强奸罪"（郝诒纯)。

5. 草案第三十六条规定："被判处三年以上有期徒刑的犯罪分子和被判处剥夺政治权利的犯罪分子，如果有军衔、警衔或者勋章的，应当一并判处剥夺。"有的同志建议将这一规定中的"勋章"删去，认为一个人即使犯了罪，但过去的功绩仍然存在，没有必要剥夺勋章（华侨委员会凌伯棠、西藏郎杰)。

6. 草案第五十条规定："死刑只适用于罪大恶极的犯罪分子。对于应当判处死刑的犯罪分子，如果不是必须立即执行的，可以判处死刑同时宣告缓期二年执行。死刑除依法由最高人民法院判决的以外，都应当报请最高人民法院核准。死刑缓期执行的，可以由高级人民法院判决或者核准。"有的委员提出，实践中死刑和死缓之间没有严格具体的区分标准，有的罪重的判了死缓，有的罪不很重却判了死刑，老百姓有议论，建议将这一规定中的"如果不是必须立即执行"作出具体规定，避免任意解释（林丽韫)。

7. 有的委员建议在刑法中增加"关于特赦的规定"（董辅礽)。

8. 草案第六十一条第二款规定："在判处没收财产的时候，不得没收属于犯罪分子家属所有或者应有的财产。"有的委员提出，这一规定太绝对，如果查明犯罪分子的家庭与犯罪分子有共同犯罪的牵连，也可以没收其家庭的财产（孙廷芳)。

9. 有的委员建议将刑法规定的有期徒刑最高为十五年改为二十年（汪恩)。

10. 草案第九十八条规定："本法所说的违法所得是指因犯罪所得的一切财物。其中，破坏社会主义市场经济秩序罪中的违法所得按非法的销售收入扣除成本计算；没有成本或者成本无法计算的，按非法的实际收入计算。"有的委员提出，对犯罪没收违法所得，还要扣除成本，不利于打击这类犯罪（蔡仁山)。

三、对分则的修改意见

(一) 关于危害国家安全罪

发言的委员赞成将刑法分则第一章反革命罪改为危害国家安全罪。

草案第一百零七条规定："组织、策划、实施颠覆国家政权、推翻社会主义制度的，对首要分子或者罪恶重大的，处无期徒刑或者十年以上有期徒刑；对其他积极参加的，处三年以上十年以下有期徒刑。以造谣、诽谤或者其他方式煽动颠覆国家政权、推翻社会主义制度的，处五年以下有期徒刑、拘役、管制或者剥夺政治权利；首要分子或者罪恶重大的，处五年以上有期徒刑。"有的同志提出，颠覆国家政权是最严重的犯罪，建议对第一款增加规定死刑（甘肃胡慧娥)；有的委员认为该条第二款起刑太轻，建议将五年以下有期徒刑改为三年以上七年以下有期徒刑（杨泰芳)。有的委员提出，第二款中规定的"其他方式"不明确，应具体规定使用标语、传单和在各种新闻媒体上或公众集会上造谣、诽谤（滕藤)。有的委员认为鉴于历史的教训，对于"煽动罪"应尽可能规定得细一点（冯克煦)。

有的委员提出，危害国家安全罪一章量刑普遍轻了，只有“对国家和人民危害特别严重、情节特别恶劣的”，才能判死刑，建议在量刑上更严厉一些（胡敏）。

草案第一百零九条规定：“投敌叛变的，处三年以上十年以下有期徒刑；情节严重或者率领武装部队、人民警察、民兵投敌叛变的，处十年以上有期徒刑或者无期徒刑。”有的委员提出，在“情节严重”后加“携带武器装备”投敌叛变的内容（李永泰）。

（二）关于危害公共安全罪

有的同志提出，目前涉枪犯罪严重，对社会安全造成威胁，应加大打击力度，建议将草案第一百二十二条非法制造、买卖、运输枪支、弹药、爆炸物罪和盗窃、抢夺枪支、弹药、爆炸物罪第一档处刑从“三年以上十年以下有期徒刑”提高到“十年以上有期徒刑”，情节严重的，处“无期徒刑或者死刑”（华侨委员会凌伯棠）。草案第一百二十五条第三款规定，“依法配置枪支的人员，非法出租、出借枪支，造成严重后果的，依照第一款的规定处罚，”有的地方人大的同志建议删去该款“造成严重后果的”规定（甘肃胡慧娥）。

有的地方人大的同志建议将草案第一百三十条分别几种不同情况规定刑罚：违反消防管理法规，造成严重后果的，处三年以下有期徒刑、拘役或者管制；违反消防管理法规经消防监督机构通知采取改正措施而拒绝执行造成严重后果的，从重处罚；造成特别严重后果的处三年以上十年以下有期徒刑（甘肃胡慧娥）。

（三）关于破坏社会主义市场经济秩序罪

有的委员提出，销售伪劣商品如果要以“明知”为前提才构成犯罪，不利于打击销售伪劣商品罪，建议删去草案第一百三十五条、一百三十六条、一百三十七条、一百三十八条、一百三十九条中的“明知”（曾宪林）。

有的委员认为目前证券法还没有出台，规定证券犯罪要慎重，有些行为的规定恐怕处理不了（秦仲达）。

（四）侵犯公民人身权利、民主权利罪

有些委员提出，草案第二百二十四条诬告陷害罪在实践会遇到如何正确区分“诬陷”和“错告”、“检举失实”的界限问题，建议在法律中规定明确，便于操作（许勤、赵东宛、林丽韫、湖北朱纯宣）。

（五）妨害社会管理秩序罪

有的委员认为，草案第二百六十一条扰乱社会秩序罪和第二百六十二条扰乱公共场所秩序罪的规定涉及到聚众闹事问题，打击面不要太宽，应该注意划清罪与非罪的界限（滕藤）。

有些委员认为草案第二百六十六条“传授犯罪方法”的含义比较模糊，此条的规定似乎是对个人，而真正危害大的是电视台播放纵火、劫机、杀人的电视片等，青少年犯罪的低龄化与此有相当大的关系，这算不算传授犯罪方法？另外，“传授犯罪方法”和刑法中规定的教唆是什么关系？建议明确（滕藤、郝诒纯、曾宪林）。

有些委员指出，目前社会上的赌博现象越来越严重，闹得家庭不和，还容易引发各种犯罪，因此，要堵住赌博风，必须对赌博犯罪重处，草案第二百七十五条对设赌场、设圈套拉人赌博的和以赌博为业的，处罚太轻，建议加大处罚力度，增加一档刑，对情节严重的，可处七年以下有期徒刑（秦仲达、李登海、华侨委员会凌伯棠、内蒙伊钧华）。

有些委员建议将第七章第六节“破坏环境罪”改为“破坏环境和资源罪”，因为本节内容有5条涉及到资源保护（孙鸿烈、杨纪珂、秦仲达、汪恩、内蒙伊钧华、广西何彬），或者改为“破坏资源、环境、生态罪”。因为林业、矿产是资源不是环境，资源遭到破坏，也破坏了生态（杨振怀）。

有的委员提出，根据我国目前人多地少，而破坏耕地、草原的行为十分严重的情况，建议将违反水法、草原法规定破坏耕地、草地等行为，增加规定为犯罪（孙鸿烈、秦仲达、杨振怀、杨纪珂、内蒙伊钧华、广西何彬）。

有的委员提出，在环境保护方面增加以下犯罪规定：1. 违反国家规定，未经批准在国家依法划定的自然保护区、风景名胜区内建造污染环境的工业生产设施，或者建造工业固体废物集中贮存、处置设施、场所或者垃圾填埋场，严重破坏生态平衡，自然遗迹或者自然景观的；2. 对未经批准或者采取诈骗手段骗取批准，非法占用土地或者超出批准数量占用土地，情节严重的；3. 违反土地管理法律的规定，在耕地上挖沙、采石、采矿或者在耕地上建房、建坟，或者建设其他永久建筑物，严重破坏种植条件的；4. 违反土地管理法律的规定，将国有土地使用权低价出让或者无权批准出让国有土地使用权的单位和个人，非法出让土地，致使国家利益遭受重大损失的（曲格平、杨纪珂）。

有的委员建议删去草案第二百七十七条“律师伪证罪”的规定，主要理由是：草案第二百七十八条已对伪证罪作了规定，律师如有伪证行为，可根据第二百七十八条的规定处罚。单独规定“律师伪证罪”客观上会使律师在刑事诉讼中怕担风险而不愿承办刑事诉讼案件，不利于律师作用的充分发挥。建议在第二百七十八条第三款中加“辩护人”，这样既保留了要强调的内容，又在立法形式上更加科学合理，易于被社会所接受（蔡诚、顾林防，天津鲁学政）。

（六）关于贪污贿赂罪

草案第三百三十六条规定：“国家工作人员和经手、管理国家财物的人员，利用职务上的便利，侵吞、窃取、骗取或者以其他手段非法占有公共财物的，是贪污罪。与国家工作人员和经手、管理国家财物的人员勾结，伙同贪污的，以共犯论处。”有的委员提出，这一规定犯罪主体没有包括集体单位，现在大量存在的集体单位的干部、农村干部贪污问题，怎么解决，希望明确作出规定（李登海）。

草案第三百四十条规定：“国家工作人员或者其他从事公务的人员，利用职务上的便利，索取他人财物或者非法收受他人财物为他人谋利益的，是受贿罪。国家工作人员或者其他从事公务的人员，在经济往来中，违反国家规定收受各种名义的回扣、手续费，归个人所有的，以受贿论处。”有的同志提出，这一条两款定罪标准不一致，第一款要求“为他人谋利益”，构成犯罪，第二款没有要求为他人谋利益，实践中有的利用职务上便利受了贿，但没有为他人办事，如何处理？建议考虑（上海漆世贵）。

有的同志提出，草案规定的受贿罪、行贿罪，其行贿受贿的内容都限定为“财物”，不符合现在的实际情况，现在行贿大量是采取免费出国、旅游、提供各种服务等，不仅仅是给财物，建议再作研究（上海漆世贵）。

（七）关于渎职罪

有的委员提出草案第三百六十三条关于国家工作人员在签订合同中严重不负责任被诈骗，给国家造成重大损失的犯罪，第三百六十六条关于国家工作人员严重不负责任，盲目投资建设，引进设备，给国家造成重大损失的犯罪，在实践中这些犯罪有的不完全是个人行为，往往是单位决定的，应增加单位犯罪的规定（王晓光）。

有的委员提出，草案第三百六十六条规定的盲目投资建设、引进设备罪的犯罪主体是“国家工作人员”，这样规定太笼统。这种犯罪的责任应由主要负责人承担，建议将第三百六十六条改为：“国家有关主管机关的国家工作人员对违反国家规定盲目投资建设、引进设备的项目予以批准，致使国家利益遭受重大损失的，处五年以下有期徒刑、拘役或者管制”（刘国光）；有的委员建议将最高法定刑提高到十年（李伦）。

有的委员建议，对以言代法、以权压法、实行地方保护主义、部门保护主义，造成严重后果的，也应作出规定（王晓光）。

（八）关于是否将军人违反职责罪纳入刑法

对是否将军人违反职责罪纳入刑法，一种意见主张，不要纳入刑法，理由是惩治军人违反职责罪条例草案已经全国人大常委会第十七次会议审议。军队司法部门对运用惩治军人违反职责罪条例已经比较熟悉，在区分和认定军人违反职责罪与普通犯罪的关系方面积累了丰富的经验。惩治军人违反职责罪条例与解放军纪律条令相配套，形成了一个较为完整的预防、惩治军人违反军法、军纪的机制。军人违反职责犯罪的客体特殊，犯罪行为特殊，执法机关特殊，执法手段特殊，应该由特别法规定（黄玉章、聂力、蒋顺学、叶正大、张序三，外事委员会徐信）。

有的委员认为，单立有单立的好处，如上面所讲的好处。合并也有合并的道理，可增强刑法典体系科学性和完整性，有利于对全民进行维护国家军事利益的教育，可使广大适龄青年在服役前就受到军法教育，使军人家属理解、支持军人严格履行职责，建议在刑法总则、分则中充分吸收、采纳条例中的内容和意见（法律委员会蔡仁山）。

另一种意见认为，军职罪是刑法的组成部分，应借这次修订刑法之机纳入刑法，以制定一部统一的、完备的刑法典（曲格平）。

（九）建议增设“危害国防利益罪”一章

有的委员指出，应当增加规定非军人危害国防利益和军事利益的犯罪。近几年，非军人阻挠部队军事行动，冲击军事禁区，煽动军人私自离队，窝藏、雇佣逃兵，拒绝、贻误军事运输和订货，拒服兵役，假冒军人等危害国防和军事利益的案件不断发生。严重影响了部队的训练、管理、战备和征兵工作，对其中情节严重的应当施之于刑。针对多年来出现的问题。建议从9个方面增加对非军人危害国防利益和军事利益施以刑罚的条文。1. 妨害军事行动，情节严重的；2. 破坏武器装备或者军事设施的；3. 故意将不合格的武器装备、军事设施、军用物资提供给军队的；4. 聚众冲击军事禁区、军事管理区，情节严重的；5. 假冒军人招摇撞骗的；6. 煽动军人私自离队或者窝藏、资助私自离队军人，情节严重的；7. 征兵工作人员在征兵工作中，徇私舞弊，造成严重后果的；8. 违反优抚法规，情节严重的；9. 捏造事实诽谤、丑化军队，诋毁军队声誉，情节严重的（蔡仁山、叶正大）。

四、关于劳动教养问题

有些委员提出，劳动教养作为一种行政处罚措施，限制人身自由可以达3年之久，其严厉程度甚于刑罚中的拘役和短期徒刑，而且不必经过法院审判，由公安机关一家决定，一家执行，缺乏监督，弊端很多。根据《行政处罚法》的规定，限制人身自由的处罚只能由法律设定。目前，劳动教养问题已成为外国人在国际上攻击我国人权问题的主要借口。要依法治国，劳动教养问题应该解决（周觉、许勤，天津人大鲁学政）。建议取消劳动教养（许勤）或者将劳动教养在刑法中加以规定（许勤、周觉，内务司法委员会陈素芝）。

五、对分则的其他意见

（一）将第三章“破坏社会主义经济秩序罪”的章名改为“破坏经济秩序罪”（孙鸿烈、潘季）。

（二）将第三章第三节节名改为“妨害公司、企业管理秩序罪”（孙鸿烈）。

（三）在第一百三十八条生产、销售假农药、兽药、化肥、种子罪后加“农用薄膜”（李登海）。

（四）在第一百四十六条走私淫秽影片、录像带、录音带中增加“激光盘”（谢铁骊）。

（五）在文字的表述上还应再斟酌，草案第一百五十一条提“以走私罪的共犯论处”，而第二百八十一条提“以共同犯罪论处”，文字表述不一致，建议统一用“以共同犯罪论处”。类似的问题在有些条文中也存在（湖北省朱纯宣）。

（六）建议在第一百五十八条中对“回扣”的界限明确规定以便于执行（孙廷芳）。

（七）将第二百四十一条拐骗不满十四岁的未成年人脱离家庭或者监护人的最高法定刑从五年提高到七年（李永泰）。

（八）将第二百六十五条寻衅滋事罪的最高法定刑提高到死刑（内务司法委员会陈素芝）。

(九) 建议在第三百六十九条“造成传染病传播或者流行”后增加“食物中毒”(徐静)。

(十) 建议在草案第二百五十七条招摇撞骗罪中增加“冒充军官人员招摇撞骗的”规定(叶正大)。

(十一) 建议对草案第一百二十八条重大责任事故罪中,将职工自己违章操作与强令工人违章操作造成重大事故的,在量刑上有所区别(林丽韫、汪愚)。

(十二) 建议对盗窃数额特别巨大的,保留死刑(天津鲁学政)。

(十三) 建议具体规定盗窃罪、诈骗罪、抢夺罪的定罪量刑数额标准(天津鲁学政)。

(十四) 增加“虚假广告罪”,以维护消费者利益(秦仲达)。

(十五) 在第七章第八节中增加规定组织嫖娼罪(夏家骏,内务司法委员会陈素芝)。

(十六) 增加规定“窃听、窃照罪”(杨竞衡)。

(十七) 建议增加“浪费罪”(王晓光)。

(十八) 建议将“利用医疗技术手段,进行胎儿性别鉴定,情节严重的”行为,规定为犯罪(湖北朱纯宣)。

(十九) 建议对“假报、虚报财政统计数字,情节严重的”行为规定为犯罪(玛依努、哈斯木)。

(二十) 建议对违反动植物检疫法规,私自进口、带进未经检疫处理的动物、水果、树苗、花卉、种籽及其他植物的行为规定为犯罪(迟海滨)。

20. 八届全国人大常委会第二十四次会议分组审议刑法修订草案(修改稿)的意见

(全国人大常委会法制工作委员会办公室、八届全国人大五次会议秘书处 1997年3月3日印)
[八届全国人大五次会议参阅资料(四)]

八届全国人大常委会第二十四次会议于1997年2月20日、21日分组审议了《中华人民共和国刑法(修订草案)》(修改稿)。发言的委员认为,这个修改稿基本吸收了上次常委会上委员们提出的意见,内容更完善、明确、具体,建议再作修改后,提请八届全国人大第五次会议审议通过。

一、对总则的修改意见

(一) 关于正当防卫

修改稿第二十条第三款规定:“对正在进行行凶、杀人、抢劫、强奸、绑架以及其他严重危及人身安全的暴力犯罪,采取防卫行为,造成不法侵害人伤亡和其他后果的,不属于防卫过当,不负刑事责任。”有的委员认为.本款关于“对正在进行行凶”和“严重危及人身安全”的规定,限制了被害人防卫的主动权,建议删去“正在”和“严重”四个字(史来贺)。

有的委员建议在本款前面增加“执法人员、见义勇为者、被侵害人”,这样有利于鼓励广大群众对暴力犯罪作斗争(黄玉章)

(二) 关于单位犯罪

1. 修改稿第三十条规定单位犯罪必须是公司、企业、事业等单位“为本单位谋取非法利益”。有的委员提出这是指谋取经济利益,而实践中单位犯罪的情况比较复杂。有的是出于政治目的,如修改稿第一百零九条规定的境内外机构、组织或者个人资助境内组织或者个人实施危害国家安全的行为,如果也属于单位犯罪,那么,本条的规定就不合适,建议修改的更全面一些(杨竞衡)。

2. 建议将单位犯罪改为法人犯罪(熊清泉、冯克煦)。

(三) 关于死刑

修改稿第四十九条第一款规定:“死刑只适用于罪行极其严重的犯罪分子。对于应当判处死刑的犯罪分子,如果不是必须立即执行的,可以判处死刑同时宣告缓期二年执行。”有的委员提出“必须立即执行”的规定不明确,对在什么情况下适用死刑必须立即执行应当作具体规定,以减少执法的随意性(董耐芳,贵州陈远武)。

(四) 关于国家工作人员的规定

修改稿第九十五条规定:“本法所称国家工作人员,是指国家机关中从事公务的人员。”“国有公司、企业、事业单位、人民团体中从事公务的人员和国家机关、国有公司、企业、事业单位委派到非国有公司、企业、事业单位、社会团体中从事公务的人员,以国家工作人员论。”有的委员认为本条规定的“公务”含义不清,建议明确规定(滕藤)。有的委员提出,在民主党派机关工作的人员,是否属于国家工作人员应当明确(厉以宁)。有的委员提出人大代表、政协委员算不算国家工作人员?在企业、事业中从事公务是指什么,建议明确界定(王晓光)。

（五）关于公共财产、公民私人所有的财产的范围

修改稿第九十三条和第九十四条分别规定了公共财产和公民私人所有的财产的范围，有的委员认为这样列举不能穷尽。如股份公司的财物，既不属于公共财产，也不属于私人所有的财产（厉以宁）。

（六）关于总则的其他规定

1. 建议在修改稿第一条“保护人民”后增加“巩固社会主义制度”一句，这样能够与第二条规定相呼应（蔡仁山）。

2. 建议在第六条第二款“凡在中华人民共和国船舶或在航空器内犯罪”的规定中增加“火车”、“汽车”（杨竞衡）。

3. 建议删去修改稿第十九条中关于对聋哑人犯罪可以“免除处罚”的规定，因为实践中聋哑人进行团伙犯罪的情况比较严重，不应规定免除处罚（厉以宁）。

4. 建议删去修改稿第三十五条关于剥夺被判三年以上有期徒刑和剥夺政治权利的犯罪分子的军衔、警衔或勋章的规定（蔡仁山）。有的建议删去修改稿第三十五条中关于“剥夺勋章”的规定（周占鳌）。

5. 修改稿第五十七条第一款规定：“对于危害国家安全的犯罪分子应当附加剥夺政治权利；对于故意杀人、强奸、放火、爆炸、投毒、抢劫等严重破坏社会秩序的犯罪分子，在必要的时候，可以附加剥夺政治权利”，有的委员提出，“必要的时候”在实践中不好掌握，建议改为“被判处十年以上有期徒刑的”（熊清泉）。

6. 建议将修改稿第六十八条中规定的对自首的犯罪分子“可以”从轻处罚，改为“应当”从轻处罚，以鼓励犯罪分子自首，也便于司法机关破案（冯克煦、许勤）。同时建议将修改稿第六十九条中关于对立功的犯罪分子，“可以”从轻处罚，改为“应当”从轻处罚（冯克煦）。

二、对分则的修改意见

（一）关于危害国家安全罪

有的委员提出，第一百零九条规定的是资助其他组织、个人实施犯罪，这也是共同犯罪，可以依照总则关于共同犯罪的规定处罚，没有必要单独规定，建议删掉这条（万绍芬）。关于第一百一十一条“国家机关工作人员在履行公务期间，擅离岗位，叛逃境外或者在境外叛逃，危害中华人民共和国国家安全的”规定，有的委员认为，其中“危害中华人民共和国国家安全”的含义不明确，建议作出明确具体的规定（万绍芬）。有的委员建议将这一条中的“国家机关工作人员”修改为“国家工作人员”，删掉“擅离岗位”几个字。理由是：本条只突出了国家机关，但目前我们公派留学的人员，既有从国家机关派出的，也有从企事业单位、大学、研究机构等单位派出的；有擅离岗位、滞留不归的，也有叛逃后从事反对国家和社会主义，组织民联、民阵等反动组织，危害国家安全的。现在的规定限制太死，不利于打击这类犯罪（滕藤）。有的委员建议对第一百一十四条第二款“犯本章之罪的，可以并处没收财产”的规定，再斟酌一下。理由是：本章之罪都是政治性质的犯罪，不是以营利为目的的，按照罪刑相当的原则，危害国家安全的罪犯，只要其财产不是非法所得，其合法财产权应当受到保护（冯克煦）。

（二）关于危害公共安全罪

有的委员建议在第一百一十五条中“放火、决水、爆炸”的规定后加上“投毒”，以与第一百一十六条相协调（万绍芬）。有的委员建议将第一百一十九条中“破坏电力、燃气”的规定修改为“破坏电力、石油燃气”（黄毅诚）。有的委员认为第一百三十一条对违反规章制度，发生重大飞行事故，造成严重后果的，规定处刑为“五年以上十年以下”太轻，建议提高法定刑（周占鳌）。有的委员认为危害公共安全罪一章中，对各条犯罪所规定的有期徒刑的量刑幅度都太大，容易造成轻判。第一百三十九条中违反消防管理法规，经通知采取改正措施而拒绝执行，后果特别严重的，最高刑为七年有期徒刑太低，建议改为“七年以上有期徒刑、无期徒刑或者死刑”（熊清泉）。

有的委员提出，第一百三十七条应当规定对单位的处罚，单位应当对施工建筑后果负责，不能仅追究责任人员的刑事责任。施工监理单位要监督施工质量，有质量事故也应同罪。建议将该条修改为“建设单位、建筑设计单位、施工单位、施工监理单位违反国家规定，降低工程质量标准或购买不符合国家标准、行业标准的产品，造成重大安全事故的”，对单位处以刑罚的规定（陈光健）。有的委员认为第一百三十七条建筑单位、建筑设计单位、施工单位违反国家规定降低质量标准，造成重大安全事故和一百三十八条明知校舍或者教育教学设施有危险不采取措施或不及时报告，发生重大伤亡事故的规定处刑太轻，建议将法定刑改为“三年以上十年以下”，理由是：目前，因建筑质量问题而给国家、集体和个人生命财产造成严重损失的重大质量事故不断发生，立法上应当加大这方面的处罚力度（郭志）。有的委员建议在危害公共安全罪一章中增加“破坏水利工程”的犯罪。即：破坏水库、闸坝、闸门、堤防、渠道、护岸、防汛设施、防汛通讯线路、水文测量设施等，危及正常运行或者防汛安全的，处三年以上七年以下有期徒刑；情节严重，造成严重后果的，处七年以上有期徒刑、无期徒刑或者死刑（杨振怀）。

（三）关于破坏社会主义市场经济秩序罪

修改稿第一百四十一条规定：“生产、销售假药，足以严重危害人体健康的，处三年以下有期徒刑，对人体健康造成严重危害的，处三年以上十年以下有期徒刑。”有的委员建议将其中三年改为五年（孙廷芳）。有的委员提出，第一百七十七条非法吸收公众存款，扰乱金融秩序的，处三年以下有期徒刑、拘役或者管制太轻，建议改为“处五年以下有期徒刑”；数额巨大或者有其他严重情节的，改为“处五年以上十年以下有期徒刑”（孙廷芳）。有的委员认为第二

百一十五条、第二百二十条、第二百二十二条关于伪造商标、侵犯商业秘密、虚假广告的量刑太轻，不足以保护商家的利益。建议根据损失的严重性加重刑罚（董耐芳）。

有的委员认为第一百七十六条规定的未经中国人民银行批准，擅自设立商业银行或者其他金融机构的，其中“其他金融机构”含义不清，建议作出明确具体的规定（滕藤）。有的委员认为第一百九十一条规定的擅自将外汇“存放境外”和“将境内的外汇非法转移到境外”是两种不同性质的行为，后者比前者的性质更为严重。因此，建议将两种行为分为两条写（李桂英）。有的委员建议在第二百一十七条侵犯著作权行为中增加未经著作权人许可“使用”其作品，改为“未经著作权人许可，使用、复制发行”其作品（谷建芬）。有的委员提出第二百二十五条第三项中的“走私物品”与“特许减免税物品”不是同类问题，不能并列，建议分开写（冯之浚）。

有的委员建议在第三章第六节中增加一条规定：“违反水法和水土保持法，有下列行为之一，经有关部门制止拒不改正，情节严重的，处五年以下有期徒刑或者拘役，并处罚金：（一）非法侵占河道；（二）擅自在河道修建建筑物或者设置行洪阻水障碍的；（三）强迫或者启闭水闸、闸门，妨害他人利益的；（四）在水利工程保护范围内进行爆破、打井、采石、取土等危害水工程安全的；（五）违反水土保持法的规定，在崩塌滑坡危险区、风沙区进行建设，引发严重水土流失的。”（杨振怀）

（四）关于侵犯公民人身权利、民主权利罪

有的委员提出第二百三十二条对杀人罪处罚规定得太原则，什么情节处死刑，什么情节处有期徒刑不清楚，建议作出明确规定（董耐芳）。有的委员建议在第二百五十六条重婚罪中增加一档刑，规定对于情节特别恶劣的，应当加重处罚（王淑贤）。有的委员建议删去第二百五十七条破坏军婚罪中的“多次”和“告诉”的限制条件（张毓茂、李永泰）。有的委员建议删去第二百五十八条虐待罪中“告诉才处理”的规定（王淑贤）。有的委员认为第二百六十条拐骗未成年人的犯罪的量刑太轻，建议将“五年以下”，改为“十年以下”（李永泰）。有的委员提出第二百五十一条关于国家机关工作人员非法剥夺公民宗教信仰自由的规定中增加了“管制”刑，从文字上理解处罚放宽了。但现实中这方面的问题很多，对国家机关工作人员放宽处罚不好，应当严一些（伍精华）。有的委员认为第二百五十四条规定窃取他人隐私罪中的“窃听”行为本身就是犯罪，建议删掉“造成严重后果”这一条件（张毓茂）。

（五）关于妨害社会管理秩序罪

有的委员提出，第二百九十条第四款关于包庇、纵容黑社会性质的组织进行违法犯罪活动的规定处刑太轻，建议提高量刑幅度，同时建议将该款规定得更具体、更有针对性些，以更有力地打击“保护伞”（张毓茂、吉林尚振令）。

有的委员认为第二百九十七条规定中“组织破坏国家法律实施”和“鼓动他人自杀”是两种不同性质的行为，放在一起不合适，刑罚也不应当相同。建议对“鼓动他人自杀的”加重处罚（厉以宁）。

有的委员提出，第三百零二条、第三百零三条关于伪证罪的规定局限于刑事诉讼不妥，民事诉讼中作伪证的也应追究刑事责任。建议将“在刑事诉讼中”改为“在刑事诉讼或者民事诉讼中”（熊清泉）。有的委员建议在第三百零三条中的“辩护人”前加上“司法工作人员”，理由是：司法工作人员是代表国家行使司法权的，对他们应当比对辩护人、诉讼代理人要求更严格（万绍芬）。

关于第三百零四条阻止证人作证、指使他人作伪证以及帮助毁灭、伪造证据犯罪的规定，有的委员提出，第三款规定的司法工作人员犯这些罪，从重处罚的规定，犯罪主体仅限于司法人员不妥，有些领导人员以权压法，也应受法律制裁。建议对执法人员知法犯法问题表述得更清楚些（张毓茂）。有的委员提出第三百零四条的行为有暴力，危害明显地重于第三百零三条没有暴力的行为，但处刑却低于第三百零三条的法定刑。建议将第三百零四条与第三百零三条的处刑调换一下（万绍芬）。

关于第三百二十六条有传播传染病严重危险的几种情形，有的委员建议删去第一项“供水单位供应的饮用水不符合国家规定的卫生标准”的规定。理由是：此类情况较普遍，难以操作（熊清泉）。

关于第三百三十八条擅自采矿的规定，有的委员建议删掉该条中“造成矿产资源破坏”的规定。理由是：什么叫“资源破坏”不好界定，只要擅自开采，不听制止的，都应处刑（黄毅诚）。

关于第三百四十六条非法种植毒品原植物犯罪的规定，有的委员提出第二项关于“经公安机关处理后又种植的”规定不妥，不能只限于经公安机关处理后又种植的才处刑，经人民政府其他机关处理后又种植的也应包括在内（伍精华）。

有的委员提出，第三百五十四条第一款关于明知自己有性病卖淫、嫖娼的规定与第二款关于嫖宿不满十四周岁的幼女的规定，两者行为性质不同，不应放在同一条（厉以宁）。

有的委员建议在第六章第八节中增加卖淫、嫖娼罪（迟海滨）。

（六）关于危害国防利益罪

关于第三百六十四条提供不合格武器装备、军事设施犯罪的规定，有的委员建议在该条中增加“军用物资、军用器材、药器”的规定（张挺）。有的委员提出第三百六十七条规定的煽动军人逃离部队和雇用逃离部队的军人两种行为是性质不同的犯罪行为，建议分开写（厉以宁）。有的委员建议在“危害国防利益罪”一章增加“雇用他人代为服兵役”的规定（阴法唐）。

（七）关于贪污贿赂罪

修改稿第三百七十七条第二款规定，犯贪污罪积极退赃的，可以从轻处罚；其中个人贪污数额在五千元以上不满一万元，积极退赃的，可以减轻处罚，全部退赃的，可以免除处罚。有的委员建议删去这一款，或者只保留“犯贪污罪积极退赃的，可以从轻处罚”的规定。理由是：这样规定不利于遏制贪污，并可能使一些人产生侥幸心理（蔡仁山）；有的同志建议在“积极退赃”之前加上“主动坦白交待”的规定，即“犯贪污罪主动坦白交待并积极退赃的”，以体现我国坦白从宽的政策（郭志）。有的委员认为这一款中“行政处分”不应与刑事处罚同列（冯之浚），有的建议删掉“行政处分”的规定（新疆颉富平）。

有的委员认为第三百七十七条贪污罪的刑罚与第二百六十二条盗窃罪及第二百六十八条侵占罪的刑罚相比，量刑不协调，建议斟酌（万绍芬）。

修改稿第三百八十三条第三款规定了“因被勒索而实施前两款行为，没有获得不正当利益的，不是行贿”，这样规定不利于反腐败。现实生活中很难划分正当利益与不正当利益。无论是否获得不正当利益，都应当定为行贿。建议删去“为谋取不正当利益”的限制条件。（陈培民，陕西牟玲生）

有的委员认为第三百八十四条关于行贿罪的规定的刑罚太轻，建议规定行贿人与受贿人同样处罚，对索贿的要重判，被索贿的无罪（迟海滨）；有的建议对犯行贿罪情节严重的，“处五年以上有期徒刑”改为“处七年以上有期徒刑”（孙廷芳）；有的委员建议对行贿罪规定具体数额（夏家骏）。

有的委员建议在第三百八十八条第二款规定的非法在境外存款的犯罪主体中，增加“国有事业、企业单位”（郭志）。

（八）关于渎职罪

一些委员建议增加以下规定：

1.“国家机关工作人员对投资项目未经论证自行决策失误，或未按论证意见而决策失误，致使公共财产、国家和人民利益遭受重大损失的，处三年以下有期徒刑、拘役或者管制；情节特别严重的，处三年以上七年以下有期徒刑。”（陈光健）

2. 对“国家工作人员决策失误造成重复建设，给国家造成重大经济损失”的，要处以刑罚（刘国光）。

3.“非法占用土地罪”。理由是：目前我国耕地逐年锐减的情况非常严重，为防止耕地资源的破坏，增加此罪，以打击非法占地的行为（孙鸿烈）。

4.“国家工作人员在防汛抢险的紧急情况下，拒不执行上级防汛指挥机构的调度命令或者防汛抢险紧急措施的”；“水库管理单位负责人，在汛期，超过国家批准的资料规定，超汛限水位蓄水，造成人民生命财产严重损失的”。并对以上犯罪行为规定处五年以下有期徒刑或者拘役（杨振怀）。

5.“国家工作人员虚报、谎报重要国家统计数据的，处一年以下有期徒刑或者拘役”。（黄毅诚、万绍芬）

6.“国家工作人员由于严重不负责任，在重大问题上决策失误或滥批项目”的犯罪。（张挺、陈光健，陕西牟玲生）

7. 将对人民来信来访不予处理的规定为犯罪（陕西牟玲生）。

有的委员提出渎职罪一章的量刑不平衡，同样遭受重大损失，有的处三年以下有期徒刑，有的处五年以下，有的处七年以下，建议调整一下（夏家骏）。

（九）关于军职罪

有的委员认为第四百一十七条第二款中“为敌人效劳的”规定太笼统，建议作具体规定（蔡仁山）。有的委员建议将第四百二十七条泄露军事秘密罪中第一款平时泄密的处刑“七年以下”改为“五年以下”，将第二款战时泄密的处刑“三年以上”改为“五年以上”；另外，对故意与过失应加以区别，过失的应轻一些，或者删掉“故意或者过失”的前提（熊清泉）。

（十）其他修改意见

1. 有的委员建议在第三章第三节中增加公司、企业在破产前以隐匿、虚报财产等非法手段逃避债务的也要追究刑事责任的规定（冯克煦）。

2. 有的委员建议将第六章第六节节名“破坏环境保护罪”改为“破坏环境资源罪”，因本节内容多是资源。（杨振怀、孙鸿烈）

3. 有的委员建议将第七章的章名危害国防利益罪改为“危害国防安全罪”（李旭阁）。有的委员建议将第七章调到第九章，因该章内容与第十章军职罪相近（蔡仁山）。

4. 有的委员认为修改稿死刑条款太多，国际影响不好，建议适当减少死刑，延长有期徒刑的期限（冯克煦、熊清泉、万绍芬）。有的委员提出经济犯罪最好不规定死刑（柳随年）。

5. 有的委员建议多使用管制刑，这样既有利于改造、教育罪犯，又有利于缓解监狱的紧张状况（冯克煦）。

6. 修改稿涉及的数额规定较多，建议对数额不作具体规定，由司法机关作解释（熊清泉）。

21. 中央有关部门、地方对刑法修订草案的意见

(八届全国人大五次会议秘书处 1997年3月3日印)

[八届全国人大五次会议参阅资料(五)]

根据八届全国人大常委会的立法规划，全国人大常委会法制工作委员会在广泛征求有关部门意见的基础上，于1996年10月初起草了刑法修订草案(征求意见稿)，并印发中央有关部门和各省、自治区。直辖市、较大的市以及一些法律院校、法学研究机构征求意见。11月中旬，法制工作委员会邀请中政委、中纪委，中央公、检、法、司法、国家安全部门和国务院其他有关部委，15个省、自治区、直辖市人大和地方公、检、法部门及法律专家，召开座谈会，对征求意见稿进行了讨论。之后，又对一些专业性比较强的问题，专门邀请有关主管部门进行专题性的研究，征求意见。根据部门、地方和法律专家的意见，对征求意见稿作了进一步修改，形成了修订草案。1996年12月25日、26日八届全国人大常委会第二十三次会议对《中华人民共和国刑法(修订草案)》进行了初步审议。会后，法制工作委员会又将修订草案印发中央有关部门和各省、自治区、直辖市、较大的市以及法律院校、法学研究部门进一步征求意见。大家认为，修订草案吸收了各方面的意见，结构比较科学，内容具体，适应惩治犯罪的需要，总的看来是可行的，同时提出一些具体的修改意见。现将修改意见简报如下：

一、关于总则

(一)关于惩办与宽大相结合的原则的问题

有的地方认为，修订草案第一条中规定的“惩办与宽大相结合”的原则，不属于刑法基本原则，建议将这一原则移作第六条，放在其它几项基本原则之后(辽宁)；或者删去这一规定(河南)。

(二)关于刑法的适用范围

修订草案规定：“中华人民共和国公民在中华人民共和国领域外犯本法规定之罪的，适用本法，但是按本法的最高刑为三年以下有期徒刑的，可以不予追究。”有的地方提出，对本国人在国外的行为，尤其是长期居住在国外的我国侨民，除危害本国国家利益和安全构成犯罪的应一律适用本法外，如果依照行为地法律不认为是犯罪的行为，不应适用本法。建议恢复刑法原第四条和第五条的规定，对于我国公民在境外实施的危害我国国家安全和利益的犯罪以及其它一些特定的犯罪，应当适用本法，对于其它犯罪，如果按照犯罪地的法律不受刑事处罚的，不适用本法(天津)。

修订草案第八条规定：“外国人在中华人民共和国领域外对中华人民共和国国家或者公民犯罪，而按本法规定的最低刑为三年以上有期徒刑的，可以适用本法，但是按照犯罪地的法律不受处罚的除外。”有的地方建议，将此条分为两款，第一款规定外国人对我国国家犯罪，适用本法；第二款规定外国人对我国公民犯罪，按本法规定最低刑为三年以上有期徒刑的，适用本法，但是按照犯罪地的法律不受处罚的除外(天津)。

(三)关于正当防卫

修订草案关于第二十条第三款规定：“受害人受到暴力侵害而采取制止暴力侵害的行为，造成不法侵害人伤亡后果的，属于正当防卫，不属于防卫过当。”有的地方提出，“暴力侵害”，有轻有重，实际执行中不好界定，建议进一步明确(北京、福建、新疆、陕西、重庆)；有的建议明确规定“对正在以暴力方法实施杀人、伤害、抢劫、强奸、绑架以及其他严重危害社会治安的犯罪行为，采取防卫措施造成不法侵害人伤亡后果的，属于正当防卫，不负刑事责任。”(天津)

修订草案第二十一条第一款规定：“人民警察在依法执行盘问、拘留、逮捕、追捕逃犯或者制止违法犯罪职务的时候，依法使用警械和武器，造成人员伤亡后果的，不负刑事责任。”该条第二款规定“人民警察受到暴力侵害而采取制止暴力侵害的行为，造成不法侵害人伤亡后果的，不负刑事责任。”有的部门和地方提出，这一规定很有必要，但是警察使用武器和警械也要依法进行，不加限制，可能出现滥用的情况(电力工业部、四川、江苏、陕西、青海、汕头、天津、湖北)；建议删去第二款的规定(湖北)。

(四)关于单位犯罪

修订草案第三十一条规定：“公司、企业、事业单位、机关、团体为本单位谋取非法利益，经单位集体研究决定或者由负责人决定实施犯罪的，是单位犯罪。单位犯罪，法律有规定的才处罚”。有些部门、地方提出，“机关”不宜作为单位犯罪的主体，因为国家机关的经费都是财政拨款，如果对国家机关处以罚金，将影响其履行职能，而且将国家机关作为犯罪主体，法理上也讲不通。如果某国家机关实施了犯罪行为，处罚其负责的主管人员和直接责任人员，同样可以达到惩罚、预防犯罪的目的(最高法院、天津、广州)。

有些部门和地方提出，“单位犯罪”的概念不是法律用语，建议将“单位犯罪”改为“法人犯罪”。同时规定，对非法人组织实施犯罪行为的，以法人犯罪论(最高法院、河南、重庆)。

（五）关于刑罚问题

修订草案第四十七条规定：“有期徒刑的期限，为六个月以上十五年以下”。有的部门和地方提出，有期徒刑的最高期限与无期徒刑之间差距太大，建议将有期徒刑的最高刑期延长至二十年（福建、天津、辽宁、四川、哈尔滨、重庆）。

修订草案第三十六条规定：被判处三年以上有期徒刑的犯罪分子和被判处剥夺政治权利的犯罪分子，如果有勋章的，应当一并剥夺。有的地方建议，对犯过失的罪，不应剥夺勋章（哈尔滨）。

有的地方建议，对于判处管制、剥夺政治权利和被宣告缓刑、假释的犯罪分子的监管执行机关，除规定公安机关外，还应增加规定国家安全机关（山西、江西）。

有的地方建议，对于国家工作人员职务上的故意犯罪应规定附加剥夺政治权利（安徽）。

修订草案第六十五条第二款规定：“犯罪分子虽然不具有本法的减轻处罚情节，如果根据案件的具体情况，判处法定刑的最低刑还是过重的，经最高人民法院审判委员会核准，也可以在法定刑以下判处刑罚。”

有些部门和地方提出删去这一规定。因为这一规定损害了法律统一正确实施，许多应当判刑的经济犯罪，因适用这一款而被免予刑罚或判缓刑，同时，也容易滋长审判人员徇私枉法的现象，而且这一规定有悖于罪刑法定原则（最高检察院、辽宁、江苏、黑龙江、天津、珠海）。

有些部门和地方认为，原刑法第五十九条第二款关于经审判委员会决定，可以在法定刑以下判处刑罚的规定体现了原则性与灵活性相结合的原则，从国家利益考虑，也是外交、国防、统战、民族、宗教等工作的客观需要，实践中有些较特殊的案件，在法定刑以下判处刑罚，正是体现党的政策，收到了良好的效果。有些审判人员滥用这一条款的情况，不带有普遍性，可以在程序上加以严格限制，使这一规定更加完善（最高人民法院、四川、湖南、天津、重庆、深圳、河南、湖北、浙江）。

修订草案第七十九条规定被判处管制、拘役、有期徒刑的犯罪分子，依法减刑以后，实际执行的期限不能少于原判刑期的二分之一；被判处无期徒刑的，实际执行不能少于十年，有的地方建议修改为：有期徒刑减刑后实际执行的刑期不得少于原判刑期的三分之二；无期徒刑、死缓的减刑，实际执行的刑期不得少于二十年（哈尔滨）。

（六）关于国家工作人员的范围

修订草案第九十四条规定：“本法所说的国家工作人员是指在国家机关、国有公司、企业、事业单位、人民团体中从事公务的人员和国家机关、国有公司、企业、事业单位委派到非国有公司、企业、事业单位、社会团体中从事公务的人员。受国家机关、国有公司、企业、事业单位委托从事公务的人员，以国家工作人员论。”有的意见认为这样规定范围太宽，把国有公司、企业、事业单位包括进去，不符合政企分开的改革方向和国家干部人事制度的改革方向，建议主要限制在国家机关的范围（最高法院、公安部）；另一种意见认为修订草案对国家工作人员的规定是合适的，我国是公有制国家，实践中许多贪污受贿案件发生在国有企业，将国有企事业单位工作人员列为国家工作人员，有利于保护国有资产，并建议增加“其他依照法律从事公务的人员”（最高检察院）。还有的地方认为该条第二款规定的受委托从事公务的人员，具体指哪些人实践中一直不明确，建议删去（江西）。

二、关于分则

（一）关于危害国家安全罪

大家赞同将反革命罪修改为危害国家安全罪，认为这样修改符合我国政治、经济和社会发展的实际，有利于团结全国各族人民，同危害国家安全的犯罪行为作斗争。修订草案对于危害国家安全犯罪作了更加明确、具体的规定，重点突出、可操作性强，内容调整得比较科学，因而能够更有利的打击危害国家安全的犯罪活动。同时，一些部门、地方还提出以下修改意见：

1. 第一百零五条规定，组织、策划、实施分裂国家、破坏国家统一活动的，对首要分子或者罪恶重大的判处刑罚。建议将其中“罪恶重大”的规定修改为“情节严重”或者“情节特别严重的”，第一百零六条、第一百零七条也作相应修改（最高人民法院、国家安全部、司法部、北京、上海、天津、河北、河南、湖北、湖南等）；或者将“罪恶重大”修改为“罪行严重”（福建、贵州）。

2. 第一百零六条规定，组织、策划、实施武装叛乱或者武装暴乱的，对首要分子或者罪恶重大的判处刑罚。有的地方建议将其中“武装暴乱”改为“持械暴乱”（辽宁）；有的地方建议删去“武装”二字（北京）。

3. 第一百一十条规定了背叛国家、投靠境外机构、组织，实施危害中华人民共和国国家安全行为的刑罚。有的部门和地方提出“背叛国家”在法律上无具体的确定的含义，执行中难以理解，不宜作为具体认定犯罪的要件（外贸部）；有的建议将“背叛国家”修改为“叛逃境外或者在境外叛逃的”（国家安全部、北京、上海、辽宁、江苏）；有的建议在“投靠境外机构、组织，实施危害中华人民共和国国家安全行为”的规定中增加关于危害国家荣誉和利益的规定（国家安全部、上海、浙江）。

4. 第一百一十一条间谍罪的第二项规定了“为境外的机构、组织、人员窃取、刺探、收买或者非法提供国家秘密或者情报”的行为。有的部门建议将该项规定的内容作为单独一条予以规定（最高检察院、国家保密局）。

该条第三项规定了“为敌人指示轰击目标”的行为。有的地方和部门建议将该项中的“轰击”修改为“袭击”或者“破坏”，因为轰击的内涵太窄，不能将实际情况包括全（全国政协、侨联、北京、上海、天津、新疆、甘肃等）。

5. 第一百一十三条是关于危害国家安全罪适用死刑的规定，根据该条规定，本法第一百零七条组织、策划、实施颠覆国家政权、推翻社会主义制度的犯罪未规定死刑。有些部门、地方建议对第一百零七条第一款增加死刑的规定（最高检察院、侨联、北京、广东、海南、江苏、山东、黑龙江等）。

6. 有的地方和部门建议在本章中增加对“资助或者指使境内组织、个人实施本章第一百零四条、第一百零五条、第一百零六条、第一百零七条规定的犯罪”判处刑罚的规定（国家安全部、北京、上海、天津、四川、山西等）。

（二）关于危害公共安全罪

1. 有的部门建议在修订草案第一百一十四条关于“放火、决水、爆炸或者以其他危险方法破坏工厂、矿场、油田、港口、河流、水源、仓库、住宅、森林、农场、谷场、牧场、重要管道、公共建筑物或者其他公私财产”罪的规定中增加“渔场”（农业部）、“闸坝、堤防、渠道”（水利部），在破坏手段中增加“投毒”以便与第一百一十五条相协调（河南、湖南）。

2. 有的部门、地方建议在修订草案第一百一十八条、第一百一十九条规定的破坏电力、煤气、易燃易爆设备罪中增加规定破坏“消防、供水、供热设备”（公安部、电力部、建设部、西藏）、“水利工程设备”（水利部）、“通讯设备”（邮电部）、“锅炉压力容器、压力管道、起重机械、客运索道、大型游乐设施等特种设备”的犯罪（劳动部）。

3. 有的地方建议在修订草案第一百二十条劫持航空器的犯罪规定后增加规定“劫持船舶、火车、汽车或者其他机动公共交通工具的犯罪”（湖北、天津、山东、贵州、安徽、江苏、甘肃、青海、上海）。有的部门和地方提出，第一百二十条规定劫持航空器致人重伤、死亡或者使航空器遭受严重破坏的，处死刑，这样将死刑作为绝对法定刑加以规定，不给审判机关可以根据案件的具体情况进行裁量的余地，效果不好。建议改为处无期徒刑或者死刑（最高检察院、江西、湖北）。

4. 有的部门建议将修订草案第一百二十一条中的“破坏广播电台、电视台”改为“破坏广播电视设备、公用通信设备”，这样可以将“广播电视发射台、转播台、微波站、监测台及有线广播电视传输覆盖等设施”也包括进去。将“公用通讯设施”改为“通信设备”，根据国际电信联盟组织法对“电信”的定义，现代电信是指以电的方式传递语言、文字、数据、图像等各种性质的信息。且通信还可以包括邮政（邮电部）。有的部门和地方认为破坏广播电台、电视台、公用通讯设施的犯罪，危害极大，建议对“造成严重后果的”，最高刑提高到无期徒刑（邮电部、广电部、天津）或者死刑（重庆）。

有的部门提出，目前在实践中对广播电视设施破坏最严重的大多是单位而不是个人，因此建议修订草案第一百二十一条第二款后增加一款：“单位犯前款罪的，对单位判处罚金，对其直接负责人主管人员和其他直接责任人员，依照前两款的规定处罚（邮电部）”。

5. 有的部门提出，因目前违法犯罪分子利用邮政渠道邮寄枪支、弹药、爆炸物案件增多，已发生多起邮件爆炸、邮车失火、邮政职工和用户被炸死、炸伤的案件，建议在修订草案第一百二十二条非法制造、买卖、运输枪支、弹药、爆炸物罪增加规定非法邮寄枪支、弹药、爆炸物的行为（邮电部）。有的地方提出枪支零部件散失也具有社会危害性，建议在修订草案第一百二十二条中增加“非法制造、买卖、运输枪支零部件”的行为（山东、河南）。

有的地方建议对修订草案第一百二十五条规定的非法出租、出借枪支的犯罪，增加单位犯罪的规定（安徽、河南、江西）。

6. 有的地方提出，按照修订草案第一百二十七条的规定，交通肇事犯罪，情节特别恶劣的法定最高刑为七年有期徒刑太轻，应提高到十年（安徽、甘肃、河南）。有的部门和地方认为，交通肇事后因逃逸而致人死亡的，其行为的性质已从交通肇事转化为间接故意杀人，建议将具有这种犯罪情节的法定最高刑提高到无期徒刑（最高检察院、上海、江苏、四川、湖北、福建、河南、广东、北京、山西、天津、重庆）。

（三）关于破坏社会主义市场经济秩序罪

1. 有的地方建议删去第一百三十一条中关于“以不合格产品冒充合格产品”的规定，因为我国现有的行业产品的合格率仅为40%，如将“以不合格产品冒充合格产品”作为定罪科刑的根据，在实践中较难把握（四川）。

2. 有的部门和地方提出，修订草案第一百三十八条对生产、销售假的或者失去使用效能的或者不合格的农药、兽药、化肥、种子，使生产遭受较大损失规定判处刑罚，并且对这一犯罪的处刑也是根据造成损失的轻重来划分不同档次的，这样规定在实践中很难掌握。因为农作物产量是受水、肥、种、光照等因素影响的，有的化肥、农药虽不符合标准，但不是完全不能用，因此，对于使用后给使用者生产造成的损失难以计算，也不好取证。因此，建议对这种犯罪以生产、销售假劣农药、兽药、化肥、种子的经营额大小或者以情节严重、情节特别严重作为定罪量刑的标准（最高检察院、湖北、辽宁）。有的部门和地方建议在本条中增加规定生产、销售假冒、劣质水产种苗、种畜、种禽、果苗等犯罪行为（农业部、河南）。

3. 有的地方建议将修订草案第一百四十一条、第一百四十二条、第一百四十三条规定的建筑工程设计、施工中的安全事故犯罪行为移到第二章危害公共安全罪中去，理由是这三条罪符合危害公共安全罪的特征，并与重大责任事故罪类似（江西）。

4. 有的部门和地方提出，修订草案第一百五十八条关于“公司的工作人员利用职务上的便利，索取或者收受贿赂”的规定中“公司的工作人员”是否包括“公司的普通职工”，应当明确（上海）。有的认为，如果把这种商业贿赂行为仅限于公司的工作人员面太窄，对大量存在这种现象的村委会、居委会、会计师事务所，民办社会团体或者集体事业单位的人员利用职务收受贿赂的难以处理（最高检察院、河南、辽宁）。

5. 有的部门建议在第一百六十五条关于非法吸收公众存款罪的规定中增加对非法融资行为中出资人的处罚规定。近年来，一些企业违反有关企业之间不得互相融资的法规规定，为获取资金或获取高额利息，通过贿买银行个别工作人员私开银行存单等手段，将非法融资的风险转嫁于银行。在该行为中，无论是用资方还是出资方，其行为都严重破坏了金融秩序，妨害了银行的安全经营，法律都应对该行为予以刑事处罚，对该犯罪行为中的拿高额利息的出资方（主要应针对企业），应做出相应规定（建行）。

有的部门提出，第一百六十五条规定的是非法吸收公众存款或者变相吸收公众存款的犯罪行为，第一百六十七条规定的是未经批准擅自发行股票债券的犯罪行为，由于非法或者变相吸收公众存款很有可能以发行公司股票或债券的方式进行，而第一百六十五条与第一百六十七条规定的是完全不同的法定刑，因而实施中可能会出现矛盾（交通银行）。

6. 有的部门和地方提出，修订草案一百八十五条所列举的偷税行为没有包括目前最常见、最主要的偷税手法，即应当进行纳税申报而不申报以及扣缴义务人应扣税不扣税的行为，因此建议将纳税义务人不申报或不如实申报、扣缴义务人不扣或者少扣税款，数额较大的，也规定为犯罪（国家税务总局、辽宁、湖南、重庆）。

关于偷税犯罪案件的税款追缴问题，有的部门提出，税款是国家应征的财政收入，不同于犯罪的一般赃款。税款应按分税制原则和财政预算级次分别缴入中央金库和地方金库，而罚金、没收财产等罚没收入按规定上缴地方财政。目前在办理偷税犯罪案件时，如果犯罪人财产不足以同时抵缴税款和罚没款项，司法机关往往先收罚没收入，这样就把应缴上级、中央财政的税款，按罚没收入缴入地方财政，不仅直接或者变相截留了上级、中央财政收入，还会造成地区间、部门间因经济利益不合作办案，甚至互相抵制，致使案件久查不清，久拖不办。因此，建议在法律中明确偷税犯罪案件所交税款，应当优先追缴的原则，对犯罪人判处罚金和没收财产，其财产不足以全部支付税款、罚没款项或者其他债务时，应当先行缴纳税款（国家税务总局）。

7. 有的部门指出，修订草案第一百八十八条规定的骗取出口退税罪是以是否曾缴过税款来确定定罪处刑的标准。对缴纳的定骗取出口退税罪，对未交纳的定诈骗罪，这两种罪刑罚相差悬殊，骗取出口退税罪最高刑是三年有期徒刑，诈骗罪可以判到无期徒刑。这样规定既不合理，也难操作。骗税的危害性应当以骗税的数额大小、手段等情节来衡量。有些犯罪分子缴了一点税就是为了获取有关退税的凭证，然后篡改作假，骗取税款。如果一个犯罪分子只缴10万元的税骗取1000万元的税，根据本条规定最高只能判三年，不符合罪刑相适应原则。建议对骗取出口退税罪规定统一的罪名，并根据骗税数额大小，设定几个量刑档次，直至处以死刑（国家税务总局）。

8. 有的部门建议将修订草案第二百零二条侵犯商业秘密罪放入侵犯知识产权罪一节中，因为商业秘密是民事主体自我保护其技术信息和经营信息的重要形式，是知识产权保护体系中的重要组成部分，《关贸总协定知识产权分协议》、《中美知识产权谈判备忘录》、《中国知识产权白皮书》等均已将商业秘密视为一种重要的知识产权。侵犯商业秘密罪的客体，首先是知识产权，而不是市场秩序，将侵犯商业秘密罪归入扰乱市场秩序罪不合适（国家经贸委）。

有的部门建议将侵犯商业秘密的行为表述为：（一）以盗窃、贿赂、欺诈、引诱、胁迫等不正当手段获取他人商业秘密的；（二）明知或者应知商业秘密是他人以不正当手段获取而获取商业秘密的；（三）以不正当手段获取商业秘密，又予以披露的；（四）违反法律规定或者合同约定的保密义务披露他人商业秘密的；（五）明知或者应知商业秘密是他人以不正当手段获取或违反保密义务披露而披露该商业秘密的；（六）使用、许可使用或者转让以不正当手段获取的商业秘密的；（七）违反法律或者合同约定使用、许可使用或者转让他人商业秘密的；（八）明知或者应知商业秘密是他人以不正当手段获取或者违反保密义务披露而使用、许可使用或者转让该商业秘密的（国家经贸委）。

有的地方提出，侵犯商业秘密主要应由民法、合同法等法律调整，不宜在刑法中规定（天津）。

9. 部门、地方普遍认为，修订草案第二百零六条关于合同诈骗罪的规定为解决司法实践中遇到的大量案件提供了法律依据，很有必要。同时，有的部门和地方提出，该条第四项规定收受对方当事人给付的货物、货款、预付款或者担保财产后逃匿的行为，包括不了实践中大量存在的骗钱后不逃匿又不还钱的情况，建议对收受对方当事人给付的货物、货款、预付款或者担保财产后无正当理由拒不履行合同又不退还的，或者没有用作履行合同而无法返还的也要增加规定（最高法院、最高检察院、公安部、河南、江苏、湖南）。有的部门和地方建议增加规定："利用合同骗取对方财物用于抵偿债务，而没有实际履约的"（江苏）。在"收受对方当事人给付的货物、货款、预付款或者担保财产"后增加"定金、保证金"（国家工商局）。有的建议，在第一项规定的"以虚构的单位或者冒用他人名义签定合同"中增加以"虚构标的、信息、主体"签定合同（国家工商局、湖南）。和"擅自转移、隐匿合同担保物以及利用虚假广告、信息，骗取中介费、立项费"等内容（国家工商局）。

10. 关于对本章新增加的一些犯罪规定的意见。有的部门和地方认为本章增加的一些罪名有对犯罪规定扩大化的倾向，如修订草案第一百九十五条规定的侵犯商标专用权罪、第一百九十八条规定侵犯专利使用权罪、第一百九十九条和第二百条侵犯著作权罪、第二百零二条第三项侵犯商业秘密罪、第二百零三条诋毁竞争对手罪、第二百零四条虚假广告罪、第二百零七条非法经营专营、专卖商品罪，过去大部分都是用民事法律来调整的，如果规定为犯罪，必须划清与民事案件的界限和罪与非罪的界限，在罪状表述上应当从犯罪的主客观方面作具体规定，目前的罪状表述仅以数额作为划分罪与非罪的界限，在实践中会有问题。我国市场经济还处于建立过程中，对有些行为还看得不清楚，哪些应作为犯罪处理，需作出慎重调查研究，不要匆忙规定（人民银行、黑龙江、江西、天津、北京、湖北、社科院法学所）。

（四）关于侵犯公民人身权利、民主权利罪

1. 有些部门提出，修订草案第二百一十三条故意杀人罪中规定，“情节较轻的，处三年以上十年以下有期徒刑”过于笼统。建议对犯杀人罪情节较轻的，做具体规定，以避免操作中的随意性（全国妇联）。

2. 有的部门和地方提出，修订草案第二百二十九条规定的报复陷害罪的侵害对象仅限于“控告人、申诉人、批评人、举报人”，范围太窄，还应包括其亲属（河南）。有的认为，在实践中非国家工作人员进行报复陷害的情况也很严重，建议将本条罪的主体规定为一般主体（最高检察院、天津）；增加规定“国家工作人员犯前款罪的，从重处罚”（天津）。

3. 有的部门和地方建议在修订草案第二百三十八条破坏军人婚姻罪中增加“明知是现役军人的配偶而与之通奸造成严重后果”构成犯罪的规定，对军婚给予特殊保护（军委法制局、河南）。

有的部门建议在第二百三十七条重婚罪中增加一款：“有配偶而与他人同居，或者明知他人有配偶而与之同居的，处二年以下有期徒刑、拘役或者管制”（全国妇联）。

有的部门和地方建议提高第二百三十九条虐待罪的刑罚（最高法院、内蒙古）。

（五）关于侵犯财产罪

1. 有的部门建议在盗窃罪中对盗窃国家秘密、盗用他人电信设施、电信码号、窃电等犯罪行为作出明确规定（公安部、国家保密局、邮电部、电力部）。

2. 有的部门、地方建议对公司、企业人员侵占罪的最高法定刑提高到死刑，以与贪污罪量刑相平衡（公安部、河北、海南）。

有的部门、地方提出，修订草案第二百五十条规定挪用本单位资金数额较大不退还的，依照侵占罪的规定处罚不妥，因为不退还的也只是挪用罪的具体情节，可以规定对具有这种情节的从重处罚，不宜改变罪名，按其他罪处理（最高法院、最高检察院、公安部、天津、河南、上海、社科院法学所）。

有的部门和地方认为，修订草案第二百五十条公司、企业人员挪用本单位资金罪规定最高刑为三年徒刑，第二百五十一条挪用特定款物罪最高刑为七年徒刑，处罚太轻，与第三百三十九条挪用公款罪最高刑为十五年徒刑的规定不平衡（解放军军事法院、海南、湖北、宁夏）。

（六）关于妨害社会管理秩序罪

1. 有的地方建议删去修订草案第二百六十五条关于黑社会性质的组织的犯罪的规定。因为这一提法不是法律用语。在法律上，所谓“黑社会性质的组织”应当属于犯罪集团，他们有的贩毒、有的走私或搞其他犯罪，对这种情况按刑法关于犯罪集团的处罚规定处罚即可，没有必要单设一罪（河南）。此外，本条罪状中的“称霸一方”、“为非作恶”、“欺压、残害群众”、“黑社会性质”等用语，在司法实践中难以准确地把握其含义，不好操作（天津、河南）。

2. 有的部门提出，目前的重大犯罪案件50%是属于有组织地进行犯罪，在犯罪分子中，集团犯、团伙犯占37%，有组织犯罪的社会危害性十分严重，而目前司法解释对于犯罪集团的条件规定很严格，认定为犯罪集团的很少。建议增设组织犯罪组织罪，对组织犯罪组织和积极参加犯罪组织的，不论是否实施犯罪行为，只要是以进行犯罪活动为目的进行组织活动的就处以刑罚（公安部）。

3. 有的部门和地方建议删掉修订草案第二百六十六条传授犯罪方法罪的规定，因为实践中，传授犯罪方法和教唆犯罪经常混在一起，很难区分，单独按传授犯罪方法定罪处罚的极少，实施传授犯罪方法的行为，按刑法关于教唆犯的规定，已可以管得住（最高法院、湖北、上海）。如果要保留该罪名，应降低法定刑，最高刑5年即可（上海）。

4. 修订草案第二百七十七条规定了律师提供虚假证据罪。有些部门和地方提出，修订草案第二百七十六条伪证罪、第二百七十八条阻止证人作证罪规定的都是一般主体，这些规定已可以包括律师提供虚假证据等行为，没有必要对律师再专门重复规定一条。同时刑诉法刚刚对律师在刑事诉讼中的作用进行了重大改革，这样规定不利于律师作用的发挥，影响律师参与刑事诉讼活动的信心和积极性。此外，公、检、法等机关的工作人员在办案过程中也存在提供虚假证据的问题，修订草案并未作单独规定，对律师也不应单独规定，建议删去该条（司法部、上海、天津、山东、青海、辽宁、社科院法学所、中华律师协会）。另一种意见主张保留此条，主要理由是：律师在诉讼中具有特殊身份，地位重要，修改后的刑诉法增加了律师的诉讼权利，对律师的行为作出特别规定，有积极意义（云南、河南）。有些地方建议将本条对律师的特别规定改为对所有的辩护人或者诉讼代理人的规定（上海、山东、湖南、广西、青海）。

5. 有的部门认为，修订草案第二百七十二条关于“邪教团体”的提法目前尚无明确界定，建议不提为宜（国务院宗教事务管理局）。

有的地方认为，应当将组织会道门、邪教团体同利用会道门、邪教组织从事犯罪活动分别规定（山东）。

6. 有的部门和地方建议在修订草案第二百八十六条破坏监管秩序罪的行为中增加一项：“有劳动能力拒不参加劳动或者消极怠工，经教育不改的”。因为有的犯罪分子长期抗拒劳动改造，多次教育屡教不改，影响很坏。这种行为其主观上有抵触刑罚制裁的故意，客观上直接扰乱了正常监管秩序，对情节严重的，应予治罪（司法部、江西、陕西）。有的还建议参照《监狱法》第五十八条所列的破坏监管秩序行为，增加规定：“以自伤、自残手段逃避劳动的；在生产劳动中故意违反操作规程，或者有意损坏生产工具的；偷窃、赌博、打架斗殴、寻衅滋事”的犯罪（司法部）。

7. 有的部门和地方提出，修订草案第三百一十六条关于“走私、贩卖、运输、制造毒品，无论数量多少都应追究刑事责任”的规定太绝对，与刑法第十条“情节显著轻微危害不大的，不认为一是犯罪”的规定相矛盾，在实践中也很难做到，建议删去这一规定（最高检察院、河南、江苏、上海）。有的部门认为应当保留以上规定，这样规定更能明确地表明我国对毒品犯罪的态度（公安部）。有的地方建议对制造、贩卖、运输少量毒品，情节轻微的，增加可以实行劳动教养的规定（云南）。

关于是否以纯度计算毒品数量问题，有两种意见：一种意见认为，修订草案第三百二十五条关于毒品的数量不以纯度折算的规定有利于从严打击毒品犯罪，赞成这一规定（公安部、甘肃）。另一种意见认为，毒品的纯度不同，危害程度不同，量刑也应当不同，不以纯度计算毒品数量，不公平，建议删去此款规定（最高法院、陕西、天津、河南、湖北）。

有的部门提出修订草案第三百二十四条只将非法运输、携带经常用于制造毒品的物品进出境的规定为犯罪，难以遏制制毒物品在境内非法买卖的行为，建议增加“在境内非法倒卖”的规定（公安部）。

有的部门和地方建议修订草案第三百二十三条规定的容留他的吸食毒品罪中删去“并出售毒品的”规定，只要容留他人吸毒就构成犯罪（最高法院、深圳、江苏）。

8. 有的部门和地方建议在修订草案第三百二十六条组织卖淫罪和第三百二十七条引诱、介绍他人卖淫罪的行为中，相应增加“嫖娼”的规定（公安部、山东）。在修订草案第三百二十八条明知有性病卖淫、嫖娼的规定中增加“明知有艾滋病卖淫、嫖娼”的规定，因性病包括不了艾滋病（公安部、团中央）。在修订草案第三百二十九条旅馆业等单位人员组织、强迫、引诱、容留、介绍他人卖淫罪的规定中增加单位犯罪的规定（湖北）。有的部门建议删掉修订草案第三百二十九条中的“单位”二字，否则不能包括个体从事旅馆业等行业的人员（最高检察院）。

有的地方认为，修订草案第三百三十条关于“为违法犯罪分子通风报信的，依照包庇罪的规定处罚”的规定范围太宽，建议加上“情节严重”的限制（深圳）。也有的认为，卖淫、嫖娼是违法行为，本身不构成犯罪，为其通风报信能否构成犯罪，需进一步研究（江苏）。

（七）关于贪污贿赂罪

修订草案对贪污罪的处罚规定了具体的数额标准和量刑档次，有的地方建议，各地经济发展很不平衡，而且经济发展情况变化也很快，建议法律只原则规定“数额较大”、“数额巨大”、“数额特别巨大”，具体数额由司法机关作司法解释（福建）。

修订草案第三百三十八条规定：“国有公司、企业的工作人员利用职务上的便利，将国有资产转移到境外化公为私的，以贪污论处。”有的地方提出，这种行为本身就是明显的贪污，不必重复规定，可删去（江苏）。

修订草案第三百四十条规定了受贿罪的定义，有的部门和地方提出，实践中受贿的情况不仅限于收受“财物”，还包括收受其它“财产性利益”，建议增加这方面的规定（最高人民检察院、福建、江苏）。

有的地方建议删去修订草案第三百五十二条挥霍公款供个人享用的犯罪中“归个人享用”的规定，并提高法定刑（安徽、浙江）。

（八）关于渎职罪

关于修订草案第二百五十五条司法工作人员徇私枉法罪的规定，有的部门提出，该条将刑事诉讼的全部追诉活动和法院的审判活动混合在一起规定，实践中不好操作，建议分作两条或两款规定，以便于执行（最高人民检察院）。有的地方建议增加对仲裁人员徇私枉法的处罚规定（福建）。

修订草案第三百八十四条规定了有关人员对校舍及教学设施有危险而不采取措施，造成伤亡事故的犯罪，有地方建议不应只限于校舍或教学设施，应增加“影剧院、展览馆等公共设施”的规定（安徽）。

另外，有的部门建议在渎职罪一章中增加规定有关国家工作人员违反土地法律的规定，滥用职权批准征用、占用土地，使国家土地资源遭受重大损失的行为（国家土地管理局）。

三、建议新增加的罪名

在征求意见过程中，各部门、地方还提出要增加规定以下一些新的犯罪：

（一）危害公共安全方面

1. 非法贮存核材料或者放射性物品罪（深圳）。

2. 盗窃或者故意损毁、移动使用中的航行设施，危及飞行安全罪（民航总局）。

（二）破坏社会主义经济秩序方面

1. 增加规定以下行为为走私罪：（1）逃避海关监管进口或者出口侵犯知识产权的货物物品的；（2）逃避海关监管将境外固体废弃物运输进境的；（3）伪造、买卖海关单证及进出口许可证件用于走私的；（4）进口国家禁止进口的动植物及其产品的；（5）伪造、买卖、使用加工贸易手册逃税的（海关总署）。

2. 期货经纪人非法从事期货交易罪。对期货经纪商包括公司负责人、业务员及其他从业人员有下列行为之一的应依法追究刑事责任：（1）泄露客户委托事项及职务上所获得的秘密；（2）利用客户的帐户或者名义为自己从事交易；（3）为未办理开户手续的人从事交易；（4）未按照客户委托的事项或者条件从事交易；与客户约定分享利益或者共担损失（最高法院、公安部、国家工商局、上海、福建、四川）。

3. 未经政府主管机关批准，擅自设立期货交易所或者期货经营机构罪（最高法院、公安部、国家工商局、上海、四川）。

4. 不具备期货经纪资格的个人和单位接受委托从事期货交易罪（上海）。

5. 非法生产、买卖、盗窃造币专用材料罪（公安部、人民银行）。

6. 高利贷罪（最高法院、山东）。

7. 非法从事借贷活动罪（人民银行、浙江、陕西）。

8. 破产欺诈罪（最高法院、人民银行）。

9. 拒不归还债务罪、故意拖欠、逃避债务罪（人民银行、山东、陕西）。

10. 垄断罪（社科院、湖北）。

11. 非法出版宣传品罪（最高法院、公安部、北京）。

12. 销售禁止入境的境外出版物罪（深圳）。

13. 出版、销售假冒他人姓名的著作罪（最高检察院）。

14. 牟取暴利罪（最高检察院、国家工商局）。

15. 强令银行和其他金融机构工作人员违法提供贷款或者担保罪（人民银行）。

16. 保险公司工作人员、保险代理人、保险经纪人与被保险人或者受益人串通骗取保险金罪（中国保险公司）。

17. 未取得经营保险代理业务许可证或者经纪业务许可证，非法从事保险代理业务或者经纪业务活动罪（人民银行）。

18. 证券机构从业人员及国家相关单位人员利用职务之便炒股牟利罪（福建）。

19. 毁弃公司重要文件罪（公安部）。

20. 单位领导人、会计人员和其他人员伪造、变造、转移、隐匿、故意毁灭会计凭证、会计帐簿、会计报表和其他会计资料严重损害国家利益、社会公众利益罪（最高检察院、公安部、财政部、审计署）。

21. 故意毁弃他人智力成果罪（公安部）。

（三）关于侵犯公民人身权利、民主权利方面

1. 强迫他人出卖身体器官罪（河南、陕西）。

2. 领导人滥用职权、假公济私，对拒绝、抵制篡改统计资料或者对拒绝、抵制编造假数据的统计人员进行打击报复罪（国家统计局）。

3. 遗弃婴儿罪（国家计生委、团中央）。

（四）侵犯财产方面

1. 挥霍浪费罪（最高检察院、海南、黑龙江）。

2. 盗窃技术秘密、计算机程序、数据罪（公安部）。

（五）妨害社会管理秩序方面

1. 组织、策划、制造骚乱罪（公安部）。

2. 拒不提供证据罪（最高法院、河南、四川、陕西、江苏）。

3. 故意传递虚假情报，扰乱正常飞行秩序罪（民航总局）。

4. 外国人非法入境或者非法居留罪（公安部）。

5. 向司法机关虚假报案罪（公安部）。

6. 破坏犯罪现场罪（河南）。

7. 破坏计划生育罪（计生委、河南、陕西）。

8. 卖淫、嫖娼罪（山东）。

9. 非法出版罪（湖北、新闻出版署）。

10. 非法结社罪（公安部）。

11. 妨害军事设施管理秩序罪（福建）。

12. 破坏自然保护区、风景名胜区、生活饮用水源地保护区环境罪（环保局）。

13. 违反森林保护法律、法规，进行开垦、采石、采砂、采土、采矿、采种、采脂、砍柴、放牧、剥树皮、工程施工和其他活动，致使森林资源遭受严重破坏罪（林业部）。

14. 非法拍卖珍贵文物罪（国家文物局）。

15. 私自拍摄、拓印、复制文物、文物资料罪（国家文物局）。

16. 拨打、收听色情电话罪（湖南）。

17. 采取欺骗手段玩弄异性罪（河南）。

（六）贪污贿赂、渎职方面

1. 国家工作人员放弃职责罪（最高检察院、天津、山东）。

2. 挥霍公款罪（最高检察院）。

3. 国家工作人员违反国家统计法规，虚报、瞒报、伪造、篡改统计资料罪（国家统计局、青海）。
4. 枉法仲裁罪（宁夏）。
5. 见死不救罪（江西）。
（七）建议增设“危害国防罪”专章（军委法制局、军事法院）

22. 八届全国人大五次会议分组审议《中华人民共和国刑法（修订草案）》的意见

（全国人大法律委员会办公室 1997年3月6日印）

3月6日下午，八届全国人大五次会议各代表团分组审议了刑法（修订草案），发言的代表们认为，为了打击犯罪，保护人民，维护社会稳定，保障改革开放和社会主义建设事业的顺利进行，对刑法进行修订是完全必要的，也是非常及时的。修订草案比现行刑法更为明确、具体，基本是可行的，建议根据代表们的意见作进一步修改后通过。同时代表们提出了以下修改意见：

一、对总则的修改意见

（一）刑法的适用范围

有的代表提出，中国人在境内犯罪后，逃到外国，取得外国国籍后，又回国的，是否可以追究刑事责任，如何追究，建议明确规定。（江苏赵守权）

（二）犯罪和刑事责任

修订草案第十四条规定：“故意犯罪，应当负刑事责任。”第十五条规定：“过失犯罪，法律有规定的才负刑事责任。”第三十一条规定：“单位犯罪，法律有规定的才负刑事责任。”有的代表提出，修改草案第三条已明确规定了罪刑法定原则，故意犯罪、过失犯罪、单位犯罪当然要负刑事责任。建议删去上述规定。（陕西程安东）

（三）正当防卫

修订草案第二十条第三款规定：“对正在进行行凶、杀人、抢劫、强奸、绑架以及其他严重危及人身安全的暴力犯罪，采取防卫行为，造成不法侵害人伤亡和其他后果的，不属于防卫过当，不负刑事责任。”有的代表提出，即使对比较严重的暴力犯罪，实行防卫也不能排除有防卫过当的情况，不能一概认为都不属于防卫过当。（陕西程安东）

修订草案第二十一条规定：“人民警察在依法执行盘问、拘留、逮捕、追捕逃犯或者制止违法犯罪职务的时候，受到暴力侵犯或者人身安全受到威胁，依法使用警械和武器的职务行为，造成人员伤亡后果的，不属于防卫过当，不负刑事责任。”有的代表提出，规定人民警察在执行职务时，不存在防卫过当，不合适，特别是执行盘问，依法使用警械、武器，造成人员伤亡后果不负刑事责任的规定，会造成警察与群众的对立和矛盾，而且目前执法人员素质不高，不应给他们太大的权利（陕西程安东，吉林李前宽、周翠华、孙业堂、臧广信，河北康庆德，湖北何浣芬、李其凡，上海侯自强，辽宁左琨，江苏陆学艺）。有的代表建议删去该条规定（浙江李泽民、彭国镇、杨明志，辽宁夏福祥等）。有的代表建议增加警察违法使用警械，应当承当法律责任的规定（北京刘民复）。

（四）单位犯罪

修订草案第三十一条规定：“公司、企业、事业单位、机关、团体为本单位谋取非法利益，经单位集体决定或者由负责人员决定实施的犯罪，是单位犯罪。”有的代表提出，根据上述规定“为单位谋取非法利益。”是单位犯罪的构成条件之一，但分则规定的单位犯罪中，有的是过失犯罪，上述规定与分则的具体规定不吻合（陕西程安东）。

有的代表建议，将单位犯罪改为法人犯罪（浙江杨明志，山西吴昂，黑龙江郭大本、洪伯铿）。

有的代表提出，对单位犯罪应规定只对单位直接责任人员判处刑罚（湖北吕炳传）。

（五）刑罚

修订草案第三十六条规定：“被判处三年以上有期徒刑的犯罪分子和被判处剥夺政治权利的犯罪分子，如果有军衔、警衔或者勋章的，应当一并判处剥夺。”有的代表提出，勋章代表过去的功绩，一个人犯罪后，不可一概否定，剥夺其勋章不合适（福建林大穆）。

修订草案第五十一条规定，犯罪时不满十八岁的人不适用死刑。有的代表提出，目前犯罪趋向低龄化，建议修改为，对年满十六到十八周岁，所犯罪行特别严重，民愤极大的，适用死缓，未满十六周岁的适用无期徒刑（北京陶大镛，河北黄岚、王德芳，湖北张光明，河南沈秋萍）。

有的代表建议，取消管制刑（四川严如高、王周龙）。

（六）关于量刑的规定

修订草案第六十五条规定：“犯罪分子虽然不具有本法规定的减轻处罚情节，如果根据案件的特殊情况，判处法定刑的最低刑还是过重的，经最高人民法院审判委员会核准，也可以在法定刑以下判处刑罚。”有的代表建议将上述案件的核准权下放到省市高级法院（四川郭代仪，严如高，浙江林希才，湖北李其凡，辽宁张焕文）。有的代表建议修改为“经上级人民法院审判委员会核准”（湖北以体珍）。

（七）关于数罪并罚

修订草案第七十一条规定，数罪并罚的，有期徒刑最高不超过二十年。有的代表建议修改为最高不超过二十五年（湖北以体珍）。

（八）关于假释

修订草案第八十三条第二款规定：“对累犯以及因杀人、爆炸、抢劫、强奸、绑架等暴力性犯罪被判处十年以上有期徒刑和无期徒刑的犯罪分子，不得假释。”有的代表提出，这样规定，不符合给出路的政策，会增加社会的负担和改造罪犯的难度（陕西程安东）。

（九）其他规定

有的代表提出，将修订草案第九十三条规定的公共财产的范围第三项“用于扶贫和其他公益事业的社会捐助”中的“扶贫”一词改为“社会救济”（内蒙乌力吉等）。

修订草案第九十五条规定：“本法所称国家工作人员，是指国家机关中从事公务的人员、国有公司、企业、事业单位、人民团体中从事公务的人员和国家机关、国有公司、企业、事业单位委派到非国有公司、企业、事业单位、社会团体从事公务的人员，以及其他依照法律从事公务的人员，以国家工作人员论。”有的代表提出，国家工作人员的范围太宽，企业、事业单位的人员不应作为国家工作人员（四川郭代仪）。有的代表提出“委派”的含义不清楚，建议作明确界定（上海张燕、何静芝）。

修订草案第一百零二条规定：“依法受过刑事处罚的人，在入伍、就业的时候，应当如实向有关单位报告自己曾受过刑事处罚，不得隐瞒。”有的代表提出，本条规定，不属于刑法的内容，建议删去（上海白同朔）。

二、对分则的修改意见

（一）危害国家安全罪

有的代表提出，修订草案第一百一十条投敌叛变罪规定的“投敌”概念不明确（广东方少逸）。

（二）危害公共安全罪

修订草案第一百三十条规定，对依法配备公务用枪的人丢失枪支不及时报告的，要追究刑事责任，而对其他配置枪支的人员丢失枪支的未作规定，建议增加对配置枪支的人员丢失枪支的规定（内蒙陈朋山）。

修订草案第一百三十四条规定，交通肇事后逃逸，致人死亡的，处七年以上有期徒刑，太轻（辽宁左琨）。

修订草案第一百三十八条规定：“建设单位、建筑设计单位、施工单位违反国家规定，降低工程质量标准，造成重大安全事故的，对直接责任人员，处三年以下有期徒刑或者拘役；后果特别严重的，处三年以上七年以下有期徒刑。”有的代表提出，这类问题一出就是大事，最高刑七年太轻（河北任保伦，辽宁左琨）。有的代表建议在该条主体中增加“监理单位”（河北李淑芳、吴奇之）。

（三）破坏社会主义市场经济秩序罪

有的代表建议，在修订草案第一百四十二条生产、销售假药的规定中应明确，对生产假药的，无论是否足以危害人体健康都要判刑（湖北吴建宁）。有的代表提出，生产、销售假药罪判处罚金的数额规定为“销售金额百分之五十以上二倍以下”太轻（福建洪志明）。

有的代表认为，修订草案第一百七十二条对伪造货币罪规定并处罚金的数额为五万元以上五十万元以下，太轻，应当提高（河北王德芳）。

有的代表建议删去修订草案第二百二十八条非法倒卖土地使用权罪中“以牟利为目的”的规定（内蒙王先进）。

有的代表提出，修订草案第一百八十三条关于操纵证券交易价格罪中规定的“转嫁风险”和“以自己为交易对象”的自买自卖的行为在证券交易中经常发生，将其规定为犯罪是否妥当（广东蔡渭衡）。

有的代表建议增加期货方面的犯罪规定，包括：擅自设立期货交易、经纪机构罪，非法组织期货交易罪，操纵期货市场价格罪，编造、传播期货交易虚假信息罪，期货内幕交易罪，期货欺诈罪（安徽周正庆，河南秦科才）。

有的代表建议，在刑法分则第三章第七节侵犯知识产权罪中增加侵犯研究成果权和新培育的农作物品种权的规定（河南雷书声）。

（四）侵犯公民人身权利、民主权利罪

修订草案第二百四十条拐卖妇女、儿童罪的最低法定刑规定为五年，有的代表建议提高（内蒙宫树清）。

一些代表建议在本章中增加规定：破坏村委会、居委会选举罪（青海杨衍银），非法同居罪（江西黎金辉），遗弃婴儿罪（江西黎金辉），溺婴罪（贵州王录生）。

（五）侵犯财产罪

有的代表提出，修订草案第二百六十三条规定盗窃罪的最高刑为死刑，刑罚偏重（江苏方之焯、程惠明）。

有些代表建议增加债务人恶意逃避债务罪（浙江林浦雁等 32 名代表）。

（六）妨害社会管理秩序罪

修订草案第二百八十三条、第二百八十四条、第二百八十五条规定了计算机犯罪，有的代表提出，计算机病毒，全世界都无法预防，计算机技术日新月异，不可能在刑法中写清楚，建议单独作规定（广东蔡渭衡）。

关于修订草案第二百八十七条“打砸抢”犯罪的规定，有的代表提出，打砸抢是文革中的语言，不宜写在法律中，建议删去（陕西潘季）。

有的代表提出，修订草案第二百九十二条关于黑社会犯罪的规定中“黑社会”不是法律语言，含义不清，建议规定为“有组织犯罪”（陕西潘季）。有的代表建议对黑社会犯罪增加死刑的规定（黑龙江赵德宏）。

修订草案第三百零三条、第三百零四条规定的伪证罪仅限于在刑事诉讼中，有的代表提出，对在民事诉讼中有这两种行为的，也应规定为犯罪（湖南熊清泉）。

修订草案第三百二十七条第一项将“对供水单位供应的饮用水不符合国家规定的卫生标准”规定为犯罪不妥（贵州黄康生）。

有的代表建议，在修订草案第三百三十九条破坏耕地罪中增加非法转让耕地的规定（内蒙王先进）。

关于修订草案第三百四十四条走私、贩卖、运输、制造毒品的规定，有的代表提出，该条规定以走私、贩卖、运输、制造海洛因五十克作为数量大的标准，太宽（湖北王子健）。

有的代表提出，对种植罂粟的应规定加重处罚（福建袁启彤）。

有的代表建议，将吸毒规定为犯罪（四川王兴浦）。

有的代表建议，将卖淫规定为犯罪（河北崔翔）。

有的代表建议，将分则第六章第六节的节名修改为破坏环境资源罪（广东李兰芳、谢先德、汪仲英，河南孙鸿烈，贵州王录生）。

（七）贪污贿赂罪

有的代表提出，修订草案第三百八十条关于贪污后积极退赃可以免除处罚的规定，不妥（辽宁胡时应）。

有的代表建议，将贪污贿赂罪起刑数额五千元修改为一万元（河北王加林）。有的代表建议对贪污贿赂罪的数额不作具体规定，可规定为“数额较大”“数额巨大”等（湖北李其凡，黑龙江赵德宏）。

有的代表建议，对行贿罪与受贿罪规定同样的刑罚（河北王加林）。

（八）渎职罪

关于修订草案第四百零六条非法批准征用、占用土地的规定，有的代表建议删掉其中“徇私舞弊”、“滥用职权”的规定，只要非法批地、占地，数量大的就处刑（内蒙王先进）。

有的代表建议，将挥霍浪费国家财产的规定为犯罪（山西赵生才，四川罗开忠，江西黎金辉，黑龙江赵德宏）。

有的代表建议增加对领导人决策失误，造成重大损失的应当追究刑事责任规定（四川武精华、葛少康）。

其他

1. 有的代表提出，我国刑法规定的死刑太多，应考虑减少，要贯彻“可杀可不杀的，不杀”的方针（广东端木正）。

2. 建议在法律条文中不要对经济犯罪的处刑数额标准作具体规定，而由全国人大常委会作出解释，因为各地经济发展水平不一样，以同一标准量刑，不妥（河南丁川、郭月清）。

23. 中华人民共和国刑法修正案（八）（草案）参阅资料（一）

（2010年8月22日）

目　录

(1) 我国刑法关于可判处死刑罪名的规定情况

我国刑法中可判处死刑的罪名的情况如下：

一、总体情况

在1979年刑法分则的103个条文规定的122个罪名中，有15个条文规定了27个死刑罪名，其中反革命罪14个，普通刑事犯罪13个。此外，1981年第五届全国人大常委会第十九次会议通过的惩治军人违反职责罪暂行条例规定了11个死刑罪名，当时的死刑罪名为38个。随着社会治安形势的变化，自1982年起，全国人大常委会陆续通过了22个修改刑法的决定和补充规定，其中新增死刑罪名33个，截止1997年全国人大修订刑法前，我国刑事法律规定的死刑罪名共有71个。1997年刑法及此后全国人大常委会制定的有关修改刑法的决定和7个刑法修正案未再增加规定死刑。目前刑法及其修正案中共规定了444个罪名，其中可判处死刑的罪名为68个，占刑法规定的罪名总数的15.315%。

二、死刑罪名在分则各章中的分布情况

1. 刑法分则第一章危害国家安全罪中，有8个条文（102、103、104、108、110、111、112、113）共设置7种可判处死刑的罪名：背叛国家罪；分裂国家罪；武装叛乱、暴乱罪；投敌叛变罪；间谍罪；为境外窃取、刺探、收买、非法提供国家秘密、情报罪；资敌罪。

2. 刑法分则第二章危害公共安全罪中，有5个条文（115、119、121、125、127）共设置14种可判处死刑的罪名：放火罪；决水罪；爆炸罪；投放危险物质罪；以危险方法危害公共安全罪；破坏交通工具罪；破坏交通设施罪；破坏电力设备罪；破坏易燃易爆设备罪；劫持航空器罪；非法制造、买卖、运输、邮寄、储存枪支、弹药、爆炸物罪；非法制造、买卖、运输、储存危险物质罪；盗窃、抢夺枪支、弹药、爆炸物、危险物质罪；抢劫枪支、弹药、爆炸物、危险物质罪。

3. 刑法分则第三章破坏社会主义市场经济秩序罪中，有11个条文（141、144、151、153、170、192、194、195、199、205、206）共设置16种可判处死刑的罪名：生产、销售假药罪；生产、销售有毒有害食品罪；走私武器、弹药罪；走私核材料罪；走私假币罪；走私文物罪；走私贵重金属罪；走私珍贵动物、珍贵动物制品罪；走私普通货物、物品罪；伪造货币罪；集资诈骗罪；票据诈骗罪；金融凭证诈骗罪；信用证诈骗罪；虚开增值税专用发票、用于骗取出口退税、抵扣税款发票罪；伪造、出售伪造的增值税专用发票罪。

刑法分则第四章侵犯公民人身权利、民主权利罪中，有5个条文（232、234、236、239、240）共设置5种可判处死刑的罪名：故意杀人罪；故意伤害罪；强奸罪；绑架罪；拐卖妇女、儿童罪。

5. 刑法分则第五章侵犯财产罪中，有2个条文（263、264）共设置2种可判处死刑的罪名：抢劫罪；盗窃罪。

6. 刑法分则第六章妨害社会管理秩序罪中，有5个条文（295、317、328、347、358）共设置8种可判处死刑的罪名：传授犯罪方法罪；暴动越狱罪；聚众持械劫狱罪；盗掘古文化遗址、古墓葬罪；盗掘古人类化石、古脊椎动物化石罪；走私、贩卖、运输、制造毒品罪；组织卖淫罪；强迫卖淫罪。

7. 刑法分则第七章危害国防利益罪中，有2个条文（369、370）共设置2种可判处死刑的罪名：破坏武器装备、军事设施、军事通信罪；提供不合格武器装备、军事设施罪。

8. 刑法分则第八章贪污贿赂罪中，有2个条文（383、386）共设置了2种可判处死刑的罪名：贪污罪；受贿罪。

9. 刑法分则第十章军人违反职责罪中，有11个条文（421、422、423、424、426、430、431、433、438、439、446）共设置12种可判处死刑的罪名：战时违抗命令罪；隐瞒、谎报军情罪；拒传、假传军令罪；投降罪；战时临阵脱逃罪；阻碍执行军事职务罪；军人叛逃罪；为境外窃取、刺探、收买、非法提供军事秘密罪；战时造谣惑众罪；盗窃、抢夺武器装备、军用物资罪；非法出卖、转让武器装备罪；战时残害居民、掠夺居民财物罪。

（全国人大常委会法制工作委员会刑法室提供）

(2) 部分地方对刑法修改的意见

为进一步落实宽严相济刑事政策，修改、完善刑法有关规定，全国人大常委会法制工作委员会经广泛听取各方面意见，并会同有关部门反复进行研究，在基本取得共识的基础上，形成了关于修改刑法的初步方案。为进一步听取地方对刑法修改有关问题的意见，做好刑法修正案（八）草案稿的起草工作，法制工作委员会于7月初，将修改刑法的初步方案发送天津、广东、黑龙江、河南、湖北、四川、云南、重庆、陕西、甘肃等十个省、直辖市人大常委会，请地方人大研究提出意见。7月15日至16日，法制工作委员会在天津召开十省市人大常委会法制工作部门负责同志座谈会，听取地方对刑法修改初步方案的意见。

各地普遍认为，修改方案在前几次刑法修改的基础上，对刑法进行了较为全面的修改和完善，总体看，内容全、力度大、亮点多。这次刑法修改，经过充分的调研论证，立足于我国现实国情，通过调整刑罚结构，适当减少死刑罪名，完善减刑假释制度，完善打击黑社会性质组织等犯罪的法律规定，完善从宽处理的法律制度，加强对民生的保护等，充分体现了宽严相济的刑事政策，体现了科学、文明、进步的刑罚观，体现了以人为本、保护民生的立法指导思想，符合构建和谐社会的要求，符合世界刑法发展的趋势，有利于预防和减少犯罪、保障人权、维护社会公平正义，将进一步推动我国刑事法治建设的进步和完善。同时，各地对修改方案提出了一些具体意见。现将有关意见报告如下：

一、关于调整刑罚结构，适当减少死刑罪名

1. 关于适当减少死刑罪名

各地一致赞同根据社会经济情况的变化，调整刑罚结构，适当减少死刑罪名。认为保留死刑，但严格控制死刑的适用，逐步减少死刑，是我国长期坚持的死刑政策。适当减少死刑罪名，既符合我国当前的实际情况，也符合国际上刑法发展的潮流，有利于国际人权斗争的需要。

对于修改方案建议取消的13种犯罪的死刑，有的地方完全赞成（广东、湖北、云南、重庆、甘肃）。有的地方还提出，对于经济犯罪、实践中很少适用的犯罪和一些可以通过加强相关领域的管理，完善事先预防机制从而避免重大犯罪发生的死刑罪名，还可以进一步减少（湖北）。

关于传授犯罪方法罪，天津建议保留死刑，以更有利于震慑犯罪。四川建议保留死刑，或者至少保留该罪的无期徒刑。

关于盗窃、盗掘、走私文物犯罪的死刑，黑龙江建议暂缓取消。陕西建议保留盗窃、盗掘文物犯罪的死刑。河南建议保留走私文物罪的死刑。

修改方案除提出取消13种犯罪的死刑外，还提出继续研究走私假币罪、集资诈骗罪、组织卖淫罪、运输毒品罪的死刑问题。对组织卖淫罪，除黑龙江外，各地一致赞成取消死刑。对集资诈骗罪，多数地方赞成取消死刑，天津、湖北、甘肃建议暂缓取消。对走私假币罪，多数地方赞成取消死刑，河南、湖北、甘肃、重庆建议保留。对运输毒品罪，四川、快西、黑龙江、广东赞成取消死刑，多数地方建议暂缓取消死刑（天津、河南、甘肃、重庆、湖北、云南）。

2. 关于限制死刑缓期执行的减刑

修改方案提出，对累犯以及因故意杀人、强奸、抢劫、绑架、放火、爆炸、投放危险物质或者有组织的暴力性犯罪被判处死缓的，人民法院可以决定在减为无期徒刑或者二十年有期徒刑后，不得再减刑。

对修改方案的上述规定，有的地方认为总体上体现了宽严相济刑事政策，一定程度上解决了“生刑过轻”的问题（四川、甘肃）。但现在的规定实际上还是将“不得减刑”作为例外，而且是否减刑由法院根据犯罪情节等情况决定，过于原则，不利于操作，也不便于监督，难以避免不同法院对相同情形作出不同决定的情况，对犯罪分子不公平，影响法制的统一性和权威性，建议改为以不得减刑为原则，减刑为例外，对确有必要减刑的，报经最高人民法院核准，方可以减刑（四川）。

有的地方认为方案的规定过于严厉，只强调了刑罚的惩罚性，不符合我国以改造人为宗旨的刑罚目的。从实际情况看，我国死缓、无期徒刑罪犯实际执行刑期多在15—20年，经过长期关押后，重新犯罪率在1%左右，远低于“二进宫”、“三进宫”的短刑犯，这表明刑罚执行的效果是好的，延长实际执行期没有必要，而且还增加了行刑成本和监狱的监管压力（湖北、云南、天津、黑龙江、河南、重庆、陕西）。黑龙江建议改为，对上述犯罪分子，在一定年限内不得减刑。河南建议直接规定，减为无期徒刑或者二十年以上二十五年以下有期徒刑。

3. 关于完善假释的规定

修改方案对刑法关于假释的规定作了完善，一是将原来规定的犯罪分子“假释后不致再危害社会”，修改为“人民法院认为没有再犯罪危险，经征求犯罪分子原所在社区和基层组织的意见，对其假释后能够进行监督的，可以假释”。二是修改了对因累犯和严重暴力性犯罪被判处十年以上有期徒刑、无期徒刑的犯罪分子不得假释的规定，对这部分犯罪分子可以假释，但规定了较长的实际服刑期限和假释考验期。

各地普遍认为，我国刑罚实际执行中，减刑用得过多，假释用的偏少。实际上与减刑相比较，假释设有考验期，对假释期间违反规定的，随时可以撤销假释，收监执行，这样对罪犯的监督更为有效。因此，原则上赞成修改方案限制对一些严重犯罪适用减刑，适当扩大假释适用范围的总体思路。对修改方案的具体规定，提出了一些意见：

一是对修改方案规定的，“经征求犯罪分子原所在社区和基层组织的意见”，各地认为难以操作。主要是现在人口流动性很大，社区并不了解犯罪分子的情况；社区的意见在法律上属于什么性质，与法院的审判权是什么关系，对是否假释起什么作用，不清楚；按照社区组织的意见决定是否假释，可能导致刑罚执行宽严不一的问题；如果社区不配合，法院的审判工作无法开展；容易制造被告人、被害人与社区之间的矛盾。（天津、黑龙江、湖北、陕西）

二是对修改方案规定的“人民法院认为没有再犯罪危险”，有的地方认为主观性仍然太大，难以把握，仍会导致人民法院很少适用假释，使这一制度设计流于形式（河南、甘肃）。建议要么不修改，要么设定一定的客观条件（河南），或者修改为“确有悔改表现，犯罪分子原所在社区、基层组织对其假释后能够进行监督的，可以假释”（甘肃）。

也有的地方建议，先完善关于假释条件的规定，增强可操作性，扩大普通犯罪的假释适用范围。对累犯和严重暴力性犯罪被判处十年以上有期徒刑、无期徒刑的犯罪分子不得假释的规定，可暂不作修改。主要理由是，目前我国假释适用率很低（1%—3%），危险性相对较低的一般刑事犯，尚大多未能适用假释，如果面一下扩得很大，可能会产生负面影响。即使在假释适用率达到70%左右的美国，严重暴力性犯罪分子也很少予以假释。建议待假释制度在我国发展成熟后，再适当扩大适用面为妥。

二、关于完善黑社会性质组织等犯罪的法律规定

1. 关于黑社会性质组织罪

修改方案将全国人大常委会关于黑社会性质的组织的法律解释纳入刑法第二百九十四条之中，对黑社会性质组织的特征在刑法中予以明确规定；提高了国家机关工作人员包庇、纵容黑社会性质组织罪的法定刑。

对于将法律解释纳入刑法，多数地方表示赞成。有的地方认为，关于黑社会性质组织四个特征的解释中，强调"具有一定的经济实力"没有必要（天津、云南），"称霸一方"规范性不足，不好理解，建议删去（重庆、广东、天津）。但有的地方认为，全国人大常委会的法律解释本身就具有法律效力，没有必要再照搬到刑法中（河南），有的认为在法律中对黑社会性质组织的四个特征做过于具体的规定，随着将来经济社会迅速发展，可能又会出现立法滞后的情况，建议通过司法解释的途径加以界定和规范，更为灵活（重庆）。

有的地方提出，修改方案提高国家机关工作人员包庇、纵容黑社会性质组织犯罪的刑罚后，使得该罪的刑罚比组织、领导黑社会性质组织罪的刑罚还高，建议保持二者之间的平衡。(四川)

2. 关于强迫交易罪

对修改方案增加的强迫交易的具体情形，各地表示赞成。

有的地方建议增加"强迫他人不得与第三人进行交易，或者强迫他人与第三人进行交易的"情形。(四川)

有的地方建议增加"有其他以暴力、威胁方法限制竞争的行为的"情形。(黑龙江)

三、关于完善刑法从宽处理的法律制度

各地普遍认为，修改方案关于完善刑法从宽处理的法律制度部分，充分体现了宽严相济刑事政策，是本次刑法修改的亮点之一。同时提出了以下具体修改意见：.

1. 关于年满七十五周岁的人不适用死刑

多数地方表示赞成，重庆、云南建议将七十五周岁改为七十周岁，一是与老年人权益保障法等相关法律中关于老年人的标准一致；二是实践中对七十周岁以上的人适用死刑极少，这样规定既不影响对犯罪的打击，又有利于进一步体现人道主义。也有的地方认为，对老年人犯罪从宽处理是应当的，但是在法律中规定一律不适用死刑，需要慎重，由司法机关实际掌握可能更好（天津)。

2. 关于免除犯轻罪的未成年犯罪人前科报告义务

多数地方表示赞成。有的地方还建议删去刑法关于受过刑事处罚的人，在入伍、就业时，如实报告自己受过刑事处罚的规定，认为该规定没有实际意义，因为一些重要岗位，如公务员录用、入伍等都有严格的政审程序，对受过刑事处罚的，都能够掌握。何况本人不如实报告，也没有什么实际的法律责任。这一规定具有歧视性，不利于改造好的犯罪分子回归社会。(重庆、云南)

3. 关于社区矫正

对于修改方案关于将管制、缓刑、假释纳入社区矫正的规定，有的地方表示赞成，并建议在刑法总则中增加原则性规定（四川)。有的提出，刑法如果要对社区矫正作出规定，就应当有明确的主管部门（云南)。但也有的提出，对于在刑法中规定"社区矫正"还需慎重研究。主要意见是：(1) 目前基层组织的管理能力都还比较弱，社区矫正、社区戒毒等都还没有到位，对几类人的监督管理，主要还是靠派出所，其他社区组织包括基层司法行政机关的司法所根本管不了，建议暂时保留由公安机关执行的规定，等各方面条件成熟了，再考虑修改（天津)。(2) 社区矫正工作2009年才在全国试行，制度正在建立，还不完善，国家关于社区矫正的专门立法还未出台，社区矫正工作机构、工作制度等还需要进一步落实，建议先从立法、组织机构建设上加快这一制度的构建，不急于在刑法中规定将公安机关的部分职责交由社区矫正（重庆)。(3) 重点人口管理属于公安派出所工作的重要内容，修改方案删去了由公安执行的规定，容易让人理解为此事不再让公安机关管了，建议抓紧在相关法律中对社区矫正的对象、执行机关、社区矫正条件等均作出明确规定后，再考虑在刑法中规定（河南)。(4) 社区矫正制度如何建立，如何处理好各部门之间的职责和关系，情况很复杂，需要认真研究，但无论怎么规定，公安派出所还是要负有责任的。刑法的修改应当与社区矫正立法相配套（广东)。

四、其他意见

1. 关于增加危险驾驶罪

对于增加在道路上醉酒驾驶机动车的犯罪，大部分地方赞成，但也有地方建议还要慎重研究。甘肃提出，对一些社会热点和难点问题，纳入刑法要慎重。对醉酒驾驶，道路交通安全法有处罚规定，从甘肃的情况看，收效甚好，没有必要在刑法中规定。如果要规定，建议对醉酒驾驶造成实际危害后果的作出规定。河南提出，对社会现象作出理性评价和处理是法律调整社会关系的根本，对醉酒驾驶造成严重后果的，司法实践已经以危险方法危害公共安全罪处理，对未造成严重后果的，也用刑法调整和处理，太重，也不适宜。湖北建议增加后果或者情节上的限制。

对于增加在道路上追逐竞驶的犯罪，有的地方认为情况比较复杂，不好把握（天津、重庆、湖北、云南)，有的建议先按照道路交通安全法予以行政拘留等处罚为妥（天津)，有的建议增加超速一倍以上（重庆)，或者增加造成严重后果（湖北、云南)，或者增加严重危及公共安全（云南）等限制性条件。

2. 关于增加恶意拖欠劳动者工资罪

有的地方赞成增加该罪，认为有利于保护职工合法权益（天津、广东）。有的不赞成增加该罪，认为欠薪本身属于民事法律关系，可通过民法和劳动法予以调整，而且欠薪的情况非常复杂，在司法认定上存在一定难度，可操作性差，动用刑罚手段要慎重（重庆）。有的提出，增加该罪很容易造成实践中“刑民打架”的情况，在此问题上，刑事责任和民事责任的区别点是什么，如何把握，建议进一步明确（甘肃）。

3. 关于完善走私罪的规定

对修改方案关于一年内曾因走私被给予二次行政处罚后又走私的，追究刑事责任的规定，多数地方没有提出意见。陕西提出，走私普通货物、物品罪是以偷逃应缴税额作为定罪量刑的依据的，一年内受过二次行政处罚，在实践中比较常见，而且情况差别很大，不宜作为定罪情节。按照海关法实施条例第五十三条的规定，因走私被判处刑罚或者被海关行政处罚后在 2 年内又实施走私行为的，因违反海关监管规定被海关行政处罚后在 1 年内又实施同一违反海关监管规定的行为的，也只是作为从重处罚的情节。对“蚂蚁搬家”式的走私行为，一般也是按照累计数额以一个案件处理的。建议修改为“以走私为业，屡教不改的”。

（全国人大常委会法制工作委员会刑法室提供）

（3）部分刑法专家对刑法修改的意见

为贯彻宽严相济刑事政策，修改和完善刑法，2010 年 7 月 1 日到 2 日，法工委刑法室召开部分在京刑法学专家参加的专题研讨会，听取他们对刑法修改有关问题的意见。参加会议的专家有中国人民大学高铭暄教授、黄京平教授，北京大学储槐植教授，北京师范大学赵秉志教授、卢建平教授，中国政法大学阮齐林教授、曲新久教授，清华大学周光权教授。主要意见如下：

一、完善刑罚结构

为落实“完善死刑法律规定。适当减少死刑罪名，调整有期徒刑、无期徒刑和死刑之间的结构关系”的司改要求，修改方案规定：一是取消近年来适用较少或基本未适用过死刑的十三个非暴力的经济性等犯罪的死刑。二是限制对因累犯以及故意杀人、强奸、抢劫、绑架、放火、爆炸、投放危险物质或者有组织的暴力性犯罪被判处死刑缓期执行犯罪分子的减刑。三是完善假释规定，取消对上述特定犯罪分子不得假释的规定，服刑一定期限后可以假释，同时严格假释适用条件。四是适当延长有期徒刑数罪并罚的刑期，对数罪并罚后总和刑期在三十五年以上的，将判处有期徒刑的上限由二十年提高到二十五年。

对上述修改，与会专家总体表示赞成，认为这些修改很好地体现了宽严相济的刑事政策，适应了当前经济社会发展的客观需要，有利于促进科学发展，构建社会主义和谐社会。同时提出以下建议：

（一）关于减少死刑罪名

对目前修改方案拟减少的十三个死刑罪名专家们一致表示赞成。认为目前减少的死刑罪名，涉及的都是经济的、非暴力性犯罪，这些犯罪对公众的安全感不构成直接影响。建议在此基础上，再减少一些犯罪的死刑。如组织卖淫罪，刑法将组织卖淫罪和强迫卖淫罪规定在一条，都规定了死刑。专家们认为强迫卖淫罪有暴力、强迫行为，会对被害人的身体及精神造成伤害，可以保留死刑，但组织卖淫罪与之明显不同，且不少被组织卖淫者本身并非出于生活所迫，社会危害性与强迫卖淫罪明显不同，建议取消死刑。再如集资诈骗罪，此罪虽然参与的人数较多，但被害者群体比较特殊，他们抱有投机心理，本身具有一定的过错，与其他诈骗类犯罪在性质上是一样的，集资诈骗罪保留死刑，刑罚不平衡，建议取消死刑。

（二）关于完善假释规定

专家们认为，修改方案取消了对累犯以及因杀人、爆炸、抢劫、强奸、绑架等暴力性犯罪被判处十年以上有期徒刑、无期徒刑的犯罪分子不得假释的规定，非常好。对这部分人规定不得减刑的同时，规定可以假释，给这些人以出路，能够更好地实现刑罚目的。而且假释制度设有考验期，对假释期间违反规定的，随时可以撤销假释，收监执行，这样对罪犯的监督更为有效。

为了防止假释后犯罪分子重新危害社会，修改方案规定假释时应征求犯罪分子原所在社区和基层组织的意见，对其假释后能够进行监督的，可以假释。对此，卢建平、黄京平、曲新久认为，这样规定是对司法权的限制，能否假释实际上成了由社区和基层组织说了算。尤其是目前人口流动性很大，基层组织名存实亡，如此规定实际操作有困难，建议删去。高铭暄、储槐植认为，征求社区和基层组织的意见是必要的。阮齐林建议单写一款，规定法院在适用假释时，应充分考虑对有关社区的影响和是否具备进行有效监督的条件。

二、完善打击黑恶势力犯罪的法律规定

（一）关于修改组织、领导黑社会性质组织罪

修改方案拟对刑法第二百九十四条组织、领导黑社会性质组织罪进行修改，一是将全国人大常委会法律解释的内容纳入该条，对黑社会性质组织的特征在法律上作出明确规定。二是增加财产刑，规定可以并处罚金或者没收财产。

与会专家一致赞成将有关"黑社会性质组织"的立法解释直接规定到刑法中，认为这有利于该条的准确适用。高铭暄认为实践中对黑社会性质组织特征的认定具有随意性，常常将黑社会性质组织和一般犯罪集团混同对待，存在扩大化和滥用该罪名的趋势，这样修改有利于准确适用刑法规定。

关于增加财产刑，与会专家一致认为实践中可能会存在受利益驱动而滥用财产刑的问题。高铭暄、阮齐林建议对涉黑犯罪的罚金刑设定上限。高铭暄、储槐植、曲新久认为犯罪的非法所得可以直接追缴，而没收财产针对的是合法财产，应该慎用，增加罚金刑已足够；阮齐林提出没收财产刑容易被滥用，是否增加应当慎重；黄京平建议保留没收财产的规定。

（二）关于加大对敲诈勒索罪的处罚力度

修改方案拟将敲诈勒索罪的法定最高刑由十年有期徒刑提高到十五年有期徒刑。

赵秉志、黄京平认为加大处罚力度是合理的，黄京平认为敲诈勒索罪既侵犯公民人身权利，又侵犯公民合法财产，最高刑不应低于盗窃、诈骗等其他财产犯罪，建议将敲诈勒索罪的最高刑规定为无期徒刑，以适应实践中对被害人使用暴力、威胁但又难以认定为抢劫罪的情形。

（三）关于完善强迫交易罪的规定，加大打击力度

对于修改方案拟增加的以暴力、威胁方法强迫他人参与或者退出投标，强迫他人转让或者收购公司、企业的股份、债券或者其他资产等强迫交易行为，专家们一致表示赞成。

三、完善从宽处理的法律制度，规范非监禁刑的适用

修改方案对未成年人和老年人犯罪作了从宽处理的规定。此外，还对被判处管制、缓刑和假释的罪犯规定实行社区矫正。

多数专家认为，，根据未成年人和老年人的生理、心理特点，修改方案对未成年、老年罪犯规定适当从宽处理，表明一个国家法制文明的程度，是宽严相济刑事政策的具体体现，同时也是人道主义和法制进步的具体体现，有积极意义，表示赞同。同时提出以下两点建议：

1. 修改方案规定，已满七十五周岁的人，不适用死刑，高铭暄、赵秉志、黄京平、曲新久建议将七十五周岁修改为七十周岁。从多年来实际发生的案件情况看，七十周岁以上的老年人犯罪每年就几起案件，判死刑的案件就更寥寥无几。

2. 修改方案规定，对被判处管制、缓刑和被假释的犯罪分子，实行社区矫正。对此，专家们有不同的看法。储槐植、周光权认为将"社区矫正"纳入刑法规定，解决了社区矫正的法律依据的问题，具有前瞻性，为下一步社区矫正立法奠定了基础；曲新久提出，社区矫正不是简单的刑罚执行问题，实践中的一些做法也不是很妥当，如果只是在刑法中笼统规定"实行社区矫正"，可能会被滥用，甚至形成群众专政。

四、完善从重、从轻和减轻处罚情节的法律规定

为进一步落实坦白从宽的刑事政策，修改方案规定：对虽不具有自首情节，但能够如实供述自己罪行的犯罪分子，可以从轻处罚。对自首又有重大立功表现的，不再规定一律予以减轻或者免除处罚。

对上述修改，专家们一致赞成增加坦白作为法定从轻处罚情节。关于删除自首并有重大立功情节应当减轻、免除处罚的规定，高铭暄、赵秉志认为应该维持现有规定，实践中有重刑主义倾向，从严判处易而从宽判处难，修改草案中删除现有规定不利于宽严相济政策的贯彻，不利于自首与立功制度的衔接和平衡。

五、完善贪污贿赂罪的法律规定

修改草案拟取消贪污贿赂犯罪定罪量刑的具体数额规定，定罪量刑标准采用以数额为主，辅之以其他情节的方式加以规定。对此，高铭暄、卢建平认为修改草案中采用数额或情节的双标准比较合理，能够适应各种复杂情况。卢建平认为贪污罪和受贿罪的性质有所不同，而且受贿罪也有一些特殊情节，两罪共用法定刑不尽合理，最好能分开规定。周光权认为修改草案规定的法定刑的第三项数额特别巨大或情节特别严重的，即可判处死刑，放宽了适用死刑的条件，建议将数额特别巨大并且情节特别严重作为适用死刑的条件。

六、完善危害国家安全罪的法律规定

1. 修改草案拟规定对境内组织、个人资助境外组织、个人实施危害国家安全犯罪的，也应追究刑事责任，对此，专家们一致表示赞同。

2. 对于刑法第一百零九条叛逃罪，修改草案拟取消其中的"危害中华人民共和国国家安全"的构成条件，规定国家机关工作人员在履行公务期间，擅离岗位，叛逃境外或者在境外叛逃的追究刑事责任。

赵秉志认为第一百零九条规定的叛逃罪还要以"履行公务期间"、"擅离岗位"等条件限制，没有实际意义，也无必要，建议删去。阮齐林建议将该罪调整为危险犯，即规定为"足以危害中华人民共和国国家安全"，或将第二款规定的"掌握国家秘密的国家工作人员犯前款罪的"修改为"掌握国家秘密的国家工作人员叛逃境外或在境外叛逃的"。

七、增加部分关系民生的新罪名，加重对一些犯罪的惩处

1. 关于增设危险驾驶罪。修改方案增加规定，对在道路上醉酒驾驶机动车或者驾驶机动车追逐竞驶的追究刑事责任。储槐植、阮齐林、黄京平、卢建平认为修改方案没有穷尽需要处罚的危险驾驶行为，如无证驾驶、吸毒后驾驶等，建议在追逐竞驶后增加"等危险驾驶"的兜底性规定，为将来增加危险驾驶方式预留空间；黄京平建议增加对水上、

空中、铁路领域的危险驾驶行为的处罚；周光权认为修改方案的规定基本可行，建议增加“情节严重的”条件，以适当限制处罚范围。同时，建议将罚金刑规定为可并处也可单处，以增加适用过程中的灵活性；赵秉志认为驾车追逐竞驶的标准可能不好把握与认定。

2. 关于增设恶意欠薪罪。赵秉志、卢建平、周光权认为增设恶意欠薪罪可能导致打击面过宽，建议增加在起诉前支付工资的不予追究刑事责任的规定。

3. 关于增设非法买卖人体器官罪。卢建平、周光权认为该条的“公民”用词和表述等不够严谨；阮齐林建议对非法出卖他人器官的，应该处罚医疗机构，摘取尸体器官的放在第三百零二条盗窃、侮辱尸体罪中更合适。

4. 关于生产、销售假药罪。修改方案删去了刑法原规定中的“足以危害人体健康”的条件。高铭暄、卢建平等赞成将本罪修改为行为犯，认为原规定的危险犯不易举证和认定，尤其是以邮寄方式出售假药的。另外什么是“足以危害人体健康”在医学鉴定上也存在困难。

5. 关于重大环境污染事故罪。修改方案在刑法原规定的“造成重大环境污染事故”前增加严重污染环境，降低了犯罪构成条件，增强可操作性。高铭暄、黄京平认为此次修改比较合理，很大程度上解决了环境犯罪因果关系认定上的困难；阮齐林建议删除“向土地、水体、大气”以预留空间涵盖新的环境污染行为，高铭暄则认为保留这些限定词更能保证法条的明确性，易于公众理解。

（全国人大常委会法制工作委员会刑法室提供）

(4) 中国刑法史上关于对老年人犯罪从宽处理的规定

我国关于老年人犯罪可以不负刑事责任或者减轻刑事责任的规定起源很早，西周时期的法律就有关于对老年人犯罪从宽处罚的规定。经过春秋战国、汉代、魏晋南北朝的发展，到唐代形成了比较完备的制度。明、清到民国时期的法律中也都有对老年人犯罪从宽处罚的规定。其基本内容有以下几个方面：

一、规定达到一定年龄的老年人犯罪不负刑事责任

1. 规定完全不负刑事责任的年龄界限

西周时期《礼记·曲礼上》：“七十曰老，而传，八十、九十曰耄，七年曰悼。悼与耄，虽有罪，不加刑焉。”即年满八十岁以上的老年人和七岁以下的孩童犯罪不承担刑事责任。

《唐律》：“九十以上，七岁以下，虽有死罪，不加刑。”即凡九十岁以上，七岁以下，不论犯任何罪，一律不负刑事责任。

《明律》：“九十以上，虽有死罪，亦不加刑。”

2. 规定达到一定年龄的老年人只有在犯法律规定的几种严重犯罪时才追究刑事责任

汉宣帝元康四年诏：“自今以来，诸年八十岁以上，非诬告杀人伤人，它皆勿坐。”即八十岁以上的人，除犯诬告、故意杀人、伤害罪以外，犯其他罪都不予追究刑事责任。

魏晋南北朝时期《魏书·刑罚志》载北魏律：“年十四以下，降刑之半，八十及九岁，非杀人不坐。”即犯罪时不满十四岁的处刑减半，年满八十岁或不满九岁的，除杀人罪以外，犯其他罪不予追究刑事责任。

《晋律·法例》：“若八十，非杀伤人，他皆勿论。”即八十岁以上，除杀人及伤害罪外，其他犯罪不予追究刑事责任。

《唐律》：“八十以上，十岁以下，及笃疾，犯反逆杀人应死者上请，盗及伤人者亦收赎，余皆勿论。”即八十岁以上、十岁以下及患有严重疾病的人，犯谋反、谋大逆、杀人罪应判死刑者，上报由皇帝决定。犯盗窃及故意伤害罪可以拿钱抵罪，犯其他的罪均不予追究刑事责任。

二、规定老年人犯罪虽负刑事责任，但从宽处罚

春秋战国时期的《法经》减律略曰：“罪人年十五以下，罪高三减，罪卑一减。年六十以上，小罪情减，大罪理减。”即犯罪人如果在十五岁以下，若犯重罪，可减三等；若犯轻罪，可减一等。犯罪人六十岁以上，若犯轻罪，可以据情宽容；若犯重罪，则可以按理论减。

《唐律》：“诸年七十以上，十五以下，及废疾犯流罪以下收赎。”即年龄在七十岁以上、十五岁以下以及残疾人，凡犯罪被处流放刑以下刑罚者可以拿钱抵罪。

《明律》：“凡年七十以上，犯流以下，收赎。八十以上，盗及伤人者，亦收赎。”即如果七十岁以上犯罪，被处流放以下刑罚的，或者八十岁以上，犯盗窃及伤害罪的，可以拿钱抵罪。

1911年颁布的《大清新刑律》第五十条规定：“未满十六岁人或满八十岁人犯罪者，得减本刑一等或二等。”

1928年颁行、1935年修正的《中华民国刑法》第十八条规定：“未满十四岁人之行为，不罚。十四岁以上未满十八岁人之行为，得减轻其刑。满八十岁人之行为，得减轻其刑。”第六十三条规定：“满八十岁人犯罪者，不得处死刑或无期徒刑。本刑为死刑或无期徒刑者，减轻其刑。”

民主革命时期革命根据地政权所颁行的一些刑事法规中，也规定了老年人犯罪从轻处罚的内容，如第二次国内革命战争时期的《赣东北特区苏维埃暂行刑律》第二十九条规定："满八十岁人犯罪者，得减本刑一等或二等。"抗日战争时，1939年《陕甘宁边区抗战时期惩治汉奸条例》第九条规定：犯该条例第二条各款之罪，年龄在八十岁以上者可以减刑。

（全国人大常委会法制工作委员会刑法室提供）

（5）一些国家有关死刑的立法和执行情况

一、世界各国废除和保留死刑的情况

联合国有关机构的统计资料中，一般将各国废除死刑的情况分为三类：第一类是完全废除死刑的国家，即法律废除了所有犯罪的死刑；第二类是废除普通犯罪死刑的国家，这些国家一般都废除了所有普通犯罪的死刑，但对军事犯罪、战时犯罪仍保留有死刑规定；第三类是保留死刑的国家。对第三类国家，通常又根据最近10年来是否实际执行过死刑分为两类，将最近10年连续没有执行过死刑的国家，称为"事实上废除死刑的国家"。

截至2008年7月1日，世界上有93个国家或地区在法律上明确废除了所有犯罪的死刑，占国家和地区总数的47.2%；10个国家废除了普通犯罪的死刑，死刑只适用于军事犯罪和战时犯罪，占国家和地区总数的5.1%；38个国家或地区属于事实上废除死刑的国家（即虽然立法上保留死刑，但在过去的10年中没有执行过死刑），占国家和地区总数的19.3%。

二、一些国家死刑实际适用的情况

（一）美国死刑适用的基本情况

美国是西方国家中实际适用死刑最多的国家。美国有38个州保留有死刑，但大多规定，只有符合特定条件的一级谋杀罪，才可考虑适用死刑。联邦法律规定的可适用死刑的罪名，除谋杀罪之外，还包括间谍罪、叛国罪、贩卖大宗毒品罪。20世纪90年代中期，美国每年大约有300人被判处死刑，本世纪以来，每年判处死刑的人数有所减少，2005年为128人，2006年102人。2002年至2006年的5年间，38个保留死刑的州中有20个州执行了死刑，2006年有14个州执行了死刑。1999年执行死刑98人，2000年执行死刑85人，2001年执行死刑66人，2002年执行死刑71人，2003年执行死刑65人，2004年执行死刑59人，2006年为53人。

（二）日本死刑适用的基本情况

日本刑法典有12个条文规定有死刑，特别刑法有4个条文规定有死刑。除内乱罪、外患罪、援助外患罪之外，其他是与致人死亡有关的犯罪，如对供人居住或有人在内的建筑物、矿井等放火、决水的；颠覆火车、电车、船舶等致人死亡的，杀人的，强盗致人死亡，强盗强奸致人死亡的等。

1945年至1997年间，日本共判处718名罪犯死刑，实际执行609人。20世纪70年代以来，除1988年以外，每年判处死刑人数在10人以下。被判处死刑的罪名，主要是杀人和强盗致死。

（三）韩国死刑适用的基本情况

韩国刑法中规定的死刑罪名包括16种：内乱罪，以内乱为目的的杀人罪，诱致外患罪，资敌罪，募兵利敌罪，设施提供利敌罪，设施破坏利敌罪，间谍罪，爆破物体使用罪，使用中建筑物纵火致人死亡罪，杀人罪，强奸杀人罪，杀害人质罪，抢劫杀人罪，海上抢劫杀人、抢劫强奸罪等。除刑法典外，在韩国还存在规定有死刑的特别刑法，包括：14项关于特别犯罪加重处罚的法律；1项关于暴力行为等处罚的法律；3项关于保障打击犯罪的特别措施法；12项国家保安法；54项军事刑法。这些法律中规定了100多种可以判处死刑的犯罪。

1948年至1998年，韩国执行死刑902人，每年平均为18人。被执行死刑的犯罪主要集中在杀人罪。

（四）印度死刑适用的基本情况

印度刑法规定战争罪、谋杀罪和抢劫罪三个罪名可以适用死刑；1996—2000年判处死刑的49人，实际执行5人。

（全国人大常委会法制工作委员会刑法室提供）

（6）国际公约以及一些国家和地区关于老年人犯罪从宽处罚的规定

为研究修改刑法，法制工作委员会刑法室就老年人犯罪处罚问题查阅了有关资料，其中包括《世界人权宣言》、《公民权利和政治权利国际公约》等国际公约以及日本、法国、芬兰、荷兰、墨西哥、俄罗斯、巴西、蒙古、越南、土耳其、罗马尼亚、阿根廷、菲律宾、哈萨克斯坦、苏丹、危地马拉等十六个国家和台湾地区的法律，上述国际公约以及国家和地区的刑法或刑事诉讼法都对老年人犯罪的处罚作了规定。主要情况如下：

一、关于老年人的年龄界定

有的国家规定，七十岁以上的为老年人（荷兰、墨西哥、巴西、土耳其、日本、菲律宾、法国）；有的规定六十五岁以上（俄罗斯、哈萨克斯坦）；有的规定男六十岁以上（蒙古、罗马尼亚）、女五十五岁（罗马尼亚）或五十岁以上

（蒙古）。我国台湾规定八十岁以上。

二、关于老年人犯罪免除处罚的规定

有的国家规定，年满七十岁的人犯罪，免除处罚（菲律宾）；有的规定，精神病人以及由于高龄或其他类似原因而精神不健全的人的行为不受处罚（芬兰）；有的规定，因丧失理性或丧失理解能力而犯罪的老年人，免除刑罚。（墨西哥、荷兰）

三、关于老年人犯罪从宽处罚的规定

有的国家、地区在刑法总则中将老年人犯罪作为从轻（越南、巴西、墨西哥）、减轻处罚的法定情节予以规定（越南、墨西哥、我国台湾地区）；有的规定，对犯罪时年龄在六十岁以上的男子和五十岁以上的女子，剥夺自由刑的期限不得超过十年（蒙古）。

四、关于老年人犯罪不得适用死刑的规定

《世界人权宣言》、《公民权利和政治权利国际公约》等人权公约没有明确规定对老年人犯罪不得适用死刑。联合国经济及社会理事会1989年通过的《保护死刑犯权利的保障措施的执行情况》倡导和要求成员国应该在刑法中规定可判处死刑和执行死刑的最高年龄，超过这一年龄不得判处和执行死刑。《美洲人权公约》还明确规定对七十岁以上的人不得判处死刑。

有的国家和地区明确规定，对老年人犯罪不适用死刑：菲律宾、苏丹（七十岁以上）；俄罗斯、哈萨克斯坦（六十五岁以上）；蒙古、危地马拉、墨西哥（六十岁以上）。我国台湾地区规定对八十岁以上的人不适用死刑。

五、关于老年人犯罪适用缓刑的规定

有的国家规定，对被判处监禁刑的犯罪人不得适用缓刑。但对于被判处监禁刑不超过两年的老年人可以宣告缓刑（巴西）；有的规定，被判处六个月以下监禁的，可以适用缓刑。但对于判处一年以下监禁的老年犯罪人，可以适用缓刑（土耳其）。

六、有关老年罪犯在刑罚执行上从宽处理的规定

有的国家规定，对被判处刑罚的老年人，可经一定的程序批准其停止执行剥夺自由刑（日本）；有的规定，被判处徒刑或监禁刑的老年人，可在收容监狱内执行（法国）；有的规定，被判处监禁的身体残疾的老年犯罪人，在监狱内执行判决只从事由行刑机构指定的特殊工作。同时还规定，老年人犯罪，可由法官自由裁量，让其在家中执行不超过六个月的拘役（阿根廷）；有的规定，老年犯罪人，服刑期间不要求其参加劳动，但自愿参加的除外（罗马尼亚）。

（全国人大常委会法制工作委员会刑法室提供）

（7）有关国际公约对“贩运人口”的定义及定罪要求

2000年11月15日，第55届联合国大会通过了《联合国打击跨国有组织犯罪公约关于预防、禁止和惩治贩运人口特别是妇女和儿童行为的补充议定书》（以下简称《补充议定书》）。这是全球第一项专门针对人口贩运问题的国际法律文书。截止到2010年3月，已有134个国家批准或加入了议定书。2009年12月26日，第十一届全国人民代表大会常务委员会第十二次会议批准我国加入该议定书。该议定书对“贩运人口”（英文 Human Trafficking，我国有的文件又译作“拐卖人口”）的定义作了明确界定，对缔约国通过完善立法打击贩运人口犯罪提出了明确要求。有关内容如下：

一、《补充议定书》对“贩运人口”的定义

《补充议定书》第3条规定：“贩运人口”是指为剥削目的而通过暴力威胁或使用暴力手段，或通过其他形式的胁迫，通过诱拐、欺诈、欺骗、滥用权力或利用受害人的脆弱境况等手段招募、运送、转移、窝藏或接收人员。剥削应至少包括利用他人卖淫进行剥削或其他形式的性剥削、强迫劳动或服务、奴役或类似奴役的做法、劳役或切除器官。如果为剥削目的而招募、运送、转移、窝藏或接收儿童，即使并不涉及上述所述任何手段，也应视为“贩运人口”。“儿童”是指任何18岁以下的人。

二、《补充议定书》对缔约国立法惩治贩运人口犯罪的履约要求

《补充议定书》第5条规定，各缔约国应采取必要的立法和其他措施，将“贩运人口”定义所列故意行为规定为刑事犯罪。在符合本国法律制度基本概念的情况下，把实施上述犯罪未遂定为刑事犯罪；把作为共犯参与上述犯罪定为刑事犯罪，以及把组织或指挥他人实施上述犯罪定为刑事犯罪。

为加强打击贩运人口犯罪的国际合作，由中国、越南、老挝、缅甸、泰国、柬埔寨六国政府共同签署了《湄公河次区域反对人口贩运区域合作谅解备忘录》，承诺下述行动：鼓励湄公河次区域六国在立法中采用《联合国打击跨国有组织犯罪公约关于预防、禁止和惩治贩运人口特别是妇女和儿童行为的补充议定书》中的对于贩运人口的定义，制定反对以各种形式贩运人口的国家行动计划。

为进一步推进预防和打击贩运人口犯罪的专项工作，国务院办公厅于2007年12月印发了《中国反对拐卖妇女儿童行动计划》（2008—2012），明确提出：“推动政策制定、有关法律法规和规章的制定和修订工作，签署和实施签署相关国际公约"；"完善相关法律法规，为加强预防、打击犯罪及被解救妇女儿童救助和康复工作提供法律依据。"

（全国人大常委会法制工作委员会刑法室提供）

（8）一些国家和地区关于危险驾驶行为刑事责任的规定

为研究危险驾驶行为的刑事责任问题，法制工作委员会刑法室查阅了德国、法国、日本、意大利、韩国、西班牙、葡萄牙、瑞士、荷兰、罗马尼亚、奥地利、匈牙利、丹麦、土耳其、挪威、瑞典、俄罗斯、阿根廷、泰国、越南、英国、加拿大、新加坡和我国港澳台地区等20多个国家和地区的刑法典以及道路交通安全法律、法规的规定，现将有关情况简报如下：

一、关于追究危险驾驶行为刑事责任的立法概况

从查阅的相关国家和地区的法律规定看，追究危险驾驶行为刑事责任的立法情况大体可以分为三种：

1. 在刑法或者相关法律中对危险驾驶类犯罪予以专门规定。如德国、西班牙、葡萄牙、丹麦、匈牙利、土耳其、芬兰、挪威、保加利亚、英国、加拿大、日本、韩国、泰国以及我国香港、澳门、台湾地区刑法或道路交通法律都规定了专门的危险驾驶类犯罪。

其中日本在道路交通法中规定危险驾驶罪，同时刑法典还规定了危险驾驶致死伤罪（第208条之二），处罚比一般的故意伤害罪稍轻，但比过失伤害或过失致人死亡罪重。

2. 对危险驾驶类犯罪未作专门规定。造成死伤等后果的，按照交通肇事罪或者其他相关罪名处理。俄罗斯、越南规定，因为醉酒驾驶等原因犯交通肇事罪的，加重处罚。法国、瑞士、瑞典、新加坡等国家，则规定了比较宽泛的"对他人造成危险罪"，适用于包括危险驾驶行为在内的，各种违反法定特别注意义务，可能对他人造成死亡或严重伤害危险的行为。

3. 对交通肇事罪、危险驾驶类犯罪都未作专门规定。对交通肇事的，以过失致人伤害、过失致人死亡罪处理。如罗马尼亚、阿根廷、瑞典等。罗马尼亚、瑞典虽然没有规定交通肇事罪或者危险驾驶罪，但对受酒精或类似物质影响驾车致他人伤亡的，明确规定加重其刑。

二、有关国家和地区关于危险驾驶罪规定的具体情况

从查阅的情况看，规定有危险驾驶罪的国家和地区，其法律的具体规定对危险驾驶行为"危险程度"的要求、行为方式的描述、犯罪主观方面、犯罪主体的范围等方面各不相同。

1. 关于危险驾驶行为达到何种程度的"危险"方构成犯罪，主要有三种类型的规定。一种是将危险驾驶罪规定为单纯的行为犯，只要行为人实施了法律规定的某种危险驾驶行为，即构成犯罪，对其行为本身是否确实具有危及他人或者公共安全的现实危险性，不作判断（英国、保加利亚、挪威、我国香港地区）。如保加利亚刑法第343条b规定，在血液中酒精含量超标以及服用毒品或类似物品后驾驶的，构成犯罪；英国、我国香港地区规定，受酒精、毒品影响或酒精含量超标而驾驶或企图驾驶或在静止车辆中掌管车辆的，构成犯罪。

另一种是，对危险驾驶行为的危险性有一定的要求，不仅要有相应的危险驾驶行为，而且该行为本身确实具有危及他人或者公共安全的现实危险性的，才构成犯罪（泰国、丹麦）。如泰国刑法第232条、第233条规定，危险驾驶"足以危害他人"、"足以危害乘客"的，构成犯罪。

第三种是，对危险驾驶行为同时设定行为犯和危险犯，并通常对行为犯的处罚较轻，对危险犯的处罚较重。从查阅的情况看，很多国家和地区采用了这种规定方式。（德国、西班牙、匈牙利、加拿大，我国台湾、澳门地区）

2. 关于危险驾驶行为种类的规定。关于危险驾驶行为，有的国家和地区规定的较为详细，如德国、芬兰、我国香港地区等对危险驾驶的各种情形都以列举的方式予以明确规定，《香港交通条例》甚至对各种诉讼或检测程序都作了详尽的规定。有的采用列举加概括的方式，明确列举一些危险驾驶的情形，同时以概括的规定作为兜底，如我国澳门地区刑法既明确列举了醉酒驾驶和疲劳驾驶，也概括规定了明显违章驾驶。有的则只是作概括式规定，如西班牙表述为"鲁莽驾驶"，加拿大表述为"于街道、公路或其他公共场所驾驶机动车辆，审酌其场所的性质、情况、道路的用法等周围环境以及当时实际或合理可能的交通流量，其情形足以危害公众者"，实际内容由法官在个案中具体认定。

从查阅的情况看，相关国家和地区规定的危险驾驶行为主要有以下几类：

（1）饮酒、服用药物后危险驾驶的。采用列举方式的国家和地区，多对服用酒精性饮料、毒品、麻醉品、精神药品及类似物品后使驾驶能力受损而驾驶机动车辆的行为作了规定。（德国、葡萄牙、西班牙等大部分国家和地区）

（2）身体缺陷或疲劳驾驶。因身体或精神缺陷或过度疲劳，而不具备安全驾驶之条件者驾驶车辆的。（德国、我国澳门地区）

（3）无驾驶资格而驾驶。（我国香港地区、芬兰等）

（4）超速行驶。（我国香港地区）

（5）驾驶不合格交通工具危及乘客安全。（泰国）

（6）驾驶装载情形存隐患的车辆危及乘客安全。（泰国）

（7）严重违章驾驶，危及他人生命、健康或重大财产安全，主要包括：未注意优先行驶权；错误超车或在超车时错误驾驶；在人行横道上错误驾驶；在不能看清的地方、十字路口、街道、铁路交叉道口超速行驶；在看不清的地方未将车辆停放在车道右侧；在高速公路或公路上调头或试图调头；刹车或停车时未保持交通安全所必需的距离等。（德国）

3. 关于危险驾驶犯罪的主观方面的规定。大部分国家和地区把该罪规定为故意犯罪，但德国、葡萄牙、我国澳门地区等明确规定过失危险驾驶和酒后驾驶的也要处罚，并且根据行为人对行为和危险状态的不同心态区分为故意危险驾驶且故意造成危险、故意危险驾驶但过失造成危险、过失危险驾驶且过失造成危险、故意酒后驾车、过失酒后驾车等不同情形。

4. 关于危险驾驶罪犯罪主体的规定。大部分国家和地区规定的危险驾驶罪的犯罪主体，仅限于实施了危险驾驶行为的驾驶者本人。但也有一些国家和地区还规定，处于静止状态的交通工具中，因醉酒或吸毒而不具有正确驾驶能力的车辆看守者或者控制者也以危险驾驶罪处罚（加拿大、我国香港地区），个别国家甚至连带处罚驾驶者之外的相关人员，如把车辆交给醉酒或无驾驶资格的人驾驶的人员（芬兰、匈牙利），有的甚至处罚明知驾驶员处于酒醉的状态下而向其提供车辆者、明知司机即将驾车而向其提供酒类的或劝酒者、明知司机饮酒而要求其驾驶者或搭乘者（日本）。

5. 关于危险驾驶致人死伤的，按一罪还是数罪处理的问题。从查阅的情况看，在规定有危险驾驶罪的国家和地区，对行为人的危险驾驶行为导致致人死伤的结果的，是按照一罪还是数罪处理，有两种不同做法：

一是按一罪处理，将危险驾驶致人死伤的，作为危险驾驶罪造成严重后果的犯罪处理，并加重刑罚，如匈牙利等。

二是按数罪处理，如我国台湾地区刑法第185条之三规定了酒后驾驶罪，第276条、第284条分别规定了过失杀人罪和过失伤害罪。从该地区的判例看，酒后驾驶致人死亡的，分别以酒后驾驶和过失杀人罪，实行数罪并罚。

日本在2001年以前也是予以数罪并罚，2001年刑法修正后，则是按危险驾驶致死伤罪一罪处罚。

三、有关国家和地区对危险驾驶罪的刑罚规定

所查阅的国家和地区关于危险驾驶罪的规定，在具体行为方式、危险程度、与交通肇事罪的关系等方面均有所不同，因此在处罚上也存在较大差异。归纳为三种情况：

1. 对单纯危险驾驶行为的处罚一般较轻。如德国规定，故意或过失酒后驾驶没有造成危险的，处1年以下自由刑或罚金。西班牙规定，酒后驾驶的处8至12个周末监禁（每个周末监禁为36小时，折合两天），或者处3至8个月罚金（该国罚金以日为单位），并吊销驾驶执照1年以上至4年。挪威刑法规定，疏忽驾驶车辆、骑马、驾驶雪橇或航海的，处罚金或3个月以下监禁。芬兰规定，酒后驾驶和无证驾驶的，处以罚金或6个月以下的监禁。匈牙利规定，酒后驾驶的，处1年以下监禁、公益劳动或者罚金。我国台湾地区规定，酒后驾驶的处1年以下有期徒刑、拘役或科或并科15万元以下罚金。保加利亚则规定，酒后驾驶的处不超过1年的监禁；再犯的则处不超过2年的监禁和100至300列弗的罚金；吸毒后驾驶的处不超过2年的监禁。

相比之下，日本、韩国、我国香港地区规定的处罚较重：我国香港地区规定酒后驾驶的，经公诉程序认定构成本罪的，可判处3年监禁，并处20000港元罚金；经简易程序认定构成本罪的，初犯时可判处6个月监禁，并处10000港元罚金；再犯或多次犯罪时，可判处12个月监禁，并处15000港元罚金。韩国此前对醉酒驾驶和拒绝酒精检测的处罚为两年以下监禁或300万元以下罚金，在2009年提高为3年以下监禁或1000万元以下罚金。日本最新的《道路交通法》经过多次加重处罚以后，对醉酒驾驶的处5年以下徒刑或100万元以下罚金，酒后驾驶则处以3年以下徒刑或50万元以下罚金。

2. 对具有一定程度现实危险性的危险驾驶行为的处罚，较单纯危险驾驶行为更重。如德国刑法规定，故意危险驾驶而危及他人生命、健康和重大财产的，处5年以下自由刑或罚金（没有造成危险的，处1年以下自由刑或罚金）；过失危险驾驶而危及他人生命、健康和重大财产的，处2年以下自由刑或罚金。西班牙刑法规定，鲁莽驾驶机动车辆，置他人生命和身体于危险境地的，处6个月以上2年以下徒刑，并处吊销驾驶执照一年以上至六年。匈牙利刑法规定，违反公路交通规则，从而使他人的生命、身体面临紧迫的危险的，处3年以下监禁。我国台湾地区刑法规定，壅塞陆路或以他法致生往来之危险者，处五年以下有期徒刑、拘役或五百元以下罚金。

3. 对因危险驾驶而发生致人死伤等实际危害后果的，设定了较为严厉的刑罚。如俄罗斯刑法规定，因为醉酒而交通肇事致人重伤、死亡、2人或多人死亡的，对应分别处3年、7年、9年以下有期徒刑（一般交通肇事致人重伤、死亡、2人或多人死亡的，对应分别处2年、5年、7年以下有期徒刑）。匈牙利刑法规定，酒后驾驶造成他人身体伤害的，处3年以下监禁；造成他人终身残疾、健康的严重损害或者大规模的灾难的，处5年以下监禁；造成人员死亡后果的，处2年至8年的监禁；造成1人以上死亡的后果或者有人员死亡的大规模灾难的，处5年至10年监禁。保加利亚刑法规定，酒后驾驶致人重伤或中伤的，处不超过5年的监禁，情节特别严重的，处不超过8年的监禁；造成死亡结果的，处3年至10年的监禁，情节特别严重的，处5年至15年监禁。泰国刑法规定，危险驾驶致使他人死亡的，处无期徒刑或者5年至20年有期徒刑，并处1万至4万铢罚金。日本刑法规定，危险驾驶致人伤害的，处15年以下惩役；致人死亡的，处1年以上有期惩役（最高20年）。

（全国人大常委会法制工作委员会刑法室提供）

(9) 一些国家和地区关于拖欠劳动者工资行为法律责任的规定

为研究拖欠劳动者工资行为的刑事责任问题，法制工作委员会刑法室查阅了德国、法国、英国、加拿大、意大利、西班牙、葡萄牙、瑞士、荷兰、罗马尼亚、奥地利、匈牙利、丹麦、土耳其、挪威、瑞典、俄罗斯、阿根廷、日本、韩国、菲律宾、新加坡、泰国、越南、沙特阿拉伯、伊拉克和我国港澳台地区近30个国家和地区的刑法典和劳动法律、法规的规定，现将有关情况简报如下：

一、关于拖欠劳动者工资法律责任的立法概况

从查阅的相关国家和地区的法律规定看，追究拖欠劳动者工资行为的法律责任可以分为刑事责任和行政责任两种：

1. 刑事责任

可分为三类：

（1）在刑法中规定拖欠工资构成犯罪。在查阅的范围内，仅俄罗斯和西班牙在刑法典中明确规定欠薪行为构成犯罪。德国和瑞士则在刑法中规定了截留、侵吞、滥扣或使用雇员部分工资的行为为犯罪。

俄罗斯刑法第145条副1条规定，出于贪利动机或是受其他个人利益的动机驱使，拖欠应当支付的工资、养老金、助学金、补助金或其他应付的法定款项，超过两个月以上的，构成犯罪；后果严重的，加重处罚。.

西班牙刑法设有“不履行债务罪”一章，其中第257条规定，自然人、公法人、私法人试图逃避各种性质、各种原因产生的债务的行为，包括员工主张自己的经济权利产生的债务，构成犯罪。该条所指的经济权利包括主张薪酬的权利。

德国刑法典第266条a（截留和侵占劳动报酬罪）规定了雇主截留保险金、代扣款以及保险机构截留雇主为雇员所交保险金的刑事责任，但该条规定只是作为“背信罪”的补充形式，对象并非工资，而是应从雇员工资中扣除并向第三人代缴、代付的保险金、代扣款。因此，该罪虽然也侵害了雇员的权益，但和恶意拖欠工资还是有一定区别的。

瑞士刑法第159条“滥扣工资罪”规定，雇主违背义务，为缴纳税款、保险费而滥扣雇员工资或以其他方式使用雇员工资，因而使得雇员遭受财产损失的，处以监禁刑或罚金。

（2）在劳动法中规定拖欠工资构成犯罪。一部分国家和地区，如韩国、印度、菲律宾、卢旺达、香港等，在劳动法中规定欠薪行为构成犯罪。

如韩国的劳动标准法第109条规定，不按照该法相关规定支付工资的，构成犯罪。香港雇佣条例第63C条规定，任何雇主如故意及无合理辩解而违反相关工资支付规定，即属犯罪。印度劳动合同法（1970年）第24条、菲律宾劳工法（1974年）第278条、卢旺达劳工法（1967年）第179条，也都规定了雇主如果违反支付工资的规定，可以处以监禁刑。

（3）在刑法中规定比较原则的侵害债权、逃避债务等犯罪，可适用于拖欠工资的行为。法国、丹麦、匈牙利、新加坡、挪威、瑞典、芬兰、阿根廷、泰国、瑞士、葡萄牙、罗马尼亚等，虽然没有明确规定欠薪行为为犯罪，但劳动者的应发工资也是一种受保护的合法债权，对恶意拖欠工资的行为可以该罪追究刑事责任。如法国刑法第314—7条规定，债务人在法院作出确认债务的判决确定之前采取各种方式转移和减少其资产以逃避法院判决所确定的支付义务的，构成犯罪。丹麦刑法第292条规定，毁灭、损坏或者移动自己之财产，由此致使其债权人或者债权人之一不能实现其债权的，构成犯罪。匈牙利刑法第330条关于侵害债权罪规定，任何人全部或部分地不偿付债务，或者以其他任何方式妨碍对债权人进行偿付的，构成轻罪。新加坡刑法典第421条至第424条规定了债务人的各种对财产的欺诈行为和处置构成犯罪。

另外，挪威刑法第281条至第283条、芬兰刑法第39章第1条至第3条、瑞典刑法第11章第1条至第2条、阿根廷刑法第179条、泰国刑法第350条、罗马尼亚刑法第257条、瑞士刑法第164条和第165条、葡萄牙刑法第277条和第277条A等，也规定了侵害债权或逃避债务的行为构成犯罪。

3. 行政法律责任

一些国家和地区的劳动法规中规定对于雇主拖欠工资的行为予以罚款。如日本劳动标准法第119条之二规定，对违反该法有关工资支付规定者，处以十万元以下罚款。我国台湾地区“劳动基准法”第22条、第23条、第27条等规定了雇主支付工资的相关内容，第79条则规定了违反上述规定的，处2千元以上2万元以下罚款。我国澳门特区劳资关系法第50条规定，雇主不按规定支付工资的，按违例所牵涉的每一工作者，罚款1000至5000元。沙特阿拉伯劳工法（1969年）第200条规定，雇主和负责发放员工工资的任何人，假如违反第6章（工资保障）之规定，应处以罚款，其罚金为每名雇员200里亚尔。伊拉克共和国劳工法第249条也规定，对于违反有关工资规定的处以罚款。

二、关于拖欠劳动者工资罪的构成条件

从规定有拖欠劳动者工资罪的国家和地区的法律关于该罪构成条件的规定看，主要有以下特点：

1. 自然人、单位都可以构成犯罪。如俄罗斯刑法规定，自然人雇主和组织机构负责人犯该罪的都要处罚。西班牙刑法规定，本罪适用于自然人、公法人、私法人。其他国家和地区的法律规定的也都是处罚和雇员存在雇佣关系或间接雇佣关系的自然人或组织。

2. 行为人主观上均需出于故意，有些国家还强调恶意或非法占有的目的。如俄罗斯刑法强调出于贪利或受其他个人利益的动机驱使。西班牙刑法强调非法占有或以不履行债务为目的。我国香港地区雇佣条例则强调缺乏合理辩解。其他国家和地区的刑法或劳动法规也都以雇主故意或恶意拖欠工资为犯罪构成的必要条件。

3. 行为人要有具体的拖欠工资行为或者转移、隐藏财产来减少支付能力的行为。如俄罗斯刑法规定，要有拖欠工资行为而且拖欠时间要在两个月以上。西班牙刑法规定，要有侵吞债权人财产或恶意处置或企图处置财产以逃避责任的行为。其他国家的相关规定，也强调要有拖欠行为或多次拖欠工资行为。但这些国家法律没有对欠薪的数额大小，是否造成后果等作限定。俄罗斯刑法甚至规定造成严重后果的，加重处罚。

三、关于对拖欠劳动者工资罪的刑罚规定

所查阅的国家和地区中，有的明确将拖欠工资行为规定为犯罪，有的适用广义的侵害债权或逃避债务罪处理拖欠工资犯罪行为。因此，刑罚规定也分为两种情况：

1. 拖欠工资罪的刑罚。俄罗斯刑法规定，处数额为 12 万卢布以下或者被判刑人 1 年以内工资或其他收入罚金刑，或为期 5 年以下剥夺担任一定职务或从事一定活动权利刑，或为期 2 年以下剥夺自由刑；导致严重后果的，判处数额为 10 万卢布以上 50 万卢布以下或者被判刑人 1 年至 3 年以内工资或其他收入罚金刑，或者判处为期 3 年以上 7 年以下剥夺自由刑，可以附加或不附加判处为期 3 年以下剥夺担任一定职务或从事一定活动权利刑。我国香港地区规定，处罚款 350000 元港币及监禁 3 年。韩国规定，处 3 年以下监禁或 2000 万韩元以下罚款。

2. 侵害债权罪或逃避债务罪的刑罚。法国刑法规定，处 3 年监禁并科 45000 欧元。丹麦刑法规定，处以罚金，或者处以不超过 1 年之监禁。新加坡刑法规定，处 2 年以下有期徒刑，或罚金，或两罚并处。挪威刑法规定，处 3 年以下监禁；数额巨大或具有其他特别加重情节的，处 5 年以下监禁。芬兰刑法规定，处罚金或 2 年以下监禁，加重的情况下处以 4 个月以上 4 年以下的监禁。瑞典刑法规定，处 2 年以下监禁；严重犯罪的，处 6 个月以上 6 年以下监禁。瑞士刑法规定，处 5 年以下重惩役或监禁刑。西班牙刑法规定，处 1 年以上 4 年以下徒刑，并处 12 个月至 24 个月罚金。

此外，有的国家在刑法中对该类犯罪的追诉程序和免予处罚的情形作了特别规定。如泰国刑法第 351 条规定，犯妨害债权罪，告诉才处理。罗马尼亚刑法也规定了被害人告诉的才处理，还规定如果双方和解的，免予处罚。

（全国人大常委会法制工作委员会刑法室提供）
2010 年 8 月 22 日

24. 专家学者对完善我国刑事法律制度的意见（节选）

（2013 年 2 月 5 日）

2013 年 1 月 29 日，刑法室召开座谈会，听取部分在京专家学者对完善刑事法律制度的意见。法工委副主任郎胜同志到会听取了专家学者们的意见。与会专家学者高度评价近年来的刑事立法工作，一致认为，本届以来，全国人大及其常委会贯彻宽严相济的刑事政策，加强民生的刑法保护，落实宪法尊重和保护人权原则，推进司法公正和社会公平正义，通过刑法修正案（七）、刑法修正案（八）、关于修改刑事诉讼法的决定，对律师法、监狱法、预防未成年人犯罪法、未成年人保护法等相关法律进行修改，进一步完善了我国的刑事法律制度，体现了与时俱进的时代精神和法治进步的要求，取得了国内外公认的立法成就。党的十八大提出了加快建设社会主义法治国家的要求，全国人大常委会也正在研究制定新一届常委会立法规划和工作计划，希望法工委根据党的十八大和新一届全国人大常委会的要求，继续加强刑事领域立法，推进社会公平正义。同时，对完善刑法、刑事诉讼法等法律提出了一些具体建议意见。简报如下：

一、关于完善刑法的意见

与会专家认为，近年来，刑法的修改完善工作取得了重大进展，成就有目共睹。其中，刑法修正案（八）是 1997 年以来对我国刑法的一次最为重要的修改，减少死刑罪名，调整刑罚结构，体现了宽严相济的刑事政策，得到国内外的普遍赞许。关于今后如何进一步完善刑法，专家们主要提出了三个方面的意见：

（一）完善刑罚结构

1. 减少死刑罪名。一些专家认为，应该在刑法修正案（八）的基础上进一步减少死刑罪名。建议取消非暴力犯罪的死刑。在现阶段，除贪污贿赂犯罪、毒品犯罪可继续保留死刑外，对于其他的非暴力犯罪都应逐步取消死刑（高铭暄、陈光中、曲新久）。有专家认为，可以适时取消故意伤害罪的死刑（曲新久）。

2. 严格限制死刑的适用。有专家认为，我国 80% 的死刑来自杀人案件，控制故意杀人罪的死刑规模成为减少死刑的重要环节，建议调整故意杀人罪的刑罚顺序，不要将死刑作为故意杀人罪的首选刑罚，只对情节特别严重的故意杀人罪适用死刑（陈光中）；也有专家认为，从立法上控制故意杀人等犯罪的死刑，难以准确合理地限定死刑适用范围，建议主要通过司法活动控制此类犯罪的死刑（高铭暄）。

3. 完善财产刑。一是明确罚金刑数额。有专家指出，我国刑法分则规定处罚金的犯罪中，三分之二的犯罪都没有规定罚金的数额，只有"处罚金"的笼统规定。特别是对单位判处罚金的犯罪中，除单位骗购外汇、逃汇犯罪规定有罚金数额外，其他对单位判处罚金的，均没有明确罚金数额，导致司法实践中罚金刑的适用随意性较大，罚金执行率低，预防犯罪效果不明显。建议在刑法总则中规定以非法所得、销售金额或者年收入的一定倍数或比例确定罚金数额（高铭暄）。二是拓展罚金刑配置范围。有专家认为，除了对传统的贪利性犯罪规定罚金刑外，也可以考虑对非贪利性犯罪规定罚金刑，以有效惩处犯罪（阮齐林）。三是明确没收财产范围。有专家认为，没收财产要有限度，建议刑法规定没收全部或部分财产的具体范围（高铭暄、阮齐林）。

4. 量刑问题。一是解决对有期徒刑和拘役如何并罚的问题。我国刑法只规定了判处死刑、无期徒刑、有期徒刑的数罪并罚，未规定同时分别判处有期徒刑和拘役的如何并罚，建议增加规定（张明楷、曲新久）。二是将酌定减轻处罚核准权授予省高级人民法院。刑法第六十三条第二款规定，最高人民法院负责核准不具有法定减轻处罚情节，但根据案件特殊情况，需要在法定刑以下判处刑罚的案件。建议将此酌定减轻处罚的核准权授予省高级人民法院，给予法院更多的裁量空间。同时，为解决由此可能带来的减轻处罚被滥用的情况，规定贪污贿赂、渎职犯罪的酌定减轻处罚权不下放，仍由最高人民法院行使（阮齐林）。三是建议适时启用特赦制度。特赦是施仁政、得人心的措施，我国自1975年后没有使用过特赦，在监狱人满为患的情况下，对于一些特定社会背景下的轻犯罪，可以考虑使用特赦（高铭暄）。

（二）完善个罪规定

有专家认为，总的来说，我国目前的刑事法网还不够严密，面对经济社会的快速发展变化，一些人民群众关注的新的犯罪现象不断出现，完善刑法将会是一种常态，能改则改，不必担心影响刑法稳定性（张明楷、曲新久）。对具体个罪的修改完善，专家们提出了以下意见：

1. 增加新的犯罪规定。

（1）增设一些破坏社会诚信的犯罪。

——增设背信罪。（张明楷、曲新久）

——增设伪造私文书犯罪，惩处伪造文凭、他人签名、伪造资质报告、质量数据等行为。（曲新久）

——增设使用伪造的公文、印章、居民身份证犯罪。刑法第二百八十条将伪造国家机关公文、单位印章和居民身份证的行为规定为犯罪，但是更应该将使用这些伪造证件的行为规定为犯罪，从源头上有效打击此类行为。（张明楷、阮齐林）

——增设恶意诉讼犯罪。对于实践中一些人通过伪造证据、串通他人等方式，恶意提起虚假诉讼，骗取法院判决、裁定的行为，应当在妨害司法罪一节中增设诉讼欺诈罪予以打击（高铭暄）。也有专家认为，恶意虚假诉讼行为应该认定为诈骗罪，不必新增罪名（张明楷）。

——增设编造、传播虚假信息犯罪。（曲新久）

（2）将使用信用卡套现、非法买卖银行借记卡等行为规定为犯罪。（曲新久）

（3）增加规定吸毒驾驶犯罪。（高铭暄）

2. 完善现有个罪规定。

——完善黑社会性质组织犯罪。有专家认为，黑社会性质组织的认定在司法实践中被扩大化，建议进一步完善刑法第二百九十四条关于黑社会性质组织认定的四项条件，特别是要严格限制第一项中关于组织特征的界定。（陈光中）

——完善律师伪证犯罪的规定。刑法第三百零六条将辩护人、诉讼代理人威胁、引诱证人违背事实改变证言或者作伪证的行为规定为犯罪。有专家认为，"引诱"的行为在律师办案过程中难以界定，不宜把握罪与非罪的界限，应删除或者作出修改。（陈光中）

——取消成立组织领导传销活动罪需要"骗取财物"的限定条件。（曲新久）

此外，对于社会反映强烈的要求废除嫖宿幼女罪，将嫖宿幼女行为以强奸罪论处的问题，有专家认为，嫖宿幼女罪与强奸罪的犯罪构成不同，有其存在的合理性，目前的法定刑也能够做到罪刑相适应，不宜废除和修改。（高铭暄）

（三）完善立法技术

一是在立法体例上，建议采取刑法典、附属刑法、单行刑法并重的立法模式。刑法典主要规定传统的自然犯，对于越来越多的法定犯，采取附属刑法的方式，直接在经济法、行政法中设置罪刑规范，这样有利于对法定犯罪与非罪、此罪与彼罪的认定。（张明楷）

二是在刑法体系上，个别类罪的章节要增加或调整，例如妨害国（边）境管理罪没有独立成节的必要，可不再单独设置为一节。（曲新久）

三是弱化结果加重犯的配型模式。有专家认为，将一些客观化的定量指标（例如数额结果）作为法定刑加重的依据会造成对于行为人刑事责任的评价过于片面，过于重视危害结果。对于存在加重结果需要升格法定刑的情形，留给司法机关在司法解释中明确，立法上不宜再采取这种配型模式。（阮齐林）

此外，有专家建议将"保障人权"写入刑法第一条或第二条，作为刑法的立法目的或根本任务加以规定。（陈光中）

（法制工作委员会刑法室）

25. 部分刑法专家对刑法总则修改完善的意见

（2013 年 5 月 28 日）

根据委领导继续研究刑法修改完善问题的指示，刑法室于 2013 年 5 月 17 日召开会议，就刑法总则修改完善的问题，听取了部分刑法专家的意见。与会专家围绕是否在刑法总则中增加规定罚金数额确定标准、是否增设资格刑及不同主刑的刑期折抵方法等三个问题提出了意见建议。相关情况简报如下：

一、关于增加规定罚金数额确定标准

刑法分则对于判处罚金规定了三种形式：无限额罚金、限额罚金和倍比罚金。与会专家一致认为，对于分则中只原则规定“处罚金”的，有必要在刑法总则中增加规定罚金数额确定标准，以解决实践中出现的“同类案件不同判罚”和罚金数额畸高畸低问题。同时提出以下建议：

（一）关于罚金数额的决定依据。刑法第五十二条规定，判处罚金，应当根据犯罪情节决定罚金数额。专家们提出，应当修改刑法第五十二条关于罚金数额决定依据的规定，规定决定罚金数额，除考虑犯罪情节外，还需要考虑被告人的经济状况以及人身危险性等因素。（赵秉志、陈兴良、阮齐林、冯军）

（二）关于如何确定具体罚金数额标准。与会专家提出以下意见：一是，应当确定罚金数额的上限与下限。（赵秉志、陈兴良、阮齐林、冯军）二是，确定罚金数额标准，要遵循罚金数额相对确定、罚金数额适度、罚金与自由刑成比例、不断适应通货膨胀以及相对平等等原则。（冯军）三是，在具体设定上，要根据不同的犯罪种类，结合刑法分则关于罚金数额确定标准规定的规律，在刑法总则中作出区别规定。对于有违法所得的犯罪，规定倍比罚金，可根据刑法分则现有的关于罚金倍比规定的规律，规定在贪利性犯罪（例如，侵犯财产罪、妨害知识产权罪、妨害税收征管罪等）中，合理确定一个罚金比例。对于无违法所得的犯罪，参照分则现有关于罚金额的规定加以确定。（陈兴良、冯军）无限额罚金应当保留规定在部分犯罪数额难以确定、社会危害性严重的经济犯罪中，限额罚金应当规定在贪利性之外的犯罪（例如，侵犯公民人身权利、民主权利罪）中。（冯军）此外，也可以借鉴国外的相关规定。例如，借鉴德国刑法关于依据犯罪分子工资水平确定罚金数额的规定。（赵秉志）建议研究日额罚金制度。（冯军）四是，考虑到自然人犯罪和单位犯罪的不同情况，建议对二者确定不同的罚金数额标准，在区分自然人和单位的基础上，分别将自然人或者单位的收入水平作为确定各自罚金数额的参照标准。（赵秉志）

二、关于增设资格刑

与会专家一致认为，在刑法总则中增设资格刑，既有利于加强对相关行业的管理，也有利于防止利用特定资格重新犯罪。同时提出，剥夺资格涉及公民权利，应当纳入司法程序，统一由人民法院通过裁判予以剥夺；剥夺资格刑要坚持必要性原则，限定于与所实施的犯罪相关的资格；要在刑法现有关于剥夺政治权利的规定的基础上，统筹考虑剥夺政治权、担任公职权与进行特定活动等各项权利的设置。对于需要具体增设哪些资格刑，与会专家提出了以下意见：

有些专家认为，要根据其他法律关于剥夺职业资格的规定，确定资格刑的种类。对于需要增设哪些资格刑，要通过总结其他法律的相关规定来确定。同时，建议在将其他法律的相关规定纳入刑法时，还要考虑其他法律规定的剥夺的条件是否过宽或者过严，是否需要作出相应调整。（陈兴良、阮齐林）

有的专家提出，应当增设三种资格刑：一是，增设剥夺从事特定职业资格的资格刑。理由是：实践中，有不少犯罪尤其是经济犯罪，与犯罪人的职业密切相关，很多犯罪分子就是利用自己的职业或者在从事生产经营活动中实施犯罪的。对于这类犯罪，剥夺犯罪人从事特定职业的资格，既是一种惩罚，也是防止其重新犯罪的必要手段。二是，增设剥夺担任特定职务权利的资格刑。主要是指禁止担任法人和企业的领导职务。理由是：公司法中已有关于剥夺担任特定职务权利的资格的相关规定。公司法第一百四十七条规定，因犯有贪污、贿赂、侵占财产、挪用财产或者破坏社会主义市场经济秩序，被判处刑罚，执行期满未逾五年，或者因犯罪被剥夺政治权利，执行期满未逾五年的，不得担任公司的董事、监事、高级管理人员。建议将上述规定扩大适用到除国家机关之外的所有单位，如学校等。犯罪人担任这些单位的领导职务的，可以依法予以剥夺。三是，增设剥夺荣誉权的资格刑。理由是：目前我国法律中，仅有《惩治军人违反职责罪暂行条例》对剥夺奖章、勋章和荣誉称号作了规定。对获得社会荣誉的一般人，法律如果没有关于剥夺荣誉权的规定，则可能出现一个十大杰出青年因杀人或者贪污而被判刑，但他依然还是“十大杰出青年”的现象。（赵秉志）

还有专家建议增设一些新的轻罪刑种和单位资格刑。对偶犯、过失犯等犯罪危害不大、情节较轻的轻罪，可以考虑增设公益劳动、社区服务和周末拘禁等轻刑。同时，考虑到刑法对单位犯罪仅规定了罚金刑一种刑罚，难以达到预防再犯的目的，建议增设相应的单位资格刑。例如：借鉴法国刑法的规定，增设解散法人、禁止直接或者间接从事一种或者多种社会性或者职业性活动、排除参与公共工程、禁止公开募集资金等。（冯军）此外，还有专家建议设置针对特殊群体的资格刑，如对外国人、军人的资格刑。（阮齐林）

三、关于数罪并罚判处不同主刑的刑期折抵

与会专家提出，在刑法修正案（八）实施前，基本没有出现同时被判处有期徒刑和拘役的案件。考虑到刑法中没有关于拘役折抵有期徒刑的相关规定，实践中，对于应当同时判处拘役和有期徒刑的，都通过将判处拘役改为判处六个月以下有期徒刑，回避了二者之间的刑期折抵问题。由于刑法修正案（八）增加规定的危险驾驶罪的主刑只有拘役，在司法实践中，拘役和有期徒刑的折抵问题就无法回避了。因此，有必要增加关于判处不同主刑的刑期的规定。

对于犯数罪，被判处有期徒刑、拘役、管制不同主刑的如何折抵，与会专家提出以下三种意见：

大部分专家认为，拘役一日折抵有期徒刑一日，管制分别执行。理由是：拘役和有期徒刑的性质是一样的，都是剥夺自由刑，按照一日折抵一日的标准，将拘役折抵为有期徒刑，是可以的。但管制是限制自由刑，与拘役、有期徒刑性质不同，将管制折抵为拘役或者有期徒刑，法理上存在障碍。（赵秉志、阮齐林、冯军）

也有专家认为，对于判处有期徒刑、拘役不同主刑的，重刑吸收轻刑，管制单独执行。理由是：刑法中已经有关于重刑吸收轻刑的相关规定，如死刑、无期徒刑吸收有期徒刑等，对于被判处有期徒刑、拘役不同主刑的，也可以按照吸收原则有期徒刑吸收拘役，只执行有期徒刑。（陈兴良）

（法制工作委员会刑法室）

26. 十二届全国人大一次会议代表议案关于修改刑法的主要意见

（2013 年 7 月 3 日）

十二届全国人大一次会议上，代表共提出关于修改刑法的议案 28 件，关于废除劳动教养制度、制定违法行为矫治法的议案 3 件。修改刑法的意见主要涉及刑法总则、危害公共安全罪、破坏社会主义市场经济秩序罪、侵犯公民人身权利、民主权利罪、妨害社会管理秩序罪、贪污贿赂罪等内容。简报如下：

一、关于刑法总则

增加组织未成年人犯罪从重处罚的规定。河北贾春梅等代表提出，实践中组织未成年人犯罪的情况日趋严重，而现行刑法有关教唆犯、主犯、组织未成年人违反治安管理活动罪的规定难以涵盖和有力打击组织未成年人犯罪的行为，建议在刑法第 26 条中增加一款作为第五款：“组织不满十八周岁的人犯罪的，应当从重处罚。”

二、关于危害公共安全罪

1. 对醉酒驾车犯罪进行立法解释。重庆俞敏等代表提出，实践中醉酒驾车犯罪执法、司法标准不统一，打击面过宽，建议出台立法解释规定该罪的定罪标准。对于血液中酒精含量在 130mg/100ml 以上的，应定罪处罚；对于血液中酒精含量在 100mg/100ml—130mg/100ml，具有下列情形的，作为犯罪处理：（1）在高速公路上驾驶的；（2）在出行高峰时段驾驶的；（3）在人群密集的道路上驾驶的；（4）为逃避检查，驾驶车辆逃逸的；（5）抗拒检查，辱骂、殴打执法人员的；（6）发生重大交通事故的；（7）驾驶营运车辆的；（8）有严重违章行为的；对于血液中酒精含量在 100mg/100ml 以下的，不作为犯罪处理。

2. 增设吸毒驾驶犯罪。湖南秦希燕等代表建议增设吸毒驾驶犯罪，将刑法第 133 条之一修改为：“在道路上驾驶机动车追逐竞驶，情节恶劣的，或者在道路上醉酒、吸食毒品后驾驶机动车的，处拘役，并处罚金。有前款行为，同时构成其他犯罪的，依照处罚较重的规定定罪处罚。”

3. 完善消防事故罪规定。福建章联生等代表提出，建议明确规定消防事故罪为过失犯罪，将第 139 条修改为：“违反消防管理法规，经消防监督机构通知采取改正措施而拒绝执行，过失造成严重后果的，对直接责任人员，处三年以下有期徒刑或者拘役；后果特别严重的，处三年以上七年以下有期徒刑。”

三、关于破坏社会主义市场经济秩序罪

1. 完善生产、销售伪劣产品罪。安徽徐进等代表提出，刑法第 140 条规定的生产、销售伪劣产品罪要求销售金额在五万元以上，定罪条件过于严格。为加强食品、饮料安全保障力度，建议修改刑法第 140 条，增加规定对于生产、销售伪劣食品、饮料的，生产、销售金额五千元以上的，即可追究生产、销售伪劣产品罪的刑事责任。

2. 刑事立法应平等保护民营企业。浙江郑坚江等代表提出，刑法没有对民营企业和国有企业实行平等保护，刑法第 165 条至 168 条为保护国有企业利益，规定了其工作人员的相关渎职犯罪，而对民营企业工作人员的相应渎职行为却没有规定为犯罪，应该增加规定；刑法对国有企业和民营企业工作人员实施的相同犯罪行为，因所有制性质不同规定了不同的罪名和刑罚，应该将民营企业人员的职务侵占、挪用资金、受贿行为与国企人员的贪污、挪用公款、受贿行为规定为相同的罪名和刑罚。

3. 增设职业发放高利贷罪。湖南胡旭曦等代表提出，高利贷行为具有严重的社会危害性，现有法律规制不足，建议在刑法中增设职业发放高利贷罪，将违反国家金融管理法律法规关于借贷利率上限的规定，以发放高利贷为业，违法所得数额较大的，或虽然违法所得数额不大，但是采取暴力、暴力威胁等法律禁止的方式催讨，造成严重后果的行为规定为犯罪。

4. 立法打击传销犯罪活动。安徽朱海燕等代表提出，刑法修正案（七）规定了组织、领导传销活动罪，但仍难以全面、有效打击传销活动，建议继续采取以下措施：通过立法确定切合实际的打击传销工作机制；法律上明确对组织、领导传销活动的，除以组织、领导传销活动罪惩处之外，还要用非法经营、传授犯罪、诈骗、非法集资等犯罪予以打击；在地方立法中规定向传销活动提供房屋租赁的处罚措施。

四、关于侵犯公民人身权利、民主权利罪

1. 修改强奸罪。福建章联生等代表提出，应平等保护男性和女性的性权利，强奸男性和男童的也应构成强奸，建议将刑法第236条修改为："以暴力、胁迫或者其他手段强制他人实施性行为的，处三年以上十年以下有期徒刑。强制不满十四周岁的儿童实施性行为的，从重处罚。强制他人实施性行为，有下列情形之一的，处十年以上有期徒刑、无期徒刑或者死刑：（一）强制他人实施性行为情节恶劣的；（二）强制多人实施性行为的；（三）在公共场所当众强制他人实施性行为的；（四）二人以上共同强制他人实施性行为的；（五）致使被害人重伤、死亡或者造成其他严重后果的。"

福建陈秀榕等代表建议将奸淫男童与奸淫幼女同罪同罚，规定为强奸罪，同时规定教师、看护人等特殊主体奸淫儿童的，加重处罚。

2. 修改收买被拐卖的妇女、儿童罪。其一，修改完善第241条第一款。该款规定："收买被拐卖的妇女、儿童的，处三年以下有期徒刑、拘役或者管制"，一些代表提出，该罪法定刑较低，应提高法定刑。其中，有的代表建议规定为三年以上七年以下（安徽郑杰等代表）；有的代表提出要严厉打击拐卖犯罪，实行买卖同罚，规定拐卖儿童和收买被拐卖儿童的，处死刑（安徽刘庆峰等代表）；还有代表建议对收买妇女和收买儿童分别定罪，并提高法定刑，收买被拐卖的妇女的，处三年以上七年以下有期徒刑，收买被拐卖的儿童的，处五年以上十年以下有期徒刑（河南马文芳代表、江苏蒋婉求等代表、安徽孙兆奇等代表），或者收买被拐卖的妇女的，处一年以上三年以下有期徒刑，收买被拐卖的儿童的，处三年以上五年以下有期徒刑（山东张淑琴等代表）。

其二，修改完善第241条第六款。一些代表提出，刑法第241条第六款规定"收买被拐卖的妇女、儿童，按照被买妇女的意愿，不阻碍其返回原居住地的，对被买儿童没有虐待行为，不阻碍对其进行解救的，可以不追究刑事责任"，这一规定导致司法实践中大多数收买犯罪没有被追究刑事责任，建议删除这一款（河南马文芳等代表、江苏蒋婉求等代表、安徽孙兆奇等代表、安徽郑杰等代表、山东张淑琴等代表），或者将"可以不追究刑事责任"修改为："可以从轻处罚"（湖南伍冬兰等代表、四川仰协等代表）。

3. 增设虐待儿童罪。刑法第260条规定："虐待家庭成员，情节恶劣的，处二年以下有期徒刑、拘役或者管制。犯前款罪，致使被害人重伤、死亡的，处二年以上七年以下有期徒刑。第一款罪，告诉的才处理。"一些代表指出，第260条规定的虐待罪，主体范围限于家庭成员，不能惩处幼师等负有特定职责的人实施的虐待儿童行为，建议修改第260条，增设虐待儿童罪（山东袁敬华等代表、浙江胡季强等代表、福建陈秀榕等代表），在第260条中增加一款："虐待不满十四周岁的未成年人，情节恶劣的，处三年以下有期徒刑，致人重伤、死亡的，分别依照刑法第二百三十四、二百三十二条的规定定罪处罚"（河北贾春梅等代表），或者增加一款："虐待儿童的，依照虐待家庭成员罪的规定从重处罚"（湖南秦希燕等代表）。还有代表提出，将虐待罪规定为自诉案件并不妥当，建议删除告诉才处理的规定（福建陈秀榕等代表）。

4. 增设破坏村民委员会选举罪。陕西韩宝生等代表提出，我国刑法第256条规定的破坏选举罪没有包括破坏村民委员会选举，建议修改刑法第256条或者增设第256条之一，规定："以暴力、威胁、欺骗、贿赂、伪造选票、虚报选票数等不正当手段，妨害村民行使选举权、被选举权，破坏村民委员会选举，情节严重的，处三年以下有期徒刑、拘役或者剥夺政治权利。"

五、关于妨害社会管理秩序罪

1. 完善法律关于执行措施的规定。宁夏代表团建议修改完善民事执行措施和刑法拒不执行判决、裁定罪的规定，解决司法实践中执行难的问题。一是，修改完善民事诉讼法中有关执行措施的规定，增加规定法院可以采用一些现代化的技术手段查找被执行人；二是，在法律中规定执行联动机制，明确各执行协助单位的法律义务和不履行职责时的法律责任；三是，2002年，全国人大常委会对拒不执行判决、裁定罪的立法解释中，要求拒不履行的行为造成判决、裁定无法执行的后果时才定罪追究，并不妥当。建议修改刑法第313条，规定只要有能力履行而逃避履行造成严重浪费司法资源的，或者使用暴力、威胁等手段抗拒执行的，即使案件最终得以执行，也应追究刑事责任。

2. 修改刑法第336条，惩处"两非"行为。湖北刘英姿等代表提出，当前我国男女出生性别比严重失衡，未来将造成严重的社会问题，迫切需要严厉打击非法鉴定胎儿性别和选择性别人工终止妊娠的"两非"行为，建议修改刑法第336条第一款规定的非法行医罪，在犯罪客观方面中明确规定非法进行胎儿性别鉴定的属于非法行医，同时将犯罪主体修改为未取得医生执业资格以及取得医生执业资格但非法执业的人员。此外，将第二款规定的非法进行节育手术罪的犯罪主体也扩展到包括未取得医生执业资格以及取得医生执业资格的人，对于这两类人员非法为孕妇实施终止妊娠行为的，均以该罪定罪处罚。

3. 增设盗窃国家资源罪。浙江曹克坚等代表提出，对于实践中发生的盗采煤矿行为，认定为盗窃罪或者非法采矿罪都有一定的障碍，建议增设盗窃国家资源罪："盗窃国家资源，数额较大的，或者多次盗窃，处三年以下有期徒刑，并处罚金；数额巨大或者有其他严重情节的，处三年以上十年以下有期徒刑，并处罚金；数额特别巨大或者有其他特别严重情节的，处十年以上有期徒刑或者无期徒刑，并处罚金或者没收财产。"

4. 增设破坏水利设施罪、非法取水罪。安徽纪冰等代表建议增设破坏水利设施罪，对于违反国家规定，直接或间接破坏水利设施的，例如非法采砂或者组织他人非法采砂致使水利设施遭到破坏的行为，以该罪定罪处罚。此外，增设非法取水罪，将未取得取水许可证擅自取水，擅自在地下水超采区、禁采区违法取水，污染地下水，情节严重的行为规定为犯罪。

5. 废除或修改嫖宿幼女罪。河北贾春梅等代表建议删除刑法第 360 条第二款关于嫖宿幼女罪的规定，对嫖宿幼女的行为直接以第 236 条规定的强奸罪从重处罚。福建陈秀榕等代表建议删除嫖宿幼女罪，在强奸罪中规定嫖宿幼女的，加重处罚，或者保留嫖宿幼女罪条款，但要比照奸淫幼女提高该罪的法定刑。

6. 修改引诱、容留、介绍卖淫罪、组织播放淫秽音像制品罪、组织淫秽表演罪。福建章联生等代表提出，根据刑法第 359 条引诱、容留、介绍卖淫罪，第 364 条第二款组织播放淫秽音像制品罪、第 365 条组织淫秽表演罪的规定，构成这三种犯罪，具备相应行为即可，不要求情节严重等后果。这与治安管理处罚法第 67 条、69 条对这些同样的行为给予治安处罚的规定存在矛盾。建议修改刑法上述条款，提高入罪门槛，规定情节严重的才构成犯罪，情节一般的只给予治安处罚。

六、关于贪污贿赂犯罪

1. 增设对有影响力者行贿罪。广东郑红等代表提出，刑法修正案（七）增加规定了利用影响力受贿罪，将离职的国家工作人员、离职或在职的国家工作人员的近亲属以及其他与该国家工作人员关系密切的人的受贿行为规定为犯罪，但立法没有明确规定向这些人员行贿是否构成犯罪，建议在刑法第 388 条之一中增加一款作为第三款，规定对有影响力者行贿罪："为谋取不正当利益，给予前二款规定人员以财物，情节严重的，处三年以下有期徒刑，并处罚金；情节特别严重的，处三年以上十年以下有期徒刑，并处罚金。"

2. 修改受贿罪的法定刑。福建章联生等代表提出，刑法第 386 条受贿罪的法定刑配置不均衡，建议适当降低各量刑幅度的法定刑，增加规定罚金刑，对于受贿数额五千元以上，同时存在其他枉法行为的，判处受贿数额两倍罚金，没有其他枉法行为的，判处受贿数额一倍罚金。此外，明确对于受贿被判处有期徒刑以上刑罚的犯罪分子，不得再担任国家公务员。

七、关于废除劳教制度和制定违法行为矫治法

安徽杨亚达等代表提出，劳教制度存在违宪违法等诸多问题，已严重不适应现代社会管理的需要，建议废除劳动教养制度，同时制定社会矫正与保安处分法，对劳教废除后仍有必要处罚的轻微违法行为予以保安处分。江苏刘玲等代表、河南买世蕊等代表提出，劳教制度创办四十多年来在社会管理领域发挥了积极作用，但也暴露出一些问题，应改革和规范劳动教养制度，加快制定违法行为矫治法，并各自提出了该法框架性内容的建议。

（法制工作委员会刑法室）

27. 全国人大常委会法工委刑法室关于修改完善刑法研究的问题

（2013 年 8 月）

一、继续落实司改任务，进一步完善刑罚结构，落实宽严相济刑事政策

1. 增设罚金数额的确定标准

判处罚金应当根据犯罪情节，同时考虑犯罪分子个人的经济状况决定罚金数额。

对于经营性或者牟利性犯罪，有违法所得的，依照违法所得的一定比例确定罚金刑上下限；没有违法所得或者违法所得无法计算的，依照经营数额或者销售数额的一定比例确定上下限。对于非经营性或者非牟利性犯罪，依照其收入的一定比例确定罚金刑上下限，没有收入或者不能确定收入的，依照犯罪分子居住地所在省、自治区、直辖市前一年度居民平均收入的一定比例确定上下限。

2. 增加设置资格刑

对于实施与职务相关的犯罪，被判处有期徒刑以上刑罚的犯罪分子，可以根据犯罪情况，同时禁止其在刑罚执行完毕后一定期限内从事相关职业或者担任特定职务。

3. 增加关于不同刑种并罚刑期折抵的规定

数罪中有判处有期徒刑、拘役的，在有期徒刑执行完毕后，按照原判刑期的三分之二在监狱执行拘役。数罪中有判处有期徒刑、管制或者判处拘役、管制的，分别执行。

（另一方案：数罪中有判处有期徒刑、拘役的，拘役三日执行两日，合并执行。数罪中有判处有期徒刑、管制或者判处拘役、管制的，分别执行。）

4. 进一步减少死刑罪名

哪些非暴力犯罪可取消死刑。

二、加强刑法在维护社会诚信方面的作用

5. 增加虚假诉讼犯罪

以虚构的事实为案由，向人民法院提起诉讼，情节严重的，追究刑事责任。

实施虚假诉讼行为，非法侵占他人财产或者逃避合法债务，数额较大的，追究刑事责任。（另一方案：按诈骗罪追究刑事责任）

司法工作人员利用职务上的便利，与他人共同实施虚假诉讼的，从重处罚；同时又构成其他犯罪的，依照处罚较重的规定定罪从重处罚。

6. 增加组织考试作弊犯罪

在依照国家规定举办的考试中，以提供专用器材、技术手段或者其他方法，组织、帮助他人作弊的，追究刑事责任。对组织者从重处罚。

7. 增加非法使用机动车号牌的犯罪

在道路上驾驶机动车，有使用伪造、变造的机动车号牌，使用其他车辆的机动车号牌，故意遮挡机动车号牌，不按照规定悬挂机动车号牌等情形，危害公共安全的，追究刑事责任。同时构成其他犯罪的，依照处罚较重的规定定罪处罚。（另一方案：不增设这一犯罪。）

8. 增加编造、传播虚假信息犯罪

编造险情、疫情、警情等虚假信息，或者明知是上述虚假信息而故意传播，严重扰乱社会秩序的，追究刑事责任。

9. 增加骗取社保资金犯罪

骗取养老、医疗、工伤、失业、生育等社保资金的，依照诈骗罪的规定追究刑事责任。

10. 增加使用伪造、变造的国家机关公文、证件、印章或者居民身份证犯罪

为谋求国家公务员或者其他涉及国家公共事务管理的职位，提供虚假的证明文件的，追究刑事责任。

三、进一步加强刑法对公民权利的保护

11. 修改出售、非法提供公民个人信息罪

方案一：违反国家规定，将单位或者个人在履行职责或者提供服务过程中获得的公民个人信息，出售或者非法提供给他人，情节严重的，追究刑事责任。

窃取或者以其他非法方法获取上述信息，或者出售、非法向他人提供上述信息，情节严重的，追究刑事责任。

单位犯前两款罪的，追究单位犯罪刑事责任。

方案二：违反国家规定，出售、非法向他人提供公民个人信息，或者窃取或者以其他方法非法获取，情节严重的，追究刑事责任。

单位犯前款罪的，追究单位犯罪刑事责任。

12. 修改收买被拐卖的妇女、儿童罪

收买被拐卖的妇女、儿童的，处二年以上五年以下有期徒刑或者拘役，并处罚金；情节较轻的，处二年以下有期徒刑、拘役或者管制，并处罚金；收买被拐卖的妇女、儿童，按照被买妇女的意愿，不阻碍其返回原居住地的，对被买儿童没有虐待行为，不阻碍对其进行解救的，可以从轻、减轻或者免除处罚。

收买被拐卖的妇女后，组织卖淫或者强迫卖淫的，依照数罪并罚的规定处罚。

13. 增设虐待未成年人等犯罪

对被监护、看护的未成年人以及年老、患病、残疾等缺乏自我保护能力的人，实施虐待行为，情节恶劣的，追究刑事责任。虐待行为同时构成其他犯罪的，依照处罚较重的规定定罪处罚。

14. 修改强制猥亵、侮辱妇女罪

以暴力、胁迫或者其他方法强制猥亵或者侮辱他人的，追究刑事责任。

15. 增加网络服务提供者违法发布或者传输法律禁止的信息犯罪

网络服务提供者在其提供服务的网站、网页中发布法律、法规禁止发布或者传输的信息，追究刑事责任。

网络服务提供者对于用户在其提供服务的网站、网页中发布的法律、法规禁止发布或者传输的信息，经有关主管部门依法要求删除而不删除，情节严重的，追究刑事责任。

同时构成其他犯罪的，依照处罚较重的规定定罪处罚。

四、完善惩治腐败犯罪的法律规定

16. 修改行贿罪

在行贿罪的处罚中增加罚金刑的规定。

17. 增加为利用影响力行贿犯罪

为谋取不正当利益，给予刑法第三百八十八条之一规定的人员以财物的，追究刑事责任。

五、完善社会管理秩序的法律规定

18. 修改扰乱法庭秩序罪

藐视法庭，扰乱审判秩序，聚众哄闹、冲击法庭的，或者殴打、侮辱、诽谤、威胁司法工作人员或者诉讼参与人的，或者有其他扰乱审判秩序行为的，追究刑事责任。

19. 修改辩护人、诉讼代理人毁灭证据、伪造证据、妨害作证罪

删去关于威胁、引诱证人违背事实改变证言的规定。

20. 增加购买、食用珍贵、濒危野生动物犯罪

明知是国家重点保护的珍贵、濒危野生动物及其制品仍购买或者食用的，依照非法收购珍贵、濒危野生动物制品罪追究刑事责任。

21. 增加积极参加会道门、邪教组织，破坏国家法律、行政法规实施的犯罪

22. 增加个人冲击国家机关的犯罪

28. 中央有关部门对修改完善刑法的意见

（2013 年 9 月 10 日）

8 月 19 日至 20 日，刑法室召开会议，听取中央有关单位对修改完善刑法初步方案（以下简称初步方案）的意见。中央纪委法规室，中央政法委政法研究所，中央 610 办一局，最高法院研究室、刑一庭、刑二庭，最高检察院研究室、侦监厅、公诉厅、反贪总局，国务院法制办政法国防司，公安部法制局、治安局、网安局、网侦技术中心，司法部法制司，国家林业局保护司、森林公安局，全国妇联权益部等部门的同志参加了会议。公安部法制局会后还送来了书面意见。现将会议情况简报如下：

一、关于完善刑法总则的规定

（一）增设罚金数额的确定标准

初步方案拟在刑法总则中增加规定，判处罚金应当根据犯罪情节，同时考虑犯罪分子个人的经济状况决定罚金数额。

有些同志认为，在刑法总则中规定判处罚金应当综合考虑犯罪情节和犯罪分子个人经济状况的原则，有助于解决实践中罚金刑空判的问题，是有必要的。（最高院研究室周加海，最高检研究室韩耀元，公安部法制局朱希）

也有同志提出，规定判处罚金应考虑犯罪分子的经济状况，对刑法第六十一条规定的量刑应考虑犯罪事实、犯罪性质和社会危害性的总体原则有所突破，建议进一步研究。（最高检公诉厅齐涛）

初步方案还拟在刑法总则中规定，对罚金刑，根据犯罪行为牟利、违法所得等不同情况确定罚金数额的确定标准。有的同志认为，不宜增加这一规定。根据刑法第六十四条的规定，犯罪分子违法所得的一切财物，应当予以追缴或者责令退赔，在追缴、退赔之后通常没有太多财产可供执行罚金刑，建议不规定具体的罚金确定标准，由法官根据案件实际情况具体把握（周加海）。有的提出，在总则中设立罚金确定标准，难以适应各罪的具体情况，建议对分则重点章节、罪名进行研究，在具体犯罪中更科学、具体地设置罚金刑（周加海，韩耀元，国家林业局森林公安局汶哲）。

（二）增加设置资格刑

初步方案拟增设资格刑，对于实施与职务相关的犯罪，被判处有期徒刑以上刑罚的犯罪分子，可以根据犯罪情况，同时禁止其在刑罚执行完毕后一定期限内从事相关职业或者担任特定职务。

大多数与会同志赞成增加资格刑，同时提出以下进一步完善的建议：第一，建议增强资格刑的可操作性，进一步明确是现行法律对限制或者剥夺资格有规定的才判，还是法官可以根据实际情况对法律没有明确规定的，也可以酌情判处资格刑（周加海）。第二，明确对医生、鉴定师等专业人员是禁止其终身执业，还是一定期限内限制从业（朱希）。第三，处理好刑罚与行政处罚的关系，如吊销驾驶执照的行政处罚与禁止司机驾驶机动车的资格刑的区别（周加海）。第四，建议在分则一些章节中增加规定，对具有特定职务或者从事特定职业的人员犯罪后，限制其再从事相关活动。如实施食品犯罪的禁止进入食品生产流通领域；对性侵儿童的行为人，禁止其从事接触儿童的职业（周加海，韩耀元，朱希，最高检反贪总局詹复亮，公安部治安局冯毅）。第五，考虑单独适用资格刑，不限于判处有期徒刑以上刑罚的情形（王利民）。

也有的同志不赞成规定资格刑，认为由行业规制更好。（国务院法制办政法国防司朱卫国）

（三）增加不同刑种如何并罚的规定

初步方案拟规定，数罪中有判处有期徒刑、拘役的，拘役三日执行两日，合并执行。数罪中有判处有期徒刑、管

制或者判处拘役、管制的，分别执行。

一些同志同意上述方案，同时提出，根据初步方案的规定，将拘役折抵为有期徒刑后，将与有期徒刑合并在监狱执行，与刑法第四十三条关于拘役由公安机关就近执行的规定有冲突，建议处理好刑法不同条文之间的衔接。同时建议，在确定拘役与有期徒刑的折抵比例时，进一步考虑有期徒刑、拘役限制人身自由严厉性的差异，设定科学合理的折抵方案。（周加海，韩耀元，朱希）

（四）进一步减少死刑罪名

初步方案拟进一步研究取消一些非暴力性犯罪的死刑。

有些同志建议，从立法技术上研究罪名转化，以减少死刑罪名。如纵火、爆炸、投毒造成死亡的，可以规定按故意伤害或者故意杀人罪定罪处罚。另外，在具体执行中，对一些常见犯罪，如抢劫、组织、强迫卖淫、运输毒品、故意杀人等，进一步明确适用死刑的具体情节，从实质上减少死刑适用。（周加海，朱卫国）

在取消死刑的具体罪名上，有同志提出，集资诈骗罪犯罪原因复杂，实践中对该罪适用死刑的标准不好掌握，建议取消（周加海，朱希）。有的提出不宜取消组织卖淫罪的死刑（全国妇联权益部李岳阳）。

（五）修改完善总则的其他建议

1. 关于单位犯罪。一是建议在刑法第三十一条中规定，对以单位名义实施的犯罪，分则没有规定为单位犯罪的，应当追究自然人犯罪的刑事责任（周加海，韩耀元）；二是国家机关不宜作为单位犯罪主体（周加海）；三是单位犯罪主体范围应进一步扩大到其他组织（韩耀元）；四是单位犯罪与自然人犯罪定罪标准应相同（韩耀元）。

2. 关于刑事附带民事赔偿问题。实践中，刑事附带民事赔偿空判现象突出，建议规定判处民事赔偿时，应考虑被告人经济状况。（周加海）

3. 关于判处死缓、无期徒刑执行中发现漏罪的数罪并罚问题。死缓或者无期徒刑执行多年后，发现较轻漏罪，按照刑法第七十条数罪并罚的规定，需重新执行死缓或者无期徒刑，刑罚过重，建议针对这种情况作出特别规定。（周加海）

4. 关于修改完善管制刑。刑法第三十九条规定，判处管制的犯罪分子，在执行期间，未经执行机关批准，不得行使言论、出版、集会、结社、游行、示威的自由，属于剥夺政治权利的内容，建议删除。（韩耀元）

5. 规定判处数个剥夺政治权利如何并罚的办法。（周加海）

6. 对在缓刑判决上诉期内发现漏罪或者犯新罪，是否撤销缓刑作出规定。（韩耀元）

7. 修改刑法第九十一条第二款的规定，将在事业单位管理、使用或者运输中的财产也认定为公共财产。（韩耀元）

二、关于完善惩治破坏社会诚信犯罪的规定

（一）增加虚假诉讼犯罪

初步方案拟规定诉讼诈骗犯罪，对虚构事实，向人民法院提起诉讼，情节严重的，追究刑事责任。

多数同志认为，诉讼诈骗行为损害司法权威和当事人利益，与传统的诈骗罪不同，赞同单独规定定罪处罚。（周加海，韩耀元，朱希，最高检侦监厅王海）

也有同志提出，设立诉讼诈骗罪要考虑与刑法第六章妨害司法罪中伪证罪等规定相衔接。（齐涛）

（二）增加组织考试作弊的犯罪

初步方案拟规定在依照国家规定举办的考试中，以提供专用器材、技术手段或者其他方法，组织、帮助他人作弊的，追究刑事责任。

大家认为，考试中舞弊行为屡禁不止，有规模化、产业化趋势，赞成将这种行为规定为犯罪。有的建议，将考试限定为国家一级考试（周加海，冯毅，公安部网侦技术中心许剑卓）；增加规定“以营利为目的”（朱希，许剑卓，冯毅，詹复亮）；进一步细化“帮助”行为方式，规定替考次数、获利数额等内容，明确是否包括父母帮助子女作弊等情形（冯毅，周加海）；设定“情节严重的”入罪门槛（韩耀元）；将明知他人作弊，为其提供专用器材、技术手段的，单独作为一款予以规定（许剑卓）。

（三）增加非法使用机动车号牌的犯罪

初步方案拟将使用伪造、变造的机动车号牌、其他车辆的机动车号牌，故意遮挡机动车号牌，不按照规定悬挂机动车号牌，危害公共安全的情形规定为犯罪。

与会同志大多数不赞成将非法使用机动车号牌，危害公共安全的行为规定为犯罪。理由是：实践中每年处理的案件数量很大，有上百万件，规定为犯罪打击面太宽。根据道路交通安全法、治安管理处罚法的相关规定对非法使用机动车号牌的行为最高可处15日拘留和5000元罚款，能够满足对这类行为进行管制的需要，且非法使用机动车号牌的行为与危害公共安全的关系比较远，入罪要慎重。（周加海，韩耀元，王海，齐涛，朱卫国，朱希，韩秀桃，李岳阳等）

（四）增加编造、传播虚假信息的犯罪

初步方案拟对编造险情、疫情、警情等虚假信息，或者明知是上述虚假信息而故意传播，严重扰乱社会秩序的，追究刑事责任。

一些同志同意增加这一犯罪规定，同时建议，对犯罪构成要件进一步予以明确，从范围上对信息进行限制，将“严重扰乱社会秩序”的后果具体化，如严重扰乱国家机关办公秩序，浪费公共资源，造成恐慌等（周加海，韩耀元，

朱希）；增加编造虚假信息“有其他严重情节”的规定；将明知是虚假信息仍传播的，单独作为一款予以规定，对以跟帖、转帖等方式广泛传播谣言的网络水军予以打击（许剑卓）。

也有意见认为，该条规定涉及与公民言论自由的关系，将传播谣言的行为规定为犯罪要考虑其社会效果和政治效果。（周加海，韩耀元，詹复亮，朱卫国）

（五）增加骗取社保资金的犯罪

初步方案拟规定，骗取养老、医疗、工伤、失业、生育等社保资金的，依照诈骗罪的规定追究刑事责任。

部分与会同志认为，没有必要规定这种犯罪，对相关行为可按照诈骗罪从重处罚（周加海，朱希，朱卫国）。有的提出，实践中骗取医疗、失业、养老社保资金的，多是弱势群体，对这类对象进行打击应慎重（韩耀元，汶哲）。对一些医院编造虚假住院名单，套取社保资金的行为应予以打击（王利民）。

（六）增加使用伪造、变造的国家机关公文、证件、印章或者居民身份证的犯罪

初步方案拟规定，为谋求国家公务员或者其他涉及国家公共事务管理的职位，提供虚假的证明文件的，追究刑事责任。

有些同志认为，对使用伪造、变造、买卖国家机关公文、证件、印章的，有必要作为犯罪处理，但应缩小打击范围，有针对性地作出规定。要考虑证明文件的具体用途和实际危害，增加关于行为情节或者后果的规定。（韩耀元，齐涛，朱希，朱卫国，李岳阳）

也有的同志认为，这种行为是行政管理过程中出现的问题，通过完善信息验证系统等方法加强管理可以解决，没有必要规定为犯罪。（周加海）

三、关于完善惩治侵犯公民权利犯罪的规定

（一）修改出售、非法提供公民个人信息罪

初步方案拟将出售、非法向他人提供公民个人信息，情节严重的行为规定为犯罪。

有些同志同意将上述行为规定为犯罪，但对如何规定有不同意见。有的同志提出，实践中很难查明信息的来源，建议不要对信息来源作出限制性规定（周加海，朱希）。也有同志提出，应对信息范围予以限制，否则打击面过宽。建议进一步明确“个人信息”的获取方式和内容，将其限定为未经权利人同意，非法获取的，涉及公民个人身份、隐私的信息（韩耀元，许剑卓）。将“使用非法获得的公民个人信息，情节严重”的行为规定为犯罪（许剑卓）。

（二）修改收买被拐卖的妇女、儿童罪

初步方案拟加重对收买被拐卖妇女、儿童的打击力度，规定：收买被拐卖的妇女、儿童，按照被买妇女的意愿，不阻碍其返回原居住地的，对被买儿童没有虐待行为，不阻碍对其进行解救的，可以从轻、减轻或者免除处罚。

大部分同志同意初步方案的规定。有的同志提出，对收买行为都应当定罪处罚。建议对收买被拐卖妇女、儿童的不作从轻、减轻和免除处罚的规定，但可设置较轻的刑罚（李岳阳）。有的建议，将收买的对象扩大至所有人群，包括14岁以上男性（朱希）。

（三）修改虐待罪

初步方案拟规定，对被监护、看护的未成年人以及年老、患病、残疾等缺乏自我保护能力的人，实施虐待行为，情节恶劣的，追究刑事责任。

与会同志一致同意初步方案的规定。有的同志建议，增加规定“其他缺乏自我保护能力的人”，进一步扩大保护范围（周加海），将虐待儿童的犯罪规定为公诉犯罪（朱希）。

（四）修改强制猥亵、侮辱妇女罪

初步方案拟将刑法第二百三十七条规定的强制猥亵、侮辱妇女、儿童，修改为强制猥亵或者侮辱他人。

大家同意对违背男性意愿的性侵行为予以刑事追究。有的提出，一些违背当事人意志的同性之间的性行为按猥亵处理不合理。建议直接修改强奸罪，将强行与男童、成年男性发生性行为的规定为强奸（韩耀元，周加海）。有的建议，将聚众、在公共场所猥亵他人，长期实施猥亵行为，猥亵多人多次的作为加重处罚情节予以规定（王海，朱希，李岳阳）；对猥亵儿童的，增加规定致被害人重伤、死亡的，依照故意杀人罪、故意伤害罪的规定定罪处罚（公安部法制局）。

（五）增加网络服务提供者违法发布或者传输有害信息的犯罪

初步方案拟规定，对网络服务提供者在其网站、网页中发布法律禁止发布的有害信息，以及拒不删除客户在其网站、网页发布的有害信息，情节严重的，追究刑事责任。

大家一致赞成增加规定这一犯罪。有的同志建议，进一步完善罪状表述，明确“法律禁止发布的信息”是指哪些信息（周加海，朱希）；对雇佣网络水军炒作，危害网络环境的，无论发布的信息是否真实，都应定罪处罚（周加海）；将网络服务商没有采取法律要求的删除、屏蔽措施，导致服务被用于犯罪，或导致大量信息被发布，情节严重的行为规定为犯罪（许剑卓）。

四、关于完善惩治腐败犯罪的规定

（一）修改行贿罪的规定

初步方案拟在行贿罪中增加罚金刑。

与会同志赞成这一修改。

（二）增加利用影响力行贿犯罪

初步方案拟规定，为谋取不正当利益，给予刑法第三百八十八条之一规定的人员以财物的，追究刑事责任。

与会同志赞成增加这一规定。有的同志建议，在量刑上与行贿罪保持一致（沈涛）；或将该规定并入刑法第三百八十九条行贿罪中，不单列一条（詹复亮）。

（三）关于完善贪污贿赂犯罪的其他建议

1. 完善贪污罪法定刑。刑法第三百八十三条确定十万元为适用最高一档法定刑的起点数额，已不合时宜，建议适当提高。（周加海，王利民）

2. 将性贿赂规定为犯罪。（周加海）

3. 将国家工作人员以权谋私，利用职权为近亲属谋取商业利益、商业机会的行为规定为犯罪。（周加海，韩耀元，王利民）

4. 将收受礼品、礼金的行为规定为犯罪。（王利民，詹复亮）

5. 删除行贿罪中“为谋取不正当利益”的构成要件。（韩耀元，王利民）

6. 修改受贿罪，将索取或者收受“财物”扩大为“财物和财产性利益”（韩耀元，王利民）；取消“为他人谋取利益”的要件（王利民）。

五、关于完善惩治社会管理秩序犯罪的规定

（一）修改扰乱法庭秩序罪

初步方案拟修改刑法第三百零九条的规定，将殴打、侮辱、诽谤、威胁司法工作人员或者诉讼参与人等扰乱审判秩序的行为规定为犯罪。

与会同志赞成这一修改。

（二）修改辩护人、诉讼代理人毁灭证据、伪造证据、妨害作证罪

初步方案拟删去刑法第三百零六条关于辩护人、诉讼代理人威胁、引诱证人违背事实改变证言的规定。

有的同志建议，删除刑法第三百零六条辩护人、诉讼代理人毁灭证据、伪造证据、妨害作证罪的规定，将相关行为并入刑法第三百零七条妨害作证罪、帮助毁灭、伪造证据罪中。（韩秀桃）

（三）增加食用珍贵、濒危野生动物的犯罪

初步方案拟规定，明知是国家重点保护的珍贵、濒危野生动物及其制品仍购买或者食用的，追究刑事责任。

有的同志提出，这类行为不宜规定为犯罪。条文中的“珍贵、濒危野生动物”范围不明确，相关珍贵、濒危野生动物名录更新慢，不便于执行（周加海）。有的建议，进一步限定为明知是“非法来源”的珍贵、濒危野生动物及其制品仍购买、食用的，构成犯罪（国家林业局保护司王维胜）。

（四）增加积极参加会道门、邪教组织，破坏国家法律、行政法规实施的犯罪

刑法第三百条规定，组织和利用会道门、邪教组织、利用迷信破坏法律实施的构成犯罪，初步方案拟将积极参加的也规定为犯罪。

有的同志提出，考虑劳教改革后合理分流劳教人员的需要，赞成将积极参加邪教组织的人员纳入刑事处罚范围（中政委政法研究所孙晓芳）。同时提出，法院审理与劳教审批不同，证明标准应更严格，建议将“积极参加”表述得更清楚一些。只有积极参加邪教组织，并实施散发传单、写宣传标语等具体破坏行为的，才规定为犯罪，可将刑罚幅度控制在三年以下，增设罚金刑（周加海，610办宋全中）。

还有同志提出，邪教犯罪问题比较敏感，在研究不是很充分时不要轻易修改刑法，对积极参加的可以通过司法解释解决，对其判处轻刑，争取教育、转化的时间。（最高检察院公诉厅史卫忠）

（五）增加个人冲击国家机关的犯罪

有些同志提出，对上访人员冲击国家机关的行为运用治安手段处罚就已足够，要防止刑法规定成为地方政府打击个人上访的工具（韩耀元，周加海，詹复亮，韩秀桃）。也有些同志认为，对冲击行为要看后果，用治安、刑罚手段综合治理，应将实施极端行为，严重扰乱社会秩序的规定为犯罪（孙晓芳，朱希，李岳阳）。

（六）关于完善扰乱社会秩序犯罪规定的其他建议

1. 将为实施犯罪活动，在互联网上设立网站并发布相关信息的行为单独规定为犯罪。（许剑卓）

2. 对有组织造谣、炒作以及网络公关公司以营利为目的帮他人发帖、删帖的行为规定为犯罪。（许剑卓）

3. 修改诈骗罪，将多次诈骗的规定为犯罪的成立条件。（孙晓芳、公安部法制局）

4. 将盗窃、侮辱尸骨、骨灰的行为规定为犯罪。（周加海）

5. 将打击报复鉴定人的行为规定为犯罪。（韩秀桃）

6. 将犯罪嫌疑人、被告人破坏监管秩序的行为规定为犯罪。（韩秀桃，公安部法制局）

7. 在刑法第三百一十三条拒不执行判决、裁定罪中增加单位犯罪的规定。（孙晓芳）

8. 将非法收购、运输、出售、携带非国家重点保护的野生动物，情节严重的，规定为犯罪。（王维胜，耿永平，汶哲）

9. 规定制作、贩卖、传播涉及儿童色情内容淫秽物品犯罪行为的，从重处罚。（公安部法制局）

（法制工作委员会刑法室）

29. 全国人大常委会法工委关于修改刑法的初步方案

（2013 年 12 月 24 日）

一、落实宽严相济刑事政策，进一步完善刑罚结构

1. 修改减免罚金刑的规定

修改方案：将刑法第五十三条修改为："罚金在判决指定的期限内一次或者分期缴纳。期满不缴纳的，强制缴纳。对于不能全部缴纳罚金的，人民法院在任何时候发现被执行人有可以执行的财产，应当随时追缴。如果由于遭遇不能抗拒的灾祸或者其他原因，缴纳确实有困难的，可以酌情减少或者、免除或者暂缓缴纳。"

2. 增加不同刑种并罚刑期的规定

修改方案：在刑法第六十九条中增加二款，作为第二款、第三款："数罪中有判处有期徒刑、拘役的，分别执行，但在决定执行刑期时，可以根据情况减少拘役刑期或者免除拘役刑罚。

"数罪中有判处有期徒刑、管制或者拘役、管制的，分别执行。"

原第二款作为第四款。

3. 增加预防性措施的规定

修改方案：在刑法第三十七条之后增加一条，作为第三十七条之一："因利用职务、业务便利实施犯罪，或者实施违背职务、职业要求的特定义务的犯罪，依法被判处三年有期徒刑以下刑罚或者被免予刑事处罚的，可以根据犯罪情况和预防再犯罪的需要，决定禁止犯罪分子在一定期限内继续担任相关职务、从事相关职业。禁止的期限不超过三年，自判决确定之日起计算；对判处有期徒刑、拘役的，自刑罚执行完毕之日起计算。

"其他法律、行政法规对其担任相关职务、从事相关职业有禁止或者限制性规定的，依照规定处理。

"违反人民法院依照第一款规定作出的禁止担任相关职务、从事相关职业的决定，情节严重的，由公安机关依照《中华人民共和国治安管理处罚法》第六十条的规定处罚。"

4. 进一步减少死刑罪名

修改方案：拟取消走私假币罪（刑法第一百五十一条）、伪造货币罪（第一百七十条）、集资诈骗罪（第一百九十二条、第一百九十九条）、组织卖淫罪（第三百五十八条）的死刑。

二、完善网络犯罪的法律规定

5. 修改出售、非法提供公民个人信息罪

修改方案：将刑法第二百五十三条之一修改为："国家机关或者金融、电信、交通、教育、医疗等单位的工作人员，违反国家规定，将本单位或者个人在履行职责或者提供服务过程中获得的公民个人信息，出售或者非法提供给他人，情节严重的，处三年以下有期徒刑或者拘役，并处或者单处罚金。

"窃取或者以其他方法非法获取上述信息，情节严重的，依照前款的规定处罚。

"国家机关或者金融、电信、交通、教育、医疗等提供公共服务的机构的工作人员犯前两款罪的，从重处罚。

"收集公民个人信息，未经本人许可，出售或者向他人提供，情节严重的，处二年以下有期徒刑或者拘役，并处或或单处罚金。

"单位犯前两款本条规定之罪的，对单位判处罚金，并对其直接负责的主管人员和其他直接责任人员，依照各该款的规定处罚。"

6. 增加编造、传播虚假信息的犯罪

修改方案：在刑法第二百九十一条之一中增加一款作为第二款："编造险情、疫情、警情或者其他虚假信息，在信息网络上传播，或者明知是虚假信息，故意在信息网络上传播，严重扰乱社会秩序或者造成其他严重后果的，处三年以下有期徒刑、拘役或者管制。"

7. 增加网络服务提供者不履行法定义务的犯罪

修改方案：在刑法第二百八十六条之后增加一条，作为第二百八十六条之一："网络服务提供者不履行法律、行政法规规定的信息网络安全管理义务，经监管部门通知采取改正措施而拒绝执行，造成严重后果的，处三年以下有期徒刑、拘役或者管制，并处或者单处罚金。

"单位犯前款罪的，对单位判处罚金，并对其直接负责的主管人员和其他直接责任人员依照前款规定处罚。"

8. 增加在网络上实施侮辱、诽谤犯罪如何追究的规定

修改方案：将刑法第二百四十六条第二款修改为："前款罪，告诉的才处理，但是严重危害社会秩序和国家利益，或者通过信息网络实施前款规定的行为，被害人报案的除外。"

9. 增加为实施犯罪设立网站、发布信息的犯罪

修改方案：在刑法第二百八十七条中增加两款作为第二款、第三款："为实施犯罪，设立网站、通讯群组或者为实施犯罪，在信息网络上发布销售违禁品、传授犯罪方法、诈骗财物等信息的，处三年以下有期徒刑或者拘役。构成第一款规定的犯罪的，依照第一款的规定处罚。

"冒用国家机关、金融机构名义实施前款行为的，依照前款的规定从重处罚。"

10. 增加为实施网络犯罪提供帮助的犯罪

修改方案：在刑法第二百八十七条之后增加一条，作为第二百八十七条之一："明知他人利用信息网络实施犯罪，为其提供信息发布平台等技术支持、广告推广、支付结算等帮助，情节严重的，处三年以下有期徒刑、拘役或者管制，并处罚金。

"有前款行为，同时又构成本法规定的其他犯罪的，依照处罚较重的规定定罪处罚。

"单位犯第一款罪的，对单位判处罚金，并对其直接负责的主管人员和其他直接责任人员依照第一款的规定处罚。"

11. 在刑法第二百八十五条、第二百八十六条中增加单位犯罪的规定

修改方案：

（1）在刑法第二百八十五条中增加一款作为第四款："单位犯本条规定之罪的，对单位判处罚金，并对其直接负责的主管人员和其他直接责任人员，依照各该款的规定处罚。"

（2）在刑法第二百八十六条中增加一款作为第四款："单位犯本条规定之罪的，对单位判处罚金，并对其直接负责的主管人员和其他直接责任人员，依照第一款的规定处罚。"

三、加强对未成年人等群体人身权利的保护

12. 修改强制猥亵、侮辱妇女罪、猥亵儿童罪

修改方案：将刑法第二百三十七条修改为："以暴力、胁迫或者其他方法强制猥亵他人或者侮辱妇女的，处五年以下有期徒刑或者拘役。

"聚众或者在公共场所当众犯前款罪，或者有其他恶劣情节的，处五年以上有期徒刑。

"猥亵儿童的，依照前两款的规定从重处罚。"

13. 修改收买被拐卖的妇女、儿童罪

修改方案：将刑法第二百四十一条第六款修改为："收买被拐卖的妇女、儿童，按照被买妇女的意愿，不阻碍其返回原居住地的，对被买儿童没有虐待行为，不阻碍对其进行解救的，可以不追究刑事责任从轻或者免除处罚。"

另一方案：删除刑法第二百四十一条第六款的规定。

14. 修改虐待罪

修改方案：

（1）将刑法第二百六十条第三款修改为："第一款罪，告诉的才处理，但虐待儿童、精神病人等没有能力告诉的除外。"

（2）在刑法第二百六十条后增加一条，作为第二百六十条之一"对未成年人、老年人、患病的人、残疾人等负有监护、看护职责的人虐待被监护、看护的人，情节恶劣的，处三年以下有期徒刑或者拘役；致人伤残、死亡的，依照本法第二百三十四条、第二百三十二条的规定罪处罚。"

四、完善惩治腐败犯罪的规定

15. 增加收受礼金犯罪

修改方案：在刑法第三百八十八条之一后增加一条，作为第三百八十八路之二："国家工作人员利用职务上的便利，收受主管范围内的下属或者管理、服务对象的现金、有价证券或者支付凭证，数额较大的，处三年以下有期徒刑或者拘役，并处罚金；数额巨大的，处三年以上七年以下有期徒刑，并处罚金；数额特别巨大的，处七年以上有期徒刑。

"有前款行为，为他人谋取利益，构成受贿罪的，依照本法第三百八十五条、第三百八十六条的规定定罪处罚。"

另一方案：不将上述行为规定为犯罪。

16. 修改行贿罪的刑罚

修改方案：将刑法第三百九十条修改为："对犯行贿罪的，处五年以下有期徒刑或者拘役，并处罚金。因行贿谋取不正当利益，情节严重的，或者使国家利益遭受重大损失的，有下列情形之一的，处五年以上十年以下有期徒刑，并处罚金；情节特别严重的，处十年以上有期徒刑或者无期徒刑，可以并处罚金或者没收财产：

"（一）行贿数额巨大的；

"（二）为实施违法犯罪活动而行贿的；

"（三）向司法工作人员行贿的；

“（四）致使国家利益遭受重大损失的；

“（五）有其他严重情节的。

“行贿人在被追诉前主动交待行贿行为的，可以从轻或者减轻处罚或者。其中，犯罪较轻的或者有重大立功表现的，可以免除处罚。”

17. 增加为利用影响力行贿犯罪

修改方案：在刑法第三百九十条后增加一条，作为第三百九十条之一：“为谋取不正当利益，给予刑法第三百八十八条之一规定的人员以财物的，处二年以下有期徒刑或者拘役，并处罚金；情节严重的，或者使国家利益遭受重大损失的，处二年以上五年以下有徒刑，并处罚金；情节特别严重的，处五年以上十年以下有期徒刑，并处罚金。

“单位犯前款罪的，对单位判处罚金，并对其直接负责的主管人员和其他直接责任人员，处三年以下有期徒刑或者拘役，并处罚金。因行贿取得的违法所得归个人所有的，依照前款的规定定罪处罚。”

五、加强刑法在维护社会诚信方面的作用

18. 增加虚假诉讼犯罪

修改方案：在刑法第三百零七条后增加一条，作为第三百零七条之一：“为谋取不正当利益，以捏造的事实为案由，向人民法院提起民事诉讼，骗取法院裁判文书的，处三年以下有期徒刑、拘役或者管制，并处或者单处罚金；情节严重的，处三年以上七年以下有期徒刑，并处或者单处罚金。

“有前款行为，非法侵占他人财产或者逃避合法债务，数额较大的，依照本法第二百六十六条的规定定罪处罚。

“司法工作人员利用职权，与他人共同实施前两款行为的，从重处罚；同时又构成本法规定的其他犯罪的，依照处罚较重的规定定罪从重处罚。”

19. 增加组织考试作弊犯罪

修改方案：在刑法第二百八十二条之后增加一条，作为第二百八十二条之一：“以牟利为目的，在依照国家规定举办的考试或者国务院有关主管机关举办的考试中，帮助他人作弊，情节严重的，处三年以下有期徒刑或者拘役，并处罚金；情节特别严重的，处三年以上七年以下有期徒刑，并处罚金。组织他人实施上述行为的，对组织者从重处罚。

“为他人实施前款犯罪提供作弊器材的，依照前款的规定处罚。”

20. 增加使用伪造、变造的身份证件或者冒用他人身份证件的犯罪

修改方案：在刑法第二百八十条中增加一款作为第四款“使用伪造、变造的身份证、护照或者冒用他人身份证、护照，情节严重的，处一年以下有期徒刑、拘役或者管制。”

六、完善妨害社会管理秩序罪的规定

21. 修改扰乱法庭秩序罪

修改方案：将刑法第三百零九条修改为：“聚众哄闹、冲击法庭，或者殴打司法工作人员有下列情形之一，严重扰乱法庭秩序的，处三年以下有期徒刑、拘役、管制或者罚金：

“（一）哄闹、冲击法庭的；

“（二）殴打司法工作人员或者诉讼参与人的；

“（三）侮辱、诽谤、威胁司法工作人员或者诉讼参与人，不听法庭制止的；

“（四）有其他严重扰乱法庭秩序行为的。”

22. 增加违法泄露、报道案件相关情况的犯罪

修改方案：在刑法第三百零八条后增加一条，作为第三百零八条之一：“司法工作人员、辩护人、诉讼代理人或其他诉讼参与人对于依法不公开审理的刑事案件，向他人泄露下列信息，造成信息公开传播或者有其他严重情节的，处三年以下有期徒刑、拘役或者管制，并处或者单处罚金。

“（一）未成年犯罪嫌疑人、被告人的姓名、住所、照片、图像以及可能推断出该未成年人的资料；

“（二）个人隐私案件中被害人的姓名、住所、照片、图像以及可能推断出该被害人的资料；

“（三）个人隐私案件的具体案情；

“（四）其他依法应不公开审理的案件的有关信息。

“公开披露、报道上述信息的，依照前款的规定处罚。

“单位犯前款罪的，对直接负责的主管人员和其他直接责任人员依照第一款的规定处罚。”

23. 完善组织、利用会道门、邪教组织破坏法律实施罪

修改方案：将刑法第三百条第一款修改为：“组织和利用会道门、邪教组织或者利用迷信破坏国家法律、行政法规实施的，处三年以上七年以下有期徒刑，并处罚金；情节特别严重的，处七年以上有期徒刑，并处罚金；情节较轻的，处三年以下有期徒刑、拘役或者管制，并处或者单处罚金。”

24. 增加个人扰乱社会秩序的犯罪

修改方案：在刑法第二百九十条中增加一款作为第三款：“个人扰乱国家机关秩序，致使国家机关工作不能正常进行，被给予治安管理处罚后二年内又实施上述行为，造成严重损失的，处一年以下有期徒刑、拘役、管制或者剥夺政治权利。”

另一方案：不将上述行为规定为犯罪。

30. 部分专家学者和中央有关部门对刑法修正案（九）初步方案的意见

（2014 年 1 月 20 日）

1 月 6 日至 8 日，郎胜同志主持召开座谈会，听取部分刑法专家和中央有关部门对刑法修改初步方案（以下简称方案）的意见。中国人民大学高铭暄教授，北京大学储槐植教授、陈兴良教授，北京师范大学赵秉志教授、卢建平教授，中国政法大学阮齐林教授、曲新久教授，中国社会科学院陈泽宪研究员、刘仁文研究员等九位专家，以及中央政法委司改办、最高人民法院研究室、最高人民检察院研究室、公安部法制局、司法部法制司等部门的同志应邀参加会议。现将有关情况简报如下：

一、落实宽严相济刑事政策，进一步完善刑罚结构

对于如何准确理解和进一步落实宽严相济的刑事政策，有专家指出，当今世界刑事立法的主流是法网日益严密的同时，刑罚逐步走向轻缓，罪名设置上要严，刑罚配置上要宽。我国正处于社会发展转型期，一些社会矛盾凸显，在这种情况下，不断增加规定新的犯罪，做到善恶分明是必要的，但在刑罚配置上应当逐渐从严苛走向轻缓，这是社会文明进步的要求和体现。历次的刑法修正基本上体现了这种思路，应当继续坚持。（储槐植）

（一）修改减免罚金刑的规定

方案拟在刑法第五十三条中增加规定，因其他原因缴纳罚金确有困难的，可以暂缓缴纳，以解决实践中罚金刑空判的问题。

有专家提出，罚金空判与刑法分则条文规定的“并处罚金”的罚金必罚制有关，增加规定暂缓缴纳不能从根本上解决问题（陈兴良、陈泽宪）。也有的提出，根据刑法第五十三条规定，对不能全部缴纳罚金的，人民法院发现被执行人有可供执行的财产时，应当随时缴纳，已经包含了暂缓缴纳的意思，没有必要再规定“暂缓缴纳”（陈泽宪，司法部法制司王磊）。

有专家建议，条文表述上按暂缓缴纳、减少或者免除缴纳的顺序排列，体现惩处力度的递增（阮齐林，公安部法制局李文胜）。还有的提出刑事诉讼法第二百六十条规定了被判处罚金的犯罪分子由于遭遇不能抗拒的灾祸缴纳确实有困难的，可以裁定减少或者免除。刑法修改时要考虑相关规定的衔接问题（王磊）。

此外，有专家建议建立罚金易科的制度，对没有能力缴纳罚金的罪犯可改为判处相应的自由刑或者社区服务。（陈兴良、陈泽宪、刘仁文）

有部门提出，明确规定在判处罚金时考虑犯罪分子的缴纳能力，更能解决罚金刑空判问题。（最高法研究室周加海）

（二）增加不同刑种并罚刑期的规定

方案拟增加规定，数罪中判处有期徒刑、拘役的，分别执行，但在决定执行刑期时，可以根据情况减少拘役刑期或者免除拘役刑罚。

有的提出对一个罪犯可以判若干个主刑，但执行时只能确定一个主刑。对同时判处有期徒刑和拘役的，建议采用吸收原则，只决定执行有期徒刑，但可适当延长有期徒刑的刑期。（高铭暄、卢建平、曲新久）

有的提出，有期徒刑和拘役都是剥夺自由的刑罚，且刑法关于两者如何执行的规定差别不大，可以考虑采用限制加重的原则确定实际执行的刑期。（陈兴良、阮齐林，李文胜）

有部门提出，同时执行有期徒刑和拘役两个主刑，实践中操作不方便，无论采用吸收原则还是限制加重原则，确定一个原则就行，避免实际执行无依据。（周加海、最高检研究室韩耀元）

（三）增加预防性措施的规定

方案拟增加规定：因利用职务、业务便利实施犯罪，或者实施违背职务、职业要求的特定义务的犯罪，依法被判处三年有期徒刑以下刑罚或者被免予刑事处罚的，可以决定禁止犯罪分子在一定期限内继续担任相关职务、从事相关职业。禁止的期限不超过三年，自判决确定之日起计算；对判处有期徒刑、拘役的，自刑罚执行完毕之日起计算。对违反人民法院作出的决定，情节严重的，由公安机关依照《中华人民共和国治安管理处罚法》第六十条的规定处罚。

有的提出，本条规定类似于资格刑，从国外规定看，资格刑主要适用于食品、药品、金融领域等较重的犯罪。本条将适用对象限定在判处三年有期徒刑以下刑罚或者被免予刑事处罚的犯罪分子，范围太窄，建议适当扩大适用范围（陈泽宪、刘仁文，周加海、韩耀元）。建议进一步明确“因利用职务、业务便利实施犯罪，或者实施违背职务、职业要求的特定义务的犯罪”是指哪些具体罪名（周加海）。

有的提出，禁止从业的期限也可以更长些，国外有终生禁业的规定。对起算日期，建议将条文表述为：“对判处有期徒刑、拘役的，自刑罚执行完毕之日起计算。对判处管制或者免予刑事处罚的，自判决确定之日起计算。”（陈泽宪）

有的专家建议，进一步明确违反本条规定，适用治安管理处罚的责任主体范围，是否包括聘请被禁止职业人员的单位（赵秉志）。此外，治安管理处罚法第六十条没有“情节严重”的规定，建议删除（陈泽宪、刘仁文）。

有的提出，禁止从事相关职业是刑法修正案（八）增加的禁止令的内容之一，建议进一步厘清本条规定的预防性措施与禁止令的关系（高铭暄，周加海、王磊），并明确本条规定的措施的执行机关（王磊）。还有专家建议，修改刑法有关剥夺政治权利的规定，在其中增加禁止从业的规定。本条位置放在刑法第三十五条之后，作为第三十五条之一更好（陈兴良）。

（四）进一步减少死刑罪名

方案拟取消走私假币罪（刑法第一百五十一条）、伪造货币罪（第一百七十条）、集资诈骗罪（第一百九十二条、第一百九十九条）、组织卖淫罪（第三百五十八条）四个罪名的死刑。

有专家提出，刑罚的严酷程度反映了一个社会文明程度，在废除死刑问题上欧洲用了一个半世纪的时间，我们不宜操之过急（储槐植、高铭暄）。多数与会的专家和部门赞成取消上述四个罪名的死刑。但也有人提出，组织卖淫罪、集资诈骗罪通常都与黑恶势力犯罪结合在一起，废除这两个罪名的死刑要考虑是否会影响对黑恶势力犯罪的打击（李文胜）。有的提出，最高法院建议这次只取消组织卖淫罪的死刑（周加海）。

有的建议，在现有方案的基础上，再增加取消一些死刑的罪名。对一些规定了死刑，但基本上没有用过的罪名，可以考虑取消死刑，如：盗窃、抢夺枪支、弹药、爆炸物、危险物质罪；走私核材料罪；资敌罪；故意提供不合格武器装备、军事设施罪；非法出卖、转让武器装备罪；盗窃、抢夺武器装备、军用物资罪；投降罪；军人叛逃罪等（赵秉志）。此外，走私武器、弹药罪（陈兴良）；拐卖妇女、儿童罪（赵秉志）；破坏军事设施罪（陈泽宪）；运输毒品罪（赵秉志、陈兴良、陈泽宪、刘仁文，韩耀元）的死刑也可考虑取消。

还有专家建议，可以从立法技术上减少死刑罪名或者引导减少死刑适用。一是，可以将具有相同或者类似死刑适用条件的罪名合并，减少死刑罪名。如，将劫持航空器、绑架等犯罪中故意伤害他人，致人重伤、死亡被判处死刑的情形并入故意杀人罪中（陈泽宪、赵秉志）。二是，对一些传统犯罪的刑罚配置进行改造，引导司法实践减少死刑适用。如明确规定故意伤害，过失致人死亡的情形不适用死刑（陈兴良）；对刑法第二百三十二条故意杀人罪的刑罚进行改造，从轻到重排列，逐级加重，最后才适用死刑（赵秉志、卢建平，周加海）；将运输毒品罪的刑罚单列出来，将受雇佣运输与走私、贩卖等行为区别开（陈兴良），规定数量大，以运输毒品为业，累犯、再犯的可判处死刑（周加海）。

与会专家和部门还提出了一些在刑法总则中修改有关死刑规定，以限制死刑适用的建议：一是，严格限制刑法第四十八条规定的死刑适用条件和范围。只对实施最严重罪行，主观恶性极大的犯罪分子适用死刑（赵秉志），建议采用人权公约的提法，将死刑的适用范围限于极少数“最严重的罪行”（卢建平、刘仁文，周加海）。将“少杀慎杀”的死刑政策写入总则（赵秉志）。除危及生命或者可能危及生命的行为以外，不得适用死刑（高铭暄、陈泽宪），明确规定对精神病人、新生儿母亲不适用死刑（赵秉志）。

二是，修改死缓条件，扩大死缓的适用范围，严格对死缓犯执行死刑的条件。对判处死刑的案件，优先考虑适用死缓（赵秉志），对具有刑法规定的从宽情节的适用死缓（周加海）。死缓执行期间“故意犯罪”，执行死刑的适用范围限定在“故意犯罪，情节恶劣”的情形（赵秉志、刘仁文，周加海），对故意犯罪，同时有重大立功表现的不执行死刑（赵秉志）。

三是，将死刑的执行主体规定为法院以外的其他机关，增加规定死刑犯本人及其家属申请赦免的权利。（刘仁文）

二、完善网络犯罪的法律规定

与会专家和部门同志一致赞成修改或者增加本部分相关犯罪，为打击网络犯罪提供法律武器。有专家提出，随着社会的发展，产生了很多杀人、伤害之外的包括网络犯罪在内的非传统犯罪，国外往往规定在单行刑法中。我国单一刑法典的立法形式决定了我们要不断修改刑法，以适应社会管理的需要。网络犯罪有其自身特点，本部分增加的帮助犯法定化等内容是妥当的（储槐植、赵秉志、卢建平）。同时，有些专家和部门还提出了一些具体建议：

（一）修改出售、非法提供公民个人信息罪

方案拟修改刑法第二百五十三条之一出售、非法提供公民个人信息罪的规定。修改后条文第一款规定，“违反国家规定，将单位或者个人在履行职责或者提供服务过程中获得的公民个人信息，出售或者非法提供给他人，情节严重的”追究刑事责任。第二款规定，“窃取或者以其他方法非法获取上述信息，情节严重的，依照前款的规定处罚。”第三款规定，“国家机关或者金融、电信、交通、教育、医疗等提供公共服务的机构的工作人员犯前两款罪的，从重处罚。”第四款规定，“收集公民个人信息，未经本人许可，出售或者向他人提供，情节严重的，处二年以下有期徒刑或者拘役，并处或者单处罚金。”

有的提出，第一款中已有“违反国家规定”的要求，可删除“非法”的规定（韩耀元）；“非法提供”给他人怎样认定，会不会将日常生活中写传记、传小道消息等行为也纳入打击的范围（高铭暄）。有的建议合并第一款和第四款，直接规定违反国家规定，出售或者向他人提供公民个人信息的行为构成犯罪（陈泽宪、曲新久）。

有部门提出，根据方案的规定对实践中反映比较突出的倒卖个人信息的行为仍无法处理。建议将第二款中的“上述信息”改为“公民个人信息”，不论信息来源，只要实施窃取或者非法获取公民个人信息行为，情节严重的即构成犯罪（周加海、公安部网安局许剑卓）。

有专家提出，第三款中规定的金融、电信、交通、教育、医疗等机构，实践中不被认为是提供公共服务的机构。建议改为："国家机关或者金融、电信、交通、教育、医疗等单位以及其他提供公共服务的机构"（曲新久）。国外立法通常对国家机关、公共服务机构处罚相对于个人要重，有必要对这类主体提高一档刑罚（卢建平）。

有部门提出，限制第四款的适用范围，避免对相关信息产业的不利影响（许剑卓、周加海、韩耀元）。有专家建议，将第四款中的未经本人"许可"改为"同意"或者"允许"（阮齐林），将行为表述为："未经许可，将收集的公民个人信息出售或者提供给他人"（陈兴良）。

公安部法制局李文胜建议，在本条中增设管制刑。

（二）增加编造、传播虚假信息的犯罪

方案拟增加规定：编造险情、疫情、警情或者其他虚假信息，在信息网络上传播，或者明知是虚假信息，故意在信息网络上传播，严重扰乱社会秩序或者造成其他严重后果的，处三年以下有期徒刑、拘役或者管制。

有专家建议，增加规定"灾情"（赵秉志），并明确编造、传播虚假信息，是否包括夸大已实际发生的灾情（阮齐林、赵秉志）。有的建议，对其他虚假信息范围加以限制，增加危害公共利益、社会秩序等限定条件（高铭暄、赵秉志、刘仁文，许剑卓），或者限于"重大的公共信息"（周加海）。

有的提出，传播虚假消息的行为不应局限于在网上传播，对互联网以外传播谣言的行为也应规定为犯罪，避免立法空白。（陈兴良、曲新久，周加海）

有的建议，限制本条的入罪条件，将以扰乱社会秩序为目的，产生损害公共利益实际后果的规定为犯罪（曲新久），或者增设"情节严重"的入罪标准（陈兴良），或者进一步明确"扰乱社会秩序"的具体情形，如在网上传播，造成公众恐慌等（周加海）。

此外，有的建议，增加一档三年至七年的法定刑。（周加海）。

（三）增加网络服务提供者不履行法定义务的犯罪

方案拟规定，对网络服务提供者不履行法律、行政法规规定的信息网络安全管理义务，经监管部门通知采取改正措施而拒绝执行，造成严重后果的，追究刑事责任。

有的提出，对本条规定的网络服务商的行政违法行为入刑要慎重，加强行政监管效果会更好。（陈兴良，王磊）

有的提出，要进一步明确"安全管理义务"的具体内容（陈兴良，周加海），将"拒绝执行"改为"拒不履行义务"（陈泽宪）；对经行政处罚后仍不改正的再入罪（刘仁文）；规定同时构成其他犯罪的，择一重罪处罚（周加海）。

（四）增加在网络上实施侮辱、诽谤犯罪如何追究的规定

方案拟规定，通过信息网络实施侮辱、诽谤行为，被害人报案的，按照公诉案件处理。

有专家提出，对诽谤行为的处理，国际上有刑事追诉转民事诉讼的趋势，对刑法的相关规定可以不作修改。（储槐植）

有部门提出，这条规定实践中可能被地方领导用于打击腐败案件举报者，对适用范围要有限制（李文胜、周加海），建议限定于涉及国家利益、公共安全的案件（周加海）。

还有部门提出，本条规定会扩大对侮辱、诽谤案件打击面，给办案机关带来很大的工作压力，建议先走自诉程序，当事人实在查不清对方身份的，由法院通知公安机关配合取证，并明确公安机关只负责查清对方身份。（许剑卓）

（五）增加为实施犯罪设立网站、发布信息的犯罪

方案拟规定：为实施犯罪，设立网站、通讯群组或者为实施犯罪，在信息网络上发布销售违禁品、传授犯罪方法、诈骗财物等信息的，处三年以下有期徒刑或者拘役。

有专家提出，"为实施犯罪"的表述不确切，不好认定（赵秉志、陈兴良、陈泽宪、曲新久）。建议将罪状表述修改为："为实施诈骗、盗窃等犯罪，在信息网络上发布信息"，（陈泽宪），"为窃取、骗取财物，建立仿冒的银行、电商网站、通讯群组"（阮齐林），或者"利用信息网络发布销售违禁品、传授犯罪方法等信息"（卢建平）、"为实施犯罪，在信息网络上发布信息或者设立网站、通讯群组的"（李文胜）。还有的建议，除设立网站、通讯群组之外，还应有其他具体行为才能构成犯罪，避免打击范围过宽（高铭暄、曲新久、刘仁文）。

有的建议，删除"诈骗财物"信息的规定（曲新久），进一步厘清发布"传授犯罪方法"的信息行为与传授方法罪的关系（周加海）。

有部门建议，增加"情节严重"的规定（许剑卓、周加海）。在本条中增加单位犯罪（许剑卓、周加海）和管制刑（李文胜）。

有的建议增加规定：有本款行为，又构成其他犯罪的，依照处罚较重的规定处罚。（陈泽宪，周加海）

（六）增加为实施网络犯罪提供帮助的犯罪

方案拟将明知他人利用信息网络实施犯罪，为其提供技术支持、广告推广、支付结算等帮助，情节严重的行为规定为犯罪，处三年以下有期徒刑、拘役或者管制，并处罚金。

多数人赞成规定上述犯罪。有的提出，"明知"实践中难以查证，且很多网络犯罪的帮助行为危害很大，本条规定的法定刑偏低。（周加海）

三、加强对未成年人等群体人身权利的保护

(一) 修改强制猥亵、侮辱妇女罪、猥亵儿童罪

方案拟修改刑法第二百三十八条规定的强制猥亵、侮辱妇女罪、猥亵儿童罪，将“强制猥亵妇女或者侮辱妇女”修改为“强制猥亵他人或者侮辱妇女”。同时，对有恶劣情节的加重处罚。

与会专家和部门赞成对该条的修改。有专家指出，本条规定的强制侮辱妇女与第二百四十六条规定的侮辱罪，两者界限不是很清楚，建议删除本条中的“侮辱妇女”，对于过去依照强制猥亵、侮辱妇女罪处理的向妇女泼粪、偷剪妇女发辫等行为，依照第二百四十六条侮辱罪定罪处罚。(陈兴良、阮齐林、陈泽宪)

有的建议将强奸罪的对象一并修改为包括男性（周加海）。也有意见反对修改强奸罪对象，认为应当维持传统强奸概念，对于实践中极少发生的所谓“强奸男性”的情况，不必考虑修改法律（高铭暄）。

(二) 修改收买被拐卖的妇女、儿童罪

刑法第二百四十一条第六款规定对收买被拐卖的妇女、儿童的，一定条件下“可以不追究刑事责任”。方案拟修改为“可以从轻或者免除处罚”。

多数同志赞同该条的修改，认为针对司法实践中收买人很少被追究刑事责任的情况，在立法上进一步明确收买行为的犯罪评价，并从维护被害人权益的实际需要出发规定了可以从轻或者免除处罚，这样处理兼顾两方面，是妥当的(韩耀元、李文胜)。也有意见认为，可以考虑对妇女、儿童作区分，对收买儿童不追究刑事责任的情形从严规定（周加海)。

一些专家认为，方案对收买行为不加区分一律作为犯罪处理并不妥当。原来的规定通情达理，较好地考虑了现实情况，且原条文规定的是“可以”，并非一律不追究，司法机关应当根据案件情况具体把握。修改后打击面过宽，不利于被害人利益的实际保护，建议不作修改。(高铭暄、储槐植、赵秉志、曲新久、陈泽宪、刘仁文)

(三) 修改虐待罪

方案拟增加规定虐待被监护人、看护人的犯罪。

与会同志都赞成对该罪的修改完善，认为增设虐待学生等非家庭成员犯罪是必要的。有专家提出，虐待行为可以是非暴力的、长期的，虐待者对伤残、死亡结果并非都持故意心态，一律以故意伤害罪、故意杀人罪处理，在犯罪定性和处罚上过重，且与虐待家庭成员致人重伤、死亡的，处二至七年有期徒刑的规定不协调。建议规定单独的法定刑，例如三年以上十年以下有期徒刑。(储槐植、曲新久、刘仁文)

四、完善惩治腐败犯罪的规定

(一) 增加收受礼金犯罪

方案拟增加规定，国家工作人员利用职务便利收受主管范围内的下属或者管理、服务对象的现金、有价证券或者支付凭证，数额较大的，追究刑事责任。

大多数同志赞成增加规定收受礼金的犯罪。大家认为，根据刑法现在的规定，成立受贿罪通常须具备“为他人谋取利益”的要件，对于实践中没有或者难以查明具体请托事项的收受财物行为，例如借婚丧嫁娶之机大肆收礼，接受感情投资的情况，以受贿罪就不好处理。规定收受礼金的犯罪对于严密反腐败法网，从严惩治腐败犯罪，治理社会不良风气有重大意义。同时提出了以下具体修改意见：一是，目前规定的收受对象为现金、有价证券或者支付凭证，范围过窄，不能包括常见的古董、艺术品、珠宝等财物（高铭暄、陈泽宪、卢建平)。有的建议在犯罪对象的表述中点出“礼金”（陈兴良），或者修改为“礼金或财物”（阮齐林)；有的建议修改为财物，与受贿罪一致（赵秉志、曲新久)，或者修改为“不正当财产性利益”（刘仁文)。二是，考虑现阶段国情以及此罪与受贿罪的不同，刑罚不宜过高。方案规定了三档刑罚，最高可判处十五年有期徒刑。有专家认为，法定刑不宜过重，最高三年有期徒刑就可以（赵秉志、陈兴良)。三是，删除“利用职务便利”，这一条件会造成办案中证明的困难（曲新久，宋丹)。四是，与受贿罪的关系问题。对既有收受礼金，又有受贿犯罪的，如何处理，是否数罪并罚（高铭暄)。规定该罪后，目前实践中作为受贿罪处理的一些案件可能被作为收受礼金罪处理，是否会导致受贿罪范围缩小，减轻对犯罪的打击（高铭暄、阮齐林)。为解决这一问题，有意见认为，可以考虑规定收受礼金的，直接以受贿罪论处（阮齐林)。

也有意见认为，不要规定收受礼金犯罪。一是，可以通过将收受礼金数额计入受贿数额的办法解决问题，不必单设罪名。二是，能否有效执行法律。在收受礼金现象大量存在以及既有党纪政纪措施尚未有效落实的情况下，法律规定后如不能有效执行，会损害法律权威，需要认真考虑。三是，罪与非罪的界限不好划清。与社会风俗和人情往来中的正常馈赠如何区分，需要进一步研究。(李文胜、周加海、王磊)

(二) 修改行贿罪的刑罚

方案拟修改刑法第三百九十条行贿罪的刑罚。将原规定适用第二档刑罚的“情节严重”具体化，规定为包括向司法工作人员行贿等在内的五种情形，并增加了罚金刑。同时，将第二款行贿人在被追诉前主动交代行贿行为“可以减轻或者免除处罚”的规定修改为“可以从轻或者减轻处罚，对于犯罪较轻或者有重大立功表现的，可以免除处罚”。

与会同志总体上赞同上述修改。认为借鉴相关司法解释的规定，将情节严重的情形在法律中进行明确，有利于更好地执行法律和打击犯罪。同时提出了以下具体意见：一是，将“向司法工作人员行贿”作为五种情形中的一项单列，即只要向司法工作人员行贿的，行贿数额一般的，也处五年以上徒刑，并不妥当（高铭暄，王磊)。二是，五项情形中

规定了“其他情节严重的”作为兜底条款。建议尽量避免这种口袋化条款，以免执行中的不明确（高铭暄）。三是，第二款中规定的“重大立功”是指什么情况，是否包括主动交代行贿行为的情况，需要明确（周加海）。

也有意见认为，第一款的修改参考了现有司法解释的规定，但降低了入罪门槛，也有所取舍，建议不做修改，由司法解释解决。（周加海）

（三）增加为利用影响力行贿犯罪

刑法第三百八十八条之一规定了利用影响力受罪犯罪。对于向利用影响力人员行贿如何处理，未作明确规定。方案拟增加规定向利用影响力人员行贿的犯罪。规定：为谋取不正当利益，给予刑法第三百八十八条之一规定的人员以财物的，追究刑事责任。

与会人员赞成增加规定该犯罪，并提出以下意见：一是，建议将“谋取不正当利益”由犯罪目的修改为犯罪结果，对于实际谋取到不正当利益的，才定罪处罚（阮齐林）。二是，方案将行贿对象规定为“第三百八十八条之一规定的人员”，建议明确列举包括哪些人员（赵秉志、陈泽宪）。

五、加强刑法在维护社会诚信方面的作用

（一）增加虚假诉讼犯罪

方案拟增加规定：“为谋取不正当利益，以捏造的事实为案由，向人民法院提起民事诉讼，骗取法院裁判文书的”，追究刑事责任。其中“非法侵占他人财产或者逃避合法债务的”，以诈骗罪定罪处罚。司法工作人员利用职权与他人共同实施虚假诉讼行为的，从重处罚。

与会专家和部门都赞成将虚假诉讼行为规定为犯罪。有同志认为，现有方案将同一种行为区分情况作为两种犯罪处理不太妥当，建议将第一款与第二款合并，规定一个独立犯罪，不再转化为诈骗罪处理（高铭暄、赵秉志，周加海）。

其他同志总体上赞成现有方案，并提出以下具体意见：一是，删除“为谋取不正当利益”要件（阮齐林）。二是，“捏造事实为案由”是否表明全案虚假，是否包括主要事实虚假的情形，需要予以明确（卢建平），将“以捏造事实为案由”修改为“捏造事实或者伪造证据”（陈泽宪）。三是，对虚假诉讼骗取财物的，规定依照诈骗罪定罪，从重处罚（李文胜）。

（二）增加组织考试作弊犯罪

方案拟增加规定：以牟利为目的，在依照国家规定举办的考试或者国务院有关主管机关举办的考试中，帮助他人作弊的，或者为帮助作弊提供作弊器材的，追究刑事责任。有组织实施帮助作弊行为的，对组织者从重处罚。

与会专家和部门一致赞成规定该犯罪。同时提出以下问题需要进一步明确。一是，条文表述上使用了三个“他人”，各是什么含义。能明确的就明确写出来，第一个“他人”可以直接写成“应试者”（高铭暄）。二是，考试的范围需要再明确（周加海）。三是，对于网络上最常见的倒卖试题或者答案的，很难查清查实到底帮助什么人实施了作弊，这种情况下根据该条能否打击处理，建议明确（许剑卓）。

（三）增加使用伪造、变造的身份证件或者冒用他人身份证件的犯罪

方案拟增加规定，使用伪造、变造的身份证、护照或者冒用他人身份证、护照，情节严重的，追究刑事责任。

多数同志赞成增加规定犯罪，认为实践中这些情况多见，作为犯罪处理有利于从公民个人层面巩固社会诚信基础。提出以下修改意见：一是，建议将对象扩大到具有类似功能的证件，例如驾驶证、户口本等（陈泽宪、最高法院李晓）。二是，帮助他人冒用身份信息的也应当定罪处罚。冒用的范围应限于法律规定的实名信息（许剑卓）。

也有同志认为，这种情况具有多大的普遍性，是否严重到需要进行刑事处罚的程度，可再斟酌。（陈兴良，周加海）

六、完善妨害社会管理秩序罪的规定

（一）修改扰乱法庭秩序罪

方案拟修改刑法第三百零九条规定的扰乱法庭秩序罪。增加规定了扰乱法庭秩序的行为类型，将聚众哄闹、冲击法庭修改为哄闹、冲击法庭，殴打司法工作人员修改为“殴打司法工作人员或者其他诉讼参与人”等。

多数同志赞成上述修改，认为对于树立司法权威，促进司法公正具有重要意义。有的提出，规定该罪的实质是将藐视法庭行为作为犯罪处理。藐视行为不应限于法庭内，对于法庭外殴打法官、当事人，或者在案件审判过程中，媒体等故意歪曲事实，作虚假报道的，也应规定为藐视法庭犯罪（周加海，赵秉志）。犯本罪的，法院可迳行判决，不要再经过侦查、起诉程序（周加海）。

也有同志认为，刑事诉讼法、律师法已对扰乱法庭秩序行为规定了明确的罚则，建议不作修改。（王磊）

（二）增加违法泄露、报道案件相关情况的犯罪

方案拟增加规定违法泄露、报道案件情况的犯罪。其中，第一款规定司法工作人员、诉讼参与人对于依法不公审理的刑事案件，故意泄露有关案件信息，情节严重的，追究刑事责任。第二款规定，媒体等公开披露、报道的，追究刑事责任。

多数同志不赞成规定该犯罪。其中，有的对整个条文持不赞成态度，认为目前的司法环境中，规定该罪时机还不成熟，涉及对新闻、言论的限制问题。有的认为对律师等违反规定泄露案件情况的，作为违反职业规范行为处理即可，

没有必要作为犯罪处理（陈兴良、曲新久，周加海、宋丹、王磊）；有的对第二款不赞成，认为媒体等的司法监督对于促进司法公正具有积极意义，直接规定为犯罪不妥当（高铭暄、赵秉志、阮齐林、陈泽宪、刘仁文）。

少数同志赞成，并提出修改意见：一是，方案规定的不公开审理案件仅限于刑事案件，对于泄露、公开披露、报道不公开审理的涉及个人隐私、国家秘密的民事案件有关信息的，也可以考虑规定为犯罪。二是，成立犯罪应该要有时间上的限定，在诉讼期间泄露、公开披露、报道的构成犯罪，案件判决生效后实施上述行为的，不构成犯罪。三是，第一款规定的犯罪主体是司法工作人员、辩护人、诉讼代理人或者其他诉讼参与人，应当明确“其他诉讼参与人”的范围，将当事人排除在外，特别是一些案件被害人及其家属出于自身诉求的考虑，泄露相关案件信息的，不宜作为犯罪处理。（卢建平）

（三）完善组织、利用会道门、邪教组织破坏法律实施罪

方案拟修改完善刑法第三百条规定的组织、利用邪教组织犯罪。针对邪教组织的骨干分子增加规定一档较轻的法定刑。

与会人员一致赞成对该条的修改，认为废除劳教后，适当降低一些犯罪的门槛和法定刑，将一些过去以劳教处理的行为纳入刑事打击范围是妥当的、及时的。有同志建议，将条文中三档刑罚的表述顺序调整为由轻到重（周加海）。

（四）增加个人扰乱社会秩序的犯罪

方案拟增加规定：个人扰乱国家机关秩序，致使国家机关工作不能正常进行，被给予治安处罚后二年内又实施上述行为，造成严重损失的，追究刑事责任。

多数同志不赞成规定该犯罪。一是，针对上访、异见人士等规定该罪，政治效果不好。二是，到国家机关反映诉求，是公民权利的行使，对于少数采取极端手段上访，扰乱国家机关秩序的，治安处罚更为妥当。三是，实践中有可能被滥用而侵犯人权。（储槐植、赵秉志、陈兴良、曲新久、刘仁文、卢建平，周加海、宋丹、王磊）

也有同志赞同规定该犯罪，认为在法治社会中，应当明确告诉群众维权时什么是可以做的，什么是不可以做的。对于个别扰乱国家机关工作秩序造成严重后果，屡教不改的，在劳教措施废除后，可以考虑追究刑事责任。（阮齐林）

（法制工作委员会刑法室）

31. 全国人大常委会法工委关于修改刑法的初步方案

（2014 年 6 月 12 日）

一、落实十八届三中全会精神，逐步减少死刑适用罪名

1. 进一步明确严格控制、慎重适用死刑的立法精神

修改方案：将刑法第四十八条第一款修改为：“死刑只适用于最严重的犯罪中罪行极其严重、人身危险性极大的犯罪分子。对于应当判处死刑的犯罪分子，如果不是必须立即执行的，可以判处死刑同时宣告缓期二年执行。”

增加一款作为第二款：“对于应当判处死刑的犯罪分子，如果不是除必须立即执行的以外，可以应当判处死刑同时宣告缓期二年执行。”

原第二款作为第三款。

2. 完善死缓罪犯执行死刑的条件

修改方案；将刑法第五十条第一款修改为：“判处死刑缓期执行的，在死刑缓期执行期间，如果没有故意犯罪，二年期满以后，减为无期徒刑；如果确有重大立功表现，二年期满以后，减为二十五年有期徒刑；如果故意犯罪，被判处五年有期徒刑以上刑罚的，或者被判处五年有期徒刑以下刑罚，情节恶劣的，报请由最高人民法院核准，后执行死刑；对于故意犯罪未执行死刑的，死刑缓期执行的期间重新计算，并报最高人民法院备案。”

3. 进一步减少死刑罪名

修改方案：拟取消走私假币罪（刑法第一百五十一条）、伪造货币罪（第一百七十条）、集资诈骗罪（第一百九十二条、第一百九十九条）、组织卖淫罪、强迫卖淫罪（第三百五十八条）的死刑。

条文修改方案：

（1）将刑法第一百五十一条第一款修改为：“走私武器、弹药或者核材料或者伪造的货币的，处七年以上有期徒刑，并处罚金或者没收财产；情节特别严重的，处无期徒刑或者死刑，并处没收财产；情节较轻的，处三年以上七年以下有期徒刑，并处罚金。”

将第二款修改为：“走私伪造的货币或者国家禁止出口的文物、黄金、白银和其他贵重金属或者国家禁止进出口的珍贵动物及其制品的，处五年以上十年以下有期徒刑，并处罚金；情节特别严重的，处十年以上有期徒刑或者无期徒刑，并处没收财产；情节较轻的，处五年以下有期徒刑，并处罚金。”

（2）将刑法第一百七十条修改为：“伪造货币的，处三年以上十年以下有期徒刑，并处五万元以上五十万元以下罚金；有下列情形之一的，处十年以上有期徒刑、或者无期徒刑或者死刑，并处五万元以上五十万元以下罚金或者没收财产：

“（一）伪造货币集团的首要分子；

“（二）伪造货币数额特别巨大的；

“（三）有其他特别严重情节的。”

（3）删去刑法第一百九十九条：“犯本节第一百九十二条规定之罪，数额特别巨大并且给国家和人民利益造成特别重大损失的，处无期徒刑或者死刑，并处没收财产”。

（4）将刑法第三百五十八条第一款修改为：“组织他人卖淫或者强迫他人卖淫的，处五年以上十年以下有期徒刑，并处罚金；情节严重的，有下列情形之一的，处十年以上有期徒刑或者无期徒刑，并处罚金或者没收财产。以暴力、威胁手段组织他人卖淫的，从重处罚。

“（一）组织他人卖淫，情节严重的；

“（二）强迫不满十四周岁的幼女卖淫的；

“（三）强迫多人卖淫或者多次强迫他人卖淫的；

“（四）强奸后迫使卖淫的；

“（五）造成被强迫卖淫的人重伤、死亡或者其他严重后果的。”

增加一款作为第二款：“犯前款罪，对被组织人有杀害、伤害、强奸、非法拘禁等犯罪行为的，依照数罪并罚的规定处罚。”

删除原第二款的规定：“有前款规定所列情形之一，情节特别严重的，处无期徒刑或者死刑，并处没收财产。”

二、维护公共安全，加大对恐怖主义、宗教极端主义犯罪的打击力度

4. 增加宣扬、传播恐怖主义、宗教极端主义的犯罪

修改方案：在刑法第一百二十条之一后增加一条作为第一百二十条之二：“以散发资料、发布信息等方式宣扬恐怖主义、宗教极端主义的，处五年以下有期徒刑、拘役、管制或者剥夺政治权利；情节严重的，处五年以上有期徒刑。”

5. 修改非法剥夺公民宗教信仰自由罪、侵犯少数民族风俗习惯罪

修改方案：将刑法第二百五十一条修改为：“国家机关工作人员以暴力、胁迫等方式非法剥夺公民的宗教信仰自由和侵犯少数民族风俗习惯，情节严重的，处二年以下有期徒刑或者拘役。处三年以下有期徒刑、拘役、管制或者剥夺政治权利；情节特别严重的，处三年以上十年以下有期徒刑。”

增加一款作为第二款：“国家机关工作人员侵犯少数民族风俗习惯，情节严重的，处二年以下有期徒刑或者拘役。”

6. 增加利用宗教极端主义煽动群众破坏法律实施的犯罪

修改方案：在刑法第二百七十八条中增加一款作为第二款：“利用宗教极端主义煽动、胁迫群众破坏国家法律、行政法规实施的，处三年以上七年以下有期徒刑；情节特别严重的，处七年以上有期徒刑。”（另一方案：在刑法第三百条中增加一款作为第四款：“利用宗教极端主义破坏国家法律、行政法规实施的，依照第一款的规定处罚。”）

三、维护信息网络安全，完善惩治网络犯罪的法律规定

7. 修改出售、非法提供公民个人信息罪

修改方案：将刑法第二百五十三条之一修改为：“国家机关或者金融、电信、交通、教育、医疗等单位的工作人员，违反国家规定，将本单位在履行职责或者提供服务过程中获得的公民个人信息，出售或者提供给他人，情节严重的，处三年以下有期徒刑或者拘役，并处或者单处罚金。

“未经公民本人同意，出售或者向他人提供其个人信息，情节严重的，处二年以下有期徒刑或者拘役，并处或者单处罚金。

“窃取或者以其他方法非法获取上述公民个人信息，情节严重的，依照第一款的规定处罚。

“对在履行职责或者提供服务过程中获得的公民个人信息，不依照规定采取保护措施，造成严重后果的，处三年以下有期徒刑或者拘役，并处或者单处罚金。（另一方案：将本款单独规定为一条）

“单位犯前两款本条规定之罪的，对单位判处罚金，并对其直接负责的主管人员和其他直接责任人员，依照各该款的规定处罚。”

8. 增加编造、传播虚假信息的犯罪

修改方案：在刑法第二百九十一条之一中增加一款作为第二款：“编造虚假的险情、疫情、警情、灾情或者其他可能造成社会秩序混乱、社会恐慌的信息，在信息网络或者其他媒体上传播，或者明知是上述虚假信息，故意在信息网络或者其他媒体上传播，情节严重的，处三年以下有期徒刑、拘役或者管制。”

9. 增加网络服务提供者不履行法定义务的犯罪

修改方案：在刑法第二百八十六条之后增加一条，作为第二百八十六条之一：“网络服务提供者不履行法律、行政法规规定的信息网络安全管理义务，经监管部门通知采取改正措施而拒绝执行，有下列情形之一的，处三年以下有期徒刑、拘役或者管制，并处或者单处罚金：

“（一）导致有害信息大量传播的；

“（二）导致客户信息泄露，造成严重后果的；

“（三）造成证据灭失等后果，严重妨害司法机关依法追究犯罪的；

“（四）有其他严重情节的。

“单位犯前款罪的，对单位判处罚金，并对其直接负责的主管人员和其他直接责任人员，依照前款规定处罚。”

10. 增加在网络上实施侮辱、诽谤犯罪如何追究的规定

修改方案：将刑法第二百四十六条第二款修改为：“前款罪，告诉的才处理，但是严重危害社会秩序和国家利益的，或者通过信息网络实施前款规定的行为，被害人提供证据确有困难，向公安机关报案的除外。”

11. 增加为实施犯罪设立网站、发布信息的犯罪

修改方案：在刑法第二百八十七条之后增加一条，作为第二百八十七条之一：

“利用信息网络实施下列行为之一，情节严重的，处三年以下有期徒刑或者拘役，并处或者单处罚金：

“（一）设立用于实施诈骗、传授犯罪方法、制作、销售违禁品等违法犯罪活动的网站、通讯群组的；

“（二）为实施销售毒品、枪支、淫秽物品等违禁品，或者为实施诈骗等违法犯罪活动发布信息的。

“有前款行为，同时又构成本法规定的其他犯罪的，依照处罚较重的规定定罪处罚。

“单位犯第一款罪的，对单位判处罚金，并对其直接负责的主管人员和其他直接责任人员，依照第一款的规定处罚。”

12. 增加为实施网络犯罪提供帮助的犯罪

修改方案：在刑法第二百八十七条之一后增加一条，作为第二百八十七条之二：“明知他人利用信息网络实施犯罪，为犯罪提供互联网接入、服务器托管、网络存储、通讯传输等技术支持，或者提供广告推广、支付结算等帮助，情节严重的，处三年以下有期徒刑或者拘役，并处或者单处罚金。

“有前款行为，同时又构成本法规定的其他犯罪的，依照处罚较重的规定定罪处罚。

“单位犯第一款罪的，对单位判处罚金，并对其直接负责的主管人员和其他直接责任人员，依照第一款的规定处罚。”

13. 在刑法第二百八十五条、第二百八十六条中增加单位犯罪的规定

修改方案：

（1）在刑法第二百八十五条中增加一款作为第四款：“单位犯本条规定之罪的，对单位判处罚金，并对其直接负责的主管人员和其他直接责任人员，依照各该款的规定处罚。”

（2）在刑法第二百八十六条中增加一款作为第四款：“单位犯本条规定之罪的，对单位判处罚金，并对其直接负责的主管人员和其他直接责任人员，依照第一款的规定处罚。”

14. 修改扰乱无线电管理秩序罪

修改方案：将刑法第二百八十八条第一款修改为：“违反国家规定，擅自设置、使用无线电台（站），或者擅自占使用无线电频率，经责令停止使用后拒不停止使用，干扰无线电通讯正常进行秩序，造成严重后果情节严重，致使公共利益遭受重大损失的，处三年以下有期徒刑、拘役或者管制，并处或者单处罚金；情节特别严重，致使公共利益遭受特别重大损失的，处三年以上七年以下有期徒刑，并处罚金。”

四、进一步强化人权保障，加强对弱势群体的保护

15. 修改强制猥亵、侮辱妇女罪、猥亵儿童罪

修改方案：将刑法第二百三十七条修改为：“以暴力、胁迫或者其他方法强制猥亵妇女他人或者侮辱妇女的，处五年以下有期徒刑或者拘役。

“聚众或者在公共场所当众犯前款罪，或者有其他恶劣情节的，处五年以上有期徒刑。

“猥亵儿童的，依照前两款的规定从重处罚。”

16. 修改收买被拐卖的妇女、儿童罪

修改方案：将刑法第二百四十一条第六款修改为：“收买被拐卖的妇女、儿童，按照被买妇女的意愿，不阻碍其返回原居住地的，对被买儿童没有虐待行为，不阻碍对其进行解救的，可以不追究刑事责任从轻、减轻或者免除处罚。”

17. 修改虐待罪

修改方案：

（1）将刑法第二百六十条第三款修改为：“第一款罪，告诉的才处理，但被虐待的人没有能力告诉，或者因受到强制、威吓无法告诉的除外。”

（2）在刑法第二百六十条后增加一条，作为第二百六十条之一：“对未成年人、老年人、患病的人、残疾人等负有监护、看护职责的人虐待被监护、看护的人，情节恶劣的，处三年以下有期徒刑或者拘役；致人伤残、死亡的，依照本法第二百三十四条、第二百三十二条的规定定罪处罚。”

五、加强打击腐败犯罪的力度，严密惩治腐败犯罪的法网

18. 修改贪污罪、受贿罪的量刑标准

修改方案：将刑法第三百八十三条第一款修改为：“对犯贪污罪的，根据情节轻重，分别依照下列规定处罚：

“（一）（四）个人贪污数额不满五千元，情节较重较大的，处二三年以下有期徒刑或者拘役；，并处罚金。

情节较轻尚不构成犯罪的，由其所在单位或者上级主管机关酌情给予行政处分。

“（二）个人贪污数额在五万元以上不满十万元巨大或者有其他严重情节的，处五年以上三年以上十年以下有期徒刑，可以并处罚金或者没收财产；情节特别严重的，处无期徒刑，并处没收财产。

“（三）个人贪污数额在五千元以上不满五万元的，处一年以上七年以下有期徒刑；情节严重的，处七年以上十年以下有期徒刑。个人贪污数额在五千元以上不满一万元，犯罪后有悔改表现、积极退赃的，可以减轻处罚或者免予刑事处罚，由其所在单位或者上级主管机关给予行政处分。

“（三）（一）个人贪污数额在十万元以上特别巨大或者有其他特别严重情节的，处十年以上有期徒刑或者无期徒刑，可以并处罚金或者没收财产；情节特别严重的，数额特别巨大，使国家利益遭受特别重大损失的，处无期徒刑或者死刑，并处没收财产。”

19. 增加收受礼金犯罪

修改方案：在刑法第三百八十八条之一后增加一条，作为第三百八十八条之二：“国家工作人员利用职权，收受其管理服务对象或者主管范围内的下属单位、个人的礼金、有价证券、支付凭证等财物，数额较大的，处三年以下有期徒刑或者拘役，并处罚金；数额巨大的，处三年以上七年以下有期徒刑，并处罚金；数额特别巨大的，处七年以上有期徒刑。

“有前款行为，为他人谋取利益，构成受贿罪的，依照本法第三百八十五条、第三百八十六条的规定定罪处罚。”

20. 修改行贿罪的刑罚

修改方案：将刑法第三百九十条修改为：“对犯行贿罪的，处五年以下有期徒刑或者拘役，并处罚金；因行贿谋取不正当利益，情节严重的，或者使国家利益遭受重大损失的，处五年以上十年以下有期徒刑，并处罚金；情节特别严重的，或者使国家利益遭受特别重大损失的，处十年以上有期徒刑或者无期徒刑，可以并处罚金或者没收财产。

“行贿人在被追诉前主动交待行贿行为的，可以从轻或者减轻处罚或者。其中，犯罪较轻的或者有重大立功表现的，可以免除处罚。”

21. 增加为利用影响力行贿犯罪

修改方案：在刑法第三百九十条中增加一款，作为第二款：“为谋取不正当利益，向刑法第三百八十八条之一规定的人员行贿的，依照第一款的规定处罚。”

22. 进一步完善预防性措施的规定

修改方案：在刑法第三十七条之后增加一条，作为第三十七条之一：“因利用职务、业务便利实施犯罪，或者实施违背职务、业务要求的特定义务的犯罪，可以根据犯罪情况和预防再犯罪的需要，决定禁止犯罪分子在一定期限内继续担任相关职务、从事相关业务。被判处刑罚的，禁止的期限不超过五年，自刑罚执行完毕之日或者假释之日起计算；被免予刑事处罚的，禁止的期限不超过三年，自判决确定之日起计算。

“被禁止担任相关职务、从事相关业务的犯罪分子违反人民法院依照前款规定作出的决定的，由公安机关依法给予处罚；情节严重的，依照本法三百一十三条的规定定罪处罚。

“其他法律、行政法规对其担任相关职务、从事相关业务另有禁止或者限制性规定的，从其规定。”

六、维护社会诚信，惩治背信行为

23. 增加使用伪造、变造的身份证件和倒卖身份证件的犯罪

修改方案：将刑法第二百八十条第三款修改为：“伪造、变造、倒卖居民身份证的，处三年以下有期徒刑、拘役、管制或者剥夺政治权利；情节严重的，处三年以上七年以下有期徒刑。”

增加一款作为第四款“使用伪造、变造的居民身份证、护照的，处拘役或者管制，并处或者单处罚金。”

24. 增加组织考试作弊犯罪

修改方案：在刑法第二百八十二条之后增加一条，作为第二百八十二条之一：“以牟利为目的，在依照国家规定举办的考试或者国务院有关主管机关举办的考试中，组织考生作弊的，处三年以下有期徒刑或者拘役，并处或者单处罚金；情节严重的，处三年以上七年以下有期徒刑，并处罚金。

“为他人实施前款犯罪提供作弊器材或者其他帮助的，依照前款的规定处罚。

“为实施考试作弊行为，向他人非法出售或者提供第一款规定的考试的试题、答案的，依照第一款的规定处罚。

“以牟利为目的，代替他人参加第一款规定的考试的，处拘役或者管制，并处或者单处罚金。”

25. 增加虚假诉讼犯罪

修改方案：在刑法第三百零七条后增加一条，作为第三百零七条之一：“为谋取不正当利益，以捏造的事实提起民事诉讼，骗取或者意图骗取法院裁判文书的，处三年以下有期徒刑、拘役或者管制，并处或者单处罚金。

“有前款行为，侵占他人财产或者逃避合法债务，数额较大的，依照本法第二百六十六条的规定定罪从重处罚。

“司法工作人员利用职权，与他人共同实施前两款行为的，从重处罚；同时又构成本法规定的其他犯罪的，依照处罚较重的规定定罪从重处罚。”

此外，还有以下关于完善刑法有关规定的初步方案：

1. 补充罚金刑的量刑根据和条件

修改方案：将刑法第五十二条修改为：“判处罚金，应当根据本法第六十一条的规定决定罚金数额，并酌情考虑犯

罪分子的经济状况、罚金刑的执行效果等情况。”

2. 完善罚金减免、变更制度

修改方案：将刑法第五十三条第一款修改为：“罚金在判决指定的期限内一次或者分期缴纳。期满不缴纳的，强制缴纳。对于不能全部缴纳罚金的，人民法院在任何时候发现被执行人有可以执行的财产，应当随时追缴。如果由于遭遇不能抗拒的灾祸缴纳确实有困难的，可以酌情减少或者免除。

增加一款作为第二款：“由于遭遇不能抗拒的灾祸等原因缴纳确实有困难的，经人民法院决定，可以延期缴纳、酌情减少或者免除缴纳。”

3. 完善数罪并罚时不同刑种并罚的规定

修改方案：在刑法第六十九条中增加一款作为第二款：“数罪中有判处有期徒刑和拘役的，执行有期徒刑。数罪中有判处有期徒刑、拘役和管制的，有期徒刑、拘役执行完毕后，管制仍须执行。”

原第二款作为第三款。

4. 增加生产、销售窃听、窃照等专用器材的犯罪

修改方案：在刑法第二百八十四条中增加一款作为第一款：“违反国家规定，生产、销售窃听、窃照专用器材，情节严重的，处二年以下有期徒刑、拘役或者管制。”

原第一款作为第二款。

5. 完善组织、利用会道门、邪教组织破坏法律实施罪

修改方案：将刑法第三百条第一款修改为：“组织和利用会道门、邪教组织或者利用迷信破坏国家法律、行政法规实施的，处三年以上七年以下有期徒刑，并处罚金；情节特别严重的，处七年以上有期徒刑，并处罚金；情节较轻的，处三年以下有期徒刑、拘役或者管制，并处或者单处罚金。”

6. 修改盗窃、侮辱尸体罪的规定

修改方案：将刑法第三百零二条修改为：“盗窃、侮辱、丢弃、故意毁坏尸体、尸骨、骨灰或者故意毁坏他人坟墓的，处三年以下有期徒刑、拘役或者管制。”

7. 增加违法泄露、报道案件相关情况的犯罪

修改方案：在刑法第三百零八条后增加一条，作为第三百零八条之一：“司法工作人员、辩护人、诉讼代理人或者其他诉讼参与人，泄露依法不公开审理的案件信息，造成信息公开传播或者其他严重后果的，处三年以下有期徒刑、拘役或者管制，并处或者单处罚金。

“有前款行为，泄露国家秘密的，依照本法第三百九十八条的规定定罪处罚。

“公开披露、报道依法不公开审理的案件信息的，依照第一款的规定处罚。

“单位犯前款罪的，对单位判处罚金，并对直接负责的主管人员和其他直接责任人员，依照前款的规定处罚。”

8. 修改扰乱法庭秩序罪

修改方案：将刑法第三百零九条修改为：“聚众哄闹、冲击法庭，或者殴打司法工作人员有下列情形之一，严重扰乱法庭秩序的，处三年以下有期徒刑、拘役、管制或者罚金：

“（一）聚众哄闹、冲击法庭的；

“（二）殴打司法工作人员或者诉讼参与人的；

“（三）侮辱、诽谤、威胁司法工作人员或者诉讼参与人，不听法庭制止的；

“（四）有其他严重扰乱法庭秩序行为的。”

32. 部分专家学者和中央有关部门对刑法修正案（九）初步方案的意见

（2014 年 7 月 8 日）

6 月 17 日至 18 日，郎胜同志主持召开座谈会，听取部分刑法专家和中央有关部门对刑法修改初步方案（2014 年 6 月 12 日稿，以下简称方案）的意见。中国人民大学高铭暄教授，北京大学陈兴良教授，北京师范大学赵秉志教授，中国政法大学曲新久教授、阮齐林教授，中国社会科学院刘仁文研究员等六位专家，以及最高人民法院研究室、最高人民检察院研究室、公安部法制局等部门的同志应邀参加会议。现将有关情况简报如下：

一、落实十八届三中全会精神，逐步减少适用死刑罪名，进一步完善刑罚结构

（一）进一步明确严格控制、慎重适用死刑的立法精神

方案拟进一步明确死刑的适用标准，将刑法第四十八条第一款修改为：“死刑只适用于最严重的犯罪中罪行极其严重、人身危险性极大的犯罪分子。对于应当判处死刑的犯罪分子，如果不是必须立即执行的，可以判处死刑同时宣告

缓期二年执行。"

有专家和部门提出，上述条文中"最严重的犯罪"和"罪行极其严重"两者有重复（陈兴良，公安部法制局孙茂利），且"最严重的犯罪"含义不明确，实践中也不好判断哪些是最严重的犯罪，建议删去（陈兴良、曲新久）。也有专家认为，最严重的犯罪和罪行极其严重并不重复，"最严重的犯罪"可以理解为法律规定有死刑的犯罪，"罪行极其严重"是根据案件事实作出的判断（高铭暄），应当保留"最严重的犯罪"的规定（刘仁文、阮齐林），或修改为"罪行极其严重、主观恶性和人身危害性极大"的限定，强调只对最严重的犯罪中的极其例外的情况适用死刑（刘仁文），或者将司法实务中比较有共识的"危害极其严重、主观恶性极大"的标准纳入刑法规定中（赵秉志）。此外，还有专家建议将死刑政策在条文中表述出来（赵秉志）。

（二）完善死缓罪犯执行死刑的条件

方案拟进一步提高对故意犯罪的死缓罪犯执行死刑的门槛，在刑法第五十条第一款中规定，如果故意犯罪，被判处五年有期徒刑以上刑罚的，或者被判处五年有期徒刑以下刑罚，情节恶劣的，报请最高人民法院核准后执行死刑；对于故意犯罪未执行死刑的，死刑缓期执行的期间重新计算，并报最高人民法院备案。

专家们认为，在立法上对死缓罪犯执行死刑确定一个具体明确的标准，实现对大多数死缓罪犯不执行死刑的目标，方向是正确的（高铭暄、赵秉志）。有的专家提出，通常认为，三年有期徒刑是轻罪和重罪的分界点，建议将是否执行死刑的刑期标准确定为"故意犯罪，被判处三年有期徒刑以上刑罚的"（陈兴良、赵秉志、曲新久）。也有专家和部门建议，对死缓执行死刑的条件只作原则性规定，由司法机关根据案件的实际情况具体把握，表述上可采用"故意犯罪，情节恶劣的"（刘仁文，最高人民法院研究室胡伟新、最高人民检察院研究室韩耀元），或者"故意犯罪，抗拒改造，且情节恶劣的"（阮齐林）。

（三）进一步减少死刑罪名

方案拟取消走私假币罪、伪造货币罪、集资诈骗罪、组织卖淫罪、强迫卖淫罪五个罪名的死刑。此外，方案还取消了强迫卖淫罪，将强迫卖淫的行为区分为不同情形，适用相关罪名予以追究：将以暴力、胁迫手段组织他人卖淫的情形作为组织卖淫罪的从重处罚情节予以规定；对被组织人有杀害、伤害、强奸、非法拘禁等犯罪行为的，依照数罪并罚的规定处罚。

与会专家和部门多数赞同取消上述五个罪名的死刑。有的提出，对是否取消强迫卖淫罪要做进一步研究，如将强迫卖淫行为并入组织卖淫罪规定中，对强迫一人卖淫的行为就无法处理（陈兴良，胡伟新）。非法拘禁可能是强迫卖淫的一种手段，建议对有这种行为的不规定数罪并罚，直接以强迫卖淫罪从重处罚（阮齐林）。同时降低组织卖淫罪的起刑点（赵秉志）。

也有部门提出，考虑到社会公众的接受程度和舆论可能作出的反映，强迫卖淫罪死刑可以暂时不取消，对一些强迫多名幼女卖淫、多次强迫幼女卖淫的行为适用死刑也未尝不可。（韩耀元）

此外，与会专家和部门还提出了一些取消死刑罪名的建议：根据刑法第一百五十七条的规定，武装掩护走私是作为其他走私犯罪的从重处罚情节予以规定的，且规定对有这种情形的走私行为依据刑法第一百五十一条第一款的规定从重处罚，即可以判处死刑，这意味着其他走私犯罪在武装掩护走私的情况下是有死刑的，对武装掩护走私的死刑问题，建议进一步研究（陈兴良），或者规定有武装掩护走私行为的，按照故意杀人罪处理（刘仁文）。建议取消运输毒品罪的死刑（赵秉志、刘仁文，胡伟新、韩耀元）；将故意杀人罪的法定刑由轻到重排列，修改为"十年以上有期徒刑、无期徒刑或者死刑"，以指引法官在实践中对故意杀人的行为少用死刑（胡伟新）。

（四）补充罚金刑的量刑根据和条件

方案拟将刑法第五十二条修改为："判处罚金，应当根据本法第六十一条的规定决定罚金数额，并酌情考虑犯罪分子的经济状况、罚金刑的执行效果等情况。"

有专家建议，将"执行效果"改为"执行的预期效果"（曲新久）；将"酌情考虑"改为"并考虑"或者"综合考虑"（赵秉志）；将文字表述调整为："判处罚金，应当根据本法第六十一条的规定，并酌情考虑犯罪分子的经济状况、罚金刑的执行效果等情况决定罚金数额"（高铭暄）。

（五）完善数罪并罚时不同刑种并罚的规定

方案拟在刑法中增加规定：数罪中有判处有期徒刑和拘役的，执行有期徒刑。

有部门提出，对有期徒刑与拘役并罚的情形，建议采用比例原则将拘役折算成有期徒刑，与被判处的有期徒刑一并执行。（胡伟新、韩耀元）

二、维护公共安全，加大对恐怖主义、宗教极端主义犯罪的打击力度

与会专家和部门一致认为，反恐是我们国家当前的一个重大而紧迫的任务，社会各方面一定要重视，加大对恐怖主义和宗教极端主义的刑事打击力度是十分必要的。同时，也有人提出，要借鉴美国等国家反恐中走过的弯路，要处理好反恐和保障人权的关系，划清犯罪行为与不法行为的界限，不能因为反恐将所有犯罪都从严处罚或者将很多不法行为入罪，走过头，后果也是非常严重的。（赵秉志）

（一）增加宣扬、传播恐怖主义、宗教极端主义的犯罪

方案拟将以散发资料、发布信息等方式宣扬恐怖主义、宗教极端主义的行为规定为犯罪。

有部门和专家建议，将以展示物品、进行非法宗教活动、宣讲等方式宣扬恐怖主义、宗教极端主义的行为也纳入本条规定（韩耀元、公安部法制局锁正杰，曲新久），或者不规定具体的行为方式（胡伟新）。

有专家提出，“恐怖主义”、“宗教极端主义”都是新出现的法律概念，建议通过相关法律、司法解释对其含义予以明确，否则实践中将无法认定（高铭暄、赵秉志、刘仁文）。在定义宗教极端主义时，要突出强调其暴力性质（刘仁文、陈兴良）。

（二）修改非法剥夺公民宗教信仰自由罪、侵犯少数民族风俗习惯罪

方案拟对国家工作人员非法剥夺他人宗教信仰自由的犯罪作出修改，规定，以暴力、胁迫等方式非法剥夺公民的宗教信仰自由，情节严重的追究刑事责任，最高可处十年有期徒刑。“国家机关工作人员侵犯少数民族风俗习惯，情节严重的，处二年以下有期徒刑或者拘役。”

有的建议，将两种行为都规定为一般主体，配置相同的法定刑，对国家工作人员犯本条规定之罪的从重处罚（锁正杰，刘仁文）。将“非法剥夺”公民宗教信仰自由改为“侵犯”其宗教信仰自由（赵秉志、陈兴良，韩耀元）。将强迫少数民族居民穿戴特定服饰的行为在本条中作出规定（锁正杰）。

（三）增加利用宗教极端主义煽动群众破坏法律实施的犯罪

方案拟在刑法第二百七十八条中增加一款作为第二款：“利用宗教极端主义煽动、胁迫群众破坏国家法律、行政法规实施的，追究刑事责任。（另一方案：在刑法第三百条中增加一款作为第四款，利用宗教极端主义破坏国家法律、行政法规实施的，追究刑事责任。）

有专家和部门提出，利用宗教极端主义煽动、胁迫群众破坏法律实施是宣扬、传播宗教极端主义的方式之一，因此，本条规定与宣扬、传播恐怖主义、宗教极端主义犯罪的规定有竞合，建议处理好两条规定之间的关系（刘仁文，韩耀元）。有专家提出，刑法第二百七十八条规定的煽动暴力抗拒法律实施罪针对的是日常生活中发生的破坏法律实施的行为，第三百条针对的是利用会道门、邪教、迷信破坏法律实施的行为，与宗教极端主义相关行为在性质上有区别，建议把涉及恐怖主义、宗教极端主义、民族分裂主义的条文集中在一起，规定在分则第二章危害公共安全罪中（高铭暄）。

此外，还有一些其他完善恐怖主义、宗教极端主义犯罪的建议：增加非法大量持有暴力恐怖、宗教极端主义宣传材料犯罪；将房屋出租人、网站负责人等有特定义务的人不报告暴恐信息的规定为犯罪；明确组织、领导、参加恐怖活动组织的具体行为方式，如策划到境外参加恐怖活动组织、声称自己是恐怖活动组织成员、佩戴特定服饰标志等；在有关危害国家安全的犯罪中增设罚金刑；增加骗取入境证件的犯罪；对物流基地未尽验视义务，运输涉恐物品，造成严重后果的规定为犯罪等。（孙茂利、锁正杰、公安部反恐局达奔那）

三、维护信息网络安全，完善惩治网络犯罪的法律规定

（一）修改出售、非法提供公民个人信息罪

方案拟修改刑法第二百五十三条之一出售、非法提供公民个人信息罪的规定。修改后条文第一款规定，“违反国家规定，将在履行职责或者提供服务过程中获得的公民个人信息，出售或者非法提供给他人，情节严重的”追究刑事责任。增加第二款规定，“未经公民本人同意，出售或者向他人提供其个人信息，情节严重的”追究刑事责任。第三款规定，“窃取或者以其他方法非法获取公民个人信息，情节严重的，依照第一款的规定处罚。”增加第四款规定，“对在履行职责或者提供服务过程中获得的公民个人信息，不依照规定采取保护措施，造成严重后果的”追究刑事责任。

与会同志都赞成对该罪作出修改，认为根据实践情况的变化，扩大出售、非法提供公民个人信息犯罪的主体，加大对倒卖公民个人信息犯罪的打击力度等是必要的。有意见认为，目前的方案前三款之间的关系不是很清晰，建议将第一、二、三款规定合并规定为一款，规定为统一的侵害公民个人信息罪。第四款规定的是保护公民信息方面的过失犯罪，建议慎重，对此可通过行政、经济等手段治理。（胡伟新）

（二）增加编造、传播虚假信息的犯罪

方案拟增加规定，编造虚假的险情、疫情、警情、灾情或者其他可能造成社会秩序混乱、社会恐慌的信息，在信息网络或者其他媒体上传播，或者明知是上述虚假信息，故意在信息网络或者其他媒体上传播，情节严重的，追究刑事责任。

与会同志都赞成规定该罪。有同志提出，该罪与刑法规定的编造、传播虚假恐怖信息罪的关系需要进一步明确。此外，刑法对编造、故意传播虚假恐怖信息罪规定了两档法定刑，最高十五年有期徒刑，方案对该罪只规定最高三年有期徒刑的一档法定刑，配置法定刑时也要考虑两者之间的协调（胡伟新、韩耀元、公安部法制局陈敏，赵秉志）。还有意见认为，这一条比较敏感，涉及公民言论、舆论监督等话题，在打击范围上要限缩，建议在条文中明确规定，对于不是出于恶意而传播虚假信息或者仅是夸大事实的情况，不构成犯罪（刘仁文）。

（三）增加网络服务提供者不履行法定义务的犯罪

方案拟规定，对网络服务提供者不履行法律、行政法规规定的信息网络安全管理义务，经监管部门通知采取改正措施而拒绝执行，具有造成有害信息大量传播，导致客户信息泄露造成后果等严重情节的，追究刑事责任。

有意见提出，“有害信息”的范围不清晰，建议进一步明确（胡伟新、韩耀元，刘仁文）。建议将“客户信息”修改为“公民个人信息”（陈敏）。还有意见指出，这里规定的“网络服务提供者不履行法律、行政法规规定的信息网络

安全管理义务，导致客户信息泄露，造成严重后果的”与方案对出售、非法提供公民个人信息罪的修改中规定的“对在履行职责或者提供服务过程中获得的公民个人信息，不依照规定采取保护措施，造成严重后果的”之间是什么关系，两者在内容上似有重合（胡伟新）。

（四）增加在网络上实施侮辱、诽谤犯罪如何追究的规定

刑法第二百四十六条将普通的侮辱、诽谤罪规定为告诉才处理的犯罪。方案拟规定，通过信息网络实施侮辱、诽谤行为，被害人提供证据确有困难，向公安机关报案的，按照公诉案件处理。

有同志认为，如果只是规定公安机关协助调取相应的短信、邮件、查找相关的网页等一些证据，是可以的。但方案将网络侮辱、诽谤规定为公诉罪，公安机关需要进行调查取证、移送审查起诉，工作量大，警力上存在困难。此外，进入公诉程序后，是否还允许当事人撤诉、和解，都需要研究。建议暂不规定，在今后修改刑事诉讼法中予以研究。(陈敏)

（五）增加为实施犯罪设立网站、发布信息的犯罪

方案拟规定，利用信息网络实施下列行为之一，情节严重的，追究刑事责任：(一）设立用于实施诈骗、传授犯罪方法、制作、销售违禁品等违法犯罪活动的网站、通讯群组的；(二）为实施销售毒品、枪支、淫秽物品等违禁品，或者为实施诈骗等违法犯罪活动发布信息的。

与会专家和部门都赞成针对网络犯罪的新情况新特点作出上述犯罪规定。有意见指出，目前出现了大量在网上发布爆炸物、枪支、毒品等制作方法的违法犯罪，对于惩处这类行为应当在方案中明确规定。(锁正杰)

（六）修改扰乱无线电管理秩序罪

方案拟对刑法第二百八十八条规定的扰乱无线电管理秩序罪作出修改，删除“经责令停止使用后拒不停止使用”的行政前置条件，将“造成严重后果”修改为“情节严重，致使公共利益遭受重大损失”，同时增加规定一档三年以上七年以下的法定刑。

有意见认为，规定情节严重，同时致使公共利益遭受重大损失才构成犯罪，犯罪门槛过高，不利于打击犯罪。且情节严重包括造成损失的情况。建议规定“情节严重”即可，删除“致使公共利益造成重大损失”（胡伟新、陈敏，赵秉志）。此外，该罪与破坏公用电信设施罪的关系需要进一步研究（胡伟新）。

四、进一步强化人权保障，加强对弱势群体的保护

（一）修改强制猥亵、侮辱妇女罪、猥亵儿童罪

方案拟修改刑法第二百三十八条规定的强制猥亵、侮辱妇女罪、猥亵儿童罪，将“强制猥亵妇女或者侮辱妇女”修改为“猥亵他人”。同时，对有其他恶劣情节的加重处罚。

与会人员赞成对该条的修改。有意见提出，方案将“强制”一词删除，似意味着猥亵不再需要强制方法，这样处理打击面过宽，建议保留“强制”的表述（高铭暄，胡伟新)。还有意见提出，将侮辱妇女从该罪中删除，对于非性侵害有关的侮辱妇女的行为以刑法第二百四十六条规定的侮辱罪定罪处罚，处罚上较轻，且属于告诉才处理的犯罪，可能会造成对妇女保护力度的削弱（韩耀元)。

（二）修改收买被拐卖的妇女、儿童罪

刑法第二百四十一条第六款规定对收买被拐卖的妇女、儿童的，一定条件下“可以不追究刑事责任”。方案拟修改为“可以从轻、减轻或者免除处罚”。

多数意见赞同对该条的修改，认为针对司法实践中收买人很少被追究刑事责任的情况，在立法上进一步明确收买行为的犯罪评价，并从维护被害人权益的实际需要出发规定了可以从轻、减轻或者免除处罚，这样处理兼顾两方面，是妥当的。也有意见认为，我国一些落后地区还存在男性很难娶到妻子而收买妇女，以及为了传宗接代收买儿童的情况，对这些收买行为不加区分一律作为犯罪处理是否妥当，还需要慎重研究。(高铭暄)

（三）修改虐待罪

方案拟将虐待罪告诉才处理的规定修改为：虐待罪，告诉的才处理，但被虐待的人没有能力告诉，或者因受到强制、威吓无法告诉的除外。同时增加规定，对未成年人、老年人、患病的人、残疾人等负有监护、看护职责的人虐待被监护、看护的人，情节恶劣的，处三年以下有期徒刑或者拘役；致人伤残、死亡的，依照本法第二百三十四条、第二百三十二条的规定定罪处罚。

与会同志都赞成上述规定，认为增设虐待学生等非家庭成员犯罪是必要的。同时提出以下意见：一是，方案对告诉才处理的情况作出修改，规定无能力告诉，或者因受到强制、威吓无法告诉的，不适用告诉才处理。对此，可以考虑修改刑法总则第九十八条关于告诉才处理的规定，统筹解决其他告诉才处理犯罪存在的同样问题（胡伟新)。二是，方案规定虐待致人伤残、死亡的，依照故意伤害罪、故意杀人罪定罪处罚。实践中，虐待致人伤残、死亡的情况比较复杂，虐待行为可以是非暴力的、长期的，虐待者对伤残、死亡结果并非都持故意心态，存在过失的情况，一律以故意伤害罪、故意杀人罪处理，在犯罪定性和处罚上过重，且与虐待家庭成员致人重伤、死亡的，处二至七年有期徒刑的规定不协调。建议规定单独的法定刑，例如三年以上十年以下有期徒刑（阮齐林、刘仁文)。

五、加强打击腐败犯罪的力度，严密惩治腐败犯罪的法网

（一）修改贪污罪、受贿罪的量刑标准

方案拟将贪污受贿犯罪定罪量刑的具体数额标准修改为笼统的数额较大、数额巨大和数额特别巨大，同时突出犯

罪情节在量刑中的作用，并增设罚金刑。

与会人员一致赞成上述修改，认为根据经济社会的发展和反腐败斗争的实际情况，作出这种调整是必要的；法律规定笼统数额，再由司法解释根据情况确定和调整具体数额的做法是适宜的。同时，提出以下两点意见：一是，方案将数额较大作为贪污受贿唯一定罪门槛，对于数额不够较大，但情节较重的，根据情况也应当定罪处罚。建议将数额较大或者具有其他较重情节并列规定为犯罪门槛（韩耀元）。二是，受贿罪与贪污罪社会危害性表现不同，决定刑罚轻重的因素也不完全相同。建议考虑对受贿罪设置单独的定罪量刑标准，不再转用贪污罪的标准（赵秉志、刘仁文）。

（二）增加收受礼金犯罪

方案拟增加规定，国家工作人员利用职权，收受其管理服务对象或者主管范围内的下属单位、个人的礼金、有价证券、支付凭证等财物，数额较大的，追究刑事责任。

多数同志原则上赞成规定收受礼金犯罪，认为根据刑法现在的规定，成立受贿罪通常须具备“为他人谋取利益”的要件，对于实践中没有或者难以查明具体请托事项的收受财物行为，例如借婚丧嫁娶之机大肆收礼，接受感情投资的情况，以受贿罪就不好处理。规定收受礼金的犯罪对于严密反腐败法网，从严惩治腐败犯罪，治理社会不良风气有重大意义。同时提出两点完善意见：一是，进一步提高犯罪门槛。规定数额巨大的才构成犯罪（刘仁文）；二是，刑罚不宜过高。方案规定了三档刑罚，最高可判处十五年有期徒刑，建议规定两档刑罚，最高处七年有期徒刑就可以（陈兴良，韩耀元）。

也有意见认为，考虑到收受礼金、礼品的情况现阶段还比较普遍，在现有党纪政纪措施尚未有效落实的情况下，规定该罪后打击面有多大，能否有效执行都需要进一步研究。建议暂不作规定。（赵秉志，胡伟新）

（三）修改行贿罪的刑罚

方案拟对行贿罪增加罚金刑。同时，完善行贿罪从宽处罚规定，将行贿人在被追诉前主动交代行贿行为“可以减轻或者免除处罚”的规定修改为“可以从轻或者减轻处罚，其中，犯罪较轻的或者有重大立功表现的，可以免除处罚。”

与会同志一致赞成对行贿罪加大打击力度。有的同志建议将“被追诉前”修改为“被查处前”，进一步限制从宽处罚范围，明确只有在纪检部门查处前主动交代的，才予以从宽处罚（胡伟新）。有的同志建议删除从宽处罚的规定，根据总则有关自首、立功的规定处理即可（刘仁文）。

（四）增加为利用影响力行贿犯罪

刑法第三百八十八条之一规定了利用影响力受罪犯罪。对于向利用影响力人员行贿如何处理，未作规定。方案拟增加规定向利用影响力人员行贿的犯罪。规定：为谋取不正当利益，向刑法第三百八十八条之一规定的人员行贿的，依照行贿罪的规定处罚。

与会人员赞成增加规定该犯罪，并提出以下意见：一是，方案将行贿对象规定为“第三百八十八条之一规定的人员”，建议明确列举包括哪些人员（赵秉志）。二是，方案规定向利用影响力者行贿犯罪依照行贿罪的刑罚处罚，导致其刑罚重于利用影响力受贿犯罪，建议单独设置法定刑（胡伟新）。

（五）进一步完善预防性措施的规定

方案拟增加规定：因利用职务、业务便利实施犯罪，或者实施违背职务、业务要求的特定义务的犯罪，可以根据犯罪情况和预防再犯罪的需要，决定禁止犯罪分子在一定期限内继续担任相关职务、从事相关业务。被判处刑罚的，禁止的期限不超过五年，自刑罚执行完毕之日或者假释之日起计算；被免予刑事处罚的，禁止的期限不超过三年，自判决确定之日起计算。被禁止担任相关职务、从事相关业务的犯罪分子违反人民法院依照前款规定作出的决定的，由公安机关依法给予处罚；情节严重的，依照本法第三百一十三条的规定定罪处罚。其他法律、行政法规对其担任相关职务、从事相关业务另有禁止或者限制性规定的，从其规定。

有意见提出，本条规定的性质需要进一步明确。此外，禁止从事相关职业是刑法修正案（八）增加的禁止令的内容之一，建议进一步厘清本条规定的预防性措施与禁止令的关系（胡伟新，高铭暄）；在禁止期限的起算日期方面，方案对判处管制、缓刑的情况未作规定，建议予以明确（胡伟新）；方案规定对违反禁止性规定的，由公安机关依法给予处罚，但治安管理处罚法并未规定，没有法律可依，需要进一步研究（高铭暄）。

六、维护社会诚信，惩治背信行为

（一）增加使用伪造、变造的身份证件和倒卖身份证件的犯罪

方案拟将倒卖居民身份证，使用伪造、变造的居民身份证或者护照的行为规定为犯罪。

有意见认为，使用虚假证件的情况比较复杂，有些人为了子女落户、入学等原因使用虚假证件，对这些人追究刑事责任，是否妥当，需要斟酌（胡伟新），如果规定为犯罪，也应该加上“情节严重”的限制（赵秉志）。对于倒卖居民身份证犯罪，有意见认为“倒卖”范围过窄，建议修改为“买卖”（韩耀元）或者“贩卖”（赵秉志）。

（二）增加组织考试作弊犯罪

方案拟对以牟利为目的，在依照国家规定举办的考试或者国务院有关主管机关举办的考试中，组织考生作弊的，为他人作弊提供器材或者其他帮助的，向他人出售或者提供试卷、答案的，以及代替他人参加考试的行为规定为犯罪。

与会专家和部门一致赞成规定该犯罪。有的同志提出，“依照国家规定举办的考试”的范围需要进一步明确。（胡

伟新）

（三）增加虚假诉讼犯罪

方案拟增加规定虚假诉讼犯罪。其中，第一款规定对为谋取不正当利益，以捏造的事实提起民事诉讼，骗取或者意图骗取法院裁判文书的，追究刑事责任。第二款规定对实施虚假诉讼，同时非法侵占他人财产或者逃避合法债务的，以诈骗罪定罪处罚。第三款规定对司法工作人员利用职权与他人共同实施虚假诉讼行为的，从重处罚。

与会专家和部门都认为根据实践需要，将虚假诉讼行为规定为犯罪是必要的。有意见认为，现有方案将同一种虚假诉讼行为区分情况作为两种犯罪处理不太妥当，建议将第一款与第二款合并，规定一个独立的虚假诉讼罪。虚假诉讼罪与诈骗罪在犯罪构成上不完全相同，不好转化为诈骗罪处理。（高铭暄、赵秉志，韩耀元）

七、维护社会管理秩序，提高社会治理能力

（一）增加生产、销售窃听、窃照专用器材犯罪

刑法第二百八十三条规定了非法生产、销售窃听窃照等专用间谍器材罪，第二百八十四条规定了非法使用窃听、窃照专用器材罪。对非法生产、销售窃听、窃照专用器材的行为如何追究刑事责任，未作规定。方案拟增加规定，生产、销售窃听窃照专用器材的，追究刑事责任。

与会人员赞成规定该犯罪。有意见认为，刑法第二百八十三条规定的生产、销售窃听窃照等专用间谍器材与本次拟增加的生产、销售窃听窃照专用器材，界定不是很清楚（高铭暄）。刑法规定了生产、销售窃听窃照等专用间谍器材罪，没有规定非法使用的犯罪；规定了非法使用窃听窃照专用器材罪，没有规定生产、销售的犯罪。建议对刑法第二百八十三条、第二百八十四条的规定统筹研究，修改为：违反国家规定非法生产窃听、窃照专用器材的，或者非法使用情节严重的，处三年以下或者二年以下有期徒刑，避免混乱（韩耀元），或者同时增加规定非法使用窃听、窃照等专用间谍器材犯罪（胡伟新）。还有意见认为，生产、销售窃听窃照专用器材犯罪属于牟利性犯罪，建议同时规定罚金刑（韩耀元）。

（二）完善组织、利用会道门、邪教组织破坏法律实施罪

方案拟修改刑法第三百条规定的组织、利用邪教组织破坏法律法规实施犯罪，增加规定一档三年以下有期徒刑的较轻法定刑，解决劳教废除后法律处罚上的衔接问题。

与会人员一致赞成对该条的修改，认为废除劳教后，适当降低一些犯罪的门槛和法定刑，将一些过去以劳教处理的行为纳入刑事打击范围是妥当的、必要的。还有意见提出，刑法第三百条对邪教、会道门组织犯罪的打击落点在破坏法律法规实施上，构成犯罪需要有现实的破坏法律法规的行为。实践中，确定犯罪分子破坏法律、行政法规实施方面，有时比较困难，建议比照组织、领导、参加恐怖活动犯罪的规定，对邪教、会道门组织犯罪增加规定组织、领导邪教、会道门组织罪。（陈敏）

（三）增加违法泄露、报道案件相关情况的犯罪

方案拟增加规定违法泄露、报道案件情况的犯罪。其中，第一款规定司法工作人员、诉讼参与人对于依法不公审理的案件信息，故意泄露，造成公开传播或者其他严重后果的，追究刑事责任。第二款规定，公开披露、报道的，追究刑事责任。

多数同志赞成方案的规定。有意见认为，规定违法泄露、报道案件相关情况的犯罪需要慎重。即便作出规定，对于公开披露、报道行为构成犯罪也要有“情节严重”的限制（高铭暄）。还有意见指出，方案中规定的“依法不公开审理的案件信息”的范围需要进一步明确，并非与不公开审理案件有关的一切信息都不允许泄露、报道，只有泄露、报道依法不公开审理的案件中不应当公开的信息的，才追究刑事责任（韩耀元、陈敏）。

（四）修改扰乱法庭秩序罪

方案拟修改刑法第三百零九条规定的扰乱法庭秩序罪。增加规定了扰乱法庭秩序的行为类型，将“殴打司法工作人员”修改为“殴打司法工作人员或者其他诉讼参与人”，同时增加规定了侮辱、诽谤、威胁司法工作人员或者诉讼参与人，不听法庭制止的，以及其他严重扰乱法庭秩序的情况。

与会同志赞成上述修改，认为这对于树立司法权威，促进司法公正具有重要意义。有的提出，规定该罪的实质是将藐视法庭行为作为犯罪处理。藐视行为不应限于法庭内，对于法庭外殴打法官、当事人，或者在案件审判过程中，媒体等故意歪曲事实，作虚假报道的，也应规定为藐视法庭犯罪（胡伟新，赵秉志）。建议犯本罪的，法院可迳行判决，不要再经过侦查、起诉程序（胡伟新）。

八、其他意见

与会同志还提出了一些方案之外的，与修改刑法有关的意见：

一是修改拒不执行判决、裁定罪规定。刑法对拒不执行判决、裁定罪规定了最高三年有期徒刑刑罚，处罚偏轻，建议增加一档法定刑，规定情节特别严重的，处三年以上七年以下有期徒刑。此外，实践中单位拒不执行判决、裁定的情况比较突出，建议增加规定单位犯罪。（胡伟新）

二是增加非法制造、运输制毒物品犯罪。刑法第三百五十条规定了走私、非法买卖制毒物品罪，对于制造、运输制毒物品犯罪没有明确规定。有意见指出，实践中，制造、运输制毒物品的情况突出，以制造毒品、走私、非法买卖制毒物品罪的共犯、预备犯处理，打击目标不明确且处罚偏轻，建议增加规定非法制造、运输制毒物品罪。（宋丹、

陈敏）

三是增加非聚众的扰乱社会秩序犯罪。刑法第二百九十条、第二百九十一条规定了聚众扰乱社会秩序、聚众冲击国家机关和聚众扰乱公共场所秩序犯罪。对于个人实施扰乱公共秩序的行为没有专门规定犯罪。有意见认为，随着社会情况的发展变化，个人实施扰乱社会秩序等犯罪的，同样可以造成严重危害后果。对于一些个人实施扰乱社会秩序等行为造成严重后果，屡教不改的，在劳教措施废除后，要考虑法律上的衔接，对这种情况追究刑事责任。（孙茂利、陈敏）

（法制工作委员会刑法室）

33. 中华人民共和国刑法修正案（九）（草案）参阅资料

（2014 年 10 月 23 日）

目　录

（1）我国法律对受过刑事处罚人员资格禁止的规定

经查阅和梳理目前我国法律对受过刑事处罚人员资格禁止的规定，除刑法第 54 条规定的判处剥夺政治权利，不得担任国家机关职务以及不得担任国有公司、企业、事业单位和人民团体领导职务等以外，还有 28 部法律和有关法律问题的决定对受过刑事处罚人员的资格禁止进行了规定，其中，有 7 部法律规定禁止担任一定公职，16 部法律规定禁止从事特定职业，5 部法律规定禁止从事特定活动。具体情况简报如下：

一、禁止担任一定公职

1. 公务员法第 24 条："下列人员不得录用为公务员：（一）曾因犯罪受过刑事处罚的；（二）曾被开除公职的；（三）有法律规定不得录用为公务员的其他情形的。"

2. 人民警察法第 26 条第 2 款："有下列情形之一的，不得担任人民警察：（一）曾因犯罪受过刑事处罚的；（二）曾被开除公职的。"

3. 检察官法第 11 条："下列人员不得担任检察官：（一）曾因犯罪受过刑事处罚的；（二）曾被开除公职的。"

4. 法官法第 10 条："下列人员不得担任法官：（一）曾因犯罪受过刑事处罚的；（二）曾被开除公职的。"

5. 人民法院组织法第 33 条："有选举权和被选举权的年满二十三岁的公民，可以被选举为人民法院院长，或者被任命为副院长、庭长、副庭长、审判员和助理审判员，但是被剥夺过政治权利的人除外。人民法院的审判人员必须具有法律专业知识。"

6. 关于完善人民陪审员制度的决定第 6 条规定，因犯罪受过刑事处罚的，不得担任人民陪审员。

7. 驻外外交人员法第 7 条规定，因犯罪受过刑事处罚的，不得任用为驻外外交人员。

二、禁止从事特定职业

8. 教师法第 14 条："受到剥夺政治权利或者故意犯罪受到有期徒刑以上刑事处罚的，不能取得教师资格；已经取得教师资格的，丧失教师资格。"

9. 律师法第 7 条："申请人有下列情形之一的，不予颁发律师执业证书：（一）无民事行为能力或者限制民事行为能力的；（二）受过刑事处罚的，但过失犯罪的除外；（三）被开除公职或者被吊销律师执业证书的。"

10. 拍卖法第 15 条第 2 款："被开除公职或者吊销拍卖师资格证书未满五年的，或者因故意犯罪受过刑事处罚的，不得担任拍卖师。"

11. 公证法第 20 条："有下列情形之一的，不得担任公证员：（一）无民事行为能力或者限制民事行为能力的；（二）因故意犯罪或者职务过失犯罪受过刑事处罚的；（三）被开除公职的；（四）被吊销执业证书的。"

12. 注册会计师法第 10 条："有下列情形之一的，受理申请的注册会计师协会不予注册：（一）不具有完全民事行为能力的；（二）因受刑事处罚，自刑罚执行完毕之日起至申请注册之日止不满五年的；（三）因在财务、会计、审计、企业管理或者其他经济管理工作中犯有严重错误受行政处罚、撤职以上处分，自处罚、处分决定之日起至申请注册之日不满二年的；（四）受吊销注册会计师证书的处罚，自处罚决定之日起至申请注册之日止不满五年的；（五）国务院财政部门规定的其他不予注册的情形的。"

13. 执业医师法第 15 条第 1 款："有下列情形之一的，不予注册：（一）不具有完全民事行为能力的；（二）因受刑事处罚，自刑罚执行完毕之日至申请注册之日止不满二年的；（三）受吊销医师执业证书行政处罚，自处罚决定之日起至申请注册之日不满二年的；（四）有国务院卫生行政部门规定不宜从事医疗、预防、保健业务的其他情形的。"

14. 会计法第 40 条："因有提供虚假财务会计报告，做假账，隐匿或者故意销毁会计凭证、会计账簿、财务会计报告，贪污，挪用公款，职务侵占等与会计职务有关的违法行为被依法追究刑事责任的人员，不得取得或者重新取得会计从业资格证书。"

15. 公司法第 147 条："有下列情形之一的，不得担任公司的董事、监事、高级管理人员：（一）无民事行为能力或者限制民事行为能力；（二）因贪污、贿赂、侵占财产、挪用财产或者破坏社会主义市场经济秩序，被判处刑罚，执行期满未逾五年，或者因犯罪被剥夺政治权利，执行期满未逾五年；（三）担任破产清算的公司、企业的董事长或者厂长、经理，对该公司、企业的破产负有个人责任的，自该公司、企业破产清算完结之日起未逾三年；（四）担任因违法被吊销营业执照、责令关闭的公司、企业的法定代表人，并负有个人责任的，自该令公司、企业被吊销营业执照之日起未逾三年；（五）个人所负数额较大的债务到期未清偿。"

16. 证券法第 131 条第 2 款："有《中华人民共和国公司法》第一百四十七条规定的情形或者下列情形之一的，不得担任证券公司的董事、监事、高级管理人员：（一）因违法行为或者违纪行为被解除职务的证券交易所、证券登记结算机构的负责人或者证券公司的董事、监事、高级管理人员，自被解除职务之日起未逾五年；（二）因违法行为或者违纪行为被撤销资格的律师、注册会计师或者投资咨询机构、财务顾问机构、资信评级机构、资产评估机构、验证机构的专业人员，自被撤销资格之日起未逾五年。"

17. 商业银行法第 27 条："有下列情形之一的，不得担任商业银行的董事、高级管理人员：（一）因犯有贪污、贿赂、侵占财产、挪用财产罪或者破坏社会经济秩序罪，被判处刑罚，或者因犯罪被剥夺政治权利的；（二）担任因经营不善破产清算的公司、企业的董事或者厂长、经理，并对该公司、企业的破产负有个人责任的；（三）担任因违法被吊销营业执照的公司、企业的法定代表人，并负有个人责任的；（四）个人所负数额较大的债务到期未清偿的。"

18. 关于司法鉴定管理问题的决定第 4 条规定，因故意犯罪或者职务过失犯罪受过刑事处罚的，不得从事司法鉴定业务。

19. 企业破产法第 24 条规定，因故意犯罪受过刑事处罚，不得担任管理人。

20. 证券投资基金法第 15 条规定，因犯有贪污贿赂、渎职、侵犯财产罪或者破坏社会主义市场经济秩序罪，被判处刑罚的，不得担任公开募集基金的基金管理人的董事、监事、高级管理人员和其他从业人员。

21. 国有资产法第 73 条规定，因贪污、贿赂、侵占财产、挪用财产或者破坏社会主义市场经济秩序被判处刑罚的，终身不得担任国有独资企业、国有独资公司、国有资本控股公司的董事、监事、高级管理人员。

22. 安全生产法第 81 条规定，生产经营单位的主要负责人未履行本法规定的安全生产管理职责，受刑事处罚或者撤职处分的，自刑罚执行完毕或者受处分之日起，五年内不得担任任何生产经营单位的主要负责人。

23. 食品安全法第 93 条规定，违反本法规定，受到刑事处罚或者开除处分的食品检验机构人员，自刑罚执行完毕或者处分决定作出之日起十年内不得从事食品检验工作。

三、禁止从事特定活动

24. 道路交通安全法第 101 条："违反道路交通安全法律、法规的规定，发生重大交通事故，构成犯罪的，依法追究刑事责任，并由公安机关交通管理部门吊销机动车驾驶证。造成交通事故后逃逸的，由公安机关交通管理部门吊销机动车驾驶证，且终生不得重新取得机动车驾驶证。"

25. 居民委员会组织法第 8 条规定，依照法律被剥夺政治权利的人，不享有居民委员会主任、副主任和委员的选举权和被选举权。

26. 村民委员会组织法第 13 条规定，依照法律被剥夺政治权利的人，不享有选举权和被选举权。

27. 兵役法第 3 条规定，依照法律被剥夺政治权利的人，不得服兵役。

28. 护照法第 14 条规定，申请人因妨害国（边）境管理受到刑事处罚的，护照签发机关自其刑罚执行完毕或者被遣返回国之日起六个月至三年以内不予签发护照。

（全国人大常委会法制工作委员会刑法室提供）

(2) 有关法律法规、司法解释以及国际条约中使用（宗教）极端主义用语的情况

为研究完善打击极端主义犯罪的法律规定问题，我们查阅梳理了有关法律法规、司法解释以及国际条约中对极端主义、宗教极端主义用语的使用情况，并与国家宗教局、反恐办的同志进行了沟通。有关情况简报如下：

一、关于极端主义

中国与俄罗斯、印度、哈萨克斯坦、乌兹别克斯坦、阿富汗等国家的联合声明、公报等文件中广泛使用“极端主义”用语。一些国际条约中对“极端主义”含义作出了具体规定：

一是中国与哈萨克斯坦、吉尔吉斯斯坦、俄罗斯、塔吉克斯坦和乌兹别克斯坦《打击恐怖主义、分裂主义和极端主义上海公约》（2001年）、中国和吉尔吉斯斯坦《关于打击恐怖主义、分裂主义和极端主义的合作协定》（2002）以及中国和土库曼斯坦《关于打击恐怖主义、分裂主义和极端主义的合作协定》（2006）等条约中规定：“极端主义是指旨在使用暴力夺取政权、执掌政权或改变国家宪法体制，通过暴力手段侵犯公共安全，包括为达到上述目的组织或参加非法武装团伙，并且依各方国内法应追究刑事责任的任何行为。”

二是中国与巴基斯坦《关于打击恐怖主义、分裂主义和极端主义的合作协定》（2005年）中规定：“极端主义是指根据双方各自国内法构成犯罪的极端行为，包括旨在使用暴力危害国家安全和公共安全的任何行为，以及为达到上述目的组织或参加非法武装团伙，并且此类行为根据双方各自国内法也构成犯罪。”

此外，提请本次常委会审议的《反恐怖主义法（草案）》使用了“极端主义”用语，并对极端主义作出界定。拟规定：极端主义是指歪曲宗教教义和宣扬宗教极端，以及其他崇尚暴力、仇视社会、反对人类等极端的思想、言论和行为。

二、关于宗教极端主义

《宗教事务条例》（2004年，国务院令第426号）第7条、世界人权会议《维也纳宣言和行动纲领》第38条有“宗教极端主义”的表述。此外，在我国与俄罗斯、韩国等国家的联合声明、公报等文件中也曾使用过“宗教极端主义”用语。但以上行政法规、条约或者文件等均未对“宗教极端主义”用语作出具体定义。

此外，2013年12月，最高人民法院、最高人民检察院和公安部发布了《关于办理宗教极端违法犯罪案件适用法律问题的意见》（标定为秘密，不能在裁判文书中引用），其中使用了“宗教极端思想”用语，将之定义为：歪曲宗教教义，宣扬“宗教至上”、“迁徙”、“圣战”、“消灭异教徒”、“建立政教合一的哈里发国家”等，主张、煽动以暴力等手段，破坏现有法律秩序，危害他人生命和公私财产的思想。

（全国人大常委会法制工作委员会刑法室提供）

(3) 一些国家打击和管控宗教极端势力的法律规定和做法

为进一步研究完善打击极端主义的法律规定，我们请我国驻法国、德国、英国、美国、俄罗斯、埃及、土耳其、印度、巴基斯坦、哈萨克斯坦、印尼、马来西亚、新加坡等13个国家的大使馆提供驻在国打击和管控宗教极端势力方面的情况和法律规定。现将有关情况摘报如下：

一、法律规定的总体情况

各国注重加强立法，为打击和管控宗教极端势力及其恐怖活动提供法律利器。主要包括：一是，宪法层面，规定宗教不得干涉政治、教育和社会生活，确立了政教分离和国家世俗化等原则，例如法国、哈萨克斯坦等；二是，刑法、刑事诉讼法，对极端主义、恐怖主义活动罪刑及诉讼程序作出规定；三是，制定专门的反恐法或者打击极端主义法。13个国家中有12个国家都针对极端主义、恐怖主义制定专门法律。在法律中对极端主义、恐怖主义及其组织的认定予以明确，规定了防范和打击极端主义、恐怖主义活动的主要原则、工作机制、措施以及调查程序、情报收集等；四是，制定专门的宗教法。加强对宗教组织、宗教活动、宗教学校、清真寺等的管理、引导和控制，防止宗教极端主义的出现和渗透；五是，制定恐怖主义预防法、恐怖主义资产冻结法、新闻法、国土安全法、网络安全法等配套法律法规以及发展判例等，对极端主义、恐怖主义采取全方位防范和打击措施。例如，俄罗斯打击和管控极端主义活动的法律主要有：《刑法》（1996年6月颁布）和《打击极端主义活动法》（2002年7月颁布），同时还有《信息及信息技术保护法》、《通讯法》《2025年前打击俄罗斯境内极端主义战略》等法律法规；巴基斯坦制定有《反恐法》以及《防止电子犯罪法》、《防止网络恐怖主义法》、《犯罪调查与公正审判法》、《2014年保卫巴基斯坦法》等配套的专项法律。

此外，各国根据形势发展变化以及打击犯罪的需要，及时修改完善法律。例如，“9.11”恐怖袭击后，德国迅速出台“反恐一揽子安全法案”，对原有20多部法律法规进行修改调整；印度制定《非法活动防治法》，并根据形势变化，先后作出六次修正；美国则通过法院不断发展新的判例，对宗教极端势力及其恐怖活动进行限制和打击。

二、法律规定的主要内容

（一）犯罪和刑罚规定

一是将宣扬、鼓动极端主义，以及非法讲经活动等规定为犯罪。俄罗斯刑法规定：公开鼓动实施极端主义活动的，处三年以下强制劳动，或者三至四年拘禁，并处30万卢布以下罚金，利用新闻媒体鼓动极端主义的，处五年以下强制劳动或者拘禁。法国有煽动恐怖主义罪，还规定不得在公共场合穿着遮掩面部的罩袍或者面纱，对拒不服从，公然挑战法律权威的，追究刑事责任。埃及法律规定，清真寺伊玛目的宗教宣讲必须符合宣教规定和精神，进行非法讲经活动的，处三个月至一年监禁及罚金。

二是规定组织、领导、参加、资助极端主义、恐怖主义组织的犯罪。俄罗斯刑法规定，组织、领导、参加、资助极端主义组织的，处六年以下拘禁或者强制劳动，并处罚金。同时，法院可根据情况判决犯罪分子一定时期内禁止担任公职、参军、任教及从事侦察、保安等领域工作。此外，其刑法还规定了从宽处罚，对自愿脱离极端主义组织且无其他犯罪行为的，以及举报犯罪行为和为防范极端主义活动有立功表现的，可免于追究刑事责任；法国刑法规定了“赴恐怖训练营受训罪”，对公民或者常驻居民赴境外参加、接受恐怖主义训练的，予以刑事惩处，还规定有“与恐怖活动发生关联罪”，对尚未发生、甚至处于准备阶段的恐怖活动图谋进行打击。

三是针对网络上的极端主义犯罪作专门规定。俄罗斯专门制定刑法修正案，规定对通过互联网从事极端主义犯罪活动的，加重处罚；法国反恐法规定，对在互联网上美化和教唆恐怖主义行为的从重处罚；英国修订法律，降低打击通过音像制品、互联网等方式传播极端思想和招募、资助极端分子犯罪的门槛。

四是规定了严厉的刑罚。一些基本废除死刑或者严格控制死刑适用的国家，对极端主义及其恐怖活动犯罪仍然规定可以判处死刑。美国《爱国者法案》规定，对从事恐怖主义犯罪的组织成员可以判处死刑；巴基斯坦《反恐法》规定，对造成人员伤亡的恐怖分子可判处死刑；印尼修改《反恐法》，对恐怖主义犯罪规定死刑。

（二）刑事诉讼与执行程序规定

各国针对极端主义、恐怖主义犯罪，在诉讼程序、刑罚执行方面作了一些特别规定，主要有：

一是对极端主义、恐怖主义犯罪规定专门执法力量和特别程序。印度设立“国家反恐中心”，该中心拥有独立调查取证和逮捕权，制定《恐怖主义影响地区设立特别法庭法案》，规定地方可设立特别法庭打击宗教极端分子；法国建立涉恐案件特殊司法程序，所有涉恐案件均由巴黎检察院反恐怖的预审法官和特别检察官负责统一调查和起诉，由重罪法庭进行审判，陪审团全部由专业法官而非普通陪审员组成；德国成立“联合反恐中心”，联合情报、执法、海关、检察机关等部门，共同打击极端和恐怖主义活动。此外，各国安全部队、军队等力量也参与打击极端主义、恐怖主义活动和犯罪调查，例如马来西亚在陆海空三军分别建有反恐特种部队，负责情报搜集和反恐执法。

二是允许使用技术侦查手段。法国修订反恐法，授权有关部门使用更多技术手段对嫌疑对象进行监控；巴基斯坦法律授权政府和军方在执法行动中利用技术手段监控个人电话和电子邮箱；马来西亚修订刑事诉讼法，对极端主义、恐怖主义犯罪，放宽证据采集程序，允许警方在检察官指导下使用监听等秘密刑侦手段，并针对恐怖犯罪放松标准，允许多渠道证据作为定罪依据；印尼修订反恐法，允许采取拦截邮件和电话等情报侦察手段，相关情报信息可成为合法的呈堂证供。

三是对有关侦查程序作出特殊规定。巴基斯坦2014年修订反恐法，规定执法人员在没有搜查证的情况下有权搜查私人住宅，警察可就地击毙恐怖犯罪嫌疑人，允许军队和政府执法部门在获得行政15级以上官员授权情况下，向涉恐嫌疑人开枪射击；印尼修订反恐法，将对恐怖主义疑犯的法定拘留期延长至6个月；印度规定，警察有权将涉恐嫌犯拘留90天到1年时间。

四是对宗教极端主义罪犯实施特别矫正措施。印尼兴建专门的“去极端化中心”，对服刑人员进行集中教育改造。在狱中，除提供国民教育课程和工作技能培训外，安排宗教长老、心理专家等与其谈话交流，传播温和宗教理念和社会多元化观念。回归社会后，由社区继续做好教育、培训和监控工作；英国设立多个“去极端化中心”，推动中心与地方社区合作，帮助、引导不同背景的穆斯林罪犯融入社会。

（三）其他法律规定

除上述罪刑规定和刑事诉讼程序规定外，各国制定的打击极端主义法、宗教法以及其他配套法律法规等，对打击和管控宗教极端势力的指导思想和措施也作了规定，主要包括：

一是坚定维护国家、社会的世俗性，禁止宗教干涉教育、政治等世俗生活。例如法国法律规定，宗教团体只能从事法律允许的祷告、培训神职人员等活动，其宗旨和行为不得违反世俗原则，不得危害公共秩序。特别是以伊斯兰极端思想为主要目标，量身定做法律，遏制其对公共生活的渗透，禁止在公共场所佩戴明显的宗教标志。同时，以学校为重点，限制宗教影响扩张。明确规定公立学校必须坚持世俗原则，不得开展宗教教育，宗教类私立学校招生时不得以学生无宗教信仰或者信仰其他宗教为由拒收，入校后这部分学生有权不参加宗教课及相关活动；哈萨克斯坦《宗教活动与宗教团体法》规定，严禁在政府、军队、司法和执法安全部门以及除宗教学校以外的教育机构举行宗教仪式、传教等活动。

二是扶持、传播温和、开放的伊斯兰教，以对抗宗教极端主义，是一些国家宗教法律的指导思想。印度尼西亚、巴基斯坦等国积极引导、宣传温和、理性、开放的伊斯兰教教义，培育温和宗教领袖和神职人员，利用绝大多数温和穆斯林对极端主义的反感，加强对激进极端主义势力的防渗和打击；新加坡致力于促进伊斯兰教的温和与开放性，制定《维护宗教和谐法》。主要做法是提供政府“组屋”，82%的国民居住在“组屋”，让不同教派、族群的人杂居，打破种族和宗教隔阂，清真寺、佛教寺庙、印度教堂、天主教堂在同一组屋区毗邻而居，构建和谐宗教关系。

三是依法管控新闻媒体和互联网，防止极端主义扩散。法国、德国、英国、哈萨克斯坦等国家制定法律或法案，建立“联合网络中心”等专门工作机构，对所有网络资源加强监控、过滤，开展网络巡逻常态化行动，关闭宣扬、美化、煽动极端主义、恐怖主义的网站，整治网上传教人员；俄罗斯《打击极端主义活动法》规定，如发现新闻媒体传播极端主义材料，或有从事极端主义活动的迹象，该媒体的注册单位、国家媒体监管部门或相关检察官须以书面形式向该媒体创办人和编辑部（主编）提出警告，对于传播极端主义材料和实施极端主义活动的媒体，其注册登记机关、联邦主管部门和检察机关有权作出停止其经营的决定，并根据法院判决对带有极端内容的出版物、音像制品予以禁售和停刊。

四是采取有效措施管控社会组织、宗教组织的涉极端主义活动。俄罗斯法律规定，对从事极端主义活动的社会组织、宗教组织，法官可判决取缔该组织及其分支机构，财产在偿还债务后没收为国家财产。在法院对从事极端主义活动组织作出取缔判决前，主管部门和官员有权要求相关组织在法院受理和调查期间停止各种公开性活动，禁止参加选举和公投，不得使用银行存款；如果组织或团体领导人有极端主义的言论或行为，且未明确是个人立场的，相关组织或团体须在5天内公开发表不同意其相关言论或行为的声明，否则该组织或团体将被视为从事极端主义活动受到处罚。同时，加强对外国组织在俄境内宗教活动的监控。禁止在俄境内的外国组织从事极端主义活动，对于违反者，取消在俄注册，禁止其代表入境，禁止其在境内进行任何公开性活动。俄主管部门应在法院判决后10天内向相关组织所属国家的驻俄外交、领事机构通报俄方判决。

五是防止宗教极端主义向青少年渗透。15—25岁的青少年是暴力极端组织的重点吸收对象，做好他们的防渗透工作至关重要。印尼、土耳其、德国、巴基斯坦等国在宗教立法中对宗教学校的设立和管理作出专门规定，推进宗教课程改革，规定课程大纲需经政府审核，防止极端分子利用宗教学校向青少年传播、宣扬宗教极端思想。法国法律恢复实行未成年人出境许可制度。

三、其他做法

除上述法律规定的措施以外，各国还在工作、制度层面形成了一些打击和管控极端势力的做法，主要包括：

一是以预防为重心，以社区为依托，瓦解极端主义生存根基。英国将预防作为打击极端主义工作的重中之重，阻止暴力极端主义意识形态蔓延，影响敏感、弱势群体，与有关行业和机构合作减少和消除极端思想影响，将预防重心下移，发挥社区“熔炉”作用，将问题化解在基层；美国、德国、土耳其等国家也依托社区开展防范和打击宗教极端势力活动，做到“赢得社区民众的思想和心灵”，建立反恐预警机制。此外，极端组织开展活动离不开资金支持，切断资金来源是预防极端组织活动的有效方式。英国、德国、哈萨克斯坦等国都从源头着手，加强对银行等金融机构及网络支付平台的监管，切断极端组织的资金链。加入《联合国断绝恐怖主义资金来源决议》，拦截境外极端组织对国内极端组织的盗助。

二是强化宗教管理。主要措施有：第一，设立专门宗教管理机构。例如，埃及建立分工明确的宗教管理体系，最高领导机构是爱资哈尔清真寺，下设爱资哈尔大学、宗教基金部和教法解释局，分别负责宗教教育、清真寺人、财、物管理和教法解释；印尼设有宗教部，每个省级和县市级行政区内设立“宗教和谐论坛”，负责当地社区跨宗教、跨种族摩擦的调解。第二，清理非法宗教学校、宗教组织。哈萨克斯坦取缔一大批非法宗教学校，宗教学校总数由29所减少为13所，对宗教团体重新登名造册，确立不注册不得开展宗教活动原则，过滤非法宗教组织，提高宗教团体注册门槛。第三，国家掌握神职人员的任命和管理。土耳其神职人员的教育、任命均有国家宗教局负责，清真寺伊玛目和穆夫提列入国家公务员编制，由国家财政统一发放工资。在埃及，爱资哈尔清真寺长老由总统任命，所有伊玛目必须毕业于爱资哈尔大学。

三是培育亲政府的宗教领袖。哈萨克斯坦政府暗中扶持亲政权的宗教领袖，通过总统推荐等方式左右伊斯兰教最高穆夫提等宗教领袖的选举，在宗教团体内安插“自己人”；印尼政府创设伊斯兰教法学者委员会，作为印尼最具权威的伊斯兰神职人员协会，吸收主要伊斯兰组织领袖为成员，政府通过该平台控制伊斯兰教，甚至发布伊斯兰教法解释；德国联邦政府与主要穆斯林团体定期举行德国伊斯兰大会；英国内政部与穆斯林宗教领袖保持经常性沟通。

四是发展经济，助推民生，铲除极端主义生存土壤。经济落后、失业率高、生活穷困地区人群容易受到极端主义思想影响，滋生极端事件。印度通过优惠政策，扶持宗教极端势力活跃地区的经济发展。实施财政倾斜，给予相关邦区“特殊财政地位”，提供经济发展一揽子计划，政府牵头，组织有实力的大企业，为相关邦区量身打造就业计划，助推当地经济民生发展，同时强化道路、铁路等基础设施建设；巴基斯坦每年投入5亿—6亿美元，用于落后地区基础设施建设，增加就业，提高民众生活水平；英国在就业、医疗、教育等领域向穆斯林提供优惠政策和帮助。

五是深化国际合作。打击宗教极端主义及其恐怖活动需要国际社会的通力合作，各国都致力于建立合作机制。德国重视在欧盟、北约框架内合作打击宗教极端势力，定期与各成员国交流经验，共享信息，联手打击跨境极端势力；印度积极改善与巴基斯坦关系，寻求反恐合作，印还与美国、俄罗斯、以色列和沙特等建立联合反恐工作机制；英国与美国、约旦等国针对宗教极端主义犯罪建立引渡机制；土耳其倡导建立了“全球反恐论坛”，加强国际对话与合作；

巴基斯坦与阿富汗成立“安全联合工作组”，加强边境管控。

六是加强核心价值观宣传。针对极端主义思想及其活动，一些国家在采取加强执法，严厉打击等强硬措施之外，也重视核心价值观和文化软实力的宣传，从意识形态上抵御极端主义思想传播。英美等国在社区、学校、公园等场所通过引导、组织辩论、排演喜剧等方式，揭露宗教极端主义危害，灌输西方民主、自由、开放的价值观。同时，也推动社会正确认识穆斯林，弱化“伊斯兰恐惧症”，鼓励基督教徒包容温和穆斯林。俄罗斯恢复传统文化、道德和爱国主义教育，利用传媒和互联网建立对极端主义的反宣体系，压缩极端主义思想生存空间。

（全国人大常委会法制工作委员会刑法室提供）

（4）一些全国人大代表和中央有关部门对刑法修改初步方案的意见

2014年7月16日至18日，郎胜同志主持召开座谈会，听取一些全国人大代表和中央有关部门对刑法修改初步方案（以下简称修改方案）的意见。湖南秦希燕、宁夏张仙蕊、河北张富民等三位全国人大代表，以及最高人民法院、最高人民检察院、国务院法制办、公安部、国家安全部、司法部、监察部、教育部、工信部、中国人民银行、海关总署、全国妇联、解放军总政治部等13个单位相关业务部门的同志应邀参加会议。现将有关情况简报如下：

一、落实十八届三中全会精神，逐步减少适用死刑罪名，调整刑罚结构

（一）完善死缓罪犯执行死刑的条件

修改方案拟提高对故意犯罪的死缓罪犯执行死刑的门槛，将原来在死刑缓期执行期间，故意犯罪，即执行死刑的规定修改为：如果故意犯罪，被判处五年有期徒刑以上刑罚的，或者被判处五年有期徒刑以下刑罚，情节恶劣的，报请最高人民法院核准后执行死刑。对于故意犯罪未执行死刑的，死刑缓期执行的期间重新计算，并报最高人民法院备案。

有的提出，实践中有些死缓判决是留有余地的判决，对这类案件除非犯罪分子再犯应当判处死刑的犯罪，一般都不再执行死刑，以五年作为是否执行死刑的条件，并不妥当。考虑到实践中死缓再故意犯罪的情况不多，建议对死缓执行死刑的条件只作原则性规定，由司法机关根据案件的实际情况具体把握，表述上可采用“故意犯罪，情节恶劣的”（最高法院研究室副主任胡伟新、最高人民检察院研究室副主任韩耀元），或者“故意犯罪的，报最高人民法院核准执行死刑，情节轻微的，不适用死刑”（韩耀元）。也有意见认为，修改方案对死缓罪犯执行死刑的条件作出严格限定后，对于判处死缓后又脱逃、越狱的犯罪分子可能就无法执行死刑。死缓制度本来就是给予犯罪分子改过自新的机会，既然故意犯罪，就应当执行死刑。原来规定比较妥当，可不作修改（司法部法制司处长王磊）。

（二）进一步减少死刑罪名

修改方案拟取消走私武器、弹药罪、走私核材料罪、走私假币罪、伪造货币罪、集资诈骗罪、组织卖淫罪、强迫卖淫罪等7个罪名的死刑。此外，修改方案在取消强迫卖淫罪死刑的同时，规定强迫卖淫的，依照组织卖淫罪的规定从重处罚，犯强迫卖淫罪、组织卖淫罪，并有杀害、伤害、强奸、绑架等犯罪行为的，实行数罪并罚。

与会人员多数赞同取消上述七个罪名的死刑。有的提出，不宜取消走私武器、弹药罪、走私核材料罪的死刑。近年来，走私武器、弹药案件逐年递增，严重危害国家安全和社会稳定。特别是在当前暴恐活动猖獗的情况下，保留死刑，即使校少适用，也能对犯罪分子起到震慑作用。（公安部法制局副局长孙萍、海关总署缉私局处长蔺剑）

有的建议保留集资诈骗罪的死刑，当前集资诈骗犯罪呈蔓延态势，这一犯罪受众面广，易引发群体性事件，严重危害国家经济、金融安全，取消该罪死刑会向社会传递不良信号。（张仙蕊、张富民，孙萍）

还有的建议，保留强迫卖淫罪的死刑。修改方案规定强迫卖淫同时有强奸等行为的，实行数罪并罚，虽仍有可能适用死刑，但实践中强迫卖淫过程中发生的强奸等行为难以取证。在目前拐卖妇女迫使卖淫案件多发的情况下，建议保留强迫卖淫罪死刑，并将强迫卖淫罪及其死刑规定从刑法分则第六章妨害社会管理秩序罪中挪到第四章侵害公民人身权利、民主权利罪中（公安部刑侦局副处长谢鲁宁）。此外，有的认为，修改方案取消了原来情节严重的五项具体情形，修改为笼统的“情节严重”，对于实践操作来说，不够明确（秦希燕），且原来五项情形中有对强迫幼女卖淫从重处罚的规定，修改后不能体现对组织、强迫幼女卖淫的从重处罚，建议增加组织、强迫幼女卖淫从重处罚的规定（全国妇联权益部部长高莎薇）。

此外，还有的建议取消刑法第一百五十七条武装掩护走私的死刑规定。（韩耀元）

（三）补充罚金刑的量刑根据和条件

修改方案对罚金刑确定标准作了进一步明确，拟将刑法第五十二条修改为：“判处罚金，应当根据本法第六十一条的规定，并考虑犯罪分子的经济状况、罚金刑的执行效果等情况，决定罚金数额。”

有的建议，将刑法第六十一条的规定明确写出来，便于实践操作（秦希燕）；有的提出，判决确定罚金刑数额时考虑执行效果似不妥当，会造成同罪不同罚、适用法律不平等的情况。是否能执行到位主要应当通过建立执行机制、加大执法力度以及执行中的减免制度等解决，建议删除（王磊，张仙蕊）。

（四）完善数罪并罚时不同刑种并罚的规定

修改方案拟增加规定：数罪中有判处有期徒刑和拘役的，执行有期徒刑。数罪中有判处有期徒刑、拘役和管制的，有期徒刑、拘役执行完毕后，管制仍须执行。

有的认为，修改方案规定："数罪中有判处有期徒刑、拘役和管制的，有期徒刑、拘役执行完毕后，管制仍须执行"，似表明有期徒刑、拘役分别执行完毕后，再执行管制，与立法意图不符，且看起来遗漏了判处有期徒刑和管制以及拘役和管制的情况，表述上需再斟酌，避免歧义（王磊，秦希燕）；建议判处有期徒刑和管制以及拘役和管制的，采取吸收原则，管制不再执行，减少执法成本（王磊）。

二、维护公共安全，加大对恐怖主义、极端主义犯罪的惩治力度

（一）增加宣扬恐怖主义、极端主义和煽动实施暴力恐怖活动的犯罪

修改方案拟将以散发资料、发布信息或者通过音视频、当面讲授等方式宣扬恐怖主义、极端主义，或者煽动实施暴力恐怖活动的行为规定为犯罪，并规定五年以下和五年以上两档刑罚。

与会人员都赞成规定上述犯罪，并提出以下具体修改意见：一是在行为上增加"制作"，在对象上增加"物品"（孙萍）；二是提高法定刑，第一档规定五至十年有期徒刑，第二档规定十年以上有期徒刑，并处没收财产（孙萍）；三是将"煽动实施暴力恐怖活动"修改为"煽动实施恐怖活动"，刑法有关组织、领导、参加和资助恐怖活动犯罪的规定中均未在恐怖活动前加上"暴力"的限定（韩耀元）；四是以散发资料、发布信息或者通过音视频、当面讲授等方式宣扬恐怖主义、极端主义就是煽动实施恐怖活动，是煽动的具体表现形式，两者没有实质区别，建议删去宣扬的表述，规定为煽动实施恐怖主义、极端主义活动的犯罪（秦希燕）。

此外，有意见提出，对于本条规定的"极端主义"是什么含义，应当在立法上进一步明确。（秦希燕）

（二）增加以暴力、胁迫等手段非法侵犯公民宗教信仰自由、强迫他人改变生活方式的犯罪

修改方案拟在刑法第二百五十一条中增加一款，规定：以暴力、胁迫或者其他极端主义方式侵犯公民宗教信仰自由的，非法强制他人改变生活方式或者佩戴恐怖主义、极端主义特定服饰、标志的，追究刑事责任。

与会人员提出了一些具体修改意见：一是"其他极端主义方式"是指什么情况，需要进一步明确（韩耀元）；二是将"非法强制他人改变生活方式"修改为"以宗教名义强制他人改变生活方式，破坏生产、经营活动"（孙萍）；三是将"佩戴恐怖主义、极端主义特定服饰、标志"修改为"穿着、佩戴宣扬恐怖主义、极端主义服饰、标志等物品的"（孙萍），或将佩戴行为与修改方案规定的持有涉恐物品犯罪并列规定在一起（秦希燕）。此外，在条文的位置上，有的建议放在刑法第一百二十条之后，将这次增加的涉恐犯罪集中规定在一起（韩耀元）。

（三）增加利用极端主义煽动、胁迫群众破坏法律实施的犯罪

修改方案拟在刑法第一百二十条后增加一条，规定：利用极端主义煽动、胁迫群众破坏国家法律、行政法规实施的，追究刑事责任。

与会人员赞成规定该罪，认为：针对实践中一些极端主义分子煽动、胁迫他人不领结婚证、不上户口、不让孩子上学等破坏国家法律和有关制度实施的行为规定犯罪，是必要的。有的提出，该条规定与刑法第二百七十八条规定的煽动群众暴力抗拒国家法律、行政法规实施罪是什么关系，需要进一步明确；建议修改刑法第二百七十八条煽动暴力抗拒法律实施罪的规定解决实践中的法律问题，或者对本条规定的煽动、胁迫群众破坏法律法规实施是指哪些情况予以明确（秦希燕）。

（四）增加持有恐怖主义、极端主义宣传品的犯罪

修改方案拟增加规定，持有宣扬恐怖主义、极端主义的物品、图书、音视频资料，数量大的，追究刑事责任。

与会人员赞成规定持有暴恐宣传品犯罪。有的提出，对于制作、运输宣扬恐怖主义、极端主义物品、图书、音视频资料的，也应追究刑事责任，建议增加规定。（韩耀元）

三、维护信息网络安全，完善惩治网络犯罪的法律规定

（一）修改出售、非法提供公民个人信息罪

修改方案拟修改刑法第二百五十三条之一出售、非法提供公民个人信息罪的规定。修改后条文第一款规定，"违反国家规定，将在履行职责或者提供服务过程中获得的公民个人信息，出售或者提供给他人，情节严重的"追究刑事责任。将第二款中的"上述信息"修改为"公民个人信息"，规定为"窃取或者以其他方法非法获取公民个人信息的"，追究刑事责任。增加第三款规定，"未经公民本人同意，出售或者向他人提供其个人信息，情节严重的"追究刑事责任。

与会人员都赞成对该罪作出修改，认为根据实践情况的变化，扩大出售、非法提供公民个人信息犯罪的主体，加大对倒卖公民个人信息犯罪的打击力度等是必要的。并提出以下具体修改意见：一是将条文中的"公民个人信息"修改为"个人信息"（孙萍）；二是建议参照刑法有关侵犯商业秘密罪的规定，将非法披露、使用个人信息的行为也直接规定为犯罪，同时将第二款中的"以窃取或者以其他方法非法获取"修改为"窃取、利诱、胁迫或者其他方法非法获取"（秦希燕）；三是第三款规定未经公民本人同意，向他人提供其个人信息，情节严重的，构成犯罪。实践中，未经同意，向他人提供公民个人信息的情况比较复杂，不宜一律作为犯罪处理，建议仅规定未经同意，向他人出售公民个人信息的犯罪，对不以牟利为目的向他人提供信息的不作犯罪规定，合理控制打击范围（韩耀元），有的提出，向他人

提供公民个人信息有的属于依照法律法规，合法提供的情况，例如银行在司法机关调查取证时提供信息的，虽未经公民本人同意，但不应认为是犯罪，建议将“出售或者向他人提供”修改为“非法出售或者向他人提供”（中国人民银行条法司处长张建棣）。

（二）增加编造、传播虚假信息的犯罪

修改方案拟增加规定，编造虚假的险情、疫情、警情、灾情，在信息网络或者其他媒体上传播，或者明知是上述虚假信息，故意在信息网络或者其他媒体上传播，足以造成社会秩序混乱或者引发社会恐慌的，处三年以下有期徒刑、拘役或者管制。

与会人员提出以下意见：一是建议在列举的险情、疫情、警情、灾情后加一个“等”字，明确对编造、传播政治谣言的打击（秦希燕）；二是虚假信息的传播不限于网络或者其他媒体，口口相传等方式也能造成严重后果，建议不写明传播的载体（孙萍）；三是本罪规定的入罪门槛是“足以造成社会秩序混乱或者引发社会恐慌”，刑法第二百九十一条之一编造、故意传播虚假恐怖信息罪规定的是“严重扰乱社会秩序”，前者是危险犯，后者是结果犯，但前者在犯罪性质上轻于后者，两者规定的入罪门槛不协调，建议将“足以造成社会秩序混乱或者引发社会恐慌”修改为“严重扰乱社会秩序”（韩耀元）。此外，刑法对编造、故意传播虚假恐怖信息罪规定了两档法定刑，最高十五年有期徒刑，本罪只规定最高三年有期徒刑的一档法定刑，配置法定刑时要考虑两者之间的协调，建议对“造成严重后果的”，增加规定一档法定刑（孙萍）。

（三）增加网络服务提供者不履行法定义务的犯罪

修改方案拟规定，对网络服务提供者不履行法律、行政法规规定的信息网络安全管理义务，经监管部门通知采取改正措施而拒绝执行，具有造成违法信息大量传播，导致用户信息泄露造成后果，造成证据灭失严重妨害司法机关追究犯罪等严重情节的，追究刑事责任。

与会人员都赞成针对少数网络服务提供者见利忘义，不履行网络安全管理义务，造成严重后果的情况作出犯罪规定。有的建议将“经监管部门通知采取改正措施而拒绝执行”修改为“经监管部门通知，仍未采取改正措施的”（孙萍），还有的提出，“用户信息”是否包括单位信息，需要予以明确（工信部政法司巡视员李国斌）。

（四）增加在网络上实施侮辱、诽谤犯罪如何追究的规定

刑法第二百四十六条将普通的侮辱、诽谤罪规定为告诉才处理的犯罪。修改方案拟规定，通过信息网络实施侮辱、诽谤行为，被害人提供证据确有困难，向公安机关报案的，按照公诉案件处理。

有意见认为，如果只是规定公安机关协助调取相应的短信、邮件、查找相关的网页等一些证据，是可以的。但修改方案将网络侮辱、诽谤规定为公诉罪，公安机关需要进行调查取证、移送审查起诉，工作量大，警力上存在困难；2012年12月，全国人大常委会通过了《关于加强网络信息保护的决定》，对于网络实名制等都作了规定，认真落实这些要求，可以在一定程度上解决网络侮辱、诽谤取证困难的问题；案件进入公诉程序后，是否还允许当事人撤诉、和解，以及网络诽谤涉及与言论自由、舆论监督的界限，公安介入影响好不好等，都需要研究，建议暂不规定（孙萍），或者还是规定为自诉案件，被害人向人民法院起诉取证困难的，人民法院可以要求公安机关予以协助（公安部法制局处长陈敏），还有的建议增加规定专门的网络侮辱、诽谤犯罪（胡伟新，秦希燕）。

（五）增加为实施犯罪设立网站、发布信息的犯罪

修改方案拟规定，利用信息网络实施下列行为之一，情节严重的，追究刑事责任：（一）设立用于实施诈骗、传授犯罪方法、制作、销售违禁品等违法犯罪活动的网站、通讯群组的；（二）发布制作、销售毒品、枪支、淫秽物品等违禁品或者其他违法犯罪信息的；（三）为实施诈骗等违法犯罪活动发布信息的。

与会人员赞成规定上述犯罪。有的提出，在第（一）项中增加规定设立销售假药、劣药网站的情况，有针对性打击兜售假药、劣药犯罪，另外，毒品、淫秽物品是法律明确规定的违禁品，枪支、爆炸物等是否属于违禁品认识不一致，但都属于管制物品，建议将第（二）项修改为：“发布制作、销售毒品、淫秽物品等违禁品，以及枪支、爆炸物品、制毒物品等国家管制物品或者其他违法犯罪信息的”（孙萍）；还有意见认为，第（二）、（三）项之间的逻辑关系不是很清楚，都有发布“其他（等）违法犯罪”信息的内容，建议删去第（二）项中的“其他违法犯罪”，同时将第（三）项修改为“发布诈骗、卖淫等违法犯罪活动信息的”（韩耀元）。

（六）增加为实施网络犯罪提供帮助的犯罪

修改方案拟增加规定，“明知他人利用信息网络实施犯罪，为犯罪提供互联网接入、服务器托管、网络存储、通讯传输等技术支持，或者提供广告推广、支付结算等帮助，情节严重的”追究刑事责任。

与会人员赞成针对网络犯罪的新情况、新特点作出上述犯罪规定。有的建议将“为犯罪提供”修改为“为其提供”或者“为他人提供”。（韩耀元）

（七）修改扰乱无线电管理秩序罪

修改方案拟对刑法第二百八十八条规定的扰乱无线电管理秩序罪作出修改，删除“经责令停止使用后拒不停止使用”的行政前置条件，规定为：“违反国家规定，擅自设置、使用无线电台（站），或者擅自使用无线电频率，干扰无线电通讯秩序，情节严重的”追究刑事责任，“情节特别严重的”，处三年以上七年以下有期徒刑，并处罚金。”

有意见提出，治安处罚法第二十八条，无线电管理条例第四十七条使用的都是“无线电业务”这一概念，建议将

“干扰无线电通讯秩序”修改为“干扰无线电业务秩序”或者“干扰无线或业务正常进行”，打击范围更准确。（李国斌）

四、进一步强化人权保障，加强对弱势群体的保护

（一）修改强制猥亵、侮辱妇女罪、猥亵儿童罪

修改方案拟修改刑法第二百三十八条规定的强制猥亵、侮辱妇女罪、猥亵儿童罪，将“强制猥亵妇女”修改为“猥亵他人”，删去“侮辱妇女”。同时，对有其他恶劣情节的加重处罚。

与会人员赞成对该条的修改。有意见提出，修改方案将侮辱妇女从该罪中删除，对于和性没有直接关系的侮辱妇女行为以刑法第二百四十六条规定的侮辱罪定罪处罚，处罚上较轻，且后者属于告诉才处理的犯罪，可能会造成对妇女保护力度的削弱，引起不好的社会反应，建议保留侮辱妇女的规定。（全国妇联权益部处长郭晔）

（二）修改收买被拐卖的妇女、儿童罪

刑法第二百四十一条第六款规定对收买被拐卖的妇女、儿童的，一定条件下“可以不追究刑事责任”。修改方案拟修改为“可以从轻、减轻或者免除处罚”。

多数意见认为，修改方案针对司法实践中收买人很少被追究刑事责任的情况，在立法上进一步明确收买行为的犯罪评价，并从维护被害人权益的实际需要出发规定了“可以从轻、减轻或者免除处罚”，这样处理兼顾两方面，是妥当的。也有意见提出，修改方案将“可以不追究刑事责任”修改为“可以从轻、减轻或者免除处罚”，不够彻底，建议删去“免除处罚”（秦希燕），或者直接删去第六款（全国妇联权益部处长李岳阳），或者对收买妇女与儿童作出区分，只对收买妇女规定可以减轻或免除处罚（李岳阳、韩耀元）。

此外，还有意见提出，将刑法第二百四十条规定的拐卖妇女、儿童罪修改为拐卖人口罪，将其中的“以出卖为目的”修改为“以牟利为目的”，以利于实践中认定和打击拐卖犯罪，也与禁止贩运人口的国际条约相衔接。（谢鲁宁）

（三）修改虐待罪

修改方案拟将虐待罪告诉才处理的规定修改为：虐待罪，告诉的才处理，但被虐待的人没有能力告诉，或者因受到强制、威吓无法告诉的除外。同时增加规定，对未成年人、老年人、患病的人、残疾人等负有监护、看护职责的人虐待被监护、看护的人，情节恶劣的，追究刑事责任。

与会人员赞成上述规定，认为增设虐待学生等非家庭成员犯罪是必要的。有意见提出，修改方案对告诉才处理的情况作出修改，规定无能力告诉，或者因受到强制、威吓无法告诉的，不适用告诉才处理。对此，可以考虑修改刑法总则第九十八条关于告诉才处理的规定，统筹解决其他告诉才处理犯罪存在的同样问题。此外，针对一些救助机构也存在虐待犯罪的情况，建议在被虐待对象中增加“被依法救助的人”。（韩耀元）

五、进一步完善反腐败的制度规定，加大对腐败犯罪的惩处力度

（一）修改行贿罪的刑罚

修改方案拟对行贿罪增加罚金刑。同时，完善行贿罪从宽处罚规定，将行贿人在被追诉前主动交代行贿行为“可以减轻或者免除处罚”的规定修改为“可以从轻或者减轻处罚。其中，犯罪较轻的，其检举揭发行为对侦破重大案件起关键作用的，或者有重大立功表现的，可以免除处罚。”

与会人员赞成对行贿罪加大打击力度。有意见提出，修改方案规定“其检举揭发行为对侦破重大案件起关键作用的”可以免除处罚，交代自己行贿与对方相应受贿的事实，是否属于这里的“检举揭发”，不是很清楚，建议进一步明确（韩耀元）；还有意见认为，“检举揭发”就是刑法规定的立功，建议将“或者有重大立功表现的”修改为“或者有其他重大立功表现的”，免除处罚只限于重大立功表现的情况（胡伟新）。

此外，还有意见提出，对刑法第三百九十一条规定的对单位行贿罪以及第三百九十三条规定的单位行贿罪增加规定罚金刑。（韩耀元）

（二）增加为利用他人影响力而行贿犯罪

刑法第三百八十八条之一规定了利用影响力受罪犯罪。对于向利用影响力人员行贿如何处理，未作规定。修改方案拟在刑法第三百九十条中增加一款，规定：为谋取不正当利益，向国家工作人员的近亲属或者其他与该国家工作人员关系密切的人，或者离职的国家工作人员或者其近亲属以及其他与其关系密切的人行贿的，依照第一款的规定处罚。

与会人员赞成增加规定本罪。有意见提出，修改方案规定向利用影响力者行贿犯罪依照行贿罪的刑罚处罚，导致其刑罚重于利用影响力受贿犯罪，建议规定在刑法第三百八十八条之一中，并单独设置法定刑。（韩耀元）

（三）完善预防性措施的规定

修改方案拟增加规定：因利用职务、业务便利实施犯罪，或者实施违背职务、业务要求的特定义务的犯罪，人民法院可以根据犯罪情况和预防再犯罪的需要，对被判处刑罚的，禁止其自刑罚执行完毕之日或者假释之日起五年内担任相关职务、从事相关业务；对被免予刑事处罚的，禁止其自判决确定之日起三年内担任相关职务、从事相关业务。被禁止担任相关职务、从事相关业务的犯罪分子违反人民法院依照前款规定作出的决定的，由公安机关依法给予处罚；情节严重的，依照本法第三百一十三条的规定定罪处罚。其他法律、行政法规对其担任相关职务、从事相关业务另有禁止或者限制性规定的，从其规定。

有意见提出，本条规定的性质需要进一步明确（秦希燕）；禁止从事特定活动是刑法修正案（八）增加的禁止令的

内容之一，建议进一步厘清本条规定的预防性措施与禁止令的关系（王磊）；在禁止期限的起算日期方面，修改方案对判处缓刑的情况未作规定，缓刑是不是属于刑罚执行完毕，实践中有争议，建议予以明确（韩耀元），建议将自“假释之日起”修改为自“假释期满之日起”（王磊）；修改方案规定对违反禁止性规定的，由公安机关依法给予处罚，但治安管理处罚法对上述违反禁止决定的情况没有规定，处罚上没有明确法律依据，建议删除行政处罚的规定，只保留定罪处罚的规定（孙萍）。此外，“利用职务、业务便利”以及禁止“从事相关业务”的范围不是很明确，实践中不好操作（秦希燕），有的认为，“相关业务”范围过宽（张建棣）。

六、维护社会诚信，惩治失信、背信行为

（一）增加使用伪造、变造的居民身份证、护照等证件以及倒卖居民身份证等证件的犯罪

修改方案拟对刑法第二百八十条第三款作出修改，规定：伪造、变造、倒卖居民身份证、护照、社会保障卡等身份证明文件的，追究刑事责任。增加一款作为第四款，规定：使用伪造、变造的居民身份证、护照、社会保障卡等身份证明文件的，追究刑事责任。

有意见提出，居民身份证法第十七条规定，使用伪造、变造的居民身份证的，给予治安处罚，本条规定的入罪标准与行政处罚标准相同，建议提高犯罪门槛，规定为“情节严重”或者“经行政处罚后又实施的”。此外，第三款规定的“倒卖”范围过窄，建议修改为“买卖”。（孙萍）

（二）增加组织考试作弊等犯罪

修改方案拟对以牟利为目的，在依照国家规定举办的考试中，组织考生作弊的，为他人作弊提供器材或者其他帮助的，为实施考试作弊行为，向他人出售或者提供试题、答案的，以及以牟利为目的，代替他人参加考试的行为规定为犯罪。

与会人员认为，当前考试作弊现象严重，触碰社会诚信底线，破坏教育公平，增加规定犯罪是必要的。有的建议，删去“以牟利为目的”，实践中存在不以牟利为目的组织考试作弊的情况，同样破坏考试公平，应当纳入打击范围（孙萍、教育部政法司副司长黄兴胜），也有的认为，规定“以牟利为目的”是妥当的，能够合理控制打击范围（秦希燕）。此外，有的提出，考试加分环节也存在弄虚作假的情况，例如在高考中特长加分造假等，对情节严重的，也应当规定刑事责任（孙萍、黄兴胜）。

（三）增加虚假诉讼犯罪

修改方案拟增加规定虚假诉讼犯罪。其中，第一款规定对为谋取不正当利益，以捏造的事实提起民事诉讼，骗取或者意图骗取法院裁判文书的，追究刑事责任。第二款规定对实施虚假诉讼，非法侵占他人财产或者逃避合法债务，数额较大的，依照刑法第二百六十六条的规定从重处罚。第三款规定对司法工作人员利用职权与他人共同实施虚假诉讼行为的，从重处罚。

与会人员都认为根据实践需要，将虚假诉讼行为规定为犯罪是必要的。有的建议，将虚假诉讼中的“为谋取不正当利益”限定为“财产性利益”（孙萍）；删去第二款中规定的“数额较大”（韩耀元）；将“骗取或者意图骗取法院裁判文书”修改为“致使法院开庭审理，损害司法公正的”，因为实践中存在不以骗取裁判文书为目的，仅为拖延时间而进行虚假诉讼的情形（秦希燕）；对于司法工作人员利用职权，与他人共同实施虚假诉讼犯罪，同时构成枉法裁判、受贿等犯罪的，实行数罪并罚（秦希燕）。

七、维护社会秩序，提高社会治理能力

（一）增加生产、销售窃听、窃照等专用器材的犯罪

刑法第二百八十三条规定了非法生产、销售窃听窃照等专用间谍器材的犯罪，第二百八十四条规定了非法使用窃听、窃照专用器材罪。对非法生产、销售窃听、窃照专用器材的行为如何追究刑事责任，未作规定。修改方案拟将刑法第二百八十三条修改为：非法生产、销售窃听、窃照等专用器材或者专用间谍器材的，处三年以下有期徒刑、拘役或者管制，并处或者单处罚金。

有意见指出，窃听、窃照等专用器材与专用间谍器材的界定不是很清楚，且规定生产、销售窃听窃照专用器材犯罪，可能会将生产、销售一些具有正当生产、生活用途，同时具有录音、录像功能的民用产品认定为犯罪，需要把握好罪与非罪的界限（秦希燕）；有的提出，修改方案只规定最高三年有期徒刑刑罚，打击犯罪力度不够，建议增加规定一档“情节严重的”法定刑（孙萍）。此外，还有的建议同时修改刑法第二百八十四条，增加规定非法使用窃听、窃照等专用间谍器材犯罪（韩耀元、国家安全部法制办主任张青），并进一步提高法定刑（秦希燕）。

（二）增加个人多次扰乱社会秩序的犯罪

修改方案拟增加规定：多次扰乱社会秩序，经处罚后仍不改正，造成严重后果的，追究刑事责任。

与会人员认为，针对实践中一些个人缠访、闹访，屡教不改，严重扰乱国家机关秩序的情况，在劳教取消后，为做好法律衔接，增加规定本罪是必要的。有意见指出，“扰乱社会秩序”范围过宽，建议将“多次扰乱社会秩序”修改为“多次扰乱公共场所秩序”（张仙蕊），或者直接写清楚，规定为“多次扰乱国家机关工作秩序”（韩耀元）。此外，还有的建议删去“多次”，对于一次扰乱国家机关工作秩序，造成严重后果的，也应当追究刑事责任（孙萍），增加规定罚金刑（张仙蕊）。

(三) 增加多次组织、资助他人非法聚集，扰乱社会秩序的犯罪

修改方案拟增加规定：多次组织、资助他人非法聚集，扰乱社会秩序的，追究刑事责任。

有意见指出，规定该罪的立法意图是比较明确的，条文设计需要更具针对性，合理控制好处罚范围，建议将作为后果的“扰乱社会秩序”修改为“严重扰乱社会秩序”。(韩耀元)

(四) 完善组织、利用会道门、邪教组织破坏法律实施罪

修改方案拟修改刑法第三百条规定的组织、利用邪教组织破坏法律法规实施犯罪，增加规定一档三年以下有期徒刑的较轻法定刑，解决劳教废除后法律处罚上的衔接问题。

与会人员一致赞成对该条的修改，认为废除劳教后，适当降低一些犯罪的门槛和法定刑，将一些过去以劳教处理的行为纳入刑事打击范围是妥当的、必要的。有意见提出，刑法第三百条对邪教、会道门组织犯罪的打击落点在破坏法律法规实施上，构成犯罪需要有现实的破坏法律法规的行为。实践中，确定犯罪分子破坏法律、行政法规实施方面，有时比较困难，建议比照组织、领导、参加恐怖活动犯罪的规定，对邪教、会道门组织犯罪增加规定组织、领导邪教、会道门组织以及控制、发展邪教、会道门组织成员罪（张仙蕊，陈敏）；还有的提出，将“邪教、会道门组织”修改为“邪教、会道门等非法组织”，有的严重危害政权和社会的非法组织没有被公安部门等明确公布和认定为邪教组织，对组织、利用这些非法组织破坏国家法律法规实施的，也应当依法打击（张富民）。

(五) 增加违法泄露、报道案件相关情况的犯罪

修改方案拟增加规定违法泄露、报道案件情况的犯罪。其中，第一款规定司法工作人员、诉讼参与人对于依法不公审理的案件中不应当公开的信息，故意泄露，造成公开传播或者其他严重后果的，追究刑事责任。第三款规定，公开披露、报道的，追究刑事责任。

多数意见认为，当前泄露审判信息和国家秘密的情况时有发生，一些不公开审理的案件，尚未开庭，被害人信息等案情就被公布和炒作，挟持法院公正审判，赞同针对上述情况，对其中造成严重后果或者情节严重的，追究刑事责任（高莎薇、胡伟新，秦希燕）；也有意见认为，规定该罪应当慎重。该条主要是针对律师等披露案件信息的情况进行的规定，关于禁止披露不公开审理案件中不应公开的信息，律师法、相关的规章、行业规范都有明确的规定，从加强职业规范管理角度就可以解决问题。在当前律师的执业环境和法制环境较差，辩护权利得不到有效保证的情况下，片面地强调和动用刑法来维护司法的权威，是否符合当前实际情况，需要进一步研究（王磊）。

(六) 修改扰乱法庭秩序罪

修改方案拟修改刑法第三百零九条规定的扰乱法庭秩序罪。增加规定了扰乱法庭秩序的行为类型，将“殴打司法工作人员”修改为“殴打司法工作人员或者其他诉讼参与人”，同时增加规定了侮辱、诽谤、威胁司法工作人员或者诉讼参与人，不听法庭制止的，以及其他严重扰乱法庭秩序的情况。

多数意见赞成上述修改，认为对于树立司法权威，促进司法公正具有重要意义。有的提出，规定该罪的实质是将藐视法庭行为作为犯罪处理。藐视行为不应限于法庭内，对于法庭外殴打法官、当事人，在法院信访大厅殴打、辱骂接访人员的，也应依照藐视法庭罪处理。建议将扰乱法庭秩序修改为“扰乱法院秩序”或者“扰乱法庭以及审判相关场所秩序”（高莎薇、胡伟新），或者直接规定“藐视法庭罪”（秦希燕）。也有的认为对此应当慎重，指出：修改扰乱法庭秩序罪的指向是明显的，对于个别律师闹庭等行为，可以通过加强行业监管解决，且造成这种情况的原因是多方面的，动辄入罪，不利于司法和谐。如果一定要规定；建议删去侮辱、诽谤、威胁司法工作人员以及其他严重扰乱法庭秩序的兜底性条款，规定为“喧哗吵闹法庭，不听制止的”（王磊）。

(七) 修改拒不执行判决、裁定罪

修改方案拟修改拒不执行判决、裁定罪，增加规定一档法定刑，使最高刑由三年有期徒刑提高到七年有期徒刑，同时增加规定了单位犯罪。

有的认为，提高法定刑和增加规定单位犯罪是必要的。实践中判处拒不执行判决裁定罪的案件不多，一个重要原因在于该罪是公诉罪，在打击拒不执行判决、裁定犯罪中，有时部门间工作衔接不畅等，导致实际被起诉的不多，建议将该罪同时规定为被害人自诉罪，增强打击效果。(胡伟新)

八、其他意见

与会人员还提出了一些修改方案之外的，与修改刑法有关的意见，主要是：

一是增加拒不报告暴力恐怖活动信息的犯罪。有意见认为，打击暴力恐怖犯罪需要全民参与，有效搜集情报信息是打击暴恐犯罪的关键，对少数知情不举，造成严重后果的，应当纳入刑事制裁。建议规定：明知他人实施暴力恐怖犯罪活动，在公安机关向其调查有关情况、收集有关证据时，拒绝提供，情节严重的，追究刑事责任。(孙萍)

二是修改抢夺罪，增加多次抢夺的犯罪规定。刑法第二百六十七条规定，抢夺公私财物，数额较大的，追究刑事责任。在劳动教养取消后，对多次抢夺，虽然没有达到数额较大，但危害人民群众财产和生命安全的惯犯，也应当考虑追究刑事责任，且盗窃罪、敲诈勒索罪中都有多次实施即构成犯罪的规定。建议增加多次抢夺的犯罪规定。(孙萍)

(全国人大常委会法制工作委员会刑法室提供)

（5）有关部门对打击破坏国家考试行为有关法律问题的意见

为研究打击破坏国家统一考试行为的法律适用及法律完善问题，2014 年 9 月 7 日，全国人大常委会法工委刑法室召开由公安部、司法部、教育部、卫生部、人力资源和社会保障部参加的座谈会，听取意见。有关情况简报如下：

一、当前破坏国家考试活动的主要情况

（一）总体情况

目前许多社会领域都存在国家考试，且分属不同部门主管。大致可分为教育类考试、资格类考试、职称类考试、录用任用考试等四大类。有的是主管部门自己组织，有的是主管部门委托省甚至是中介机构负责组织。如公务员录用考试分中央和省一级两级考试。中央一级每年一次，地方一级每年一次或两次，共录用 7 万人左右。另外还有特定的转制考试。教育部调研发现全国各类考试很多，共 200 多种。

各部门普遍反映，当前破坏国家考试的活动猖獗，在各类考试中均有发现，形势极其严峻。这种行为破坏了国家考试制度和人才选拔制度，妨碍公平竞争，威胁社会稳定，败坏社会风气，同时诱发其他犯罪行为，应当严厉打击。对此，中央领导同志高度重视，多次作出批示。从目前查处的情况看，国家级考试被犯罪团伙突破的有 70 多种，涉及八个部委主管。

（二）主要行为方式

各部门普遍反映，目前窃取、贩卖各类国家考试试题及答案的“助考”行业发展迅猛，主要有以下行为方式：

1. 考试前泄露、窃取、贩卖、传播试题内容及答案信息。一些知悉试卷内容，负责保管试卷的人员，如试卷的命题、管理人员、印制人员、押运人员、考务工作人员等，为谋取非法利益，将自己知悉、掌管的试题内容及答案信息泄露给“助考团伙”，“助考团伙”又将非法获取的考前试题及答案信息通过网络等途径贩卖、散布、传播。

2. 考试过程中泄露、窃取、贩卖、传播试题内容及答案信息。“助考团伙”买通监考、巡考等人员，甚至是考生，利用高科技手段，在考试过程中，通过秘拍设备窃取试题并传出，通过网络迅速发给雇佣的枪手做答，再通过无线器材传入考场。

3. 考试后，利用黑客攻击发布成绩网站，非法篡改成绩。

4. 在各考试阶段组织专业团伙舞弊。团伙分工协作，有专门制作器材的，有专门偷题的，有专门做题的，有专门做广告的，形成制售作弊器材、考试前或考试中窃取试题内容、雇佣枪手做答、传播答案等“一条龙”产业链。

5. 制作、贩卖或者为“助考团伙”提供作弊器材。作弊器材生产公司违法生产、销售考试作弊器材、培训使用作弊器材人员。这些公司有的是无照经营，有的是正规的公司。

6. 此外，破坏国家考试的“助考”行为多伴生有非法经营考试辅导机构，窃取或买卖及使用考生个人信息，制造各类虚假的资格证书，伪造公文、身份证、信用卡等证件，以及网上发布虚假信息、广告诈骗钱财等违法犯罪行为。

（三）主要行为特点

目前窃取、贩卖各类国家考试试题及答案的“助考”行业发展迅猛，主要呈现出以下特点：

1. 高科技化。有的犯罪团伙使用秘拍设备窃取考题，使用民航或军用频率将答案传入考场，采用可以植入耳朵、牙齿的耳机接收答案。在秘拍考题、将考题传出考场、组织枪手做题、将答案传回考场、考生接收等各环节，网络、无线器材等科技的运用发挥了重要的作用。

2. 团伙化。在公安机关侦破的案件中，大多是团伙作案，有的 30 多人，有的 2、3 个人。

3. 产业化。各“助考”团伙分工明确，有专门制售作弊器材的，有专门偷题的，有专门组织做题的，有专门负责广告的，有专门负责销售试题及答案的，形成一条产业链。

4. 案件涉及地域广，人员结构复杂。目前，“助考”行为在全国各地、各类考试中均有发现，涉及人员结构复杂，有些国家公职人员也参与其中，背后隐藏着巨大的利益链条。

二、目前查处情况及遇到的法律问题

一些部门介绍，由于刑法没有专门针对破坏国家考试制度的犯罪，目前打击这类行为大多通过迂回的方式，利用刑法规定的其他罪名。如伪造公文、证件、印章罪，非法使用窃听、窃照专用器材罪，泄露国家秘密罪，非法获取国家秘密罪，非法侵入计算机系统罪，破坏计算机系统罪，非法经营罪等。除此以外，有的还适用保密法、治安管理处罚法、居民身份证法、无线电管理条例来处罚。这样的打击针对性不强，不利于提高对考试作弊行为危害的认识。

有的部门提出，对考试过程中泄露、窃取、贩卖、传播试题内容及答案信息的行为，难以按照刑法第 282 条规定的非法获取国家秘密罪追究刑事责任，主要是有关部门对试卷开封启用后还能否视为“国家秘密”存在不同认识。2001 年教育部、国家保密局发布的《教育工作中国家秘密及其密级具体范围的规定》第三条规定：“国家教育全国统一考试在启用之前的试题（包括副题）、参考答案和评分标准”为“绝密级事项”。实践中，有关部门对“启用之前”一词存在不同理解，国家保密局认为，考试开始试卷开封即为“启用”，之后的试卷就不应视为国家秘密。如果这样理解，在考试中发生的窃取试题的行为很难追究刑事责任。教育考试部门则认为，国家秘密是在一定时间内，只能被一定范围内的人知晓的事项。在考试结束之前，试卷内容始终应控制在一定范围内的人知晓，应视为国家秘密。目前，经过有关部门沟通，教育部出台了《关于对〈教育工作中国家秘密及其密级具体范围的规定〉中“启用之前”一词解释的通知》，《通知》规定，“启用”一词包含“启封”和启封后“使用完毕”两层涵义。“启用之前”意即“启封并使用完毕之前”，特指考生按规定结束考试离开考场之前的时间段。这一通知基本上解决了实践中的问题，但各部门提出，建议将《通知》的内容以司法解释的形式公布，便于执行。

有的部门提出，对于专门提供考试答案的枪手、群体作弊的行为以及大量发送各种考试信息的行为，无法依照现有刑法予以打击。

三、完善相关法律的建议

各部门提出，由于目前刑法没有专门针对破坏国家考试制度行为的规定，对组织考试作弊的“助考团伙”的打击针对性不强，震慑力不够，建议刑法对此作出专门规定。

公安部提出，刑法第 282 条非法获取国家秘密罪的范围偏窄、刑罚偏低，建议增加“非法获取”的情形并提高法定刑。

教育部提出，个人作弊的行为一般可以不规定为犯罪，但对个别的作弊考生参与作弊团伙，接受试题答案的行为应当定罪。司法部提出，对有作弊行为的考生，可作出取消考试成绩、禁考等处罚，一般来说处罚力度够了，但对于参与作弊团伙，包括考试中窃照试题并外传的考生，应追究刑事责任。

各部门提出，目前国家没有统一的考试法，在很大程度上制约着各部门对考试工作的管理，建议推动考试法尽快出台。

（全国人大常委会法制工作委员会刑法室提供）

（6）有关部门和部分法学专家对恶意虚假诉讼问题的意见

近年来，司法实践中当事人恶意进行虚假诉讼的情况多发，引起社会关注，人大代表、政协委员多次提出相关完善法律建议。为进一步了解恶意进行虚假诉讼的现状及危害，研究打击这类行为的法律适用及法律完善问题，2012 年 9 月 19 日，刑法室组织召开了由最高人民法院、最高人民检察院、公安部和北京市高院有关同志参加的座谈会。2012 年 9 月 24 日，刑法室组织座谈会听取高铭暄等九位法学专家的意见。两次座谈会由郎胜同志主持。现将有关情况简报如下：

一、恶意虚假诉讼行为的主要表现形式

公安部提出，从行为方式上来看，虚假诉讼主要有两种情形：一是以非法占有对方当事人财物为目的，通过伪造证据、虚假陈述或指使他人作伪证等方式，欺骗法院作出判决，非法获取对方当事人财产；二是双方当事人之间恶意串通，利用虚假证据骗取法院裁判，以侵害第三人财产或对抗第三人合法债权，逃避法律义务。最高人民检察院提出，虚假诉讼从所涉及的案件类型来看主要有三种：一是民间借贷类案件，常见的是虚构债务关系，骗取法院判决，达到转移财产或逃避债务目的；二是离婚案件，其中，有的是夫妻双方假离婚以多分征地拆迁补偿，有的是真实离婚案件中，夫妻一方为达到多分共同财产或少承担债务的目的，采取与第三人虚构债务关系并到法院诉讼的方式，骗取法院判决；三是驰名商标司法认定案件，主要表现为与他人合谋，捏造虚假侵权事实，通过司法判决达到认定驰名商标的目的。北京市高院认为，广义的虚假诉讼行为包括两种，一种是与实体权利有关的虚假诉讼，另一种是与程序权利有关的虚假诉讼，后一种情形属于滥用诉权。

二、危害性及处理情况

各部门普遍反映，恶意虚假诉讼手段恶劣，危害严重。一是侵犯了他人财产，通过司法途径非法获取他人财物，受害人通常因无力对抗公权力或因蒙在鼓中而难以挽回财产损失；二是严重妨害司法秩序，利用公权力非法获取财物的行为极大破坏了司法公信力，损害了司法公正和法律权威；三是行为人主观恶性大，意图玩弄司法、欺骗法官，是缺失社会诚信最为恶劣的表现。据公安部、最高人民法院、最高人民检察院的同志介绍，当前司法实践中对于恶意虚假诉讼行为的处理存在较大差别，有的认定为无罪，有的认定为诈骗罪，有的认定为妨害作证罪、伪造印章罪等。同一类案件不同地区存在不同的判例，同一地区的公检法各家对恶意虚假诉讼行为的理解和定性也不统一。专家们也认为，恶意虚假诉讼行为社会危害性较大，应当依法追究刑事责任。但目前许多地方认识不一致，处理也不同，从罪刑法定原则出发，应当在立法上予以明确。

三、完善法律惩处的相关建议

各部门和专家普遍认为，在目前理论界和司法实务界认识都不统一的情况下，应当尽快明确恶意虚假诉讼行为的定性，统一认识。恶意虚假诉讼侵犯的是复杂客体，既侵犯了财产权，又妨害了司法秩序，其社会危害性要大于普通的诈骗罪，应当运用刑法进行严厉打击，从而遏制这类行为的多发态势。

最高人民法院提出，可以通过立法解释将其明确为诈骗罪，是否新设罪名需再研究。陈忠林教授提出，应出台立法解释，或者督促司法机关尽快出台相关司法解释，明确将恶意虚假诉讼行为作为诈骗罪处理，纳入刑事打击处理范围。

最高人民检察院认为，不宜以诈骗罪论处，这类行为与传统诈骗罪的犯罪构成不相符。建议增设“诉讼诈骗罪”，将侵财性的虚假诉讼以该罪定罪处罚；同时建议将刑法第三百零七条第二款“帮助当事人毁灭、伪造证据，情节严重的，处三年以下有期徒刑或者拘役”修改为“毁灭、伪造证据，或者帮助当事人毁灭、伪造证据，情节严重的，处三年以下有期徒刑或者拘役”，对于非侵财性的虚假诉讼以该罪定罪处罚。

北京市高院提出，应在刑法妨害司法罪一节之中设立新的罪名惩处恶意虚假诉讼行为，同时建议该类案件由发现虚假诉讼的法院的刑事审判庭直接受理。

多数专家认为，刑法应增设新罪。关于新罪的罪名，有专家认为应确定为“诉讼诈骗罪”，因为实践中的发生的案件大多数以侵犯财产为目的，采用“诈骗”的提法是合适的。为防止与“民事欺诈”相混淆，不建议采用“诉讼欺诈罪”的罪名（赵秉志、梅传强教授）。有专家认为应确定为“虚假诉讼罪”，对于完全是虚假的诉讼以及缠讼、滥讼等滥用诉权行为都应认定为犯罪（卢建平教授）。关于新罪的构成条件，有专家认为该罪门槛应放低，有行为即构成犯罪，不需要再规定任何情节或后果，刑罚配置上可以放轻（卢建平教授）。有专家认为除了行为之外，构成犯罪还应具有一定的犯罪情节、后果或数额（高铭暄、贾宇、夏勇、刘德法教授）。关于犯罪主体，有专家认为，新罪的犯罪主体应包括自然人和单位，因为实践中也存在单位作为恶意虚假诉讼主体的案件（刘德法教授）。也有专家认为，恶意虚假诉讼行为的概念模糊，具体包括哪些形式还不是很清晰，如何划分罪与非罪、此罪与彼罪的界限也不清楚，建议进一步研究论证（邸瑛琪教授）。

（全国人大常委会法制工作委员会刑法室提供）

（7）关于网络犯罪的调研报告

为了解网络犯罪的新情况以及在办理网络犯罪案件中存在的问题，2013 年 12 月，刑法室派员赴江苏、广东两省进行调研。调研中，与江苏、广东两省公安机关网安总队、南京、徐州、常州、广州、深圳网安支队的一线办案民警进行了座谈，听取对网络犯罪的特点、主要办案方式、打击难点、预防网络犯罪的新举措等方面的介绍，以及他们对完善刑法相关规定的建议，查看了办案设施、工作流程。此外，还分别与腾讯、快播、迅雷三家互联网服务企业座谈，了解互联网企业维护网络安全义务的履行情况。北京市公安局网安总队提供了书面材料。现将有关情况简报如下：

一、网络犯罪的基本情况

刑法规定的网络犯罪主要是两类，一类是以互联网为侵害对象的犯罪，即针对计算机信息系统的犯罪，如刑法第二百八十五条、第二百八十六条规定的非法侵入计算机信息系统、破坏计算机信息系统等犯罪行为。在刑法修正案（七）中已基本解决了上述犯罪的法律适用问题。另一类是利用互联网实施的传统犯罪，如网络色情、网络赌博、网络侵犯知识产权、网络诈骗等。从调研情况看，这类犯罪呈现出一些新的特点，适用刑法第二百八十七条按传统犯罪打击有一定困难。

（一）各地打击、处理网络犯罪的基本情况

各地反映，利用网络实施的传统犯罪涉及的罪名很多，主要集中于网络侵犯财产，侵犯知识产权，非法获取、出售、提供公民个人信息，销售枪支、毒品等违禁品，传播淫秽信息，招嫖、赌博、传销等方面。其中，侵犯财产类的案件是所有网络犯罪中最严重的类型。在网络犯罪中，网络诈骗犯罪的比例约占三分之二左右。

从各地的实际办案情况看，网络犯罪高发低破，犯罪形势严峻。为适应日益增加的打击网络犯罪的需要，各地近年来都加强了网络警察的力量，但仍远落后于实践需要。另外，据腾讯公司介绍，互联网企业也是网络犯罪的受害者，为应对互联网违法犯罪，公司成立了专门的后台审核团队，24 小时不间断地对有害信息进行人工审核，现有审核人员 1200 余人。但随着互联网的普及和互联网功能的拓展，网络违法犯罪现象在较长一段时间内仍会呈快速增长的趋势，网络犯罪的形势仍不容乐观。

（二）网络犯罪的特点

当前，互联网与人们生活的联系越来越密切，逐渐成为很多人生活中必不可少的一部分。多数传统犯罪，如诈骗、色情、赌博等都在网络上有其表现形式，传统犯罪向互联网迁移使得其呈现出不同于传统犯罪的特点。

1. 犯罪行为隐蔽

一是身份隐蔽。网络犯罪多数属于非接触性的犯罪，犯罪分子通过电脑、通信设备作案，整个过程不与受害人直接接触，受害人往往对犯罪分子的相貌等基本情况一无所知。另外，犯罪分子通常具备较强的反侦查意识，多采用非实名办理的手机卡、银行卡以及能隐藏真实 IP 地址的网络电话作案，即使后期查到了电话号码、通话记录、IP 地址等也难以确认嫌疑人的真实身份。二是现场隐蔽。该类违法犯罪绝大部分环节是通过信息网络实施的，没有明显的犯罪现场，没有传统的痕迹物证，案发后难以提取到有用的证据。（广东总队、常州支队）

2. 跨地域犯罪突出

网络空间的虚拟化，使得网络犯罪的主体和侵害对象突破了地域、领域限制。各地的犯罪分子可以利用网络快速聚集起来，相互勾联，共同实施犯罪，同样利用网络也可以轻易突破地域限制，对千里之外的受害人实施诈骗等犯罪。因此，网络犯罪经常需要跨省办案，人力、物力成本大幅提高。（江苏省厅）

3. 犯罪成本低廉

犯罪分子通常只需几台电脑、几套通信设备，在短时间内即可完成犯罪，整个过程无需投入太多的人力、物力、财力，犯罪成本很低。此外，通过信息网络发布犯罪信息方便、快捷，网络犯罪针对不特定多数人“广撒网”的作案方式也导致受害人逐年递增，发案率高，社会危害性越来越大。（广东总队、常州支队）

4. 网络犯罪集团化

各地反映，随着互联网技术的应用和发展，传统犯罪与网络深度融合，并逐步向网络犯罪集团的方向发展，分工越来越细，形成了完整的产业链、利益链，且链条呈网状分布，错综复杂，具有组织严密，分工明确等特点。以钓鱼网站诈骗为例，从域名注册和服务器的租用、网站的制作与推广、银行卡办理到赃款提取，每个步骤都由不同人实施，且横向间无直接联系。

5. 出现大量帮助犯罪的行为

各地反映，在互联网上为他人犯罪提供帮助的行为涉及犯罪链条的每一个环节，包括从组织、物色目标、实施犯罪到获取利益、分赃、洗钱的整个过程。方式主要有：一是提供网络技术支持，包括为他人实施犯罪提供互联网接入、通讯传输通道、网络存储空间、服务器托管等服务，帮助他人设立网站、维护网站等；二是提供犯罪资金和资金运行平台。如通过在犯罪网站上投放广告，以支付广告费的形式对犯罪行为提供资金支持。还有一些支付平台，为网络犯罪行为人提供资金支付结算服务或者利用平台洗钱；三是提供犯罪技能、作案工具等。例如在网上传授制造合成毒品的技术等。四是提供犯罪推广服务，例如为色情、赌博或私服游戏网站等作广告推广或者在百度等搜索引擎上提供搜索排名。

6. 犯罪人地域特征明显

网络犯罪还呈现出了地域化的特点，例如，QQ 诈骗犯罪团伙集中在广西宾阳、钓鱼网站诈骗犯罪团伙集中在福建安溪，机票诈骗犯罪团伙集中在海南澄迈，网络购物诈骗犯罪团伙集中在湖南双峰。这些地区已经形成“家族式传帮带”的犯罪传播模式，犯罪分子之间经常相互交流、传授犯罪方法，固化为一套较为成型的诈骗手法。（常州支队、深圳支队）

7. 犯罪人员低龄化

网络犯罪的主体呈现出低龄化的发展趋势，由于大量低学历年轻人就业等方面的原因，青少年人群在网络犯罪中占相当大比例。据统计，网络犯罪人平均年龄 23 岁，80%的集中在 18 至 40 岁之间。（广东总队、腾讯公司）

二、打击网络犯罪遇到的困难和问题

（一）案件侦办难，取证难，打击成本高

网络犯罪案件侦办难、取证难是各地反映比较集中的问题，原因主要有：

一是与传统犯罪相比，网络犯罪链条长且复杂，查实查清犯罪困难。在网络帮助行为泛滥、网络犯罪集团化的大背景下，帮助他人实施犯罪的行为不是传统的“一对一”，而是“一对多”、“多对多”，帮助者和被帮助者都具有不特定性、随机性，被害人也具有不特定性，犯罪关系交织，呈网状式结构，犯罪链条复杂。一些司法机关还坚持传统犯罪由受害人到罪犯的查证思路，影响了对犯罪的打击。例如，一些公诉机关决定批捕和起诉网络诈骗犯罪时，往往要求以事主报案作为事实认定标准，事主与每个环节的犯罪嫌疑人要一一对应，要逐一核实每一笔涉案金额，但即便能查实一个或者数个被害人被诈骗的事实，也很难通过这个事实将所有的帮助环节和嫌疑人都纳入到证据链条之中，难以形成完整的证据链。另外，有的公诉机关因为考核的问题，怕案件诉不出去，对证据链要求也比较严，实际办案中往往“一案一协调”，客观上影响了对犯罪的打击。

二是网络犯罪证据不好取。电子数据本身具有难固定、难恢复、难提取，易删除、易篡改、易丢失的特点，对电子数据的采集也有不同于传统证据的规范和技术要求。一些犯罪分子利用电子数据的上述特性，在犯罪过程中不断更新、删除有关数据，将设备毁弃、丢入水中等，造成公安机关无法恢复电子数据，取证困难。

三是犯罪分子逃避侦查。一些犯罪分子利用一些网络服务商非法提供的反侦查技术，隐匿犯罪行为，造成查证困难。例如，使用 VPN 代理（隐匿上网记录和登录 IP），VPS（逃避网警追踪）和电话透传服务（修改或者冒用任何电话号码）等，逃避网警的追踪和取证。有的犯罪分子采取手机上网或利用公共无线网络上网，定位难度大。

（二）对网络帮助行为难以按照传统犯罪的共犯处理

根据刑法规定，帮助他人实施犯罪的，应当按照共同犯罪追究其刑事责任。一些同志指出，按照共犯的理论和实践打击网络帮助行为，存在困难：

一是按照共犯处理，需要确定主犯的刑事责任。一方面，由于网络犯罪的跨地域特点，主犯往往分散在全国各地，甚至境外，抓获主犯十分困难，有些无法抓获归案。司法实践中对于主犯不能到案的情况，较少追究帮助犯的刑事责任。另一方面，一些案件中在主犯的犯罪证据不完整，不能对主犯定罪的情况下，即使帮助行为能够查实和明确，但对帮助犯往往不作处理，放纵了网络帮助犯罪。（常州支队）

二是按照共犯处理，需要查明帮助者的共同犯罪故意。一些地方反映，对网络帮助者以共犯处罚，要求主观上明知他人实施犯罪并与之形成犯罪意思联络。但在网络犯罪中，帮助犯作为整个犯罪产业链中的一个环节，对公安机关查实的个案，往往难以查证有共同犯意。提供网络帮助的人，包括一些搜索引擎公司、支付结算平台、互联网接入服务商等，通常以不明知他人实施犯罪为由逃避法律追究（江苏总队、深圳市公安局福田分局网安大队）。尤其是在网络犯罪出现集团化、专业化后，内部分工细化，分层众多，集团结构严密但内部人员不固定，相互间往往是单线联系，司法实践中对于集团内部人员很难查证相互间的犯罪意思联络，对单个环节和人员难以作为共同犯罪打击。（常州支队）

三是按照共犯处理，难以体现网络帮助的独立危害性。网络帮助行为是当前网络犯罪泛滥的主要原因，直接导致网络犯罪集团化、低门槛化。从传统刑法理论上看，这些帮助犯从事的是为他人实施犯罪提供技术支持等帮助行为，但从网络犯罪的角度看，很多帮助行为实际上是整个犯罪链条的上游犯罪，帮助者也是整个网络犯罪最大的获利环节，实质上是网络犯罪集团的主犯，具有自身特征和独立的社会危害性，具有作为主犯专门定罪处罚的必要，不宜再按照传统共犯处理。（广东总队）

（三）对预备犯的打击不力

在传统犯罪向互联网迁移的情况下，利用互联网实施犯罪被分成两个阶段：一个阶段是通过设立网站、通讯群组等方式在网络上针对不特定多数人实施发布信息等预备行为或者部分实行行为，另一阶段是在现实社会中实行犯罪或者最终完成犯罪。对这些犯罪如按照查实的现实犯罪处理，不利于“打早打小”。根据刑法第二百八十七条规定，对利用互联网实施传统犯罪的，应当按照相应的具体犯罪定罪处罚。对于网上充斥的大量的各种违法犯罪信息，如都要查证、核实其现实社会中的具体犯罪活动后才处理，不利于及时净化网络环境和尽早打击犯罪，防止被害人受害。且在网上发现贩卖枪支、毒品、卖淫等线索后，等到查清毒品、枪支、卖淫等现实交易活动时，通过前期的网上的组织、联络，犯罪通常已蔓延到较大规模，不利于将犯罪扼杀在萌芽阶段。网络犯罪如不在预备阶段就予以打击，一旦进入实施阶段，公安机关客观上也无力跟踪所有的犯罪线索。（徐州支队、常州支队）

一些同志指出，司法实践中对于较轻犯罪的预备行为一般都不处理，在没有查到现实犯罪活动的情况下，以预备犯移送审查起诉和审判，会被作为证据不足或者犯罪情节显著轻微，不认为是犯罪处理。另外，在网络上发布信息、设立网站等虽然都可以说属于预备行为，但由于无法查到现实犯罪活动，一些预备行为难以认定是刑法第二十二条关于预备犯的规定“为了犯罪，准备工具、制造条件”中的“为了犯罪”，难以按照预备犯追究刑事责任。（江苏总队）

三、有关完善法律和工作机制的建议

（一）完善法律的意见

一是针对网络帮助行为规定专门的犯罪。各地指出，司法实践中对网络帮助行为的打击主要集中在网络色情、网络赌博、黑客攻击等案件上，因为相关司法解释仅针对这三种犯罪的网络帮助行为规定了单独的定罪量刑标准，不再依附于其他共犯是否定罪处罚。但对于缺乏明确规定的其他犯罪的网络帮助行为，司法实践中很少处理。各地一致认为，考虑到对网络帮助行为按照传统犯罪的帮助犯处理起来有困难，且帮助行为是犯罪链条中的重要一环，获利大、危害性大，确有必要独立定罪。建议借鉴相关司法解释的规定，将在信息网络上为他人实施犯罪提供互联网接入、服务器托管、网络存储空间、通讯传输通道、广告推广、资金结算、技术支持、作案工具等帮助，情节严重的行为规定为专门犯罪。对于有进一步的证据证明，同时构成所帮助的犯罪的共犯的，依照处罚较重的规定定罪处罚。

二是对传统犯罪的网上行为独立定罪。各地指出，传统犯罪利用网络技术平台，使得其更容易在很短时间内组织不特定的多人共同参与犯罪，或者针对大量不特定的人实施犯罪，危害性严重，应当及时定罪处罚，以“打早打小”，防患未然。有关诈骗罪、网络色情的司法解释中对网上行为独立定罪已有所涉及。各地建议，借鉴一些司法解释的规定，将为组织、针对不特定多数人员实施犯罪，而在信息网络上大量发布信息，或者设立用于策划、组织、实施犯罪的网站、通讯群组，情节严重的行为规定为刑法中的独立犯罪，不再依附于传统犯罪定罪处罚。情节是否严重可以从传播范围、后果、点击量等方面确定。对于同时查清现实传统犯罪活动的，依照处罚较重的规定处罚。

三是规定网络服务提供者不履行职责的刑事责任。针对实践中一些网络服务提供者不履行法律法规规定的管理义务，有的甚至以此为招徕客户的手段进行牟利，不配合办案机关打击犯罪的情况，一些同志提出，应当按照“谁提供服务谁负责”、“谁获利谁负责”的原则，要求网络服务提供者加强事前身份审核、事中行为监管、事后日志记录。对那些为网络犯罪提供便利，从犯罪活动中获得利益，履行监管职责不到位，或者在公安机关等监管机关责令整改后拒不改正，造成严重后果的，应当追究刑事责任（江苏总队，广州支队，徐州支队）。也有意见认为，在网络服务提供者不履行职责规定为犯罪之前，应该完善和细化法律法规，严格规定各类网络服务提供者应落实的制度和措施，规范其经营行为（广州支队、常州支队）。

（二）健全工作机制的意见

一些同志指出，惩治互联网违法犯罪是一项综合的社会工程，除了完善法律规定外，还需要针对网络犯罪的新情况、新特点，创新和完善相关工作机制。

一是注重建立预防机制。面对网络犯罪案件侦办难的现实，如何预防犯罪和及时挽救被害人损失成为一个重要的问题。调研中，我们了解到深圳市公安局针对网络诈骗高发的实际情况，着眼于从源头上预防，并进行了一些有益的尝试，取得了显著成果。深圳市公安局对诈骗犯罪实施过程、诈骗犯罪主体特征、被骗群体类型进行了实证分析，同时对电信运营商、银行等金融部门在行业管理中存在的问题进行了归纳整理，在此基础上开通了“反信息诈骗咨询专线”，向市民提供与信息诈骗相关的咨询、报警等服务。同时，针对信息诈骗犯罪的信息链和资金链，快速开展公安、通信、银行三方面联动的应急处置措施和宣传防控工作。当被害人怀疑被信息诈骗时，该专线可协助其辨别是否实际被骗，确认有人实施信息诈骗行为后，公安部门将通知银行冻结被骗资金流经的所有账户。只要资金未被取现，经6个月确权期后，将返还被害人。截至12月初，该专线已成功拦截9000余万的涉案资金，帮助被害人追回损失2000余万元。(深圳支队)

二是完善互联网管理体制。从调研的地方看，各省的市、县级公安机关都建立了网警队伍，负责侦办网络犯罪案件。一些同志反映，网安部门一半左右的精力投入在舆情监督管理工作上，为完成地方领导同志的舆情工作指示耗费了大量精力和时间。目前，地方在政府部门、党委宣传部门、公安机关通常均设有涉及互联网信息内容管理职责的机构，建议进一步理顺各机构职责。公安机关网安部门的职责应该主要限于涉网犯罪案件的侦办。同时，应进一步加强网络警察力量，配备侦查技术设备和实验室。(江苏总队、常州支队)

三是加强协调配合。首先，公安机关、检察机关之间应加强相互配合。例如在网络犯罪证据确实、充分的认定标准上，公安机关与检察机关有时意见不一致，造成一些明显有罪的犯罪分子由于不符合传统犯罪证据链要求而不能追究刑事责任。另外，各地司法机关对于网络犯罪案件的管辖也经常存有争议。建议出台司法解释，对网络犯罪案件适用刑法、刑事诉讼法的相关问题作出规定，统一认识，有效打击犯罪（南京支队）。其次，与银行、通信部门、网络服务提供者建立联动。一方面，在打击犯罪阶段，这些部门应严格按照法律规定配合司法机关查办案件，不得以各种理由推诿、拖延。另一方面，也要善于在预防犯罪等工作中协调这些部门共同做好工作。例如，深圳市公安局为预防网络诈骗犯罪，积极协调省通信部门建立机制阻断诈骗信息链、协调银行部门建立机制阻断诈骗资金链，取得了很好的实践效果（深圳支队）。

（全国人大常委会法制工作委员会刑法室提供）

(8) 一些地方打击非法制造易制毒化学品犯罪的有关情况

为了解实践中打击处理非法制造麻黄碱（冰毒前体）、羟亚胺（K粉前体）等易制毒化学品犯罪的情况，刑法室派员参加了由公安部牵头的调研组，于2014年5月27—30日在江西南昌、抚州、赣州等地调研，实地察看易制毒化学品制造窝点和生产流程，听取省市县有关部门工作情况介绍。福建省禁毒总队和长汀县到江西省向调研组介绍了情况。简报如下：

一、非法制造易制毒化学品的情况和特点

据介绍，近年来国内一些地方采用化学合成方法非法制造麻黄碱、羟亚胺等易制毒化学品的案件不断增多，形势比较严峻。如，2013年江西省破获非法制造麻黄碱、羟亚胺案件17起，今年1—5月破获13起，缴获麻黄碱2000千克，羟亚胺1200千克，目前全省已有40多个县发现制造易制毒化学品案件；2013年福建省龙岩市长汀县查处非法制造麻黄碱案件40起，缴获麻黄碱2600千克，溴代苯丙酮、盐酸、甲苯等制麻化学原料21708千克，麻黄草23050千克（公安部禁毒局、福建省禁毒总队、长汀县）。从调研情况看，非法制造易制毒化学品犯罪呈现出以下特点：

一是犯罪人群、地域特征明显。国内非法制造麻黄碱的基本上是福建长汀县籍人。该县总人口52万人，约有，2—3万人从事涉麻涉毒犯罪。长汀县籍人掌握着化学合成麻黄碱的方法，目前在全国范围内从事非法制造麻黄碱活动，制造的麻黄碱主要流入广东陆丰和缅北用于制造冰毒。非法制造羟亚胺和邻酮的主要是江苏盐城籍人员，产品流入广东惠东用于制造氯胺酮（K粉）。(公安部禁毒局、长汀县)

二是短期收获暴利。目前市场上有出售、配送专门制造麻黄碱的化学品套餐，包括溴代苯丙酮、盐酸、酒石酸、烧碱、乙酸乙酯、甲醇、甲胺水等，并按比例配好数量。购买一个套餐28万元，少量工人在7—10天内可以制造300公斤麻黄碱，按照黑市价格2400元/公斤计算，毛利72万元，扣除成本，净利40多万元。一般规模的犯罪分子，一次购买2—3个套餐，生产十天左右即可获利百万。短期暴富让很多人铤而走险。(江西省禁毒总队，长汀县)

三是生产隐蔽，不好发现。犯罪分子选择在闽赣山区地带生产，窝点选在深山老林中的农庄、果园、养殖场、空心村，或是城乡结合部的废旧厂房、仓库等隐蔽区域以及隐藏在小型制药厂、化工厂内，只在晚上开工，生产一个周期后即转移地方。一般人即使注意到窝点，也难以辨识是在生产易制毒化学品，对于产生的异味，犯罪分子通常以生产油漆、化肥等进行掩饰。目前发现的制毒窝点，通常是由于犯罪分子操作失误爆炸着火，或者废物排放导致鱼虾死亡，经现场鉴定才发现认定的。公安部门预计有大量犯罪未被发现。(进贤县公安局、东乡县公安局)

四是严重污染环境。制毒过程会产生大量化学废物，犯罪分子采取挖井、挖地窖埋入地下或者排入河流等方式，严重污染土壤和水，造成周边山林植被枯死，水源污染，散发恶臭刺鼻气味等环境污染问题。目前公安机关对查获的大量化学原料难以处理。(抚州市禁毒支队、瑞金市公安局)

二、法律适用方面存在的问题

（一）缺少打击非法制造易制毒化学品犯罪的直接法律依据。刑法第三百五十条规定了走私制毒物品罪、非法买卖制毒物品罪，没有直接规定非法制造、运输制毒物品罪。根据有关司法解释规定，对于为了制造毒品或者走私、非法买卖制毒物品犯罪而非法制造易制毒化学品的，按照其制造易制毒化学品的不同目的，分别以制造毒品、走私制毒物品、非法买卖制毒物品的预备行为论处；对于明知是他人制造毒品、走私制毒物品或者非法买卖制毒物品，而向其提供易制毒化学品，为其非法制造易制毒化学品的，分别以制造毒品罪、走私制毒物品罪、非法买卖制毒物品罪的共犯论处。

调研中一些意见认为，用预备犯、共犯的方式打击非法制造易制毒化学品犯罪，比较绕，且不好认定。一是，按照共犯处理，司法实践中难以认定犯罪分子“明知”他人实施制造毒品、走私、非法买卖制毒物品等犯罪而为其非法制造制毒物品，在查找不到下线，主犯不到案的情况下，很难将非法制造易制毒化学品的犯罪分子认定为上述犯罪的共犯。二是，对于按照预备犯处理方面，非法制造易制毒化学品的犯罪分子，基本上自己不制造毒品，不能认定为非法制造毒品罪的预备犯。一般来说，非法制造易制毒化学品的，必然要将制造出的易制毒化学品出售，可以用非法买卖制毒物品罪的预备犯论处，但不直接，证据上也要证明其具有销售目的。对于一些只购买了设备和原料，尚未开始制造易制毒化学品或者还未制造出易制毒化学品的，属于预备的预备，不好定罪处罚。（江西省禁毒总队、福建省禁毒总队、长汀县）

（二）处罚偏轻，不能有效打击犯罪。据介绍，目前司法实践中，对于非法制造易制毒化学品犯罪都以非法买卖制毒物品罪的预备犯论处。根据刑法第三百五十条规定，非法买卖制毒物品罪的法定刑分为两档，最高刑只有十年。又由于是预备犯，一般要比照既遂犯从轻、减轻或者免除处罚，不好顶格处罚，再加上一些地方执法不严，实践中对此类犯罪处罚偏轻。例如，江西省破获的“4.24郭敏等人非法买卖制毒物品案”中，郭敏等人在江西赣州境内先后建立三处非法生产羟亚胺窝点，生产羟亚胺约7200多包，共约180多吨，可以制造150吨K粉。该案主犯仅被判处七年有期徒刑（赣州市禁毒支队）。由于从事非法制造易制毒化学品可以在短短数日内暴富，即使被抓，两三年释放后又可以重操旧业，只要不交代幕后老板，坐牢期间每年补贴10万元—20万元。违法犯罪成本低，大量福建长汀籍人以身试法，致富后购买豪宅以及高档轿车，在群众中造成恶劣影响。长汀县对涉麻涉毒人员及其亲属采取了限制建房用地审批、计生管理、子女入学等超常规综合治理措施，仍难以有效打击和治理非法制造麻黄碱犯罪。（长汀县）

（三）定罪量刑标准过高。2009年，“两高”、公安部《关于办理制毒物品犯罪案件适用法律若干问题的意见》对走私、非法买卖制毒物品罪的定罪量刑标准作了规定。一些意见认为，司法解释规定的定罪门槛过高，例如麻黄碱5千克以上，羟亚胺10千克以上，甲苯、丙酮等400千克以上才定罪处罚。对于采用“蚂蚁搬家”方式生产、买卖的，或者在窝点实际缴获麻黄碱少于5千克的无法定罪，打击效果不好。《治安管理处罚法》中没有规定非法制造制毒物品行为的法律责任，实践中对于非法制造制毒物品少于司法解释数量标准的，甚至无法进行罚款和治安拘留。（长汀县、瑞金市）

三、完善法律的意见

（一）增设非法制造、运输制毒物品罪。有意见认为，非法制造制毒物品是源头，危害性重于走私、非法买卖制毒物品。考虑到目前实践中存在大量非法制造、运输制毒物品的情况，以预备犯、共犯处理不好认定，不够直接，建议在刑法第三百五十条中增加规定非法制造、运输制毒物品罪（江西禁毒总队、长汀县、进贤县）。

关于一些易制毒化学品既可作为制毒原料，同时具有生产生活合法用途，将非法制造规定为犯罪后是否会导致对合法企业、人员非制毒目的的制造行为追究刑事责任，罪与非罪范围不能合理划定的问题。对此，有意见认为，国务院规定的易制毒化学品范围确实宽泛，一些易制毒化学品特别是制毒配剂、辅料等具有生产生活正当用途，例如盐酸、硫酸、高锰酸钾等，这些属于《易制毒化学品管理条例》中规定的第三类物质。为进一步合理控制范围，建议在刑法中仅规定非法制造作为原料的易制毒化学品，不包括配剂和条例中规定的第三类物质，或者规定为非法制造易制毒化学品，不能说明具有生产生活正当用途的，构成犯罪。这样可以合理限制处罚范围。（赣州市公安局、最高法张春喜、最高检吴峤滨）

也有意见指出，《易制毒化学品管理条例》将易制毒化学品分为三类，明确列举了目录，对生产、经营、购买、运输和进出口实行严格的许可、备案制度，在这种情况下，目前生产易制毒化学品的企业基本上都是严格规范生产，对极少数合法企业、人员不按照规定生产易制毒化学品，即使不用于制造毒品的，也具有危害性，应当定罪处罚。对数量少的，给予治安处罚。（公安部禁毒局、长汀县）

还有意见认为，这种担心主要是理论上的，实践中不会打击非制毒目的的制造易制毒化学品行为。目前实践中发现的非法制造的麻黄碱、羟亚胺、邻酮无合法用途或者无法流入合法用途渠道，都用于制毒目的。例如麻黄碱合法用途是制药，犯罪分子制造的麻黄碱，由于纯度低，不符合药品原料标准，提纯的成本大于直接制造的成本，无论从经济成本还是规范管理要求的角度，制药企业都不可能购买。且即使实践中偶然存在为生产生活用途而制造其他一些易制毒化学品的情况，公安机关也不会对非制毒目的的制造行为予以打击，能够把握好范围。非法买卖、走私易制毒化学品也可能存在正当用途的情况，但刑法仍然作了犯罪规定。（江西禁毒总队）

（二）对非法制造制毒物品罪规定严厉刑罚。一些同志指出，麻黄碱与冰毒在物质成分和生产工艺上接近，前者只要进行脱氧甚至水解处理即可成为冰毒，转化率是1.5∶1，羟亚胺转化为K粉产率为1∶0.9。制造制毒物品的危害与制造毒品犯罪危害差距并不大，但制造制毒物品数量无论多大，按照目前法律规定和司法解释，以非法买卖制毒物品罪预备犯论处，最高只能判处十年有期徒刑，而制造冰毒等毒品50克以上的，即可判处死刑，处罚上差异很大。没有制毒物品就没有毒品，严厉打击制造制毒物品犯罪，才能有效打击毒品犯罪。建议在增加非法制造制毒物品罪的同时，对其规定严厉的刑罚，最高处十五年有期徒刑或者无期徒刑。此外，规定没收财产刑。犯罪分子反侦查意识强，很难将其实质上非法获得的财产认定为违法所得，增加没收财产后可以有效打击犯罪分子一夜暴富的侥幸心理。（江西省禁毒总队、进贤县、东乡县、瑞金市、长汀县）

此外，调研中大家还提出要根据当前犯罪情况，及时修改司法解释，降低制造、走私、非法买卖制毒物品犯罪的定罪量刑门槛。并在《治安管理处罚法》中对买卖、制造少量麻黄碱的法律责任作出规定（江西省禁毒总队、长汀县）。还有意见认为，刑法规定的走私、非法买卖制毒物品罪是行为犯，并未要求达到一定数量结果才构成犯罪，建议司法解释不再规定数量标准（瑞金市公安局）。明确对于非法制造制毒物品，污染环境，同时构成非法经营罪、污染环境罪的，从一重罪处罚或者数罪并罚。（江西省禁毒总队、长汀县）

（全国人大常委会法制工作委员会刑法室提供）

34. 四川省有关方面对刑法修正案（九）草案的意见

（2014年12月5日）

2014年11月16日至21日，法工委副主任郎胜同志和刑法室部分同志赴四川省调研，先后在成都、甘孜州、雅安市召开多次座谈会，就刑法修正案（九）草案（以下简称草案），特别是其中关于打击恐怖主义、极端主义犯罪，惩治腐败犯罪等重点问题，听取政法委、纪委、维稳办、人大、人民法院、人民检察院、公安机关、国家安全机关、政府法制办、民族宗教委等部门和人大代表的意见。与会人员认为，此次刑法修改的幅度、力度都很大，在减少死刑罪名，加大惩治暴力恐怖犯罪、腐败犯罪力度，维护信息网络安全，加强公民人身权利保护等方面具有重大、积极意义，同时提出一些具体修改意见。简报如下：

一、关于恐怖主义、极端主义犯罪的规定

（一）总的意见和情况

据四川省及甘孜、雅安地区有关部门反映，总体来看，本省、本地区反恐防暴形势平稳、可控，但也存在涉藏、涉疆、维稳矛盾叠加复杂化，恐怖活动与宗教、民族问题结合，以及境内外势力勾结等问题，反恐形势日趋严峻。刑法修正案（九）对惩治恐怖主义、极端主义犯罪作了明确规定，是十分必要和及时的。同时提出，要注意处理好刑法规定与反恐怖主义法等法律的衔接；修正案通过后，由两高及时出台相关司法解释，避免出现工作失误（雅安市国家安全局）；在法律执行过程中要严格区分恐怖主义、极端主义犯罪与正常的宗教活动，坚持执行党和国家的民族、宗教政策（雅安市民族宗教局）。

（二）关于增加宣扬恐怖主义、极端主义和煽动实施暴力恐怖活动的犯罪

草案第六条增加了一条作为刑法第一百二十条之二，将宣扬恐怖主义、极端主义，煽动实施暴力恐怖活动的规定为犯罪。成都市中院提出，任何宣扬、传播恐怖主义、极端主义的行为都具有较大的社会危害性，应受刑事处罚，而该条列举的行为方式并不能涵盖所有的宣扬、传播行为，建议删去“以制作资料、散发资料、发布信息、当面讲授等方式或者通过音视频、信息网络等”具体手段的规定，由司法解释予以明确。

（三）关于增加利用极端主义煽动、胁迫群众破坏法律实施的犯罪

草案第六条增加了一条作为第一百二十条之三，将利用极端主义煽动、胁迫群众破坏国家法律实施的行为规定为犯罪。

成都市中院提出，该条与第一百二十条之二宣扬恐怖主义、极端主义犯罪的规定有重合，建议将其并入第一百二十条之二中作出规定，并删去具体行为方式的表述。成都市检察院提出，该条中的“群众”为政治术语，建议改为“他人”或者“其他公民”。

（四）关于增加持有恐怖主义、极端主义宣传品的犯罪

草案第六条增加一条作为刑法第一百二十条之四，对持有宣扬恐怖主义、极端主义的物品、图书、音频视频资料，情节严重的，处三年以下有期徒刑、拘役或者管制，并处或者单处罚金。

成都市中院建议，将刑罚幅度提高至五年以下有期徒刑，并增设一档“情节特别严重的，处五年以上十年以下有期徒刑，并处或者单处罚金”的刑罚。成都市检察院建议增加一款，对因重大过失造成宣扬恐怖主义、极端主义物品、图书、音频视频资料扩散的追究刑事责任。

（五）关于增加拒不提供恐怖主义、极端主义犯罪证据的犯罪

草案第六条增加了一条作为第一百二十条之五，对拒不提供恐怖、极端主义犯罪证据，情节严重的，处三年以下有期徒刑、拘役或者管制。成都市中院建议，在该条中增加一档刑罚，对拒不提供，“造成严重后果的，处三年以上七年以下有期徒刑，并处罚金。”雅安市中院建议，在规定本罪的同时，要完善相应的证人保护制度，反恐怖主义法中有类似规定，但相关部门的职责规定不明确，缺乏可操作性。四川省高院提出，该条规定加大了证人作证的义务，在未建立证人保护制度之前，证人的权利与义务不相当，建议不作规定。

（六）关于增加以暴力、胁迫等手段强制他人穿着、佩戴宣扬恐怖主义、极端主义服饰、标志的犯罪

草案第十五条将以暴力、胁迫等方式强制他人在公共场所穿着、佩戴宣扬恐怖主义、极端主义服饰、标志的行为规定为犯罪。

成都市检察院建议，将“在公共场所穿着、佩戴宣扬恐怖主义、极端主义服饰、标志，足以造成公众恐慌或者具有其他严重情节的”也规定为犯罪。成都市人大提出，将该条规定的内容放在刑法第二百五十一条中予以规定不合适，建议调至新增的刑法第一百二十条之二中。

此外，还有一些关于完善惩治恐怖主义、极端主义犯罪的其他建议：

1. 近年来，在甘孜地区发生了多起有组织自焚事件，并将相关视频上传至互联网，在国内外造成很坏影响。自焚行为幕后通常都有组织者进行培训、煽动、教唆，目的就是造成藏区恐慌，抹黑政府，具有较大社会危害性，建议将利用极端主义组织、煽动实施自焚等自伤、自残行为的明确规定为犯罪。（省民族宗教委、甘孜自治州人大常委会、州政府、州法院）

2. 成都市检察院建议，在刑法第一百二十条中增加规定，因被煽动、胁迫参加恐怖活动组织，在被追诉前自动退出，如实交待，并未实施其他恐怖犯罪活动的，可以从轻、减轻或者免除处罚。

3. 康定县政府建议增设袭警罪，保障反恐一线的武警、公安敢于执法。

二、关于减少死刑罪名，完善刑罚结构

（一）关于提高对死缓罪犯执行死刑的门槛

草案第二条对刑法第五十条作了修改，进一步提高对死缓罪犯执行死刑的门槛。规定被判处死刑缓期执行的，如果故意犯罪，情节恶劣的，报请最高人民法院核准后执行死刑，对故意犯罪未执行死刑的，死刑缓期执行的期间重新计算，并报最高人民法院备案。

四川省人大内司委提出，在有犯罪中，如寻衅滋事罪，“情节恶劣”是入罪门槛，与作为死缓罪犯执行死刑条件的“情节恶劣”是否相同，如何区分，建议改为：故意犯罪，“可能判处五年以上有期徒刑”的，核准执行死刑。

（二）关于减少适用死刑的具体罪名

草案第八条对刑法第一百五十一条作了修改，取消了走私武器、弹药罪、走私核材料罪的死刑。有部门提出，上述两种犯罪虽然实务中少见，一旦发生危害性很大，同时考虑到与走私毒品犯罪的平衡，建议保留死刑（四川省纪委、人大内司委、高院、成都市人大、雅安市法院）。

草案第三十八条对刑法第三百八十五条作了修改，取消了组织卖淫罪、强迫卖淫罪的死刑。有部门提出，强迫卖淫是严重危害人身安全的暴力犯罪，与强奸罪区别不大，建议保留强迫卖淫罪的死刑（四川省人大内司委、雅安市人大、法院、公安局）。

此外，四川省人大法工委提出，减少适用死刑罪名，符合中央政策和国际趋势，建议在取消死刑罪名的同时，进一步完善配套措施，如延长死缓的考验期限，提高有期徒刑刑期等。

（三）关于完善罚金刑减免、变更的规定

草案第三条对刑法第五十三条作了修改，完善了罚金刑的减免、变更制度，规定：由于遭遇不能抗拒的灾祸等原因缴纳确实有困难的，经人民法院决定，可以延期缴纳、酌情减少或者免除。

四川省高院提出，决定主要用于解决程序性事项，该条规定涉及当事人实体权利的变更，建议改用“裁定”。

（四）完善数罪并罚时不同刑种并罚的规定

草案第四条完善了数罪并罚时不同刑种如何并罚的规定，进一步明确数罪中有判处有期徒刑和拘役的，执行有期徒刑，拘役不再执行。数罪中有判处有期徒刑和管制的，有期徒刑执行完毕以后，管制还需要执行。

有部门提出，根据草案规定，有期徒刑与拘役并罚，执行有期徒刑；有期徒刑与相对较轻的管制并罚时，有期徒刑执行完毕后管制仍需执行，二者不平衡。建议在有期徒刑与拘役并罚时采用限制加重原则，将拘役的刑期按照2/3或者1/2比例折算成有期徒刑后再与有期徒刑并罚（成都市检察院），或者改为有期徒刑、拘役与管制并罚时，有期徒刑、拘役执行完毕后，管制不再执行（四川省高院）。

三、关于惩治腐败犯罪的规定

（一）刑法贪污受贿犯罪规定存在的问题

成都、雅安两市检察院和纪委提出，刑法现有贪污受贿犯罪的规定存在以下问题：

第一，刑法第三百八十三条对贪污受贿犯罪量刑标准规定的具体数额已经不符合经济发展的现实水平，导致法律规定得不到有效执行。如成都市对贪污、受贿罪的立案标准一般掌握在一万元，高于刑法规定的五千元的追诉标准

(成都市纪委)。

第二，对贪污受贿十万元以上的犯罪量刑幅度过窄。刑法规定贪污数额在十万元以上的，处十年以上有期徒刑或者无期徒刑，可以并处没收财产；情节特别严重的，处死刑，并处没收财产。由于没有具体规定，实践中对涉案数额十万元和上百万元的在量刑上差别不大，有失平衡。(省纪委、成都市纪委、雅安市纪委、市人大、市检察院、雅安市雨城区检察院)

第三，悔罪态度、个案造成的社会影响对量刑影响不大。实践中，对认罪、退赃的从轻处理，但是对整个刑期影响不大，导致有的犯罪嫌疑人不认罪、不退赃，给办案机关挽回经济损失造成极大困难。贪污救灾物资、民生工程资金等财物，危害性不同于一般公共财产，但是在量刑时更多考虑犯罪数额，对行为危害性的体现不明显。(雅安市检察院，雅安市雨城区法院)

（二）关于完善惩治腐败犯罪规定的建议

1. 关于修改贪污受贿犯罪的定罪量刑标准

草案第三十九条删去贪污受贿犯罪规定的具体数额，原则规定数额较大或者情节严重、数额巨大或者情节严重、数额特别巨大或者情节特别严重三种情况，相应规定三档刑罚。增加一款作为第三款，规定对犯贪污受贿罪，如实供述自己罪行、真诚悔罪、积极退赃，避免、减少损害结果发生的，可以从宽处理。

多数部门赞同取消具体的数额标准，认为这样修改赋予各地司法部门一定空间，可以根据当地的经济社会发展水平作出判断，更有利于体现罪刑相适应（四川省纪委、成都市中院、雅安市纪委、雨城区法院）。同时建议，草案通过后由两高制定相应的司法解释，在数额、情节等方面作出指导性规定，以便实际操作（雅安市纪委、市法院、雨城区检察院）。

成都市检察院建议，将第一档、第二档的法定刑刑期由“三年以下”、“三年以上十年以下”调整为“五年以下”、“五年以上十年以下”。

四川省纪委建议，删去该条第一款第一项中“尚不构成犯罪的，由其所在单位或者上级主管机关给予处分”的规定。相关行政法律规定对不构成犯罪的如何处罚有明确规定，没有必要再在刑法中予以规定。

四川省纪委提出，总则第六十七条第三款规定犯罪嫌疑人不具有自首情节，但是如实供述自己罪行的，可以从轻处罚；避免特别严重后果发生的，可以减轻处罚。草案新增第三款规定突破了上述自首从宽处罚的适用条件，建议删除。成都市中院认为，新增第三款从宽处罚的规定，对于鼓励犯罪分子改过自新，降低司法成本有积极意义，建议在该款中增加虽然数额巨大或者特别巨大，但具有相关情节的，“可以减轻处罚”的规定。雅安市检察院建议，增加规定对认罪态度不好，拒不退赃的加重处罚。

此外，雨城区检察院建议，取消刑法第三百八十五条受贿罪定义中“为他人谋取利益的”规定。实践中，受贿犯罪的形式发生变化，大多数受贿使用长期感情投资的方式，没有具体请托事项；办案时，证明“为他人谋取利益”要件主要依靠行贿人口供，不好取证，影响追究受贿犯罪。

2. 关于增加为利用国家工作人员的影响力谋取不正当利益，向其近亲属等关系密切人员行贿的犯罪

草案第四十条在刑法第三百八十八条之一后增加了一条，作为第三百八十八条之二，规定了为利用国家工作人员的影响力谋取不正当利益，向其近亲属等关系密切人员行贿的犯罪。

有部门提出，本条是向特定关系人行贿的规定，其后的第三百八十九条对行贿罪认定作了规定，颠倒了逻辑顺序，建议将该条位置调至刑法第三百八十九条第二款（雅安市人大），第三百八十九条之一（雨城区法院），或者第三百九十条之一（成都市纪委、法院、检察院）。

3. 关于加大行贿犯罪的处罚力度

草案第九条、第四十一条、第四十二条、第四十三条、第四十四条分别对对非国家工作人员行贿罪、行贿罪、单位行贿罪、介绍贿赂罪以及单位行贿罪的规定作了修改，加大对行贿犯罪的处罚力度，增加了罚金刑。草案第四十一条还进一步严格对行贿罪从宽处罚的条件，规定“行贿人在被追诉前主动交待行贿行为的，可以从轻或者减轻处罚。其中，犯罪较轻的，检举揭发行为对侦破重大案件起关键作用，或者有其他重大立功表现的，可以免除处罚。”

四川省检察院提出，根据草案规定，对行贿人“在被追诉前”主动交待的，才能从宽处罚，该规定在检察机关自侦案件中适用的空间很小，建议改为“提起公诉前”，有部门建议，进一步明确对行贿犯罪判处罚金的标准，规定为“行贿数额一倍以上五倍以下罚金”（成都市检察院）；对“情节严重或者使国家利益遭受重大损失的”增设没收财产刑（雅安市检察院）；在第一档刑罚中增加规定“犯罪情节较轻的，可以免除处罚”的规定（四川省纪委）；治理行贿犯罪在一段时间内抓大放小，多管齐下，在加大刑事处罚力度的同时完善工商、税务等行政管理措施（雅安市纪委）。

4. 关于预防性措施的规定

草案第一条完善了预防性措施的规定，规定对因利用职业便利实施犯罪，或者实施违背职业要求的特定义务的犯罪被判处刑罚的，人民法院可以根据犯罪情况和预防再犯罪的需要，禁止其自刑罚执行完毕之日或者假释之日起五年内从事相关职业。该条第二款规定，被禁止从事相关职业的“犯罪分子”违反人民法院依照第一款规定作出的决定的，由公安机关依法给予处罚，情节严重的，追究刑事责任。

有部门提出，法院决定通常适用于程序性事项，从业禁止涉及到当事人的实体权利，应当以判决、裁定或者禁止令的形式作出（四川省高院、成都市纪委、雅安市人大）。省人大法工委建议，提高禁止从业的期限，规定不得少于五年。雅安市人大建议，进一步明确公安机关对当事人进行处罚的依据，规定“违反第二款规定的禁止令的，由公安机关依照《中华人民共和国治安管理处罚法》的规定给予处罚”。成都市纪委提出，根据第一款规定，刑罚执行完毕后才对相关人员适用禁止性规定，这里使用“犯罪分子”的表述不准确，建议改为“被人民法院依法判决禁止从事相关职业的人员”。雨城区检察院建议，在总则中对禁止性措施的性质予以明确，并在分则有关食品、药品犯罪、危险驾驶犯罪中对禁止令的内容作出具体规定。

成都市检察院提出，该条中的“职业便利”、“职业要求的特定义务”、“相关职业”等表述含义不明确，不利于司法机关执行，如被扩大适用，可能与公民的劳动权、就业权产生冲突，建议在刑法总则中对职业禁止暂不作规定，在分则具体条文中对相关内容予以明确，待条件成熟后再上升为总则规定。

四、关于进一步强化人权保障，加强对公民人身权利的保护

（一）关于修改强制猥亵、侮辱妇女罪、猥亵儿童罪

草案第十二条对刑法第二百三十七条强制猥亵、侮辱妇女罪、猥亵儿童罪的规定作了修改，扩大适用范围，同时加大对情节恶劣情形的惩处力度。

四川省纪委建议，删除条文“以暴力、胁迫或者其他方法强制猥亵他人或者侮辱妇女”中的“强制”一词。省高院建议，将该条中的侮辱“妇女”改为侮辱“他人”。成都市检察院提出，猥亵妇女的规定可以适用于出于性的目的侮辱妇女的行为，建议删除该条中“侮辱妇女”的规定。

（二）关于修改收买被拐卖妇女、儿童罪的规定

草案第十三条对刑法第二百四十一条收买被拐卖妇女、儿童罪的规定作了修改。将对收买被拐卖的妇女、儿童，按照被买妇女的意愿，不阻碍其返回原居住地的，对被买儿童没有虐待行为，不阻碍对其进行解救的，“可以不追究刑事责任”改为“可以从轻、减轻或者免除处罚。”

四川省人大内司委提出，收买被拐卖妇女、儿童是违法犯罪行为的观念现在已深入人心，对这类行为不宜免除处罚。有部门建议，对收买被拐妇女和收买被拐卖儿童的区别作出规定，对收买被拐卖妇女的，“可以从轻、减轻或者免除处罚”；对收买被拐卖儿童的，“可以从轻或者减轻处罚”（四川省检察院、成都市检察院）。

（三）关于增加在网络上实施侮辱、诽谤犯罪如何追究的规定

草案第十四条在刑法第二百四十六条侮辱、诽谤罪中增加规定，行为人通过信息网络实施侮辱、诽谤行为，被害人向法院告诉，但提供证据确有困难的，人民法院可以要求公安机关提供协助。

四川省高院提出，该条规定是关于这类自诉案件举证方式的程序性规定，建议删除草案该条，在刑事诉讼法中予以明确。

五、关于维护社会诚信，惩治失信、背信行为

（一）关于增加伪造、变造居民身份证等身份证件的犯罪

草案第二十条对刑法第二百八十条伪造、变造居民身份证的犯罪作了修改，将证件的范围扩大至护照、社会保障卡、驾驶证等证件。同时将买卖居民身份证、护照等证件的行为规定为犯罪。

有部门提出，买卖居民身份证明文件的行为，具有贪利性，建议在该条中增设罚金刑（四川省纪委、高院）。

（二）关于增加使用伪造、变造的居民身份证、护照等证件的犯罪

草案第二十一条将使用伪造、变造的居民身份证、护照、驾驶证等证件的行为规定为犯罪。

有部门提出，日常生活中使用虚假证件的行为比较普遍，对这类行为要区分不同情况分别适用行政、治安和刑罚手段，建议在该条中增加“情节严重”的入罪条件（四川省高院、成都市检察院、雨城区法院）。雅安市公安局提出，实践中使用虚假证件的问题突出，对社会综合治理造成很大障碍，建议取消“在依照国家规定应当提供真实身份活动中”的限制，直接规定使用假证的即构成犯罪。

（三）关于增加组织考试作弊等犯罪的规定

草案第三十二条规定了在国家规定的考试中，组织考生作弊，以及代替他人参加考试的犯罪。

有部门建议，进一步限制该条规定的考试范围，将其缩小至高考、研究生入学考试、司法考试、注册医师考试等国家组织的考试范围内（四川省纪委、四川省教育厅、成都市检察院、雨城区检察院）。

有部门提出，根据草案规定，一次代考即入罪，失之于严，建议慎重入刑（四川省教育厅），或者提高入罪门槛（四川省纪委、高院、雨城区法院），规定为多次代替他人参加考试的构成犯罪（四川省纪委）。省检察院提出，对于一些替考的未成年人和在校大学生可以适用特殊程序处理，尽量消除对其学习、就业的不良影响，将替考行为规定为犯罪，可以对这类行为起到震慑作用，是有必要的。

六、关于加强社会治理，维护社会秩序

（一）关于完善危险驾驶犯罪的规定

草案第七条在刑法第一百三十三条之一危险驾驶犯罪中增加了公路客运车辆超载、超速以及违法运输危险化学品的规定。

雅安市法院建议，进一步明确该条规定的超载、超速的量化标准，以便于法律适用。有部门建议，在该条中对“毒驾”作出规定（四川省高院、公安厅、成都市中院、检察院、公安局、雅安市检察院、法院、公安局、雨城区检察院）。对货运车辆超载、超速的，也应入刑，但可以考虑适当提高入罪门槛（成都市公安局、雅安市法院、雨城区检察院）。有部门提出，对旅游公司、运输公司、化工企业等单位指使或者放任单位驾驶人员超载、超速或者不按规定运输危险化学品的，应当追究单位及其直接负责的主管人员的法律责任（四川省纪委、高院）。在违法运输危险化学品的情形中增加“情节严重”的规定（四川省高院、成都市检察院）。将“危险化学品”改为“危险物品”，与安全生产法、道路交通安全法的相关表述保持一致（四川省公安厅）。根据刑法规定，犯危险驾驶罪只能处拘役，并处罚金，刑种单一，裁量幅度小，建议增加刑种（成都市中院）。

（二）关于修改出售、非法提供公民个人信息的犯罪

草案第十六条对刑法第二百五十三条作了修改，扩大了出售、非法提供因履行职责或者提供服务获得的公民个人信息犯罪的主体范围，同时，增加规定了出售或者非法提供公民个人信息的犯罪。

成都市公安局提出，非法使用公民个人信息，是诈骗等犯罪的上游行为，这类行为受害人范围广、危害大，建议将其规定犯罪。

（三）关于增加多次扰乱国家机关工作秩序的犯罪

草案第二十八条对刑法第二百九十条作了修改，将多次扰乱国家机关工作秩序，经处罚后仍不改正，造成严重后果的行为，以及多次组织、资助他人非法聚集，扰乱社会秩序，情节严重的行为规定为犯罪。

四川省人大内司委提出，对多次扰乱国家机关工作秩序，经处罚后仍不改正的行为作为犯罪处理，未考虑行为人的主观动机，如其权益确实遭受侵害，因有关部门推诿、懈怠得不到妥善处理，而上访、缠访的，一律作为犯罪处理是否合适，建议再作研究。

（四）关于修改盗窃、侮辱尸体罪的规定

草案第三十一条对盗窃、侮辱尸体罪作了修改，增加规定了故意毁坏尸体、尸骨、骨灰的行为。

四川省高院提出，将故意毁坏尸体的行为入罪时，要考虑与一些少数民族地区的“天葬”习俗是否有冲突。成都市法院提出，故意毁坏尸体、尸骨、骨灰可以定性为侮辱，建议删去相关规定。

（五）关于修改扰乱法庭秩序罪的规定

草案第三十五条对扰乱法庭秩序罪作了修改，增加了侮辱、诽谤、威胁司法工作人员或者诉讼参与人，不听法庭制止的规定。

成都市中院提出，侮辱、诽谤、威胁司法工作人员或者诉讼参与人的行为即可以构成犯罪，不需再具有“不听法庭制止”的情节，且该情节实践中难以证明，建议删除。现实中殴打、侮辱、诽谤、威胁司法工作人员或者诉讼参与人的行为多发生在庭外，建议刑法对此一并作出规定。

七、其他修改刑法的建议

1. 雨城区法院提出，根据刑法第三百四十七条的规定，对贩卖甲基苯丙胺十克以上不满五十克的，处七年以上有期徒刑，并处罚金；贩卖甲基苯丙胺不满十克的，处三年以下有期徒刑，中间缺少三至七年有期徒刑的量刑档次，建议将该条第四款修改为：“走私、贩卖、运输、制造鸦片不满二百克、海洛因或者甲基苯丙胺不满十克或者其他少量毒品的，处七年以下有期徒刑、拘役或者管制，并处罚金。”

雅安市法院提出，根据刑法第三百四十七条第二款的规定，走私、贩卖、运输、制造甲基苯丙胺五十克以上的，处十五年有期徒刑、无期徒刑或者死刑，并处没收财产。实践中，二百克以下的甲基苯丙胺毒品犯罪案件都是由基层法院审理，对这类案件量刑时，二百克以下无论数量多少都只能判处十五年有期徒刑，不能体现罪刑相适应，建议将该条中的“十五年有期徒刑”改为“十年以上有期徒刑”。

2. 雨城区法院建议，在非国家工作人员受贿罪、职务侵占罪、挪用资金罪、挪用特定款无罪、挪用公款罪中增加规定罚金刑。

3. 成都市中院提出，组织卖淫罪和协助组织卖淫罪不易区分，建议取消协助组织卖淫罪，直接将此行为认定为组织卖淫罪的从犯。

4. 四川省人大内司委提出，近年来，故意杀害、伤害医务人员以及在医疗机构私设灵堂、悬挂条幅、堵塞大门等扰乱医疗秩序的涉医违法行为屡屡发生，社会影响恶劣，建议增设扰乱医院工作秩序的相关犯罪，切实保护医院、医务工作者合法权益。

（法制工作委员会刑法室）

35.《刑法修正案（九）（草案）》各方面意见分解材料

（2015 年 5 月）

刑法修正案（九）（草案）

一、在刑法第三十七条后增加一条，作为第三十七条之一："因利用职业便利实施犯罪，或者实施违背职业要求的特定义务的犯罪被判处刑罚的，人民法院可以根据犯罪情况和预防再犯罪的需要，禁止其自刑罚执行完毕之日或者假释之日起五年内从事相关职业。

"被禁止从事相关职业的犯罪分子违反人民法院依照前款规定作出的决定的，由公安机关依法给予处罚；情节严重的，依照本法第三百一十三条的规定定罪处罚。

"其他法律、行政法规对其从事相关职业另有禁止或者限制性规定的，从其规定。"

【常委会审议意见】

有常委委员提出，"被禁止从事相关职业"是否属于新增的刑罚种类，建议在刑法总则附加刑相关条文中作出规定（李路、杜黎明、陈光国委员），此外，违反法院决定从事相关职业是否都由公安机关处罚，可能涉及其他行政机关的职责范围，需要进一步予以区分（李路委员）。董中原委员提出，第三款"其他法律、行政法规对其从事相关职业另有禁止或者限定性规定的，从其规定"的规定，不属于刑法需要规定的内容，建议删除。

【地方人大和中央有关部门、单位意见】

有的地方和单位建议，明确"职业"的范围（山东，北京大学、华东政法大学）；对职业采取列举加概括的立法方式（广东）；建议限定适用职业禁止的犯罪的范围（广东）；建议对"利用职业便利实施犯罪"、"实施违背职业要求的特定义务的犯罪"和"禁止从事相关职业"的界定予以明确（北京）。有的单位建议，将"预防再犯罪的需要"删除（华东政法大学）；将"犯罪情况"修改为"犯罪情节"（人民大学）。

有的地方建议，将"假释之日"修改为"假释考验期满之日"。（四川）

有的地方和单位提出，罪犯在刑罚执行完毕，就是一个"正常"的公民，建议将"犯罪分子"修改为"因上述规定被禁止从事相关职业的人"。（云南、山西、广东，中国政法大学）

有的地方和部门提出，"五年内"禁止从事相关职业的期限过于绝对，建议规定一个幅度。（上海、江苏、江西、北京、广东，最高法院）

有的地方和部门建议，明确从业禁止的规定同样适用于刑罚执行期间（北京、广东，司法部）。

有的部门提出，由公安机关予以处罚的法律依据不明确，另外，保险法等一些行政管理法律将违反从业禁止规定的处罚权规定由有关主管部门行使，建议统筹研究（国务院法制办），或者删除（公安部）。有的地方和单位建议，将"公安机关"修改为"行政机关"（北京师范大学）；将"由公安机关依法给予处罚"修改为"由公安机关依法给予治安处罚"（四川、云南，社科院法学所）；明确公安机关给予处罚后，其被禁止从业的期间是否重新计算（社科院法学所）。

有的单位提出，按照第二款规定，不执行人民法院有关禁止从事相关职业的判决，可能构成犯罪。而按照第三款规定，违反其他法律、行政法规中从业禁止规定的，只能受到相应的行政处罚，两款规定明显不协调。建议删除第二款"情节严重的，依照本法第三百一十三条的规定定罪处罚"的规定（清华大学）。有的地方和单位建议，将"决定"改为"判决"（四川，社科院法学所）。

有的地方和单位建议，将本条内容放在刑法第三十四条附加刑之后（华东政法大学）；或第五十八条剥夺政治权利之后（广东）。

有的地方提出，本条没有区分故意和过失犯罪，将所有的职业都纳入适用范围，且统一规定了较长的禁业限制，不利于实现教育犯罪人员的目的，建议删除本条规定。（重庆、福建、广东）

【社会公众意见】

有的提出，"禁业"作为一种"非刑罚性的处置措施"，其性质接近于行政处罚，通过修订相应的职业法规应当更合适，且该条中的"职业"、"职业便利"、"特定义务"等概念不明确，在司法实践中难以把握，社会效果不一定好，会加剧刑满释放人员的就业困难。建议取消草案第一条的规定。

有的建议将第一、三款整合，规定在第一款中。有的建议，对被判处缓刑的人是否适用该条规定，要进一步予以明确。

关于禁止从业的期限，有的建议，将禁止从业的期限由"五年"缩短至"三年"，也有人建议延长从业禁止的期限至八年或者十年，对一些性质及其严重的，应禁止其终身从事相关职业。

有人提出，第二款中规定的被禁止从业的人员其刑罚已执行完毕，不应再称为"犯罪分子"，建议将称谓改为"被禁止从事相关职业的人员”。有的建议，将法院“决定”改为“禁止令”。还有的提出，根据现有规定，对适用从业禁止的人员，在执行过程中是由公安机关进行监管还是相应主管部门监管不明确，建议同时修改治安管理处罚法的相关规定，为公安机关进行处罚提供法律依据。有的建议，将第二款中“情节严重的”，改为“构成犯罪的”，依照刑法规定处罚。

二、将刑法第五十条第一款修改为：“判处死刑缓期执行的，在死刑缓期执行期间，如果没有故意犯罪，二年期满以后，减为无期徒刑；如果确有重大立功表现，二年期满以后，减为二十五年有期徒刑；如果故意犯罪，情节恶劣的，报请最高人民法院核准后执行死刑；对于故意犯罪未执行死刑的，死刑缓期执行的期间重新计算，并报最高人民法院备案。”

【常委会审议意见】

法律委周光权提出，实践中如果被告人故意犯数罪的，单独看都不属于情节恶劣，但是被告人犯数罪的主观恶性和客观危害都严重，建议改为：“如果故意犯罪情节恶劣，或者故意犯数罪的，报请最高人民法院核准以后执行死刑”。莫文秀委员建议，在报最高人民法院备案后增加报最高人民检察院备案，以便于掌握相关情况并进行监督。

【地方人大和中央有关部门、单位意见】

有的地方和单位建议，明确“情节恶劣”的含义（北京、广东、陕西、福建、江苏，社科院法学所、武汉大学）；在“情节恶劣”前增加“性质严重”（法学会），或者将“情节恶劣”修改为“情节严重”（湖南）。

有的地方提出，该条中关于“故意犯罪未执行死刑”的表述易产生歧义，建议先规定“故意犯罪的死刑缓期执行的期间重新计算”，再规定“情节恶劣的，报请最高法院核准后执行死刑”（上海）；将“对于故意犯罪未执行死刑的”修改为“对于故意犯罪，尚不属于情节恶劣，不执行死刑的”（浙江）。

有的地方建议，增加规定死缓期满后未执行死刑的应当限制减刑（广东）；建议明确死刑缓期执行期间重新计算的裁决机关、程序和重新计算的时间（江苏、陕西、浙江、广东、湖南）；有的建议删去“对于故意犯罪未执行死刑的，死刑缓期执行的期间重新计算，并报最高人民法院备案”的规定（山西）。有的单位建议，对虽然故意犯罪，且情节恶劣，但又有重大立功表现的如何处罚作出规定（人民大学）。

有的地方和部门提出，本条将原来的“查证属实”修改为“情节恶劣”，限制条件过严，有悖于设置死缓制度的初衷，建议不作修改为好。（山东、江西、四川，司法部）

【法律委法工委座谈会意见】

司法部提出，死缓是中国特色的死刑执行制度，在制度设计上已经给予犯罪分子改过自新机会，再次故意犯罪应当执行死刑，且司法实践中判处死缓最后执行死刑的属于极少数，进一步提高执行死刑门槛，实际上不能达到减少死刑适用的目标，建议草案对此不作修改。高铭暄、赵秉志教授提出，对死缓罪犯，发生殴打等轻微故意犯罪的情况，执行死刑不合适，赞成草案提高死缓执行死刑门槛。

【社会公众意见】

有的建议保留原有规定。认为判处死缓已经给罪犯提供了重新做人的机会，在死缓期间还故意犯罪，说明其没有悔罪的诚意，应当执行死刑。

有的认为“情节恶劣”具体是指什么情况不明确，建议将“情节恶劣”修改为“被判处三年以上有期徒刑”。

有的建议增加规定故意犯数罪的，或者多次故意犯罪的，报请最高人民法院核准以后执行死刑。

还有的建议，对被人民法院决定限制减刑的死缓犯的考验期间要适当延长为三至五年，以体现与普通死缓犯的不同。

三、将刑法第五十三条修改为：“罚金在判决指定的期限内一次或者分期缴纳。期满不缴纳的，强制缴纳。对于不能全部缴纳罚金的，人民法院在任何时候发现被执行人有可以执行的财产，应当随时追缴。

“由于遭遇不能抗拒的灾祸等原因缴纳确实有困难的，经人民法院决定，可以延期缴纳、酌情减少或者免除。”

【常委会审议意见】

董中原委员建议，将“经人民法院决定”改为“经人民法院裁定”可以延期缴纳，酌情减少或者免除。人民法院的决定、裁定、判决有不同效力与程序要求，免除罚金是重要的司法裁决，仅以“决定”的形式作出，似乎不妥。穆东升委员建议，进一步明确规定须经当事人“本人申请”，人民法院再决定是否可以延期缴纳，酌情减少或者免除缴纳。

【地方人大和中央有关部门、单位意见】

有的地方建议，在“经人民法院决定”前增加“本人申请”（青海）；将“经人民法院决定”修改为“经执行机关决定”（四川）；在“延期缴纳”的申请主体中增加“未成年人和没有劳动能力的人”（江西）。

有的单位提出，草案增加的“并处罚金刑”较多，“单处罚金刑”太少，只有独立使用罚金刑，才能体现出其轻刑的性质。（法学会）

【社会公众意见】

有的认为，刑罚确定后必须得到执行，该条修改对犯罪分子过于宽容，不应作修改。

有的建议，增加有关罚金利息的规定。规定对于期满不缴纳的，强制缴纳本金及利息。对于不能全部缴纳罚金的，应当随时追缴罚金本金及利息。

有的认为，对罚金的减免，与减刑、假释一样都属于刑罚的变更，应当在程序上进一步严格规范。建议将草案第三条第二款修改为“由于遭遇不能抗拒的灾祸等原因缴纳确实有困难的，经被告人申请或检察机关建议，由人民法院裁定，可以延期缴纳、酌情减少或者免除。”

四、在刑法第六十九条中增加一款作为第二款：“数罪中有判处有期徒刑和拘役的，执行有期徒刑。数罪中有判处有期徒刑和管制，或者拘役和管制的，有期徒刑、拘役执行完毕后，管制仍须执行。”

原第二款作为第三款。

【常委会审议意见】

有常委委员和列席人员提出，拘役是比管制更重的刑罚，有期徒刑与管制并罚时，有期徒刑执行完毕后，管制仍须执行，而比管制刑更重的拘役与有期徒刑并罚时，却只需执行有期徒刑，两种规定不平衡。此外，刑法分则中大量罪名规定了拘役刑，还有部分罪行最高自由刑就只有拘役，如果有期徒刑与拘役并罚不执行拘役，将导致大量判处拘役的犯罪实际上未执行刑罚。建议采用折算的方法，规定拘役 3 日折算有期徒刑 2 日，管制 3 日折算有期徒刑 1 日（法律委周光权），或者统一采用并罚原则，规定数罪中判处有期徒刑和拘役的，有期徒刑执行完毕后，拘役仍须执行（杜黎明委员），或者统一采用吸收原则，规定数罪中判处有期徒刑和管制，或者拘役和管制的，有期徒刑、拘役执行完毕后，管制不再执行（陈光国委员）。

【地方人大和中央有关部门、单位意见】

有的地方、部门和单位提出，拘役比管制更重，而本条规定对有期徒刑与拘役的并罚采取吸收原则，对与管制的并罚采取并科原则，不符合刑罚原理，建议重新考虑并罚原则。（北京、浙江、重庆、山西，最高法院、司法部，全国律协、清华大学、北京师范大学、法学会、社科院法学所）

有的地方、部门和单位建议，对不同主刑的并罚均采取吸收原则。（重庆、山西，最高法院、司法部、全国律协，社科院法学所）

有的地方建议，采取有期徒刑、拘役和管制分别执行原则。（上海、湖南、福建、四川、广东）

有的地方和单位建议，采取折抵的原则，拘役折算为有期徒刑的 80%，管制折算为有期徒刑的 40%，管制折算为拘役的 50%（清华大学）；建议拘役二日折抵有徒刑一日（广东）；建议修改为“拘役折抵为有期徒刑，与有期徒刑限制加重；管制与有期徒刑或者拘役并科”（武汉大学）；对于有期徒刑和拘役的并罚，可以在重刑的基础上加重三分之一或三分之二来执行有期徒刑（法学会）。

【法律委法工委座谈会意见】

司法部提出，判处有期徒刑和管制或者拘役和管制的，执行有期徒刑或者拘役即可，再执行管制的意义不大；高铭暄教授提出，判决时主刑可以有多个，但最终执行时主刑只能有一个，有期徒刑或者拘役执行完毕后再执行管制，不符合执行主刑唯一原则，建议采取吸收原则，管制不再执行。

【社会公众意见】

有的认为，刑法分则中大量罪名规定了拘役刑，还有个别犯罪只规定了拘役，如果有期徒刑与拘役并罚不执行拘役，将导致大量判处拘役的犯罪实际上未执行刑罚。建议采用折算的方法，或者采用并科原则。

有的建议采用吸收原则，规定数罪中判处有期徒和管制，或者拘役和管制的，有期徒刑、拘役执行完毕后，管制不再执行；判处有期徒刑和拘役的，有期徒刑执行完毕后，拘役不再执行。

关于完善惩治恐怖主义、极端主义犯罪的总体建议和其他建议

【常委会审议意见】

苏泽林委员提出，修改完善刑法关于恐怖主义、极端主义犯罪的规定，要考虑与反恐怖主义法的衔接，如“恐怖主义”、“极端主义”的定义等一些重大理论问题还需要进行研究，建议对这一章的修改等反恐怖主义法的框架和条文形成以后再考虑。

新疆人大雪克莱提·扎克尔建议，将没有成立或者加入恐怖组织，但以杀人、故意伤害等手段单独实施暴力犯罪等恐怖活动的行为，规定为“恐怖活动罪”。

【地方人大和中央有关部门、单位意见】

有的地方和单位提出，草案第六条、第十五条中的“极端主义”在司法实践中容易产生歧义，建议明确定义（上海、青海省、广东、山东、福建、贵州、西藏、江西，武汉大学、中国政法大学、法学会、全国律协），有的认为，极端主义和恐怖主义是有区别的，凡是条文涉及到“极端主义”的，建议作为专门条款规定（法学会），或删去（中国政法大学、人民大学）。

有的单位提出，草案中“恐怖主义、极端主义”的表述是否合适，应考虑与反恐怖主义法的衔接，或将其修改为“恐怖主义行径、极端主义行径”（社科院法学所）；建议将本部分几个条文中的“极端主义”修改为“暴力极端主义”（法学会、北京师范大学）。

有的部门建议在草案第六条新增的四个条文中的“极端主义”后分别增加“分裂主义”。（国家安全部）

【法律委法工委座谈会意见】

中央统战部、国家安全部提出，“三股势力”是指恐怖主义、分裂主义、极端主义，三者通常是并列提出的，建议在草案第六条以及草案第十五条中相应增加处罚“分裂主义”的内容。

赵秉志教授提出，草案中规定的“极端主义”界限不明确，建议将这几个条文中的“极端主义”修改限定为“暴力极端主义”。

关于惩治恐怖主义犯罪，中央政法委还提出两点建议：一是，关于涉恐人员出入境管控问题。目前，司法实践中偷越国（边）境，意图前往境外参加“圣战”或者接受恐怖活动培训的情况突出，对这类涉恐人员以刑法第三百二十二条规定的偷越国（边）境罪处罚，最高只能判处一年有期徒刑，刑罚偏轻。建议修改偷越国（边）境罪，对以恐怖主义为目的偷越国（边）境的，增加规定一档法定刑；二是，关于预备性恐怖行为的定罪量刑问题。实践中，一些在预备阶段查获的恐怖活动犯罪，由于证据等原因难以定罪处罚，有的地方没有处罚，有的地方按照预备犯处罚过轻，鉴于恐怖活动犯罪的特殊性，建议将预谋、准备实施杀人、爆炸、绑架等暴力恐怖活动的行为单独规定为犯罪。

五、将刑法第一百二十条修改为：“组织、领导恐怖活动组织的，处十年以上有期徒刑或者无期徒刑，并处没收财产；积极参加的，处三年以上十年以下有期徒刑，并处罚金；其他参加的，处三年以下有期徒刑、拘役、管制或者剥夺政治权利，可以并处罚金。

“犯前款罪并实施杀人、爆炸、绑架等犯罪的，依照数罪并罚的规定处罚。”

【地方人大和中央有关部门、单位意见】

有的单位和地方建议在本条中增加“极端主义组织（活动）”的内容（新华通讯社）；增加一款“组织、领导恐怖活动组织的首要分子、罪行重大”的处罚规定。（海南）

有的地方建议在本条中增加死刑的规定。（辽宁）

【社会公众意见】

有的建议将组织、领导、参加恐怖组织罪的法定最高刑由原来的无期徒刑提高到死刑，并规定不得减刑、假释。

六、在刑法第一百二十条之一后增加四条，作为第一百二十条之二、第一百二十条之三、第一百二十条之四、第一百二十条之五：

“第一百二十条之二　以制作资料、散发资料、发布信息、当面讲授等方式或者通过音频视频、信息网络等宣扬恐怖主义、极端主义的，或者煽动实施暴力恐怖活动的，处五年以下有期徒刑、拘役、管制或者剥夺政治权利，并处罚金；情节严重的，处五年以上有期徒刑，并处罚金或者没收财产。

【常委会审议意见】

莫文秀委员提出，上海合作组织公约将恐怖主义、分裂主义、极端分裂主义并列提出，建议在本条中增加分裂主义，或者删除极端主义，将恐怖主义作广义的解释，包括了分裂主义、极端主义。建议提高本罪的刑罚（范徐丽泰委员，新疆人大雪克莱提·扎克尔）。

【地方人大和中央有关部门、单位意见】

有的地方和单位建议降低本条的法定刑（福建）；将本条的入罪条件规定为“情节严重”（江西）；删去“制作资料、散发资料”等行为方式的列举（清华大学）；删去本条中的“极端主义”（全国律协）。

有的部门建议将条文修改为：“以制作或者散发宣扬恐怖主义、极端主义的物品、资料或者通过音频视频、信息网络，当面讲授等方式宣扬恐怖主义、极端主义，或者煽动实施暴力恐怖活动的。”（公安部）

【社会公众意见】

有的认为，草案对宣扬恐怖主义、极端主义的行为方式和手段规定不全面，建议修改为“制作、传播宣扬恐怖主义、极端主义的文字、图形、图片、书刊、资料、音像制品、计算机软件和其他物品，或者以其他方式宣扬恐怖主义、极端主义，或者煽动实施暴力恐怖活动的”，追究刑事责任。

“第一百二十条之三　利用极端主义煽动、胁迫群众破坏国家法律确立的婚姻、司法、教育、社会管理等制度实施的，处三年以下有期徒刑，并处罚金；情节严重的，处三年以上七年以下有期徒刑，并处罚金；情节特别严重的，处七年以上有期徒刑，并处罚金或者没收财产。

【常委会审议意见】

新疆人大雪克莱提·扎克尔建议，增加规定对受极端主义影响拒不执行国家法律确立的婚姻、司法、教育、社会管理等制度的行为进行刑事处罚。在新疆一些地区，受极端主义影响，不执行法律规定的婚姻、教育、社会管理方面制度的行为还不同程度存在，对这种行为应该进行刑事处罚，逐步消除极端主义对世俗化生活的影响。

【地方人大和中央有关部门、单位意见】

有的地方和单位建议将“群众”修改为“他人”。本条规定的“婚姻、司法、教育、社会管理”等制度太模糊，打击面太大，建议明确（四川，武汉大学）；建议修改为“司法、教育、社会管理、婚姻制度”，删去“等”字（重庆）。

有的地方和单位建议删去此条。认为“极端主义”是一种思潮。将煽动他人以传统方式结婚等行为规定为犯罪会造成打击面过大，并激化矛盾。（广东，全国律协）

【社会公众意见】

有的认为，草案中规定的“国家法律确定的婚姻、司法、教育、社会管理等制度”范围过大，界限不清，建议删去第一百二十条之三的规定；

有的认为，草案对煽动、胁迫者规定了刑事责任，对本人受极端主义影响拒不执行国家法律确立的婚姻、司法、教育、社会管理等制度的也应增加规定追究刑事责任。

“第一百二十条之四 持有宣扬恐怖主义、极端主义的物品、图书、音频视频资料，情节严重的，处三年以下有期徒刑、拘役或者管制，并处或者单处罚金。

【常委会审议意见】

莫文秀委员建议，在“持有宣扬恐怖主义、极端主义的物品”前面加上“制造、运输”，在恐怖主义之后加上“分裂主义”，便于有效打击制造、运输恐怖主义、分裂主义、极端主义宣传品的犯罪。范徐丽泰委员建议删去“情节严重”，持有的即构成犯罪。李大进代表建议，增加“明知”是恐怖主义、极端主义宣传品而持有的规定。

【地方人大和中央有关部门、单位意见】

有的部门和单位建议，将“物品、图书、音频视频资料”修改为“图书、音频视频资料或者其他物品”（最高法院）；建议将“图书”修改为“书面资料”（新华通讯社），或“出版物”（新闻出版广电总局）。

有的地方和单位建议，将本条的“持有”限定为“明知而持有”的情形（广西、江西，社科院法学所、全国律协）。有部门建议在“持有”前增加“制造、运输、贩卖”等方式（最高检察院），或在“持有”后增加“并使用”，在“情节严重”前增加“造成社会性影响”的限制（统战部）。

有的地方建议，将本条中的“情节严重”修改为“造成严重后果”（云南）；将本条规定的“三年以下有期徒刑”修改为“五年以下有期徒刑”或设两档刑（四川）。

有的地方和单位提出，持有宣扬恐怖主义、极端主义的音像制品、图书等只能表明思想的危险，不应纳入刑法的范畴，建议删除。（广东，全国律协、法学会、武汉大学）

【社会公众意见】

有的认为，持有恐怖主义、极端主义宣传品即构成犯罪，过于严厉，可通过拘留、收缴宣传品等方式处罚，查证属为实施恐怖活动而持有的，以组织、领导、参加恐怖组织罪等犯罪的预备犯处罚，没有必要再增加规定持有犯罪。

有的建议对持有恐怖主义、极端主义宣传品犯罪的，在主观目的上加以限定，修改为“明知是宣扬恐怖主义、极端主义宣传品而持有”，“为传播目的而持有宣扬恐怖主义、极端主义宣传品”，或者“为宣扬目的而持有宣扬恐怖主义、极端主义宣传品”。

“第一百二十条之五 明知他人有恐怖活动犯罪、极端主义犯罪行为，在司法机关向其调查有关情况、收集有关证据时，拒绝提供，情节严重的，处三年以下有期徒刑、拘役或者管制。”

【地方人大和中央有关部门、单位意见】

有的单位建议，将“情节严重”修改为“拒绝提供，导致犯罪继续实施引发严重后果”（武汉大学）；将“调查有关情况、收集有关证据”修改为“调查取证”（人民大学）。

有的地方、部门和单位建议，将本条移至第三百一十一条拒绝提供间谍犯罪证据罪之后（广东），或者将本条与第三百一十一条合并为一条（上海、江西，国务院法制办，法学会、清华大学）。

有的单位建议，在本条中增加“近亲属有权拒绝提供证据”的规定，以与刑事诉讼法第一百八十八条的规定相衔接（法学会、社科院法学所）。有的提出，本条实际上是知情不举罪（法学会）；建议删去本条规定（贵州，国家民委）。

有的部门建议，增加“为宣扬、传播、实施恐怖主义、极端主义提供信息、资金、物资、设备或者技术、协助、便利，情节严重的，追究刑事责任”。（国家宗教事务局、中国人民银行）

【社会公众意见】

有的建议删除本条规定。认为公民面对司法机关时有沉默权，拒绝提供恐怖主义、极端主义犯罪证据的行为有危害，但不至于入刑。

七、将刑法第一百三十三条之一修改为：“在道路上驾驶机动车，有下列情形之一的，处拘役，并处罚金：

“（一）追逐竞驶，情节恶劣的；

“（二）醉酒驾驶机动车的；

“（三）在公路上从事客运业务，严重超过额定乘员载客，或者严重超过规定时速行驶的；

“（四）违反危险化学品安全管理规定运输危险化学品的。

“有前款行为，同时构成其他犯罪的，依照处罚较重的规定定罪处罚。”

【常委会审议意见】

有常委委员建议，对“严重超过额定成员载客”和“严重超过规定时速行驶”规定具体的额度或者比例，增强这一条款的可操作性（任茂东、马志武委员）。尹中卿委员建议删去“在公路上”的限定条件。马志武委员建议将“客运”改为“长途客运”。莫文秀委员提出，对严重超过额定乘员载客应该定罪，但是严重超过规定时速行驶的，要慎重考虑。杜黎明委员提出，对严重超载、超速入刑都应慎重。

杜黎明委员提出，“违反危险化学品安全管理规定运输危险化学品”中的“危险化学品安全管理规定”的范围太宽，除了国务院规定的《危险化学品安全管理条例》外，还有部门规章和各地的地方性法规，建议将规定的范围限定为“国家规定”。刘政奎委员建议将“危险化学品”修改为“危险品”，“危险品”除化学品外，还包括其他易燃易爆等物品。

关于本条规定的刑罚，董中原委员提出，新增的两项行为比原有的追逐竞驶、醉驾严重得多，建议将这两项行为单独规定为一条，并配置相应的法定刑。任茂东委员建议，将危险驾驶犯罪的刑罚提高至“两年以下徒刑或者拘役，并处罚金”。穆东升委员建议，同时增加一款“曾因危险驾驶罪受过刑事处罚的应该从重处罚”。

此外，有常委委员和列席人员提出在危险驾驶犯罪中增加规定以下行为：吸食毒品后驾驶机动车的（黄润秋、韩晓武、杜黎明、刘政奎、范徐丽泰、白志健、李连宁、陈光国委员，重庆人大沈金强）；在行驶中因非运输业务需要接听、翻看电子设备的（重庆人大沈金强，蒋婉求代表）；长时间占用应急车道，妨碍抢险、救援、救护车辆通过，造成严重财产损失和人员伤亡的（丛斌、穆东升委员）；故意阻拦、阻挡载客公交车辆与公交车辆争道抢行的（许振超委员）；长途客运在凌晨两点至凌晨五点运营的（马志武委员）；在公路上从事货运业务严重超载或者严重超速的（丛斌委员，法律委周光权），以及套牌、制造假牌的行为（李飞委员）。

陈昌智副委员长提出，在修改危险驾驶罪的同时，应由两高配套起草相关的司法解释，对“在公路上从事客运业务，严重超过额定乘员载客，或者严重超过规定时速行驶的”定罪量刑标准予以明确，避免法律出台后出现执法难、执法不统一的问题。

【地方人大和中央有关部门、单位意见】

有的地方、部门和单位建议，删去第（三）项“在公路上”的限定条件（上海、重庆、浙江、江苏、海南、内蒙古、广东，最高法院，武汉大学）；将“在公路上从事客运业务”修改为“从事旅客运输”（公安部）；明确规定“严重超过”的幅度（北京、广东、四川、辽宁、甘肃、陕西，华东政法大学）；增加“情节严重”的入罪门槛（陕西，最高法院）。有的单位提出，超载、超速行为加强行政执法力度可以解决，建议删除第（三）项规定（全国律协、武汉大学）。

有的地方和单位建议，将“违反危险化学品安全管理规定运输危险化学品”中的“规定”限定为“国家规定”（重庆）；将“危险化学品”修改为“危险品”（福建、湖北、江西、广东，全国律协）。有的地方和部门建议增加“情节重”的入罪门槛（四川、陕西、云南、江西，最高法院）。有的部门建议处理好与刑法第一百二十五条非法运输危险物质罪的关系（最高检察院）。有的地方和单位建议删除这一规定（广东，武汉大学）。

有的单位提出，第（三）、（四）项规定的应受处罚的对象是驾驶员还是雇主不清楚（清华大学）。有的地方提出，实践中存在雇主强令机动车驾驶员危险驾驶的行为，建议扩大危险驾驶罪的主体（四川）。

有的地方和部门建议增加单位犯罪的规定（福建，国家旅游局）。

此外，有关方面建议在危险驾驶犯罪中增加规定以下行为：吸食、注射毒品后驾驶机动车的（北京、上海、天津、四川、安徽、浙江、江苏、湖北、湖南、河北、山西、福建、山东、辽宁、广东、广西、江西、吉林，公安部、中央军委法制局、国家信访局，全国律协、清华大学、人民大学、北京师范大学、社科院法学所、华东政法大学、法学会）；水运服务危险驾驶的（交通运输部，人民大学、北京师范大学、法学会）；从事货运业务严重超载、超速的（上海、浙江、四川、河北、广东、广西、江西，交通运输部，武汉大学）；非客运车辆载人，造成严重后果的（陕西）；长期占用应急车道，妨碍抢险、救援、救护车辆通过，造成严重财产损失和人员伤亡的（青海）；驾驶拼装或报废车辆上道路行驶的（湖南，人民大学）；无证从事客运业务的（安徽）；套用他人车牌、遮挡车牌或者使用假车牌的（全国律协）。

关于本条规定的刑罚，有的地方和单位提出，本条规定的刑罚过轻，建议增加有期徒刑（北京、江西，华东政法大学）和管制（北京）。

【法律委法工委座谈会意见】

最高人民法院提出，该条规定中的“在道路上”驾驶机动车和第三项“在公路上”超员超速的表述重复，建议删除第三项中规定的“在公路上”。中央政法委建议，对第三项规定的客运车辆超员的应适当提高入罪门槛，优先考虑加大行政执法力度。

最高人民法院建议在第四项违反规定运输危险化学品的规定中增加“情节严重”的入罪条件；处理好违规运输危险化学品的危险驾驶犯罪与刑法第一百二十五条非法运输危险物质罪的关系。

阎建国代表建议，增加规定“货运车辆超载”的情形，曲新久教授则提出，对超载行为入罪要慎重考虑。有的部门和专家建议将“吸食、注射毒品后驾驶机动车”的规定为犯罪（公安部、解放军军事法院，曲新久教授）。解放军军事法院建议增加“其他危险驾驶”的兜底条款。

【社会公众意见】

有的建议，在草案中增加规定：疲劳驾驶；吸食、注射毒品后驾驶机动车；在公路上从事货运业务，严重超过额定载货量，或者严重超过规定时速行驶，且被行政机关处罚三次以上，仍不改正；驾驶中使用与驾驶无关的通讯工具、电子产品；无牌照、套牌照驾驶机动车辆；行驶中随意向车窗外投掷垃圾；在高速公路行车道上倒车、逆行等行为。也有的提出，该条第三项关于客运车辆超员戴客的规定打击面过宽，客观上也无法执行到位，建议修改或删除。

关于条文的修改方案，有的建议，将条文中的"危险化学品"改为"危险品"，以免适用范围过窄；删除第（三）项中"在公路上"的表述，与第一款"在道路上"的范围相一致；增加"有其他危险驾驶行为"的兜底性条款，但也有人认为，对危险驾驶的行为应尽量列举明确，防止危险驾驶罪发展成为新的口袋罪。

有的建议，加大对危险驾驶犯罪自由刑的处罚力度，提高至二年以下有期徒刑；在该条规定中增加"单处罚金"的规定；明确规定，对醉驾初犯，没有造成财产损失、人员伤亡，且有悔改表现，可以不作为犯罪处理。

关于减少适用死刑罪名的总体意见

【常委会审议意见】

有常委委员和列席人员表示，逐步减少死刑并限制适用死刑，符合中央精神以及减少死刑适用的国际趋势，体现了宪法关于尊重和保障人权的精神（罗亮权、苏晓云委员），不会因为减少这些本来较少适用的死刑罪名，从而影响社会的稳定（郝如玉委员），赞成取消走私武器、弹药、走私核材料等9个罪名的死刑（马志武委员，法律委周光权）。此外，罗范椒芬代表建议在下一轮减少适用死刑罪名时考虑取消贪污贿赂犯罪的死刑。

有常委委员和列席人员提出，减少死刑罪名要综合考虑社会治安状况、犯罪的危害程度、国家安全情况、社会公众的安全感等因素，慎重决定。以实践中较少适用作为减少死刑罪名的理由不够充分，建议进一步明确减少死刑的标准。对严重危害国家安全、社会公共安全以及他人生命安全的犯罪，不能取消死刑（丛斌、何晔晖、张健、尹中卿、吴晓灵、苏泽林、朱静芝、龙庄伟、李玲蔚、章沁生委员，民委寸敏，广东人大陈小川）。

有常委委员建议，在取消死刑的同时完善自由刑体系，设置终身监禁（姒建敏、王乃坤、张少琴委员），严格限制相应犯罪判处无期徒刑后的减刑（范徐丽泰委员）。

【法律委法工委座谈会意见】

与会专家一致认为，草案在刑法修正案（八）取消13个罪名死刑的基础上，又取消了走私武器、弹药罪等9个罪名的死刑，进一步落实了中央关于"逐步减少适用死刑罪名"的要求，体现了立法者的担当，完全赞同。取消这些在司法实践中基本上"备而不用"的死刑，不会对社会治安形势形成负面影响（高铭暄、赵秉志、曲新久），赵秉志教授提出，取消死刑罪名的力度还可以再加大一些。

有的部门和专家还对刑法有关死刑规定提出了修改意见：一是最高人民法院、高铭暄教授提出，刑法第三百四十七条规定了走私、贩卖、运输、制造毒品罪，对运输毒品和走私、贩卖、制造毒品规定了同一定罪量刑标准，造成司法实践中运输毒品犯罪适用死刑过多。多数运输毒品行为属于整个毒品犯罪中的辅助性环节，运输者多是"马仔"，建议对运输毒品行为单独规定罪名和适用死刑的标准。二是赵秉志教授提出，对刑法第四十八条有关死刑适用标准作更严格规定有积极意义，建议规定死刑只适用于"最严重的犯罪"中"罪行极其严重的犯罪分子"，从立法和司法两个层面限制死刑。三是赵秉志教授建议对死刑适用对象作进一步限制。刑法修正案（八）规定对七十五周岁以上的老年人不适用死刑，但以特别残忍手段致人死亡的除外，建议删除"除外规定"，对七十五周岁以上老年人一律不适用死刑，还可以借鉴联合国相关公约的规定，对新生儿母亲、精神有残疾的人等特殊对象不适用死刑。

【社会公众意见】

有些意见认为，死刑具有相当的威慑力，在当前社会治安形势依然严峻和一些恶性暴力犯罪不断发生的情况下，不能减少死刑。有的认为，减少死刑罪名要根据经济社会发展情况、犯罪形势情况和公民的观念变化情况逐步进行，不宜太快。

八、将刑法第一百五十一条第一款修改为："走私武器、弹药、核材料或者伪造的货币的，处七年以上有期徒刑，并处罚金或者没收财产；情节特别严重的，处无期徒刑，并处没收财产；情节较轻的，处三年以上七年以下有期徒刑，并处罚金。"

【常委会审议意见】

有常委会组成人员和列席人员建议保留走私武器、弹药罪的死刑（艾力更·依明巴海副委员长，任茂东、迟万春、吴晓灵、朱发忠、罗亮权、朱静芝、周其凤、王乃坤、邓秀新、杨卫、尹中卿、白玛赤林、庞丽娟、张少琴、何晔晖、章沁生、龙超云、张健、唐世礼、穆东升、刘政奎委员，甘肃人大陆武成），建议保留走私核材料罪的死刑（任茂东、迟万春、吴晓灵、朱发忠、贺一诚、朱静芝、周其凤、王乃坤、尹中卿、邓秀新、章沁生、李安东、刘振起、张涛、庞丽娟、张少琴、穆东升、唐世礼、刘政奎委员，广东人大陈小川、甘肃人大陆武成）。对取消两罪的死刑建议慎重考虑（朱静芝、朱发忠、任茂东、张健、尹中卿、穆东升、迟万春、吴晓灵、邓秀新、王乃坤、张少琴、刘政奎、章沁生、周其凤、庞丽娟委员，甘肃人大陆武成）。甘肃人大陆武成建议对走私武器弹药、核材料罪与走私假币罪分开作出规定，保留走私武器、弹药、核材料犯罪的死刑，取消走私假币罪的死刑。

【地方人大和中央有关部门、单位意见】

有的地方和部门提出，走私武器、弹药、核材料犯罪严重威胁国家安全和社会安定，建议保留其死刑（北京、山西、吉林、四川、海南、辽宁、福建、重庆、云南、西藏、江苏、陕西、江西、天津、青海、广东，公安部)。有的部门建议保留走私武器、弹药罪死刑（中央军委法制局)。

有的部门提出，对走私武器、弹药数量特别巨大、情节特别严重的，能否适用刑法第一百二十五条非法买卖、运输、邮寄、存储枪支、弹药、爆炸物罪的规定判处死刑，建议予以明确。(最高法院)

有的地方提出，货币与黄金、白银都属于大货币的范畴，建议将本条第一款走私“伪造的货币”移至第二款走私黄金、白银的规定中。(四川)

【法律委法工委座谈会意见】

公安部提出，当前反恐形势严峻，走私武器、弹药可能与暴力恐怖犯罪勾连，威胁公共安全，建议保留走私武器、弹药罪的死刑；核材料属于特殊危险物质，走私核材料情况一旦出现，后果难以估量，建议保留走私核材料罪的死刑。高铭暄、曲新久教授提出，从现实情况和我国核材料管理体制上看，以前没有出现走私核材料情况，今后也基本不会发生，取消走私核材料罪死刑不会有不良影响。

【社会公众意见】

有的建议保留走私武器、弹药罪与走私核材料罪死刑。认为这类犯罪不仅侵犯了社会主义市场经济秩序，更重要的是危害了公共安全，特别是在当前恐怖活动犯罪、极端主义犯罪突出的情况下，不能废除死刑。

有的建议保留走私假币罪的死刑。这种犯罪严重危害国家金融、经济安全甚至危及国家安全，建议对走私伪造货币的首要分子或者走私伪造货币造成极其严重后果的，保留死刑。

有的认为，“走私武器、弹药、核材料”与“走私伪造的货币”不宜规定在同一条款中，两者在犯罪性质与社会危害性上差距较大。对于前者不能废除死刑，后者作为纯粹的经济性犯罪，可以废除死刑。

还有意见认为，取消走私类犯罪死刑的同时，立法和司法实践中应当加大对该类犯罪的经济处罚力度，以真正做到死刑废除后，总体惩治力度不减。

九、将刑法第一百六十四条第一款修改为：“为谋取不正当利益，给予公司、企业或者其他单位的工作人员以财物，数额较大的，处三年以下有期徒刑或者拘役，并处罚金；数额巨大的，处三年以上十年以下有期徒刑，并处罚金。”

【社会公众意见】

将草案中的“为谋取不正当利益”修改为“为谋取利益”。

十、将刑法第一百七十条修改为：“伪造货币的，处三年以上十年以下有期徒刑，并处罚金；有下列情形之一的，处十年以上有期徒刑或者无期徒刑，并处罚金或者没收财产：

“（一）伪造货币集团的首要分子；

“（二）伪造货币数额特别巨大的；

“（三）有其他特别严重情节的。”

【常委会审议意见】

有委员提出，伪造货币罪的死刑也应继续保留（尹中卿、章沁生委员)。

【地方人大和中央有关部门、单位意见】

有的地方和部门提出，目前我国假币犯罪处于高发期，严重扰乱国家金融秩序，建议保留伪造货币罪死刑（四川、海南、北京，公安部、中国人民银行)，或者对“情节特别严重的”保留死刑（天津)。

有的单位提出，本条删去了具体的罚金数额的规定，会导致乱判乱罚，空判率会更高，建议尽量明确罚金数额或比例。(法学会)

【法律委法工委座谈会意见】

公安部提出，当前伪造货币犯罪形势依然严峻，建议保留伪造货币罪的死刑。

【社会公众意见】

有的建议保留伪造货币罪的死刑。认为伪造货币祸乱民生，严重影响国家金融安全，特别是在特殊时期伪造货币的，还严重危害国家政权安全，建议保留死刑。同时明确规定，对于伪造货币的，一律判处没收财产。

十一、删去刑法第一百九十九条。

【常委会审议意见】

有常委委员提出，集资诈骗罪应保留死刑（许振超、章沁生委员)。

【地方人大和中央有关部门、单位意见】

有的地方和部门提出，现阶段我国金融监管体系还不十分健全，尚不具备取消集资诈骗罪死刑的条件，建议保留死刑（天津，公安部)。同时，建议增加“对实施诈骗行为后及时补救、偿还欠款的，可以从轻或者减轻处罚”的规定(天津)。

【法律委法工委座谈会意见】

公安部提出，伴随股权募集、网络借贷等新型投资理方式，集资诈骗犯罪也出现新情况，涉及面广，严重影响社会稳定，建议保留集资诈骗罪的死刑。高铭暄、曲新久教授提出，集资诈骗罪属于经济犯罪，被害人有逐利目的和过错，不应判处被告人死刑。

【社会公众意见】

有的建议保留集资诈骗罪的死刑。认为集资诈骗罪牵涉受害人范围广，涉及金额大，严重侵害人民群众财产安全，影响社会稳定，破坏金融秩序。对于犯集资诈骗罪行极其严重的犯罪分子，判处死刑是必要的。

还有意见认为，删除刑法第一百九十九条后，刑法第一次出现了作废条款，立法技术上如何处理需要研究。建议借鉴一些国家的做法，保留原条文序号，并加括号注明该条已废止。

十二、将刑法第二百三十七条修改为："以暴力、胁迫或者其他方法强制猥亵他人或者侮辱妇女的，处五年以下有期徒刑或者拘役。

"聚众或者在公共场所当众犯前款罪的，或者有其他恶劣情节的，处五年以上有期徒刑。

"猥亵儿童的，依照前两款的规定从重处罚。"

【常委会审议意见】

郭红梅代表建议，在"暴力、胁迫"后增加以"引诱"的方式强制猥亵他人或者侮辱妇女的规定。庞丽娟委员提出，猥亵智障妇女在农村地区呈高发状态，建议在刑法第二百三十七条第三款中增加规定猥亵智障妇女的，从重处罚；王乃坤委员提出，残疾人自我防范能力差，建议在第三款中增加猥亵残疾人，从重处罚的规定。将侮辱"妇女"改为侮辱"他人"（姒建敏、邓秀新委员）。

【地方人大和中央有关部门、单位意见】

有的地方和单位建议，将"侮辱妇女"修改为"侮辱他人"（湖北、四川、重庆、广东，法学会、北京师范大学）；或删去"或者侮辱妇女"（北京、江苏、江西，清华大学、人民大学、武汉大学、中国政法大学）。

有的部门和单位建议，将"猥亵儿童的"修改为"猥亵未成年人的"，并在第三款中增加猥亵残疾人，从重处罚的规定（团中央），或将"猥亵儿童"修改为"猥亵、侮辱儿童"（北京师范大学）。

有的地方建议，对猥亵儿童的行为单独定罪量刑，以体现对儿童的特殊保护。（江西）

有的地方建议，将猥亵男性的纳入刑法第二百六十四条强奸罪中解决。（吉林）

【社会公众意见】

有的提出，"侮辱妇女"可以包含在猥亵行为中，建议删去"侮辱妇女"的规定。还有的建议，进一步明确"猥亵"、"侮辱"、"有其他恶劣情节"，具体是指哪些情形，以区别于强奸罪等其他罪名。

有的建议，加大对这类犯罪的打击力度，对有第二款规定的恶劣情节的提高法定刑。

有的建议对第三款猥亵儿童的增加一档刑罚："情节特别严重的，判处十年以上有期徒刑、无期徒刑"；有的建议对猥亵儿童的规定单独的法定刑；对猥亵儿童屡犯者或者有相关心理疾病的罪犯禁止其近距离接触儿童。

有的提出，近些年男性受到性侵犯的案例越来越多，议修改刑法第二百三十六条强奸罪的规定，将对男性实施性侵犯的行为规定为强奸犯罪。

十三、将刑法第二百四十一条第六款修改为："收买被拐卖的妇女、儿童，按照被买妇女的意愿，不阻碍其返回居住地的，对被买儿童没有虐待行为，不阻碍对其进行解救的，可以从轻、减轻或者免除处罚。"

【常委会审议意见】

有常委委员和列席人员提出，现有修改还不够，只要有"免除处罚"的规定，就意味着买卖妇女、儿童可以不受处罚，"买方市场"就难以抑制。建议取消本条中对收买妇女、儿童者"可以免除处罚"的规定。（庞丽娟、韩晓武、贺一诚、王乃坤、张涛、刘政奎、范徐丽泰、陈秀榕委员，民委寸敏）

有常委会组成人员和列席人员建议，对收买被拐卖妇女、儿童的行为区别处理，对收买儿童的要加大惩处力度，取消对收买儿童者可以从轻、减轻或者免除处罚的规定（沈跃跃副委员长，郑功成委员，法律委赵东花）。范徐丽泰委员建议，提高刑法第二百四十一条收买被拐卖妇女、儿童犯罪的刑罚。

【地方人大和中央有关部门、单位意见】

有的地方和部门建议，删去可以"免除处罚"的规定（海南、山东，团中央）；或删去对拐卖儿童的可以从宽处理的规定（广东，全国妇联）。

有的单位提出，本条的修改表面看是扩大了处罚范围，实际上并不利于对犯罪的侦破，整体上看也不利于保护被害人的利益，不作修改更符合实际。（武汉大学、华东政法大学、法学会）

【法律委法工委座谈会意见】

公安部建议删去可以"免除处罚"的规定。

【社会公众意见】

有的提出，鉴于儿童缺乏自我保护能力，建议在刑法中确立"收买儿童犯罪的量刑应重于收买妇女的犯罪"的原则，将收买被拐卖妇女和收买被拐卖儿童的行为分开作出规定，并为后者规定更高的法定刑。

有的建议加大对收买被拐卖妇女、儿童犯罪的惩处力度，将刑法第二百四十一条第一款规定的刑罚上限由三年有期徒刑提高至五年有期徒刑或者七年有期徒刑，并对买家判处罚金刑。还有人提出，对收买者应与拐卖者同等处罚。

有的建议删除"免除处罚"，保留"可以从轻、减轻处罚"的规定，这样既能有效惩处收买被拐卖妇女、儿童的犯罪行为，也能促进收买者善待被害人，正确对待解救行为。也有人建议，可以适用免除处罚的规定，但应进一步严格限制其适用条件，如有主动帮助被拐妇女儿童返回其原居住地或进行解救的行为等。

此外，关于刑法第二百四十条拐卖妇女、儿童罪，有的建议修改为“拐卖人口罪”，以惩治拐卖成年男性尤其是残障成年男性的行为。还有的提出，对出卖亲生子女的行为能否适用拐卖儿童罪的规定要在法律上予以明确。

十四、在刑法第二百四十六条中增加一款作为第三款：“通过信息网络实施第一款规定的行为，被害人向人民法院告诉，但提供证据确有困难的，人民法院可以要求公安机关提供协助。”

【常委会审议意见】

杜黎明委员提出，上述内容是关于人民法院与公安机关之间的协作关系，属于程序法的范畴，应将该内容纳入刑事诉讼法的修改内容。有常委委员和代表建议，将“人民法院可以要求公安机关提供协助”，修改为“人民法院可以要求公安机关、网络服务提供者提供协助”（董中原委员，蒋婉求代表）。李大进代表建议，在第三款中增加规定，人民法院要求公安机关提供协助时，“公安机关应当予以协助” 的规定。

【地方人大和中央有关部门、单位意见】

有的地方和单位建议，将本条第二款修改为“前款罪，告诉的才处理，但是通过信息网络实施的或者严重危害社会秩序和国家利益的除外”（吉林）；在“通过信息网络”后增加“等”字（清华大学）。

有的地方、单位和部门提出，本条现有规定容易出现推诿、扯皮现象，建议修改为“通过信息网络实施第一款规定的行为，被害人提供证据确有困难的，可以要求公安机关提供协助”（最高法院）；将“人民法院可以要求公安机关提供协助”修改为“人民法院应当要求公安机关提供协助，公安机关应当予以协助”（江苏、广东，社科院法学所），或修改为“人民法院可以要求公安机关立案侦查”（山西、吉林）；建议对“协助”的方式、效力予以明确（江西）。

有的单位建议将本款直接改为公诉犯罪。（法学会）

有的地方、部门和单位提出，本条规定属于刑事诉讼法举证责任问题，建议进一步研究或删去此条。（四川、山西、吉林、江西、北京，国务院法制办，华东政法大学）

【法律委法工委座谈会意见】

最高人民法院提出，上述规定在实际执行中部门间易出现推诿现象，建议修改为“通过信息网络实施第一款规定的行为，被害人提供证据确有困难的，可以要求公安机关提供协助”。

【社会公众意见】

有的建议，将本条的人民法院“可以”要求公安机关提供协助改为“应当”，或者增加规定人民法院要求公安机关提供帮助时，“公安机关应当提供协助，如果不能或确有困难，需要书面说明原因。”

有的建议，直接将“通过信息网络实施第一款规定的行为”规定为公诉案件，把第三款与原第二款合并，改为“前款罪，告诉的才处理，但是通过网络实施第一款规定的行为，或者严重危害社会秩序或国家利益的除外。”

有的提出，本条规定的内容放在刑事诉讼法中解决应更为合理，同时本条将刑事诉讼法的自诉案件与刑法上的亲告罪混为一谈，建议删除本条。

十五、在刑法第二百五十一条中增加一款作为第二款：“以暴力、胁迫等方式强制他人在公共场所穿着、佩戴宣扬恐怖主义、极端主义服饰、标志的，依照前款的规定处罚。”

【常委会审议意见】

有常委会组成人员提出，刑法第二百五十一条保护的是公民宗教信仰自由和少数民族的风俗习惯，草案第十五条是涉及恐怖主义、极端主义的犯罪，两者侵犯的客体不同，建议将本条并入草案第六条关于恐怖主义、极端主义犯罪的规定中（沈跃跃副委员长，任茂东、张继禹、李路、云峰、杜黎明、邓秀新、陈光国委员）。有的委员建议，在恐怖主义、极端主义后增加法西斯主义（张健、尹中卿委员）。买买提明·牙生委员建议，将设计、制作、出售宣扬恐怖主义、极端主义服饰、标志的行为也规定为犯罪。

张健委员建议，增加规定在公共场所穿着、佩戴宣扬法西斯主义的服饰、标志的犯罪。

【地方人大和中央有关部门、单位意见】

有的地方和单位建议，在第二款“标志”后增加“或者有其他强制他人在公共场所参与恐怖活动行为的”（江苏）增加“或者公然宣扬、赞扬恐怖主义”（人民大学）；在“极端主义”后增加“邪教组织”（四川）。

有的地方和部门建议提高法定刑（最高法院）；或规定“依照第一款规定从重处罚”（贵州）。

有的地方、部门和单位提出，本条属打击恐怖主义、极端主义的内容，建议放到草案第六条中（四川、天津、福建、河北、内蒙古、吉林、江苏，最高法院、全国总工会，法学会、北京师范大学）；有的建议将本条放到刑法第二百五十一条之后（山东、江西、人民大学）。

有的地方建议，删去刑法第二百五十一条第一款中的“国家机关工作人员”。（浙江）

【法律委法工委座谈会意见】

最高人民法院提出，草案第十五条属于恐怖主义、极端主义犯罪的内容，与刑法第二百五十一条规定的非法剥夺公民宗教信仰自由、侵犯少数民族风俗习惯罪没有关联，建议放到草案第六条，规定在刑法第一百二十条之后，同时将最高刑提高到三年有期徒刑。

【社会公众意见】

有的认为，对于什么是宣扬恐怖主义、极端主义的服饰、标志，与宗教服饰、标志如何区分，应当明确。

有的建议，在暴力、胁迫手段之外增加规定诱骗、教唆的方式。对自愿在公共场所穿着、佩戴宣扬恐怖主义、极端主义服饰、标志的，对本人或者组织者也应追究刑事责任。

有的认为，强制他人穿着、佩戴恐怖、极端主义服饰、标志与侵犯宗教信仰自由和民族风俗习惯无任何关系，建议单列为一条，不放在刑法第二百五十一条之中。

有的建议，增加规定非国家机关工作人员侵犯他人宗教信仰自由和少数民族风俗习惯的犯罪。

十六、将刑法第二百五十三条之一修改为："违反国家规定，将在履行职责或者提供服务过程中获得的公民个人信息，出售或者提供给他人，情节严重的，处三年以下有期徒刑或者拘役，并处或者单处罚金。

"窃取或者以其他方法非法获取公民个人信息，情节严重的，依照前款的规定处罚。

"未经公民本人同意，向他人出售或者非法提供其个人信息，情节严重的，处二年以下有期徒刑或者拘役，并处或者单处罚金。

"单位犯前三款罪的，对单位判处罚金，并对其直接负责的主管人员和其他直接责任人员，依照各该款的规定处罚。"

【常委会审议意见】

刘政奎委员提出，现在网上的人肉搜索等随意散布公民个人信息和冒用个人信息实施犯罪的情况多见，建议将随意散布个人信息和非法利用个人信息，给公民本人造成伤害的行为规定为犯罪。

【地方人大和中央有关部门、单位意见】

有的地方和单位建议，将新增的第三款"未经公民本人同意，向他人出售或者非法提供其个人信息"和主体范围扩大后的第一款合并为一款，并对于履职或者提供服务的行为人，规定从重处罚（北京、上海）；删去第三款（武汉大学）。

有的地方和单位建议，删去第一款"出售或者提供给他人"中的"或者提供"，以免打击面过大（北京，法学会），或者增加限制条件"受过行政处罚又犯"或者"提供多人、多次提供"（法学会）。有的部门建议将"提供"改为"非法提供"（公安部）。

有的地方和单位建议，对"个人信息"的含义作出界定（广东）；将"公民个人信息"修改为"个人信息"（人民大学、全国律协），将"未经公民本人同意"修改为"未经权利人同意"（人民大学）。

有的地方和部门提出，本条规定处三年以下有期徒刑，不能体现罪责相适应，建议增加一档刑（最高法院、公安部）；对"造成严重后果的"规定更重的处罚（广东）。

【法律委法工委座谈会意见】

阎建国代表、最高人民法院提出，建议对情节特别严重的，增加一档三年以上七年以下的有期徒刑。

草案规定，构成出售、非法提供因履行职责或者提供服务获得的公民个人信息犯罪，需有"违反国家规定"的前提条件。公安部提出，目前，在房产、物流、电商等领域对公民个人信息保护缺乏相关国家规定，为有效惩治此类犯罪，建议删除"违反国家规定"，同时规定，对于国家工作人员实施上述犯罪的，从重处罚。

【社会公众意见】

有的认为，公民个人信息的范围不清，建议作出具体界定。应当加大处罚力度，提高法定刑。

有的建议，将本条"情节严重"的入罪门槛修改为"造成严重后果的"，缩小处罚范围；将网络人肉搜索行为规定为犯罪。

十七、将刑法第二百六十条第三款修改为："第一款罪，告诉的才处理，但被虐待的人没有能力告诉，或者因受到强制、威吓无法告诉的除外。"

【地方人大和中央有关部门、单位意见】

有的单位建议，将"被虐待的人"修改为"被害人"，与虐待罪的表述相一致。（北京师范大学）

有的单位提出，建议删去本条关于告诉才处理的规定。（中国政法大学）

【社会公众意见】

有的建议，对没有能力告诉的人进行列举式规定；明确规定对没有能力告诉的，可以由亲友、邻居、社区工作者等人员或者机构代为告诉。有的建议，直接把虐待案件改为公诉案件，同时在第一款中增加规定"得到被害家庭成员的谅解，能够善待被害人的，可不追究刑事责任。"

十八、在刑法第二百六十条后增加一条，作为第二百六十条之一："对未成年人、老年人、患病的人、残疾人等负有监护、看护职责的人虐待被监护、看护的人，情节恶劣的，处三年以下有期徒刑或者拘役。

"有前款行为，同时构成其他犯罪的，依照处罚较重的规定定罪处罚。"

【常委会审议意见】

郭红梅代表提出"患病的人"含义不清。有常委委员和代表建议，加大对虐待儿童、老年人的处罚力度（黄献中、郑功成、孙大发委员，蒋婉求代表）。云峰委员提出，学校、幼教机构是未成年人除了家庭之外的主要成长场所，其虐待未成年人，社会评价和影响更加恶劣，建议增加一款作为第二款，即“学校、幼教机构有教育职责的人虐待被监护、被看护人的依前款从重处罚”。

李大进代表提出，刑法第二百六十条之一第二款规定“有前款行为，同时构成其他犯罪的，依照处罚较重的规定定罪处罚”，刑法第二百六十条虐待罪中规定，犯虐待罪，“致使被害人重伤、死亡的，处二年以上七年以下有期徒刑”，两种犯罪情形在性质上类似，却采用不同的处罚原则，建议统一。

【地方人大和中央有关部门、单位意见】

有的地方和单位提出，本条规定的法定刑与第二百六十条虐待罪的法定刑不平衡，虐待家庭成员的处罚应当更重。建议与第二百六十条合并为一条。（广东，清华大学）

有的地方建议增加单位犯罪。（四川、广东）

【法律委法工委座谈会意见】

阎建国代表提出，实践中存在一些幼儿园、养老院等单位，在被监护、看护的人遭受虐待的时候不作为、不制止，甚至共同实施犯罪的情况，建议增加规定虐待罪单位犯罪的刑事责任。

【社会公众意见】

有的建议，将“情节恶劣”改为“情节严重”，将“监护职责”改为“监护义务”。还有一些人建议加大对这类行为的惩处力度，将刑罚由“三年以下有期徒刑”提高至“五年以下有期徒刑”、“三年以上七年以下有期徒刑”等，同时增设罚金刑。

十九、将刑法第二百六十七条第一款修改为：“抢夺公私财物，数额较大的，或者多次抢夺的，处三年以下有期徒刑、拘役或者管制，并处或者单处罚金；数额巨大或者有其他严重情节的，处三年以上十年以下有期徒刑，并处罚金；数额特别巨大或者有其他特别严重情节的，处十年以上有期徒刑或者无期徒刑，并处罚金或者没收财产。”

【常委会审议意见】

李路委员提出，抢夺行为的社会危害性较大，建议对“多次抢夺的”加大处罚力度，直接适用抢夺罪的第二档刑罚。

【社会公众意见】

有的提出，多次抢夺属于屡教不改、性质恶劣的情形，建议单设刑罚，加大惩处力度。

二十、将刑法第二百八十条第三款修改为：“伪造、变造、买卖居民身份证、护照、社会保障卡、驾驶证的，处三年以下有期徒刑、拘役、管制或者剥夺政治权利；情节严重的，处三年以上七年以下有期徒刑。”

【常委会审议意见】

张平副委员长提出，类似问题在一些其他有关身份的证件上也存在，建议在草案第二十条所列证件后加“等”字。董中原委员建议增加规定“机动车牌照”。云峰委员建议增加一款作为第四款，即“国家机关工作人员或前款所列证照复印审批职责的工作人员犯前款罪的，从重处罚”。

【地方人大和中央有关部门、单位意见】

有的地方和部门建议，增加“情节严重”的入罪条件（上海、重庆、浙江，最高法院，社科院法学所）。将本条与草案第二十一条所列证件一致起来（福建、江苏、四川、贵州、广西、陕西、江西，国务院法制办、国家民委，中国政法大学、法学会）；在“驾驶证”后增加“等证件”（最高检察院）。

有的地方、部门和单位建议将伪造、变造、买卖下列证件的规定为犯罪：户口簿（全国总工会，北京师范大学）；机动车牌照（北京、广东，国家信访局）；机动车牌证等国家机关依照国家规定向公民、公司、企业、事业单位、机关团体颁发的证明文件或者专用标志的（公安部）；港澳台通行证（人民大学、北京师范大学）；医师资格证、护士资格证（卫生计生委）。

【法律委法工委座谈会意见】

教育部建议，将伪造、变造、买卖学历、学位证书的行为纳入刑法的调整范围。最高人民检察院建议，在列举的证件后面增加“等证件”的兜底规定。

【社会公众意见】

有的建议，在所列证件中增加机动车行驶证、学历学位证书、职业资格证书、港澳台通行证、户口簿、军官证，或者增加“等证件”的兜底规定。有的建议增加“情节较重”的入罪门槛；增设罚金刑。

也有人提出，社会保障卡、驾驶证不具有广泛的身份识别功能，建议删去伪造“社会保障卡、驾驶证”的规定。

有的建议删去本条规定，对相关行为予以行政处罚即可。

二十一、在刑法第二百八十条后增加一条作为第二百八十条之一：“在依照国家规定应当提供真实身份的活动中，使用伪造、变造的居民身份证、护照、驾驶证等证件的，处拘役或者管制，并处或者单处罚金。

“有前款行为，同时构成其他犯罪的，依照处罚较重的规定定罪处罚。”

【常委会审议意见】

张平副委员长提出，本条将构成犯罪的行为限定在“依照国家规定应当提供真实身份的活动中”的范围内，在此范围外使用假证的是否要入刑，建议再斟酌。魏旋君代表提出，使用伪造、变造身份证的情况并不突出，建议不增加这类犯罪，对其进行行政处罚即可。龙超云委员建议增加“情节严重”的入罪条件。

【地方人大和中央有关部门、单位意见】

有的地方、部门和单位建议，增加“情节严重”或“造成重大损失”的入罪条件。（北京、上海、重庆、广东、浙江、江苏、青海、云南、贵州、陕西、辽宁、江西，最高法院，法学会、全国律协、北京师范大学）

有的部门建议将本条和第二十条规定的犯罪对象统调整为“居民身份证、护照等身份证件”（最高法院）。有的部门建议修改为使用伪造、变造的居民身份证、护照、社会保障卡、驾驶证、机动车牌证等国家机关依照国家规定向公民、公司、企业、事业单位、机关、团体颁发的证明文件或者专用标志，情节严重的（公安部）。有的提出，“等证件”范围过宽，建议删除“等”，增加“港澳台通行证”（人民大学）；增加“社会保障卡”（人社部）。有的地方建议，将第一款中的“提供真实身份”修改为“提供真实身份信息”或“提供真实身份证明”（北京、广东）。

有的部门提出，本条的处罚规定与居民身份证法、出境入境管理法、道路交通安全法等行政管理法律关于使用伪造、变造相关证件的行政处罚的规定界限模糊，建议明确（国务院法制办）。有的地方建议增加单处罚金（陕西）。

有的部门和单位建议，将使用伪造、变造的公文、证件、印章、社会保障卡的行为增加规定为犯罪（清华大学）；将冒用他人上述证件办理依照国家规定应当提供真实身份的业务的行为增加规定为犯罪（中国人民银行）。

有的地方、部门和单位提出，本条规定打击面过大，且“使用”行为往往是实施其他犯罪的手段，可以将其目的行为认定为犯罪，建议删除本条规定（江苏、广西，中央军委法制局，法学会、华东政法大学）。

【社会公众意见】

有的提出，草案现有规定入罪条件太低，打击面太大，建议增加“为获取非法利益”的主观目的，或者“情节严重的”、“多次使用”或者“造成严重后果”等入罪条件；进一步明确“在依照国家规定应当提供真实身份的活动中”是指哪些情形。

二十二、将刑法第二百八十三条修改为：“非法生产、销售专用间谍器材或者窃听、窃照专用器材的，处三年以下有期徒刑、拘役或者管制，并处或者单处罚金；情节严重的，处三年以上七年以下有期徒刑，并处罚金。”

【常委会审议意见】

蒋婉求代表提出，现在普遍使用的智能手机等电子器材都有拍照、录音等功能，建议对窃听、窃照专用器材有一个界定，防止打击范围太大。法律委周光权建议，在“专用间谍器材”前面加上“间谍活动特殊需要的专业间谍器材”，把用智能手机拍照的行为排除在外。董中原委员建议对生产、销售窃听、窃照专用器材的行为不规定为犯罪。

【地方人大和中央有关部门、单位意见】

有的单位提出，草案将间谍器材和一般民用的器材放在同一层面上规范，扩大了打击面，建议删除。（法学会）

有的地方建议增加“情节严重”的入罪条件。（上海）

有的部门建议增加单位犯罪（公安部）。

【社会公众意见】

有的提出，对生产、销售窃听、窃照专用器材的行为可以适用刑法第二百二十五条非法经营罪的规定处罚，没有必要修改刑法第二百八十三条的规定。还有的提出，窃听、窃照专用器材的范围太宽泛，实际生活中广泛应用，对生产、销售窃听、窃照专用器材重点在于加强行政管理，对这种行为进行刑事处罚明显过重。

二十三、在刑法第二百八十五条中增加一款作为第四款：“单位犯前三款罪的，对单位判处罚金，并对其直接负责的主管人员和其他直接责任人员，依照各该款的规定处罚。”

二十四、在刑法第二百八十六条中增加一款作为第四款：“单位犯前三款罪的，对单位判处罚金，并对其直接负责的主管人员和其他直接责任人员，依照第一款的规定处罚。”

无意见

二十五、在刑法第二百八十六条后增加一条，作为第二百八十六条之一：“网络服务提供者不履行法律、行政法规规定的信息网络安全管理义务，经监管部门通知采取改正措施而拒绝执行，有下列情形之一的，处三年以下有期徒刑、拘役或者管制，并处或者单处罚金：

“（一）致使违法信息大量传播的；

“（二）致使用户信息泄露，造成严重后果的；

“（三）致使刑事犯罪证据灭失，严重妨害司法机关依法追究犯罪的；

“（四）有其他严重情节的。

“单位犯前款罪的，对单位判处罚金，并对其直接负责的主管人员和其他直接责任人员，依照前款的规定处罚。”

【常委会审议意见】

董中原委员建议，将该条第一款第三项“致使刑事犯罪证据灭失，严重妨害司法机关依法追究犯罪的”分成两项作出规定。刘政奎委员建议，将“经监管部门通知采取改正措施而拒绝执行”，修改为“经监管部门通知采取改正措施而未及时改正”。梁胜利委员建议，增加规定不及时删除网络上侮辱、诽谤、威胁他人，侵害当事人人身利益的信息，造成不良后果的行为，将“网络安全管理义务”修改为“网络安全管理责任”。

【地方人大和中央有关部门、单位意见】

有的地方和单位建议，删去“经监管部门通知采取改正措施而拒绝执行”的规定（上海、重庆、天津、广东、吉林）；或将“经监管部门通知”修改为“经监管部门书面责令”（福建）；建议在“监管部门通知”后增加“或者信息相关利害关系人要求”采取改正措施，并将“拒绝执行”修改为“拒绝接受”（北京师范大学）；将通知主体限定为“公安网络安全监管机关书面通知”（人民大学）；明确“违法信息”和“用户信息”的概念、范围（广东）。

有的部门建议，在第二项中增加“或者致使用户信息毁损”，并增加一项“致使基础信息网络安全受到严重影响的”（工信部）；增加一项“致使国家秘密向公众散布、传播的”（国家保密局）。

有的单位提出，刑法已有非法提供公民个人信息罪和帮助毁灭证据罪，没有必要针对特定企业设置特别条款，建议删去本条（清华大学、人民大学）；或删去第四项的兜底条款（人民大学）。

【法律委法工委座谈会意见】

工信部提出，将本条第二项“致使用户信息泄露，造成严重后果的”修改为“致使用户信息泄露或者毁损，造成严重后果的”，同时增加一项“致使基础信息网络安全受到严重影响的”。

此外，工信部提出，刑法第二百八十五条第二款规定对非法获取计算机信息系统数据、非法控制计算机信息系罪，处“三年以下有期徒刑或者拘役，并处或者单处罚金”或者“三年以上七年以下有期徒刑，并处罚金”。非法获取、非法控制公用电信网络、广播电视传输网等基础信息网络的行为，直接关系国家安全、社会稳定和经济运行，危害大，建议在第二百八十五条中增加一款作为第四款，将上述行为规定为犯罪，并提高刑罚，处“七年以下有期徒刑或者拘役，并处或者是单处罚金”或者“七年以上十年以下有期徒刑，并处罚金”。

【社会公众意见】

有的建议删除该条。认为应当在完善相关网络安全管理的前置性法律法规后，针对实践中出现的突出情况再加以规定。

有的认为，该条中有很多概念不明确，不符合罪刑法定原则的要求。例如信息网络安全管理义务具体包括哪些，通知采取改正措施的监管部门的范围和层级要求，第四项中的“其他严重情节”是指什么等，建议尽量明确。

有的认为，“拒绝执行”的表述不好，实践中大多采取消极不履行或者部分履行的方式。建议将“拒绝执行”修改为“仍不履行”；

有的认为，应将“经监管部门通知”中的“通知”明确为书面通知，以避免一些监管部门滥用职权的情况。

二十六、在刑法第二百八十七条后增加二条，作为第二百八十七条之一、第二百八十七条之二：

“第二百八十七条之一　利用信息网络实施下列行为之一，情节严重的，处三年以下有期徒刑或者拘役，并处或者单处罚金：

“（一）设立用于实施诈骗、传授犯罪方法、制作销售违禁物品、管制物品等违法犯罪活动的网站、通讯群组的；

“（二）发布制作、销售毒品、枪支、淫秽物品等违禁物品、管制物品或者其他违法犯罪信息的；

“（三）为实施诈骗等违法犯罪活动发布信息的。

“有前款行为，同时构成其他犯罪的，依照处罚较重的规定定罪处罚。

“单位犯第一款罪的，对单位判处罚金，并对其直接负责的主管人员和其他直接责任人员，依照第一款的规定处罚。”

【常委会审议意见】

龙超云委员提出，在刑法第二百八十七条之一第（二）项中增加规定发布制作、销售“爆炸物品”信息的行为，范徐丽泰委员建议，在第三项中增加发布“买卖、贩卖人口”信息的行为。朱静芝委员建议，加大对这类行为的惩处力度，适当提高刑罚幅度。

【地方人大和中央有关部门、单位意见】

有的单位和地方建议，在本条第一项“设立网站”前增加“维护、管理”（清华大学）；在“通讯群组”后增加“论坛吧”或“专门论坛吧”（广东）。

有的部门建议，在第二项规定的“发布制作、销售毒品、枪支”后增加“伪造或变造的货币”。（中国人民银行）

有的单位提出，本条将诈骗犯罪、毒品犯罪等犯罪的预备行为规定为独立的犯罪，需进一步推敲（北京师范大学）。“利用信息网络”是个手段行为，如果一概入罪，会导致和其他犯罪的竞合，建议慎重考虑或删去（法学会）。

【社会公众意见】

有的认为，草案第二十六条增加规定的两种犯罪可以理解为犯罪阶段的“预备行为”和共同犯罪的“帮助行为”。针对这两类行为，可以按照具体犯罪的预备犯或者共犯以及传授犯罪方法等来追究其刑事责任，没有必要独立定罪。

有的建议，将在网络上通过虚构交易等方式帮助他人提高网店信用等级的“炒信”行为规定为犯罪。

“第二百八十七条之二　明知他人利用信息网络实施犯罪，为其犯罪提供互联网接入、服务器托管、网络存储、通讯传输等技术支持，或者提供广告推广、支付结算等帮助，情节严重的，处三年以下有期徒刑或者拘役，并处或者单处罚金。

“有前款行为，同时构成其他犯罪的，依照处罚较重的规定定罪处罚。

“单位犯第一款罪的，对单位判处罚金，并对其直接负责的主管人员和其他直接责任人员，依照第一款的规定处罚。”

【地方人大和中央有关部门、单位意见】

有的地方和单位提出，实践中对于为他人实施诈骗等犯罪提供互联网接入等技术支持或提供广告推广等帮助的，往往构成诈骗等犯罪的预备犯或共犯，没有必要将其单独规定为犯罪，建议删除（云南、海南，清华大学、武汉大学）；建议慎重考虑（北京师范大学）。

二十七、将刑法第二百八十八条第一款修改为：“违反国家规定，擅自设置、使用无线电台（站），或者擅自使用无线电频率，干扰无线电通讯秩序，情节严重的，处三年以下有期徒刑、拘役或者管制，并处或者单处罚金；情节特别严重的，处三年以上七年以下有期徒刑，并处罚金。”

【常委会审议意见】

董中原委员提出，使用无线电频率造成危害后果的行为并非都是直接故意，经通知改正后仍拒不停止使用的再入刑更为合理，建议保留原条文中“经责令停止使用后拒不停止使用”的规定。

【地方人大和中央有关部门、单位意见】

有的地方建议保留本条第一款中的“经责令停止使用后拒不停止使用”，防止打击面过大。（北京）

【社会公众意见】

有的认为，使用无线电频率造成危害后果的行为并非都是直接故意，一些无线电科研工作者或者爱好者有时会在无意中干扰无线电频率，经通知改正后仍拒不停止使用的再入刑更为合理，建议保留原条文中“经责令停止使用后拒不停止使用”的规定。

二十八、在刑法第二百九十条中增加二款，作为第三款、第四款：“多次扰乱国家机关工作秩序，经处罚后仍不改正，造成严重后果的，处三年以下有期徒刑、拘役或者管制。

“多次组织、资助他人非法聚集，扰乱社会秩序，情节严重的，依照前款的规定处罚。”

【常委会审议意见】

刘政奎委员建议，将“经处罚后仍不改正”修改为“经处罚和教育后仍不改正”。有常委会组成人员提出，医闹行为严重扰乱社会秩序，使医疗工作无法进行，甚至危害医生生命和患者抢救工作，建议将扰乱医院医疗秩序的行为规定为犯罪（陈竺副委员长，丛斌、姒建敏、云峰、温孚江、陈蔚文委员）。丛斌委员建议，在国家机关后增加“企事业单位”。董中原委员提出，新增第三款中的“国家机关工作秩序”也是社会秩序，不必在刑法第二百九十条之外再做规定，建议删去本款规定。李大进代表建议，将第四款中的“聚集”改为“聚会”。

【地方人大和中央有关部门、单位意见】

有的地方和单位建议删除本条。刑法已规定聚众冲击国家机关罪、妨害公务罪等，对个人非暴力、威胁的扰乱行为，可以予以治安管理处罚。对组织、资助他人非法聚集，扰乱社会秩序的行为，可以按照刑法聚众扰乱社会秩序罪、聚众冲击国家机关罪的帮助犯或教唆犯处罚。本条规定无助于预防或减少此类行为的发生，会激化社会矛盾。在社会管理不完善的条件下，还会妨碍群众正常反映诉求（重庆、广东，清华大学、人民大学、北京师范大学、武汉大学、法学会）；建议删除第四款（全国律协、清华大学）；如果保留，应对非法聚集的目的进行限制，增加“经行政处罚后”的前置条件（全国律协）。

有的地方和单位提出，“非法聚集”的表述不严谨（重庆）；建议明确其含义（中国政法大学），建议增加规定，“但有证据明确有合理诉求的除外”（北京）。有的部门建议删除“多次扰乱”“多次组织”中的“多次”及“经处罚后仍不改正”，并建议修改刑法第二百九十条、第二百九十一条，将非聚众扰乱公共秩序的行为规定为犯罪（公安部）。

有的单位建议降低法定刑，只保留拘役或者管制刑。（人民大学）

有的地方建议，增加多次扰乱企业事业单位工作秩序的行为。（青海）

【法律委法工委座谈会意见】

公安部提出，实践中一些个人扰乱国家机关工作秩序达不到“多次”的程度，但是每次危害都很严重，对这种行为也应追究刑事责任。建议修改刑法第二百九十条、第二百九十一条聚众扰乱社会秩序罪等犯罪的规定，删除“聚众”的条件，将个人冲击国家机关等扰乱公共秩序，情节严重的规定为犯罪。曲新久教授则提出，草案第二十八条的规定，可能被扩大适用于一些上访群众，社会效果不好，建议将行为限定在聚众冲击国家机关的范围。

【社会公众意见】

有的提出，本条涉及民众申诉、批评建议权的行使，必须慎重，否则极易引发新的矛盾和问题，应当对入罪条件进行必要的限制，可设置“无正当理由，违反国家规定”等条件，对于有正当理由、符合国家规定的申诉、上访行为不应按照犯罪处理。有的提出，本条规定的刑罚过重，建议改为处一年以下有期徒刑或拘役。

有的建议将第一款规定的“经处罚后仍不改正”中的处罚明确为行政处罚或者二次以上行政处罚。第二款中的“非法聚集”指向不明，可以修改为“多次组织、资助他人在公共场所非法聚集，扰乱社会秩序，情节严重的，依照前款的规定处罚”，将入罪门槛由情节严重改成造成严重后果。

有的建议，考虑将扰乱学校、医院等事业单位的工作秩序的行为纳入本条规定中。

二十九、在刑法第二百九十一条之一中增加一款作为第二款："编造虚假的险情、疫情、警情、灾情，在信息网络或者其他媒体上传播，或者明知是上述虚假信息，故意在信息网络或者其他媒体上传播，严重扰乱社会秩序的，处三年以下有期徒刑、拘役或者管制；造成严重后果的，处三年以上七年以下有期徒刑。"

【常委会审议意见】

有常委会组成人员提出列举的几类信息还不够全面，编造虚假的政治谣言、食品药品有害谣言等，同样扰乱社会秩序，也应该打击，建议在"灾情"后面增加"等信息"的规定（沈跃跃副委员长，杨震、刘政奎委员），或者"军情"等具体内容（龚建明）。梁胜利委员建议提高本罪的法定刑。邓秀新委员建议增加单位犯罪。

【地方人大和中央有关部门、单位意见】

有的地方和单位建议：将"警情"修改为"案情"，不限于公安机关处理的案件，另外，参照刑法第二百九十一条之一投放虚假危险物质罪，建议删去"在信息网络或者其他媒体上"的限定（北京师范大学）；删去"编造虚假的"中的"虚假的"，与编造语义重复（法学会）；删去"警情"，用语模糊，不易界定（人民大学）；删去本条中的"故意"，与明知语意重复（北京）；在"灾情"后加"等"字（陕西），或增加"等可能严重危害公共安全的虚假信息"，并提高本条的法定刑（广东）。

有的地方和单位提出，刑法第二百九十一条之一第一款规定的"虚假恐怖信息"与本条的"虚假的险情、疫情、警情、灾情"难以区分，建议合并为一条。（江西，清华大学）

【社会公众意见】

有的认为，哪些是谣言，哪些不是谣言，普通人往往很难判断，该条规定在实践中可能被滥用，妨碍对权力的监督，也涉及公民言论自由，建议删除。有的认为，警情的定义不明确，范围过广，建议删去。

有的建议增加一款出罪规定。规定"不知是虚假信息或者轻信该信息为真实信息而传播的，或者仅夸大部分事实在网络上传播的，不是犯罪"。

三十、将刑法第三百条第一款修改为："组织和利用会道门、邪教组织或者利用迷信破坏国家法律、行政法规实施的，处三年以上七年以下有期徒刑，并处罚金；情节特别严重的，处七年以上有期徒刑，并处罚金；情节较轻的，处三年以下有期徒刑、拘役或者管制，并处或者单处罚金。"

【地方人大和中央有关部门、单位意见】

有的部门建议将组织、领导邪教组织的行为规定为犯罪（公安部、国务院防范和处理邪教办公室），将"情节特别严重"修改为"情节严重"（公安部）。

【法律委法工委座谈会意见】

中央防范和处理邪教问题领导小组办公室建议，将第三百条原条文中的"组织和利用"会道门、邪教组织或者利用迷信破坏国家法律、行政法规实施，修改为"组织、利用"，明确两个行为是选择关系；对邪教组织实施严重违法犯罪活动的增设无期徒刑；增加对致人重伤情形的处罚，加大对邪教组织造成人身伤害的惩处力度等。

【社会公众意见】

有的提出，草案本条规定表述混乱，建议按照情节由轻到重的顺序排序。有的提出，会道门、邪教组织或者迷信具有极大的煽动性和破坏力，对于公共安全具有极大的威胁，短期徒刑不足以惩戒，建议加大处罚力度，增加剥夺政治权利，对情节严重的可考虑并处没收财产。还有的建议，将传播邪教、积极参与会道门、邪教、迷信活动的行为规定为犯罪。

三十一、将刑法第三百零二条修改为："盗窃、侮辱、故意毁坏尸体、尸骨、骨灰的，处三年以下有期徒刑、拘役或者管制。"

【地方人大和中央有关部门、单位意见】

有的地方建议，将买卖尸体的行为增加规定为犯罪（陕西、广东）；增加"墓穴、墓碑"，并增加"情节严重"的入罪条件（广东）。

【社会公众意见】

有的建议将破坏坟墓、灵穴、坟茔的行为纳入刑法规定中。有的建议，将买卖尸体的行为规定为犯罪。

三十二、在刑法第三百零四条后增加一条，作为第三百零四条之一："在国家规定的考试中，组织考生作弊的，处三年以下有期徒刑或者拘役，并处或者单处罚金；情节严重的，处三年以上七年以下有期徒刑，并处罚金。

"为他人实施前款犯罪提供作弊器材或者其他帮助的，依照前款的规定处罚。

"为实施考试作弊行为，向他人非法出售或者提供第一款规定的考试的试题、答案的，依照第一款的规定处罚。

"代替他人或者让他人代替自己参加第一款规定的考试的，处拘役或者管制，并处或者单处罚金。"

【常委会审议意见】

有常委委员和列席人员提出，"国家规定的考试"范围太宽，建议进一步明确考试的范围（严以新、杨震、陈吉宁委员，郭红梅代表），增加"情节严重"或者"造成严重后果"的规定（何晔晖委员），删除该条第三款"向他人非法出售或者提供"试题、答案中的"非法"二字（严以新委员）。组织考试作弊后果严重，处理这类行为的社会成本、行政成本非常高，建议提高刑期，对后果特别严重的组织作弊行为加大打击力度（沈春耀委员，外事委王晓初）。

关于代考行为入刑问题，有常委委员和列席人员提出，很多代考人员都是在校大学生和未成年人，且对代考行为规章中都规定了开除等处罚措施，作为犯罪处理太严厉，社会效果不一定好（杨卫、严以新、杜黎明委员，魏旋君代表），或者明确规定对被胁迫代替他人考试的，可以从轻处理（陈吉宁委员）。

此外，还有委员提出，除请人代考外，对使用作弊器材、购买考试试题的作弊行为（龙超云委员），非法篡改考试成绩和考试加分环节的弄虚作假行为（刘政奎委员），考场管理者、监考者对考场考试秩序监管不力，未能够及时制止考场发生作弊，使考试失序的行为（吴恒委员），也应当作为犯罪处理。

【地方人大和中央有关部门、单位意见】

有的地方建议，增加“情节严重”的入罪条件（重庆）；或者规定以此为常业的构成犯罪（北京）。

有的地方和部门建议，进一步明确考试的范围（北京、上海、重庆，全国总工会），或修改为“国家法律、法规规定的统一考试”（云南）。将“组织考生作弊的”修改为“组织作弊的”，以包括组织监考等考务人员作弊的情形（广东，司法部，清华大学）。

有的单位提出，第二款规定是典型的帮助行为，根据总则的规定定罪处罚即可，建议删除。（清华大学）

有的地方建议，删去第三款规定中“向他人非法出售或者提供”试题、答案中的“非法”二字（海南）；将“向多人出售”、“为多人提供”试题、答案作为入罪条件（江西）。有的地方和部门提出，向他人非法出售或者提供试题或者答案的行为与泄露国家秘密罪存在竞合，建议增加规定构成其他犯罪的，依照处罚较重的规定定罪处罚（重庆，公安部）。

关于第四款规定的代考行为入刑问题，有的地方和单位提出，对代考行为给予留校查看、开除等处罚措施已经足够，作为犯罪处理社会效果不一定好，建议删除这一规定（四川、江苏、广东、浙江、湖南、广西、山西，全国律协、法学会、武汉大学、华东政法大学）。有的地方和部门建议明确规定“情节严重的”才构成犯罪（上海、重庆、江苏、广东、陕西、安徽，最高法院）；或者仅对职业替考或者多次替考者追究刑事责任（全国总工会）；或者将雇佣他人或者以牟利为目的作为入罪条件（北京）。

有的部门建议将本条放在刑法第二百八十二条后，作为第二百八十二条之一。（公安部）

【法律委法工委座谈会意见】

教育部表示赞成草案规定。但也有部门和专家提出，实践中代考行为人多数是在校大学生或者未成年人，对其适用行政处罚足以起到教育作用，如果规定为犯罪，也应设定适当入罪门槛，建议增加“情节严重”、“情节恶劣”等限定条件（中央政法委、最高人民法院，赵秉志教授）。

【社会公众意见】

有的提出，“国家规定的考试”种类繁多，建议进一步明确刑法中“国家规定的考试”的范围。有的提出，本条第三款规定“为实施考试作弊行为，向他人非法出售或者提供第一款规定的考试的试题、答案的”，与第二款规定的“为他人实施前款犯罪提供作弊器材或者其他帮助的”在适用范围上存在重合，建议将第二款与第三款合并为一款作出规定，即“为他人实施前款犯罪提供作弊器材、考试的试题、答案或者其他帮助的，依照前款的规定处罚”，同时增加规定“有前款行为，同时构成其他犯罪的，依照处罚较重的规定定罪处罚。”

有的提出，草案第三十一条第四款将代替他人参加考试的行为规定为犯罪过严，代替他人参加考试的很多是在校学生，对其应以教育为主，予以适当行政处罚，建议对这种行为不作为犯罪处理，或者在第四款中增加“经批评教育后又进行上述行为”、“情节严重”等条件，有针对性地打击职业枪手。

三十三、在刑法第三百零七条后增加一条，作为第三百零七条之一：“为谋取不正当利益，以捏造的事实提起民事诉讼，严重妨害司法秩序的，处三年以下有期徒刑、拘役或者管制，并处或者单处罚金。

“有前款行为，侵占他人财产或者逃避合法债务的，依照本法第二百六十六条的规定从重处罚。

“司法工作人员利用职权，与他人共同实施前两款行为的，从重处罚；同时构成其他犯罪的，依照处罚较重的规定定罪从重处罚。”

【常委会审议意见】

白志健委员提出，虚假民事诉讼侵害的客体是司法秩序和司法权威，建议删去“为谋取不正当利益”的主观要件。丛斌委员建议，将“以捏造事实提起民事诉讼”改为“以虚假的事实提起民事诉讼”，删去“严重妨碍司法秩序”的限定性条件。法律委周光权建议把“侵占”改为“非法取得”，侵占罪是专门的罪名，把专门的罪名用在这里容易产生误解；实践中出现的国家工作人员或者国有公司企业人员和他人勾结，制造虚假诉讼，骗取本单位财物的情况应该定贪污罪，而非诈骗罪，建议将“依照第二百六十六条的规定从重处罚”改为“依照本法第二百六十六条等规定从重处罚”。董中原委员建议，将本条第一款与第二款合并，修改为“为谋取不正当利益，以捏造事实提起民事诉讼，侵占他人财产或者逃避合法债务的，严重妨害司法秩序的”追究刑事责任，防止因为该条规定影响公民依法行使诉权。

【地方人大和中央有关部门、单位意见】

有的地方、部门和单位建议删去第一款中“为谋取不正当利益”的主观要件（广东、福建，公安部，人民大学）；删除“民事”二字（云南，人民大学）；增加“仲裁”（广东）。有的单位建议将“捏造的事实”限定为捏造的事实完全虚假或案件的主要事实是虚假的（法学会、北京师范大学）。

有的单位提出，第二款中的“侵占”一词在刑法中有特定含义，建议将“侵占”改为“骗取他人财物”（清华大学），建议将“逃避缴纳税款”的行为纳入处罚范围（法学会、北京师范大学）。有的建议将第二款依照诈骗罪处罚的规定作为第一款妨害司法行为的加重犯处理（法学会）。

有的单位建议，删除第三款关于司法工作人员利用职权犯罪的规定（清华大学）。有的地方和单位建议，将“司法工作人员”修改为“国家工作人员”（云南，北京师范大学）。

有的地方提出，通过虚假诉讼逃避合法债务的，有可能构成拒不执行判决、裁定罪、妨碍作证罪，一律按诈骗罪论处不妥（北京、浙江）。有的单位提出，“诉讼欺诈”非法占有他人财物的，本就是诈骗罪，司法实践中也是这样处理的，通过立法或司法解释明确即可（中国政法大学）；建议删除本条规定（全国律协）。

有的地方建议增加规定，对利用职务便利，与他人合谋进行虚假诉讼侵吞本单位、公司、企业财产的，依照职务侵占罪或者贪污罪的规定追究刑事责任。（浙江）

【法律委法工委座谈会意见】

高铭暄教授提出，增加虚假诉讼的犯罪是必要的，解决了司法实践中长期存在争议的问题，但是不赞成对侵占他人财产或者逃避合法债务的情形以刑法第二百六十六条规定的诈骗罪追究。虚假诉讼与诈骗性质上存在差别，能否作为诈骗，理论上也有争议，应当作为独立的犯罪，单独设定法定刑。建议将侵占他人财产或者逃避合法债务的作为虚假诉讼罪的加重处罚情节，判处三年以上十年以下有期徒刑；情节特别严重的，处十年以上有期徒刑或者无期徒刑。

【社会公众意见】

有的提出，“以捏造的事实提起民事诉讼”难以认定，建议改为“以伪造、变造的证据和完全虚假的事实”提起民事诉讼。有人建议，取消“为谋取不正当利益”的要件。

有的建议，将诉讼的范围扩大至行政诉讼。

也有的提出，对于以捏造的事实提起诉讼，应驳回其诉讼请求或者判决其败诉，对通过虚假诉讼诈骗他人财物的行为可以通过诈骗罪等罪名予以惩处，没有必要再单独设罪。

三十四、在刑法第三百零八条后增加一条，作为第三百零八条之一：“司法工作人员、辩护人、诉讼代理人或者其他诉讼参与人，泄露依法不公开审理的案件中不应当公开的信息，造成信息公开传播或者其他严重后果的，处三年以下有期徒刑、拘役或者管制，并处或者单处罚金。

“有前款行为，泄露国家秘密的，依照本法第三百九十八条的规定定罪处罚。

“公开披露、报道第一款规定的案件信息，情节严重的，依照第一款的规定处罚。

“单位犯前款罪的，对单位判处罚金，并对直接负责的主管人员和其他直接责任人员，依照第一款的规定处罚。”

【常委会审议意见】

董中原委员建议，增加非法披露商业秘密的行为，将相关内容修改为，“泄露依法不公开审理的案件中不应当公开的信息，造成信息公开传播、商业秘密披露或者其他严重后果的”。

【地方人大和中央有关部门、单位意见】

有的地方、部门和单位建议删除本条规定。目前法律没有明确规定依法不公开审理的案件中哪些信息“不应当公开”，且不公开审理案件的类型各异，应分别考虑（上海、山西，全国律协、清华大学、人民大学）；对第一款规定的必要性、可行性作深入研究，慎重决策（司法部、北京师范大学）；如果律师不当行为违反了律师行业规则，可通过律师法、律师行业规章予以规范，予以行政处罚即可（全国律协）；有关行为构成犯罪的，可以按照刑法关于泄露国家秘密、侵犯商业秘密和个人信息的犯罪追究刑事责任（上海，清华大学）。

有的地方和单位建议，删除第一款中的“其他诉讼参与人”，认为这一规定对其他诉讼参与人要求过高、不合理（中国政法大学）；建议将本罪的主体仅限于司法工作人员（广东）；将“泄露”改为“故意泄露”（北京、浙江、四川、广东、海南、江西）；删除“造成信息公开传播”这一入罪条件（广东，社科院法学所）。

有的单位提出，第三款“公开披露、报道第一款规定的案件信息，情节严重的，依照第一款的规定处罚”的规定，对媒体要求过高，不利于媒体对司法的监督。建议删除（中国政法大学、社科院法学所、法学会）；建议具体规定哪种情况入罪并增加“明知或应知”的入罪条件（法学会）。

【法律委法工委座谈会意见】

司法部、曲新久教授提出，该条规定中的“不公开审理的案件中不应当公开的信息”不好认定，且该罪设定的“造成信息公开传播或者其他严重后果”的入罪标准也不好掌握，会导致实践中难以执行。现在已经有相关行政法规和行业规范对律师等法律从业人员的执业行为进行管理，将泄露案件信息的行为入罪，可能会对律师从业产生负面影响，建议慎重研究。

【社会公众意见】

有的提出，“不公开审理的案件中不应当公开的信息”含义不明，实践中有可能被扩大适用。法律有明确规定不公开审理的案件包括涉及国家秘密、商业秘密和个人隐私三种类型，如泄露前两种案件信息，构成犯罪的，可以适用泄露国家秘密罪、侵犯商业秘密罪予以惩处；对于披露涉及个人隐私和未成年刑事案件中的有关案情如何处理，目前社会上仍存在较大争议，不宜规定为犯罪。

还有人认为，草案第三十四条第一款的规定是专门针对辩护律师而设立的条款，影响律师在刑事诉讼中充分行使辩护权，不利于保障司法公正和当事人的合法权利，建议删除。

有的建议，在条文中增加“故意”泄露案件信息的主观条件；进一步明确“造成严重后果”、“情节严重”是指哪些具体情形。有的提出，第三款的情形主要针对一些媒体或者自媒体群众，既然有了第一款的规定，就能从源头上限制案件信息的流出，没有必要进一步扩大处罚范围。

三十五、将刑法第三百零九条修改为：“有下列情形之一，严重扰乱法庭秩序的，处三年以下有期徒刑、拘役、管制或者罚金：

“（一）聚众哄闹、冲击法庭的；

“（二）殴打司法工作人员或者诉讼参与人的；

“（三）侮辱、诽谤、威胁司法工作人员或者诉讼参与人，不听法庭制止的；

“（四）有其他严重扰乱法庭秩序行为的。”

【地方人大和中央有关部门、单位意见】

有的地方、部门和单位提出，第（三）项中“侮辱、诽谤、威胁”主观色彩过于浓重，随意性较大，会加剧刑事诉讼中控、辩双方诉讼地位的失衡，严重损害被告人的辩护权，对这种情形通过司法训诫或者依法吊销律师执业证等行政处罚的方式处理，就能够有效处置，建议删除第（三）项规定（浙江、广东、内蒙古，中央军委法制局，法学会、社科院法学所、华东政法大学）；建议增加“多次”的限制条件（广西），或在“不听法庭制止”后加“经过处罚”的限制条件（法学会）。

有的地方和单位提出，第（四）项“有其他严重扰乱法庭秩序行为的”兜底性条款弹性过大，建议再斟酌（浙江，法学会）；建议删除第（四）项的规定（重庆、广西、内蒙古、江西，中国政法大学、社科院法学所、法学会、新华通讯社）；建议增加“不听制止”的限制条件（四川）；建议修改为“有其他严重扰乱法庭秩序行为，致使法庭审判无法进行的”（北京师范大学）。

有的地方和部门建议删除“聚众”，将“法庭”修改为“审判场所”（北京、陕西，最高法院）；同时增加一款，规定：有前款行为，同时构成本法规定的其他犯罪的，依照处罚较重的规定定罪处罚（最高法院）。

有的地方、部门和单位提出，刑事诉讼法、民事诉讼法、律师法和行政规章对扰乱法庭秩序的行为已有相关罚则。同时，正在修订的《律师和律师事务所违法行为处罚办法》拟重点解决此类问题，通过行政执法严肃执业监管可以有效解决个别律师扰乱法庭秩序问题。如果入罪，既无助于实际问题的解决，也不利司法和谐，建议慎重决策（司法部，全国律协），删除本条规定（上海、广东、山西、吉林，司法部，全国律协）。

【法律委法工委座谈会意见】

最高人民法院提出，对扰乱法庭秩序罪作出修改符合四中全会的精神。根据司法实践的情况，建议将“严重扰乱法庭秩序”修改为“严重扰乱审判秩序”，将“聚众哄闹冲击法庭”修改为“聚众哄闹冲击审判场所”。

阎建国代表建议，删除第（三）项“侮辱、诽谤、威胁司法工作人员”的规定，认为上述规定实践中不好判断，可能会出现司法人员随意适用该条文，将律师辩护中的一些过激言论认定为侮辱、诽谤，不利于律师辩护权的行使。司法部也提出，草案第（三）项以及第（四）项“其他严重扰乱法庭秩序”的行为，容易被扩大适用，目前法律规定对上述行为已有司法拘留等处置措施，足以维护法庭秩序，建议这些行为入罪要慎重。

【社会公众意见】

有的提出，本条第三项和第四项规定的侮辱、诽谤、威胁行为以及其他严重扰乱法庭秩序的行为，应该如何理解不明确。在一些辩审意见分歧较大的案件中，律师发表的辩护意见，有可能被法庭以上述规定予以制止，会进一步加大刑事辩护的难度。对庭审中出现的侮辱、诽谤、威胁司法工作人员或者其他诉讼参与人的行为，可以通过训诫、罚款、司法拘留，强行带出法庭等处罚措施达到惩戒效果。此外，刑法中已经规定了侮辱、诽谤罪，若情节严重，构成这些罪名的，可以依照刑法相关规定处罚，没有必要再在扰乱法庭秩序罪中作出规定。

有的建议增加一款，规定对司法工作人员故意违法导致严重扰乱法庭秩序的情形发生的，依照第一款的规定处罚。

也有人提出，草案第三十五条的规定对于维护法庭秩序，增强司法权威有积极作用。

三十六、将刑法第三百一十三条修改为：“对人民法院的判决、裁定有能力执行而拒不执行，情节严重的，处三年以下有期徒刑、拘役或者罚金；情节特别严重的，处三年以上七年以下有期徒刑。

“单位犯前款罪的，对单位判处罚金，并对其直接负责的主管人员和其他直接责任人员，依照前款的规定处罚。”

【地方人大和中央有关部门、单位意见】

有的地方建议增加“调解书”（江西）；将拒不执行法院判决、裁定罪修改为妨害执行罪，将被执行人恶意处分其责任财产的行为涵盖进来（北京）。

【社会公众意见】

有的建议在新增的第二个法定刑幅度中增加“并处罚金”或者“没收财产”的规定。有的建议，将不执行民事调解书、仲裁类文书、公证债权文书的行为也纳入本条规定；对具体行为设定期限，规定“对人民法院的判决、裁定有能力执行而拒不执行，超过三个月，情节严重的”构成犯罪；将“有能力执行而拒不执行”改为“有能力执行而不执行"；进一步加大本罪的刑罚力度。

三十七、将刑法第三百五十条第一款、第二款修改为："违反国家规定，非法生产、买卖、运输醋酸酐、乙醚、三氯甲烷或者其他用于制造毒品的原料、配剂，或者携带上述物品进出境，情节较重的，处三年以下有期徒刑、拘役或者管制，并处罚金；情节严重的，处三年以上七年以下有期徒刑，并处罚金；情节特别严重的，处七年以上有期徒刑，并处罚金或者没收财产。

"明知他人制造毒品而为其生产、买卖、运输前款规定的物品的，以制造毒品罪的共犯论处。"

【地方人大和中央有关部门、单位意见】

有的地方建议在第二款"生产、买卖、运输"易制毒化学品后增加规定"储存"易制毒化学品的行为。(天津)

有的部门建议将本条的法定最高刑提高到无期徒刑。(最高法院)

【社会公众意见】

有的提出，本条规定的"运输"易制毒化学品与"携带"上述物品进出境的行为在适用范围上有重合，建议进一步明确两者具体适用于哪些情形。携带上述物品"进出境"的规定适用范围太窄，携带易制毒物品跨省、跨区域的行为也应纳入刑法规范范围。

第二款中的"生产、买卖、运输"相对于刑法原条文规定的"提供"范围缩小了，建议增加规定"携带"、"储存"等行为。

三十八、将刑法第三百五十八条修改为："组织、强迫他人卖淫的，处五年以上十年以下有期徒刑，并处罚金；情节严重的，处十年以上有期徒刑或者无期徒刑，并处罚金或者没收财产。

"组织、强迫未成年人卖淫的，依照前款的规定从重处罚。

"犯前两款罪，并有杀害、伤害、强奸、绑架等犯罪行为的，依照数罪并罚的规定处罚。

"为组织卖淫的人招募、运送人员或者有其他协助组织他人卖淫行为的，处五年以下有期徒刑，并处罚金；情节严重的，处五年以上十年以下有期徒刑，并处罚金。"

【常委会审议意见】

有常委委员和列席人员不赞成取消强迫卖淫罪的死刑（张健、许振超、唐世礼、庞丽娟、郑功成委员，民委寸敏、法律委赵东花，广东人大陈小川，易凤娇、龙国英代表）。建议分别设立组织卖淫罪和强迫卖淫罪，在组织卖淫罪中增加"组织不满十四周岁幼女卖淫"的从重处罚情节，同时保留强迫卖淫罪的死刑（庞丽娟，法律委赵东花），或者对强迫幼女卖淫并造成严重后果的，保留死刑（郑功成）。吴晓灵委员认为，组织卖淫罪和强迫卖淫罪涉及社会道德，不直接危害他人的生命安全，取消死刑是可以的。

【地方人大和中央有关部门、单位意见】

有的地方和单位建议，保留组织卖淫罪和强迫卖淫罪的死刑（山东、辽宁、四川）；保留强迫卖淫罪死刑（云南、山西、江苏，人民大学）；对"组织、强迫未成年人卖淫"，情节特别严重的，保留死刑（人民大学）。

有的地方和单位提出，"组织卖淫"和"强迫卖淫"是两种不同性质的犯罪，社会危害明显不同，建议分别规定、分别量刑。(山西，中国政法大学)

【社会公众意见】

有的认为，不能取消强迫卖淫罪死刑。强迫卖淫往往带有暴力、胁迫手段，实质上与强奸罪没有区别，不仅侵害了社会管理秩序和伦理规范，还严重侵害了公民个人人身权利。对于强迫他人卖淫，造成重伤、死亡的，或者强迫未成年人卖淫的，或者有其他极其恶劣情节的，应当判处死刑。

有的认为，应当分别规定组织卖淫罪和强迫卖淫罪，在组织卖淫罪中增加"组织不满十四周岁幼女卖淫"的从重处罚情节。组织卖淫罪不直接侵害他人人身权利，可以废除死刑。

三十九、将刑法第三百八十三条修改为："对犯贪污罪的，根据情节轻重，分别依照下列规定处罚：

"（一）贪污数额较大或者有其他较重情节的，处三年以下有期徒刑或者拘役，并处罚金。尚不构成犯罪的，由其所在单位或者上级主管机关给予处分。

"（二）贪污数额巨大或者有其他严重情节的，处三年以上十年以下有期徒刑，并处罚金或者没收财产。

"（三）贪污数额特别巨大或者有其他特别严重情节的，处十年以上有期徒刑或者无期徒刑，并处罚金或者没收财产；数额特别巨大，并使国家和人民利益遭受特别重大损失的，处无期徒刑或者死刑，并处没收财产。

"对多次贪污未经处理的，按照累计贪污数额处罚。

"犯第一款罪，在提起公诉前如实供述自己罪行、真诚悔罪、积极退赃，避免、减少损害结果的发生，有第（一）项规定情形的，可以从轻、减轻或者免除处罚；有第（二）项、第（三）项规定情形的，可以从轻处罚。"

【常委会审议意见】

有常委委员和代表提出，将犯罪情节作为量刑标准，是对司法实践经验的总结和提升，为统一量刑奠定了基础。草案通过后，可以由两高制定司法解释确定具体的量刑标准（马馼、苏泽林、莫文秀委员，罗范椒芬代表）。陈昌智副委员长认为，草案说明关于取消贪污受贿罪具体数额标准的说服力不强，理由不够充分。现有的数额标准需要根据实际情况的变化作出调整，具体怎么定，要广泛征求社会公众的意见，如果能够确定具体标准，还是应该在法律中作出规定。

也有常委委员提出，按照修正案的规定，对犯贪污受贿罪的由司法机关根据数量和情节综合判断，给司法机关自由裁量很大的空间。同样的犯罪数额和情节类型，量刑有差别，更容易造成量刑标准不统一，会让群众认为刑法对贪污的处罚减轻了，社会效果不好。建议对贪污受贿罪的修改要体现出从严的精神，完善法律规定使人不敢贪、不想贪、不能贪（傅莹、许为钢、张涛、章沁生委员），贪污受贿无论多少数额都应追究刑事责任（张涛）。

有常委委员和代表建议，进一步明确“情节较重”、“情节严重”、“情节特别严重”等用语的含义（苏泽林委员，魏岚代表），对于数额较大、数额巨大、数额特别巨大，要有一个基本的标准（朱静芝委员，龙国英代表）。第一款第（一）项中“尚不构成犯罪的，由其所在单位或者上级主管机关给予处分”没有必要，建议取消（陈昌智副委员长，刘蓉华代表）。法律委周光权建议，将新增第三款退赃、悔罪、减少、避免损害结果发生可以从宽处罚的规定放到总则第三十六条之后，以适用于所有经济犯罪和财产犯罪。

【地方人大和中央有关部门、单位意见】

有的部门建议，由立法对贪污受贿犯罪定罪量刑的具体数额标准作出规定，维持5000元起点数额不变，同时分别对5000元以上不满5万元、5-10万元、10-100万元、100-500万元以及500万元以上的规定五档刑罚（最高检察院）。有的地方提出，草案事实上放宽了国家公职人员贪污受贿犯罪的刑事处罚，极有可能引起公众的质疑，建议明确规定本罪的入罪标准（重庆），仍维持刑法规定的5000元（广东）。

有的地方、部门和单位建议取消第一款第（一）项中“尚不构成犯罪的”给予处分的规定（北京、上海、浙江、广东、海南、河北、吉林，最高法院，社科院法学所）；建议将第三项中的“数额特别巨大，并使国家和人民利益遭受特别重大损失的”单独规定为一档刑（北京师范大学）。有的地方提出，第一项情形本身即是最低量刑幅度，没有减轻处罚的余地，只能从轻或者免除处罚（北京）。

有的地方提出，贪污罪的起点刑不宜低于挪用公款罪和职务侵占罪，建议将第（一）、（二）项中三年以下有期徒刑、三年以上有期徒刑中的“三年”改为“五年”。（四川、湖北、福建、辽宁）

有的地方、部门和单位建议，对贪污罪和受贿罪分别规定定罪量刑标准。（云南、江西，监察部，法学会、北京师范大学）

有的地方提出，取消贪污罪量刑的具体数额的规定，不利于司法机关实际操作，实践中难以把握，建议协调司法机关尽快作出具体司法解释。（天津、云南、西藏）

有的地方和单位建议，将第三款中“在提起公诉前”修改为“在一审宣判前”（北京、湖南、河北、陕西，全国律协）。有的单位提出，“真诚悔罪”等可以从宽处理的情形，是并列还是选择关系不明确（清华大学）；建议将“真诚悔罪”修改为“具有悔罪表现”或将其删除（云南）；有的地方建议删除“积极退赃，避免、减少损害结果发生”这一从宽处罚条件（山西）。

有的地方和单位提出，第三款规定包含了刑法总则关于“避免特别严重后果发生的，可以减轻处罚”的坦白的情形，建议对“有第（二）项、第（三）项规定情形的”，增加可以“减轻处罚”的规定（四川，北京师范大学）。

有的地方、部门和单位建议，删除第三款的规定，认为第三款从宽处理的情况在总则中都已有规定，草案只针对贪污、受贿犯罪作此类规定，对盗窃、诈骗等普通刑事犯罪则不能一体适用，似难以取得公众理解，也不符合依法严惩贿赂犯罪的精神（北京、江苏、广东、广西，最高法院，社科院法学所）；或将第三款的内容规定在总则中，一并适用于其他财产性犯罪（北京师范大学）。

【法律委法工委座谈会意见】

最高人民检察院建议，由刑法对贪污受贿犯罪定罪量刑的具体数额标准作出规定，维持5000元定罪数额标准不变，同时分别设定5000元以上不满5万元、5-10万元、10-100万元、100-500万元以及500万元以上五档量刑幅度，并配置相应的刑罚。赵秉志、曲新久教授不赞成在刑法中规定具体的数额，认为仅用数额标准不能全面反映贪污受贿犯罪行为的危害性，不利于司法实践中做到罪刑相适应，以往司法实践证明弊端很大。中纪委赞成取消具体数额标准，同时建议对两种犯罪分别规定定罪量刑标准。

【社会公众意见】

有的提出，根据刑法现有规定，贪污十万元以上的，即判处十年以上有期徒刑或者无期徒刑，导致实践中贪贿金额数十万元与数千万元、甚至上亿元在刑期上差别不大，量刑失衡，修正案条文改用数额加情节的定罪标准，不再唯数额论，更符合实际需要，更为科学合理，也更有利于惩治腐败犯罪和维护司法公正。有的建议单以情节为标准，规定“情节较重、情节严重、情节特别严重”三种情形。

有的提出，第一款“尚不构成犯罪的，由其所在单位或者上级主管机关给予处分”的规定，不属于刑法的调整范围，建议删除。

对于第三款在提起公诉前有如实供述等情形，可以从宽处罚的规定，有的提出，规定为“提起公诉前”不利于职务犯罪案件的查办，建议改为在侦查阶段认罪悔罪的可以从宽处罚。有的则提出，对行为人从宽处罚的时限可以进一步放宽至“作出判决前”。

也有人建议，在法律条文中要有具体数额的规定，防止法官滥用裁量权；进一步降低入罪门槛，并将起刑点由三年有期徒刑提高至五年有期徒刑；删除第三款从宽处罚的规定，以从严惩治贪污贿赂犯罪。还有人建议，将收受礼金的行为规定为犯罪。

有的建议，修正案通过后，相关部门应尽快出台司法解释，量化定罪标准，特别是可能判处无期或者死刑的数额巨大、造成特别重大损失的数额标准，让法院的审判工作有法可依。

四十、在刑法第三百八十八条之一后增加一条，作为第三百八十八条之二："为谋取不正当利益，向国家工作人员的近亲属或者其他与该国家工作人员关系密切的人，或者离职的国家工作人员或者其近亲属以及其他与其关系密切的人行贿的，处二年以下有期徒刑或者拘役，并处罚金；情节严重的，或者使国家利益遭受重大损失的，处二年以上五年以下有期徒刑，并处罚金；情节特别严重的，或者使国家利益遭受特别重大损失的，处五年以上十年以下有期徒刑，并处罚金。"

【常委会审议意见】

李路委员建议，将草案第四十条、第四十一条中的"国家利益"改为"国家利益、公共利益"。苏泽林委员提出，草案这几条关于行贿犯罪的规定，有的以数额为定罪量刑的标准，如草案第九条对非国家工作人员行贿的规定；有的以情节为标准进行处罚，如草案第四十一条、第四十三条；这几条的刑罚也不一致，建议统一起来作出规定。

【地方人大和中央有关部门、单位意见】

有的地方、部门和单位提出，本条应当放在刑法第三百八十九条行贿罪规定之后（北京、广东、重庆、甘肃、山东，监察部，北京师范大学），作为行贿罪的第二款（四川）；或者放在刑法第三百九十一条对单位行贿罪之后（法学会、北京师范大学）；建议增加单位犯罪（北京，人民大学）。

有的地方和单位建议，将"为谋取不正当利益"修改为"为谋取利益"（北京、湖北）；或删除（江苏、吉林）；对于谋取不正当利益的，从重处罚（吉林）；建议在"为谋取不正当利益"后增加"或者竞争优势"（广东）。有的部门和地方建议将贿赂犯罪对象由"财物"扩大为"财物和其他财产性利益"（江苏，监察部）。

【法律委法工委座谈会意见】

中纪委提出，该条规定的犯罪为行贿犯罪的一种特殊类型，放在刑法第三百九十条一般行贿罪规定之前逻辑上不顺，建议调至刑法第三百九十条行贿犯罪的规定之后。

【社会公众意见】

有的提出，本条属于行贿类的犯罪，建议放在刑法第三百八十九条行贿罪之后。有的建议，取消"为谋取不正当利益"的主观要件，或者改为"为谋取利益"。还有的建议，对这种犯罪应加重处罚，在第二档、第三档刑罚幅度中设置没收财产刑。

四十一、将刑法第三百九十条修改为："对犯行贿罪的，处五年以下有期徒刑或者拘役，并处罚金；因行贿谋取不正当利益，情节严重的，或者使国家利益遭受重大损失的，处五年以上十年以下有期徒刑，并处罚金；情节特别严重的，或者使国家利益遭受特别重大损失的，处十年以上有期徒刑或者无期徒刑，并处罚金或者没收财产。

"行贿人在被追诉前主动交待行贿行为的，可以从轻或者减轻处罚。其中，犯罪较轻的，检举揭发行为对侦破重大案件起关键作用，或者有其他重大立功表现的，可以免除处罚。"

【常委会审议意见】

有常委委员和列席人员提出，上述规定对行贿犯罪可以"免除处罚"，会导致在审判实践中，只要行贿人交代行贿事实，就能因重大立功表现得到宽大处理，放纵了行贿犯罪行为，不利于源头治理腐败，建议取消"免除处罚"的规定（韩晓武、刘政奎、苏晓云、马駇、罗亮权委员，甘肃人大陆武成）。对"犯罪较轻"的表述进一步予以明确（谢小军委员）。同时，为了鼓励行贿人交代罪行，可以考虑在这款的刑罚中增加管制（韩晓武委员）。朱静芝委员建议，对行贿以"数额较大"、"数额巨大"、"数额特别巨大"作为定罪量刑的标准。

有常委委员建议，行贿与受贿行为应该同等处罚，对行贿罪加大追究法律责任，不要轻于受贿罪（罗亮权、贺一诚、马志武、朱静芝委员，甘肃人大陆武成）；要加大对行贿行为判处财产刑的力度，对行贿人因为行贿造成的非法资产、财产的增加应予没收（贺一诚、孙大发委员）。

【地方人大和中央有关部门、单位意见】

有的地方和单位建议，将"数额较大或者有其他较重情节"规定为草案第四十一条行贿罪、第四十二条对单位行贿罪的入罪条件。（云南，北京师范大学）

有的地方、部门和单位提出，这一规定大大增加了对受贿罪等职务犯罪的侦办难度，甚至会促使行贿人与受贿人达成攻守同盟，不利于打击腐败犯罪，建议不作修改（广东，中央军委法制局）；将"可以免除处罚"修改为"可以减轻处罚"（内蒙古），或"应当免除处罚"（江西）。将"在被追诉前"修改为"在调查前"（陕西）。将原规定的行贿人在被追诉前主动交代行贿行为的，"可以减轻处罚或者免除处罚"，修改为"不予追究刑事责任"（清华大学），或者"可以从轻、减轻或者免除处罚"（四川）。

有的地方提出，鉴于本条对行贿人从宽处罚的规定作了修改，建议草案第九条、第四十条、第四十二条、第四十三条、第四十四条等贿赂犯罪的规定也相应作出修改。（北京、湖北、湖南）

【法律委法工委座谈会意见】

最高人民法院、赵秉志教授提出，对行贿罪规定作出修改很有必要。建议进一步调整行贿罪法定刑，同时将草案第四十一条第二款规定的“在追诉前”主动交待可以从宽处罚修改为“在查处前”可以从宽处罚，以加大对行贿罪的惩处。此外，草案将行贿人主动交待行贿行为而供述出受贿人的行为表述为“检举揭发”不恰当，建议改为“主动交待”。

此外，中纪委提出，十八届四中全会决定提出，“完善惩治贪污贿赂犯罪法律制度，把贿赂犯罪对象由财物扩大为财物和其他财产性利益”，建议修改刑法相关规定，落实决定要求，严密惩治贿赂犯罪的法网。

【社会公众意见】

有的建议取消对行贿人免除处罚的规定，以加大对行贿的惩罚力度。也有的认为，对行贿人免予处罚的政策性规定可以鼓励行贿人提供公职人员贿赂犯罪的线索和证据，有利于案件查办，应予以保留。

四十二、将刑法第三百九十一条第一款修改为：“为谋取不正当利益，给予国家机关、国有公司、企业、事业单位、人民团体以财物的，或者在经济往来中，违反国家规定，给予各种名义的回扣、手续费的，处三年以下有期徒刑或者拘役，并处罚金。”

【社会公众意见】

关于其他行贿犯罪条文（草案第九条、第四十二条、第四十四条）的修改，有的建议，进一步明确罚金的计算方法。有的提出，要进一步加大对这些行为的惩处力度，除增设罚金刑外，还应适当提高自由刑的刑期。有的提出，草案有关条文中的“财物”“回扣、手续费”的范围过窄，没有全面准确地反映现实情况，建议修改为“经济利益”。

四十三、将刑法第三百九十二条第一款修改为：“向国家工作人员介绍贿赂，情节严重的，处三年以下有期徒刑或者拘役，并处罚金。”

【常委会审议意见】

法律委周光权建议，取消介绍贿赂罪的规定，对介绍贿赂情节严重的，可以受贿罪的共犯论处，或者将其修改为“向刑法第三百八十五条、第三百八十八条规定的人介绍贿赂，情节严重的，按照受贿罪的共犯论处”。

【地方人大和中央有关部门、单位意见】

有的地方建议将“向国家工作人员介绍贿赂”修改为“向国家工作人员或者国家工作人员的近亲属、关系密切的人介绍贿赂的”（北京）。有的单位建议，删除介绍贿赂罪的规定（法学会、清华大学、北京师范大学）。

【社会公众意见】

有的建议，废除草案第四十三条介绍贿赂罪的规定，对介绍贿赂的，可以按行贿或者受贿的共犯论处。

四十四、将刑法第三百九十三条修改为：“单位为谋取不正当利益而行贿，或者违反国家规定，给予国家工作人员以回扣、手续费，情节严重的，对单位判处罚金，并对其直接负责的主管人员和其他直接责任人员，处五年以下有期徒刑或者拘役，并处罚金。因行贿取得的违法所得归个人所有的，依照本法第三百八十九条、第三百九十条的规定定罪处罚。”

【社会公众意见】

将草案第四十四条、第九条中的“为谋取不正当利益”修改为“为谋取利益”。

四十五、将刑法第四百二十六条修改为：“以暴力、威胁方法，阻碍指挥人员或者值班、值勤人员执行职务的，处五年以下有期徒刑或者拘役；情节严重的，处五年以上十年以下有期徒刑；情节特别严重的，处十年以上有期徒刑或者无期徒刑。战时从重处罚。”

【地方人大和中央有关部门、单位意见】

有的地方和部门建议保留阻碍执行军事职务罪和战时造谣惑众罪的死刑，认为这两个罪比仍保留有死刑的投降罪、战时临阵脱逃罪的危害更大，后果更严重（北京、重庆，中央军委法制局）。

有的地方建议将阻碍执行军事职务罪中的“战时从重处罚”修改为“救灾和战时从重处罚”。（江西）

【法律委法工委座谈会意见】

解放军军事法院提出，解放军总政治部是中央“逐步减少适用死刑罪名”任务的成员单位，解放军军事法院是具体负责单位。关于取消阻碍执行军事职务罪、战时造谣惑众罪死刑的建议，是他们在征求军队内部各单位意见的基础上，报经总政治部首长批准的；解放军总政治部保卫部、解放军军事检察院提出，他们原来同意这一建议，经再次研究，现在建议保留这二个罪的死刑；曲新久教授提出，阻碍执行军事职务罪和妨害公务罪性质相近，二者刑罚上差距悬殊，不合理，且阻碍执行军事职务和战时造谣惑众在现代战争条件下基本上不可能得逞，不会造成现实严重后果，取消死刑是必要的。

【社会公众意见】

有的建议保留阻碍执行军事职务罪的死刑。认为阻碍执行军事职务，妨害国家安全和军事安全。特别是在战时，阻碍执行军事职务直接关系到战争胜负，对于其中情节严重的，应当判处死刑，不能因为国家长期处于和平时期就取消该罪死刑。

四十六、将刑法第四百三十三条修改为："战时造谣惑众，动摇军心的，处三年以下有期徒刑；情节严重的，处三年以上十年以下有期徒刑；情节特别严重的，处十年以上有期徒刑或者无期徒刑。"

【常委会审议意见】

有常委委员和列席人员提出，取消战时造谣惑众罪的死刑要慎重（朱发忠、庞丽娟、迟万春、吴晓灵、李安东、张涛、李玲蔚、谢小军、章沁生委员，广东人大陈小川）。

【地方人大和中央有关部门、单位意见】

有的地方和部门建议保留战时造谣惑众罪的死刑（云南、北京、重庆，中央军委法制局）。

【社会公众意见】

有的建议保留战时造谣惑众罪的死刑。认为战时造谣惑众直接关系到军事后方稳定和战争胜负，对于情节特别严重的，应当保留死刑。

四十七、本修正案自　年　月　日起施行。

无意见

其他建议

【常委会审议意见】

（一）总体意见

有常委委员和列席人员提出，刑法修正案（九）草案涉及面很广，条文多，是一次重大修改，建议由全国人大常委会审议后，提请全国人民代表大会审议通过（任茂东、丛斌、王明雯委员，黄汉标代表）。同时，在整个修法过程中要加强说理工作，要回应外界和委员关切，对于社会关注的热点问题要有回应，不改的要说明理由，不要引起社会不必要的猜忌或质疑。(沈春耀、窦树华委员，李大进代表)。

（二）关于完善刑法规定的具体意见

1. 法律委周光权建议，在刑法第三十六条后增加一条作为刑法第三十六条之一，规定被害人积极退赃，减少损害结果发生的可以从轻、减轻或者免除处罚。

2. 韩晓武委员建议，在刑法第六十三条增加规定，对犯罪分子具有刑法规定的两个以上减轻处罚情节或者同时具备减轻处罚和免除处罚情节且刑法规定有数个量刑幅度的，增加规定可以在法定量刑幅度的下二个量刑幅度内判处刑罚。

3. 孙大发委员建议，进一步明确国有控股、参股企业中国家工作人员身份的认定标准。

4. 陈光国委员建议，增加单位自首的规定。最高法和最高检联合出台了《关于办理职务犯罪案件认定自首、立功等量刑情节若干问题的指导意见》，在这个指导意见中针对单位犯罪的自首问题提出了指导意见，但是于法无据。建议将指导意见中关于单位犯罪的规定上升为法律。

5. 李连宁委员建议，在刑法第一百一十六条中增加一款，对非法航拍等干扰、破坏车辆、船只和航空器正常运行，可能造成交通、航运和航空危险的行为作出规定。

6. 任茂东委员建议，修改刑法第一百三十三条交通肇事罪的规定，加大对涉及交通运输犯罪行为的处罚力度。

7. 建议在刑法第二百三十四条故意伤害罪中增加一款对故意伤害儿童的从重处罚的规定。(沈跃跃副委员长，赵少华、马馼、谢小军委员)

8. 建议将刑法第二百三十六条中的强奸"妇女"修改为强奸"他人"(王明雯委员，易凤娇代表)。

9. 有委员和代表建议将刑法第二百四十条的拐卖妇女、儿童修改为拐卖"人口"。(王明雯、王乃坤委员，易凤娇代表)

10. 郭红梅代表建议，在刑法第三百五十八条组织、强迫卖淫罪中增加"引诱"未成年人卖淫的规定。

11. 建议取消刑法第三百六十条第二款嫖宿幼女罪的规定，把嫖宿幼女作为强奸幼女的从重处罚情节。（庞丽娟、丛斌、何晔晖、王明雯委员，法律委赵东花，易凤娇代表）

12. 陈竺副委员长建议，在刑法第五节危害公共卫生罪部分，专门设立扰乱医院工作秩序罪、暴力妨碍医疗工作罪、暴力伤医侮辱医务人员罪等罪名。对于医疗机构及其医务人员，在治疗过程中并无过错，被告人无端猜疑，蓄意报复，采取残忍手段杀害伤害医务人员的，从严惩处。

13. 任茂东委员建议，增加规定非法生产、销售剧毒农药的犯罪行为。

14. 刘政奎委员提出，刑法对环境污染犯罪的惩治力度不足，建议加大污染环境罪的惩治力度。

15. 李连宁委员建议，规定快递公司和快递人员利用其在服务过程中的便利，截留、变卖快递物品的犯罪。

16. 马馼委员建议在毒品犯罪里面增加"聚众吸毒"罪名。

【地方人大和中央有关部门、单位意见】

1. 建议在刑法第二百八十四条中将非法使用专用间谍器材的行为增加规定为犯罪。(最高法院、最高检察院、安全部)

2. 建议对跨档减轻处罚，如实供述余罪的减轻处罚，死缓犯和无期徒刑犯减刑后发现漏罪的并罚，运输毒品单独立罪，交通肇事罪量刑标准的完善，生产、销售伪劣产品罪定罪量刑标准的完善，骗取贷款、票据承兑、金融凭证罪的完善，信用卡诈骗罪的完善，增设合同欺诈罪，毒品的纯度折算等问题一并研究。(最高法院)

3. 建议将"违反水法、防洪法的规定，擅自围垦河道、围湖造地、建设建筑物构筑物、存放物品或者以其他方式非法占用水域，危害水安全或者防洪安全，情节严重的"行为规定为犯罪。(水利部)

4. 建议在刑法第二百一十六条中增加恶意侵犯他人专利的犯罪；在刑法第二百九十一条中增加利用网络进行人肉搜索侵害公民法人合法权益的犯罪。（发改委）

【法律委法工委座谈会意见】

1. 赵秉志教授提出，适度犯罪化在现阶段是必要的。对于给予劳动教养的行为，在劳动教养制度废除后，多数应纳入治安处罚范围，而不应规定为犯罪。

2. 司法部提出，进一步完善刑法有关社区矫正制度的规定，将刑法第七十五条有关缓刑规定的“考察机关”、第八十四条有关假释规定的“监督机关”修改为“社区矫正机构”，修改刑法第三百一十六条脱逃罪的规定，将社区服刑人员被决定收监执行后故意逃跑的行为纳入脱逃罪处罚。

3. 阎建国代表建议取消嫖宿幼女罪，曲新久教授认为不必要取消嫖宿幼女罪。

4. 中央政法委建议修改刑法第二百六十六条诈骗罪的规定，增加“多次诈骗”构成犯罪的情形。

5. 公安部建议增加规定袭警罪。

6. 国家安全部提出，在刑法第二百八十四条中将非法使用专用间谍器材的行为增加规定为犯罪。

【社会公众意见】

1. 建议刑法修正案（九）通过后，重新整理公布刑法全文，便于人民群众学习和运用。同时建议将刑法修正案（九）草案提请2015年3月召开的全国人民代表大会审议。

2. 建议增加规定“剥夺军衔”附加刑。

3. 建议取消刑法第一百条“依法受过刑事处罚的人，在入伍、就业的时候，应当如实向有关单位报告自己曾受过刑事处罚，不得隐瞒。”犯罪记录报告制度，不利于刑满释放人员回归社会。

4. 建议修改完善刑法第一百七十六条规定的非法吸收公众存款罪。实践中，非法吸收公众存款罪罪与非罪界限不清，已成为新的口袋罪。为促进民间金融的发展，解决中小企业融资难的问题，建议提高该罪的入罪门槛，对于没有给投资人造成实际损害的和用于正当生产经营的吸存行为不作为犯罪处理。

5. 建议修改刑法第二百五十六条破坏选举罪，将以暴力、威胁、贿赂等手段破坏村民委员会、村党支部选举的行为规定为犯罪。

（刑法室整理）

36. 山东、安徽两省有关方面对《刑法修正案（九）（草案）》的意见

（2015年5月4日）

为研究刑法修正案（九）草案（以下简称草案）有关问题，4月13日至17日，刑法室部分同志赴山东、安徽两省进行调研，法工委副主任郎胜同志专程赴安徽参加了15日的座谈会，听取有关方面意见。调研期间，调研组听取了地方政法委、人大、法院、检察院、公安机关等部门和人大代表对草案的意见，深入基层交警大队、派出所、救助站、社区了解刑法实施中的问题，并赴安徽省蚌埠、滁州等地实地调研淮河流域部分河段非法占用水域的情况，简报如下：

一、关于减少适用死刑罪名，调整刑罚结构

（一）关于提高对死缓罪犯执行死刑的门槛

草案第二条对刑法第五十条作了修改，进一步提高对死缓罪犯执行死刑的门槛。规定被判处死刑缓期执行的，如果故意犯罪，情节恶劣的，报请最高人民法院核准后执行死刑。

安徽省政法委提出，上述修改体现了慎重适用死刑的原则，但“情节恶劣”的判断主观色彩强，不易把握。此外，一些分则条文以“情节恶劣”作为犯罪构成要件，如刑法第二百九十三条规定的寻衅滋事罪，与作为死缓罪犯执行死刑门槛的“情节恶劣”如何区分，建议进一步研究。安徽省检察院建议，在“情节恶劣”之前增加“抗拒改造”等限制性规定。

（二）关于减少适用死刑的具体罪名

草案第八条取消了走私武器、弹药罪、走私核材料罪的死刑。山东省人大提出，走私武器、弹药、核材料具有极大的社会危害性，建议保留这两个罪名的死刑。

草案第三十八条对刑法第三百五十八条作了修改，取消了强迫卖淫罪的死刑。有部门提出，在中西部欠发达地区这类案件较多，一些案件中犯罪手段非常残忍，危害严重，民愤很大，建议保留该罪的死刑（山东省人大、公安厅、安徽省高院）。山东省政法委建议，对强迫未成年人卖淫的保留适用死刑，体现对未成年人的特殊保护。

（三）完善数罪并罚时不同刑种并罚的规定

草案第四条完善了数罪并罚时不同刑种如何并罚的规定，进一步明确数罪中有判处有期徒刑和拘役的，执行有期

徒刑，拘役不再执行。数罪中有判处有期徒刑和管制的，有期徒刑执行完毕以后，管制仍需执行。

山东省人大提出，有期徒刑、拘役和管制都是主刑刑种，建议数罪并罚时统一采用吸收原则，对数罪中有判处有期徒刑和管制，或者拘役和管制的，有期徒刑或者拘役执行完毕后，管制不再执行。

二、关于恐怖主义、极端主义犯罪的规定

草案针对近年来暴力恐怖犯罪出现的新情况，增加了宣扬恐怖主义、极端主义和煽动实施暴力恐怖活动；利用极端主义煽动、胁迫群众破坏法律实施；以暴力、胁迫等手段强制他人穿着、佩戴宣扬恐怖主义、极端主义服饰、标志等犯罪。

山东省高院提出，恐怖主义犯罪带有很强的政治性，建议对恐怖主义犯罪增加剥夺政治权利的附加刑。山东省人大提出，"极端主义"的概念不明，建议在刑法或者相关法律中对"极端主义"的概念作出界定。

三、关于惩治腐败犯罪的规定

（一）关于修改贪污受贿犯罪的定罪量刑标准

草案第三十九条将贪污受贿犯罪定罪量刑的标准由具体数额改为数额加情节。

安徽省高院提出，草案对贪污贿赂犯罪每档刑罚的量刑标准都采用数额和情节并列的设置过于复杂，建议简化量刑标准，并在法定刑上尽量规定具体的刑期。济南市中院提出，数额本身就是情节之一，建议规定"情节较重"、"情节严重"、"情节特别严重"三档刑罚。安徽省人大代表蒋敏提出，经济犯罪在很多国家都不适用死刑，建议条件成熟时取消贪污贿赂犯罪的死刑。

（二）关于加大行贿犯罪的处罚力度

草案第九条、第四十一条、第四十二条、第四十四条分别对对非国家工作人员行贿罪、行贿罪、对单位行贿罪以及单位行贿罪的规定作了修改，加大对行贿犯罪的处罚力度，增加了罚金刑。

有关方面提出，实践中对行贿犯罪打击不力的主要原因有两点，一是刑法关于行贿犯罪的规定要求构成行贿犯罪必须具有"为他人谋取不正当利益"的条件，证明难度较大；二是对行贿犯罪的立案数额标准较高，根据有关司法解释，个人行贿数额一万元以上，单位行贿二十万元以上才予以追究，高于受贿犯罪五千元的追诉标准。建议删除行贿罪中"为他人谋取不正当利益"的规定，进一步加大对行贿犯罪的处罚力度。（全国人大代表张淑琴，安徽省检察院、合肥市中院）

（三）关于预防性措施的规定

草案第一条完善了预防性措施的规定，规定对因利用职业便利实施犯罪，或者实施违背职业要求的特定义务的犯罪被判处刑罚的，人民法院可以根据犯罪情况和预防再犯罪的需要，禁止其自刑罚执行完毕之日或者假释之日起五年内从事相关职业。该条第二款规定，被禁止从事相关职业的犯罪分子违反人民法院依照第一款规定作出的决定的，由公安机关依法给予处罚，情节严重的，追究刑事责任。

安徽省人大提出，"利用职业便利实施犯罪，或者实施违背职业要求的特定义务的犯罪"太宽泛，赋予法院的自由裁量权过大，对犯罪人员的从业限制由其他法律作出规定更妥当。对违反职业禁止的人员进行处罚，属于行政管理范畴，由相关的行政主管部门行使处罚权更合适。

四、关于进一步强化人权保障，加强对公民人身权利的保护

（一）关于修改强制猥亵、侮辱妇女罪、猥亵儿童罪

草案第十二条对刑法第二百三十七条强制猥亵、侮辱妇女罪、猥亵儿童罪的规定作了修改，扩大适用范围，同时加大对情节恶劣情形的惩处力度。

有部门提出，从行为性质看"侮辱妇女"与"猥亵他人"没有本质区别，且刑法同时规定了侮辱妇女罪和侮辱罪，建议删去侮辱妇女的规定。（山东省人大、合肥市中院）

（二）关于修改收买被拐卖的妇女、儿童罪的规定

草案第十三条对刑法第二百四十一条收买被拐卖的妇女、儿童罪的规定作了修改，加大了对收买被拐卖妇女、儿童犯罪的惩处力度。将对收买被拐卖的妇女、儿童，按照被买妇女的意愿，不阻碍其返回原居住地的，对被买儿童没有虐待行为，不阻碍对其进行解救的，"可以不追究刑事责任"改为"可以从轻、减轻或者免除处罚。"

安徽省公安厅反映，刑法第二百四十一条规定对符合特定条件的可以不追究刑事责任，实践中基层公安机关对收买被拐卖妇女、儿童的行为人极少追究刑事责任，除对被买十四岁以下女童有奸淫行为，或者造成被买妇女重伤、死亡等严重后果的以外，绝大多数都是处以警告、罚款等治安处罚或者不处理。安徽省高院反映，全省法院近三年来共审结收买被拐卖妇女、儿童案件 22 件，审结人数 24 人，其中判处刑罚 19 人，缓刑 12 人。

有的提出，1997 年立法时规定对收买人可以不追究刑事责任有其特殊的社会背景，现在社会情况已经发生变化，人们观念不断进步，建议加大对收买被拐卖妇女、儿童犯罪的处罚力度，取消草案中对这类犯罪"可以免除处罚"的规定，并对收买被拐卖儿童的加重处罚（全国人大代表张淑琴、刘琴，山东省政法委、安徽省高院、检察院、公安厅），对买主并处或者单处罚金（济南市检察院）。

（三）关于增加在网络上实施侮辱、诽谤犯罪如何追究的规定

草案第十四条在刑法第二百四十六条侮辱、诽谤罪中增加规定，行为人通过信息网络实施侮辱、诽谤行为，被害人向法院告诉，但提供证据确有困难的，人民法院可以要求公安机关提供协助。安徽省高院提出，该条属于程序性内容，应在刑事诉讼法中作出规定。

五、关于维护社会诚信，惩治失信、背信行为

（一）关于增加伪造、变造居民身份证等身份证件的犯罪

草案第二十条对刑法第二百八十条伪造、变造居民身份证的犯罪作了修改，将证件的范围扩大至护照、社会保障卡、驾驶证等证件。同时将买卖上述证件的行为规定为犯罪。

山东、安徽两省高院反映，伪造、变造居民身份证的案件实践中并不多见。安徽全省法院2012年至2014年间审结这类案件11件，审结人数15人，其中判处刑罚14人，缓刑4人；同期，山东省全省法院只审理了同类案件2件。安徽省高院提出，伪造、变造护照、社会保障卡、驾驶证等证件的行为，属于社会综合治理的内容，且有相关的行政法律予以规范，用刑事手段管理过于严苛。有的建议，设置"情节严重"的入罪门槛（山东省政法委），在列举的几种证件后增加港澳通行证等证件类型（全国人大代表张淑琴），或者采用"等证件"的概括式规定（山东省高院、检察院、合肥市中院）。

（二）关于增加使用伪造、变造的居民身份证、护照等证件的犯罪

草案第二十一条将在依照国家规定应当提供真实身份的活动中，使用伪造、变造的居民身份证、护照、驾驶证等证件的行为规定为犯罪。

有部门提出，实践中，对使用伪造、变造身份证明文件从事务工等行为，未造成严重后果的，一般依照身份证法规定予以拘留、罚款等行政处罚，建议在草案中增加"情节严重"的规定，防止打击面过大（山东省政法委、安徽省公安厅）。安徽省高院提出，对使用假证的行为定罪处罚要考虑条文的可操作性问题，如宾馆、车站等单位对身份证明文件真伪是否具备核实能力等。

关于条文表述，有的部门建议，取消"在依照国家规定应当提供真实身份的活动中"的条件，需要使用居民身份证、护照、驾驶证的事项，一般都涉及个人之间或者社会管理的重大利益，没有必要再设置此项前提条件（济南市检察院、纬北路派出所、安徽省公安厅）。山东省人大建议，将依照"国家规定"改为依照"国家法律规定"，以明确刑法的调整范围。

济南纬北路派出所提出，实践中冒用捡拾或者买来的二代身份证的问题突出，目前对这类行为只能予以行政处罚，建议将冒用他人身份证，情节严重的规定为犯罪。全国人大代表张淑琴建议，将冒用他人身份办理证件的规定为犯罪。

六、关于加强社会治理，维护社会秩序

（一）关于完善危险驾驶犯罪的规定

草案第七条在刑法第一百三十三条之一危险驾驶犯罪中增加了在公路上从事客运业务，严重违规超载、超速，以及违法运输危险化学品的规定。

关于办理危险驾驶案件的基本情况，山东、安徽两省司法机关反映，自刑法修正案（八）将醉酒驾驶等危险驾驶行为规定为犯罪以来，两省都对醉酒驾驶等危险驾驶犯罪进行了严厉查处，查办的案件数量均呈逐年递增态势。2013年至今，安徽省全省查处醉酒驾驶案件7552起；山东省2014年危险驾驶案件数量同比增加37%，成为全省刑事案件总量增长的重要原因。实践中对危险驾驶罪处罚偏轻，安徽有的地区缓刑率达到95%。

对草案规定，有的建议，明确规定"严重超过额定乘员载客"、"严重超过规定时速行驶"的认定标准，增强条文的可操作性（安徽省公安厅、济南交警天桥大队）。将机动车严重超员、超速的行为限定在"公路上"，适用范围过窄，对在城市道路上超员超速运输的无法处理；建议将"从事客运业务"改为"从事旅客运输"，将公路客运、旅游客运、校车接送学生、大中型客车载客、微型面包车载客以及非法从事旅客运输等情形都纳入适用范围；将驾驶人、运输企业安全管理人员、校车安全管理人员等规定为犯罪主体（山东省公安厅交警大队、济南交警天桥大队、安徽省公安厅）。

有的建议，将"危险化学品"改为"危险品"，适当扩大适用范围（山东省政法委、合肥市中院），将参与危险化学品运输的托运人、驾驶人、押运人、运输企业主管人员和直接责任人员规定为犯罪主体（山东省人大、济南交警天桥大队、安徽省公安厅）。济南交警天桥大队提出，对危险化学品违法运输的治理，路面执法的作用有限，根本的是要从源头治理，加强危险化学品生产、运输企业的日常安全监管。

有部门提出，危险驾驶罪的最高法定刑为6个月拘役，按照刑事诉讼法的规定，不能对行为人采取逮捕措施，被告人不到庭参加庭审或者脱离监管的现象较为突出，影响案件及时审结以及交付执行。建议提高危险驾驶罪的刑罚，增设有期徒刑，同时并处罚金。（山东省高院、济南市中院、安徽省公安厅）

建议将以下危险驾驶行为规定为犯罪：

1. 货运车辆严重超载的。货运车辆超载是引发公路伤亡事故的主要原因，与70%的交通事故相关，社会危害严重。（山东省政法委、人大、济南市公安局、安徽省政法委、人大）

2. 吸食、注射毒品后在道路上驾驶机动车的。（全国人大代表张淑琴，山东省政法委、人大、高院、公安厅、交警总队、济南中院、公安局、安徽省高院、公安厅、合肥市中院、检察院）

3. 驾驶机动车时使用移动终端等不文明驾驶行为（山东省人大、安徽省检察院、合肥市检察院，安徽省人大代表蒋敏）；未经过培训、肢体严重残疾等不具有驾驶技能的人驾驶机动车的，以及驾驶不符合安全标准的机动车的（合肥市检察院）。

（二）关于增加多次扰乱国家机关工作秩序的犯罪

草案第二十八条对刑法第二百九十条作了修改，将多次扰乱国家机关工作秩序，经处罚后仍不改正，造成严重后果的行为，以及多次组织、资助他人非法聚集，扰乱社会秩序，情节严重的行为规定为犯罪。

有部门提出，上述内容比较敏感，是否一律入罪建议再考虑，对群众确因权益受损害而上访的，治安处罚即可，不宜作为犯罪处理。（山东省检察院、济南市公安局、安徽省人大、高院、检察院）

有的提出，草案中一些条件如“多次”、“造成严重后果”、“情节严重”等，具体是指哪些情形不明确，建议列明几种典型行为，同时明确“经处罚后仍不改正”中的处罚是何种性质的处罚。（全国人大代表张淑琴，山东省政法委、高院、济南市检察院、公安局、安徽省高院、公安厅）

（三）关于修改扰乱法庭秩序罪的规定

草案第三十五条对扰乱法庭秩序罪作了修改，增加了侮辱、诽谤、威胁司法工作人员或者诉讼参与人，不听法庭制止，以及其他严重扰乱法庭秩序的规定。

山东省政法委提出，草案第（三）项中“侮辱、诽谤”等行为的认定具有很强的主观性，为防止实践中不当扩大适用范围，建议增加“情节严重”的入罪条件。安徽省人大提出，草案第四项“有其他严重扰乱法庭秩序行为”规定的是哪些情形不明确，建议列明主要的违法行为，不设兜底条款。

（四）关于修改拒不执行判决、裁定罪的规定

草案第三十六条进一步完善了拒不执判决、裁定罪的规定，增加一档刑罚和单位犯罪的规定。

安徽省人大代表蒋敏提出，民事判决执行难问题很普遍，司法机关办理此类案件的积极性不高，建议规定为自诉案件，当事人提起诉讼的再予追究。

七、关于非法占用水域问题

有些部门反映，淮河流域非法占用水域问题较严重，实践中非法占用水域的行为突出表现为：占用水域，非法采砂；侵占水域进行渔业养殖、捕鱼围网，建水上娱乐设施；侵占水域、占用河道滩地建码头、工厂；挤占河道滩地建堆砂场、石料加工场，从事家禽养殖、蔬菜和农作物种植等。据介绍，目前非法占用水域行为有从零星占用向成片占用，从单位和个人占用向政府行为转化的趋势。非法占用水域堵塞河床，降低河道的防洪能力，危及水利工程安全，造成水体污染，影响水生态环境和群众生产、生活，危害极大。目前，行政执法难度大，处罚力度小，难以遏制此类行为蔓延，建议对非法占用水域，改变被侵占水域用途，危害防洪、航运等公共安全或者破坏生态环境，情节严重的行为追究刑事责任（安徽省水利厅、滁州市水利局、淮河管理局）。安徽省人大提出，在目前行政执法还不到位的情况下，对这类行为应慎重入刑。凤阳县政府认为，如要入刑也应详细区分各类非法占用水域的行为及其危害，对于一些因群众生产、生活占用水域，危害不大的行为，不应作为犯罪处理。

八、其他修改刑法的建议

1. 安徽省公安厅建议，将刑法第二百四十条拐卖妇女、儿童罪修改为拐卖人口罪。

2. 有部门建议，增设袭警罪，保障警察依法履行职责。（安徽省公安厅、山东省公安厅、济南市公安局）

3. 有部门建议，将伪造、变造、买卖机动车号牌（山东省公安厅交警总队、济南市中院、安徽省检察院、公安厅），以及使用伪造、变造的机动车号牌的行为（安徽省公安厅、济南交警天桥大队）规定为犯罪。

4. 有部门建议，将强奸罪的犯罪对象由“妇女”改为“他人”。（山东省政法委、安徽省人大）

5. 有部门建议，取消刑法第三百六十条第二款嫖宿幼女罪的规定，对嫖宿幼女的以强奸罪论处。（山东省高院、公安厅）

（法制工作委员会刑法室）

37. 中华人民共和国刑法修正案（九）（草案二次审议稿）参阅资料

（2015 年 6 月 23 日）

目　录

（1）十二届全国人大常委会第十一次会议审议刑法修正案（九）草案的意见

2014 年 10 月 31 日，十二届全国人大常委会第十一次会议对刑法修正案（九）草案（以下简称草案）进行了分组

审议。常委会组成人员和列席人员认为，草案坚持以十八届三中全会精神为指导，以解决当前司法实践中出现的新情况、新问题为出发点，在适应反恐怖和惩治网络犯罪需要，合理减少适用死刑、为反腐败提供法律支持等方面，对刑法作了重要的修改完善，很有必要，符合十八届四中全会提出的构建完备的社会主义法律规范体系的要求，有利于维护国家安全和社会稳定，有利于保护人民群众的生命财产安全，有利于进一步发挥刑法在规范社会生活方面的引领和推动作用，总体上赞成对刑法作出相应修改。同时，对草案提出了修改意见。现将审议意见简报如下：

一、关于逐步减少适用死刑罪名，完善刑罚结构

（一）关于减少适用死刑罪名的总体意见

有常委委员和列席人员表示，逐步减少死刑并限制适用死刑，符合中央精神以及减少死刑适用的国际趋势，体现了宪法关于尊重和保障人权的精神（罗亮权、苏晓云委员），不会因为减少这些本来较少适用的死刑罪名，从而影响社会的稳定（郝如玉委员），赞成取消走私武器、弹药罪、走私核材料罪等 9 个罪名的死刑（马志武委员，法律委周光权）。此外，罗范椒芬代表建议在下一轮减少适用死刑罪名时考虑取消贪污贿赂犯罪的死刑。

有常委委员和列席人员提出，减少死刑罪名要综合考虑社会治安状况、犯罪的危害程度、国家安全情况、社会公众的安全感等因素，慎重决定。以实践中较少适用作为减少死刑罪名的理由不够充分，建议进一步明确减少死刑的标准。对严重危害国家安全、社会公共安全以及他人生命安全的犯罪，不能取消死刑。（丛斌、何晔晖、张健、尹中卿、吴晓灵、苏泽林、朱静芝、龙庄伟、李玲蔚、章沁生委员，民委寸敏，广东人大陈小川）

有常委委员建议，在取消死刑的同时完善自由刑体系，设置终身监禁（姒建敏、王乃坤、张少琴委员），严格限制相应犯罪判处无期徒刑后的减刑（范徐丽泰委员）。

（二）关于减少适用死刑的具体罪名

草案第八条对刑法第一百五十一条作了修改，取消了该条规定的走私武器、弹药罪、走私核材料罪、走私假币罪的死刑。有常委会组成人员和列席人员建议保留走私武器、弹药罪的死刑（艾力更·依明巴海副委员长，任茂东、迟万春、吴晓灵、朱发忠、罗亮权、朱静芝、周其凤、王乃坤、邓秀新、杨卫、尹中卿、白玛赤林、庞丽娟、张少琴、何晔晖、章沁生、龙超云、张健、唐世礼、穆东升、刘政奎委员，甘肃人大陆武成），建议保留走私核材料罪的死刑（任茂东、迟万春、吴晓灵、朱发忠、贺一诚、朱静芝、周其凤、王乃坤、尹中卿、邓秀新、章沁生、李安东、刘振起、张涛、庞丽娟、张少琴、穆东升、唐世礼、刘政奎委员，广东人大陈小川、甘肃人大陆武成）。对取消两罪的死刑建议慎重考虑（朱静芝、朱发忠、任茂东、张健、尹中卿、穆东升、迟万春、吴晓灵、邓秀新、王乃坤、张少琴、刘政奎、章沁生、周其凤、庞丽娟委员，甘肃人大陆武成）。甘肃人大陆武成建议对走私武器弹药、核材料罪与走私假币罪分开作出规定，保留走私武器、弹药、核材料犯罪的死刑，取消走私假币罪的死刑。有委员提出，伪造货币罪的死刑也应继续保留（尹中卿、章沁生委员）。

草案第三十八条对刑法第三百五十八条作了修改，取消了组织卖淫罪、强迫卖淫罪的死刑。有常委委员和列席人员不赞成取消强迫卖淫罪的死刑（张健、许振超、唐世礼、庞丽娟、郑功成委员，民委寸敏、法律委赵东花，广东人大陈小川，易凤娇、龙国英代表）。建议分别设立组织卖淫罪和强迫卖淫罪，在组织卖淫罪中增加"组织不满十四周岁幼女卖淫"的从重处罚情节，同时保留强迫卖淫罪的死刑（庞丽娟委员，法律委赵东花），或者对强迫幼女卖淫并造成严重后果的，保留死刑（郑功成委员）。吴晓灵委员认为，组织卖淫罪和强迫卖淫罪涉及社会道德，不直接危害他人的生命安全，取消死刑是可以的。

草案第四十六条对刑法第四百三十三条作了修改，取消了战时造谣惑众罪的死刑。有常委委员和列席人员提出，取消该罪的死刑要慎重。（朱发忠、庞丽娟、迟万春、吴晓灵、李安东、张涛、李玲蔚、谢小军、章沁生委员，广东人大陈小川）

草案第四十五条对刑法第四百三十六条作了修改，取消了阻碍执行军事职务罪的死刑。有常委委员建议保留该罪的死刑。（迟万春、吴晓灵、朱发忠、庞丽娟委员）

草案第十一条删去刑法第一百九十九条，取消了集资诈骗罪的死刑。有常委委员提出，集资诈骗罪应保留死刑。（许振超、章沁生委员）

（三）关于提高对死缓罪犯执行死刑的门槛

草案第二条对刑法第五十条作了修改，进一步提高对死缓罪犯执行死刑的门槛。规定被判处死刑缓期执行的，如果故意犯罪，情节恶劣的，报请最高人民法院核准后执行死刑，对故意犯罪未执行死刑的，死刑缓期执行的期间重新计算，并报最高人民法院备案。

法律委周光权提出，实践中如果被告人故意犯数罪的，单独看都不属于情节恶劣，但是被告人犯数罪的主观恶性和客观危害都严重，建议改为："如果故意犯罪情节恶劣，或者故意犯数罪的，报请最高人民法院核准以后执行死刑"。莫文秀委员建议，在报最高人民法院备案后增加报最高人民检察院备案，以便于掌握相关情况并进行监督。

（四）关于完善罚金刑减免、变更的规定

草案第三条对刑法第五十三条作了修改，完善了罚金刑的减免、变更制度，规定：由于遭遇不能抗拒的灾祸等原因缴纳确实有困难的，经人民法院决定，可以延期缴纳、酌情减少或者免除。

董中原委员建议，将"经人民法院决定"改为"经人民法院裁定"可以延期缴纳，酌情减少或者免除。人民法院的决定、裁定、判决有不同效力与程序要求，免除罚金是重要的司法裁决，仅以“决定”的形式作出，似乎不妥。穆东升委员建议，进一步明确规定须经当事人“本人申请”，人民法院再决定是否可以延期缴纳，酌情减少或者免除缴纳。

（五）完善数罪并罚时不同刑种并罚的规定

草案第四条完善了数罪并罚时不同刑种如何并罚的规定，进一步明确数罪中有判处有期徒刑和拘役的，执行有期徒刑，拘役不再执行。数罪中有判处有期徒刑和管制的，有期徒刑执行完毕以后，管制还需要执行。

有常委委员和列席人员提出，拘役是比管制更重的刑罚，有期徒刑与管制并罚时，有期徒刑执行完毕后，管制仍须执行，而比管制刑更重的拘役与有期徒刑并罚时，却只需执行有期徒刑，两种规定不平衡。此外，刑法分则中大量罪名规定了拘役刑，还有部分罪行最高自由刑就只有拘役，如果有期徒刑与拘役并罚不执行拘役，将导致大量判处拘役的犯罪实际上未执行刑罚。建议采用折算的方法，规定拘役3日折算有期徒刑2日，管制3日折算有期徒刑1日（法律委周光权），或者统一采用并罚原则，规定数罪中判处有期徒刑和拘役的，有期徒刑执行完毕后，拘役仍须执行（杜黎明委员），或者统一采用吸收原则，规定数罪中判处有期徒刑和管制，或者拘役和管制的，有期徒刑、拘役执行完毕后，管制不再执行（陈光国委员）。

二、关于维护公共安全，加大对恐怖主义、极端主义犯罪的惩治力度

（一）关于增加宣扬恐怖主义、极端主义和煽动实施暴力恐怖活动的犯罪

草案第六条新增了一条作为刑法第一百二十条之二，规定了宣扬恐怖主义、极端主义和煽动实施暴力恐怖活动的犯罪。

莫文秀委员提出，上海合作组织公约将恐怖主义、分裂主义、极端分裂主义并列提出，建议在本条中增加分裂主义，或者删除极端主义，将恐怖主义作广义的解释，包括了分裂主义、极端主义。建议提高本罪的刑罚（范徐丽泰委员，新疆人大雪克莱提·扎克尔）。

（二）关于增加利用极端主义煽动、胁迫群众破坏法律实施的犯罪

草案第六条新增了一条作为刑法第一百二十条之三，规定了利用极端主义煽动、胁迫群众破坏法律实施的犯罪。

新疆人大雪克莱提·扎克尔建议，增加规定对受极端主义影响拒不执行国家法律确立的婚姻、司法、教育、社会管理等制度的行为进行刑事处罚。在新疆一些地区，受极端主义影响，不执行法律规定的婚姻、教育、社会管理方面制度的行为还不同程度存在，对这种行为应该进行刑事处罚，逐步消除极端主义对世俗化生活的影响。

（三）关于增加持有恐怖主义、极端主义宣传品的犯罪

草案第六条新增了一条作为刑法第一百二十条之四，规定了持有恐怖主义、极端主义宣传品的犯罪。

莫文秀委员建议，在“持有宣扬恐怖主义、极端主义的物品”前面加上“制造、运输”，在恐怖主义之后加上“分裂主义”，便于有效打击制造、运输恐怖主义、分裂主义、极端主义宣传品的犯罪。范徐丽泰委员建议删去“情节严重”，持有的即构成犯罪。李大进代表建议，增加“明知”是恐怖主义、极端主义宣传品而持有的规定。

（四）关于增加以暴力、胁迫等手段强制他人穿着、佩戴宣扬恐怖主义、极端主义服饰、标志的犯罪

草案第十五条在刑法第二百五十一条中增加了一款以暴力、胁迫等方式强制他人在公共场所穿着、佩戴宣扬恐怖主义、极端主义服饰、标志的犯罪。

有常委会组成人员提出，刑法第二百五十一条保护的是公民宗教信仰自由和少数民族的风俗习惯，草案第十五条是涉及恐怖主义、极端主义的犯罪，两者侵犯的客体不同，建议将本条并入草案第六条关于恐怖主义、极端主义犯罪的规定中（沈跃跃副委员长，任茂东、张继禹、李路、云峰、杜黎明、邓秀新、陈光国委员）。有的委员建议，在恐怖主义、极端主义后增加法西斯主义（张健、尹中卿委员）。买买提明·牙生委员建议，将设计、制作、出售宣扬恐怖主义、极端主义服饰、标志的行为也规定为犯罪。

张健委员建议，增加规定在公共场所穿着、佩带宣扬法西斯主义的服饰、标志的犯罪。

新疆人大雪克莱提·扎克尔建议，将没有成立或者加入恐怖组织，但以杀人、故意伤害等手段单独实施暴力犯罪等恐怖活动的行为，规定为“恐怖活动罪”。

苏泽林委员提出，修改完善刑法关于恐怖主义、极端主义犯罪的规定，要考虑与反恐怖主义法的衔接，如“恐怖主义”、“极端主义”的定义等一些重大理论问题还需要进行研究，建议对这一章的修改等反恐怖主义法的框架和条文形成以后再考虑。

三、关于维护信息网络安全，完善惩处网络犯罪的法律规定

（一）关于增加网络服务提供者不履行网络安全管理义务的犯罪

草案第二十五条新增了一条作为刑法第二百八十六条之一，规定网络服务提供者不履行网络安全管理义务，造成特定后果的，构成犯罪。

董中原委员建议，将该条第一款第三项“致使刑事犯罪证据灭失，严重妨害司法机关依法追究犯罪的”分成两项作出规定。刘政奎委员建议，将“经监管部门通知采取改正措施而拒绝执行”，修改为“经监管部门通知采取改正措施而未及时改正”。梁胜利委员建议，增加规定不及时删除网络上侮辱、诽谤、威胁他人，侵害当事人人身利益的信息，造成不良后果的行为，将“网络安全管理义务”修改为“网络安全管理责任”。

（二）关于增加为实施犯罪设立网站、通讯群组、发布信息以及为实施网络犯罪提供帮助的犯罪

草案第二十六条将为实施诈骗、销售违禁品、管制物品等违法犯罪活动而设立网站、通讯群组、发布信息的行为，

以及明知他人利用信息网络实施犯罪，为其提供互联网接入、服务器托管、网络存储、通讯传输等技术支持，或者广告推广、支付结算等帮助的行为规定为犯罪。

龙超云委员提出，在刑法第二百八十七条之一第二项中增加规定发布制作、销售“爆炸物品”信息的行为，范徐丽泰委员建议，在第三项中增加发布“买卖、贩卖人口”信息的行为。朱静芝委员建议，加大对这类行为的惩处力度，适当提高刑罚幅度。

（三）关于修改扰乱无线电秩序的犯罪

草案第二十七条对刑法第二百八十八条扰乱无线电秩序的犯罪作了修改，降低构成犯罪的门槛，增强可操作性。董中原委员提出，使用无线电频率造成危害后果的行为并非都是直接故意，经通知改正后仍拒不停止使用的再入刑更为合理，建议保留原条文中“经责令停止使用后拒不停止使用”的规定。

（四）关于增加编造、传播虚假信息的犯罪

草案第二十九条增加规定了编造虚假的险情、疫情、警情、灾情，在信息网络或者其他媒体上传播，或者明知是上述虚假信息，故意在信息网络或者其他媒体上传播，严重扰乱社会秩序的犯罪。

有常委会组成人员提出列举的几类信息还不够全面，编造虚假的政治谣言、食品药品有害谣言等，同样扰乱社会秩序，也应该打击，建议在“灾情”后面增加“等信息”的规定（沈跃跃副委员长，杨震、刘政奎委员），或者“军情”等具体内容（龚建明）。梁胜利委员建议提高本罪的法定刑。邓秀新委员建议增加单位犯罪。

（五）关于修改出售、非法提供公民个人信息的犯罪

草案第十六条对刑法第二百五十三条之一作了修改，扩大了出售、非法提供因履行职责或者提供服务获得的公民个人信息犯罪的主体范围，同时，增加规定了出售或者非法提供公民个人信息的犯罪。

刘政奎委员提出，现在网上的人肉搜索等随意散布公民个人信息和冒用个人信息实施犯罪的情况多见，建议将随意散布个人信息和非法利用个人信息，给公民本人造成伤害的行为规定为犯罪。

四、关于进一步强化人权保障，加强对公民人身权利的保护

（一）关于修改强制猥亵、侮辱妇女罪、猥亵儿童罪

草案第十二条对刑法第二百三十七条强制猥亵、侮辱妇女罪、猥亵儿童罪的规定作了修改，扩大适用范围，同时加大对情节恶劣情形的惩处力度。

郭红梅代表建议，在“暴力、胁迫”后增加以“引诱”的方式强制猥亵他人或者侮辱妇女的规定。庞丽娟委员提出，猥亵智障妇女在农村地区呈高发状态，建议在刑法第二百三十七条第三款中增加规定猥亵智障妇女的，从重处罚；王乃坤委员提出，残疾人自我防范能力差，建议在第三款中增加猥亵残疾人，从重处罚的规定。将侮辱“妇女”改为侮辱“他人”（姒建敏、邓秀新委员）。

（二）关于修改收买被拐卖的妇女、儿童罪

草案第十三条对刑法第二百四十一条收买被拐卖的妇女、儿童罪的规定作了修改。将对收买被拐卖的妇女、儿童，按照被买妇女的意愿，不阻碍其返回原居住地的，对被买儿童没有虐待行为，不阻碍对其进行解救的，“可以不追究刑事责任”改为“可以从轻、减轻或者免除处罚。”

有常委委员和列席人员提出，现有修改还不够，只要有“免除处罚”的规定，就意味着收买妇女、儿童可以不受处罚，“买方市场”就难以抑制。建议取消本条中对收买妇女、儿童者“可以免除处罚”的规定。（庞丽娟、韩晓武、贺一诚、王乃坤、张涛、刘政奎、范徐丽泰、陈秀榕委员，民委寸敏）

有常委会组成人员和列席人员建议，对收买被拐卖妇女、儿童的行为区别处理，对收买儿童的要加大惩处力度，取消对收买儿童者可以从轻、减轻或者免除处罚的规定（沈跃跃副委员长，郑功成委员，法律委赵东花）。范徐丽泰委员建议，提高刑法第二百四十一条收买被拐卖妇女、儿童犯罪的刑罚。

（三）关于增加在网络上实施侮辱、诽谤犯罪如何追究的规定

草案第十四条在刑法第二百四十六条侮辱、诽谤罪中增加规定，行为人通过信息网络实施侮辱、诽谤行为，被害人向法院告诉，但提供证据确有困难的，人民法院可以要求公安机关提供协助。

杜黎明委员提出，上述内容是关于人民法院与公安机关之间的协作关系，属于程序法的范畴，应将该内容纳入刑事诉讼法的修改内容。有常委委员和代表建议，将“人民法院可以要求公安机关提供协助”，修改为“人民法院可以要求公安机关、网络服务提供者提供协助”（董中原委员，蒋婉求代表）。李大进代表建议，在第三款中增加规定，人民法院要求公安机关提供协助时，“公安机关应当予以协助”的规定。

（四）关于增加虐待被监护、看护对象的犯罪

草案第十八条增加规定，对未成年人、老年人、患病的人、残疾人等负有监护、看护职责的人虐待被监护、看护的人，情节恶劣的，追究刑事责任。

郭红梅代表提出“患病的人”含义不清。有常委委员和代表建议，加大对虐待儿童、老年人的处罚力度（黄献中、郑功成、孙大发委员，蒋婉求代表）。云峰委员提出，学校、幼教机构是未成年人除了家庭之外的主要成长场所，其虐待未成年人，社会评价和影响更加恶劣，建议增加一款作为第二款，即“学校、幼教机构有教育职责的人虐待被监护、被看护人的依前款从重处罚”。

李大进代表提出，刑法第二百六十条之一第二款规定“有前款行为，同时构成其他犯罪的，依照处罚较重的规定定罪处罚”，刑法第二百六十条虐待罪中规定，犯虐待罪，“致使被害人重伤、死亡的，处二年以上七年以下有期徒刑”，两种犯罪情形在性质上类似，却采用不同的处罚原则，建议统一。

五、关于进一步完善反腐败的制度规定，加大对腐败犯罪的惩处力度

（一）关于修改贪污罪、受贿罪的量刑标准

草案第三十九条对刑法第三百八十三条贪污受贿犯罪的定罪量刑标准作了修改，取消了具体数额的规定，同时增加规定，对犯贪污受贿罪，如实供述自己罪行、真诚悔罪、积极退赃，避免、减少损害结果发生的，可以从宽处罚。

有常委委员和代表提出，将犯罪情节作为量刑标准，是对司法实践经验的总结和提升，为统一量刑奠定了基础。草案通过后，可以由两高制定司法解释确定具体的量刑标准（马馼、苏泽林、莫文秀委员，罗范椒芬代表）。陈昌智副委员长认为，草案说明关于取消贪污受贿罪具体数额标准的说服力不强，理由不够充分。现有的数额标准需要根据实际情况的变化作出调整，具体怎么定，要广泛征求社会公众的意见，如果能够确定具体标准，还是应该在法律中作出规定。

也有常委委员提出，按照修正案的规定，对犯贪污受贿罪的由司法机关根据数量和情节综合判断，给司法机关自由裁量很大的空间。同样的犯罪数额和情节类型，量刑有差别，更容易造成量刑标准不统一，会让群众认为刑法对贪污的处罚减轻了，社会效果不好。建议对贪污受贿罪的修改要体现出从严的精神，完善法律规定使人不敢贪、不想贪、不能贪（傅莹、许为钢、张涛、章沁生委员），贪污受贿无论多少数额都应追究刑事责任（张涛委员）。

有常委委员和代表建议，进一步明确“情节较重”、“情节严重”、“情节特别严重”等用语的含义（苏泽林委员，魏岚代表），对于数额较大、数额巨大、数额特别巨大，要有一个基本的标准（朱静芝委员，龙国英代表）。第一款第一项中“尚不构成犯罪的，由其所在单位或者上级主管机关给予处分”没有必要，建议取消（陈昌智副委员长，刘蓉华代表）。法律委周光权建议，将新增第三款退赃、悔罪、减少、避免损害结果发生可以从宽处罚的规定放到总则第三十六条之后，以适用于所有经济犯罪和财产犯罪。

（二）关于在行贿犯罪中增加罚金刑的规定

草案第四十条增加规定了为利用影响力向特定关系人行贿的犯罪，草案第九条、第四十一条、第四十二条、第四十三条、第四十四条分别对对非工作人员行贿罪、行贿罪、对单位行贿罪、介绍贿赂罪以及单位行贿罪的规定作了修改，加大对行贿犯罪的处罚力度，增加了罚金刑。

李路委员建议，将草案第四十条、第四十一条中的“国家利益”改为“国家利益、公共利益”。苏泽林委员提出，草案这几条关于行贿犯罪的规定，有的以数额为定罪量刑的标准，如草案第九条对非国家工作人员行贿的规定；有的以情节为标准进行处罚，如草案第四十一条、第四十三条；这几条的刑罚也不一致，建议统一起来作出规定。朱静芝委员建议，对行贿以“数额较大”、“数额巨大”、“数额特别巨大”作为定罪量刑的标准。

（三）关于对行贿人从宽处罚规定的修改

草案第四十一条第二款规定，行贿人在被追诉前主动交待行贿行为，犯罪较轻的，检举揭发行为对侦破重大案件起关键作用，或者有其他重大立功表现的，可以免除处罚。

有常委委员和列席人员提出，上述规定对行贿犯罪可以“免除处罚”，会导致在审判实践中，只要行贿人交代行贿事实，就能因重大立功表现得到宽大处理，放纵了行贿犯罪行为，不利于源头治理腐败，建议取消“免除处罚”的规定（韩晓武、刘政奎、苏晓云、马馼、罗亮权委员，甘肃人大陆武成），对“犯罪较轻”的表述进一步予以明确（谢小军委员）。同时，为了鼓励行贿人交代罪行，可以考虑在这款的刑罚中增加管制（韩晓武委员）。

有常委委员建议，行贿与受贿行为应该同等处罚，对行贿罪加大追究法律责任，不要轻于受贿罪（罗亮权、贺一诚、马志武、朱静芝委员，甘肃人大陆武成），要加大对行贿行为判处财产刑的力度，对行贿人因为行贿造成的非法资产、财产的增加应予没收（贺一诚、孙大发委员）。

（四）关于预防性措施的规定

草案第一条完善了预防性措施的规定，对因利用职业便利实施犯罪，或者实施违背职业要求的特定义务的犯罪被判处刑罚的，人民法院可以根据犯罪情况和预防再犯罪的需要，禁止其自刑罚执行完毕之日或者假释之日起五年内从事相关职业。

有常委委员提出，“被禁止从事相关职业”是否属于新增的刑罚种类，建议在刑法总则附加刑相关条文中作出规定（李路、杜黎明、陈光国委员），此外，违反法院决定从事相关职业是否都由公安机关处罚，可能涉及其他行政机关的职责范围，需要进一步予以区分（李路委员）。董中原委员提出，第三款“其他法律、行政法规对其从事相关职业另有禁止或者限定性规定的，从其规定”的规定，不属于刑法需要规定的内容，建议删除。

此外，法律委周光权建议，取消刑法第三百九十二条介绍贿赂罪的规定，对介绍贿赂情节严重的，可以受贿罪的共犯论处，或者将其修改为“向刑法第三百八十五条、第三百八十八条规定的人介绍贿赂，情节严重的，按照受贿罪的共犯论处”。

六、关于维护社会诚信，惩治失信、背信行为

（一）关于增加伪造、变造居民身份证等身份证件的犯罪

草案第二十条对刑法第二百八十条伪造、变造居民身份证的犯罪作了修改，将证件的范围扩大至护照、社会保障

卡、驾驶证等证件。同时将买卖居民身份证、护照等证件的行为规定为犯罪。

张平副委员长提出，类似问题在一些其他有关身份的证件上也存在，建议在草案第二十条所列证件后加“等”字。董中原委员建议增加规定“机动车牌照”。云峰委员建议增加一款作为第四款，即“国家机关工作人员或前款所列证照负有审批职责的工作人员犯前款罪的，从重处罚”。

（二）关于增加使用伪造、变造的居民身份证、护照等证件的犯罪

草案第二十一条将使用伪造、变造的居民身份证、护照、驾驶证等证件的行为规定为犯罪。

张平副委员长提出，本条将构成犯罪的行为限定在“依照国家规定应当提供真实身份的活动中”的范围内，在此范围外使用假证的是否要入刑，建议再斟酌。魏旋君代表提出，使用伪造、变造身份证的情况并不突出，建议不增加这类犯罪，对其进行行政处罚即可。龙超云委员建议增加“情节严重”的入罪条件。

（三）关于增加组织考试作弊的犯罪

草案第三十二条规定了在国家规定的考试中，组织考生作弊，以及代替他人参加考试的犯罪。

有常委委员和列席人员提出，“国家规定的考试”范围太宽，建议进一步明确考试的范围（严以新、杨震、陈吉宁委员，郭红梅代表），增加“情节严重”或者“造成严重后果”的规定（何晔晖委员），删除该条第三款“向他人非法出售或者提供”试题、答案中的“非法”二字（严以新委员）。组织考试作弊后果严重，处理这类行为的社会成本、行政成本非常高，建议提高刑期，对后果特别严重的组织作弊行为加大打击力度（沈春耀委员，外事委王晓初）。

关于代考行为入刑问题，有常委委员和列席人员提出，很多代考人员都是在校大学生和未成年人，且对代考行为规章中都规定了开除等处罚措施，作为犯罪处理太严厉，社会效果不一定好（杨卫、严以新、杜黎明委员，魏旋君代表），或者明确规定对被胁迫代替他人考试的，可以从轻处理（陈吉宁委员）。

此外，还有委员提出，除请人代考外，对使用作弊器材、购买考试试题的作弊行为（龙超云委员），非法篡改考试成绩和考试加分环节的弄虚作假行为（刘政奎委员），考场管理者、监考者对考场考试秩序监管不力，未能够及时制止考场发生作弊，使考试失序的行为，也应当作为犯罪处理（吴恒委员）。

（四）关于增加虚假诉讼的犯罪

草案第三十三条新增了虚假诉讼的犯罪，规定为谋取不正当利益，以捏造的事实提起民事诉讼，严重妨害司法秩序的，处三年以下有期徒刑、拘役或者管制，并处或者单处罚金。实施上述行为，侵占他人财产或者逃避合法债务的，依照刑法第二百六十六条的规定从重处罚。

白志健委员提出，虚假民事诉讼侵害的客体是司法秩序和司法权威，建议删去“为谋取不正当利益”的主观要件。丛斌委员建议，将“以捏造事实提起民事诉讼”改为“以虚假的事实提起民事诉讼”，删去“严重妨碍司法秩序”的限定性条件。法律委周光权建议把“侵占”改为“非法取得”，侵占罪是专门的罪名，把专门的罪名用在这里容易产生误解；实践中出现的国家工作人员或者国有公司企业人员和他人勾结，制造虚假诉讼，骗取本单位财物的情况应该定贪污罪，而非诈骗罪，建议将“依照第二百六十六条的规定从重处罚”改为“依照本法第二百六十六条等规定从重处罚”。董中原委员建议，将本条第一款与第二款合并，修改为“为谋取不正当利益，以捏造事实提起民事诉讼，侵占他人财产或者逃避合法债务，严重妨害司法秩序的”追究刑事责任，防止因为该条规定影响公民依法行使诉权。

七、关于加强社会治理，维护社会秩序

（一）关于完善危险驾驶犯罪的规定

草案第七条在刑法第一百三十三条之一危险驾驶犯罪中增加了公路客运车辆超载、超速以及违法运输危险化学品的规定。

有常委委员建议，对“严重超过额定成员载客”和“严重超过规定时速行驶”规定具体的额度或者比例，增强这一条款的可操作性（任茂东、马志武委员）。尹中卿委员建议删去“在公路上”的限定条件。马志武委员建议“客运”改为“长途客运”。莫文秀委员提出，对严重超过额定乘员载客应该定罪，但是严重超过规定时速行驶的，要慎重考虑。杜黎明委员提出，对严重超载、超速入刑都应慎重。

杜黎明委员提出，“违反危险化学品安全管理规定运输危险化学品”中的“危险化学品安全管理规定”的范围太宽，除了国务院规定的《危险化学品安全管理条例》外，还有部门规章和各地的地方性法规，建议将规定的范围限定为“国家规定”。刘政奎委员建议将“危险化学品”修改为“危险品”，“危险品”除化学品外，还包括其他易燃易爆等物品。

关于本条规定的刑罚，董中原委员提出，新增的两项行为比原有的追逐竞驶、醉驾严重得多，建议将这两项行为单独规定为一条，并配置相应的法定刑。任茂东委员建议，将危险驾驶犯罪的刑罚提高至“两年以下徒刑或者拘役，并处罚金”。穆东升委员建议，同时增加一款“曾因危险驾驶罪受过刑事处罚的应该从重处罚”。

此外，有常委委员和列席人员提出在危险驾驶犯罪中增加规定以下行为：吸食毒品后驾驶机动车的（黄润秋、韩晓武、杜黎明、刘政奎、范徐丽泰、白志健、李连宁、陈光国委员，重庆人大沈金强）；在行驶中因非运输业务需要接听、翻看电子设备的（重庆人大沈金强，蒋婉求代表）；长时间占用应急车道，妨碍抢险、救援、救护车辆通过，造成严重财产损失和人员伤亡的（丛斌、穆东升委员）；故意阻拦、阻挡载客公交车辆与公交车辆争道抢行的（许振超委员）；长途客运在凌晨两点至凌晨五点运营的（马志武委员）；在公路上从事货运业务严重超载或者严重超速的（丛斌

委员，法律委周光权），以及套牌、制造假牌的行为（李飞委员）。

此外，陈昌智副委员长提出，在修改危险驾驶罪的同时，应由两高配套起草相关的司法解释，对“在公路上从事客运业务，严重超过额定乘员载客，或者严重超过规定时速行驶的”定罪量刑标准予以明确，避免法律出台后出现执法难、执法不统一的问题。

（二）关于在抢夺罪中增加多次抢夺的规定

草案第十九条对刑法第二百六十七条抢夺罪作了修改，将多次抢夺的行为规定为犯罪。

李路委员提出，抢夺行为的社会危害性较大，建议对“多次抢夺的”加大处罚力度，直接适用抢夺罪的第二档刑罚。

（三）关于增加生产、销售窃听、窃照等专用器材的犯罪

草案第二十二条对刑法第二百八十三条作了修改，将生产、销售窃听、窃照专用器材的行为规定为犯罪。

蒋婉求代表提出，现在普遍使用的智能手机等电子器材都有拍照、录音等功能，建议对窃听、窃照专用器材有一个界定，防止打击范围太大。法律委周光权建议，在“专用间谍器材”前面加上“间谍活动特殊需要的专业间谍器材”，把用智能手机拍照的行为排除在外。董中原委员建议对生产、销售窃听、窃照专用器材的行为不规定为犯罪。

（四）关于增加多次扰乱国家机关工作秩序的犯罪

草案第二十八条对刑法第二百九十条作了修改，将多次扰乱国家机关工作秩序，经处罚后仍不改正，造成严重后果的行为，以及多次组织、资助他人非法聚集，扰乱社会秩序，情节严重的行为规定为犯罪。

刘政奎委员建议，将“经处罚后仍不改正”修改为“经处罚和教育后仍不改正”。有常委会组成人员提出，医闹行为严重扰乱社会秩序，使医疗工作无法进行，甚至危害医生生命和患者抢救工作，建议将扰乱医院医疗秩序的行为规定为犯罪（陈竺副委员长，丛斌、姒建敏、云峰、温孚江、陈蔚文委员）。丛斌委员建议，在国家机关后增加“企事业单位”。董中原委员提出，新增第三款中的“国家机关工作秩序”也是社会秩序，不必在刑法第二百九十条之外再做规定，建议删去本款规定。李大进代表建议，将第四款中的“聚集”改为“聚会”。

（五）关于增加泄露案件信息的犯罪

草案第三十四条将司法工作人员、辩护人、诉讼代理人或者其他诉讼参与人，泄露依法不公开审理的案件中不应当公开的信息，造成信息公开传播或者其他严重后果的行为规定为犯罪。董中原委员建议，增加非法披露商业秘密的行为，将相关内容修改为，“泄露依法不公开审理的案件中不应当公开的信息，造成信息公开传播、商业秘密披露或者其他严重后果的”。

八、其他建议

在审议过程中，常委会组成人员和列席人员还提出了一些其他完善刑法规定的建议，主要有：

（一）总体意见

有常委委员和列席人员提出，刑法修正案（九）草案涉及面很广，条文多，是一次重大修改，建议由全国人大常委会审议后，提请全国人民代表大会审议通过（任茂东、丛斌、王明雯委员，法律委黄汉标）。同时，在整个修法过程中要加强说理工作，要回应外界和委员关切，对于社会关注的热点问题要有回应，不改的要说明理由，不要引起社会不必要的猜忌或质疑。（沈春耀、窦树华委员，李大进代表）。

（二）关于完善刑法规定的具体意见

1. 法律委周光权建议，在刑法第三十六条后增加一条作为刑法第三十六条之一，规定被害人积极退赃，减少损害结果发生的可以从轻、减轻或者免除处罚。

2. 韩晓武委员建议，在刑法第六十三条增加规定，对犯罪分子具有刑法规定的两个以上减轻处罚情节或者同时具备减轻处罚和免除处罚情节且刑法规定有数个量刑幅度的，增加规定可以在法定量刑幅度的下二个量刑幅度内判处刑罚。

3. 孙大发委员建议，进一步明确国有控股、参股企业中国家工作人员身份的认定标准。

4. 陈光国委员建议，增加单位自首的规定。最高法和最高检联合出台了《关于办理职务犯罪案件认定自首、立功等量刑情节若干问题的指导意见》，在这个指导意见中针对单位犯罪的自首问题提出了指导意见，但是于法无据。建议将指导意见中关于单位犯罪的规定上升为法律。

5. 李连宁委员建议，在刑法第一百一十六条中增加一款，对非法航拍等干扰、破坏车辆、船只和航空器正常运行，可能造成交通、航运和航空危险的行为作出规定。

6. 任茂东委员建议，修改刑法第一百三十三条交通肇事罪的规定，加大对涉及交通运输犯罪行为的处罚力度。

7. 建议在刑法第二百三十四条故意伤害罪中增加一款对故意伤害儿童的从重处罚的规定。（沈跃跃副委员长，赵少华、马馼、谢小军委员）

8. 建议将刑法第二百三十六条中的强奸“妇女”修改为强奸“他人”。（王明雯委员，易凤娇代表）

9. 有委员和代表建议将刑法第二百四十条的拐卖妇女、儿童修改为拐卖“人口”。（王明雯、王乃坤委员，易凤娇代表）

10. 郭红梅代表建议，在刑法第三百五十八条组织、强迫卖淫罪中增加“引诱”未成年人卖淫的规定。

11. 建议取消刑法第三百六十条第二款嫖宿幼女罪的规定，把嫖宿幼女作为强奸幼女的从重处罚情节。（庞丽娟、丛斌、何晔晖、王明雯委员，法律委赵东花，易凤娇代表）

12. 陈竺副委员长建议，在刑法第五节危害公共卫生罪部分，专门设立扰乱医院工作秩序罪、暴力妨碍医疗工作罪、暴力伤医侮辱医务人员罪等罪名。对于医疗机构及其医务人员，在治疗过程中并无过错，被告人无端猜疑，蓄意报复，采取残忍手段杀害伤害医务人员的，从严惩处。

13. 任茂东委员建议，增加规定非法生产、销售剧毒农药的犯罪行为。

14. 刘政奎委员提出，刑法对环境污染犯罪的惩治力度不足，建议加大污染环境罪的惩治力度。

15. 李连宁委员建议，规定快递公司和快递人员利用其在服务过程中的便利，截留、变卖快递物品的犯罪。

16. 马駇委员建议在毒品犯罪里面增加“聚众吸毒”罪名。

全国人大常委会法制工作委员会办公室提供
2014 年 12 月 15 日

（2）地方人大和中央有关部门、单位对刑法修正案（九）草案的意见

2014 年 10 月，十二届全国人大常委会第十一次会议初步审议了刑法修正案（九）（草案）（以下简称草案）。会后，法制工作委员会将该草案印发中央有关部门、各省、自治区、直辖市一些较大的市以及有关社会团体、教学、科研机构征求意见。各部门、地方和单位普遍认为，草案充分体现了党的十八大以来中央关于司法体制改革的要求，坚持问题导向，坚持宽严相济的刑事政策，适应维护国家安全、社会稳定和公平正义的需要，有利于更好地发挥刑法在维护社会主义核心价值观、规范社会生活方面的引领和推动作用。赞成草案的总体思路和主要内容。同时，提出了一些具体的修改意见，现简报如下：

一、关于逐步减少适用死刑罪名，完善刑罚结构

（一）关于减少适用死刑的具体罪名

1. 草案第八条对刑法第一百五十一条作了修改，取消走私武器、弹药罪、走私核材料罪、走私假币罪的死刑。

有的地方和部门提出，走私武器、弹药、核材料犯罪严重威胁国家安全和社会安定，建议保留其死刑（北京、山西、吉林、四川、海南、辽宁、福建、重庆、云南、西藏、江苏、陕西、江西、天津、青海、广东，公安部）。有的部门建议保留走私武器、弹药罪死刑（中央军委法制局）。

有的部门提出，对走私武器、弹药数量特别巨大、情节特别严重的，能否适用刑法第一百二十五条非法买卖、运输、邮寄、存储枪支、弹药、爆炸物罪的规定判处死刑，建议予以明确。（最高法院）

有的地方提出，货币与黄金、白银都属于大货币的范畴，建议将本条第一款走私“伪造的货币”移至第二款走私黄金、白银的规定中。（四川）

2. 草案第十条对伪造货币罪作了修改，删去了罚金的具体数额和死刑的规定。

有的地方和部门提出，目前我国假币犯罪处于高发期，严重扰乱国家金融秩序，建议保留伪造货币罪死刑（四川、海南、北京，公安部、中国人民银行），或者对“情节特别严重的”保留死刑（天津）。

有的单位提出，本条删去了具体的罚金数额的规定，会导致乱判乱罚，空判率会更高，建议尽量明确罚金数额或比例。（法学会）

3. 草案第十一条删去了刑法第一百九十九条，即删去刑法第一百九十二条集资诈骗罪的死刑。

有的地方和部门提出，现阶段我国金融监管体系还不十分健全，尚不具备取消集资诈骗罪死刑的条件，建议保留死刑（天津，公安部）。同时，建议增加“对实施诈骗行为后及时补救、偿还欠款的，可以从轻或者减轻处罚”的规定（天津）。

4. 草案第三十八条对刑法第三百五十八条作了修改，取消了组织卖淫罪、强迫卖淫罪的死刑。

有的地方和单位建议，保留组织卖淫罪和强迫卖淫罪的死刑（山东、辽宁、四川）；保留强迫卖淫罪死刑（云南、山西、江苏，人民大学）；对“组织、强迫未成年人卖淫”，情节特别严重的，保留死刑（人民大学）。

有的地方和单位提出，“组织卖淫”和“强迫卖淫”是两种不同性质的犯罪，社会危害明显不同，建议分别规定、分别量刑。（山西，中国政法大学）

5. 草案第四十五条、第四十六条分别对刑法第四百二十六条、第四百三十三条作了修改，取消了阻碍执行军事职务罪和战时造谣惑众罪的死刑。

有的地方和部门建议保留阻碍执行军事职务罪和战时造谣惑众罪的死刑，认为这两个罪比仍保留有死刑的投降罪、战时临阵脱逃罪的危害更大，后果更严重（北京、重庆，中央军委法制局）。有的地方建议保留战时造谣惑众罪的死刑（云南）。

有的地方建议将本条中的“战时从重处罚”修改为“救灾和战时从重处罚”。（江西）

（二）关于判处死刑缓期二年执行的罪犯执行死刑的条件和程序

草案第二条进一步提高了对死缓罪犯执行死刑的门槛。规定被判处死刑缓期执行的，如果故意犯罪，情节恶劣的，报请最高法院核准后执行死刑，对故意犯罪未执行死刑的，死刑缓期执行的期间重新计算，并报最高法院备案。

有的地方和单位建议，明确“情节恶劣”的含义（北京、广东、陕西、福建、江苏，社科院法学所、武汉大学）；在“情节恶劣”前增加“性质严重”（法学会），或者将“情节恶劣”修改为“情节严重”（湖南）。

有的地方提出，该条中关于“故意犯罪未执行死刑”的表述易产生歧义，建议先规定“故意犯罪的死刑缓期执行的期间重新计算”，再规定“情节恶劣的，报请最高法院核准后执行死刑”（上海）；将“对于故意犯罪未执行死刑的”修改为“对于故意犯罪，尚不属于情节恶劣，不执行死刑的”（浙江）。

有的地方建议，增加规定死缓期满后未执行死刑的应当限制减刑（广东）；建议明确死刑缓期执行期间重新计算的裁决机关、程序和重新计算的时间（江苏、陕西、浙江、广东、湖南）；有的建议删去“对于故意犯罪未执行死刑的，死刑缓期执行的期间重新计算，并报最高人民法院备案”的规定（山西）。有的单位建议，对虽然故意犯罪，且情节恶劣，但又有重大立功表现的如何处罚作出规定（人民大学）。

有的地方和部门提出，本条将原来的“查证属实”修改为“情节恶劣”，限制条件过严，有悖于设置死缓制度的初衷，建议不作修改为好。（山东、江西、四川，司法部）

（三）关于完善罚金刑减免、变更的规定

草案第三条对刑法第五十三条作了修改，完善了罚金刑的减免、变更制度，规定：由于遭遇不能抗拒的灾祸等原因缴纳确实有困难的，经人民法院决定，可以延期缴纳、酌情减少或者免除。

有的地方建议，在“经人民法院决定”前增加“本人申请”（青海）；将“经人民法院决定”修改为“经执行机关决定”（四川）；在“延期缴纳”的申请主体中增加“未成年人和没有劳动能力的人”（江西）。

有的单位提出，草案增加的“并处罚金刑”较多，“单处罚金刑”太少，只有独立使用罚金刑，才能体现出其轻刑的性质。（法学会）

（四）完善数罪并罚时不同刑种并罚的规定

草案第四条完善了数罪并罚时不同刑种如何并罚的规定，进一步明确数罪中有判处有期徒刑和拘役的，执行有期徒刑，拘役不再执行。数罪中有判处有期徒刑和管制的，有期徒刑执行完毕以后，管制仍需执行。

有的地方、部门和单位提出，拘役比管制更重，而本条规定对有期徒刑与拘役的并罚采取吸收原则，对与管制的并罚采取并科原则，不符合刑罚原理，建议重新考虑并罚原则。（北京、浙江、重庆、山西，最高法院、司法部，全国律协、清华大学、北京师范大学、法学会、社科院法学所）

有的地方、部门和单位建议，对不同主刑的并罚均采取吸收原则。（重庆、山西，最高法院、司法部、全国律协，社科院法学所）

有的地方建议，采取有期徒刑、拘役和管制分别执行原则。（上海、湖南、福建、四川、广东）

有的地方和单位建议，采取折抵的原则，拘役折算为有期徒刑的80%，管制折算为有期徒刑的40%，管制折算为拘役的50%（清华大学）；建议拘役二日折抵有期徒刑一日（广东）；建议修改为“拘役折抵为有期徒刑，与有期徒刑限制加重；管制与有期徒刑或者拘役并科”（武汉大学）；对于有期徒刑和拘役的并罚，可以在重刑的基础上加重三分之一或三分之二来执行有期徒刑（法学会）。

二、关于维护公共安全，加大对恐怖主义、极端主义犯罪的惩治力度

有的地方和单位提出，草案第六条、第十五条中的“极端主义”在司法实践中容易产生歧义，建议明确定义（上海、青海、广东、山东、福建、贵州、西藏、江西，武汉大学、中国政法大学、法学会、全国律协），有的认为，极端主义和恐怖主义是有区别的，凡是条文涉及到“极端主义”的，建议作为专门条款规定（法学会），或删去（中国政法大学、人民大学）。

有的单位提出，草案中“恐怖主义、极端主义”的表述是否合适，应考虑与反恐怖主义法的衔接，或将其修改为“恐怖主义行径、极端主义行径”（社科院法学所）；建议将本部分几个条文中的“极端主义”修改为“暴力极端主义”（法学会、北京师范大学）。

有的部门建议在草案第六条新增的四个条文中的“极端主义”后分别增加“分裂主义”。（国家安全部）

（一）关于组织、领导恐怖活动组织犯罪

草案第五条对刑法第一百二十条组织、领导恐怖活动组织犯罪作了修改，增加了财产刑。

有的单位和地方建议在本条中增加“极端主义组织（活动）”的内容（新华通讯社）；增加一款“组织、领导恐怖活动组织的首要分子、罪行重大”的处罚规定。（海南）

有的地方建议在本条中增加死刑的规定。（辽宁、新疆）

（二）关于增加宣扬恐怖主义、极端主义和煽动实施暴力恐怖活动的犯罪

草案第六条新增了一条作为刑法第一百二十条之二，规定了宣扬恐怖主义、极端主义和煽动实施暴力恐怖活动的犯罪。

有的地方和单位建议降低本条的法定刑（福建）；将本条的入罪条件规定为“情节严重”（江西）；删去“制作资

料、散发资料”等行为方式的列举（清华大学）；删去本条中的“极端主义”（全国律协）。

有的部门建议将条文修改为：“以制作或者散发宣扬恐怖主义、极端主义的物品、资料或者通过音频视频、信息网络，当面讲授等方式宣扬恐怖主义、极端主义，或者煽动实施暴力恐怖活动的。”（公安部）

（三）关于增加利用极端主义煽动、胁迫群众破坏法律实施的犯罪

草案第六条新增了一条作为刑法第一百二十条之三，规定了利用极端主义煽动、胁迫群众破坏法律实施的犯罪。

有的地方和单位建议将“群众”修改为“他人”。本条规定的“婚姻、司法、教育、社会管理”等制度太模糊，打击面太大，建议明确（四川，武汉大学）；建议修改为“司法、教育、社会管理、婚姻制度”，删去“等”字（重庆）。

有的地方和单位建议删去此条。认为“极端主义”是一种思潮。将煽动他人以传统方式结婚等行为规定为犯罪会造成打击面过大，并激化矛盾。（广东，全国律协）

（四）关于增加持有恐怖主义、极端主义宣传品的犯罪

草案第六条新增了一条作为刑法第一百二十条之四，规定了持有恐怖主义、极端主义宣传品的犯罪。

有的部门和单位建议，将“物品、图书、音频视频资料”修改为“图书、音频视频资料或者其他物品”（最高法院）；建议将“图书”修改为“书面资料”（新华通讯社），或“出版物”（新闻出版广电总局）。

有的地方和单位建议，将本条的“持有”限定为“明知而持有”的情形（广西、江西，社科院法学所、全国律协）。有部门建议在“持有”前增加“制造、运输、贩卖”等方式（最高检察院），或在“持有”后增加“并使用”，在“情节严重”前增加“造成社会性影响”的限制（统战部）。

有的地方建议，将本条中的“情节严重”修改为“造成严重后果”（云南）；将本条规定的“三年以下有期徒刑”修改为“五年以下有期徒刑”或设两档刑（四川）。

有的地方和单位提出，持有宣扬恐怖主义、极端主义的音像制品、图书等只能表明思想的危险，不应纳入刑法的范畴，建议删除。（广东，全国律协、法学会、武汉大学）

（五）关于增加明知他人有恐怖活动、极端主义犯罪行为，在司法机关收集证据时，拒绝提供的犯罪

草案第六条新增了一条作为刑法第一百二十条之五，规定了明知他人有恐怖活动、极端主义犯罪行为，在司法机关向其调查有关情况、收集有关证据时，拒绝提供，情节严重的，追究刑事责任。

有的单位建议，将“情节严重”修改为“拒绝提供，导致犯罪继续实施引发严重后果”（武汉大学）；将“调查有关情况、收集有关证据”修改为“调查取证”（人民大学）。

有的地方、部门和单位建议，将本条移至第三百一十一条拒绝提供间谍犯罪证据罪之后（广东），或者将本条与第三百一十一条合并为一条（上海、江西，国务院法制办，法学会、清华大学）。

有的单位建议，在本条中增加“近亲属有权拒绝提供证据”的规定，以与刑事诉讼法第一百八十八条的规定相衔接（法学会、社科院法学所）。有的提出，本条实际上是知情不举罪（法学会）；建议删去本条规定（贵州，国家民委）。

有的部门建议，增加“为宣扬、传播、实施恐怖主义、极端主义提供信息、资金、物资、设备或者技术、协助、便利，情节严重的，追究刑事责任”。（国家宗教事务局、中国人民银行）

（六）关于增加以暴力、胁迫等手段强制他人穿着、佩戴宣扬恐怖主义、极端主义服饰、标志的犯罪

草案第十五条在刑法第二百五十一条中增加了一款以暴力、胁迫等方式强制他人在公共场所穿着、佩戴宣扬恐怖主义、极端主义服饰、标志的犯罪。

有的地方和单位建议，在第二款“标志”后增加“或者有其他强制他人在公共场所参与恐怖活动行为的”（江苏），增加“或者公然宣扬、赞扬恐怖主义”（人民大学）；在“极端主义”后增加“邪教组织”（四川）。

有的地方和部门建议提高法定刑（最高法院）；或规定“依照第一款规定从重处罚”（贵州）。

有的地方、部门和单位提出，本条属打击恐怖主义、极端主义的内容，建议放到草案第六条中（四川、天津、福建、河北、内蒙古、吉林、江苏、新疆，最高法院、全国总工会，法学会、北京师范大学）；有的建议将本条放到刑法第二百五十一条之后（山东、江西、人民大学）。

有的地方建议，删去刑法第二百五十一条第一款中的“国家机关工作人员”。（浙江）

此外，有的地方还提出，对暴力恐怖犯罪适用普通刑事罪名予以惩处，影响特殊累犯的认定以及特殊教育管控措施的有效实施，建议增设实施暴力恐怖活动罪。（新疆）

三、关于维护信息网络安全，完善惩处网络犯罪的法律规定

（一）关于增加网络服务提供者不履行网络安全管理义务的犯罪

草案第二十五条新增了一条作为刑法第二百八十六条之一，规定网络服务提供者拒不履行网络安全管理义务，造成一定后果的，构成犯罪。

有的地方和单位建议，删去“经监管部门通知采取改正措施而拒绝执行”的规定（上海、重庆、天津、广东、吉林）；或将“经监管部门通知”修改为“经监管部门书面责令”（福建）；建议在“监管部门通知”后增加“或者信息相关利害关系人要求”采取改正措施，并将“拒绝执行”修改为“拒绝接受”（北京师范大学）；将通知主体限定为

"公安网络安全监管机关书面通知"（人民大学）；明确"违法信息"和"用户信息"的概念、范围（广东）。

有的部门建议，在第二项中增加"或者致使用户信息毁损"，并增加一项"致使基础信息网络安全受到严重影响的"（工信部）；增加一项"致使国家秘密向公众散布、传播的"（国家保密局）。

有的单位提出，刑法已有非法提供公民个人信息罪和帮助毁灭证据罪，没有必要针对特定企业设置特别条款，建议删去本条（清华大学、人民大学）；或删去第四项的兜底条款（人民大学）。

（二）关于增加为实施犯罪设立网站、通讯群组、发布信息以及为实施网络犯罪提供帮助的犯罪

1. 草案第二十六条新增加的第二百八十七条之一将为实施犯罪设立网站、通讯群组、发布信息的行为规定为犯罪。

有的单位和地方建议，在本条第一项"设立网站"前增加"维护、管理"（清华大学）；在"通讯群组"后增加"论坛吧"或"专门论坛吧"（广东）。

有的部门建议，在第二项规定的"发布制作、销售毒品、枪支"后增加"伪造或变造的货币"。（中国人民银行）

有的单位提出，本条将诈骗犯罪、毒品犯罪等犯罪的预备行为规定为独立的犯罪，需进一步推敲（北京师范大学）。"利用信息网络"是个手段行为，如果一概入罪，会导致和其他犯罪的竞合，建议慎重考虑或删去（法学会）。

2. 草案第二十六条新增加的第二百八十七条之二将明知他人利用信息网络实施犯罪，为其提供互联网接入、支付结算等帮助的行为规定为犯罪。

有的地方和单位提出，实践中对于为他人实施诈骗等犯罪提供互联网接入等技术支持或提供广告推广等帮助的，往往构成诈骗等犯罪的预备犯或共犯，没有必要将其单独规定为犯罪，建议删除（云南、海南，清华大学、武汉大学）；建议慎重考虑（北京师范大学）。

（三）关于修改扰乱无线电秩序的犯罪

草案第二十七条对刑法第二百八十八条扰乱无线电秩序的犯罪作了修改，降低构成犯罪的门槛，增强可操作性。

有的地方建议保留本条第一款中的"经责令停止使用后拒不停止使用"，防止打击面过大。（北京）

（四）关于增加编造、传播虚假信息的犯罪

草案第二十九条在刑法第二百九十一条之一中增加一款，规定编造虚假的险情、疫情、警情、灾情，在信息网络或者其他媒体上传播，或者明知是上述虚假信息，故意在信息网络或者其他媒体上传播，严重扰乱社会秩序的犯罪。

有的地方和单位建议：将"警情"修改为"案情"，不限于公安机关处理的案件，另外，参照刑法第二百九十一条之一投放虚假危险物质罪，建议删去"在信息网络或者其他媒体上"的限定（北京师范大学）；删去"编造虚假的"中的"虚假的"，与编造语义重复（法学会）；删去"警情"，用语模糊，不易界定（人民大学）；删去本条中的"故意"，与明知语意重复（北京）；在"灾情"后加"等"字（陕西），或增加"等可能严重危害公共安全的虚假信息"，并提高本条的法定刑（广东）。

有的地方和单位提出，刑法第二百九十一条之一第一款规定的"虚假恐怖信息"与本条的"虚假的险情、疫情、警情、灾情"难以区分，建议合并为一条。（江西，清华大学）

四、关于进一步强化人权保障，加强对公民人身权利的保护

（一）关于修改强制猥亵、侮辱妇女罪、猥亵儿童罪

草案第十二条对刑法第二百三十七条强制猥亵、侮辱妇女罪、猥亵儿童罪的规定作了修改，扩大适用范围，同时加大对情节恶劣情形的惩处力度。

有的地方和单位建议，将"侮辱妇女"修改为"侮辱他人"（湖北、四川、重庆、广东，法学会、北京师范大学）；或删去"或者侮辱妇女"（北京、江苏、江西，清华大学、人民大学、武汉大学、中国政法大学）。

有的部门和单位建议，将"猥亵儿童的"修改为"猥亵未成年人的"，并在第三款中增加猥亵残疾人，从重处罚的规定（团中央），或将"猥亵儿童"修改为"猥亵、侮辱儿童"（北京师范大学）。

有的地方建议，对猥亵儿童的行为单独定罪量刑，以体现对儿童的特殊保护。（江西）

有的地方建议，将猥亵男性的纳入刑法第二百六十四条强奸罪中解决。（吉林）

（二）关于修改收买被拐卖妇女、儿童罪

草案第十三条对刑法第二百四十一条收买被拐卖妇女、儿童罪的规定作了修改。规定对收买被拐卖的妇女、儿童的，一律追究刑事责任。

有的地方和部门建议，删去可以"免除处罚"的规定（海南、山东，团中央）；或删去对拐卖儿童的可以从宽处理的规定（广东，全国妇联）。

有的单位提出，本条的修改表面看是扩大了处罚范围，实际上并不利于对犯罪的侦破，整体上看也不利于保护被害人的利益，不作修改更符合实际。（武汉大学、华东政法大学、法学会）

（三）关于增加在网络上实施侮辱、诽谤犯罪如何追究的规定

草案第十四条在刑法第二百四十六条侮辱、诽谤罪中增加规定，行为人通过信息网络实施侮辱、诽谤行为，被害人向法院告诉，但提供证据确有困难的，人民法院可以要求公安机关提供协助。

有的地方和单位建议，将本条第二款修改为"前款罪，告诉的才处理，但是通过信息网络实施的或者严重危害社会秩序和国家利益的除外"（吉林）；在"通过信息网络"后增加"等"字（清华大学）。

有的地方、单位和部门提出，本条现有规定容易出现推诿、扯皮现象，建议修改为“通过信息网络实施第一款规定的行为，被害人提供证据确有困难的，可以要求公安机关提供协助”（最高法院）；将“人民法院可以要求公安机关提供协助”修改为“人民法院应当要求公安机关提供协助，公安机关应当予以协助”（江苏、广东，社科院法学所），或修改为“人民法院可以要求公安机关立案侦查”（山西、吉林）；建议对“协助”的方式、效力予以明确（江西）。

有的单位建议将本款直接改为公诉犯罪。（法学会）

有的地方、部门和单位提出，本条规定属于刑事诉讼法举证责任问题，建议进一步研究或删去此条。（四川、山西、吉林、江西、北京，国务院法制办，华东政法大学）

（四）关于修改出售、非法提供公民个人信息的犯罪

草案第十六条对刑法第二百五十三条之一作了修改，扩大了出售、非法提供因履行职责或者提供服务获得的公民个人信息犯罪的主体范围，同时，增加规定了出售或者非法提供公民个人信息的犯罪。

有的地方和单位建议，将新增的第三款“未经公民本人同意，向他人出售或者非法提供其个人信息”和主体范围扩大后的第一款合并为一款，并对于履职或者提供服务的行为人，规定从重处罚（北京、上海）；删去第三款（武汉大学）。

有的地方和单位建议，删去第一款“出售或者提供给他人”中的“或者提供”，以免打击面过大（北京，法学会），或者增加限制条件“受过行政处罚又犯”或者“提供多人、多次提供”（法学会）。有的部门建议将“提供”改为“非法提供”（公安部）。

有的地方和单位建议，对“个人信息”的含义作出界定（广东）；将“公民个人信息”修改为“个人信息”（人民大学、全国律协），将“未经公民本人同意”修改为“未经权利人同意”（人民大学）。

有的地方和部门提出，本条规定处三年以下有期徒刑，不能体现罪责相适应，建议增加一档刑（最高法院、公安部）；对，“造成严重后果的”规定更重的处罚（广东）。

（五）关于犯虐待罪告诉才处理的除外规定

草案第十七条规定，犯虐待罪，告诉的才处理，但被虐待的人没有能力告诉，或者因受到强制、威吓无法告诉的除外。

有的单位建议，将“被虐待的人”修改为“被害人”，与虐待罪的表述相一致。（北京师范大学）。

有的单位提出，建议删去本条关于告诉才处理的规定。（中国政法大学）

（六）关于增加虐待被监护、看护对象的犯罪

草案第十八条增加规定，对未成年人、老年人、患病的人、残疾人等负有监护、看护职责的人虐待被监护、看护的人，情节恶劣的，追究刑事责任。

有的地方和单位提出，本条规定的法定刑与第二百六十条虐待罪的法定刑不平衡，虐待家庭成员的处罚应当更重。建议与第二百六十条合并为一条。（广东，清华大学）

有的地方建议增加单位犯罪。（四川、广东）

五、关于进一步完善反腐败的制度规定，加大对腐败犯罪的惩处力度

（一）关于修改贪污罪、受贿罪的量刑标准

草案第三十九条对刑法第三百八十三条贪污受贿犯罪的定罪量刑标准作了修改，将具体数额标准修改为数额加情节，同时增加可以从宽处罚的规定。

有的部门建议，由立法对贪污受贿犯罪定罪量刑的具体数额标准作出规定，维持5000元起点数额不变，同时分别对5000元以上不满5万元、5—10万元、10—100万元、100—500万元以及500万元以上的规定五档刑罚（最高检察院）。有的地方提出，草案事实上放宽了国家公职人员贪污受贿犯罪的刑事处罚，极有可能引起公众的质疑，建议明确规定本罪的入罪标准（重庆），仍维持刑法规定的5000元（广东）。

有的地方、部门和单位建议取消第一款第一项中“尚不构成犯罪的”给予处分的规定（北京、上海、浙江、广东、海南、河北、吉林，最高法院，社科院法学所）；建议将第三项中的“数额特别巨大，并使国家和人民利益遭受特别重大损失的”单独规定为一档刑（北京师范大学）。有的地方提出，第一项情形本身即是最低量刑幅度，没有减轻处罚的余地，只能从轻或者免除处罚（北京）。

有的地方提出，贪污罪的起点刑不宜低于挪用公款罪和职务侵占罪，建议将第一、二项中三年以下有期徒刑、三年以上有期徒刑中的“三年”改为“五年”。（四川、湖北、福建、辽宁）

有的地方、部门和单位建议，对贪污罪和受贿罪分别规定定罪量刑标准。（云南、江西，监察部，法学会、北京师范大学）

有的地方提出，取消贪污罪量刑的具体数额的规定，不利于司法机关实际操作，实践中难以把握，建议协调司法机关尽快作出具体司法解释。（天津、云南、西藏）

有的地方和单位建议，将第三款中“在提起公诉前”修改为“在一审宣判前”（北京、湖南、河北、陕西，全国律协）。有的单位提出，“真诚悔罪”等可以从宽处理的情形，是并列还是选择关系不明确（清华大学）；建议将“真诚悔罪”修改为“具有悔罪表现”或将其删除（云南）；有的地方建议删除“积极退赃，避免、减少损害结果发生”

这一从宽处罚条件（山西）。

有的地方和单位提出，第三款规定包含了刑法总则关于“避免特别严重后果发生的，可以减轻处罚”的坦白的情形，建议对“有第（二）项、第（三）项规定情形的”，增加可以“减轻处罚”的规定（四川，北京师范大学）。

有的地方、部门和单位建议，删除第三款的规定，认为第三款从宽处理的情况在总则中都已有规定，草案只针对贪污、受贿犯罪作此类规定，对盗窃、诈骗等普通刑事犯罪则不能一体适用，似难以取得公众理解，也不符合依法严惩贿赂犯罪的精神（北京、江苏、广东、广西，最高法院，社科院法学所）；或将第三款的内容规定在总则中，一并适用于其他财产性犯罪（北京师范大学）。

（二）关于增加为利用影响力向特定关系人行贿的犯罪

草案第四十条增加了为利用影响力向特定关系人行贿的犯罪。

有的地方、部门和单位提出，本条应当放在刑法第三百八十九条行贿罪规定之后（北京、广东、重庆、甘肃、山东，监察部，北京师范大学），作为行贿罪的第二款（四川）；或者放在刑法第三百九十一条对单位行贿罪之后（法学会、北京师范大学）；建议增加单位犯罪（北京，人民大学）。

有的地方和单位建议，将“为谋取不正当利益”修改为“为谋取利益”（北京、湖北）；或删除（江苏、吉林）；对于谋取不正当利益的，从重处罚（吉林）；建议在“为谋取不正当利益”后增加“或者竞争优势”（广东）。有的部门和地方建议将贿赂犯罪对象由“财物”扩大为“财物和其他财产性利益”（江苏，监察部）。

（三）关于对行贿犯罪有关规定的修改

草案第九条、第四十一条、第四十二条、第四十三条、第四十四条分别对非国家工作人员行贿罪、行贿罪、对单位行贿罪、介绍贿赂罪以及单位行贿罪的规定作了修改，加大对行贿犯罪的处罚力度，增加了罚金刑。

有的地方和单位建议，将“数额较大或者有其他较重情节”规定为草案第四十一条行贿罪、第四十二条对单位行贿罪的入罪条件。（云南，北京师范大学）

有的地方建议将草案第四十三条中的“向国家工作人员介绍贿赂”修改为“向国家工作人员或者国家工作人员的近亲属、关系密切的人介绍贿赂的”（北京）。有的单位建议，删除介绍贿赂罪的规定（法学会、清华大学、北京师范大学）。

有的部门提出，对单位行贿罪、单位行贿罪与行贿罪并无本质区别，社会危害性也无实质差异，但在刑罚配置上却相差悬殊，建议对行贿罪、对单位行贿罪、单位行贿罪等罪的法定刑重新整合，合理配置。对行贿罪将“五年以下有期徒刑”修改为“三年以下有期徒刑”（最高法院）。有的单位建议，适当提高草案第四十四条关于单位行贿罪的法定刑，与刑法第一百六十四条对非国家工作人员行贿罪的法定刑相协调（北京师范大学）。

（四）关于对行贿人从宽处罚规定的修改

草案第四十一条第二款修改了对行贿人从宽处罚的规定，加大了对行贿人的处罚力度，规定行贿人在被追诉前主动交待行贿行为的，可以从轻或者减轻处罚。其中犯罪较轻的，检举揭发行为对侦破重大案件起关键作用，或者有其他重大立功表现的，可以免除处罚。

有的地方、部门和单位提出，这一规定大大增加了对受贿罪等职务犯罪的侦办难度，甚至会促使行贿人与受贿人达成攻守同盟，不利于打击腐败犯罪，建议不作修改（广东，中央军委法制局）；将“可以免除处罚”修改为“可以减轻处罚”（内蒙古），或“应当免除处罚”（江西）。将“在被追诉前”修改为“在调查前”（陕西）。将原规定的行贿人在被追诉前主动交代行贿行为的，“可以减轻处罚或者免除处罚”，修改为“不予追究刑事责任”（清华大学），或者“可以从轻、减轻或者免除处罚”（四川）。

有的地方提出，鉴于本条对行贿人从宽处罚的规定作了修改，建议草案第九条、第四十条、第四十二条、第四十三条、第四十四条等贿赂犯罪的规定也相应作出修改。（北京、湖北、湖南）

（五）关于预防性措施

草案第一条完善了预防性措施的规定，对因利用职业便利实施犯罪，或者实施违背职业要求的特定义务的犯罪被判处刑罚的，人民法院可以决定禁止其从事相关职业。对违反人民法院的决定的，由公安机关给予处罚。

有的地方和单位建议，明确“职业”的范围（山东，北京大学、华东政法大学）；对职业采取列举加概括的立法方式（广东）；建议限定适用职业禁止的犯罪的范围（广东）；建议对“利用职业便利实施犯罪”、“实施违背职业要求的特定义务的犯罪”和“禁止从事相关职业”的界定予以明确（北京）。有的单位建议，将“预防再犯罪的需要”删除（华东政法大学）；将“犯罪情况”修改为“犯罪情节”（人民大学）。

有的地方建议，将“假释之日”修改为“假释考验期满之日”。（四川）

有的地方和单位提出，罪犯在刑罚执行完毕后就是一个“正常”的公民，建议将“犯罪分子”修改为“因上述规定被禁止从事相关职业的人”。（云南、山西、广东，中国政法大学）

有的地方和部门提出，“五年内”禁止从事相关职业的期限过于绝对，建议规定一个幅度。（上海、江苏、江西、北京、广东，最高法院）

有的地方和部门建议，明确从业禁止的规定同样适用于刑罚执行期间（北京、广东，司法部）。

有的部门提出，由公安机关予以处罚的法律依据不明确，另外，保险法等一些行政管理法律将违反从业禁止规定的处罚权规定由有关主管部门行使，建议统筹研究（国务院法制办），或者删除（公安部）。有的地方和单位建议，将“公安机关”修改为“行政机关”（北京师范大学）；将“由公安机关依法给予处罚”修改为“由公安机关依法给予治安处罚”（四川、云南，社科院法学所）；明确公安机关给予处罚后，其被禁止从业的期间是否重新计算（社科院法学所）。

有的单位提出，按照第二款规定，不执行人民法院有关禁止从事相关职业的判决，可能构成犯罪。而按照第三款规定，违反其他法律、行政法规中从业禁止规定的，只能受到相应的行政处罚，两款规定明显不协调。建议删除第二款“情节严重的，依照本法第三百一十三条的规定定罪处罚”的规定（清华大学）。有的地方和单位建议，将“决定”改为“判决”（四川，社科院法学所）。

有的地方和单位建议，将本条内容放在刑法第三十四条附加刑之后（华东政法大学）；或第五十八条剥夺政治权利之后（广东）。

有的地方提出，本条没有区分故意和过失犯罪，将所有的职业都纳入适用范围，且统一规定了较长的禁业限制，不利于实现教育犯罪人员的目的，建议删除本条规定。（重庆、福建、广东）

六、关于维护社会诚信，惩治失信、背信行为

（一）关于增加伪造、变造居民身份证等身份证件的犯罪

草案第二十条对刑法第二百八十条伪造、变造居民身份证的犯罪作了修改，将证件的范围扩大至护照、社会保障卡、驾驶证。同时将买卖上述证件的行为规定为犯罪。

有的地方和部门建议，增加“情节严重”的入罪条件（上海、重庆、浙江，最高法院，社科院法学所）。将本条与草案第二十一条所列证件一致起来（福建、江苏、四川、贵州、广西、陕西、江西，国务院法制办、国家民委，中国政法大学、法学会）；在“驾驶证”后增加“等证件”（最高检察院）。

有的地方、部门和单位建议将伪造、变造、买卖下列证件的规定为犯罪：户口簿（全国总工会，北京师范大学）；机动车牌照（北京、广东，国家信访局）；机动车牌证等国家机关依照国家规定向公民、公司、企业、事业单位、机关、团体颁发的证明文件或者专用标志的（公安部）；港澳台通行证（人民大学、北京师范大学）；医师资格证、护士资格证（卫生计生委）。

（二）关于增加使用伪造、变造的居民身份证、护照等证件的犯罪

草案第二十一条将使用伪造、变造的居民身份证、护照、驾驶证等证件的行为规定为犯罪。

有的地方、部门和单位建议，增加“情节严重”或“造成重大损失”的入罪条件。（北京、上海、重庆、广东、浙江、江苏、青海、云南、贵州、陕西、辽宁、江西，最高法院，法学会、全国律协、北京师范大学）

有的部门建议将本条和第二十条规定的犯罪对象统一调整为“居民身份证、护照等身份证件”（最高法院）。有的部门建议修改为使用伪造、变造的居民身份证、护照、社会保障卡、驾驶证、机动车牌证等国家机关依照国家规定向公民、公司、企业、事业单位、机关、团体颁发的证明文件或者专用标志，情节严重的（公安部）。有的提出，“等证件”范围过宽，建议删除“等”，增加“港澳台通行证”（人民大学）；增加“社会保障卡”（人社部）。有的地方建议，将第一款中的“提供真实身份”修改为“提供真实身份信息”或“提供真实身份证明”（北京、广东）。

有的部门提出，本条的处罚规定与居民身份证法、出境入境管理法、道路交通安全法等行政管理法律关于使用伪造、变造相关证件的行政处罚的规定界限模糊，建议明确（国务院法制办）。有的地方建议增加单处罚金（陕西）。

有的部门和单位建议，将使用伪造、变造的公文、证件、印章、社会保障卡的行为增加规定为犯罪（清华大学）；将冒用他人上述证件办理依照国家规定应当提供真实身份的业务的行为增加规定为犯罪（中国人民银行）。

有的地方、部门和单位提出，本条规定打击面过大，且“使用”行为往往是实施其他犯罪的手段，可以将其目的行为认定为犯罪，建议删除本条规定（江苏、广西，中央军委法制局，法学会、华东政法大学）。

（三）关于增加组织考试作弊的犯罪

草案第三十二条规定了在国家规定的考试中，组织考生作弊，以及代替他人参加考试的犯罪。

有的地方建议，增加“情节严重”的入罪条件（重庆）；或者规定以此为常业的构成犯罪（北京）。

有的地方和部门建议，进一步明确考试的范围（北京、上海、重庆，全国总工会），或修改为“国家法律、法规规定的统一考试”（云南）。将“组织考生作弊的”修改为“组织作弊的”，以包括组织监考等考务人员作弊的情形（广东，司法部，清华大学）。

有的单位提出，第二款规定是典型的帮助行为，根据总则的规定定罪处罚即可，建议删除。（清华大学）

有的地方建议，删去第三款规定中“向他人非法出售或者提供”试题、答案中的“非法”二字（海南）；将“向多人出售”、“为多人提供”试题、答案作为入罪条件（江西）。有的地方和部门提出，向他人非法出售或者提供试题或者答案的行为与泄露国家秘密罪存在竞合，建议增加规定构成其他犯罪的，依照处罚较重的规定定罪处罚（重庆，公安部）。

关于第四款规定的代考行为入刑问题，有的地方和单位提出，对代考行为给予留校查看、开除等处罚措施已经足够，作为犯罪处理社会效果不一定好，建议删除这一规定（四川、江苏、广东、浙江、湖南、广西、山西，全国律协、法学会、武汉大学、华东政法大学）。有的地方和部门建议明确规定“情节严重的”才构成犯罪（上海、重庆、江苏、

广东、陕西、安徽，最高法院）；或者仅对职业替考或者多次替考者追究刑事责任（全国总工会）；或者将雇佣他人或者以牟利为目的作为入罪条件（北京）。

有的部门建议将本条放在刑法第二百八十二条后，作为第二百八十二条之一。（公安部）

（四）关于增加虚假诉讼的犯罪

草案第三十三条新增了虚假诉讼的犯罪，规定为谋取不正当利益，以捏造的事实提起民事诉讼，严重妨害司法秩序的，处三年以下有期徒刑、拘役或者管制，并处或者单处罚金。实施上述行为，侵占他人财产或者逃避合法债务的，依照本法第二百六十六条的规定从重处罚。

有的地方、部门和单位建议删去第一款中“为谋取不正当利益”的主观要件（广东、福建，公安部，人民大学）；删除“民事”二字（云南，人民大学）；增加“仲裁”（广东）。有的单位建议将“捏造的事实”限定为捏造的事实完全虚假或案件的主要事实是虚假的（法学会、北京师范大学）。

有的单位提出，第二款中的“侵占”一词在刑法中有特定含义，建议将“侵占”改为“骗取他人财物”（清华大学）。建议将“逃避缴纳税款”的行为纳入处罚范围（法学会、北京师范大学）。有的建议将第二款依照诈骗罪处罚的规定作为第一款妨害司法行为的加重犯处理（法学会）。

有的单位建议，删除第三款关于司法工作人员利用职权犯罪的规定（清华大学）。有的地方和单位建议，将“司法工作人员”修改为“国家工作人员”（云南，北京师范大学）。

有的地方提出，通过虚假诉讼逃避合法债务的，有可能构成拒不执行判决、裁定罪、妨害作证罪，一律按诈骗罪论处不妥（北京、浙江）。有的单位提出，“诉讼欺诈”非法占有他人财物的，本就是诈骗罪，司法实践中也是这样处理的，通过立法或司法解释明确即可（中国政法大学）；建议删除本条规定（全国律协）。

有的地方建议增加规定，对利用职务便利，与他人合谋进行虚假诉讼侵吞本单位、公司、企业财产的，依照职务侵占罪或者贪污罪的规定追究刑事责任。（浙江）

七、关于加强社会治理，维护社会秩序

（一）关于完善危险驾驶犯罪的规定

草案第七条在刑法第一百三十三条之一危险驾驶犯罪中增加了公路客运车辆超载、超速以及违法运输危险化学品的情形。

有的地方、部门和单位建议，删去第（三）项“在公路上”的限定条件（上海、重庆、浙江、江苏、海南、内蒙古、广东，最高法院，武汉大学）；将“在公路上从事客运业务”修改为“从事旅客运输”（公安部）；明确规定“严重超过”的幅度（北京、广东、四川、辽宁、甘肃、陕西，华东政法大学）；增加“情节严重”的入罪门槛（陕西，最高法院）。有的单位提出，超载、超速行为加强行政执法力度可以解决，建议删除第三项规定（全国律协、武汉大学）。

有的地方和单位建议，将“违反危险化学品安全管理规定运输危险化学品”中的“规定”限定为“国家规定”（重庆）；将“危险化学品”修改为“危险品”（福建、湖北、江西、广东，全国律协）。有的地方和部门建议增加“情节严重”的入罪门槛（四川、陕西、云南、江西，最高法院）。有的部门建议处理好与刑法第一百二十五条非法运输危险物质罪的关系（最高检察院）。有的地方和单位建议删除这一规定（广东，武汉大学）。

有的单位提出，第三、四项规定的应受处罚的对象是驾驶员还是雇主不清楚（清华大学）。有的地方提出，实践中存在雇主强令机动车驾驶员危险驾驶的行为，建议扩大危险驾驶罪的主体（四川）。

有的地方和部门建议增加单位犯罪的规定（福建，国家旅游局）。

此外，有关方面建议在危险驾驶犯罪中增加规定以下行为：吸食、注射毒品后驾驶机动车的（北京、上海、天津、四川、安徽、浙江、江苏、湖北、湖南、河北、山西、福建、山东、辽宁、广东、广西、江西、吉林，公安部、中央军委法制局、国家信访局，全国律协、清华大学、人民大学、北京师范大学、社科院法学所、华东政法大学、法学会）；水运服务危险驾驶的（交通运输部，人民大学、北京师范大学、法学会）；从事货运业务严重超载、超速的（上海、浙江、四川、河北、广东、广西、江西，交通运输部，武汉大学）；非客运车辆载人，造成严重后果的（陕西）；长期占用应急车道，妨碍抢险、救援、救护车辆通过，造成严重财产损失和人员伤亡的（青海）；驾驶拼装或报废车辆上道路行驶的（湖南，人民大学）；无证从事客运业务的（安徽）；套用他人车牌、遮挡车牌或者使用假车牌的（全国律协）。

关于本条规定的刑罚，有的地方和单位提出，本条规定的刑罚过轻，建议增加有期徒刑（北京、江西，华东政法大学）和管制（北京）。

（二）关于增加生产、销售窃听、窃照专用器材的犯罪

草案第二十二条对刑法第二百八十三条作了修改，将生产、销售窃听、窃照专用器材的行为规定为犯罪。

有的单位提出，草案将间谍器材和一般民用的器材放在同一层面上规范，扩大了打击面，建议删除。（法学会）

有的地方建议增加“情节严重”的入罪条件。（上海）

有的部门建议增加单位犯罪（公安部）。

（三）关于增加多次扰乱国家机关工作秩序的犯罪

草案第二十八条对刑法第二百九十条作了修改，将多次扰乱国家机关工作秩序，经处罚后仍不改正，造成严重后

果的行为，以及多次组织、资助他人非法聚集，扰乱社会秩序，情节严重的行为规定为犯罪。

有的地方和单位建议删除本条。刑法已规定聚众冲击国家机关罪、妨害公务罪等，对个人非暴力、威胁的扰乱行为，可以予以治安管理处罚。对组织、资助他人非法聚集，扰乱社会秩序的行为，可以按照刑法聚众扰乱社会秩序罪、聚众冲击国家机关罪的帮助犯或教唆犯处罚。本条规定无助于预防或减少此类行为的发生，会激化社会矛盾。在社会管理不完善的条件下，还会妨碍群众正常反映诉求（重庆、广东，清华大学、人民大学、北京师范大学、武汉大学、法学会）；建议删除第四款（全国律协、清华大学）；如果保留，应对非法聚集的目的进行限制，增加“经行政处罚后”的前置条件（全国律协）。

有的地方和单位提出，“非法聚集”的表述不严谨（重庆）；建议明确其含义（中国政法大学），建议增加规定，“但有证据明确有合理诉求的除外”（北京）。有的部门建议删除“多次扰乱”、“多次组织”中的“多次”及“经处罚后仍不改正”，并建议修改刑法第二百九十条、第二百九十一条，将非聚众扰乱公共秩序的行为规定为犯罪（公安部）。

有的单位建议降低法定刑，只保留拘役或者管制刑。（人民大学）

有的地方建议，增加多次扰乱企业事业单位工作秩序的行为。（青海）

（四）关于增加泄露案件信息的犯罪

草案第三十四条将有关人员泄露依法不公开审理的案件中不应当公开的信息，造成信息公开传播或者其他严重后果的行为规定为犯罪。

有的地方、部门和单位建议删除本条规定。目前法律没有明确规定依法不公开审理的案件中哪些信息“不应当公开”，且不公开审理案件的类型各异，应分别考虑（上海、山西，全国律协、清华大学、人民大学）；对第一款规定的必要性、可行性作深入研究，慎重决策（司法部、北京师范大学）；如果律师不当行为违反了律师行业规则，可通过律师法、律师行业规章予以规范，予以行政处罚即可（全国律协）；有关行为构成犯罪的，可以按照刑法关于泄露国家秘密、侵犯商业秘密和个人信息的犯罪追究刑事责任（上海，清华大学）。

有的地方和单位建议，删除第一款中的“其他诉讼参与人”，认为这一规定对其他诉讼参与人要求过高、不合理（中国政法大学）；建议将本罪的主体仅限于司法工作人员（广东）；将“泄露”改为“故意泄露”（北京、浙江、四川、广东、海南、江西）；删除“造成信息公开传播”这一入罪条件（广东，社科院法学所）。

有的单位提出，第三款“公开披露、报道第一款规定的案件信息，情节严重的，依照第一款的规定处罚”的规定，对媒体要求过高，不利于媒体对司法的监督。建议删除（中国政法大学、社科院法学所、法学会）；建议具体规定哪种情况入罪并增加“明知或应知”的入罪条件（法学会）。

（五）关于完善扰乱法庭秩序犯罪的规定

草案第三十五条在刑法第三百零九条扰乱法庭秩序犯罪中，将殴打诉讼参与人以及侮辱、诽谤、威胁司法工作人员或者诉讼参与人等严重扰乱法庭秩序的行为增加规定为犯罪。

有的地方、部门和单位提出，第三项中“侮辱、诽谤、威胁”主观色彩过于浓重，随意性较大，会加剧刑事诉讼中控、辩双方诉讼地位的失衡，严重损害被告人的辩护权，对这种情形通过司法训诫或者依法吊销律师执业证等行政处罚的方式处理，就能够有效处置，建议删除第三项规定（浙江、广东、内蒙古，中央军委法制局，法学会、社科院法学所、华东政法大学）；建议增加“多次”的限制条件（广西），或在“不听法庭制止”后加“经过处罚”的限制条件（法学会）。

有的地方和单位提出，第四项“有其他严重扰乱法庭秩序行为的”兜底性条款弹性过大，建议再斟酌（浙江，法学会）；建议删除第四项的规定（重庆、广西、内蒙古、江西，中国政法大学、社科院法学所、法学会、新华通讯社）；建议增加“不听制止”的限制条件（四川）；建议修改为“有其他严重扰乱法庭秩序行为，致使法庭审判无法进行的”（北京师范大学）。

有的地方和部门建议删除“聚众”，将“法庭”修改为“审判场所”（北京、陕西，最高法院）；同时增加一款，规定：有前款行为，同时构成本法规定的其他犯罪的，依照处罚较重的规定定罪处罚（最高法院）。

有的地方、部门和单位提出，刑事诉讼法、民事诉讼法、律师法和行政规章对扰乱法庭秩序的行为已有相关罚则。同时，正在修订的《律师和律师事务所违法行为处罚办法》拟重点解决此类问题，通过行政执法严肃执业监管可以有效解决个别律师扰乱法庭秩序问题。如果入罪，既无助于实际问题的解决，也不利司法和谐，建议慎重决策（司法部，全国律协），删除本条规定（上海、广东、山西、吉林，司法部，全国律协）。

（六）关于完善生产、运输易制毒化学品犯罪的规定

草案第三十七条将生产、运输易制毒化学品的行为规定为犯罪。

有的地方建议在第二款“生产、买卖、运输”易制毒化学品后增加规定“储存”易制毒化学品的行为。（天津）

有的部门建议将本条的法定最高刑提高到无期徒刑。（最高法院）

（七）关于完善拒不执行法院判决、裁定罪

草案第三十六条完善了刑法拒不执行法院判决、裁定罪的规定，增加规定了单位犯罪，并增加了一档刑罚。

有的地方建议增加“调解书”（江西）；将拒不执行法院判决、裁定罪修改为妨害执行罪，将被执行人恶意处分其责任财产的行为涵盖进来（北京）。

（八）关于完善盗窃、侮辱尸体的犯罪

草案第三十一条完善了盗窃、侮辱尸体罪，增加了故意毁坏尸体、尸骨、骨灰的行为。

有的地方建议，将买卖尸体的行为增加规定为犯罪（陕西、广东）；增加“墓穴、墓碑”，并增加“情节严重”的入罪条件，（广东）。

（九）关于完善组织、利用会道门、邪教组织破坏法律实施的犯罪

草案第三十条完善了组织、利用会道门、邪教组织破坏法律实施的犯罪，加大对情节严重行为的惩治力度，同时对情节较轻的规定相应的刑罚。

有的部门建议将组织、领导邪教组织的行为规定为犯罪（公安部、国务院防范和处理邪教办公室），将“情节特别严重”修改为“情节严重”（公安部）。

八、其他建议

在征求意见过程中，有的部门和地方还提出了一些其他完善刑法规定的建议，主要有：

1. 建议在刑法第二百八十四条中将非法使用专用间谍器材的行为增加规定为犯罪。（最高法院、最高检察院、安全部）

2. 建议对跨档减轻处罚，如实供述余罪的减轻处罚，死缓犯和无期徒刑犯减刑后发现漏罪的并罚，运输毒品单独立罪，交通肇事罪量刑标准的完善，生产、销售伪劣产品罪定罪量刑标准的完善，骗取贷款、票据承兑、金融凭证罪的完善，信用卡诈骗罪的完善，增设合同欺诈罪，毒品的纯度折算等问题一并研究。（最高法院）

3. 建议将“违反水法、防洪法的规定，擅自围垦河道、围湖造地、建设建筑物构筑物、存放物品或者以其他方式非法占用水域，危害水安全或者防洪安全，情节严重的”行为规定为犯罪。（水利部）

4. 建议在刑法第二百一十六条中增加恶意侵犯他人专利的犯罪；在刑法第二百九十一条中增加利用网络进行人肉搜索侵害公民法人合法权益的犯罪。（发改委）

（全国人大常委会法制工作委员会刑法室提供）

（3）刑法修正案（九）草案向社会公众征求意见的情况

刑法修正案（九）草案自11月3日起在中国人大网上向社会公布征求意见以来，各界民众通过网络积极提出意见，截至12月3日，共有15096人提出51362条意见。其中，国家机关工作人员提出意见9427条，事业单位、社会团体工作人员提出意见11749条，其他人员提出意见30178条。同时，还收到一些群众来信。现将主要修改意见简报如下：

一、关于逐步减少适用死刑罪名，完善刑罚结构

（一）关于减少适用死刑罪名

有意见认为，死刑具有相当的威慑力，在当前社会治安形势依然严峻和一些恶性暴力犯罪不断发生的情况下，不宜再减少死刑；还有的认为，减少死刑罪名要根据经济社会发展情况、犯罪形势情况和公民的观念变化情况逐步进行，不宜太快。同时提出以下具体意见：

1. 草案第八条对刑法第一百五十一条作了修改，取消了该条规定的走私武器、弹药罪、走私核材料罪、走私假币罪的死刑。

有的建议保留走私武器、弹药罪与走私核材料罪死刑。认为这类犯罪不仅侵犯了社会主义市场经济秩序，更重要的是危害了公共安全，特别是在当前恐怖活动犯罪、极端主义犯罪突出的情况下，不能废除死刑。

有的建议保留走私假币罪的死刑。这种犯罪严重危害国家金融、经济安全甚至危及国家安全，建议对走私伪造货币的首要分子或者走私伪造货币造成极其严重后果的，保留死刑。

有的认为，“走私武器、弹药、核材料”与“走私伪造的货币”不宜规定在同一条款中，两者在犯罪性质与社会危害性上差距较大。对于前者不能废除死刑，后者作为纯粹的经济性犯罪，可以废除死刑。

还有意见认为，取消走私类犯罪死刑的同时，立法和司法实践中应当加大对该类犯罪的经济处罚力度，以真正做到死刑废除后，总体惩治力度不减。

2. 草案第十条对刑法第一百七十条作了修改，取消了伪造货币罪的死刑。

有的建议保留伪造货币罪的死刑。认为伪造货币祸乱民生，严重影响国家金融安全，特别是在特殊时期伪造货币的，还严重危害国家政权安全，建议保留死刑。同时明确规定，对于伪造货币的，一律判处没收财产。

3. 草案第十一条删去刑法第一百九十九条，取消了集资诈骗罪的死刑。

有的建议保留集资诈骗罪的死刑。认为集资诈骗罪牵涉受害人范围广，涉及金额大，严重侵害人民群众财产安全，影响社会稳定，破坏金融秩序。对于犯集资诈骗罪行极其严重的犯罪分子，判处死刑是必要的。

还有意见认为，删除刑法第一百九十九条后，刑法第一次出现了作废条款，立法技术上如何处理需要研究。建议借鉴一些国家的做法，保留原条文序号，并加括号注明该条已废止。

4. 草案第三十八条对刑法第三百五十八条作了修改，取消了组织卖淫罪、强迫卖淫罪的死刑。

有的认为，不能取消强迫卖淫罪死刑。强迫卖淫往往带有暴力、胁迫手段，实质上与强奸罪没有区别，不仅侵害了社会管理秩序和伦理规范，还严重侵害了公民个人人身权利。对于强迫他人卖淫，造成重伤、死亡的，或者强迫未成年人卖淫的，或者有其他极其恶劣情节的，应当判处死刑。

有的认为，应当分别规定组织卖淫罪和强迫卖淫罪，在组织卖淫罪中增加“组织不满十四周岁幼女卖淫”的从重处罚情节。组织卖淫罪不直接侵害他人人身权利，可以废除死刑。

5. 草案第四十五条对刑法第四百二十六条作了修改，取消阻碍执行军事职务罪的死刑。

有的建议保留阻碍执行军事职务罪的死刑。认为阻碍执行军事职务，妨害国家安全和军事安全。特别是在战时，阻碍执行军事职务直接关系到战争胜负，对于其中情节严重的，应当判处死刑，不能因为国家长期处于和平时期就取消该罪死刑。

6. 草案第四十六条对刑法第四百三十三条作出修改，取消了战时造谣惑众罪死刑。

有的建议保留战时造谣惑众罪的死刑。认为战时造谣惑众直接关系到军事后方稳定和战争胜负，对于情节特别严重的，应当保留死刑。

（二）关于提高对死缓罪犯执行死刑的门槛

草案第二条对刑法第五十条作了修改，进一步提高对死缓罪犯执行死刑的门槛。规定被判处死刑缓期执行的，如果故意犯罪，情节恶劣的，报请最高人民法院核准后执行死刑，对故意犯罪未执行死刑的，死刑缓期执行的期间重新计算，并报最高人民法院备案。

有的建议保留原有规定。认为判处死缓已经给罪犯提供了重新做人的机会，在死缓期间还故意犯罪，说明其没有悔罪的诚意，应当执行死刑。

有的认为“情节恶劣”具体是指什么情况不明确，建议将“情节恶劣”修改为“被判处三年以上有期徒刑”。

有的建议增加规定故意犯数罪的，或者多次故意犯罪的，报请最高人民法院核准以后执行死刑。

还有的建议，对被人民法院决定限制减刑的死缓犯的考验期间要适当延长为三至五年，以体现与普通死缓犯的不同。

（三）关于完善罚金刑减免、变更的规定

草案第三条对刑法第五十三条作了修改，完善了罚金刑的减免、变更制度，规定：由于遭遇不能抗拒的灾祸等原因缴纳确实有困难的，经人民法院决定，可以延期缴纳、酌情减少或者免除。

有的认为，刑罚确定后必须得到执行，该条修改对犯罪分子过于宽容，不应作修改。

有的建议，增加有关罚金利息的规定。规定对于期满不缴纳的，强制缴纳本金及利息。对于不能全部缴纳罚金的，应当随时追缴罚金本金及利息。

有的认为，对罚金的减免，与减刑、假释一样都属于刑罚的变更，应当在程序上进一步严格规范。建议将草案第三条第二款修改为“由于遭遇不能抗拒的灾祸等原因缴纳确实有困难的，经被告人申请或检察机关建议，由人民法院裁定，可以延期缴纳、酌情减少或者免除。”

（四）完善数罪并罚时不同刑种并罚的规定

草案第四条完善了数罪并罚时不同刑种如何并罚的规定。

有的认为，刑法分则中大量罪名规定了拘役刑，还有个别犯罪只规定了拘役，如果有期徒刑与拘役并罚不执行拘役，将导致大量判处拘役的犯罪实际上未执行刑罚。建议采用折算的方法，或者采用并科原则。

有的建议采用吸收原则，规定数罪中判处有期徒刑和管制，或者拘役和管制的，有期徒刑、拘役执行完毕后，管制不再执行；判处有期徒刑和拘役的，有期徒刑执行完毕后，拘役不再执行。

二、关于维护公共安全，加大对恐怖主义、极端主义犯罪的惩治力度

（一）关于恐怖主义、极端主义概念

有的认为，草案规定了极端主义、恐怖主义概念，这些概念含义不清楚。为防止实践中随意扩大惩治对象，建议在刑法或者反恐怖法中对恐怖主义、极端主义的定义作出明确规定。

（二）关于对组织、领导、参加恐怖组织罪增加规定财产刑

草案第五条对刑法第一百二十条作出修改，对组织、领导、参加恐怖组织罪增加规定了财产刑。

有的建议将组织、领导、参加恐怖组织罪的法定最高刑由原来的无期徒刑提高到死刑，并规定不得减刑、假释。

（三）关于增加宣扬恐怖主义、极端主义和煽动实施暴力恐怖活动的犯罪

草案第六条新增了一条作为刑法第一百二十条之二，规定了宣扬恐怖主义、极端主义和煽动实施暴力恐怖活动的犯罪。

有的认为，草案对宣扬恐怖主义、极端主义的行为方式和手段规定不全面，建议修改为“制作、传播宣扬恐怖主义、极端主义的文字、图形、图片、书刊、资料、音像制品、计算机软件和其他物品，或者以其他方式宣扬恐怖主义、极端主义，或者煽动实施暴力恐怖活动的”，追究刑事责任。

（四）关于增加利用极端主义煽动、胁迫群众破坏法律实施的犯罪

草案第六条新增了一条作为刑法第一百二十条之三，规定了利用极端主义煽动、胁迫群众破坏法律实施的犯罪。

有的认为，草案中规定的“国家法律确定的婚姻、司法、教育、社会管理等制度”范围过大，界限不清，建议删去第一百二十条之三的规定。

有的认为，草案对煽动、胁迫者规定了刑事责任，对本人受极端主义影响拒不执行国家法律确立的婚姻、司法、教育、社会管理等制度的也应增加规定追究刑事责任。

（五）关于增加持有恐怖主义、极端主义宣传品的犯罪

草案第六条新增了一条作为刑法第一百二十条之四，规定了持有恐怖主义、极端主义宣传品的犯罪。

有的认为，持有恐怖主义、极端主义宣传品即构成犯罪，过于严厉，可通过拘留、收缴宣传品等方式处罚，查证属实为实施恐怖活动而持有的，以组织、领导、参加恐怖组织罪等犯罪的预备犯处罚，没有必要再增加规定持有犯罪。

有的建议对持有恐怖主义、极端主义宣传品犯罪的，在主观目的上加以限定，修改为“明知是宣扬恐怖主义、极端主义宣传品而持有”，“为传播目的而持有宣扬恐怖主义、极端主义宣传品”，或者“为宣扬目的而持有宣扬恐怖主义、极端主义宣传品”。

（六）关于增加拒不提供恐怖、极端主义犯罪证据的犯罪

草案第六条新增一条作为刑法第一百二十条之五，规定了拒不提供恐怖、极端主义犯罪证据的犯罪。

有的建议删除本条规定。认为公民面对司法机关时有沉默权，拒绝提供恐怖主义、极端主义犯罪证据的行为有危害，但不至于入刑。

（七）关于增加以暴力、胁迫等方式强制他人穿着、佩戴宣扬恐怖主义、极端主义服饰、标志的犯罪

草案第十五条在刑法第二百五十一条中增加了一款以暴力、胁迫等方式强制他人在公共场所穿着、佩戴宣扬恐怖主义、极端主义服饰、标志的犯罪。

有的认为，对于什么是宣扬恐怖主义、极端主义的服饰、标志，与宗教服饰、标志如何区分，应当明确。

有的建议在暴力、胁迫手段之外增加规定诱骗、教唆的方式。有的认为，对自愿在公共场所穿着、佩戴宣扬恐怖主义、极端主义服饰、标志的，对本人或者组织者也应追究刑事责任。

有的认为，强制他人穿着、佩戴恐怖、极端主义服饰、标志与侵犯宗教信仰自由和少数民族风俗习惯无任何关系，建议单列为一条，不放在刑法第二百五十一条之中。

有的建议，增加规定非国家机关工作人员侵犯他人宗教信仰自由和少数民族风俗习惯的犯罪。

三、关于维护信息网络安全，完善惩处网络犯罪的法律规定

（一）关于增加在网络上实施侮辱、诽谤犯罪如何追究的规定

草案第十四条在刑法第二百四十六条侮辱、诽谤犯罪中增加规定，行为人通过信息网络实施侮辱、诽谤行为，被害人向法院告诉，但提供证据确有困难的，人民法院可以要求公安机关提供协助。

有的建议，将本条的人民法院“可以”要求公安机关提供协助改为“应当”，或者增加规定人民法院要求公安机关提供帮助时，“公安机关应当提供协助，如果不能或确有困难，需要书面说明原因。”

有的建议，直接将“通过信息网络实施第一款规定的行为”规定为公诉案件，把第三款与原第二款合并，改为“前款罪，告诉的才处理，但是通过网络实施第一款规定的行为，或者严重危害社会秩序或国家利益的除外。”

有的提出，本条规定的内容放在刑事诉讼法中解决应更为合理，同时本条将刑事诉讼法的自诉案件与刑法上的亲告罪混为一谈，建议删除本条。

（二）关于修改出售、非法提供公民个人信息的犯罪

草案第十六条对刑法第二百五十三条之一作了修改，扩大了出售、非法提供因履行职责或者提供服务获得的公民个人信息犯罪的主体范围，同时，增加规定了出售或者非法提供公民个人信息的犯罪。

有的认为，公民个人信息的范围不清，建议作出具体界定。

有的认为，应当加大处罚力度，提高法定刑。

有的建议，将本条“情节严重”的入罪门槛修改为“造成严重后果的”，缩小处罚范围。

有的建议，将网络人肉搜索行为规定为犯罪。

（三）关于增加网络服务提供者不履行网络安全管理义务的犯罪

草案第二十五条新增了一条作为刑法第二百八十六条之一，规定网络服务提供者不履行网络安全管理义务，造成特定后果的，构成犯罪。

有的建议删除该条。认为应当在完善相关网络安全管理的前置性法律法规后，针对实践中出现的突出情况再加以规定。

有的认为，该条中有很多概念不明确，不符合罪刑法定原则的要求。例如信息网络安全管理义务具体包括哪些，通知采取改正措施的监管部门的范围和层级要求，第四项中的“其他严重情节”是指什么等，建议尽量明确。

有的认为，“拒绝执行”的表述不好，实践中大多采取消极不履行或者部分履行的方式。建议将“拒绝执行”修改为“仍不履行”。

有的认为，应将“经监管部门通知”中的“通知”明确为书面通知，以避免一些监管部门滥用职权的情况。

（四）关于增加为实施犯罪设立网站、通讯群组、发布信息以及为实施网络犯罪提供帮助的犯罪

草案第二十六条将为实施诈骗、销售违禁品、管制物品等违法犯罪活动而设立网站、通讯群组、发布信息的行为，以及明知他人利用信息网络实施犯罪，为其提供互联网接入、服务器托管、网络存储、通讯传输等技术支持，或者广告推广、支付结算等帮助的行为规定为犯罪。

有的认为，草案第二十六条增加规定的两种犯罪可以理解为犯罪阶段的“预备行为”和共同犯罪的“帮助行为”。针对这两类行为，可以按照具体犯罪的预备犯或者共犯以及传授犯罪方法等来追究其刑事责任，没有必要独立定罪。

有的建议，将在网络上通过虚构交易等方式帮助他人提高网店信用等级的“炒信”行为规定为犯罪。

（五）关于修改扰乱无线电秩序的犯罪

草案第二十七条对刑法第二百八十八条扰乱无线电秩序的犯罪作了修改，降低构成犯罪的门槛，增强可操作性。

有的认为，使用无线电频率造成危害后果的行为并非都是直接故意，一些无线电科研工作者或者爱好者有时会在无意中干扰无线电频率，经通知改正后仍拒不停止使用的再入刑更为合理，建议保留原条文中“经责令停止使用后拒不停止使用”的规定。

（六）关于增加编造、传播虚假信息的犯罪

草案第二十九条增加规定了编造虚假的险情、疫情、警情、灾情，在信息网络或者其他媒体上传播，或者明知是上述虚假信息，故意在信息网络或者其他媒体上传播，严重扰乱社会秩序的犯罪。

有的认为，哪些是谣言，普通人往往很难判断，该条规定在实践中可能被滥用，不利于对权力的监督，也涉及公民言论自由，建议删除。有的认为，警情的定义不明确，范围过广，建议删去。

有的建议增加一款出罪规定。规定“不知是虚假信息或者轻信该信息为真实信息而传播的，或者仅夸大部分事实在网络上传播的，不是犯罪”。

四、关于进一步强化人权保障，加强对公民人身权利的保护

（一）关于修改强制猥亵、侮辱妇女罪、猥亵儿童罪

草案第十二条对刑法第二百三十七条强制猥亵、侮辱妇女罪、猥亵儿童罪的规定作了修改，扩大适用范围，同时加大对情节恶劣情形的惩处力度。

有的提出，“侮辱妇女”可以包含在猥亵行为中，建议删去“侮辱妇女”的规定。还有的建议，进一步明确“猥亵”、”侮辱”、“有其他恶劣情节”具体是指哪些情形，以区别于强奸罪等其他罪名。

有的建议，加大对这类犯罪的打击力度，对有第二款规定的恶劣情节的提高法定刑。

有的建议对第三款猥亵儿童的增加一档刑罚：“情节特别严重的，判处十年以上有期徒刑、无期徒刑”；有的建议对猥亵儿童的规定单独的法定刑；对猥亵儿童屡犯者或者有相关心理疾病的罪犯禁止其近距离接触儿童。

有的提出，近些年男性受到性侵犯的案例越来越多，建议修改刑法第二百三十六条强奸罪的规定，将对男性实施性侵犯的行为规定为强奸犯罪。

（二）关于修改收买被拐卖妇女、儿童罪

草案第十三条对刑法第二百四十一条收买被拐卖妇女、儿童罪的规定作了修改。规定对收买被拐卖的妇女、儿童一律追究刑事责任。

有的提出，鉴于儿童缺乏自我保护能力，建议在刑法中确立“收买儿童犯罪的量刑应重于收买妇女的犯罪”的原则，将收买被拐卖妇女和收买被拐卖儿童的行为分开作出规定，并为后者规定更高的法定刑。

有的建议进一步加大对收买被拐卖妇女、儿童犯罪的惩处力度，将刑法第二百四十一条第一款规定的刑罚上限由三年有期徒刑提高至五年有期徒刑或者七年有期徒刑，并对买家判处罚金刑。还有人提出，对收买者应与拐卖者同等处罚。

有的建议删除“免除处罚”，保留“可以从轻、减轻处罚”的规定，这样既能有效惩处收买被拐卖妇女、儿童的犯罪行为，也能促进收买者善待被害人，正确对待解救行为。也有人建议，可以适用免除处罚的规定，但应进一步严格限制其适用条件，如有主动帮助被拐妇女儿童返回其原居住地或进行解救的行为等。

此外，关于刑法第二百四十条拐卖妇女、儿童罪，有的建议修改为“拐卖人口罪”，以惩治拐卖成年男性尤其是残障成年男性的行为。还有的提出，对出卖亲生子女的行为能否适用拐卖儿童罪的规定要在法律上予以明确。

（三）关于修改虐待罪告诉才处理的规定

草案第十七条对刑法第二百六十条第三款作了修改，增加了被虐待的人没有能力告诉，或者因受到强制、威吓无法告诉的可以公诉的规定。

有的建议，对没有能力告诉的人进行列举式规定；明确规定对没有能力告诉的，可以由亲友、邻居、社区工作者等人员或者机构代为告诉。有的建议，直接把虐待案件改为公诉案件，同时在第一款中增加规定“得到被害家庭成员的谅解，能够善待被害人的，可不追究刑事责任。”

（四）关于增加虐待被监护、看护对象的犯罪

草案第十八条增加规定，对未成年人、老年人、患病的人、残疾人等负有监护、看护职责的人虐待被监护、看护

的人，情节恶劣的，追究刑事责任。

有的建议，将“情节恶劣”改为“情节严重”，将“监护职责”改为“监护义务”。还有一些人建议加大对这类行为的惩处力度，将刑罚由“三年以下有期徒刑”提高至“五年以下有期徒刑”、“三年以上七年以下有期徒刑”等，同时增设罚金刑。

五、关于进一步完善反腐败的制度规定，加大对腐败犯罪的惩处力度

（一）关于修改贪污罪、受贿罪的量刑标准

草案第三十九条对刑法第三百八十三条贪污受贿犯罪的定罪量刑标准作了修改，同时增加规定，对犯贪污受贿罪，在提起公诉前如实供述自己罪行、真诚悔罪、积极退赃，避免、减少损害结果发生的，可以从宽处罚。

有的提出，根据刑法现有规定，贪污十万元以上的，即判处十年以上有期徒刑或者无期徒刑，导致实践中贪贿金额数十万元与数千万元、甚至上亿元在刑期上差别不大，量刑失衡，修正案条文改用数额加情节的定罪标准，不再唯数额论，更符合实际需要，更为科学合理，也更有利于惩治腐败犯罪和维护司法公正。有的建议单以情节为标准，规定“情节较重、情节严重、情节特别严重”三种情形。

有的提出，第一款“尚不构成犯罪的，由其所在单位或者上级主管机关给予处分”的规定，不属于刑法的调整范围，建议删除。

对于第三款在提起公诉前有如实供述等情形，可以从宽处罚的规定，有的提出，规定为“提起公诉前”不利于职务犯罪案件的查办，建议改为在侦查阶段认罪悔罪的可以从宽处罚。有的则提出，对行为人从宽处罚的时限可以进一步放宽至“作出判决前”。

也有人建议，在法律条文中要有具体数额的规定，防止法官滥用裁量权；进一步降低入罪门槛，并将起刑点由三年有期徒刑提高至五年有期徒刑；删除第三款从宽处罚的规定，以从严惩治贪污贿赂犯罪。还有人建议，将收受礼金的行为规定为犯罪。

有的建议，修正案通过后，相关部门应尽快出台司法解释，量化定罪标准，特别是可能判处无期或者死刑的数额巨大、造成特别重大损失的数额标准，让法院的审判工作有法可依。

（二）关于增加为利用影响力向特定关系人行贿的犯罪

草案第四十条增加了为利用影响力向特定关系人行贿的犯罪。

有的提出，本条属于行贿类的犯罪，建议放在刑法第三百八十九条行贿罪之后。有的建议，取消“为谋取不正当利益”的主观要件，或者改为“为谋取利益”。还有的建议，对这种犯罪应加重处罚，在第二档、第三档刑罚幅度中设置没收财产刑。

（三）关于对行贿犯罪有关规定的修改

草案第四十一条第二款规定，行贿人在被追诉前主动交待行贿行为，犯罪较轻的，检举揭发行为对侦破重大案件起关键作用，或者有其他重大立功表现的，可以免除处罚。此外，草案第九条、第四十一条、第四十二条、第四十三条、第四十四条分别对对非工作人员行贿罪（刑法第一百六十四条）、行贿罪（刑法第三百九十条）、对单位行贿罪（刑法第三百九十一条）、介绍贿赂罪（刑法第三百九十二条）以及单位行贿罪（刑法第三百九十三条）增加了罚金刑。

有的建议取消对行贿人免除处罚的规定，以加大对行贿的惩罚力度。也有的认为，对行贿人免予处罚的政策性规定可以鼓励行贿人提供公职人员贿赂犯罪的线索和证据，有利于案件查办，应予以保留。

关于其他行贿犯罪条文的修改，有的建议，进一步明确罚金的计算方法。有的提出，要进一步加大对这些行为的惩处力度，除增设罚金刑外，还应适当提高自由刑的刑期。有的提出，草案有关条文中的“财物”、“回扣、手续费”的范围过窄，没有全面准确地反映现实情况，建议修改为“经济利益”。有的建议，废除草案第四十三条介绍贿赂罪的规定，对介绍贿赂的，可以按行贿或者受贿的共犯论处。还有的建议，将草案第九条、第四十四条中的“为谋取不正当利益”修改为“为谋取利益”。

（四）关于预防性措施的规定

草案第一条规定了预防性措施，对因利用职业便利实施犯罪，或者实施违背职业要求的特定义务的犯罪被判处刑罚的，人民法院可以根据犯罪情况和预防再犯罪的需要，禁止其自刑罚执行完毕之日或者假释之日起五年内从事相关职业。

有的提出，“禁业”作为一种“非刑罚性的处置措施”，其性质接近于行政处罚，通过修订相应的职业法规应当更合适，且该条中的“职业”、“职业便利”、“特定义务”等概念不明确，在司法实践中难以把握，社会效果不一定好，会加剧刑满释放人员的就业困难。建议取消草案第一条的规定。

有的建议将第一、三款整合，规定在第一款中。有的建议，对被判处缓刑的人是否适用该条规定，要进一步予以明确。

关于禁止从业的期限，有的建议，将禁止从业的期限由“五年”缩短至“三年”，也有人建议延长从业禁止的期限至八年或者十年，对一些性质极其严重的，应禁止其终身从事相关职业。

有人提出，第二款中规定的被禁止从业的人员其刑罚已执行完毕，不应再称为“犯罪分子”，建议将称谓改为“被

禁止从事相关职业的人员”。有的建议，将法院“决定”改为“禁止令”。还有的提出，根据现有规定，对适用从业禁止的人员，在执行过程中是由公安机关进行监管还是相应主管部门监管不明确，建议同时修改治安管理处罚法的相关规定，为公安机关进行处罚提供法律依据。有的建议，将第二款中“情节严重的”，改为“构成犯罪的”，依照刑法规定处罚。

六、关于维护社会诚信，惩治失信、背信行为

（一）关于增加伪造、变造居民身份证等身份证件的犯罪

草案第二十条对刑法第二百八十条伪造、变造居民身份证的犯罪作了修改，将证件的范围扩大至护照、社会保障卡、驾驶证，同时将买卖上述证件的行为规定为犯罪。

有的建议，在所列证件中增加机动车行驶证、学历学位证书、职业资格证书、港澳台通行证、户口簿、军官证，或者增加“等证件”的兜底规定。有的建议增加“情节较重”的入罪门槛；增设罚金刑。

也有人提出，社会保障卡、驾驶证不具有广泛的身份识别功能，建议删去伪造“社会保障卡、驾驶证”的规定。

有的建议删去本条规定，对相关行为予以行政处罚即可。

（二）关于增加使用伪造、变造的居民身份证、护照等证件的犯罪

草案第二十一条将使用伪造、变造的居民身份证、护照、驾驶证等证件的行为规定为犯罪。

有的提出，草案现有规定入罪条件太低，打击面太大，建议增加“为获取非法利益”的主观目的，或者“情节严重的”、“多次使用”或者“造成严重后果”等入罪条件；进一步明确“在依照国家规定应当提供真实身份的活动中”是指哪些情形。

（三）关于增加组织考试作弊的犯罪

草案第三十二条规定了在国家规定的考试中，组织考生作弊，以及代替他人参加考试的犯罪。

有的提出，“国家规定的考试”种类繁多，建议进一步明确刑法中“国家规定的考试”的范围。有的提出，本条第三款规定“为实施考试作弊行为，向他人非法出售或者提供第一款规定的考试的试题、答案的”，与第二款规定的“为他人实施前款犯罪提供作弊器材或者其他帮助的”在适用范围上存在重合，建议将第二款与第三款合并为一款作出规定，即“为他人实施前款犯罪提供作弊器材、考试的试题、答案或者其他帮助的，依照前款的规定处罚”，同时增加规定“有前款行为，同时构成其他犯罪的，依照处罚较重的规定定罪处罚。”

有的提出，草案第三十一条第四款将代替他人参加考试的行为规定为犯罪过严，代替他人参加考试的很多是在校学生，对其应以教育为主，予以适当行政处罚，建议对这种行为不作为犯罪处理，或者在第四款中增加“经批评教育后又进行上述行为”、“情节严重”等条件，有针对性地打击职业枪手。

（四）关于增加虚假诉讼的犯罪

草案第三十三条增加规定了虚假诉讼犯罪。

有的提出，“以捏造的事实提起民事诉讼”难以认定，建议改为“以伪造、变造的证据和完全虚假的事实”提起民事诉讼。有人建议，取消“为谋取不正当利益”的要件。

有的建议，将诉讼的范围扩大至行政诉讼。

也有的提出，对于以捏造的事实提起诉讼，应驳回其诉讼请求或者判决其败诉，对通过虚假诉讼诈骗他人财物的行为可以通过诈骗罪等罪名予以惩处，没有必要再单独设罪。

七、关于加强社会治理，维护社会秩序

（一）关于完善危险驾驶犯罪的规定

草案第七条在刑法第一百三十三条之一危险驾驶犯罪中增加了公路客运车辆超载、超速以及违法运输危险化学品的规定。

有的建议，在草案中增加规定：疲劳驾驶；吸食、注射毒品后驾驶机动车；在公路上从事货运业务，严重超过额定载货量，或者严重超过规定时速行驶，且被行政机关处罚三次以上，仍不改正；驾驶中使用与驾驶无关的通讯工具、电子产品；无牌照、套牌照驾驶机动车辆；行驶中随意向车窗外投掷垃圾；在高速公路行车道上倒车、逆行等行为。也有的提出，该条第三项关于客运车辆超员载客的规定打击面过宽，客观上也无法执行到位，建议修改或删除。

关于条文的修改方案，有的建议，将条文中的“危险化学品”改为“危险品”，以免适用范围过窄；删除第三项中“在公路上”的表述，与第一款“在道路上”的范围相一致；增加“有其他危险驾驶行为”的兜底性条款，但也有人认为，对危险驾驶的行为应尽量列举明确，防止危险驾驶罪发展成为新的口袋罪。

有的建议，加大对危险驾驶犯罪自由刑的处罚力度，提高至二年以下有期徒刑；在该条规定中增加“单处罚金”的规定；明确规定，对醉驾初犯，没有造成财产损失、人员伤亡，且有悔改表现，可以不作为犯罪处理。

（二）关于在抢夺罪中增加多次抢夺的规定

草案第十九条对刑法第二百六十七条抢夺罪作了修改，将多次抢夺的行为规定为犯罪。

有的提出，多次抢夺属于屡教不改、性质恶劣的情形，建议单设刑罚，加大惩处力度。

（三）关于增加生产、销售窃听、窃照等专用器材的犯罪

草案第二十二条对刑法第二百八十三条作了修改，将生产、销售窃听、窃照专用器材的行为规定为犯罪。

有的提出，对生产、销售窃听、窃照专用器材的行为可以适用刑法第二百二十五条非法经营罪的规定处罚，没有必要修改刑法第二百八十三条的规定。还有的提出，窃听、窃照专用器材的范围太宽泛，实际生活中广泛应用，对生产、销售窃听、窃照专用器材重点在于加强行政管理，对这种行为进行刑事处罚明显过重。

（四）关于增加多次扰乱国家机关工作秩序的犯罪

草案第二十八条对刑法第二百九十条作了修改，将多次扰乱国家机关工作秩序，经处罚后仍不改正，造成严重后果的行为，以及多次组织、资助他人非法聚集，扰乱社会秩序，情节严重的行为规定为犯罪。

有的提出，本条涉及民众申诉、批评建议权的行使，必须慎重，否则极易引发新的矛盾和问题，应当对入罪条件进行必要的限制，可设置“无正当理由”、“违反国家规定”等条件，对于有正当理由、符合国家规定的申诉、上访行为不应按照犯罪处理。有的提出，本条规定的刑罚过重，建议改为处一年以下有期徒刑或拘役。

有的建议将第一款规定的“经处罚后仍不改正”中的处罚明确为行政处罚或者二次以上行政处罚。第二款中的“非法聚集”指向不明，可以修改为“多次组织、资助他人在公共场所非法聚集，扰乱社会秩序，情节严重的，依照前款的规定处罚”，将入罪门槛由情节严重改成造成严重后果。

有的建议，考虑将扰乱学校、医院等事业单位的工作秩序的行为纳入本条规定中。

（五）关于修改组织、利用会道门、邪教组织破坏法律实施罪

草案第三十条对刑法第三百条关于组织、利用会道门、邪教组织破坏法律实施罪作了修改，增设了罚金刑，同时增加了对情节较轻的，处三年以下有期徒刑、拘役或者管制，并处或者单处罚金的规定。

有的提出，草案本条规定表述混乱，建议按照情节由轻到重的顺序排序。有的提出，会道门、邪教组织或者迷信具有极大的煽动性和破坏力，对于公共安全具有极大的威胁，短期徒刑不足以惩戒，建议加大处罚力度，增加剥夺政治权利，对情节严重的可考虑并处没收财产。还有的建议，将传播邪教、积极参与会道门、邪教、迷信活动的行为规定为犯罪。

（六）关于修改盗窃、侮辱尸体罪的规定

草案第三十一条对刑法第三百零一条盗窃、侮辱尸体罪的规定作了修改，规定：盗窃、侮辱、故意毁坏尸体、尸骨、骨灰的，处三年以下有期徒刑、拘役或者管制。

有的建议将破坏坟墓、灵穴、坟茔的行为纳入刑法规定中。有的建议，将买卖尸体的行为规定为犯罪。

（七）关于增加泄露案件信息的犯罪

草案第三十四条将司法工作人员、辩护人、诉讼代理人或者其他诉讼参与人，泄露依法不公开审理的案件中不应当公开的信息，造成信息公开传播或者其他严重后果的行为，以及公开披露、报道上述案件信息，情节严重的行为规定为犯罪。

有的提出，“不公开审理的案件中不应当公开的信息”含义不明，实践中有可能被扩大适用。法律有明确规定不公开审理的案件包括涉及国家秘密、商业秘密和个人隐私三种类型，如泄露前两种案件信息，构成犯罪的，可以适用泄露国家秘密罪、侵犯商业秘密罪予以惩处；对于披露涉及个人隐私和未成年刑事案件中的有关案情如何处理，目前社会上仍存在较大争议，不宜规定为犯罪。

还有人认为，草案第三十四条第一款的规定是专门针对辩护律师而设立的条款，影响律师在刑事诉讼中充分行使辩护权，不利于保障司法公正和当事人的合法权利，建议删除。

有的建议，在条文中增加“故意”泄露案件信息的主观条件；进一步明确“造成严重后果”、“情节严重”是指哪些具体情形。有的提出，第三款的情形主要针对一些媒体或者自媒体群众，既然有了第一款的规定，就能从源头上限制案件信息的流出，没有必要进一步扩大处罚范围。

（八）关于修改扰乱法庭秩序罪

草案第三十五条对刑法第三百零九条扰乱法庭秩序罪的规定作了修改，增加规定了侮辱、诽谤、威胁司法工作人员或者诉讼参与人，不听法庭制止等其他严重扰乱法庭秩序的情形。

有的提出，本条第三项和第四项规定的侮辱、诽谤、威胁行为以及其他严重扰乱法庭秩序的行为，应该如何理解不明确。在一些辩审意见分歧较大的案件中，律师发表的辩护意见，有可能被法庭以上述规定予以制止，会进一步加大刑事辩护的难度。对庭审中出现的侮辱、诽谤、威胁司法工作人员或者其他诉讼参与人的行为，可以通过训诫、罚款、司法拘留，强行带出法庭等处罚措施达到惩戒效果。此外，刑法中已经规定了侮辱、诽谤罪，若情节严重，构成这些罪名的，可以依照刑法相关规定处罚，没有必要再在扰乱法庭秩序罪中作出规定。

有的建议增加一款，规定对司法工作人员故意违法导致严重扰乱法庭秩序的情形发生的，依照第一款的规定处罚。

也有人提出，草案第三十五条的规定对于维护法庭秩序，增强司法权威有积极作用。

（九）关于修改拒不执行判决、裁定罪

草案第三十六条对刑法第三百一十三条拒不执行判决裁定罪的规定作了修改，增加了一档法定刑，对情节特别严重的，处三年以上七年以下有期徒刑，同时增加了单位犯罪的规定。

有的建议在新增的第二个法定刑幅度中增加“并处罚金”或者“没收财产”的规定。有的建议，将不执行民事调解书，仲裁类文书，公证债权文书的行为也纳入本条规定；对具体行为设定期限，规定“对人民法院的判决、裁定有

能力执行而拒不执行，超过三个月，情节严重的”构成犯罪；将“有能力执行而拒不执行”改为“有能力执行而不执行”；进一步加大本罪的刑罚力度。

（十）关于增加生产、运输、携带制毒物品的犯罪

草案第三十七条增加规定了非法生产、运输易制毒化学品的行为，同时将“明知他人制造毒品而为其提供前款规定的物品的，以制造毒品罪的共犯论处，修改为“明知他人制造毒品而为其生产、买卖、运输前款规定的物品的，以制造毒品罪的共犯论处。”

有的提出，本条规定的“运输”易制毒化学品与“携带”上述物品进出境的行为在适用范围上有重合，建议进一步明确两者具体适用于哪些情形。携带上述物品“进出境”的规定适用范围太窄，携带易制毒物品跨省、跨区域的行为也应纳入刑法规范范围。

第二款中的“生产、买卖、运输”相对于刑法原条文规定的“提供”范围缩小了，建议增加规定“携带”、“储存”等行为。

八、其他意见

除了针对刑法修正案（九）草案相关内容提出意见外，有的网民还提出了一些其他刑法修改相关意见，主要有：

1. 建议刑法修正案（九）通过后，重新整理公布刑法全文，便于人民群众学习和运用；建议将刑法修正案（九）草案提请2015年3月召开的全国人民代表大会审议。

2. 建议增加规定“剥夺军衔”附加刑。

3. 建议取消刑法第一百条“依法受过刑事处罚的人，在入伍、就业的时候，应当如实向有关单位报告自己曾受过刑事处罚，不得隐瞒。”犯罪记录报告制度，不利于刑满释放人员回归社会。

4. 建议修改完善刑法第一百七十六条规定的非法吸收公众存款罪。实践中，非法吸收公众存款罪与非罪界限不清，已成为新的口袋罪。为促进民间金融的发展，解决中小企业融资难的问题，建议提高该罪的入罪门槛，对于没有给投资人造成实际损害的和用于正当生产经营的吸存行为不作为犯罪处理。

5. 建议修改刑法第二百五十六条破坏选举罪，将以暴力、威胁、贿赂等手段破坏村民委员会、村党支部选举的行为规定为犯罪。

全国人大常委会法制工作委员会刑法室提供

2015年1月9日

（4）法律委、法工委座谈会对刑法修正案（九）草案的意见

2015年2月12日，全国人大法律委员会、全国人大常委会法制工作委员会召开座谈会，听取对《中华人民共和国刑法修正案（九）（草案）》（以下简称草案）的意见。中央纪委、中央统战部、中央政法委、中央防范和处理邪教问题领导小组办公室、最高人民法院、最高人民检察院、公安部、司法部、国家安全部、工信部、教育部、解放军总政治部保卫部、解放军军事法院和解放军军事检察院等部门，全国人大代表阎建国、吴碧霞以及中国人民大学高铭暄教授、北京师范大学赵秉志教授、中国政法大学曲新久教授等专家参加了会议。与会人员普遍认为，草案坚持正确的政治方向，贯彻落实党的十八届三中全会、四中全会以及中央司法体制改革任务有关要求，坚持问题导向，适应维护国家安全、社会稳定和公平正义的需要。赞成草案的总体思路和主要内容。同时，提出了一些修改意见。前期，中央有关部门已提出书面意见，各部门参会同志就其中主要意见作了发言。简报如下：

一、关于逐步减少适用死刑罪名，完善刑罚结构

（一）关于减少适用死刑罪名

草案拟对走私武器、弹药罪、走私核材料罪、走私假币罪、伪造货币罪、集资诈骗罪、组织卖淫罪、强迫卖淫罪、阻碍执行军事职务罪、战时造谣惑众罪等9个罪的刑罚规定作出调整，取消死刑。（草案第八条、第十条、第十一条、第三十八条、第四十五条、第四十六条）

与会专家一致认为，草案在刑法修正案（八）取消13个罪名死刑的基础上，又取消了走私武器、弹药罪等9个罪名的死刑，进一步落实了中央关于“逐步减少适用死刑罪名”的要求，体现了立法者的担当，完全赞同。取消这些在司法实践中基本上“备而不用”的死刑，不会对社会治安形势形成负面影响（高铭暄、赵秉志、曲新久），赵秉志教授提出，取消死刑罪名的力度还可以再加大一些。

公安部提出，当前反恐形势严峻，走私武器、弹药可能与暴力恐怖犯罪勾连，威胁公共安全，建议保留走私武器、弹药罪的死刑；核材料属于特殊危险物质，走私核材料情况一旦出现，后果难以估量，建议保留走私核材料罪的死刑；当前伪造货币犯罪形势依然严峻，建议保留伪造货币罪的死刑；伴随股权募集、网络借贷等新型投资理财方式，集资诈骗犯罪也出现新情况，涉及面广，严重影响社会稳定，建议保留集资诈骗罪的死刑。高铭暄、曲新久教授提出，从现实情况和我国核材料管理体制上看，以前没有出现走私核材料情况，今后也基本不会发生，取消走私核材料罪死刑不会有不良影响；集资诈骗罪属于经济犯罪，被害人有逐利目的和过错，不应判处被告人死刑。

解放军军事法院提出，解放军总政治部是中央“逐步减少适用死刑罪名”任务的成员单位，解放军军事法院是具体负责单位。关于取消阻碍执行军事职务罪、战时造谣惑众罪死刑的建议，是他们在征求军队内部各单位意见的基础上，报经总政治部首长批准的；解放军总政治部保卫部、解放军军事检察院提出，他们原来同意这一建议，经再次研究，现在建议保留这两个罪的死刑；曲新久教授提出，阻碍执行军事职务罪和妨害公务罪性质相近，二者刑罚上差距悬殊，不合理，且阻碍执行军事职务和战时造谣惑众在现代战争条件下基本上不可能得逞，不会造成现实严重后果，取消死刑是必要的。

（二）关于判处死刑缓期二年执行的罪犯执行死刑的条件和程序

草案第二条进一步提高了对死缓罪犯执行死刑的门槛。规定被判处死刑缓期执行的，如果故意犯罪，情节恶劣的，报请最高法院核准后执行死刑，对故意犯罪未执行死刑的，死刑缓期执行的期间重新计算，并报最高法院备案。

司法部提出，死缓是中国特色的死刑执行制度，在制度设计上已经给予犯罪分子改过自新机会，再次故意犯罪应当执行死刑，且司法实践中判处死缓最后执行死刑的属于极少数，进一步提高执行死刑门槛，实际上不能达到减少死刑适用的目标，建议草案对此不做修改。高铭暄、赵秉志教授提出，对死缓罪犯，发生殴打等轻微故意犯罪的情况，执行死刑不合适，赞成草案提高死缓执行死刑门槛。

有的部门和专家还对刑法有关死刑规定提出了修改意见：一是最高人民法院、高铭暄教授提出，刑法第三百四十七条规定了走私、贩卖、运输、制造毒品罪，对运输毒品和走私、贩卖、制造毒品规定了同一定罪量刑标准，造成司法实践中运输毒品犯罪适用死刑过多。多数运输毒品行为属于整个毒品犯罪中的辅助性环节，运输者多是“马仔”，建议对运输毒品行为单独规定罪名和适用死刑的标准。二是赵秉志教授提出，对刑法第四十八条有关死刑适用标准作更严格规定有积极意义，建议规定死刑只适用于“最严重的犯罪”中“罪行极其严重的犯罪分子”，从立法和司法两个层面限制死刑。三是赵秉志教授建议对死刑适用对象作进一步限制。刑法修正案（八）规定对七十五周岁以上的老年人不适用死刑，但以特别残忍手段致人死亡的除外，建议删除“除外规定”，对七十五周岁以上老年人一律不适用死刑，还可以借鉴联合国相关公约的规定，对新生儿母亲、精神有残疾的人等特殊对象不适用死刑。

（三）完善数罪并罚时不同刑种并罚的规定

草案第四条完善了数罪并罚时不同刑种如何并罚的规定，进一步明确数罪中有判处有期徒刑和拘役的，执行有期徒刑，拘役不再执行。数罪中有判处有期徒刑和管制，或者拘役和管制的，有期徒刑、拘役执行完毕以后，管制仍需执行。

司法部提出，判处有期徒刑和管制或者拘役和管制的，执行有期徒刑或者拘役即可，再执行管制的意义不大；高铭暄教授提出，判决时主刑可以有多个，但最终执行时主刑只能有一个，有期徒刑或者拘役执行完毕后再执行管制，不符合执行主刑唯一原则，建议采取吸收原则，管制不再执行。

二、关于维护公共安全，加大对恐怖主义、极端主义犯罪的惩治力度

草案第六条新增四条，作为刑法第一百二十条之二、之三、之四和之五，分别规定了宣扬恐怖主义、极端主义的犯罪，利用极端主义煽动、胁迫群众破坏法律实施的犯罪，持有恐怖主义、极端主义宣传品的犯罪以及拒绝提供恐怖活动、极端主义犯罪证据的犯罪；草案第十五条在刑法第二百五十一条中增加一款，规定强制他人穿着、佩戴宣扬恐怖主义、极端主义服饰、标志的犯罪。

中央统战部、国家安全部提出，“三股势力”是指恐怖主义、分裂主义、极端主义，三者通常是并列提出的，建议在草案第六条以及草案第十五条中相应增加处罚“分裂主义”的内容。

赵秉志教授提出，草案中规定的“极端主义”界限不明确，建议将这几个条文中的“极端主义”修改限定为“暴力极端主义”。

最高人民法院提出，草案第十五条属于恐怖主义、极端主义犯罪的内容，与刑法第二百五十一条规定的非法剥夺公民宗教信仰自由、侵犯少数民族风俗习惯罪没有关联，建议放到草案第六条，规定在刑法第一百二十条之后，同时将最高刑提高到三年有期徒刑。

关于惩治恐怖主义犯罪，中央政法委还提出两点建议：一是，关于涉恐人员出入境管控问题。目前，司法实践中偷越国（边）境，意图前往境外参加“圣战”或者接受恐怖活动培训的情况突出，对这类涉恐人员以刑法第三百二十二条规定的偷越国（边）境罪处罚，最高只能判处一年有期徒刑，刑罚偏轻。建议修改偷越国（边）境罪，对以恐怖主义为目的偷越国（边）境的，增加规定一档法定刑；二是，关于预备性恐怖行为的定罪量刑问题。实践中，一些在预备阶段查获的恐怖活动犯罪，由于证据等原因难以定罪处罚，有的地方没有处罚，有的地方按照预备犯处罚过轻，鉴于恐怖活动犯罪的特殊性，建议将预谋、准备实施杀人、爆炸、绑架等暴力恐怖活动的行为单独规定为犯罪。

三、关于维护信息网络安全，完善惩处网络犯罪的法律规定

（一）关于增加在网络上实施侮辱、诽谤犯罪如何追究的规定

草案第十四条在刑法第二百四十六条侮辱、诽谤罪中增加规定，行为人通过信息网络实施侮辱、诽谤行为，被害人向法院告诉，但提供证据确有困难的，人民法院可以要求公安机关提供协助。

最高人民法院提出，上述规定在实际执行中部门间易出现推诿现象，建议修改为“通过信息网络实施第一款规定的行为，被害人提供证据确有困难的，可以要求公安机关提供协助”。

（二）关于修改出售、非法提供公民个人信息的犯罪

草案第十六条对刑法第二百五十三条之一作了修改，扩大了出售、非法提供因履行职责或者提供服务获得的公民个人信息犯罪的主体范围，同时，增加规定了出售或者非法提供公民个人信息的犯罪。

阎建国代表、最高人民法院提出，建议对情节特别严重的，增加一档三年以上七年以下有期徒刑的刑罚。

草案规定，构成出售、非法提供因履行职责或者提供服务获得的公民个人信息犯罪，需有“违反国家规定”的前提条件。公安部提出，目前，在房产、物流、电商等领域对公民个人信息保护缺乏相关国家规定，为有效惩治此类犯罪，建议删除“违反国家规定”，同时规定，对于国家工作人员实施上述犯罪的，从重处罚。

（三）关于增加网络服务提供者不履行网络安全管理义务的犯罪

草案第二十五条增加了网络服务提供者拒不履行网络安全管理义务的犯罪。

工信部提出，将本条第二项“致使用户信息泄露，造成严重后果的”修改为“致使用户信息泄露或者毁损，造成严重后果的”，同时增加一项“致使基础信息网络安全受到严重影响的”。

此外，工信部提出，刑法第二百八十五条第二款规定对非法获取计算机信息系统数据、非法控制计算机信息系统罪，处“三年以下有期徒刑或者拘役，并处或者单处罚金”或者“三年以上七年以下有期徒刑，并处罚金”。非法获取、非法控制公用电信网络、广播电视传输网等基础信息网络的行为，直接关系国家安全、社会稳定和经济运行，危害大，建议在第二百八十五条中增加一款作为第四款，将上述行为规定为犯罪，并提高刑罚，处“七年以下有期徒刑或者拘役，并处或者单处罚金”或者“七年以上十年以下有期徒刑，并处罚金”。

四、关于进一步强化保障人权，加强对公民人身权利的保护

（一）关于修改收买被拐卖妇女、儿童罪

草案第十三条对刑法第二百四十一条收买被拐卖妇女、儿童罪的规定作了修改，将“可以不追究刑事责任”修改为“可以从轻、减轻或者免除处罚”。

公安部建议删去可以“免除处罚”的规定。

（二）关于增加虐待被监护、看护对象的犯罪

草案第十八条增加规定了虐待被监护、看护人的犯罪。

阎建国代表提出，实践中存在一些幼儿园、养老院等单位，在被监护、看护的人遭受虐待的时候不作为、不制止，甚至共同实施犯罪的情况，建议增加规定单位犯罪。

五、关于进一步完善反腐败的法律规定，加大对腐败犯罪的惩处力度

（一）关于修改贪污罪、受贿罪的量刑标准

草案第三十九条对刑法第三百八十三条贪污受贿犯罪的定罪量刑标准作了修改，将具体数额标准修改为数额加情节的标准，同时增加可以从宽处罚的规定。

最高人民检察院建议，由刑法对贪污受贿犯罪定罪量刑的具体数额标准作出规定，维持5000元定罪数额标准不变，同时分别设定5000元以上不满5万元、5—10万元、10—100万元、100—500万元以及500万元以上五档量刑幅度，并配置相应的刑罚。赵秉志、曲新久教授不赞成在刑法中规定具体的数额，认为仅用数额标准不能全面反映贪污受贿犯罪行为的危害性，不利于司法实践中做到罪刑相适应，以往司法实践证明弊端很大。中纪委赞成取消具体数额标准，同时建议对两种犯罪分别规定定罪量刑标准。

（二）关于增加为利用影响力向特定关系人行贿的犯罪

草案第四十条在刑法第三百八十八条之一后增加一条作为第三百八十八条之二，规定了为利用影响力向特定关系人行贿的犯罪。

中纪委提出，该条规定的犯罪为行贿犯罪的一种特殊类型，放在刑法第三百九十条一般行贿罪规定之前逻辑上不顺，建议调至刑法第三百九十条行贿犯罪的规定之后。

（三）关于对行贿犯罪有关规定的修改

草案第四十一条对刑法第三百九十条行贿罪的规定作了修改，增加了罚金刑，同时进一步严格了对行贿犯罪从宽处罚的条件，规定，行贿人在被追诉前主动交待行贿行为，犯罪较轻的，检举揭发行为对侦破重大案件起关键作用，或者有其他重大立功表现的，可以免除处罚。

最高人民法院、赵秉志教授提出，对行贿罪规定作出修改很有必要。建议进一步调整行贿罪法定刑，同时将草案第四十一条第二款规定的“在被追诉前”主动交待可以从宽处罚修改为“在被查处前”可以从宽处罚，以加大对行贿罪的惩处力度。此外，草案将行贿人主动交待行贿行为而供出受贿人的行为表述为“检举揭发”不恰当，建议改为“主动交待”。

此外，中纪委提出，十八届四中全会决定提出，“完善惩治贪污贿赂犯罪法律制度，把贿赂犯罪对象由财物扩大为财物和其他财产性利益”，建议修改刑法相关规定，落实决定要求，严密惩治贿赂犯罪的法网。

六、维护社会诚信，惩治失信、背信行为

（一）关于增加伪造、变造居民身份证等身份证件的犯罪

草案第二十条对刑法第二百八十条伪造、变造居民身份证的犯罪作了修改，将证件的范围扩大至护照、社会保障

卡、驾驶证，同时将买卖上述证件的行为规定为犯罪。

教育部建议，将伪造、变造、买卖学历、学位证书的行为纳入刑法的调整范围。最高人民检察院建议，在列举的证件后面增加“等证件”的兜底规定。

（二）关于增加组织考试作弊的犯罪

草案第三十二条增加规定了在国家规定的考试中，组织考生作弊以及代替他人参加考试的犯罪。

教育部表示赞成草案规定。但也有部门和专家提出，实践中代考行为人多数是在校大学生或者未成年人，对其适用行政处罚足以起到教育作用，如果规定为犯罪，也应设定适当入罪门槛，建议增加“情节严重”、“情节恶劣”等限定条件（中央政法委、最高人民法院，赵秉志）。

（三）关于增加虚假诉讼的犯罪

草案第三十三条新增了虚假诉讼的犯罪，规定为谋取不正当利益，以捏造的事实提起民事诉讼，严重妨害司法秩序的，追究刑事责任。实施上述行为，侵占他人财产或者逃避合法债务的，依照刑法第二百六十六条诈骗罪的规定从重处罚。

高铭暄教授提出，增加虚假诉讼的犯罪是必要的，解决了司法实践中长期存在争议的问题，但是不赞成对侵占他人财产或者逃避合法债务的情形以刑法第二百六十六条规定的诈骗罪追究。虚假诉讼与诈骗性质上存在差别，能否作为诈骗，理论上也有争议，应当作为独立的犯罪，单独设定法定刑。建议将侵占他人财产或者逃避合法债务的作为虚假诉讼罪的加重处罚情节，判处三年以上十年以下有期徒刑；情节特别严重的，处十年以上有期徒刑或者无期徒刑。

七、关于加强社会治理，维护社会秩序

（一）关于完善危险驾驶犯罪的规定

草案第七条在刑法危险驾驶犯罪中增加了公路客运车辆超载、超速以及违法运输危险化学品的情形。

最高人民法院提出，该条规定中的“在道路上”驾驶机动车和第三项“在公路上”超员超速的表述重复，建议删除第三项中规定的“在公路上”。中央政法委建议，对第三项规定的客运车辆超员的应适当提高入罪门槛，优先考虑加大行政执法力度。

最高人民法院建议，在第四项违反规定运输危险化学品的规定中增加“情节严重”的入罪条件；处理好违规运输危险化学品的危险驾驶犯罪与刑法第一百二十五条非法运输危险物质罪的关系。

阎建国代表建议，增加规定“货运车辆超载”的情形，曲新久教授则提出，对超载行为入罪要慎重考虑。有的部门和专家建议将“吸食、注射毒品后驾驶机动车”的规定为犯罪（公安部、解放军军事法院，曲新久）。解放军军事法院建议增加“其他危险驾驶”的兜底条款。

（二）关于增加多次扰乱国家机关工作秩序的犯罪

草案第二十八条对刑法第二百九十条作了修改，将多次扰乱国家机关工作秩序，经处罚后仍不改正，造成严重后果的行为，以及多次组织、资助他人非法聚集，扰乱社会秩序，情节严重的行为规定为犯罪。

公安部提出，实践中一些个人扰乱国家机关工作秩序达不到“多次”的程度，但是每次危害都很严重，对这种行为也应追究刑事责任。建议修改刑法第二百九十条、第二百九十一条聚众扰乱社会秩序罪等犯罪的规定，删除“聚众”的条件，将个人冲击国家机关等扰乱公共秩序，情节严重的规定为犯罪。曲新久教授则提出，草案第二十八条的规定，可能被扩大适用于一些上访群众，社会效果不好，建议将行为限定在聚众冲击国家机关的范围。

（三）关于修改组织、利用会道门、邪教组织破坏法律实施罪

草案第三十条对刑法第三百条关于组织、利用会道门、邪教组织破坏法律实施罪作了修改，增设了罚金刑，同时对情节较轻的，增加了处罚规定。

中央防范和处理邪教问题领导小组办公室建议，将刑法第三百条原条文中的“组织和利用”会道门、邪教组织或者利用迷信破坏国家法律、行政法规实施，修改为“组织、利用”，明确两个行为是选择关系；对邪教组织实施严重违法犯罪活动的增设无期徒刑；增加对致人重伤情形的处罚，加大对邪教组织造成人身伤害的惩处力度等。

（四）关于增加泄露案件信息的犯罪

草案第三十四条增加了司法工作人员、辩护人、诉讼代理人或者其他诉讼参与人泄露案件信息的犯罪。

司法部、曲新久教授提出，该条规定中的“不公开审理的案件中不应当公开的信息”不好认定，且该罪设定的“造成信息公开传播或者其他严重后果”的入罪标准也不好掌握，会导致实践中难以执行。现在已经有相关行政法规和行业规范对律师等法律从业人员的执业行为进行管理，将泄露案件信息的行为入罪，可能会对律师从业产生负面影响，建议慎重研究。

（五）关于修改扰乱法庭秩序罪

草案第三十五条对刑法第三百零九条扰乱法庭秩序罪的规定作了修改，增加规定了侮辱、诽谤、威胁司法工作人员或者诉讼参与人，不听法庭制止等扰乱法庭秩序的行为。

最高人民法院提出，对扰乱法庭秩序罪作出修改符合四中全会的精神。根据司法实践的情况，建议将“严重扰乱法庭秩序”修改为“严重扰乱审判秩序”，将“聚众哄闹冲击法庭”修改为“聚众哄闹冲击审判场所”。

阎建国代表建议，删除第三项“侮辱、诽谤、威胁司法工作人员”的规定，认为上述规定实践中不好判断，可能

会出现司法人员随意适用该条文，将律师辩护中的一些过激言论认定为侮辱、诽谤，不利于律师辩护权的行使。司法部也提出，草案第三项以及第四项“其他严重扰乱法庭秩序”的行为，容易被扩大适用，目前法律规定对上述行为已有司法拘留等处置措施，足以维护法庭秩序，建议这些行为入罪要慎重。

八、其他意见

有的部门、代表和专家还提出了一些修改完善刑法的意见：

1. 赵秉志教授提出，适度犯罪化在现阶段是必要的。对于给予劳动教养的行为，在劳动教养制度废除后，多数应纳入治安处罚范围，而不应规定为犯罪。

2. 司法部提出，进一步完善刑法有关社区矫正制度的规定，将刑法第七十五条有关缓刑规定的“考察机关”、第八十四条有关假释规定的“监督机关”修改为“社区矫正机构”，修改刑法第三百一十六条脱逃罪的规定，将社区服刑人员被决定收监执行后故意逃跑的行为纳入脱逃罪处罚。

3. 阎建国代表建议取消嫖宿幼女罪，曲新久教授认为不必要取消嫖宿幼女罪。

4. 中央政法委建议修改刑法第二百六十六条诈骗罪的规定，增加“多次诈骗”构成犯罪的情形。

5. 公安部建议增加规定袭警罪。

6. 国家安全部提出，在刑法第二百八十四条中将非法使用专用间谍器材的行为增加规定为犯罪。

（全国人大常委会法制工作委员会刑法室提供）

38. 刑法修正案（九）草案二次审议稿全国人大常委会审议意见分解材料

（2015 年 7 月）

中华人民共和国刑法修正案（九）（草案）（二次审议稿）

一、在刑法第三十七条后增加一条，作为第三十七条之一：“因利用职业便利实施犯罪，或者实施违背职业要求的特定义务的犯罪被判处刑罚的，人民法院可以根据犯罪情况和预防再犯罪的需要，禁止其自刑罚执行完毕之日或者假释之日起从事相关职业，期限为三年至五年。

“被禁止从事相关职业的犯罪分子违反人民法院依照前款规定作出的决定的，由公安机关依法给予处罚；情节严重的，依照本法第三百一十三条的规定定罪处罚。

“其他法律、行政法规对其从事相关职业另有禁止或者限制性规定的，从其规定。”

【常委会审议意见】

赵胜轩委员建议将利用职业便利、禁止从事相关职业中的“职业”限定为具有较高行业标准和涉及公共利益的职业，防止禁止从业适用泛化。另一方面，罪犯在刑罚执行完毕后就是“正常公民”，建议修改第二款中“犯罪分子”的表述。

二、将刑法第五十条第一款修改为：“判处死刑缓期执行的，在死刑缓期执行期间，如果没有故意犯罪，二年期满以后，减为无期徒刑；如果确有重大立功表现，二年期满以后，减为二十五年有期徒刑；如果故意犯罪，情节恶劣的，报请最高人民法院核准后执行死刑；对于故意犯罪未执行死刑的，死刑缓期执行的期间重新计算，并报最高人民法院备案。”

【常委会审议意见】

史莲喜委员建议对“情节恶劣”的情形予以明确，便于实践操作。莫文秀委员建议将“情节恶劣”修改为“判处三年以上有期徒刑”，严以新委员建议修改为“被判处五年以上有期徒刑”。

莫文秀委员建议对故意犯罪未执行死刑的，同时报最高人民法院和最高人民检察院备案。

三、将刑法第五十三条修改为：“罚金在判决指定的期限内一次或者分期缴纳。期满不缴纳的，强制缴纳。对于不能全部缴纳罚金的，人民法院在任何时候发现被执行人有可以执行的财产，应当随时追缴。

“由于遭遇不能抗拒的灾祸等原因缴纳确实有困难的，经人民法院裁定，可以延期缴纳、酌情减少或者免除。”

【常委会审议意见】

史莲喜委员建议删除“免除”规定。黄润秋委员提出，当前正在推动审判权和执行权分离改革，罚金的延期、减免或缴纳属于执行权范围，为适应改革后的情况，建议将“经人民法院裁定”修改为“经执行机关决定”。

四、在刑法第六十九条中增加一款作为第二款："数罪中有判处有期徒刑和拘役的，执行有期徒刑。数罪中有判处有期徒刑和管制，或者拘役和管制的，有期徒刑、拘役执行完毕后，管制仍须执行。"

原第二款作为第三款。

【常委会审议意见】

董中原委员提出，拘役是比管制更重的刑罚，有期徒刑与管制并罚时，有期徒刑执行完毕后，管制仍须执行，而比管制更重的拘役与有期徒刑并罚时，却只需执行有期徒刑，两种规定不平衡，违反刑法公平原则，建议对管制同样采取吸收原则。郭凤莲、黄润秋委员建议对判处有期徒刑和拘役的，采取并科原则，分别执行。

五、将刑法第一百二十条修改为："组织、领导恐怖活动组织的，处十年以上有期徒刑或者无期徒刑，并处没收财产；积极参加的，处三年以上十年以下有期徒刑，并处罚金；其他参加的，处三年以下有期徒刑、拘役、管制或者剥夺政治权利，可以并处罚金。

"犯前款罪并实施杀人、爆炸、绑架等犯罪的，依照数罪并罚的规定处罚。"

【常委会审议意见】

张平委员建议酌情提高本罪刑罚。

张振勇代表建议将刑罚调整为由轻到重的表述，与资助恐怖犯罪一致。

六、将刑法第一百二十条之一修改为："资助恐怖活动组织、实施恐怖活动的个人的，或者资助恐怖活动培训的，处五年以下有期徒刑、拘役、管制或者剥夺政治权利，并处罚金；情节严重的，处五年以上有期徒刑，并处罚金或者没收财产。

"为恐怖活动组织、实施恐怖活动或者恐怖活动培训招募、运送人员的，依照前款的规定处罚。

"单位犯前两款罪的，对单位判处罚金，并对其直接负责的主管人员和其他直接责任人员，依照各该款的规定处罚。"

【常委会审议意见】

买买提明·牙生委员建议将第一款表述修改为"资助恐怖活动、或者资助组织实施恐怖活动的人，或恐怖活动培训的"，将第二款表述修改为"为组织实施恐怖活动或者为恐怖活动培训招募、输送组成人员的依照前款的规定处罚"。

白志健委员提出，目前很多恐怖活动是以隐蔽的形式进行的，比如有的披着宗教或者学术活动的外衣，要考虑到有些团体和民众是在不知情的情况下进行的资助行为，建议改为"明知是恐怖活动组织、实施恐怖活动或培训而进行资助的"。

王明雯委员建议将第二款修改为"为恐怖活动组织、实施恐怖活动的个人或者恐怖活动培训实施招募、运送人员行为的，依照前款规定处罚"。

七、在刑法第一百二十条之一后增加五条，作为第一百二十条之二、第一百二十条之三、第一百二十条之四、第一百二十条之五、第一百二十条之六：

"第一百二十条之二　有下列情形之一的，处五年以下有期徒刑、拘役、管制或者剥夺政治权利，并处罚金；情节严重的，处五年以上有期徒刑，并处罚金或者没收财产：

"（一）为实施恐怖活动准备凶器、危险物品或者其他工具的；

"（二）组织恐怖活动培训或者积极参加恐怖活动培训的；

"（三）为实施恐怖活动与境外恐怖活动组织或者人员联系的；

"（四）为实施恐怖活动进行策划或者其他准备的。

"有前款行为，同时构成其他犯罪的，依照处罚较重的规定定罪处罚。"

【常委会审议意见】

穆东升委员建议对情节严重的情形予以明确。

陈光国委员提出，本条列举了四种犯罪情形，第一种情形是"为实施恐怖活动准备凶器、危险物品或者其他工具的"。这种情况属于预备犯罪，刑法总则规定对于预备犯可以比照既遂犯从轻、减轻处罚或者免除处罚。但草案规定的处罚比既遂犯还要重。建议通过法律修改或者司法解释明确"为实施恐怖活动准备凶器、危险物品或者其他工具的"情形是否属于犯罪预备，如属于预备犯罪，建议按照刑法总则的规定处理。

"第一百二十条之三　以制作、散发宣扬恐怖主义、极端主义的图书、音频视频资料或者其他物品，或者通过发布信息、当面讲授等方式宣扬恐怖主义、极端主义的，或者煽动实施恐怖活动的，处五年以下有期徒刑、拘役、管制或者剥夺政治权利，并处罚金；情节严重的，处五年以上有期徒刑，并处罚金或者没收财产。"

【常委会审议意见】

许为钢委员提出，"讲授"有多种形式的，不仅仅是当面讲授，利用电话、网络、报刊杂志等都可以进行传授，建议去掉"当面"二字。

"第一百二十条之四　利用极端主义煽动、胁迫群众破坏国家法律确立的婚姻、司法、教育、社会管理等制度实施的，处三年以下有期徒刑，并处罚金；情节严重的，处三年以上七年以下有期徒刑，并处罚金；情节特别严重的，处七年以上有期徒刑，并处罚金或者没收财产。"

无意见

“第一百二十条之五　以暴力、胁迫等方式强制他人在公共场所穿着、佩戴宣扬恐怖主义、极端主义服饰、标志的，处三年以下有期徒刑、拘役或者管制。”

【常委会审议意见】

史莲喜委员建议增加财产刑。

“第一百二十条之六　非法持有宣扬恐怖主义、极端主义的图书、音频视频资料或者其他物品，情节严重的，处三年以下有期徒刑、拘役或者管制，并处或者单处罚金。”

【常委会审议意见】

马志武委员提出，对不明知是宣扬恐怖主义、极端主义的物品而持有的，也要判三年以下有期徒刑，不妥。建议将“非法持有”修改为“明知非法且持有”。规定为明知是非法物品而持有的。在“非法”之前增加“明知”两字。

卓新平委员提出，是非法持有还是合法持有有时很难界定，建议把“持有”改为“散发”。

严以新委员提出，单纯持有宣扬恐怖主义、极端主义物品，没有散发、宣扬等其他行为的，不宜规定为犯罪。

唐世礼、史莲喜委员建议明确恐怖主义、极端主义的定义。白志健委员建议明确恐怖组织和恐怖活动的定义。

八、将刑法第一百三十三条之一修改为：“在道路上驾驶机动车，有下列情形之一的，处拘役，并处罚金：

“（一）追逐竞驶，情节恶劣的；

“（二）醉酒驾驶机动车的；

“（三）从事校车业务或者旅客运输，严重超过额定乘员载客，或者严重超过规定时速行驶的；

“（四）违反危险化学品安全管理规定运输危险化学品，危及公共安全的。

“机动车所有人、管理人对前款第三项、第四项行为负有直接责任的，依照前款的规定处罚。

“有前两款行为，同时构成其他犯罪的，依照处罚较重的规定定罪处罚。”

【常委会审议意见】

穆东升委员建议将第一款第三项“从事校车业务或者旅客运输”修改为“从事校车、客运业务”。并明确界定第一款第四项中的“危及公共安全”。

刘政奎委员建议明确第二款中“负有直接责任”是指什么情形，莫文秀委员建议修改为“指使、强令”。

吉炳轩副委员长提出，法律对危险驾驶罪只规定了拘役和罚金，刑罚较轻，不足以惩治犯罪，建议提高法定刑；云峰委员建议提高至六个月有期徒刑；郭凤莲委员建议增加一档二年以下有期徒刑。

有些常委会组成人员和列席人员提出，当前“毒驾”多发频发，社会危害性严重，对“毒驾”要“零容忍”，检测手段问题不应成为“毒驾”入刑的障碍，建议“毒驾”入刑（陈昌智、沈跃跃副委员长，范徐丽泰、方新、严以新、孙大发、罗亮权、韩晓武、庞丽娟、闫小培、杨震、周天鸿、丛斌、吴晓灵、梁胜利、赵胜轩、黄润秋、史莲喜、刘政奎、唐世礼委员，何健忠、马兰代表）。

有的常委委员和列席人员建议将一些危险驾驶行为增加规定为犯罪：货运超载的（张健委员）；驾驶报废机动车的（闫小培委员）；“碰瓷”驾驶的（唐世礼委员）；违反夜间限时行驶的（沈绿叶代表）；在内河水道危险驾驶船舶的（张兴凯委员）。

九、将刑法第一百五十一条第一款修改为：“走私武器、弹药、核材料或者伪造的货币的，处七年以上有期徒刑，并处罚金或者没收财产；情节特别严重的，处无期徒刑，并处没收财产；情节较轻的，处三年以上七年以下有期徒刑，并处罚金。”

【常委会审议意见】

有的常委委员建议保留走私武器、弹药罪的死刑（任茂东、范徐丽泰、丛斌、方新、刘振来、罗亮权、唐世礼、吴晓灵、何晔晖、李安东、李世明、李慎明委员）。

有的常委委员建议保留走私核材料罪的死刑（任茂东、范徐丽泰、方新、刘振来、罗亮权、唐世礼、吴晓灵、何晔晖、李安东、李世明、李慎明委员）。

十、将刑法第一百六十四条第一款修改为：“为谋取不正当利益，给予公司、企业或者其他单位的工作人员以财物，数额较大的，处三年以下有期徒刑或者拘役，并处罚金；数额巨大的，处三年以上十年以下有期徒刑，并处罚金。”

无意见

十一、将刑法第一百七十条修改为：“伪造货币的，处三年以上十年以下有期徒刑，并处罚金；有下列情形之一的，处十年以上有期徒刑或者无期徒刑，并处罚金或者没收财产：

“（一）伪造货币集团的首要分子；

“（二）伪造货币数额特别巨大的；

“（三）有其他特别严重情节的。”

无意见

十二、删去刑法第一百九十九条。

【常委会审议意见】

史莲喜委员、何健忠代表建议保留集资诈骗罪的死刑。

十三、将刑法第二百三十七条修改为：“以暴力、胁迫或者其他方法强制猥亵他人或者侮辱妇女的，处五年以下有期徒刑或者拘役。

“聚众或者在公共场所当众犯前款罪的，或者有其他恶劣情节的，处五年以上有期徒刑。

“猥亵儿童的，依照前两款的规定从重处罚。”

无意见

十四、将刑法第二百三十九条第二款修改为：“犯前款罪，故意伤害、杀害被绑架人，致人重伤、死亡的，处无期徒刑或者死刑，并处没收财产。”

【常委会审议意见】

陈昌智副委员长提出，修改后对非因故意伤害、杀害致使被绑架人死亡的情形排除死刑适用，不利于严惩绑架罪，建议原表述不作修改，同时加大对绑架致人重伤情形的惩处力度，增加规定“致使被绑架人重伤的，处无期徒刑或者死刑”。

刘德培委员建议将“故意伤害、杀害被绑架人，致人重伤、死亡的，处无期徒刑或者死刑”修改为“故意伤害被绑架人，致人重伤的，处无期徒刑，故意杀害被绑架人致人死亡的，处死刑”。

十五、将刑法第二百四十一条第六款修改为：“收买被拐卖的妇女、儿童，对被买儿童没有虐待行为，不阻碍对其进行解救的，可以从轻处罚；按照被买妇女的意愿，不阻碍其返回原居住地的，可以从轻、减轻或者免除处罚。”

【常委会审议意见】

常委会组成人员普遍认为，草案二次审议稿进一步严格了对收买犯罪的刑事追究，十分必要，修改得好。

有的常委委员和列席人员提出，没有收买就没有拐卖，要彻底堵住买方市场，建议取消对收买犯罪从宽处罚规定（陈秀榕、庞丽娟、陈建国、蒋庄德、吴晓灵委员，法律委赵东花，贺优琳、何健忠代表），同时规定对有阻碍解救或者虐待行为的，从重处罚或者数罪并罚（韩晓武、张涛、谢小军、庞丽娟、唐世礼委员，财经委欧阳昌琼，广西人大刘新文）。

有的常委委员和列席人员建议取消对收买妇女可以免徐处罚的规定，仅规定可以从轻处罚，加强对妇女的保护（王乃坤、张平、范徐丽泰、汪毅夫、孙大发、令狐安、何晔晖、陈国令、郑功成委员，甘善泽、苏艳霞代表）。

刑法第二百四十一条规定收买妇女、儿童的，处三年以下有期徒刑、拘役或者管制。有的常委会组成人员建议提高收买犯罪的法定刑（吉炳轩副委员长，蒋庄德、张平委员），苏艳霞代表建议将刑罚修改为“三年以上有期徒刑”。

十六、在刑法第二百四十六条中增加一款作为第三款：“通过信息网络实施第一款规定的行为，被害人向人民法院告诉，但提供证据确有困难的，人民法院可以要求公安机关提供协助。”

【常委会审议意见】

陈光国委员、张振勇代表提出，这一规定属于诉讼程序性内容，建议在刑事诉讼法修订时解决，不宜修改刑法。云峰委员提出，通过信息网络犯罪，不会当面实施暴力，建议将“通过信息网络实施第一款规定的行为”修改为“通过信息网络，捏造事实、诽谤他人”。

十七、将刑法第二百五十三条之一修改为：“违反规定，向他人出售或者提供公民个人信息，情节严重的，处三年以下有期徒刑或者拘役，并处或者单处罚金；情节特别严重的，处三年以上七年以下有期徒刑，并处罚金。

“违反规定，将在履行职责或者提供服务过程中获得的公民个人信息，出售或者提供给他人，情节严重的，依照前款的规定从重处罚。

“窃取或者以其他方法非法获取公民个人信息，情节严重的，依照第一款的规定处罚。

“单位犯前三款罪的，对单位判处罚金，并对其直接负责的主管人员和其他直接责任人员，依照各该款的规定处罚。”

无意见

十八、将刑法第二百六十条第三款修改为：“第一款罪，告诉的才处理，但被害人没有能力告诉，或者因受到强制、威吓无法告诉的除外。”

无意见

十九、在刑法第二百六十条后增加一条，作为第二百六十条之一：“对未成年人、老年人、患病的人、残疾人等负有监护、看护职责的人虐待被监护、看护的人，情节恶劣的，处三年以下有期徒刑或者拘役。

“有前款行为，同时构成其他犯罪的，依照处罚较重的规定定罪处罚。”

【常委会审议意见】

唐世礼委员提出，“患病的人”外延宽，建议作限制。余梅代表建议限制为“患重病的人”。陈蔚文委员建议删去“情节恶劣”的入罪门槛。郑功成委员建议提高本罪法定刑。严以新、闫小培委员建议对幼童作专门保护，增加规定“虐待幼童的，从重处罚”。余梅代表建议增加遗弃被监护、看护的人的犯罪。周天鸿委员建议增加规定单位犯罪。

二十、将刑法第二百六十七条第一款修改为：“抢夺公私财物，数额较大的，或者多次抢夺的，处三年以下有期徒刑、拘役或者管制，并处或者单处罚金；数额巨大或者有其他严重情节的，处三年以上十年以下有期徒刑，并处罚金；数额特别巨大或者有其他特别严重情节的，处十年以上有期徒刑或者无期徒刑，并处罚金或者没收财产。”

无意见

二十一、将刑法第二百八十条修改为：“伪造、变造、买卖或者盗窃、抢夺、毁灭国家机关的公文、证件、印章的，处三年以下有期徒刑、拘役、管制或者剥夺政治权利，并处罚金；情节严重的，处三年以上十年以下有期徒刑，并处罚金。

“伪造公司、企业、事业单位、人民团体的印章的，处三年以下有期徒刑、拘役、管制或者剥夺政治权利，并处罚金。

“伪造、变造、买卖居民身份证、护照、社会保障卡、驾驶证等依法可以用于证明身份的证件的，处三年以下有期徒刑、拘役、管制或者剥夺政治权利，并处罚金；情节严重的，处三年以上七年以下有期徒刑，并处罚金。”

【常委会审议意见】

王明雯委员建议将“买卖”修改为“出售”，对单纯购买的不追究刑事责任。马志武委员建议将“买卖”修改为“贩卖”。

刘振起委员建议将“社会保障卡”修改为“保障卡”，将部队发放的军人保障卡纳入保护范围。

湖南人大谢勇指出，草案第二十一条、第二十二条将证件范围扩大为“居民身份证、护照、社会保障卡、驾驶证等依法可以用于证明身份的证件”，可能会包括老年人权益保护法、残疾人保护法等法律规定的老年证、残疾人证等，打击范围宽，建议目前还是重点保护基础性身份证件，恢复一审稿规定的“居民身份证、护照、社会保障卡、驾驶证”。张平副委员长、陈蔚文委员建议增加伪造、买卖学位证、毕业证犯罪。

二十二、在刑法第二百八十条后增加一条作为第二百八十条之一：“在依照国家规定应当提供身份证明的活动中，使用伪造、变造的居民身份证、护照、社会保障卡、驾驶证等依法可以用于证明身份的证件，情节严重的，处拘役或者管制，并处或者单处罚金。

“有前款行为，同时构成其他犯罪的，依照处罚较重的规定定罪处罚。”

【常委会审议意见】

史莲喜委员建议将“情节严重”修改为“造成严重后果”。贺一诚委员建议提高法定刑，修改为处一年以下有期徒刑、拘役或者管制，并处或者单处罚金。陈光国委员建议增加“冒用”他人证件犯罪。周天鸿委员提出，对使用假证的给予治安处罚即可，不宜规定为犯罪。

二十三、将刑法第二百八十三条修改为：“非法生产、销售专用间谍器材或者窃听、窃照专用器材的，处三年以下有期徒刑、拘役或者管制，并处或者单处罚金；情节严重的，处三年以上七年以下有期徒刑，并处罚金。

“单位犯前款罪的，对单位判处罚金，并对其直接负责的主管人员和其他直接责任人员，依照前款的规定处罚。”

无意见

二十四、在刑法第二百八十四条后增加一条，作为第二百八十四条之一：“在法律规定的国家考试中，组织作弊的，处三年以下有期徒刑或者拘役，并处或者单处罚金；情节严重的，处三年以上七年以下有期徒刑，并处罚金。

“为他人实施前款犯罪提供作弊器材或者其他帮助的，依照前款的规定处罚。

“为实施考试作弊行为，向他人非法出售或者提供第一款规定的考试的试题、答案的，依照第一款的规定处罚。

“代替他人或者让他人代替自己参加第一款规定的考试的，处拘役或者管制，并处或者单处罚金。”

【常委会审议意见】

有的常委委员和列席人员提出，“法律规定的国家考试”范围过窄，建议将国家部委组织的职业资格考试、学科考试、学业课程考试等纳入（何彬生代表），或者修改为“法律法规规定的考试”（外事委王晓初），或者恢复一审稿规定的“国家规定的考试”（黄伯云、龙庄伟委员），或者修改为国家组织的考试（陈建国委员）。

史莲喜委员提出，根据第四款规定，学生家长找人为子女替考，或者行为人找人为自己亲属替考的行为无法定罪处罚，建议将“让他人代替自己”修改为“让他人代替自己或自己的亲属”。

龙庄伟委员提出，对本罪单处罚金过轻，建议将“并处或者单处罚金”修改为“并处罚金”。

二十五、在刑法第二百八十五条中增加一款作为第四款：“单位犯前三款罪的，对单位判处罚金，并对其直接负责的主管人员和其他直接责任人员，依照各该款的规定处罚。”

无意见

二十六、在刑法第二百八十六条中增加一款作为第四款：“单位犯前三款罪的，对单位判处罚金，并对其直接负责的主管人员和其他直接责任人员，依照第一款的规定处罚。”

无意见

二十七、在刑法第二百八十六条后增加一条，作为第二百八十六条之一：“网络服务提供者不履行法律、行政法规规定的信息网络安全管理义务，经监管部门责令采取改正措施而仍不改正，有下列情形之一的，处三年以下有期徒刑、拘役或者管制，并处或者单处罚金：

“（一）致使违法信息大量传播的；

“（二）致使用户信息泄露，造成严重后果的；

“（三）致使刑事案件证据灭失，情节严重的；

“（四）有其他严重情节的。

“单位犯前款罪的，对单位判处罚金，并对其直接负责的主管人员和其他直接责任人员，依照前款的规定处罚。

“有前两款行为，同时又构成其他犯罪的，依照处罚较重的规定定罪处罚。”

无意见

二十八、在刑法第二百八十七条后增加二条，作为第二百八十七条之一、第二百八十七条之二：

“第二百八十七条之一　利用信息网络实施下列行为之一，情节严重的，处三年以下有期徒刑或者拘役，并处或者单处罚金：

“（一）设立用于实施诈骗、传授犯罪方法、制作或者销售违禁物品、管制物品等违法犯罪活动的网站、通讯群组的；

“（二）发布有关制作或者销售毒品、枪支、淫秽物品等违禁物品、管制物品或者其他违法犯罪信息的；

“（三）为实施诈骗等违法犯罪活动发布信息的。

“有前款行为，同时构成其他犯罪的，依照处罚较重的规定定罪处罚。

“单位犯第一款罪的，对单位判处罚金，并对其直接负责的主管人员和其他直接责任人员，依照第一款的规定处罚。”

【常委会审议意见】

蒋巨峰委员建议对这两种犯罪提高刑罚。

贺一诚委员提出，第二百八十七条之一第一款第一项规定的是设立用于违法犯罪活动的网站或通讯群组的犯罪，网站或通讯群组可以用于销售违禁物品或管制物品，但如何能用于制作这些物品，建议文字表述上再斟酌；第一项与第二项都涉及违禁物品、管制物品的概念，但第一项采用概括表述，而第二项采用举例方式，表述为毒品、枪支、淫秽物品等违禁物品、管制物品，建议对这两个概念采用相同的表述方式。

“第二百八十七条之二　明知他人利用信息网络实施犯罪，为其犯罪提供互联网接入、服务器托管、网络存储、通讯传输等技术支持，或者提供广告推广、支付结算等帮助，情节严重的，处三年以下有期徒刑或者拘役，并处或者单处罚金。

“有前款行为，同时构成其他犯罪的，依照处罚较重的规定定罪处罚。

“单位犯第一款罪的，对单位判处罚金，并对其直接负责的主管人员和其他直接责任人员，依照第一款的规定处罚。”

无意见

二十九、将刑法第二百八十八条第一款修改为：“违反国家规定，擅自设置、使用无线电台（站），或者擅自使用无线电频率，干扰无线电通讯秩序，情节严重的，处三年以下有期徒刑、拘役或者管制，并处或者单处罚金；情节特别严重的，处三年以上七年以下有期徒刑，并处罚金。”

无意见

三十、将刑法第二百九十条第一款修改为：“聚众扰乱社会秩序，情节严重，致使工作、生产、营业和教学、科研、医疗无法进行，造成严重损失的，对首要分子，处三年以上七年以下有期徒刑；对其他积极参加的，处三年以下有期徒刑、拘役、管制或者剥夺政治权利。”

增加二款作为第三款、第四款：“多次扰乱国家机关工作秩序，经行政处罚后仍不改正，造成严重后果的，处三年以下有期徒刑、拘役或者管制。

“多次组织、资助他人非法聚集，扰乱社会秩序，情节严重的，依照前款的规定处罚。”

【常委会审议意见】

有的常委委员建议删除第一款“聚众扰乱社会秩序”中的“聚众”，对个人扰乱社会秩序的，如个人医闹，情节严重的，同样追究刑事责任（张健、罗亮权、张涛委员）。

买买提明·牙生委员提出，第一款规定了三个入罪门槛，即情节严重，致使工作、生产、营业和教学、科研、医疗无法进行和造成严重损失，建议降低入罪门槛，删除“造成严重损失”。

郭凤莲委员提出，第三款将经行政处罚后仍不改正与造成严重后果的两个条件同时规定为入罪门槛，建议规定具备其中一个条件的即构成犯罪。黄润秋委员建议将第三款中的“造成严重后果”修改为“情节严重”，入罪范围更广；马志武委员建议将“造成严重后果”修改为“继续实施扰乱国家机关工作秩序行为”，从定量和定性上容易把握。

唐世礼委员建议将第四款中“多次组织、资助他人非法聚集”修改为“多次组织、串联、资助他人非法聚集”，郭凤莲委员建议修改为“多次组织、指挥、资助、教唆他人非法聚集”。

三十一、在刑法第二百九十一条之一中增加一款作为第二款：“编造虚假的险情、疫情、灾情、警情，在信息网络或者其他媒体上传播，或者明知是上述虚假信息，故意在信息网络或者其他媒体上传播，严重扰乱社会秩序的，处三年以下有期徒刑、拘役或者管制；造成严重后果的，处三年以上七年以下有期徒刑。”

【常委会审议意见】

冯淑萍委员提出，仅将编造险情、疫情、灾情、警情四种虚假信息的行为定为犯罪太窄，建议只要是编造、传播虚假信息造成了严重后果的，都应该定为犯罪。

此外，李连宁委员建议增加有偿删帖及网络攻击的犯罪。

三十二、将刑法第三百条修改为：“组织、利用会道门、邪教组织或者利用迷信破坏国家法律、行政法规实施的，处三年以上七年以下有期徒刑，并处罚金；情节特别严重的，处七年以上有期徒刑或者无期徒刑，并处罚金或者没收财产；情节较轻的，处三年以下有期徒刑、拘役、管制或者剥夺政治权利，并处或者单处罚金。

“组织、利用会道门、邪教组织或者利用迷信蒙骗他人，致人重伤、死亡的，依照前款的规定处罚。

“犯第一款罪又有奸淫妇女、诈骗财物等犯罪行为的，依照数罪并罚的规定处罚。”

无意见

三十三、将刑法第三百零二条修改为：“盗窃、侮辱、故意毁坏尸体、尸骨、骨灰的，处三年以下有期徒刑、拘役或者管制。”

无意见

三十四、在刑法第三百零七条后增加一条，作为第三百零七条之一：“以捏造的事实提起民事诉讼，严重妨害司法秩序的，处三年以下有期徒刑、拘役或者管制，并处或者单处罚金。

“有前款行为，非法占有他人财产或者逃避合法债务，又构成其他犯罪的，依照处罚较重的规定定罪从重处罚。

“司法工作人员利用职权，与他人共同实施前两款行为的，从重处罚；同时构成其他犯罪的，依照处罚较重的规定定罪从重处罚。”

【常委会审议意见】

史莲喜委员建议提高对第一款规定的虚假诉讼犯罪刑罚，增加一档“三年以上七年以下有期徒刑，并处罚金”的法定刑。

严以新委员建议将“以捏造的事实提起民事诉讼”修改为“以捏造的事实提起民事诉讼或者隐匿关键事实”。

三十五、在刑法第三百零八条后增加一条，作为第三百零八条之一：“司法工作人员、辩护人、诉讼代理人或者其他诉讼参与人，泄露依法不公开审理的案件中不应当公开的信息，造成信息公开传播或者其他严重后果的，处三年以下有期徒刑、拘役或者管制，并处或者单处罚金。

“有前款行为，泄露国家秘密的，依照本法第三百九十八条的规定定罪处罚。

“公开披露、报道第一款规定的案件信息，情节严重的，依照第一款的规定处罚。

“单位犯前款罪的，对单位判处罚金，并对其直接负责的主管人员和其他直接责任人员，依照第一款的规定处罚。”

【常委会审议意见】

史莲喜委员建议扩大犯罪主体范围，除诉讼参与人外，还应包括律师助理等其他知悉案件信息的人。

莫文秀委员提出，公开审理的案件同样存在不应公开的信息，泄露的也应追究刑事责任，建议扩大泄露信息的案件范围，将“泄露依法不公开审理的案件中不应当公开的信息”修改为“泄露正在审理的案件中不应当公开的信息”。

有的常委委员建议将“泄露”修改为“故意泄露”，防止打击面过宽（董中原、黄润秋、史莲喜委员）。谢小军委员建议将“泄露”修改为“故意或者过失泄露”。郭凤莲委员建议对泄露是否包括过失泄露予以明确。

董中原委员建议将“造成信息公开传播或者其他严重后果”的入罪门槛修改为“造成信息公开传播且情节严重”，控制处罚范围。

令狐安委员提出，增设本罪利弊如何、时机是否成熟，需要进一步研究，建议慎重。

三十六、将刑法第三百零九条修改为：“有下列扰乱法庭秩序情形之一的，处三年以下有期徒刑、拘役、管制或者罚金：

“（一）聚众哄闹、冲击法庭的；

“（二）殴打司法工作人员或者诉讼参与人的；

“（三）侮辱、诽谤、威胁司法工作人员或者诉讼参与人，不听法庭制止，严重扰乱法庭秩序的；

“（四）有其他扰乱法庭秩序行为，情节严重的。”

【常委会审议意见】

史莲喜委员建议将扰乱“法庭”秩序修改为扰乱“法庭、审判”秩序，范围扩大到法庭外的其他审判区域。

郭凤莲委员提出，对推搡、掌掴司法工作人员或者诉讼参与人的行为不宜作为犯罪处理，建议将第二项“殴打司法工作人员或者诉讼参与人的”修改为“殴打司法工作人员或者诉讼参与人，造成轻微伤以上后果的”。

云峰委员建议删除第三项侮辱、诽谤、威胁司法工作人员或者诉讼参与人构成犯罪的规定，防止律师因言词入罪，干扰行使辩护权。

马志武委员建议删除第四项有其他扰乱法庭秩序行为的兜底条款。

三十七、将刑法第三百一十一条修改为：“明知他人有间谍犯罪或者恐怖主义、极端主义犯罪行为，在司法机关向其调查有关情况、收集有关证据时，拒绝提供，情节严重的，处三年以下有期徒刑、拘役或者管制。”

【常委会审议意见】

白志健委员提出，拒绝作证罪行为原因也比较复杂，建议规定这个罪名的同时作相应的配套规定，对拒绝作证也应参考国际通行的一些豁免情况，比如配偶、近亲属之间的作证豁免，基于职业道德的作证豁免等等。

三十八、将刑法第三百一十三条修改为：“对人民法院的判决、裁定有能力执行而拒不执行，情节严重的，处三年以下有期徒刑、拘役或者罚金；情节特别严重的，处三年以上七年以下有期徒刑，并处罚金。

“单位犯前款罪的，对单位判处罚金，并对其直接负责的主管人员和其他直接责任人员，依照前款的规定处罚。”

无意见

三十九、将刑法第三百二十二条修改为：“违反国（边）境管理法规，偷越国（边）境，情节严重的，处一年以下有期徒刑、拘役或者管制，并处罚金；为参加恐怖活动组织、接受恐怖活动培训或者实施恐怖活动，偷越国（边）境的，处一年以上三年以下有期徒刑，并处罚金。”

【常委会审议意见】

艾斯海提·克里木拜委员提出，本条规定的量刑过轻，建议规定处三年以上五年以下有期徒刑，情节严重的，处五年以上十年以下有期徒刑。

四十、将刑法第三百五十条第一款、第二款修改为：“违反国家规定，非法生产、买卖、运输醋酸酐、乙醚、三氯甲烷或者其他与该国家工作人员关系密切的人，或者向离职的国家工作人员或者其近亲属以及其他与其关系密切的人行贿的，处三年以下有期徒刑或者拘役，并处罚金；情节严重的，或者使国家利益遭受重大损失的，处三年以上七年以下有期徒刑，并处罚金；情节特别严重的，或者使国家利益遭受特别重大损失的，处七年以上十年以下有期徒刑，并处罚金。

“单位犯前款罪的，对单位判处罚金，并对其直接负责的主管人员和其他直接责任人员，处三年以下有期徒刑或者拘役，并处罚金。”

无意见

……

四十五、将刑法第三百九十一条第一款修改为：“为谋取不正当利益，给予国家机关、国有公司、企业、事业单位、人民团体以财物的，或者在经济往来中，违反国家规定，给予各种名义的回扣、手续费的，处三年以下有期徒刑或者拘役，并处罚金。”

无意见

四十六、将刑法第三百九十二条第一款修改为：“向国家工作人员介绍贿赂，情节严重的，处三年以下有期徒刑或者拘役，并处罚金。”

无意见

四十七、将刑法第三百九十三条修改为：“单位为谋取不正当利益而行贿，或者违反国家规定，给予国家工作人员以回扣、手续费，情节严重的，对单位判处罚金，并对其直接负责的主管人员和其他直接责任人员，处五年以下有期徒刑或者拘役，并处罚金。因行贿取得的违法所得归个人所有的，依照本法第三百八十九条、第三百九十条的规定定罪处罚。”

无意见

四十八、将刑法第四百二十六条修改为：“以暴力、威胁方法，阻碍指挥人员或者值班、值勤人员执行职务的，处五年以下有期徒刑或者拘役；情节严重的，处五年以上十年以下有期徒刑；情节特别严重的，处十年以上有期徒刑或者无期徒刑。战时从重处罚。”

【常委会审议意见】

有的常委委员建议保留阻碍执行军事职务罪的死刑（吴晓灵、方新、李慎明委员）。

四十九、将刑法第四百三十三条修改为：“战时造谣惑众，动摇军心的，处三年以下有期徒刑；情节严重的，处三年以上十年以下有期徒刑；情节特别严重的，处十年以上有期徒刑或者无期徒刑。”

【常委会审议意见】

有的常委委员建议保留战时造谣惑众罪的死刑（李安东、李世明、李慎明委员）。

其他意见：

1. 赵白鸽委员建议加大取消死刑力度，进一步研究废除刑法中所有经济性犯罪的死刑。

任茂东、丛斌委员提出，废除死刑应当慎重，要根据我国国情和社会治安形势逐步废除死刑，不是尽快废除。张健、朱发忠委员建议对废除死刑条款单独表决。

2. 任茂东委员建议刑法修正案（九）提交全国人民代表大会审议。

3. 辜胜阻委员建议修改完善刑法有关资本市场犯罪的规定，与证券法修改衔接，进一步加大对欺诈发行证券、违规披露、不披露重要信息等犯罪的惩处力度。

4. 有的常委会组成人员和列席人员提出，嫖宿幼女罪是对幼女贴标签，最高刑偏轻，不利于保护幼女，且社会各界和有关部门对取消嫖宿幼女罪意见强烈，建议取消嫖宿幼女罪（沈跃跃副委员长，马馼、王明雯、令狐安、陈秀榕、丛斌、吴晓灵委员）。

5. 王乃坤委员、法律委程东红建议增加对猥亵智障妇女从重处罚的规定。

6. 王明雯委员建议将拐卖妇女、儿童罪修改为拐卖人口罪。

7. 史莲喜、王明雯委员建议将强奸“妇女”修改为强奸“他人”。

8. 陈建国委员建议将以暴力、威胁、贿赂等手段破坏村支部、村委会选举的行为规定为犯罪。

9. 徐显明、王其江委员建议增设袭警罪。

10. 徐显明、王其江委员建议增设假冒律师执业罪。

11. 徐显明、王其江委员建议对重特大贪污贿赂犯罪人实行终身监禁，规定对因贪污贿赂罪判处无期徒刑的犯罪分子，不适用减刑、不得假释。吴晓灵、王乃坤委员建议对取消死刑的罪名，增设终身监禁。

（全国人大常委会法工委刑法室整理）

39. 中华人民共和国刑法修正案（九）（草案三次审议稿）参阅资料

（2015年8月23日）

目　录

（1）十二届全国人大常委会第十五次会议审议刑法修正案（九）草案二次审议稿的意见

（2015.6.26）

2015年6月26日，十二届全国人大常委会第十五次会议对刑法修正案（九）草案二次审议稿进行了审议。常委会组成人员和列席人员普遍认为，草案二次审议稿根据常委会组成人员的初次审议意见和各方面意见，对有关恐怖活动犯罪，危险驾驶罪，收买被拐卖的妇女、儿童罪，绑架罪，邪教犯罪等作了修改补充，符合当前实际和司法实践需要，积极回应社会关切，内容上更加成熟，修改思路和方案整体可行，总体上赞成。同时，对草案的内容提出了修改意见。现将审议意见简报如下：

一、关于逐步减少适用死刑罪名，完善刑罚结构

（一）关于取消9个罪名的死刑

草案二次审议稿第九条对刑法第一百五十一条作了修改，取消了走私武器、弹药罪、走私核材料罪和走私假币罪的死刑；第十一条对刑法第一百七十条作了修改，取消了伪造货币罪的死刑；第十二条删去刑法第一百九十九条，取消了集资诈骗罪的死刑；第四十一条对刑法第三百五十八条作了修改，取消了组织卖淫罪、强迫卖淫罪的死刑；第四十八条对刑法第四百二十六条作了修改，取消了阻碍执行军事职务罪的死刑；第四十九条对刑法第四百三十三条作了修改，取消了战时造谣惑众罪的死刑。

赵白鸽委员建议加大取消死刑力度，进一步研究废除刑法中所有经济性犯罪的死刑。任茂东、丛斌委员提出，废除死刑应当慎重，要根据我国国情和社会治安形势逐步废除死刑，不是尽快废除。张健、朱发忠委员建议对废除死刑条款单独表决。

有的常委委员建议保留走私武器、弹药罪的死刑（任茂东、范徐丽泰、丛斌、方新、刘振来、罗亮权、唐世礼、吴晓灵、何晔晖、李安东、李世明、李慎明委员）。

有的常委委员建议保留走私核材料罪的死刑（任茂东、范徐丽泰、方新、刘振来、罗亮权、唐世礼、吴晓灵、何晔晖、李安东、李世明、李慎明委员）。

唐世礼委员、何健忠代表建议保留组织卖淫罪、强迫卖淫罪的死刑，王明雯委员建议保留强迫卖淫罪的死刑。

有的常委委员建议保留战时造谣惑众罪的死刑（李安东、李世明、李慎明委员）。

有的常委委员建议保留阻碍执行军事职务罪的死刑（吴晓灵、方新、李慎明委员）。

史莲喜委员、何健忠代表建议保留集资诈骗罪的死刑。

（二）关于提高对死缓罪犯执行死刑的门槛

草案二次审议稿第二条对刑法第五十条作了修改，进一步提高对死缓罪犯执行死刑的门槛。规定被判处死刑缓期执行的，如果故意犯罪，情节恶劣的，报请最高人民法院核准后执行死刑，对故意犯罪未执行死刑的，死刑缓期执行的期间重新计算，并报最高人民法院备案。

史莲喜委员建议对“情节恶劣”的情形予以明确，便于实践操作。莫文秀委员建议将“情节恶劣”修改为“判处三年以上有期徒刑”，严以新委员建议修改为“被判处五年以上有期徒刑”。

莫文秀委员建议对故意犯罪未执行死刑的，同时报最高人民法院和最高人民检察院备案。

（三）关于预防性措施的规定

草案二次审议稿第一条完善了预防性措施的规定，对因利用职业便利实施犯罪，或者实施违背职业要求的特定义务的犯罪被判处刑罚的，人民法院可以根据犯罪情况和预防再犯罪的需要，禁止其自刑罚执行完毕之日或者假释之日起从事相关职业，期限为三年至五年，同时对被禁止从事相关职业的犯罪分子违反人民法院决定的法律后果作了规定。

赵胜轩委员建议将利用职业便利、禁止从事相关职业中的“职业”限定为具有较高行业标准和涉及公共利益的职业，防止禁止从业适用泛化。

赵胜轩委员提出，罪犯在刑罚执行完毕后就是“正常公民”，建议修改第二款中“犯罪分子”的表述。

（四）关于完善罚金刑减免、变更的规定

草案二次审议稿第三条对刑法第五十三条作了修改，完善了罚金刑的减免、变更制度，规定：由于遭遇不能抗拒的灾祸等原因缴纳确实有困难的，经人民法院裁定，可以延期缴纳、酌情减少或者免除。

史莲喜委员建议删除“免除”的规定。

黄润秋委员提出，当前正在推动审判权和执行权分离改革，罚金的延期、减免或缴纳属于执行权范围，为适应改革后的情况，建议将“经人民法院裁定”修改为“经执行机关决定”。

（五）完善数罪并罚时不同刑种并罚的规定

草案二次审议稿第四条完善了刑法第六十九条有关数罪并罚的规定，明确数罪中有判处有期徒刑和拘役的，执行有期徒刑。数罪中有判处有期徒刑和管制，或者拘役和管制的，有期徒刑、拘役执行完毕后，管制仍需执行。

董中原委员提出，拘役是比管制更重的刑罚，有期徒刑与管制并罚时，有期徒刑执行完毕后，管制仍须执行，而比管制更重的拘役与有期徒刑并罚时，却只需执行有期徒刑，两种规定不平衡，违反刑法公平原则，建议对管制同样采取吸收原则。

郭凤莲、黄润秋委员建议对判处有期徒刑和拘役的，采取并科原则，分别执行。

二、关于恐怖主义、极端主义犯罪

（一）关于组织、领导、参加恐怖活动组织的犯罪

草案二次审议稿第五条对刑法第一百二十条规定的组织、领导、参加恐怖活动组织犯罪增加规定了财产刑。

张平委员建议酌情提高本罪刑罚。

张振勇代表建议将刑罚调整为由轻到重的表述，与资助恐怖犯罪一致。

（二）关于资助恐怖活动、为恐怖活动招募、运送人员的犯罪

草案二次审议稿第六条将资助恐怖活动培训，为恐怖活动组织、实施恐怖活动或者恐怖活动培训招募、运送人员的行为规定为犯罪。

买买提明·牙生委员建议将第一款表述修改为“资助恐怖活动、资助组织实施恐怖活动的人，或恐怖活动培训的”，将第二款表述修改为“为组织实施恐怖活动或者为恐怖活动培训招募、输送组成人员的，依照前款的规定处罚”。

白志健委员提出，目前很多恐怖活动是以隐蔽的形式进行的，比如有的披着宗教或者学术活动的外衣，要考虑到有些团体和民众是在不知情的情况下进行的资助行为，建议改为“明知是恐怖活动组织、实施恐怖活动或恐怖活动培训而进行资助的”。

王明雯委员建议将第二款修改为“为恐怖活动组织、实施恐怖活动的个人或者恐怖活动培训实施招募、运送人员行为的，依照前款规定处罚”。

（三）关于为实施恐怖活动作准备的犯罪

草案二次审议稿第七条将为实施恐怖活动而准备凶器或者危险品，组织或者参加恐怖活动培训，与境外恐怖活动组织、人员联系，以及为实施恐怖活动进行策划或者其他准备等行为规定为犯罪，并规定了两档刑，对情节严重的规定处五年以上有期徒刑，并处罚金或者没收财产。

穆东升委员建议对情节严重的情形予以明确。

陈光国委员提出，本条列举了四种犯罪情形，第一种情形是“为实施恐怖活动准备凶器、危险物品或者其他工具的”。这种情况属于预备犯罪，刑法总则规定对于预备犯可以比照既遂犯从轻、减轻处罚或者免除处罚。但草案规定的处罚比既遂犯还要重。建议通过法律修改或者司法解释明确“为实施恐怖活动准备凶器、危险物品或者其他工具的”情形是否属于犯罪预备，如属于预备犯罪，建议按照刑法总则的规定处理。

（四）关于宣扬恐怖主义、极端主义和煽动实施暴力恐怖活动的犯罪

草案二次审议稿第七条规定了宣扬恐怖主义、极端主义和煽动实施暴力恐怖活动的犯罪。

许为钢委员提出，“讲授”有多种形式的，不仅仅是当面讲授，利用电话、网络、报刊杂志等都可以进行传授，建议去掉“当面”二字。

（五）关于以暴力、胁迫等方式强制他人穿着、佩戴宣扬恐怖主义、极端主义服饰、标志的犯罪

草案二次审议稿第七条规定了以暴力、胁迫等方式强制他人穿着、佩戴宣扬恐怖主义、极端主义服饰、标志的犯罪。

史莲喜委员建议增加财产刑。

（六）关于非法持有恐怖主义、极端主义宣传品的犯罪

草案二次审议稿第七条规定了非法持有恐怖主义、极端主义宣传品的犯罪。

马志武委员提出，对不明知是宣扬恐怖主义、极端主义的物品而持有的，也要判三年以下有期徒刑，不妥。建议将“非法持有”修改为“明知非法且持有”。

卓新平委员提出，是非法持有还是合法持有有时很难界定，建议把“持有”改为“散发”。

严以新委员提出，单纯持有宣扬恐怖主义、极端主义物品，没有散发、宣扬等其他行为的，不宜规定为犯罪。

唐世礼、史莲喜委员建议明确恐怖主义、极端主义的定义。白志健委员建议明确恐怖组织和恐怖活动的定义。

（七）关于拒绝提供证据的犯罪

草案二次审议稿第三十七条对刑法第三百一十一条作了修改，将明知他人有恐怖主义、极端主义犯罪行为，拒绝提供有关证据，情节严重的规定为犯罪。

白志健委员提出，拒绝作证行为原因比较复杂，建议规定这个罪名的同时作相应的配套规定，对拒绝作证也应参考国际通行的一些豁免情况，比如配偶、近亲属之间的作证豁免，基于职业道德的作证豁免等。

（八）关于偷越国（边）境的犯罪

草案二次审议稿第三十九条完善了刑法第三百二十二条偷越国（边）境罪的规定，对为参加恐怖活动组织、接受恐怖活动培训或者实施恐怖活动，偷越国（边）境的，提高了法定刑，规定处一年以上三年以下有期徒刑，并处罚金。

艾斯海提·克里木拜委员提出，本条规定的量刑过轻，建议规定处三年以上五年以下有期徒刑，情节严重的，处五年以上十年以下有期徒刑。

三、关于网络犯罪

（一）关于通过信息网络实施侮辱、诽谤犯罪如何追究的规定

草案二次审议稿第十六条完善了刑法第二百四十六条的规定，规定通过信息网络实施侮辱、诽谤行为，被害人向人民法院告诉，但提供证据确有困难的，人民法院可以要求公安机关提供协助。

陈光国委员、张振勇代表提出，这一规定属于诉讼程序性内容，建议在刑事诉讼法修订时解决，不宜修改刑法。

云峰委员提出，通过信息网络犯罪，不会当面实施暴力，建议将“通过信息网络实施第一款规定的行为”修改为“通过信息网络捏造事实诽谤他人”。

（二）关于为实施犯罪设立网站、通讯群组、发布信息以及为实施网络犯罪提供帮助的犯罪

草案二次审议稿第二十八条将为实施诈骗、销售违禁品、管制物品等违法犯罪活动而设立网站、通讯群组、发布信息的行为规定为犯罪，将明知他人利用信息网络实施犯罪，为其提供互联网接入、服务器托管、网络存储、通讯传输等技术支持，或者广告推广、支付结算等帮助的行为规定为犯罪。

蒋巨峰委员建议对这两种犯罪提高刑罚。

贺一诚委员提出，第二百八十七条之一第一款第一项规定的是设立用于实施违法犯罪活动的网站或通讯群组的犯罪，网站或通讯群组可以用于销售违禁物品或管制物品，但如何能用于制作这些物品，建议文字表述上再斟酌；第一项与第二项都涉及违禁物品、管制物品的概念，但第一项采用概括表述，而第二项采用举例方式，表述为毒品、枪支、淫秽物品等违禁物品、管制物品，建议对这两个概念采用相同的表述方式。

（三）关于编造、传播虚假信息的犯罪

草案二次审议稿第三十一条规定了编造虚假的险情、疫情、灾情、警情，或者明知是上述虚假信息故意传播，严重扰乱社会秩序的犯罪。

冯淑萍委员提出，仅将编造险情、疫情、灾情、警情四种虚假信息的行为定为犯罪太窄，建议只要是编造、传播虚假信息造成了严重后果的，都应该定为犯罪。

此外，李连宁委员建议增加有偿删帖及网络攻击的犯罪。

四、关于加强对公民人身权利的保护

（一）关于修改绑架罪

草案二次审议稿第十四条对刑法第二百三十九条第二款作了修改，将犯绑架罪，“致使被绑架人死亡或者杀害被绑架人的，处死刑，并处没收财产”修改为“故意伤害、杀害被绑架人，致人重伤、死亡的，处无期徒刑或者死刑，并处没收财产”。

陈昌智副委员长提出，修改后对非因故意伤害、杀害致使被绑架人死亡的情形排除死刑适用，不利于严惩绑架罪，建议原表述不作修改，同时加大对绑架致人重伤情形的惩处力度，增加规定“致使被绑架人重伤的，处无期徒刑或者死刑”。

刘德培委员建议将“故意伤害、杀害被绑架人，致人重伤、死亡的，处无期徒刑或者死刑”修改为“故意伤害被绑架人致人重伤的，处无期徒刑，故意杀害被绑架人致人死亡的，处死刑”。

（二）关于修改收买被拐卖的妇女、儿童罪

草案二次审议稿第十五条对刑法第二百四十一条第六款可以不追究刑事责任的规定作了修改，规定收买被拐卖的妇女、儿童，对被买儿童没有虐待行为，不阻碍对其进行解救的，可以从轻处罚；按照被买妇女的意愿，不阻碍其返回原居住地的，可以从轻、减轻或者免除处罚。

常委会组成人员普遍认为，草案二次审议稿进一步严格了对收买犯罪的刑事追究，十分必要，修改得好。

有的常委委员和列席人员提出，没有收买就没有拐卖，要彻底堵住买方市场，建议取消对收买犯罪从宽处罚规定（陈秀榕、庞丽娟、陈建国、蒋庄德、吴晓灵委员，法律委赵东花，贺优琳、何健忠代表），同时规定对有阻碍解救或者虐待行为的，从重处罚或者数罪并罚（韩晓武、张涛、谢小军、庞丽娟、唐世礼委员，财经委欧阳昌琼，广西人大刘新文）。

有的常委委员和列席人员建议取消对收买妇女可以免除处罚的规定，仅规定可以从轻处罚，加强对妇女的保护（王乃坤、张平、范徐丽泰、汪毅夫、孙大发、令狐安、何晔晖、陈国令、郑功成委员，甘善泽、苏艳霞代表）。

刑法第二百四十一条规定收买妇女、儿童的，处三年以下有期徒刑、拘役或者管制。有的常委会组成人员建议提高收买犯罪的法定刑（吉炳轩副委员长，蒋庄德、张平委员），苏艳霞代表建议将刑罚修改为“三年以上有期徒刑”。

（三）关于虐待被监护、看护的人的犯罪

草案二次审议稿第十九条规定，对未成年人、老年人、患病的人、残疾人等负有监护、看护职责的人虐待被监护、看护的人，情节恶劣的，处三年以下有期徒刑或者拘役。

唐世礼委员提出，“患病的人”外延宽，建议作限制。余梅代表建议限制为“患重病的人”。

陈蔚文委员建议删去“情节恶劣”的入罪门槛。

郑功成委员建议提高本罪法定刑。

严以新、闫小培委员建议对幼童作专门保护，增加规定“虐待幼童的，从重处罚”。

余梅代表建议增加遗弃被监护、看护的人的犯罪。周天鸿委员建议增加规定单位犯罪。

五、关于贪污贿赂犯罪

（一）关于修改贪污罪、受贿罪的量刑标准

草案二次审议稿第四十二条对刑法第三百八十三条贪污受贿犯罪的定罪量刑标准作了修改，取消了具体数额的规定，同时规定，对贪污受贿犯罪，在提起公诉前如实供述自己罪行、真诚悔罪、积极退赃，避免、减少损害结果的发生的，可以从宽处罚。

有的常委会组成人员提出，草案取消了对具体数额的规定，社会效果不好，司法解释规定数额标准权威不足，建议法律规定贪污受贿罪的具体数额标准（陈昌智副委员长，许为钢、莫文秀委员）。徐显明、王其江委员建议法律保留起刑点数额，取消其他量刑档次的数额标准。

赵胜轩委员提出，专门规定对贪污受贿罪可以从宽处罚，社会效果不好，建议在总则中规定，对所有财产犯罪和经济犯罪，具有退赃、悔罪、减少、避免损害结果发生等情形的，可以从宽处罚。

徐显明、王其江委员建议增加拘役、管制和罚金刑。莫文秀委员建议增加管制、罚金和资格刑，对贪污受贿十万元以下的，主要适用财产刑和资格刑。何健忠代表建议增加罚金刑。

沈跃跃副委员长、郭凤莲委员建议删除本条第一款第一项中“尚不构成犯罪的，由其所在单位或者上级主管机关给予处分”的规定。

史莲喜委员、何健忠代表建议及时出台司法解释，明确贪污受贿罪具体数额、情节标准。何健忠代表提出，司法解释应规定全国统一适用的数额标准，不能由各省根据经济社会发展等情况各自确定。

（二）关于行贿罪

草案二次审议稿第四十三条对行贿罪作了修改，增加了罚金刑，规定行贿人在被追诉前主动交待行贿行为的，可以从轻或者减轻处罚，其中，犯罪较轻的，对侦破重大案件起关键作用的，或者有重大立功表现的，可以减轻或者免除处罚。

有的常委委员和列席人员提出，要严厉查处行贿犯罪，建议删除对行贿从宽处罚的规定（罗亮权），或者仅规定可以减轻处罚，但不能免除处罚（令狐安、韩晓武、云峰、张涛委员，李沛霖代表）。

韩晓武委员建议增加管制。

贺一诚委员建议对什么是“犯罪较轻的”情形予以明确。

六、关于维护社会诚信，惩治失信、背信行为

（一）关于伪造、变造、买卖身份证件的犯罪

草案二次审议稿第二十一条规定，伪造、变造、买卖居民身份证、护照、社会保障卡、驾驶证等依法可以用于证明身份的证件的，追究刑事责任。

王明雯委员建议将“买卖”修改为“出售”，对单纯购买的不追究刑事责任。马志武委员建议将“买卖”修改为“贩卖”。

刘振起委员建议将“社会保障卡”修改为“保障卡”，将部队发放的军人保障卡纳入保护范围。

湖南人大谢勇指出，草案第二十一条、第二十二条将证件范围扩大为“居民身份证、护照、社会保障卡、驾驶证等依法可以用于证明身份的证件”，可能会包括老年人权益保障法、残疾人保障法等法律规定的老年证、残疾人证等，打击范围宽，建议目前还是重点保护基础性身份证件，恢复一审稿规定的“居民身份证、护照、社会保障卡、驾驶证”。

张平副委员长、陈蔚文委员建议增加伪造、买卖学位证、毕业证犯罪。

（二）关于使用伪造、变造的身份证件的犯罪

草案二次审议稿第二十二条规定，在依照国家规定应当提供身份证明的活动中，使用伪造、变造的居民身份证、护照、社会保障卡、驾驶证等依法可以用于证明身份的证件，情节严重的，处拘役或者管制，并处或者单处罚金。

史莲喜委员建议将“情节严重”修改为“造成严重后果”。

贺一诚委员建议提高法定刑，修改为处一年以下有期徒刑、拘役或者管制，并处或者单处罚金。

陈光国委员建议增加“冒用”他人证件犯罪。

周天鸿委员提出，对使用假证的给予治安处罚即可，不宜规定为犯罪。

（三）关于组织考试作弊的犯罪

草案二次审议稿第二十四条规定，在法律规定的国家考试中，组织作弊的，或者为他人组织作弊提供帮助的，或者为他人作弊提供试题、答案的，处三年以下有期徒刑或者拘役，并处或者单处罚金；情节严重的，处三年以上七年以下有期徒刑，并处罚金。代替他人或者让他人代替自己参加第一款规定的考试的，处拘役或者管制，并处或者单处罚金。

有的常委委员和列席人员提出，“法律规定的国家考试”范围过窄，建议将国家部委组织的职业资格考试、学科考试、学业课程考试等纳入（何彬生代表），或者修改为“法律法规规定的考试”（外事委王晓初），或者恢复一审稿规定的“国家规定的考试”（黄伯云、龙庄伟委员），或者修改为国家组织的考试（陈建国委员）。

史莲喜委员提出，根据第四款规定，学生家长找人为子女替考，或者行为人找人为自己亲属替考的行为无法定罪处罚，建议将“让他人代替自己”修改为“让他人代替自己或自己的亲属”。

龙庄伟委员提出，对本罪单处罚金过轻，建议将“并处或者单处罚金”修改为“并处罚金”。

（四）关于虚假诉讼的犯罪

草案二次审议稿第三十四条新增了虚假诉讼的犯罪，第一款规定以捏造的事实提起民事诉讼，严重妨害司法秩序的，处三年以下有期徒刑、拘役或者管制，并处或者单处罚金。第二款规定，有前款行为，非法占有他人财产或者逃避合法债务，又构成其他犯罪的，依照处罚较重的规定定罪从重处罚。

史莲喜委员建议提高第一款规定的虚假诉讼犯罪的刑罚，增加一档“三年以上七年以下有期徒刑，并处罚金”的法定刑。

严以新委员建议将“以捏造的事实提起民事诉讼”修改为“以捏造的事实提起民事诉讼或者隐匿关键事实”。

七、关于加强社会治理，维护社会秩序

（一）关于完善危险驾驶罪的规定

草案二次审议稿第八条对刑法第一百三十三条之一危险驾驶罪作了修改，将从事校车业务或者旅客运输，严重超过额定乘员载客，或者严重超过规定时速行驶的行为，以及违反危险化学品安全管理规定运输危险化学品，危及公共安全的行为增加规定为犯罪。同时第二款规定机动车所有人、管理人负有直接责任的，追究刑事责任。

草案第一款第三项规定，严重超过额定乘员载客的，或者严重超过规定时速行驶的构成犯罪。许为钢委员建议删除“严重超载”中的“严重”，超载即构成犯罪。张涛委员建议删除“严重超载”、“严重超速”中的“严重”，超载或者超速的，即构成犯罪。史莲喜委员、何健忠代表建议法律中明确严重超载、严重超速的具体标准。

穆东升委员建议将第一款第三项“从事校车业务或者旅客运输”修改为“从事校车、客运业务”。

穆东升委员建议明确界定第一款第四项中的“危及公共安全”。

刘政奎委员建议明确第二款中“负有直接责任”是指什么情形，莫文秀委员建议修改为“指使、强令”。

吉炳轩副委员长提出，法律对危险驾驶罪只规定了拘役和罚金，刑罚较轻，不足以惩治犯罪，建议提高法定刑；云峰委员建议提高至六个月有期徒刑；郭凤莲委员建议增加一档二年以下有期徒刑。

有些常委会组成人员和列席人员提出，当前“毒驾”多发频发，社会危害性严重，对“毒驾”要“零容忍”，检

测手段问题不应成为“毒驾”入刑的障碍，建议“毒驾”入刑（陈昌智、沈跃跃副委员长，范徐丽泰、方新、严以新、孙大发、罗亮权、韩晓武、庞丽娟、闫小培、杨震、周天鸿、丛斌、吴晓灵、梁胜利、赵胜轩、黄润秋、史莲喜、刘政奎、唐世礼委员，何健忠、马兰代表）。

有的常委委员和列席人员建议将一些危险驾驶行为增加规定为犯罪：货运超载的（张健委员）；驾驶报废机动车的（闫小培委员）；“碰瓷”驾驶的（唐世礼委员）；违反夜间限时行驶的（沈绿叶代表）；在内河水道危险驾驶船舶的（张兴凯委员）。

（二）关于修改扰乱社会秩序犯罪

草案二次审议稿第三十条对刑法第二百九十条作了修改，第一款规定，聚众扰乱社会秩序，情节严重，致使工作、生产、营业和教学、科研、医疗无法进行，造成严重损失的，对首要分子和其他积极参加的，追究刑事责任。第三款规定，多次扰乱国家机关工作秩序，经行政处罚后仍不改正，造成严重后果的，追究刑事责任。第四款规定，多次组织、资助他人非法聚集，扰乱社会秩序，情节严重的，追究刑事责任。

有的常委委员建议删除第一款“聚众扰乱社会秩序”中的“聚众”，对个人扰乱社会秩序的，如个人医闹，情节严重的，同样追究刑事责任（张健、罗亮权、张涛委员）。

买买提明·牙生委员提出，第一款规定了三个入罪门槛，即情节严重，致使工作、生产、营业和教学、科研、医疗无法进行和造成严重损失，建议降低入罪门槛，删除“造成严重损失”。

郭凤莲委员提出，第三款将经行政处罚后仍不改正与造成严重后果的两个条件同时规定为入罪门槛，建议规定具备其中一个条件的即构成犯罪。黄润秋委员建议将第三款中的“造成严重后果”修改为“情节严重”，入罪范围更广；马志武委员建议将“造成严重后果”修改为“继续实施扰乱国家机关工作秩序行为”，从定量和定性上容易把握。

唐世礼委员建议将第四款中“多次组织、资助他人非法聚集”修改为“多次组织、串联、资助他人非法聚集”，郭凤莲委员建议修改为“多次组织、指挥、资助、教唆他人非法聚集”。

（三）关于泄露案件信息的犯罪

草案二次审议稿第三十五条将司法工作人员、辩护人、诉讼代理人或者其他诉讼参与人，泄露依法不公开审理的案件中不应当公开的信息，造成信息公开传播或者其他严重后果的行为规定为犯罪。

史莲喜委员建议扩大犯罪主体范围，除诉讼参与人外，还应包括律师助理等其他知悉案件信息的人。

莫文秀委员提出，公开审理的案件同样存在不应公开的信息，泄露的也应追究刑事责任，建议扩大泄露信息的案件范围，将“泄露依法不公开审理的案件中不应当公开的信息”修改为“泄露正在审理的案件中不应当公开的信息”。

有的常委委员建议将“泄露”修改为“故意泄露”，防止打击面过宽（董中原、黄润秋、史莲喜委员）。谢小军委员建议将“泄露”修改为“故意或者过失泄露”。郭凤莲委员建议对泄露是否包括过失泄露予以明确。

董中原委员建议将“造成信息公开传播或者其他严重后果”的入罪门槛修改为“造成信息公开传播且情节严重”，控制处罚范围。

令狐安委员提出，增设本罪利弊如何、时机是否成熟，需要进一步研究，建议慎重。

（四）关于修改扰乱法庭秩序罪

草案二次审议稿第三十六条对扰乱法庭秩序罪作了修改，规定聚众哄闹、冲击法庭的，殴打司法工作人员或者诉讼参与人的，侮辱、诽谤、威胁司法工作人员或者诉讼参与人，不听法庭制止，严重扰乱法庭秩序的，或者有其他扰乱法庭秩序行为，情节严重的，追究刑事责任。

史莲喜委员建议将扰乱“法庭”秩序修改为扰乱“法庭、审判”秩序，范围扩大到法庭外的其他审判区域。

郭凤莲委员提出，对推搡、掌掴司法工作人员或者诉讼参与人的行为不宜作为犯罪处理，建议将第二项“殴打司法工作人员或者诉讼参与人的”修改为“殴打司法工作人员或者诉讼参与人，造成轻微伤以上后果的”。

云峰委员建议删除第三项侮辱、诽谤、威胁司法工作人员或者诉讼参与人构成犯罪的规定，防止律师因言词入罪，干扰行使辩护权。

马志武委员建议删除第四项有其他扰乱法庭秩序行为的兜底条款。

（五）关于修改走私、非法买卖制毒物品罪

草案二次审议稿第四十条对刑法第三百五十条作了修改，第一款规定，违反国家规定，非法生产、买卖、运输醋酸酐、乙醚、三氯甲烷或者其他用于制造毒品的原料、配剂，或者携带上述物品进出境，情节较重的，追究刑事责任。第二款规定，明知他人制造毒品而为其生产、买卖、运输前款规定的物品的，以制造毒品罪的共犯论处。

孙大发委员建议在“非法生产、买卖、运输”后增加“储存”。

周其凤委员提出，醋酸酐、乙醚、三氯甲烷主要不是用于制造毒品，建议删除。

周其凤委员建议扩大共犯范围，将第二款“明知他人制造毒品而为其生产、买卖、运输前款规定的物品的，以制造毒品罪的共犯论处”修改为“为他人制造毒品提供配方、技术、原料、场所和服务的，以制造毒品罪的共犯论处”。

八、其他意见

1. 任茂东委员建议刑法修正案（九）提交全国人民代表大会审议。

2. 辜胜阻委员建议修改完善刑法有关资本市场犯罪的规定，与证券法修改衔接，进一步加大对欺诈发行证券、违规披露、不披露重要信息等的惩处力度。

3. 有的常委会组成人员和列席人员提出，嫖宿幼女罪是对幼女“贴标签”，最高刑偏轻，不利于保护幼女，且社会各界和有关部门对取消嫖宿幼女罪意见强烈，建议取消嫖宿幼女罪（沈跃跃副委员长，马馼、王明雯、令狐安、陈秀榕、丛斌、吴晓灵委员）。

4. 王乃坤委员、法律委程东红建议增加对猥亵智障妇女从重处罚的规定。

5. 王明雯委员建议将拐卖妇女、儿童罪修改为拐卖人口罪。

6. 史莲喜、王明雯委员建议将强奸“妇女”修改为强奸“他人”。

7. 陈建国委员建议将以暴力、威胁、贿赂等手段破坏村支部、村委会选举的行为规定为犯罪。

8. 徐显明、王其江委员建议增设袭警罪。

9. 徐显明、王其江委员建议增设假冒律师执业罪。

10. 徐显明、王其江委员建议对重特大贪污贿赂犯罪人实行终身监禁，规定对因贪污贿赂罪判处无期徒刑的犯罪分子，不适用减刑、不得假释。吴晓灵、王乃坤委员建议对取消死刑的罪名，增设终身监禁。

（全国人大常委会法制工作委员会办公室提供）

（2）刑法修正案（九）草案向社会公众征求意见的情况

（2015. 7. 6-2015. 8. 5）

刑法修正案（九）草案二次审议稿自7月6日起在中国人大网站向社会公布征求意见以来，各界民众通过网络积极提出意见，截至8月5日，共有76239名网民提出110737条意见。现将主要意见简报如下：

一、关于逐步减少适用死刑罪名，完善刑罚结构

（一）关于减少适用死刑罪名

草案取消了走私武器、弹药罪、走私核材料罪和走私假币罪、伪造货币罪、集资诈骗罪、组织卖淫罪、强迫卖淫罪、阻碍执行军事职务罪、战时造谣惑众罪等九个罪名的死刑。

有的意见支持取消上述罪名的死刑，并主张我国刑法应逐步废除并最终彻底废除死刑；有的意见认为，当前我国社会治安、反恐形势严峻，取消走私武器、弹药罪、走私核材料罪的死刑应当慎重。还有的建议保留阻碍执行军事职务罪、战时造谣惑众罪等两个军职罪的死刑。

（二）关于完善罚金刑的规定

草案第三条对刑法第五十三条作了修改，完善了罚金刑的减免、变更制度，规定：由于遭遇不能抗拒的灾祸等原因缴纳确实有困难的，经人民法院裁定，可以延期缴纳、酌情减少或者免除。

有的建议，对于遭遇不能抗拒的灾祸等原因缴纳确实有困难的，行为人可以通过社区服务的形式予以偿还。

二、关于进一步加强对公民人身权利的保护

（一）关于取消嫖宿幼女罪

许多的意见认为，应当取消现行刑法第三百六十条第二款嫖宿幼女罪，依照刑法第二百三十六条第二款定罪量刑，即“奸淫不满十四周岁的幼女的，以强奸论，从重处罚”。在当前情况下，取消嫖宿幼女罪有利于对幼女的统一保护，也能体现出对幼女特殊保护的立法精神。

（二）关于修改收买被拐卖的妇女、儿童罪

草案第十五条对刑法第二百四十一条收买被拐卖的妇女、儿童罪的规定作了修改。规定对收买被拐卖儿童和妇女的行为一律追究刑事责任，同时在量刑上有所区别，对收买被拐卖儿童的从宽处罚更加慎重。

有些意见认为，被拐卖的妇女已具有完整的认识能力，身心所受到的伤害更为剧烈，宜与收买被拐卖儿童的行为同等对待，建议删去“减轻或者免除处罚”的规定，或者删去“免除处罚”，保留“可以从轻、减轻处罚”的规定。

也有意见认为，刑法不仅应打击犯罪，更应致力修复受损的社会关系，要切实考虑被拐卖妇女的现实处境。对于收买人按照被买妇女的意愿，不阻碍其返回原居住地的，可以从轻、减轻或者免除处罚，以避免由于对收买人的追诉，使与其已成为家人的被拐卖妇女遭受身心上的二次伤害。

此外，有的建议将现行刑法第二百四十条拐卖妇女、儿童罪，修改为“拐卖人口罪”，以惩治拐卖成年男性尤其是残障成年男性的行为。并相应将刑法第二百四十一条修改为“收买被拐卖的人口罪”。

（三）关于修改强制猥亵、侮辱妇女罪、猥亵儿童罪

草案第十三条对刑法第二百三十七条强制猥亵、侮辱妇女罪、猥亵儿童罪的规定作了修改，扩大适用范围，同时加大对情节恶劣情形的惩处力度。

有的提出，“侮辱妇女”可以包含在猥亵行为中，建议删去“侮辱”妇女的规定。还有的建议将“侮辱妇女”修改为“侮辱他人”。

有的建议，强制猥亵幼儿对幼儿性器官有伤害危险的，应依照刑法第二百三十六条强奸罪定罪量刑；还有的建议对猥亵儿童规定单独的法定刑；对猥亵儿童屡犯者或者有相关心理疾病的罪犯禁止其近距离接触儿童。

有的提出，近些年男性受到性侵犯的案例越来越多，建议修改刑法第二百三十六条强奸罪的规定，将对男性实施性侵犯的行为规定为强奸犯罪。

（四）关于增加虐待被监护、看护对象的犯罪

草案第十九条增加规定，对未成年人、老年人、患病的人、残疾人等负有监护、看护职责的人虐待被监护、看护的人，情节恶劣的，追究刑事责任。

有的建议，加大对这类行为的惩处力度，将刑罚由"三年以下有期徒刑"提高至"五年以下有期徒刑"、"三年以上七年以下有期徒刑"、"五年以上有期徒刑"等，同时增设罚金刑。

三、关于加强社会管理，维护社会秩序

（一）关于修改扰乱法庭秩序罪

草案第三十六条对刑法第三百零九条扰乱法庭秩序罪的规定作了修改，增加规定了侮辱、诽谤、威胁司法工作人员或者诉讼参与人以及其他严重扰乱法庭秩序的情形。

有的提出，本条第三项和第四项规定的侮辱、诽谤、威胁行为以及其他严重扰乱法庭秩序的行为，应该如何理解不明确，会进一步加大刑事辩护的难度，特别是对"威胁"行为缺乏公认的标准，在法官自由裁量时，有被随意解释的危险。

也有人提出，草案第三十五条的规定对于维护法庭秩序，增强司法权威有积极作用。同时，可以考虑进一步明确具体的扰乱法庭秩序行为，比如鼓掌、喝倒彩、损毁文书等。

（二）关于增加多次扰乱国家机关工作秩序的犯罪

草案第三十条对刑法第二百九十条作了修改，对聚众扰乱医疗秩序的行为明确规定追究刑事责任，并将多次扰乱国家机关工作秩序，经行政处罚后仍不改正，造成严重后果的行为，以及多次组织、资助他人非法聚集，扰乱社会秩序，情节严重的行为规定为犯罪。

有的建议，将第二款规定"造成严重后果"的条件删去，因为已经有行政处罚后仍不改正的前置规定。

有的提出，该条第三款中的"非法聚集"指向不明，建议修改为"多次组织、资助他人在公共场所非法聚集，扰乱社会秩序，情节严重的，依照前款的规定处罚"。

（三）关于完善危险驾驶犯罪的规定

草案第八条在刑法第一百三十三条之一危险驾驶犯罪中增加了校车、旅客运输车辆超载、超速以及违法运输危险化学品的规定，以及机动车所有人、管理人的责任。

有的建议，在草案中增加规定：疲劳驾驶；吸食、注射毒品后驾驶机动车；在公路上从事货运业务，严重超过额定载货量，或者严重超过规定时速行驶；驾驶中使用与驾驶无关的通讯工具、电子产品；无牌照、套牌照驾驶机动车辆；在高速公路行车道上倒车、逆行等严重违反交通安全法的行为。

有的建议，加大对危险驾驶犯罪的处罚力度，提高至二年以下有期徒刑；增加"单处罚金"的规定。

四、关于维护社会诚信，惩治失信、背信行为

（一）关于增加组织考试作弊的犯罪

草案第二十四条规定了在法律规定的考试中组织考生作弊以及代替他人参加考试的犯罪。

有的提出，本条第四款将代替他人参加考试的行为规定为犯罪过严，代替他人参加考试的很多是在校学生，对其应以教育为主，予以适当行政处罚，建议对这种行为不作为犯罪处理，或者在第四款中增加"经批评教育后又进行上述行为"、"情节严重"等限制条件，重点打击职业"枪手"。

（二）关于增加伪造、变造居民身份证等身份证件的犯罪

草案第二十一条对刑法第二百八十条伪造、变造居民身份证的犯罪作了修改，增设了罚金刑，并将证件的范围扩大至护照、社会保障卡、驾驶证等依法可以用于证明身份的证件。同时将买卖上述证件的行为规定为犯罪。

有的建议，在所列证件中增加机动车行驶证、学历学位证书、职业资格证书、港澳台通行证、户口簿、军官证，或者增加"等证件"的兜底规定。有的建议增加"情节较重"的入罪门槛。

也有人提出，社会保障卡、驾驶证不具有广泛的身份识别功能，建议删去有关社会保障卡、驾驶证的规定。

（三）关于增加虚假诉讼的犯罪

草案第三十四条增加规定了虚假诉讼犯罪。

有的提出，虚假诉讼并不只是妨害了司法秩序，还存在获取非法利益，侵害他人合法权益的情形。建议在第一款中增加"具有其他严重情节"的规定。

有的建议，将诉讼的范围扩大至行政诉讼。

五、关于维护信息网络安全，完善惩处网络犯罪的法律规定

（一）关于增加网络服务提供者不履行网络安全管理义务的犯罪

草案第二十七条新增了一条作为刑法第二百八十六条之一，规定网络服务提供者拒不履行网络安全管理义务，造

成特定后果的，构成犯罪。

有的认为，该条中有很多概念不明确，例如信息网络安全管理义务具体包括哪些，责令采取改正措施的监管部门的范围和层级要求，第四项中的“其他严重情节”是指什么等，建议尽量明确。

有的建议将“仍不改正”修改为“仍不执行”。

有的建议将“经监管部门责令”中的“责令”明确为书面责令，以避免一些监管部门滥用职权的情况。

（二）关于增加编造、传播虚假信息的犯罪

草案第三十一条增加规定了编造虚假的险情、疫情、警情、灾情，在信息网络或者其他媒体上传播，或者明知是上述虚假信息，故意在信息网络或者其他媒体上传播，严重扰乱社会秩序的犯罪。

有的认为，对于是否属于谣言普通人往往很难判断，该条规定在实践中可能被滥用，不利于对权力的监督，也涉及公民言论自由，建议删除。

有的建议增加规定“其他虚假新闻信息的”，以涵盖险情、疫情、警情、灾情以外的虚假新闻。

六、关于进一步完善反腐败的制度规定，加大对腐败犯罪的惩处力度

（一）关于修改贪污罪、受贿罪的量刑标准

草案第四十二条对刑法第三百八十三条贪污受贿犯罪的定罪量刑标准作了修改，同时增加规定，对犯贪污受贿罪，在提起公诉前如实供述自己罪行、真诚悔罪、积极退赃，避免、减少损害结果发生的，可以从宽处罚。

有的提出，修正案解决了实践中量刑失衡的问题，罪状改用数额加情节的定罪标准，不再唯数额论，符合实际需要，更为科学合理，也更有利于惩治腐败犯罪和维护司法公正。有的建议单以情节为标准，规定“情节较重、情节严重、情节特别严重”三种情形。

有的提出，第一款“尚不构成犯罪的，由其所在单位或者上级主管机关给予处分”的规定，不属于刑法的调整范围，建议删除。

对于第三款在提起公诉前有如实供述等情形，可以从宽处罚的规定，有的提出，规定为“提起公诉前”不利于职务犯罪案件的查办，建议改为在侦查阶段认罪悔罪的可以从宽处罚。有的则提出，对行为人从宽处罚的时限可以进一步放宽至“作出判决前”。

有的建议，修正案通过后，相关部门应尽快出台司法解释，量化定罪标准，特别是可能判处无期或者死刑的数额巨大、造成特别重大损失的数额标准，让法院的审判工作有法可依。

（二）关于预防性措施的规定

草案第一条规定了预防性措施，对因利用职业便利实施犯罪，或者实施违背职业要求的特定义务的犯罪被判处刑罚的，人民法院可以根据犯罪情况和预防再犯罪的需要，禁止其自刑罚执行完毕之日或者假释之日起三年至五年从事相关职业。

有的提出，“禁业”作为一种“非刑罚性的处置措施”，其性质接近于行政处罚，通过修订相应的职业法规应当更合适，且该条中的“职业”、“职业便利”、“特定义务”等概念不明确，在司法实践中难以把握，社会效果不一定好，会加剧刑满释放人员的就业困难。建议取消该条规定。

关于禁止从业的期限，有的建议，延长从业禁止的期限至八年或者十年，对一些犯有极其严重罪行的犯罪分子，应禁止其终身从事相关职业。

有人提出，第二款中规定的被禁止从业的人员其刑罚已执行完毕，不应再称为“犯罪分子”，建议将称谓改为“被禁止从事相关职业的人员”。有的建议，将法院“决定”改为“禁止令”。还有的提出，根据现有规定，对适用从业禁止的人员，在执行过程中是由公安机关进行监管还是相应主管部门监管不明确，建议同时修改治安管理处罚法的相关规定，为公安机关进行处罚提供法律依据。有的建议，将第二款中“情节严重的”，改为“构成犯罪的”，依照刑法规定处罚。

七、其他意见

除了针对刑法修正案（九）草案二次审议稿相关内容提出意见外，有的网民还提出了一些其他刑法修改意见，主要有：

1. 建议增设袭警罪。有意见认为，暴力袭警呈现逐年增多的态势，在警察依法可以使用警械和武器的情况下，暴力袭警仍然层出不穷，有必要引起重视。建议设立袭警罪，明确警务执法的不可侵犯性，树立警察权威。有的建议，将袭警罪的量刑设置为五年以下有期徒刑、拘役、管制或者罚金，可比妨害公务罪的量刑适度严苛。

2. 建议刑法修正案（九）通过后，重新整理公布刑法全文，便于群众学习和运用；有的建议通过后立即施行。也有的建议通过后，应留有一定时间，供司法机关消化学习，同时进行普法教育和宣传活动。

3. 建议取消刑法第一百条“依法受过刑事处罚的人，在入伍、就业的时候，应当如实向有关单位报告自己曾受过刑事处罚，不得隐瞒。”犯罪记录报告制度，不利于刑满释放人员回归社会。

4. 建议修改完善刑法第一百七十六条规定的非法吸收公众存款罪。实践中，非法吸收公众存款罪与非罪界限不清，已成为新的口袋罪。为促进民间金融的发展，解决中小企业融资难的问题，建议提高该罪的入罪门槛，对于没有给投资人造成实际损害的和用于正当生产经营的吸存行为不作为犯罪处理。

5. 建议在刑法分则第三章第七节侵犯知识产权罪中增加侵犯植物新品种罪。植物新品种在知识产权上的保护需要增强，以维护国家粮食安全。

（全国人大常委会法制工作委员会刑法室提供）

（3）刑法修正案（九）草案通过前评估情况

（2015. 8. 10）

8月10日，法工委按照立法法第三十九条的规定，召开刑法修正案（九）通过前评估会，邀请全国人大代表、专家学者、律师以及公检法部门基层执法人员参加，对刑法修正案（九）草案（以下称“草案”）中主要制度规范的可行性、出台时机、实施的社会效果和可能出现的问题等进行评估。法工委副主任郎胜同志主持会议。为使与会同志对草案加深了解，做好准备，开好评估会，会前，刑法室就草案的起草过程、主要内容、审议和修改情况以及主要考虑作了详细说明。现将评估情况报告如下：

一、总体评价

与会同志普遍认为，草案总结了当前与违法犯罪作斗争的实践经验，适应预防和惩治犯罪的需要。涉及的内容广泛、领域众多，在制定过程中广泛听取了社会各方面的意见，回应了社会关切，反映了人民群众的呼声，完善了刑法规定，解决了司法实践中迫切需要解决的一些问题，具有科学性、前瞻性和可操作性。条款的设计经过了认真周全的考虑，总体上比较完善。

赵秉志（北京师范大学刑事法律科学院教授）、顾永忠（中国政法大学诉讼法学研究院教授、全国律师协会刑事业务委员会副主任）、华列兵（河南省公安厅法制总队总队长）提出，草案进一步取消9个死刑罪名，落实了中央三中全会和司法改革任务要求，进一步完善了我国刑罚制度。

秦希燕（全国人大代表、秦希燕联合律师事务所律师）认为，草案较好解决了当前重点、难点问题，回应了社会群众的关切，总体上科学、完善。

阮齐林（中国政法大学刑事司法学院教授）提出，草案在一些问题的处理上比较稳妥，比如将暴力袭警作为妨害公务罪从重处罚的情节，对其他扰乱法庭秩序的行为增加了限制，在贪污罪中规定“终身监禁”等。

臧德胜（北京市朝阳区人民法院刑庭庭长）提出，草案解决了一些长期困扰审判实践的问题，比如有期徒刑和拘役并罚的问题，对社会上普遍关注的问题作出了规范，同时充分体现了宽严相济的刑事政策。

二、主要制度规范的可行性

与会同志普遍认为，草案是在充分调研论证，与有关方面反复沟通研究的基础上形成的，符合司法实践需要，具有很强的针对性、科学性和可操作性，是可行的。

阎建国（全国人大代表、北京信利律师事务所律师）、赵秉志、顾永忠、王艳（湖北省武汉市中级人民法院刑一庭副庭长）、王勇（江苏省苏州市人民检察院公诉二处副处长）、华列兵、林海江（浙江省舟山市公安局法制支队支队长）提出，由于立法技术限制等方面的原因，草案中多次使用“数额较大”、“情节严重”、“情节恶劣”等表述，在网络侮辱诽谤、扰乱法庭秩序罪、虚假诉讼罪等案件的办理中也涉及不同部门工作的衔接问题，建议有关方面尽快出台司法解释等配套规定和有关查处案件的操作规范，明确有关罪名定罪量刑的标准，确保修正案准确有效实施。

三、出台时机

与会同志普遍认为，草案经过常委会两次审议修改，已经比较成熟，现在出台是必要的、适时的。

秦希燕、高铭暄（中国人民大学教授）、顾永忠、阮齐林、华列兵、林海江提出，草案针对恐怖主义、极端主义犯罪、网络犯罪、贪污贿赂犯罪等对刑法作了重要修改补充，这些都是司法实践中迫切需要的，希望尽快出台。

赵秉志提出，立法是一个不断完善的过程，对有些问题还可在今后刑法修改中解决，目前的修正案内容较多，不宜再增加规定新的内容，建议尽快出台。

四、实施的社会效果和可能出现的问题

与会同志普遍认为，草案坚持了科学立法、民主立法，对刑法作了重要修改补充，对社会关切的问题作了回应，有利于更好地发挥刑法在惩治犯罪、保护人民、维护社会秩序、保障国家安全等方面的重要作用，以及在维护社会主义核心价值观、规范社会生活方面的引领推动作用，预期会起到较好的社会效果。

高铭暄、赵秉志、顾永忠、阮齐林提出，草案对贪污受贿犯罪作了修改，增加规定“终身监禁”可作为对重特大贪污受贿罪犯不执行死刑的替代措施，体现了宽严相济和进步性、创造性，能够取得良好的社会效果。

阮齐林提出，草案关于伪造、变造、买卖居民身份证件、组织考试作弊、虚假诉讼等的规定，涉及社会诚信问题，会对社会生活产生深远影响，有利于促进社会和谐，维护社会诚信。

阎建国、赵秉志、顾永忠、蒋家棣（北京市朝阳区人民检察院法律政策研究室助理检察员）、林海江提出，草案新增加的罪名和罪状很多，有些与人们的生活密切相关，有些社会关注度很高，比如扰乱法庭秩序、贪污贿赂等犯罪，为进一步凝聚共识，取得更好社会效果，建议有关方面在法律出台后通过新闻发布会或其他方式向社会广泛宣传和解读，进行正确引导，为法律的实施做好铺垫，对条文进行有针对性的说明，避免引起误解和误读，保障法律准确适用。

臧德胜、王勇提出，对审判工作影响比较大的是对贪污贿赂犯罪的修改，与修改前相比量刑可能会轻一些，对于目前正在处理的一些案件，法官可能会从自我保护的角度“压一压”，等法律实施后再判决，辩护人、犯罪嫌疑人和被告人也会想方设法把案件“拖”到法律实施，也不排除出现选择性拖延和快速办理的情况，这是需要考虑的问题。

王勇提出，当前贿赂犯罪很依赖行贿人的口供，草案对行贿罪作了修改，规定只有犯罪较轻、对侦破重大案件起关键作用或者有重大立功表现的才可以免除处罚，可能给贿赂案件的侦查带来困难。

五、具体修改意见

1. 草案第一条对利用职业便利实施犯罪，或者实施违背职业要求的特定义务的犯罪的职业禁止作了规定。秦希燕提出，本条规定的职业禁止措施是否属于刑罚、是什么性质不明确，其他法律对罪犯职业禁止也作了规定，建议删除本条规定。林海江提出，草案规定对违反人民法院职业禁止决定的，由公安机关依法给予处罚，目前无法可依，建议配套修改治安管理处罚法。

2. 草案第八条对危险驾驶罪作了修改，将校车、旅客运输车辆严重超载、超速的行为，以及违反危险化学品安全管理规定运输危险化学品的行为增加规定为犯罪，同时第二款规定机动车所有人、管理人负有直接责任的，追究刑事责任。臧德胜建议将第二款中的“负有直接责任”修改为“指使、强令”。阎建国、华列兵建议增加货运超载犯罪。秦希燕、赵秉志、华列兵、蒋家棣、林海江建议“毒驾”入刑。林海江建议将危险驾驶罪刑罚提高到一年有期徒刑。

3. 草案第十六条规定，通过信息网络实施侮辱、诽谤行为，被害人向人民法院告诉，但提供证据确有困难的，人民法院可以要求公安机关提供协助。秦希燕代表建议将“人民法院可以要求公安机关提供协助”修改为“人民法院应当要求公安机关提供协助”。华列兵、王勇提出，公安机关在未立案的情况下，采用技术手段为自诉人提供有关证据目前还缺乏依据，执行上需要配套规定。臧德胜提出，人民法院要求公安机关为自诉人提供协助，有违法院居中裁判的诉讼地位。林海江提出，该规定属于程序性规定，建议删去。

4. 草案第十七条对刑法第二百五十三条之一作了修改。第一款规定，违反规定，向他人出售或者提供公民个人信息，情节严重的，处三年以下有期徒刑或者拘役，并处或者单处罚金；情节特别严重的，处三年以上七年以下有期徒刑，并处罚金。第二款规定，违反规定，将在履行职责或者提供服务过程中获得的公民个人信息出售或者提供给他人，情节严重的，依照前款的规定从重处罚。第三款规定，窃取或者以其他方法非法获取公民个人信息，情节严重的，依照第一款的规定处罚。林海江建议删除第一款、第二款中的“违反规定”，出售公民个人信息的行为均违反规定和违法。高铭暄、林海江提出，第二款、第三款规定，情节严重的，依照第一款的规定从重处罚，这里规定的“情节严重”与第一款中的“情节严重”是什么关系，能否适用第一款“情节特别严重”的法定刑，不明确。建议删除第二款、第三款规定的“情节严重”或者修改为“构成犯罪的”。

5. 草案第十九条规定了虐待被监护、看护人的犯罪。赵秉志、阎建国提出，实践中存在一些幼儿园、养老院等单位在被监护、看护的人遭受虐待时不作为、不制止，甚至单位实施犯罪的情况，建议增加规定单位犯罪的刑事责任。

6. 草案第二十五条规定了组织考试作弊犯罪，将代替他人或者让他人代替自己参加法律规定的国家考试的行为规定为犯罪。高铭暄、赵秉志提出，替考的以在校学生居多，通过校规校纪或者行政处罚处理的效果更好，入刑需进一步慎重研究。

7. 草案第三十七条对扰乱法庭秩序罪作了修改。赵秉志、阎建国、秦希燕、顾永忠提出，目前的方案比草案二审稿更为稳妥，进一步严格和明确了罪与非罪界限，考虑到了各方面意见，总体上表示赞同。同时，建议删除第四项“有毁坏法庭设施，抢夺、损毁诉讼文书、证据等其他扰乱法庭秩序行为”中的“其他”，避免可能发生的滥用。顾永忠建议将第三项中的“威胁”修改为“威吓”或者“恐吓”。

8. 关于刑法修正案（九）的施行时间。赵秉志、阎建国、王艳提出，本修正案内容多，有的是重要修改，施行前应给司法机关留有一定学习、准备时间，建议2016年1月1日起施行。华列兵、王勇建议抓紧施行。阮齐林、顾永忠、赵秉志建议在规定施行日期的同时，增加规定“但本修正案不认为是犯罪或者处刑较轻的，从通过之日起施行”。高铭暄表示不赞成，认为这一做法没有先例，修正案的所有规定应同时生效施行。

（全国人大常委会法制工作委员会刑法室提供）

（4）一些部门、法学专家对刑法有关问题的意见

（2015.7.15）

7月15日至16日，刑法室根据常委会组成人员以及有关方面意见，就在刑法修正案（九）中规定终身监禁、“毒驾”入刑、袭警犯罪、取消嫖宿幼女罪等问题，召开座谈会，分别听取了最高人民法院研究室、最高人民检察院研究室、公安部法制局、司法部法制司、律师公证司等部门和中国人民大学高铭暄、黄京平教授、北京师范大学赵秉志教授、中国政法大学阮齐林教授、中国社会科学院陈泽宪、刘仁文研究员等法学专家的意见。现将有关情况简报如下：

一、关于增设终身监禁刑罚

拟在刑法修正案（八）规定对累犯以及故意杀人等八类严重犯罪死缓限制减刑的基础上，增加不得减刑的规定，同时，将这两种情形扩大到贪污受贿犯罪。

最高人民检察院、公安部赞成死缓不得减刑的规定，对严重犯罪可以起到震慑作用。最高人民检察院提出，要明确该规定与假释、监外执行的关系。

专家和最高人民法院不赞成增设终身监禁刑罚或者规定实际执行上的终身监禁，司法部建议要慎重。主要理由：一是死缓特别是死缓限制减刑，已较为严厉，罪犯关押二三十年后已基本丧失再犯能力，没有必要再予以终身关押（高铭暄，最高人民法院）。目前的问题主要是执行中存在问题，可以通过完善执行解决（陈泽宪）；二是终身监禁让罪犯看不到希望，违背教育改造的刑罚目的，也将导致监狱负担过重，执行上有困难（高铭暄、陈泽宪、刘仁文，最高人民法院、司法部）；三是与国际公约相关规定的精神冲突。联合国有关囚犯待遇的公约等规定罪犯有获得假释的权利，对罪犯不得判处无释放可能的终身监禁（赵秉志、刘仁文，最高人民法院、司法部）；四是世界上几乎没有国家对罪犯予以实际上的终身监禁，美国等极少数国家规定的不得假释的终身监禁，经过评估也是可以释放（刘仁文），或者予以特赦（高铭暄）。如规定死缓不得减刑制度，需同时修改刑法有关假释的规定，对这部分人留假释的出路（阮齐林）；五是贪污贿赂犯罪不属于最危险、最严重的犯罪，与故意杀人等严重暴力犯罪并列规定为不得减刑的情形是不妥当的。贪污受贿犯罪无论是在社会危害性上、还是预防犯罪的需要上与暴力犯罪都不同。罪犯出狱后也不具有再犯罪能力，没有必要对其规定不得减刑（高铭暄、赵秉志、陈泽宪、刘仁文）。

二、关于“毒驾”入刑

拟将“毒驾”规定为危险驾驶罪，并增加一款作为第四款，规定：毒驾犯罪在刑罚执行完毕后依法采取强制隔离戒毒措施。

专家和最高人民检察院、公安部、司法部赞成“毒驾”入刑。同时，提出一些具体意见：一是罪与非罪的界限需要进一步厘清，如毒品的范围、与麻醉药品、精神药品如何区分等（刘仁文、赵秉志，最高人民检察院）；二是“毒驾”入刑还需限定条件，建议规定为“吸毒后严重威胁驾驶安全的”（刘仁文），或者“吸毒后严重违反交通规则的”（阮齐林），或者对吸食毒品量要有程度要求（司法部）。也有意见认为，毒驾犯罪属于危险犯，不应再附加入罪门槛（赵秉志）；三是该条第四款规定，毒驾罪犯刑罚执行完毕后依法采取强制隔离戒毒措施。禁毒法规定对吸毒成瘾人员给予社区戒毒、强制隔离戒毒等措施，建议明确对毒驾吸毒成瘾人员依法强制隔离戒毒，不是对毒驾罪犯一律强制隔离戒毒（刘仁文、高铭暄、陈泽宪），或者将“依法强制隔离戒毒”修改为“依法采取戒毒措施”（黄京平）。

最高人民法院提出，“毒驾”入刑应当慎重。现有的快速检测技术不成熟，毒品种类繁多，哪些毒品入罪，吸食、注射毒品后多长时间不能开车等，需要进一步研究。

三、关于袭警犯罪

拟规定：暴力袭击正在执行职务的人民警察的，依照妨害公务罪从重处罚。

专家和最高人民法院、最高人民检察院、司法部赞成这一规定。其中，有的专家提出，我国目前警察执法水平有待进一步提高，存在特权思想，执法蛮横、不文明执法等情况普遍存在，警民关系尚不和谐，这种情况下不能过于突出警察特殊保护，不宜规定专门的袭警罪。将袭警作为妨害公务罪的一种情形加以规定，考虑了各方面意见，比较周全，尺度把握得很好（高铭暄、赵秉志）。同时建议将“暴力袭击正在执行职务的人民警察的”修改为：“暴力袭击正在依法执行职务的人民警察的”（黄京平、赵秉志、刘仁文）。也有的建议将以暴力之外的其他手段袭击警察的也规定为袭警犯罪（司法部）。

公安部提出，设立袭警罪非常必要，建议对为报复或阻碍警察办案而在警察非执行职务期间暴力袭警的也明确规定追究刑事责任。如现阶段规定专门袭警罪尚不成熟，这一方案也是不错的。

四、关于取消嫖宿幼女罪

拟取消刑法第三百六十条第二款嫖宿幼女罪的规定，对这类行为适用刑法第二百三十六条关于奸淫幼女的以强奸论、从重处罚的规定，不再作出专门规定。

阮齐林、刘仁文和最高人民法院、最高人民检察院、公安部、司法部赞成取消嫖宿幼女罪。

高铭暄教授表示对取消嫖宿幼女罪难以理解，认为嫖宿幼女罪和强奸罪在犯罪构成和社会危害性上都有所不同，1997 年修订刑法，根据实践中惩治此类犯罪的需要，专门规定嫖宿幼女罪是妥当的，目前来看，没有实质的修改必要，修改后不能解决实质问题，不能消除幼女卖淫的现象，对嫖宿幼女等行为如何处理在法律上反而不明确了。赵秉志教授指出，取消嫖宿幼女罪后，按照强奸罪定罪处罚，法理上没有问题，但在向常委会作修改情况的说明中应当强调规定嫖宿幼女罪总体上是妥当的，考虑到各方面意见反映强烈等原因作出修改。

此外，刑法修正案（九）草案对扰乱法庭秩序罪作了修改。高铭暄、赵秉志和司法部建议删除草案第三十六条第四项“其他扰乱法庭秩序行为的”兜底条款。

（全国人大常委会法制工作委员会刑法室提供）

（5）一些国家有关终身监禁的法律规定

近日，我们通过外交部致电我驻美国、英国、加拿大、法国、德国、意大利、日本、韩国、俄罗斯、乌克兰、古巴等11国使馆，请他们提供了驻在国有关终身监禁的法律规定和实际执行等情况。摘报如下，供参考。

一、终身监禁的总体情况

11个国家的法律都规定有终身监禁或者无期徒刑。在废除死刑的国家，终身监禁属于最严厉的刑罚，一般作为死刑替代措施适用。对于死刑，上述国家有三种做法：一是法律上废除死刑，包括德国、法国、英国、意大利、乌克兰、加拿大等6个国家。其中，英国、意大利等采取先废除普通犯罪死刑，再废除军事犯罪死刑等逐步废除死刑的办法；二是法律规定有死刑，但事实上不再判处或执行死刑，包括俄罗斯、韩国、古巴等3个国家。这些国家在法律规定上没有废除死刑，但多年没有实际判处或者执行死刑。俄罗斯1996年加入欧洲委员会承诺废除死刑以来没有再执行死刑，韩国1997年以来未执行死刑，古巴2003年以来未执行死刑；三是法律规定有死刑并实际适用死刑的，有日本、美国联邦和亚利桑那等32个州，美国其他州则废除了死刑。

终身监禁属于自由刑的一种，可以对罪犯剥夺终身自由，不设期限。根据是否可以假释，终身监禁分为两种情形：一是可以假释的终身监禁。绝大多数国家规定的终身监禁都是可以假释的，罪犯服刑一定时间并符合一定条件的可以假释，包括英国、加拿大、法国、德国、意大利、日本、韩国、俄罗斯、乌克兰、古巴等10个国家和美国的大多数州；二是不得假释的终身监禁。只有美国联邦和伊利诺伊、路易斯安那、艾奥瓦等州的法律规定了不得假释的终身监禁，被判处此种终身监禁的罪犯需要在监狱内度过余生，但可以通过美国总统或有关州州长宣布的大赦、特赦获得释放。

二、终身监禁的适用对象

从各国规定看，终身监禁仅适用于一些严重犯罪，主要包括：一是严重侵害人身权利的暴力犯罪，包括谋杀或者故意杀害孕妇、未成年人、法官等、强奸致人死亡或强奸未成年人、绑架致人死亡、抢劫致人死亡、情节严重的故意伤害等；二是危害公共安全的犯罪，包括恐怖袭击致人死亡、劫持船只、航空器致人死亡、破坏交通工具致人死亡、放火罪、爆炸罪、投毒罪、海盗罪等；三是危害人类和平和国家安全的犯罪，包括反人类罪、种族屠杀罪、军事间谍罪、武装叛乱罪、发动内战罪等；四是其他严重犯罪，主要是走私、贩卖毒品罪、伪造货币罪、情节特别严重的侵害财产罪等。

一些国家对终身监禁的适用对象作了限制。德国、意大利规定21岁以下未成年人不适用终身监禁，法国规定16岁以下未成年人不适用终身监禁，俄罗斯规定妇女、18岁以下未成年人以及年满65周岁的男子不适用终身监禁。

美国是世界上唯一可对未成年人判处不得假释终身监禁的国家，2009年全美约有2500名未成年人在服此种刑罚。2010年和2012年，美联邦最高法院通过司法判例对判处未成年人终身监禁作了限制，大大降低了对未成年人判处不得假释的终身监禁的可能性，但对于犯有一级谋杀罪的未成年人，法院在综合考虑各种因素后仍可以对其判处不得假释的终身监禁。

三、终身监禁的实际执行期限

美国联邦和一些州规定了不得假释的终身监禁，判处这种刑罚的罪犯原则上在监狱终身关押。其他国家规定的终身监禁，法律上没有规定固定关押期限，但由于同时规定有假释，实际执行中很少存在终身关押的情况。

对终身监禁规定可以假释的国家，一般同时规定必须服刑一定年限后才可假释。关于最短服刑年限的规定，分为两种情况：一是法律明确规定最短服刑年限。如德国规定的是15年（特别严重的罪行除外），韩国是20年，俄罗斯是25年，意大利是26年，古巴是30年。法国根据犯罪情况作了不同规定，一般情况是18年，累犯是22年，使用残忍手段谋杀、谋杀15岁以下未成年人及公职人员等是30年；二是最短服刑年限由法院在判决时确定。英国、加拿大规定，法官在判决终身监禁的同时，根据犯罪情节等因素确定可假释的最短服刑期。法院在确定最短服刑期时一般要遵守一定的指导原则，如英国规定谋杀罪的最短刑期指导原则是15年，加拿大规定的是一级谋杀罪25年二级谋杀罪10至25年，若法官设定的最短服刑期少于指导原则规定的刑期，必须作出解释。

假释由法院、假释委员会等作出决定。英国、加拿大等规定假释由假释委员会决定，并对假释委员会的组成和决定程序等作了专门规定，德国、法国、俄罗斯、古巴等规定由法院决定是否假释，日本规定由法务省批准假释。此外，美国、法国、韩国、乌克兰等国规定，总统有权特赦终身监禁罪犯。

从各国实践看，终身监禁实际服刑年限不同。法国平均服刑年限是23年，日本平均超过30年，德国平均17至20年，其中犯有“特别严重罪行”的罪犯平均服刑期为23至25年。此外，俄罗斯对终身监禁罪犯的假释把握严格，司法实践中只有近20%被判处终身监禁的罪犯获得假释。

（全国人大常委会法制工作委员会刑法室提供）

(6) 一些国家和地区对袭警犯罪的有关规定

为研究对袭警行为的刑事处罚问题，法工委刑法室查阅了英国、美国、德国、法国、日本、意大利、俄罗斯、西班牙、丹麦，以及我国台、港、澳地区的刑事法律及其他相关文献资料。从各国关于袭警犯罪的立法模式看，大致分为单独规定袭警罪和规定在妨害公务犯罪中两大类，简报如下：

一、将威胁、袭击和伤害警察的行为规定为妨害公务的犯罪

多数大陆法系国家采用这种立法模式，在刑法中概括地规定了妨害公务犯罪，对警察与其他公务人员一并进行保护。比较典型的有法国、德国、日本等国家，其中以法国刑法的规定最为详尽，分别对恐吓、暴力抗拒警察等公务人员履行职责的行为作了规定。

法国刑法典规定，对司法官、宪兵军职人员、警察、海关官员、监狱机构管理人员以及其他任何行使公共权力或者负责公共事业的人，在其履行职责时，对其财产或者人身以实施犯罪相威胁的，最高可处5年监禁并处75000欧元罚金。暴力抗拒执法的，处6个月监禁并处7500欧元罚金；聚众暴力抗拒执法的，处1年监禁并处10000欧元罚金；武装暴力抗拒执法的，处3年监禁并处45000欧元罚金；聚众武装暴力抗拒执法，处7年监禁并处100000欧元罚金。

德国刑法典规定，行为人使用暴力或者通过暴力威胁，对被委托执行法律、法律命令、判决、法院决定或者规定的公务员或者联邦军队的军人，在其从事职务活动时进行抵抗或者暴力攻击的，构成抵抗执行官员罪，最高可处5年自由刑。

我国台湾地区“刑法”第一百三十五条不仅规定妨害公务员执行职务罪，还在该罪中规定了结果加重犯的情形。该条规定：“对于公务员依法执行职务时，施强暴胁迫者，处三年以下有期徒刑、拘役或三百元以下罚金。”“意图使公务员执行一定之职务或妨害其依法执行一定之职务或使公务员辞职，而施强暴胁迫者，亦同。”“犯前二项之罪，因而致公务员于死者，处无期徒刑或七年以上有期徒刑；致重伤者，处三年以上、十年以下有期徒刑。”在实践中，只有行为人具有妨害公务的故意，公务员死亡或者受重伤的加重结果确系因行为人暴力胁迫行为所致，并且行为人应当能预见这种结果发生时，才能适用上述结果加重犯的规定。以杀害公务员为手段达到妨害公务目的的，应成立妨害公务员执行职务罪与故意杀人罪的牵连犯，从一重罪处罚。

日本刑法规定，在公务员执行职务时，对其实施暴行或者胁迫的，构成妨碍执行公务罪，可处3年以下惩役或者监禁。

其他国家如意大利、俄罗斯、西班牙、丹麦等国以及我国澳门地区也都采用了这种立法模式。

二、将威胁、袭击和伤害警察的行为规定为单独的袭警罪

英美法系国家、地区多将较轻的袭警行为单独规定为犯罪，对造成严重后果的袭警行为以其他重罪定罪处罚。例如，美国的联邦刑法和各州刑法都对袭警犯罪单独作了规定。根据美国刑法的一般原则，任何人都不得对正在执行职务的警察进行任何形式的威胁、袭击和伤害。这里的“威胁”包括语言和具体行为，警察在执行职务时，任何与其身体上的接触都被视为违法，警察有权在保护自己的前提下，向对方采取行动。美国各州刑法对袭警罪的量刑标准基本相同：凡是袭击警察未造成伤害后果的，可被判处3年以下有期徒刑；袭击警察造成一定的伤害，但并未达到重伤程度的，处10年以下有期徒刑；造成严重后果或者导致死亡的，分别以B级重罪或者A级重罪处罚，其中，B级重罪包括严重伤害罪或者基于激情实施的杀人罪；A级重罪包括Ⅰ级谋杀和Ⅱ级谋杀两种犯罪。按照部分州刑法规定，对于袭击警察造成死亡后果的，还可以适用死刑。

英国1996年警察法明确规定袭击、抗拒或者故意妨害正在执行职务的警察或者正在协助警察执行职务者，构成袭警罪。其中，袭击警察的，处6个月以下监禁，单处或者并处不超过标准罚金额度第5等级的罚金；抗拒或者故意妨害正在执行职务的警察或者协助警察执行职务者，处1个月以下监禁，单处或者并处不超过标准罚金额度第3等级的罚金。上述妨害等行为以使警察执行职务更加困难为目的，行为人的主观意图如果超出了这一范围，可能适用造成人身伤害的威胁罪等其他犯罪处罚。

我国香港地区在《侵害人身罪条例》第36条和《警队条例》第63条规定了袭击、抗拒执行职责的警务人员的犯罪。根据上述规定，袭击、抗拒或者故意阻挠执行职务的任何警务人员或者协助该警务人员的人，或者协助、煽动任何人袭击、抗拒警员的，最高可处2年监禁。根据行为人主观故意的不同，对袭击警察的行为可以适用其他法律条文追究刑事责任，如《盗窃罪条例》第10条（2）规定，意图抢劫而袭击他人的，最高可处终身监禁。

此外，还有个别国家规定，对较重的袭警行为以妨害公务犯罪处罚，对较轻的阻碍警察执行公务行为规定为单独的犯罪。采用这种双重规范体例的代表国家为芬兰。芬兰刑法典第16章妨碍公众机关的犯罪中规定了暴力抵抗公共官员、抵抗公共官员和阻碍公共官员三种犯罪，同时在同一章节中规定了拒不服从警察的犯罪。根据芬兰刑法的相关规定，对使用暴力或者以暴力相威胁，强迫官员实施或者不实施行使公共权力的公务行为的，处4个月以上4年以下监禁。如果暴力抵抗公共官员的行为情节轻微，可以抵抗公共官员罪论处，处罚金或者6个月以下监禁。未使用暴力的，以阻碍公共官员罪论处，处罚金。对不服从警署官员为维护公共秩序和安全或者执行职责，在其职权范围内发布的命令和禁令的，以拒不服从警察罪论处，处罚金或者3个月以下监禁。

（全国人大常委会法制工作委员会刑法室提供）

40. 中华人民共和国刑法修正案（十一）新增立法资料 二审参阅资料

目　　录

（1）地方人大和中央有关部门、单位对刑法修正案（十一）草案的意见

2020年6月，十三届全国人大常委会第二十次会议初步审议了刑法修正案（十一）草案（以下简称草案）。会后，法制工作委员会将草案印发中央有关部门、各省、自治区、直辖市、一些较大的市、立法联系点以及有关社会团体、教学、科研机构、部分全国人大代表征求意见。各部门、地方和单位普遍认为，草案贯彻落实党中央决策部署，坚持以人民为中心的发展理念，积极回应社会关切，适应新时代人民群众日益增长的美好生活需要，进一步贯彻宽严相济的刑事政策，坚持问题导向，立足我国国情，适应治理体系和治理能力现代化的需要，对社会反映突出的问题，及时进行调整，更好地发挥了刑法对经济社会发展的规范保障和引领推动作用。同时，提出了一些具体的修改意见，简报如下：

一、关于加大对安全生产犯罪的预防惩治

（一）关于进一步明确高空抛物犯罪

草案第一条规定，从高空抛掷物品，危及公共安全的，处拘役或者管制，并处或者单处罚金，致人伤亡或者造成其他严重后果，同时构成其他犯罪的，依照处罚较重的规定定罪处罚。

有些部门和单位建议，将该条作为妨害社会管理秩序罪，规定在刑法第二百九十三条寻衅滋事罪之后（最高人民法院，中国社会科学院、中国政法大学），或者作为刑法第一百一十五条之一，以与其他严重的危害公共安全犯罪相区分（江苏、辽宁、广东、安徽、陕西，北京师范大学）。

关于罪状表述。有的提出，从高空抛掷物品的表述过于笼统（新疆、司法部，中国政法大学），建议完善（湖南、山东），修改为“从建筑物中抛掷物品”（司法部，新疆，中国政法大学）。有的地方建议，增加“多次高空抛物”（广西、湖北）、“悬挂有关物品构成危险，经物业、居委会多次提醒仍拒不改正”情形（虹桥街道）；增加“在生产作业中违反有关安全管理规定的，从高空坠落物品，发生重大伤亡事故或者造成其他后果的，依照第一款的规定处罚”（新疆），“向大型群众集会场所高空抛物或者有其他严重情节的行为加重处罚”的规定（湖北）。

关于刑罚。有些地方建议提高刑罚，将“拘役或者管制，并处或者单处罚金”修改为“一年以下有期徒刑，并处罚金”（贵州、虹桥街道）；最高刑提高到三年有期徒刑（公安部）；或者修改为“三年以下有期徒刑、拘役或者管制，并处或者单处罚金”（湖北）。

有的部门和地方提出，高空抛物“危及公共安全”与以危险方法危害公共安全罪中“危害公共安全”之间的区分不明确，在刑罚配置方面存在断档，“致人伤亡”是否包括轻微伤，不明确，建议规定有此种行为，致人伤害、死亡的，以故意伤害罪、故意杀人罪论处（最高人民法院，重庆）；新增一条过失犯罪，规定“过失导致物品从高空坠落，致人重伤、死亡或者使公私财产遭受重大损失的，处三年以上七年以下有期徒刑；情节较轻的，处三年以下有期徒刑或者拘役”（重庆）。

有些地方和部门提出，这一规定在实践中可能异化为“高空抛物”一律入刑，建议科学设置高空抛物的构成要件和法定刑（襄阳）；高空抛物不宜单独构罪（吉林，吉林大学、南京大学、北京师范大学），可以通过治安管理处罚法来予以规制（浙江），建议删除（西北政法大学）。

江苏提出，刑法中的罪名一般是应当规制某一类行为，而非某一种行为，能够通过立法解释、司法解释解决的，尽量不要修改法律，如果确有必要，建议在现有框架下进行予以明确，尽量不要新增规定。

（二）关于进一步明确妨害公共交通工具安全驾驶犯罪

草案第二条共三款，第一款规定，对行驶中的公共交通工具的驾驶人员使用暴力或者抢夺驾驶操纵装置，干扰公共交通工具正常行驶，危及公共安全的，处一年以下有期徒刑、拘役或者管制，并处或者单处罚金；第二款规定，驾驶人员与他人互殴，危及公共安全的，依照前款的规定处罚；第三款规定，致人伤亡或者造成其他严重后果，同时构成其他犯罪的，依照处罚较重的规定定罪处罚。

关于第一款。有些部门和地方建议，在抢夺驾驶操纵装置后增加“或者以其他方法”（公安部，广西、重庆、湖

南、新疆、山东、安徽、黑龙江、辽宁、上海、虹桥街道)，如实施威胁、辱骂、用其他物品遮挡驾驶员视线（公安部)，侮辱、激怒、激光照射等（上海)。增加“在公共交通工具上相互斗殴”（海南)、“危险物品超载超限”的规定（上海)。将“公共交通工具”扩大到“交通工具”（襄阳，北京师范大学)；删除“危及公共安全”的构成条件（重庆)。

关于第二款。有些部门和地方提出，草案应强调驾驶人员擅离职守，建议修改为“前款规定的驾驶人员擅离职守与他人互殴，危及公共安全的，依照前款规定处罚”（最高人民法院，新疆、湖北，中国社会科学院、吉林大学)；明确互殴与正当防卫等情形的区别（司法部，湖北、吉林)。扩大驾驶人员应当承担刑事责任的行为（江苏、襄阳)，修改为“驾驶人员实施与他人互殴等行为”（西北政法大学)。

关于刑罚。有些部门和地方提出，对在大型公交车或者危险路段实施的相关行为，法定刑配置似偏轻（最高人民法院)，建议提高法定刑，加大处罚力度（中央政法委，湖南、宁夏、四川、贵州、辽宁、内蒙古、山东、西藏、陕西、襄阳、虹桥街道)；提高刑罚为“处三年以下有期徒刑、拘役或者管制，并处或者单处罚金”（公安部，贵州、辽宁、内蒙古、山东、西藏、陕西)，或者修改为“三年以上十年以下有期徒刑，情节较轻的，处三年以下有期徒刑或者拘役”（广东)，体现对此类危害公共安全行为的从严惩处的精神（中央政法委、国家发改委，南京大学)。

（三）关于加大对重大责任事故类犯罪刑罚力度

草案第三条增加规定，明知存在重大事故隐患而拒不排除，仍冒险组织作业，造成严重后果的，最高可处十五年有期徒刑。

有些意见提出，实践中存在对事故隐患假整改、软整改等情况，建议将“拒不排除”修改为“不排除”（应急管理部，江苏、湖南、浙江、安徽、四川，中国政法大学、北京师范大学)；“明知”后增加“或者应当知道”存在重大事故隐患而未排除的情形（新疆)。

最高人民法院建议，考虑将法定最高刑由十五年有期徒刑提高至无期徒刑。

（四）关于增加危险作业犯罪

草案第四条规定在生产、作业中违反有关安全管理的规定，导致重大伤亡事故或者其他严重后果发生的现实危险的，处一年以下有期徒刑、拘役或者管制。将生产作业过程中具有导致严重后果发生的现实危险的三项多发易发安全生产违法违规情形，追究刑事责任，第一项规定，关闭、破坏直接关系生产安全的监控、报警、防护、救生设备、设施，或者篡改、隐瞒其相关数据、信息的；第二项规定，因存在重大事故隐患被依法责令停产停业、停止施工、停止使用有关设备、设施、场所或者立即采取排除危险的整改措施，而拒不执行的；第三项规定，涉及安全生产的事项未经依法批准或者许可，擅自从事矿山开采、金属冶炼、建筑施工，以及危险物品生产、经营、储存、运输等高度危险的生产作业活动，情节严重的。

有些意见建议，完善罪状表述，删除“具有导致重大伤亡事故或者其他严重后果发生的现实危险的”的规定（广西，北京师范大学)；或者将“具有导致重大伤亡事故或者其他严重后果发生的现实危险的”修改为“足以造成重大伤亡事故或者其他严重后果的”（最高人民法院，安徽、西北政法大学)。

有些部门和地方建议，在第一项中增加“以及其他方式阻碍前述设备、设施正常发挥作用的”规定（江苏)；在第一项中增加“场所”“删除相关程序”规定；（司法部)；在第一项“生产安全”后增加“消防安全”。将第三项中的“矿山开采”修改为“矿山建设开采”，“高度危险的生产作业”修改为“高度危险的建设、生产、作业”（应急管理部)；第一款中已经规定构成犯罪需有“具有导致重大伤亡事故或者其他严重后果发生的现实危险”，建议删除第一款第三项中的“情节严重”（应急管理部、司法部、住房和城乡建设部)；第三项规定的情形，也可以适用非法采矿罪、非法制造、买卖、运输、储存危险物质罪、危险驾驶罪等罪名，可能造成适用上的混乱，是否有必要规定，建议再研究（公安部)。上海提出，从事危险物品生产、经营、储存、运输等高度危险的生产作业活动，可能与非法制造、买卖、运输、储存危险物质罪、非法经营罪的适用存在竞合，建议对具体适用予以明确。增加“明知存在重大安全隐患而不排除，仍冒险组织生产作业活动，情节严重的”（国家煤矿安监局)；“应当配置而没有配置直接关系生产安全的监控、报警、防护、救生设备、设施，或者配置不合格的上述设备、设施的”（最高人民法院)、“建筑施工活动中注册执业人员未到岗履职的”（住房和城乡建设部)、“被依法关闭、取缔未经依法批准或许可，擅自生产经营的”等情形（襄阳)。

关于刑罚。国家煤矿安监局提出，刑法分则罪名中极少数刑罚为一年以下有期徒刑，考虑到刑事侦查、审查起诉期间犯罪嫌疑人拘留时间刑期折抵问题，刑罚对高危作业行为的震慑极其有限，建议将“处一年以下有期徒刑、拘役或者管制”修改为“处二年以下有期徒刑、拘役或者管制”；南京大学建议，提高法定刑到三年有期徒刑；西北政法大学建议，增加单位犯罪。

二、关于完善惩治食品药品犯罪的规定

（一）关于修改生产、销售假劣药罪

草案第五条、第六条对生产、销售假劣药犯罪作了修改。明确规定，违反国家规定，未取得批准证明文件生产药品或者明知是上述药品而销售的，以及药品使用单位的人员明知是假药而提供给他人使用的，依照生产、销售假药罪的规定处罚。

关于生产、销售假劣药的入刑条件和刑罚。有的地方建议，增加生产销售假药罪“足以严重危害人体健康，或者对人体健康造成危害的”的入罪标准，以保护中医药事业的发展（山东）。有的地方建议提高刑罚，将生产销售假药罪的“三年以下”、“三年以上”有期徒刑，修改为“五年以下”、“五年以上”（河南、四川）；将生产销售劣药罪的入罪标准增加“其他严重后果的”规定（公安部），或者修改为“足以严重危害人体健康”（四川）。建议明确草案第五条、第六条、第七条有关药品犯罪的罚金数额的确定依据和幅度（辽宁、安徽、宁夏）。

关于第二款，违反国家规定，未取得批准证明文件生产药品或者明知是上述药品而销售行为的惩治。有些意见建议，删除该款规定（浙江，中国社会科学院、中国政法大学、西北政法大学）；或者将上述规定并入第七条妨害药品管理秩序犯罪（最高人民法院，中国政法大学，湖北、虹桥街道）。有的建议将“批准证明文件”修改为“药品批准证明文件”（陕西）；增加“违反规定取得批准证明文件”的情形，修改为“未取得批准证明文件或者违反规定取得批准证明文件”（河北、湖南、甘肃、山东）；增加“推荐”给他人使用（西北政法大学）。有的建议，增加相关中药制剂、丸粒的保护规定，以明确对没有批准文号的中药的保护（山东）。

关于假劣药范围。国家药监局建议，在草案第五条、第六条增加“本条所称假劣药，是指依照《中华人民共和国药品管理法》的规定属于假劣药的药品”的规定；浙江、武汉大学建议保留原条款。

关于药品使用单位责任。司法部建议增加“提供给他人使用未取得批准证明文件生产药品”的情形；武汉大学建议增加单位犯罪，并规定从业禁止处罚。

国家卫生健康委建议，增加规定“将未经国家批准的生物制剂、化学制剂等药品类似物以预防、治疗、诊断人的疾病或调节人的生理机能为目的用于人体的，依照第一款的规定处罚”。

（二）关于增加妨害药品管理秩序的犯罪

草案第七条将此前以假药论的一些情形以及违反药品生产质量管理规范的行为等单独规定为一类犯罪，包括：(1) 生产、销售国务院药品监督管理部门禁止使用的药品的；(2) 未取得药品批准证明文件进口药品或者明知是上述药品而销售的；(3) 依法应当检验而未经检验即销售药品的；(4) 药品申请注册中提供虚假的证明、数据、资料、样品或者采取其他欺骗手段的；(5) 编造生产、检验记录的等五种行为。

有些部门和单位建议，将本罪入罪标准中“足以严重危害人体健康”修改为，“对人体健康造成严重危害的”（国家药监局）；在“足以严重危害人身健康”后增加“情节严重”的入罪条件，避免打击面过大（最高人民法院）。有的提出，“足以严重危害人体健康”不好判断（江苏、浙江、上海、宁夏），建议删除（南京大学）。

有些地方和单位建议，在第二项增加“明知”的规定，修改为“明知是未取得药品批准证明文件的进口药品而销售的”；删除第一项、第二项，行政处罚足够了（浙江、安徽、江苏，中国政法大学）；删去第四项，司法解释已有规定，可以按提供虚假证明文件罪处罚（国家药监局）；增加“使用未经审评审批的原料药生产药品的”、“未经批准在药品生产过程中进行重大变更的”两种情形（四川，吉林大学、中国社会科学院）。将第二项中“进口药品”限定为“在国外已获得当地批号的进口药品”，并增加从业禁止条款（虹桥街道）。对于第三项至第五项中规定的情形，如果属于假劣药，可以适用刑法第一百四十一条、一百四十二条规定，如果不属于假劣药，但不符合相关质量标准，达到一定数额的，可能构成刑法第一百四十条生产销售伪劣产品罪。对于其他违规生产的药品，质量合格或者虽然质量不合格，但不属于伪劣产品的，难以认定为“足以危害人体健康”，是否追究，建议再作研究（公安部）。

（三）关于修改完善食品药品监管渎职犯罪

草案第二十八条对刑法第四百零八条之一进行了修改，增加药品监管渎职犯罪，细化了具体情形，其中第二项、第三项规定为：“对发现的严重食品药品安全违法行为未及时查处的”；“未及时发现监督管理区域内重大食品药品安全隐患的”；第五项规定为“依法应当移交司法机关追究刑事责任不移交的”。

有些部门和单位提出，建议与其他渎职犯罪的定罪标准一致，以“导致发生重大安全事故或者造成其他严重后果”的危害后果作为成立犯罪的条件（国家药监局，中国社会科学院）；恢复原条文关于结果犯的规定（上海、江苏、湖北、四川、海南、陕西、吉林、新疆、襄阳、虹桥街道，北京师范大学、南京大学）。有的建议，将“食品药品安全”修改为“农产品质量食品药品安全”（新疆）。

有些意见建议第一项、第二项与药品管理法等做好衔接，恢复原条文关于结果犯的规定（上海、江苏、湖北、四川、海南、陕西、吉林、新疆、襄阳、虹桥街道，北京师范大学、南京大学）。有的建议删去第一项（吉林）；在第一项中的“漏报”后增加“情节严重”的条件（中国政法大学）；对第二项、第三项入罪条件增加“情节严重”的限定（最高人民法院）；删除第三项、第五项（司法部、国家卫生健康委、国家药监局，上海、江苏、山西、河南、陕西、广西、吉林、新疆、海南、浙江、湖北、内蒙古、河南，南京大学），删去第五项（最高人民法院、公安部），增加兜底项规定“其他滥用职权或者玩忽职守行为，情节严重的”（最高人民法院，安徽）。

有的地方建议，将第三项修改为“不依法履行监督管理职责而未及时发现监督管理区域内重大食品药品安全隐患”（黑龙江、辽宁）；或者“未及时发现或虽发现而未及时处理监督管理区域内重大食品药品安全隐患”（湖南）。

国家市场监管总局建议，一是将刑法四百零八条之一的犯罪主体由“负有食品药品安全监督管理职责”的国家机关工作人员修改为，“负有食品药品安全管理职责”的国家机关工作人员；二是改为结果加情节犯，规定“滥用职权或者玩忽职守，造成严重后果，或者有其他严重情节的”作为入刑条件；三是将各项修改为“（一）瞒报、谎报食品药品安全事故；（二）对发现的严重食品药品安全违法行为未及时查处的；（三）对区域性、系统性食品药品安全问题，未及时采取有效治理措施治理的；（四）在特殊食品和药品审评审批过程中，对不符合条件的申请准予许可；（五）依法应当移交司法机关追究刑事责任不移交”。

三、关于完善破坏金融管理秩序的犯罪规定

（一）关于修改欺诈发行股票、债券罪

草案第八条对刑法第一百六十条欺诈发行股票、债券罪作了修改，提高刑罚，完善罚金刑，明确控股股东、实际控制人的刑事责任。

有的意见建议，将“发行股票或者公司、企业债券”修改为“发行证券”（司法部），增加“法律规定的其他证券”，一并修改刑法一百七十八条第二款伪造、变造股票、公司、企业债券罪；刑法第一百七十九条擅自发行股票、公司、企业债券罪（公安部），增加“存托凭证”（中国证监会，江苏、浙江）；增加“非金融企业债务融资工具”（中国人民银行）。

有些意见建议，进一步提高刑罚标准（中国人民银行）；完善罚金刑的设置，将比例罚金统一修改为不规定具体数额的罚金（最高人民法院，安徽，北京师范大学、南京大学），或者修改为“两倍以上十倍以下罚金”（湖北），将第一款刑罚中“并处或者单处罚金”修改为，“并处罚金”（重庆、上海、广西）。

有些意见提出，控制股东、实际控制人的规定似无单独规定必要，实践中可以解决（最高人民法院，浙江，北京师范大学、南京大学）。

（二）关于修改违规披露、不披露重要信息罪

草案第九条对刑法第一百六十一条违规披露、不披露重要信息罪作了修改，将法定最高刑由三年有期徒刑提高到十年有期徒刑。

有的单位建议，增加有关收购人、交易对方等其他信息披露义务人刑事责任的规定。（中国证监会）

有些单位建议，删去关于控股股东、实际控制人的规定（北京，北京师范大学、南京大学）；将第二款关于控股股东、实际控制人法定刑的表述简化为“依照前款的规定处罚”（中国社会科学院）。

有的地方建议取消第一档刑罚中“单处罚金”的规定（重庆、上海），规定“并处罚金”，将第二款中的“并处非法募集资金金额百分之二十以上一倍以下罚金”修改为无限额罚金（重庆）。

（三）关于加大对非法集资犯罪的惩处力度

1. 草案第十二条、第十三条分别对刑法第一百七十六条非法吸收公众存款罪、第一百九十二条集资诈骗罪等非法集资行为作了修改，提高非法吸收公众存款罪的法定最高刑，调整集资诈骗罪刑罚结构。

关于草案第十二条。有的地方和单位建议，对“非法吸收资金主要用于正常的生产经营活动，在公诉前能够及时清退资金的”增加规定可从轻处理（北京、湖南、湖北，南京大学）。有的建议将刑罚提高到无期徒刑（广西）；将“存款”修改为“资金”（襄阳，南京大学）。

关于草案第十三条。有些意见提出，目前的法定刑设置与其他金融诈骗犯罪的法定刑规定相比，起点刑过高，且第二档法定刑跨度太大，与集资诈骗罪单位犯罪“五年以下有期徒刑或者拘役”“五年以上十年以下有期徒刑”“十年以上有期徒刑或者无期徒刑”的规定亦不协调，建议保留原来的法定刑设置（最高人民法院），仅修改罚金刑（上海、山东、湖北、襄阳，西北政法大学、南京大学、中国社会科学院）；有的建议增加从宽处罚的规定，鼓励退赃挽损（南京大学）。

2. 草案第二十条将采取暴力、“软暴力”等手段催收高利贷产生的债务以及其他法律不予保护的债务，并以此为业的行为规定为犯罪。

有些意见提出，第一款关于“以此为业”的规定范围过窄，建议删去“以此为业”，对此类情形可通过细化催收时间、情节、次数等具体情形予以明确（中央政法委，浙江、陕西），或修改为“以催收债务为业，或者多次向不特定多人催收非本人债务”（中央政法委、公安部），“多次实施或者以此为常业”（湖北、新疆、虹桥街道），将非法讨债次数等作为要件（山东），规定为“数额较大、次数较多”（黑龙江），将“催收高利放贷产生的债务或者其他法律不予保护的债务，并以此为业的”修改为“以催收高利放贷产生的债务或者其他法律不予保护债务为业的”（吉林大学）。

有些地方和单位建议，删去第二项中非法侵入住宅“情节较轻”的表述（江苏、西藏，西北政法大学、中国政法大学、南京大学），在三项行为之外增加兜底项规定（广西、虹桥街道）。

公安部建议，将高利放贷纳入非法经营罪或者增设高利放贷罪；江苏、南京大学认为，本条可不规定，各项列举的行为刑法都有相应规定。

（四）关于加大对保荐等中介机构在证券发行、重大资产交易中提供虚假证明文件等犯罪的惩治力度

草案第十六条对刑法第二百二十九条提供虚假证明文件罪进行了修改，增加保荐的规定，列明提高刑罚的三项情形，第一款第三项规定，在涉及公共安全的重大工程、项目中提供虚假的安全评价、环境影响评价证明文件，致使公共财产、国家和人民利益遭受特别重大损失的，处五年以上十年以下有期徒刑，并处罚金。第二款规定，索取他人财物或者非法收受他人财物，同时构成其他犯罪的，依照处罚较重的规定定罪处罚。

新疆、江苏建议在第一款规定的中介组织中删去“法律服务”，同时将刑罚由“五年以下有期徒刑”修改为“三

年以下有期徒刑”，法律服务等中介组织不应科以过重刑事责任。

关于具体列项，有的单位提出，将第一项规定的提供与“证券发行相关的”虚假证明文件修改为“与证券、期货、债权、基金、资管计划、信托计划等金融产品发行相关的”（公安部，上海）；涉及公共安全的非重大工程、项目也可能致使公共财产、国家和人民利益遭受特别重大损失，建议删除第三项“重大工程”中的“重大”（应急管理部）；有的建议在第三项“安全评价”后增加“检测检验”（应急管理部）、在“环境影响评价证明文件”后增加“和固定污染源排污许可证文件”（广西）；有的地方和单位建议，将第二款修改为数罪并罚（西藏、襄阳），或者删去（中国政法大学、西北政法大学）。

四、关于加强企业产权的刑法保护

（一）草案第十条、第十八条、第十九条分别对刑法第一百六十三条非国家工作人员受贿罪、第二百七十一条职务侵占罪、第二百七十二条挪用资金罪进行了修改，提高和调整刑罚配置，并规定挪用资金在被提起公诉前退还的，可以从轻或者减轻处罚。

1. 关于草案第十条非国家工作人员受贿罪。有的意见建议，第一档刑的构成条件增加“情节严重”的规定（四川，中国社会科学院）；将法定刑由三年以下、三年至十年，十年以上有期徒刑或者无期徒刑修改为三年以下，三年至七年，七年以上有期徒刑（湖北）；增加“没收财产”的规定（最高人民法院，四川、上海、浙江、襄阳）；删去“无期徒刑”的规定（江苏）。

2. 关于草案第十八条职务侵占罪。有的建议增设除罪、从宽处罚的规定（襄阳），与贪污罪从宽的规定一致，规定为“对多次侵占未经处理的，按照累计侵占数额处分。在提起公诉前如实供述自己罪行、真诚悔罪、积极退赃，避免、减少损害结果发生的，可以从轻、减轻或者免除处罚”（重庆，北京师范大学）。

有的地方和单位建议，增加情节规定，采取数额加情节的方式（四川，南京大学），将数额特别巨大的“并处罚金”的规定，修改为“并处罚金或者没收财产”（内蒙古、湖北、上海，北京师范大学），删去“无期徒刑”的规定（江苏、中国政法大学）。

3. 关于草案第十九条挪用资金罪。有的建议，增加从宽处罚的规定，将退还挪用的资金的时间节点规定为“一审宣判前”，从宽幅度放宽至“免除处罚”（最高人民法院，重庆，北京师范大学）；删除“在提起公诉前”退还资金的限制性规定，或者修改为“在刑事立案前”，并增加罚金刑（襄阳）；在从轻、减轻处罚的规定外，增加“情节轻微的，可以免除处罚”的规定（南京大学）。

（二）草案第十一条对刑法第一百七十五条之一骗取贷款、票据承兑、金融票证罪作了修改，在第一档刑罚中保留了“重大损失的”的结果犯的规定，删除了“其他严重情节”的入罪条件，对在融资过程中虽有一些违规行为，但并没有诈骗目的，最后未给银行或者其他金融机构造成重大损失的，一般不作为犯罪处理。

有些意见建议，进一步删去第二档法定刑中“有其他特别严重情节”的要件（最高人民法院，浙江，北京师范大学、南京大学、中国社会科学院）；明确何为“有其他特别严重情节”，如银行未受到损失，但犯罪嫌疑人多次骗取、数额特别巨大等情形，是否可以认定为有其他特别严重情节（上海）；明确金融机构的定义，以解决骗取担保公司（甚至是反担保）信贷较难定性的问题（北京）；将“以欺骗手段取得银行或者其他金融机构贷款、票据承兑、信用证、保函等”，修改为“以不正当手段取得银行或者其他金融机构贷款、票据承兑、信用证、保函等”（国家发改委）。

有些意见建议，恢复第一档入刑条件“其他严重情节”规定（中央政法委、公安部、中国银保监会，四川、新疆，中国政法大学），可以通过司法解释等形式对“其他严重情节”予以明确（公安部）。

（三）草案第十四条修改刑法第二百一十九条侵犯商业秘密罪入罪门槛，进一步提高刑罚，完善具体行为，修改商业秘密定义，加强对商业侵犯商业秘密犯罪的惩处，其中具体行为共三项，第一项规定，以盗窃、利诱、欺诈、胁迫、电子侵入或者其他不正当手段获取权利人的商业秘密的；第二项规定，披露、使用或者允许他人使用以前项手段获取的权利人的商业秘密的；第三项规定，违反保密义务或者违反权利人有关保守商业秘密的要求，披露、使用或者允许他人使用其所掌握的商业秘密的。

商务部建议在第一款规定的行为方式中进一步研究纳入“未经授权或不当使用计算机系统的行为”。

有的部门和地方提出，侵犯商业秘密罪为法定犯，商业秘密的定义应与反不正当竞争法的规定保持一致（最高人民法院，襄阳），反不正当竞争法修改频繁，建议删去本条第三款关于商业秘密定义的规定（中国社会科学院）；第一款第一项规定的“盗窃、利诱”等以非法方式侵犯商业秘密的危害性比以合法方式获知商业秘密后泄露的社会危害性更大，建议将一款修改为行为犯，并单列一款，作为第二款（公安部）；有的建议将草案中的“利诱”修改为“利诱、贿赂”，将“电子侵入”修改为“非法侵入计算机信息系统”（湖北）。

（四）草案第十五条增加规定了商业间谍犯罪，规定“为境外的机构、组织、人员窃取、刺探、收买、非法提供商业秘密的，处五年以下有期徒刑或者拘役，并处或者单处罚金；情节严重的，处五年以上有期徒刑，并处罚金。”

有的地方和单位提出，该条规定属于侵犯商业秘密“情节特别严重”情形，建议删去（安徽，南京大学）；将“窃取、刺探、收买、非法提供”修改为“为境外的机构、组织、人员获取、使用或者披露商业秘密”，区别于侵害国家秘密、军事秘密的行为（中国政法大学）；或者强调是涉及国家安全、国家利益的商业秘密（安徽、辽宁、广西）。

五、关于强化公共卫生刑事法治保障

（一）关于修改妨害传染病防治罪

草案第二十一条对刑法第三百三十条妨害传染病防治罪作了修改，进一步明确新冠肺炎等依法确定的采取甲类传染病管理措施的传染病，属于本罪调整范围，增加规定了第四项“出售、运输疫区中被传染病病原体污染或者可能被传染病病原体污染的物品，未进行消毒处理的；并将“拒绝执行卫生防疫机构依照传染病防治法提出的预防、控制措施的”修改为，“拒绝执行县级以上人民政府、疾病预防控制机构依照传染病防治法提出的预防、控制措施的”，作为第五项。

中国社会科学院建议，删除妨害传染病防治的具体行为列项，修改为笼统性规定，适应传染病防治法将来的修改。

关于第四项规定。有的地方建议，将第四项中“未进行消毒处理的”修改为“未按照规定进行消毒的”，并对有关疫区的界定、划定标准、宣布主体等进行明确（湖北）；限定为在明知的情形（西藏）；将“疫区”修改为“疫区、高风险地区”（海南）；或删去“疫区”的规定（北京师范大学）。

关于第五项。有的地方和单位建议，在“疾病预防控制机构”后增加“医疗机构”（湖北）；将拒绝执行“县级以上人民政府、疾病预防控制机构”修改为，“县级以上人民政府及其疾病预防控制机构”（北京师范大学）。

（二）关于增加严重危害国家人类遗传资源安全的犯罪

草案第二十二条增加了严重危害国家人类遗传资源安全的犯罪，列明三项情形，维护国家安全和生物安全。第一项规定，“非法采集国家人类遗传资源”；第三项规定，“未经安全审查，将国家人类遗传资源信息向境外组织、个人及其设立或实际控制的机构提供或者开放使用的”。

有的建议删除入罪条件中“危害公众健康或者社会公共利益”中的“社会公共利益”，公众健康就是社会公共利益，并考虑设置过失犯（南京大学）。

有的部门和地方建议，在第一项“采集”后增加“保藏、利用”（公安部，浙江）；将“国家”修改为“我国”（科技部）；增加“非法买卖我国人类遗传资源”的规定（科技部）；增加“未经安全审查，非法利用国家人类遗传资源，或者接受境外组织、个人及其设立或实际控制的机构的任务，研究、分析国家人类遗传资源，向其提供所得的数据、结论”的规定（湖北）；将第一项修改为“非法买卖人体组织、细胞，非法买卖、对外提供或者非法采集人类遗传资源的”，与民法典第一千零七条第一款规定的“禁止以任何形式买卖人体细胞、人体组织、人体器官、遗体”相衔接（国家卫生健康委）；在第三项“国家人类遗传资源”前增加“可能影响公众健康、国家安全和社会公共利益的”的限定，修改为“未经安全审查，将可能影响公众健康、国家安全和社会公共利益的国家人类遗传资源向境外组织、个人及其设立或实际控制的机构提供或者开放使用的”，与生物安全法（草案）和人类遗传资源管理条例规定相衔接（司法部）；将“未经安全审查”修改为“未经国家安全审查”（西藏）。

有的提出，草案规定的法定刑较轻，建议将“三年”“三年以上七年”修改为，“五年”“五年以上”（公安部）。将入罪条件中“违反国家有关规定”修改为“违反国家规定”（中国政法大学、中国社会科学院）。

（三）关于增加非法从事人体基因编辑犯罪

草案第二十三条增加非法从事人体基因编辑犯罪，对于违反国家有关规定，将基因编辑的胚胎、克隆的胚胎植入人类或者动物体内，情节严重的，追究刑事责任。

有的地方和单位建议，将“基因编辑”修改为“已经进行基因编辑”、“胚胎”修改为“人类胚胎”（浙江）；将“基因编辑的胚胎、克隆的胚胎”表述为“基因编辑或者克隆的胚胎”（北京师范大学）。

（四）关于非法处置外来物种的犯罪

草案第二十六条规定了非法处置外来入侵物种的犯罪。对于违反国家规定，非法引进、释放或者丢弃外来入侵物种，情节严重的，追究刑事责任。

有的部门和地方建议，将“明知是外来入侵物种”作为犯罪构成要件，并增加“以其他方式”处置的兜底性规定（司法部，浙江）；修改为“非法引进或者处置”，适当扩张行为范围（北京师范大学）。有的意见提出，“非法”与“违反国家规定”重复，建议删除“非法”的表述（四川，中国社会科学院）；将“外来入侵物种”修改为“外来物种”（公安部、科技部，湖南，中国社会科学院）；增加过失犯罪（西北政法大学）。

（五）关于增加以食用为目的的非法猎捕、收购、运输、出售陆生野生动物的犯罪

草案第二十五条在刑法第三百四十一条中增加一款，作为第三款，将以食用为目的的非法猎捕、收购、运输、出售除珍贵、濒危野生动物和“三有野生动物”以外的陆生野生动物，情节严重的行为增加规定为犯罪。

有的单位认为，刑法第三百四十一条第一款是针对国家重点保护的珍贵、濒危野生动物，第二款是对非国家重点保护野生动物，包括“三有”野生动物。草案规定将前两款的保护对象排除在外，即未涵盖全部“三有”陆生野生动物。草案规定了“猎捕”行为，刑法中规定了非法狩猎罪，同一行为因是否以食用为目的而区别量刑，建议删除草案中的“猎捕”行为。此外，刑法将违反“四禁”非法狩猎的情形规定为犯罪，将未获得狩猎证或者未按照狩猎证的规定进行狩猎排除在外，大大降低了对野生动物的保护，建议删除草案规定，修改非法狩猎罪，规定违反狩猎法规进行狩猎，破坏野生动物资源，情节严重的，追究刑事责任或者违反野生动物保护管理法规，非法猎捕、杀害前款规定以外的野生动物，或者非法收购、运输、出售前款规定以外的野生动物及其制品，情节严重的，追究刑事责任（国家林

业和草原局、公安部）。此外，公安部认为根据该条规定，非法狩猎、收购、运输、出售相关野生动物，依照非法狩猎罪处罚，与目前可以适用非法经营罪处罚非法野生动物交易的司法解释规定不协调。

有些地方和单位建议，删除"以食用为目的"（湖南、新疆、四川，北京师范大学）；增加水生野生动物的相关规定（重庆）；建议删除"陆生"（四川），或者明确范围（中国政法大学）；不局限于食用目的和陆生野生动物，除了以食用为目的外，还存在药用、皮毛利用、展出、宠物饲养等目的，且"以食用为目的"难以认定（公安部，四川）；以食用为目的可能导致刑事法网过于严密，修改为以销售为目的（南京大学）；将购买、养殖、饲养野生动物等行为也纳入规制范围（虹桥街道）。

中国社科院建议删除该条，认为现行刑法、相关立法、司法解释已经把非法猎捕、收购、运输、出售珍贵、濒危野生动物（包括人工驯养繁育的）的行为以及非法猎捕"三有野生动物"和其他普通野生动物的行为纳入刑法规制，刑法不需要进一步扩张，且野生动物保护法正在修改，刑法不宜过早介入。

六、关于污染环境犯罪

（一）关于污染环境罪

草案第二十四条对刑法第三百三十八条污染环境罪作了修改，将刑罚分为三档，并增加了四项情形，有相关情形的，处七年以上有期徒刑：第一项规定，在饮用水水源保护区、自然保护区核心区排放、倾倒、处置有放射性的废物、含传染病病原体的废物、有毒物质，造成特别严重后果的；第二项规定，向国家确定的重要江河、湖泊水域排放、倾倒、处置有放射性的废物、含传染病病原体的废物、有毒物质，造成特别严重后果的；第三项规定，致使大量基本农田基本功能丧失或者遭受永久性破坏的；第四项规定，致人重伤、死亡的。

有的地方和部门建议，建议明确第一档刑的入罪条件"严重污染环境"和第二档"后果严重"的关系、"后果严重"的具体情形（江苏），对第一款中"后果严重"的情形明确列举（西北政法大学）；将第二档和第三档的入罪条件分别修改为，"情节严重或者造成严重后果的"和"情节特别严重或者造成特别严重后果的"（北京大学）。

有的建议，删除第一项中自然保护区核心区的规定（国家林业和草原局、北京大学），增加"国家公园核心保护区"（北京大学）；在第二项增加"具有供水功能的水库"（江苏）；将第三项修改为"致使大量基本农田、防护林地、特种用途林地等的基本功能丧失或者遭受永久性破坏的"（上海）；将第三项中的"基本农田"修改为"永久基本农田"，与土地管理法的相关表述相一致（司法部、重庆）；对新增的第三档刑罚增加规定"并处罚金"（最高人民法院，浙江、安徽、贵州、虹桥街道）。

生态环境部建议增加"非法生产消耗臭氧层物质，严重污染环境"行为的刑事责任。司法部建议研究，是否应当增加"在生态保护红线区域排放、倾倒、处置有放射性的废物、含传染病病原体的废物、有毒物质"，作为第五项情形，与固体废物污染防治法第二十一条规定的情形相衔接。

（二）关于在国家级自然保护区非法开发的犯罪

草案第二十七条增加规定在国家级自然保护区非法开垦、开发活动或者修建建筑物等破坏自然保护区生态环境资源的犯罪。

有的单位建议，进一步研究是否将保护范围扩大到国家级自然保护区外其他自然保护区（司法部）；将"自然保护区"修改为"国家公园和自然保护区"（北京大学）；行为方式上增加排放、倾倒、处置固体废物的行为（新疆）。

国家林业和草原局提出，国家公园法、自然保护区条例等法律法规正在制定和修改中，建议做好自然保护地立法与草案内容的衔接工作，将"进行开垦、开发活动和修建建筑物"修改为"进行开发活动"，调整为刑法第三百四十二条之一，同时建议研究将本条与刑法第三百四十二条非法占用农用地罪合并，规定非法占用耕地、林地等农用地的违法行为发生在自然保护区的，从重处罚。

七、关于明确规定侮辱、诽谤英烈犯罪

草案第十七条将侮辱、诽谤英雄烈士的行为明确规定为犯罪，维护社会主义核心价值观。

有的地方和单位建议，增加对于普通死者的人格保护，增设诋毁死者人格利益罪，将侮辱、诽谤英雄烈士作为从重处罚情节（湖北、襄阳，北京师范大学）；将本条新增规定调整到妨害社会管理秩序罪章中（安徽、山东），放在刑法第二百九十九条之后，作为第二百九十九条之一（中国社会科学院、中国政法大学）。有的地方提出，暂不增加本条规定（辽宁、吉林）。

关于保护对象。有的地方和单位建议明确英雄烈士的含义和确定标准（襄阳）；将"英雄烈士"修改为"英雄烈士及其群体"（新疆）；将为社会做出重大贡献的知名人士纳入保护范围（虹桥街道）；增加诽谤历史人物的规定（武汉大学）。

关于行为。有的地方建议，将"侮辱、诽谤英雄烈士"修改为"以侮辱、诽谤或者其他方式侵害英雄烈士的姓名、肖像、名誉、荣誉，损害社会公共利益的"，与英雄烈士保护法衔接（浙江、重庆）。将亵渎、否定英雄烈士事迹和精神，宣扬、美化侵略战争和侵略行为，情节严重的行为规定为犯罪（重庆、上海）。

八、关于军职犯罪

（一）关于修改为境外窃取、刺探、收买、非法提供军事秘密罪

草案第二十九条对刑法第四百三十一条第二款作了修改，调整刑罚结构，在原规定"处十年以上有期徒刑、无期

徒刑或者死刑”刑罚外，增加了两档较轻的法定刑，对情节较轻的，处五年以下有期徒刑。有的建议删去“情节较轻的，处五年以下有期徒刑”的规定（军委法制局，山西）。北京师范大学建议废止本罪的死刑。

（二）关于明确文职人员犯罪适用依据的规定

草案第三十条对刑法第四百五十条作了修改，对军人违反职责罪的主体范围作出完善，明确军队文职人员适用军人违反职责罪规定。

有的地方建议，增加军队职工和由军队管理的离退休人员（山东）。有的提出，文职干部包括了文职人员，建议删去“文职人员”（中国社会科学院）；“文职干部”是否包括文职人员，建议明确（虹桥街道）。

九、其他建议

1. 关于冒名顶替他人入学等冒充他人身份的犯罪

有些意见建议，增设冒名顶替犯罪，将相关行为纳入刑法规制的范围，以加大对人民群众相关权益的刑事保护力度，切实维护人民群众“前途安全”（中央政法委、最高人民法院、教育部，河北、西藏，中国政法大学）。具体条文方案可考虑：在刑法二百五十三条之一后增加一条，作为刑法二百五十三条之二：“在普通高等学校招生中，组织、策划、实施冒名顶替，侵犯他人受教育权的，对组织者、策划者和罪行重大的，处五年以上有期徒刑；对其他参加的，处五年以下有期徒刑或者拘役。”“有前款行为，同时构成其他犯罪的，依照处罚较重的规定定罪处罚”（最高人民法院）；“在普通高等教育学校招生、公务员招录中，冒用他人身份入学、入职的，处三年以下有期徒刑、拘役或者管制，并处或者单处罚金”（西藏）；在刑法第二百八十四条之一增加一款冒用或者帮助冒用考试成绩罪，规定为“冒用他人的法律规定的国家考试成绩的，处拘役或者管制，并处或者单处罚金。帮助他人实施前款犯罪的，依照前款的规定处罚。”（中国政法大学）。

武汉大学建议在刑法第二百五十二条后增加“冒用他人信息罪”，规定为“假冒充当、使用他人信息，情节严重的，处三年以下有期徒刑或者拘役；情节特别严重的，处三年以上七年以下有期徒刑”。

2. 关于加强未成年人权益保护

（1）建议在刑法第二百三十六条奸淫幼女“从重处罚”情形中，增加“负有监护、收养、看护、教育等特殊职责的人员利用其影响力奸淫幼女的”和“奸淫不满十周岁的幼女的”两项情形，并将第二款修改为，“奸淫不满十四周岁的幼女的，应当认定行为人明知对方是幼女，以强奸论，从重处罚。”（最高人民法院、共青团中央）。修改完善强奸罪的规定，将口交、肛交等其他性行为纳入强奸的范畴（最高人民法院）。

（2）建议修改完善刑法第二百三十七条猥亵犯罪加重处罚的规定。对猥亵儿童犯罪“处五年以上有期徒刑”的“其他恶劣情形”予以明确列举，如猥亵儿童多人或者多次的；使用暴力、胁迫、麻醉等强制手段的；造成儿童伤害或者其他严重后果的；有强奸、猥亵犯罪前科的等（共青团中央）；删去刑法第二百三十七条第二款有关猥亵犯罪“聚众或者在公共场所当众犯前款罪的，处五年以上有期徒刑”的规定，修改为“情节恶劣”作为法定刑升档要件，留待将来司法解释，通过综合考虑猥亵的方式、猥亵的次数和人数、造成的后果、行为人与被害人的关系等，明确“情节恶劣”的具体认定标准，以确保猥亵犯罪的刑罚裁量更加符合罪责刑相适应原则的要求（最高人民法院）。

（3）建议改革并完善收容教养制度。一是明确适用对象；二是进行司法化改造，明确收容教养的申请主体为公安机关，同时承担举证责任和证明责任，由人民法院作出裁定，检察机关行使法律监督权；三是规范收容教养期间的矫治内容；四是规范执行场所；五是明确未达刑事责任年龄的未成年人实施严重暴力犯罪的，应依照法定程序执行收容教养，为预防未成年人犯罪法中收容教养的改革和细化提供上位法依据。（共青团中央，中国社会科学院）

（4）建议修改完善利用未成年人实施有组织犯罪的规定。一是，在刑法第二十九条第二款中增加，教唆不满十八周岁的人犯罪的除外规定；二是，在刑法第七十四条中增加，利用未成年人实施有组织犯罪不适用缓刑的规定；三是，在刑法第二百九十四条第一款组织、领导、参加黑社会性质组织罪后增加一款，作为第二款，胁迫、教唆、引诱、欺骗不满十八周岁的人参加黑社会性质组织，或者参与黑社会性质组织实施的违法犯罪活动的，依照前款规定从重处罚。（最高人民检察院）

3. 进一步修改完善刑法第二百九十四条关于组织、领导、参加黑社会组织罪的规定，删除黑社会性质组织“为非作恶”“称霸一方”等非法律规定用语；增设“恶势力组织犯罪罪名”。（中央政法委、公安部）

4. 公安部建议，删去刑法第二百七十七条第五款，“暴力袭击正在依法执行职务的人民警察的，依照第一款的规定从重处罚”的规定。在刑法分则中增加专门的袭警罪。

5. 最高人民法院建议，修改扰乱法庭罪，将刑法第三百零九条中法庭修改为“审判场所”。

6. 公安部建议，将中国公民出境参赌数额巨大的情形，纳入赌博罪，在刑法第三百零三条中增加一款，“出境参加赌博，数额巨大的，依照前款规定定罪处罚”作为第二款；提高开设赌场罪的法定刑到十五年有期徒刑。

7. 财政部提出，目前行业内会计造假问题较为突出，主观恶性强，性质恶劣，影响面广，危害性大，建议在第一百六十二条之一隐匿、故意销毁会计凭证、会计账簿、财务会计报告罪中增加“伪造、变造会计凭证、会计账簿，编制虚假财务会计报告”的情形，并增加一档法定刑。

8. 国家卫生健康委建议，增加故意传播艾滋病罪。司法实践中，各地对故意传播艾滋病的行为多数未定罪处罚，已定罪的常以传播性病罪处罚，但量刑较轻不足以起到震慑作用。

9. 新疆建议，增加“侵犯数据信息罪”。

10. 最高人民法院、最高人民检察院、中国社会科学院建议，继续考虑削减死刑罪名问题，特别是将运输毒品罪单列，严格其死刑适用条件。

（2）刑法修正案（十一）草案向社会公众征求意见的情况

2020年7月3日至8月16日，刑法修正案（十一）草案（以下简称草案）在中国人大网公布，向社会公开征求意见。其间，共收到65080位公众提出的137544条意见，社会公众意见主要集中在未成年人权益保护、集资诈骗行为惩治以及食品药品监管渎职完善等方面，现将主要意见简报如下：

一、关于加大对安全生产犯罪的预防惩治

（一）关于进一步明确高空抛物犯罪

草案第一条规定，从高空抛掷物品，危及公共安全的，处拘役或者管制，并处或者单处罚金。有的意见提出，“从高空抛掷物品”中“高空”很难界定，建议删去“高空”，或者将“高空”修改为“建筑物”；有的建议，将明知放置物品可能坠落，危及公共安全的行为增加规定为犯罪；有的意见提出实践中高空抛物有很多是从家中丢弃垃圾的行为，危害不大，是否入刑，建议应予慎重。

（二）关于进一步明确妨害公共交通工具安全驾驶犯罪

草案第二条规定，对行驶中的公共交通工具的驾驶人员使用暴力或者抢夺驾驶操纵装置，干扰公共交通工具正常行驶，危及公共安全的，处一年以下有期徒刑、拘役或者管制，并处或者单处罚金。有的意见提出，妨害公共交通工具驾驶行为会对公共安全和乘客的生命安全造成重大威胁，建议提高刑罚。

（三）关于加大对重大责任事故类犯罪刑罚力度

草案第三条规定，强令他人违章冒险作业，或者明知存在重大事故隐患而拒不排除，仍冒险组织作业，因而发生重大伤亡事故或者造成其他严重后果的，处五年以下有期徒刑或者拘役，情节恶劣的，处五年以上有期徒刑。有的建议进一步提高刑罚；有的意见提出，“拒不排除”不易认定，建议修改为“不排除”。

二、关于完善惩治食品药品犯罪的规定

（一）关于修改生产、销售假劣药犯罪

草案第五条对刑法第一百四十一条生产、销售假药罪作了修改，其中第二款规定，违反国家规定，未取得批准证明文件生产药品或者明知是上述药品而销售的，以及药品使用单位的人员明知是假药而提供给他人使用的，依照生产、销售假药罪的规定处罚。

有的建议，将“未取得批准证明文件”修改为“未取得药品批准证明文件”；有的建议删除第二款的规定，可以按照非法经营罪或者其他犯罪处理；有的认为，草案删除了假劣药依照药品管理法确定的条款，有利于确定刑法上的假劣药标准。

（二）关于增加妨害药品管理秩序的犯罪

草案第七条将此前以假药论的一些情形以及违反药品生产质量管理规范的行为等单独规定为一类犯罪，包括（1）生产、销售国务院药品监督管理部门禁止使用的药品的；（2）未取得药品批准证明文件进口药品或者明知是上述药品而销售的；（3）依法应当检验而未经检验即销售药品的；（4）药品申请注册中提供虚假的证明、数据、资料、样品或者采取其他欺骗手段的；（5）编造生产、检验记录的等五种行为规定，有上述情形之一的，足以严重危害人体健康的，追究刑事责任。

有的意见提出，除已经明确规定为禁药的药品外，直接证明某种药品足以严重危害人体健康十分困难；有的建议修改为“情节严重”、“情节特别严重”作为入罪标准；有的建议，将第四项修改为“在药品申请注册中提供虚假的证明、数据、资料、样品或者采取其他欺骗手段，取得药品注册的”，未取得药品注册的，可依照行政法律、法规处罚。

（三）关于修改完善食品药品监管渎职犯罪

草案第二十八条对刑法第四百零八条之一作了修改，增加药品监管渎职犯罪，细化了具体情形，其中第二项、第三项规定为：“对发现的严重食品药品安全违法行为未及时查处的”、“未及时发现监督管理区域内重大食品药品安全隐患的”；第五项规定为“依法应当移交司法机关追究刑事责任不移交的”。

有些建议，增加“情节严重”作为入罪条件；有的建议，恢复原条文关于结果犯的规定。有的意见提出，第一项、第二项与现行药品管理法等法律相关规定并不完全相同，建议修改做好衔接；第三项规定脱离药品监管实际，重大隐患在实际操作中很难判定，建议删除；第五项“依法应当移交司法机关追究刑事责任不移交的”，建议删除。

三、关于完善破坏金融管理秩序的犯罪规定

（一）关于修改欺诈发行股票、债券罪

草案第八条对刑法第一百六十条欺诈发行股票、债券罪作了修改，提高刑罚，明确控股股东、实际控制人的刑事责任。有的意见提出，欺诈发行实质是诈骗行为，目前对欺诈发行股票债券行为的处罚太轻，建议比照诈骗罪的刑罚处罚。

（二）关于修改违规披露、不披露重要信息罪

草案第九条对刑法第一百六十一条违规披露、不披露重要信息罪作了修改，提高了法定刑，对信息披露义务人的控股股东、实际控制人为单位的，增加规定了罚金。有的意见提出，该罪本来就是单位犯罪，且对单位判处罚金不利于保护被害股东的利益，建议删除关于单位犯罪的规定。

（三）关于加大对非法集资犯罪的惩处力度

草案第十二条、第十三条分别对刑法第一百七十六条非法吸收公众存款罪、第一百九十二条集资诈骗罪等非法集资犯罪作出修改，提高非法吸收公众存款罪的法定最高刑，调整集资诈骗罪刑罚结构。有些意见建议严惩非法集资犯罪，恢复集资诈骗罪的死刑，并将非法吸收公众存款罪的法定最高刑提高到死刑。

草案第二十条增加了非法讨债行为的刑事责任，严厉惩处非法讨债行为，将采取暴力、“软暴力”等手段催收高利放贷产生的债务以及其他法律不予保护的债务，并以此为业的行为规定为犯罪。有的建议，将催收高利放贷产生的债务修改为，“催收高利放贷产生的孳息”，对催收本金的行为，不予追究；有的意见认为，催收债务中应该包括合法债务在内；有的意见提出，“以此为业的”才构成犯罪，无法实现处罚此类犯罪的目的；有的建议增加单位犯罪的规定。

四、关于加强企业产权的刑法保护

草案第十条、第十八条、第十九条分别对刑法第一百六十三条非国家工作人员受贿罪、第二百七十一条职务侵占罪、第二百七十二条挪用资金罪进行了修改，提高和调整刑罚配置；对挪用资金的增加规定，在被提起公诉前退还的，可以从轻或者减轻处罚。有的建议，将无形的服务也应当纳入受贿范围；有的意见提出，非国家工作人员受贿行为往往发生在企业内部，交织着企业与个人之间的经济纠纷，危害较小，情节较轻，建议删除。

草案第十一条对刑法第一百七十五条之一骗取贷款、票据承兑、金融票证罪作了修改，删除了“其他严重情节”的入罪门槛，在第二档保留了原规定：数额特别巨大或者有其他特别严重情节的。有的建议，删除第二档“或者有其他特别严重情节”的规定，与刑法已做修改相协调；有的建议将入刑数额限定为造成五千万元人民币损失。

草案第十四条修改了侵犯商业秘密罪的入罪门槛，提高了刑罚。有的意见提出，商业秘密可以通过反不正当竞争法等相关经济法律的规定来认定，刑法可以取消关于商业秘密定义的规定；有的建议，明确为给权利人造成二十万以上的损失作为入罪门槛；日本贸易振兴机构北京代表处建议，增加“允许他人使用”情形，将“明知或者应知前款所列行为，获取、使用或者披露他人的商业秘密的，以侵犯商业秘密论”中的“获取、使用或者披露”修改为，“获取、披露、使用或者允许他人使用”；腾讯公司建议，增加规定“采用其他技术手段获取计算机信息系统中存储、处理或者传输商业秘密的行为”，并对国家工作人员、公司、企业的董事、经理以及其他高级管理人员等公司、企业直接负责的主管人员利用职务上的便利，侵犯商业秘密的行为，从重处罚。

草案第十五条增加规定商业间谍犯罪，加大对侵犯商业秘密犯罪的惩处。有的建议，可以在刑法第一百一十条间谍罪下增加商业间谍罪。

五、关于强化公共卫生刑事法治保障

（一）关于修改妨害传染病防治罪

草案第二十一条对刑法第三百三十条妨害传染病防治罪作了修改，进一步明确新冠肺炎等依法确定的采取甲类传染病管理措施的传染病，属于本罪调整范围，增加规定了第五项中拒绝执行县级以上人民政府依照传染病防治法提出的预防、控制措施和第四项出售、运输疫区中被传染病原体污染或者可能被污染的物品等犯罪情形。

有的建议，删除第四项规定，或者将“县级”修改为“省级”，以免打击面过大；增加“医疗机构、疾病控制和卫生健康部门从业人员，国家工作人员不依法报告或者隐瞒、阻碍传染病报告”的规定；有的建议，将“国务院卫生行政部门”修改为“国务院卫生健康主管部门”，与国家机构改革相协调；有的建议，删除甲类传染病范围的规定，与删除假药、劣药引用药品管理法的做法一致。

（二）关于增加维护国家安全和生物安全的犯罪

草案第二十二条、第二十三条、第二十六条增加了危害国家人类遗传资源安全、非法从事人体基因编辑、非法处置外来入侵物种的犯罪。

有的建议，明确“国家人类遗传资源”、“违反国家有关规定”的范围；对非法采集国家人类遗传资源增加单位犯罪；将“未经安全审查”把国家人类遗传资源信息提供给境外等，修改为“应经安全审查而未提请安全审查”。

有的建议增加有关生物武器的规定，以衔接生物安全法草案第五章实验室生物安全和第七章防范生物恐怖与生物武器威胁。

有的建议，将“外来入侵物种”修改为“非当地栖息地原生物种或具有危害公共卫生安全、生态安全、公共秩序等高风险物种”。

（三）关于增加以食用为目的的非法猎捕、收购、运输、出售陆生野生动物的犯罪

草案第二十五条将以食用为目的的非法猎捕、收购、运输、出售除珍贵、濒危野生动物和“三有野生动物”以外的陆生野生动物，情节严重的行为增加规定为犯罪。

有的建议，取消以食用为目的的规定，将“陆生野生动物”改为“陆生野生动物及其制品”；有的提出，应当将刑法打击的范围扩大至野生动物的加工行为上，不应局限“以食用为目的”。

草案第二十七条增加规定在国家级自然保护区非法开垦等破坏自然保护区生态环境资源的犯罪。有的建议取消“国家级”规定，扩大保护范围。

六、关于明确规定侮辱、诽谤英烈犯罪

草案第十七条将侮辱、诽谤英雄烈士的行为明确规定为犯罪，维护社会主义核心价值观。

有的建议，将本罪移至“妨害社会管理秩序罪”一章；有的建议，增加诋毁我国抗击外国入侵历史事实的犯罪、宣扬美化法西斯主义侵略战争暴行罪、侮辱亡于战争或自然灾害的民众罪；有的建议增加在公开平台、公共场所侮辱的情形；有的建议，将英雄烈士改为“死者”，并增加侮辱、诽谤英雄烈士的从重处罚的规定。

七、其他

1. 有些意见建议，扩大刑法第二百三十六条强奸罪的保护对象，将“妇女”修改为“他人”，强化对男性（包括男童）的保护；并完善强奸行为的判定标准。

2. 有些意见建议，将未成年人性同意年龄统一提高到16周岁，即“奸淫不满十六周岁未成年女性的，以强奸论，从重处罚”，并提高刑罚，规定为“处十年以上有期徒刑、无期徒刑或者死刑”。

3. 有些意见建议增加规定，对不满18周岁的未成年人负有监护、教育、训练、救助、看护、医疗等特殊职责的人员，无论其是否事实上利用了这种优势地位，只要其与该未成年人发生性关系，一律以强奸论，从重处罚。

4. 有些意见建议，严惩重判猥亵儿童的犯罪，将刑法第二百三十七条第三款“猥亵儿童的，依照前两款的规定从重处罚”，修改为“猥亵儿童的，处五年以上有期徒刑”。

5. 有的意见提出，草案“有前款行为，同时构成其他犯罪的，依照处罚较重的规定定罪处罚”条款，刑法中使用得不多，只有12处，但初次审议稿就加入6次，建议删去草案中“同时构成其他犯罪的，依照处罚较重的规定定罪处罚”的规定。

（3）十三届全国人大常委会第二十次会议审议刑法修正案（十一）草案的意见

2020年6月29日上午，十三届全国人大常委会第二十次会议对刑法修正案（十一）草案进行了初次审议。常委会组成人员和列席人员普遍认为，刑法修正案（十一）草案贯彻落实党中央决策部署，按照全面推进依法治国、推进国家治理体系和治理能力现代化的要求，坚持以人民为中心的发展理念，坚持宽严相济刑事政策，更好地发挥了刑法对经济社会发展的规范保障和引领作用。草案针对性强，聚焦重点领域，积极回应老百姓关切，总体赞成。同时，对草案提出了修改意见。现将审议意见简报如下：

一、关于加大对安全生产犯罪的预防惩治

（一）关于进一步明确高空抛物犯罪

草案第一条规定，从高空抛掷物品，危及公共安全的，处拘役或者管制，并处或者单处罚金，致人伤亡或者造成其他严重后果，同时构成其他犯罪的，依照处罚较重的规定定罪处罚。

有的常委会组成人员和列席人员提出，高空抛物犯罪危害严重，应从严惩处（张春贤副委员长）；建议将刑罚调整为三年以下、三年以上十年以下有期徒刑（吕彩霞委员），或将刑罚调整为一年以下有期徒刑（宪法法律委周光权）；有的常委会组成人员提出，“从高空抛掷物品”中“高空”很难界定，建议将“高空”修改为“建筑物”（丁仲礼副委员长），或者删去“高空”规定（王长河委员），将明知放置物品会危及公共安全的坠物行为增加规定为犯罪（罗毅委员）。

（二）关于进一步明确妨害公共交通工具安全驾驶犯罪

草案第二条规定，对行驶中的公共交通工具的驾驶人员使用暴力或者抢夺驾驶操纵装置，干扰公共交通工具正常行驶，危及公共安全的，处一年以下有期徒刑、拘役或者管制，并处或者单处罚金。驾驶人员与他人互殴，危及公共安全的，依照前述规定处罚。致人伤亡或者造成其他严重后果，同时构成其他犯罪的，依照处罚较重的规定定罪处罚。

有的常委委员和列席人员提出，妨害公共交通工具安全驾驶行为的主观恶意较深，对公共安全或他人生命安全会造成重大威胁，应当规定更为严厉的刑罚，建议适当提高判处有期徒刑的年限（李锐委员）；实施抢夺行为就需要定罪，不需要进一步判断是不是危害公共安全，建议删去“危及公共安全”的规定（宪法法律委周光权）；驾驶员内部管理是比较严格的，主动和他人打架，需要定罪行为极少，也涉及要认定是否为正当防卫，建议删去驾驶员与他人互殴的规定（徐辉委员，宪法法律委周光权）；驾驶员擅离职守可能会对公共安全造成比较大的危害，建议增加“擅离职守”的规定（李孝轩代表）。

此外，有的常委委员提出，对正在进行的不法侵害，可以进行正当防卫制止不法侵害的行为。驾驶人员在受到不法侵害时采取的制止侵害行为如何定性，应当予以明确，建议对互殴作出更明确的界定，处理好与正当防卫的关系。（杜黎明、贾廷安委员）

二、关于完善惩治食品药品犯罪的规定

（一）关于修改生产、销售假药罪

草案第五条对刑法第一百四十一条生产、销售假药罪作了修改。明确规定，违反国家规定，未取得批准证明文件生产药品或者明知是上述药品而销售的，以及药品使用单位的人员明知是假药而提供给他人使用的，依照生产、销售假药罪的规定处罚。

有的常委会组成人员提出，对于未取得药品批准证明文件生产药品的行为，如鉴定属于假劣药，适用生产、销售假药罪和生产、销售劣药罪，鉴定不属于假药、劣药的不能适用有关罪名，建议将“未取得批准证明文件生产药品的”，移入草案第七条，作为妨害药品管理秩序犯罪的一种情形或者将第二款规定“未取得批准证明文件生产药品的”，以生产、销售假药罪论处，并增加“足以严重危害人体健康的”的限制性规定（曹建明副委员长，鲜铁可委员）；假药不仅不能治病，有的甚至可能危害人的健康乃至生命，社会危害性极大，无论危害结果如何，本身就是严重犯罪，必须严厉打击和惩处，建议加大处罚力度（韩晓武、翁孟勇、吴恒委员）；明知是假药而提供给他人的，不应仅限于药品使用单位的人员，应当包括所有各类人员，建议修改为“向他人提供药品的人员，明知是假药而提供给他人使用的”（吴恒委员）。

（二）关于增加妨害药品管理秩序的犯罪

草案第七条将此前以假药论的一些情形以及违反药品生产质量管理规范的行为等单独规定为一类犯罪，包括（1）生产、销售国务院药品监督管理部门禁止使用的药品的；（2）未取得药品批准证明文件进口药品或者明知是上述药品而销售的；（3）依法应当检验而未经检验即销售药品的；（4）药品申请注册中提供虚假的证明、数据、资料、样品或者采取其他欺骗手段的；（5）编造生产、检验记录的等五种行为。

有的常委委员提出，妨害药品管理秩序的有些行为可能还够不上罪，给予行政处罚就可以，建议删除第二项、第三项规定（丛斌委员）；第二项是否包括个人从境外私自带回药品的情形，建议明确，修改为“未取得药品批准文件的各类市场主体进口药品，或者明知是上述药品而销售的”（吴恒委员）。

此外，吴恒委员提出，应加大对网络销售药品中不规范行为的惩处力度，建议将药品网络交易第三方平台提供者的违法行为以及采取用药回扣等贿赂手段推销药品的行为，纳入刑法规制。

（三）关于修改完善食品药品监管渎职犯罪

草案第二十八条对刑法第四百零八条之一进行了修改，增加药品监管渎职犯罪，细化了具体情形，其中第二项、第三项规定为：“对发现的严重食品药品安全违法行为未及时查处的”；“未及时发现监督管理区域内重大食品药品安全隐患的”。

有的常委委员提出，第二项、第三项情形的发生，其中可能有主观因素，也可能有客观因素，比如受认识程度、判断标准、理解能力等方面因素以及其他方面客观条件的限制，没有能够及时发现隐患，对食品药品监管部门工作人员的要求太严，处罚范围太宽，建议再研究（郑淑娜、贾廷安委员）。

三、关于完善破坏金融管理秩序的犯罪规定

（一）关于修改欺诈发行股票、债券罪

草案第八条对刑法第一百六十条欺诈发行股票、债券罪作了修改，提高刑罚，明确控股股东、实际控制人的刑事责任。有的常委会组成人员和列席人员建议，此类行为危害严重，建议提高欺诈发行股票、债券罪的刑罚，并将该条调整到金融诈骗罪一章（王东明副委员长，徐绍史、欧阳昌琼委员）；建议刑罚由五年以下和五年以上两档，修改为五年以下、五年至十年和十年以上三档，并将控股股东、实际控制人的刑罚起点刑规定为五年以上（财经委刘新华）。

（二）关于修改违规披露、不披露重要信息罪

草案第九条对刑法第一百六十一条违规披露、不披露重要信息罪作了修改，将法定最高刑由三年有期徒刑提高到十年有期徒刑。有的常委委员建议，提高违规披露、不披露重要信息罪的刑罚或者研究统一提高欺诈发行、违规披露行为的法定刑（王超英委员）；明确本罪是单位犯罪，并规定双罚制（鲜铁可委员）。

（三）关于加大对非法集资犯罪的惩处力度

草案第十二条、第十三条分别对刑法第一百七十六条非法吸收公众存款罪、第一百九十二条集资诈骗罪等非法集资行为作出修改，提高非法吸收公众存款罪的法定最高刑，调整集资诈骗罪刑罚结构。丁仲礼副委员长建议，将非法吸收公众“存款”修改为“资金”，杜黎明委员建议，修改集资诈骗罪罪状，将“使用诈骗方法非法集资”，修改为“以非法集资方式诈骗公私财物”。

此外，有的常委会组成人员和列席人员建议，修改操纵证券市场罪，增加情形（曹建明副委员长，财经委刘新华）；增加“非法放贷罪”（王东明副委员长）；提高草案第十六条中介机构提供虚假证明文件罪的刑罚（王东明副委员长，李孝轩代表）。

四、关于加强企业产权的刑法保护

草案第十条、第十八条、第十九条分别对刑法第一百六十三条非国家工作人员受贿罪、第二百七十一条职务侵占罪、第二百七十二条挪用资金罪进行了修改，提高和调整刑罚配置，并规定挪用资金在被提起公诉前退还的，可以从轻或者减轻处罚。

有的常委会组成人员和列席人员建议，将职务侵占罪、非国家工作人员受贿罪、挪用资金罪和贪污罪、受贿罪、挪用公款罪统一罪名和刑罚（曹建明副委员长，鲜铁可、徐显明委员）；将非法占有其他股东股权的行为规定为犯罪（曹建明副委员长）；在职务侵占罪中，保留“没收财产”刑罚（万鄂湘副委员长），对职务侵占罪、非国家工作人员

受贿罪比照挪用资金罪的修改，规定从宽处罚（王超英、杜黎明委员，宪法法律委周光权）；增加民营企业渎职的犯罪，限定为严重渎职的告诉才处理（张苏军委员）。

草案第十一条对刑法第一百七十五条之一骗取贷款、票据承兑、金融票证罪进行了修改，删除“有其他严重情节”的规定。对在融资过程中虽有一些违规行为，但并没有诈骗目的，最后未给银行或者其他金融机构造成重大损失的，一般不作为犯罪处理。信春鹰委员提出，修正案草案本意是把民营企业不以诈骗为目的的贷款行为从骗贷行为中区分出来，而不是要减轻处罚，建议提高骗取贷款、票据承兑、金融票证行为的法定刑，同时增加民营企业不以诈骗为目的取得银行贷款和票据承兑、金融票证，未给银行造成重大损失，不作为犯罪处理的规定。

草案第十五条增加规定商业间谍犯罪，加大对侵犯商业秘密犯罪的惩处。曹建明副委员长建议，商业间谍罪的表述应与侵犯商业秘密罪保持统一。

五、关于强化公共卫生刑事法治保障

（一）关于修改妨害传染病防治罪

草案第二十一条对刑法第三百三十条妨害传染病防治罪作了修改，进一步明确新冠肺炎等依法确定的采取甲类传染病管理措施的传染病，属于本罪调整范围，增加规定了拒绝执行县级以上人民政府依照传染病防治法提出的预防、控制措施和出售、运输疫区中被传染病病原体污染或者可能被污染的物品等犯罪情形。

有的常委委员和列席人员提出，建议增加构成犯罪的情形，包括：故意隐瞒接触史或者作虚假陈述的（湖北人大王玲），明知本人感染，拒绝执行隔离措施的（王宪魁、李培林委员），农产品批发市场、集贸市场、餐饮未依法对出售、加工的农副产品进行质量安全检测，对经营场所及从业人员进行与公共卫生安全相关的检测检验，构成公共卫生安全隐患或造成公共安全事件的（刘振伟、孙其信委员），违反强制隔离规定的（吴恒委员）；完善第四项有关疫区出售、运输物品的规定，建议结合国际贸易等情况慎重研究，删去“可能被传染病病原体污染的物品”，否则面太大（徐延豪、江小娟委员），删去“疫区”的表述（教科文卫委刘谦）；传染病防治法对疾病预防控制机构如何修改尚不明确，建议将第五项修改为“拒绝执行人民政府依法决定和采取的有关预防、控制措施的”（郑淑娜委员）；地方政府发布的措施有的是过度的，行政处罚就可以，建议删去第五项（丛斌委员）。

此外，刘振伟、孙其信委员建议，将违反“传染病防治法的规定”修改为“违反传染病防治法、食品安全法、农产品质量安全法、动物防疫法的规定”；鲜铁可委员建议删除具体列项，作笼统规定。

（二）关于增加非法从事人体基因编辑犯罪

草案第二十三条增加非法从事人体基因编辑犯罪，对于违反国家有关规定，将基因编辑的胚胎、克隆的胚胎植入人类或者动物体内，情节严重的，处三年以下有期徒刑或者拘役，并处罚金；情节特别严重的，处三年以上七年以下有期徒刑，并处罚金。

有的常委会组成人员建议，应当允许出于科研目的将基因编辑的动物胚胎植入动物体内的实验，建议修改为“违反国家有关规定，将基因编辑或克隆的人类胚胎植入人体或动物体内，以及将基因编辑或克隆的动物胚胎植入人体内，情节严重的”，追究刑事责任（曹建明、陈竺副委员长，丛斌、徐延豪委员），并增加单位犯罪（曹建明副委员长）。徐延豪委员提出，限定为非法基因编辑、克隆范围过细过窄，建议笼统表述为“违反国家有关规定，违背科学伦理，利用现代生物等技术从事胚胎生试验研究”。

（三）关于增加以食用为目的非法猎捕、收购、运输、出售陆生野生动物的犯罪

草案第二十五条将以食用为目的非法猎捕、收购、运输、出售除珍贵、濒危野生动物和“三有野生动物”以外的陆生野生动物，情节严重的行为增加规定为犯罪。

有的常委委员提出，很多非法捕猎、收购、运输、出售等行为的目的不仅是为了食用，更多的是为了营利，建议将其中的“以食用为目的”，修改为“以食用和其他谋利为目的”（贾廷安委员），并对不是以食用为目或者不属于禁猎的，猎捕、收购、运输、出售是否可行，作出规定（王长河委员）；建议与野生动物保护法的修改做好衔接，保持规定内容上的一致性，特别是对非法食用野生动物加大处罚力度再做深入研究（窦树华、矫勇委员）；在野生动物前加限制词，修改为“在野外环境自然生长繁殖的野生动物”（矫勇委员）。

六、关于破坏生态环境犯罪

草案第二十四条对刑法第三百三十八条污染环境罪作了修改，提高法定最高刑，列明具体情形，加大惩处力度。

有的常委会组成人员建议，增加“造成大气环境特别严重损害的”的规定（万鄂湘副委员长）；将污染环境罪中第四项“致人重伤、死亡的”修改为“致人重伤、严重疾病、死亡的”（丛斌委员），或者修改为“致人重伤、严重残疾、死亡的”（吕世明委员）。

草案第二十七条增加规定在国家级自然保护区非法开垦等破坏自然保护区生态环境资源的犯罪。程立峰委员建议将“自然保护区”修改为“国家公园、自然保护区”。

七、关于明确规定侮辱、诽谤英烈犯罪

草案第十七条将侮辱、诽谤英雄烈士的行为明确规定为犯罪，维护社会主义核心价值观。

有的常委委员和列席人员建议，增加侮辱、诽谤英雄集体的犯罪（徐辉委员），将本罪移至“妨害社会管理秩序罪”一章（宪法法律委周光权），增设罚金刑（李飞跃委员）；增加诋毁我国抗击外国入侵历史事实的犯罪（孙其信委

员），将宣传、美化侵略者的行为一并规定为犯罪（刘季幸委员）。

八、关于涉军犯罪

（一）关于修改为境外窃取、刺探、收买、非法提供军事秘密罪

草案第二十九条对刑法第四百三十一条作了修改，调整刑罚结构，保持罪刑均衡。刘季幸委员提出，实施这类犯罪的，往往以追求钱财为目的，建议增加“可以并处没收财产”的规定。宋琨委员提出，无论何种情况，军人出卖军事秘密都是极为严重的罪行，必须严惩。

（二）关于明确文职人员犯罪适用依据的规定

草案第三十条对刑法第四百五十条作了修改，对军人违反职责罪的主体范围作出完善，明确军队文职人员适用军人违反职责罪规定。有的常委委员提出，预备役部队全面纳入军队领导指挥体系，由现行军地双重领导调整为党中央、中央军委集中统一领导，中国人民武装警察部队领导指挥体制进行调整，武警部队由党中央、中央军委集中统一领导，归中央军委建制，武装警察部队就叫军官了，不能再叫警官了，建议对条文中武警“现役警官”和预备役的表述再斟酌（李巍委员）；建议作简化处理，修改为“本章适用于中国人民解放军和中国人民武装警察部队的现役军（警）官，文职干部、士兵、具有学籍的学员以及文职人员、执行军事任务的预备役人员和其他人员”（贾廷安委员）。

此外，殷方龙委员建议，在第七章危害国防利益罪中，增加有关放飞“低慢小”航空器构成犯罪的条款。王教成委员提出，完善刑法第七章和第十章的有关内容，一是，在刑法第三百六十八条阻碍军事行动罪增加“未使用暴力、威胁方法，造成严重后果的”的情形；二是，建议将刑法第四百三十八条盗窃、抢夺武器装备、军用物资罪从第十章调整到第七章，并将刑法第二百六十三条抢劫罪第八项“抢劫军用物资罪”修改为“抢劫武器装备、军用物资罪”，并增加战时从重的情节；三是，关于战时提供虚假情报问题，建议将刑法第三百七十七条“敌情”修改为“情报”。

九、其他意见建议

在审议过程中，常委会组成人员和列席人员还提出了一些其他完善刑法规定的建议，意见较为集中的建议主要有：

1. 加大对性侵、猥亵未成年人犯罪的惩治。有些常委会组成人员和列席人员建议，提高奸淫幼女犯罪的刑罚，规定为十年以上有期徒刑、无期徒刑或者死刑（沈跃跃副委员长，吕彩霞、王宪魁、殷方龙、谢经荣、邓丽、刘季幸委员，刘希娅代表）；提高猥亵儿童罪刑罚（沈跃跃副委员长，吕彩霞、王宪魁、殷方龙、谢经荣、朱明春、杜玉波、张苏军、邓丽、刘季幸、欧阳昌琼委员，宪法法律委周光权，刘希娅代表）；将性引诱行为规定为犯罪（邓丽委员）；将“奸淫不满 14 岁幼女的”规定修改为“不满 16 岁的儿童”（高友东委员）。此外，建议梳理刑法中对未成年保护、预防未成年人犯罪方面相关条文，加大对未成年人的刑法保护（张春贤副委员长，张勇、韩梅委员）。

2. 关于惩治冒名顶替行为。有些常委会组成人员和列席人员提出，增加冒名顶替录取、入学犯罪，维护教育公平、社会公平（张春贤副委员长，韩晓武、陈福利、邓丽、刘季幸、韩梅、张业遂、谭耀宗、朱明春、杜玉波、张苏军、郑功成、庞丽娟、李巍、欧阳昌琼、田红旗委员，宪法法律委周光权）；认真研究这类新情况新问题，修法积极回应社会关切（丁仲礼副委员长，沈春耀、李培林委员）；增加侵犯他人受教育权罪（徐显明、傅莹、丛斌委员）；建议增设盗用、冒用他人身份罪（于志刚委员）；冒名顶替上学的情况比较复杂，不一定直接说冒名顶替就入刑，而是应考虑违反国家考试制度的问题，入刑问题应再认真研究（江小涓委员）。

3. 关于完善惩治未成年人犯罪规定。有的常委会组成人员和列席人员建议，降低未成年人严重暴力犯罪刑事责任年龄（沈跃跃副委员长，郑功成委员）；不普遍降低，但在特定条件下，对案件性质特别恶劣，经过严格核准程序，14 周岁以下的可追究刑事责任（沈春耀委员）；对未成年人实施严重犯罪的，实行恶意补足年龄（邓丽委员）；降低刑事责任年龄、补足刑事责任年龄或者完善收容教养制度，实现对“低龄未成年人”犯罪的惩戒机制（高友东、冯军、周敏委员，刘希娅代表）；从实施主体、实施程序、实施保障等方面完善收容教养制度（邓凯委员）。

此外，有的常委会组成人员提出，编纂刑法典（张春贤副委员长，韩梅委员）；修改危险驾驶罪（杜黎明、徐显明、丛斌委员）；修改走私罪，增加规定非法出口技术、服务犯罪，与出口管制法衔接（于志刚委员）；增加对认罪认罚可以从轻、减轻处罚，犯罪较轻的可以免除处罚的规定（曹建明副委员长，鲜铁可、徐显明委员）；增加袭警罪（张苏军、鲜铁可委员）；增加侵袭法官、检察官、警察等执法司法人员罪（徐显明委员）；增加医闹犯罪（韩晓武委员）。

41. 中华人民共和国刑法修正案（十一）（草案三次审议稿）参阅资料

目　录

（1）十三届全国人大常委会第二十二次会议审议刑法修正案（十一）草案二次审议稿的意见

2020年10月14日下午，十三届全国人大常委会第二十二次会议对刑法修正案（十一）草案二次审议稿（以下简称草案）进行了审议。常委会组成人员和列席人员普遍认为，草案贯彻落实党中央决策部署，积极回应人民群众关心、社会关注的问题，充分吸收采纳常委会组成人员的审议意见和各方面意见建议，对一审稿作了一些很重要的修改和完善，更好地发挥了刑法对经济社会发展的规范、保障和引领作用，体现了民主立法原则、坚持问题导向、具有与时俱进的精神，总体已趋成熟（曹建明、沈跃跃、陈竺副委员长，李康、杜黎明、杜玉波、王超英、郑功成、刘修文、邓丽、殷方龙、高虎城、宋琨、鲜铁可委员，财经委刘新华）。同时，对草案提出了一些修改意见。现将审议意见简报如下：

一、关于完善涉未成年人的刑法规定

（一）关于刑事责任年龄个别下调

草案第一条对刑法第十七条关于刑事责任年龄的规定作了修改。明确规定，已满十二周岁不满十四周岁的人，犯故意杀人、故意伤害罪，致人死亡，情节恶劣的，经最高人民检察院核准，应当负刑事责任。同时，统筹考虑刑法修改和预防未成年人犯罪法修改相关问题，将收容教养修改为专门矫治教育。

有些常委会组成人员赞成草案对刑事责任年龄作个别下调（沈跃跃、陈竺副委员长，郑功成、鲜铁可、陈斯喜、吕世明委员），也有的常委委员不赞成降低刑事责任年龄（李锐委员）。

有些常委会组成人员建议对低龄未成年人追究刑事责任的适用范围作进一步扩大，在“故意杀人、故意伤害罪”以外增加强奸犯罪（万鄂湘副委员长），或者在“致人死亡”后增加低龄未成年人“以特别残忍手段致人重伤，造成严重残疾”追究刑事责任的规定（曹建明、陈竺副委员长，鲜铁可委员），同时删去“情节恶劣”的限制性条件（陈竺副委员长，鲜铁可委员）。

有些常委委员建议对低龄未成年人追究刑事责任的程序作进一步调整，将“经最高人民检察院核准”修改为“经最高人民法院核准”（朱明春、吕薇、刘修文委员），或者修改为“经最高人民检察院同意，可以起诉追究刑事责任”（陈斯喜委员）。

陈斯喜委员建议对低龄未成年人利用刑事责任年龄故意实施恶性犯罪的，不设最低刑事责任年龄限制。

（二）关于奸淫幼女犯罪

草案第二十条对刑法第二百三十六条强奸罪作了修改。明确对在公共场所当众奸淫幼女、奸淫不满十周岁的幼女或者造成幼女伤害等严重情形，适用十年以上有期徒刑、无期徒刑或者死刑。

有的常委委员提出，本条第三款第五项“造成幼女伤害”的意思有歧义，如果对象是对所有的幼女造成伤害都要加重处罚，则第一项规定的“情节恶劣”等规定可以涵盖，建议删去该表述（王超英委员），或者删去该第五项整体表述，慎重增加适用死刑的情节（谭耀宗委员）。

（三）关于负有特定职责身份人员性侵犯罪

草案第二十一条在刑法第二百三十六条之后增加一条规定，对负有监护、收养、看护、教育、医疗等特殊职责人员，与已满十四周岁不满十六周岁未成年女性发生性关系的行为规定为犯罪。

有些常委会组成人员建议，增加“利用其特殊职责所形成的影响力”的规定（万鄂湘副委员长），将“十六周岁”提高到“十八周岁”（杜黎明委员），将法定刑“三年以下有期徒刑”“三年以上十年以下有期徒刑”调整为“三年以上十年以下有期徒刑”“十年以上有期徒刑”，同时明确第二款参照强奸罪“奸淫幼女”的规定从重处罚（邓丽委员，环资委谭琳）。

（四）关于猥亵儿童犯罪

草案第二十二条对刑法第二百三十七条第三款猥亵儿童罪作了修改。明确了对猥亵儿童多人或者多次，聚众或者在公共场所当众猥亵儿童等行为，处五年以上有期徒刑。

有些常委会组成人员建议本条增加对“猥亵不满十周岁幼儿的”处五年以上有期徒刑的规定。（沈跃跃副委员长，邓丽委员，环资委谭琳）

二、关于安全生产犯罪

（一）关于妨害公共交通工具安全驾驶犯罪

草案第二条在刑法第一百三十三条之一后增加一条规定，对行驶中的公共交通工具的驾驶人员使用暴力或者抢控驾驶操纵装置，干扰公共交通工具正常行驶，危及公共安全的，以及驾驶人员在行驶的公共交通工具上擅离职守，与他人互殴或者殴打他人，危及公共安全的行为定罪处罚。

有些常委会组成人员提出，除了暴力、抢控驾驶操纵装置，驾驶人员与乘客互殴等行为外，还有捂眼睛、喷洒辣椒水等其他妨害驾驶的行为，建议在第一款中增加“实施其他妨害安全驾驶的行为”，第二款中增加“实施其他严重违规操作行为”妨害安全驾驶的规定，并提高法定刑到三年以下有期徒刑（万鄂湘副委员长），删去第一款“危及公共安全”的限制性条件（杜黎明委员），删去第二款中“与他人互殴或者殴打他人”的规定（车捷代表），将第二款的“在行驶”改为“在行驶中”，以与第一款的规定相一致（谭耀宗委员）。

（二）关于危险作业犯罪

草案第四条对在生产、作业中违反安全管理的规定，具有发生重大伤亡事故或者其他严重后果的现实危险的行为规定为犯罪。鲜铁可委员提出“现实危险”是新概念，较难定义，建议将“现实危险”修改为“危险”。

（三）关于高空抛物犯罪

草案第二十七条在刑法第二百九十一条之一后增加一条，规定了高空抛物犯罪。李锐委员建议进一步完善该条的规定，加大处罚力度。

三、关于妨害药品管理秩序犯罪

（一）关于假药、劣药犯罪

草案第五条、第六条分别对刑法第一百四十一条生产、销售假药罪、第一百四十二条生产、销售劣药罪作了修改完善。

华侨委王辉忠提出，针对中医药的实际情况，建议对这两条增加规定“销售少量根据民间传统配方自行加工的药品，没有造成伤害或者延误诊治的，可以不认定为犯罪”的规定。同时恢复假药、劣药根据药品管理法予以认定的规定。李桂琴代表建议，将草案第五条和第六条关于药品使用单位的人员提供假劣药给他人，依照前款的规定“处罚”修改为“从重处罚”。

（二）关于妨害药品管理秩序犯罪

草案第七条将此前以假药论的一些情形以及违反药品生产质量管理规范等足以严重危害人体健康的行为规定为犯罪。其中第二项规定“未取得药品批准证明文件生产、进口药品或者明知是上述药品而销售的”应定罪处罚。

万鄂湘副委员长建议将本条罪状中规定的“足以严重危害人体健康的”限制性规定修改为“情节严重的”。杜黎明委员、华侨委王辉忠提出，对本条第二项规定的“未取得药品批准证明文件生产、进口药品或者明知是上述药品而销售”的行为，只规定行政处罚即可，建议删去该项规定，同时提高该罪的法定刑。

四、关于破坏金融管理秩序犯罪

（一）关于证券犯罪

草案第八条、第九条、第十三条、第十九条分别对刑法第一百六十条欺诈发行股票、债券罪、第一百六十一条违规披露、不披露重要信息罪、第一百八十二条操纵证券、期货市场罪、第二百二十九条提供虚假证明文件罪、出具证明文件重大失实罪作了修改完善。

有的常委委员建议删去草案第八条、第九条关于欺诈发行股票、债券罪和违规披露、不披露重要信息罪中“单处罚金”的规定（杜黎明委员）。有的列席同志建议对欺诈发行股票、债券罪第二款的罚金作相应调整，对“情节较轻的”规定“非法募集资金的5%以上20%以下”罚金；对“情节严重的”规定“非法募集资金的20%以上一倍以下”罚金（胡少先代表）。

有的常委委员提出，草案第十三条修改了操纵证券、期货市场罪，新增加的行为不一定会影响证券、期货交易价格或者证券、期货交易量，建议删去该条罪状中“影响证券、期货交易价格或者证券、期货交易量”的规定（王超英委员），或者将“影响”修改为“控制”，并删去该条第一项规定的“联合或者连续买卖”的规定（欧阳昌琼委员）。有的列席同志建议将“帐户”改为“账户”（胡少先代表）。

（二）关于非法集资犯罪

草案第十二条、第十五条分别对刑法第一百七十六条非法吸收公众存款罪、第一百九十二条集资诈骗罪作了修改完善。对非法吸收公众存款罪增加“在提起公诉前积极退赃，减少损害结果发生的，可以从轻或者减轻处罚”的规定，鼓励犯罪行为人积极退赃，挽回、减少被害人损失。在集资诈骗罪中增加第二款，加大对单位犯集资诈骗罪的处罚力度，并相应修改刑法第二百条的规定。

有的常委委员提出，实践中这类犯罪情况比较复杂，对于因一时资金周转困难采取非法吸收公众存款的情况可不予处罚，建议在“从轻或者减轻处罚”的基础上增加“免除处罚”的规定（李锐委员），或者将“提起公诉前”修改为“一审判决前”（车捷代表）。有的常委委员建议进一步完善集资诈骗罪的表述，将罪状修改为“以非法集资的方法骗取财物”，以明确诈骗的性质（杜黎明委员）。

（三）关于洗钱犯罪

草案第十四条修改完善了刑法第一百九十一条洗钱罪，将实施一些严重犯罪后的“自洗钱”行为明确为独立犯罪。杨震委员建议在该条第一款第二项的“将财产转换为现金”后增加“数字货币”。

（四）关于暴力讨债犯罪

草案第二十八条将使用暴力、胁迫方法催收高利贷产生的债务或者法律不予保护的债务，情节严重的行为规定为犯罪。

陈锡文委员提出合法债务也不能暴力催讨，建议将“高利贷产生的债务或者其他法律不予保护的债务”修改为“债务”，以涵盖合法债务。华侨委王辉忠提出，放高利贷行为是本条规定的上游犯罪，应当增加规定为犯罪。同时，本条规定的催收高利贷等行为根据相关司法解释是可以按照非法经营罪等罪名定罪处罚的，不必再增加规定为犯罪。建议删去本条规定，增加放高利贷犯罪、非法跟踪、滋扰犯罪。

五、关于加强企业产权的刑法保护

（一）关于加强非公有制经济的刑法保护

草案第十条、第二十三条、第二十四条分别对刑法第一百六十三条非国家工作人员受贿罪、第二百七十一条职务侵占罪、第二百七十二条挪用资金罪进行了修改，提高和调整刑罚配置，并规定挪用资金在被提起公诉前退还的，可以从轻或者减轻处罚。

有的常委会组成人员建议对草案第十条非国家工作人员受贿罪、第二十三条职务侵占罪的规定，增加“没收财产”（万鄂湘副委员长），增加“对实施多次行为的，累计数额计算。在提起公诉前，认罪悔罪，积极退赃，避免损害结果发生的，可以从轻、减轻或者免除处罚”的规定（杜黎明委员）。有的列席同志提出，草案第二十四条对挪用资金罪增加了“在提起公诉前将挪用的资金退还的，可以从轻或者减轻处罚”的规定建议对挪用公款罪作同样修改，或者在刑法总则部分对财产类犯罪作酌定从轻、减轻处罚的一般性规定（华侨委王辉忠），有的建议将第二十四条挪用资金罪中的“可以从轻或者减轻处罚”修改为“应当减轻或者免除处罚”（李桂琴代表）。

（二）关于骗取贷款、票据承兑、金融票证犯罪

草案第十一条对刑法第一百七十五条之一骗取贷款、票据承兑、金融票证犯罪作了修改。

有的常委委员提出，本条删去了刑法第一百七十五条之一第一款中“或者有其他严重情节”的规定，提高了入罪门槛，对改善民营企业生产经营环境、促进民营经济发展具有一定意义，但是不利于维护金融机构资金安全和金融管理秩序，建议对该条第一款不作修改（杜黎明委员）。有的列席同志建议，删去本条“单处罚金”的规定，以从严惩处该犯罪（财经委郭庆平），增加“银行或者其他金融机构人员明知行为人采取欺骗手段，仍为其贷款、票据承兑、开具信用证保函等”定罪处罚的规定（车捷代表）。

六、关于妨害社会管理秩序犯罪

（一）关于袭警犯罪

草案第二十五条修改了刑法第二百七十七条妨害公务罪第五款的规定，对“暴力袭击正在依法执行职务的人民警察”增加规定了单独的法定刑。同时，针对使用枪支、管制刀具或者驾驶机动车撞击等严重暴力袭警行为，规定了更重的处罚。

有的常委委员建议增加“法官、检察官”（王超英委员），或者增加“辅警”（鲜铁可委员）。

（二）关于冒名顶替犯罪

草案第二十六条在刑法第二百八十条之一后增加一条规定，将盗用、冒用他人身份，顶替他人取得的高等学历教育入学资格、公务员录用资格、就业安置待遇的行为规定为犯罪，同时规定组织、指使他人实施的，从重处罚。

有些常委会组成人员建议增加冒名顶替“人伍资格”的规定（万鄂湘副委员长），针对国家工作人员增加一款规定，即“国家工作人员组织、指使或者帮助实施第一款行为的，从重处罚”（曹建明副委员长），同时提高该规定的刑罚（刘玉亭委员）。

（三）关于侮辱、诽谤英雄烈士犯罪

草案第二十九条在刑法第二百九十九条后增加一条规定，将侮辱、诽谤英雄烈士的行为规定为犯罪。

有的常委委员提出，该条未能涵盖侵害英雄烈士人格利益和社会公共利益的所有犯罪情形，建议进一步与英雄烈

士保护法、民法典相衔接（嘉木样·洛桑久美·图丹却吉尼玛委员），有的常委委员建议将“宣扬、美化侵略战争和侵略行为”增加规定为犯罪（杜黎明委员）。

（四）关于赌博犯罪

草案第三十条对刑法第三百零三条赌博罪、开设赌场罪作了修改，进一步调整了开设赌场罪刑罚配置，同时在第三款增加境外赌场人员组织、招揽我国公民出境赌博犯罪。

有些常委委员表示，有关部门提出要加大打击赌博犯罪，防止资金外流问题的建议，确实需要重视，强化这方面的管理是必要和重要的，但是要妥善考虑处理的方式和时机。（傅莹、王光亚、张志军、陈斯喜、鲜铁可委员，澳门基本法委员会崔世昌）

同时，许多常委委员、列席人员提出，该条第三款的规定需要认真考虑对澳门地区经济社会和政治的影响。特别是在澳门经济受疫情严重冲击的背景下，应考虑稳定大局，为推进澳门特色的“一国两制”实践行稳致远提供法律保障，建议删去该款的规定或者将该款规定的“境外”修改为“国外”（傅莹、王光亚、贾廷安、徐显明、矫勇、杨震、杜玉波、李康、姚建年、韩梅、乌日图、殷方龙、陈文华、张志军、陈斯喜、黄志贤、谭耀宗、鲜铁可、刘建敏、郑功成委员，监察司法委叶赞平，香港基本法委员会谭慧珠、澳门基本法委员会崔世昌，陈亨利、刘艺良、容永恩代表），该款的内容还涉及香港地区（谭耀宗委员，香港基本法委员会谭慧珠，陈亨利代表），以及国外（王光亚、乌日图委员）和境外管辖问题（徐显明委员），情况比较复杂。也可考虑修改为组织、招揽“巨额赌博”，允许小的博彩（陈文华委员），或者修改为组织公民出境参与赌博的规定（张志军委员）。有的代表建议将第三款修改为“国家公职人员在境外参加赌博的，依照前款的规定从重处罚”（李引泉代表）。

（五）关于基因编辑犯罪

草案第三十三条在刑法第三百三十六条后增加一条规定，将基因编辑的人类胚胎植入人体等行为规定为犯罪。

甘肃陈克恭提出该条规定的“违反国家有关规定”有歧义，容易理解为国家允许实施此类行为，建议删去。

（六）关于兴奋剂犯罪

草案第三十八条在刑法第三百五十五条后增加一条规定，将组织、强迫运动员使用兴奋剂，以及引诱、教唆、欺骗运动员使用兴奋剂参加国内、国际重大体育竞赛，或者向其提供等严重情形规定为犯罪。

杨树安委员建议增加引诱、教唆“青少年”使用兴奋剂追究刑事责任，以及组织、强迫“青少年”使用兴奋剂从重处罚的规定。

七、其他意见

1. 有的常委会组成人员建议，修改刑法第三百六十三条“制作、复制、出版、贩卖、传播淫秽物品牟利罪”“为他人提供书号出版淫秽书刊罪”、第三百六十四条“传播淫秽物品罪”“组织播放淫秽音像制品罪”、第三百六十五条“组织淫秽表演罪”，对这些犯罪中淫秽制品涉未成年人的行为，从重处罚。（沈跃跃副委员长，环资委谭琳）

2. 关于污染环境犯罪。草案第三十四条对排放有害物质严重污染环境的犯罪作了修改完善。

万鄂湘副委员长建议将该罪罪状中“严重污染环境”的规定修改为“情节严重”。

3. 张苏军委员建议在刑法修正案（十一）中增加一条规定，明确对严重疾病保外就医、怀孕等罪犯暂予监外执行的，适用“暂停刑罚执行制度”，监外的时间不计入刑期。

4. 有的常委委员建议对危险驾驶罪进行修改，对醉酒驾驶机动车的规定，增加“情节严重”的限制性条件（杜黎明委员），将“严重超载”行为入刑（高友东委员）。

5. 殷方龙委员建议增加“无人机违规飞行肇事”构成犯罪的规定。

6. 有的常委委员建议增加相关规定，对即将刑满释放的实施严重暴力犯罪的罪犯进行再犯罪风险评估（邓丽委员），或者仅针对“性犯罪”增加再犯风险评估（环资委谭琳）。

7. 杜黎明委员建议根据刑法修正案（十一）的修改，对刑法其他条文作一并修改。主要是参照修改假药、劣药根据药品管理法的指引性规定的方式，删去刑法第一百八十条内幕信息、知情人员的范围等其他刑法中的指引性规定。同步调整金融诈骗罪一节中其他犯罪的罚金刑。

8. 蒋胜男代表建议增加故意对被拐卖妇女儿童进行肢体伤残的罪名。同时删去刑法第二百五十条出版歧视、侮辱少数民族作品罪。

9. 关于妨害传染病防治犯罪。草案第三十一条对妨害传染病防治的犯罪作了修改完善。

王超英委员建议该条作笼统规定，避免刑法先通过，后续法律衔接出现问题。

10. 关于食用野生动物的犯罪。草案第三十五条将以食用为目的，非法猎捕、收购、运输、出售珍贵、濒危野生动物以外的陆生野生动物的行为规定为犯罪。

王超英委员建议研究该条的适用范围，与野生动物保护法的修改作进一步衔接。

11. 关于明确文职人员犯罪适用依据的规定。草案第四十一条对军人违反职责罪适用范围的规定作了修改完善。

宪法法律委钟志明建议将该条修改为“本章适用于中国人民解放军和中国人民武装警察部队的现役军（警）官、军（警）士、义务兵和军队院校供给制学员以及文职人员、执行军事任务的预备役人员和其他人员”，以与其他法律草案的规定相衔接。

12. 有些常委委员、列席同志对刑事政策导向提出意见，认为刑法修正案有重刑化、泛刑化的倾向，应坚持刑法的谦抑性，用民法、行政法能解决的问题，就原则上不用刑法解决，如高空抛物、食用野生动物等。（徐显明、朱明春、姒建敏、周洪宇委员，监察司法委叶赞平）

13. 刘修文委员提出，草案又增加了不少新条文，建议对刑法修正案（十一）草案增加一次审议。

（全国人大常委会法制工作委员会办公室提供）

（2）刑法修正案（十一）草案二次审议稿向社会公众征求意见的情况

2020年10月20日至11月19日，刑法修正案（十一）草案二次审议稿（以下简称草案二审稿）在中国人大网公布，向社会公开征求意见。其间，共收到2530位公众提出的8491条意见，社会公众意见主要集中在完善涉未成年人犯罪的刑法规定、对人工驯养动物与野生动物区别规制、完善冒名顶替及集资诈骗行为惩治等方面，现将主要意见简报如下：

一、关于完善涉未成年人犯罪的刑法规定

（一）关于刑事责任年龄个别下调

草案二审稿第一条对刑法第十七条关于刑事责任年龄的规定作了修改。增加规定，已满十二周岁不满十四周岁的人，犯故意杀人、故意伤害罪，致人死亡，情节恶劣的，经最高人民检察院核准，应当负刑事责任。

有的建议，已满十二周岁不满十四周岁的未成年人犯罪类型应增加强奸罪和抢劫罪，或者包括第二款规定的八类犯罪。有的建议，将“应当负刑事责任”修改为“应当追究刑事责任”或者“应当移送起诉”。有些提出，实践中一些案例尚未造成死亡结果但给被害人身体造成严重伤害，建议增加致人重伤的规定，或者删除“致人死亡”。

（二）关于奸淫幼女犯罪

草案二审稿第二十条对刑法第二百三十六条强奸罪作了修改。明确对在公共场所当众奸淫幼女、奸淫不满十周岁的幼女或者造成幼女伤害等严重情形，适用十年以上有期徒刑、无期徒刑或者死刑。有的建议，将强奸罪的对象由“妇女”修改为“他人”，体现对男性和女性的平等保护。

（三）关于负有特定职责身份人员性侵犯罪

草案二审稿第二十一条在刑法第二百三十六条之后增加一条规定，对负有监护、收养、看护、教育、医疗等特殊职责人员，与已满十四周岁不满十六周岁未成年女性发生性关系的行为规定为犯罪。

有的建议，将“已满十四周岁不满十六周岁”修改为“已满十四周岁不满十八周岁”。有的提出，两高两部《关于依法惩治性侵害未成年人犯罪的意见》对于有特殊职责的人员实施的性侵害行为作了从重处罚的规定，刑法上对此类行为的处罚应与强奸罪一致或重于强奸罪，草案二审稿规定的刑罚过轻。

（四）关于猥亵儿童犯罪

草案二审稿第二十二条对刑法第二百三十七条第三款猥亵儿童罪作了修改，增加了造成儿童伤害或者其他严重后果等情形，处五年以上有期徒刑的规定。

有些提出，结合实践情况，“造成儿童伤害”不应仅限于轻伤以上，还应包括精神伤害和轻微伤，特别是造成性器官的伤害等。

二、关于妨害公共交通工具安全驾驶犯罪

草案二审稿第二条在刑法第一百三十三条之一后增加一条规定，对行驶中的公共交通工具的驾驶人员使用暴力或者抢控驾驶操纵装置，干扰公共交通工具正常行驶，危及公共安全的，以及驾驶人员在行驶的公共交通工具上擅离职守，与他人互殴或者殴打他人，危及公共安全的行为定罪处罚。有的建议，删除“或者单处罚金”。

三、关于妨害药品管理秩序犯罪

草案二审稿第七条将此前以假药论的一些情形以及违反药品生产质量管理规范等“足以严重危害人体健康的”行为规定为犯罪。有的提出，“足以严重危害人体健康”难以认定或者易造成缺少明确标准而导致处罚范围扩大。

四、关于非法集资犯罪

草案二审稿第十二条、第十五条分别对刑法第一百七十六条非法吸收公众存款罪、第一百九十二条集资诈骗罪作了修改完善，提高非法吸收公众存款罪的法定最高刑，调整集资诈骗罪刑罚结构。有些建议，严惩非法集资犯罪，恢复集资诈骗罪的死刑，并将非法吸收公众存款罪的法定最高刑提高到死刑。

五、关于妨害社会管理秩序犯罪

（一）关于袭警犯罪

草案二审稿第二十五条修改了刑法第二百七十七条妨害公务罪第五款的规定，对“暴力袭击正在依法执行职务的人民警察”增加规定了单独的法定刑。同时，针对使用枪支、管制刀具或者驾驶机动车撞击等严重暴力袭警行为，规定了更重的处罚。

有些建议，在“枪支、管制刀具”后增加“等其他凶器”；扩大保护对象的范围，在“人民警察”后增加“由公安机关直接聘用与管理的警务辅助人员”及“人民法院、人民检察院及有行政执法权的事业单位聘用的工作人员”。有的建议，提高刑罚，将第二档法定刑由“三年以上七年以下有期徒刑”提高至“五年以上十年以下有期徒刑”。

（二）关于侮辱、诽谤英烈犯罪

草案第二十九条将侮辱、诽谤英雄烈士的行为明确规定为犯罪，维护社会主义核心价值观。

有些建议，在刑法中增加禁止在公共场合侮辱国家形象、民族尊严的言论和行为的规定，对“在公开场合或者互联网上发表否定、美化外国势力侵略中国历史，情节严重的；或者在公开场合、互联网发表否定一个中国、支持“港独”“台独”“疆独”“藏独”等分裂国家活动，或者为境外势力从事分裂国家活动充当水军进行宣传活动，或者接受境外势力指示从事颜色革命活动，情节恶劣的”在刑法中作出规定。

（三）关于冒名顶替犯罪

草案二审稿第二十六条在刑法第二百八十条之一后增加一条规定，将盗用、冒用他人身份，顶替他人取得的高等学历教育入学资格、公务员录用资格、就业安置待遇的行为规定为犯罪，同时规定组织、指使他人实施的，从重处罚。

有的提出，第一款列举的情形不能全部涵盖实践中冒名顶替的行为类型；有些建议，增加“盗用转业军人安置档案材料的，处三年以上七年以下有期徒刑”的规定。有的建议，提高法定刑，增加“产生恶劣社会影响”、“对被害人造成严重伤害”等加重处罚的情形。

（四）关于暴力催收犯罪

草案第二十八条增加了非法讨债行为的刑事责任，严厉惩处非法讨债行为，将采取暴力、“软暴力”等手段催收高利放贷产生的债务以及其他法律不予保护的债务的行为规定为犯罪。

有的提出，暴力催收不限于高利贷，基于正常金融业务的催收行为，情节严重的，也应追究刑事责任，建议删除“高利放贷”。

（五）关于基因编辑犯罪

草案二审稿第三十三条在刑法第三百三十六条后增加一条规定，将基因编辑的人类胚胎植入人体等行为规定为犯罪。有的提出，刑法应对包括基因编辑在内的生物技术滥用行为予以规制，将行为方式扩展至“人为修改遗传物质”。

（六）关于非法食用野生动物犯罪

草案二审稿第三十五条在刑法第三百四十一条后增加一款，作为第三款，将以食用为目的非法猎捕、收购、运输、出售第一款以外的陆生野生动物，情节严重的行为增加规定为犯罪。

有些提出，目前我国存在大量非我国原产的引入物种的繁育，人工繁育的物种在一定程度上有利于对物种的保护，建议对人工繁育的种群和野外自然环境生长的动物种群在立法上要作出区分，特别是对于驯养技术成熟、规模化繁育的物种不应作为刑法的规制对象。建议对人工饲养动物、驯养动物、圈养动物与野生动物的概念和范围作出界定，同时对用于科研、观赏、药用、食用及宠物等不同类别区分情形作出规定。

六、关于食品药品监管渎职犯罪

草案二审稿第三十九条对负有食品药品安全监管职责的国家工作人员，滥用职权或玩忽职守行为规定为犯罪。其中第三项对药品和婴幼儿配方食品等特殊食品审批审评过程中，对不符合条件的申请准予许可作出规定。

有的建议，明确食品安全事故等级；有的建议，将“食品安全事件”修改为“食品安全事故”。有的建议，删除第五项“有其他滥用职权或者玩忽职守行为的”兜底性规定。

七、关于污染环境犯罪

草案二审稿第三十四条第一款第一项在原有“饮用水水源保护区、自然保护区核心区”基础上增加了“等依法确定的国家重点生态保护区域”的规定。草案二审稿第三十七条增加规定，在国家级自然保护区非法开垦、开发活动或者修建建筑物等破坏自然保护区生态环境资源的犯罪。

有的建议，在第三十四条增加过失犯罪条款的规定。有的建议，在第三十七条第一款“国家级自然保护区”后增加“水源保护区”。

八、其他意见

1. 有的建议，建立健全少年司法制度，对低龄未成年犯罪进行轻重分级，区别化分类处理。

2. 有的建议，建立完善前科消灭制度，更好地尊重有犯罪记录人的教育、就业等基本权利。

3. 有的建议，将虐待儿童行为从虐待罪中独立出来，增设虐待儿童罪。

（全国人大常委会法制工作委员会刑法室提供）

(3) 宪法法律委、法工委座谈会对刑法修正案（十一）草案二次审议稿的意见

2020年11月2日，全国人大宪法法律委、全国人大常委会法工委联合召开座谈会，听取了中央有关部门、部分全国人大代表及专家学者对刑法修正案（十一）草案二次审议稿的意见（以下简称草案二审稿）。宪法法律委副主任委员周光权、法工委副主任李宁主持会议。与会人员认为，草案二审稿在草案一审稿基础上作了修改完善，吸收采纳了各方面的意见，内容更丰富、体系更合理、结构更科学，草案二审稿贯彻落实党中央决策部署，坚持以人民为中心的发展理念，更好地发挥了刑法对经济社会发展的规范保障和引领推动作用。总体赞同，同时提出了一些修改意见。现将主要意见简报如下：

一、关于完善涉未成年人犯罪的刑法规定

（一）关于刑事责任年龄个别下调

草案二审稿第一条对刑法第十七条关于刑事责任年龄的规定作了修改。增加规定，已满十二周岁不满十四周岁的人，犯故意杀人、故意伤害罪，致人死亡，情节恶劣的，经最高人民检察院核准，应当负刑事责任；对不满十六周岁不予刑事处罚的，责令他的家长或监护人加以管教，同时，统筹考虑刑法修改和预防未成年人犯罪法修改相关问题，将“收容教养”修改为“专门矫治教育”。

方燕（全国人大代表）、赵秉志（北京师范大学教授）建议将“情节恶劣”修改为“情节特别恶劣”；根据实践情况和实际危害，增加“致人重伤”的情形。有的建议将“经最高人民检察院核准，应当负刑事责任”修改为“经最高人民检察院核准的，可以追诉，依法追究刑事责任”，或者修改为“经最高人民检察院核准，应当追究刑事责任”，并做好降低刑事责任年龄后的解释工作（最高法院研究室副主任周加海、赵秉志、北京大学教授梁根林）。王大泉（教育部政策法规司副司长）提出，“他的家长或监护人”表述过于口语化，建议修改为“其父母或者其他监护人”。

洪亮（共青团中央维护青少年权益部副部长）、王大泉提出，应进一步完善刑罚替代矫治措施。考虑到“专门教育”是指对有严重不良行为未成年人在特殊场所开展的教育，与对因不满刑事责任年龄不予刑事处罚的未成年矫治教育相比，实施对象、教育方式、实施场所等方面均存在本质区别，将“收容教养”修改为“专门矫治教育”容易造成混淆，引发误解，不利于专门学校建设和发挥作用，建议将“专门矫治教育”修改为“强制矫治教育”或者“矫治教育”，也可将“专门矫治教育”直接删除。周加海、劳东燕（最高检察院研究室副主任）建议，对已满12周岁不满14周岁的未成年人犯罪不适用无期徒刑予以明确。

（二）关于奸淫幼女犯罪

草案二审稿第二十条对刑法第二百三十六条强奸罪作了修改。明确对在公共场所当众奸淫幼女、奸淫不满十周岁的幼女或者造成幼女伤害等严重情形，适用十年以上有期徒刑、无期徒刑或者死刑。

劳东燕建议，对刑法第二百三十六条第二款“奸淫不满十四周岁的幼女”中的“奸淫”进一步明确。如王振华案的行为方式与简单的性器官接触相比，危害更大，此类行为可以界定为“奸淫”，对“奸淫”的外延作出界定，符合国际上强奸罪的立法发展趋势。有的提出造成幼女“伤害”的范围不够明确，第五项规定的造成幼女伤害和第六项规定的致使被害人重伤之间可能存在竞合，造成适用困难，建议将第五项造成幼女“伤害”修改为“轻伤”，限缩范围（周加海、梁根林、中国政法大学教授阮齐林）。

周加海提出，草案二审稿第二十条规定奸淫不满十周岁幼女处十年以上有期徒刑，实践中对奸淫幼女的认定标准是只要生殖器接触即为既遂，判处十年以上有期徒刑处罚过重；梁根林提出，将“奸淫不满十周岁的幼女”作为加重处罚情节及十周岁的年龄划定是否有依据，值得商榷。

（三）关于负有特定职责身份人员性侵犯罪

草案二审稿第二十一条在刑法第二百三十六条之后增加一条规定，对负有监护、收养、看护、教育、医疗等特殊职责人员，与已满十四周岁不满十六周岁未成年女性发生性关系的行为规定为犯罪。

李文胜（公安部法制局副局长）建议，将“已满十四周岁不满十六周岁”修改为“已满十四周岁不满十八周岁”，与两高两部出台的《关于依法惩治性侵害未成年人犯罪的意见》的规定相一致。阮齐林建议将“该未成年女性”修改为“该女性”。

劳东燕建议增加一款，对不属于第一款中规定的特殊职责的人员，利用优势地位、依赖关系或被害人孤立无援的境地，与已满十四周岁未满十六周岁的未成年女性发生性行为的，依照第一款规定处罚。

（四）关于猥亵儿童犯罪

草案二审稿第二十二条对刑法第二百三十七条第三款猥亵儿童罪作了修改。明确了对猥亵儿童多人或者多次，聚众或者在公共场所当众猥亵儿童等行为，处五年以上有期徒刑。

劳东燕建议，删除刑法第二百三十七条第一款“强制猥亵他人或者侮辱妇女”中“侮辱妇女”的规定，与侮辱罪中的“侮辱”相区分；阮齐林建议删除第二项“聚众或者在公共场所当众猥亵儿童”的规定。周加海提出，实践中猥

亵的方式手段多样，情况复杂，很难通过具体的列举方式明确，建议删除增加的关于加重犯罪构成的列举条款，保留现行刑法中“其他恶劣情节”的规定，具体情形可以通过司法解释解决。

有的建议增加有关特殊职责人员进行猥亵的规定，对“利用监护、收养、看护、教育、医疗关系猥亵儿童”以及“猥亵不满十周岁的儿童或者智力残疾儿童”等行为作出规定（劳东燕、方燕、梁根林）。

二、关于安全生产犯罪

（一）关于妨害公共交通工具安全驾驶犯罪

草案二审稿第二条在刑法第一百三十三条之一后增加一条规定，对行驶中的公共交通工具的驾驶人员使用暴力或者抢控驾驶操纵装置，干扰公共交通工具正常行驶，危及公共安全的，以及驾驶人员在行驶的公共交通工具上擅离职守，与他人互殴或者殴打他人，危及公共安全的行为定罪处罚。

阮齐林建议，将本条与高空抛物一起，规定在妨害社会管理秩序罪一章中，作为刑法第二百九十一条之二。有的建议将“抢控”改回“抢夺”，删除“危及公共安全”及第三款中“致人死亡或者造成其他严重后果”的规定，同时增加“其他方式”的兜底性规定（劳东燕、李文胜、梁根林）。

有的部门提出法定刑设置偏轻，与危险驾驶罪相比，本条规定的行为社会危害性更大，但在刑罚上危险驾驶罪的法定刑是“处拘役，并处罚金”，而妨害安全驾驶的法定最高刑仅为一年有期徒刑，同时还规定了“单处罚金”，两罪相比似刑罚不均衡；草案二审稿第二条法定最高刑为一年，与以危险方法危害公共安全罪在刑罚上没有衔接，建议修改为三年以下有期徒刑（周加海、劳东燕、李文胜）。

（二）关于安全生产相关犯罪

草案二审稿第三条对强令违章冒险作业及明知存在重大事故隐患而拒不排除，仍冒险组织作业，发生重大伤亡或造成严重后果作出规定。第四条对在生产、作业中违反安全管理的规定，具有发生重大伤亡事故或者其他严重后果的现实危险的行为规定为犯罪。

周加海提出，从与刑法其他规定的平衡性和司法实践的操作性角度考虑，建议将草案第三条罪状表述修改为：“强令他人违章冒险作业，或者因存在重大事故隐患被依法责令停产停业、停止施工、停止使用有关设备、设施、场所或者立即采取排除危险的整改措施而拒不执行”；余德旋（应急管理部政法司副司长）建议增加对“主要负责人”的责任条款。梁根林提出“现实危险”实践难以证明，建议修改为“或者有其他特别严重情节”的表述。

三、关于妨害药品管理秩序犯罪

草案二审稿第五条、第六条分别对刑法第一百四十一条生产、销售假药罪、第一百四十二条生产、销售劣药罪作了修改完善。草案二审稿第七条将此前以假药论的一些情形以及违反药品生产质量管理规范等“足以严重危害人体健康的行为”规定为犯罪，其中第二项规定“未取得药品批准证明文件生产、进口药品或者明知是上述药品而销售的”应定罪处罚。

宋飞（公安部食药犯罪侦查局处长）提出，应尽快解决惩治药品黑工厂法律依据的问题。公安机关每年侦查的生产销售假药类案件中以“黑工厂”为主，从实践中掌握的情况看，“黑工厂”生产的药品难以认定为假药：一是“未取得药品批准证明文件”生产药品的情形主要是指正常监管下的正规制药企业，是药品本身未取得药品注册许可而非生产主体未取得生产许可，草案的规定难以规制“黑工厂”问题；二是一些生物制品、中药等药品的标准本身就是过程性的，成分检测或鉴定结果很难作为认定药品真假的客观依据；三是对“自创”、凭空捏造或者无名药品缺少鉴定标准。建议在刑法第一百四十一条中增加一款：“未取得药品生产许可证生产药品或者明知是上述药品而销售，有下列情形之一的，依照前款的规定处罚：（一）违反药品生产质量管理规范的；（二）使用的原料、辅料、直接接触药品的包装材料和容器不符合药用要求的；（三）生产的药品没有通用名称的。”

劳东燕、李文胜提出，“足以严重危害人体健康”缺少明确的标准，实践中难以认定，建议修改为“有证据证明药品不足以严重危害人体健康的除外”。

四、关于破坏金融管理秩序犯罪

（一）关于证券犯罪

草案二审稿第八条对刑法第一百六十条欺诈发行股票、债券罪作了修改，将存托凭证或者国务院依法认定的其他证券作为欺诈发行的对象，对控股股东、实际控制人组织、指使实施相关行为的，规定了具体的罚金标准。草案二审稿第十九条对刑法第二百二十九条提供虚假证明文件罪作了修改完善，明确了安全评价、环境影响评价、环境监测等职责的中介组织人员的法律责任。

王建军（全国人大代表）提出，欺诈发行的行为性质属于典型的诈骗，是对企业管理秩序的破坏，侵害的是不特定人多数人和社会公共利益，建议把该罪纳入金融诈骗罪中规制，同时把“欺诈发行股票、债券罪”改为“欺诈发行证券罪”，以与证券法相衔接。谢丹（中国人民银行条法司副司长）提出，非金融企业债务融资工具与公司债券、企业债券性质相同，已成为公司信用类债券中占比最大的品种，建议增加“非金融企业债务融资工具”，与“公司债券”、“企业债券”并列。

周加海提出，对草案二审稿第八条第二款、第三款是否设置具体的罚金标准建议再研究，主要考虑与草案其他证券犯罪条款刑罚规定的一致性以及实践中可能会产生不能执行的空判等问题。王建军建议将“数额特别巨大，或者有其他特别严重情节”的，法定最高刑由十五年有期徒刑提高到无期徒刑。

别涛（生态环境部法规与标准司司长）建议，在草案二审稿第十九条关于中介组织提供虚假证明文件犯罪中增加一款：“建设单位自行开展环境影响评价，重点排污单位自行开展环境监测的，适用本条规定定罪量刑。”

（二）关于非法集资犯罪

草案二审稿第十二条、第十五条分别对刑法第一百七十六条非法吸收公众存款罪、第一百九十二条集资诈骗罪作了修改完善。对非法吸收公众存款罪增加“在提起公诉前积极退赃，减少损害结果发生的，可以从轻或者减轻处罚”的规定，鼓励犯罪行为人积极退赃，挽回、减少被害人损失。集资诈骗罪在一审稿将刑罚由两档刑修改为三档刑的基础上，对单位犯罪作了相应修改。

有的建议，将草案二审稿第十二条“可以从轻或者减轻处罚”修改为“可以从轻、减轻处罚或者免除处罚”，将“积极退赃”修改为“积极退赃退赔”（李文胜）；对集资诈骗罪及所有贪利性的犯罪在总则中增加退赃或减少损害结果发生“可以从轻、减轻处罚”的规定，在退赃退赔基础上增加“并如实供述犯罪事实”的规定（周加海、方燕、梁根林）。周加海、劳东燕提出，非法吸收公众存款罪与集资诈骗罪的主观目的、社会危害性不同，修改后缩小了两罪的刑罚差距，不尽合理，建议保留集资诈骗罪现行刑法三档法定刑的规定。

（三）关于洗钱犯罪

草案二审稿第十四条修改完善了刑法第一百九十一条洗钱罪，将实施一些严重犯罪后的“自洗钱”行为明确为独立犯罪。周加海提出，将“自洗钱”行为独立入罪将导致类似行为刑法评价和处理的不一致、不协调，会导致实践中办案量剧增，建议斟酌。

五、关于加强企业产权的刑法保护

草案二审稿第十一条对刑法第一百七十五条之一骗取贷款、票据承兑、金融票证罪作了修改，在第一档刑罚中保留了“重大损失的”的结果犯的规定，删除了“其他严重情节”的入罪条件，对在融资过程中虽有一些违规行为，但并没有诈骗目的，最后未给银行或者其他金融机构造成重大损失的，一般不作为犯罪处理。草案二审稿第二十三条、第二十四条分别对刑法第二百七十一条职务侵占罪、第二百七十二条挪用资金罪进行了修改，提高和调整刑罚配置，并规定挪用资金在被提起公诉前退还的，可以从轻或者减轻处罚。

孙玉洁（中国银保监会法规部副处长）提出，目前骗贷情况较严重，监管部门对金融机构有严格的监管措施，但对于借款人缺少明确有效的约束，这不仅涉及立法，也涉及执法问题。第十一条取消“其他严重情节”后，可能存在骗贷行为更难以管制的情况，建议慎重考虑。

周加海建议，第二十三条职务侵占罪中增加“没收财产”的规定，实践中判处无期徒刑的案件一般并处没收财产；梁根林、阮齐林建议维持现行刑法法定刑规定。

周加海建议，增加草案二审稿第二十四条挪用资金罪的罚金刑；劳东燕建议对挪用资金罪的表述与挪用公款罪保持一致，避免出现相同情节挪用资金的处罚重于挪用公款的情况，也便于出台相关司法解释时对定罪量刑标准作统一界定。

六、关于妨害社会管理秩序犯罪

（一）关于袭警犯罪

草案二审稿第二十五条修改了刑法第二百七十七条妨害公务罪第五款的规定，对“暴力袭击正在依法执行职务的人民警察”增加规定了单独的法定刑。同时，针对使用枪支、管制刀具或者驾驶机动车撞击等严重暴力袭警行为，规定了更重的处罚。

梁根林、阮齐林建议，保留现行刑法第二百七十七条原第五款的规定，在原第五款从重处罚的规定后增加对“使用枪支、管制刀具或者驾驶机动车撞击”等情形处以更重刑罚的规定，或者将以上内容单独规定为一条，作为刑法第二百七十七条之一。

（二）关于冒名顶替犯罪

草案二审稿第二十六条在刑法第二百八十条之一后增加一条规定，将盗用、冒用他人身份，顶替他人取得的高等学历教育入学资格、公务员录用资格、就业安置待遇的行为规定为犯罪，同时规定组织、指使他人实施的，从重处罚。

周加海、劳东燕提出，该条主要侵犯的是他人受教育权，建议调整至“侵犯公民人身权利、民主权利罪”一章中更为适宜。王大泉建议，将“高等学历教育入学资格”修改为“高等学校学历教育入学资格”，以与高等教育法相衔接，排除自考等非在校学习形式。

阮齐林建议，增加冒用或者帮助冒用考试成绩罪，在刑法第二百八十四条之一增加一款作为第四款：“冒用他人的法律规定的国家考试成绩，处拘役或者管制，并处或者单处罚金。帮助他人实施前款犯罪的，依照前款的规定处罚。”

（三）关于基因编辑犯罪

草案二审稿第三十三条在刑法第三百三十六条后增加一条规定，将基因编辑行为规定为犯罪。郭燕红（国家卫健委医政医管局监察专员）建议增加对非法买卖人体细胞、组织的规定，对“组织实施”行为增加相应的规定，并增加一档七年以上有期徒刑的刑罚。

（四）关于非法食用野生动物犯罪

草案二审稿第三十五条在刑法第三百四十一条后增加一款，作为第三款，将以食用为目的非法猎捕、收购、运输、出售第一款以外的陆生野生动物，情节严重的行为增加规定为犯罪。

李淑新（国家林草局办公室副主任）建议，加强同野生动物保护法拟修订内容的衔接，包括野生动物保护法修订草案第五十一条规定的未经批准或未按批准的内容在野外捕捉、大规模灭杀其他陆生野生动物，第五十三条第二款规定的未持有合法来源证明或者专用标识出售、利用、运输“三有”陆生野生动物和地方重点保护野生动物及其制品，第五十八条规定的向境外或者外国机构和人员提供我国特有野生动物遗传资源，上述条款中均规定了“构成犯罪的，依法追究刑事责任”。

七、关于侵犯知识产权犯罪

草案二审稿第十七条对侵犯商业秘密犯罪作了修改。第一款第一项对以盗窃、利诱、欺诈、胁迫、电子侵入或者其他不正当手段获取权利人的商业秘密的行为作出规定，第二款规定明知或者应知前款行为而获取、披露、使用或者允许他人使用该商业秘密的，以侵犯商业秘密论。

周加海、劳东燕建议将“利诱”改为“贿赂”，以与反不正当竞争法的规定保持一致；删除第二款中的“应知”或者修改为“推定明知”，避免造成司法适用混乱。

八、关于食品药品监管渎职犯罪

草案二审稿第三十九条对负有食品药品安全监管职责的国家工作人员，滥用职权或玩忽职守行为规定为犯罪。其中第三项对药品和婴幼儿配方食品等特殊食品审批审评过程中，对不符合条件的申请准予许可作出规定。

张哲（国家市场监管总局法规司法规处三级调研员）建议，删除第三项中的“婴幼儿配方食品”，修改为“药品和特殊食品”，避免突出强调婴幼儿配方食品而引发社会公众对婴幼儿配方食品审批不严的质疑。

九、关于污染环境犯罪

草案二审稿第三十四条第一款第一项在原有“饮用水水源保护区、自然保护区核心区”基础上增加了“等依法确定的国家重点生态保护区域”的规定。草案二审稿第三十七条增加规定在国家级自然保护区非法开垦、开发活动或者修建建筑物等破坏自然保护区生态环境资源的犯罪。

别涛提出，在罪状表述作进一步完善：一是建议将“依法确定的国家重点生态保护区域”修改为“法律法规和国务院确定的国家重点生态功能区”。主要考虑是现行法律法规和文件中暂无“国家重点生态保护区”的表述，实践中有些情况难以认定，不好操作，“国家重点生态功能区”的概念源自国务院印发的全国主体功能区规划，有明确的概念界定；二是草案二审稿第三十七条将禁止开垦、开发、修建的范围限制为国家公园和国家级自然保护区，范围较窄，很多区域如秦岭并不是国家公园或者自然保护区，但是它的生态功能非常明显，建议在“国家级自然保护区”后面加上“等国家管理的自然保护地”。李淑新提出，中办和国办下发了建立以国家公园为主体的自然保护地的指导意见，其中提出对国家公园和自然保护区要进行分区管理，自然保护区包括一般控制区和核心保护区。草案二审稿第三十四条的表述是“核心区”，指导意见表述为“核心保护区”，建议做好名称上的衔接。

十、其他意见

1. 段农根（中央政法委法治局局长）建议完善黑恶势力的规定：一是增设恶势力组织犯罪罪名；二是将刑法第二百九十四条第三款中的“国家机关工作人员”修改为“国家工作人员”；三是增加国家工作人员涉嫌组织、领导、参加黑社会性质组织罪，参加境外黑社会组织罪，帮助黑社会性质组织罪，利用黑社会性质组织牟利罪，从重处罚的规定。

2. 劳东燕建议对以下内容作出修改：一是在总则中增加认罪认罚从宽的条款；二是增设有关优先适用单处罚金的规定；三是对刑法分则第三章犯罪的所有罪名增加单处罚金的规定。

3. 赵秉志提出继续推进死刑立法改革，建议在草案二审稿的基础上，适当增加死刑立法改革的有关内容，可以在刑法修正案草案的审议结果报告中提及此次刑法修改过程中研究过死刑改革问题，并表明死刑改革是我国刑法修改完善今后要坚定不移继续推进的问题。视需要适当增设部分新的罪名，如故意传播艾滋病罪等。

4. 梁根林建议将刑法中的比例罚金或数额罚金统一调整为无限额罚金。

（全国人大常委会法制工作委员会刑法室提供）

（4）知识产权犯罪有关问题调研简报

为进一步做好刑法修正案（十一）知识产权犯罪规定修改完善工作，解决司法实践中的问题，使法律修改更加符合实践需要，刑法室王爱立等同志到北京市海淀区人民法院调研，召开座谈会，并邀请海淀区人民检察院、北京市公安局海淀分局负责知识产权刑事案件办理的同志参加，听取基层执法司法部门的意见；同时还到腾讯公司调研，听取意见。有关情况简报如下：

一、案件办理情况

知识产权案件数量总体上呈增长趋势。2013 年海淀区人民法院成为北京市首家开展知识产权案件“三合一”综合审判试点工作的法院。自2016年至2018年期间，该院共新收知识产权案件33923件，审结34181件，收结案均呈现逐年大幅上升的趋势。2019年至2020年11月30日，随着全市知识产权审判格局的调整，知识产权案件总体收结案数量趋于稳定，新收案件12784件，审结12953件。

知识产权刑事案件也呈增长趋势。2016年以来，海淀区人民检察院办理知识产权犯罪案件共计205件457人，其中审查逮捕案件126件301人，审查起诉案件79件156人。其中，2016年15件21人；2017年40件64人；2018年60件106人；2019年71件212人；2020年19件54人（上半年受疫情影响），平均每年办理案件数为41件，其中2017-2019年三年平均每年办理案件数57件。

从案件类型看，主要涉及五类罪名，具体为刑法第213条假冒注册商标罪、第214条销售假冒注册商标的商品罪、第215条非法制造、销售非法制造的注册商标标识罪、第217条侵犯著作权罪和第219条侵犯商业秘密罪，没有办理过第218条销售侵权复制品罪和第216条假冒专利罪的案件。其中商标类犯罪案件共计102件，占比49.7%，占侵犯知识产权犯罪案件近一半的比例；侵犯著作权罪共计88件，占比42.9%，侵犯著作权罪案件呈逐年上升趋势；侵犯商业秘密罪案件共计15件，占比7.3%，商业秘密犯罪案件呈逐年上升趋势，实现了2016年之前连续三年的零突破。

从量刑情况看，2016年以来已审结案件涉及被告人共计125人，判处三年以下刑罚67人，占53.61%；判处三年以上七年以下刑罚41人，占32.8%；适用缓刑15人，占12%，单处罚金7人，免予刑事处罚1人，处罚力度进一步加大。

知识产权犯罪案件呈现以下特征：一是侵权手段技术化。侵权手段从以往简单的附着标签或者拷贝传播，转为对产品技术翻新或者对软件进行各类技术性破解。二是犯罪群体分散式。犯罪分子跨区域、跨境实施犯罪行为，实施侵权人和违法获利人形式上独立，各群体间分工明确，反侦察能力强，隐蔽性强。三是侵权行为网络化。85%以上的知识产权犯罪案件都离不开互联网，需通过网络销售、网络发布信息、网络存储、通过信息网络传播等，且完成整体侵权行为需要跨越各类平台，在电商平台、社交平台、网络存储平台进行信息交互。

二、关于侵犯著作权犯罪

据介绍，在侵犯著作权犯罪领域呈现出很多新情况、新问题，包括作品种类、侵权方式、技术手段、牟利模式和侦查取证等方面，从传统的盗版侵权和零售方式向网络侵权更为复杂的样态转变。另外，从与其他国家的比较看，由于我国的网络产品和服务、网络支付、网络游戏等在世界上都处于较为发达的水平，因此相对其他国家面临的情况更多、更新，需要在立法和法律适用方面不断摸索和深入研究（海淀检察院、海淀公安分局、腾讯公司）。关于侵犯著作权犯罪，各方面反映的情况、问题和建议主要涉及以下方面：

（一）关于作品种类

当前被侵权作品种类多样化，涵盖传统图书、电子书、数据库、网络文学作品、漫画作品、影视作品、网络游戏作品、在线教育、计算机软件等。海淀法院办理的侵犯著作权犯罪，涉案侵权产品主要体现为电子网络产品，包括软件、网络游戏和电子书，实体书籍主要是考试教材类图书。涉及软件及其加密锁案件12件，占31.57%，电子书6件，网络游戏4件，课程视频2件，实体书8件，涉及网络手段或途径占79%（海淀区法院）。

有的提出，刑法第217条规定的保护作品的种类为文字作品、音乐、电影、电视、录像作品、计算机软件及其他作品。但对于网络短视频、表情包、表演、动画设计形象等新型作品，如何定性与分类，以及如何纳入刑法保护还缺乏法律依据。另外，目前绝大部分案件都是将软件、影视作品、图书等作品作为一个整体作品被侵权起诉，对于作品中的作品、软件中程序、作品片段及节录侵权起诉的案件很少。（海淀区法院、腾讯公司）

有的反映，网络游戏部分元素被侵权成为行业痛点。网络游戏产品是大量复合元素的集合，由文学、美术、音乐、动画、视频、故事情节、玩法规则等多元素组合而成的复合作品。在实践中，有的将游戏视为计算机软件进行保护，有的将其包含的各元素拆分为单独作品进行保护，有的作为著作权法规定的类似摄制电影方法创作的作品进行保护。不统一的认定方式导致对侵权行为的调查取证、行为界定等标准不一。另外，著作权法规定的非法改编、汇编作品的行为，未纳入刑法保护，改编游戏的情况较为突出，有的为了规避法律风险，一些侵权厂商并不会完全相同模仿，而是采用“换皮复制”的形式模仿核心玩法，或者在部分原有元素的基础上进行汇编、改编、二次创作等，并借用原版游戏的影响力进行营销和推广（腾讯公司）。

有的提出，著作权法修改后对作品种类作了开放式认定，这符合民事领域著作权保护的需要，但刑事领域作品种类的认定，考虑到当前作品，特别是网络作品种类的复杂性，如果保护作品范围过宽，刑事处罚打击面扩大，也不符合实际情况，建议刑法上的作品范围与民法可以适当有所不同，作一点限制。（海淀法院）

（二）关于采取避开或者破坏技术措施等网络技术手段实施侵权

近年来利用避开或者破坏保护作品技术措施的手段，或者采取其他网络技术手段侵犯著作权的案件不断增加。通过破坏技术保护措施伪造授权、利用爬虫技术、视频解析、转码技术、深度链接、加框链接等方式实现侵权。有的提出，实践中最常使用的侵权方式是第217条第一项规定的复制发行两种侵权行为。虽然对发行行为根据司法解释已经列举很多种，但是随着科技的发展、技术的提升，很多实质上侵犯著作权的行为依然无法纳入发行行为进行评价。侵权人主张技术中立，掩盖侵权本质，建议立法上进一步增加侵权行为方式和种类，或者允许司法机关对侵权行为做实质化解释（海淀区法院）。

这方面反映比较多的是：一是销售软件加密锁。行为人通过网络销售加密锁，破解加密锁的技术保护措施，伪造著作权人的授权后，达到实现软件运行的效果。销售加密锁的行为实质上是一种销售盗版软件的行为，实质上属于发行。还有类似伪造授权的案件，如销售软件序列号、激活码等，均应当以侵犯著作权罪论处，建议根据作品销售、使用的形式、手段变化，对刑法规定的复制发行的含义及范畴重新定义（海淀区法院、海淀区检察院）。二是游戏外挂。外挂程序本身没有对软件进行复制，而是植入或更改软件部分程序。这类案件多年来一直有不同认识，裁判不统一。有的按非法经营罪判处，有的按侵犯著作权罪判处，还有的按破坏计算机信息系统罪判处。有的认为，以破坏计算机信息系统认定在形式上最为符合，但其行为本质更符合侵犯计算机软件著作权（海淀区检察院）。三是聚合盗版视频平台成为视频领域主要侵权方式之一。聚合类视频平台，汇集了海量未授权的影视资源，将网络盗版侵犯著作权的对象从单一作品扩大为对整个内容平台的侵犯。聚合类视频平台通过“盗链”方式提供权利人作品，即通过深层链接技术直接抓取正版视频的内容地址，在自己的应用平台上提供播放器进行播放，以加入广告、获得用户流量和下载量的方式获利。实践中，视频聚合平台的行为属于内容提供行为还是技术服务行为，认识不统一。有的提出，“聚合链接”的实质是侵犯著作权人的合法权益，应当以侵犯著作权罪处理。另外，聚合链接平台绕过或者破坏技术措施的行为也可能同时构成非法获取计算机信息系统数据，情节严重的，也可考虑以侵犯著作权罪与计算机犯罪从一重处罚（腾讯公司）。四是，利用爬虫技术盗取他人作品。海淀公安分局侦办的鼎阅集团侵犯著作权案件即属于这种情况，利用爬虫软件从其他平台偷盗电子书，采用会员注册、广告投入等牟利，被以侵犯著作权罪立案处理（海淀公安分局）。也有意见提出，爬虫技术情况复杂，有的属于非法获取、窃取数据，有的属于搜集分析已公开数据，对爬虫的法律治理还需要根据具体情况，在实践中进一步总结经验，既有效惩治犯罪，也促进数据合法有序利用（腾讯公司）。

（三）关于侵犯表演者权

表演者权是与著作权相关的权利。著作权法第五十三条中规定：“未经表演者许可，复制、发行录有其表演的录音录像制品，或者通过信息网络向公众传播其表演的”，追究民事责任或者有关行政责任。刑法有关侵犯著作权犯罪的规定中未将侵犯表演者权的行为纳入。有的提出，2020 年世界知识产权组织发起成员国和有关国际组织签署《视听表演北京条约》，作为第一个在中国缔结，以中国城市命名的国际知识产权条约，目的是加强保护表演者权。实践中侵犯表演者权的民事案件日趋多样，如涉及广场舞教学视频侵权案件。目前从刑事打击角度尚未接触过此类案件（海淀区检察院、海淀区法院）。

（四）关于“以营利为目的”

刑法第 217 条规定的侵犯著作权罪要求“以营利为目的”。有的提出，在网络流量、用户量越发具有经济价值的情况下，网络侵犯著作权犯罪“以营利为目的”表现形式逐渐淡化，隐蔽化和多样化，不好认定（海淀区检察院、腾讯公司）。例如，有的侵权网站、APP 大量复制发行权利人作品，但从其运营方式看，既不投放广告，也不收取会员费，只向用户提供免费服务，行为人的目的在于积累足够的用户流量和会员数量后，将网站或者 APP 整体打包出售获利，在此之前任何一个阶段打击都难以证明主观目的（腾讯公司）。

有的提出，网络侵权与传统侵权不一样，由于网络传播的速度和范围，会对著作权产生严重危害，给权利人造成的损失难以挽回，行为人是否具有“以营利为目的”并不重要，只要达到了一定规模，就应当定罪处罚。世界上多数国家没有将“以营利为目的”作为犯罪构成，这也是 TRIPS 协议的要求。建议取消“以营利为目的”，将营利目的作为量刑时从重处罚的情节，或者制定、修改有关司法解释，对网络侵犯著作权“以营利为目的”的认定作出特别规定，对“以营利为目的”认定情形进行细化（腾讯公司、海淀区检察院）。

（五）关于销售侵权复制品罪

刑法第 218 条规定了销售侵权复制品罪，将明知是侵权复制品而销售的行为从侵犯著作权罪中独立出来，规定不同的刑罚，目的是惩处“二手”销售或者零售侵权复制品的行为，做到罪刑相适应。海淀区司法机关近五年来未办理过此罪名案件，该罪名已经属于“休眠”状态。有的反映，造成这种情况的原因有：一是该罪入罪门槛要求的“违法所得数额巨大”不具有操作性。主要原因是取证难，数额认定存在较大随机变动性。立法原意应该是打击销售末端，特别是零售环节，与出版发行相衔接。但因为销售末端的数量一般较小，行为人一般都是底端零售人员，个人居多，没有固定经营场所及财务记账等凭证，销售成本与收入难以计算，要求取证证明“违法所得数额巨大”，实践中较为困难。二是 2011 年“两高一部”有关司法解释将侵犯著作权中的“发行”做扩大解释，实际中很多销售侵权复制品犯罪都纳入侵犯著作权犯罪处理，侵犯著作权罪规定了“情节严重”，其中非法经营额达到一定标准即可定罪（海淀区检察院、海淀区法院）。

有的建议将该入罪门槛修改为“情节严重”，加入数量和销售数额作为入罪评判标准，将零售盗版作品行为回归本罪名处理。同时将“零售”行为从司法解释的侵犯著作权的“复制发行”中取出，使得刑法上的“复制发行”与民事行政法律中的“出版发行”相统一（海淀区法院）。有的建议进一步梳理本罪与侵犯著作权罪的关系，对是否还有必要保留该罪名作进一步研究（海淀区检察院）。

三、关于侵犯商标犯罪

海淀区法院办理的商标类犯罪涉案侵权产品均为实体物品，主要集中在酒类和硒鼓、服务器等电子产品两大类，新冠疫情期间新出现口罩类商标案件。酒类案件占 41%，硒鼓等电子产品类占 39%。涉及网络手段或途径占 28%（海淀区法院)。

调研中主要讨论了关于服务商标是否纳入刑事保护范围问题。商标法规定的商标包括商品商标和服务商标。刑法第213条规定了假冒注册商标罪，规定的是“在同一种商品上”使用与其注册商标相同的商标，因而刑事保护的范围是商品商标。关于刑法是否应当增加规定侵害服务商标犯罪的规定，大多数意见认为，侵犯服务商标与商品商标的危害性本质是一样的，随着我国现代服务业的发展、互联网经济的发展和市场主体的发展，服务商标代表着服务的品质和保证，是消费者区别其他同类服务的指引，保护服务商标就是保护品牌信誉甚至是商誉，尤其是针对驰名商标而言。实践中许多侵权行为围绕服务商标进行，当侵权行为严重危害商标权利人权益时应当追究刑事责任，建议将服务商标纳入刑法保护范围（海淀区检察院、海淀区法院）。也有意见提出，将来实践中对侵犯服务商标入罪标准的把握上要与商品商标进行一定区分，刑事证据标准上也应当更为严格（海淀区检察院）。

四、关于侵犯商业秘密罪

据介绍，在侵犯商业秘密犯罪中，案件领域分布集中，主要为信息科学技术、机械制造工艺、计算机软件等领域的技术信息。侵权主体身份单一，均为公司内部技术人员，在任职期间，直接负责商业秘密的研发或管理，利用职务便利，直接接触商业秘密。侵权手段趋同，多为违反保密协议，将自身掌握的商业秘密使用或者披露，另立门户开展同业竞争，抢占市场。重大损失认定方式多样，有的采用研发成本认定，有的以销售利润损失额认定（海淀区检察院）。

有的提出，侵犯商业秘密案件中的入罪门槛“给权利人造成重大损失”缺乏实务操作性。将权利人损失作为唯一入罪要件，将原本的法律判断问题转化为审计核查问题，限制了侵犯商业秘密犯罪的打击力度和范围。很多案件因为损失计算有问题，或者无法计算，导致不能立案起诉或审判。建议将此类犯罪入罪要件修改为“情节严重”，赋予多角度评价，利于进行综合性评判（海淀区法院）。

有的提出，刑法第219条第二款规定“明知或者应知前款所列行为，获取、使用或者披露他人的商业秘密的，以侵犯商业秘密论”，其中的“明知”认定难。特别是体现在单位犯罪案件中，当面临零口供时认定单位犯罪中直接负责的主管人员和其他直接责任人员知道或者应当知道侵犯了他人商业秘密的证据标准过高，在公司没有完善的会议纪要、邮件往来等书证、电子证据时，仅仅依据言词证据难以认定。建议立法或者通过制定司法解释，对可以认定为“明知”的情形进行列举（海淀区检察院）。

五、其他有关问题

1. 关于知识产权犯罪刑罚问题。从实践看，海淀区侵犯知识产权犯罪案件判处第二档刑罚，即3-7年有期徒刑的比例在32.8%，占有较高的比例。有的同志认为，如果再适当提高侵犯知识产权犯罪的刑罚，如提高为十年，这样可以为司法机关根据不同案件情况，对不同罪犯的处罚拉开更宽的档次，更能体现差异化和宽严相济刑事政策，符合实践需要。(海淀区法院)

2. 关于鉴定问题。有的反映，知识产权犯罪案件中存在鉴定泛化、鉴定费用高、鉴定标准不明确等一系列鉴定问题，导致侵权容易，维权难。侵犯著作权领域，实践中委托第三方机构鉴定一部盗版的费用在一万元左右，根据有关司法解释的规定，构成侵犯著作权罪的标准是“复制作品数量合计在五百件（部）以上”，需要对网站、APP所有视频进行鉴定，给权利人维权造成很大困难，建议形成科学的鉴定事项和标准，有的凭司法人员常识即可判断，不需要鉴定，即使鉴定也不应将全部盗版作品一一鉴定，建议建立随机抽样鉴定（腾讯公司）。有的提出，在商标侵权案件、商业秘密案件中也都涉及鉴定问题，商标的真伪鉴定、商业秘密的非公开性、同一性、重大损失等都要鉴定，有的尚未确定统一的鉴定机构和鉴定标准，给维权造成很大障碍，司法机关办案成本过高。建议对我国刑事司法程序中的鉴定事项、标准、机构、费用等问题作进一步深入研究，针对刑事司法实践中的突出问题，从法律上予以规范和完善（海淀区法院、海淀公安分局）。

（全国人大常委会法制工作委员会刑法室提供）

(5) 惩治赌博犯罪的有关规定

为进一步研究赌博犯罪有关问题，我们对新中国成立以来有关禁赌政策和打击治理活动、法律和司法解释等作了梳理，有关情况简报如下：

一、我国一贯坚持严格禁赌政策

赌博是封建社会的毒瘤、顽疾。新中国成立后，党和国家宣布彻底消灭“黄赌毒”等旧社会恶习，严厉禁赌，明令取缔赌局、赌场，禁止一切赌博活动，惩办赌头、赌徒、赌棍，短时期内基本肃清了赌博活动。同时，赌博具有顽固性，一旦放松打击或者一遇到合适的土壤即会生长、蔓延。经过新中国成立后以及“文化大革命”期间赌博活动的低发阶段后，在20世纪70年代末80年代初，赌博活动在我国又进入了反弹期，公安机关查获的赌博案件和涉赌人员一直呈上升趋势。针对这种情况，几乎每过一段时期，国家就会开展专项打击整治活动，坚持不间断惩治赌博，实行严格禁赌政策，在社会面坚决遏制赌博蔓延。

一是20世纪80年代，伴随着改革开放，一些社会陋习死灰复燃，为遏制赌博风气蔓延，开展集中打击整治活动。1985年8月，最高人民法院、最高人民检察院、公安部发布《关于严格查禁赌博活动的通知》，强调"赌博活动发展蔓延，败坏社会风气，直接破坏社会主义精神文明建设，必须采取坚决措施查禁赌博活动"。该《通知》对赌博的处理作了规定："（1）对屡教不改、恶习较深的惯赌分子，要按照《治安管理处罚条例》给予治安处罚；在城市，有的还可以处以劳动教养。（2）对以营利为目的，聚众赌博者，或者以赌博为生活或主要经济来源者，依照《刑法》第一百六十八条的规定处理；对赌博犯罪中的教唆犯，还应依照《刑法》第二十六条的规定处理。（3）对犯有赌博罪，又犯有其他罪行的，应按数罪并罚的原则处罚。在处理赌博人员时，对其非法所得必须全部没收，赌债一律废除。党政干部参加赌博的要从严处罚，并建议其所在单位给予党纪、政纪处分。"1989年中央决定在全国开展一次扫除"六害"统一行动，集中力量，重点打击"聚众赌博的赌头和以赌博为业的赌棍，屡教不改的惯赌分子"。

二是1998年公安部发布《关于严厉打击赌博违法犯罪活动的通知》，强调"坚持禁赌工作不动摇，依法严惩涉赌违法犯罪人员"；"依法严厉惩处从事赌博活动的赌头、赌棍和其他违法犯罪人员，是深化禁赌工作的一项重要措施。对于依法应当治安拘留的，坚决予以治安拘留；符合劳动教养条件的，必须予以劳动教养，严禁以罚代拘，以罚代教。对开设赌场、聚众赌博等构成犯罪的人员，一定要依法追究刑事责任。"同时按照中央要求，开展了"加强娱乐服务场所管理，严厉打击卖淫嫖娼赌博吸毒贩毒等社会丑恶现象专项行动"。

三是按照中央决定，2005年组织开展全国集中打击赌博违法犯罪活动专项行动。2005年1月，最高人民法院、最高人民检察院、公安部发布《关于开展集中打击赌博违法犯罪活动专项行动有关工作的通知》，该《通知》指出"各类赌博违法犯罪活动日益猖獗，特别是境外赌博业对我渗透加剧，网络赌博蔓延迅速，六合彩、私彩赌博活动在一些地区泛滥成灾，到境外赌博和参与网络赌博的人数日益增多"，"决定从2005年1月至5月，在全国范围内组织开展集中打击赌博违法犯罪活动专项行动"。配合这次专项行动，有关方面出台《关于办理赌博刑事案件具体应用法律若干问题的解释》，刑法修正案（六）对赌博罪也作了修改。同时，中央在2005年下发了《关于加强禁赌工作的意见》，进一步明确了各部门的职责和协作制度。2007年11月，中央批准同意了设立禁赌工作部际联席会议制度，各部门在禁赌工作中联系更加紧密，更加制度化。

四是近年来开展各领域赌博专项整治活动。近年来先后组织开展打击足球赌博、六合彩赌博专项行动；打击网络赌博专项行动；打击利用赌博机开设赌场活动等，并出台有关文件和司法解释等。

五是贯彻落实党中央决策部署，为严厉惩治跨境赌博活动，2020年初国家对跨境赌博违法犯罪行为进行专项打击治理。

总体来看，"黄赌毒"作为社会丑恶现象，在我国一向是严格禁止、严厉惩治。刑法对卖淫嫖娼、吸毒、赌博人员本人给予治安处罚，对组织"黄赌毒"活动的人员是作为犯罪严厉处理，追究刑事责任。同时，也应当注意的是，我国在打击赌博违法犯罪的过程中，注意坚持宽严相济，区分不同情况，在各个时期的有关司法解释、政策文件中都对此做了规定，注意区分违法和犯罪，对于不以营利为目的、进行带有少量财物输赢的娱乐活动，以及提供棋牌室等娱乐场所，只收取正常的场所和服务费用的经营行为等，不以赌博论处。重点惩处的是聚众赌博、开设赌场等严重赌博行为，重点查处赌博犯罪集团、跨境赌博、国家工作人员赌博、网络赌博、六合彩赌博等。

二、惩治赌博犯罪的法律规定

惩治赌博违法犯罪法律规定的总体情况：一是治安管理处罚。1957年10月22日，全国人民代表大会常务委员会第八十一次会议通过的《中华人民共和国治安管理处罚条例》第六条规定："赌博财物，经教育不改的，处七日以下拘留、十四元以下罚款或者警告"；1986年9月5日第六届全国人民代表大会常务委员会第十七次会议通过的《中华人民共和国治安管理处罚条例》第三十二条规定："严厉禁止下列行为：（1）赌博或者为赌博提供条件的；（2）制作、复制、出售、出租或者传播淫书、淫画、淫秽录像或者其他淫秽物品的。有上述行为之一的，处十五日以下拘留，可以单处或者并处三千元以下罚款；或者依照规定试行劳动教养；构成犯罪的，依法追究刑事责任"；现行治安管理处罚法第七十条规定："以营利为目的，为赌博提供条件的，或者参与赌博赌资较大的，处五日以下拘留或者五百元以下罚款；情节严重的，处十日以上十五日以下拘留，并处五百元以上三千元以下罚款。"

二是刑法规定。1979年刑法第一百六十八条规定："以营利为目的，聚众赌博或者以赌博为业的，处三年以下有期徒刑、拘役或者管制，可以并处罚金"，规定了"聚众赌博"和"以赌博为业"两种犯罪情形。1997年修订刑法时，在上述规定的基础上增加了开设赌场的犯罪情形。2006年刑法修正案（六）对赌博犯罪作了修改，增加了开设赌场罪。修改后的刑法第三百零三条规定："以营利为目的，聚众赌博或者以赌博为业的，处三年以下有期徒刑、拘役或者管制，并处罚金。开设赌场的，处三年以下有期徒刑、拘役或者管制，并处罚金；情节严重的，处三年以上十年以下有期徒刑，并处罚金"，将"聚众赌博"、"以赌博为业"、"开设赌场"规定为犯罪。

三是有关司法解释对赌博犯罪定罪量刑标准，以及有关情形适用开设赌场、聚众赌博等作了规定。主要是：2005年最高人民法院、最高人民检察院《关于办理赌博刑事案件具体应用法律若干问题的解释》、2010年最高人民法院、最高人民检察院、公安部《关于办理网络赌博犯罪案件适用法律若干问题的意见》、2014年最高人民法院、最高人民检察院、公安部《关于办理利用赌博机开设赌场案件适用法律若干问题的意见》，以及2020年最高人民法院、最高人民检察院、公安部《办理跨境赌博犯罪案件若干问题的意见》。根据上述规定，惩治赌博犯罪包括以下具体情况：

（一）聚众赌博

聚众赌博属于赌博中危害性严重的情形。1979 年制定刑法时即将聚众赌博规定为犯罪，1997 年修订刑法时延续了 1979 年刑法的规定。构成犯罪要求具有“以营利为目的”，“以营利为目的”包括抽头渔利或者直接参赌获利等，是否实际获利不影响犯罪认定。根据有关司法解释的规定，以营利为目的，有下列情形之一的，属于聚众赌博犯罪：（1）组织 3 人以上赌博，抽头渔利数额累计达到 5000 元以上的；（2）组织 3 人以上赌博，赌资数额累计达到 5 万元以上的；（3）组织 3 人以上赌博，参赌人数累计达到 20 人以上的。因此，聚众赌博犯罪惩治的是组织者，对一般参与人员不予刑事处罚。

（二）以赌博为业

1979 年制定刑法时将以赌博为业规定为犯罪。法学理论上一般称为常习犯或者职业犯。关于“以赌博为业”的认定和标准。1985 年最高人民法院、最高人民检察院、公安部《关于严格查禁赌博活动的通知》中规定：“对以营利为目的，聚众赌博者，或者以赌博为生活或主要经济来源者，依照《刑法》第一百六十八条的规定处理。”同时，最高人民法院研究室对上述《通知》的适用作了进一步答复，指出：“《通知》中的‘以赌博为生活或主要经济来源者’既包括没有正式职业和其他正当收入而以赌博为生的人，也包括那些虽然有职业或其他收入而其经济收入的主要部分来自于赌博活动的人。对于以营利为目的聚众赌博或者以赌博为生活或主要经济来源的，不论其输赢，均应依法处理。”1997 年修订刑法延续了 1979 年刑法的上述规定。2005 年最高人民法院、最高人民检察院、公安部《关于开展集中打击赌博违法犯罪活动专项行动有关工作的通知》规定：“对以营利为目的以赌博为业的，无论其是否实际营利，也应以赌博罪追究刑事责任。”2008 年最高人民检察院、公安部《关于公安机关管辖的刑事案件立案追诉标准的规定（一）》第四十三条中规定：“以营利为目的，以赌博为业的，应予立案追诉。”

（三）开设赌场

1979 年刑法赌博犯罪中对开设赌场的行为未作规定；1997 年修订刑法时增加列举了开设赌场的情形，与聚众赌博、以赌博为业共同构成赌博罪，规定了“三年以下有期徒刑、拘役或者管制，并处罚金”的刑罚。考虑到这一规定对一般的赌博行为和开设赌场行为的刑罚没有进行区分，开设赌场行为的社会危害程度明显要大于一般的赌博行为，有必要加重惩处。为此，2006 年刑法修正案（六）对赌博罪作了修改，将开设赌场从赌博罪中独立出来，规定为专门的开设赌场罪，并增加规定一档“三年以上十年以下有期徒刑，并处罚金”的法定刑，进一步加大了对开设赌场犯罪的惩处力度。

随着网络赌博犯罪愈演愈烈，为进一步遏制网络赌博犯罪，明确法律适用，有关司法解释对利用网络开设赌场适用开设赌场罪作了明确。2005 年司法解释规定：“以营利为目的，在计算机网络上建立赌博网站，或者为赌博网站担任代理，接受投注的，属于刑法第三百零三条规定的‘开设赌场’”。2010 年最高人民法院、最高人民检察院和公安部专门制定了《关于办理网络赌博犯罪案件适用法律若干问题的意见》，规定了网上开设赌场犯罪的定罪量刑标准。

为依法惩治利用具有赌博功能的电子游戏设施设备（俗称“老虎机”、“赌博机”）开设赌场的犯罪活动，2014 年“两高”、公安部发布《关于办理利用赌博机开设赌场案件适用法律若干问题的意见》，其中明确：“设置具有退币、退分、退钢珠等赌博功能的电子游戏设施设备，并以现金、有价证券等贵重款物作为奖品，或者以回购奖品方式给予他人现金、有价证券等贵重款物（以下简称设置赌博机）组织赌博活动的，应当认定为刑法第三百零三条第二款规定的‘开设赌场’行为。”同时，规定了设置赌博机开设赌场的定罪处罚标准。

三、惩治组织跨境赌博犯罪法律规定

现行刑法没有将组织跨境赌博规定为专门犯罪。但一直以来，司法实践中对组织跨境赌博行为是予以严厉惩治的，按照具体行为和案件情况，适用开设赌场罪、聚众赌博罪等相关规定予以处罚。

1. 在刑法修正案（六）之前，组织、招揽跨境赌博行为作为赌博罪处罚，有关规定包括：

一是 2005 年 1 月，最高人民法院、最高人民检察院、公安部《关于开展集中打击赌博违法犯罪活动专项行动有关工作的通知》中规定：“对通过在中国领域内设立办事处、代表处或者散发广告等形式，招揽、组织中国公民赴境外赌博，构成犯罪的，以赌博罪定罪处罚。”

二是 2005 年 5 月，最高人民法院、最高人民检察院《关于办理赌博刑事案件具体应用法律若干问题的解释》第一条规定：组织中华人民共和国公民 10 人以上赴境外赌博，从中收取回扣、介绍费的，属于刑法第三百零三条规定的“聚众赌博”，以赌博罪处罚。这是考虑到，当时我国公民到境外旅游增多，一些人员或者组织通过在我大中城市设立办事机构、在公开发行的报刊上刊登广告、向我境内邮寄邀请信或者广告单等各种方式，组织、招引我国公民赴境外赌博，造成了巨额资金流失境外，危害严重，因此作出上述规定。

该解释还明确了我国公民在境外犯赌博罪应如何适用法律。第三条规定：“中华人民共和国公民在我国领域外周边地区聚众赌博、开设赌场，以吸引中华人民共和国公民为主要客源，构成赌博罪的，可以依照刑法规定追究刑事责任。”这是考虑到，当时我国公民在境外犯赌博罪的情况越来越严重，尤其是开设赌场，吸引我国公民赌博，危害极大。为有效遏制这种状况，考虑到刑法第七条第一款规定的是“可以不予追究”，而不是“应当不予追究”。最高司法机关有权根据实际需要作出是否予以追究的规定。因此作出上述规定。

此外，为打击境外赌博，2005 年原国家旅游局下发《关于禁止出境旅游团队参与境外赌博活动的规定的通知》，对旅游团可能涉及的“跨境”赌博问题予以明确，加强对出境旅游团的“禁赌”工作。

2. 刑法修正案（六）对赌博罪作出修改，增加开设赌场罪罪名后，对组织跨境赌博行为区分情况分别依照以下规定处罚：

一是开设赌场相关人员组织、招揽我国公民跨境赌博的，依照开设赌场罪处罚。2020年10月，最高人民法院、最高人民检察院、公安部《办理跨境赌博犯罪案件若干问题的意见》第“二（一）”规定：“以营利为目的，有下列情形之一的，属于刑法第三百零三条第二款规定的‘开设赌场’：(1) 境外赌场经营人、实际控制人、投资人，组织、招揽中华人民共和国公民赴境外赌博的；(2) 境外赌场管理人员，组织、招揽中华人民共和国公民赴境外赌博的；(3) 受境外赌场指派、雇佣，组织、招揽中华人民共和国公民赴境外赌博，或者组织、招揽中华人民共和国公民赴境外赌博，从赌场获取费用、其他利益的；(4) 在境外赌场包租赌厅、赌台，组织、招揽中华人民共和国公民赴境外赌博的；(5) 其他在境外以提供赌博场所、提供赌资、设定赌博方式等，组织、招揽中华人民共和国公民赴境外赌博的。在境外赌场通过开设账户、洗码等方式，为中华人民共和国公民赴境外赌博提供资金担保服务的，以‘开设赌场’论处。”该意见还对组织网络跨境赌博作了规定。

二是其他人员组织、招揽跨境赌博的，依照聚众赌博（赌博罪）处罚。《办理跨境赌博犯罪案件若干问题的意见》第“二（三）”规定：“组织、招揽中华人民共和国公民赴境外赌博，从参赌人员中获取费用或者其他利益的，属于刑法第三百零三条第一款规定的‘聚众赌博’”。

四、惩治组织跨境赌博犯罪符合我国刑法管辖原则的规定

在一些国家和地区赌博业是合法产业，可以依法开设赌场，进行赌博活动。对于在国外开设赌场、进行赌博活动，没有在我国从事相关活动，也不涉及我国公民的，不属于我国刑法的规制内容。根据我国刑法总则的管辖规定，对于国（境）外赌场向我国地域，指向内地公民招赌、吸赌的，我国具有管辖权，应当按照我国刑法规定予以严厉惩治，这样处理符合我国刑法有关管辖原则的规定，是历来我国司法实践的做法，不涉及“长臂管辖”或者“一国两制”问题。

一是我国刑法第六条规定了属地管辖原则：“凡在中华人民共和国领域内犯罪的，除法律有特别规定的以外，都适用本法”；“犯罪的行为或者结果有一项发生在中华人民共和国领域内的，就认为是在中华人民共和国领域内犯罪。”国（境）外赌场前往内地招赌、吸赌的行为发生在内地，适用我国刑法没有问题。实践中，境外赌场多通过设立分公司、代理公司、雇佣人员等方式针对内地公民组织跨境赌博。

二是刑法第七条规定了属人管辖原则：“中华人民共和国公民在中华人民共和国领域外犯本法规定之罪的，适用本法，但是按本法规定的最高刑为三年以下有期徒刑的，可以不予追究。”对于中国公民在外开设赌场的行为，是否适用我国刑法的规定，2005年的司法解释作了有条件的规定，对于中华人民共和国公民在我国领域外周边地区聚众赌博、开设赌场，以吸引中华人民共和国公民为主要客源，构成赌博罪的，可以依照刑法规定追究刑事责任。

（全国人大常委会法制工作委员会刑法室提供）

第二部分　国家司法领导部门关于修改刑法的意见

一、最高人民法院

1. 关于刑法总则修改的若干问题（草稿）

（最高人民法院刑法修改小组　1989 年 3 月）

一、关于刑事责任年龄问题

刑法第十四条（草案第十四条）

第一，关于刑事责任年龄起点

建议：不降低刑事责任年龄

理由：

1. 近年来，我国青少年犯罪低龄化的特点虽然比较突出，但是根据调查，绝大多数青少年犯罪仍是在 16—25 岁这个年龄阶段，14 岁以下的少年犯罪尤其是严重犯罪案件虽然有，但毕竟是极个别现象。例如，1987 年全国收容教养人员共有 8073 人，其中不满 14 岁的犯罪少年全国只有 90 人，仅占 1.1%；1987 年全国有少年犯 15885 人，其中 14 岁以上不满 16 岁的有 1246 人，占 7.84%，16 岁以上不满 18 岁的有 11173 人，占 70%，18 岁的有 3457 人，占 21%。由此可见，青少年犯罪主要年龄阶段主要是 16 岁左右，不满 14 岁的所占比例极小。

2. 随着社会的进步，青少年出现早熟现象，成熟程度也有所提高，但必须看到，这种情况主要是经济、文化比较发达的大城市和地区，而对于占全国面积 80%以上的广大农村来说并非如此，有关资料表明：少年罪犯数与城市人口数成正比，城市人口数越多则少年罪犯越多，城市人口数越少，则少年犯的人数越少。以山西省某少管所 12—18 岁的城市在押男犯为例，城市分布依次为太原占 43.8%、大同占 22.3%、阳泉占 7.6%、运城占 2.3%、临汾占 1.5%、忻州占 1.1%（其他城市略）。太原是山西省最大的城市，少年犯人数几乎占全省少年在押犯的一半，而运城、临汾、忻州等市均属县级小城市则少年罪犯所占比重极小。因此，我们不能只考虑大中城市的青少年犯罪情况，不考虑比较落后的广大农村和小城市，而使刑事立法脱离我国国情。

3. 降低刑事责任年龄，有悖于国家对青少年“教育为主、惩罚为辅”的原则不利于教育、挽救青少年。我国虽然尚未公布《未成年人保护法》，但对违法犯罪青少年历来采取教育、挽救的政策。13 岁少年正值高小教育阶段，智力发育还不成熟，缺乏辨别是非善恶的能力，即使实施了违法犯罪行为，也应当从他们的身心发育的特点出发，采取非刑罚的教育方法进行帮助、挽救、而不能立足于惩罚，事实证明，刑罚对青少年的教育作用是有限的，甚至会起到适得其反的效果，特别是在我国，少年犯的监管措施十分落后，远远不能适应改造少年犯的需要，有些地方少年犯不能分管分押，以致有些小犯人不仅未能改造成新人，反而成了犯罪的多面手。从青少年犯罪的原因上看，青少年走上违法犯罪的道路的原因非常复杂。要从根本上预防、杜绝青少年违法犯罪，单纯靠惩罚是不行的，应当通过综合治理，依靠社会、学校、家庭等各方面的努力，加强对青少年的教育和管理，预防、减少青少年违法犯罪。

4. 世界上多数国家都把 14 岁作为负刑事责任的起点年龄。例如日本、英国、意大利、南朝鲜、泰国、芬兰等等。1985 年 12 月《联合国少年司法最低限度标准规则》（北京规则）也规定：“在承认少年负刑事责任年龄这一概念的法律制度中，该年龄的起点不应规定得太低，应考虑到情绪和心智成熟的实际情况。”该规则在说明中还指出：“现代的做法是考虑一个儿童是否能达到负刑事责任的精神和心理要求，即根据孩子本人的辨别和理解能力来决定其是否能对本质上反社会的行为负责。如果将刑事责任的年龄规定得太低或根本就没有年龄限度的下限，那么责任概念就会失去意义。”我们在规定刑事责任年龄时也应当考虑到各国刑法关于刑事责任年龄规定的状况、趋势以及国际公约的规定。

第二，关于第二款

建议修改为：已满 14 岁不满 16 岁的人，犯杀人、放火、抢劫、强奸、重伤、重大盗窃的犯罪或者其他严重危害社会的犯罪，经报请高级人民法院核准的，应当负刑事责任。但是，过失犯罪除外。

理由：

1. 已满14岁不满16岁的人犯哪些罪应当负刑事责任，既要根据所犯罪行的性质又要结合犯罪情节和实际发案率来确定。单从犯罪性质上划分，爆炸、投毒、破坏交通工具、交通设备、劫持船舰、飞机等行为危害都很严重，但这类案件实践中发案很少，如1987年全国只有3起投毒案件，20起爆炸案件是不满18岁的人所为，而强奸则有2427起，重伤（故意）7679起，抢劫4234起，重大盗窃1598起，放火116起。因此，我们意见是，刑法只列举性质严重，发案较多的常见几种罪，这样既比较明确又避免大量列举而失于繁琐。

2. 根据“惯窃”的构成要件，不满16岁的人构成此罪是极个别的，而犯重大盗窃罪的相对较多，而且“重大盗窃”的提法当然包含惯窃，将惯窃改为重大盗窃更具有实际意义，由于本款列举的是几种犯罪，不完全等同于罪名，因此，不必因分则无“重大盗窃罪”的罪名而不使用该提法。同理，“重伤”也不是罪名；如果写“故意重伤”又会产生“未遂犯”的问题，因此也可只规定“重伤”这种情况，留到但书中去排除过失。

3. 强奸罪是一种严重危害社会的犯罪。近年来，不满16岁的人犯强奸罪比较突出，审判实践中一般都依法追究了刑事责任，因此，应将强奸罪明确写入本款之中。

4. “其他严重危害社会的犯罪”的规定应予保留。如上所述，犯罪的社会危害程度大小是通过罪行性质、情节等反映出来，刑法难以将所有严重危害社会的犯罪都列出无遗，如果采取穷尽列举的办法，遇到刑法没有规定而所犯罪行情节、性质都很严重的犯罪就无法处理。因此还是保留“其他严重危害社会的犯罪”的规定为宜。为了防止滥用规定，这种情况“须报请省高级人民法院核准”，加以控制。把刑法原来“其他严重破坏社会秩序罪”改为“其他严重危害社会的犯罪”以避免理解上的歧义。

第三，关于第四款

建议：将“因不满16岁不处罚的，”改为“因不满16岁不负刑事责任的”。

理由：“因不满16岁不处罚”容易理解为不受任何处罚。改为“不负刑事责任”则比较确切。

二、关于精神病人的限定责任能力问题

刑法第十五条（“草案”第十五条、第十六条）

建议将本条修改为：

“精神病人在不能辨认或者不能控制自己行为的时候造成危害结果的，不负刑事责任；但是应当责令他的家属或者监护人严加看管和医疗，必要时由政府强制医疗。”

“精神病人在辨认或者控制自己行为的能力明显减弱的时候造成危害结果的，应当负刑事责任，但是应当从轻、减轻或者免除处罚。”

“间歇性的精神病人在精神正常时候犯罪，应当负刑事责任。”

理由：

1. 我国刑法中规定的“精神病人”是从广义理解的，包括精神病、精神发育不全和其他精神疾病患者。修改时如采用列举办法，也难以说清，可仍从广义理解。

2. 不负刑事责任的精神病人，有的社会危险性很大，应增加“必要时由政府强制医疗”的规定。

3. 在司法精神病学上，对精神病人的责任能力采取三分法，即无责任能力、限定责任能力、完全责任能力。大多数国家的立法例，也采取三分法。但在我国刑法上只采取二分法，没有精神病人限定责任能力的规定。在审判实践中，对限定责任能力的精神病人造成危害结果的，既不能不负刑事责任，也不能与正常人同样处罚。这样的案例不少，有的涉及能否适用死刑的问题，法院一般是根据司法精神病学的鉴定结论，对限定责任能力的精神病人从轻或者减轻处罚。但这样处理没有法律依据，难以引用刑法条款。我们征求十四个高级法院的意见，有十三个高级法院都要求在刑法第十五条中增加“限定责任能力”的规定。

此外，在我国民法通则第十三条中，对精神病人有“无民事行为能力人”和“限制行为能力人”的区分，而刑法上没有相应的区分，也使刑、民法不协调。

4. 第二款新增加精神病人限定责任能力的规定，其文字表述，是参考司法部司法鉴定科学技术研究所对精神病人限定责任能力所作的解释写的。也参考了若干外国立法例上的写法。

5. 在外国立法例中，对限定责任能力的精神病人的处刑有“必减（应当减）”或者“得减（可以减）”两种办法。根据我国的审判实践经验，拟采取“应从轻、减轻处罚”的写法。为与刑法第十七条对聋、哑、盲人处罚的规定协调，又拟增加“或者免除处罚”的写法。

6. “草案”第十六条“智力发育不全的人犯罪，可以从轻、减轻或者免除处罚”的写法不够确切。智力发育不全（即精神发育不全）仅是精神疾病的一种，其中有些人（如白痴）应属无责任能力。实践中，不同类型的较轻的精神病人都可以发生限定责任能力问题。(另附案例)

7. 原第二款关于间歇性的精神病人的规定改为第三款。由于在事后鉴定其犯罪时是否精神正常有困难，也有主张删去此款，只保留“无责任能力”“限定责任能力”两种规定的。

8. 原第三款关于醉酒的人犯罪的规定自本条中删除。另写一个独立的条文（理由另见下面的专题）。

三、关于醉酒的人的犯罪问题

刑法第十五条第三款（“草案”第十五条第三款）建议将“醉酒的人犯罪，应当负刑事责任”另写一个独立的条文，不与第十五条对精神病人的规定混在一起。

理由：

1. 醉酒的人不是精神病人，应当负刑事责任，这是没有问题的，但病理性醉酒是精神病的一种，病理性醉酒可以发生无责任能力的问题，刑法第十五条中将醉酒列入精神病人的条文中，容易使人误解为病理性醉酒都应负刑事责任，不妥。

2. 外国的立法例，都把醉酒的刑事责任写成一个独立条文，不与精神病人的条文混在一起。

四、关于依法执行职务的行为不负刑事责任问题

建议在刑法第二章第一节“犯罪和刑事责任”中，增加一个条文，即“依法执行职务的行为，不负刑事责任。”

理由：

1. 依法执行职务的行为与正当防卫行为是有区别的，正当防卫必须以免受正在进行的不法侵害为前提，而依法执行职务的行为，则不要求以不法侵害为前提。例如：人民警察追捕逃犯，经鸣枪警告后，逃犯仍继续逃跑，在非开枪不足以制止逃犯逃跑的非常情况下。可以开枪射击，将逃犯击伤甚至击毙，这种开枪射击的非常情况，是符合 1980 年国务院《关于警察使用武器和警械的规定》的，这种情况不应负刑事责任，但不同于正当防卫。在实践中，有的法院将人民警察依法执行职务的行为，也判了刑，是错误的。因此，有必要在总则中作出专条规定。当然，不能把滥用职权、违法乱纪的行为当成依法执行职务。

2. 1983 年两院一部《关于人民警察执行职务中实行正当防卫的具体规定》，没有把依法执行职务与正当防卫的区别和联系说清楚，是个缺点，况且，公民的正当防卫权利是否包括国家拘禁力在内，学说上也有争论，值得研究。

3. 有些国家的立法例，在正当防卫之外，另定依法执行职务或者业务上的正当行为不负刑事责任的专条，可供我们参考。

五、关于须由特殊身份构成的犯罪的共犯问题

建议在刑法总则的共同犯罪部分，增加一个条文：“无特殊身份的人与有特殊身份的人勾结，共同犯有须由特殊身份构成的犯罪，以共犯论处。”

理由：

1. 两个《补充规定》中分别规定：“与国家工作人员……勾结，伙同贪污的，以共犯论处。”“与国家工作人员……勾结，伙同受贿的，以共犯论处。”实际上，若干其他条文也运用这个原理，如妇女帮助男子犯强奸罪，以共犯论处，在分则中不能逐条分别规定，可在总则中写一条。

2. 这是外国立法例上常用的写法。

3. 如果无特殊身份的人与有特殊身份的人勾结，共同犯有不需要由特殊身份构成的犯罪（即一般主体），其共犯罪名应按犯罪的性质（特别是主犯）来定。

4. 两高（85）高检会（研）字 3 号文件中，关于“内外勾结进行贪污或者盗窃活动的共同犯罪……一般是由主犯犯罪的基本特征决定的”提法，对须由特殊身份构成的罪（如贪污罪）和不需要由特殊身份构成的罪（如盗窃罪）的关系未说清楚，表述不够确切。拟议中的条文表述，与两高原解答在实际上并无矛盾，只是更符合立法的通例。

六、关于管制问题

刑法第二十八条（草案第二十九条）

建议：取消管制

理由：

1. 管制已不适宜变化了的国情，难以执行。近年来，在司法实践中适用管制刑的很少，据统计，全国 1986 年判处管制 2317 人；占受刑事处分总人数的 0.73%；1987 年判处管制 1927 人，占受刑事处分人数的 0.6%；1988 年判处管制 2184 人，占受刑事处分总人数的 0.6%。适用管制刑较少的重要原因是难以执行，以致判而不管，名存实亡。应当承认，管制在过去的对敌斗争、惩罚犯罪方面曾经发挥过一定的作用。它本身的执行方式和特点适宜于过去产品经济的体制。但是在我国实行改革、开放、搞活、大力发展商品经济的今天，情况就不同了。在城市，企业自主权扩大，实行经济承包责任制和工资总额包干，特别是实行优化组合以后，对管制分子的安排、教育成了问题，单位不愿留用，群众不愿监督；在农村，生产是一家一户分散经营，村民委员会是群众自治的组织，不管劳动，乡镇派出所管的地盘大，不可能具体监督。由于自谋生路，许多管制分子在外经商、基建、出劳务、流动性很大不易控制；这一切都使管制难以执行，实际上处于放任不管的状态。为了防止判而不管，有的地方如北京市法院，不得不规定，判处管制前，要与原办案的公安、检察部门和犯罪分子所在的街道或单位进行联系，征得同意，做好安置，才能判处。

2. 管制的刑罚效果不理想。在人们法制观念还不强的今天，社会上和群众中往往不把管制看成判刑，因而存在“公安抓人、法院放人”的误解，社会效果不好。被判处管制的犯罪分子本人也不像缓刑犯那样有慑于法律的再追究，而主动接受改造，实际执行效果不如缓刑。五六十年代，管制的适用对象主要是历史反革命罪犯，他们慑于人民政权的强大威力，比较好管理，而现在判处管制的多是流氓、盗窃犯，情节轻微不宜判处有期徒刑的，这些人年纪较轻，不好管理，在管制期间重新犯罪的较多，不易起到管制的刑罚作用。

3. 拘役和有期徒刑缓刑完全可以代替管制刑的惩治犯罪作用。而且在审判实践中，对于有些犯罪行为无论是根据刑法理论还是依据审判经验，都很难说清其应当适用管制还是缓刑或拘役。

七、关于死刑的核准权问题

刑法第四十三条第二款（“草案”中删去该款）

拟同意“草案”的处理，待请示。

理由：

死刑的核准权问题，在刑法的修改中如何处理，有三种意见。第一种意见认为，应将人民法院组织法第十三条关于最高法院在必要时得授权省、自治区、直辖市高级法院对部分死刑案件行使核准权的规定吸收到刑法中来。第二种意见认为，为严格控制死刑的适用，应保留刑法原规定，取消可以授权的规定。第三种意见认为，从我国社会治安的实际情况考虑，取消授权目前难以做到，如在刑法中写入授权，也不适宜，死刑核准权是程序问题，刑法中可不规定，另由程序法规定。目前，“草案”采取第三种意见，将该款删除。但也有意见认为，死刑核准权是关系到慎重适用死刑的实体问题，不完全是程序问题，在刑法进行修改时不宜毫无反映。我们初步同意删除该款，但这个问题较难处理，我院如何表态，待请示。

八、关于不适用死刑的条件问题

刑法第四十四条（“草案”第四十三条）

第一方案：拟同意“草案”对本条的修改，即“犯罪的时候不满十八岁的人，不得判处死刑立即执行。已满十六岁不满十八岁的，如果所犯罪行特别严重，可以判处死刑同时宣告缓期二年执行。”“审判的时候怀孕的妇女，不适用死刑。”

第二方案：建议取消本条中对未满十八岁的人可以判处死缓的规定。

1. 第一方案的理由：

刑法第四十四条原规定前后矛盾（指对不满十八岁的人不适用死刑和可以判处死缓），因为死缓属于死刑的范畴，不是独立的刑种。“草案”对本条的文字修改较好，从当前实际斗争需要看，可以同意。

2. 第二方案的理由：

如果写“不得判处死刑立即执行”，又写可以判处死缓，仍属于可以判处死刑，只是不得立即执行。《公民及政治权利国际盟约》第六条第五项规定：“未满十八岁之人犯罪，不得判处死刑，怀胎妇女被判死刑，不得执行其刑。”对未成年人的保护比对孕妇的保护还要严格。我国虽未参加该国际盟约，但应考虑其影响，刑法规定不宜与该盟约有矛盾，还是把可以判处死缓删去为妥。

3. 关于“审判的时候怀孕的妇女，不适用死刑的问题”，拟同意不作修改，但有几个问题要研究：

（1）有的地方在起诉前的关押期间或者法院审判时，对怀孕的妇女先做人工流产，以便判处死刑。对此，最高人民法院在（83）法研字第 18 号文件中，重申了刑法第四十四条的规定，并指出：“如果人民法院在审判时发现，在羁押受审时已是孕妇的，仍应依照上述法律规定，不适用死刑。”有的同志建议将该解释的精神吸收到刑法中去，修改为“在羁押受审的时候怀孕的妇女，不适用死刑。”

（2）有的同志认为，羁押受审期间孕妇的情况很复杂，有人工流产的，有自然流产的，有分娩的，对具体案件宜作具体分析，由司法解释解决，不宜在刑法中笼统地作扩大规定。

（3）有的同志认为，怀胎符合计划生育的应予保留，超计划生育的应当做人工流产，这是计划生育的基本政策，对任何妇女都适用，犯罪的孕妇不能有例外，最高法院的解释，对羁押中的孕妇是否超计划生育未作说明，需要另作研究。

根据讨论的意见，我们认为刑法原条款不宜改动，涉及的具体问题由司法解释研究解决。

九、关于死缓减刑的条件问题

刑法第四十六条（“草案”第四十四条）：

拟同意“草案”的修改，在文字上略有变动：

“判处死刑缓期执行的，在死刑缓期执行期间，如果确有悔改，或者服从监管，无抗拒改造的恶劣表现，二年期满以后减为无期徒刑；如果确有悔改并有立功表现，二年期满以后，减为十五年以上二十年以下有期徒刑；如果抗拒改造情节恶劣，查证属实的，由最高人民法院裁定或者核准，执行死刑。”

理由：

1. 根据审判实践经验，死缓犯在二年期间内，服从监管，无抗拒改造的恶劣表现，期满后不能执行死刑，也应减为无期徒刑。

2. “抗拒改造情节恶劣”，在实践中一般掌握为在死缓期间犯新罪，但并无司法解释。在文字表述上，仍以保持刑法原有规定为妥。（“情节恶劣”四字不宜删去）

十、关于死缓减为有期徒刑的刑期从何时开始计算的问题

刑法第四十七条（“草案”第四十五条）

拟同意“草案”的修改，在文字上略有变动：“死刑缓期执行的时间，从判决确定之日起计算。死刑缓期执行减为无期徒刑或者有期徒刑的刑期，均从死刑缓期二年执行期满之日起计算。”

理由：

刑法第四十七条规定：“死刑缓期执行减为有期徒刑的刑期，从裁定减刑之日起计算。”按此规定在死缓二年期满后，裁定减刑以前的这一段关押期间，不算在减刑后的刑期之内，也不能折抵。对于死缓犯减为无期徒刑从何时开始，刑法未规定，实际上也是从裁定减为无期徒刑之日开始。这就使死缓二年期满后、裁定减刑以前这一段关押期间，成为一个空档，它既不是死缓二年期间（法律未规定死缓二年期间可以延长），也不是减为无期徒刑或有期徒刑后的执行期间。如果罪犯在这段关押期间又犯新罪，能否视为是在死缓执行期间内犯罪，执行死刑，就成为一个重要的政策性问题，也是多年来审判实践中的一个难题。

据我们了解，死缓犯在二年期满后，没有及时裁定减刑的情况较多。如新疆生产建设兵团在 1986 年 8 月底超过死缓期未减刑的罪犯有 253 名，有超期一两个月的，也有超期一两年的。对于有的死缓罪犯在超期后又犯罪，能否执行死刑的问题，最高法院在听取下级法院意见，并征求全国人大常委法工委、最高检察院的意见后，在法（研）复〔1987〕15 号批复中指出：“……二年期满以后，尚未裁定减刑以前又犯新罪的，不能视为是在死缓期间犯罪”，并指出，对这种罪犯，应在依法减刑后，对其所犯新罪另作判决，并按刑法第六十六条的规定，决定执行的刑罚。“新罪判处死刑的，才能执行死刑。”并指出：“今后应切实抓紧关于死缓期满依法减刑的工作，务必避免二年期满后迟迟不依法减刑的情况发生”。

基于此理由，我们认为刑法第四十七条的原规定在实践中难以执行。“草案”已吸收了我院批复的精神，同意作此修改。

十一、关于罚金问题

刑法第四十八条（“草案”第四十六条）

建议：刑法颁布实施以来，全国法院适用罚金刑的案件比较少，个别基层法院几乎没有对罪犯单处过罚金刑。以 1988 年为例，全国判处罚金的罪犯 2383 人，占受刑事处分总人数的 0.65%。江苏省 1988 年单处、并处罚金刑的人数仅占所有被判刑人数的 1%。

出现适用罚金刑过少的主要原因：

（1）刑法规定的罚金适用范围过窄。

（2）刑法规定得过于原则、笼统，对罚金数额、缴纳方法期限等没有规定，致使审判中难以掌握。

（3）真正搞清罪犯的经济能力比较困难，而且确有一些罪犯缺乏经济能力，即便判处罚金，也难以执行。

（4）许多分则条文规定为“可以”适用罚金，因随意性较大，而不被使用。

（5）司法人员重主刑轻附加刑，片面将适用罚金理解为“打了又罚”，或“以罚代刑”。

因此我们建议：

（1）扩大罚金刑的适用范围（包括独立适用和附加适用），不仅适用于营利性犯罪，而且对其他犯罪也可适用。

（2）明确规定罚金数额（幅度）、缴纳方法和期限。

（3）规定罚金易服劳役，以解决因缴纳困难而出现的“执行难”的问题。

（4）规定应判三年以下有期徒刑而又具备刑法第六十七条规定条件的犯罪分子，可易科罚金，以减少监狱人满为患的压力，减少罪犯改造的副作用，并且可以增加国库收入。

具体的条文修改有待于进一步调查研究后进行。

需要考虑的问题：

第一，罚金是作为主刑还是附加刑。作为附加刑比较灵活，便于运用，可取。

第二，对国营单位罚金有副作用。“罚垮”了怎么办？公有制情况下，罚金等于罚国家财产，势必影响刑罚的效果。

十二、关于剥夺政治权利的名称和内容问题

刑法第五十条（“草案”第四十八条）

建议将本条修改为：

“剥夺政治权利是剥夺下列权利的一部或者全部：

（一）选举权和被选举权；

（二）享有言论、出版、集会、结社、游行、示威自由的权利；

（三）担任国家机关职务的权利；

（四）担任国营、集体企业、事业单位和人民团体领导职务的权利。”

另一修改方案是：删去本条第（二）项，只保留（一）、（三）、（四）项。

理由：

1. 关于剥夺政治权利的名称

剥夺政治权利这一刑种的名称是我国特有的。在外国一般称为“褫夺公权”，或者不笼统规定名称，只列举所剥夺的具体权利的名称。“剥夺政治权利”的名称已写入我国宪法（见宪法第三十四条），因此这一名称不能修改。

2. 关于剥夺政治权利的内容

本条第（一）、（三）两项（指选举权和被选举权，担任国家机关职务的权利），与外国“褫夺公权”的内容大体相同。

本条第（二）项（指言论、出版、集会、结社、游行、示威的自由），是我国特有的。在外国立法例上，都没有类似剥夺六大自由的规定，在原刑法起草过程中，要不要写入剥夺六大自由的规定，历来有争论（详见1962年6月7日向中央政法小组的报告），1979年制定刑法时才写入。

我们在讨论中，对是否写入剥夺六大自由，提出两个方案：

第一方案：言论、出版、集会、结社、游行、示威的自由，一般属于公民依法参加国家政治生活的权利，刑法已将其划入政治权利的范围，修改时应予保持，如果删去，震动太大。鉴于剥夺六大自由在政治上是一种严厉的处罚，适用时应非常谨慎，宜限于危害国家安全的犯罪。

第二方案：写入剥夺六大自由的实际意义不大，可以删除。因为：（1）六大自由是宪法规定的公民基本权利，虽与参加政治生活有关，但并非都属于政治生活。宪法第三十五条规定公民的六大自由并未写明“但是依照法律被剥夺政治权利的人除外”，与宪法第三十四条（选举权和被选举权）写法不同。（2）言论如果是好的，任何人都受法律保护；如果是反动言论，任何人都不准其自由散播。（3）出版由国家依法管理，任何人都不能出版非法书刊。出版自由还涉及版权问题，犯人的科研成果写成论文，是否禁止发表；如过去享有版权，是否不能继续享有。笼统地规定剥夺出版自由，容易使政治权利与民事权利相混淆（有的省法院也提出此问题）。（4）集会、结社、游行、示威的自由，也都受法律限制，任何人不能例外。有些集会、结社也并非是政治性的，是否都不能参加。如不写剥夺六大自由，实践中也不致于出问题，写了，实践中很难于执行。

本条第（四）项（指担任国营、集体企业、事业单位和人民团体领导人的权利），对某些利用上述领导职务进行经济犯罪或其他犯罪的人，剥夺此项权利尚有可取之处。

3. 关于是否可以一并剥夺军衔、警衔、勋章、奖章和荣誉称号的问题

这个问题，在原刑法起草过程中，也发生过争论，刑法中未作规定。我们倾向于在修改中不必补充，军衔、勋章、荣誉称号等，不属于政治权利。政治权利是有期的剥夺，期满后可以恢复。如果一并宣告剥夺军衔、勋章等，实际上期满后也不能恢复或发还。如果是全国人大常委会决定授予的勋章，仍应由全国人大常委会决定剥夺，不宜由法院判决。这类问题，可另由单行法规解决。

十三、关于剥夺政治权利的适用对象问题

刑法第二十九条（“草案”第三十条）

刑法第五十二条（“草案”第四十九条）

刑法第五十三条（“草案”第五十一条）

建议在刑法第二十九条中取消剥夺政治权利附加刑也可以独立适用的规定（或者对单处剥夺政治权利加以严格限制）。

建议将刑法第五十二条修改为：

“对于危害国家安全的犯罪分子，应当附加剥夺全部政治权利；对于严重危害社会治安的犯罪分子、重大的经济犯罪分子，或者渎职罪的重大犯罪分子，在必要的时候，也可以剥夺一部或者全部政治权利。”

刑法第五十三条（判处死刑、无期徒刑的，剥夺政治权利终身）不作修改。

理由：

剥夺政治权利是政治上相当严厉的一种惩罚，它是在一定期限内剥夺犯罪分子原来作为公民参加国家管理和政治生活的权利，因此在适用上一定要非常谨慎，处罚面不宜扩大。在原刑法起草过程中，直至1963年33稿，剥夺政治权利的适用范围都是限于敌我矛盾性质的犯罪（见1963年3月23日中央政法小组向中央的报告）。1979年制定的刑法，对剥夺政治权利的适用范围，在单处剥夺政治权利方面有所扩大，实际上已扩大到不少涉及人民内部矛盾的犯罪，是否妥当，需要慎重研究。下面分四个问题来谈：

1. 单处剥夺政治权利的是否需要保留的问题

刑法单处剥夺政治权利的条文有十三条，即第九十八条（反革命集团罪）、第九十九条（利用封建迷信进行反革命活动罪）、第一百零二条（反革命宣传煽动罪）、第一百三十七条（打砸抢罪）、第一百四十三条（非法拘禁罪）、第一百四十五条（侮辱、诽谤罪）、第一百五十七条（妨害公务罪，拒不执行人民法院判决、裁定罪）、第一百五十八条（扰乱社会秩序罪）、第一百五十九条（聚众扰乱公共场所秩序、交通秩序罪）、第一百六十六条（冒充国家工作人员招摇撞骗罪）、第一百六十七条（伪造、变造、盗窃、抢夺、毁灭公文、证件、印章罪）、第一百八十六条（泄露国家重要机密罪）、第一百八十八条（司法人员徇私枉法罪）。其中，除反革命罪三条外，其他犯罪有十条，除打砸抢罪已在“草案”中删除外，其他九条，在“草案”中仍保留可以单处剥夺政治权利。从表面上看，单处剥夺政治权利是一种不需要关押的轻刑罚，但实际上，它在政治上的处罚是严厉的。例如：一个非法拘禁他人的基层干部，一个诽谤他人或者妨害公务的人，其犯罪情节尚不够判处徒刑，仅是单处剥夺政治权利，就连选举权和公民的六大自由权等都没有了，与专政对象无异。而一个罪行较重，判处徒刑而未附加剥夺政治权利的犯罪分子，在政治上却未受到如此严厉

的处罚。这样规定是不合理、不科学的，也不利于处罚涉及人民内部矛盾的犯罪。

据京、津二市反映，和湖南省醴陵市调查，在审判实践中，还没有处理过单处剥夺政治权利的案件。

我们考虑，剥夺政治权利应当附加适用，不宜单处。如所犯罪的性质必须附加剥夺政治权利的一部或全部的，应以主刑被判处有期徒刑以上为前提。单处剥夺政治权利的实际意义不大，也难以执行。

如果必须保留单处剥夺政治权利，其适用范围应严格限制。例如仅限于危害国家安全的犯罪。对于其他犯罪需要单处剥夺政治权利一部的，应在分则上列举具体权利，但对于涉及人民内部矛盾的轻罪，一般不应包括剥夺选举权和剥夺六大自由权。

2. 关于附加剥夺政治权利的适用对象问题

危害国家安全的犯罪分子，被判处死刑、无期徒刑的犯罪分子，是附加剥夺政治权利的适用对象，这是没有疑义的。

刑法第五十二条规定："对于严重破坏社会秩序的犯罪分子，在必要的时候，也可以附加剥夺政治权利"，从原刑法起草过程的立法原意来看，"严重破坏社会秩序的犯罪分子"不仅包括杀人犯、抢劫犯、强奸犯等，至少还包括伪造货币犯和贪污犯（详见 1962 年 6 月 7 日向中央政法小组的报告），认为"严重破坏社会秩序的犯罪分子"不包括重大经济犯罪分子和渎职犯罪分子的意见，未必符合立法原意。但"严重破坏社会秩序"的提法不够清楚，在理解上易生歧义。

根据上海、甘肃等高级法院的修改意见，并参考外国的立法例，拟将刑法第五十二条的有关部分修改为："对于严重危害社会治安的犯罪分子、重大的经济犯罪分子或者渎职罪的重大犯罪分子，在必要的时候，也可以剥夺一部或者全部政治权利。"刑期上暂不作规定，各地一般掌握在五年、七年或者十年以上。甘肃省院的意见是："判处十年以上的，应当附加剥夺政治权利；判处五年以上、十年以下，情节恶劣的，也可以附加剥夺政治权利；利用职务上的便利进行各种犯罪活动的，均应附加剥夺政治权利。"犯罪的性质、情节、刑期与附加剥夺政治权利的关系如何处理，尚需调查研究。

3. 实践中存在的问题

（1）除反革命罪和判处死刑、无期徒刑的犯罪分子外，对判处有期徒刑的犯罪分子，如何依其犯罪性质和刑期适用附加剥夺政治权利，各地理解不一致，执行上差别很大。如甘肃省兰州市中院 1988 年判处十年以上有期徒刑的罪犯 125 名，附加剥夺政治权利的 69 名，占 55.2%。该省其他十五个地、州、市中院判处十年以上有期徒刑的 308 名罪犯中，附加剥夺政治权利的只有 18 名，占 5.8%。该省 1988 年判处贪污、投机倒把、受贿、诈骗罪犯 269 人，其中附加剥夺政治权利的只有 7 人。

（2）刑法中没有明确附加剥夺政治权利由什么机关执行，公安机关对附加剥夺政治权利的犯罪分子很少落实监督措施，尤其是对无业人员被剥权者，往往不了了之。有些经济罪犯在刑满后未附加剥权，被原单位继续当作"能人"聘用，再次利用手中权力进行犯罪。有些被剥权的犯罪分子出去搞违法犯罪活动。有些刑事犯罪分子对政治权利本来就不关心，剥夺对他没有实际意义。

4. 国外的一些情况

在外国立法例上，褫夺公权或者褫夺权利属于资格刑，大多数国家是附加适用，主要适用于危害国家安全的犯罪、贪污罪、渎职罪、妨害选举罪以及禁止从事某种职业、营业或商业行为等。

在外国刑法理论上，资格刑的地位有逐渐降低的趋势。有些学者认为，在主刑刑满后附加资格刑，无异于公开宣扬犯人之前科事实于众，不利犯人回归社会，与改善之旨相悖。就威吓作用来说，不少犯人为寡廉鲜耻之徒，资格刑之剥夺对其毫无作用。资格刑的价值，只是犯人因丧失资格而减少了以其资格再危害社会的机会，在社会防卫上有积极作用。有些学者认为资格刑应由保安处分代替。有的国家（如日本）在刑法上已废除资格刑，另由其他法规规定。

以上情况可供我们研究剥夺政治权利问题时考虑。

十四、关于剥夺政治权利刑期的减免问题

本问题在刑法和"草案"中均无规定。

建议将刑法第五十四条第一款保留，另增加第二款。条文修改如下：

"附加剥夺政治权利的刑期，从主刑执行完毕之日或者从假释之日起计算，剥夺政治权利的效力当然适用于主刑执行期间。"

"附加剥夺政治权利的刑期执行时间超过二分之一，犯罪分子如果确有悔改或者立功表现的。法院根据执行机关的申请，可以裁定缩短附加剥夺政治权利的刑期，或者免除剥夺政治权利。"

理由：

1. 最高人民法院 1956 年研字第 11772 号批复和 1957 年研字第 18306 号批复曾分别指出：被剥夺政治权利的留场人员表现良好，可以缩短其剥夺政治权利期限；被判处有期徒刑并剥夺政治权利的罪犯，在徒刑减刑时，剥夺政治权利部分也可以减刑。在 1979 年制定的刑法中，对剥夺政治权利能否减刑未作规定。此后，有些被剥夺政治权利的犯罪分子表现良好。法院想给他减刑，但于法无据。因而不能减刑。有些高级法院就这类问题如何解决向我院请示，我们认为，对被剥夺政治权利的犯罪分子表现良好的，不能减刑，是不利于促使犯人改造的。况且，刑法第五十三条第二款和第五十一条第二款，实际上已解决了死缓、无期徒刑附加剥夺政治权利终身和管制附加剥夺政治权利的减刑问题，唯独对有期徒刑附加剥夺政治权利能否减刑未作规定，也是不合理的。

从外国立法例来看，如西德 1976 年刑法、瑞士 1971 年刑法都规定，被剥夺公权人在经过一定的执行时间以后，如行为良好，法院可以在剥夺公权期间未终了前，恢复其公权。这是国际上关于资格刑立法的新趋势，可供我们参考。

2. 如果规定在有期徒刑减刑时，附加剥夺政治权利也可以减刑，这个修改方案不适宜。因为附加剥夺政治权利的刑期是从主刑执行完毕或者从假释之日起计算，虽然其效力施行于主刑执行期间。但是，在主刑尚未执行完毕之前，就预先缩短尚未开始计算的附加剥夺政治权利的刑期，是讲不通的。在实践中，有期徒刑减刑可以一次减或几次减，一般是每次只减一二年，如果附加剥夺政治权利也相应减刑，很难处理。

3. 现拟采取的修改方案，是在主刑尚未执行完毕或者尚未假释以前，先不考虑附加剥夺政治权利的减刑问题。从主刑执行完毕或者假释之日起，附加剥夺政治权利的刑期执行时间超过二分之一，才予以缩短或者免除（有时缩短后，实际上也免除了）。

十五、关于累犯问题

刑法第六十一条、第六十二条（“草案”第六十条、第六十一条、第六十二条）。

建议将刑法第六十一条修改为：

“被判处有期徒刑以上刑罚的犯罪分子，刑罚执行完毕或者赦免以后，在五年内再犯应当判处有期徒刑以上刑罚之罪，或者在服刑期间逃跑后再犯应当判处有期徒刑以上刑罚之罪的，是累犯。但是过失犯罪除外。”

“对累犯应当从重处罚，法定最高刑为有期徒刑的，在必要的时候，可以加重最高刑期至二分之一。”

对刑法第六十二条，同意“草案”的修改，将“反革命分子”改为“犯危害国家安全罪的犯罪分子。”

理由：

1. 关于累犯的概念

关于累犯的概念，各国立法例上大体有三种：（1）前犯罪的徒刑已执行完毕或者赦免后，在一定期限内再犯罪的，成立累犯。（2）前犯罪的徒刑只须开始执行而再犯罪的，即成立累犯。（3）前犯罪的有期判决确定后再犯罪的，即成立累犯。我国刑法第六十一条规定的累犯属于第一种立法例。通常认为这是典型的累犯概念，其范围较严格，且与数罪并罚的概念不混淆。我们认为，原规定的累犯概念是适当的，修改时基本上应予保持。至于前后两罪之间的“一定期限”，拟参照国际通例，将“三年”改为“五年”。前后两罪所判处的刑罚，仍应为有期徒刑以上，不宜扩大到拘役，才能保证打击重点。

按照我国刑法的规定，在刑罚执行期间再犯罪的，不认为是累犯，应按刑法第六十六条的规定实行数罪并罚。但是，全国人大常委会《关于处理逃跑或者重新犯罪的劳改犯和劳教人员的决定》中规定，“劳动犯逃跑后又犯罪的，从重或者加重处罚，刑满、释放后又犯罪的，从重处罚。”这个规定，对“劳改犯逃跑后又犯罪”的处罚，比“刑满释放后又犯罪”的更为严厉，考虑到“劳改犯逃跑后又犯罪的”确属打击重点，应继续执行这个“决定”。故将刑法上原有的累犯概念略予扩大，将“刑罚执行中逃跑后再犯应当判处有期徒刑以上刑罚之罪的”列为累犯范围的另一项，但仍须适用刑法第六十六条关于数罪并罚的规定。

除逃跑后犯罪的特殊情况外，在刑罚执行期间又故意犯罪，是否都划为累犯，争论较大。考虑到犯人在刑罚执行期间又故意犯罪的情况和原因很复杂，如一律当作累犯，未必适宜。刑罚的作用不单纯是报应，而是惩罚与教育相结合。犯人在服刑期间，接受改造的时间、程度有所不同，原判刑罚的惩罚、改造效果尚未充分发挥，与刑满释放后的情况有区别。此时发生的犯罪，仍以按刑法第六十六条规定数罪并罚为妥。至于此时所犯的新罪如有应从重处罚的情节，仍可依法重判，并不因为未划为累犯就不能重判。

2. 关于累犯的从重或者加重处罚问题

我国刑法分则许多罪的量刑程度，一般比外国刑法要重，若干重罪的最高刑都有死刑。对累犯符合法定量刑幅度的，一般在幅度内从重处罚即可。

是否要规定在法定最高刑以上加重？按国际通例，死刑和无期徒刑均不得加重。如果法定最高刑为无期徒刑，因是累犯可以加重到死刑，就会突破分则规定，对死刑开了口子，给法院的自由裁量权太大，不利于加强法制，也不是打击累犯的好办法。

有期徒刑如果确属必要可以加重，也符合国际上的通例。“罪加一等”在刑法上不好规定。因我国刑法的有期徒刑并未规定等级。拟参照国际通例，采取加重本刑的办法。如法定最高刑为五年，必要时可加重至七年半；法定最高刑为十五年，最重只能加到二十年，不能加到二十二年半。因需受“有期徒刑最高不能超过二十年”的限制。

十六、关于自首、坦白、立功问题

刑法第六十三条（草案第六十三条、第六十四条、第六十五条）

建议：基本同意草案关于自首、坦白、立功的写法。但有些地方须作些文字性修改。即

第六十三条　犯罪分子尚未被发觉，或者虽被发觉但尚未受到讯问，未被施以强制措施时，主动向公安、安全、检察、审判机关或者所在单位投案，如实供述自己罪行并接受审查和审判的，是自首……

第六十四条　犯罪分子已被公安、安全、检察、审判机关或有关组织发觉，而对其进行询问、传讯、或者采取强

制措施后，如实供述自己罪行的，是坦白。

第六十五条 犯罪分子揭发他人罪行，查证属实的，或者有其他立功表现的，可以从轻或者减轻处罚；有重大立功表现的，可以减轻或免除处罚。

（注：着重号部分为修改部分）

理由：

1. 自首的概念。只限于“犯罪分子尚未被发觉”时投案，失之过严，司法实践中对虽已被发觉但尚未受到讯问，未被施以强制措施时投案也认定为自首，以体现鼓励犯罪分子主动投案的政策。因此，建议将后一种情况加上去。

2. 坦白的概念。坦白与自首的重要区别在于：坦白是犯罪分子被强制到案后，在司法机关掌握一定证据的情况下供述自己的罪行；自首则是犯罪分子尚未到案（含犯罪已被发觉尚未受到传讯、被施以强制措施），而主动投案并供述自己罪行。如果只写“被……发觉而如实供认自己罪行”，就与自首相混淆了。

3. 立功的处罚。有重大立功表现的只规定免除处罚太绝对，对于罪行严重的犯罪分子不宜一律免除处罚。因此应增加“减轻处罚”一档，以便于执行。

十七、关于数罪并罚问题

刑法第六十四条（草案第六十六条）

建议：

第一，增加附加刑并罚的规定，即在“附加刑仍须执行”的后面加上，“判处二个以上罚金的，应当在罚金总和金额以下，数个罚金中最高金额以上决定罚金金额。判处二个以上剥夺政治权利的，应当执行最长的刑期；判处二个以上没收财产的，合并执行。”

理由：

1. 罚金刑的并罚采取了限制加重原则，是因为犯罪分子经济状况不同。既要防止对富者制裁不力，又要避免穷者无力缴纳。采取限制加重原则就既能在经济上给犯罪分子以有力打击，又不致于使其承受过重的经济负担。

2. 剥夺政治权利并罚采取吸收原则。因为：第一，剥权多是附加适用的，其效力当然适用于主刑执行过程中，经过劳动改造一般都有悔罪表现，主刑执行完毕以后剥权便不宜过长，单处剥权的一般是较轻的犯罪，采取吸收原则剥权，对罪犯本人的改造有积极意义。第二，剥权的内容相当广泛。为了防止罪犯利用这些权利进行犯罪活动，在一定时期内予以剥权是必要的，但使其长期处于无政治权利的不正常状态，则不利于化消极因素为积极因素。第三，从世界上一些国家的刑法看，数个剥权的并罚一般采取吸收原则，我们可以参考借鉴。

3. 没收财产的并罚采取相加原则。因为：第一，没收的财产一般都是实物，它们分别具有不同的性质、状态、价值和用途。一般来说没有相互替代吸收的可能，只能按相加原则没收。第二，数罪中如有一罪被判处没收财产全部，其他罪就不应再判处没收财产，否则无实际意义。故不存在吸收和限制加重的问题。第三，采取相加原则并不会与罪犯的经济状况相矛盾，因为判处没收财产时是考虑罪犯的经济状况的，相加的结果并不会超出罪犯的经济承担能力。

第二，将“判决宣告以前一人犯数罪的”改为“判决宣告以前一人犯数种罪的”。

理由：

同种数罪是否并罚，是多年来争论的问题。司法实践中，对于同种数罪一般不实行并罚，实践证明是可行的。为了明确起见，建议将“数罪”改为“数种罪”。

十八、关于缓刑、假释的撤销条件问题

刑法第七十条、第七十五条（草案第七十三条、第七十八条）

建议：

第七十条改为：被宣告缓刑的犯罪分子，在缓刑考验期限内，由公安机关交所在单位或者基层组织予以监督考察。如果没有再犯新罪，缓刑考验期满，就认为原判刑罚已经执行完毕。如果再犯新罪，或者发现在判决宣告以前还有其他罪没有判决的，应当撤销缓刑，把前罪和后罪所判处的刑罚，依照本法第六十四条的规定，决定执行的刑罚。被宣告缓刑的犯罪分子，在缓刑考验期限内，有严重违法活动，也可以撤销缓刑，执行原判刑罚。

第七十五条改为：

被假释的犯罪分子，在假释考验期限内，由公安机关予以监督考察，如果没有再犯新罪，假释考验期满，就认为原判刑罚已经执行完毕；如果再犯新罪，或者发现在判决宣告以前还有其他罪没有判决的，应当撤销假释，将前罪和后罪分别依照本法第六十六条、六十五条的规定，决定执行的刑罚。

被假释的犯罪分子，在假释考验期限内，有严重违法活动，也可以撤销假释，执行原判没有执行的刑罚。

理由：

1. “严重违法行为”可以作为撤销缓刑、假释的条件。在司法实践中，被宣告缓刑、假释的犯罪分子在缓刑、假释的考验期限内重新犯罪的不多，但严重违法的不少。如果“有其他严重违法行为”不予收监，就失去了考验期的意义。因为假如罪犯再犯新罪，就不仅仅是收监执行的问题，而是要数罪并罚的问题。至于“严重违法行为”的界限，可通过司法解释具体解决。

2. 在考验期限内发现判决前还有没有判决的漏罪，应当作为撤销缓刑、假释的条件。这是因为参照刑法第六十五

条的规定，本应撤销缓刑、数罪并罚，同时隐瞒漏罪，不管基于何种动机，都不应视为有悔罪表现，不符合缓刑、假释的条件，否则只能助长罪犯的侥幸心理。当然对于所漏罪行轻微或有自首、坦白等情节的，并罚时符合缓刑、假释条件的仍然可以宣告缓刑或决定假释。

此外，还建议对缓刑、假释考验期内罪犯应当遵守的事项予以规定，并对监督、考察、解除等法律手续做出规定。

十九、关于法人犯罪问题

“草案”第八十二条

拟将草稿修改为：

“全民、集体企业事业单位，为了牟取本单位的非法利益，实施危害社会的行为，对国家利益或者人民利益造成重大危害的，应追究刑事责任。

全民、集体企业事业单位犯罪的，对单位判处罚金，并适用本法第五十八条、第五十九条的规定；对其直接负责的主管人员和其他直接责任人员，参照本法对个人犯罪的规定从轻或者减轻处罚。

前两款规定，适用于中外合资、中外合作经营企业。”

（注：“草案”第五十八条、第五十九条，相当于第六十三条、第三十二条）

理由：

1. 本条中是否采用“法人犯罪”的提法

讨论中考虑，如果完全把民法上的“法人”搬到刑法上的“法人犯罪”中去，有两个问题不好解决：

（1）机关法人能否成为法人犯罪的主体

机关法人，特别是各级政府及其所属的主管部门，能否成为法人犯罪的主体，值得研究。在关于法人犯罪的内部讨论中，常提出“政府行为排除在外。”《美国模范刑法典》第二章第七条，在解释法人犯罪的用语涵义时，指出：“法人不包括为执行政府之措施，由政府机关或作为政府机关组织之机构在内”，似乎美国法人犯罪也将政府行为排除在外。实践中，我国处罚法人犯罪，也不是直接处罚机关，而是处罚与该机关挂钩的企业事业单位。政府行为如有严重问题，只对其有关工作人员以滥用职权或者玩忽职守罪追究个人的刑事责任。

我们考虑，法人犯罪不宜包括机关法人在内。

（2）私营企业法人和外资企业法人如果犯罪，算个人犯罪还是算法人犯罪

实践中，我国的法人犯罪是把私营企业和外资企业排除在外（注：私营企业中只有私营有限责任公司才是法人）。两高法（研）发（1989）5号文件中规定：“私营企业或者个人非法成立的经济组织投机倒把构成犯罪的，应按个人投机倒把认定。”对外资企业虽未提到，但道理是相同的。

基于以上两点考虑，我们觉得与其使用“法人犯罪”的提法，不如仍采用关于走私罪和贪污罪贿赂罪的两个“补充规定”中“企业、事业单位、机关、团体犯罪”的提法，但可将“机关、团体”删掉。企业事业单位，包括全民、集体、中外合资、中外合作经营在内。

2. 关于单位犯罪的构成条件

实践中，单位犯罪一般以“数额特别巨大”或者“情节特别严重”作为构成犯罪的条件，不够此条件的，由行政处罚处理。按此精神，在文字上作适当表述，以便掌握。

3. 关于处刑标准问题

对单位判处罚金，是无疑义的。

对单位有关责任人员的处刑不拟采用民法上“法定代表人”的提法，仍拟采用两个“补充规定”中“直接负责的主管人员和其他直接责任人员”的提法。

实践中，由于单位犯罪的非法所得归单位所有，或者单位造成的危害由单位承担，对该单位直接负责的主管人员和其他直接责任人员的处罚，应比对个人犯罪的处罚要轻。但分则中对有关责任人员的量刑幅度又不作具体规定，只能在总则中采取“参照本法对个人犯罪规定从轻或者减轻处罚”的提法。如总则中不写明，法院参照个人犯罪从轻或减轻处罚就没有法律依据。

4. 关于对单位犯罪是否在总则、分则中都要规定的问题

法工委考虑，对单位犯罪只在总则中规定，在分则中不另作具体规定，因为涉及条文很多，情况非常复杂，规定实有困难（外国刑法也没有这样规定）。但高级法院的意见，都希望在分则条文中也分别作出具体规定。如无具体规定，办案时很难掌握。这两种意见都有道理。目前，我们尊重法工委的意见，只讨论了总则条文中的写法。

2. 关于刑法分则修改的若干问题（草稿）

（最高人民法院刑法修改小组　1989 年 3 月）

第一章　危害国家安全罪

反革命罪

本章从章名到条文修改较大。条文由原来的十五条减为十二条，其中死刑条款由十条减为七条。

关于章名：反革命罪

意见：改为“危害国家安全罪”

理由：

1. “反革命”是政治概念，不是法律概念。

2. 反革命罪要求具有反革命目的，实际工作中难以掌握，往往为此争执不休，影响审判工作。

3. 我国实行对外开放，“一国两制”政策后，反革命的概念已发生很大变化，过去能认定的反革命行为，现在难以认定了，政策的变更，法律规定应随之变更。

4. 大多数省、市、自治区的法院，均建议修改为“危害国家安全罪”，个别的建议改为“国事罪”。“危害国家安全罪”更确切，易为理解和接受。

5. 外国除苏联、英国等少数国家称“国事罪”外，大多数国家均称对国家安全的犯罪。刑法第 90 条反革命罪的定义删除。章名修改后，该条反革命罪的定义即应删除，对于“危害国家安全罪”，不需定义，是什么行为就定什么罪。

刑法第 91 条（草案第 94 条）

条文：叛国罪

意见：1. 保留，加“国家安全”一句。

2. 刑罚由轻到重的顺序排列。

3. 起刑刑期改为七年以上有期徒刑。

理由：

1. 加“国家”二字以完善用语。

2. 考虑到本法刑罚轻重顺序的总体排列。

3. 降低起刑，从草稿意见。

勾结外国，阴谋危害祖国的主权、领土完整和国家安全的，处七年以上有期徒刑或者无期徒刑；情节特别严重的，处死刑。

刑法第 92 条（草案第 95 条）

条文：阴谋颠覆政府罪、阴谋分裂国家罪

意见：1. 保留原条文。

2. 调整刑期。

理由：同第 91 条理由 2、3。

阴谋颠覆政府、分裂国家的，处七年以上有期徒刑或者无期徒刑；情节特别严重的，处死刑。

刑法第 93 条、第 94 条、第 95 条（草案第 96 条、第 97 条）

条文一：叛变罪

意见：将三条并为二条，罪名定“叛变罪”和“暴乱罪”。将“武装部队”改为“现役军人”。

理由：

1. 第 93 条中既有叛变又有叛乱，而第 94 条是叛变，第 95 条持械聚众叛乱。可见三条（2）中实为两种罪。

2. 叛变之“叛”有背叛、投靠之意，故可不加“投敌”二字，只属“叛变”，意思已够明白。

3. “叛乱”、“聚众持械叛乱”，二者都有“叛”意，容易和叛变之“叛”混淆，持械聚众叛乱的涵义特别严格。另外，为与叛变罪相区别，又要表示这种罪的特征，改为“暴乱”为好，突出暴力的特征。

4. 各罪中的不同情节，可分款规定。

5. 三条改定为二条，减少一条死刑条款。

6. “武装部队”是集合概念，和条文中的其他对象称呼不一致。

问题：对港、澳、台如何称谓，有三种意见：

1. 境外地区的机构、组织；(草案的提法)。

2. 境外敌对势力；(表示大陆以外的地区)。

3. 国内敌对集团。(因港、澳、台是我国领土，国境之内)

投靠外国或者境外敌对势力进行危害国家安全和利益的叛变活动的，处三年以上十年以下有期徒刑；对首要分子或者罪恶重大的，处十年以上有期徒刑或者无期徒刑；情节特别严重的，处死刑。

策动、勾结、收买国家工作人员、现役军人、人民警察、民兵实施前款罪，依照前款规定处罚。

条文二：暴乱罪

以武装或者其他暴力方法聚众暴乱的首要分子或者其他罪恶重大的，处七年以上有期徒刑或者无期徒刑；情节特别严重的，处死刑；其他积极参加的，处一年以上七年以下有期徒刑。

刑法第 96 条

条文：聚众劫狱罪、暴动越狱罪（在暴乱罪中增加第二款）

意见有二种：

一是主张删除（如草案）理由是：

1. 实践中极少发生。

2. 反革命目的难以掌握。

3. 劫狱可按叛乱罪定，越狱可按脱逃罪定。

4. 有杀、伤人的，数罪并罚。

二是主张保留，作适当调整、改写。理由是：

1. 实践中确有发生。(如云南省百人劫狱案)

2. 侵犯的客体，符合危害国家安全罪的特征。

3. 聚众劫狱都实施暴力，罪名应保留，组织越狱中，未实施暴力的属于脱逃罪，实施暴力的，改称“暴动越狱罪”，这是特殊主体的暴乱行为。

4. 这两种罪性质及刑罚和暴乱罪相同，可以作为暴乱罪条下的一款。

倾向第二种意见。

聚众劫狱或者暴动越狱的，依照前款规定处罚。

(注：例如云南省黄文明等百人劫狱案，可以适用暴乱罪的主文。如果罪名定为“聚众叛乱罪”，就不宜适用。)

刑法第 97 条（草案第 100 条、第 101 条、第 102 条）

条文：间谍罪、特务罪、资敌罪

意见：1. 保留三种罪名，将第一款窃取情报一项并入间谍罪中。

2. 将条文中的“敌人”，改为“境内外敌对势力”。

3. 法定刑由三年以上十年以下，十年以上至无期，改为五年以下，十年以上，无期或者死刑三档。

理由：

1. 草案第 102 条把间谍、特务罪的要件只规定为“参加”，最高刑只有七年，又规定，“并犯本章其它罪行的，依照各该条规定从重处罚”。这样规定值得研究。参加间谍、特务组织或者接受任务均应是本罪的成立要件，刑罚也应是重刑（在外国立法例上，间谍罪都是重罪重罚），不宜只规定“参加”，而将此二重罪的罪名改为轻刑。此二罪名如只规定“参加”也就很难认定了。草案后文“并犯本章其他罪行的，依照各该条规定从重处罚”，究竟是数罪并罚，还是牵连犯？含义不清。

2. 出于政治上考虑，规定中统称“敌人”不合适。

3. 刑期的调整，从草案的意见。

4. 故意为“敌人”窃取、刺探、提供情报的行为就是间谍行为，不必单独表述了。

进行下列间谍、特务、资敌行为之一的，处五年以下有期徒刑；情节严重的，处五年以上有期徒刑；情节特别严重的，处无期徒刑或者死刑：

（一）参加间谍、特务组织或者接受其任务，进行间谍、特务活动的；

（二）为境内外敌对势力提供武器、军火或者其他帮助的。

策动、勾引、收买他人参加间谍、特务组织或者从事间谍、特务活动的，依照前款规定处罚。(注：另一种意见按草案第 100~102 条写。但其中“恐怖组织”指什么样的组织，不明确)

刑法第 98 条（草稿第 103 条）

条文：组织、领导反动集团罪

意见：1. 将“反革命集团”改为“反动集团”。条文中要表述“以危害国家政权为目的”，作为条件。

2. 按草稿意见，刑期调整为三年以上七年以下，和五年以下、拘役。

理由：

1. 罪名有两种提法：“非法团伙”和“反动集团”。后者提法可以表明其反政权性质，“集团”是习惯称呼。故仍采用“反动集团”的提法。

2. “反动集团”前加目的以限制条件，可以确切表明此罪的危害国家安全的性质，并非一般意义上的“反动集团”。

以危害国家政权为目的，组织、领导反动集团的，处三年以上七年以下有期徒刑或者拘役。

刑法第 99 条（草案第 103 条）

条文：组织领导反动会道门罪

利用封建迷信危害国家政权罪

意见：1. 保留原罪名，将第一句改为“组织领导反动会道门，或者利用封建迷信进行危害国家政权的活动的”。

2. 刑期改为三年以下七年以下，三年以上或者拘役二档。删除死刑。

理由：

1. 封建迷信只能是被利用，不是被组织的。加目的为条件，以确切表述其危害国家安全的性质。

2. 只要是利用封建迷信组织领导、积极参加反动会道门，危害国家安全，就构成此罪，故处刑不可过重，如果有其他罪行，则数罪并罚。

组织领导反动会道门，或者利用封建迷信进行危害国家政权的活动的，处三年以上七年以下有期徒刑；积极参加的，处三年以下有期徒刑或者拘役。

刑法第 100 条（草案第 99 条）

条文：破坏国防设施、设备罪

意见：1. 保留第一项“破坏军事设备”单立一条。

2. 第三项劫持罪移到“危害公共安全罪”中。

3. 删除第二、四、五项。

4. 刑期从草稿。

理由：

1. 破坏军事（国防）设施、设备的行为，具有明显的危害国家安全的性质，故应保留，单立一条罪。

2. 劫持飞机、船舶罪，考虑到引渡问题，不宜在本章中规定，而且其行为并非都危害国家安全，故移到危害公共安全罪一章较妥。

3. 第二、五两项与其他章条文重复，章名修改后，归入他章，是什么行为就定什么罪。第四项为敌人指示轰击目标的行为，平时不能发生，且其行为多与间谍、特务活动相关联，不必单独规定。

破坏国防设施、设备，危害国家安全的，处五年以上有期徒刑，情节特别严重的，处无期徒刑或者死刑；情节较轻的，处五年以下有期徒刑。

刑法第 101 条

条文：反革命杀人罪

意见：删除

理由：章名修改后，不再规定以反革命为目的的杀人。杀人罪由另章规定。

刑法第 102 条（草案第 104 条）

条文：煽动罪

意见：1. 罪名改为“煽动罪”，去掉“宣传”二字。

2. 对犯罪的方法和内容作较全面表述。

3. 删除第一项内容。

4. 对不同情节规定不同的刑罚。

理由：

1. 原规定较难掌握，故应对方法、内容作较明确的规定，即要概全方法，又要确定内容。

2. 本条意在制裁反动煽动行为，“煽动”的概念包含“宣传”，如果将二者并列，对“宣传”的概念很难解释清楚。

3. 第一项内容是广泛、复杂的，原因可以很多，往往针对第一项法律、法规，又和群众切身利益关系密切，实践中很难掌握，况且目前尚未发现这类案例，故可删除。

以语言、文字、图画或者其他方法公然煽动推翻国家政权、颠覆政府、分裂国家，危害国家安全的，处五年以下有期徒刑或者拘役；首要分子或者造成恶劣影响、引起严重后果的，处五年以上有期徒刑。

刑法第 104 条

条文：犯本章之罪的，可以并处没收财产。

意见：保留。

理由：“没收财产”系附加刑，不同作为量刑的死刑，可以立一条，以总管全章。

刑法第 103 条

意见：删除该条，将死刑分别在各条中规定。

理由：

1. 使各罪之刑罚一目了然。

2. 减少本章条文。

增加一条

条文：窃取、刺探、非法提供国家秘密罪。

理由：

1. 国家秘密范围很广，这些秘密除了间谍、特务机关搞，其他一些机构、组织和人员也搞，主要是军事、政治以外的情报、秘密。如果为并非间谍、特务机关搞国家机密，便不能认为是间谍、特务罪，但此种行为确实危害国家安全，故增加一条新罪。

2. 实践中确有此种罪行。

为外国或者境外地区的机构、组织、人员窃取、刺探、收买、非法提供国家秘密的，处五年以下有期徒刑或者拘役；情节严重的，处五年以上有期徒刑；情节特别严重的，处无期徒刑或者死刑。

增加一条

条文：侵害应受国际保护人员罪

理由：

1. 我国已加入《关于防止和惩处侵害应受国际保护人员包括外交代表的罪行的公约》。《公约》第二条第二项规定："每一缔约国应按照这类罪行的严重性处以适当的惩罚"。我国对这种犯罪应行使管辖权，在刑法中作相应的规定。

2. 国外立法中多在"国交罪"或"国家安全罪"中规定，我国宜规定在"危害国家安全罪"一章中。

3. 由于侵害的方法、后果不同，刑罚也不同，为了避免罗列和减少死刑条款，条文中不规定具体刑罚，而写"依照本法有关规定从重处罚"。

以危害国家安全或者引起国际纠纷、制造政治事端为目的，对应受国际保护人员犯故意杀人罪、故意伤害罪、绑架罪，分别依照本法有关条款的规定从重处罚。

以暴力、胁迫方法侵犯应受国际保护人员，可能危及其人身安全、自由的，处三年以下有期徒刑。

犯本条第二款罪，须经外国政府的请求才受理。

[注：《公约》第二条（b）项规定的罪行，即"对应受国际保护人员的公用馆舍、私人寓所或交通工具进行暴力攻击，因而可能危及其人身或自由"；（c）项规定"威胁进行任何这类攻击"，在我国刑法条文上都没有相应的规定，难以定罪。因此，在拟议的上述条文中增加第二款。由于第二款规定的罪行较轻，如外国政府不请求我们并非一定要按刑事罪处罚，因此，又拟增议第三款规定。第三款是参考日本刑法修正草案第一二九条"对外国使节的暴行、胁迫、侮辱"中第三款的写法。当否，待研究]

第二章　危害公共安全罪

本章由原 11 条增至 13 条，其中新增加的 5 条。

死刑条款原有 3 条，均保留。新增条款中，死刑有 3 条，本章共有死刑条款 6 条。

刑法第 105 条、第 106 条（草案第 105 条）

条文：放火罪、决水罪、爆炸罪、投毒罪，以其他危险方法危害公共安全罪。

放火、决水、爆炸、投毒或者以其他危险方法危害公共安全，尚未造成严重后果的，处三年以上十年以下有期徒刑；致人重伤、死亡或者使公私财产遭受重大损失的，处十年以上有期徒刑、无期徒刑或者死刑。

过失犯前款罪，致人重伤、死亡或者使公私财产遭受重大损失的，处七年以下有期徒刑或者拘役；情节特别严重的，处七年以上有期徒刑。

（注：另一种意见过失罪，最高刑期为十年）

意见：1. 合并为一条。

2. 条文表述简练一些，删去第 105 条中表述的破坏的对象。

3. 提高过失犯罪的刑期。

理由：

1. 两条是同种罪，只是情节不同而已，故可合并。

2. 本章原规定过失犯罪的刑期比过失杀人的刑期显然过低（这一章中过失犯罪的后果往往比较严重，故应提高刑期）。

刑法第 107 条、第 108 条、第 109 条、第 110 条（草案第 106 条）

条文：破坏交通工具、设备、电力、煤气、易燃易爆、放射性、毒害性设备罪。

破坏交通工具、交通设备、电力、煤气、易燃易爆设备或者放射性、毒害性设备，危害公共安全，尚未造成严重后果的，处三年以上十年以下有期徒刑；造成严重后果的，处十年以上有期徒刑、无期徒刑或者死刑。

过失犯前款罪，造成严重后果的，处七年以下有期徒刑或者拘役；情节特别严重的，处七年以上有期徒刑。

意见：1. 按破坏对象归纳，原来的 4 条可以并为 1 条。

2. 简化表述方法。

3. 增加破坏放射性、毒害性设备。

4. 提高过失犯罪的刑期。

理由：

1. 规定中所列对象均有公共安全的意义，危害后果相当，刑罚等同，为减少条款，可合并。

2. 交通工具、交通设备在范围概念上一般不致发生误解，不必列举。必要时可作司法解释。

3. 随着科学技术的发达，具有危险性的设备将不断增加，目前如放射性、有毒气体、液体等设备广泛使用，所以应列举增加。国外立法中对原子能、放射线、毒气、蒸气等大多作了规定，我国应参考。

刑法第 111 条（草案第 106 条）

条文：破坏广播、电视、通讯设施、设备罪。

破坏广播、电台、电视、通讯设备，危害公共安全的，尚未造成严重后果的，处七年以下有期徒刑或者拘役；造成严重后果的，处七年以上有期徒刑。

过失犯前款罪，造成严重后果的，处七年以下有期徒刑或者拘役。

（注：另一意见认为：此罪危害的是公众利益）

意见：1. 保留原规定。（此罪的危害程度比破坏交通工具、交通设备、电力、煤气或者其他易燃易爆设备罪要轻些，刑罚不宜太重，因此不宜与破坏交通工具等罪合并，宜另写一条）。

2. 增加破坏电视设备一项。

理由：电视是近年来在我国兴起的事业，它和电台、通讯设备有同等重要地位，应增列。

刑法第 112 条（草案第 109 条）

条文一：非法制造、买卖、运输、抢劫、盗窃、抢夺军火罪。

非法制造、买卖、运输或者抢劫、盗窃、抢夺军用枪支、弹药的，处七年以下有期徒刑；情节严重的，处七年以上有期徒刑；情节特别严重的，处无期徒刑或者死刑。

条文二：非法制造、买卖、运输、抢劫、盗窃、抢夺民用枪支、爆炸物罪。

违反枪支管理规定和民用爆炸物管理规定，非法制造、买卖、运输或者抢劫、盗窃、抢夺小口径枪、猎枪或其他具有相当威力的非军用发火枪支、炸药、火药、雷管式其他民用爆炸物，危害公共安全的，处五年以下有期徒刑或者拘役，可以单处或并处罚金；情节严重的，处五年以上有期徒刑，可以并处罚金。

（注：如盗窃非军用枪支犯杀人、抢劫等重罪，可按牵连犯，原则从重罪判处）。

意见：1. 不按特定持有人划线，按枪支性质划线，可分为军用、民用两种。

2. 两种性质的枪支性能不同，危害不同，刑罚应有区别。民用枪支轻于军用枪支，军用的最重刑保留死刑，民用的最重刑十年以下有期徒刑。

理由：

1. 此罪在实践中较难掌握，各方面的解释也不尽一致。问题在于对枪支范围掌握不一致。以枪支持有人为准的规定不符合实际，也不准确。如，制造任何类枪支均按此条治罪，失之偏严，抢夺特定持有人的任何种类枪支，亦失之偏严，而盗、抢非特定持有人的军用枪支的，则不能援引该条治罪，又失之偏宽等等。总之，原规定弊病较多，不好掌握，应作修改。

2. 按用途分类，一般可分为军用、体育用、生产、生活用（民用），按性能分类，可以分为发火枪（火药枪）、气枪、麻醉注射枪等等，还可以有不同的其他分类方法。刑法中应以能够反映枪支的威力和可能造成的社会危害程度为准，来规定应治罪的枪支种类，无疑，军用枪支为最。可见，按物种划分罪与非罪，此罪与彼罪，在本条是必要的。

在我国，按物种划分方法，可以包含特定持有人，如，国家工作人员、军警、民兵所持枪支均为军用枪支（违禁品），按持有人划分，则反映不了枪支的特性。

3. 体育、生产、生活用枪，可以统称民用枪支，亦属于枪支管理范围，也应在刑法中规定。但其威力和可能造成的社会危害性，毕竟比军用枪支小，所以刑罚相对要轻些。因此，把民用枪支和军用枪支分别规定是合适的。

4. 关于刑罚，制、贩、运、盗、抢军用枪支的，保留死刑，民用枪支的，最高刑为十年，施用罚金。

刑法第 113 条（草案第 110 条）

条文：交通肇事罪

从事交通运输的人员违反规章制度，因而发生重大事故，致人重伤、死亡或者公私财产遭受重大损失的，处三年以下有期徒刑或者拘役；情节特别严重的，处三年以上十年以下有期徒刑。

非交通运输人员犯前款罪，依照前款规定处罚。

（三个刑期幅度的意见是：

三年以下有期徒刑或者拘役；情节严重的处三年以上七年以下有期徒刑；情节特别严重的处七年以上有期徒刑）。

意见：提高刑期，有两种意见：

1. 二个幅度：三年以下或拘役；三年以上十年以下。

2. 三个幅度：三年以下或拘役；三年以上七年以下；七年以上。

理由：近年来情节恶劣的恶性交通事故增多，后果相当严重，原规定的七年以下有期徒刑显然偏低，且与他罪的刑罚不平衡，故应提高。

刑法第 114 条（草案第 111 条）

条文：重大责任事故罪

企业、事业单位的职工，在生产作业中由于不服从管理、违反规章制度或者强令工人违章冒险作业，因而发生重大事故，致人伤亡或者使公私财产遭受重大损失的，处三年以下有期徒刑或者拘役；情节特别严重的，处三年以上十年以下有期徒刑。

群众合作经营组织、个体经营单位的从业人员犯前款罪，依照前款规定处罚。

意见：1. 扩大犯罪主体范围，即包括合作经营、个体经营的从业人员。

2. 最高刑期由七年以下提高到十年以下有期徒刑。

理由：

1. 随着经济结构的变化，社会上已出现群众合作经营组织及个体经营户，若不扩大主体范围，对发生在这种企业中的责任事故的处罚，法无依据。

2. 实践中发现有的后果极为严重的责任事故，但规定的刑罚在七年以下，偏轻，适当提高后与交通肇事罪刑罚或等同或略低些。

刑法第 115 条（草案第 112 条）

条文：违反危险物品管理规定罪，非法携带危险物品罪

违反爆炸性、易燃性、放射性、毒害性、腐蚀性物品的管理规定，在生产、储存、运输、使用中发生重大事故，造成严重后果的，处三年以下有期徒刑或者拘役；后果特别严重的，处三年以上十年以下有期徒刑。

非法携带前款规定的危险物品进入公共场所或者乘公共交通工具，足以引起严重危险的，处一年以下有期徒刑、拘役或者罚金；造成严重后果或者后果特别严重的，依照前款规定处罚。

（另一种意见：将第一款刑期规定为：处七年以下有期徒刑或者拘役，后果特别严重的，处七年以上有期徒刑。）

意见：1. 保留原规定，提高刑期到十年或十五年。

2. 增"携带"一款。

理由：

1. 原规定最高刑期偏轻，应与他罪平衡。

2. 实践中经常发生因携带危险品乘坐公共交通工具，进入公共场所酿成火灾、爆炸等伤亡事故，应补充规定。

新增条款一（草案第 107 条）

劫持交通工具罪或劫持航空器、船舶罪。

条文：两个方案

第一方案：劫持航空器、海上船舶的，处十年以上有期徒刑、无期徒刑或者死刑。

第二方案：劫持航空器、海上船舶或者其他机动车辆的，处五年以上有期徒刑；情节特别严重的，处无期徒刑或者死刑；情节较轻的处五年以下有期徒刑或者拘役。

理由：

1. 从"反革命"一章第 100 条第三项移来。移来本章的理由见前述。

2. 我国于 1978 年 11 月加入了《东京公约》，即《关于在航空器内犯罪和其他某些行为的公约》。1980 年又先后加入了《海牙公约》，即《关于非法劫持航空器的公约》；《蒙特利尔公约》，即《关于制止危害民用航空器安全的非法行为的公约》，对上述国际公约承担义务，对劫持罪行行使管辖权。因此，刑法上应有相应规定。

3. 本条只规定航空器和海上船舶，其他交通工具不在内。因为尚未发现劫持火车、电车、汽车、内陆船舶的案件，发生过的多属抢劫罪，可以后规定。如果规定其他交通工具，量刑幅度可维持"草案"第 107 条的写法。

新增款三　草案第 108 条

海盗罪

条文：在公海上实施海盗行为，危害公共安全的，处五年以上十年以下有期徒刑；情节特别严重的，处十年以上有期徒刑、无期徒刑或者死刑。

理由：

1. 按照《公海公约》、《联合国海洋法公约》规定和传统惯例，对海盗行为，所有国家都有管辖权。我国刑法应作相应规定。

2. 外国立法中，大多数都有详细规定。

新增条款四（草案第 113 条）

制造、销售、贩卖假药罪

条文：违反药品管理法规，制造、销售、贩卖假药，危害公众健康的，处五年以下有期徒刑或者拘役，可以单处或并处罚金；造成严重后果的，处五年以上十年以下有期徒刑，可以并处罚金。

理由：

1. 从“以其他危险方法危害公共安全”中分离而来，行政法规作了规定，刑法中应有相应规定。实践中已有发生。

2. 关于刑罚。鉴于本罪为“假”药罪，其危害程度轻于有毒白酒，有毒食品等危害公共安全罪，故刑罚不宜过重。有两种意见：五年以下，五年以上，或五年以下，五年以上十年以下。

本罪应并处罚金。

新增条款五（草案第 114 条）

制作、销售、贩卖有毒食品罪

条文：违反食品卫生管理法规，制作、销售、贩卖含毒、腐败或者其他含有害物质的食品、饮料、造成严重食物中毒事故或者其他严重食源性疾患的，处五年以下有期徒刑或者拘役，可以单处或并处罚金；情节特别严重的，处五年以上有期徒刑、无期徒刑或者死刑，可以并处罚金。

理由：

1. 有毒食品案件时有发生，后果严重，应当单独立案定罪。

2. 关于刑罚，因后果往往是致多人残疾、死亡，故应规定死刑。(另附案例)

新增条款六（草案第 115 条）

严重污染环境罪

条文：违反环境保护法规，严重污染环境，有条件治理而不治理，致人重伤、死亡或者造成公私财产重大损失的，处五年以下有期徒刑或者拘役，可以单处或并处罚金。

理由：

1. 保护人类生存环境的重要性，众所周知。我国的环境污染也相当严重，因此，对严重污染环境的行为应当治罪。但是，治理污染问题，困难很多，所以，构成犯罪的要有一定的条件，以保证刑法能够实施。三个条件：一是必须是“严重”的，二是必须是“有条件治理而不治理”的，三是“造成严重后果”的。

2. 关于刑罚，这种犯罪的主体，主要是企、事业单位，公民也可以犯本罪，但可能少见，故刑罚不宜重。另外，应施用罚金。

第三章　侵犯公民人身权利民主权利罪

刑法第 131 条

建议：删去此条。

理由：此条无实质性规定，与分则其他章节也不一致。

第 132 条故意杀人罪（草案第 116 条）

建议：保留原条文写法。

理由：此条虽然采用简单罪状的写法，但在司法实践中还是可行的。如果将此条改为叙明罪状，就需列出从重、从轻处罚的情形，条文显得繁杂，也不易将实践中的情况概全。各省法院也均未提出改写此条。(另附统计资料)

刑法第 133 条过失致人死亡罪（草案第 117 条）

建议修改为：过失致人死亡的，处五年以下有期徒刑；后果特别严重的，处五年以上十年以下有期徒刑。本法另有规定的，依照规定。

理由：

1. “过失杀人”的含义不确切。

2. 过失犯罪是将是否产生危害后果作为是否构成过失犯罪的主要特征，故过失致人死亡需加重处罚，也应以后果特别严重为宜。

3. 侵犯人身权利的过失犯罪，危害结果一般要轻于危害公共安全罪中的过失犯罪后果，故过失致人死亡的法定最高刑不应高于危害公共安全罪中过失犯罪的法定最高刑。

刑法第 134 条故意伤害罪（草案第 118 条）

建议修改为：故意伤害他人身体的，处三年以下有期徒刑或者拘役。

犯前款罪，致人重伤的，处三年以上十年以下有期徒刑；致人死亡或者致人重伤情节恶劣的，处十年以上有期徒刑或者无期徒刑。手段特别残忍，后果特别严重的，可以判处死刑。本法另有规定的，依照规定。

理由：

1. 根据我国目前重伤标准的规定，重伤的危害程度差别很大。条文将重伤罪的法定刑只限定在七年，显系过轻，应适当提高刑期。同时，对重伤数人的，或者重伤手段恶劣、后果严重的行为，应考虑十年以上量刑。

2. 实践中有的伤害案件手段特别残忍，后果特别严重，民愤极大；仍宜维持人大常委《决定》，应规定有死刑，但对适用死刑必须严格加以限制。（另附案件和有关统计资料）

刑法第 135 条过失重伤罪（草案第 119 条）

建议修改为：过失致人重伤的，处二年以下有期徒刑或者拘役；后果特别严重的，处二年以上五年以下有期徒刑。本法另有规定的，依照规定。

理由：罪状的表述及把“情节特别恶劣”改为“后果特别严重”的理由与过失致人死亡罪的理由相同。将过失重伤罪的法定最高刑改为五年，主要考虑这类犯罪很少追究刑事责任；另，过失重伤罪原法定最高刑是过失杀人罪的二分之一，如果过失致人死亡罪法定最高刑改为十年，过失重伤罪改为五年为宜。

刑法第 136 条刑讯逼供罪（草案第 138 条）

建议：将此条移至渎职罪一章内。

理由：此罪侵害的是双重客体，既侵犯了人身权利又侵犯了国家机关的正常活动，但首要的表现为一种渎职行为。

刑法第 137 条聚众“打砸抢”罪

建议：删去此条。

理由：此条是属空白罪状，设立此条也主要是针对“文革”期间发生的一种社会现象，现已无实际意义。打砸抢行为该定什么罪，就定什么罪。

刑法第 138 条诬告陷害罪（草案第 204 条）

建议：如刑法修改时增设妨害公务罪，应将此条移至该章节中。

理由：如刑法增设妨害公务罪这一章，诬陷罪所侵犯的也是双重客体，但妨害公务是此条罪的主要特征。

刑法第 139 条强奸罪、奸淫幼女罪（草案第 121 条）

建议修改为：以暴力、胁迫或者其他手段强奸妇女的，处三年以上十年以下有期徒刑。

奸淫不满十四岁幼女的，依照前款的规定处罚。

二人以上犯强奸罪、奸淫幼女罪而共同轮奸的，从重处罚。

犯前三款罪，情节特别严重的或者致人重伤、死亡的，处十年以上有期徒刑、无期徒刑或者死刑。

理由：

1. 奸淫幼女罪与强奸罪是两个独立的罪，“以强奸论”容易造成混淆。奸淫幼女罪情况复杂，有些案件情节比较轻，不宜将所有奸淫幼女的案件一律从重。

2. 轮奸是强奸罪中一种严重的犯罪形式，应从重处罚。但不是所有轮奸犯罪都具有情节特别严重、致人重伤、死亡等恶劣情形，也不能对每一个参与轮奸犯罪的人都处十年以上有期徒刑。原条文将“轮奸”放在第四款容易产生误解，仿佛只要是“轮奸”犯罪一律都在十年以上处罚。而且原条款只提强奸罪，未提奸淫幼女罪。

3. “奸淫不满十四岁幼女”的规定，年龄不宜降低。对幼女既要考虑是否性成熟，又要考虑其理解、辨别能力，我国农村人口占大多数，有些地方性成熟期较晚。如降低为十三岁，不利于保护幼女。（注：奸淫幼女罪是否以“明知”为条件，另作专题调研）

刑法第 140 条强迫妇女卖淫罪（草案第 122 条）

建议修改为：强迫妇女卖淫的，处三年以上十年以下有期徒刑，并处罚金；情节严重的，处十年以上有期徒刑或者无期徒刑，并处罚金或者没收财产。

理由：强迫妇女卖淫是一种比较严重的犯罪，特别是对强迫多名妇女卖淫的，或造成严重后果的犯罪行为，处十年徒刑显系过轻。但此条文也可不规定死刑。主要考虑（一）此类犯罪为数较少，1986 年至 1987 年全国共计判处此类案件 116 件。（二）对犯此类犯罪中兼犯其他罪，如强奸、重伤的可以采用数罪并罚的方法从重处罚，可以强奸等更重的罪判处死刑。

刑法第 141 条拐卖人口罪（草案第 123 条）

建议修改为：拐卖人口的，处五年以下有期徒刑；情节严重的，处五年以上十年以下有期徒刑，并处罚金；情节特别严重的，处十年以上有期徒刑、无期徒刑或者死刑。

（另一种意见此条可以不要死刑）

理由：近几年来拐卖人口的案件成倍上升，此类犯罪给社会所造成的直接、间接的危害后果十分严重，应该从重打击。对拐卖人口犯罪集团的首要分子、拐卖人口人数很多并造成严重后果或者采用残忍手段摧残、虐待被拐人的，应该处死刑。鉴于拐卖人口犯罪案件情况复杂，应该在五年至十五年有期徒刑之间增设一个量刑档次。

刑法第 142 条破坏选举罪（草案第 125 条）

建议修改为：“以暴力、威胁、欺骗、贿赂或者其他方法妨碍选民自由行使选举权、被选举权，破坏国家机关选举的，处三年以下有期徒刑、拘役，可以并处剥夺政治权利。”

（另一种意见此条应移至妨害公务罪一章中）

理由：此条罪侵犯的虽然是双重客体，即公民的选举权和国家选举制度，但首先侵犯的是公民的民主权利，其结果破坏了国家选举制度，故条文中应表述清楚。

另一种意见理由：此罪侵犯双重客体，保护国家选举制度本身就包含了保护公民的选举权与被选举权，应移至妨害公务一章中。此罪可以考虑单处剥夺政治权利中的选举权、被选举权或者担任国家机关职务的权利。

刑法第143条非法拘禁罪（草案第126条）

建议修改为："非法拘禁他人，或者以其他方法非法剥夺他人人身自由的，处五年以下有期徒刑或者拘役。"

理由：非法拘禁罪是指非法使被害人失去行动自由，虽同时具有殴打、侮辱、虐待等行为，但不具有以伤害、杀害相威胁，以达到其他目的的行为。对在非法拘禁他人的犯罪活动中有伤害等犯罪行为的，可以数罪并罚。非法拘禁他人的犯罪行为多发生在农村基层干部中，多数适用的是缓刑，单处剥夺政治权利显得过重，宜删去。

刑法第144条非法搜查罪、非法侵入他人住宅罪（草案第127条）

建议修改为：非法搜查他人身体、住宅，或者非法侵入他人住宅的，处三年以下有期徒刑或者拘役。

（注：删去"非法管制他人"）

理由：非法管制他人的行为在实际生活中极少发生，情节严重的可按非法拘禁罪处理。

刑法第145条侮辱罪、诽谤罪（草案第128条）

建议修改为：以暴力或者其他方法，公然侮辱他人或者捏造事实诽谤他人，情节严重的，处三年以下有期徒刑或者拘役。

前款罪，告诉的才处理。但是严重危害社会秩序和国家利益的除外。

（注：将原条文中的"包括用'大字报'、'小字报'"的字样删除）

理由：原刑法是根据1978年宪法制定的，1978年宪法第四十五条曾规定公民有"运用大鸣、大放、大辩论、大字报的权利"。1982年新宪法第三十五条已将"四大"的规定取消，因此，"大字报"在我国是违背宪法规定的。如果有人仍以"大字报"的形式侮辱、诽谤他人，可以包括在刑法第一百四十条的"其他方法"之内。

刑法第146条报复陷害罪（草案第137条）

建议将此条移至渎职罪一章里。

理由：此条是一种职务性犯罪，又特指国家工作人员，应移至渎职罪一章里。

刑法第147条非法剥夺宗教信仰自由罪、侵犯少数民族风俗习惯罪（草案第130条）

建议：保留此条。

另一种意见（宁夏、新疆）把此条文改为一般犯罪主体。

理由：刑法原有此条，删去容易使信教公民和少数民族产生一些不必要的误解。

改为一般犯罪主体的理由是国家工作人员一般是比较注意党的宗教、民族政策的，但有些案件不具有特殊主体身份，当地民愤很大，却不能处理。（这种意见尚未提出合适的案例）

刑法第148条伪证罪（草案第205条）

建议将本条移至妨害公务罪一章里。

理由：此条犯罪中，伪证陷害他人是对人身权利的一种侵害，而伪证包庇他人的，就不是对人身权利的侵害，而是对司法机关正常活动的侵害。

刑法第149条侵犯公民通信自由罪（草案第131条）

建议：此条保留。

医疗责任事故罪（新增，草案第120条）

建议：增加医疗责任事故罪。条文为："医务人员由于严重不负责任，违反规章制度，致使病人重伤、死亡，情节恶劣的，处二年以下有期徒刑或者拘役；情节特别恶劣，处二年以上七年以下有期徒刑。"

理由：刑法对过失致人重伤、死亡的，在各章中都作了一些特别规定，这些规定均不宜包括医疗责任事故罪，故应新增设此条。

胁迫、诱骗未成年人表演恐怖、残忍节目罪（新增，草案第124条）

建议增加此条。条文为："胁迫、诱骗不满十八岁的人表演恐怖、残忍节目，摧残其身心健康，情节严重的，处三年以下有期徒刑或者拘役，可以单处或者并处罚金。"

理由：根据治安处罚条例的规定，对此种行为情节严重的，应该追究刑事责任。

恐吓罪（新增，修改稿第129条）

建议：增设恐吓罪。条文为："写恐吓信或者采用其他恐吓方法以加害生命、身体、自由、财产相威胁，严重干扰他人正常生活的，处二年以下有期徒刑或者拘役。"

理由：实际生活中，有些罪犯为达到不合理要求或不法利益，恐吓单位领导人或者他人，严重干扰他人正常生活的，应该按犯罪处理。

绑架罪（建议新增）

建议：增加绑架罪。条文为："劫持、绑架、扣押他人，并以杀害、伤害相威胁，勒索钱物或为获得其他非法利益，情节严重的，或者伤害、杀人的，处十年以上有期徒刑、无期徒刑或者死刑；情节较轻的，处三年以上十年以下有期徒刑。"

理由：当前社会上出现了一些绑架勒赎和扣押人质而为获取某种非法利益的犯罪行为，应从严惩处。考虑到如将此条放在抢劫罪中，其犯罪构成与抢劫罪不相符合，同时也不能包括为获取不是钱物的非法利益的绑架行为。此种犯罪主要是对人身的侵犯，故单列一条罪，并应放在侵犯人身权利、民主权利这一章中为宜。

溺婴罪（建议新增）

建议新增溺婴罪。条文为："生父母杀害新生婴儿的，处二年以下有期徒刑或者拘役。"

理由：当前社会溺婴现象比较多，特别是女婴。个别人受封建等思想影响，又怕超计划生育，杀害甫生女婴，致使男女婴儿比例失调。据《人民日报》一九八九年三月五日报道我国目前人口男的比女的多两千余万人，已成为社会问题。人甫生后即已获得法律赋予的权利，其生命应受到法律保护。不能因为此类行为实施的人多就不予规定为犯罪，如法律上不加约束，此种行为只会越来越多，势必造成更严重的社会问题。

第四章 渎 职 罪

本章是按草案规定的章名次序和内容排列，并提出修改意见。

刑法第 185 条（草案第 132 条）：

受贿罪、行贿罪、介绍贿赂罪

建议修改为："国家工作人员利用职务上的便利，索取或者非法收受他人财物的，处五年以下有期徒刑或者拘役，可以并处没收财产，致使国家或者公民利益遭受严重损失的，处五年以上有期徒刑、无期徒刑或者死刑，并处没收财产、罚金。"

国家工作人员凭借职务地位所形成的特殊条件，使其他国家工作人员通过职务上的行为，为他人谋取利益，而本人从中向他人索取或者非法收受财物，情节严重的，以受贿论处。

为非法利益而向国家工作人员行贿或者介绍贿赂的，处五年以下有期徒刑或者拘役，并处罚金，行贿情节严重的，处五年以上有期徒刑，并处罚金。

关于第一款（原条文第一、二款）的修改理由：

（一）刑法原条文对受贿罪的罪状只规定为：国家工作人员利用职务上的便利"收受贿赂的"，未规定索贿。现按照全国人大常委会《关于严惩严重破坏经济的罪犯的决定》和《关于惩治贪污罪贿赂罪的补充规定》，将罪状修改为："索取或者非法收受他人财物的。"考虑到在实践有不少国家工作人员非法收受了他人财物，但未为他人谋取利益或尚未来得及为他人谋取利益的情况。如在条文中规定了"为他人谋取利益的"这一限定条件，则这类案件便不好以受贿罪处理了，故删去"补充规定"中的这一限定条件。

（二）全国人大常委会《关于严惩严重破坏经济的罪犯的决定》已将受贿罪的最高法定刑提高到死刑，在 1988 年的关于受贿罪的补充规定中又规定并处没收财产。在此次修改刑法时应将这一变动写入，并应加上并处罚金的规定。

（三）刑法原条文中关于没收赃款赃物、追还公款公物的规定，因总则中已有规定，故建议删去。

关于增设第二款的理由：

1. 世界上许多国家，都把"利用职务上的便利"作为受贿罪构成要件，其范围有严格限制，不作扩大解释。对于不是利用本人职务，而是凭借本人身份、地位上的影响，使其他公务员通过职务行为，为他人谋取利益，而本人从中向他人索贿、受贿的，有些国家是在受贿罪的基本条款之外，另定特殊条款来解决定罪量刑问题，如日本、罗马尼亚、捷克、印度等。

2. 如不从立法上考虑增加特殊条款，只靠对受贿罪中"利用职务上的便利"作扩大解释的办法来解决司法实践中遇到的一部分因情况特殊而难以受贿罪定罪的问题有许多实际困难：（1）如果把"利用职务上的便利"的范围解释得很宽（如包括利用工作之便，利用他人职务之便，互相利用职务之便，利用职务上的影响等等）不仅在实践中难以掌握、易生弊病，而且在法理上也难以讲通，与世界上的通例差距太大。（2）即使按上述立法建议的写法来作扩大的司法解释，实际上司法解释也侵犯立法权。（3）贪污罪、受贿罪都把"利用职务上的便利"作为法定要件。前者的范围严格，后者的范围很宽，在解释上难以协调。

3. 在立法上增加"以受贿论"或者"以受贿论处"的特殊条款，其法定要件就可以与受贿罪基本条款的法定要件并不相同，不仅在法理上讲得通，在实践中也可行。

4. 新增第二款的主体仅限于国家工作人员，不包括集体经济组织工作人员和其他从事公务的人员。这样有利于整饬吏治，树立廉洁政府，也有利于保护国营企事业单位的正常活动。

关于修改第三款的理由：

1. 鉴于目前社会风气败坏，不少人为了合法利益也不得不行贿，故不能对一切行贿行为都以行贿罪论，必须在行贿罪前边加上"为非法利益"而行贿这一限制内容。

2. 实践中行贿、介绍贿赂的现象十分严重，造成的危害后果也很大，尤其是一些不法分子专门施放糖衣炮弹，靠大量行贿而获取非法利益，危害十分严重，原刑法规定的行贿、介绍贿赂的刑期过轻，故建议将行贿、介绍贿赂的最高法定刑提高到五年以上有期徒刑，并处罚金。

第五章　破坏经济秩序罪

破坏社会主义经济秩序罪

建议修改为：破坏经济秩序罪

理由：

1. 我国刑法所保护的各种社会关系，均为社会主义性质的，不加社会主义不会产生误解。

2. 同其他各章罪名的表述不协调，其他各章均无表述何种性质，比如侵犯财产罪，扰乱社会管理秩序罪等。因此，本章罪名亦不采用规定社会主义的表述方法。

3. 各国刑法及东欧、苏俄、朝鲜等国刑法中均规定为经济上的犯罪。

刑法第 116 条、第 118 条（草案第 147 条）

走私罪

条文修改为：

违反海关法规，逃避海关监管，运输、携带、邮寄禁止、限制进出口的货物、物品或者依法应缴纳关税的货物、物品进出境，进行走私，情节严重的，处五年以下有期徒刑或者拘役，可以单处或者并处罚金；数额巨大的，处五年以上十年以下有期徒刑，并处罚金；武装掩护走私、走私集团的首要分子或者情节特别严重的，处十年以上有期徒刑、无期徒刑或者死刑，并处没收财产。

走私毒品、武器弹药、伪造的货币、淫秽物品，国家禁止出口的文物的，分别依照本法第　条的有关规定从重处罚。

理由：

1. 刑法走私罪规定较简单，现采取叙明罪状的表述方法，有利于审判实践运用。

2. 不采取对罪名下定义的表述，同其他条文的表述一致，避免不协调。

3. 走私毒品、武器弹药、伪造的货币、淫秽物品、国家禁止出口文物，侵犯的都是复杂客体，虽然都违反海关法规，但其性质不同于普通的走私罪，其危害性也远不止于走私。如果将这些犯罪都统一为走私罪，形成一个大口袋，就很难规定统一的量刑幅度，也很难在一个条文中表述清楚。上述几种犯罪的量刑标准，都不宜以财产数额来计算。例如：走私武器弹药，不能以数额计算，亦无法处刑，不如依照刑法第 112 条非法制造、买卖、运输枪支弹药罪从重处罚为妥。走私毒品（各种毒品均以重量计算，不能折价计算）不能说达到“数额巨大”，才能判处五年以上。不如依照刑法第 171 条贩毒罪从重处罚为妥。走私伪造的货币应以伪造的数额计算，不如依照刑法第 122 条（经过修改）贩运伪造货币罪从重处罚为妥。走私国家禁止出口的文物，包括珍贵文物（三级以上文物均不定价），应以文物的级别、性质、件数，参考可能估价的数额掌握量刑，不宜以数额是否巨大区分量刑轻重，不如将刑法第 173 条改为“盗运文物出口罪”并依照该条从重处罚为妥。走私淫秽物品，也不如以刑法第 170 条（经修改）贩毒、传播淫秽物品罪从重处罚为妥。

上述几种罪，如按草案中对走私罪统一规定的量刑幅度处罚，可能会轻纵某些罪犯。人大常委《关于惩治走私罪的补充规定》中，对这几种罪分别规定了不同的条文和从重的量刑幅度，但与草案中对走私罪规定的统一量刑幅度又有矛盾，如修改后的刑法草案实施，《补充规定》将不能执行。因此，我们的意见是将上述有特殊性质的几种犯罪分别按刑法的有关规定从重处罚，并在走私罪的条文中写明。

走私毒品的情况更为复杂，如一案中既有走私毒品，又有在国内贩毒，两罪又互不牵连，如按数罪并罚处罚，分开计算毒品数额，可能两罪都够不上判处死刑的数额标准，合起来计算毒品数额，则可以处死刑。目前，云南省法院为执行《补充规定》内部的意见是“一案中具有走私毒品，贩卖运输毒品的，按数额大的定罪，可以数罪并罚论处，但总额应作为量刑的依据”。内部是可暂时这样办；但在法理上难以讲通。云南、广东两省院都认为走私毒品按贩毒罪处罚，更便于在实践中运用（这样处理，在外国立法例上也早有先例）。

4. 如上述修改方案不被采纳，草案第 147 条的条文表述也必须另作修改，但我们尚未想出较好的修改方案。

附：建议将刑法第 173 条盗运珍贵文物出口罪移入本草案，罪名改为“盗运文物出口罪”。

条文：

盗运文物出口的，处三年以上十年以下有期徒刑，并处罚金；情节严重的，处十年以上有期徒刑；情节特别严重的，处无期徒刑或者死刑。

理由：

1. 见前述，不另写。

2. 即便不是国家禁止出口的文物（指可在文物商店出售的一般文物），其数额计算标准也应比普通走私罪从严，还有不少文物已走私出境，无法鉴定其是否属于国家禁止出口的文物，在这种情况下，也可按本罪处理。

3.《文物保护法》中“将私人收藏的珍贵文物卖给外国人的，以盗运珍贵文物出口论处”的规定，对本条依然有效。

刑法第 117 条、第 118 条、第 119 条（草案第 148 条）

投机倒把罪

条文修改为：

违反金融、外汇、工商管理法规，倒卖国家禁止、限制自由买卖的物资、物品，进行投机倒把，情节严重的，处五年以下有期徒刑或者拘役，可以单处或者并处罚金；数额巨大的，处五年以上十年以下有期徒刑，并处罚金或者没收财产；有下列行为之一的，处十年以上有期徒刑、无期徒刑，并处没收财产：

（一）倒卖外汇、金银、文物、专营专卖物资、票据、证明、合同，情节特别严重的；

（二）倒卖第一项以外的国家禁止、限制自由买卖的其他物资，情节特别严重的；

（三）投机倒把集团的首要分子或者惯犯，情节特别严重的。

倒卖伪造的有价证券、票证或者计划供应票证的，依前款规定从重处罚。

理由：

1. 刑法对投机倒把规定的较为简单，而范围又不明确，致使投机倒把罪，形成一个大口袋。各地法院均提出缩小并明确范围。现条文修改以国务院《投机倒把行政处罚暂行规定》的十一项投机倒把行为为基础，从中删去四项不宜列为投机倒把行为的，另写专门的条文，仍在合理范围内，概括地保留了投机倒把罪的规定。此条文采取叙明罪状的表述方法，有利于审判实践的运用。

2. 此条款涉及的范围仅限于国家禁止、限制自由买卖的物资、物品，这些物资、物品是随着经济发展不同时期，而不断变化的，但涉及国计民生的物资、物品在一定时期内不会放开。因此，这样规定是完全必要的。

3. 不采取规定对罪名下定义的表述，以同其他条款相一致，避免不协调。

4. 在处罚上分为三个档次，在第二档次中增加十年以下的规定，幅度缩小，有利于审判实践掌握。由于此罪在草案中没有规定死刑，所以，无需对判处无期徒刑作特殊的规定。在刑法其他条款中，最高刑为无期徒刑的，亦无特别规定的先例。因此，增加十年以上、无期徒刑的第三档次，可根据案情灵活掌握，有利于审判工作。

5. 草案对本条第一项规定中的“证券、票证”，不能包括国务院《暂行条例》第三条第三项所规定的“批件、许可证、执照”和第五项“经济合同”，而倒卖这些票据、证明、合同均应以投机倒把论处。所以，拟修改为“票据、证明、合同”。

以上是第一种意见。

第二种意见认为：

在没有充分理由的情况下，保持草案规定的处刑档次，不增加十年以下和十年以上的规定，严格控制判处无期徒刑的罪犯。

刑法第 120 条（草案第 152 条）

伪造计划供应票证罪

条文（同意草案写法）：

伪造计划供应票证，情节严重的，处二年以下有期徒刑或者拘役，可以单处或者并处罚金；情节特别严重的，处二年以上七年以下有期徒刑，并处罚金。

理由：

1. 伪造计划供应票证一般是以营利为目的，伪造都是为一定经济利益的，在文字上不表述这一目的，不影响本罪的构成，明确以营利为目的，会影响、限制对本罪的处罚。所以删去对主观目的的规定，同其他条款规定相适应，有利于审判工作。

2. 本罪所指是单纯的伪造计划票证行为，不包括倒卖。倒卖计划供应票证或倒卖伪造的计划供应票证情节严重的，以投机倒把论处。

3. 将刑法第二款的有关规定，作为情节特别严重，并入第一款规定中，文字表述上精练。

4. 日本、我国台湾地区、南朝鲜有这方面的规定，可作参考。

刑法第 122 条（草案第 149 条）

伪造、变造国家货币罪贩运伪造、变造的国家货币罪

建议条文修改为：

伪造、变造国家货币或者贩运伪造、变造的国家货币的，处三年以上十年以下有期徒刑，并处罚金；伪造、变造国家货币或者贩运伪造、变造的国家货币，数额特别巨大的，处十年以上有期徒刑、无期徒刑或者死刑，并处罚金或者没收财产。

伪造、变造外国货币或者贩运伪造、变造的外国货币的，依照前款的规定处罚。

明知是伪造的货币而使用，情节严重的，处二年以下有期徒刑、拘役或者罚金，大量使用的，处二年以上七年以

下有期徒刑，并处罚金。

理由：

1. 从此罪的社会危害性及近年来出现一些利用现代化技术伪造、变造国家货币的情况看，有必要将法定刑提高到死刑。

2. 伪造、变造外国货币或者贩运这些货币的行为近年来在我国屡有发生，因此，应增设第二款。（注：我国香港特别行政区尚未成立。目前，对港币在条文中如何表述，待研究）。

3. 明知伪造的货币而使用的，近年来虽未见到大量使用或情节严重的（最多一起一次使用40张100元假港币），但从银行每年都收到大量假币的情况，这种行为对社会亦有一定危害性，且国外大多数国家刑法对这种行为规定为犯罪，可增设第三款。（个别人意见：大量使用的一般具有买卖假币的行为，可以“贩运”假币论处，不必对单纯使用假币的行为治罪）。

4. 变造国家货币，我国特别行政区货币、外国货币的，近几年数量不少，1984年贵州发现一人共计变造875张10元人民币，每年银行都收到大量变造的假币，尤其是变造港币和外币，仿真程度高，不易识别。1982年8月21日中国人民银行经法工委同意，发文指出：“对变造国家货币构成刑事犯罪时，应依照刑法第122条伪造国家货币罪处理。”因此，有必要对“变造”假币的行为明确规定为犯罪。

（注：刑法第122条、第123条、第124条、第120条，都涉及“伪造”之外是否增加“变造”的问题，是只对第122条加“变造”，还是对其他条文也加“变造”，或者在解释上将“变造”包括在“伪造”之内，待研究）。

刑法第123条（草案第150条）

伪造支票、股票、信用支付凭证、有价证券罪

条文（同意草案写法）：

伪造支票、股票、信用支付凭证或者其他有价证券的，处二年以下有期徒刑或者拘役，可以单处或者并处罚金；情节严重的，处二年以上七年以下有期徒刑，并处罚金。

理由：

1. 信用支付凭证可以直接套取现金、物资，较之支票、股票有更大的危害性，因此，在刑法规定的基础上增加伪造信用支付凭证是十分必要的。

2. 中国人民银行《帐户管理办法》对信用支付凭证有严格的规定。对于伪造这一凭证的行为，给予刑罚处罚，是对经济建设事业的重要保障，有利于惩罚犯罪。

3. 对此罪应多适用附加刑罚金，给予犯罪分子应有的经济制裁。

刑法第124条（草案第151条）

伪造飞机票、车票、船票、邮票、税票、货票罪

条文（同意草案写法）：

伪造飞机票、车票、船票、邮票、税票、货票的，处二年以下有期徒刑或者拘役，可以单处或者并处罚金；情节严重的，处二年以上七年以下有期徒刑，并处罚金。

理由：

1. 伪造上述票证一般都以营利为目的，达到牟取非法利益的目的，表述上删去刑法规定的这一先决条件，同其他条款规定相一致，不采取以营利目的表述，更有利于审判工作。

2. 实践中出现伪造飞机票从中牟取更大利益的案件。刊于报端的一些旅游地区，卖一张伪造的飞机票，就可得几百元的好处，因此，增加伪造飞机票是很必要的。

3. 对经济犯罪采取罚金的附加刑是使其在经济上得不到好处，是必要的。本条规定增加可以单处罚金。

4. 上述票证本身就是有价证券，不需倒卖便可牟利，倒卖的以投机倒把论处。

刑法第121条（草案第153条）

偷税、抗税罪

条文（同意草案写法）：

违反税收法规，偷税、抗税情节严重的，处三年以下有期徒刑或者拘役，可以单处或者并处罚金；情节特别严重的，处三年以上七年以下有期徒刑，并处罚金。

理由：

1. 刑法所规定的犯罪主体，已落后于经济发展。我国税收法规已将个人所得税、中外合资所得税等作了立法规定，范围扩大了，作为刑法同行政法规衔接应删去特定主体的规定。本条文规定为一般主体。

2. 由于刑法规定特定主体，所以也规定补税、罚款，这属于行政处罚，不应在刑法中表述，本条删去这一规定。

3. 由于暴力抗税事件不断发生，趋于增加，故增加情节特别严重处三年以上七年以下有期徒刑的规定，有利于打

击这种严重犯罪行为。

暴力抗税致税务人员重伤、死亡的以伤害罪、杀人罪论处。

草案第 154 条 新增条款

逃汇、套汇罪

条文修改为：

违反外汇管理法规，逃汇、套汇，情节严重的，处三年以下有期徒刑或者拘役，可以单处或者并处罚金；情节特别严重的，处三年以上十年以下有期徒刑，并处罚金。

理由：

1. 本条是从走私罪分立出来的，单列一条符合本罪的特征，同行政法规的有关规定衔接。

逃汇、套汇罪是指行为人违反外汇管理法规逃汇、套汇的行为。侵害的客体是国家对外汇管理秩序。客观方面是行为人实施了逃汇、套汇的行为。主观方面只能是故意，过失不构成犯罪。

2. 由于刑事立法中，一般以情节严重作为构成犯罪的必要条件，尤其对经济上的犯罪，在适用刑罚上，情节严重、特别严重均包含数额标准。数额巨大，特别巨大是情节严重，特别严重基本的、主要的条件。因此，在本条表述上不采取数额、情节并列选择的表述方法，仅采取情节严重、特别严重的表述方法。

3. 鉴于国家外汇局自 1982 年以来三次大检查情况，逃、套汇少则几亿美元，多出十几亿美元，国家外汇损失极为严重的，规定本条很有必要。

4. 国家外汇局认为：法人逃、套汇五十万美元以上为数额较大，百万美元以上为巨大；自然人一千美元以上为较大，一万美元以上为巨大。此意见仅供审判中参考。

草案第 155 条 新增条款

生产、进口劣质产品罪

条文（基本同意草案的写法）：

违反标准化管理法规，生产、进口不符合国家规定的强制性标准的产品，造成严重后果的，处五年以下有期徒刑或者拘役，可以单处或者并处罚金；情节特别严重的，处五年以上十年以下有期徒刑，并处罚金。

（注：量刑问题需要调查研究）

理由：

1. 本条是根据标准化法的规定，从投机倒把罪中分立出来的，并扩大了范围，增加了进口的规定。

本条所指劣质产品，是指企事业单位违反标准化法规，生产、进口不符合强制标准的产品。

生产（自产自销的生产论）劣质产品的范围，较为广泛，包括生产、生活、农业生产的资料。本条仅指生产部门，经销部门销售劣质产品，依草案第 156 条销售伪劣商品论处。

进口劣质产品范围较为狭窄，一般是成套机械设备，成套的产品。

2. 商品经济条件下，一些单位攫取高额利润，粗制滥造，生产劣质产品，给经济建设带来巨大的损失，单列此条款很有必要，有利于审判工作实践，有利于经济建设。

3. 本条所规定情节严重、特别严重尚需调查后再行议定。

4. 在讨论中，大家认为生产劣质产品对经济建设危害甚大，处十年徒刑确属轻纵罪犯。但此行为的责任比较分散，又是厂家、企事业单位，不宜处刑过高。故先挂起来待研究。

草案第 156 条 新增条款

销售伪劣商品罪

条文（暂抄草案条文）：

违反工商管理法规，在销售商品中以假充真，以次充好，致使消费者利益遭受重大损害的，处五年以下有期徒刑或者拘役，可以单处或者并处罚金；情节严重的，处五年以上十年以下有期徒刑。并处罚金。

（注：罪状表述和量刑问题待研究）

理由：

1. 本条是从投机倒把中分立出来的，根据国务院《投机倒把行政处罚暂行条例》第三条第六项规定的内容所确立的。

销售伪劣商品范围较为广泛，包括生产、生活资料。本罪牵连假冒商标和生产劣质产品两罪。往往是生产、销售是一个连续的行为，案发往往是在经销阶段，对此如何处理值得研究。

2. 本条的确立，相应缩小投机倒把的范围，更符合其犯罪特征，有利于审判工作，很有必要。

3. 销售伪劣商品的案件对社会危害是极为严重的，而处刑同草案规定投机倒把最高刑又有差异，故先挂起来，待调查后研究。

草案第 157 条　新增条款

扰乱市场秩序罪

条文（暂抄草案条文）：

违反工商管理法规，哄抬物价、强买强卖、非法垄断或者以其他手段扰乱市场秩序，情节严重的，处三年以下有期徒刑或者拘役，可以单处或者并处罚金；情节特别严重的，处三年以上十年以下有期徒刑，并处罚金。

（注：量刑问题待研究）

理由：

1. 本条是由投机倒把罪中分立出来的，根据国务院《投机倒把行政处罚暂行条例》第三条第十项规定的内容确立的。

2. 扰乱市场秩序的行为，时有发生，既损害了消费者的利益，同时又损害了经营者的利益和市场管理秩序，确认此罪同行为特征是一致的，囊括在投机倒把中实为不当，本条款确立相应缩小了投机倒把的范围，是很有必要的。

3. 对于情节严重、特别严重，从立法上应予解释、以利于审判工作。

4. 本条处刑上亦应同生产、进口劣质产品、销售伪劣商品一并研究，故先挂起来。

刑法第 127 条（草案第 158 条）

假冒商标罪

条文（暂抄草案条文）：

违反商标管理法规，假冒他人注册商标，非法制造或者销售他人注册商标标识，情节严重的，处三年以下有期徒刑或者拘役，可以单处或者并处罚金；情节特别严重的，处三年以上七年以下有期徒刑，并处罚金。

（注：此罪与投机倒把罪的关系，待调查研究）

理由：

1. 假冒他人注册商标的犯罪主体，在商品经济条件下已远远超出刑法所规定范围，刑法规定的主体是特定的，仅限于企事业单位，只对直接责任人员予以处罚。这显然过于狭窄了，不利于惩罚犯罪，必须扩大主体范围。本条款规定为一般主体，既包括个体、联合体、企事业单位、中外合资企业等。

2. 随着经济发展，改革开放的不断深入，假冒商标的犯罪行为，久禁不止，给对外贸易、国内经济生活造成极大的危害。刑法中仅规定假冒商标的行为，不适应形势的发展需要，本条明确增加了非法制造、销售他人注册商标标识的行为，使之较为完备。

3. 假冒商标的社会危害越来越大，刑法仅处三年以下有期徒刑，显然过轻，本条增加特别严重处三年以上七年以下的规定，给予法当其罪的惩罚。

4. 由于假冒商标的行为既是经济上侵权行为，又触犯了刑法，在实践中往往仅采取侵权赔偿的方法或罚款的方法解决，忽视刑罚处罚的方法，因此，有些法院自 1982 年以来统计中没有一件的假冒商标罪处罚的案件。这也是假冒行为久禁不止的原因之一。对情节严重的必须绳之以法。

5. 在审判实践中，以劣质产品假冒优质产品，是牵连犯罪还是假冒罪；假冒商标获取非法利润数额巨大的，仅以假冒罪论处是否妥当；情节严重、特别严重如何掌握等问题，尚需调查了解后再议定，故先挂起来。

草案第 159 条　新增条款

假冒他人专利罪

条文：

违反专利管理法规，假冒他人专利，情节严重的，处三年以下有期徒刑或者拘役，可以单处或者并处罚金。

理由：

专利法第 60 条规定了假冒他人专利，情节严重的，比照刑法第 127 条（假冒他人商标罪）追究刑事责任。最高法院 1985 年 2 月 16 日在《开展专利审判工作的几个问题的通知》中指出“假冒他人专利，情节严重的，对直接责任人员比照刑法第 127 条的规定，以假冒他人专利罪处罚”假冒他人专利罪与假冒他人商标罪在侵犯客体、犯罪手段等方面不同，应单列一罪。

“草案”中对本条有“情节特别严重的，处三年以上七年以下有期徒刑，并处罚金”的规定，讨论中拟删去，因此罪不宜判刑太重，且缺乏实践经验，待调查研究。

草案第 160 条　新增条款

虚假广告罪

条文（同意草案写法）：

违反广告管理法规，在广告中弄虚作假，情节严重的，处三年以下有期徒刑或者拘役，可以单处或者并处罚金。

理由：

1. 虚假广告是指在广告中夸大商品作用，弄虚作假，坑害消费者利益，情节严重的行为。此罪往往同诈骗罪和投机倒把罪混在一起，同草案第 156 条混同，成为这些犯罪的一种手段。单立一条，在于处罚生产厂家、制作、宣传者。

2. 此罪的主体应为厂家、制作者、宣传者。《广告管理条例》明确规定申请刊播、设置、张贴广告应提交审查有关证明材料。厂家刊播、张贴广告是虚假的应予处罚，制作者、宣传者亦应给予处罚，才能杜绝虚假广告的出现，有利于经济建设健康发展，有利于预防、惩罚犯罪。

3. 情节严重是指必须造成严重后果。一方面给消费者利益造成严重损害的，另一方面在经济上得到巨大利益的。

草案第 161 条　新增条款

制造、销售不符合国家标准的计量器具罪

条文（同意草案的写法）：

违反计量管理法规，制造、销售不符合国家标准的计量器具，情节严重的，处三年以下有期徒刑或者拘役，可以单处或者并处罚金。

理由：

计量法第 28 条规定：制造、销售、使用以欺骗消费者为目的的计量器具，情节严重的，按诈骗罪或投机倒把罪追究刑事责任。使用可以根据具体情节分别按诈骗罪、投机倒把定罪，但制造、销售不符合国家标准的计量器具的行为，不完全符合诈骗罪或投机倒把罪，应单定一罪。国外不少国家刑法中规定了类似的罪。如苏俄刑法典第 156 条欺骗买主罪，瑞士刑法第 248 条伪造度量衡罪；美国模范刑法典第 247 条不正当交易罪。

草案第 162 条　新增条款

破产诈欺罪

条文（同意草案写法）：

违反破产法规，在依法宣告破产前的法定期间内或者宣告破产以后，隐匿、无偿转让财产或者以其他方法损害债权人利益，情节严重的，处二年以下有期徒刑或者拘役，可以单处或者并处罚金；情节特别严重的，处二年以上五年以下有期徒刑，并处罚金。

理由：

1. 本条是根据破产法第 35 条、第 41 条的规定确立的，刑法同行政法规衔接。

2. 此罪是指在破产案件受理前六个月至破产宣告后隐匿、私分或无偿转让财产；非正常压价出售财产；原无财产担保的债务提供担保；提前偿付未到期债务；放弃自己债权的行为。在破产法实施后，破产企业屈指可数的情况下，在刑事立法上确立本条，是对破产法的实施和债权人合法权益的有力保障。

3. 对本条情节严重或者情节特别严重如何掌握，有待于立法上给予解释，以利审判工作。

4. 本条罪名，从行为特征分析，破产前后损害债权人利益所采取的方法，都是诈欺的行为，国外立法上均以破产诈欺定罪，可以借鉴。

草案第 163 条　新增条款

非法提供支票、发票、证明、帐户牟利罪

条文（同意草案的写法）：

为他人非法提供支票、发票、证明、银行帐户或者其他经营条件，从中牟利，情节严重的，处五年以下有期徒刑或者拘役，可以单处或者并处罚金。

与犯罪分子通谋而提供上述方便条件的，以共同犯罪论处。

理由：

1. 本条款确定，是在缩小投机倒把基础上分立出来的，根据国务院《暂行条例》第三条第八项的内容确立的，而且给予了扩大。条例八项中规定为特指为投机倒把提供上述方便条件的，以共同犯罪论处。本条款增加了同犯罪分子事先没有通谋而牟利的亦应论罪科刑的规定，扩大了条例规定的范围。

2. 中国人民银行《帐户管理办法》第五条第一款第二项规定不准出租、出借、转让帐户；农业部、供销总社、工商总局《关于制止基层企业单位为其他人员代开发票、提供银行帐户的通知》中规定不准为其他个人或单位代开发票、提供帐户；最高检察院《关于检察机关在办理严重经济犯罪案件中应注意掌握的几个政策界限问题的意见》“三”规定，为犯罪分子提供银行帐户、批准文件、介绍信、采购证、发票、支票等具有较大社会危害性，情节严重的要依法追究刑事责任。这些行政法规和司法解释均明令禁止，实施者应予处罚。

3. 商品经济发展，利用上述条件为投机倒把、诈骗犯罪提供方便而从中牟利的，使犯罪分子畅行无阻，为所欲为的，大有人在。不给予应有的惩罚、治理、整顿就无法落实，经济犯罪分子就仍将有滋生的温床。确定本条款是同犯罪分子斗争的需要。

4. 由于新确定条款，对情节严重应具备哪些条件应及时给予立法解释。

刑法第 125 条（草案第 164 条）

破坏生产罪

条文（同意草案的写法）：

破坏生产、科研设备、设施或者以其他方法破坏生产的，处三年以下有期徒刑或者拘役，可以单处或者并处罚金；情节严重的，处三年以上十年以下有期徒刑，并处罚金。

理由：

1. 破坏生产犯罪的动机是复杂、多样的，不宜作明确的规定，修改时删去了“由于泄愤报复或者其他个人目的”的规定，有利于惩罚犯罪，有利于审判工作。

2. 旧有的毁坏机器设备、残害耕畜的犯罪行为已脱离现实生活，不具有典型性，且仅限于破坏集体生产。修改时，应泛指破坏生产设备、设施（包括全民、集体、个体生产）。

3. 增加了对科研设备、设施破坏的内容，生产的发展取决于科学技术的发展，生产离不开科研，科研是生产的重要的组成部分。增加科研设备、设施是十分重要的，破坏科研设备、设施同样也就破坏了生产。

4. 现代大工业生产，规模宏大，破坏生产的行为，势必给经济建设造成巨大的损失，不但刑期上在刑法规定最高刑基础上由七年提高到十年，而且增加了附加罚金刑，给予犯罪分子的经济上的处罚是必要的。

在讨论中，关于经营是否应纳入生产范畴有不同的意见：

商品经济条件下，国家、集体、个人合资生产经营的联合体，或单独生产经营的情况司空见惯，对此，如何看待，尤其是第三产业的兴起，对这一产业的活动是以经营还是以生产认定，尚需研究。如经最高院核准的孙志祥破坏生产案就是一例，孙为街商店业务员，为当副经理而显示自己的能力，将他方滞销商品购入，低于购入价卖出，损失达五十万元，致使商店倒闭。这一案例说明将经营纳入生产范畴。

另一种意见则认为经营是流通领域，不应属于生产范畴。

上述问题，需待调查后再行研究。

草案第 165 条　新增条款

泄露企事业单位秘密罪

条文（草案的写法）：

故意泄露企业事业的名、特产品技术诀窍、招标标底、保密专利、重要的商业秘密或者其他重要秘密，使企业事业单位利益遭受重大损失的，处二年以下有期徒刑或者拘役，可以单处或者并处罚金；情节特别严重的，处二年以上七年以下有期徒刑，并处罚金。

理由：

1. 为保障企事业单位和商业的经济利益，确立本条是十分必要的。以往对此类行为因法无明文规定，仅以行政处罚。这种处罚同其行为给经济造成的严重后果极不相适应，必须绳之以法。

2. 本条规定范围仅为企事业单位的秘密，同草案规定第 101 条为境外地区窃取、刺探、收买、提供国家秘密和第 136 条国家工作人员泄露国家秘密的界限在密级的程度上不同，但重要的经济秘密也是国家秘密。在有些重要的企业事业单位中的企业秘密也属重要经济秘密，如景泰蓝制作技术诀窍就属此类。区别在于其企业产品是否是国家代表性重点产品。此问题需要调查后再议定。

3. 情节严重或情节特别严重应在立法上给予解释。

新增

重　利　罪

条文：

乘人急迫而贷以金钱，牟取重利，情节严重的，处三年以下有期徒刑或者拘役，可以单处或者并处罚金。

理由：

此条暂定，需调查

（1）利率达到多少为民法不保护。

（2）私人开钱庄、银行的情况。

（3）一贯以高利贷盘剥为生计，造成严重后果的情况。

草案第 166 条　新增条款

第六章 破坏自然资源罪

破坏矿产资源罪

条文（草案的条文）：

违反矿产资源保护法规，非法开采矿藏，造成矿产资源破坏，情节严重的，处三年以下有期徒刑或者拘役，可以单处或者并处罚金；情节特别严重的。处三年以上十年以下有期徒刑，并处罚金。

理由：

1. 本条是根据矿产资源法的规定确立的。

本罪是指未经许可到矿区滥采乱掘，破坏矿产资源的行为。

2. 矿产资源是国家的宝贵财富。有些个人、集体、全民企事业单位未经许可到矿区滥采乱掘的情节十分严重的。刊于报端的青海盐湖十几个企事业单位胡乱开采和河南灵宝秦岭金矿的开采，都不同程度上对矿产资源进行了破坏。矿区管理机关虽三令五申要求这些个人单位撤出，均不予理睬，经济损失巨大，确立本条很有必要。

3. 为便利法律的执行，需对情节严重。情节特别严重给予立法上的解释。

刑法第 128 条（草案第 167 条）

盗伐林木罪，滥伐林木罪

建议条文修改为：违反森林法，盗伐林木，情节严重的，处五年以下有期徒刑或者拘役，可以单处或者并处罚金；情节特别严重的，处五年以上有期徒刑，并处罚金。

违反森林法滥伐林木，情节严重的，处三年以下有期徒刑或者拘役，可以单处或者并处罚金；情节特别严重的，处三年以上七年以下有期徒刑，并处罚金。

违反森林法，为进行营利性生产而毁坏生长中的林木，情节严重的，依照第一款的规定处罚。

理由：

1. “森林”是集合概念，盗伐、滥伐的只能是林木。

2. 近几年盗伐、滥伐及毁坏林木的情况十分严重，对国家林业资源造成很大破坏。因此，对情节特别严重的盗伐、滥伐林木的犯罪，有必要提高法定刑。森林法规定：“盗伐林木据为己有，数额巨大的，依照《刑法》第 152 条的规定追究刑事责任”，不妥，“盗”本身虽有据为己有的含义，也不能一种盗伐林木的行为，不够数额巨大的定盗伐林木罪，够数额巨大的定盗窃罪。

3. 实践中为进行营利性生产，在林区开垦、开矿、采石、采种、采脂、采药或者从事其他副业生产而毁坏生长中林木的情况屡有发生，这种行为对林业资源也造成很大破坏。因此，有必要规定为犯罪。但如何处理有两种意见：①以盗伐林木罪定罪处罚；②定毁坏林木罪，依照盗伐林木罪的量刑处罚。

草案第 168 条　新增条款

非法转让、买卖、侵占耕地罪

条文（草案的条文）：

违反土地管理法规，非法转让、买卖或者侵占耕地，情节严重的，处三年以下有期徒刑或者拘役，可以单处或者并处罚金；情节特别严重的，处三年以上七年以下有期徒刑，并处罚金。

理由：

1. 本条是根据土地管理法有关规定确立的，同行政法规相衔接，完善法制。

2. 在商品经济不断发展，改革，开放不断深入的同时，农村中弃农经商状况极为严重。为牟取巨额利润，转让、买卖耕地的情况十分严重，非法侵占耕地的情况也时有发生，这严重侵害了国家对土地的管理秩序，给农业生产造成极大的危害，必将给城镇居民的生产、生活带来极为严重的后果，尤其在地少人多，人均占耕地极少的地区，显得更为严重，故制定本条十分必要。

3. 对于转让、买卖、侵占耕地的行为，行政机关往往以给予行政处罚了结，故久禁不止，长期泛滥，故应以刑罚方法给予制裁。对于本条情节严重。情节特别严重的，立法上应予必要的解释。

刑法第 129 条（草案第 169 条）

非法捕捞水产品罪

建议条文修改为：

违反水产资源保护法规，在禁渔区、禁渔期或者使用禁用的工具、方法捕捞水产品，情节严重的，处三年以下有期徒刑或者拘役，可以单处或者并处罚金；情节特别严重的，处三年以上七年以下有期徒刑，并处罚金。

理由：

近年来，非法捕捞水产品情况十分严重，“竭泽而渔”和使用电网捕鱼、炸鱼等方法大量非法捕捞水产品，造成有些经济鱼类濒于绝种，正常捕捞量明显下降，严重破坏了水产资源，为保护水产资源，有必要对这种犯罪提高法定刑幅度。

刑法第 130 条（草案第 170 条）

非法狩猎罪

建议条文修改为（草案的条文）：

违反狩猎法规，在禁猎区、禁猎期或者使用禁用的工具、方法进行狩猎，情节严重的，处三年以下有期徒刑或者拘役，可以单处或者并处罚金。

理由：

为突出保护国家珍贵、濒危野生动物，刑法第 130 条可分为非法狩猎罪和非法猎捕，杀害国家重点保护的野生动物罪，分为两条规定。

本条保护的对象是地方重点保护的野生动物和一般野生动物，由于近年来非法狩猎的情况较严重，建议法定刑由最高二年提高到三年。

草案第 171 条　新增条款

非法猎捕、杀害国家重点保护的野生动物罪

条文：

违反野生动物保护法规，非法猎捕、杀害国家重点保护的珍贵、濒危野生动物的，处七年以下有期徒刑或者拘役，可以单处或者并处罚金（个别人主张不要“珍贵、濒危”四字）。

非法猎捕、杀害大熊猫的，处七年以上有期徒刑。并处罚金（个别人主张不要这一款）。

理由：

近年来，非法猎捕、杀害国家重点保护的野生动物的情况时有发生，特别是一些见利忘义的人非法捕杀大熊猫等珍贵、濒危野生动物，走私、倒卖珍贵野生动物及其制品，严重破坏了野生动物资源，使一些珍贵动物在我国已绝种或濒危绝种。鉴于此情况，全国人大常委会 1988 年 11 月《关于惩治捕杀国家重点保护的珍贵、濒危野生动物犯罪的补充规定》指出“非法捕杀国家重点保护的珍贵、濒危野生动物的，处七年以下有期徒刑或者拘役，可以单处或者并处罚金”。

大熊猫是世界上十分珍贵稀少的野生动物，是我国的国宝，对非法猎捕、杀害大熊猫的，应从重处罚。“倒卖、走私一张大熊猫皮，即应视为情节特别严重”，处 10 年以上有期徒刑，无期徒刑或者死刑。与之相适应，非法捕杀大熊猫也应规定较重的量刑幅度。

刑法第 150 条（草案第 172 条）

第七章　侵犯财产罪

抢劫杀人罪

建议条文修改为：

以暴力、胁迫或者其他方法抢劫公私财物的，处三年以上十年以下有期徒刑，并处罚金或者没收财产；致人重伤、死亡或有其他特别严重情节的。处十年以上有期徒刑、无期徒刑或者死刑，并处罚金或者没收财产。

犯前款罪而杀人的，依照前款规定从重处罚。

（另一种意见建议改为：

以暴力、胁迫或者其他方法抢劫公私财物的，处三年以上十年以下有期徒刑，并处罚金或者没收财产。

犯前款罪而杀人或致人重伤、死亡或者有其他特别严重情节的，处十年以上有期徒刑、无期徒刑或者死刑。）

理由：

1. 在抢劫过程中故意杀人的是定抢劫一罪还是抢劫与故意杀人两罪，理论上有不同看法，实践中也没统一标准。为避免对这一问题争执不休，实践中统一掌握，建议刑法条文明确规定对这种行为的处罚原则。因“致人重伤、死亡”易理解为在抢劫中过失致人重伤、死亡，所以，单列一款，明确规定。在抢劫中故意杀人的，按抢劫杀人罪（结合犯）处罚。

2. “其他特别严重情节的”一般指抢劫银行、珍贵文物的；抢劫国家重要物资、救灾救济款物造成严重后果的；多次抢劫或抢劫数额巨大的等情况。由于列举不全，可以“其他特别严重情节”概括其具体内容，由两高作出司法解释。

刑法第 151 条、第 152 条（草案第 173 条）

盗　窃　罪

建议条文修改为：

盗窃公私财物，数额较大的，处五年（另一种意见：三年）以下有期徒刑或者拘役，可以单处或者并处罚金；惯窃或者数额巨大的，处五年（或三年）以上十年以下有期徒刑，并处罚金。

犯前款罪，数额虽未达到较大或巨大，但具有流窜盗窃、毁坏门窗入室盗窃、携带凶器盗窃、在公共场所多次扒窃情节的，可以分别依照前款规定处罚。

犯前两款罪，情节特别严重的（另一种意见：数额特别巨大或者情节特别严重的）处十年以上有期徒刑、无期徒刑或者死刑。并处罚金或者没收财产。（个别人意见：考虑到盗窃罪与抢夺罪、诈骗罪的平衡问题，建议盗窃罪去掉死刑）。

理由：

1. 盗窃罪是典型的侵犯财产的犯罪，盗窃数额可以基本反映这种犯罪的危害程度，作为定罪量刑的主要标准。但是，作为唯一标准欠妥。对流窜盗窃、毁坏门窗入室行窃、携带凶器盗窃、在公共场所多次扒窃的，虽数额未到较大，也可以盗窃罪论处；对具有上述情节，盗窃数额在较大以上，未达巨大的，可以判处五年以上十年以下的有期徒刑。本款的标准如何具体掌握，可另由司法解释解决。

“结伙盗窃”，如以共同犯罪中个人数额以分赃额认定，则加在上述情节中；如以参与数额认定，则不列入上述情节中。

2. 第三款从10年至死刑幅度较大，有意再分开一个量刑档次，但文字上不好表述。“情节特别严重”包括数额特别巨大；盗窃银行、珍贵文物的（包括未遂）；盗窃救灾救济款物、急需生产资料、医疗用品，造成严重后果的等。恐列举不全，可由司法解释作出。

3. 以盗窃罪判处死刑的应从严掌握，目前“三万元”的标准过低。

4. 盗窃罪的定罪数额也应适当提高。

草案第174条　新增条款

盗窃电力、煤气、天然气罪

条文：

盗窃电力、煤气、天然气，情节严重的，处三年以下有期徒刑或者拘役，可以单处或者并处罚金。

理由：

近年来窃电等活动已成公害，据有关部门统计，全国一年被窃的电量至少达10多亿度，损失达25亿元之多。一些地方出现“窃电专业户”以索取报酬为条件，开办“窃电服务”“撬计量箱”等项目。因此，有必要对盗窃电力、煤气、天然气，情节严重的行为规定为犯罪，以刑罚制裁。鉴于这种犯罪，居民窃电的数量不会特别大。数量大，情节严重的犯罪主体主要是地方小企业和乡镇企业，且证据不易收集，所以，刑期不宜规定过高。

草案中还有“盗窃智力成果”，盗窃智力成果的涵义不清，且易与民事上的侵权行为混淆，不宜写入本条。

刑法第151条、第152条（草案第175条）

诈　骗　罪

建议条文修改为：

诈骗公私财物，数额较大的，处五年（另一种意见：三年）以下有期徒刑或者拘役，可以单处或者并处罚金；惯骗或者数额巨大的，处五年以上（另一种意见：三年以上）十年以下有期徒刑，并处罚金；数额特别巨大的（另一种意见：情节特别严重的），处十年以上有期徒刑或者无期徒刑，并处罚金或者没收财产。

理由：

1. 诈骗罪不宜增加死刑。征求意见时，大多数法院提出诈骗罪应规定死刑。理由：①诈骗数额特别巨大的犯罪，社会危害性很大；②与盗窃罪相比，诈骗数额比盗窃高几十倍的，却不能判死刑，有损法律的公正性。我们认为：诈骗犯罪确实给社会造成很大危害，但从严格限制死刑范围的指导思想看，从诈骗犯罪侵犯的是单一客体看，特别是从在当前经济改革形势，有些利用合同诈骗与经济合同纠纷不易区分的情况看，不宜规定死刑。如规定死刑，适用面大，因为合同诈骗几十万元，几百万元的较多，再有，在分不清合同诈骗还是经济纠纷的情况下，定罪量刑宜慎重。（争议此罪是否需要死刑，必须收集典型案例进行研究）。

2. 以合同为手段的诈骗与一般诈骗是否区分开，单列标准。因为前者往往数额巨大，情况复杂，这个问题需调查。

刑法第151条、第152条（草案第176条）

抢 夺 罪

建议条文修改为：

抢夺公私财物，数额较大的，处五年（另一种意见：三年）以下有期徒刑或者拘役，可以单处或者并处罚金；数额巨大的，处三年（或五年）以上十年以下有期徒刑，并处罚金；数额特别巨大或者情节特别严重的（另一意见：情节特别严重的）处十年以上有期徒刑或者无期徒刑，并处罚金或者没收财产。

理由：

抢夺罪侵犯的客体是公私财物所有权，应以数额作为定罪量刑的主要标准。情节特别严重的，主要有：因抢夺行为致人重伤或死亡的，如因猛力夺包，使被害人站立不稳而摔倒、跌伤，甚至造成死亡的；抢夺救灾救济款物或急需医疗用品等造成严重后果的。

刑法第 153 条（草案第 177 条）

盗窃、抢夺转化为抢劫罪

建议条文修改为：

实施盗窃、抢夺行为，为防护赃物，抗拒抓捕或者毁灭罪证而当场使用暴力或者以暴力相威胁的，依照抢劫罪的规定论处。

理由：

1. 不应要求盗窃、抢夺构成犯罪，才能转化为抢劫，因为盗窃、抢夺达不到数额较大，而实施了上述行为的，同数额较大而实施上述行为的性质相同，可将“罪”改为“行为”。

2. 窝藏一般在现场以外的地方，应将“窝藏”改为“防护”。

3. 逮捕也不可能在现场进行，应将“逮捕”改为“抓捕”。

4. “处罚”应改为“论处”。因处罚仅指量刑方面，“论处”包括定罪量刑两方面。

5. 去掉“诈骗”。实践中未见到诈骗转化为抢劫的案例，理论上分析，这种转化的可能性不大。另外，参照国外立法，均无诈骗转化为抢劫罪的规定。

草案第 178 条　新增条款

哄 抢 罪

条文：

哄抢公私财物，情节严重的，处三年以下有期徒刑或者拘役，可以单处或者并处罚金；情节特别严重的，处三年以上十年以下有期徒刑，并处罚金。

理由：

1. 近年来哄抢公私财物的现象在一些地区很猖獗，尤其是哄抢林木、煤炭、水产品、铁路材料等情况突出。为此，国务院于 1982 年发布了《关于坚决制止哄抢和侵占国家资财的决定》，但禁而不止，愈演愈烈。为打击这种犯罪，保护国家、集体、个人财产，有必要规定此罪。

2. 哄抢罪指多人纠集在一起，采取哄闹滋扰或者其他手段，公然夺取数额较大的公私财物的行为。它的特点是群众性和习惯性。哄抢往往数十人、上百人、上千人甚至上万人参加，但是查不出首要分子，因此，打击面不易过大，只对情节严重的（如哄抢财物数额巨大的；在哄抢中起煽动作用的；在哄抢中对管理人员有殴打等暴力情节的）刑罚制裁，对一般参与者，予以治安处罚。

3. 在实践中，哄抢罪与抢劫罪、抢夺罪、盗伐林木罪、非法捕捞水产品罪相交叉，如何区别此罪与彼罪是个难题。需调查研究后再提意见。

刑法第 154 条（草案第 179 条）

敲诈勒索罪

建议条文修改为：

敲诈勒索公私财物的，处三年以下有期徒刑或者拘役，可以单处或者并处罚金；情节严重的，处三年以上七年以下有期徒刑，并处罚金。

理由：

此条只增加了罚金的处罚，其余部分未作变动。

草案第 180 条　新增条款

侵　占　罪

条文：

以非法占有为目的，将自己合法持有或保管的公私财物转为己有，数额较大的，处三年以下有期徒刑或者拘役，可以单处或者并处罚金；数额巨大的，处三年以上十年以下有期徒刑，并处罚金；情节特别严重的，处十年以上有期徒刑、无期徒刑，并处罚金或者没收财产。

理由：

1. 经济体制改革以来，承包租赁企业、中外合资企业、私营企业、个体和集体联营等企业都出现了非法侵占自己合法持有公私财物的行为。此类案件，或因犯罪主体不符合贪污罪的构成要件，或因所侵占的财产究竟是公是私难以区分，在处理上有困难，无法可依，因此有必要规定侵占罪。

2. 侵占罪的外延主要包括：承包租赁者侵占承包租赁企业财产，在中外合作企业中侵占外方财产，私营企业、个人合伙中的侵占行为。侵占罪的主体既可以是国家工作人员（如不是利用职务上之便利），也可以是其他公民。合法持有或保管是指基于委托、合同、业务及法律行为之外的合法行为等原因主管、经手或管理财物。侵占的对象可以是公私财物。在实践中，如主体性质分不清或公共财产的性质不好确定的侵占行为，应以侵占罪论处，而不以贪污罪论处。

3. 侵占罪的定罪量刑标准应参照贪污罪，以侵占财物的数额为主要根据，但最高刑不应规定死刑。因此罪涉及范围比贪污罪大，此罪是一般主体，贪污罪是特殊主体，二者应有区别。但量刑也不应差距过大，因二者除主体和犯罪对象外，基本相同，最高刑宜规定为无期徒刑。

新增

侵占他人遗忘财物罪

条文：

侵占他人遗忘财物，数额巨大或情节严重的，处三年以下有期徒刑或者拘役，可以单处或者并处罚金。

理由：

1. 近年来侵占他人遗忘财物，数额巨大，拒不交出或者有其他严重情节的案件时有发生。1987 年 5 月最高人民法院核准上海高院类推鲁和平等侵占他人遗忘财物案。1986 年 5 月安徽砀山县法院对一起类似案件以盗窃定罪（二审宣告无罪，最高法院审委会认为此案构成盗窃罪），为统一今后对此类案件的处理，建议规定此罪。

2. 此罪在客观方面的要件，主要把握两条，一条是数额巨大，因侵占他人遗忘财物毕竟比盗窃罪的社会危害性小，所以数额标准要高。另一条是情节严重，如侵占他人遗忘财物，数额虽未达巨大，但收审后拒不交出的。这两条可以是选择要件，有其一就可定罪。

3. 侵占他人遗忘财物涉及到道德、习惯、民法等问题，即使情节严重侵占他人遗忘财物罪，量刑也不宜过高。

至于侵占遗失物、埋藏物等，面太宽，讨论中认为以不定罪为宜。

另：侵占因他人错误而取得的数额巨大财物的行为，多数人主张不定罪，如构成其他罪按其他罪处理；少数人主张比照侵占他人遗忘财物罪处罚。如代新寿案。代，男，37 岁，农民。代于 1983 年 10 月和 1984 年 2 月两次与首钢绿化公司签订购销旱元竹合同。绿化公司经办人李文英由于疏忽多付给代 38160 元，代发现多收汇款后，伪造帐目，加大收购旱元竹的数字，侵吞了这批巨款。潢川县法院以诈骗定罪。又如杨东刚案。杨，男，24 岁，中国农垦公司业务员。杨在接收港商货物时，发现港商多发了货（溢货），即将这批溢货私自贩卖，得款三万余元。此案如何处理有两种意见：①贪污罪，“溢货”应视为国家公共财物；②属违反海关法的违法行为，不构成犯罪（未审结）。

刑法第 156 条（草案第 181 条）

故意毁坏公共、私人财物罪

建议条文修改为：

故意毁坏公共、私人财物，情节严重的，处三年以下有期徒刑或者拘役，可以单处或者并处罚金；情节特别严重的，处三年以上十年以下有期徒刑，并处罚金。

理由：

1. 随着经济的发展，高档财物增多，故意毁坏公私财物造成的损失往往很大。如损失巨大，只能处刑三年显系过轻，因此，对故意毁坏公私财物，情节特别严重的（如毁坏价值数额巨大的财物；毁坏重要物资，造成严重后果的；为诈骗保险金而毁坏公共财物的）应提高量刑幅度。

2. 建议将“公私财物”改为“公共、私人财物”。根据具体情况选择罪名，以使被告人服判。

第八章　妨碍社会管理秩序罪

关于妨碍社会管理秩序罪一章的说明

一、根据小组讨论，现整理出21条（包括新增加6条）。

增加的聚众骚乱罪、盗掘坟墓罪、偷开机动车辆罪，均附有一些外国刑法的有关条款规定。

讨论中提到拟增加卖淫、嫖娼罪等，因需要调查研究，未整理。

二、本章中对涉及“管制”、“剥夺政治权利”的条款，因在总则部分有统一说明，故理由中均未写上。

三、本章需要调研的问题，单列提纲附后。

聚众骚乱罪

该条表述：

以暴力、威胁的方法聚众骚乱，破坏地方秩序的，对首要分子或者积极参加的，处五年以下有期徒刑或者拘役，情节严重的；处五年以上有期徒刑。

理由：

法工委在第二稿中增加了该条，很有必要，既有预防性质，又有现实意义。冠“以暴力、威胁的方法”，以区别于扰乱社会秩序罪和扰乱公共场所秩序罪。

聚众骚乱，一般是以暴力、威胁的方法，强迫地方政府或者有关单位满足其非法的或不合理的要求，破坏某地区正常秩序。故在该条中应写明“以暴力、威胁的方法”、“破坏地方秩序”的词句（因“社会秩序”一词较抽象，而“地方秩序”系指某地区的社会秩序，较具体）。

说明：

在讨论中，有的同志提出“聚众骚乱”是针对什么情况？不清楚，且该罪与刑法第158条扰乱社会秩序罪、第159条聚众扰乱公共场所秩序、交通秩序罪。不好区分，如后二个罪能包括前一罪的行为内容，似可不必单立一条；如果聚众骚乱具有危害国家安全（颠覆政府、分裂国家）叛乱式暴乱性质的，可依照危害国家安全罪的有关规定处理。这方面的界限如何区分，也要研究。

附件：

1. 朝鲜民主主义人民共和国刑法第88条

2. 西德刑法第125条

朝鲜民主主义人民共和国刑法

第83条聚众骚乱。不执行主管当局的合法要求，或妨碍主管当局的代表人履行职务，或强迫主管当局的代表人实行显然非法的行为的，判处五年以下徒刑。

杀人、放火、破坏邮电工具，以及凭借这种行为聚众骚乱的，依下列各项分别处断：

（1）领导者和实施本款规定的行为的，或以武力反抗政府的，判处第66条所规定的刑罚；（注：即判处死刑并没收全部财产；情节特别轻微的，得判处五年以上徒刑并没收全部财产）。

（2）除前项以外的人，判处五年以下的徒刑。

（摘自第14章妨害国家管理的犯罪）

西德刑法

第125条（破坏地方安宁）

（一）公然聚众。共同以妨害公共安全之方式，从事下列各款之行为者，参与行为者或共犯之人，或意图鼓动此等行为之预备而促使聚众之人，除另有加重处罚之规定外，处三年以下自由刑或并科罚金：

1. 对人或物施以强暴行为；

2. 对于人以暴力加以威胁者；

……

第125条（破坏地方安宁之加重犯）

犯第125条之罪，情节重大者，处六个月以上十年以下自由刑，具有下列情形之一者，原则上为情节重大：

1. 随身携带枪械者；

2. 企图于行为时使用而携带其他凶器者；

3. 行为人使用暴力，有致使他人死亡或重伤之危险者；

4. 抢劫或使他人之物遭受严重损坏者。

（摘自第7章违反公共秩序之犯罪）

第158条（草案第183条）

扰乱机关、企业事业单位秩序罪

建议删去"禁止任何人利用任何手段扰乱社会秩序"及"国家和社会遭受严重损失"二句（二稿已删掉）；将"扰乱社会秩序情节严重的"改为"扰乱机关、企业事业单位秩序"，删掉"情节严重"作为犯罪构成要件一词，并将对首要分子的处罚单列一款。

该条修改后表述为：

扰乱机关、企业事业单位秩序，致使工作、生产、营业和教学、科研无法进行的，处三年以下有期徒刑或者拘役。

犯前款罪的首要分子，处三年以上七年以下有期徒刑。

理由：

1. 修改后该罪名为："扰乱机关、企业事业单位秩序罪"。既包括单个人犯罪，也包括聚众犯罪，只要扰乱秩序的行为，"致使工作、生产、营业和教学、科研无法进行的"，就构成本罪，这样就解决了实践遇到单个人犯该罪而不能适用该条处罚的问题。

2. 刑法第158条第一句"禁止……"因无实际意义，故删去，"国家和社会遭受严重损失的"一般指该罪造成的结果，且实践中较少遇到，而"致使工作、生产……无法进行"亦说明问题的严重性，故"遭受严重损失"一语可不写。

3. 鉴于该罪通常是在首要分子煽动、组织、策划和指挥下，纠集多人（聚众）进行的，故对首要分子的处罚单列一款。一般犯该罪的处三年以下徒刑或拘役；而对首要分子处三年以上七年以下有期徒刑（原五年以下），以体现从重的精神。

第159条（草案第184条）

扰乱公共场所秩序、交通秩序罪

建议删去"聚众"、"抗拒、阻碍国家治安管理工作人员依法执行职务"词句，即同意第二稿对罪状的表述。刑期分两个档次，一般处三年以下有期徒刑或者拘役，对首要分子处三年以上七年以下有期徒刑。

修改后，罪名为"扰乱公共场所秩序、交通秩序罪"。条文：

扰乱车站、码头、民用航空站、商场、公园、影剧院、展览会、运动场或者其他公共场所秩序或者破坏交通秩序，情节严重的，处三年以下有期徒刑或者拘役。

犯前款罪的首要分子，处三年以上七年以下有期徒刑。

理由：

1. 这样修改既包括了单个人犯罪，又包括了聚众扰乱公共场所秩序、交通秩序的犯罪，不只是追究首要分子的刑事责任了。

2. 刑法第159条只对首要分子处五年以下……如果不是首要分子则不构成此罪。如修改后仍一律处"五年以下"就偏重了，故一般"处三年以下……"并在第二款中明确对首要分子处"三年以上七年以下有期徒刑"，以示从重。

第160条（草案第185条）

流 氓 罪

修改条文：

聚众斗殴、寻衅滋事、聚众进行淫秽行为、侮辱妇女或者进行其他流氓活动，破坏公共秩序，情节恶劣的，处七年以下有期徒刑或者拘役；流氓集团的首要分子或者其他罪恶重大的，处七年以上有期徒刑；有下列情形之一的，处无期徒刑或者死刑：

（一）罪行特别严重的首要分子；

（二）使用凶器致人重伤或者死亡的；

（三）多次进行流氓活动，屡教不改，危害特别严重的。

理由：

流氓罪内容庞杂，是个"大口袋"，如何修改，曾征求一些省、市高级法院意见，多数认为应尽量具体一些，列出几项内容，便于掌握；少数法院提出取消流氓罪，分别定为聚众斗殴罪、寻衅滋事罪、侮辱妇女罪、鸡奸罪等，以便解决"口袋"问题。刑法修改小组一致意见是在原条文基础上，列出几项具体内容，量刑分为三个档次（如修改条文）。

1. 鉴于聚众进行淫秽行为时有发生，且对社会危害性大。中发（1983）38号文件和1984年"两高"对流氓罪的《解答》均规定此种行为按流氓罪处理。建议将此种行为直接写入条文中，以避免出现异议，便于掌握。

2. 罪状中仍保留"其他流氓活动"一语，有个"小口袋"，这样可以解决实践中经常遇到的，就某一流氓行为构不成犯罪，而将其多个流氓行为综合起来，显然构成犯罪，应当追究刑事责任的问题。

3. 量刑分为三个档次，便于掌握，特别是有利于严格控制处死刑的条件：（1）"情节恶劣的，处七年以下有期徒刑或者拘役”，即保留现刑法第160条的规定；（2）流氓集团的首要分子或者其他罪恶重大的，处七年以上有期徒刑，体现从重的精神；（3）判处无期徒刑以上刑罚的，必须具备修改条文中所列三种情形之一者，特别是严格掌握判处死刑的规格，既坚持从严判处，又坚持少杀的原则。

第163条（草案第186条）

私藏枪支、弹药罪

建议：在“私藏”之后加上“军用”二字。

条文：

违反枪支管理规定，私藏军用枪支、弹药，拒不交出的，处二年以下有期徒刑或者拘役。

理由：

1. 原该条规定的枪支、弹药概念不很清楚，实践中往往产生异议，发生争论。按照《中华人民共和国枪支管理办法》第二条的规定，私藏的对象包括军用手枪、步枪、冲锋枪和机枪、射击运动的各种枪支、狩猎用的膛线枪、散药枪、火药弹、麻醉动物的注射枪，以及能发射金属弹丸的气枪，范围很广；而且民用枪支、弹药可以按规定买卖、收藏和使用，如果像气枪等民用的都列入私藏对象，打击面就大了。

2. 原条文中加上“军用”二字，限制了私藏的对象，只是军用的手枪、步枪、冲锋枪和机枪等枪支、弹药。不包括民用枪支、弹药，因为私藏军用枪支、弹药的社会危害性大，应予治罪，如私藏民用枪支、弹药而违反“规定”的，一般属行政处理问题。

3. 非法制造、买卖、运输民用枪支、弹药的，依照危害公共安全的犯罪处罚。

第165条（草案第187条）

神汉、巫婆造谣、诈骗罪

条文：

神汉、巫婆借迷信进行造谣，诈骗财物活动的，处二年以下有期徒刑或者拘役；情节严重的，处二年以上七年以下有期徒刑。

理由：

1. 执行该条中没有发生什么突出的问题。故原条文可不动。

2. 该条主体只能是神汉、巫婆，不宜再扩大，以防打击面过宽。现实生活中出现的迷信活动，有的地方很严重，这主要是教育问题（如算命、相面等）。需要追究刑事责任的，是那些借助迷信进行制造和散布谣言，蛊惑人心，制造混乱或者借助迷信骗取财物的不务正业甚至以此为谋生手段的人。

草案第188条　新增条款

盗掘坟墓、毁坏、侮辱尸体罪

条文：

第　条盗掘坟墓或者毁坏、侮辱尸体，情节恶劣的，处三年以下有期徒刑、拘役或者罚金；情节特别恶劣的，处三年以上七年以下有期徒刑，可以并处罚金。

挖掘、破坏古墓的，依照第　条破坏珍贵文物罪的规定处罚；挖掘古墓，盗窃珍贵文物的，依照第　条盗窃罪的规定处罚。

理由：

1. 实践中，盗掘坟墓案件时有发生。有的影响很坏，危害性大，但刑法没有犯罪的规定，不好追究刑事责任。如四川省1987年被盗掘的墓葬三万多座。其中占墓（清代以前的）一万五千多座，民国以后的坟墓一万多座，影响很坏。不少人家怕祖坟被挖，日夜看守。惶惶不安。不处理，群众不谅解。这次修改刑法，一些省法院要求增加“盗掘坟墓罪”，这类犯罪不宜以盗窃罪论处。

2. 许多国家的刑法（包括东、西方不同社会制度的国家）不仅对盗掘坟墓而且对毁坏、侮辱尸体的犯罪都作了专门规定，如苏联、罗马尼亚、日本、西德、法国、意大利、美国等都有规定，值得研究和借鉴。

在我国，对毁坏、侮辱尸体，情节恶劣的，也应治罪，否则老百姓不能谅解。

3. 量刑问题。第一款中规定二个档次，即情节恶劣的处三年以下……情节特别恶劣的，最高刑可判七年。具有第二款规定的行为者，分别依照本法各有关条的规定处罚，亦属从重。

附件：

摘抄苏联、日本等国刑法条款　共6页。

附件三

苏俄刑法典（1978修订）

第229条亵渎坟墓

亵渎坟墓以及窃取坟墓中或坟墓上的物品的，处三年以下的剥夺自由，或一年以下的劳动改造。

罗马尼亚刑法典

第 319 条亵渎坟墓

以任何方式亵渎坟墓、纪念碑与骨灰盒或尸体，处三个月至三年监禁。

"国民党刑法"

第 247 条（侵害尸体罪）

损坏、遗弃、侮辱或盗取尸体者，处六个月以上五年以下有期徒刑。

损坏、遗弃或盗取遗骨、遗发、殓物或火葬之遗灰者，处五年以下有期徒刑。

前两项之未遂犯，罚之。

第 248 条（挖掘坟墓罪）

挖掘坟墓者，处六月以上五年以下有期徒刑。

前项之未遂犯，罚之。

第 249 条（挖掘坟墓结合罪）

挖掘坟墓而损坏、遗弃、污辱或盗取尸体者，处三年以上十年以下有期徒刑。

挖掘坟墓而损失、遗弃或盗取遗骨、遗发、殓物或火葬之遗灰者，处一年以上七年以下有期徒刑。

第 250 条（侵害直系血亲尊亲属尸体坟墓罪）

对于直系血亲尊亲属犯第 247 条至第 249 条之罪者。加重其刑至二分之一。

日本刑法

第 189 条（挖掘坟墓）

挖掘坟墓者，处二年以下之惩役。

第 190 条（死体之遗弃等）

损坏、遗弃或取得死体、遗骨、遗发或藏置棺中之物者，处三年以下惩役。

第 191 条（发掘坟墓损坏死体）

犯第 189 条之罪，而损坏、遗弃或取得死体，遗骨、遗发或藏置棺中之物者，处三月以上五年以下惩役。

大韩民国刑法

第 159 条（侮辱尸体等）

侮辱尸体、遗骨或遗体者，处二年以下劳役或一万元以下罚金。

第 160 条（挖掘坟墓）

挖掘坟墓者，处五年以下劳役。

第 161 条（取得尸体等）

（一）将尸体、遗骨、遗发或放置于棺木内之物品予以损坏、遗弃、藏匿或取得者，处七年以下劳役。

（二）挖掘坟墓而犯前项之罪者，处十年以下劳役。

法国刑法典

第 360 条挖掘坟墓或墓地者，处三月以上一年以下拘禁，及五百法郎以上一千八百法郎以下的罚金。但不排除与本罪相竞合之重罪或轻罪之刑之适用。

美国模范刑法典

第 250 · 10 条冒渎尸体

除法律上所准许者外，明知其方法会刺激通常遗族之感情而以此方法处理尸体者，即犯轻罪。（注：美国轻罪不逾一年）

西德刑法典

第 168 条（死者安息之妨害）

（一）无权盗取有权利人保管之尸体、尸体之部分或死者之骨灰，或对尸体或对埋葬之场所施以粗暴侮辱之行为或破坏毁损埋葬场所者，处三年以下自由刑或并科罚金。

（二）本罪之未遂犯，罚之。

意大利刑法

第 407 条侵害坟墓、坟场或装骨壶者，处一年以上五年以下徒刑。

第 410 条侮辱尸体或骨灰者，处一年以上三年以下徒刑（略）

第 411 条破坏、除去、夺取尸体或其一部或夺取、散乱遗灰者，处二年以上七年以下徒刑。

于坟地或其他埋葬、寄存或监守场场所犯之者加重其刑。

第 168 条（草案第 189 条）

赌 博 罪

条文：

以营利为目的，聚众赌博或者多次赌博屡教不改的，处五年以下有期徒刑或者拘役，可以并处罚金。

理由：

1. “以赌博为常业的”，实践中少见，而多为“多次赌博”且“屡教不改”的人不少又危害较大，故在条文中删去了前者，加上了后者。

2. 以营利为目的聚众赌博的，主要是指那些在纠集多人赌博中起策划、组织作用的赌头、赌棍，我们要打击（治罪）的主要是这种人和屡教不改的，范围不宜太大。

3. 原来刑法168条规定的“处三年以下”，偏低，提高到“五年以下”，以利于对此类犯罪分子的打击。

第169条（草案第192条）

引诱、容留、介绍妇女卖淫罪

条文：

引诱、容留、介绍妇女卖淫的，处五年以下有期徒刑或者拘役，可以并处罚金；情节严重的，处五年以上有期徒刑，可以并处罚金或者没收财产。

理由：

删去了原文中“以营利为目的”，加上了“介绍”一词。因为，实践往往遇到并非“以营利为目的”而是出于奸淫或其他目的引诱、容留妇女卖淫的情况，有的情节严重，应当定罪，但如必须“以营利为目的”则不好追究这种人的刑事责任（目前对后一种情况只能定流氓罪）。

现在一些地方介绍妇女卖淫的现象严重，如拉皮条，为嫖客或暗娼牵线等，对社会危害较大。一些省、市法院建议对介绍妇女卖淫行为予以治罪，写入该条之中。

第170条（草案第191条）

制作、贩卖、传播淫秽物品罪

条文：

制作、贩卖、传播淫书、淫画、淫秽音像或者其他淫秽物品，情节严重的，处五年以下有期徒刑或者拘役，可以并处罚金；情节特别严重的，处五年以上有期徒刑或者无期徒刑，并处罚金。

理由：

1. 原文中“以营利为目的”作为构成该罪的前提条件，限制太死，事实上有的并非“以营利为目的”，故删去。

2. 鉴于实践常遇到“传播”淫书淫画的情况，故将传播行为列入罪状，为了解决审判实践中出现的问题，使罪状表述具体些，加上了“淫秽音像”和“其他淫秽物品”，便于掌握。

3. 原来该条最高刑为三年，太低，与这种犯罪行为对社会的危害程度很不符。修改为，情节严重的处五年以下徒刑或拘役，情节特别严重的，最高刑可判无期徒刑，体现从重精神。

草案第192条　新增条款

非法出版、销售图书、报刊、音像制品罪

条文：

非法出版、销售图书、报刊、音像制品，情节严重的，处二年以下有期徒刑、拘役或者罚金；情节特别严重的，处：二年以上七年以下有期徒刑，可以并处罚金。

非法出版、销售淫秽图书、报刊、音像制品的，依照第　条制作、贩卖、传播淫秽物品罪的规定处罚。

理由：

两高法（研）发（1987）33号文件规定此种犯罪按投机倒把罪处理，这并非长远的解决办法，在修改刑法时，此罪应另定新条文。条文的表述，暂抄草案原文，待调查并征求新闻出版署意见后，再议。

第171条（草案第193条）

制造、贩卖、运输毒品罪

条文：

制造、贩卖、运输鸦片、海洛英、吗啡或者其他毒品的，处五年以下有期徒刑或者拘役，可以并处罚金。

一贯或者大量制造、贩卖、运输前款毒品的，处五年以上有期徒刑，可以并处罚金或者没收财产；情节特别严重的，处无期徒刑或者死刑，并处没收财产。

非法种植罂粟等毒品原植物，情节严重的，依照第一款的规定处罚。

理由：

本条第一款和第二款的前半部分（分号前），均属原文未改，第二款后半部分，即“情节特别严重的，处无期徒刑或者死刑”，是根据 1982 年 3 月 8 日全国人大常委会《关于严惩严重破坏经济的罪犯的决定》第一条第一项修改精神，直接写上的。

鉴于有些地区非法种植罂粟等毒品原植物的现象严重，屡禁不止，单列一款（即第三款），对于情节严重的予以治罪，有利于打击这种犯罪活动。

第 174 条（草案第 195 条）

破坏珍贵文物、名胜古迹罪

条文：

故意破坏国家保护的珍贵文物、名胜古迹的，处七年以下有期徒刑或者拘役，可以并处罚金；情节严重的，处七年以上有期徒刑，并处罚金。

理由：

这种犯罪对社会危害很大，不仅应当处刑，还应予以经济上制裁，鉴于原来规定最高刑只有七年，太低，故将“情节严重的”最高刑提到十五年，并增加“处罚金”的规定。

第 175 条（草案第 196 条）

破坏界碑、界桩罪

条文：

故意破坏国（边）境的界碑、界桩或者其他永久性测量标志的，处三年以下有期徒刑或者拘役。

以叛国为目的实施前款行为的，依照第　条破坏国防或者其他重要公共设施、设备罪的规定处罚。

理由：

第一款原文未作改动。第二款由于取消了反革命罪名因而作了相应的修改。

第 176 条（草案第 197 条）

偷越国（边）境罪

条文：

违反出入国境管理法规，偷越国（边）境，情节严重的，处一年以下有期徒刑或者拘役。

理由：

此条不必修改。

第 177 条（草案第 198 条）

组织、运送他人偷越国（边）境罪

条文：

以营利为目的，组织、运送他人偷越国（边）境的，处五年以下有期徒刑或者拘役，可以并处罚金。

理由：

未作修改。

第 178 条（草案第 199 条）

违反卫生检疫规定罪

条文：

违反卫生检疫规定，引起检疫传染病的传播，或者有引起检疫传染病传播严重危险的，处五年以下有期徒刑或者拘役，可以单处或者并处罚金。

理由：

1. 删去了原条文中的“国境”一词，以便与有关法规相一致（如《中华人民共和国进出口动植物检疫条例》、《植物检疫条例》、《中华人民共和国国境卫生检疫法》等）。

2. 这种罪的社会危害性很大，原规定最高刑为三年，偏低，现修改为五年。

草案第 200 条　新增条款

破坏计划生育罪

条文（草案原文）：

以营利为目的，非法为妇女摘取节育环、出具假出生证明或者以其他方法破坏计划生育，情节严重的，处三年以下有期徒刑、拘役或者罚金。

说明：对破坏计划生育的情况不太了解，需要进行调查研究。

建议增加“偷开机动车辆罪”

该条表述：

第 条：不以非法占有为目的，偷开他人机动车辆，扰乱社会秩序，情节严重的，处三年以下有期徒刑或者拘役，可以单处或者并处罚金。

理由：

实践中，偷开汽车“兜风”、“游玩”而后扔掉，或者造成毁坏的案件时有发生，这类案件，行为人不是以占有为目的，只是为了“玩”或个人使用而偷开他人车辆的，扰乱了社会管理秩序，具有较大危害性。过去因刑法对此无明文规定，一般按“扰乱社会秩序罪”的一个情节考虑，有的以流氓罪处理，均不恰当，当单列一条。

偷开机动车辆罪的刑罚不宜过重，最高刑以三年为宜，但可单处或并处罚金，从经济上也要惩罚。

附：苏俄刑法典第 212 条

西德刑法第 248 条

苏俄刑法典（1978 年）：

第 212 条 b 窃持机动运输工具

不具有盗窃目的的劫持机动运输工具或其他机动车辆的，处一年以下的剥夺自由，或一年以下的劳动改造，或一百卢布以下的罚金，或采取社会制裁方法。

再次实施前款规定的行为，处三年以下的剥夺自由或一年以下的劳动改造。

联邦德国刑法（1976）。

第 248 条 b 无权使用交通工具

（一）违反汽车或自行车所有人之意思而使用者，对其行为除另有他规定加重其刑外，处三年以下自由刑或并科罚金。

第 173 条

盗运珍贵文物出口罪

原条文：

略。

注：此条是否删除或者移入“破坏经济秩序罪”一章中，需与走私罪统一研究后再议。

新增：传授犯罪方法罪（草案第 194 条）

1983 年 9 月 2 日全国人大常委会《关于严惩严重危害社会治安的犯罪分子的决定》第二条规定：传授犯罪方法，情节较轻的，处五年以下有期徒刑；情节严重的，处五年以上有期徒刑；情节特别严重的，处无期徒刑或者死刑。

草案第 194 条：传授犯罪方法的，处二年以下有期徒刑或者拘役；情节严重的，处二年以上七年以下有期徒刑。

建议：

删去此条。

理由：

1. 传授犯罪方法罪的内涵与外延太广泛，实践中不好掌握。

2. 王汉斌同志在六届二次人大常委会上关于审议几个法律草案的说明中指出：“有一些老流氓、惯犯、教唆犯，猖狂地传授犯罪方法，教唆青少年犯罪，对社会危害很大，更为恶劣的是，他们在劳动教养或者在服刑劳改期间也进行这类犯罪活动。”如果这类犯罪活动，主要指在劳教、劳改场所中进行的，面就比较窄，不一定单立法条。

3. 传授犯罪方法，实质上往往都具有教唆性质，“教唆”包含“传授”的行为。因此，传授犯罪方法需追究刑事责任的，可以按教唆犯罪处罚。

4. 在征求修改意见中，只有个别省法院（如四川）提出可保留传授犯罪方法罪，但处死刑没必要。

第 157 条（草案第 201 条）

第九章 妨害公务罪

妨害国家工作人员执行公务罪

条文：

以暴力、威胁方法妨害国家工作人员依法执行公务的，处五年以下有期徒刑、拘役或者罚金。

理由：

1. 原第 157 条规定妨害公务罪和拒不执行判决、裁定罪，修改后分为两条，便于执行。

2. 该条原文用“阻碍”一词，但不如“妨害”确切，故作了修改；罪名也作了相应修改。

3. 原来最高刑为三年，偏低，现提高到五年。

第 166 条（草案第 202 条）

冒充国家工作人员招摇撞骗罪

条文：

冒充国家机关工作人员招摇撞骗的，处三年以下有期徒刑或者拘役；情节严重的，处三年以上十年以下有期徒刑。

说明：未修改。

第 167 条（草案第 203 条）

伪造、抢劫、盗窃、抢夺、毁灭公文、证件、印章罪

条文：

伪造或者抢劫、盗窃、抢夺、毁灭国家机关、企业、事业单位、人民团体的公文、证件、印章的，处三年以下有期徒刑或者拘役；情节严重的，处三年以上十年以下有期徒刑。

国家工作人员犯前款罪的，从重处罚。

理由：

1. 删去了原条文中的“变造”一词。因分则中一些涉及“伪造”的条款都有个“变造”的问题。拟在总则部分作出立法解释，说明“伪造”包括了“变造”行为。

2. 根据审判实践中遇到的国家工作人员伪造、盗窃、毁灭公文、档案等问题，因而增加了该条第二款从重处罚的内容。

3. 关于是否在条文中增加“抢劫”的问题，有二种意见：一种意见认为实践中遇到这类情况，写入条文便于掌握，也避免发生异议；另一种意见是不写入条文，可将抢劫公文等作为从重情节考虑。

4. 与本条有关的还有个值得研究的问题，即为获取非法利益或者非法变更权利、义务关系而伪造、变造或者盗窃、抢夺、毁灭私人的文书、证件、印章的，要不要治罪？在现实生活和经济交往中已出现这类问题，但法院尚未遇到这类案件。在一些资本主义国家的刑法中对伪造、变造私人文书、署名、印章的，都作了专门规定，如日本刑法第 159 条伪造私文书罪，最高刑处五年惩役……法国刑法典第四章第一节第二款规定伪造公、私文书的最高刑可判无期；西德、美国、泰国刑法也有规定，可供参考。

第 138 条（草案第 204 条）

诬告陷害罪

条文（草案原文）：

捏造犯罪事实诬告陷害他人的，处三年以下有期徒刑、拘役或者罚金；情节恶劣的，处三年以上七年以下有期徒刑，可以并处罚金。国家工作人员犯诬陷罪的，从重处罚。

不是有意诬陷，而是错告，或者检举失实的，不适用前款规定。

理由：

原来第一款只是对诬告陷害罪采用了“参照”的量刑原则，没有具体规定相应的刑罚种类和量刑幅度，实践中不太好掌握。现修改草案对该条罪状表述更加简明，且规定了具体量刑幅度，便于掌握。

第 148 条（草案第 205 条）

伪 证 罪

条文（草案原文）：

在侦查、起诉、审判中，证人、鉴定人、记录人、翻译人对与案件有重要关系的情节，故意作虚假证明、鉴定、记录、翻译，妄图陷害他人或者隐匿罪证的，处二年以下有期徒刑或者拘役；情节严重的，处二年以上七年以下有期徒刑。

理由：

只加了“起诉”二字，使之完整表述诉讼过程。

第 162 条（草案第 206 条）

窝藏、包庇罪

条文：

窝藏或者资助犯罪分子的，故意隐匿、毁灭罪证或者作假证明包庇犯罪分子的，处三年以下有期徒刑或者拘役；情节严重的，处三年以上十年以下有期徒刑。

犯前款罪，事前通谋的，以共同犯罪论处。

理由：

1. 鉴于取消了反革命罪，故删去该条中“反革命分子”一词并将刑法第 162 条第一、二款合并。增加了“隐匿、毁灭罪证”一语，以便使罪状更明确具体些。

2. 对量刑幅度以及原第三款内容，均未改动。

3. 关于“资助”问题。讨论中一致认为，在本条中加上“资助”一词是必要的，但对资助是属于包庇还是窝藏性质？有不同意见，需查明这个词的内涵、搞清性质后再议定。(现在条文暂时写上)。

第 157 条（草案第 207 条）

拒不执行判决、裁定罪

条文：

拒不执行人民法院已经发生法律效力的判决、裁定，情节严重的，处三年以下有期徒刑或者拘役。

理由：

1. 实践中以暴力、威胁方法拒不执行判决、裁定的很少见，大多数是以“拖”、“泡”、“躲避”以及隐匿财物等方法拒不执行。故删去原条文中的“以暴力、威胁方法”（多数法院意见删去此句）而加上“情节严重的”作为构成本罪的限制条件。

2. 该罪处刑不宜过重，以原规定最高刑三年为宜，故未改动。

草案第 208 条　新增条款

扰乱监管秩序罪

条文：

被关押的犯罪分子，违反监管法规，扰乱监管秩序，情节恶劣的，处五年以下有期徒刑。

说明：

这一条究竟应包括哪些内容，需调查研究并建议劳改局搞出个稿子，进一步同有关部门研究（暂挂）。

第 166 条（草案第 209 条）

脱　逃　罪

条文：

依法被逮捕、关押、押解的犯罪分子脱逃的，处五年以下有期徒刑或者拘役；实施暴力、威胁方法脱逃的，处三年以上十年以下有期徒刑。

理由：

1. 删去了刑法第 161 条第一款中“除按其原犯罪行判处或者按其原判刑期执行外，加处五年”部分表述，因对犯有其他罪行的可数罪并罚。

2. 实践中往往发生被押解的确属犯罪分子在途中脱逃的情况，因此加上了“押解”二字，以便解决过去法无明文规定不好处理的问题。

3. 原该条规定以暴力、威胁方法脱逃的处二年以上七年以下有期徒刑，偏低，现提高到三年以上七年以下有期徒刑。

第 172 条（草案第 210 条）

窝赃、销赃、知情买赃罪

条文：

明知是犯罪所得的赃物而予以窝藏、收买或者代为销售，情节严重的，处三年以下有期徒刑或者拘役，可以单处或者并处罚金。

理由：

1. 实践中常遇到明知赃物而予以收买的情况，这种行为具有社会危害性，情节严重的应追究刑事责任。因此，在条文中加上了“收买”二字，并对原罪名也作了相应改变。

2. 该条加上了“情节严重”作为构成本罪的限制条件，以避免对一般窝赃、销赃、买赃行为予以治罪。

刑法第 179 条（草案第 211 条）

第十章　妨害婚姻家庭罪

暴力干涉他人婚姻罪

建议修改为：“暴力干涉他人婚姻自由的，处二年以下有期徒刑或者拘役。

犯前款罪，引起被害人死亡的，处二年以上七年以下有期徒刑。

第一款罪，告诉的才处理。”

理由：原条文“以暴力干涉他人婚姻自由”中的“以”字，可有可无，为使文字更为简洁，建议去掉。

刑法第 180 条（草案第 212 条）

重 婚 罪

建议修改为：“有配偶而重婚的，或者明知他人有配偶而与之结婚的，处二年以下有期徒刑或者拘役；多次重婚或重婚造成严重后果的，处二年以上七年以下有期徒刑。”

理由：当前有些地方重婚纳妾现象相当严重，有的犯罪分子多次重婚，情节恶劣，有的造成原配偶被迫自尽或酿成恶性刑事案件后果严重，原刑法对重婚罪的最高法定刑只规定为二年，太轻了，不足以给犯罪分子以应有的惩罚，也不利于保护合法婚姻。故建议在本条增加对“多次重婚或重婚造成严重后果的，处二年以上七年以下有期徒刑”的规定，将本罪的最高法定刑提高到七年有期徒刑。

刑法第 181 条（草案 213 条）

破坏军婚罪

两种意见：

一种意见是保持刑法原条文不变。考虑到最高法院下发的破坏军婚的四个案例中的熊贤辉和赵松祥两案例，被告人并未与军人配偶同居或结婚，仅是长期通奸造成严重后果，与刑法的规定不符，应宣布废除。因为对于通奸行为，如没有造成致人死亡的严重后果，一般不宜作为犯罪处理，破坏军婚罪还应限制在与军人配偶同居或结婚这一范围为好，否则打击面太宽。

另一种意见是建议将原条文修改为：“明知是现役军人的配偶而与之同居或长期通奸造成严重后果的，处三年以下有期徒刑，去掉了原条文中规定的‘结婚’二字，增加了‘长期通奸造成严重后果的’”的规定。这样修改的理由是：（一）在司法实践中，明知是现役军人的配偶而与之结婚的相当少见，即使偶有发生由于重婚罪的法定刑已建议提高，也可按重婚罪判处，故应删去“结婚”二字。（二）在司法实践中遇到的多是与现役军人配偶长期通奸造成严重后果的案件。由于刑法中只规定与现役军人配偶同居或结婚的，构成破坏军婚罪。对此类案件如若定罪，于法无据，如若不定罪，则无法向群众和军队解释。往往很难处理，为此，不少法院提出在修改刑法时应增加“明知是现役军人的配偶而与之长期通奸，造成严重后果的”这一规定，军队方面的要求尤为强烈，而且，由于刑法第 181 条对此种情况未作规定，而立法机关又要求最高法院作出解释，最高法院已发出四个破坏军婚罪的案例，其中后两个案例，即是与军人配偶长期通奸造成严重后果的。后两个案例，实际上是带有判例法性质的案例，具有法律效力，这并非长远解决的办法，司法解释有侵犯立法权之嫌（法学界已有此反映）。在修改刑法时应考虑这一情况，将两者统一起来，在破坏军婚罪这一条文里加入与现役军人配偶“长期通奸造成严重后果的”这一规定。修改刑法时，如仍不增加这一规定，最高法院的后两个案例就会被认为与刑法规定相抵触。此问题应按上述两种意见中那一种意见解决，关系重大，建议请立法机关作出明确的决断。

刑法第 182 条（草案第 214 条）

虐 待 罪

建议修改为：“虐待家庭成员，情节恶劣的，处二年以下有期徒刑或者拘役。

犯前款罪，引起被害人重伤、死亡的，处二年以上七年以下有期徒刑。

第一款罪，告诉的才处理，但无能力告诉的除外。”

理由：在司法实践中被虐待的被害人多是年幼的儿童或卧病无法行动的老人。这些人的自身状况使他们往往无能力对虐待者“告诉”。如在刑法条文中只规定“告诉才处理”，则不利于保护这部分无能力告诉的被虐待的人的合法权益，故应增加“无能力告诉的除外”这一规定。

刑法第 183 条（草案第 215 条）

遗 弃 罪

建议修改为：“对于年老、年幼、患病或者其他没有独立生活能力的人，负有扶养义务而拒绝扶养，情节恶劣的，处五年以下有期徒刑、拘役。”

理由：因在总则中已建议去掉管制这一刑种，故在分则条文中应一并去掉。

刑法第 184 条（草案第 216 条）

拐骗幼年人罪、偷取婴儿罪

建议修改为：“以收养为目的，拐骗不满十四岁的幼年人脱离家庭或者监护人的，或者偷取他人婴儿的，处五年以下有期徒刑或者拘役。”

理由：

1. 在司法实践中构成拐骗儿童罪的，多是以收养为目的而拐骗儿童的，如果是出于营利目的而拐骗儿童的，都是按拐卖人口罪处理的，原刑法条文对拐骗儿童罪的主观要件未予规定，容易产生歧义，故建议加上“以收养为目的”这一规定。

2. 在司法实践中经常遇到以收养为目的而偷取他人婴儿的案件，刑法原条文的规定无法包容这一情况，故建议增加“偷取他人婴儿”的这一规定。

3. 刑法原条文中“不满十四岁的男、女”这一概念不准确。没有体现出本罪侵害的对象是幼年人这一特征，故建议将原条文中的“男，女”改为“幼年人”。

4. 本条原先的罪名拐骗儿童罪，不够确切，因为十四岁以下的幼年人不能都称为儿童，故建议将本条文的罪名改为拐骗幼年人罪和偷取婴儿罪两个罪。

建议增设的罪名

（草案第217条）

破坏他人婚姻家庭罪

破坏他人婚姻家庭，致人死亡的，处二年以下有期徒刑或者拘役。

理由：在实践中有些第三者肆无忌惮地与有夫之妇或有妇之夫长期通奸，手段恶劣，往往造成致人死亡的严重后果，对此，人民法院一般是按类推处理的，这样一案一类推的做法既不利于迅速结案，也增加了各级法院的负担。故建议在刑法中增设破坏他人婚姻家庭罪。

3. 关于刑法修改若干问题的研讨与建议

（最高人民法院刑法修改小组　1991年草拟　1993年修改补充）

说　明

1988年成立的最高人民法院刑法修改小组，曾在调查研究的基础上，对刑法修改中的问题进行较系统的研讨，并提出建议。这批文稿于1991年草拟，1993年修改补充。现在选登的是这批文稿中的一部分。

当时的刑法修改小组成员是：周珏、魏大伟、高憬宏、汤鸿沛、张文学、高贵君、白山云、姚玉如、范春明、刘彦荣。由周珏、魏大伟负责。

说明：当时的小组成员中，周珏、魏大伟、高憬宏是研究室的；汤鸿沛、张文学、高贵君是刑一庭、刑二庭的；白山云、姚玉如是北京高院借调的；范春明、刘彦荣是天津高院借调的。小组于1991年脱稿后解散，审稿修改工作由两个负责人继续承担。

目　录

一、关于刑事责任年龄问题

刑事责任年龄，是指刑法规定的行为人对自己的危害社会行为负刑事责任所必须达到的年龄。我国刑法第14条规定了刑事责任的年龄、已满14岁不满16岁的人负刑事责任的范围以及对青少年的处罚原则。多年来的司法实践证明，我国刑法关于刑事责任年龄的规定基本上是适当的、可行的，但是也反映出一些情况和问题。主要是：鉴于当前青少年犯罪出现低龄化，有的同志提出了降低刑事责任年龄的主张；已满 14 岁不满 16 岁的犯罪负刑事责任的范围应当如何掌握；因未达到刑事责任年龄不负刑事责任的应当如何处理，等等。这些问题有的属于刑法修改时应进一步完善的问题，有的属于执行中容易产生的疑问，有的则是刑法理论需要进行研究的问题。下面就上述问题分别加以阐述。

（一）关于刑事责任年龄是否应当降低的问题

近年来，在刑法学界和司法界都有一些同志主张应修改刑法关于刑事责任年龄的规定，把现在的 14 岁降低到 13 岁或 12 岁，相对负刑事责任的年龄也适当予以降低。主要理由是，近年来随着我国经济、政治和文化发展水平的不断提高，未成年人的身心发育成熟期提前了，十二三岁的少年其生理心理已经接近成熟，具有了一定的识别能力。各地不断发生十二三岁的孩子进行杀人、抢劫、盗窃等严重危害社会的案件，说明未成年人犯罪正在向低龄化、成人化发展，这也是当前未成年人犯罪的重要特点和趋势。为了扼止这种日益蔓延的势头，保护青少年，防止其走上犯罪道路，有必要通过刑事立法来加以防范，这对社会的安宁、人民权益的保护也是有积极意义的。

上述观点的出发点是为了保护社会秩序并防止未成年人犯罪向低龄化发展，但是我们认为，这种主张并不可取。因为仅仅靠降低刑事责任年龄，并不能真正解决未成年人犯罪问题，也与我们刑法发展完善的方向相悖。我国现行刑法关于刑事责任年龄的规定是符合实际的，不必修改降低。

首先，近年来，我国青少年犯罪低龄化的特点虽然比较突出，但是调查结果表明，绝大多数青少年犯罪仍是在 16—25 岁这个年龄阶段。14 岁以下的少年犯罪，尤其是严重犯罪案件虽然有，但毕竟是极少数。例如，1987 年全国收容教养人员共有 8073 人，其中不满 14 岁的犯罪少年全国只有 90 人，仅占 1.11%；1987 年全国有少年犯 15885 人，其中 14 岁以上不满 16 岁的有 1246 人，占 7.84%；16 岁以上不满 18 岁的有 11173 人，占 70.34%；18 岁的有 3457 人，占 21.76%。由此可见，未成年人犯罪主要年龄阶段是在 16 岁以上不满 18 岁，不满 14 岁的所占比例极小。

其次，随着社会的进步，青少年出现早熟现象，成熟程度有所提高，青少年犯罪日趋严重，这是事实。但也必须看到，这种情况主要存在于经济、文化比较发达的大中城市和地区。而对于经济、文化比较落后的广大农村来说，这种情况就不很突出。有关资料表明，少年罪犯数与城市人口数成正比。城市人口数越多，则少年罪犯数越多；城市人口数越少，则少年罪犯数越少。以山西省某少管所 12—18 岁的城市在押男犯为例，城市分布依次为：太原占 43.8%；大同占 22.3%；阳泉占 7.6%；运城占 2.3%；临汾占 1.5%；忻州占 1.1%（其他城市略）。太原是山西省最大的城市，少年男犯人数几乎占全省少年在押男犯的一半。而运城、临汾、忻州等市均属县级小城市，则少年男犯所占比例极小。因此，我们不能只考虑大中城市的青少年犯罪情况，不考虑比较落后的广大农村和小城市，从而使刑事立法脱离我国国情。

再次，降低刑事责任年龄，有悖于国家对违法犯罪青少年“教育为主，惩罚为辅”的原则，不利于教育、挽救青少年。我国《未成年人保护法》第 38 条规定：“对违法犯罪的未成年人，实行教育、感化、挽救的方针，坚持教育为主，惩罚为辅的原则。”这体现了国家对未成年人的关心和爱护。13 岁左右的少年正值高小教育阶段，智力发育还不成熟，缺乏辨别是非善恶的能力。即使实施了严重危害社会的行为，也应当从他们的身心发育的特点出发，采取非刑罚的教育方法进行帮助、挽救，而不能立足于刑事惩罚。事实证明，刑罚对于青少年的教育作用是有限的，甚至会起到适得其反的作用。特别是目前少年犯的监管措施和条件还比较落后，远远不能适应改造少年犯的需要，有些地方少年犯不能分管分押，以致有些小犯人不仅未能改造成新人，反而成了犯罪的“多面手”。另一方面，导致未满 14 岁的少年儿童实施严重危害社会行为的原因，是非常复杂的，除主观因素外，更主要的是不良环境因素的影响。因此，要从根本上预防、杜绝未满 14 岁的少年违法犯罪，单纯靠判刑是不行的，应当通过社会治安的综合治理，依靠社会、学校、家庭等多方面的努力，加强对未满 14 岁少年的教育和管理，预防、减少未满 14 岁少年的违法犯罪。

最后，世界上多数国家都把 14 岁作为负刑事责任的年龄，例如日本、英国、意大利、泰国、芬兰等。1985 年 12 月《联合国少年司法最低限度标准规则》（《北京规则》）也规定：“在承认少年负刑事责任的年龄这一概念的法律制度中，该年龄的起点不应规定得太低，应考虑到情绪和心智成熟的实际情况。”该规则在说明中还指出：“现代的做法是考虑一个儿童是否能达到负刑事责任的精神和心理要求，即根据孩子本人的辨别和理解能力来决定其是否能对本质上反社会的行为负责。如果将刑事责任的年龄规定得太低或根本就没有年龄限度的下限，那么责任概念就会失去意义。”《北京规则》是国际上第一个有关青少年犯罪问题的指导性文件，在国际社会产生了积极作用，具有广泛的适用性和影响力。联合国要求各会员国政府“在必要时将《北京规则》纳入本国的立法、政策和实践中，特别是纳入少年司法工作人员的培训中，并使有关当局和广大公众了解这些规则。”我国作为联合国会员国，十分重视《北京规则》在我国的贯彻落实，在立法和司法实践中坚持不懈地把贯彻《北京规则》与执行我国法律、政策紧密地结合起来，公正合理地解决少年司法问题。因此，我们在规定刑事责任年龄时，不仅应当考虑到各国刑法关于刑事责任年龄规定的状况、趋势，更应当充分考虑《北京规则》规定的精神。

我们主张不降低刑事责任年龄，并不是说对未满 14 岁的少年实施危害社会的行为可以放任不管，而是主张要对不予刑事处罚的少年采取责令家庭管教和政府收容教养措施，并且注意从家庭、学校、社区与社会多方面加强预防和教育；同时还要加强青少年法规的立法工作，尽快建立全社会各方面、多层次、多形式的保护措施和以教育性为主的处置措施，把这些问题都纳入统一的法制轨道。

（二）关于已满14岁不满16岁的人负刑事责任的范围问题

刑法第14条第二款规定："已满14岁不满16岁的人。犯杀人、重伤、抢劫、放火、惯窃罪或者其他严重破坏社会秩序罪，应当负刑事责任。"怎样理解该款的规定，司法实践中争论较大的，主要集中于两个问题上：

1."杀人、重伤"是否包括过失行为？

一种观点认为，刑法第14条第二款所列举的"杀人、重伤"包括过失行为，即已满14岁不满16岁的人犯过失杀人罪、过失重伤罪也应当负刑事责任。持这种观点的同志认为，从刑法第14条第二款的规定来看，"杀人、重伤"之前并没有作任何限定，理应理解为既包括故意行为，也包括过失行为。

另一种意见认为，刑法第14条第二款所列举的"杀人、重伤"，是指故意犯罪，不包括过失行为。因为本款列举的都是严重的危害社会的犯罪行为，已满14岁不满16岁的人主要是对严重的犯罪行为负刑事责任。而过失杀人、过失重伤，与所列的其他犯罪相比，显然不属于严重的犯罪行为，如果包括过失杀人、过失重伤，是与立法精神相违背的。刑法该条款的立法思想，是只让这个年龄阶段的未成年人，对那些他们能够明确辨认和控制的具有重大社会危害性的行为负刑事责任。因此，刑法规定的让他们负刑事责任的范围是很有限的。如果把过失犯罪也包括进去，就会导致扩大对已满14岁不满16岁的未成年人追究刑事责任的范围，不利于挽救、教育、感化他们。

我们认为，第二种意见是正确的。最高人民法院1990年6月4日《关于已满14岁不满16岁的人过失致人重伤是否应负刑事责任的批复》明确指出：刑法第14条第二款所说的"重伤"，"是指故意伤害他人身体造成的重伤，不包括过失致人重伤。十五岁的未成年人过失致人重伤的行为，不应当负刑事责任，但应责令他的家长或者监护人加以管教；在必要的时候，也可以由政府收容教养。涉及民事赔偿的问题，按有关民事法律规定处理。"为了明确起见，我们建议修改刑法时，将已满14岁不满16岁的人负刑事责任的范围中的"杀人、重伤"，改为"故意杀人、故意重伤"。

2."其他严重破坏社会秩序罪"是否应当保留？

有的同志认为这种"口袋式的规定"是立法经验不丰富、不成熟的表现，搞不好会扩大打击面。在刑法实施已经十余年的今天，仍然规定这样一个含糊的概念是不适宜的。

我们认为上述意见的确很有道理。但是从我国目前司法实践的实际情况看，确有一些犯罪虽然不是本款明确规定了的，但性质很严重，危害性很大，应当予以惩治，否则就会放纵罪犯。另一方面，从立法精神来看，确定已满14岁不满16岁的人对哪些罪应当负刑事责任，主要是根据其所犯罪行的性质和社会危害程度来决定的。而社会危害程度的大小是通过犯罪性质、犯罪情节、行为人的主观恶性等多方面体现的，而且刑法也难以将所有严重危害社会的犯罪都列出无遗。如果采取穷尽列举的办法，遇到刑法没有规定而所犯罪行性质、情节、后果都很严重的犯罪就无法处理。为了克服单纯列举罪名来确定已满14岁不满16岁的人应当负刑事责任的范围的局限性，仍然以保留"其他严重破坏社会秩序罪"的规定为宜。但是必须严格控制，防止滥用。对此，我们考虑可以规定对已满14岁不满16岁的人犯其他严重危害社会的犯罪追究刑事责任的案件，应当报请高级人民法院核准。

3.已满14岁不满16岁应当负刑事责任的范围应当作哪些调整？

我们认为，首先，在确定已满14岁不满16岁的人负刑事责任的范围时，既要根据所犯罪行的性质来划分，也要考虑到案件的实际发案率的高低。单纯从犯罪性质上来划分，爆炸、投毒、破坏交通工具、交通设备、劫持船舰、飞机等行为危害都很严重，但这类案件实际发案很少。如1987年全国只有3起投毒案件、20起爆炸案件是不满18岁的人所为。而不满18岁的人犯强奸罪的全国则有2427起，重伤7679起，抢劫4234起，重大盗窃1598起，放火116起。因此，刑法在规定相对负刑事责任的罪名时，可只列举那些性质严重、发案较多的几种常见罪。这样既比较明确，又避免了大量列举而失于繁琐。

其次，根据惯窃罪的构成要件，不满16岁的人构成此罪是极个别的。而犯重大盗窃罪的比较多。而且"重大盗窃"当然包含惯窃。因此，将惯窃改为重大盗窃更具有实际意义。

最后，建议增加"强奸罪"作为已满14岁不满16岁的人应当负刑事责任的犯罪之一。强奸罪是一种严重危害社会的犯罪。近年来，不满16岁的人犯强奸罪的比较突出，审判实践中，对不满16岁的犯强奸罪的，一般都依法追究刑事责任。因此，应将强奸罪明确写入本款之中。

综上所述，我们建议刑法第14条第二款应当修改为："已满14岁不满16岁的人犯故意杀人、故意重伤、放火、抢劫、强奸、重大盗窃的犯罪，或者犯其他严重危害社会的犯罪经报请高级人民法院核准的，应当负刑事责任。"

二、关于精神病人的刑事责任问题

刑法第15条关于精神病人刑事责任的规定，在执行中有以下几个问题需要研究：

（一）我国刑法上的"精神病"一词应如何理解

我国刑法第15条使用的"精神病"一词，在立法原意上，是从广义理解的，其含义比医学上所说的狭义精神病要广，可以兼指医学上的几类精神疾病：

（1）狭义的精神病（专指重性精神病），俗称"疯狂"或者"精神错乱"。如精神分裂症、躁狂抑郁性精神病、偏执性精神病、脑器质性精神病、癫痫性精神病、症状性精神病、中毒性精神病、反应性精神病，以及某些短暂的精神病性精神障碍，如病理性醉酒、病理性半醒状态等。

（2）精神发育迟缓（又名精神发育迟滞、精神发育不全），俗称"呆傻"。医学上依其智力缺损程度，有轻度、中度、重度、极重度的“四等级分法”和“愚鲁、痴愚、白痴”的“三等级分法”。

(3) 轻性精神障碍（医学上也称“非精神病性精神障碍”），如神经症、性变态、人格障碍。轻性精神障碍者一般有完全刑事责任能力（简称完全责任能力），但有若干特殊情况的例外，如神经症中的癔症（歇斯底里），发病时可以使患者对自己实施行为的辨认或者控制能力严重受损。

现代精神医学上通用的疾病总名称是“精神疾病”或者“精神障碍”，“精神病”是精神疾病中最严重的一类。汉语中的“精神病”、“精神疾病”似乎是同义语，但在严格的医学概念上，“精神疾病”的范围比“精神病”更广，这两个词在使用上有区别。

由于我国刑法上从广义使用的“精神病”一词与医学上从狭义使用的“精神病”一词在含义上并不完全相同，在理解上易生歧义。我国司法精神病学界曾对这个问题长期争论，直至1989年才统一认识，即刑法上“精神病”的词义应作为医学上的“精神疾病”来理解。最高人民法院、最高人民检察院、公安部、司法部、卫生部1989年联合颁发的卫医字第17号文件《精神疾病司法鉴定暂行规定》，把我国刑法上和民法上所说的“精神病”统称为“精神疾病”，使法律上原有的广义“精神病”用语与现代精神医学上“精神疾病”的总名称一致起来。今后在修改刑法第15条时，法律用语与医学用语宜力求统一，避免在理解上发生歧义。我们建议将本条原来规定的“精神病人”一词修改为“患有精神疾病的人”（另一种意见是修改为“精神障碍人”）。

法学界有些专家认为，广义的“精神病”或者“精神疾病”、“精神障碍”等提法都过于笼统，为便于司法实践中具体掌握，修改刑法时可参考某些外国的立法例，对“精神疾病”采取简要的分类列举办法。这个意见虽有可取之处，但如照此实行，困难尚多。因为精神疾病的范围、类别、轻重程度及其与责任能力的关系极其复杂。哪些类型和程度的精神疾病可以使患者丧失行为时的辨认或控制能力，哪些类型的程度的精神疾病可以使患者在行为时的辨认或控制能力明显减弱，哪些类型和程度的精神疾病并不影响责任能力，在立法上很难用简要分类列举的办法表述清楚，况且有些问题还有争论。采取上述分类列举办法的某些外国立法例，不仅在法律上对精神疾病的分类互有差异，而且法律上的分类与医学上的分类并不完全一致，有的用语也欠准确，理解上仍易发生歧义。经与部分司法精神病学专家商讨后，我们认为，法律规定应保持稳定性，但医学上对精神疾病的范围、分类是可以不断地修改、补充的，立法上不宜硬性规定某种分类模式。我国和另一些外国的立法例，对精神疾病只作高度概括性的规定，不采取简要分类列举办法，在立法上比较主动。

（二）精神病人无责任能力的法定标准和必要时由政府强制医疗的问题

关于精神病人无刑事责任能力（简称无责任能力）的法定标准，有两类不同的立法例。一类是仅根据生物学（医学）标准制定的，行为时处于精神病状态，即无责任能力。这是某些资本主义国家早期的刑事立法，与当时的医学、法学和心理学研究尚不够发达有关。另一类是根据生物学（医学）标准和心理学（法学）标准结合制定的，行为时必须患有某种精神疾病，必须因病而丧失了行为时的辨认或者控制能力，两个标准结合起来，统一规定于法律之中，缺一不可。现在，世界上大多数国家都采取这种“结合型”的立法，反映了医学、法学和心理学研究的进一步发展。我国刑法第15条第1款关于精神病人无责任能力的规定，也是属于这种“结合型”的立法。这一规定，在修改刑法时应予保留。为了使生物学（医学）标准和心理学（法学）标准相结合的原则更加明确，我们建议将本条第1款中的规定在文字上修改为：“患有精神病的人，在因病不能辨认或者不能控制自己行为的时候造成危害结果的，不负刑事责任。”

因无责任能力而不负刑事责任的精神病人，有些人社会危险性很大。我国刑法第15条第1款中仅规定“……但是应当责令他的家属或者监护人严加看管和医疗”，已大大落后于现实的需要。实践中，这类病人交家属或者监护人看管和医疗（往往得不到医疗）后，重新实施危害社会行为的重大案件，以及使周围群众恐慌不安的事件，时有发生。群众不能谅解，家属、监护人感到为难（甚至自身安全也无从保障），病人也得不到应有的医疗。虽然我国设置的精神病人监护医院尚严重不足，但是，对社会危险性很大又不负刑事责任的精神病人在必要时实行强制医疗监护措施，应当是现代化国家维护社会安全的义不容辞的责任。外国刑法和有关法规对此多有专门规定，并统一由法院裁决。目前，我国在有条件的地方，已建立了精神病人监护医院（统称为安康医院）18所，公安机关对这类病人在必要时也可以采取强制医疗监护措施，部分地解决对这类病人的强制医疗问题，但尚无法律规定作依据，是欠妥的。考虑到我国精神病人监护医院正在陆续筹建的实际情况，以及适用这种强制医疗监护措施在实体上、程序上都有若干问题需要逐步研究解决，目前，我国在这方面的立法工作尚难以一步到位。我们建议，首先在刑法第15条第1款中对因无责任能力而不负刑事责任的精神病人增加“在必要的时候，由政府强制医疗”的原则性规定，使强制医疗有刑法上的明确依据。至于执行中的具体问题，需要抓紧研究总结，通过有关的立法，不断地充实和完善。

（三）精神病人的限制责任能力问题

现在，世界上大多数国家的刑法对精神疾病患者的刑事责任能力都采取了“三分法”，即无责任能力、限制责任能力、完全责任能力。限制刑事责任能力，简称限制责任能力（又称限定、减轻、部分责任能力），是介于无责任能力和完全责任能力之间的中间状态，这种中间状态是客观存在的。主要表现在：(1) 在重性精神病的缓解期，病人基本上恢复了自知力，仍有残留的精神症状，病人对自己的危害行为并未丧失辨认或者控制能力，而是明显减弱。(2) 某些轻度或者中度的精神发育迟缓者，以及轻性精神障碍者中的极少数人，对自己的危害行为的辨认或者控制能力并未丧失，而是明显减弱。类似这样的病人虽然应负刑事责任，但对危害行为不能完全由自己负责，其中还含有疾病导致的客观因素。如果都按完全责任能力处罚，失之过严；如果都按无责任能力而不负刑事责任，又失之过宽。判定为限制责任能力，使其负有限的刑事责任，是科学的、实事求是的。

我国刑法第15条制定时，对精神病人（从广义）的责任能力只采取“无”或者“有”的“二分法”，并无限制责任能力的规定，未能反映责任能力在程度上有差异的客观情况，这不能不说是一个缺点。尽管立法上未作规定，实际上，限制责任能力的概念，已为我国司法精神病学界所公认，并在鉴定实践中使用。据司法精神病学界提供的资料，若干重要的鉴定单位在送请鉴定责任能力的刑事案件中，评为限制责任能力的，可占被鉴定人的五分之一、四分之一或者三分之一左右。由于各单位在一定时期内所鉴定的精神疾病的性质和轻重程度不同，以及各单位掌握的评定标准不一致等原因，上述统计资料仅供参考。但是，限制责任能力在我国的司法精神学鉴定中占有相当重要的比例，则是无可争辩的事实。我国司法统计尚无这方面的资料。但是，在我国审判实践中。法院采用司法精神病学鉴定结论，将某些患有精神疾病的人定为限制责任能力，是常见的。对这类案件，法院一般是酌情予以从轻或者减轻处罚。这样处理，只是法律允许审判人员根据具体案情裁量的酌定情节，并无法定的从轻或者减轻情节，因此，办案中缺少明确的法律依据，难以引用刑法条款。由于我国刑法上对精神病人的限制责任能力未作规定，司法人员一般又缺乏司法精神病学的基础知识，在一部分公、检、法人员中，是否承认某些患有精神疾病的人有限制责任能力，对这类案件可否从轻或者减轻处罚，也时常发生争议，甚至有的严重影响办案质量（如处刑过重或者该定罪的不定罪）。我们曾经征求14个高级法院的意见，有13个高级法院要求在刑法第15条中增加限制责任能力的规定。此外，在我国刑法中，对未成年人、聋哑人或者盲人犯罪，都有限制责任能力的规定。在我国民法通则第13条中，对精神病人（从广义）作了“无民事行为能力人”和“限制民事行为能力人”的规定，而刑法上没有相应的规定，也使刑法、民法互不协调。因此，我们建议在修改刑法时，在第15条中增加一款规定患有精神疾病的人的限制责任能力。

对限制责任能力的精神病人的处罚，立法例上有“必减”（应当减）和“得减”（可以减）两种办法。主张“必减”的理由是：既然这类病人对自己行为的辨认或者控制能力因病而明显减弱，对其处罚就理应轻于正常人。采取“必减主义”，是对法官加以拘束性规定，不致于类似的案件，特别是涉及死刑的案件，一些法官轻判，另一些法官重判。主张“得减”的理由是：限制责任能力的精神疾病患者的情况很复杂，程度重者与无责任能力接近，程度轻者与正常人接近，虽然对其处罚一般都较正常人为轻，但立法上不宜规定太死。处理这类案件，不但要研究责任能力的程度，还要研究整个案件的全部情节，如果所患的精神疾病程度较轻，又另有严重情节，如犯罪手段特别残酷，危害结果特别严重，处罚时就应在“轻”和“重”之间求得平衡，因此，立法上仍以规定“得减”为宜。这两种意见都有一定的道理，可供我国修改刑法时研究。从审判实践考虑，对于不涉及死刑的案件来说，不论立法上采取“必减主义”或者“得减主义”，一般都不会影响对这类病人适当从轻或者减轻处罚。至于“从轻”或者“减轻”的幅度如何具体掌握，可根据不同的病情和不同案件的全部情节综合衡量。但是，在涉及能否适用死刑的案件上，“得减”和“必减”就有很大的区别。我国司法实践中，对定为限制责任能力的精神疾病患者，即使所犯罪行特别严重，考虑其疾病所致的客观因素，并不判处死刑立即执行，最重的也是判处死缓。从这个侧重点来考虑，我们认为立法上还是采取“必减主义”为宜，增加的条款可表述为：“患有精神疾病的人，在因病而对自己行为的辨认或者控制能力明显减弱的时候造成危害结果的，应当负刑事责任，从轻或者减轻处罚。”

（四）“间歇性的精神病人”问题

刑法第15条第2款规定：“间歇性的精神病人在精神正常的时候犯罪，应当负刑事责任。”类似该款的规定，在立法例上罕见。旧中国有几个判例，与之含义相仿。关于这一条款，在司法实践和司法精神病学鉴定中，都感到理解上有一定的困难。

有些司法精神病学专家提出：“间歇性的精神病”并非医学上的用语，而是法律上的用语。医学上的狭义精神病，可以有不同程度的缓解期，但缓解期不同于间歇期。在医学上，有几种精神疾病，如癫痫、躁狂抑郁症、癔症，可以呈间歇性发作，不发病时一如常人。即使是极少数呈间歇性发作的精神疾病，在长期反复发作后，在间歇期也会出现精神不完全正常、对行为的辨认或者控制能力明显减弱的情况，因而不能都当作“间歇性的精神病人在精神正常的时候犯罪”对待。

我们认为，本款所说的“间歇性的精神病人”是法律上的用语，并无医学上的确切含义。在司法实践中，缓解期或者间歇期作案的精神病人，依其不同的具体情况，可分别定为限制责任能力或者完全责任能力。刑法第15条第1款对患有精神疾病的人不负刑事责任的医学、法学标准已作了明文规定，修改刑法时，如果对患有精神疾病的人的限制责任能力的医学、法学标准也作了明文规定，那么，即使取消了“间歇性的精神病人”这一款的规定，法律也足够用了。

如果说刑法上需要对患有精神疾病的人在何种条件下有完全责任能力也作出规定，那么，仅规定“间歇性的精神病人在精神正常的时候犯罪”也是不够用的。实际上，具有精神疾病的既往史，但实施危害行为时并无精神异常的；虽有某些轻性精神障碍，但不足以使行为时的辨认、控制能力明显减弱的；精神病已完全缓解，症状完全消失的，均属于完全责任能力，也就是说，凡未达到患有精神疾病的人无责任能力或者限制责任能力的法定标准的，即应属于完全责任能力。如有疑问，可通过司法精神病学鉴定予以解决。完全责任能力者作案属于正常犯罪，没有必要在法律上另作规定。国外的刑法，对精神疾病患者刑事责任能力采取“三分法”的，对其中的完全责任能力也都不另作专门规定。

基于上述理由，刑法第 15 条第 2 款“间歇性的精神病人在精神正常的时候犯罪，应当负刑事责任”的概念，不仅实际意义不大，还容易在理解上发生困难。司法精神病学界有不少专家建议在修改刑法时删去此款，我们同意这个意见。

（五）醉酒人的刑事责任问题

刑法第 15 条第 3 款规定：“醉酒的人犯罪，应当负刑事责任”，立法精神是加强同酗酒恶习下的犯罪行为作斗争。这是一个原则性的规定，在具体理解和执行上，很多问题需要说明和探讨。这些问题较复杂，须另作专门研究。我们在这里只从修改刑法的角度，简要地谈一些意见：

1. 建议将醉酒人的刑事责任从刑法第 15 条中分出来，另写一个独立条文。

醉酒不同于精神疾病。一个人患有精神疾病并非是自己选择的，而醉酒通常是自己选择的。在刑法理论上，醉酒导致精神障碍属于原因自由的行为，也称自主行为或者自陷行为。一般人对过量饮酒可以致醉，在醉酒导致的精神障碍状态下可能肇事闯祸，都是应当预见并且能够预见的。在醉酒的精神障碍状态下出现危害行为是不自由或者不完全自由的，但醉酒的原因却是自由的，可以归责于自己。醉酒这种原因自由的行为，大陆法系称为“故意、过失的醉酒”，英美法系称为“自愿醉酒”，提法虽不同，实质精神是一致的，因故意或者过失醉酒（自愿醉酒）自陷于精神障碍状态，并在此状态下实施了刑法所禁止的危害行为，不得免除刑事责任，是刑法理论上的通说，有些国家并在刑法中作了明文规定。有些国家的刑法还规定，因醉酒自陷于无责任能力状态的，不适用无责任能力的规定。只有因偶然事件或者不可抗力引起的醉酒（无故意、无过失的醉酒，非自愿醉酒）并处于无责任能力状态的，才可以免除刑事责任。

在国外的立法例上，对醉酒人的刑事责任作出明文规定的都是独立写成条文（一条或者若干条），而不与精神疾病患者刑事责任的规定写在一起。我们认为，鉴于醉酒不同于精神疾病，我国刑法上关于醉酒人刑事责任的规定，也以写成独立的条文，不与精神疾病患者刑事责任的规定写在一起为宜。条文的表述，可以保持“醉酒的人犯罪，应当负刑事责任”的原规定。为了使立法意图在表述上更清楚，也可以写为“因故意或者过失自陷于醉酒状态的人犯罪，应当负刑事责任。”

2. 醉酒人的刑事责任，是否需要增加“但是病理性醉酒除外”的规定？或者将“醉酒的人”修改为“生理醉酒人”？

醉酒人的刑事责任，都是指普通醉酒（生理醉酒），不包括病理性醉酒，在刑事立法上已成通例。病理性醉酒属于精神病范畴，应适用精神疾病患者无责任能力的规定。在我国刑法中，“醉酒的人犯罪，应当负刑事责任”，既不需要增加“但是病理性醉酒除外”的规定，也不需要将“醉酒的人”修改为“生理醉酒人”。

还有两个问题需要说明：

（1）关于醉酒的分类，英美医学界采用“普通醉酒（生理醉酒）、病理性醉酒”的“二分法”；大陆医学界（包括我国）一般采用“普通醉酒（生理醉酒）、复杂醉酒、病理性醉酒”的“三分法”，其中，“复杂醉酒”是介于生理醉酒与病理性醉酒之间的中间状态，与生理醉酒是量的差异，与病理性醉酒是质的差异。因此，在我国司法精神病学界的用语中，普通醉酒（生理醉酒）是狭义的。据我国司法精神病学界提供的资料，普通醉酒（生理醉酒）的兴奋程度轻，对行为时的辨认、控制能力影响小，除借酒壮胆作大案的以外，多见于轻罪案件和违反治安管理的案件。复杂醉酒的兴奋程度异常激烈，醉酒人可干出与平时性格相异的重大危害行为，对行为时的辨认能力减弱，控制能力则严重减弱甚至丧失。醉酒人犯罪的重大刑事案件，多处于复杂醉酒状态。我们认为复杂醉酒是医学上的概念（医学上的说法也不一致），并非法律上的概念。刑法规定，“醉酒的人犯罪，应当负刑事责任”，是对普通醉酒（生理醉酒）采取广义说，将医学上的复杂醉酒列入普通醉酒（生理醉酒）的范围，区别于病理性醉酒。在立法的表述上，仍以“醉酒的人”为宜。如果将“醉酒的人”修改为“生理醉酒人”，而我国法学界、医学界对“生理醉酒”的含义又有广义、狭义两种不同的理解，反而易生歧义。

（2）国内外的法学界、司法精神病学界都公认病理性醉酒无责任能力。但医学上对病理性醉酒的诊断标准很不一致。我们认为，病理性醉酒者无责任能力，并非纯医学的问题，更重要的是法律问题。从执法角度来看，对病理性醉酒应从严掌握，一般应以偶然小量饮酒后发生特异体质性酒精中毒为基本条件。病理性醉酒者不知道自己的体质会对酒精出现特异反应，在偶然小量饮酒后急剧发生严重的精神病性症状，并对自己的危害行为丧失了辨认、控制能力。他对自己偶然小量饮酒陷入精神病状态是不能预见的，不存在故意或者过失，不应负刑事责任。有的人在大量饮酒达到一定程度后才出现自己不能辨认或者不能控制危害行为的状态，或者由普通醉酒（生理醉酒）状态转为类似病理性醉酒的状态，这些情况可否评为病理性醉酒，司法精神病学界尚有争议。我们认为，从法学角度看，大量饮酒的事实本身，已足以说明饮酒者对自陷于醉酒后的精神状态是有故意或者过失的，即使是自陷于无责任能力状态，也应负刑事责任，但可酌情从轻处罚。如果对醉酒的原因不加区别，使有酗酒恶习者不负刑事责任，有悖于刑法同酗酒恶习下的犯罪行为作斗争的立法精神。

综上所述，我们对刑法第 15 条的修改方案是分为两条：

第××条　患有精神疾病的人，在因病不能辨认或者不能控制自己行为的时候造成危害结果的，不负刑事责任，但是应当责令他的家属或者监护人严加看管和医疗；在必要的时候，由政府强制医疗。

患有精神疾病的人，在因病而对自己行为的辨认或者控制能力明显减弱的时候造成危害结果的，应当负刑事责任，从轻或者减轻处罚。

第××条　因故意或者过失自陷于醉酒状态的人犯罪，应当负刑事责任。

三、关于法人犯罪问题

关于法人犯罪问题，国内外刑法学界都有争论。在刑事立法上，英美法系国家的制定法和判例，将追究法人犯罪当作普遍适用的原则；大陆法系的国家在刑法典上只规定个人的刑事责任，但在经济法、行政法的某些附属的刑事条款中，部分地规定法人的刑事责任，并且有逐渐增多的趋势。

我国过去在刑法和单行法律中，都没有规定法人犯罪。1987 年颁行的《海关法》，首次对企业事业单位、国家机关、社会团体犯走私罪及其处罚的原则作了规定。1988 年颁行的《关于惩治走私罪的补充规定》和《关于惩治贪污罪贿赂罪的补充规定》，对企业事业单位、机关、团体犯走私罪、逃汇套汇罪、受贿罪、行贿罪，分别规定了“双罚制”，即对单位处以罚金刑，并对其直接负责的主管人员和其他直接责任人员处以有期徒刑或者拘役。1990 年颁行的《关于禁毒的决定》和《关于惩治走私、制作、贩卖、传播淫秽物品的犯罪分子的决定》，也对其中涉及单位犯罪的几种罪名规定了“双罚制”。从现在我国刑事立法的指导思想和发展趋势来看，是承认法人犯罪的，但在单行法中作出规定并实行“双罚制”的罪名还很少。还有一些涉及单位的犯罪（如投机倒把罪、偷税抗税罪、制造、贩卖假药罪、假冒商标罪、诈骗罪等），在审判实践中虽可对其直接负责的主管人员和其他直接责任人员追究刑事责任，但由于立法上并无对单位处以罚金刑的规定，在这些犯罪中，实际上只能追究有关的自然人的刑事责任。

我国在刑法修改时，在总则和分则中如何规定法人犯罪，是立法上的一大难题，涉及到的理论问题、立法体例问题和司法实践问题很复杂，争论也很多。对此，我们不作详细评述，仅就刑法修改中迫切需要探讨的几个问题谈一些意见：

（一）“法人犯罪”与“单位犯罪”

我国某些单行法上虽然承认法人犯罪，但并不直接使用“法人犯罪”这一概念，而是分别使用“企业事业单位、机关、团体”、“全民所有制企业事业单位、机关团体”、“全民所有制、集体所有制企业事业单位、机关、团体”、“单位”等提法，简称为“单位犯罪”。“法人犯罪”与“单位犯罪”这两个概念并不完全相同，单位的大多数是取得法人资格的，也有一些单位并不具备法人资格，是“非法人单位”。修改刑法时，是否统一使用“法人犯罪”的概念以及如何使用这一概念，有三种不同的意见：

第一种意见认为，法人犯罪应以取得法人资格的法人单位为主体，不应包括非法人单位。非法人单位的犯罪应按自然人犯罪处理。立法上应统一使用“法人犯罪”的概念，取消“单位犯罪”这一含糊不清的提法。

第二种意见认为，在严格的意义上，法人犯罪的主体虽应限于法人单位，但是，英美法系一些国家刑法上所说的“法人犯罪”，并非仅限于法人，也包括非法人单位。非法人单位，也是一种不同于自然人属性的人合团体。我国刑法可以从广义上使用“法人犯罪”的概念，包括法人犯罪和非法人单位犯罪。

第三种意见认为，从我国实际情况考虑，刑法上不必使用“法人犯罪”的概念，仍以使用目前通用的“企业事业单位、机关、团体犯罪”为宜。

我们倾向于第二种意见，刑法修改时，可在广义上使用“法人犯罪”的概念，包括法人的分支机构。

（二）对不同类型的法人犯罪的探讨

根据我国民法通则的规定，法人可以分为企业法人、机关法人、事业单位法人和社会团体法人。在我国某些刑事立法上，这几类法人都可以成为法人犯罪的主体，下面分别情况作一些探讨。

第一类　企业法人

通常所说的法人犯罪，主要是指企业法人犯罪。资本主义国家的公司、企业等法人组织，是以私有制为基础的。我国的所有制结构是以社会主义公有制为主体，多种经济成分并存，因而我国企业法人也呈现多样性，如包括取得法人资格的全民所有制企业、集体所有制企业，取得中国法人资格的中外合资经营企业、中外合作经营企业、外资企业，以及取得法人资格的联营企业、私营有限责任公司等。随着经济体制改革的深化，我国企业法人的具体组织形式也将更加复杂（例如，以全民所有制、集体所有制为基础的股份制企业的出现等），这些暂且不谈。在我国的企业法人中，大多数是全民所有制企业和集体所有制企业，其法人财产的性质为公共财产，或者主要是公共财产。从前一时期的情况来看，全民所有制企业、集体所有制企业在经济领域的犯罪，是法人犯罪的重点，其中的大要案往往具有一些特点，如：(1) 数额巨大或者特别巨大，危害严重，且多与政企不分、官商不分、权钱结合相交叉。(2) 主管人员和其他直接责任人员并未中饱私囊，非法所得归入法人财产，以“肥小公”来破坏“大公”，而“小公”的非法所得的一部分也会在不同的形式和程度上转为私人收益。(3) 这样的法人犯罪，对应负刑事责任的有关责任人员来说，在性质、数额和情节上与单纯的个人犯罪有不同之处。从某些单行法的规定和司法解释来看，对有关责任人员一般是适用高于个人犯罪的数额标准和低于个人犯罪的量刑标准。对这两种公有制企业判处的罚金，均从具有公共财产属性的、独立的法人财产中缴纳。由于种种复杂原因，虽然被称为“法人犯罪”的案件不少，但实际上经由司法机关处理的很少。

第二类 机关法人

机关法人，包括国家各级权力机关、行政机关、司法机关等。有独立经费的机关法人，在民法上可以成为权利义务主体，在刑法上是否适宜做犯罪主体和刑罚主体值得研究。

承认法人犯罪的某些资本主义国家，实际上并未将国家机关作为犯罪主体。美国法律学会发表的、在美国有重大影响的《美国模范刑法典》，在解释法人犯罪用语时指出："法人不包括为执行政府之措施，由政府机关或作为政府机关组织之机构在内。"英国法学家克罗斯和琼斯合著的《英国刑法导论》，在论述法人犯罪时也说："一般地说，组织起来的公司，因工业国有化而形成的公营公司或地方性公司一类的法人，也和自然人一样，要负刑事责任。"显然，这里没有提到政府机关可以作为法人犯罪的主体。资产阶级的大公司、大企业虽然可以操纵、影响资产阶级国家的政府，但是，资产阶级国家的政权机关与资产阶级的公司、企业，在职能上是"政企分开"的，资产阶级政府官员的经济丑闻和政治丑闻虽然层出不穷，但多属于个人犯罪，并不以"法人犯罪"的形式出现。至于大陆法系的资本主义国家，法人概念通常是指私法人，与作为公法人的国家政权机关有严格的区别。

我国某些刑事立法所以将国家机关列为法人犯罪的主体之一，与新旧经济管理体制交替时期经济领域出现的一些混乱现象，如政企不分、官商不分、权钱结合等，有重要的关系。实际上，涉及国家机关的犯罪案件，仍然是追究有关责任人员的刑事责任，我们还不曾见到对国家机关实行"双罚制"的案例。国家机关如果被判处有罪，仍然继续执行国家权力，法理上难以讲通。况且，机关法人的财产来源于国家拨给的独立经费，如果机关法人被判处罚金刑，数额相当大而又不从行政经费中缴纳，不妨碍国家机关的工作，是难以做到的。对这种特殊案件，除应追缴机关法人的非法所得外，对机关法人判处罚金刑是否有实际承受能力，也不无疑问。至于机关法人承担民事责任或者接受行政罚款，属于另一类问题，不宜与罚金刑相提并论。我国经济、政治体制改革的发展趋势，必然要实现"政企分开"。涉及国家政权机关的犯罪案件，应从严追究有关责任人员的刑事责任，刑法上不宜将国家政权机关列为法人犯罪主体和刑罚主体。

第三类 事业单位法人和社会团体法人

我国事业单位法人和社会团体法人的情况也很复杂，其中，法人财产来源于国家经费或者主要来源于国家经费的，实际上也难以承受罚金刑。

从以上几类情况的分析来看，如果我国刑法上将法人犯罪规定为犯罪主体和刑罚主体，不宜完全照搬我国民法上关于法人分类的现有规定。刑法人所说的法人犯罪，其"法人"的范围应如何界定，需要慎重研究。可以考虑：(1) 不宜包括执行国家权力的各级机关；(2) 主要是指各种企业法人，也可包括从事经营活动的某些事业单位法人。

(三) 法人犯罪是否在总则、分则中都要规定

对这个问题，有三种意见：

第一种意见：对法人犯罪只在总则中作概括性的原则规定，在分则中不作规定，因为分则中涉及法人可能犯罪的条文很多，情况非常复杂，规定实有困难。

第二种意见：在总则中对法人犯罪作原则规定时，应增加一款，即"对法人犯罪的处罚，以本法分则及其他刑事法律中有规定的为限。"目前，我国处罚法人犯罪主要应在经济领域，不宜扩充到其他领域，更不宜作为普遍原则来适用。在分则和其他刑事法律的有关条文中，凡是可适用于法人犯罪的，均应作出明文规定。可适用于法人犯罪的罪名，应在原单行法已有规定的基础上适当补充和调整，但也不宜太多。

第三种意见：不仅在总则、分则中都要规定，在分则中还要对法人犯罪有关责任人员的法定刑幅度和对法人判处罚金的标准都作出规定。

我们考虑，第三种意见最便于法院实际执行，但立法上作出过于具体的规定，实有困难。第一种意见便于立法上作原则规定，但法院实际执行中哪些罪可以适用于法人犯罪，哪些罪不适用于法人犯罪，难以分清，执行中的标准不统一，可能发生混乱。第二种意见，即处罚法人犯罪以本法分则及其他刑事法律有规定的为限，并以控制在经济领域的某些犯罪为宜，比较可取。

(四) 法人犯罪在总则中如何表述

法人犯罪在总则中如何表述，难度很大，有多种多样的见解。在有限制地规定法人犯罪的前提下，我们提出以下的表述供探讨：

"法人单位的主管人员和其他直接责任人员，在经营活动中为法人谋取非法利益，以法人名义实施危害社会的行为，并得到法人决策机构认可的，以法人犯罪处罚。"

"法人犯罪，对法人判处罚金，并对其直接负责的主管人员和其他直接责任人员追究刑事责任。在对法人犯罪非法所得财物的数额计算上，可以适用不同于个人犯罪的标准，法律另有规定的，依照规定。"

"对法人犯罪的处罚以本法分则及其他刑事法律中有规定的为限。"

"法人的分支机构犯罪，以法人犯罪论。"

需要说明的是：(1) 这里所说的"主管人员"，可以是法人代表，也可以是法人代表以外的主管人员，均指直接负责的。(2) 这里所说的"经营活动"指的是商品生产、流通领域的经营活动，实际上将法人犯罪的主体限制在各种企业法人和某些事业单位法人的范围之内。(3) 这里所说的"危害社会的行为"，包括"作为"和"不作为"。(4) 法人

经济犯罪的数额，往往大大高于个人犯罪的数额，以按不同的标准计算为宜，但是，“法律另有规定的，依照规定”，如法人走私毒品，其有关责任人员应按个人犯罪的规定处罚等。(5) 这个表述是不完整的，只是探讨法人的故意犯罪，对过失犯罪未作探讨。

总之，法人犯罪是非常复杂的问题，虽然我国某些单行法已对此有所规定，但实践经验不足，理论准备也不充分。随着改革开放的深入，还会不断出现新情况和新问题。刑法修改时，将法人犯罪列为重要议题是必要的，需要多方面进行探讨，慎重研究。

四、关于罚金刑问题

（一）罚金刑的执行情况及存在的问题

罚金，是法院依法判处犯罪分子向国家缴纳一定数额的金钱的刑罚方法。罚金刑是惩戒犯罪特别是经济犯罪的有效手段。对于牟取非法经济利益的犯罪分子，并处罚金刑不仅使其在经济上捞不到便宜，还可能剥夺其再犯罪的“资本”，有利于预防犯罪；对于社会危害性较小的犯罪，单处罚金刑还可以避免短期徒刑的某些弊端。对单位犯罪的处罚来说，罚金是一种无可替代的刑罚。但是自刑法颁布实施以来，全国法院适用罚金刑的案件比较少，个别基层法院甚至几乎没有对罪犯单处过罚金刑。据统计，1988 年。全国法院共判处罚金的罪犯有 2383 人，占受刑事处分总人数的 0.65%。1989 年，共判处 3203 人，占 0.67%；1990 年共判处 4187 人，占 0.73%。

出现适用罚金刑过少的主要原因：

1. 立法不完善。从立法上看，目前刑法规定的罚金刑适用范围过窄，规定过于笼统，难以掌握。刑法中有 20 个条文规定了罚金刑，并集中于“破坏社会主义经济秩序罪”和“妨害社会管理秩序罪”两大类犯罪中。因此，有些犯罪本应适用罚金刑的，因条文没有规定而不能适用。如广东省汕头市法院判处一起倒卖假港币案，开始以投机倒把罪追究被告人刑事责任时附加罚金一万元，后二审法院改变定性，以诈骗罪论处，原判罚金只好退回给被告人。

刑法总则第 48 条、第 49 条规定了罚金的一般原则，但没有规定罚金数额及如何具体执行。由此引起的问题是，一方面罚多少很难掌握，另一方面已被行政执法部门作经济处罚的，要不要再予罚金，不够明确，有一些案件虽然判了罚金，也执行不了。如某港客走私案，被告人被判刑七年，罚金人民币四万元，刑满时仅缴纳罚金港币一万八千元。因刑法未规定罚金可以易服劳役的原则，只好放人。目前审判实践对境外人员判处罚金，往往是当时能罚多少就判多少，损害了法律的严肃性。

2. 从审判实践来看，有的审判人员重主刑、轻附加刑。他们片面地认为罚金是将“刑事责任商品化”，是“以钱赎罪”，因此适用罚金怕人说是“以罚代刑”，对贪财图利的犯罪分子比较注重追缴违法所得和责令退赔，忽视了罚金刑对犯罪分子的惩罚作用。当然，从客观上说，真正搞清罪犯的经济能力比较困难，而且确有一些罪犯缺乏经济能力，即使判处罚金刑也难执行，加之许多分则条文规定“可以”适用罚金，因随意性较大，而不被使用。

（二）罚金刑的地位

罚金刑是规定为主刑还是附加刑？有的同志主张，罚金刑应规定为主刑。理由是：随着商品经济的发展，罚金刑在世界各国特别是商品经济发达的国家日益受到了重视，一般都规定为主刑（也有不分主刑、附加刑的），而且适用范围日益扩大。我国刑法规定的罚金刑是附加刑，主要适用于破坏社会主义经济秩序罪和妨害社会管理秩序罪。在 1979 年刑法刚刚制定颁布时的历史条件下，作这样的规定无疑是恰当的。但随着我国社会主义商品经济的发展，经济领域犯罪日益增多，企事业单位犯罪也已成为客观事实，因此，对于那些贪利性犯罪给予严厉的经济制裁就更具有实际意义。把罚金作为主刑加以规定，有利于引起司法机关对罚金刑的重视，充分发挥罚金刑的效能。

我们认为，罚金刑仍应规定为附加刑。因为从我国刑法规定的刑罚体系来看，是以徒刑——自由刑为中心的。这不仅是由刑罚的严厉性特征所决定的，而且也是刑罚区别于其他法律制裁的重要区别。其他法律制裁如行政罚款、民事赔偿、经济处罚等等，大多是以财产等经济手段作为其主要内容的。刑罚中的罚金、没收财产等虽然是一种刑事制裁方式，但终究是以经济惩罚为其内容的，与其他法律制裁的区别并不是很明显。也就是说，它在刑罚体系中的地位，相对来说并不为主。而将它作为附加刑，既是对主刑的辅助性补充，又体现了它自身的独到作用。

在我国刑法上，主刑只能独立适用，不能附加适用。为了解决这一矛盾，有的同志提出，参考国外立法例，罚金刑上升为主刑后仍然可以附加适用。我们认为，如果规定罚金刑是主刑，又可以附加适用，将使我国刑罚主刑、附加刑的区分失去意义，还将使我国以自由刑为中心的刑罚体系改变为以自由刑和罚金并立为中心的刑罚体系，这是不符合我国刑罚执行的现实情况的。保留罚金作为附加刑的地位，既可以与主刑并用，也可以独立适用，在刑法现有规定的基础上，扩大罚金刑的适用范围，增加并处罚金刑的规定，这样处理，更有利于我国刑法上罚金刑作用的发挥。

（三）罚金刑的适用范围

如前所述，我国刑法上罚金刑的适用范围过窄。罚金刑主要适用于贪财图利的犯罪，但在刑法的有关条文中，有不少犯罪虽然具有贪财图利性质，却没有罚金刑的规定，如走私罪、偷税、抗税罪、拐卖人口罪、诈骗罪等。还有一些贪财图利的犯罪，仅限于情节较轻的才规定罚金刑，对情节严重的则没有并处罚金刑的规定，如投机倒把罪、制造、贩卖、运输毒品罪等。1988 年以来，全国人大常委会在有关的《补充规定》、《决定》中对于多种贪财图利的犯罪大大扩充了罚金刑的适用范围，逐步弥补刑法原规定的不足，并对单位犯罪专门规定了罚金刑，我们认为，修改刑法时，应吸收立法上已取得的成果，总结实践经验，从以下几方面扩大罚金刑的适用范围：

1. 修改刑法时，考虑到在破坏社会主义经济秩序罪，侵犯财产罪，侵犯公民人身权利、民主权利罪，妨害社会管理秩序罪中，都会有不少具有贪财图利性质的犯罪（包括原有罪名、自原有罪名分解和增定的新罪名）。对于其中明显地具有贪财图利性质的犯罪，如适用罚金有利于使犯罪分子在经济上捞不到便宜，有利于剥夺犯罪分子再犯罪的“资本”，有利于预防犯罪的，原则上都应规定罚金刑，并且不受犯罪情节轻重的限制。对犯罪情节轻的，可以规定并处或者单处罚金；对于犯罪情节严重的，除判处无期徒刑或者死刑的以外，仍应规定并处罚金刑。

2. 某些故意犯罪虽不具有贪财图利性质，但犯罪的情节较轻，社会危害性较小，并非必须都判处短期自由刑的，可以有选择地扩大单处罚金刑的适用范围。采用单处罚金刑的选科制，有利于克服某些短期自由刑的弊端，还可以少关一些人，减少国家对关押罪犯的经济负担。

3. 我国刑法上有关罚金刑附加运用的条文，都作“可以并处罚金”、“可以并处、单处罚金”的灵活规定，是否在判处自由刑的同时并处罚金刑，由审判人员酌情决定，这种“灵活并科制”实际上限制了罚金刑的适用。全国人大常委会有关的《补充规定》、《决定》则对罚金刑的附加适用采用了“并处罚金”、“并处或者单处罚金”的硬性规定，取消或者大大减少了“可以”的提法。我们认为，在修改刑法时，对罚金刑的附加适用原则上应作“并处”的硬性规定，只对少数犯罪才作“可以并处罚金”的灵活规定。对于单处罚金刑，则应采用选科制。

4. 对单位犯罪都应对单位适用罚金刑。

5. 关于并处或者单处罚金的规定，涉及的问题较为复杂，在具体罪名中何者应规定罚金刑，何者不应规定罚金刑，须在分则中逐条研究，我们在总则部分的意见中不予详述。

（四）罚金的数额、缴纳方法和期限

刑法第 48 条规定：“判处罚金，应当根据犯罪情节，决定罚金的数额。”这一规定太笼统，给审判工作带来不少困难，还容易造成决定罚金数额的随意性。建议将本条修改为：“判处罚金，应当根据犯罪的性质、情节和犯罪人的实际经济情况，决定罚金的数额。”以此作为原则，再在分则中根据不同的犯罪性质、情节，规定罚金的具体数额。

外国刑法上关于罚金数额的规定，大体上有三种立法例：

1. 数字罚金制，即用数字来表示罚金的数额，有一定的数额幅度和上、下限。这是最常见的一种。

2. 倍比罚金制，即以经济犯罪的某种数额为基数，乘以一定的倍数或者百分比，来表示罚金的数额。

3. 日额罚金制，即从犯罪人每月平均应有或者可能有的净所得，推算出每日罚金的数额，以罚金日数乘以每日罚金的数额，得出罚会的总数额。

我国刑法上原无罚金数额的具体规定。从 1991 年全国人大常委会《关于严惩卖淫、嫖娼的决定》和《关于严惩拐卖、绑架妇女、儿童的犯罪分子的决定》开始，才有了数字罚金制的规定。1992 年全国人大常委会《关于惩治偷税、抗税犯罪的补充规定》，又有了倍比罚金制的规定。

我们认为，在修改刑法时，应以数字罚金制为主，兼采倍比罚金制。凡能对罚金数额作出具体规定的尽可能地作出具体规定。在总则中规定罚金刑的下限，在分则中根据不同的犯罪性质、情节规定罚金刑的上限。对于某些经济犯罪，采用倍比罚金制更便于计算罚金数额、取得惩治效果的，则应采用倍比罚金制。还有一些犯罪，具体规定数字罚金或者倍比罚金都有困难的，也可不作具体规定。在这种情况下，如果犯罪分子有固定的收入，可以推算出每月平均应有或者可能有的所得，国外的日额罚金制计算方法也可供决定罚金总数额时参考。

关于罚金的缴纳方法和期限，现行刑法规定的原则基本是可行的。需要补充的是：

1. 确定延期缴纳制。即对于确有正当理由而不能按期缴纳的，法院可以根据犯罪人的请求裁定延期缴纳，以保证罚金刑的执行。

2. 确定易服劳役制。即对于犯罪人确无能力缴纳的，可责令其提供无偿劳动，以劳动报酬折抵罚金，或以无偿公益劳动代替罚金和减免缴纳。这既可以避免罚金刑无法执行，又可以防止犯罪人借口无钱而拒不缴纳罚金，还能防止因执行罚金而累及无辜。因此，易服劳役制，应成为补救罚金刑不足的一项重要措施，应在修改刑法时予以重视。关于罚金易服劳役的期限，应作出规定，以一年以下为宜。

五、关于剥夺政治权利问题

刑法第 50 条规定的剥夺政治权利，是指剥夺犯罪分子参加国家管理和政治生活的权利。在研究刑法修改时，大多数同志对本条规定的剥夺政治权利的四项内容都未提出异议，其中，第（一）项“选举权和被选举权”，第（三）项“担任国家机关职务的权利”可保留原文；第（二）项在文字表述上，可以修改为“言论、出版、集会、结社、游行、示威自由的权利”；第（四）项在文字表述上，可修改为“担任国有公司、企业、事业单位和人民团体领导职务的权利”。

我们着重对以下几个问题进行研讨：

（一）是否可以剥夺政治权利的一部分或者全部

有些同志提出，剥夺政治权利除了具有政治上的惩罚意义外，其目的是预防某些犯人可能利用其政治权利再进行犯罪活动。根据不同的犯罪性质和情节，有的需要剥夺全部政治权利，有的只需要有针对性地剥夺部分政治权利即可达到预防再犯罪的目的。如果不加分析地一律全部剥夺，是不合理的，也没有实际意义。他们建议在修改刑法时，将剥夺政治权利规定为可以剥夺一部分或者全部。

我们不同意上述意见。我们认为，制定和修改刑法，必须以宪法为根据。宪法第 34 条规定，中华人民共和国年满十八周岁的公民都有选举权和被选举权，“但是依照法律被剥夺政治权利的人除外”。可见宪法对剥夺政治权利的适用是从整体上规定的，其中“选举权与被选举权”是政治权利的核心。如果不剥夺选举权和被选举权，只剥夺其他政治权利，或者将“剥夺政治权利”这一整体性的刑罚名称分解为若干条剥夺具体政治权利的规定，都会与宪法规定相抵触。刑法所规定的剥夺政治权利的四项内容，性质非常接近，联系极为密切，依据宪法规定的精神，只能从整体上全部剥夺政治权利，不可能部分剥夺政治权利。

（二）附加剥夺政治权利的适用对象

刑法第 52 条规定：“对于反革命分子应当附加剥夺政治权利；对于严重破坏社会秩序的犯罪分子，在必要的时候，也可以附加剥夺政治权利。”第 53 条规定：“对于被判处死刑、无期徒刑的犯罪分子，应当剥夺政治权利终身。”从这两条规定看，附加剥夺政治权利是一种比较严厉的刑罚而有限制地适用于重罪。

“对于严重破坏社会秩序的犯罪分子，在必要的时候，也可以附加剥夺政治权利”，各地法院对这个规定的理解不一致。有的认为，“严重破坏社会秩序的犯罪分子”，只包括故意杀人、强奸、放火、爆炸、抢劫等严重破坏社会治安的犯罪分子；有的认为，也应包括有贪污、受贿等严重渎职行为的犯罪分子；有的认为，还应包括严重的经济犯罪分子。有的认为，必要的时候，应当掌握在判处有期徒刑十年以上；有的认为，不应仅以刑期划线，而应根据犯罪性质决定。由于各地理解不一致，在执行中的差距很大。如甘肃省兰州市中院 1988 年判处十年以上有期徒刑的罪犯 125 人，其中附加剥夺政治权利的 69 人，占 55.2%；该省其他十五个地、州、市中院同一时期判处十年以上有期徒刑的罪犯 308 人，其中附加剥夺政治权利的只有 18 人，占 5.8%。

为了弄清刑法第 52 条中“严重破坏社会秩序的犯罪分子”的范围究竟应如何理解，我们查阅了从六十年代以来有关的立法资料，并从中研究历来的立法意图。

1962 年 7 月 16 日对刑法草案（初稿）修改意见的报告中提出，“剥夺政治权利适用于反革命罪和其他严重破坏社会秩序的犯罪”，“剥夺政治权利是政治上相当严厉的一种惩罚，它只能适用于敌我矛盾性质的犯罪”。该报告所说的“其他严重破坏社会秩序的犯罪”、“敌我矛盾的性质的犯罪”，其范围包括《妨害国家货币治罪条例》、《惩治贪污条例》规定的犯罪分子和坏分子。

1963 年 3 月 23 日，中央政法小组《关于补充修改“中华人民共和国刑法草案（初稿）”的报告》中，采用“杀人、放火、强奸、抢劫、惯窃、惯骗、投机倒把、贪污及其他严重破坏社会秩序的敌我矛盾性质的犯罪”的提法，并提出剥夺政治权利的适用范围“仍限于敌我矛盾性质的犯罪”。

1979 年公布的刑法，在第 52 条中规定：“对于严重破坏社会秩序的犯罪分子，在必要的时候，也可以附加剥夺政治权利。”对“严重破坏社会秩序的犯罪分子”的范围，并无立法解释和司法解释。通常认为，是指故意杀人、强奸、抢劫、爆炸等严重破坏社会治安的犯罪分子。

从上述资料来看，“严重破坏社会秩序的犯罪分子”包括故意杀人犯、强奸犯等，这是明确的。但“严重破坏社会秩序的犯罪分子”是否也包括贪污犯、受贿犯等有严重渎职行为的犯罪分子，以及是否还包括某些严重的经济犯罪分子，在立法意图和司法实践中，则有前后不一致或者不明确之处。

从修改刑法的角度考虑，我们认为，附加剥夺政治权利有两方面的含义：一方面，剥夺某些犯罪分子参加国家管理和政治生活的权利，是对这些犯罪分子在政治上给予严厉惩罚和否定评价；另一方面，也是预防某些犯罪分子在主刑执行期满后可能利用政治权利再进行犯罪活动。对故意杀人、强奸等严重破坏社会治安的犯罪分子附加剥夺政治权利，是对他们在政治上给予严厉惩罚和否定评价，对预防他们在主刑期满后利用政治权利再犯罪也有一定的意义。但这类犯罪分子一般并非利用其政治权利进行故意杀人、强奸等犯罪活动，他们当中有很多人原来就不具有担任国家机关职务等身份，附加剥夺政治权利对预防他们利用政治权利再犯罪来说，实际作用并不很大。但是，某些国家工作人员利用职务进行贪污、受贿、徇私枉法等严重的渎职犯罪活动，或者利用职务进行某些严重的经济犯罪活动（这也是严重渎职行为），他们正是利用其政治权利进行犯罪的，对他们在判处主刑时如不能附加剥夺政治权利，就不能剥夺他们重新犯罪的条件，他们就可能在主刑期满后利用其政治权利再进行犯罪活动。因此，如果把可以附加剥夺政治权利的“严重破坏社会秩序的犯罪分子”仅限于故意杀人、强奸等严重破坏社会治安的犯罪，不包括贪污、受贿等有严重渎职行为的犯罪，我们认为是不适宜的。

“严重破坏社会秩序”这一笼统提法含义不清，理解上易生歧义。我们建议，将刑法第 52 条修改为：“对于危害国家安全的犯罪分子，应当附加剥夺政治权利；对于故意杀人、强奸、放火、爆炸、抢劫等严重破坏社会秩序的犯罪分子，有贪污、受贿等严重渎职行为的犯罪分子，可以附加剥夺政治权利”。至于“可以附加剥夺政治权利”的标准如何掌握，司法实践中一般是掌握在判处有期徒刑十年以上，是否明确写入刑法作为硬性规定，有待研究。

（三）单处剥夺政治权利问题

刑法分则上可以独立适用（单处）剥夺政治权利的条文有十三条，其中，除反革命罪三条外，其他犯罪有十条。单处剥夺政治权利是一种不剥夺人身自由的轻刑罚，适用于某些较轻的犯罪，但是，它在政治上的处罚仍然是比较严厉的。对某些涉及人民内部矛盾的犯罪分子，其犯罪情节尚不够判处徒刑、拘役或者管制，仅是单处剥夺政治权利，就连选举权和言论自由等权利都剥夺了。虽然不同于专政对象，实质上与专政对象无异。而罪行较重，被剥夺人身自由并未附加剥夺政治权利的犯罪分子，在政治上并未受到如此严厉的处罚，在关押中仍然准予行使选举权（见全国人大常委会《关于县级以下人民代表大会代表直接选举的若干规定》）。两相比较，这样规定是不合理、不科学的，也不利于处理涉及人民内部矛盾的犯罪。据京、津二市反映和湖南省醴陵市调查，在审判实践中，还没有处理过单处剥夺政治权利的案件，可见实际应用很少。我们认为，独立适用（单处）剥夺政治权利，由于其在政治上处罚的严厉性，适用上应非常谨慎，原则上应适用于某些情节较轻、不需要关押的危害国家安全的犯罪分子。对于涉及人民内部矛盾的犯罪，一般都不应单处剥夺政治权利，如果必须单处，适用范围应严格限制。现在刑法分则上规定的可以单处剥夺政治权利条文太多，建议大大压缩。

六、关于累犯问题

刑法上关于累犯的规定，在执行中有以下几个问题需要研究：

（一）累犯的概念

累犯的主观恶性和社会危险性较大，在刑事政策上属于打击重点。关于累犯的概念，各国立法例不尽一致。多数国家规定，累犯的前罪、后罪都必须是被判处有期徒刑以上刑罚的犯罪。其中，有限于故意犯罪的，也有包括过失犯罪的。有的规定，前罪的刑罚已执行完毕或者赦免以后，在一定期限内再犯罪的，构成累犯（如德国）；有的规定，前罪的刑罚在宣告后再犯罪的，即构成累犯（如法国）；有的规定，前罪的刑罚在执行中或者逃避执行期间再犯罪的，即构成累犯（如意大利）。

我国刑法第 61 条第 1 款规定："被判处有期徒刑以上刑罚的犯罪分子，刑罚执行完毕或者赦免以后，在三年以内再犯应当判处有期徒刑以上刑罚之罪的，是累犯，应当从重处罚；但是过失犯罪除外。"本条规定的累犯概念，其范围是很严格的。

1981 年全国人大常委会《关于处理逃跑或者重新犯罪的劳改犯和劳教人员的决定》第 2 条第 2 款规定："劳改犯逃跑后又犯罪的，从重或者加重处罚，刑满释放后又犯罪的，从重处罚。"这个规定，在范围上广于刑法上的累犯，发生了刑法与《决定》之间的不协调。审判实践中认为，《决定》并没有明确宣布废止或者修改刑法关于累犯的规定，对于犯罪分子符合刑法规定的累犯条件的，仍应依照刑法的规定处罚；如果不符合刑法规定的累犯条件，但符合《决定》规定的从重或者加重处罚条件的，则可以根据《决定》的规定处罚。

在修改刑法时，必须结合当前与累犯作斗争的实际情况，研究刑法现有的累犯规定如何修改、补充的问题。我们考虑，刑法上"累犯"的概念可以适当扩充，具体意见是：

1. 刑法上关于累犯的前罪和后罪都必须是被判处有期徒刑以上刑罚的故意犯罪的规定，应予保留，不应扩大到被判处拘役的犯罪。因为被判处拘役的是轻罪，不属于打击重点。

2. 刑法上关于前罪的刑罚执行完毕或者赦免以后，在一定期限内再犯罪的规定，是累犯的基本概念，应予保留。至于"一定期限"，刑法现有规定为三年，偏短，不利于打击累犯。可参考国外的多数立法例，将"三年"改为"五年"。反之，如果对期限不作规定，漫无限制，在刑事政策上也是不可取的。

3. 按照我国刑法现有的累犯概念，在刑罚执行期间再犯罪的，不属于累犯。但是，全国人大常委会《决定》中规定："劳改犯逃跑后又犯罪的，从重或者加重处罚"，比刑法上对累犯的处罚更为严厉。考虑到在刑罚执行期间逃跑后再故意犯罪的，确属打击重点，修改刑法时可划为累犯，仍须按照刑法第 66 条的规定，将前罪尚未执行的刑罚与后罪所判处的刑罚，实行并罚。这属于数罪并罚的特殊规定，与典型意义上的数罪并罚（指判决宣告前一人犯数罪）是有区别的。

4. 除刑罚执行中逃跑后又故意犯罪的特殊情况外，对于在刑罚执行期间又故意犯罪的是否都划为累犯，争论较大。一种意见是：犯人在刑罚执行期间，接受改造的时间长短和程度有所不同，原判刑罚的惩罚、改造效果尚未充分发挥，与刑罚执行完毕或者赦免后仍恶性不改的情况有区别。在刑罚执行期间发生的犯罪，情况较复杂，如一律当作累犯从重打击，未必对改造犯人有利。即以脱逃罪来说，如果犯脱逃罪一律从重判处，会使脱逃罪的法定刑幅度不能全面执行。至于服刑中所犯的后罪如另有从重处罚情节，仍可依法重判，不必划为累犯。另一种意见是：犯人在刑罚执行中又故意犯罪，不论服刑时间长短，都说明他抗拒改造的恶性大于普通犯人。最高人民法院、最高人民检察院、公安部、司法部 1983 年《关于严厉打击劳改犯和劳教人员在改造期间犯罪活动的通知》，对劳改犯在改造期间的犯罪活动，也是从重打击的。将刑罚执行期间又故意犯罪的划为累犯，有利于制止劳改场所的犯罪活动，维护劳改场所秩序。至于服刑中所犯的后罪如另有从轻处罚情节，可在判处后罪时对从重、从轻情节综合考虑，不必因此就不划为累犯。这两种意见何者更为妥当，可以继续探讨，我们初步倾向于后一种意见。

（二）累犯的从重或者加重处罚问题

累犯的概念适当扩大后，下一步就要研究在刑法修改中对累犯的从重或者加重处罚应如何规定。

我国刑法对累犯只规定从重处罚。在全国人大常委会的《决定》中，规定两种情况可以从重或者加重处罚，即（1）劳改犯逃跑后又犯罪的；（2）劳教人员、劳改罪犯对检举人、被害人和有关的司法工作人员以及制止违法犯罪行为的干部、群众行凶报复的。全国人大常委会法制工作委员会在起草《决定》的说明中指出："不是可以无限制的加重，而是'罪加一等'，即在法定最高刑以上一格判处。"

在外国刑法上，对累犯一般都有加重处罚的规定，但死刑和无期徒刑均不得加重。对有期徒刑的加重，有的规定可加重本刑至三分之一，二分之一，四分之三……有的规定可加重本刑至一倍、两倍。

我们认为，在我国刑法修改中，对累犯的从重或者加重处罚如何规定，应当总结审判实践经验，并与国际上对累犯加重处罚的限制条件保持一致。具体意见是：

1. 对累犯，一般应当从重处罚，只有在具有法定的特殊情节时，才可以加重处罚。

在我国刑法上，从重处罚，是指在法定刑幅度内对犯罪分子适用较重的刑种或者较长的刑期。一个罪的条文规定两个以上的法定刑幅度的，应当根据罪行的具体情节，分别在相应的法定刑幅度内从重处罚。我国刑法分则有不少条文规定了不同的法定刑幅度。有的重罪的法定最高刑为死刑。累犯的后罪具体情节符合于相应的法定刑幅度的，一般在法定刑幅度内从重处罚即可。即使对后罪判处死刑，只要后罪的具体情节与最高刑为死刑的法定刑幅度相适应，仍然是"从重"，不是"加重"。只有在后罪的具体情节按照相应的法定刑最高幅度处罚仍嫌轻，需要"超幅度量刑"时，才发生加重处罚的问题。这种对累犯可以加重处罚的特殊情节，应在总则中作出明文规定，才能准确执行。

我们考虑，对累犯可以加重处罚，应限于三种特殊情节：（1）刑罚执行期间逃跑后再犯罪的；（2）基于报复动机而对检举人、被害人、有关的司法工作人员及其他制止犯罪行为的人实施犯罪的；（3）累犯三次以上的。第（1）、（2）两项，实际上是全国人大常委会《决定》规定的两种可以加重处罚的情况的继续执行。第（3）项"累犯三次以上的"，应连同前罪一起计算。按照适当扩充后的累犯概念，不论是在前罪的刑罚执行完毕或者赦免以后，五年内又犯后罪；还是在前罪刑罚执行期间又犯后罪，只要前后罪累计故意犯罪的次数达到三次以上，每次都是应判处有期徒刑以上刑罚之罪，都可以认为是"累犯三次以上"。这种特殊情节，足以证明该犯确属怙恶不悛，理应加重处罚。

有的同志认为，累犯的后罪的情节特别严重，可以加重处罚。我们认为这样规定未必适宜。因为：（1）刑法分则中，对有些重罪的最高刑为死刑或者无期徒刑的，本来就有"情节特别严重"的规定。如再规定累犯的后罪情节特别严重的，可以加重处罚，会使"从重"与"加重"混淆。（2）累犯的"情节特别严重"如不具体化，执行中易生弊端。

2. 对累犯可以加重处罚的，不宜采用"罪加一等"的办法。

"罪加一等"，原是我国古代刑法上的规定。如唐律的刑罚分为笞、杖、徒、流、死五种，每种又划分等级，共二十等。唐律《贼盗》篇规定，诸盗经判刑后，前后三次犯徒刑之罪的，加重到流刑的最低等（流二千里）；前后三次犯流刑之罪的，加重到死刑的最低等（绞刑）。现代国家的刑法，只规定刑罚的种类，每一刑种并不划分等级，不存在"罪加一等"的规定。旧中国 1911 年《暂行新刑律》，曾将有期徒刑按照不同的刑期分为"五等"，不久即废止。新中国的刑法，对每一刑种都没有划分等级的规定。

有些同志认为，我国刑法上有期徒刑的最高刑期可分为七格，即一年、二年、三年、五年、七年、十年、十五年。对有期徒刑的加重处罚，应当按照上述"七格"逐级加重。这个意见是部分地采取了"罪加一等"的办法。但是，我国刑法总则对有期徒刑并没有划分为"七格"（即七等）的明文规定。如果对此罪在法定最高刑期以上加重处罚，用彼罪的法定最低刑期来衔接，法理上难以说通。除非修改刑法时在总则上将有期徒刑分为"七格"（或者七等）作出明文规定，这个意见的法律依据是不足的。

3. 无期徒刑不能加重为死刑；有期徒刑十五年也不宜加重为无期徒刑。

有些同志认为，按照"罪加一等"的办法，罪犯后罪的法定最高刑为无期徒刑的，可以加重为死刑；法定最高刑为有期徒刑十五年的，也可以加重为无期徒刑。我们不同意这个意见。

死刑和无期徒刑均不得加重，是国际上的通例。我国刑法规定某个罪的法定最高刑为无期徒刑，本身就有此罪不能适用死刑的严格含义。如果罪犯的后罪的法定最高刑为无期徒刑，由于是累犯，就可以加重到死刑（包括死缓），显然会突破刑法分则的原有规定，给扩大死刑开口子。这样处理，不利于加强社会主义法制，不利于维护罪刑法定原则，也不是打击累犯的好办法。如果某个罪的法定最高刑为无期徒刑偏低，应在刑法修改后提高为死刑，是另一个问题。有期徒刑虽可以加重，但不宜加重为无期徒刑。因为有期徒刑的最高刑期不论如何规定，与无期徒刑之间毕竟悬殊太大。

4. 有期徒刑的加重处罚以加重本刑的最高刑期至二分之一为宜。

我们认为，死刑和无期徒刑均不得加重。有期徒刑可以加重的，还是参照国际上通行的办法，以加重本刑至一定的比例为宜。修改刑法时，宜表述为："可以加重本刑的最高刑期至二分之一，但加重处罚后的最高刑期不得超过二十年。"例如，累犯原法定最高刑期为五年的，可以加重至七年半；最高刑期为十年，可以加重至十五年；最高刑期为十五年的，以加重至二十年为宜。

（三）反革命累犯问题

刑法第 62 条规定："刑罚执行完毕或者赦免以后的反革命分子，在任何时候再犯反革命罪的，都以累犯论处。"由于反革命罪拟改为危害国家安全罪，拟议中一般累犯的概念有所扩充，特别累犯的概念也应有所扩充。因此，可将本条修改为："危害国家安全的犯罪分子，在判决发生法律效力后的任何时候再犯危害国家安全罪的，都以累犯论处。"

（四）假释后再犯罪与是否构成累犯的关系

我们认为，被假释的犯罪分子，如果在假释考验期满后的一定期限内再犯罪，应适用累犯的规定。这里说的"一定期限"，可由原定的三年改为五年。但是，在假释考验期限内再犯罪的，应撤销假释，对前后罪并罚，不适用累犯的规定。其理由是：按照刑法第 75 条的规定，假释考验期满，“就认为原判刑罚已执行完毕”，在假释期满后的一定期限内再犯罪，当然构成累犯，但是，在假释考验期限内再犯罪，不同于在刑罚执行期间再犯罪，不应属于累犯的范围。建议在修改刑法时，把这个区别写清楚。

综上所述，我们对刑法上有关累犯的规定，提出两个修改方案，可分别表述如下：

第一修改方案（扩大累犯的概念，增设加重处罚的限制条件）：

第　条　被判处有期徒刑以上刑罚的犯罪分子，在刑罚执行完毕或者赦免以后五年内，或者在刑罚执行期间，再犯应当判处有期徒刑以上刑罚之罪的，是累犯，但是过失犯罪除外。

对于累犯，应当从重处罚；具有下列情节之一的，可以加重处罚：

（一）刑罚执行期间逃跑后再犯罪的；

（二）基于报复动机而对检举人、被害人、有关的司法工作人员及其他制止犯罪行为的人实施犯罪的；

（三）累犯前后罪三次以上的。

法定最高刑为无期徒刑的，不得加重为死刑；有期徒刑可以加重本刑的最高刑期至二分之一，但加重处罚的最高刑期不得超过二十年。

被假释的犯罪分子，在假释考验期满后五年内再犯罪的，适用累犯的规定，期限从假释期满之日起计算。

第　条　危害国家安全的犯罪分子，在判决发生效力后的任何时候再犯危害国家安全罪的，都以累犯论处。

第二修改方案（基本上保持原有的累犯概念，只作从重处罚的规定）

第　条　被判处有期徒刑以上刑罚的犯罪分子，刑罚执行完毕或者赦免以后，在五年内再犯应当判处有期徒刑以上刑罚的，是累犯，应当从重处罚，但是过失犯罪除外。

前款规定的期限，对于被假释的犯罪分子，从假释期满之日起计算。

第　条　危害国家安全的犯罪分子在刑罚执行完毕或者赦免以后，在任何时候再犯危害国家安全罪的，都以累犯论处。

注：按照第二修改方案，刑罚执行期间再犯罪（包括执行中逃跑后再犯罪）不是累犯，只按数罪并罚处罚。采用第二修改方案的前提，是刑法修改后，《关于处理逃跑或者重新犯罪的劳改犯和劳教人员的决定》不再适用，其内容也不能吸收到修改后的刑法有关条文中。

七、关于须由特殊身份构成的犯罪的共犯问题

在审判实践中，无特殊身份的人与有特殊身份的人勾结，共同犯有须由特殊身份构成的犯罪，能否以共犯论处？这个问题一直存有争议。以偷税罪为例，当前，税务工作人员与纳税义务人相互勾结，帮助其偷税的案件屡有发生。纳税人构成偷税罪，是不成问题的，但是税务工作人员应是什么罪？偷税罪是特殊主体构成的，即必须是负有纳税义务的人，而税务工作人员并不负有纳税义务，能构成偷税罪的共犯吗？

之所以产生这个问题，除了认识上的原因外，主要原因还在于刑法总则上没有关于共犯与身份的一般规定，这不能不说是我国刑法的一个缺陷。

在刑法理论上，由特殊主体构成的犯罪，叫做“身份犯”。行为人具有特定的身份是成立身份犯的要件，不具有特定身份的人自然不能单独构成这种犯罪，但却可以与具有特定身份的人一起构成这种犯罪的共犯。如前例，税务工作人员显然不是纳税义务人，但与纳税义务人具有共同的偷税故意，共同实施偷税行为。在这种情况下，税务工作人员便可构成偷税罪的共犯。

外国刑法有不少规定共犯的身份问题的立法例。如日本刑法第 65 条规定：“（一）凡参与因犯人身份而构成的犯罪行为的人，虽不具有这种身份，仍是共犯。（二）因身份致刑罚有轻重时，没有这种身份的人，仍判处通常的刑罚。”奥地利刑法第 14 条、瑞士刑法典（1971 年）第 26 条、南朝鲜刑法（1975 年）第 33 条等，也均有类似规定。

我国现行刑法总则虽然没有关于共犯与身份的一般规定，但单行刑事法律已作了规定，最高人民法院也作了有关的司法解释。例如，全国人大常委会《关于惩治贪污罪、贿赂罪的补充规定》第 1 条第 2 款规定：“与国家工作人员、集体经济组织工作人员或者其他经手、管理公共财物的人员勾结，伙同贪污的，以共犯论处。”第 4 条第 2 款规定：“与国家工作人员、集体经济组织工作人员或者其他从事公务的人员勾结，伙同受贿的，以共犯论处。”最高人民法院、最高人民检察院、公安部《关于当前办理强奸案件中具体应用法律的若干问题的解答》中指出：“妇女教唆或帮助男子实施强奸犯罪的是共同犯罪，应当按照她在强奸犯罪活动中所起的作用，分别定为教唆犯或从犯，依照刑法有关条款论处。”这些规定和解释应当在修改刑法总则时予以吸收，成为处理共犯与身份问题的一般原则。

综上所述，我们建议在刑法总则的共同犯罪部分，增加一个条文：“无特殊身份的人与有特殊身份的人勾结，共同犯有须由特殊身份构成的犯罪，以共犯论处。”

八、关于是否取消“类推”的问题

刑法第 79 条规定的类推制度，在修改刑法时是否应当取消，有两种不同的意见：

第一种意见认为，我国幅员辽阔，人口众多，情况复杂，在改革开放的过程中，犯罪中的新情况、新问题不断出现，即使修订一部比较完备的刑法，也不可能将一切犯罪规定无遗。为了及时有效地同法律无明文规定但确实危害社会的新的犯罪行为作斗争，继续保留有严格控制的类推制度，作为罪刑法定原则的补充，仍然是有必要的。

第二种意见认为，在适应新的形势，修订一部比较完备的刑法后，应当取消类推制度。这是因为：（1）类推制度与罪刑法定原则是有矛盾的，取消类推是加强社会主义法制的必然趋势。（2）类推制度对于惩治法律无明文规定但确实危害社会的犯罪行为来说，作用并不大。司法实践中适用类推定罪处刑的案件极为有限。1981 年至 1989 年，经最高人民法院核准的类推案件共 51 件，其中类推刑法第 179 条第 2 款以破坏他人婚姻家庭定罪的占 82.3%，类推刑法分别以其他条文定罪的只占 17.7%，平均每年只有一件。如果刑法修改时增加一些新罪名，如破坏他人婚姻家庭罪，劫持航空器罪，侵占罪等，这些案件就不需要类推。（3）改革开放过程中在犯罪方面不断出现的新情况、新问题，实际上很难用类推制度定罪处刑。这类涉及新情况新问题的案件，有些是由最高人民法院、最高人民检察院在符合立法精神的前提下，对原有条文作扩充解释（如扩大重大责任事故罪的主体，扩大制造、贩卖淫书淫画罪的犯罪对象等），有些是在经济法、行政法中作“法定类推”的规定（如《专利法》规定，假冒他人专利的，比照刑法第 127 条的规定追究刑事责任）。但是，在改革开放过程中出现的许多新的犯罪案件，实际上用上述三种办法都不能解决，必须由全国人大常委会对刑法作出修改、补充规定。在立法上作出新的修改、补充规定以前，即使有的新的犯罪案件采取上述三种办法之一来解决，也存在弊病，司法权有侵犯立法权之嫌，“法定类推”的办法也不符合立法上定罪处刑的严谨规定，不应长期使用。

我们主张第二种意见。我们认为，修订刑法应明文规定罪刑法定主义原则，取消类推。要做到取消类推，关键在于必须适应新的形势，修订一部相对完备的刑法典，并辅之以必要的单行刑事法律，以及今后立法工作必须适应形势的发展既保持稳定，又能对个别条文及时地修改完善。

九、流氓罪的分解问题

（一）流氓罪在执行中的情况和问题

在严厉打击严重刑事犯罪活动中，流氓罪是打击重点之一。在 1983 年和 1984 年，全国法院一审审结的流氓案件每年有六万多件，判决发生法律效力的人数分别为九万多人、十一万多人。1985—1990 年，全国法院一审审结的流氓案件每年有一万多件，判决发生法律效力的人数每年在一万六千人左右。这些年来，司法机关运用刑法武器，摧毁了一批流氓集团，打击了流氓犯罪的嚣张气焰，流氓案件的数量也有所下降，但流氓罪仍然是危害社会治安，破坏公共秩序的一种严重犯罪。

流氓罪在执行中存在的问题主要有：

1. 流氓罪内容繁杂、行为多样，实际上形成一个“大口袋”。

刑法第 160 条规定的流氓罪分为四类，即聚众斗殴，寻衅滋事、侮辱妇女或者其他流氓活动。实施这些行为，破坏公共秩序，情节恶劣的，就构成流氓罪。两高在 1984 年的司法解释中，对构成流氓罪的四类行为又以例示的办法列举了十九项。法学界探讨流氓罪的活动类型时，有的根据行为特征，将流氓罪分为“暴力型”、“淫乱型”、“滋扰型”；有的根据主观特征，将流氓罪分为“霸道型”、“淫乱型”、“取乐型”。在司法实践中，有些情节恶劣的行为在刑法第 160 条和其他条文上均无明文规定，如不予治罪又会放纵犯罪的，两高的解释将其列入流氓罪的范围，如结伙哄抢公私财物列入“寻衅滋事”，对妇女实施强制猥亵或者公然猥亵列入“侮辱妇女”。特别是在“其他流氓活动”中，两高解释列举了六项，即利用淫秽物品教唆、引诱青少年进行流氓犯罪活动的，或者在社会上经常传播淫秽物品，危害严重的；聚众进行淫乱活动危害严重的主犯、教唆犯和其他流氓成性、屡教不改的；不以营利为目的，引诱，容留妇女卖淫，情节严重的；以玩弄女性为目的，采取诱骗等手段奸淫妇女多人的，或者奸淫妇女人数较少，但造成严重后果的；勾引男性青少年多人，或者勾引外国人，与之搞两性关系，在社会上影响很坏或造成严重后果的；鸡奸幼童的，强行鸡奸少年的，或者以暴力，胁迫等手段，多次鸡奸，情节严重的。可见流氓罪的内容繁杂，犯罪行为多种多样，罪行轻重程度有时差别甚大，罪与非罪的界限、此罪与彼罪的界限，有时也难以区分。实际上，流氓罪已形成一个“大口袋”，超过了刑法上一个罪名概念可能包容的内涵，难以作出明确的法律上的界定。两高的解释虽然基本上划定了这个“大口袋”的范围，但实际执行中，还有超出两高解释范围定罪的，如有的地方对多次卖淫、嫖娼，屡教不改的，也以流氓罪论处，等等。

2. 流氓罪的量刑幅度很宽，法律规定的限制条件又很笼统，难以准确掌握。

刑法第 160 条规定，流氓罪处七年以下有期徒刑、拘役或者管制；流氓集团的首要分子，处七年以上有期徒刑。1983 年全国人大常委会《关于严惩严重危害社会治安的犯罪分子的决定》第 1 条第 1 项规定：流氓犯罪集团的首要分子或者携带凶器进行流氓犯罪活动，情节严重的，或者进行流氓犯罪活动危害特别严重的，“可以在刑法规定的最高刑以上处刑，直至判处死刑”。这个《决定》提高了流氓罪的法定刑，是对刑法第 160 条的重要修改和补充。刑法和《决定》对流氓罪规定的量刑幅度很宽，特别是《决定》对流氓罪提高法定刑的限制条件又很笼统。虽然两高对流氓罪如何具体应用《决定》第 1 条第 1 项专门作了司法解释，但是，由于流氓罪这个大口袋所包含的各类罪行的内容和情节很复杂，在办案中如何根据具体案情区别对待，正确适用不同的量刑幅度，特别是如何严格掌握死刑，仍然难度很大。

流氓罪是内容聚杂，行为多样的“大口袋”，法定刑幅度又很宽，很笼统，在执行中难免带来一些弊端。即流氓罪的定罪和量刑都可能出现主观随意性，发生罪与非罪的界限不清，定罪不准或者罪与刑不相适应等问题。这些问题必须引起严重注意。

（二）如何修改流氓罪

流氓罪涉及的问题很复杂，如何修改流氓罪，是刑法修改中难度很大的问题之一。我们认为，有些刑法上无明文规定的行为，不应列入流氓罪范围的，可以通过刑法其他条款的修改予以解决。如在“侵犯财产罪”中增定哄抢罪；在“妨害社会管理秩序罪”中，将“制作、贩卖淫书、淫画罪”改为“制作、贩卖、传播淫秽物品罪”，使犯罪对象有所扩充；将“引诱、容留妇女卖淫罪”改为“引诱、容留、介绍妇女卖淫罪”，并且不受是否以营利为目的的限制；增定侮辱尸体罪，可以解决奸污女尸无法定罪等问题；增定组织淫秽表演罪，可以解决组织公开性交等淫秽表演无法定罪等问题。这样，虽然可以适当缩小流氓罪的范围，但流氓罪的“大口袋”问题仍未解决。如何解决流氓罪的“大口袋”问题，目前基本上有两种不同的意见。一种意见是继续保留“流氓罪”，修改、补充其具体罪状的内容，以便定罪量刑时掌握。另一种意见是取消“流氓罪”，将流氓罪这个“大口袋”中的各类行为分别规定为若干独立的罪名。我们同意第二种意见，即将流氓罪这个“大口袋”分解为若干独立的罪名，主要理由是：

1. 我国刑法上的流氓罪，原是参考苏联、东欧一些国家的立法经验制定的。这些国家刑法规定的流氓罪，都存在着内涵不明确和外延难以界定等问题，但其法定刑比较轻。我国刑法和《决定》规定的流氓罪，不仅是内容复杂、行为多样的“大口袋”，而且法定最高刑又提高到死刑。如果刑法修改中仍继续保留流氓罪这个“大口袋”，对轻重不同的罪状按照一个统一的量刑标准来估堆量刑，很难解决有些案件中存在的罪与非罪的界限不清、定罪不准和罪刑不相适应等弊端。

2. “流氓”这个词，人们在理解上也有很大的主观随意性，它可以指无业游民，也可以指以种种无赖、下流手段为非作歹的人，还可以指性犯罪方面的人和事。在有的政策性文件中，曾使用“流氓团伙分子”的广义提法，可以指新的历史条件下产生的社会渣滓、黑社会分子，几乎可以把各种严重刑事犯罪分子都包括进去。实际上，我国刑法上的“流氓罪”，是以法定的四类罪状为标准的；我国刑法上的“流氓集团”，是指以流氓罪为主罪的犯罪集团，它既不同于政策性文件上所说“流氓团伙”，也与资本主义国家和地区的某些有严密组织系统的黑社会组织有所不同。总之，“流氓”这个概念不科学，理解上易生歧义，不宜再作为刑法上的罪名来使用。

基于以上理由，我们认为，修改流氓罪的指导思想应有所转变，即取消流氓罪，将原有流氓罪的各项罪状按照规范性的内容分别规定为若干独立的罪名。

（三）将流氓罪分解为若干独立罪名的设想

流氓罪可以考虑分解为六个条文，七个罪名，即聚众斗殴罪，寻衅滋事罪，强制猥亵妇女罪，猥亵儿童罪，侮辱妇女罪，聚众淫乱罪。分述如下：

1. 聚众斗殴罪。

聚众斗殴，是基于私仇、争霸等目的而纠集多人打架斗殴、破坏公共秩序，情节恶劣的行为。通常称为流氓打群架。斗殴的双方都可构成本罪。必须惩办聚众斗殴的首要分子和其他积极参加者。本罪的罪状和情节的表述可将两高对流氓罪解释中“聚众斗殴”部分的内容适当予以吸收。本罪所包含的对人身的侵犯，以聚众斗殴致多人轻伤为限。法定刑可控制在有期徒刑十年以下。在聚众斗殴中致人重伤、死亡或者故意杀人的，应以故意伤害罪、故意杀人罪论处，建议在本条中作出明文规定。

2. 寻衅滋事罪。

寻衅滋事罪，是指在公共场所肆意挑衅、无事生非、破坏骚扰，情节恶劣的行为。本罪罪状的表述，可将两高对流氓罪解释中“寻衅滋事”部分的内容适当予以吸收。本罪往往具有在公共场所反复寻衅滋事、积少成多、情节恶劣的特点，法定刑可控制在有期徒刑五年以下。如果在寻衅滋事中另犯重罪，应以所犯的重罪论处。

3. 强制猥亵妇女罪。

强制猥亵行为，许多国家的刑法都规定为独立的犯罪，通常是指以强暴、胁迫等手段实施除性交以外的足以刺激或者满足性欲的种种行为。强制猥亵的对象有的限于妇女，也有不分男女的。

在司法实践中，时常发生强制猥亵妇女的案件，但我国刑法中并无专条惩处的规定。两高在对流氓罪的解释中，将强制猥亵妇女作为“侮辱妇女”的一种情节划入流氓罪“大口袋”的范围。实际上，强制猥亵妇女比侮辱妇女的性质严重，两者的概念也有所不同。在修改刑法时，“强制猥亵妇女”有单列罪名的必要。

强制猥亵妇女，应以暴力、胁迫或者其他强制手段为构成要件，其侵犯对象是妇女（不包括幼女），可以发生在公共场所，也可以不发生在公共场所，犯罪情节的轻重往往差别很大。其中，在公共场所聚众、当众强制猥亵妇女的，或者强制猥亵妇女多人，造成严重后果的，均属于严重情节，可以出现大要案。例如：刘某等人将五辆三轮车放在马路中间阻塞道路，与行人发生争吵，当一女工上前评理时，刘等七人当众将该女工的全身衣服扒光，共同摸、抓其乳房、下身，该女工的乳房、阴部及腹部被抓伤五十余处。刘等人将另一名女工的上身衣服扒光，当众进行猥亵行为。又如：某人专门伏在女厕所后面用铁棍或者剃头刀刺妇女的阴部，被害妇女二十人，有的妇女因阴部受伤流血过多而休克，或者经治疗留下后遗症。这样的严重案件，不严惩是不足以平民愤的。

强制猥亵妇女罪的法定刑，应轻于强奸罪，可以区别情节轻重规定不同的法定刑幅度。一般可控制在有期徒刑七年以下，具有前述两种严重情节的，可处有期徒刑七年以上（最高为十五年），也有主张最高刑为无期徒刑的。本罪应归入侵犯公民人身权利罪。

4. 猥亵儿童罪。

在司法实践中，时常发生猥亵不满十四岁幼女的案件，有时还发生猥亵男性幼童的案件（通常称为鸡奸幼童），其中有猥亵幼女、幼童多人甚至数十人的大案。建议增定一个猥亵儿童罪，不论犯罪分子采取何种手段（可以是强暴、胁迫，也可以是诱骗），也不论侵犯对象是幼女或者幼童，均构成本罪。本罪的法定刑可适用强制猥亵妇女罪的规定。

5. 侮辱妇女罪。

侮辱妇女罪，应与强制猥亵妇女罪分离，另立一个独立的罪名。侮辱妇女罪一般发生在公共场所，侵犯对象多为不特定的妇女，可以采用暴力、胁迫等强制手段（如追堵、拦截妇女），也可以采用下流、卑鄙的动作（如偷剪妇女的发辫、衣裤，向妇女身上泼洒腐蚀物或者污物）。侮辱妇女罪不一定都是为了刺激性欲，有时是为了取乐。一案中兼有侮辱、猥亵妇女行为的，"猥亵"可以吸收"侮辱"，"侮辱"不应吸收"猥亵"，侮辱妇女罪的法定刑，可控制在有期徒刑七年以下。

6. 聚众淫乱罪。

聚众淫乱罪，是 80 年代以来新出现的一种犯罪形式，其特点是首要分子纠集男女多人在一起进行性交、群宿群奸、跳裸体舞等淫乱活动。两高对流氓罪的解释将其划入"其他流氓活动"的范围。这类案件的情节轻重，往往差别很大。处理上必须慎重，只惩办首要分子和其他积极参加、情节恶劣者，对大多数失足青少年均应教育挽救。这类案件对青少年的腐蚀性很大，其中也有情节严重的大案，有单列罪名的必要。过去发生的大案，如徐某等 36 人流氓集团案，就是以"聚众淫乱"为主要特征。该集团有首要分子六人，设置固定的聚众淫乱场所十四处，经常组织下流舞会，组织观看淫秽录像，并以此为诱饵，聚众奸宿，引诱男女青少年二百多人程度不同地参与聚众淫乱活动。其中，六名首要分子在聚众奸宿中奸淫妇女的，少则 8 人，多则 17 人，有两名首要分子兼犯强奸罪。

聚众淫乱罪对首要分子和其他积极参加、情节恶劣者的处罚，法定刑可依情节轻重分为不同的幅度，一般可控制在有期徒刑五年以下。其中有设立据点组织大规模聚众淫乱活动等严重情节的，对首要分子，法定刑可规定为五年以上十年以下有期徒刑。也有主张最高刑为有期徒刑十五年的。兼犯强奸罪的，应按强奸罪论处。

对上述分解后的六个条文、七个罪名，还要作一些说明：（1）过去流氓罪的犯罪分子，往往兼犯两种以上的罪行。流氓罪的"大口袋"取消、罪名分解后，如遇到兼犯几个有关条文之罪的，应按数罪并罚原则分别定罪处罚，这样处理，与过去按流氓罪估堆量刑相比，可以大大减少定罪处刑的主观随意性。（2）上述拟议中的各条文均未规定无期徒刑或者死刑，只有兼犯故意杀人、故意伤害、强奸等重罪，依法应判无期徒刑或者死刑时，才能判处无期徒刑或者死刑。（3）流氓罪分解后，原有的"流氓集团"难以规定，只能在聚众犯罪中处罚首要分子。过去司法实践中认定的流氓集团，有兼犯聚众斗殴、寻衅滋事、侮辱妇女等多种罪行的，也有以某一罪行（如聚众淫乱）为主要特征的，其组织程度不同，较为松散的居多。如果流氓集团不复存在，在处罚与其有关的几种犯罪中也会出现一些问题。目前，我国已出现了一些带有黑社会性质的犯罪集团，横行乡里，称霸一方，为非作歹，并兼犯多种罪行，具有类似"流氓集团"、其活动范围和组织程度又超过流氓集团的特点。在修改刑法时，如果对黑社会性质的犯罪集团另作专条规定，原有的流氓集团虽取消，有些组织程度较强、具有黑社会性质特点的犯罪组织，也可以按黑社会性质的犯罪集团处罚。不过，这些问题尚需总结经验，继续研究。

十、绑架罪

近年来，各地人民法院陆续受理了一些绑架、劫持他人，并将其扣押为人质，然后向他人勒赎财物的案件。对这类案件如何处理，由于刑法没有专条规定，所以在实践中出现了种种不同的处理方法。对这类案件，有按抢劫罪论处的，有按抢劫、敲诈勒索罪并罚的，有的则按非法拘禁、敲诈勒索罪并科。在致人质死亡的案件中，有的定抢劫罪，有的定故意杀人罪、抢劫罪二罪并罚，有的则定故意杀人罪、非法拘禁罪、敲诈勒赎罪三罪并科，等等。理论界对此也有不同的看法。但大家一致认为有必要在刑法中作出专条规定。

对这种犯罪行为要不要新增罪名，新增什么罪名，有三种不同意见。

第一种意见认为，这种犯罪行为是以非法占有财物为目的，采用暴力、暴力威胁的办法，迫使他人交出财物的犯罪行为，其犯罪构成近似抢劫罪，可按抢劫罪处罚。但这种犯罪行为又不完全同于抢劫罪，如不在刑法中明确表述，容易产生误解。因此，可以在抢劫罪中增设一款："掳人勒赎的，依照前款的规定从重处罚。"这样表述既明确，又可减少死刑条款。

第二种意见认为，掳人勒赎的犯罪行为，从形式上看近似抢劫罪，但与抢劫罪有本质上的不同。主要是：第一，方法不同。抢劫罪是当场使用暴力或以暴力相威胁，迫使被害人交出财物或强行将财物抢走。掳人勒赎则是采用秘密或公开的方法将人劫持、绑架至某一秘密场所，以劫持来的人为人质，向他人勒赎财物的行为。第二，非法占有的故意内容不同。抢劫罪非法占有的故意仅以被害人随身携带的财物为限，有多少抢多少。掳人勒赎则不是以被害人随身携带财物为限，而是依据行为人主观上对被害人财产的认识来规定交换人质的财产数额。这里既可能包括被害人的动产，也可能包括不动产，也可能被害人的财产根本就达不到交换人质的数额。其非法占有他人财产的故意内容大多超过了抢劫罪。第三，暴力的内容不同。抢劫罪当场使用暴力的强度通常是以行为人主观上认为能否抢到财物为限，虽然抢劫案件中也发生致被害人死亡的情形，但一般情况下抢劫者不是以非法剥夺他人生命的暴力方法来占有财物的。但掳人勒赎就不同，行为人从犯罪行为一开始就以人质的生命或健康作为非法占有财物的交换条件。持这种意见的人主张另立一条掳人勒赎罪。

第三种意见认为，刑法应当根据司法实践中出现的新情况、新问题，新增加一条绑架罪。理由是：第一，绑架罪的内涵与外延要大于掳人勒赎罪。虽然司法实践中发生的多是掳人勒赎的犯罪案件，但也发生了一些为获取非财产性利益的绑架案件。第二，掳人勒赎是一种较陈旧的法律术语，不易为广大人民群众所理解和接受，不如“绑架罪”言简意赅。第三，随着我国对外开放的不断扩大，世界上一些恐怖组织有可能渗透到我国境内犯罪，而这些恐怖组织进行绑架人质的犯罪目的是多种多样的，规定绑架罪可以有效地打击国际犯罪活动。

我们同意第三种意见。

绑架罪应如何表述?《反对劫持人质国际公约》中作了如下表述。“任何人如劫持或者扣押并以杀死、杀害或者继续扣押另一个人（以下称人质）为威胁，以强迫第三方即某一国家、某一国际政府间组织、某个自然人或法人或某一群人，作或不作某种行为，作为释放人质的明示或暗示条件”，即为绑架人质罪行。英国牛津法律大辞典对绑架罪是这样描述的，绑架罪是“对违反他人意志或其合法监护人的意志将其劫持或秘密隐藏的犯罪行为总称”。“绑架的动机可以使受害者被奴役，或从事违反意愿的劳役；或使其处于刑事犯罪行为的危险之中；或是为了索取被绑架者的赎金”。“现代社会，政治极端分子经常采用绑架以取得政府的某种让步”。

参考国际上的规定，并结合我国的司法实践，我国刑法对绑架罪可表述为：“劫持、绑架、扣押他人，并以杀害、伤害相威胁，勒赎钱款或者为获取其他非法利益的行为。”

对绑架罪应该如何规定刑罚，也有三种不同意见。

第一种意见认为，绑架罪从其行为、主观故意内容、犯罪后造成的后果，以及对社会的危害来看，是同故意杀人罪近似的。绑架罪不但侵害了人质的人身权利、财产权利，而且可能对第三方即第三人，或政府，或某一社会组织的利益发生侵害，对这种犯罪应规定最严厉的处罚，即应与故意杀人罪的刑罚处罚相同。

第二种意见认为，绑架罪从我国目前的司法实践看，多数属于掳人勒赎性质的犯罪行为，其行为近似抢劫罪。至于在掳人勒赎的过程中发生致人质死亡的情形，则属于结果加重犯，可另款规定加重处罚。持这种意见的人主张比照抢劫罪来规定刑罚处罚。

第三种意见认为，绑架罪既不同于故意杀人罪，也不同于抢劫罪。故意杀人罪通常是当场实施非法剥夺他人生命的行为，而绑架罪虽然行为已含有非法剥夺他人生命的故意内容，但通常绑架者在没有获得他所期望的要求的期限内，非法剥夺他人生命的故意是处在一种不确定的状态中，这与故意杀人罪的主观故意是有区别的。抢劫罪则是施用暴力强行非法占有他人财物，这种行为通常是针对个人实施的。而绑架罪除对人质施行了某种暴力，同时还可能对第三人，或者政府，或者某个社会组织的利益发生危害，而且绑架者的目的一旦没有达到，就可能杀害人质。这种犯罪要比抢劫罪重得多。所以，对绑架罪的处罚，要略低于故意杀人罪，高于抢劫罪。我们认为，对绑架罪的处罚可作这样的规定：“犯绑架罪情节严重的，或者故意伤害、杀害人质的，或者致人质死亡的，处十年以上有期徒刑、无期徒刑或者死刑；情节较轻的，处三年以上十年以下有期徒刑。”

另外，我们认为绑架罪放在侵犯公民人身权利、民主权利罪这一章中较为合适。

十一、盗伐森林罪和滥伐森林罪

刑法第128条规定，违反保护森林法规，盗伐、滥伐森林或者其他林木，情节严重的，构成盗伐或者滥伐森林罪。这条法律，对于保护森林资源，惩办破坏国家林业管理秩序的犯罪行为，起到了重要作用。我国森林资源十分匮乏，远不能满足国民经济发展的需要。前些年有的地方盗伐、滥伐的行为不仅破坏森林资源，而且直接导致水土流失，造成破坏生态平衡的严重后果。刑法规定了这两个罪，对于保护、培育和合理利用森林资源，加快国土绿化，发挥森林的保土蓄水、调节气候、改善环境的作用，以及提供林产品，供应社会主义建设和人民生活的需要，是十分必要的。

从刑法实施以来的情况来看，盗伐、滥伐森林罪，有下列几方面需要进一步完善。

（一）建议把盗伐、滥伐森林罪改为盗伐林木罪和滥伐林木罪

《中华人民共和国森林法》规定森林分防护林，如水土保持林、防风固沙林、护岸林、护路林；用材林；经济林；薪炭林；特种用途林；以国防、环境保护、科学实践为主要目的的森林和林木，包括风景林、名胜古迹和革命纪念地的林木等等。森林是个集合概念。而在具体案件中犯罪行为侵犯的对象是各种具体的林木，把罪名分别改为盗伐林木罪和滥伐林木罪，更确切地反映了犯罪行为的特征。

在审判实践中，对于盗伐林木罪和滥伐林木罪侵害的客体在认识上有些不同的意见。

一种意见认为，盗伐、滥伐林木罪侵害的是国家林业管理制度，所以刑法把这两个罪放在破坏社会主义经济秩序罪一章中。在实践中，在衡量犯罪行为造成的损失时，是以毁坏生长中的林木的体积来计算的。将来刑法修改时，可以把这两个罪划入破坏自然资源罪一章中。

另一种意见认为，盗伐林木行为应适用盗窃罪，归入侵犯财产罪一章内。盗伐林木并使用暴力的以抢劫罪论处。理由是：

1. 森林不同于矿藏，森林的保护，特别是人工林的培植，要投入一定的人力、物力，是一种特殊财产。

2. 盗伐林木罪侵害的是双重客体，既破坏了资源，也侵犯了财产所有权。现时林木有三种所有权：国家的、集体的、个人的。国有的与集体所有的比例是3∶7，其中又以人工林居多。如果把林木仅仅作为自然资源而不是财产，不

利于对林木的保护。

3. 盗伐林木的犯罪分子中，有的是盗伐林木自用，有的则是为了出卖，特别是有了木材市场后，有的犯罪分子已发展为以营利为目的的有组织的盗伐。有的木材贩子则唆使林区居民盗伐林木予以收购。

持上述意见的人，主张以盗伐的木材的价值来定罪量刑。

我们认为，第二种意见虽有一定的道理，但是盗伐、滥伐林木主要侵害的客体是国家的林业管理制度，应归入破坏自然资源罪一章内。至于偷砍他人房前屋后或者自留地上种植的零星树木，以及把他人所有并已经伐倒的树木秘密非法窃为己有的，最高人民法院、最高人民检察院的司法解释已规定应定为盗窃罪，今后仍然应按此办理。

（二）盗伐林木罪和滥伐林木罪的刑期要提高，并应有各自的量刑幅度

盗伐林木罪和滥伐林木罪虽然都是侵害了国家的林业管理秩序，破坏森林资源，盗伐或者滥伐了林木，但是二者是有区别的。1987 年 9 月 5 日最高人民法院、最高人民检察院《关于办理盗伐、滥伐林木案件应用法律的几个问题的解释》在交流审判工作经验的基础上，指出：盗伐林木罪是指违反森林法及其他保护森林的法规，以非法占有为目的，擅自砍伐国家、集体所有的森林或者其他林木，包括他人自留山上的林木，情节严重的行为。而滥伐林木罪则是指未经林业行政主管部门及法律规定的其他主管部门批准并核发采伐许可证，或者虽有采伐许可证，但是违背采伐许可证所规定的地点、数量、树种、采伐方式而任意采伐本单位所有或管理的，包括本人自留山上的森林或者其他林木，情节严重的行为。这就是说，区别这两个罪时，要把林木的权属和有无林木采伐许可证以及是否违证采伐结合起来分析。盗伐林木罪不仅侵害了他人林木所有权，也违反了森林法关于采伐林木必须申请采伐许可证和按采伐证进行采伐的规定。非法占有是盗伐林木行为的主要特征，是与滥伐林木行为相区别的标志。例如被告人徐某，因家里要盖新房，经林业主管部门批准办了建房用材 15 立方米的采伐许可证，另有乡政府商品材和村建设商品材落实到他家的砍售指标 34.8 立方米，共计可砍伐 49.8 立方米，规定在徐某承包经营的集体所有林场采伐。但徐某却与吴某签订了 75 立方米的砍伐合同，而吴某实际砍伐林木 110 余立方米。后徐某投案自首。某人民法院认定徐某应承担超伐林木 76 余立方米的刑事责任，构成盗伐林木罪，判处刑罚。上诉后，二审人民法院对该案的定性有两种意见：

一种意见认为，徐某的行为构成滥伐林木罪。理由是：1. 徐某虽然以“批少砍多”的手段多砍了林木，但是不是“擅自砍伐”，而是经有关部门批准的；2. 徐某超证砍伐林木的数量虽然大，但砍的是他自己承包的责任山上的林木，不是秘密砍伐他人山上的树木。

另一种意见认为，徐某的行为构成了盗伐林木罪。理由是：1. 盗伐林木罪侵害的是双重客体，既侵害了国家林木管理制度，又侵害了国家集体或者他人的林木所有权。徐某虽然砍的是自己承包经营的责任山上的树，但林木所有权属集体所有；2. 徐某只持有 49.8 立方米的采伐证，却与他人签订砍伐 75 立方米合同，具有非法占有目的。其超证砍伐的 76 余立方米的行为，同时又侵害了林木管理制度。

二审经法院认定徐某的行为构成盗伐林木罪，裁定驳回上诉，维持原判。

刑法第 128 条规定，盗伐、滥伐森林罪处三年以下有期徒刑或者拘役，可以并处或者单处罚金。从十年来执行的情况看，盗伐、滥伐林木的犯罪很猖獗，有的案件盗伐、滥伐甚至哄抢的数量很大，破坏森林资源的后果十分严重。刑法规定的刑期偏低了，不足以惩罚那些情节特别严重的犯罪行为，刑期需要提高。根据这种情况，1984 年 9 月公布的森林法第 34 条第 3 款曾补充规定为：“盗伐林木据为己有，数额巨大的，依照《刑法》第 152 条的规定追究刑事责任。”这一规定补救了刑法的不足，效果是好的。因此，在修改刑法时，应把这款精神予以吸收。

滥伐森林案件中，有的数量也很大。例如被告人董某持有砍伐 7 立方米林木的采伐许可证，经其母亲同意，在其母自留山上二次砍伐林木 201.162 立方米。某人民法院以滥伐林木罪判处董某刑罚。由此可见，把滥伐林木罪的刑期规定成两个档次，有利于审判时区别不同情节，分别处刑。

鉴于盗伐林木和滥伐林木行为的社会危害程度不同，我们主张这两个罪分别有各自的量刑幅度，具体的意见是：

违反森林管理法规盗伐林木，情节严重的，处五年以下有期徒刑或者拘役，可以单处或并处罚金；情节特别严重的，处五年以上有期徒刑，并处罚金。

违反森林管理法规滥伐林木，情节严重的，处三年以下有期徒刑或者拘役，可以单处或并处罚金；情节特别严重的，处三年以上七年以下有期徒刑，并处罚金。

（三）对珍贵稀有的树木要作特殊保护

在森林资源中，有的是稀有珍贵的树木，例如银杉、水杉、珙桐、金茶花、望天树……其中被称为“活化石”的银杉、水杉在世界上只有我国独有，而且为数不多。对珍贵稀有的树木，要作特殊的保护。我们建议对于盗伐、滥伐或者破坏珍稀树木的，要根据具体案件的情况，有的即使数量少，也可以视为“情节严重”或者“情节特别严重”依法追究刑事责任。

（四）建议增设毁坏林木罪

在破坏森林资源的行为中，除了盗伐林木、滥伐林木外，另一种严重的行为是有的人或者有的单位，为了种地烧荒、开矿、采石、采树种、采树脂、剥树皮、卖药材以及从事其他副业生产而毁坏了大批生长中的林木。这种行为既不同于盗伐，也不同于滥伐，但是毁坏林木的后果严重，有的还是国家保护的珍贵树木。如在我国东北经常发生剥黄波罗树皮，导致大片黄波罗树死亡的情形。对于这种行为情节严重的，也应认为构成了犯罪，予以刑事处罚。上述行

为，过去由于刑法没有明文规定，最高人民法院、最高人民检察院的司法解释为："因进行营利性生产，违反规定而毁坏生长中的林木，情节严重的，根据其犯罪行为的特点，分别依照刑法第125条或者第156条的规定定罪处刑。"解决了当时这类案件的处理。如被告人林甲向村委申请在该村林乙承包的人工林地内建房和开垦种植。村委会计兼土地管理员兰某在报告上签了"同意建房，其建房地面的松、茶树砍掉，必须主管部门的审批。"随后，被告人到镇土管站和林业站要求审批，因此山地属集体所有的承包山场，造有林木，所以未被批准。但被告人擅自砍掉幼松、衫桐270余株，经济损失达2100余元。人民法院以破坏集体生产罪判处被告人林甲有期徒刑一年①。在刑法修改时，我们建议在刑法中单独设立一条毁坏林木罪。条文可规定：违反森林管理法规，在林区开垦、开矿、采石、采脂、采药以及从事其他副业生产而毁坏生长中的林木，情节严重的，处三年以下有期徒刑或者拘役，可以单处或并处罚金；情节特别严重的，处三年以上十年以下有期徒刑，并处罚金。

（五）盗伐、滥伐竹林的行为，可以参考盗伐、滥伐林木罪办理

我国有些地区盛产竹材，对于盗伐、滥伐以生产竹材为主要目的的竹林的行为的定罪量刑，可以参照盗伐、滥伐林木罪规定的精神办理，由各省、自治区、直辖市的高级人民法院、检察院根据各地具体情况，规定当地定罪处罚的数量标准。

十二、司法工作人员徇私舞弊罪

刑法第188条规定的罪名和罪状是："司法工作人员徇私舞弊，对明知是无罪的人而使他受追诉，对明知是有罪的人而故意包庇不使他受追诉，或者故意颠倒黑白做枉法裁判的。"本条的主体规定很笼统，罪状的表述含义不清。在司法实践中，对审判人员徇私舞弊、枉法裁判、构成犯罪的行为，有的认为只限于刑事案件，有的认为应包括刑事、民事、经济、行政诉讼各种案件，因而发生争论。

本条的立法原意，本来是清楚的。刑法草案第22稿曾分为两条来写。一条是"有追诉职务的人员，对明知是无罪的人而使他受追诉，或者明知是有罪的人而不使他受追诉"；另一条是"有审判职务的人员，故意做枉法裁判的"。公安、检察人员属于"有追诉职务的人员"，如果枉法追诉犯罪或者枉法不追诉犯罪，当然指的是刑事案件。法院审判人员即"有审判职务的人员"。如果枉法裁判，就不仅是指刑事案件，也指民事、经济、行政诉讼案件，因为法院代表国家行使审判权，是包括审判刑事、民事、经济、行政诉讼各种案件在内的（有的外国立法例还将枉法裁判罪的内容明确规定为枉法裁判刑事、民事等案件）。在正式制定刑法时，立法原意未变，但为了节省文字，将草案22稿的两条合并为一条，主体通称为"司法工作人员"，对追诉、审判人员未作具体区分，才产生了刑法第188条的写法。这种写法，不能把本条的立法原意表述清楚，反而容易造成"枉法裁判"只限于刑事案件的误解，在文字上是欠妥的。1991年制定的《民事诉讼法》第44条第3款规定："审判人员有贪污受贿，徇私舞弊，枉法裁判行为的，应当追究法律责任；构成犯罪的，依法追究刑事责任。"这个规定，实际上是刑法第188条立法原意的重申。据此，最高人民法院在1991年的批复中作出解释，即"审判人员在审判民事案件、经济纠纷案件过程中，徇私舞弊，故意颠倒黑白做枉法裁判，构成犯罪的，应当依照刑法第188条的规定追究刑事责任"。

综上所述，我们认为，修改刑法时，本条还应分为两条来写，罪名可分别称为"枉法追诉罪"和"枉法裁判罪"，原法定刑不变。修改后的这两条可表述为：

枉法追诉罪

"有追诉职务的司法工作人员，对明知是无罪的人而使他受追诉，或者对明知是有罪的人而故意包庇不使他受追诉的，处五年以下有期徒刑、拘役或者剥夺政治权利；情节特别严重的，处五年以上有期徒刑。"

枉法裁判罪

"有审判职务的司法工作人员，故意颠倒黑白做枉法裁判的，处五年以下有期徒刑、拘役或者剥夺政治权利；情节特别严重的，处五年以上有期徒刑。"

另一方案是：本条罪名通称为"司法工作人员徇私枉法罪"，在一个条文中分为两款来写，表述如下：

司法工作人员徇私枉法罪

"司法工作人员徇私枉法罪，有下列情形之一的，处五年以下有期徒刑、拘役或者剥夺政治权利；情节特别严重的，处五年以上有期徒刑：

（一）有追诉职务的人员对明知是无罪的人而使他受追诉，或者对明知有罪的人而故意包庇不使他受追诉的；

（二）有审判职务的人员，故意颠倒黑白做枉法裁判的。"

① 此案适用法律不当，应定为故意毁坏公共财物罪——编者注。

4. 对修改刑法的十个问题的意见

（最高人民法院刑法修改小组 1996 年 5 月 30 日）

一、关于是否在刑法总则中明确规定罪刑法定原则的问题

（一）应当取消法律类推制度。理由：1. 法律类推制度与罪刑法定原则矛盾，取消类推是加强社会主义法制的必然趋势。2. 类推制度对于惩治法律无明文规定但确实危害社会的犯罪行为来说，作用不大。司法实践中适用类推定罪处刑的案件很少。3. 从司法实践看，类推案件多是轻微刑事案件，而类推的核准程序又比较严格。有的法院因类推案件报核时间长，出现了不报请核准违法办案的问题。而且，类推案件罪与非罪的界限很难界定，办一个案子，四级法院都要经手，时间太长，不符合诉讼经济的原则。

（二）对于在刑法中是否明确规定罪刑法定原则，有三种意见：

第一种意见，应当明确规定。理由是：1. 罪刑法定原则是加强社会主义民主、健全社会主义法制的要求，也是广大人民群众的迫切愿望。党的十一届三中全会提出了“有法可依、有法必依、执法必严、违法必究”的健全社会主义法制的指导方针。要做到“有法必依”，就必须确立罪刑法定原则。2. 罪刑法定原则是贯穿刑法典始终的一个核心，许多国家的刑法典都已接受这一原则。我国作为一个法制国家，刑法中不明确规定这一原则，不符合世界刑法立法的潮流。3. 在刑法中确立罪刑法定原则，是我国刑事立法健全的标志。

第二种意见，不仅要规定罪刑法定原则，而且也要规定其他基本原则，如：罪刑相适应原则、罪责自负原则、惩罚与教育相结合原则等。

第三种意见，不明确规定罪刑法定原则。理由是：1. 考虑到我国目前正处于经济体制的转轨时期，在市场经济体制建立和完善的过程中会出现许多新情况、新问题，有些问题已被发现，但还有很多问题尚未表现出来。从立法的角度讲，难以对此作出准确无遗的规定，如果明确规定罪刑法定原则，日后在新情况面前会出现被动，过几年又要修改刑法。不明确规定这一原则，给实际操作留有余地是符合我国国情的。2. 如果规定罪刑法定原则，那么其他基本原则如罪刑相适应原则，主、客观要件相统一原则等都要规定。从实践看，这些原则只是一种指导思想，不能作为定罪量刑的依据，作用不大。这些基本原则不必明确、单独地规定出来，将其精神实质通过具体条文体现出来即可。3. 规定罪刑法定原则与我国的司法实践情况矛盾。由于我国各个历史时期、各行政地区的情况不同、立法不完善等原因，实践中，对某些法无明文规定的新问题的处理，在立法机关不作立法解释的情况下，采取由“两高”在符合立法精神的前提下作出“扩张解释”的做法以弥补立法的不足。这种做法现在看来是行之有效的。罪刑法定原则不允许搞扩张解释，如果在立法完善的前提下是可行的，在立法不完善的情况下，取消扩张解释，会给实践带来很多问题，导致对一些新类型的案件处理不了，不利于打击犯罪。

倾向于第一种意见。

二、关于我国公民在境外犯罪的刑法适用范围的问题

（一）应当扩大刑法适用范围。增加一些新罪名，如为境外的机构、组织、人员窃取、刺探、收买、非法提供国家秘密罪；隐瞒境外存款罪；重婚罪等。

（二）对公职人员或公务员、军人与一般公民在境外犯罪的处理上要有所区别。理由：由于身份的特殊，公职人员或公务员、军人如果在境外犯罪，会给国家的形象及声誉带来极为恶劣的影响，对国家安全造成极大的危害，必须依法予以严惩。

（三）对具体条文可修改为：中华人民共和国公民在中华人民共和国领域外犯下列各罪的，适用本法。（列举原有的罪名、条文，增加为境外的机构、组织、人员窃取、刺探、收买、非法提供国家秘密罪，隐瞒境外存款罪、重婚罪等。）

中华人民共和国公民在中华人民共和国领域外犯前条以外的罪，按照本法规定的法定最低刑为一年以上有期徒刑的，也适用本法；但是按照犯罪地的法律不受处罚的除外。（将原刑法第五条中最低刑 3 年修改为 1 年，主要是考虑到这一规定应当同我国与有关国家签订的引渡条约中的规定相一致，也是在刑事立法上同国际接轨的一个方面。）

国家公职人员、军人在中华人民共和国领域外犯罪的，适用本法，不受上述规定的限制。

三、关于如何强化公民正当防卫权利的保护的问题

刑法关于防卫行为要与不法侵害行为相适应，不能超过必要限度的规定，在实践中很难掌握，不利于保护公民的合法权益，更不利于鼓励公民见义勇为同违法犯罪行为作斗争。但是没有一定防卫限度的要求，无限制防卫的提法也有弊端，容易被犯罪分子利用，通过制造防卫情况的手段达到犯罪目的。这一问题的关键是确定一个便于操作的防卫限度。我们的意见是：

（一）公民对于正在发生的不法侵害行为所采取的制止不法侵害所必须的行为，属于正当防卫行为。将正当防卫行为界定为制止不法侵害所必须的行为，目的在于司法机关在判断防卫行为是否正当时，有一个比较大的灵活度，对于公民的正当防卫权利给予有效的司法保护。

（二）公民由于情况紧急，对于严重侵害或威胁其人身、财产安全的行为，或者对于正在发生的侵害或威胁公共利益、他人的人身和其他权利的行为，采取的防卫行为超过必要限度的，不负刑事责任。这样规定，一是鼓励公民积极行使正当防卫权利，实行自我保护；二是鼓励公民为保护国家、集体、社会利益和其他公民的合法权利的见义勇为的行为。

（三）公民对不法侵害行为实施防卫，致使不法侵害人丧失了侵害能力，有效地制止了不法侵害后，又对不法侵害人实施侵害的，属于不法侵害。"致使不法侵害人丧失了侵害能力，有效地制止了不法侵害"，实际上是提出了一个划分正当防卫与防卫过当的界限，便于公民在行使防卫权利时以及司法机关在判断防卫行为是否合法时掌握。

（四）对于行为人为规避法律，故意制造防卫情况侵害公共利益、公民的合法权利的行为，依法处罚。对于犯罪分子利用"防卫挑逗"等手段侵害公民合法权益的行为依法处罚，也是从另一个侧面来保护公民的正当防卫权利。

（五）应当把依法履行职责的行为，同正当防卫行为严格区别开来。这有利于保护执法人员的合法权益，依法行使法定职权，打击犯罪。

四、关于刑种的调整与适用的问题

（一）管制刑的存废。

第一种意见，取消管制。理由：1. 管制刑与我国的现实国情不适应，难以有效地执行，以致判而不管，名存实亡。随着市场经济体制的建立，企业实行经济承包责任制，企业自主权扩大，特别是实行优化组合以后，原单位不愿接收管制犯，更谈不上监督和改造，使管制犯实际上处于放任不管的状态，难以发挥管制刑应有的处罚作用。2. 基于上述原因，法院判处管制刑的越来越少。

第二种意见，保留管制。理由：在刑罚种类中作为一种较轻的刑罚，与其他较重的刑种搭配，可以丰富现有的刑罚体系。

倾向于第一种意见。

增加劳役刑作为主刑的一种。对于轻微刑事犯罪用这种处罚手段比较合适，通过劳动对犯罪分子实行改造，便于基层公安机关、居委会、村委会等组织进行管理。

劳役刑的刑期以劳动日计算为宜，即一个月以上半年以下。服刑期间如果逃避或违反规定抗拒劳役的收监执行，两个劳动日折抵刑期一日。

（二）应否增加限期剥夺资格刑。

应当在分则条文中规定哪种犯罪适用剥夺资格刑。

分限期剥夺（1年至5年）和终身剥夺两种。

（三）罚金能否提高为主刑，罚金能否以劳动代替。

罚金刑不宜提高为主刑。理由：1. 目前，依法判处罚金刑的比例很低，而且由于被告人没有缴纳能力，导致罚金刑空判不能执行的情况较多。如果提高为主刑，执行不了，将严重影响法律的严肃性。2. 对一个罪只能判处一个主刑，不宜判处两个主刑。如果将罚金提高为主刑，会出现对一个罪判处两个主刑的问题。罚金刑作为附加刑既可附加适用，又能独立适用，比较灵活。

对不能缴纳罚金的，应当以劳役代替。

应当规定罚金的最低限额，但上不封顶，以适应未来形势发展的需要。对于一般犯罪处以罚金以500元为最低限，对贪利型犯罪以5000元为最低限。罚金应在判决确定的期限内或主刑执行完毕后缴纳，不能缴纳的，以服劳役代替。

（四）有期徒刑能否延长期限，如二十年。

同意延长至20年，数罪并罚不超过30年。

（五）剥夺政治权利的完善与适用。

剥夺政治权利的对象：危害国家安全的犯罪、判处10年以上有期徒刑的其他刑事犯罪，公职人员或者公务员利用职权的职务犯罪。

剥夺政治权利的内容：选举权、被选举权；言论、出版、集会、游行、结社、示威自由；担任公职的权利。

（六）对单位犯罪除判处罚金外，是否还应增加其他处罚措施。

增加：剥夺荣誉称号、限制业务活动范围、罚金、没收财产、强制解散等措施。

五、关于对累犯是否增加加重处罚的原则和范围，具体如何适用的问题

（一）将累犯定义为："被判处有期徒刑以上刑罚的犯罪分子，刑罚执行完毕或者赦免以后五年内，或者在刑罚执行期间，再犯应当判处有期徒刑以上刑罚之罪的，是累犯，但是过失犯罪除外。"

（二）刑法上关于前罪的刑罚执行完毕或者赦免以后，在一定期限内再犯罪的规定应予保留。但"三年"时间偏短，不利于打击累犯，宜将"三年"改为"五年"。

（三）对于累犯应当从重处罚。具有下列情形之一的，可以加重处罚：1. 刑罚执行期间逃跑后又犯罪的；2. 基于报复动机而对检举人、被害人、有关的司法工作人员及其他制止犯罪行为的人实施犯罪的；3. 刑罚执行完毕后又犯危害特别严重的犯罪的。

（四）对累犯加重处罚，法定最高刑为有期徒刑的，不得加重到无期徒刑；法定最高刑为无期徒刑的，不得加重到死刑；有期徒刑可以加重到本刑原判刑期的1/2，但加重处罚后的最高刑期不得超过30年。

（五）鉴于上述对累犯问题的修改中扩大了累犯的范围并增加了对累犯的加重处罚原则。因此，不必建立再犯制度。

六、关于是否在刑法中设专章或专节规定保安处分和劳教是否纳入保安处分的问题

（一）应当设专章规定保安处分制度。

（二）劳教涉及剥夺人身自由的问题，应当纳入保安处分制度。

（三）关于程序问题，有两种意见：

第一种意见认为，保安处分归入刑法内容后，应由法院来处理。实行独任制，开庭审理，公安机关送案，被采取保安措施人当庭答辩并可请律师。对于应对哪种保安处分开庭审理有两种意见；一种是只对劳教、政府收容教养措施进行开庭审理；另一种是，对劳教、政府收容教养、精神病人强制医疗措施、性病强制医疗措施、强制戒毒措施等都要开庭审理。倾向于第一种意见。

第二种意见认为，保安处分不宜都由法院处理，工作量太大，人、财、物的负担重。

倾向于第一种意见。

七、关于单位犯罪的问题

（一）称谓问题。单位犯罪的提法不科学，应称为法人或者其他组织犯罪。

（二）法人或者其他组织犯罪的定义与范围。以法人或者其他组织的名义，为了该法人或者其他组织的利益，谋取非法经济利益，实施危害社会的行为构成犯罪的，是法人或者其他组织犯罪。

（三）对于法人或者其他组织犯罪的主体是否包括国家机关问题，有两种意见：

第一种意见认为应当包括。理由：《民法通则》第三章明确规定，法人包括企业法人、机关、事业单位法人和社会团体法人。刑法中关于法人范围的规定应与之相一致。而且，从目前已审结的法人犯罪来看，国家机关参与犯罪的不少，影响很坏，危害也大。

第二种意见认为不应当包括。理由：1. 由于国家机关属行政单位，经费完全靠财政划拨，没有可自主支配的财产，对机关犯罪的无法适用罚金刑。2. 我国是社会主义国家，如果判处一个国家机关有罪，无法行使行政管理职权，名声也太坏。3. 刑法要作用于一个较长的历史时期。目前，国家机关犯罪问题相对突出，日后随体制改革的深入，机关参与经营活动的越来越少，这种犯罪也将大量减少。4. 外国刑法典都是把党政机关排除在法人犯罪之外的。5. 对这种犯罪以个人犯罪论处，实际上是处罚更严厉，有利于打击这类犯罪。

倾向于第二种意见。

（四）处罚手段、标准。总则中不宜规定对法人犯罪的处罚，应在分则中作出相应规定。

机关犯罪的，对主管人员和其他直接责任人员按个人犯罪论处。

处罚手段：剥夺荣誉称号、限制业务活动范围、罚金、没收财产、强制解散。

罚金最低数额不应低于5万元。

八、关于增设新罪名的问题

待修改分则条文时逐条修正、增设。

九、关于分则条文的具体化的问题

（一）三个“口袋罪”问题

1. 投机倒把罪：不保留罪名，分解为新罪名。

2. 流氓罪：是否分解存在两种意见：

第一种意见认为应保留流氓罪。现由：如果分解流氓罪，也不能穷尽所有罪名，而且死刑的条款将增多，数罪并罚的情况增多，取消流氓集团的概念，处理起来也比较复杂。在保留的同时，严格限定流氓罪的行为特征：（1）聚众斗殴；（2）寻衅滋事；（3）侮辱妇女；（4）强制猥亵妇女或者猥亵不满14岁的幼女；（5）聚众进行淫秽活动；（6）强制鸡奸或者鸡奸不满14岁的男性幼童的；（7）其他流氓活动。同时，分解出一个妨害社会风化罪，将流氓罪以外的其他轻微的流氓行为归入这个罪中，是比较可行的。

第二种意见认为应分解流氓罪。流氓罪中包含的东西太多，对其中不同行为的量刑悬殊，不易理解和掌握。

倾向于第一种意见。

3. 玩忽职守罪：应当保留。玩忽职守罪的主体应扩大到公司、企业人员，分解出非公职人员违反职责罪，增设滥用职权罪。

（二）罪与非罪、重罪与轻罪的区分。

除毒品犯罪外，其他犯罪不宜以金钱或物品的具体数额标准作为罪与非罪、重罪与轻罪的界限。

十、关于死刑适用范围的问题

（一）原则上对哪一类犯罪应适用死刑。

1. 以下各类犯罪应当适用死刑：

（1）危害国家安全的犯罪、暴力性犯罪、贪污犯罪、索贿罪、军职罪中战时犯罪的应当规定死刑。

（2）盗窃罪中入室盗窃数额较大的，盗窃文物、国宝、银行、金库的行为应规定死刑。

（3）毒品犯罪应当规定死刑。

（4）国际公认的犯罪，如走私军火、贩卖人口、海盗犯罪等应当规定死刑。

（5）分裂国家罪、伪造货币罪应当规定死刑。

2. 以下各类犯罪是否应当适用死刑存在两种意见：

（1）故意重伤、故意伤害致死罪。第一种意见认为，对于这类犯罪中犯罪目的、手段、行为特别残酷的，应当适用死刑。第二种意见认为对这类犯罪不必适用死刑。

（2）伪造、倒卖增值税专用发票罪。第一种意见认为不规定死刑；第二种意见认为应当规定。倾向于第一种意见。

3. 金融诈骗犯罪不要规定死刑。

（二）立法技术问题

1. 在分则具体条文中明确规定哪些该判死刑，便于操作。

2. 在条文表述上，应当先确定罪名，再写罪状，体现罪刑法定原则。

十一、其他问题

对于刑法没有明文规定的，而我国参加的国际公约中规定的，司法实践中如何引用的问题，应作出明确规定。

最高人民法院刑法修改小组
1996 年 5 月 30 日

5. 关于对《中华人民共和国刑法（修订草案）》（征求意见稿）的修改意见的函

（最高人民法院办公厅　1996 年 11 月 12 日）

全国人大常委会法制工作委员会：

你委于 10 月 10 日下发的《中华人民共和国刑法（修订草案）》（以下简称《修订草案》）已收阅。经研究，提出以下意见：

一、关于刑法的编章结构问题

（一）建议保留原来刑法的规定，将有关妨害婚姻家庭的犯罪从目前第四章侵犯公民人身权利、民主权利罪中分立出来，单独规定为一章。

理由：

1. 妨害婚姻家庭犯罪侵害的客体主要是我国的婚姻家庭制度，与侵犯公民人身权利、民主权利罪的犯罪客体不尽一致。

2. 我国自古以来就非常重视保护婚姻家庭。提倡家庭伦理道德，也是社会主义精神文明建设的重要内容。对这类犯罪单设一章，有利于宣传贯彻婚姻法，突出刑法对妇女、儿童和老人合法权益的保护。

（二）建议将第七章贪污贿赂罪规定为第八章渎职罪的第一节。

理由：

1. 贪污贿赂行为是最典型同时也是最严重的渎职行为。如果对贪污贿赂罪设专章，将破坏刑法分则体系的统一性、科学性。

2. 根据我国近年来惩治贪污贿赂犯罪的司法实践，在渎职罪章的第一节专门规定贪污贿赂犯罪，突出了刑法对这类腐败行为的惩处，体现了党中央反腐倡廉的决心。

（三）建议刑法分则采取一罪一条的方式规定犯罪，并明确规定出罪名。

理由：

1. 刑法分则有的是数条一罪，有的是一条数罪，如第一百零九条、第一百一十条，这样既不利于刑法典简洁明了，司法实践中适用起来也很不方便。

2. 在分则中明确规定罪名，是罪刑法定原则的要求；由司法解释来确定罪名的做法，容易产生分歧。

二、建议增设并集中规定刑法的基本原则

建议将《修订草案》第二章第十一条规定的罪刑法定原则和第四章第六十条规定的在适用法律上一律平等原则、罪刑相适应原则集中规定于第一章，并增加规定惩办与宽大相结合原则、罪责自负原则。同时，将第一章的章名由现在的“刑法的任务和适用范围”，相应地改为“刑法的任务、基本原则和适用范围”。

理由：

（一）刑法的基本原则是贯穿全部刑法规范和刑法适用、体现刑法的基本性质与基本精神的准则，在刑法中起到统帅和核心的作用，其地位决定了它应当规定于刑法的首章。

（二）罪刑法定原则、罪刑相适应原则与在适用法律上一律平等原则都贯穿于刑事立法和刑事司法的全部活动中。若将它们规定于第二章“犯罪”和第四章第一节“量刑”中，就把罪刑法定仅仅看成是定罪的原则，把在适用法律上一律平等、罪刑相适应仅仅看成是量刑的原则，这显然是不当的。

（三）惩办与宽大相结合的原则、罪责自负的原则也是贯穿于全部刑法、指导全部刑事法律活动始终的准则，应当成为刑法的基本原则。

（四）世界上多数国家凡规定刑法基本原则的，无不在刑法第一章规定，以示极端重视。我国刑法开宗明义规定刑法基本原则，有利于在国际上树立良好的法治形象。

三、关于未成年人犯罪的刑事责任问题

（一）建议对未成年人犯罪的刑事责任问题设专章或者专节予以规定。主要内容包括：1. 未成年人负刑事责任的年龄；2. 未成年人负刑事责任的犯罪的范围；3. 对未成年犯罪人的量刑原则，如：①教育为主，惩罚为辅的原则；②适当多适用缓刑的原则；③不适用死刑（包括死缓）的原则；④不适用罚金刑和剥夺政治权利刑的原则。4. 对未成年罪犯在减刑、假释的条件上适当放宽的原则。

理由：

1. 这样便于对未成年人犯罪及其刑事责任作出集中而详细的规定，充分体现国家对未成年犯罪人“教育、感化、挽救”的特殊刑事政策。

2. 有利于促进全社会对未成年人犯罪的惩治与防范的关注。

3. 司法实践已对未成年人犯罪及其刑事责任总结出一套行之有效的原则与措施，制订发布了若干司法解释，需要立法予以肯定。

4. 许多国家都有专门的少年刑法。我国刑法设立未成年人犯罪专章或者专节，有助于我国在未成年人犯罪的刑事法制领域与世界各国的协调发展。

（二）建议将《修订草案》第十五条第二款关于“已满十四岁不满十六岁的人，犯杀人、重伤、抢劫、放火、惯窃罪或者其他严重破坏社会治安秩序的犯罪，应当负刑事责任”的规定改为“已满十四岁不满十六岁的人，犯故意杀人、故意重伤、抢劫、放火或者其他法定最低刑为五年以上有期徒刑的严重破坏社会秩序的犯罪，应当负刑事责任”。

理由：

1. 已满 14 岁不满 16 岁的未成年人只能对严重的故意犯罪负刑事责任；对于因过失而造成危害的，不应负刑事责任。

2.“其他严重破坏社会治安秩序的犯罪”含义不太明确，实践中不易掌握。以法定最低刑 5 年以上有期徒刑的犯罪作为标准较为明确，也是司法实践经验的总结。

（三）建议取消现行刑法关于对未成年人犯罪可以判处死缓的规定。

理由：

1. 死刑缓期两年执行，是死刑的执行制度，不是单独的刑种。因此，既然刑法第四十七条规定犯罪的时候不满十八岁的人，不适用死刑。那么，刑法第四十七条同时规定“已满十六岁不满十八岁的，如果所犯罪行特别严重，可以判处死刑缓期二年执行”，有悖法理。

2. 我国对不满 18 岁的人犯罪一贯坚持教育为主、惩罚为辅的方针。已满 16 岁不满 18 岁的人绝大多数是中学生，其生理和心理发育尚不成熟，社会阅历、社会经验亦有限，因此不宜对未成年人规定适用死刑，否则将有损我国在国际上的人权形象。

3. 1991 年 11 月，全国人大常委会已批准了《儿童权利公约》，对其中关于对不满 18 岁的人不适用死刑的条款并未提出保留。国内立法与国际公约的规定应该协调一致。

四、关于单位犯罪的问题

（一）建议将《修订草案》中“单位犯罪”的表述改为“法人犯罪”，同时明确规定“非法人组织犯罪，以法人犯罪论处”。

理由：

1. 单位不是法律上的概念，含义模糊，不好界定。法人则是法律上的概念，我国的其他法律如民法、民事诉讼法、行政诉讼法中都使用了“法人”一词；“法人犯罪”在国际上也是通用的概念。

2. 使用“法人犯罪”，辅之以“非法人组织犯罪，以法人犯罪论”，可以避免仅仅使用“法人犯罪”带来的对非法人组织犯罪无法适用法律的问题。

3. 法人包括某些私营企业，但私营企业与个人还是不同。特别是在财产上，私营企业的财产与私营企业主个人的财产在法律地位上是不同的。对具有法人资格的私营企业的犯罪应与私营企业主的个人犯罪区别开来。在社会主义市场经济条件下，国家对不同的经济主体在法律上应给予同等的保护，因此，对私营企业犯罪也应像对其他法人犯罪一样处罚。

（二）建议不将“国家机关”作为法人犯罪的主体。对以国家机关名义犯罪的，只处罚国家机关的主管人员和其他直接责任人员。

理由：

1. 国家机关代表国家对社会进行管理，经费由国家财政拨款。如果将其作为犯罪主体，无论采用何种刑罚措施，都必将影响其正常职能的发挥，影响其对社会的正常管理。

2. 不把国家机关作为犯罪主体，只处罚有关的责任人员，同样可以达到惩罚、预防犯罪的目的。

3. 国外刑法规定法人犯罪的，也多不包括国家机关在内。

（三）建议对法人犯罪明确规定“双罚制”的处罚原则，既处罚法人，又追究直接负责的主管人员和其他直接责任人员的刑事责任。但在处罚个人时，应区分不同情况，规定不同的处罚原则。同时，完善法人犯罪的刑罚体系，增加规定停业整顿、吊销营业执照、限定营业范围、禁止从事某种营业等刑罚措施。

理由：

1. 对法人犯罪采取“双罚制”是世界各国的通例；我国现有单行刑法中对“单位犯罪”也都是采取“双罚制”，对此应在刑法典中明确予以规定。

2.“法人犯罪”中的个人在犯罪动机上是为了团体的利益，而且，法人犯罪往往是多人共同决定的，具有责任分散的特点。因此，根据司法实践，对一般法人犯罪，追究个人刑事责任时，应与个人犯罪有所区别。但是，对于严重危害社会治安的法人犯罪，如走私枪支，毒品等，其处罚原则则应与个人犯罪相同。

3.“法人犯罪”与个人犯罪不同。对个人适用的刑罚，除了罚金、没收财产等财产刑，其他刑罚无法适用于法人。为了有效地惩治、预防法人犯罪，应当设立一些适合法人特点的刑罚种类。

五、关于恢复第五十九条第二款规定的问题

建议《修订草案》原则恢复刑法第五十九条第二款的规定，同时在程序上加以限制，规定：“犯罪分子虽然不具有本法规定的减轻处罚情节，如果根据案件的具体情况，判处法定刑的最低刑还是过重的，经人民法院审判委员会决定，并报上一级人民法院核准，也可以低于法定刑的最低刑判处刑罚。”

理由：

1. 刑法第五十九条第二款的规定体现了原则性与灵活性、普遍性与特殊性相结合，符合罪刑相适应的原则。

2. 从国家利益考虑，保留这一条款是外交、国防、统战、民族、宗教工作的需要，是经济建设的需要，也是司法实践的需要（附案例）。

3. 实践中对这一条款的适用基本上是正确的，发生的问题是极个别的。

4. 规定适用这一条款必须经上一级人民法院核准，可以从程序上适当加以限制，防止滥用这一条款。

六、关于保留减刑、假释规定的问题

建议原则上保留现行刑法关于减刑、假释的规定；同时，为减少司法适用的随意性，可严格减刑、假释的适用条件，即对于罪行严重的危害国家安全的犯罪分子、犯罪集团的首要分子、累犯，减刑后实际执行的刑期不能少于原判刑期的三分之二；对无期徒刑减刑假释的，实际执行的刑期不能少于十五年；对于有“特殊情节”假释的，应当报高级人民法院或者最高人民法院核准。

理由：

1.《修订草案》第七十七条第四款关于“对同一犯罪分子只能减刑一次”的规定，不利于罪犯的教育改造。实践证明，“小减多次，细水长流”，才能不断地调动罪犯改造的积极性。

2. 刑法规定减刑制度的目的在于鼓励犯罪人真诚悔改。因此，减刑的条件重点应放在有悔改或者立功表现上。犯罪分子，即使是罪行严重的罪犯、首要分子、累犯等，只要有悔改或者立功表现，也可以减刑，否则，就等于断了这些犯罪分子的自新之路，不符合我国惩罚与教育改造相结合的刑事政策，但在减刑条件上可比一般犯罪分子更严格一些。

3. 假释的实质条件是罪犯确有悔改表现，不致再危害社会。因此，不论是被判处有期徒刑还是无期徒刑的罪犯，只要具备这一条件，在经过一定时间的刑罚执行后，都可予以假释。为体现罪刑相适应的原则，刑法可适当延长无期徒刑假释必须实际执行的刑期。

4. 现行刑法关于“有特殊情节的”，假释可以不受执行刑期限制的规定，体现了原则性与灵活性相结合的精神，可以适应国防、外交、统战及经济建设的需要，应当继续予以保留（附案例）。为控制这一规定的适用范围，在程序上可作必要的限制。

七、关于国家工作人员范围问题

建议刑法规定：国家工作人员是指国家机关中依法从事公务的人员；受国家机关委派从事公务的人员，以国家工作人员论。

理由：

1. 在企业、事业单位从事管理职权的人员不同于在国家行政机关、权力机关、司法机关及军队中依法从事公务的人员，后者是代表国家管理社会，前者则不具备这种特征。

2. 对国家工作人员的范围从严掌握，有利于突出刑法打击重点，维护国家机关的廉洁性。

3. 把企业、事业单位的工作人员也作为国家工作人员，既不符合政企分开的经济体制改革的方向，也不符合干部分类管理的人事制度改革的方向。

4. 修订后的刑法已有侵占罪、商业受贿罪、挪用资金罪等规定。将国家工作人员的范围从严掌握，不影响对国家工作人员以外的企业、事业等单位中人员的经济犯罪的惩处。

5. 实践中对于企业、事业单位中哪些是国家工作人员，哪些是非国家工作人员很难认定。

6. 规定"受国家机关委派从事公务的人员，以国家工作人员论"，既把国家机关以外的工作人员与国家工作人员相区别，又不妨碍对他们的职务犯罪按国家工作人员职务犯罪处理。

八、关于三个"口袋罪"的问题

（一）关于投机倒把罪

1. 建议将伪造、倒卖伪造的车票、船票罪，修改为伪造、倒卖伪造的有价票证罪。

理由：

第200条仅仅规定伪造、倒卖车票、船票，范围太窄。规定为有价票证，既能包括车船票，又能将其他有价票证包括进来。

2. 建议增设非法出版罪。规定：违反国家出版法规，进行非法出版活动，情节严重的，处三年以下有期徒刑或者拘役，并处或者单处罚金；情节特别严重的，处三年以上十年以下有期徒刑，并处没收财产。

理由：

实践中对于内容尚不够反革命宣传煽动或者淫秽标准的非法出版活动，是按照投机倒把罪来处理的。投机倒把罪分解后应增设新的罪名处理这类构成犯罪的行为。

（二）关于流氓罪

同意对流氓罪的分解，同时建议增设"妨害社会风化罪"。规定：举办、参与性表演或者以其他方法实施妨害社会风化的行为，情节严重的，处五年以下有期徒刑或者拘役；情节特别严重的，处五年以上有期徒刑。

理由：

1. 流氓罪分解后，根据司法实践中掌握的情况，对于近年来出现的在公共场所进行性交表演等有伤社会风化行为的问题有待解决。

2. 很多国家的刑法当中，对有伤社会风化的行为都规定了类似的罪名，可供参考。

（三）关于玩忽职守罪

目前《修订草案》中这种按不同部门（业务）分解的方式不妥，应当根据玩忽职守行为不同的表现形式及其所反映出来的对社会危害程度的大小，来分解玩忽职守罪。鉴于《修订草案》已对滥用职权罪单独作了规定，因此，建议只在第三百四十五条中增加一款，规定：非国家工作人员犯前款罪的，依照前款的规定处罚。至于《修订草案》规定的其他玩忽职守犯罪，可以删除。

理由：

按照部门分解玩忽职守罪，难免挂一漏万，而且很难适应以后机构改革中可能出现部门撤销、合并、分解等各种变化。

九、关于增设缓刑保证金问题

建议在刑法中增设缓刑保证金制度。即人民法院对宣告缓刑的犯罪分子，应当责令其交纳保证金。保证金交人民法院指定的银行。被宣告缓刑的犯罪分子，在考验期限内，违反法律、行政法规和国务院、公安部门有关缓刑的监督管理规定，没收保证金；情节严重的，应当撤销缓刑，收监执行原判刑罚。犯罪分子没有违反监督管理规定的，缓刑考验期满，应当退还保证金。

理由：

1. 实践中对判处缓刑的犯罪分子缺乏监督管理手段，不利于缓刑犯的教育改造，群众对此也很有意见。增设缓刑保证金制度，可以加强司法机关对缓刑犯的考察。

2. 前些年，一些地方法院曾试行缓刑保证金制度，取得了很好的效果。

3. 在法律中规定财产保证的方法在我国已有先例。如修正后的刑事诉讼法规定，对取保候审的可以用财产保证的方法。

4. 为防止实践中滥用缓刑保证金制度，可以在法律中严格规定缓刑保证金的数量、保管、上缴、返还等制度，如规定缓刑保证金交到由人民法院指定的银行专户。

附：关于对《中华人民共和国刑法（修订草案）》（征求意见稿）的修改意见（最高人民法院）

附：关于对《中华人民共和国刑法（修订草案）》（征求意见稿）的修改意见

（最高人民法院刑法修改小组　1996 年 11 月 8 日）

全国人大常委会法制工作委员会：

按照你委关于刑法修改工作的统一安排，我院于 1996 年 9 月、10 月分别在南宁、天津两次召开了部分高、中级法院和基层法院刑法修改座谈会，邀请有一定理论基础，又有丰富实践经验的同志，就法工委 8 月 8 日《刑法修改草稿》和 10 月 10 日《中华人民共和国刑法（修订草案）》（以下简称《修订草案》）进行了座谈。与会者紧密结合审判实践，提出了许多很好的意见和建议。

在此基础上，我们经过认真研究，对这次刑法修改工作和《修订草案》提出以下意见，供参考。

一、关于刑法修改的指导思想问题

这次刑法修改，并非个别条文的调整，而是从实际出发，对现行刑法进行全面修订。为实现预期目的，必须要有明确的指导思想。

（一）修改刑法，要从中国国情出发，充分考虑中国地大、人多、经济发展水平不高、治安形势仍较严峻等情况。

（二）修改刑法，要适应深化改革、扩大开放，建立和完善社会主义市场经济体制的需要。

（三）修改刑法，要注意总结刑法颁行十七年来司法实践中积累的经验，将其中行之有效、科学合理的内容吸收到刑法中来；同时，鉴于这次修改刑法工作时间紧、任务重，应将重点放在司法实践中迫切需要解决且已具备解决条件的问题上，而对于一些在司法实践中没有发现问题的规定，原则上不作修改。

（四）修改刑法，应适当考虑借鉴国外立法例和有益经验，使我国刑法具有一定前瞻性。

二、关于刑法的编章结构问题

（一）建议保留原来刑法的规定，将有关妨害婚姻家庭的犯罪从目前第四章侵犯公民人身权利、民主权利罪中分立出来，单独规定为一章。

理由：

1. 妨害婚姻家庭犯罪侵害的客体主要是我国的婚姻家庭制度，与侵犯公民人身权利、民主权利罪的犯罪客体不尽一致。

2. 我国自古以来就非常重视保护婚姻家庭。提倡家庭伦理道德，也是社会主义精神文明建设的重要内容。对这类犯罪单设一章，有利于宣传贯彻婚姻法，突出刑法对妇女、儿童和老人合法权益的保护。

（二）建议将第七章贪污贿赂罪规定为第八章渎职罪的第一节。

理由：

1. 贪污贿赂行为是最典型同时也是最严重的渎职行为。如果对贪污贿赂罪设专章，将破坏刑法分则体系的统一性、科学性。

2. 根据我国近年来惩治贪污贿赂犯罪的司法实践，在渎职罪章的第一节专门规定贪污贿赂犯罪，突出了刑法对这类腐败行为的惩处，体现了党中央反腐倡廉的决心。

（三）建议刑法分则采取一罪一条的方式规定犯罪，并明确规定出罪名。

理由：

1. 刑法分则有的是数条一罪，有的是一条数罪，如第一百零九条、第一百一十条，这样既不利于刑法典简洁明了，司法实践中适用起来也很不方便。

2. 在分则中明确规定罪名，是罪刑法定原则的要求；由司法解释来确定罪名的做法，容易产生分歧。

三、关于刑法总则问题

（一）关于增设并集中规定刑法基本原则的问题

建议将《修订草案》第二章第十一条规定的罪刑法定原则和第四章第六十条规定的在适用法律上一律平等原则、罪刑相适应原则集中规定于第一章，并增加规定惩办与宽大相结合原则、罪责自负原则。同时，将第一章的章名由现在的“刑法的任务和适用范围”相应地改为“刑法的任务、基本原则和适用范围”。

理由：

1. 刑法的基本原则是贯穿全部刑法规范和刑法适用、体现刑法的基本性质与基本精神的准则，在刑法中起到统帅和核心的作用，其地位决定了它应当规定于刑法的首章。

2. 罪刑法定原则、罪刑相适应原则与在适用法律上一律平等原则都贯穿于刑事立法和刑事司法的全部活动中。若将它们规定于第二章“犯罪”和第四章第一节“量刑”中，就把罪刑法定仅仅看成是定罪的原则，把在适用法律上一律平等、罪刑相适应仅仅看成是量刑的原则，这显然是不当的。

3. 惩办与宽大相结合的原则、罪责自负的原则也是贯穿于全部刑法、指导全部刑事法律活动始终的准则，应当成为刑法的基本原则。

4. 世界上多数国家凡规定刑法基本原则的，无不在刑法第一章规定，以示极端重视。我国刑法开宗明义规定刑法基本原则，有利于在国际上树立良好的法治形象。

（二）关于刑法的适用范围问题

建议规定：中华人民共和国公民在中华人民共和国领域外犯危害国家安全罪的，适用本法；犯其他法定最高刑超过三年有期徒刑之罪的，也适用本法，但是按照犯罪地法律不受处罚的除外。

中华人民共和国国家工作人员和军人在中华人民共和国领域外实施本法规定的职务犯罪的，适用本法；实施其他犯罪的，适用前款规定。

理由：

1.《修订草案》取消现行刑法第五条关于中华人民共和国公民在中华人民共和国领域外犯罪，按照犯罪地法律不受处罚的，不适用我国刑法的规定，不符合世界各国刑事立法通例，有悖刑法目的，而且与该草案关于外国人在中华人民共和国领域外对中华人民共和国国家或者公民犯罪，按照犯罪地法律不受处罚的，不适用中国刑法的规定不协调。

2. 公民在国外犯危害国家安全罪的，一律适用本国刑法，这是维护国家安全的需要，也是外国立法通例。

3. 国家工作人员和军人既是有特殊身份的公民，同时又是普通公民。对国家工作人员和军人在国外实施职务犯罪的，为了体现刑法对职务犯罪从严的精神，规定一律适用我国刑法是可以的。但是，对于国家工作人员和军人在国外实施与职务无关的普通犯罪的，其适用范围则应与普通公民相同。

（三）关于未成年人犯罪的刑事责任问题

1. 建议对未成年人犯罪的刑事责任问题设专章或者专节予以规定。主要内容包括：（1）未成年人负刑事责任的年龄；（2）未成年人负刑事责任的犯罪的范围；（3）对未成年犯罪人的量刑原则，如①教育为主，惩罚为辅的原则；②适当多适用缓刑的原则；③不适用死刑（包括死缓）的原则；④不适用罚金刑和剥夺政治权利刑的原则。（4）对未成年罪犯在减刑、假释的条件上适当放宽的原则。

理由：

（1）这样便于对未成年人犯罪及其刑事责任作出集中而详细的规定，充分体现国家对未成年犯罪人“教育、感化、挽救”的特殊刑事政策。

（2）有利于促进全社会对未成年人犯罪的惩治与防范的关注。

（3）司法实践已对未成年人犯罪及其刑事责任总结出一套行之有效的原则与措施，制订发布了若干司法解释，需要立法予以肯定。

（4）许多国家都有专门的少年刑法。我国刑法设立未成年人犯罪专章或者专节，有助于我国在未成年人犯罪的刑事法制领域与世界各国的协调发展。

2. 建议将《修订草案》第十五条第二款关于“已满十四岁不满十六岁的人，犯杀人、重伤、抢劫、放火、惯窃罪或者其他严重破坏社会治安秩序的犯罪，应当负刑事责任”的规定改为“已满十四岁不满十六岁的人，犯故意杀人、故意重伤、抢劫、放火或者其他法定最低刑为五年以上有期徒刑的严重破坏社会秩序的犯罪，应当负刑事责任”。

理由：

（1）已满 14 岁不满 16 岁的未成年人只能对严重的故意犯罪负刑事责任；对于因过失而造成危害的，不应负刑事责任。

（2）“其他严重破坏社会治安秩序的犯罪”含义不太明确，实践中不易掌握。以法定最低刑 5 年以上有期徒刑的犯罪作为标准较为明确，也是司法实践经验的总结。

3. 建议取消现行刑法关于对未成年人犯罪可以判处死缓的规定。

理由：

（1）死刑缓期两年执行，是死刑的执行制度，不是单独的刑种。因此，既然刑法第四十七条规定犯罪的时候不满十八岁的人，不适用死刑。那么，刑法第四十七条同时规定“已满十六岁不满十八岁的，如果所犯罪行特别严重，可以判处死刑缓期二年执行”，有悖法理。

（2）我国对不满 18 岁的人犯罪一贯坚持教育为主、惩罚为辅的方针。已满 16 岁不满 18 岁的人绝大多数是中学生，其生理和心理发育尚不成熟，社会阅历、社会经验亦有限，因此不宜对未成年人规定适用死刑，否则将有损我国在国际上的人权形象。

（3）1991 年 11 月，全国人大常委会已批准了《儿童权利公约》，对其中关于对不满 18 岁的人不适用死刑的条款并未提出保留。国内立法与国际公约的规定应该协调一致。

（四）关于正当防卫问题

1. 建议将《修订草案》第十八条第一款改为“为了使国家、公共利益、本人或者他人的人身、财产、住宅和其他权利免受正在进行的不法侵害，而采取的制止不法侵害的行为，是正当防卫行为”。同时取消《修订草案》第十八条第五款关于“对以破门撬锁或者使用暴力方法非法侵入他人住宅的采取防卫行为，造成不法侵害人伤亡后果的，不负刑事责任”的规定。

理由：

（1）非法侵入他人住宅行为的情况非常复杂。行为人的动机、目的各种各样，不加区别地规定无限防卫权，容易造成对公民权利的不当侵害，产生消极后果。

（2）非法侵入他人住宅行为在刑法中是一个轻罪，它不能与故意杀人、抢劫、强奸等严重暴力犯罪相提并论。因此，对非法侵入他人住宅行为的防卫不宜像对严重暴力犯罪的防卫那样规定无限防卫权。

（3）虽然对非法侵入住宅行为不宜规定无限防卫权，但并不意味着对其不能实行正当防卫；在《修订草案》第十八条第一款中明确规定对非法侵入住宅行为的正当防卫，就可以实现刑法保护公民住宅权的目的。

2. 建议增加实施正当防卫、紧急避险之外的其他正当行为，如执行职务行为、正当业务行为、执行命令行为等，不负刑事责任的规定。

理由：

（1）形式上符合犯罪构成，而实质上不具有社会危害性的行为并不仅仅是正当防卫和紧急避险。因此，刑法只规定正当防卫、紧急避险两种正当行为不全面。

（2）有些正当行为如警察执行职务的行为与正当防卫行为有所不同，按正当防卫对待不妥，理应在刑法中作出单独规定。

（3）国外刑法大多在正当防卫、紧急避险之外，还规定了其他正当行为，值得借鉴。

（五）关于共同犯罪的处罚原则问题

建议在刑法总则“共同犯罪”一节中，分条款规定共同犯罪人应承担的刑事责任及其处罚的原则。即对组织、领导犯罪集团的首要分子，按照集团所犯的全部罪行，从重处罚；对于主犯，按照其所参与的犯罪，从重处罚；对于从犯，按照其所参与的犯罪，从轻、减轻处罚或者免除处罚。同时取消《修订草案》第三百三十一条第二款关于共同贪污的处罚规定。

理由：

1.《修订草案》仅规定“对组织、领导犯罪集团的首要分子，按照集团所犯的全部罪行处罚”，“对于主犯，应当按照其所参与的全部犯罪处罚”，没有规定“从重处罚”；而对从犯的处罚却规定“应当从轻、减轻处罚或者免除处罚”，又没有规定按参与的犯罪的处罚。二者不够协调。

2.“所参与的犯罪”是对首要分子以外的共同犯罪人确定量刑幅度的基本标准；具体处罚则要根据共同犯罪人在共同犯罪中的地位、作用，在法定刑幅度内从重、从轻处罚或者低于法定最低刑减轻、免除处罚。

3. 由于刑法总则中规定了统一的共同犯罪的处罚原则，就没有必要在分则中规定某一犯罪的共同犯罪处罚原则。

（六）关于单位犯罪的问题

1. 建议将《修订草案》中“单位犯罪”的表述改为“法人犯罪”，同时明确规定“非法人组织犯罪，以法人犯罪论处”。

理由：

（1）单位不是法律上的概念，含义模糊，不好界定。法人则是法律上的概念，我国的其他法律如民法、民事诉讼法、行政诉讼法中都使用了“法人”一词；“法人犯罪”在国际上也是通用的概念。

（2）使用“法人犯罪”，辅之以“非法人组织犯罪，以法人犯罪论”，可以避免仅仅使用“法人犯罪”带来的对非法人组织犯罪无法适用法律的问题。

（3）法人包括某些私营企业，但私营企业与个人还是不同。特别是在财产上，私营企业的财产与私营企业主个人的财产在法律地位上是不同的。对具有法人资格的私营企业的犯罪应与私营企业主的个人犯罪区别开来。在社会主义市场经济条件下，国家对不同的经济主体在法律上应给予同等的保护，因此，对私营企业犯罪也应像对其他法人犯罪一样处罚。

2. 建议不将“国家机关”作为法人犯罪的主体。对以国家机关名义犯罪的，只处罚国家机关的主管人员和其他直接责任人员。

理由：

（1）国家机关代表国家对社会进行管理，经费由国家财政拨款。如果将其作为犯罪主体，无论采用何种刑罚措施，都必将影响其正常职能的发挥，影响其对社会的正常管理。

（2）不把国家机关作为犯罪主体，只处罚有关的责任人员，同样可以达到惩罚、预防犯罪的目的。

（3）国外刑法规定法人犯罪的，也多不包括国家机关在内。

3. 建议对法人犯罪明确规定“双罚制”的处罚原则，既处罚法人，又追究直接负责的主管人员和其他直接责任人员的刑事责任。但在处罚个人时，应区分不同情况，规定不同的处罚原则。同时，完善法人犯罪的刑罚体系，增加规定停业整顿、吊销营业执照、限定营业范围、禁止从事某种营业等刑罚措施。

理由：

（1）对法人犯罪采取“双罚制”是世界各国的通例；我国现有单行刑法中对“单位犯罪”也都是采取“双罚制”，对此应在刑法典中明确予以规定。

（2）“法人犯罪”中的个人在犯罪动机上是为了团体的利益，而且，法人犯罪往往是多人共同决定的，具有责任分散的特点。因此，根据司法实践，对一般法人犯罪，追究个人刑事责任时，应与个人犯罪有所区别。但是，对于严重危害社会治安的法人犯罪，如走私枪支、毒品等，其处罚原则则应与个人犯罪相同。

（3）“法人犯罪”与个人犯罪不同。对个人适用的刑罚，除了罚金、没收财产等财产刑，其他刑罚无法适用于法人。为了有效地惩治、预防法人犯罪，应当设立一些适合法人特点的刑罚种类。

（七）关于刑罚种类的完善问题

1. 建议废除管制刑

理由：

（1）管制刑是特定历史条件的产物，在目前市场经济条件下，已失去了存在的基本条件。因此，目前管制刑在实践中很少使用，规定了没有什么实际意义。

（2）取消管制刑后，可以增设劳役刑。

少数同志主张保留管制刑，认为管制刑是利用社会力量改造罪犯，符合我国一贯坚持的群众路线；也符合世界上对罪犯予以非监禁化的潮流。

2. 关于死刑适用的问题

（1）建议对于死缓期间执行死刑的条件应当严格限制。除刑诉法已规定的在缓期两年期间又故意犯罪的条件外，还应当加上“情节恶劣”等限制条件。

理由：

司法实践中被判处死缓的罪犯在服刑场所又犯罪的情况比较复杂。有些虽属故意犯罪，但事出有因，如出于防卫过当故意犯罪；有些故意犯罪的情节比较轻微，盗窃财物数额不够巨大等。因此，仅仅规定故意犯罪的就要对其执行死刑，难免过于严厉，客观上将造成把一些罪不该杀的罪犯执行了死刑。

（2）建议在分则中不规定绝对确定的法定刑，特别是不规定死刑作为绝对确定的法定刑。

理由：

A. 不规定死刑作为绝对确定的法定刑，并不影响实践当中对于应当适用死刑的罪犯依法判处死刑。

B. 实践当中案件的情况很复杂，规定了绝对确定的法定刑，反而不利于根据不同案件的具体情况判处刑罚。

C. 规定绝对确定的法定刑，也与刑法总则部分关于对具有不同情节的罪犯应当从轻、减轻处罚的规定相矛盾，有悖罪刑相适应原则的要求。

（3）建议将分则中规定的“十年以上有期徒刑、无期徒刑或者死刑”这类幅度过宽的法定刑，分两档规定，即将有期徒刑规定为一个量刑档，无期徒刑和死刑规定为一个量刑档，避免在一个法定刑幅度内规定从有期徒刑到死刑的法定刑。

理由：

A. 规定幅度过宽的法定刑，司法实践中不好掌握，容易造成各地在量刑上失衡，客观上也易造成死刑的扩大适用。

B. 将有期徒刑规定为一档，将无期徒刑和死刑规定为一档，能和刑事诉讼法的有关审级管辖的规定相衔接，便于实践中执行。

3. 建议取消《修订草案》第五十二条关于“对于不能全部缴纳罚金的，人民法院在任何时候发现被执行人有可以执行的财产，应当随时追缴”的规定。同时规定对确实不能缴纳罚金的，易服劳役。

理由：

（1）《修订草案》第五十二条的规定在实践中无法执行，且与刑法的其他规定不太协调。

（2）国外刑法中大多有罚金易服劳役的规定，实际效果较好，值得借鉴。

4. 建议在《修订草案》第五十五条中增加规定“对于国家工作人员利用职务犯罪的应当附加剥夺政治权利”；同时将第五十五条规定的“对故意杀人……严重破坏社会治安秩序的犯罪分子，在必要的时候，也可以附加剥夺政治权利”，修改为“对于故意杀人……严重破坏社会秩序的犯罪分子，被判处十年以上有期徒刑的，可以附加剥夺政治权利。”

理由：

（1）对于利用职务犯罪的国家工作人员予以剥夺政治权利，就剥夺了他们重新犯罪的条件，具有预防职务犯罪的良好效果。

（2）“在必要的时候”标准不明确，司法实践中不易掌握。

（3）司法实践中一般是以判处十年以上有期徒刑作为判处附加剥夺政治权利的标准。

（八）关于是否取消刑法第五十九条第二款的规定

建议《修订草案》原则恢复刑法第五十九条第二款的规定，同时在程序上加以限制，规定：“犯罪分子虽然不具有本法规定的减轻处罚情节，如果根据案件的具体情况，判处法定刑的最低刑还是过重的，经人民法院审判委员会决定，并报上一级人民法院核准，也可以低于法定刑的最低刑判处刑罚。”

理由：

1. 刑法第五十九条第二款的规定体现了原则性与灵活性、普遍性与特殊性相结合，符合罪刑相适应的原则。

2. 从国家利益考虑，保留这一条款是外交、国防、统战、民族、宗教工作的需要，是经济建设的需要，也是司法实践的需要（附案例）。

3. 实践中对这一条款的适用基本上是正确的，发生的问题是极个别的。

4. 规定适用这一条款必须经上一级人民法院核准，可以从程序上适当加以限制，防止滥用这一条款。

（九）关于是否增加坦白作为法定从轻情节的问题

建议《修订草案》第六十六条增加第三款：“被采取强制措施的犯罪嫌疑人，如实供述司法机关尚未掌握的同种罪行的，可以从轻处罚。”

理由：

1. 将坦白作为法定从轻情节有利于鼓励犯罪嫌疑人主动交待犯罪事实，避免实践中出现的对坦白者不予从宽的不公正现象。

2. 符合我国一贯实行的“坦白从宽”的刑事政策。

3. 鉴于“坦白”不是法律术语，可规定其内容，但不出现“坦白”的字样。

（十）关于增设缓刑保证金的问题

建议在刑法中增设缓刑保证金制度。即人民法院对宣告缓刑的犯罪分子，应当责令其交纳保证金。保证金交人民法院指定的银行。被宣告缓刑的犯罪分子，在考验期限内，违反法律、行政法规和国务院公安部门有关缓刑的监督管理规定，没收保证金；情节严重的，应当撤销缓刑，收监执行原判刑罚。犯罪分子没有违反监督管理规定的，缓刑考验期满，应当退还保证金。

理由：

1. 实践中对判处缓刑的犯罪分子缺乏监督管理手段，不利于缓刑犯的教育改造，群众对此也很有意见。增设缓刑保证金制度，可以加强司法机关对缓刑犯的考察。

2. 前些年，一些地方法院曾试行缓刑保证金制度，取得了很好的效果。

3. 在法律中规定财产保证的方法在我国已有先例。如修正后的刑事诉讼法规定，对取保候审的可以用财产保证的方法。

4. 为防止实践中滥用缓刑保证金制度，可以在法律中严格规定缓刑保证金的数量、保管、上缴、返还等制度，如规定缓刑保证金交到由人民法院指定的银行专户。

（十一）关于减刑、假释问题

建议原则上保留现行刑法关于减刑、假释的规定；同时，为减少司法适用的随意性，可严格减刑、假释的适用条件，即对于罪行严重的危害国家安全的犯罪分子、犯罪集团的首要分子、累犯减刑后实际执行的刑期不能少于原判刑期的三分之二；对无期徒刑减刑、假释的，实际执行的刑期不能少于十五年；对于有“特殊情节”假释的，应当报高级人民法院或者最高人民法院核准。

理由：

1.《修订草案》第七十七条第四款关于“对同一犯罪分子只能减刑一次”的规定，不利于罪犯的教育改造。实践证明，“小减多次，细水长流”，才能不断地调动罪犯改造的积极性。

2. 刑法规定减刑制度的目的在于鼓励犯罪人真诚悔改。因此，减刑的条件重点应放在有悔改表现上。犯罪分子，即使是罪行严重的罪犯、首要分子、累犯等，只要有悔改或者立功表现，也可以减刑，否则，就等于断了这些犯罪分子的自新之路，不符合我国惩罚与教育改造相结合的刑事政策，但在减刑条件上可比一般犯罪分子更严格一些。

3. 假释的实质条件是罪犯确有悔改表现，不致再危害社会。因此，不论是被判处有期徒刑还是无期徒刑的罪犯，只要具备这一条件，在经过一定时间的刑罚执行后，都可予以假释。为体现罪刑相适应的原则，刑法可适当延长无期徒刑假释必须实际执行的刑期。

4. 现行刑法关于“有特殊情节的”假释可以不受执行刑期限制的规定，体现了原则性与灵活性相结合的精神，可以适应国防、外交、统战及经济建设的需要，应当继续予以保留（附案例）。为控制这一规定的适用范围，在程序上可作必要的限制。

（十二）关于时效问题

建议维持现行刑法第七十六条关于时效的规定，即追诉时效以法定最高刑而不应以宣告刑为标准确定；取消《修订草案》第八十四条第二款关于“依法应当判处十年以上有期徒刑、无期徒刑、死刑的，不受追诉时效的限制”的规定。

理由：

1. 现行刑法第七十六条关于时效规定的适用在司法实践中没有发现问题。

2. 以宣告刑作为决定是否追诉的标准，等于在立案前公安、检察机关就要先行量刑，不仅颠倒了程序，而且不易做到。

3. "依法应当判处十年以上有期徒刑、无期徒刑、死刑的，不受追诉时效的限制"的规定，使得追诉范围过宽，不利于维持稳定了的社会关系，不符合适用刑罚的目的，在实践中也不易实行。

4. 现行刑法第七十六条的规定也是外国刑事立法的通例。

（十三）关于国家工作人员的范围问题

建议刑法规定：国家工作人员是指国家机关中依法从事公务的人员；受国家机关委派从事公务的人员，以国家工作人员论。

理由：

1. 在企业、事业单位从事管理职权的人员不同于在国家行政机关、权力机关、司法机关及军队中依法从事公务的人员，后者是代表国家管理社会，前者则不具备这种特征。

2. 对国家工作人员的范围从严掌握，有利于突出刑法打击重点，维护国家机关的廉洁性。

3. 把企业、事业单位的工作人员也作为国家工作人员，既不符合政企分开的经济体制改革的方向，也不符合干部分类管理的人事制度改革的方向。

4. 修订后的刑法已有侵占罪、商业受贿罪、挪用资金罪等规定。将国家工作人员的范围从严掌握，不影响对国家工作人员以外的企业、事业等单位中人员的经济犯罪的惩处。

5. 实践中对于企业、事业单位中哪些是国家工作人员，哪些是非国家工作人员很难认定。

6. 规定"受国家机关委派从事公务的人员，以国家工作人员论"，既把国家机关以外的工作人员与国家工作人员相区别，又不妨碍对他们的职务犯罪按国家工作人员职务犯罪处理。

四、关于刑法分则问题

（一）关于罪名的增删问题

1. 建议增设拒不作证罪。规定：知道案件情况的人，没有法定事由拒不向司法机关作证，情节严重的，处二年以下有期徒刑或者拘役。

理由：

（1）证人拒绝向司法机关提供证据的情况在实践中比较多见，有的情节非常恶劣，造成诉讼活动无法正常进行，而对于严重的拒证行为缺乏制裁的措施。

（2）明年1月1日起将实施修正后的刑事诉讼法。证人出庭作证，是刑事审判方式改革成功的关键，也是最大的难点。为保证新的刑事审判方式的顺利实施，有必要增设此罪。

（3）至于对证人相应的保护措施可以在将来通过立法逐步完善和制度化。

另一种意见认为，目前证人保护制度还未建立，对不出庭作证的证人追究刑事责任，条件还不成熟。

2. 建议增设盗窃技术成果罪。规定：盗窃技术成果，情节严重的，处三年以下有期徒刑、拘役，并处或者单处罚金；情节特别严重的，处三年以上十年以下有期徒刑，并处罚金。

理由：

（1）盗窃技术成果的犯罪与普通盗窃罪的社会危害性和定罪量刑的原则都有较大差别。

（2）近年来盗窃技术成果的犯罪日渐增多，专门规定罪名，有利于预防和惩处将来社会上可能日益突出的这类犯罪。

3. 建议取消传授犯罪方法罪。

理由：

传授犯罪方法罪在以往的司法实践当中适用的很少；这类传授犯罪方法行为与教唆犯罪很难区别；实践当中完全可以教唆犯罪进行处理。

4. 建议取消"打砸抢"罪。

理由：

（1）现行刑法中规定的"打砸抢"犯罪是当时总结"文革"十年的教训作出的规定，是特定历史条件下的产物，现在已时过境迁，没有保留的必要。

（2）"打砸抢"不是法律用语，而是十年动乱时期创造的社会政治术语，并没有明确的内涵和外延。

（3）实施该条所规定的行为，按照刑法的其他条文，都能得到处理。

（4）关于"打砸抢"犯罪的规定在实践中早已废而不用了。

（5）这样的条文和罪名在外国刑法和我国刑法史上都未采用过。

5. 建议删除《修订草案》分则第二章第一百二十条的对依法配备公务用枪的人员，丢失枪支未及时报告，造成严重后果的，应当定罪处刑的规定。

理由：

此条规定过于严厉，实践中丢失枪支的情况往往很复杂，对于造成严重后果的，仅仅因为未及时报告就要追究刑事责任，在实践中行不通。

6. 建议删除《修订草案》第八章第三百五十五条关于在经济贸易活动中，因严重不负责任，签订、履行合同被诈骗，使国家利益遭受重大损失的，对直接负责的主管人员和其他直接责任人员，应当追究刑事责任的规定。

理由：

(1) 当前在建立社会主义市场经济体制的过程中，社会经济管理监督机制不健全，国有企业往往由于市场经验不足，在经营活动中发生被骗，致使国有资产受损失，对此种情况可以通过行政的或者其他手段来处理，不宜一概规定为犯罪。

(2) 少数必须追究刑事责任的，可以按玩忽职守罪或者违反职业义务罪处罚。

(二) 关于具体罪法定刑的调整意见

1. 建议对《修订草案》分则第四章第二百一十二条“强制猥亵妇女罪”增加“情节特别严重的”情形，其法定最高刑可以提高到无期徒刑。

2. 鉴于当前故意毁坏公私财物的犯罪比较突出，有的造成严重后果，建议对《修订草案》分则第五章第二百四十八条“故意毁坏公私财物罪”，增加一个量刑幅度，即对于情节特别严重的，可以判处三年以上七年以下有期徒刑。

3. 建议将《修订草案》分则第三章第一百四十九条“商业受贿罪”的法定最高刑提高到无期徒刑，使之与相关罪名的法定刑相协调。

4. 建议将“交通肇事罪”中“情节特别恶劣”的法定最高刑，从有期徒刑七年提高到有期徒刑的最高刑期，删除“因逃逸致人死亡的，处七年以上有期徒刑”的规定。

理由：

(1) 鉴于近年来重大恶性交通事故时有发生，人员伤亡和公私财物损失很大，规定的法定刑过低，会导致刑罚与罪行不相适应。

(2)“因逃逸致人死亡”仅仅是恶劣情节的一种，因此只针对这一种情况规定可以判处“七年以上有期徒刑”不全面。

5. 建议将“玩忽职守罪”的法定最高刑提高到有期徒刑的最高刑期。

6. 建议将《修订草案》分则第二章第一百一十条、第一百一十四条、第一百一十六条、第一百二十二条、第一百二十三条规定的过失危害公共安全犯罪的法定最高刑提高到十年有期徒刑。

理由：

过失危害公共安全犯罪是针对不特定的人和重大公私财物的犯罪，往往造成多人死伤或者公私财物严重损失，是危险性较大的一类犯罪。如大兴安岭失火案等。其法定刑甚至比其他过失犯罪（如过失杀人）还低，不符合罪行相适应的原则。

7. 建议将《修订草案》第二章第一百一十六条第一款规定的破坏公用通讯设施罪的法定刑提高到无期徒刑。

理由：

实践中盗割通讯线路犯罪很猖獗，大案要案屡有发生。为解决对这类犯罪中某些大案要案可以适用死刑或者无期徒刑的问题，“两高”作出了司法解释，以盗窃罪惩处，但这只是权宜之计，应从立法上加以解决。

8. 建议《修订草案》分则第四章第二百零六条“故意杀人罪”增加一款，规定：“情节较轻的，处三年以上十年以下有期徒刑”；同时删除第二百零七条有关生母溺婴的规定。

理由：

实践当中故意杀人的情况比较复杂，确实有一些情节较为轻微的情况，如防卫过当杀人、帮助自杀、大义灭亲、出于当场激愤杀人，等等。因此，规定法定最低刑为十年，不符合实际情况，建议应当恢复现行刑法的量刑幅度较为妥当。

(三) 关于三个“口袋罪”的问题

1. 关于投机倒把罪。

(1) 建议将伪造、倒卖伪造的车票、船票罪，修改为伪造、倒卖伪造的有价票证罪。

理由：

第二百条仅仅规定伪造、倒卖车票、船票，范围太窄。规定为有价票证，既能包括车船票，又能将其他有价票证包括进来。

(2) 建议增设非法出版罪。规定：违反国家出版法规，进行非法出版活动，情节严重的，处三年以下有期徒刑或者拘役，并处或者单处罚金；情节特别严重的，处三年以上十年以下有期徒刑，并处没收财产。

理由：

实践中对于内容尚不够反革命宣传煽动或者淫秽标准的非法出版活动，是按照投机倒把罪来处理的。投机倒把罪分解后应增设新的罪名处理这类构成犯罪的行为。

2. 关于流氓罪。

同意对流氓罪的分解，同时建议增设“妨害社会风化罪”。规定：举办、参与性表演或者以其他方法实施妨害社会风化的行为，情节严重的，处五年以下有期徒刑或者拘役；情节特别严重的，处五年以上有期徒刑。

理由：

（1）流氓罪分解后，根据司法实践中掌握的情况，对于近年来出现的在公共场所进行性交表演等有伤社会风化行为的问题有待解决。

（2）很多国家的刑法当中，对有伤社会风化的行为都规定了类似的罪名，可供参考。

3. 关于玩忽职守罪。

目前《修订草案》中这种按不同部门（业务）分解的方式不妥，应当根据玩忽职守行为不同的表现形式及其所反映出来的对社会危害程度的大小，来分解玩忽职守罪。鉴于《修订草案》已对滥用职权罪单独作了规定，因此，建议只在第三百四十五条中增加一款，规定：非国家工作人员犯前款罪的，依照前款的规定处罚。至于《修订草案》规定的其他玩忽职守犯罪，可以删除。

理由：

按照部门分解玩忽职守罪，难免挂一漏万，而且很难适应以后机构改革中可能出现部门撤销、合并、分解等各种变化。

（四）关于经济犯罪数额的问题

建议对经济犯罪取消有关定罪处刑的具体数额标准和罚金刑具体罚金数额的规定，并且在一些条文中也不宜规定以犯罪数额作为定罪量刑的唯一依据。

理由：

1. 衡量经济犯罪对社会的危害，犯罪数额是重要依据，但不是唯一依据。对犯罪分子定罪处刑还应当考虑犯罪的其他情节。

2. 对经济犯罪规定具体的数额标准，不符合社会主义市场经济市场价格随供求关系不断变化的特点，不利于保持刑法的稳定性。定罪量刑和罚金刑的具体罚金数额标准应当由最高人民法院根据社会经济的发展和犯罪具体情况作出规定。

3. 我国幅员辽阔，各地经济发展很不平衡，地区间物价水平也相差悬殊，因此不宜规定统一的经济犯罪数额标准，否则不利于有效打击经济犯罪。

（五）关于罪名转化的问题

建议取消《修订草案》分则第七章第三百三十二条中关于挪用公款不退还，以“贪污论处”的规定；将挪用公款数额较大不退还，作为挪用公款罪的从重处罚情节，规定出相应的法定刑。

理由：

1. 挪用公款罪和贪污罪的犯罪构成是不相同的。挪用公款数额较大不退还，是挪用公款的一个情节，属严重后果，而不符合贪污罪的特征。因此，应当对其规定相应的法定刑来达到从重处罚的目的，而不宜将其转为贪污罪来处理。否则有悖犯罪构成理论，有客观归罪之嫌。

2. 实践当中挪用转贪污适用死刑的案件占相当比例，从犯罪的主观恶性看，处刑失重。

（六）关于毒品纯度标准问题

建议删除《修订草案》分则第三百一十八条关于毒品的数量“不以纯度折算”的规定。

理由：

毒品纯度不同，客观上对社会的危害程度也不同。司法实践中缴获的毒品纯度是很悬殊的，如果仅规定以毒品数量作为定罪量刑依据而不看毒品的纯度，既不符合实际情况，也将带来实践当中执法可能失误，特别是一些涉及适用死刑的案件。

6. 关于对《中华人民共和国刑法（修订草案）》的修改意见的函

（最高人民法院 1997年1月2日）

全国人大常委会法制工作委员会：

你委于12月18日下发的《中华人民共和国刑法（修订草案）》（以下简称《修订草案》）已收阅。经研究，提出以下修改意见，供参考：

一、建议维持现行刑法第七十三条关于“有特殊情节”的，假释可以不受执行刑期的限制的规定，并在程序上加以适当限制。

理由：

1. 现行刑法第七十三条关于“有特殊情节”的，假释可以不受执行刑期的限制的规定，体现了原则性与灵活性相结合的精神，可以适应国防、外交、统战和经济建设的需要，从国家利益出发，应当予以保留。

2. 我国刑法中没有规定赦免制度，因此，保留上述规定就显得更加必要。

3. 为了控制这一规定的适用范围，在程序上可以作出必要的限制，如规定必须“经高级人民法院或者最高人民法院核准。”

二、建议缩小刑法中“国家工作人员”的范围，将其限定为“国家机关中依法从事公务的人员”。

理由：

1. 刑法是在计划经济体制下制定的。该法第八十三条将“一切企业、事业单位”的人员包括在国家工作人员的范围之内，是可以理解的。而目前我国正在建立和完善社会主义市场经济体制。在这种情况下，如果继续把国有公司、企业、事业单位的工作人员作为国家工作人员，既不符合政企分开的经济体制改革的方向，也不符合干部分类管理的人事制度改革的方向。

2. 公司、企业、事业单位从事经营管理职权的人员在性质上不同于在国家行政机关、权力机关、司法机关和军队中依法从事公务的人员，前者是代表单位管理企业、事业，后者则是代表国家管理社会。

3. 对国家工作人员的范围从严掌握，有利于突出刑法打击重点，维护国家机关及其工作人员的廉洁性。

4. 将国家工作人员的范围从严掌握，不影响对国有资产的保护。保护国有资产主要靠加强管理；而且对国有企业、事业单位中的人员的经济犯罪的惩处，修订后的刑法中已规定有侵占罪、商业受贿罪、挪用资金罪，因而并不影响对国家工作人员以外的企业、事业单位人员的经济犯罪的打击。

5. 司法实践中对于公司、企业、事业单位中哪些是国家工作人员，哪些是非国家工作人员，很难有一个具体、明确的标准，不好认定。

6. 将企业、事业单位中的工作人员划出，不作为国家工作人员，在《关于惩治违反公司法的犯罪的决定》中已有规定，执行了一段时间，效果较好，客观上也可以少判一些死刑，符合党的一贯政策。修订刑法，应将已确定的好的规定延续下去。

三、建议进一步完善单位犯罪。

1. 建议将《修订草案》第二章第四节中“单位犯罪”的表述，改为“法人犯罪”，并在条文中明确规定：“非法人组织犯罪，以法人犯罪论处。”

理由：

（1）“单位”不是一个法律上的概念，含义模糊，司法实践中不好认定。而“法人”则是一个法律上的概念，我国的许多法律中都使用了“法人”一词。“法人犯罪”在国际上也是通用的概念。

（2）对于使用“法人犯罪”带来的某些非法人组织犯罪无法适用法律的问题，通过规定“非法人组织犯罪，以法人犯罪论”，可以得到妥善解决。

（3）使用法人犯罪，必然对具有法人资格的私营企业犯罪按法人犯罪处理，这正体现了在市场经济条件下，国家对不同的经济主体给予同等法律保护的精神。

2. 建议法人犯罪主体中排除“国家机关”。对以国家机关名义犯罪的，只处罚国家机关的主管人员和其他直接责任人员：

理由：

（1）国家机关代表国家对社会进行管理，经费由国家财政拨款。如果将其作为犯罪主体，无论采用何种刑罚措施，都必然影响其正常职能的发挥，影响对社会的正常管理。

（2）不将国家机关作为犯罪主体，只处罚有关的责任人员，可以实现对这一类犯罪的惩罚和预防的目的。

（3）过去司法实践中对一些国家机关工作人员利用职务为本地区、本部门、本单位利益实施犯罪的，都是只处罚直接责任人员，没有把国家机关作为犯罪主体对待。实践证明效果也是好的。

（4）国外刑法规定法人犯罪的，也不包括国家机关在内。

3. 建议完善法人犯罪的刑罚体系。在现有的罚金刑的基础上，增加规定停业整顿、吊销营业执照、限定营业范围、解散等刑罚措施。

理由：

（1）“法人犯罪”与个人犯罪不同，对个人适用的刑罚，除了罚金、没收财产等财产刑，其他刑罚无法适用于法人。为了有效地惩治、预防法人犯罪，应当设立一些适合法人特点的刑罚种类。

（2）停业整顿、吊销营业执照、限定营业范围以至解散等措施。目前是作为行政处罚措施，由行政机关作出决定。如果将其作为刑罚措施，由人民法院判决，可以更加强化这些措施的效力。

四、建议将《修订草案》第九章的渎职罪分为三节。

建议第一节为贪污贿赂罪，即将《修订草案》第八章的贪污贿赂罪归罪为第九章的第一节；并根据徇私舞弊和玩忽职守行为不同的表现形式及其所反映出来的对社会危害程度的大小，将《修订草案》第九章规定的犯罪调整为第二节徇私舞弊罪（包括司法工作人员徇私枉法罪、私放罪犯罪、行政执法人员徇私枉法罪）和第三节玩忽职守罪。第三节包括玩忽职守罪（合并《修订草案》第360、368、369、371条第2款、372条第2款、378、379、382、383、384条）、滥用职权罪、泄露国家秘密罪、故意不履行职责罪（合并《修订草案》第361、370、373、375条）、故意违法履行职责罪（合并《修订草案》第362、371条第1款、372条第2款、377条）。同时在本章第二节、第三节中规定，非国家工作人员犯本节之罪的，依照本节的规定处罚。

理由：

1. 贪污贿赂行为是最典型的渎职行为，理应作为渎职罪的一部分。而《修订草案》将贪污贿赂罪作为独立的一章，与渎职罪一章并列，破坏了刑法分则体系的统一性与科学性。

2.《修订草案》以徇私舞弊和玩忽职守主体的不同行业、职业为划分标准，规定了多种徇私舞弊罪和玩忽职守罪。虽然已规定的犯罪做到了比较明确、具体，但是由于社会分工越来越细，部门种类繁多，而每一部门的工作人员都可能徇私舞弊或者玩忽职守，如果不加以抽象规定，就会出现举不胜举或者挂一漏万的情况，因此有必要加以归纳，使罪名、罪状能够适用于构成此类犯罪的不同行业、职业的主体。

3. 规定非国家工作人员犯本节之罪的依照本节有关规定处罚，这样既对国家工作人员与非国家工作人员的犯罪作了区分，又使非国家工作人员的有关行为有了处罚的依据。

五、建议增设缓刑保证金制度。

建议规定：人民法院对宣告缓刑的犯罪人，应当责令其交纳保证金。保证金交人民法院指定的银行。被宣告缓刑的犯罪人在考验期限内违反法律、行政法规和国务院公安部门有关缓刑的监督管理规定的，没收保证金；情节严重的，应当撤销缓刑，收监执行原判刑罚。犯罪人没有违反监督管理规定的，缓刑考验期满，应当退还保证金。

理由：

1. 目前司法实践中对于判处缓刑的犯罪人缺乏有效的监督管理手段，不利于缓刑犯的教育改造，群众对此很有意见。增设缓刑保证金制度，可以加强司法机关对缓刑犯的考察，一些地方曾试行缓刑保证金制度，群众支持，家属配合，罪犯服管，效果很好。

2. 在法律中规定对犯罪嫌疑人实施财产保证的方法在我国已有先例。修正后的刑事诉讼法规定，取保候审可以采用财产保证的方法。

3. 为防止适用中滥用缓刑保证金制度，可以在法律中严格规定缓刑保证金的数量、保管、上缴、返还等具体制度。

1997年1月2日

7. 关于《中华人民共和国刑法修正案（八）草案》的修改建议

（最高人民法院　2010年9月30日）

全国人民代表大会常务委员会法制工作委员会：

全国人大常委会委员长会议提请全国人大常委会审议的《中华人民共和国刑法修正案（八）草案》及说明（法工委发〔2010〕41号）收悉。我院对《中华人民共和国刑法修正案（八）草案》（以下简称《修正草案》）进行了认真研究，认为《修正草案》充分考虑了我国现实国情和经济社会发展，进一步贯彻落实了宽严相济刑事政策，受到了社会各界的良好评价。我院对《修正草案》总体赞同。现就如下几个问题提出修改建议，供参考：

一、建议进一步调整部分死缓犯的实际执行刑期

《修正草案》第四条第二款、第十五条第一款规定：“对被判处死刑缓期执行的累犯以及因故意杀人、强奸、抢劫、绑架、放火、爆炸、投放危险物质或者有组织的暴力性犯罪被判处死刑缓期执行的犯罪分子，人民法院根据犯罪情节等情况可以同时决定在依照前款规定减为无期徒刑或者二十年有期徒刑后，不得再减刑。”“……本法第五十条第二款规定的原判死刑缓期执行，减为无期徒刑后不得再减刑的犯罪分子，实际执行二十年以上，原判死刑缓期执行，减为二十年有期徒刑后不得再减刑的犯罪分子，实际执行十八年以上……可以假释。如果有特殊情况，可以不受上述执行期限的限制。”对于上述规定，我院提出如下进一步修改的建议：

将《修正草案》第四条第一款修改为：“被判处有期徒刑的犯罪分子，执行原判刑期二分之一以上，被判处无期徒刑的犯罪分子，实际执行十年以上，本法第五十条第二款规定的原判死刑缓期执行，减为无期徒刑后不得再减刑的犯罪分子，实际执行二十五年以上，原判死刑缓期执行，减为二十年有期徒刑后不得再减刑的犯罪分子，实际执行十八年以上，如果认真遵守监规，接受教育改造，确有悔改表现，人民法院认为其没有再犯罪的危险的，可以假释。如果有特殊情况，经最高人民法院核准，可以不受上述执行期限的限制。”

我院建议的主要考虑如下：调整刑罚结构，并非单纯为了延长部分死缓犯的实际执行刑期。从司法统计看，依照现行刑法规定，对死缓犯平均实际关押十五六年，改造效果尚可，重新犯罪的比例极小。调整刑罚结构，更主要的是为了安抚被害方的正当报应诉求，以及社会公众对惩罚严重犯罪的正义期盼，旨在为不必须判处的死刑设置切实、必要的替代措施，使死刑缓期执行与死刑立即执行的严厉程度更好衔接，以保证相关改革能够取得预期的良好法律与社会效果。据我院统计，2007~2009年，在各地报请最高人民法院核准死刑的案件中，被告人年龄在18~25周岁的约占1/3，18~30周岁的约占1/2。按照《修正草案》，对原判死缓减为无期徒刑后不得再减刑的犯罪分子，实际执行二十年即可假释，将意味着相当一部分判处死缓刑的罪犯在四五十岁、尚处身强力壮之时便可重获自由。这将难以有效地安抚被害方，难以被社会公众认同，修改刑罚制度旨在通过立法更严格控制死刑适用的目的也难以充分实现。鉴此，将原判死缓，减为无期徒刑后不得再减刑的犯罪分子，可与假释的实际执行刑期由草案设计的二十年修改为二十五年更为适当，能够为宽严相济刑事政策以及“严格控制和慎重适用死刑”政策的司法贯彻奠定更好基础、创造更好条件。

二、建议适当限制死缓期间故意犯罪执行死刑的条件

关于现行刑法第五十条有关死刑缓期执行期间故意犯罪即可核准执行死刑的规定，《修正草案》第四条予以维持。我院认为，有必要对死缓期间故意犯罪执行死刑的条件加以限制，建议将《修正草案》第四条修改为：“判处死刑缓期执行的，在死刑缓期执行期间，如果没有故意犯罪，二年期满以后，减为无期徒刑；如果确有重大立功表现，二年期满以后，减为二十年有期徒刑；如果故意犯罪，情节恶劣的，由最高人民法院核准，执行死刑。”

我院建议主要考虑如下：现行刑法第五十条有关死刑缓期执行期间故意犯罪，一律执行死刑的规定，与第六十八条第二款关于“犯罪后自首又有重大立功表现的，应当减轻或者免除处罚”（《修正草案》已拟删除）的规定一样，存在过于刚性、难以适应司法实践复杂情况的问题。实践中，在个别案件处理上已不得已突破了该规定。犯罪分子在死缓期间故意犯罪有些是因受他人欺压，仅造成对方轻伤，或者只是脱逃未遂，也要对其执行死刑，过于严厉；有的则本是因证据尚有一定瑕疵而留有余地判处死缓，罪犯虽在死缓期间故意犯罪但不严重，也不宜执行死刑。鉴此，有必要对死缓期间故意犯罪执行死刑的加上“情节恶劣”的限制条件。

三、建议调整在法定刑以下判处刑罚核准权

对一些问题，贵委在之前的修改方案中曾经涉及，但此次《修正草案》未予体现。我院认为，经过十多年的发展，现行刑法第六十三条第二款关于“不具有法定减轻处罚情节，但是更具案件特殊情况，需要在法定刑以下判处刑罚的，由最高人民法院核准”的规定，已不适应审判工作实际，应予及时修改。具体修改方案建议为：

将刑法第六十三条第二款修改为：“犯罪分子虽然不具有本法规定的减轻处罚情节，但是根据案件的特殊情况，判处法定最低刑还是过重，需要在法定刑以下判处刑罚的，除依法由最高人民法院判决的以外，应当报经高级人民法院审判委员会核准。”

修改的理由如下：

一是由最高人民法院核准，程序过于繁琐，报核周期过长，影响相关制度的适用效果。经抽样调查近年来报请我院核准的法定刑以下判处刑罚的40起案件，均为基层法院一审，最终结案需经历4级法院；从被告人被采取强制措施，到我院核准，最长花费2年9个月，最短也要近9个月时间。不少案件在层报核准过程中，被告人的羁押时间即已超过应当判处的刑期。另据了解，实践中，为规避过于繁琐的报核程序，有的法院将本应报请核准的案件通过免除刑罚的方式作“变通”处理，导致量刑失轻；还有的不依法对被告人做出法定刑以下判处刑罚的裁决，导致量刑失重。这无疑都有损量刑的公正和严肃，影响法定刑以下判处刑罚制度的适用效果。

二是改由高级人民法院审判委员会核准，可以确保裁判质量。目前，有关方面不赞同把在法定刑以下判处刑罚的核准权授权给地方法院行使，主要是担心会出现不当适用，影响国家法制统一。我们认为，如果规定由高级人民法院审判委员会集体讨论决定，可以有效避免这一问题。据统计，近三年来，报请我院核准的法定刑以下判处刑罚案件共199件，年均核准率高达93. 76%；未予核准的案件，主要是因原判报请核准的法定刑仍然偏重。此类案件实际并不复杂，改由高级人民法院核准，完全可以保证正确处理。

三是将法定刑以下判处刑罚核准权改由高级人民法院行使，并不会损害罪刑法定原则。从世界范围内看，像我国这样，一部刑法要统一适用于960万平方公里、13亿人口，且各地经济社会发展很不平衡，可谓绝无仅有。立法之时考虑再周密，也难以完全涵盖日后司法实践可能面临的种种复杂情况。正是因此，我国刑法才创设了法定刑以下判处刑罚制度，以最大限度实现量刑公正。这实际是对罪刑法定原则的必要和重要补充。将此类案件核准权改由高级人民法院通过严格程序行使，有助于更好适应我国的现实国情以及审判实践的复杂情况，更好贯彻落实罪责刑相适应刑法基本原则。

四、建议完善贪污、受贿罪定罪量刑标准

关于完善贪污、受贿罪定罪量刑标准问题，《修正草案》曾有过考虑。我院慎重研究后认为应予修改，具体建议如下：

将刑法第三百八十三条修改为：“对犯贪污罪的，根据情节轻重，分别依照下列规定处罚：

“（一）贪污数额较大或者有其他较重情节的，处三年以下有期徒刑或者拘役，并处罚金。

“（二）贪污数额巨大或者有其他严重情节的，处三年以上十年以下有期徒刑，并处罚金或者没收财产。

“（三）贪污数额巨大或者有其他特别严重情节的，处十年以上有期徒刑、无期徒刑或者死刑，并处没收财产。

“对多次贪污未经处理的，按照累计贪污数额处罚。”

上述修改建议的主要理由如下：

一是现行立法模式与司法实践的具体情况已经不相适应。原对贪污、受贿罪规定刚性的具体数额标准，是为了从严惩治此类犯罪，但从10多年来的审判实践看，实际施行效果并不理想，难以达到预期目的。按照现行刑法规定，贪污、受贿五万元以上不满十万元的，一般要处五年以上有期徒刑；贪污、受贿数额在十万元以上的，要处十年以上有期徒刑无期徒刑或者死刑，这导致不少犯罪数额相差悬殊的案件在量刑上难以拉开档次，不能充分体现罪责刑相适应原则，严重影响了一些案件裁判的社会效果。

二是此次修法是完善完善贪污、受贿罪定罪量刑标准的难得时机。修改这两个罪名的定罪量刑标准，一直较为敏感。此次刑法修改是1997年刑法颁行以来规模最大的一次修改，涉及的条文较多，舆论关注的亮点、热点问题较多。乘势取消贪污、受贿罪定罪量刑的具体数额标准，改为以“数额加情节”的模式，有助于缓解修改必然会引发的社会舆论的压力，最大限度减少舆论关注。如果此次刑法修改不能一并解决该问题，将来再单独修改，难度、压力势必更大。

五、建议单独规定运输毒品罪的定罪量刑标准

现行刑法第三百四十七条将运输毒品与走私、贩卖、制造毒品并列规定，适用同一定罪量刑标准。实践证明，这一规定不符合宽严相济、区别对待的刑事政策精神。鉴此，我院提出如下修改建议：

（1）删去刑法第三百四十七条第二、三、四款中对运输毒品罪的规定，其他内容予以保留。

（2）在刑法第三百四十七条之后增加一条，作为第三百四十七条之一：“运输鸦片一千克以上、海洛因或者甲基苯丙胺五十克以上或者其他毒品数量大的，处七年以上有期徒刑或者无期徒刑，并处罚金；运输毒品数量大，并有下列情形之一的，处十五年有期徒刑、无期徒刑或者死刑，并处没收财产：

“（一）运输毒品集团的首要分子；

“（二）武装掩护运输毒品的；

“（三）以暴力抗拒检察、拘留、逮捕，情节严重的；

“（四）参与有组织的国际毒品犯罪的；

“（五）有其他严重情节的。

“运输鸦片二百克以上不满一千克、海洛因或者甲基苯胺十克以上不满五十克或者其他毒品数量较大的，处三年以上七年以下有期徒刑，并处罚金。

“运输鸦片不满二百克、海洛因或者甲基苯胺不满十克或者其他少量毒品的，处三年以下有期徒刑、拘役或者管制，并处罚金。”

（3）将刑法第三百四十七条第一、五、六、七款的内容合并，在刑法第三百四十七条之一后增加一条，作为刑法第三百四十七条之二。

上述修改建议的具体理由如下：

一是将运输毒品罪单独规定，更符合罪责刑相适应刑法基本原则。多数运输毒品犯罪行为是走私、贩卖、制造毒品犯罪的辅助环节或者手段，在整个毒品犯罪中具有从属性、辅助性特点，其社会危害性与走私、贩卖、制造毒品等源头性犯罪明显不同。将运输毒品与走私、贩卖、制造毒品分别规定，设定不同的量刑标准，可以更好地体现罪责刑相适应刑法基本原则。

二是运输毒品犯罪情况复杂，将该种犯罪单独规定，并重新设置其量刑标准，可以更好地体现宽严相济的刑事政策。实践中，运输毒品的被告人大多是受雇、受指使的贫民、边民、孕产妇及无业人员，他们并非毒品所有者，不是最大获利者，不少系初犯、偶犯；很多是出于生活贫困或受人利诱赚取少量运费，主观恶性一般不大。对此类犯罪分子适用刑罚，特别是适用重刑、死刑，就不能单纯考虑其运输毒品的数量。将运输毒品罪单列，采取“数量加情节”的原则重新设定其量刑标准，一方面，可以做到对上述运输毒品犯罪分子区别对待；另一方面，也可以继续保持对情节、危害严重的运输毒品犯罪分子的严惩力度。

三是实践证明，将运输毒品罪单独规定，是切实可行的。鉴于运输毒品与走私、贩卖、制造毒品的不同性质以及此类犯罪的复杂情况，近年来，在指导各地法院审理毒品犯罪案件时，我院提出，对运输毒品要实行区别对待，要特别注意贯彻“数量加情节”的处刑原则。实践证明，有关部门和社会上已经认可了这一司法政策。适时将这一成熟的司法政策上升为立法，很有必要；同时，也可以为审判实践更好贯彻宽严相济刑事政策及“保留死刑，严格控制和慎重适用死刑”政策提供更加有力的立法支持。

六、建议修改刑法第三百零九条、第三百一十三条扰乱法庭秩序罪和拒不执行判决、裁定罪

司法实践中，极端藐视法庭、严重扰乱法庭秩序、殴打，甚至杀伤法官或者诉讼参与人、拒不执行人民法院生效裁判等事件时有发生，已经成为影响人民法院司法权威、损害司法职业保障的重要问题。而且，实践中被执行人拒不报告或者虚假报告财产等问题，刑法中尚无对应的罪名，亟待予以规范。按照中央关于深化司法体制和工作机制改革的要求，为加强司法职业保障，严格依法惩戒司法机关执行公务、拒不执行裁判等罪行，我院建议修改刑法第三百零九条、第三百一十三条的相关规定：

（1）建议将刑法第三百零九条修改为："聚众哄闹、冲击法庭，殴打司法工作人员或者诉讼参与人，严重扰乱法庭秩序的，处三年以下有期徒刑、拘役、管制或者罚金。"

（2）建议将刑法第三百一十三条修改为："对人民法院的判决、裁定、调解书等具有执行内容的法律文书，有能力执行而拒不执行，情节严重的，处三年以下有期徒刑、拘役或者罚金。

"单位犯前款罪的，对单位判处罚金，并对其直接负责的主管人员和其他直接责任人员，依照前款的规定处罚。"

（3）在刑法第三百一十三条之后增加一条，作为三百一十三条之一："被执行人未按执行通知履行法律文书确定的义务，并拒绝报告或者虚假报告依法应当报告的财产情况，情节严重的，处三年以下有期徒刑、拘役或者罚金。"

七、建议修改刑法第一百四十条至一百四十八条生产、销售伪劣产品犯罪的有关规定

目前，制售伪劣商品犯罪频发，社会危害严重，人民反映强烈。按照中央关于深化司法体制和工作机制改革要求的意见，为有效惩治生产、销售伪劣商品犯罪，加大对该类犯罪的打击力度，我院建议修改刑法第一百四十条至第一百四十八条的相关规定：

（1）修改刑法第一百四十条生产、销售伪劣产品罪的定罪量刑标准，将"销售金额"修改为"货值金额"。主要考虑如下：一是生产销售伪劣产品罪不应以实际销售为条件；二是事件中很难查清销售金额，大量犯罪因此逃避刑事追究或者被从轻处理；三是采用"货值金额"可以与《产品质量法》、《食品安全法》等法律法规保持一致。

（2）调整刑法第一百四十条至一百四十八条罚金刑的适用基准和幅度。主要考虑如下：一是以销售金额作为罚金刑的适用基准不合理，不仅销售金额难以查清，而且，尚未销售的不存在销售金额。二是罚金刑幅度规定过低，与行政罚款差距过大，无法与行政处罚有机衔接，并直接导致了刑事处罚反而比行政处罚轻的结果。

（3）扩充刑法第一百四十条至一百四十八条生产。销售伪劣产品、药品犯罪的惩治范围，将食品添加剂和用于食品的包装材料、容器、洗涤剂、消毒剂、用于食品生产经营的工具、设备等食品相关产品、药品的辅料、添加剂、直接接触药品的包装材料、容器等药品相关产品分别纳入各条的规制对象，在各条中分别增加一款作为第二款，即"明知他人用于食品（药品）生产，而为其提供伪劣的食品添加剂、用于食品的包装、容器、洗涤剂、消毒剂、用于食品（药品）生产经营的工具、设备等食品相关产品，致使他人生产的食品（药品）不符合卫生（药品）标准的，依照前款规定处罚。"

主要理由如下：一是受"食品"、"药品"特定含义的限制，对于生产、销售伪劣的食品添加剂和用于食品的包装材料、容器、洗涤剂、消毒剂、用于食品生产经营的工具、设备等食品相关产品、药品的辅料、添加剂、直接接触药品的包装材料、容器等药品相关产品的违法行为，无法直接按现行刑法有关生产、销售伪劣商品罪的条款定罪处罚。二是实践中对于前述行为的打击存在局限。目前主要的做法是：构成共犯的情况下以制售伪劣食品、药品的四个罪名的共犯论处；不构成共犯的则视具体情形分别以生产、销售伪劣产品罪或者以危险方法危害公共安全罪处理，其直接结果是司法上极不统一，损害了法律的严肃性。三是通过立法统一此类行为的罪名适用，有利于打击和预防此类犯罪的力度，彰显国家关注和保障民生的立场和决心。

中华人民共和国最高人民法院

二〇一〇年九月三十日

8. 关于《中华人民共和国刑法修正案（八）（草案）》（二次审议稿）的修改建议

（最高人民法院　2011 年 1 月 17 日）

全国人民代表大会常务委员会法制工作委员会：

2010 年 12 月，十一届全国人大常委会第十八次会议对《刑法修正案（八）草案》（以下简称《草案二》）作了第二次审议。与 2010 年 8 月提请十一届全国人大常委会第十六次会议初次审议的《刑法修正案（八）草案》（以下简称《草案一》）相比，《草案二》在老年人的死刑适用、刑罚结构调整、社区矫正制度、坦白制度、缓刑制度、危险驾驶罪、黑社会性质组织犯罪、食品安全犯罪、盗窃罪等方面有了新的、重要的修改、补充和完善。

经认真研究，我院认为，《草案二》的制度规定总体是科学的，符合立法和司法规律，符合我国现阶段经济社会发展实际。与《草案一》相比，《草案二》的相关规定更加符合宽严相济刑事政策精神，更能适应新形势下有效惩治和预防犯罪、化解社会矛盾、保障社会稳定、促进社会和谐的需要，社会各界也给予了较高评价。但在几个重要问题上，我院认为，《草案二》的有关规定还值得斟酌，有进一步完善的必要。现结合审判工作实际，提出以下几点修改建议：

一、关于部分死缓犯的减刑、假释问题

《草案二》在《草案一》的基础上，对部分死缓犯的减刑、假释问题作了如下修改：其一，规定对被判处死缓的累犯以及因故意杀人等八种严重犯罪被判处死缓的犯罪分子（以下简称部分死缓犯），在死刑缓期执行期满后减为无期徒刑的，减刑以后实际执行的刑期不得少于二十五年；因有重大立功表现减为二十五年有期徒刑的，减刑以后实际执行的刑期不得少于二十年。其二，恢复了刑法第八十一条第二款原规定，即对这部分罪犯不得假释（《草案二》第四条、第十五条、第十六条）。

我院认为，《草案二》吸收包括我院在内的有关方面提出的意见，将部分死缓犯实际执行刑期由一般不得少于二十年延长为不得少于二十五年，是复核实践需要的。但是，《草案二》重新恢复刑法第八十一条第二款有关对部分罪犯不得假释的规定，宜慎重研究。建议仍沿用《草案一》删除刑法第八十一条第二款规定的修改方案，即将《草案二》第十六条第三款规定的“对累犯以及因故意杀人、强奸、抢劫、绑架、放火、爆炸、投放危险物质或者有组织的暴力性犯罪被判处十年以上有期徒刑、无期徒刑的犯罪分子。不得假释”删除。理由是：

其一，比较而言，假释总体上比减刑更为可取，逐步扩大假释范围、严格减刑条件，应是刑罚制度改革的一个基本方向，而《草案二》的上述修改，不能体现这一取向。

其二，我院认为，即便对经人民法院决定限制减刑的部分死缓犯，在特殊情况下，也无须实际关押二十五年；符合特定条件的，可以通过刑法第八十一条规定的特殊假释程序，经报最高人民法院核准后，假释出狱。这样，既可以更好体现宽严相济刑事政策，又可以减少不必要的关押，有效缓解监管机关的监管压力；同时，通过严格的审核程序，也可确保该制度不致被滥用。而如果恢复刑法第八十一条第二款的规定，则对部分死缓犯给予特殊假释的通道将完全被关闭，势必会增加不必要的关押，增加监管成本和压力，对此应予慎重考虑。

其三，特别是考虑到，一段时期以来，判处死刑、死缓的罪犯中，外国籍、港澳台籍的罪犯明显增多，有些案件甚至在国际上产生很大影响。为确保此类案件处理取得良好的政治效果，我院正在商外交部等部门，就对外国籍、港澳台籍的罪犯更加慎重地适用死刑问题作出规范。今后，对此类罪犯判处死缓的相应会有增多。处于外交、统战等方面的特殊需要，将其中符合我对外工作需要的罪犯提前释放，移交其本国或者港澳台地区也是难以完全避免的。

基于以上考虑，保留对部分死缓犯适用特殊假释制度的可能性，可以确保相关案件依法得到更为灵活、妥善的处理，不致过于机械执法或者在政治上陷入被动。

二、关于无期徒刑罪犯、普通死缓罪犯的减刑限度问题

《草案二》对刑法第七十八条规定的无期徒刑罪犯、普通死缓罪犯（即具有累犯情节以及因故意杀人等八种犯罪被判处死缓的以外的其他死缓犯，下同）的减刑限度作了修改，规定：判处无期徒刑，减刑以后实际执行的刑期不得少于十五年；普通死缓罪犯，缓期执行期满后依法减为二十五年有期徒刑的，减刑以后实际执行的刑期不能少于十八年，缓期执行期满后依法减为无期徒刑的，减刑以后实际执行的刑期不能少于二十年（《草案二》第十五条）。

我院认为，《草案二》新增上述修改，旨在实现不同刑罚制度之间的有序衔接。相关修改形式上是实现了刑罚间的差距，但从司法实践看，这一修改是否确有必要，需慎重研究。建议仍维持现行刑法有关无期徒刑罪犯、普通死缓罪犯减刑限度的规定。理由是：

其一，据有关部门的统计，即便按现行刑法规定，原判无期徒刑、死缓的罪犯，在刑满释放后再次犯罪的比率，也是极低的。之所以需要延长部分死缓犯的实际执行刑期，主要是为了严格控制死刑的同时，更好地安抚被害方，满足社会公众对刑罚正义的期盼，从而为不必判处的死刑设置必要的替代措施。而按《草案二》的修改，无期徒刑、普通死缓犯的实际执行刑期也要一并延长，这无疑普遍地、大幅度地增加了不必要的关押。是否符合教育改造罪犯、促使其回归社会的刑罚目的，以及由此所带来的监管成本和压力增加问题，应予认真考虑。

其二，延长部分死缓犯的实际执行刑期，在进一步落实“严格控制和慎重适用死刑”政策的同时，体现对部分死缓犯的从严惩治的精神，以更好贯彻宽严相济刑事政策，是此次刑法修改的一个重点、一大亮点。如果普遍延长各类无期徒刑罪犯、死缓罪犯的实际执行刑期，这次刑罚制度修改的重点、重要意义将被湮没；被害方及社会公众会认为，与普通死缓罪犯相比，因累犯以及故意杀人罪等被判处死缓的罪犯实际执行刑期只多了五年，这样，特别、专门延长部分死缓犯实际执行刑期，以有效安抚被害方、满足社会公众正义期盼的重要功能将会大打折扣、大大受损；为不必判处的死刑设置必要替代措施的修法目的也恐在很大程度上落空。

三、关于适当限制死缓期间故意犯罪执行死刑的条件问题

对此问题，我院在2010年9月30日报送贵委的《关于〈中华人民共和国刑法修正案（八）（草案）〉的修改建议》中曾提出，将刑法第五十条有关判处死缓，在死缓期间，“如果故意犯罪的，由最高人民法院核准，执行死刑”的规定修改为“如果故意犯罪，情节恶劣的，由最高人民法院核准，执行死刑”。此外，我院还曾于2010年12月13日专门向贵委致《关于我院复核死缓期间因故意犯罪依法判处死刑案件情况的函》，对上述修改建议的必要性提供了实证依据。但《草案二》对此问题未予涉及。

我院认为，实践证明，刑法第五十条有关死缓期间故意犯罪执行死刑的规定，存在过于刚性、过于绝对的问题。再次建议贵委，在此次刑法修改过程中，及时对该条规定作出修改。再予特别强调的理由是：

死缓期间故意犯罪的情况比较复杂，有的罪犯虽然故意犯罪，但情节轻微，如系受他人欺凌，具有防卫性质，且仅造成对方轻伤，对其执行死刑，无疑不当；还有的罪犯原审之所以判处死缓，是因为证据尚有一定瑕疵而“留有余地”，如其在死缓期间所犯新罪尚未达到判处死刑的标准，显然也不能执行死刑。正是因此，仅近年来，我院在复核死缓期间因故意犯罪依法判处死刑的报核案件中，已数次不得已作出变通处理，刑法的这一严格、绝对的规定并没得到切实执行。如此次刑法修改不能解决这一已被司法实践证明存在的问题，势必会使人民法院继续陷于有法难依的尴尬境地，势必会有损立法的权威或者司法的公正。

四、关于调整法定刑以下判处刑罚核准权问题

对此问题，我院在2010年9月30日报送贵委的《关于〈中华人民共和国刑法修正案（八）（草案）〉的修改建议的报告》中也曾提出建议，即将刑法第六十三条第二款关于“犯罪分子虽然不具有本法规定的减轻处罚情节，但是根据案件的特殊情况，经最高人民法院核准，也可以在法定刑以下判处刑罚”的规定，修改为“犯罪分子虽然不具有本法规定的减轻处罚情节，但是根据案件的特殊情况，判处法定最低刑还是过重，需要在法定刑以下判处刑罚的，除依法由最高人民法院判决的以外，应当报请高级人民法院审判委员会核准”。我院还曾通过其他方式，多次向贵委反映我院的这一建议和考虑。但《草案二》对此问题未予涉及。

我院认为，经过十多年的发展，现行刑法第六十三条第二款的规定，已不适应审判工作实际。再次建议贵委，此次刑法修改应对该款规定作出修改。需特别强调的理由是：

其一，将法定刑以下判处刑罚案件的核准权全部交由最高人民法院行使，导致不少本应核准，且减轻处罚后刑期很短的案件在层报核准过程中，对被告人的羁押时间即已超过应当判处的刑期，造成实际的超期羁押，给相关制度的适用带来了明显的、不应有的负面影响。

其二，规定此类案件的核准由高级人民法院审判委员会集体讨论决定，并辅之以已经越来越严格、规范的检察监督等，完全可以确保裁判质量，同时也有助于更好地适应我国各地经济社会发展不平衡的现实国情以及审判实践的种种复杂情况，更好地贯彻落实罪责刑相适应的刑法基本原则，更充分地实现刑法创设法定刑以下判处刑罚制度、保障实现量刑公正的重要目的。

其三，当前，我国正处于经济社会高速发展、改革不断深化的特定历史时期，社会广泛关注的新类型案件时有发生。有的案件，如许霆盗窃ATM机款项案等，有关法院“依法裁判”，却引发了舆论哗然，陷入极大被动。如果将法定刑以下判处刑罚案件的核准权调整由高级人民法院行使，可以保障此类案件及时得到依法、妥善的处理，既有助于节省司法资源，也有助于相关案件裁判取得良好的法律与社会效果。

以上建议，请贵委考虑，并期采纳。

二〇一一年一月十七日

9. 最高人民法院有关部门对刑法总则的修改意见

（2013年5月28日）

根据委领导关于研究刑法修改完善问题的指示，2013年5月16日，刑法室邀请最高人民法院研究室、刑一庭、刑二庭的同志召开座谈会，就刑法总则关于罚金刑数额标准的确定、是否增设剥夺资格刑以及因数罪被判处不同主刑如何折抵等问题专门听取意见。现简报如下：

一、关于如何完善罚金刑

（一）目前罚金刑存在的问题

最高人民法院参会的同志（黄应生、孟伟、李萍）都提到，实践中被判处的罚金刑难以执行，造成绝大部分案件空判，据不完全统计，单处或并处罚金的案件，执行率只有10%。其原因是多方面的：一是立法方面的原因：1. 法律规定太笼统，没有统一的罚金标准和上下限的限制，使有的案件判处的高额罚金达上千万或上亿，无法执行；2. 法律规定的罚金刑，没有考虑到被告人的经济状况或执行能力，有的案件虽然判了罚金，但确实没有能力执行。3. 法律没有明确规定罚金刑的移交程序和执行部门，即使移交给执行庭，执行庭也没有专门的程序予以执行。二是执法方面的原因。实践中大多数案件没有移交执行庭，能够执行的，多是在判决前，法官根据案件情况，对于可能判处罚金的，先行告知被告人及其家属。对于在判决前先行缴纳罚金的，法官根据情况，对被告人应判处的主刑酌情从轻。对于移交执行庭的罚金案件，执行率也很低。他们认为在刑法总则中规定罚金的具体标准很有必要。同时建议，在规定罚金刑的具体标准时，首先要考虑被告人的经济能力，同时结合被告人的犯罪行为及其危害性来确定，即根据量刑的不同档次，规定不同的罚金。这样既可防止空判现象的发生，也可以起到同罪同罚的效果。

（二）完善罚金刑的具体建议

1. 对于以数额确定罚金标准的，一致建议在总则中统一规定罚金的下限，最低数额不得低于1000至2000元。黄应生提出，规定罚金下限时，注意对未成年人、老年人、残疾人犯罪与普通人犯罪区别对待，如最高人民法院《关于适用财产刑若干问题的规定》中对未成年犯规定的罚金最低数额是成年犯的二分之一。孟伟提出，由于犯罪的性质不同，个人的财产状况也不同，有必要规定罚金的下限标准。2. 黄应生建议，有的犯罪如违法所得可以确定的犯罪，可以倍比制作为罚金标准，以一至五倍为宜，有利于司法机关根据实践中的不同情况确定一定的倍比；3. 黄应生建议，对于单位犯罪的，根据刑法分则的规定，对直接负责的主管人员和其他直接责任人员，按照个人犯罪予以处罚，既判处刑罚，又并处罚金。单位犯罪，个人没有谋利，刑法这样规定是否合适？建议对单位犯罪的，规定对直接负责的主管人员和其他直接责任人员判处自由刑，对单位判处罚金；4. 建议对以谋利性质的犯罪和非谋利性质的犯罪确定不同的罚金标准。

李萍认为，犯罪的性质、危害程度和法定刑有极大差别，实际情况比较复杂，如何规定为宜还需进一步研究。

（三）其他

1. 孟伟建议完善罚金刑的执行模式，建立罚金刑执行保证金制度。规定在提起公诉后或开庭后，人民法院根据案件的犯罪情节认为有可能判处罚金刑时，即通知被告人或近亲属在判决前缴纳一定数额的保证金，以作为法院对其并处罚金的基础和执行罚金的保证。如果当事人能及时足额缴纳保证金，在裁判时可酌情从轻判处主刑，并适用罚金附加刑。

2. 黄应生建议增加从轻或者减轻判处罚金的规定。按照刑法第62条、第63条的规定，对犯罪分子具有从轻、减轻处罚情节的，应当在法定刑限度内或者法定刑以下判处刑罚。实践中往往只对主刑适用上述规定，对附加刑尤其是罚金刑一般没有适用。最高人民法院《关于适用财产刑若干问题的规定》中规定，对未成年人犯罪应当从轻或者减轻判处罚金。法律可以根据实际情况作出切合实际的规定，以利于执行。

3. 李萍、黄应生提出，刑法是否可考虑易科制度，对于被判处罚金执行不了的，可易科社区劳动等。

二、关于剥夺资格刑

（一）我国法律中关于剥夺资格刑的现状分析

黄应生提出，目前，我国刑法规定的资格刑只有剥夺政治权利和驱逐出境两种。仍有大量的资格刑性质的处罚散见于其他法律中，主要有以下几类：一是禁止担任公职的权利，如《人民警察法》、《法官法》、《检察官法》和《人民法院组织法》等；二是禁止从事一定职业或活动的，如《老师法》、《律师法》、《会计法》、《注册会计师法》、《拍卖法》、《执业医师法》、《公司法》、《证券法》、《道路交通安全法》等。这些散见于其他法律法规中的剥夺资格的处罚方法发挥着资格刑的作用。从内容来看，是剥夺罪犯担任公职或剥夺罪犯从事一定职业或活动的权利；从目的来看，是为了防止罪犯再次实施同样的犯罪行为。

从上述规定看，刑法之外的其他法律中规定的剥夺资格存在不合理之处，主要表现在：一是有些被剥夺公职的处罚没有被刑罚吸收，如《人民警察法》、《法官法》、《检察官法》都有规定，因犯罪受到刑罚处罚的不得担任警察、检察官和法官，而在刑法中没有相应剥夺公职的规定。对于一些利用公职进行犯罪，在刑事处罚中没有规定剥夺公职，而是由行政处罚来代替，既模糊了刑事处罚与行政处罚的界限，也是不合理的。二是没有将剥夺资格的内容与犯罪行为性质挂钩。除了《道路交通安全法》、《商业银行法》、《公司法》、《证券法》、《会计法》等规定了剥夺罪犯的资格是因其犯罪与职业资格有关外，大多数的法律、法规不论犯罪的故意与否，轻重与否，其犯罪行为与其所从事的职业是否有关，规定只要实施犯罪就要剥夺其职业资格。这样不加区分的一律规定剥夺职业资格，是不理性的做法。三是剥夺资格的期限规定缺乏科学性。如《公司法》、《证券法》、《律师法》、《执业医师法》规定剥夺资格有确定期限，且规定满五年，资格自行恢复。而《教师法》、《会计法》、《拍卖法》规定剥夺资格是无限期的，终身剥夺。从刑法分则中关于利用相应职业犯罪的规定来看，很难说哪种职业实施犯罪就必然比其他职业犯罪严重，且相应的处罚也重。从不同职业犯罪而言，也很难认为律师或会计故意杀人或盗窃比医师故意杀人或盗窃要严重。所以，不论其故意犯罪的性质、情节轻重，只要是故意犯罪一律剥夺一定期限或终身资格，是不科学的。同时，对于剥夺一定期限的资格后，没有规定任何条件限制就可自行恢复，既没有考虑行为人主观恶性大小，也没有考虑资格剥夺的实际需要，没有体现法律防止其再犯的特殊预防目的。

（二）关于剥夺资格刑的具体建议

参会的三名同志都同意在总则中规定剥夺资格刑。对于如何规定，黄应生、孟伟提出，剥夺资格是一种很重的处罚，将其作为行政处罚手段不合适，建议对资格刑单独作规定，同时，将其他法律中的有关处罚措施整合到刑法中，通过司法程序决定。

黄应生提出，根据我国的实际情况并借鉴国外立法经验，建议我国刑法对自然人犯罪增加以下资格刑：1. 禁止担任特定职务；2. 禁止从事特定职业；3. 禁止从事特定活动；4. 剥夺荣誉。对单位犯罪规定以下资格刑：1. 限制生产规模及业务活动范围；2. 强制暂停营业，责令停业整顿；3. 公布犯罪行为及裁判决定；4. 取消营业许可，强制解散。

李萍建议在总则中原则规定剥夺资格刑，这样有利于适应不断发展的新形势。对于单行法律中已有规定的剥夺资格刑，只要与刑法规定不冲突的，可以继续保留适用。

（三）其他

黄应生建议刑法增设资格刑的复权制度。即对于因实施犯罪而被判处资格刑的犯罪分子，在其具备一定的条件时，提前恢复其被剥夺、限制的权利或资格的制度。

三、关于因犯数罪被判处不同种主刑的如何折抵

对于因犯数罪被判处有期徒刑、拘役、管制刑的，数罪并罚时如何执行或折抵，他们有不同的看法：

孟伟提出，在《刑法修正案（八）》未出台之前，对于不同种的刑罚的并罚问题不是很突出，有些在法院下判前有意避免了。自《刑法修正案（八）》增设了危险驾驶罪，只能判处拘役刑罚后，此问题就非常明显了，亟需在立法上予以明确。由于这三种刑罚在性质、剥夺自由的程度、执行方法、执行场所、法律后果等方面存在一定的差异，建议分别执行为宜，即先执行有期徒刑，再执行拘役，最后执行管制。如果将拘役、管制折抵为有期徒刑，可能对被告人不利。

黄应生提出，实践中对判处不同种刑罚的，执行时一般是重刑吸收轻刑，如判处有期徒刑和拘役的，只执行有期徒刑。这样的做法，对被告人有利，也不影响对其的教育和改造。将拘役、管制折抵有期徒刑从理论上是说不通的，不赞成折抵的做法。

（法制工作委员会刑法室）

10. 最高人民法院关于刑法修改完善的建议

（法〔2013〕297 号）

全国人民代表大会常务委员会法制工作委员会：

8 月中旬，贵委刑法室在京召开座谈会，听取中央有关部门对制定《刑法修正案（九）》的意见，并提出《关于修改完善刑法研究的问题》供会议研究讨论。我院认为，适应经济社会发展状况和社会治安状况的发展变化，及时对刑法作出修改完善，以更加有效地惩罚犯罪、保护人民，贯彻落实宽严相济刑事政策，对深入贯彻党的十八届三中全会精神，完善人权司法保障制度，扎实推进法治中国建设具有重要意义。我院高度重视此次刑法修改，为配合立法机关做好相关工作，成立了专门的工作小组，向院内各相关审判庭、各高级人民法院广泛征求了意见，并召集二十余家高、中级和基层法院代表进行了座谈。关于刑法修改完善的建议稿形成后，我院审判委员会刑事专业委员会进行了专题讨论。现结合审判工作实际，综合全国法院意见，就此次刑法修改提出如下建议：

一、关于刑法修改的总体意见

从贵委刑法室提供讨论的《关于修改完善刑法研究的问题》看，已对当前刑法实施中面临的重大、突出问题作了较为全面的梳理，拟定的解决方案也较为成熟，我院总体赞同。为确保此次刑法修改取得更加良好的效果，我院建议，在下一步研究中，在宏观方面，能重视以下问题：

1. 深入贯彻党的十八届三中全会精神。党的十八届三中全会审议通过的《中共中央关于全面深化改革若干重大问题的决定》，对“推进法治中国建设”作了总体部署，围绕“完善人权司法保障制度”提出了具体的改革目标和任务，明确提出要“逐步减少适用死刑罪名”。作为新一轮司法体制和工作机制改革的有机组成部分，建议此次刑法修改能够更加全面、更有力度地贯彻落实《决定》提出的改革目标和任务，为全面深化改革提供有力法律保障。

2. 全面贯彻宽严相济刑事政策。宽严相济刑事政策是我国的基本刑事政策，此次刑法修改仍应以更好贯彻体现这一政策为主线。从《关于修改完善刑法研究的问题》看，似主要着眼于增设新的罪名或者加大对有关犯罪的惩治力度，较好体现了宽严相济刑事政策“严”的一面。这对于回应社会关切、加强社会管理是必要的，但同时似宜考虑宽严相济刑事政策“宽”的一面充分体现问题。对能够通过其他法律手段予以规制的行为，如非法使用机动车号牌，购买、食用濒危野生动物等，目前似并无犯罪化的必要性和紧迫性；对审判实践积累的一些收效良好的经验，如被害人有过错，或者取得被害人谅解的，可对被告人从宽处罚等，可考虑上升为法律规定，以全面贯彻体现宽严相济刑事政策，在有效惩治犯罪的同时，减少社会对抗，增进社会和谐。

3. 有效解决司法实践难题。《关于修改完善刑法研究的问题》就拘役、有期徒刑的并罚问题提出了解决方案，拟增设虚假诉讼犯罪、编造、传播虚假信息犯罪、利用影响力行贿犯罪等新罪名，并对虐待罪、扰乱法庭秩序罪等作出修改，体现了对有效解决司法实践难题的充分关切。除此之外，还存在一些问题，长期困扰审判实践，且无法通过司法解释方式解决，如单位实施刑法分则未规定单位主体的犯罪应如何适用法律，“供犯罪所用的本人财物”如何具体把握，贪污贿赂罪的定罪量刑标准如何适应经济社会发展实际等等，期望此次刑法修改能一并关注、解决。

4. 兼顾法律的稳定性。1997 年刑法修订后，立法机关先后制定了一个决定和八个修正案对刑法作了局部修正，这是由我国经济社会高速发展、社会治安状况发展变化的实际所决定的，是完全必要的，但保持刑法适时更新的同时，

也需着力提升立法的前瞻性，避免法律频繁改动。鉴此，我院认为，能否系统梳理 1997 年刑法及有关单行刑法施行以来的有关情况和问题，采用全面修订的方式对刑法作出完善，以确保今后一段时期刑法的相对稳定性。

二、关于刑法总则

《关于修改完善刑法研究的问题》拟将刑法总则的有关规定纳入完善范围，拟增设罚金数额的确定标准，增设资格刑，增加不同刑种并罚刑期折抵的规定。这对于进一步完善我国刑罚结构，落实宽严相济刑事政策，具有重要意义，我院原则赞同；同时，建议对相关修改方案作进一步完善，并对刑法总则中其他亟待立法完善的重要问题也能一并考虑、解决：

1. 关于单位犯罪。建议在刑法第三十一条后增加一款，规定："单位实施危害社会的行为，符合本法分则的有关规定，但法律没有规定单位犯罪主体的，应当追究直接责任人员的刑事责任。"提出以上建议，主要考虑：其一，在刑法分则中，只针对部分犯罪规定了单位犯罪主体。而从实践情况看，还有大量犯罪，刑法分则未规定单位犯罪主体，但实际是由单位实施。过去，对如何处理此类案件一直存在争议。为了解决实践问题，我院在制定盗窃罪、妨害国（边）境管理秩序罪等司法解释过程中，经征求贵委意见，明确此种情况下可追究单位中直接责任人员个人的刑事责任，但对司法解释未予规定的犯罪，如诈骗罪等，能否也按照这一原则处理，仍存在不同看法，影响了有关案件的处理。其二，全国人大法工委办公厅常办秘字〔2004〕51 号复函明确："单位有关人员组织、指使本单位职工实施刑法未规定为单位犯罪的犯罪行为的，应依法追究直接责任人员的刑事责任。"将上述复函精神上升为立法规定，可以一揽子解决有关问题，避免实践中的扯皮、争议，确保犯罪得到应有制裁，相关案件依法公正处理。

如认为在刑法总则中作出上述规定时机尚不成熟，则至少应考虑在刑法分则中，针对可能由单位实施的常见犯罪，如盗窃罪、诈骗罪、贷款诈骗罪、拒不执行判决、裁定罪等，增设单位犯罪主体的规定。

此外，建议将国家机关从单位犯罪的主体中排除。主要考虑：其一，如国家机关被定罪处刑，作为犯罪主体，其能否继续行使国家权力就成为问题；即便认为其仍可行使国家权力，其权威和公信也必将受到质疑。且这一规定可能被敌对势力利用，煽动炒作追究国家机关乃至国家的刑事责任问题。其二，对国家机关判处罚金，实际并无意义，因国家机关的资金都来源于国家财政，执行罚金无异于"从左腰包掏到右腰包"，无法起到刑罚的应有作用。

2. 关于赔偿经济损失。建议将刑法第三十六条第一款修改为："由于犯罪行为而使被害人遭受经济损失的，对犯罪分子除依法给予刑事处罚外，并应根据情况犯罪情节，同时考虑犯罪分子的经济状况，判处赔偿经济损失。"提出以上建议，主要考虑：其一，统计表明，绝大多数刑事案件的被告人是没有正常收入的无业人员和进城务工人员，赔偿能力非常有限。不考虑这一实际情况，将动辄几十万元之巨的死亡赔偿金、残疾赔偿金纳入附带民事诉讼的赔偿范围，带来了空判现象普遍、缠讼闹访突出、案已结而事难了的严重问题，极大影响了社会矛盾的及时有效化解，损害了法律的权威和司法的统一。其二，因犯罪行为引发的损失赔偿与因单纯民事侵权引发的损失有明显不同。后者，赔偿损失是被告人承担法律责任的主要方式，而前者，被告人除需赔偿损失外，还要承担刑事责任。

3. 关于罚金裁判原则。《关于修改完善刑法研究的问题》拟增设有关罚金数额确定标准的规定，并提出了具体方案。经研究，我院原则赞同相关修改方案，同时建议，在设定有关罚金刑的上下限时，能够赋予人民法院一定的自由裁量权，即规定一般应当在相应比例幅度内判处，情况特殊的，可以作例外处理。主要考虑：司法实践的情况非常复杂，如作"一刀切"的规定，一方面，可能会带来下限偏高以致罚金刑"空判"进一步增多的问题。因为根据刑法规定，犯罪分子违法所得的一切财物应当予以追缴或者责令退赔，实践中，违法所得被追缴或责令退赔后，大多数犯罪分子往往无力再缴纳罚金。另一方面，也可能带来上限偏低导致无法有效惩治犯罪、体现罪责刑相适应原则的问题。如根据刑法规定，对污染环境罪要并处或者单处罚金。考虑到这类犯罪的主体多为单位，动机主要是为了降低生产经营成本，犯罪发生后修复被污染的环境往往要耗费巨大代价，实践中往往要判处高额罚金，如对罚金上限设置偏低，将给这类案件的处理带来影响。

此外，刑法分则中，有的不是经济犯罪，配置了罚金刑；有的属经济犯罪，却未配置罚金刑。如拟对刑法作全面修改，建议对刑法分则的罚金刑配置作系统梳理，将罚金刑限制适用于经济犯罪和其他以谋取经济利益为目的的犯罪。

4. 关于资格刑。《关于修改完善刑法研究的问题》拟增设资格刑，规定："对于实施与职务相关的犯罪，被判处有期徒刑以上刑罚的犯罪分子，可以根据犯罪情况，同时禁止其在刑罚执行完毕后一定期限内从事相关职业或者担任特定职务。"经研究，我院赞同增设资格刑，同时认为，为保障资格刑的准确、规范适用，在刑法分则中，应对具体哪些罪名可适用资格刑作出明确。基于立法技术的考虑，为避免刑法"大动"，可考虑在有关分则章节中规定一个一般性的条文，对本章或本节规定的哪些罪名可适用资格刑作出规定。

5. 关于减轻处罚。关于减轻处罚的问题，司法实践中存在跨档减轻处罚适用的突出问题，亟需立法予以解决。《刑法修正案（八）》明确减轻处罚只能在法定刑幅度的下一个量刑幅度内判处刑罚，即不允许跨档减轻处罚。但被告人具有多个减轻处罚情节的，是否也适用上述规定，不尽明确，存在争议。从实践看，对具有多个减轻处罚情节的，如也只能减一档，有时罪刑明显不相适应。还有的案件，被告人具有的从宽情节依法既可以减轻处罚也可以免除处罚，如只能在减轻一档和免除处罚两者中选择，也会导致量刑失重或者失轻。鉴此，建议明确此两种情形可不受禁止跨档减刑的限制。具体方案可考虑：将刑法第六十三条第一款修改为："犯罪分子具有本法规定的减轻处罚情节的，应当在法定刑以下判处刑罚；本法规定有数个量刑幅度的，应当在法定量刑幅度的下一个量刑幅度内判处刑罚，但是，犯罪分子具有两个以上减轻处罚情节，或者犯罪分子具有的从宽情节法律同时规定可以免除处罚的除外。”

6. 关于违法所得和供犯罪所用的本人财物。根据刑法第六十四条的规定，犯罪分子违法所得的一切财物，应当予以追缴或者责令退赔；供犯罪所用的本人财物，虽非违禁品，亦应当予以没收，上缴国库。但是，司法实践中，对于“违法所得的一切财物”和“供犯罪所用的本人财物”的具体范围，存在重大认识分歧。例如，将盗窃、诈骗来的财物用于开办工厂的，是否整个工厂均属于“违法所得”的财物？犯罪分子用于操纵证券、期货市场的巨额资金，用于走私的价值巨大的船只，前往故意杀人行为地所驾驶的车辆等，应否一律作为“供犯罪所用的本人财物”予以没收？随着经济社会发展，刑事案件涉及财物处置的越来越多，涉案财物的价值越来越巨大，相关财物的依法处置往往是诉讼各方关注的重点，为确保法律正确、统一实施，极有必要对“违法所得”、“供犯罪所用的本人财物”的具体范围作出进一步明确。具体方案可考虑：建议增设一款，作为刑法第六十四条第二款：“犯罪分子的违法所得与其他合法财产混同的，对合法财产及其收益部分不得没收。没收供犯罪所用的本人财物，应当与犯罪分子所犯罪行和承担的刑事责任相适应。”

7. 关于量刑情节。建议将刑法总则第四章“刑罚的具体运用”第二节“累犯”、第三节“自首和立功”予以合并，节标题修改为“量刑情节”。除现行规定的累犯、自首和立功情节外，建议增加规定如下法定量刑情节：

（1）主动交待司法机关未掌握的重大同种余罪。对于此种情形，如规定从宽处理，有利于引导犯罪嫌疑人、被告人认罪悔罪、坦白余罪，有利于体现宽严相济刑事政策，也有利于保障刑罚适用效果。具体方案可考虑：将刑法第六十七条第二款修改为：“被采取强制措施的犯罪嫌疑人、被告人和正在服刑的罪犯，如实供述司法机关还未掌握的本人其他罪行，与司法机关已掌握的或者判决确定的罪行属不同种罪行的，以自首论。”同时增加一款作为第四款：“被采取强制措施的犯罪嫌疑人、被告人和正在服刑的罪犯，如实供述司法机关还未掌握的本人其他罪行，与司法机关已掌握的或者判决确定的罪行属同种罪行的，可以从轻处罚；如实供述的同种罪行较重的，可以减轻处罚。”

（2）被害人过错。司法实践中，有的被害人对案件的发生具有明显过错，在对被告人定罪量刑时如不作考虑，不符合罪责刑相适应原则，也难以让被告人服判息诉。从司法实践来看，被害人过错情节对量刑的影响也很大，死刑案件中就有一定比例的案件因被害人有过错而未核准死刑，且适用效果良好。鉴此，建议将被害人过错列为法定量刑情节。具体方案可考虑：在“量刑情节”一节中增设一条：“被害人对犯罪的发生存在过错的，根据被害人过错程度，可以对犯罪分子从轻或者减轻处罚。其中，犯罪较轻的，可以免除处罚。”

（3）退赃、退赔。为鼓励行为人在犯罪后积极退赃、退赔，加大对被害人的保护力度，建议将退赃、退赔情节增设为法定量刑情节，在刑法中作出规定。具体方案可考虑：在“量刑情节”一节中增加一条：“被告人积极退赃、退赔的，可以从轻处罚。”

（4）被害人谅解。被告人犯罪后，通过赔礼道歉、赔偿损失等取得被害人谅解的，一方面能够减弱其犯罪行为的社会危害性，另一方面也有助于修复遭犯罪破坏的社会关系，应当在量刑时予以考虑。且修改后刑事诉讼法第二百七十九条已明确规定：“对于达成和解协议的案件……人民法院可以依法对被告人从宽处罚。”鉴此，建议将被害人谅解增设为法定量刑情节。具体方案可考虑：在“量刑情节”一节中增加一条：“犯罪嫌疑人、被告人真诚悔罪，通过向被害人赔偿损失、赔礼道歉等方式获得被害人谅解的，可以从轻处罚。双方当事人依法达成和解协议的，可以从轻或者减轻处罚；犯罪较轻的，可以免除处罚。”

（5）被告人认罪。为鼓励被告人认罪，减少司法成本，建议将认罪情节增设为法定量刑情节，在刑法中作出规定。具体方案可考虑：在“量刑情节”一节中增加一条：“被告人认罪的，可以从轻处罚。”

8. 关于数罪并罚。《关于修改完善刑法研究的问题》拟增设不同刑种并罚方法的规定。在所拟两种方案中，我院认为方案二更为可取。同时建议，针对数罪并罚实务操作中存在的其他难题，也在此次修法中一并考虑解决：

（1）关于罪数处断原则。在我国传统刑法理论中，有牵连犯、吸收犯等学说。根据上述学说，对行为人实施数行为同时触犯数罪名的，不予数罪并罚，而是实行从一重处断原则。我国的刑事立法和司法解释明显受到了该学说的影响，但相关立法和司法解释对牵连犯、吸收犯所规定的处断原则并不完全一致，有的是从一重处断，有的是从一重从重处罚，有的则实行数罪并罚；特别是，对于数行为之间究竟有无牵连、吸收关系，往往理论上争执不下，实践中很难把握，给相关案件的处理带来了干扰，引发了大量的不必要的上诉、抗诉、申诉等问题。从国外立法看，基本已无国家还采用上述理论学说。鉴此，为方便司法，减少不必要的争议，同时也是为了更好体现罪责刑相适应原则，建议在刑法总则的适当部分作出规定：一行为同时触犯数罪名的，依照处罚较重的犯罪定罪处罚；数行为触犯数罪名的，数罪并罚。并根据这一规则，对分则的有关规定予以调整完善。

（2）附加刑的并罚。刑法第六十九条第二款规定：“数罪中有判处附加刑的，附加刑仍须执行，其中，附加刑种类相同的，合并执行，种类不同的，分别执行。”这一规定失之原则，有的还难以操作。例如，同时判处数个剥夺政治权利的，究竟如何“合并执行”，是简单相加，还是限制加重，具体又如何限制加重？又如，罚金与没收全部财产，如何“分别执行”？是先执行没收全部财产再执行罚金，还是相反？附加刑的并罚是实践中经常遇到的问题，且难以通过司法解释明确，建议根据附加刑的不同种类、情形，对其并罚原则作出进一步明确。

（3）死缓犯、无期徒刑罪犯发现漏罪的并罚。实践中，有的被判处死缓刑、无期徒刑的犯罪分子，减为有期徒刑后，实际服刑多年，后发现其在判决宣告以前还有其他罪没有判决的，依照现行刑法第七十条的规定，得按照“先并后减”的原则并罚，结果是需要再执行一次死缓刑、无期徒刑，导致对这类犯罪分子适用的刑罚，实际比在服刑期间又犯新罪的死缓犯、无期徒刑罪犯还要重，明显有失妥当。鉴此，建议在刑法第七十条中增加一款作为第二款：“被判处死刑缓期执行或者无期徒刑的犯罪分子，在减为有期徒刑以后，刑罚执行完毕以前，发现其在判决宣告以前还有其他罪没有判决的，应当对新发现的罪作出判决，把前罪没有执行的刑罚和后罪判处的刑罚，依照本法第六十九条的规定，决定执行的刑罚。”

9. 关于缓刑。目前，在我国的刑罚制度中，在监禁刑与非监禁刑之间似缺少必要的衔接和过渡，只能在适用监禁刑和非监禁刑之间作出一刀切的选择。而从实践看，由于社区矫正工作还有待进一步完善，在有的地方，被告人被宣告缓刑后，在社会公众看来，实际就与“无罪释放”没有本质差异，严重影响了刑罚适用效果，也导致一些法官不敢依法适用缓刑。鉴此，建议参考有关国家立法例，改造为“混合缓刑”制度，即授权法官在判决缓刑时可以将决定执行的刑罚虚实结合，如判处有期徒刑一年的，实际执行三个月，缓刑考验期一年六个月。作此修改，一方面能够使犯罪人受到应有惩治和震慑，另一方面也能打消法官对适用缓刑的现实顾虑。

10. 关于社区矫正。实践中，犯罪分子异地作案、异地受审的情况十分普遍，其中有的犯罪分子符合缓刑适用条件。对此类犯罪分子，究竟是由其户籍地还是经常居住地的社区矫正机构负责矫正，常出现争议、扯皮，影响了人民法院依法适用缓刑，影响了刑法的平等适用。而且，随着户籍制度改革的深入，对这类罪犯也不宜再要求由其户籍地的社区矫正机构负责矫正。鉴此，建议明确，对异地籍罪犯的社区矫正由其经常居住地的社区矫正机构负责。

三、关于死刑制度

《刑法修正案（八）》减少十三个死刑罪名，社会反应、实际效果都十分良好。《关于修改完善刑法研究的问题》拟进一步取消部分非暴力犯罪的死刑。这符合《中共中央关于全面深化改革若干重大问题的决定》的要求，我院完全赞同，同时，我院认为，在关注死刑罪名减少的同时，应当更加重视死刑适用的实际控制。通过立法对死刑适用的条件作出完善，为司法实践进一步贯彻“保留死刑，严格控制和慎重适用死刑”政策奠定坚实根基，提供有力保障。

1. 关于死刑适用条件。为进一步体现严控死刑的政策立场，从立法层面严格控制死刑适用，建议采纳我国已签署的《公民权利和政治权利国际公约》的表述，将死刑的适用对象修改为“最严重的罪行”，同时从反面规定不适用死刑立即执行的情形，以为司法进一步减少和控制死刑奠定立法基础。具体方案可考虑：建议将刑法第四十八条第一款修改为：“死刑只适用于最严重的罪行。对于应当判处死刑的犯罪分子，如果具有本法规定的从宽处罚情节或者由于其他原因不是必须立即执行的，可以判处死刑同时宣告缓期二年执行。”

2. 关于减少死刑罪名。经认真研究，我院认为，目前刑法分则所规定的死刑罪名，除杀人、抢劫、伤害、毒品、绑架、强奸等犯罪外，多数属于备而待用性质，短期内不宜废除。可以考虑取消死刑的只有组织卖淫罪；此外，可通过设置转化犯的方式，从技术层面减少死刑罪名，具体而言：

（1）取消组织卖淫罪的死刑。对单纯组织卖淫，未强迫他人卖淫的，适用死刑显然过于严厉，从近年来的实践看，实际也并未判过死刑。鉴此，建议取消组织卖淫罪的死刑，同时规定，对在组织卖淫过程中强迫卖淫的，按强迫卖淫罪论处，情节特别严重的，仍可适用死刑。具体方案可考虑：建议将第三百五十八条第二款修改为：“强迫他人卖淫，有前款第二项至第五项规定情形之一，情节特别严重的，处无期徒刑或者死刑，并处没收财产。”

（2）技术性减少死刑罪名。建议在有关刑法分则条文中增设有关转化犯的规定，如对因放火、爆炸、投放危险物质、决水等致人死伤的，不再按放火罪、爆炸罪、投放危险物质罪、决水罪等论处，相关条文也不再配置死刑，而是规定转化为故意杀人罪、故意伤害罪。通过这一技术处理，可以使刑法中的死刑罪名大幅减少。

3. 完善常见死刑罪名的适用条件。实践中，故意杀人罪、毒品犯罪是死刑适用的常见犯罪，应当对相关刑法条文作出完善，从实质层面减少死刑适用。

（1）重新配置故意杀人罪的法定刑。刑法第二百三十二条规定：“故意杀人的，处死刑、无期徒刑或者十年以上有期徒刑；情节较轻的，处三年以上十年以下有期徒刑。”此种由重到轻的刑罚配置方式，体现了“杀人偿命”的传统观念，实践中也有被害方据此质疑为何不依法判处被告人死刑，甚至为此闹访、上访。针对当前社会公众刑罚观念的发展变化，为进一步体现严控死刑的政策立场，建议对该条规定作出修改。具体方案可考虑：将刑法第二百三十二条修改为：“故意杀人的，处十年以上有期徒刑、无期徒刑或者死刑；情节较轻的，处三年以上十年以下有期徒刑。”

（2）将运输毒品罪单列。现行刑法第三百四十七条将运输毒品与走私、贩卖、制造毒品并列规定，适用同一定罪量刑标准。而实践中，多数运输毒品犯罪行为是走私、贩卖、制造毒品犯罪的辅助环节，在整个毒品犯罪中具有从属性、辅助性特点，其社会危害性与走私、贩卖、制造毒品等源头性犯罪明显不同。将运输毒品与走私、贩卖、制造毒品分别规定，设定不同的量刑标准，可以更好地体现罪责刑相适应刑法基本原则。鉴此，我院提出如下修改建议：

（1）删去刑法第三百四十七条第二、三、四款中对运输毒品罪的规定，在刑法第三百四十七条之后增加一条，作为第三百四十七条之一：“运输鸦片、海洛因或者甲基苯丙胺或者其他毒品数量大的，处七年以上有期徒刑，并处罚金；运输毒品数量大，并有下列情形之一的，处十五年有期徒刑、无期徒刑或者死刑，并处没收财产：

“（一）运输毒品集团的首要分子；

“（二）武装掩护运输毒品的；

“（三）以暴力抗拒检查、拘留、逮捕，情节严重的；

“（四）参与有组织的国际毒品犯罪的；

“（五）运输毒品数量特别大的；

“（六）以运输毒品为业的；

“（七）系累犯或者毒品再犯的；

“（八）有其他严重情节的。

“运输鸦片、海洛因、甲基苯丙胺或者其他毒品数量较大的，处三年以上七年以下有期徒刑，并处罚金。

“运输鸦片、海洛因、甲基苯丙胺或者其他毒品数量较少的，处三年以下有期徒刑、拘役或者管制，并处罚金。”

（2）对刑法第三百四十七条作修改完善后予以保留。根据现行刑法规定，走私、贩卖、运输、制造鸦片一千克以上、海洛因或者甲基苯丙胺五十克以上，处十五年有期徒刑、无期徒刑或者死刑，这一规定存在过于刚性的问题。常有人据此提出，走私、贩卖、运输、制造海洛因或者甲基苯丙胺五十克以上的，依法就应当判处死刑，否则就是“打击不力”、“轻纵犯罪”，影响了相关案件的处理效果。鉴此，建议对走私、贩卖、制造毒品罪，也取消绝对数量标准，采用相对数量标准，即改以“数量大”、“数量较大”和“数量较少”作为量刑标准，法律修改后由司法解释对相关标准作出明确。

（3）将刑法第三百四十七条第一、五、六、七款的内容合并，在刑法第三百四十七条之一之后增加一条，作为刑法第三百四十七条之二。

4. 完善死缓期间故意犯罪执行死刑的规定。现行刑法第五十条有关死刑缓期执行期间故意犯罪，一律执行死刑的规定，存在过于刚性、难以适应司法实践复杂情况的问题。实践中，在个别案件处理上已不得已突破了该规定。如有的犯罪分子在死缓期间故意犯罪是因受他人欺凌，仅造成对方轻伤，被害方甚至也要求不执行死刑；有的犯罪分子只是脱逃未遂甚至预备，对此类案件也要执行死刑，无疑过于严厉。还有的案件，原判是因证据有一定瑕疵而留有余地判处死缓，如罪犯在死缓期间故意犯罪一律执行死刑，则要面临错杀的风险。鉴此，有必要对死缓期间故意犯罪执行死刑的加上“情节恶劣”的限制条件。对此问题，在《刑法修正案（八）》制定过程中，我院即曾向贵委报送过专门报告，并附实际案例，希望此次修法能再作认真考虑。

四、关于刑法分则

《关于修改完善刑法研究的问题》拟从“加强刑法在维护社会诚信方面的作用”、“进一步加强刑法对公民权利的保护”、“完善惩治腐败犯罪的法律规定”、“完善社会管理秩序的法律规定”四个方面对刑法分则作出补充、修改，并提出了具体方案。经研究认为，有关拟作修改完善的内容较为全面地反映了当前社会关切，修改方案总体也科学合理，我院原则赞同；同时，从审判实践看，还有一些问题，也亟待通过立法完善予以解决，希望能纳入此次修法范围。具体而言：

1. 关于加强刑法在维护社会诚信方面的作用

《关于修改完善刑法研究的问题》拟增设虚假诉讼犯罪，我院完全赞同。增设本罪，对于有效惩治、遏制当前日益泛滥的虚假诉讼现象，维护司法公信、社会诚信，极为必要、及时。考虑到虚假诉讼的特殊性、复杂性，赞同设置专门罪名，而不是在诈骗罪中对其作出规定。主要考虑：（1）诉讼诈骗与一般的诈骗行为有所区别，在构成要件方面有别于诈骗罪，将其单独规定为诉讼诈骗罪更为适宜；（2）诉讼诈骗以人民法院为诈骗对象，侵犯的主要是司法权威和公信，单独规定犯罪更能反映其行为性质。

《关于修改完善刑法研究的问题》拟增设组织考试作弊犯罪和编造、传播虚假信息犯罪。对此，我院赞同增设组织考试作弊犯罪，但建议适当控制打击面。而对编造、传播虚假信息犯罪，应当对“警情等虚假信息”的具体范围，特别是“严重扰乱社会秩序”的具体情形作进一步明确，以避免实践中的不当适用。

《关于修改完善刑法研究的问题》拟增设非法使用机动车号牌犯罪、骗取社保资金犯罪和使用虚假证明文件犯罪。我院认为，相关规定需再作调研、论证：（1）非法使用机动车号牌，对公共安全的危害程度与醉驾、飙车有明显差异，宜通过强化行政管理、治安处罚予以规制。（2）骗取社保资金的情况、原因较为复杂。对个人，特别是本就患有严重疾病的人，骗取少量社保资金的，不宜纳入刑法惩治范围，实践中也并未追究此类行为人的刑事责任；对于组织骗取社保资金并从中牟利的行为，可以诈骗罪追究刑事责任。（3）对使用假公文、证件、印章的，实践中通常会根据其目的行为所触犯的罪名，如诈骗、贪污、受贿等予以惩治；对使用假证明文件谋求职业、职位，并无其他违法犯罪行为的，实践中似并不普遍，通过严格组织部门的审核、考察责任，追究行政、纪律责任亦可有效规制，不宜犯罪化。

2. 关于进一步加强刑法对公民权利的保护

《关于修改完善刑法研究的问题》拟对出售、非法提供公民个人信息罪作出完善。我院认为非常必要。在所拟的两种修改方案中，我院赞同方案二。主要考虑方案一存在两点弊端：一是从实践看，公民个人信息往往会经多手倒卖，要准确查明其是否系有关人员在履行职责或者提供服务过程中获得十分困难；二是如将信息来源限制在履行职责或者提供服务过程中，也难以涵括实践中的复杂情况。

《关于修改完善刑法研究的问题》拟修改收买被拐卖的妇女、儿童罪，加大对此类犯罪的惩治力度；拟扩大虐待罪的犯罪对象，以解决幼儿园老师虐待幼童等难以入罪的问题；拟将强制猥亵、侮辱妇女罪的犯罪对象由“妇女”修改为“他人”，以解决实践中性侵已满十四周岁男性难以入罪的问题。对相关修改方案，我院原则赞同。同时建议：（1）

实践中，拐卖已满十四周岁男性，特别是智障男性的案件时有发生，建议对拐卖妇女、儿童罪一并作出修改，将犯罪对象仍恢复为“人口”。(2) 对收买被拐卖的妇女与收买被拐卖的儿童，宜作区别对待。对收买被拐卖的儿童的，可加重惩罚力度，但对收买被拐卖的妇女，特别是已满十八周岁的成年妇女的，如按照被买妇女的意愿，不阻碍其返回原居住地的，仍宜保留“可以不追究刑事责任”的规定。主要考虑：从实践情况看，收买被拐卖妇女的案件的发生，与男女比例失调、偏远贫困地区男性娶妻难等社会原因有一定关系；有的妇女自愿被拐卖、收买，或者被拐卖后已与收买人养育子女、形成相对稳定的生活，对此类案件一律追究刑事责任，反而不能适应实践复杂情况，影响案件处理的社会效果。(3) 将虐待罪的对象由“对被监护、被看护的未成年人以及年老、患病、残疾等缺乏自我保护能力的人”修改为“对被监护、被看护的未成年人以及年老、患病、残疾或者其他缺乏自我保护能力的人。”(4) 建议将刑法第二百三十七条第二款修改为：“聚众或者在公共场所当众犯前款罪情节恶劣的，处五年以上有期徒刑”，并与同条第一款合并。主要考虑：实践中，有的犯罪分子强制猥亵、侮辱多人，特别是猥亵儿童多人，有的长期、多次猥亵、侮辱他人，有的给被害人造成了严重精神伤害的，根据现行刑法规定，均只能处五年以下有期徒刑，明显有违罪责刑相适应原则。(5) 建议将强奸罪的犯罪对象也一并由“妇女”扩大为“他人”。主要考虑：妇女强奸男性，特别以诱骗方式与幼童发生性行为的案件，以及男性强迫同性口交、肛交的案件，实践中客观存在。对此类案件如以猥亵论，会混淆强奸与猥亵的界限，导致类似行为评价不一，在法理上似有难以说通之处。

《关于修改完善刑法研究的问题》拟增加网络服务提供者违法发布或者传输法律禁止的信息犯罪。我院认为宜再作慎重研究。主要考虑：其一，方案所拟的“法律、法规禁止发布或者传输的信息”范围过于宽泛，一律纳入刑法惩治范围，恐会引发限制言论自由权、舆论监督权的非议。其二，不规定本条，对通过网络发布重大虚假信息，造成严重后果的，可按编造、故意传播虚假信息等罪论处；而如涉及国家秘密等真实信息的，也可按故意泄露国家秘密罪等犯罪论处。总之，现有刑法规定并不存在惩处“漏洞”，不存在对相关犯罪打击不力的情况。

关于进一步加强刑法对公民权利的保护，除《关于修改完善刑法研究的问题》已涉及的内容外，还有其他一些问题也应考虑纳入此次刑法修改的范围：

(1) 关于交通肇事罪。目前，对一些因醉驾、毒驾致多人死亡的案件，究竟是以交通肇事罪还是以以危险方法危害公共安全罪论处，实践中往往存在争议。产生争议的根源，恐与现行刑法对交通肇事罪的规定不尽完善有关。根据现行刑法规定，对醉驾、毒驾致多人死亡的案件，如以交通肇事罪论处，除有逃逸致人死亡的情节外，最高只能处七年有期徒刑，这与醉驾、毒驾的性质（实质类似于国外的“轻率杀人”）及严重危害程度明显不相适应，未能体现罪责刑相适应刑法基本原则的要求，导致相关案件难以依法判决。鉴此，建议完善交通肇事罪的法定刑设置。具体方案可考虑：将刑法第一百三十三条修改为：“违反交通运输管理法规，因而发生重大事故，致人重伤、死亡或者使公私财产遭受重大损失的，处三年以下有期徒刑或者拘役；交通运输肇事后逃逸或者有其他特别恶劣情节的，处三年以上七年以下有期徒刑；因逃逸致人死亡或者有其他特别恶劣情节的，处七年以上有期徒刑或者无期徒刑。”待刑法修改后，通过司法解释对“恶劣情节”或者“特别恶劣情节”的具体认定标准作出明确。

(2) 提升强令违章冒险作业罪的法定刑。实践中，有的强令他人违章冒险作业的案件，情节特别恶劣，后果特别严重，如在人为关闭煤矿瓦斯报警装置的情况下，强令他人冒险作业，造成十余人死亡。此类案件，如以强令违章冒险作业罪论处，根据现行刑法规定，最高只能处十五年有期徒刑，无法罚当其罪；如以以危险方法危害公共安全罪论处，又会混淆有关犯罪的界限。鉴此，建议提升强令违章冒险作业罪的法定刑，以保障罪责刑相适应。具体方案可考虑：将刑法第一百三十四条第二款修改为：“强令他人违章冒险作业，因而发生重大伤亡事故或者造成其他严重后果的，处五年以下有期徒刑或者拘役；情节特别恶劣的，处五年以上十年以下有期徒刑；后果特别严重的，处十年以上有期徒刑或者无期徒刑。”

(3) 取消嫖宿幼女罪。设立嫖宿幼女罪，从理论上看，与幼女不具有性承诺权存在矛盾；从实践来看，对于“卖淫幼女”的认定往往较为困难；此外，若对被告人以嫖宿幼女罪论处，还常常会引发幼女及其家属的异议，以及社会公众的质疑。为加强对幼女身心健康的特别保护，建议取消嫖宿幼女罪，对以各种手段奸淫幼女的一律以强奸罪论处。

3. 关于完善惩治腐败犯罪的法律规定

《关于修改完善刑法研究的问题》拟修改行贿罪，为该罪增设罚金刑；拟增设利用影响力行贿罪，解决利用影响力受贿罪而无利用影响力行贿罪的问题。对这些修改方案，我院完全赞同，同时认为，在完善惩治腐败犯罪的法律规定方面，还有一个重大、突出问题应纳入此次刑法修改的范围，即完善贪污、受贿罪的定罪量刑标准问题。

现行刑法为贪污罪、受贿罪规定了刚性的具体数额标准。贪污、受贿五万元以上不满十万元的，一般要处五年以上有期徒刑；贪污、受贿数额在十万元以上的，要处十年以上有期徒刑、无期徒刑或者死刑。立法初衷是为了从严惩治此类犯罪，但实际施行效果并不理想：一是导致不少犯罪数额相差悬殊的案件在量刑上难以拉开档次，不能充分体现罪责刑相适应原则，严重影响了一些案件裁判的社会效果。二是由于定罪量刑的数额标准在一定程度上与经济社会发展不相适应，导致实践中一些依法本应入罪或者本应重判的案件实际并未依法惩处，极大损害了法律的权威。三是单纯以数额决定贪污罪，特别是受贿罪的定罪量刑，本身也存在不尽科学合理之处。受贿数额相同，有未为他人谋取不正当利益、谋取了何种不正当利益、给国家和人民利益造成的损失会有巨大差异，适用相同刑罚，不符合罪责刑相适应原则。鉴此，建议取消贪污、受贿罪定罪量刑的具体数额标准，改为“数额加情节”的弹性模式，今后再由司法解释根据反腐败形势和经济社会发展形势，对定罪量刑的具体数额、情节标准作出明确。如此修改的目的是加大惩治腐败力度，而不是放纵腐败，符合当前加大反腐力度的形势。并且，在立法技术上作出修改也不会引发公众误解。这一问题，在《刑法修正案（八）》研究过程中我院即反复提出，希望此次修法再予认真考虑。具体方案可考虑：将刑法第三百八十三条修改为："对犯贪污罪的，根据情节轻重，分别依照下列规定处罚：

"（一）贪污数额较大或者有其他较重情节的，处三年以下有期徒刑或者拘役，并处罚金；

"（二）贪污数额巨大或者有其他严重情节的，处三年以上十年以下有期徒刑，并处罚金或者没收财产；

"（三）贪污数额特别巨大或者有其他特别严重情节的，处十年以上有期徒刑、无期徒刑或者死刑，并处没收财产。

"对多次贪污未经处理的，按照累计贪污数额处罚。"

4. 关于完善社会管理秩序的法律规定

《关于修改完善刑法研究的问题》拟修改扰乱法庭秩序罪，拟明确"藐视法庭，扰乱审判秩序，聚众哄闹、冲击法庭，或者殴打、侮辱、诽谤、威胁司法工作人员或者诉讼参与人的，或者有其他扰乱法庭秩序行为的，追究刑事责任。"我院认为，将扰乱法庭秩序罪纳入此次修法的范围，非常必要、非常及时。从实践情况中，近年来，极端藐视法庭，严重扰乱法庭秩序，殴打、伤害甚至杀伤法官、诉讼参与人等事件时有发生，已成为干扰诉讼活动正常进行、损害人民法院司法权威、危害司法职业保障的突出问题，必须加以有效解决。对于修改扰乱法庭秩序罪的具体思路，我院认为：其一，宜借鉴有关国家经验，将该罪修改为藐视法庭罪，以扩大该罪的适用范围；其二，对于在法庭内、在法官在场的情况下实施的藐视法庭罪，应当设立特别的追诉程序，即可由人民法院径行裁判，无须再经过侦查、审查起诉等环节；其三，对藐视法庭，同时构成其他犯罪的，应当从一重处断。具体方案可考虑：将刑法第三百零九条修改为："有下列藐视法庭的行为之一，情节严重的，处一年以下有期徒刑、拘役、管制或者罚金：

"（一）聚众哄闹、冲击法庭；

"（二）殴打、侮辱、诽谤、威胁司法工作人员或者诉讼参与人；

"（三）其他藐视法庭的行为。

"在法庭内实施前款规定的犯罪，可以由人民法院径行判决。

"犯第一款规定的犯罪，同时构成本法规定的其他犯罪的，依照处罚较重的规定定罪处罚。"

《关于修改完善刑法研究的问题》拟修改辩护人、诉讼代理人毁灭证据、伪造证据、妨害作证罪，即删去关于威胁、引诱证人违背事实改变证言的规定。对此，我院无不同意见。

《关于修改完善刑法研究的问题》拟增设购买、食用珍贵、濒危野生动物犯罪、个人冲击国家机关犯罪。对此，我院认为：(1) 购买、食用珍贵、濒危野生动物宜通过行政手段予以规制，予以犯罪化，恐会造成打击面过大。(2) 个人冲击国家机关的情况实践中较为少见，尚无入罪必要；若规定为犯罪，社会效果可能不佳。

《关于修改完善刑法研究的问题》拟增加积极参加会道门、邪教组织破坏国家法律实施的犯罪，以与劳教制度改革相配套。我院赞同作上述修改，同时建议，对以往涉"法轮功"人员被劳教的情形作进一步调研、分析，明确哪些情形可以认定为"积极参加者"，以免实践执行中出现偏差。

关于完善社会管理秩序的法律规定，除《关于修改完善刑法研究的问题》已涉及的内容外，还有其他一些问题也应考虑纳入此次刑法修改的范围：

(1) 修改生产、销售伪劣产品罪的定罪量刑标准。从实践来看，生产伪劣产品罪不应以实际销售为条件，而且实践中很难查清销售金额，大量犯罪因此逃避刑事追究或者被从轻处理。因此，建议与《产品质量法》、《食品安全法》等法律法规保持一致，将刑法第一百四十条的"销售金额"修改为"货值金额"，并相应提高各档次的定罪量刑数额。

(2) 完善骗取贷款罪、票据承兑、金融凭证罪。日常生活中，在申请银行贷款时资料有虚假成分，既有申请人方面的原因，也有贷款政策、银行审查不严等方面的原因，不宜仅以行为定罪，而应限定在发生实际损失后果的情形。刑法第一百七十五条之一的其他犯罪也是如此。鉴此，建议限缩该条所规定犯罪的入罪要件。具体方案可考虑：将刑法第一百七十五条之一第一款修改为："以欺骗手段取得银行或者其他金融机构贷款、票据承兑、信用证、保函等，给银行或者其他金融机构造成重大损失或者有其他严重情节的，处三年以下有期徒刑或者拘役，并处或者单处罚金；给银行或者其他金融机构造成特别重大损失或者有其他特别严重情节的，处三年以上七年以下有期徒刑，并处罚金。"

(3) 完善信用卡诈骗罪。目前，在一些地方，恶意透支型信用卡诈骗犯罪收案较多、增长幅度较大。此类案件增多，既有持卡人自身的问题，同时也有发卡银行管理方面的问题。对于恶意透支，更多应依靠民事纠纷解决机制处理，动用刑罚应当特别慎重。鉴此，建议对恶意透支增设类似于逃税罪的前置程序，并调低法定刑。具体方案可考虑，建议将刑法第一百九十六条第一款有关恶意透支的内容删去，在刑法第一百九十六条中增加两款款作为第二款、第四款："恶意透支，进行信用卡诈骗活动，数额较大的，处三年以下有期徒刑或者拘役，并处或者单处罚金；数额巨大或者有其他严重情节的，处三年以上七年以下有期徒刑，并处罚金。"恶意透支，在公安机关刑事立案前退还透支款，并赔偿损失的，不予追究刑事责任；在一审宣判前退还透支款，并赔偿损失的，可以不起诉或者免予刑事处罚。"原第二款调整为第三款。

(4) 完善虚开增值税专用发票罪等犯罪。对不以抵扣税款为目的的虚开增值税专用发票行为，如以虚增业绩为目的的对开、环开行为，因其没有也不可能造成税款损失，不应作为犯罪处理。虚开其他用于骗取出口退税、抵扣税款发票也是如此。鉴此，建议对相关法律规定予以完善。具体方案可考虑：将刑法第二百零五条第三款修改为："虚开增值税专用发票或者虚开用于骗取出口退税、抵扣税款的其他发票，是指以抵扣税款或者骗取出口退税为目的，有为他人虚开、为自己虚开、让他人为自己虚开、介绍他人虚开行为之一的。"

（5）取消销售侵权复制品罪。从当前司法实践来看，销售侵权复制品的行为已完全可以为侵犯著作权罪所涵盖，无单独适用的空间，建议删除。

（6）增设合同欺诈罪。在合同诈骗案件中，"非法占有目的"的认定往往十分困难、争议极大。相关案件起诉到法院后，法院常陷入"两难"境地：认定有罪，依法就要判处重刑，就可能存在冤错；宣告无罪，则要面临各方面的现实压力，导致案件极难处理。为解决贷款诈骗罪、票据诈骗罪等犯罪中"非法占有目的"认定难的问题，《刑法修正案（六）》增设了"骗取贷款、票据承兑、金融票证罪"，收效良好，一方面降低了司法实践收集、审查、判断证据的难度；另一方面有效地维护了金融安全。建议此次修法能沿用这一经验，在合同诈骗罪之外增设合同欺诈罪；同时，为恰当控制打击面，可考虑规定，本罪成立以给他人造成重大损失为前提，并可借鉴刑法第二百七十六条之一的规定，明确对实施合同欺诈行为，但在提起公诉前能够履行合同义务或者承担违约责任的，可以减轻或者免除处罚。

（7）完善破坏选举罪。当前，在村委会等基层组织选举中，也存在以暴力、威胁、欺骗、贿赂等不正当手段破坏选举的现象，个别地方甚至较为突出。鉴此，建议扩大破坏选举罪的适用范围。具体方案可考虑：建议在刑法第二百五十六条中增加一款作为第二款："在基层群众自治组织选举中有前款行为，情节严重的，依照前款规定定罪处罚。"

（8）完善窝藏、包庇罪。修改后刑事诉讼法免除了被告人的配偶、父母、子女的出庭作证义务，社会反响、实际效果良好。为维护家庭、社会关系和谐，建议在刑法中进一步体现"亲亲相隐"精神，对窝藏、包庇罪作出修改。具体可考虑：在刑法第三百一十条中增加一款作为第三款："犯罪的人的配偶、父母、子女实施前两款规定的行为的，可以从轻、减轻或者免除处罚；情节轻微、危害不大的，可以不以犯罪论处。"

（9）完善制毒物品犯罪。当前，走私、非法买卖制毒物品犯罪的形势十分严峻，且涉案的制毒物品的数量巨大，现行刑法规定的最高"处三年以上十年以下有期徒刑，并处罚金"的法定刑配置未能充分体现此类犯罪的社会危害性程度；此外，实践中，已查处不少制造、运输制毒物品案件。对这些案件，因行为人尚未进入买卖制毒物品环节，依法只能按非法买卖制毒物品罪预备或者未遂处理，有的甚至因证据问题无法追究刑事责任。鉴此，建议：一是将走私、非法买卖制毒物品罪的法定最高刑提升至无期徒刑，具体可考虑：在刑法第三百五十条第一款增加规定："数量巨大的，处十年以上有期徒刑或者无期徒刑，并处罚金。"二是增加规定制造、运输制毒物品罪，以更加有效地从源头上遏制毒品犯罪。

（10）完善毒品的纯度折算问题。现行刑法第三百五十七条第二款规定，毒品的数量不以纯度折算，这对从严打击毒品犯罪是必要的。但是，从司法实践看，不同案件中，毒品含量差异巨大，有的纯度甚至不足1%，如不作含量鉴定，不以纯度折算，在定罪量刑上存在明显的不均衡。基于当前实践，至少应规定，对可能判处无期徒刑、死刑的案件，以及涉案毒品可能大量掺假或者系成分复杂的新类型毒品的，应当进行含量鉴定；对经鉴定纯度较低的，可按一定比例折算。将来再通过司法解释对具体折算方法和比例作出明确。

（11）对"卖淫"作出界定。当前，有关部门对刑法中"卖淫"的内涵和外延存在不同认识，引发社会关注、议论。为统一法律适用，建议对刑法分则第六章"妨害社会管理秩序罪"第八节"组织、强迫、引诱、容留、介绍卖淫罪"中"卖淫"的涵义作出明确界定。

以上建议，请贵委在修改完善刑法时考虑，并期采纳。

最高人民法院

二〇一三年十二月二十七日

二、最高人民检察院

1. 修改《刑法》调查提纲

（最高人民检察院刑法修改小组　1989年6月）

关于印发《修改〈刑法〉调查提纲》的通知

人民检察院研究室：

全国人大常委会法工委自去年初开始进行修改《刑法》的工作，并计划将《刑法》修改草案在适当时候提交全国人大会议审议通过。在此之前，高检院将结合检察工作的实际需要和各地检察机关在适用《刑法》中遇到的问题，向立法机关提出修改《刑法》的意见。为此，高检院要求各地人民检察院在1987年提出《刑法》修改意见的基础上，就有关问题进一步进行调查研究，高检院也将派人到部分地区征求意见。

现将高检院刑法修改组拟定《修改〈刑法〉调查提纲》送给你们，请根据提纲所提问题，结合各地检察工作的实际情况，进行调查研究，提出意见和理由，并尽可能收集有关的案例。请将调查意见以及其他有关材料和案件，于7月底前寄给高检院法律政策研究室。

附：修改《刑法》调查提纲

最高人民检察院法律政策研究室
1989年6月23日

修改《刑法》调查提纲

第一部分　检察机关自侦案件

一、贪污罪

1. 其他构成贪污罪主体的人员，目前有三种不同的规定和意见，即依法受委托从事公务的人员；其他经手、管理公共财物的人员；其他从事公务的人员。哪一种提法更确切，实践中更易掌握？是否还有更明确的提法？它的范围是什么？

2. 集体私分公款的，如何确定性质？怎样划分责任？

3. 罪名是否保留或废除，归入哪一类罪为好？

4. 个人承包、租赁企业，个人有投入，或者承包期未满，对侵吞企业财产的，定贪污罪有何问题？

5. 公共财产的范围应如何加以确定？

二、受贿罪

1. 受贿罪的罪状，是保留现有的写法为好，还是区分情况不同的受贿行为分别规定为好？

2. 收受“回扣”、“手续费”等以受贿论处的，在实践中存在哪些问题？

3. “其他依法从事公务的人员”在实践中应如何掌握？

4. “利用职务之便”和“利用工作之便”在实践中有何区别，受贿罪应否以“利用工作之便”为条件？

5. 贿赂除财物外，是否包括某些财产性利益？

6. “为他人谋取利益”应否作为受贿罪的必要条件，对收受他人财物，而不为他人谋取或尚未谋利益的应如何处理？

7. 单位受贿构成犯罪的，除现有法定条件之外，是否应有其他限制条件？

8. 受贿罪的定罪和量刑的依据是什么？数额和其他情节应是何种关系？

三、行贿罪和介绍贿赂罪

1. 行贿罪是否应以谋取“非法”或“不正当”利益为条件？

2. 行贿人具有哪些情节的行贿可不作行贿罪处理？

3. 介绍贿赂罪是否有必要存在？如果存在，是否以谋取非法利益为必要条件？

4. 经济活动中的居间行为，在哪些情况下可以构成介绍贿赂罪？

四、偷税、抗税罪

1. 犯罪主体应包括哪些？

2. 根据主体的变化情况，罚则应如何写？

3. “三代”（代征、代扣、代缴税款）单位不履行交纳税款的义务在定罪量刑上是否应与直接偷税、抗税的有所区别？

五、假冒商标罪

1. 立法中如何解决假冒商标与销售伪劣商品的界限？

2. 除假冒商标行为外，还有哪些行为可以按假冒商标罪处理？

六、挪用救灾、抢险等款物罪

1. 条文中列举的专项款物是否全面还应包括哪些方面？

2. 挪用的款物去向是否为挪用公款罪与本罪的界限？

3. 挪用特定款物罪的主体应指哪些？

七、挪用公款罪

1. 冒名、假名、截留、要挟他人贷款的定什么罪？构成该罪的是否为特定主体？

2. 挪用公款数额特别巨大的，是否还要受时间的限制？
3. 挪用公款部分归还的，是否按数罪？如果数罪中有一罪不够立案数额的怎么处理？
4. 挪用公款罪中，挪用的对象是否应包括“公物”？
5. 挪用公款归集体使用的，是否统统不按犯罪处理？
6. 偷支储户存款是挪用行为还是贪污行为？
7. 公款私存“吃利息”的是挪用还是贪污？
8. 承包、租赁企业中，承包人私自动用企业流动资金，给企业造成损失的，按挪用罪还是贪污罪处理？
9. 挪用人与使用人是否应以共犯论处？
10. 构成挪用公款罪的时间，是三个月为好还是六个月为好？
11. 银行、信贷人员的挪用，应否从重处罚或者以贪污论处？

八、财产来源不明罪

1. 罪名有无存在的必要？如果需要保留，条文表述应作怎样的完善？
2. 在此罪名规定以前，已拥有非法财产的，如何处理？是否按此罪定性？

九、隐瞒境外存款罪

1. 此罪名有无存在的必要？
2. 检察机关办理此类案件，立法上需解决哪些问题？

十、玩忽职守罪

1. 主体范围是否与贪污罪或者受贿罪的范围相同？
2. 把滥用职权造成重大损失的并入玩忽职守罪是否合适？
3. 滥用职权与玩忽职守的区别是否为故意和过失？
4. 集体所作的决定，给公共利益造成重大损失的，如何划分责任？条文中怎么表达？
5. 对重大损失如何理解和表达？
6. 立案前后，司法机关追回的损失是否仍应计算为犯罪所造成的损失？
7. 玩忽职守罪中有哪些行为可以分立罪名，解决“大口袋”问题？

十一、重大责任事故罪

1. 条文所列举的单位是否完全？合作、合伙、个体经济组织的责任人以及正在劳改的罪犯等人是否可以构成重大责任事故罪的主体？
2. 企事业管理人员的重大责任事故罪与玩忽职守罪在实践中各有哪些表现形式？如何区别？
3. 按“强令工人违章冒险作业”的标准来追究在生产中有指挥责任的管理人员的责任，在实践中存在什么问题？

十二、刑讯逼供罪

1. 实践中该罪的主体应包括哪些人员？
2. 刑讯逼供对象是否仅限于“人犯”，条文应怎样完善？
3. 刑讯逼供“致人伤残、死亡的”，条文中应怎么规定？

十三、诬告陷害罪

1. 栽赃陷害的，如何处理？
2. 是否需要根据诬告陷害的不同情况规定不同刑罚？

十四、非法拘禁罪

1. 非法拘禁中，施用暴力，致人重伤、死亡或者造成其他严重后果的，如何定罪量刑？
2. 非法拘禁的主要表现形式有哪些？

十五、非法管制、搜查、侵入住宅罪

1.“管制”是否应当取消？
2. 国家工作人员犯“三非”罪的是否应当从重处罚？
3. 住宅的范围在实践中如何掌握？立法中应如何限定？

十六、非法剥夺宗教信仰自由罪和破坏少数民族风俗习惯罪

非国家工作人员能否成为该罪主体？

十七、侵犯通信自由罪

1. 实践中有哪些造成严重后果的情况？
2. 第 191 条中，窃取财物但不足贪污罪立案标准的，应作怎样的处理？

十八、报复陷害罪

1. 该罪在司法实践中有哪些具体表现？
2. 受报复陷害的对象，条文中是否列举完全？

十九、泄露国家机密罪

1. 盗窃、刺探、收买、提供国家机密的去向是否必须是国外境外？向国内非法组织提供或盗窃自用国家机密的，如何处理？

2. 故意和过失，国家工作人和非国家工作人员在法定刑上是否应有明确的区分？

3. 根据保密法和人大常委会补充规定，除泄密罪外，是否还应定一新罪名？（指刺探、盗窃、收买、提供秘密的行为）

二十、体罚虐待被监管人员罪

1. "被监管人员"是指哪些？此范围是否合适？

2. 有看管任务的武警战士、民兵、治安联防队员等是否构成本罪主体？

3. 司法工作人员唆使、指使、怂恿他人体罚虐待人犯的，如何处理？

二十一、私放罪犯罪

1. 主体是否仅限于司法工作人员？

2. 对象是否仅限罪犯，私放受侦查、羁押、拘留或劳教人员的，如何处理？

3. 如何认定私放罪犯情节严重？

4. 私放罪犯出狱犯罪，事前有通谋的如何处罚？

5. 全国人大常委会《关于严惩严重破坏经济的罪犯的决定》中，对知情人员不依法报案和不如实作证的，比照私放罪犯罪处理是否恰当？实践中有无这种情况？

二十二、枉法追诉、裁判罪

1. 具有一定行政裁决权利行政执法人员（如海关、工商、税务、物价、食品卫生、交通监理、土地管理等等）应否构成本罪主体？

2. 枉法追诉、裁判中，有受贿牵连的，按一罪还是数罪处理？

3. 以罚代刑的，是否属于枉法裁判？

4. 处理司法程序问题中是否存在枉法裁判的问题？

二十三、破坏选举罪

1. 除人民代表和政府等部门领导人的选举外，其他与国家政治生活密切相关的选举是否属于"选举"范围？

2. 破坏选举有哪些行为方式？

3. 贿选与贿赂罪有什么关系？

4. 对破坏选举之外的其他重要表决的、投票的是否有必要规定以刑罚处罚？

二十四、伪证陷害、隐匿罪证罪

1.《关于严惩严重破坏经济的罪犯的决定》中，对国家工作人员中为经济犯罪分子销毁罪证或者制造伪证的，按伪证罪处理是否恰当？实践中有何问题？

2. 构成此罪，应否限制在侦查、审判过程中，还应包括哪些阶段？

二十五、重婚罪

1. 事实婚是否应构成重婚罪？现在实践中如何掌握？

2. 对实际存在的重婚，有哪些可以不以重婚论处或不予追究的？

第二部分　新增罪名意见

在讨论研究《刑法》修改、补充意见时，有关方面已提出新增罪名38个，现将有关内容列举如下。请对订立这些罪名是否有必要、如何进行修改，提出具体意见；根据检察工作的实际需要，还应订立什么罪名、如何表述，请提出具体意见。

海盗罪：在公海上对其他船只非法实施暴力、胁迫，危害公共安全的，处五年以上十年以下有期徒刑；情节严重的，处十年以上有期徒刑，无期徒刑或者死刑。

制作、贩卖有毒食品罪：违反食品卫生管理法规，制作、贩卖含毒、腐败或者其他有害食品，造成严重食物中毒事故或者其他严重食源性疾患的，处五年以下有期徒刑、拘役或者管制，可以单处或者并处罚金；情节特别严重的，处五年以上有期徒刑，并处罚金。

环境污染罪：违反环境保护法规，严重污染环境，有条件治理而不治理，致人重伤、死亡或者造成公私财产重大损失的，处五年以下有期徒刑、拘役或者管制，可以单处或者并处罚金。

重大医疗事故罪：医务人员由于严重不负责任，致使病员重伤、死亡，情节恶劣的，处二年以下有期徒刑或者拘役；情节特别恶劣的，处二年以上七年以下有期徒刑。

胁迫、诱骗未成年人表演恐怖、残忍节目罪：胁迫、诱骗不满十八岁的人表演恐怖、残忍或者淫秽节目，摧残其身心健康，情节严重的，处三年以下有期徒刑或者拘役，可以单处或者并处罚金。

恐吓罪：写恐吓信或者以其他恐吓方法威胁他人安全，严重干扰他人正常生活的，处二年以下有期徒刑或者拘役。

挪用公款罪：国家工作人员利用职务上的便利，挪用公共款物归个人使用，有下列情形之一的，处五年以下有期徒刑或者拘役，可以单处或者并处罚金；情节严重的，处五年以上有期徒刑，并处罚金：

（一）进行非法活动的；

（二）挪用数额较大，进行营利活动；

（三）挪用数额较大，超过六个月的。

挪用公款，数额较大不退还的，依照贪污罪的规定论处。

浪费罪： 国家工作人员挥霍或者浪费公共财物，致使国家或者集体利益遭受重大损失的，处二年以下有期徒刑或者拘役，可以单处或者并处罚金；情节严重的，处二年以上七年以下有期徒刑，可以并处罚金。

执法人员枉法裁决罪： 海关、工商管理、税务或者其他执法部门工作人员徇私舞弊，故意做枉法决定或者裁决，情节严重的，处三年以下有期徒刑或者拘役。

逃套外汇罪： 违反外汇管理法规，逃汇、套汇，数额较大或者情节严重的，处三年以下有期徒刑或者拘役，可以单处或者并处罚金；数额巨大或者情节特别严重的，处三年以上十年以下有期徒刑，并处罚金。

生产、进口劣质产品罪： 违反标准化管理法规，生产、进口不符合国家规定的强制性标准的产品，造成严重后果的，处五年以下有期徒刑或者拘役，可以单处或者并处罚金；情节特别严重的，处五年以上十年以下有期徒刑，并处罚金。

销售伪劣商品罪： 违反工商管理法规，在销售商品中以假充真，以次充好，致使消费者利益遭受重大损害的，处五年以下有期徒刑或者拘役，可以单处或者并处罚金；情节严重的，处五年以上十年以下有期徒刑，并处罚金。

扰乱市场罪： 违反工商管理法规，哄抬物价、强买强卖、非法垄断或者以其他手段扰乱市场秩序，情节严重的，处三年以下有期徒刑或者拘役，可以单处或者并处罚金；情节特别严重的，处三年以上十年以下有期徒刑，并处罚金。

假冒专利罪： 违反专利管理法规，假冒他人专利，情节严重的，处三年以下有期徒刑或者拘役，可以单处或者并处罚金；情节特别严重的，处三年以上七年以下有期徒刑，并处罚金。

虚假广告罪： 违反广告管理法规，在广告中弄虚作假，情节严重的，处三年以下有期徒刑或者拘役，可以单处或者并处罚金。

制造、销售不符合国家标准的计量器具罪： 违反计量管理法规，制造、销售不符合国家标准的计量器具，情节严重的，处三年以下有期徒刑或者拘役，可以单处或者并处罚金。

破产诈欺罪： 违反破产法规，在依法宣告破产前的法定期间内或者在宣告破产以后，隐匿、无偿转让财产或者以其他方法损害债权人利益，情节严重的，处二年以下有期徒刑或者拘役，可以单处或者并处罚金；情节特别严重的，处二年以上五年以下有期徒刑，并处罚金。

非法提供经营条件罪： 为他人非法提供支票、发票、证明、银行帐户或者其他经营条件，从中牟利，情节严重的，处五年以下有期徒刑或者拘役，可以单处或者并处罚金。

与犯罪分子通谋而提供上述方便条件的，以共同犯罪论处。

泄露企事业单位秘密罪： 故意泄露企业事业单位的名、特产品技术诀窍、招标标底、保密专利、重要的商业秘密或者其他重要秘密，使企业事业单位利益遭受重大损失的，处二年以下有期徒刑或者拘役，可以单处或者并处罚金；情节特别严重的，处二年以上七年以下有期徒刑，并处罚金。

破坏矿产资源罪： 违反矿产资源保护法规，非法开采矿藏，造成矿产资源破坏，情节严重的，处三年以下有期徒刑或者拘役，可以单处或者并处罚金；情节特别严重的，处三年以上十年以下有期徒刑，并处罚金。

非法买卖土地罪： 违反土地管理法规，非法转让、买卖或者侵占耕地，情节严重的，处三年以下有期徒刑或者拘役，可以单处或者并处罚金；情节特别严重的，处三年以上七年以下有期徒刑，并处罚金。

破坏珍贵动物罪： 违反野生动物保护法规，非法捕杀国家重点保护的珍贵、濒危野生动物的，处七年以下有期徒刑或者拘役，可以单处或者并处罚金。

盗窃电力、煤气、智力成果罪： 盗窃电力、煤气、智力成果，情节严重的，处三年以下有期徒刑或者拘役，可以单处或者并处罚金。

哄抢罪： 哄抢公私财物，情节严重的，处三年以下有期徒刑或者拘役，可以单处或者并处罚金；情节特别严重的，处三年以上十年以下有期徒刑，并处罚金。

侵占罪： 侵占公私财物，数额较大或者情节严重的，处三年以下有期徒刑或者拘役，可以单处或者并处罚金；数额巨大的，处三年以上十年以下有期徒刑，并处罚金；数额特别巨大或者情节特别严重的，处十年以上有期徒刑，并处罚金或者没收财产。

扰乱监管秩序罪： 被关押的犯罪分子，违反监管法规，扰乱监管秩序，情节恶劣的，处五年以下有期徒刑。

拐骗儿童罪、偷取婴儿罪：以收养为目的，拐骗不满十三岁的儿童，脱离家庭或者监护人的，或者偷取他人婴儿的，处五年以下有期徒刑或者拘役。

破坏婚姻家庭罪： 破坏他人婚姻家庭，致人死亡的，处二年以下有期徒刑或者拘役。

聚众骚乱罪： 聚众骚乱，破坏社会秩序的，对首要分子或者积极参加的，处五年以下有期徒刑、拘役、管制或者剥夺政治权利；情节严重的，处五年以上有期徒刑。

挖坟盗墓罪：挖坟盗墓，情节恶劣的，处三年以下有期徒刑、拘役、管制或者罚金；情节特别恶劣的，处三年以上七年以下有期徒刑，可以并处罚金。挖掘破坏古墓的，依照破坏珍贵文物罪的规定处罚；挖掘古墓，盗窃珍贵文物的，依照盗窃罪的规定处罚。

非法出版罪：非法出版、销售图书、报刊、音像制品，情节严重的，处二年以下有期徒刑、拘役或者罚金；情节特别严重的，处二年以上七年以下有期徒刑，可以并处罚金。

非法出版、销售淫秽图书、报刊、音像制品，依照制作、贩卖淫秽物品罪的规定处罚。

传授犯罪方法罪：传授犯罪方法的，处二年以下有期徒刑或者拘役；情节严重的，处二年以上七年以下有期徒刑。

破坏计划生育罪：以营利为目的，非法为妇女摘取节育环、出具假出生证明或者以其他方法破坏计划生育，情节严重的，处三年以下有期徒刑、拘役、管制或者罚金。

侵害应受国际保护人员罪：以危害国家安全或者引起国际纠纷、制造政治事端为目的，进行绑架、杀害或者其他恐怖活动的，处十年以上有期徒刑或者无期徒刑，可以并处没收财产；情节特别严重的，处死刑，并处没收财产；情节较轻的，处三年以上十年以下有期徒刑。

溺婴罪：生父母杀害新生婴儿的，处二年以下有期徒刑或者拘役。

重利罪：乘人急迫而贷以金钱，牟取重利，情节严重的，处三年以下有期徒刑或者拘役，可以单处或并处罚金。

侵占他人遗忘物罪：侵占他人遗忘财物，数额巨大或者情节严重的，处三年以下有期徒刑或拘役，可以单处或者并处罚金。

偷开机动车辆罪：不以非法所有为目的，偷开他人机动车辆，扰乱社会秩序，情节严重的，处三年以下有期徒刑或者拘役，可以单处或者并处罚金。

第三部分　总则中的问题

一、第十四条中，已满十四岁不满十六岁的人犯“其他严重罪行”的，究竟包括哪些罪？法条中应如何表述？

二、第十五条中，对限制行为能力或部分责任能力的人是否应作出负担刑事责任的有关规定？

三、病理性醉酒的人，应否负担刑事责任？

四、依法执行公务中造成的损害不负刑事责任，是否有必要单列？

五、对不知对方是在执行公务而实施暴力的行为，是否存在正当防卫？如何处理？

六、经济犯罪中的未遂犯怎样认定和处理？实践中有何问题？

七、没有特定身份和有特定身份的人共同犯有特殊主体才构成的罪，如何定性？

八、经济犯罪中的共犯应如何负担刑事责任？

九、同一案件中具有两个以上的从轻减轻或者从重加重情节（同向或冲突）的如何处理？

十、企事业单位可以构成哪些犯罪？如何处罚？如何规定？

十一、管制刑是否取消？

十二、罚金刑可否上升为主刑？立法中应规定什么样的量刑原则和幅度？被判处罚金刑的，由于客观情况不能全部或一部缴纳的，可否以其他方法折抵？

十三、剥夺政治权利中，是仅限于政治权利还是应包括其他权利？

十四、对累犯，具有哪些条件可以加重处罚，怎样加重？

十五、决定执行或撤销缓刑或假释的法定条件，应作哪些调整？

十六、刑法规定的时效. 有起算时间，是否还应规定终止时间？将第 77 条中“采取强制措施”改为“受理”是否恰当？

十七、国家工作人员的范围如何掌握？是否可以改为“公职人员”、“公务人员”或者其他称呼？

十八、刑法中是否需要规定保安处分（如送工读学校、少管所、注销城镇户口、强制治疗等等）？

十九、未成年人的刑罚制度应否作特殊规定？

二十、在押人犯主动交代司法机关未掌握的罪行，是否以自首论？坦白是否作为法定从轻情节？

第四部分　分则中的问题

一、反革命罪

1. 罪名可否改为“国事罪”或“危害国家安全罪”？

2. 刑法颁布以来，反革命案件中的情况和问题？

3. 追究反革命集团罪实践中遇到哪些问题？

4. 复辟反动会道门但无反革命活动的如何定性处理？

5. 实践中处理反革命煽动罪有哪些情况和问题？

二、危害公共安全罪

1. 破坏交通工具罪中，除列举的交通工具外，还应包括哪些？

2. 电力设备的范围有哪些？对破坏农村电力设备的，实践中如何处理？

3. 盗窃、抢夺枪支、弹药、爆炸物罪，枪支、弹药、爆炸物的原持有者是否应限于国家机关、军警人员、民兵，还应包括哪些？

4. 交通肇事罪中所说的交通运输人员应包括哪些？非交通运输人员是否应做范围的限制？

三、破坏社会主义经济秩序罪

1. 投机倒把罪的违法性，是否应局限于法条中所列举的违反金融、外汇、金银、工商管理法规，是否应加上违反价格管理、烟草专卖等法规？

2. 从投机倒把罪中划出扰乱市场秩序罪，生产、进口伪劣商品罪，销售劣质产品罪，非法提供经营条件罪后，投机倒把罪是否明确、便于掌握？

3. 非法买或卖、非法经营、转手倒卖与投机倒把的关系是什么？对这类行为应定什么罪名？

4. 剥树皮、挖树眼、砍树冠或以其他方法破坏林木的，应如何定性处理？

四、侵犯公民人身权利、民主权利罪

1. 奸淫幼女罪是否要以“明知”为条件？

2. 拐卖妇女罪是否应以“违背妇女意志”为前提？

3. 出卖自己亲生婴儿或拾得的婴儿，怎么处理？

4. 对收买明知是人贩子拐卖的妇女儿童的，如何处理，是否定罪？

五、侵犯财产罪

1. 惯窃、惯骗在实践中如何掌握？认定上有何困难？

2. 利用合同诈骗和在经济活动中的诈骗与一般诈骗有何区别？是否单立罪名或另立处罚标准？

六、妨害社会管理秩序罪

1. 流氓罪的表现主要有哪些形式？有无必要分主罪名？

2. 私藏枪支罪是否应扩大对象范围，包括军用、警用器械、器材？

3. 制造、贩卖对人体无害的假药，应归入哪类罪？

4. 除巫婆、神汉借迷信造谣定罪外，其他造谣惑众，严重扰乱社会秩序的，是否应当定罪？

5. 构成赌博罪的条件应作哪些调整？

6. 毒品犯罪中的毒品应包括哪些？种植罂粟原植物的应如何处理？

7. 窝赃罪中的“明知”是否应包括“推知”在内？收买、收受赃物的应做何处理？赃物是否应绝对局限于“犯罪”所得？

2. 修改刑法研究报告

（最高人民检察院刑法修改小组　1989 年 10 月 12 日）

说　明

按照最高人民检察院领导的部署，根据高检院研究室的安排，由敬大力、蔡晶、顾德镳、周祥康 4 位同志组成的刑法修改小组，自 1989 年 6 月 10 日至 10 月 12 日，在广泛调查研究的基础上，起草了《修改刑法研究报告》。

本研究报告起草中，在高检院各业务厅，四川、湖北、广东、福建、上海召开了 24 个座谈会征求意见；综合了 1987 年及今年全国各省、市、自治区检察院、部分省辖市检察院提出的修改刑法的意见；参考了现行刑法、全国人大法工委 1988 年 12 月 25 日的刑法修改草案和一些外国立法例。

本研究报告共分四部分：（一）检察机关直接受理案件有关条文；（二）新增设的罪名及条文；（三）总则条文；（四）分则其他条文。前两部分是本次研究修改的重点。每部分都从有限的案例中选择了一些以资佐证。对于法工委修改草案已经完善了的条文，未再赘述。

本报告由敬大力、蔡晶、顾德镳同志执笔起草，周祥康同志参加了准备和调查工作。

最高人民检察院刑法修改小组

1989 年 10 月 12 日

目 录

第一部分 检察机关直接受理案件的有关条文

一、贪污罪（刑法第155条、草案第133条）

1. 主体范围问题。对除国家工作人员、集体经济组织工作人员以外的其他构成贪污罪主体的人员，目前有三种不同的规定和意见，即“受委托从事公务的人员”；“其他经手、管理公共财物的人员”；“其他从事公务的人员”。具体如何规定，各地意见分歧。

我们认为，前两种意见比较片面。第一种意见条件比较严格，但由于对委托的条件和形式难以在刑法中加以规定，依照口头委托经手、管理公共财物或者依据承包、租赁合同经营及经营者自聘的人员能否作为本罪主体，常常引起争议。第二种意见虽然比较明确，但生产过程中的工人及临时经手、管理公共财物人员（如个体运输户）等非从事公务活动的也可扩大解释包括在内，外延过大，不符合贪污罪的主体特征（见案例1）。因此，规定为“其他从事公务的人员”比较确切，它强调了贪污罪主体必须是从事公务的人员，综合了刑法第83条和第155条第3款的基本内容。“其他从事公务的人员”在掌握上具体可以包括下列人员：

①受国家机关、企业、事业单位、人民团体委托从事公务的人员；

②依照法律从事公务的非国家工作人员（如经选举产生的居民委员会、村民委员会工作人员）；

③依据合同承包全民、集体所有制企业、事业单位的承包经营者，以及由其招聘的经营管理人员；

④受中方指派在中外合资、合作经营企业中工作的人员。

以上人员的范围，由司法或立法解释加以明确。对直接从事生产、运输劳务的人员以及租赁经营的人员的侵吞行为，适用草案增设的侵占罪。

2. 关于贪污罪的行为方式。除利用职务之便的侵吞行为，本罪的行为方式不应当并列盗窃、骗取。所谓利用职务之便的盗窃、骗取在刑法上是不能成立的。国家工作人员经手、管理的公共财物在其控制之下，贪污行为是把这种合法的控制转变为非法的占有。尽管有些贪污案件行为人有秘密运赃的行为，但这不是转变公共财物性质的行为，要认定为贪污，根本在于行为人是否在帐务上做手脚。有的行为人在运赃之前已做手脚，贪污罪（侵吞行为）即已构成；有的未做手脚，可能构成挪用公共款物罪。盗窃、诈骗行为则不具有合法控制转变为非法占有的过程，其行为只限于秘密窃取或以虚假事实骗取，赃物到手犯罪即告构成。因此，贪污罪的行为方式只是侵吞，不存在利用职务之便的盗窃、骗取，条文中不应列入。

3. 关于共同贪污犯罪的定罪处罚。《补充规定》规定，除贪污集团的首要分子、情节严重的共同贪污犯罪中的主犯按照共同贪污的总数额处罚外，其他参与共同贪污的按照个人所得数额及其在犯罪中的作用，分别处罚。在实践中，贪污集团极为罕见，其他共同贪污犯罪中主犯构成情节严重的条件又不明确，结果往往是依照个人所得数额定罪处罚。有的案件共犯个人所得均未达到追究贪污罪刑事责任数额起点，案件便无法处理了。

按共同犯罪理论，共同犯罪所产生的危害后果是各共犯人基于共同意志共同行为所造成的，每一共犯人的行为都与危害结果之间存在着因果关系。因此，共同贪污数额达到追究刑事责任数额起点，或达到某一量刑幅度，各共犯均构成贪污罪，或均以该量刑幅度作为量刑的基本依据，个人所得数额仅是分赃问题，对犯罪构成不发生影响。在处罚时，按照个人在共同犯罪中的作用，参照个人所得数额具体确定。我们认为，按此精神作出规定，符合共同犯罪的理论，与其他共同犯罪定罪量刑的方法统一起来，避免了有的共同贪污案件未及分赃或共犯所得均不足追究刑事责任数额起点等难以处理的情况。

4. 关于集体私分问题。这是当前比较突出、反映强烈的问题。集体私分多以侵吞手段套取国家资金，如虚列开支、收入不进帐、以各种名义平调下属单位资金等。由于集体私分涉及人数较多，往往总额巨大，对国家财产和国民经济危害极大（见案例2），对直接负责的主管人员和直接责任人员给予刑事处罚非常必要。

但是，由于集体私分与共同贪污明显不同，难以适用贪污罪的条文进行处罚。实践中也由于法无明文规定，对这类行为多没有追究。集体私分的主要特征是：决策人往往是单位的领导集体，得益者为该单位全体或部分成员；决策人个人所得多数不足追究贪污刑事责任的数额起点。故需要设立集体私分国家财产罪。

鉴于集体私分国家财产的现象比较普遍，而其性质、数额、危害程度各不相同，所以对构成本罪的条件应作严格限制，防止打击面过宽。在主体上，限于国家工作人员中的直接负责的主管人员和直接责任人员；在客体上，限于侵犯国家财产所有权（集体私分集体所有财产不以犯罪论）；在客观方面，限于以侵吞手段取得款项来源，私分总额巨大的。法定刑限于五年有期徒刑。此罪不是典型的财产罪，而主要具有渎职罪的特征，所以应划归渎职罪章中。

5. 承包、租赁经营中的侵吞问题。当前，承包、租赁经营中难以认定贪污罪的有两类情况，一是个人有投入的，这部分能否视为公共财产，计算贪污数额时是否应当扣除（见案例 3）；一是承包、租赁期未满侵占集体财产的，在“大包干”的形式下，不能确定到期能否足额上交承包额（见案例 4）；在基数上交、超利分成的形式下，利润中又可能含有个人应得部分。对承包、租赁经营中的侵吞行为如何处理，意见分歧很大。

我们认为，解决这些问题不能一概而论。首先，承包、租赁经营中的贪污难以认定，只发生在个人承包、租赁的场合。其次，个人租赁经营，是以交付租金为代价取得经营权和利润，不承担企业发展的责任，经营风险的最终承担者是承租人，交不足租金要用抵押财产或其他个人财产补足。因此，承租人不具有“从事公务”的特征，一般不发生贪污犯罪。如有侵吞行为，可定侵占罪。再次，劳务性承包不发生贪污问题。而经营性承包以确保上交税利为条件取得经营权和利润，承包人以奖金形式取得利润的一部分，要对企业资产的增值和发展负责，承包经营风险的最终承担者是企业，完不成上交税利，要用企业自有资金补足。可见，贪污发生在个人承包经营的企业中可能性较大。

经营性承包中个人有投入的，投入部分与企业资金融为一体，故应视为公共财产，在刑法总则关于公共财产范围的规定中加以明确。承包人以侵吞手段占有企业财产，其个人投入部分在企业的帐面上依然存在，故不影响认定贪污罪。承包期未满，未进行决算，个人得利只是可能性，只有在分配后才能明确。在此之前，其性质应属公共财产。如同会计不能将侵吞公款解释为提前支取工资一样，一般情况下，侵吞行为应以贪污论。

建议修改和增加的条文：

贪污罪：国家工作人员（集体经济组织工作人员和其他从事公务的人员在渎职罪一章中专门规定）利用职务上的便利侵吞公共财物数额较大的，处五年以下有期徒刑或者拘役，可以单处或者并处罚金；数额巨大、情节严重的，处五年以上有期徒刑，可以并处罚金；数额特别巨大或者情节特别严重的，处无期徒刑或者死刑，可以并处没收财产。

二人以上共同贪污，按照共同贪污的总数额，参照个人在共同犯罪中的作用和所得数额分别处罚。（另一方案，在总则中对共犯的负责方式作出规定）

集体私分国家财产罪：侵吞国家财产集体私分数额巨大的，对直接负责的主管人员和其他直接责任人员处五年以下有期徒刑或者拘役。直接负责的主管人员和其他直接责任人个人所得数额较大的，从重处罚。

二、受贿罪、行贿罪、介绍贿赂罪（刑法第 185 条、草案第 132 条）

1. 关于利用他人职务之便收受贿赂的问题。利用职务上的便利，是构成受贿罪的必要条件，但对于国家工作人员通过利用其他国家工作人员职务上的便利，为他人谋取利益，而本人从中索取或收受他人财物的，能否以受贿定罪，存在较大争议。此种情况在实践中可分为两类，一类是凭借自己职权、地位或经营某一项业务的权限去指挥、影响其他国家工作人员为他人谋利（包括纵向和横向的制约关系）（见案例 5、6）；一类是凭借人事、人情关系，使其他国家工作人员为他人谋利（见案例 7、8）。

我们认为，受贿罪作为一种渎职犯罪，表现为与行为人的职务行为有着直接的联系，否则便不属渎职犯罪。前者之所以能够受贿，本人的职权地位发生了作用，而后者不具备这一条件。故第一类基本符合受贿罪的要件。但是由于它与刑法规定的直接利用本人职务之便受贿在犯罪构成上略有不同，宜列特殊条款规定。

对于后一类情况，实践中发生较为普遍，有的影响十分恶劣。从廉政的要求出发，对这类违背国家工作人员廉洁义务，影响较大的应当追究刑事责任，以彻底杜绝“以权换权”的恶劣风气。但是，不能用扩大受贿罪构成条件的办法加以解决。我们认为，可以设立国家工作人员图利罪，将利用各种关系通过其他国家工作人员为他人谋利，本人从中图利的列为其中的一种行为方式。（“国家工作人员图利罪”的立法意见和理由另述）

2. 关于“为他人谋取利益”是否为本罪必要条件。《补充规定》将受贿罪增加了“为他人谋取利益”这一限定条件。在实践中，有的国家工作人员非法收受了他人财物，未为他人谋取利益，或尚未来得及为他人谋取利益（见案例 9）；也有的行贿人在行贿时并未提出某种利益要求，而是放长线。按照《补充规定》，这些案件就无法处理了。我们认为，行贿人之所以行贿，都是基于受贿人具有一定的职务，受贿人接受他人财物贿赂，已违背了职务行为的不可收买性，违反公务人员的廉洁义务，犯罪已经构成。在条文中，不应增加“为他人谋取利益”之限定条件，仍采用刑法原规定。

3. 关于收受财产性利益的问题。近年来，国家工作人员利用职务之便非法索取、收受财产性利益的案件不断发生，各地均反映此类情况较常见。这些财产性利益包括：永久性房产使用权；以赞助名义代缴受贿人子女进入重点学校的费用；免收培训费、入干股、免收劳务费等等（见案例 10-13）。这种情况表明，把受贿对象限于财物，已不适应打击新形势下出现的受贿形式的需要。

我们认为，把财产性利益作为受贿对象是必要而可行的。第一，收受财物表现为受贿人占有财富量的增加，而收受财产性利益表现为受贿人免去了必要支出，是财富的相对增加，其性质相同。第二，财产性利益可以确定其定量，不会给执法带来困难或出现扩大化。第三，相当多数的国外立法例中，受贿也包括收受财产性利益。

受贿包括收受财产性利益，但不能进一步扩大为非财产性利益，如提职提级、扩大住房面积、性行为等等。这是因为，非财产性利益的范围十分广泛，无法确定一个统一的量来判断其危害程度。故此类行为不作犯罪论，可作政纪处理。

4. 关于索贿。索贿比一般收受贿赂在主观恶性、造成的恶劣影响等方面更为严重。在条文中把索贿与一般受贿并列加以规定，不能体现对索贿从重。我们认为，索贿作为受贿罪中的从重情节，可在条文后面加以规定。一些社会主义国家刑法也是把索贿单列，有的还专门规定了重于一般受贿的量刑幅度。

5. 关于回扣、手续费的问题。国务院、财政部对经济活动中收取"回扣"、"手续费"等已分别作出了规定。对违反这些规定，将收取的"回扣"、"手续费"归个人所有的，一般应以受贿论处。但是，若以增加本单位支出（与对方通谋提高进价）或减少本单位收入（有意低价向对方出售）为手续的，实际侵占的是本单位的财产，则应属贪污行为（见案例 14、15）。我们认为，此次刑法修改中，应对此作出规定。

6. 受贿罪的罚则。受贿行为的危害程度主要表现在两个方面，一是受贿的数额大小；二是对国家、集体或公民利益造成的损害程度（用"损失"一词容易片面理解为财产上的损失，而改用"损害"一词表述，既可以包括经济损失，也可以包括造成的影响等其他方面）。按照上述两个方面，参照《补充规定》，我们认为罚则可将不同情节的受贿规定成三个量刑档次。

7. 为谋取"不正当利益"行贿、介绍贿赂的问题。调查中，多数地方认为行贿罪和介绍贿赂罪不能以谋取不正当利益为限定条件。一是行贿罪的危害性在于严重腐蚀国家工作人员，毒化社会风气。这种危害性，并不因行贿人谋取的是"正当利益"而减弱。二是在一些场合，"正当利益"与"不正当利益"难以区分。如困难户意图提前分配住房，符合出国条件的人要求尽快办理出境签证等，从行贿人看属于正当利益，但从整体来看，行贿行为排斥了其他同等条件的申请者，很难断定该项利益为正当，司法中将会造成很大困难。三是行贿与受贿作为对象共犯，受贿行为不区分为行贿人是否谋取利益及谋取何种利益，而在行贿中加以限定，二者亦不对称。因此，在行贿、介绍贿赂一款中，不宜规定"为谋取不正当利益"。考虑到当前确实存在许多不正之风，有的国家工作人员利用职务之便勒索当事人，且又不易查获，可在该款后增加："因被勒索而给予国家工作人员财物的，或者主动交待行贿行为的，可以从轻或者免除处罚"。在有的国家刑法中，也有类似规定（如捷克斯洛伐克刑法）。此外，鉴于有的案件行贿数额巨大，危害严重，有必要增加一个量刑幅度。

8. 关于受贿数额未达到较大，而造成的损失十分严重的问题。（见案例 16、17），我们认为，这类案件行为人为贪小利，不惜放任损害国家和集体的利益，滥用职权本身的危害性要比受贿数百元的危害更为严重。这次修改中，已设立了滥用职权罪，这类案件可不再以受贿罪论处。

建议修改的条文：

受贿罪：国家工作人员利用职务上的便利，非法收受他人财物或者财产性利益数额较大的，处七年以下有期徒刑或者拘役，可以并处没收财产；数额巨大或者致使国家、集体、公民利益遭受严重损害的，处七年以上有期徒刑、无期徒刑，可以并处没收财产；数额特别巨大、或者致使国家、集体、公民利益遭受特别严重损害的，处死刑，并处没收财产。索取财物或财产性利益的，从重处罚。

国家工作人员凭借职务地位所形成的特殊条件，使其他国家工作人员通过职务上的行为，为他人谋取利益，而本人从中向他人索取或者非法收受财物，情节严重的，以受贿论处。

国家工作人员利用职务之便，在经济活动中违反国家规定，收取"回扣"、"手续费"等归个人所有的，以受贿论处。但以本单位财产损失为前提的，应以贪污论处。

行贿罪、介绍贿赂罪：向国家工作人员行贿或者介绍贿赂的，处五年以下有期徒刑或者拘役；情节严重的，处五年以上有期徒刑。因被勒索而行贿或者主动交待行贿行为的，可以从轻或者免除处罚。

三、挪用公款（物）罪（《补充规定》第 3 条、草案第 134 条）

1. 挪用公物和证券的问题。挪用公物或证券归个人使用或进行营利性活动的案件各地均有发生。被挪用的公物有粮食、商品、设备等、证券有粮票、国库券等（见案例 18、19）。各地认为，把挪用对象扩大到公物、证券非常必要。其一，公款、公物可以相互转化，区别对待不科学；其二，它们都可以直接用于营利性或者其他非法活动；其三，款物、证券都可以作为贪污的对象，而挪用与贪污的区别仅在于侵犯所有权程度不同，而不应有对象上的差别。这次修改中，应当列入公物和证券，罪名改为"挪用公共财产罪"。

2. 挪用公共款物给集体使用的问题。挪用公共款物给国营、集体经济组织使用一律不以挪用公款罪论，是法律上的一个空档。一些由个人承包、租赁经营的国营、集体经济组织，上交的基数依发包方、出租方提供的资金核定，挪用公共款物归这些组织使用，所产生的利润实际上全部或部分归承包、租赁人个人（见案例 20、21）。此外. 有的使用人因进行非法活动，经营不善、管理混乱、中饱私囊，致使挪用的款物长期无法归还，甚至损失巨大（见案例 22）。上述情况不以犯罪论，不利于保护社会主义的公共财产。

3. 挪用公共款物的时间问题。1985 年两高《关于当前办理经济犯罪案件中具体应用法律的若干问题的解答（试行）》规定，挪用公款归个人使用超过 6 个月不还的以贪污论处。《补充规定》规定超过 3 个月不还的构成挪用公款罪。我们认为，这次修改中规定 3 个月为宜。因为挪用行为数额较大的才以罪论，且行为人多将款物用于营利性活动，具有一定的风险性，时间不宜太长。此外，构成犯罪的时间限定条件改动频繁也不严肃。

4. 挪用公款数额巨大不足 3 个月，不是用于非法活动或经营性活动，而是用于归还个人债务或购置不动产，这种情况能否定为挪用公共款物罪有两种意见。一种意见认为挪用巨额公款，一般是用于经营性活动，不必再单列。另一种意见认为，挪用公款数额与时间应与形成一定的比例关系，挪用公款数额巨大时间较短，与挪用数额较大超过 3 个月的危害相同，罪状中应予列举。我们同意后一种意见。

5. 草案规定“挪用数额较大不退还，以贪污罪论处”，其中的“数额较大”与前款规定构成挪用罪的“数额较大”为同一数额，还是与贪污罪中的“数额较大”为同一数额，容易产生歧义。我们认为，按照后一理解是正确的。为了避免歧义，该款改为“挪用公共财产不退还的，依照贪污罪的规定定罪处罚”。(论处也易产生歧义)

建议修改的条文：

挪用公共财产罪：国家工作人员利用职务上的便利，挪用公共财产归个人或个人承包、租赁经营的国营、集体经济组织使用，有下列情形之一的，处五年以下有期徒刑或者拘役，可以单处或者并处罚金；情节严重的，处五年以上有期徒刑，可以并处罚金：

(一) 进行非法活动的；

(二) 挪用数额较大，进行营利活动的；

(三) 挪用数额较大，超过三个月的；

(四) 挪用数额巨大的。

挪用公共财产不退还的，依照贪污罪的规定定罪处罚。

四、挪用救灾、抢险等款物罪 (刑法第 126 条、草案第 135 条)

1. 关于挪用特定款物的范围。刑法条文中列举了 5 种特定款物，有的地方认为此范围过于狭窄，应当有所扩大。也有的认为这 5 种特定款物，都是与人民生命财产安全及生活有重大利害关系的，不宜再扩大范围。我们倾向第一种意见。挪用范围仅限定 5 种特定款物，是不完全的。其他如扶贫款、防治流行性疾病款、计划生育款、教育经费等，对于人民健康、生活和基本国策的推行具有重要作用，挪用这些款项同样会损害党和国家、人民的利益。对于挪用这些款物，情节严重的，应当给予刑事处罚。鉴于特定款物范围较广，作用不同，可写为“……其他有特殊重要用途的专项款物”。具体范围，可由司法解释解决。

2. 关于本罪的构成条件。刑法条文规定的“情节严重”，“致使国家和人民群众利益遭受重大损害”两个必要条件不恰当。一是重叠，后一条件可以包括在前一条件之中；二是把后者作为必要条件，使本罪成为结果犯。而在实践中，发生灾害党和政府总是全力以赴抢险救灾或采取其他各种措施，避免或最大限度地减少损失，案件便不好处理了。我们认为，这一条件不应作为构成条件。

3. 关于主体。本罪的主体是主管、经手特定款物的国家工作人员，故本罪应移入渎职罪一章。集体决定挪用，需要追究直接负责的主管人员和直接责任人员刑事责任的，同时适用总则新增的法人犯罪的有关规定。条文中删去“对直接责任人员”。

4. 挪用特定款物归个人使用，构成挪用公共财产罪，从重处罚。

建议修改的条文：

挪用救灾、抢险等款物罪：国家工作人员挪用救灾、抢险、防汛以及其他有特殊重要用途的款物，情节严重的，处三年以下有期徒刑或者拘役；情节特别严重的，处三年以上七年以下有期徒刑。

国家工作人员挪用前款规定的款物归个人使用的，依照挪用公共财产罪的规定定罪并从重处罚。

五、偷税、抗税罪 (刑法第 121 条、草案第 153 条)

1. 主体范围。税收法规规定的纳税义务人包括法人、个体工商业户和一切有纳税义务的个人。故刑法条文中“对直接责任人员”一句应删去，主体扩大为一般主体。法人偷税、抗税，同时适用总则有关法人犯罪的规定。

2. 量刑幅度。近年来，个人偷税在万元以上，法人偷税数十万元以上的案件屡见不鲜。本罪原规定的三年以下有期徒刑或者拘役已不适应，无法区分情节严重和情节特别严重。应当增加三年以上七年以下有期徒刑的量刑幅度，增加并处罚金的规定。

3. 关于代征人不履行代征、代扣、代缴税款义务的问题。代征人是依照法律规定受税务机关委托代征收税款的单位和个人，其义务内容与直接纳税人不同。《中华人民共和国税收征收管理暂行条例》第 39 条规定，代征人违反税收法规的，参照对纳税人违章、偷税抗税行为的规定处罚。所以刑法条文中应对代征人不履行代征义务的，列出特殊条款。

建议修改的条文：

偷税罪、抗税罪、违反税收法规，偷税、抗税情节严重的，处三年以下有期徒刑或者拘役，可以单处或者并处罚金；情节特别严重的，处三年以上七年以下有期徒刑，可以并处罚金。

代征人违反税收法规的，依照前款规定处罚。

六、假冒商标罪 (刑法第 127 条、草案第 158 条)

1. 主体范围问题。在商品经济条件下，假冒他人注册商标的；已不仅限于工商企业，一些没有工商营业执照的个人也从事这类违法犯罪活动。这次修改中，应把本罪主体扩大为一般主体，原条文中删去“工商企业”“对直接责任人员”字样。法人犯本罪的，同时适用总则有关法人犯罪的规定。此外，按照商标法，把被假冒注册商标的“其他企业”改为“他人”。

2. 关于本罪的罪状。草案将假冒商标罪的罪状写为："违反商标管理法规，假冒他人注册商标，非法制造或者销售他人注册商标标识，情节严重的……"这样规定不符合《商标法》第38条的表述，也违反形式逻辑同一律，"假冒商标"罪与罪状中的"假冒他人注册商标"内涵不一致。此外，大量收购他人注册商标标识的行为未能包括在内，这种行为同样是侵犯商标专用权的行为。故罪状改为："非法使用他人注册商标，擅自制造或者买卖他人注册商标标识……"

3. 与投机倒把罪的关系问题。草案第156条将销售伪劣产品的行为从投机倒把罪中分列出来，独立成罪。以伪劣产品假冒他人注册商标的名优产品销售的属于竞合犯。草案规定销售伪劣产品罪最高刑为十年有期徒刑，重于假冒商标罪（七年），此类行为可以销售伪劣产品定罪。

4. 关于法定刑。有的案件被告人假冒商标数量特别巨大，原条文的法定刑已不适应，也不足以惩治这类犯罪。我们认为，对情节特别严重的，增加三年以上七年以下有期徒刑的量刑幅度，可以并处罚金。

建议修改的条文：

假冒商标罪：违反商标管理法规，非法使用他人注册商标，擅自制造或者买卖他人注册商标标识，情节严重的，处三年以下有期徒刑或者拘役，可以单处或者并处罚金；情节特别严重的，处三年以上七年以下有期徒刑，可以并处罚金。

七、拥有非法财产罪（《补充规定》第11条，草案无此条）

1. 本罪需要继续保留。本罪设立一年多来，新疆、四川、山西、黑龙江、广东、甘肃等地相继发现、受理了一批掌握一定权力的国家工作人员拥有巨额非法财产的案件，本人不能说明来源的差额部分均在数万元以上（见案例23-26）。这些案件的来源大致有三：群众举报、被盗露底、搜查查获。这些情况表明，继续保留这一罪名，对国家工作人员拥有大量非法收入的行为进行制裁，是非常必要的。它即是廉政建设的要求，也是作为惩治贪污罪贿赂罪，维护法律尊严的必要补充。

2. 需要进一步完善的问题。一是罪名问题。《补充规定》设立了一个新的独立的罪名，但是"以非法所得论"，并未指出此罪的确切罪名，立法和司法机关也未正式作出解释。罪名称之为"非法所得罪"或者"财产来源不明罪"，是从财产来源的不合法性表述本罪罪名，使该罪具有了行为犯的特征。但是，认定此罪，恰恰是行为人不能说明其财产的合法性，从而推定国家工作人员拥有非法财产是犯罪状态。因此，罪名称之为"拥有非法财产罪"比较确切，并在罪状中写明。二是需要尽快建立一些必要的配套制度，如设立国家工作人员财产申报制度，以作为认定本罪的重要依据。三是罪状中"差额巨大的，可以责令说明来源"的规定，属于程序规定，应当删去。四是原条文中"单处或并处没收其财产的差额部分"宜删去，因其作为非法所得，属行政没收之列，而非刑罚。

建议修改的条文：

拥有非法财产罪：国家工作人员的财产或者支出明显超过合法收入，差额巨大，本人不能说明其来源是合法的，以拥有非法财产罪论，处五年以下有期徒刑或者拘役。

八、隐瞒境外存款罪（《补充规定》第11条，草案无此条）

我们同意在刑法中不要将此类行为规定为犯罪的意见。理由是：（1）案件很难发现；（2）对已发现的案件，调查有困难，特别是在国外调查此类问题，一般得不到有关部门的有效协助；（3）此罪名订立以来，全国尚未发现这类案件。

九、玩忽职守罪（刑法第187条、草案第139条）

1. 主体问题。玩忽职守罪的主体问题，历来是司法实践中较难掌握的问题，实际问题较多。在调查中各地反映，此罪的主体除国家工作人员外，还应包括所有依法或受委托从事公务的人员，某些个体经营单位的管理人员，如个体小煤窑的负责人、农村个体建筑队的负责人等，都应是此罪的主体。同时，此罪的主体范围及其在法律上的表述，也不应与贪污罪和受贿罪相同。规定此罪的主体范围，核心应考虑与"职责"有关的人员，凡是有职责（主要是管理性的职责）的，都可能有玩忽职守的问题。扩大此罪的主体范围，是符合实际情况的，因为随着体制改革的发展，经济等管理活动的范围越来越扩大，私营企业和个体经济单位同样存在在管理活动中的玩忽职守问题，对这类情况，两高过去曾不得已解释为按重大责任事故罪处理，实际是不妥的。

根据玩忽职守罪的实质和实际情况，此罪的主体应包括：国家工作人员、集体企业、事业单位的工作人员、其他依法或受委托从事公务的人员以及个体经济组织中的管理人员等。如果将主体仅限于"国家工作人员"或者再包括"集体经济组织工作人员和其他从事公务的人员"，都不能将应该作为玩忽职守罪主体的人员范围概括全面，所以我们建议将此罪的主体规定的"国家工作人员、集体经济组织工作人员和其他从事公务或者管理活动的人员"。（见案例27）

2. 滥用职权问题。草案中规定了滥用职权的罪名，我们认为很有必要。但目前将滥用职权与玩忽职守规定在一条之中，法定刑也相同，我们认为有两个问题：一是滥用职权本身的恶性和危害比玩忽职守大，不应规定相同的刑罚；二是滥用职权的行为在实际中是很复杂的，有的对后果是过失的，有的对后果是放任的，有的对后果则是直接故意的。这三种情况，在目前高检院有关认定玩忽职守的文件中都是存在的（由于目前没有滥用职权罪，将滥用职权行为划归玩忽职守罪），实际中这几种情况也都存在。

考虑到上述实际情况，并参考罗马尼亚、苏俄等刑法的规定，我们建议将滥用职权行为从玩忽职守罪条文中分立出来，主体限于国家工作人员、集体经济组织工作人员和其他从事公务的人员，单独规定罪名和法定刑。并且对滥用职权造成后果的三种主观情况加以区分。

3. 重大损失问题。条文中“致使公共财产、国家和人民利益遭受重大损失的”这样的表述，不太符合实际情况，且经常造成扯皮的问题。目前处理玩忽职守罪，对后果一是看人员伤亡情况，二是看财产损失情况，三是看政治影响情况，四是看情节严重情况。这样几个标准是比较明确的，而该条文中的规定就显得不太明确、完整或过于笼统。

在财产损失方面，不应仅限于“公共财产”的损失，玩忽职守也经常造成私人财产的损失，所以应改为“公私财产”。

“人身伤亡”是司法实践中掌握的一个较明确的标准，所以在条文中应有表述。

“损失”二字在实际中经常难以掌握。对什么是“损失”的问题，经常扯皮，特别是在处理经济交往活动中的玩忽职守案件时，经常发生诸如司法机关追回的损失算不算损失，玩忽职守一方向对方讨债，讨到什么期限才能认定损失等复杂问题。我们认为，对玩忽职守的后果，应像对待过失伤害、交通肇事等过失犯罪的后果一样，要看即时的损害，定罪时不应考虑修复、补救的情况。所以我们建议将“损失”改为“损害”。这样表述也与“国家和人民利益”等方面的后果更为贴切。（见案例 28）

4. 责任分散问题。在调查中，基层的同志反映较多的是，责任分散的玩忽职守案件实际中较多，而且较难处理，经常因为各个环节的人都有责任而最后不能确定任何人的责任，或者是由于每个人都有责任，确定不了每个人各自应负责的后果（在总的损失中负责多少损失）。由于这种原因，在实际中造成了单个人好追究，多个人不好追究或不能追究的情况。

情况证明，刑法第 22 条第 2 款关于共同过失犯罪的规定，已经不能解决实际问题，尤其没有解决共同过失犯罪如何负担责任的问题。从实际情况看，对于工人以上犯玩忽职守等过失犯罪的，也要按他们在行为中所起的作用，或者说对造成后果所起的作用来划分责任。起关键或主要作用的要负全部或大部责任，起辅助或次要作用的可以负部分或小部责任。不可使每个人都负全部责任，也不可使每个人都仅负部分责任。

为解决这一问题，有两个选择方案：一是在本条中另加一款规定二人以上玩忽职守，按他们对造成后果所起的作用，分别处罚；二是考虑到所有共同过失犯罪都有责任分散的情况，所以应对刑法总则第 22 条第 2 款按上述原则加以修改。我们较倾向于采用后者。

5. 分立罪名问题。从单行行政立法以玩忽职守罪处理的行为情况和实际发生的案件情况看，玩忽职守罪越来越成为一个“大口袋”，从而造成在掌握和处理上的困难。这些问题，除了将滥用职权分立出去可以解决一部分外，我们认为有必要将现在按玩忽职守罪处理的一部分行为再分立出去。

目前对银行信贷人员违章发放贷款问题，各地反映十分强烈，这种行为越来越具独立性，实际中发生的玩忽职守造成经济损失的大案，经常是这方面的问题，在整个玩忽职守案件中，也占有相当大的比例。同样，根据现在和以后的发展趋势看，银行信贷工作在国家经济生活中的地位和作用会有很大加强，违章发放贷款的危害也会越来越大。另外，对违章发放贷款的是否以玩忽职守罪处理，检察机关经常和有关机关发生争议，即使能够以玩忽职守罪认定，也经常为如何认定损失问题与有关机关发生争议，有的部门经常以“冤有头，债有主”或者“借贷单位以后能够还贷”等理由不同意追究有关人员的玩忽职守责任。所以，为维护信贷工作，我们建议将银行信贷人员滥用职权或玩忽职守而违章发放贷款的行为，单独订立罪名，规定足以惩治此种犯罪的刑罚。

6. 法定刑问题。目前玩忽职守案件在造成经济损失的情况方面，差距很大，有的是损失几万，有的是几十万，几百万，甚至上千万。各地尤感问题突出的是，此罪的法定刑幅度小，最高法定刑偏低。在比较小的法定刑幅度内，不好掌握对各种损失差距巨大的案件的量刑。对损失特别巨大的玩忽职守罪，最高法定刑为五年有期徒刑过低。所以建议将此罪的最高法定刑改为十年有期徒刑。

建议修改和补充的条文：

1. 玩忽职守罪：国家工作人员、集体经济组织工作人员和其他从事公务或者管理活动的人员玩忽职守，致人伤亡，或者致使公私财产、国家和人民利益遭受重大损害的，处十年以下有期徒刑或者拘役。

2. 滥用职权罪：国家工作人员（集体经济组织工作人员和其他从事公务的人员——也可以在渎职罪章最后一条的准用条款中包括）滥用职权，造成他人伤亡，或者造成公私财产、国家和人民利益重大损害的，处十年以上有期徒刑，可以并处剥夺政治权利。

3. 违章发放贷款罪：银行、信贷工作人员违反金融、信贷管理法规，违章发放贷款，致使国家利益遭受重大损害的，处十年以上有期徒刑；过失造成上列后果的，处十年以下有期徒刑或者拘役。

十、重大责任事故罪（刑法第 114 条、草案第 111 条）

1. 主体范围及其表述问题。刑法和草案中此罪的主体都是采取列举的方法加以规定，这种方法难以概括全面，虽然后边赘了一句“或者其他企业、事业单位的职工”，仍然不能确切地反映实际情况。我们认为，重大责任事故罪的规定，作为保护安全生产方面的法律规范，它所包括的行为主体，应是一切能够在生产作业中造成重大责任事故的人。如按列举的方法，起码有几种人员包括不进去：第一种是临时受委托到某企业进行或指挥进行生产作业，或者是为某单位生产作业进行设计的人员；第二种是群众合作经济组织和个体经济组织的从业人员；第三种是机关等非企业单位内从事生产作业的人员；第四种是无照的建筑或其他经营单位的从业人员，等等。这些人员在生产作业中所发生的重大责任事故，如果不按重大责任事故罪处理，是不合情理的。目前在人员带头违章作业，有的则是明知违章而不加以制止。如果以“强令”为条件，那么，许多负有指挥责任的人员所造成的重大责任事故就处理不了。

为解决以上问题，有两个方案可供选择：一种是做小的修改，即“不服管理，违反规章制度或者指挥、放任其他从事生产作业的人员违章冒险作业”；另一种是做较大的修改，即违反安全生产法规和劳动操作规程，因而发生重大责任事故，致……我们较倾向于采取后一种办法，虽然采取简单罪状的写法，但有关的安全生产法规较为健全，能够具体规范重大责任事故的行为方式，而且比现有的写法更为明确。

2. 经济损失和情节问题。原刑法条文中对后果没有明确规定经济损失，这在司法实践中是个问题。草案中规定了公私财产损失的后果，我们认为是合适的。

司法实践中对后果的掌握，还有另外一个标准，即虽未达到规定的数额，但情节严重，使生产、工作受到重大损害的。这个标准都是合理的，在实践中也是有用而行得通的，所以，重大责任事故罪的后果，除人员伤亡和财产损失之外，还应包括“情节严重的”。

3. 法定刑问题。各地反映，刑法对此罪规定的法定刑偏轻，不利于惩治犯罪。草案将最高法定刑提高到十年有期徒刑，并按情节划分两个量刑幅度的意见，我们表示同意。

建议修改的条文：

1. 重大责任事故罪（第一方案）：从事生产作业的人员，由于不服管理，违反规章制度或者违章指挥、放任其他从事生产作业的人员冒险作业，因而发生重大责任事故，致人伤亡，或者致使公私财产遭受重大损失以及情节严重的，处三年以下有期徒刑或者拘役；情节特别严重的，处三年以上十年以下有期徒刑。

2. 重大责任事故罪（第二方案）：在生产作业中，违反安全生产法规和劳动操作规程，因而发生重大责任事故，致人伤亡，致使公私财产遭受重大损失或者情节严重的，处三年以下有期徒刑或者拘役；情节特别严重的，处三年以上十年以下有期徒刑。

十一、刑讯逼供罪（刑法第 136 条、草案第 138 条）

1. 主体问题。刑法和草案都将此罪的主体规定为“国家工作人员”，这样的规定既不符合刑讯逼供罪的实质，也不符合实际情况，在实际中将不应包括的人包括进去，或者把应该包括的人没有包括进去。刑讯逼供，历来是在办理刑事案件中发生的问题，而办理刑事案件的人，不能是所有的国家工作人员，而主要是司法工作人员，以及其他一些虽非司法工作人员，但是有调查或协助司法工作人员办案责任的人，如单位的保卫干部，税务检察室人或者其他检察协助人员，城乡治保人员，法警和武警，以及其他受委派、委托协助办理刑事案件的人。在调查或办理刑事案件的上述人员有的是同司法工作人员一起协助办案，有的是受委派独立办案，有的按职责规定有权进行案前调查。这些人中，有的有国家工作人员的身份，有的则没有国家工作人员的身份。所以，根据此罪的实质以及实际中存在的问题，我们建议将此罪的主体改为“司法工作人员和其他协助办理刑事案件的人员”。（见案例 29）

2. 人犯（侵犯对象）问题。刑法和草案都将此罪侵犯的对象规定为“人犯”，这在实践中是有问题的。“人犯”的概念一般理解为已经进入刑事诉讼程序的刑事被告人，而在实践中，对未进入刑事诉讼程序的犯罪嫌疑人，也多进行调查活动，特别是目前的收容审查更是这样。据反映，目前刑讯逼供的，多针对犯罪嫌疑人。另外，对正在服刑的罪犯又犯新罪或者对其余罪的侦查中所发生的刑讯逼供，是定刑讯逼供罪还是定体罚虐待被监管人员罪，经常发生分歧。我们认为，在法条中将此罪侵犯的对象改为“犯罪嫌疑人和在侦查、起诉、审判中的刑事被告人”，能够较妥当地解决上述问题。

3. 指供、诱供造成冤假错案问题。目前所发现的刑讯逼供案，有一些同时伴有指供、诱供情节，结果造成冤假错案。这种指供诱供与刑讯结合起来的刑讯逼供行为，比单纯的以暴力强迫被告人供述的刑讯逼供案的危害更大，对当事人权利是更大的侵犯，同时它严重地危害了司法秩序。所以，建议对进行刑讯同时伴有指供、诱供情节，造成严重后果的行为，在法律上规定作为刑讯逼供罪从重处罚。

4. 造成伤亡后果的定罪量刑问题。草案将“以肉刑致人伤残”这种后果代之以“情节严重”，我们认为这样的修改不太明确，仍应明确具体地规定后果。但是，原刑法条文中“以肉刑致人伤残的，以伤害罪从重论处”的规定也是不够妥当的：一是“伤残”容易理解为“重伤”，使一些造成轻伤的不能以刑讯逼供罪从重处罚，所以应改为“伤害”；二是没有明确规定“死亡”的后果，而这种情况是时有发生的；三是“以伤害罪从重论处”一句，在实践中经常发生是定伤害罪还是以伤害罪的刑罚量刑的意见分歧。我们认为，刑讯逼供造成伤亡后果的，应像强奸致人伤亡一样，作为本罪的结果加重犯，犯罪性质仍是刑讯逼供，单独规定量刑幅度。另外，由于刑讯逼供发生在公务活动中，具有公务违章的性质，与一般的伤害罪不一样，所以其最高法定刑不应与伤害罪的最高法定刑相同。

5. 对证人等施用暴力、肉刑问题。实践中经常发生司法工作人员为取得证据而对有关的证人、被害人或者其他人施用暴力或者肉刑的，可以形象地说成是“暴力逼证”、“暴力逼述”或者“暴力逼答”等，而且经常伴有类似于对被告人的指供、诱供的情况。这类情况在某些奸情、财产案件中尤为突出。我们认为，这类行为的性质和危害同刑讯逼供是一样的，有必要作为犯罪处理。同样因为这类行为是在办案中的公务违章问题，不太好以其他罪名定罪处罚，所以建议参照罗马尼亚、苏俄等刑法立法例，在刑讯逼供一条中另加一款，规定依照此条法定刑处罚。（见案例 30）

6. 行政执法人员在调查违法案件中对有关当事人或其他人施用暴力、肉刑的问题。据调查中有的地方反映，目前公安、工商、税务等行政执法机关在处理行政违法案件中，也经常发生与刑讯逼供相类似的行为。这类行为的危害不次于刑讯逼供，或者说，对刑事被告人的合法权益有刑法保护，一般违法人的合法权益就更应加以刑法保护了。由于这类行为本身的性质，不宜按刑讯逼供罪或者其他罪名来定罪处罚，所以我们建议新立“行政执法人员暴力取证罪”，参照刑讯逼供罪的条文加以规定。

建议修改和补充的条文：

1. 刑讯逼供罪：司法工作人员和其他协助办理刑事案件的人员，对犯罪嫌疑人和在侦查、起诉、审判中的刑事被告人实行刑讯逼供的，处五年以下有期徒刑或者拘役；致人伤亡的，处五年以上有期徒刑。

犯前款罪，并具有故意指供、诱供情节，造成严重后果的，依照前款规定从重处罚。

在调查取证中对证人、被害人或者其他人施用暴力或肉刑的，依照前两款规定处罚。

2. 行政执法人员暴力取证罪：行政执法人员在处理行政违法案件中，为取证而对案件当事人或者其他人施用暴力或者肉刑的，处五年以下有期徒刑或者拘役；致人伤亡的，处五年以上有期徒刑。

犯前款罪，并具有故意指诱情节，造成严重后果的，依照前款规定从重处罚。

十二、诬告陷害罪（刑法第 138 条、草案第 204 条）

1. 陷害方式问题。刑法和草案对此罪陷害方式只规定为“诬告”，这种规定我们认为不全面。从诬告陷害罪的实质看，它的危害性和违法性主要在于“陷害”，而不在于“诬告”，所以陷害的方式可以是多种多样的。“诬告”是告发或直接告发，但从实际中发生的情况看，陷害他人的方式还有其他两种：一种是间接告发，即强迫、指使、怂恿、诱骗或暗示第三人告发他人；另一种是栽赃陷害，即明知给人栽赃而能够被司法机关追究而栽赃给他人的，如伪造或虚设证据，包括凭空捏造的纯粹的假证据，也包括将某一案件的真证据，如作案工具或赃物等，故意栽给他人，改变该证据真实的证明对象和内容。在我国台湾地区相关规定、罗马尼亚的刑法中，对这类行为都规定以诬告论。有鉴于此，建议在条文中规定此类行为以诬告罪处罚。（对伪造证据诬陷他人的法律规定，参见刑诉法第 60 条第 2 款的规定）（见案例 31）

刑法和草案中都有“捏造事实”或者“捏造犯罪事实”的表述，我们认为这样的表述不太适当，也显得过于累赘。那种没有具体说明细节的诬告，伪造证据的陷害，以及将轻罪说成重罪的诬告等，很难理解为是包括在“捏造犯罪事实”之列。所以应将此句删除，直接写明陷害的方式更为明确和准确。

2. 意图（目的）问题。刑法和草案的此罪条文中都单列一款规定不是有意诬陷不适用前款规定。我们认为这样的内容是有必要的。但这种表述过于复杂，在诬告罪的条文中也不利于完整把握此罪的构成条件，意图究竟是什么也不十分清楚。所以我们建议删去第二款的规定，并参照日本等一些国家的立法例，在罪状中明确规定此罪的主观条件，即“意图使他人无故遭受不应有的刑事追诉或处罚”。

3. 法定刑问题。我们同意对此罪单独规定法定刑，并按情节不同，分别规定量刑幅度。此罪的法定刑不能过高，即使是对造成错案等严重后果的，也不能判刑太重，因为其中不能不考虑司法机关也有一定责任的问题。诬陷行为与伪证行为的性质和危害是相似的，所以两者的法定刑应基本相当。基本同意草案对此罪处刑部分的写法。

建议修改的条文：

诬告陷害罪：意图使他人无故遭受不应有的刑事追诉或者处罚，直接或间接对其进行诬告的，处三年以下有期徒刑、拘役或者罚金；情节严重的，处三年以上七年以下有期徒刑，可以并处罚金。国家工作人员犯本款罪的，从重处罚。

以前款同样意图，伪造或虚设证据陷害他人的，依照前款规定处罚。

十三、非法拘禁罪（刑法第 143 条、草案第 126 条）

1. 国家工作人员滥用职权非法拘禁他人的问题。目前实践中经常发生国家工作人员，特别是司法工作人员滥用职权非法拘禁他人的情况，这种非法拘禁是依仗职权，有的则是利用国家的各种羁押场所，使用执行职务的强制器械。如司法工作人员出于个人目的擅行关押无辜，司法工作人员帮助其他单位追款，对一般的债务人擅行关押或限制人身自由等等。但是，实际中对这种非法拘禁很少有被追究的，更不用说从重处罚。

我们认为，国家工作人员滥用职权非法拘禁他人的，是典型的非法拘禁行为。其他许多国家刑法设立的非法拘禁罪，侧重点也是这方面。这是因为滥用职权的非法拘禁比一般人的非法拘禁容易得多，而且危害也大。如果在法条中不明确规定出滥用职权的非法拘禁，并规定从重处罚，实践中对这部分罪行就很难引起足够的重视，也不足以警诫国家工作人员滥用职权非法拘禁他人的行为。因而我们认为，在此罪法条中，应另加一款，规定对此类行为从重处罚。（见案例 32）

2. 非法限制人身自由的问题。各地反映，目前非法限制人身自由的较为常见，在债务纠纷中这种情况较多，例如对人加以“软禁”、指定活动场所，或者强行监视他人行动等等。这类行为的特征不完全符合目前法律所规定的非法拘禁罪的条件，也与非法管制罪的条件有明显不同。在实践中，对于剥夺自由和限制自由的界限有时很难区分，在有的案件中两者兼而有之或交叉进行，在时间和过程上，都是统一的延续。考虑到上述情况，又鉴于我们考虑取消非法管制罪（理由另述），取消之后要防止出现疏漏，不使一些严重的限制自由的案件处理不了，我们建议在取消非法管制罪的同时，将现有非法拘禁罪的法定条件适当放宽，包括“非法限制他人人身自由情节严重的”。

3. 造成伤亡后果的定罪量刑问题。我们认为，非法拘禁是具有强迫、暴力性质的犯罪，造成死伤后果的，其整个行为的性质仍不失为非法拘禁，伤亡后果仅作为本罪的结果加重犯，另行规定较重的法定刑。我们不同意将此种情况按非法拘禁和伤害罪实行数罪并罚，同意单独规定法定刑。考虑到有的造成非常严重的后果，最高法定刑应与伤害致死的最高刑相类似，增至无期徒刑；考虑到此罪有一些是滥用职权所为，所以对本罪为其加重条款都应规定可以单处或者并处剥夺政治权利。

建议修改的条文：

非法拘禁罪：非法拘禁他人，或者以其他方法剥夺他人人身自由，限制他人人身自由情节严重的，处三年以下有期徒刑或者拘役，可以单处或者并处剥夺政治权利。

犯前款罪，致人重伤的，处三年以上十年以下有期徒刑，可以并处剥夺政治权利；致人死亡的，处七年以上有期徒刑或者无期徒刑，可以并处剥夺政治权利。

国家工作人员滥用职权犯前两款罪的，从重处罚。

十四、非法管制、搜查、侵入住宅罪（刑法第144条、草案第127条）

1. 非法管制问题。在调查中，各地反映非法管制行为实际中很少发现，发生的一些限制他人人身自由的行为，也并不符合非法管制罪的特征。比较严重的，可以归在非法拘禁罪中。所以我们同意取消非法管制罪的意见。

2. 情节要件问题。目前在处理此类犯罪中，各地感到问题较为突出的是不好掌握罪与非罪的界限，究竟达到什么程度才构成犯罪，没有一个明确的标准。特别是在一些地方任意闯入他人住宅的情况比较普遍，在人们的观念中一般并不认为是非常严重的问题。所以应该规定此类罪的情节要件（包括手段、后果等），规定情节严重的才构成犯罪。（见案例33）

3. 国家工作人员滥用职权非法搜查问题。此问题与国家工作人员非法拘禁的问题相类似，依据相似的理由（具体见在非法拘禁罪部分中的论述），我们建议另加一款规定对国家工作人员滥用职权非法搜查的从重处罚。

4. 非法搜查、侵入住宅以外的其他场所问题。实际中经常发生非法搜查或侵入住宅以外的其他地方的案件，这些地方如个体户经营的地方、住宅的附属建筑、临时借用办公室的住所、包工队自建的居住用工棚、单位集体宿舍等等，另外还有的是强占办公室或新建的住房，非法搜查单位等情况。根据案件的具体情况，特别是考虑到我国目前公民的居住条件，我们认为，对上述两种行为都应该定罪处理。但是受条文中“住宅”在解释上的局限，不能包括这类行为，所以我们建议参照许多国家有关立法例，在住宅之外增加“其他居住及有人看管的建筑物”。

5. 侵入住宅的行为方式问题。实践中经常发生并非无故进入他人住宅，而在进入之后由于某种原因而纠缠不走的情况。这种情况虽然性质同非法侵入住宅一样，但是在解释上不能直接看作是“非法侵入”。在国外的一些国家的立法中，将此类受要求而不退出的情况单独加以列举，也属于侵入住宅罪。我们认为在刑法中应参照此例加以修改。

6. 分条问题。基于考虑如上修改意见，为在表述上的方便，建议将非法搜查罪和非法侵入住宅罪分条规定。

建议修改或增加的条文：

1. 非法搜查罪：非法搜查他人身体、住宅或者其他居住场所及有人看管的建筑物，情节严重的，处三年以下有期徒刑或者拘役，可以单处或者并处剥夺政治权利。

国家工作人员滥用职权犯前款罪的，从重处罚。

2. 非法侵入住宅罪：非法侵入住宅或者其他居住场所及有人看管的建筑物，或者经要求而拒不退出，情节严重的，处三年以下有期徒刑或者拘役。

十五、剥夺宗教信仰自由罪和侵犯少数民族风俗习惯罪（刑法第147条、草案第130条）

1. 主体问题。目前这两类案件查处的很少。刑法将这两罪的主体限于国家工作人员，而真正是国家工作人员所为的这两种犯罪是极少的。一些民族地方反映，现在发生较多的侵犯宗教信仰自由和少数民族风俗习惯的行为，一般都是普通人所为，这些人同样能够造成侵犯，有的达到十分严重的程度，民愤很大。我们认为把此罪的主体限于国家工作人员既不符合实际情况，也不符合宪法规定的精神。宪法第36条和总纲中分别规定宗教信仰自由和各民族有保持或者改革自己风俗习惯的自由，并且专门规定了“任何国家机关、社会团体和个人”不得侵犯宗教信仰自由。设立这两个罪名，着眼点应在保护信仰自由和维护民族关系，所以，对上述法益的侵犯，就不能仅看有国家工作人员身份的人的行为，不是国家工作人员的人，同样会对信仰自由和民族关系造成危害。这类犯罪所侵犯的不仅仅是某个人的私益，而更主要的是侵犯了一个信教群体或一个民族，而这些人所憎恨的不光是国家工作人员对他们利益的侵犯，对其他一切人对他们利益的侵犯也同样憎恨。所以，从这样一个大问题着眼，有必要将此类罪的主体扩大为一般主体。如果对非国家工作人员的侵犯行为仅认为可以按其他罪名处理，那就可能造成矛盾激化的问题。

2.“非法剥夺”问题。实践中剥夺宗教信仰自由权的极少见，或者说在现实情况下是不可能的，主要的还是“侵犯”问题。另外，“非法剥夺……正当的……”这样的表述在逻辑上也不太能够说得通。所以，建议将“非法剥夺”改为“侵犯”。

建议修改的条文：

侵犯公民宗教信仰自由和少数民族风俗习惯罪：侵犯公民正当的宗教信仰自由和少数民族风俗习惯，情节严重的，处二年以下有期徒刑或者拘役。

十六、侵犯通信自由罪（刑法第149条、草案第131条）

1. “信件”问题。现在实践中时有发生私拆、隐匿或者毁弃电报或者信件以外的邮件的，比如印刷品、包裹、汇款单或者有声邮件等。由于法条中“信件”的限制，而使私拆电报或者信件以外的其他邮件的，除邮电工作人员所为的外，就处理不了。所以，建议将对象补充为：“信件（包括已交付邮寄和未交付邮寄的）或者其他邮件、电报”。

2. 私拆邮件窃取或骗取财物的问题。在调查中，各地普遍反映，非邮电工作人员从事这种行为的目前很多，但由于此罪法条中没有类似于邮电工作人员私拆邮件窃取财物的规定，那么，窃取财物的情况下，经常造成只定盗窃罪，而忽略了对侵犯通信自由的定罪，不能数罪并罚。所以，建议在本条另定一款规定对私拆邮件而窃取、骗取（骗取的情况经常发生）财物的，定盗窃、诈骗罪，包含与侵犯通信自由罪实行数罪并罚的意思。

3. 破坏通讯自由的其他方式问题。我们认为，通信自由是个大范围的问题，侵犯通信自由的方式就不能仅限于隐匿、毁弃和开拆。在考虑对通信自由的刑法保护问题时，法条中除应考虑扩大破坏对象外，相应地还应扩大行为的方式，比如利用特殊手段窃看信函内容，窃听、窃看有声邮件等。在现有的几种方式后，可以加上“其他方法”。

4. 法定刑问题。鉴于此罪的严重性质及毁弃邮件的有的相似于毁坏公私财物，所以此罪的法定刑应相应提高。

建议修改的条文：

侵犯通讯自由罪：隐匿、毁弃或者非法开拆他人信件或者其他邮件、电报，或者以其他方法侵犯公民通讯自由，情节严重的，处三年以下有期徒刑或者拘役。

犯前款罪而窃取、骗取财物同时构成盗窃罪、诈骗罪的，依照各该条处罚。

十七、妨害邮电通讯罪（刑法第191条、草案第145条）

1. 主体问题。什么是“邮电工作人员”在刑法中没有解释，在实践中容易发生分歧。我们认为，不能局限于国家邮电机关的工作人员，其他受委托从事邮寄工作的人员也应包括在内。为更明确起见，建议将主体规定为：“邮电工作人员或者其他受委托从事邮电工作的人员”。

2. 私拆邮件而侵吞、骗取财物问题。在词查中反映这类问题的较多。刑法第191条第2款对此问题的规定，有四个问题需要明确或修改：(1) 条文中的“窃取”应改为“侵吞”，利用职务非法占有财物，不存在窃取问题；(2) 私拆邮件后也有骗取财物的，如开拆邮件后窃取汇单后冒领汇款，这种情况不是直接的侵吞，所以条文中应加“骗取”的行为方式；(3) 侵吞或骗取财物不足贪污罪数额的，不能再定贪污罪，仅定妨害邮电通讯罪处刑偏低，所以，建议适当提高妨害邮电通讯罪的法定刑，并规定侵吞、骗取财物的（未达贪污罪数额的），从重处罚；(4) 对既有私拆邮件又有侵吞、骗取财物的，如何定罪量刑，在理论和实践中一直存在分歧。我们认为，此种情况应以数罪并罚处理，在条文的表述上应明确出来。如果按结合犯定贪污罪，实践中有难题，譬如一个此类案件如果定妨害邮电通讯罪的话，本来可能处较重的刑，而按规定以贪污罪处理，由于数额的关系，则可能只处轻刑或者免诉。另外，若干次私拆邮件和若干次侵吞、骗取财物，两者在时间、场合和过程上也往往是分离的，在理论上，按结合犯、牵连犯或者结果加重犯处理都是有问题的。

建议修改的条文：

妨害邮电通讯罪：邮电工作人员或者其他受委托从事邮电工作的人员，私自开拆或者隐匿、毁弃邮件、电报的，处五年以下有期徒刑或者拘役。

犯前款罪而侵吞、骗取财物的，依照前款规定从重处罚；犯前款罪而同时又构成贪污罪的，依照该条处罚。

十八、报复陷害罪（刑法第146条、草案第137条）

1. 主体问题。调查中各地反映，目前非国家工作人员对执法人员、证人、举报人、企业负责人等的打击报复案件发生很多，但由于刑法规定此罪为特殊主体，使这些行为除非达到伤害等其他犯罪的程度，都难以定罪处罚，但根据现在的实际情况，这些行为确有处罚的必要。现在的情况是官可以打击报复民，民也可以打击报复官，上司可以打击报复下层，下层也可以打击报复上司。特别是当前打击报复执法人员和举报人的案件，许多是非国家工作人员所为，应引起足够的重视。所以建议将此罪主体规定为一般主体。

2. 打击报复的对象问题。刑法中列举的几种对象是不完全的，草案中虽然加了“证人”，但仍不能概括全面，其他的对象如揭发人、鉴定人、执法人员、企业负责人、要求罢免其职的人（参见选举法第43条）、知情人、有积怨或其他利害关系的人等等。

打击报复的实质是泄私愤，所以此罪的对象应当是较为广泛的，我们主张在法条中用“其他利害关系人”概括没有列举的其他人。(见案例34)

3. 打击报复的形式和程度问题。目前司法实践中处理此罪最难的是难以掌握构成此罪的行政类型和程度。法律中没有规定报复陷害的形式，实际中究竟哪一种行为是报复陷害很难搞清，并且有时在单位领导对有关人员的行为措施，什么是合理的安排，什么是无理的打击报复，很难说清。此类行为达到什么程度才构成犯罪，实践中很难像其他的有明显外在后果的犯罪那样好认定。为了使法律上能够在一定程度上解决这些问题，我们建议在法条中规定方式条件，即“以损害他人正当权益的方法”，成立犯罪的程度条件为“情节严重的”。同时，为使罪证明确和容易划分罪与非罪的界限起见，建议规定主观条件，即“为图泄私愤”。

建议修改的条文：

报复陷害罪：为图泄私愤，以损害他人正当权益的方法对控告人、申诉人、批评人、司法和执法人员、证人以及其他利害关系人实行报复陷害，情节严重的，处二年以上七年以下有期徒刑。

十九、泄露国家秘密罪（刑法第186条、草案第136条）

1. 区分故意和过失的处罚问题。故意和过失的危害有明显的不同，在刑法中其他的同时能够由故意和过失构成的犯罪，其故意犯和过失犯的法定刑都有很大差距。但在草案第136条中，虽然区分了故意和过失两种泄密，但其法定刑却没有区分，这种情况不合理，应将故意和过失泄密分别规定法定刑。鉴于故意泄密行为同非法提供秘密的行为类似（可以将提供秘密划归故意泄密），所以，其法定刑应与提供秘密的法定刑一样。过失泄密的法定刑可以保持原来的规定。

2. 刺探、盗窃、收买、提供秘密问题。对全国人大常委会关于惩治泄露国家秘密犯罪的补充规定中这几种犯罪，我们认为除提供秘密的可以划归到故意泄密中去之外，其他三种应单立罪名。

另外，对这几种犯罪，不应以秘密的去向（即境外机构、组织、人员）为限制条件。对给境内非法组织或其他机构、境内其他人员，或者盗窃自用的，都没有不作为犯罪处理的理由。所以，我们建议在法条中取消对秘密去向的限制。

建议修改和补充的条文：

1. 泄露国家秘密罪：国家工作人员违反保密法规，泄露国家秘密，处五年以下有期徒刑或者拘役，可以单处或者并处剥夺政治权利；情节严重的，处五年以上十年以下有期徒刑，可以并处剥夺政治权利；情节特别严重的，处十年以上有期徒刑、无期徒刑或者死刑，并处剥夺政治权利。

过失犯前款罪，情节严重的，处七年以下有期徒刑或者拘役，可以单处或者并处剥夺政治权利。

非国家工作人员犯前两款罪的，依照前两款规定处罚。

2. 刺探、盗窃、收买国家秘密罪：刺探、盗窃、收买国家秘密的，处五年以下有期徒刑或者拘役，可以单处或者并处剥夺政治权利；情节严重的，处五年以上十年以下有期徒刑，可以并处剥夺政治权利；情节特别严重的，处十年以上有期徒刑、无期徒刑或者死刑，并处剥夺政治权利。

二十、体罚虐待被监管人员罪（刑法第189条、草案第142条）

1. 主体问题。实践中体罚被监管人（作扩大理解，见下述）的，不仅仅是司法工作人员所为，还有监管场所的一般职工（如由于警力不足而临时被抽调来看守犯人的），行政执法人员（如行政拘留所的监管人员），有看守或押解责任的武警、民兵、单位保卫人员、治安联防队员等等。这些人的体罚虐待行为如果单以伤害看待，与司法工作人员相比，就有失公平，未达伤害程度的，就处理不了。所以，我们建议将本条主体规定的“司法工作人员或者其他有监管、看守、押解被监管人责任的人员”。

2. 体罚虐待对象问题。“被监管人”的概念过于笼统，同时此对象在理解上与刑法条文中的“司法工作人员”的特殊主体联系起来，容易理解成为仅指在刑事范围内的被监管人。我们认为，其他被依法关押或被剥夺人身自由的人，如被收审、劳教、行政拘留、少管、收容教养以及其他场合被临时关押、看守、押解的人等，均有不受体罚虐待的权利，体罚这些人同体罚刑事被监管人的性质是一样的，同样应受刑法的追究。我们认为，“被监管”是一个行为概念，而非地域概念，不能认为只有在监狱大墙内的才是被监管。但是，为了使表述更明确，我们建议将法条中体罚虐待的对象改为：“依法被关押或者被以其他方法剥夺自由的人”。增加“依法”的限制，旨在排除了滥用职权非法关押他人而又对其体罚的行为。

3. 体罚虐待致人伤亡的问题。体罚虐待是直接加害于他人身体的行为，所以，致人伤亡的情况是多见的，致人伤亡指的是直接所致，而不包括被虐待人不堪忍受而自杀的情况。致人伤亡的，是本罪的结果加重犯，应单独规定加重的法定刑，与伤害或伤害致死例同。所以，我们建议在刑法条文“情节特别严重”之后加“致人重伤”、“致人死亡”，适当提高此罪的最高法定刑。

建议修改的条文：

体罚虐待依法被关押人罪：司法工作人员或者其他有监管、看守、押解被监管人责任的人员，违反监管法规，体罚虐待依法被关押或被以其他方法剥夺自由的人，情节严重的，处三年以下有期徒刑或者拘役；情节特别严重或者致人重伤的，处三年以上十年以下有期徒刑；致人死亡的，处七年以上有期徒刑或者无期徒刑。

二十一、私放罪犯罪（刑法第190条、草案第143条）

1. 主体问题。在实践中，利用职权或者工作便利将罪犯私放的，不仅限于司法工作人员，其他有看守、押解罪犯责任的人员，如武警、民兵、单位保卫人员、治安保卫人员等，都可能实施这种行为，其性质同司法工作人员私放罪犯的性质是一样的。实践中也经常发生这种情况。所以建议将此条主体规定为：“司法工作人员或者其他有监管、看守、押解犯罪分子责任的人员”。至于其他没有此项责任的人员，如劳改单位内的会计、炊事员或者一般职工，帮助罪犯脱逃的，则不应构成此罪。（见案例35）

2. 私放对象问题。我们认为，私放的对象应限于犯罪分子，同时又不能仅限于已决犯（罪犯，指服刑中的犯人）和未决犯（人犯，指刑事诉讼阶段的被告人），还应包括收审中经审查认定有罪的人以及其他被捕获的现行犯等。目前在司法实践中也基本上是这样掌握的。私放劳教人员的，因为性质和危害相对不太严重，可以不按犯罪处理。刑法条文中的“罪犯”，草案条文中的“人犯”的概念，我们认为都不够准确，建议改为“依法被监禁、关押或者被以其他方法剥夺自由的犯罪分子”。

3. 临时性私放罪犯的问题。近来经常发现一些劳改单位或者看守所的个别管教人员，私自将罪犯或人犯放出去做生意或谋取其他利益，然后罪犯按要求返回监狱的问题，致使一些犯罪分子继续在社会上为非作歹或者造成恶劣影响。所以有必要将这种行为定为犯罪，可以在下条单列一款，规定情节严重的，依照私放罪犯罪处罚。

建议修改的条文：

私放被监管关押的犯罪分子罪：司法工作人员或者其他有监管、看守、押解犯罪分子责任的人员，私放依法被监禁、关押或者被以其他方法剥夺自由的犯罪分子的，处五年以下有期徒刑或者拘役，情节严重的，处五年以上十年以下有期徒刑。

临时私放被监禁、关押的犯罪分子，情节严重的，依照前款规定处罚。

二十二、枉法追诉、裁判罪（刑法第 188 条、草案第 141 条）

1. 民事、经济、行政审判中的枉法裁判问题。在刑法第 188 条表述中，是否包括民事、经济、行政审判中的枉法裁判问题，实践中有争议。由于在“枉法裁判”之前有五大段文字详细规定“出入人罪”问题，使人容易误以为枉法裁判也仅指刑事审判中的问题。草案对本条的写法，仍然没有解决这个问题。我们认为，从性质和危害看，民事、经济、行政审判中的枉法裁判同样应以犯罪处罚，同时，既然新立罪名中有“行政执法人员枉法裁决罪”，在刑法中还应明确对民事枉法裁决等的治罪条款，否则，就会在刑事枉法和行政枉法中间存在一大空档，这是不合理的。所以，我们建议在法条中的“枉法裁判”前分别冠以刑事、民事、经济和行政审判的字样。（见案例 36）

2. “以罚代刑”等问题。现在以罚代刑的问题十分严重，已经严重地破坏了国家刑事法制的统一，有必要加以重视。在调查中各地反映，以罚代刑的是典型的枉法，应考虑对此类行为的惩处问题。但是在同时，以罚代刑的在实践中很少被作为犯罪处理，这除了由于许多以罚代刑的事是单位基于多得分成而为的之外，还是由于法条中规定的主体和行为方式的限制，对纯粹的个人基于私利所为的，也很难定罪处罚。

“以罚代刑”是明知是构成犯罪的案件故意不移送司法机关处理（多以行政处罚了事），行为主体主要是行政执法机关的工作人员。这样行为与徇私枉法和枉法裁判的性质是一样的，不能归在“行政执法人员枉法裁决罪”（此罪应限于对行政违法案件的枉法裁决）。鉴于“以罚代刑”在实践中很复杂，所以我们建议在本条设立第 2 款，将那些纯粹是个人基于私利所为的“以罚代刑”行为，规定以前款规定处罚。（见案例 37）

建议修改的条文：

枉法追诉、裁判罪：司法工作人员徇私舞弊，对明知是无罪的人而使他受追诉、对明知是有罪的人而故意包庇不使他受追诉，或者在刑事、民事、经济和行政审判中故意做枉法裁判的，处五年以下有期徒刑或者拘役，可以单处或者并处剥夺政治权利；情节特别严重的，处五年以上有期徒刑，可以并处剥夺政治权利。

行政执法人员对明知是有罪的人而故意包庇不使他被送交司法机关处理，情节严重的，依照前款规定处罚。

二十三、破坏选举罪（刑法第 142 条、草案第 125 条）

破坏选举以外的其他表决问题。从对国家政治生活的重要性上看，选举以外的其他表决，如对议案、任命案、罢免案的表决等，同样是需要加以法律保护的。破坏其他表决，也同样可能对有表决权的公民自由权利造成侵犯。我国现在除有选举的法律规范之外，还有有关表决的法律规范，如全国人大议事规则等，完全有必要也有可能将破坏其他表决的行为规定为犯罪。参考奥地利、瑞士和我国台湾地区的立法例，我们建议将破坏其他表决的行为同破坏选举的行为在同一条中加以规定。

建议修改的条文：

破坏选举、表决罪：以暴力、威胁、欺骗、贿赂等非法手段破坏选举、表决，或者妨害公民自由行使选举权和被选举权、表决权的，处三年以下有期徒刑或者拘役，可以单处或者并处剥夺政治权利。

二十四、伪证罪（刑法第 148 条、草案第 205 条）

1. 伪证罪所要求的“过程”问题。刑法条文中规定将“在侦查、审判中”作为构成伪证罪的条件，草案条文另加了“起诉”。我们认为，这样仍不能解决实际问题。一个问题是，目前处理许多案件，往往调查取证在立案前已经大部分完成，一种是案前调查，一种是收审，还有单位保卫部门的调查（按规定单位保卫部门取证在诉讼中可以作为证据使用），伪证问题可能发生在侦查、起诉和审判中，也可能发生在上述的案前调查中，所以我们认为应在法条中将“过程”扩大到其他案件调查中。另一个问题是，对在非刑事诉讼中的伪证，按现有的刑法规定是难以处理的，因为从法条的表述看似乎伪证仅指刑事诉讼中的问题。但是在民事和行政诉讼中的伪证，同样是影响审判公正的行为（符合草案中妨害公务罪的类罪特征），而且有的后果严重。在多数国家的刑法中，伪证罪都没有限于刑事诉讼中。

鉴于上述问题，我们认为在法条中不应将“过程”限于狭小的范围内，也不应过分强调“侦查”、“罪证”等字眼。可以将“过程”概括为：“在司法程序或者其他案件调查程序中”，将“罪证”改为“证据”。

2. “意图”问题。刑法条文中规定伪证罪需以“意图陷害他人”为必要条件。我们认为，伪证罪归在侵犯公民民主权利罪中，以此意图作为必要条件是可以理解的，但是草案将伪证罪归在妨害公务罪中，再以此为条件就不合理了，因为它明显排除了意图开脱罪责的伪证，而这种伪证同样是妨害公务的行为。所以我们建议在法条中将意图条件删除。

（见案例 38）

3. 销毁证据问题。刑法条文中只提了隐匿罪证（证据），而未提销毁证据，显然不合理，而且与刑诉法有关规定和实践中的情况不相符合，所以我们建议增加“销毁证据”字样。

建议修改的条文：

伪证罪：在司法程序或者其他案件调查程序中，证人、鉴定人、记录人、翻译人对与案件有重要关系的情节，故意作虚假证明、鉴定、记录、翻译，或者隐匿、销毁证据的，处二年以下有期徒刑或者拘役；情节严重的，处二年以上七年以下有期徒刑。

二十五、重婚罪（刑法第 180 条、草案第 212 条）

1. 事实婚问题。目前司法实践中查处重婚案件时尤感问题突出的是事实重婚问题，特别是对前婚为事实婚后婚为法律婚，或者前后两个婚姻均为事实婚的重婚案，就更感处理上的困难。现在事实婚在我国大量存在，重婚案件也多为包括事实婚的重婚，据反映，广东省近年的重婚案，百分之九十是事实重婚。现在司法实践中虽然一般对事实重婚也认定为重婚，但在法律根据上是不足的，因为刑法规定的重婚是又“结婚”，婚姻法中规定的“结婚”是婚姻登记的法律婚。事实婚在婚姻法和刑法中都是没有地位的。在这种情况下，根据对实践中事实重婚应以犯罪处理的问题，在刑法条文中应对此加以明确，否则，实践中会出现难题。对于事实婚的表述，我们建议以被司法实践接受的“以夫妻关系共同生活”表示。

2. 重婚情节严重的法定刑问题。刑法规定重婚罪的法定刑偏低，不足以惩治情节严重的重婚罪，比如同时与多人重婚或多次与他人重婚的，致原配偶自杀、精神失常的，或者造成超生的等等。所以，我们建议适当提高此罪的法定最高刑至七年有期徒刑。

建议修改的条文：

重婚罪：有配偶的人而重婚或者与他人以夫妻关系共同生活的，或者明知他人有配偶而与之结婚或者以夫妻关系共同生活的，处二年以下有期徒刑或者拘役；情节严重的，处二年以上七年以下有期徒刑。

第二部分　新增设的罪名及条文

一、侵害应受国际保护人员罪（草案第 98 条）

刑法中可不必要单列此罪名。因为《关于防止和惩处侵害应受国防保护人员包括外交代表的罪名的公约》第 2 条的规定中，以谋杀、绑架侵害人身或自由，对馆舍、交通工具以暴力攻击等，都在刑法或草案中规定为国内法上的犯罪，或者可以找到可以适用的罪名，已经符合公约的要求，没有必要再单列罪名。

二、制作、贩卖有毒食品罪（草案第 114 条）

此条的法定刑偏轻，应当分别情况提高到无期徒刑、死刑。因为有毒食品的危害后果很大，往往造成人员伤亡，少则几人，多则几十人，对这种情况只判几年有期徒刑偏轻，使罪刑不相符。（见案例 39）

建议修改的条文：

制作、贩卖有毒食品罪：违反食品卫生管理法规，制作、贩卖含毒、腐败或者其他有害的食品，造成严重食物中毒事故或者其他严重食源性疾患的，处五年以下有期徒刑或者拘役，可以单处或者并处罚金；致人伤残、死亡或者其他严重后果的，处五年以上有期徒刑，无期徒刑或者死刑，并处罚金。

三、污染环境罪（草案第 115 条）

1. 主体问题。本罪的主体应当明确，即直接负责的主管人员或其他直接责任人员，以便于司法机关掌握，避免当事人相互推卸责任。另外，此罪的犯罪主体主要是企、事业单位，公民个人也可能犯本罪，但较少见，因此，追究法人的刑事责任只能是对其主管人员或者直接责任人员。

2. 治理条件问题。建议将“有条件治理而不治理”一句去掉为好。因为什么是“有条件”不好掌握其标准，也易使当事人以“无条件治理”来推卸责任。去掉后便于司法机关自己掌握，可视各单位的具体情况而定。

3. 法定刑问题。刑期应适当提高，做到罪与罚相当。因为有的污染环境罪的后果是很严重的，会危害人民的生命健康，造成伤残，甚至死亡。对这种情况，仅判五年有期徒刑的确太轻，所以应予以提高。

建议修改的条文：

污染环境罪：违反环境保护法规，严重污染环境的，处三年以下有期徒刑或者拘役，可以单处或者并处罚金；致人重伤、死亡或者造成公私财产重大损失的，处十年以下有期徒刑、拘役，可以并处罚金。

四、重大医疗事故罪（草案第 120 条）

1. 用语问题。此罪中的“严重不负责任”应改为“违反医护规章制度”，因为“严重不负责任”是较难掌握的，没有一个标准，易造成扯皮现象。而“违反医护规章制度”则不存在这个问题，只要医务人员未按职责规定工作，就是违反了医护规章制度。（见案例 40、41）

2. 情节表述问题。此罪中的“情节恶劣”一句应去掉。因违反制度和致病员重伤、死亡，这已是属“情节恶劣”了，再用情节恶劣一句，显然没有必要重复限制。所以应去掉。

3. 法定刑问题。此罪的刑期偏低。本罪的危害后果往往是严重的，有时甚至造成病员重伤、死亡。如果最高刑仅仅是七年，实属量刑不当。对那些严重违反职责规定、工作上不负责的医务人员应当严惩。其法定刑应与滥用职权或玩忽职守罪的法定刑基本相应。

建议修改的条文：

重大医疗事故罪：医务人员由于违反医护规章制度，致使病员伤残、死亡的，处五年以下有期徒刑或者拘役；情节特别恶劣的，处五年以上十年以下有期徒刑。

五、胁迫、诱骗未成年人表演恐怖、残忍、淫秽节目罪（草案第124条）

关于未成年人年龄问题。此罪的年龄应作些变动，18岁应改为16岁。这是因为年满16岁的青少年，虽然是未成年人，但是，他们已有了比较强的辨别是非能力，并且有了独立生活能力；我国《民法通则》中把16周岁以上不满18周岁的公民，以自己的劳动收入为主要生活来源的，视为完全民事行为能力人；我国《刑法》中也把满16岁作为负某些刑事责任的一个界限。因此，此罪中的未成年人年龄应改为不满16岁为宜。

其他同意草案意见。

六、恐吓罪（草案第129条）

1. 侵害对象的范围。此罪中的恐吓对象仅限于个人，范围较窄。实践中，恐吓不仅是针对个人，也有的是针对一个集体或一个地区的。而且，对后者的恐吓，其危害结果更大，往往干扰了多人的正常活动，引起了社会秩序的混乱。因而，也应从严惩处。（见案例42）

2. 有些恐吓是指要对被恐吓者的亲属施加侵害，使被恐吓者的心理和精神高度紧张，从而不能正常的工作和生活。这种情况也应同此罪。

建议修改的条文：

恐吓罪：写恐吓信、打恐吓电话或者采取其他方法威胁他人或其直系亲属的人身或者财产的安全，严重干扰他人正常的工作和生活的，处二年以下有期徒刑或者拘役。

用上述恐吓方法威胁不特定多数人，引起社会秩序混乱的，依照前款规定从重处罚。

七、浪费罪（草案第140条）

1. 主体问题。关于主体问题有以下两种意见：一是主体仅限于国家工作人员，二是主体应为一般主体。对于这个问题，我们倾向第二种意见。理由是：实践中，实施浪费行为的人很大一部分是国家工作人员，有的还是单位集体实施的。但是，浪费现象中还有一些是非国家工作人员实施的，比如，生产工人大量浪费生产原材料，也会给国家造成重大损失。对此，也应追究其刑事责任。因此，浪费罪的主体应是一般主体为好。这样可以制止一些人随意浪费国家和集体财产。

2. 法定刑问题。法定刑的规定偏低，起刑点应提高，把二年提高到三年。

建议修改的条文：

浪费罪：挥霍浪费，致使公共财产遭受重大损失，情节严重的，处三年以下有期徒刑或者拘役，可以单处或者并处罚金；情节特别严重的，处三年以上七年以下有期徒刑，可以并处罚金。

八、执法人员枉法裁决罪（草案第144条）

关于主体问题应当明确，即应是"行政执法人员"，以同刑法中的"司法人员徇私枉法裁判罪"相区别。另外，此罪不易采取"列举法"，因为行政执法人员很多，用列举法很难概括全面。再者，"仲裁机构人员"也应包括进去，因为仲裁人员也会出现枉法仲裁。仲裁人员枉法仲裁和行政执法人员枉法裁决在性质和后果上是一样的，因而，应把仲裁人员也作为此罪的一个主体。

建议修改的条文：

行政执法人员枉法裁决罪：行政执法人员或者仲裁人员徇私舞弊，故意做枉法决定或裁决，情节严重的，处三年以下有期徒刑或者拘役，可以并处罚金。

九、生产、进口劣质产品罪（草案第155条）

在调查中，许多地方的同志提出将"生产、进口劣质产品罪"和"销售伪劣商品罪"合并一条更好。理由是：①生产劣质产品罪和销售伪劣商品罪往往是互相牵连的，生产和销售是一个连续行为，厂家生产出产品一般都要销售，否则，生产也就没有意义。②一般情况下，这个罪案发往往是在销售阶段，对此是按销售伪劣商品罪定罪，还是数罪并罚？如果对一个连续行为实行数罪并罚，未免罪刑不符，量刑偏重。同时，在理论上也是说不通的（见案例43）。③现行刑法和一些行政法规，都把上述两种行为作为投机倒把罪中的一部分，表明这两种行为的联系是紧密的。如果将其从投机倒把罪中分立出来，而且作为两个罪，会给司法实践带来一定的混乱。因为这将涉及数罪并罚问题。

建议修改的条文：

生产、销售、进口伪劣产品罪：违反标准化管理、工商管理法规，生产、销售、进口不符合国家规定的强制性标准的产品，造成严重后果的，或者使消费者利益遭受重大损害的，处五年以下有期徒刑或者拘役，可以单处或者并处罚金；情节特别严重的，处五年以上有期徒刑，并处罚金。

十、泄露企事业单位秘密罪（草案第165条）

1. 后果问题。"使企事业单位利益遭受重大损失"一句改为"使企事业单位利益遭受损害"为宜。泄露企事业单位秘密不能以结果犯对待，因为这种犯罪有时不一定会立即给该单位造成损失，有的危害是潜在的，有的甚至是没有什么经济损失，只是一种声誉、信誉的损害。对这种损害也应追究行为人的刑事责任。所以，应将“重大损失”改为“损害”更好。

2. 情节表述问题。“情节特别严重的”应改为“后果严重的”。因本罪在一般情况下是会给受害单位带来一定后果的，只是后果有大有小。既然这一款是加重情节，就应以后果作为条件。因此，改为“后果严重”更贴切。

建议修改的条文：

泄露企事业单位秘密罪：故意泄露本企事业单位的名、优、特产品的技术诀窍、招标标底、保密专利、重要的商业秘密或者其他重要技术秘密，使企事业单位利益遭受损害的，处二年以下有期徒刑或者拘役，可以单处或并处罚金；后果严重的，处二年以上七年以下有期徒刑，可以并处罚金。

十一、破坏珍贵动物罪（草案第 171 条）

建议与《刑法》第 130 条非法狩猎罪合并。因为在罪状的表述上与《刑法》规定的非法狩猎罪相近。对破坏珍贵动物的可以另设法定刑。

建议修改的条文：

非法狩猎罪、破坏珍贵动物罪：违反狩猎、野生动物保护法规，在禁猎区、禁猎期或者使用禁用的工具、方法进行狩猎，破坏野生动物资源，情节严重的，处二年以下有期徒刑、拘役或者罚金；非法捕杀国家重点保护的珍贵、濒危野生动物的，处二年以上七年以下有期徒刑，可以并处罚金。

十二、盗窃电力、煤气、智力成果罪（草案第 174 条）

智力成果问题。此罪在草案中是“盗窃电力、煤气、智力成果罪”，应将智力成果分出单列一罪。理由是，电力、煤气与智力成果从属性上说，根本不是一类。电力、煤气等属于生产能源，是有形产品，而智力成果则是人类脑力劳动的结晶，是一种精神产品，是一种技术、文化。二者不能同日而语，将有形产品和无形产品合在一个罪名里，是违反形式逻辑的。

另外，应在本罪中加上天然气。因为煤气、天然气同属一类，况且盗窃天然气的行为也是存在的。

建议修改的条文：

盗窃电力、煤气、天然气罪：盗窃电力、煤气、天然气，情节严重的，处三年以下有期徒刑或者拘役，可以单处或者并处罚金。

十三、侵犯他人智力成果罪（从草案第 174 条中分立出来）

1. 设立此罪的必要性。近些年来，侵占他人智力成果的行为时有发生，手段也多种多样，比如采取盗窃、骗取、收买、擅自使用等方法，这不仅侵犯了公民个人的智力成果权，有的也给集体单位造成重大损害，因此，有必要确立本罪，以制止这种严重的侵权行为。（见案例 44、45）

2. 构成本罪的条件：“以获取非法利益为目的”。原因是，此罪只能是故意犯罪，不可能有过失犯此罪，这由行为方式已经决定了。它不同泄密罪。既然是故意犯罪，就有一定的目的。而本罪的目的只能是获取非法利益。

建议增加的条文：

侵犯他人智力成果罪：以获取非法利益为目的，采取盗窃、骗取、收买、擅自使用等方法侵犯他人智力成果的，处三年以下有期徒刑或者拘役，可并处罚金。

十四、哄抢罪（草案第 178 条）

“哄抢”在法律中规定为一个单独的罪，我们认为不严肃，实际上，对哄抢案件，没有必要作为一个整体案件来处理，实际上也不可能。对于哄抢案件中参与哄抢的人，可以根据他们行为的性质，定罪量刑。至于是不是会扩大打击面问题，可以在司法实践中掌握。如果群众性的抢夺、抢劫、盗窃，仅因为它们是群众性的就不以相应罪处罚，而定哄抢罪，实际上可能鼓励哄抢。因此，我们主张在刑法中不要规定哄抢罪。

十五、侵占罪（草案第 180 条）

1. 设立此罪的必要性。经济体制改革以来，出现了多种形式的企业，有“三资”企业、承包租赁企业、个体与私营的企业。二者在主体和客体上是有一定差别的。我们认为，在承包租赁企业中的侵占行为，定贪污罪为好。而在三资企业和私人企业中的侵占行为应是侵占罪。详细理由见第一部分贪污罪。鉴于本罪在实践中的情况较为复杂，在罪状的表述上，用复杂罪状也难以表述清楚，因此，用简单罪状表达更好，以后在实践中再探讨，而有些问题通过司法解释来解决。

2. 法定刑问题。刑期要适当提高，将最高刑期提高到无期徒刑较为合适。因为同贪污罪相比，侵占罪的危害性也相当大，只是对贪污罪要从重处罚。既然两罪的危害性相当，那么，对侵占罪的处罚就不能同贪污罪相差太大，贪污罪的最高刑期是死刑，侵占罪的最高刑期应是无期徒刑。这样才能使两罪的罪与罚平衡。

3. 对于侵占他人遗忘物、遗失物数额较大的，由于实践中发生的不多，加之都属侵占行为，并且他人遗忘物属私人财物，因此，应归入本罪较好，便于掌握。

4. 情节表述问题。此罪中的“或者情节严重的”和“或者情节特别严重”应删去。因为数额较大、数额巨大、数额特别巨大本身就是情节问题，因此，没有必要重复限制。

建议修改的条文：

侵占罪：侵占公私财物，数额较大的，处三年以下有期徒刑或者拘役，可以单处或者并处罚金；数额巨大的，处三年以上十年以下有期徒刑，并处罚金；数额特别巨大的，处十年以上有期徒刑或无期徒刑，并处罚金或者没收财产。

侵占他人遗忘物、遗失物的，依照前款规定处罚。

十六、聚众骚乱罪（草案第182条）

建议取消该罪名。理由如下：

1. “骚乱”一词概念不清，易使人产生歧义。因骚乱可包括多种行为，如：打砸抢、流氓等扰乱社会秩序的行为。

2. 聚众骚乱的各种行为方式，在刑法的条文中都有相应罪名，例如：堵塞交通就可按破坏交通秩序罪处理；聚众扰乱社会秩序，可按扰乱社会秩序罪处理，因此，再设立此罪没有多大意义，而且会给司法工作带来一定困难。

3. 从我国司法实践情况来看，只在西藏和成都两次事件中使用“骚乱”一词，但对其中犯罪分子也都以刑法条文中所规定的罪名定罪量刑的，并没有出现行为与罪名不相符的情况。

十七、挖坟盗墓罪（草案第188条）

关于罪名问题。挖坟盗墓只能让人理解为是破坏坟墓，包括盗窃坟墓中的物品。而对于侮辱、破坏尸体的行为就无法追究和处理。目前，伴随着挖坟盗墓或者在其他场合，侮辱、破坏尸体的现象在有些地区时有发生，有的影响极坏，造成该地区社会秩序的混乱。对于这种行为，我们认为应追究行为人的刑事责任，以维护社会的安定，维护社会公德。（见案例47、48）

建议修改和增加的条文：

挖坟盗墓、侮辱、毁坏尸体罪：挖坟盗墓或者侮辱、毁坏尸体，情节恶劣的，处三年以下有期徒刑、拘役或者罚金；情节特别恶劣的，处三年以上七年以下有期徒刑，可并处罚金。挖掘破坏古墓的，依照破坏珍贵文物罪的规定处罚；挖掘古墓，盗窃珍贵文物的，依照盗窃罪的规定处罚。

十八、非法出版罪（草案第192条）

1. 在此罪的“非法出版、销售……”前，应加上“违反出版法规”为好，以便行为更有特定性。所谓“非法”其前提要有法律规定，而违背法律行事，才叫“非法”。否则，就谈不上非法。（见案例49）

2. 建议将第二款与《刑法》第171条合并，理由见“制作、贩卖淫秽物品罪。”

建议修改的条文：

非法出版罪：违反出版法规，非法出版、销售图书、报刊、音像制品，情节严重的，处二年以下有期徒刑，拘役或者罚金；情节特别严重的，处二年以上七年以下有期徒刑，可以并处罚金。

十九、破坏计划生育罪（草案第200条）

1. 主观要件问题。应删除“以营利为目的”一句。实践中，破坏计划生育的人并非都是以营利为目的，有的甚至一文不收。因而，此罪不能以营利作为前提条件，应以行为和后果来确定是否构成犯罪。（见案例50）

2. 出具假证明问题。为破坏计划生育，不一定都出具假的“出生证明”，还可能是其他的假证明，如出具“符合多生条件的”假证明等。

建议修改的条文：

破坏计划生育罪：非法为妇女摘取节育环、出具假证明或以其他方法破坏计划生育，情节严重的，处三年以下有期徒刑、拘役、管制或者罚金。

二十、扰乱监管秩序罪（草案第208条）

关于主体问题。此罪中的“犯罪分子”概念不清，什么是犯罪分子？怎样划分？是指已决犯还是未决犯？是否包括送劳教的人员和收审人员？因此，为了与罪名相符，使主体更加明确，应改为“被监管人员”，这样就将上述几种人犯都包括进去了，使司法人员容易掌握。（见案例51）

建议修改的条文：

扰乱监管秩序罪：被监管人违反监管法规，扰乱监管秩序，情节恶劣的，处五年以下有期徒刑。

二十一、破坏婚姻家庭罪（草案第217条）

1. 罪名问题。我们认为用“通奸罪”更贴切。理由是：①如果按草案的提法，就只处罚了第三者，而对方则逃避了追究。实际上，这个罪往往是双方的责任，只追究一方不妥。②按照这种提法容易和类罪名相混淆。③目前许多国家法律中仍保留通奸罪名。

2. 情节的表述问题。“致人死亡”应改为“造成严重后果的”。因为一是“致人死亡”不太明确，是指致通奸之配偶死亡，还是包括家庭其他成员的死亡？二是致人死亡只是破坏婚姻家庭后果之一，有的使配偶精神失常或出现其他后果。所以，用“造成严重后果”更严谨。

3. 法定刑问题。此罪刑罚太轻，应提高到七年。实践中，有些通奸者所采取的方法是十分恶劣的，而且造成的后果也是严重的。对这种行为仅判二年是不利于打击这种犯罪的，不利于维护家庭团结和社会的安定。

建议修改的条文：

通奸罪：非法通奸，破坏了婚姻家庭关系，造成严重后果的，处七年以下有期徒刑或者拘役。

二十二、下列罪名同意草案意见

1. 海盗罪

（草案第 108 条）

2. 逃汇、套汇罪

（草案第 154 条）

3. 扰乱市场秩序罪

（草案第 157 条）

4. 假冒专利罪

（草案第 159 条）

5. 虚假广告罪

（草案第 160 条）

6. 制造、销售不符合国家标准的计量器具罪

（草案第 161 条）

7. 破产诈欺罪

（草案第 162 条）

8. 非法提供经营条件罪

（草案第 163 条）

9. 破坏矿产资源罪

（草案第 166 条）

10. 非法买卖、侵占土地罪

（草案第 168 条）

二十三、高利贷罪（建议增设的罪名）

1. 设立该罪名的必要性。近些年来，随着经济的发展，人们的生活水平普遍提高，其中一部分人明显富裕起来了，手头的钱越来越多了，而银行的存款利息对他们吸引力不大，便转向个人或集体放贷。另一方面，生产要扩大，迫切需要一些资金，而银行贷款有限，因此，这些人只好向个人借款。这样，有些富裕户趁机贷以高利，从中牟取暴利，这种行为在农村尤其多。它不仅破坏了社会主义经济秩序，削弱了银行、信用社的放款能力，使储蓄额下降，而且增加社会的不安定因素，加重了借贷人的负担，使一部分人贫困交加，甚至倾家荡产。因而，对高利贷这种剥削行为应予以坚决打击，以维护社会主义经济秩序的稳定。（见案例 52、53）

2. 用“高利贷”一词，不会产生歧义，群众也容易理解，习惯上也是这样使用的。

建议增设的罪名：

高利贷罪：违反金融法规，从事高利贷款，情节严重的，处三年以下有期徒刑或者拘役，可以单处或者并处罚金；情节特别严重的，处三年以上七年以下有期徒刑，没收非法所得，并处罚金。

二十四、绑架罪（建议增设的罪名）

1. 设立此罪的必要性。目前，绑架行为在社会上时有发生，犯罪分子为了获取某种非法利益而以绑架、扣押人质的手段相威胁。这种行为不仅侵犯了公民的人身权利，而且也影响了社会的安定，破坏了社会秩序。因此应从严惩处，并很有必要单列罪名。

2. 单立此罪的理由。草案将绑架作为抢劫罪的一个条款，但是，绑架与抢劫的犯罪构成是不尽相同的。抢劫的目的是为了钱财，绑架的除为了钱财外，有些则是为了获取其他非财产性利益，而抢劫罪则不能包括这种行为，故应从中分立出来，单列一罪。具体理由参见第四部分的“抢劫罪”。

建议增设的罪名：

绑架罪：为勒索钱财或者其他目的，绑架或者扣押人质的，处五年以上十年以下有期徒刑；致人重伤、死亡的，处十年以上有期徒刑，无期徒刑或者死刑。

二十五、卖淫嫖娼罪（建议增设的罪名）

增设此罪的原因。当前，卖淫嫖娼行为十分猖獗，国家三令五申仍是屡禁不止。这种行为不仅败坏了社会风气，腐蚀了一些人，扰乱了社会秩序，而且直接危害了人们的身体健康，尤其是使我国绝迹多年的性病又死灰复燃，并以惊人的速度在全国各地蔓延开，直接威胁着人们的健康，甚至夺去人们的生命。为此，对卖淫嫖娼行为要追究刑事责任的呼声日益高涨，我们认为有必要单列一罪，打击卖淫嫖娼活动。

建议增设的罪名：

卖淫嫖娼罪：进行卖淫嫖娼活动，情节严重的，处三年以下有期徒刑或者拘役，可以并处罚金；明知自己有性病仍然卖淫嫖娼的，处三年以上七年以下有期徒刑，并处罚金。

二十六、国家工作人员非法图利罪（建议增设的罪名）

1. 增设此罪的原因。目前，社会上存在许多国家工作人员以权谋私、巧取豪夺，侵吞国家、集体和个人财物的行

为，危害十分严重。其中有的是典型的贪污和受贿犯罪，有的是典型的一般违法乱纪行为，这些都好办。但是，有一些行为按照法定条件定不了贪污和受贿，如果单以党纪、政纪处罚又感到处罚太轻，对这类案件如何处理，经常处于两难境地。

2. 在我们的调查中，有以下几种情况较难定罪：一是国家工作人员倚仗权势，巧取豪夺，而且数额巨大。他们往往采取多吃多占、买东西少付款或者不付款等方法，侵吞公私财物。对这种行为即定不了贪污罪，因不是自己直接掌管钱财，也定不了受贿罪，因对方并没有所求，只是威惧权势，而且该国家工作人员也未为对方谋取利益（参见案例55）。二是国家工作人员利用熟人关系或同事关系，为他人谋利，从中收取钱财。这也定不了受贿罪，因行为人并没有利用自己的职务之便（参见案例54、56）。三是营业员私自抬价，出售商店已定价的商品，侵吞差价款。这又不构成贪污罪，因差价部分不属于商店公共财产。因而，对上述三种行为如何处理就成了司法实践的难点。当然，实践中国家工作人员非法图利的行为不仅指这三种。由于这些行为的社会危害性很大，而《刑法》又没有相应的规定，因此，有必要单列一罪，制裁那些违反职责非法图利的国家工作人员。

3. 该罪的法定刑应以十年以下有期徒刑为适当。因为其危害性同贪污和受贿罪毕竟不同。

建议增设的条文：

国家工作人员非法图利罪：国家工作人员非法图取公私财产或者其他利益，情节严重的，处五年以下有期徒刑、拘役或者罚金；情节特别严重的，处五年以上十年以下有期徒刑，可并处罚金。

二十七、拒证罪（建议增设的罪名）

1. 设立此罪的重要性。目前，在我们的司法实践中，证人拒绝作证的现象越来越多，这种情况给司法人员及时破案带来了很大困难，尤其是涉及经济犯罪的案件，困难就更大。有些案件，证人只有一个或两个，而这一个或两个证人又拒绝作证，就使得破案工作处于僵局，延误了案件的进程，少则一、二十天，多则几个月，甚至几年。这期间，往往使犯罪分子得到了喘息的机会，更加深了破案工作的难度。这不仅增加了司法人员的工作难度，而且容易出现放纵犯罪的现象。为此，司法干警对拒证行为作出处理的呼声越来越高。我们认为，对证人拒绝作证，造成严重后果的，应追究其刑事责任。

2. 设立此罪有其法律依据。我国《刑诉法》第37条规定“凡是知道案件情况的人，都有作证的义务”。既然刑诉法明确规定，作证是证人的义务，那么，不履行这一义务，并因此带来一定后果的，理应受到法律制裁。

3. 构成本罪要有一定的条件，我们认为应具备以下条件：第一，必须有足够证据证明此人是该案的证人；第二，知道该案实情但并不是共犯；第三，是在没有受到外来威胁、欺骗等因素的影响；第四，经过司法人员劝说，拒不作证的。只要具备上述四个条件，就可构成本罪。

4. 法定刑问题。刑期可参照伪证罪，但要轻于伪证罪。因为主观恶性不同，伪证要比拒证的主观恶性大。

建议增设的罪名：

拒证罪：知道犯罪事实的人在没有受到外界的威胁、欺骗的情况下，经司法机关要求而拒不提供证言，严重妨害对犯罪的追诉的，处一年以下有期徒刑、拘役、管制或者罚金。

二十八、集体私分财产罪（建议增设的罪名）

意见和理由见第一部分贪污罪中。

二十九、滥用职权罪（建议增设的罪名）

意见和理由见第一部分玩忽职守罪中。

三十、违章发放贷款罪（建议增设的罪名）

意见和理由见第一部分玩忽职守罪中。

三十一、行政执法人员暴力取证罪（建议增设的罪名）

意见和理由见第一部分刑讯逼供罪中。

三十二、刺探、盗窃、收买国家秘密罪（建议增设的罪名）

意见和理由见第一部分泄露国家秘密罪中。

三十三、合同诈欺罪（建议增设的罪名）

意见和理由见第四部分诈骗罪中。

第三部分　总则的若干条文

一、中国公民在国外犯罪的刑法适用问题（刑法第4、5条，草案第4条）

在考虑如何规定中国公民在国外犯罪的刑法适用问题时，我们认为有一情况应引起注意，即我国公民在国外对我国国家和我国公民的犯罪问题。随着我国对外开放的发展、我国出外留学、访问、考查、劳务等人员越来越多，这些人除了可能对外国和外国人犯罪之外，也经常发生他们相互之间的侵犯，或者是在国外对我国国家的犯罪。这些行为如发生在国内，适用刑法是没有问题的，但发生在国外，由于刑法规定的适用条件的限制（包括罪种、刑期和外国法律不处罚的例外），使在此范围外的犯罪受不到处理，这是不合理的，如果外国也不处理，就更使罪犯逃脱处罚。

刑法第4条和第5条中有三个问题：一是第4条规定的罪种过少，不足以维护国家利益；二是第5条中三年以上有期徒刑的限制，使可能被追究的犯罪过少（刑法分则中的许多罪名的法定刑最低不足三年有期徒刑或者拘役等），且与国外许多国家的立法例不相称，也与“犯罪地法律规定为一年以上有期徒刑的犯罪可以引渡”的国际惯例不符；三是第5条中的“但书”规定“按照犯罪地的法律不受处罚的除外”，使许多在国内不应追究的犯罪，只是因为它发生在国外，存在中外法律冲突的情况，就处理不了。

草案对刑法第4条和第5条的内容做了修改，但有两个问题：一是除危害国家安全罪（反革命罪）之外，设有列举其他犯罪，而仅规定法定最低刑为三年以上有期徒刑的可以适用刑法，这样修改很显然是缩小了适用范围，同时过去列举的犯罪有的最低法定刑不足三年有期徒刑，这样做不合理；二是规定国家工作人员在国外犯罪都适用刑法，这样规定显然是把不应扩大的扩大了，因为国家工作人员可以犯刑法规定的任何罪。

我们认为，规定对中国公民在国外犯罪的刑法适用问题，首先应从维护国家利益的“保护主义”角度，规定某些特定犯罪，不论其刑期如何，都应适用刑法。对其他犯罪，可以从“相对属人主义”的角度，规定最低法定刑为一年以上有期徒刑的犯罪可以适用刑法，不能从外国法律如何规定作为例外，因为即便是在国外，中国公民的法律地位也不能是与外国人一样的。

建议修改的条文：

第四条：中华人民共和国公民在中华人民共和国领域外犯下列各罪的，适用本法：

（一）危害国家安全罪；

（二）渎职罪；

（三）伪造货币罪、伪造有价证券罪……

（四）冒充国家工作人员招摇撞骗罪，伪造、盗窃、抢夺公文、证件、印章罪……

［注：其他涉及国家利益的犯罪，如能够单在国外就可完成，行为和具体后果都在国外发生（非隔地犯），也应在以上条文中列出罪名］

第五条：中华人民共和国公民在中华人民共和国领域外犯前条以外的罪，而按本法规定最低刑为一年以上有期徒刑的，也可以适用本法。

二、国际条约中规定的犯罪的刑法适用问题（刑法无此条，草案第7条）

草案第7条中规定了对我国缔结或参加的国际条约规定的罪行适用刑法（行使刑事管辖权），这是很有必要的。这一规定，主要是解决了管辖权问题，而国际条约中的犯罪的罪名，法定刑等问题，都没有彻底解决。国际条约中所规定的犯罪，如果是在我国刑法中也有规定的，比较好处理，如果是我国刑法中没有规定的，就不太好处理。如果刑法修改通过以后我国用缔结或加入其他国际条约，其中规定的犯罪行为虽然可以视为国内法上的犯罪，行使刑事管辖权，但其罪名和法定刑却没有法律依据，如遇此种情况，应由全国人大常委会单立法规解决。所以，草案规定此条在解决刑事管辖的问题的同时，还应有一适当规定，解决国际条约中规定的犯罪应视为国内法犯罪，而我国刑法却尚无此项犯罪及法定刑的问题。可以在规定适用刑法的同时，规定对刑法设有规定的，适用其他规定。

建议修改的条文：

第七条：对于中华人民共和国缔结或者参加的国际条约所规定的犯罪，在所承担条约义务的范围内，适用本法，本法没有专门规定的，适用其他有关规定。

三、引渡条款问题（刑法和草案均无此条）

刑法作为一个刑事基本法，应有专门的引渡条款，作为引渡问题的基本法律依据，以此为基础，可以制定有关引渡的法规，缔结或参加有关引渡的国际条约，也可以按照互惠的原则对外进行引渡。引渡问题与管辖的问题密切相关，所以，应在规定管辖问题的同时，规定引渡问题。过去我国通过外交途径与外国进行引渡，是以互惠的条件，通过协商解决，但缺乏必要的法律依据，将来制定引渡法规，也应以刑法中的引渡条款作根据。我们认为，在刑法中规定引渡条款是很有必要的。

建议增加的条文：

第　条：在中华人民共和国缔结或者参加的国际条约范围内，准许或者要求引渡，也可以根据互惠的原则，准许或者要求引渡。

四、刑法修改后的溯及力问题（刑法第9条，草案第9条）

对刑法进行修改、补充之后，无论是总则还是分则的内容，都有很大的改变，尤其是新立了许多罪名，对有的犯罪的法定刑做了调整。这些修改和补充，必然涉及对在此以前的行为如何处理的问题。按原来刑法第十条的规定，解决不了这些问题，关键是应将“本法施行”的表述根据刑法的修改、补充，相应地改为“本法修正施行”。

另外，刑法第9条的表述也过于复杂、累赘，可以简练一下。生效时间没有必要在条文中规定。

建议修改的条文：

第九条：中华人民共和国成立以后本法修正施行以前的行为，适用本法，但当时的法律、法规、法令、政策不认为是犯罪或者处罚较轻的，适用当时的法律、法规、法令、政策。

五、相对责任年龄问题（刑法第14条第2款，草案第14条第2款）

我国刑法规定的相对责任年龄，实际上有两个层次，一个是第14条第2款，按犯罪性质划分负责的范围，另一个是第 14 条第 3 款，规定对一定年龄段的人要从轻减轻处罚。这种两个层次的划分，主要是按犯罪性质划分负责种类，在国外立法例上很鲜见，（只有苏俄一例），多数国家的立法中对相对责任年龄的规定，仅指对一定年龄段的人从轻或减轻处罚，但其前提是对所有的犯罪均应负责。

相比之下，我国 14-16 岁的人应负责的犯罪是很少的。刑法第 14 条第 2 款的规定，在实践中的问题是：（1）犯罪低龄化问题。在调查中，各地普遍反映目前犯罪低龄化问题十分严重，受到社会的普遍关注，人们普遍关心的是低龄少年犯严重罪行问题。为了制止这些问题，有必要在不降低基本的责任年龄的同时，扩大 14-16 岁的人对犯罪负责的范围，刑法条文中列举的几种犯罪是不够的。（2）司法实践中历来对第 14 条第 2 款的规定包括哪些犯罪有争议，给司法实践带来麻烦，其中的“其他严重破坏社会秩序罪”在法律中规定得不明确，如果规定由哪一个部门来核准其范围，在实践中又会带来新的扯皮问题。

我们认为，根据我国的实际情况，14~16 岁的人应对严重的犯罪负责，而严重犯罪的标准主要的不在于罪名，而在于其法定刑的轻重。我们建议以法定刑为标准来划分这些人负责的范围，可以规定犯法定最低刑为三年有期徒刑之罪的，应负刑事责任。这样规定，可以解决上述难题，同时，由于有第 14 条第 3 款关于从轻、减轻处罚的规定，不必担心处罚过早的问题。

建议修改的条文：

第十四条第 2 款：已满十四岁不满十六岁的人犯法定最低刑为三年以上有期徒刑的犯罪的，应当负刑事责任。

六、限定责任能力问题（刑法无此条，草案第 16 条）

我国刑法对刑事责任能力的规定采取“两分法”，要么有责任能力，要么没有责任能力，这种划分方法在司法精神病学中逐渐被淘汰。我国司法精神病鉴定中目前承认“三分法”，即在“有”、“无”之间存在限定责任能力的情况，指的是精神病人在辨认或控制自己的行为能力明显减弱。我们同意在刑法中规定限定责任能力问题。

对限定责任能力的规定，应与司法精神病学的有关标准一致。按司法精神病学的标准，限定责任能力的精神病人是指辨认或控制自己的行为能力明显减弱的，包括智力发育不全、精神病缓解期等。所以，草案中只规定“智力发育不全的人”是不全面的，而且没有一个确切的标准。建议改为“辨认或者控制自己的行为能力明显减弱的精神病人……”

建议修改的条文：

第十六条第　款：辨认或者控制自己的行为能力明显减弱的精神病人造成危害结果的，应当负刑事责任，但是应当从轻、减轻或者免除处罚。

七、法人犯罪的刑事责任问题（刑法无此条，草案第 82 条）

1. 归类问题。草案将法人犯罪的刑事责任问题放在总则的“其他规定”中，我们认为不太合理。此条文主要解决的是法人刑事责任及负责方式问题，所以在归类上，应放在刑事责任一章中为宜。

2. 主体范围和名称问题。目前在司法实践中处理的单位犯罪案件，单位包括全民和集体企事业单位、机关、团体，合资、合作企业也包括在内。这样认定主体范围，是合理的，也是行得通的。私营企业和外资独资企业的犯罪问题，似也应以单位犯罪来看待，强求其中某一个个人完全为其单位的行为负责，是不合理的。

我们倾向于不用“法人犯罪”的提法，而采用目前立法和司法实践中已经通行的“企业事业单位、机关、团体犯罪”的提法为宜。

3. 单位犯罪的种类问题。并不是所有的犯罪法人都能够犯，所以，在法律上必须有一限定，否则会给司法实践带来无比的麻烦。基于防止刑法分则条文过繁的考虑，我们同意在刑法分则中不逐条列举，但应在总则中解决这一问题。单位所能犯的罪不会很多，所以有条件采用列举的方法将法人犯罪的种类点明。这样做是比较明确而方便的办法。

4. 单位犯罪的构成条件问题。单位可以同自然人一样触犯一特定罪名，但对这一罪名来说，单位的构成条件和个人的构成条件是不应该为同一标准的，譬如两高的处理单位投机倒把犯罪案件的规定，对单位投机倒把犯罪的条例做了许多限制，主要是在犯罪的数额上，要比自然人犯罪的标准高许多。所以，在规定单位犯罪时，在程度上抬高一个层次，可规定单位犯某些罪，情节严重或者数额巨大的，应追究刑事责任。

5. 负责方式问题。我们主张将单位犯罪的负责方式分别规定为“双罚制”和“单罚制”。对多数单位犯罪足采单罚制，即只规定处罚单位的有关人员，对少数单位犯罪可采“双罚制”，即对单位处以罚金（在刑法分则有关条文中列明，总则中规定，对单位判处罚金的，以法律有规定的为限），同时对单位有关人员判处刑罚。

对单位有关人员如何规定处罚？我们认为，有关人员为单位的犯罪而受处罚毕竟同个人犯罪而受处罚有本质的区别，所以，规定“参照对个人犯罪的规定处罚”或者“参照对个人犯罪的规定从轻或者减轻处罚”都是不合理的。实践中有的单位犯罪数额特别巨大，对个人的处罚是无法参照这个犯罪程度的，即便是从轻减轻处罚，也是不合理的。所以，我们建议在本条中直接规定一个量刑幅度，适合于所有单位犯罪的情况。虽然在总则中不宜直接规定刑期，但由于考虑不在分则中过多涉及单位犯罪问题，此办法也是可以考虑的。

建议修改的条文：

第　条　（刑事责任一章内）企业事业单位、机关、团体为谋取本单位利益，而犯下列各罪，情节严重或者犯罪所得财物数额巨大的，应负刑事责任：

制造贩卖假药罪；制作、贩卖有毒食品罪；污染环境罪；受贿罪；行贿罪；走私罪；投机倒把罪；偷税、抗税罪；逃汇、套汇罪；生产、进口劣质产品罪；销售伪劣商品罪；扰乱市场罪；假冒商标罪；假冒专利罪；虚假广告罪；制造、销售不合标准计量器具罪；破产诈欺罪；非法提供经营条件罪；破坏矿产资源罪；盗伐、滥伐林木罪；非法买卖工地罪；非法捕捞水产品罪；非法狩猎和破坏珍贵动物罪；诈骗罪；制造、贩卖淫秽物品罪；非法出版、销售图书罪……

（注：单位可以构成哪些罪，可以根据实际情况列举，上述罪名只作例解）

企业事业单位、机关、团体犯上列各罪的，对有直接责任的主管人员或者其他直接责任人员处七年以下有期徒刑或者拘役；情节特别严重或者犯罪所得财物数额特别巨大的，处七年以上有期徒刑。对单位判处罚金，但以法律有规定的为限。

（注：对单位判处罚金的，在分则有关条文中应列出，可有选择地规定几种犯罪，如受贿罪、行贿罪、走私罪、投机倒把罪、偷税抗税罪、逃汇套汇罪、制造销售不合格标准计量器具罪、非法出版罪等）

八、依法执行公务问题（刑法和草案均无此条）

依法执行公务不负刑事责任问题，应该在刑法中单列一条，因为这种情况毕竟同正当防卫的条件是不太符合的，过去司法实践中以正当防卫处理执行公务的问题，实际又是不合理的。另外，单立此条有利于保障公务活动的实行。

但是，在调查中各地普遍对此表示担心，主要是考虑如此规定以后是不是会有副作用，因为目前有些国家工作人员滥用职权的情况较为多见，他们往往也有执行公务的前提，但是却在执行中手段不合适，结果造成不应有的危害。所以仅提“依法执行公务”还不行，还应像正当防卫条款那样，加一“正当”的限制。如果不加“正当”而仅提“依法”，容易产生两个问题：一是“依法”是指前提还是手段不明确，也容易把一切有依法前提的执行公务都说成是正当的，而实际上，执行公务即使有“依法”的前提，也可能出现过当的情况；二是即便是将“依法”解释为既指前提又指手段，而实际上以“依法”作为判断手段正当与否的标准是不完全可能的，法律不能非常具体，所以，判断手段正当与否还要根据实际情况。

建议增加的条文：

第　条　依法正当执行公务的行为不负刑事责任。但滥用职权的除外。

执行公务中超过必要限度造成不应有的危害的，应当负刑事责任，但是应当酌情减轻或者免除处罚。

九、诱犯问题（刑法和草案均无此条）

我们在调查中发现有的地方诱犯的情况很多，足以引起重视。诱犯即诱导犯罪，是指行为人本来没有犯罪意图，但司法人员及其协助者（特情）为取得证据，追究行为人的责任，而故意佯作与其伙同或联系，诱使他人实施犯罪行为。对这种行为，如果完全让行为人负责的话，是不合理的。在我国法律上，应禁止诱犯，诱犯不是在追究已经发生的犯罪，而是制造出一个犯罪再来追究。受诱导而犯罪的，行为人有一定的责任，但诱导方面的责任也是很大的，所以不能令其负完全的责任。美国法律则将诱犯（陷阱）作为无罪的抗辩理由。

基于上述理由，我们认为有必要在刑法中规定诱犯应当从轻、减轻或者免除处罚。这样规定一方面可以使问题得以合情合理的解决，也有助于在司法实践中杜绝诱人犯罪这种非法取证手段。（见案例 57）

建议增加的条文：

第　条　行为人本无犯罪意图，而受司法工作人员或其协助者的诱导而犯罪的，应当从轻、减轻或者免除处罚。

十、经济犯罪的未遂问题（刑法第 20 条，草案第 21 条）

1. 处罚未遂罪的范围问题。经济犯罪的未遂问题，在司法实践中问题较多。经济犯罪，或者说涉及财产内容的犯罪，在未遂问题上与一般的刑事犯罪有所不同。经济犯罪有没有未遂，未遂的要不要处理等问题在实践中较难解决。其主要原因是我国刑法中没有规定哪些罪的未遂要处罚。在总则中规定了一般性条款，容易理解为所有的直接故意犯罪都有未遂，而且要处罚，但实践中这是不可能的。由于法无实据，所以实践中走向反面，对绝大多数的经济犯罪的未遂都没有处罚，诸如贪污罪中的“侵而未占”，挪用罪中的“挪而未用”，受贿罪中的“要而未收”，盗窃罪中的“盗而未取”等等，都是这样。所以我们说，我国刑法中关于未遂的规定是不完整的，如不加以修改，会给司法实践带来越来越多的困难。

我们认为，直接故意犯罪都会有未遂的情况发生，但在法律上则不一定要求对所有犯罪的未遂都处理，这有一个立法选择问题，类似于“过失行为法律有规定的才负刑事责任。”世界绝大多数国家的立法中也都是这样办的。所以，我们建议在刑法总则未遂条款中规定：“未遂行为，法律有规定的才处罚。”在分则中，将有必要处罚的犯罪未遂逐条写明。这样的虽然显得麻烦，但却是不得不规定的，如不规定，将是刑事立法中的一大失误，实践中的问题仍然得不到解决。

至于在分则的哪些条文中应规定处罚未遂，我们认为要仔细加以研究，在有财产内容的犯罪中，我们认为起码应规定处罚如下数种罪的未遂：贪污、挪用、受贿、盗窃、抢劫、诈骗、走私、投机倒把等等。

2. 对未遂犯如何处罚问题。经济犯罪的未遂不同于一般刑事犯罪的未遂的另一特点是有时无法比照既遂犯处罚。对经济犯罪（既遂）的处罚，主要的标准是数额，以数额大小区分刑罚轻重。但是，除了有具体目标的盗窃、已经做完有具体数目的假帐的贪污等情况之外，在许多经济犯罪案件中，行为人的故意内容是概括的，如果财物尚未到手，很难说他可能会得多少，所以缺乏实在的比照内容，所谓比照既遂犯从轻减轻处罚，实际在这种情况下是很难适用的，这种情况在处理经济犯罪案件中将会常见。因此，我们认为，在立法中应考虑这些问题，建议在保留现在“比照既遂处罚”的基础上，另外规定：无法比照的，可以根据案件的具体情况，在犯罪的法定有期徒刑刑期三分之二以下酌情处罚。以一定的刑期比例规定对未遂的处罚，这在国外立法例中是常见的。

建议修改的条文：

第二十一条　已经着手实行犯罪，由于犯罪分子意志以外的原因而未得逞的，是犯罪未遂。

未遂行为，法律有规定的才处罚。（注：与此规定相应，在分则中具体规定处罚哪些罪的未遂。）

对于未遂犯，可以比照既遂犯从轻或者减轻处罚。无法比照的，可以在该罪法定有期徒刑刑期的三分之二以下酌情处罚。

十一、共同过失的处理问题（刑法第 22 条第 2 款，草案第 23 条第 2 款）

目前在司法实践中处理共同过失案件（如玩忽职守、重大责任事故等）比处理共同故意犯罪案件更难。其中一个主要原因是，刑法关于共同过失负责方式的规定不合实际。实际中发生的共同过失案件，并不是可以明确地将每一个人的行为都划分出来，以确定他们是否要负刑事责任，或者应受何等程度的处罚。对于共同过失案件，也要考虑每个人对危害后果所起的实际作用，在处罚时也要把不同犯罪人进行比较。这些相似于对共同故意犯罪的处理，唯一不同的是，对共同故意是作一个案件同时处理，对共同过失犯罪是作两个案件分别处理。

关于修改此条的理由和具体意见，另在我们对玩忽职守罪的修改意见中的“责任分散问题”中阐明，请参见。

建议修改的条文：

第二十三条第二款　二人以上共同过失犯罪，不以共同犯罪论处，应根据他们对造成危害后果所起的实际作用分别处罚。

十二、身份犯共犯问题（刑法和草案均无此条）

1. 没有特定身份的人员是否可以构成身份犯的共犯问题。刑法中规定的许多犯罪需由特定主体才能构成，指的是在单独犯罪的情况下，没有这个身份，或者虽然有同类身份，但不具有特定身份（如虽为国家工作人员，但却没有具体职权，不能直接利用职务之便的）就无法构成其罪。身份犯的共犯问题是共犯中的一个特殊问题，许多国家的法律中都有专门的规定。我国过去曾长期以司法解释的方法，规定以主犯的行为性质确定共犯的性质，确有不合理或者难以确定的问题。《补充规定》中对贪污罪和受贿罪的共犯（非国家工作人员）的规定，是比较合理的，实践中容易行得通。所以我们建议在刑法中专门规定没有特定身份的人和有特定身份的人共同犯有特殊主体才构成的犯罪，应以共犯论处。

2. 没有特定身份的人在共犯中的地位问题。在国外的许多立法例中，规定没有特定身份的人只能以教唆犯和帮助犯的地位成为共犯，而不能是实行犯（主犯）。我们认为，这不太符合我国的实际情况和整个刑法的规范体例。有的犯罪，没有特定身份的人确实不能成为实行犯，如共同实施强奸中的妇女，而有的犯罪，没有特定身份的人则有可能是实行犯，这类情况在内外勾结的贪污、谋取利益和收取贿赂分离的受贿等案件中较为多见。即使主犯是没有特定身份的，考虑到整个犯罪与他人身份分不开，也构成特殊主体的犯罪，而不应以主犯的身份确定犯罪性质。为防止以后在办案中对此类案件的定性和处罚上发生歧义，建议明确规定对没有特定身份的人，按照他们在共犯中的地位和作用处罚。

3. 没有特定身份的人以共犯论处在处刑上的例外问题。我们认为，在法律上规定没有特定身份的人与有特定身份的人共同犯有特定身份才构成的罪以共犯论处（包括定罪和量刑）这一原则，针对的是如果没有特定身份的人单独实行同样行为，在法律上就不构成犯罪的情况，如受贿罪，非国家工作人员如不与国家工作人员伙同，即使收受财物，也不构成犯罪。而如果没有特定身份的人单独实行同样的行为，在法律上规定为犯罪时，就不应完全适用上述原则，应有例外，即虽然可以共犯定性，但量刑应按其本罪量刑。如果不这样的话，没有特定身份的人占便宜的不合理情况就会经常发生。在这类案件中，没有特定身份的人与有特定身份的人伙同，只是外在的表现，其本身的行为完全可以独立成罪，如包庇犯与证人伙同制造伪证，一般人员与邮电工作人员伙同私拆信件，没有亲属关系的人伙同有亲属关系的人盗窃其近亲属等。对这些情况，如每一前者都以每一后者的刑罚处罚，显然是不合理的。在这方面，国外的立法例中，通常在规定身份犯共犯的同时，在有刑罚轻重差别问题时，对没有特定身份的人可以适用通常的刑罚，这种例外规定足资我们借鉴。

建议增加的条文：

第　条　无特定身份的人与有特定身份的人共同犯需由特殊主体才构成的罪，以共犯论处，按照他们在共犯中的地位和作用处罚。

没有特定身份的人的行为能够单独构成犯罪的，依照该罪刑罚处罚。

十三、经济犯罪中各共犯人如何负担刑事责任问题（刑法第 22 条第 1 款，草案第 23 条第 1 款）

我们主张，经济犯罪中各共犯人，不论是首犯、主犯还是从犯，均应对共犯结果负责，在以此为基础确定的法定刑幅度上，可以考虑对不同的人，根据他们在共犯中的地位、作用和所得数额具体裁量刑罚，有的可以在此法定刑幅度以下处罚。这种负责方式符合共犯理论，与处罚杀人等其他刑事犯罪的共犯的原则也是一致的。

共同犯罪共同负责，应对各种共犯都毫无例外。但是，目前的有关法律和司法解释对经济犯罪共犯负责方式的规定，与共犯理论相差甚远，关键的一点是没有确立“共犯对共同结果负责”的原则。在认定共同犯罪之前就区分主从，主犯对总额负责，从犯对所得数额或者参与数额负责，这实际上是人为地割裂共同犯罪，在理论上是说不通的，同时也给司法实践带来许多麻烦，诸如共同犯罪后未分赃、分赃数额无法查实等情况，在实践中都是难题。

不仅如此，目前有关法律和司法解释对不同的经济犯罪共犯的负责方式规定不同的负责方式，使本来已经混乱的问题更加混乱了。

我们认为，有必要在刑法关于共犯问题中明确规定共同经济犯罪的负责方式问题。考虑到共同经济犯罪在负责问题上与其他共犯没有太大区别，可以在兼顾经济犯罪有“财产数额”的特点的同时，统一规定各共犯人应共同对危害后果负责，以资遵守。

建议修改的条文：

第二十三条第一款　共同犯罪是指二人以上共同故意犯罪。各共犯人应共同对危害后果负责，参照他们在共同犯罪中的地位、作用以及非法所得数额处罚。

十四、管制刑的存废问题（刑法第33—36条，草案第32—35条）

目前在理论界和司法实际部门主张取消管制刑种的呼声较高，主要理由是管制在实际中不好执行，而且在许多地方实际上名存实亡了。但是，我们在调查中，有的地方的同志指出，管制刑种还是有存在必要的，实际中存在的问题可以加以改进。上海等国营大企业较多的地方的同志认为，即使是现在，一些厂矿企业内部制度比较健全，监督管制分子还是有条件的。

我们主张保留管制刑种。这主要是考虑到：(1) 管制刑种是我国的独创，而且蕴含着丰厚的刑事政策思想，是专门机关工作与群众路线相结合的典范；(2) 目前世界各国都较为重视刑罚社会化问题，积极提倡以社会力量促进犯罪分子的改造，如果我国在立法中取消管制刑种，会被国外看成是刑罚制度的倒退；(3) 我国城乡的社会管理制度正在逐步完善，而就现有的制度来说，也是基本具备管制刑的社会基础的，至于实际中有的地方制度不完善的问题，是暂时的情况，并不能说明管制刑种不妥。

在保留管制刑种的同时，应当根据实际情况和国外利用社会力量改造罪犯的成功经验，对管制刑条文进行一些必要的修改，主要是执行和监督机关和被管制的人应遵守的规则问题。鉴于由公安机关执行存在一些问题，可以改为由公安机关交由所在单位或者基层组织予以监督。鉴于判处管制主要是为使罪犯在社会上得以改造，可以完善和增加教育的内容，如文化、技能和法制观念的教育，进行公益劳动等。为克服判而不管、管而不平的问题，可以要求罪犯接受监督部门的监督，并扩大监督的范围，如对交往和从事职业情况的监督等。

建议修改的条文：

第三十二条　管制的刑期，为三个月以上三年以下。

被判处管制的犯罪分子在管制期限内，由公安机关交由所在单位或者基层组织予以监督。

第三十三条　被判处管制的犯罪分子，在执行期间，必须遵守下列规定：

(一) 严格遵守法律，服从监督部门的监督；

(二) 定期参加公益劳动；

(三) 接受法律、文化教育和职业技能的训练；

(四) 向监督部门定期报告自己的活动和交往情况；

(五) 迁居、外出或从事职业必须报经监督部门和公安机关批准。

对于被判处管制的犯罪分子，在非公益性劳动中应当同工同酬。

第三十四条　（草案原条文）

第三十五条　（草案原条文）

十五、罚金刑的量刑幅度问题（刑法第48条，草案第46条）

刑法没有规定罚金的具体量刑幅度，给司法实践带来问题较多，所以，我们主张有限罚金制，即在条文中具体规定罚金的量刑幅度。

如何确定这一幅度，应根据我国的实际情况以及罚金作为惩罚的必要限度。草案中将贪利犯罪的罚金额规定为不低于犯罪的所得数额或法律规定的罚款数额，这种规定似有不合理问题，主要是：(1) 判处非法所得数额以上的罚金，或者法律规定的罚款数额以上的罚金，在实际中很难行得通，一般的人没有那么大的负担能力，因为有的犯罪的非法所得数额特别巨大，法律规定的罚款数额有的是非法所得数额的10倍，有的犯罪分子被追缴或其退赔之后，实际上经济能力很小；(2) 罚金是刑罚，而不是补偿，不必要求与非法所得额和罚款数额相对比，况且罚金作为附加刑，其惩罚的严厉程度不应过高，如果罚金数额相当于一个人十几年、几十年的劳动所得，就太重了；(3) 目前许多经济犯罪案件都是由行政执法部门移送司法机关的，在行政执法部门多已作罚款处理，如果再判处过多的罚金，是不合理的；(4) 对贪利犯罪以外的其他犯罪如何确定罚金额，仍然没有法律根据，实践中还是问题。

为使罚金的幅度合理可行，我们建议以具体数额来规定罚金幅度，罚金的最高额不能过高也不能过低，过高实际情况和罚金刑的性质不符，过低不足以惩罚各种不同的犯罪（对个人和单位判处罚金的数额应有明显的区别）。所以我们建议将罚金刑的幅度规定为一百元以上五万元以下。对于非法所得数额巨大的犯罪也处以五万元以下的罚金，不会使犯罪分子占便宜，因为非法所得可以没收，经济损失可以要求犯罪分子赔偿，罚金只是在此之外的惩罚。也不会使罪犯受不到应有的惩罚，因为对罪犯处罚金多为附加适用。

建议修改的条文：

第四十八条　判处罚金，应当根据犯罪情节和犯罪者的经济状况决定罚金的数额。罚金的数额为一百元以上五百元以下。

十六、量刑的基本根据问题（刑法第 57 条，草案第 55 条）

刑法第 57 条对于量刑基本根据的规定，虽然比较笼统，但是能够概括司法实践中所掌握的量刑条件。在量刑时，不仅要考虑犯罪本身的情况，还要考虑与犯罪有联系的其他情况，需要考虑的因素是很多的。在国外有关立法例上，分别列举数种情形作为量刑时应考虑的因素。按照我国法律的特点，虽然不宜详细列举，但起码在规定条件时应给司法实践留有一定的余地，即抽象的规定比不完整的规定要好。

草案在此条中修改了两个关键的地方：一是将“情节”改为“犯罪的……情节”，二是将“对于社会的危害程度”改为“犯罪分子的悔罪程度”，我们认为有些欠妥。“情节”不仅指犯罪情节，还指犯罪以外的情节，如自首和坦白等。“对社会的危害程度”能够较完整地概括所有一切能够决定刑罚轻重的因素，包括犯后表现、形势等等。所以，我们建议基本保留刑法第 57 条的表述，只在个别文字上加以修改。

建议修改的条文：

第五十七条　对犯罪分子适用刑罚的时候，应当根据犯罪的事实、犯罪的性质、案件的情节和对于社会的危害程度，依照本法的有关规定判处。

十七、情节问题（刑法第 58、59 条，草案第 56、57 条）

1. 酌定从重、从轻情节的法律根据问题。在司法实践中，除掌握法定从重、从轻情节之外，还掌握一些酌定从重、从轻情节，如时间、地点、动机、手段、次数等等。但是，严格说起来，酌定情节在刑法中是没有根据的，因为并没有一个授权性规范来规定虽然没有法定情节，也可以根据实际情况酌定情节。所以，建议在刑法中增加这一授权性规范。

2. 数个情节的处理问题。一个案件中经常出现有数个情节并存的情况，有的是同向的，如数个情节都是从重情节，或者都是从轻、减轻情节，有的则是冲突的，如一个情节是从重情节，另一个情节是从轻或减轻情节。对于发生这种情况的，由于法律又没有规定处理原则，所以在实践中很难合理地掌握。我们认为，既不能采取估大堆的办法，也不能忽略其中任何一个情节不计，同时也不能像有的国家立法例中那样排列出一个考虑的顺序。对于这种情况，应采取综合判断的方法，有同向情节的，可以递增或递减，有冲突情节的，可以相互折抵。具体规定见修改条文意见。

3. 刑法第 59 条第 2 款的酌定减轻的条件不明确，容易造成滥用，建议增加需有两个以上从轻情节才可以考虑减轻的限制。此问题可在“数个情节的处理”问题中统一规定，故不必单列一款。

建议修改和增加的条文：

第五十六条　犯罪分子具有本法规定的从重处罚、从轻处罚情节的，应当在法定刑的限度以内判处刑罚。

犯罪分子虽然不具有本法规定的从重处罚、从轻处罚情节，但根据案件的实际情况，可以酌定从重处罚情节或者从轻处罚情节。

第五十七条　犯罪分子具有本法规定的减轻处罚情节的，应当在法定最低刑以下判处刑罚。

第五十八条　犯罪分子具有两个以上情节的，依照下列原则处理：

（一）同时具有从重处罚情节的，应当在一般从重处罚的刑罚以上法定最高刑以下判处刑罚；

（二）同时具有从轻情节的，应当在一般从轻处罚的刑罚以下法定最低刑以上判处刑罚；如果根据案件的具体情节，判处法定最低刑还是过重的，可以在法定最低刑以下判处刑罚；

（三）同时具有减轻处罚情节或者同时具有从轻和减轻处罚情节的，可以在法定最低刑以下判处更轻的刑罚；

（四）同时具有从重处罚情节和从轻、减轻处罚情节的，应当在折抵后判处适当的刑罚。

十八、累犯问题（刑法第 61、62 条，草案第 60-62 条）

1. 累犯的条件问题。对于草案条文中修改的累犯条件①期限（五年内）、②后罪的性质（故意犯罪）、⑧前罪增加拘役罪，我们表示同意。

对于在刑罚执行期间或逃跑后又犯罪的，按累犯处理，我们表示异议。主要是考虑到：（1）累犯制度主要的作用是给过去有前科的人以警戒，这不适用于在服刑期间又犯罪的；（2）此类情况属于数罪并罚的情况，如果同一案件既按累犯处理，又数罪并罚，在道理上说不通；（3）劳改犯逃跑后又犯罪的，如果有必要从重或加重处罚，可以单独列一个从重或加重处罚情节，不必和累犯问题混在一块。

按累犯的基本条件看，缓刑犯也可以构成累犯，但在条文中有“刑罚执行完毕”的字样，所以不易将缓刑犯包括在内，因为现有缓刑条款中对缓刑期满后的法律后果规定为“原判刑罚不再执行”（草案已改为“就认为原判刑罚已经执行完毕”，我们同意。）。所以，建议在保留刑法第 61 条第 2 款有关假释犯期限计算的规定之外，另外规定缓刑犯的期限计算。

2. 对累犯是否规定加重处罚问题。我们倾向于对累犯不要规定加重处罚，主要是考虑到：（1）我国刑法分则的量刑幅度一般较大，从重处罚足以判处较重的刑罚；（2）在法定刑以上判处刑罚在实践中不好掌握，况且如果法定最高刑为死刑的，实际上是无法加重的，这样势必造成加重条款在分则中不能得到完全的贯彻；（3）按上述理由，劳改犯逃跑后又犯罪的，不应属于累犯问题。所以，我们建议取消草案中对累犯加重处罚的规定。

建议修改的条文：

第六十条　被判处拘役、有期徒刑、无期徒刑的犯罪分子，刑罚执行完毕、赦免以后五年以内又故意犯罪的，是累犯，应当从重处罚。

前款规定的期限，对于被缓刑、假释的犯罪分子，分别从缓刑、假释期满之日起计算。

第六十一条　（建议取消草案中此条累犯加重处罚的规定）

第六十二条　（草案同条文）

十九、自首和坦白问题（刑法第63条，草案第63、64条）

1. 自首的条件问题。草案条文具体解释了什么是自首，这对司法实践是有利的。但是其中具体限定受理自首的机关为公安、安全、检察、审判机关或者所在单位，容易在司法实践中造成麻烦。司法实践中看待自动投案，除向上述机关外，还包括向基层组织，有关负责人员投案，投案途中被抓获的也以投案论。所以，在条文中最好不要限定受理投案的机关，只规定自动投案的条件，向哪里投案可以看作是自首，可以在司法实践中掌握。

另外，应明确的是，"如实供述罪行"除自己所犯罪行之外，还应包括共犯人对其他共犯人罪行的。有的意见认为应写明供述自己的罪行，我国认为不妥。这种意见一是没有看到共犯自首的特征，二是容易使供述同案犯的犯罪看成是立功条文中的"揭发他人犯罪行为"。

2. 供述其他罪行是自首还是坦白问题。在过去法律中没有明确规定坦白作为从轻情节时，司法实践中往往主张将如实供述其他罪行的以自首论，目的是使这种情况尽量作为法定的从轻情节。现在，既然考虑将坦白作为法定从轻情节，我们认为完全可以将此划为坦白，而不是以自首论。这种意见的理由主要是：（1）从基本特征看，被追诉或关押的罪犯如实供述其他罪行，更相似于坦白；（2）如以自首论，经常会发生供述其他同种罪行是不是自首的争议，实践中不好解决，如果所供述的其他罪行无论是同种罪还是异种罪，都作为坦白，则掌握起来比较方便；（3）罪犯对其他罪行长期隐瞒不供，而在关押之后再供述的，本身存在恶性，如以自首论，不合理；（4）如果主动供述的是自首，被动供述的是坦白，在实践中很难区分。

如实供述司法机关未发觉的罪行，与如实供述司法机关已发觉的罪行，两者在程度上是不一样的，对于前者，可以同时规定减轻处罚。按照坦白的特点，我们对草案中坦白条文做了一些修改。

建议修改的条文：

第六十三条　犯罪分子未被发觉，或者虽被发觉但尚未受到司法机关讯问或者未被施以强制措施，而主动投案，如实交待罪行并接受审查和审判的，是自首。

对自首的犯罪分子，可以从轻或者减轻处罚；犯罪较轻的，可以免除处罚。

第六十四条　被司法机关讯问、关押或者被采取其他强制措施的犯罪分子，如实供认已被司法机关发觉、怀疑的罪行，或者未被司法机关发觉的罪行的，是坦白。

对坦白的犯罪分子，可以从轻或者减轻处罚。

二十、积极退赃、赔偿问题（刑法和草案均无此条）

在司法实践中，对犯罪人是否积极退还犯罪所得财物，或者积极赔偿因犯罪所造成的财产损失，已经成为据以衡量刑罚轻重的一个重要标准，而且逐渐成为惯例。

此惯例如能够在法律中加以明确规定，社会效果能够很好。一方面能够促使犯罪分子积极退赃赔偿，另一方面可以大范围地减少犯罪所造成的公私财产损失。最近两高关于经济犯罪分子必须限期自首坦白的公告规定犯罪分子在限期内自首并积极退赃的，可以从轻、减轻或者免除处罚，起到了良好的社会效果，为国家挽回了巨大的经济损失。

另外，我们认为，刑法中自首和坦白的规定，应与积极退赔问题相互配套才能解决某些个别问题，如仅有自首而不积极退赃，不能从轻处罚得过多，如两者同时具备，就可以从轻处罚较多或者减轻、免除处罚。所以，从刑罚制度体系的完善角度考虑，明确规定积极退赔可以从轻或者减轻处罚也是有必要的。

"积极退赔"在掌握上包括：（1）犯罪分子自己主动退赔；（2）犯罪分子请求他人代为退赔；（3）经犯罪分子同意由他人代为退赔。

建议增加的条文：犯罪分子积极退还犯罪所得赃款赃物，或者积极赔偿因犯罪所造成的公私财产损失的，可以从轻或者减轻处罚。

二十一、服刑罪犯又犯新罪的处罚问题（刑法第66条，草案第68条）

1. 罪犯余刑的计算问题。刑法规定，对罪犯又犯新罪的，应当"把前罪没有执行的刑罚和后罪判处的刑罚"以数罪判罚处理。而所谓"没有执行的刑罚"从何起算，法律中没有明确，因而造成在处理罪犯在刑期将要届满但尚未届满时犯罪案件时的麻烦。有的是在刑期未满时犯的新罪，而在判决时刑期已满，这种情况下，如把"没有执行的刑罚"的起算时间看成是判决时，那就等于不能数罪并罚。因而我们建议在条文中以"又犯新罪时"限定"没有执行的刑罚”。

2. 无期徒刑罪犯又犯新罪无法加刑问题。正在服刑的无期徒刑罪犯又犯死刑罪以外的罪，无论怎样处罚，都不能再加重，这是一个长期困扰司法机关的问题。实际情况中，许多无期徒刑罪犯认为自己本来就是无期徒刑，再犯罪也不会给他再重的处罚，所以无法无天，影响很坏。我们认为这个问题应在刑罚制度上加以解决。既然按照数罪并罚原则解决不了，也不能加码到死刑，所以只能在其他刑罚制度上加以考虑。可以对这些人限制适用减刑和假释，应当适用时，也要另外规定有关的期限。如此规定，可以在一定程度上起到威慑作用。此项内容可以在数罪并罚条文之后单列一条。

建议修改和增加的条文：

第六十八条　判决宣告以后，刑罚执行完毕以前，被判刑的犯罪分子又犯新罪的，应当对新犯的罪作出判决，把又犯新罪时前罪没有执行的刑罚和后罪所判处的刑罚，依照本法第六十四条的规定，决定执行的刑罚。

第　条　被判处无期徒刑的犯罪分子，在服刑时又犯新罪，按照本法第六十八条的规定不能判处更重刑罚的，应限制对其适用减刑和假释。有必要适用减刑的，其一次或者几次减刑后实际执行的刑期不能少于二十年；有必要适用假释的，应在实际执行刑期二十年以后适用。

二十二、缓刑和假释的撤销条件问题（刑法第70、75条，草案第73、78条）

刑法中所规定的决定执行缓刑和假释的条件（不致再危害社会），和撤销缓刑和假释的条件（又犯新罪）不相应，是立法中的一大问题，同时也给司法实践带来麻烦。对在执行缓刑和假释期间，罪犯又进行犯罪以外的其他违法活动的，同样是危害社会的行为，也是违反了决定执行缓刑和假释的条件，但在法律上规定的撤销条件限于“又犯新罪”，所以即使是又有较严重的违法行为，仍不能收监执行，甚至有的地方出现对缓刑犯和假释犯是否可以决定劳动教养的问题。

草案将撤销缓刑和假释的条件增加了“严重违法行为”，这扩大了一些范围，但我们认为还应进一步扩大为一切违法行为，这是考虑到：(1) 撤销缓刑和假释的条件应与决定执行缓刑假释的条件基本相应，即不致再危害社会；(2) 在人们观念上，判处有期徒刑执行缓刑，比行政处罚中劳动教养要轻得多，在这种情况下，如果将撤销缓刑（假释）的条件限制过窄，这种不同性质的处罚在实际上的程度差距就会越来越大。国外立法例中有的将不遵守考验期应遵守的事项都作为撤销缓刑和假释的条件，足资我们借鉴。

建议修改的条文：

第七十三条　（将草案该条中的“严重违法活动”改为“违法行为”）

第七十八条　（将草案该条中的“严重违法活动”改为“违法行为”）

二十三、无限追诉效力问题（刑法第77条，草案第80条）

目前刑法中只规定“采取强制措施”后，逃避侦查或者审判的，可以不受追诉期限的限制，这样的规定，不能完全解决实际中发生的问题。现在司法机关在办理案件中，经常先进行案前调查，或者收容审查，然后再采取强制措施，而在采取强制措施之前就已逃跑或者携款潜逃的，数量很大。对这些人的追诉已不应受追诉期限的限制。建议在条文中除规定“强制措施”以外，另外规定“讯问”和“公开通缉”两项。

建议修改的条文：

第八十条　在人民法院、人民检察院、公安机关、国家安全机关讯问、公开通缉或者采取强制措施以后，逃避侦查、起诉或者审判的，不受追诉期限的限制。

二十四、类推的核准权问题（刑法第79条，草案第83条）

目前法律规定类推仅由最高人民法院核准的制度，在实践中有一些问题：(1) 对法无明文规定的危害行为是否要追究，首先是检察机关应考虑的问题，各级检察机关在决定比照刑法某一条文追诉一种行为时，难以先取得法院的同意后再起诉；(2) 类推是比照刑法最相类似的条文追诉，各级检察机关比照该条文去追诉某一行为是否应当或是否合适，如最高检察院不予过问，可能造成混乱；(3) 以类推追诉某行为，并不能保证每一案件都判刑，如果根据案件的实际情况可以免诉，或者被告人死亡而不诉的，案件到不了审判程序，这种情况下，无法报请最高法院核准。

鉴于上述问题，我们建议在条文中规定，对类推案件，如在起诉程序中，应报请最高检察院核准。同时，对条文的个别不尽合理的表述加以修改。

建议修改的条文：

第八十三条　本法分则或其他专门刑事法规没有明文规定为犯罪的危害社会制度的行为，根据其危害程度，认为有必要判处刑罚的，可以比照本法分则最相类似的条文起诉判刑，但需分别报请最高人民检察院和最高人民法院核准。

二十五、公共财产和国家工作人员的解释问题（刑法第81、83条，草案第85条）

1. 公共财产的解释问题。草案将公共财产的解释取消，我们认为有些不妥。目前司法机关在处理贪污案件时，特别是遇有中外合资、合作企业、承包企业的案件时，在掌握公共财产的范围上尤感困难。立法中不能回避这一问题。

确定公共财产的范围，关键是对中外合资、中外合作和个人承包的全民所有制、集体所有制企业中的财产是否应以公共财产论。这些企业中的财产，如果绝对划分的话，有的是公共财产，有的是私人财产，但是在实际情况下，却无法做这样绝对的划分，而在难以划分的情况下，符合贪污罪主体身份的人侵吞企业财产的，不定贪污罪是不合理的。

所以，我们建议按照刑法原条规定的基本精神，更明确地规定将中外合资、中外合作企业和个人承包企业中的财产视为公共财产（有关理由可以同时参见对贪污罪的意见中的“承包、租赁经营中的侵吞问题”）。

2. 国家工作人员的解释问题。相当一段时期中，在立法和司法实践中把国家工作人员的范围越扩越大，到了不合理的程度，失去了国家工作人员应有的含义。草案根据实际情况对国家工作人员的范围重新作了调整，使之纯化到应有的范围，我们同意这样的修改。但是应注意的是，对国家工作人员的范围做了限定之后，就需考虑在刑法分则中规定国家工作人员为特殊主体的犯罪时，有的罪的主体就不应仅限于国家工作人员，还应包括集体经济组织工作人员、受委托从事公务的人员、群众自治组织的工作人员。

建议修改的条文：

第　条　本法所说的公共财产是指：

（一）全民所有的财产；

（二）劳动群众集体所有的财产；

在国家机关、全民和集体所有制企业事业单位、人民团体管理、使用或者运输中的私人财产，以及中外合资经营企业、中外合作经营企业和个人承包经营全民所有制、集体所有制企业中的私人财产，在认定犯罪时，以公共财产论。

第八十五条　（国家工作人员的解释）：（同意草案该条的写法）

第四部分　分则的其他若干条文

一、“反革命罪”的类罪名问题

调查中，大多数检察院建议将“反革命罪”修改为“危害国家安全罪”。特别是结合最近处理反革命暴乱和动乱中的案件，更感到应将反革命罪的罪名加以修改。具体理由是：

1. 反革命罪是政治概念，不是法律概念。

2. 反革命罪要求具有反革命目的，实践中难以掌握。例如公开呼喊反动口号、张贴反动标语等案件，被告人否认具有反革命目的，政法机关之间常常为此发生争执。今年 6 月发生的反革命暴乱和动乱中，有的行为人实施的行为对政治安定、国家安全危害很大，因难以确定其反革命目的（即以推翻社会主义制度和人民民主专政政权为目的），而改定其他罪或作其他处理。如成都市 6 月 4 日发生政治骚乱，截至 7 月中旬，公安机关以反革命宣传煽动罪报捕 10 人，检察机关以此罪批捕 3 人扰乱交通秩序罪批捕 1 人，扰乱社会秩序罪批捕 3 人，不批捕 2 人，正在办理中的 1 人。（见案例 58）、公安、检察机关认定这些案件性质之所以如此悬殊，就是对是否具有反革命目的认识不同。将“反革命罪”改为“危害国家安全罪”比较明确，易于理解和掌握。只要行为人故意实施了危害国家安全的行为，即可以本章之罪处罪，实践中不致出现太大分歧。

3. 各国立法中，多数称对国家安全的犯罪，少数国家称“国事罪。”苏联刑法中过去也称之为“反革命罪”，但现已改为“国事罪”。

二、叛变罪（刑法第 93 条、第 94 条，草案第 97 条）

1. 草案将原规定在两个条文中的有关叛变罪的内容集中在一个条文中简洁明了。

2. 关于罪状。刑法条文对什么行为属叛变行为未作规定，草案修改为：“投靠外国或者境外地区的机构、组织、危害国家安全和利益……”这样规定比较明确，但与草案第 102 条的“参加间谍、特务组织罪”部分重合，容易混淆。可改为“投靠外国或者境内外敌对势力，危害……”

3. “武装部队”是集合概念，应改为“现役军人”。

建议修改的条文：

叛变罪：投靠外国或者境内外敌对势力，危害国家安全和利益的，处三年以上十年以下有期徒刑；对首要分子或者罪恶重大的，处十年以上有期徒刑或者无期徒刑，可以并处没收财产；情节特别严重的，处死刑，并处没收财产。

策动、勾引、收买国家工作人员、现役军人、人民警察、民兵实施前款行为的，依照前款规定处罚。

三、叛乱罪（刑法第 93 条、第 95 条，草案第 96 条）

1. 草案将原规定在两个条文中的有关叛乱罪的内容集中在一个条文中，简洁明了。

2. 关于罪名。叛乱一般是指以暴力行为意图分裂国家，投靠国内外敌对势力；而暴乱则主要是企图颠覆现政权，改变国体。两者在主体、行为方式上相同，但在主观上有所不同。我们认为，以“叛乱”概括“暴乱”，或者把“叛乱”包括于“暴乱”，都是不全面的。例如，不能把北京反革命暴乱称之为“叛乱”，亦不能把 50 年代新疆叛乱称之为“暴乱”。考虑到两种情况都实际存在，危害都十分严重，本条文罪名可设两个：叛乱罪、暴乱罪。罪状也作相应修改。

建议修改的条文：

叛乱罪、暴乱罪：聚众叛乱或者暴乱的首要分子或者其他罪恶重大的，处七年以上有期徒刑或者无期徒刑，可以并处没收财产；情节特别严重的，处死刑，并处没收财产；其他积极参加的，处一年以上七年以下有期徒刑。

四、聚众劫狱罪、组织越狱罪（刑法第 96 条，草案无此条）

1. 罪名存废问题。一种意见（如草案）认为，这两个罪极少发生，主张删除。如果发生此类案件，可分别按叛乱罪或脱逃罪处理。另一种意见认为实践中确有发生，今后仍有可能发生，主张保留。我们倾向后一种意见。同时认为，反革命罪改为危害国家安全罪后，因是否具有反革命目的而产生的反革命组织越狱和脱逃罪两罪交叉的问题可以得到解决。聚众劫狱或者以暴力组织越狱的，都以暴力为特征，符合危害国家安全罪的特征，也便于区别组织越狱罪和集体脱逃罪。组织越狱而未使用暴力，以及单个人使用暴力越狱的，主要破坏监管秩序，均归入脱逃罪。

还有一种意见，主张删除罪名，保留罪状，作为叛乱罪的特殊条款。我们认为，暴力组织越狱的主体与暴乱罪的主体不同；聚众劫狱、暴力组织越狱与叛乱罪发生的场合、目的也不同，不宜以叛乱罪论处。

2. 法定刑问题。可与叛乱罪相同。

建议修改的条文：

聚众劫狱罪、暴力组织越狱罪：聚众劫狱或者以暴力组织越狱的首要分子以及其他罪恶重大的，处七年以上有期徒刑或者无期徒刑，可以并处没收财产；情节特别严重的，处死刑，并处没收财产；其他积极参加的，处一年以上七年以下有期徒刑。

五、间谍罪、特务罪（刑法第97条，草案第102条）

1. 关于进行间谍、特务活动是否构成本罪的问题。我们认为，条文中只规定“参加间谍、特务组织”可以构成本罪，是适当的。因为“参加”者同时有间谍、特务活动（如窃取、刺探、收买、提供情报），能犯本章其他条款的，可以数罪并罚；如果间谍、特务活动也可构成本罪，具体的活动必定同时能犯刑法其他条文，成为想像的竞合犯。这种容易造成适用法律混乱的情况应尽可能避免。

2. 草案第102条第一款后文：“参加间谍、特务组织，并犯有本章其他罪行的，依照各该条的规定从重处罚。”究竟是数罪并罚还是牵连犯不清，可改为“同时依照各该条的规定从重处罚。”

3. 恐怖组织概念不清，可不列入。

建议修改的条文：

间谍罪、特务罪：参加间谍、特务组织，处一年以上七年以下有期徒刑。参加间谍、特务组织，并犯有本章其他罪行的，同时依照各该条的规定从重处罚。

策动、勾引、收买他人参加间谍、特务组织或者从事间谍、特务活动的，依照前款的规定处罚。

六、组织领导反动集团罪、组织领导反动会道门罪（刑法第98条、第99条，草案第103条）

1. 关于两罪条文合并。反革命罪改为危害国家安全罪后，“组织领导反革命集团罪”相应改为“组织领导反动集团罪”。此罪与组织反动会道门罪的目的、危害相同，法定刑也一致。故可以合并为一条，减少刑法条文。

2. 关于复辟反动会道门，但未发现有反动活动的案件处理。各地反映，近年来查获的复辟政府已明令取缔的反动会道门案件中，有些未发现有反革命活动。对这些组织的为首分子能否以组织领导反动会道门定罪，分歧很大。这次修改时，可以增加限定条件加以解决。一种方案是在客观要件方面增加“进行危害国家政权活动的”，另一方案是在主观要件方面增加：“以危害国家政权为目的。”我们倾向后一种方案。因为增加客观要件，尚未开展活动的就不便处理。从主观方面加以限定有助于判明组织领导（包括复辟）反动会道门的危害性及实际性质。如有危害国家安全活动，构成其他犯罪的，可以数罪并罚。

建议修改的条文：

组织、领导反动集团罪、组织、领导反动会道门罪：组织、领导以危害国家政权为目的的集团或者会道门的，处三年以上七年以下有期徒刑；其他积极参加的，处五年以下有期徒刑、拘役或者管制。犯有本章其他罪行的，同时依照各该条的规定从重处罚。

七、破坏通讯设备罪（刑法第111条，草案无此条）

1. 本罪条文的存废。破坏通讯设备，一般不会造成人民生命安全的危险，危害程度要比破坏交通工具等罪轻。因此，不宜并入破坏交通工具、交通设备等罪的条文，应予保留。否则，最高刑为死刑过重。

2. 本罪的对象范围。改革开放以来，我国的广播、电视、通讯事业有了很大发展，与人民生活和利益息息相关。各地建议，本罪的对象增加“电视设备”。

建议修改的条文：

破坏通讯设备罪：破坏广播电台、电视设备、通讯设备，危害公共安全的，处七年以下有期徒刑或者拘役；造成严重后果的，处七年以上有期徒刑。

过失犯前款罪，造成严重后果的，处七年以下有期徒刑或者拘役。

八、非法制造、买卖、运输、抢劫、盗窃、抢夺枪支、弹药罪（刑法第112条，草案第109条）

1. 条文应增加抢劫枪支弹药罪。

2. 枪支的范围可限定在“军用枪支”之内。

3. 关于民用火药枪支和爆炸品问题。《中华人民共和国枪支管理办法》（1981）规定的枪支范围，除军用的之外，还包括射击运动用的各种枪支，狩猎用的有膛线枪、散弹枪、火药枪，麻醉动物用的注射枪，以及能发射金属弹丸的气枪。这些枪支与军用枪支管理办法基本相同，其中有些具有相当的杀伤力（见案例59）。《中华人民共和国民用爆炸物品管理条例》（1984）第41条规定，违反条例，非法制造、贩运、销售、私藏、私带、滥用、盗窃爆炸物品，情节严重的，依法追究刑事责任。据此，刑法对民用枪支、弹药、爆炸物也应列为特定对象。鉴于民用枪支、弹药、爆炸物的威力和可能造成的社会危害性小于军用的，可另作一款，并规定相应的法定刑。

建议修改的条文：

非法制造、买卖、运输、抢劫、盗窃、抢夺枪支弹药罪：非法制造、买卖、运输或者抢劫、盗窃、抢夺军用枪支弹药的，处七年以下有期徒刑；情节严重的，处七年以上有期徒刑；情节特别严重的，处无期徒刑或者死刑，并处没收财产。

非法制造、买卖、运输或者抢劫、盗窃、抢夺小口径枪、猎枪或者其他具有相当威力的非军用发火枪支和民用爆炸物的，处三年以下有期徒刑或者拘役，可以单处或并处罚金；情节严重的处三年以上十年以下有期徒刑，可以并处罚金。

九、交通肇事罪（刑法第 113 条，草案第 110 条）

1. 关于主体范围。从刑法条文看，本罪主体为特殊主体，即“从事交通运输的人员”才能构成本罪的主体。但是在理解掌握“从事交通运输”的内涵和外延上却有很大不同。

我们认为，能否构成本罪主体以是否从事交通运输来区分没有反映出本罪的特征，因而产生了理解差异。即使从条文的两款规定看，需要追究刑事责任亦不在于主体是否从事交通运输，而在于是否违反了与交通运输安全有关的规章制度或操作规程，并因此发生重大事故。故条文可规定为：“违反交通运输安全法规，因而发生重大事故的……”同时删除第二款。

当然，取消对主体的明确规定，并不意味着一切违反交通安全规章制度并造成重大事故的行为都构成本罪。如为兜风取乐偷开他人机动车辆，造成重大事故的，就不能以本罪处罚。具体哪些情况不依交通肇事罪论，由司法解释作出规定。

2. 关于本罪发生的场合。对于发生在工厂、港口等生产作业区内的机动车辆肇事案件能否以本罪处罚，也有不同认识。我们认为，生产作业区内的肇事，主要是违反了生产作业安全规章制度，而不是交通运输安全规章制度。《中华人民共和国道路交通管理条例》（1988）第 1 条规定：“本条例所称的道路，是指公路、城市街道和胡同（里巷），以及公共广场、公共停车场等供车辆、行人通行的地方。”可见生产作业区内交通安全不在《条例》调整之列。发生肇事案件应作为重大责任事故案件处理。

3. 关于法定刑。近年来，交通肇事造成数十人、上百人伤亡，国家财产上百万元损失的案件屡有发生。刑法规定最高刑为七年有期徒刑过低。我们认为提高至十五年比较适当。

建议修改的条文：

交通肇事罪：违反交通运输安全法规，因而发生重大事故，致人重伤、死亡或者使公私财产遭受重大损失的，处五年以下有期徒刑或者拘役，情节特别严重的，处五年以上有期徒刑。

十、劫持交通工具罪（刑法第 100 条第 3 项，草案第 107 条）

本罪由反革命破坏罪中分出来独立罪名。关于被劫持的对象，刑法条文规定为船舰、飞机、火车、电车、汽车。我们认为，“船舰”应改为“船舶”，“飞机”改为“航空器”，“火车、电车、汽车”因列举不全（地铁、缆车等也有可能被劫持），改为“机动车辆”。

建议修改的条文：

劫持交通工具罪：劫持航空器、船舶、机动车辆的，处五年以上有期徒刑；情节特别严重的，处无期徒刑或者死刑，并处没收财产；情节较轻的，处五年以下有期徒刑、拘役或者管制。

十一、走私罪（刑法第 116 条、第 118 条、第 119 条，草案第 147 条）

1. 关于罪状。①草案采用对走私罪下定义的方法表述罪状，与其他罪的罪状表述很不协调，可改为“违反海关法规……货物、物品进出境，进行走私的……”②草案规定的三个量刑幅度分别适用于情节严重、数额巨大、情节特别严重三种不同情况。我们认为这样排列不科学。情节严重或者特别严重，可以数额或手段作为选择要件，而第二个量刑幅度只规定数额巨大，亦不统一，且有些物品也不是可以数额来计算的。因此，第一量刑幅度可不加“情节严重”；第二量刑幅度加“情节严重”。草案中贪污罪、贿赂罪的罪状也是这样排列规定的。

2. 关于复杂客体。走私国内禁止买卖的毒品、军火、淫秽物品等，侵犯的均为复杂客体。我们认为，统一归入走私罪为妥。因为非法买卖运输上列物品情节特别严重的，最高刑均为死刑，与走私罪处刑结果一致；如果分别归入各罪，涉及法条过多，不便于执法，也未体现出走私的特征。此外，如果走私两种以上上述物品，还产生是否数罪并罚的问题。

3. 草案条文第 1 项走私对象中，应加上“淫秽物品”。

建议修改的条文：

走私罪：违反海关法规，逃避海关监管，运输、携带、邮寄禁止、限制进出口的货物、物品或者依法应缴纳关税的货物、物品进出境，进行走私的，处五年以下有期徒刑或者拘役，可以单处或者并处罚金；情节严重的，处五年以上有期徒刑，并处罚金或者没收财产；有下列情形之一的，处无期徒刑或者死刑，并处没收财产：

（一）走私毒品、武器、弹药、伪造的货币、淫秽物品，走私……

（二）（三）（四）同草案，略。

十二、投机倒把罪（刑法第 117 条、第 118 条、第 119 条，草案第 148 条）

草案将刑法投机倒把罪中的三种行为删去，独立罪名。调查中，不少地方认为这样使投机倒把罪更加明确，易于掌握，有利于解决大口袋问题。同时也提出了一些修改意见。

1. 关于罪状。①投机倒把罪除违反已列举的法规外，还应当包括违反价格、烟草专卖法规。因为工商法规不包括价格、烟草专卖法规。既倒卖禁止、限制倒卖的物资，又违反价格管理的规定的行为，应以投机倒把罪定罪。违反《烟草专卖条例》的行为也是构成投机倒把罪的行为之一。②草案采用对投机倒把罪下定义的方法表述罪状，与其他罪的罪状表述不协调，应与走私罪条文作同样的修改。③行为方式不应局限于“倒卖”，大量收购国家禁止、限制自由买卖的物资，囤积居奇的行为同样违反工商法规。故“倒卖”改为“买卖”，条文各项也作同样修改。④第一量刑幅度删去适用于“情节严重”，将第二量刑幅度的“数额巨大”改为“情节严重”，理由同走私罪修改意见。

2. 草案第一项所规定的范围尚不完全包括国务院《投机倒把行政处罚暂行条例》第 3 条第 3 项和第 5 项之规定，应当补充完全。改为“买卖外汇、金银、文物、专营专卖物资、证券、票证、证明、合同，情节特别严重的”；

3. 关于法定刑。草案规定本罪最高刑为无期徒刑。实践中，有的案件投机倒把总额或者非法获利数额特别巨大，严重破坏经济秩序。因此，在现阶段，仍有必要保留死刑。

建议修改的条文：

投机倒把罪：违反金融、外汇、工商、价格管理和烟草专卖法规，买卖国家禁止、限制自由买卖的物资、物品、进行投机倒把的，处五年以下有期徒刑或者拘役，可以单处或者并处罚金；情节严重的，处五年以上有期徒刑，并处罚金或者没收财产；有下列行为之一的，处无期徒刑或者死刑，并处没收财产：

（一）买卖外汇、金银、文物、专营专卖物资、证券、票证、证明、合同、情节特别严重的；

（二）（三）及第二款略。

十三、伪造国家货币罪（刑法第 122 条，草案第 149 条）、伪造有价证券罪（刑法第 123 条，草案第 150 条）、伪造票证罪（刑法第 124 条，草案第 151 条）、伪造计划供应票证罪（刑法第 120 条，草案第 152 条）

上述各罪均应增加变造行为。变造是与伪造不同的行为方式。刑法有关条文中均未包括变造行为，在司法实践中带来一些困难。1982 年中国人民银行《关于变造国家货币按伪造国家货币治罪的函》，就对变造行为专门作出解释。为了便于执法，这次修改中，上述各罪均应列入变造行为。

十四、逃汇、套汇罪（刑法第 116 条、第 117 条、第 119 条，草案第 154 条）

本罪从走私罪中单列出来。我们认为，走私罪最高刑为死刑，而本罪最高刑仅十年，过于悬殊，也不符合有些案件逃汇、套汇数额特别巨大的客观事实。故应提高至无期徒刑。

十五、生产、进口劣质产品罪，销售伪劣商品罪，扰乱市场秩序罪（刑法第 117 条、第 118 条、第 119 条，草案第 155 条、第 156 条、第 157 条）

上列三罪从投机倒把罪中单列出来，但最高刑均为十年有期徒刑，与投机倒把罪法定刑（无期徒刑）不协调。对于造成的损失和后果特别严重的，应提高至无期徒刑。

十六、盗伐、滥伐林木罪（刑法第 128 条，草案第 167 条）

1. 盗伐、滥伐的对象。森林是一个集合概念，盗伐、滥伐行为造成的结果会破坏森林，但其侵害的对象应是林木。

2. 关于毁坏林木行为的处理。实践中，存在着大量砍树冠、挖树眼、剥树皮等严重毁坏森林资源的行为。这种行为即不属盗伐、滥伐，又因未砍倒窃为己有而不能以盗窃处罚，成为法律上的一个空档，致使一些行为人有恃无恐。我们认为，破坏林木的行为不仅破坏了森林资源，也毁坏国家、集体和公民的财产，应在条文中规定以毁坏公私财物罪从重处罚。

3. 关于盗伐林木归为己有和以暴力强行砍伐他人林木归为己有的问题。《森林法》第 34 条第 3 款规定：“盗伐林木据为己有，数额巨大的，依照《刑法》第 155 条的规定追究刑事责任。”对于未达到数额巨大的如何处理，《森林法》未作进一步规定。我们认为，这次修改中应在刑法条文中规定“盗伐他人林木归为己有的，依照本法盗窃罪的规定定罪，并从重处罚。”理由是：①林木不仅是资源，更是财富。目前我国人工林占林地总面积的 27.62%；而从林龄看，中、幼龄林面积占全国森林的 71.3%，今后人工林面积比重将会进一步增加，其中注入了大量人力、物力和资金；②盗伐林木归为己有，只发生在盗伐他人林木的场合，这与盗伐他人财物无异；③盗伐他人林木归为己有侵犯的是复杂客体，应依盗窃罪从重处罚；④《森林法》中有关规定的不完善之处，应在刑法修改中补充完善。

此外，以暴力或以暴力相威胁，砍伐、抢夺国有林木的案件实践中也不断发生。据林业部公安局反映，仅 1988 年元月至 9 月，广西林业局护林人员被哄抢林木的人打伤的有数百人，其中重伤达 36 人。对这类行为有的应按抢劫罪处理，而不能都以伤害罪处理。

4. 草案将盗伐、滥伐罪增加一个三至十年的量刑幅度是必要的。对盗伐、滥伐数量特别巨大的，盗伐、滥伐珍贵、稀有林木的，可作为情节严重适用这一量刑幅度。

建议修改的条文：

盗伐、滥伐林木罪：违反森林法规，盗伐、滥伐林木，情节严重的，处三年以下有期徒刑或者拘役，可以单处或者并处罚金；情节特别严重的，处三年以上十年以下有期徒刑，并处罚金。

破坏林木，情节严重的，依照本法毁坏公私财物罪定罪，从重处罚。

盗伐他人林木归为己有，或者以暴力、胁迫等方法砍伐他人林木的，分别依照本法盗窃罪、抢劫罪的条文定罪，并从重处罚。

十七、故意伤害罪（刑法第134条，草案第118条）

1. 关于轻伤害情节恶劣的问题。故意伤害他人身体，造成轻伤的，处三年以下有期徒刑或者拘役，这样规定，不分轻伤害情节是否恶劣，皆为三年以下刑，不符合罪刑相适应的原则。例如，对于连续轻伤多人的；持凶器伤害的；报复伤害的，也处三年以下刑就显得过轻。

行为人意图伤害他人，对造成轻伤还是重伤，往往是概括故意，主观恶性大小与实际造成的伤害后果不完全一致。对于主观恶性大，造成伤害后果较轻的，完全依照后果处罚是不妥当的。

由于技术条件的限制，有些情况下轻重伤难以分清，只能就低作出结论。即使是现行的重伤标准，也在试行阶段。据此把轻重伤规定为两个互不交叉的量刑幅度，也不尽合理。

因此，对于轻伤情节恶劣的，应与致人重伤的规定为同一量刑幅度，以区别不同主观、客观方面的轻伤罪。

2. 关于法定刑。故意伤害致人重伤的，法定刑为七年过低，应提高至十年。情节特别恶劣，包括致人死亡、重伤多人、手段残忍的，从十年起刑。

建议修改的条文：

伤害罪：故意伤害他人身体的，处三年以下有期徒刑或者拘役；情节恶劣或者致人重伤的，处三年以上十年以下有期徒刑；情节特别恶劣的，处十年以上有期徒刑、无期徒刑或者死刑。本法另有规定的，依照规定。

十八、强奸罪、奸淫幼女罪（刑法第139条，草案第121条）

1. 奸淫幼女"以强奸论"的问题。实践中对此有不同理解：一是认为奸淫幼女以"强奸论"，说明它不是一个独立罪名；一是认为以"强奸论"不等于就是"强奸妇女罪"，奸淫幼女应是独立罪名，它与强奸罪在犯罪构成上有很大不同。我们同意后一种意见。目前司法实践中也多是这样处理的。为了避免歧义，条文中删去"以强奸论"。发生既强奸妇女、又奸淫幼女的可以数罪并罚（但是对同一被告人以胁迫手段对同一被害人在其年满14岁前后均进行了强奸的，是从一重罪处罚，还是数罪并罚，待调研）。

2. 奸淫幼女是否以"明知"为条件。调查中，各地认为条文中不宜加"明知"限定条件。否则，被告人就可能以不知被害人是幼女为借口，逃避制裁，从而不能有效地保护幼女。

3. 关于轮奸条款的设置。刑法第139条第4款规定："二人以上犯强奸罪而共同轮奸的，从重处罚。"这个规定一是把奸淫幼女罪并入了强奸罪，二是"从重处罚"按第一款从重，还是按第三款从重，未加以明确。为了避免这种情况，第4款前置为第3款，同时写明罪名，使人一目了然。

建议修改的条文：

强奸罪、奸淫幼女罪：以暴力、胁迫或者其他手段强奸妇女的，处三年以上十年以下有期徒刑。

奸淫不满十四岁幼女的，依照前款的规定从重处罚。

二人以上犯强奸妇女罪、奸淫幼女罪而共同轮奸的，从重处罚。

犯强奸妇女罪、奸淫幼女罪，情节特别严重的或者致人重伤、死亡的，处十年以上有期徒刑、无期徒刑或者死刑。

十九、拐卖人口罪（刑法第141条，草案第123条）

1. 关于本罪的构成条件。拐卖人口，一般要求具备两个条件：一是具有欺骗被害人的情节；二是将人作"商品"出售。实践中，有不少案件不具备前一个条件。有的"被害人"知道自己将被带往何处，甚至主动要求"人贩子"把自己卖往生活条件优裕的地方；有的以绑架手段强行将被害人带走出卖；有的出卖自己亲生婴儿或者是拾得、偷得的婴儿。这三种情况均不具有"拐"的要件。据四川省检察院的调查，近几年该省办理的拐卖人口案件，约有近半数属于这种情况。

我们认为，本罪的社会危害性主要在于侵犯了人身自由权利，它与我国的社会主义制度根本不相容。不论行为人以什么手段得到被出卖者（包括其本人"同意"的），出卖人口获取钱财均属非法。本罪条文仅限于"拐卖"范围过于狭窄。

2. 关于收买明知是人贩子贩卖的妇女儿童的问题。收买人口，多以收养、娶妻为目的，如无其他恶劣情节，一般给予行政处罚、批评教育。但是，也有一些情节恶劣的无法处理。例如：对受害人虐待、侮辱；严格限制人身自由；抗拒政府部门解救等等。这些行为并非都能依照刑法条文处罚，同时，对收买人口的行为一概不追究刑事责任，亦不利于减少贩卖人口的犯罪。因此，有必要在条文中增加对收买人口情节恶劣的，处五年以下徒刑或者拘役的规定。如果加害行为构成其他犯罪的，可以数罪并罚。这样规定，与草案第216条新增的以收养为目的，拐骗儿童或偷取婴儿的犯罪在法理上和处刑上一致起来。

3. 关于法定刑。《全国人民代表大会常务委员会关于严惩严重危害社会治安的犯罪分子的决定》将本罪最高刑提高至死刑，应予保留，这次修改中一并列入。

建议修改的条文：

贩卖人口罪：贩卖人口的，处五年以下有期徒刑；情节严重的，处五年以上十年以下有期徒刑，并处罚金；情节特别严重的，处十年以上有期徒刑、无期徒刑或者死刑，并处没收财产。

收买人口，情节恶劣的，处五年以下有期徒刑或者拘役。

二十、抢劫罪（刑法第 150 条，草案第 172 条）

关于绑架勒赎问题。绑架人质的案件在我国不少地方已有发生。从案件情况看，多是为索要债务，也有为勒取赎金的。前一种情况实践中都以非法拘禁罪处理了。从犯罪发展的趋势看，国际上经常发生的为其他目的（如为出境或其他政治目的）绑架案件在我国也有可能发生。因此，建议在刑法中设立“绑架罪”，为勒赎而绑架的作为该罪的形式之一。

从犯罪构成看，绑架勒赎与抢劫罪有所不同。抢劫罪侵害的客体是财产所有权和公民人身权利中的健康权，造成受害人心理恐惧、伤害或死亡，强行夺取财物；而绑架勒赎除了侵害财产所有权，主要侵害了公民人身权利中的人身自由权，并使公民的生命受到威胁，迫使其亲属交赎。所以，绑架罪不应在抢劫罪中单列条款。

具体修改意见参见第二部分中的“绑架罪”。

二十一、盗窃罪（刑法第 151 条，草案第 173 条）

关于盗窃有价证券未兑现的处理。最高人民检察院、最高人民法院曾两次对这个问题作出司法解释，但司法实践中对这种情况是作为既遂、未遂还是量刑情节仍感到难以认定。因此，此次修改中应作出规定。

盗窃有价证券未兑现大体可分三种情况：①受害人所有权已经丧失（国库券、债券等不记名、不挂失的有价证券）；②受害人所有权经过履行一定手续可以恢复（如可以挂失的各种储蓄单折、提货单等）；③受害人所有权不受影响（如留印鉴的存单）。上述三种情况中，第一种犯罪分子实际已获得了控制、支配所盗得的有价证券的权利，暂不兑现是支配的方式之一，故应认定为既遂。为了避免司法实践中的分歧，建议对这类情况加以规定。

建议增加的条文：

盗窃罪第 2 款：盗窃有价证券，并已获得实际控制权的，依照前款规定分别处罚。

二十二、诈骗罪（刑法第 151 条、第 152 条，草案第 175 条）

1. 法定刑问题。全国有十九个省、自治区、直辖市检察院建议本罪增加死刑。我们认为，近几年来，有的诈骗案件数额特别巨大、造成的损失特别严重，增加死刑、慎重适用是必要的。

2. 关于利用经济合同诈骗问题。这是近年来发生较多的案件，对经济秩序和公共财产所有权危害极大。但与一般诈骗在犯罪构成上有明显差异：

①侵害的客体除财产所有权外，还扰乱经济秩序，而且主要是扰乱经济秩序；

②客观方面，多发生在商品流通领域的购销活动中，以供应紧俏物资为诱饵，诈骗的数额少则几十万，多处七年以下有期徒刑；数额特别巨大或造成损失特别严重的，处七年以上有期徒刑、无期徒刑或者死刑。

二十三、扰乱工作秩序罪（刑法第 158 条，草案第 183 条），扰乱公共场所、交通秩序罪（刑法第 159 条，草案第 184 条）

1. 关于“聚众”与“为首分子”的问题。条文均要求是“聚众”情况下而发生。所谓“聚众”，一是人数较多，二是参与者中多数具有共同的故意和行为。由于参与人数较多，故只追究“为首分子”的刑事责任。但是在实践中，有些案件不符合或不完全符合“聚众”的法定条件。有的一、二个人就严重扰乱了工作、公共场所、交通秩序的后果；有的虽然参与者人数较多，但彼此之间并无共同故意，而是一哄而起，蜂拥而上，难以判定为首分子。这种情况，在今年 6 月全国一些城市发生的暴乱、动乱中比较突出。如北京、成都、武汉发生的设置路障、堵塞交通；围攻、冲击党政机关等一些案件中，就未查获明显的组织者和造意者。因此，草案将这两个条文取消“聚众”之限定条件，只要积极参与者就依法追究，是正确的。

2. 关于扰乱工作秩序罪与扰乱公共秩序罪之间部分竞合问题。这两罪之间在某些场合会出现竞合。例如第 158 条的扰乱营业秩序和第 159 条的扰乱商场公共秩序，就必然发生竞合，而这两罪的法定刑又一样。为了避免这种情况，刑法第 158 条（草案第 183 条）中的“营业”二字可以取消，发生此类案件均以破坏（商场）公共秩序罪处理。个别场合如果扰乱行为致使商店无法开门营业（即不发生公共秩序之混乱），可作为破坏工作、生产秩序行为处理。

二十四、以迷信造谣扰乱社会秩序、骗取财物罪（刑法第 165 条，草案第 187 条）

1. 本罪主体删去“神汉、巫婆”之限定，改为一般主体。

2. 关于造谣惑众的问题。造谣惑众除危害国家安全的可定煽动罪外，其他造谣引起社会秩序、经济秩序混乱的行为刑法中无适当条文可以引用。例如，有的在动乱中造谣发生了重大事件，引起社会秩序混乱，但又不同于直接以行为扰乱社会秩序（见案例 61）；有的造谣谎称物价调整、粮票作废等，引起大规模抢购、抛售，甚至造成严重经济损失（见案例 62）。因此，有必要追究造谣者的刑事责任，刑法条文中的“造谣”行为应予保留。

3. 以迷信诈骗财物，是诈骗的手段之一，可归入诈骗罪。

建议修改的条文：

迷信、造谣扰乱社会秩序、经济秩序罪：以迷信、造谣等方法扰乱社会秩序或者经济秩序的，处二年以下有期徒刑、拘役或者管制；情节严重的，处二年以上七年以下有期徒刑。

二十五、赌博罪（刑法第 168 条，草案第 189 条）

1. 关于赌博罪的构成条件。刑法第 168 条要求本罪在客观方面须是聚众赌博或以赌博为常业，但是赌博多为数人参加，是否一律追究刑事责任没有规定，而以赌博为常业则更是难以认定。所以，一方面，赌博之风蔓延泛滥，危及社会安定；另一方面，受到刑事追究者甚少，法律规定适用困难是一个重要原因。

从各地调查的情况看，需要追究赌博罪刑事责任的包括以下三种情况：①聚众招赌，主要是开设赌场或造意者；②赌资巨大，主要是指参与赌博次数可能不多，但输赢金额巨大的（如上海市规定赌资累计达 3000 元的追究刑事责任）；③多次赌博屡教不改的，即赌棍。上述情况这次修改中应列入。

2. 法定刑可提高至五年有期徒刑。

建议修改的条文：

赌博罪：聚众招赌、赌资巨大或者多次赌博屡教不改的，处五年以下有期徒刑、拘役或者管制，可以并处罚金。

二十六、制作、贩卖淫书、淫画罪（刑法第 170 条，草案第 191 条）

1. 关于主观方面。刑法要求本罪主观方面以营利为目的，但是不少被查获的案件行为人并无图利目的。设立本罪，在于禁止黄色书刊等淫秽物品传播，防止毒化人们的思想，行为人是否图利，不应当作为本罪构成的要件。

2. 关于罪状。刑法条文的罪状中，行为方式只列举了制作、贩卖，近几年中还出现了大量出版、出租、聚众播放等形式；淫秽物品只列举了淫书、淫画，而已出现的还有淫秽音像、扑克、淫药、淫具等淫秽物品。因此，原条文罪状已不适应变化了的情况，应当增补。

对于非法出版、销售淫秽书刊、音像制品的，草案规定在新增设的非法出版罪中设立一款。我们认为，这种行为与非法出版罪产生的竞合问题，按照特殊条款优于普通条款，从一重罪处罚的原则，仍要按照制作、贩卖淫秽物品罪处理，不如直接规定在该罪中。

3. 关于法定刑。原法定最高刑为三年有期徒刑，显系过低。除提高至五年外，情节特别严重的，提高至无期徒刑。

建议修改的条文：

制作、贩卖、传播淫秽物品罪：非法出版、制作、贩卖、传播淫秽书报、画刊、音像制品或者其他淫秽物品，情节严重的，处五年以下有期徒刑、拘役或者管制，可以并处罚金；情节特别严重的。处五年以上有期徒刑或者无期徒刑，可以并处罚金。

二十七、窝藏、包庇罪（刑法第 162 条，草案第 206 条）

关于犯罪嫌疑分子自己毁灭证据的问题。窝藏、包庇罪是指罪犯本人之外的其他人实施窝藏、包庇行为。但是，对犯罪嫌疑分子本人为抗拒调查或侦查毁灭证据，而该证据又为案件关键证据的如何处理，是目前司法中的一个难题。如果罪犯还犯有其他罪行，一般作为量刑情节，多数情况因定案失去证据不了了之。例如，财会人员故意销毁帐册、凭证，使对其罪行的查证无法进行。我们认为，犯罪分子毁灭证据是妨害公务的犯罪行为，无论涉嫌之罪最终是否能够证实，这种行为本身应当受到追究。鉴于它与窝藏、包庇罪的主体不同，在本罪条文中可列特殊条款。

建议增设的条文：

窝藏罪、包庇罪、毁灭证据罪：（第 1 款、第 2 款同草案）

犯罪嫌疑分子毁灭主要证据的，处三年以下有期徒刑、拘役或者管制。

二十八、脱逃罪（刑法第 161 条，草案第 209 条）

1. 关于本罪的主观方面。脱逃罪是指擅自逃离关押或劳改场所，其实质是罪犯为逃避侦查审讯或劳动改造。但是由于条文对主观方面没有加以限定，实践中一些不是为逃避侦查审讯或劳动改造脱离监管场所的行为人也被以脱逃罪处罚。如有的罪犯为解决婚姻纠纷，在多次请假不准的情况下跑回家中（见案例 63）；有的刑期将满，为继续留场而逃离到农场不远的地方，以期被抓获加刑（见案例 64）。我们认为，尽管上述案件也在一定程度上破坏了监管改造秩序，但不具有逃避侦查审讯或劳动改造的主观恶性，不宜按脱逃罪处理。为此，我们认为条文可增加主观方面的限定条件，即限定在为逃避侦查审讯或者劳动改造而脱逃的。

2. 关于暴力脱逃的问题。分则第一章如果保留暴力组织越狱罪，则本罪中的暴力脱逃仅限于单个人实施暴力、威胁方法脱逃的。

建议修改的条文：

脱逃罪：依法被逮捕、关押的犯罪分子，为逃避侦查审讯或者劳动改造而脱逃的，处五年以下有期徒刑或者拘役；实施暴力、威胁方法脱逃或者聚众脱逃的首要分子，处三年以上十年以下有期徒刑。

二十九、窝赃罪、销赃罪（刑法第 172 条，草案第 210 条）

1. 关于"明知"。刑法要求构成本罪行为人必须"明知"窝藏、销售的是赃物。"明知"在实践中常常被理解为"明说"，即使从常识上行为人应当知道窝藏、销售之物来路不正，由于行为人与盗窃犯之间没有明说，追究刑事责任就很困难（见案例 65）。

鉴于"明知"容易造成狭义理解，而且可能造成以被告人是否"明说"为前提，致使一些罪犯钻空子而逍遥法外，我们认为改为"足以明知"比较适宜。"足以"二字强调的是以客观判断是否明知。

2. 赃款赃物的范围问题，调查中各地反映，把窝藏、销售的物品仅限于"犯罪所得"，也不符合司法中的实际情况，有的盗窃、贪污等行为人所得巨大，因其不足刑事责任年龄而不作犯罪处理，这笔巨额赃物就不是刑法意义上的“犯罪所得”；有的案件中销赃数额很大，但盗窃行为人中一部分或大部分因数额不足较大，而未作犯罪处理，或者盗窃犯未及时查获，认定销赃物为“犯罪所得”都不妥。如陕西省咸阳市凌云楼旅馆部某女服务员（不满16岁），监守自盗旅客寄存的提包中的现金一万余元，当即送回家中交给父母，其父母又将款存入银行，该服务员作不起诉处理后，其父母的行为无法定窝赃罪（后以包庇罪处理）。根据实践中存在的这些问题，我们认为，窝藏、销售的赃物中除犯罪所得外，还应包括“违法所得”。由于窝赃、销赃必须达到一定数额才追究刑事责任，增加“违法所得”，不会造成打击面过宽的问题。

3. 关于窝赃、销赃的行为方式。除条文已规定的窝藏、销售两种行为方式外，还有两种行为与其具有相同的社会危害性：①大量买赃自用或加工；②参与分赃（收受赃物）数额较大。修改中应一并列入。

4. 关于数额。本罪构成应当以数额较大为起点，等于或略高于盗窃罪数额起点，也可与赃款来源之罪数额基本相同。

建议修改的条文：

窝赃、收赃、销赃罪：足以明知是违法犯罪所得的赃款赃物而予以窝藏、收买、收受或者代为销售，情节严重的，处三年以下有期徒刑、拘役或者管制，可以单处或者并处罚金。

附件：修改刑法参考案例

案例1

黄某等三人盗窃生产用油案

黄某、林某、劳某三人均系广东省顺德县顺峰山旅游中心工程部锅炉工。1987年12月至1988年9月，黄某与林某乘上夜班之机，在锅炉房盗窃280多次，盗得0#柴油26500斤，价值17225元。全部以每斤0.50元卖给某个体杂货店的潘某，共得赃13250元，黄、林二人均分。

1988年5月至8月，黄还伙同另一锅炉工劳某先后两次盗窃锅炉房柴油1900斤，价值1235元，销赃后得款740元，二人均分。

（顺德县检察院提供）

案例2

王某主持集体私分案

湖北省襄樊市桥头纺织品商店主任王某，以虚报损耗、加班工资、撕毁销货票等侵吞手段，与全店27名职工私分商店利润和实物价值18000元，其中以奖金名义和福利费名义私分14600元。

（襄樊市检察院提供）

案例3

471厂劳司工厂付厂长侵吞案

武汉市青山区471厂劳动服务公司下属一个工厂，由厂长、付厂长承包。厂里提供厂房，厂长投资5000元，付厂长投资3000元。当年完成承包利润后，付厂长以侵吞手段占有5000元。其本人供称，侵吞是怕厂里不兑现承包合同。

（湖北省检察院提供）

案例4

黄某承包侵吞案

杭州市同安县农民黄某，承包一集体企业，承包期五年，企业资金20万元。承包合同规定，承包人可自筹资金（包括向银行贷款，但责任自负）扩大经营。黄承包后，先后以企业名义贷款400万元。承包合同期三年时，发包方发现企业亏损，即请审计部门审计，发现：（1）承包人动用企业贷款18万元购买私房；（2）企业亏损120多万元，其中80万元无帐可查（出纳、会计系黄的妻、女）。

（杭州市检察院提供）

案例 5

程某通过其他国家工作人员为他人谋利本人从中受贿案

中共攀枝花市纪律检查委员会干事程某，于 1982 年认识了四川泸县第二建筑公司立石乡施工队材料员叶某和队长艾某后，艾、叶便托程帮助办理二百人进渡口市施工的手续，并表明事成之后给程“联系费”，最后商定给程二万元。1983 年元月至 4 月，程找市建委、劳动局及攀矿公司等单位的有关人员，利用其曾为其中有些人办过事及各种关系，为立石乡施工队办理了“200 人进渡口市施工一年”的手续。自 1983 年 5 月起至 1984 年 2 月，程某先后 10 次向艾、叶二人收取“联系费”共二万元。

1984 年 3 月，一年施工期满，艾、叶又找程帮忙办理延长至 1984 年年底的手续，并谈妥事成后给程“联系费”一万元。为此，程再次找市劳动局、建委的有关人员帮忙。同年 5 月至 8 月，程先后收取“联系费”6457. 80 元。

（攀枝花市检察院提供）

案例 6

府某通过其他国家工作人员为他人谋利本人从中受贿案

1985 年 12 月，江苏省委办公厅信访处干事府明钦应妹夫徐某的要求，通过种种关系，并自称是省委办公厅秘书，为妹夫搞到一吨锦纶长丝，另有 22 吨因价高未成。1987 年，徐某又找府联系购买锦纶长丝，答应事成之后给好处费。府经初步联系，省丝绸公司答应解决一些，府即打电话通知徐某所在厂厂长，要求来南京时要带结算单，不能空手来。徐某等人到南京欲交府 3000 元，但府称联系了 10 吨，每吨好处费 1000 元。徐某回厂向厂长汇报后，赴南京共向府交付 8000 元。至案发，府未能搞到锦纶长丝。

1987 年 4 月，溧水县东屏乡农民姜某等人经介绍结识府某，介绍人称府是省委办公厅秘书兼老干部处副处长，府点头默认。姜等人提出要联系购买化肥，答应事成后有好处费。之后，府向省政府副秘书长称省里有许多干部在溧水锻炼，县上要一些化肥，批得计划外磷肥 80 吨。府向姜等人索要人民币 1400 元及一些农副产品。

1987 年 8 月，吴县某厂厂长写信请府帮该厂买一辆卡车，答应事成之后有好处费。府即四处找人，在明知汽车暂时无货的情况下，府写信给该厂厂长称车可以买到，并随信寄去 1006 元的购物发票要求报销。此后，府收到现金 1006 元，但车一直未购到。

以上三笔，府某共收受现金计 10406 元。

（江苏省检察院提供）

案例 7

江北乡某镇武装部长通过其他国家工作人员为他人办事得利案

重庆市江北乡某镇武装部长受他人请求，要求在帐上提取现金。该武装部长通过乡长批条子给信用社主任提取了现金。武装部长得好处费 2000 元。

（重庆市检察院提供）

案例 8

陈某意图通过丈夫为他人办事本人从中收取财物案

原上海市卢湾区公安分局办公室副主任陈某，退休后任区淮海街道劳动服务公司党支部书记和办公室主任，系区法院院长之妻。1988 年 4 月，个体户史小平通过淮海街道淮五居委会主任、区人大代表邱某找陈某，请求帮忙打房产官司。嗣后，史到陈家送上现金、火腿、良友烟、巧克力等价值 600 余元。5 月，陈介绍区法院法律服务所的两名同志帮助解决。6 月，史又送陈黄金一块（价值 3039. 57 元），陈表示：官司赢了我要，输了退还你。之后，陈为史寻找代理人、了解案件进程情况等，并以人大代表很关心此纠纷为由，要其丈夫予以关心。1989 年元月，陈从丈夫及法律服务所处证实史小平要败诉，即约见史小平，退还了黄金和 400 元现金。

（上海市检察院提供）

案例 9

黄某未为他人谋利收受贿赂案

广州市联合食品企业中心副经理黄某，收受某包工头主动送上的贿赂 2.7 万元。而黄在发包本企业基建工程前没有答应把工程交给该包工头承包，收钱后也未将工程承包给该包工头。

（广东省检察院提供）

案例 10

曹某收受财产性利益贿赂案

冶金工业部华东办事处设备科副主任科员曹某，1986 年在与江苏省吴县交通局供销经理部业务交往中，利用职务之便，让该局所属机动车驾驶员培训班无偿为其女婿培训驾驶技术。而当时该局培训收费标准为每人 2500 元。

（上海市检察院提供）

案例 11

闫某收受财产性利益贿赂案

上海窗钩厂厂长闫某，1988 年向协作厂南汇县万祥门窗配件厂表示，其子想进上海市卢湾区第二小学（重点小学），但需支付 2000 元赞助费。万祥门窗配件厂即向卢湾区第二小学汇款 2000 元，闫的儿子进入该校读书至今。

（上海市检察院提供）

案例 12

张某收受财产性利益贿赂案

上海电缆厂供应科科长张某，1988 年 7 月私下要求吴江、丹阳两个协作厂共同出资为其在沪购买一套商品房。两协作厂同意后，张向本厂主管副厂长谎称：吴江厂想通过电缆厂购买一套商品房作为驻沪办事处，副厂长表示同意。随后，丹阳厂汇款 4 万元至吴江厂，吴江厂再将 85780 元汇至电缆厂。同年 7 月底，电缆厂房管科用此款购得一室一厅商品房一套，交由张使用。

（上海市检察院提供）

案例 13

陈某收受财产性利益贿赂案

杭州印铁制罐厂生产经营科科长陈某，利用负责采购材料之便，将以本厂名义购得的冷薄板、镀锌板 3000 余吨先后转卖给广东省高明县物资局。该局为报答陈，出资近 5.1 万元在杭州为陈购得中大套住房一套，交陈使用（未交所有权），并对室内进行了部分装饰。

（杭州市检察院提供）

案例 14

陈某提高进价收受回扣案

1987 年 9 月，浙江省慈溪县第二商业总公司横河第二商业公司针织业务员陈某，从鄞县红星化纤纺织厂购得混纺毛线两吨，每吨实际价格 12600 元。但陈主动提出要点好处，每吨提价 2400 元，因提价部分需要纳税，鄞县方即从中扣除了 832 元，陈久申实得 3968 元。

（浙江省检察院提供）

案例 15

乐山民政局福利厂厂长
收受倒回扣案

四川省乐山市川康毛纺厂派人去乐山市民政局下属福利厂联系订购包装箱一批，并提出要回扣 7000 元。福利厂交付 7000 元后，川康毛纺厂又从中拿出 2000 元送给福利厂厂长。

（乐山市检察院提供）

案例 16

李某少量受贿造成重大损失案

湖北省孝威县农机公司采购员李某收受贿赂 700 元，购入残次农机零件价值 10 万元。

案例 17

吴某少量受贿造成重大损失案

湖北省大吴县药材公司采购员吴某受贿 300 元，购入几十万元的假砂仁和哈盖。发现上当后又推销给他人。

案例 18

王某等三人挪用粮食倒卖案

湖北省宜城县粮食局中转库主任王某、计调股长邓某、储运股长罗某三人合谋，于 1989 年元月将库存的 107 吨大米（价值 7600 余元）倒卖给广西，谋取暴利。而后再在宜城当地收购同等数量的大米顶库。

（类似案例襄樊已有三起）

（襄樊市检察院提供）

案例 19

杨某挪用国库券倒卖案

上海万国证券公司业务部副经理杨某，1988 年 3 月利用自己保管国库券的职务便利，挪用 30000 元国库券，以 114.5 元的买入价卖给上海振兴证券公司。然后又利用经营国库券交易的便利，在新疆建设银行以 113 元的卖出价买得国库券 59000 元。回沪后，将 30000 元还入本单位，个人从中得利 450 元。

（上海市检察院提供）

案例 20

王某挪用外汇给个人
承包的集体企业使用案

王某擅自将本单位 47 万外汇美元额度给四川省中南公司搞彩电经营活动。中南公司是个人承包的集体企业，向上级公司只上交管理费，倒卖彩电的利润实际归个人。

（四川省检察院提供）

案例 21

李某挪用公款给个人
租赁的企业使用案

四川省遂宁市总工会直属工委经营部经理李某，1987 年 12 月和 1988 年 4 月在市统建办负责土地安置工作期间，利用职务之便，先后两次将遂宁市进出口道路指挥部和市汽车配件公司的土地安置费 356500 元，挪用给唐某个人租赁的市二轻供销公司车队从事营利性活动，李从中收取利息 12000 元，据为己有。

（四川省检察院提供）

案例 22

唐某挪用公款给承包、租赁人
使用造成巨大损失案

1988 年 8 月，浙江纸业集团出纳唐某（女，19 岁，临时工），先后两次擅自挪用公款 239800 元给承包、租赁集体企业的张坤荣使用，收受“好处费”15000 元。张坤荣系临安县农民，承包、租赁了临安太阳五交化经营部、青田五交

化公司家电分公司两家集体企业，因诈骗巨款、赌博、行贿等罪，被判处无期徒刑。

（杭州市检察院提供）

案例 23

延某巨额财产来源不明案

1989 年 3 月，晋城矿务局机电处配电科付科长延某家中被盗。破案后，罪犯供认盗窃现金 43000 元，银元 50 块。据此怀疑延某财产来源不明。4 月搜查其家，发现定期存款单 9 张共 40000 元；有价证券 14000 元；10 两重银元宝 1 个，银元 10 块，古币 600 余枚，大小古铜镜 6 个，鎏金佛像 1 个（重 40 余斤）。此外，其家有日产冰箱、彩电、录像机、录音机、洗衣机各 1 台，照相机、自行车多架（辆）。经查，有 40000 余元来源不明。

（山西省检察院提供）

案例 24

孙某巨额财产来源不明案

1989 年 5 月 20 日，山西省孝柳地方铁路总指挥孙某（正处级）家中发生凶杀案，孙的妻子、女儿及外甥 3 人被杀。检察院提前介入现场勘验时，发现孙家有存款单 43 张，计款 154000 元，银元 409 块，50 两重银元宝一个，金戒子 4 枚，鹿茸 3 包，高档香烟 40 余条，现金 6000 余元。此外还有彩电、冰箱、放像机等一批高档家电。

孙某 1968 年当临时工，1978 年转正，1985 年任临县交通局副局长，1988 年任现职。其妻 1985 年农转非后参加工作，3 个孩子均在上学。孙的财产与合法收入明显不符，差额巨大。

（山西省检察院提供）

案例 25

卢某巨额财产来源不明案

1989 年元月，山西省乡宁县城关信用社主任卢某在城内以 65000 元购买一座旧院。10 多天后将旧房拆除，准备用 70000 元建一座小楼。群众举报后查证，卢某家在农村，全家 7 口人，本人工资 110 元，2 个孩子刚参加工作，多年来一直享受政府救济。本人称买房、建房均代他人所为，经查是卢编造的谎言。

（山西省检察院提供）

案例 26

郝某巨额财产来源不明案

哈尔滨通用电器设备厂业务员郝某，在挪用公款案被搜查中，搜出存折号码，检对出存款 35 万元；黄金 247.7 克。以巨额财产来源不明继续侦查。

（黑龙江检察院提供）

案例 27

唐某、吴某玩忽职守案

1988 年 3 月，农民唐某、吴某被嘉定县江桥乡沙河塑料喷漆厂聘为该厂专职护厂值班员。同年 6 月 7 日零时至 6 时，唐、吴两人在担任夜间护厂值班时，不履行该厂《护厂值班制度》，上岗后未按规定巡查厂区，竟在值班室睡觉。唐睡至 1 时 35 分起床，擅离职守，骑自行车外出卖菜，途中听到巨响，发现厂里发生火灾才返回。吴一直睡到 2 时许，被消防人员唤起。由于唐、吴两人的失职，以至未能发现火情，起火后又未及时报警，延误了扑火时机，使大火烧毁了试制调漆车间的房屋和电视机壳、油漆、溶剂及部分电器等物，直接损失达 271000 余元。

（上海市院提供）

案例 28

尹某玩忽职守案

1987 年 7 月 26 日，上海民航售票处财务干部尹某一人在售票处财务室值班，处理发放机票、收款、销号等日常事务。上午，民航售票员张某（系贪污犯，现已判死缓）借故来尹处领取空白机票。按照财务室的机票管理办法，财务人员在发放机票时，必须同时在《票证总登记簿》和《销号登记簿》上登记，以备查及结算。但尹没有按此规定办理，把本应由自己填写的《票证总登记簿》交给张填写，之后又不审验其填写的内容（前一天张已领走2000张机票，簿上已有记载），让张领走2000张空白机票。事后，尹没有在《销号登记簿》上记录所发机票号码，致使这批机票实际处于失控状态。张从七月下旬起，先后将这批机票出售所得13万余元票款占为己有，案发后该款被悉数追回。

（上海市院提供）

案例29

朱某等人刑讯逼供案

1983年8月31日，天门县朱场管理区治安队员朱某和会计辅导员李某、治安员郭某，怀疑文某窝藏在逃者帅某，对其审讯。文告知前几天见过，现在不知哪里去了。李就威胁说："不说实话，就把你打死！"朱某用黑松紧带将文的双眼蒙住，令其伏在地下。李手持木棍、皮带向文臀部、背部猛打，朱也用木棍猛打，并拳击、脚踢文。文疼痛难忍在地上求饶，朱为进一步逼供，将文关进监禁室，文哀求"请医生打强心针"，朱用手中的绳子打文的头部，并用手掌猛砍文的胸部说："这就是强心针！"文被打倒在长凳上，次日晨3时许，在送往卫生所的途中死亡。

同日晚9时许，朱某等人又将盗窃嫌疑对象肖某反绑到审讯室，要其交待盗窃问题，肖否认。李说："不老实交待老子打死你。"令肖伏在地，手持木棍、猛打肖的臀部。李还伙同郭等人用皮带、棍子抽打肖的背部。见肖在地上乱滚，便用长凳将肖脖子卡住并坐在凳子上不让其滚动。朱用木棍、拳头猛击肖的胸部、臀部，用板车杠猛戳肖的背部，二次双脚跳起猛踩肖的背部。次日凌晨2时许，肖死在监禁室里。

（湖北省院提供）

案例30

周某刑讯逼供案

安岳县公安局刑警队侦查员周某，在1982年11月参加办理本县和平乡告发的一起"挟持强奸、轮奸案"过程中，主观臆断，为取得口供，对该案被告人苏某、苏某和涉及的六名男女证人分别采取捆、铐、打等手段，逼取了大量假供、假证，致"二苏"蒙冤入狱，无辜关押了219天。1983年1月，周在审查一起偷盗案时，对嫌疑对象彭某（14岁）罚跪、打骂，将彭的双脚倒提，后来办理的邓某强奸案和扒窃犯刘某时，也采取了刑讯逼供。

（四川省院提供）

案例31

谢某诬告陷害案

1985年至1987年，清远市委组织部办公室副主任谢某在韶关市经济工作部工作期间，因作风和经济问题，受到该部王某副科长的批评，遂怀恨在心，伺机报复。当他获悉香港敌特机关地址后，明知向香港敌特机关写反动信进行勾联，会受到我有关机关查究，而故意于1988年1月21日，以王某的名义写反动信给香港敌特机关。信中称："……决心同您们一道把反共救国斗争进行到底，以后我将我所能得到的机密文件复印并通过K_3转送给组织，力争为组织尽力，全心加入贵反共救国同盟组织，做好内部工作。已收到报酬几百元。"蓄意使王某被追究刑事责任。

曲江县人民检察院以诬告陷害罪起诉，法院以诬告陷害罪判刑。

（广东省院提供）

案例32

陶某、乐某非法拘禁案

1984年7月28日，广济县公安局民警陶某、广济县公路段路政股负责人乐某等人，分乘三辆汽车在广济县公路上清除路障。下午6时许，公路段职工涂某等为清除路面上的稻谷与农民张某发生冲突，经乡党委书记制止，事态已基本平息。7时许，陶某、乐某得知此事后乘车来到现场，陶某下车即朝天鸣放5枪，大喊"把凶手抓起来！"乐某等人将农民张某、张某等5人抓上汽车，陶令人将张某、张某铐了起来。在车上张某等5人遭到惨无人道的毒打。后5人被陶带进广济县公安局拘留。经医院诊断，张某肋骨骨折4根，错位1根，软组织多处损伤，张某全身多发性软组织挫伤。

（湖北省院提供）

案例 33

张某非法侵入他人住宅案

1985 年 6 月 7 日上午，张某采摘同院杨某家茶叶，被杨发现并制止。被告不听劝告，竟撕破杨的衬衣和裤子，致使杨下身裸露。尔后，被告又闯入杨的房内，撕破杨的被子，把马桶里的粪便倒在地上，将被子和床上的 6 件衣服丢在粪便里，还踢倒装黄豆的坛子，使黄豆泼洒于粪便之中。杨发现后，即将张推倒在粪便里，被告人又在杨的床上打滚，并脱下沾有粪便的褂子，在杨家水缸内清洗，无理取闹达 1 小时。

（湖北省院提供）

案例 34

李某报复陷害案

武昌县电石厂机修车间副主任李某，于 1982 年 7—10 月间，利用车间副主任之职，对本车间女学徒工张某猥亵纠缠，遭到拒绝后，即怀恨在心，多次当众对张进行侮辱，诽谤张不是真姑娘，与本厂两名工人有不正当的两性关系等。张不堪受辱，于 8 月 31 日下午自缢未遂，次日又再次准备自尽，被他人发觉劝阻。李仍不罢休，10 月 23 日在车间继续对张进行猥亵，遭到张的斥责后，于 25 日强令不懂电焊技术的张和青工全某一天完成 50 根钢钎的焊接任务，并说："不焊完不记工"，"她死了我抵命"。张含恨写下遗书，次日服毒身亡。

（湖北省院提供）

案例 35

沈某私放罪犯案

1987 年 8 月，吴淞公安分局将已被判刑，要求揭发他人犯罪行为的谢某从劳改农场提回上海，关在吴淞分局留置室中。该分局留置室聘用管理人员沈某同谢熟识后，即提出放谢逃走，沈向谢提供了逃走的最佳时间和 80 元路费，并故意不锁谢的房门。谢趁沈与他人交接班时的空档逃出留置室。经工作人员发现后，将谢抓回。

（上海市院提供）

案例 36

张某徇私枉法案

筠连县人民法院助理审判员张某，1980 年 10 月受理了县社队企业局干部胡某因喜新厌旧提出的离婚案。张为了要胡帮助解决其爱人调换工作之目的，与胡共谋，由胡背着法庭书记员李某，伪造了调解离婚的调查材料，张照抄在法院的调查笔录上。然后蒙骗胡的姐姐和母亲作为"旁证人"在编造的调查材料上盖了手印。之后又伪造了一个"调查笔录"，由张拿去找女方当事人张某，企图骗其盖章，被拒绝。后来，张、胡再次策划，把胡的哥哥的私章偷盖在笔录上作为调解离婚的"在场人"，胡某签字后又在其妻张某名下捺了重叠手印。张将写好的所谓"调解书"连同伪造的材料骗取了领导的签字。在 10 月 22 日将法院正式调解书送达胡。胡在送达回证上冒充其妻捺了手印。又怕事情败露，张将法院的材料专用纸交给胡，胡趁其妻熟睡之机，偷捺了张的指印，将原材料中的指印调换下来。这些伪造的离婚材料被张某发现后告发。

（四川省院提供）

案例 37

孙某包庇罪犯案

1981 年 4—5 月间，上海市虹口区工商行政管理市场科干部孙某，在承办黄青光诈骗一案时，结识了黄的女友童某。孙为达到同童发生性关系的目的，擅自将童以工商局办案人员的身份带进拘留所与黄见面，还带童去询问证人季某，并故意示意季作伪证，以使案件按行政法规处理。孙还先后两次把黄的有关笔录给童看，以想方设法掩盖黄的犯罪事实，并将黄的案件压下不移送司法机关处理。

（上海市院提供）

案例 38

黄某、梁某伪证案

1986 年 3 月 12 日，广东省华侨食品饮料公司食品饮料厂筹建处财务黄某得知，该公司负责人某年收受工程承包人李某、缪某贿赂的 3000 元一事，已被荔湾区检察院发现，就主动到梁某家商议对策。在梁的授意下，黄于 13 日下午指使缪某写“今收到黄姨（黄某）人民币 3000 元”的假收据，并将日期写成 2 月 2 日，作为梁已将贿款退给行贿人的证明。16 日至 18 日，黄又与梁的儿子梁某串通，由黄筹借人民币 2200 元放在黄的办公桌的抽屉里，制造梁已将收受的贿款交给财务的伪证，以此为梁开脱罪责。之后，18 日晚，黄与梁某商议后，黄乘出租汽车到荔湾区人民检察院报案，伪称黄在清理办公桌时发现梁已交出的受贿款 2200 元。

案例 39

广东省粮油进出口公司销售有毒假食油案

1987 年，广东省粮油分公司先后分五批进口 6943.57 吨未严格向有关口岸卫生监督检验所报检的毛豆油，其中有 999.74 吨用旧油桶装盛的。省粮油分公司将 1797 吨毛豆油以豆油和食用油价格卖给东莞市侨汇粮油公司，该公司又将这批油卖给深圳市华联粮油贸易公司，而后深圳又转卖给武汉市粮油食品贸易公司 1099 吨。武汉市卫生防疫部门根据群众反映进行检验，证实这批毛豆油不能食用，对人体有害。

（广东省院提供）

案例 40

阳新县医院重大医疗事故案

湖北省阳新县一产妇在该县医院作剖腹产手术，手术时将纱布留在该产妇腹腔内，缝合时未注意。术后产妇一直低烧，腹部感觉不适。十几天后去地区医院就诊，该医院未作出明确诊断，几天后，该产妇腹部有浓液流出，地区医院才施行开腹手术。由于腹部发炎并粘连得很厉害，手术切口不适，造成败血症死亡。

（湖北省院提供）

案例 41

云梦县一中医医师重大医疗事故案

湖北省云梦县某医院中医主治医师，在诊治患者坐骨神经痛时，采取未经科技鉴定的新方法，用 ViCB. DoLadhi. Renicillin 作腰部封闭时，把几种药注射到椎管内，引起患者脑脊液压力增高，脑疝形成很快死亡。

（湖北省院提供）

案例 42

上钢三厂发生的一起恐吓案

1983 年，上海钢铁三厂一工人，因同领导发生矛盾，便扬言报复。他声称在该厂锅炉房里安装了炸弹，随时可能爆炸。结果，工人们不敢上班，整个工厂人心惶惶，几乎停产。上海市公安局出动了许多干警进行查找，折腾了几天，最后证实根本没有什么炸弹，仅仅是恐吓。

（上海市院提供）

案例 43

南川水江特制桐油厂生产劣质桐油案

四川省綦江、南川两县联办的南川水江特制桐油厂，1986 年生产劣质的“1—5 型特制桐油”冒充“国标二号”产品，与陕西等省市签订合同 78 份，共 11 万多吨，金额达 3.8 亿多元。因产品质量低劣，购货单位只提货 7 吨多，导致购货方损失 100 多万元，其中银行贷款 10 万多元无法偿还。

（四川省院提供）

案例 44

顾某盗描、出卖单位技术图纸案

1984 年 7 月，上海科技大学校办工厂工程师研制成功 SAP-1 高压匀浆器，并获得上海市政府授予的重大科技成果二等奖。同年十二月，该校办工厂技术股股长顾某擅自与外单位技术员沈某、曹某到江苏无锡县全川乡西塘大队，洽谈转让高压匀浆器技术协议。该大队工厂厂长杜某答应给他们设计图纸费 3000 元。之后，顾自描泵体分类图，并将泵体总图和传动部分交沈描绘。于 1985 年 2 月送西塘大队。顾等人先后两次从西塘大队取得图纸转让费 2000 元，顾从中分到 750 元。西塘大队根据图纸，试制成功一台样机，并协议以后获利润再定分成。经科大技术开发总公司鉴定，该图纸价值为 10 万—15 万元之间。

（上海市院提供）

案例 45

张某出卖本厂技术资料案

上海试剂二厂生产的"乳清酸"是北京日化三厂名牌产品"奥琪"防皱霜的主要原料。该厂中心试验室技工张川申经人介绍结识了江苏宣兴第二合成化工厂厂长李某，李要张帮忙搞"乳清酸"。张即以 200 元行贿同厂职工陆某，索取"乳清酸"生产的技术资料，之后卖给宣兴第二合成化工厂，致使试剂二厂失去北京销售渠道，每年损失 100 万元利润。李送给张现金 2000 元以及"松下"彩电、"香雪海"冰箱各一台。

（上海市院提供）

案例 46

马某侵占他人财物案

1988 年 7 月，马某与被害人张某等人一起乘火车到上海采购服装。8 月 3 日马与张同住闸北区图书馆招待所的同一房间。因张无旅行袋，经马同意张将公文包装进马的旅行袋内，寄存在招待所的寄存处，寄存的行李牌和旅行袋的钥匙由马来保管。4 日下午，马趁张熟睡之机，独自去寄存处取出旅行袋，拎到厕所从袋内拿出张的公文包，再将旅行袋放回寄存处。然后，马拧掉公文包上的小锁，从张的公文包内取出人民币 6700 元，丢弃公文包，再将这笔钱寄往兰州的一个朋友处。次日上午，马故意让张去提取旅行袋，张发现公文包不见，即问马是否拿过，马否认。

（上海市院提供）

案例 47

大冶县侮辱尸体案

湖北省大冶县某村一名 17 岁女孩服农药自杀，家人将其埋葬后不久，就被人挖出并奸尸，而后将女尸的双乳和阴部用刀割下。此案在当地影响极坏。

（湖北省院提供）

案例 48

礼泉县挖坟奸尸案

陕西省礼泉县某乡一农民，在 1985 年至 1986 年年初，先后五次挖掘坟墓，对本乡或邻乡土葬不久的青年妇女进行奸尸，然后弃尸于荒野。此事在相当一段时间造成附近几个乡的秩序混乱，人心惶恐不安，影响了社会的安定。

（咸阳市院提供）

案例 49

黄某等四人非法出版案

黄某、郑某、薛某、张某四人从事印刷销售各类卡片及饭菜票等业务，挂户苍南县华侨工艺总厂。1986 年 12 月，张以联系业务为名，取得华侨工艺总厂的介绍信，并私自填写租借邮政信箱的内容，以发广告为由向上海提篮桥邮政支局租得一信箱，并经邮局同意刻制了该信箱业务专用章，以此向社会征订中学生复习册。1987 年上半年，由薛在个体印刷户处印刷盖有该图章的《知识信息订货单》37 万份，在未经工商登记批准的情况下，以该信箱的名义，擅自向全国 18 个省市 400 多个县的 2000 多个教学单位邮寄订单 11 万余份。自 9 月至 12 月，黄等人收到各地订户汇来的货款 304000 余元。他们用收到的货款作资金。将购来的八种复习资料，分别在八个个体印刷户处印刷 32 万余册，邮寄出 24 万册，另有 8 万册被工商局查封。黄等四人收取的 304000 元中，除支付各种费用和退还订户贷款外，非法获取 52000 元。

（上海市院提供）

案例 50

李某破坏计划生育案

湖北省某地李某，非法为妇女摘取节育环，并未收取任何费用。由于没有医用工具，李某就用自制铁钩为妇女取环，结果导致该妇女大出血死亡。

（湖北省院提供）

案例 51

上海市 11 名罪犯扰乱监管秩序案

上海某监狱，一劳改组长煽动 11 名罪犯集体绝食，吞食异物。而后用床把监舍门顶上，使管教干部进不去，并扬言要死在监狱里。后来，管教干部想方设法并采取突然行动，冲进房间，才未造成重大人员伤亡。

（上海市院提供）

案例 52

刘某借高利贷而致贫困案

黑龙江省五常县兴盛村农民刘某，全家四口人。原来生活富裕，后因爱人生病，生产遇到困难，以五分利借款 1200 元给爱人看病，从此一蹶不振。每年生产的粮食没进家门就被债主扛走。现在刘某家，房屋漏天，炕上无席，没有被褥，其爱人只有一条裤子。

（黑龙江省院提供）

案例 53

刘某因还不起高利贷而被杀案

黑龙江省阿城县农民刘某，因生活困难和给爱人治病，于 1984 年 4 月通过本村的陈某，以八分利向个体户陈本金贷款 300 元，到 1986 年 4 月刘某应还本总共 588 元，但因生活困难，无力偿还，陈某三次索要不成，将刘某及其侄子杀死，陈某投井自杀。

（黑龙江省院提供）

案例 54

叶某图利案

1988 年年底，广东省阳春县三叶农场派出所驻乔连分场民警叶某，同何某、肖某（二人均是农民）密谋，由何、肖二人冒充老板，到附近村子收购生橡胶（生橡胶是国家统购产品，私人买卖会受到没收和罚款处理），在交货时，叶以民警身份出现没收橡胶。于是，何、肖二人通过该县农民伍某向当地农民收购生橡胶，每斤价格为 1.35 元，并给伍 530 元定金，约定 10 月 9 日晚 12 时到八甲镇黄坡桥头交货。肖还叫其姐夫陈某冒充警察帮忙，由叶给其一件无领章的警服和一顶警帽。叶、陈骑上摩托车于约定时间到达，在何假装与农民交款取贷时，突然出现，13 名农民见警察到来弃货逃跑，叶等人把橡胶装上事先备好的汽车，运到交州县收购点卖掉，共获利 2268 元。

（阳江市院提供）

案例 55

上海嘉定县副县长图利案

上海嘉定县委委员、常务副县长钮某，近年来以权谋私、肆无忌惮地侵占集体利益。钮在该县望新乡大理石厂买大理石装修房屋，采取少付款的办法，先后侵吞近 2000 元。还有，他坐小车一天跑四、五个乡镇企业“赶场子”，装上“礼物”就走。别人拿一套礼品（照相机、电吹风、电动剃须刀），他却要三套。此外，钮还采取索要方法，先后向外商要了一只价值11万日元的高级含金打火机和一只价值2000元港币的含金圆珠笔。1988年9月，钮以学习为幌子去香港旅游，一行9人在香港住了10天，共花掉公款15.6万元人民币。除了白吃白住外，每人还分得千余元港币购物。临走时，钮又向港商索要四块手表，说是分送县领导。

（上海市院提供）

案例56

邱某、陈某利用工作之便图利案

广东省佛山市公安局干部邱某和陈某，利用在公安局工作的便利条件，通过办证科工作的区某，于1984年6月—1985年8月期间，先后为10人办理出港手续。邱某从中得到港币49500元、人民币3450元；陈某得到港币19500元、人民币500元和金耳环一对（价值港币约200元）。

（佛山市院提供）

案例57

公安人员引诱他人犯罪案

临时工余某、余某，于1988年9月初，到深圳市找到李某，要求李帮忙找一部中巴来承包，并同时结识了李的表弟赖某（特情）。当得知赖需要淫秽录相带后，二余犯便密谋到老家陆丰县购买转卖给赖，从中牟利。同时，赖已将这一情况告诉了口岸公安分局。9月9日，两余犯坐车到陆丰县，找到同乡余某，用50元人民币向余子忠购买2盒淫秽录相带，10日交给赖，赖以验片为由，将该片拿到口岸公安分局。当天下午，赖声称片质不行，要求再多拿12盒来检验。两余犯于11日又到陆丰县，用120元向余子忠购买6盒淫秽片。12日将6盒淫秽片交给赖和李某（于警，已装扮成要货人），两余犯向赖要人民币710元。13日赖告诉两犯，再要70盒。两余犯又于当天下午赶到陆丰县，14日早再次向余子忠购买62盒，用去人民币1100多元。二犯当天赶回深圳，找到赖。赖即打电话告知李某赶来，赖等人在布心饭店与两余犯商量交货的时间、地点。晚上9时许，两余犯到李某开设的房间交货，被事先布控在现场的公安人员抓获。

（深圳市院提供）

案例58

杨某宣传煽动案

1989年5月下旬，成都第二重型机械厂工人杨某编印了《当代中国政界要人关系》；编写了《中国政局预测》，内容有：学生可能采取的行动，进一步的办法，自焚问题等。以上两个小册子共印500册，在街头以0.30—0.50元售出200册，并多次演讲。6月12日在卖书时被抓获。公安机关以反革命宣传煽动罪投捕，检察院以扰乱社会秩序罪批捕。

（成都市检察院提供）

案例59

魏某、章某盗窃小口径步枪案

魏、章二犯于1988年9月9日晚在湖北省随州市体委保管室盗窃小口径步枪2枝（价值200元），用以打鸟、狗。同年11月1日打枪时，打伤某农民一只眼睛。

（襄樊市检察院提供）

案例60

周某等人利用合同诈骗案

1985年10月，东方红公司经理周永年和无业人员周某叫无业人员包某与港商吴某同去深圳市，找该市南方交通发展服务公司经理汪某，谎称东方红公司是国营企业，有资金1千多万元等，提出要同南方联营对虾生产。双方各投资200万元，由周某包干经营，二个月后给南方公司20万元利润。汪信以为真，在穗丰咨询服务公司见证下，汪交付给周200万元。

周某得款后，付给吴某介绍费4万元，分给包2万元，自己花费5.2万余元，借给他人20余万元；为做锡矿砂和生丝出口生意，预付款63万元，被骗52.3万元，1985年年底，汪某向周追付本金和利润，周称正在做生丝生意，要求推迟交付。汪同意，并向周要外汇，周便给包 35.5 万元人民币去换港币，包以 25.9 万元在黑市兑换港币 40 万元，汇给南方公司 39 万元港币，给介绍人 1 万元港币。还有 9.6 万元人民币被包借给他人。

至 1986 年元月案发时，周某等人已欠南方公司人民币 180 万元。

（上海市检察院提供）

案例 61

冯某造谣惑众案

1989 年 6 月 4 日下午，成都市川大汽车公司驾驶员冯某，驾驶一辆大轿车，向车上乘客造谣说：今天公安打伤好多人，医院都住满了；一个老太太跪下，他们也不饶。见到一个岗亭被烧毁，冯又说：今晚还有好戏看，现在公安连狗皮也不敢穿了，等等。

（成都市检察院提供）

案例 62

上海一干部造谣造成严重损失案

上海外贸进出口公司某科长与下属的万金油厂厂长有矛盾。该科长于今年初通过一个港商在《华南早报》上刊登国内万金油要降阶 20%的虚假消息，以致港商纷纷中止合同，造成今年上半年万金油厂出口任务仅完成 100 万元，比往年同期减少 200 万元。

（上海市检察院提供）

案例 63

秦某脱逃案

秦某因犯盗窃罪被判刑 5 年，在万家劳改支队服刑。1985 年刑期将满，其未婚妻为考验秦对她的心意，于元月 16 日给秦写信称："我已另找对象，你不要再来信了" 等等。秦犯阅后心急如焚，请求干部写信让其未婚妻来队，在干部监督下谈判，队干部不允。秦又提出随队去灌县出差搞搬运，在干部监督下与未婚妻面谈几句，亦遭拒绝。进而秦又写请假条，也未被批准。秦犯一气之下，请一犯人帮他请假，逃离劳改队。当晚步行一夜赶回家中。当未婚妻对秦说明开玩笑的原因后，秦准备返回劳改队，被追逃的劳改干部赶到抓获。

秦犯被以脱逃罪加处半年有期徒刑。

（成都市检察院提供）

案例 64

唐某脱逃案

唐某因又犯盗窃罪，于 1988 年被判刑 4 年，在万家劳改支队服刑。该犯 1989 年 4 月 6 日晚脱逃至劳改队附近的万家村五组山上，第二天即被抓获。审讯中，唐犯供称："家里什么都没有，想将来刑满后留场就业，劳改队又不准，因此想再次犯罪，多加点刑，以便长期留在劳改队。逃出去又不远走，就是想让你们抓住，加我的刑。"

（成都市检察院提供）

案例 65

杨某销赃案

四川省邛崃县桑园乡农民杨某，自 1985 年 4 月至 10 月的半年间，先后为重大盗窃犯闫某代销盗窃的手扶拖拉机 4 台（共盗 6 台），价值 13400 元，销价 9140 元，杨某得款 330 元（另有 100 元未及到手）。

这 4 台拖拉机，闫某均未明确告诉杨某为盗窃所得。但 4 台拖拉机均无任何手续和证明，销价明显低于价值。销售第 3 台时，杨某见车号不是当地的，曾提出疑问，闫谎称"是在名山县与人打赌买来的"，杨便不再追问，一如既往积极联系买主。当买主提出要出售证明时，杨又与闫到本大队开出一张转户假证明，搪塞买主。其后不久，同村农民陈某对杨说也想买一台车况好一些的手扶拖拉机，杨转告闫后，闫即去彭山县东门口盗窃了一台，交给杨某售与陈某。

（乐山市检察院提供）

3. 关于修改刑法十个重点问题的研究意见

（最高人民检察院刑法修改研究小组　1996年5月）

全国人大常委会法工委最近提出了修改刑法需要研究探讨的十个重点问题。最高人民检察院刑法修改研究小组经过讨论研究，提出如下意见：

一、罪刑法定原则的法定化及相关问题

（一）刑法中应明确规定罪刑法定等刑法基本原则

刑法的基本原则问题是刑法中一个带根本性的问题，它对整个刑事立法和司法活动起着指导和制约作用。为此，我们同意在刑法总则中明确规定以罪刑法定原则为核心的一些基本刑法原则，即罪刑法定原则、刑罚公正原则、主客观相统一的刑事责任原则、刑罚个别化原则、惩罚教育相结合原则等。这些原则的确立，有助于完善我国刑事法制，有利于惩办犯罪、分化瓦解和罪犯改造。

（二）罪刑法定原则法定化与刑法需要解决的几个问题

在刑法中规定罪刑法定原则，不应仅是个宣示性条文，也不单纯是为了规范刑事司法，更重要的是以罪刑法定原则指导刑事立法。修改刑法中要考虑刑法条文的具体设计和立法技术符合罪刑法定原则的基本要求。

1. 同意刑法取消类推制度。其主要理由是：类推制度与罪刑法定原则的精神相矛盾，并且类推制度的保留不利于我国的法制建设和对公民权利的有效保护，取消类推反映了社会主义国家法制化、民主化的必然趋势。

同时，取消类推制度后，要考虑其可能带来的影响，在当前社会变动较大的情况下，应尽量使刑法条文较为周全，并应有一定的预见性，防止出现法律修改后不久就出现漏洞。

2. 取消刑法第五十九条第二款的规定，法院不应有不受限制的裁量减轻处罚权。本条款赋予法院无限的裁量处罚权，实际上是对罪刑法定原则的否定。由于此条的规定，导致个别法院的司法权滥用，造成很大影响。

3. 应摒弃立法宜粗不宜细的作法，罪与刑的规定应当明确化。在罪状表述上应多采用叙明罪状的立法方式，对犯罪特征要力求作具体明确的规定，改变现行刑法中某些条文罪状过于简单，犯罪构成要件缺乏明确的表述，司法人员难以操作的现象。

4. 缩小分则中某些具体罪名同一量刑档次上的法定刑幅度，消除不同刑罚档次上法定刑交叉的现象，注意各种具体犯罪法定刑的协调均衡，最大限度地体现犯罪行为的社会危害性与应处刑罚的对应关系。

5. 应将量刑原则具体化。明确规定从重、从轻、减轻的处罚方法及限度，尽量避免司法实践中的随意性。

6. 明确罪名与数罪的标准，分则条文设计应是一罪一条，数个不同罪名不应包含在同一法条中。

7. 经济犯罪中的共同犯罪人如何承担刑事责任的问题。目前，由于法律规定不明确，司法实践中对经济犯罪中共犯人的处罚原则比较混乱，有的原则不尽合理。我们主张，经济犯罪中各共犯人，不论是首犯、主犯还是从犯，均应对共犯的共同结果负责，在以此为基础确定罪和法定刑的幅度上，可以考虑对不同的人根据他们在共犯中的地位、作用和所得数额具体裁量刑罚。这种原则符合共同犯罪、共同负责的原理，才真正体现了罪责自负原则。

8. 经济犯的未遂问题。首先是应确定未遂罪的范围，即哪些罪的未遂应处罚，现有规定容易理解为所有的故意犯罪都有未遂，都应处罚。其实不是这样，实践中也不可能。在刑法总则中可以规定“对未遂行为，法律有规定的才处罚”。在分则中具体点明哪些罪的未遂要处罚。

对经济犯罪的处罚，主要以数额为标准，但有许多经济犯罪的行为人故意的内容是概括的，在未遂情况下，就无法比照既遂犯从轻或减轻处罚。对无法比照的，有必要规定按一定的法定刑比例处刑。

9. 将经济、行政法律中的类推刑事立法吸收到刑法分则条文中，独立规定明确的罪名，并力求避免未来经济行政法律中出现类推刑事立法的现象。

10. 将经济行政立法中“构成犯罪的，依法追究刑事责任”的条款明确化，避免其模糊空洞的弊端。

11. 明确“国家工作人员”、“国家机关工作人员”等的概念和范围，以保证统一执法。

二、我国公民在国外犯罪适用刑法的范围问题

（一）我国公民在国外犯罪适用刑法的范围应扩大

目前有一种实际情况应引起注意，即我国公民在国外对我国国家和公民犯罪问题。随着对外开放的发展，我国出国留学、访问、考察、劳务等人员越来越多，各种驻外机构、中资企业也越来越多，这些人中有的除了对外国和外国人犯罪外，也经常发生他们相互之间的侵犯，或者在国外对我国国家的犯罪。这些行为如发生在国内，适用刑法是没有问题的。但发生在国外，由于刑法规定的适用条件的限制（包括罪种、刑期和外国法律不处罚的例外），使在此范围外的犯罪受不到处理，这是不合理的。如果外国也不处理，就更易使罪犯逃脱处罚。所以我们建议，在维持现行刑法第四条、第五条的规定的基本体例的基础上，对其具体内容进行调整、补充，旨在扩大我国公民在国外犯罪适用刑法

的范围，保护国家和我国公民的利益不受损害。

（二）增加规定刑法第四条列举的犯罪

现行刑法第四条规定的罪种过少，不足以维护国家利益。应从保护国家政治、经济利益和在国外的我国公民的利益角度出发，并切实考虑目前我国公民在国外居住、生活、学习、工作等方面的实际情况，增加规定一些犯罪。涉及国家政治、经济利益方面的犯罪，如挪用公款罪、国家工作人员渎职罪、金融诈骗罪，等等。

（三）修改刑法第五条的有关规定

刑法第五条的规定，是从“相对属人主义”出发，规定在一定限制条件下，对中国公民在国外的犯罪适用刑法。现行刑法第五条的规定有两个问题，一是规定 3 年以上有期徒刑的限制，使可能被追究的犯罪过少（刑法分则中大部分罪名的法定最低刑是 3 年以下），且与 1 年以上有期徒刑可以引渡的国际惯例不配套；二是“但书”规定“按照犯罪地的法律不受处罚的除外”，使许多在国内本应追究的犯罪，只是因为发生在国外，存在中外法律冲突问题，就处理不了。我们认为，规定“3 年”的刑期限制，可能包括的犯罪过少，此问题应与刑法分则各罪名法定刑的调整结合起来考虑，不论是修改“3 年”为“1 年”，还是保留 3 年，而调整分则罪名法定最低刑，都要保证使该条的规定不致使所能适用的范围过窄，否则将失去该条规定的实际意义。另外，建议取消该条中“但是按照犯罪地的法律不受处罚的除外”的规定，这主要是考虑到目前我国公民出境机会较多，人数较多。中国公民在国外同外国人的法律地位不一样，我国法律对在国外的中国公民的行为评价，不应等同于外国人；在国外的中资企业、驻外工程承包单位、留学生、驻外机构中的内部案件较多，中国公民和中国公民之间发生的刑事案件也较多，其中许多案件，按照当地法律是不管的，如果仍规定这一限制条件，不符合目前的实际情况，不利于对我国国家利益和公民权益的保护。

三、强化对公民正当防卫权利的保护问题

（一）刑法应当强化对公民正当防卫权利的保护

1. 刑法中规定正当防卫，实质上是确认合法权利的不可侵犯性。随着社会主义民主法制建设的不断加强，特别是在社会治安尚未根本好转的状况下，强化对公民正当防卫权利的保护，是十分必要的。

2. 强化对公民正当防卫权利的保护，有利于动员和鼓励人民群众见义勇为，积极同犯罪作斗争。目前，刑法规定过于原则，以致实践中对正当防卫掌握过严，对防卫过当掌握过宽，对见义勇为行为常常在是否防卫过当上纠缠，在一定程度上伤害了人民群众见义勇为的积极性。

3. 现行刑法对正当防卫的规定不尽完善。对公民财产权利的保护较弱，一些应当视为正当防卫的行为没有明确规定，对防卫过当的处罚，规定得不清楚。这种状况不适应切实保护公民权利的客观需要。

4. 强化对公民正当防卫权利的保护，并不必然导致防卫权的滥用，因为防卫权是否被滥用，关键在于正当防卫有无明确的条件限制，而不在于正当防卫的范围和防卫过当标准的界定。

（二）修改的基本思路

1. 进一步明确正当防卫的保护范围。现行刑法第十七条第一款规定中的“其他权利”的范围没有具体指明，实践中通常只重视和强调对人身权利的保护而忽视对其他权利的保护。因此，建议在修改刑法时将正当防卫的保护范围具体化，明确规定：为了使公共利益、本人或他人的人身、自由、财产等权利免受正在进行的不法侵害，而采取的正当防卫行为，不负刑事责任。

2. 增加正当防卫的手段。建议在现行刑法第十七条中增加一款，规定对以破门撬锁、暴力方法强行非法侵入或以秘密方法潜入他人住宅、银行、仓库等重要场所的人，不论其意图的非法行为是否实施，都可以实行必要的防卫。

这样规定，有利于切实保护公民的人身和财产安全。目前，我国的社会治安尚未根本好转，以破门撬锁、暴力等非法手段侵入他人住宅和有人看守的银行、仓库、办公室的犯罪不断发生，这对公民的人身权利和财产安全构成了极大的威胁，而公安机关又警力不足、快速反应能力较差，在这种现实状况下，这种规定对于保护人民群众的人身和财产权利具有特别重要的意义。这类立法在国外已有先例。如 1994 年法国新刑法典第一百二十二至一百二十六条，加拿大刑法第三十八、四十、四十一、四十二条等就有类似的规定。

3. 建议在刑法中规定，人民警察和其他执法人员依法缉拿、制服罪犯等执行职务行为，不负刑事责任。目前执法人员的执法活动往往以正当防卫认定，应改为按执行职务看待。

4. 严格规定防卫过当的条件。建议将现行刑法第十七条第二款修改为：防卫行为明显超过必要限度造成不应有的危害的，应当负刑事责任；但是应当减轻或者免除处罚；增加“明显”二字。这样修改的目的是把防卫过当限制在至少有过失的范围之内。目前司法实践中对过当的条件掌握得过宽，不利于鼓励人民群众运用正当防卫的权利同犯罪作斗争。另外，从实际情况看，正当防卫通常都是在双方相互争斗的运动状态下进行的，行为人往往难于准确把握防卫是否过当。

5. 关于防卫过当的处罚。建议在现行刑法第十七条第二款中删除“酌情”二字，因为该句中的酌情二字的含义不甚明确，容易产生歧义。

同时，建议在该条中增加一款：不法行为的受害人因激愤、恐惧或慌乱而防卫过当的，免除处罚。这样规定有利于保护公民正当防卫的权利。

6. 建议在有关正当防卫的规定中增加两条：

（1）实施挑衅行为的人不适用正当防卫的规定。

（2）实施犯罪行为的人对正当防卫人实施加害行为的，对其所犯之罪或加害行为构成的犯罪，从重处罚。

增加上述第一条的理由主要是为了防止有人借正当防卫之名行恶意伤害之实，保证正当防卫权利的正确实施。增加上述第二条的理由主要是鉴于一些不法之徒专门伤害见义勇为的人，有必要规定较重的法定刑。

四、刑种的调整与变更问题

（一）建议取消管制刑或者调整其内容

取消管制刑的理由是：

1. 管制刑赖以存在的历史条件早已消失。

2. 管制刑与其他刑罚不协调。管制刑虽然是刑法中规定的最轻的主刑，但最长期限为两年，按照管制 2 日相当于拘役 1 日的比例折算，管制刑比拘役还严厉 2 倍有余。

3. 在数罪并罚的情况下，管制刑可能成为多余的刑罚。

4. 改革开放以来，跨地区、跨行业的经济流转和人员流动越来越多，基层组织不健全，传统意义上的集体生产已不存在，这种新的形势给管制刑的执行带来了很大的困难。

5. 长期以来，各地人民法院很少适用管制刑。

另外，也可以考虑从管制刑的内容上作一些调整。管制刑是一种不完全剥夺自由的刑罚，符合世界刑罚改革的潮流，所以，可以保留管制作为一种限制人身自由的刑罚，与剥夺人身自由的刑罚轻重搭配，使刑罚体系更为科学完整。但要根据实际情况，从科学可行的角度考虑，调整管制刑的内容，即将现行刑法第三十四条的内容修改为：（1）遵守国家法律，服从群众监督；（2）定期向执行机关报告自己的活动；（3）迁居或者长期外出经商、探亲必须经执行机关批准。另外建议制定管制实施办法，建立管制委员会，使管制的执行落到实处。

（二）扩大罚金刑的适用范围

罚金刑可以适用于以下对象：（1）贪利图财性的犯罪；（2）轻微犯罪；（3）过失犯罪；（4）法人犯罪。

理由：（1）正确适用法律，不仅能够改变传统的只注重适用自由刑的观念和作法，而且能产生与短期徒刑或拘役同样的，甚至更好的惩罚与教育的效果。（2）可以节省大量的人力和物力，减少狱政方面的困难，增加国家收入。（3）可以避免短期自由刑监管改造效果不好而又容易相互传染犯罪恶习的不足。（4）可以使犯罪人少受关押，避免与社会长期隔离，减少重返社会的困难。

对罚金的数额标准。刑法中没有具体规定，只在第四十八条中规定“应当根据犯罪情节决定罚金数额”；近年来颁布的一些《补充规定》或者《决定》，有的采取按犯罪数额的倍数或者百分比决定罚金的数额，有的采取直接规定罚金的最低限额和最高限额的方式。这些方式存在的问题是，罚金适用于贫富不均的人，就会产生事实上的不平等；同时，没有考虑到犯罪人的实际缴纳能力，实践中存在着判决罚金难以执行的情况。因此，建议增加规定，应当根据犯罪的社会危害程度和犯罪人的人身危险性、经济状况，来决定罚金数额。可以借鉴国外刑法中“日数罚金制”，规定我国罚金刑方式。

我们不赞成把罚金刑上升为主刑，因为这样容易造成以钱赎刑、公民在适用法律上的不平等，而且罚金刑成为主刑，无法与其他主刑并处。

（三）建议提高有期徒刑的最长刑期为 20 年，数罪并罚不超过 30 年；扩大无期徒刑的适用范围，延长其适用减刑或假释的期限。这样可减少死刑的适用范围。

（四）建议增加规定资格刑

不少国家的刑法中都有种类较多的在一定时期内剥夺犯罪人某种资格的刑罚规定。这种资格刑针对性强，有利于剥夺犯罪人再犯罪的条件。

1. 建议对违反职业义务的犯罪除判处自由刑、财产刑以外，还可以判处在一定期限内不得担任某种职务（如公务员）、从事某种职业（如会计、审计、公司管理人员）。

2. 对法人犯罪可以判处在一定期限内禁止从事某项业务，或者经营活动。

（五）对法人犯罪中直接负责的主管人员和其他直接责任人员的处罚标准应当与自然人犯同种罪的有所区别，即应高于自然人犯同种罪的处罚标准。

（六）建议增加规定不剥夺自由的刑罚制度。如无偿进行社区公益劳动等。

五、强化对累犯的打击和加重处罚原则问题

（一）刑法应强化对累犯的打击

1. 对累犯的从重处罚，应在刑法第六十一条基础上进一步从重。主要理由是：（1）累犯主观恶性深；（2）累犯人身危险性大；（3）累犯对法律统一的破坏，对社会心理秩序、公民个人秩序的破坏都较一般刑事犯罪更为严重；（4）刑事犯罪日趋猖獗，累犯增多，其中累犯占相当比例。

2. 从重处罚的方式。原则是延长再犯期限，区分不同刑罚规定不同的期限。根据原判刑罚的不同，规定三个档次的禁止再犯期限。

（1）原判管制、拘役、不满 3 年有期徒刑，在 3 年内又犯罪的（通常 3 年以下有期徒刑犯为轻罪）。

（2）原判 3 年以上不满 10 年有期徒刑，在 5 年内又犯罪的；（通常 3—10 年有期徒刑被视为较重犯罪）。

（3）原判 10 年以上有期徒刑、无期徒刑，在 7 年内又犯罪的（通常 10 年以上为严重犯罪）。

外国立法情况：国外一般都对刑事犯罪规定较长的禁止再犯期限，大多为 5 年，如日本、原德意志联邦共和国、比利时、英国等。也有分档次规定的，如朝鲜，分 3 年以下有期徒刑的，经过 5 年；3 年以上 10 年以下的，经过 7 年，我国刑法草案第二十二稿基本采用上述分档次原则，第三十三稿规定的再犯期限也为 5 年。

（二）关于加重处罚问题

加重处罚有立法加重和司法加重两种，立法加重又包括立法上的一般加重（总则）和特别加重（分则）。司法加重即由司法机关在裁判时酌加，这种加重方法因使法官享有太大的自由裁量权，且与罪刑法定原则相悖，因而一般不为各国采用。我国刑法无加重处罚的规定，仅处理“两劳”人员再犯罪的决定中有规定，但该《决定》并没有规定加重处罚的方法。有关《决定》的说明中讲是“罚加一等”，在最高刑上一格加重，但实践中并未解决“等”和“格”的问题。我国现行刑法也不存在“等”的问题，由于立法上量刑幅度大，互有交叉，也难以区分何为“格”，因此，该《决定》所规定的加重，实际上是司法加重。

根据我国刑事立法的状况和罪刑法定原则，建议不规定加重处罚原则。对需要给予严惩的犯罪行为，可以通过从重来解决。如在原有刑罚的幅度内从重还不足以惩罚犯罪，可以再增加规定一个量刑幅度。个别情况确需加重的，可以在分则中规定加重处罚，但要明确规定加重的方法，如在原刑的基础上加重多少。

六、刑法中是否增设保安处分问题

（一）保安处分立法的必要性

1. 保安处分的概念及与刑罚的区别。保安处分是一种非刑罚的处分方法，是刑罚的辅助措施，用以加强刑罚的效果或者补充刑罚的某些不足。保安处分与刑罚的区别是：（1）保安处分适用的范围较宽，不仅适用于犯罪人，而且适用于具有违法行为，并有犯罪危险的人。（2）处罚标准不同。刑罚以刑事责任为根据，主要根据犯罪行为的社会危害性大小来处罚而保安处分以犯罪危险性为根据，主要按照犯罪的可能性的大小来处罚。（3）处罚的性质不同，刑罚具有报应性与惩罚性，而保安处分具有排除危险和矫正的性质。（4）预防的重点不同，刑罚是消极的事后预防，以一般预防为重点；保安处分是积极的事前预防。

2. 我国刑法中增设保安处分制度的理由。

（1）我国经过几十年的实践，在社会治安和犯罪预防方面形成了一套类似于保安处分的措施和办法，这些措施和办法既符合中国的实际情况，又行之有效，包括劳动教养、收容教养、收容遣送、强制教育劳动和治疗、强制戒除、责令管教、严加看管和治疗、工读教育和社会帮教等。但缺点是，它们没有系统化、规范化，多数没有纳入法制轨道。将其纳入刑法规范，有利于统一标准，规范执法。

（2）国外一些个人和组织多年来以此为借口，攻击我国的人权状况，特别是对于劳动教养问题。通过法典化，可以消除攻击我国的借口，防止授人以柄。

（3）在刑法中规定保安处分，是对现行刑罚制度的必要补充，从预防犯罪、处置违法犯罪的角度看，与现行治安处罚条例形成更为紧密的衔接关系，将一些犯罪消灭在萌芽状态；从教育和改造犯罪人的角度上看，是对于刑罚执行效果的巩固和加强，使犯罪人得到彻底的改造，减少重新犯罪率。

（4）在刑法典中规定非刑罚方法已经成为一种世界性的刑事立法潮流。

（二）保安处分的适用范围

1. 实施了严重危害社会行为，但根据刑法规定不构成犯罪，或者不应追究刑事责任的行为人，包括：（1）未达到法定刑事责任年龄的未成年人；（2）无刑事责任能力的精神病人。

2. 犯罪较轻，可以作出不起诉决定的，或者被免予刑事处分的人；被判处刑罚，执行完毕或假释者。上述有必要对其进行一段时间的社会帮助教育的。

3. 具有毒瘾、习惯性酗酒恶习者或因卖淫嫖娼感染性病者，需要进行强制禁戒或者治疗的。

4. 实施了其他违法行为，虽尚未构成犯罪，但因恶习较深，需要对其进行一段时间的强制劳动教育的。

5. 已满 13 岁未满 18 岁，有违法或者轻微犯罪行为，不适宜于在原学校学习的中学生。

6. 其他实施的危害社会的行为，有重大犯罪倾向，可能发展为犯罪的人。

（三）保安处分的种类

1. 剥夺自由的保安处分。（1）劳动教养。适用范围为上述第四种对象，期限改为最长为一年。（2）强制治疗。适用范围为上述第一种情况中第（2）类以及第三种情况。

2. 限制自由的保安处分。（1）社会帮教。适用范围为上述第二、第六种情况。（2）禁止或限制从业。适用范围为上述第二、第六种情况。（3）禁止和限制居住。适用范围为上述第二、第六种情况。（4）剥夺驾驶执照。适用于上述第二、第三、第六种情况。

3. 少年保护处分。（1）工读教育。适用范围为上述第一种情况中第（1）类和第五种情况。（2）收容教养，适用范围为上述第一种情况中第（1）类的人。

（四）保安处分的决定和执行程序

在我国，保安处分的决定和执行程序，应根据我国的司法体制和历史传统来斟酌考虑。对构成犯罪，应与刑罚附加适用的保安处分，应由法院决定；对其他违法行为或未进入司法程序的，可由公安机关或其他机关决定。保安处分的执行由公安机关负责。

七、法人犯罪如何规定和完善问题

（一）法人犯罪的称谓

全国人大常委会制定的单行刑事法律对法人犯罪一般规定为“（企业事业）单位……”因此在各种文件和学术文章中，除“法人犯罪”外，有的还称“单位犯罪”。比较而言，法人是专业用语，“法人犯罪”的称谓更为专业化和规范化。鉴于客观上还存在不具备法人资格的非法人组织犯罪的情况，建议使用“法人及非法人组织犯罪”称谓。

（二）法人犯罪的概念

为便于区分法人犯罪与自然人犯罪，建议在总则中规定法人犯罪的定义，具体可规定为：“法人犯罪是指法人为谋取自身利益，在法人意志支配下，通过法定代表人或者其代理人，以法人名义实施的犯罪行为。”

（三）法人犯罪的种类

针对司法实践中大量存在法人或者非法人组织的内部部门犯罪，既不属于共同犯罪，按法人犯罪处理又无法律依据的情况，建议在总则中明确法人犯罪包括法人、非法人组织及其内部部门的犯罪三种情况。

建议在刑法中明确规定法人犯罪的范围，可在总则中规定“法人犯罪，法律有规定的才处罚”，在分则中，对需要处罚的法人犯罪逐条列明。

（四）法人犯罪的定罪处罚标准

从刑事政策的角度考虑，对法人犯罪应当规定高于自然人犯罪的定罪处罚数额标准；实行两罚制的，对有关直接责任人员的定罪处罚数额标准也应当相应地高于普通自然人犯罪的定罪处罚数额标准。

（五）法人犯罪的刑罚原则

对法人犯罪，可以有三种刑罚原则：（1）代罚制，即只处罚法人内部对法人犯罪负有直接责任的主管人员和其他直接责任人员；（2）单罚制，即只处罚法人；（3）双罚制，即不仅处罚法人，同时也处罚对法人犯罪负有直接责任的主管人员和其他直接责任人员。我国过去的立法，单行刑事法律基本上采用双罚制，这也是联合国预防犯罪和罪犯处遇大会所提倡的；部分附属刑法条款采用代罚制。鉴于代罚制对个别法人犯罪案件有其合理性，如提供虚假财务报告罪，建议修改刑法时，确立以两罚制为原则，以代罚制为补充的法人犯罪刑罚原则，具体可规定为：法人犯罪，除法律有特别规定者外，依法追究法人及有关直接责任人员的刑事责任。

（六）规定专门适用于法人的刑罚种类

吸收法国、南斯拉夫等国家的经验，除罚金外，还应当增加规定解散法人、没收财产、在一定期限内禁止从事营业活动或社会活动等专门适用于法人的新的刑罚种类，以建立与法人犯罪相适应的刑罚体系。

八、建议新增设罪名的问题

（一）私分国有财产罪

全民所有制企业事业单位、国家机关、社会团体，违反国家规定，将应当上交国家的税金、罚没财物或者将国家拨款、补贴、贷款、生产性资金、固定资产或者其他国家财产，以单位名义分给个人，数额在10万元以上的，或者人均数额在5000元以上，情节严重的，判处罚金，并对直接负责的主管人员和其他直接责任人员处3年以下有期徒刑或者拘役，可以并处或者单处罚金；情节特别严重的，处3年以上、7年以下有期徒刑，可以并处罚金。

（二）挥霍公款罪

国家机关工作人员利用职务的便利，假公济私、超过国家规定的标准，挥霍公款供个人享用，情节严重的，分别依照下列规定处罚：

1. 挥霍数额在2万元以上，不满5万元的，处2年以下有期徒刑，或者拘役，可以并处或单处罚金。
2. 挥霍数额在5万元以上的，处2年以上5年以下有期徒刑，可以并处罚金。

（三）国家工作人员非法图利罪

国家工作人员违反职责，非法图取公私财产或者其他利益，情节严重的，处5年以下有期徒刑或者拘役；情节特别严重的，处5年以上10年以下有期徒刑。

（四）滥用职权罪

国家工作人员滥用职权，造成他人伤亡或者造成公私财产、国家和人民利益重大损害的，处1年以下有期徒刑，可以并处剥夺政治权利。

（五）行政执法人员徇私舞弊罪

行政机关工作人员为贪图财物，泄愤报复，或者其他私情私利，故意不依法履行法定职责，或者枉法作出行政处理决定，情节严重的，处5年以下有期徒刑或者拘役。

（六）拒证罪

明知案件的真实情况，经公安机关、人民检察院、人民法院合法传唤，无正当理由，拒不提供证词、陈述或者拒绝出庭作证，情节严重的，处 3 年以下有期徒刑或者拘役，可以并处或者单处罚金。

（七）重大医疗事故罪

医务工作人员疏于职守或者严重不负责任，造成他人身体伤害，或者死亡的，处 3 年以下有期徒刑或者拘役，可以并处或者单处罚金。

（八）非法组织或者强迫他人卖血罪

以营利为目的，非法组织或者强迫他人卖血，情节严重的，处 5 年以下有期徒刑或者拘役，可以并处罚金。

（九）合同欺诈罪

利用合同进行欺诈，非法占用他人财物，数额巨大或者有其他严重情节的，处 7 年以下有期徒刑或者拘役，可以并处或者单处罚金；数额特别巨大或者有其他特别严重情节的，处 7 年以上有期徒刑或者无期徒刑，可以并处罚金。

（十）非法并机罪

盗用他人移动电话码号，非法并机入网，情节严重的，处 7 年以下有期徒刑或者拘役，可以并处罚金。

九、刑法分则条文具体化问题

（一）刑法三个“口袋罪”的分解

1. 关于投机倒把罪。投机倒把罪已经不能适应当前我国市场经济发展的需要，加上由于立法技术上的原因，现行刑法对本罪的规定内涵界定不清，界限不明，给执法带来较大的随意性。掌握不好，不利于我国市场经济建设的深入开展，也不利于惩治犯罪，保护无辜，鉴此，我们建议采取缩小范围的方法，将本罪变为一种比较明确的行为。

（1）投机倒把仅指那些倒买倒卖国家禁止、限制自由买卖的物资、物品（包括票证、证券）数额较大或者情节严重的行为。而对那些常见、多发且不易受经济形势变动的影响，并在犯罪构成上具有自身特点的行为，可从目前规定的投机倒把罪中分离出来，设立新的罪名。

（2）从投机倒把罪中分离出来的罪名应包括：①扰乱市场罪，指违反工商管理法规、哄抬物价、强买强卖、非法垄断或以其他手段扰乱市场，损害消费者利益，情节严重的行为。立法时应注意将一般常见的典型的“情节严重”的表现列举出来。②非法为他人提供经营条件罪，是指为他人非法提供支票、发票、银行帐号、营业执照或者其他国家不允许非法转让的经营条件，从中牟利、情节严重的行为。这里的“情节严重”一般是指为他人非法提供经营条件、或从中牟利，数额较大或多次提供、屡教不改。③生产、销售伪劣产品的犯罪。④侵犯著作权的犯罪。⑤虚开、伪造、买卖增值税发票的犯罪。⑥非法出版罪。

2. 关于流氓罪。建议取消流氓罪，在分解一些新罪名的同时，将一部分情节或后果严重的流氓犯罪行为归入刑法已有规定的犯罪中，再将一部分或后果较轻的流氓行为非犯罪化，通过治安处罚来解决。

（1）分解的罪名包括：①聚众斗殴罪。需要注意的是，近几年流氓聚众斗殴的情况逐渐减少，而在农村村民之间聚众斗殴的情况却逐渐增多。主要是为了山林、水源、土地等纠纷而引起村与村之间互相械斗。有的还受封建宗族思想的影响，发生械斗。其规模不仅参加的人数多，而且使用猎枪、长矛、自制火枪等杀伤性武器，往往造成多人死亡，有的还互毁对方的村舍、农田等，这是聚众斗殴罪应该注意的情况。当然追究刑事责任的范围可不必太大，主要针对煽动者、组织者及其骨干分子。②猥亵罪，指用暴力、胁迫或者其他下流方法，猥亵或者侮辱他人，包括撕拆、扒光妇女的衣服，用刀具割、剪妇女的头发等侮辱妇女的行为。③聚众淫乱罪，主要处罚群奸群宿的主犯，或者多次聚众奸宿，屡教不改的。④妨害社会风化罪，如奸尸、挖坟、侮辱毁坏尸体的等。

（2）将一部分情节或后果严重的流氓犯罪行为归入刑法已规定的犯罪中。如寻衅滋事行为，情节或后果严重时，可根据其行为及其后果等具体情况，分别可以放火罪、决水罪、侮辱罪、抢夺罪、故意毁坏公私财物罪定罪处罚。其他流氓行为，情节严重的，一部分可根据其行为分别以组织或者协助组织卖淫罪、介绍他人卖淫罪、传播性病罪、传播淫秽物品罪等罪处罚。

（3）将一部分情节或后果较轻的流氓行为非犯罪化。司法实践中发现社会上确有一部分游手好闲、不务正业的人，好搞恶作剧，今天打人取笑，明天向他人家里扔脏物，后天又在小摊贩上拿几个水果不给钱，对类似这种“大错不犯，小错不断”的流氓行为，不必要以流氓罪处罚，运用治安处罚手段即可予以处理，甚至社会效果更好。

3. 关于玩忽职守罪。我们认为刑法修改时，应考虑缩小玩忽职守罪的内涵，从其中分离出滥用职权罪和放弃职守罪。

（1）玩忽职守罪，是指国家工作人员因过失，未尽职责，致使公共财产、国家和人民利益遭受重大损失的行为。

（2）滥用职权罪，是指国家工作人员故意滥用职权或者超越职权严重侵犯公民合法权益，或者致使公共财产、国家和人民利益遭受重大损失的行为。

（3）放弃职守罪，是指国家工作人员故意放弃应当履行的职责，致使国家和人民利益遭受重大损失的行为。

（4）将一些常见的频发的玩忽职守行为单独立罪。如违章发放贷款罪、购销活动失职罪、违法生产管理职责罪。

（二）关于经济犯罪及一些财产犯罪的数额标准问题

建议刑法分则相关条款中明确规定主要的经济和财产犯罪的数额标准，即系列数额标准立法调整的机制，这样既有利于统一执法，也便于区分罪与非罪的界限。

十、死刑的适用范围问题

（一）适当限制减少死刑适用范围

目前我国刑法和各类刑法规范中规定的死刑条文合计已有40多个，规定可以处死刑的罪名有75个。坚持少杀，防止错杀，只对少数罪大恶极的犯罪分子适用死刑，是我们党和国家的一贯政策。考虑到刑罚必须与社会政治、经济和文化状况相协调，考虑到世界刑罚发展的潮流，以及我国目前严重刑事犯罪发案率、人民群众的要求和贯彻从重从快、严厉打击严重刑事犯罪的需要，我们主张对现有死刑条文不能大幅改变，可以作些清理，适当限制、减少死刑适用范围，同时，延长有期徒刑年限，发挥无期徒刑的作用，完善死刑适用的具体刑罚制。

（二）取消一些犯罪适用死刑的规定

考察我国刑法中对各类犯罪规定的死刑，我们认为其中绝大多数是合适的，起码从目前的国情和人们的认识水平等方面看，如果大量减少死刑，反差太大，不容易被社会接受。所以，在现行刑法中取消一些犯罪适用死刑的规定，范围不能过大。75个罪名有死刑，从现有刑法条文上看比例过大，但刑法修改后，罪名可能达三至四百个，所以整体上看这个死刑比例不会太大。现行刑法中规定的一些刑法条文，对于其中社会实际危害不大，或者长期较少发生，或者其适用死刑的条件能够以其他死刑条款包含的，可以取消其适用死刑的规定，如传授犯罪方法罪、劫持航空器罪、组织他人卖淫罪、利用封建迷信进行反革命罪、组织利用反动会道门进行反革命活动罪，等等。

（三）合并一些死刑罪名和条文

将过于细密的死刑条文改为容纳量大的概括性规定，有些则因意思相同可归并。（1）将刑法第九十一、九十二、九十三、九十四条合而为一，冠以“背叛祖国罪”。这些罪的性质和特征基本相同，归拢后不会削弱同犯罪分子作斗争。（2）将聚众劫狱罪、组织越狱罪并入妨害司法活动有关罪名中，如有用暴力致人死亡的，或放火、爆炸等方法劫狱或越狱的，可按杀人罪或爆炸罪适用死刑。（3）将反革命杀人罪、反革命伤害罪并入故意杀人罪和故意伤害罪，并可以规定从重处罚。（4）军职罪中也存在一些互相合并和与普通罪合并的情况，窃取、刺探、提供军事机密罪可并入窃取、刺探、收买、非法提供国家秘密罪，作为普通法犯罪，而非特别法犯罪。

（四）提高死刑适用标准

对经济和财产方面的犯罪，应提高其死刑的适用条件，它们与剥夺和危及人的生命犯罪有所不同，应随着经济的发展创造财富能力的提高和币值的变化、通货膨胀等情况作出相应的调整。对一些“情节特别严重”、“造成严重后果的”、“造成重大损失的”，应明确具体的情节、范围和程度，或加以具体解释，以限制死刑的适用。

（五）完善限制死刑的具体刑罚制度

从犯罪主体上限制死刑适用，明确规定对18岁以下的人不适用死刑，包括判处“死缓”，修改刑法第四十四条后半句。另外，建议对犯罪后自首、有立功表现的，明文规定可以不适用死刑，只有情节特别恶劣，危害特别严重的，可判处死刑，缓期2年执行。

4. 关于刑法分则若干章的修改意见

（最高人民检察院刑法修改研究小组　1996年6月）

高检院刑法修改研究小组经过讨论研究，对全国人大常委会法工委提交的刑法分则若干章的修改草案，提出如下修改意见。

一、关于生产、销售伪劣产品罪，侵犯知识产权罪，妨害公司、企业管理罪，危害公平竞争罪，扰乱市场秩序罪等章的修改意见

（一）关于生产、销售伪劣产品罪当中的“违法所得”问题。违法所得，是查处生产、销售伪劣产品犯罪，区分这类犯罪罪与非罪的重要标准之一。以往执法中由于对违法所得的含义理解不尽一致，给办理这类案件带来很大的困难。建议起草修改本章时，对“违法所得”的法定内涵作专项规定，即，违法所得是指生产、销售伪劣产品所获得的全部收入。同时，建议将行为情节是否严重作为区分罪与非罪的界限的一个与“违法所得”相并列的选择性标准。因为实施这类犯罪行为，在其产品未销售之前，或者在犯罪未遂时，不好计算违法所得。规定情节标准，可以弥补这方面的漏洞。

另一方案，规定非法经营额和非法获利额，作为区分罪与非罪和量刑轻重的标准，以取代“违法所得”标准，回避“违法所得”的内涵不易界定的问题。

（二）关于知识产权罪章中侵犯著作权犯罪的问题。著作权是知识产权的重要内容之一。本章没有规定侵犯著作权的犯罪。建议将《关于惩治侵犯著作权犯罪的决定》中的罪名归入本章，以完备刑法对知识产权保护的法律制度。

（三）关于妨害公司、企业管理罪章中的几个问题：

1. 将本章第九、十、十一条的公司企业人员受贿罪、侵占罪及挪用公司资金罪分出，分别归入贿赂罪和贪污罪章

中，因为这三种犯罪是属于公司职员渎职性，利用职务或者工作便利实施的贪利性犯罪，它与本章其他妨害公司管理的犯罪有区别，亵渎职责、违反职业义务，是其更主要的特点，与贪污罪、挪用公款罪、贿赂罪具有更大的相似性，归入贪污罪、贿赂罪章，符合多数国家刑事立法的惯例，也使相关各章的体例更加科学。

2. 将本章中玩忽职守型渎职犯罪，如第八条、第六条等，归入渎职罪章的滥用职权罪、违反职业义务罪中。

3. 如不设证券犯罪罪章，则宜将证券、期货犯罪，如内幕交易罪、操纵证券市场罪等，总结概括后归入本章。

（四）关于危害公平竞争、扰乱市场秩序罪章的几个问题：

1. 危害公平竞争属于扰乱市场秩序犯罪的重要方面，建议将该两章合并，统称扰乱市场秩序罪，若分列开来，扰乱市场秩序罪章显得过于单薄。

2. 将危害公平竞争罪章第一条、第二条规定的行贿和商业受贿罪归入贿赂罪章中。

3. 增加虚开增值税专用发票或可以用于退税发票罪、伪造、买卖上述发票罪。

二、关于危害公共安全罪、侵犯公民人身权利罪、侵犯公民民主权利和其他权利罪、扰乱社会管理秩序罪的修改意见

（一）危害公共安全罪中建议增加违反危险物品管理罪、交通肇事罪、抢劫枪支弹药罪。

理由：违反危险物品管理罪、交通肇事罪都是侵害不特定公众的人身和公私财产的安全的犯罪。在现行刑法中都是在危害公共安全罪中规定的，因此本次修改不宜遗漏或者在其他章中规定。抢劫枪支弹药不同于一般的抢劫罪，目前刑法中只规定了抢夺枪支弹药罪，而把抢劫枪支弹药只作为普通的抢劫罪，鉴于这种抢劫行为对象的特定和具有很大的社会危害性，有必要单列一个罪名。

（二）侵犯人身权利的犯罪中不宜将过失杀人罪修改过失致人死亡，因为这将使过失杀人与作为结果加重犯的故意伤害致死难以区别。

（三）应增加规定强迫他人卖血、故意传染严重疾病使人身健康受到重大伤害、以及以其他方法致使他人染上严重疾病的，以故意重伤罪论处。

（四）拐卖人口的对象，不仅包括妇女儿童，而且也包括男性公民，因此建议将拐卖妇女儿童罪修改为刑法规定的拐卖人口罪，对拐卖妇女、儿童作为从重处罚的情节。

（五）建议在非法拘禁罪中补充规定“国家机关工作人员，利用职权非法拘禁他人或者以其他方法非法剥夺他人人身自由的，从重处罚”，这样规定体现了对国家工作人员利用职务犯罪从重处罚的精神，也与刑诉法的修改相协调。

（六）建议取消流氓罪，在分解一些新罪名的同时，将一部分情节或后果严重的流氓犯罪行为，归入刑法已有规定的罪名中，再将一分部情节或后果较轻的流氓行为非犯罪化。分解出的罪名包括：（1）聚众斗殴罪；（2）猥亵罪；（3）聚众淫乱罪；（4）妨害社会风化罪。

（七）不赞成单独设立破坏计划生育罪。理由：（1）将破坏某一部门或某一行业的执法活动的行为，单独设立罪名不科学。（2）对破坏计划生育的行为，构成犯罪的，可以根据行为的主要特征，按刑法已有的罪名进行处理，如以暴力、威胁等方法阻碍计划生育工作人员履行职务的，按妨害公务罪处理；故意伤害的，按故意伤害罪处理等。（3）避免在国际人权斗争中被某些国家歪曲，作为攻击我国人权状况的借口。

（八）建议取消传授犯罪方法罪。理由是：（1）传授犯罪方法本身是教唆他人犯罪的行为表现之一，可以包括在教唆罪中；（2）这些年来司法实践中很少适用这一罪名。

三、关于贪污罪的条文设计

第一条 【贪污罪】

国家工作人员利用职务上的便利，侵吞、盗窃、骗取或者以其他手段非法占有公共财物的，根据情节轻重，分别依照下列规定处罚：

（一）个人贪污数额在十万元以上的，处十年以上有期徒刑或无期徒刑，可以并处没收财产；情节特别严重的，处死刑，并处没收财产。

（二）个人贪污数额在五万元以上，不满十万元的，处五年以上有期徒刑，可以并处罚金或者没收财产；情节特别严重的，处无期徒刑，并处没收财产。

（三）个人贪污数额在一万元以上不满五万元的，处一年以上，七年以下有期徒刑，可以并处罚金；情节严重的，处七年以上十年以下有期徒刑。个人贪污在五千元以上不满一万元，犯罪后自首、立功或者有悔改表现，积极退赃的，可以减轻处罚，或者免予刑事处罚。

（四）个人贪污数额不满五千元，情节较重的，处二年以下有期徒刑或者拘役；情节较轻的，由所在单位或者上级主管机关酌情给予行政处分。

二人以上共同贪污的，对共犯人按照共同贪污的总数额及其在犯罪中的地位和作用分别处罚。

与国家工作人员勾结，伙同贪污的，以共犯论处。

对多次贪污，未经处理的，按照累计贪污数额处罚。

第二条 【侵占罪】

公司、企业、事业单位的职工利用职务或者工作上的便利，侵吞、盗窃、诈骗或者以其他手段非法占有公司、企业、事业单位的财产，根据情节轻重，分别依照下列规定处罚：

（一）个人侵占数额在十万元以上的，处十年以上有期徒刑，可以并处罚金或者没收财产；情节特别严重的，处无期徒刑，并处罚金或者没收财产。

（二）个人侵占数额在五万元以上不满十万元的，处五年以上十年以下有期徒刑，可以并处罚金或者没收财产；情节特别严重的，处七年以上有期徒刑，并处罚金或者没收财产。

（三）个人侵占数额在一万元以上不满五万元的，处一年以上五年以下有期徒刑，可以并处罚金；情节严重的，处三年以上七年以下有期徒刑，可以并处罚金。

（四）个人侵占数额在五千元以上一万元以下的，处一年以下有期徒刑或者拘役，可以并处或者单处罚金。

非法占有漂流物、埋藏物、他人遗失物和无主财产的，以侵占论处。

第三条 【私分国有财产罪】

全民所有制企业事业单位、国家机关、社会团体，违反国家规定，将应当上交国家的税金、罚没财物或者将国家拨款、补贴、贷款、生产性资金、固定资产或者其他国有资产，以单位名义分给个人，情节严重的，判处罚金，并对直接负责的主管人员和其他直接责任人员处三年以下有期徒刑，可以并处或单处罚金；情节特别严重的，处三年以上七年以下有期徒刑，可以并处罚金。

第四条 【挥霍公款罪】

国家机关工作人员利用职务上的便利，假公济私、超过国家规定的标准，挥霍公款供个人享用，情节严重的，分别依照下列规定处罚：

（一）挥霍数额在二万元以上不满五万元的，处两年以下有期徒刑或者拘役，可以并处或单处罚金。

（二）挥霍数额在五万元以上的，处二年以上五年以下有期徒刑，可以并处罚金。

第五条 【接受礼物拒不交公罪】

国家机关工作人员在公务活动及对外交往中，接受礼物，违反国家规定应当交公而拒不交公的，以贪污论处。构成犯罪的，依照贪污罪的规定处罚。

第六条 【挪用国有款物罪】

经手、管理国有款物的人员，利用职务或者工作上的便利，挪用国有款物归个人使用，具有下列行为之一的，根据情节轻重分别依照下列规定处罚：

（一）挪用国有款物进行非法活动，数额在五千元以上不满一万元的，处五年以下有期徒刑或者拘役，可以并处或者单处罚金；数额在一万元以上的，处五年以上有期徒刑，可以并处罚金。

（二）挪用国有款物进行营利活动，数额在一万元以上不满五万元的，处五年以下有期徒刑或者拘役，可以并处或者单处罚金；数额在五万元以上的，处五年以上有期徒刑，可以并处罚金。

（三）挪用国有款物，超过三个月、数额在一万元以上不满五万元的，处五年以下有期徒刑或者拘役，可以并处或者单处罚金；数额在五万元以上，处五年以上有期徒刑，可以并处罚金。

挪用国有款物不退还的，以贪污论处。

挪用国有款物进行非法活动构成其他犯罪的，依照数罪并罚的规定处罚。

与经手、管理国有款物的人员相勾结，伙同挪用国有款物的，以共犯论处。

第七条 【挪用特定款物罪】

挪用国家救灾、抢险、防汛、优抚、救济、扶贫、教育等特定用途的款物，情节严重，致使国家和人民群众利益遭受重大损害的，对直接负责的主管人员及其他直接责任人员处三年以下有期徒刑或者拘役；情节特别严重的，处三年以上七年以下有期徒刑。

第八条 【公司、企事业单位职工挪用本单位款物罪】

公司、企业、事业单位的职工，利用职务或工作上的便利，挪用本单位款物归个人使用的，根据情节轻重，分别依照下列规定处罚：

（一）挪用本单位款物进行非法活动，数额在五千元以上不满一万元的，处三年以下有期徒刑或者拘役，可以并处或单处罚金；数额在一万元以上的，处三年以上十年以下有期徒刑，可以并处罚金。

（二）挪用本单位款物进行营利活动，数额在一万元以上不满五万元的，处三年以下有期徒刑或者拘役，可以并处或者单处罚金；数额在五万元以上的，处三年以上有期徒刑，可以并处罚金。

（三）挪用本单位款物超过三个月，数额在一万元以上不满五万元的，处三年以下有期徒刑或者拘役；可以并处或者单处罚金；数额在五万元以上的，处三年以上十年以下有期徒刑，可以并处罚金。

第九条 【国家机关工作人员非法经营罪】

国家机关工作人员违反规定，利用职务从事经营活动，获取非法利益，数额巨大的，处五年以下有期徒刑或者拘役，可以并处或者单处罚金。

第十条 【截留国有财产罪】

机关、团体、国有企业事业单位截留应当上缴国家的财产，或者将国家预算内的资金转为预算外资金，归本单位所有，数额巨大的，处罚金，对直接负责的主管人员和其他直接责任人员处三年以下有期徒刑或者拘役。

第十一条 【巨额财产来源不明罪】

国家工作人员的财产和支出明显超过合法收入，差额巨大，本人不能说明其来源是合法的，差额部分以非法所得论，处五年以下有期徒刑或者拘役，并处或者单处没收其财产差额部分。

第十二条 【拒不申报或者不如实申报财产罪】

有财产申报义务的国家工作人员拒不申报或者不如实申报境内外财产状况，情节严重的，处三年以下有期徒刑或者拘役。

四、关于贿赂罪的条文设计

第一条 【索贿罪】

国家工作人员利用职权索取他人财物或者其他财产性利益，数额在五千元以上不满二万元的，处五年以下有期徒刑；数额在二万元以上不满十万元的，处五年以上十五年以下有期徒刑；数额在十万元以上的，处十五年以上有期徒刑或者无期徒刑；数额在五万元以上，情节严重，致使国家利益或者集体利益遭受重大损失的，处无期徒刑或者死刑，并处没收财产。

第二条 【公务受贿罪】

国家工作人员利用职权非法收受他人财物或者其他财产性利益，为他人谋取利益或者意欲为他人谋取利益的，根据受贿数额及情节，依照第　条的规定处罚（贪污罪的规定）；受贿数额不满五万元致使国家利益或者集体利益遭受重大损失的，处十年以上有期徒刑；受贿数额在十万元以上，情节特别恶劣，致使国家利益或者集体遭受特别重大损失的，处无期徒刑或者死刑，并处没收财产。

国家工作人员违反国家规定，收受各种名义的回扣、手续费归个人所有的，依照前款规定处罚。

国家工作人员因索贿或者受贿而进行违法活动而构成其他犯罪的，依照数罪并罚的规定处罚。

第三条 【以索贿、受贿论处】

国家工作人员利用职权索取或者收受并占用他人房产、交通工具、通讯工具或者其他财产长期使用的，以索贿罪或者受贿罪论处。

第四条 【离、退休国家工作人员受贿罪】

已离、退休的国家工作人员，利用其原有职权或者地位形成的便利条件，通过在职的国家工作人员职务上的行为，为请托人谋取利益，从中向请托人索取或者非法收受财物或者其他财产性利益，数额在五千元以上不满二万元的，处二年以下有期徒刑或者拘役；数额在二万元以上不满十万元，处二年以上七年以下有期徒刑；数额在十万元以上的，处十年以上有期徒刑或无期徒刑。可以并处罚金。

第五条 【斡旋受贿罪】

国家工作人员利用本人职权或者地位形成的便利条件，通过其他国家工作人员职务上的行为，为请托人谋取利益，从中向请托人索取或者非法收受财物或者其他财产性利益，数额在五千元以上不满三万元的。处三年以下有期徒刑或者拘役；数额在三万元以上，不满十万元的，处三年以上十年以下有期徒刑；数额在五万元以上的，处十年以上有期徒刑，情节特别严重的，处无期徒刑，并处没收财产。

第六条 【业务受贿罪】

公司、企业的董事、监事、职工或者医疗、教育等事业单位、社会团体的职工，利用职务上的便利，索取或者收受他人财物或者其他财产性利益，数额在五千元以上不满三万元的，处三年以下有期徒刑或者拘役；数额在三万元以上不满十万元的，处三年以上十年以下有期徒刑；数额在十万元以上的，处十年以上有期徒刑，情节特别严重的，处无期徒刑，并处没收财产。

第七条 【商业受贿罪】

商品经营者在销售或者在购买商品时，暗中索取或者收受帐外回扣，数额在一万元以上不满五万元的，处三年以下有期徒刑；数额在五万元以上不满二十万元的，处三年以上十年以下有期徒刑；数额在二十万元以上的，处十年以上有期徒刑，情节特别严重的，处无期徒刑，并处罚金或者没收财产。

第八条 【单位受贿罪】

国有企业、事业单位、机关、团体索取或者收受他人财物或者其他财产性利益，为他人谋取利益，数额在五万元以上或者有其他严重情节的，判处罚金，并对直接负责的主管人员和其他直接责任人员处五年以下有期徒刑或者拘役。

第九条 【行贿罪】

为谋取不正当利益，给予国家工作人员财物或者其他财产性利益，数额在二万元以上的，处五年以下有期徒刑，可以并处罚金；因行贿谋取不正当利益，情节严重的，或者使国家利益集体利益遭受重大损失的，处五年以上有期徒刑，并处罚金或者没收财产。

违反国家规定，给予国家工作人员回扣、手续费的，依照前款规定处罚。

行贿人在提起公诉前主动交待行贿行为的，可以减轻或者免除处罚。

第十条 【单位行贿罪】

单位为谋取不正当利益而行贿，或者违反国家规定，给予国家工作人员回扣、手续费，数额在十万元以上或者有其他严重情节的，判处罚金，并对直接负责的主管人员和其他责任人员，处五年以下有期徒刑或者拘役。

第十一条 【国家工作人员非法图利罪】

国家工作人员违反职责，非法图取公私财产或者其他利益，情节严重的，处五年以下有期徒刑或者拘役，情节特别严重的，处五年以上十年以下有期徒刑，可以并处罚金。

第十二条 【介绍贿赂罪】

介绍他人进行贿赂犯罪的，处三年以下有期徒刑或者拘役；情节严重的，处三年以上七年以下有期徒刑。

五、关于渎职罪与违反职业义务罪的条文设计

第一条 【玩忽职守罪】

国家工作人员玩忽职守，没有按照法律、法规、行政规章的规定，以及职责的要求履行应尽的职责，造成下列严重后果的，处三年以下有期徒刑或者拘役；后果特别严重的，处三年以上十年以下有期徒刑：

（一）造成他人死亡或者多人重伤的；

（二）致使国家、集体财产或者利益遭受严重损失的；

（三）致使公民财产、合法利益遭受严重损失的；

（四）致使无罪的人受到刑事追诉或者致使有罪的人逃避刑事追诉的。

受委托从事公务的人员，有前款行为的，依照前款的规定处罚。

第二条 【滥用职权罪】

国家工作人员超越权限，决定无权决定的事项，或者滥用职权违法处理公务，或者擅自放弃职守，有下列情形之一的，处五年以下有期徒刑或者拘役；后果特别严重的，处五年以上十年以下有期徒刑：

（一）致使国家、集体、公民财产和利益遭受重大损失的；

（二）严重危害国家管理工作正常进行的。

受委托从事公务的人员，有前款行为的，依照前款的规定处罚。

第三条 【违反职业义务罪】

国家工作人员以外的其他从业人员，违反职业义务，没有履行职业义务要求的职责，或者不正当履行职业义务要求的职责，造成下列严重后果的，处三年以下有期徒刑或者拘役；后果特别严重的，处三年以七七年以下有期徒刑：

（一）造成他人死亡或者多人重伤的；

（二）致使国家、集体财产或者利益遭受严重损失的；

（三）致使公民财产、合法利益遭受严重损失的。

第四条 【擅离职守罪】

负有救灾、抢险、拯救危难群众等特定职责的人员，擅离职守或者不认真履行职责，贻误救灾、抢险、拯救工作，造成重大伤亡或者其他严重后果的，处三年以下有期徒刑或者拘役；情节特别严重的，处三年以上七年以下有期徒刑。

第五条 【违章发放贷款罪】

银行或者其他金融机构的工作人员违反法律、行政法规规定，不认真审查贷款申请人的借款用途、偿还能力、信用担保等情况而发放贷款，造成重大损失的，处五年以下有期徒刑或者拘役，并处一万元以上十万元以下罚金；造成特别重大损失的，处五年以上有期徒刑，并处二万元以上十万元以下罚金。

银行或者其他金融机构的工作人员违反法律、行政法规规定，向关系人发放信用贷款或者发放担保贷款的条件优于其他借款同类贷款的条件，造成较大损失的，处五年以下有期徒刑或者拘役，并处一万元以上十万元以下罚金；造成重大损失的，处五年以上有期徒刑，并处二万元以上二十万元以下罚金。

单位犯前两款罪的，对单位判处罚金，并对直接负责的主管人员和其他直接责任人员，依照前两款的规定处罚。

第六条 【商贸活动失职罪】

在对外贸易或者国内购销活动中，违反经济合同法或者其他法律的规定签订合同，或者批准签订合同，或者不进行必要的资信调查，致使国家或者集体利益遭受重大经济损失的，对直接负责的主管人员和其他直接责任人员，处五年以下有期徒刑或者拘役，可以单处或者并处罚金；后果特别严重的，处五年以上有期徒刑，并处罚金。

第七条 【违反生产、经营管理职责罪】

铁路、矿山、建筑、航空、电力、石油等生产、经营单位管理人员或者其他从事生产、经营管理的人员，违反生产、经营管理职责要求，没有履行管理职责或者不正当履行管理职责，致使发生重大伤亡事故或者造成重大经济损失的，处三年以下有期徒刑或者拘役；后果特别严重的，处三年以上七年以下有期徒刑。

第八条 【司法工作人员徇私舞弊罪】

司法工作人员徇私舞弊，对明知是无罪的人追诉，对明知是有罪的人而故意包庇，或者在刑事、民事、经济和行政审判中故意做枉法裁判，或者故意违法对罪犯予以减刑、假释、保外就医的，处五年以下有期徒刑或者拘役；情节特别严重的，处五年以上有期徒刑。

国家工作人员利用职权包庇犯罪分子，使犯罪分子逃避处罚，情节严重的，依照第一款的规定处罚。

受司法机关或者其他国家机关正式委托或者聘请协助办理案件的人员，犯前两款罪的，分别依照第一款的规定处罚。

第九条 【行政执法、仲裁人员徇私舞弊罪】

行政执法及有关国家工作人员、仲裁人员枉法做出处理决定，情节严重的，处三年以下有期徒刑或者拘役；情节特别严重的，处三年以上十年以下有期徒刑。

第十条 【暴力取证罪】

司法工作人员对犯罪嫌疑人、被告人实施肉刑、暴力、虐待、体罚等残酷手段逼取口供，或者以残酷手段对证人逼取证言的，处三年以下有期徒刑或者拘役，致人伤残的，以伤害罪从重处罚。

其他国家工作人员违法对嫌疑人、证人实施肉刑、暴力、虐待、体罚等残酷手段，逼取口供、证言的，依照前款的规定处罚。

受司法机关或者其他国家机关委托协助办案的人员，实施前两款犯罪行为的，分别依照第一款、第二款的规定处罚。

第十一条 【单位徇私枉法罪】

国家机关为谋取本单位私利，对应当依法移交司法机关追究刑事责任的不移交，以行政、经济、民事处罚代替刑罚，徇私舞弊，包庇、纵容违法行为拒不纠正，情节严重的，对直接负责的主管人员和其他直接责任人员，处五年以下有期徒刑或者拘役。

第十二条 【报复陷害罪】

国家工作人员利用职权，对报案人、控告人、举报人、申诉人、批评人实行报复陷害，情节严重的，处二年以下有期徒刑或者拘役；情节特别严重的，处二年以上七年以下有期徒刑。

第十三条 【泄露国家秘密罪】

国家工作人员违反国家保密法规，泄露国家重要秘密，情节严重的，处七年以下有期徒刑或者拘役。

非国家工作人员犯前款罪的，依照前款的规定酌情处罚。

第十四条 【妨害邮电通讯罪】

邮电工作人员或者其他受委托从事邮电工作的人员，私自开拆或者隐匿、毁弃邮件、电报的，处三年以下有期徒刑或者拘役；情节严重的，处三年以上七年以下有期徒刑。

犯前款罪而侵吞、骗取财物的，以贪污罪从重处罚。

第十五条 【体罚、虐待被监管人员罪】

负有监管、看守、押解职责的司法工作人员或者其他人员，违反监管法规，对被依法关押的人员，或者以其他方法被剥夺自由的人员，实行体罚、虐待，情节严重的，处三年以下有期徒刑或者拘役；情节特别严重的，处三年以上十年以下有期徒刑；致人伤残的，以伤害罪从重处罚。

第十六条 【私放被监管人员罪】

负有监管、看守、押解职责的司法工作人员或者其他人员，私放被监管人的，处五年以下有期徒刑或者拘役；情节严重的，处五年以上十年以下有期徒刑。

第十七条 【重大医疗事故罪】

医务工作人员疏于职守，或者严重不负责任，造成他人身体伤害或者死亡的，处三年以下有期徒刑或者拘役；情节严重的，处三年以上十年以下有期徒刑。

5. 关于刑法修改中几个问题的意见的报告

（最高人民检察院刑法修改研究小组 1996 年 9 月 13 日）

为了完善立法，保障更有效地惩治贪污贿赂犯罪和渎职犯罪，加大反腐败斗争的力度，促进廉政建设，现就刑法修改中有关贪污贿赂犯罪和渎职犯罪的几个问题的意见报告如下：

一、建议贪污贿赂犯罪单设一章

理由是：（1）刑法分则各章是按照犯罪的同类客体来划分的，贪污贿赂犯罪有其独立的客体。贪污贿赂犯罪与一般的渎职罪相比，有其共同点，即都属于职务犯罪，但是，一般的渎职罪侵犯的是国家公务活动的正常进行，而贪污贿赂犯罪除此之外，还侵犯公私财产关系，更突出的体现是权钱交易，以权谋私，侵犯的是职务的廉洁性。（2）将贪污贿赂犯罪单立一章，有利于加大反腐败力度。贪污贿赂犯罪是最严重的腐败行为，目前我国的贪污贿赂犯罪还相当严重，反腐败斗争是一项长期的艰巨的工作，是关系到国家兴衰的一件大事，将贪污贿赂犯罪单列一章，有利于昭示我们党和国家反腐败的决心，突出刑法打击的锋芒，有效地惩治贪污贿赂犯罪。（3）将贪污贿赂犯罪单独归类立法是我国的立法传统。早在1952年制定的《中华人民共和国惩治贪污条例》就将贪污贿赂方面的犯罪都规定为贪污罪，1988年1月全国人大常委会又专门制定了《关于惩治贪污罪贿赂罪的补充规定》，实践证明这一《补充规定》对于加强查办贪污贿赂犯罪发挥了重要的作用。这一次刑法修改中将人大常委会颁布的许多刑法方面的决定或补充规定都作了单独规定，对贪污贿赂犯罪更有必要单立一章。（4）许多国家都是将贪污贿赂犯罪单独立法。英国、日本、泰国、巴基斯坦、新加坡、马来西亚、前苏联、南斯拉夫都制定了专门的防止腐败法或者防止贿赂法，如英国《1916年防止贿赂法》、日本《关于整顿经济关系罚则的法律》、泰国《1975年反贪污法》、巴基斯坦《1977年防止腐败法》、新加坡《1970年防止贿赂法》等，这说明贪污贿赂这一腐败犯罪是世界各国和地区都共同面临的一个重大社会问题，同时也说明各国都十分重视运用刑罚手段来惩治贪污贿赂犯罪，对贪污贿赂犯罪单独立法是世界刑法立法的一个普遍趋势。1990年《联合国反腐败的实际措施》中要求各国“审查本国的刑法，是否作出了适当的规定，以便对付各种形式的贪污受贿以及旨在协助或者便利贪污的有关行为，并规定可采取确保起到震慑作用的制裁方法”，在我国刑法修改中将贪污贿赂犯罪单设一章就能体现与世界各国刑法立法普遍趋势相协调一致。

二、建议适当扩大贪污贿赂犯罪的主体范围，将贪污罪的对象由“国家财产”改为“公共财产”

我们认为，贪污罪的主体限定为国家工作人员、国有企事业单位的管理人员，范围太狭窄，应当扩大到凡是国有企业参股、控股、合资、合营企业中的管理人员；同时贪污罪的对象界定为“国家财产”既不科学，在实践中也难以认定和操作。随着经济体制的改革，除单一的国有企业外，更多地存在着由多元投资主体共同投资形成的混合性经济，根据公司法的规定，公司享有法人财产权，在此情况下，就不能再以企业的所有制来认定财产的性质。因此，应将贪污罪的对象由“国家财产”修改为“公共财产”，即凡有国有财产投资形成的企业的财产都应作为公共财产。

关于受贿罪的主体范围，除国家工作人员、国有企事业单位的管理人员外，还应包括法律、法规授权以及国家机关委托行使管理公共事务职能的组织的工作人员。另外，医生、教师、记者等为社会公众提供服务的人员也应纳入贿赂罪的主体范围，可在业务受贿罪中加以规定，近些年这一方面的问题反映十分突出。国外的防止贿赂法中将贿赂主体界定为“任何人”或“任何代理人”值得我们借鉴。

三、建议将凡是与贪污贿赂有关的犯罪都纳入本章

我们认为，侵占罪、业务受贿罪、挪用企事业单位资金罪应当在贪污贿赂罪一章中加以规定，理由是：第一，这些犯罪本身是从贪污罪、贿赂罪、挪用公款罪中分离出来的。第二，这些犯罪和贪污罪、受贿罪、挪用公款罪的客观方面的表现都是相同的，都属于职务犯罪，都是对职务或职业廉洁性的侵犯，是社会腐败现象的一个重要方面，将之归于侵犯财产罪或者危害公平竞争罪都不能反映其最突出的特点和社会危害性的主要方面。第三，在实践中，这些犯罪往往和贪污、受贿交织在一起。将这些犯罪规定在贪污贿赂罪一章，符合刑法立法对犯罪分类的科学规律，有利于集中反映腐败犯罪行为的全部内容，增强刑法的威慑力，提高反腐败斗争的整体效能。

四、刑法修改中需要增设的一些新的罪名

根据司法实践的经验，还有一些国家工作人员其行为社会危害性非常大，现行法律没有将其规定为犯罪，有必要在这次刑法修改中予以增设：

1. 私分国有资产罪。私分国有资产的现象在实践中非常普遍，由于人数多，数额大，造成国家财产严重流失，其社会危害性比贪污更大。例如，深圳国际信托投资公司1993年1月一次就集体私分245万元，1994年3月一次集体私分1706万元。由于传统的“为公不犯法”、“法不责众”的思想，这种行为的社会危害性没有得到足够的认识，除少数按共同贪污做了处理以外，大部分都没有作为犯罪来追究。为了加强对国有资产的保护，有必要在刑法中作出补充规定。其设计条文可具体表述为：“国有企业、国家事业单位、国家机关、人民团体违反国家规定，将应当上缴国家的税金、罚没财物或者国家专项拨款、补贴、生产经营性贷款、生产性资金、固定资产或者其他资产以单位名义集体私分给个人，情节严重的，判处罚金，并对直接负责的主管人员和其他直接责任人员处3年以下有期徒刑，可以并处或单处罚金；情节特别严重的，处3年以上7年以下有期徒刑，可以并处罚金。”

2. 挥霍公款罪。国家工作人员假公济私，挥霍公款供个人享用的行为，不仅仅是一般的违反财经纪律，不廉洁自律，而且是对国家公务活动的廉洁性的亵渎，也造成国家财产的严重损失。原北京市常务副市长王宝森动用巨额公款，兴建豪华别墅，长期包租宾馆客房作为享乐场所就是典型的例子，因此有必要增设挥霍公款罪。其具体条文设计可表述为：“国家工作人员利用职务上的便利，假公济私，挥霍公款供个人享用，情节严重的，处2年以下有期徒刑或者拘役。可以并处或者单处罚金；情节特别严重的，处2年以上5年以下有期徒刑，可以并处罚金。”

3. 国家工作人员非法经营罪。在实践中，有些国家工作人员在所担负的公职之外，利用职务之便，从事经营活动，获取法定报酬以外的收入，或者利用自己掌管资金、物资、计划、行政许可的权力为自己的亲友进行经营活动提供便利条件，特别是个别领导干部、司法工作人员参与或者变相参与色情、赌博等场所的经营活动，为这些不法活动提供保护，从中谋取巨额非法利益，如湖南省安全厅某副厅长支持、参与其儿子经营色情卖淫场所，就是一例。鉴于此，有必要增设国家工作人员非法经营罪。其条文设计可具体表述为：“国家工作人员违反规定，利用职务为个人从事经营活动提供条件，获取非法利益，数额巨大的，处5年以下有期徒刑或者拘役，可以并处或单处罚金。对于利用职务参与非法经营活动或者为非法经营活动提供便利条件的，从重处罚。”

4. 截留国有财产罪。在当前改革开放的形势下，一些单位采取各种手段，截留、侵吞国有资产，造成国家资产严重损失，对情节严重的，应当作为犯罪来追究。因此，建议增设截留国有财产罪。其条文设计可具体表述为："机关、团体、企业事业单位截留应当上缴国家的财产或者将国家预算内资金转为预算外资金，或者采取其他手段，侵吞或无偿占有国有资产，数额巨大的，处罚金，对直接负责的主管人员和其他直接责任人员处3年以下有期徒刑或者拘役。"

5. 斡旋受贿罪。国家工作人员利用其他工作人员的职务为他人谋取利益，本人从中索取或者收受贿赂的情况在司法实践中比较常见，按现行法律规定，如果不是利用本人的职权或者地位所形成的影响而收受贿赂的不能作为受贿罪处理。我们认为，应借鉴世界上大多数国家的成功立法经验，吸收司法解释中的有关规定，增设斡旋受贿罪，规定单独的罪状和法定刑，其条文设计可具体表述为："国家工作人员利用本人职权或者地位所形成的便利条件，通过其他国家工作人员职务上的行为，为请托人谋取利益，从中向请托人索取或者非法收受财物的，或者其他财产性利益，数额较大的，处3年以下有期徒刑或者拘役；数额巨大的，处3年以上10年以下有期徒刑；数额特别巨大的，处10年以上有期徒刑或者无期徒刑，并处没收财产。"

6. 国家工作人员非法图利罪。现行刑法规定构成受贿罪必须以为他人谋取利益为条件，实践中存在着大量的国家工作人员利用职权非法收受财物或者财产性利益，尚没有为他人谋取利益，或者为他人谋取利益难以认定。我们认为，这种行为本身就已经严重损害了国家工作人员职务的廉洁性，社会危害性很大，应当作为犯罪来追究。建议在保留受贿罪中为他人谋取利益的要件的同时增设国家工作人员非法图利罪。其条文设计可具体表述为："国家工作人员利用职权，或者直接利用职务所形成的条件，违反职责，收受他人财物或者其他财产性利益，数额巨大，或者有其他严重情节的，处5年以下有期徒刑或者拘役；数额特别巨大或者有其他特别严重情节的，处5年以上10年以下有期徒刑，可以并处罚金。"

7. 业务受贿罪。《关于惩治违反公司法犯罪的决定》增设了公司企业人员受贿罪，但是，利用业务之便索取或者收受贿赂的行为在许多行业都存在，例如，律师、医生、记者、社会团体的工作人员等等，这些人既不属于国家工作人员，也不属于企业工作人员，其索贿、受贿行为虽然危害很大，但按现行法律又难以处理，建议进一步扩大公司企业人员受贿罪的主体范围，以业务受贿罪取代公司职员受贿罪。凡国家工作人员以外的企业事业单位职员以及为社会公众提供服务的人员，利用职务受贿的，均以业务受贿罪追究刑事责任。其条文设计可具体表述为："公司企业的董事、监事、职工或者社会团体的职工以及其他为社会公众提供服务的人员，利用职务上的便利，索取或者收受他人的财物，或者其他财产性利益，数额较大的，处3年以下有期徒刑或者拘役；数额巨大的，处3年以上10年以下有期徒刑；数额特别巨大的，处10年以上有期徒刑、无期徒刑，并处没收财产。"

8. 滥用职权罪。建议将玩忽职守罪加以分解。属于过失犯罪的，构成玩忽职守罪，故意犯罪的，增设滥用职权罪。例如，中国农业银行河北衡水中心支行赵金荣、徐志国、刘淑红明知本级行无权办理国际结算业务、开具外汇信用证，却超越职权，开具200份100亿美元信用证，造成中国农业银行的财产权益和金融信誉遭受严重损失。本罪的条文设计可具体表述为："国家工作人员超越权限，决定无权处理的事项，或者滥用职权，违法处理公务，或者擅自放弃职守，有下列情形之一的，处5年以下有期徒刑或者拘役；后果特别严重的，处5年以上有期徒刑：

（一）致使国家、集体、公民财产遭受重大损失的；

（二）严重危害国家管理工作正常进行的。

受委托从事公务的人员，有前款行为的，依照前款的规定处罚。"

9. 单位徇私枉法罪。为有效地惩处有关国家机关为了本单位的利益，袒护包庇犯罪，以罚代刑，徇私舞弊的行为，建议增设单位徇私枉法罪，其条文设计可具体表述为："国家机关为谋取本单位私利，对应当依法移交国家司法机关追究刑事责任而不予移交，以行政、经济、民事处罚代替刑事追究，徇私舞弊，包庇纵容犯罪行为，拒不纠正，情节严重的，对直接负责的主管人员和其他直接责任人员处5年以下有期徒刑或者拘役。"

10. 暴力取证罪。刑法第一百三十六条的对象仅限于犯罪嫌疑人、被告人，在司法实践中同样存在对证人、被害人以暴力手段逼取证言的情况，因此，建议将刑讯逼供罪改为暴力取证罪。其条文具体可表述为："司法工作人员对犯罪嫌疑人、被告人实施肉刑、暴力、虐待、体罚等残酷手段逼取口供，或者以残酷手段对证人、被害人逼取证言的，处3年以下有期徒刑或者拘役，致人伤残的，以伤害罪从重处罚。其他国家工作人员违法对嫌疑人、证人、被害人实施肉刑或者暴力、虐待、体罚等残酷手段逼取口供证言的，依照前款规定处罚。受司法机关或者其他国家机关委托协助办案的人员，实施前两款行为的，分别依照前两款的规定处罚。"

中国古代对贪污贿赂犯罪实行的是"重刑必罚"的策略，而西方现代法治实行的则是"轻刑必罚"的策略。我们主张对贪污贿赂等经济犯罪的法网要密，因为大量事实证明贪污贿赂等犯罪人的心理对是否会坐牢的关注性较大，要通过立法把经济方面的违法行为刑事法制化，使之更严密和周全，作为犯罪来打击，以有效地防范和清除腐败。

以上意见，供参考。

6. 关于对《中华人民共和国刑法（修订草案）》（征求意见稿）的修改意见

（最高人民检察院刑法修改研究小组　1996年11月15日）

全国人大常委会法工委在1996年10月草拟的《中华人民共和国刑法（修订草案）》（征求意见稿）是一个较好基础的草案稿，所修改补充的内容，总的来说比较科学，符合中国的客观实际和基本国情。当然，草案稿还有许多有待进一步修改、完善之处，应该进一步研究解决。

一、关于刑法修订工作应贯彻的指导思想

进一步做好刑法修改工作，我们认为，应当客观反映我国社会的基本情况，倾听人民的呼声。在刑法修改的指导思想方面，我们认为，一是要有利于打击刑事犯罪。当前社会治安形势严峻，发案率居高不下，重特大案件比例上升很快，新的犯罪种类层出不穷，严重影响了广大人民群众的生活，影响了改革开放。在这种情况下修改刑法，首先要考虑的就应当是有利于打击各种刑事犯罪。二是有利于惩治腐败。腐败问题关系民心向背、政权存亡。贪污贿赂犯罪和渎职犯罪是腐败的突出表现。修改刑法，一定要有利于从重从严惩治贪污贿赂犯罪和渎职犯罪。三是要有利于保障国家、社会和公民的合法权益。刑法修改应注重打击与保护的统一。所谓保护，首先是保护国家、社会的利益。打击了少数人的犯罪，就是保护了国家、社会和绝大多数公民的利益。保护的另一层含义，就是要保护公民的合法权益不受司法人员和行政执法人员的侵犯，这一点也很重要。四是要有利于社会主义市场经济体制的建立和发展。从计划经济向社会主义市场经济体制转轨过程中，不仅一些旧有的犯罪出现了新的特点，而且有大量新的犯罪种类不断涌现。修改刑法，要把已有的规定纳入刑法典；同时要在准确把握客观实际及某些问题的发展规律的基础上，对今后社会发展过程中可能会出现的一些犯罪作出前瞻性的适度超前规定。五是要有利于加强社会管理。刑法作为基本法律，具有调整范围广、保护力度大的特点，其调整范围几乎涉及到社会管理的各个方面。当前在社会管理中出现了许多新情况、新问题，可以预见，今后新情况、新问题会更多。所以，刑法修改应当注重有利于加强社会管理，有利于保持社会稳定。另外，我们认为，做好刑法修改工作，还应当注意贯彻以下四个原则：一是罪刑法定原则。应当把这一原则的精神贯彻、渗透到刑法总则和分则的具体条文中去。二是法律面前人人平等原则。现行立法对一些性质类似的犯罪，确实存在刑罚严重失衡的问题，导致在实践中，有些犯罪在性质、手段、数额等方面相类似，但量刑却相差悬殊，社会效果不好。三是实事求是原则。即刑法修改要从打击犯罪的客观需要出发，不能脱离中国的具体国情。四是宜细不宜粗原则。当前，我们在刑事立法方面有了丰富的规范性文件；在刑事司法方面积累了丰富的经验；在刑法学理论研究方面，取得了丰硕的成果。在这种情况下修改刑法，应该改变宜粗不宜细的原则，采取宜细不宜粗的原则。例如在量刑方面，应当缩小具体罪名在同一量刑档次上的量刑幅度，消除不同刑罚档次上法定刑交叉的现象，尽量避免司法实践中的主观随意性。

二、关于刑法的基本原则

草案稿将刑法的一些基本原则，即惩办与宽大相结合、罪刑法定、法律面前人人平等、罪刑相适应四个原则，分别规定在总则各章中。我们建议将其集中起来，在总则第一章中单设一节专门予以规定。理由是：刑法的基本原则是指导刑事立法和司法的纲领性原则，将其集中规定在刑法总则第一章中，能充分体现这些原则在刑法典中的重要地位，充分体现其对刑事立法和司法的重要指导意义。

在总则第一章中设立刑法基本原则专节，除应规定已有的上述四个基本原则外，根据我国的立法实际和司法实践，还应补充规定以下两个基本原则：

1. 主观和客观相一致原则。其基本含义是：确认行为人刑事责任的有无及其轻重，应从主观和客观两方面综合评定。主观和客观相一致原则，一直是指导我国刑事立法和刑事司法的基本原则，理论界对此也已形成共识。所以，应当在刑法典中予以确立。

2. 教育与改造相结合原则。其基本含义是：对罪犯适用刑罚是为了将其教育和改造成新人；在刑罚的执行过程中，既应注重对罪犯的改造，又应加强对罪犯的教育。教育与改造相结合，一直是我国的一个重要的刑事政策，它体现了我国对人权的尊重和保障；其基本精神，在刑事立法中也已得到充分体现。所以，应当将这一原则在刑法典中明确规定。

三、关于法院裁量减轻处罚权问题

建议删去草案稿第六十三条第二方案。理由是：（1）从司法实践看，刑法第五十九条第二款对严格执法冲击很大，严重地损害了法律的统一正确实施，造成了对犯罪尤其是经济犯罪的打击不力；同时，也为一些审判人员执法不严甚至徇私舞弊、贪赃枉法留下可乘之机，滋生了司法腐败现象，造成严重不良影响。所以，应彻底取消刑法第五十九条第二款的规定。(2) 草案稿第六十三条第二方案没有根本解决原刑法第五十九条第二款存在的问题。并且，按此方案下级法院在量刑时要请示上级法院决定，与我国宪法规定的法院上下级之间的体制相违背。而且这样做实际上等于取消了人民检察院的抗诉权，破坏了我国两审终审的审级制度，与修正后的刑事诉讼法要消除先定后审、上定下审的基本精神，也是背道而驰的。同时，在刑法中也不宜规定程序性的内容。(3) 在立法上应确立罪刑法定原则，在理论界和实践部门已形成共识，草案稿也明确规定了罪刑法定原则。然而，罪刑法定原则不单单是罪状法定，刑罚法定即量刑的法定，也是其题中应有之义。草案稿第六十三条第二方案仍然赋予法院无限的裁量处罚权，使法官可以在法定刑以下判处刑罚，这是与已经确立的罪刑法定这一基本原则相冲击的。(4) 如果说有特殊情况，主要是个别的危害国家安全罪，从政治斗争需要的实际出发，虽不具备法律规定的减轻处罚情节又确需在法定刑以下判处刑罚。我们认为，对此即使在刑法中规定，由于其属于特例，也不应规定在总则中，而应具体列出，在刑法分则的危害国家安全罪中分别予以规定。况且，刑法规定一种普遍适用的制度，不能以一些特例作为基础。(5) 对于某些特殊情况和特殊需要，完全可以通过其他方法加以处理，有的完全可以不必进入法律程序，一旦进入法律程序，就要严格依法办事，以在国内外树立我国法制形象，这也是依法治国、建立社会主义法制国家的必然要求。(6) 我国刑法分则法定刑设置一般幅度都较大，而且绝大多数犯罪的法定最低刑都相当低。在这种条件下，在法律规定刑罚的幅度范围内，完全可以通过自由裁量解决某些特殊问题，而不必在法律规定以外再开口子。

四、关于国家工作人员的范围

我们基本赞成草案稿对国家工作人员的界定。我们认为，草案稿第九十条对国家工作人员范围的规定是比较科学的，也比较符合我国的政治经济制度和国情。理由是：(1) 我国是公有制占主导地位的社会主义国家，宪法和法律对公共财产规定加以特殊保护。国家工作人员一词只在我国的法律中出现，西方资本主义国家只有公务员一词，因此不能把国家工作人员等同于国家公务员。国有企业中的管理人员有责任负责国有资产的保值和增值。对国有财产的管理是对国家和社会进行管理的重要方面。所以国有企业的管理人员应属国家工作人员的范围。(2) 国有资产流失是我国目前一个大问题。为有效保护国有财产，有必要对国有企业的管理人员提出严格的要求；国有财产关系国计民生，有必要加大对国有财产的保护力度。(3) 国家工作人员的概念不能等同于国家机关工作人员或公务员，这在新修改的刑事诉讼法中已有明确规定。所以那些把国家工作人员解释为在国家机关中从事公务的人员的意见，与法律规定不符。(4) 随着现代企业制度的逐步发展，企业的人事制度有了一些变化，企业的干部不都是由国家机关任命和委派，打破了工人和干部的身份界限。在这种情况下，把是否具有国家干部的身份作为衡量是否属于国家工作人员的标准，显然不合适。(5) 草案稿第九十条的规定，有实际的操作性，在实践中较好掌握，而且也解决了"两高"有关司法解释有关国家工作人员界定的分歧之处，对于统一认识、统一执法都有好处。(6) 保持草案稿第九十条规定的国家工作人员的合适范围，有利于反腐败斗争的深入发展。目前的腐败问题不仅反映在国家机关，在一些企事业单位和人民团体中也大量存在。从总的情况看，贪污罪的大案，绝大多数都在企业中，特别是在金融系统等垄断性经济中，腐败问题异常突出。检察机关目前查办的贪污案件，发生在国家机关的，仅占全部贪污犯罪案件的百分之八。对这些实际情况，不能视而不见。所以不能从简单的概念出发，而应从客观实际出发来确定国家工作人员的范围。(7) 在总则中确定国家工作人员的范围，直接关系到分则许多罪名的适用问题。在渎职罪等一系列犯罪中，如果把国家工作人员的范围划的过窄，将产生一系列的复杂问题，将人为地造成适用上的混乱。(8) 我国社会主义市场经济体制的建立和发展将有一个过程，政企分开也要有一个过程，政企不分的问题在相当长的一段时期内仍会存在，一些企业特别是垄断行业，行政管理职能不会在短期内取消。如果现在把企业人员全都从国家工作人员中划出，将会直接影响反腐败斗争的发展。

五、关于违法所得问题

建议去掉草案稿第九十四条有关违法所得的解释，同时在伪劣产品等犯罪中，不要将违法所得作为唯一的定罪标准。理由是：(1) 违法所得要按非法的销售收入扣除成本计算，或者按非法的实际收入计算。然而由于行为的复杂性，这类案件中有关销售收入和成本的证据很难收集，非法的销售收入和成本在实践中一般都无法或者不能认定。(2) 从理论和实际情况看，破坏社会主义市场经济秩序罪的危害性并不在于行为人违法所得多少，而在于其行为本身，在于其生产的产品本身。所以，将违法所得作为破坏社会主义市场经济秩序罪中某些犯罪的定罪标准是不科学的，并且容易放纵那些已生产假冒伪劣产品但尚未销售或者虽已销售但并没有获利的犯罪行为以及与其相类似的其他犯罪行为。

六、关于正当行为的完善问题

正当行为在我国刑法理论上一般称为排除社会危害性的行为。我们认为，应当在总则中增设一章，专门规定正当行为。理由是：(1) 正当行为并非犯罪行为或应当追究刑事责任的行为。因此，将其规定在"犯罪"一章的"犯罪和刑事责任"一节中，缺乏内在逻辑和科学性，不利于实践中正确理解和执行法律。(2) 设立"正当行为"专章，能够突出正当行为在刑法中的重要地位，明确和强调正当行为的非犯罪性，有利于鼓励和支持公民积极与各种违法犯罪行为作斗争。

在设立正当行为专章时，除规定正当防卫和紧急避险外，还应增加规定依法实施的职务行为为正当行为，明确规定人民警察和其他执法人员依法缉拿、制服罪犯等执行职务的行为，不负刑事责任。依法实施的职务行为在形式上可能与某些犯罪有相似之处，有时还会给被执行对象造成一定的损害，但它是依法实施的，不是犯罪行为。以前的司法实践中，对依法执行职务的行为往往按正当防卫认定。然而，依法执行职务的行为与正当防卫行为在性质上是有很大区别的。所以，从立法完善、科学的角度出发，在正当行为中应当增补依法执行职务的行为。

另外，关于正当防卫，我们认为应当保留草案稿第十八条第四、五款的规定。理由是：这两款规定有利于鼓励公民在特殊情况下实施正当防卫行为，具有重大的现实意义。而且，这类立法在国外已有先例，如法国、加拿大等国的刑法就有类似规定。同时，在保留第十八条第四、五款的前提下，我们建议对第五款进行进一步的完善。这一款规定的立法初衷是好的，但现在的规定不甚完备，实践中仍可能会出现一些具体的适用问题，我们认为应当将其表述为：对以破门撬锁、暴力方法强行非法侵入或者以秘密方法潜入他人住宅、银行、仓库等重要场所的人，不论其意图的非法行为是否实施，都可以实行必要的防卫，以正当防卫论。

七、关于共同犯罪

草案稿第二十四条第二、三款把共同犯罪中首犯、主犯的负责范围和处罚原则混同在一起规定。我们建议，把共同犯罪中共同犯罪人的负责范围问题单列一条专门规定，并确立共同犯罪、共同负责的一般原则。理由是：（1）共同犯罪人的负责范围与对共同犯罪人的处罚原则一样，是共同犯罪问题的基本内容。只有将共同犯罪人的负责范围问题设专条规定，才有利于实践中具体操作。（2）共同犯罪、共同负责是刑法关于共同犯罪的基本原理，应当将其作为共同犯罪人负责范围的原则，明确规定在刑法总则中。（3）共同犯罪、共同负责的基本含义是，一切共同犯罪人都应对共同犯罪负责。这个原则应当适用于暴力、侵权、经济犯罪等各种犯罪中。目前，经济犯罪中共同犯罪人应如何承担刑事责任问题，法律规定不明确，有的甚至很不合理。根据共同犯罪、共同负责的原则，经济犯罪中各共犯人，不论是首犯、主犯还是从犯，均应对共犯的共同结果负责，在以此为基础确定罪和法定刑幅度以后，可以考虑对不同的人根据他们在共同犯罪中的地位、作用和所得数额具体裁量刑罚。而我国立法关于经济犯罪中共同犯罪人如何承担刑事责任问题的一些具体规定不符合上述原则，有违共同犯罪、共同负责的一般原理。在这种情况下，更应在总则中专条确立共同犯罪、共同负责的原则，并将其具体落实到分则各章的规定之中。

八、关于死刑

少杀、慎杀是我国党的一贯政策，修改刑法当然应当贯彻党的这一政策，以使死刑的设置更加科学合理，更加符合打击犯罪、保护人权的需要。鉴于此，我们同意对死刑的适用范围作出一些调整，适当缩小死刑适用面。同时，我们认为，对于死刑的设置问题，既要考虑国际上的立法、司法实践和理论研究动向，但更重要的还是要从我国的具体国情出发，充分考虑到我国目前重大刑事犯罪发案率高，人民群众强烈要求从重从快严厉打击严重刑事犯罪的实际情况，做到刑罚与社会政治、经济、文化状况相协调。所以，我们主张对现有的死刑条文不宜作太大的调整，更不能取消死刑，但是可以对死刑作些清理，适当限制、减少死刑的适用范围，同时，要适当延长有期徒刑的年限，有期徒刑的最长刑期可以规定到20年，数罪并罚的可以到30年。在刑法修改过程中，还有一些同志提出要一律取消对经济犯罪的死刑规定，我们认为，这种观点是不合适的，是不符合保障社会主义市场经济健康有序的发展，促进社会主义的稳定以及加强反腐败斗争的客观要求的。草案稿中取消了对盗窃罪和故意伤害罪的死刑规定，对此我们持不同意见，这两种犯罪在实践中表现最多，而且往往危害也最为严重，历来是打击的重点，如果去掉死刑，势必削弱刑罚的力度，影响刑罚的社会效应。

九、关于单位犯罪

我们赞同将单位犯罪单列一节作出明确规定，但目前草案稿的规定过于简单，尚不足以解决实际问题，应对此作出进一步的规定。建议在本节中增加规定以下内容：

（一）建议对单位内设的部门、机构犯罪问题作出规定。司法实践中大量存在法人或者非法人组织的内部部门、机构犯罪，这类犯罪既不属于共同犯罪，又不同于单位整体的犯罪，对此应如何处理，有必要在立法上加以明确。

（二）对单位犯罪中的直接负责的主管人员和其他直接责任人员的处罚原则，目前法律中规定不尽一致，我们建议作出统一规定，并且从合理性及政策角度出发，对这些人的定罪处罚要轻于一般的自然人同类犯罪，最好规定单独适用的刑罚。

十、关于贪污贿赂罪

（一）同意将贪污贿赂犯罪作为单独的一章集中规定，这种编章结构不拘泥于刑法分则以共同客体作为分类标准的模式，吸收借鉴国内外立法经验，根据实际需要，以行为类型进行分类，充分体现了我国立法原则性与灵活性相统一的原则。早在50年代，我国就专门制定了《惩治贪污条例》，1988年全国人大常委会又专门制定了《关于惩治贪污罪贿赂罪的补充规定》，在刚刚修改的刑事诉讼法中，也是将贪污贿赂犯罪作为一类犯罪来规定的。新中国成立以来的法制发展历史充分表明，我国一向是把贪污贿赂犯罪作为一类特殊犯罪予以重点打击的。国外也有许多国家专门制定了反贪污贿赂等方面的法律或者在有关的刑事法律中对贪污贿赂犯罪作了集中的规定。在刑法中专门设立贪污贿赂犯罪一章，可以突出贪污贿赂犯罪的本质特征，突出该类犯罪对国家政权的极端危害性，符合当前反腐败斗争的实际需要，有利于检察机关的反贪污贿赂犯罪工作。我们认为，刑法分则的分章，不一定完全按照同类客体的标准，可以按不同标准进行分类，一切以有利于执行为前提。这种做法，在国外立法例上也并非鲜见。

（二）从有利于查处案件的角度出发，建议将凡是与贪污贿赂有关的犯罪都纳入贪污贿赂罪章中。侵占罪、挪用公司资金罪和公司职员受贿罪等是从贪污贿赂犯罪中分化出来的几种新的犯罪，这几种犯罪与贪污罪、挪用公款罪、受贿罪客观方面的表现是相同的，都同属于职务犯罪，都是对职务或者职业廉洁性的侵犯，只有将其规定在贪污贿赂犯罪一章，才能充分反映其最突出的特点和社会危害性的主要方面。改革开放以来检察机关办理贪污贿赂犯罪案件的司法实践都证明，企业人员的职务犯罪，往往是和贪污贿赂犯罪交织在一起的，把它们规定在贪污贿赂犯罪一章中，符合犯罪的规律，在实践中也有利于对这类犯罪的打击。

（三）关于贪污罪贿赂罪的修改。我国现有关于贪污罪贿赂罪的法律规定，总的来说是好的。但是，根据最近几年司法实践中遇到的情况和问题，我们觉得有必要作出一定的修改，以适应同这类犯罪作斗争的实际需要。（1）有关贪污罪贿赂罪的主体范围问题。自《关于惩治违反公司法的犯罪的决定》施行以后，司法机关在认定贪污贿赂犯罪的主体范围方面，遇到了一些困难，产生了一些分歧，出现了执法中的混乱。我们认为，草案稿中对有关国家工作人员的概念以及贪污贿赂罪的主体的规定是基本合适的、可行的。对国家工作人员的概念不能限制过窄，更不能同国家机关工作人员画等号。贪污贿赂罪主体范围的确定，应符合我国的国家性质和基本国情，要考虑到有利于维护我国公有制经济在国家经济生活中的主导地位。（2）贪污罪中侵犯财产的性质问题。长期以来，贪污罪中侵犯财产限于公共财产，这基本上是合适的。在刑法修改过程中，有一些意见认为应把财产限于国家财产，将贪污罪的客体范围限制得更小，我们认为这种观点不符合我国目前的国情。随着我国经济体制改革的发展，特别是现代企业制度的逐步建立，各种经济成分混合运作的形式越来越多，中外合资、股份合作制经济的发展，给司法机关在认定某些案件的财产性质方面遇到很大困难。多元化经济实体中的财产在实践中很难分清哪些是国有财产，哪些是其他性质的财产。由于在这类企业中有大量的国有财产，法律中也应规定重点予以保护。在法律中应规定凡有国有企业投资形式的企业财产，都应作为贪污罪的对象。（3）贿赂罪中的“谋私”要件问题。法律规定受贿罪以“为他人谋取利益”为必要条件，造成实践中一些案件难以处理。为解决这一问题，我们主张在继续保留受贿罪中为他人谋取利益这个要件，以保持其“权钱交易”的实质属性的同时，增加规定国家工作人员非法图利罪，把那些大量巧取豪夺，或者凭借职权大量收取钱财的行为，规定为犯罪。另外，建议将行贿罪“为谋取不正当利益”要件中的“不正当”去掉，对查处行贿罪中的一些政策考虑，可以在法定刑和刑罚制度上加以规定。（4）贿赂的内容是否仅限于财物问题。把贿赂局限于财物，在实际中存在许多弊端，越来越多的人以此来钻法律的空子，他们实际获得了大量财产性利益，但却没有直接收取财物，因而难于对其定罪处罚，这是极不合理的。我们建议对这一不合时宜的规定作出修改，在刑法中明确规定贿赂包括财物和其他财产性利益。（5）贿赂罪的罪名细化问题。为了更加有利于惩治贿赂犯罪，便于司法机关实际操作，我们建议将贿赂罪的罪名进一步细化，从总的类别上分，可以分为公务受贿罪、业务受贿罪和商业受贿罪；从具体的行为类型上分，可以分为事前受贿、事后受贿、承诺受贿、居间受贿、违背职务受贿、不违背职务受贿等，这些类型，在法定构成要件上有区别，在法定刑上也应有所区别。

十一、关于新罪名

有关为完善反腐败立法，设立新罪名的立法建议，我们先前已提过方案，有的已经在草案中吸收，应该保留。另外仍有一些罪名，我们建议增设。

（一）国家工作人员非法图利罪（或者称国家工作人员非法接受馈赠罪）。现行刑法规定构成受贿罪必须以为他人谋取利益为条件，实践中存在着大量的国家工作人员利用职权非法收受财物或者物质性利益，但尚没有为他人谋取利益；或者为他人谋取利益难以认定。我们认为，这种行为本身就已经严重损害了国家工作人员职务的廉洁性，社会危害性很大，应当作为犯罪追究。建议在保留受贿罪中为他人谋取利益的要件的同时增设国家工作人员非法图利罪，其条文设计可以具体表述为：

国家工作人员利用职权，或者直接利用职务所形成的条件，违反职责，收受他人财物或者其他财产性利益，数额巨大，或者有其他严重情节的，处5年以下有期徒刑或者拘役；数额特别巨大或者有其他特别严重情节的，处5年以上10年以下有期徒刑，可以并处罚金。

（二）挥霍公款罪。国家工作人员假公济私，挥霍公款供个人享用的行为，不仅仅是一般的违反财经纪律，不廉洁自律的问题，而且是对国家公务活动的廉洁性的亵渎，造成国家财产的严重损失。原北京市常务副市长王宝森动用巨额公款，兴建豪华别墅，长期包租宾馆客房作为享乐场所就是典型的例子，因此有必要增设挥霍公款罪。其具体条文可以表述为：

国家工作人员利用职务上的便利，假公济私，挥霍公款供个人享用，情节严重的，处2年以下有期徒刑或者拘役，可以并处或者单处罚金；情节特别严重的，处2年以上5年以下有期徒刑，可以并处罚金。

（三）合同欺诈罪。实践中经常出现一些单位和个人以签订经济合同的形式大量占用他人财物的现象，对社会主义市场经济健康有序发展危害很大，但由于这种行为既不同于诈骗（它不以骗取财物为目的而仅仅是骗用），也不同于合同纠纷（合同纠纷是在合同履行过程中产生的民事纠纷，而合同欺诈在合同签订时一方就没有履约的诚意），因而难以有效遏制。建议刑法就此增加规定合同欺诈罪。其具体条文可以表述为：

利用合同进行欺诈，非法占用他人财物，数额巨大或者有其他严重情节的，处5年以下有期徒刑或者拘役，可以并处或者单处罚金；数额特别巨大或者有其他特别严重情节的，处5年以上10年以下有期徒刑，可以并处罚金。

单位犯前款罪的，对单位判处罚金，并对其直接负责的主管人员和其他直接责任人员依照前款的规定处罚。

草案稿第一百六十九条规定的合同诈骗，只是诈骗罪的一种形式，可以不作规定。

（四）银行或者其他金融机构工作人员徇私舞弊罪。目前，一些银行信贷人员和其他金融机构工作人员徇私舞弊，收储不入账，搞资金体外循环，获取私利；非法放贷、非法拆借；假借银行名义搞个人经营等现象比较严重，建议对此单独规定一个罪名。其具体条文可以表述为：

银行或者其他金融机构工作人员徇私舞弊，假公济私，非法收储，非法拆借，非法放贷，数额较大的，处5年以下有期徒刑或者拘役，并处罚金；数额巨大或者有其他严重情节的，处5年以上10年以下有期徒刑，并处罚金。

单位犯前款罪的，对单位判处罚金，并对其直接负责的主管人员和其他直接责任人员，依照前款规定处罚。

十二、关于渎职罪

草案稿对渎职罪的规定比较好，如何在这个基础上进一步完善，我们的意见，主要是在细化上下功夫，其中关键是玩忽职守罪的分解问题。玩忽职守罪是渎职罪中比较常见，数量最大的一种犯罪。最高人民检察院在80年代所作的司法解释中，曾经列举了六十余种典型表现，现实中其表现形式又有新的发展。从近几年的司法实践情况来看，玩忽职守罪出现了一种值得注意的新的动向，就是从纯粹的过失犯罪向故意犯罪发展。适应司法实践出现的新情况，适当分解玩忽职守罪，以使罪名和罪状能够更加恰当、直接地反映犯罪的行为性质和特点，非常必要。我们建议仍然保留现行刑法关于玩忽职守罪的规定，并把单行刑事、民事、经济、行政法律中的专门规定增加规定到刑法典中。在罪状的表述上应按行为人主观态度的不同，分别设立不同的罪名：凡国家工作人员因过失，未尽职守，致使公共财产、国家和人民利益遭受重大损失的行为，构成玩忽职守罪；国家工作人员故意滥用职权或者超越职权，严重侵犯公民合法权益，或者致使公共财产、国家和人民利益遭受重大损失的行为，构成滥用职权罪；国家工作人员故意放弃应当履行的职责，致使国家和人民利益遭受重大损失的行为，构成放弃职守罪。此外，还应当对一些常见频发的部门或者行业玩忽职守行为也单独立罪，以示突出，如违章发放贷款、购销活动失职罪、违反生产管理职责罪等。

十三、其他主要修改意见

（一）建议简化对犯罪概念的表述，以利于操作和理解。建议将草案稿第十条关于犯罪概念的规定修改为："一切危害国家、社会和公民的行为，依照法律应受刑罚处罚的，都是犯罪，但是情节显著轻微危害不大的，不认为是犯罪。"

（二）草案稿第十五条第二款中"其他严重破坏社会治安秩序的犯罪"含义不清，伸缩性大，可能因此出现因形势不同而有差异的情况，有悖于罪刑法定原则，建议用最低或最高法定刑来规范。

（三）草案稿第七十七条第三款和第四款关于对某些犯罪分子不得减刑和同一犯罪分子只能减刑一次的规定不尽合理，不利于犯罪分子的教育改造，建议取消这一限制。

（四）草案稿第八十八条规定的追诉时效为10年与不受追诉时效限制之间的跨度太大，建议恢复现行刑法的规定。

（五）建议在草案稿第二百二十二条中增加规定：国家工作人员非法搜查他人身体、住宅，或者非法侵入他人住宅的，从重处罚。

（六）草案稿第二百三十八条和第二百四十条关于携带凶器盗窃、抢夺的，以抢劫罪论处的规定不太合适，对仅仅是携带而未当场使用凶器的，均以抢劫论处是不合理的，建议将此规定删去。

（七）草案稿第二百四十九条规定的法定刑偏低，建议适当提高刑期，并对情节特别严重的刑罚作出规定。

（八）建议将草案稿第二百七十二条和第二百七十三条的适用范围扩大到包括刑事、民事、行政等各类诉讼活动。

（九）草案稿第三百零七条的规定未能准确界定盗伐与滥伐的界限，建议根据司法实践中掌握的标准，以是否侵犯林木所有权作为盗伐和滥伐的界限，非法砍伐属于自己所有的林木时为滥伐，非法砍伐不属于自己所有的林木时为盗伐。相应地，该条第三款中的"滥伐"应改为"盗伐"。

7. 对《中华人民共和国刑法（修订草案）》的修改意见

（最高人民检察院刑法修改研究小组 1997年1月27日）

我们认为，经过立法机关和各有关方面的共同努力，目前的修订草案已经比较成熟，反映了我国社会的发展和变化，体现了我国立法的民主性和科学性，对国家法制建设将产生重大而深远的影响。现就一些具体问题提出我们的意见：

一、关于国家工作人员的范围问题

我们赞成草案第九十四条对国家工作人员范围所作的规定。这一定义比较科学、可行，符合我国的政治、经济制度和现实国情，保持了我国法律关于国家工作人员范围规定的连续性，有利于加强对国有资产的保护，惩治营私舞弊侵吞国家资财的犯罪行为。

草案关于贪污罪主体范围的规定是正确的，第三百三十六条"经手、管理国家财物的人员"应予保留。

二、关于法院裁量减轻处罚权问题

建议删去草案第六十五条第二款。这一规定违背了罪刑法定的原则，为司法侵犯立法权开了口子，变相剥夺了检察机关的法律监督权，不利于在国内外树立我国的法制形象。如果说考虑到个别特殊情况，从国家整体利益出发，确需要法定刑以下量刑，而赋予最高法院核准权，也应对案件性质和实质要件明确加以规定，防止被滥用。

三、关于危害国家安全罪

（一）建议保留现行刑法对组织、策划、实施颠覆国家政权、推翻社会主义制度的犯罪最高法定刑可判死刑的规定。

（二）建议将第一百一十条第一款中“背叛国家、投靠境外组织……”修改为“投靠境外组织，背叛国家……”同时，将该条第二款修改为“掌握国家秘密的国家工作人员犯前款之罪的，从重处罚。”

（三）鉴于境外的机构、组织十分繁杂，建议将草案第一百一十一条第二项的内容单独作为一条加以规定。

（四）建议第一百一十一条将“特务”也规定进去。

（五）建议删除第一百一十一条规定中的“情报”一词，以与《国家安全法》和《关于惩治泄露国家秘密犯罪的补充规定》的表述相一致。

（六）为使法律用语规范化，建议将本章第一百零五条、第一百零六条、第一百零七条中的“罪恶重大”修改为“情节严重”。

四、关于贪污贿赂罪一章的结构和内容

建议将与贪污贿赂有关的各种犯罪同贪污贿赂犯罪集中在一起规定，草案第一百五十八条（公司、企业人员受贿罪）、第一百七十二条（保险工作人员骗取保险金）、第一百七十三条（银行或者其他金融机构工作人员受贿）、第一百七十四条（银行或者其他金融机构工作人员挪用单位或储户资金）、第二百四十九条（侵占罪）、第二百五十条（公司、企业等人员挪用资金罪）、第二百五十一条（挪用特定款物罪）的规定应移至贪污贿赂罪一章中，以完整反映腐败犯罪的全部内容。

五、关于贪污贿赂罪的修改完善

（一）贪污罪所侵犯财产的性质问题，鉴于在经济体制改革中，国有财产投资参股与其他经济成份混合运作的情况很多，为加强对国有财产的保护，建议在草案第三百三十六条中增加以下规定作为第二款：“前款所列人员，利用职务上的便利，侵吞、窃取、骗取或者以其他手段非法占有国有财产投资参股的单位的财产的，以贪污论处。”

（二）建议将贿赂的内容由财物扩大为“财物和财产性利益”，但对接受财产性利益的处罚可较接受财物的轻。

（三）建议取消受贿罪“为他人谋取利益”要件。

六、关于渎职罪的完善

建议将玩忽职守罪分解为玩忽职守罪、滥用职权罪和放弃职守罪，即将草案第三百五十三条分解为两条，再增加规定放弃职守罪，滥用职权罪和放弃职守罪的法定刑适当高于玩忽职守罪。

七、关于完善司法工作人员职务犯罪立法的问题

（一）建议将修订草案第三百五十五条规定的司法工作人员徇私枉法罪分解为枉法裁判罪和枉法追诉罪两个罪，具体条文可表述为：

“行使侦查权、检察权的机关的工作人员，对明知是无罪的人，采取伪造、隐匿、毁灭证据或者其他隐瞒事实、违背法律的手段，以追究刑事责任为目的进行侦查（含采取强制措施）、起诉等追诉活动；或者对有确凿事实证明其实施犯罪的人，采取伪造、隐匿、毁灭或者其他隐瞒事实、违背法律的手段，故意包庇，使其不受侦查（含采取强制措施）起诉的，处7年以下有期徒刑、拘役或者剥夺政治权利；情节严重的，处7年以上有期徒刑。”

“审判人员在审判刑事、民事、行政、经济、海事等案件中，故意违背事实和法律，枉法进行判决、裁定，或者枉法采取对妨害诉讼的强制措施的，处7年以下有期徒刑、拘役或者剥夺政治权利；情节严重的，处7年以上有期徒刑。”

（二）建议将草案第三百五十七条规定的司法工作人员徇私舞弊罪的主体和行为表现适当予以细化。修订草案第三百五十七条容易被误解为该罪主体仅限于有权作出减刑、假释的裁定或者监外执行的决定的机关的人员。我们建议将该条修改为：“司法工作人员对不符合减刑、假释或者暂予监外执行条件的罪犯，虚构材料报请减刑、假释或者予以暂予监外执行，情节严重的，处7年以下有期徒刑。”

（三）建议将草案第三百五十五条、第三百五十七条及本章有关条文中“徇私舞弊”的“徇私”二字删去，以加大打击力度，利于实际操作。

（四）建议将草案第一百七十五条（银行或其他金融机构工作人员非法发放贷款罪）、第一百七十六条（银行或其他金融机构工作人员非法出具资信证明罪）、第一百七十七条（银行及其他金融机关工作人员非法承兑付款或者保证罪）、第二百一十条（非法提供虚假证明罪）、第三百零五条（重大医疗责任事故罪）移至渎职罪一章中。

八、关于新罪名

我们曾先后建议刑法修改时增设一些新罪名，其中私分国有资产罪、挥霍公款罪、国家工作人员非法经营罪、斡旋受贿罪、滥用职权罪、暴力取证罪、银行或者其他金融机构工作人员徇私舞弊罪等七个罪在草案中已作了规定。建议再增加规定以下新罪名：

1. 国家工作人员非法图利罪（或称国家工作人员接受贿赂罪）。条文可表述为：“国家工作人员利用职权，或者直接利用职务所形成的条件，违反职责，非法收受他人财物或者其他财产性利益，数额巨大，或者有其他严重情节的，处5年以下有期徒刑或者拘役；数额特别巨大或者有其他特别严重情节的，处5年以上10年以下有期徒刑，可以并处罚金。”

2. 业务受贿罪。《关于惩治违反公司法的犯罪的决定》增设了公司企业人员受贿罪，但是，利用业务之便索取或者收受贿赂的行为，在许多行业都存在，有必要进一步扩大公司企业人员受贿罪的主体范围，以业务受贿罪取代公司企业人员受贿罪，凡国家工作人员以外的企业事业单位职员以及为社会公众提供服务的人员，利用职务受贿的，均以业务受贿罪追究刑事责任。条文可表述为：“公司、企业的董事、监事、职工或者仲裁员、公证员、裁判员、教师、医务人员、会计师、审计师、导游、律师、记者等中介组织或者为社会公众提供服务的单位的职工，利用职务上的便利索取或者收受他人财物或者财产性利益，数额较大的，处3年以下有期徒刑或者拘役；数额巨大的，处3年以上10年以下有期徒刑；数额特别巨大的，处10年以上有期徒刑、无期徒刑，并处没收财产。”

3. 截留国有财产罪。在当前改革开放的形势下，一些单位采取各种手段截留、侵吞国有财产，化大公为小私，造成国有财产严重损失，对情节严重的，应当作为犯罪来追究。因此，建议增设截留国有财产罪。本罪条文可表述为：“机关、团体、企业事业单位截留应当上缴国家的财产或者将国家预算内资金转为预算外资金，或者采取其他手段，侵吞或无偿占有国有财产，数额巨大，谋取不正当利益的，处罚金，对直接负责的主管人员和其他直接责任人员处3年以下有期徒刑或者拘役。”

九、关于正当防卫问题

建议将草案第二十条的适用范围适当扩大，改为“人民警察、人民检察院担负案件侦查任务的检察人员、海关的缉私人员”。理由是：（1）这样规定与枪支管理法规定的配枪范围相一致；（2）检察人员在执行搜查、协助公安机关拘留、逮捕自侦案件的犯罪嫌疑人、追捕逃犯的过程中也可能遇到犯罪嫌疑人、逃犯、实施暴力侵害的情况；（3）两高三部《关于人民警察执行职务中实行正当防卫的具体规定》已将检察机关除司法警察之外的其他依法执行职务的人员列入其适用范围之中；（4）根据《国家赔偿法》，行使检察权的机关的工作人员违法使用武器、警械造成公民身体伤害或者死亡的，应负赔偿责任。这就说明依法使用警械、枪支的行为是不负赔偿责任的，这种行为自然也不应负刑事责任。此外，我们认为该条规定的条件过宽，应该作出比较严格的条件限制。

十、关于“违法所得”的概念

建议取消总则中对“违法所得”概念的规定。分则第三章第一节中的“违法所得数额”不应作为构成犯罪的唯一要件，应同时规定“非法经营额或具有其他严重情节的”作为可选择的构成条件。

8. 关于刑法修改草案（修改稿）的意见

（最高人民检察院刑法修改研究小组　1997年2月20日）

对提交八届全国人大常委会第二十四次会议审议的刑法修改草案（修改稿），高检院第八届第七十次检察委员会进行了认真研究，对其中贪污贿赂罪和渎职罪的相关规定的修改，我们认为有一些问题，主要是定罪的主体范围限制过窄，处罚原则规定过宽，如此规定，缺乏司法实践基础，对惩罚犯罪、反腐败斗争将产生重大影响。具体问题和建议如下：

一、修改稿第九十五条关于国家工作人员的规定中删去了原规定的“受国家机关、国有公司、企业事业单位委托从事公务的人员，以国家工作人员论”。我们认为不妥。国家机关、国有公司、企业事业单位委托从事公务的人员，如受委托、聘用经管国有资产的人员，在工作中的职责和义务方面同本单位的国家工作人员没有区别，而且“委派”的人员并不能包括这些人员，因此建议保留原规定的第三款“以国家工作人员论”，并在贪污罪、挪用公款罪、受贿罪中规定这些人员有上述行为以各该罪论处。

二、修改稿第三百七十六条、第三百七十八条、第三百七十九条规定的贪污罪、挪用公款罪和受贿罪，以及第三百八十三条、第三百八十六条规定的行贿罪和单位行贿罪，将原来规定的“国家工作人员”改为“国家机关、国有公司、企业、事业单位、人民团体中从事公务的人员和国家机关、国有公司、企业、事业单位委派到非国有公司、企业、事业单位、社会团体从事公务的人员”。这种规定重复、零乱，在范围上比现有规定大大缩小。建议统一改为“国家工作人员”，并增加“其他经手管理公共财物的人员”。

三、修改稿将一些罪中原规定的“国家工作人员”改为“国家机关工作人员”，如第三百八十二条规定的间接受贿罪、第三百八十五条规定的介绍贿赂罪、第三百八十七条规定的接受礼物不交公以贪污论处、第三百八十八条规定的巨额财产来源不明罪和隐瞒境外财产罪、第三百九十条规定的滥用职权和玩忽职守罪、第三百九十二条规定的泄密罪、第四百条规定的签订、履行合同中不负责任被诈骗以及渎职罪一章中的许多罪名，这样规定大大缩小了一些罪的适用范围，脱离与这些犯罪作斗争的实际情况，且没有经过充分论证，在实际执行中可能会出现很多漏洞和偏差，我们认为是不恰当的。如巨额财产来源不明罪、隐瞒境外财产罪、滥用职权罪和玩忽职守罪，在司法实践中，犯罪嫌疑人主要是经手管理国有资产的在国有企事业单位从事公务的人员。如此修改后原来这些人员的犯罪行为将无法惩处，建议统一恢复原“国家工作人员”的规定。

四、修改稿第三百七十七条第二款规定：“犯贪污罪积极退赃的，可以从轻处罚；其中个人贪污数额在5000元以上不满1万元，积极退赃的，可以减轻处罚，全部退赃的，可以免除处罚，由所在单位或者上级主管机关给予行政处分”。这一规定设定了一个对贪污罪、受贿罪的特殊处罚原则，不利于对贪污、受贿罪的处罚，建议取消。

五、修改稿将原来采纳高检院建议规定的新罪名，如挥霍公款罪、非法经营罪删除或改变主体条件后移到其他章中，我们认为不合适。建议保留挥霍公款罪的规定；将非法经营罪按原方案规定在贪污贿赂罪一章中。建议继续考虑规定国家工作人员非法图利罪、业务受贿罪。

六、建议修改贪污贿赂罪的条件：一是建议规定：国家工作人员利用职务上的便利，侵吞、窃取、骗取国有财产投资参股的单位的财产的，以贪污论处。二是建议将贿赂的内容由“财物”改为“财物和其他财产性利益”。

七、建议将与贪污贿赂罪有关的各种犯罪，如侵占罪、公司职员受贿罪、挪用公司资金罪等，集中到贪污贿赂罪一章中规定。

八、修订刑法通过后，建议1997年7月1日生效。

9. 关于对《中华人民共和国刑法（修订草案）》的修改意见

（最高人民检察院刑法修改研究小组　1997年3月6日）

对提交第八届全国人民代表大会第五次会议审议的刑法修订草案，经认真研究，提出以下修改意见：

一、关于国家工作人员范围的规定，王汉斌副委员长在关于《中华人民共和国刑法（修订草案）》的说明中提到“以国家工作人员论”的包括“其他依照法律从事公务的人员”，应将此内容写进法条中去，同时建议增加“依法受委托”。具体可表述为“其他依照法律或者依法受委托从事公务的人员”。

二、鉴于修订草案已删除了原《惩治贪污罪贿赂罪的补充规定》第二条第二款关于共同贪污按照个人所得数额分别处罚的规定，因此，修订草案第三百八十条所称“个人贪污数额”应该改为“贪污数额”。

三、鉴于修订草案第九十五条规定了“国家机关、国有公司、企业、事业单位、人民团体委派到非国有公司、企业、事业单位、社会团体从事公务的人员，以国家工作人员论”，但修订草案有关贪污罪对象的规定限于“公共财产”，并未包括非国有公司、企业等单位的财产。所以，建议对这些人侵吞、窃取、骗取或者以其他手段非法占有非国有公司、企业、事业单位、社会团体的财产的，明确规定以贪污论处。可以作为修订草案第三百七十九条第三款加以规定，否则在司法实践中对财产性质难以确定。

四、建议取消修订草案第三百八十条第二款关于犯贪污罪积极退赃可以从轻、减轻或者免除处罚的规定。我们认为，只在贪污罪中规定这样一个特殊处罚原则，一是会导致执法不平衡；二是与总则的规定相冲突；三是将会给人以法律规定不平等的印象。

五、修订草案第三百九十三条规定的滥用职权或者玩忽职守罪的主体仅限于“国家机关工作人员”，我们认为这同实际情况相距甚远，且与国家法律、行政法规中的有关规定不相符合。虽然修订草案在其他章节中规定了国有公司、企业的人员失职造成损失的几类犯罪，但不足以包括目前按照法律、行政法规应认定为玩忽职守的各类案件。所以建议将国家机关工作人员改为国家工作人员；或者在第三百九十三条增加一款规定：其他国家工作人员犯前两款罪的，依照各该款处罚。

六、在渎职罪中，有的条文将“徇私”、“徇情”并用，有的条文则仅用“徇私”，建议予以统一。

七、建议继续考虑将与贪污贿赂有关的各种犯罪，如侵占罪、公司企业职员受贿罪、挪用公司企业资金罪集中到贪污贿赂罪一章中规定。

建议将与渎职罪有关的各种犯罪，如第一百六十八条、第一百六十九条、第一百七十条、第一百七十一条等规定的国有公司、企业、事业单位人员徇私舞弊、滥用职权和玩忽职守行为集中到渎职罪一章中规定。

八、建议继续考虑增加挥霍公款罪、非法图利罪、业务受贿罪。

三、公安部

1. 当前修改刑法工作中亟待研究解决的十大问题（汇报提纲）

（公安部修改刑法领导小组办公室　1996 年 5 月 29 日）

（一）是否规定罪刑法定原则，同时取消类推的问题。我们认为，确立罪刑法定原则，对于促进严格执法，保护公民的合法权益，具有十分重要的意义。但是，刑法是同犯罪作斗争的工具，确定刑法原则应从现实斗争的需要出发，要有利于打击犯罪。我国正处在经济体制改革和社会主义市场经济建立时期，各种经济管理制度尚不健全，加之社会分配制度方面存在的一些问题和资本主义腐朽思想的影响以及国外犯罪组织的渗透等等原因，使我国的刑事犯罪呈多样化和上升发展的趋势，新的犯罪类型和犯罪手段不断出观，有些在立法时是无法预见的。确立罪刑法定原则，就应当取消类推制度。因此，在这次修改刑法时，如明确规定了罪刑法定原则，就必须充分考虑到现实斗争的需要，把需要规定为犯罪的危害行为分析、界定清楚，尽最大努力做到没有疏漏，做到有较大的前瞻性，保证不放纵犯罪。如果不能够做到这一点，就可以考虑不要匆忙取消类推制度。

（二）我国公民在境外犯罪适用本法的范围问题。我们认为，要从保护国家利益，保护本国国民利益出发，结合我国的实际情况，借鉴国外立法经验，适当扩大我国刑法的适用范围。具体可以考虑区分不同的情况加以规定，如中国人在境外针对外国人的犯罪与针对中国人的犯罪相区分；国家工作人员与非国家工作人员在国外犯哪几种罪应有区别；要把应判处刑罚的轻重作为确定管辖的依据；对中国公民在国内犯罪被立案侦查后逃到国外并已取得外国国籍的，要明确规定适用本法，等等。

（三）强化对公民正当防卫权利的保护问题。目前刑法第十七条关于正当防卫的规定太原则，对公民进行正当防卫保护得不够，不利于调动公民同犯罪作斗争的积极性，此次修改有必要将其具体化。但是，这次修改不宜规定无限度防卫。可把行使正当防卫权利的条件根据实际情况作必要的区分与限制，如为他人、为公共利益的，实行正当防卫的条件可适当宽些，为自己的，则可严些。如：在犯罪分子持刀、持枪械等凶器威胁他人人身安全的情况下，以及犯罪行为严重威胁公共安全的情形下，可以不规定防卫限度。但是对一些轻微的刑事犯罪则应要求防卫适当。另外，对见义勇为的行为，有必要作出对有重大贡献的人予以奖励的规定。

（四）刑种的调整和完善问题。

1. 管制的存废问题。我们主张继续保留但应予以完善。要从有利于对犯罪分子的改造出发，管制刑不宜取消，应该续保留，但应当根据现在人口流动大和单位用工制度改革的客观情况，对管制的执行作适当调整。可考虑管制作为附加刑决定。

2. 有必要规定资格刑——即定期剥夺犯罪人从事某种特定职业的资格。如对多次从事色情活动，屡教不改的服务、娱乐性企业的老板、私刻公章的企业和个人，应剥夺其继续从业的资格。

3. 关于罚金刑是否有必要上升为主刑问题，我们认为应当充分考虑我国刑罚的体系，罚金不宜上升为主刑，因为主刑不能并用，就会造成对一些经济犯罪分子不能并处罚金，因此，还是附加刑有利。对不缴纳罚金的，可规定易科劳役。

4. 目前有期徒刑最高刑期为 15 年，与无期徒刑的差距过大可以考虑提高到 20 年。

5. 剥夺政治权利，可以考虑进一步明确剥夺政治权利的范围，以便于实际执行。

6. 对单位犯罪除判处罚金外，有必要规定其他的处罚手段，如勒令解散，勒令变更经营范围等等。

（五）为强化对累犯的打击，有必要规定累犯加重原则。我们原则同意规定累犯加重处罚，但对加重的适用范围和刑种的升格条件，应有严格的规定，对适用的条件、对象以及如何执行都应有明确规定，以防止存在随意性而侵犯公民的正当权益。

（六）是否规定保安处分专章的问题和劳动教养是否纳入保安处分的问题。我们认为，在刑法中没有必要规定保安处分，理由是，现行刑法和其他补充规定中关于收容教养、收容教育、劳动教养等规定较好地处理了刑罚与这些措施的衔接适用问题。

更没有必要将劳教写入刑法。对劳动教养的问题，可以通过制定劳教法的方式加以完善，如缩短期限，加强内外监督等等。主要理由是：刑法是规定犯罪与刑罚的法律，劳教与刑罚的性质截然不同，应当严格加以区分。

（七）单位犯罪问题。单位犯罪（法人犯罪），是当前经济犯罪领域中十分突出的问题，有必要通过立法加大对这类犯罪的打击力度，特别是对法人的处罚不能仅限于判处罚金和追究主要责任人员的刑事责任。法人是经济组织在法律上的人格化，它具有法律赋予的某些自然人的特性，例如有名称，有权利能力和行为能力，并因此而享有名誉权和以法人的名义从事社会经济活动的权利等。对从事犯罪活动的法人，特别是对那些多次从事违法犯罪活动的法人，司法机关除对法人判处罚金和追究直接责任人员的刑事责任外，还应视其犯罪情节，作出限制其行为能力或者剥夺其法人资格的决定，这将有利于减少和避免法人继续犯罪。法国刑法典中规定了九种对法人的处罚规定，可供借鉴。

（八）增设新罪名的问题。我们认为，这次修改刑法，一项十分重要而又艰巨的任务就是适当增设新罪名。这既是司法机关打击各种刑事犯罪的需要，也有利于解决当前司法实践中存在的、对某些危害后果严重的行为缺乏处理依据的问题。但要在如此短的时间内拿出新增罪名的设计方案，也是一项工作量较大，难度较大的工作，我部各有关业务部门正在按照法工委的要求抓紧研究并尽快提出方案。

（九）分则条文的具体化问题。

1. 关于三个“口袋罪”，我们认为对投机倒把罪可以进行分解，下一步要通过分析案例，研究哪些行为尚未包括进去，可加以补充。流氓罪也应分解。具体方案过几天再向法工委汇报。

2. 区分罪与非罪、重罪与轻罪的界限问题。我们认为，有些性质严重的犯罪不应规定最低数额界限和情节轻重，只要有行为，就构成犯罪。例如毒品犯罪、抢劫罪、入室盗窃以及涉税犯罪等。对重罪与轻罪的区分可以从数额和情节两个方面加以规定，但钱的数额可由司法解释规定。

（十）死刑的适用问题。我们认为，从犯罪类型上看，对直接危害国家利益的政治和经济犯罪、对危害公共安全的犯罪和危害公民人身安全的犯罪，应当保留死刑，其他犯罪可适当少用或者不用死刑；从犯罪主体上看，对于年满18岁不满20岁的人，也可以考虑不判处死刑。

2. 关于增设有组织犯罪和黑社会犯罪的设想

（公安部修改刑法领导小组办公室　1996年7月）

一、具体条文的设计

（一）总则部分

第　条　三人或三人以上为了长期共同犯罪而成立组织的，或虽无协议成立组织但连续共同实施不特定多次犯罪的是有组织犯罪。

第　条　三人或三人以上为了长期共同犯罪而结为稳定的组织，多次实施犯罪活动，凡具备下列行为之一的是黑社会犯罪：

（一）管理、控制经济活动或非法从事经济活动的；

（二）为了实施犯罪或为使其犯罪行为不受追究而贿赂国家工作人员；

（三）为了给自己或他人争取选票而操纵或破坏选举；

（四）垄断或企图垄断某一行业或某一区域的经济或非法活动的。

第　条　犯罪组织或黑社会组织实施的犯罪应从重或加重处罚。

第　条　组织、策划、指挥有组织犯罪或黑社会犯罪或在共同犯罪中起主要作用的是主犯。

第　条　本法所说的首要分子指在有组织犯罪或黑社会犯罪或聚众犯罪中起组织、策划、指挥作用的犯罪分子。

（二）分则部分（拟设在危害社会管理秩序一章中）

第　条　组织、策划、指挥有组织犯罪的，处年以上年以下有期徒刑，参加有组织犯罪的，处年以下有期徒刑或拘役。

有组织犯罪成员达到10人或10人以上的从重处罚。

第　条　组织、策划、指挥黑社会犯罪的，处年以上年以下有期徒刑，可以并处没收财产；参加黑社会犯罪的，处年以上年以下有期徒刑，可以并处没收财产。

黑社会犯罪成员拥有枪支、弹药、爆炸物的，对策划、组织、指挥者，处以年以上年以下徒刑，可以并处没收财产；对参加者，处以年以上年以下徒刑，可以并处没收财产。

诱骗、招募未成年人参加有组织犯罪或者有组织犯罪成员对未成年人勒索财物的，处年以上年以下徒刑。

为有组织犯罪提供活动场地、资金和其他条件的，处年以下有期徒刑，可以并处没收财产。

境外犯罪组织成员不准入境，对经阻止仍偷渡入境的，处年以下有期徒刑。

二、需要说明的几个问题

（一）关于把策划、组织、指挥、参加犯罪组织规定为犯罪

规定策划、组织、指挥、参加犯罪组织的行为构成犯罪，从刑法理论上讲属于行为犯，也可以说是将一种犯罪预备行为规定为具体的、独立的犯罪（通常说来，建立、参加犯罪组织是为实施具体犯罪做准备）。这是立法上对此类行为采取的从重从严态度，其根据如下：

1. 此类行为的高度危险性。根据公安机关的统计，自1991年至1995年，全国公安机关共破获犯罪团伙70多万个，抓获犯罪团伙成员260多万人，涉案190多万起，年平均分别为14万多个，53万余人，39万多起案件，被抓获犯罪团伙成员占全部被抓获刑事案犯的39%，涉案数量占全部刑事案件的22%，其中1995年，团伙犯罪案件占全部刑事案件的约26%，抓获的犯罪团伙成员占被抓获全部刑事案犯的37%。所有这些数字客观上说明了有组织犯罪对社会治安的严重危害性，以及组织、参加犯罪组织行为对社会治安所具有的高度危险性。正如在一些国家，考虑到酒后驾车在交通肇事中所占的高比例而将酒后驾车行为（不管是否发生肇事结果）规定为犯罪以及我国现行刑法规定组织、参加反革命集体的行为构成犯罪，将组织、参加犯罪组织的行为规定为犯罪适应了刑法预防犯罪的需要。另外，这样规定也合乎有组织犯罪本身的规律特点。因为，犯罪组织的形成实现了犯罪力量的集合，犯罪分子的主观恶性由于组织的支持得到强化，犯罪心理得到巩固。参加犯罪组织的成员为组织壮大了声势，增加了组织的恐吓力。所以，犯罪组织的成立往往成为成员大肆进行违法犯罪的催化剂或推动力。这是有组织犯罪的一种心理特点。

2. 这种规定可以在不掌握犯罪组织头目及成员具体犯罪证据的情况下单以此罪名给予刑事处罚。有组织犯罪一个非常重要的特点是组织头目往往不亲自实施犯罪，而经过几道单线关系指示他人实施具体犯罪，以及在掩埋证据方面富于经验和技巧。所以，常常是明知某人作为犯罪组织的头目有罪，但苦于找到证据而只能将其释放。将组织、参加犯罪组织行为规定为犯罪，扩大、增加了打击此类犯罪的范围和手段，使得司法机关在能证明某人属于犯罪组织成员的情况下将其治罪。

3. 有关国家和国际会议提供的立法参考。将组织、参加犯罪组织规定为犯罪，已成为一些国家有组织犯罪立法重点解决的一个问题，在世界范围内已形成趋势，意大利、美国、我国香港和澳门等国家和地区已率先在立法中作了上述规定。这些国家和地区的执法官员将此视为一个重要的执法工具，视之为刑法领域的一项重要变革，并在司法实践中成功地运用了这一规定，逮捕审判了一大批犯罪组织头目，显著提高了打击有组织犯罪的效能。对此，一些国际组织和国际会议，如苏兹达尔有组织犯罪国际研讨会和那不勒斯世界部长级有组织跨国犯罪国际会议，在决议中倡议各国立法规定组织、参加犯罪组织罪。

（二）关于在刑法中以有组织犯罪取代犯罪集团的规定

现行刑法关于犯罪集团只是规定首要分子作为主犯从重处罚以及作为某些犯罪的加重情况。这远远不能满足当前打击有组织犯罪和黑社会犯罪的迫切需要。例如，由于没有规定组织、参加犯罪组织构成犯罪，以及对有组织的实施的犯罪从指挥者到一般成员都要从重或加重处罚，因而对境外黑社会组织成员在内地建立犯罪组织及内地不法分子参加犯罪组织在处理上无刑法依据，对于以黑社会组织为背景实施的诸如收取“保护费”、敲诈勒索、操纵赌博、卖淫等犯罪按现行刑法处罚不利。

尽管现行刑法及有关司法解释对犯罪集团有着明确、具体的规定，但司法实践中，司法部门实际认定犯罪集团的案件数量很少，全国公安机关甚至没有这方面的犯罪统计。其中一个重要原因是关于犯罪集团构成条件的现行规定不适应有组织犯罪的规律特点及打击此类犯罪的现实需要。按规定，犯罪集团的构成条件为：1. 三人以上，重要成员固定或基本固定；2. 经常纠集在一起进行一种或多种严重的刑事犯罪活动；3. 有明显的首要分子；4. 有预谋地实施犯罪活动；5. 严重的社会危害性。实践中，有组织的犯罪活动往往表现为两种典型形态，一种是一般的有组织犯罪，即为了长期共同犯罪而结伙或结伙多次共同实施犯罪，一种是由一般的有组织犯罪发展成高级形式，组织越来越严密，已经多次实施犯罪，并具有向国家政治、经济领域渗透等特点，也就是我们所说的黑社会性质犯罪。比较而言，犯罪集团的构成条件实际上介于一般有组织犯罪和黑社会犯罪之间的一种中间状态。相对于一般有组织犯罪来讲，其条件要求过严，无法打击；而对于黑社会犯罪，其条件规定又没有突出黑社会犯罪的根本特点以及在量刑上贯彻从重或加重原则。从国际社会的一些立法例来看，没有一个国家的立法规定有组织犯罪的条件如我国犯罪集团的现行规定这样要求如此之高，条件如此之多。这实际上将大量一般形态的有组织犯罪排除在法网之外，降低了刑法防范打击犯罪的效能。

综上所述，建议以有组织犯罪和黑社会犯罪的规定替代犯罪集团，把有关犯罪集团的规定消化包容在共同犯罪、有组织犯罪和黑社会犯罪的规定之中。设定有组织犯罪作为共同犯罪的特殊形式，黑社会犯罪作为有组织犯罪的特殊形式。将只是为了某一次或某几次具体犯罪而结伙的作为一般的共同犯罪，而将为了长期共同犯罪结为组织的，或连续共同实施不特定多次犯罪的规定为有组织犯罪；将为了长期共同犯罪建立稳定的组织，多次实施犯罪并具备贿赂政府官员、管理控制经济活动或其他条件的规定为黑社会犯罪。据此，在刑法总则中规定共同犯罪，规定主犯从重、同时规定什么是有组织犯罪和黑社会犯罪，规定有组织犯罪和黑社会犯罪的策划、组织、指挥者为主犯和首要分子，并规定犯罪组织或黑社会组织实施的具体犯罪要加重或从重处罚。在分则中规定策划、指挥、参加犯罪组织罪以及策划、指挥、参加黑社会组织罪，对于一些经常以有组织的形式实施的犯罪，如走私、流氓罪，可在具体条文中规定有组织地实施该罪的首要分子加重处罚。

（三）在刑法中规定黑社会组织犯罪

近年来，我国有组织犯罪向黑社会犯罪演化的趋势明显，带黑社会性质的犯罪越来越多，这是有组织犯罪数量增多以及犯罪分子经验积累的必然结果。当前，尽管我国还没有像意大利黑手党、香港三合会那样大规模的黑社会组织，但是一些犯罪组织已完全具备意大利黑手党、香港三合会所具有的典型的黑社会犯罪的手法特点，如组织结构越来越严密，犯罪手段日益狡猾，逃避打击的能力提高，向国家政治、经济领域渗透，犯罪行为国际化等。有的称霸一方，拥有成员数十名，甚至上百名，资产上千万，将相当数量和级别的国家干部拉下水，历经多年不能打掉，对社会治安及党和政府的威信危害严重。而且，自改革开放以来，境外黑社会组织对我国内地的渗透犯罪不断增多，随着港澳回归日期的邻近，港澳黑社会组织渗透的步伐可能更为加紧，这将对内地的黑社会犯罪起到推波助澜的作用。对此，近年来我国的刑事政策把带黑社会性质的犯罪作为打击的重点，党和国家领导人多次指示要认真研究，重点打击黑社会势力，并通过宣传机器大肆宣传此方面的刑事政策。所以，在这种情况下，黑社会犯罪已成为一种危害突出、党和政府以及人民群众非常关心的犯罪现象，因而在刑法中予以明确规定很有针对性、非常必要。

在刑法中明确规定黑社会犯罪合乎黑社会犯罪的规律特点。与一般的有组织犯罪相比，它具有明显不同的特点，如组织规模更大、更严密，犯罪数量更多，破坏一个地方或一个行业正常的经济环境，几乎必然地贿赂腐蚀政府官员，存在各种各样的代言人和保护伞等，这一切都注定了黑社会犯罪比一般有组织犯罪有着严重得多的社会危害性和危险性。因而，对组织、参加黑社会组织，以及以黑社会组织为背景实施的犯罪行为给以更为严厉的处罚是应当的。

在刑法中明确规定黑社会犯罪是将刑事政策总结上升为法律，为今后更加大张旗鼓地打击黑社会犯罪提供了法律武器，从而正确地处理了政策与法律两方面的关系，使刑法更有效地反映现实的需要，与国家重要的刑事政策相呼应。可以预见，今后相当长的时间里，打击黑社会犯罪是我国刑事政策及司法机关工作的重点，刑法明确规定黑社会犯罪既立足现实，也具有了发展的眼光。

附一：一些国家和地区关于有组织犯罪和黑社会犯罪的法律规定

一、意大利刑法关于有组织犯罪及黑手党性质的有组织犯罪的规定

第 416 条（1）（有组织犯罪）

三人或三人以上为了实施数种犯罪而结成组织的，其策划、建立和指挥者当处 3 年以上 7 年以下监禁。

参加上述组织的，处 1 年以上 5 年以下监禁。

当组织成员在乡村或公共道路上实施暴力袭击时，应处 5 年以上 15 年以下监禁。

当组织成员达 10 人或 10 人以上时，上述各款应增加刑罚。

第 416 条（2）（黑手党性质的有组织犯罪）

参加三人或三人以上的黑手党性质的犯罪组织的，处 3 年以上 6 年以下监禁。

策划、建立、指挥黑手党性质的犯罪组织的，处 4 年以上 9 年以下监禁。

黑手党性质的有组织犯罪就是犯罪组织成员利用犯罪组织的恐吓力以及由此导致的使人屈从、保持沉默而实施犯罪以及管理、控制经济活动，获取经营特许、经营授权、承揽公共工程、公共合同，或为自己或他人谋取非法利益，或在选举中为自己或他人争取选票而阻止他人自由投票。

如果犯罪组织是武装性质的，前述第一款的行为当处 4 年以上 10 年以下监禁，第二款的行为当处 5 年以上 15 年以上监禁。

当组织成员拥有火器或爆炸物，即使是被隐藏或被寄存，以用来实现组织目标时，该组织是武装性质。

如果组织成员控制的经济活动通过价格、产品或犯罪所得全部或部分地得到资助，则上述各款量刑应增加三分之一到二分之一。

上述组织成员用以进行犯罪的资财以及犯罪的物品、产品及犯罪所得应予没收。

本条规定亦适用于卡莫拉等其他犯罪组织，不论其在当地名称如何，只要其目标相当于黑手党性质的犯罪组织，并利用组织的恐吓力进行犯罪。

二、法国刑法典关于有组织犯罪的规定

（一）组织、参加武装性集团罪

第 431—13 条　在法律规定的情形以外，持有或掌握武器、具有按照等级制度形成的组织，可能扰乱社会治安的，均构成武装性集团。

第 431—14 条　参加武装性集团的，处三年监禁并处 30 万法郎罚金。

第 431—16 条　组织武装性集团的，处 5 年监禁并处 50 万法郎罚金。

（二）参加犯罪同盟罪

第 450—1 条　所有具有一件或数件事实表明是为了准备实施一起或数起重罪或者一起或数起应当处以十年监禁之轻罪的成形组织或者已签订之协定，均构成犯罪同盟。

参加犯罪同盟的，处十年监禁及 100 万法郎罚金。

第 450—2 条　所有参加第 450—1 条所指的组织或者协定的人，如果在各种诉究之前向主管当局揭发这一组织或者协定，并可以辨认其他参加者的，免除刑罚。

三、香港“有组织及严重罪行条例”关于有组织罪行的界定

“有组织罪行”（Organized crime）指附表 1 所列的罪行，而且是——

（a）与某三合会的活动相关的；

（b）与2名或2名以上的人的活动有关连的，而该等人联合在一起的唯一或部分目的是为作出2项或以上行为，每一项均为附表一所列罪行及涉及相当程度的策划及组织的，或

（c）由2名或以上的人所犯的，而且涉及相当程度的策划及组织，以及——

（1）有人丧失生命或有人有丧失生命的相当程度的危险；

（2）有人在身体或心理上受严重伤害或有人有受该等伤害的相当程度的危险；或

（3）有人严重丧失自由；

附："三合会"（Triad society）包括任何以下社团——

（a）使用三合会普遍使用的任何仪式，任何与该等仪式十分相似的仪式或该等仪式的任何部分的社团，或

（b）采用或利用任何三合会名称或称谓术语的社团。

附表1所列罪行包括谋杀、绑架、非法拘禁、串谋妨碍司法公正等普通法罪行以及违反《进出口条例》、《人民入境条例》、《危险药品条例》、《赌博条例》、《社团条例》、《放债人条例》、《刑事罪行条例》、《盗窃罪条例》、《侵害人身罪条例》、《火器及弹药条例》、《贩毒（追讨得益）条例》、《有组织及严重罪行条例》等法定罪行。共计约56个罪名。

注：根据上述规定，可以大致将该法所规定的有组织罪行归结为，两个或两人以上以三合会的仪式或名义或称谓，策划、组织或实施的罪行（属本法明定范围的）。

四、澳门反黑社会法

第2条（黑社会的定义）

第2—1条　非法组织其组成具有稳定性，以犯罪为目的及经由协议或其他任何事实即如从事下列所指的一项或多项而显示其存在的，概视为黑社会：

a. 贩毒；b. 偷窃、抢劫及损毁财物；c. 非法禁锢；d. 诱良为娼及经营娼妓活动；e. 诱骗及腐化未成年人；f. 对人或财物藉口保护或以暴力或恐吓而取得财物的利益；g. 非法贷出财物；h. 教唆或协助非法出、入境；i. 经营非法幸运博彩或互相博彩；j. 毒害供作互相博彩用的动物；k. 使用、佩带及持有违禁武器；l. "炒票"。

第2—2条　凡组织虽依法组成，但事实上亦累次从事一项或多项犯罪行为即上款所指者，亦包括在上述定义内。

第4条　（对黑社会及相类活动的处罚）

第4—1条　凡隶属本法律所禁止的任何组织者，处以2年至8年重监禁。

第4—2条　凡充当任何层次的领导或指挥者，处以上款所指的监禁，但不得少于5年。

第4—3条　帮助该类组织的，按第一款处罚。

第4—4条　诱骗、招募未成年人参加组织或向未成年人勒索财物的，加重处罚。

第8条　（禁止外地黑社会在本地区的活动）

第8—1条　黑社会分子，其非在本地区居住者，将予以禁止入境或逗留，即使其属会在澳门未有总会或分会或未发展任何活动者亦然。

第8—2条　凡被按照上款规定拒绝入境或逗留而重入本地区者，处以至1年的监禁。

五、美国密西西比州刑法对有组织犯罪的界定

有组织犯罪就是两人或两人以上以谋利为目的长期共谋实施犯罪。

六、美国加利福尼亚州刑法对有组织犯罪的界定

有组织犯罪就是两人或两人以上在长期目标的基础上从事一种或多种犯罪。

附二：1994年有组织跨国犯罪问题世界部长级会议文件关于有组织犯罪的立法说明和建议

一些国家的刑法已按照有组织犯罪的发展变化作出了调整。重点是将参加犯罪组织活动作为犯罪处理，使犯罪集团的成员受到刑事惩罚，以及没收通过这类犯罪活动获得或用于这类犯罪活动的资产。在许多国家，刑法规定可对有组织犯罪集团犯下的罪行加重处罚。

将"参与有组织犯罪团伙"作为犯罪处理，已成为一种趋势，这在很大程度上修改了刑法（西方国家的刑法通常是不罚预备的）。在许多国家，这种情况相当于"共谋罪"。共谋是指2人或2人以上持续不间断的联合体，其目的是通过各种必要的手段，按照商定的犯罪计划从事不特定数量的非法或犯罪行为。要认定共谋罪，被告必须始终意识到自己作为犯罪共谋的一员，而且随时准备行动，实施事先制定的计划。意大利刑法有专门条款，禁止共谋贩卖毒品。由于有组织犯罪的特有特征，特别是保持沉默，拒绝作证，所以在审讯中很难得到共谋的证据。鉴于此，意大利刑法颁布法律，规定了一个新的罪名，即凡参加了由3人或3人以上犯罪组织的，均为非法行为。这项罪行有别于一般的共谋犯罪和毒品共谋犯罪。当前，"有组织犯罪集团成员罪"已成为打击有组织犯罪的一个有力武器。根据同一犯罪组织的成员提供的证据。仅以"有组织犯罪集团成员"这一项罪名便可对有组织犯罪的头面人物进行起诉。这项罪行在黑

手党头目受到定罪量刑的一系列审讯中显示了潜在作用。

许多国家的执法机构、检察官和法官认为，将参加犯罪组织作为一种特定的犯罪是他们手中掌握的有助于瓦解犯罪组织的一个有力工具。在美国根据敲诈勒索法提出的无数起诉以及实施意大利刑法上述规定之后取得的良好成果均表明，将这种规定扩大到其他国家的立法中有好处。

另，有 15 个国家以及联合国秘书处、附属于联合国的赫尔辛基预防和控制犯罪研究所、国际刑警组织等部门的执法官员和专家参加的 1991 年苏兹德尔有组织犯罪国际研讨会也建议将参加犯罪组织规定为犯罪以及将有组织犯罪集团实施的犯罪加重处罚。

附三：论有组织犯罪及黑社会犯罪的定义和特征

当前，有组织犯罪在世界范围内是一个备受关注的热点问题。我国刑事犯罪的有组织化趋势也日益明显。然而，同国际社会一样，当我国各级公安机关越来越多地使用“有组织犯罪”、“黑社会犯罪”等概念时，对其内涵和外延的理解颇不一致，因而明确统一对有组织犯罪、黑社会犯罪概念的认识日显重要。

一、有组织犯罪的定义和特征

“有组织犯罪”从概念结构上可以分为两部分，即“有组织”和“犯罪”。对于“犯罪”，在理解上不会有分歧，关键在于如何理解“有组织”，也就是说当多人共同实施犯罪时，在什么样的条件下才算是有组织犯罪。

从语义上理解，所谓“组织”，就是按照一定的宗旨和系统建立起来的集体。由于各种不同的组织，有的紧密，有的松散，规模和影响也有大有小，这便给界定有组织犯罪的组织化程度带来了困难。

目前，国际社会对有组织犯罪的核心问题，即有组织犯罪的规模、组织结构、内部关系，有两种主要的、也是相反的观点。一种观点认为有组织犯罪是大规模的、内部等级制明显的组织，其内部结构及运作形式类似于现代的国家行政机构或公司法人。这种观点着眼的是那些具有庞大的、稳定的组织体系、规模影响巨大的犯罪组织，这些犯罪组织吸收了合法社会的组织管理经验，在政治、经济、社会等各方面严重侵蚀着国家生存的根基，有的甚至要成为“第二政府”，并大规模进行跨国境的犯罪，影响国际秩序。诸如意大利黑手党、香港三合会及南美贩毒组织等。这是对有组织犯罪较为狭窄的理解。另一种观点认为，有组织犯罪更多的是一些结构松散、灵活多变的犯罪组织，其真正优势和效能在于其小而灵基础上的高度适应性和投机性。因此与其将有组织犯罪视为一种正规的组织机构，不如说它更接近于社区中的一些帮派团伙。该种观点认为意大利黑手党、南美贩毒组织、香港三合会这样规模庞大、组织成型的有组织犯罪毕竟是少数，规模较小、结构松散灵活的犯罪帮伙是有组织犯罪的主要部分。

上述两种观点都揭示了有组织犯罪的一些现象特点，但都是以静止的、局部的观点看待有组织犯罪。其实，以发展的观点，可以把“有组织犯罪”理解为犯罪的“有组织化”。所以关于有组织犯罪的特性，与其简单地划分为大组织与小组织或正规结构与非正规结构，不如将其理解为从小到大、从简单到复杂、从组织松散不定型到定型成熟的连续统一体，这是有组织犯罪发展变化的连续性和渐变性。可以说，有组织犯罪都要经历一种由小到大的过程，大的犯罪组织由小的组织一步步演变而来，而目前一些小的犯罪组织如未受到及时打击，也会不断壮大。还有一些大的成型的犯罪组织如遇打击或内讧分裂，也会演变分裂为许多小的组织。另外，有些犯罪组织兼有正规与非正规、定型与不定型两种特点。表现在高层次上具有正规性、等级制的特点，位置的设置与人员的安排、命令的下达与执行都有帮规会律的限制。而在组织的底层及外围则具有松散、不定型的灵活特点，如目前香港的三合会、日本的暴力团都有这种特点。所以，单纯地将有组织犯罪作为一种静态现象，不考虑其发展变化规律，并据此下定义，便会因组织规模的大与小、定型与不定型而引起着眼点的不同，从而给出不同的结论。

应当注意到，上述分歧，争论主要来自国际社会的理论界和研究部门。而目前世界上仅有的几个国家的有组织犯罪立法对有组织犯罪的定义却有相当程度的一致性，突出地表现为对有组织犯罪的构成条件没有太多的限制，尤其是不要求有组织犯罪必须是大规模的组织，这种立法现象值得我们研究。如意大利刑法规定，为了实施数种犯罪，三人或三人以上结为组织的，就是有组织犯罪，策划、建立、参加该组织的都构成犯罪；美国密西西比州刑法规定，有组织犯罪就是两人或两人以上以谋利为目的长期共谋实施犯罪；美国加利福尼亚州刑法规定，有组织犯罪就是两人或两人以上在长期目标基础上从事一种或多种犯罪；香港《有组织及严重罪行条例》规定，以三合会的仪式或名义或称谓，两人或两人以上策划、组织实施多种犯罪的就是有组织犯罪。

对于上述规定我们可以沿寻以下思路来理解其立法思想。有组织犯罪当属共同犯罪，或共谋犯罪。由于共同犯罪危害性大，逃避侦查能力强，各国刑法都规定对共同犯罪较单独的个人犯罪从重处罚。而在共同犯罪中，因危险性、危害性程度不同，又可以将其分为一般的共同犯罪和有组织犯罪。所谓一般的共同犯罪就是指两人或两人以上为了实施某一次或多次犯罪而临时纠集，共同作案，一旦作案结束便解散，共同犯罪人没有长期目标。与一般的共同犯罪不同，共同犯罪人以长期实施一种或多种犯罪为目标而结为组织，组织成员具有稳定性，这便是上述立法所规定的有组织犯罪。由于有组织犯罪具有长远的规划，而且随着犯罪的成功其组织往往像滚雪球一样不断壮大，所以与一般共同犯罪相比具有更大的危险性，于是立法把有组织犯罪作为一种特别的共同犯罪形式予以专门规定。上述立法之所以对有组织犯罪在组织规模、内部结构等方面不规定严格的限制，原因在于以发展的观点，考虑到有组织犯罪由小到大的渐变性，将犯罪的有组织化视为整体，概括起步阶段的、发展中的、发展成型的全部有组织犯罪，为有组织犯罪编织起严密的刑事法网。如果对有组织犯罪在组织规模、犯罪危害方面给予过多的条件限制，势必使新成立的以及部分发展中的犯罪组织游离于有组织犯罪立法之外，使其由小到大的发展过程得不到及时有效的遏制，组织者、参加者得不到有力的打击，束缚了司法机关的手脚，降低了刑法防范、打击犯罪的效能。

综上所述，可以将我国的有组织犯罪定义为："三人或三人以上以谋利为主要目的，为了长期共同犯罪而结成组织的，或是无明确协议成立犯罪组织，但经常共同实施犯罪的，就是有组织犯罪"。其特征包括：

1. 有组织犯罪的主要目的是谋取经济利益。这就决定了不能按字面意义理解，把恐怖组织犯罪、政治性组织犯罪也作为有组织犯罪。

2. 成员构成三人或三人以上。

3. 以长期共同犯罪为目标。这一则区别于临时纠集性的犯罪结伙，二则区别于法人犯罪。因为从事法人犯罪的法人组织在成立之初，其组织宗旨和目标不是为了从事违法犯罪，其犯罪行为是法人经营过程中的非主要行为；而有组织犯罪的组织目标就是违法犯罪；另外，共同犯罪人虽然没有明确协议成立犯罪组织，但事实上经常纠集一起多次实施共同犯罪的，也是事实上的组织犯罪。

4. 构成有组织犯罪不要求该组织造成实际的严重危害后果。指挥、组织以及参加此类组织的，即使没有实施具体犯罪，也构成有组织犯罪。这类似于刑法第98条的规定："组织、领导反革命集团的，处五年以上有期徒刑；其他积极参加反革命集团的，处五年以下有期徒刑、拘役、管制或者剥夺政治权利。"也就是说只要组织、参加以反革命为目的的集团组织，即使没有实际实施具体的反革命行为，就构成犯罪。这种立法现象可视为"防范性的刑事立法"，在国外有的称之为"预备行为犯罪化"。主要是针对多发性的或危害特别严重的刑事犯罪，目前在于防止实际危害结果的发生。组织反革命集团，作为一种预备行为，目的是共同实施具体反革命破坏活动，鉴于反革命犯罪危害巨大，于是立法便将组织反革命集团这种预备行为规定为一项单独的罪名，以防止其进一步实施反革命行为。还有，当前世界各国交通事故频繁，损失巨大，其中因酒后驾车造成的交通事故数量最多。于是许多国家把酒后驾车行为本身规定为犯罪，不要求实际发生交通事故。考虑到有组织犯罪危害重大，基于同样的道理，规定只要成立犯罪组织，即构成犯罪。

二、黑社会犯罪及有关概念的定义和特征

当前，在我国与有组织犯罪相关的有一系列概念，如犯罪团伙、犯罪集团、黑社会犯罪及带黑社会性质的犯罪等，除了犯罪集团作为法律概念，有明确的法定含义外，其他概念在定义上都还存在争论和分歧。

犯罪团伙是公安机关经常使用的概念。目前，公安机关对于犯罪团伙基本上有两种不同的理解，一种认为犯罪团伙是指三人以上纠合在一起多次实施犯罪，但又较松散的犯罪集体。有如下特点：（1）多次实施犯罪，危害较大；（2）组织松散，成员不固定；（3）犯罪行为具有随意性。另一种观点认为，犯罪团伙就是上述犯罪团伙和下述犯罪集团的统称。目前公安机关更多是在后一种意义上使用这一概念。

犯罪集团是指三人以上为了多次实行某一或数种犯罪而建立起来的犯罪组织。其构成条件为：（1）三人以上，重要成员固定或基本固定；（2）经常纠集在一起进行一种或多种严重的刑事犯罪活动；（3）有明显的首要分子；（4）有预谋地实施犯罪活动；（5）严重的社会危害性。

黑社会是一个在我国有着较长历史并流布很广的概念。目前，党和国家关于犯罪形势及刑事司法工作的正式文件也使用这一概念。总起来讲，可以对黑社会犯罪作两种意义上的理解。一是理解为犯罪组织的联合体，或有组织犯罪网络。通常在一个城市，甚至不同的城市，不同的犯罪组织之间是有一定联系的，如划分各自的势力范围，互不侵犯；联合进行违法犯罪；或者争地盘，进行火并等。这样各个犯罪组织共同构成了一股非法地下势力。在有组织犯罪严重的地区甚至存在由各个犯罪组织头目组成的"议事会"，这种不定期的非正式组织起着合作及解决冲突的作用。在英语中，"CRIMINAL SYNDICATE"，译为"犯罪辛迪加"，便相当于我们这里所说的黑社会。在国外还存在一些类似黑社会的概念，指的也是有组织犯罪的联合体。如在美国，"MAFIA"（黑手党）曾被认为是全美24个意大利西西里裔犯罪家族的联合体，而纽约黑手党指五大犯罪家族的联盟，它们既有联系，又相互独立；既有合作，又有争斗。在香港，"三合会"代表着几大派别上百个相对独立的犯罪组织的联合体，它也是一个有组织犯罪网络。

另一种理解是把黑社会犯罪作为一种最为严重的有组织犯罪形式，与一般的有组织犯罪相比它有更大的组织规模及更大范围的危害影响。例如我们把旧中国的青帮、红帮视为黑社会犯罪。现在看来，我国当前更多的是在这种意义上理解使用黑社会概念。作为最高形式的有组织犯罪，黑社会犯罪的构成条件应当更为严格；处罚也更严厉。现行意大利刑法在规定了有组织犯罪的基础上，进而还规定了黑手党性质的有组织犯罪。它规定，黑手党性质的有组织犯罪就是"组织成员利用犯罪组织的恐吓力而使人屈从，保持沉默，以从事经济活动，获取经营特许、经营授权、承揽公共工程，或为自己或他人谋取非法利益，或在选举中为自己或他人争取选票而阻止他人自由投票，以及从事其他犯罪"。对于一般有组织犯罪的参加者，规定处以1年以上5年以下监禁，而对于参加黑手党性质的有组织犯罪的，则要处以3年以上6年以下的监禁；组织、策划、指挥一般的有组织犯罪的，处3年以上7年以下监禁；而组织、策划、指挥黑手党性质的有组织犯罪的，要处以4年以上9年以下监禁。

应当说，对于有组织犯罪来讲，人们最为关注的是黑社会犯罪。当前有关部门既然已正式使用这一概念，那么就应当为其界定定义。国家司法机关应该避免使用一些标准不明、含义模糊的概念，特别是当该概念是用来描述一类严重的犯罪形式时。事实上，“犯罪团伙”作为公安部门经常使用的重要概念，其定义不明便在相当程度上引起各级公安机关认识和理解上的混乱，对确切地把握犯罪形势、做好犯罪统计是不利的。对黑社会概念的使用也是如此。当前在相当大的范围内还存在我国到底有没有黑社会组织的争论，其中问题的关键还是在于没有明确的定义。为黑社会下定义从根本上就是在组织程度、犯罪方式、危害影响等方面界定条件，而这些条件到底严格到什么程度则是最为复杂、最具争议性的。如果像部分人理解的，只有像旧中国青、红帮那样的有组织犯罪才算是黑社会组织，那么当前我们甚至没有必要使用这一概念。事实上，即使是像意大利刑法规定的“黑手党性质的有组织犯罪”也没有具体要求有多大的规模与实际危害，而只是着眼于与一般有组织犯罪不同的犯罪行为特点。所以，我们为黑社会犯罪下定义更重要的是在组织方式、犯罪方式等方面要求具有与青、红帮、意大利黑手党家族相类似的规律特点。这样。黑社会犯罪定义的准确程度取决于我们对历史与现实的黑社会犯罪的规律特点掌握的程度。基于以上考虑，从我们所掌握的黑社会犯罪的规律特点出发，结合我国现实情况，可以界定黑社会犯罪具有如下几方面的特征：

1. 黑社会犯罪具有高度的组织化程度，这是其大规模实施犯罪的保障和体现，是黑社会犯罪的最重要特征。表现为：(1) 组织活动和计划具有长久性，组织成员具有稳定性、顽固性；(2) 犯罪组织结构具有等级性，下级必须服从上级，上级人员一般不直接实施犯罪，以避免受犯罪指控；(3) 内部有一定的帮规会律等。

2. 黑社会犯罪的基本目标是追求经济利益，从根本上他们不是政治性组织，尽管有些犯罪行为涉及政治。为此他们往往 (1) 提供非法货物和服务以牟取暴利，如贩毒、控制卖淫等；(2) 从事一些掠夺性的犯罪活动，如大规模的盗窃、抢劫、敲诈勒索及收取“保护费”等；(3) 通过上述非法所得向所有具有潜在利润的合法商业领域渗透，但他们利用的手段通常也是非法的；

3. 黑社会犯罪的基本手段是恫吓、暴力和贿赂腐蚀。通常是通过暴力手段具备一定势力之后，更多考虑运用贿赂腐蚀手段。可以说，黑社会犯罪与官员腐败密不可分；

4. 社会危害影响巨大，并在此基础上寻求垄断，即通过控制、垄断犯罪领域来获取最大利益。

综合上述特征，可以给黑社会犯罪定义为：具有长久目标、内部等级制、帮规会律及成员稳定性的犯罪组织，以谋取经济利益为主要目的，以恫吓、暴力和贿赂腐蚀为基本手段所实施的犯罪行为。

而所谓带黑社会性质的犯罪可以理解为超过了一般集团犯罪的界限，又不及典型的黑社会犯罪，但在犯罪组织规模、犯罪手段、犯罪能力及危害等方面一定程度上具备了黑社会犯罪性质的一种犯罪形式，是犯罪集团与黑社会犯罪之间的中间或过渡形式。它具有如下特点：(1) 犯罪成员人数较多，有头目、有骨干，成员相对稳定；(2) 以追求经济利益为主要目的，经常实施多种违法犯罪，社会危害性大；(3) 在某一地区或某一行业形成一定的势力范围；(4) 使用或意图使用贿赂腐蚀手段拉拢党政干部，寻找“保护伞”。

据此，前述犯罪团伙、犯罪集团、黑社会犯罪、带黑社会性质的犯罪，除了一些无长久目标的团伙犯罪外均属有组织犯罪。它们在组织结构、犯罪手法、危害结果等方面有众多的相通之处及一定的发展演变关系，是有组织犯罪的不同阶段。考虑到有组织犯罪的发展趋势及打击控制有组织犯罪的需要，今后我们应逐步通过统一运用有组织犯罪和黑社会犯罪两个概念，来澄清此方面的概念混乱，规范概念使用，并以此为标准进行犯罪统计，进而在立法上将有组织犯罪和黑社会犯罪规定为单独的罪名和法定刑，并规定对有组织犯罪和黑社会组织实施的其他犯罪活动从重或加重处罚，以及在刑事诉讼法中规定特别的诉讼程序，建立完善有组织犯罪专门立法，提高法律打击有组织犯罪的效能。这是一个值得我们认真研究的重大理论和立法课题。

附四：有组织犯罪和黑社会犯罪案例选

一、内蒙古“十三太保”犯罪团伙案

1994 年初的一天晚上，韩某约齐某等十三人到包头市昆区青松公园结拜兄弟，实际到达的十人在青松公园跪成一圈，自称“十三太保”并举酒盟誓。次日又将结拜情况告诉三名约而未到的陈某、谢某、赵某，三人表示愿意参加。结拜成的“十三太保”排定座次，团伙头子韩某、齐某分别为大太保、二太保，其他人分别被排为三太保、四太保直至十三太保。团伙形成后，即准备双管火枪、刀具等犯罪工具。到 1996 年初，已经查实的就犯有拦路抢劫、轮奸等 11 起案件。

（注：这是一起较典型的组织、参加犯罪组织案件，组织的形成助长了成员个人的犯罪恶性和犯罪意识，成员在实施犯罪时能够感觉到组织力量的背后支持。所以，对于参加犯罪组织的成员来说，即使他本人没有参加具体的犯罪行为，但他为整个组织壮大了声势，强化了其他成员的犯罪心理。）

二、山东“帝王敢死队”犯罪团伙案

1993 年 5 月，山东省菏泽市丹阳办事处下庄村村民卞某、武屯村村民武某纠集丹阳办事处居民卞某、赵某等共 18 人在该市中华路“八仙聚酒家”聚会并白吃店主酒菜两桌，由卞某倡导成立“天龙会”，排定每个人的“座次”，划定“势力范围”，商定作案手段，谋划对付公安机关的办法，并订立严格的“纪律”，如“一人有难，全体相助”、“若被抓获，死不认罪，更不许检举同伙”等。两天后，卞某等 22 人又集结于该市“中华大酒店”内，白吃价值 600 元的酒菜 3 桌，宣布将其集团名称更改为“帝王敢死队”，并解释“帝王”象征至高无上，“敢死”即勇猛无敌。目标是打起

“帝王敢死队”这面旗帜，在当地“占山为王”，称霸一方。

该犯罪团伙从1993年成立到1994年3月首犯卞某被抓获，在不到一年的时间里疯狂作案，连续进行抢劫、盗窃、流氓滋扰、敲诈勒索、聚众斗殴等犯罪活动近百起。经查证起诉的抢劫、流氓、敲诈勒索、盗窃等犯罪事实达77起，受害单位、群体、摊点80多个，受害群众300余人，其中遭受毒打、刀刺致伤者数十人，有的造成终身伤残。

三、甘肃兰州市“丐帮”杀人抢劫团伙案

该团伙涉及27名成员，在被抓获的15名成员中，年龄最大的20岁，最小的14岁，大多是辍学的未成年学生。他们模仿境外黑社会组织，称其团伙为“丐帮”，“帮主”绰号叫“白银”，其他头目手下也都有几名团伙成员。每个成员都穿戴缀有蝴蝶图案的衣服，作为团伙的统一标志，大部分成员都有绰号，作案时从不称呼真实姓名，而以“老大”、“小东北”、“嘻皮狗”、“茶花”等相称。集团内部等级分明，一般成员服从首领。

为了维护团伙首领的威严以及保证犯罪的顺利实施，团伙内部订有极严厉的帮规。有下列情形之一，就要受帮规的严厉处罚：(1)“卖水”(指向公安机关检举揭发团伙的罪行)；(2) 企图或已经逃离团伙的；(3) 找不上“光阴”(指抢不到财物)；(4) 独吞钱财；(5) 犯上。处罚时，由“老大”指派团伙成员采取毒打或用刀刺、砍、捅等手段，甚至杀害。如一个成员入伙不久，对作恶感到不安和恐惧而先后两次逃跑，均被“老大”派人抓回毒打，并刀砍伤背部，用砖砸破头部。成员“小东北”因不满其他成员的一些做法，被认为很危险，有“卖水”可能，于是被乱刀捅死。

该团伙被证实的犯罪案件有27起（实际犯罪要多得多，因被害人不报案而无法统计），其中杀死两人，重伤5人，抢劫25次。作案时有预谋有分工，备有专门武器，如电击枪、电警棍、军剑、三棱刀等，手段残暴，并且连续作案，有时每天作案四五起，气焰极为嚣张。

四、香港黑社会组织成员渗透犯罪案

香港“新义案”成员王某于1984年加入该组织，由于“成绩突出”，1991年升为该组织“红棍”，多次被港、澳警方打击处理。1991年底，王从“新义安”领取6万元活动经费后潜入深圳市龙岗区平湖镇开设赌场，秘密招收成员，发展组织，并购买枪支，强行“看场”，敲诈勒索。自1992年以来，该团伙在当地杀人、伤害、抢劫、敲诈勒索等作案近200起，勒索现金100多万元。1993年12月，王因与另一个流氓团伙成员钟某发生纠纷，便指使6名马仔携带2支军用手枪，在大街上开枪打死钟某，打伤团伙成员2人。案发后，王等人逃走。1994年7月，王再次潜入平湖镇，网罗50余名外省打工人员加入犯罪组织，继续实施敲诈勒索、伤害、赌博等犯罪活动。当地一位村支部书记说，最近几年该村投入几千万元改善投资环境，但由于该犯罪团伙胡作非为，致使许多投资商望而却步。

五、山西侯百万、郭千万两个贩卖文物团伙案

侯某，人称“侯百万”；郭某，人称“郭千万”，均为侯马市人，都曾在侯马橡胶厂工作。从1986年来，侯某、郭某两个犯罪团伙大肆走私文物，经营数额达832.5万元，获利289万元，同时还大量犯有诈骗罪、抢劫罪、流氓罪、故意伤害罪、私藏枪支弹药罪等。侯某、郭某通过犯罪积累了巨额的财富。侯某在侯马市有装饰豪华的别墅一座，有桑塔纳等汽车3部，摩托车一辆，还有天马娱乐城、新世界大酒店、新世界娱乐城、侯马市新世界艺术学校四个经济实体，人称“侯百万”，实际仅固定资产就接近一千万。郭某在境内有三层豪华别墅一座，“丰田王”汽车等三部，在广州和香港、澳门也有房产和经济实体。

为了盗挖走私文物及实施其他犯罪，侯、郭网络了五六十名社会渣滓作为犯罪组织成员，为他们配备了有相当杀伤力的枪支弹药，并装备了传真机、对讲机、无线电台、无线监听器等先进的通讯联络工具，同时从各种渠道搜集许多警用装备、内部书籍和公安机关无线电通讯频率，形成了非法武装力量，具有一定的反侦察能力，对社会、对政法机关构成了威胁。侯某出门时有荷枪实弹的保镖，前有摩托车开道，后有自己乘坐的豪华轿车，一路对讲机联络，耀武扬威。

侯某、郭某通过非法钱财向党政领域渗透，寻找违法犯罪的保护伞和代言人。由于公安政法内部的一些腐败分子，这两个犯罪团伙作案10年，不但没有及时被打掉，反而越养越肥。最后，侯马市公安局的局长、一名副局长以及省公安厅的一名科长因包庇、帮助侯、郭犯罪集团被判刑。

3. 关于分解流氓罪的建议

（公安部修改刑法领导小组办公室　1996年7月）

刑法第160条规定的流氓罪，是一个包含多种犯罪形式的罪名。本罪除在条文中明确规定了聚众斗殴、寻衅滋事和侮辱妇女三种犯罪形式外，还以“其他流氓活动”作为概括性规定，用以包容一切可能有的流氓犯罪活动方式。对流氓罪的这种表述方法在刑法制定时是必要的。但是随着社会上犯罪情况的变化，流氓犯罪形式也变得复杂起来，涉及面广，数量也不断增大。而司法实践中出现了把在刑法中没有规定的危害社会的行为硬往流氓罪里套的现象，把流氓罪变成了包罗万象的“大口袋”，人为地扩大了流氓罪的适用范围，并导致了对一些犯罪行为的定罪和量刑的不准确，有失法律的严肃性。

流氓罪这一概念最本质的方面，就是公然藐视社会公德，破坏社会公共秩序，这是社会上的一种多发罪、常见罪，处理好这种犯罪并稳准狠地打击那些真正的流氓犯罪分子，对我国社会治安的好转，有着重要的作用。但是，我国刑法对流氓罪的现有规定都过于简单和概括，尤其是在司法实践中对“其他流氓犯罪活动”的理解没有统一的法律标准，这对于打击那些属流氓性质的犯罪必然会造成一定的困难。鉴于上述原因，我们认为，我国刑法中的流氓罪应当具体化为若干个属于流氓性质的罪名，规范相应的罪状和法定刑，以这些罪名来取代刑法中的流氓罪。流氓罪的具体化，将会使刑法条文明确具体化，有利于刑法的运用。分解流氓罪不会影响对流氓行为的打击，流氓罪分解后，各行为成为单独的罪名，仍在刑法打击的范围之内。因此，不影响对流氓行为的打击。

根据刑法第 160 条对流氓罪的规定，结合社会上发生的这类犯罪的情况和司法实践的经验及司法解释，并借鉴国外立法例，流氓罪可以分解并增加成下列罪名：

1. 聚众斗殴罪：指出于私仇、争霸或其他不正当动机、目的，纠集多人成帮结伙斗殴，情节恶劣的行为。

2. 寻衅滋事罪：指在公共场所无事生非，肆意挑衅，进行破坏骚扰的行为。主观上是出于直接故意，为了“寻开心”，发泄精神上的空虚，寻求刺激，无理挑起事端。

3. 强制猥亵罪：使用暴力、胁迫或者其他手段，违背他人意愿而猥亵他人情节恶劣的行为。

4. 聚众淫乱罪：指男、女或者男女多人在一起进行淫乱活动，败坏社会风化，情节恶劣的行为。

5. 故意实施淫秽、猥亵行为罪：指行为人在公共场所故意进行淫乱、猥亵活动，破坏公共生活秩序的行为。

6. 驾驶车船横行罪：指在公共交通通道上，故意驾驶车辆、船舶等横冲直撞，破坏公共秩序的行为。

7. 欺压他人罪（恶霸罪）：指在一定区域或者地段，欺压他人，危害社会公共秩序的行为（或者：指称霸一方，欺压百姓，破坏公共秩序的行为）。

司法解释中规定的鸡奸行为构成犯罪的可在侵犯公民人身权利罪一章中规定为“鸡奸罪”。

流氓罪分解方案

第　条　聚众斗殴，有下列情形之一的，处七年以下有期徒刑或者拘役，可以并处罚金：

（一）多次聚众斗殴的；

（二）聚众斗殴人数多，规模大，社会影响恶劣的；

（三）在公共场所或者交通要道聚众斗殴，造成社会秩序严重混乱的；

（四）持械聚众斗殴的；

（五）聚众斗殴造成其他严重后果的。犯前款罪，情节特别恶劣的，处七年以上有期徒刑，可以并处罚金。

聚众斗殴致人伤亡的，依照伤害罪或者杀人罪的规定处罚。

第　条　有下列寻衅滋事，破坏社会秩序行为之一的，处七年以下有期徒刑或者拘役，可以并处罚金：

（一）以打人取乐，随意殴打他人，情节恶劣的；

（二）多次向人身、车辆、住宅抛投石头、污物等；

（三）强拿硬要或者任意损毁公私财物，情节严重的；

（四）耍赖打横，占领公共场所，或者污损公共设施，情节严重的；

（五）追逐、拦截他人或者车辆，情节恶劣的；

（六）在公共场所起哄闹事，造成公共场所秩序严重混乱的。

第　条　以暴力、威胁或者其他方式强制猥亵他人，情节恶劣的，处七年以下有期徒刑或者拘役，可以并处罚金。

第　条　故意在公共场所实施淫秽、猥亵行为，妨害社会风化，情节严重的，处七年以下有期徒刑或者拘役，可以并处罚金。

在公共场所犯前款罪，社会影响恶劣的，处七年以上有期徒刑。

第　条　聚众进行淫乱活动，对首要分子或者屡教不改的参加人员，处五年以下有期徒刑或者拘役，可以并处罚金；情节特别恶劣的，处七年以上十年以下有期徒刑，可以并处罚金。

第　条　故意驾驶车辆、船舶横冲直撞，对他人人身、财产安全可能造成危害，扰乱社会秩序的，处七年以下有期徒刑或者拘役，可以并处罚金。

第　条　方案一：在一定区域或者地段，欺压他人，危害社会公共秩序的，处七年以上有期徒刑。

方案二：公然藐视法律，横行乡里、称霸一方，以凶残、下流的手段破坏公共场所秩序或者社会公共生活秩序的，处七年以上有期徒刑。

第　条　组织团伙或者集团，犯第　条至第　条罪的，对首要分子、主犯和积极参加者处十年以上有期徒刑，情节特别恶劣、危害特别严重的，处无期徒刑或者死刑。

4. 关于分解投机倒把罪的方案

（公安部修改刑法领导小组办公室　1996年7月）

1. 分解投机倒把罪是必要的和可行的

我国刑法规定的投机倒把罪是指违反国家对金融、外汇、金银、物资、工商管理法规，非法从事金融和工商业活动，破坏国家金融和市场管理秩序，情节严重的行为，它是生产、流通领域里严重破坏经济秩序的一种犯罪。多年来，不论是在计划经济时期还是在我国市场经济初建，各项法律、法规尚不健全的时期，作为一种发生在经济领域中的覆盖面十分宽的犯罪，其对惩治严重破坏经济秩序的犯罪，维护正常的社会经济秩序起到了积极作用。但是，另一方面，由于刑法中对投机倒把罪的规定过于笼统和泛化，其许多具体罪状是由司法解释、行政法规甚至是政府文件予以规定，给实际执行带来不便，同时在一定程度上损害了法律的严肃性，也不利于保护公民的合法权益。此次修改刑法将其分解、细化是十分必要的。

近几年来，随着市场经济体制的建立和市场经济法律体系的逐步建立和日趋完善，以及市场经济关系的基本确立和相对稳定，客观上为投机倒把罪的分解提供了可能性。同时，全国人大常委会相继颁布了一系列有关惩治经济犯罪的补充决定，对投机倒把罪中涉及的多种犯罪，特别是金融、外汇、知识产权、公司管理、市场竞争、商品生产以及市场管理秩序等方面的犯罪行为分别作了较为详细的规定，在法律上为投机倒把罪的分解创造了条件，提供了可能。

2. 分解投机倒把罪的指导思想和原则

针对投机倒把罪的特点和当前经济犯罪突出，犯罪方法和手段日益狡猾，形式翻新的具体情况，对投机倒把罪进行分解的指导思想应确定为：要更加有利于同破坏经济秩序的犯罪作斗争，即分解后的罪名要能覆盖当前和今后一个时期社会生产和流通领域中现存在的和可能出现的严重破坏经济秩序的犯罪，使司法机关在打击这类犯罪，维护经济秩序的工作中有法可依。

具体分解应把握以下几点：一是规定犯罪行为种类的面要宽，即对犯罪行为要尽量列全；二是对构成犯罪予以处罚的条件规定要严，即刑法只对违反经济秩序情节严重或者造成重大后果的行为进行处罚，其他大量的经济违法行为可由行政机关予以处罚；三是规定的内容宜粗不宜过细，以便在各种新犯罪层出不穷的情况下，给立法机关一定的解释余地；四是明确区分国家机关工作人员作为主体的犯罪与普通经济犯罪的不同，对各种犯罪的主体以及实践中易产生交叉的犯罪行为给以明确的界定。

3. 具体分解方案

以行为侵害的特定客体为依据，刑法中规定的投机倒把罪可分解为以下几种犯罪：

（1）生产、销售伪劣商品罪；

（2）侵犯知识产权罪（包括商标权、著作权、专利权）；

（3）危害金融、证券管理罪；

（4）妨害公司管理罪；

（5）危害公平竞争罪；

（6）扰乱市场秩序罪；

（7）诈欺罪（新增章）。

4. 拟新增设的部分条款

在生产、销售伪劣商品罪一章中增加生产伪劣建筑、工程罪，具体条款如下：

在建筑设计、施工中偷工减料、以次充好、以假充真，致使已完工的或者尚在施工中的建筑物、道路、桥梁、码头等严重不符合国家标准或者存在潜在危险，对公共安全造成威胁的，对负责设计、建筑施工的主要责任人员处七年以上有期徒刑，并处罚金或者没收财产；对施工单位处　元罚金，并处禁止从事建筑工程施工的资格刑。

因施工质量低劣造成工程返工或者其他严重浪费的、导致建筑物、工程崩塌造成严重后果的，处十年以上有期徒刑，无期徒刑，并处没收财产。

在扰乱市场秩序罪一章中增加以下条款：

非法买卖国家禁止或者限制流通的药品或者其他物品罪；

违反国家规定，非法买卖国家禁止或者限制流通的药品或者其他物品，数额较大的，处　年以下有期徒刑，并处　元罚金或者没收财产。

单位犯本罪的，对单位判处罚金；并处　年内禁止从事药品经营或者其他物品经营的资格刑；对直接负责的主管人员和其他直接责任人员，依照前款的规定处罚。

非法生产、销售罪：（也可考虑放入生产、销售伪劣商品罪一章）

违反国家有关规定，非法从事下列生产和销售行为之一，经营额或者获利数额较大，或者有其他严重侵害消费者权益行为的，处七年以下有期徒刑，并处罚金；数额巨大或者利用走私物品从事非法生产和销售的，处二十年以下有期徒刑，并处罚金：

（1）非法拼装、组装汽车、摩托车的；

（2）销售明知是非法拼装、组装的汽车、摩托车的；

（3）非法从事房地产销售的；

（4）非法制造、销售警服、警用标志的。

5. 关于完善金融犯罪的设想

（公安部修改刑法领导小组办公室 1996 年 7 月）

1. 增设洗钱罪

所谓洗钱，是指明知或有足够理由怀疑资金或者投资为犯罪所得而予以收受、帮助收藏、管理或者通过金融机构使其转换为形式上合法的金钱的行为。

有下列情形之一的，构成洗钱罪：

（1）单位或个人为他人转移非法资金提供帐户的；

（2）单位利用签订假的经济合同转移非法资金的；

（3）银行工作人员违反规定为非法资金转帐、提现的；

（4）单位或个人将非法所得用于投资、还债及其他商业活动的；

（5）单位或个人明知是非法所得而帮助他人管理、收藏或提现的；

（6）多头开立银行帐户，隐匿非法资金的；

（7）明知是犯罪所得的赃款而收取的。

案例：

1989 年，中国银行职员吴某利用职务之便签发近百万美元的汇票转往国外，再通过国外金融组织将巨额美元打回国内，作为项目投资据为己有。

当前我国实践中常见的洗钱类型主要有以下几种：

（1）将犯罪收入带出国外，然后兑换成外币或购买财产、或以国外亲属的名义存入国外银行，然后再返回本国。

（2）在银行或者其他金融机构开立假户头，存入犯罪所得的赃款；

（3）在境外金融保密制度比较严格的地方银行开立户头、存入现金、然后再返回国内。

（4）开设酒吧、饭店、旅店、超级市场、夜总会、舞厅等服务性行业或其他大量使用现金的行业、将非法获取的收入注入合法收入中。

（5）用现金购买不动产、汽车、船舶、有价证券、贵重物品等，然后再卖出。

（6）用高昂的价格购买某种劣质产品甚至废料等，将钱寄往国外（异地）的卖主，以此将钱转移出去，使“黑钱”合法化。

由于缺乏明确的法律规定，司法机关在查处经济案件、追查资金流向时，往往忽略了洗钱行为，有的仅仅把它当作犯罪行为的继续，有的即使对洗钱行为有所查觉，也因法无名文而难以打击处理。鉴于当前洗钱犯罪日益突出的实际情况，在刑法中增设洗钱罪，对打击和预防犯罪，保护国家利益是十分必要的。

2. 增设破坏贷款制度罪

银行工作人员或者其他国家工作人员利用职权故意干扰、阻挠、破坏银行依法正常办理信贷业务，造成严重后果的行为，处　年以下有期徒刑或者拘役。

案例：广西钦州农村被外商骗取 4.17 亿美元涉外信用文件的案件中，钦州市委书记利用职权强令银行为不法外商开具信用证，给我国造成 4.17 亿美元的风险资金、幸亏发现及时、并通过中行通报各国，才未造成实际损失，但也严重损害了农行的国内外声誉。

增加此罪既可限制银行工作人员对该办理的信贷业务故意拖延不办，也可以减少地方政府的行政干预。

3. 增设高利贷罪

违反国家有关贷款制度的规定，有下列行为之一的，处　年以下有期徒刑或者拘役，并处罚金：

（1）金融单位违反人民银行关于贷款利率的规定，向企业或者个人发放高于国家规定银行同期最高浮动利率 50% 利息的贷款的；

（2）银行之间同业拆借的利润高于同期国家规定的银行最高浮动利率 50% 的；

（3）以牟取暴利为目的，以高于同期银行定期存款利率1倍以上的利息发放贷款的行为；

高利贷行为侵犯的是国家正常的金融管理秩序，目前这种行为在一些地区具有相当的普遍性、危害很大，应予以严厉打击。因此，在刑法中规定这类犯罪十分必要。

6. 关于修改补充妨害司法活动罪的建议

（公安部修改刑法领导小组办公室　1996年7月）

刑法将妨害司法活动的犯罪分别规定在反革命罪、侵犯公民人身权利民主权利罪和妨害社会管理秩序罪几章中，分类不科学；同时，还将妨害司法活动罪混同于一般的妨害公务罪，打击对象不突出，法定刑偏轻，没有必要的威慑力；其他法律规定妨害司法活动构成犯罪的要依法追究刑事责任，而刑法没有相应的规定；实践中新出现的妨害司法活动的行为应当作为犯罪论处的，刑法中没有相应的条文可以适用；等等。多年的实践证明，这对于保障国家司法活动的顺利进行十分不利。从国外的情况看，有不少国家设有“妨害司法活动罪”的专章，如意大利刑法设有“对司法之犯罪”，法国刑法设有“妨害司法活动罪”，新加坡刑法设有“破坏公正司法罪”，西班牙刑法设有“违犯司法行政之犯罪”，瑞士设有“对于司法之重罪与轻罪”。这充分说明立法者对妨害司法活动罪的高度重视。为了保障司法机关司法活动的正常进行，在我国刑法中专列妨害司法活动罪的一章，对于惩治那些妨害司法活动的犯罪行为，是十分必要的。同时，由于人民警察是司法工作人员中处在同犯罪作斗争的最前线，生命健康时时刻刻处在危险之中。据统计，1990年—1995年，全国公安干警在执行职务过程中，遭受犯罪分子袭击、报复的伤亡人数呈逐年上升趋势（不包括抢险救灾等伤亡人数），1990年牺牲52人，轻、重伤3901人；1991年牺牲55人，轻、重伤4851人；1992年牺牲55人，轻、重伤3566人，1993年牺牲64人，轻、重伤4750人；1994年牺牲82人，轻、重伤4795人；1995年牺牲78人，轻、重伤4700人。仅这几年，全国公安干警共牺牲386人，轻、重伤26563人。平均说来，每月有5名警察受到犯罪分子的袭击而牺牲，每天有12名警察受到犯罪分子的袭击而受伤。可以说，公安干警是“月月在牺牲，天天在流血”。在当前和今后暴力犯罪、持枪犯罪、犯罪分子与警察对抗日益突出的形势下，急需在妨害司法活动罪一章中，借鉴外国立法，结合我国实际情况，设立“袭警罪”。

第　章　妨害司法活动罪

（方案）

第　条　在侦查、审判中，证人、鉴定人、记录人、翻译人对与案件有重要关系的情节，故意作虚假证明、鉴定、记录、翻译，意图陷害他人或者隐匿罪证的，处三年以下有期徒刑或者拘役；情节严重的，处三年以上七年以下有期徒刑。

（修改刑法第148条）

第　条　依法被监管的罪犯、被告人、犯罪嫌疑人脱逃的，处五年以下有期徒刑或者拘役。以暴力方法脱逃的，处三年以上十年以下有期徒刑。

（修改刑法第161条、借鉴新加坡刑法第216条、法国刑法第434—29条；注：这里的“被监管”包括依法被关押的人员，应当关押但被置于医疗单位接受治疗的人员，被决定并执行取保候审、监视居住以及假释、缓刑、管制、暂予监外执行的人员。）

第　条　聚众或者使用暴力劫夺依法被羁押的罪犯、被告人、犯罪嫌疑人，或者组织越狱的，对首要分子、起主要作用的人员或者其他罪恶重大的，处十年以上有期徒刑、无期徒刑或者死刑；对其他积极参加者，处三年以上十年以下有期徒刑。

帮助被判处管制、剥夺政治权利、缓刑、假释、保外就医的犯罪分子私自脱离居住地点，逃避监管机关的监督和管理的，处三年以下有期徒刑、拘役或者管制。

（修改、补充刑法第96条）

第　条　知道或者应当知道是犯罪所得的赃款、赃物，而予以窝藏、收购、转移或者代为销售的，处三年以下有期徒刑、拘役，可以单处或者并处罚金。

（修改刑法172条）

第　条　知道或者应当知道是罪犯、被告人、犯罪嫌疑人而为其提供隐藏处所、金钱、物质或者逃避追查方法，帮助其逃匿的，处二年以下有期徒刑、拘役，可以并处罚金；情节严重的，处二年以上七年以下有期徒刑。

犯前款罪，事前通谋的，以共同犯罪论处。

（修改刑法162条）

第 条 聚众哄闹、冲击司法机关，扰乱司法机关工作秩序的，对首要分子处三年以上七年以下有期徒刑，可以并处罚金。

（分解刑法第 158 条）

第 条 已经公开表示认识某一犯罪的作案人但拒绝回答司法人员向其提出的有关问题的，处一年以下有期徒刑，可以单处或者并处罚金。

（刑事诉讼法规定证人有作证的义务、借鉴新加坡刑法第 202 条、法国刑法第 434—12 条）

第 条 知道或者应当知道他人实施了危害国家安全或者其他暴力犯罪行为，在司法机关向其调查有关情况、收集有关证据时，拒绝提供或者提供虚假情况，情节严重的，处三年以上十年以下有期徒刑。

（刑事诉讼法规定证人有作证的义务、国家安全法有关规定、意大利刑法第 364 条、新加坡刑法第 179 条、法国刑法第 434—11 条）

第 条 对证人、鉴定人、被害人实施威胁、侮辱、殴打、恐吓、贿买等行为，使其不作如实陈述的，处三年以上七年以下有期徒刑；情节严重的，处五年以上十年以下有期徒刑，可以并处罚金。

（刑事诉讼法规定司法机关应当保障证人等依法作证的条件，保护证人等的安全；法国刑法第 434—5 条）

第 条 聚众或者使用暴力、威胁方法阻碍人民警察执行职务，有下列行为之一的，处三年以上十年以下有期徒刑；致人重伤、死亡或者造成其他重大损失的，处七年以上有期徒刑、无期徒刑或者死刑：

（一）殴打正在执行职务的人民警察或者正在协助人民警察执行职务的人员的；

（二）拒绝、阻碍人民警察因执行追捕罪犯、搜查、救险等任务需要进入有关场所、住宅的；

（三）明知是执行救火、抢险、追捕罪犯、警卫等紧急任务的警车而不予避让或者设置障碍的；

（四）公然侮辱或者辱骂正在执行职务的人民警察或者正在协助人民警察执行职务的人员的。

（根据警察法第 35 条的规定，借鉴英国警察法第 51 条，分解刑法第 157 条）

第 条 冒充人民警察招摇撞骗的，处三年以上十年以下有期徒刑；情节严重的，处七年以上有期徒刑，可以并处剥夺政治权利。

（根据警察法第 36 条的规定，借鉴英国警察法第 52 条，分解刑法第 166 条）

第 条 向司法机关虚构有刑事案件发生，情节严重的，处三年以上七年以下有期徒刑，可以并处罚金。

（根据治安管理处罚条例第 19 条的规定、借鉴新加坡刑法第 182 条、瑞士刑法第 304 条、西班牙刑法 338 条、意大利刑法第 367 条、法国刑法第 434—26 条）

第 条 故意毁坏、窃取、篡改、隐藏、转移依法进行刑事诉讼的证据的，处二年以上七年以下有期徒刑。

（借鉴新加坡刑法第 204 条、法国刑法第 434—4 条）

第 条 对依法执行职务的司法人员或者其近亲属进行威胁、侮辱、殴打或者打击报复的，处三年以下有期徒刑或者拘役；情节严重的，处三年以上七年以下有期徒刑，可以并处罚金。

（补充刑法第 146 条）

第 条 依法被关押的罪犯、被告人、犯罪嫌疑人，聚众或者使用暴力破坏监管秩序的，处三年以上十年以下有期徒刑。

（根据监狱法、看守所条例有关规定）

说明：本章还应包括有诬告陷害罪、拒不执行判决裁定罪、藐视法庭罪等。另，司法工作人员私自处理赃款赃物及其孳息构成犯罪的，可以规定在渎职罪一章中。

7. 关于完善刑罚种类与刑罚制度的建议

（公安部修改刑法领导小组办公室　1996 年 7 月）

刑罚是对犯罪分子的特殊制裁方法，是打击和预防犯罪的重要手段，为了使我国刑罚制度更加适应现实斗争的需要，有必要对现行刑罚制度加以完善。

一、关于刑种与法定刑的调整问题

（一）主刑的修改和完善

1. 建议把“管制”改为附加刑。管制是我国刑罚制度的独创，它是依靠社会力量对犯罪分子实行监督，是改造犯罪分子的有效方法。近年来，由于执法人员对管制刑缺乏必要认识，加之刑种排列不够科学，所以使管制刑的执行效果欠佳，因而一些同志主张废除。我们认为，对于管制刑，不能简单地予以废除，应当在保留的基础上，将其由主刑变为附加刑。其理由是：

（1）将管制刑由主刑变为附加刑，既维护了我国刑事立法的成功经验，也符合国际刑罚发展的大方向。当今世界各国刑罚发展的总趋势是：由严厉刑向缓和型、由封闭式向开放式发展。而我国独创的管制仅仅限制了犯罪分子的部分自由，所以完全类似于其他国家的开放式刑罚。由于我国刑法将管制规定为主刑，所以适用范围非常有限。要突破原来的适用范围，充分发挥管制刑的功效，就应当将管制刑由主刑改为附加刑，使其既可以独立适用于罪行较轻的犯罪分子，也能附加适用罪行严重、人身危险性大的犯罪人，从而使这些犯罪分子在主刑执行完毕返回社会后的最初一段时间内，其人身自由受到一定限制，在社会力量的直接监督下逐步适应社会生活。

（2）将管制由主刑改为附加刑，可使我国刑罚体系更富有科学性。我国现行刑法把管制刑作为主刑之一，使我国刑罚体系显得不够合理，表现在：其一，管制作为五种主刑中最轻的主刑，使刑罚中的拘役刑与治安处罚中的拘留在期限上发生了中断。根据治安管理处罚条例规定，治安拘留的最高期限是15日，而刑法规定的拘役刑最低期限也是15日，正好与治安拘留的最高期限相衔接。然而，现行刑法在治安拘留与拘役刑之间又规定一个管制刑，这就使治安拘留与拘役刑在期限上发生了中断；其二，管制作为主刑，使我国刑罚的轻重次序显得自相矛盾。根据刑法规定，管制是我国刑法中最轻的主刑，然而，它实际上并不轻于拘役刑。因为刑法规定，“被判处管制的，判决执行前先行羁押的，羁押1日折抵刑期2日”；“被判处拘役的，判决执行前先行羁押的，羁押1日折抵刑期1日”，也就是说，管制2日相当于拘役1日，按照这样计算，刑法规定的管制期3个月以上2年以下，应折抵拘役刑1个半月以上1年以下，这远远超过了刑法对拘役刑规定的期限——15日以上6个月以下。由此可见，管制刑在实质上重于拘役刑。因此，要消除上述两个矛盾，将管制刑由主刑变为附加刑是比较好的选择。

（3）将管制由主刑改为附加刑，有利于提高管制刑的地位，提高附加刑种的完善性和灵活性。

2. 关于法定刑的调整问题。实践证明，我国现行刑法对法定刑的规定不够科学，表现在：第一，刑法规定的拘役最高刑期过短，不利于对犯罪分子的改造；第二，有期徒刑与无期徒刑的差距过大。为了使各刑种之间更加协调，建议将拘役最高期限规定为一年，最低期限仍保持15天不变；把有期徒刑最低期限提高到一年，最高期限提高到20年，数罪并罚不得超过30年。

关于死刑的增减问题，我们认为，要慎重对待，要充分考虑到当前和今后一个时期我国刑事犯罪特别是严重犯罪仍将继续增多的客观事实，决不能削弱死刑的作用。对已设死刑的，该减的减，如流氓；该增设的增设，如诈骗。因为这种犯罪实际造成的危害结果相当严重，再用现有法定刑去调整已不能体现罪刑相适应原则。

（二）附加刑的修改与完善

1. 保留罚金刑附加刑地位。关于罚金刑的问题，我们认为，不能盲目扩大其适用范围，也不能把它作为主刑，要考虑我国经济尚不发达、居民收入较低、贫富差别较大、执法水平不高的客观现实，对罚金的适用范围给予必要的限制，以免造成“以钱赎罪”、“无钱坐牢”的情况，破坏法律的严肃性和法律面前人人平等的原则。

2. 对“剥夺政治权利”这种附加刑应当再具体化。

建议增加资格刑。资格刑主要适用于业务性或职务性的身份犯罪，它通过剥夺犯罪人已经具有的身份地位或者从事某种活动必须具有的身份条件来达到惩罚和预防犯罪的目的。我国现行刑事立法中规定了剥夺政治权利、驱逐出境、剥夺勋章奖章、荣誉称号、剥夺军衔等剥夺名誉性资格刑。实践证明，在刑法中仅作如此规定是不能适应斗争需要的。因此，我们认为，我国刑法除保留并适当增加剥夺名誉性资格以外，还应当增设剥夺能力性资格刑。这是因为，我国当前利用业务与职务从事犯罪的身份犯罪日益增多。在身份犯罪中，业务资格与职务身份是其实施犯罪的条件。对于这类犯罪，处以剥夺能力性资格刑，使其失去某种业务资格与职务身份，不失为一种有效的对应惩罚。

基于上述考虑，我们建议增设下列资格刑：（1）停止、限制或禁止从事一定职业或营业活动，如，禁止从医、禁止驾驶机动车辆、禁止从事律师业、禁止经营娱乐业等等；（2）禁止使用信用卡付款。

二、关于刑罚制度问题

（一）对累犯加重处罚的建议

由于我国刑事立法对累犯的规定互不协调，所以给理论研究和司法实际部门处理案件造成了混乱。为了使我国刑事立法协调发展，我们认为，应当对我国现行累犯制度进行修改和完善。鉴此，我们提出如下修改意见：

1. 基本采用《刑法》第61条和第62条规定的混合累犯制（既规定普通累犯，又规定特别累犯）。

2. 适当延长构成普通累犯的前后罪时限，放宽构成普通累犯的条件。理由是：第一，前后两罪的时间间隔长一些，更有利于刑罚特殊预防目的的实现，更加激励犯罪人遵纪守法，重新作人。第二，根据对重新犯罪的调查情况来看，其中刑满释放后四至五年内再次犯罪的还占相当比例。因此，建议将构成普通累犯的前后罪时间间隔规定为五年。

3. 扩大特别累犯的范围。特别累犯是累犯的打击重点，因此，一些国家刑法将许多犯罪性质特别严重、主观恶性深的犯罪人都规定为特别累犯。我国现行刑事立法只规定了反革命累犯和毒品累犯，将一些屡教不改、社会危害性严重的犯罪分子排斥在累犯的打击之外。实践证明，这对重新犯罪的预防和惩治极为不利。因此，我们建议在刑法中除规定危害国家安全罪累犯、毒品累犯外，还应增加规定抢劫、走私、诈骗、拐卖绑架妇女儿童、盗窃珍贵文物等累犯。

4. 建议对累犯采用加重处罚原则。因此，累犯主观恶性深、人身危险性大，而且所造成的社会危害也大于初犯。综观各国对累犯的处罚原则，大致有：（1）特别处罚主义，即对危害性较大的多次累犯，除判主刑外，附加判处无期殖民地流刑。（2）加重处罚，分两种情况，一是确定加重，即刑法明确规定对累犯处罚某一确定的刑罚，如美国纽约州的《惯犯法》规定：“犯重罪四次以上累犯，处无期徒刑。”二是不确定加刑，即刑法不是规定对累犯处以何种刑罚，而是规定对累犯要在原刑罚的基础上，加重数倍处罚或者加重几分之几的处罚。（3）刑罚与保安处分并科，即对于累犯，不仅处以刑罚，而且同时科以保安处分。如英国 1908 年的《犯罪预防法》规定：累犯在刑罚执行完毕后，还要受 5 年以上的保安拘禁。（4）采用不定期刑，即对于累犯，只宣告判处刑罚，但不确定其刑期，或者仅确定刑期的上限或下限，最终执行的刑期，依犯人在行刑中的表现而定。可见，世界各国对累犯的处罚是非常严厉的。

针对我国目前重新犯罪发生的实际，有必要对累犯采用如下加重处罚：对于初次累犯，采用从重处罚或者加重宣告刑三分之一以下刑罚处罚；对于多次累犯，采用加重宣告刑二分之一以下刑罚的处罚或者由有期徒刑加重到无期徒刑。

（二）关于累犯适用假释的问题

由于累犯社会危害性及人身危险性大、改造困难，所以对累犯在劳改场所服刑的时间应当比初犯长。建议规定：对累犯适用假释，至少应执行原判刑罚的四分之三以上；多次累犯不适用假释。

附：修改方案

第　节　累　　犯

第　条　被判处有期徒刑以上刑罚的犯罪分子，刑罚执行完毕或者赦免以后，在五年以内再犯应当判处有期徒刑以上刑罚之罪的，是累犯，应当从重处罚或者加重宣告刑三分之一以下刑罚；对于多次累犯，应当加重宣告刑二分之一以下刑罚或由有期徒刑加重到无期徒刑。但是过失犯罪除外。

前款规定的期限，对于被假释的犯罪分子，从假释期满之日起计算。

第　条　刑罚执行完毕或者赦免以后的危害国家安全的犯罪分子，毒品犯罪分子，抢劫、走私、诈骗、拐卖绑架妇女儿童、盗窃珍贵文物的犯罪分子，在任何时候再犯本条列举之罪的，都以累犯论处。

第　节　缓　　刑

第　条　对于累犯，不适用缓刑。

第　节　假　　释

第　条　被判处有期徒刑的犯罪分子，执行原判刑期二分之一以上，被判处无期徒刑的犯罪分子，实际执行十年以上，如果确有悔改表现，不致再危害社会，可以假释。如果有特殊情节，可以不受上述执行刑期的限制。

累犯被判处有期徒刑的，必须执行原判刑期四分之三以上，累犯被判处无期徒刑的，必须实际执行二十年以上，才可以假释；多次累犯不适用假释。

8. 危害计算机信息系统安全罪方案（草稿）

（公安部修改刑法领导小组办公室　1996 年 8 月）

根据我国涉及计算机犯罪的现状和发展趋势，参考国外立法经验，建议在刑法分则侵犯财产罪或者妨碍社会管理秩序罪中，设置危害计算机信息系统安全罪的条文：

1. 非法进入计算机信息系统罪

未经许可，擅自进入国家事务、经济建设、国防建设、尖端科学技术领域的计算机信息系统的，处五年以下有期徒刑、拘役，可以单处或者并处罚金。

2. 窃取计算机信息系统程序、数据罪

以获取非法利益为目的，窃取计算机信息系统程序、数据、口令、密码的，处三年以下有期徒刑、拘役，可以单处或者并处罚金；造成危害后果的，处十年以下有期徒刑，可以并处罚金。

3. 破坏计算机信息系统程序、数据罪

删除、加密、修改、干扰、中断计算机信息系统程序、数据，或者制作、传播有害程序，足以影响计算机信息系统正常运行的；处五年以下有期徒刑、拘役，可以并处罚金。

破坏国家事务、经济建设、国防建设、尖端技术领域的计算机信息系统，造成严重后果的，处七年以上有期徒刑，并处罚金。

4. 破坏计算机信息系统设备罪

破坏计算机信息系统设备、设施、部件或者信息载体，足以影响计算机信息系统正常运行的，处五年以下有期徒刑，可以并处罚金；造成严重后果的，处五年以上有期徒刑，并处罚金。

5. 盗用计算机信息系统服务罪

以获取非法利益为目的，未经许可或者超越使用权限，使用计算机信息系统提供的各类服务，情节严重的，处五年以下有期徒刑、拘役，可以单处或者并处罚金。

除上述条款外，利用计算机进行贪污、盗窃、诈骗，制作、传播反动、淫秽文字、图像等其他涉及计算机的犯罪行为，可分别包含在刑法分则其他有关条款中。

附：案例汇编

修改刑法工作简报 14、15 期

9. 关于国家工作人员范围的立法建议

（公安部修改刑法领导小组办公室　1996 年 11 月）

一、关于国家工作人员范围的争论

从严格意义上讲，“国家工作人员”是宪法上的概念，应当由宪法对其含义作出明确规定。但是，由于我国宪法没有对这一概念作出明确解释，以致在部门法和司法实践中对国家工作人员的含义产生了分歧。在刑事立法、刑事司法和刑法理论上，对国家工作人员含义的理解主要有以下两种观点：

（一）狭义说。该说以现行刑法第 83 条和 1982 年 3 月 8 日全国人大常委会颁布的《关于严惩严重破坏经济的罪犯的决定》（以下简称《1982 年决定》）第 1 条第 2 项对国家工作人员范围的规定为代表。《刑法》第 83 条规定：“本法所说的国家工作人员，是指一切国家机关、企业、事业单位和其他依照法律从事公务的人员”。《1982 年决定》第 1 条第 2 项规定：“本决定所称国家工作人员，包括在国家各级权力机关、各级行政机关、各级司法机关、军队、国营企业、国家事业机构中工作的人员，以及其他各种依照法律从事公务的人员”。这两条规定对国家工作人员范围的界定基本相同，但《1982 决定》第 1 条第 2 项的规定更加明确，可以说是在严格遵守刑法第 83 条立法原意的情况下，对国家工作人员范围所作的解释。

（二）广义说。该说以最高人民检察院 1987 年和 1995 年的两个司法解释为代表。一是 1987 年 8 月 31 日最高人民检察院制发的《关于正确认定和处理玩忽职守罪的若干意见（试行）》第 1 条的规定。即“所谓国家工作人员，是指在国家各级机关、军队、社会团体，全民所有制企业、事业单位中工作的人员，以及其他各种依照法律从事公务的人员。所谓依照法律从事公务的人员，是指根据法律规定，经人民选举或受国家机关、军队、社会团体，全民所有制、集体所有制企业、事业单位的委托、聘用，从事管理工作的人员。全民所有制或集体所有制的企业、事业单位，将其全部或部分资产，发包给个人或若干人负责经营，其承包经营的负责人和管理工作人员，应视为国家工作人员范围”。二是 1995 年 11 月 7 日最高人民检察院制发的《关于办理公司、企业人员受贿、侵占和挪用公司、企业资金犯罪案件适用法律的几个问题的通知》的规定，即“所谓国家工作人员，是指：（1）国家机关工作人员，即在国家各级权力机关、各级行政机关、各级司法机关和军队工作的人员；（2）在国家各类事业机构中工作的人员；（3）国有企业中的管理工作人员；（4）公司、企业中由政府主管部门任命或者委派的管理人员；（5）国有企业委派到参股、合营公司、企业中行使管理职能的人员；（6）其他依法从事公务的人员”。从上述两个司法解释的内容来看，对国家工作人员范围的规定，已远远超出了刑法第 83 条和《1982 年决定》对国家工作人员范围的限定，大有超越刑事司法解释权、以司法解释代替立法规定之嫌。

二、界定国家工作人员范围必须把握的原则

对国家工作人员范围的界定是一个十分严肃的法律问题，决不能任意解释随意取舍。为此，必须遵循以下几项原则：

（一）理论上的严密性原则。任何一个概念都有其特定的内涵，这是科学研究的起码要求。从理论研究的角度来看，“国家工作人员”决不是“一切为国家工作的人员”的同义语，这种望文生义的解释只会无限扩大国家工作人员的范围。事实上，在我们国家，几乎所有的人都在直接或间接地为国家工作，只不过工作的方式不同而已。但并非每个人都可纳入国家工作人员的范围，具有国家工作人员身份的只是一少部分人。国家工作人员作为一个法律概念，至少应当具备下列四个特征：（1）具有国家干部的资格，即属于国家干部编制内的人员；（2）依法取得职务身份，即依照法律规定，通过任命、委派、选举、录用、聘任等方式担任公职；（3）依法从事国家管理的公务活动，而不是进行一般的公共事务工作，更不是一般的业务工作或个人事务。（4）依法享有国家法律赋予的权益，并承担相应的责任和义务。

（二）政策上的一致性原则。政策是法律的灵魂，法律是政策的表现。法律规定决不能与党和国家的政策背道而驰。建立社会主义市场经济体制和实现政企分开，是我们党和国家确立的经济体制和政治体制改革的重大战略决策。

任何一部法律的修改和完善都必须从改革的大局出发，与改革的方向保持一致，作为维护社会政治稳定、保障改革开放和经济建设顺利进行的重要法律武器的刑法，当然也不能例外。因此，刑法在确定国家工作人员范围的问题上，必须着眼于改革的大方向，决不能使计划经济体制下形成的“政企不分”、“官商不分”的弊端在刑法上得到体现甚至予以维护。否则，就会偏离党的路线、方针和政策，使立法阻碍改革的进程。

（三）立法上的科学性原则。刑事立法的一项重要任务就是要划清罪与非罪、此罪与彼罪的界限，在罪名的确定、罪状的表述和犯罪构成要件的规定上应力求明确、具体、科学，尽可能避免罪与罪之间的含糊不清和交叉重叠。国家工作人员作为刑法上的概念，不仅是区分刑法中许多犯罪之间界限的重要标准，而且也直接关系到某些犯罪人刑事责任的轻重。例如，国家工作人员贪污罪与公司、企业人员侵占罪，国家工作人员受贿罪与公司、企业人员受贿罪，在主观方面和行为方式上并无根本不同，仅仅是因为行为人身份的差别，而构成不同的犯罪，并规定了轻重不同的法定刑。如果对国家工作人员的范围不能作出科学的界定，势必造成犯罪构成要件上的交叉重叠，导致罪与罪之间界限不清。

（四）司法上的可操作性原则。一部法律能否得到切实有效地贯彻执行，关键在于立法本身是否严密科学。如果法律规定本身模糊不清、错综缠绕、漏洞百出，必然会造成执法上的混乱，影响法律的严肃性和有效性。因此，对国家工作人员范围的界定，必须从有利于司法机关正确地认定犯罪和正确的执行刑事诉讼法规定的公、检、法三机关对刑事案件管辖的分工这样一个基本前提出发，把国家工作人员范围规定得科学合理，便于操作，避免将来因刑法规定的不科学，造成司法机关在理解上的分歧，影响对案件的正确处理。

（五）实践上的必要性原则。对国家工作人员范围的界定，目的是为了有效地惩治国家工作人员利用职务所实施的各种犯罪行为，体现对国家工作人员犯罪从严惩处的立法精神。因此，对国家工作人员范围的界定，必须牢牢把握国家工作人员犯罪的特点和规律，充分发挥刑法的作用，同这类犯罪作斗争。决不能人为地缩小或限制国家工作人员的范围，从而使那些本应作为国家工作人员予以严惩的犯罪按普通刑事犯罪处理。同时，也决不能人为地扩大国家工作人员的范围，把本应作为普通公民犯罪加以规定的行为作为国家工作人员犯罪加以惩处。

三、关于国家工作人员范围的立法构想

根据上述原则，结合我国的立法和司法实践，参考国外立法例，我们认为，国家工作人员是指在各级国家权力机关、行政机关、司法机关、军事机关和人民团体中依法从事公务的人员，以及由人民政府（或其主管部门）直接任命或委派在国有企业、国家事业机构中依照法律行使管理职权的人员。提出这一立法构想的理由是：

（一）既符合我国的国情，又符合各国的通例，在我国依照法律从事国家管理事务的人员，除了国家机关工作人员之外，还有在工会、青年团、妇联等人民团体中工作的人员，以及在国有企业和国家事业机构中依法行使管理职权的人员，这些人员应当列入国家工作人员的范围。这种界定在国外立法上也不乏其例。例如，按照法国法律的规定，公务员是指在中央机关及其所属机关、地方行政机关、公共企事业单位中被任命为常任官员的工作人员。又如日本法律规定，凡是通过国家考试录用，在中央政府各机关、国会、司法、军队、国立学校、医院、国有化企业、事业单位中任职，从国库中领取工资的，都是国家公务员。

（二）既立足现实，又面向未来。我国是一个以公有制为主体、各种经济成分并存的社会主义国家，对国有企业的管理是国家管理的一项重要职能。因此，对于在国有企业中从事管理工作的人员，应考虑将其作为国家工作人员。但是，随着社会主义市场经济体制的建立和政治体制改革的深化，明确产权关系，革除政企不公的弊端，建立现代企业制度，已成为一种必然趋势。随着改革的深入，现有的国有企业人事管理制度也将发生根本变化，即企业依法享有独立自主的人事管理权，政府无权在用人问题上对企业进行行政干预。但为了加强对国有资产的管理，政府对企业进行适当的行政干预也是必要的，这种干预主要表现为直接任命或委派干部到国有企业担任职务，行使行政管理职权。因此，把那些由政府直接任命或委派在国有企业中依法行使管理职权的人员视为国家工作人员，既考虑了我国经济和政治体制改革的现状，也符合改革的长远目标。至于国有企业的其他工作人员以及由国有企业委派到非国有企业中从事公务的人员，则不宜作为国家工作人员。

（三）既有利于立法上的界定，又便于司法机关实际操作。在这一构想中，对国家机关和人民团体的工作人员，强调了依法从事公务的要件，这就可以把这些机关和团体中并非从事公务的勤杂人员排除在外；对国有企业、国家事业机构中的国家工作人员，强调了政府直接任命或委派从事管理工作的要件，从而明确了这类国家工作人员的身份和职务特点，便于与公司、企业中不具有公职人员身份的生产、经营、管理人员相区别。主体的明确界定，对正确地设定国家工作人员犯罪的构成要件，对于司法机关依法准确定罪量刑，无疑具有重要意义。

四、军事法律部门

1. 关于《中华人民共和国惩治军人违反职责罪暂行条例》的修改意见

（中国人民解放军军事法院 1994年10月）

《中华人民共和国惩治军人违反职责罪暂行条例》自1982年1月1日施行以来，对于惩罚军人各种渎职犯罪行为，维护国家的军事利益，加强军队的法制建设，教育指战员严格遵守国家法律，认真履行军人职责，发挥了应有的作用。但是，几年来的司法实践也表明，《条例》还存在一些不够完善的地方，亟需修改和补充。根据最高人民法院的要求，我们征求了各级军事法院的意见，对《条例》作了一些修改。现将修改意见及其理由说明如下：

一、《条例》名称删去“暂行”二字，定为“《中华人民共和国惩治军人违反职责罪条例》”。因《条例》在立法时曾考虑到有一些条款不够成熟和完善，需要有个试行阶段，所以，冠之以“暂行”。修改后的《条例》应成为正式的单行法规，再称为“暂行”就不合适了。

二、为了体现《条例》对军队建设所起的作用，将第一条修改为“根据《中华人民共和国刑法》的指导思想和基本原则，为惩治军人违反职责的犯罪行为，维护国家的军事利益，教育军人认真履行职责，巩固部队战斗力，保障军队革命化、现代化、正规化建设，特制定本条例”。

三、删去第2条“按军纪处理”。因为按军纪处理不属于《条例》规定的内容。

四、将《条例》第25条提前，作为《条例》第3条。《条例》第2条确定中国人民解放军的现役军人为《条例》的适用主体后，应再对其适用主体范围作进一步的明确。鉴于中国人民武装警察部队的官兵也是现役军人，军队文职人员也享有军籍，因此该条应表述为“中国人民武装警察部队的现役军人、军队文职人员、在编职工犯本条例之罪的，适用本条例”。将犯罪主体集中规定在第2条、第3条，同刑法的体例也一致。

五、修改第3条为：“违反武器装备使用规定，情节严重，因而发生重大责任事故，致人重伤、死亡或者造成其他严重后果的，处三年以下有期徒刑或者拘役；后果特别严重的，处三年以上十年以下有期徒刑。”因为武器装备肇事罪就其性质而言是属于过失犯罪。但对照刑法第133条、第135条规定，此罪的处刑有些失轻，不符合“军法从严”的原则。这样修改，不仅与刑法有关条款在量刑上相吻合，而且对那些造成严重后果，主观故意过失又不易划清的被告人，可以适用该条予以处罚，不致于轻纵犯罪分子。

六、删去第4条第3款“为敌人或者外国人窃取、刺探、提供军事机密的，处十年以上有期徒刑、无期徒刑或者死刑。”因为刑法第97条、第103条已有类似的内容可以适用，而且在同一条中既有反革命性质的犯罪，又有普通刑事犯罪，很不适宜。

七、删去第9条“迫害”二字。修改为“滥用职权，虐待部属，情节恶劣，处五年以下有期徒刑；致人重伤、死亡及造成其他严重后果的，处五年以上十年以下有期徒刑。”由于“迫害”行为在实践中不易认定，与虐待行为又往往混在一起，删去的目的是为了从严打击虐待部属的犯罪行为，更好地维护广大干部战士的合法权益。另外，考虑到刑法有关条文的规定和“干部从严”的精神，犯本条之罪的，不宜适用拘役刑种，建议删掉“或者拘役”一词。

八、删去第11条的盗窃军用物资罪。起草《条例》时，曾考虑刑法第151条、第152条盗窃（公私财物）罪已可包括盗窃军用物资罪，因而没有将该罪列入条例。后人大法委讨论时不少同志提出军用物资是部队建设和克敌制胜的物资基础，与武器装备具有同等重要意义，而且盗窃军用物资犯罪其危害性较大于盗窃一般公私财物犯罪，所以增设了“盗窃军用物资罪。”

几年来，在审理盗窃军用物资案件中，遇到很多困难，突出的问题是对犯罪分子所侵害的对象是属于军用物资还是公私财物很难判定。军队中的装备与物资之间，并没有明确的标准，也不易划分。同时，该罪的处刑幅度与全国人大常委会《关于严惩严重破坏经济的罪犯的决定》和刑法有关盗窃犯罪的条款相比，亦显示不出“军法从严”的特点。因此建议将该罪划归刑法第151条、第152条的盗窃罪中去。

九、修改第11条为“盗窃武器装备的，处五年以下有期徒刑或者拘役；情节严重的，处五年以上十年以下有期徒刑；情节特别严重的，或者造成严重后果的，处十年以上有期徒刑、无期徒刑或者死刑。战时从重处罚。”明确规定盗窃武器装备情节特别严重的，可以判处死刑，是为了与人大常委会《关于严惩严重危害社会治安的犯罪分子的决定》相一致。但从处刑起点看，《条例》第11条的盗窃武器装备罪比刑法第112条的处刑起点低。这是因为刑法第112条除了盗窃外，还包括抢劫武器装备等危害更大的犯罪，而《条例》第11条没有这一规定。同时，考虑到军队的武器装备的种类很多，将盗窃其他装备的也与盗窃“枪支、弹药、爆炸物”同等对待，不仅量刑过于绝对化，也必然造成一些案件量刑畸重的现象。从军队的实际情况出发，为避免扩大打击面，对盗窃武器装备的犯罪行为除增设平时可判处死刑的规定外，仍维持原法定刑幅度是比较妥当的。

十、修改第12条为“破坏武器装备或者军事设施的，处三年以下有期徒刑或者拘役；情节严重的，处三年以上十年以下有期徒刑；情节特别严重的，处十年以上有期徒刑、无期徒刑或者死刑。战时从重处罚。”“重要武器装备”一词过于具体，不宜在法律条款中出现，所以，应予以删除。

十一、第14条一、二款合并，删去“勾结敌人造谣惑众，动摇军心”一段。这样，可以回避在同一条款中出现两种性质不同的犯罪。该条修改为：“战时造谣惑众，动摇军心的，处三年以下有期徒刑；情节严重的，处三年以上十年以下有期徒刑；情节特别严重的，处十年以上有期徒刑、无期徒刑或者死刑。”

十二、修改第15条为：“在战场上故意遗弃伤员，情节严重的，处三年以下有期徒刑或者拘役；情节特别严重的，处三年以上十年以下有期徒刑。”这样既降低了处罚的下限，又提高了处罚的上限。战场情况是错综复杂的，对本条作出这样的修改，不至于一遗弃伤员就处三年以下有期徒刑，同时，又能增强军人在战场上救死扶伤的观念，有利于解除前线将士的后顾之忧。

十三、第19条一、二款合并，删去“投降后为敌人效劳的，处十年以上有期徒刑、无期徒刑或者死刑”。修改为“在战场上贪生怕死，自动放下武器投降敌人的，处三年以上十年以下有期徒刑；情节严重的，处十年以上有期徒刑或者无期徒刑；情节特别严重的，可以判处死刑。”投降后为敌人效劳的犯罪行为属于自动投敌罪的从重情节，刑法分则中的反革命罪一章也有类似条款可以适用，没有必要明确点出。

十四、第21条增加“拘役”的处刑规定。以避免一构成该罪就处三年以下有期徒刑的失重情况。

十五、第22条文字表述过于繁琐，也不甚明确。修改为：“被宣告缓刑的犯罪军人，在战时确有立功表现时，可以撤销原判刑罚，不以犯罪论处。”

十六、第23条同第24条颠倒顺序，因22条、24条均属刑罚之类的规定，应连贯而不宜隔离开来。

此外，还有几个问题需在《条例》修改过程中，反复听取意见，统一认识，再作规定。

1. 剥夺军衔可否作为附加刑。中国人民解放军将实行军衔制度，此后剥夺军衔能否作为军人违反职责罪的附加刑使用，待《军衔条例》、《军官服役条例》颁布明确后，再作规定。

2. 开除军籍可否作为军人犯罪的附加刑。有两种不同意见：一种意见认为，开除军籍是由行政上实施的最高纪律处分，《纪律条令》已将开除军籍作为军纪处分的最高惩戒项目，同时考虑到国家刑法在附加刑中没有开除的规定，使开除军籍作为附加刑失去法律依据，因而不应将开除军籍作为刑罚手段加以适用。另一种意见则认为，开除军籍在过去相当一段时期里，作为附加刑使用，效果很好，建议《条例》应补充这一规定。

3.《条例》的适用范围是否应包括预备役人员、民兵等在内。按照兵役法第61条的规定，战时的预备役人员拒绝、逃避征召或者军事训练，情节严重的，可以比照《条例》的有关规定处罚。尽管非军人不能单独构成军人违反职责罪的主体，但如果他们勾结军职人员进行危害国家军事利益的犯罪活动，且刑法又没有适用罪名，可否依据《条例》的有关规定予以惩治，需从立法上加以明确。

4. 目前逃离部队的现象比较多，但追究刑事责任的极少，广大干部战士和不少军事法院对修改《条例》第6条的呼声较高，要求该条款应本着有利于稳定部队的需要，作出进一步的明确规定。我们拟通过司法解释的办法对该条“情节严重”的内容作些补充规定。

2. 中华人民共和国惩治违反军事职责罪法
（大改修改稿）

（中国人民解放军军事法院《惩治军人违反职责罪暂行条例》修改小组 1994年10月）

第一编 总 则

第一章 任务、适用范围和基本原则

第一条 为了维护国家军事利益，教育负有军事职责的人员履行军事职责，惩治违反军事职责的犯罪行为，根据宪法和刑法制定本法。

第二条 本法适用于军职人员。

在特殊状态下，非军职人员犯刑法未规定而本法有规定之罪的，适用本法。

第三条 犯罪行为或者结果发生在特殊状态时期的，是在特殊状态时期犯罪。

第四条 犯罪行为或者结果发生在特殊状态地域的，是在特殊状态地域犯罪。

第五条 军职人员在中华人民共和国领域外犯本法之罪的，适用本法。

第六条 在特殊状态下，违反本法规定之故意犯罪的，从重处罚。

第七条 军职人员犯罪，优先适用本法，本法没有规定的，适用刑法及其他法律。

第二章 违反军事职责罪和刑事责任

第八条 军职人员违反军事职责，危害国家军事利益，依照本法应当受刑罚处罚的行为，是违反军事职责罪。但是，情节显著轻微、危害不大的，不认为是犯罪。

第九条 已满十四岁不满十六岁的军职人员犯劫持航空器、舰船、战车，抢劫、盗窃武器装备罪或者其他严重危害军事利益的犯罪，应当负刑事责任。

第十条 因执行命令且不知道该命令违反法律，而造成危害后果的，不负刑事责任。

第十一条 因执行职务或者为处置重大紧急事态而采取的行为，不负刑事责任。行为过当的，应当减轻或者免除处罚。

第十二条 刑法中关于避免个人危险的规定不适用于执行危险军事任务、勤务的军职人员。

第三章 共同犯罪的特别规定

第十三条 明知上级命令有犯罪意图而执行，造成危害后果，构成犯罪的，以共犯论处。

第十四条 与具有特定职务的人员共同实施特定职务犯罪的，以特定职务犯罪的共犯论处。

第十五条 非军职人员与军职人员共同实施危害国家军事利益的行为，触犯本法，构成犯罪的，以军职人员的共犯论处。

第十六条 在特殊状态下，成建制地实施危害国家军事利益的行为，造成严重后果的，由参与决策和实施人员中职务最高者负刑事责任。

第四章 适用于军职人员的刑种

第十七条 刑法中规定的刑种，除管制外，都适用于犯罪的军职人员。

第十八条 对犯本法中规定背叛祖国罪的，和其他严重危害军事利益需要判处十年以上有期徒刑的犯罪分子，应当附加剥夺政治权利。

第十九条 对被依法判处剥夺政治权利或者三年以上有期徒刑，具有军衔、警衔的人员，应剥夺其军衔、警衔。

第二十条 对被判处十年以上有期徒刑、无期徒刑或者死刑的军职人员，应当附加剥夺勋章、奖章、荣誉称号。

第五章 刑罚的具体运用

第二十一条 犯罪以后有立功表现的，可以从轻、减轻或者免除处罚。

第二十二条 在特别行政区的军职人员一人所犯数罪中有特别行政区刑法规定之罪的，依照全国性刑法规定的数罪并罚制度处罚。

第二十三条 在特殊状态下，对被宣告缓刑的犯罪的军职人员，允许其戴罪立功。在缓刑考验期限内，确有立功表现的，可以撤销原判刑罚，不以犯罪论处；确有悔改表现的，可以减刑，并相应缩短其缓刑考验期限。

第六章 其他规定

第二十四条 本法所说的军职人员是指下列人员：

（一）中国人民解放军的现役军官、学员、士兵；

（二）中国人民武装警察部队的警官、学员、士兵；

（三）中国人民解放军和武装警察部队的文职干部和在编的职员、工人；

（四）执行军事任务的预备役人员；

（五）地方建制的人民武装部的专职工作人员；

（六）执行军事任务的军内非编职员和工人；

（七）民族自治地方公安部队的人员；

（八）由军队管理的军内离退休人员。

第二十五条 本法所说的指挥人员是指在武装力量中负责对所属部队的作战、训练和其他行动实施组织指挥的排职以上人员。

第二十六条 本法所说的特殊状态是指下列状态：

（一）战争状态。

（二）戒严状态。

（三）紧急状态。

（四）动员状态。

（五）其他依法决定实施的特殊状态。

第二十七条　本法所说的武器装备，是指下列武器或者装备：

（一）冷兵器、枪械、火炮、火箭、导弹、弹药、爆破器材、坦克、装甲战斗车辆、作战飞机、战斗舰艇、鱼雷、核武器；

（二）投掷或者运载工具、指挥器材、通信器材、侦察探测器材、雷达、电子对抗装备、军用电子计算机、野战工程机械、渡河器材、三防装备、勤务舰船、军用测绘器材、军用气象保障器材、军用车辆、伪装器材；

（三）其他被列入编制或者正在服役的、用于实施或者保障军事行动的武器装备。

第二编　分　　则

第一章　背叛祖国罪

第二十八条　武装叛乱罪

携带武器结伙进行叛乱的首要分子或者罪恶重大的分子，处十年以上有期徒刑、无期徒刑或者死刑。其他积极参加的，处五年以上十年以下有期徒刑。

第二十九条　资敌罪

向敌人提供武器装备、军事设施、军用物资，情节严重的，处十年以上有期徒刑或者无期徒刑；情节特别严重的，处死刑；情节较轻的，处五年以上十年以下有期徒刑。

第三十条　投降敌人罪

在战场上贪生怕死，自动放下武器，投降敌人的，处三年以上十年以下有期徒刑；情节严重的，处十年以上有期徒刑或者无期徒刑；投降后为敌人效劳的，处十年以上有期徒刑、无期徒刑或者死刑。

第三十一条　为境外窃取、刺探、收买、提供军事秘密罪

为境外的组织、机构、人员窃取、刺探、收买、提供军事秘密的，处七年以上十年以下有期徒刑；情节较轻的，处二年以上七年以下有期徒刑；情节特别严重的，处十年以上有期徒刑、无期徒刑或者死刑。

第二章　危害作战秩序罪

第三十二条　不就守地罪

在特殊状态下，无故不就指定守地，造成严重后果的，处七年以下有期徒刑；造成特别严重后果的，处七年以上有期徒刑。

第三十三条　擅自进退罪

在特殊状态下，擅自进退，造成严重后果的，处五年以下有期徒刑或者拘役。

第三十四条　擅自战斗罪

临阵擅自战斗，后果严重的，处五年以下有期徒刑或者拘役；情节特别严重的，处五年以上十年以下有期徒刑。

第三十五条　遗弃军事设备罪

在特殊状态下，将未损坏的军事设施、武器装备遗弃给敌人的，处五年以下有期徒刑；后果严重的，处五年以上十年以下有期徒刑。

第三十六条　拒不救援罪

在特殊状态下，明知友邻部队处于危难中有能力救援而不救援，造成严重后果的，对指挥人员处五年以下有期徒刑；造成特别严重后果的，处五年以上十年以下有期徒刑。

第三十七条　违抗命令罪

在特殊状态下，违抗军事命令，情节严重的，处三年以上十年以下有期徒刑；情节特别严重的，处十年以上有期徒刑、无期徒刑或者死刑。

第三十八条　假传军令罪

在特殊状态下，假传军令，造成严重后果的，处三年以上十年以下有期徒刑；造成特别严重后果的，处十年以上有期徒刑、无期徒刑或者死刑。

第三十九条　谎报情报罪

谎报情报，造成严重后果的，处三年以上十年以下有期徒刑；造成特别严重后果的，处十年以上有期徒刑、无期徒刑或者死刑。

第四十条　临阵脱逃罪

临阵脱逃的，处三年以下有期徒刑；情节严重的，处三年以上十年以下有期徒刑；致使战斗、战役遭受重大损失

的，处十年以上有期徒刑、无期徒刑或者死刑。

第四十一条　造谣惑众罪

在特殊状态下，造谣惑众的，处三年以下有期徒刑；情节严重的，处三年以上十年以下有期徒刑；情节特别严重的，处十年以上有期徒刑、无期徒刑或者死刑。

第四十二条　妨害动员罪

违反动员法规，妨害国家动员，情节严重的，处三年以下有期徒刑或者拘役；情节特别严重的，处三年以上七年以下有期徒刑。

第四十三条　不法征用罪

在特殊状态下，违反国家征用法规，不当征用，造成严重后果的，处三年以下有期徒刑或者拘役。

第三章　危害战斗力罪

第四十四条　自伤罪

在特殊状态下自伤身体，逃避军事义务的，处三年以下有期徒刑；情节严重的，处三年以上七年以下有期徒刑。

第四十五条　遗弃伤员罪

在特殊状态下，故意遗弃伤员，情节恶劣的，对直接责任人员处三年以下有期徒刑。

第四十六条　虐待部属罪

滥用职权，虐待部属，情节恶劣的，处五年以下有期徒刑或者拘役；后果特别严重的，处五年以上有期徒刑。

第四十七条　抢劫武器装备罪

使用暴力、胁迫或者其他方法抢劫武器装备的，处五年以上十年以下有期徒刑；情节严重的，处十年以上有期徒刑、无期徒刑或者死刑。

第四十八条　抢夺武器装备罪

抢夺武器装备的，处三年以上七年以下有期徒刑；情节严重的，处七年以上有期徒刑；情节特别严重的，处无期徒刑或者死刑。

第四十九条　盗窃武器装备罪

盗窃武器装备的，处五年以下有期徒刑或者拘役；情节严重的，处五年以上十年以下有期徒刑；情节特别严重的，处十年以上有期徒刑、无期徒刑或者死刑。

第五十条　骗取武器装备罪

骗取武器装备的，处五年以下有期徒刑或者拘役；情节严重的，处五年以上有期徒刑。

第五十一条　出卖武器装备罪

擅自出卖武器装备的，处五年以下有期徒刑；情节严重的，处五年以上十年以下有期徒刑；情节特别严重的，处十年以上有期徒刑或者无期徒刑。

单位出卖武器装备数额巨大的，对主管人员和直接责任人员处五年以下有期徒刑；数额特别巨大或者造成严重后果的，处五年以上十年以下有期徒刑。

第五十二条　破坏武器装备罪

破坏武器装备的，处三年以下有期徒刑；情节严重的，处三年以上十年以下有期徒刑；情节特别严重的，处十年以上有期徒刑、无期徒刑或者死刑。

第五十三条　挪用武器装备罪

武器装备的管理使用人员利用职务上的便利，挪用武器装备进行非法活动或者造成严重后果的，处五年以下有期徒刑或者拘役。

单位犯前款罪的，对主管人员和直接责任人员处三年以下有期徒刑。

第五十四条　劫持军用航空器、舰船、战车罪

劫持军用航空器、舰船、战车的，处五年以上有期徒刑；情节严重的，处十年以上有期徒刑、无期徒刑或者死刑。

第五十五条　破坏军事设施罪

破坏军事设施的，处三年以下有期徒刑或者拘役；情节严重的，处三年以上十年以下有期徒刑；情节特别严重的，处十年以上有期徒刑、无期徒刑或者死刑。

过失犯前款罪造成严重后果的，处五年以下有期徒刑或者拘役。

第五十六条　采购伪劣军用品罪

负有采购作战、训练、生产、生活及其他军事用品职责的人员，明知是伪劣产品而采购，数额巨大的，对主管人员和直接责任人员处五年以下有期徒刑或者拘役；造成严重后果的，处五年以上有期徒刑或者无期徒刑。

第五十七条　配给有害健康食、用品罪

明知是有害健康的饮食、医疗用品而故意配给的，处五年以下有期徒刑；造成严重后果的，处五年以上十年以下有期徒刑；造成特别严重后果的，处十年以上有期徒刑或者无期徒刑。

第五十八条　拒不救治伤病员罪

医务人员拒不救治伤病员，致人残疾或者死亡的，处三年以下有期徒刑或者拘役。

第四章　危害军事秘密罪

第五十九条　抢劫军事秘密罪

以暴力、胁迫或者其他方法抢劫军事秘密的，处三年以上七年以下有期徒刑；情节严重的，处七年以上有期徒刑；情节特别严重或者致人重伤、死亡的，处无期徒刑或者死刑。

第六十条　盗窃军事秘密罪

盗窃军事秘密的，处五年以下有期徒刑；情节严重的，处五年以上有期徒刑。

第六十一条　出卖军事秘密罪

以营利为目的，向境内机构、组织和人员出卖军事秘密的，处三年以上七年以下有期徒刑；情节严重的，处七年以上有期徒刑。

第六十二条　泄露重要军事秘密罪

违反国家保密法规，泄露重要军事秘密，情节严重的，处七年以下有期徒刑或者拘役；情节特别严重的，处七年以上有期徒刑或者无期徒刑。

第六十三条　遗失重要军事秘密罪

违反国家保密法规，遗失重要军事秘密后果严重的，处五年以下有期徒刑或者拘役；后果特别严重的，处五年以上十年以下有期徒刑。

第五章　危害部队管理秩序罪

第六十四条　阻碍执行职务罪

以暴力、胁迫或者其他方法阻碍军职人员执行职务的，处五年以下有期徒刑或者拘役；情节严重的，处五年以上十年以下有期徒刑；情节特别严重或者致人重伤、死亡的，处十年以上有期徒刑、无期徒刑或者死刑。

第六十五条　逃避军事勤务罪

违反军队内务法规，逃避军事勤务，情节严重的，处三年以下有期徒刑或者拘役。

第六十六条　旷职罪

军官、文职干部、职员违反军队内务法规，无故不在位超过九十天的，处一年以下有期徒刑或者拘役。

第六十七条　虚报战绩罪

虚报战绩，后果严重的，处三年以下有期徒刑或者拘役。

单位犯前款罪的，对主管人员和直接责任人员依照前款规定处罚。

第六十八条　隐过不报罪

隐瞒重大过错不报告，造成严重后果的，处三年以下有期徒刑或者拘役。

第六十九条　玩忽职守罪

指挥人员和值班、值勤人员或者其他正在履行职责的人员，玩忽职守，造成严重后果的，处五年以下有期徒刑或者拘役；造成特别严重后果的，处五年以上有期徒刑。

第七十条　武器装备肇事罪

违反武器装备使用管理规定，发生重大责任事故，致人重伤、死亡或者造成其他严重后果的，处五年以下有期徒刑或者拘役；后果特别严重的，处五年以上有期徒刑或者无期徒刑。

第六章　危害兵役制度罪

第七十一条　逃避军事义务罪

预备役人员违反兵役法规，拒绝、逃避参军、参战、支前、训练以及其他军事义务，情节严重的，处三年以下有期徒刑或者拘役；情节特别严重的，处三年以上七年以下有期徒刑。

第七十二条　逃离部队罪

违反兵役法规，逃离部队，情节严重的，处三年以下有期徒刑或者拘役；在特殊状态下，处三年以上七年以下有期徒刑。

第七章　妨害国（边）境管理秩序罪

第七十三条　偷越国（边）境罪

偷越国（边）境外逃的，处三年以下有期徒刑或者拘役；情节严重的，处三年以上七年以下有期徒刑。

第七十四条　私放他人越境罪

边海防值勤人员，私放他人逾越国（边）境的，处五年以下有期徒刑或者拘役；情节严重的，处五年以上十年以下有期徒刑。

第八章　违反国际公约罪

第七十五条　残害无辜居民罪

在军事行动地区，残害无辜居民的，处七年以下有期徒刑；情节严重的，处七年以上有期徒刑；情节特别严重的，处无期徒刑或者死刑。

第七十六条　掠夺无辜居民罪

在军事行动地区，掠夺无辜居民的，处五年以下有期徒刑或者拘役；情节严重的，处五年以上十年以下有期徒刑；情节特别严重的，处十年以上有期徒刑、无期徒刑或者死刑。

第七十七条　虐待俘虏罪

虐待俘虏，情节恶劣的，处三年以下有期徒刑。

3. 中华人民共和国惩治军人违反职责罪法（小改修改稿）

（中国人民解放军军事法院《惩治军人违反职责罪暂行条例》修改小组　1994 年 10 月）

第一条　为惩治军人违反职责的犯罪行为，教育军人认真履行职责，根据宪法和刑法，制定本法。

第二条　中国人民解放军和武装警察部队的现役军人，违反军人职责，危害国家军事利益，依照法律应当受刑罚处罚的行为，是军人违反职责罪。但是情节显著轻微、危害不大的，不认为是犯罪。

第三条　违反武器装备使用规定，情节严重，因而发生重大责任事故，致人重伤、死亡或者造成其他严重后果的，处 3 年以下有期徒刑或者拘役；后果特别严重的，处 3 年以上 7 年以下有期徒刑。

第四条　违反保守国家军事机密法规，泄露或者遗失国家重要军事机密，情节严重的，处 7 年以下有期徒刑或者拘役。

战时犯前款罪的，处 3 年以上 10 年以下有期徒刑；情节特别严重的，处 10 年以上有期徒刑或者无期徒刑。

为敌人或者外国人窃取、刺探、提供军事机密的，处 10 年以上有期徒刑、无期徒刑或者死刑；情节较轻的，处 5 年以上 10 年以下有期徒刑。

第五条　盗窃国家重要军事机密的，处 5 年以下有期徒刑；情节严重的处 5 年以上有期徒刑。

第六条　指挥人员和值班、值勤人员擅离职守或者玩忽职守，因而造成严重后果的，处 7 年以下有期徒刑或者拘役。

战时犯前款罪的，处 5 年以上有期徒刑。

第七条　违反兵役法规，逃离部队，情节严重的，处 3 年以下有期徒刑或者拘役。

战时犯前款罪的，处 3 年以上 7 年以下有期徒刑。

第八条　违反部队内务法规，逃避军事勤务，情节严重的，处 3 年以下有期徒刑或者拘役。

预备役人员违反兵役法规，拒绝、逃避参军、参战、支前、训练及其他军事义务，情节严重的，适用前款规定处罚。

第九条　偷越国（边）境外逃的，处 3 年以下有期徒刑或者拘役；情节严重的，处 3 年以上 10 年以下有期徒刑。战时从重处罚。

第十条　边防海防线的值勤人员，徇私舞弊，私放他人偷越国（边）境的，处 5 年以下有期徒刑或者拘役；情节严重的，处 5 年以上有期徒刑。战时从重处罚。

第十一条　滥用职权，虐待、迫害部属，情节恶劣，因而致人重伤或者造成其他严重后果的，处 5 年以下有期徒刑或者拘役；致人死亡的，处 5 年以上有期徒刑。

第十二条　医务人员拒不救治伤病员，致人残疾或者死亡的，处 3 年以下有期徒刑或者拘役。

第十三条　以暴力、威胁方法，阻碍指挥人员或者值班、值勤人员执行职务的，处 5 年以下有期徒刑或者拘役，情节严重的，处 5 年以上有期徒刑；情节特别严重的或者致人重伤、死亡的，处无期徒刑或者死刑。战时从重处罚。

第十四条　盗窃武器装备或者军用物资的，处 5 年以下有期徒刑或者拘役；情节严重的，处 5 年以上 10 年以下有期徒刑；情节特别严重的，处 10 年以上有期徒刑、无期徒刑或者死刑。战时从重处罚。

第十五条　破坏武器装备或者军事设施的，处 3 年以下有期徒刑或者拘役；破坏重要武器装备或者重要军事设施的，处 3 年以上 10 年以下有期徒刑；情节特别严重的，处 10 年以上有期徒刑、无期徒刑或者死刑。战时从重处罚。

第十六条　装备保管、使用人员，擅自挪用装备，进行违法活动或者造成严重后果的，处5年以下有期徒刑或者拘役；造成特别严重后果的，处5年以上有期徒刑。

单位犯前款罪的，对主管人员和直接责任人员处7年以下有期徒刑。

第十七条　以暴力、胁迫或者其他方法，抢劫武器装备的，处5年以上10年以下有期徒刑；情节严重的，处10年以上有期徒刑、无期徒刑或者死刑。

第十八条　抢夺武器装备的，处3年以上7年以下有期徒刑；情节严重的，处7年以上有期徒刑；情节特别严重的，处无期徒刑或者死刑。

第十九条　战时自伤身体，逃避军事义务的，处3年以下有期徒刑；情节严重的，处3年以上7年以下有期徒刑。

第二十条　战时造谣惑众，动摇军心的，处3年以下有期徒刑；情节严重的，处3年以上10年以下有期徒刑。

勾结敌人造谣惑众，动摇军心的，处10年以上有期徒刑或者无期徒刑；情节特别严重的，可以判处死刑。

第二十一条　在战场上故意遗弃伤员，情节恶劣的，对直接责任人员，处3年以下有期徒刑。

第二十二条　畏惧战斗，临阵脱逃的，处3年以下有期徒刑；情节严重的，处3年以上10年以下有期徒刑；致使战斗、战役遭受重大损失的，处10年以上有期徒刑、无期徒刑或者死刑。

第二十三条　在军事行动中违抗命令、对军事行动造成危害的，处3年以上10年以下有期徒刑；致使军事行动遭受重大损失的，处10年以上有期徒刑、无期徒刑或者死刑。

第二十四条　故意谎报情报或者假传军令，造成危害的，处3年以上10年以下有期徒刑；造成重大损失的，处10年以上有期徒刑、无期徒刑或者死刑。

第二十五条　在战场上贪生怕死，自动放下武器投降敌人的，处3年以上10年以下有期徒刑；情节严重的，处10年以上有期徒刑或者无期徒刑。

投降后为敌人效劳的，处10年以上有期徒刑，无期徒刑或者死刑。

第二十六条　在军事行动地区，掠夺、残害无辜居民的，处7年以下有期徒刑；情节严重的，处7年以上有期徒刑；情节特别严重的，处无期徒刑或者死刑。

第二十七条　虐待俘虏，情节恶劣的，处3年以下有期徒刑。

第二十八条　在战时，对被判处3年以下有期徒刑没有现实危险宣告缓刑的犯罪军人，允许其戴罪立功，确有立功表现时，可以撤销原判刑罚，不以犯罪论处。

第二十九条　现役军人犯本法以外之罪的，依照刑法及其他法律的规定处罚。

第三十条　对被依法判处剥夺政治权利或者3年以上有期徒刑的，具有军衔、警衔的人员，应剥夺其军衔、警衔。

第三十一条　对于危害重大的犯罪军人，可以附加剥夺勋章、奖章和荣誉称号。

第三十二条　军内在编职工犯本条例之罪的，适用本条例。

第三十三条　本法自　年　月　日起施行。

4. 关于《中华人民共和国惩治军人违反职责罪暂行条例》（修改稿）的说明

（中国人民解放军军事法院《惩治军人违反职责罪暂行条例》修改小组　1994年10月）

《中华人民共和国惩治军人违反职责罪暂行条例》（以下简称《条例》）的修改已列入八届全国人大常委会的立法规划。据此，我们对《条例》进行了初步修改，提出了大改和小改两个方案，现作如下说明。

一、修改《条例》的必要性

《中华人民共和国惩治军人违反职责罪暂行条例》是1981年6月10日第五届全国人民代表大会常务委员会第19次会议通过，1982年1月1日起施行的。《条例》的公布实施，对纯洁和巩固部队，提高战斗力，保护军事利益，促进我军革命化、现代化、正规化建设，起了重要作用。随着国家改革的深入、法制的健全和军队建设的进一步发展，《条例》中有的内容已不完全适应军队建设的新形势。为了进一步加强军队的法制建设，完善国家和军队的刑法制度，适应打击军职人员违反军事职责犯罪的需要，对《条例》进行修改是十分必要的。

二、修改《条例》的指导思想

这次修改《条例》是以邓小平同志关于加强法制和新时期军队建设思想、党中央确定的加强法制的路线、方针、政策和中央军委关于军队建设的战略方针、政策为指针，以我国的宪法、刑法等为法律依据，从军职人员违反军事职责犯罪的新情况出发，既着眼于现实，又兼顾长远；既考虑本项法律的特殊性，又考虑它的普遍性；既继承我国和我军法制建设的光荣传统，又注意吸收世界各国的军事刑法立法经验。力求使《条例》更符合军队建设的实际，成为广大官兵同违反军事职责的犯罪行为作斗争的有力武器，成为教育全军官兵认真履行军人职责的好教材。

三、大改方案修改的主要内容

1. 关于本法的名称

本法原名称为《中华人民共和国惩治军人违反职责罪暂行条例》。《修改稿》将本法的名称改为《中华人民共和国惩治违反军事职责罪法》。这样修改一是同宪法规定的全国人大常委会的刑事立法权限相协调；二是同本法修改后的内容相适应；三是同行政法的名称相区别；四是同行政法规、军事法规和地方性法规的名称相区别。

2. 关于《修改稿》的结构

《条例》原来只用条款的形式，这同条文少是相适应的。《修改稿》设置了编、章、条、款、项。增设编、章、项，是适应内容大量增加的需要；同近几年的立法惯例相协调；同刑法的体例相一致。增加总则方面的大量内容主要是考虑：根据《条例》实施十二年多的经验教训，确实需要作些特别规定，以完善军事刑法。

3. 关于任务、适用范围和基本原则

《条例》第1条只根据刑法的指导思想和基本原则制定。这次修改为根据宪法和刑法制定。增加宪法为制定依据，是由于在《条例》公布后，1982年12月4日公布施行的新宪法中规定了战争与和平、戒严、动员的决定、公布制度，设立特别行政区等制度；规定了武装力量的性质、任务及建设方针，公民在国防方面的基本义务，国家军委的职权；还规定了民族自治地方经国务院批准，可以组织本地方维护社会治安的公安部队等。这些内容都是制定修改惩治军职人员违反军事职责的犯罪的宪法依据，因此，将宪法作为制定本法的法律依据是必要的。

《条例》第2条和第25条规定中国人民解放军的现役军人和在编职工是适用本法的主体。这次修改为“军职人员。”“在特殊状态下，非军职人员犯刑法未规定而本法有规定之罪的，适用本法。”这样修改：一是为适应武装力量增加武警部队、预备役部队，部分县市人民武装部划为地方政府建制，民族自治地方设立公安部队和解放军、武警部队离退休人员逐年增加的新情况。二是有利于对上述人员违反军事职责罪的处罚。三是在战争、动员、戒严等特殊状态下，非军职人员犯刑法未规定而本法有规定之罪，也会给国家的军事利益造成大的危害，因此适用本法处罚是必要的。

《条例》对隔时犯、隔地犯未作规定。《修改稿》规定：“犯罪行为或者结果发生在特殊状态时期的，是在特殊状态时期犯罪”。“犯罪行为或者结果发生在特殊状态地域的，是在特殊状态地域犯罪。”增加这些内容，有利于保障中央军委确定的立足于打赢现代条件下特别是高技术条件下的局部战争的战略方针的落实，准确打击隔时犯和隔地犯。

为了打击在国外的我国军职人员违反军事职责的犯罪，《修改稿》规定：“军职人员在中华人民共和国领域外犯本法之罪的，适用本法。

军人在战时犯违反军事职责的罪从重处罚和军事法优先适用，这是公认的原则，《条例》只对战时从重处罚作了分散规定。《修改稿》规定为：在特殊状态下，违反本法之故意犯罪的，从重处罚。”“军职人员犯罪优选适用本法，本法未规定的，适用刑法及其他法律。”这样明确规定，有利于司法机关准确地适用法律和打击犯罪，有效地保护军事利益。同时，使法律内容的表述更加科学、简练。避免分散规定的累赘。

4. 关于违反军事职责罪和刑事责任

为了正确处理已满14岁不满16岁的军职人员违反军事职责的行为、因执行命令而造成危害后果的行为、因执行职务或者处置重大紧急事态的行为、军职人员在执行军事任务中避免个人危险的行为，《修改稿》明确规定：“已满14岁不满16岁的军职人员犯劫持航空器、舰船、战车，抢劫、盗窃武器装备罪或者其他严重危害军事利益的犯罪，应当负刑事责任。”“因执行命令且不知道该命令违反法律，而造成危害后果的，不负刑事责任。”“因执行职务或者为处置重大紧急事态而采取的行为，不负刑事责任。行为过当的，应减轻或者免除处罚。”“刑法中关于避免个人危险的规定不适用于执行危险任务、勤务的军职人员。”这样规定有利于切实保护执行命令、执行职务的行为，鼓励军职人员发扬英勇顽强、不怕牺牲的革命精神，维护国家和人民的根本利益。

5. 关于共同犯罪的特别规定

关于军职人员共同犯罪的特别规定。《条例》没有规定。因此，司法实践中对明知有犯罪意图的上级命令而执行、与有特定军事职务的人员共同实施特定军事职务的共同犯罪、非军职人员与军职人员共同实施危害军事利益触犯《条例》的共同犯罪和在特殊状态下成建制地实施危害国家军事利益的共同犯罪的处罚没有法律依据。为了准确、有力地打击上述四种类型的共同犯罪，《修改稿》作出明确具体的规定：“明知上级命令有犯罪意图而执行，造成危害后果，构成犯罪的，以共犯论处。”“与具有特定职务的人员共同实施特定职务犯罪的，以特定职务犯罪的共犯论处。”“非军职人员与军职人员共同实施危害国家军事利益的行为，触犯本法，构成犯罪的，以军职人员的共犯论处。”“在特殊状态下，成建制地实施危害国家军事利益的行为，造成严重后果的，由参与决策和实施人员中职务最高者负刑事责任。”

6. 关于适用于军职人员的刑种

《条例》在规定各罪的法定刑时，仅规定了死刑、无期徒刑、有期徒刑、拘役；单独规定了剥夺荣誉称号；没有规定管制。对军职人员适用剥夺政治权利、罚金、没收财产的条件未作具体规定。剥夺军衔的内容规定在《中国人民解放军军官军衔条例》和《中国人民解放军现役士兵服役条例》中。这样对适用刑种特别是怎样正确适用附加刑带来不便。为了正确适用各种刑种，特别是正确适用附加刑，《修改稿》对军职人员适用的和不适用的主刑规定为：“刑法中规定的刑种，除管制外，都适用于犯罪的军职人员。”对适用剥夺政治权利的条件规定为：“对犯本法背叛祖国罪，和其他严重危害军事利益需要判处十年以上有期徒刑的犯罪分子，应当附加剥夺政治权利。”对剥夺军衔及武警官兵警衔的条件规定为：“对被依法判处剥夺政治权利或者三年以上有期徒刑，具有军衔、警衔的人员，应当剥夺其军衔、警衔。”对剥夺荣誉称号的条件修改为：“对被判处十年以上有期徒刑、无期徒刑或者死刑的军职人员，应当附加剥夺勋章、奖章、荣誉称号。”

7. 关于刑罚的具体运用

《条例》第22条规定了战时军人的戴罪立功制度。1982年宪法增加了戒严、动员制度，香港特别行政区基本法又规定了紧急状态制度。这些特别制度的增加，使得军人的戴罪立功制度的时间范围显得太窄。为了在战时、戒严、动员、紧急状态等特殊状态下减少非战斗减员，充分调动缓刑军职人员的积极性，化消极因素为积极因素，将戴罪立功制度扩大到戒严、动员、紧急状态等特殊状态下也适用。《修改稿》改为“在特殊状态下，对被宣告缓刑的犯罪的军职人员，允许其戴罪立功。在缓刑考验期限内，确有立功表现的，可以撤销原判刑罚，不以犯罪论处；确有悔改表现的，可以减刑，并相应缩短其缓刑考验期限。”

为了适应香港回归祖国后解放军进驻香港特别行政区负责防务的新情况，《修改稿》增加了：“在特别行政区的军职人员，一人所犯数罪中有特别行政区刑法规定之罪的，依照全国性刑法规定的数罪并罚制度处罚”的内容。

此外，为了鼓励犯罪的军职人员立功，修改稿还作了“犯罪后有立功表现的，可以从轻、减轻或者免除处罚”的规定。

8. 关于其他规定

《条例》第25条规定“军内在编职工犯本条例之罪的适用本法。”根据《条例》实施以来的实践，对现役军人、指挥人员、武器装备等概念的内涵、外延理解不一致，给司法机关适用法律带来了一定难度。《修改稿》针对上述问题，对军职人员、指挥人员、特殊状态、武器装备作了立法解释。这样规定有助于正确理解这些概念，准确地适用法律。

9. 关于背叛祖国罪

《条例》对投降敌人罪和为敌人、外国人窃取、刺探、提供军事机密等背叛祖国方面的犯罪分散规定在第19条和第4条第3款中。《修改稿》改为集中规定在分则第1章背叛祖国罪中，并将后者改为“为境外人员窃取、刺探、收买、提供军事秘密罪”，还增加了武装叛乱罪和资敌罪。这样修改有利于维护我国武装力量的人民性，保证其政治上永远合格，对企图背叛祖国的犯罪分子造成强大的威慑，遏制、杜绝此类犯罪的发生。

10. 关于危害作战秩序罪

关于危害作战秩序罪，《条例》规定了违抗命令罪、假传军令罪、谎报军情罪、临阵脱逃罪、造谣惑众罪。《修改稿》增加了不就守地罪、擅自进退罪、擅自战斗罪、遗弃军事装备罪、拒不救援罪、妨害动员罪、不法征用罪。并将谎报军情的罪名改为谎报情报罪，将违抗命令罪的罪状中的“在战斗中”改为“在特殊状态下”。这样增改是为了用刑罚手段全面维护作战秩序，保证武装力量作战、动员、征用、参加戒严、参加维护社会治安等重大任务的完成。

11. 关于危害战斗力罪

自伤、遗弃伤员、虐待部属、盗窃武器装备、破坏武器装备、破坏军事设施、盗窃军用物资这些危害战斗力方面的犯罪，《条例》已有规定。但从近几年的危害战斗力方面的犯罪新情况看，这些罪名远远不够了。对新出现的抢劫、抢夺、骗取、出卖、挪用武器装备，劫持军用航空器、舰船、战车等犯罪，有的是无法可依，有的只好适用刑法，因而不利于严惩这些犯罪。为了有效地打击上述新的犯罪，《修改稿》增加了抢劫、抢夺、骗取、出卖、挪用武器装备，劫持军用航空器、舰船、战车，采购伪劣军用品，配给有害健康食用品，拒不救治伤病员，妨害动员等罪名。此外《修改稿》删去了《条例》中规定的盗窃军用物资罪。这主要是考虑在实践中军用物资同民用物资很难区分；有的既盗窃了军用物资，又盗窃了民用物资，从盗窃的单一物资看都不构成犯罪，但合起来构成了犯罪，却又难定盗窃军用物资罪或盗窃罪。将盗窃军用物资的犯罪归入盗窃罪，既不影响对此罪的打击，又可避免因区分军用物资和民用物资而带来的麻烦。

12. 关于危害军事机密罪

《条例》第4条第1款规定了泄露国家重要军事机密罪和遗失国家重要军事机密罪。《修改稿》增加了抢劫、盗窃、出卖军事秘密罪。近几年抢劫军事秘密罪时有发生，盗窃、出卖军事秘密罪屡屡出现。增加这三个罪名有利于对军事秘密的保护和对抢劫、盗窃、出卖军事秘密罪的打击。

13. 关于危害部队管理秩序罪

危害部队管理秩序方面的犯罪是武装力量中常见的一类犯罪。《条例》规定了阻碍执行职务罪、玩忽职守罪、武器装备肇事罪。《修改稿》根据近几年武装力量中新出现的、又是常见的几种严重危害部队管理秩序行为，将其规定为犯罪，包括逃避军事勤务罪、旷职罪、虚报战绩罪、隐过不报罪。增加这些罪名，对于维护武装力量中的管理秩序具有重要意义。

14. 关于危害兵役制度罪

兵役制度是促使公民依法履行兵役或军事义务的重要制度。《兵役法》施行后，预备役人员违反兵役法规，拒绝、逃避参军、参战、支前、军事训练以及其他军事义务情节严重的案件不断出现，由于刑法没有规定，一般只作行政处理。为了有效地保护我国的兵役制度，《修改稿》增加了逃避军事义务罪。这样修改有利于促使预备役人员履行兵役或军事义务，保证充足的兵源。

15. 关于其他内容

为了维护《条例》的连续性，《修改稿》保留了武器装备肇事、玩忽职守、逃离部队、偷越国（边）境、私放他人越境、迫害部属、阻碍执行职务、盗窃武器装备、破坏武器装备、破坏军事设施、自伤、造谣惑众、遗弃伤员、临阵脱逃、假传军令、投降敌人、残害无辜居民、掠夺无辜居民和虐待俘虏等罪名。对这些内容作了三种修改：一是对两罪一条的改为一罪一条；二是对部分罪名的罪状作了适当修改；三是对部分罪名的法定刑作了修改。

四、关于小改方案的考虑

由于国家和军队的改革还在不断深入，我们对新形势下出现的许多新的情况、新问题研究不够，把握不准；特别是我国刑法尚在修改之中，国防法正在起草，这些基本法律的内容，直接影响和制约着《条例》的修改。因此，也有的同志认为，当前对《条例》作大的修改，时机尚不成熟，在《刑法》修改通过和《国防法》颁布前，只需对《条例》中个别条款作些修改和增补，因而提出了小改的方案。

5. 中华人民共和国军人违反职责罪惩治法（草案）（征求意见稿）

（中国人民解放军军事法院《惩治军人违反职责罪暂行条例》修改组　1995 年 4 月 18 日）

目　录

第一章　总　则

第一条　为了惩治军人违反职责的犯罪行为，教育军人认真履行职责，巩固和提高部队战斗力，维护国家军事利益，根据宪法和刑法，制定本法。

第二条　本法适用于军人违反职责的犯罪；但是本法另有规定的，依照规定。本法没有规定的，适用刑法。

第三条　军人在中华人民共和国领域外违反职责犯罪的，适用本法。

第四条　军人违反职责，危害国家军事利益，依照本法应当受刑罚处罚的行为，是军人违反职责罪；但是情节显著轻微、危害不大的，不认为是犯罪。

第五条　军人执行命令的行为，不负刑事责任。

执行命令造成不应有的危害的，应当负刑事责任；但是应当酌情减轻或者免除处罚。

第六条　军人履行职责造成危害的，不负刑事责任。

履行职责不当造成危害的，应当负刑事责任；但是应当酌情减轻或者免除处罚。

第七条　对于被判处剥夺政治权利或者三年以上有期徒刑，具有军衔、警衔的军人，应当剥夺其军衔、警衔。

前款适用于具有军衔、警衔的退役军人和预备役人员。

第八条　军人战时违反职责犯罪的，从重处罚；但是本法另有规定的除外。

第九条　被宣告缓刑的军人，战时允许其戴罪立功。对于在缓刑考验期限内确有立功表现的，可以撤销原判，不再追究刑事责任。

第十条　本法第五、六、七、九条适用于军人犯本法以外之罪。

第二章　分　　则

第一节　危害国防安全罪

第十一条　武装叛乱罪

率部或者聚众武装叛乱的首要分子或者其他罪恶重大的，处死刑、无期徒刑或者十年以上有期徒刑；其他积极参加的，处五年以上十年以下有期徒刑。

第十二条　投降敌人罪

在战场上自动放下武器，投降敌人的，处三年以上十年以下有期徒刑；有下列情形之一的，处十年以上有期徒刑或者无期徒刑：

（一）指挥人员带头或者率部投降的；

（二）胁迫或者鼓动他人投降的；

（三）有其他特别严重情节的。

第十三条　叛变投敌罪

叛变投敌的，处五年以上十年以下有期徒刑；有下列情形之一的，处十年以上有期徒刑、无期徒刑或者死刑：

（一）向敌人提供军事秘密或者对我军进行策反或者其他破坏活动的；

（二）指挥人员带头或者率部投敌的；

（三）策动或者胁迫他人投敌的；

（四）驾驶或者劫持军用航空器、舰艇、战车或者携带其他重要武器装备投敌的；

（五）有其他特别严重情节的。

第十四条　叛逃罪

叛逃境外的或者滞留境外有叛变行为的，处三年以上十年以下有期徒刑；有下列情形之一的，处十年以上有期徒刑、无期徒刑或者死刑：

（一）叛逃后进行危害国防安全活动的；

（二）胁迫或者策动他人叛逃的；

（三）驾驶或者劫持军用航空器、舰艇、战车或者携带其他重要武器装备叛逃的；

（四）携带军事秘密叛逃的；

（五）有其他特别严重情节的。

第十五条　资敌罪

向敌人提供武器装备、军事设施、军用物资或者其他财产的，处五年以上十年以下有期徒刑；有下列情形之一的，处十年以上有期徒刑、无期徒刑或者死刑：

（一）提供重要武器装备、军事设施和军用物资的；

（二）大量或者多次提供的；

（三）造成我军严重损失的；

（四）有其他特别严重情节的。

第十六条　特务罪

受敌指使进行策反或者其他破坏活动的，处五年以上十年以下有期徒刑；有下列情形之一的，处十年以上有期徒刑、无期徒刑或者死刑：

（一）建立和发展特务组织的；

（二）策反担负重要职责人员的；

（三）造成人员伤亡、重要武器装备和军事设施毁损的；

（四）造成部队联络中断、指挥失灵，重要军事行动受挫的；

（五）有其他特别严重情节的。

策应敌人进行上述活动的，依照前款论处。

第十七条　间谍罪

为敌人窃取、刺探、收买、提供军事秘密的，处五年以上十年以下有期徒刑；有下列情形之一的，处十年以上有期徒刑、无期徒刑或者死刑：

（一）窃取、刺探、收买、提供重要军事秘密的；

（二）大量或者多次窃取、刺探、收买、提供军事秘密的；

（三）造成我军严重损失的；

（四）有其他特别严重情节的。

第十八条　为境外组织、机构、人员窃取、刺探、收买、非法提供军事秘密罪

为境外的组织、机构、人员窃取、刺探、收买、非法提供军事秘密的，处三年以上十年以下有期徒刑；情节特别严重的，处十年以上有期徒刑、无期徒刑或者死刑。

第十九条　组织、领导、参加非法团体罪

组织、领导或者积极参加非法团体，进行非法活动的，处五年以下有期徒刑或者拘役。

第二节　妨害作战秩序罪

第二十条　违抗、扣压、假传作战命令罪

违抗、扣压或者假传作战命令的，处三年以上十年以下有期徒刑；造成战斗、战役失利或者其他严重后果的，处十年以上有期徒刑、无期徒刑或者死刑。

第二十一条　隐瞒、谎报情报罪

战时隐瞒或者谎报情报，对作战造成危害的，或者隐瞒、谎报重要情报的，处三年以上十年以下有期徒刑；造成战斗、战役失利或者其他严重后果的，处十年以上有期徒刑、无期徒刑或者死刑。

平时隐瞒或者谎报重要情报的，比照前款论处。

第二十二条　临阵脱逃罪

临阵脱逃的，处三年以上十年以下有期徒刑；有下列情形之一的，处十年以上有期徒刑、无期徒刑或者死刑：

（一）指挥人员和其他负有重要职责的人员临阵脱逃的；

（二）率部或者策动他人临阵脱逃的；

（三）紧要关头或者危急时刻临阵脱逃的；

（四）有其他特别严重情节的。

第二十三条　作战消极罪

作战消极，临阵畏缩，对作战造成危害的，对指挥人员和直接责任人员处五年以下有期徒刑；造成战斗、战役失利或者其他严重后果的，处五年以上有期徒刑。

第二十四条　擅自行动罪

擅自行动，破坏作战协同，对作战造成危害的，对指挥人员和直接责任人员处五年以下有期徒刑；造成人员重大伤亡，重要武器装备毁损，战斗、战役失利或者其他严重后果的，处五年以上有期徒刑。

第二十五条　造谣惑众罪

战时造谣惑众，动摇军心的，处三年以下有期徒刑；情节严重的，处三年以上十年以下有期徒刑。

第二十六条　见危不救罪

在战场上明知友邻部队处境危急，能救援而不救援，造成人员伤亡或者其他严重后果的，对指挥人员处五年以下有期徒刑。

第二十七条　截留、哄抢友邻部队物资罪

在战场上截留或者哄抢友邻部队物资，对作战造成危害的，对指挥人员和直接责任人员处三年以下有期徒刑；造成战斗、战役失利或者其他严重后果的，处三年以上十年以下有期徒刑。

第二十八条　私放俘虏罪

私放俘虏的，处三年以下有期徒刑；私放重要俘虏或者私放俘虏多人，或者造成其他严重后果的，处三年以上十年以下有期徒刑。

第二十九条　虐待俘虏罪

虐待俘虏，情节恶劣的，处三年以下有期徒刑；造成严重后果的，处三年以上十年以下有期徒刑。

第三十条　虚报战绩罪

虚报战绩，对作战造成危害的，对指挥人员和直接责任人员处三年以下有期徒刑。

第三十一条　侵吞战利品罪

在战场上缴获战利品不交公，情节严重的，处三年以下有期徒刑。

第三十二条　残害、掠夺平民罪

战时在军事行动地区，残害、掠夺平民的，处五年以下有期徒刑；情节严重的，处五年以上十年以下有期徒刑；情节特别严重的，处十年以上有期徒刑、无期徒刑或者死刑。

第三节　危害战斗力罪

第三十三条　自伤罪

战时自伤身体，逃避军事义务的，处三年以下有期徒刑；有下列情形之一的，处三年以上七年以下有期徒刑：

（一）指挥人员或者其他负有重要职责的人员自伤的；

（二）紧要关头或者危急时刻自伤的；

（三）有其他严重情节的。

第三十四条 遗弃伤病员罪

在战场上故意遗弃伤病员的，处三年以下有期徒刑；指挥人员或者医务人员遗弃伤病员的，处三年以上七年以下有期徒刑。

第三十五条 拒不救治伤病员罪

医务人员拒不救治伤病员，情节严重的，处三年以下有期徒刑或者拘役；造成重残、死亡或者其他严重后果的，处三年以上十年以下有期徒刑。

第三十六条 抢劫、盗窃、骗取、抢夺武器装备罪

抢劫武器装备的，处五年以上十年以下有期徒刑。

盗窃、骗取、抢夺武器装备的，处三年以上十年以下有期徒刑。

犯前两款罪，有下列情形之一的，处十年以上有期徒刑、无期徒刑或者死刑：

（一）在武器弹药库实施犯罪的；

（二）犯罪所得的武器装备属于重要武器装备或者数量巨大的；

（三）有其他特别严重情节的。

第三十七条 抢劫、盗窃、骗取、抢夺军用物资罪

抢劫军用物资的，处三年以上十年以下有期徒刑。

盗窃、骗取、抢夺军用物资的，处五年以下有期徒刑或者拘役；数额巨大或者有其他严重情节的，处五年以上十年以下有期徒刑。

犯前两款罪，数额特别巨大的，或者有其他特别严重情节的，处十年以上有期徒刑、无期徒刑或者死刑。

第三十八条 破坏武器装备、军事设施罪

破坏武器装备、军事设施的，处三年以下有期徒刑或者拘役；破坏重要武器装备、军事设施，或者有其他严重情节的，处三年以上十年以下有期徒刑；造成重要武器装备、军事设施毁损，人员伤亡或者其他严重后果的，处十年以上有期徒刑、无期徒刑或者死刑。

第三十九条 遗弃武器装备罪

遗弃武器装备的，处五年以下有期徒刑；遗弃重要或者大量武器装备，或者造成其他严重后果的，处五年以上有期徒刑。

第四十条 非法出卖武器装备罪

非法出卖武器装备的，处三年以上十年以下有期徒刑；出卖重要或者大量武器装备，或者造成严重后果的，处十年以上有期徒刑、无期徒刑或者死刑。

单位非法出卖武器装备的，对指挥人员和直接责任人员处五年以下有期徒刑或者拘役；情节严重的，处五年以上有期徒刑。

第四十一条 挪用武器装备罪

挪用武器装备，造成严重后果的，处五年以下有期徒刑或者拘役。

单位挪用武器装备，造成严重后果的，对指挥人员和直接责任人员处三年以下有期徒刑或者拘役。

第四十二条 提供劣质武器装备、军用物资罪

在武器装备、军用物资的研制、生产、供应过程中，明知是不合格产品而检验后放行、验收、采购或者配给部队，情节严重的，处七年以下有期徒刑；造成严重后果的，处七年以上有期徒刑或者无期徒刑。

第四十三条 克扣、截留、冒领军费、军用物资罪

克扣、截留或者冒领军费或者军用物资，情节严重的，对指挥人员和直接责任人员处五年以下有期徒刑或者拘役；造成严重后果的，处五年以上有期徒刑。

第四节 危害军事秘密安全罪

第四十四条 非法获取军事秘密罪

以抢劫、盗窃或者其他方法非法获取军事秘密的，处三年以上十年以下有期徒刑；有下列情形之一的，处十年以上有期徒刑、无期徒刑或者死刑：

（一）在机要、保密室实施犯罪的；

（二）非法获取重要或者大量军事秘密的；

（三）有其他特别严重情节的。

第四十五条 出卖军事秘密罪

出卖军事秘密的，处三年以上十年以下有期徒刑；出卖重要或者大量军事秘密，或者有其他严重情节的，处十年以上有期徒刑、无期徒刑或者死刑。

第四十六条 故意泄露军事秘密罪

故意泄露军事秘密，情节严重的，处七年以下有期徒刑；泄露重要或者大量军事秘密，或者有其他特别严重情节的，处七年以上有期徒刑或者无期徒刑。

第四十七条　过失泄露军事秘密罪

过失泄露军事秘密，情节严重的，处五年以下有期徒刑或者拘役；情节特别严重的，处五年以上有期徒刑。

遗失军事秘密载体的，依照前款论处。

第四十八条　故意毁损重要军事秘密载体罪

故意毁损重要军事秘密载体，造成严重后果的，处五年以下有期徒刑或者拘役。

第五节　妨害部队管理秩序罪

第四十九条　阻碍执行职务罪

以暴力、胁迫或者其他方法阻碍军人执行职务的，处五年以下有期徒刑或者拘役；造成严重后果的，处五年以上有期徒刑。

致人重伤、死亡的，以伤害罪从重处罚。

第五十条　违抗命令、拒不执行勤务罪

违抗命令或者拒不执行勤务，情节严重的，处五年以下有期徒刑或者拘役。

第五十一条　扰乱部队管理秩序罪

打架斗殴、聚众闹事、酗酒滋事、持械威胁他人，或者进行其他扰乱管理秩序的活动，情节严重的，处五年以下有期徒刑或者拘役。

第五十二条　滥用指挥权罪

擅自指挥部属进行与职责无关的活动，情节严重的，处三年以下有期徒刑或者拘役。

第五十三条　虐待部属罪

滥用职权，虐待部属，情节恶劣的，处五年以下有期徒刑或者拘役。

致人重伤、死亡的，以伤害罪从重处罚。

第五十四条　私藏枪支、弹药、危险品罪

私藏枪支、弹药、危险品，情节严重的，处三年以下有期徒刑或者拘役。

第五十五条　侮辱军旗、军徽罪

在公众场合故意以焚烧、毁损、涂划、玷污、践踏等方式侮辱军旗、军徽的，处三年以下有期徒刑或者拘役。

第五十六条　隐情不报罪

发生刑事案件、重大事故或者其他严重问题，不按规定向上级报告，情节严重的，对指挥人员和直接责任人员处三年以下有期徒刑或者拘役。

第五十七条　擅自出卖、转让营产罪

擅自出卖、转让营产，情节严重的，对指挥人员和直接责任人员处三年以下有期徒刑或者拘役。

第五十八条　旷职罪

无故不在职位持续超过三十天或者战时超过三天，或者有其他严重情节的，处二年以下有期徒刑或者拘役。

第五十九条　擅离职守、玩忽职守罪

擅离职守或者玩忽职守，造成严重后果的，处五年以下有期徒刑或者拘役；情节特别严重的，处五年以上有期徒刑。

第六十条　武器装备肇事罪

违反武器装备使用管理规定，发生重大责任事故，致人重伤、死亡或者造成其他严重后果的，处三年以下有期徒刑或者拘役；后果特别严重的，处三年以上七年以下有期徒刑。

第六节　妨害兵役罪

第六十一条　妨害动员罪

负有动员职责的人员，违反国家动员法规，妨害动员的，处三年以下有期徒刑；情节严重的，处三年以上七年以下有期徒刑。

第六十二条　拒绝、逃避征召、军事训练罪

预备役人员战时拒绝、逃避征召或者拒绝、逃避军事训练，情节严重的，处二年以下有期徒刑或者拘役。

第六十三条　逃离部队罪

私自脱离部队逃避兵役，情节严重的，处三年以下有期徒刑或者拘役。

战时犯前款罪的，比照临阵脱逃罪处罚。

第七节　妨害国（边）境管理秩序罪

第六十四条　偷越国（边）境罪

偷越国（边）境，情节严重的，处三年以下有期徒刑或者拘役。

第六十五条　私放他人偷越国（边）境罪

边防、海防值勤人员，私放他人偷越国（边）境的，处三年以下有期徒刑或者拘役；情节严重的，处三年以上十年以下有期徒刑。

第三章　附　　则

第六十六条　本法所说的军人是指下列人员：

（一）中国人民解放军的现役军官、士兵，文职干部；

（二）中国人民武装警察部队的现役警官、士兵，文职干部；

（三）中国人民解放军和武装警察部队军事院校、文体单位的学员。

下列人员以军人论：

（一）中国人民解放军和武装警察部队的在编职员、工人；

（二）执行军事任务的预备役人员；

（三）其他受委托执行军事任务的人员。

第六十七条　本法所说的指挥人员是指对部属和下级负有领导、管理和组织职责的军人。

本法所说的医务人员、值勤人员，均指军人。

第六十八条　本法所说的战时是指国家宣布进入战争状态、部队受领作战任务或者遭敌突然袭击时。

动员、戒严和其他依法决定实施的紧急时期以战时论。

第六十九条　本法所说的武器装备，是指按编制配备或者储备的下列工具、器械、器材：

（一）冷兵器、枪械、火炮、火箭、导弹、弹药、爆破器材、坦克、装甲战斗车辆、作战飞机、战斗舰艇、水中武器、核武器；

（二）投掷或者运载工具、指挥器材、通信器材、侦察探测器材、雷达、电子对抗装备、军用电子计算机、野战工程机械、渡河器材、"三防" 装备、勤务舰船、军用测绘器材、军用气象保障器材、军用车辆、伪装器材；

（三）其他用于直接实施或者保障军事行动的工具、器械、器材。

武器装备备用的重要零部件，以武器装备论。

第七十条　本法所说的军用物资是指除武器装备以外的供军事上使用的其他物资。

第七十一条　本法自一九九　年　月　日起施行，《中华人民共和国惩治军人违反职责罪暂行条例》即行废止。

附：关于《中华人民共和国军人违反职责罪惩治法（草案）》（征求意见稿）的说明

（中国人民解放军军事法院《军人违反职责罪暂行条例》修改组　1995 年 4 月 18 日）

根据全国人大和中央军委的立法规划，总政办公厅于 1993 年 11 月 15 日下发了征求对《惩治军人违反职责罪暂行条例》修改意见的通知。在综合各单位修改意见的基础上，我们五易其稿，并召开了一次专家座谈论证会，对《中华人民共和国惩治军人违反职责罪暂行条例》（以下简称《条例》）作了较大的修改，并拟更名为《中华人民共和国军人违反职责罪惩治法》（草案）。现对该草案征求意见稿（以下简称《征求意见稿》）的有关问题作如下说明：

一、关于修改《条例》的必要性

《条例》是 1981 年 6 月 10 日第五届全国人民代表大会常务委员会第 19 次会议通过，1982 年 1 月 1 日起施行的。十三年来，《条例》对于纯洁和巩固部队，提高战斗力，加强部队法制建设，保护军事利益，促进我军革命化、现代化、正规化建设，起了重要作用。随着国家改革开放的深入、法制的健全和军队建设的发展，部队建设中出现了许多新情况、新问题，《条例》在很大程度上已不能适应军队建设的新形势；同时，全国人大常委会正在修改《中华人民共和国刑法》。为了进一步加强军队的法制建设，完善刑法制度，适应打击军人违反职责罪的需要，对《条例》进行修改和补充是十分必要的。

二、关于修改《条例》的指导思想

这次修改《条例》，以邓小平同志关于新时期军队建设的思想、江泽民同志提出的"政治合格、军事过硬、作风优良、纪律严明、保障有力"的总要求以及中央军委关于新时期军队建设的战略方针、政策为指针，以宪法、刑法等为立法依据，结合《条例》施行十三年来司法实践的经验和军队建设出现的新情况、新问题，从实际需要出发，既着眼现实，又兼顾长远，在继承我国和我军法制建设光荣传统的基础上，注意有选择地吸取外军刑事立法的成功经验。力求使《征求意见稿》更符合军队建设的实际，成为惩治军人违反职责的犯罪行为的有力武器和教育全军官兵认真履行军人职责的好教材。

三、关于《条例》修改后的名称

《条例》修改后名称拟改为《中华人民共和国军人违反职责罪惩治法》，主要考虑以下几点：一是同宪法规定的全国人大常委会的刑事立法权限相协调；二是同《条例》修改后的内容相适应；三是同军事行政法规、规章和其他法规、规章的名称相区别；四是既保持《条例》原名的基本要素，又使新名更准确、完整和通顺。

四、关于《征求意见稿》的结构

《条例》原来只有二十六条，采取不分章节，只设条款的形式是可行的。《征求意见稿》共七十一条。为了同刑法的体例大体一致，并与近几年单行法的立法惯例相协调，所以分设了总则、分则和附则三章。鉴于总则和附则条文较少，所以未分节，而直接设条、款、项。分则条文较多，为便于区别不同的犯罪行为和准确适用法律，大体按犯罪所侵害的不同类型的客体，将军人违反职责的犯罪分为七类，分别设节，即危害国防安全罪、妨害作战秩序罪、危害战斗力罪、危害军事秘密安全罪、妨害部队管理秩序罪、危害兵役罪、妨害国（边）境管理秩序罪。每节设条、款、项。

五、关于《征求意见稿》与刑法和军事法规的关系

《中华人民共和国刑法》是我国刑事处罚法律中的基本法和一般法，《征求意见稿》属于单行法和特别法，是刑法在军事法领域中的延伸，是我国刑法的续编和补充，具有军事刑法的性质。刑法与《征求意见稿》的关系，正如刑法第三条和第八十九条所规定的，凡在中华人民共和国领域内犯罪的，适用刑法；刑法总则的规定适用于《征求意见稿》。但《征求意见稿》有不同于刑法的特别规定时，应优先适用《征求意见稿》。因此，《征求意见稿》不应比照刑法的条款作全面规定，一般只能规定与刑法有所区别的内容。

军事法（包括法律、法规和规章）是军事活动的基本依据，保障军事法施行的最后手段是刑事处罚。因此，《征求意见稿》又是军事法向刑事处罚领域的延伸，二者紧密衔接。《征求意见稿》规定的很多犯罪行为，都是以违反军事法为前提的，有的在行为性质和罪状表述上与军事法的规范基本相同，只是危害程度有所区别。可以说，没有军事法作基础，就不可能制定出完备的《征求意见稿》。如《中国人民解放军纪律条令》规定的二十七类应给予纪律处分的行为，其社会危害达到应受刑事处罚的程度时，就构成了犯罪。《征求意见稿》中的违抗命令、作战消极、擅自行动、见危不救、扰乱部队管理秩序、虐待部属、隐情不报等犯罪，正是这样规定的。

六、关于《征求意见稿》设置条文的基本原则

《征求意见稿》删除了《条例》原有的条文两条，修改了其余的二十四条，新增加了四十七条。增加和修改的条文主要有三个立法渊源：一是《条例》施行十三年来遇到的新情况、新问题，二是我军的条令条例等军事法的规范，三是我国刑法中已有的规范。另外还有选择地参考了外军成功的立法经验。不论是原有的还是新增的条文，均坚持从军队实际出发，贯彻军法从严、战时从严、惩办与宽大相结合的基本原则。所设置的条文，基本分三种情况：

（一）刑法没有规定，但部队迫切需要。这种情况如不作规定，对军队建设十分不利。如总则部分关于执行命令、履行职责、战时从重、战时缓刑等内容的规定，分则中规定的投降敌人，叛逃，组织、领导、参加非法团体，违抗、扣压、假传作战命令，临阵脱逃，作战消极，擅自行动，见危不救，自伤，遗弃伤病员，拒不救治伤病员，提供劣质武器装备、军用物资，克扣、截留、冒领军费、军用物资，拒不执行勤务，滥用指挥权，旷职，隐情不报，逃离部队，虐待俘虏等犯罪，即属这种情况。

上述犯罪行为，《条例》有的已作了规定，有的没有规定。没有规定的当中，有些是按违纪处理。从部队管理和司法实践看，违纪行为和犯罪行为虽有区别，但并不能截然分开。对严重的违纪行为，如果没有刑事处罚作后盾，仅靠纪律处分往往难以遏制。因此，《征求意见稿》根据近年来部队管理和司法实践的经验，将一些性质相对恶劣，可能造成严重危害的违纪行为规定为犯罪行为，以保证条令条例的施行。

（二）刑法已有规定，但从军队实际需要出发，不能完全套用刑法的有关条款。如根据军法从严的原则，《征求意见稿》对泄露军事秘密、阻碍执行职务、私存枪支弹药、擅离职守、玩忽职守等罪规定了比刑法相同犯罪更重的法定刑；相反，对武器装备肇事罪（在部队中较多的是枪支走火），从部队的实际出发，规定了比刑法的相关犯罪较轻的法定刑。

（三）刑法的规定单从刑事处罚的角度看，虽已能适应部队的需要，但《征求意见稿》再作特别规定，更有利于加强对军事利益的特殊保护，增强法律的一般预防和特殊预防效果。如分则规定的武装叛乱、叛变投敌、资敌、间谍、特务、盗窃武器装备等罪，虽其法定刑与刑法相关条文基本相同，但《征求意见稿》再将这些犯罪加以规定，突出出来，更有利于打击犯罪，教育部队。

对于一些在军人违反职责犯罪中没有特殊意义，可由刑法统一规定的共性问题，《征求意见稿》未作规定。如剥夺勋章、奖章、荣誉称号问题，犯罪后立功如何处罚问题，特定身份犯和非特定身份犯共同犯罪如何定罪和适用法律问题，在特别行政区犯罪的法律适用问题，隔时、隔地犯和战争犯罪问题等，将建议全国人大修改刑法时统一规定。

七、关于《征求意见稿》各罪的法定刑

《征求意见稿》共有五十五个定罪处刑条款，其中平时犯罪的条款，凡最低档法定刑幅度为五年以下有期徒刑的，均同时规定拘役；战时犯罪的条款，考虑到战时军队的特殊性，一般未规定拘役；共有十七条规定了死刑。《征求意见稿》分则对各罪所规定的法定刑，除坚持军法从严、战时从严、惩办与宽大相结合的基本原则外，还坚持了以下三点：

一是罪刑相适应。犯罪行为的社会危害性大，其法定刑就重，反之则轻。《征求意见稿》对危害国防安全的犯罪，严重妨害作战秩序和危害战斗力的犯罪，都规定了较重的法定刑，有的还规定了死刑。相反，对部队日常管理中遇到的一些较轻的犯罪，则规定了相对轻一些的法定刑。

二是与刑法相关犯罪的法定刑相协调。《征求意见稿》中的一些犯罪与刑法中的某些犯罪有一定的联系，其中有的是一般与特殊的关系，有的是同类关系。如《征求意见稿》中的盗窃武器装备罪和刑法中的盗窃枪支弹药罪，私放、虐待俘虏罪和刑法中的私放、虐待罪犯罪等。这两者的法定刑，除了《征求意见稿》作从重或从轻处罚的考虑外，一般应基本一致。

三是各罪之间的法定刑相协调。《征求意见稿》规定的各种犯罪，社会危害性有大有小，情节有重有轻，这次修改时，注意了各罪之间的法定刑轻重有序，彼此协调。大体相同的犯罪，其法定刑应基本一致。

八、关于《征求意见稿》的总则部分

总则共计十条，主要规定的是作为一部单行法所必需具备的内容，或者在军人犯罪中具有特殊性而刑法总则没有规定的内容，以及本法要给予特殊规定的内容。

（一）关于立法依据

《条例》原规定根据刑法的指导思想和基本原则制定《条例》。这次修改为根据宪法和刑法制定《征求意见稿》。增加宪法为制定依据，是由于在《条例》公布后施行的新宪法中，规定了战争与和平，戒严，动员，武装力量的性质、任务及建设方针，公民在国防方面的基本义务，国家军委的职权等内容。这些内容都和制定《征求意见稿》有直接关系。因此，将宪法作为制定《征求意见稿》的立法依据是必要的。

（二）关于适用范围

《条例》原规定中国人民解放军的现役军人和在编职工适用《条例》。《征求意见稿》第二条规定"本法适用于军人违反职责的犯罪"，其含义有二：一是《征求意见稿》适用的人员原则上限于军人，因此分则各罪如无特别规定，其犯罪主体是军人；二是适用的犯罪限于军人违反职责的犯罪，因此总则的有关规定如无特别规定，只能适用于军人违反职责的犯罪。军人的范围，附则第六十六条界定为"中国人民解放军的现役军官、士兵，文职干部；中国人民武装警察部队的现役警官、士兵，文职干部；中国人民解放军和武装警察部队军事院校、文体单位的学员"。中国人民解放军和武装警察部队的在编职员、工人，执行军事任务的预备役人员，虽然不具备军人的正式身份，但其负有与军事有关的特殊职责，因此《征求意见稿》规定"以军人论"。"其他受委托执行军事任务的人员""以军人论"，主要是为了适应司法实践中可能出现的特殊情况。军队离退休人员和转业后仍在军内企业工作的人员，如果没有受委托执行军事任务，因其已退出现役，没有与军事有关的特殊职责，因而不属于军人，不适用《征求意见稿》。这样修改，一是为适应武装力量增加武警部队、预备役部队等新情况；二是从实际出发，惩治上述人员违反职责的犯罪，切实保护国家军事利益。《征求意见稿》第二条规定"但是本法另有规定的，依照规定"，是对上述适用范围的特别规定，即四种例外情况。一是第六十一条规定的妨害动员罪，其犯罪主体是一切依法负有动员职责的人员，不限于军人；二是第六十二条规定的拒绝、逃避征召、军事训练罪，其犯罪主体是预备役人员；三是军人犯《征求意见稿》以外之罪时，根据总则第十条的规定，可以适用第五、六、七、九条；四是根据《征求意见稿》第七条第二款的规定，该条第一款不仅适用于现役军人，而且也适用于退役军人和预备役人员。第二条还规定"本法没有规定的，适用刑法"，其含义是指《征求意见稿》没有规定的内容，均适用刑法。

《征求意见稿》的适用范围与军队司法机关的案件管辖权限范围是两个不同的概念。军队司法机关管辖的人员，不一定都适用《征求意见稿》；地方司法机关管辖的人员，有的也适用《征求意见稿》。如军队管理的离退休人员犯罪的，虽由军队司法机关管辖，但不适用《征求意见稿》；而武警人员犯罪的，目前虽由地方司法机关管辖，但适用《征求意见稿》。

（三）关于空间效力

为了打击军人在国外违反职责的犯罪行为，《征求意见稿》规定"军人在中华人民共和国领域外违反职责犯罪的，适用本法"。这是对刑法第四、五条的特殊规定，即不论军人在国外违反职责犯罪的性质、法定刑的轻重以及按犯罪地的法律是否受处罚，均适用《征求意见稿》。这样规定，主要考虑军人是担负特殊职责的人员，应严格要求。

（四）关于刑事责任的特别规定

为了正确处理军人因执行命令和履行职责而造成不应有的危害的刑事责任问题，《征求意见稿》规定："军人执行命令的行为，不负刑事责任。执行命令造成不应有的危害的，应当负刑事责任；但是应当酌情减轻或者免除处罚。""军人履行职责造成危害的，不负刑事责任。履行职责不当造成危害的，应当负刑事责任；但是应当酌情减轻或者免除处罚。"这样规定主要是为了切实保障军人执行命令和履行职责不受追究，同时又不放纵个别军人以执行命令、履行职责为借口而实施的犯罪行为，以维护国家和人民的根本利益。

（五）关于剥夺军衔、警衔的规定

人民解放军的军衔制度和武装警察部队的警衔制度都是在《条例》制定后实施的。现在剥夺军衔、警衔的内容分别规定在《中国人民解放军军官军衔条例》和《中国人民解放军现役士兵服役条例》中。为便于适用这一刑罚，《征求意见稿》对剥夺军衔、警衔集中规定为："对于被依法判处剥夺政治权利或者三年以上有期徒刑，具有军衔、警衔的军人，应当剥夺其军衔、警衔。前款适用于具有军衔、警衔的退役军人和预备役人员。"

（六）关于战时适用刑罚的特别规定

《条例》对战时从重处罚问题未作专条规定，而是分别规定在分则有关条款中。为了突出战时从严的原则，并使内容的表述更加科学、简练，避免分散规定的累赘，《征求意见稿》第八条规定："军人战时违反职责犯罪的，从重处罚；但是法律另有规定的除外。"所谓"除外"，是指《征求意见稿》分则中某些只有在战时才能构成的犯罪，量刑时不能再依照第八条从重处罚。

《征求意见稿》保留了《条例》原有的战时缓刑制度，只作了文字修改，使内容表述更准确、简练。

关于战时的界定，《征求意见稿》在附则中规定"本法所说的战时是指国家宣布进入战争状态、部队受领作战任务或者遭敌突然袭击时"。动员、戒严和其他依法决定实施的紧急时期，虽和战时有区别，但具有战时的基本特征，有的还可能随时转化为战时，因此规定"以战时论"。

九、关于《征求意见稿》的分则部分

分则分七节，共五十五条，九十五个罪名。

（一）关于危害国防安全罪

《条例》规定有投降敌人罪，为敌人、外国人窃取、刺探、提供军事机密罪和勾结敌人造谣惑众罪。《征求意见稿》保留了投降敌人罪，但删除了罪状中不易认定的内容，同时删除了《条例》该罪条文的第二款，投降后为敌人效劳的，可按新增的叛变投敌罪论处；将为敌人、外国人窃取、刺探、提供军事机密罪分为两罪，定为间谍罪和为境外机构、组织、人员窃取、刺探、收买、非法提供军事秘密罪，并对原罪状作了修改，以便和刑法保持协调；删去了勾结敌人造谣惑众罪，这种犯罪可按新增设的特务罪论处。同时，《征求意见稿》增设了武装叛乱罪、叛变投敌罪、叛逃罪、资敌罪、特务罪和组织、领导、参加非法团体罪。这些犯罪与军队关系密切，对国防安全危害严重。增设这些规定，有利于震慑企图危害国防安全的犯罪分子，遏制并逐步消除此类犯罪的发生，保证我军政治上永远合格。

（二）关于妨害作战秩序罪

《条例》规定有违抗命令罪，假传军令罪，谎报军情罪，临阵脱逃罪，造谣惑众罪，虐待俘虏罪和残害、掠夺无辜居民罪。《征求意见稿》对原有罪名基本保留，只是将违抗命令和假传军令修改限定为作战命令，同时修改了个别罪状和法定刑。增设了扣压作战命令罪，隐瞒情报罪，作战消极罪，擅自行动罪，见危不救罪，虚报战绩罪，截留、哄抢友邻部队物资罪，侵吞战利品罪和私放俘虏罪。考虑到平时谎报、隐瞒重要情报对部队作战指挥秩序的严重危害性，《征求意见稿》作了比照战时同一罪论处的规定。侵吞战利品罪规定为在战场上缴获战利品不交公，以示和利用职务之便贪污战利品的区别。《征求意见稿》作上述增改，主要是为了全面维护作战秩序，保证武装力量圆满地完成作战任务。

（三）关于危害战斗力罪

《条例》规定有自伤罪，遗弃伤员罪，盗窃武器装备、军用物资罪，破坏武器装备、军事设施罪。从近年来的司法实践看，这些规定已不能适应新形势下军队建设的需要，很有必要进行修改和补充。为此，在保留原罪名并对部分罪名的罪状和法定刑进行修改的基础上，《征求意见稿》一是增设了拒不救治伤病员罪，遗弃武器装备罪，非法出卖武器装备罪，挪用武器装备罪，提供劣质武器装备、军用物资罪和克扣、截留、冒领军费、军用物品罪；二是与盗窃武器装备罪和盗窃军用物资罪并列，增设了抢劫、骗取、抢夺武器装备和军用物资罪；三是考虑到武器装备和军用物资性质不同，规定同样的法定刑有失平衡，因而将涉及二者的犯罪分条规定，与《条例》相比，加重了盗窃武器装备罪的法定刑。保留涉及军用物资的犯罪，主要是为了对其进行特殊保护，以维护我军战斗力的重要物质基础。军用物资的范围，附则作了原则界定，今后还可通过司法解释进一步确定。

（四）关于危害军事秘密安全罪

《条例》仅规定了泄露国家重要军事机密罪和遗失国家重要军事机密罪。《征求意见稿》基本保留了原罪名，修改了其法定刑，并将过失泄露军事秘密罪作了单条规定；同时将原规定的两罪中"重要"一词的限制，改为"情节严重的"；增设了非法获取军事秘密罪、出卖军事秘密罪、故意毁损重要军事秘密载体罪。这样修改主要是为了与《中国人民解放军保密条例》的规定协调起来。实践中遗失、毁损的军事秘密都是依附于一定载体的，因而在有关罪名中增加"载体"二字，使罪名更加准确。将出卖军事秘密单独定罪，主要是为了适应实践中经常出现的只查获了出卖的行为，但无法进一步查明秘密来源和非法获取的手段等情况。因此，实践中如遇到非法获取后又出卖秘密，应分别定罪后数罪并罚；而以营利为目的故意泄露军事秘密的，则应按出卖军事秘密罪论处。

（五）关于危害部队管理秩序罪

这类犯罪是部队中常见的犯罪。《条例》规定了阻碍执行职务罪，玩忽职守和擅离职守罪，武器装备肇事罪，虐待、迫害部属罪。《征求意见稿》主要是修改了《条例》一些罪名的罪状和法定刑，将阻碍执行职务罪和虐待部属罪中致人重伤、死亡的，以伤害罪从重论处。同时将近几年部队中常见的几种严重危害部队管理秩序的行为增设为犯罪，包括违抗命令、拒不执行勤务罪，扰乱部队管理秩序罪，滥用指挥权罪，旷职罪，私存枪支、弹药、危险品罪，侮辱军旗、军徽罪，隐情不报罪和擅自出卖、转让营产罪。增设这些新罪名，对于维护部队的管理秩序具有重要意义。

（六）关于危害兵役罪

《征求意见稿》保留了《条例》规定的逃离部队罪。鉴于《征求意见稿》已规定了旷职罪，而逃离部队罪的情节一旦用离队时间或次数来规定，将难以解决实践中的复杂问题，因而仍沿用了“情节严重”的提法。具体内容今后可作司法解释或参考案例。针对动员时期，负有法定动员职责的人员妨害动员的情况，以及预备役人员战时拒绝、逃避征召和军事训练的情况，《征求意见稿》根据《中华人民共和国兵役法》的有关规定，增设了妨害动员罪和拒绝、逃避征召、军事训练罪，以利于兵役制度的落实。

（七）关于妨害国（边）境管理秩序罪

对这类犯罪，《征求意见稿》基本保留了《条例》的原有条文，只作了个别修改。

十、关于《征求意见稿》的附则部分

这部分主要是对《征求意见稿》中常用的几个概念作出立法解释。鉴于这些概念在司法实践中情况比较复杂，有些边缘性的问题难以包括，又不宜再创造其他新概念，因此在立法技术上，对“军人”、“战时”、“武器装备”这三个概念采取了“标准概念”和“以‘标准概念，论”的处理方法，以便于司法人员正确执行和对官兵进行教育。

6.《中华人民共和国惩治军人违反职责犯罪条例（草案）》条文修改说明

（中国人民解放军军事法院《惩治军人违反职责罪暂行条例》修改组　1995年9月）

目　录

本条例名称：《中华人民共和国惩治军人违反职责犯罪条例》

（原条例名称：《中华人民共和国惩治军人违反职责罪暂行条例》）

【说明】　本条例对原条例名称的修改，主要基于以下两点考虑：

一、原暂行条例已施行13年，此次修改，故而删去“暂行”二字。

二、本条例是惩治军人违反职责的犯罪行为的一部单行的专门法律，不宜使用刑法分则中的类罪名称，即“军人违反职责罪”。参照近年来全国人大常委会制定单行刑事法律的作法，改为“军人违反职责犯罪”。

第一章　总　　则

第一条　为了惩治军人违反职责的犯罪行为，教育军人认真履行职责，巩固部队战斗力，维护国家军事利益，根据刑法，制定本条例。

（原条例第一条　根据《中华人民共和国刑法》的指导思想和基本原则，为惩治军人违反职责的犯罪行为，教育军人认真履行职责，巩固部队战斗力，特制定本条例。）

【说明】　本条修改了原条例第一条的内容，规定了制定本条例的立法目的和依据。

“为了惩治军人违反职责的犯罪行为，教育军人认真履行职责，巩固部队战斗力，维护国家军事利益”，是制定本条例的目的。本条例具有惩治与教育的双重作用，既通过运用刑罚的方法，惩治军人违反职责的犯罪行为，又通过适用和宣明法律的方法，教育全体军人认真履行职责，预防犯罪，从而达到巩固部队战斗力，维护国家军事利益的最终目的。

刑法是本条例最主要的、直接的立法依据。刑法是指《中华人民共和国刑法》和全国人民代表大会及其常委会通过的其他有刑罚规定的法律、法令。刑法规定的是我国刑事处罚法律中的基本内容，具有普遍性，属于基本法和普通法范畴。本条例以刑法的基本原则、概念和制度为依据，规定的是国防领域中与军人违反职责有关的刑事处罚问题，具有特殊性，属于单行法和特别法。本条例作为刑法的补充和续编，与刑法的关系，正如《中华人民共和国刑法》第三条和第八十九条所规定的，除本条例有不同于刑法的特别规定，应优先适用本条例外，其他内容一律适用刑法。

第二条 军人违反职责，危害国家军事利益，依照法律应当受刑罚处罚的行为，是军人违反职责犯罪；但是情节显著轻微危害不大的，不认为是犯罪。

（原条例第二条 中国人民解放军的现役军人，违反军人职责，危害国家军事利益，依照法律应当受刑罚处罚的行为，是军人违反职责罪。但是情节显著轻微、危害不大的，不认为是犯罪，按军纪处理。）

【说明】 本条修改了原条例第二条的内容，规定了什么是军人违反职责犯罪。

原条例第二条规定称“中国人民解放军的现役军人”，本条例第二条扩大为“军人”，以适应目前的实际情况。“军人”的范围，附则第五十一条作了规定。

构成军人违反职责犯罪必须同时具备以下三个基本条件：

一、“违反职责”，是指军人违反中央军委及其各总部、国防科工委、各军兵种、各军区依法制定的各种军事法规、规章中有关军人职责的规定。如违反中国人民解放军的《内务条令》、《纪律条令》、《保密条例》，以及其他各类专门军事法规、规章中所规定的各类军人一般职责，各级指挥人员、主管人员、值班值勤人员及其他专门人员的具体职责等。这是构成军人违反职责犯罪的前提条件。

二、“危害国家军事利益”，是指军人因违反职责，而对国家军事利益所造成的直接危害。这是军人违反职责犯罪的最本质的特征。军人违反职责没有对国家军事利益造成直接危害的，不构成军人违反职责犯罪。

三、“依照法律应当受刑罚处罚”，是指军人违反职责而危害国家军事利益的行为，必须是法律有明文规定（适用类推除外），应当受刑罚处罚的。这是构成军人违反职责犯罪的刑事法律界限，否则不负刑事责任。这里所称的“法律”，主要指本条例，也包括刑法。

“情节显著轻微危害不大的，不认为是犯罪”，是指军人虽然违反了职责，对国家军事利益也造成了一定程度的危害，但从整体看，情节显著轻微，造成的危害不大，所以不认为是犯罪。对于这种尚不构成犯罪的军人违反职责行为，可以依照《纪律条令》的规定处理。

第三条 本条例适用于军人违反职责犯罪；但是本条例另有规定的，依照规定。

【说明】 本条是新增加的条文，规定了本条例的适用范围。

“本条例适用于军人违反职责犯罪”，规定了本条例的基本适用范围。这个适用范围由两个条件构成：一是犯罪主体是军人，二是所犯罪行是违反职责的犯罪。因此，非军人触犯本条例的规定，或者军人犯其他罪行，除了本条例另有规定外，不适用本条例。

“但是本条例另有规定的，依照规定”，规定了本条例的特殊适用范围，即虽然不符合上述基本适用范围的两个条件，但是适用本条例的特殊情况。从犯罪主体看，第二十七条规定的“预备役人员”，第六条第三款规定的“退役人员”和“预备役人员”，均不属附则所规定的“军人”范围；从所犯罪行看，本条例第九条规定“本条例第六、七、八条也适用于军人犯本条例规定以外之罪”，也超出了违反职责犯罪的范围。因此，这几条属于“另有规定”的内容，可依照规定直接适用，不受上述基本适用范围的限制。

第四条 军人在中华人民共和国领域外犯本条例规定之罪，不受刑期和犯罪地法律的限制，均适用本条例。

【说明】 本条是新增加的条文，特别规定了军人在中华人民共和国领域外犯本条例规定之罪，适用本条例时，不受《刑法》第五条的限制。

根据《中华人民共和国刑法》第八十九条的规定，如果本条例没有特别规定，那么军人在中华人民共和国领域外犯本条例规定之罪，适用本条例时，应受《中华人民共和国刑法》第五条的限制，即法定最低刑为三年以上有期徒刑，且按照犯罪地的法律应受处罚的，才能适用本条例。考虑到军队是高度集中统一的武装集团，军人担负着特殊的职责，因此本条例作了上述特别规定，即军人在中华人民共和国领域外犯本条例规定之罪，不论法定刑的轻重和按照犯罪地的法律是否应受处罚，一律适用本条例。

第五条 军人犯本条例规定以外之罪的，适用刑法。

（原条例第二十三条 现役军人犯本条例以外之罪的，依照《中华人民共和国刑法》有关条款的规定处罚。）

【说明】 本条对原条例第二十三条的内容作了文字修改，是对军人犯本条例规定以外之罪如何适用法律问题的规定。

本条例属于特别法。根据《刑法》第三条第一款的规定，除了本条例已规定的犯罪外，军人犯其他罪的，均应适用刑法。

第六条 对于被判处三年以上有期徒刑或者剥夺政治权利的军人，应当剥夺军衔。

对于罪行严重的军人，可以附加剥夺勋章、奖章和荣誉称号。

前两款也适用于退役军人和预备役人员。

（原条例第二十四条 对于危害重大的犯罪军人，可以附加剥夺勋章、奖章和荣誉称号。）

【说明】 本条第一款是新增加的条文，规定了军人犯罪后剥夺军衔的条件；第二款对原条例第二十四条作了文字修改，是对附加剥夺勋章、奖章和荣誉称号的规定；第三款是新增加的内容，规定前两款对退役军人和预备役人员同样适用。

军衔是表明军人身份和等级的标志，也是国家给予军人的荣誉。军人犯罪危害严重的，已不具备革命军人基本的政治条件，因此应剥夺其军衔。《军官军衔条例》、《预备役军官法》、《现役士兵服役条例》和中央军委《关于剥夺犯罪军人军衔的暂行规定》分别对剥夺军衔问题作了相应规定。为了便于统一适用法律，本条例集中作了上述规定。

符合下列条件之一的，应当剥夺军衔：（1）军人犯罪被判处三年以上有期徒刑、无期徒刑或者死刑。军人犯罪被判处三年以下有期徒刑或者拘役，宣告缓刑的，不剥夺军衔。（2）军人犯罪被判处剥夺政治权利。不论是单处还是并处剥夺政治权利，均应依法剥夺其军衔。

附加剥夺勋章、奖章和荣誉称号的条件一般应严于剥夺军衔。主要适用于严重危害国家和国防安全的犯罪和其他危害严重的刑事犯罪。

退役军人和预备役人员也有相应的军衔，有的还被授予勋章、奖章和荣誉称号。因此本条第三款作了上述规定。退役军人和预备役人员犯罪，符合上述条件的，也应剥夺其退役军衔和预备役军衔以及勋章、奖章和荣誉称号。

第七条　战时军人违反职责犯罪的，从重处罚；但是犯战时才构成的罪除外。

【说明】　本条是新增加的条文，规定了战时从重处罚的原则。

原条例对战时如何处罚分散规定在各个处罚条款中，而且不统一。为了简化条文，便于适用，本条对战时处罚问题作了统一规定。

战时从严是本条例所遵循的一项基本原则。主要表现在两个方面：一个是规定某些行为平时不认为是犯罪，在战时却构成犯罪，而且规定较重的法定刑。如违抗命令、造谣惑众、自伤、遗弃伤病军人等。另一个是本条所规定的，在处罚上，对战时和平时都构成犯罪的行为，战时重于平时。这一原则适用于在战时军人违反职责的犯罪，包括犯本条例规定之罪，也包括犯本条例没有规定的其他违反职责犯罪。如本条例中危害国防安全和危害战斗力的大部分犯罪，以及妨害部队管理秩序的所有犯罪，刑法中规定的贪污、受贿、交通肇事等罪。

“但是犯战时才构成的罪除外”，是指对上述只有在战时才能构成的犯罪，因在是否构成犯罪和法定刑幅度上已体现了战时从严的原则，所以在处罚上不能再适用本条从重处罚。

第八条　战时允许在缓刑考验期限内的军人戴罪立功。对于确有立功表现的，可以撤销原判，不以犯罪论处。

（原条例第二十二条　在战时，对被判处三年以下有期徒刑没有现实危险宣告缓刑的犯罪军人，允许其戴罪立功，确有立功表现时，可以撤销原判刑罚，不以犯罪论处。）

【说明】　本条对原条例第二十二条作了文字修改，规定的是战时适用缓刑的特殊制度。

在战时条件下，为了争取胜利，必须最大限度地调动参战人员的积极性，同时尽可能化消极因素为积极因素，避免非战斗减员。因此，本条以刑法的缓刑制度为基础，作了上述规定。

适用本条必须同时具备以下条件：（1）适用对象是依照《中华人民共和国刑法》第六十七条、第六十八条的规定被宣告缓刑的军人。宣告缓刑的时间可以是在战时，也可以是在平时；（2）缓刑考验期限必须是全部或者一部分在战时；（3）必须是在战时的缓刑考验期限内有立功表现。“立功表现”，是指受团以上单位给予的表彰或者奖励的。因英勇作战而负伤或者牺牲的，应当视为有立功表现。

“可以撤销原判，不以犯罪论处”是适用本条的结果。这一适用结果与“不再执行刑罚”、“免予刑事处分”、“免予追究刑事责任”等处理有本质的区别。即原判已不具有法律效力，原来的行为不再以犯罪对待。

第九条　本条例第六、七、八条也适用于军人犯本条例规定以外之罪。

【说明】　本条是新增加的条文，规定了本条例总则部分条文的特殊适用范围。

本条例总则第六条至第八条所规定的内容，不仅在惩治军人犯本条例规定之罪时应该适用，而且在惩治军人犯本条例规定以外之罪时同样适用。因此，根据本条例第三条的规定，本条作了上述特别规定。

第二章　分　　则

第一节　危害国防安全罪

第十条　武装叛乱罪

率部或者策动武装叛乱的，聚众武装叛乱的首要分子，或者参加武装叛乱罪恶重大的，处死刑、无期徒刑或者十年以上有期徒刑；其他参加武装叛乱的，处三年以上十年以下有期徒刑。

【说明】　本条是新增加的条文，是对武装叛乱罪的规定。

武装叛乱是破坏军队的高度集中统一，严重危害国家和国防安全的犯罪，必须依法严惩。因此本条参照刑法的同类规定，法定刑采取了由重到轻的排列顺序。

“率部武装叛乱的”，是指利用职权率领有隶属关系的部队或部属进行武装叛乱的军人。

“策动武装叛乱的”，是指策划鼓动部队或者其他军人进行武装叛乱的军人。

“聚众武装叛乱的首要分子”，是指上述两种人以外，在纠集多人进行武装叛乱中起组织、策划、指挥作用的军人。

"参加武装叛乱罪恶重大的"，是指上述三种人以外，在武装叛乱中起骨干作用，或者有其他重大罪恶的军人。

"其他参加武装叛乱的"，是指上述几种人以外参加武装叛乱的军人。

第十一条　投降敌人罪

在战场上贪生怕死，自动放下武器投降敌人的，处三年以上十年以下有期徒刑；情节特别严重的，处十年以上有期徒刑、无期徒刑或者死刑。

（原条例第十九条　在战场上贪生怕死，自动放下武器投降敌人的，处三年以上十年以下有期徒刑；情节严重的，处十年以上有期徒刑或者无期徒刑。

投降后为敌人效劳的，处十年以上有期徒刑、无期徒刑或者死刑。）

【说明】　本条修改了原条例第十九条的内容，是对投降敌人罪的规定。

"贪生怕死"、"自动放下武器"，是指贪图活命、畏惧战斗而自行放下武器，放弃抵抗。

"自动放下武器"是构成本罪的基本要件，也是区分投降和被俘的关键。凡是因弹药耗尽、武器毁损、严重伤病等原因失去抵抗能力而被敌人俘获的，不是投降。

"情节特别严重"，是指率部投降的；指挥人员和其他负有重要职责的人员在紧要关头或者危急时刻投降的；胁迫他人投降的；策动多人或者策动指挥人员和其他负有重要职责的人员投降的；投降后积极为敌人效劳的等。

第十二条　叛逃罪

叛逃境外或者在境外叛逃的，处三年以上十年以下有期徒刑；劫持或者驾驶航空器、舰船叛逃的，或者有其他特别严重情节的，处十年以上有期徒刑、无期徒刑或者死刑。

【说明】　本条是新增加的条文，是对叛逃罪的规定。

军人不同于普通公民，保卫社会主义祖国是军人的神圣职责。军人誓词要求"在任何情况下决不背叛祖国"。军人叛逃的行为违背了军人职责，危害了国家和国防的安全，必须依法惩处。原条例第七条规定有偷越国（边）境外逃罪，虽然与叛逃罪的某些行为有相近之处，但侵害的是边境管理秩序，且处罚较轻，不能反映军人叛逃的本质特征和危害。因此，这次修改删除了该条，专门规定了叛逃罪。

"叛逃"，是指逃往国外、境外不归或滞留国外、境外不归，以及逃往外国驻华使、领馆，并有反对党和社会主义祖国的言行或申请政治避难的行为。因触犯我国刑律，为逃避制裁，逃往国外、境外的，视为叛逃。

"其他特别严重情节"，是指胁迫他人叛逃的；策动多人或者策动指挥人员和其他负有重要职责的人员叛逃的；携带重要或者大量军事秘密叛逃的；叛逃后进行严重危害国防安全活动的等。

叛逃所至的国家或地区应属非敌对的。如果逃往敌对国家或地区的，应依照刑法以投敌叛变罪论处。

前往国外、境外不归或滞留国外、境外不归，但没有反对党和社会主义祖国的言行的，不属叛逃。如果是擅离部队或者逾假不归，经教育不改的，可按逃离部队罪论处。

第十三条　非法获取军事秘密罪

以窃取、刺探、收买或者其他方法非法获取军事秘密的，处七年以下有期徒刑；情节特别严重的，处七年以上有期徒刑或者无期徒刑。

为敌人或者境外的机构、组织、人员非法获取军事秘密的，或者以抢劫方法获取军事秘密的，处三年以上十年以下有期徒刑；情节特别严重的，处十年以上有期徒刑、无期徒刑或者死刑。

（原条例第四条第三款　为敌人或者外国人窃取、刺探、提供军事机密的，处十年以上有期徒刑、无期徒刑或者死刑。）

【说明】　本条修改并扩充了原条例第四条第三款的内容，是对非法获取军事秘密罪的规定。

军事秘密关系国防和军队的安全与利益，《内务条令》和《保密条例》都明确规定必须严加保守，无关人员不得以非法手段获取军事秘密。《保密条例》还规定对抢劫、盗窃军事秘密的要"根据情节轻重，给予纪律处分或依法追究刑事责任"。原条例第四条第三款已对为敌人或外国人窃取、刺探军事秘密的行为作了处罚规定，而对不是为敌人或外国人窃取、刺探军事秘密的和以收买或者其他方法非法获取军事秘密的，未作规定。为了全面保护军事秘密的安全，本条例对原条例第四条第三款进行了修改和扩充，规定了非法获取军事秘密罪。

"军事秘密"，是指在一定时间内只限一定范围的人员知悉的关系国防和军队安全与利益的事项。对军事秘密的范围和等级，《保密条例》第五条、第六条作了具体规定。

非法获取的方法，本条列举了最常见的窃取、刺探、收买三种。并用"其他方法"概括了可能出现的另外一些方法，如抢夺、骗取、敲诈勒索等。

"情节特别严重"，是指担负重要职责的人员利用职权或者其他特殊便利条件非法获取军事秘密的；获取的手段特别恶劣的；从作战、机要、保密等重要部门非法获取的；获取了重要或者大量的军事秘密等。

第二款是犯前款罪需要加重处罚的两种特殊情节。即"以抢劫方法获取军事秘密的"和"为敌人或者境外的机构、组织、人员非法获取军事秘密的"。其"情节特别严重"，除了是指第一款中"情节特别严重"的内容外，还包括因抢劫而致人重伤或者死亡的等。这两种特殊情节同时具备时，应认定为"情节特别严重"。

第十四条　故意泄露军事秘密罪

故意泄露军事秘密，情节严重的，处七年以下有期徒刑；情节特别严重的，处七年以上有期徒刑或者无期徒刑。

犯前款罪，以营利目的泄露军事秘密的，将非法获取的军事秘密泄露的，将军事秘密提供给敌人或者非法提供给境外的机构、组织、人员的，处三年以上十年以下有期徒刑；情节特别严重的，处十年以上有期徒刑、无期徒刑或者死刑。

（原条例第四条　违反保守国家军事机密法规，泄露或者遗失国家重要军事机密，情节严重的，处七年以下有期徒刑或者拘役。

战时犯前款罪的，处三年以上十年以下有期徒刑；情节特别严重的，处十年以上有期徒刑或者无期徒刑。

为敌人或者外国人窃取、刺探、提供军事机密的，处十年以上有期徒刑、无期徒刑或者死刑。）

【说明】　本条修改了原条例第四条的内容，是对故意泄露军事秘密罪的规定。

“情节严重”，是指机要、保密人员和其他担负重要职责的人员泄密的；出于恶劣的个人动机或者为达到非法目的泄密的；泄露重要或者大量军事秘密的；因泄密造成严重后果的等。

“情节特别严重”，是指泄露了核心机密的；因泄密造成了特别严重后果的等。

第二款是犯前款罪需要加重处罚的四种特殊情节。“以营利目的”，即出卖或者变相出卖军事秘密；“将非法获取的军事秘密泄露的”，包含了非法获取军事秘密和故意泄露军事秘密两个犯罪行为。因这两种行为从某种意义上看是一个整体，故不再分别定罪，实行数罪并罚，而是将前者吸收到后者中，作为故意泄露军事秘密罪的一个加重情节；“将军事秘密提供给敌人”和“非法提供给境外的机构、组织、人员”，本可以单独定罪，但鉴于这两种行为实际上也是一种危害特别严重的泄密行为。为了简化条文，故不单独定罪，而作为故意泄露军事秘密罪的加重情节。“非法提供”，是指在对外交往与合作中，违反《中华人民共和国保守国家秘密法》第二十一条的规定，未经事先批准，而向境外的机构、组织、人员提供国家秘密事项。

第十五条　过失泄露军事秘密罪

过失泄露重要军事秘密的，处五年以下有期徒刑或者拘役；情节严重的，处五年以上十年以下有期徒刑。

遗失重要军事秘密载体的，依照前款论处。

（原条例第四条　违反保守国家军事机密法规，泄露或者遗失国家重要军事机密，情节严重的，处七年以下有期徒刑或者拘役。

战时犯前款罪的，处三年以上十年以下有期徒刑；情节特别严重的，处十年以上有期徒刑或者无期徒刑。

……）

【说明】　本条修改了原条例第四条第一款、第二款的内容，是对过失泄露军事秘密罪的规定。

原条例第四条第一款、第二款将故意和过失泄露军事秘密规定在同一条款中，并规定同样的法定刑。因这是两种性质不同的犯罪，法定刑应有所区别，故单独规定了本罪，并调整了法定刑。

“重要军事秘密”，是指机密级以上的军事秘密。

第二款的规定，主要是考虑到军事秘密载体一旦遗失，是否造成泄密，短时间内很难判明，但存在着泄密的潜在危险，因此作了“依照前款论处”的规定。

第十六条　故意毁损军事秘密载体罪

故意毁损重要军事秘密载体，情节严重的，处五年以下有期徒刑或者拘役；情节特别严重的，处五年以上有期徒刑。

【说明】　本条是新增加的条文，是对故意毁损军事秘密载体罪的规定。

故意毁损重要军事秘密载体，是危害军事秘密安全的一种行为，情节严重的，同样会给国防和军队的安全造成危害，需要依法惩处。因此，增设了本条。

“毁损”，是指将军事秘密的载体毁坏、损坏，或者经过相应的处理，使得无法恢复所记载的内容。

“情节严重”、“情节特别严重”的认定，可以参考故意泄露军事秘密罪的解释。

在危急时刻，为了防止泄密，而将军事秘密载体销毁的，除造成不应有的危害外，不应追究刑事责任。

第二节　妨害作战秩序罪

第十七条　违抗命令罪

战时违抗命令的，处三年以上十年以下有期徒刑；致使战斗、战役遭受重大损失或者有其他特别严重情节的，处十年以上有期徒刑、无期徒刑或者死刑。

（原条例第十七条　在战斗中违抗命令，对作战造成危害的，处三年以上十年以下有期徒刑；致使战斗、战役遭受重大损失的，处十年以上有期徒刑、无期徒刑或者死刑。）

【说明】　本条修改了原条例第十七条的内容，是对违抗命令罪的规定。

“命令”，是指上级、首长在职权范围内对下级、部属下达的必须执行的指示。

“违抗命令”，是指以违背和抗拒的方式，不执行命令的行为。

“致使战斗、战役遭受重大损失”，是指造成我军人员重大伤亡、物质损失严重、甚至战斗战役失利等。

“其他特别严重情节”，是指在重要方向、紧要关头或者危急时刻违抗命令的；违抗重要的作战命令的；煽动、串通其他部队和人员违抗命令的等。

第十八条　拒传、假传命令罪

拒传或者假传作战命令的，处三年以上十年以下有期徒刑；致使战斗、战役遭受重大损失或者有其他特别严重情节的，处十年以上有期徒刑、无期徒刑或者死刑。

（原条例第十八条　故意谎报军情或者假传军令，对作战造成危害的，处三年以上十年以下有期徒刑；致使战斗、战役遭受重大损失的，处十年以上有期徒刑、无期徒刑或者死刑。）

【说明】　本条修改和扩充了原条例第十八条关于假传军令罪的内容，是对拒传、假传命令罪的规定。

及时准确地传递作战使命，是作战胜利的必要条件。原条例已对“假传”作了处罚规定。考虑到“拒传”的行为同样严重妨害命令的传递，故在本条增设了拒传命令罪。

“拒传”，是指明知是作战命令而拒绝传递的行为。

“假传”，是指故意将编造或者篡改的作战命令进行传递的行为。

第十九条　隐瞒、谎报军情、情报罪

隐瞒、谎报重要的军情或者非军事情报的，处三年以上十年以下有期徒刑；致使战斗、战役遭受重大损失或者有其他特别严重情节的，处十年以上有期徒刑、无期徒刑或者死刑。

（原条例第十八条　故意谎报军情或者假传军令，对作战造成危害的，处三年以上十年以下有期徒刑；致使战斗、战役遭受重大损失的，处十年以上有期徒刑、无期徒刑或者死刑。）

【说明】　本条修改和扩充了原条例第十八条关于谎报军情罪的内容，是对隐瞒、谎报军情、情报罪的规定。

军情和情报是领导机关进行决策的重要依据。原条例已对“谎报军情”作了处罚规定。考虑到隐瞒军情和隐瞒、谎报非军事情报都会影响领导机关正确决策，危害作战或者其他国防安全利益，因此本条增加了这方面的内容。

“军情”，即军事情况，包括我军的情况和与外军（含敌军）有关的情报。

“非军事情报”，是指军事情报以外的有关政治、经济、地理、科技等方面的情报。

“重要的军情或者非军事情报”，是指足以对作战或者其他国家安全利益造成危害的军情或非军事情报。

“谎报”，是指故意报告捏造的或者篡改的情况。

“隐瞒”，是指掩盖真实的情况。此处是指应该报告而不报告。

第二十条　临阵脱逃罪

战时临阵脱逃的，处五年以下有期徒刑；情节严重的，处五年以上十年以下有期徒刑；致使战斗、战役遭受重大损失或者有其他特别严重情节的，处十年以上有期徒刑、无期徒刑或者死刑。

（原条例第十六条　畏惧战斗，临阵脱逃的，处三年以下有期徒刑；情节严重的，处三年以上十年以下有期徒刑；致使战斗、战役遭受重大损失的，处十年以上有期徒刑、无期徒刑或者死刑。）

【说明】　本条修改了原条例第十六条的内容，是对临阵脱逃罪的规定。

原条例对构成本罪有“畏惧战斗”的要求，因“畏惧”属于行为人的主观心理活动，司法实践中难以认定，本条作了删除。

“临阵脱逃”，是指在战场上脱离岗位逃避战斗的行为。

“情节严重”，是指率部临阵脱逃的；指挥人员和其他负有重要职责的人员在紧要关头或者危急时刻临阵脱逃的，胁迫他人临阵脱逃的；策动多人或者策动指挥人员和其他负有重要职责的人员临阵脱逃的等。

“其他特别严重情节”，是指指挥人员在紧要关头或危急时刻率部临阵脱逃的；率领成建制部队临阵脱逃的等。

第二十一条　作战消极罪

临阵畏缩，作战消极，造成严重后果的，处五年以下有期徒刑；致使战斗、战役遭受重大损失或者有其他特别严重情节的，处五年以上有期徒刑。

【说明】　本条是新增加的条文，是对作战消极罪的规定。

临阵畏缩，作战消极的行为，影响完成作战任务，对夺取作战胜利有严重危害。为了保证作战的胜利，本条例增设了此罪。

“临阵畏缩”、“作战消极”，是指在作战中不尽全力，不求进取，畏难怕险，畏缩怠战。

“严重后果”，是指没有按上级要求完成任务；妨碍了协同；贻误了战机等。

第二十二条　擅自行动、破坏协同罪

擅自行动或者故意违反协同规则，造成严重后果的，处五年以下有期徒刑；致使战斗、战役遭受重大损失或者有其他特别严重情节的，处五年以上有期徒刑。

【说明】　本条是新增加的条文，是对擅自行动、破坏协同罪的规定。

在现代战争条件下，擅自行动或者破坏协同的行为，都会对作战造成严重危害，必须依法惩处。因此，增设了本条。

“擅自行动”，是指在作战中未经允许即不按照作战计划行动。

“违反协同规则”，是指不执行协同作战的计划、规定和要求。

如果在作战中发现原计划与客观实际不符，或者情况发生了急剧变化，原计划确实无法执行，又来不及或无法请示报告时，根据上级的总体意图，以高度负责的精神，积极主动机断行事，争取完成任务，不属“擅自行动”和“破坏协同”。

第二十三条　造谣惑众罪

战时造谣惑众，动摇军心的，处三年以下有期徒刑；情节严重的，处三年以上十年以下有期徒刑。

勾结敌人犯前款罪的，处三年以上十年以下有期徒刑；情节特别严重的，处十年以上有期徒刑或者无期徒刑。

（原条例第十四条　战时造谣惑众，动摇军心的，处三年以下有期徒刑；情节严重的，处三年以上十年以下有期徒刑。

勾结敌人造谣惑众，动摇军心的，处十年以上有期徒刑或者无期徒刑；情节特别严重的，可以判处死刑。）

【说明】　本条保留了原条例第十四条第一款的内容，修改了第二款的内容，是对造谣惑众罪的规定。

“战时造谣惑众，动摇军心”，是指在战争的情况下，出于个人目的，故意制造谣言，并在部队中散布，煽动怯战、厌战或恐怖情绪，蛊惑官兵，动摇军心的。

“情节严重”，是指指挥人员造谣惑众的；公开造谣惑众的；紧要关头或危急时刻造谣惑众的；谣言内容煽动性大的；引起人员逃亡的等。

第二款是勾结敌人犯前款罪的加重处罚规定。

“勾结敌人”，是指暗中与敌人串通、配合。

“情节特别严重”，是指勾结敌人造谣惑众又具备前款严重情节的。

第二十四条　见危不救罪

在战场上明知友邻部队处境危急请求救援，能救援而不救援，致使友邻部队遭受重大损失的，对指挥人员处五年以下有期徒刑。

【说明】　本条是新增加的条文，是对见危不救罪的规定。

人民军队根本利益的一致性，要求各友邻部队在战场上要团结协作，相互配合，相互支援。而在战场上明知友邻部队处境危急请求救援，能救援而不救援，致使友邻部队遭受重大损失的行为，违反了我军作战基本原则，危害了军事利益，应依法惩处。因此，增设了本条。

“处境危急”，是指被敌围困、追击、将被攻陷等。

“能救援而不救援”，是指根据所处的环境、作战能力和担负的作战任务等情况，有条件进行救援，而为了保存实力，按兵不动，不予救援的。

第二十五条　私放俘虏罪

私放俘虏的，处五年以下有期徒刑；私放重要俘虏的，私放俘虏多人的，或者有其他严重情节的，处五年以上有期徒刑。

【说明】　本条是新增加的条文，是对私放俘虏罪的规定。

私放俘虏是严重违反战场纪律的行为，不利于消灭敌人的有生力量和获取敌方情况，还可能暴露我军秘密，应该依法惩处。因此，增设了本条。

“私放俘虏”，是指未经批准，擅自将俘虏放走。

“重要俘虏”，是指俘虏中的中、高级军官，掌握重要秘密的人员，为了解敌情而专门抓的俘虏等。

“其他严重情节”，是指因收受贿赂或者贪图女色私放俘虏的；因私放俘虏暴露我军重要情况的等。

第二十六条　虐待俘虏罪

虐待俘虏，情节恶劣的，处三年以下有期徒刑。

（原条例第二十一条　虐待俘虏，情节恶劣的，处三年以下有期徒刑。）

【说明】　本条保留了原条例第二十一条的规定，是对虐待俘虏罪的规定。

“虐待俘虏”，是指违背人道主义原则，违反关于战俘待遇的《日内瓦公约》和我军的俘虏政策，对被我方俘获后不再进行反抗的敌方人员，进行肉体上的摧残，或者生活上不给予人道待遇等。

“情节恶劣”，是指虐待的手段特别残酷的；虐待伤、病俘虏的；虐待俘虏造成严重后果的等。

第二十七条　拒绝、逃避征召、军事训练罪

预备役人员战时拒绝、逃避征召或者拒绝、逃避军事训练，情节严重的，处三年以下有期徒刑。

【说明】　本条是新增加的条文，是对预备役人员拒绝、逃避征召或者拒绝、逃避军事训练罪的规定。

预备役人员拒绝、逃避征召或者军事训练，严重危害国家动员制度。《兵役法》和《预备役军官法》都规定，战时预备役人员（包括军官）拒绝、逃避征召或者军事训练，情节严重的，应依法追究刑事责任。鉴于刑法和原条例对此未作相应的规定，故增设了本条。

“征召”，是指兵役机关依法向预备役人员发出通知，要求其按规定时间和地点报到，准备转服现役。

“拒绝”、“逃避”，分别是指拒不接受或者有意躲避。

"情节严重"，是指以暴力方法抗拒征召或者军事训练的；煽动他人抗拒征召或者军事训练的；经多次教育仍拒绝、逃避征召或者军事训练的等。

第二十八条 残害无辜居民、掠夺无辜居民财物罪

战时在军事行动地区，残害无辜居民或者掠夺无辜居民财物的，处五年以下有期徒刑；情节严重的，处五年以上十年以下有期徒刑；情节特别严重的，处十年以上有期徒刑、无期徒刑或者死刑。

（原条例第二十条 在军事行动地区，掠夺、残害无辜居民的，处七年以下有期徒刑；情节严重的，处七年以上有期徒刑；情节特别严重的，处无期徒刑或者死刑。）

【说明】 本条修改了原条例第二十条的内容，是对残害无辜居民、掠夺无辜居民财物罪的规定。

残害无辜居民、掠夺无辜居民财物，是发生在战区的行为，原条例仅规定"在军事行动地区"，范围过大，甚至包括了平时的训练、演习地区等。因此，本条增加了"战时"的前提条件。

"残害"，是指伤害、奸淫、烧杀的行为。

"掠夺"，是指抢劫、抢夺财物的行为。

"无辜居民"，是指对我军无敌对行动的居民。

"情节严重"，是指指挥人员带头实施或者指使纵容部属实施的；结伙实施的首要分子；手段恶劣的；造成严重后果的等。

"情节特别严重"，是指掠夺数量大的；残害人数多的；手段特别残忍、恶劣的；造成极坏影响的等。

第三节 危害战斗力罪

第二十九条 自伤罪

战时自伤身体，逃避军事义务的，处三年以下有期徒刑；情节严重的，处三年以上七年以下有期徒刑。

（原条例第十三条 战时自伤身体，逃避军事义务的，处三年以下有期徒刑；情节严重的，处三年以上七年以下有期徒刑。）

【说明】 本条保留了原条例第十三条的内容，是对自伤罪的规定。

"自伤"，是指自行伤害自己或者授意他人伤害自己身体的行为。

"情节严重"，是指指挥人员或者其他负有重要职责的人员自伤的；紧要关头或者危急时刻自伤的等。

"逃避军事义务"，是指逃避作战或者作战保障行动等。如果是为了骗取荣誉或掩盖过错的，不构成本罪。

第三十条 遗弃伤病军人罪

在战场上遗弃伤病军人的，处五年以下有期徒刑；遗弃多人的，遗弃后致使伤病军人死亡、被俘、失踪的，或者有其他严重情节的，处五年以上有期徒刑。

（原条例第十五条 在战场上故意遗弃伤员，情节恶劣的，对直接责任人员，处三年以下有期徒刑。）

【说明】 本条提高了原条例第十五条的法定刑，并增加了相应的情节，是对遗弃伤病军人罪的规定。

本条与原条例的规定相比，较大幅度提高了法定刑，主要考虑这种行为严重影响部队士气，损害内部团结，削弱战斗力，应该给予较重的处罚；同时，这种行为是故意犯罪，其法定刑不宜低于造成类似结果的过失犯罪（如玩忽职守罪）。

"伤病军人"，是指因负伤、生病而需要他人给予救护的我方军人。

"遗弃"，是指能够救护、收容、转移而弃置不顾的行为。

"其他严重情节"，是指指挥人员或者救护人员在危难时刻只顾自己安全而遗弃的；遗弃中、高级指挥人员或者机要、保密人员的；因遗弃造成官兵极大义愤的等。

第三十一条 拒不救治伤病军人罪

在救护治疗职位上，拒不救治危重伤病军人的，处五年以下有期徒刑或者拘役；造成伤病军人重残、死亡或者有其他严重情节的，处五年以上有期徒刑。

【说明】 本条是新增加的条文，是对拒不救治伤病军人罪的规定。

拒不救治伤病军人，违反医务人员的职责，挫伤部队的士气，削弱部队的战斗力。《中国人民解放军医院工作暂行规则》也规定对拒不救治伤病军人构成犯罪的，应当依法追究刑事责任。因此，增设了本条。

"在救护治疗职位上"，是指医务人员正在上班或者临时执行救护治疗任务。

"拒不救治"，是指有条件救治而拒绝救治。

"危重"，是指伤病军人的伤势或者病情严重而危险。

"重残"，是指二等以上残疾。

"其他严重情节"，是指挟嫌报复拒不救治的；阻止他人救治或者煽动他人不予救治的；故意给救治工作设置障碍的；因拒不救治引起官兵义愤或者引发严重事件的等。

第三十二条 破坏武器装备罪

破坏武器装备的，处五年以下有期徒刑或者拘役；破坏主要或者大量武器装备的，或者有其他严重情节的，处五

年以上十年以下有期徒刑；造成主要武器装备严重毁损或者有其他特别严重情节的，处十年以上有期徒刑、无期徒刑或者死刑。

（原条例第十二条　破坏武器装备或者军事设施的，处三年以下有期徒刑或者拘役；破坏重要武器装备或者重要军事设施的，处三年以上十年以下有期徒刑；情节特别严重的，处十年以上有期徒刑、无期徒刑或者死刑。战时从重处罚。）

【说明】　本条修改了原条例第十二条的内容，是对破坏武器装备罪的规定。

“武器装备”，是指部队用于实施和保障作战行动的武器、武器系统和军事技术器材的统称。

备用的武器装备重要零件、部件，应视为武器装备。

“主要武器装备”，是指战略导弹及其他导弹武器系统、飞机、直升机、作战舰艇、登陆舰和1000吨以上辅助船、坦克、装甲车辆、85毫米以上口径的地面火炮、岸炮、高炮、雷达、声纳、指挥仪、15瓦以上电台和电子对抗装备、舟桥、60千瓦以上的工程机械、汽车、陆军船艇等。

“大量”，是指3支（件）以上的武器装备，3个基数以上的弹药。

“严重毁损”，是指报废或者需要大修。

“其他严重情节”，是指影响完成任务的；为陷害他人破坏武器装备的等。

“其他特别严重情节”，是指影响完成作战任务或者其他重要任务的；造成人员重大伤亡的等。

第三十三条　破坏军事设施罪

破坏军事设施的，处三年以上十年以下有期徒刑；造成重要军事设施严重毁损或者有其他特别严重情节的，处十年以上有期徒刑、无期徒刑或者死刑。

（原条例第十二条　破坏武器装备或者军事设施的，处三年以下有期徒刑或者拘役；破坏重要武器装备或者重要军事设施的，处三年以上十年以下有期徒刑；情节特别严重的，处十年以上有期徒刑、无期徒刑或者死刑。战时从重处罚。）

【说明】　本条修改了原条例第十二条的内容，是对破坏军事设施罪的规定。

原条例将本罪与破坏武器装备罪规定在一个条文中，但军事设施和武器装备有较大区别。为了加强对军事设施的保护，国家颁布了《军事设施保护法》。因此，本条例单独规定了破坏军事设施罪。同时考虑到本罪与刑法中的危害公共安全罪相近，为了与刑法同类犯罪的法定刑相协调，提高了破坏军事设施罪的法定刑幅度。

“军事设施”，是指国家直接用于军事目的的建筑、场地和设备。包括：（一）指挥机关、地面和地下的指挥工程、作战工程；（二）军用机场、港口、码头；（三）营区、训练场、试验场；（四）军用洞库、仓库；（五）军用通信、侦察、导航、观测台站和测量、导航、助航标志；（六）军用公路、铁路专用线，军用通信、输电线路，军用输油、输水管道等。

“重要军事设施”，是指指挥中心，大型作战工程，各类通信、导航、观测枢纽，导弹基地，机场，港口，大型仓库，重要管线等。

“其他特别严重情节”，是指影响部队完成重要任务的；严重危害公共安全的；造成人员重大伤亡的；同时毁损大量物资的等。

第三十四条　抢劫武器装备罪

抢劫武器装备的，处五年以上十年以下有期徒刑；情节严重的，处十年以上有期徒刑、无期徒刑或者死刑。

【说明】　本条是新增加的条文，是对抢劫武器装备罪的规定。

原条例已规定了盗窃武器装备罪，而抢劫武器装备是更严重的犯罪，应当依法惩处，因此增设了本罪。

“情节严重”，是指抢劫值班、值勤人员的武器装备的；抢劫武器弹药库的；抢劫主要或者大量武器装备的；将抢劫的武器装备出卖或者转让的；致人重伤或者死亡的等。

第三十五条　抢劫军用物资罪

抢劫军用物资的，处三年以上十年以下有期徒刑；情节严重的，处十年以上有期徒刑、无期徒刑或者死刑。

【说明】　本条是新增加的条文，是对抢劫军用物资罪的规定。

原条例已规定了盗窃军用物资罪，而抢劫军用物资是更严重的犯罪，应当依法惩处，因此增设了本条。

“军用物资”，是指除武器装备以外，供军事上使用的其他物资。如：被装、粮秣、油料、建材、药材等。

“情节严重”，是指抢劫重要或者大量军用物资的；致人重伤或者死亡的等。

第三十六条　盗窃、骗取、抢夺武器装备罪

盗窃、骗取、抢夺武器装备的，处七年以下有期徒刑；情节严重的，处七年以上有期徒刑；情节特别严重的，处无期徒刑或者死刑。

（原条例第十一条　盗窃武器装备或者军用物资的，处五年以下有期徒刑或者拘役；情节严重的，处五年以上十年以下有期徒刑；情节特别严重的，处十年以上有期徒刑或者无期徒刑。战时从重处罚，情节特别严重的，可以判处死刑。）

【说明】　本条修改并扩充了原条例第十一条盗窃武器装备罪的内容，是对盗窃、骗取、抢夺武器装备罪的规定。

原条例已规定了盗窃武器装备罪，考虑到骗取、抢夺武器装备与盗窃武器装备罪危害相当，同样需要依法惩处，因此本条增加了这两种犯罪。

“情节严重”，是指盗窃、骗取、抢夺主要武器装备的；将盗窃、骗取、抢夺的武器装备出卖、转让或者故意毁损的；多次盗窃、骗取、抢夺武器装备的等。

“情节特别严重”，是指盗窃、骗取、抢夺大量武器装备的；盗窃、骗取、抢夺武器装备使国家财产遭受重大损失或者造成其他严重后果的等。

第三十七条　盗窃、骗取、抢夺军用物资罪

盗窃、骗取、抢夺军用物资，数额较大的，处五年以下有期徒刑或者拘役；数额巨大或者有其他严重情节的，处五年以上十年以下有期徒刑；数额特别巨大或者有其他特别严重情节的，处十年以上有期徒刑、无期徒刑或者死刑。

（原条例第十一条　盗窃武器装备或者军用物资的，处五年以下有期徒刑或者拘役；情节严重的，处五年以上十年以下有期徒刑；情节特别严重的，处十年以上有期徒刑或者无期徒刑。战时从重处罚，情节特别严重的，可以判处死刑。）

【说明】　本条修改并扩充了原条例第十一条盗窃军用物资罪的内容，是对盗窃、骗取、抢夺军用物资罪的规定。

原条例已规定了盗窃军用物资罪，考虑到骗取、抢夺军用物资与盗窃军用物资罪危害相当，同样需要依法惩处，因此本条增加了这两种犯罪。

“数额较大”、“数额巨大”、“数额特别巨大”的具体标准，可参照军队司法机关审理盗窃案件的数额标准执行。

“其他严重情节”，是指共同犯罪中的主犯；多次盗窃、骗取、抢夺军用物资的等。

“其他特别严重情节”，是指犯罪集团的首要分子或者共同犯罪中情节严重的主犯；盗窃、骗取、抢夺重要军用物资的；因犯罪使国家财产遭受重大损失或者造成其他严重后果的等。

第三十八条　非法出卖、转让武器装备罪

非法出卖、转让武器装备的，处三年以上十年以下有期徒刑；出卖、转让主要或者大量武器装备的，或者有其他特别严重情节的，处十年以上有期徒刑、无期徒刑或者死刑。

【说明】　本条是新增加的条文，是对非法出卖、转让武器装备罪的规定。

非法出卖、转让武器装备的行为，不仅严重违反了部队武器装备管理制度，而且严重危害公共安全。《武器装备管理工作条例》规定，“未经总参谋部批准，严禁任何单位或者个人擅自馈赠、出售、交换武器装备”。“触犯刑律，构成犯罪的，依法追究刑事责任”。因此增设了本条。

“非法”，是指未经有权机关批准。

“转让”，是指送给他人或者换取其他物品。

“其他特别严重情节”，是指出卖、转让的武器装备被用来进行犯罪活动的；致使武器装备流散社会危害公共安全的；出卖、转让给境外的机构、组织、人员的；造成严重后果的等。

非法出卖、转让的武器装备应是行为人合法管理或者职掌的。如果是将抢劫、盗窃、骗取、抢夺的武器装备出卖或者转让的，应按这些犯罪的加重情节论处，而不再定非法出卖、转让武器装备罪。

第三十九条　挪用武器装备罪

违反武器装备管理规定，擅自将武器装备挪作他用，情节严重的，处五年以下有期徒刑或者拘役；情节特别严重的，处五年以上十年以下有期徒刑。

【说明】　本条是新增加的条文，是对挪用武器装备罪的规定。

挪用武器装备不仅使武器装备管理失控，而且严重影响正常使用，甚至造成武器装备的毁损、丢失或者其他严重后果。《武器装备管理工作条例》规定，违反武器装备的性能、编配用途使用武器装备，构成犯罪的，依法追究刑事责任。因此增设了本条。

“挪作他用”，是指不按编配用途、管理权限使用。

“情节严重”，是指多次挪用的；造成武器装备毁损、被盗、丢失的；挪用的武器装备被他人用来实施犯罪活动的；严重影响部队执行任务的等。

“情节特别严重”，是指挪用武器装备从事非法活动的；多次挪用造成严重后果的；严重影响部队完成重要任务的；后果特别严重的等。

第四十条　遗弃武器装备罪

遗弃武器装备的，处五年以下有期徒刑或者拘役；遗弃主要或者大量武器装备的，或者有其他严重情节的，处五年以上有期徒刑。

【说明】　本条是新增加的条文，是对遗弃武器装备罪的规定。

遗弃武器装备，削弱我军的战斗力，严重危害公共安全，甚至可能被敌人所利用。《中国人民解放军防暴条令》规定，对“遗弃武器、弹药、装备”，“情节严重、构成犯罪的，依法追究刑事责任”。因此增设了本条。

“遗弃”，即抛弃，是一种故意的行为。根据作战需要，丢弃一些武器装备，不属于遗弃武器装备。

“其他严重情节”，是指指挥人员带头遗弃的；煽动他人遗弃的；遗弃的武器装备被敌人或者犯罪分子利用的；严重影响部队完成任务的；造成其他严重后果的等。

第四十一条　遗失武器装备罪

遗失武器装备，情节严重的，处三年以下有期徒刑或者拘役；遗失主要或者大量武器装备的，或者有其他特别严重情节的，处三年以上七年以下有期徒刑。

【说明】　本条是新增加的条文，是对遗失武器装备罪的规定。

遗失武器装备是部队中比较常见的问题，其危害后果与遗弃武器装备罪类似，应该给予惩处。因此增设了本条。

"遗失"，是指在武器装备的操作使用、维护保养过程中，因疏忽大意或者过于轻信而造成武器装备丢失，属于过失犯罪。

"情节严重"，是指遗失后不报告的；编造假情况欺骗组织或者嫁祸于人的；严重影响部队完成任务的；造成其他严重后果的等。

"其他特别严重情节"，是指遗失的武器装备被敌人或者犯罪分子利用的；严重影响部队完成作战任务的；造成其他特别严重后果的等。

第四十二条　武器装备肇事罪

违反武器装备使用、维护、保养规定，发生责任事故，造成严重后果的，处三年以下有期徒刑或者拘役；情节特别严重的，处三年以上七年以下有期徒刑。

（原条例第三条　违反武器装备使用规定，情节严重，因而发生重大责任事故，致人重伤、死亡或者造成其他严重后果的，处三年以下有期徒刑或者拘役；后果特别严重的，处三年以上七年以下有期徒刑。）

【说明】　本条修改了原条例第三条的内容，是对武器装备肇事罪的规定。

原条例已对"使用"武器装备肇事作了处罚规定。考虑到在"维护"、"保养"武器装备中肇事的，具有同样的危害，需要依法惩处。因此本条补充规定了这方面的内容。

"使用、维护、保养规定"，泛指我军条令、条例和其他规章制度中，涉及武器装备使用、维护、保养的内容。

"责任事故"，是指因行为人违反规定，主观上有过失而造成的事故。

"严重后果"，是指造成武器装备毁损的；人员重伤、死亡的；引发爆炸、火灾等严重事故的等。

"情节特别严重"，是指违反规定屡教不改肇事的；肇事后弄虚作假欺骗组织或者嫁祸于人的；造成主要武器装备毁损的；伤亡多人的；致使国家财产遭受重大损失的等。

构成本罪的条件之一是武器装备的职掌人员在操作使用、维护保养武器装备中。如果是将武器装备挪作他用，造成严重后果的，应按挪用武器装备罪论处。

第四十三条　提供不合格武器装备、军事设施、军用物资罪

故意将不合格的武器装备、军事设施、军用物资提供给部队的，处五年以下有期徒刑或者拘役；情节严重的；处五年以上十年以下有期徒刑；情节特别严重的，处十年以上有期徒刑、无期徒刑或者死刑。

过失犯前款罪，造成严重后果的，处五年以下有期徒刑或者拘役；情节特别严重的，处五年以上十年以下有期徒刑。

【说明】　本条是新增加的条文，是对提供不合格武器装备、军事设施、军用物资罪的规定。

将不合格的武器装备、军事设施、军用物资提供给部队，直接影响我军的作战、训练，削弱战斗力，危害国防安全，必须依法惩处。因此增设了本条。

"不合格"，是指不符合规定的质量标准。

"提供"，是指从制造、修筑、生产、修配到部队接受使用的全过程。

"情节严重"，是指徇私舞弊谋取私利的；造成人员重伤、死亡的；造成较大经济损失的；严重影响部队完成任务的等。

"情节特别严重"，是指造成多人重伤、死亡的；严重影响部队完成重要任务的；造成重大经济损失或者其他特别严重后果的等。

第四节　妨害部队管理秩序罪

第四十四条　阻碍执行职务罪

以暴力、胁迫或者其他方法阻碍其他军人执行职务的，处五年以下有期徒刑或者拘役；情节严重的，处五年以上十年以下有期徒刑；致人重伤、死亡或者有其他特别严重情节的，处十年以上有期徒刑、无期徒刑或者死刑。

（原条例第十条　以暴力、威胁方法，阻碍指挥人员或者值班、值勤人员执行职务的，处五年以下有期徒刑或者拘役；情节严重的，处五年以上有期徒刑；情节特别严重的或者致人重伤、死亡的，处无期徒刑或者死刑。战时从重处罚。）

【说明】　本条修改了原条例第十条的内容，是对阻碍执行职务罪的规定。

原条例已对阻碍指挥人员或者值班、值勤人员执行职务的行为作了处罚规定。考虑到其他执行职务的军人也需要相应的法律保护，因此本条扩大了保护的范围。

“阻碍其他军人执行职务”，是指使用暴力或者以暴力手段相威胁等方法设置障碍阻止其他军人履行职责的行为。

“情节严重”，是指聚众阻碍执行职务的首要分子；使用武器阻碍执行职务的；阻碍执行职务造成严重后果的等。

“其他特别严重情节”，是指聚众使用武器阻碍执行职务的首要分子；阻碍执行职务造成特别严重后果的等。

第四十五条　寻衅滋事罪

聚众闹事、打架斗殴、酗酒滋事、持械威胁他人，或者进行其他扰乱部队管理秩序的活动，情节严重的，处五年以下有期徒刑或者拘役；情节特别严重的，处五年以上有期徒刑。

【说明】　本条是新增加的条文，是对寻衅滋事罪的规定。

聚众闹事、打架斗殴、酗酒滋事、持械威胁他人等行为，严重扰乱部队管理秩序，对部队建设危害较大。考虑到这些行为与流氓罪有所区别，从部队实际出发，为了和《纪律条令》衔接，因此增设了本条。

“情节严重”，是指致使战备、训练等活动无法正常进行的；多次寻衅滋事的；寻衅滋事的首要分子；造成其他严重后果的等。

“情节特别严重”，是指严重影响部队完成重要任务的；造成大规模械斗的；造成国家财产重大损失的等。

在犯本罪的过程中，转化为其他犯罪的，按重罪吸收轻罪的原则定罪处刑。

第四十六条　滥用职权罪

滥用职权，擅自调动部队或者指使部属进行违反职责的活动，情节严重的，处五年以下有期徒刑或者拘役；情节特别严重的，处五年以上十年以下有期徒刑。

【说明】　本条是新增加的条文，是对滥用职权罪的规定。

首长滥用职权的行为，直接破坏了部队的正常内部关系，损害了领导的权威，危害了部队的集中统一，应当依法惩处。因此增设了本条。

“滥用职权”，是指超越职责范围，不正当运用职务上的权力。

“擅自调动部队”，是指违反规定调动部队。

“情节严重”，是指指使部属进行违法活动的；造成恶劣影响或者其他严重后果的等。

“情节特别严重”，是指调动成建制部队的；影响部队完成重要任务的；引发严重事端或者造成其他特别严重后果的等。

第四十七条　擅自出卖、转让房地产罪

擅自出卖、转让军队房地产的，处五年以下有期徒刑或者拘役；情节严重的，处五年以上有期徒刑。

【说明】　本条是新增加的条文，是对擅自出卖、转让房地产罪的规定。

军队房地产是国防资产的重要组成部分，权属统归军委、总部。擅自出卖、转让军队房地产，侵害了国防资产的所有权，应当依法惩处。因此增设了本条。

“军队房地产”，是指由军队管理、使用的土地，房屋及附属设施、设备，以及林木等。

“情节严重”，是指出卖、转让军事禁区房地产的；出卖、转让给境外机构、组织、人员的；将非法所得挥霍的；造成严重损失或者其他严重后果等。

第四十八条　虐待部属罪

虐待部属，情节恶劣的，处五年以下有期徒刑或者拘役；致人重伤、死亡或者有其他特别严重情节的，处五年以上有期徒刑。

（原条例第九条　滥用职权，虐待、迫害部属，情节恶劣，因而致人重伤或者造成其他严重后果的，处五年以下有期徒刑或者拘役；致人死亡的，处五年以上有期徒刑。）

【说明】　本条修改了原条例第九条的内容，是对虐待部属罪的规定。

“虐待部属”，是指对部属进行肉体上的摧残。如殴打、体罚、冻饿、有病不让治疗、强迫进行严重有损健康的活动等。

“情节恶劣”，是指出于报复动机的；手段残忍的；屡教不改的；虐待多人的；引起官兵义愤的；造成其他严重后果的等。

“其他特别严重情节”，是指手段特别残忍的；诱发暴力性事件的；造成其他特别严重后果的等。

在犯本罪的过程中，转化为故意伤害罪的，以故意伤害罪定罪处罚。

原条例对本罪规定有“滥用职权”、“迫害”等内容。考虑到“滥用职权”与已有专条规定的“滥用职权罪”易混；“迫害”则主要是指精神上的伤害。司法实践中难以认定，因此本条删除了这些内容。

第四十九条　逃离部队罪

擅离部队或者逾假不归，情节严重的，处三年以下有期徒刑或者拘役；情节特别严重的，处三年以上七年以下有期徒刑。

（原条例第六条　违反兵役法规，逃离部队，情节严重的，处三年以下有期徒刑或者拘役。

战时犯前款罪的，处三年以上七年以下有期徒刑。）

【说明】　本条修改了原条例第六条的内容，是对逃离部队罪的规定。

原条例规定必须有逃避服兵役的目的才能构成本罪。但从司法实践看，这类犯罪大量的是直接危害部队的管理秩序，因此，本条例将本罪归入妨害部队管理秩序的犯罪，不以逃避兵役为构成犯罪条件。

“擅离部队”，是指未经批准而自行离开部队。

“逾假不归”，是指经批准离队后，不按期归队。

“情节严重”，是指战时逃离的；指挥人员或者其他负有重要职责的人员逃离的；策动组织多人逃离的；逃离部队持续超过四十五天的；半年内逃离三次以上仍拒不归队的；逃离后非法出境的等。

“情节特别严重”，是指指挥人员或者其他负有重要职责的人员战时逃离的；战时策动组织多人逃离的；逃离部队持续超过九十天的等。

第五十条 擅离职守、玩忽职守罪

在指挥、管理职位上或者值班、值勤时，擅离职守或者玩忽职守，造成严重后果的，处五年以下有期徒刑或者拘役；情节特别严重的，处五年以上十年以下有期徒刑。

（原条例第五条 指挥人员和值班、值勤人员擅离职守或者玩忽职守，因而造成严重后果的，处七年以下有期徒刑或者拘役。

战时犯前款罪的，处五年以上有期徒刑。）

【说明】 本条修改了原条例第五条的内容，是对擅离职守、玩忽职守罪的规定。

原条例已对指挥和值班、值勤人员擅离职守、玩忽职守的行为作了处罚规定。考虑到“管理”人员虽不属指挥人员，但主管某方面的业务工作，并具有特殊的职责和相应的管理职权，如果擅离职守或者玩忽职守，也会造成类似的危害后果。因此本条增加了这方面的内容。

“擅离职守”，是指擅自离开正在履行职责的岗位。

“玩忽职守”，是指在履行职责的岗位上，严重不负责任，不履行职责，或者马虎草率，疏忽大意，不正确履行职责。

“严重后果”，是指造成武器装备毁损或者人员伤亡的；致使国家财产遭受较大损失的等。

“情节特别严重”，是指致使战斗、战役遭受重大损失的；造成主要武器装备毁损或者人员重大伤亡的；致使国家财产遭受重大损失的等。

第三章 附 则

第五十一条 本条例所称军人，是指中国人民解放军的现役军官、文职干部、士兵及具有军籍的学员和中国人民武装警察部队的现役警官、文职干部、士兵及具有军籍的学员。

执行军事任务的预备役人员和其他人员，以军人论。

【说明】 本条是新增加的条文，是对“军人”概念的立法解释。

“执行军事任务”，是指参战、参训，以及其他与国家军事利益有关的任务。

第五十二条 本条例所称战时，是指国家宣布进入战争状态、部队受领作战任务或者遭敌突然袭击时。

动员、戒严或者进入等级战备状态，以及处置突发性暴力事件时，以战时论。

【说明】 本条是新增加的条文，是对“战时”概念的立法解释。

“等级战备”，是指军队战争准备和作战准备程度的区分。包括一级战备、二级战备和三级战备。

“突发性暴力事件”，是指突然发生的、在一定范围内以暴力为手段的事件。

第五十三条 本条例自一九九 年 月 日起施行，《中华人民共和国惩治军人违反职责罪暂行条例》即行废止。

（原条例第二十六条 本条例自一九八二年一月一日起施行。）

【说明】本条修改了原条例第二十六条的内容，是对本条例何时生效、原条例何时废止的规定。

7. 中华人民共和国惩治军人违反职责犯罪条例（草案）

（中国人民解放军总政治部草拟　中央军事委员会
1995年12月7日提请全国人大常委会审议）

目　　录

第一章　总　　则

第一条　为了惩治军人违反职责的犯罪行为，教育军人认真履行职责，巩固部队战斗力，维护国家军事利益，根据刑法，制定本条例。

第二条　军人违反职责，危害国家军事利益，依照法律应当受刑罚处罚的行为，是军人违反职责犯罪；但是情节显著轻微危害不大的，不认为是犯罪。

第三条　本条例适用于军人违反职责犯罪；但是本条例另有规定的，依照规定。

第四条　军人在中华人民共和国领域外犯本条例规定之罪，不受刑期和犯罪地法律的限制，均适用本条例。

第五条　军人犯本条例规定以外之罪的，适用刑法。

第六条　对于被判处三年以上有期徒刑或者剥夺政治权利的军人，应当剥夺军衔。

对于罪行严重的军人，可以附加剥夺勋章、奖章和荣誉称号。

前两款也适用于退役军人和预备役人员。

第七条　战时军人违反职责犯罪的，从重处罚；但是犯战时才构成的罪除外。

第八条　战时允许在缓刑考验期限内的军人戴罪立功。对于确有立功表现的，可以撤销原判，不以犯罪论处。

第九条　本条例第六、七、八条也适用于军人犯本条例规定以外之罪。

第二章　分　　则

第一节　危害国防安全罪

第十条　武装叛乱罪

率部或者策动武装叛乱的，聚众武装叛乱的首要分子，或者参加武装叛乱罪恶重大的，处死刑、无期徒刑或者十年以上有期徒刑；其他参加武装叛乱的，处三年以上十年以下有期徒刑。

第十一条　投降敌人罪

在战场上贪生怕死，自动放下武器投降敌人的，处三年以上十年以下有期徒刑；情节特别严重的，处十年以上有期徒刑、无期徒刑或者死刑。

第十二条　叛逃罪

叛逃境外或者在境外叛逃的，处三年以上十年以下有期徒刑；劫持或者驾驶航空器、舰船叛逃的，或者有其他特别严重情节的，处十年以上有期徒刑、无期徒刑或者死刑。

第十三条　非法获取军事秘密罪

以窃取、刺探、收买或者其他方法非法获取军事秘密的，处七年以下有期徒刑；情节特别严重的，处七年以上有期徒刑或者无期徒刑。

为敌人或者境外的机构、组织、人员非法获取军事秘密的，或者以抢劫方法获取军事秘密的，处三年以上十年以下有期徒刑；情节特别严重的，处十年以上有期徒刑、无期徒刑或者死刑。

第十四条　故意泄露军事秘密罪

故意泄露军事秘密，情节严重的，处七年以下有期徒刑；情节特别严重的，处七年以上有期徒刑或者无期徒刑。

犯前款罪，以营利为目的泄露军事秘密的，将非法获取的军事秘密泄露的，将军事秘密提供给敌人或者非法提供给境外的机构、组织、人员的，处三年以上十年以下有期徒刑；情节特别严重的，处十年以上有期徒刑、无期徒刑或者死刑。

第十五条　过失泄露军事秘密罪

过失泄露重要军事秘密的，处五年以下有期徒刑或者拘役；情节严重的，处五年以上十年以下有期徒刑。

遗失重要军事秘密载体的，依照前款论处。

第十六条　故意毁损军事秘密载体罪

故意毁损重要军事秘密载体，情节严重的，处五年以下有期徒刑或者拘役；情节特别严重的，处五年以上有期徒刑。

第二节　妨害作战秩序罪

第十七条　违抗命令罪

战时违抗命令的，处三年以上十年以下有期徒刑；致使战斗、战役遭受重大损失或者有其他特别严重情节的，处十年以上有期徒刑、无期徒刑或者死刑。

第十八条　拒传、假传命令罪

拒传或者假传作战命令的，处三年以上十年以下有期徒刑；致使战斗、战役遭受重大损失或者有其他特别严重情节的，处十年以上有期徒刑、无期徒刑或者死刑。

第十九条　隐瞒、谎报军情、情报罪

隐瞒、谎报重要的军情或者非军事情报的，处三年以上十年以下有期徒刑；致使战斗、战役遭受重大损失或者有其他特别严重情节的，处十年以上有期徒刑、无期徒刑或者死刑。

第二十条　临阵脱逃罪

战时临阵脱逃的，处五年以下有期徒刑；情节严重的，处五年以上十年以下有期徒刑；情节特别严重的，处十年以上有期徒刑、无期徒刑或者死刑。

第二十一条　作战消极罪

临阵畏缩，作战消极，造成严重后果的，处五年以下有期徒刑；致使战斗、战役遭受重大损失或者有其他特别严重情节的，处五年以上有期徒刑。

第二十二条　擅自行动、破坏协同罪

擅自行动或者故意违反协同规则，造成严重后果的，处五年以下有期徒刑；致使战斗、战役遭受重大损失或者有其他特别严重情节的，处五年以上有期徒刑。

第二十三条　造谣惑众罪

战时造谣惑众，动摇军心的，处三年以下有期徒刑；情节严重的，处三年以上十年以下有期徒刑。

勾结敌人犯前款罪的，处三年以上十年以下有期徒刑；情节特别严重的，处十年以上有期徒刑或者无期徒刑。

第二十四条　见危不救罪

在战场上明知友邻部队处境危急请求救援，能救援而不救援，致使友邻部队遭受重大损失的，对指挥人员处五年以下有期徒刑。

第二十五条　私放俘虏罪

私放俘虏的，处五年以下有期徒刑；私放重要俘虏的，私放俘虏多人的，或者有其他严重情节的，处五年以上有期徒刑。

第二十六条　虐待俘虏罪

虐待俘虏，情节恶劣的，处三年以下有期徒刑。

第二十七条　拒绝、逃避征召、军事训练罪

预备役人员战时拒绝、逃避征召或者拒绝、逃避军事训练，情节严重的，处三年以下有期徒刑。

第二十八条　残害无辜居民、掠夺无辜居民财物罪

战时在军事行动地区残害无辜居民或者掠夺无辜居民财物的，处五年以下有期徒刑；情节严重的，处五年以上十年以下有期徒刑；情节特别严重的，处十年以上有期徒刑、无期徒刑或者死刑。

第三节　危害战斗力罪

第二十九条　自伤罪

战时自伤身体，逃避军事义务的，处三年以下有期徒刑；情节严重的，处三年以上七年以下有期徒刑。

第三十条　遗弃伤病军人罪

在战场上遗弃伤病军人的，处五年以下有期徒刑；遗弃多人的，遗弃后致使伤病军人死亡、被俘、失踪的，或者有其他严重情节的，处五年以上有期徒刑。

第三十一条　拒不救治伤病军人罪

在救护治疗职位上，拒不救治危重伤病军人的，处五年以下有期徒刑或者拘役；造成伤病军人重残、死亡或者有其他严重情节的，处五年以上有期徒刑。

第三十二条　破坏武器装备罪

破坏武器装备的，处五年以下有期徒刑或者拘役；破坏主要或者大量武器装备的，或者有其他严重情节的，处五年以上十年以下有期徒刑；造成主要武器装备严重毁损或者有其他特别严重情节的，处十年以上有期徒刑、无期徒刑或者死刑。

第三十三条　破坏军事设施罪

破坏军事设施的，处三年以上十年以下有期徒刑；造成重要军事设施严重毁损或者有其他特别严重情节的，处十年以上有期徒刑、无期徒刑或者死刑。

第三十四条　抢劫武器装备罪

抢劫武器装备的，处五年以上十年以下有期徒刑；情节严重的，处十年以上有期徒刑、无期徒刑或者死刑。

第三十五条　抢劫军用物资罪

抢劫军用物资的，处三年以上十年以下有期徒刑；情节严重的，处十年以上有期徒刑、无期徒刑或者死刑。

第三十六条　盗窃、骗取、抢夺武器装备罪

盗窃、骗取、抢夺武器装备的，处七年以下有期徒刑；情节严重的，处七年以上有期徒刑；情节特别严重的，处无期徒刑或者死刑。

第三十七条　盗窃、骗取、抢夺军用物资罪

盗窃、骗取、抢夺军用物资，数额较大的，处五年以下有期徒刑或者拘役；数额巨大或者有其他严重情节的，处五年以上十年以下有期徒刑；数额特别巨大或者有其他特别严重情节的，处十年以上有期徒刑、无期徒刑或者死刑。

第三十八条　非法出卖、转让武器装备罪

非法出卖、转让武器装备的，处三年以上十年以下有期徒刑；出卖、转让主要或者大量武器装备的，或者有其他特别严重情节的，处十年以上有期徒刑、无期徒刑或者死刑。

第三十九条　挪用武器装备罪

违反武器装备管理规定，擅自将武器装备挪作他用，情节严重的，处五年以下有期徒刑或者拘役；情节特别严重的，处五年以上十年以下有期徒刑。

第四十条　遗弃武器装备罪

遗弃武器装备的，处五年以下有期徒刑或者拘役；遗弃主要或者大量武器装备的，或者有其他严重情节的，处五年以上有期徒刑。

第四十一条　遗失武器装备罪

遗失武器装备，情节严重的，处三年以下有期徒刑或者拘役；遗失主要或者大量武器装备的，或者有其他特别严重情节的，处三年以上七年以下有期徒刑。

第四十二条　武器装备肇事罪

违反武器装备使用、维护、保养规定，因而发生责任事故，造成严重后果的，处三年以下有期徒刑或者拘役；情节特别严重的，处三年以上七年以下有期徒刑。

第四十三条　提供不合格武器装备、军事设施、军用物资罪

故意将不合格的武器装备、军事设施、军用物资提供给部队的，处五年以下有期徒刑或者拘役；情节严重的，处五年以上十年以下有期徒刑；情节特别严重的，处十年以上有期徒刑、无期徒刑或者死刑。

过失犯前款罪，造成严重后果的，处五年以下有期徒刑或者拘役；情节特别严重的，处五年以上十年以下有期徒刑。

第四节　妨害部队管理秩序罪

第四十四条　阻碍执行职务罪

以暴力、胁迫或者其他方法阻碍其他军人执行职务的，处五年以下有期徒刑或者拘役；情节严重的，处五年以上十年以下有期徒刑；致人重伤、死亡或者有其他特别严重情节的，处十年以上有期徒刑、无期徒刑或者死刑。

第四十五条　寻衅滋事罪

聚众闹事、打架斗殴、酗酒滋事、持械威胁他人，或者进行其他扰乱部队管理秩序的活动，情节严重的，处五年以下有期徒刑或者拘役；情节特别严重的，处五年以上有期徒刑。

第四十六条　滥用职权罪

滥用职权，擅自调动部队或者指使部属进行违反职责的活动，情节严重的，处五年以下有期徒刑或者拘役；情节

特别严重的，处五年以上十年以下有期徒刑。

第四十七条　擅自出卖、转让房地产罪

擅自出卖、转让军队房地产的，处五年以下有期徒刑或者拘役；情节严重的，处五年以上有期徒刑。

第四十八条　虐待部属罪

虐待部属，情节恶劣的，处五年以下有期徒刑或者拘役；致人重伤、死亡或者有其他特别严重情节的，处五年以上有期徒刑。

第四十九条　逃离部队罪

擅离部队或者逾假不归，情节严重的，处三年以下有期徒刑或者拘役；情节特别严重的，处三年以上七年以下有期徒刑。

第五十条　擅离职守、玩忽职守罪

在指挥、管理职位上或者值班、值勤时，擅离职守或者玩忽职守，造成严重后果的，处五年以下有期徒刑或者拘役；情节特别严重的，处五年以上十年以下有期徒刑。

第三章　附　　则

第五十一条　本条例所称军人，是指中国人民解放军的现役军官、文职干部、士兵及具有军籍的学员和中国人民武装警察部队的现役警官、文职干部、士兵及具有警籍的学员。

执行军事任务的预备役人员和其他人员，以军人论。

第五十二条　本条例所称战时，是指国家宣布进入战争状态、部队受领作战任务或者遭敌突然袭击时。

动员、戒严或者进入等级战备状态，以及处置突发性暴力事件时，以战时论。

第五十三条　本条例自一九九　年　月　日起施行，《中华人民共和国惩治军人违反职责罪暂行条例》即行废止。

附一：关于提请审议《中华人民共和国惩治军人违反职责犯罪条例（草案）》的议案

（中央军事委员会　1995 年 12 月 7 日）

全国人民代表大会常务委员会：

为了加强新时期国防和军队建设，依法从严治军，惩治军人违反职责的犯罪行为，维护国家军事利益，总政治部从军队建设的实际出发，根据《中华人民共和国刑法》和其他有关法律，总结《中华人民共和国惩治军人违反职责罪暂行条例》施行 13 年来的司法实践经验，借鉴外国军事刑法的有益做法，对《中华人民共和国惩治军人违反职责罪暂行条例》作了修改，草拟了《中华人民共和国惩治军人违反职责犯罪条例（草案）》。

这个草案已经中央军委常务会议讨论同意，现提请审议。

附二：关于《中华人民共和国惩治军人违反职责犯罪条例（草案）》的说明

——1995 年 12 月 20 日在第八届全国人大常委会第十七次会议上

（中央军委委员、总政治部主任　于永波）

委员长、各位副委员长、秘书长、各位委员：

根据全国人大常委会和中央军委的立法规划，总政治部组织力量对《中华人民共和国惩治军人违反职责罪暂行条例》（以下简称《暂行条例》）进行了修改，形成了现在的《中华人民共和国惩治军人违反职责犯罪条例（草案）》（以下简称《草案》）。我受中央军委的委托，就《草案》作如下说明：

一、修改《暂行条例》的必要性

《暂行条例》是 1981 年 6 月 10 日第五届全国人大常委会第十九次会议通过，1982 年 1 月 1 日起施行的，13 年来，《暂行条例》对于惩治军人违反职责的犯罪行为，教育军人认真履行职责，巩固部队战斗力，维护国家军事利益，促进军队革命化、现代化、正规化建设，发挥了重要作用。随着国家改革开放的深入、法制的健全和军队建设的发展，军队建设中出现了许多新情况、新问题。由于《暂行条例》的局限性，使得近年来在运用《暂行条例》惩治军人违反职责的犯罪行为时遇到了困难，妨碍了准确、及时地打击犯罪。这主要表现在以下几个方面：一是一些违反军人职责、危害军事利益、应当受到刑罚处罚的行为，由于《暂行条例》没有规定，从《刑法》中也找不出相应的依据，因而不能及时惩处或者得不到应有的惩处。如谎报情报，滥用职权，挪用武器装备，为部队提供不合格武器装备、军事设施、军用物资等问题，均因为法无明文规定，不便处理或没有处理。二是近年来全国人大常委会、中央军委和解放军三总部颁布的许多军事法律、法规和规章中，明确“违反本规定，构成犯罪的，依法追究刑事责任”，有的还直接规定了依照《暂行条例》处罚，而《刑法》和《暂行条例》却无相应的罪名。如《中国人民解放军合成军队战场勤务教令》规定：“对违犯战场纪律者，给予教育或处分。情节严重构成犯罪者，则按照《中华人民共和国惩治军人违反职责罪暂行条例》的规定惩处。”《中国人民解放军武器装备管理工作条例》中对于擅自动用或者越权批准动用储备、库存、携行武器装备的，《中国人民解放军保密条例》中对于抢劫、盗窃、毁坏军事秘密的，也规定要依法追究刑事责任，但《暂行条例》均没有相应的规定，使这些军事法律、法规和规章在实施中缺乏刑事法律保障。三是《暂行条例》施行以来，全国人大常委会先后颁布了二十几个打击刑事犯罪的《决定》和《补充规定》，其中有的对《刑法》规定的某些犯罪的法定刑作了调整，而《暂行条例》与此相关罪名的刑期却没有变动，没有体现军法从严的原则，影响了《暂行条例》的适用。如全国人大常委会《关于严惩严重破坏经济的罪犯的决定》修改了盗窃罪的法定刑，规定对情节特别严重的可以判处死刑，而《暂行条例》规定的盗窃军用物资罪，情节特别严重的，平时最高只能判处无期徒刑。《关于严惩严重危害社会治安的犯罪分子的决定》将盗窃枪支弹药罪的最高法定刑提高到死刑，而《暂行条例》中规定对盗窃武器装备罪的处罚，除战时外，即使情节特别严重，也不能判处死刑。对这样的规定如果不修改，有悖于中央关于依法从重从快打击严重刑事犯罪的精神，不利于打击犯罪，不利于对军事利益的特别保护。另外，《暂行条例》已施行13年了，虽然《刑法》还未修改，但根据军队建设的需要，同时考虑到该条例具有相对的独立性，仍有必要根据《刑法》总则的精神，在总结13年司法实践经验的基础上，对《暂行条例》进行修改，使之进一步完善。

二、修改《暂行条例》的过程

在新的历史时期，为了加强军队的法制建设，依法从严治军，中央军委于1990年就将《暂行条例》的修改列入了立法计划。1994年1月，第八届全国人大常委会将《暂行条例》的修改正式列入本届内审议的立法规划。根据中央军委的指示、全国人大常委会的立法规划和要求，总政治部1993年11月抓紧了对《暂行条例》的修改工作。1994年11月，在汇总全军各大单位对《暂行条例》修改意见的基础上，形成了《草案》（初稿）。然后印发全军各大单位和分送中央、国家机关有关部门、驻京院校的部分法学专家，广泛听取了意见。同时得到了全国人大领导和有关部门的大力支持。根据各方面的意见，作了7次修改。总政治部于1995年9月将《草案》报中央军委审议。可以说，《草案》是经过广泛调查研究、充分论证、反复讨论修改形成的。这个《草案》已经中央军委同意。

三、修改《暂行条例》的指导思想

这次修改，以邓小平同志新时期军队建设思想和江泽民同志提出的“政治合格、军事过硬、作风优良、纪律严明、保障有力”的总要求、以及中央军委新时期军事战略方针为指导，以刑法为依据，从我军的实际情况出发，总结汲取《暂行条例》施行13年来的实践经验，借鉴外军刑事立法的有益作法，立足现实，着眼长远，力求将《暂行条例》修改成更加符合军队建设实际的惩治军人违反职责犯罪行为的有力武器，成为教育全体军人认真履行职责的好教材。

四、《草案》中的几个主要问题

（一）关于《草案》的结构

《暂行条例》采取了不分章节，只设条款的形式。为了同刑法的体例一致，参照近几年单行法的立法惯例，《草案》分设了总则、分则和附则三章。鉴于总则和附则条文较少而未分节，直接设条、款。分则条文较多，共41条，按照犯罪侵害的直接客体的不同类型，分为危害国防安全、妨害作战秩序、危害战斗力、妨害部队管理秩序四类，并分别设节，每节设条、款。

（二）关于《草案》条文设置的基本依据

《暂行条例》共有26条，《草案》删除了其中的第七、八、二十五条，保留了23条的基本内容，但作了修改和补充。新增加了30条，共计53条，59个罪名，其中新增罪名36个。修改补充和增加的内容主要依据，一是军队建设出现的新情况、新问题，需要增设新的条文；二是一些军事法律、法规和规章对刑事立法提出的要求；三是《暂行条例》施行以来刑事立法新增加或者调整了的内容。

关于《草案》的条文与刑法条文的关系。这次修改遵循的一条原则是，凡刑法已有规定的，《草案》一般不再重复设置条文。但是，一些与国家军事利益密切相关的内容，如涉及武器装备、军事设施、军用物资的犯罪，危害国防安全的武装叛乱、叛逃、侵害军事秘密的犯罪，妨害部队管理秩序的阻碍执行职务、寻衅滋事、擅离职守、玩忽职守等犯罪，尽管刑法有类似的规定，但从保护国家军事利益的特殊需要出发，在《草案》中仍作了特别规定，以利于打击犯罪，教育、巩固部队，达到法律特殊预防的目的。

（三）关于《草案》的适用范围

《暂行条例》原规定适用于中国人民解放军的现役军人和在编职工。《草案》第三条第一款规定“本条例适用于军人违反职责犯罪。”对“军人”的范围，第五十一条界定为：“中国人民解放军的现役军官、文职干部、士兵及具有军籍的学员和中国人民武装警察部队的现役警官、文职干部、士兵及具有军籍的学员”。执行军事任务的预备役人员和其他人员，虽然不具备军人的身份，但负有与军事有关的特殊职责，因此，《草案》规定了“以军人论”。这样规定，主要是为了适应司法实践中可能出现的各种情况，维护国家的军事利益。由于军队用工制度的变化，“在编职工”这一概念已不适用，《草案》中用“执行军事任务的其他人员”代替，更符合实际情况。《草案》第三条第一款还规定，“但是本条例另有规定的，依照规定”，这是对适用范围有三种例外情况的特别规定。这三种例外情况，一是《草案》第二十七条规定的“拒绝、逃避征召、军事训练罪”，其犯罪主体是预备役人员。这样规定，是因为预备役人员战时拒绝、逃避征召、军事训练，危害的是国家军事利益，《兵役法》和《预备役军官法》都规定要给予刑事处罚，而刑法中又没有规定。二是《草案》第六条第三款规定的剥夺军衔、勋章、奖章和荣誉称号也适用于退役军人和预备役人员，这是因为军衔、勋章、奖章和荣誉称号是一种政治荣誉，犯有严重罪行的人员，不管是现役军人，还是退役军人、预备役人员，都不能再继续享有这种荣誉。三是《草案》第九条规定了“本条例第六、七、八条也适用于军人犯本条例规定以外之罪”。因为这几条所涉及的内容不仅惩治军人违反职责犯罪需要，而且惩治军人其他犯罪也需要。此外，需要说明的是，《草案》的适用范围与军队司法机关的案件管辖不是一回事。军队司法机关管辖的人员，如军队管理的离退休人员，若没有受委托执行军事任务，也就没有与军事有关的特殊职责，如果犯罪只能适用刑法而不适用《草案》；而地方司法机关管辖的人员，如执行军事任务的预备役人员和其他人员，因其负有军事义务，如果犯《草案》规定之罪的，则适用《草案》。

我的说明完了，请审议。

8. 刑法典分则《军人违反职责罪》一章草案

（中央军委法制局　中国人民解放军军事法院　1997 年 1 月）

第一条　军人违反职责，危害国家军事利益，依照法律应当受刑罚处罚的行为，是军人违反职责犯罪；但是情节显著轻微危害不大的，不认为是犯罪。

第二条　对于被判处三年以上有期徒刑或者剥夺政治权利的军人，应当剥夺军衔。

对于罪行严重的军人，可以附加剥夺勋章、奖章和荣誉称号。

前两款也适用于退役军人和预备役人员。

第三条　战时军人违反本章所列之罪的，从重处罚；但是犯战时才构成的罪除外。

第四条　战时允许在缓刑考验期限内的军人戴罪立功。对于确有立功表现的，可以撤销原判，不以犯罪论处。

第五条　在战场上贪生怕死，自动放下武器投降敌人的，处三年以上十年以下有期徒刑；情节特别严重的，处十年以上有期徒刑、无期徒刑或者死刑。

第六条　叛逃境外或者在境外叛逃的，处三年以上十年以下有期徒刑；劫持或者驾驶航空器、舰船叛逃的，或者有其他特别严重情节的，处十年以上有期徒刑、无期徒刑或者死刑。

第七条　以窃取、刺探、收买或者其他方法非法获取军事秘密的，处七年以下有期徒刑；情节特别严重的，处七年以上有期徒刑或者无期徒刑。

为敌人或者境外的机构、组织、人员非法获取军事秘密的，或者以抢劫方法获取军事秘密的，处三年以上十年以下有期徒刑；情节特别严重的，处十年以上有期徒刑、无期徒刑或者死刑。

第八条　故意泄露军事秘密，情节严重的，处七年以下有期徒刑；情节特别严重的，处七年以上有期徒刑或者无期徒刑。以营利为目的泄露军事秘密的，将非法获取的军事秘密泄露的，将军事秘密提供给敌人或者非法提供给境外的机构、组织、人员的，处三年以上十年以下有期徒刑；情节特别严重的，处十年以上有期徒刑、无期徒刑或者死刑。

过失犯前款罪，处五年以下有期徒刑或者拘役；情节严重的，处五年以上十年以下有期徒刑。

第九条　故意毁损重要军事秘密载体，情节严重的，处五年以下有期徒刑或者拘役；情节特别严重的，处五年以上有期徒刑。

第十条　战时违抗命令的，处三年以上十年以下有期徒刑；致使战斗、战役遭受重大损失或者有其他特别严重情节的，处十年以上有期徒刑、无期徒刑或者死刑。

第十一条　拒传或者假传作战命令的，处三年以上十年以下有期徒刑；致使战斗、战役遭受重大损失或者有其他特别严重情节的，处十年以上有期徒刑、无期徒刑或者死刑。

第十二条　隐瞒、谎报重要的军情或者非军事情报的，处三年以上十年以下有期徒刑；致使战斗、战役遭受重大损失或者有其他特别严重情节的，处十年以上有期徒刑、无期徒刑或者死刑。

第十三条　战时临阵脱逃的，处五年以下有期徒刑；情节严重的，处五年以上十年以下有期徒刑；情节特别严重的，处十年以上有期徒刑、无期徒刑或者死刑。

第十四条　临阵畏缩，作战消极，造成严重后果的，处五年以下有期徒刑；致使战斗、战役遭受重大损失或者有其他特别严重情节的，处五年以上有期徒刑。

第十五条　擅自行动或者故意违反协同规则，造成严重后果的，处五年以下有期徒刑；致使战斗、战役遭受重大损失或者有其他特别严重情节的，处五年以上有期徒刑。

第十六条　战时造谣惑众，动摇军心的，处三年以下有期徒刑；情节严重的，处三年以上十年以下有期徒刑。

勾结敌人犯前款罪的，处三年以上十年以下有期徒刑；情节特别严重的，处十年以上有期徒刑或者无期徒刑。

第十七条 在战场上明知友邻部队处境危急请求救援，能救援而不救援，致使友邻部队遭受重大损失的，对指挥人员处五年以下有期徒刑。

第十八条 私放俘虏的，处五年以下有期徒刑；私放重要俘虏的，私放俘虏多人的，或者有其他严重情节的，处五年以上有期徒刑。

第十九条 虐待俘虏，情节恶劣的，处三年以下有期徒刑。

第二十条 战时在军事行动地区，残害无辜居民或者掠夺无辜居民财物的，处五年以下有期徒刑；情节严重的，处五年以上十年以下有期徒刑；情节特别严重的，处十年以上有期徒刑、无期徒刑或者死刑。

第二十一条 战时自伤身体，逃避军事义务的，处三年以下有期徒刑；情节严重的，处三年以上七年以下有期徒刑。

第二十二条 在战场上遗弃伤病军人的，处五年以下有期徒刑；遗弃多人的，遗弃后致使伤病军人死亡、被俘、失踪的，或者有其他严重情节的，处五年以上有期徒刑。

第二十三条 在救护治疗职位上，拒不救治危重伤病军人的，处五年以下有期徒刑或者拘役；造成伤病军人重残、死亡或者有其他严重情节的，处五年以上有期徒刑。

第二十四条 盗窃武器装备的，处七年以下有期徒刑；情节严重的，处七年以上有期徒刑；情节特别严重的，处无期徒刑或者死刑。

第二十五条 盗窃、骗取、抢夺军用物资，数额较大的，处五年以下有期徒刑或者拘役；数额巨大或者有其他严重情节的，处五年以上十年以下有期徒刑；数额特别巨大或者有其他特别严重情节的，处十年以上有期徒刑、无期徒刑或者死刑。

第二十六条 非法出卖、转让武器装备的，处三年以上十年以下有期徒刑；出卖、转让主要或者大量武器装备的，或者有其他特别严重情节的，处十年以上有期徒刑、无期徒刑或者死刑。

第二十七条 违反武器装备管理规定，擅自将武器装备挪作他用，情节严重的，处五年以下有期徒刑或者拘役；情节特别严重的，处五年以上十年以下有期徒刑。

第二十八条 遗弃武器装备的，处五年以下有期徒刑或者拘役；遗弃主要或者大量武器装备的，或者有其他严重情节的，处五年以上有期徒刑。

第二十九条 遗失武器装备，情节严重的，处三年以下有期徒刑或者拘役；遗失主要或者大量武器装备的，或者有其他特别严重情节的，处三年以上七年以下有期徒刑。

第三十条 违反武器装备使用、维护、保养规定，因而发生责任事故，造成严重后果的，处三年以下有期徒刑或者拘役；情节特别严重的，处三年以上七年以下有期徒刑。

第三十一条 以暴力、胁迫或者其他方法阻碍其他军人执行职务的，处五年以下有期徒刑或者拘役；情节严重的，处五年以上十年以下有期徒刑；致人重伤、死亡或者有其他特别严重情节的，处十年以上有期徒刑、无期徒刑或者死刑。

第三十二条 滥用职权，擅自调动部队或者指使部属进行违反职责的活动，情节严重的，处五年以下有期徒刑或者拘役；情节特别严重的，处五年以上十年以下有期徒刑。

第三十三条 擅自出卖、转让军队房地产的，处五年以下有期徒刑或者拘役；情节严重的，处五年以上有期徒刑。

第三十四条 虐待部属，情节恶劣的，处五年以下有期徒刑或者拘役；致人重伤、死亡或者有其他特别严重情节的，处五年以上有期徒刑。

第三十五条 擅离部队或者逾假不归，情节严重的，处三年以下有期徒刑或者拘役；情节特别严重的，处三年以上七年以下有期徒刑。

第三十六条 在指挥、管理职位上或者值班、值勤时，擅离职守或者玩忽职守，造成严重后果的，处五年以下有期徒刑或者拘役；情节特别严重的，处五年以上十年以下有期徒刑。

第三十七条 本条例所称军人，是指中国人民解放军的现役军官、文职干部、士兵及具有军籍的学员和中国人民武装警察部队的现役警官、文职干部、士兵及具有军籍的学员。

执行军事任务的预备役人员和其他人员，以军人论。

第三十八条 本条例所称战时，是指国家宣布进入战争状态、部队受领作战任务或者遭敌突然袭击时。

动员、戒严或者进入等级战备状态，以及处置突发性暴力事件时，以战时论。

第 条 军人履行职责时，依法使用武器，造成人员伤亡后果的，不负刑事责任。

第 条 本章施行中的特殊情况，由中央军事委员会依据本法作出规定。

9. 危害国防罪立法研究（征求意见稿）

（中国人民解放军军事科学院军事研究部　1994 年 9 月）

随着我国改革开放的不断深化和社会主义市场经济体制的建立，危害国防利益方面的犯罪出现了新的形势和特点。破坏国防设施的犯罪有增无减，一些罕见的特大案件接连发生，犯罪气焰十分嚣张，不仅给国家和军队造成巨大的直接经济损失，而且严重干扰了部队的正常训练和国家的战备工作，损害了国家的国防安全。仅以破坏军事通信设施为例，据初步估计，每年约有 2000 余起，造成的直接经济损失数千万元。有些重要的军事通信设施被破坏，致使军委和军区的命令、指示得不到及时传递，通信中断；军事禁区被任意冲闯、潜入；国家军事秘密被疯狂地窃取、买卖、武装力量的军事活动受到严重阻挠；武装力量的名誉受到公然诽谤；军人的人身权、人格权受到严重侵害，残害军人、侮辱军人、破坏军人婚姻的案件屡屡发生；军需品供应和军事运输经常遭受拒绝、贻误；由于生产供应人为劣质军品而使部队遭受重大伤亡事故和损失的事件频频发生，甚至使部队在作战中处于不利地位；军产被肆无忌惮地哄抢、侵占；军人及军事单位的名称、番号、照牌被不法分子冒充、伪造，进行招摇撞骗；拒绝、逃避兵役的犯罪现象也已在沿海发达地区和大中城市显得日趋严重；在国防方面的渎职犯罪更是有增无减，等等。上述这些犯罪现象，其形成的原因是多方面的，有的属于国防意识淡薄，有的属于各种利益尤其是经济利益的驱使，有的属于执法不严，打击力度不够。但是我国危害国防罪的刑事立法不完善，也是造成上述犯罪现象日趋严重的一个重要原因。就我国现行刑事立法来看，上述犯罪有的已有规定，但处刑偏轻，没有能够体现对侵害国家利益的犯罪从严从重惩处的精神，威慑力不够；有的犯罪根本就没有规定，是改革开放后新出现的一些犯罪，当司法实践中遇到这类犯罪时，根本就无法对犯罪分子追究刑事责任。因此，开展对侵害国防利益的犯罪的立法研究，对于制定完善的刑事立法，充分发扬刑罚的威慑力，打击和扼制侵害国防利益的犯罪活动，保护国防利益不受侵犯，是十分必要的。

一、危害国防罪的几个理论问题

（一）危害国防罪的概念

危害国防罪是对侵害国家的国防利益这类犯罪的总称，属于类罪。世界各主要国家的刑事立法，对危害国防罪的叫法、涵盖的内容等，差异都是很大的，更谈不上有一个统一的概念。前西德刑法典把危害国防罪称之为“妨害国防的犯罪”，印度刑法典则称之为“有关陆、海、空军的犯罪”；奥地利刑法典称之为“对于联邦军队之犯罪行为”；瑞士刑法典称之为“对国家与国防之重罪与轻罪”；罗马尼亚刑法典称之为“对罗马尼亚社会主义共和国防御力量的犯罪”。也有不少国家的刑法典如前苏俄刑法典、保加利亚刑法典等，把危害国防罪视为危害国家安全罪之一部分，称之为“危害国防安全罪”。我国现行刑法没有把危害国防罪作为一类犯罪予以规定，因此危害国防罪还不是一个法定概念。但在我国学术界，有人把危害国防罪称之为“危害国防军事利益罪”。就危害国防罪涵盖的范围来看，有的国家刑法典规定除包括一般的侵害国防利益的犯罪，还包括军人违反职责的犯罪，即军职罪。如前面提到的罗马尼亚刑法典就是这样规定的，但多数国家刑法典规定的危害国防罪，都是特指一般的侵害国防利益的犯罪，不包括军人违反职责罪。

本研究报告认为，就我国来说，把侵害国防利益这一类犯罪统称为“危害国防罪”是比较贴切的。主要有这样几点考虑：一是这个名称能够把各种侵害国防利益的犯罪包容进来，不像有些叫法，如“危害国防军事利益罪”、“有关陆、海、空军的犯罪”等那样狭窄，概括不了除侵害军事利益以外的其他各种侵害国防利益的犯罪；二是能够明显地反映出这类犯罪的犯罪性质及其社会危害性；三是言简意赅，易被广大群众理解和记忆；四是能与新修改的刑法草案对各类犯罪的设置相协调。如新修改的刑法草案设置了“危害国家安全罪”，“危害国防罪”就可以与其相对应。危害国防罪的范围以限定在一般主体侵害国防利益的犯罪为宜，因为这比较符合我国一直把军人违反职责罪作为特别犯罪来处理的这一刑事立法传统。作为刑法典上规定的危害国防罪，可以不包括军人违反职责罪，这也与世界上大多数国家的立法例相一致。危害国防罪的概念可以界定为：一切危害国防安全，妨害军事行动，侵犯国防的物质基础，毁坏武装力量的名誉，侵犯军人权利和利益，妨害国防管理秩序，拒绝、逃避国防义务以及其他危害国防利益，依照法律应当受刑罚处罚的行为，都是危害国防罪。这个概念也可以简化为：一切侵害国防利益的行为，依照法律应当受刑罚处罚的，都是危害国防罪。

（二）危害国防罪的构成

危害国防罪的构成，即指构成危害国防罪所必须具备的一切客观和主观要求的总和。危害国防罪必须同时具备以下四个条件：一是危害国防罪侵害的客体是我国的国防利益。所谓国防利益，是指国家领导武装力量和人民，为防备和抵御外来侵略与颠覆，捍卫国家主权、领土完整，维护国家安全、统一和发展，而进行军事及与军事有关的建设和斗争所拥有的特殊利益。具体包括国防自身安全，武装力量建设，国防物质基础，军事斗争，国防秩序、军人权益等方面的利益。国防利益的特殊性表现在它是为国家安全服务的，执行着特殊的使命，对国防利益进行侵害，必然危及到国家安全。危害国防罪侵害的客体就是国防利益，就其重要性程度来说，仅次于国家安全。二是危害国防罪的客观方面表现为行为人实施了危害国防的行为。也就是说，行为人实施的行为是针对国防的，并且对国防造成了一定的危害。危害国防的行为具体表现有许多种，如破坏国防设施，刺探、盗窃、买卖国防秘密，妨害军事行动，诽谤武装力量，拒绝、逃避服兵役，杀害、重伤军人，侮辱军人，假冒军人等等，都是危害国防的行为。危害国防的行为在表现形式上有作为和不作为两种。主动实施危害国防的行为可能构成危害国防罪，拒绝、逃避履行国防义务的不作为，也可能构成危害国防罪。三是危害国防罪的主体多数是一般主体，即只要达到刑事责任年龄，有刑事责任能力的人，不论是中国人、外国人还是无国籍人，都可能成为危害国防罪的主体。但也有少数危害国防罪，如拒绝、逃避服兵役罪等，需要具备一定的条件才能构成，属于特殊主体。四是危害国防罪的主观方面可能是故意，也可能是过失。

上述危害国防罪的四个构成条件，是各种危害国防罪的共同特征。在实际生活中，危害国防罪表现为各种各样的具体形式，并各有其具体特征。关于这个问题，我们将在本研究报告第二部分进行详细论述。

（三）危害国防罪作为类罪的成立依据

危害国防罪能否在刑法分则上作为一种类罪成立，本研究报告的结论是肯定的。之所以我们认为危害国防罪在刑法分则中作为一种类罪能够成立，主要有以下三个方面的依据：

1. 理论依据：危害国防罪存在一个同类客体——侵害国防利益。

我国现行刑法即《中华人民共和国刑法》，其分则部分对各个类罪设置的理论依据是犯罪的同类客体。譬如，由于反革命罪有个同类客体——侵害无产阶级专政即人民民主专政的政权和社会主义制度，所以刑法分则把侵害这个客体的所有犯罪统称为反革命罪，作为一类罪。又如危害公共安全罪，其同类客体是侵害社会主义社会的公共安全，所以刑法分则把侵害这个客体的所有犯罪统称为危害公共安全罪，作为一类罪。总之，刑法分则把我国的所有犯罪（军职罪除外）按照八个同类客体，划分为八个类罪，单独成章。那么按照我国刑法分则对类罪的划分理论，危害国防罪理所当然地应成为一种类罪，因为危害国防罪是对侵害国防利益这一类犯罪的统称，其侵害的同类客体是国防利益。国防利益是国家的一种特殊利益。具有相对独立性，它既是刑法分则八种同类客体任何一种所代替不了的，也是八种同类客体的总体所包括不了的。既然危害国防罪存在一个同类客体，其在刑法分则上作为一种类罪成立，在理论上是有充分依据的。

2. 实践依据：在实际生活中确实存在着危害国防的犯罪活动。

危害国防的犯罪活动，从我国的国防开始建立以来，恐怕就客观地存在着，只是不同时期，危害国防的犯罪活动的特点、内容和严重程度不同而已。改革开放以前，由于国防在国家的社会政治生活中所占的地位很高，人们的国防观念也比较强，所以危害国防的犯罪活动并不那么突出，带有政治目的危害国防的犯罪多一些，带有经济目的危害国防的犯罪相对少一些，有些潜在的危害国防的犯罪活动，由于缺乏必要的社会条件而没有暴露出来。随着社会主义市场经济体制的确立和发展，带来利益关系和利益格局的调整。人们的思想观念发生了变化，国防观念淡化、忧患意识下降，一些地方危害国防的犯罪活动显得比新中国成立后任何时候都突出。破坏国防设施，妨害军事行动，诽谤武装力量，杀害、侮辱军人，拒绝、逃避服兵役，盗窃、抢劫、侵占军用物资，冲闯、擅入军事禁区，拒绝、逃避、贻误履行军品合同等等，十分猖獗，严重地侵害了国防利益。这些犯罪活动，有的被不恰当地包含在现行刑法的有关罪条中，有的则在现行刑法中根本找不到治罪依据。所以，现实存在的大量的危害国防的犯罪，不仅为危害国防罪作为类罪成立提供了实践依据，而且也向现行刑法提出了挑战。

3. 法例依据：有相当一部分国家的刑法典已把危害国防罪或相似犯罪作为类罪规定在分则部分，为危害国防罪作为类罪成立提供了先例。

在本报告危害国防罪概念部分，我们已举出了不少国家的刑法典是把危害国防罪或相似的犯罪作为类罪，规定在分则部分的。显然，这些国家的刑法典，已为危害国防罪作为类罪成立，提供了很好的立法先例，是重要的法例依据。

（四）危害国防罪的界定原则

国防是一个块状领域，与其他领域必然发生千丝万缕的联系，危害国防罪所侵害的客体国防利益，具有综合性，也必然与其他类犯罪所侵害的客体发生一定的交叉。这就为我们界定危害国防罪与其他类罪之间的界限造成了一定难度和复杂性。本报告试图就这个问题提供一些立法上的界定原则，至于更细节的问题，只能通过司法实践来解决。

我们认为，从立法上对危害国防罪进行界定，即哪些犯罪属于危害国防罪，哪些犯罪不属于危害国防罪，应把握以下几个原则：

1. 同类客体论原则。也就是根据犯罪所侵害的同类客体是什么，来界定该种犯罪是属于危害国防罪还是其他类犯罪。如果该种犯罪侵害的同类客体是国防利益，自然应划归危害国防罪；如果侵害的是国防利益以外的客体，当然应划归为其他类犯罪。同类客体论原则是界定危害国防罪应坚持的基本原则。

2. 交叉客体论原则。这个原则也可以说是前一原则的延伸。就是当某一犯罪同时侵害了两个以上的同类客体，即客体交叉，以该种犯罪所侵害的主要客体来确定其属于哪一类犯罪。如果其侵害的主要客体是国防利益，那么就应属于危害国防罪；如果侵害的主要客体是别的客体，则应属于别的犯罪。

3. 从严从重原则。危害国防罪是对国家国防利益的侵害，直接威胁到国家安全，是一种仅次于危害国家安全的严重犯罪。所以，对这类犯罪在立法上贯彻从严从重原则是非常必要的。因此，对于有些犯罪按照交叉客体论原则还不能划分危害国防罪，但是根据其对国防的危害程度，又确实需要从严从重处罚的，就可以根据本原则归为危害国防罪，规定较重的或更严格的处罚。当然，从严从重原则只能是一个辅助性原则，立法中要正确地把握。

二、设立危害国防罪具体犯罪的设想

（一）设立原则

危害国防罪是类罪，它包括许多种具体的危害国防的犯罪。那么如何科学地设立这些具体的危害国防罪，这就需要首先解决一些基本原则问题，以便为科学地设立每种具体的危害国防罪提供指导。我们认为，要科学地设立危害国防罪的每种具体犯罪，应当遵循以下一些基本原则。

——从我国危害国防犯罪的实际情况出发，坚持中国特色。也就是说，我们设立的每种具体的危害国防罪，都要符合我国的情况，是我国现实生活中实际存在或具有存在的现实可能性的。不能为了片面追求完整性而罗列一些不切实际的罪名，也不能把有些在我国具有严重社会危害性而在外国不认为是犯罪的危害国防的行为不规定为犯罪。

——以犯罪直接客体为主要依据并结合犯罪构成的其他要件来确定每种具体的危害国防罪。危害国防罪作为类罪，究竟应包括哪些具体的犯罪，此罪与彼罪怎么划分，每种犯罪的罪名叫什么，那就要视危害国防罪侵犯同类客体能被分解成多少种相对独立的直接客体以及每种犯罪的主体、客观方面和主观方面来确定。有多少个直接客体，并依据在犯罪主体、客观方面和主观方面的不同情况，决定应该设立多少个具体的危害国防罪，也就有多少个危害国防罪的具体罪名。

——坚持系统论原理，确保危害国防罪的罪名体系的周严性以及与其他犯罪的协调性。所谓周严性，指的是不要有遗漏罪名的现象。设立危害国防罪，是从整体上保护国防利益的。但在具体划分罪名时，有可能出现设立的每种具体危害国防罪所保护的国防利益的总和，不能覆盖整个国防利益，从而缺乏周严性。所谓协调性，是指危害国防罪中所设立的具体罪名要和谐一致，不能出现重复交叉或者互不衔接。而要解决这两方面的问题，就要坚持系统论原理，运用系统方法，综合考虑，全面设计。

——要体现从严从重精神。危害国防罪是一种性质十分严重的犯罪，因此，对于设立每一种具体的危害国防罪，无论在成立条件上还是在法定刑上，都要体现从严从重的精神。

——要确保所设立的每种具体危害国防罪均具有一定的稳定性，经得起时间的检验。这一点，就必须以现实犯罪为立罪基础，同时兼顾前瞻性。

——按犯罪的直接客体的重要程度排定危害国防罪的罪名顺序，以便与刑法分则其他各类犯罪的排列顺序相一致。

（二）我国现行刑法有关危害国防罪规定的基本情况

从我国现行刑法来看，除反革命罪一章中有四条（即第 93、94、97 条和 100 条）直接提到武装力量、民兵、军用物资、军事设备、军事物资外（因为这些犯罪均不属于危害国防罪），属于危害国防罪而单独提到的只有第 181 条的破坏军婚罪一条。而属于危害国防罪但被包容在其他相应犯罪中的有 27 条、即刑法第 105、106、107、108、109、110、111、112、116、132、134、145、150、151、156、157、158、166、167、186、187、188 条和《全国人大常务委员会关于惩治生产、销售伪劣商品犯罪的决定》第 1、2、3、4、5 条。

如果按照危害国防罪具体犯罪设立原则来评判，我国现行刑法对危害国防罪的具体犯罪的规定是不科学的。不仅未能体现危害国防罪从严从重处罚的精神，而且使现实生活中发生的不少危害国防的犯罪行为在刑法中找不到处罚依据。

（三）我国危害国防罪应设立的各种具体犯罪

根据危害国防罪具体犯罪的设立原则，我国应当设立六个方面 29 个具体危害国防罪。排列顺序及条文表述如下：

危害国防安全方面的犯罪：

1. 破坏国防设施罪（罪名）

（1）条文表述：

盗窃、侵占、毁损或者以其他手段破坏国防设施，致使其基本功用遭受毁坏的，处十年以上有期徒刑或者无期徒刑；因此而给国防建设造成重大损失或致使国防战备、重大军事行动处于瘫痪状态的，处死刑。

犯前款罪虽未造成国防设施的基本功用毁坏的后果，但足以存在毁坏危险的，处以三年以上十年以下有期徒刑。

过失破坏国防设施，造成第一款所规定的后果的，处十年以下有期徒刑。

单位犯本条罪的，处该项国防设施价值五倍以下的罚金，但最低不得少于 1 万元人民币；对单位的法人代表和其他直接责任人员处上述各款规定的刑罚。

（2）说明：

设立理由：

改革开放后，尤其是实行市场经济以来，各种破坏国防设施的犯罪活动十分猖獗，严重地危害了国防设施的安全。现行刑法把破坏国防设施的犯罪分别包容在破坏交通工具、交通设备、易燃易爆设备、通讯设备等犯罪中，不仅犯罪性质不准，而且也包括不了所有的国防设施。不利于严厉打击这类犯罪活动。因此，有必要单独设立破坏国防设施罪。

犯罪构成：

破坏国防设施罪侵害的客体是国防设施的安全；主体是一般主体和法人；客观方面表现为盗窃、侵占、毁损等破坏行为。侵害的对象必须是国防设施；主观方面既可以是故意，也可以是过失。

法定刑：

按照比破坏一般的交通工具、交通设备、易燃易爆设备、通讯设备等犯罪处刑更重的原则，设定法定刑。

2. 窃取、提供、出卖、收买国防秘密罪（罪名）

（1）条文表述：

窃取、提供、出卖、收买国防秘密的，处三年以上十年以下有期徒刑；情节严重的，处十年以上有期徒刑。

犯前款罪对国防安全造成严重后果的，可以判处无期徒刑或者死刑。

犯本罪的，可以附加剥夺政治权利。

（2）说明：

设立理由：

改革开放后，为经济目的，窃取、提供、出卖、收买国防秘密的犯罪大量发生，严重危害国防秘密安全，这是这种犯罪近几年来出现的特点。按照现行刑法规定，对于这种犯罪，是找不到处理依据的。既不能按第97条间谍罪处理（该罪属反革命罪），又不能按第188条泄露国家重要机密罪处理（因为该罪，只能由过失构成），所以有必要单独设立本罪。

犯罪构成：

本罪侵害的客体是国防秘密的安全；犯罪主体是一般主体；犯罪客观方面表现为窃取、提供、出卖、收买国防秘密的行为；犯罪主观方面只能是故意。

法定刑：

比照间谍罪的法定刑确定。

3. 泄露国防秘密罪（罪名）

（1）条文表述：

因职务掌管或者接触国防秘密的人，由于违反国家保密法规，致使国防秘密泄露的，处五年以下有期徒刑；造成严重后果的，处五年以上十年以下有期徒刑。

（2）说明：

设立理由：

由于泄露国防秘密而使国防建设造成的危害，也是十分严重的。目前这类犯罪被包容在刑法第186条泄露国家重要机密罪中，但由于本罪只有在泄露国家重要机密的情况下才能适用，而对于国防来说，不仅泄露重要的机密会给国防造成严重的危害，就是泄露一般的秘密，也会给国防造成相当程度的危害。为了从严从重处罚危害国防秘密安全的犯罪，故应单独设立本罪。

犯罪构成：

本罪侵害的客体是国防秘密的安全；主体必须是依职务掌管或接触国防秘密的人员；犯罪客观方面表现为违反国家保密法规，泄露国防秘密的行为，如丢失等；犯罪主观方面只能是过失。

法定刑：

比照泄露国家重要机密罪，适当提高法定刑，并在构成条件上更加严格。

4. 非法提供、出卖危害国防安全的技术、技术产品、战略物资罪（罪名）

（1）条文表述：

未经主管国防事务的相应机关的许可，非法向外国政府、组织、个人提供、出卖危害国防安全的技术、技术产品、战略物资的，处十年以上有期徒刑；情节特别严重的，处无期徒刑或者死刑。

单位犯前款罪的，处该项技术、技术产品或者战略物资价值十倍以下的罚金，但最少不得低于10万元人民币；对单位的法人代表和其他直接责任人员，处第一款规定的刑罚。

（2）说明：

设立理由：

非法提供、出卖危害国防安全的技术、技术产品、战略物资的犯罪，是一种性质十分严重的犯罪，对国防安全的危害特别重大。目前这类犯罪活动时有发生，随着我国进一步改革开放，这类犯罪今后可能还会更多。因此，必须予以严惩。现行刑法通常把这类犯罪包容在走私罪中，这不能准确地反映出这种犯罪的严重性和社会危害性，所以设立本罪十分必要。

犯罪构成：

本罪侵害的客体是国防技术、技术产品及国防战略物资的安全；犯罪主体是一般主体和法人；犯罪客观方面表现为未经主管国防事务的相应机关的许可非法向外国政府、组织、个人提供、出卖危害国防安全的技术、技术产品或战略物资的行为；犯罪的主观方面只能是故意。

法定刑：

比照走私罪的法定刑略重确定。

妨害军事行动的犯罪

5. 妨害军事行动罪（罪名）

（1）条文表述：

以躺卧、静坐、设障、阻拦或者其他方式，妨害武装力量军事行动，情节严重的，处十年以下有期徒刑或者拘役。

以暴力妨害武装力量军事行动的，对于首要分子，处十年以上有期徒刑或者无期徒刑；造成人员伤亡、部队装备损失、贻误任务执行等严重后果的，可以判处死刑；其他积极参加者，处三年以上十年以下有期徒刑。

犯上述两款罪的，可以附加剥夺政治权利。

（2）说明：

设立理由：

妨害军事行动的犯罪，奉命执勤的部队被阻拦，有的遭到残忍的暴力袭击，严重贻误了部队完成执勤任务。其实部队在平时军事训练或演习过程中，无理遭受阻拦的现象也时有发生，严重侵害了武装力量的军事行动。对于这种犯罪，现行刑法的规定是很不完善的。如果带有政治目的，当然可以按反革命罪处理，如果不带有政治目的，只能按实施什么具体行为，就按什么罪处理的办法，所以体现不了这种犯罪对武装力量军事行动权的危害。因此有必要设立本罪。

犯罪构成：

本罪侵害的客体是武装力量的军事行动权；犯罪主体是一般主体；犯罪的客观方面表现为以躺卧、静坐、设障、阻拦、暴力等妨害武装力量军事行动的行为；犯罪的主观方面只能是故意。

法定刑：

就第一款罪来说，其法定刑可以比照妨害国家工作人员执行公务罪略高确定；就第二款罪来说，其法定刑可以比照持械聚众叛乱罪确定。

侵害军人人身权、婚姻关系及军人和武装力量名誉的犯罪

6. 杀害执勤军人罪（罪名）

（1）条文表述：

杀害正在执勤的军人的，处死刑或者无期徒刑。

（2）说明：

设立理由：

近些年来，不仅一般军人遭受杀害的事件不断发生，就连正在执勤的军人也遭受杀害，严重阻碍军事任务的正常完成，造成军心不稳。现行刑法是把杀害正在执勤的军人的犯罪包容在第 132 条故意杀人罪中，视为普通杀人罪，这不能正确反映这类犯罪的性质。因为它只简单地考虑了生命权问题，而忽略了这种犯罪对国防利益的危害。因此，应当单独设立杀害执勤军人罪，予以严惩。

犯罪构成：

本罪侵害的客体是军人执行任务的职责和生命权；犯罪主体是一般主体，犯罪的客观方面表现为杀害正在执勤的军人的行为，杀害非执勤的军人仍按普通杀人罪处理；犯罪的主观方面只能是故意。

法定刑：

本罪的法定刑，应当比照故意杀人罪从重确定。

7. 伤害执勤军人罪（罪名）

（1）条文表述：

伤害正在执勤的军人，情节严重的，处七年以下有期徒刑；造成重伤、死亡者或者严重贻误军机的，处七年以上有期徒刑、无期徒刑或者死刑。

（2）说明：

设立理由：

同杀害执勤军人罪。

犯罪构成：

本罪侵害的客体是军人执行任务的职责和生命健康权；犯罪主体是一般主体；犯罪客观方面表现为伤害正在执勤的军人，伤害非执勤的军人，仍按普通伤害罪处理；犯罪主观方面只能是故意。

法定刑：

本罪的法定刑，应当比照刑法第 134 条故意伤害罪和《全国人民代表大会常务委员会关于严惩严重危害社会治安的犯罪分子的决定》第一条略高确定。

8. 破坏军人婚姻罪（罪名）

（1）条文表述：

明知是现役军人的配偶，而与其发生性关系的，处三年以下有期徒刑；与其结婚的，处三年以上五年以下有期徒刑。

（2）说明：

设立理由：

破坏军人婚姻的犯罪活动一直居高不下，成为在部队服役的干部士兵的后顾之忧，严重影响军心稳定。虽然现行刑法第 181 条专门规定了破坏军人婚姻罪，但罪的条文表述含糊，“同居”词在司法实践中不好掌握，容易被犯罪分子钻空子。另外，明知是军人配偶而与其结婚的行为，本身又触犯了刑法 180 条，又构成了重婚罪。所以一方面要适当提高本罪的法定刑，另一方面要对该罪的表述更加明确和严格。此外，鉴于破坏军人婚姻的犯罪不仅破坏一般的婚姻关系，而且影响军心稳定。所以，以放在危害国防罪一章中为宜。

犯罪构成：

本罪侵害的客体是军人的婚姻关系和社会主义婚姻制度；犯罪主体为一般主体；犯罪的客观方面表现为明知是现役军人的配偶，而与其发生性关系或者结婚的行为；犯罪的主观方面只能是故意。

法定刑：

本罪的法定刑，可以比照现行刑法第 180 条、第 181 条规定的法定刑略高确定。

9. 诽谤武装力量罪（罪名）

（1）条文表述：

通过文字、音像或者其他表现方式，捏造事实，公然诽谤武装力量的，处七年以下有期徒刑，可以附加剥夺政治权利。

出版、印刷、发行、经销单位或个人明知是捏造事实，诽谤武装力量的文字、音像，而故意予以出版、印刷、制作、发行、经销的，按共同犯罪处理；主管领导直接责任者，处前款规定的刑罚；对单位可以处以非法收入 5 倍以下的罚金，但最低不得低于 1 万元人民币。

（2）说明：

设立理由：

近几年，利用图书等出版物，捏造事实，公然诽谤武装力量的事件不断发生。如《大本营挽歌》一书，把中国人民解放军描写成×××等等，严重损害了武装力量的形象，在国内外造成恶劣影响。而目前这类犯罪在刑法中根本找不到处理依据，因此，设立本罪非常迫切。

犯罪构成：

本罪侵害的客体是武装力量的整体形象；犯罪主体既可以是一般主体，也可以是法人；犯罪的客观方面表现为通过文字、音像或者其他方式，捏造事实，公然诽谤武装力量的行为；犯罪的主观方面只能是故意。

法定刑：

本罪的法定刑，可以比照刑法第 145 条诽谤罪略高确定。

10. 侮辱军人罪（罪名）

（1）条文表述：

以暴力、辱骂、围攻或者其他方法，公然侮辱现役军人，情节严重的，处五年以下有期徒刑或者拘役。

（2）说明：

设立理由：

近些年来，由于公民的国防观念淡薄，造成军人地位下降。军人在大庭广众下受到侮辱的情况频频发生，不但使军人的人格权受到侵害，而且也损害了军人的形象。如骂军人是“穷当兵的”、“傻大兵”、“解麻子”等。现行刑法是把侮辱军人这种犯罪行为包容在第 145 条侮辱罪中的，虽然从侵害人格权这个角度看，有一定道理，但侮辱军人不仅仅是一个简单的人格权问题，而且还体现着军人的特殊形象和军心稳定问题。因此侮辱军人的犯罪行为，其社会危害性比一般的侮辱罪要大，应当单独设立侮辱军人罪。

犯罪构成：

本罪侵害的客体是军人的人格权和军人尊严；犯罪主体一般主体；犯罪的客观方面表现为以暴力、辱骂或者其他方法，公然侮辱军人的行为；犯罪的主观方面只能是故意。

法定刑：

本罪的法定刑，可以比照侮辱罪略高确定。

侵害国防物质基础方面的犯罪

11. 抢劫武器装备、军用物资罪（罪名）

（1）条文表述：

以暴力、胁迫或者其他方法抢劫武器装备、军用物资的，处五年以上十年以下有期徒刑。

犯前款罪情节严重的或者致人重伤、死亡的，处十年以上有期徒刑、无期徒刑或者死刑。

（2）说明：

设立理由：

抢劫武器装备、军用物资的犯罪，是对国防物质基础最为严重的犯罪，这种犯罪目前也时有发生。现行刑法把这种犯罪包容在抢劫罪中，简单视为一种侵犯财产所有权的犯罪，其犯罪性质不妥。它不仅侵害了财产所有权，而且更主要是对国防物质基础的侵犯。所以单设本罪是十分必要的。

犯罪构成：

本罪侵害的客体是国防的物质基础；犯罪主体为一般主体；犯罪的客观方面表现为以暴力、胁迫或者其他方法抢劫军用物资的行为；犯罪主观方面只能是故意。

法定刑：

本罪的法定刑，应当比照刑法第 150 条抢劫罪略高确定。

12. 盗窃、诈骗、抢夺武器装备、军用物资罪（罪名）

（1）条文表述：

盗窃、诈骗、抢夺武器装备、军用物资，情节严重的，处十年以下有期徒刑或者拘役；情节特别严重的，处十年以上有期徒刑、无期徒刑或者死刑。

（2）说明：

设立理由：

盗窃、诈骗、抢夺武器装备、军用物资的犯罪活动，近些年来一直比较严重，不仅给军队造成千百万元的严重经济损失，而且使得军队的正常活动难以开展，危害极大。现行刑法把这类犯罪包容在盗窃罪、诈骗罪、抢夺罪中，把盗窃、诈骗、抢夺武器装备、军用物资，视为盗窃、诈骗、抢夺一般财物，只看到对财物所有权的侵犯，没有看到对军事活动正常进行所造成的破坏，所以，有必要将本罪单独设立，处以较重刑罚，并且不是简单地以财物数量来确定有罪没罪，罪轻罪重，而且要以是否对军事活动造成严重后果来衡量。

犯罪构成：

本罪侵害的客体是国防物质基础；犯罪主体是一般主体；犯罪的客观方面表现为盗窃、诈骗、抢夺武器装备、军用物资，情节严重的行为；犯罪的主观方面只能是故意。

法定刑：

本罪的法定刑，应当比照盗窃罪、诈骗、抢夺罪的法定刑略高确定。

13. 故意毁坏国防物品罪（罪名）

（1）条文表述：

故意毁损国防物品，情节严重的，处五年以下有期徒刑、拘役或者罚金。

（2）说明：

设立理由：

毁坏国防物品是对国防物质基础的破坏。现行刑法把这种犯罪包容在毁坏公私财物罪中，不能体现本罪的性质和社会危害性，故应单独设立。

犯罪构成：

本罪侵害的客体是国防的物质基础；犯罪主体是一般主体；犯罪的客观方面表现为故意毁坏国防物品，情节严重的行为；犯罪的主观方面只能是故意。

法定刑：

本罪的法定性，应比照毁坏公私财物罪略高确定。

14. 丢失国防物品罪

（1）条文表述：

丢失国防物品，造成严重后果的，处二年以下有期徒刑、拘役或者罚金。

单位丢失国防物品的，对单位处以该项物品五倍以下罚金；对单位的法人代表和其他直接责任人员处以同第一款的刑罚。

（2）说明：

设立理由：

目前丢失国防物品的现象十分普遍，尤其在运输过程中，更是严重。丢失的这些国防物品，有的对国防建设非常重要。为了确保国防物品的安全，把这类行为规定为犯罪予以打击，是非常必要的。但是，现行刑法却没有把这种行为规定为犯罪，应当予以弥补。

犯罪构成：

本罪侵害的客体是国防的物质基础；犯罪的主体是一般主体和法人；犯罪的客观方面是丢失国防物品，造成严重后果的行为；犯罪的主观方面只能是过失。

法定刑：

本罪的法定刑，可以比照毁坏国防物品罪略轻确定。

妨害国防管理秩序方面的犯罪

15. 非法进入军事禁区罪（罪名）

（1）条文表述：

未经有权的军事机关批准，擅自进入军事禁区，情节严重的，处三年以下有期徒刑或者拘役。

（2）说明：

设立理由：

军事禁区是军事活动的重要场所，必须严格予以保护，无关人员不得擅自进入，各国都是如此。近些年来，社会上的一些不法分子擅闯军事禁区的行为经常发生，给军事禁区的管理、军事利益的安全带来了危害，但在现行刑法中却找不到治罪的依据。因此，急需设立本罪。

犯罪构成：

本罪侵害的客体是军事禁区的秩序；犯罪主体是一般主体；犯罪的客观方面表现为未经有权的军事机关批准，擅自进入军事禁区的行为；犯罪的主观方面是故意。

法定刑：

本罪的法定刑，可以比照刑法第158条扰乱社会秩序罪略低确定。

16. 在军事禁区非法摄影、录音、勘察、记述罪（罪名）

（1）条文表述：

未经有权的军事机关批准，擅自在军事禁区进行摄影、录音、勘察或者记述，情节严重的，处五年以下有期徒刑或者拘役。

（2）说明：

设立理由：

在军事禁区进行摄影、摄像，录音、勘察、测量、描绘或者记述等活动，势必会造成军事禁区被泄密的危险，危害军事禁区的管理秩序。现行刑法没有把这种行为专门规定为犯罪，只是在《军事设施保护法》中，才规定比照扰乱社会秩序罪处理。而国外刑法一般都把这种行为规定为犯罪。所以，我国刑法也应当设立本罪。

犯罪构成：

本罪侵害的客体是军事禁区的管理秩序；犯罪主体是一般主体；犯罪的客观方面表现为未经有权的军事机关批准，擅自在军事禁区进行摄影、摄像、录音、勘察、测量、描绘或记述，情节严重的行为；犯罪的主观方面是故意。

法定刑：

本罪的法定刑，应当比照扰乱社会秩序罪确定。

17. 扰乱军事禁区、军事管理区秩序罪（罪名）

（1）条文表述：

扰乱军事禁区、军事管理区秩序，致使军事训练或其他军事活动无法进行的，处七年以下有期徒刑或者拘役。

聚众扰乱军事禁区、军事管理区秩序的，对首要分子和积极参加者，处七年以上十年以下有期徒刑。

（2）说明：

设立理由：

扰乱军事禁区、军事管理区秩序的犯罪活动，近些年来时有发生，严重干扰和破坏了军事部门的军事活动，现行刑法是把这种犯罪包容在第158条扰乱社会秩序罪中的。但由于这种犯罪扰乱的是军事禁区、军事管理区的秩序，比起扰乱一般的社会秩序要严重，故应单独设立，从重处罚。

犯罪构成：

本罪侵害的客体是军事禁区、军事管理区的管理秩序；犯罪的主体是一般主体；犯罪的客观方面表现为扰乱或聚众扰乱军事禁区、军事管理区，致使军事训练或其他军事活动无法进行的行为；犯罪的主观方面只能是故意。

法定刑：

本罪的法定刑应比照刑法第158条、第159条略高确定。

18. 冒充军人罪（罪名）

（1）条文表述：

公然穿戴现役军人制式服装、衔牌或者使用假冒的军人身份证件或者以其他足以使他人产生误解的方式假冒军人，情节严重的，处三年以下有期徒刑或者拘役。

冒充现役军人进行招摇撞骗的，处三年以上七年以下有期徒刑；情节严重的，处七年以上有期徒刑。

（2）说明：

设立理由：

近年来，社会上不少犯罪分子利用军人的威信，冒充军人办企业，做买卖。有的冒充士兵，有的冒充军官，还有的甚至冒充将军，严重地干扰了军队的管理秩序，损害了军人的形象，给军队建设造成恶劣影响。对于前一款犯罪行为，现行刑法找不到处理依据，而对于后一款犯罪，现行刑法是将其包容在第166条冒充国家工作人员招摇撞骗罪中。这样处理，从犯罪的客观方面看有其一定的道理，但从犯罪性质和社会危害性来看，这样处理都不尽合理。因为这种犯罪侵害的主要是军人的威信和军队的正常活动。因此应当在危害国防罪中单独设立本罪。

犯罪构成：

本罪侵害的客体是军人的威信和军队的正常活动；犯罪主体是除现役军人之外的一般主体；犯罪的客观方面表现为非现役军人公然穿戴现役军人制式服装、衔牌、使用假冒的军人身份证件，或者以其他足以使他人产生误解的方式，冒充现役军人的行为；犯罪主观方面只能是故意。

法定刑：

本罪的法定刑，应当比照冒充国家工作人员招摇撞骗罪略高确定。同时，对于冒充军人但不招摇撞骗的行为，也规定为犯罪，确定了相应的法定刑。

19. 冒充军事组织及其照牌、其他标志罪（罪名）

（1）条文表述：

非法公开使用或者伪造军事组织的名称、番号或者其所使用的照牌以及其他标志，冒充军事组织及其照牌、其他标志的，处三年以下有期徒刑或者拘役；情节严重的，处三年以上七年以下有期徒刑。

单位犯本罪的，处冒充军事组织及其照牌、其他标志期间所获收入或应支出费用总额 5 倍以下罚金；对单位法人代表和其他直接负责人员处同第一款之刑罚。

（2）说明：

设立理由：

改革开放后，社会上有些不法分子利用军事组织的良好声誉以及军车等可以免收税费的方便，大肆伪造并使用军事组织的名称、番号或其所用的汽车牌照等，办企业、做生意、搞运输。严重损害了军队的声誉，破坏了军队的正常管理秩序，在社会上造成恶劣影响。对于这些具有严重社会危害性的行为，现行刑法没有规定为犯罪，找不到治罪依据。所以，设立本罪非常急需。

犯罪构成：

本罪侵害的客体是军事组织的声誉和正常管理活动；犯罪主体既可能是一般主体，也可能是除军事组织以外的其他法人；犯罪的客观方面表现为非法公开使用或者伪造军事组织的名称、番号或者其所使用的照牌和其他标志行为；犯罪的主观方面为故意。

法定刑：

本罪的法定刑可以比照冒充军人罪确定。

20. 窝藏、帮助逃兵罪（罪名）

（1）条文表述：

窝藏、帮助逃兵，情节严重的，处二年以下有期徒刑或者拘役。

战时犯上款罪的，处二年以上五年以下有期徒刑。

（2）说明：

设立理由：

现役军人脱离部队逃跑的现象，现在比较普遍，边远部队更为严重。而军人逃跑回家后，被家庭或社会上有关人员窝藏、并帮助其逃跑，给部队缉拿逃兵造成困难。致使逃兵现象越演越烈，严重地破坏了兵役制度的实施，干扰了部队的管理秩序。现行刑法没有把这种行为规定为犯罪，但从这种行为的社会危害性来看，应当设立本罪。

犯罪构成：

本罪侵害的客体是我国的兵役制度和部队的管理秩序；犯罪主体为一般主体；犯罪的客观方面表现为窝藏、帮助逃兵，情节严重的行为；犯罪的主观方面只能是故意。

法定刑：

本罪的法定刑，应当比照刑法第 162 条第 2 款窝藏罪略轻确定。

21. 拒绝、逃避、贻误军事订货罪（罪名）

（1）条文表述：

依法具有承担武器装备、军用物资订货义务的单位，没有法律规定的原因，拒绝、逃避、贻误订货义务，情节严重的，处该项货物价值五倍以下的罚金，但最低不得低于 10 万元人民币；对单位的法人代表和其他直接责任人员，处五年以下有期徒刑。

战时犯上款罪的，对单位的罚金加倍；对单位的法人代表和其他直接责任人员处五年以上有期徒刑；贻误战机的，可以判处无期徒刑或者死刑。

（2）说明：

设立理由：

随着市场经济的发展，有些企业事业单位觉得接受军事订货的比较利益太少，拒绝承担或千方百计逃避承担，严重威胁军队的生存条件。现行刑法没有把这种行为规定为犯罪，因此设立本罪是非常必要的。外国大部分国家也都把这种行为规定为犯罪。

犯罪构成：

本罪侵害的客体是我国的军事订货制度；犯罪主体是依法具有承担军事订货义务的企业事业单位；犯罪的客观方

面表现为拒绝、逃避军事订货，情节严重的行为；犯罪的主观方面只能是故意。

法定刑：

本罪的法定刑，在现行刑法中找不到可参照的罪刑。但考虑到本罪的社会危害性，以及危害国防罪的总体法定刑的确定情况，以处上述刑罚为宜。

22. 供应劣质军品罪（罪名）

（1）条文表述：

单位向部队供应劣质武器装备、军需品或其他军事用品，情节严重的，处该项劣质军品价值五倍以下的罚金，但最低不得低于10万元人民币；对单位的法人代表和其他直接责任人员，处五年以下有期徒刑或者拘役。

战时犯上款罪的，对单位的罚金加倍处罚；对单位的法人代表和其他直接责任人员处五年以上有期徒刑；贻误战机或造成人员重大伤亡、财产重大损失的，可以判处无期徒刑或者死刑。

（2）说明：

设立理由：

在抗美援朝时期，一些不法的资本家向我志愿军供应劣质军需品或其他军事用品的犯罪活动，时有发生。而今天，有些不法的企业事业单位步资本家之后尘，也向军队供应劣质军品，不仅给军队造成千百万元的直接经济损失，而且严重影响了军队的作战训练任务的完成，危害性相当大。这种犯罪行为在现行刑法中还找不到治罪依据，只是在去年通过的《全国人大常委会关于惩治生产、销售伪劣商品犯罪的决定》中，才能把这种犯罪行为包容进去，但却不能正确反映出这种犯罪的本质特征和社会危害性。因此，有必要设立本罪。

犯罪构成：

本罪侵害的客体是国家军事订货制度和军品质量管理制度；犯罪主体是向军队供应劣质军品的企业事业单位以及法人代表和其他直接责任人员；犯罪的客观方面表现为企业事业单位向军队供应劣质武器装备、军需品以及其他军事用品的行为；犯罪主观方面是故意。

法定刑：

本罪的法定刑，可以比照《全国人民代表大会常务委员会关于惩治生产、销售伪劣商品犯罪的决定》略高确定。

23. 拒绝、逃避、贻误国防运输罪（罪名）

（1）条文表述：

依法负有承担国防运输任务的单位，拒绝、逃避、贻误国防运输，情节严重的，对单位处以该项运输物资五倍以下罚金，但最低不得少于1万元人民币；对单位的法人代表和其他直接责任人员处以五年以下有期徒刑或者拘役。

战时犯前款罪的，对单位的罚金加倍处罚；对单位的法人代表和其他直接责任人员处以五年以上有期徒刑；贻误战机的，可以判处无期徒刑或者死刑。

（2）说明：

设立理由：

拒绝、逃避、贻误国防运输的行为，近年来时有发生。对军队作战训练和国防建设造成严重危害。现行刑法没有把这种行为规定为犯罪，致使这些活动在刑法上找不到治罪依据，有必要设立本罪。

犯罪构成：

本罪侵害的客体是我国国防运输制度；犯罪的主体是依法负有承担国防运输任务的单位和单位的法人代表、直接责任人员；犯罪的客观方面表现为拒绝、逃避或者贻误国防运输，情节严重的行为；主观方面只能是故意。

法定刑：

本罪的法定刑，可以比照拒绝、逃避、贻误军事订货罪确定。

24. 拒绝、逃避服兵役罪（罪名）

（1）条文表述：

凡具备服兵役条件的中华人民共和国公民，拒绝或者逃避服兵役，情节严重的，处三年以下有期徒刑或者拘役。

战时犯上款罪的，处三年以上五年以下有期徒刑。

（2）说明：

设立理由：

随着市场经济的发展，征兵工作中出现了一些新的情况。在某些发达地区的城市和农村，拒绝、逃避服兵役的情况已开始出现，威胁到武装力量的来源，破坏了我国的兵役制度，其社会危害性相当严重。但现行刑法没有把这种行为规定为犯罪。所以，设立本罪十分急需。

犯罪构成：

本罪侵害的客体是我国的兵役制度；犯罪主体只能是具备服兵役条件的中华人民共和国公民；犯罪的客观方面表现为凡具备服兵役条件的中华人民共和国公民拒绝或者逃避服兵役，情节严重的行为；犯罪的主观方面只能是故意。

法定刑：

本罪的法定刑，在平时可以参照义务兵的最高服役年限来确定；战时可按高格确定。

25. 征兵工作人员营私舞弊罪（罪名）

（1）条文表述：

征兵工作人员，包括依职务负有协助征兵工作义务的人员，在征兵工作中编造虚假情况，企图使应当服兵役的人员逃避服兵役，使不应当服兵役的人员服兵役，情节严重的，处五年以下有期徒刑或者拘役。

战时犯上款罪的，处五年以上七年以下的有期徒刑。

（2）说明：

设立理由：

当前，征兵工作中出现两种现象：一种是有些应服兵役的人千方百计地逃避服兵役，另一种是有些不够条件的如有劣迹的人员，却千方百计地要到部队，以逃避制裁。之所以产生这种情况，与负责征兵的人员有密切的关系。个别征兵工作人员在征兵工作中营私舞弊，编造假情况，把一些本应服兵役的人员放过，而把一些有劣迹甚至是罪犯的人员征到部队中，给部队建设带来严重恶果。现行刑法没有规定这种犯罪行为，所以，应当设立本罪。

犯罪构成：

本罪侵害的客体是我国的兵役制度；犯罪主体是负责征兵工作的人员和依职务负有协助征兵工作义务的人员；犯罪的客观方面表现为征兵工作人员，在征兵工作中编造虚假情况，企图使应当服兵役的人员逃避服兵役，不应当服兵役的人员服兵役，情节严重的行为；犯罪主观方面只能是故意。

法定刑：

本罪的法定刑，应比照拒绝、逃避服兵役罪高半格确定，以体现国防工作人员犯罪从严从重的原则。

26. 妨害应征人员服兵役罪（罪名）

（1）条文表述：

应征人员所在单位以胁迫或者其他方法妨害应征人员服兵役的，对单位处 20 万元以下罚金，但最低不得低于 10 万元；对单位法人代表和其他直接责任人员，处五年以下有期徒刑或者拘役。

战时犯上款罪者，对单位罚金加倍；对单位法人代表和其他直接责任人员，处五年以上七年以下有期徒刑。

（2）说明：

设立理由：

现在有不少企业，尤其是中外合资企业的负责人，对本企业应征人员服兵役不是积极支持，而是采用开除等胁迫方法，阻碍应征人员服兵役。对此，现行刑法找不到治罪依据。因此有必要设立本罪，对妨害应征人员服兵役的犯罪分子予以制裁。

犯罪构成：

本罪侵害的客体是我国的兵役制度；犯罪主体是应征人员的所在单位及其法人代表和其他直接责任人员；犯罪的客观方面表现为行为人以胁迫或者其他方法妨害应征人员服兵役的行为；犯罪主观方面只能是故意。

法定刑：

本罪的法定刑，应当比照征兵工作人员营私舞弊罪确定。

27. 拒绝、逃避军事征用、劳务罪（罪名）

（1）条文表述：

具有接受军事征用、提供劳务义务的人员，拒绝或者逃避接受军事征用、提供劳务的，处三年以下有期徒刑或者拘役。

单位犯上款罪者，处该项征用物品或劳务五倍以下罚金，但最低不得低于 1 万元人民币；对单位的法人代表和其他直接责任人员，处同第一款之刑罚。

战时犯上款罪的，处三年以上五年以下有期徒刑，单位罚金加倍。

（2）说明：

设立理由：

拒绝、逃避军事征用、劳务的犯罪活动，虽然目前显得还不十分突出，但具有发生的现实可能性。而且在动员或战时可能会发生更多。这就会严重妨害军事行动，贻误战机。这种犯罪，一些西方主要国家的刑法都作了规定，而我国现行刑法没规定这个罪，建议设立本罪。

犯罪构成：

本罪侵犯的客体是我国的军事征用制度和战时动员制度；犯罪主体是具有接受军事征用、提供劳务义务人员或者单位；犯罪客观方面表现为具有接受军事征用、提供劳务义务的人员或者单位，拒绝或者逃避接受军事征用、提供劳务义务的行为；犯罪主观方面只能是故意。

法定刑：

本罪的法定刑，可以比照拒绝、逃避服兵役罪及妨害应征人员服兵役罪确定。

28. 拒绝、逃避军事训练罪（罪名）

（1）条文表述：

依法具有参加军事训练义务的人员，拒绝、逃避参加军事训练，情节严重的，处二年以下有期徒刑、拘役或者罚金。

依法具有组织上述人员进行军事训练义务的单位，拒绝、逃避组织或妨碍应训人员参加军事训练的，对单位处3000元以上10万元人民币以下罚金；对法人代表和其他直接责任人员处第一款规定的刑罚。

（2）说明：

设立理由：

依法具有参加军事训练义务的人员，拒绝、逃避参加军事训练，以及有些应训人员所在单位阻挠、妨害应训人员参加军事训练，当前比较突出。国外有的国家也将这种行为规定为犯罪。我国现行刑法没有规定这种犯罪，但从这种行为对社会危害性来看，有规定的必要。

犯罪构成：

本罪侵害的客体是我国的民兵预备役训练制度；犯罪主体是依法具有参加、组织军事训练义务的人员或单位；犯罪的客观方面表现为应训人员或有关单位拒绝、逃避、妨害军事训练，情节严重的行为；犯罪的主观方面只能是故意。

法定刑：

本罪的法定刑，可以比照拒绝、逃避服兵役罪略轻确定。

29. 对国防利益未尽保护职责罪（罪名）

（1）条文表述：

依法负有保护国防利益职责的国家工作人员，故意对国防利益不尽保护职责，致使国防利益遭受重大损失的，处五年以上十年以下有期徒刑。

过失犯前款罪的，处五年以下有期徒刑或者拘役。

（2）说明：

设立理由：

国防利益正在受到地区、部门保护主义的严重侵害，侵害国防利益的案件得不到有关地方和部门的查处。有关国家机关工作人员的这种不尽对国防利益的保护职责的行为，给国防建设造成的危害很大。现行刑法虽然设立玩忽职守罪（第187条），但是还不能完全包括本罪的全部内容。因此，设立本罪对于促使国家机关工作人员认真履行其负有的保护国防利益的职责，切实保护国防利益不受侵犯，是非常必要的。

犯罪构成：

本罪侵害的客体是国家工作人员对国防利益所必须履行的职责；犯罪的主体是依法负有保护国防利益职责的国家工作人员；犯罪的客观方面表现为上述人员不尽保护国防利益职责的行为；犯罪的主观方面既可能是过失，也可能是故意。

法定刑：

本罪的法定刑，可以比照玩忽职守罪略高确定。

共同条款

（1）附加刑条款

条文表述：

犯本章罪，除有明确规定的以外，可以并处没收财产、罚金。

说明：

为了节约文字，避免重复，把相同性的处罚集中规定。

（2）战时从重条款

条文表述：

战时犯本章罪者；除有明确规定外，从重处罚。

说明：

主要是指那些法定刑比较高的犯罪，平时处刑就很重，再在战时分刑段就没有意义，从重就可以了。

（3）与其他罪章的关系

条文表述：

涉及侵害国防利益犯罪的行为，本章未规定而本法（指刑法）其他章作了规定的，根据该项犯罪行为的性质，按其他章规定予以处理。

说明：

危害国防罪并不是指所有危害国防方面的犯罪。有些犯罪虽然对国防有危害，甚至是严重危害，如妨害国家安全罪中涉及的对国防的犯罪，但是，由于它们侵害的主要客体是别的客体，所以，就不能规定在本章中。为了防止出现所有危害国防方面的犯罪都按本章处理，本章没有规定的，就不作处理的现象，有必要在这里规定一条，以消除误解，表明本章与刑法其他章罪的关系。

三、关于我国危害国防罪立法形式的建议

（一）世界主要国家有关危害国防罪的几种立法模式

从世界主要国家的刑事立法来看，有关危害国防罪的立法模式主要有以下两种：

一种是国家安全法模式，即在国家安全法中规定有关危害国防的犯罪。采用这种立法模式的国家主要是巴西。

二是刑法典模式。即在刑法典中规定有关危害国防的犯罪。刑法典模式是一种比较普遍的模式，世界大多数国家都采用的这种模式。但根据危害国防罪是否被作为类罪即专章规定，又可将这种模式分为类罪型和包容型两种类型。所谓类罪型，是指把危害国防罪作为类罪，在刑法分则中予以专章规定。如前面所提到的前西德、印度、奥地利、瑞士、罗马尼亚等国家，就是属于这一类型。所谓包容型，是指把危害国防罪不作为类罪在刑法分则中予以专章规定。而是把每种具体的危害国防罪混同于其他犯罪，包容在相应的犯罪中。或者把某一具体的危害国防罪包容在其他类罪中。如把刺探、盗窃、收买军事秘密的犯罪行为，包容在刺探、盗窃、收买国家秘密罪中，把走私武器和军用品的犯罪包容在走私罪中，等等，采用这种类型的国家也不少，如前苏俄、法国、日本、朝鲜、泰国等国家就属于这种类型。

（二）我国有关危害国防罪的立法模式及其评价

我国现行立法对危害国防罪采用的是刑法典模式，并且属于典型的包容型。我国有关危害国防的犯罪都在《中华人民共和国刑法》中作出规定，但不是作为类罪予以专章规定，而是把每一种具体的犯罪包容在相应的其他犯罪中。如破坏军事设施的犯罪行为，包容在危害公共安全罪中的破坏交通设备、交通工具、通讯设备罪中；非法进入军事禁区，包括在妨害社会管理秩序罪中的扰乱社会秩序罪中；假冒军人罪，包容在妨害社会管理秩序罪中的招摇撞骗罪中，等等。

如果要对我国现行有关危害国防罪的立法模式和类型进行评价，我们总的认为是弊大利小。从有利的方面看，采用这种的类型，可以避免重复，节省条文；使危害国防罪与其他犯罪在界限划分上简单化；照顾到了危害国防罪与其他犯罪的交叉性；适应了我国刑法制定时危害国防的犯罪活动不是十分突出的情况。但是，在今天看来，这样的类型则弊端更多。主要有：混淆了不同性质犯罪之间的界限；违背了我国刑法分则按犯罪同类客体设立罪章的一贯性原则，不能适应市场经济下出现的一些专门针对国防的犯罪的新形势和新特点；未能体现危害国防罪从严从重处罚的精神，不利于打击日益猖獗的侵害国防利益的犯罪活动；未能体现国防利益在国家整个社会政治生活中的重要地位。

（三）关于我国危害国防罪立法形式的建议

1. 模式建议。建议我国仍采用刑法典模式，把所有危害国防的犯罪均放在刑法中予以规定。因为刑法典模式是世界绝大多数国家通用的模式，我国也一直采用这种模式。

2. 类型建议。建议我国采用类罪型，即把危害国防罪视为一类罪，在刑法分则中设专章予以规定。理由是：一是危害国防罪作为类罪的成立依据是充分的，应当在刑法分则中设立专章，与其他类罪并列规定。二是就我国来说，现行刑法把危害国防罪包容在其他相应的犯罪之中，存在着如上诸多弊端，而这些弊端仅靠包容型这种立法形式的自身完善是克服不了的。而类罪型则可以克服这些弊端。把危害国防罪作为类罪，在刑法分则中设立专章，可以集中反映这类犯罪的共同性质及其社会危害性；与我国刑法分则按同类客体设立罪章的一贯原则相一致；能把市场经济下出现一些专门侵害国防利益但又不能包容在其他犯罪中的新的犯罪覆盖进来，做到有法可依；对于有些严重的侵害国防利益的犯罪从原相应的犯罪中分离出来后，可以规定较重的刑罚，体现对危害国防罪从严从重处罚的精神；把危害国防罪作为类罪专设一章，可以引起人们对国防利益的重视，威慑犯罪分子，有利于打击危害国防的犯罪活动；国防一直在我国的社会政治生活上占有十分重要的地位，关系到国家安全，国防利益就是国家利益，在刑法分则中单独设危害国防罪一章，可以充分体现国防在国家社会政治生活中的这种重要地位。三是有相当一部分国家的刑法典都采用类罪型，对危害国防罪设立专章规定，为我国提供了立法先例。

3. 顺序排列建议。危害国防罪设立专章后，建议将其排在危害国家安全罪（反革命罪）之后。因为我国刑法分则各罪章是按照类犯罪的社会危害性程度由重至轻顺序排列的，危害国防罪是对国家国防利益的侵害，直接威胁到国家的安全，就其社会危害性程度来说，是仅次于危害国家安全罪的类犯罪，此外，危害国防罪与危害国家安全罪之间具有一定的内在联系。所以，把危害国防罪放在危害国家安全罪之后，其他罪之前是恰当的。

4. 实施步骤建议。考虑到目前我国刑法正在修订，正式出台还需要相当长的时间，《国防法》也正在起草过程中，而危害国防罪的立法与这两种法律都有密切的关系的情况，它既要等待刑法修订这趟“班车”，又要能与《国防法》相配套，因此，建议危害国防罪立法在实施步骤上可以分两步走：

第一步：在制定《国防法》的同时，考虑制定一个有关危害国防罪的单行刑事法律，由全国人民代表大会常务委员会通过，与国防法同时出台，它既作为《国防法》的配套法律，以应当前打击危害国防犯罪之急需，同时又为将来刑法分则中设立危害国防罪章作准备。这个单行刑事法律可以叫做《全国人民代表大会关于严惩危害国防利益犯罪的决定》。

第二步：在《决定》实施的基础上，努力争取在刑法分则中设立危害国防罪专章。这项工作要与刑法修改同步进行。军队有关部门要积极参与，充分论证，提出有份量的建议。

至于在起草《国防法》时，可否在“法律责任”一章中设立某些具体的危害国防罪，我们认为不宜这么处理。主要有两个理由：一是当前危害国防罪在刑法中漏缺很多，不是一个两个，《国防法》中增设新罪，必然挂一漏万；二是

《国防法》具有基本法性质，规定的都是一些基本的和原则的问题，“法律责任”部分应当也是原则规定，不宜具体规定某些具体的犯罪。

10. 刑法典分则危害国防罪（试拟稿）

（中央军委法制局　中国人民解放军军事法院　1997年1月6日）

第　条　组织、策划、实施分裂武装部队，破坏武装部队统一活动的，对首要分子或者罪恶重大的，处无期徒刑或者十年以上有期徒刑；对积极参加的，处三年以上十年以下有期徒刑。

煽动分裂武装部队，破坏武装部队统一的，处五年以下有期徒刑或者拘役；对首要分子处五年以上有期徒刑。

第　条　非法建立武装组织的，非法建立的武装组织一律取缔，对首要分子处五年以上有期徒刑；对其他积极参加的，处五年以下有期徒刑或者拘役。

第　条　战时供给敌人武器装备、军用物资的，处十年以上有期徒刑、无期徒刑；情节较轻的，处三年以上十年以下有期徒刑。

第　条　故意向武装部队提供虚假敌情以及其他与军事行动有关的重要情况的，处三年以上十年以下有期徒刑；造成严重后果的，处十年以上有期徒刑或者无期徒刑。

明知敌情以及其他与军事行动有关的重要情况，拒绝提供，情节严重的，处五年以下有期徒刑或者拘役。

第　条　战时拒绝、逃避军事征用的，处三年以下有期徒刑或者拘役；情节严重的，处三年以上十年以下有期徒刑。

单位犯前款罪的，对单位判处罚金，并对其直接负责的主管人员和其他直接责任人员依照前款规定处罚。

第　条　战时造谣惑众，扰乱军心的，处三年以下有期徒刑或者拘役；情节严重的，处三年以上十年以下有期徒刑。

第　条　应征公民拒绝、逃避服现役，情节严重的，处二年以下有期徒刑、拘役或者管制。

单位阻挠应征公民服现役，情节严重的，对单位判处罚金，并对其直接负责的主管人员和其他直接责任人员依照前款规定处罚。

第　条　预备役人员战时拒绝、逃避征召或者军事训练，情节严重的，处三年以下有期徒刑或者拘役。

单位阻挠预备役人员应召或者参加军事训练，情节严重的，对单位判处罚金，并对其直接负责的主管人员和其他直接责任人员依照前款规定处罚。

第　条　在征兵工作中弄虚作假，徇私舞弊，输送不合格兵员，情节严重的，处三年以下有期徒刑或者拘役；造成特别严重后果的，处三年以上十年以下有期徒刑。

第　条　明知是逃离部队的军人而雇用或者为其提供隐蔽处所、财物，情节严重的，处三年以下有期徒刑或者拘役。

煽动、勾引军人逃离部队，情节严重的，处三年以下有期徒刑或者拘役。

第　条　科研、生产、销售单位拒绝、逃避或者故意延误国防科研任务或者军事订货的，对单位判处罚金，并对其直接负责的主管人员和其他直接责任人员处五年以下有期徒刑或者拘役；造成严重后果的，处五年以上有期徒刑。

第　条　将不合格的武器装备、军事设施、军用物资提供给武装部队的，处五年以下有期徒刑或者拘役；情节严重的，处五年以上十年以下有期徒刑；情节特别严重的，处十年以上有期徒刑、无期徒刑或者死刑。

单位犯前款罪的，对单位判处罚金，并对其直接负责的主管人员和其他直接责任人员依照前款规定处罚。

第　条　破坏军事设施或者故意毁损武装部队的武器装备、军用物资的，处三年以上十年以下有期徒刑；造成重要军事设施、武器装备、军用物资严重毁损或者有其他特别严重情节的，处十年以上有期徒刑、无期徒刑或者死刑。

第　条　故意阻碍武装部队军事行动，情节严重的，处五年以下有期徒刑或者拘役。

单位犯前款罪的，对单位判处罚金，并对其直接负责的主管人员和其他直接责任人员依照前款规定处罚。

第　条　以暴力、威胁方法阻碍军人依法执行职务的，处三年以下有期徒刑或者拘役。

第　条　聚众哄闹、冲击军事禁区和军事管理区，严重扰乱军事禁区和军事管理区秩序，致使军事单位无法正常工作的，对首要分子处七年以上有期徒刑；其他积极参加的，处七年以下有期徒刑或者拘役。

第　条　在军事禁区非法进行摄影、摄像、录音、勘察、测量、描绘和记述，情节严重的，处三年以下有期徒刑或者拘役。

第　条　冒充军人招摇撞骗的，处三年以下有期徒刑、拘役或者剥夺政治权利；情节严重的，处三年以上十年以下有期徒刑。

冒充军事单位招摇撞骗的，对单位判处罚金，并对其直接负责的主管人员和其他直接责任人员依照前款规定处罚。

第　条　伪造、变造、贩卖武装部队专用标志、证件的，处三年以下有期徒刑或者拘役；情节严重的，处三年以上十年以下有期徒刑。

第　条　以造谣、诽谤或者其他歪曲事实的方法，损害武装部队声誉，情节严重的，处五年以下有期徒刑或者拘役。

第　条　违反国家法律、行政法规的规定，拒不履行优抚、安置义务，情节严重的，处三年以下有期徒刑或者拘役。

第　条　本章第　条、第　条危害国防的罪行，对国防和武装部队危害特别严重、情节特别恶劣的，可以判处死刑。

11. 刑法典分则危害国防罪（试拟稿）条文设置依据

（中央军委法制局　中国人民解放军军事法院　1997 年 1 月 14 日）

第　条　组织、策划、实施分裂武装部队，破坏武装部队统一的，对首要分子或者罪恶重大的，处死刑、无期徒刑或者十年以上有期徒刑；对积极参加的，处三年以上十年以下有期徒刑。

煽动分裂武装部队，破坏武装部队统一的，处五年以下有期徒刑或者拘役；对首要分子处五年以上有期徒刑。

［立法依据］

分裂、破坏武装部队罪的犯罪行为，不仅严重危害国家和国防的安全，而且破坏我国武装力量的高度集中统一，为避免国家出现“军阀混战，四分五裂”的局面，维护武装力量的完整性和统一性，特需要设定这一条款，以维护国家的稳定。

此条是参照刑法修订草案第 105 条改写。

第　条　非法建立武装组织的，非法建立的武装组织一律取缔，对首要分子处五年以上有期徒刑；对其他积极参加的处五年以下有期徒刑或者拘役。

［立法依据］

《国防法（草案）》第 69 条　非法建立武装组织，非法进行武装活动的，依法追究法律责任。

《联邦德国刑法》第 127 条规定：“无正当理由编组或指挥武装集团，或对于明知未有合法权限而集合之人员，提供武器或军需品者，处 2 年以下自由刑或并处罚金。参加此项武装集团者，处 1 年以下自由刑或并处罚金。”

《加拿大刑法》第 71 条规定：“禁止未经许可的军事操练，违者为公诉罪，处 5 年有期徒刑。”

近几年来，在司法实践中，我国一些地方，如山西等地，发生了一些不法分子为牟取私利，公然张贴广告，招兵买马，建立非法武装组织，并开展“军训”等不法活动，危害性甚大，现行刑法以及刑法修订草案又无适用罪名。因此，建议增设此条。

第　条　战时供给敌人武器、军火、军事装备或者其他军用物资的，处十年以上有期徒刑、无期徒刑或者死刑；情节较轻的，处三年以上十年以下有期徒刑。

［立法依据］

此条系刑法修订草案第 112 条。将此条移至危害国防罪而不宜放在危害国家安全罪，主要是根据此罪军事（战时）犯罪的特征比较明显，其侵害的直接客体是国防的稳固和战争的胜利，而非一般的“危害国家的主权、领土完整和安全”。

第　条　故意向武装部队提供虚假的敌情以及其他与军事行动有关的重要情况的，处三年以上十年以下有期徒刑；造成严重后果的，处十年以上有期徒刑或者无期徒刑。

明知敌情以及其他与军事行动有关的重要情况，拒绝提供，情节严重的，处五年以下有期徒刑或者拘役。

［立法依据］

积极协助武装部队完成作战任务，维护国防利益，是每一位公民应尽的职责和法定的义务。因此，故意向武装部队提供虚假敌情，或者拒绝提供与军事行动有关的情况，将导致作战的失利和我军人员的无辜伤亡，危害性极大。军职罪有一条谎报军情或假传军令罪，但其适用主体不能包括非军人在内，为完善立法，依法打击妨害武装部队军事行动的犯罪行为，建议增设此罪。

此条是参照刑法修订草案第 276 条、第 282 条的立法精神改写。

第　条　战时拒绝、逃避军事征用的，处三年以下有期徒刑或者拘役；情节严重的，处三年以上十年以下有期徒刑。

单位犯前款罪的，对单位判处罚金，并对其直接负责的主管人员和其他直接责任人员依照前款规定处罚。

［立法依据］

《戒严法》第17条规定："根据执行戒严任务的需要，戒严地区的县级以上人民政府可以临时征用国家机关、企业事业组织、社会团体以及公民个人的房屋、场所、设施、运输工具、工程机械等。在非常紧急的情况下，执行戒严任务的人民警察、人民武装警察、人民解放军的现场指挥员可以直接决定临时征用，地方人民政府应当给予协助。实施征用应当开具征用单据。"

《国防法（草案）》第48条规定："国家根据动员需要，可以依法征用组织和个人的设备设施、交通工具和其他物资。县级以上人民政府对被征用者因征用所造成的直接经济损失，按照国家有关规定给予适当补偿。"

鉴于《戒严法》、《国防法》均规定有战时（戒严以战时论）和军事征用的内容，公民和组织也有履行相应的义务，为此，增设此条对于保障戒严任务的顺利完成，维护国防利益具有重要意义。

第　条　战时造谣惑众，扰乱军心的，处三年以下有期徒刑或者拘役；情节严重的，处三年以上十年以下有期徒刑。

[立法依据]

第　条　应征公民拒绝、逃避服现役，情节严重的，处二年以下有期徒刑、拘役或者管制。

单位阻挠应征公民服现役，情节严重的，对单位判处罚金，并对其直接负责的主管人员和其他直接责任人员依照前款规定处罚。

[立法依据]

世界多数国家对违反兵役法规的行为都明确了法律责任，特别是妨害兵役的行为，均规定了具体的惩处措施。如对逃避兵役登记、拒绝体检、丢失或损失兵役证、接到入伍通知书不按期报到者进行罚款，如埃及给予600~1500美元的罚款，法国给予200~10万法郎的罚款。韩国、巴西、波兰、德国、意大利、墨西哥等国，对无正当理由拒服兵役、或者帮助役龄青年逃避兵役以及兵役工作人员营私舞弊等行为，通常给予半年到2年不等的刑事处罚；埃及的处罚比较严厉，为3~7年的监禁。巴西对无正当理由拒服兵役者，则采取剥夺其一切公民权的做法；意大利规定，未服过兵役的适龄青年禁止出国。古巴对兵役工作人员的营私舞弊行为，给予剥夺公民权半年到3年的处罚。（外国军事学术1996年第1期）

第　条　预备役人员战时拒绝、逃避征召或者军事训练，情节严重的，处三年以下有期徒刑或者拘役。

单位阻挠预备役人员应召或者参加军事训练，情节严重的，对单位判处罚金，并对其直接负责的主管人员和其他直接责任人员依照前款规定处罚。

[立法依据]

第　条　在征兵过程中弄虚作假，徇私舞弊，输送不合格兵员，情节严重的，处三年以下有期徒刑或者拘役；造成特别严重后果的，处三年以上十年以下有期徒刑。

[立法依据]

第　条　明知是逃离部队的军人而雇用或者为其提供隐蔽处所、财物，情节严重的，处三年以下有期徒刑或者拘役。

煽动、勾引军人逃离部队，情节严重的，处三年以下有期徒刑。

[立法依据]

第　条　科研、生产、销售单位拒绝、逃避或者故意延误国防科研任务或者军事订货的，对单位判处罚金，并对其直接负责的主管人员和其他直接责任人员处五年以下有期徒刑或者拘役；造成严重后果的，处五年以上有期徒刑。

[立法依据]

第　条　将不合格的武器装备、军事设施、军用物资提供给武装部队的，处五年以下有期徒刑或者拘役；情节严重的，处五年以上十年以下有期徒刑；情节特别严重的，处十年以上有期徒刑、无期徒刑或者死刑。

单位犯前款罪的，对单位判处罚金，并对其直接负责的主管人员和其他直接责任人员依照前款规定处罚。

[立法依据]

第　条　破坏军事设施的，处三年以上十年以下有期徒刑；造成重要军事设施严重毁损或者有其他特别严重情节的，处十年以上有期徒刑、无期徒刑或者死刑。

第　条　故意阻碍武装部队军事行动，情节严重的，处五年以下有期徒刑或者拘役。

单位犯前款罪的，对单位判处罚金，并对其直接负责的主管人员和其他直接责任人员依照前款规定处罚。

第　条　以暴力、威胁方法阻碍军人依法执行职务的，处三年以下有期徒刑或者拘役。

第　条　聚众哄闹、冲击军事禁区和军事管理区，严重扰乱军事禁区和军事管理区秩序，致使军事单位无法正常工作的，对首要分子处七年以上有期徒刑；其他积极参加的，处七年以下有期徒刑或者拘役。

第　条　在军事禁区非法进行摄影、摄像、录音、勘察、测量、描绘和记述，情节严重的，处三年以下有期徒刑或者拘役。

第　条　冒充军人招摇撞骗的，处三年以下有期徒刑、拘役或者剥夺政治权利；情节严重的，处三年以上十年以下有期徒刑。

冒充军事单位招摇撞骗的，对单位判处罚金，并对其直接负责的主管人员和其他直接责任人员依照前款规定处罚。

［立法依据］

《法国刑法》第 260 条规定："公然穿着类似宪兵、警察依法制定之制服，因而足以使在舆论上发生蔑视宪、警制服者，处 6 日至 6 个月监禁，并科处 300 法郎至 3000 法郎罚金。""在和平时期，意图制造蔑视军服之舆论，公然穿着类似军人之服装者，亦同。"

《加拿大刑法》第 377 条规定："不能证明受合作者准许，而有'穿着加拿大军服或其他海陆空军或足以使人误信似军种之制服者'；'持有非经颁发并非其所有之加拿大部队或其他海陆空军除役证明、释放证明、服役证明或识别卡者'；'持有加拿大部队或其他海陆空军所颁发之现任或曾任军官或其他人员之委任状、特许状、除役证明、服役证明或识别卡，其中修改非经颁发之军官或合法授权之军官证明者'"等，为"简易判决罪"。

《瑞士刑法》第 331 条规定："无权而冒穿瑞士国军制服者，处 8 日以下拘役或罚金。"

第　条　伪造、变造、贩卖武装部队专用标志、证件的，处三年以下有期徒刑或者拘役；情节严重的，处三年以上十年以下有期徒刑。

［立法依据］

1985 年，国家公安部等 6 个部局就联合颁布《关于严禁私自生产、销售军服、人民警察服装的通知》，禁止任何单位和个人生产、出售现行制式军服和服饰，如领花、帽徽、肩章等。一些单位和个人只顾经济利益，仍在生产、仿制和销售军服和服饰，甚至公然在街面上设点、摆摊出售。这给一些不法分子假冒军人进行违法犯罪活动提供了可乘之机。

第　条　以造谣、诽谤或者其他歪曲事实的方法，损害武装部队声誉，情节严重的，处五年以下有期徒刑或者拘役。

第　条　违反国家法律、行政法规的规定，拒不履行优抚、安置义务，情节严重的，处三年以下有期徒刑或者拘役。

［立法依据］

《北京市军队转业干部安置工作暂行规定》（1990 年 6 月 1 日施行）第 13 条规定："对不按本规定接收安置军队转业干部的，由有关主管部门追究责任者的行政责任。对在军队转业干部安置工作中弄虚作假，索贿受贿的责任人员，由所在单位或其上级主管部门给予行政处分，构成犯罪的，依法追究刑事责任。"

新中国刑法立法的未来展望

党的十八大提出，依法治国是党领导人民治理国家的基本方略，法治是治国理政的基本方式，要更加注重发挥法治在国家治理和社会管理中的重要作用，全面推进依法治国，加快建设社会主义法治国家。新中国成立70余年来，我国刑法立法在立法理念、模式和内容上都取得了积极进展，刑法立法的民主性、科学性和完备性都得到了不同程度的增强。但不可否认的是，我国刑法立法在观念、结构和制度设计上仍然存在一些缺陷。可以预见的是，尽管我国现行刑法典的体系能够基本满足我国现阶段犯罪治理和刑法修正的需要，但随着社会发展对系统完善刑法典呼声的不断增强，我国全面修订刑法典的时机正逐步来临。我国未来的刑法立法改革走向，是要总结我国刑法立法的既往经验，正视其存在的不足，在纷繁复杂的现实之中，坚持理性的刑法立法观，积极探索刑法立法的结构优化、制度改革和立法技术完善，不断地从结构、制度和立法技术这三个方面完善刑法典。唯有如此，我国刑法立法的统一性、民主性、科学性和完备性才能持续地提升，从而进一步推动我国刑事法治建设的进步。

一、刑法立法发展的基本条件

新中国成立70余年来，尤其是晚近40余年来，我国的改革开放事业总体上经历了一个起步—全面展开—加快发展—新发展的过程。其中，1978年至1982年是我国改革开放的起步阶段，中共十二大到1992年邓小平南方谈话前是我国改革开放的全面展开阶段，邓小平南方谈话到20世纪末是我国改革开放的加快发展阶段，21世纪以来是我国改革开放的新发展阶段。[①] 与此相伴随，我国刑法立法也经历了一个起步—扩张—发展完善的过程，两者基本同步。从刑法立法发展的轨迹来看，刑法立法的发展水平与我国的社会状况、刑事政策、刑事司法、国际背景等因素密切相关。刑法立法的科学发展依赖于和谐稳定的社会发展状况创造良好的基本社会条件；刑事政策对于刑法立法有着直接的指导意义，刑事政策的演进要求刑法立法作出相应的调整；刑事司法是刑法立法的具体运用，并起着补白、促进、改善刑法立法的作用；在我国改革开放深入发展的社会情境下，国际准则和国外先进立法经验，亦必然会对我国的刑法立法产生影响。

（一）和谐稳定的社会发展状况是刑法立法的基本社会条件

以政治、经济为核心的社会基本发展状况对于刑法立法具有非常直接的影响。就政治的影响力而言，虽然政治与法律同属于上层建筑，但是政治在其中占据非常突出的地位，而隶属于法律范畴的立法往往被政治所左右，表现出一定的从属性。立法本身实际上便是各种政治力量博弈衡平的结果。就经济的影响力来说，其作为经济基础对于刑法立法更具有决定性的作用。立法要以社会物质生活条件为基础，这是马克思主义法学的核心思想，也是马克思主义法学关于立法的一个最著名的观点。刑法立法当然亦无法脱离社会物质生活条件的制约和时代的局限。事实说明，社会生活状况决定法律的废、改、立，法律只有立足于社会发展的客观实际才有生命力，刑法也不例外。[②] 一方面，刑法作为上层建筑和社会治理的重要手段，需要为经济、社会等基础建设服务。如前所述，我国《立法法》第6条第1款明确规定："立法应当从实际出发，适应经济社会发展和全面深化改革的要求……"。改革开放40年来，我国在经济、政治、外交、教育、文化、体育等各个领域都取得了巨大的进步。这其中，经济的发展最为关键也最受瞩目。数据显示，改革开放之初的1978年，我国国内生产总值仅为3645.2亿元，财政总收入为1121亿元，进出口总额只有206.4亿美元。[③] 而2020年全年国内生产总值

① 中共中央党史研究室第三研究部编：《中国改革开放史》，辽宁人民出版社2002年版，第5-8页。
② 参见陈兴良：《陈兴良刑法学教科书：规范刑法学》，中国政法大学出版社2003年版，第9页。
③ 参见胡必亮：《中国为什么成功——纪念改革开放40年》，载《今日中国》2018年第1期。

1015986 亿元，全年货物进出口总额 321557 亿元 ，全年财政总收入 182895 亿元。[①] 晚近 40 年间，我国经济总量呈百倍增长。在此进程中，刑法作为上层建筑需要为我国经济建设的发展服务，进而必定会随着经济建设的发展而不断调整、完善。另一方面，改革开放的推进需要刑法的保驾护航。新中国成立 70 余年间，随着改革开放的起步和不断推进，社会在持续发展的同时也遇到了许多问题，包括大量涌现的违法犯罪行为。这些新出现的违法犯罪行为，特别是生产、销售伪劣产品犯罪，走私犯罪，金融诈骗犯罪等破坏社会主义市场经济秩序犯罪，对我国改革开放的顺利进行产生了极大的干扰和破坏，需要刑法的介入。正因如此，我国刑法立法适时增设了单位犯罪，并将大量危害社会经济发展和社会治安的违法行为入罪。刑法立法因此得以不断完善。

我国刑法立法的发展历程表明，国家和社会政治与经济的发展状况，决定着刑法立法的走向。政治清明、民主，立法才会得到健康、良性的发展；政治纷乱、动荡，则会导致立法的停滞和倒退。同时，经济发展平稳，经济建设成为党和政府的工作中心时，便会从客观上要求刑法立法工作的积极跟进，以满足经济发展的客观需要，为经济建设保驾护航；经济发展停滞，对刑法立法的需求就会减弱。例如，1957 年下半年开展反右派斗争以后，“左”的思想倾向急剧抬头，法律虚无主义思想甚嚣尘上。受此影响，直接导致刑法典草案第 22 稿未能公布试行，刑法立法工作也因此陷入长期的停滞、徘徊甚至倒退状态。到 1978 年 12 月党的十一届三中全会之后，经济建设取代阶级斗争成为国家的工作中心，民主法制思想亦逐步确立，这对刑法典起草工作无疑起到了极为重要的指导和强有力的推动作用。从 1979 年 3 月中旬开始，刑法立法工作更加有序地展开。刑法典草案以第 33 稿为基础，结合新情况、新经验和新问题，征求了中央有关部门的意见，作了较大的修改，又先后拟出了 3 个稿本。[②] 其中的第 2 个稿本最终于 1979 年 7 月 1 日在第五届全国人大第二次会议上获得一致通过，于 7 月 6 日公布，并自 1980 年 1 月 1 日起施行。[③] 至此，1979 年刑法典宣告诞生，这也是新中国成立近 30 年的第一部刑法典。该部刑法典的颁行，宣告了我国长期没有刑法之常典，而主要凭政策、司法解释及几部单行刑法治理犯罪之非常局面的终结，标志着我国刑法规范的基本具备，我国的刑事法治从此也步入了一个新的阶段。不过，由于受当时历史条件、立法经验和立法指导思想的局限，这部刑法典无论在体系结构、规范内容上，还是在立法技术上，都还存在一些问题和缺陷。新中国刑法立法发展曲折的历程足以说明只有立足于和谐的政治氛围，依归于稳定的社会发展，坚持围绕并服务于经济建设之大局，刑法立法才能日臻繁荣、成熟与完善。

基于以上事实，未来我国刑法立法的发展仍应以“适应经济社会发展和全面深化改革的要求”为必要，积极服务于改革开放之全面深化的需要。这主要体现在两方面：

其一，是以刑法直接适应全面深化改革的需要进行立法调整。当前，我国刑法立法上规定的犯罪，多数都属于法定犯，是以行政管理为前提的。而随着改革开放的全面深化，我国必然要对现有的行政管理体制作出一定的调整（如对进出口政策的调整、对金融管制的调整等），这势必会对我国刑法中相关犯罪的构成条件产生影响，进而会影响我国犯罪圈的划定以及相关刑法制度的完善。

其二，是以刑法间接适应全面深化改革的需要进行立法调整。改革开放的全面深化会对我国的国民意识、社会风俗习惯甚至社会文化等产生深远影响。例如，随着改革开放的全面深化和经济建设的发展，人们的权利意识必将继续提高，民众对违法犯罪行为的容忍度和对刑法制裁措施的感受都将发生变化。我国刑法立法需要根据社会的这一变化进行调整。

（二）科学的刑事政策是刑法立法发展的政策指导

刑事政策是由犯罪这一社会现象所引发的国家和社会的整体反映体系，它包括治理犯罪的立法、司法及行政方面的对策。[④] 在我国法治领域，“政策是法律的依据，法律是政策的具体化”。同理，刑事政策是刑法的灵魂与核心，刑法是刑事政策的条文化与定型化。因此，刑事政策对于刑法立法有着

① 参见《中华人民共和国 2020 年国民经济和社会发展统计公报》，载国家统计局网站，http://www.stats.gov.cn/tjsj/zxfb/202102/t20210227_1814154.html，2021 年 6 月 30 日访问。

② 参见高铭暄，赵秉志编：《新中国刑法立法文献资料总览》（上册），中国人民公安大学出版社 1998 年版，第 435-490、496-524 页。

③ 参见高铭暄：《中华人民共和国刑法的孕育诞生和发展完善》，北京大学出版社 2012 年版，前言第 2 页。

④ 参见［日］大谷实：《刑事政策学》，黎宏译，法律出版社 2000 年版，第 3 页。

直接的指导意义。新中国成立以来，随着情势的变迁，我国的基本刑事政策亦审时而变，经历了由“镇压与宽大相结合”至“惩办与宽大相结合”再到“宽严相济的刑事政策”的演进历程。而基本刑事政策的演进必然在刑法立法中得到相应的反映。刑事政策是刑法立法的根据，刑事政策的演进要求刑法立法作出相应的调整。

新中国成立以后，党中央明确提出实行镇压与宽大相结合的刑事政策，这一政策成为当时制定单行刑法的基本依据。彭真同志在1951年所作的《关于镇压反革命和惩治反革命条例问题的报告》中曾明确指出：这个条例是根据镇压与宽大相结合，即“首恶者必办，胁从者不问，立功者受奖”的政策而制定的。[①] 在社会主义改造基本完成后，随着社会形势的发展，“镇压与宽大相结合”的政策又演变为“惩办与宽大相结合”的政策。不过，该政策在形成之后的10多年内未能很好地发挥正确的作用，直到十一届三中全会后才重又受到重视，并对新形势下的刑事立法产生了全面的影响。1979年刑法典第1条便明确规定：“中华人民共和国刑法，以马克思列宁主义毛泽东思想为指针，以宪法为根据，依照惩办与宽大相结合的政策，结合我国各族人民实行无产阶级领导的、工农联盟为基础的人民民主专政即无产阶级专政和进行社会主义革命、社会主义建设的具体经验及实际情况制定。”以此为依据，刑法典在犯罪成立、共同犯罪处罚、犯罪形态的认定以及刑种设置、量刑、自首、立功等刑罚制度中，全面体现出惩办与宽大相结合的刑事政策的要求。

20世纪80年代初，随着改革开放的提出和深入，因历史的积累与现实因素的诱发，犯罪案件总量开始增加。正是在这种形势这下，作为对改革开放初期出现犯罪增长的一种感应式反应，“严打”政策得以出台。“严打”并不是一项基本的刑事政策，但其因惩办与宽大相结合的刑事政策中“惩办”方面的突出表现而受到重视，在相当长的时期内，在一定程度上主导了我国的刑法立法和刑事法治。“严打”政策直接推进1982年《关于严惩严重破坏经济的罪犯的决定》和1983年《关于严惩严重危害社会治安的犯罪分子的决定》《关于迅速审判严重危害社会治安的犯罪分子的程序的决定》的出台，从而用法律的形式肯定了从重从快惩处犯罪的方针，使“严打”刑事政策具有了法律依据，现实地转化为刑事立法。此后颁布的多部单行刑法乃至1997年刑法典，都在很大程度上体现了“严打”政策的基本要求，使之得到了充分的贯彻落实。[②]“严打”刑事政策的实施，对于打击、震慑严重刑事犯罪起到了相当大的作用。然而，过于强调“从重、从快”打击严重刑事犯罪，也在一定程度上偏离了“惩办与宽大相结合”的基本刑事政策之精神，导致在实践中过于强调打击、忽视综合治理与防范，过于突出惩罚犯罪、漠视犯罪人权利的现象相当严重。在这样的历史背景下，基于新时代构建社会主义和谐社会宏伟目标的要求，总结“严打”刑事政策实施的经验与教训，提出、实施“宽严相济”刑事政策可谓水到渠成。

宽严相济是我们党和国家晚近10多年来逐步提出和确定的现阶段基本刑事政策，这一政策的指导作用应当贯彻于我国刑事法治的全过程和各个领域，当然也应当贯彻于我国刑法立法领域。在宽严相济作为我国现阶段的基本刑事政策被提出和确立之后不久，于2009年2月28日通过的《刑法修正案（七）》即打破了既往刑法修正仅注意从严从重之修法惯例，开始在修法中对从严与从宽进行兼顾，以体现宽严相济的基本刑事政策。[③] 在2011年2月25日通过的《刑法修正案（八）》中，宽严相济的基本刑事政策得到了进一步的重视和体现，从而成为《刑法修正案（八）》修法的首要特点。[④]《刑法修正案（八）》不仅在从严的方面完善了惩处黑社会性质组织等犯罪的法律规定，在从宽的方面完善了对未成年人、老年人犯罪的从宽处罚，而且还削减了死刑罪名，限制了对死缓犯的减刑和假释，加强了对假释犯的监督管理，附条件地延长了有期徒刑数罪并罚的刑期上限，实现了宽严相济。[⑤] 在2015年8月29日通过的《刑法修正案（九）》中，国家立法机关更加注重把坚持宽严相济的刑事政策、维护社会公平正义作为修法的一个重要的指导思想，强调“对社会危害严重的犯罪惩处力度不减，

---

① 参见《彭真文选》（1941-1990），人民出版社1991年版，第211页。

② 参见张远煌、袁彬：《宽严相济刑事政策研究》，载赵秉志主编：《刑事法治发展研究报告》（2006-2007年卷），中国人民公安大学出版社2008年版，第49-50页。

③ 参见赵秉志：《刑法修正案（七）的宏观问题研讨》，载《华东政法大学学报》2009年第3期。

④ 参见赵秉志主编：《刑法修正案（八）的理解与适用》，中国法制出版社2011年版，第5页。

⑤ 参见李适时：《关于〈中华人民共和国刑法修正案（八）（草案）〉的说明——2010年8月23日在第十一届全国人民代表大会常务委员会第十六次会议上》。

保持高压态势；同时，对一些社会危害较轻，或者有从轻情节的犯罪，留下从宽处置的余地和空间”①。从《刑法修正案（九）》的修法内容看，既有大量的增设新罪、从严从重修改补充原有罪刑规范而属于“从严”的一面，也有一系列删除死刑、提高死缓犯执行死刑的门槛、将绑架罪和严重腐败犯罪之绝对死刑改为相对死刑等而属于“从宽”的一面，在增设的多种新罪之罪刑规范设置上也注意贯彻了罪责刑相适应和宽严相济政策。此次的刑法修正通过贯彻宽严相济的刑事政策，力图维护社会的公平正义。2020 年 12 月 26 日通过的《刑法修正案（十一）》针对近年来在欺诈发行证券、信息披露造假、非法集资骗取群众财产、资本市场中介机构造假等犯罪加大了惩治力度。同时，对一些危害较轻的犯罪留下从宽处罚的余地和空间，如对民营企业广泛涉及的骗取贷款罪作了部分调整，以及对非法吸收公众存款、挪用资金犯罪设置了退赃退赔从宽处罚的规定。

立足于新中国成立以来基本刑事政策与刑法立法关系的动态分析，可以归纳出如下启示：

其一，基本刑事政策是刑法的灵魂，刑法是基本刑事政策的具体化。作为统领刑事活动的基本策略，刑事政策的演进当然会对刑法立法产生直接的影响。但是，不能基于此以刑事政策取代刑法立法。在法治社会，刑事政策与刑法立法应各自归位、各就各位，不能越俎代庖、互相替代，更不能混为一谈。②

其二，刑法立法具有规范性和稳定性，但亦有局限性，这就决定了刑事政策存在的价值。同时，刑事政策的制定又必须受刑法立法的制约，不能与刑法立法相矛盾。刑法立法应是刑事政策的边界和不可逾越的樊篱，是防止权力自我扩张与膨胀本能将刑事政策的灵活性蜕变为随意性的限制手段。刑事政策只有契合刑法立法才能实现从抽象到具体的转变。申言之，有效的刑事政策必须在刑法立法所设定的框架内发挥导向性作用。

其三，只有在科学的刑事政策指导下，刑法立法才能根据犯罪的控制目标科学地划定犯罪圈，为具体的犯罪类型配置有效的刑罚量，进而使刑法立法符合社会状况，满足犯罪治理的需要，增强刑法立法的针对性和有效性。作为当下我国应对犯罪的基本方略，宽严相济刑事政策是我国在树立科学发展观、构建社会主义和谐社会的新时代背景下提出的基本刑事政策，其科学性与合理性毋庸置疑。为切实贯彻宽严相济的基本刑事政策，刑法立法应适时作出进一步调整，诸如合理削减死刑罪名，逐步完善刑罚结构，努力扩大适用非监禁化制度，健全赦免制度与社区矫正立法等。

（三）刑事司法是刑法立法的渊源和需求所在

刑法立法与刑事司法是刑事法治不可或缺的两个方面，它们相辅相成、紧密联系。刑法立法是刑事司法的前提和基础，而刑事司法则是刑法立法的具体运用，并起着补充、促进、改善刑法立法的作用。新中国刑法立法在其演进历程中，始终与刑事司法彼此结合而互动，并深受刑事司法实践的影响。

一方面，刑事司法经验的总结是刑法立法的重要渊源。在新中国刑法立法的进程中，最高人民法院、最高人民检察院等中央政法机关也是推动刑法立法发展进步的重要力量。在 1979 年刑法典的起草、修订过程中，司法机关便充当了非常重要的角色，为第一部刑法典的出台提出了大量宝贵的建议和意见。在 1997 年刑法典的修订过程中，最高人民法院、最高人民检察院、公安部等最高司法机关和中央政法机关甚至还成立了专门的刑法修改小组，参与刑法典的修订工作。这些中央政法领导部门还根据司法实践经验，针对本系统适用刑法过程中出现的问题及时地进行了总结。例如，最高人民检察院和最高人民法院于 1987 年分别在全国范围内向本系统征集了对刑法的修改补充意见，③这些意见有力促进了刑法立法的完善和发展。此外，刑法立法并非空中楼阁，而有诸多的渊源。司法机关的实践经验则是其中非常重要的方面。其实，我国刑法典第 1 条便规定：“为了惩罚犯罪，保护人民，根据宪法，结合我国同犯罪作斗争的具体经验及实际情况，制定本法。”这一规定即明确了我国刑法的根据，包括法律根据和实践根据。调查研究，实事求是，一切从实际出发，是我国刑法立法的根本指导原则。按照这一原则，刑法立法应当认真总结我国长期同犯罪作斗争的司法经验，立足于刑事司法实践。而刑事司法解释、刑事判例则是促成刑法立法的主要实践考量因素。事实上，在我国刑法立法中，有很

① 参见李适时：《关于〈中华人民共和国刑法修正案（九）（草案）〉的说明——2014 年 10 月 27 日在第十二届全国人民代表大会常务委员会第十一次会议上》。

② 参见卢建平：《刑事政策与刑法关系的应然追求》，载《法学论坛》2007 年第 3 期。

③ 参见赵秉志：《刑法改革问题研究》，中国法制出版社 1996 年版，第 43 页。

多条款便是在相关刑事司法解释的基础上形成的。例如，1997年亚洲金融危机爆发后，鉴于非法买卖外汇行为严重扰乱外汇管理秩序，危及金融安全，最高人民法院于1998年8月28日通过的《关于审理骗购外汇、非法买卖外汇刑事案件具体应用法律若干问题的解释》第3条明确规定，在外汇指定银行和中国外汇交易中心及其分中心以外买卖外汇，扰乱金融市场秩序，非法买卖外汇20万美元以上或者违法所得5万元人民币以上的，按照刑法第225条第3项的规定定罪处罚。正是在这一司法解释的基础上，全国人大常委会于1998年12月29日通过的《关于惩治骗购外汇、逃汇和非法买卖外汇犯罪的决定》第4条规定，在国家规定的交易场所以外非法买卖外汇，扰乱市场秩序，情节严重的，依照刑法第225条的规定定罪处罚。同时，在死刑制度改革等诸多重大敏感问题上，由刑事司法先行予以改革、摸索、积累经验，待条件成熟后再进行立法改革，也是近年来我国死刑等刑法制度改革成功的经验和走过的道路。

另一方面，刑事司法可以对刑法立法的缺漏进行补救，并对刑法立法的变革提出客观要求。面对复杂纷繁、变化万千的社会生活，刑法立法并非无所不包、无所不能。尤其是在社会转型时期，各种新情况、新问题层出不穷，无论立法者多么具有前瞻性、刑法立法多么超前，在复杂多变的社会现实面前，总会显得捉襟见肘，法律缺漏在所难免。相对而言，刑事司法则具有更大的灵活性，完全可以在司法运作过程中，根据立法的基本原则和基本精神作出司法解释和刑事裁判，对这些法律缺漏进行补救，以填补法律空白。同时，司法机关还可以就这些法律缺漏向立法机关提出立法建议，从而促进刑法立法的改进。例如，1997年刑法典并未将与国家工作人员有近亲属、情妇（夫）以及其他共同利益关系的特定关系人的受贿行为纳入贿赂犯罪的规制范围，而这显然是一种立法疏漏。为此，最高人民法院、最高人民检察院于2007年7月8日发布《关于办理受贿刑事案件适用法律若干问题的意见》，明确规定对该行为以受贿罪论处。这就是通过司法解释对刑法立法缺漏的补救，也从客观上对贿赂犯罪的完善提出了要求，并有力促成了《刑法修正案（七）》对于利用影响力交易罪的增设。再如，我国2011年2月25日通过的《刑法修正案（八）》增设了危险驾驶罪，将醉酒驾驶和情节恶劣的追逐竞驶行为入罪。之后的司法实践表明，超载、超速行驶等行为也对公共安全造成了重大威胁，而现有的刑法立法无法对相应行为进行有效制裁。考虑到相关行为的危害性，2015年8月29日通过的《刑法修正案（九）》在原来危险驾驶罪的基础上新增了2种危险驾驶行为，即"从事校车业务或者旅客运输，严重超过额定乘员载客，或者严重超过规定时速行驶""违反危险化学品安全管理规定运输危险化学品，危及公共安全"的行为。这些都表明，刑事司法可以对刑法立法的缺漏进行补救。

况且，刑法立法所具有的稳定性也必然会使其滞后于社会的发展。随着时势的变迁，有些原本合理公正的立法可能会趋于不合理、不公正。如果此时司法机关仍按照原法律规定进行刑事裁判，必然会导致不合理、不公正，从而丧失立法应有的价值追求。因为公平与正义应是法律不变的价值取向。此时，社会公正、公平的实现只能有赖于刑事司法灵活、能动的运作，有赖于司法机关根据立法精神和原则的合理裁判。同时，这种刑事司法活动又可以促进立法、改进立法，使其不断适应社会的发展。[①] 例如，刑法立法最初将财产罪的调整对象限定为有体物，但是，随着社会的发展和人们认识能力的提高，电力、电信码号、虚拟财产等无形物相继进入司法视野，并自然且正常地被纳入财产罪之对象范畴。而司法规制的步伐又在很大程度上促进了财产罪立法的改进与完善。

通过对新中国成立以来刑法立法与刑事司法互动关系的揭示，我们可以得出如下启示：

其一，只有从刑事司法中广泛汲取营养，使刑法立法根基于实践、服务于实践，刑法立法才更具科学性、民主性、合理性，也才更有生命力。

其二，公正、公平、合理的刑事司法根基于完善的刑法立法之上，没有刑法立法制约的刑事司法将会恣意妄为，从而对公民基本权益造成极大冲击。为了避免刑事司法的过度膨胀，刑法立法应该具有明确性、超前性，以合理压缩刑事司法的空间。

其三，对于刑法立法疏漏，刑事司法可以进行补救，但这种补救不能对刑法立法作实质破坏，只能以罪刑法定原则为边界进行有限修补。

其四，刑事司法的经验总结是刑法立法的重要渊源之一，可以对刑法立法的改进提出客观要求，并直接促成刑法立法的修改与完善。

---

① 参见刘万啸：《司法与政治、立法、行政、舆论的关系》，载《宁波大学学报（人文科学版）》2004年第3期。

（四）社会治理成效是刑法立法的价值追求

马克思主义法学认为，“无论是政治的立法或市民的立法，都只是表明和记载经济关系的要求而已”①。经过40余年的改革开放，我国社会取得了巨大进步。但由于我国现阶段仍处于变动而复杂的社会转型期，由经济发展、科技进步及其所带来的政治、社会、文化、治安等方面的变化所决定和影响的犯罪也出现了一系列新情况、新问题、新特点，这在暴恐犯罪、网络犯罪、腐败犯罪、妨害社会管理犯罪等方面都有突出的表现。“犯罪和现行统治都产生于相同的社会条件。”② 刑法是现代国家遏制犯罪的基本手段，犯罪发展变化了，以遏制犯罪为使命的刑法当然也要有针对性地予以调整。

2013年11月12日中国共产党第十八届中央委员会第三次全体会议通过的《中共中央关于全面深化改革若干重大问题的决定》（简称《决定》）提出：“全面深化改革的总目标是完善和发展中国特色的社会主义，推进国家治理体系和治理能力的现代化。”这是十八届三中全会《决定》的最大亮点。国家治理体系和治理能力的现代化被认为是“第五个现代化”，它的提出意味着政治理念、治国方略的重大调整。推进国家现代化的根本目的是促进社会和谐，其与构建和谐社会是一脉相承的。刑法是国家治理体系的重要组成部分，是国家运用刑罚手段治理犯罪的工具，运用刑法治理社会的能力也是国家的治理能力之一。因此，刑法的现代化影响着国家治理体系和治理能力的现代化。中共十八届四中全会2014年10月23日通过的《中共中央关于全面推进依法治国若干重大问题的决定》则在“加强重点领域立法”中明确提出了完善反腐败刑法和加强互联网领域立法（其中涉及刑法问题）等任务。这些立法重点问题其实也是国家社会治理的需要，只有坚决贯彻中央有关精神，切实发挥好刑法的社会治理功能，才能保证刑法立法方向和科学的立法内容。

比如，《刑法修正案（九）》的诸多立法都反映了当前社会生活领域的重大热点问题，也是国家重点加强治理的社会领域，其立法修改主要体现在三大方面：一是针对我国一些地方近年来多次发生严重暴力恐怖案件、网络犯罪，从总体国家安全观出发，统筹考虑刑法与反恐怖主义法、反间谍法等维护国家安全方面的法律草案的衔接配套，修改、补充刑法的有关规定；二是随着当今中国反腐败斗争的深入，需要进一步完善刑法的相关规定，为惩腐肃贪提供法律支持；三是需要落实中共十八届三中全会关于逐步减少适用死刑罪名的要求，并做好劳动教养制度废除后法律上的衔接。③ 再如，《刑法修正案（七）》的出台，乃是立足于我国的现实国情，在刑事法治领域对我国经济和社会发展的维护与促进，是对危害、阻碍社会进步的几类突出犯罪行为的法律遏制与回应，也是对当前我国经济、社会发展过程中出现的新问题、新情况予以刑法规范的集中反映。例如，将严重破坏金融管理秩序、损害公众投资者利益的“老鼠仓”行为犯罪化，就是对当前金融市场存在的突出问题的准确把握；规定侵犯公民个人信息安全的犯罪、组织未成年人实施违反治安管理活动的犯罪等，既是基于当前实际的需要，也充分表明国家对公民权益的刑法保障和对未成年人的特殊保护；等等。

法治是通过一种能够使人类行为受制于规则治理的过程。任何部门法都以各自的形式承担着社会管理的职能，在这个意义上，刑法亦具有社会管理法的性质。但刑法参与社会治理是以矫正正义的方式实现的，刑法本质上属于司法法，以法的安定性为最高价值，这就决定了刑法不同于一般意义上的社会管理法，也不属于公共利益服务法，我们不能过分强调刑法积极介入社会治理。刑法是社会的产物，但刑法毕竟是以剥夺和限制公民基本权利为主要内容的，所以国家毫无疑问应“竭力把刑罚强制限制在最小的范围之内并且不断寻求减少使用它的机会，而不是增加强制的机会并且把它当作挽救一切道德败坏的药方”④。犯罪源于社会基本矛盾，是社会矛盾和社会结构中诸多致罪因素综合力量作用的结果，确立由“国家与社会整体对付犯罪的二元反应体系”，要建立常态社会的犯罪治理模式，树立刑罚相对性观念。⑤ 只有在消除或者至少是减少社会矛盾与社会结构中诸多致罪因素作用的基础上，刑罚才能发生其预防犯罪的功能。在整个社会控制犯罪系统工程中，刑罚只是发挥有限和短促的作用。

---

① 《马克思恩格斯全集》（第4卷），第121-122页。

② 《马克思恩格斯全集》（第3卷），第379页。

③ 参见李适时：《关于〈中华人民共和国刑法修正案（九）（草案）〉的说明——2014年10月27日在第十二届全国人民代表大会常务委员会第十一次会议上》，载赵秉志主编：《〈中华人民共和国刑法修正案（九）〉理解与适用》，中国法制出版社2016年版，附录，第391页。

④ ［英］威廉·葛德文：《政治正义论》（下卷），何慕李译，商务印书馆1980年版，第141页。

⑤ 参见何荣功：《社会治理“过度刑法化”的法哲学批判》，载《中外法学》2015年第2期。

(五) 国际规范是刑法立法国际化的外在条件

中国刑法立法的发展进步首先应立足于本国的基本国情，而不能人云亦云，更不能全盘西化。但是，这也绝不意味着可以罔顾国际准则暨国外先进经验故步自封、闭门造车。只有放眼世界，以博大的胸襟和开阔的视野科学地吸纳人类社会先进的立法理念和原则，剔其糟粕，取其精华，才能构建科学、严谨、理性的刑法立法体系。因此，在开放的社会情境下，国际准则和国外先进立法经验，也必然会对我国的刑法立法产生影响。

新中国在成立之初，即全部废除了国民党政府以“六法全书”为核心的法律制度。由于旧有的刑法制度被人为地割裂，而新的刑法体系尚未建立，鉴于当时国际上以美国为首的帝国主义阵营和以苏联为首的社会主义阵营的划分，面对帝国主义阵营的封锁、包围和社会主义阵营的支持、帮助，新中国实行了向苏联学习、以俄为师的战略决策，刑法领域全面学习和移植苏联的刑法制度也成为当时当然的选择。[①] 事实上，新中国成立初期的刑法草案起草工作便充分参考了苏联刑法立法的经验，甚至全国人大常委会在1954年年底还聘请了苏联刑法专家叶夫根尼耶专门协助刑法草案的起草。[②] 及至1979年刑法典颁行，仍留下了大量照搬苏联刑法立法的痕迹，尤其在刑法的任务、犯罪概念、犯罪构成、刑事类推、刑罚的目的和任务、反革命罪等方面更是刻上了苏联刑法立法模式的深深烙印。[③] 这些反映到法制建设上便是在相当长的时期内全面学习苏联，全盘排斥西方法律制度。于是，在简单的阶级意识形态取舍标准的衡量下，西方国家刑法中许多先进合理的原则、制度，如“罪刑法定原则”“犯罪的形式概念”“刑法的人权保障机能”等，被简单地斥为虚伪、反动、形式主义，从而完全排除在视线之外。直到改革开放以后，我们的目光才逐渐转向西方，一些先进的法律制度才逐渐被我国所借鉴、吸纳。例如，1997年刑法典借鉴西方先进经验确立了罪刑法定原则、罪责刑相适应原则、适用刑法人人平等原则等现代刑法的基本原则，从而大大促进了我国刑法的现代化和科学性。

联合国数十年来为改进全球刑事司法和预防犯罪作了不懈的努力，其制定的有关国际公约对各国刑法立法和刑事政策均具有指导意义。而我国作为联合国安理会常任理事国，近年来一直积极参与国际事务，并积极签署加入了诸多联合国公约。事实上，我国作为负责任的大国，只有切实遵循国际刑事司法准则，及时将国际规范转化为国内立法，才能获得更高的国际声望。例如，我国政府历来旗帜鲜明地反对一切形式的恐怖主义，并断然采取有效措施防范和打击恐怖活动。为此，我国批准加入了联合国及其安理会通过的一系列关于反对恐怖主义问题的决议，并在美国“9·11”恐怖袭击事件后及时将相关国际规范转化为国内立法，在《刑法修正案（三）》《刑法修正案（九）》中修改了有关惩处恐怖活动的法律，增设了资助恐怖活动罪、准备实施恐怖活动罪、帮助实施恐怖活动罪等新型犯罪。再如，2011年2月25日通过的《刑法修正案（八）》积极借鉴、吸收国际社会的先进立法经验，贯彻相关国际公约的要求，在削减死刑罪名、设置老年人犯罪从宽暨免死制度以及增设对外国公职人员、国际公共组织官员行贿罪等方面作出了具体规定。

通过分析新中国成立后刑法立法对于国际规范的借鉴历程，我们可以得出如下启示：

其一，基于社会发展和法的发展的不平衡性，并由市场经济的客观规律和根本特征所决定，我国的刑法立法应当在不断总结本国司法实践经验的基础上，充分注意刑法发展的世界性潮流，合理吸取他国立法的有益经验。而这实际上既是遵循对外开放政策的应有之义，也是我国刑事法治实现现代化的一个过程和途径。

其二，面对世界各国的刑法立法，我们既不能不加区分地一概予以排斥，也不能直接“移植”、全盘“拿来”，否则便会落入法律教条主义、法律工具主义或者法律虚无主义的窠臼。我们应当充分考虑国家社会发展的现实状况，从有利于实现刑法根本任务的立场出发，去细心地加以辨别，将其中符合时代需要而又切实可行的内容吸收到我国刑法中来，从而使我国的刑法立法更具鲜明的时代特征，充分体现其科学性和民主性。

---

① 参见高铭暄：《对主张以三阶层犯罪成立体系取代我国通行犯罪构成理论者的回应》，载赵秉志主编：《刑法论丛》（2009年第3卷），法律出版社2009年版，第3-4页。

② 高铭暄、赵秉志编：《新中国刑法立法文献资料总览》（下册），中国人民公安大学出版社1998年版，第1943页。

③ 参见苏彩霞：《历史的回顾与启示：中国刑法史上三次国际化事件总置评》，载高铭暄、赵秉志编：《刑法论丛》（第10卷），法律出版社2006年版，第180-191页。

其三，由于我国社会发展尚处于社会主义初级阶段，在文化传统、社会政策、经济发展等方面与发达国家仍存在差异，因此，吸收贯彻有关国际公约规定的标准和规范以改革我国相关国内立法，依然是今后刑事法治发展进步所面临的重要任务。比如，我国虽已加入《联合国反腐败公约》，但在立法中要切实贯彻该公约还需要付出长期的巨大努力；我国虽早在 1998 年即已签署联合国《公民权利和政治权利国际公约》，但至今逾 20 年尚未批准加入，而我国也确有加入该公约的需要，并且不乏加入该公约的民意与呼声，这说明我国在刑事法治进程中还需要进一步解决与该公约确立的标准全面接轨的问题。

二、刑法立法发展的基本方向

我国《立法法》第 6 条第 1 款将科学性作为一项立法基本原则，规定"立法应当从实际出发……科学合理地规定公民、法人和其他组织的权利与义务、国家机关的权力与责任。"正如有学者所主张的，刑事立法的科学性，是指创制刑事法律规范时要贯穿科学思想，运用科学技术方法，使刑事法律规范内容全面、系统、明确、协调，富于理性。[①] 刑法立法的科学性既体现为立法内容的科学性，也体现为立法方法、程序的科学性。

（一）树立科学的刑法立法理念

树立科学的刑法立法理念，大体要包括以下要点：

1. 科学认识和遵循宽严相济刑事政策

宽严相济是当前我国一项基本的刑事政策，它要求根据不同的社会形势、犯罪态势与犯罪的具体情况，对刑事犯罪在区别对待的基础上，科学、灵活地运用从宽和从严两种手段，打击和孤立极少数，教育、感化和挽救大多数，最大限度地实现法律效果和社会效果的统一。其内涵是当宽则宽、该严则严，宽中有严、严中有宽，宽严有度、宽严适时。[②] 宽严相济刑事政策是《刑法修正案（九）》等刑法立法的指导思想，[③] 也是衡量刑法立法科学性的重要方面。因此，在我国未来刑事政策未作变动的情形下，刑法立法应当坚持宽严相济的刑事政策。但是，需要注意的是，评价立法是否全面贯彻了宽严相济的刑事政策不能只立足于修正案的内容，还应看到修正案的立法背景和任务。宽严相济作为一项基本刑事政策，体现在整个刑法体系之中，在某次局部修正的立法中，因立法重点的不同，其"宽严"不可能做到绝对平衡，而必然会根据立法的需要有所侧重。例如，《刑法修正案（九）》逐步减少适用死刑罪名显然是属于从宽的规定，而加大对恐怖主义犯罪的惩治力度、完善惩处网络犯罪的法律规定、加强对公民人身权利的刑法保护、加大对腐败犯罪的惩处力度、惩治失信背信行为和加强社会秩序保护等规定则偏向于从严。虽然《刑法修正案（九）》看起来是宽严失衡、以严为主，即《刑法修正案（九）》尽管在废除死刑与提高对死缓犯执行死刑的门槛方面体现出了从宽的一面，但主要修订还是增设新的罪名、扩大处罚范围与提高法定刑，因而证明在贯彻宽严相济的刑事政策时，"宽严"不可能做到绝对平衡，而应当根据刑法立法以及社会治理的需要进行适当调整。

2. 坚持问题意识与刑法立法的科学性

科学立法是对经验立法的否定。[④] 这就要求刑法立法要有问题意识，要具有很强的针对性，能切实解决社会需要其解决的问题。我国《刑法修正案（八）》《刑法修正案（九）》针对社会关注的诸多重大问题进行了多方面的回应性立法，包括增设危险驾驶罪、考试作弊行为入刑、提升对拐卖妇女儿童行为的惩治力度、取消嫖宿幼女罪等。对此，刑法理论上有观点认为，我国刑法立法对重大社会关切的回应不够理性，是一种情绪性立法。[⑤] 笔者认为，刑法的立法目的决定了刑法应当对社会关切的重大问题作出一定的回应，但这种回应必须立足于刑法的基本原则和原理，且必须符合刑法立法发展的基本趋势。从总体上看，1997 年刑法典颁行 20 余年来，我国刑法对社会关切的回应基本上坚持

① 参见黄明儒：《论刑事立法的科学性》，载《中南大学学报（社会科学版）》2003 年第 1 期。

② 参见赵秉志：《和谐社会构建与宽严相济刑事政策的贯彻》，载《吉林大学社会科学学报》2008 年第 1 期。

③ 参见李适时：《关于〈中华人民共和国刑法修正案（九）（草案）〉的说明——2014 年 10 月 27 日在第十二届全国人民代表大会常务委员会第十一次会议上》，载赵秉志主编：《〈中华人民共和国刑法修正案（九）〉理解与适用》，中国法制出版社 2016 年版，第 391 页。

④ 参见关保英：《科学立法科学性之解读》，载《社会科学》2007 年第 3 期。

⑤ 参见刘宪权：《刑事立法应力戒情绪——以〈刑法修正案（九）〉为视角》，载《法学评论》2016 年第 1 期。

了理性的立场，如只规定对暴力袭警从重处罚而没有将暴力袭警行为独立成罪；但在个别问题上也存在不够理性之处，如取消嫖宿幼女罪但保留了引诱幼女卖淫罪，这使得取消嫖宿幼女罪是由于该罪对涉案幼女污名化之理由难以成立。未来，我国刑法立法应当更加积极审慎地回应重大社会关切问题。"立法者的任务不是建立某种特定的秩序，而只是创造一些条件，在这些条件下，一个有序的安排得以自生自发地建构起来，并得以不断地重构。"① 科学的刑法立法并不单纯以某种特定秩序的建立为目标，而应追求刑法能够自给自足地运行并合理建构有序的社会生活。在我国现阶段，以宽严相济为指引、以问题意识为导向进行立法，应是科学立法的基本要求。

3. 法益保护前置的立法理念

法益保护是刑法立法的目的。不过，与以往的刑法立法相比，《刑法修正案（九）》在法益保护的程度上明显有所加强。其中最突出的一点是"法益保护前置"，并体现在两个方面：一是基于重大法益保护的需要而提前。《刑法修正案（九）》针对恐怖主义、极端主义犯罪增设了多种新罪，涉及的行为包括资助恐怖培训，招募、运送恐怖活动人员，准备实施恐怖活动，宣扬恐怖主义、极端主义等。这些行为都是恐怖活动的预备行为。《刑法修正案（九）》将这些预备行为上升为实行行为，主要是考虑到恐怖主义、极端主义犯罪侵害的是社会公共安全等重大法益，为更好地保护这些法益，需要刑法提前介入。二是基于法益保护的现实需要而提前。与传统犯罪相比，网络犯罪的隐蔽性更强，影响也更大，这给犯罪证据的收集、案件的处理等带来了新的困难。《刑法修正案（九）》基于网络犯罪治理的需要，将违法利用信息网络等传统犯罪的预备行为单独成罪，实现了刑法法益保护的前置，反映出我国刑法立法理念的创新。《刑法修正案（九）》采取预备行为实行化、帮助行为正犯化等方式将刑法保护的法益范围大幅提前或扩张，正是刑法预防性立法的具体体现。面对复杂多变的社会形势，未来的刑法立法应当重视立法的实证调研，突出立法的准备工作，确保预防性立法具有相应的社会基础、民意基础，避免象征性立法。风险社会下预防性刑事立法的正当性问题，实质上是刑法将一个危险行为作入罪化处理或者使刑罚提前到来的合理依据问题，重点是解决犯罪化与非犯罪化以及危险犯与实害犯的界限。在坚守近现代刑法作为人权保障"大宪章"的前提下，预防性刑法观念的发迹与发达是可预见的趋势，但也应时刻保持警惕并树立科学的风险防控观。②

4. 重视维护社会主义核心价值观的理念

过去，我国刑法十分重视对生命、自由、财产、秩序等传统法益的保护。诚实信用等现代社会的基本价值观念，则更多地依赖于道德规范、非刑事法规范的调整。《刑法修正案（九）》将惩治失信背信犯罪作为修法的重要方面，从 4 个方面完善了失信背信犯罪的立法：一是修改伪造、变造居民身份证的犯罪规定，不仅增加了"买卖"身份证件的行为方式，而且将证件的范围由"居民身份证"修改为"居民身份证、护照、社会保障卡、驾驶证等依法可以用于证明身份的证件"［《刑法修正案（九）》第 22 条］；二是增加规定使用伪造、变造的或者盗用他人的身份证件犯罪［《刑法修正案（九）》第 23 条］；三是增加规定考试作弊犯罪［《刑法修正案（九）》第 25 条］；四是增加规定虚假诉讼犯罪［《刑法修正案（九）》第 35 条］。这体现了我国刑法立法对社会主义核心价值观的维护，未来的刑法立法应当进一步发挥刑法在维护社会主义核心价值观方面的功能和作用。

5. 坚持理性的适度犯罪观

刑法立法的审慎是刑法理性的基本要求，而理性的犯罪观是刑法立法审慎性的首要体现。德国学者指出，"刑法不只反对犯罪人，也保护犯罪人，它的目的不仅在于设立国家刑罚权力，同时也要限制这一权力，它不只是可罚性的源由，也是它的界限，因此表现出悖论性：刑法不仅要面对犯罪人保护国家，也要面对国家保护犯罪人，不单面对犯罪人，也要面对检察官保护市民，成为公民反对司法专横和错误的大宪章"③。综合考虑我国社会发展的情况、犯罪发展趋势和现有刑法规范的实际情况，我们认为，在未来相当长的一个时期，刑法立法的审慎性在犯罪化问题上要求我国保持刑法法益保护机能与人权保障机能的合理平衡，即既不能过度犯罪化，也不能过度非犯罪化，而应保持适度犯罪化的

① 参见［德］弗里德利希·冯·哈耶克：《自由秩序原理》，邓正来译，生活·读书·新知三联书店 1997 年版，第 201 页。

② 参见高铭暄、孙道萃：《预防性刑法观及其教义学思考》，载《中国法学》2018 年第 1 期。

③ 参见［德］拉德布鲁赫：《法学导论》，米健、朱林译，中国大百科全书出版社 1997 年版，第 96 页。

态势。这也是当前我国犯罪形势不断发展和刑法法网不够严密背景下的合理选择。①

所谓适度犯罪化，是指对于一些严重危害民生的行为，应当根据行为的现实危害、影响范围、发展趋势等状况和我国法律制度的配套情况，有选择地予以犯罪化。适度犯罪化是一个相对的概念，它可以被理解为一个相对模糊的数量概念。适度犯罪化要求刑法立法在犯罪化方面应当采取循序渐进的方式，而不能采取大跃进的方式，大量增设新的犯罪或者大量扩张犯罪的范围。但犯罪化数量的多少并不是绝对的，不是说一次增设10种新罪名就是过度犯罪化，一次增设5种新罪名就是适度犯罪化，而要结合现实的危害行为情况和既存的犯罪化与非犯罪化的情况综合判断。换言之，适度犯罪化不是将危害行为一概入罪，而是有选择地将那些危害较大的不法行为入罪；也不是只进行犯罪化而不进行非犯罪化，而是可以将适度犯罪化与适度非犯罪化同时进行。这意味着，适度犯罪化并不表明犯罪化是刑法立法的主导，因此它包含了2种倾向：以犯罪化为主导的刑法立法和以非犯罪化为主导的刑法立法。前者可能只存在犯罪化立法或者虽然存在非犯罪化立法但犯罪化立法是主要的，后者则是以非犯罪化立法为主导，犯罪化立法未占据主要方面。②

我们认为，我国当前之所以应当以适度犯罪化作为刑法立法的基本方向，主要理由在于：（1）犯罪化是我国社会抗制犯罪的现实需要。刑法的调控范围即犯罪圈的大小，不是由立法者的主观意志决定的，而是由许多客观因素决定的，其中最主要的因素就是社会抗制犯罪的客观需要。在中国，随着经济的迅速发展和各项改革的深入进行，以经济关系为主的社会关系日益复杂化，刑法立法对处于转型时期的多变的犯罪情势显得应接不暇。新型的、需要运用刑法进行抗制的危害社会行为不断出现，一些过去并不突出的危害社会的行为日益突出且危害严重，需要运用刑法进行抗制。可以说，客观的社会情势决定了在较长时期内犯罪化将成为中国刑法立法的基本趋势。（2）在当前的社会情势下，“过度犯罪化”和“大量非犯罪化”的策略均不可取。一方面，刑法作为调整社会关系的最后手段，只有在行政、民事等手段不足以惩治的情况下才能采用。正所谓“刑为盛世所不能废，而亦盛世所不尚”。过度犯罪化只会导致刑罚的滥用，影响刑罚功能的发挥，出现进一步的重刑化倾向。另一方面，我国和许多西方国家在“犯罪”的内涵和外延上存在重大差异：我国向来严格区分犯罪与一般违法行为的界限，只将严重危害社会的行为规定为犯罪；而许多西方国家往往在非常宽泛的意义上使用犯罪概念，将许多在我国只被视为一般违法的行为也规定为犯罪。因为原有的基础不同以及犯罪观有别，因而不能将西方国家“大量非犯罪化”的做法简单地照搬到中国。因此，综合我国刑法制度、民众观念、犯罪状况等诸多因素，当前我国刑法立法应当坚持适度犯罪化的基本方向。③

总体而言，在把我国建成富强、民主、文明、和谐、美丽的社会主义现代化国家之前，我国刑法立法总体上需要坚持以犯罪化为主的策略。在坚持适度犯罪化的基本方向之下，我们认为，未来我国犯罪化之路需要分2个步骤进行：（1）在21世纪30年代以前（未来10年左右），我国仍然要面临大量犯罪化的立法倾向；（2）在21世纪30年代至50年代（之后的20年），我国犯罪化的步伐将有所放缓，但仍应以犯罪化为立法的主线。这主要是基于以下三方面的考虑：

其一，我国社会发展的总体目标。这是宏观层面的考虑。党的十五大报告首次提出“两个一百年”的奋斗目标。之后，党的十八大报告再次重申：在中国共产党成立一百年时全面建成小康社会，在新中国成立一百年时建成富强、民主、文明、和谐、美丽的社会主义现代化国家。在党的十九大上，“两个一百年”奋斗目标更是被写入党章。④ 这“两个一百年”的内容是：第一个一百年，即到中国共产党成立100年时（2021年），我国要全面建成小康社会；第二个一百年，即到新中国成立100年时（2049年），我国要建成富强、民主、文明、和谐、美丽的社会主义现代化强国。党和国家的这一发展目标与我国社会发展的总体趋势是相吻合的，并将成为我国社会未来发展的重要动力和指针。而我国

---

① 参见赵秉志：《当代中国犯罪化的基本方向与步骤——以〈刑法修正案（九）〉为主要视角》，载《东方法学》2018年第1期。

② 参见赵秉志：《当代中国犯罪化的基本方向与步骤——以〈刑法修正案（九）〉为主要视角》，载《东方法学》2018年第1期。

③ 参见赵秉志：《当代中国犯罪化的基本方向与步骤——以〈刑法修正案（九）〉为主要视角》，载《东方法学》2018年第1期。

④ 党的十九大在《中国共产党党章》总纲中增加规定：“在新世纪新时代，经济和社会发展的战略目标是，到建党一百年时，全面建成小康社会；到新中国成立一百年时，全面建成社会主义现代化强国。”

刑法的发展无疑要与我国社会的总体发展状况相适应。一般而言，在社会发展的高级阶段，犯罪水平会更低，因而更少依赖刑法，刑法的犯罪化步骤必将放缓；反之，在社会发展的初级阶段，犯罪水平则会相对较高，社会治理也会更多地依赖刑法，刑法的犯罪化步骤必将加速。意大利著名犯罪社会学家菲利的“犯罪饱和论”，反映的就是犯罪与社会发展之间的这种关系，即每一个社会都有其应有的犯罪，这些犯罪是由于自然及社会条件引起的，其质和量是与每一个社会集体的发展相适应的。[①] 基于此，同时考虑刑法立法通常具有一定的滞后性，从社会发展的总体目标来看，未来10年我国刑法的犯罪化步骤仍会快速前进，但在全面建成小康社会之后会有所放缓，并将持续到21世纪50年代，直至我国建成富强、民主、文明、和谐、美丽的社会主义现代化强国。

其二，我国社会文明的发展程度。这是中观层面的考虑。具体而言，犯罪与文明的发展水平密切相关：社会文明发展程度越高，人们的自我约束力越强，社会越轨行为乃至犯罪行为必然减少，犯罪化的社会基础也会因而减弱。党的十七届六中全会提出，要深化文化体制改革，推动社会主义文化大发展、大繁荣，并提出到2020年要实现“社会主义核心价值体系建设深入推进，良好思想道德风尚进一步弘扬，公民素质明显提高”的目标。[②] 建设社会主义文化强国也被写进了我国社会发展的总体规划。[③] 从文明与犯罪的联系上看，在“公民素质明显提高”之前，刑法可能需要较多地介入社会生活，犯罪化因而会成为这一时期刑法立法的主要方向。在此之后，犯罪化的趋势则会逐渐减弱。

其三，我国刑法的实际发展水平。这是相对微观层面的考虑。1979年新中国第一部刑法典颁行至今的40余年间，我国刑法的立法和司法水平得到了极大提升。特别是自1997年全面修订的刑法典通过以来，我国刑法立法的民主性得到了较大提升，刑法立法日趋科学，刑事法网愈加严密。[④] 其中，我国刑法规定的犯罪圈也得到了极大扩张。尽管如此，我国刑法的立法水平与我国犯罪治理的现实需要之间还存在明显差异。这主要表现在：一是刑法立法水平与科技创新的发展水平不相适应。这集中体现在电信网络犯罪方面，又尤以互联网金融犯罪为甚。这些领域的行为兼有创新与违规。刑法在这些领域面临着“一管就死、不管则乱”的尴尬局面，进退维谷。二是刑法立法水平与违法犯罪形势的变化不相适应。这反映出刑法立法的稳定性与违法犯罪行为多变性之间的矛盾，同时也反映出一国刑法的立法水平。例如，在《刑法修正案（九）》的修法过程中，曾有意见主张将强奸罪的对象由“妇女”扩大至“他人”，认为近些年男性受到性侵犯的案例时有发生，应该在修改该条的基础上一并修改刑法典第236条强奸罪的规定，将对男性实施性侵犯的行为也规定为强奸犯罪。但立法者考虑到针对男性实施的强奸犯罪较少而未采纳该意见。这反映了刑法立法的谨慎态度。但从长远的角度看，再一次通过立法方式扩大强奸罪的范围似乎终究不可避免。三是刑法立法水平与国际社会要求不相一致。这主要涉及众多国际公约的要求和国际社会的发展潮流。我国的刑法立法与国际社会的刑事法治发展进步水平与要求之间还存在较大差距。其中比较突出的是死刑改革问题，同时也包括腐败犯罪、洗钱犯罪、国际犯罪等方面的犯罪化问题。对于这些问题，我国需要在今后的刑法立法中逐步加以解决，这成为我国刑法犯罪化立法的重要推动力量。

但是，当社会发展进入高度稳定期，新的违法犯罪现象不会大量涌现，而刑法立法水平的提高能够充分满足社会治理的需要时，我国刑法立法的犯罪化状况将会面临转折。综合我国社会发展的总体目标，这个转折点很可能发生在第二个百年目标实现之后，即“到新中国成立100年时（2049年）建成富强、民主、文明、和谐、美丽的社会主义现代化强国”之后，届时我国将较为发达，社会进入平稳的繁荣期，违法犯罪行为大量减少，我国刑法立法的犯罪化也将进入一个转折点，维持刑法立法的稳定甚至非犯罪化将成为我国刑法立法的主要方面。这包括两种情形：一是刑法立法的犯罪化水平低于非犯罪化水平。这意味着，即便存在犯罪化的现象，但与非犯罪化相比，犯罪化将是少量的、次要的现象。二是刑法立法的犯罪化过程停滞。由于刑法立法的犯罪化达到一定程度后，刑法已经能够全面适应违法犯罪现象变化的要求和社会治理的需要，进而可能在相当长的时间内保持稳定状态，既不进行犯罪化立法，也不进行非犯罪化立法。

① 参见［意］菲利：《实证派犯罪学》，郭建安译，中国政法大学出版社1987年版，第43页。

② 《中共中央关于深化文化体制改革推动社会主义文化大发展大繁荣若干重大问题的决定》，载《人民日报》2011年10月26日。

③ 中共中央宣传部：《习近平总书记系列重要讲话读本》，学习出版社、人民出版社2014年版，第152页。

④ 参见赵秉志：《中国刑法立法晚近20年之回眸与前瞻——纪念97刑法典颁行20周年》，载《中国法学》2017年第5期。

适度犯罪化需要采取多种手段达成，即刑法的立、改、废、释多种手段并举。刑法的立、改、废、释，是指对于新型严重的危害行为要及时入罪，对于不合理的刑法规范要及时修改，对于已过时或根本不使用的刑法规范要及时废除，对于不明确的刑法规范要及时予以解释。通过运用立、改、废、释等多种手段动态调整刑事立法，促进科学刑事立法体系的形成。(1)“立”，主要是指对于犯罪形势较为多发和常见的行为及时规定为犯罪，加大刑法的打击力度。比如，证券犯罪中的新型操纵行为、涉黑恶势力的刑法界定和财产处置等问题，要及时纳入刑法立法中。(2)“改”，是指对于不合理的刑法规范要及时修改。比如，关于刑法典第 293 条寻衅滋事罪、第 114 条以危险方法危害公共安全罪、第 276 条破坏生产经营罪、第 286 条破坏计算机信息系统罪等“口袋罪”，今后我国的刑事立法应该尽量明确罪状或缩小外延，尽量缩小这些“口袋罪”的边界。(3)“废”，是指对于已过时或根本不使用的刑法规范要及时废除。对于一些不再使用的刑法规范尤其是一些个罪罪名应该废除，即除罪化。只有立废并举，使犯罪化与非犯罪化之间保持基本的平衡，刑事立法才能实现科学性。尤其是对于非暴力犯罪死刑条款以及那些随着国家经济政策、刑事政策或者犯罪理论的发展变化而不再适用的犯罪，应当及时废止，如刑法第 158 条的虚报注册资本罪，第 159 条的虚假出资、抽逃出资罪等。(4)“释”，是指对于不明确的刑法规范要及时解释，保障刑法的正确实施，有效避免司法实践对刑法条文的分歧和争议，最大限度地实现司法公正。在今后我国的刑事立法工作中，在进行刑法立法解释的同时，也应充分发挥司法解释、司法指导性案例的作用，发挥学者的积极性，加强有权解释和学理释法观点的应用。①

6. 坚持理性的刑罚观

刑法立法的审慎性和刑罚的特殊严厉性特征，都要求刑罚立法必须保持适当的理性。正如德国著名刑法学家耶林所指出的：“刑罚如两刃之剑，用之不得其当，则国家与个人两受其害。”② 对未来我国刑法的立法而言，理性的刑罚观要求以下两点：

其一，刑罚的轻缓化。我国目前的刑罚体系在整体上仍呈现出偏重于重刑的结构，即以自由刑为中心，兼及生命刑和财产刑，而资格刑在我国刑罚体系中的种类较少且地位较低。这种重刑化的刑罚结构与我国犯罪圈的扩张不相适应，也与我国民众权利意识的提升不相适应。未来我国应当坚持刑罚轻缓化的改革方向，进一步减少死刑的立法和适用，提高财产刑的地位，增设更多的资格刑。

其二，刑事制裁措施的多元化。刑事制裁措施包括刑罚措施与非刑罚措施两大类。我国传统的刑事制裁措施均以刑罚为核心，非刑罚措施基本不发挥实质作用。不过，近年来，我国刑法立法理念有所变化。《刑法修正案（八）》增设社区矫正制度和禁止令制度，《刑法修正案（九）》增设从业禁止之预防性措施，在一定程度上表明我国刑法立法重视预防性措施的趋势，③ 有助于弥补我国刑事制裁体系的不足，拓展了非刑罚措施，推动了保安处分的刑法改革，④ 亦表明我国刑法的立法理念正在更新。这是我国刑事制裁体系改革的重要举措，也与我国重视犯罪人的人身危险性因素有关，并且符合我国刑罚的预防目的。事实上，随着人身危险性因素在我国定罪量刑中的地位提升（如《刑法修正案（八）》将“多次盗窃”作为盗窃罪的入罪标准之一），保安处分的种类和地位必将得到进一步的增加和提升。

因此，未来的刑法立法应当在进一步明确禁止令和从业禁止措施的法律性质的基础上，更新刑法立法理念，重视保安处分等预防性措施在犯罪治理中的功能和作用。

（二）坚持统一刑法典的刑法立法模式

刑法立法的科学化要求刑法立法遵循刑法的内在发展规律，其核心是适应犯罪的发展规律和犯罪治理的需要。首先要保持刑法体系的科学化，即刑法必须不断完善其体系和结构，如刑法整体体系的完善（采取单一的刑法典还是允许刑法典与单行刑法、附属刑法并存）、刑法典的总则与分则结构的完善，以及刑法典总则、分则内部结构的科学划分。其中，关于刑法的立法模式，主流观点主张我国

---

① 参见刘艳红：《以科学立法促进刑法话语体系发展》，载《学术月刊》2019 年第 4 期。

② 参见林山田：《刑罚学》，台湾商务印书馆 1975 年版，第 127 页。

③ 参见袁彬：《刑法制裁措施多元化的功能审视与结构完善》，载《法学评论》2018 年第 4 期。

④ 参见魏东：《我国废止劳教后的保安处分改革》，载《苏州大学学报（哲学社会科学版）》2015 年第 1 期。

的刑法立法应坚持刑法典的统一性。[①] 此外还有不同的主张：有的主张刑法立法走综合化的道路，认为集中性、统一性的刑事立法模式并不现实，我国应由刑法典、单行刑法、附属刑法、轻犯罪法分别规定不同性质的犯罪；[②] 也有的主张刑法立法走二元化的道路，认为我国刑法立法应采取以刑法典为主、以特别刑法为辅的立法模式。[③] 如何正确看待和处理这一问题，关乎刑法立法的科学化程度。而刑法立法模式反映了一国对刑法立法方式的追求。关于未来刑法的修法模式，笔者认为，我国应当发挥刑法法典化之优势，继续坚持统一的刑法典模式。这是因为：（1）1997年刑法典颁行20余年来我国刑法立法的经验表明，统一的刑法典模式是一种成功的刑法立法模式，应当予以坚持。如前所述，1997年刑法典颁行20余年来我国刑法修法主要采取的是刑法修正案方式，通过刑法修正案对刑法典进行了修改、补充和完善，不仅能够满足刑法立法的灵活性要求，而且有效地维护了刑法立法的统一，促进了刑法立法功能的发挥。（2）我国的现实国情要求我国的刑法立法应采取统一的刑法典模式。我国现代刑事法治始于新中国的成立。之后，经过长期努力，我国的法治建设水平得到了较大的提升，立法和司法能力得到了显著的增强，民众的法治观念也得到了大幅的提升。但不可否认的是，我国刑事法治建设距离我国法治和社会现代化建设的目标仍有较大的差距，立法、司法和守法能力与水平仍有待进一步提升。我国仍然需要积极增强刑法立法的适用性，提升司法水平和守法意识。在此背景下，统一的刑法典模式因其体系完整、结构完备、内容集中，更容易为司法者和民众所理解与掌握。相比之下，分散的刑法立法模式将刑法规范分散在刑法典、单行刑法和附属刑法之中，刑法规范之间的联系和对应被削弱。特别是附属刑法，其设置在民事、行政法律之中，对民事、行政法律具有很强的依附性，不容易为人们所掌握。可以说，对我国这样一个现代法治精神欠缺、法治资源尚待积累巩固的国家而言，统一的刑法典是具有号召力的法律文化力量，也是造就共同法律文化的有利因素。[④]（3）相关国家的立法实践表明，我国的刑法立法应采取统一的刑法典模式。受历史、文化、传统和观念的影响，当代中国刑法在理念和规范上都与大陆法系国家的刑法更为接近。不可否认，从具代表性的大陆法系国家刑法的立法模式上看，德国、日本等国家都在刑法典之外保留了单行刑法和附属刑法。造成这种立法状况的原因，一方面是因为以德日等为代表的大陆法系国家的刑法对犯罪采取的是"立法定性、司法定量"的模式，[⑤] 其行政处罚几无存在的空间，因而这些国家将部分刑事责任规范规定在行政法律之中以明确行为的法律责任，有一定的合理性。而我国对犯罪采取的是"定性+定量"的立法模式，行政法律对违法行为可以通过明确其行政责任的方式确立违法内涵，将比行政责任更严重的刑事责任规定在刑法典中并不会影响行政法律规范的强制性。另一方面是因为德日等大陆法系国家刑法典的修法程序更为复杂，不利的影响因素更多。据介绍，这些国家各有关政党基于其自身利益的考虑，其立法机关的立法者们往往更关注那些民众感兴趣的现实民生性议题，而较少关注刑法典这样的基本法修改。受党派利益之争和民意代表们关注程度的影响，这些国家的刑法典修订工作变得更为复杂和困难。与这些国家相比，我国刑法典的修正不会遇到这类阻力和分歧，修法程序也相对快捷。因此，采取统一刑法典的立法模式，不会影响我国刑法修法的及时性。

立足于统一的刑法典模式，未来我国刑法的修正将可能采取以下两种方式进行：（1）刑法修正案方式。目前，我国已经通过了11个刑法修正案。按照这一思路，我国今后还可能继续采取刑法修正案的方式对刑法典进行局部的修正。不过，受全国人大常委会职权的限制，这种修正仍然局限于对刑法典的"部分"修正，且不得违反刑法的基本原则，并需切实贯彻全国人大常委会审议法律案的三次审议制度。（2）全面修订刑法典的方式。我国现行刑法典颁行于1997年，至今已有20余年（1997年刑

---

① 参见高铭暄：《中华人民共和国刑法的孕育诞生和发展完善》，北京大学出版社2012年版，前言，第13页；高铭暄、马克昌主编：《刑法学》，北京大学出版社、高等教育出版社2019年版，第11-13页；高铭暄：《新中国刑法立法的变迁与完善——庆祝中华人民共和国成立70周年》，载赵秉志、贾宇、张旭主编：《新中国70年刑法的变迁与发展》，中国人民公安大学出版社、群众出版社2019年版，第8页；赵秉志：《改革开放40年我国刑法立法的发展及其完善》，载《法学评论》2019年第2期。

② 张明楷：《刑事立法的发展方向》，载《中国法学》2006年第4期。

③ 孙力、付强：《对我国刑事立法模式的反思与重构》，载戴玉忠、刘明祥主编：《和谐社会语境下刑法机制的协调》，中国检察出版社2008年版，第34-36页。

④ 参见赵秉志、袁彬：《建议将惩治外汇犯罪决定纳入刑法典》，载《法制日报》2012年2月22日。

⑤ 参见欧锦雄：《犯罪的定义对犯罪构成边界之限制——以我国四要件体系与德、日等国三阶层体系相比较为例的分析》，载《法商研究》2016年第2期。

法典与 1979 年刑法典之间只间隔了 18 年)。1997 年刑法典颁行 20 余年来，我国刑法在立法的理念、政策等方面都有了较大的发展，其中对包括刑法基本制度、基本结构在内的刑法规范问题也有了新的认识。我国要将这些认识全面地体现在刑法典中，就需要对刑法典进行全面修订。综合各方面的因素，笔者认为，在统一的刑法典模式之下，我国在未来应当考虑适时全面修订刑法典。这是因为：首先，这是全面调整刑法结构的需要。虽然当前我国刑法典的结构大体合理，但仍然存在若干有待改进之处。例如，刑法典关于空间效力的规定，尚缺乏对我国港、澳特别行政区和台湾地区与祖国内地（大陆）互涉刑事案件管辖权问题的规范；刑法典尚缺乏对特殊群体犯罪的专门规定，不利于加强对这些群体的刑法保护；刑法典规定的刑事制裁措施较为单一，有进行多元化改革的必要；刑法典分则尚缺乏国际犯罪等专章，不利于与国际社会加强惩治国际犯罪的要求相对接。我国的刑法立法要解决这些问题，就需要对刑法典进行全面修订。其次，这是全面更新刑法理念的需要。1997 年刑法典颁行 20 余年来，我国刑法在人权保障、犯罪治理、刑罚改革等方面都取得了积极进展，人权保障观念进一步深入人心，对犯罪的治理逐渐转向强调惩罚与预防并重，刑事制裁措施也逐渐由单一的惩罚性走向惩罚与预防相结合。这些理念的贯彻涉及对刑法基本原理和制度的调整，显然不宜采取刑法修正案的方式进行。最后，这是将单行刑法纳入刑法典的需要。1998 年 12 月 29 日全国人大常委会通过的单行刑法《关于惩治骗购外汇、逃汇和非法买卖外汇犯罪的决定》对刑法典只作了增设骗购外汇罪和修改逃汇罪两点修正。尽管如此，该单行刑法与刑法典并存的局面仍在一定程度上影响了我国刑法体系的完整与统一。特别是骗购外汇罪涉及的是一个独立的条款，在体系上不属于刑法典的任何一条，在单行刑法的框架下难以直接纳入刑法典。新中国成立 70 余年来，特别是 1997 年刑法典颁行之后晚近 20 余年来的立法经验表明，统一的刑法典模式能够适应我国刑法立法的现实需要，能够较好地保证刑法立法的完整性、统一性，应当得到继续坚持。在此基础上，为了进一步推进统一的刑法典模式，我国应当适时将 1998 年《关于惩治骗购外汇、逃汇和非法买卖外汇犯罪的决定》的内容视需要予以废止或者纳入刑法典，取消单行刑法这一立法形式。对此最好的修法方式是全面编撰刑法典。

关于修正案的修法方式，一个值得关注的问题是：刑法修正案应否提交全国人大审议通过。这个问题在前 7 次刑法修正案出台的过程中并不突出，而主要出现在《刑法修正案（八）》《刑法修正案（九）》和《刑法修正案（十一）》的立法过程中。有观点认为，这 3 次刑法修正案的内容都非常重大而且修法数量较多。对于修法内容多、幅度大的刑法修正案，应由全国人大而不是由全国人大常委会审议通过。[①] 我们认为，此问题涉及《立法法》第 7 条关于全国人大常委会职权的理解。我国《立法法》第 7 条第 3 款规定："全国人民代表大会常务委员会制定和修改除应当由全国人民代表大会制定的法律以外的其他法律；在全国人民代表大会闭会期间，对全国人民代表大会制定的法律进行部分补充和修改，但是不得同该法律的基本原则相抵触。"这其中有 2 个概念十分关键，即"部分"和"基本原则"。对这 2 个概念既可以作形式上的狭义理解，也可以作实质上的扩大或限制理解。笔者赞同应对这 2 个概念作实质的理解。其中，对"部分"应作限制性解释，将其解释为"局部"，即补充和修改的刑法典条文数虽然没有超过半数但已经数量很大且涉及的方面也较多，就应认定其不属于"部分"。对"基本原则"则有必要作扩大的解释，即它既包括刑法典第 3—5 条明文规定的基本原则，也包括那些没有明文规定但对立法、司法具有重要指导作用的基本原则、原理。[②] 据此，刑法修法具有以下 2 种情形之一的，都应交由全国人大表决：（1）刑法修法的条文数量较多。如果修法的条文达到了刑法典总条文数的 1/5 或者 1/4 以上的，即可认为超出了"局部"修改。（2）刑法修法的内容重大。例如，《刑法修正案（九）》增设的终身监禁制度涉及刑罚体系的调整和罪责刑相适应原则的贯彻，应认为涉及"刑法基本原则"问题。

（三）对刑法结构予以合理调整

关于我国刑法典分则的犯罪分章规制，刑法理论上曾有过"大章制"与"小章制"的争论。1997 年刑法典采取的既非"大章制"，也非"小章制"，而是大小章结合、大章下设节的形式。笔者认为，

---

① 参见全国人大常委会法工委刑法室编：《地方人大和中央有关部门、单位对刑法修正案（九）草案的意见》（法工刑字〔2015〕1 号）（2015 年 1 月 4 日）。全国人大常委会法工委刑法室编：《刑法修正案（九）草案向社会公众征求意见的情况》（法工刑字〔2015〕2 号）（2015 年 1 月 4 日）。

② 参见赵秉志、袁彬：《刑法最新立法争议问题研究》，江苏人民出版社 2017 年版，第 16 页。

章节制增加了刑法体系的层次性，有助于更好地理顺刑法规范的结构关系，应当继续坚持和完善刑法结构的章节制。我国1997年刑法典确立了“总则”“分则”“附则”3编暨“总则”5章、“分则”10章的基本结构。1997年刑法典颁行20余年来，我国刑法修法没有对刑法典的结构进行过调整。但从刑法典结构进一步完善的角度考虑，我国有必要从以下两方面进一步调整刑法典的结构：（1）适当增设必要的章节。其中，在刑法典总则方面，我国有必要将“刑法的适用范围”独立成章，并增设“正当行为”“罪数”“特殊群体的刑事责任”“保安处分（预防性措施）”等专节，这一方面是为了进一步充实相关部分的刑法规范内容；另一方面也是为了保持其与刑法典总则已有章节之间的协调与平衡。在刑法典分则方面，我国有必要增设“国际犯罪”专章以方便增加规定相关国际罪行，同时对恐怖活动犯罪、信息网络犯罪等单独设节，并将危害婚姻家庭罪、环境犯罪独立成章，以合理调整刑法对这些类型犯罪的惩治。[①]（2）适当调整现有的章节。一方面，我国有必要在刑法典分则各章之下均设节的层次，这样既有利于彻底贯彻刑法典分则的章节制，也有利于保持刑法典分则各章之间的平衡；另一方面，我国有必要合并刑法典分则的部分章节，如可以根据犯罪侵害的同类客体，将贪污贿赂罪与渎职罪两章合并为职务犯罪专章，将危害国防利益罪和军人违反职责罪两章合并为危害国家军事利益罪专章。同时，在章下设节，并在此基础上根据客体的重要程度调整不同章节的顺序。[②]

（四）对刑法制度予以合理改革

我国未来刑法改革的关键是关于刑法制度的改革。在制度设计上，我国有必要结合现有制度，积极推进以下四方面的刑法制度改革：

其一，进一步加强对特殊群体的刑法保护。除了前述死刑制度改革涉及的特殊群体犯罪问题，我国还有必要对未成年人、老年人、孕妇、新生儿母亲、聋哑人、精神障碍人等特殊群体犯罪的刑法适用规定专门的政策、原则和制度，特别是要明确对特殊群体犯罪从宽的原则和措施。

其二，进一步推进死刑制度改革。如前所述，1997年刑法典颁行20余年来，我国在死刑制度改革方面取得了重大进展。但我国死刑制度的现状与我国死刑制度改革的目标之间尚存在较大的差异。未来我国应当进一步推进死刑制度的改革，包括严格限制死刑的适用条件，将死刑的罪种限定为联合国人权公约所倡导的“最严重的犯罪”之范围；严格限制死刑的适用对象，禁止对老年人、新生儿母亲、聋哑人、精神障碍人等特殊群体适用死刑；进一步提升死缓制度的地位并提高死缓犯执行死刑的条件；进一步废止死刑适用的罪名，逐步将死刑适用的罪名缩小至致命性暴力犯罪，直至最终全部予以废止。

其三，进一步推动刑事制裁制度的多元化和轻缓化改革。一方面，我国应进一步探索建立并完善保安处分等预防措施，完善资格刑，提升财产刑的刑法地位，探索不同刑事制裁措施之间的转换制度，推动刑事制裁措施的多元化；另一方面，我国应进一步推动刑事制裁的轻缓化，包括推广和改进社区矫正制度，扩大管制刑的适用，完善缓刑适用，探索建立一整套完善的刑事赦免制度，改进具体犯罪的法定刑设置，合理推动相关犯罪法定刑的轻缓化。

其四，进一步完善重点领域的犯罪治理制度。我国应当进一步完善对恐怖主义犯罪、极端主义犯罪、黑恶势力犯罪、金融犯罪、信息网络犯罪、环境犯罪、腐败犯罪等重点犯罪的刑法治理制度，完善其入罪门槛、定罪量刑标准、法定刑设置；同时，要适应犯罪治理的需要，积极增设必要的新罪（包括前述的增设国际犯罪等）。

（五）对刑法立法技术进行合理革新

刑法要增强其适应社会生活的能力，就既要维护自身的确定性，又要具有一定的灵活性，而对于此二者的协调，立法技术在其中发挥着重要的作用。[③]《刑法修正案（九）》在取消组织卖淫罪、强迫卖淫罪死刑的同时，规定犯组织卖淫罪、强迫卖淫罪“并有杀害、伤害、强奸、绑架等犯罪的，依照数罪并罚的规定处罚”，即在减少死刑罪名的同时利用数罪并罚制度解决严重罪行的死刑转致适用问题，体现了我国死刑改革的立法技术探索。在此基础上，我国未来应当进一步加强刑法立法的技术革新，可以考虑致力于以下三方面：

---

① 参见赵秉志：《当代中国刑法体系的形成与完善》，载《河南大学学报（社会科学版）》2010年第6期。

② 参见赵秉志：《关于完善刑法典分则体系结构的新思考》，载《法律科学》1996年第1期。

③ 参见周少华：《立法技术与刑法之适应性》，载《国家检察官学院学报》2011年第3期。

其一，对死刑罪名的技术性删除。尽管经过第八和第九2个刑法修正案，我国已经取消了22种罪名的死刑，但当前我国死刑罪名仍多达46种。而从司法实践的角度看，其中大部分都属于备而不用或者备而少用。许多罪名死刑的适用也仅限于致人死亡的情形（如抢劫致人死亡、强奸致人死亡等）。根据这一情况，我国应当扩大运用牵连犯等罪数原理，对以杀人手段实施的犯罪，确立按照故意杀人罪与相关犯罪数罪并罚或者从一重罪处罚的原则，将其死刑适用问题全部纳入故意杀人罪内进行解决。据此，在保留故意杀人罪死刑的前提下，我国完全可以大量取消现有犯罪的死刑。

其二，对过度类型化犯罪的技术整合。从立法罪名的设置上看，我国刑法存在对许多类似犯罪区分过细的问题，如刑法典对诈骗犯罪、盗窃犯罪、抢劫犯罪的行为类型就明显分类过细。虽然其旨在细化罪刑关系，但近似犯罪在定罪量刑标准上的差异也容易导致刑法适用的矛盾与冲突。对此，有观点认为，刑法过度类型化的思维不仅造成了“不典型”与“典型”关系的混乱，而且造成了犯罪行为方式以及犯罪形态等问题上所体现出来的规范的混乱。① 笔者认为，这种看法有一定的合理性。有鉴于此，我国应当探索犯罪类型化的合理规则，根据罪刑关系的需要，合理地进行类型化立法。

其三，关于刑法明确性的技术处理。“法律只能订立一些通则，不能完备无遗，不能规定一切细节，把所有的问题都包括进去。”② 对刑法立法而言，立法技术的局限性决定了刑法规范的明确性只能是相对的，一定的模糊性与不确定性不可避免。③ 正是基于对这种立法特点的考虑，1997年刑法典颁行20余年来，我国已将一些犯罪的定罪量刑标准由明确具体的刚性规定（如“偷逃应缴税额五万元以上”）修改为相对模糊的概括规定（如“数额较大”）。这种立法的模糊性和概括性赋予司法更大的弹性和张力。但刑法必须在立法的明确性与模糊性之间有所抉择，要保持一个合理的限度。未来我国应当在刑法立法上积极探索进一步细化量刑情节、慎用兜底条款等措施，合理把握刑法明确性的程度。

（六）促进刑法立法的民主化

良法的产生有赖于民主的立法程序。现代意义上的立法都与民主的理念及制度息息相关，否则将有可能蜕变为服务于少数利益集团的“私人产品”。④ 因此，立法的民主性是现代法治的基本要求和体现，也是刑法立法科学性的重要保障。

第一，立法公开与刑法立法的民主性。立法的民主性是以其公开性为前提的。相关研究认为，“现代立法，说到底是以民主的方式分配正义。倘若缺失立法的公开性，立法的民主性便如沙漠之塔”。⑤。立法的公开开放主要有两方面：一是整个立法过程的全程公开开放，二是立法机关场所和立法会议对社会公众开放。⑥

例如，《刑法修正案（九）》《刑法修正案（十一）》在立法的公开性上延续了之前刑法立法的2个做法［以《刑法修正案（九）》为例］：一是在草案一稿立法审议后即向社会公布并征求社会意见。2014年10月27日，全国人大常委会法工委主任李适时受全国人大常委会委员长会议的委托，在第十二届全国人大常委会第十一次会议上作了《关于〈中华人民共和国刑法修正案（九）（草案）〉的说明》。2014年10月31日，第十二届全国人大常委会第十一次会议对《刑法修正案（九）（草案）》进行了分组审议。第十二届全国人大常委会第十一次会议初次审议《刑法修正案（九）（草案）》之后，法工委一方面将该草案印发中央有关部门、各省（自治区、直辖市）和一些较大的市以及有关社会团体、教学科研机构征求意见，另一方面自2014年11月3日起将该草案在中国人大网上公布向社会公布征求意见，为期1个月。二是全国人大常委会对《刑法修正案（九）（草案）》的审议面向媒体公开，允许新闻记者跟踪报道。全国人大常委会对《刑法修正案（九）（草案）》的历次审议过程和内容也得以通过媒体及时传递给社会公众。

与以往刑法立法公开不同的是，此两次刑法修正向社会公开了立法草案的二次审议稿并征求意见。2015年6月26日，第十二届全国人大常委会第十五次会议对《刑法修正案（九）（草案二次审议稿）》进行了审议。2015年7月1日，第十二届全国人大常委会第十五次会议闭幕。7月6日起，《刑

① 参见马荣春：《警醒刑法学中的过度类型化思维》，载《法律科学》2012年第2期。

② 参见［古希腊］亚里士多德：《政治学》，吴寿彭译，商务印书馆1983年版，第163页。

③ 参见刘艳红：《刑事立法技术与罪刑法定原则之实践——兼论罪刑法定原则实施中的观念误差》，载《法学》2003年第4期。

④ 参见刘武俊：《立法程序的民主性与公开性》，载《人民法院报》2001年5月2日。

⑤ 阿计：《“立法新政”力推立法民主》，载《政府法制》2000年第14期。

⑥ 参见刘佩韦：《论立法的民主性》，载《山西大同大学学报（社会科学版）》2009年第5期。

法修正案（九）（草案二次审议稿）》在中国人大网再次向社会公开征求意见，历时1个月。社会各界对《刑法修正案（九）（草案二次审议稿）》又进行了深入讨论。鉴于刑法修正案一般都是由全国人大常委会进行3次审议即付诸表决，因此立法机关2次向社会公布草案的审议情况，基本已做到了最大限度的公开。这是我国刑法立法在公开性上的新举措，表明我国刑法立法的民主性在不断增强。

第二，直接参与程度与刑法立法的民主性。"民主是一种社会管理体制，在该体制中社会成员大体上能直接或间接参与影响全体成员的决策。"① 立法的直接参与性反映了民众对立法的参与程度，即民意表达的程度。而扩大立法的公众参与，有助于广大人民群众感受立法、了解立法，深刻认识法律的权威与价值，从而提高法律实施的效果，也有助于多元利益诉求通过立法程序得到合理的平衡，从制度源头上预防与减少社会矛盾冲突。②

在立法的直接参与方面，《刑法修正案（九）》《刑法修正案（十一）》坚持了之前刑法立法的一些传统经验，包括向社会公众、有关单位和部门、全国人大代表以及专家学者征求意见等。与以往不同的是，这两次立法的直接参与方面有两点值得特别关注：一是立法机关（包括立法工作机关）十分重视社会各界对刑法立法的参与。立法机关不仅在立法草案研拟前广泛调研，积极听取各方意见和建议，并在研拟过程中召开各种座谈会、专家论证会，听取各个单位、部门和专家的意见，而且还组织召开了刑法修正案通过前的立法评估会。2015年3月15日第十二届全国人大第三次会议修正的《立法法》补充了第39条："拟提请常务委员会会议审议通过的法律案，在法律委员会提出审议结果报告前，常务委员会工作机构可以对法律草案中主要制度规范的可行性、法律出台时机、法律实施的社会效果和可能出现的问题等进行评估。评估情况由法律委员会在审议结果报告中予以说明。"按照这一规定，全国人大常委会法工委于2015年8月10日在京召开了《刑法修正案（九）》通过前的立法评估会，邀请部分全国人大代表、专家学者、律师和公检法部门的基层执法人员参加，对《刑法修正案（九）（草案）》中主要制度规范的可行性、修正案出台时机、实施的社会效果和可能出现的问题进行评估。同样，全国人大常委会法工委也于2020年12月11日在北京召开《刑法修正案（十一）（草案）》通过前评估会。二是社会各界参与刑法立法的积极性非常高。此次刑法修改因其涉及的内容广泛、重要，受到社会各界的高度重视和积极参与。据统计，《刑法修正案（九）（草案）》第一次向社会公开征求意见后，共有社会公众15096人提出了51362条意见；③ 第二次向社会公开征求意见后，共有76239位网民通过网络提出了110737条意见。④ 相比之下，民众对全国人大常委会同期审议的其他立法的参与程度明显不如刑法修正案。除了社会公众、网民的意见，在此次修法过程中，许多单位、部门和科研机构也都针对征求意见的草案提出了大量意见。这些意见都由我国立法机关收集、整理，并对其中一些重要意见进行了专门研究，表明立法机关对各方面意见的重视，也反映出我国刑法立法的民主性正在不断增强。

第三，草案临时新增条款与刑法立法的民主性。近年来，我国在刑法立法过程中临时新增条款的现象正日益受到关注。在《刑法修正案（九）》的立法过程中，主要涉及修正案草案第三次审议稿新增加的暴力袭警从重处罚、取消嫖宿幼女罪和增设贪污罪受贿罪的终身监禁制度等，特别是增设贪污罪受贿罪的终身监禁制度尤受关注。我国《立法法》第29条第1款规定："列入常务委员会会议议程的法律案，一般应当经三次常务委员会会议审议后再交付表决。"但《刑法修正案（九）（草案）（三次审议稿）》新增的条款只经过全国人大常委会的一次审议即交付表决。而《立法法》第29条之所以对列入常务委员会会议议程的法律案作"一般应当经三次常务委员会会议审议后再交付表决"的规定，其目的显然是让全国人大常委会委员和社会各方面能够对立法的内容进行更全面的讨论，以保证立法的民主性。《刑法修正案（九）（草案）（三次审议稿）》新增的多项规定中，终身监禁制度属于刑法的重大制度，有必要由各方进行充分的讨论。⑤ 从立法民主性的角度看，全国人大常委会应当将

---

① 参见［美］科恩：《论民主》，聂崇信等译，商务印书馆2004年版，第10页。

② 参见韩大元：《在科学立法民主立法方面迈出新步伐》，载《人民日报》2011年3月4日。

③ 参见第十二届全国人大常委会第十五次会议参阅资料（二）：《中华人民共和国刑法修正案（九）（草案二次审议稿）参阅资料》，全国人大常委会办公厅秘书局2015年6月23日编印，第26-89页。

④ 参见第十二届全国人大常委会第十六次会议参阅资料（一）：《中华人民共和国刑法修正案（九）（草案三次审议稿）参阅资料》，第23-33页。

⑤ 参见全国人大常委会法工委刑法室编印：《一些部门、法学专家对刑法有关问题的意见》（2015年7月16日）。

这些涉及重大刑法制度的立法内容交由人大常委会委员进行全面而充分的审议。

总而言之，我国刑法立法至今历经70余年。可以说，从刑法的起草、两个刑法典的出台再到历次修改，立法机关都非常注意倾听来自方方面面的不同声音并给予尊重，从而较为充分地贯彻了我们党一贯倡导的民主立法原则。在未来的刑法立法过程中，需要进一步扎稳立法的民主性基础，坚持以人民为中心、发扬人民民主是推动刑法立法工作健康发展的基本力量。立法的民主性是确保立法科学性的政治基础，是刑法修正遵循科学性原则的重要前提。应健全社会各方有序参与立法的途径和方式，拓宽公民有序参与立法途径，健全法律法规草案公开征求意见和公众意见采纳情况反馈机制，广泛凝聚社会共识，进一步确保刑法修正对惩治和预防犯罪的针对性与有效性。同时，还需优化立法科学化的运行机制，健全立法起草、评估、论证、协调、审议机制，推进立法精细化。[①]

通过上述分析可以发现，1997年刑法典颁行20余年来，我国的刑法立法在立法理念、模式和内容上都取得了积极进展。其中特别值得肯定的是我国坚持了统一的刑法典模式，促进了刑法立法的统一。在此基础上，我国刑法立法的民主性、科学性和完备性都得到了不同程度的增强。但不可否认的是，我国的刑法立法在观念、结构和制度设计上仍然存在一些缺陷。可以预见的是，尽管我国现行刑法典的体系能够基本满足我国现阶段犯罪治理和刑法修正的需要，但随着社会发展对完善刑法典呼声的不断增强，我国全面修订刑法典的时机正逐步来临。我国未来的刑法立法改革走向，是要总结我国刑法立法的既往经验，正视其存在的不足，在纷繁复杂的现实之中，坚持理性的刑法立法观，积极探索刑法立法的结构优化、制度改革和立法技术完善，不断地从结构、制度和立法技术这三个方面完善刑法典。唯有如此，我国刑法立法的统一性、民主性、科学性和完备性才能持续地提升，从而进一步推动我国刑事法治建设的进步。

① 参见高铭暄、孙道萃：《我国刑法立法的回顾与展望——纪念中国共产党十一届三中全会召开四十周年》，载《河北法学》2019年第5期。

图书在版编目（CIP）数据

新中国刑法立法沿革全书 / 高铭暄，赵秉志，商浩文编著 . --北京：中国人民公安大学出版社，2021. 12

ISBN 978-7-5653-4463-3

Ⅰ.①新… Ⅱ.①高…②赵…③商… Ⅲ.①刑法—立法—法制史—研究—中国—现代 Ⅳ. ①D924.02

中国版本图书馆 CIP 数据核字（2021）第 269715 号

新中国刑法立法沿革全书

高铭暄 赵秉志 商浩文 编著

出版发行：中国人民公安大学出版社
地　　址：北京市西城区木樨地南里
邮政编码：100038
经　　销：新华书店
印　　刷：天津盛辉印刷有限公司

版　　次：2021 年 12 月第 1 版
印　　次：2021 年 12 月第 1 次
印　　张：114. 75
开　　本：880 毫米×1230 毫米 1/16
字　　数：4813 千字

书　　号：ISBN 978-7-5653-4463-3
定　　价：698. 00 元

网　　址：www. cppsup. com. cn www. porclub. com. cn
电子邮箱：zbs@ cppsup. com zbs@ cppsu. edu. cn

营销中心电话：010-83903991
读者服务部电话（门市）：010-83903257
警官读者俱乐部电话（网购、邮购）：010-83901775
法律图书分社电话：010-83905745